Löffler
Presserecht

PRESSERECHT

Kommentar zu den deutschen Landespressegesetzen
mit systematischen Darstellungen
zum pressebezogenen Standesrecht, Anzeigenrecht,
Werbe- und Wettbewerbsrecht, Urheber- und
Verlagsrecht, Arbeitsrecht, Titelschutz, Mediendatenschutz,
Jugendmedienschutz und Steuerrecht

Begründet von

Prof. Dr. Martin Löffler †

In 4. Auflage fortgeführt von Prof. Dr. Karl Egbert Wenzel
und Klaus Sedelmeier

Herausgegeben von

Klaus Sedelmeier und Prof. Dr. Emanuel H. Burkhardt

Bearbeitet von

Prof. Dr. Hans *Achenbach*, Universität Osnabrück
Prof. Dr. Karsten *Altenhain*, Universität Düsseldorf
Prof. Dr. Christian *Berger*, Universität Leipzig
Wolfgang *Boorberg*, Steuerberater und Wirtschaftsprüfer in Stuttgart
Prof. Dr. Emanuel H. *Burkhardt*, Rechtsanwalt in Stuttgart
Prof. Dr. Matthias *Cornils*, Universität Mainz
Hans-Jürgen *Dörner*, Vizepräsident des BAG, Erfurt
Ulrich *Grund*, Rechtsanwalt und Fachanwalt für Arbeitsrecht in München
Dr. Stefan *Heilmann*, Rechtsanwalt in Frankfurt
Prof. Dr. Dr. Dres. h. c. Kristian *Kühl*, Universität Tübingen
Dr. Matthias *Lehr*, Rechtsanwalt in Stuttgart
Prof. Dr. Joachim *Löffler*, Hochschule Heilbronn
Prof. Dr. Wolfgang *Schulz*, Hamburg
Klaus *Sedelmeier*, Rechtsanwalt i. R., Lindau
Dr. Erich *Steffen*, Vorsitzender Richter am BGH a. D., Karlsruhe
Prof. Joachim *v. Strobl-Albeg*, Rechtsanwalt in Stuttgart

6., neubearbeitete und erweiterte Auflage 2015

Zitiervorschlag: Löffler/*Bearbeiter*, LPG § ... Rdnr. ...
bzw. Löffler/*Bearbeiter*, BT ... Rdnr. ...

www.beck.de

ISBN 978 3 406 66357 4

© 2015 Verlag C. H. Beck oHG
Wilhelmstraße 9, 80801 München
Satz, Druck und Bindung: Druckerei C. H. Beck
(Adresse wie Verlag)

Gedruckt auf säurefreiem, alterungsbeständigem Papier
(hergestellt aus chlorfrei gebleichtem Zellstoff)

Vorwort zur 6. Auflage

Martin Löffler, er wäre jetzt 110 Jahre alt, hatte im Jahr 1955 die erste Auflage des Kommentars allein verfasst, Seite für Seite handschriftlich. Auch die zweite Auflage 1968 hat er allein bearbeitet. Für die dritte Auflage 1983 hat er seine Partner hinzugezogen. Nach Martin Löfflers Tod im Jahre 1987 wurden die von ihm bis dahin allein bearbeiteten Themen für die vierte Auflage 1997 von nicht weniger als 11 Autoren übernommen. Bei der nun vorliegenden sechsten Auflage sind es insgesamt 17 Bearbeiter.

Martin Bullinger konnte an der jetzt vorliegenden sechsten Auflage leider nicht mehr mitwirken. Für die vollständig neue Bearbeitung der Einleitung und der §§ 1–3 konnte erfreulicherweise Matthias Cornils gewonnen werden. Wir sind dankbar, dass Erich Steffen seine fundierte Kommentierung des § 6 noch einmal selbst auf den neuesten Stand gebracht hat. Die zuletzt von Eva Löhner bearbeiteten §§ 7–9 hat Matthias Lehr übernommen. Für die Überarbeitung des von Hans-Jürgen Dörner zuletzt allein verantworteten Kapitels Arbeitsrecht im Presseunternehmen (BT ArbR) konnte Ulrich Grund hinzugewonnen werden. Neu aufgenommen wurde im Besonderen Teil des Werkes ein Kapitel über den Mediendatenschutz, das von Wolfgang Schulz und Stefan Heilmann bearbeitet wird.

Bei der Bearbeitung dieser Neuauflage waren wiederum sowohl Änderungen durch die Gesetzgeber, z.B. das Leistungsschutzrecht des Presseverlegers (§§ 87fff. UrhG), wie auch eine Fülle neuer Rechtsprechung zu berücksichtigen. Besonders umfangreich war die Rechtsprechung des EGMR, BVerfG und BGH. Nur um wenige Punkte zu nennen: Im Rahmen der Kommentierung zu den Sorgfaltspflichten der Presse (§ 6 LPG) haben eine zentrale Bedeutung die veränderten Grundsätze der Rechtsprechung zum Spannungsverhältnis zwischen dem publizistischen Interesse an einer Bildberichterstattung über prominente Persönlichkeiten und dem Schutz ihrer Privatheit unter dem Einfluß der Kritik des EGMR an der für das Gericht allzu pressefreundlichen deutschen Rechtsprechung. Die Annäherung der Standpunkte nicht nur von Seiten des BVerfG und des BGH sondern auch des EGMR hat im Ergebnis zu einer genaueren und substantielleren Würdigung der im Einzelfall betroffenen Interessen geführt. Beim Thema Anzeigenkennzeichnung (§ 10 LPG) steht die vom BGH angezweifelte, vom EuGH bestätigte Anwendbarkeit auf geschäftliche Anzeigen zur Debatte, ferner die Folgen des Wegfalls der Wettbewerbsabsicht als Abgrenzungskriterium zwischen Werbung und Berichterstattung. Beim Recht der Gegendarstellung (§ 11 LPG) stehen im Vordergrund die umstrittenen Themen Entstehen des Anspruchs, Änderung, Gegendarstellungen gegen verdeckte Behauptungen und Eindrücke sowie die unterschiedlichen Rechtsschutzziele von Gegendarstellung einerseits Unterlassungs- und Widerrufsansprüchen andererseits. Nur ebenso beispielhaft erwähnt seien schließlich noch die Entscheidungen des BVerfG zur Durchsuchung und Beschlagnahme in Ermittlungsverfahren gegen Presseangehörige (CICERO) und des BVerwG, wonach den Ländern die Gesetzgebungskompetenz für den Auskunftsanspruch der Presse gegen Bundesbehörden fehle. Bereits diese wenigen Punkte zeigen, dass eine vollständige Überarbeitung des Werkes erforderlich war.

Gesetzgebung, Rechtsprechung und Literatur konnten allgemein bis Herbst 2014 berücksichtigt werden, teilweise darüber hinaus.

März 2015   Klaus Sedelmeier
Emanuel H. Burkhardt

Inhaltsübersicht

Abkürzungsverzeichnis XI
Literaturverzeichnis XXI
Synopse der 16 Landespressegesetze und des Reichspreßgesetzes XXVII
Text des Landespressegesetzes Baden-Württemberg XXIX

Einleitung *(Cornils)* 1

Die Landes-Pressegesetze der Bundesrepublik Deutschland

1. Abschnitt. Pressefreiheit, Zulassungsfreiheit
(§§ 1, 2 LPG)

§ 1 LPG Freiheit der Presse *(Cornils)* 49
§ 2 LPG Zulassungsfreiheit *(Cornils)* 154

2. Abschnitt. Öffentliche Aufgabe der Presse, Informationsanspruch
(§§ 3, 4 LPG)

§ 3 LPG Öffentliche Aufgaben der Presse *(Cornils)* 182
§ 4 LPG Informationsanspruch *(Burkhardt)* 198

3. Abschnitt. Ordnungsrecht der Presse
(§§ 5–12 LPG)

§ 5 LPG Veröffentlichung amtlicher Schriftstücke [aufgehoben] 272
§ 6 LPG Sorgfaltspflicht der Presse *(Steffen)* 272
§ 7 LPG Druckwerke *(Lehr)* 499
§ 8 LPG Impressum *(Lehr)* 532
§ 9 LPG Der verantwortliche Redakteur *(Lehr)* 584
§ 10 LPG Kennzeichnung entgeltlicher Veröffentlichungen *(Sedelmeier/Dammann)* 625
§ 11 LPG Gegendarstellung *(Sedelmeier)* 671
§ 12 LPG Anwendbarkeit des Bundesdatenschutzgesetzes *(Schulz/Heilmann)* 791
Anh § 12 LPG Pflichtexemplarrecht *(Burkhardt)* 797

4. Abschnitt. Das pressespezifische Beschlagnahme- und Durchsuchungsrecht
(§§ 13–19 LPG)

Vorbemerkung zu §§ 13–19 LPG *(Achenbach)* 839
§ 13 LPG Anordnung der Beschlagnahme *(Achenbach)* 866
§ 14 LPG Umfang der Beschlagnahme *(Achenbach)* 901
§ 15 LPG Verbreitungsverbot für beschlagnahmte Druckwerke *(Achenbach)* ... 915
§ 16 LPG Aufhebung der Beschlagnahme *(Achenbach)* 925
§ 17 LPG Entschädigung für fehlerhafte Beschlagnahme *(Achenbach)* 936
§ 18 LPG Vorläufige Sicherstellung *(Achenbach)* 960
§ 19 LPG Beschlagnahme zur Beweissicherung *(Achenbach)* 978

Inhaltsübersicht

5. Abschnitt. Das pressespezifische Straf- und Ordnungswidrigkeitenrecht
(§§ 20–22 LPG)

Vorbemerkung §§ 20–22 LPG: Das pressespezifische Straf- und Ordnungswidrigkeiten-Recht *(Kühl)* 982
§ 20 LPG Strafrechtliche Verantwortlichkeit. Presse-Inhaltsdelikte *(Kühl)* 991
§ 21 LPG Presse-Ordnungsdelikte *(Kühl)* 1037
§ 22 LPG Presse-Ordnungswidrigkeiten *(Kühl)* 1058

6. Abschnitt. Zeugnisverweigerungsrecht von Presse und Rundfunk, Beschlagnahme- und Durchsuchungsverbot
(§§ 53 StPO für Verfahren nach Bundesrecht,
§ 23 LPG für Verfahren nach Landesrecht)

§ 23 LPG Zeugnisverweigerungsrecht der Mitarbeiter von Presse und Rundfunk. Beschlagnahme- und Durchsuchungsverbot *(Achenbach)* 1086

7. Abschnitt. Die kurze Verjährung von Presse-Verstößen

§ 24 LPG Verjährung von Presse-Verstößen *(Kühl)* 1146

8. Abschnitt. Rundfunkrecht, Neue Medien, Anwendung von Presserecht auf den Rundfunk

§ 25 LPG Geltung für den Rundfunk *(Burkhardt)* 1178

9. Abschnitt. Schlussbestimmungen, Inkrafttreten der Landespressegesetze

§ 26 LPG Schlussbestimmungen *(Burkhardt)* 1188

Besonderer Teil

Standesrecht der Presse, Presse-Selbstkontrolle, Deutscher Presserat *(J. Löffler)* 1195
Anhang Publizistische Grundsätze (Pressekodex) 1206
Recht der Anzeige *(J. Löffler)* 1209
Anhang A. Allgemeine Geschäftsbedingungen für Anzeigen und Fremdbeilagen in Zeitungen und Zeitschriften (ZAW-AGB) 1330
B. Richtlinien für die werbliche Kommunikation mit IVW-Hinweisen 1333
Abonnementwerbung *(v. Strobl-Albeg)* 1337
Urheber- und Verlagsrecht der Presse *(Berger)* 1443
Arbeitsrecht im Presseunternehmen *(Dörner/Grund)* 1537
Titelschutz *(J. Löffler)* 1663
Mediendatenschutz *(Schulz/Heilmann)* 1753
Jugendschutzgesetz (JuSchG) *(Altenhain)* 1765
    Einleitung 1769
    § 1 Begriffsbestimmungen 1787
    §§ 2–14 [Text] 1811
    § 15 Jugendgefährdende Trägermedien 1817
    § 16 Sonderregelung für Telemedien 1864
    § 17 Name und Zuständigkeit 1867

Inhaltsübersicht

§ 18 Liste jugendgefährdender Medien	1868
§ 19 Personelle Besetzung	1909
§ 20 Vorschlagsberechtigte Verbände	1914
§ 21 Verfahren	1916
§ 22 Aufnahme von periodischen Trägermedien und Telemedien	1930
§ 23 Vereinfachtes Verfahren	1936
§ 24 Führung der Liste jugendgefährdender Medien	1942
§ 25 Rechtsweg	1948
§ 26 Verordnungsermächtigung	1952
§ 27 Strafvorschriften	1952
§ 28 Bußgeldvorschriften	1961
§ 29 Übergangsvorschriften	1970
§ 29a Weitere Übergangsregelung	1971
§ 30 Inkrafttreten, Außerkrafttreten	1971
Steuerrecht *(Boorberg)*	1973
Textanhang	2023
A. Das Reichsgesetz über die Presse	2023
B. Internationales Recht	2029
I. Allgemeine Erklärung der Menschenrechte (Auszug)	2029
II. Internationaler Pakt über bürgerliche und politische Rechte (Auszug)	2029
III. Europäische Konvention zum Schutze der Menschenrechte und Grundfreiheiten (Auszug)	2030
IV. Schlußakte der Konferenz von Helsinki über Sicherheit und Zusammenarbeit in Europa (KSZE) (Auszug)	2030
V. Charta der Grundrechte der Europäischen Union (Auszug)	2031
C. Grundgesetz für die Bundesrepublik Deutschland (Auszug)	2034
Sachverzeichnis	2037

Abkürzungsverzeichnis
einschließlich abgekürzt zitierter Literatur

A	Auflage
aA	anderer Ansicht
aaO	am angegebenen Ort
abgedr	abgedruckt
abl	ablehnend
ABl	Amtsblatt
ABl. EG	Amtsblatt der Europäischen Union
Abs	Absatz
Abschn	Abschnitt
AcP	Archiv für die civilistische Praxis
aE	am Ende
aF	alte Fassung
AfA	Absetzungen für Abnutzung
AfP	Archiv für Presserecht
aG	auf Gegenseitigkeit
AG	Amtsgericht; Aktiengesellschaft
AGB	Allgemeine Geschäftsbedingungen
AGBG	Gesetz zur Regelung des Rechts der Allgemeinen Geschäftsbedingungen (jetzt §§ 305 ff. BGB)
AKStPO	Alternativkommentar zur StPO
ALR	Allgemeines Landrecht (Preußen)
aM	anderer Meinung
AN	Arbeitnehmer
Anh	Anhang
Anm	Anmerkung
AnwK-StPO	Krekeler/Löffelmann (Hrsg.), Anwaltskommentar zur StPO, 2007
AO	Abgabenordnung
AöR	Archiv für öffentliches Recht
AP	Arbeitsrechtliche Praxis
ArbG	Arbeitsgericht
ArbGG	Arbeitsgerichtsgesetz
ArbuR	Arbeit und Recht
Arch. FunkR	Archiv für Funkrecht
Arch. Urh.R	Archiv für Urheberrecht
ArchPR	Archiv Presserechtlicher Entscheidungen (bis 1977)
Art	Artikel
Aufl.	Auflage
AuslG	Ausländergesetz
AVO	Ausführungsverordnung
AWR	Archiv für Wettbewerbsrecht
AZO	Arbeitszeitordnung
B	Bund
Bad.-Württ.	Baden Württemberg
Bad.-Württ. LPG	Baden-Württembergisches Landespressegesetz
BAG	Bundesarbeitsgericht
BAGE–	Entscheidungen des Bundesarbeitsgerichts
Bamberger/Roth/ *Bearbeiter*	Bürgerliches Gesetzbuch, Kommentar, 3. Aufl. 2012
BAnz	Bundesanzeiger
Baumbach/Hefermehl/ *Bearbeiter*	Wettbewerbsrecht 17. Aufl. 1993 (letztmalige Kommentierung des § 16 UWG aF in diesem Werk)

Abkürzungsverzeichnis

Baumbach/Hefermehl/ Bearbeiter	Wettbewerbsrecht, 22. Aufl 2001; 23. Aufl. 2004, bearbeitet von Bornkamm, J./Köhler, K. H.
Bay. LPG	Bayerisches Gesetz über die Presse
BayObLG	Bayerisches Oberstes Landesgericht
BayObLGSt	Sammlung der Entscheidungen des BayObLG in Strafsachen
BayVBl	Bayerisches Verwaltungsblatt
BayVerfGH	Bayerischer Verfassungsgerichtshof
BayVerwGH	Bayerischer Verwaltungsgerichtshof
BB	Der Betriebs-Berater
BBG	Bundesbeamtengesetz
BBiG	Berufsbildungsgesetz
Bd	Band
BDZV	Bundesverband Deutscher Zeitungsverleger e. V.
BeckRS	Beck-Rechtsprechung (Online-Kommentar)
ber	berichtigt; bereinigt
Berl. LPG	Berliner Pressegesetz
BerRehaG	Gesetz über den Ausgleich beruflicher Benachteiligungen für Opfer politischer Verfolgung im Beitrittsgebiet (Berufliches Rehabilitierungsgesetz)
betr	betreffend
BetrVG	Betriebsverfassungsgesetz
BewG	Bewertungsgesetz
BewR-VerlR	Richtlinien für die Bewertung von Verlagsrechten der Buch-, Zeitschriften-, Musik- und Bühnenverlage
BFH	Bundesfinanzhof
BFH/NV	Sammlung nicht veröffentlichter Entscheidungen des BFH
BG	Bundesgericht (Schweiz)
BGB	Bürgerliches Gesetzbuch
BGB-InfoV	Verordnung über Informationspflichten nach Bürgerlichem Recht
BGBl	Bundesgesetzblatt
BGE	Entscheidungen des Schweizerischen Bundesgerichts
BGH	Bundesgerichtshof
BGHSt	Entscheidungen des Bundesgerichtshofs in Strafsachen
BGHZ	Entscheidungen des Bundesgerichtshofs in Zivilsachen
BIEM	Bureau International de l'Édition Mécanique
BilMoG	Bilanzrechtsmodernisierungsgesetz
BIRPI	Vereinigtes Internationales Büro für den Schutz des geistigen Eigentums
Bl	Blatt, Blätter
BMF	Bundesministerium der Finanzen
BMI	Bundesministerium des Innern
BMJV	Bundesministerium der Justiz und für Verbraucherschutz
Börsenblatt	Börsenblatt für den deutschen Buchhandel
BPjM	Bundesprüfstelle für jugendgefährdende Medien
BPjM-(ehem: BPjS-) Aktuell	Bundesprüfstelle für jugendgefährdende Medien, Amtliches Mitteilungsblatt
BPS	Bundesprüfstelle für jugendgefährdende Schriften (jetzt: Bundesprüfstelle für jugendgefährdende Medien – BPjM)
BPS-Report	Bundesprüfstelle-Report, Informationsdienst zum Jugendmedienschutz (jetzt: JMS-Report)
BRD	Bundesrepublik Deutschland
BR-Ds, BR-Drucks	Bundesrats-Drucksache
Brem. LPG	Bremer Pressegesetz
BRJ	Bonner Rechtsjournal
BStBl	Bundessteuerblatt
BT	Besonderer Teil (insb des vorliegenden Kommentars)
BT-D(r)s	Bundestags-Drucksache
Bulletin	Bulletin des Presse- und Informationsamtes der Bundesregierung
BUrlG	Bundesurlaubsgesetz
BVerfG	Bundesverfassungsgericht

Abkürzungsverzeichnis

BVerfGE	Entscheidungen des Bundesverfassungsgerichts
BVerfGG	Bundesverfassungsgerichtsgesetz
BVerwG	Bundesverwaltungsgericht
BVerwGE	Entscheidungen des Bundesverwaltungsgerichts
bzgl	bezüglich
bzw	beziehungsweise
CD	Compact Disc
CR	Computer und Recht
DAG	Deutsche Angestellten Gewerkschaft (ehem.)
DB	Der Betrieb
DBA	Doppelbesteuerungsabkommen
DdA	Le Droit d'Auteur (Zeitschrift des Berner Büros)
DDR	Deutsche Demokratische Republik
ders	derselbe
DGB	Deutscher Gewerkschaftsbund
dh	das heißt
Diss.	Dissertation
DJ	Deutsche Justiz
DJT	Deutscher Juristentag
dju	Deutsche Journalisten Union
DJV	Deutscher Journalisten-Verband e. V.
DJZ	Deutsche Juristen-Zeitung
DÖV	Die Öffentliche Verwaltung (Zeitschrift)
dpa	Deutsche Presse-Agentur
DPMA	Deutsches Patent- und Markenamt
DR	Deutsches Recht
DRiZ	Deutsche Richterzeitung
DRSpr	Deutsche Rechtsprechung (Entscheidungssammlung)
DRZ	Deutsche Rechtszeitschrift
DStR	Deutsches Steuerrecht (Zeitschrift)
durchschn	durchschnittlich/durchschnittliche
DUZ	Deutsche Universitäts-Zeitung
DVBl	Deutsches Verwaltungsblatt (Zeitschrift)
DVD	Digital Video Disc
DVO	Durchführungsverordnung
E	Entscheidung
EDV	Elektronische Datenverarbeitung
EFG	Entscheidungen der Finanzgerichte
EG	Einführungsgesetz; Europäische Gemeinschaft
EGMR	Europäischer Gerichtshof für Menschenrechte
EGV	Vertrag zur Gründung der Europäischen Gemeinschaft
Einf	Einführung
Einl	Einleitung
einschl	einschließlich
EKD	Evangelische Kirche Deutschlands
EKMR	Europäische Kommission für Menschenrechte (ehem.)
ErbStG	Erbschaftsteuergesetz
ErgBd.	Ergänzungsband
EStDV	Einkommensteuerdurchführungsverordnung
EStG	Einkommensteuergesetz
EStR	Einkommensteuerrichtlinien
EU	Europäische Union
EuG	Gericht erster Instanz der Europäischen Gemeinschaft
EuGH	Europäischer Gerichtshof
EuGRZ	Europäische Grundrechte-Zeitschrift
EUR	Euro
EV	Einstweilige Verfügung
EWG	Europäische Wirtschaftsgemeinschaft (jetzt EG)
f	folgende
FAG	Fernmeldeanlagen-Gesetz
FernAbsG	Fernabsatzgesetz (außer Kraft, s. jetzt §§ 312e, 358 BGB, BGB-InfoV)

Abkürzungsverzeichnis

Fezer	Markenrecht, 4. Aufl 2009
ff	fortfolgende (Seiten bzw. Paragraphen)
FG	Finanzgericht
FGG	Gesetz über die Angelegenheiten der freiwilligen Gerichtsbarkeit
FGO	Finanzgerichtsordnung
FinMin	Finanzministerium
Fischer	StGB und Nebengesetze, 60. Aufl. 2013
Fn	Fußnote
FS	Festschrift
FSK	Freiwillige Selbstkontrolle der Filmwirtschaft
FuR	Film und Recht
FVG	Finanzverfassungsgesetz
GA	Goltdammer's Archiv für Strafrecht
GBl	Gesetzblatt
GebrMG	Gebrauchsmustergesetz
gem	gemäß
GEMA	Gesellschaft für musikalische Aufführungs- und mechanische Vervielfältigungsrechte
GeschmMG	Geschmacksmustergesetz
GewArch	Gewerbearchiv
GewO	Gewerbe-Ordnung
GewStG	Gewerbesteuergesetz
GG	Grundgesetz für die Bundesrepublik Deutschland
ggf	gegebenenfalls
GjS, GjSM	Gesetz über die Verbreitung jugendgefährdender Schriften und Medieninhalte (außer Kraft; s. jetzt: JuSchG)
GmbH	Gesellschaft mit beschränkter Haftung
GoltdArch	Goltdammer's Archiv für Strafrecht
Graf	Graf (Hrsg.), Beck'scher Online-Kommentar Strafprozessordnung
GRC; GRCU	Charta der Grundrechte der Europäischen Union
GrS	Großer Senat
GrStS	Großer Strafsenat des Bundesgerichtshofs
Gruchot	Gruchots Beiträge zur Erläuterung des Rechts (zitiert nach Band und Seitenzahl)
GrünhutsZ	Grünhuts Zeitschrift für privates und öffentliches Recht
GRUR	Gewerblicher Rechtsschutz und Urheberrecht (Zeitschrift)
GRUR Int.	Gewerblicher Rechtsschutz und Urheberrecht, Internationaler Teil
GRUR-RR	GRUR-Rechtsprechungs-Report
GrZS	Großer Senat (des BGH) in Zivilsachen
GS	Gerichtssaal (Zeitschrift)
GTV	Gehaltstarifvertrag
GVBl	Gesetz- u. Verordnungsblatt
GVG	Gerichtsverfassungsgesetz
GVL	Gesellschaft zur Verwertung von Leistungsschutzrechten
GVOBl.–	Gesetz- u. Verordnungsblatt
GWB	Gesetz gegen Wettbewerbsbeschränkungen
GZT	Gemeinsamer Zolltarif
Halbs.	Halbsatz
Ham. LPG	Hamburgisches Pressegesetz
Harte/Henning/ Bearbeiter	Harte-Bavendamm/Henning-Bodewig, Gesetz gegen den unlauteren Wettbewerb (UWG), 3. Aufl. 2013
HausTWG	Gesetz über den Widerruf von Haustürgeschäften und anderen Geschäften (außer Kraft; s. jetzt §§ 312, 312a BGB)
HdB, Hdb	Handbuch
Hess	Hessen, hessisch (in amtlichen Zusammensetzungen)
Hess. LPG	Hessisches Gesetz über Freiheit und Recht der Presse
HESt	Höchstrichterliche Entscheidungen (Sammlung von Entscheidungen der Oberlandesgerichte und der Obersten Gerichte in Strafsachen)
HFR	Höchstrichterliche Finanzrechtsprechung
HGB	Handelsgesetzbuch

Abkürzungsverzeichnis

HK-GS	Dölling/Duttge/Rössner (Hrsg.), Gesamtes Strafrecht. Handkommentar, 3. Aufl. 2013
HK-StPO	Gercke/Julius/Temming/Zöller (Hrsg.), Strafprozessordnung, Heidelberger Kommentar, 5. Aufl. 2012
hL	herrschende Lehre
hM	herrschende Meinung
HRR	Höchstrichterliche Rechtsprechung
Hrsg; hrsg	Herausgeber, herausgegeben
idF	in der Fassung
idR	in der Regel
idS	in diesem Sinne
iE	im Ergebnis
ieS	im engeren Sinne
IFG	Gesetz zur Regelung des Zugangs zu Informationen des Bundes (Informationsfreiheitsgesetz)
IFRS	International Financial Reporting Standards
iJ	in Jahren
IM	inoffizieller Mitarbeiter (des Staatssicherheitsdienstes der ehem. DDR)
Immenga/Mestmäcker	Gesetz gegen Wettbewerbsbeschränkungen (GWB), 5. Aufl. 2012
Ingerl/Rohnke	Markengesetz: MarkenG, 3. Aufl. 2010
insbes	insbesondere
IPI	Internationales Presse-Institut (London)
iSd	im Sinne des/der
iSv	im Sinne von
IVW	Informationsstelle zur Feststellung der Verbreitung von Werbeträgern
iwS	im weiteren Sinne
JArbSchG	Jugendarbeitsschutzgesetz
Jauernig/*Bearbeiter*	Bürgerliches Gesetzbuch: BGB, 15. Aufl. 2014
Jg	Jahrgang
JGG	Jugendgerichtsgesetz
Jh	Jahrhundert
JMBl.	Justizministerialblatt
JMBlNW	Justizministerialblatt des Landes Nordrhein-Westfalen
JMS-Report	Jugend, Medien Schutz-Report
JMStV	Jugendmedien-Staatsvertrag
JöR	Jahrbuch des öffentlichen Rechts (NF = neue Folge)
JÖSchG	Gesetz zum Schutz der Jugend in der Öffentlichkeit (außer Kraft; s. jetzt Jugendschutzgesetz – JuSchG)
JR	Juristische Rundschau
JuS	Juristische Schulung
JuSchG	Jugendschutzgesetz
Justiz	Die Justiz (Zeitschrift)
JW	Juristische Wochenschrift
JZ	Juristenzeitung
Kap	Kapitel
KennzKr	Kennzeichnungskraft
KG	Kammergericht (Berlin); Kommanditgesellschaft
KGaA	Kommanditgesellschaft auf Aktien
KJuG	Kinder- und Jugendschutz in Wissenschaft und Praxis
KKOWiG	Karlsruher Kommentar zum OWiG
KKOWiG	Senge (Hrsg.), Karlsruher Kommentar zum OWiG, 4. Aufl. 2014
KKStPO	Hannich (Hrsg.), Karlsruher Kommentar zur StPO, 7. Aufl. 2013
KKStPO	Karlsruher Kommentar zur StPO
KMR	Heintschel-Heinegg/Stöckel (Hrsg.), KMR-StPO, Kommentar zur Strafprozessordnung, Loseblattwerk
KR/Bearb	Gemeinschaftskommentar zum Kündigungsschutzgesetz
KRG	Kontrollratsgesetz
KSchG	Kündigungsschutzgesetz
KStDV	Körperschaftsteuerdurchführungsverordnung
KStG	Körperschaftsteuergesetz
KStR	Körperschaftsteuerrichtlinien
KSZE	Konferenz für Sicherheit und Zusammenarbeit in Europa

XV

Abkürzungsverzeichnis

KUG	Gesetz betr. das Urheberrecht an Werken der bildenden Künste und der Photographie
K & R	Kommunikation und Recht
LAG	Landesarbeitsgericht
LeipzZ	Leipziger Zeitschrift für Deutsches Recht
lfd	laufend
LG	Landgericht
LK	Leipziger Kommentar zum Strafgesetzbuch
LM	Nachschlagewerk des Bundesgerichtshofs, herausgegeben von Lindenmaier, Möhring u. a., 1950–2002
Löwe/Rosenberg	Erb u. a. (Hrsg.), Die Strafprozessordnung und das Gerichtsverfassungsgesetz, Großkommentar, 26. Aufl., 2008 ff.
LPG	Landespressegesetz
LPK-StGB	Kindhäuser, StGB, Lehr- und Praxiskommentar, 5. Aufl. 2013
LTDr	Landtags-Drucksache
LUG	Gesetz betr. das Urheberrecht an Werken der Literatur und der Tonkunst
m.	mit
MarkenG	Markengesetz
MarkenR	Markenrecht
Meyer-Goßner	StPO Kommentar, 56. Aufl. 2013
MBl.	Ministerialblatt
MDR	Monatsschrift für Deutsches Recht
MilRegG	Militärregierungsgesetz
MitbestG	Mitbestimmungsgesetz
mittelb	mittelbar/mittelbare
MMR	MultiMedia und Recht
Mrd	Milliarde(n)
MRK	Menschenrechtskonvention
MRRL	Markenrechtsrichtlinie: Richtlinie 2008/95/EG des Europäischen Parlaments und des Rates zur Angleichung der Rechtsvorschriften der Mitgliedstaaten über die Marken v. 22. 10. 2008 (ABl. Nr. L 299 S. 25)
MTV	Manteltarifvertrag
Mü(nch)Ko(mm)BGB/Bearbeiter	Münchener Kommentar zum Bürgerlichen Gesetzbuch
MüKo-StGB	Münchener Kommentar zum StGB
MünchArbR	Münchener Handbuch zum Arbeitsrecht
MuW	Markenschutz und Wettbewerb (Zeitschrift)
mvN	mit vielen Nachweisen
mwN	mit weiteren Nachweisen
MWSt	Mehrwertsteuer
Nachw	Nachweis
ND	Nutzungsdauer
NDR	Norddeutscher Rundfunk
nF	neue Fassung; neue Folge
Niedersachsen	Niedersachsen
Nieders. LPG	Niedersächsisches Pressegesetz
NJ	Neue Justiz (Zeitschrift in der DDR)
NJOZ	Neue Juristische Online Zeitschrift
NJW	Neue Juristische Wochenschrift
NJW-RR	NJW-Rechtsprechungs-Report Zivilrecht
NK-StGB	Kindhäuser/Neumann/Paeffgen (Hrsg.), StGB NomosKommentar, 4. Aufl. 2013
Nordrh.-westf. LPG	Nordrhein-westfälisches Landespressegesetz
Nr	Nummer
nrkr	nicht rechtskräftig
NStE	Neue Entscheidungssammlung für Strafrecht
NStZ	Neue Zeitschrift für Strafrecht
NStZ-RR	NStZ-Rechtsprechungs-Report
nv	nicht veröffentlicht
NWVBl	Nordrhein-westfälische Verwaltungsblätter
o	oder

Abkürzungsverzeichnis

oa	oben angegeben
OFD	Oberfinanzdirektion
OGH	Oberster Gerichtshof (Deutschland [nur Britische Zone, 1945–1948] bzw. Österreich)
OGHSt	Entscheidungen des Obersten Gerichtshofes für die Britische Zone in Strafsachen
OGHZ	Entscheidungen des Obersten Gerichtshofes für die Britische Zone in Zivilsachen
OHG	Offene Handelsgesellschaft
OIRT	Union der Rundfunkanstalten des Ostblocks, Prag
OLG	Oberlandesgericht
OLGRspr	Die Rechtsprechung der Oberlandesgerichte auf dem Gebiet des Zivilrechts
OVG	Oberverwaltungsgericht
OVG NW	Oberverwaltungsgericht für das Land Nordrhein-Westfalen
OVGE	Entscheidungen der Oberverwaltungsgerichte für das Land Nordrhein-Westfalen sowie für die Länder Niedersachsen und Schleswig-Holstein
OVGRspr	Sammlung von Entscheidungen des preußischen Oberverwaltungsgerichts
OWiG	Ordnungswidrigkeitengesetz
Palandt/*Bearbeiter*	Bürgerliches Gesetzbuch: BGB, 74. Aufl. 2015
PartG	Gesetz über die politischen Parteien
Pfeiffer	StPO Kommentar, 5. Aufl. 2005
PreussOVG	Preussisches Oberverwaltungsgericht (Entscheidungssammlung)
PreussPVG	Preussisches Polizeiverwaltungsgesetz
PreusVerwBl.	Preussisches Verwaltungsblatt
Prot.	Protokoll
PrOVGE	Entscheidungssammlung des Preußischen Oberverwaltungsgerichts
PRRG-E(ntwurf)	Presserechtsrahmengesetz-Entwurf
PublG	Gesetz über die Rechnungslegung von bestimmten Unternehmen und Konzernen (Publizitätsgesetz)
R	Recht; Richtlinie
Radtke/Hohmann	Radtke/Hohmann (Hrsg.), StPO Kommentar, 2011
RAG	Reichsarbeitsgericht
Rath-Glawatz/Engels/ Giebel/Dietrich	Das Recht der Anzeige, 3. Aufl, 2005
RBÜ	Revidierte Berner Übereinkunft zum Schutz von Werken der Literatur und Kunst
rd	rund
RDA	Recht der Arbeit
RdAnzeige	Rath-Glawatz/Engels/Dietrich, Das Recht der Anzeige, 3. Aufl. 2006 (zitiert: *Bearbeiter* RdAnzeige)
RDJ	Recht der Jugend
RdJB	Recht der Jugend und des Bildungswesens
REG	Rückerstattungsgesetz
RegBl.	Regierungsblatt
RegEntw.	Regierungsentwurf
Reger	Sammlung von Entscheidungen der Gerichte und Verwaltungsbehörden auf dem Rechtsgebiet der inneren Verwaltung
RFH	Reichsfinanzhof
RG	Reichsgericht
RGBl	Reichsgesetzblatt
RGRK	BGB-Kommentar der Reichsgerichtsräte und Bundesrichter
RGSt	Entscheidungen des Reichsgerichts in Strafsachen
RGZ	Entscheidungen des Reichsgerichts in Zivilsachen
Rheinl.-pf. LMG	Rheinland-Pfälzisches Landesmediengesetz
Rhld.-Pfalz	Rheinland-Pfalz
Ricker/Weberling	Handbuch des Presserechts, 6. Aufl. 2012
RIDA	Revue Internationale du Droit d'Auteur
RistBV	Richtlinien für das Straf- und Bußgeldverfahren
RJM	Reichsjustizministerium

Abkürzungsverzeichnis

rkr	rechtskräftig
Rn	Randnummer
Roxin/Schünemann	Strafverfahrensrecht, 27. Aufl. 2012
RPG	Reichspreßgesetz vom 7. Mai 1874
RRspr	Rechtsprechung des Reichsgerichts in Strafsachen
Rspr	Rechtsprechung
RsprJR	„Rechtsprechung", Beilage zur Juristischen Rundschau
RuF	Rundfunk und Fernsehen, Vierteljahreszeitschrift des Hans-Bredow-Instituts
RVO	Rechtsverordnung
Rz	Randziffer
RzW	Rechtsprechung zum Wiedergutmachungsrecht
S	Seite, Satz
s	siehe
s auch oben	siehe auch oben
s auch unten	siehe auch unten
s oben	siehe oben
s unten	siehe unten
Saarl. LPG	Saarländisches Pressegesetz
Sächs.Ann.	Annalen des Sächsischen Oberlandesgerichts
SächsArch	Sächsisches Archiv für Rechtspflege
SächsOVG	Sächsisches Oberverwaltungsgericht
Schlesw.-Holst. LPG	Schleswig-Holsteinisches Landespressegesetz
SchlHA	Schleswig-Holsteinische Anzeigen
Schönke/Schröder	StGB Kommentar, bearb. von Eser u. a., 29. Aufl. 2014
Schr	Schreiben
Schulze	Rechtsprechung zum Urheberrecht (Entscheidungssammlung)
Schweiz BGE	Entscheidungen des Schweizerischen Bundesgerichts
SeuffArch.	Seufferts Archiv für Entscheidungen der obersten Gerichte
SeuffBl.	Seufferts Blätter für Rechtsanwendung
SGG	Sozialgerichtsgesetz
SKStGB	Systematischer Kommentar zum StGB
SKStPO	Systematischer Kommentar zur StPO
Slg	Sammlung der Rechtsprechung des Gerichtshofes der Europäischen Gemeinschaften und des Gerichtshofes erster Instanz
SMG	Schuldrechtsmodernisierungsgesetz
sog	sogenannt
SoldG	Soldatengesetz
Sp	Spalte
st. Rspr	ständige Rechtsprechung
St/HFA	Stellungnahme des Hauptfachausschusses des Instituts der Wirtschaftsprüfer
StA	Staatsanwalt(schaft)
STAGMA	Staatlich genehmigte Gesellschaft zur Verwertung musikalischer Urheberrechte
StAnz	Staatsanzeiger
Stasi	Staatssicherheitsdienst der ehem. DDR
StenBer	Stenographische Berichte
StenProt.	Stenographische Protokolle
StGB	Strafgesetzbuch
StGH	Staatsgerichtshof
StPO	Strafprozeßordnung
str	streitig
StrEG	Gesetz über die Entschädigung für Strafverfolgungsmaßnahmen
Ströbele/Hacker	Markengesetz, 10. Aufl. 2012
StrRehaG	Gesetz über die Rehabilitierung und Entschädigung von Opfern rechtsstaatswidriger Strafverfolgungsmaßnahmen im Beitrittsgebiet (Strafrechtliches Rehabilitierungsgesetz)
StUG	Gesetz über die Unterlagen des Staatssicherheitsdienstes der ehemaligen Deutschen Demokratischen Republik (Stasi-Unterlagen-Gesetz)
StVO	Straßenverkehrsordnung

Abkürzungsverzeichnis

SWR	Südwestrundfunk
TV	Tarifvertrag
TVG	Tarifvertragsgesetz
Tz	Textziffer
u	unten
ua	unter anderem
uam.	und andere mehr
UER	Union Européenne de Radiodiffusion, Genf
UFITA	Archiv für Urheber-, Film-, Funk- u. Theaterrecht
UKlaG	Gesetz über Unterlassungsklagen bei Verbraucherrechts- und anderen Verstößen (Unterlassungsklagengesetz)
UNESCO	United Nations Educational Scientific and Cultural Organization (Organisation der Vereinten Nationen für Erziehung, Wissenschaft und Kultur/Paris)
unmittelb	unmittelbar/unmittelbare
UNO	United Nations Organization
UR	Umsatzsteuer-Rundschau
URG	Gesetz über das Urheberrecht (ehem. DDR)
UrhG	Gesetz über Urheberrecht und verwandte Schutzrechte (Urheberrechtsgesetz)
UrhR BT	Besonderer Teil: Urheber- und Verlagsrecht der Presse
Urt	Urteil
USB	Universal Serial Bus
UStAE	Umsatzsteuer-Anwendungserlass
UStDV	Umsatzsteuerdurchführungsverordnung
UStG	Umsatzsteuergesetz
UStR	Umsatzsteuerrichtlinien
usw	und so weiter
uU	unter Umständen
UWG	Gesetz gegen den unlauteren Wettbewerb
v	von
ver.di	Vereinigte Dienstleistungsgewerkschaft
Verf	Verfassung
Verh. d. DJT	Verhandlungen des Deutschen Juristentages
VerlG	Gesetz über das Verlagsrecht
VersammlG	Gesetz über Versammlungen und Aufzüge (Versammlungsgesetz)
VersR	Versicherungsrecht
VerwGef	Verwechslungsgefahr
VerwRspr.	Verwaltungsrechtsprechung in Deutschland (Entscheidungssammlung)
Vfg	Verfügung
VG	Verwaltungsgericht
VG Wort	Verwertungsgesellschaft Wort
VGG	Verwaltungsgerichtsgesetz
VGH	Verwaltungsgerichtshof
vgl	vergleiche
vH	vom Hundert
VN	Vereinte Nationen (Zeitschrift)
VO	Verordnung
Voraufl	Vorauflage
Vorbem	Vorbemerkung
VSt	Vermögensteuer
VSt-Kartei	Vermögensteuerkartei
VVDStRL	Veröffentlichungen der Vereinigung der deutschen Staatsrechtslehrer
VwGO	Verwaltungsgerichtsordnung
VwRehaG	Gesetz über die Aufhebung rechtsstaatswidriger Verwaltungsentscheidungen im Beitrittsgebiet und die daran anknüpfenden Folgeansprüche (Verwaltungsrechtliches Rehabilitierungsgesetz)
Warn(eyer)	Warneyers Jahrbuch der Entscheidungen (Entscheidungs-Sammlung)
WiStG	Wirtschaftsstrafgesetz

Abkürzungsverzeichnis

WM	Zeitschrift für Wirtschafts- und Bankrecht (früher: Wertpapier-Mitteilungen)
WP	Wahlperiode
WPg	Die Wirtschaftsprüfung
WRP	Wettbewerb in Recht und Praxis
WRV	Weimarer Reichsverfassung vom 11. August 1919
WUA	Genfer Welturheberrechtsabkommen
WuW	Wirtschaft und Wettbewerb (Zeitschrift)
WZG	Warenzeichengesetz (außer Kraft; s. jetzt MarkenG)
ZAW	Zentralausschuß der Werbewirtschaft
zB	zum Beispiel
ZBl. für Bibl.	Zentralblatt für Bibliothekswesen
ZfSH/SGB	Zeitschrift für Sozialhilfe und Sozialgesetzbuch
ZGB	Schweizerisches Zivilgesetzbuch
ZHR	Zeitschrift für das gesamte Handelsrecht und Konkursrecht
ZKJ	Zeitschrift für Kindschaftsrecht und Jugendhilfe
ZPO	Zivilprozeßordnung
ZPÜ	Zentralstelle für private Überspielungsrechte
ZRP	Zeitschrift für Rechtspolitik
ZStW	Zeitschrift für die gesamte Strafrechtswissenschaft
zT	zum Teil
ZT	Zolltarif
ZT-Nr.	Zolltarif-Nummer
zugl	zugleich
ZUM	Zeitschrift für Urheber- und Medienrecht
zutr	zutreffend
ZV	Zeitungsverlag und Zeitschriftenverlag (Zürich)

Literaturverzeichnis

Auswahl aus der einschlägigen Literatur in Buchform; weitere Literaturangaben finden sich bei den einzelnen Paragraphen und systematischen Darstellungen.

I. Neuere Literatur

Ahrens	Persönlichkeitsrecht und Freiheit der Medienberichterstattung, 2002
ders.	Der Wettbewerbsprozess, 7. Aufl. 2014
Amelung	Der Schutz der Privatheit im Zivilrecht, 2002
Ascherfeld	Presse-Grosso und Europarecht, 2. Aufl. 2001
Badura/v. Danwitz/ Herdegen/Sedemund/Stern	Beck'scher Postgesetz-Kommentar, 2. Aufl. 2004
Bamberger/Roth	Beck'scher Online-Kommentar BGB
Bardong	Zeitungen und Zeitschriften im Binnenmarkt, 2001
Baronikions	Der Schutz des Werktitels, 2008
Baumbach/Hopt	Handelsgesetzbuch mit Nebengesetzen, 36. Aufl. 2014
Baumbach/Lauterbach/ Albers/Hartmann	Zivilprozessordnung, Kurzkommentar, 72. Aufl. 2014
Bechtold/Bosch/ Brinker	EU-Kartellrecht, 3. Aufl. 2014
Bergemann	Rechte an Briefen, 2001
Berger	Das neue Urhebervertragsrecht, 2003
Berka	Redaktionsgeheimnis und Pressefreiheit, 2001
Berlit	Wettbewerbsrecht, 8. Aufl. 2011
Beuthien (Hrsg.)	Persönlichkeitsgüterschutz vor und nach dem Tode, 2002
Beuthien/Schmölz	Persönlichkeitsschutz durch Persönlichkeitsgüterrechte, 1999
Branahl	Medienrecht, 7. Aufl. 2013
Bunte	Kartellrecht, 2. Aufl. 2008
Büscher/Dittmer/Schiwy	Gewerblicher Rechtsschutz, Urheberrecht, Medienrecht, 2. Aufl. 2011
Calliess/Müller-Dietz	Strafvollzugsgesetz, 11. Aufl. 2008
Damm	Presserecht, 3. Aufl. 1998
Damm/Rehbock	Widerruf, Unterlassung und Schadensersatz in Presse und Rundfunk, 3. Aufl. 2008
Delp	Das gesamte Recht der Publizistik, Bde. 1–5, Loseblattsammlung, 129. Aufl. 2006
ders.	Kleines Praktikum für Urheber- und Verlagsrecht, 5. Aufl. 2005
ders.	Das Recht des geistigen Schaffens in der Informationsgesellschaft, 2. Aufl. 2003
ders.	Der Verlagsvertrag, 8. Aufl. 2008
Deutsch/Ellerbrock	Titelschutz, 2. Aufl. 2004
Dreier/Schulze	Urheberrechtsgesetz, 4. Aufl. 2013
Dunkhase	Das Mainzer Rechtshandbuch der Neuen Medien, 2003
Eberle/Rudolf/Wasserburg	Mainzer Rechtshandbuch der Neuen Medien, 2003
Ekey/Klippel	Heidelberger Kommentar zum Markenrecht, 2003
Ekey/Klippel/Bender	Markenrecht, Band 1, 2. Aufl. 2009
Emmerich	Kartellrecht, 12. Aufl. 2012
ders.	Unlauterer Wettbewerb, 9. Aufl. 2012
Erbs/Kohlhaas	Strafrechtliche Nebengesetze, Loseblattausgabe, 198. Lieferung April 2014
	Erfurter Kommentar zum Arbeitsrecht, 14. Aufl. 2014
Eyermann/Fröhler	Verwaltungsgerichtsordnung, 14. Aufl. 2014
Fechner	Medienrecht, 15. Aufl. 2014
Fenchel	Negative Informationsfreiheit, 1997
Fezer	Markenrecht, 4. Aufl. 2009
Fischer	Strafgesetzbuch und Nebengesetze, 61. Aufl. 2014
Fitting/Engels/Schmidt/ Trebinger/Linsenmaier	Betriebsverfassungsgesetz, 27. Aufl. 2014

XXI

Literaturverzeichnis

Franzen/Wallenfels/Russ	Preisbindungsgesetz, 5. Aufl. 2006
Fromm/Nordemann	Urheberrecht, Kommentar, 11. Aufl. 2014
Geiger/Klinghardt	Stasi-Unterlagen-Gesetz, 2. Aufl. 2006
Gerhardt/Steffen	Kleiner Knigge des Presserechts, 3. Aufl. 2009
Gersdorf	Grundzüge des Rundfunkrechts, 2003
Gloy/Loschelder	Handbuch des Wettbewerbsrechts, 4. Aufl. 2010
Göhler	Gesetz über Ordungswidrigkeiten, 16. Aufl. 2012
Gola/Schomerus	Bundesdatenschutzgesetz, 11. Aufl. 2012
Götting/Schertz/Seitz	Handbuch des Persönlichkeitsrechts, 2008
Gottzmann	Möglichkeiten und Grenzen der freiwilligen Selbstkontrolle in der Presse und der Werbung, 2005
Gounalakis/Rhode	Persönlichkeitsschutz im Internet, 2002
Grabitz/Hilf/Nettesheim	Das Recht der Europäischen Union, Loseblatt, Stand Mai 2014
Gronau	Das Persönlichkeitsrecht von Personen der Zeitgeschichte und die Medienfreiheit, 2002
Groß	Presserecht, 3. Aufl. 1999
Gudd	Der Gegendarstellungsanspruch in international-privatrechtlicher, interlokalrechtlicher und internationalverfahrensrechtlicher Sicht, 1990
Haberstumpf	Handbuch des Urheberrechts, 2. Aufl. 2000
Haberstumpf/Hintermeier	Einführung in das Verlagsrecht, 1985
Haller	Informationsfreiheit und Pressevertrieb in Europa, 3. Aufl. 2012
Harte-Bavendamm/ Henning-Bodewig	UWG, 3. Aufl. 2013 (zitiert: *Bearbeiter* in Harte/Henning UWG)
Hase	Bundeszentralregistergesetz, 2. Aufl. 2014
Hentschel/König/Dauer	Straßenverkehrsrecht, 42. Aufl. 2013
Herrmann/Lausen	Rundfunkrecht, 2. Aufl. 2004
Hesse	Rundfunkrecht, 3. Aufl. 2003
Hoffmann-Riem	Kommunikationsfreiheiten, 2002
Hoppe	Persönlichkeitsschutz durch Haftungsrecht, 2001
Hopt	Handelsvertreterrecht, §§ 84–92 c, 54, 55 HGB mit Materialien, 4. Aufl. 2009
Ingerl/Rohnke	Markengesetz, 3. Aufl. 2010
Jarass/Pieroth	Grundgesetz für die Bundesrepublik Deutschland, 13. Aufl. 2014
Jauernig	Bürgerliches Gesetzbuch, 15. Aufl. 2014
KKOWiG	Karlsruher Kommentar zum OWiG, 4. Aufl. 2014
KKStPO	Karlsruher Kommentar zur StPO mit GVG, EGGVG, EMRK, 7. Aufl. 2013
Kilian/Heussen	Computerrechts-Handbuch, 32. Aufl. 2013
Kloepfer	Das Stasi-Unterlagen-Gesetz und die Pressefreiheit, 1993
Köhler/Bornkamm	Gesetz gegen den unlauteren Wettbewerb, 32. Aufl. 2014
Kopp/Schenke	Verwaltungsgerichtsordnung, 20. Aufl. 2014
Körner	Der Herausgeber von Zeitungen, Zeitschriften und Büchern, 2002
Kunczik/Zipfel	Publizistik, 2. Aufl. 2008
Lackner/Kühl	Strafgesetzbuch, 28. Aufl. 2014
Lange	Marken- und Kennzeichenrecht, 2. Aufl. 2012
Leonhard	Mediendelikte zwischen Globalität und Territorialität, 2001
Lindacher/Teplitzky	Großkommentar zum UWG, 1991 ff.
Loewenheim	Handbuch des Urheberrechts, 2. Aufl. 2010
Lorenz	Journalismus, 2. Aufl. 2009
Löwisch/Rieble	Tarifvertragsgesetz, 3. Aufl. 2012
Matt/Renzikowski	StGB, Kommentar, 2013
Maunz/Dürig	Kommentar zum Grundgesetz, Loseblatt, 70. Aufl. 2014
Melullis	Handbuch des Wettbewerbsprozesses, 3. Aufl. 2008
Mensching	Das Zeugnisverweigerungsrecht der Medien, 2000
Mesic	Das Recht am eigenen Bild, 2000
Mestmäcker/Schulze	Urheberrechts-Kommentar, Bd. I–III, Loseblatt, 55. Ergänzungslieferung, Stand September 2011
Meyer-Goßner	Strafprozessordnung, 57. Aufl. 2014
Mitsch	Medienstrafrecht, 2012
Möhring/Nicolini	Urheberrechtsgesetz, 2. Aufl. 2000
	Münchener Prozessformularbuch, Band 5: Gewerblicher Rechtsschutz, Urheber- und Presserecht, 4. Aufl. 2014

Literaturverzeichnis

Neben	Triviale Personenberichterstattung als Rechtsproblem, 2001
Nordemann	Wettbewerbs- und Markenrecht, 11. Aufl. 2012
Ory/Schmittmann	Freie Mitarbeiter in den Medien, 2002
Osiander	Das Recht am eigenen Bild im allgemeinen Persönlichkeitsrecht, 1993
Palandt	Bürgerliches Gesetzbuch, 73. Aufl. 2014
Paschke	Medienrecht, 3. Aufl. 2009
Paschke/Berlit/ Meyer (Hrsg.)	Hamburger Kommentar Gesamtes Medienrecht, 2. Aufl. 2012
Pernice	Öffentlichkeit und Medienöffentlichkeit, 2000
Petersen	Medienrecht, 5. Aufl. 2010
Piper/Ohly/Sosnitza	Gesetz gegen den unlauteren Wettbewerb, 6. Aufl. 2014
Prinz/Peters	Medienrecht – Die zivilrechtlichen Ansprüche, 1999
Prütting	Das Caroline-Urteil des EGMR und die Rechtsprechung des Bundesverfassungsgerichts, 2006
Rath-Glawatz/Engels/ Giebel/Dietrich	Das Recht der Anzeige, 3. Aufl. 2005 (zitiert: *Bearbeiter* RdAnzeige)
Recknagel	Das Recht der Gegendarstellung bei Meldungen von Nachrichtenagenturen, 2000
Rehbinder	Urheberrecht, 16. Aufl. 2010
Rehbock	Medien- und Presserecht, 2005
Richardi	Betriebsverfassungsgesetz, 14. Aufl. 2014
Ricker	Freiheit und Aufgabe der Presse, 1983
ders.	Unternehmensschutz und Pressefreiheit, 1989
Ricker/Schiwy	Rundfunkverfassungsrecht, 1997
Ricker/Weberling	Handbuch des Presserechts, 6. Aufl. 2012 (zitiert: Ricker/Weberling)
Rose	Grenzen der journalistischen Recherche im Strafrecht und Strafverfahrensrecht, 2001
Rotsch	Der Schutz der journalistischen Recherche im Strafprozessrecht, 2000
Rübenach	Europäisches Presserecht, 2000
Rumphorst	Journalisten und Richter, 2001
Ruppel	Der Bildnisschutz, 2001
Sachs	Grundgesetz, 6. Aufl. 2011
Schack	Urheber- und Urhebervertragsrecht, 6. Aufl. 2013
Schaub	Arbeitsrechts-Handbuch, 15. Aufl. 2013
Schiwy/Schütz	Medienrecht, 5. Aufl. 2009
Schmits	Das Recht der Gegendarstellung und das right of reply, 1997
Schoch	Informationsfreiheitsgesetz; I FG, 2009
Schoch/Kloepfer	Informationsfreiheitsgesetz – Entwurf eines Informationsfreiheitsgesetzes für die Bundesrepublik Deutschland, 2002
Scholz/Liesching	Jugendschutz, 4. Aufl. 2003
Schricker	Verlagsrecht, 3. Aufl. 2001
Schricker/Loewenheim	Urheberrecht, 4. Aufl. 2010
Schulz	Die rechtlichen Auswirkungen von Medienberichterstattung auf Strafverfahren, 2002
Schulze/Stippler-Birk	Schmerzensgeldhöhe in Presse- und Medienprozessen, 1992
Seitz/Schmidt	Der Gegendarstellungsanspruch, 4. Aufl. 2010
Soehring	Das Recht der journalistischen Praxis, 1990
Soehring/Hoene	Presserecht, 5. Aufl. 2013
Sterzel	Tendenzschutz und Grundgesetz, 2001
Stock	Innere Medienfreiheit – Ein modernes Konzept der Qualitätssicherung, 2001
Stoltenberg	Erläuterungen zum Stasi-Unterlagen-Gesetz, 2000
Ströbele/Hacker	Markengesetz, 10. Aufl. 2012
Teplitzky	Wettbewerbsrechtliche Ansprüche und Verfahren, 10. Aufl. 2011
Teßmer	Der privatrechtliche Persönlichkeitsschutz von Prominenten vor Verletzung durch die Medien, 2000
Tettinger	Die Ehre – ein ungeschütztes Verfassungsgut?, 1995
Trebes	Zivilrechtlicher Schutz der Persönlichkeit von Prominenten vor Presseveröffentlichungen in Deutschland, Frankreich und Spanien, 2002

XXIII

Literaturverzeichnis

v. Hartlieb/Schwarz	Handbuch des Film-, Fernseh- und Videorechts, 5. Aufl. 2011
von der Groeben/Schwarze	Kommentar zum Vertrag über die Europäische Union und Gründung der Europäischen Gemeinschaft, 6. Aufl. 2004
von Holleben	Geldersatz bei Persönlichkeitsverletzungen, 1999
von Mangoldt/Klein/ Starck	Kommentar zum Grundgesetz, 6. Aufl. 2010
von Münch/Kunig	Grundgesetz-Kommentar, 5. Aufl. 2000 ff.
v. Schultz	Kommentar zum Markenrecht, 3. Aufl. 2012
Walter	Europäisches Urheberrecht, 2013
Wanckel	Foto- und Bildrecht, 4. Aufl. 2012
ders.	Persönlichkeitsschutz in der Informationsgesellschaft, 1999
Wandtke	Medienrecht Praxishandbuch, 3. Aufl. 2014
Wandtke/Bullinger	Praxiskommentar zum Urheberrecht, 4. Aufl. 2014
Wegner/Wallenfels/Kaboth	Recht im Verlag, 2. Aufl. 2011
Wente	Das Recht der journalistischen Recherche, 1987
Wenzel	Das Recht der Wort- und Bildberichterstattung, 5. Aufl. 2003
Wenzel/Burkhardt	Urheberrecht für die Praxis, 5. Aufl. 2009
Wiedemann	Tarifvertragsgesetz, Kommentar, 7. Aufl. 2007
Wiesener	Der Gegendarstellungsanspruch im deutschen und internationalen Privat- und Verfahrensrecht, 1999
Witzleb	Geldansprüche bei Persönlichkeitsverletzungen durch Medien, 2002
Wlotzke/Preis	Betriebsverfassungsgesetz, 4. Aufl. 2009
Zweng	Die wettbewerbsrechtliche Beurteilung der Werbung mit Gewinnspielen, 1993

II. Ältere Literatur (bis 1980)

Anschütz	Die Verfassung des Deutschen Reiches vom 11.8.1919, 14. Aufl. 1933
Armbruster u. a.	Entwurf eines Gesetzes zum Schutz freier Meinungsbildung, 1972
Bappert/Wagner	Rechtsfragen des Buchhandels, 2. Aufl. 1958
Beck	Der Lizenzvertrag im Verlagswesen, 1961
Berner	Lehrbuch des Deutschen Presserechts, 1876
Coing	Ehrenschutz und Presserecht, 1960
Collenberg	Das Recht am eigenen Bilde, 1909
d'Ester	Zeitungswesen, 1928
Dagtoglou	Wesen und Grenzen der Pressefreiheit, 1963
Dumont	Das Recht am eigenen Bilde, 1910
Gerstenberg	Die Urheberrechte an Werken der Kunst, der Architektur und der Photographie, 1968
Häntzschel	Reichspreßgesetz, Kommentar, 1927
Heinrichsbauer	Die Presseselbstkontrolle, 1954
Hoffmann-Riem	Innere Pressefreiheit als politische Aufgabe, 1979
ders.	Redaktionsstatute im Rundfunk, 1972
Hoffmann-Riem/Kohl/ Kübler/Luscher	Medienwirkung und Medienverantwortung, 1975
Hubmann	Das Persönlichkeitsrecht, 2. Aufl. 1967
Jarass	Die Freiheit der Massenmedien, 1978
Kau	Die Mitbestimmung in Presseunternehmen, 1980
Kitzinger	Das Reichsgesetz über die Presse, 1920
Klöppel	Das Reichspreßgesetz, Leipzig 1894
Küster/Stemberger	Die rechtliche Verantwortung des Journalisten, 1949
Leiss	Verlagsgesetz, 1973
Lerche	Verfassungsrechtliche Aspekte der „inneren" Pressefreiheit, 1974
Löffler	Die öffentliche Meinung – das unsichtbare Parlament, in: Die öffentliche Meinung, Bd. 4, 1962
ders.	Der Verfassungsauftrag der Presse, Modellfall „Spiegel", 1963
ders.	Ehrenschutz unter Hinblick auf die Massenmedien. Gutachten für den Dritten Österreichischen Juristentag (1967), 1967
Löffler/Arndt/ Noelle-Neumann/Haacke	Die öffentliche Meinung, Publizistik als Medium und Faktor der öffentlichen Meinung, 1962

Literaturverzeichnis

Löffler/Golsong/Frank	Das Gegendarstellungsrecht in Europa, Möglichkeiten der Harmonisierung, 1974
Löffler/Hébarre	Form und Funktion der Presse-Selbstkontrolle in weltweiter Sicht, 1968
Lüders	Presse- und Rundfunkrecht, 1952
Mannheim	Presserecht, 1927
Mestmäcker	Medienkonzentration und Meinungsvielfalt, 1978
Neuschild	Der presserechtliche Gegendarstellungsanspruch, 1977
Osterrieth/Marwitz	Das Urheberrecht an Werken der bildenden Künste und der Photographie, 2. Aufl. 1929
	Presserecht und Pressefreiheit, Festschrift für Martin Löffler, 1980
Rebmann/Ott/Storz	Das baden-württembergische Gesetz über die Presse, 1964
Rehbinder	Presserecht, 1967
Ricker	Anzeigenwesen und Pressefreiheit, 1973
ders.	Die öffentliche Aufgabe der Presse, 1973
Rojahn	Der Arbeitnehmerurheber in Presse, Funk und Fernsehen, 1978
Scheer	Deutsches Presserecht, 1966
Schüle	Persönlichkeitsschutz und Pressefreiheit, 1961
Ulmer	Urheber- und Verlagsrecht, 3. Aufl. 1980
v. Becke	Straftäter und Tatverdächtige in den Massenmedien, 1978
v. Gamm	Persönlichkeits- und Ehrverletzungen durch Massenmedien, 1969
v. Liszt	Das deutsche Reichspreßgesetz, 1880
v. Gamm	Urheberrechtsgesetz, 1968
Voigtländer/Ester/Kleine	Die Gesetze betreffend das Urheberrecht an Werken der Literatur und der Tonkunst sowie an Werken der bildenden Kunst und der Photographie, 4. Aufl. 1952
Weber	Innere Pressefreiheit als Verfassungsproblem, Berlin 1973

Synopse der 16 Landespresse-/Landesmediengesetze und des Reichspreßgesetzes

(Zahlen = Paragraphen bzw. Artikel)

Baden-Württemberg	Bayern	Berlin	Brandenburg	Bremen	Hamburg	Hessen	Meckl.-Vorp.	Niedersachsen
1. Pressefreiheit (Verbot von Standeszwang)								
1	1	1	1	1	1	1	1	1
2. Zulassungsfreiheit								
2	2	2	2	2	2	2	2	2
3. Öffentliche Aufgabe der Presse								
3	3	3	3	3	3	–	3	3
4. Informationsrecht								
4	4	4	5	4	4	3	4	4
5. Veröffentlichung amtlicher Schriftstücke								
–	–	–	–	–	–	–	–	–
6. Sorgfaltspflichten								
6	3	3	6	6	6	–	5	6
7. Begriffsbestimmungen (Druckwerke)								
7	6; 7 II; 17	6	7	7	7	4; 5	7	7
8. Impressum								
8	7; 8	7; 7a	8; 9	8	8	5; 6; 7	7	8
9. Verantwortlicher Redakteur								
9	5	8	10	9	9	7	8	9
10. Kennzeichnung entgeltlicher Veröffentlichungen								
10	9	9	11	10	10	8	9	10
11. Gegendarstellung								
11	10	10	12	11	11	9	10	11
12. Datenschutz[1]								
12	10a	22a	16a	5	11a	10	18a	19
12. Pflichtexemplare[1] (s. auch das G. über die Deutsche Bibliothek iVm. der PflStV)								
G. v. 3.3.76	PflStG	PflExG	13	12	PEG	–	11	12
13. Beschlagnahme-Anordnung								
13	15	12	–	13	–	–	12; 13	–
14. Beschlagnahme-Umfang								
14	16	13	–	14	–	–	14	–
15. Verbreitungsverbot								
15	–	14	–	15	–	–	15	–
16. Beschlagnahme-Aufhebung								
16	–	15	–	16	–	–	16	–
17. Entschädigung für fehlerhafte Beschlagnahme (s. auch das StrEG)								
17	–	16	–	17	–	–	17	–
18. Vorläufige Sicherstellung								
18	16	–	–	18	–	–	–	–
19. Beschlagnahme zur Beweissicherung								
19	–	17	–	19	–	–	18; 18a	–
20. Strafrechtliche Verantwortung								
20	11	19	14	20	19	11	19	20
21. Presse-Ordnungsdelikte								
21	13	20	–	21	20	14	20	21
22. Presse-Ordnungswidrigkeiten								
22	12	21	15	22	21	14	21	22
23. Zeugnisverweigerungsrecht (s. auch u. a. §§ 52, 53 StPO)								
23	(12)	18	–	–	–	–	–	–
24. Verjährung								
24	14	22	16	24	23	12	22	24
25. Geltung für den Rundfunk								
25	–	23	17	25	–	–	–	–
26. Schlussbestimmungen								
26	18	24	18	26	24	15	23	26

[1] Einige Landesgesetzgeber haben die früher in 12 LPG enthaltene Regelung über das Pflichtexemplarrecht in eigenständigen Gesetzen geregelt. Zumeist findet sich in § 12 LPG nun die Regelung über den Datenschutz.

Synopse LPG/RPG

Nordrh.-Westfalen	Rheinld.-Pfalz	Saarland	Sachsen	Sachsen-Anhalt	Schleswig-Holstein	Thüringen	Reichs-Preßgesetz
1. Pressefreiheit (Verbot von Standeszwang)							
1	4	3	1	1	1	1	1
2. Zulassungsfreiheit							
2	4	3	2	2	2	2	4; 5
3. Öffentliche Aufgabe der Presse							
3	5	4	3	3	3	3	—
4. Informationsrecht							
4	6	5	4	4	4	4	—
5. Veröffentlichung amtlicher Schriftstücke							
—	—	—	—	—	—	—	17
6. Sorgfaltspflichten							
6	7	6	5	5	5	5	—
7. Begriffsbestimmungen (Druckwerke)							
7	1; 3	2	15	6	6	6	2; 3; 13
8. Impressum							
8	9	8	6; 8; 15	7, 7a	7	7; 8	6
9. Verantwortlicher Redakteur							
9	10	9	7	8	8	9	7; 8
10. Kennzeichnung entgeltlicher Veröffentlichungen							
10	13	13	9	9	9	10	—
11. Gegendarstellung							
11	11	10	10	10	11	11	11
12. Datenschutz[1]							
12	12	11	11a	10a	10	11a	—
12.[1] Pflichtexemplare (s. auch das G. über die Deutsche Bibliothek iVm. der PflStV)							
G. v. 18.5.93	14	14	11	11	12	12	30
13. Beschlagnahme-Anordnung							
—	—	—	—	—	—	—	23; 24
14. Beschlagnahme-Umfang							
—	—	—	—	—	—	—	27
15. Verbreitungsverbot							
—	15	—	—	—	13	—	28
16. Beschlagnahme-Aufhebung							
—	—	—	—	—	—	—	26
17. Entschädigung für fehlerhafte Beschlagnahme (s. auch das StrEG)							
—	—	—	—	—	—	—	—
18. Vorläufige Sicherstellung							
—	—	—	—	—	—	—	23
19. Beschlagnahme zur Beweissicherung							
—	—	—	—	—	—	—	—
20. Strafrechtliche Verantwortung							
21	—	12; 63	12	12	14	—	20; 21
21. Presse-Ordnungsdelikte							
22	35	63	—	13	15	—	18
22. Presse-Ordnungswidrigkeiten							
23	36	64	13	14	16	13	19
23. Zeugnisverweigerungsrecht (s. auch u. a. §§ 52, 53 StPO)							
—	—	—	—	—	—	—	—
24. Verjährung							
25	37	66	14	15	17	14	22
25. Geltung für den Rundfunk							
26	(LMG)	(SMG)	—	—	16	—	—
26. Schlussbestimmungen							
27	55	67–71	16; 17	17	19	16	30

---

[1] Einige Landesgesetzgeber haben die früher in 12 LPG enthaltene Regelung über das Pflichtexemplarrecht in eigenständigen Gesetzen geregelt. Zumeist findet sich in § 12 LPG nun die Regelung über den Datenschutz.

Baden-Württembergisches Gesetz über die Presse (Landespressegesetz – LPresseG)[1]

Vom 14. Januar 1964
(GBl. S. 11; zuletzt geändert durch Art. 16 G zur Bereinigung von Landesrecht vom 29.7.2014, GBl. S. 378)

§ 1 Freiheit der Presse

(1) [1]Die Presse ist frei. [2]Sie dient der freiheitlichen demokratischen Grundordnung.

(2) Die Freiheit der Presse unterliegt nur den Beschränkungen, die durch das Grundgesetz unmittelbar und in seinem Rahmen durch dieses Gesetz zugelassen sind.

(3) Sondermaßnahmen jeder Art, die die Pressefreiheit beeinträchtigen, sind verboten.

(4) Berufsorganisationen der Presse mit Zwangsmitgliedschaft und eine mit hoheitlicher Gewalt ausgestattete Standesgerichtsbarkeit der Presse sind unzulässig.

(5) Gesetzen, die für jedermann gelten, ist auch die Presse unterworfen.

§ 2 Zulassungsfreiheit

Die Pressetätigkeit einschließlich der Errichtung eines Verlagsunternehmens oder eines sonstigen Betriebes des Pressegewerbes darf von irgendeiner Zulassung nicht abhängig gemacht werden.

§ 3 Öffentliche Aufgabe der Presse

Die Presse erfüllt eine öffentliche Aufgabe, wenn sie in Angelegenheiten von öffentlichem Interesse Nachrichten beschafft und verbreitet, Stellung nimmt, Kritik übt oder auf andere Weise an der Meinungsbildung mitwirkt.

§ 4 Informationsrecht der Presse

(1) Die Behörden sind verpflichtet, den Vertretern der Presse die der Erfüllung ihrer öffentlichen Aufgabe dienenden Auskünfte zu erteilen.

(2) Auskünfte können verweigert werden, soweit
1. hierdurch die sachgemäße Durchführung eines schwebenden Verfahrens vereitelt, erschwert, verzögert oder gefährdet werden könnte oder
2. Vorschriften über die Geheimhaltung entgegenstehen oder
3. ein überwiegendes öffentliches oder schutzwürdiges privates Interesse verletzt würde oder
4. ihr Umfang das zumutbare Maß überschreitet.

(3) Anordnungen, die einer Behörde Auskünfte an die Presse allgemein verbieten, sind unzulässig.

(4) Der Verleger einer Zeitung oder Zeitschrift kann von den Behörden verlangen, daß ihm deren amtliche Bekanntmachungen nicht später als seinen Mitbewerbern zur Verwendung zugeleitet werden.

---

[1] Abgedruckt als **Beispiel** für eine moderne Kodifikation des Landespresserechts; eine **Synopse** aller 16 Landespresse- bzw. Landesmediengesetze findet sich auf den vorangehenden Seiten. Der **Kommentierung** (S 31 ff.) ist jeweils der Gesetzeswortlaut für alle Bundesländer vorangestellt.

§ 5 *[aufgehoben]*

§ 6 Sorgfaltspflicht der Presse

[1] Die Presse hat alle Nachrichten vor ihrer Verbreitung mit der nach den Umständen gebotenen Sorgfalt auf Wahrheit, Inhalt und Herkunft zu prüfen. [2] Die Verpflichtung, Druckwerke von strafbarem Inhalt freizuhalten oder Druckwerke strafbaren Inhalts nicht zu verbreiten (§ 20 Abs. 2), bleibt unberührt.

§ 7 Begriffsbestimmungen

(1) Druckwerke im Sinne dieses Gesetzes sind alle mittels der Buchdruckerpresse oder eines sonstigen zur Massenherstellung geeigneten Vervielfältigungsverfahrens hergestellten und zur Verbreitung bestimmten Schriften, besprochenen Tonträger, bildlichen Darstellungen mit und ohne Schrift, Bildträger und Musikalien mit Text oder Erläuterungen.

(2) [1] Zu den Druckwerken gehören auch die vervielfältigten Mitteilungen, mit denen Nachrichtenagenturen, Pressekorrespondenzen, Materndienste und ähnliche Unternehmungen die Presse mit Beiträgen in Wort, Bild oder ähnlicher Weise versorgen. [2] Als Druckwerke gelten ferner die von einem presseredaktionellen Hilfsunternehmen gelieferten Mitteilungen ohne Rücksicht auf die technische Form, in der sie geliefert werden.

(3) Den Bestimmungen dieses Gesetzes über Druckwerke unterliegen nicht
1. amtliche Druckwerke, soweit sie ausschließlich amtliche Mitteilungen enthalten,
2. die nur Zwecken des Gewerbes und Verkehrs, des häuslichen und geselligen Lebens dienenden Druckwerke, wie Formulare, Preislisten, Werbedrucksachen, Familienanzeigen, Geschäfts-, Jahres- und Verwaltungsberichte und dergleichen, sowie Stimmzettel für Wahlen.

(4) Periodische Druckwerke sind Zeitungen, Zeitschriften und andere in ständiger, wenn auch unregelmäßiger Folge und im Abstand von nicht mehr als sechs Monaten erscheinende Druckwerke.

§ 8 Impressum

(1) Auf jedem im Geltungsbereich dieses Gesetzes erscheinenden Druckwerk müssen Name oder Firma und Anschrift des Druckers und des Verlegers, beim Selbstverlag des Verfassers oder des Herausgebers, genannt sein.

(2) [1] Auf den periodischen Druckwerken sind ferner Name und Anschrift des verantwortlichen Redakteurs anzugeben. [2] Sind mehrere Redakteure verantwortlich, so muß das Impressum die in Satz 1 geforderten Angaben für jeden von ihnen enthalten. [3] Hierbei ist kenntlich zu machen, für welchen Teil oder sachlichen Bereich des Druckwerks jeder einzelne verantwortlich ist. [4] Für den Anzeigenteil ist ein Verantwortlicher zu benennen; für diesen gelten die Vorschriften über den verantwortlichen Redakteur entsprechend.

(3) [1] Zeitungen und Anschlußzeitungen, die regelmäßig ganze Seiten des redaktionellen Teils fertig übernehmen, haben im Impressum auch den für den übernommenen Teil verantwortlichen Redakteur und den Verleger zu benennen. [2] Kopfzeitungen müssen im Impressum auch den Titel der Hauptzeitung angeben.

§ 9[1] Persönliche Anforderungen an den verantwortlichen Redakteur

(1) Als verantwortlicher Redakteur darf nicht tätig sein und beschäftigt werden, wer
1. seinen ständigen Aufenthalt außerhalb eines Mitgliedstaats der Europäischen Union oder eines anderen Vertragsstaates des Abkommens über den Europäischen Wirtschaftsraum hat,

---

[1] § 9 Abs. 1 Nr. 1 geänd. mWv 24.12.2009 durch G v. 17.12.2009 (GBl. S. 809).

2. infolge Richterspruchs die Fähigkeit, öffentliche Ämter zu bekleiden, Rechte aus öffentlichen Wahlen zu erlangen oder in öffentlichen Angelegenheiten zu wählen oder zu stimmen, nicht besitzt,
3. das 21. Lebensjahr nicht vollendet hat,
4. nicht geschäftsfähig ist,
5. nicht unbeschränkt strafgerichtlich verfolgt werden kann.

(2) Die Vorschriften des Absatzes 1 Nr. 3 und 4 gelten nicht für Druckwerke, die von Jugendlichen für Jugendliche herausgegeben werden.

(3) Von der Voraussetzung des Absatzes 1 Nr. 1 kann das Wissenschaftsministerium im Einvernehmen mit dem Justizministerium in besonderen Fällen auf Antrag Befreiung erteilen.

§ 10 Kennzeichnung entgeltlicher Veröffentlichungen

Hat der Verleger eines periodischen Druckwerks oder der Verantwortliche (§ 8 Abs. 2 Satz 4) für eine Veröffentlichung ein Entgelt erhalten, gefordert oder sich versprechen lassen, so hat er diese Veröffentlichung, soweit sie nicht schon durch Anordnung und Gestaltung allgemein als Anzeige zu erkennen ist, deutlich mit dem Wort „Anzeige" zu bezeichnen.

§ 11 Gegendarstellungsanspruch

(1) [1]Der verantwortliche Redakteur und der Verleger eines periodischen Druckwerks sind verpflichtet, eine Gegendarstellung der Person oder Stelle zum Abdruck zu bringen, die durch eine in dem Druckwerk aufgestellte Tatsachenbehauptung betroffen ist. [2]Die Verpflichtung erstreckt sich auf alle Nebenausgaben des Druckwerks, in denen die Tatsachenbehauptung erschienen ist.

(2) [1]Die Pflicht zum Abdruck einer Gegendarstellung besteht nicht, wenn die betroffene Person oder Stelle kein berechtigtes Interesse an der Veröffentlichung hat, wenn die Gegendarstellung ihrem Umfang nach nicht angemessen ist oder bei Anzeigen, die ausschließlich dem geschäftlichen Verkehr dienen. [2]Überschreitet die Gegendarstellung nicht den Umfang des beanstandeten Textes, so gilt sie als angemessen. [3]Die Gegendarstellung muß sich auf tatsächliche Angaben beschränken und darf keinen strafbaren Inhalt haben. [4]Sie bedarf der Schriftform und muß von dem Betroffenen oder seinem gesetzlichen Vertreter unterzeichnet sein. [5]Der Betroffene oder sein Vertreter kann den Abdruck nur verlangen, wenn die Gegendarstellung dem verantwortlichen Redakteur oder dem Verleger unverzüglich, spätestens innerhalb von drei Monaten nach der Veröffentlichung, zugeht.

(3) [1]Die Gegendarstellung muß in der nach Empfang der Einsendung nächstfolgenden, für den Druck nicht abgeschlossenen Nummer in dem gleichen Teil des Druckwerks und mit gleicher Schrift wie der beanstandete Text ohne Einschaltungen und Weglassungen abgedruckt werden; sie darf nicht in der Form eines Leserbriefs erscheinen. [2]Der Abdruck ist kostenfrei. [3]Wer sich zu der Gegendarstellung in derselben Nummer äußert, muß sich auf tatsächliche Angaben beschränken.

(4) [1]Für die Durchsetzung des Gegendarstellungsanspruchs ist der ordentliche Rechtsweg gegeben. [2]Auf Antrag des Betroffenen kann das Gericht anordnen, daß der verantwortliche Redakteur und der Verleger in der Form des Absatzes 3 eine Gegendarstellung veröffentlichen. [3]Auf dieses Verfahren sind die Vorschriften der Zivilprozeßordnung über das Verfahren auf Erlaß einer einstweiligen Verfügung entsprechend anzuwenden. [4]Eine Gefährdung des Anspruchs braucht nicht glaubhaft gemacht zu werden. [5]Ein Hauptverfahren findet nicht statt.

(5) Die Absätze 1 bis 4 gelten nicht für wahrheitsgetreue Berichte über öffentliche Sitzungen der gesetzgebenden oder beschließenden Organe des Bundes, der Länder und der Gemeinden (Gemeindeverbände) sowie der Gerichte.

§ 12[1] Anwendbarkeit des Bundesdatenschutzgesetzes

Soweit Unternehmen und Hilfsunternehmen der Presse personenbezogene Daten ausschließlich zu eigenen journalistisch-redaktionellen oder literarischen Zwecken erheben, verarbeiten und nutzen, gelten von den Vorschriften des Bundesdatenschutzgesetzes vom 20. Dezember 1990 (BGBl. I S. 2955), zuletzt geändert durch Artikel 12 des Gesetzes vom 21. August 2002 (BGBl. I S. 3322), in seiner jeweils gültigen Fassung nur die §§ 5, 9 und 38a sowie § 7 mit der Maßgabe, dass nur für Schäden gehaftet wird, die durch eine Verletzung von § 5 oder § 9 des Bundesdatenschutzgesetzes eintreten.

§ 13 Anordnung der Beschlagnahme

(1) Die Beschlagnahme eines Druckwerks kann nur der Richter anordnen.

(2) Die Beschlagnahme darf nur angeordnet werden, wenn

1. dringende Gründe für die Annahme vorliegen, daß das Druckwerk eingezogen oder seine Einziehung vorbehalten (§ 74b Abs. 2 des Strafgesetzbuches) wird und
2. in den Fällen, in denen die Einziehung einen Antrag oder eine Ermächtigung voraussetzt, dringende Gründe für die Annahme vorliegen, daß der Antrag gestellt oder die Ermächtigung erteilt wird.

(3) Die Beschlagnahme darf nicht angeordnet werden, wenn

1. der mit ihr verfolgte und erreichbare Rechtsschutz offensichtlich geringer wiegt als ein durch die Beschlagnahme gefährdetes öffentliches Interesse an unverzögerter Unterrichtung durch das Druckwerk oder
2. ohne weiteres feststeht, daß die nachteiligen Folgen der Beschlagnahme außer Verhältnis zu der Bedeutung der Sache stehen.

§ 14 Umfang der Beschlagnahme

(1) [1]Die Anordnung der Beschlagnahme erfaßt nur die Stücke eines Druckwerks, die sich im Besitz des Verfassers, Verlegers, Herausgebers, Redakteurs, Druckers, Händlers oder anderer bei der Herstellung, Veröffentlichung oder Verbreitung mitwirkenden Personen befinden, sowie die öffentlich ausgelegten oder öffentlich angebotenen oder sonst zur Verbreitung oder Vervielfältigung bestimmten Druckstücke; die Beschlagnahme kann in der Anordnung noch weiter beschränkt werden. [2]Die Beschlagnahme kann auf Druckformen, Platten und Matrizen oder entsprechende, den gedanklichen Inhalt der Veröffentlichung tragende Vervielfältigungsmittel ausgedehnt werden.

(2) [1]In der Beschlagnahmeanordnung sind die die Beschlagnahme veranlassenden Stellen des Druckwerkes unter Anführung der verletzten Gesetze zu bezeichnen. [2]Ausscheidbare Teile, die nichts Strafbares enthalten, sind von der Beschlagnahme auszuschließen.

(3) Die Beschlagnahme kann dadurch abgewendet werden, daß der Betroffene den die Beschlagnahme veranlassenden Teil des Druckwerks von der Vervielfältigung oder der Verbreitung unverzüglich ausschließt.

§ 15 Verbreitungsverbot für beschlagnahmte Druckwerke

Während der Dauer einer Beschlagnahme ist die Verbreitung des von ihr betroffenen Druckwerks oder der Wiederabdruck des die Beschlagnahme veranlassenden Teiles dieses Druckwerks verboten.

---

[1] § 12 eingef. mWv 8.2.2003 durch G v. 4.2.2003 (GBl. S. 108).

§ 16 Aufhebung der Beschlagnahme

(1) Die Beschlagnahmeanordnung ist aufzuheben, wenn nicht binnen eines Monats die öffentliche Klage erhoben oder die selbständige Einziehung oder der Vorbehalt der Einziehung (§ 74b Abs. 2 des Strafgesetzbuches) beantragt ist.

(2) [1] Reicht die in Absatz 1 bezeichnete Frist wegen des Umfangs des Verfahrens oder infolge erheblicher Beweisschwierigkeiten nicht aus, so kann die Staatsanwaltschaft bei dem Gericht beantragen, die Frist um einen Monat zu verlängern. [2] Der Antrag kann wiederholt werden.

(3) [1] Solange weder die öffentliche Klage erhoben noch ein Antrag auf selbständige Einziehung oder Vorbehalt der Einziehung (§ 74b Abs. 2 des Strafgesetzbuches) gestellt ist, ist die Beschlagnahmeanordnung aufzuheben, wenn die Staatsanwaltschaft dies beantragt. [2] Gleichzeitig mit dem Antrag tritt das Verbot nach § 15 außer Kraft. [3] Die Staatsanwaltschaft hat die Betroffenen von der Antragstellung zu unterrichten.

§ 17 Entschädigung für fehlerhafte Beschlagnahme

(1) [1] War die Beschlagnahme unzulässig oder erweist sich ihre Anordnung als offensichtlich ungerechtfertigt, so ist dem durch die Beschlagnahme unmittelbar Betroffenen auf Antrag eine angemessene Entschädigung in Geld zu gewähren. [2] Dies gilt auch, wenn die Beschlagnahmeanordnung fortbesteht, obwohl sie nach § 16 Abs. 1 aufzuheben war.

(2) [1] Der Anspruch kann nur geltend gemacht werden, wenn die Beschlagnahme aufgehoben oder wenn weder im Hauptverfahren noch im Einziehungsverfahren (§§ 440, 441 Abs. 1 bis 3 der Strafprozeßordnung) die Einziehung des Druckwerkes angeordnet oder vorbehalten (§ 74b Abs. 2 des Strafgesetzbuches) worden ist. [2] Der Anspruch entfällt, wenn die Bestrafung oder die Entscheidung über die Einziehung nur deshalb unterblieben ist, weil kein Antrag gestellt oder keine Ermächtigung erteilt worden ist.

(3) [1] Die Entschädigung wird für den durch die Beschlagnahme verursachten Vermögensschaden geleistet. [2] Entschädigungspflichtig ist das Land.

(4) [1] Der Antrag nach Absatz 1 ist binnen drei Monaten nach der Bekanntmachung der in Absatz 2 genannten Entscheidung bei der Staatsanwaltschaft des Landgerichts zu stellen, in dessen Bezirk die Entscheidung ergangen ist. [2] Über den Antrag entscheidet das Justizministerium. [3] Gegen seinen Bescheid ist eine Ausschlußfrist von sechs Monaten nach Zustellung die Klage zulässig. [4] Das Landgericht ist ohne Rücksicht auf den Wert des Streitgegenstandes ausschließlich zuständig.

§ 18 Vorläufige Sicherstellung

(1) [1] Die Staatsanwaltschaft oder ihre Hilfsbeamten dürfen ein Druckwerk ohne richterliche Beschlagnahme zu anderen Zwecken als zur Beweissicherung vorläufig sicherstellen, wenn seine Herstellung oder Verbreitung eine rechtswidrige Tat ist, die den Tatbestand
1. des Friedensverrats, des Hochverrats, der Gefährdung des demokratischen Rechtsstaates, des Landesverrats, der Gefährdung der äußeren Sicherheit oder
2. der §§ 109d, 109g, 111, 129, 130, 131, 184 des Strafgesetzbuches oder der Anstiftung zum Ungehorsam (§ 19 in Verbindung mit § 1 Abs. 3 des Wehrstrafgesetzes) oder
3. des *§ 21 Abs. 1 bis 3 des Gesetzes über die Verbreitung jugendgefährdender Schriften*[1]
verwirklicht und wenn eine richterliche Anordnung der Beschlagnahme nicht rechtzeitig herbeigeführt werden kann. [2] § 13 Abs. 2 und 3 sowie die §§ 14 und 17 sind auf die vorläufige Sicherstellung entsprechend anzuwenden.

---

[1] Aufgeh. mWv 31.3.2003; siehe jetzt die entsprechenden Vorschriften des Jugendschutzgesetzes.

(2) ¹Über die Bestätigung oder Aufhebung der vorläufigen Sicherstellung entscheidet das zuständige Gericht. ²Die Staatsanwaltschaft hat die Entscheidung binnen 24 Stunden nach der Sicherstellung zu beantragen. ³Das Gericht hat binnen 24 Stunden nach Eingang des Antrags zu entscheiden.

(3) Ist die vorläufige Sicherstellung von einem Hilfsbeamten der Staatsanwaltschaft angeordnet worden, so muß er die Verhandlungen spätestens innerhalb von zwölf Stunden der Staatsanwaltschaft vorlegen.

(4) Die Anordnung der vorläufigen Sicherstellung wird unwirksam, wenn nicht binnen fünf Tagen seit ihrem Erlaß der bestätigende Gerichtsbeschluß der Behörde zugegangen ist, die die Sicherstellung angeordnet hat; die vorläufig sichergestellten Stücke sind unverzüglich freizugeben.

(5) Der Beschluß des Gerichts, der die vorläufige Sicherstellung aufhebt, ist unanfechtbar.

§ 19 Beschlagnahme zur Beweissicherung

Auf die Beschlagnahme einzelner Stücke eines Druckwerks zur Sicherung des Beweises finden die §§ 13 bis 18 keine Anwendung.

§ 20 Strafrechtliche Verantwortung

(1) Die Verantwortlichkeit für Straftaten, die mittels eines Druckwerks begangen werden, bestimmt sich nach den allgemeinen Strafgesetzen.

(2) Ist mittels eines Druckwerkes eine rechtswidrige Tat begangen worden, die einen Straftatbestand verwirklicht, so wird, soweit er nicht wegen dieser Handlung schon nach Absatz 1 als Täter oder Teilnehmer strafbar ist, mit Freiheitsstrafe bis zu einem Jahr oder mit Geldstrafe bestraft
1. bei periodischen Druckwerken der verantwortliche Redakteur, wenn er vorsätzlich oder fahrlässig seine Verpflichtung verletzt hat, Druckwerke von strafbarem Inhalt freizuhalten,
2. bei sonstigen Druckwerken der Verleger, wenn er vorsätzlich oder fahrlässig seine Aufsichtspflicht verletzt hat und die rechtswidrige Tat hierauf beruht.

§ 21 Strafbare Verletzung der Presseordnung

Mit Freiheitsstrafe bis zu einem Jahr oder mit Geldstrafe wird bestraft, wer
1. als Verleger eine Person zum verantwortlichen Redakteur bestellt, die nicht den Anforderungen des § 9 entspricht,
2. als verantwortlicher Redakteur zeichnet, obwohl er die Voraussetzungen des § 9 nicht erfüllt,
3. als verantwortlicher Redakteur oder Verleger – beim Selbstverlag als Verfasser oder Herausgeber – bei einem Druckwerk strafbaren Inhalts den Vorschriften über das Impressum (§ 8) zuwiderhandelt,
4. entgegen dem Verbot des § 15 ein beschlagnahmtes Druckwerk verbreitet oder wieder abdruckt.

§ 22¹ Ordnungswidrigkeiten

(1) Ordnungswidrig handelt, wer vorsätzlich oder fahrlässig
1. als verantwortlicher Redakteur oder Verleger – beim Selbstverlag als Verfasser oder Herausgeber – den Vorschriften über das Impressum (§ 8) zuwiderhandelt oder als Unternehmer Druckwerke verbreitet, in denen die nach § 8 vorgeschriebenen Angaben (Impressum) ganz oder teilweise fehlen.

---

¹ § 22 Abs. 3 geänd. mWv 1.1.2002 durch G v. 20.11.2001 (GBl. S. 605); Abs. 4 geänd. mWv 13.8.2014 durch G v. 29.7.2014 (GBl. S. 378).

2. als Verleger oder als Verantwortlicher (§ 8 Abs. 2 Satz 4) eine Veröffentlichung gegen Entgelt nicht als Anzeige kenntlich macht oder kenntlich machen läßt (§ 10),
3. gegen die Verpflichtung aus § 11 Abs. 3 Satz 3 verstößt.

(2) Ordnungswidrig handelt auch, wer fahrlässig eine der in § 21 bezeichneten Handlungen begeht.

(3) Die Ordnungswidrigkeit kann mit einer Geldbuße bis zu 5000 Euro geahndet werden.

(4) Verwaltungsbehörde im Sinne des § 36 Abs. 1 Nr. 1 des Gesetzes über Ordnungswidrigkeiten ist das Regierungspräsidium Karlsruhe.

§ 23 Zeugnisverweigerungsrecht und Beschlagnahmeverbot

(1) Redakteure, Journalisten, Verleger, Herausgeber, Drucker und andere, die bei der Herstellung oder Veröffentlichung eines periodischen Druckwerks berufsmäßig mitgewirkt haben, können über die Person des Verfassers, des Einsenders oder des Gewährsmanns einer Veröffentlichung dieses Druckwerks sowie über die ihnen anvertrauten, dieser Veröffentlichung zugrunde liegenden Tatsachen das Zeugnis verweigern.

(2) Das Zeugnis darf nicht verweigert werden
1. bei einer Veröffentlichung strafbaren Inhalts, es sei denn, daß ein Redakteur oder ein anderer hauptberuflicher und ständiger journalistischer Mitarbeiter wegen dieser Veröffentlichung bestraft ist oder seiner Bestrafung keine tatsächlichen und keine rechtlichen Hindernisse entgegenstehen, oder
2. wenn auf Grund bestimmter Tatsachen anzunehmen ist, daß die einer Veröffentlichung zugrunde liegenden Schriftstücke, Unterlagen oder Mitteilungen unter Verletzung eines Strafgesetzes, das eine Freiheitsstrafe im Höchstbetrag von nicht weniger als einem Jahr androht, erlangt oder durch andere verschafft worden sind, oder
3. wenn nach dem Inhalt der Veröffentlichung auf Grund bestimmter Tatsachen anzunehmen ist, daß der Verfasser, der Einsender oder der Gewährsmann eine mit lebenslanger Freiheitsstrafe oder mit Freiheitsstrafe bis zu fünfzehn Jahren bedrohte Handlung begangen hat.

(3) Eine Bestrafung des verantwortlichen Redakteurs nach § 20 Abs. 2 Nr. 1 berechtigt nicht zur Verweigerung des Zeugnisses nach Absatz 2 Nr. 1.

(4) [1] Zu dem Zweck, die Person des Verfassers, des Einsenders oder des Gewährsmanns einer Veröffentlichung in einem periodischen Druckwerk zu ermitteln, ist die Beschlagnahme von Schriftstücken und Unterlagen, die sich im Gewahrsam der nach den Absätzen 1 bis 3 zur Verweigerung des Zeugnisses Berechtigten befinden, nicht zulässig; das gleiche gilt, wenn die Beschlagnahme zu dem Zweck erfolgen soll, die den nach Absätzen 1 bis 3 zur Verweigerung des Zeugnisses Berechtigten anvertrauten, dieser Veröffentlichung zugrunde liegenden Tatsachen festzustellen, nachzuweisen oder zu ermitteln. [2] Für die Durchsuchung gilt Satz 1 entsprechend.

(5) [1] Zu den in Absatz 4 genannten Zwecken ist die Beschlagnahme von Schriftstücken und Unterlagen in den Räumen einer Redaktion, eines Verlags oder einer Druckerei nur zulässig, wenn die Voraussetzungen des Absatzes 2 Nr. 2 oder 3 vorliegen oder wenn durch die Veröffentlichung eine rechtswidrige Tat begangen worden ist, die den Tatbestand eines Verbrechens oder eines Vergehens nach den §§ 80a, 86, 89, 95, 97 oder 100a des Strafgesetzbuches verwirklicht; das gleiche gilt, wenn eine rechtswidrige Tat begangen worden ist, die nach Art. 7 des Vierten Strafrechtsänderungsgesetzes vom 11. Juni 1957 (BGBl. I S. 597) in der Fassung des Art. 147 des Einführungsgesetzes zum Strafgesetzbuch vom 2. März 1974 (BGBl. I S. 469) den Tatbestand eines Verbrechens oder in Verbindung mit den §§ 89, 95 oder 97 des Strafgesetzbuches den Tatbestand eines Vergehens verwirklicht. [2] Für die Durchsuchung gilt Satz 1 entsprechend.

§ 24[1] **Verjährung**

(1) [1]Die Verfolgung von Straftaten,
1. die durch die Veröffentlichung oder Verbreitung von Druckwerken strafbaren Inhalts begangen werden oder
2. die sonst den Tatbestand einer Strafbestimmung dieses Gesetzes verwirklichen,

verjährt bei Verbrechen in einem Jahr, bei Vergehen in sechs Monaten. [2]Die Vorschrift findet keine Anwendung auf die in § 18 Abs. 1 bezeichneten Verbrechen und auf die in § 130 Abs. 2 bis 4, §§ 131 sowie 184a bis 184c des Strafgesetzbuches genannten Vergehen.

(2) Die Verfolgung der in § 22 genannten Ordnungswidrigkeiten verjährt in drei Monaten.

(3) [1]Die Verjährung beginnt mit der Veröffentlichung oder Verbreitung des Druckwerks. [2]Wird das Druckwerk in Teilen veröffentlicht oder verbreitet oder wird es neu aufgelegt, so beginnt die Verjährung erneut mit der Veröffentlichung oder Verbreitung der weiteren Teile oder Auflagen.

§ 25[2] **Landesrundfunkanstalten**

[1]Für die Veranstaltung von Rundfunk durch Landesrundfunkanstalten gelten die §§ 1, 3, 20 Abs. 1 und 2 Nr. 1 sowie §§ 23, 24 Abs. 1 und 3 entsprechend. [2]§ 23 gilt mit folgender Maßgabe:
1. Zur Verweigerung des Zeugnisses sind berechtigt Intendanten, Programm- und Landessenderdirektoren, Redakteure und andere, die bei der Vorbereitung oder Durchführung einer Rundfunksendung berufsmäßig mitgewirkt haben;
2. wenn der Verfasser, der Einsender oder der Gewährsmann selbst im Rundfunk spricht, darf das Zeugnis über seine Person nicht verweigert werden.

[3]Staatsvertragliche und sonstige rundfunkrechtliche Regelungen bleiben unberührt.

§ 26 **Schlußbestimmungen**

(1) Dieses Gesetz tritt am 1. Februar 1964 in Kraft.

(2) Gleichzeitig treten alle Rechtsvorschriften, die diesem Gesetz entsprechen oder widersprechen, außer Kraft, insbesondere *[hier nicht wiedergegeben]*.

---

[1] § 24 Abs. 1 Satz 2 neu gef. mWv 10.12.1997 durch G v. 24.11.1997 (GBl. S. 483); Abs. 1 Satz 2 geänd. mWv 13.8.2014 durch G v. 29.7.2014 (GBl. S. 378).
[2] § 25 neu gef. mWv 1.10.1998 durch G v. 21.7.1997 (GBl. S. 297); Satz 1 geänd. mWv 1.3.2007 durch G v. 14.2.2007 (GBl. S. 108).

Einleitung

Inhaltsübersicht

	Rn
I. Presserecht und Pressefreiheit	1–4
II. Presserecht: Historische Entwicklung	5–23
1. Frühe Neuzeit: Kirchlich-staatliche Vorzensur	6
2. Aufklärung und bürgerliche Freiheitsbewegung: Durchsetzung der Pressefreiheit	7–9
3. Reichspreßgesetz 1874	10–12
4. Weimar	13, 14
5. NS-Diktatur: Zwangskorporation und Abschaffung der Pressefreiheit	15
6. Militärregierung: Lizenzsystem und alliierte Heeresgruppenblätter	16, 17
7. Erlass der ersten Landespressegesetze	18
8. Das Grundgesetz für die Bundesrepublik Deutschland: Restitution der Pressefreiheit	19, 20
9. Fortgeltung des Reichspreßgesetzes als Landesrecht	21, 22
10. Entwicklung der Presse in der DDR	23
III. Die Entwicklung des Presserechts nach 1949	24–32
1. Rechtslage in den westdeutschen Ländern	24
2. Art. 75 Abs. 1 Nr. 2 GG: Nicht ausgeschöpfte Rahmengesetzgebungskompetenz für das Presserecht	25–27
3. Koordinierung des Landespresserechts 1964–1966	28–30
4. Pressefreiheit und Pressegesetze in Ostdeutschland	31, 32
IV. Gesetzgebungskompetenzen	33–69
1. Kompetenzmaterie „Presserecht"	36
2. Streichung der Rahmengesetzgebungszuständigkeit des Bundes (Art. 75 Abs. 1 Nr. 2 GG)	37
3. Konturen des Gegenstands „Presserecht"	38–49
4. Konsequenzen für die Regelung der Verjährung und des Zeugnisverweigerungsrechts	50, 51
5. Pressestrafrecht	52–56
6. Auflagenbeschlagnahme	57–60
7. Presserechtlicher Auskunftsanspruch	61–69
a) BVerwGE 146, 56	62, 63
b) Bewertung	64–69
V. Quellen des Presserechts	70–101
1. Presserecht im engeren Sinn	70–72
2. Presserecht im weiteren Sinne	73
3. Das Presserecht im Rechtssystem	74–80
4. Regelungsgehalt der Landespressegesetze im Überblick	81–101
a) Freiheit der Presse	84
b) Zulassungsfreiheit	85
c) Presse als öffentliche Aufgabe	86
d) Informationsanspruch der Presse	87
e) Sorgfaltspflicht der Presse	88
f) Begriffsbestimmungen und Anwendbarkeitsausschlüsse	89
g) Impressumspflicht	90
h) Pflicht zur Angabe des verantwortlichen Redakteurs bei periodischen Druckwerken	91
i) Anforderungen an den verantwortlichen Redakteur	92
j) Pflicht zur Offenlegung der Beteiligungsverhältnisse	93
k) Kennzeichnungspflicht für Anzeigen	94
l) Gegendarstellungsanspruch	95
m) Medienrechtliche Sonderbestimmungen zur Anwendbarkeit des BDSG	96
n) Pflichtexemplarregelung	97
o) Straf- und/oder Ordnungswidrigkeitsbewehrung	98
p) Regelung kurzer Verjährung	99

Einl

Einleitung

	Rn
q) Verbreitungsverbot für beschlagnahmte Druckwerke	100
r) Geltungserstreckung auf den Rundfunk	101
VI. Grundbegriffe des Presserechts	102–141
1. Presse im Sinne der Pressegesetze	103–105
2. Presse als Gegenstand	106–111
a) Druckwerk im weiten Sinn: Presse als verkörpertes Massenmedium	106–109
b) Periodika, insb. Zeitung und Zeitschrift	110
c) amtliche und harmlose Schriften	111
3. Pressetätigkeit	112–129
a) Herstellung	112, 113
b) Verbreitung	114–121
c) Veröffentlichung, Erscheinen	122, 123
d) Anschlagen, Ausstellen, Auslegen	124–129
4. Organisation der Presse	130–137
a) Verleger	131
b) Herausgeber	132
c) Redakteur, Chefredakteur, verantwortlicher Redakteur, Journalist	133–136
d) Verfasser, Drucker, Verbreiter, Informanten	137
5. Pressestrafrecht	138
6. Öffentliche Aufgabe der Presse	139–141
VII. Der Pressemarkt in Deutschland: Aktuelle Lage	142–156
1. Pressemärkte in Deutschland: Kennzahlen	142–145
2. Struktur deutscher Verlage und Zeitungsunternehmen und Akteure	146, 147
3. Penetration	148, 149
4. Finanzierung/Umsätze	150–154
a) Werbeeinnahmen	152, 153
b) Entwicklung	154
5. Krise der Presse	155
6. Konzentrationstendenzen	156

Schrifttum: *Bullinger,* Bedeutungsverlust der Pressefreiheit?, AfP 2007 (Sonderheft), 21; *ders,* Die Entwicklung der Medien und des Medienrechts in den neuen Bundesländern, AfP 1991, 465; *ders,* Der Rundfunkbegriff in der Differenzierung kommunikativer Dienste, AfP 1996, 1; *ders,* Ungeschriebene Kompetenzen im Bundesstaat, AöR 96 (1971), 237; *ders,* Freedom of Expression and Information: An essential Element of Democracy, German Yearbook of International Law (GYIL), Bd. 28 (1985), 88 ff. und: Human Right Law Journal (HRLJ) 6 (1985), 339 ff.; *ders,* Freiheit von Presse, Rundfunk, Film, in: Handbuch des Staatsrechts, Bd. VII, § 163, 3. Aufl. 2009; *Bullinger/Mestmäcker,* Multimediadienste, Baden-Baden 1997; *Burkhardt,* Das Recht der Wort- und Bildberichterstattung: Handbuch des Äußerungsrechts, 5. Aufl., Köln 2003; *Cornils,* Der medienrechtliche Auskunftsanspruch in der Kompetenzordnung des Grundgesetzes, DÖV 2013, 657; *Determann,* Kommunikationsfreiheit im Internet 1999; *Dolzer/Waldhoff/Walter* (Hrsg.), Bonner Kommentar zum Grundgesetz, Loseblatt, Stand Juli 2014, zitiert: BK-Bearbeiter; *Dörr,* Medienfreiheit im Binnenmarkt, AfP 2003, 202; *Dreier* (Hrsg.), Grundgesetz, Kommentar, Bd. I, 3. Aufl., Tübingen 2013, zitiert: Dreier-Bearbeiter; *Fischer,* Strafgesetzbuch und Nebengesetze, Kommentar, 61. Aufl., München 2014; *Erichsen/Ehlers* (Hrsg.), Allgemeines Verwaltungsrecht, 14. Aufl., Berlin 2010; *Germelmann,* Presserechtliche Auskunftsansprüche gegenüber Bundesbehörden, DÖV 2013, 667; *Gersdorf,* Der verfassungsrechtliche Rundfunkbegriff im Lichte der Digitalisierung der Telekommunikation, Berlin 1995; *Gounalakis,* Gutachten für den 64. Deutschen Juristentag, München 2002; *Groß,* Pressekonzentration und Medienpolitik, DVBl 1975, 236; *ders,* Presserecht, 3. Aufl., Heidelberg 1999; *Haible,* Das Recht der Presse in den deutschen Bundesländern, Diss. Würzburg 1964; *Häntzschel,* Der Verfassungsschutz der Preßfreiheit [1927], in: Wilke (Hrsg.), Pressefreiheit, 1984, S. 239 ff.; *ders,* in: Anschütz/Thoma (Hrsg.), Handbuch des Deutschen Staatsrechts, Bd. 2, 1932, § 105. Das Recht der freien Meinungsäußerung, S. 651 ff.; *ders,* Reichspreßgesetz, Kommentar, Berlin 1927; *Haupt* (Hrsg.), Electronic Publishing, München 2002; *Hendler,* Finanzverfassungsreform und Steuergesetzgebungshoheit der Länder, DÖV 1993, 292; *Hesse,* Rundfunkrecht, 3. Aufl., München 2003; *Hochstein,* NJW 1997, 2977 ff.; *Hoffmann-Riem,* Kommunikations- und Medienfreiheit, in: Handbuch des Verfassungsrechts der Bundesrepublik Deutschland, 2. Aufl., 1994, S. 191 ff.; *Hoffmann-Riem/Plander,* Rechtsfragen der Pressereform, Baden-Baden 1977; *Huber,* Urteilsanmerkung in NVwZ 2013, 1010; *Jarass,* Kartellrecht und Landesrundfunkrecht, Köln 1991; *ders,* Online-Dienste und Funktionsbereich des Zweiten Deutschen Fernsehens, Mainz 1997; *Jarass/Pieroth,* Grundgesetz für die Bundesrepublik Deutschland: Kommentar, 13. Aufl., München 2014; *Kitzinger,* Das Reichsgesetz über die Presse vom 7. Mai 1874, Tübingen 1920; *Kloepfer,* Anmerkung zu einer Entscheidung des BVerwG, Urteil vom 20.2.2013 (6 A 2/12; NVwZ 2013, 1006) – Zum Auskunftsanspruch gegenüber dem Bundesnachrichtendienst, JZ 2013, 892; *Kloeppel,* Das Reichspreßrecht, Leipzig 1894; *Kopp,* Schweiz auf dem Weg zu einer Mediengesamtkonzeption, in: Festschrift für

I. Presserecht und Pressefreiheit **Einl**

Löffler, München 1980; *Leisner,* Von der Verfassungsmäßigkeit der Gesetz zur Gesetzmäßigkeit der Verfassung, Tübingen 1964; *Lerche,* Die Gesetzgebungskompetenz von Bund und Ländern auf dem Gebiet des Presserechts, AfP 1972, 242; *Liesching,* Das neue Jugendschutzgesetz, NJW 2002, 3281 ff.; *von Liszt,* Das deutsche Reichs-Preßrecht, Berlin 1880; *Löffler,* Presserecht, 1. Aufl. München 1955; 2. Aufl. Bd. I München 1969, Bd. II 1968; 3. Aufl. Bd. I München 1983; 5. Aufl. München 2006; *ders,* Ein vorbildliches Pressegesetz (zum Inkrafttreten des neuen hessischen Landespressgesetz), NJW 1959, 417; *ders,* Die öffentliche Meinung – das unsichtbare Parlament, in: Die öffentliche Meinung, Bd. 4, München 1962; *ders,* Publizistik 1957, S. 323; *Löwe/Rieß/Kleinknecht,* Die Strafprozessordnung und das Gerichtsverfassungsgesetz mit Nebengesetzen, Großkommentar, 26. Aufl., Berlin 2005; *Lüders,* Presse- und Rundfunkrecht, Berlin 1952; *Mannheim,* Pressrecht, Berlin 1927; *Matthäus,* Publistik 1964, 126; *Maunz/Dürig,* Grundgesetz, Kommentar, 70. Lfg., München 2014; *Maurer,* Allgemeines Verwaltungsrecht, 18. Aufl., München 2011; *Meyer-Goßner,* Strafprozessordnung: Gerichtsverfassungsgesetz, Nebengesetze und ergänzende Bestimmungen, 57. Aufl., München 2014; *Möller,* AfP 1964, 464; *Möschel,* Pressekonzentration und Wettbewerbsgesetz, Tübingen 1978; *Müller,* Der Deutsche Bund 1815–1866, 2006, S. 39f.; *Nipperdey,* Deutsche Geschichte, 1800–1866, 1998, S. 587 ff.; *Petersen,* Medienrecht, 5. Aufl., München 2010; *Pfeiffer,* Strafprozessordnung Kommentar, 5. Aufl., München 2005; *Pieper/Wiechmann,* Der Rundfunkbegriff – Änderungen durch Einführung interaktiven Fernsehens?, ZUM 1995, 82; *Pürer/Raabe,* Presse in Deutschland, 3. Aufl., Konstanz 2007; *Rebmann/Ott/Storz,* Das baden-württembergische Gesetz über Presse, Stuttgart 1964; *Rengeling,* in: Isensee/Kirchhof (Hrsg.), Handbuch des Staatsrechts der Bundesrepublik Deutschland, Bd. VI, § 135, 3. Aufl. 2008; *Ricker/Weberling,* Handbuch des Presserechts, 6. Aufl., München 2012; *Rudolph,* Erhalt von Vielfalt im Pressewesen: unter besonderer Berücksichtigung des publizistischen Wettbewerbs, eine rechtswissenschaftliche Analyse unter Berücksichtigung kommunikationswissenschaftlicher und wirtschaftswissenschaftlicher Erkenntnisse, Frankfurt 2009; *Sachs* (Hrsg.), Grundgesetz, Kommentar, 7. Aufl. München 2014, zitiert: Sachs-Bearbeiter; *Sachs/Jasper,* Bundeskompetenz für ein Presseinformationsgesetz, NWVBl 2013, 389; *Schricker/Bappert,* Verlagsrecht, 3. Aufl. München 2001; *Soehring/Hoene,* Presserecht: Recherche, Darstellung, Haftung im Recht der Presse, des Rundfunks und der neuen Medien, 5. Aufl., Köln 2013; *Spindler/Schuster,* Recht der elektronischen Medien, 2. Aufl. 2011; *Stadler,* Das neue österreichische Medienrecht, AfP 1083, 369; *Stern,* Idee und Elemente eines Systems der Grundrechte, in: Isensee/Kirchhof (Hrsg.), Handbuch des Staatsrechts der Bundesrepublik Deutschland, Bd. IX, § 185, 3. Aufl. 2011; *Stöber,* Deutsche Pressegeschichte, 2. Aufl., Konstanz 2005; *Wilke,* Massenmedien und Journalismus in Geschichte und Gegenwart, Bremen 2005; *ders,* Einleitung, in: ders (Hrsg) Pressefreiheit, Darmstadt 1984; *ders,* Zensur und Pressefreiheit, in: Europäische Geschichte Online (EGO), hg. vom Leibniz-Institut für Europäische Geschichte (IEG), Mainz 2013.

I. Presserecht und Pressefreiheit

„Eine freie, nicht von der öffentlichen Gewalt gelenkte, keiner Zensur unterworfene Presse ist ein Wesenselement des freiheitlichen Staates; insbesondere ist eine freie, regelmäßig erscheinende politische Presse für die moderne Demokratie unentbehrlich." Mit diesen Sätzen aus dem Spiegel-Urteil des BVerfG v. 5. August 1966 (BVerfGE 20, 162/174) ist die herausragende Bedeutung der Presse und ihre Hochschätzung durch die Verfassung bis heute unübertroffen prägnant umrissen. Die Presse muss frei sein und sie muss politisch sein können, nicht nur um des Eigenwerts der Handlungsfreiheit der Presseschaffenden willen, sondern auch, weil sie nur so die zugleich von ihr erwarteten, nie aber rechtlich einforderbaren oder gar erzwingbaren Funktionen erfüllen kann. Die Presse ist wie der Rundfunk Verfassungsvoraussetzung der Demokratie. Ohne freie – heute zunehmend auch elektronische – Presse und Rundfunk wäre schon mangels Informationsgrundlage ein Kommunikations- und Meinungsbildungsprozess undenkbar. Es würde eine Bedingung fehlen, um den Bürger erst zur Entwicklung politischen Bewusstseins – in denkbar weitesten Sinne – befähigt und so in die Lage versetzt, von seinem demokratischen status activus sinnvoll Gebrauch zu machen, ja überhaupt an gesellschaftlichen Diskursen teilzunehmen und an dem in Buch- und Zeitungspresse oder auf digitalen Trägern gespeicherten kollektiven Wissen der Gesellschaft teilzuhaben. Die Freiheit der Medien – namentlich und bei aller Entwicklung elektronischer Medien immer noch auch der Presse – ist daher konstituierend für die freiheitliche demokratische Grundordnung (BVerfGE 77, 65/74; EGMR, Urt. v. 7.2.2012, Nr. 39954/08 – Axel Springer AG v. Germany, Rn. 80: „essential role played by the press in a democratic society"). **1**

Diese Anerkennung der Wichtigkeit, ja Unentbehrlichkeit der Presse markiert den verfassungsrechtlichen Schlusspunkt eines Prozesses historisch erst recht spät erreichter Umwertung: Die Presse ist im frühneuzeitlichen Staat, aber noch bis in die kon- **2** stitutionelle Epoche hinein vor allem als polizeistaatlich einzudämmende, sodann immerhin noch polizeirechtlich einzuhegende Gefahr aufgefasst worden, gefährlich für die Erhaltung sittlicher Integrität und der religiös-politischen Zuverlässigkeit der Bevölkerung. Das Presserecht ist mithin von seinen Anfängen bis in das 19. Jahrhundert, in einigen Hinsichten auch noch in das 20. Jahrhundert hinein ein Recht, wenn nicht schlechthin der Repression, so doch jedenfalls der Kontrolle. Es basiert auf den Instrumenten der Zensur und/oder Konzessionierung und besteht auch später noch im Wesentlichen aus Vorkehrungen zur effektiven Verhinderung oder jedenfalls Verfolgung des „Missbrauchs der Presse" (so etwa das Bundespreßgesetz 1854, s. u., Rn. 9). Erst die ab 1949, überwiegend sogar erst in den 1960er Jahren entstandenen Pressegesetze der Länder haben diese sonderpolizeirechtlichen Züge weitgehend verloren, erkennbar zumal an der Abschaffung aller ordnungsbehördlichen Befugnisse.

3 Der Aufstieg der Presse vom ordnungsrechtlichen Problemfall zum verfassungsrechtlich vorausgesetzten und gewährleisteten Faktor öffentlicher Meinungsbildung hat im Presserecht auch positive Spuren hinterlassen: Neben die fortbestehenden, heute aber selbst auch im Dienst der positiven Informationsfunktion der Presse stehenden Pflichtbindungen (etwa die spezifisch presserechtliche Sorgfaltspflicht) sind medienspezifische Privilegien getreten (presserechtlicher Informationsanspruch, Zeugnisverweigerungsrecht und korrespondierender Beschlagnahmeschutz, Datenschutzprivileg, kurze Verjährung). In ihnen drückt sich keineswegs eine besondere vorrangige Wertigkeit des Freiheitsrechts gerade der Pressefreiheit gegenüber sonstigen Emanationen von Handlungsfreiheit aus, wohl aber die Anerkennung der überindividuellen Funktion des „Instituts der freien Presse" für den Informations- und Meinungsbildungsprozess. Sie rechtfertigen sich aus der „öffentlichen Aufgabe" der Presse (§ 3 LPG), sind mithin nicht um ihrer selbst willen eingeräumt, sondern weil sie unabdingbar oder zumindest nützlich für die Erfüllung jener Informationsfunktion als „public watchdog" (EGMR, Urt. v. 20.5.1999, Nr. 21980/93 – Bladet Tromsø and Stensaas v. Norway, Rn. 59) sind. Die daraus sich ergebende funktionale Sonderstellung der Presse verleiht ihr mithin besondere Rechte, aber auch Pflichten und Verantwortlichkeiten, die über den Jedermann-Status von Individualkommunikatoren hinausgehen. Sie sind insbesondere in den Pressegesetzen, dem Presserecht im engeren Sinne (s. u., Rn. 70 ff.) geregelt, ergeben sich teilweise aber auch aus anderen Vorschriften des Zivil- oder Strafrechts, soweit diese Anwendung auf Pressesachverhalte finden.

4 Die Pressefreiheit bedarf in besonderer Weise des Schutzes vor immerwährend drohender Infragestellung und Gefährdung durch den Staat, aber auch durch gesellschaftliche Mächte. Verbindet sich die Vorstellung einer auf Gedankenfreiheit, individueller Selbstbestimmung, Befreiung aus kirchlicher oder weltlich-herrschaftlicher Bevormundung beruhenden Gesellschaftsordnung, hervorgegangen aus den Anfängen von Renaissance und Aufklärung, unlösbar mit der Existenz und Wirkkraft einer massenmedialen Presse (seit ca. 500 Jahren), so ist der je vorfindliche Zustand der Presse auch heute noch wichtigster Indikator für die freie oder unfreie Verfassung einer Gesellschaft: Das Grundgesetz sorgt insoweit mit der Grundrechtsgewährleistung der Pressefreiheit (Art. 5 Abs. 1 Satz 2 GG), flankiert durch menschenrechtlichen Schutz aus der EMRK (Art. 10) und Unionsrecht (Art. 11 GrCh), für vergleichsweise stabile höchstrangige rechtliche Rahmenbedingungen, und zwar sowohl als Abwehrrecht gegen den Staat zugunsten der „im Bereich von Presse und Rundfunk tätigen Personen und Organisationen", als auch in der objektiv-rechtlichen Wirkdimension als Gewährleistung der „institutionellen Eigenständigkeit der Presse" (BVerfGE 10, 118/121; 66, 116/133; 77, 65/74 ff.). Diese Schutzwirkungen sind indessen auch in Deutschland noch immer unentbehrlich, um für die Pressefreiheit problematischen Entwicklungen in der Rechtspraxis entgegen treten zu können, etwa mit Blick auf den Schutz des Redaktionsgeheimnisses und den journalistischen Quellenschutz vor strafrechtlichen Ermittlungsmaßnahmen (BVerfGE 117, 244 – Cicero).

II. Presserecht: Historische Entwicklung

Die Presse ist ein Medium der Massenkommunikation. Begriffskonstituierend ist die Vervielfältigung von verkörperten Kommunikaten. Schon deswegen gilt die revolutionäre (Zweit-)Erfindung des Buchdrucks unter Verwendung beweglicher Lettern durch Johannes Gutenberg um 1450 als Ausgangspunkt der Entwicklung einer Presse im modernen Sinn (*Stöber*, S. 20 ff.). Sie, welche die vielfache Verbreitung von Texten, damit aber auch von freien und kritischen Gedanken erst möglich machte, bestimmte damit wesentlich den Aufbruch in das Zeitalter von Renaissance und Aufklärung, besiegelte das Ende mittelalterlicher Weltbildgeschlossenheit und den Beginn der Neuzeit.

1. Frühe Neuzeit: Kirchlich-staatliche Vorzensur

Bis zur Durchsetzung der Pressefreiheit war es freilich ein langer Weg (s. zum Nachfolgenden ausführlicher *Ricker/Weberling*, S. 26 ff.; *Wilke:* Zensur und Pressefreiheit). Zunächst forderte die neuartige Fülle von Druckschriften, darunter auch die noch nicht periodisch erscheinenden Vorläufer moderner Zeitungen und Zeitschriften (Flugschriften, Einblattdrucke) die Abwehrkräfte der herrschenden Mächte heraus, namentlich der Kirche, sodann, in Deutschland vornehmlich zu deren Unterstützung, auch der weltlichen Gewalt des Reiches und der Fürsten. Das Presserecht der Frühzeit, dann aber auch noch über Jahrhunderte hinweg bis in das 19. Jahrhundert hinein, steht im Zeichen der Unterdrückung; es hat polizeistaatlichen Charakter. Schon gegen Ende des 15. Jahrhunderts erwies sich die bisher im Rahmen der Inquisition (seit 1184) praktizierte kirchliche Nachzensur als nicht mehr hinreichend, dogmen- und kirchenkritischen Schriften zu wehren. Zunächst im Bistum Mainz, wenig später, mit päpstlicher Bulle von 1487 mit Wirkung für das gesamte Einflussgebiet der römischen Kirche, wurde die bischöfliche Vorzensur (censura praevia) eingeführt, d. h. die sanktionsbewehrte Erlaubnispflicht hinsichtlich aller Druckschriften. Schon bald (insb.: Speyerer Reichsabschied v. 22.4.1529) lieh – wie schon im Rahmen der Inquisition – die weltliche Herrschaft der Kirche ihre Machtmittel, begann mithin die Ära der staatlichen Vorzensur, die mit dem Erstarken der landesherrlichen Gewalt zunehmend vom Reich auf die Territorien überging. Im Unterschied zu heute diente auch die 1530 eingeführte, indessen noch auf die Angabe des Druckers und Druckorts begrenzte Impressumspflicht der Sicherung des herrschaftlichen Kontrollzugriffs.

2. Aufklärung und bürgerliche Freiheitsbewegung: Durchsetzung der Pressefreiheit

Mit der Aufklärung und der Vorstellung subjektiver Individualrechte, später auch im Sinne indisponibler Menschenrechte der Person, gewinnt vor allem das Begehren nach Pressefreiheit Einfluss, ohne sich allerdings in den deutschen Territorien zunächst durchsetzen zu können. Gerade in Hinsicht auf die Pressefreiheit sind die deutsche Verspätung und der „entwicklungsgeschichtliche Abstand" (*Wilke*, in: ders., Pressefreiheit, Einleitung, S. 16) gegenüber den angelsächsischen und französischen Vorreitern besonders augenfällig. Kam es in England schon 1695 zur Nichterneuerung des Zensurstatuts und so zur Abschaffung der Präventivkontrolle, 1789 dann im revolutionären Frankreich (Art. 11 Déclaration des Droits de l'Homme et du Citoyen) und mit dem First Amendment zur US-Verfassung in den Vereinigten Staaten zur Anerkennung der Pressefreiheit als Menschenrecht, blieb es in Deutschland im Wesentlichen bis zur Revolution von 1848 bei der repressiven, nunmehr vor allem gegen die bürgerliche Freiheitsbewegung gerichteten Kontrolle der Presse (*Wilke*, Massenmedien und Journalismus in Geschichte und Gegenwart, S. 108 ff.). Immerhin einige deutsche Fürsten des Frühkonstitutionalismus gaben dem Freiheitsgedanken Raum (Abschaffung der Pressezensur 1817 in Württemberg, § 28 württ. Verfassung v. 25.9.1819:

Einl Einleitung

„Die Freiheit der Presse und des Buchhandels findet in ihrem vollen Umfange statt, jedoch unter Beobachtung der gegen den Mißbrauch bestehenden oder künftig zu erlassenden Gesetze."; Abschaffung der Zensur 1818 in Bayern mit Ausnahme der politischen Literatur). Während der Freiheitskriege erlebte die liberale Publizistik einen starken Aufschwung; überhaupt wird das 19. Jahrhundert bestimmt von einer schließlich alle gesellschaftlichen Schichten erfassenden Lesebegeisterung und einem damit einhergehenden Aufstieg der Presse (*Nipperdey*, Deutsche Geschichte, 1800–1866, 1998, S. 587 ff.). Die Restauration der Ära Metternich suchte ihr Heil in der polizeistaatlichen Unterdrückung der immer stärker werdenden oppositionellen Kräfte: Bundesweit wurden wieder die Tageszeitungen sowie alle Druckwerke bis zur Stärke von 20 Bogen der Vorzensur durch die Landesbehörden unterworfen (§ 1 Bundespreß-Gesetz v. 20.9.1819).

8 Erst der Revolution von 1848 gelang es, die längst überfällige Pressefreiheit – Zentralforderung der vormärzlichen Freiheitsbewegung – durchzusetzen und die Restriktionen der Karlsbader Beschlüsse von 1819 abzuschütteln (Bundesbeschluss v. 3.3.1848). Art. 143 Sätze 2–4 der auch in dieser Hinsicht fortschrittlichen, wenn auch nicht praktisch wirksam gewordenen Paulskirchenverfassung (Verfassung des Deutschen Reichs v. 28.3.1849) schrieb sie schließlich in beeindruckender Deutlichkeit und – einmalig in der deutschen Verfassungsgeschichte – ohne Gesetzesvorbehalt fest: „Die Preßfreiheit darf unter keinen Umständen und in keiner Weise durch vorbeugende Maaßregeln, namentlich Censur, Concessionen, Sicherheitsbestellungen, Staatsauflagen, Beschränkungen der Druckereien oder des Buchhandels, Postverbote oder andere Hemmungen des freien Verkehrs beschränkt, suspendirt oder aufgehoben werden. Über Preßvergehen, welche von Amts wegen verfolgt werden, wird durch Schwurgerichte geurtheilt. Ein Preßgesetz wird vom Reiche erlassen werden."

9 Der Rückschlag in den Jahren der Reaktion war einschneidend: Die am 6. Juli 1854 von der Bundesversammlung beschlossenen „Allgemeinen Bestimmungen zur Verhinderung des Mißbrauchs der Presse" (Bundespreßgesetz 1854) brachten erhebliche Einschränkungen: Den Bundesstaaten wurden als Pressekontroll-Mindeststandard, d. h. vorbehaltlich schärferer staatlicher Regelung, die Konzessionierung der Gewerbe des Druckers und Händlers mit Druckwerken, die Erlaubnispflicht für die Verbreitung von Druckwerken an öffentlichen Orten, eine Pflicht zur Ablieferung von Druckexemplaren an die Behörden und der Kautionszwang vorgeschrieben; zudem sah das Gesetz existenzbedrohende Sanktionen auf sehr weit gefasste Tatbestände verbotener Pressetätigkeit vor (*Wilke*, Pressefreiheit, S. 30). Aber es ließ sich doch die längst in das allgemeine Bewusstsein gedrungene und gefestigte Idee einer freien Presse nicht mehr ganz in das alte polizeistaatliche Korsett zwingen. Namentlich gelang es dem Deutschen Bund bei aller reaktionären Entschlossenheit nicht mehr, auf den Stand der Karlsbader Beschlüsse zurückzukehren, wenn auch nicht allein wegen der Stärke liberaler Widerstandskräfte, sondern auch wegen der Autonomieansprüche einiger Bundesstaaten, namentlich Preußens, das auf die Eigenständigkeit seiner – selbst keineswegs liberalen – Presseregulierung (s. das repressive prPresseG v. 12.5.1851, GesSlg für die preuß. Staaten S. 273) bedacht war (*Müller*, Der Deutsche Bund 1815–1866, 2006, S. 39 f.). Die volle Vorzensur im Sinne der publikationsbezogenen Erlaubnispflicht, in einigen Bundesstaaten nunmehr auch verfassungsrechtlich ausgeschlossen (zB Art. 27 Satz 2 preuß. Verf. v. 31.1.1850), gehörte der Vergangenheit an (vgl. § 5 Satz 2 prPresseG 1851: „Die Austheilung oder Versendung der Zeitung oder Zeitschrift soll durch die Hinterlegung [bei der Ortspolizeibehörde] nicht aufgehalten werden.").

3. Reichspreßgesetz 1874

10 Die aus der Verfassung des Norddeutschen Bundes (1867) hervorgegangene Verfassung des Kaiserreichs von 1871 enthielt keine Grundrechtsgewährleistungen, mithin auch keine Garantie der Pressefreiheit, wohl aber – neu eingefügt – eine Zuweisung der Gesetzgebungskompetenz für die „Bestimmungen über die Presse" zum Reich (Art. 4

II. Presserecht: Historische Entwicklung

Nr. 16). Auf dieser Grundlage stimmte der Reichstag dem nach zähem Ringen um die Regelung der Beschlagnahme von Presseerzeugnissen sowie das Zeugnisverweigerungsrecht zustande gekommenen Reichspreßgesetz zu (Gesetz über die Presse v. 7.5.1874, in Kraft getreten am 1.7.1874). Das Gesetz entsprach in wesentlichen Zügen bereits modernen Pressegesetzen und bedeutete namentlich gegenüber der Gesetzgebung aus der Zeit des Deutschen Bundes einen erheblichen Fortschritt (*Wilke*, Pressefeiheit, S. 31). So entfiel nicht nur – nunmehr selbstverständlich – die Zensur, sondern auch der Konzessions- und Kautionszwang und wurde überhaupt jedes administrative oder richterliche Verbot pressegewerblicher Tätigkeit – vorbehaltlich der Regelungen der Gewerbeordnung – ausgeschlossen (§ 4 RPG). Von der Präventivkontrolle blieb nur noch die Pflicht zur Ablieferung eines Exemplars einer periodischen Druckschrift an die Polizeibehörde (§ 9 RPG), während das kulturellen Zwecken dienende Pflichtexemplarrecht (s. § 6 prPresseG 1851) weiterhin landesrechtlicher Regelung überlassen blieb (§ 30 Satz 3 RPG). Ausgeschlossen wurde eine Sonderbesteuerung der Presse (§ 30 Satz 4 RPG). Das Gesetz sah die Impressumpflicht vor (§ 6 RPG), verpflichtete darüber hinaus bei periodischen Druckwerken zur Angabe eines verantwortlichen Redakteurs (§ 7 RPG), gab einen Gegendarstellungsanspruch (§ 11 RPG) und enthielt bereits eine Spezialregelung der (kurzen) Verjährung für Pressestraftaten (§ 22 RPG). Die – umstrittene – vorläufige polizeiliche Beschlagnahme ohne richterliche Anordnung (mit oder ohne staatsanwaltliche Anordnung) blieb möglich, allerdings begrenzt auf bestimmte Fälle von presseordnungsrechtlichen oder strafrechtlichen Verstößen. Sicherungen des Quellenschutzes, insbesondere durch Zuerkennung eines Zeugnisverweigerungsrechts für Journalisten, konnten nicht durchgesetzt werden, weder im Reichspreßgesetz noch in der Reichsstrafprozeßordnung. Das in § 53 Abs. 1 Nr. 5 StPO verankerte berufsstandsbezogene Zeugnisverweigerungsrecht ist – nach restriktiveren Fassungen in der Weimarer Zeit und gem. der Novelle von 1953 – erst mit der Neufassung von 1974 voll – und gegenüber den anderen privilegierten Berufsständen gleichwertig ausgestaltet worden (*Ricker/Weberling*, S. 210 ff.).

Durch das Bismarcksche Sozialistengesetz von 1878, in Geltung bis 1880, wurden **11** die eben nicht verfassungsrechtlich abgesicherten Garantien des Reichspreßgesetzes erheblich eingeschränkt; „Druckschriften, in welchen sozialdemokratische, sozialistische oder kommunistische auf den Umsturz der bestehenden Staats- oder Gesellschaftsordnung gerichtete Bestrebungen in einer den öffentlichen Frieden, insbesondere die Eintracht der Bevölkerungsklassen gefährdenden Weise zu Tage treten", waren zu verbieten (§ 11 des „Gesetzes gegen die gemeingefährlichen Bestrebungen der Sozialdemokratie" v. 21.10.1878, RGBl. Nr. 34, S. 351), die danach verbotenen Schriften unterlagen der Beschlagnahme (§§ 14 f.) (*Wilke*, Pressefreiheit, S. 30; *Pürer/Raabe*, S. 63).

Das Reichspreßgesetz hat schon deswegen tief prägende Kraft entfaltet, weil es den **12** Rechtsrahmen der Pressetätigkeit in Deutschland für viele Jahrzehnte bestimmt hat, teilweise, soweit nicht schon früher Voll- oder Teilregelungen der Länder an seine Stelle getreten sind (s. u., Rn. 18, 24), als fortgeltendes Landesrecht bis zu seiner endgültigen Ablösung durch die modernen Pressegesetze in den Jahren 1964 bis 1966.

4. Weimar

Die Weimarer Reichsverfassung vom 11.8.1919 schrieb die Reichskompetenz für **13** das Pressewesen fort (Art. 7 Nr. 6 WRV). Rechtspolitische Vorstöße in der Weimarer Zeit, das überkommene Reichspreßgesetz zu novellieren, blieben indessen erfolglos (*Ricker/Weberling*, S. 30). Im nunmehr wieder auf (Reichs-)Verfassungsebene formulierten Grundrechtskatalog griff die Weimarer Verfassung nur die schon in Art. 143 S. 1 der Frankfurter Reichsverfassung von 1849 statuierte Garantie der Meinungsfreiheit wieder auf, nicht aber die dort in den weiteren Sätzen niedergelegten spezifischen Garantien der Pressefreiheit (s. o., Rn. 8); Art. 118 WRV: „Jeder Deutsche hat das Recht, innerhalb der Schranken der allgemeinen Gesetze seine Meinung durch

Wort, Schrift, Druck, Bild oder in sonstiger Weise frei zu äußern. An diesem Rechte darf ihn kein Arbeits- oder Anstellungsverhältnis hindern, und niemand darf ihn benachteiligen, wenn er von diesem Rechte Gebrauch macht. Eine Zensur findet nicht statt, doch können für Lichtspiele durch Gesetz abweichende Bestimmungen getroffen werden. Auch sind zur Bekämpfung der Schund- und Schmutzliteratur sowie zum Schutze der Jugend bei öffentlichen Schaustellungen und Darbietungen gesetzliche Maßnahmen zulässig."

14 Die Presse (und später auch der Rundfunk) ist als in Art. 118 S. 1 erwähnter („Druck") Verbreitungsmodus der Meinungsäußerungsfreiheit mit geschützt, nicht indessen Gegenstand eigenständiger oder institutioneller Gewährleistung (*Wilke*, Pressefreiheit, S. 33). In der zeitgenössischen Literatur ist daraus geschlossen worden, es komme für den Schutz der Verbreitung fremder Kommunikate darauf an, dass der Verbreiter sich die fremde Äußerung zu Eigen mache mit der Konsequenz, dass die bloße Herstellung und der Vertrieb von Presseerzeugnissen (die „rein technisch beschäftigten Drucker, Setzer, Zeitungsausträger") vom Grundrechtsschutz nicht erfasst würden (*Häntzschel*, in: Anschütz/Thoma (Hrsg.), HDStR II, 1932, S. 656). In dieser Lesart blieb der in der Meinungsfreiheit konsumierte Schutz der Pressefreiheit auch gegenständlich – über die strukturelle Wirkungsschwäche der Weimarer Grundrechte hinaus – hinter dem Grundgesetz zurück (kritisch zum „Rückschritt" gegenüber dem schon vorher erreichten Stand verfassungsrechtlicher Verbürgerung der Pressefreiheit *Häntzschel*, Der Verfassungsschutz der Preßfreiheit [1927], in: *Wilke*, Pressefreiheit, 239 ff.), insofern Art. 5 Abs. 1 Satz 2 GG alle für die Presse konstituierenden Tätigkeiten, auch zumindest die unmittelbar pressebezogenen Hilfstätigkeiten erfasst (BVerfGE 77, 346 – Pressegrosso, näher u. § 1 Rn. 222 ff.). Immerhin sah Art. 118 Satz 2 WRV eine unmittelbare Drittwirkung des einheitlichen Grundrechts der Kommunikationsfreiheit vor, eine Neuerung, die vom Grundgesetz nicht mehr aufgegriffen worden ist. Der Verfassunggeber von 1919 sah die Meinungsfreiheit hauptsächlich nicht mehr vom Staat, sondern von gesellschaftlichen Mächten bedroht (*Häntzschel*, in: Anschütz/Thoma (Hrsg.), HDStR II, 1932, S. 653).

5. NS-Diktatur: Zwangskorporation und Abschaffung der Pressefreiheit

15 Der unbegründete Optimismus dieser Einschätzung – soweit sie die hoheitliche Gewalt betraf – wurde in der nationalsozialistischen Zeit sofort sichtbar (dazu ausführlich: *Pürer/Raabe*, S. 85 ff.; *Stöber*, S. 150 ff.): Schon mit der „Reichstagsbrandverordnung" vom 28.2.1933 wurde das Kommunikationsgrundrecht des Art. 118 WRV neben anderen Grundrechten „bis auf weiteres" außer Kraft gesetzt (§ 1 der „Verordnung zum Schutz von Volk und Staat", RGBl. I S. 83). Das Reichskulturkammergesetz v. 22.9.1933 (RGBl. I S. 661) sowie das Schriftleitergesetz v. 4.10.1933 (RGBl. I S. 713) begründeten der Sache nach wieder einen Konzessionszwang für Journalisten (Zulassung zum Beruf des „Schriftleiters", §§ 5 ff. SchriftlG) und Verlage (zum umfassenden Kreis der kammerpflichtigen Personen und Vereinigungen §§ 4 ff. der Ersten Verordnung zur Durchführung des Reichskulturkammergesetzes v. 1.11.1933, RGBl. I S. 797). Mangelnde politische Zuverlässigkeit (Verletzung der „Berufspflichten" nach §§ 14 f. SchriftlG) konnte zur vom Berufsgericht (§ 31 SchriftlG) oder – „aus dringenden Gründen des öffentlichen Wohls" – vom Propagandaminister (§ 35 SchriftlG) verfügten Streichung aus der Berufsliste bzw. zum Ausschluss aus der Reichspressekammer führen (§ 10 1. DurchfVO ReichskulturkammerG: „[...] wenn Tatsachen vorliegen, aus denen sich ergibt, daß die in Frage kommende Person die für die Ausübung ihrer Tätigkeit erforderliche Zuverlässigkeit und Eignung nicht besitzt"). Der rechtlichen und politischen Gleichschaltung der Presse folgte schon in der zweiten Hälfte der 1930er Jahre die wirtschaftliche Konzentration in den Händen des NSDAP-eigenen Franz Eher Nachf. Verlags, betrieben durch eine systematische Politik der Einverleibung anderer Verlage, denen mit den Instrumenten des Reichskulturkammergesetzes die Betätigungsgrundlage entzogen war. Bei Kriegsende vereinigten

II. Presserecht: Historische Entwicklung

die Blätter des Eher-Konzerns 82,5 % der Gesamtauflage der deutschen Presse (*Ricker/ Weberling*, S. 32).

6. Militärregierung: Lizenzsystem und alliierte Heeresgruppenblätter

Nach dem Zusammenbruch der NS-Herrschaft und der Übernahme der Hoheitsgewalt durch die Besatzungsmächte wurden mit dem Kontrollratsgesetz Nr. 2 v. 10.10. 1945 die wichtigsten nationalsozialistischen Organisationen und Einrichtungen, darunter auch die Reichskulturkammer und der Zentralverlag der NSDAP (Eher-Konzern), aufgelöst (ABl. des Kontrollrats in Deutschland S. 19, ber. S. 241). Auch die westlichen Besatzungsmächte kehrten – im Misstrauen gegen die 12 Jahre lang durch nationalsozialistische Propaganda imprägnierte Bevölkerung, darunter vor allem die publizistisch tätigen Berufsangehörigen – nicht zur Pressefreiheit zurück. Sie unterwarfen vielmehr die Presse in den ersten Jahren einem Lizensierungssystem (dazu ausführlich: *Pürer/Raabe*, S. 103 ff.; *Stöber*, S. 152 f.). Das noch in der Spätphase des Krieges von US-Oberbefehlshaber Eisenhower erlassene Gesetz Nr. 191 v. 24.11.1944 hatte für die bereits besetzten und noch zu besetzenden Gebiete ein Totalverbot jedweder Publikation (publizistische Quarantäne) vorgesehen; die Information der Bevölkerung blieb den alliierten Mitteilungsblättern („Heeresgruppenzeitungen") vorbehalten. 16

Schon unmittelbar nach der Kapitulation ging die Militärregierung zur Lizensierung der „Veröffentlichung, des Vertreibens, Verkaufens, gewerblichen Verleihens und Drucks von Zeitungen, Magazinen, Zeitschriften, Büchern, Broschüren, Plakaten, Noten und sonstigen Veröffentlichungen" über (Nachrichtenkontrollvorschrift der Militärregierung Deutschland Nr. 1 v. 12.5.1945). Lizenzträger waren ausschließlich bei der Militärregierung registrierte – natürliche oder juristische Personen, die zudem strenger Kontrolle unterlagen (Ziffer 4 NachrKtrVorschr. Nr. 1). Die Besatzungsmächte sahen in ihrer Lizensierungspraxis regelmäßig davon ab, die in den 1930er Jahren verdrängten Altverleger wieder einzusetzen, erteilten die Lizenz vielmehr an neue Personen von – erhofft – demokratischer Gesinnung (*Bullinger*, in: Voraufl. Einl. Rn. 79). Immerhin erlangten die Altverleger, sofern ihnen der Nachweis gelang, dass sie wegen politischer Unzuverlässigkeit enteignet worden waren, regelmäßig wieder das Eigentum an ihren Druckereien und Verlagshäusern. Häufig mit der Auflage verbunden, sie an die Lizenzträger zu verpachten (*Ricker/Weberling*, S. 32). Bis Sommer 1949 entstanden in den drei westlichen Besatzungszonen insgesamt 169 Lizenzzeitungen; daneben gaben die Besatzungsmächte auch selbst weiterhin Zeitungen heraus, etwa die amerikanische „Die Neue Zeitung". Die amerikanische Militärregierung verfolgte das binnenpluralistische Konzept einer Betrauung verschiedener Lizenzträger unterschiedlicher parteipolitischer Ausrichtung zur gemeinschaftlichen Herausgabe einer Zeitung oder Zeitschrift – ab 1947 freilich unter Ausschluss der Kommunisten. Die Briten bevorzugten hingegen den außenpluralistischen Wettbewerb von Parteizeitungen. In der französischen Besatzungszone wurde von Fall zu Fall entschieden (*Bullinger*, in: Voraufl. Einl. Rn. 79). 17

7. Erlass der ersten Landespressegesetze

Noch in die Zeit vor Gründung der Bundesrepublik Deutschland fiel, unter der Aufsicht der Besatzungsmächte, der Erlass der ersten presserechtlichen Regelungen durch einige der seit 1946 neu gegründeten Länder in den Westzonen (Saarland: Verordnung betreffend die vorläufige Regelung des Pressewesens v. 9.3.1948, ABl. S. 276; Bremen: Gesetz zum Schutz der Freiheit der Presse vom 20.12.1948, GBl. S 250; Württemberg-Baden: Gesetz Nr. 1032 über die Freiheit der Presse v. 1.4.1949, RegBl. S. 59). Das formal nie aufgehobene Reichspreßgesetz von 1874 konnte dieser Landesgesetzgebung jedenfalls nicht im Wege stehen, solange – vor Gründung der Bundesrepublik – keine gesamtstaatliche Zentralgewalt, damit aber auch keine dem Landesrecht übergeordnete Rechtsebene existierte, auf der das alte Recht nunmehr hätte weitergelten können. 18

8. Das Grundgesetz für die Bundesrepublik Deutschland: Restitution der Pressefreiheit

19   Nach der Wiederbegründung gesamtstaatlicher Hoheitsgewalt in Westdeutschland durch das am 23. Mai 1949 ausgefertigte Grundgesetz für die Bundesrepublik Deutschland hoben die Alliierten den Lizenzzwang auf; damit konnte sich die im Grundgesetz grundrechtlich garantierte Medienfreiheit (Art. 5 Abs. 1 Satz 2 GG) wieder entfalten, wenngleich noch unter dem Vorbehalt besonderer Kontrollbefugnisse (Verbot der Verbreitung, Ausstellung und des Besitzes jeder Veröffentlichung, Beschlagnahme) für die Fälle einer Beeinträchtigung des Ansehens oder der Sicherheit der Besatzungsmächte durch den Inhalt der Publikation (Gesetz Nr. 5 der Alliierten Hohen Kommission für Deutschland über die Presse, den Rundfunk, die Berichterstattung und die Unterhaltungsstätten v. 21.9.1949, ABl. AHK, S. 7; vgl. auch *Wilke*, Pressefreiheit, S. 38 ff.).

20   Die grundgesetzliche Fassung der Kommunikationsgrundrechte in Art. 5 Abs. 1 GG löste die Pressefreiheit, in Abkehr von Art. 118 WRV, wieder aus der Reihung bloßer Modalitäten der Meinungsäußerung („Druck") heraus und unterstellte sie in S. 2 einer eigenständigen Gewährleistung, zusammen mit den anderen Medienfreiheiten (betr. Rundfunk und Film): „Die Pressefreiheit und die Freiheit der Berichterstattung durch Rundfunk und Film werden gewährleistet". Die Bestimmung ist textliche Grundlage der vom Bundesverfassungsgericht vorangetriebenen weitreichenden Entfaltung der Schutzwirkungen des Grundrechts, sowohl in individual-abwehrrechtlicher als auch in objektiv-rechtlicher Dimension („Institut der freien Presse", Schutzpflichten, s. dazu u., § 1 Rn. 105 ff.).

9. Fortgeltung des Reichspreßgesetzes als Landesrecht

21   Anders als zuvor war nach Inkrafttreten des Grundgesetzes die Möglichkeit einer die Landesgesetzgeber ausschließenden Weitergeltung des Reichspreßgesetzes als Bundesrecht denkbar – und stellte daher die Gültigkeit der schon seit 1948 vereinzelt erlassenen landesgesetzlichen Regelungen (s. o., Rn. 18) sowie die Befugnis der Länder zur Schaffung neuer Landespressegesetze in Frage. Das BVerfG hat diese verfassungsrechtlich seinerzeit stark umstrittene Frage in der Entscheidung zur presserechtlichen Verjährung v. 4.6.1957 in dem Sinne beantwortet, dass das Reichspreßgesetz nicht gemäß Art. 125 GG als Bundesrecht weitergelte, vielmehr als – durch landesrechtliche lex posterior abdingbares – Landesrecht, und zwar auch dann, wenn die Frage offenbleibe, ob die auf die konkurrierende Gesetzgebung bezogene Überleitungsregelung des Art. 125 GG grundsätzlich auch auf Gegenstände der neu eingeführten Rahmengesetzgebung Anwendung finde. Jedenfalls könne letzteres nur für Reichsgesetze gelten, die im Sinne der Rahmengesetzgebungskompetenz „als Ganzes Rahmen- oder Grundsatzcharakter" hätten, nicht aber für eine Ausschließlichkeitsanspruch erhebende Vollregelung wie das Reichspreßgesetz (BVerfGE 7, 29, [juris], Rn. 39).

22   Im Ergebnis bedeutete dies, dass das Reichspreßgesetz auf dem Gebiet derjenigen Länder als Landesrecht weiter galt, die keine neue Regelung des Pressewesens vornahmen, nicht aber in denjenigen Ländern, die entweder schon 1948 und 1949 neue Pressegesetze erlassen hatten oder nach Inkrafttreten des Grundgesetzes derartige Gesetze erließen. Soweit einige Länder das Pressewesen nur in einzelnen Hinsichten neu regelten (Teilregelung), kam das Reichspreßgesetz ergänzend in den nicht besetzten Regelungsbereichen zur Anwendung.

10. Entwicklung der Presse in der DDR

23   Auch auf dem Gebiet der sowjetischen Besatzungszone, mithin der am 7.10.1949 gegründeten DDR, wurde das Reichspreßgesetz 1874 formal nie aufgehoben, jedoch durch Maßnahmen überlagert, die die Pressefreiheit tatsächlich aufhoben, insbesondere einen Erlaubnisvorbehalt für Zeitungen und Zeitschriften (Lizensierung) und das

III. Die Entwicklung des Presserechts nach 1949

Verbot von Presseerzeugnissen, die nicht zum Postvertrieb zugelassen waren (Anordnung über den Vertrieb von Presseerzeugnissen v. 20.11.1975, GBl. DDR I S. 769). Eine freie oder gar oppositionelle legale Presse gab es nicht; die – überregionalen („Neues Deutschland", „Neue Zeit") und die Bezirke der DDR erfassenden regionalen („Leipziger Volkszeitung") – Tageszeitungen wurden ausschließlich von der SED bzw. parteinahen Massenorganisationen (FDJ, FDGB) und den Blockparteien herausgegeben.

III. Die Entwicklung des Presserechts nach 1949

1. Rechtslage in den westdeutschen Ländern

Nach Gründung der Bundesrepublik Deutschland schritten einige weitere, aber nicht alle Länder zum Erlass neuer presserechtlicher Regelungen. Eine Neuordnung des Pressewesens (Vollregelung) mit der Folge der Verdrängung des Reichspreßgesetzes fand in den Ländern der amerikanischen Zone (Bayern, Hessen, mit Einschränkung auch Württemberg-Baden) statt, nachdem dort der Versuch des Länderrats, ein gemeinsames neues Pressegesetz zu erlassen, gescheitert war. Neben dem bereits genannten, noch kurz vor der Gründung der Bundesrepublik erlassenen Gesetz für *Württemberg-Baden* (s. o., Rn. 18), das einer Vollregelung immerhin nahe kam, erließ *Hessen* das „Gesetz über Freiheit und Recht der Presse" vom 23.6.1949 (GVBl. S. 75) und *Bayern* das „Gesetz über die Presse" vom 3.10.1949 (GVOBl. S. 242). Teilregelungen nahmen das *Saarland* (s. o., Rn. 18), *Bremen* (s. o., Rn. 18), *Schleswig-Holstein* („Gesetz zur vorläufigen Regelung des Pressewesens" v. 27.9.1949, GVBl. S. 199), *Hamburg* („Gesetz über die Selbstverwaltung der Presse" v. 3.10.1949, GVOBl. S. 245) und *Nordrhein-Westfalen* („Gesetz über die Berufsausübung von Verlegern, Verlagsleitern und Redakteuren" v. 17.11.1949, GVBl. S. 293) vor. Ohne Neuregelung blieben die Länder Berlin, Niedersachsen, Rheinland-Pfalz, Baden und Württemberg-Hohenzollern; hier galt mithin das Reichspreßgesetz bis zur Schaffung eigener Pressegesetze in den 1960er Jahren fort.

2. Art. 75 Abs. 1 Nr. 2 GG: Nicht ausgeschöpfte Rahmengesetzgebungskompetenz für das Presserecht

Obwohl das Vorhaben eines auf Art. 75 Abs. 1 Nr. 2 GG gestützten Bundes-Presserechtsrahmengesetzes über Jahrzehnte hinweg immer wieder auf der politischen Agenda stand (s. etwa die Medienberichte der sozialliberalen Bundesregierungen von 1970, BT-Drs. VI/692, S. 7 und 1974, BT-Drs. 7/2104, S. 45), kam es bis zur Abschaffung der Rahmengesetzgebungskompetenzen mit Inkrafttreten der Föderalismusreform I (1.9.2006) nicht zu einem Gesetzesbeschluss. Die mehrfach unternommenen Vorstöße (1952, 1964, 1974) erreichten, von zwei Fraktionsentwürfen im Jahr 1964 abgesehen (Antrag der FDP-Fraktion, BT-Drs. IV/1814 und der SPD-Fraktion, BT-Drs. IV/1849), nicht einmal das Stadium von in den Bundestag eingebrachten Gesetzentwürfen. Insbesondere gilt dies für den – ohne Zustimmung des Kabinetts – der Öffentlichkeit zugänglich gemachten Referentenentwurf eines Bundespressegesetzes von 1952 (nach dem Verf. sog. Lüders-Entwurf). Dessen mehr die Pflichtbindung („öffentliche Aufgabe") und Informationsfunktion der Presse als ihre Freiheit betonende Tendenz (näher *Bullinger*, Voraufl. Einl. Rn. 85 und § 3 Rn. 48) stieß auf breite Ablehnung; insbesondere galt dies für die streng ausgeprägten, auch die inhaltliche Themenwahl- und Befassungsfreiheit einengenden Sorgfaltspflichten (§ 7 Abs. 1 S. 1 des Entw.: absolute Wahrheitspflicht, damit also Verbot einer Verdachtsberichterstattung) sowie die zur Kontrolle von Presserechtsverstößen vorgesehenen Landespresseausschüsse, deren zehn Mitglieder – zwei Richter, vier Journalisten und vier Verleger – von den Landesregierungen berufen werden sollten. Immerhin stieß der

Entwurf Bestrebungen zur Schaffung einer institutionalisierten Selbstkontrolle der Presse an, die am 20.11.1956 zur Gründung des Presserates führten.

26 Die Fraktionsgesetzesentwürfe von 1964 stießen auf eine reservierte Haltung der Bundesregierung, die mit Blick auf den gerade erst in Gang gekommenen Prozess einer Neufassung und Harmonisierung der Landespressegesetze – nach Maßgabe eines unter Beteiligung auch der Bundesregierung zustandegekommenen Modellentwurfs – eine vereinheitlichende Bundesregelung für übereilt hielt (BMI Höcherl, Plenarprot. 4. WP, 110. Sitzung v. 5.2.1964, S. 5087/5096 ff.); das Vorhaben wurde in der Legislaturperiode nicht weiterverfolgt.

27 In der sozialliberalen Zeit lebten die auf den Erlass eines Presserechtsrahmengesetzes gerichteten Bestrebungen wieder auf, nunmehr aber aus dem Bedürfnis heraus, die Fragen der „inneren Pressefreiheit", namentlich also der Abgrenzung der Verantwortungskreise von Verleger und Redakteur sowie dessen Mitwirkungsrechte, bundesrechtlich zu regeln (BT-Drs. 7/2104, S. 45). Meinungsverschiedenheiten und Interessengegensätze zwischen Staat und Presse, aber auch zwischen Journalisten und Verlegern führten dazu, dass auch diese Ansätze im Sande verliefen (näher *Hoffmann-Riem/Plander*, Rechtsfragen der Pressereform, 1977).

3. Koordinierung des Landespresserechts 1964–1966

28 Ab 1959 traten die Länder – auf Initiative des Vereins Schleswig-Holsteinischer Zeitungsverleger – in Verhandlungen über eine Harmonisierung der heterogenen Rechtslage auf dem Gebiet des Pressewesens ein. Im Auftrag der ständigen Innenministerkonferenz der Länder wurde unter Beteiligung des Bundes und der Presseverbände ein Modellentwurf erarbeitet, der in seiner endgültigen Fassung 1963 den Landesregierungen als Grundlage für die Verabschiedung weitgehend übereinstimmender Landespressegesetze zugeleitet wurde (*Stöber*, S. 154). In der Folge kam es in fast allen Ländern der (alten) Bundesrepublik zum Erlass neuer Pressegesetze. Allein Bayern und Hessen (Neufassung v. 20.11.1958, GVBl. S. 183) hielten an ihren, an die Stelle des RPG getretenen, Vollregelungen von 1949 zunächst fest. Die Neuregelungen hielten sich zwar nicht in jeder Hinsicht an den Modellentwurf; wichen vielmehr durchaus in Einzelheiten davon ab, so dass auch Unterschiede zwischen den Gesetzen fortbestanden. In den sachlichen Hauptpunkten war man gleichwohl dem Ziel einer Vereinheitlichung des Rechtszustands im Vergleich mit der Nachkriegszeit erheblich nähergekommen.

29 Im Einzelnen ergingen von 1964 an folgende, später überwiegend novellierte oder neugefasste Gesetze:
- Baden-Württemberg: Gesetz über die Presse vom 14.1.1964 (GBl. S. 11), zuletzt geändert durch Gesetz vom 17.12.2009 (GBl. S. 809, 812)
- Berlin: Berliner Pressegesetz vom 15.6.1965 (GVBl S. 744), zuletzt geändert durch Gesetz vom 18.11.2009 (GVBl. S. 674)
- Bremen: Gesetz über die Presse vom 16.3.1965 (GBl. S. 63), zuletzt geändert durch Bek. v. 24.1.2012 (Brem.GBl. 2012 S. 24)
- Hamburg: hamburgisches Pressegesetz vom 29.1.1965 (GVBl. S. 15), geändert durch Gesetz v. 15.12.2009 (HmbGVBl. S. 444, 447)
- Niedersachsen: niedersächsisches Pressegesetz von 22.3.1965 (GVBl. S. 9), zuletzt geändert durch Gesetz vom 11.10.2010 (Nds. GVBl. S. 480)
- Nordrhein-Westfalen: Pressegesetz für das Land Nordrhein-Westfalen vom 24.5.1966 (GVBl S. 340), zuletzt geändert durch Gesetz vom 3.12.2013 (GV. NRW. S. 723)
- Schleswig-Holstein: Gesetz über die Presse vom 19.6.1964 (GVBl S. 71), Neufassung v. 31. Januar 2005 (GVOBl. S. 105), zuletzt geändert durch Gesetz v. 25.1.2012 (GVOBl. S. 266)
- Saarland: Pressegesetz des Saarlandes v. 12.5.1965 (ABl. S. 409), abgelöst durch das Saarländische Mediengesetz (SMG) v. 27.2.2002 (Abl. S. 498), zuletzt geändert durch Gesetz v. 22. April 2013 (Amtsbl. I S. 111)

- Rheinland-Pfalz: Landesgesetz über die Presse v. 14. Juni 1965 (GVBl., S. 107), abgelöst durch das Landesmediengesetz v. 4.2.2005 (GVBl. S. 23), zuletzt geändert durch Gesetz v. 20.12.2013 (GVBl. S. 556).

Der Freistaat Bayern fasste sein frühes Pressegesetz von 1949 (BayPrG) in den Jahren 1983 und 2000 neu, Hessen sein ebenfalls aus 1949 stammendes HPresseG in den Jahren 1958 und 2003: **30**
- Bayern: Gesetz über die Presse v. 1.1.1983 in der Fassung der Bekanntmachung v. 19.4.2000 (GVBl. S. 240), zuletzt geändert durch Gesetz vom 22. Dezember 2009 (GVBl S. 630)
- Hessen: Hessisches Gesetz über Freiheit und Recht der Presse (HPresseG), neugefasst am 20. November 1958 (GVBl. Hessen I S. 183) und am 12. Dezember 2003, zuletzt geändert durch Gesetz vom 13.12.2012 (GVBl. S. 622).

4. Pressefreiheit und Pressegesetze in Ostdeutschland

Noch in der bereits von der politischen Wende geprägten Endphase eigener Staatlichkeit der DDR wurden wichtige Schritte zur Wiederherstellung der Medienfreiheiten in Ostdeutschland gestellt: Die von der Regierung Modrow im Dezember 1989 eingesetzte Mediengesetzgebungskommission erarbeitete einen Entwurf eines Beschlusses zur Gewährleistung der Meinungs-, Informations- und Medienfreiheit in der DDR mit – bis zum Zustandekommen eines Mediengesetzes – vorläufigen Regelungen über die Presse und den Rundfunk. Die Volkskammer stimmte dem Entwurf am 5.2.1990 zu („Medienbeschluss", näher dazu *Pürer/Raabe*, S. 211 ff.; *Bullinger*, AfP 1991, 465 ff.). Nach der Wiedervereinigung (3.10.1990) verabschiedeten die neuen Länder eigene Landespressegesetze nach dem westdeutschen Muster: **31**
- Brandenburg: Pressegesetz des Landes Brandenburg vom 13.5.1993 (GVBl I S. 162), zuletzt geändert durch Gesetz vom 21. Juni 2012 (GVBl. I Nr. 27) **32**
- Mecklenburg-Vorpommern: Landespressegesetz für das Land Mecklenburg-Vorpommern vom 6.6.1993 (GVBl S. 541), zuletzt geändert durch Gesetz v. 17. Dezember 2009 (GVOBl. M-V S. 729)
- Sachsen-Anhalt: Pressegesetz für das Land Sachsen-Anhalt vom 14.8.1991 (GVBl S. 261), Fassung der Bekanntmachung v. 2.5.2013, GVBl. LSA 2013, 198
- Sachsen: Sächsisches Gesetz über die Presse vom 3.4.1992 (GVBl S. 125), zuletzt geändert durch Gesetz vom 17. Dezember 2013 (SächsGVBl. S. 896)
- Thüringen: Thüringer Pressegesetz vom 31.7.1991 (GVBl S. 271), zuletzt geändert durch Gesetz v. 16. Juli 2008 (GVBl. S. 243).

IV. Gesetzgebungskompetenzen

Die Frage der Zuständigkeitsverteilung für die Gesetzgebung auf dem Gebiet presserechtlicher Regelungen unter der Geltung des Grundgesetzes hat immer wieder in verschiedenen Hinsichten Schwierigkeiten aufgeworfen. Diese haben zu mehreren bundesverfassungsgerichtlichen Entscheidungen und in deren Folge teilweise zur Unwirksamkeit landespressegesetzlicher Regelungen geführt (u. 3., 4.). Hinsichtlich weiterer Regelungen (zur Auflagenbeschlagnahme) besteht die Unsicherheit über die – noch ungeklärte – kompetenzrechtliche Einordnung fort (u. 6.). Einen neuen Höhepunkt hat die Kompetenzdiskussion mit dem Urteil des BVerwG vom 20. Februar 2013 erreicht; in diesem Urteil hat das Gericht völlig unerwartet die Zuordnung des presserechtlichen Auskunftsanspruchs zum Presserecht bestritten, damit aber die Landeskompetenz für die Normierung dieses Anspruchs in Teilen in Frage gestellt (u., 7.). **33**

Ausgangspunkt jeder Kompetenzargumentation ist das – in der Gesetzgebungswirklichkeit freilich nicht durchweg rein durchgeführte – verfassungsrechtliche Verbot der Doppelzuständigkeit, das nur durch die seit 2006 in Art. 72 Abs. 3 und **34**

Einl

Art. 84 Abs. 1 Satz 2 und 3 GG verankerten Befugnisse zu abweichender Gesetzgebung durchbrochen wird. Die Interpretation der verfassungsrechtlichen Kompetenzverteilung für die Gesetzgebung zwischen Bund und Ländern muss eindeutig sein; Überschneidungen sind ausgeschlossen (BVerfGE 106, 62/114); *Rengeling,* in: Isensee/Kirchhof (Hrsg.), HStR VI, 3. Aufl. 2008, § 135 Rn. 47); dies gilt auch für Regelungen mit Bezug zur Presse. Sie können nur entweder in die Zuständigkeit des Bundes oder der Länder fallen.

35 Außer Frage steht auch, dass sich eine eigenständige Kompetenzmaterie des Presserechts, wie sie auch schon in den Reichsverfassungen von 1871 und 1919 zugrunde gelegt worden ist, nicht auf sämtliche Regelungen erstrecken kann, die irgendeine – und sei es auch erhebliche – Relevanz für die Presse haben. Angesichts einer Fülle höchst unterschiedlicher Regelungen mit medienrechtlicher Bedeutung, angefangen vom zivil- und strafrechtlichen Äußerungsrecht bis zu urheberrechtlichen oder wettbewerbsrechtlichen Regelungen (s. zum Presserecht im weiteren Sinne noch u., Rn. 73), kann das Presserecht im engeren kompetenzrechtlichen Sinne nur einen eingeschränkten, in spezifischer Weise auf die Presse bezogenen Kreis von Gegenständen umfassen. Die Notwendigkeit der Abgrenzung dieses Regelungsbereichs, mithin des „Rechtsgebietes ‚Presserecht'" (BVerfGE 7, 29, Rn. 31) und damit der Kompetenzmaterie Presserecht führt allerdings in erhebliche, bis heute nicht sämtlich bewältigte Probleme.

1. Kompetenzmaterie „Presserecht"

36 Dass auch das Grundgesetz – wie die Vorgängerverfassungen – ungeachtet dieser Abgrenzungsschwierigkeiten eine Kompetenzmaterie „Presserecht" anerkennt und seinen Verteilungsregeln (Art. 70 ff. GG) zu Grunde legt, stand und steht allerdings außer Frage. Verfassungstextlich sichtbar wurde dies schon in der Rahmengesetzgebungskompetenz des Bundes für „die allgemeinen Rechtsverhältnisse der Presse und des Films" in Art. 75 Abs. 1 Nr. 2 a. F. GG. Das Grundgesetz gestand dem Bund damit, anders als die Vorgängerverfassungen, zwar nur eine auf Rahmenregelungen und zusätzlich inhaltlich noch auf die „allgemeinen Rechtsverhältnisse" beschränkte Gesetzgebungskompetenz zu, stellte sich aber damit doch unzweifelhaft in die verfassungshistorische Kontinuität der Anerkennung der Zugehörigkeit eines Ensembles pressebezogener Regelungen zum Gegenstand „Presserecht".

2. Streichung der Rahmengesetzgebungszuständigkeit des Bundes (Art. 75 Abs. 1 Nr. 2 GG)

37 Der Bund machte von seiner Rahmengesetzgebungszuständigkeit, trotz einiger Anläufe (s. näher o. Rn. 25 ff.), mit der Ausnahme des § 41 BDSG (*Spindler/Nink,* in: Spindler/Schuster, § 41 BSG Rn. 1) nicht Gebrauch. Die Kategorie der Rahmengesetzgebungskompetenz, die sich nach verbreiteter Einschätzung nicht bewährt hatte, ist sodann im Zuge der Föderalismusreform von 2006 (Föderalismusreform I) gestrichen worden (Gesetz zur Änderung des Grundgesetzes vom 28.8.2006, BGBl. I, S. 2034 [2035]). Damit ist auch die – wenn auch beschränkte – Bundeskompetenz für das Pressewesen entfallen; sie ist insbesondere auch nicht, anders als andere bisherige Rahmenkompetenztitel, in eine konkurrierende Zuständigkeit umgewidmet worden. Ganz unzweifelhaft hat diese Verfassungsänderung aber keine Auswirkung auf den Fortbestand der Kompetenzmaterie Presserecht als solcher. Entsprechend der Grundverteilungsregel der Art. 30, 70 GG unterfällt diese Materie nunmehr allein der Gesetzgebungszuständigkeit der Länder.

3. Konturen des Gegenstands „Presserecht"

38 Die nähere Abgrenzung des Regelungs- und Kompetenzgegenstands Presserecht ist schon seit dem 19. Jahrhundert „in verschiedener Hinsicht zweifelhaft und umstrit-

IV. Gesetzgebungskompetenzen

ten" gewesen (BVerfGE 7, 29, Rn. 31 f. [juris] mit Nachweisen aus der älteren Literatur). Diese Kontroversen konzentrierten sich unter der Geltung des Grundgesetzes zunächst auf die Regelungsgegenstände der – schon im RPG, nach dem Übergang der Gesetzgebungszuständigkeit auf die Länder, dann konsequent in den Landespressesetzen geregelten – Verjährung von Presseinhaltsdelikten und des Zeugnisverweigerungsrechts für Presseangehörige. In den dazu ergangenen Entscheidungen (BVerfGE 7, 29 – Verjährung; BVerfGE 36, 193; 36, 314 – Zeugnisverweigerungsrecht) entwickelte das BVerfG die (aus seiner Sicht) maßgeblichen verfassungsrechtlichen Kriterien für die Abgrenzung der Materie Presserecht von anderen Regelungsgegenständen. Entscheidend ist danach die „wesensmäßige und historische Zugehörigkeit" zum Pressewesen (BVerfGE 7, 29; 36, 193, Rn. 29 [juris]).

Auch für den Kompetenzgegenstand Presserecht, wie überhaupt für die Auslegung **39** der Kompetenztitel (BVerfGE 68, 319/328 ff.; 97, 198/219; 106, 62/105; *Jarass*, in: ders./Pieroth, GG, 13. Aufl. 2013, Art. 70 Rn. 6), kommt es daher zunächst und mit besonderem Gewicht auf historische Argumente, also die verfassungsgeschichtliche Tradition und die „Staatspraxis", schließlich sogar die Geschlossenheit rechtswissenschaftlicher Beurteilung, an (BVerfGE 7, 29/40; 36, 193, Rn. 29 [juris]: „historische Zugehörigkeit").

Die weit zurückreichende Kontinuität pressegesetzlicher Regelung der kurzen **40** Verjährung der Presseinhaltsdelikte und die einhellige Schrifttumsauffassung vom presserechtlichen Charakter dieser Regelung sind für das BVerfG daher wesentliche Argumente für die Zuordnung dieses Regelungsgegenstandes weiterhin zum Presserecht – damit aber jetzt zur Landeskompetenz (Art. 70 GG) (BVerfGE 7, 29, Rn. 30 ff. [juris]). Der Bundesstrafgesetzgeber ist danach nicht aus Art. 74 Abs. 1 Nr. 1 GG berechtigt, insoweit eine Spezialregelung zu treffen oder auch nur die Anwendbarkeit der allgemeinen Verjährungsregeln für die Pressedelikte vorzuschreiben.

Zum umgekehrten Ergebnis führte das BVerfG die historische Analyse des presse- **41** bezogenen Zeugnisverweigerungsrechts (BVerfGE 36, 193, Rn. 34 ff.): Das Zeugnisverweigerungsrecht für Redakteure, Verleger und Drucker sei für ganz Deutschland zuerst in der Strafprozessordnung geregelt worden, nämlich durch Einfügung des § 53 Abs. 1 Nr. 4 durch das Änderungsgesetz v. 27.12.1926 (RGBl I S. 529). Zwar hätten die Länder Hessen und Bayern in ihren frühen Pressegesetzen von 1949 auch das Zeugnisverweigerungsrecht eigenständig geregelt. Zumindest Hessen habe diese Regelung nach der Wiederinkraftsetzung der Strafprozessordnung als Bundesrecht (durch Art. 3 Abs. 1 Nr. 17 des Vereinheitlichungsgesetzes v. 12.9.1950, BGBl I S. 455) jedoch als gegenstandslos betrachtet und sei, wie auch alle anderen Gesetzgebungsinitiativen zum Erlass presserechtlicher Regelungen (auf Bundes- oder Landesebene) bzw. zur Änderung der Strafprozessordnung, von der Bundeszuständigkeit für diese Frage aus Art. 74 Abs. 1 Nr. 1 GG ausgegangen. Das dann gleichwohl in allen 1964 bis 1966 geschaffenen Landespressegesetzen vorgesehene Zeugnisverweigerungsrecht erkläre sich aus der rechtspolitischen Unzufriedenheit der Länder mit der Weigerung des Bundes, das strafprozessuale Zeugnisverweigerungsrecht für die Presse hinreichend auszugestalten und einer letztlich auf dieses „Versagen" des Bundes gestützten Kompetenzbehauptung der Landesgesetzgeber. Derartige rechtspolitische Überlegungen könnten aber, so das BVerfG, nicht darüber hinweg helfen, dass das „journalistische Aussageverweigerungsrecht herkömmlich", von der bayerischen Ausnahme abgesehen, „dem Verfahrensrecht zugewiesen" worden sei (BVerfGE 36, 193, Rn. 38).

Ist das Traditionsargument mithin – sofern es denn in der Historie ausreichend ver- **42** festigte Bezugspunkte vorfindet – für die Kompetenzbeurteilung von hauptsächlicher, wohl sogar ausschlaggebender Bedeutung, hat das BVerfG doch auch darüber hinaus versucht, inhaltliche Gründe für die Zuschreibung zum Presserecht zu entwickeln. Sie sind in der Formel von der „wesensmäßigen" Zugehörigkeit zum Presserecht nur angedeutet, werden aber in den Entscheidungen des BVerfG näher erläutert. Allgemein lassen sie sich dahingehend zusammenfassen, dass es darauf ankommt, ob der in

Cornils 15

Rede stehende Regelungsgegenstand pressespezifisch ist, also in besonderer Weise gerade – personell – die Angehörigen oder – sachlich – Belange der Presse betrifft (BVerfGE 7, 29, Rn. 33: „spezifische Einrichtung [...], die der Eigenart der Presse Rechnung tragen soll").

43 Nach der personellen Seite hin definiert dieses Kriterium der Pressespezifität das Presserecht als das Sonderrecht der Presse- (bzw. Medien-)Angehörigen, welche allein durch die fraglichen Regelungen berechtigt oder verpflichtet werden. Dieses Kriterium greift zu Gunsten der Landeskompetenz für die kurze Verjährung der Pressedelikte, insofern diese Regelung ausschließlich Straftaten betrifft, die nur von der Presse begangen werden können („durch die Veröffentlichung oder Verbreitung von Druckwerken", zB § 24 NPresseG). Beim Zeugnisverweigerungsrecht ist die Ablehnung der Zuordnung zum Presserecht hingegen – neben den historischen Argumenten maßgeblich mit der Erwägung begründet worden, es handele sich dabei gerade nicht um eine pressebezogene Besonderheit. Ein solches Recht zur Aussageverweigerung stehe nicht nur Presseangehörigen, sondern, „wiewohl aus jeweils verschiedenen Gründen", auch anderen Personengruppen zu; es betreffe damit eine „allgemeine verfahrensrechtliche Frage" (BVerfGE 36, 193, Rn. 32). Vergleichbar lässt sich möglicherweise auch noch für die kartellrechtliche Regelung der Schwellenwerte für die Fusion von Zeitungsverlagen in § 38 Abs. 3 GWB argumentieren: Auch diese Sonderregelung steht nicht allein, sondern im Kontext von Bestimmungen über Umsätze anderer Art.

44 In engem Zusammenhang mit der Ausschließlichkeit des adressierten Personenkreises steht der an die Motive zu § 22 RPG und die zeitgenössische Literatur anschließende Versuch des BVerfG, das pressespezifische Wesen der presserechtlichen Regelung der Verjährung auch von der Sache her zu bestimmen. Ihre kompetenzrechtliche Zuordnung zum Presserecht ergebe sich daraus, „dass die von dieser Verjährungsregelung erfassten Delikte ihre besondere Prägung durch die spezifisch pressemäßige Begehungsform erhalten". Der Sinn der kurzen Verjährung folge „aus der besonderen Situation der Presse als Mittler der öffentlichen Meinung und aus der meist vorhandenen Augenblicksbedingtheit, Offenkundigkeit, geringen Nachhaltigkeit der Wirkung der Delikte", zusammengefasst aus dem „inneren Zusammenhang zwischen Verjährung und Pressewesen" (BVerfGE 7, 29, Rn. 33 ff.). Zwar ist diese Begründung der presserechtlichen Privilegierung stets umstritten gewesen (s. dazu auch der Hinweis in BVerfGE 7, 29, Rn. 34 mit Nachweisen). Kompetenzrechtlich entscheidend ist jedoch, dass sie, ob nun zutreffend oder nicht, Eigenarten einer metierspezifischen Begehungsform umschreibt, die die in dieser Weise begangenen Straftaten aus der (von den Amtsdelikten abgesehen) berufs- und täterkreisunspezifischen Allgemeinheit des StGB heraushebt und in den Sachzusammenhang des Presserechts einzieht; eben hier wird der enge Zusammenhang von sachlicher Besonderheit der Begehungsform (Äußerungsdelikt durch Druckwerke, nebenstrafrechtlich sanktionierter Verstoß gegen Presseordnungsrecht) und dem spezifisch adressierten Personenkreis (nur presseangehörige Täter und Gehilfen) deutlich.

45 Zurückgewiesen hat das BVerfG hingegen die Vorstellung, das Gebiet des Presserechts und damit die Landeszuständigkeit ließen sich materiell von den Bedürfnissen der Presse, ihrer besonderen institutionellen Stellung her bestimmen. So beruhe das Zeugnisverweigerungsrecht der Presseangehörigen zwar „auf der Eigenart der Institution der freien Presse, die bestimmter Sicherungen bedarf, um ihre in der modernen Demokratie unabdingbare Aufgabe wahrnehmen zu können". Es lasse sich daher mittelbar auch auf die verfassungsrechtliche Garantie einer freien, institutionell eigenständigen und funktionsfähigen Presse zurückführen. Jedoch seien dieser „Sinn und Zweck des Zeugnisverweigerungsrechts wie seine Verknüpfung mit der besonderen Stellung der Presse für die kompetenzrechtliche Einordnung nicht entscheidend" (BVerfGE 36, 193, Rn. 31). In dieser Argumentation liegt eine bemerkenswerte Abkoppelung der kompetenzrechtlichen Beurteilung von den materiell-grundrechtlichen Grundlagen der Presse: Ein Gegenstand gehört nicht deswegen zum Kompe-

IV. Gesetzgebungskompetenzen

tenztitel „Presserecht", weil seine Regelung wesentlich für die grundrechtlich gewährleistete Pressefreiheit ist. Grundrechtliche Auftragsgehalte an die Gesetzgebung und Bindungen der Gesetzgebung aus Art. 5 Abs. 1 S. 2 GG wirken nicht kompetenzbestimmend (anders – jedoch nicht überzeugend – hinsichtlich der positiven Auftragsgehalte *Lerche,* AfP 1972, 242); die Länder haben kein gesetzgeberisches Monopol auf die Grundrechtsverwirklichung im Bereich der Medien.

Mit dieser Absage an eine materielle Wesensbestimmung des Presserechts aus der 46 besonderen Schutz- oder Regulierungsbedürftigkeit der Presse dürfte auch das in der Schrifttum verbreitet als kompetenzbegründend angesehene Kriterium von der „geistigen Wirksamkeit der Presse" (so *Bullinger,* Vorauflage, Rn. 65 im Anschluss an *Häntzschel,* S. 1 ff.; *Ricker/Weberling,* Rn. 3) nur schwer vereinbar sein. Jedenfalls gilt dies für die verfassungsrechtlich vorteilhaft bewertete Seite dieser Wirksamkeit, die schließlich gerade Bedingung ihrer verfassungsrechtlich verankerten oder zumindest erwarteten Funktion für die öffentliche Meinungsbildung, als solche aber dem BVerfG zufolge kompetentiell eben irrelevant ist. Allenfalls von der negativen Seite der besonderen Wirkmacht der Presse her, also aus dem alten sonderpolizeirechtlichen Motiv ihrer besonderen Gefährlichkeit, ließe sich womöglich noch eine mit der Position des BVerfG vereinbare materielle Verklammerung der genuin presserechtlichen Regelungsgegenstände denken. Sie erfasste damit aber doch nur Teile des Presserechts im engeren Sinne, mithin das Presseordnungs- und -strafrecht. Die – gewiss zweifelhafte – sachliche Begründung für den presserechtlichen Charakter der kurzen Verjährung wies überdies eher in die gegenläufige Richtung: Das Verjährungsprivileg soll sich ja nicht aus der besonderen Gefährlichkeit pressemäßiger Äußerungsdelikte rechtfertigen, sondern gerade umgekehrt aus ihrer „Augenblicksbedingtheit und geringeren Nachhaltigkeit" (s.o., Rn. 44).

Materiellen Charakter hat allerdings das vom BVerfG in der Entscheidung zum 47 Zeugnisverweigerungsrecht zur Unterstützung der historischen Argumentation herangezogene Argument des „Bedürfnisses nach Rechtseinheit": Eine Herauslösung des pressebezogenen Zeugnisverweigerungsrechts aus der Regelungszuständigkeit des Bundes beschwörte die in den Folgen „sachlich nicht einleuchtende und darum unerträgliche" „Gefahr einer partiellen Zersplitterung des Verfahrensrechts" herauf und „widerspräche damit dem Gebot sachgemäßer und funktionsgerechter Auslegung der Kompetenzvorschriften" (BVerfGE 36, 193, Rn. 39). Das Argument ist auf Widerspruch gestoßen (*Bullinger,* Voraufl. Einl. Rn. 67); andere messen ihm für die Begründung der Bundeskompetenz für die strafverfahrensrechtliche Regelung der einziehungssichernden Auflagenbeschlagnahme entscheidende Bedeutung zu (*Achenbach,* Voraufl., LPG Vor §§ 13 ff. Rn. 27).

Tatsächlich kann es nicht überzeugen, der folgenorientierten Sicht auf die Konse- 48 quenzen einer zentralen oder dezentralen – wenn auch ggf. koordinierten – Gesetzgebung jede Beachtlichkeit für die Kompetenzauslegung abzusprechen. Gewiss muss das Argument der Rechtseinheit mit der föderalen Grundentscheidung des Grundgesetzes und der – freilich als solchen auch wieder umstrittenen – Kompetenzvermutung zugunsten der Länder aus Art. 30, 70 GG abgeglichen und darf er daher nicht zum Instrument einer extensiven Auslegung der Bundeskompetenzen erhoben werden. Bundesweite Rechtseinheit ist aus sich heraus im Bundesstaat kein verfassungsrechtlich legitimer Zweck (BVerfGE 106, 62, Rn. 327 – Altenpflegesetz). Das (behauptete) Bedürfnis nach bundeseinheitlicher Regelung kann allein, ohne tragfähigen Anknüpfungspunkt in einer ausdrücklichen Kompetenzzuweisung an den Bund, nicht hinreichen, diesem eine Zuständigkeit kraft Natur der Sache zu verschaffen (BVerfGE 12, 205, Rn. 134, 163 ff.). Dies bedeutet aber nicht, dass funktionale Erwägungen, die sich auf die Sinnhaftigkeit oder Notwendigkeit einer gesamthaften, bundesgebietsbezogenen Regelung aus einer Hand beziehen, im Rahmen einer Argumentation zur Inhaltsbestimmung und Abgrenzung gegebener Kompetenzen überhaupt keine Rolle spielen dürften. Funktionsargumente sind in der Kompetenzrechtsprechung des BVerfG anerkannt; sie können sogar einen kompetenzerweiternden Sachzusammenhang als stillschweigend mitgeschriebene Kompetenz begründen (BVerfGE 98, 265 – Schwangerenhilfeergänzungsgesetz). Auch die Erforderlichkeit bundeseinheitlicher Regelung ist keineswegs nur Ausübungsschranke schon identifizierter Kompetenzen (Art. 72 Abs. 2 GG), sondern gerade durch diese Vorschrift auch als legitimes Argument einer Kompetenzbegründung ausgewiesen: Wenn dieses Argument die Ausübung einer konkurrierenden Zuständigkeit des Bundes freigeben kann, muss es erst recht in den Zweifelsfällen der Abgrenzung zur Landeskompetenz auch die logisch vorausgehende Begründung einer solchen Zuständigkeit aus dem Katalog des Art. 74 GG unterstützen können. Es steht schließlich – selbstverständlich – auch hinter der grundgesetzlichen Einrichtung ausschließlicher Bundeszuständigkeiten und bestimmt daher auch deren Auslegung wesentlich mit (s. auch BVerfGE 12, 205, Rn. 94 f. betr. die Bundeskompetenz aus Art. 73 Nr. 7 GG).

49 Kommt also auch das BVerfG nicht ohne substantielle Begründungsansätze aus – ganz ohne solche Rückbezüge ließe sich der Sonderrechtscharakter genuin presserechtlicher Regelung auch schwerlich begründen (s. auch u. § 2 Rn. 29) – sind in der Rechtsprechung zum Kompetenzgegenstand Presserecht doch recht eindeutig die eher formalen Kriterien der Tradition und der Ausschließlichkeit personaler Adressierung an die Presse bestimmend. Für diese reduziert-formale Sicht des BVerfG streitet sicherlich die grundsätzliche Fragwürdigkeit materieller Kompetenzbegründung aus sachlichen Eigenschaften oder Umständen des Regelungsgegenstandes. Diese bedeuten eben regelmäßig nichts für die Frage, wer die Angelegenheit gesetzlich regeln soll. Allenfalls ein Postulat notwendiger Geschlossenheit eines Ensembles interdependenter Regelungen einheitlich in den Händen entweder des Bundes oder der Länder lässt sich so, wie dargelegt, abstützen. Dass der formale Ansatz andererseits nur begrenzt geeignet ist, die verfassungsrechtlichen Antworten auf die Kompetenzfrage aus historischer Kontingenz und der durchaus problematischen Abhängigkeit von etablierter einfachgesetzlicher Regelung (krit. zum Traditionsargument namentlich *Leisner*, Von der Verfassungsmäßigkeit der Gesetz zur Gesetzmäßigkeit der Verfassung, 1964, S. 35 f.; *Rengeling*, in: HStR VI, § 135 Rn. 36) herauszuführen sowie – bei Fehlen historischer Vorbilder – überhaupt einigermaßen verlässliche Orientierung zu bieten, gehört zur Schattenseite dieser Kompetenzjudikatur.

4. Konsequenzen für die Regelung der Verjährung und des Zeugnisverweigerungsrechts

50 Die in allen Landespressegesetzen errichteten Vorschriften über die kurze Verjährung der Presseinhaltsdelikte und der in den Gesetzen selbst geregelten Straftaten gegen die Ordnung der Presse sind mithin, in Hinsicht auf die Gesetzgebungskompetenz, durch die Rechtsprechung des Bundesverfassungsgerichts abgesichert. Da es sich um eine ausschließliche Kompetenz der Länder handelt, wäre der Bund an einer Regelung dieses Gegenstandes gehindert.

51 Nachdem das BVerfG hinsichtlich des Zeugnisverweigerungsrechts in seinen Entscheidungen zum hessischen und hamburgischen Landespressegesetz die konkurrierende Zuständigkeit des Bundesgesetzgebers und darüber hinaus die durch Gebrauchmachen von dieser Zuständigkeit in § 53 Abs. 1 Nr. 5 StPO eingetretene Sperrwirkung (Art. 72 Abs. 1 GG) festgestellt hatte, war damit die kompetentielle Grundlage für die in die Landesgesetze 1964–1966 zunächst aufgenommenen Vorschriften über das Zeugnisverweigerungsrecht (s. o., Rn. 41) entfallen, jedenfalls soweit bundesrechtlich überhaupt regelbare und damit von der Kompetenz des Art. 74 Abs. 1 Nr. 1 GG erfasste Gerichtsverfahren in Rede stehen. Die unmittelbar streitgegenständlichen Regelungen des hessischen und des Hamburgischen Pressegesetzes erklärte das BVerfG in seinen Entscheidungen 1973 (BVerfGE 36, 193 betr. § 22 HPresseG) bzw. 1974 (BVerfGE 36, 314 betr. § 22 Abs. 1 HambPresseG) wegen Unvereinbarkeit mit Art. 74 Abs. 1 Nr. 1 i. V. m. Art. 72 Abs. 1 GG für nichtig. In den übrigen Pressegesetzen mit den Ausnahmen Berlins (§ 18 BerlPresseG) und Baden-Württembergs

IV. Gesetzgebungskompetenzen   **Einl**

(§ 23 LPresseG BW) sind die entsprechenden Vorschriften in der Folge gestrichen worden. Für die beiden genannten fortbestehenden Vorschriften kommen als verbleibender – durch die bundesrechtlichen Regelungen nicht gesperrter – Anwendungsbereich allenfalls das jeweilige landesverfassungsgerichtliche Verfahren sowie Verfahren vor den Landtagsuntersuchungsausschüssen und in der landesrechtlich geregelten Disziplinar- und Berufsgerichtsbarkeit in Betracht (s. u., *Achenbach,* § 23 Rn. 7).

5. Pressestrafrecht

Heikle Abgrenzungsfragen ergeben sich aus den Grundsätzen für die Kompetenzzuordnung auf dem Gebiet des Presserechts auch für das Pressestrafrecht. Alle Landespressegesetze bestimmen Ordnungswidrigkeitentatbestände für bestimmte Verstöße gegen das Presseordnungsrecht, fast alle Gesetze stellen qualifizierte Verstöße darüber hinaus auch unter Kriminalstrafe (z. B. § 22 LPresseG NW, Ausnahme zB: TPG, näher u. Rn. 98 und *Kühl,* § 21 LPG). Hinsichtlich der Presseinhaltsdelikte, also der Strafbarkeit für den Inhalt von Druckwerken, ordnen sie ganz überwiegend die verschärfte strafrechtliche Verantwortlichkeit des Redakteurs bzw. Verlegers an (Garantenhaftung, z. B. § 21 Abs. 2 LPresseG NRW, s. näher u. *Kühl,* § 20 LPG Rn. 112 ff.) Die Mehrzahl der Gesetze verweist insoweit zudem ausdrücklich auf die allgemeinen Strafgesetze (§ 20 Abs. 1 LPresseG BW; Art. 11 Abs. 1 BayPrG; § 19 Abs. 1 BerlPresseG; § 14 Abs. 1 BbgPG; § 19 Abs. 1 HambPresseG; § 19 Abs. 1 LPresseG M-V; § 21 Abs. 1 LPresseG NW; § 12 Abs. 1 SächsPresseG; § 14 Abs. 1 LPresseG Schl.-H.; nicht aber: HPresseG; allenfalls implizit § 20 BremPresseG; § 20 NPresseG, § 12 PresseG LSA). 52

Die kompetenzrechtliche Beurteilung des presserechtlichen Nebenstrafrechts ist im Ausgangspunkt eindeutig: Diese Vorschriften, also die Strafbewehrung der Ordnungsrechtsverstöße ebenso wie die Sondervorschriften zur verschärften Haftung des verantwortlichen Redakteurs und des Verlegers für strafbaren Inhalt, ressortieren zum Presserecht, unterfallen also der ausschließlichen Landeszuständigkeit und nicht etwa der konkurrierenden Kompetenz für das Strafrecht in einem durch die Bundesstrafgesetzgebung nicht gesperrten Bereich (*Groß,* Presserecht, Rn. 648; *Kühl,* u. Vor §§ 20 ff. Rn. 12 f.). Dies ergibt sich gemäß den oben dargelegten Grundsätzen zur Abgrenzung der Kompetenzmaterie Presserecht aus der personalen Adressierung dieser Strafvorschriften ausschließlich an Presseangehörige. 53

Nicht ganz selbstverständlich ist vor dem Hintergrund der materialen Zusatzbegründung des BVerfG für die Zuordnung der Regelung über die kurze Verjährung zum Presserecht der kompetentielle Standort der Presseinhaltsdelikte in der konkurrierenden Bundeszuständigkeit für das Strafrecht. Immerhin bezieht sich die kurze Verjährung nicht nur auf die Presseordnungsdelikte, sondern gerade auch auf die Presseinhaltsdelikte; das BVerfG hat die Zuständigkeit des Landesgesetzgebers für die Verjährungsregelung aber gerade mit den Besonderheiten der spezifisch pressemäßigen Begehungsform dieser Delikte begründet (s. o., Rn. 44). Von diesem Begründungsansatz aus wäre es nicht undenkbar, auch die Presseinhaltsdelikte selbst, nicht nur die darauf bezogene Verjährung, dem Sonderrecht der Presse zuzuordnen. Die Pressegesetze setzen aber ersichtlich die Anwendbarkeit der allgemeinen Strafvorschriften des StGB hinsichtlich strafbarer Inhalte in Presseerzeugnissen (Presseinhaltsdelikte, dazu eingehend u. *Kühl,* § 20 LPG Rn. 20 ff.) voraus und ergänzen sie nur um die Sonderhaftung des verantwortlichen Redakteurs bzw. Verlegers (Garantenhaftung). Zwar lösen die meisten – aber eben auch nicht alle – Pressegesetze dieses Problem durch Verweisung auf die „allgemeinen Gesetze". Wäre diese Verweisung konstitutiv zu verstehen, kämen die in Bezug genommenen Vorschriften des StGB aber konsequent nur mit landesrechtlichem Rang zu entsprechender Anwendung, da der Landesgesetzgeber kein Bundesrecht setzen kann. Sie müsste indessen konstitutiv zu verstehen sein, wenn die ausschließliche Landeszuständigkeit für das Pressestraf- 54 recht auch den gesamten Bereich der Presseinhaltsdelikte umfasste, diese mithin aus dem bundesrechtlichen Äußerungsstrafrecht (insb. §§ 184 ff. StGB) herausfielen, letztere Straftatbestände daher von Verfassungs wegen interpretatorisch auf die nicht pressemäßige Begehung eingeschränkt werden müssten. Für diejenigen Gesetze, die keine ausdrückliche Verweisung vorsehen, müsste dann auf die Annahme einer impliziten Verweisung auf das Strafrecht des Bundes ausgewichen werden, da unvorstellbar ist, dass die Presse vom Äußerungsstrafrecht nicht mehr erfasst sein sollte.

55 Die besseren Gründe sprechen aber ohnehin für die Zuordnung der Presseinhaltsdelikte zur Bundeskompetenz mit der Folge nur mehr deklaratorischer Bedeutung der Verweisung (*Groß*, Presserecht, Rn. 644: „unzweifelhaft ist die Presse den allgemeinen Strafgesetzen unterworfen"; *Soehring*, S. 597; a. A. wohl *Kühl*, Vor §§ 20 ff. Rn. 13, § 20 Rn. 61). Entscheidend ist, dass die allgemeinen Straftatbestände zwar auch, jedoch nicht nur durch die Presse erfüllt werden können, insoweit also das formale Spezifitätskriterium des ausschließlichen Adressatenkreises „Presse" nicht zutrifft, anders als bei den in den Pressegesetzen selbst geregelten, überhaupt nur von der Presse begehbaren strafbaren Verstößen gegen das Presseordnungsrecht (*Groß*, Presserecht, Rn. 646: „Pressestrafrecht ist ein Sonderstrafrecht für die Presse"). Auch die Garantenhaftung setzt zwar die allgemeine Strafbarkeit der Presseinhalte voraus und knüpft an diese an, betrifft aber in persönlicher Hinsicht doch wiederum ausschließlich Angehörige der Presse, normiert also ebenfalls Sonderrecht der Presse. Die Tatbestände des StGB wegen strafbarer Kommunikation kommen mithin auch bei pressemäßiger Begehung unmittelbar, mit bundesrechtlichem Rang zur Anwendung.

56 Was hingegen die presserechtliche Strafbarkeit wegen Verletzung des Presseordnungsrechts anbetrifft, hängt die ergänzende Anwendung der Vorschriften des Allgemeinen Teils des StGB – hier nun mit landesrechtlichem Rang! – in der Tat konstitutiv von einer Verweisung in den Landespressegesetzen ab, da insoweit die unmittelbare Geltung des Bundesrechts kompetentiell ausgeschlossen ist (eingehend *Groß*, Rn. 644 f.). Da sich die Bestimmungen über die Verweisung, soweit sie in den Pressegesetzen überhaupt normiert sind, aber explizit nur auf die Presseinhaltsdelikte beziehen („strafbare Handlungen die mittels eines Druckwerks begangen werden"), muss hinsichtlich der Presseordnungsdelikte eine analoge Anwendung der Verweisung oder gar, wo eine solche fehlt, eine „stillschweigende Verweisung" angenommen werden (*Groß*, Presserecht, Rn. 645).

6. Auflagenbeschlagnahme

57 Vielleicht die diffizilsten, jedenfalls bis heute nicht zu einem allgemeinen Konsens gebrachten Abgrenzungsprobleme haben sich hinsichtlich der kompetenzrechtlichen Zuordnung der Regelung der Auflagenbeschlagnahme ergeben. Dabei geht es nicht um die Beschlagnahme einzelner Exemplare von Druckwerken zur Beweissicherung, deren Regelung fraglos in den Kontext des Strafverfahrens gehört (§ 94 StPO) und niemals in den Pressegesetzen beansprucht worden ist (*Groß*, Presserecht, Rn. 553), ebenso wenig um die Regelung des pressespezifischen Schutzes vor der Ermittlungsmaßnahme der Beschlagnahme (und der ihr vorausgehenden Durchsuchung), die als Folgeregelung des Zeugnisverweigerungsrechts dessen kompetenzielle Einordnung teilt, nach der insoweit erfolgten Klarstellung durch das BVerfG also der Bundeszuständigkeit für das gerichtliche Verfahren zugehört (BVerfGE 38, 103; s. § 97 Abs. 5 StPO).

58 Die davon zu unterscheidende Auflagenbeschlagnahme war hingegen Gegenstand schon des preußischen Pressegesetzes von 1851, dann der §§ 18–22 RPG, ist also traditionell als Bestandteil des Regelungskomplexes Presserecht, nicht des Strafverfahrensrechts, begriffen worden. Die Landesgesetzgeber haben nach 1949 in der Kontinuität dieser Tradition gleichfalls sämtlich entsprechende Vorschriften in den Landespressegesetzen erlassen, dies in der angesichts des hohen Gewichts des Traditionsarguments für die Kompetenzauslegung unangefochtenen und auch überaus plausiblen Rechts-

IV. Gesetzgebungskompetenzen

auffassung, diese Regelungen fielen in die Kompetenzmaterie Presserecht und damit in ihre ausschließliche Zuständigkeit.

Mit dem Gesetz über das Zeugnisverweigerungsrecht der Mitarbeiter von Presse und Rundfunk vom 25. Juli 1975 hat der Bundesgesetzgeber freilich nicht nur das Zeugnisverweigerungsrecht für die Presseangehörigen gestärkt, sondern bei dieser Gelegenheit auch Vorschriften über die nicht mehr nur beweissichernde, sondern einziehungssichernde (§ 74d StGB) Beschlagnahme von Druckwerken und sonstigen Schriften in § 111m und § 111n StPO aufgenommen, gestützt auf die auch insoweit behauptete Befugnis aus Art. 74 Abs. 1 Nr. 1 GG für das gerichtliche Verfahren. Die meisten Länder haben sich dieser Kompetenzbehauptung gefügt und in der Folgezeit ihre Regelungen über die Pressebeschlagnahme wieder gestrichen. Aufrechterhalten blieben sie aber in Baden-Württemberg (§§ 13 ff. Landespressegesetz BW), Berlin (§§ 12 ff. Berliner Pressegesetz), Bayern (Art. 15 f. BayPrG) und Bremen (§§ 13 ff. BremPresseG). Mecklenburg-Vorpommern (§§ 12 ff. LPresseG M-V) hat als einziges neues Bundesland eine solche Regelung gleichsam vorsorglich, für den Fall einer doch beim Land liegenden Gesetzgebungszuständigkeit, neu eingeführt. Schleswig-Holstein (§ 13 LPresseG Schl.-H.) und Rheinland-Pfalz (§ 15 LMG) haben nur die Vorschrift über das Verbreitungsverbot beschlagnahmter Druckwerke beibehalten, die Regelungen im Übrigen aber gestrichen. Mithin besteht jedenfalls in einigen Ländern eine mit der grundgesetzlichen Kompetenzordnung unvereinbare Doppelregelung. Der gegen diesen Befund gerichtete Versuch, die strafprozessualen und presserechtlichen Vorschriften wegen angeblich unterschiedlicher Regelungszwecke als wesensverschieden und daher kompetenzrechtlich nebeneinander anwendbar zu begreifen (*Groß*, Presserecht, Rn. 559), hat sich nicht durchsetzen können (s. näher u. *Achenbach*, Vor §§ 13 ff. LPG Rn. 25 ff.).

Die Frage, welcher Gesetzgeber (Bund: StPO oder Länder: Landespressegesetze) für die unzulässige Doppelregelung verantwortlich ist, also mit seiner Beanspruchung der Kompetenz gegen die Verteilungsordnung der Art. 70 ff. GG verstoßen hat, ist seit jeher umstritten. Überwiegend, ohnehin im strafprozessualen Schrifttum (*Pfeiffer*, StPO, § 111m, Rn. 1; *Meyer-Goßner*, StPO, § 111m, Rn. 2), aber auch in der presserechtlichen Literatur (z.B. *Soehring/Hoene*, Rn. 27.3), ist heute die Auffassung, der Regelungsgegenstand der einziehungssichernden Pressebeschlagnahme stehe im kompetenzbegründenden Sachzusammenhang mit dem Strafverfahren, unterliege also der Bundeskompetenz aus Art. 74 Abs. 1 Nr. 1 GG. § 111m und § 111n StPO sind danach in vollem Umfang, auch soweit sie die Beschlagnahme von Druckwerken (und nicht nur von sonstigen Schriften) umfassen, gültig, die entsprechenden, noch fortbestehenden landespresserechtlichen Vorschriften nichtig. Diese Auffassung kann sich zwar, anders als der Gesetzgeber 1975 angenommen hat, nicht schlicht auf eine Übertragung der zum Zeugnisverweigerungsrecht entwickelten Grundsätze auch auf die Auflagenbeschlagnahme stützen. Diese verfolgt einen ganz anderen Zweck (Sicherung der Einziehung) und ist – vor allem –, anders als das Zeugnisverweigerungsrecht, historisch immer als dem Presserecht zugehörig angesehen worden. Spricht das dem BVerfG zufolge für die Kompetenzinterpretation so gewichtige Traditionsargument also hier in der Tat für eine presserechtliche Einordnung, so streitet für die herrschende Ansicht wieder der Gesichtspunkt, dass die einziehungssichernde Beschlagnahme kein Spezifikum gerade der Presse, sondern ein allgemeines strafverfahrensrechtliches Institut ist (*Achenbach*, Vor §§ 13 Rn. 26, der überdies auf das Kriterium der Wahrung der Rechtseinheit [s.o. Rn. 47] verweist [ebd., Rn. 27]), das überdies auf die im allgemeinen Strafrecht, nicht im Pressestrafrecht geregelte Einziehung von Druckwerken Bezug nimmt (§ 74d StGB). Die strafprozessrechtliche Sonderregelung hinsichtlich der pressemäßigen Druckwerke, aber eben auch „sonstiger Schriften", bildet aus dieser Sicht nur eine, wenn auch auf die besonderen Gegebenheiten der Kommunikationsfreiheit Rücksicht nehmende Facette der verfahrensrechtlichen Ausgestaltung dieses Rechtsinstituts. Allerdings ist nicht zu übersehen, dass sich ganz ähnlich auch für die kurze presserechtlichen Verjährung hätte argumentieren lassen, bei der indessen das Traditionsargument zu Gunsten der Zuordnung zum Presserecht noch den Ausschlag gegeben hat (s. o.). An dieser Stelle werden doch Rationalitätsgrenzen der praktizierten Kompetenzauslegungsdogmatik deutlich sichtbar.

7. Presserechtlicher Auskunftsanspruch

61 An überraschender Stelle, bei der in allen Pressegesetzen enthaltenen Regelung des Auskunftsanspruchs der Presse gegen Behörden (s. z. B. § 4 LPresseG BW), ist neuerdings die kompetenzrechtliche Zuordnung zum Presserecht infolge des Urteils des BVerwG v. 20.2.2013 (BVerwGE 146, 56) streitig geworden.

a) BVerwGE 146, 56

62 Diesem Urteil zufolge konnte ein gegen den Bundesnachrichtendienst geltend gemachter Auskunftsanspruch nicht auf § 4 Abs. 1 BerlPresseG gestützt werden, weil den Ländern insoweit die Gesetzgebungskompetenz fehle. Die landespressegesetzlichen Grundlagen über das Informationsrecht der Presse sind danach verfassungskonform so auszulegen, dass zu den verpflichteten Behörden jedenfalls nicht diejenigen Behörden gehören, die Bundesgesetze vollziehen, also Behörden der Bundesverwaltung (wie der BND), aber auch Landesbehörden, soweit diese im Vollzug von Bundesgesetzen tätig werden (Art. 84, 85 GG). Diese Einschränkung ergebe sich daraus, dass der Regelungsgegenstand Presseauskunftsanspruch nicht zu der den Ländern zustehenden Materie „Presserecht" gehöre, vielmehr als Annex zu den nach Maßgabe der Art. 70 ff. GG entweder den Ländern oder dem Bund zugeordneten Sachkompetenzen (im Fall des gegen den BND gerichteten Anspruchs: Art. 73 Abs. 1 Nr. 1 GG.

63 Das BVerwG hält in einem obiter dictum noch eine zweite Möglichkeit der Kompetenzbegründung hinsichtlich dieser Regelungsmaterie für denkbar: Sie könnte auch daraus herzuleiten sein, „dass der Bund nach der Verfassungsordnung die Verantwortung für die administrative Ausrichtung und Funktionsfähigkeit der Bundesverwaltung trägt". Dieser auf eine Kompetenz kraft Annexes zur Organisationsgewalt der jeweiligen Körperschaft oder kraft Natur der Sache hinauslaufende Ansatz ist allerdings, wie das BVerwG selbst sieht (BVerwGE 146, 56, Rn. 25), mit der Begründung als Annexkompetenz zu den Sachkompetenzen unvereinbar. Letzteres führt zur Bundeszuständigkeit auch bei Ansprüchen gegen Landesbehörden, soweit diese Bundesgesetze ausführen, ersteres zur Trennung der Kompetenzen für den Auskunftsanspruch entlang der Scheidelinie zwischen den Verwaltungsräumen von Bund und Ländern.

b) Bewertung

64 Die kompetenzrechtliche Beurteilung des BVerwG überzeugt nicht; sie ist sowohl im Schrifttum (*Cornils*, Stellungnahme zur Anhörung zum Entwurf eines Gesetzes zur Auskunftspflicht von Bundesbehörden gegenüber der Presse (Presseauskunftsgesetz), BT-Drs. 17/12484 (BT-Drs. 17[4]731 E); *Burkhardt*, Stellungnahme, ebd. (BT-Drs. 17 [4]731 C); *Cornils*, DÖV 2013, 657; *Germelmann*, DÖV 2013, 667; *Huber*, NVwZ 2013, 1010; *Kloepfer*, JZ 2013, 892; *Sachs/Jasper*, NWVBl 2013, 389) als auch in der nachfolgenden Rechtsprechung (OVG NW ZUM-RD 2014, 307) auf Kritik gestoßen.

65 Entgegen dem BVerwG ressortiert der Auskunftsanspruch der Presse (Medien) zur Kompetenzmaterie Presse-(Medien-)recht; er unterliegt somit der ausschließlichen Gesetzgebungszuständigkeit der Länder. Dafür spricht – entsprechend den oben dargelegten Grundsätzen der Kompetenzauslegung – zunächst das Argument der Tradition und gefestigten Staatspraxis: Zwar hat der Auskunftsanspruch keine in die Zeit vor dem Grundgesetz zurückreichende Vorbilder; er ist aber in allen, auch sogar schon in den 1949 erlassenen Landespressegesetzen (§ 3 HPresseG 1949) errichtet worden. Alle Gesetze mit der Ausnahme Bremens (§ 4 Abs. 1 BremPresseG: „Behör-

IV. Gesetzgebungskompetenzen   Einl

den des Landes und der Gemeinden sowie die der Aufsicht des Landes unterliegenden Körperschaften des öffentlichen Rechts") richten den Anspruch ohne Unterscheidung der Verbandszugehörigkeit gegen „die Behörden". Es entsprach allgemeiner Auffassung, dass sich die landesgesetzliche Normierung des Auskunftsanspruchs auf die Zuständigkeit der Länder für die Gesetzgebungsmaterie „Presserecht" stützen kann (*Burkhardt*, § 4 Rn. 54 m. w. N.; *Soehring/Hoene*, § 4 Rn. 17). Auch dieser Gesichtspunkt der opinio juris ist aber, wie dargelegt (o. Rn. 39), ein nach der Rechtsprechung des BVerfG für die Kompetenzbeurteilung beachtlicher Faktor. Der Auffassungswandel des BVerwG bedeutet daher einen Kontinuitätsbruch; schon deswegen bedarf er besonderer Rechtfertigung.

Die vom BVerwG angeführten Gründe leisten diese Rechtfertigung nicht (näher **66** *Cornils*, DÖV 2013, 657/659 ff.). Die Zuordnung des Auskunftsanspruchs zum Presserecht erscheint vielmehr auch dann klar vorzugswürdig, wenn man die Schwierigkeiten und Fragwürdigkeiten der Kompetenzdogmatik im Allgemeinen und der Abgrenzung des Titels Presserecht im Besonderen in Rechnung stellt, etwa im Zusammenhang des komplexen Problems der Pressebeschlagnahme (s. o., Rn. 57 ff.). Beim Auskunftsanspruch ergibt die Orientierung am Leitkriterium der Pressespezifität – neben und zusätzlich zum historischen Argument – ein vergleichsweise eindeutiges Resultat; er ist danach ein geradezu idealtypischer Gegenstand einer medienrechtlichen Regelung. Er ist ein Sonderrecht der Medienvertreter; seine Normierung knüpft allein an den wesentlich auch gerade durch dieses Sonderrecht geprägten besonderen Status der Vertreter von Presse und (soweit von den Regelungen erfasst) Rundfunk an und grenzt diesen Status von dem auf die allgemeinen Informationsrechte beschränkten „Jedermann" ab. Sein Gepräge erhält der Anspruch allein vom Kreis der Berechtigten, nicht von den Anspruchsinhalten her. Diese sind anders als beim Umweltinformationsanspruch nach dem UIG (§ 3 Abs. 1 UIG v. 22.12.2004, BGBl 2004 I S. 3704) oder dem Verbraucherinformationsanspruch nach dem VIG (§ 2 Abs. 1, Bekanntmachung der Neufassung vom 17.10.2012, BGBl 2012 I S. 2166, mit Berichtigung auf S. 2725), nicht gegenständlich auf bestimmte Angelegenheiten beschränkt.

Der Auskunftsanspruch lässt sich nicht überzeugend aus dem Kompetenzgegenstand **67** Presserecht herauszulösen und stattdessen über den Annexgedanken als ungeschriebene Mit-Zuständigkeit dem jeweiligen Inhaber der Sachgesetzgebungskompetenz zuweisen (*Frenzel*, in: Informationsfreiheit und Informationsrecht, Jahrbuch 2013, 79/103, der indessen – nicht überzeugend – im Anschluss an *Hecker*, DVBl. 2006, 1416, eine Kompetenzschranke für den Landesgesetzgeber im Verhältnis zu den Bundesbehörden in Art. 83 ff. GG sieht; s. dagegen *Cornils*, DÖV 2013, 657, 664; *Germelmann*, DÖV 2013, 667, 670 f.). Für eine derartige Kompetenzerweiterung in den Gegenstandsbereich der Presse hinein bedürfte es eines hinreichend dichten Sachzusammenhangs zwischen der explizit zugewiesenen Sachkompetenz und der stillschweigend mitgeschriebenen Annexkompetenz, eines Zusammenhangs, der verfassungsrechtlich „strenger Prüfung" unterliegt (BVerfG, NVwZ 2012, 1239, Rn. 19). Davon kann beim Auskunftsanspruch der Medien keine Rede sein. Der medienrechtliche Auskunftsanspruch bezieht sich nicht auf einen thematisch begrenzten Kreis von Auskünften; er ist (annähernd) voraussetzungslos und „sachkompetenzneutral", richtet sich auf sämtliche Auskünfte, die geeignet sind, den Vertretern der Presse zur Erfüllung ihrer öffentlichen Aufgabe zu dienen, unabhängig davon, ob die in Rede stehenden Daten unmittelbar aus der gesetzlich übertragenen Aufgabenwahrnehmung der Behörde resultieren oder nicht. Vorausgesetzt ist nur – und allerdings –, dass die Daten in amtlicher Befassung erlangt worden sind (*Burkhardt*, Voraufl., § 4 Rn. 59).

Der Sachzusammenhang kann auch nicht damit begründet werden, dass die Erfül- **68** lung des Auskunftsanspruchs die gesetzliche Aufgabenerfüllung der in Anspruch genommenen Behörde beeinflussen kann. So muss jede Regelung eines Informationsanspruchs, ob auf bundes- oder landesrechtlicher Ebene, dem Bedürfnis, öffentlichen oder privaten Schutz- und Vertraulichkeitsinteressen Rechnung zu tragen, entsprechen. Dieses Bedürfnis nach einer sachadäquat hinreichend differenzierenden Bestimmung der Schranken des Auskunftsanspruchs begründet noch keine Annex-Gesetzgebungskompetenz des jeweiligen Sachgesetzgebers, weil ihm durch eine den Kontext und die Umstände des konkreten Anwendungsfalles berücksichtigende Auslegung und Anwendung der allgemeinen – hinreichend elastischen – Schrankenregelungen der presserechtlichen Bestimmungen Rechnung getragen werden kann.

69 Nicht tragfähig ist auch der zweite vom BVerwG nur ergänzend ins Spiel gebrachte Ansatz einer an die Organisationshoheit der staatlichen Gebietskörperschaften je für ihre Behörden anknüpfenden Kompetenzbegründung. Sie würde zur Zuständigkeit des Bundes für den Auskunftsanspruch gegen Bundesbehörden, zur Zuständigkeit der Länder für die übrigen Behörden führen. Diese Kompetenzbegründung setzte voraus, dass die Regelung des medienrechtlichen Auskunftsanspruchs eine verwaltungsverfahrensrechtliche Regelung ist. Eine solche Charakterisierung würde aber seiner jedenfalls auch materiell-rechtlichen Bedeutung nicht gerecht. Wie bei allen Informationsrechten bis hin zur grundrechtlich garantierten Informationsfreiheit erschöpft sich dieser Gegenstand keineswegs in Verfahrensregelungen, die das „Wie" der Geltendmachung betreffen. In erster Linie geht es darum, den Inhalt des Anspruchs als solchen und die sachlichen Schrankengründe für eine Verweigerung der Auskunftserteilung zu bestimmen. Er kann daher nicht einfach nur als Teilgegenstand der Kompetenzmaterie Verwaltungsorganisation und -verfahren begriffen werden (s. auch BVerwG, GewArch 2007, 478), weist vielmehr stärkere Bezüge zu den Materien auf, die seinen Charakter wesentlich prägen. Für den Auskunftsanspruch der Presse führt dies aber zur umfassenden Anerkennung der Zuständigkeit der Länder. Sein Charakter wird nicht durch den Inhalt der anspruchsfähigen Informationen, aber, wie oben gezeigt, durch den Kreis der Berechtigten („Vertreter der Presse") bestimmt. Dieses Merkmal der materiellen Berechtigung, das den Anspruch als ein sonderpresserechtliches Institut auszeichnet, wirkt kompetenzbestimmend, nicht die Organisationsgewalt von Bund und Ländern für die je eigenen Behörden und Verwaltungsverfahren.

V. Quellen des Presserechts

1. Presserecht im engeren Sinn

70 Wenn in den vorstehenden Bemerkungen zur Gesetzgebungskompetenz vom Kompetenz-„Gegenstand des Presserechts" die Rede war (s. o., Rn. 35 f.) und die Entwicklung der Landespressegesetze geschildert wurde, so ist damit ein Kernbereich der presserheblichen Rechtsquellen bereits abgesteckt: Presserecht ist offenbar zunächst und jedenfalls das, was die zu seinem Erlass zuständigen Länder in den Landespressegesetzen normiert haben. Die in diesen Gesetzen zusammengefassten Vorschriften bilden mithin in einem durchaus formalen Sinne das Presserecht im engeren Sinne, ohne dass es dafür unmittelbar auf materielle Charakterisierungen ankäme, etwa derart, dass dazu nur „diejenigen pressespezifischen Normen gehörten, die die Rechtsverhältnisse der Presse gerade im Blick auf ihre Eigenart und ihren außergewöhnlichen geistigen und politischen Einfluss regelten" (so aber *Ricker/Weberling*, S. 1).

71 Schon die kompetenzrechtliche Bestimmung des Rechtsgebiets Presserecht, die indessen doch Grundlage der spezifisch landespresserechtlichen Regelungen ist, knüpft jedenfalls der Rechtsprechung des BVerfG zufolge gerade nicht an materielle Kriterien der besonderen publizistischen Bedeutung oder Wirkung der Presse (vergleichbares gilt für den Rundfunk) an, sondern vornehmlich an die traditionelle Zuordnung sowie die pressespezifische Zielrichtung (s. o., Rn. 38 ff.). Dementsprechend gibt es bundesrechtliche Vorschriften von eminenter Bedeutung für die Entfaltung und der Pressefreiheit und Pressevielfalt, wie die prozessrechtlichen Regelungen über das Zeugnisverweigerungsrecht (s. o., Rn. 41, 47, 51) oder auch die Regelung über

V. Quellen des Presserechts

die pressebezogene Absenkung der Schwellenwerte für die Fusionskontrolle (§ 38 Abs. 3 GWB), die bei materieller Betrachtung durchaus dem inneren Kern des Presserechts, also, wenn man derartige Kriterien zugrundelegte, dem Presserecht im engeren Sinne zurechenbar wären. Umgekehrt enthalten die Landespressegesetze Vorschriften, bei denen der Zusammenhang mit der „geistigen Wirkkraft der Presse" keineswegs zwingend erscheint, etwa hinsichtlich der – nicht ohne Grund seinerzeit kompetentiellen umstrittenen – Regelung der kurzen Verjährung (s. o., Rn. 40, 44), aber auch z. B. des Pflichtexemplarrechts.

Ohnehin porös erschiene bei funktionaler Betrachtung die Grenze zum Recht der elektronischen Medien: Klassische Rechtsinstitute des Presserechts wie der Gegendarstellungsanspruch, die Benennung von Verantwortlichen oder auch die journalistischen Sorgfaltspflichten behaupten ihren Platz in gleicher oder ähnlicher Weise auch im Rundfunkrecht. Pressespezifisch sind diese Regelungen nur, soweit sie sich mediengattungsspezifisch, insofern aber eher äußerlich auf die körperliche Publikation beziehen, nicht aber in einem inhaltlichen Sinne; sie sind aus dieser Sicht eher Basiselemente eines allgemeinen Teils des Medienrechts, dies eine Sichtweise, die ja auch – plausibel – dem medienartenübergreifenden Integrationskonzept der Landesmediengesetze von Rheinland-Pfalz und dem Saarland zugrunde liegt.

2. Presserecht im weiteren Sinne

Zum Presserecht im weiteren Sinne gehören demgegenüber alle sonstigen, nicht in den Landespressegesetzen (bzw. im Saarland und in Rheinland-Pfalz: in den „allgemeinen Teilen" sowie den pressespezifischen Abschnitten der Landesmediengesetze) zusammengefassten Vorschriften mit Bezug auf die Presse, und zwar entweder in spezifisch gerade an die Presse oder die Medien adressierter Weise (s. das bereits erwähnte Beispiel des § 38 Abs. 3 GWB) oder in allgemeiner, damit aber eben auch die Presse berechtigender oder verpflichtender Weise. Damit ist namentlich der gesamte Bereich der allgemeinen Gesetze (insbesondere zivil- oder strafrechtlichen Charakters), soweit sie die Kommunikationsfreiheit – auch der Massenmedien – beschränken (Art. 5 Abs. 2 GG) erfasst, ebenso auch Regelungen des Arbeitsrechts, des Urheber- und Verlagsrechts oder Datenschutzrechts (s. zu wesentlichen Bereichen unten die Kommentierungen im besonderen Teil).

3. Das Presserecht im Rechtssystem

Der Vielgestaltigkeit presserelevanter Regelungen entspricht es, dass diese je nach Regelungsgehalt öffentlich-rechtlichen (einschließlich des Straf- und Ordnungswidrigkeitenrechts) oder zivilrechtlichen Charakter haben. Auch für das in der Zahl seiner Bestimmungen überschaubare Presserecht im engeren Sinne (Landespressegesetze) verbietet sich eine einheitliche Zuordnung. Während der Gegendarstellungsanspruch (§ 11 LPG) eindeutig dem Zivilrecht zugehört, ist die Pflichtexemplar-Ablieferungspflicht (§ 12 LPG) und auch der pressespezifische Auskunftsanspruch gegen Behörden (§ 4 LPG) – jedenfalls soweit diese hoheitlich und nicht privatrechtsförmig verfasst sind – ebenso eindeutig öffentlich-rechtlicher Rechtsnatur, desgleichen natürlich die pressestraf- und ordnungsrechtlichen Vorschriften sowie, sofern noch in den Landespressegesetzen enthalten, die Regelungen über das Zeugnisverweigerungsrecht und die Beschlagnahme.

Zuordnungsschwierigkeiten bereiten hingegen die im Presseordnungsrecht errichteten Verhaltenspflichten, also die journalistischen Sorgfaltspflichten (§ 6 LPG), vor allem aber die Impressumspflicht (§ 8 LPG), die Pflicht zur Benennung eines verantwortlichen Redakteurs mitsamt der Regelung über die persönlichen Anforderungen an den verantwortlichen Redakteur (§ 9 LPG), die Pflicht zur Kennzeichnung von Anzeigen (§ 10 LPG) sowie zur Offenlegung der Inhaber- und Beteiligungsverhältnisse. Die Impressumspflicht wird verbreitet immer noch dem öffentlichen Recht zugeordnet (*Bullinger,* in: Löffler, Presserecht, 5. Aufl., Einleitung Rn. 7; wohl auch

Ricker/Weberling, S. 4 Rn. 12). Dies entspricht ihrem historischen polizeirechtlichen Sinn, ist aber mit der Verlagerung des Regelungszwecks fragwürdig geworden: Das Impressum und auch die anderen Kennzeichnungspflichten dienen heute vor allem dem privaten Interesse der Leser an eindeutiger Erkennbarkeit der Verantwortung für Publikationen sowie insbesondere auch der Verfolgbarkeit zivilrechtlicher Ansprüche Betroffener gegen rechtsbeeinträchtigende Inhalte einer Publikation (s. u. *Löhner*, § 8 LPG Rn. 2ff., *Ricker/Weberling*, S. 99, 107). Zwar steht hinter der Impressumspflicht durchaus auch heute noch das Interesse an einer Strafverfolgung gegen rechtswidrige Schriften. Darüber hinaus lassen sich die presserechtlichen Transparenzanforderungen auch auf die Gemeinwohlfunktion einer vielfältigen, qualitativ hochwertigen Information der Öffentlichkeit durch die Massenmedien als Voraussetzung öffentlicher Meinungsbildung beziehen: Zu den institutionellen Rahmenbedingungen einer qualitativ dem objektiven Normziel der verfassungsrechtlichen Gewährleistung (Art. 5 Abs. 1 S. 2 GG) entsprechenden Presse gehört auch die klare Zuweisung von Verantwortlichkeiten, die Erkennbarkeit der Eigentümerstrukturen (*Löhner*, in: Löffler, Presserecht, 5. Aufl., § 8 LPG Rn. 10; ebenso *Lehr*, u. § 8 Rn. 10). Aber es handelt sich doch dabei eher um mittelbare Sekundärzwecke jener Ordnungsvorschriften; sie treten an die Seite des Schutzes von Individualinteressen, sichern diesen ab, stehen aber nicht im Vordergrund. Erst recht gilt dies für die materiellen journalistischen Sorgfaltspflichten, die unmittelbar und in erster Linie dem Schutz von Individualrechtsgütern potentieller Betroffener (Persönlichkeitsrechte, Urheberrechte, Jugendschutz) dienen.

76 Soweit für die Abgrenzung von öffentlichem und privatem Recht auf das je überwiegende Interesse (Gemeinwohlzwecke oder Individualinteresse) im Sinne der „Interessentheorie" abgestellt wird, müsste sich dieser Zweckwandel mithin dahingehend auswirken, dass diese Vorschriften heute nicht mehr ohne weiteres dem Öffentlichen Recht zugeordnet werden, sondern mit jedenfalls nicht geringerer Berechtigung dafür auch das Privatrecht in Betracht kommt. Allerdings ist das – individuelle oder öffentliche – Interesse, dem eine Vorschrift unmittelbar oder mittelbar dient, ohnehin kein belastbares Kriterium für die Abgrenzung von Öffentlichem Recht und Privatrecht, da auch hoheitliche Eingriffsbefugnisse regelmäßig zum Zweck des Individualrechtsgüterschutzes eingerichtet sind, gerade auch im Ordnungsrecht (s. zur Leistungsschwäche der Interessentheorie nur *Maurer*, Allgemeines Verwaltungsrecht, 18. Aufl. 2011, S. 43 f.).

77 Die anderen, heute allgemein bevorzugten Formeln für die Identifizierung der öffentlich-rechtlichen Natur von Rechtsvorschriften bestätigten indes die Zweifel an der Zuordnung des Presse-„Ordnungsrechts" zum Öffentlichen Recht: Sonderrecht von Hoheitsträgern wird durch die presseadressierten Verhaltensnormen nicht begründet (s. zur sog. modifizierten Subjektstheorie hier nur *Ehlers*, in: Erichsen/Ehlers, Allgemeines Verwaltungsrecht, 14. Aufl. 2010, § 3 Rn. 28 ff.); auch gibt es keine Presseaufsichtsbehörden mit spezifischen Befugnissen. Nimmt man an, dass auch ein ordnungsbehördliches Einschreiten auf der Grundlage der allgemeinen Sicherheitsgesetze bei Verstößen gegen presseordnungsrechtliche Vorschriften kategorisch ausscheidet („Polizeifestigkeit der Presse", s. zB BK-*Degenhart*, Art. 5 Abs. 1 und 2 Rn. 502 f., näher u., § 1 Rn. 27 ff.), fehlt es überhaupt an jedweder verwaltungsrechtlichen Eingriffsoption und bleibt nur die strafrechtliche Bewehrung. Aus der Perspektive der verpflichteten Presse kann daher korrespondierend auch schwerlich von einer Unterordnung unter hoheitliche Gewalt (im Sinne der „Subordinations- oder Subjektionstheorie") die Rede sein.

78 Die in den Pressegesetzen statuierten Verhaltensregeln können daher in dem ihnen angemessenen zeitgemäßen Verständnis nicht mehr eigentlich als (Presseberufs-)Ordnungsrecht begriffen werden, jedenfalls nicht als Ausschnitt aus dem öffentlichen Gefahrenabwehrrecht. Dass sie spezifisch nur die Presse verpflichten („Sonderrecht" der Presse bzw. Medien, krit. zu dieser gängigen Bezeichnung *Petersen*, Rn. 14), qualifiziert sie nicht als öffentliches Recht (sowenig wie das Handelsrecht als Sonderrecht

V. Quellen des Presserechts **Einl**

der Kaufleute), denn dafür kommt es auf die spezifische Verpflichtung gerade von Hoheitsträgern („Sonderrecht des Staates") an.

Der eindeutig zivilrechtlichen Einordnung mag wiederum entgegenstehen, dass die 79
Verhaltensregeln und auch ihre Verletzung keine Ansprüche Dritter begründen, also keine privatrechtlichen Rechtsverhältnisse, aus denen im Zivilrechtsweg Rechte geltend gemacht werden könnten – wobei aber zweifelhaft bleibt, ob es für die zivilrechtliche Charakterisierung darauf überhaupt zwingend ankommt.

Zusammenfassend ist es also der imperfekte Charakter dieser Ordnungs-Normen, 80
aus dem sich die Zuordnungsschwierigkeiten ergeben: An sie sind eben weder hoheitliche Durchsetzungsbefugnisse oder Verpflichtungen (anders: presserechtlicher Auskunftsanspruch) noch private Rechte (anders: Gegendarstellung) geknüpft. Hält man für die Zuordnung zum Öffentlichen Recht eine positive Rechtfertigung im Sinne der Abgrenzungs-„Theorien" für erforderlich (Sonderrecht der Hoheitsgewalt), während das Zivilrecht gleichsam als Auffangkategorie alle übrigen Normen erfasst, spricht doch am Ende mehr für eine privatrechtliche Einordnung. Allenfalls denkbar ist auch hier, wie in anderen Rechtsgebieten (s. etwa zu § 34a WPhG OLG Frankfurt, NJW-RR 2009, 1210, Rn. 28 [juris]), dass sich jene weiteren, mit dem Presseordnungsrecht immerhin mitverfolgten objektiven Gemeinwohlzwecke in einer öffentlich- und zivilrechtlichen Doppelnatur dieser Vorschriften niederschlagen.

4. Regelungsgehalt der Landespressegesetze im Überblick

50 Jahre nach dem Inkrafttreten der koordinierten Landespressegesetze in West- 81
deutschland, komplettiert durch die auch schon gut 20 Jahre alten Pressegesetze der neuen Länder nach der Wiedervereinigung, trägt das Landespresserecht im engeren Sinne prägende gemeinsame Züge, bei allerdings bis heute fortbestehenden, teilweise auch über Formulierungs- und Aufbaufragen hinausgehenden Unterschieden und auch landesspezifischen Eigenwilligkeiten, so beispielsweise der nur im brandenburgischen Gesetz enthaltenen Regelung zur inneren Pressefreiheit (§ 4 BbgPG) oder dem Fehlen der Pflichtbindungen an die öffentliche Aufgabe und die journalistische Sorgfaltspflicht im HPresseG (vgl. *Bullinger*, AfP 2007, Sonderheft, 21). Diese Unterschiede entsprechen freilich der Idee des Bundesstaates; sie sind zunächst kein Mangel, sondern Ausdruck föderal verschiedener politischer Akzentuierung. Allerdings sind die Divergenzen kraft der Unitarisierungswirkung überwölbender bundesgrundrechtlicher Vorgaben aus Art. 5 Abs. 1 Satz 2 GG in der Substanz doch auch dort weitgehend eingeebnet, wo textlich unterschiedliche Formulierungen gebraucht werden.

Die Unterschiede zwischen den Regelungen gehen teilweise erkennbar auch auf 82
ihre unterschiedliche Entstehungszeit zurück, lassen sich also damit erklären, dass die Gesetze über die Jahrzehnte hinweg unterschiedlich weit reichend novelliert oder auch ganz neu gefasst worden sind. Die Pressegesetze der neuen Länder lassen demgemäß ein durchweg moderneres Gepräge erkennen als zum Beispiel das nur geringfügig geänderte Berliner Pressegesetz vom 15. Juni 1965.

Deutlich sichtbar – gerade auch in den Unterschieden – sind auch die Einflüsse der 83
zwischenzeitlich ergangenen Verfassungsrechtsprechung insbesondere zur Frage der Gesetzgebungskompetenz: In fast allen Gesetzen ist die Vorschrift über das Zeugnisverweigerungsrecht gestrichen worden (Ausnahme: § 18 BerlPresseG, § 23 Landespressegesetz BW), nachdem das BVerfG insoweit die konkurrierende – verdrängende – Zuständigkeit des Bundes nach Art. 74 Abs. 1 Nr. 1 GG bejaht hatte. Überwiegend aufgehoben worden sind auch die Vorschriften über die Auflagenbeschlagnahme, wenngleich daran immerhin in vier der älteren Gesetze (§§ 13 ff. Landespressegesetz BW; §§ 12 ff. Berliner Pressegesetz; Art. 15 f. BayPrG; §§ 13 ff. BremPresseG) festgehalten worden ist. Das Landespressegesetz Mecklenburg-Vorpommern hat bemerkenswerterweise – als einziges Gesetz der neuen Länder – wegen der im Verhältnis zu § 111n StPO unklaren Kompetenzlage vorsorglich eine entsprechende Regelung (§§ 12 ff.) sogar eingeführt (s. näher o., Rn. 59).

Die Pressegesetze errichten substantiell im Wesentlichen übereinstimmend folgende Aussagen:

a) Freiheit der Presse

84 § 4 LMG; § 3 SMG; § 1 aller anderen Gesetze; ferner § 2 Abs. 1 und 2, Abs. 3 Satz 2 HPresseG.

Das ganz an den Beginn der Pressegesetze (bzw. Mediengesetze im Rheinland-Pfalz und im Saarland) gestellte Bekenntnis zur Freiheit der Presse hat vor allem affirmativen, die schon bundesverfassungsrechtlich durch Art. 5 Abs. 1 S. 2 sowie Abs. 2 GG verbürgte Freiheitsgarantie nachzeichnenden Gehalt. Im Einzelnen finden sich allerdings auch hier schon unterschiedliche Akzentuierungen: Überwiegend verbinden die Gesetze das Freiheitsbekenntnis sogleich (in Abs. 1 Satz 2) mit einer durchaus missverständlich formulierten Funktionalisierung der Presse („Sie dient der freiheitlich demokratischen Grundordnung", zB in § 1 LPresseG BW). Damit ist, wenn auch nur in indikativer Fassung, die objektiv-dienende Funktion der Presse (insoweit nicht anders als des Rundfunks) für den Prozess freier Meinungsbildung als Verfassungsvoraussetzung der Demokratie zum Ausdruck gebracht, eine Funktion, die in fast allen Gesetzen dann noch einmal – nunmehr als normative Auftragsformulierung – in der Rede von der „öffentlichen Aufgabe" wiederholt wird. Namentlich das hessische Pressegesetz in seiner betont freiheitlichen Akzentsetzung verzichtet demgegenüber konsequent sowohl auf die Beschreibung der dienenden Funktion als auch der öffentlichen Aufgabe der Presse, fächert stattdessen die Garantie (individueller) Freiheit weitergehend als andere Pressegesetze in Einzelgehalte aus (s. näher u. § 1 Rn. 1, 42).

b) Zulassungsfreiheit

85 § 4 Abs. 2 LMG; § 3 Abs. 2 SMG; § 2 aller anderen Gesetze; in Hessen: § 2 Abs. 3 Satz 1 HPresseG.

Das Verbot personbezogener Eröffnungskontrollen ergänzt das kommunikatbezogene Zensurverbot und sichert so die Pressefreiheit auch in persönlicher Hinsicht ab. Die über Lizenz- oder Konzessionierungsvorbehalte, aber auch schon einfache Anzeigepflichten ermöglichte behördliche Lenkung und Beschränkung der Pressetätigkeit nach Maßgabe medienrechtlicher Zuverlässigkeit ist nach den Pressegesetzen durch die Garantie ungehinderter und unkonditionierter Zugangsfreiheit zur Pressetätigkeit effektiv ausgeschlossen. Darin liegt, auch im Vergleich mit den historischen Lizenzsystemen (zuletzt in Westdeutschland nach 1945, in der DDR bis zu deren Ende, s. o., Rn. 16 f., 23) ein ganz wesentlicher Gewinn für die Freiheit der Presse. Dieser geht auch insofern über die Schutzwirkung der grundrechtlichen Pressefreiheit hinaus, als diese die Zulassungsfreiheit nur prinzipiell, d. h. einschränkbar gewährleistet. § 2 LPG verdichtet mithin das grundrechtliche prima-facie-Gebot zu definitivem Schutz, ist allerdings insofern gerade gesetzlicher Ausdruck der grundrechtlichen Freiheitsgewährleistung (näher u. § 2 Rn. 33 ff.).

c) Presse als öffentliche Aufgabe

86 § 5 LMG; § 4 SMG; im Übrigen: § 3 aller Gesetze) – keine Regelung: HPresseG; nur implizit: Art. 3 Abs. 1 BayPrG („Die Presse dient dem demokratischen Gedanken").

Indem die Arbeit der Presse gesetzlich als öffentliche Aufgabe ausgezeichnet wird, drückt dies zunächst die historisch bemerkenswerte Umdeutung ihrer Rolle und Bedeutung von der polizeirechtlich zu bändigenden Gefahr zu einem für die Demokratievoraussetzung öffentlicher Meinungsbildung überaus wichtigen Funktionsträger aus (*Bullinger*, Voraufl. Einleitung Rn. 92). Allerdings verbinden sich damit auch die seit langem diskutierten Fragen nach der rechtlichen Qualität dieser „Aufgabe", insbesondere nach der Art, dem Maß und dem Inhalt der damit vorgestellten Pflichtbindung. Insofern liegt in der Proklamation der öffentlichen Aufgabe immer auch eine

V. Quellen des Presserechts

Gefahr freiheitsbedrohender Funktionalisierung und Indienstnahme für heteronom definierte (Gemeinwohl-)Zwecke und bedarf daher stets der sorgfältigen Abstimmung mit der grundrechtlichen Freiheitsgewährleistung aus Art. 5 Abs. 1 Satz 2 GG (näher u., § 3 Rn. 18 ff.).

d) Informationsanspruch der Presse

§ 4 LPresseG BW; Art. 4 BayPrG; § 4 BerlPresseG; § 5 BbgPG; § 4 BremPresseG, § 4 HambPresseG, § 3 HPresseG; § 4 LPrG M-V; § 4 NPresseG; § 4 LPresseG NW; § 6 LMG; § 5 SMG; § 4 SächsPresseG; § 4 PresseG LSA; § 4 LPresseG Schl.-H.; § 4 TPG. 87

Der erst mit den Landespressegesetzen seit 1949 (§ 3 HPresseG 1949) eingeführte, dem Reichspreßgesetz noch unbekannte, presserechtliche Auskunftsanspruch erweitert die der Presse verfügbaren Informationsmöglichkeiten über die auf die allgemeinen Quellen beschränkte grundrechtliche Informationsfreiheit (Art. 5 Abs. 1 Satz 1 2. Var. GG) hinaus und ist damit gleichfalls Ausdruck der Anerkennung einer besonderen Informationsfunktion („öffentliche Aufgabe") der Massenmedien (für den Rundfunk: s. § 9a RStV). Er ist in den Gesetzen in der Struktur vergleichbar, in den Einzelheiten hingegen zeitbedingt (je nach dem Alter der jeweiligen Bestimmung) unterschiedlich ausgestaltet, insbesondere hinsichtlich der Beschränkungsgründe (etwa: die sehr knappe Fassung in Art. 4 Abs. 2 Satz 2 BayPrG einerseits, die in den moderneren Gesetzen [zB § 4 Abs. 3 LPrG M-V] übliche Fassung vier verschiedener Schrankengründe andererseits). Der Anspruch hat mit der Schaffung allgemeiner (Jedermann-) Informationsansprüche in den Informationsfreiheitsgesetzen seine privilegierende Bedeutung weithin verloren. Nachdem das BVerwG dem Landesgesetzgeber die Kompetenz für die presserechtliche Regelung des Anspruchs abgesprochen hat, soweit er sich gegen Behörden richtet, die Bundesgesetze vollziehen (BVerwGE 146, 56), ist die Frage der Zugehörigkeit des Auskunftsanspruchs zur Kompetenzmaterie des Presserechts Gegenstand intensiver – noch nicht beendeter – Diskussion (s. o., Rn. 61 ff.).

e) Sorgfaltspflicht der Presse

§ 6 LPresseG BW; Art. 3 Abs. 2 BayPrG; § 3 Abs. 2 BerlPresseG; § 6 BbgPG; § 6 88 BremPresseG; § 6 HambPresseG; § 5 LPrG M-V; § 6 NPresseG; § 6 LPresseG NW; § 7 LMG; § 6 SMG; § 5 SächsPresseG; § 5 PresseG LSA; § 5 LPresseG Schl.-H.; § 5 TPG – keine Regelung: HPresseG.

Die Pflicht der Presse, alle von ihr verbreiteten Nachrichten auf Wahrheit, Inhalt und Herkunft mit der nach den Umständen gebotenen Sorgfalt zu prüfen, konstituiert die hauptsächliche Pflichtbindung der Pressetätigkeit; sie ist strenger als die allgemeine deliktische Sorgfaltspflicht von nicht Presseangehörigen, führt aber nicht in eine absolute Wahrheitspflicht, sondern nur auf den Maßstab der Wahrung pressemäßiger Sorgfalt: Die Presse muss auch berechtigt sein, über Tatsachen zu berichten, deren Wahrheitsgehalt noch nicht definitiv erwiesen ist, an deren Verbreitung aber ein öffentliches Interesse – gerade auch zur weiteren Aufklärung des Sachverhalts – besteht (BGH, NJW 1987, 2225, Rn. 19 f. [juris]). Die pressegesetzlich normierte Sorgfaltspflicht tritt an die Stelle den deliktsrechtlichen Rechtsgüterschutz (namentlich § 823 Abs. 1 BGB: allgemeines Persönlichkeitsrecht iVm § 276 BGB) und den Strafgesetzen entwickelten, in der Sache aber aus der Abwägung der Grundrechte der Medienfreiheit einerseits und des Persönlichkeitsrechts andererseits verfassungsrechtlich bestimmten Sorgfaltsmaßstäbe (BGH NJW 2013, 790, Rn. 28 [juris]) und modifiziert diese auch nicht inhaltlich. Da die landesrechtlichen Vorschriften als solche sanktionslos sind, erschöpft sich ihre Bedeutung im wesentlichen in – freilich praktisch angesichts ausdifferenzierter zivilgerichtlicher Rechtsprechung zur pressemäßigen Sorgfalt eher bescheidener – mittelbarer Orientierungsleistung für die äußerungsrechtliche Beurteilung eines berechtigten Interesses an der Berichterstattung (§ 193 StGB), (näher *Steffen*, § 6 Rn. 7 ff.).

f) Begriffsbestimmungen und Anwendbarkeitsausschlüsse

89 § 7 LPresseG BW; Art. 6 BayPrG; § 6 BerlPresseG; § 7 BbgPG; § 7 BremPresseG; § 7 HambPresseG; § 4 HPresseG; § 6 LPrG M-V; § 7 NPresseG; § 7 LPresseG NW; § 3 Abs. 2 LMG; § 2 Abs. 2f. SMG; § 6 PresseG LSA; § 6 LPresseG Schl.-H.; § 6 TPG; nur Teilregelung: § 15 SächsPresseG.

Die Pressegesetze beschränken ihre legaldefinitorischen Anstrengungen auf die Bestimmung des Begriffs des Druckwerks, insoweit mehr oder weniger ausführlich unter Beschreibung der erfassten Modalitäten körperlicher Vervielfältigung. Die meisten Gesetze führen ausdrücklich als Unterfall des Druckwerks auch die „vervielfältigten Mitteilungen, mit denen Nachrichtenagenturen, Pressekorrespondenten, Materndienste und ähnliche Unternehmungen die Presse mit Beiträgen in Wort, Bild oder ähnlicher Weise versorgen" an, desgleichen die von presseredaktionellen Hilfsunternehmen gelieferten Mitteilungen. § 6 Abs. 5 PresseG LSA stellt digitale Publikationen auch insoweit den Druckwerken gleich, als sie in unkörperlicher Form in öffentlichen Netzen verbreitet werden; damit ist freilich der herkömmliche Gegenstandsbereich des Presserechts hin zur elektronischen Kommunikation überschritten. Für die der besonderen Verpflichtung zur Angabe eines verantwortlichen Redakteurs unterliegenden periodischen Druckwerke wird übereinstimmend die Höchstdauer von sechs Monaten als Intervall für die Erscheinungsfrequenz festgelegt. Nur das bayerische Gesetz definiert Zeitungen und Zeitschriften als Periodika, die entweder keinen bestimmten Abnehmerkreis oder eine Auflage von mehr als 500 Stück haben (Art. 6 Abs. 3 BayPrG). Fast alle Gesetze (eingeschränkt: Art. 7 Abs. 2 BayPrG) schließen die Anwendbarkeit generell für amtliche Druckwerke, soweit sie ausschließlich amtliche Mitteilungen enthalten, und für die sog. „harmlosen Schriften" (zu Zwecken des Gewerbes und Verkehrs, des häuslichen und geselligen Lebens) aus.

g) Impressumpflicht

90 § 8 Abs. 1 LPresseG BW; Art. 7 BayPrG; § 7 Abs. 1 BerlPresseG; § 8 Abs. 1 BbgPG; § 8 Abs. 1 BremPresseG; § 8 Abs. 1 HambPresseG; § 6 HPresseG; § 7 Abs. 1 LPrG M-V; § 8 Abs. 1 NPresseG; § 8 Abs. 1 LPresseG NW; § 9 Abs. 1 LMG; § 8 Abs. 1 Satz 1 SMG; § 6 Abs. 1, 4 SächsPresseG; § 7 Abs. 1 PresseG LSA; § 7 Abs. 1 LPresseG Schl.-H.; § 7 Abs. 1 TPG.

h) Pflicht zur Angabe des verantwortlichen Redakteurs bei periodischen Druckwerken

91 § 8 Abs. 2f. LPresseG BW; Art. 8 Abs. 1f. 4 BayPrG; § 7 Abs. 2 und 3 BerlPresseG; § 8 Abs. 2f. BbgPG; § 8 Abs. 2f.; BremPresseG; § 8 Abs. 2f. HambPresseG; § 7 Abs. 1f. HPresseG; § 7 Abs. 2f. LPrG M-V; § 8 Absf. NPresseG; § 8 Abs. 2f. LPresseG NW; § 9 Abs. 2f. LMG; § 8 Abs. 1 Sätze 2 und 3 SMG; § 6 Abs. 2f. SächsPresseG; § 7 Abs. 2 und 3 PresseG LSA; § 7 Abs. 2f. LPresseG Schl.-H.; § 7 Abs. 2f. TPG.

i) Anforderungen an den verantwortlichen Redakteur

92 § 9 LPresseG BW; Art. 5 BayPrG; § 8 BerlPresseG; § 10 BbgPG; § 9 BremPresseG; § 9 HambPresseG; § 7 Abs. 3 HPresseG; § 8 LPrG M-V; § 9 NPresseG; § 9 LPresseG NW; § 10 LMG; § 9 SMG; § 7 SächsPresseG; § 8 PresseG LSA; § 8 LPresseG Schl.-H.; § 9 TPG.

j) Pflicht zur Offenlegung der Beteiligungsverhältnisse

93 Art. 8 Abs. 3 BayPrG; § 7a BerlPresseG; § 9 BbgPG; § 5 HPresseG; § 7 Abs. 4 LPrG M-V; § 9 Abs. 4 LMG; § 8 SächsPresseG; § 7a PresseG LSA; § 7 Abs. 4 LPresseG Schl.-H.; § 8 TPG – keine Regelung: LPresseG BW, BremPresseG, HambPresseG, NPresseG, LPresseG NW, SMG.

Die Impressumpflicht gehört zum traditionellen Kern des formellen Presseordnungsrechts seit den Anfängen der Presseregulierung; an ihre Seite ist die Erweiterung auf die Benennung eines verantwortlichen Redakteurs für Periodika bzw. (in Bayern) Zeitungen und Zeitschriften getreten, in den meisten Gesetzen auch die

V. Quellen des Presserechts **Einl**

Offenlegungspflicht hinsichtlich der Eigentümerverhältnisse. Gerade die Offenlegungspflicht ist in den Gesetzen sehr unterschiedlich eingehend, teilweise indessen bemerkenswert detailliert geregelt (besonders ausführlich: § 5 HPresseG). Die presserechtlichen Transparenzanforderungen stehen heute nicht mehr im Dienst polizeistaatlicher Überwachung. Sie dienen primär der Verfolgung privater Rechte, allenfalls noch des staatlichen Strafanspruchs hinsichtlich der Pressedelikte. Die Offenlegung redaktioneller und wirtschaftlicher Verantwortlichkeit ist zudem Sicherung dafür, dass die materiellen Sorgfaltsstandards (pressemäßige Sorgfalt) eingehalten und Bestrebungen einer manipulativen Einflussnahme auf die Meinungsbildung zumindest erschwert werden.

k) Kennzeichnungspflicht für Anzeigen

§ 10 LPresseG BW; Art. 9 BayPrG; § 9 BerlPresseG; § 11 BbgPG; § 10 BremPresseG; **94** § 10 HambPresseG; § 8 HPresseG; § 9 LPrG M-V; § 10 NPresseG; § 10 LPresseG NW; § 13 LMG; § 13 SMG; § 9 SächsPresseG; § 9 PresseG LSA; § 8 LPresseG Schl.-H.; § 10 TPG.

Die Kennzeichnungspflicht für entgeltliche Veröffentlichungen ist die wichtigste presserechtliche Ausprägung des für das Recht der kommerziellen Kommunikation fundamentalen Gebots der Trennung der journalistisch verantworteten Inhalte von der Werbung.

l) Gegendarstellungsanspruch

§ 11 LPresseG BW; Art. 10 BayPrG; § 10 BerlPresseG; § 12 BbgPG; § 11 Brem- **95** PresseG; § 11 HambPresseG; § 9 HPresseG; § 10 LPrG M-V; § 11 NPresseG; § 11 LPresseG NW; § 11 LMG; § 10 SMG; § 9 SächsPresseG; § 10 PresseG LSA; § 11 LPresseG Schl.-H.; § 11 TPG.

Der in allen Gesetzen vorgesehene Gegendarstellungsanspruch ist unentbehrliches Instrument zur Gewährleistung äußerungsrechtlicher Waffengleichheit zwischen der Presse und von der Berichterstattung betroffenen Personen. Er ist seiner Schutzfunktion nach kein pressespezifisches, sondern für alle Mediendarstellungen Geltung beanspruchendes Institut und daher auch für Rundfunk (vgl. die integriert beide Medienarten erfassende Regelung in § 11 LMG, § 10 SMG, im Übrigen die rundfunkrechtlichen Bestimmungen über die Gegendarstellung, zB § 44 f. LMG NRW, § 9 WDR-G) und Telemedien (§ 56 RStV) anerkannt. Die das deutsche Gegendarstellungsrecht beherrschenden Prinzipien (insb. Begrenzung des Entgegnungsrechts auf Tatsachen, grundsätzliche Unabhängigkeit des Anspruchs vom Beweis der Wahrheit oder Unwahrheit der Tatsachenbehauptung, keine Voraussetzung der Rechtsverletzung oder gar eines Verschuldens, Prinzip gleicher Entgegnung) prägen die gesetzlichen Ausgestaltungen übergreifend. Unterschiede bestehen vor allem hinsichtlich des (verbreitet ausgeschlossenen) Gegendarstellungsrechts gegen Anzeigen und hinsichtlich der Ausgestaltung des gerichtlichen Rechtsschutzes. Dieser führt heute zwar in Abkehr von den öffentlich-rechtlichen Ursprüngen der Gegendarstellung (s. §§ 11, 19 Satz 2 RPG 1874: Anordnung des Abdrucks der „Berichtigung" durch Strafurteil) durchweg allein in den Zivilrechtsweg (insb. auch in Bayern, Art. 10 Abs. 3 BayPrG). Die nähere Verfahrensgestaltung differiert hingegen; überwiegend ordnen die Gesetze die entsprechende Anwendung des Verfahrens der einstweiligen Verfügung mit gewissen Modifikationen an und schließen das Hauptsacheverfahrens aus; gemäß bayerischer (Art. 10 Abs. 3 BayPrG), hessischer (§ 9 Abs. 4 HPresseG) und sächsischer (§ 10 Abs. 5 SächsPresseG) Rechtslage kommen die Vorschriften der Zivilprozessordnung unmittelbar zur Anwendung und ist nach teilweise umstrittener Auffassung auch das Hauptverfahren zulässig (näher *Sedelmeier*, § 11 Rn. 187).

m) Medienrechtliche Sonderbestimmungen zur Anwendbarkeit des BDSG

§ 12 LPresseG BW; Art. 10a BayPrG; § 22a BerlPresseG; § 16a BbgPG; § 5 **96** BremPresseG; § 11a HambPresseG; § 10 HPresseG; § 18a LPrG M-V; § 19 NPresseG;

Einl Einleitung

§ 12 LPresseG NW; § 12 LMG; § 11 SMG; § 10a PresseG LSA; § 11a SächsPresseG; § 10 LPresseG Schl.-H.; § 11a TPG.

Alle Gesetze haben dem in § 41 BDSG formulierten Regelungsauftrag entsprochen und die danach erforderlichen Bestimmungen getroffen. § 41 BDSG stellt die Presse um der verfassungsrechtlich gewährleisteten Recherchefreiheit der Presse willen von der Anwendung des BDSG frei („Medienprivileg"), namentlich von dem Erlaubnisvorbehalt des § 4 BDSG, verlangt aber kompensatorisch als datenschutzrechtlichen Mindeststandard von den Ländern den Erlass von Vorschriften, die denjenigen der § 5 BDSG (Datengeheimnis), § 9 BDSG (technische und organisatorische Maßnahmen) und § 38a BDSG (Verhaltensregelungen zur Förderung der Durchführung datenschutzrechtlicher Regelungen) entsprechen. Hinter dieser Regelung steht die Vorstellung, dass der Bundesgesetzgeber hinsichtlich dieser pressespezifischen Sonderregelung nicht in seiner Zuständigkeit für den Datenschutz, vielmehr auf dem Gebiet des Presserechts tätig geworden ist, mithin unter Ausschöpfung seiner bis 2006 gegebenen Rahmengesetzgebungskompetenz aus Art. 75 Abs. 1 Nr. 2 GG, und er so an einer Vollregelung des Themas gehindert war (*Spindler/Nink*, in: Spindler/Schuster, Recht der elektronischen Medien, 2. Aufl. 2011, BDSG § 41 Rn. 2). Das Privileg, der Regelungsauftrag in § 41 BDSG und mithin auch die landespressegesetzlichen „reagierenden" Vorschriften beziehen sich gegenständlich ausschließlich auf personenbezogene Daten, die die Presse zu eigenen journalistisch-redaktionellen oder literarischen Zwecken erhebt, verarbeitet oder nutzt. Die Landesgesetze enthalten sich einer substantiell-eigenständigen Regelung entsprechend den §§ 5, 9, 38a BDSG, verweisen vielmehr wiederum zurück auf diese Vorschriften, desgleichen auf die Haftungsvorschrift des § 7 BDSG jeweils mit der Maßgabe, dass nur für Schäden gehaftet wird, die durch eine Verletzung des Datengeheimnisses nach § 5 BDSG oder eine Unterschreitung der Anforderungen des § 9 BDSG eintreten. Die Rückverweisung von Landesrecht in das BDSG führt rechtlich dazu, dass diese Vorschriften nur mehr entsprechend mit dem Rang von Landesrecht Anwendung finden können.

n) Pflichtexemplarregelung

97 § 13 BbgPG; § 12 BremPresseG; § 11 LPrG M-V; § 12 NPresseG; § 14 LMG; § 14 SMG; § 11 SächsPresseG § 11, PresseG LSA; § 12 TPG – sondergesetzlich geregelt in Baden-Württemberg (Pflichtexemplargesetz v. 3. März 1976, GVBl. S. 216); Bayern (PflStG v. 6.8.1986, GVBl 1986, S. 216); Berlin (PflExG idF v. 15.7.2005, GVBl. S. 414); Hamburg (PEG v. 14.9.1988, HmbGVBl. 1988, S. 180); Hessen (§ 4a Hess-BiblG v. 20. September 2010, GVBl. I 2010, 295); Nordrhein-Westfalen (Pflichtexemplargesetz NRW v. 18.5.1993, GVBl. S. 265).

Alle Länder treffen, im Landespressegesetz selbst oder in Nebengesetzen, Regelungen über die Pflicht zur Ablieferung eines Exemplars eines Druckwerks (auch digitaler Publikationen) an die jeweils für zuständig erklärte Stelle (meist: Landesbibliothek). Die bundesrechtlich zudem auch noch in § 14 DNBG vorgesehene Ablieferungspflicht hat nicht mehr, wie noch ihre Vorläufer im sonderpolizeirechtlichen Presserecht (vgl. § 9 RPG 1874) den Sinn, der Behörde frühzeitig die Gelegenheit zum Einschreiten gegen als rechtswidrig oder unbotmäßig erkannte Schriften zu verschaffen; sie ist nicht mehr eine abgeschwächte Form der Zensur, dient vielmehr archivarischen Zwecken der Kulturpflege und aktualisiert in diesem Sinne eine auf der publizistischen Produktion liegende Gemeinwohlbindung des Eigentums (näher *Burkhardt*, § 12 Rn. 4 ff.). Das Pflichtexemplarrecht ist über die presse- bzw. bibliotheksrechtlichen Kreise hinaus bekannt geworden, weil das BVerfG in seiner Pflichtexemplar-Entscheidung von 1981 die eigentumsverfassungsrechtliche Rechtsfigur der ausgleichspflichtigen Inhaltsbestimmung entwickelt hat (BVerfGE 58, 137; dazu *Cornils*, in: Menzel/Müller-Terpitz, Verfassungsrechtsprechung, 2. Aufl. 2011, S. 330 ff.). Die Sozialbindung des Eigentums des Ablieferungspflichtigen stößt danach bei sehr kostspieligen Werken mit kleiner Auflage an die grundrechtliche Zumutbarkeitsgrenze aus Art. 14 Abs. 1 GG. Sie ist in solchen Fällen nur verfassungsrechtlich gerechtfertigt

V. Quellen des Presserechts **Einl**

bei Gewährung eines finanziellen Verhältnismäßigkeitsausgleichs. Dieser darf indessen nach der im Nassauskiesungsbeschluss (BVerfGE 58, 300), in der Pflichtexemplarentscheidung sowie dem Denkmalbeschluss (BVerfGE 100, 226) des BVerfG entwickelten Grundsätzen nicht richterrechtlich aus dem Aufopferungsgedanken zugesprochen werden (enteignender Eingriff), bedarf vielmehr einer gesetzlichen Grundlage ähnlich wie bei der Enteignungsentschädigung. Diesen Anforderungen haben die Gesetze durch Einführung von Entschädigungsklauseln entsprochen (z.B. § 11 Abs. 6 SächsPresseG, § 14 Abs. 5 LMG, gesetzliche Beschreibung der Zumutbarkeitsschwelle in § 11 Abs. 3 PresseG LSA: Auflage nicht höher als 500 Stück und Ladenpreis mindestens 100 EUR).

o) Straf- und/oder Ordnungswidrigkeitsbewehrung

§§ 20–22 LPresseG BW; Art. 11–13 BayPrG; §§ 19–21 BerlPresseG; §§ 14f. BbgPG; §§ 20–22 BremPresseG; §§ 19–21 HambPresseG; §§ 13f. HPresseG; §§ 19–21 LPrG M-V; §§ 20–22 NPresseG; §§ 21–23 LPresseG NW; §§ 35f. LMG; §§ 63f. SMG; § 12f. SächsPresseG; §§ 12–14 PresseG LSA; §§ 14–16 LPresseG Schl.-H.; § 13 TPG. 98

Alle Pressegesetze bis auf das TPG ergänzen die nach allgemeinem Strafrecht bestehende Strafbarkeit von mittels eines Druckwerks begangenen Äußerungsdelikten (Presseinhaltsdelikte) um eine Bestimmung über die verschärfte strafrechtliche Verantwortlichkeit des verantwortlichen Redakteurs (bei periodischen Werken) bzw. Verlegers (bei sonstigen Druckwerken). In den meisten Gesetzen sind zudem bestimmte qualifizierte Verletzungen gegen das Presseordnungsrecht unter Strafe gestellt, insbesondere Verstöße gegen die Impressumpflicht bei Druckwerken strafbaren Inhalts, gegen die Vorschriften über den verantwortlichen Redakteur, in Hessen mit seiner charakteristischen Betonung der Offenlegungspflicht und in Bayern aber auch die wissentliche Falschangabe über die Beteiligungsverhältnisse (§ 13 Abs. 1 HPresseG, Art. 13 Nr. 5 BayPrG). Das brandenburgische, das sächsische und das thüringische Pressegesetz verzichten auf diese Strafdrohung und belassen es bei einer Bußgeldbewehrung – so wie die anderen Gesetze auch hinsichtlich der sonstigen Ordnungsrechtsverstöße.

p) Regelung kurzer Verjährung

§ 24 LPresseG BW; Art. 14 BayPrG; § 22 BerlPresseG; § 16 BbgPG; § 24 BremPresseG; § 23 HambPresseG; § 12 HPresseG; § 22 LPrG M-V; § 24 NPresseG; § 25 LPresseG NW; § 37 LMG; § 66 SMG; § 14 SächsPresseG; § 15 PresseG LSA; § 17 LPresseG Schl.-H.; § 14 TPG. 99

Die presserechtliche Sonderregelung der privilegierenden kurzen Verjährung von Presseinhaltsdelikten sowie von in den Pressegesetzen selbst als Straftatbestand oder Ordnungswidrigkeit gefassten Verstößen gegen das Presseordnungsrecht steht in einer langen Tradition, die nicht erst durch das Reichspreßgesetz (§ 22), sondern in den deutschen Ländern bereits durch eine Reihe von Regelungen seit dem frühen 19. Jahrhundert begründet worden ist. Das BVerfG hat in seiner grundlegenden Entscheidung vom 4. Juni 1957 insbesondere mit dieser gefestigten Tradition die kompetenzrechtliche Zuordnung der Regelungsmaterie zum Presserecht und nicht zum Strafrecht begründet (BVerfGE 7, 29, Rn. 30 ff. [juris], s. schon o., Rn. 40).

q) Verbreitungsverbot für beschlagnahmte Druckwerke

In § 13 LPresseG Schl.-H. und § 15 LMG ist das Verbreitungsverbot für beschlag- 100 nahmte Druckwerke noch aufrechterhalten worden, obwohl in diesen Gesetzen im Übrigen die Vorschriften über die Auflagenbeschlagnahme gestrichen worden sind.

r) Geltungserstreckung auf den Rundfunk

Einige Gesetze ordnen die Geltungserstreckung einzelner Vorschriften auf den 101 Rundfunk an: § 25 LPresseG BW; § 23 BerlPresseG; § 17 BbgPG; § 25 BremPresseG; § 26 LPresseG NW; § 16 PresseG LSA.

Cornils 33

VI. Grundbegriffe des Presserechts

102 Die Pressegesetze beschränken sich in ihrer Vorschrift über Begriffsbestimmungen auf die Definition des sachlichen Gegenstandes Presse, also auf den Schlüsselbegriff des Druckwerks mit seinen presserechtlich erheblichen Unterkategorien. Weitere für das Verständnis presserechtlicher Regelungen wesentliche Begriffe werden in den Gesetzen vorausgesetzt, aber nicht erläutert; dies gilt namentlich für die auf die Pressetätigkeit und die organisatorische Zugehörigkeit zur Presse bezogenen Begriffe. Auch die „integrierten" Mediengesetze von Rheinland-Pfalz und des Saarlands haben die Vorschrift über die Begriffsbestimmungen zwar in moderner Regelungstechnik an den Anfang der Gesetze gestellt, sind aber über den überkommenen Inhalt dieser Regelung, soweit sie die Presse (und nicht den Rundfunk) betrifft, nicht hinausgegangen.

1. Presse im Sinne der Pressegesetze

103 Das einfachgesetzliche Presserecht als der älteste und auch heute immer noch einen Hauptfaktor der Massenkommunikation erfassende Teilsektor des Medienrechts unterliegt vielfachen Bindungen der Verfassungen von Bund und Ländern, ist also insbesondere nicht isoliert von der Grundrechtsgewährleistung der Pressefreiheit in Art. 5 Abs. 1 S. 2 GG zu begreifen. Gleichwohl ist der einfachrechtliche, historisch viel ältere Pressebegriff der Pressegesetze nicht identisch mit dem den sachlichen Schutzbereich der Grundrechtsgewährleistung betreffenden Begriffsverständnis auf Verfassungsebene. Die Unterscheidung beider Regelungsebenen ist, wie auch für den Rundfunk, für die genauere Bestimmung des Regelungsgegenstandes der Pressegesetze wesentlich. Diskussionen um die Reichweite, Neubestimmung und ggf. funktional bestimmte Erweiterung des grundrechtlichen Schutzbereichs der Pressefreiheit in den Bereich elektronische Medien hinein („elektronische Presse") erreichen das einfachgesetzliche Presserecht nicht. Dieses erweist sich in seiner – bis heute aufrechterhaltenen – Beschränkung auf die verkörperte massenmediale Kommunikation in seiner Regelungsreichweite als vergleichsweise geschlossen und klar abgrenzbar. Die Frage des Anwendungsbereichs des Presserechts im engen Sinne wird insofern deutlich weniger belastet durch die Dynamisierung und Vielgestaltigkeit heutiger medialer Darstellungsformate, anders als im Verfassungsrecht, wo die überkommene textliche Engführung auf nur drei Medien-Schutzbereiche zwangsläufig Zuordnungsprobleme hinsichtlich der in dieses Raster nicht passenden neuen Medien erzeugt (s. u., § 1 Rn. 188 ff.). Derartige Probleme stellen sich auf einfachgesetzlicher Ebene allenfalls in geringerem Umfang, weil die Regulierung digitaler, aber presseähnlicher Medien nicht notwendigerweise dem klassischen Presserecht oder aber – in ausschließlich binärer Alternative – dem Rundfunkrecht zugewiesen werden muss, vielmehr die Möglichkeit der Errichtung anderer, spezifischer Regelungsmechanismen besteht, eine Möglichkeit, von der die Gesetzgebung insbesondere mit dem Telemedienrecht Gebrauch gemacht hat (TMG, § 20 Abs. 2, §§ 54 ff. RStV).

104 Auch soweit einige Länder – Rheinland-Pfalz und das Saarland – integrierte Landesmediengesetze anstelle der Pressegesetze erlassen haben, ist die klassische, medienartenbezogene Differenzierung damit keineswegs aufgegeben, lassen sich vielmehr die wenigen in der Tat medienübergreifend Geltung beanspruchenden Allgemein-Bestimmungen deutlich von den übrigen, spezifisch doch wieder nur auf die Presse im herkömmlichen Sinne, den Rundfunk oder die Telemedien anwendbaren Vorschriften unterscheiden. Dies gilt teilweise sogar für die in diesen Gesetzen in den „allgemeinen Teil" verlagerten Regelungen, insofern diese zwar allen erfassten Mediengattungen gemeinsame Rechtsinstitute formulieren, diese aber doch wieder in einer der sachlichen Unterschiede zwischen den Formaten erfassenden Weise gegenstandsadäquat auf die einzelnen Medienarten ausdifferenzieren, namentlich hinsicht-

VI. Grundbegriffe des Presserechts

lich der formalen ordnungsrechtlichen Pflichten (Impressum usw., vgl. § 9 LMG), aber auch etwa der Gegendarstellung (§ 11 Abs. 2 LMG). Insofern bleibt die grenzkonstituierende Unterscheidung zwischen der verkörperten Presse (und dem nur darauf bezogenen Recht) und den nichtkörperlichen Medien auch in diesen Gesetzen sichtbar, sind hier nur wenige Regelungsinhalte (Sorgfaltspflichten, Informationsanspruch) wirklich in einem übergreifenden Medienrecht aufgegangen.

Der einfachrechtliche Begriff der Presse, als solcher in den Gesetzen nicht definiert, verklammert mehrere Bedeutungsschichten: Sein hauptsächlicher und jedenfalls konstituierender Bezugspunkt sind die (körperlichen) Gegenstände publizistischer Tätigkeit (Presseerzeugnisse). Presse meint aber selbstverständlich auch den Erzeugungs- und Verbreitungsvorgang (Pressebetätigung) und umfasst schließlich auch den an dieser Erzeugung und Verwaltung beteiligten Personenkreis (Presse im organisatorischen Sinn). 105

2. Presse als Gegenstand

a) Druckwerk im weiten Sinn: Presse als verkörpertes Massenmedium

Notwendiges Element des Pressebegriffs (in allen Bedeutungsschichten) ist der Bezug auf das *Druckwerk*. Dieser Schlüsselbegriff begrenzt den Regelungsbereich des Presserechts auf die körperlichen Medien, dies freilich in technologieneutral weiterem Sinne: Der überkommene Ausdruck darf nicht darüber hinwegtäuschen, dass heute jedwede Massenvervielfältigung in körperlicher Form, ob in mechanischer, chemischer, elektromagnetischer oder sonstiger Weise, Druckwerk im Sinne des Presserechts ist. Druckwerke sind daher insbesondere auch digitale Verkörperungen. Der Begriff ist auch hinsichtlich der Inhalte des Kommunikats neutral, erfasst sind Speicherungen nicht nur von Texten, sondern auch bildlicher oder musikalischer Darstellungen (so schon ausdrücklich die Legaldefinition in § 6 Abs. 1 LPG, näher u. *Lehr,* § 7 Rn. 27 ff.). 106

Das zweite wesentliche Begriffselement des Druckwerks, konstituierend mithin für die Reichweite des Presserechts schlechthin, ist die Bestimmung zur (körperlichen) Verbreitung, damit vorausgesetzt notwendigerweise auch die Absicht zur Vervielfältigung. Presse ist – wie der Rundfunk – auch rechtsbegrifflich ein Massenmedium, nicht eine Modalität der Individualkommunikation. Nicht jede Schrift und jede sonstige Speicherung ist daher Druckwerk, vielmehr nur zur Verbreitung an einen individuell nicht abgegrenzten Personenkreis bestimmte Vervielfältigungsstücke; insoweit kommt es indessen nicht auf die Handlung des Verbreitens oder gar den Verbreitungserfolg, sondern nur auf die Zweckbestimmung an (näher u. *Lehr,* § 7 Rn. 20 ff.). Gleiches gilt auch schon für die Vervielfältigung: Vervielfältigungsstücke werden nicht erst mit dem Zustandekommen einer Mehrzahl zu Druckwerken; vielmehr ist schon die erste Kopie Druckwerk, wenn die Absicht auf die Massenvervielfältigung gerichtet ist. 107

Das Gesetz schränkt den danach vorausgesetzten Vervielfältigungsvorgang auf die Herstellung „mittels der Buchdruckerpresse oder eines sonstigen zur Massenherstellung geeigneten Vervielfältigungsverfahrens" ein, schließt also etwa Abschriften von Hand oder manuelle Durchschläge aus dem Druckwerkbegriff aus, weil erst die technische Vervielfältigung geeignet ist, Publikationen die Reichweite und damit massenkommunikative Wirkkraft zu verleihen, die das besondere Regulierungsbedürfnis gegenüber der Presse auslösen, historisch also überhaupt erst zur Entwicklung des im Ursprung polizeirechtlich konzipierten Presserechts geführt haben. Der strafrechtliche Begriff der Schrift (§ 11 Abs. 3, § 74d StGB) ist demgegenüber weiter, insofern er keine technische Massenvervielfältigung voraussetzt (§ 7 Rn. 27). 108

Der mit dem Dritten Medienrechtsänderungsgesetz v. 15.3.2010 eingefügte § 6 Abs. 5 LPresseG LSA, der „digitale Publikationen" behandelt, erweitert den Druckwerkbegriff selbst nicht, erstreckt allerdings die Anwendbarkeit des Gesetzes über 109

Einl   Einleitung

Druckwerke hinaus, soweit bei digitalen Publikationen das Merkmal körperlicher Verbreitung nicht gegeben ist. Digitale Publikationen im Sinne der Legaldefinition sind „Darstellungen in Schrift, Bild oder Ton, die auf Datenträgern oder in unkörperlicher Form in öffentlichen Netzen verbreitet werden". Die erste Variante (Verbreitung auf Datenträgern) erfüllt danach unproblematisch den Druckwerk-Begriff, denn hier handelt es sich um körperliche Verbreitung. Allein die zweite Variante überschreitet den Rahmen des klassischen, auf Druckwerke beschränkten Presserechts, in dem es auch die lineare (Rundfunk-Sendung) oder nichtlineare (öffentliche Zugänglichmachung) unkörperliche Wiedergabe des auf dem Datenträger gespeicherten Kommunikats in öffentlichen elektronischen Netzen erfasst. Damit sind – über die Anordnung entsprechender Anwendung der für Druckwerke geltenden Vorschriften (§ 6 Abs. 5 Satz 2) – auch Telemedien und sogar Rundfunksendungen aufgezeichneter Inhalte in den Anwendungsbereich des sachsen-anhaltinischen Pressegesetzes einbezogen. Insoweit kommt es jedoch zu nicht unproblematischen Überschneidungen mit den rundfunkrechtlichen Regelungen, soweit diese die gleichen Regelungsgegenstände betreffen, etwa die Gegendarstellung (§ 56 RStV; § 26 LMG LSA).

b) Periodika, insb. Zeitung und Zeitschrift

110   Periodische Druckwerke sind solche, die in ständiger, wenn auch unregelmäßiger Folge und dem Abstand von nicht mehr als sechs Monaten erscheinen (z.B. § 7 Abs. 4 BbgPG). Hauptfälle sind die Zeitungen und Zeitschriften (periodische Presse). Die rechtliche Hauptbedeutung der gesonderten definitorischen Erfassung der Periodika liegt darin, dass nur für periodische Druckwerke (in Bayern nur für Zeitungen und Zeitschriften, Art. 8 BayPrG) ein verantwortlicher Redakteur zu bestellen ist (z.B. § 6 Abs. 2 SächsPresseG). Zeitungen sind periodische Druckwerke, die tagebuchartig fortlaufend über aktuelle Ereignisse berichten, mit (Fachzeitungen) oder ohne (Tages- oder Wochenzeitungen) Beschränkung auf bestimmte Themengebiete. Zeitschriften fehlt hingegen der Tagebuchcharakter; sie sind inhaltlich durch die Konzentration auf bestimmte Fachrichtungen, Themengebiete oder Stoffe gekennzeichnet. Die Abgrenzung kann angesichts der in der Praxis vorkommender Mischformen schwierig sein, ist aber jedenfalls dort, wo die Rechtsordnung danach differenziert (so einige Landespressegesetze etwa im Zusammenhang der Offenlegungspflicht, z.B. § 8 Abs. 1 Satz 3 TPG, weitere Beispiele u. § 7 Rn. 10), erforderlich; insoweit bleibt in den Zweifelsfällen nur eine Zuordnung nach dem charakterprägenden Schwerpunkt.

c) amtliche und harmlose Schriften

111   Alle Gesetze nehmen die „amtlichen Druckwerke, soweit sie ausschließlich amtliche Mitteilungen enthalten" (näher u. § 7 Rn. 54ff.) sowie die sogenannten „harmlosen" Druckwerke (u. § 7 Rn. 59ff.) von der Anwendung ihrer Vorschriften aus. Harmlose Schriften sind nach der üblichen Definition (z.B. § 6 Abs. 3 Nr. 2 LPresseG Schl.-H.) „die nur Zwecken des Gewerbes und Verkehrs, des häuslichen und geselligen Lebens dienenden Druckwerke, wie Formulare, Preislisten, Werbedrucksachen, Familienanzeigen, Geschäfts-, Jahres- und Verwaltungsberichte und dergleichen, sowie Stimmzettel für Wahlen" (und: „Abstimmungen sowie Unterschriftenbögen für Volksinitiativen, Volksbegehren und Bürgerbegehren", § 7 Abs. 3 Nr. 2 NPresseG).

3. Pressetätigkeit

a) Herstellung

112   Das Presserecht im weiteren Sinne, etwa der strafprozessuale Zeugnisverweigerungsschutz (§ 53 Abs. 1 Nr. 5 StPO), erfasst auch schon den der Verbreitung notwendig vorausgehenden *Herstellungsakt,* die technische Massenvervielfältigung. Begrifflich ist die Herstellungsphase in das (einfachrechtliche) Presserecht dadurch einbezogen, dass die hergestellten Vervielfältigungsstücke Druckwerke schon kraft der auf die Verbreitung gerichteten Zweckbestimmung ist, nicht erst aufgrund des Verbreitungsaktes

VI. Grundbegriffe des Presserechts **Einl**

selbst (s. o., Rn. 107). Herstellung im Sinne des Presserechts bedeutet das Gestalten eines Druckwerks durch geistige, technische oder wirtschaftliche Mitwirkung (*Bullinger*, Voraufl., Rn. 20). Die danach gegebene Mitwirkung des Verfassers, Verlegers und Druckers kann den Anknüpfungstatbestand für eine mögliche zivil- oder strafrechtliche Haftung bilden.

Pressemäßige Herstellung ist begriffsnotwendig Vervielfältigung, weil erst diese, **113** genauer: die darauf gerichtete Absicht zur Erzeugung von Druckwerken führt (s. o., Rn. 107). Vervielfältigungen im Sinne des Presserechts sind – enger als im Urheberrecht (§ 16 Abs. 1 UrhG), das auch handgefertigten Kopien ausreichen lässt – „verkörperte gleichmäßige Nachbildungen einer Schrift oder sonstigen Darstellung geistigen Sinngehalts, die mittels eines zur Massenherstellung geeigneten Verfahrens angefertigt werden" (*Bullinger*, Voraufl., Einl. Rn. 22).

b) Verbreitung

Der Begriff der *Verbreitung* hat im Presserecht Bedeutung schon für die Definition **114** des Druckwerks und damit für die Anwendbarkeit des Presserechts schlechthin, denn nur zur Verbreitung bestimmte, vervielfältigte Zeichenträger sind Druckwerke (s. o. Rn. 107, vgl. z. B. § 7 Abs. 1 NPresseG). Darüber hinaus binden die Gesetze die Pflicht zu pressemäßiger Sorgfalt an die Bedingung (bevorstehender) Verbreitung (§ 6 NPresseG: „Die Presse hat alle Nachrichten vor ihrer Verbreitung mit der nach den Umständen gebotenen Sorgfalt auf Inhalt, Herkunft und Wahrheit zu prüfen."). Schließlich knüpfen sie bei den Presseinhaltsdelikten den Beginn der Verjährung an die Veröffentlichung oder Verbreitung des Druckwerks (z. B. § 24 Abs. 3 NPresseG).

Das Verbreiten eines Druckwerks im Sinne des Presserechts ist diejenige Tätig- **115** keit, durch die das Druckwerk „aus dem engen Kreis der an der Herstellung Beteiligten heraustritt und einem größeren individuell nicht verbundenen Personenkreis" körperlich zugänglich wird (BGH NJW 1977, 1695; BGHSt 45, 41, Rn. 13), ohne dass es auf die tatsächliche Kenntnisnahme ankommt (*Bullinger*, Voraufl., Einl. Rn. 36).

Der presserechtliche Verbreitungsbegriff stimmt mit demjenigen des Urheberrechts **116** (§ 15 Abs. 1 Nr. 2, § 17 UrhG) darin überein, dass er nur das körperliche In-Umlaufbringen meint, nicht die unkörperlichen Wiedergabeformen, die begrifflich nicht mehr in der Reichweite der Presse liegen. Er ist indessen weiter als der urheberrechtliche Verbreitungsbegriff, insofern er nicht notwendig die Verbreitung in der Öffentlichkeit oder zumindest für die Öffentlichkeit verlangt, sondern insoweit schon einen größeren, nicht kontrollierbaren Personenkreis ausreichen lässt (s. u. Rn. 118). Für das Urheberrecht ist hingegen das Angebot oder Inverkehrbringen der Vervielfältigungsstücke für die bzw. in der Öffentlichkeit konstitutiv (§ 15 Abs. 3 UrhG, *Schulze,* in: Dreier/Schulze, UrhG, 4. Aufl. 2013, § 17 Rn. 7).

Verbreitung bedeutet körperliche (BGHSt 18, 63/64; 45, 41, Rn. 13: „ihrer Sub- **117** stanz nach") Zugänglichmachung, wobei – insofern wie im Urheberrecht – neben das Anbieten ausreicht; hinzu treten die Modalitäten des Verkaufs, Verteilens, Vertreibens, Anschlagens, Ausstellung und Auslegens von Druckwerken. Auf die tatsächliche Kenntnisnahme durch den Personenkreis, dem das Druckwerk zugänglich gemacht worden ist, kommt es nicht an. Zugänglich gemacht ist das Druckwerk nach der herrschenden modifizierten Entäußerungstheorie überhaupt nicht erst dann, wenn es in den Empfangsbereich des Adressaten gelangt ist, so dass dieser von dem Inhalt Kenntnis nehmen kann (so die Zugangstheorie, *Kitzinger,* S. 20; *Mannheim,* S. 9), sondern schon dann, wenn sich der Handelnde des Druckwerks mit Verbreiterungsbewusstsein und Verbreitungsabsicht so entäußert, dass die Kenntnisnahme durch Dritte nicht mehr verhindert werden kann (RGSt 7, 113/115; 16, 245; 55, 276/277; 64, 292/293; BGHSt 26, 51/56). Die danach erforderliche subjektive Komponente schließt aus, dass zufällig, ohne Bewusstsein oder aufgrund des Verhaltens Dritter (Diebstahl) in die Öffentlichkeit gelangte Druckwerke die Rechtsfolgen der Verbreitung auslösen (*Bullinger*, Voraufl., Einleitung Rn. 29 f.).

Cornils 37

118 Die Verbreitung auch im presserechtlichen Sinne setzt voraus, dass das Druckwerk einem größeren Personenkreis zugänglich gemacht wird. Erforderlich ist aber, anders als im Urheberrecht, keine öffentliche Verbreitung (*Ricker/Weberling*, S. 7). Auch die Zugänglichmachung innerhalb eines geschlossenen Personenkreises kann vielmehr Verbreitung im presserechtlichen Sinne sein, sofern aufgrund der Größe der Gruppe nicht mehr von einer Sphäre der Vertraulichkeit – dann keine Verbreitung – ausgegangen werden kann. Dementsprechend ist die Betriebs- oder Werkszeitung presserechtlich verbreitet (s. – wenn auch vom verfassungsrechtlichen Pressebegriff aus – BVerfGE 95, 28, Rn. 26), die konzerninterne Weitergabe von Werken hingegen keine Verbreitung im Sinne des § 17 UrhG (BGH GRUR 1982, 100, 102 – *Schallplattenexport*; BGH GRUR 2007, 691, 692 – *Staatsgeschenk*; *Schulze*, in: Dreier/Schulze, UrhG, 4. Aufl. 2013, § 17 Rn. 9). Maßgeblich für das Presserecht und ebenso auch für den insoweit identischen Verbreitungsbegriff des Strafrechts ist mithin, dass der Personenkreis entweder schon nicht aus individualisierbaren Personen oder aber aus zwar individualisierten oder individualisierbaren, aber so vielen Personen besteht, dass er nicht mehr kontrolliert werden kann (s. zu § 184 Abs. 3 Nr. 1, Abs. 4 StGB BGHSt 13, 257; 45, 41 Rn. 13). Der Personenkreis muss mithin eine gewisse, erhebliche Mindestgröße haben; die noch vom RG (RGSt 15, 118/120) gepflegte Annahme, auch nur drei Personen könnten ausreichen, ist unhaltbar (*Bullinger*, Vorauf., Einl. Rn. 31). Definitive quantitative Grenzfestlegungen sind angesichts der Vielgestaltigkeit der Verbreitungsvorgänge kaum möglich. Immerhin hinsichtlich der von den Pressegesetzen vorausgesetzten Größenordnung mag Art. 6 Abs. 3 BayPrG eine Orientierung bieten. Danach sind Zeitungen und Zeitschriften nur dann periodische Druckwerke, wenn ihre Auflage 500 Stück übersteigt; auch diese Untergrenze gilt aber nur für den Fall, dass der Bezug der Zeitungen an einen bestimmten Personenkreis gebunden ist (Satz 2). Ist dies nicht der Fall, geht auch das bayerische Gesetz von der Möglichkeit nicht mehr kontrollierbarer Publikationswirkung schon bei geringerer Personenzahl aus. Die Untergrenze von 500 hat indes immerhin auch das Rundfunkrecht aufgegriffen (§ 2 Abs. 3 Nr. 1 RStV).

119 Für die Zugänglichmachung kommt es nicht darauf an, dass die Druckwerkstücke tatsächlich dem danach mindestens erforderlichen Personenkreis physisch verfügbar sind (s. auch schon o., Rn. 107). Ausreichend ist auch die Übergabe von Stücken an ggf. nur wenige Multiplikatoren, von denen erwartet werden darf, dass sie diese Stücke an die für die Verbreitung im presserechtlichen Sinne erforderliche Zahl von Personen weitergeben werden (RGSt 7, 113; 15, 118/119; 16, 245; 55, 276/277; BGHSt 19, 63/71 zu § 93 StGB); z. B. bei der Versendung von Freiexemplaren eines Buchs an den Verfasser (*Bullinger*, Vorauf., Einl. Rn. 33).

120 Vorbereitungshandlungen erfüllen noch nicht den Tatbestand der Verbreitung, so etwa die Ankündigung des Erscheinens eines Druckwerks oder die Aufforderung, ein Druckwerk zu bestellen. Die Zuleitung von Texten oder Dateien an einen Chefredakteur oder Verleger überschreitet nur dann die Schwelle zur Verbreitungshandlung, wenn nach den Umständen ohne weiteres mit der unmittelbaren Publikation gerechnet werden darf, nicht aber wenn insoweit allenfalls eine Chance besteht oder noch weitere Entscheidungsvorbehalte (der Redaktion, des Autors) bis zur Veröffentlichung zu überwinden sind. Sogar die Versendung des Druckwerks vom Verleger zum Grossisten soll noch bloße Vorbereitungshandlung sein (*Häntzschel*, S. 34; *Klöppel*, S. 155; *Rebmann*, § 24 LPG Rn. 5), anders aber die Auslieferung an den Sortimentsbuchhändler oder Zeitschriftenhändler.

121 Verbreitung ist auch die Versendung von Rezensionsexemplaren und Ansichtssendungen an potentielle Kunden, nach herrschender Meinung hingegen nicht die Ablieferung von Pflichtexemplaren (z. B. § 12 NPresseG, s. dazu o., Rn. 97). Diese Auffassung (*Löffler*, Bd. I, 3. Aufl., Rn. 45, a. A. *Bullinger*, Vorauf., Einl. Rn. 35) lässt sich zwar nicht überzeugend auf die vom Reichsgericht (RGSt 2, 270) dafür gegebene Begründung stützen, das Bewusstsein, mit der Ablieferung einer öffentlichen Pflicht zu genügen, schließe die Verbreitungsabsicht aus – weshalb diese Motive ein-

VI. Grundbegriffe des Presserechts

ander notwendig ausschließen sollten, ist nicht ersichtlich. Tragfähig erscheint jedoch der Gedanke, dass die Ablieferung des Pflichtexemplars als solche das Druckwerk noch nicht einem größeren Personenkreis zugänglich macht, also nicht selbst schon zur Publikation führt, auch nicht mittelbar. Zwar knüpfen die Gesetze die Ablieferungspflicht an das Erscheinen des Werkes. Diese rechtliche Bedingung schließt aber erstens nicht aus, dass die Exemplare tatsächlich auch schon (kurz) vor Erscheinen abgeliefert werden und lässt zweitens auch, abgesehen von dieser Möglichkeit, nicht den Schluss zu, die Ablieferung der für die Zwecke des kulturellen Gedächtnisses bestimmten Pflichtexemplare stehe dem Erscheinen der Auflage selbst gleich; es handelt sich ungeachtet der normativen Verknüpfung um zwei verschiedene Sachverhalte.

c) Veröffentlichung, Erscheinen

Die *Veröffentlichung* eines Druckwerks ist seine öffentliche Verbreitung. Hierfür kommt es nun wie beim Verbreitungsbegriff des Urheberrechts auch presserechtlich darauf an, dass das Druckwerk nicht nur einem größeren, nicht kontrollierbaren, sondern einem unbestimmten Personenkreis, dem Publikum, körperlich zugänglich gemacht wird (RGSt 16, 245/247; 36, 145). Veröffentlichung ist daher nicht die Verbreitung innerhalb einer geschlossenen Personengruppe. Der Begriff der Veröffentlichung findet sich in den Pressegesetzen etwa im Zusammenhang der Kennzeichnungspflicht für Anzeigen (zB § 10 HambPresseG, s. dazu o., Rn. 94) sowie der Verjährungsregelung. 122

Erhebliche Bedeutung hat der Begriff des *Erscheinens*, vor allem für die Definition des periodischen Druckwerks (zB § 7 Abs. 4 NPresseG) sowie für die Impressumspflicht (§ 8 Abs. 1 NPresseG). Das Erscheinen bezeichnet den Beginn der öffentlichen Verbreitung eines Druckwerks. Der presserechtliche Begriff des Erscheinens deckt sich mit demjenigen des Urheberrechts, so wie er in § 6 Abs. 2 UrhG legaldefiniert ist („wenn mit Zustimmung des Berechtigten Vervielfältigungsstücke des Werks nach ihrer Herstellung in genügender Anzahl der Öffentlichkeit angeboten oder in Verkehr gebracht worden sind"). Die auch im Presserecht anerkannte modifizierte Entäußerungstheorie (s. o., Rn. 117) hat hier in den Gesetzestext Eingang gefunden. Der Erscheinungsort einer Druckschrift ist grundsätzlich dort, wo sie mit Willen des Verfügungsberechtigten die Stätte der ihre Verbreitung vorbereitenden Handlungen verlässt (RGSt 64, 292/293; BGH, AfP 1989, 732, Rn. 26). Fallen Verlags- und Ausgabeort auseinander, „ist der Erscheinungsort dort anzunehmen, wo das rechtliche und tatsächliche Schwergewicht der die öffentliche Verbreitung in die Wege leitenden verlegerischen Tätigkeiten entfaltet wird. Das Bedürfnis, die für den Inhalt Verantwortlichen zu ermitteln, wird sich eher dort und weniger im Rechtsbereich des Ortes stellen, an dem der Verlag seinen – gegebenenfalls nur formellen – Sitz hat. Es erscheint deshalb gerechtfertigt, die Verantwortlichen jedenfalls auch dort der Impressumspflicht zu unterwerfen, wo das Schwergewicht der verlegerischen Tätigkeiten liegt. Dies wird in den meisten Fällen zwar der Verlagsort sein, muß es aber nicht" (BGH, AfP 1989, 732, Rn. 27). Ist ein Druckwerk der Öffentlichkeit einmal zugänglich gemacht, also veröffentlicht, ist sein Erscheinen vollendet (RGSt 16, 409/413; 24, 350/351; 40, 354/359; 64, 292); weitere Veröffentlichungsakte mit Exemplaren derselben Auflage bewirken nicht erneut ein Erscheinen, anders selbstverständlich bei einer Neuauflage. Jedoch ist durch gleichzeitige Veröffentlichung ein Erscheinen an verschiedenen Orten möglich. 123

d) Anschlagen, Ausstellen, Auslegen

Formen der Verbreitung sind, ohne dass dies ernsthaften rechtlichen Zweifeln unterliegen könnte, auch das Anschlagen, Ausstellen und Auslegen von Druckwerken in der Weise, dass ihr kommunikativer Inhalt von einem nicht kontrollierbaren Personenkreis wahrgenommen werden kann. § 3 RPG hatte diese Modalitäten noch ausdrücklich genannt („Als Verbreitung [...] gilt auch das Anschlagen, Ausstellen oder Auslegen derselben an Orten, wo sie der Kenntnißnahme durch das Publikum zu- 124 gänglich ist."). Dass die modernen Pressegesetze auf diese nur mehr deklaratorische Bestimmung verzichten, ist rechtlich ohne Bedeutung: Körperlich zugänglich gemacht werden Schriftstücke auch dadurch, dass sie einer Mehrzahl von Personen durch Ausstellung oder Auslage zu unmittelbarer Anschauung gebracht werden; eine Individualübergabe von Druckwerkstücken ist für die Verbreitung nicht erforderlich, und zwar unabhängig von den für die öffentliche Zugänglichmachung herangezogenen Theorien. Dementsprechend kann auch schon nur ein einziges Exemplar ausreichen, den Verbreitungserfolg zu erreichen (BGHSt 19, 308/310), etwa durch die sukzessive Benutzung bei ausgelegten Exemplaren oder durch gleichzeitige Wahrnehmung angeschlagener Schriften an öffentlichen Orten.

125 Auch das Urheberrecht ordnet das Ausstellungsrecht den körperlichen Verwertungsrechten zu (§ 15 Abs. 1 Nr. 3, § 18 UrhG), anders allerdings das Vortrags-, Aufführungs- und Vorführungsrecht (§ 15 Abs. 2 Satz 2 Nr. 1, § 19 UrhG) sowie das Recht der Wiedergabe durch Bild- oder Tonträger (§ 15 Abs. 2 S. 2 Nr. 4, § 21 UrhG). Aus der Zuordnung dieser zuletzt genannten Handlungen zur Kategorie unkörperlicher öffentlicher Wiedergabe lässt sich auch für das Presserecht der Rückschluss ziehen, dass letztere Handlungen, etwa das Abspielen eines Tonträgers in der Öffentlichkeit – presserechtlich immerhin ein Druckwerk! – keine körperliche Verbreitung sind. Insoweit geht es nicht um die Verschaffung der Möglichkeit unmittelbarer visueller Anschauung des Zeichenträgers, also der Verkörperung als solcher, wie bei der Ausstellung, sondern um die Übermittlung des im Druckwerk nur notierten geistigen Inhalts durch einen weiteren Vermittlungsakt (das Abspielen des Tonträgers, anders freilich – nicht überzeugend – RGSt 39, 183: Kinovorführung als „Ausstellung" iSd § 184 Abs. 1 StGB; RGSt 47, 223/226 f.: Bereitstellen eines Grammophons und von Schallplatten zum selbständigen Abspielen durch die Gäste einer Gastwirtschaft als „Verbreiten"; diese Sicht verwischt die – allerdings bei der Ausstellung ohnehin prekären [*Schulze*, in: Dreier/Schulze, UrhG, § 19 Rn. 2: „Grenzfall der körperlichen Verwertung"] – Grenzen zwischen körperlicher und nichtkörperlicher Zugänglichmachung, *Bullinger,* Voraufl., Einl. Rn. 41. Sie ist heute überdies für die strafrechtliche Beurteilung unnötig, insofern § 184 Abs. 1 Nr. 1 und 2 StGB nunmehr umfassend körperliche wie unkörperliche Vermittlungsformen einschließen: Die in Nr. 2 angeführten Modalitäten des Anschlagens, Ausstellens und auch Vorführens sind nur Unterfälle der Zugänglichmachung, *Hörnle,* in: MüKo-StGB, § 184 Rn. 37).

126 Zugänglich gemacht und damit verbreitet ist selbstverständlich nur derjenige Teil des Druckwerks, der auch unmittelbar wahrnehmbar ist, also bei einem ausgestellten Zeitungsexemplar im Schaukasten eines Verlagshauses die ohne weiteres einsehbaren Seiten (*Bullinger,* Voraufl., Einl. Rn. 39). Als Verbreitungsformen kommt es auch beim Anschlagen, Ausstellen oder Auslegen darauf an, dass die Druckwerke dem für die Verbreitung geforderten größeren, nicht kontrollierbaren Personenkreis (s. o., Rn. 118) zugänglich gemacht werden. Als Formen der Veröffentlichung im Rechtssinne können sie darüber hinaus gelten, wenn sie der Öffentlichkeit (also einem unbestimmten Personenkreis) zugänglich gemacht worden sind (s. o., Rn. 122).

127 *Anschlagen* ist das körperliche Zugänglichmachen durch Ankleben, Anheften oder Anbringen von Druckwerken an einem für die Publikation geeigneten, festen Träger (Litfaßsäule, Bäume usw.), der indessen nicht notwendig ortsfest, sondern auch beweglich sein kann (Plakatwagen, Plakatsträger, *Häntzschel,* S. 33; *Kitzinger,* S. 207). Auch die unmittelbare Beschriftung oder Bemalung von Mauern soll darunter fallen (RGSt 11, 284 f.).

128 Mit der *Ausstellung* wird das Druckwerkstück zur unmittelbaren Anschauung gebracht, ohne aber vom Betrachter in Besitz genommen werden zu können, also etwa bei den Schauexemplaren von Zeitungen im Fenster des Verlagshauses.

129 *Auslegen* meint das Bereitstellen von Exemplaren zur unmittelbaren Benutzung, etwa in den Lesesälen einer Bibliothek oder Buchhandlung, gleichviel aus welchem Motiv (etwa der Veräußerung oder des Zeitvertreib).

VI. Grundbegriffe des Presserechts

4. Organisation der Presse

Entsprechend dem weit gespannten sachlichen Tätigkeitsbereich der Presse von der Herstellung bis zum Vertrieb gehören zur Presse auch organisatorisch eine ganze Reihe unterschiedlicher Funktionen und Personen, die in technischer, wirtschaftlicher und publizistischer Hinsicht an der Pressearbeit teilnehmen. Das Presserecht im engeren Sinne adressiert seine Pflichten und Rechte ausdifferenziert an verschiedene Personenkreise, von „der Presse" im Allgemeinen (etwa: Sorgfaltspflicht, § 6 LPresseG BW, umfassend auch der potentiell von der Auflagenbeschlagnahme betroffene Personenkreis, s. die Auflistung in § 14 LPresseG, ähnlich, aber beschränkt auf die „berufsmäßige Mitwirkung", beim Zeugnisverweigerungsrecht § 23 Abs. 1 LPresseG BW), über die „Vertreter der Presse" (Auskunftsanspruch, § 4 LPresseG BW) bis zu spezifisch je einzelne Funktionsträger betreffenden Vorschriften, insbesondere hinsichtlich des *Verlegers* (Zuleitung amtlicher Bekanntmachungen [§ 4 Abs. 4 LPresseG BW], Impressum [§ 8 LPresseG BW], Offenlegungspflicht [§ 7a BerlPresseG], Anzeigenkennzeichnungspflicht [§ 10 LPresseG BW], Gegendarstellungsanspruch [§ 11 LPresseG BW], Pflichtexemplarablieferungspflicht [§ 11 PresseG LSA], strafrechtliche Haftung [§§ 20–22 NPresseG]); *Druckers* (Impressum), *Herausgebers* (Impressum bei Selbstverlag [§ 8 Abs. 1 2. HS LPresseG BW]) und *verantwortlichen Redakteurs* (qualifiz. Impressum bei Periodika [§ 8 Abs. 2 LPresseG BW], persönliche Voraussetzungen [§ 9 LPresseG BW], Kennzeichnungspflicht, Gegendarstellung, Haftung). 130

a) Verleger

Der presserechtliche Begriff des *Verlegers* (s. eingehender § 8 Rn. 49 ff.) ist umfassender als derjenige des Verlagsrechts (§ 1 VerlG), welcher auf die Partei eines konkreten Verlagsvertrages abstellt, mithin nur diejenige Person erfasst, die berechtigt und verpflichtet ist, ein ihr vom Autor überlassenes Werk der Literatur oder Tonkunst vertragsgemäß auf eigene Rechnung vielfältigen und zu verbreiten. Verleger im presserechtlichen Sinn ist hingegen der Inhaber eines Verlagsunternehmens – gleichviel in welcher Rechtsform, ob als natürliche oder juristische Person –, der das Erscheinen und Verbreiten von Druckwerken bewirkt. Nicht vorausgesetzt ist ein Verlagsvertrag mit einem Autor. Die Aufgaben des Verlegers umfassen in dieser weiten Definition sowohl die kaufmännische als auch die publizistische Seite der Pressetätigkeit. Ihn treffen eine ganze Reihe – strafbewehrter – presseordnungsrechtlicher Pflichten (s. o. Rn. 130). 131

b) Herausgeber

Der *Herausgeber* ist, anders als der Verleger, ausschließlich publizistisch tätig. Er kann freilich mit dem Verleger personidentisch sein. Herausgeber ist derjenige, der bei der Publikation eines Druckwerkes die geistige Gesamtleitung innehat (*Bullinger*, Voraufl., Einleitung Rn. 51, näher u. § 6 Rn. 224; § 8 Rn. 64 ff.). 132

c) Redakteur, Chefredakteur, verantwortlicher Redakteur, Journalist

Redakteur ist der publizistisch tätige Mitarbeiter (Journalist), der ein periodisches Druckwerk mit eigener Entscheidungsbefugnis über die Auswahl des zu publizierenden Stoffs redigiert oder mitredigiert. Redigieren meint das Sammeln, Sichten, Ordnen und Bearbeiten des Publikationsstoffs, mithin die Gesamtheit der Vorgänge, mit denen der Redakteur den Text oder die sonstige Datenverkörperung publikationsreif macht. Der Redakteur kann (und wird häufig), muss aber nicht selbst der Verfasser der redigierten Texte sein. 133

Für den – mit dem presserechtlichen Begriff nicht identischen – arbeitsrechtlichen Begriff des Redakteurs ist die vertragliche Beziehung des Journalisten zu einem Verlagsunternehmen konstituierend. Nur die fest angestellten Journalisten sind Redakteure im arbeitsrechtlichen Sinne, im Unterschied zu den freien Journalisten ohne festen Anstellungsvertrag. 134

Die Begriffe des (einfachen) Redakteurs und des Journalisten finden in den Pressegesetzen nur vereinzelt Verwendung, namentlich in den Auflistungen der möglichen 135

Einl Einleitung

Eingriffsadressaten bei der Pressebeschlagnahme (§ 14 LPresseG BW) sowie der Berechtigten beim Zeugnisverweigerungsrecht (§ 23 LPresseG BW), soweit diese Gegenstände überhaupt noch presserechtlich geregelt sind (s. o. Rn. 83). Sie haben presseordnungsrechtlich keine herausgehobene Stellung, unterliegen aber der presserechtlichen Sorgfaltspflicht und den allgemeinen Haftungsregeln des Zivilrechts und Strafrechts.

136 Eine besondere Pflichtenstellung (s. o., Rn. 130) weisen die Pressegesetze demgegenüber dem *verantwortlichen Redakteur* zu, der für periodische Druckwerke (in Bayern: Zeitungen und Zeitschriften) bestellt werden muss. Verantwortlicher Redakteur ist der mit dem Willen des Verlegers bestellte Redakteur, dessen – mit strafrechtlicher Haftung sanktionierte – Aufgabe es ist, ein periodisches Druckwerk von strafbarem Inhalt freizuhalten. Die Bestellung zum verantwortlichen Redakteur im Sinne des Presserechts begründet nicht als solche eine zivilrechtliche Haftung (u. § 9 Rn. 38 ff.). Letztere richtet sich nach den allgemeinen Zurechnungsgrundsätzen über die Verantwortlichkeit als Täter, Gehilfe oder Störer. Soweit die Rechtsprechung insoweit von der Haftung „der verantwortlichen Redakteure" neben derjenigen des Verlegers spricht (BGH, Urt. v. 3.2.1994 – I ZR 321/91 –, [juris], Rn. 19 = AfP 1994, 136) ist damit die sich nach diesen Grundsätzen bestimmende Verantwortlichkeit gemeint, nicht die Stellung kraft presseordnungsrechtlicher Bestellung.

d) Verfasser, Drucker, Verbreiter, Informanten

137 Der Impressumpflicht und damit spezifischer presseordnungsrechtlicher Verpflichtung unterliegt neben den genannten Personen noch der *Drucker* (s. o., Rn. 130). Zur Presse als Institution und massenkommunikativem Vorgang gehören darüber hinaus aber auch alle anderen Personen, deren Tätigkeit mit der Publikation von Presseerzeugnissen in einem sachlichen oder organisatorischen Zusammenhang steht, so der *Verfasser* von Texten auch ohne Redakteurstatus, auch die an der Verbreitung mitwirkenden Personen bei hinreichend spezifischem Bezug auf die Presse (s. zum Pressegrossisten BVerfGE 77, 346; zur Abgrenzung bei den Hilfstätigkeiten im einzelnen s. u., § 1 Rn. 222 ff.).

5. Pressestrafrecht

138 Das Pressestrafrecht umfasst die *Presse-Inhaltsdelikte* und die *Presse-Ordnungsdelikte*. Presseinhaltsdelikte sind strafbare Handlungen, die durch den geistigen Inhalt eines Druckwerks verwirklicht werden. Sie liegen vor, wenn eine Straftat durch die Verbreitung eines Druckwerks begangen wird, dessen geistig wirksamer Inhalt die Aussage enthält, die für den betreffenden Straftatbestand erforderlich ist, wobei es genügt, wenn diejenigen Umstände, von denen die Strafbarkeit sonst noch abhängt, außerhalb der durch die Presse verbreiteten Erklärung gegeben sind (vgl. *Bullinger*, Voraufl. Einl. Rn. 57, im Anschluss an RGSt 66, 145, 146). Die Strafbarkeit für den Inhalt von Presseerzeugnissen ergibt sich aus den Tatbeständen des allgemeinen Strafrechts; die Pressegesetze ergänzen sie insoweit nur um eine Verschärfung zu Lasten des Verlegers und des verantwortlichen Redakteurs (z. B. § 19 bs. 2 LPresseG M-V; s. o., Rn. 98). Die kriminal- und verwaltungsstrafrechtlichen Sanktionen der Pressegesetze beziehen sich auf presseordnungsrechtliche Verstöße, etwa die Nichterfüllung der persönlichen Voraussetzungen für die Bestellung zum verantwortlichen Redakteur (s. o., Rn. 92).

6. Öffentliche Aufgabe der Presse

139 Die Pressegesetze beschreiben die Funktion der Presse als *„öffentliche Aufgabe"* (s. o. Rn. 86), ohne sie zu einer parastaatlichen Institution zu erheben oder gar inhaltlich auf bestimmte Anschauungen hin zu disziplinieren und für Informations- (und Indoktrinations-)Zwecke zu instrumentalisieren, wie das noch mit der Einführung und Verwendung des Begriffs im Schriftleitergesetz (§ 1 Satz 1) intendiert war. Die der Presse im freiheitlichen Verfassungsstaat zukommende „öffentliche Aufgabe" kann gerade „nicht von der staatlichen Gewalt erfüllt werden [...]". Presseunternehmen müssen sich im gesellschaftlichen Raum frei bilden können; sie arbeiten nach privatwirtschaftlichen Grundsätzen und in privatrechtlichen Organisationsformen; sie stehen miteinander in geistiger und wirtschaftlicher Konkurrenz, in welche die öffentliche Gewalt grundsätzlich nicht eingreifen darf (BVerfGE 20, 162/175; 66, 116, Rn. 45). Die Presse reicht in ihrer objektiven Bedeutung über die Verfolgung individueller Interessen von Verlagsunternehmen und Journalisten hinaus. Sie erfüllt eine öffentliche Aufgabe, insofern sie, zusammen und gleichrangig mit den anderen Massenmedien (BVerfGE 91, 125, Rn. 35: „Rundfunk und Presse unterscheiden sich in ihrer Funktion nicht"), eine für die öffentliche und auch private Kommunikation notwendige Informationsleistung erbringt. Sie schafft damit die informationelle Basis für weite Teile der Meinungsbildung und nimmt an dieser zugleich durch ihre publizistische Tätigkeit selbst aktiv teil (BVerfGE 20, 162, Rn. 36).

Um die Bildung einer mehr oder weniger homogen oder herrschend gedachten „öffentlichen Meinung" im Sinne einer von der Gesellschaft insgesamt oder zumindest maßgeblichen Teilen geteilten Auffassung kann es in einer freiheitlichen, pluralistischen Gesellschaft, die vom Nebeneinander und der Konkurrenz verschiedener Ansichten lebt, jedoch nicht gehen (*Groß*, Presserecht, Rn. 36). Die im vormärzlichen Liberalismus selbstverständliche Vorstellung der Presse als eines repräsentierenden Organs der „öffentlichen Meinung" ist schon in der zweiten Hälfte des 19. Jh. mit dem jetzt sich Stimme und Gehör verschaffenden Pluralismus verschiedener gesellschaftlicher Schichten, Gruppen und Anschauungen brüchig und fragwürdig geworden (*Tönnies*, Kritik der öffentlichen Meinung, 1922, S. 129 ff.; *Czajka*, Pressefreiheit und „öffentliche Aufgabe" der Presse, 1968, S. 57, wenngleich sie sich bis ins 20. Jh. hinein – kultiviert gerade auch in den Reihen der Journalisten – verbreitet gehalten hat. Heute ist die Rede von einer öffentlichen Meinung als dem Gegenstand der öffentlichen Aufgabe der Presse (*Löffler*, Der Verfassungsauftrag der Presse, S. 3 f.) missverständlich (anders noch *Bullinger*, Voraufl. Einl. 59) und entbehrlich. Die Presse wirkt als „Medium und Faktor" (BVerfGE 57, 295, Rn. 86; 83, 238, Rn. 401, für den Rundfunk; nichts anderes kann für die Presse gelten, s. das Vorbringen der Beschwerdeführerin in BVerfG [K], ZUM 1999, 633, Rn. 21) an der öffentlichen und individuellen Meinungsbildung mit, aber sie hat keine „öffentliche Meinung" zu prägen.

Eine im Sinne dieser Informations- und – keineswegs nur einseitigen – Kommunikationsfunktion „funktionierende" Presse hat damit schlechthin konstituierende Bedeutung für den demokratischen Meinungsbildungsprozess; sie ist Demokratievoraussetzung (s. schon o., Rn. 1). Sie ist als solche jedenfalls in der medienverfassungsrechtlichen Konzeption des BVerfG nicht nur Gegenstand einer bloßen Verfassungserwartung, sondern auch „Normziel" verfassungsrechtlicher Gewährleistung. Welchen Inhalt diese Gewährleistung im genaueren auch der Presse (und nicht nur dem Rundfunk) gegenüber hat und welche Konsequenzen damit auch für die Presse selbst als Grundrechtsträger verbunden sind, ist freilich umstritten; dies führt auf die schwierige und umstrittene Frage normativer Gehalte der öffentlichen Aufgabe. Mit der Anerkennung eines staatsgerichteten verfassungsrechtlichen Gewährleistungsauftrags aus Art. 5 Abs. 1 Satz 2 GG zur Erhaltung der Funktionsvoraussetzungen einer freiheitlichen, leistungsfähigen Presse (BVerfGE 20, 162, Rn. 38) ist eine funktionale Indienstnahme und Auftragsbindung der Presse nach rundfunkrechtlichem Muster noch keineswegs notwendig verbunden; gegen letztere und ein dementsprechend normativ aufgeladenes Verständnis der öffentlichen Aufgabe sprechen in der Tat die besseren Gründe (s. u. § 3, Rn. 20 ff.).

VII. Der Pressemarkt in Deutschland: Aktuelle Lage

Schrifttum: *Biallas*, Ungenutzte Potentiale? Zur Relevanz von Regional- und Lokaljournalismus, APuZ 29–31/2012, 28; *Börsenverein des deutschen Buchhandels eV* (Hrsg.), Buch und Buchhandel in Zahlen, Frankfurt aM 2014; *Bundesverband Deutscher Zeitungsverleger (BDZV)* (Hrsg.), Zeitungen 2013/ 2014, Berlin 2013; *Draack*, Pressekartellrecht zur Vielfaltssicherung – Möglichkeiten und Grenzen,

Baden-Baden 2014; *Frey/Klein/Koch*, Zeitungsverlage im Umbruch – Stimmungen und Perspektiven, Studie Ernst & Young AG Wirtschaftsprüfergesellschaft 2004; *Karle*, Eine Frage des Respekts, Horizont 10 (2012), 38; *Lang*, Heiße Preise - Zeitungen: Das Vertriebsgeschäft wird für Verlage immer wichtiger, Horizont 34 (2012), 13; *Lemmens*, Zeitungsherbst „Extradienst" Nr. 09/2013, 90 ff.; *Möbus/ Heffler*, Werbeeinnahmen: Printmedien in der Krise, Media Perspektiven 2013, 310; *Neuberger*, Journalismus im Internet: Auf dem Weg zur Eigenständigkeit?, Media Perspektiven 2000, 310; *Ollrog*, Regionalzeitungen 2015: Geschäftsmodelle für die Medienkonvergenz, Baden-Baden 2014; *Pasquay*, Die deutsche Zeitungslandschaft – Entwicklungen und Perspektiven, ZfBB 57 (2010), 140; *Röper*, Zeitungsmarkt 2010: Rangverschiebungen unter den größten Verlagen, Media Perspektiven 2010, 218; *ders*, Zeitungsmarkt 2012: Konzentration erreicht Höchstwert, Media Perspektiven 2012, 268; *ders*, Zeitungsmarkt 2014: erneut Höchstwert bei Pressekonzentration, Media Perspektiven 2014, 254; *Schütz*, Deutsche Tagespresse 2012, Media Perspektiven 2012, 570; *Schütz*, Redaktionelle und verlegerischen Struktur deutscher Tagespresse, Media Perspektiven 2012, 594; *Schwarzer/Spitzer* (Hrsg.), Zeitungsverlage im digitalen Wandel: aktuelle Entwicklungen auf dem deutschen Zeitungsmarkt, Baden-Baden 2013; *Vogel*, Die tägliche Tagespresse, Media Perspektiven 2001, 576; *Wiring*, Pressefusionskontrolle im Rechtsvergleich, Baden-Baden 2008; ZMG Zeitungs Marketing Gesellschaft (Hrsg.), Zeitungsqualitäten 2014, Frankfurt aM 2014; *Zohm*, Der verfassungsrechtliche Rahmen der Pressefusionskontrolle, Berlin 2010.

1. Pressemärkte in Deutschland: Kennzahlen

142 Die sachadäquate und realitätsgerechte Erörterung des Presserechts ist ohne Kenntnis und Beachtung der tatsächlichen Lage der Pressemärkte kaum überzeugend möglich. Die Marktverschiebungen unter den Bedingungen der Digitalisierung haben indessen die wirtschaftliche Lage der Printmedien und ihre Zukunftschancen in einem Ausmaß verschlechtert, das sich nur mit dem Begriff der Krise angemessen erfassen lässt (s. u., Rn. 155). Daraus können akut, mehr noch aber auf längere Sicht auch Rückwirkungen auf die Beurteilung presse-funktionssichernder Regulierungsbedarfe sowie von schon ergriffenen Regelungen und Maßnahmen zur Sicherung der Vielfalt von Pressenangeboten erwachsen (s. § 1 Rn. 134 ff.). Umso wichtiger erscheint ein Blick auf die tatsächlichen Gegebenheiten der deutschen Pressemärkte in der Gegenwart.

143 Der deutsche Zeitungsmarkt ist der größte in Europa und der fünftgrößte in der Welt (hinter Indien, China, Japan und den USA) (*Pasquay*, ZfBB 57 (2010), 140). Er besteht aus etwa 129 publizistischen Einheiten (näher zur Begrifflichkeit: *Schütz*, MP 2012, 570, 571) mit insgesamt 355 Zeitungen: Darunter befinden sich 329 Tageszeitungen, 8 Kaufzeitungen, 6 Sonntagszeitungen und 20 Wochenzeitungen (*Keller/ Eggert*, in: BDZV, Zeitungen 2013/2014, S. 48; ZMG [Hrsg.], Zeitungsqualitäten 2014, S. 8). Die je Erscheinungstag (IVW; II. Quartal 2013) verkauften 22,2 Millionen Exemplare gliedern sich in 17,5 Millionen Tageszeitungsexemplare, 2,9 Millionen Sonntagszeitungen und 1,7 Millionen Wochenzeitungen (*Keller/Eggert*, in: BDZV, Zeitungen 2013/2014, S. 48). Bei den Tageszeitungen entfallen dabei 12,7 Millionen Exemplare auf die insgesamt 313 lokalen und regionalen Abonnementzeitungen, lediglich 1,2 Millionen auf die 8 überregionalen Blätter und 3,4 Millionen auf die 8 Kaufzeitungen (*Keller/Eggert*, ebd.). Diese Zahlen zeigen deutlich die Besonderheit des deutschen Zeitungsmarktes, der gegenüber anderen europäischen Märkten (Vergleich bei *Wiring*, Pressefusionskontrolle im Rechtsvergleich, S. 39 ff. mwN) einen sehr hohen Anteil an Lokal- und Regionalzeitungen mit einer besonderen Leser-Blatt-Bindung (dazu *Draack*, S. 95) aufweist. Das führt auch dazu, dass bei der Lokalberichterstattung Zeitungen noch vor dem Fernsehen Leitmedium sind (*Röper*, MP 2010, 218/220). Hingegen konnten kostenlose Zeitungen oder Pendlerzeitungen in Deutschland nie Fuß fassen (*Pasquay*, ZfBB 57 [2010], 140/141). Lediglich die Anzeigenblätter, die kostenlos flächendeckend an Haushalte verteilt werden, haben steigende Auflagenzahlen (*Biallas*, APuZ 29–31/2012, 28, 31).

144 Zeitschriften werden auf dem Pressemarkt je Quartal in einer Zahl von durchschnittlich 109,7 Millionen Exemplaren (inkl. E-Paper) abgesetzt (IVW, Zahlen der VDZ- Jahrespressekonferenz 2013).

145 Bei den nichtperiodischen Druckwerken (s. zum Begriff der Periodika o. Rn. 110) setzten die deutschen Verlage im Jahr 2013 93 600 Bücher-Neuerscheinungen ab, was

VII. Der Pressemarkt in Deutschland: Aktuelle Lage

ein Plus von 2,7 % im Vergleich zum sehr schwachen Vorjahr bedeutet (*Börsenverein des Deutschen Buchhandels* (Hrsg.), Buch und Buchhandel in Zahlen 2014, S. 81).

2. Struktur deutscher Verlage und Zeitungsunternehmen und Akteure

Der deutsche Pressemarkt weist immer noch eine im Vergleich mit anderen Ländern bemerkenswerte Eigentümerstruktur auf: Anders als in europäischen Nachbarländern wie Italien oder Frankreich stehen keine Industriekonglomerate als Aktiengesellschaften hinter den Zeitungen, sondern namentlich bekannte Familien und/oder Gesellschafter, die häufig eine lange Tradition pflegen (*Pasquay*, ZfBB 57 [2010], 140/143; näher zu den strukturellen Besonderheiten des deutschen Pressemarktes: *Draack*, S. 78 ff.; zur redaktionellen und verlegerischen Struktur deutscher Tagespresse *Schütz*, MP 2012, 594 ff.). Dennoch sind gerade die Zeitungsmärkte von einem hohem Verflechtungsgrad und Kooperationen zwischen einzelnen Zeitungsverlagen geprägt (*Draack*, S. 90 f. mwN, vgl. Schaubilder bei *Röper*, MP 2010, 218 ff.; ders, MP 2012, 268 ff.).

Die wichtigsten Akteure auf dem Tageszeitungsmarkt sind folgende Verlage und Verlagsgruppen (*Röper*, MP 2014, 254/258 ff.); zur Entwicklung bei diesen Verlagsgruppen näher: *Ollrog*, Regionalzeitungen 2015, S. 238 ff.):

Axel Springer Verlag
Verlagsgruppe Stuttgarter Zeitung/Die Rheinpfalz/Südwestpresse
Funke Mediengruppe (ehem. Verlagsgruppe WAZ)
Verlagsgruppe Madsack
Verlagsgruppe DuMont Schauberg
Ippen-Gruppe
Verlagsgruppe Augsburger Allgemeine
Rheinisch-Bergische Verlagsgesellschaft/Rheinische Post
ddvg
Verlagsgruppe Frankfurter Allgemeine Zeitung

Daneben sind noch die Verlagsgruppe Georg von Holtzbrinck, die Süddeutsche Zeitung, die BV Deutsche Zeitungsholding, sowie die vor allem auf dem Zeitschriftenmarkt aktive Gruner + Jahr Verlagsgruppe von Bedeutung.

3. Penetration

In Deutschland lesen je Erscheinungstag 45,5 Millionen Bürger über 14 Jahre eine gedruckte Tageszeitung; dies entspricht einer Reichweite von 64,7 Prozent (*Staschöfsky*, in: BDZV, Zeitungen 2013/2014, S. 100 f.). Damit liegt Deutschland im europäischen Vergleich im oberen Mittelfeld (BDZV, Zeitungen 2013/2014, S. 390). Die Zeitschriften werden sogar von 92,2 Prozent der deutschsprachigen Bevölkerung über 14 Jahren rezipiert, mithin von fast 65 Millionen Lesern pro Ausgabe (ma 2013 Pressemedien I, Arbeitsgemeinschaft Media-Analyse e. V.). Bücher wurden im Jahr 2013 von ca. 60 Prozent der Deutschen gekauft; etwa 38 Prozent gaben an, in der Freizeit auch regelmäßig zum Buch zu greifen (*Börsenverein des Deutschen Buchhandels* (Hrsg), Buch und Buchhandel in Zahlen 2014, S. 35 ff.).

Insgesamt gesehen nehmen die Auflagen der Zeitungen und Zeitschriften zwar kontinuierlich ab (*Pasquay*, ZfBB 57 [2010], 140/140); dies führt aber nicht zu einem ebenso starken Einbruch ihrer Reichweiten (anders: *Schwarzer*, in: Schwarzer/Spitzer, Zeitungsverlage im digitalen Wandel, S. 54). Durch die Kumulation von gedruckten Auflagen und Online-Auftritten der Printmedien erreichen diese eine bisher nie da gewesene Reichweite unter den Rezipienten (*Pasquay*, ZfBB 57 [2010], 140/141; *Röper*, MP 2012, 268/271). Die deutschen Zeitschriften und Zeitungen präsentieren sich zunehmend auch als ein starkes digitales Medium. Mehr als ein Drittel der regelmäßigen Internetnutzer (36,3 Prozent) lesen im Netz Zeitung (*Karle*, Horizont 10/2012, Seite 038; ZMG [Hrsg], Zeitungsqualitäten 2014, S. 15). Das Problem für die Verlage liegt aber in der Monetarisierung der Internetangebote; aus diesen lassen sich bislang nur sehr begrenzt Umsätze schöpfen (*Röper*, MP 2012, 268/271). Auch die Werbeeinnahmen im Internet fließen überwiegend anderen Anbietern zu (namentlich: Suchmaschinen und soziale Netzwerke). Den Verlegern eröffnen sich daher kaum ausreichende digitale Einnahmequellen, um das Wegbrechen der analogen Werbemärkte (s. u. Rn. 153 f.) zu kompensieren (*Pasquay*, ZfBB 57 [2010], 140/141; näher zur Konkurrenzsituation und den Besonderheiten des Online-Journalismus: *Neuberger*, MP 2000, 310 ff.).

4. Finanzierung/Umsätze

150 Die Finanzierungsstruktur auf den Zeitungs- und Zeitschriftenmärkten ist grundsätzlich zweigliedrig: Es handelt sich um ein Mischmodell aus Verkaufserlösen und Werbeeinnahmen. Deshalb wird auch klassisch zwischen dem Lesermarkt und dem Anzeigenmarkt unterschieden (dazu *Draack*, S. 84). Dieses Modell führt aber gleichzeitig zu einer doppelten Konjunkturabhängigkeit, die den Zeitungsmarkt in konjunkturschwachen Zeiten besonders anfällig macht (*Draack*, S. 100 f.).

151 Der Gesamtumsatz aus Anzeigen, Beilagen und Vertrieb liegt bei Zeitungen bei 8,23 Mrd. EUR (Stand 2012), davon 7,7 Mrd. EUR aus dem Vertrieb von Tageszeitungen (*Keller/Eggert*, in: BDZV, Zeitungen 2013/2014, S. 22). Auf dem Zeitschriftenmarkt werden im Monat 278 Mio. Euro Umsatz erwirtschaftet (VDZ). Die Umsätze buchhändlerischer Betriebe (inkl. E-Commerce) beliefen sich im Jahre 2013 auf 9,5 Mrd. EUR (Börsenverein des Deutschen Buchhandels (Hrsg.), Buch und Buchhandel in Zahlen 2014, S. 8).

a) Werbeeinnahmen

152 Den größten Anteil an diesen Umsätzen hat der Werbe- und Anzeigenmarkt (Anteil von 13,8% am Gesamtwerbemarkt (*Möbus/Heffler*, MP 2013, 310/314). Der Zeitungsmarkt ist mittlerweile nur noch der zweitgrößte Werbemarkt nach dem Fernsehen (BDZV, Zeitungen 2013/2014, S. 390). Erst zusammen mit den Zeitschriften, also bei Zusammenfassung aller periodischen Druckwerke, liegen die Werbeeinnahmen noch vor dem Fernsehen.

153 Tageszeitungen erwirtschafteten im Jahr 2013 2,91 Mrd. EUR Werbeeinnahmen. Die Zeitschriften liegen im gleichen Zeitraum bei 1,23 Mrd. EUR (Homepage der ZAW: www.zaw.de; *Keller/Eggert*, in: BDZV, Zeitungen 2013/2014, S. 29). Diese Umsätze fallen jedoch stetig: Wurden im Jahr 2002 mit Werbung in Print-Medien noch ca. 8,94 Mrd. EUR umgesetzt, waren es 2012 gerade noch 6,76 Mrd. (*Keller/Eggert*, in: BDZV, Zeitungen 2013/2014, S. 82; Zahlen für die Zeitungen: *Röper*, MP 2014, 254/255). Dieser Trend wurde in den Jahren 2012 und 2013 nochmals besonders deutlich: Die Werbeeinnahmen der Tageszeitungen gingen um über 9% pro Jahr zurück (ZAW, s. diese Rn.) Verantwortlich dafür ist vornehmlich eine Verschiebung des Werbemarktes zu den elektronischen bzw. digitalen Medien (*Möbus/Heffler*, MP 2013, 310 [310/312]; *Karle*, Horizont 10 vom 8.3.2012, 38). Vor allem der Anzeigenmarkt und darunter namentlich der Rubrikenmarkt (u. a. Immobilien, Stellenanzeigen) sind zunehmend ins Internet abgewandert (*Pasquay*, ZfBB 57 [2010], 140/141); andere Grundtendenz: ZMG [Hrsg], Zeitungsqualitäten 2014, S. 65 ff.).

b) Entwicklung

154 Dieser Rückgang der Werbeumsätze führt dazu, dass das Vertriebsgeschäft für die Zeitungen relativ wichtiger wird (*Lang*, Horizont 34, 13), obwohl – Krisensymptom von der anderen Seite her – auch die Absatzzahlen rückläufig sind (s. sogleich, Rn. 155). Die Einnahmen aus dem Vertrieb der Zeitungen in Deutschland fielen nun gleichwohl bereits im vierten Jahr hintereinander höher aus als die Einnahmen aus Anzeigen und Werbung. Die alte Faustregel, wonach zwei Drittel der Umsätze aus der Werbung und ein Drittel aus dem Verkauf der Tagespresse stammen, gilt nicht mehr – sie stand allerdings schon seit der ersten großen Wirtschafts- und Werbekrise

VII. Der Pressemarkt in Deutschland: Aktuelle Lage

des 21. Jh. (2001 bis 2003) in Zweifel. Die Umkehrung der Verhältnisse signalisiert deutlich die strukturellen Veränderungen innerhalb der Branche (zu alledem: *Schwarzer*, in: Schwarzer/Spitzer, Zeitungsverlage im digitalen Wandel, S. 52ff.).

5. Krise der Presse

Schon seit über 10 Jahren wird von der Krise der Presse gesprochen. Die Branche hat in diesem Zeitraum etwa ein Viertel der Auflage eingebüßt. Durchschnittlich büßen die Verlage eineinhalb bis zwei Prozent der bezahlten gedruckten Auflagen pro Jahr ein (zu den demografischen Gründen: *Pasquay*, ZfBB 57 [2010], 140/141). Im Zusammenwirken mit den nachlassenden Werbeumsätzen (s. o. Rn. 153) trocknen so beide hauptsächlichen Ertragsquellen der periodischen Presse zugleich aus (*Röper*, MP 2014, 254/254); zur „Pressekrise zwischen 2001 bis 2005" und deren Multikausalität, *Zohm*, Der verfassungsrechtliche Rahmen der Pressefusionskontrolle [2010], S. 36ff. mwN). Zwar hat diese Entwicklung noch nicht zu einem breitflächigen „Zeitungssterben" geführt; bisher mussten nur wenige Zeitungen ganz eingestellt werden (z.B. FTD und Frankfurter Rundschau; dazu näher *Lemmens*, „Extradienst" Nr. 09/2013, 90ff.). Allerdings stellen viele Regionalzeitungen ihre Lokalausgaben ein, sodass am lokalen Geschehen interessierte Leser keine Auswahl mehr zwischen unterschiedlichen Titeln haben (*Röper*, MP 2014, 254). Insgesamt ist unübersehbar, dass die Krise der Pressebranche nicht konjunktureller, sondern struktureller Natur ist. Die verstärkte Nutzung von Onlinemedien und die korrespondierenden Absatzeinbußen sowie die damit einhergehende Abwanderung der Werbeumsätze setzen die Printmärkte in einer bedrohlichen Zangenbewegung unter erheblichen Anpassungsdruck (*Frey/Klein/Koch*, Studie Ernst & Young, Zeitungsverlage im Umbruch, S. 11ff.; dazu auch *Schwarzer*, in: Schwarzer/Spitzer, Zeitungsverlage im digitalen Wandel, S. 52ff.).

6. Konzentrationstendenzen

Der deutsche Zeitungsmarkt weist demgemäß in den letzten Jahren weiter verstärkte Konzentrationstendenzen auf. Zahlreiche Zeitungsübernahmen im Zeitraum von 2008 bis 2012 zeigen diesen Trend auf (*Schütz*, MP 2012, 570/581); kritisch: *Ollrog*, Regionalzeitungen 2015, S. 238ff.). Mittlerweile entfallen ca. 60 Prozent aller verkauften Zeitungsexemplare auf die oben (Rn. 147) genannten zehn auflagenstärksten Verlagsgruppen (*Röper*, MP 2014, 254/258). Außerdem gibt es in 58 Prozent der Kreise und kreisfreien Städte nur eine lokale Zeitung („Ein-Zeitungskreise") (*Draack*, S. 89; *Schütz*, MP 2012, 570/588). Neben den tatsächlichen Zusammenschlüssen kommt es verstärkt zu Kooperationen (z. B. der Lokalteile) unter den Zeitungen. Diese Entwicklung hat den Abbau redaktioneller Eigenständigkeit zur Folge (*Schütz*, MP 2012, 570/571ff.; *Biallas*, APuZ 29–31/2012, 28/30f.). Kartellrechtliche Eindämmung oder Verhinderung solcher Kooperation ist indes in der Situation wirtschaftlicher Existenzgefährdung kaum eine sinnvolle Strategie zur Erhaltung von Pressevielfalt (*Röper*, MP 2014, 254/256f., s. u., § 1 Rn. 150ff.).

LPG § 1
Freiheit der Presse

I. Geltende Gesetzesfassungen

Gesetzesfassung in Baden-Württemberg (§ 1 LPresseG BW)

(1) Die Presse ist frei. Sie dient der freiheitlichen demokratischen Grundordnung.

(2) Die Freiheit der Presse unterliegt nur den Beschränkungen, die durch das Grundgesetz unmittelbar und in seinem Rahmen durch dieses Gesetz zugelassen sind.

(3) Sondermaßnahmen jeder Art, die die Pressefreiheit beeinträchtigen, sind verboten.

(4) Berufsorganisationen der Presse mit Zwangsmitgliedschaft und eine mit hoheitlicher Gewalt ausgestattete Standesgerichtsbarkeit der Presse sind unzulässig.

(5) Gesetzen, die für jedermann gelten, ist auch die Presse unterworfen.

Gesetzesfassung in Bayern (Art. 1 BayPrG)

(1) Das Recht der freien Meinungsäußerung und die Pressefreiheit werden durch die Art. 110, 111 und 112 der Verfassung gewährleistet.

(2) Sondermaßnahmen jeder Art, die die Pressefreiheit beeinträchtigen, sind unstatthaft.

(3) Berufsorganisationen der Presse mit Zwangsmitgliedschaft und staatlichen Machtbefugnissen sowie eine Standesgerichtsbarkeit der Presse sind nicht zulässig.

Gesetzesfassung in Berlin (§ 1 BerlPresseG)

(1) Die Presse ist frei. Sie dient der freiheitlichen demokratischen Grundordnung.

(2) Die Freiheit der Presse unterliegt nur den Beschränkungen, die durch das Grundgesetz unmittelbar und in diesem Rahmen durch die geltenden Gesetze zugelassen sind.

(3) Sondermaßnahmen jeder Art, die die Pressefreiheit beeinträchtigen, sind verboten.

(4) Berufsorganisationen der Presse mit Zwangsmitgliedschaft und eine mit hoheitlicher Gewalt ausgestattete Standesgerichtsbarkeit der Presse sind unzulässig.

Gesetzesfassung in Brandenburg (§ 1 BbgPG)

(1) Eine freie, nicht von der öffentlichen Gewalt gelenkte, keiner Zensur unterworfene Presse ist ein Element des freiheitlichen und demokratischen Staates.

(2) Die Freiheit der Presse unterliegt nur den Beschränkungen, die durch das Grundgesetz unmittelbar und in seinem Rahmen durch dieses Gesetz zugelassen sind. Sondermaßnahmen jeder Art, die diese Freiheit beeinträchtigen, sind verboten.

LPG § 1 Freiheit der Presse

(3) Berufsorganisationen der Presse mit Zwangsmitgliedschaft und eine mit hoheitlicher Gewalt ausgestattete Standesgerichtsbarkeit der Presse sind unzulässig.

Gesetzesfassung in Bremen (§ 1 BremPresseG)

(1) Die Presse ist frei. Sie dient der freiheitlichen demokratischen Grundordnung.

(2) Die Freiheit der Presse unterliegt nur den Beschränkungen, die durch das Grundgesetz unmittelbar und in seinem Rahmen durch die Landesverfassung der Freien Hansestadt Bremen und durch dieses Gesetz zugelassen sind.

(3) Sondermaßnahmen jeder Art, die die Pressefreiheit beeinträchtigen, sind verboten.

(4) Berufsorganisationen der Presse mit Zwangsmitgliedschaft und eine mit hoheitlicher Gewalt ausgestattete Standesgerichtsbarkeit der Presse sind unzulässig.

Gesetzesfassung in Hamburg (§ 1 HambPresseG)

(1) Die Presse ist frei. Sie soll der freiheitlichen demokratischen Grundordnung dienen.

(2) Die Freiheit der Presse unterliegt nur den Beschränkungen, die durch das Grundgesetz und in seinem Rahmen durch dieses Gesetz zugelassen sind.

(3) Sondermaßnahmen jeder Art, die die Pressefreiheit beeinträchtigen, sind verboten.

(4) Berufsorganisationen der Presse mit Zwangsmitgliedschaft und eine mit hoheitlicher Gewalt ausgestattete Standesgerichtsbarkeit der Presse sind unzulässig.

(5) Gesetzen, die für jedermann gelten, ist auch die Presse unterworfen.

Gesetzesfassung in Hessen (§ 1, § 2 Abs. 1, 2, 3 Satz 2 HPresseG)

§ 1 (1) Die Presse ist frei. Sie ist befugt, sich Nachrichten aus dem In- und Ausland zu beschaffen und sie zu veröffentlichen, Druckwerke herzustellen und zu verbreiten. Eine Zensur findet nicht statt.

(2) Jedermann steht es frei, durch die Presse jede Ansicht zu äußern, zu verbreiten oder zu verteidigen.

(3) Niemand darf es verwehrt werden, sich durch die Presse des In- und Auslandes über alle Nachrichten und Meinungen zu unterrichten.

(4) Die Freiheit der Presse schließt jegliche Sonderbesteuerung der Presse oder einzelner Presseerzeugnisse aus.

§ 2 (1) Diese Freiheit der Presse unterliegt nur den Beschränkungen, die durch die Verfassung unmittelbar und in ihrem Rahmen durch dieses Gesetz zugelassen sind.

(2) Gesetzen, die für jedermann gelten, ist auch die Presse unterworfen. Sondergesetze gegen die Presse sind unzulässig.

(3) [...] Eine berufsständische Gerichtsbarkeit ist unzulässig.

Gesetzesfassung in Mecklenburg-Vorpommern (§ 1 LPrG M-V)

(1) Die Presse ist frei. Sie dient der freiheitlichen demokratischen Grundordnung.

I. Geltende Gesetzesfassungen § 1 LPG

(2) Die Freiheit der Presse unterliegt nur den Beschränkungen, die durch das Grundgesetz unmittelbar und in seinem Rahmen durch dieses Gesetz zugelassen sind.

(3) Sondermaßnahmen jeder Art, die die Pressefreiheit beeinträchtigen, sind verboten.

(4) Berufsorganisationen der Presse mit Zwangsmitgliedschaft und eine mit hoheitlicher Gewalt ausgestattete Standesgerichtsbarkeit der Presse sind unzulässig.

Gesetzesfassung in Niedersachsen (§ 1 NPresseG)

(1) Die Presse ist frei. Sie ist berufen, der freiheitlichen demokratischen Grundordnung zu dienen.

(2) Die Freiheit der Presse unterliegt nur den Beschränkungen, die durch das Grundgesetz zugelassen sind.

(3) Berufsorganisationen der Presse mit Zwangsmitgliedschaft und eine mit hoheitlicher Gewalt ausgestattete Standesgerichtsbarkeit der Presse sind unzulässig.

Gesetzesfassung in Nordrhein-Westfalen (§ 1 LPresseG NW)

(1) Die Presse ist frei. Sie ist der freiheitlichen und demokratischen Grundordnung verpflichtet.

(2) Die Freiheit der Presse unterliegt nur den Beschränkungen, die durch das Grundgesetz unmittelbar und in seinem Rahmen durch dieses Gesetz zugelassen sind.

(3) Sondermaßnahmen jeder Art, die die Pressefreiheit beeinträchtigen, sind verboten.

(4) Berufsorganisationen der Presse mit Zwangsmitgliedschaft und eine mit hoheitlicher Gewalt ausgestattete Standesgerichtsbarkeit der Presse sind unzulässig.

Gesetzesfassung in Rheinland-Pfalz (§ 4 Abs. 1 und 3 LMG)

(1) Die Medien sind frei. Sie dienen der freiheitlichen demokratischen Grundordnung.

(2) [...]

(3) Die Medienfreiheit unterliegt nur den Beschränkungen, die durch das Grundgesetz für die Bundesrepublik Deutschland unmittelbar und in seinem Rahmen durch die Verfassung für Rheinland-Pfalz und durch dieses Gesetz zugelassen sind. Sondermaßnahmen jeder Art, die die Medienfreiheit beeinträchtigen, sind unzulässig.

Gesetzesfassung im Saarland (§ 3 Abs. 1, 3 f. SMG)

(1) Die Medien sind frei. Sie dienen der freiheitlich-demokratischen Grundordnung.

(2) [...]

(3) Die Freiheit der Medien unterliegt nur den Beschränkungen, die durch das Grundgesetz unmittelbar und in seinem Rahmen durch dieses Gesetz zugelassen sind. Sondermaßnahmen jeder Art, die die Freiheit der Medien beeinträchtigen, sind verboten.

(4) Berufsorganisationen der Medien mit Zwangsmitgliedschaft und eine mit hoheitlicher Gewalt ausgestattete Standesgerichtsbarkeit der Medien sind verboten.

LPG § 1

Freiheit der Presse

Gesetzesfassung in Sachsen (§ 1 SächsPresseG)

(1) Die Presse ist frei. Sie unterliegt nur den durch das Grundgesetz zugelassenen Beschränkungen. Gesetzen, die für jedermann gelten, ist auch die Presse unterworfen.

(2) Eine Zensur findet nicht statt. Sondermaßnahmen jeder Art, die die Pressefreiheit beeinträchtigen, sind unzulässig. §§ 25 und 27 des Polizeigesetzes des Freistaates Sachsen (SächsPolG) vom 30. Juli 1991 (SächsGVBl. S. 291) finden keine Anwendung.

(3) Berufsorganisationen der Presse mit Zwangsmitgliedschaft und eine mit hoheitlicher Gewalt ausgestattete Standesgerichtsbarkeit der Presse sind unzulässig.

Gesetzesfassung in Sachsen-Anhalt (§ 1 PresseG LSA)

(1) Die Presse ist frei. Sie ist der freiheitlich demokratischen Grundordnung verpflichtet.

(2) Die Freiheit der Presse unterliegt nur den Beschränkungen, die durch das Grundgesetz zugelassen sind.

(3) Berufsorganisationen der Presse mit Zwangsmitgliedschaft und eine mit hoheitlicher Gewalt ausgestattete Standesgerichtsbarkeit der Presse sind unzulässig.

Gesetzesfassung in Schleswig-Holstein (§ 1 LPresseG Sch.-H.)

(1) Die Presse ist frei. Sie dient der freiheitlichen demokratischen Grundordnung.

(2) Die Freiheit der Presse unterliegt nur den Beschränkungen, die durch das Grundgesetz unmittelbar und in seinem Rahmen durch dieses Gesetz zugelassen sind.

(3) Sondermaßnahmen jeder Art, die die Pressefreiheit beeinträchtigen, sind verboten.

(4) Berufsorganisationen der Presse mit Zwangsmitgliedschaft und eine mit hoheitlicher Gewalt ausgestattete Berufsgerichtsbarkeit der Presse sind unzulässig.

Gesetzesfassung in Thüringen (§ 1 TPG)

(1) Die Presse ist frei. Sie ist der freiheitlichen und demokratischen Grundordnung verpflichtet.

(2) Die Freiheit der Presse unterliegt nur den Beschränkungen, die durch das Grundgesetz zugelassen sind. Sondermaßnahmen wie Zensur oder das vertragswidrige Verweigern von Druck und Vertrieb eines Presseerzeugnisses sind verboten.

(3) Berufsorganisationen der Presse mit Zwangsmitgliedschaft und eine mit hoheitlicher Gewalt ausgestattete Standesgerichtsbarkeit der Presse sind unzulässig.

Grundgesetz für die Bundesrepublik Deutschland

Art. 5

(1) Jeder hat das Recht, seine Meinung in Wort, Schrift und Bild frei zu äußern und zu verbreiten und sich aus allgemein zugänglichen Quellen ungehindert zu unterrichten. Die Pressefreiheit und die Freiheit der Berichterstattung durch Rundfunk und Film werden gewährleistet. Eine Zensur findet nicht statt.

(2) Diese Rechte finden ihre Schranken in den Vorschriften der allgemeinen Gesetze, den gesetzlichen Bestimmungen zum Schutze der Jugend und in dem Recht der persönlichen Ehre.

I. Geltende Gesetzesfassungen   § 1 LPG

(3) Kunst und Wissenschaft, Forschung und Lehre sind frei. Die Freiheit der Lehre entbindet nicht von der Treue zur Verfassung.

Europäische Menschenrechtskonvention

Art. 10 Freiheit der Meinungsäußerung

(1) Jede Person hat das Recht auf freie Meinungsäußerung. Dieses Recht schließt die Meinungsfreiheit und die Freiheit ein, Informationen und Ideen ohne behördliche Eingriffe und ohne Rücksicht auf Staatsgrenzen zu empfangen und weiterzugeben. Dieser Artikel hindert die Staaten nicht, für Hörfunk-, Fernseh- oder Kinounternehmen eine Genehmigung vorzuschreiben.

(2) Die Ausübung dieser Freiheiten ist mit Pflichten und Verantwortung verbunden; sie kann daher Formvorschriften, Bedingungen, Einschränkungen oder Strafdrohungen unterworfen werden, die gesetzlich vorgesehen und in einer demokratischen Gesellschaft notwendig sind für die nationale Sicherheit, die territoriale Unversehrtheit oder die öffentliche Sicherheit, zur Aufrechterhaltung der Ordnung oder zur Verhütung von Straftaten, zum Schutz der Gesundheit oder der Moral, zum Schutz des guten Rufes oder der Rechte anderer, zur Verhinderung der Verbreitung vertraulicher Informationen oder zur Wahrung der Autorität und der Unparteilichkeit der Rechtsprechung.

Grundrechtecharta der Europäischen Union

Art. 11 Freiheit der Meinungsäußerung und Informationsfreiheit

(1) Jede Person hat das Recht auf freie Meinungsäußerung. Dieses Recht schließt die Meinungsfreiheit und die Freiheit ein, Informationen und Ideen ohne behördliche Eingriffe und ohne Rücksicht auf Staatsgrenzen zu empfangen und weiterzugeben.

(2) Die Freiheit der Medien und ihre Pluralität werden geachtet

Inhaltsübersicht

	Rn
I. Geltende Gesetzesfassungen	
II. Normgehalte, Normativität und Bedeutung der pressegesetzlichen Bekräftigung der Pressefreiheit	1–44
1. Proklamation der Pressefreiheit	2–11
a) Ensemble zugehöriger Bestimmungen	3–5
b) Verhältnis zu den in Bezug genommenen Grundrechtsgarantien	6–11
2. Normen mit schutzdefinierendem und -verstärkendem Anspruch	12–41
a) Gruppe der zugehörigen Bestimmungen	13, 14
b) Begrenzte Normativität der Verstärkungsklauseln	15–17
(1) Keine Sperrwirkung gegenüber Bundesgesetzen	18–21
(2) Sperrwirkung gegenüber Landesrecht nur kraft Spezialität	22–26
(3) Insbesondere: Polizeifestigkeit der Pressefreiheit	27–32
(4) Unzulässigkeit von Sondermaßnahmen	33–37
(5) Ausschluss der Verkammerung und Standesgerichtsbarkeit, Verbot der Sonderbesteuerung	38–41
3. Pflichtbindung: Dienende Funktion für die freiheitliche demokratische Grundordnung	42–44
III. Europäischer Grundrechtsschutz der Pressefreiheit	45–103
1. Art. 10 EMRK	47–85
a) Bindungskraft des Konventionsrechts und verfassungsrechtliche Berücksichtigungspflicht	47–51
b) Wirkungen der Berücksichtigungspflicht für die grundgesetzliche Pressefreiheit	52
c) Art. 10 EMRK in der Rechtsprechung des EGMR	53–85
(1) Grundrechtskonzeption des EGMR	53, 54
(2) Gewährleistungsdimensionen	55, 56
(3) Schutzbereich, insbesondere der Pressefreiheit	57–61
(4) Eingriffe	62–64

	Rn
(5) Formeller Grundrechtsschutz: Gesetzesvorbehalt	65
(6) Legitime Beschränkungsziele, Art. 10 Abs. 2 EMRK	66, 67
(7) Verhältnismäßigkeit und Beurteilungsspielraum	68, 69
(8) (Begrenzte) Sonderstellung der Medien	70
(9) Einzelfragen der Verhältnismäßigkeit von Eingriffen in die Pressefreiheit	71–84
aa) Tatsachenbehauptungen	71, 72
bb) Werturteile	73
cc) Schutzdifferenzierung nach dem Gewicht des öffentlichen Interesses („matter of public interest")	74–77
dd) public figures	78
ee) Präventive Beschränkungen	79
ff) Einschüchterungseffekt	80
gg) Sorgfaltspflichten der Presse	81, 82
hh) Schranke der Äußerungsfreiheit: Hassrede	83
ii) Quellenschutz	84
2. Unionsgrundrechtliche Gewährleistung der Pressefreiheit	85–103
a) Die Gewährleistung der Meinungs- und Medienfreiheit als allgemeiner Rechtsgrundsatz des Gemeinschafts- und Unionsrechts	85, 86
b) Art. 11 GrCh	87–90
c) Verhältnis der Unionsgrundrechtsgewährleistung (Art. 11 GrCh) zu Art. 10 EMRK	91–96
d) Grundrechtsadressaten	97, 98
e) Gewährleistungsdimensionen	99–102
f) Inhalte der Pressefreiheit	103
IV. Die Gewährleistung der Pressefreiheit nach dem Grundgesetz	**104–271**
1. Mehrdimensionale Gewährleistung	105–175
a) Abwehrrecht	109–112
(1) Anwendungsfälle des Abwehrrechts	110
(2) Insbesondere: Boykottaufruf	111, 112
b) Schutzpflicht	113–129
(1) Kein Konkurrenzschutz	117–120
(2) Presse und Arbeitskampfrecht	121–124
(3) Schutz des Redaktionsgeheimnisses	125
(4) Innere Pressefreiheit	126–129
c) Leistungsansprüche und Teilhaberechte	130–133
d) Gewährleistung einer funktionsentsprechenden Presse	134–175
(1) Gewährleistung einer pluralistischen Presse als verfassungsrechtlicher Normgehalt	135–138
(2) Differenzen zum Rundfunkverfassungsrecht	139–147
(3) Pressefusionskontrolle	148–152
(4) Pressegrosso	153–167
aa) Keine verfassungsrechtliche Institutsgarantie des Pressegrosso	154–156
bb) Kartellrechtliche und verfassungsrechtliche Infragestellung des Pressegrosso	157, 158
cc) Legitimation des Pressegrosso aus der Funktionssicherungsgewährleistung der Pressefreiheit?	159–163
dd) Absicherung des Pressegrosso durch die 8. GWB-Novelle	164, 165
ee) Unionsrechtskonformität der Betrauung als Dienst von allgemeinem wirtschaftlichem Interesse	166, 167
(5) Pressesubventionen	168–171
(6) Vielfaltssicherung durch öffentliche Presseunternehmen?	172–175
2. Systematischer Zusammenhang und Bedeutung im Gefüge der Kommunikationsfreiheiten	176–203
a) Pressefreiheit und Meinungsfreiheit	176–178
b) Pressefreiheit und Informationsfreiheit	179–181
c) Freiheit der Presse und anderer Medien	182–203
(1) Medienfreiheit oder Medienfreiheiten?	184–187
(2) Pressefreiheit und elektronische Medien	188–203
3. Schutzreichweite	204–237
a) Verfassungsrechtlicher Pressebegriff	204–210
b) Sachliche Schutzreichweite: Pressebetätigung	211–233
(1) Insbesondere: Gestaltungsfreiheit	212–218
(2) Tendenzfreiheit	219–221
(3) Hilfstätigkeiten	222–224
(4) Informationsbeschaffung	225–227
(5) Vervielfältigung und Verbreitung	228–233
c) Grundrechtsberechtigung	234–237

I. Geltende Gesetzesfassungen   § 1 LPG

	Rn
4. Eingriffe in die Pressefreiheit	238–245
a) Eingriffe	239
b) Faktisch-mittelbare Eingriffe	240
c) Fiskalische Maßnahmen mit Beeinflussungswirkung	241, 242
d) Eingriff und Ausgestaltung	243–245
5. Eingriffsrechtfertigung und Abwägungsprobleme	246–271
a) Allgemeinheit des Gesetzes	247–256
b) Jugend- und Ehrenschutz	257–259
c) Explizierte Wesensgehaltsgrenze des Zensurverbots	260–265
d) Verhältnismäßigkeit: Grundsätze der Abwägung	266–271

Schrifttum: *Bach,* Gescheiterte Selbstregulierung im Pressegrosso, NJW 2012, 728; *Bardong,* Die deutsche Fusionskontrolle nach der 8. GWB-Novelle, NZKart 2013, 303; *Barton,* EU-Richtlinie über die Einrichtung „Europäischer Betriebsräte" und Tendenzschutz, AfP 1994, 261; *Beater,* Medienrecht, Tübingen 2007; *Bechtold,* GWB, Kommentar, 7. Aufl 2013; *Bechtold/Bosch/Brinker,* EU-Kartellrecht, Kommentar, 3. Aufl, München 2014; *Benda,* Eine Gegendarstellung zur saarländischen Pressefreiheit, NJW 1994, 2266; *Berger/Degenhart,* Urheberrechtliche und verfassungsrechtliche Aspekte eines Unternehmens zum Vertrieb elektronischer Pressespiegel, AfP 2003, 105; *Berger-Delhey,* Mitbestimmung der Betriebsvertretung bei Arbeitszeitregelungen gegenüber Redakteuren?, NZA 1992, 441; *Bettermann,* Die allgemeinen Gesetze als Schranken der Pressefreiheit, JZ 1964, 601; *Bickenbach,* Die Einschätzungsprärogative des Gesetzgebers, Tübingen 2014; *Birk,* „Tendenzbetrieb" und Wirtschaftsausschuss, JZ 1973, 753; *Bleckmann,* Verfassungsrang der Europäischen Menschenrechtskonvention?, EuGRZ 1994, 149; *Bock,* Beschränkungen für Pressevertreter bei Hauptverhandlungen in Strafsachen – Sitzplatzvergabe und andere Probleme, jM 2014, 123; *Brand,* Rundfunk im Sinne des Artikels 5 Abs. 1 Satz 2 GG, Berlin 2002; *Bremer/Martini,* Kartellrechtsreform und Sicherung der Pressevielfalt, ZUM 2003, 942; *Bringe,* Wettbewerbsrechtliche und verfassungsrechtliche Vorgaben für den Gratisvertrieb meinungsbildender Tagespresse, Münster 2002; *Brodmann,* Arbeitskampf und Presserecht, Berlin 1982; *Brosema,* Medienspezifischer Grundrechtsschutz der elektronischen Presse, Berlin 2008; *Brüning,* Der Schutz der Pressefreiheit im Straf- und Strafprozessrecht, wistra 2007, 333; *ders,* Relativität des Zensurverbots?, in: Die Freiheit des Menschen in Kommune, Staat und Europa: Festschrift für Edzard Schmidt-Jortzig, Heidelberg 2011; *Bülow,* Rechtsfragen zur Werbungsdurchführung mit der Presse im Public-Relations-Bereich, WRP 1976, 526; *Bull/Zimmermann,* Herstellung und Vertrieb von Fachzeitschriften als Gegenstand des Datenschutzrechts, AfP 1978, 111; *Bullinger,* Freedom of Expression and Information: An Essential Element of Democracy, in: German Yearbook of International Law (GYIL) 28 (1985), 88; *ders,* Fragen an die Auslegung der Verfassung, JZ 2004, 209; *ders,* Freiheit der Presse, Funk, Film, in: Isensee/Kirchhof (Hrsg.), Handbuch des Staatsrechts der Bundesrepublik Deutschland, 3. Aufl, Bd. VII, 2009, § 163 Freiheit von Presse, Rundfunk und Film; *ders,* Spartenprogramme im Hörfunk – Studie über einen exemplarischen Konfliktfall, in: Festschrift für Lerche, S. 593 ff., München 1993; *ders,* Das teilweise Zusammenwachsen von Presse und Rundfunk und ihren Freiheiten, AfP 2007, 407; *ders,* Bedeutungsverlust der Pressefreiheit?, AfP 2007, 21 (Sonderheft); *Bunte,* Anmerkung zum Urteil des OLG Düsseldorf vom 26.2.2014, Az. VI-U (Kart) 7/12 – Zum Presse-Grosso-System, EWiR 2014, 299; *Calliess/Ruffert,* EUV/AEUV, 4. Aufl, München 2011; *Cornils,* Gefühlsschutz, negative Informationsfreiheit oder staatliche Toleranzpflege: Blasphemieverbote in rechtlicher Begründungsnot, AfP 2013, 199; *ders,* Die Ausgestaltung der Grundrechte, Tübingen 2005; *ders,* Der medienrechtliche Auskunftsanspruch in der Kompetenzordnung des Grundgesetzes, DÖV 2014, 647; *ders,* Staatliche Infrastrukturverantwortung und kontingente Marktvoraussetzungen, AöR 131 (2006), 378; *ders,* in: Isensee/Kirchhof (Hrsg.), Handbuch des Staatsrechts der Bundesrepublik Deutschland, 3. Aufl, Bd. VII, 2009, § 168 Allgemeine Handlungsfreiheit; *ders,* Ausgestaltungsgesetzesvorbehalt und staatsfreie Normsetzung im Rundfunkrecht, 2011; *ders,* in: Grabenwarter (Hrsg.), Europäischer Grundrechteschutz (Enzyklopädie Europarecht, Bd. 2), § 5 Schrankendogmatik, 2014; *ders,* in: Gersdorf/Paal (Hrsg.), Informations- und Medienrecht, Art. 11 GRC, Art. 10 EMRK, 2014; *ders,* Von Eingriffen, Beeinträchtigungen und Reflexen. Bemerkungen zum Status quo der Grundrechts-Eingriffsdogmatik des BVerfG, in: Detterbeck/Rozek/v Coelln (Hrsg.), Festschrift für Bethge, Recht als Medium der Staatlichkeit, Berlin 2009; *Degenhart,* Staatspresse in der Informationsgesellschaft, AfP 2009, 207; *ders,* in: Dolzer/Vogel/Graßhof (Hrsg.), Bonner Kommentar zum Grundgesetz, Art. 5 Abs. 1 und 2 (Stand: 2004–2006); *ders,* in: Merten/Papier (Hrsg.), Handbuch der Grundrechte in Deutschland und Europa, Bd. IV, 2011, § 105 Rundfunkfreiheit; *Detterbeck,* Zur Grundrechtsproblematik staatlicher selektiver Pressesubventionen, ZUM 1990, 371; *Diekel,* Pressesubventionen und Pressekonzentration, Oldenburg 1999; *Dittmayer,* Wahrheitspflicht der Presse – Umfang und Gewährleistung, Baden-Baden 2013; *Dörr,* Medienfreiheit im Binnenmarkt, AfP 2003, 202; *Dörr,* in: Merten/Papier (Hrsg.), Handbuch der Grundrechte in Deutschland und Europa, Bd. IV, 2011, § 103 Informationsfreiheit; *Dörr/Schmidt,* Neues Bundesdatenschutzgesetz, Kommentar, 2. Aufl, Köln 1992; *Draack,* Pressekartellrecht zur Vielfaltsicherung, Baden-Baden 2014; *Dreier,* Grundgesetz: Kommentar, Bd. I, 3. Aufl, Tübingen 2013; *Dütz,* Mitbestimmung und Tendenzschutz bei Arbeitszeitregelungen, AfP 1992, 329; *Eberle,* Journalistischer Umgang mit Stasi-Unterlagen – rechtliche Aspekte, DtZ 1992, 263; *Ehmke,* Verfassungsrechtliche Fragen einer Reform des Pressewesens, in: Festschrift für Arndt, Frankfurt aM 1969, S. 77 ff.; *Eisenhardt,* Die kaiserliche Aufsicht über Buchdruck, Buchhandel und Presse im Heiligen Römischen Reich Deutscher Nationen (1496–1806), Karlsruhe 1970; *Engel,* Kommunikation und Medien, in: Dauses (Hrsg.), Handbuch des EG-Wirtschaftsrechts, Loseblatt, S. 1 ff.; *ders,* Einwirkungen des Europäischen Menschenrechtsschutzes auf Meinungsäußerungsfreiheit und Pressefreiheit – insbesondere auf die Einführung von innerer Pressefreiheit, AfP 1994, 1; *ders,* Privater Rundfunk vor der Europäischen Menschenrechtskonvention, Baden-Baden 1993; *Epping/Hillgruber,* Grundgesetz, Kommentar, 2. Aufl, München 2013; *Erichsen,* Das Recht auf freien Zugang zu Informationen über die Umwelt, NVwZ 1992, 409; *Ernst,* Journalismus im Internet – Zeugnisverweigerung beim Bewertungsportal, CR 2013, 318; *Faller,* Die Meinungsfreiheit der Schüler und Studenten, RdJB 1985, 478; *Fechner,* Medienrecht, 15. Aufl, Tübingen 2014; *Fezer,* Die Verfassungsnähe der Buchpreisbindung, GRUR 1988, 185; *Fiedler,* Technologieneutrale Pressefreiheit, AfP 2011, 15; *ders,* Zunehmende Einschränkung der Pressefreiheit, ZUM 2010, 18; *Flechsig/Hertel/Vahrenhold,* Die Veröffentlichung von Unterlassungsurteilen und Unterlassungserklärungen, NJW 1994, 2441; *Frey,* Der Tendenzschutz im Betriebsverfassungsgesetz, Heidelberg 1974; *Frenz,* Konkretisierte Abwägung zwischen Pressefreiheit und Persönlichkeitsschutz, NJW 2012, 1039; *ders,* Die Meinungs- und Medienfreiheit, Jura 2012, 198; *Frowein/Peukert,* EMRK, Kommentar, 3. Aufl, Kehl am Rhein 2009; *Fromm/Vink/Herin/ Nordemann,* Urheberrecht, 11. Aufl, Stuttgart 2014; *Gaede,* Neuere Ansätze zum Schutz der Pressefreiheit beim „Geheimnisverrat durch Journalisten", AfP 2007, 410; *Geppert/Schütz* (Hrsg.), Beck'scher TKG-Kommentar, 4. Aufl, München 2013; *Gersdorf,* Presse-Grosso: Gewährleistungsverantwortung des Staates für Pressevielfalt, AfP 2012, 336; *ders,* Verbot presseähnlicher Angebote des öffentlich-rechtlichen Rundfunks, AfP 2010, 421; *ders,* Legitimation und Limitierung von Onlineangeboten des öffentlichrechtlichen Rundfunks, Berlin 2009; *Gersdorf/Paal,* Informations- und Medienrecht, München 2014; *Gönisch,* Das Grundrecht der Meinungsfreiheit im Lichte des „Historikerstreits", KritV 2011, 186; *Gloy/Loschelder/Erdmann,* Wettbewerbsrecht, § 69, 4. Aufl, München 2010; *Goose,* Der internationale Pakt über bürgerliche und politische Rechte, NJW 1974, 1305; *Gornig,* Zur Polizeifestigkeit der Pressefreiheit – OVG Frankfurt/Oder, NJW 1998, 1387, NJW 1997, 1167; *ders,* Zur Polizeifestigkeit der Pressefreiheit, JuS 1999, 1167; *Gounalakis,* Stasi-Unterlagengesetz – „Sprachrohr" oder „Maulkorb" für die Presse?, AfP 1992, 36; *Gounalakis/Rhode,* Unentgeltlicher Zeitungsvertrieb – modernes Medienkonzept oder Marktstörung?, AfP 2000, 331; *Gounalakis/Vollmann,* Die pressespezifischen Vorschriften des Stasi-Unterlagen-Gesetzes im Lichte des Art. 5 GG DtZ 1992, 77; *Grabenwarter,* Schutz der Privatsphäre versus Pressefreiheit: Europäische Korrektur eines deutschen Sonderweges?, AfP 2004, 309; *ders,* in: Maunz/ Dürig (Begr.), Grundgesetz, Kommentar, Art. 5 (Stand: 71. Ergänzungslieferung 2014); *Grabenwarter/Pabel,* Europäische Menschenrechtskonvention, 5. Aufl, München 2012; *Grimm,* Soziale Voraussetzungen und verfassungsrechtliche Gewährleistungen der Meinungsfreiheit, in: Schwartländer/Willoweit (Hrsg.), Meinungsfreiheit – Grundgedanken und Geschichte in Europa und USA, Tübingen 1984, S. 145 ff.; *Groß,* Presserecht, 3. Aufl, Heidelberg 1999; *ders,* Maßnahmen gegen die Pressekonzentration, VR 2007, 151; *ders,* Gesetzliche Schranken der Pressefreiheit, DVP 2006, 51; *ders,* Presseordnungsrecht, VR 2008, 45; *Gucht,* Das Zensurverbot im Gefüge der grundrechtlichen Eingriffskautelen, 2000; *Hain,* Medienmarkt im Wandel: Technische Konvergenz und Anbieterkonkurrenz als Herausforderung für Verfassungsrecht und Regulierung, AfP 2012, 313; *ders,* Ist die Etablierung einer Internetdienstefreiheit sinnvoll?, K & R 2012, 98; *Hahn/Vesting,* Rundfunkrecht, 3. Aufl, München 2012; *Häntzschel,* Das Recht der freien Meinungsäußerung, in: Anschütz/Thoma (Hrsg.), Handbuch des Deutschen Staatsrechts, Bd. II, Tübingen 1932; *ders,* Reichspressgesetz, Berlin 1927; *ders,* Das Grundrecht der freien Meinungsäußerung und die Schranke der allgemeinen Gesetze des Art. 118 I der Reichsverfassung, AöR 10 (1926), 228; *Hanau,* Tendenzschutz und Partnerschaft, AfP 1993, 952; *ders,* Personelle Mitbestimmung des Betriebsrats in Tendenzbetrieben, insbesondere Pressebetrieben, AfP 2007, 409; *Handschell,* Grundrechtsschranken aus der Wertordnung des Grundgesetzes? Zum Wunsiedel-Beschluss der BVerfG, BayVBl 2011, 745; *Haupt* (Hrsg.), Electronic Publishing, München 2002; *Hauss,* Presse-Selbstkontrolle – Aufgaben und Grenzen, AfP 1980, 178; *Hennemann,* Pressefreiheit und Zeugnisverweigerungsrecht, Berlin 1978; *Henning-Bodewig,* Das „Pressepriviley" in § 13 Abs 2 Nr. 1 UWG, GRUR 1985, 258; *dies,* Die wettbewerbliche Haftung von Massenmedien, GRUR 1981, 867; *Heselhaus,* Neue Entwicklungen bei der Bestimmung des Schutzbereichs der Meinungsfreiheit, NVwZ 1992, 740; *Höfling/Augsberg,* Grundrechtsdogmatik im Schatten der Vergangenheit, JZ 2010, 409; *Hoffmann-Riem,* Die zwei Gesichter der Pressefreiheit, ZRP 2006, 29; *ders/Plander,* Rechtsfragen der Pressereform, Baden-Baden 1977; *Holtz-Bacha,* Ungelöste Strukturprobleme, Media Perspektiven 1994, 489; *Holoubek,* Medienfreiheit in der Europäischen Menschenrechtskonvention, AfP 2003, 193; *Holznagel/Höppener,* Exklusivvereinbarungen versus Pressefreiheit, DVBl. 1998, 868; *Hong,* Das Sonderverbot als Verbot der Standpunktdiskriminierung – der Wunsiedel-Beschluss und aktuelle versammlungsgesetzliche Regelungen und Vorhaben, DVBl. 2010, 1267; *Huber,* Auslegung und Anwendung der Charta der Grundrechte, NJW 2011, 2385; *Ihlefeld,* Der Begriff „unmittelbar und überwiegend" im betriebsverfassungsrechtlichen Tendenzschutz, ArbuR 1975, 234; *Immenga/Mestmäcker/Dannecker,* GWB, Kommentar zum Kartellgesetz, 3. Aufl, München 2001; *Ipsen,* Presse-Grosso im Verfassungsrahmen, Berlin 1980; *Jarass,* Öffentliche Verwaltung und Presse, DÖV 1986, 721; *ders,* Die Bindung der Mitgliedstaaten an die EU-Grundrechte, NVwZ 2012, 457; *Jarass/Pieroth,* Grundgesetz für die Bundesrepublik Deutschland, Kommentar, 13. Aufl, München 2014; *Jestaedt,* in: Merten/Papier (Hrsg.), Handbuch der Grundrechte in Deutschland und Europa, Bd. IV 2011, § 102 Meinungsfreiheit; *Jungheim,* Medienordnung und Wettbewerbsrecht im Zeitalter der Digitalisierung und Globalisierung, Tübingen 2012; *Kaiser,* Das Recht des Presse-Grosso, Baden-Baden 1979; *Karpenstein/Meyer,* EMRK, Kommentar, München 2012; *Kemper,* Pressefreiheit und Polizei, Berlin 1964; *Keßler,* Was lange währt, wird endlich gut? – Annotationen zur 8. GWB-Novelle, WRP 2013, 1116; *Kläver,* Pressefreiheit im Wandel der Zeit, UFITA 2007, 87; *Klein E.,* Einwirkung des europäischen Menschenrechtsschutzes auf Meinungsäußerungsfreiheit und Pressefreiheit, AfP 1994, 9; *Kloepfer,* Vielfaltsicherung durch Ebenentrennung bei der Massenkommunikation, Baden-Baden 2010; *ders,* Netzneutralität und Presse-Grosso in der Informationsgesellschaft, AfP 2010, 120; *Klumpp,* Neues in der Pressfusionskontrolle, WuW 2013, 344; *Kodal,* Straßenrecht, 7. Aufl, Mün-

I. Geltende Gesetzesfassungen § 1 LPG

chen 2010; *Köhler/Baumbach/Hefermehl,* Wettbewerbsrecht, 26. Aufl, München 2008; *Körber,* Die Sanierungsfusion im Kartellrecht, ZWeR 2014, 32; *Koch,* Die Zeitung in der Republik, Berlin 2007; *Kohl,* Die Betätigung der öffentlichen Hand im Medienrecht, insbesondere die Problematik der staatlichen und gemeindlichen Pressepublikationen, AfP 1981, 326; *Koreng,* Zensur im Internet, 2010; *Korte,* Praxis des Presserechts, München 2014; *Kriele,* Ehrenschutz und Meinungsfreiheit, NJW 1994, 1897; *ders,* Plädoyer für eine Journalistenkammer, ZRP 1990, 109; *Kube,* in: Isensee/Kirchhof (Hrsg.) Handbuch des Staatsrechts, 3. Aufl, Bd. VII, 2009, § 148 Persönlichkeitsrecht; *Kübler,* Gegenrede, in: Festschrift für Mahrenholz, Baden-Baden 1994, S. 303 ff.; *ders,* Massenkommunikation und Medienverfassung – Bemerkungen zur „institutionellen" Deutung der Presse- und Rundfunkfreiheit, in: Festschrift für Lerche, München 1993, S. 649 ff.; *ders,* Massenmedien und öffentliche Verwaltung, Frankfurt 1978; *ders,* Postzeitungsdienst und Verfassung, Berlin 1992; *Kühling,* Zu den möglichen Grenzen der Kommunikationsfreiheit, AfP 1999, 214; *ders,* Kartellrechtliche Befreiung und Betrauung des Presse-Grossos in der GWB-Novelle, ZUM 2013, 18; *Kühn,* Meinungsvielfalt im Rundfunk: die Sicherung von Pluralismus in den Rundfunksystemen Deutschlands und der USA, München 2003; *Kull,* Das europäische Recht und die Presse, AfP 1993, 430; *ders,* „Dienende Freiheit" – dienstbare Medien?, in: Festschrift für Lerche, München 1993, S. 663 ff.; *ders,* „Freedoom within the media", AfP 1995, 537; *Kunert,* Pressekonzentration, Berlin 1971; *Lahusen,* Inhalt und Schranken der Pressefreiheit: die rechtliche Problematik des Gratisvertriebs von Tageszeitungen, Köln 2004; *ders,* Die wettbewerbs- und verfassungsrechtliche Beurteilung des Gratisvertriebs meinungsbildender Tagespresse – Anmerkung zum Urteil des BGH „20 Minuten Köln", GRUR 2005, 221; *Ladeur,* Die „allgemeinen Gesetze" als Schranken der Meinungsfreiheit: Zur dogmatischen Leistungsfähigkeit der formalen Konzeption, K&R 2010, 642; *Lehr,* Der Verdacht – eine besondere Herausforderung an den Ausgleich zwischen Persönlichkeitsschutz und freier Berichterstattung, AfP 2013, 7; *Lepsius,* Einschränkung der Meinungsfreiheit durch Sonderrecht, Jura 2010, 527; *Lerche,* Grundrechte der Soldaten, in: Bettermann/Nipperdey/Scheuner (Hrsg.), Die Grundrechte IV/1, Berlin 1960, S. 447; *ders,* Die Gesetzgebung von Bund u. Ländern auf dem Gebiet des Presserechts, AfP 1972, 242; *ders,* Verfassungsrechtliche Fragen der Pressekonzentration, Berlin 1971; *ders,* Bemerkungen zur ungenehmigten Veröffentlichung widerrechtlicher Aufzeichnungen von Telefongesprächen, AfP 1975, 822; *ders,* Finanzielle Erleichterung der Presse als Verfassungsfrage, AfP 1974, 593; *ders,* Die Verwertung rechtswidrig erlangter Informationen durch Presse und Rundfunk, AfP 1976, 55; *Lerche/Ulmer,* Kurzberichterstattung im Fernsehen, Rechtsgutachten, Baden-Baden 1989; *Lent,* Elektronische Presse zwischen E-Zines, Blogs und Wikis, ZUM 2013, 914; *Lettl,* Fusionskontrolle im GWB nach der 8. GWB-Novelle, WuW 2013, 706; *Liesching,* Das neue Jugendschutzgesetz, NJW 2002, 3281; *Löffler,* Presserecht, 2. Aufl 1968 (Bd. II), 1968 (Bd. I); 3. Aufl, München 1983; 5. Aufl, München 2006; *ders,* Der Streit um den „Tendenzbetrieb", NJW 1954, 489; *ders,* Um die akademische Freiheit, NJW 1961, 529; *ders,* Die Meinungs- und Pressefreiheit im Abhängigkeitsverhältnis, NJW 1964, 1100; *ders,* Das Zensurverbot der Verfassung, NJW 1969, 2225; *ders,* Wann ändert der Verleger die grundsätzliche Haltung seiner Zeitung?, AfP 1979, 290; *ders,* Rechtsprobleme der Jugendpresse, insbesondere der Schüler- und Studentenzeitungen, AfP 1980, 184; *ders,* Ein vorbildliches Pressegesetz, NJW 1959, 417; *Lorenz,* Zulassungsfreie Sondernutzung kraft Grundrechts?, JuS 1993, 375; *Lorz/Bosch,* Rechtliche Parameter für die Öffentlichkeitsarbeit der Justiz, AfP 2005, 97; *Mackeprang,* Ehrenschutz im Verfassungsstaat, Berlin 1990; *Mallmann,* Urteilsanmerkung zu OLG Saarbrücken v 28.4.1980 zu § 1 III BDSG, NJW 1981, 137; *v Mangoldt/Klein/Starck,* Kommentar zum Grundgesetz, Bd. I, 6. Aufl, München 2010; *Mann,* Zur Rechtswidrigkeit der Herstellung von Lichtbildern, AfP 2013, 16; *Mannheim,* Presserecht, Berlin 1927; *Masing,* Meinungsfreiheit und Schutz der verfassungsrechtlichen Ordnung, JZ 2012, 585; *v Mauchenheim,* Der deutsche Presserat – Organisation und Tätigkeit, in: Festschrift für Löffler, München 1980, S. 253 ff.; *Maunz/Dürig,* Grundgesetz, Loseblatt, Stand: 71. Lfg, München 2014; *Mayer-Maly,* Grundsätzliches und Aktuelles zum „Tendenzbetrieb", BB 1973, 761; *Mayer-Maly/Löwisch,* Bemerkungen zur neuen Rechtsprechung zum Tendenzschutz, BB 1983, 913; *Melchiar,* Die Begriffe „Zeitung" und „Zeitschrift" im Urheberrecht, ZUM 1988, 14; *Meyer,* Charta der Grundrechte der Europäischen Union, Kommentar, 4. Aufl, Baden-Baden 2014; *Möllers,* Pressefreiheit im Internet, AfP 2008, 241; *Möschel,* Pressekonzentration und Wettbewerbsgesetz, Tübingen, 1978; *Müller,* Die neue Person der Zeitgeschichte, ZRP 2012, 125; *v Münch/Kunig,* Grundgesetz-Kommentar, Bd. I, 6. Aufl, München 2012; *Murswiek,* Neue Maßstäbe für den Verfassungsschutzbericht – Konsequenzen aus dem JF-Beschluss des BVerfG, NVwZ 2006, 121; *Nessel,* Das grundgesetzliche Zensurverbot, Berlin 2004; *Neuhoff,* Die Dynamik der Medienfreiheit am Beispiel von Presse und Rundfunk, ZUM 2012, 371; *Neunhoeffer,* Das Pressprivileg im Datenschutz, Tübingen 2005; *Nieland,* Urheberrecht in Zahlen, K&R 2013, 285; *Noltenius,* Die freiwillige Selbstkontrolle der Filmwirtschaft und das Zensurverbot des Grundgesetzes, Göttingen 1958; *Nordmann,* Neue Entwicklungen im deutschen Pressekartellrecht, AfP 2014, 259; *v Olenhusen,* Pressefotografie und Polizei, Medien und Recht 2013, 4; *Ory,* Novelle des Rechts der Gegendarstellung im Rundfunk und bei der Presse im Saarland, ZUM 1994, 424; *ders,* Plädoyer: keine Journalistenkammer, ZRP 1990, 289; *Paal,* Medienvielfalt und Wettbewerb, Tübingen 2010; *ders,* Presse-Grosso auf dem Prüfstand, AfP 2012, 1; *Papier,* Recht der öffentlichen Sachen, 3. Aufl, Berlin 1998; *ders,* Über Pressefreiheit, Der Staat 13 (1974) 399; *ders/Schröder,* Verfassungsfragen des Dreistufentests, Baden-Baden 2011; *Pappi,* Teledienste, Mediendienste und Rundfunk, Baden-Baden 2000; *Paschke,* Bestandsschutz für den Pressegrosso als Eingriff in die Pressevertriebsfreiheit, AfP 2012, 431; *Pasquay,* Die deutsche Zeitungslandschaft – Entwicklungen und Perspektiven, ZfBB 57 (2010), 64; *Payandeh,* Gefahrenabwehr gegen Bildaufnahmen von Polizeikräften, NVwZ 2013, 1458; *Peukert,* Vorschläge zur Reform der Europäischen Menschenrechtsschutzes, EuGRZ 1993, 173; *Pieroth,* Pressefreiheit und Gefahrenabwehr, AfP 2006, 305; *Pieroth/Schürmann,* Rechte und Pflichten des Schülers, VR 1981, 373; *Pietzcker,* § 134 Zuständigkeitsordnung und Kollisionsrecht im Bundesstaat, in: Isensee/Kirchhof (Hrsg.), Handbuch des Staatsrechts der Bundesrepublik Deutschland, Bd. VI, 3. Aufl, Heidelberg 2008; *Pils,* Ein neues Kapitel bei der Abwägung zwischen Pressefreiheit und Persönlichkeitsrecht?, JA 2008, 852; *Plander,* Verteidigungsauftrag, Meinungsfreiheit und politische Betätigung im Kasernenbereich (§ 15 Abs 2 SoldG), DVBl 1980, 581; *Pöppelmann,* Gesetz zur Änderung des Saarländischen Pressegesetzes und des Rundfunkgesetzes für das Saarland, AfP 1994, 100; *Rahvar,* Die Zukunft des deutschen Presserechts im Lichte konvergierender Medien, Baden-Baden 2011; *Rath,* Der Laptop des Journalisten im Gerichtssaal, DRiZ 2014, 8; *Rebmann/Ott/Storz,* Das baden-württembergische Gesetz über die Presse, Stuttgart 1964; *Reh/Groß,* Hessisches Pressgesetz, Wiesbaden 1963; *Rehbinder,* Filmeinfuhrkontrolle und Grundgesetz, DVBl 1965, 550; *Rehbinder,* Urheber- und Verlagsrecht, 16. Aufl, München 2014; *Ricker,* Das kommunale Amtsblatt in verfassungsrechtlicher Sicht, in: Festschrift für Löffler, München 1980, S. 287 ff.; *ders,* Kein Standeszwang im Pressewesen, ZRP 1976, 113; *Ricker/Weberling,* Handbuch des Presserechts, 6. Aufl, München 2012; *Ridder,* Meinungsfreiheit, in: Neumann/Nipperdey/Scheuner (Hrsg.), Die Grundrechte II, Berlin 1954, S. 243; *Rieger,* Schülerpresserecht in Nordrhein-Westfalen, VR 1983, 60; *Ritlewski,* Pluralismus als Strukturprinzip im Rundfunk, Frankfurt aM 2009; *Roellecke,* Meinungskampf und allgemeines Persönlichkeitsrecht, JZ 1980, 701; *Rhode,* Die Nachzensur in Art. 5 Abs. 1 S. 3 GG – Ein Beitrag zu einem einheitlichen Zensurverbot, Kiel 1997; *Röper,* Zeitungen 2010: Rangverschiebungen unter den größten Verlagen, Media Perspektiven 5/2010, 218; *ders,* Zeitungsmarkt 2014: Erneut Höchstwert bei Pressekonzentration, Media Perspektiven 5/2014, 254; *Roßnagel/Scheuer,* Das europäische Medienrecht, MMR 2005, 271; *Rohde,* Die Nachzensur in Art. 5 Abs. 1 S. 3, Kiel 1997; *v Rothenbücher,* Über einen Fall der Präventivpolizei und die Theaterzensur, in: Festgabe für F. Fleiner, Tübingen 1927, S. 211 ff.; *ders,* Das Recht der freien Meinungsäußerung, in: VVDStRL 4 (1928), 6; *Rottmann,* Anmerkung zum Urteil des VGH Mannheim vom 15.2.1993, ArchPT 1992, 301; *Rowat* (Hrsg.), Administrative secrecy in developed countriers, New York 1979; *Rox,* Schutz religiöser Gefühle im freiheitlichen Verfassungsstaat, Tübingen 2012; *Ruck,* Zur Unterscheidung von Ausgestaltungs- und Schrankengesetzen im Bereich der Rundfunkfreiheit, AöR 117 (1992), 543; *Rüfner,* Grundrechtsträger, Grundrechtsadressaten, in: Isensee/Bethge (Hrsg.), Handbuch des Staatsrechts der Bundesrepublik Deutschland, Band IX, 3. Aufl, Heidelberg 2011; *Rühl,* Die Semantik der Ehre im Rechtsdiskurs, KJ 2002, 197; *Rüthers,* Tarifmacht und Mitbestimmung in der Presse, Berlin 1975; *Rudolph,* Erhalt von Vielfalt im Pressewesen: unter besonderer Berücksichtigung des publizistischen Wettbewerbs. Eine rechtswissenschaftliche Analyse unter Berücksichtigung kommunikationswissenschaftlicher und wirtschaftswissenschaftlicher Erkenntnisse, Frankfurt aM 2009; *Rupp,* Vom Wandel der Grundrechte, AöR 101 (1976), 161; *Sauthoff,* Öffentliche Straßen, 3. Aufl, München 2010; *Schaefer,* Wie viel Freiheit für die Gegner der Freiheit?, DÖV 2010, 379; *Scheele,* Zur Reform des Gegendarstellungsrechts, NJW 1992, 957; *Schemmer,* in: Epping/Hillgruber (Hrsg.), Grundgesetz, Kommentar, 2. Aufl 2013, Art. 5; *Scherzberg,* Freedom of information – deutsch gewendet: Das neue Umweltinformationsgesetz, DVBl 1994, 733; *Scheuner,* Pressefreiheit, VVDStRL 22 (1965), 1; *Schladebach/Simantiras,* Grundstrukturen des unionalen Rundfunkrechts, EuR 2011, 784; *Schlink,* Abwägung im Verfassungsrecht, Berlin 1976; *Schmidt/Seitz,* Aktuelle Probleme des Gegendarstellungsrechts, NJW 1991, 1009; *Schmidtmann,* Die verfassungsrechtliche Einordnung konvergenter Massenmedien: Eine Analyse der Auswirkungen des Medienwandels auf Presse und Rundfunk aus verfassungsrechtlicher Sicht, Hamburg 2013; *Schmidt-De Caluwe,* Pressefreiheit und Beihilfe zum Geheimnisverrat i. S. des § 353b StGB – Der Fall „Cicero" und die Entscheidung des BVerfG, NVwZ 2007, 640; *Schmitt Glaeser,* Der Fall Günter Wallraff oder der Dogmatisierung der Kritik, AfP 1981, 314; *ders,* Missbrauch und Verwirkung von Grundrechten im politischen Meinungskampf, Bad Homburg 1968; *ders,* Kabelkommunikation und Verfassung, Berlin 1979; *Schneider F.,* Pressefreiheit und politische Öffentlichkeit, Neuwied 1966; *Schnöckel,* Zwischen Geheimniskrämerei und grenzenloser Berichterstattung – Warum die Balance zwischen dem Schutz von Dienstgeheimnissen und der Pressefreiheit (allzu) häufig dem Zufall überlassen bleibt –, DÖV 2013, 381; *Scholz,* Pressefreiheit und Arbeitsverfassung, Berlin 1978; *ders,* Pressefreiheit und presserechtliche Selbstkontrolle, in: Festschrift für Maunz, München 1981, S. 337 ff.; *Schricker,* Gratisverteilung von Tageszeitungen und das Gesetz gegen Wettbewerbsbeschränkungen, AfP 2001, 109; *Schroeder,* Das 27. Strafrechtsänderungsgesetz – Kinderpornographie, NJW 1993, 2581; *Schürmann,* Staatliche Mediennutzung, AfP 1993, 435; *Schulte-Nölke/Hauxwell,* Zur wettbewerbsrechtlichen Zulässigkeit von Gratiszeitungen, EWiR 2004, 1053; *Schuppert,* Das Stasi-Unterlagengesetz: Ein Maulkorb für die Presse?, AfP 1992, 105; *Schulz,* Ist die Pressefreiheit änderungsfest?, AfP 2009, 121; *Schulz,* Kommunikationsverfassung, Kommunikationsgrundrechte, Staatsfreiheit – Staatsfreiheit als Gestaltungsprinzip, AfP 2013, 464; *ders,* Von der Medienfreiheit zum Grundrechtsschutz für Intermediäre?, CR 2008, 470; *Schulze-Fielitz,* in: Dreier (Hrsg.), Grundgesetz, 3. Aufl 2013, Bd. I, Art. 5 I, II; *Schwab,* Pressefreiheit als Menschenrecht, in: Festschrift für Mallmann, Baden-Baden 1978, S. 245 ff.; *Schwabe,* Zur Polizeifestigkeit der Pressefreiheit, JuS 1999, 623; *Schwarze,* EU-Kommentar, 3. Aufl, Baden-Baden 2012; *ders,* Schutz der Grundrechte in der Europäischen Gemeinschaft, EuGRZ 1986, 293; *ders,* Die Medien in der europäischen Verfassungsreform, AfP 2003, 209; *ders,* Europäischer Grundrechtsschutz – Grundfragen, aktuelle Rechtsentwicklungen, künftige Perspektiven, Zeitschrift für Verwaltung 1993, 1; *ders,* Medienfreiheit und Medienvielfalt im Europäischen Gemeinschaftsrecht, ZUM 2000, 779; *ders,* Zur Zulässigkeit der neuen Regelung über das Presse-Grosso in § 30 Abs. 2a GWB, NZKart 2013, 270; *Sendler,* Unmittelbare Drittwirkung der Grundrechte durch die Hintertür?, NJW 1994, 709; *Seitz,* Saarländisches Gegendarstellungsrecht, NJW 1994, 2922; *Siemann,* Kampf um die Meinungsfreiheit im deutschen Konstitutionalismus, in: Schwartländer/Willowet (Hrsg.), Meinungsfreiheit – Grundgedanken und Geschichte in Europa und USA, Tübingen 1984, S. 173; *Simitis,* Zur Verwertung von Arbeitnehmerdaten für publizistische Zwecke – Einfluss und Grenzen des Datenschutzes, in: Festschrift für Löffler, München 1980, S. 319 ff.; *ders,* Datenschutz und Medienprivileg, AfP 1990, 14, *ders,* Kommentar zum Bundesdatenschutzgesetz, Loseblatt, 8. Aufl, Baden-Baden 2014; *Skouris,* Medienrechtliche Fragen in der Rechtspre-

II. Normgehalte, Normativität und Bedeutung der Pressefreiheit § 1 LPG

chung des EuGH – Grundrechtliche Aspekte des Medienrechts und Charta der Grundrechte der EU, MMR 2011, 423; *Smend*, Staatliche Abhandlungen und andere Aufsätze, 3. Aufl, Berlin 1994; *ders*, Das Recht der freien Meinungsäußerung, in: VVDStRL 4 (1928), 44; *Söder*, Persönlichkeitsrechte in der Presse, ZUM 2008, 89; *Sochring/Hoene*, Presserecht, 5. Aufl, Köln 2013; *Soppe*, Die gesetzliche Absicherung des Pressegrossovertriebssystems im Rahmen der achten GWB-Novelle, AfP 2013, 365; *Spindler*, Zivilrechtliche Vorgaben für den medienwirtschaftlichen Wettbewerb im Internet, AfP 2012, 328; *Sporn*, Ein Grundrecht der Medienfreiheit – Gleiches Recht für alle?, K&R-Beih. 2013, 2; *Stadler*, Die internationale Durchsetzung von Gegendarstellungsansprüchen, JZ 1994, 642; *Stammler*, Die Presse als soziale und verfassungsrechtliche Institution, Berlin 1971; *Stalorz/Prantzsch*, Schülerpressefreiheit und Schulrechtsverhältnis, VR 1979, 297; *Starck*, Herkunft und Entwicklung der Klausel „allgemeine Gesetze" als Schranke der Kommunikationsfreiheiten in Art. 5 Abs. 2 des Grundgesetzes, in: Festschrift für Weber, Berlin 1974, S. 189 ff.; *ders*, in: v. Mangoldt/Klein/Starck (Hrsg.), GG, Kommentar zum Grundgesetz, Bd. 1, 6. Aufl 2010, Art. 5 Abs. 1, 2; *Starke*, Informantenschutz zwischen Pressefreiheit und staatlichem Strafverfolgungsinteresse, AfP 2007, 91; *Steinberg*, Meinungsfreiheit und Straßenreligion, NJW 1978, 1898; *Stern*, Das Staatsrecht der Bundesrepublik Deutschland, Bd. I, 2. Aufl, München 1984, Bd. III/1, München 1988; *Stettner*, Der Jugendmedienschutz-Staatsvertrag – eine Problemsicht, ZUM 2003, 425; *Stober*, Zum Informationsanspruch der Presse gegenüber Privatpersonen, AfP 1981, 389; *ders*, Rechtliche Rahmenbedingungen der Wirtschaftsförderung, BB 1996, 1845; *Stock*, Straßenkommunikation als Gemeingebrauch, Königstein/Ts 1979; *Stoltenberg*, Die historische Entscheidung für die Öffnung der Stasi-Unterlagen – Anmerkung zum Stasi-Unterlagen-Gesetz, DtZ 1992, 65; *Stürner*, Empfiehlt es sich, die Rechte und Pflichten der Medien präziser zu regeln und dabei den Rechtsschutz des einzelnen zu verbessern?, Gutachten zum 58. DJT, Verhandlungen des 58. DJT München 1990, Bd. I Teil A; *Suhr*, Europäische Presse-Selbstkontrolle, Baden-Baden 1998; *Thoma*, Grundrechte und Polizeigewalt, in: Festgabe PrOVG, Berlin 1925, S. 183; *Thym*, Anmerkung zu einer Entscheidung des EuGH, Urteil vom 5.10.2010 (C-400/10; FF 2011, 26) – Zum Anwendungsbereich der Unionsgrundrechte, JZ 2011, 148; *ders*, Die Reichweite der EU-Grundrechte-Charta – Zu viel Grundrechtsschutz?, NVwZ 2013, 889; *Tomuschat*, Die Staatsrechtliche Entscheidung für die internationale Offenheit, in: Isensee/Becker, Handbuch des Staatsrechts der Bundesrepublik Deutschland, Bd. XI, 3. Aufl, Heidelberg 2013; *Trute*, in: Merten/Papier (Hrsg.), Handbuch der Grundrechte in Deutschland und Europa, Bd. IV, 2011, § 104 Freiheit von Presse und Film; *Vogel*, Bericht zur Reform der Kontrollmechanismen der EMRK, EuGRZ 1993, 216; *Vacca*, Im Namen der Medien ergeht folgendes Urteil – Pressefreiheit vs. Persönlichkeitsrecht, Jura 2013, 594; *Volkmann*, Die Geistesfreiheit und der Ungeist – Der Wunsiedel-Beschluss des BVerfG, NJW 2010, 417; *Wallenberg*, Strukturwandel bei den Zeitungen – UWG-rechtliche Zulässigkeit von Gratiszeitungen und pressespezifischen Regelungen im Entwurf zur Siebten GWB-Novelle, K&R 2004, 328; *Walter*, Zur Zulässigkeit journalistischen Berufsverbots nach der Europäischen Menschenrechtskonvention, DÖV 1966, 380; *Weberling*, Zensur(en) durch Gerichte, AfP 2006, 12; *Wegner*, Die Öffentlichkeit der Hauptverhandlung als knappe Ressource, BLJ 2014, 37; *Welker/Elter/Weichert* (Hrsg.), Pressefreiheit ohne Grenzen? Grenzen der Pressefreiheit!, Köln 2010; *Weiss*, Sonderarbeitsrecht der Presse, ArbuR, 97; *Wendt*, in: v. Münch/Kunig, Grundgesetz, Kommentar, 6. Aufl 2012, Art. 5; *Wenzel*, Rechtsprobleme des Presse-Grosso, AfP 1979, 380; *Wenzel/Burkhardt*, Urheberrecht für die Praxis, 5. Aufl, Köln 2009; *Wild*, Die zulässige Widergabe von Presseberichten und -artikeln in Pressespiegeln, AfP 1989, 701; *Wilke*, Die Gestesfreiheit und der strafrechtliche Berufsverbot, Berlin 1964; *Wiring*, Pressefusionskontrolle im Rechtsvergleich, Baden-Baden 2008; *Witting/Jenny/Jäger*, Medienkartellrecht, AfP 2013, 117; *ders/ders/ders*, Medienkartellrecht, AfP 2012, 250; *ders/ders/ders*, Medienkartellrecht, AfP 2012, 546; *Witting/Stulz-Herrnstadt/Jäger*, Medienkartellrecht, AfP 2014, 41; *ders/ders/ders*, Medienkartellrecht, AfP 2013, 230; *Wohland*, Informationsfreiheit und politische Filmkontrolle, Berlin 1968; *Wollenschläger*, Anwendbarkeit der EU-Grundrechte im Rahmen einer Beschränkung von Grundfreiheiten, EuZW 2014, 577; *Wronka/Hörle*, Bundesdatenschutzgesetz – Auswirkungen auf Werbung und Presse, 2. Aufl, Bonn 1982; *Ziegenhorn*, Der Einfluss der EMRK im Recht der EU-Grundrechtecharta, Berlin 2009; *Zohm*, Der verfassungsrechtliche Rahmen der Pressefusion, Berlin 2010.

II. Normgehalte, Normativität und Bedeutung der pressegesetzlichen Bekräftigung der Pressefreiheit

Alle Pressegesetze thematisieren in ihrem Eingangsparagraphen die Pressefreiheit: 1 „Die Presse ist frei." In dieser nur mehr deklaratorischen oder allenfalls affirmativen Proklamation erschöpfen sich die Bestimmungen dieses Eingangsparagraphen indessen nicht. Vielmehr bilden sie ein Konglomerat inhaltlich verschiedener, keineswegs sämtlich nur die grundrechtlichen Garantien der Pressefreiheit nachzeichnender, deren Schutzwirkungen vielmehr teilweise auch verdichtender Regelungen. Den also zu unterscheidenden Regelungen eignet eine entsprechend auch unterschiedlich zu beurteilende normative Wirkkraft. Auch stimmen die Fassungen der verschiedenen Landesgesetze zwar in den Kernaussagen weitgehend überein, weichen aber doch im Detail in nicht unerheblichen Hinsichten voneinander ab. Teilweise ergeben sich so Besonderheiten, die Beachtung verdienen. In dem thematischen Zusammenhang der Aussagen zur Pressefreiheit gehört schließlich auch die Garantie der Zulassungsfrei-

LPG § 1 — Freiheit der Presse

heit der Presse (§ 2) – im hessischen LPresseG wird diese Nähe schon äußerlich durch die im Vergleich mit den anderen Gesetzen atypische Verlagerung von sonst dem § 1 vorbehaltenen Aussagen in den § 2 sichtbar. Auch die Zulassungsfreiheit ist nur eine, wenn auch besonders wichtige und daher in den Pressegesetzen einer eigenen Bestimmung zugeordnete Facette der Pressefreiheit. Die verschiedenen Einzelregelungen im Gefüge des § 1 der Landespressegesetze (bzw. § 3 LMG, § 4 SMG) bedürfen daher zunächst der sachlichen Identifikation und Ordnung anhand der sie prägenden Merkmale. Erst auf der Grundlage solcher Ordnung lassen sich auf die jeweilige Normgruppe bezogene Charakterisierungen hinsichtlich der Funktion und Normativität dieser Vorschriften treffen.

1. Proklamation der Pressefreiheit

2   Danach lässt sich zunächst eine Gruppe deklaratorischer, die grundrechtlichen Gewährleistungen der Pressefreiheit nur mehr abbildender Normaussagen abgrenzen.

a) Ensemble zugehöriger Bestimmungen

3   Dazu gehört natürlich zuallererst die in allen Gesetzen – mit der Ausnahme des BayPrG, das hier nur eine Verweisung auf die Grundrechte der Landesverfassung enthält – aufgenommene Proklamation der Pressefreiheit („Die Presse ist frei"). Sie unterstreicht das schon von Bundesverfassungs wegen (Art. 5 Abs. 1 Satz 2 GG) für die Pressetätigkeit und -regulierung bestimmende Leitprinzip. Prominent an die Spitze der Gesetze gestellt, bekräftigt sie den hohen Wert dieser Freiheitsverbürgung für die individuelle kommunikative Selbstentfaltung (Pressefreiheit als individuelle Handlungsfreiheit), aber auch in ihrer überindividuellen Bedeutung für die kommunikative Information. Ihr eignet damit zwar keine konstitutive Normwirkung (s. u., Rn. 6), aber doch immerhin eine Erinnerungsfunktion, den den grundrechtlichen Hauptmaßstab für alle Presseregulierung, insbesondere auch für die Interpretation der nachfolgenden Einzelregelungen der Pressegesetze (Presserecht im engeren Sinne) stets vor Augen führt.

4   Die freie und erst kraft dieser Freiheit vitale, auch kritische, subjektive und tendenzgeleitete Presse ist unentbehrlicher Faktor im Prozess geistiger Auseinandersetzung, rechtlich positiv bewertete Voraussetzung jeglicher Meinungsbildung, damit schließlich auch Funktionsvoraussetzung der Demokratie (dazu nur *Prantl* in: Welker/Elter/Weichert, S. 14 ff.). Kanalisierungen und auch Beschränkungen dieser Freiheit im Interesse des Schutzes der Rechtsgüter Dritter, aber auch der Sicherung der Pluralität und Leistungsfähigkeit der Presse selbst, zusammengefasst also der Regulierung der Presse in den Pressegesetzen und darüber hinaus im Presserecht im weiteren Sinne, müssen stets mit diesem „Postulat ihrer Freiheit" (BVerfGE 20, 162, Rn. 38) abgeglichen, daran gemessen und so auf das Unverzichtbare begrenzt werden. Dies findet in der Voranstellung der Pressefreiheit in den Gesetzen noch einmal symbolischen Ausdruck.

5   In die Kategorie deklaratorischer Aussagen gehören auch die in der Mehrzahl der Gesetze niedergelegte Formel, die Pressefreiheit unterliege nur denjenigen Beschränkungen, die durch das Grundgesetz – unmittelbar – zugelassen sind, ferner das in einigen Gesetzen noch einmal ausdrücklich niedergelegte Zensurverbot (§ 1 Abs. 2 Satz 1 SächsPrG), schließlich der Hinweis auf die Beschränkbarkeit nur durch allgemeine Gesetze (§ 2 Abs. 2 Satz 2 HPresseG: „Sondergesetze gegen die Presse sind unzulässig"); dieser ist teilweise zudem noch positiv in die Formulierung gekleidet, auch die Presse sei den für jedermann geltenden Gesetzen unterworfen (§ 1 Abs. 5 HambPresseG, § 2 Abs. 2 Satz 1 HPresseG).

b) Verhältnis zu den in Bezug genommenen Grundrechtsgarantien

6   Die allgemeine Proklamation sowie die genannten spezifischeren Beschreibungen der Pressefreiheit entfalten keine eigenständige normative Wirkkraft, insofern sie dem, was schon aus Art. 5 Abs. 1 S. 2 GG und gegebenenfalls inhaltsgleichen landesverfassungsrechtlichen Normen folgt, nichts hinzufügen. Art. 1 Satz 1 BayPRG, der auf die eigene Beschwörungsformel verzichtet und stattdessen nur auf die landesverfassungsrechtliche Grundrechtsgarantie verweist (Art. 110 und 111 BV), bleibt daher hinter den Fassungen der anderen Pressegesetze nicht substantiell zurück.

Der Inhalt dieser Aussagen ist, vorbehaltlich allenfalls einer Einschränkung bei der sachlichen Reichweite (s. u., Rn. 10), mit demjenigen der bundesgrundrechtlichen Normen des Art. 5 Abs. 1 Satz 2 und Abs. 2 GG – Grundrechtstatbestand und qualifizierter Schrankenvorbehalt – inhaltsidentisch. Dies gilt auch für die bayerische Bestimmung, auch wenn diese unmittelbar nur auf die Kommunikationsgrundrechte der Landesverfassung verweist: Diese unterliegen ihrerseits dem vorrangigen Bindungsanspruch des Art. 5 GG. Zwar schließen dieser (und auch Art. 142 GG) eine hinter dem Bundesgrundrecht zurückbleibende Schutzwirkung an sich nicht aus, solange jenes unbeschadet bleibt (*Pieroth*, in: Pieroth, Art. 142 Rn. 3; *Pietzcker*, in: HStR VI, § 134 Rn. 70ff.; s. zur Rundfunkfreiheit auch BVerfGE 97, 298 – extra radio, Rn. 61, 62); doch führt er in der Rechtsanwendungspraxis – auch zu den bayerischen Grundrechten (VerfGH 54, 165/171 ff.; 56, 1/5; 58, 137, Rn. 30 ff.) – zu einer inhaltlichen Angleichung (s. zu Art. 110 f. BV auch *Bullinger*, Voraufl., § 1 Rn. 17). 7

Zweifel an der Gültigkeit der pressegesetzlichen Vorschriften im Hinblick auf die Konkurrenz mit den verfassungsrechtlichen Grundrechtsnormen sind fernliegend. Allerdings gelten die Grundrechte des Grundgesetzes unmittelbar, mit Durchgriffswirkung auch in den Landesrechtsordnungen (Art. 1 Abs. 3 GG, *Pietzcker*, in: HStR VI, § 134 Rn. 48, 52, allg. Meinung). So wie bundesrechtliche haben auch landesrechtliche Vorschriften – auf landesverfassungsrechtlicher oder einfachgesetzlicher Ebene – nur Bestand, soweit sie mit den Bundesgrundrechten vereinbar sind, also nicht zu deren definitiven Festsetzungsgehalten in Widerspruch treten. Dies ist indessen nur der Fall, wenn die landesrechtliche Norm den prima-facie-Gewährleistungsgehalt („Schutzbereich") des Bundesgrundrechts einschränkt und diese Einschränkung nicht bundesverfassungsrechtlich als Beschränkung des Grundrechts gerechtfertigt werden kann. Bei Wiederholungen grundrechtlicher Gewährleistungen im Landesrecht oder gar Gewährung weitergehenden Schutzes ergibt sich schon keine schrankenrechtlich rechtfertigungsbedürftige Abweichung, so dass die Gültigkeit derartiger Normwiederholungen nicht in Frage steht (*Pietzcker,* in: HStR VI, Rn. 66 ff.; ders, ebd. Rn. 60, auch zum – durchaus anders zu beurteilenden Problem landesrechtlicher Regelungen, die mit kompetenzgemäß erlassenen einfachen Bundesgesetzen inhaltsgleich sind: Insoweit geht es nicht um eine inhaltliche Missachtung der Bindung durch Bundesgrundrechte, sondern um einen Verstoß gegen die Kompetenzordnung, Art. 70 ff. GG). Art. 142 GG bestätigt dies – deklaratorisch – für die Landesgrundrechte; nichts anderes kann aber für einfachrechtliche Grundrechtsduplikate gelten; namentlich kommt insoweit mangels einer Kollisionslage nicht etwa die Anwendung der Vorrangregel des Art. 31 GG in Betracht. 8

Hinsichtlich der hier erörterten Aussagen der Landespressegesetze besteht kein Anhalt für die Annahme eines Zurückbleibens hinter dem bundesgrundrechtlichen Maßstab; besonders deutlich wird die von den Pressegesetzen intendierte Kongruenz in der ausdrücklichen Nennung des Grundgesetzes als Grund und Grenze der Beschränkungsmöglichkeiten (§ 1 Abs. 2 LPresseG BW: Beschränkungen, die durch das Grundgesetz unmittelbar [...] zugelassen sind). Wenn der Landesgesetzgeber aber hinsichtlich der Schranken auf das Grundgesetz verweist, ist davon auszugehen, dass die Pressefreiheit der Landesgesetze auch in sachlich-gegenständlicher Hinsicht mit derjenigen des Art. 5 Abs. 1 Satz 2 GG identisch ist. 9

Denkbar ist immerhin, dass der sachliche Schutzbereich der einfachgesetzlichen Pressefreiheit hinter derjenigen des Grundgesetzes insoweit zurückbleibt, als der Pressebegriff der Gesetze ausschließlich auf zur körperlichen Verbreitung bestimmte verkörperte Datenträger („Druckwerke") bezogen und begrenzt ist (s., Einl. Rn. 103), während für den verfassungsrechtlichen Pressebegriff die Einbeziehung nichtkörperlicher Wiedergabeformen zwar keineswegs allgemein anerkannt ist, aber doch immerhin diskutiert wird (e-Presse, sonstige presseähnliche Telemedien, s. dazu u., Rn. 192 ff.). Die Antwort auf diese Frage einer Tatbestandsverengung hängt mithin 10 von der je bezogenen Position zum Begriff der Presse im verfassungsrechtlichen Sinne ab: Wird insoweit eine Erweiterung über den traditionellen Kern der verkörperten Presse hinaus angenommen, kommt es in der Tat zu einem begrifflichen Überschuss gegenüber dem landesgesetzlichen Pressebegriff, damit aber auch im Verhältnis zur sachlichen Reichweite der Pressefreiheit nach den Landespressegesetzen, denn diese kann schwerlich weiterreichen als ihr Gegenstand.

11   Auch eine derartige – mögliche – Schutzbereichsverengung gegenüber dem Bundesgrundrecht bedingt indessen keinen Normwiderspruch im Verhältnis zu Art. 5 Abs. 1 Satz 2 GG und tangiert daher die Gültigkeit der landesrechtlichen Normen nicht (s. zum unschädlichen Zurückbleiben landesverfassungsrechtlicher Grundrechte hinter Bundesgrundrechten nur *Pietzcker,* in: HStR VI, § 134 Rn. 70 ff.: „nur Minus, nicht Widerspruch"): Der Schutzanspruch des Bundesgrundrechts hinsichtlich der Presse (im weiteren, bundesgrundrechtlichen Sinne) wird nicht dadurch konterkariert, dass die Landespressegesetze nur die Presse im traditionellen engeren Sinne überhaupt thematisieren und dementsprechend auch die Garantie der Pressefreiheit nur auf diesen Ausschnitt begrenzen. Unkörperliche Verbreitungsformen fallen aus dem Anwendungsbereich der Pressegesetze schlechthin heraus, damit aber nicht aus dem Grundrechtsschutz des Art. 5 Abs. 1 Satz 2 GG, der insoweit durch die ausschnitthafte Regelung und Freiheitsgewährleistung des Landespresserechts überhaupt nicht berührt, geschweige denn in Frage gestellt wird.

2. Normen mit schutzdefinierendem und -verstärkendem Anspruch

12   Eine zweite Gruppe der Normaussagen des § 1 hat den Charakter definitiver Schutzgewährleistungen, die damit über die grundrechtliche, mit Ausnahme des Zensurverbots nur mehr prinzipielle (d. h. dem Beschränkungsvorbehalt des Art. 5 Abs. 2 GG unterliegende) Garantiewirkung hinausreichen und schutzverstärkenden oder doch zumindest – festlegenden Effekt haben.

a) Gruppe der zugehörigen Bestimmungen

13   Bei diesen Regelungen handelt es sich um das Verbot von „Sondermaßnahmen jeder Art, die die Pressefreiheit beeinträchtigen", die Unzulässigkeit von Berufsorganisationen der Presse mit Zwangsmitgliedschaft sowie einer mit Hoheitsbefugnissen ausgestatteten Standesgerichtsbarkeit. Auch die Formulierung der meisten Gesetze, wonach die Pressefreiheit nur Beschränkungen unterliegt, die „unmittelbar durch das Grundgesetz und in seinem Rahmen durch dieses Gesetz" zugelassen sind, wird – obgleich die Formulierung nicht ganz eindeutig ist – in diesem Sinne einer Schutzverstärkung verstanden, d. h. so, dass dadurch verfassungsrechtlich an sich gegebene (Art. 5 Abs. 2 GG, Art. 30, 70 ff. GG) Möglichkeiten einer Beschränkung durch Bundesgesetz oder andere landesrechtliche Normen außerhalb der Pressegesetze weiter begrenzt werden durch einen exklusiven Gesetzesvorbehalt zu Gunsten des Landespressegesetzgebers (*Bullinger,* Voraufl., § 1 Rn. 175 ff.: „Ausbau der Gesetzesfestigkeit"). Die Pressegesetze Niedersachsens, Sachsens, Sachsen-Anhalts und Thüringens verzichten auf einen derartigen Exklusivgesetzesvorbehalt und verweisen – nicht eben deklaratorisch – nur auf die Beschränkungsmöglichkeiten nach dem Grundgesetz (z. B. § 1 Abs. 2 NPresseG). Nur das niedersächsische und das sachsen-anhaltinische Pressegesetz kennen darüber hinaus auch nicht das Verbot von „Sondermaßnahmen", welches in den beiden anderen Ländern (Sachsen, Thüringen), zudem auch in Bayern (Art. 1 Abs. 2 BayPrG), die Wirkung des Exklusivgesetzesvorbehalts zu Gunsten des Landespressegesetzes zumindest in Teilen übernehmen kann (s. u., Rn. 34).

14   In den Zusammenhang schutzverstärkender Regelungen gehört auch die inhaltlich spezifizierte Vorrangbehauptung in § 1 Abs. 2 Satz 2 SächsPresseG mit dem expliziten Ausschluss der Anwendbarkeit der polizeigesetzlichen Vorschriften über die Durchsuchung (§ 25 SächsPolG) und Beschlagnahme (§ 27 SächsPolG); dies bedeutet die ausdrückliche Anordnung der Polizeifestigkeit der Presse, bezogen auf die beiden genannten Standardmaßnahmen. Zu erwähnen ist schließlich die singuläre, in kein

II. Normgehalte, Normativität und Bedeutung der Pressefreiheit   § 1 LPG

anderes Pressegesetz aufgenommene Vorschrift des § 1 Abs. 2 TPG: Danach sind nicht nur – wie in den meisten anderen Gesetzen auch – „Sondermaßnahmen wie Zensur", sondern auch das „vertragswidrige Verweigern von Druck und Vertrieb eines Presseerzeugnisses" verboten. Die Regelung hinsichtlich des „vertragswidrigen Verweigerns" ist rechtlich deswegen bemerkenswert, weil sie erkennbar nicht staatliche Beeinträchtigungshandlungen gegen die Presse im Auge hat, sich vielmehr gegen horizontale Eingriffe in die Pressefreiheit richtet. Sie ist mithin insoweit nicht Ausdruck der Schutzwirkung des grundrechtlichen Abwehrrechts, sondern Umsetzung der grundrechtlichen Schutzpflicht des Staates. Sachlich überschreitet sie damit allerdings den Kontext der Vorschrift, der durch den Begriff der offensichtlich der Hoheitsgewalt zurechenbaren „Sondermaßnahmen" bestimmt wird; sie ist auch überflüssig, weil Vertragsbrüche ohnehin zivilrechtlich sanktioniert sind.

b) Begrenzte Normativität der Verstärkungsklauseln

Die genannten Einzelbestimmungen dienen der Immunisierung der Pressefreiheit 15
vor unmittelbaren und mittelbaren Beeinträchtigungen durch den Staat, auch und gerade durch die Gesetzgeber des Bundes und der Länder, indem sie die Befugnis zu Eingriffen in die Pressefreiheit ausschließlich für den Gesetzgeber der Landespressegesetze in Anspruch nehmen und also eine Sperrwirkung der Landespressegesetze gegenüber externen Eingriffen behaupten. Sie erheben damit durchaus den Anspruch eigener Normativität, eines konstitutiven Schutzes der Pressefreiheit, erschöpfen sich insbesondere nicht in der bloß wiederholenden Beschreibung der Grundrechtsgewährleistungen, die diesseits des absoluten Zensurverbots und der Wesensgehaltsgrenze des Art. 19 Abs. 2 GG eine Beschränkung der Kommunikationsfreiheiten des Art. 5 Abs. 1 GG im Rahmen der Verhältnismäßigkeit und auf der Grundlage allgemeiner Gesetze zulassen. Allgemeine Gesetze im Sinne der Grundrechts-Schrankenklausel sind insbesondere auch keineswegs nur die Landespressegesetze, so dass der durch diese für sie selbst beanspruchte Exklusivvorbehalt in der Tat die Wirkung einer zusätzlichen Schranken-Schranke formeller, nämlich kompetentieller Art hat: Beschränkungen der Pressefreiheit soll überhaupt nur der Landespressegesetzgeber vornehmen dürfen. Diese Behauptung einer derartigen Sperrwirkung gegenüber dem Zugriff des pressegesetz-externen Gesetzgebers wirft damit allerdings Fragen nach der Kompetenz des Landesgesetzgebers zur Errichtung derartiger Bindungen auf, sowohl im Hinblick auf Bundesgesetze als auch auf später erlassene Landesgesetze; sie hält einem schärferen Blick nur sehr eingeschränkt stand und verspricht daher mehr als sie rechtlich halten kann. Möglicherweise ist dies auch der Grund, weshalb sich gerade einige jüngere Pressegesetze nach dem niedersächsischen Vorbild auf eine schlankere Fassung des § 1 beschränkt haben, die auf den Exklusivgesetzesvorbehalt, teilweise darüber hinaus auf das Verbot von Sondermaßnahmen verzichtet (s. o., Rn. 13).

Die mit den genannten Vorschriften intendierte Sperrwirkung der Landespresse- 16
gesetze gegen den „externen" Schrankenzugriff auf die Pressefreiheit geht historisch auf § 1 RPG 1874 zurück (*Pieroth*, AfP 2006, 305/307): Mit dieser reichsrechtlichen Vorläuferbestimmung („Die Freiheit der Presse unterliegt nur denjenigen Beschränkungen, welche durch das gegenwärtige Gesetz vorgeschrieben oder zugelassen sind") verband sich in der Tat die Vorstellung einer – freilich in der Sache bundesstaatlich begründeten – Sperrwirkung gegenüber einzelstaatlichen Eingriffen in die Pressefreiheit (*Häntzschel*, § 1 Anm. 4b), die nur durch besondere Regelung im Reichspreßgesetz selbst durchbrochen sein konnte (z. B.: § 30 Satz 2 und 3 RPG betreffend die Zulässigkeit staatlicher Sonderregelungen hinsichtlich des Anschlagens, Auslegens und Ausstellung von Presseerzeugnissen bzw. zur Pflichtexemplarablieferung).

Mit dem Ebenenwechsel in das Landesrecht ist der Exklusivitätsanspruch des Vor- 17
behalts landespressegesetzlicher Beschränkung jedoch prekär geworden (er konnte indes schon in § 1 RPG nicht gegenüber später erlassenen Reichsgesetzen greifen): Er kann, wie auch die in § 1 aufgeführten gegenständlichen Eingriffsverbote (insb.

betreffend die Zwangskorporation, die Standesgerichtsbarkeit), jedenfalls nicht aus der Normativität dieser Regelung im Landespressegesetz selbst heraus begründet werden. Eine landesrechtliche Vorschrift kann nicht die Kraft haben, sich selbst oder andere Vorschriften gegen eine Änderung oder sogar Aufhebung durch Gesetze gleicher oder gar höherer Rangstufe zu immunisieren. Eine derartige Sperrwirkung kann sich vielmehr nur aus den der Gesetzgebungskompetenzverteilung immanenten Kollisionsregeln sowie der Vorrangregel der Spezialität (lex specialis derogat legi generali) ergeben. Danach ergibt sich für die Normativität der freiheitsverstärkenden Normen in § 1 LPG folgendes:

(1) Keine Sperrwirkung gegenüber Bundesgesetzen

18 Die Befugnis des Bundesgesetzgebers, allgemeine Gesetze mit rechtlicher oder faktischer Eingriffswirkung auf die Pressefreiheit im Rahmen ihm zustehender Gesetzgebungskompetenzen zu erlassen, kann durch die Landespressegesetze nicht wirksam abbedungen werden. Ein derart weit reichender Exklusivitätsanspruch kann den pressegesetzlichen Sperrnormen auch vernünftigerweise nicht zugeschrieben werden; ihre dem Vorbild des § 1 RPG nachempfundene Formulierung ist überschießend und bedarf insoweit einschränkender Auslegung und Begrenzung auf der Kompetenzmaterie Presserecht zugehörige und daher den Ländern zustehende Eingriffsregelungen. Selbstverständlich unterliegt auch die Presse den allgemeinen Schranken des zivil- und strafrechtlichen Äußerungsrechts, des Verfahrensrechts (z. B.: einziehungssichernde Beschlagnahme: § 111m und n StPO, s. o., Einl. Rn. 57 ff.), ferner den Bindungen des Urheberrechts, des Wettbewerbsrechts und anderer nicht spezifisch presserechtlicher Gesetze, die mithin zum Presserecht im weiteren Sinne gehören (s. o., Einl., Rn. 73). Die Pressegesetze verweisen selbst für die Strafbarkeit wegen Presseinhaltsdelikten auf die allgemeinen Strafgesetze (s. o., Einl. Rn. 52); § 1 Abs. 5 LPresseG BW, § 1 Abs. 5 HambPresseG, § 2 Abs. 2 Satz 1 HPresseG formulieren die Unterwerfung unter die allgemeinen Gesetze (nicht nur das Strafrecht) ausdrücklich und durchbrechen damit textexplizit den zuvor formulierten Ausschließlichkeitsvorbehalt zu Gunsten „dieses Gesetzes". Auch unabhängig von solchen ausdrücklichen Öffnungsklauseln, denen mithin keine konstitutive Bedeutung zukommen kann, ist die Anwendung der kompetenzgemäß erlassenen und auch materiell verfassungsmäßigen, insbesondere mit Art. 5 Abs. 1 und 2 GG vereinbaren Bundesgesetze, soweit sie die Pressetätigkeit regeln oder die Angehörigen der Presse Pflichten unterwerfen oder sonst faktisch beeinträchtigen, unbestreitbar. Dies gilt neben den in ihrem Anwendungsbereich pressespezifischen und in diesem offenkundigen Sinne „allgemeinen Gesetzen" selbstverständlich auch für Bundesgesetze, die die Presse besonders betreffen – freilich doch auch der Allgemeinheitsanforderung des Art. 5 Abs. 2 GG mit ihrem Postulat der Meinungsneutralität (dazu BVerfGE 124, 300 – Wunsiedel, näher u., Rn. 247 ff.) genügen müssen –, wie z. B. das auf die Kompetenz aus Art. 74 Abs. 1 Nr. 7 (öffentliche Fürsorge) gestützte JSchG mit den darin enthaltenen Vertriebsbeschränkungen.

19 Landespressegesetzliche Vorschriften im entweder ausschließlichen (Art. 73 GG) oder konkurrierenden und ausgeschöpften Kompetenzbereich (Art. 74 GG) des Bundes wären wegen Verstoßes gegen die bundesstaatliche Sperrwirkung der Bundesgesetzgebung, Art. 71 bzw. Art. 72 Abs. 1 GG (nicht erst gem. Art. 31 GG, so aber *Bullinger*, Vorauf., § 1 Rn. 21), unwirksam. So hat das BVerfG für die Vorschriften über das Zeugnisverweigerungsrecht entschieden (BVerfGE 36, 193, s. o., Einl. Rn. 51); gleiches ist richtigerweise auch für die Vorschriften über die Pressebeschlagnahme, soweit sie noch nicht aufgehoben worden sind, anzunehmen (s. o., Einl. Rn. 60). Eine Interpretation des § 1 Abs. 2 LPG dahingehend, dass diese eine kompetenzgemäße Bundesgesetzgebung sperren könnte, ist mithin ausgeschlossen (so auch *Lerche*, AfP 1972, 242). Der überschießend formulierte Pressegesetzesvorbehalt in den Pressegesetzen kann nicht selbst Gesetzgebungskompetenzen begründen oder verschieben.

II. Normgehalte, Normativität und Bedeutung der Pressefreiheit § 1 LPG

Denkbar bleibt selbstredend, dass der Bundesgesetzgeber ihm eingeräumte konkurrierende Zuständigkeiten nicht mit Ausschließlichkeitsanspruch erschöpft (Art. 72 Abs. 1 GG) und folglich ergänzende landespresserechtliche Regelungen noch zulässig bleiben. Eine derartige Möglichkeit bewegt sich aber von vornherein außerhalb der Landeskompetenz für das Presserecht; sie kann auch nicht von den Landespressegesetzen aus eröffnet werden, ergibt sich vielmehr allein aus einer Selbstbeschränkung des Regelungsanspruchs des in Rede stehenden Bundesgesetzes. Aus dem Umstand, dass die Landespressegesetze die grundrechtliche Pressefreiheit schützen und die Grundrechtsgarantie in ihrem § 1 einfachgesetzlich wiederholen, folgt kompetenzrechtlich nichts, insbesondere keine Einschränkung der Bundeszuständigkeiten (anders wohl *Bullinger*, Voraufl., § 1 Rn. 21). Der Grundrechtsschutz der Pressefreiheit ist in allen seinen Dimensionen (Abwehrrecht, Schutzpflicht und objektiver Gewährleistungsauftrag) kompetenzneutral, wie das Beispiel des bundesrechtlichen Zeugnisverweigerungsrechts veranschaulicht (s. o., Einl. Rn. 45). 20

Immerhin verdeutlicht der Pressegesetzesvorbehalt des § 1 Abs. 2 LPG auch dem Bund gegenüber die Eigenständigkeit und Unantastbarkeit des Kompetenzgegenstandes Presserecht im engeren Sinne, also des Sonderrechts der Presse, wie es in den Landespressegesetzen geregelt ist. Auch insoweit wirkt die Vorschrift aber nicht konstitutiv, also kompetenzbegründend (und zu Lasten des Bundes – ausschließend), gibt vielmehr nur nachrichtlich das Ergebnis der nach den verfassungsrechtlichen Kriterien sich bestimmenden Kompetenzabgrenzung wieder: Wenn und soweit danach eine Beschränkung der Pressefreiheit pressesonderrechtlichen Charakter hat, also spezifisch gerade (nur) auf die Tätigkeit und die Angehörigen der Presse zielt, ist sie in der Tat den Ländern vorbehalten (ausschließliche Gesetzgebungskompetenz, Art. 30, 70 GG) und der Bund an einer entsprechenden Regelung gehindert. 21

(2) Sperrwirkung gegenüber Landesrecht nur kraft Spezialität

Differenzierter stellt sich die Rechtslage gegenüber landesrechtlichen Beschränkungen der Pressefreiheit außerhalb der Pressegesetze dar. Auch insoweit gilt im Ausgangspunkt, dass § 1 Abs. 2 LPG als einfaches Landesrecht nicht die Kraft hat, vorrangige Geltung gegenüber später erlassenen Gesetzen gleicher Rangstufe zu behaupten (s. nur *Bullinger*, Voraufl., § 1 Rn. 23). Zugunsten solcher später erlassenen landesgesetzlichen Vorschriften, unabhängig kraft welchen Kompetenztitels (Presserecht oder eine andere Kompetenzmaterie), greift im Kollisionsfall grundsätzlich die lex-posterior-Regel. Danach ist der Landesgesetzgeber durch § 1 Abs. 2 LPG nicht gehindert und also durchaus befugt, außerhalb des Regelungszusammenhangs der Landespressegesetze Beschränkungen der Pressefreiheit vorzusehen, selbstverständlich nur im Rahmen seiner verfassungsrechtlich bestimmten Zuständigkeit und bei Wahrung der materiellen grundrechtlichen Rechtfertigungsanforderungen. 22

Die Landespressegesetze können auch insbesondere nicht den Landesgesetzgeber selbst dahingehend binden, im engeren Sinne presserechtliche Regelungen, die auf den Kompetenztitel für das Presserecht gestützt werden, ausschließlich in den Pressegesetzen zu treffen. Ein solcher Vorbehalt geschlossener Kodifikation des Presserechts lässt sich weder verfassungsrechtlich noch gar durch einfaches Landesrecht begründen. Auch insoweit ist mithin der Exklusivvorbehalt der Landespressegesetze überschießend formuliert und ohne durchgreifende rechtliche Bedeutung (s. zum JuSchG u., Rn. 25). 23

Anderes kann nur und allerdings gelten, soweit anstelle der lex-posterior-Regel die Spezialitätsregel über die Auflösung einer Konkurrenz landesgesetzlicher Vorschriften entscheidet: Können die Regelungen der Landespressegesetze für sich die Qualität einer speziellen Regelung gegenüber anderen, allgemeineren landesgesetzlichen Normen beanspruchen, so finden diese keine Anwendung auf die Presse. Eine solche Verdrängungswirkung kraft Spezialität kann für die in den Landespressegesetzen normierten Vorschriften des Presserechts im engeren Sinne angenommen werden, insofern sie Eingriffe in die Freiheit der Presse tatbestandlich enger umreißen, nämlich 24

Cornils 65

sonderrechtlich begrenzt auf die Presse thematisieren. Dementsprechend sind in anderen Fachgesetzen errichtete, gerade auf die Medien bezogene und daher nicht minder spezielle Regelungen mit Eingriffswirkung durch die Landespressegesetze nicht gesperrt; insoweit lässt sich aus der Spezialitätsregel kein Vorrang herleiten. Besonders deutlich wird dies im Anwendungsbereich der integrierten Landesmediengesetze (Rheinland-Pfalz und Saarland) hinsichtlich der Telemedien: § 20 JMStV und § 59 RStV sehen eine behördliche Telemedienaufsicht in der Zuständigkeit der Landesmedienanstalten (Jugendschutz, sonstige medienrechtliche Maßstäbe nach Maßgabe landesrechtlicher Zuweisung, § 59 Abs. 2 RStV), staatlicher Behörden (medienrechtliche Maßstäbe nach Maßgabe landesrechtlicher Zuweisung, § 59 Abs. 2 RStV) und der Datenschutzbehörden (§ 59 Abs. 1 RStV) vor. Für Rheinland-Pfalz bedeutet dies, dass die Landeszentrale für Medien und Kommunikation (§§ 38 ff. LMG) Aufsichtsbefugnisse über die Telemedien hinsichtlich des Jugendschutzes (gem. JMStV) hat, die Aufsichts- und Dienstleistungsdirektion Trier hingegen die Aufsichtszuständigkeit hinsichtlich medienrechtlicher Bindungen im Übrigen (*Schulz*, in: Hahn/Vesting, § 59 Rn. 41), obgleich die „Polizeifestigkeitsklausel" in § 4 Abs. 3 LMG entsprechend dem Integrationsansatz des Gesetzes auf die „Medienfreiheit", also auch auf die Telemedien, bezogen ist. Das LMG vermag den sogar spezielleren landesmedienrechtlichen Bestimmungen im JMStV und RStV gegenüber also keine Sperrwirkung zu entfalten.

25   Die Regelungen nach dem Jugendschutzgesetz, namentlich die Befugnisse der Bundesprüfstelle für jugendgefährdende Medien nach §§ 17 ff. JuSchG, sind hingegen nicht wirklich ein passendes Beispiel für den „umgekehrten" Vorrang pressegesetzexterner spezieller Regelungen gegenüber dem Landespressegesetz (s. aber *Bullinger*, Voraufl., § 1 Rn. 270, 272), weil ihnen gegenüber als bundesrechtlichen Regelungen ein lex-specialis-Vorranganspruch der Landespressegesetze ohnehin nicht greifen könnte. Die Kollisionslösung im Verhältnis von Bundes- und Landesgesetzen ergibt sich aus den Regeln über die Kompetenzverteilung (für das JuSchG: Art. 74 Abs. 1 Nr. 7 GG), äußerstenfalls (praktisch aber kaum erheblich) aus Art. 31 GG, nicht jedoch aus den Grundsätzen der lex posterior und der lex specialis.

26   Eine spezielle Regelung mit aus der Spezialität hergeleitetem Vorranganspruch muss nicht selbst gesetzliche Schranken der Pressefreiheit errichten oder administrative Eingriffsbefugnisse vorsehen. Ihre erschöpfende und daher verdrängende Regelungswirkung kann vielmehr auch darin bestehen, bestimmte Eingriffe gerade auszuschließen. In diesem Sinne ist etwa die sächsische Vorschrift über den gezielten Ausschluss der polizeigesetzlichen Durchsuchungs- und Beschlagnahmebefugnis (§ 1 Abs. 2 Satz 2 SächsPresseG) gewiss lex specialis gegenüber dem SächsPolG (zum hessischen Landespressegesetz: *Löffler*, NJW 1959, 417/418); sie hat mithin die Wirkung, die Anwendung dieser polizeirechtlichen Befugnisnormen auf die Presse auszuschließen, die Presse insoweit polizeifest zu machen; ausweislich der Gesetzentwurfsbegründung steht die Regelung im Zusammenhang mit dem aus Gründen der vorrangigen Bundeskompetenz für das Strafverfahren geübten Verzicht auf eine eigene pressegesetzliche Normierung des Zeugnisverweigerungsverbots und des Durchsuchungs- bzw. Beschlagnahmeverbots. „Auch die Anwendbarkeit vergleichbarer präventivpolizeilicher Befugnisse nach dem Sächsischen Polizeigesetz" solle dadurch eingeschränkt werden (LT-Drs. 1/1160, Begr. Allgemeiner Teil).

(3) Insbesondere: Polizeifestigkeit der Pressefreiheit

27   Die auf die Durchsuchung und Beschlagnahme beschränkte sächsische Regelung könnte – unmittelbar natürlich nur für Sachsen – dazu verleiten, daraus den Umkehrschluss zu ziehen, dass polizeirechtliche Befugnisse im Übrigen, etwa aufgrund der polizeigesetzlichen Generalklausel, von der Sperrwirkung des Landespressegesetzes nicht erfasst seien. Dies entspräche freilich nicht der ganz herrschenden Auffassung in Rechtsprechung und Literatur, die generell von der schon unter der Geltung des RPG anerkannten (prOVGE 40, 295/297; 83, 208/210 f.) Polizeifestigkeit der Presse-

II. Normgehalte, Normativität und Bedeutung der Pressefreiheit   § 1 LPG

freiheit ausgeht (OVG Rhld.-Pf. DÖV 1981, 801/802; BayVGH NJW 1983, 1339; OVG Brandenburg, NJW 1997, 1387; *Bullinger,* Voraufl., § 1 Rn. 138, 193; *Achenbach,* u. vor §§ 13 ff. Rn. 46, *Degenhart,* in: BK, Art. 5 Abs. 1 und 2 Rn. 502 f.; *Payandeh,* NVwZ 2013, 1458; *Schwabe,* JuS 1999, 623; *von Olenhusen,* Medien und Recht 2013, 3; krit. gegenüber der Rspr.: *Mann,* AfP 2013, 16; *Pieroth,* AfP 2006, 305). Danach verdrängen die Landespressegesetze als „presserechtliches Spezialgesetz" (VGH BW, ZUM-RD 2011, 126, Rn. 25 [juris]) das jeweilige Polizeigesetz insgesamt. Polizeiliches Einschreiten gegen Presse ist daher nur im Rahmen ihrer durch die Strafprozessordnung (§§ 111m, n StPO) eröffneten Befugnisse, das heißt aber in repressiver Strafverfolgungsfunktion, zulässig, zur Gefahrenabwehr hingegen ausgeschlossen, da die Pressegesetze selbst keine polizei- oder ordnungsbehördlichen Befugnisse vorsehen (*Pieroth,* AfP 2006, 305/307; anders für Telemedien die Aufsichtsbefugnisse gem. § 59 RStV und den Landesmediengesetzen sowie § 20 Abs. 1, 6 JMStV, die allerdings selbst auch gegenüber den allgemeinen Polizei- und Ordnungsbehörden verdrängenden Vorrang entfalten, VG Köln, ZUM-RD 2010, 308, Rn. 7 [juris]). Zwingend ist diese Deutung des Verzichts der Pressegesetze auf behördliche Präventivbefugnisse als speziell und damit vorrangig gegenüber den Polizeigesetzen zwar nicht, umso weniger als die Pressegesetze ja sonst, in § 1 Abs. 5 LPresseG BW, § 1 Abs. 5 HambPresseG, § 2 Abs. 2 Satz 1 HPresseG sogar ausdrücklich, den Geltungsanspruch der allgemeinen Gesetze − zu denen eben auch die Sicherheitsgesetze der Länder gehören, anerkennen (s. o., Rn. 18; s. auch *Groß,* Rn. 581: „konterkariert das die einfachgesetzliche Polizeifestigkeit"). Hier, hinsichtlich des Polizeirechts, kommt indes neben dem historischen Argument (Polizeifestigkeit schon nach dem RPG), dem systematischen und inneren Zusammenhang mit dem Zensurverbot und dem im modernen Presserecht endlich durchgesetzten Ausschluss jeder behördlichen Vorabkontrolle (Zulassungsfreiheit!) sowie begleitenden Aufsicht nun auch § 1 Abs. 2 LPG auslegungsleitende Bedeutung zu: Das Landespressegesetz kann zwar den Landesgesetzgeber nicht selbst kraft normhierarchischen Vorrangs binden, aber es kann seinen Spezialitätsanspruch und die so begründete Verdrängungswirkung gegenüber den allgemeinen Polizeigesetzen artikulieren. § 1 Abs. 2 LPG kann daher vor dem Hintergrund der historisch vor allem gegen die obrigkeitliche Exekutivkontrolle erkämpften Pressefreiheit so gelesen werden, dass er mit seiner Exklusivitätsbehauptung gerade den Ausschluss der allgemeinen Polizeibefugnisse meint.

In der Literatur wird die Polizeifestigkeit der Pressefreiheit als Hauptfall der „Verwaltungsfestigkeit" erfasst und in dieser Zuordnung von der Immunisierungswirkung der Verstärkerklauseln des § 1 Abs. 2 LPG gegen den (späteren) Gesetzgeber („Gesetzesfestigkeit") unterschieden (*Bullinger,* Voraufl., § 1 Rn. 175 ff.: „Ausbau der Gesetzesfestigkeit", Rn. 193 ff.: „Ausbau der Verwaltungsfestigkeit", s. zudem noch mit Blick auf die Judikative: „Gewähr beschränkter Gerichtsfestigkeit", diese freilich bezogen auf die Abschaffung des fliegenden Gerichtsstandes für die Presse, § 7 Abs. 2 Satz 1 StPO, also eine schon außerhalb der Landespressegesetze liegende Privilegierung; s. auch − zur Polizeifestigkeit − *Degenhart,* in: BK, Art. 5 Abs. 1 und 2 Rn. 502: „Beschränkungen durch die Verwaltung"). Diese gewaltenbezogene Unterscheidung findet sich in der Tat schon in der Struktur presserechtlicher Gesetzentwürfe der Weimarer Zeit, so im Kommissionsentwurf eines Reichspressegesetzes 1931/32 (§ 5: „Preßfreiheit gegenüber der Verwaltung"; § 6: Preßfreiheit gegenüber der Rechtspflege", abgedr. in: DJV, Journalistengesetze und Pressegesetze, Die Entwürfe von 1924–1954, S. 37 ff.). Auch im verfassungsrechtlichen Rahmen des Grundgesetzes bleibt gewiss richtig, dass es sich bei den presserechtlich gesperrten polizeilichen Eingriffsmaßnahmen um Verwaltungstätigkeit handelt. Jedoch ergibt sich die Sperre, jedenfalls soweit ihre Begründung aus den Landespressegesetzen − und nicht etwa aus der grundrechtlichen Garantie der Pressefreiheit − in Rede steht, aus dem Vorrang der Landespressegesetze und korrespondierenden Verdrängung der allgemeinen Polizeigesetze, nicht aus einer besonders gerade gegen die Polizei oder andere Verwaltungsbehörden gerichteten Abschirmungswirkung der Pressegesetze. Dass durch die Verwal-

28

tung in grundrechtlich geschützte Freiheit überhaupt nur aufgrund hinreichend bestimmter gesetzlicher Grundlage eingegriffen werden darf, ergibt sich schon aus dem allgemeinen rechtsstaatlichen und grundrechtlichen Eingriffsgesetzesvorbehalt und ist keine Besonderheit der Pressefreiheit. Entscheidend ist vielmehr, dass die Polizei- und Ordnungsbehörden durch die gegen die Sicherheits*gesetze* wirkende Sperrwirkung der Pressegesetze daran gehindert sind, von ihren gesetzlichen Gefahrenabwehrbefugnissen gegen die Presse Gebrauch zu machen. Insofern geht es auch hier rechtlich genau genommen um die Polizei*gesetzes*festigkeit der Pressefreiheit, nicht um Vorbehalte gegenüber der Verwaltung als solcher.

29 Nach der Rechtsprechung sind der Vorrang des Presserechts und damit die Polizeifestigkeit der Pressefreiheit auf Gefahrenabwehrmaßnahmen beschränkt, die sich auf den Inhalt von Presseerzeugnissen und die von ihm ausgehenden Gefahren für die öffentliche Sicherheit und Ordnung beziehen. Die Polizeigesetze kommen hingegen zur Anwendung, soweit es um Gefahren geht, die nicht vom Inhalt der Presseerzeugnisse ausgehen, sondern etwa von der Informationsbeschaffung, der Art und Weise der Herstellung oder des Vertriebs (OVG Brandenburg, NJW 1997, 1387; OVG des Saarlandes, Urt. v. 11.4.2002, 9 R 3/01, Rn. 64f. [juris]; VGH BW, ZUM-RD 2011, 126, Rn. 25, bestätigt durch BVerwGE 143, 74, Rn. 19; *Würtenberger*, in: Ehlers/ Fehling/Pünder (Hrsg.), Besonderes Verwaltungsrecht, 3. Aufl., Bd. 3, 2013, § 69 Rn. 194). Dementsprechend werden in der Rechtsprechung auf die polizeiliche Generalklausel gestützte Fotografierverbote und Sicherstellungen von Filmmaterial oder Fotokameras bei Polizeieinsätzen als nicht von der Sperrwirkung der Landespressegesetze erfasst angesehen, vergleichbares wird für Platzverweise angenommen (*Schenke*, Polizei- und Ordnungsrecht, 7. Aufl. 2011, Rn. 347).

30 Diese Einschränkungen der Polizeifestigkeit sind thematisch weit reichend und inhaltlich fragwürdig, insofern die danach grundsätzlich zulässigen Eingriffe in den Informationsbeschaffungsvorgang mittelbar Auswirkungen auf die Inhalte der Presseerzeugnisse haben (*Degenhart*, in: BK, Art. 5 Abs. 1 und 2 Rn. 505 f.). Die Pressefreiheit umfasst sachlich auch die Recherche und Informationsbeschaffung sowie den Vertrieb (BVerfG [K], NJW 2001, 503, Rn. 16; s. näher u., Rn. 224ff., 228ff.), beschränkt sich mithin gerade nicht nur auf die Presseinhalte als solche. Inkonsequent ist die verwaltungsgerichtliche Rechtsprechung jedenfalls insofern, als sie polizeirechtlich begründete Fotografierverbote und Sicherstellungen von Kameras oder Filmmaterial auch mit Blick auf eine zu besorgende Veröffentlichung der Bildaufnahmen für zulässig hält, insbesondere also gestützt auf die Gefahrprognose wahrscheinlicher Verstöße gegen das Verbreitungsverbot des § 22 Abs. 1, § 23 Abs. 2 KUG (krit. auch *Pieroth*, AfP 2006, 305/309f.). Hier legitimiert sich das polizeiliche Einschreiten gerade nicht aus äußeren, als solchen nicht eigentlich pressespezifischen gefahrträchtigen Umständen der Informationsbeschaffung wie etwa der physisch störenden oder für sie selbst gefährlichen Anwesenheit von Pressevertretern bei heiklen Einsätzen, sondern aus dem Inhalt von Presseerzeugnissen (irreführend daher BVerwGE 143, 74, Rn. 19: „Beschränkungen, die den äußeren Rahmen der Pressetätigkeit betreffen"). Der Unterschied zum der Polizei eindeutig versagten inhaltsbezogenen Zugriff auf die Druckwerke liegt nur darin, dass diese oder die Druckvorlage (der Artikel usw.) in der Phase der Materialbeschaffung noch nicht produziert sind. Dieser zeitliche Unterschied kann aber gemäß dem maßgeblichen Differenzierungskriterium der Inhaltsbezogenheit des Polizeihandelns keine Bedeutung haben: Im einen wie im anderen Fall zielt die Polizeimaßnahme auf die Verhinderung der Verbreitung bestimmter Presseerzeugnisse wegen ihres angeblich rechtswidrigen Inhalts (durchaus offen eingeräumt von BVerwGE 143, 74, Rn. 20: „geht es um die Vorfrage, ob etwas zum Inhalt einer Presseinformation werden kann"). Wenn der Polizei aber die Zuständigkeit für die Abwehr solcher Gefahren wegen des Spezialitäts-Vorrangs der Pressegesetze entzogen ist, muss dies auch, wohl sogar erst recht – da die Gefahrenlage hier typischerweise ungewisser ist –, für früher ansetzende Vermeidungsmaßnahmen gelten (vgl. *Gornig*, NJW 1997, 1167/1169; *ders*, JuS 1999, 1167). Die präventive Sicherung der Verbote

II. Normgehalte, Normativität und Bedeutung der Pressefreiheit § 1 LPG

und Strafvorschriften des KUG wäre den Ordnungsbehörden damit – entgegen der Rechtsprechung – kategorisch untersagt.

Wenn das BVerwG die Begrenztheit der Polizeifestigkeit damit begründet, dass die **31** präventivpolizeiliche Beschlagnahme von Presseerzeugnissen in den Landespressegesetzen abschließend geregelt sei, diese aber nur den geistigen Inhalt der Presseerzeugnisse und die davon ausgehenden Gefahren betreffe (BVerwGE 143, 74, Rn. 19), zieht diese Begründung den weitergehenden Ausschließlichkeitsvorbehalt, den die Pressegesetze in § 1 formulieren, gar nicht in Betracht. Auch bleibt unbeachtet, dass sich der Regelungsanspruch und damit die Spezialität der Pressegesetze gerade auch darauf erstrecken kann, *keinerlei* Gefahrenabwehr-Befugnisse vorzusehen („beredte" – und spezielle – Nichtregelung von Eingriffen, s. o., Rn. 26). Schließlich irritiert die Begründung des BVerwG insofern, als die weit überwiegende Zahl der Pressegesetze Beschlagnahmevorschriften gar nicht mehr vorsieht und die noch aufrechterhaltenen Regelungen kompetenzrechtlich umstritten sind (s. o., Einl. Rn. 57 ff.), sich darauf mithin die Polizeifestigkeit kaum überzeugend stützen lässt (s. allerdings OVG Brandenburg, NJW 1997, 1387, Rn. 5: Verdrängung der allgemeinen Polizeibefugnisse durch – „auch Gefahrenabwehrfunktion besitzenden Beschlagnahmeregeln" der §§ 111m, n StPO).

Ist mithin nur der historische Kern polizeilicher Pressekontrolle, die inhaltsbezogen **32** gegen Druckwerke selbst gerichteten Präventivmaßnahmen (Zensur im weiteren Sinne), wirklich von der Polizeifestigkeit erfasst, so lässt sich für diese begrenzende Interpretation allenfalls ins Feld führen, dass sie eine differenziertere Beurteilung der Problemfälle im Rahmen des polizeilichen Ermessens nach Maßgabe der Verhältnismäßigkeit ermöglicht, während die kategorische Verdrängungslösung kraft Spezialität die Ordnungsbehörden von jeder Befugnis ausschlösse, auch etwa dann, wenn durch die Informationsbeschaffung der Presse erhebliche Gefahren für hochrangige Rechtsgüter verursacht werden und der allein gerichtliche Rechtsgüterschutz unzureichend erscheint. Sofern die Ordnungsbehörden und Gerichte der Pressefreiheit im Rahmen der für die Rechtmäßigkeit der Polizeimaßnahmen gebotenen Verhältnismäßigkeit das ihr verfassungsrechtlich zukommende Gewicht einräumen (BVerwGE 143, 74, Rn. 33 ff.; VGH BW, VBlBW 1995, 282, Rn. 17: Vermutung der Rechtstreue des Redakteurs im Hinblick auf die Beachtung des Verbreitungsverbots des § 22 KUG; OVG Rhld-Pf., NVwZ-RR 1998, 237, Rn. 54; OVG des Saarlandes, Urt. v. 11.4.2002, 9 R 3/01, Rn. 71 ff.), spricht in der Tat einiges für diesen Ansatz. Er bedeutet freilich, dass von der durch die Landespressegesetze bedingten Polizeifestigkeit der Pressefreiheit im Ergebnis nicht sehr viel bleibt und sich die tatsächlich kritischen Konfliktfälle zwischen Polizei und Presse im Rahmen der Anwendung des Ordnungsrechts nach grundrechtlichen Maßstäben entscheiden, nicht kraft pauschaler Verdrängung der Polizeigesetze.

(4) Unzulässigkeit von Sondermaßnahmen

Bis auf die Pressegesetze Niedersachsens und Sachsen-Anhalts sehen alle Gesetze **33** das Verbot von „Sondermaßnahmen jeder Art" vor; Hessen (§ 2 Abs. 2 Satz 2 HPresseG) beschränkt das Verbot auf „Sondergesetze". Der Inhalt dieser Aussage und damit der Normgehalt der Bestimmung ist undeutlich und zweifelhaft: Sie ergänzt den formell-kompetentiellen Exklusivgesetzesvorbehalt der meisten Pressegesetze, wonach Beschränkungen der Pressefreiheit nur durch das Pressegesetz selbst vorgenommen werden dürfen, um eine inhaltliche Verbotsaussage. Sie besagt nicht, wer (nur) Einschränkungen der Freiheit vornehmen darf, sondern welche Art von Einschränkungen definitiv nicht vorgenommen werden darf. Jedoch bleibt dieser Inhalt, also das, was danach verbotene Sondermaßnahmen sind, undeutlich.

Immerhin lässt sich aus dem systematischen Zusammenhang mit den Regelungen **34** der Landespressegesetze selbst eine erste Folgerung ziehen: Das Verbot von Sondermaßnahmen richtet sich, anders als die Sperrwirkung des Exklusivgesetzesvorbehalts, nicht nur gegen „presserechtsexterne" Gesetzgeber oder andere Träger hoheitlicher

Gewalt; es ist vielmehr allgemein und absolut formuliert – was indessen nicht ausschließt, dass sich die Schutzintention der Klausel entsprechend ihrer historischen Bedeutung in erster Linie gegen pressebeeinträchtigende Maßnahmen außerhalb der Pressegesetze, also namentlich der Sicherheitsbehörden, richtet, insofern also mit dem Exklusivgesetzesvorbehalt gleich läuft (*Bullinger,* Voraufl., § 1 Rn. 181) bzw. ihn dort, wo dieser fehlt (Bayern, Sachsen, Thüringen, s. o., Rn. 13), funktional ersetzt. Jedenfalls aber kann das Verbot von Sondermaßnahmen nur so verstanden werden, dass die in den Pressegesetzen selbst errichteten, immerhin spezifisch auf die Presse gemünzten Pflichten des Presseordnungsrechts – Impressum, Offenlegungspflicht usw. – nicht Sondermaßnahmen im Sinne dieser Bestimmung sind. Damit führt also nicht schon die spezifische Adressierung von Pflichten an den Kreis der Presseangehörigen, die Eigenschaft von Regelungen als „Sonderrecht der Presse" im Sinne der Kompetenzabgrenzung des Regelungsgegenstandes Presserecht (s. o., Einl. Rn. 43), zur Qualifizierung als verbotene Sondermaßnahme.

35 Von diesem Ausgangspunkt aus liegt es nahe, unter den Begriff der Sondermaßnahmen im Wesentlichen nur solche Regelungen oder faktischen Beeinträchtigungen zu fassen, die dem verfassungsrechtlichen Allgemeinheitserfordernis des Art. 5 Abs. 2 GG, wiederholt in einigen Grundrechtsbestimmungen der Landesverfassungen, nicht genügen. Die „Sondermaßnahme" (in Hessen: das Sondergesetz) wäre danach der Gegenbegriff zum „allgemeinen Gesetz" einschließlich der darauf gestützten und nur zu stützenden Einzelmaßnahmen (regelnder oder schlicht-hoheitlicher Natur), sie wäre verbotenes „Sonderrecht" nicht *der Presse,* sondern *gegen die Presse* im Sinne der Sonderrechtslehre zum Allgemeinheitsbegriff des Art. 5 Abs. 2 GG (s. dazu u., Rn. 247 ff., insb. 255). Mit diesem Gehalt hat das Verbot freilich nur deklaratorische Bedeutung; es geht eben über die Schutzwirkung des Art. 5 Abs. 2 GG nicht hinaus.

36 Pressefreiheitsbeeinträchtigendes Verwaltungshandeln ohne gesetzliche Grundlage ist ohnehin wegen Verstoßes gegen den rechtsstaatlichen Eingriffsgesetzesvorbehalt verfassungswidrig und unterliegt verwaltungsgerichtlicher Aufhebung bzw. Rechtswidrigkeitsfeststellung. Dies gilt auch für „schikanöse[r] […] faktisch beeinträchtigende Verwaltungsmaßnahmen vor allem fiskalischer oder schlicht hoheitlicher Natur" (*Rebmann,* § 1 Rn. 27, aufgegriffen von *Bullinger,* Voraufl., § 1 Rn. 180). Unter der Geltung des weiten Eingriffsbegriffs heutiger Grundrechtsauffassung (s. u., Rn. 238 ff.) unterliegen auch faktisch-mittelbare Beeinträchtigungen der Pressefreiheit dem Gesetzesvorbehalt, damit aber auch der Allgemeinheitsanforderung des Art. 5 Abs. 2 GG; pressefeindliche Schikanen der Verwaltung sind daher ohnehin verfassungsrechtlich verboten.

37 Ergänzende konkretisierende Bedeutung kann dem Verbot von Sondermaßnahmen daher allenfalls für den Bereich leistender Verwaltung, außerhalb der Bindungen des Eingriffsgesetzesvorbehalts, zukommen. Es erfasst insoweit Verwaltungshandeln sowohl in hoheitlicher als auch privatrechtlicher Form (*Bullinger,* Voraufl., § 1 Rn. 181). Auch insoweit dürfte aber eine über die Grundrechte, hier insbesondere den allgemeinen Gleichheitssatz, hinausreichende Verbotswirkung ausgeschlossen sein: Verbotene Sondermaßnahmen gegen die Presse sind danach nur gleichheitswidrige und daher diskriminierende Begünstigungsausschlüsse, nicht aber Nachteile, die sich vor Art. 3 Abs. 1 GG rechtfertigen lassen.

(5) Ausschluss der Verkammerung und Standesgerichtsbarkeit, Verbot der Sonderbesteuerung

38 Die das Ergebnis der Polizeifestigkeit der Pressefreiheit tragenden Erwägungen lassen sich nicht ohne weiteres auf die Ausschlüsse der Zwangskorporation und Standesgerichtsbarkeit übertragen. Insoweit begegnet die Annahme einer aus § 1 der Landespressegesetze hergeleiteten Sperrwirkung stärkeren Bedenken: Soweit die Errichtung einer Berufsorganisation der Journalisten oder sonstigen Presseangehörigen durch den Bundesgesetzgeber kompetentiell möglich sein sollte, schiede eine Sperrwirkung der Landesgesetze ohnehin aus (s. o., Rn. 18). Allerdings dürfte sich die dafür erforderliche

II. Normgehalte, Normativität und Bedeutung der Pressefreiheit   § 1 LPG

Bundeskompetenz kaum begründen lassen: Der Verkammerungsausschluss bezieht sich gegenständlich nicht auf die Mitgliedschaft in wirtschaftlichen Interessenvertretungen ohne im engeren Sinne berufsrechtliche Befugnisse wie etwa den Industrie- und Handelskammern (IHKG v. 18.12.1956, BGBl. Teil III, Gliederungsnummer 701-1), sondern nur auf berufsständische Kammern mit hoheitlichen Selbstverwaltungsbefugnissen für den jeweiligen Berufszweig, vergleichbar den Ärzte- oder Rechtsanwaltskammern. Art. 1 Abs. 3 BayPrG verdeutlicht diese – indessen allgemein anerkannte (*Bullinger*, Voraufl., § 1 Rn. 184) – Beschränkung auch im Text („Berufsorganisationen der Presse mit Zwangsmitgliedschaft und staatlichen Machtbefugnissen"). Diesen spezifisch auf einzelne Berufe bezogenen Korporationen eignet aber notwendig sonderrechtlicher Charakter. Die entsprechenden Kammergesetze können daher nur in die Zuständigkeit des Bundes fallen, wenn das Grundgesetz gerade für die jeweiligen Berufe einen Kompetenztitel bereitstellt (so für die Rechtsanwälte und Notare: Art. 74 Abs. 1 Nr. 1 GG; nicht bundesrechtlich regelbar ist demgegenüber aber das Heilberufe-Kammerrecht, das nicht unter Art. 74 Abs. 1 Nr. 19 GG fällt, BVerwGE 39, 110/112; BVerwG NJW 1997, 815; *Pieroth*, in: Jarass/Pieroth, GG, Art. 74 Rn. 50). Für die Presse oder allgemeiner für die Medien stellt das Grundgesetz indessen keine derartige Zuständigkeit bereit. Nach den insbesondere auf das Kriterium der Pressespezifität abstellenden Grundsätzen der Kompetenzabgrenzung fiele ein Kammererrichtungsgesetz mithin in den Regelungsbereich des Pressewesens, d. h. in die Landeszuständigkeit; eine bundesrechtliche Regelung ließe sich insbesondere nicht auf den allgemeinen Titel für das Recht der Wirtschaft stützen. Die früher diskutierte Möglichkeit, insoweit die Rahmengesetzgebungskompetenz des Bundes für das Presserecht zu nutzen (Art. 75 Abs. 1 Nr. 2 GG a. F.) ist mit ihrer Aufhebung entfallen.

Einer landesrechtlichen Verkammerung der Journalisten (dafür etwa *Kriele*, ZRP **39** 1990, 109) und sonstigen im Pressewesen tätigen Personen mögen grundrechtliche Gründe entgegenstehen (s. dazu *Dittmayer*, S. 259 ff.; *Hauss*, AfP 1980, 178/179; *Ricker*, ZRP 1976, 113/115; *Ory*, ZRP 1990, 289 mit Replik *Kriele*, ebd., 191), die Landespressegesetze mit ihrer Ausschlussklausel könnten den Erlass solcher Kammergesetze jedoch nicht hindern, auch nicht unter dem Gesichtspunkt der Spezialität: Ein Presse-Kammergesetz wäre selbst in seinem Regelungsgegenstand nicht weniger speziell als die darauf gerichtete Ausschlussregelung in den Landespressegesetzen. Ohnehin ist die Vorstellung, es könnte zu einer derartigen Normenkonflikt kommen, abwegig: Die landesgesetzliche Einführung einer Berufsorganisation der Presse würde selbstverständlich mit einer – ohne weiteres möglichen – Aufhebung der entgegenstehenden landespressegesetzlichen Ausschlussregelung einhergehen. Vergleichbares wie für die Zwangsmitgliedschaft in berufsständischen Körperschaften gilt auch für die Einrichtung einer Standesgerichtsbarkeit mit hoheitlichen Befugnissen. Auch gegenüber der (etwaigen) Einführung eines solchen Instituts könnte die Ausschlussregelung in den Landespressegesetzen kaum immunisierend wirken.

Was das nur in § 1 Abs. 4 HPresseG ausdrücklich genannte, aus § 30 Satz 4 RPG **40** überkommene Verbot der Sonderbesteuerung angeht, wäre schon die Landeszuständigkeit, die überhaupt nur eine Sperrwirkung denkbar erscheinen lässt, zweifelhaft. Erfüllt die auf das Inverkehrbringen von Presseerzeugnissen erhobene Sondersteuer den verfassungsrechtlichen Steuerbegriff und ist sie mithin nicht – als solche freilich nicht vorstellbar – nichtsteuerliche Sonderabgabe, richtet sich die Gesetzgebungszuständigkeit ausschließlich nach Art. 105 GG; eine auf die Sachzuständigkeit für das Pressewesen gestützte Kompetenz der Länder ist durch das geschlossene System der finanzverfassungsrechtlichen Kompetenzverteilung (s. nur *Kube*: Epping/Hillgruber, GG, Art. 105 Rn. 28) ausgeschlossen. Mangels eines eigenen Steuererfindungsrechts käme danach allenfalls eine konkurrierende, nicht gesperrte Zuständigkeit der Länder aus Art. 105 Abs. 2 GG (etwa als bundesrechtlich nicht geregelte Verkehrssteuer, Art. 106 Abs. 2 Nr. 3 GG) in Betracht. Einem darauf etwa gestützten spezifischen Landessteuergesetz könnte indessen, nicht anders als einem Pressekammergesetz (s. o.,

Rn. 39), kaum der Vorrang des Landespressegesetzes mit seinem Sonderbesteuerungsausschluss entgegengehalten werden; auch insoweit griffe das Argument der Spezialität nicht.

41 Insgesamt zeigt sich, dass, von der auf die Spezialität der Landespressegesetze gestützten Polizeifestigkeit abgesehen, von der in § 1 beanspruchten Immunisierung der Pressefreiheit gegenüber gesetzgeberischen Eingriffen auf Bundes- oder Landesebene wenig bleibt. Die Frage nach der Legitimität solcher Eingriffe entscheidet sich in formeller Hinsicht nach der grundgesetzlichen Kompetenzverteilungsordnung, in materieller Hinsicht nach der grundrechtlichen Gewährleistung der Pressefreiheit, nicht nach der einfachgesetzlichen Schutzproklamation der Landespressegesetze in ihrem § 1.

3. Pflichtbindung: Dienende Funktion für die freiheitliche demokratische Grundordnung

42 Erstaunlich geringe Aufmerksamkeit hat die in fast allen Pressegesetzen (Ausnahme: Brandenburg, Hessen) enthaltene Bestimmung gefunden, wonach die Presse der freiheitlichen demokratischen Grundordnung diene (indikative Fassung) bzw. dienen solle (§ 1 Abs. 1 Satz 2 HambPresseG, s. auch § 11 Abs. 1 Satz 2 NPresseG: „ist berufen, zu dienen"; siehe dazu *Kull,* FS Lerche, S. 663 ff.). In Bayern tritt die Bestimmung in geringfügig abweichender Formulierung funktional substitutiv (Art. 3 Abs. 1 BayPrG) an die Stelle der sonst auferlegten „öffentlichen Aufgabe". Die in dieser Bestimmung ausgedrückte entweder nur mehr rechtlich nicht bindende Erwartung oder – weitergehend – normative Pflichtbindung der Presse wird im Allgemeinen nur unter dem Gesichtspunkt der öffentlichen Aufgabe (§ 3 LPG) diskutiert, kaum aber eingehender hinsichtlich der „Dienen"-Klauseln in § 1 der Gesetze. Dies ist schon insofern bemerkenswert, als weithin die liberal-freiheitsrechtliche Grundanlage der Pressefreiheit, ihr auf individueller Handlungsfreiheit und privatwirtschaftlicher Struktur ruhendes Konzept betont wird, und zwar in – mehr oder weniger scharfer – Abgrenzung zum Rundfunkverfassungsrecht mit seiner Sonderdogmatik der „dienenden Freiheit", also dem Primat objektiv-rechtlicher Funktionsvorgaben gegenüber einer bis heute immer noch nicht vollständig entwickelten individuellen Veranstalterfreiheit. Wenn aber auch die Pressegesetze in unmittelbarer systematischer Abfolge auf die Proklamation der Pressefreiheit die dienende Funktion der Presse für die Demokratie beschreiben, so könnte dies doch den behaupteten kategorialen Unterschied zur Rundfunkfreiheit in Zweifel ziehen oder doch jedenfalls als Relativierung jenes liberalen Konzepts zu verstehen sein. Ungeachtet der normativen Qualität dieses Programmsatzes ist jedenfalls eindeutig, dass er anders als die in § 1 der Gesetze sonst niedergelegten Schutzverstärkungsklauseln rechtlich allenfalls neutral ist – bei Verneinung normativen Bindungsgehalts – oder sogar Schrankenwirkung gegenüber dem individuellen Freiheitsrecht der Presse des Grundgesetzes hat. Nur in Art. 111 Abs. 1 BayV ist die Gewährleistung der Pressefreiheit schon verfassungsrechtlich mit dem Prädikat des „Dienens" verknüpft, so dass die pressegesetzliche Bestimmung auch insoweit wieder nur normwiederholende Bedeutung hat. Wegen der Durchgriffswirkung des Bundesgrundrechts bleibt aber auch hier im Verhältnis zu Art. 5 Abs. 1 Satz 2 GG eine mögliche Beschränkungswirkung der Bindungsklausel zu diskutieren.

43 Die Bindungsklausel hinsichtlich der dienenden Funktion der Presse für die freiheitliche demokratische Grundordnung bzw. – sachlich eingeschränkter – für „den demokratischen Gedanken" (Art. 3 Abs. 1 BayPrG, § 3 Abs. 1 SächsPresseG) gibt Raum für unterschiedliche Deutungen, und zwar sowohl in inhaltlicher Hinsicht (worauf bezieht sich die dienende Funktion?) als auch hinsichtlich der normativen Verbindlichkeit. Was letztere anbetrifft, geht es um die gleichen, seit jeher intensiv diskutierten und umstrittenen Fragen wie bei der „öffentlichen Aufgabe" (s. dazu u., § 3 Rn. 18 ff.). Die Aussage kann also – lediglich – als Umschreibung der faktischen Bedeutung der Presse für die Information und Kommunikation, damit für die demokratische Meinungsbildung, oder als Formulierung einer rechtlich selbst nicht steuerbaren Verfassungserwartung, in beiden Fällen aber ohne jeden verpflichtenden Gehalt, begriffen werden. Sie kann auch als einfachgesetzlicher Niederschlag verfassungsrechtlicher Gewährleistungsaufträge gelesen werden, die indessen nicht unmittelbar die Presse in Pflicht nehmen, sondern dem Gesetzgeber auferlegen, Rahmenbedingungen zu schaffen oder zu fördern, unter denen sich eine Presse entfalten kann, die der von ihr erwarteten Informationsfunktion genügt. Unmittelbare Eingriffswirkung wäre hingegen mit einem Verständnis verbunden, welches der Norm Pflichtbindungen der grundrechtsberechtigten Träger der Pressefreiheit zuschriebe. Dagegen spricht freilich schon, unabhängig von grundrechtlichen Rechtfertigungsproblemen solcher Funktionalisierung, die nur mehr höchst allgemeine Programmatik des in Rede stehenden Satzes. Es lassen sich daraus, anders als etwa bei den Programmgrundsätzen des Rundfunkrechts oder der presserechtlichen Sorgfaltspflicht (§ 6 LPG), schlechterdings keine hinreichend spezifizierbaren Verhaltenspflichten einzelner Presseangehöriger ableiten. Sie ist daher aus sich heraus nicht geeignet, Pflichtigkeiten der Presse zu begründen, etwa hinsichtlich der Vielfältigkeit oder Ausgewogenheit der Berichterstattung, vielmehr nur, aber immerhin Programmsatz, der auf die objektive Funktion der Presse und daraus sich ergebende, freilich spezifischeren Regelungen vorbehaltene Möglichkeiten einer rechtlichen Bindung der Pressetätigkeit – etwa in den nachfolgenden Bestimmungen des Presseordnungsrechts – verweist.

Erst Recht erscheint eine solche zurückhaltende Lesart hinsichtlich der Normativität der Bestimmung zwingend, wenn und soweit dem Programmsatz inhaltlich eine über die „öffentliche Aufgabe" der Presse für die freie Meinungsbildung hinausreichende, materiell-inhaltsbezogene Aussage zugeschrieben wird. So ließe sich dieser Satz, der sein „Dienen"-Postulat immerhin auf die „freiheitliche demokratische Grundordnung", nicht auf den freien und pluralistischen Kommunikationsprozess bezieht, auch so verstehen, dass damit eine Instrumentalisierung der Presse für die Artikulation der prägenden Verfassungswerte, die in dem Sammelbegriff der freiheitlich demokratischen Grundordnung zusammengefasst sind, gemeint ist. Ein solches Verständnis liefe auf eine Indienstnahme der Presse für die publizistische Förderung oder Verteidigung der Verfassungsordnung hinaus und wäre insofern von kategorial anderer Art als ein Begriff der öffentlichen Aufgabe, der nur – inhaltsneutral – den pluralistisch strukturierten Prozess massenmedialer Kommunikation zum Gegenstand hat. Diese Indienstnahme der Presse hätte damit in der Tat eine den Programmgrundsätzen des Rundfunkrechts vergleichbare Qualität. Die Programmgrundsätze binden nicht nur den öffentlich-rechtlichen Rundfunk (§ 3 RStV), sondern auch private Rundfunkveranstalter (§ 41) an die verfassungsmäßige Ordnung und programmieren diese auf die Förderung weiterer, in der Vorschrift genannter Ziele („Zusammengehörigkeit im vereinten Deutschland, internationale Verständigung, diskriminierungsfreies Miteinander"). Erscheint diese Art inhaltlicher Ausrichtung schon im Rundfunkrecht vor den Maßstäben der Programmautonomie und -vielfalt nicht unbedenklich (s. Cornils, in: Gersdorf/Paal, § 3 RStV Rn. 17; § 41 RStV Rn. 9 ff.), so müssen diese Bedenken erst recht mit Blick auf die stärker individualfreiheitsrechtlich akzentuierte Pressefreiheit durchgreifen. Die Gewährleistung der Meinungsfreiheit (Art. 5 Abs. 1 Satz 1 GG), die auch zu Gunsten der Inhalte von Presseerzeugnissen eingreift (s. u., Rn. 176 ff.), schützt auch unbequeme, abweichende, sogar auch das Haben und Verbreiten von in inhaltlicher Gegnerschaft zur Verfassung stehenden Gesinnungen und Auffassungen. Solange Rechtsgüter Dritter nicht betroffen oder die Verbotsschranken der streitbaren Demokratie (s. z. B. Art. 9 Abs. 2 GG, § 7 Abs. 6 BRAO, dazu BVerfGE 63, 266, Rn. 62 ff.) nicht durchbrochen sind – regelmäßig erst bei aktiver Bekämpfung der freiheitlichen Ordnung über bloße Meinungsäußerungen hinaus –, stehen die Grundrechte des Art. 5 GG inhaltsbezogenen Eingriffen in die Kommunikationsfreiheit auch der Presse, nicht nur der Träger individueller Mei-

44

nungsäußerungsfreiheit, entgegen. Auf eine systemtragende Rolle darf die Presse nicht zugerichtet und beschränkt werden.

III. Europäischer Grundrechtsschutz der Pressefreiheit

45 Die Gewährleistung der Pressefreiheit gehört zu den Pfeilern des rechtsstaatlichen Grundrechtsgebäudes, sie steht ganz an der Spitze der Forderungen der bürgerlichen Freiheitsbewegung des 18. und (in Deutschland) 19. Jh. (s. o., Einl. Rn. 7 ff.), ist „one of the great bulwarks of liberty" (sect. 12 Bill of rights of Virginia, 1776), „un des droits le plus précieux de l'homme" (Art. 11 decl. des droits de l'homme, 1789) und Paradigma der Kommunikationsfreiheit überhaupt, gerade auch im Blick auf die viel jüngere Rundfunkfreiheit und die erst in der digitalen Revolution der Gegenwart entstandenen Phänomene der „neuen Medien" (vgl. *Schwab,* FS für Mallmann, S. 245 ff.; *Siemann,* S. 173). Sie gehört damit selbstverständlich auch zum Kernbestand der Freiheitsgewährleistungen in den Grundrechtskatalogen der Europäischen Menschenrechtskonvention und der Europäischen Union. Die Freiheit der Presse, aber auch ihre Schranken bestimmen sich mithin schon lange nicht mehr allein nach deutschem Verfassungsrecht – auf Bundes- und Landesebene; sie werden mit wachsender Intensität durch immer elaborierter entfaltete Schutzwirkungen der europäischen Grundrechtsordnungen beeinflusst und mit geprägt.

46 Allerdings bleibt die Bedeutung der Unionsgrundrechte für die Pressefreiheit bisher deutlich hinter derjenigen der EMRK zurück, vor allem weil ihre Anwendbarkeit hinsichtlich des presserelevanten Handelns der Mitgliedstaaten, um das es aus Sicht der Pressefreiheit vor allem geht (eher selten hingegen um dasjenige der Unionsorgane), nur eingeschränkt eröffnet ist (Art. 51 Abs. 1 Satz 1 GrCh; näher u. Rn. 97, 102). Die reichhaltige Rechtsprechung des EGMR zur konventionsrechtlichen Gewährleistung der Kommunikationsfreiheiten (Art. 10 EMRK) hat hingegen spürbare Einflüsse auch auf die nähere Konturierung der Pressefreiheit in Deutschland genommen (*Engel,* AfP 1994, 1; *Klein,* AfP 1994, 9). Angesichts einer auch im internationalen Vergleich überaus stark entwickelten Verfassungsjudikatur und Grundrechtsprechung des BVerfG kann die Bindungswirkung der konventionsrechtlichen Garantie naturgemäß nur dort hervortreten, wo sie von verfassungsrechtlichen Standards, namentlich von notwendig wertungsabhängigen Kollisionsentscheidungen in Güterabwägungen zwischen verschiedenen Rechtsgütern abweicht, etwa zwischen den Gewährleistungen des Persönlichkeitsrechts und der Medienfreiheiten (insb.: einerseits: *BVerfGE* 101, 361 – Caroline von Monaco II, andererseits EGMR, Urt. v. 24.6.2004, Nr. 59320/00 – Hannover v. Germany Nr. 1). In solchen Divergenzlagen gewinnen die Konventionsrechte der EMRK in der Auslegung des EGMR modifizierenden Einfluss auf das teilweise anders akzentuierte verfassungsrechtliche Grundrechtsverständnis (BGH VersR 2005, 84; VersR 2006, 274; BGHZ 171, 275; BVerfGE 120, 180 – Caroline von Monaco IV). Die Divergenz in den grundrechtlichen Maßstäben und der sich daraus ergebende Anpassungsdruck hat sich sowohl in Richtung einer Verstärkung des pressegrundrechtlichen Schutzes ausgewirkt (s. z. B. EGMR, Urt. v. 7.2.2012, Nr. 39954/08 – Axel Springer AG v. Germany I; Urt. v. 10.7.2014, Nr. 48311/10 – Axel Springer AG c. Allemagne II), als auch in umgekehrter Richtung, mithin mit dem Inhalt einer stärkeren Gewichtung anderer Rechtspositionen wie des allgemeinen Persönlichkeitsrechts zu Lasten der Presse (EGMR, Urt. v. 24.6.2004, Nr. 59320/00 – Hannover v. Germany Nr. 1). Insgesamt bleibt aber unübersehbar, dass die Grundrechtskulturen beider Ordnungen gerade im Bereich der Kommunikationsfreiheiten doch weit überwiegend ähnliche oder sogar übereinstimmende Prägungen aufweisen, die eigenständige Bedeutung konventionsrechtlicher Vorgaben für das deutsche Presserecht mithin begrenzt ist. Auch die genannten unterschiedlichen Akzentuierungen in der Beurteilung der Rechtsgüterkonflikte zwischen Persönlichkeitsrechten (Art. 8 EMRK, Art. 2 Abs. 1 iVm Art. 1

III. Europäischer Grundrechtsschutz der Pressefreiheit § 1 LPG

Abs. 1 GG) und Äußerungsfreiheit der Medien (Art. 10 EMRK, Art. 5 Abs. 1 Satz 2 GG) erscheinen heute, nachdem die deutschen Gerichte die Steuerungsimpulse aus Straßburg aufgenommen und in ihrer Abwägungsdogmatik verarbeitet haben (BGHZ 171, 275, Rn. 12 ff. zum „abgestuften Schutzkonzept" zu §§ 22 f. KUG), weitgehend abgeschliffen (EGMR, Nr. 40660/08, 60641/08 – von Hannover v. Germany (no. 2), Z. 124 ff.; EGMR, Nr. 8772/10 – von Hannover c. Allemagne (no 3), Z. 57 f.).

1. Art. 10 EMRK

a) Bindungskraft des Konventionsrechts und verfassungsrechtliche Berücksichtigungspflicht

Als völkerrechtlicher Vertrag bindet die am 3. September 1953 in Kraft getretene **47** EMRK die Mitgliedstaaten der Konvention, darunter auch Deutschland (Ratifikation am 5. Dezember 1952). Art. 46 EMRK beschreibt die Pflicht zur Befolgung der in dem Verfahren der Staatenbeschwerde (Art. 33 EMRK), vor allem aber der praktisch ungleich bedeutenderen Individualbeschwerde(Art. 34 EMRK) ergangenen Urteile des EGMR; diese wirken – auf die Verfahrensparteien begrenzte – materielle Rechtskraft (BVerfGE 111, 307 – *Görgülü*, Rn. 39). Die materielle Pflicht, Konventionsverstößen abzuhelfen und Wiedergutmachung zu leisten (EGMR, Urt. v. 8.4.2004 [GK], Nr. 71503/01 – *Assanidze*) folgt aus völkergewohnheitsrechtlichen Grundsätzen über die Staatenverantwortlichkeit (StIGH, Fall Chorzów, 1928, P.C.I.J., Series A, No.17, 47); die Urteile des Gerichtshofs haben nur mehr feststellende Wirkung, auch wenn der Gerichtshof zunehmend dazu übergeht, seine nach dem Vertrag auf die Zubilligung einer gerechten Entschädigung (Art. 41 EMRK, dazu *Ossenbühl/Cornils*, Staatshaftungsrecht, 6. Aufl. 2013, S. 630 ff.) beschränkte Anordnungsbefugnis hinsichtlich der Durchsetzung der Urteile um weitergehende Vorgaben an den Staat, dem eine Konventionsverletzung zur Last fällt, zu ergänzen (näher *Breuer*, in: Karpenstein/Meyer, EMRK, 2012, Art. 46 Rn. 6 ff.).

Die Umsetzung der völkerrechtlichen Bindung und Befolgungspflicht richtet sich **48** nach dem Recht der Mitgliedstaaten (EGMR, Urt. v. 6. Februar 1976, Series A No. 20, Ziffer 50 – *Swedish Engine Drivers Union*; Urt. v. 13. Juli 2000, Beschwerde-Nr. 39221/98 u. Nr. 41963/98, *Scozzari u. Giunta* ./. Italien, Rn. 249); ein dem Unionsrecht vergleichbarer, aus dem Vertrag selbst herzuleitender Anwendungsvorrang besteht nicht. In Deutschland gilt danach die EMRK, wie andere völkerrechtliche Verträge auch, im Rang einfacher Bundesgesetze (BVerfGE 74, 358/370; 111, 307/317; zu den erfolglos gebliebenen Versuchen, einen übergeordneten Geltungsanspruch zu begründen, *Bleckmann*, EuGRZ 1994, 149; im Überblick *Grabenwarter/Pabel*, Europäische Menschenrechtskonvention, 5. Aufl. 2012, § 3 Rn. 7 mwN). Die Gewährleistungen der EMRK und ihrer Zusatzprotokolle sind danach kein unmittelbarer verfassungsrechtlicher Maßstab für die Überprüfung von Gesetzen und sonstigen Akten hoheitlicher Gewalt, insbesondere auch nicht im Verfassungsbeschwerdeverfahren vor dem BVerfG (BVerfGE 111, 307 – *Görgülü*, Rn. 32).

Jedoch ergibt sich der Rspr. des BVerfG zufolge (BVerfGE 111, 307; 128, 326) aus **49** dem verfassungsrechtlichen Gebot völkerrechtsfreundlicher Auslegung eine Pflicht aller Träger von Staatsgewalt, bei der Auslegung der Grundrechte des Grundgesetzes die Konventionsrechte in dem Verständnis der einschlägigen Rechtsprechung des EGMR zu berücksichtigen (*Korte*, § 1, S. 17 f., Rn. 55). „Der Konventionstext und die Rechtsprechung des Europäischen Gerichtshofs für Menschenrechte dienen auf der Ebene des Verfassungsrechts als Auslegungshilfen für die Bestimmung von Inhalt und Reichweite von Grundrechten und rechtsstaatlichen Grundsätzen des Grundgesetzes, sofern dies nicht zu einer – von der Konvention selbst nicht gewollten (vgl. Art. 53 EMRK) – Einschränkung oder Minderung des Grundrechtsschutzes nach dem Grundgesetz führt." (BVerfGE 111, 307 – *Görgülü*, Rn. 32). Letzterer Vorbehalt markiert damit eine verfassungsrechtliche Grenze der völkerrechtsfreundlichen Auslegung, die jedenfalls nicht zu einer Absenkung des Grundrechtsschutzes unter das im Grundgesetz errichtete Niveau führen darf (BVerfGE 128, 326 – Sicherungsverwahrung II, Rn. 93).

50 Die daraus folgende Berücksichtigungspflicht auch der deutschen Gerichte ist Teil der verfassungsrechtlichen Bindung an Gesetz und Recht (Art. 20 Abs. 3 GG); sie zwingt zu einer Auseinandersetzung mit den Entscheidungen des EGMR „im Rahmen methodisch vertretbarer Gesetzesauslegung", nicht aber zu einer „schematischen 'Vollstreckung'" solcher Urteile (BVerfGE 111, 307 – Görgülü, Rn. 50). Eine solche „schematische Parallelisierung" (BVerfGE 128, 326, Rn. 91) oder „unreflektierte Adaption völkerrechtlicher Begriffe" (BVerfGE 128, 326, Rn. 94) trüge vielmehr das Risiko in sich, wiederum gegen die Grundrechte des Grundgesetzes verstoßen, insbesondere in mehrpoligen und überhaupt solchen Rechtsverhältnissen, in denen sensible Verhältnismäßigkeits-Abwägungen zu treffen sind und in denen daher die einfache Übernahme von Wertungen des EGMR hinsichtlich einer Rechtsposition zu einer verfassungswidrige Unterbewertung anderer Rechte und Güter von Personen, die im konventionsrechtlichen Individualbeschwerdeverfahren möglicherweise gar nicht beteiligt waren, führen kann (BVerfGE 111, 307 – Görgülü, Rn. 50, BVerfGE 128, 326, Rn. 93). Sind danach aber „im Rahmen geltender methodischer Standards Auslegungs- und Abwägungsspielräume eröffnet", „trifft deutsche Gerichte die Pflicht, der konventionsgemäßen Auslegung den Vorrang zu geben. Etwas anderes gilt nur dann, wenn die Beachtung der Entscheidung des Gerichtshofs etwa wegen einer geänderten Tatsachenbasis gegen eindeutig entgegenstehendes Gesetzesrecht oder deutsche Verfassungsbestimmungen, namentlich auch gegen Grundrechte Dritter verstößt." (BVerfGE 111, 307 – Görgülü, Rn. 62). „Die Möglichkeiten einer konventionsfreundlichen Auslegung enden dort, wo diese nach den anerkannten Methoden der Gesetzesauslegung und Verfassungsinterpretation nicht mehr vertretbar erscheint." (BVerfGE 128, 326, Rn. 93).

51 Die Pflicht zur Berücksichtigung von Urteilen des EGMR greift kraft der „jedenfalls faktischen Orientierungs- und Leitfunktion, die der Rechtsprechung des Europäischen Gerichtshofs für Menschenrechte für die Auslegung der Europäischen Menschenrechtskonvention auch über den konkret entschiedenen Einzelfall hinaus zukommt", auch über den Streitgegenstand des jeweiligen Urteils hinaus (BVerfGE 128, 326 – Sicherungsverwahrung II, Rn. 89). Verletzungen dieser Pflicht können mit der Verfassungsbeschwerde gerügt werden.

b) Wirkungen der Berücksichtigungspflicht für die grundgesetzliche Pressefreiheit

52 Der entsprechend diesen Grundsätzen gewachsene Einfluss der Konvention und der jeweils dazu ergangenen Urteile des EGMR auf die Interpretation deutschen Rechts ist auch im Normbereich des Art. 10 EMRK bereits sichtbar geworden (Karpenstein/Mayer/*Mensching,* EMRK, Art. 10 Rn. 3 f.). Insbesondere nehmen die Gerichte für die Ausbalancierung der Güterrelation zwischen der Kommunikationsfreiheit (insbes.: Pressefreiheit) und den Persönlichkeitsrechten von durch massenmediale Berichterstattung betroffenen Personen nunmehr ausdrücklich auf die dazu ergangene Rechtsprechung des EGMR (EGMR Urt. v. 24.6.2004, Nr. 59320/00 – Hannover v. Germany Nr. 1) Bezug, setzen sich also im Sinne der Forderung des Bundesverfassungsgerichts mit dieser Rechtsprechung auseinander (BGH NJW 2007, 1981 AfP 2012, 551 – Comedy-Darstellerin, Rn. 15 ff.; BVerfGE 120, 180 – Caroline IV). Darüber hinaus ist die fachgerichtliche Rechtsprechung längst dazu übergegangen, in den äußerungsrechtlichen Grundrechtsabwägungen umstandslos die betroffenen Grundrechte jeweils sowohl des GG (Art. 5 GG bzw. Art. 2 Abs. 1 iVm Art. 2 Abs. 1 GG) als auch der EMRK (Art. 10 EMRK bzw. Art. 8 EMRK) zusammen zu zitieren, also bemerkenswert pragmatisch miteinander zu verschmelzen (s. aus der jüngsten Rspr. z. B. BGHZ 198, 346, Rn. 14: „Im Streitfall steht der Persönlichkeitsschutz im Spannungsverhältnis zu der von Art. 5 Abs. 1 GG, Art. 10 Abs. 1 EMRK garantierten Meinungs- und Pressefreiheit"; BGH AfP 2013, 399 Rn. 12; AfP 2014, 324 Rn. 10; AfP 2014, 325 Rn. 9; Urt. v. 13.1.2015 – VI ZR 386/13, juris, Rn. 14).

III. Europäischer Grundrechtsschutz der Pressefreiheit § 1 LPG

c) Art. 10 EMRK in der Rechtsprechung des EGMR

(1) Grundrechtskonzeption des EGMR

Der EGMR verbindet in seiner Deutung der Gewährleistung freier Kommunikation in Art. 10 EMRK die Stränge eines liberal-rechtsstaatlichen und eines demokratisch-funktionalen Grundrechtsverständnisses: Einerseits entspricht seine Handhabung des Grundrechtsschutzes der Konvention insgesamt und des Art. 10 durch den EGMR im Besonderen den Annahmen einer liberalen Grundrechtstheorie: Der Schutzbereich der Gewährleistung erfasst Kommunikationsverhalten – individuelle Meinungsäußerung und massenmediale Kommunikation – in voller Breite, ohne gegenständliche inhaltliche Beschränkung (weite Tatbestandstheorie). Erfasst sind daher sämtliche Meinungen und Äußerungen, ungeachtet ihres Wertes und ihrer Nützlichkeit, selbst dann, wenn sie verletzend, schockierend oder verstörend wirken (EGMR Urt. v. 8.11.2012, Nr. 43481/09 = ZUM-RD 2013, 233/238). Rechte Dritter sowie sonstige Gründe einer Beschränkung der Kommunikationsfreiheit müssen als Schranken des Grundrechts zur Geltung gebracht werden und sich als solche rechtfertigen können; sie wirken nicht schon tatbestandsbegrenzend. 53

Andererseits wird in der Dogmatik des EGMR zu den Kommunikationsfreiheiten auch ein demokratisch-funktionales Theoriefundament sichtbar. Es wirkt sich aus in der Anerkennung positiver Regulierungspflichten zur Sicherung der Meinungsvielfalt, namentlich mit Blick auf den Rundfunk, vor allem aber, und zwar auch bei den Gewährleistungsgehalten der individuellen Meinungsfreiheit und Pressefreiheit, in den vom Gerichtshof entwickelten Grundsätzen zur differenzierenden Rechtfertigung von Grundrechtseingriffen in die Kommunikationsfreiheit. Das in der Verhältnismäßigkeits-Abwägung gegenüber eingriffslegitimierenden Schrankengründen (Art. 10 Abs. 2 EMRK) zur Geltung zu bringende relative Gewicht des Grundrechts hängt ganz wesentlich von der Bedeutung der in Rede stehenden Kommunikation für die gesellschaftliche Meinungsbildung ab (*Holoubek*, AfP 2003, 193). Daraus resultiert vor allem für die Medien eine Verstärkung der Schutzwirkung, soweit sie in ihrer Berichterstattung Gegenstände von öffentlichem Interesse thematisieren, insbesondere ihrer Aufgabe der Kritik von Missständen in Politik, Staat und Gesellschaft nachkommen („Wachhund"-Funktion der Presse, näher u., Rn. 70, zur Kritik an dieser funktional ausgerichteten Evaluation von Kommunikation etwa *Cornils*, in: Gersdorf/Paal, Informations- und Medienrecht, Art. 10 EMRK, Rn. 8, 57). 54

(2) Gewährleistungsdimensionen

Art. 10 EMRK gewährleistet abwehrrechtlichen Grundrechtsschutz gegen staatliche Eingriffe, darüber hinaus aber auch positive Handlungspflichten der Staaten (positive obligations) zum Schutz der gewährleisteten Güter. Die Grundrechtsdogmatik des EGMR entspricht damit einem Konzept mehrdimensionalen Grundrechtsschutzes, wie es – bei nicht zu übersehenden Unterschieden im Detail – auch vom BVerfG zum Grundgesetz zugrunde gelegt wird. 55

Das Abwehrrecht ist konventionell nach schrankendogmatischem Bauplan strukturiert: Verkürzungen der prima facie („im Schutzbereich") unbegrenzt gewährleisteten Meinungs-, Informations- und Medienfreiheit durch staatlichen Eingriff bedürfen der Rechtfertigung nach Maßgabe der Anforderungen des Abs. 2, also einer gesetzlichen Grundlage (Legalitätsgrundsatz); sie müssen sich auf einen in Abs. 2 genannten Beschränkungsgründe stützen lassen und dem Grundsatz der Verhältnismäßigkeit entsprechen. Menschenrechtliche „positive obligations" treffen die Staaten einerseits als Schutzpflicht zum Schutz des Berechtigten vor horizontalen Bedrohungen oder Einschränkungen der Meinungsfreiheit durch Dritte, etwa durch Einschüchterung oder Gewaltanwendung gegen Presseangehörige (EGMR Urt. v. 16.3.2000, Nr. 23144/93 Rn. 42 ff. – Özgür Gündem v. Türkei). Daneben treten, vor allem im Teilschutzbereich der Rundfunkfreiheit, Pflichten zur Sicherung von Vielfalt und Staatsferne, namentlich durch organisationsrechtliche und prozedurale 56

Cornils 77

LPG § 1
Freiheit der Presse

Vorgaben („the State must be the ultimate guarantor of pluralism", EGMR, Urt. v. 24.11.1993, Nr. 13914/88 ua Rn. 38 – Informationsverein Lentia and Others v. Austria; Urt. v. 17.9.2009, Nr. 13936/02 Rn. 99ff. – Manole and Others v. Moldova; Urt. v. 7.6.2012, Nr. 38433/09 Rn. 129ff. – Centro Europa 7 S.R.L. and Di Stefano v. Italy).

(3) Schutzbereich, insbesondere der Pressefreiheit

57 Art. 10 EMRK differenziert seine Gewährleistungsgehalte nicht in abgegrenzte Schutzbereiche aus; er folgt damit dem Ansatz einheitlicher und umfassender Gewährleistung der Kommunikationsfreiheiten, vergleichbar etwa Art. 118 WRV oder den Kommunikationsgrundrechten mehrerer Landesverfassungen (Art. 15 BremVerf.; Art. 5 SaarlVerf.; 14 BerlVerf.). Die Medienfreiheiten unterfallen dem Grundrecht der Meinungsäußerungsfreiheit als Teilausprägungen. Indessen hat die Rechtsprechung des Gerichtshofs für diese Teilausprägungen doch teilweise bereichsspezifische Grundsätze entwickelt, die vor allem das – demokratiefunktional begründete – besonders hohe Gewicht der Medienfreiheiten auf der Ebene der Schrankenrechtfertigung betreffen. Diese Bereichsdogmatiken halten sich allerdings nicht strikt an die Markierungen herkömmlicher Schutzbereichsabgrenzungen nach Medienarten. Sie beanspruchen auch Geltung für Kommunikationsformen, die sich in das Raster herkömmlicher Medienkategorien (Presse, Fernsehen, Hörfunk, Film) nicht eindeutig einordnen lassen, insbesondere internetbasierte Medien, die konventionsrechtlich nicht der Rundfunkfreiheit zugeordnet werden (*Grabenwarter/Pabel*, § 23 Rn. 10).

58 Relativ deutlich erscheint indessen doch der Eigenstand einer mittlerweile dem deutschen Rundfunkverfassungsrecht angenäherten Dogmatik der Rundfunkgewährleistung. Von den „audio-visual media, such as radio and television" nimmt der EGMR, ganz ähnlich wie das BVerfG (zuletzt Urt. v. 25. März 2014, ZUM 2014, 501, Rn. 34: „herausgehobene Bedeutung, die dem Rundfunk – und insbesondere dem Fernsehen – wegen seiner Breitenwirkung, Aktualität und Suggestivkraft zukommt"), eine relativ höhere Beeinflussungswirkung auf die Meinungsbildung an: „Because of their power to convey messages through sound and images, such media have a more immediate and powerful effect than print" (EGMR, Urt. v. 7.6.2012, Nr. 38433/09 – Centro Europa 7 S.R.L. and Di Stefano v. Italy, Rn. 132, s. auch schon Urt. v. 23.9.1994 – Jersild v. Denmark, Rn. 31, Series A no. 298; Urt. v. 17.12.2004, Nr. 49017/99 – Pedersen and Baadsgaard v. Denmark [GC], Rn. 79, ECHR 2004-XI). Daraus folgt – für den Rundfunk, nicht gleichermaßen für die Presse – ein Bedürfnis zu besonderer Vielfaltsregulierung, das auch in konventionsrechtlichen objektiven Gewährleistungspflichten verankert ist (EGMR, Urt. v. 7.6.2012, Nr. 38433/09 – Centro Europa 7 S.R.L. and Di Stefano v. Italy, Rn. 134: „positive obligation to put in place an appropriate legislative and administrative framework to guarantee effective pluralism"). Unterschiede zwischen Rundfunk- und Pressefreiheit sind auch hinsichtlich der Intensität der journalistischen Sorgfaltspflicht zu verzeichnen: Die angeblich höhere Wirkmacht des Rundfunks führt zur Annahme relativ schärferer Sorgfaltsstandards im Verhältnis zu den Printmedien (EGMR, Urt. v. 10.5.2011, Nr. 48009/08 – Mosley, Rn. 115; *Mensching*, in: Karpenstein/Mayer, Art. 10 Rn. 99).

59 Der Pressebegriff des Konventionsrechts ist enger als derjenige des Grundgesetzes, aber wegen des offenen, alle Kommunikation erfassenden Tatbestandes des Art. 10 EMRK nicht schutzdeterminierend: Presse meint danach zunächst nur die typischerweise besonders gefährdeten und schutzbedürftigen periodisch erscheinenden Druckwerke (*Grabenwarter/Pabel*, § 23 Rn. 8). Für die nicht periodischen Schriften greift aus der umfassenden Gewährleistung des Art. 10 EMRK ein gleichwertiger Grundrechtsschutz, soweit die Gefährdungslage hinsichtlich der Freiheit zu ihrer Verbreitung vergleichbar ist, etwa bei aktuellen, daher durch staatliche Behinderungen in besonderer Weise ihrer Wirkung beraubten Publikationen (EGMR Urt. v. 17.7.2001, Nr. 39288/98 Rn. 56 – Ekin v. France).

III. Europäischer Grundrechtsschutz der Pressefreiheit   § 1 LPG

Der sachliche Schutz reicht von der Informationsbeschaffung (EGMR, Urt. v. **60**
8.10.2009, Nr. 12675/05 Rn. 39 – Gsell v. Switzerland) einschließlich des Quellenschutzes (EGMR, Urt. v. 22.11.2007, Nr. 64752/01 Rn. 49 ff. – Voskuil v. The Netherlands; Urt. v. 14.9.2010, Nr. 38224/03 Rn. 50 – Sanoma Uitgevers B.V. v. The Netherlands), über das Schreiben, eine ungestörte Redaktionsarbeit unter Wahrung des Redaktionsgeheimnisses (EGMR, Urt. v. 27.11.2007, Nr. 20477/05 Rn. 53 – Tillack v. Belgium), die journalistische Gestaltungsfreiheit hinsichtlich der Texte und Bildberichterstattung (EGMR, Urt. v. 11.1.2000, Nr. 31457/96 Rn. 39 f. – News Verlags GmbH & Co. KG v. Austria) bis hin zum Vertrieb. Der prima-facie-Verbreitungsschutz erfasst (vorbehaltlich ggf. zulässiger, aber rechtfertigungsbedürftiger Beschränkung) auch illegal erlangte Informationen (EGMR, Urt. v. 7.6.2007, Nr. 1914/02 Rn. 46 – Dupuis and Others v. France).

Ratione personae rechnen zur Presse die in die Herstellung und Verbreitung periodi- **61**
scher Presseerzeugnisse eingebundenen Personen, mithin Journalisten, Verleger und Herausgeber, aber auch die unmittelbar an der Herstellung und dem Vertrieb der Druckwerke Beteiligten (Karpenstein/Mayer/*Mensching*, EMRK, Art. 10 Rn. 14). Nicht-journalistische Schriftsteller sind an sich nicht „Angehörige der Presse", aber doch gleichermaßen geschützt, sofern sie sich mit ihrer Publikationstätigkeit in einer vergleichbaren grundrechtstypischen Gefährdungslage befinden wie die eigentliche (periodische) Presse (EGMR Urt. v. 17.7.2008, Nr. 42211/07 Rn. 63 – Riolo c. Italie: „doivent être assimilés à ceux d'un journaliste et jouir de la même protection").

(4) Eingriffe

Art. 10 Abs. 2 EMRK erwähnt einige Modalitäten von Beschränkungen der Kom- **62**
munikationsfreiheiten („Formvorschriften, Bedingungen, Einschränkungen oder Strafdrohungen"), ohne den Eingriffsbegriff aber darauf zu beschränken. „Eingriff" („interference", „ingérence") ist vielmehr nach allgemeinen konventionsrechtlichen Grundsätzen jede dem Staat zurechenbare Verkürzung konventionsrechtlich gewährleisteter Freiheit sowohl durch rechtsförmige, unmittelbar auf den Adressaten einwirkende Imperative hoheitlicher Akteure („klassischer" Eingriff) als auch durch sonstiges faktisches Verhalten, das – auch mittelbar – zu Beeinträchtigungen in grundrechtlich geschützten Gütern führt (weiter, auch faktisch-mittelbare Eingriffe einschließender Eingriffsbegriff). Erfasst sind mithin alle staatlichen Regelungen und Maßnahmen, die geeignet sind, vom Gebrauch der Kommunikationsfreiheiten abzuhalten oder ihn zu erschweren (Karpenstein/Mayer/*Mensching*, EMRK Art. 10 Rn. 17).

Der EGMR unterscheidet die Kategorien der präventiven Beschränkung („prior **63**
restraint"), etwa einer Vorzensur oder eines Publikationsverbots, und der nachfolgenden Sanktion („subsequent punishment"), etwa gerichtlichen Verurteilungen aus Äußerungsdelikten (EGMR Urt. v. 5.5.2011, Nr. 33014/05 Rn. 48 – Editorial Board of Pravoye Delo and Shtekel v. Ukraine; Urt. v. 23.10.2012, Nr. 19127/06 Rn. 34 – Jucha and Żak v. Poland; vgl. auch *Frowein/Peukert*, EMRK, Art. 10 Rn. 29). Erstere, auf die präventive Unterdrückung konkreter Meinungsäußerungen gerichtete Verbotsmaßnahmen unterliegen besonders strengen Rechtfertigungsanforderungen, während von den Gerichten durchgesetzte generell-abstrakte Beschränkungen der Äußerungsfreiheit regelmäßig eher legitimiert werden können (EGMR Urt. v. 22.4.2013, Nr. 48876/08 Rn. 106 – Animal Defenders International v. UK).

Schutzpflichten zugunsten der Presse (positive obligations) entbindet Art. 10 **64**
EMRK vor allem dahingehend, dass der Staat Journalisten effektiv vor (gewalttätigen) Übergriffen schützen und darüber hinaus eine Umgebung schaffen muss, in der jedermann, vor allem aber auch die Medien ohne Furcht Meinungen und Ideen äußern können, auch wenn diese nicht der Regierungsposition oder gesellschaftlich herrschenden Anschauungen folgen (EGMR, Urt. v. 16.3.2000, Nr. 23144/93 – Özgür Gündem v. Turkey, Z. 43 f.; Urt. v. 14.10.2010, Nr. 2668/07 – Dink v. Turkey, Z. 137; *Grabenwarter/Pabel*, § 23 Rn. 59).

LPG § 1   Freiheit der Presse

(5) Formeller Grundrechtsschutz: Gesetzesvorbehalt

65   Beschränkungen der Kommunikationsfreiheiten müssen „gesetzlich vorgesehen" sein und bedürfen daher einer hinreichend bestimmten (dazu EGMR, Urt. v. 29.3.2011, Nr. 50084/06 Rn. 103 – RTBF c. Belgique; Urt. v. 10.10.2013, Nr. 64569/09 – Delfi AD v. Estonia, Z. 71 ff., näher *Cornils*, in: Gersdorf/Paal, Art. 10 EMRK Rn. 46 ff.) gesetzlichen Grundlage. Gesetz iSd Abs. 2 sind alle außenrechtsverbindlichen Rechtssätze nach dem Verständnis der jeweiligen staatlichen Rechtsordnung (materieller Gesetzesbegriff). Dazu gehören alle diejenigen gültigen Regeln, auch untergesetzliche Rechtsvorschriften, auch von Selbstverwaltungseinrichtungen, sowie Richterrecht, die von den zuständigen nationalen Gerichten als solche anerkannt sind (EGMR Urt. v. 10.11.2005, Nr. 447774/98 Rn. 88 – Leyla Sahin v. Turkey; Urt. v. 14.9.2010, Nr. 38224/03 Rn. 83 – Sanoma Uitgevers B. V. v. The Netherlands; Urt. v. 25.3.1985, Nr. 8734/79, Rn. 46 – Barthold v. Germany).

(6) Legitime Beschränkungsziele, Art. 10 Abs. 2 EMRK

66   Ein Eingriff in die Kommunikationsfreiheit kann nur mit der Verfolgung eines der in Abs. 2 genannten Beschränkungsziele gerechtfertigt oder – hinsichtlich der Genehmigungspflicht für die Rundfunkveranstaltung – auf den hinzutretenden Beschränkungsgrund des Abs. 1 S. 3 gestützt werden. Auch wenn der Gerichtshof der Auslegung der Schrankengründe bisher zumeist geringe Aufmerksamkeit geschenkt (s. aber jüngst EGMR, Urt. v. 1.7.2014, Nr. 43835/11 – S. A. S. v. France, Z. 114 ff.), ist die Zuordnung einer Regelung oder Maßnahme zu einem der ausformulierten Schrankengründe doch rechtlich notwendig, denn die Enumeration ist abschließend. Der Katalog des Art. 10 Abs. 2 enthält über die auch in Art. 8, 9 und 11 genannten hinaus weitere, spezifisch auf den Gewährleistungsinhalt der Kommunikationsgrundrechte zugeschnittene Beschränkungsziele, namentlich die Ziele des Schutzes des guten Rufes anderer, der Verhinderung der Verbreitung vertraulicher Informationen und der Wahrung der Autorität und der Unparteilichkeit der Rechtsprechung.

67   Der Schutz der nationalen Sicherheit erfasst vor allem die Fälle des Geheimnisverrats; das Ziel überschneidet sich teilweise mit demjenigen des Schutzes vertraulicher Informationen. Der Begriff der „Ordnung" („prevention of disorder") wird in der Rechtsprechung des EGMR nicht näher erläutert; der EGMR akzeptiert hier regelmäßig ohne nähere Prüfung das Vorbringen des jeweiligen Staates (s. nur EGMR, Urt. v. 8.7.2008, Nr. 33629/06 Rn. 33 f. – Vajnai v. Hungary: strafrechtliche Verfolgung wegen des Tragens totalitärer Symbole). Der Schutz der Moral umfasst den Jugendschutz, die Sexualmoral (EGMR, Urt. v. 24.5.1988, Nr. 10737/84 Rn. 30 – Müller and Others v. Switzerland), aber auch den Schutz vor als mit den herrschenden Wertvorstellungen unvereinbar angesehenen Bekenntnisinhalten einer Sekte (EGMR, Urt. v. 13.7.2012, Nr. 16354/06 Rn. 54 f. – Mouvement raëlien suisse v. Switzerland). Dem Gesundheitsschutz dienen Werbeverbote bezüglich gesundheitsgefährdender Produkte (EGMR, Urt. v. 5.3.2009, Nr. 26935/05 Rn. 56 – Société de Conception de Presse et d'Edition et Ponson c. France) oder berufsrechtliche Werbebeschränkungen für Ärzte (EGMR, Urt. v. 17.10.2002, Nr. 37928/97 Rn. 30 – Stambuk v. Germany). Besonderes Gewicht hat in der Praxis der Beschränkungsgrund des Schutzes des guten Rufes erlangt; er deckt den äußerungsrechtlichen Persönlichkeitsschutz (EGMR, Urt. v. 7.2.2012, Nr. 39954/08 Rn. 77 – Axel Springer AG v. Germany) und legitimiert auch staatliches Nichteinschreiten gegen private Sanktionen gegen ehrverletzende Äußerungen (EGMR, Urt. v. 12.9.2011, Nr. 28955/06 ua Rn. 68 – Palomo Sánchez and Others v. Spain: keine Schutzpflicht aus Art. 10 gegen eine Kündigung als Reaktion auf eine persönlichkeitsverletzende Karikatur des Arbeitgebers). Die „Rechte Anderer", vom Gerichtshof sehr häufig in Verbindung mit anderen Beschränkungsgründen akzeptiert, sollen auch – fragwürdig – den Schutz religiöser Gefühle von Anhängern eines Bekenntnisses gegenüber religionskritischen Aussagen oder Darstellungen umfassen (EGMR, Urt. v. 20.9.1994, Nr. 13470/87 Rn. 46 ff. – Otto Preminger Institut v. Austria, zust. wohl Frowein/Peukert EMRK,

III. Europäischer Grundrechtsschutz der Pressefreiheit § 1 LPG

2009, Art. 10 Rn. 41, abl. dazu *Rox*, 261 ff.; *Cornils* AfP 2013, 199). Das Schutzziel der Wahrung der Autorität und Unparteilichkeit der Rechtsprechung übernimmt das im common-law-Rechtskreis anerkannte Institut des „contempt of court" (*Grabenwarter/Pabel*, § 23 Rn. 25; *Frowein/Peukert*, Art. 10 Rn. 43) und dient dem Schutz der Rechtsprechungsfunktion (EGMR, Urt. v. 28.6.2011, Nr. 28439/08, Rn. 30 – Pinto Coelho c. Portugal) ebenso wie dem Schutz der Verfahrensbeteiligten (EGMR, Urt. v. 14.2.2008, Nr. 20893/03, Rn. 59 – July and SARL Libération v. France).

(7) Verhältnismäßigkeit und Beurteilungsspielraum

Wie bei den Grundrechten des Grundgesetzes folgen die zentralen Rechtfertigungsanforderungen für Eingriffe in die Kommunikationsfreiheiten aus dem Grundsatz der Verhältnismäßigkeit; er kommt in der Formulierung „in einer demokratischen Gesellschaft notwendig" nur ansatzweise zum Ausdruck. Auch im Konventionsrecht umfasst die Verhältnismäßigkeit die drei Teilpostulate der Geeignetheit, Erforderlichkeit und Angemessenheit der Eingriffsregelung oder -maßnahme im Hinblick auf den Schutz oder die Förderung des legitimen Eingriffsziels. Notwendig und damit verhältnismäßig ist ein Eingriff nur bei einem „dringenden sozialen Bedürfnis" („pressing social need"). Die in der Rechtsprechung etablierte Rede vom Ausnahmecharakter der Schranken (EGMR, Urt. v. 10.1.2013, Nr. 36769/08 Rn. 38 – Ashby Donald et autres c. France: „interpretation étroite"; *Frowein/Peukert*, Art. 10, Rn. 29) ist missverständlich: Die Pressefreiheit und die anderen Kommunikationsfreiheiten genießen auch im Konventionsrecht keinen höheren Rang und haben kein a priori höheres Gewicht in Güterkollisionen mit anderen Individualrechtsgütern, namentlich den durch Art. 8 EMRK geschützten Persönlichkeitsrechten. Allerdings führt die essenzielle Bedeutung der Kommunikationsfreiheiten für die Persönlichkeitsentfaltung, öffentliche Meinungsbildung und Demokratie zu einer im Schutzbereich des Art. 10 EMRK ganz überwiegend strengen Prüfung der von den Staaten angeführten Rechtfertigungsgründe für die jeweilige Kommunikationsbeschränkung.

Die Rechtsprechung des Gerichtshofs zur Verhältnismäßigkeit von Beschränkungen der Meinungsfreiheit sowie der Medienfreiheiten hat mittlerweile einen hohen Grad der Ausdifferenzierung erreicht (einige Beispiele auch bei *Holoubek*, AfP 2003, 193). Sie betrifft insbesondere die am Kommunikationsinhalt und hier seiner Bedeutung für die öffentliche Meinungsbildung (EGMR, Urt. v. 22.4.2013, Nr. 48876/08 Rn. 102 – Animal Defenders International v. UK: „there is little scope under Article 10 § 2 for restrictions on debates on questions of public interest") orientierte Abstufung der relativen Schutzwürdigkeit der Kommunikationsprozesse. Sie führt den Gerichtshof (und die staatlichen, auf die EMRK verpflichteten Gerichte) in eine Einzelfallbewertung der jeweiligen relativen Wertigkeit der Freiheitsausübung: Äußerungen in Angelegenheiten von öffentlichem Interesse („matters of public interest": EGMR, Urt. v. 12.10.2010, Nr. 184/06 Rn. 67 – Saaristo and Others v. Finland) sind stärker geschützt als Äußerungen, die nur Gegenstände des Privatlebens betreffen oder nur die „Neugier des Publikums" (EGMR, Urt. v. 24.6.2004, Nr. 59320/00 Rn. 65 – von Hannover v. Germany) befriedigen sollen. Parallele Abstufungen betreffen die sich äußernden und die betroffenen Personen: Teilnehmer an der im engeren Sinne politischen Debatte sind mit ihren Debattenbeiträgen einerseits in stärkerem Maße grundrechtlich immunisiert. Politiker, Staatsbeamte und sonstige prominente Personen des öffentlichen Lebens müssen sich andererseits aber auch in besonderem Maße abträgliche Äußerungen gefallen lassen (EGMR, Urt. v. 14.3.2013, Nr. 26118/10 Rn. 59 – Eon c. France). Diese Differenzierung wirkt hinein in die Bereichsdogmatiken für die Medien, mithin bei der Herausbildung von Sondergrundsätzen für die presse- und rundfunkmäßige Kommunikation – Medienprivilegien ebenso wie andererseits gesteigerten Sorgfaltspflichten (EGMR, Urt. v. 10.7.2012, Nr. 43380/10, Rn. 59 – Erla Hlynsdóttir v. Iceland). Sie prägt insbesondere aber auch die – je nach Bedeutung der in Rede stehenden Kommunikation für die öffentliche Meinungsbildung – unterschiedlich weit reichende Zubilligung von Einschätzungsspielräumen hinsichtlich der Notwendigkeit einer Beschränkung an die Mitgliedstaaten („margin of appreciation"). Die bereichsspezifisch unterschiedlich ausgeprägten Kriterien der Verhältnismäßigkeit (etwa das prinzipielle Presseprivileg, der grundsätzlich reduzierte Schutz von public figures usw., s. u., Rn. 78), verbindet sich in der Rechtsprechung des Gerichtshofs untrennbar mit dem Maß gerichtlicher Kontrolldichte und dem korrespondierenden Spielraum der Staaten (s. nur EGMR, Urt. v. 22.4.2013, Nr. 48876/08, Rn. 102 ff. – Animal Defenders International v. UK; Urt. 23.7.2013, Nr. 33287/10, Rn. 28 – Sampaio e Paiva de Melo c. Portugal). Der je anerkannte Beurteilungsspielraum kann danach richtigerweise nur als ein Ausdruck für die je anzunehmende Bindungs- und Schutzintensität des Konventionsrechts begriffen werden; diese Sichtweise ist freilich umstritten (näher *Cornils*, in: Gersdorf/Paal, Art. 10 EMRK Rn. 58 ff.).

(8) (Begrenzte) Sonderstellung der Medien

70 Für die Medienfreiheit ergeben sich – ungeachtet des im Ansatz einheitlichen Schutzbereichs der Kommunikationsfreiheit – vor allem für die Eingriffsrechtfertigung Besonderheiten (*Grabenwarter/Pabel*, § 23, Rn. 42 ff.: Pressefreiheit, Rn. 52 ff.: Rundfunkfreiheit). Für audiovisuelle Medien – nicht für die Presse – eröffnet Abs. 1 S. 3 den Staaten die Möglichkeit, eine Genehmigung (Lizenz) zu verlangen. Hinsichtlich der Presse pflegt der Gerichtshof seit jeher die Rede von ihrer Rolle als „öffentlicher Wachhund" („public watchdog") (u. a.: EGMR, Urt. v. 20.5.1999, Nr. 21980/93 = NJW 2000, 1015; Urt. v. 22.11.2007, Nr. 64752/01 = NJW 2008, 2563). Diese die überindividuell-objektive Funktion der Medien betonende Rollenzuschreibung ist bei der Prüfung von Einschränkungen der Medienfreiheiten zu berücksichtigen. Die Sonderstellung der Presse verleiht ihr einerseits besondere Rechte, aber auch Pflichten und Verantwortlichkeiten. Sie rechtfertigt sich nicht nur aus ihrem eigene Entfaltungsinteresse, sondern auch aus dem Anspruch der Medienrezipienten, mit Informationen versorgt zu werden (ua: EGMR, Urt. v. 7.2.2012, Nr. 39954/08 – Axel Springer AG v. Germany, Z. 80). Es ist daher Aufgabe der Presse, alle für die öffentliche Meinungsbildung wichtigen Sachverhalte offenzulegen (EGMR, Urt. v. 10.7.2012, Nr. 43380/10 – Erla Hlynsdóttir v. Iceland, Z. 59; Urt. v. 23.7.2013, Nr. 33287/10 – Sampaio e Paiva de Melo c. Portugal, Z. 19).

(9) Einzelfragen der Verhältnismäßigkeit von Eingriffen in die Pressefreiheit

aa) Tatsachenbehauptungen

71 Wahrheitsgemäße Tatsachenbehauptungen dürfen regelmäßig nicht untersagt werden, anders dann, wenn sie rein private Sachverhalte betreffen, an deren Offenlegung kein öffentliches Interesse besteht. Bei objektiv unwahren oder nicht erweislich wahren Tatsachenbehauptungen hängt die Rechtmäßigkeit von Verboten davon ab, ob die Behauptung nicht dennoch nach Lage der Dinge durch ein öffentliches Interesse gedeckt war und die äußernde Person die ihr zumutbaren Sorgfaltspflichten erfüllt hat. Art. 10 steht einer Zuweisung der Beweislast zum Äußernden nicht entgegen (EGMR, Urt. v. 20.5.1999, Nr. 21980/93, Rn. 66 – Bladet Tromsø and Stensaas v. Norway; Urt. v. 7.5.2002, Nr. 46311/99 Rn. 84 – McVicar v. UK).

72 Dem praktisch häufigen Phänomen von mit Wertungen verknüpften Tatsachenbehauptungen trägt der Gerichtshof dadurch Rechnung, dass einerseits derartige „value-laden statements" nicht voll dem für Tatsachenbehauptungen grds. ausschlaggebenden Wahrheitstest unterworfen werden (EGMR, Urt. v. 1.12.2009, Nr. 5380/07 Rn. 33 f. – Karsai v. Hungary; Urt. v. 17.4.2014, Nr. 5709/09 – Brosa v. Germany, Z. 44 ff.), andererseits aber doch die die Meinung begründende Tatsachengrundlage ausreichend valide sein muss („sufficient factual basis") (EGMR, Urt. v. 27.2.2001, Nr. 26958/95 Rn. 43 ff. – Jerusalem v. Austria). Das je geforderte Maß ausreichender

III. Europäischer Grundrechtsschutz der Pressefreiheit § 1 LPG

Tatsachengrundlage hängt flexibel vom Grad der Persönlichkeitsbeeinträchtigung durch die Äußerung ab (Karpenstein/Mayer/*Mensching*, Art. 10 Rn. 71). Meinungsäußerungen müssen indes nicht stets einen Tatsachenbezug haben, um überhaupt in den Schutzbereich des Art. 10 Abs. 1 EMRK zu fallen (EGMR, Urt. v. 12.7.2001, Nr. 29032/95 Rn. 86 – Feldek v. Slovakia). Allerdings kann das Verbot einer Meinungsäußerung leichter zu rechtfertigen sein, wenn diese jeden Tatsachenhintergrund vermissen lässt (EGMR, Urt. v. 8.7.2008, Nr. 24261/05 Rn. 45 – Backes c. Luxembourg). Sind Informationen bereits öffentlich bekannt, entlastet dies den Äußernden davon, die Richtigkeit der hinter seiner Meinung stehenden Tatsachen zu beweisen (EGMR, Urt. v. 15.3.2011, Nr. 2034/07 Rn. 53 – Otegi Mondragon v. Spain).

bb) Werturteile

In besonderer Weise gilt der Schutz der Kommunikationsfreiheit Werturteilen. So **73** ist die Freiheit zu scharfer, unsachlicher, polemischer Kritik nicht nur überhaupt – im Schutzbereich – geschützt; sie setzt sich auch in der Verhältnismäßigkeits-Abwägung mit kollidierenden Schrankengründen häufig durch, insbesondere, wenn die Schärfe als Stilmittel eingesetzt wird, etwa bei satirischer Übertreibung (EGMR, Urt. v. 21.5. 2012, Nr. 32131/08 Rn. 47 – Tuşalp v. Turkey). Da zur geschützten Pressefreiheit auch die Entscheidungsfreiheit über die Art der Berichterstattung gehört, sind auch Übertreibungen oder Provokationen zulässig; erst bei Benutzung einer unnötig beleidigenden Sprache („gratuitously offensive language") ist die Grenze des Erlaubten überschritten (EGMR, Urt. v. 2.10.2012, Nr. 5126/05 – Yordanova and Toshev v. Bulgaria, Z. 52; Urt. v. 6.2.2001, Nr. 41205/98 – Tammer v. Estland, Ziff. 65, 67).

cc) Schutzdifferenzierung nach dem Gewicht des öffentlichen Interesses („matter of public interest")

Allerdings kommt es für das relative Gewicht der Meinungs- und Medienfreiheit **74** gegenüber dem im Eingriffsziel erfassten Schutzgut (etwa dem Persönlichkeitsrecht) wesentlich darauf an, ob das Kommunikat für die öffentliche Meinungsbildung bedeutsamen (im weiten Sinn „politischen") Wert hat, erfolgt, oder nur mehr privaten Interessen – auf Seiten des Kommunikators ebenso wie auf Seiten der Rezipienten der Äußerung – dient (vgl. *Holoubek*, AfP 2003, 193/197). Aussagen, die geeignet sind, zu einer „Debatte von allgemeinem Interesse" beizutragen, unterliegen starkem Schutz aus Art. 10 (EGMR, Urt. v. 2.10.2008, Nr. 36109/03 – Leroy v. France, Z. 41, st. Rspr., näher dazu *Grabenwarter/Pabel*, § 23, Rn. 27, 42 ff.). Greift dieser starke Schutz gesellschaftlich relevanter Kommunikation schon allgemein zugunsten der Meinungsäußerungsfreiheit, so lässt Art. 10 Abs. 2 EMRK umso weniger Raum für Einschränkungen der Presse, wenn diese über Fragen von öffentlichem Interesse berichtet (vgl. EGMR, Urt. v. 8.7.1999, Nr. 23536/94 = NJW 2001, 1995), da diese damit ihrer Informationsfunktion, ihrem Berichterstattungsauftrag im Interesse der Rezipienten nachkommen. Der Berichterstattungsauftrag umfasst insbesondere auch die Berichterstattung über Gerichtsverhandlungen; insoweit verbindet sich der Schutz des Art. 10 mit demjenigen des Art 6 Abs. 1 (Gerichtsöffentlichkeit) (EGMR, Urt. v. 7.2.2012, Nr. 39954/08 Rn. 80 – Axel Springer AG v. Germany).

Das Zentralproblem der Differenzierung von öffentlich bedeutsamen und nur **75** mehr private Neugierde befriedigenden Meinungsäußerungen liegt offenkundig in der damit verbundenen Gefahr prekärer Inhaltsbewertung durch die Gerichte, eines im Rahmen der Rechtfertigungsprüfung etablierten, mit der Idee der Kommunikationsfreiheit selbst aber unvereinbaren „Meinungsrichtertums". Der Gerichtshof hat dieser Gefahr dadurch zu begegnen versucht, dass er einen weiten Begriff des allgemeinen Interesses zugrunde gelegt, der nicht nur politische Inhalte oder Straftaten umfasst, sondern beispielsweise auch Informationen aus dem Bereich des Sports oder der Künste (EGMR, Urt. v. 22.2.2007, Nr. 5266/03 – Nikowitz and Verlagsgruppe News GmbH v. Austria, Z. 25: „society's attitude towards a sports star"; Urt. v. 26.4.

2007, Nr. 11182/03, 11319/03 – Colaço Mestre and SIC – Sociedade Independente de Comunicação, S.A. v. Portugal, Z. 27: öffentliche Debatte über Korruption im Fußball; Urt. v. 8.6.2010, Nr. 44102/04 – Sapan v. Turkey, Z. 34).

76 Die fragwürdigen Folgen des Zwangs zur gerichtlichen Inhaltsbewertung lassen sich damit aber nicht vollständig bannen: Schon die Fragestellung, ob eine Angelegenheit auch nur kategorial eher in den Bereich gesellschaftlich relevanter Informationen oder geringwertiger Neugierde fällt, führt in notwendig subjektive und auch inhaltlich zweifelhafte Bewertungen gesellschaftlicher Kommunikationsprozesse, die mit der liberalen Grundannahme, dass zur grundrechtlich geschützten Autonomie gerade das Recht zur Wahl von Verhaltensoptionen nach eigener Präferenz und eigenem Selbstverständnis gehört, nicht recht vereinbar sind. Auch der überindividuellkommunikative Wert von Themen und ihrer medialen Behandlung für die Vermittlung von relevantem Wissen, Orientierung, Veranschaulichung von Rollenbilden und Verhaltensmustern usw. lässt sich sehr häufig nicht in eher schlichten Bewertungsrastern („öffentlich/privat", „Information/Unterhaltung" u. ä.) hinreichend erfassen – auch bloße „Unterhaltung" kann und wird häufig substantiell informativ sein (BVerfGE 101, 361 – Caroline von Monaco II, Rn. 96 f. – mit deutlich weiterem Horizont als der EGMR; krit gegenüber der EGMR-Differenzierung auch *Mensching*, in: Karpenstein/Mayer, Art. 10 Rn. 74; *Grabenwarter*, AfP 2004, 309). Umso fragwürdiger erscheint die Expertise von Gerichten zu solcher Bewertung aus kaum problemadäquater Juristenperspektive. Dementsprechend einzelfallbezogen und schwer berechenbar erscheinen die Ergebnisse dieser Rechtsprechung (s. z.B. EGMR, Urt. v. 6.2.2011, Nr. 41205/98 – Tammer, Z. 68: kein Schutz negativer Beurteilung privaten Verhaltens der Assistentin und Ehefrau eines Premierministers; Urt. v. 4. Juni 2009, Nr. 21277/05 – Standard Verlags GmbH v. Österreich, Z. 52: kein schutzfähiges öffentliches Interesse an Gerüchten über Eheprobleme des Staatspräsidenten, „Befriedigung bloßer Neugierde"; anders EGMR Urt. v. 7.2.2012, Nr. 39954/08 – Axel Springer AG v. Germany, Z. 89 ff.: öffentliches Interesse an der Festnahme und Verurteilung eines Fernsehschauspielers wegen Drogendelikten – Hauptargument: Der Schauspieler verkörperte einen Polizeikommissar in einer Krimiserie, „dessen Aufgabe es war, für die Beachtung der Gesetze Sorge zu tragen und Verbrechen zu bekämpfen"; daraus soll sich ein „gesteigertes Interesse der Öffentlichkeit an der Festnahme des Schauspielers wegen einer Straftat" ergeben, ebd., Rn. 99; anders wieder EGMR, Urt. v. 10.5.2011, Nr. 48009/08 – Mosley v. UK, Z. 114: Äußerung erschöpft sich in „billigen, das Privatleben des Betroffenen betreffenden Anschuldigungen").

77 In der Kollision mit der Pressefreiheit entgegenstehenden Schrankengründen, namentlich dem Persönlichkeitsrecht Betroffener (Art. 8 EMRK), kommt es für die Beurteilung der Verhältnismäßigkeit auf eine Abwägung an, für die nach der Rechtsprechung des EGMR eine Reihe von Kriterien heranzuziehen und zu beachten sind, insbesondere das Gewicht der Äußerung als Beitrag für die öffentliche Meinungsbildung, die Natur der Aktivitäten, die Gegenstand der Berichterstattung sind, die Art und Weise der Erlangung der Information, das Vorverhalten der dargestellten Person gegenüber der Öffentlichkeit, die Art und Weise ihrer Publikation, namentlich der Reichweite des Mediums, und die Art, wie die betroffenen Personen dargestellt werden, schließlich die Schwere der verhängten Sanktion (EGMR, Urt. v. 7.2.2012, Nr. 39954/08 – Axel Springer AG v. Germany, Z. 89 ff.; Urt. v. 10.10.2013, Nr. 64569/09 – Delfi AD v. Estonia, Z. 83; dazu auch *Frenz*, NJW 2012, 1039). Sind die journalistischen Sorgfaltspflichten eingehalten (s. u., Rn. 81 f.), berichtet also die Presse auf Grundlage zuverlässiger und genauer Informationen, fällt auch das Privatleben einer bekannten Person nicht stets aus dem Kreis zulässiger Gegenstände der Berichterstattung heraus, soweit eine hinreichende Verbindung zum öffentlichen Berichterstattungsinteresse gegeben ist oder die Person selbst zuvor die Öffentlichkeit gesucht hat (vgl. EGMR, Urt. v. 7.2.2012, Nr. 39954/08 – Axel Springer AG v. Germany, Z. 100 f.).

III. Europäischer Grundrechtsschutz der Pressefreiheit § 1 LPG

dd) public figures

Politiker oder sonstige Personen, die in der Öffentlichkeit stehen („Political figures **78** or public figures"), müssen weitergehende Kritik ertragen als Privatpersonen ohne besonderen Öffentlichkeitsbezug. Dies kann auch für Gegenstände gelten, die in den privaten Lebensbereich der Person fallen, sofern sie in einem Sachbezug zu der öffentlichen Rolle der Person stehen (EGMR, Urt. v. 12.10.2010, Nr. 184/06 – Saaristo u. a., Z. 66f.), nicht hingegen für Äußerungen, die ausschließlich ihr Privatleben betreffen (EGMR, Urt. v. 24.6.2004, Nr. 59320/00 – Hannover v. Germany (1), Z. 76). Zum Kreis der „öffentlichen Personen", die sich auf einen nur schwächeren Schutz ihrer Privatsphäre (Art. 8) gegenüber der Kommunikationsfreiheit berufen können, andererseits aber mit ihren eigenen Äußerungen, sofern sie im Zusammenhang ihrer öffentlichen Funktion fallen, auch selbst besonders stark durch Art. 10 geschützt sind (EGMR, Urt. v. 15.3.2011, Nr. 2034/07, Rn. 51 – Otegi Mondragon v. Spain), gehören Regierungsmitglieder (EGMR, Urt. v. 14.3.2013, Nr. 26118/10, Rn 59 – Eon c. France; Urt. v. 10.7.2014, Nr. 48311/10 – Axel Springer AG, c. Allemagne II, Z. 59, 67) oder Organwalter von Staatsorganen, sonstige Politiker und hochrangige Beamte, aber auch herausgehobene Funktionäre gesellschaftlicher Einrichtungen (EGMR, Urt. v. 23.7.2013, Nr. 33287/10, Rn. 26 – Sampaio e Paiva de Melo c. Portugal: Präsident eines Fußballklubs). Ein privilegierender Beleidigungsschutz für republikanische Regierungs- oder Staatschefs ebenso wie für Monarchen ist demgegenüber mit Art. 10 EMRK unvereinbar (EGMR, Urt. v. 15.3.2011, Nr. 2034/07, Rn. 55 ff. – Otegi Mondragon v. Spain). Bei persönlichkeitsrechtsbeeinträchtigenden Äußerungen über Angehörige des öffentlichen Dienstes – Beamtenschaft oder Justiz (EGMR, Urt. v. 11.7. 2013, Nr. 29369/10 – Morice v. France, Z. 99) – reicht die Schutzwirkung des Art. 10 EMRK mit Rücksicht auf die Funktionsfähigkeit einer effizienten Verwaltung oder unabhängigen und vertrauenswürdigen Rechtspflege weniger weit als bei Politikern (EGMR, Urt. v. 15.3.2011, Nr. 2034/07, Rn. 50 – Otegi Mondragon v. Spain; Urt. v. 18.9.2012, Nr. 3084/07 Rn. 39 – Falter Zeitschriften GmbH v. Austria Nr. 2). Rechtsanwälte haben wegen ihres besonderen Status eine zentrale Stellung in der Justiz als Vermittler zwischen der Öffentlichkeit und den Gerichten; daraus können sich grundsätzlich einschränkende Regeln für ihr Kommunikationsverhalten rechtfertigen. Gleichwohl steht auch ihnen das Recht auf Freiheit der Meinungsäußerung – auch in den Medien – zu und sie dürfen sich über die Justiz äußern, „sofern ihre Kritik gewisse Grenzen nicht überschreitet" (EGMR, Urt. v. 4.4.2013 – 4977/05 – Reznik v. Russia = NJW 2014, 1163, Z. 44). Nur eingeschränkten Persönlichkeitsschutz gegen Meinungsäußerungen können auch Privatpersonen geltend machen, die freiwillig das Licht der Öffentlichkeit gesucht und sich damit unvermeidlich der öffentlichen Betrachtung und Kritik ausgesetzt haben (EGMR, Urt. v. 10.7.2012, Nr. 43380/10, Rn. 65 – Erla Hlynsdóttir v. Iceland; *Grabenwarter/Pabel*, § 23, Rn. 34). Nicht ausreichend für eine derartige „Verwirkung" des Privatpersonen an sich zustehenden Privatheitsschutzes ist allerdings, dass die Person bei früheren Gelegenheiten mit den Medien zusammengearbeitet hat (EGMR, Urt. v. 7.2.2012, Nr. 39954/08 Rn. 92 – Axel Springer AG v. Germany). Nicht zu einer öffentlichen Person wird ein Kind dadurch, dass die Eltern einen Rechtsstreit über das Sorgerecht austragen; die Veröffentlichung identifizierender Pressefotos von der Verbringung des Kindes zum Gericht darf daher ohne Verstoß gegen Art. 10 als Verletzung des Persönlichkeitsrechts des Kindes geahndet werden (EGMR, Urt. v. 19.6.2012, Nr. 27306/07 Rn. 54ff. – Krone Verlag GmbH v. Austria; zur Wirkung dieser EGMR-Rspr zur „public figure" auf die deutsche Praxis: *Müller*, ZRP 2012, 125).

ee) Präventive Beschränkungen

Art. 10 EMRK enthält kein textexplizites Zensurverbot. Auch nach der Recht- **79** sprechung des EGMR sind Vorabkontrollen und Vorabbeschränkungen („prior restraints") nicht absolut ausgeschlossen, sie unterliegen aber wegen ihrer für die Me-

LPG § 1 Freiheit der Presse

dienfreiheit besonders gravierenden Beeinträchtigungswirkung scharfen Rechtfertigungsanforderungen. Sie können danach nur zulässig sein, wenn sie sich auf eine bestimmte Art und Weise der Information beschränken, nicht aber die Berichterstattung generell betreffen, und auch nur unter der Voraussetzung, dass eine effektive gerichtliche Kontrollmöglichkeit hinsichtlich des Vorliegens der Verbotsvoraussetzungen gegeben ist (EGMR, Urt. v. 17.7.2001, Nr. 39288/95 Rn. 56 – Ekin Association c. France). Diese strengen Anforderungen gelten für die Presse und in gleicher Weise – ungeachtet der für audiovisuelle Medien durch Abs. 1 S. 3 legitimierten Eröffnungskontrolle – auch für den Rundfunk (EGMR, Urt. v. 29.3.2011, Nr. 50084/06 Rn. 115 – RTBF c. Belgique), schließlich allgemein für jede Form der Meinungsäußerung (*Grabenwarter/Pabel*, EMRK, § 23, Rn. 39).

ff) Einschüchterungseffekt

80 Erhebliche Bedeutung für die Beurteilung der Verhältnismäßigkeit hat der von einer Sanktion, insbesondere von Strafen auf pönalisierte Äußerungen ausgehende Einschüchterungseffekt für die (weitere) Ausübung der Pressefreiheit („chilling effect", s. zB EGMR, Urt. v. 4.4.2013, Nr. 4977/05, Rn. 50 – Reznik v. Russia; s. *Grabenwarter/Pabel*, EMRK, § 23 Rn. 40 f.). Die presserechtliche Verpflichtung, eine Gegendarstellung oder eine Richtigstellung abzudrucken, ist als solche zwar mit Art. 10 EMRK ohne weiteres vereinbar (EGMR, Urt. v. 3.4.2012, Nr. 43206/07 – Kaperzyński v. Poland, Z. 66: „normal element of the legal framework governing the exercise of the freedom of expression by the print media"), ja sogar aus diesem Konventionsrecht geboten (Entsch. v. 5.7.2005, Nr. 28743/03 – Melnychuk v. Ukraine), nicht zuletzt wegen der vielfaltssichernden Wirkungen dieser presserechtlichen Institute (Urt. Kaperzyński, Z. 66). Jedoch verletzt eine strafrechtliche Verurteilung wegen Verletzung der Gegendarstellungspflicht die Pressefreiheit wegen des damit einhergehenden Einschüchterungseffekts, zumal wenn sie mit einem Verbot des journalistischen Berufs verbunden ist (Urt. Kaperzyński, Z. 66 ff.).

gg) Sorgfaltspflichten der Presse

81 Die Presse unterliegt auch Grenzen, die schon im Text des Abs. 2 zum Ausdruck kommen („duties and responsibilities"). Diese Grenzen ergeben sich insbesondere aus den Persönlichkeitsrechten (Art. 8 EMRK) von Personen, die durch Presseberichterstattung identifizierbar betroffen sind (EGMR, Urt. v. 7.2.2012, Nr. 39954/08 – Axel Springer AG v. Germany, Z. 82 f.). Die journalistischen Sorgfaltspflichten hat die Presse auch zu beachten, wenn es um eine Berichterstattung über Angelegenheiten von hohem öffentlichem Informationsinteresse geht. Besteht ein solches Interesse und ist eine Tatsachenbehauptung nicht erwiesenermaßen wahr, so kommt es entscheidend auf die Einhaltung der professionellen Sorgfaltsanforderungen und den guten Glauben des Journalisten an (EGMR, Urt. v. 2.10.2012, Nr. 5126/05 – Yordanova and Toshev v. Bulgaria, Z. 48).

82 Regelmäßige hauptsächliche Pflicht der Presse ist die Prüfung der Richtigkeit persönlichkeitsbeeinträchtigend wirkender Tatsachenbehauptungen. Von dieser Prüfpflicht kann die Presse nur aus besonderen Gründen dispensiert sein (EGMR, Urt. v. 7.2.2012, Nr. 39954/08 – Axel Springer AG v. Germany, Z. 82). Die Schärfe der Prüfpflicht und etwaige Ausnahmen oder Einschränkungen der gebotenen Sorgfalt hängen von den Umständen der jeweiligen Berichterstattung ab, etwa Art und Umfang der fraglichen Persönlichkeitsrechtsbeeinträchtigung, sowie von der Frage, ob und inwieweit die Medien ihre Quellen in Bezug auf die Behauptungen zu Recht als glaubwürdig ansehen können (Urt. v. 20.5.1999, Nr. 21980/93 – Bladet Tromsø and Stensaas v. Norway, Z. 65; Urt. v. 7.5.2002, Nr. 46311/99 – McVicar v. the United Kingdom, Z. 73; 17.12.2004, Nr. 49017/99 – Pedersen und Baadsgaard, Z. 78; Urt. v. 1.3.2007, Nr. 510/04 – Tønsbergs Blad A.S. und Haukom v. Norway, Z. 89; zur Pressefreiheit in Extremsituationen *Holoubek*, AfP 2003, 193/199 f.). Was die Reichweite der Recherchepflicht hinsichtlich der Verlässlichkeit der Quelle anbetrifft, ist

III. Europäischer Grundrechtsschutz der Pressefreiheit § 1 LPG

auch der Aktualitätsdruck, unter dem die Medien stehen, zu berücksichtigen: Sorgfaltsstandards, die dazu führen würden, dass nur verzögert oder im Nachhinein über dringende Probleme berichtet werden dürfte, dürfen nicht gefordert werden (Urt. v. 2.10.2012, Nr. 5126/05 – Yordanova and Toshev v. Bulgaria, Z. 49). Offizielle Informationsquellen, auch die Bulletins von Staatsanwälten im Dienst, darf der Journalist ungeprüft für verlässlich halten (EGMR, Urt. v. 2.10.2012, Nr. 5126/05 – Yordanova and Toshev v. Bulgaria, Z. 51).

hh) Schranke der Äußerungsfreiheit: Hassrede

Verbote der „Hassrede" sind in aller Regel zum Schutz der staatlichen Sicherheit oder der Rechte anderer gerechtfertigt. Allerdings fällt auch die Hassrede nach zutreffender, wenn auch umstrittener Meinung zunächst in den Schutzbereich des Art. 10 EMRK. Dafür spricht die Zuerkennung weiter Beurteilungsspielräume für Beschränkungen der Meinungsfreiheit in solchen Fällen („where remarks incite to violence against an individual or a public official or a sector of the population", EGMR, Urt. v. 8.7.1999, Nr. 26682/95, Rn. 61 – Sürek v. Turkey Nr. 1) sowie die vom EGMR vorgenommene Prüfung der Verhältnismäßigkeit der auferlegten Strafsanktion (EGMR, Urt. v. 8.7.1999, Nr. 26682/95, Rn. 64). Für beides wäre kein Raum, fiele die Hassrede schon tatbestandlich nicht in die Reichweite des Art. 10 (missverständlich insoweit *Frowein/Peukert*, EMRK, Art. 10, Rn. 33: „nicht den Schutz (…) genießen"). Hassrede liegt nicht erst bei Aufrufen zur Ausübung von Gewalt oder anderem deliktischen Verhalten vor, sondern – insofern in Einklang mit Art. 20 Abs. 2 IPBPR – schon bei der Anstachelung zur Diskriminierung von Bevölkerungsgruppen und, wohl auch – fragwürdig – bereits dann, wenn eine Gruppe „lächerlich" gemacht wird (EGMR, Urt. v. 16.7.2009, Nr. 15615/07, Rn. 73 – Féret c. Belgique: „atteintes aux personnes commises en injuriant, en ridiculisant ou en diffamant certaines parties de la population"). Für Deutschland hat der EGMR bei Äußerungen mit einem Bezug zum Holocaust akzeptiert, dass der besondere geschichtliche Hintergrund sonst nicht akzeptable Kommunikationsverbote rechtfertigen könne (EGMR, Urt. v. 8.11.2012, Nr. 43481/09, Rn. 49 – PETA Deutschland v. Germany). **83**

ii) Quellenschutz

Der Quellenschutz, also der Schutz von Informanten und des Redaktionsgeheimnisses, ist auch im Konventionsrecht Grundvoraussetzung der Pressefreiheit (EGMR, Urt. v. 27.3.1996, Nr. 17488/90 Rn. 39 – Goodwin; *Grabenwarter/Pabel*, EMRK, § 23, Rn. 50). Dabei ist von einem weiten Begriff der journalistischen Quelle auszugehen (EGMR, Urt. v. 16.7.2013, Nr. 73469/10 Rn. 93 ff. – Nagla v. Latvia). Eine Verpflichtung, den Informanten – unmittelbar oder mittelbar – preiszugeben, ist nicht absolut unzulässig, unterliegt aber strengen Verhältnismäßigkeitsanforderungen (EGMR, Urt. v. 14.9.2010, Nr. 38224/03 – Sanoma Uitgevers, Z. 59ff.; Urt. v. 27.11.2007, Nr. 20477/05 – Tillack, Z. 60). **84**

2. Unionsgrundrechtliche Gewährleistung der Pressefreiheit

a) Die Gewährleistung der Meinungs- und Medienfreiheit als allgemeiner Rechtsgrundsatz des Gemeinschafts- und Unionsrechts

Wie im Rahmen der EMRK und inhaltlich in enger Anlehnung an das konventionsrechtliche Vorbild ist im europäischen Gemeinschaftsrecht die zunächst richterrechtlich entwickelte Gewährleistung der Pressefreiheit als Teilsektor eines alle Äußerungsformen umfassenden Grundrechts der Kommunikationsfreiheit begriffen worden. Der EuGH hat dieses auch die Medien einschließende Grundrecht der Meinungsfreiheit als Rechtsgrundsatz des Gemeinschaftsrechts in seiner Rechtsprechung seit Mitte der 80er Jahre anerkannt (Urt. v. 17.1.1984, verb. Rs. 43/82 und 83/82 – VBVB, VBBB, Rn. 34; Urt. v. 11.7.1985, verb. Rs. 60, 61/84 – Cinéthèque, Rn. 26, Urt. v. 13.12.1989, Rs. C-100/88 – Oyowe und Traore, Rn. 16; Urt. v. **85**

LPG § 1

18.6.1991, Rs. 260/89 – ERT, Rn. 41 ff.; Urt. v. 25.7.1991, Rs. C-353/89 – Kommission/Niederlande, Rn. 30 f.; Urt. v. 25.7.1991, Rs. 288/89 Stichting Collectieve Antennevoorziening Gouda, Rn. 23; Urt. v. 4.10.1991, Rs. C-159/90 – Society for the Protection of Unborn Children, Rn. 31; Urt. v. 3.2.1993, Rs. C-148/91, Rn. 9 f.; Urt. v. 5.10.1994, Rs. C-23/93 – TV10, Rn. 18 ff.; Urt. v. 26.6.1997, Rs. 368/95 – Familiapress, Rn. 18, 25 ff.; nur mehr inzident auch Urt. v. 28.10.1999, Rs. C-6/98 – ARD, Rn. 50 f.; Urt. v. 23.10.2003, Rs. 245/01 – RTL, Rn. 67 ff.; Urt. v. 25.3.2004, Rs. C-71/02 – Karner, Rn. 48 ff.; Urt. v. 13.12.2007, Rs. C-250/06 – United Pan, Rn. 41 ff.; Urt. v. 22.12.2008, Rs. C-336/07 – Kabel Deutschland, Rn. 37; dazu auch *Schwarze*, ZUM 2000, 779).

86 Diese Grundrechtsrechtsprechung zur Meinungs- und Medienfreiheit weist bisher kaum eigenständige Züge auf; sie hält engsten Anschluss an die vom Unionsrecht in Bezug genommene (Art. 6 Abs. 3 EUV) Rechtserkenntnisquelle des Art. 10 EMRK mitsamt der dazu ergangenen reichhaltigen Rechtsprechung des EGMR und bleibt im Stand der dogmatischen Verarbeitung bisher weit hinter dieser zurück. Dies dürfte allerdings auch dem Umstand geschuldet sein, dass klassische Beschränkungen der Kommunikationsfreiheit angesichts insoweit nur gering ausgeprägter Kompetenzen der Gemeinschaft (Union) weit eher in den Verantwortungsbereich der Mitgliedstaaten fallen, damit aber regelmäßig außerhalb des Anwendungsbereichs der Unionsgrundrechte liegen. Dies wird auch dadurch bestätigt, dass die unionsrechtliche Grundrechtsgewährleistung überwiegend nicht als subjektives Freiheitsrecht des Kommunikators in Erscheinung tritt (Urt. v. 6.3.2001, Rs. C-274/99 P – Connolly, Rn. 37 ff.), sondern als Schranke der Grundfreiheiten, vor allem in ihrer Bedeutung als (objektiv-rechtliche) Gewährleistung der Meinungsvielfalt im Rundfunk und der Presse, hier teilweise auch wiederum als „Schranken-Schranke" einer Beschränkung von Grundfreiheiten (Urt. v. 25.3.2004, Rs. C-71/02 – Karner, Rn. 48 ff.; dogmatisch interessante Doppelfunktion – Schranke und Schranken-Schranke – in Urt. v. 26.6.1997, Rs. 368/95 – Familiapress, Rn. 18, 25 ff.).

b) Art. 11 GrCh

87 Bisher hat die unionsrechtliche Gewährleistung der Meinungs- und Medienfreiheit, anders als andere Unionsgrundrechte (z.B.: informationelle Selbstbestimmung, *EuGH,* Urt. v. 20.5.2003, verb. Rs. C-465/00, C-138/01, C-139/01 – Österreichischer Rundfunk u.a.; Urt. v. 6.11.2003, Rs. C-101/01 – Lindqvist; Urt. v. 16.12.2008, Rs. C-524/06 – Huber; Urt. v. 9.11.2010, verb. Rs. C-92/09 und C-93/09 – Schecke und Eifert/Land Hessen; Urt. v. 24.11.2011, verb. Rs. C-468/10 und C-469/10 – Asociación Nacional de Establiciemiento Financieros de Crédito; Urt. v. 8.4.2014, verb. Rs. C-203/12 und C-594/12, Rdnr. 29 ff. – Digital Rights Ireland Ltd; EuGH, GRUR Int. 2014, 719 ff. – Google Spain), durch die zusätzliche Verankerung in der am 7. November 2000 proklamierten und mit dem Lissaboner Vertrag mit Wirkung zum 1. Dezember 2009 zu unmittelbarer Verbindlichkeit im Rang des Primärrechts erhobenen Grundrechtecharta noch keine signifikante Stärkung ihrer praktischen Bedeutung erfahren (so auch *Skouris,* MMR 2011, 423; anders *Roßnagel/Scheuer,* MMR 2005, 271). Art. 11 ist nur in wenigen Entscheidungen des EuGH bisher herangezogen worden, und auch hier eher beiläufig, z.B. als Abwägungsposten neben anderen betroffenen Rechtspositionen (EuGH, Urt. v. 24.11.2011, Rs. C-70/10 – Scarlet Extended, Rn. 50 ff., im Anschluss daran, wesentlich gleichlautend Urt. v.16.2.2012, Rs. C-360/10 – SABAM, Rn. 48 ff., beide Entsch. zur Informationsfreiheit; s. auch EuGH, Urt.v. 1.12.2011, Rs. C-145/10 – Painer, Rn. 114: Einschlägigkeit des Grundrechts abgelehnt; Urt. v. 6.9.2011, Rs. C-163/10 – Patriciello, Rn. 31 f.: Art. 11 GrCh als Auslegungshilfe für den Begriff der „Äußerung" in Art. 8 des Protokolls über Vorrechte und Befreiungen; Urt.v. 22.1.2013, Rs. C-283/11 – Sky Österreich, Rn. 51: Sicherung der Freiheiten des Art. 11 als Legitimation des Kurzberichterstattungsrechts (Art. 15 AVMD-RL)).

III. Europäischer Grundrechtsschutz der Pressefreiheit § 1 LPG

Art. 11 GrCh, der die Kommunikationsfreiheiten betrifft, ist in enger Anlehnung **88**
an Art. 10 EMRK konzipiert worden (*Koch,* S. 180f.): Art. 10 Abs. 1 S. 1 und 2
EMRK sind trotz der darin enthaltenen Redundanzen („ohne behördliche Eingriffe",
„ohne Rücksicht auf Staatsgrenzen") wörtlich übernommen worden, nicht jedoch
die Schrankenregelung des Art. 10 Abs. 2, deren Übernahme nicht zum Konzept der
Einheitsschrankenregelung des Art. 52 Abs. 1 GrCh gepasst hätte. Nicht in die Charta übertragen worden ist auch der besondere Vorbehalt in Art. 10 Abs. 1 S. 3 EMRK
zu Gunsten mitgliedstaatlicher Genehmigungsregelungen für die audiovisuellen Medien. Insoweit lassen die Erläuterungen des Präsidiums zur Charta erkennen, dass die
wettbewerbsrechtlichen (zB: Art. 106f. AEUV) Grenzen einer mitgliedstaatlichen
Medienregulierung auch gegenüber den elektronischen Medien Geltung beanspruchen; dieser Geltungsanspruch sollte nicht durch einen besonderen Schrankenermächtigungsgrund nach dem Muster des Art. 10 Abs. 1 S. 3 EMRK unterlaufen
werden können (näher *Cornils,* in: Gersdorf/Paal, Art. 11 GrCh, Rn. 15f.). Über das
EMRK-Vorbild hinaus geht schließlich die textexplizite Erwähnung einer eigenen
Medienfreiheit sowie der daneben gestellten Gewährleistung der „Pluralität der Medien" in Absatz 2.

Die eigene Bestimmung über die Medien (Abs. 2) entspricht dem Anliegen, die **89**
Gewährleistung der Medienfreiheiten aus dem Einheitsschutzbereich eines umfassenden Kommunikationsgrundrechts nach Art des Art. 10 EMRK herauszulösen, um so
der besonderen Bedeutung und rechtlichen Besonderheiten der Medien textlichen
Ausdruck zu verleihen. Sie ist erst nach intensiver Debatte und mehrfacher Modifikation der dazu unterbreiteten Vorschläge im Konvent in die Regelung aufgenommen
worden (s. dazu näher *Bernsdorff,* in: Meyer, GRC, Art. 11, Rn. 5ff.). Die zwischenzeitlich vorgeschlagene gegenständliche Beschränkung der ausgegliederten Gewährleistung auf die Presse wurde ebenso aufgegeben (nunmehr: „Medien") wie ein
zunächst vorgeschlagenes Gebot der „Achtung der Transparenz". Aufgrund kompetenzrechtlicher Bedenken wurde schließlich die zunächst ins Auge gefasste stärkere
Fassung („werden gewährleistet") auf die verabschiedete Formulierung („werden
geachtet") zurückgestuft. Wirkungsbegrenzende Bedeutung kommt dem nicht zu
(*Calliess,* in: ders./Ruffert, EUV/AEUV, GRC, Art. 11, Rn. 23ff.): Art. 52 Abs. 3
gebietet eine Auslegung auch der Mediengewährleistung (so wie der Freiheit der
Individualkommunikation), die nicht hinter dem Standard der Konvention zurückbleibt, wobei allerdings die sich aus dem Enumerationsprinzip ergebenden Zuständigkeitsgrenzen der Union gewahrt bleiben müssen (Art. 51 Abs. 2, näher u., Rn. 100,
102). Dies bedeutet, dass auch die Medien qualitativ uneingeschränkten Grundrechtsschutz aus Art. 11 GrCh genießen, soweit ihre Freiheit durch (kompetenzgerechte)
Regelungen oder Maßnahmen der Unionsgewalt beschränkt wird (abwehrrechtlicher
Schutz) oder die Unionsgewalt für die Erfüllung grundrechtlicher Handlungspflichten
im thematischen Bereich der Gewährleistung zuständig ist (positive obligation) – was
bisher indes allenfalls ansatzweise der Fall ist (u. Rn. 102).

Ob die besondere Erwähnung der Medienfreiheit und Medienpluralität im zweiten **90**
Absatz wirklich eine rechtlich eigenständige, von Art. 10 EMRK auch substantiell
emanzipierte Gewährleistung geschaffen hat, ist umstritten (zur Diskussion *Koch,*
S. 180f.). Diese Kontroverse betrifft wesentlich das Verhältnis der unionsrechtlichen
Gewährleistung zu Art. 10 EMRK und deren Bedeutung für das Unionsrecht.

c) Verhältnis der Unionsgrundrechtsgewährleistung (Art. 11 GrCh) zu Art. 10 EMRK

Seitdem die Grundrechtecharta – mit Inkrafttreten des Lissabonner Vertrages – **91**
unmittelbare Rechtsquelle und nicht nur Erkenntnisquelle der Unionsgrundrechte
ist, stellt sich gerade auch für Art. 11 GrCh die Frage des Verhältnisses der durch diese Gewährleistung verbürgten Rechte zu den in der Grundrechtsjudikatur des EuGH
schon mehr oder weniger deutlich ausgearbeiteten allgemeinen Rechtsgrundsätzen,
damit aber auch zu den diese Rechtsgrundsätze wiederum als Erkenntnisquelle wesentlich prägenden Rechten der EMRK und der dazu ergangenen Rechtsprechung

des EGMR mit besonderer Dringlichkeit. Bei den Kommunikationsgrundrechten des Art. 11 GrCh erscheint diese Frage besonders heikel, weil hier einerseits die von Art. 10 EMRK her bestimmte Tradition des Grundrechtsverständnisses sehr deutlich in Art. 11 eingeflossen ist (Textidentität von Art. 11 Abs. 1 und Art. 10 Abs. 1 Satz 1 und 2 EMRK), andererseits aber gerade in Art. 11 Abs. 2 auch eine signifikante Abweichung vom Konventionsvorbild hervortritt (*Koch*, S. 180 f. mwN).

92 Zwar bleibt angesichts des Befunds, dass die Rechtsprechung des EuGH bis heute kaum eigenständige Normaussagen zur Gewährleistung der Kommunikationsfreiheiten, namentlich auch der Pressefreiheit, entwickelt hat, weder zu den Schutzgegenständen und Gewährleistungsgehalten noch zu den Schranken und Rechtfertigungslasten, bis auf weiteres nur der Rückgriff auf die einschlägige Judikatur des EGMR zu Art. 10 EMRK (s. o. Rn. 53 ff.). Die gemäß Absatz 5 der Präambel sowie Art. 52 Abs. 7 für die Auslegung der Charta „gebührend" zu berücksichtigenden Erläuterungen des Präsidiums (ABl. v. 14.12.2007, Nr. C 303/17) zu Art. 11 GrCh bestätigen diese Kontinuität: Danach soll Art. 11 Art. 10 EMRK „entsprechen", insbesondere also in seiner Bedeutung und Tragweite so zu verstehen sein wie das Konventionsrecht, auch hinsichtlich der Schranken (Art. 52 Abs. 3, s. dazu u., Rn. 93). Abs. 2 soll sich den Erläuterungen zufolge sowohl auf die „Gouda"-Rspr. des EuGH (25.7.1991, Rs. 288/89 Stichting Collectieve Antennevoorziening Gouda) zur Bedeutung der Pluralismussicherung als Rechtfertigungsgrund für Beschränkungen der Dienstleistungsfreiheit des Rundfunkveranstalters (zum Verhältnis der Medienfreiheiten zu den Grundfreiheiten: *Dörr*, AfP 2003, 202) als auch auf das Amsterdamer Protokoll über den öffentlich-rechtlichen Rundfunk in den Mitgliedstaaten (Prot. Nr. 9 zum Vertrag von Amsterdam, ABl. Nr. C 340 vom 10. November 1997, S. und schließlich die Fernseh-(heute: AVMD-)Richtlinie „stützen". Damit ist jene EuGH-Rechtsprechung zur rundfunkgrundrechtlichen Gewährleistung der Meinungs- und Medienpluralität in Bezug genommen, die sich ihrerseits aus der Erkenntnisquelle des Art. 10 EMRK speist; der Anschluss an die eigene Rechtsprechungstradition des EuGH, mittelbar damit zugleich aber auch an die EMRK ist unübersehbar.

93 Unklar ist demgegenüber die Bedeutung der textlichen Auslagerung der Medienfreiheit und -pluralität in die eigene Bestimmung des Abs. 2. Diese Uneindeutigkeit betrifft in erster Linie die Frage, ob mit der ausdrücklichen Erwähnung der Medien auch in der Sache ein neues Grundrecht geschaffen worden ist, das in Art. 10 EMRK keine Entsprechung hat. Die Antwort auf diese Frage ist bestimmend dafür, ob oder jedenfalls in welchem Maße die Dogmatik und Rechtsprechung des EGMR zu Art. 10 EMRK auch die Interpretation der unionsrechtlichen Gewährleistung der Medienfreiheit beeinflusst. Findet Abs. 2 in Art. 10 EMRK eine „Entsprechung", zwar nicht in der Formulierung, wohl aber im gleichermaßen erfassten Regelungsbereich, so greift Art. 52 Abs. 3, ist also die Charta-Gewährleistung in ihrer Bedeutung und Tragweite so zu lesen wie das „entsprechende" EMRK-Recht, hier Art. 10 EMRK. Begreift man Art. 52 Abs. 3 mit der zwar fragwürdigen, aber wohl herrschenden Ansicht nicht nur als Auslegungsmaxime mit Grundsatzcharakter, sondern weitergehend als „Kollisions-" oder „Transferklausel" (eingehend dazu *Borowsky*, in: Meyer, GRC, Art. 52 Rn. 29 ff.; *Ziegenhorn*, Der Einfluss der EMRK im Recht der EU-Grundrechtecharta, 2009; abl. *Cornils*, in: Grabenwarter (Hrsg.), EnzEuR II, 2014, § 5 Rn. 27 ff.; *Kingreen*, in: Calliess/Ruffert, EUV/AEUV, GRC Art. 52 Rn. 37 f.), so bedeutet dies, dass eine Abweichung der Interpretation des Charta-Grundrechts (Art. 11 Abs. 2) von Art. 10 EMRK in der Rspr. des EGMR nur in Betracht kommt, soweit der unionale Schutzstandard im Ergebnis über denjenigen des Konventionsrechts hinausgeht (Art. 52 Abs. 3 Satz 2). Abgesehen davon ist aber jeder Spielraum einer genuin unionsrechtlichen Ausformung einer Dogmatik der Medienfreiheit und des Medienpluralismus ausgeschlossen. Die inhaltliche Überformung des Chartarechts (Art. 11 GrCh) durch das entsprechende Konventionsrecht (Art 10 EMRK), betrifft sowohl die Schutzbereichsbestimmung als auch das Schrankenregime, weil beide die „Bedeutung und Tragweite des Grundrechtsschutzes"

bestimmen. Für Art. 11 hätte dies zur Konsequenz, dass die Schrankenregelung des Art. 10 Abs. 2 EMRK anwendbar wäre, nicht jedoch der (nach wohl hM in den Fällen des Art. 52 Abs. 3 Satz 1 verdrängte) allgemeine Schrankenvorbehalt des Art. 52 Abs. 1 (krit. zur angeblichen Spezialität der EMRK-Schranken *Cornils,* in: Grabenwarter (Hrsg.), EnzEuR II, § 5 Rn. 27 ff.; *Kingreen,* in: Calliess/Ruffert, EUV/AEUV, GRC Art. 52 Rn. 37 f.).

Die Erläuterungen zu Art. 11 (s. o., Rn. 92) und ebenso auch zu Art. 52 (s. dort die Auflistung der „Entsprechungsgrundrechte" iSd Art. 52 Abs. 3) kennzeichnen Art. 11 insgesamt (und nicht etwa nur Abs. 1!) als Art. 10 EMRK entsprechendes Charta-Recht. Das spricht für die Anwendung des Art. 52 Abs. 3 auch auf Art. 11 Abs. 2 – wenn auch die systematische Einbeziehung dieses Absatzes in die Entsprechungs-Aussage nicht ganz eindeutig und auch nicht unwidersprochen geblieben ist. Trotz dieser Aussage in den Erläuterungen hat die Gegenauffassung, die medienbezogenen Gewährleistungen des Abs. 2 fielen nicht in den Anwendungsbereich des Art. 52 Abs. 3, starke Verbreitung gefunden (*Bernsdorff,* in: Meyer, GRC, Art. 11 Rn. 15: „Emanzipierung von der Meinungsäußerungsfreiheit"; *Calliess,* in: ders/ Ruffert, EUV/AEUV, GRC Art. 11 Rn. 31; *Knecht,* in: Schwarze (Hrsg), EU, Art. 11 GRC Rn. 11). Mangels Entsprechung in Art. 10 EMRK wäre danach Raum für eine eigenständig unionsrechtliche Dogmatik der Mediengewährleistung und kämen nicht die Schranken des Art. 10 Abs. 2 EMRK, sondern die generelle Schrankenregelung der Charta in Art. 52 Abs. 1 zur Anwendung. **94**

Diese Auffassung von der Nicht-Entsprechung der Art. 10 EMRK und Art. 11 GrCh, soweit die Medienfreiheiten in Rede stehen, kann nicht überzeugen (s. näher dazu *Cornils,* in: Grabenwarter [Hrsg.], EnzEuR II, § 5 Rn. 75 f.). Ausschlaggebend ist dafür weniger die dahin gehende, jedoch nur bedingt aussagekräftige und nicht strikt verbindliche Position in den „Erläuterungen", sondern vor allem die sachliche Reichweite des Art. 10 EMRK: Seit jeher sind die Medienfreiheiten in Art. 10 EMRK als mit verbürgt angesehen und in der Rechtsprechung des EGMR vielfach erörtert und weiterentwickelt worden; Art. 10 Abs. 1 Satz 3 EMRK macht diese ganz unbezweifelbare Erstreckung auf die Medien im Übrigen auch textlich deutlich. Auch das Schrankensystem des Art. 10 Abs. 2 EMRK ist elastisch genug, gegenstandsadäquate Rechtfertigungsanforderungen auch für die Medienregulierung entwickeln zu können (insoweit zweifelnd *Knecht,* in: Schwarze, EU, Art. 11 GRC, Rn. 11); die Rechtsprechung des EGMR liefert hinreichend Belege für die Herausbildung medienspezifischer Normaussagen, sowohl zur Presse- als auch zur Rundfunkfreiheit, sowohl zur Schutzfunktion des Individualrechts für die Journalisten und Verleger als auch zur überindividuell-institutionellen Bedeutung entsprechend verfasster Medien für den Meinungsbildungsprozess als Demokratievoraussetzung (s. für den Rundfunk nur EGMR, 17.9.2009, Nr. 3936/02 – Manole), schließlich sowohl zur abwehrrechtlichen als auch zur auf individuellen Schutz (Schutzpflicht) und die Ausgestaltung einer Medienordnung zielenden Auftragsdimension (positive obligations, näher zu allem o. Rn. 53 ff.). **95**

Stehen Art. 11 GrCh – einschließlich Abs. 2 – und Art. 10 EMRK mithin in einem Verhältnis der Entsprechung, so bedeutet dies doch richtigerweise nicht, dass das Unionsgrundrecht der Medienfreiheit keinerlei eigenständige Entwicklung nehmen könnte, vielmehr wegen Art. 52 Abs. 3 GrCh auf Dauer nur als unionsrechtliche Verdoppelung des konventionsrechtlichen Stammrechts zu verstehen sein müsste. Vielmehr gestattet Art. 52 Abs. 3 GRCh, recht verstanden als ein nur mehr prinzipielles (nicht definitives) Kohärenzgebot, durchaus Abweichungen, soweit sie sich aus Spezifika des Unionsrechts begründen lassen (*Cornils,* in: Grabenwarter [Hrsg.], Enz-EuR II, § 5 Rn. 27 ff.). Diese Besonderheiten und Abweichungen können etwa die objektiven Pflichten des staatlichen Mediengesetzgebers zu positiver Ausgestaltung der Medienordnung (namentlich im Rundfunkbereich) betreffen, so wie sie in der jüngeren EGMR-Rechtsprechung in Annäherung an das deutsche Muster (Art. 5 Abs. 1 Satz 2 GG) ausformuliert worden sind. In die Unionsrechtsordnung können **96** sie schon aus Kompetenzgründen allenfalls eingeschränkt übertragen werden (s. u., Rn. 102).

d) Grundrechtsadressaten

97   Wie alle Unionsgrundrechte bindet auch Art. 11 GrCh zunächst die Träger unionaler Hoheitsgewalt, in zweiter Linie auch die Mitgliedstaaten bei der Durchführung des Rechts der Union (Art. 51 Abs. 1 GrCh). In der Mehrzahl der bisher entschiedenen Fälle ist die Gewährleistung der Medienfreiheiten als Maßstab für das Handeln der Mitgliedstaaten herangezogen worden (siehe dazu: *Jarass,* NVwZ 2012, 457). Vereinzelt ging es dabei um die die Anwendung der Unionsgrundrechte begründende Umsetzung oder Anwendung sekundären Unionsrechts (EuGH, Urt. v. 24.11.2011, Rs. C-70/10 – Scarlet Extended, Rn. 50 ff., Urt. 16.2.2012, Rs. C-360/10 – SABAM, Rn. 48 ff.: Grundrechtsbindung mitgliedstaatlicher Gerichte beim Gebrauch einer durch Richtlinienvorschriften des Unionsrecht vorgegebenen Befugnis). Häufiger ist die Gewährleistung als Maßstab der Prüfung mitgliedstaatlicher Beschränkungen von Grundfreiheiten herangezogen worden, meist als Rechtfertigungsgrund einer Beschränkung der Dienstleistungs- oder Warenverkehrsfreiheit insbesondere durch rundfunkrechtliche Regelungen (Urt. v. 25.7.1991, Rs. C-353/89 – Kommission/Niederlande, Rn. 30 f.; Urt. v. 25.7.1991, Rs. 288/89 – Stichting Collectieve Antennevoorziening Gouda, Rn. 23; Urt. v. 3.2.1993, Rs. C-148/91 – Vereniging Veronica Omroep Organisatie, Rn. 9 f.; Urt. v. 5.10.1994, Rs. C-23/93 – TV10, Rn. 18 ff.) oder auch umgekehrt als schutzverstärkend wirkende Schranken-Schranke einer Grundfreiheitsbeschränkung (EuGH v. 18.6.1991, Rs. 260/89 – ERT, Rn. 41 ff.; Urt. v. 26.7.1997, Rs. C-368/95 – Vereinigte Familiapress Zeitungsverlags- und vertriebs GmbH/Bauer Verlag, Rn. 24 ff.). Das zum griechischen Fernsehmonopol ergangene ERT-Urteil ist sogar namensprägend für die Begründung der Anwendbarkeit der Gemeinschafts-(Unions-)Grundrechte auf mitgliedstaatliche Beschränkungen der Grundfreiheiten geworden („ERT-Rechtsprechung"; dazu: *Wollenschläger,* EuZW 2014, 577). Danach müssen die im Vertrag explizit aufgeführten Beschränkungsgründe (Art. 36 AEUV für den Warenverkehr, Art. 62 iVm Art. 52 AEUV für die Dienstleistungsfreiheit) oder die anerkannten sonstigen zwingenden Gründe des Allgemeininteresses im Lichte der allgemeinen Grundsätze, insbesondere der Grundrechte des Unionsrechts ausgelegt werden. Durch die Wirkung der mitgliedstaatlichen Eingriffsregelung oder -maßnahme als Grundfreiheitsbeeinträchtigung wird dieser Rechtsprechung zufolge also der „Anwendungsbereich des Unionsrechts", damit auch der Unionsgrundrechte eröffnet.

98   Ob die ERT-Rechtsprechung zur Anwendbarkeit der Unionsgrundrechte auf mitgliedstaatliche Beschränkungen der Grundfreiheiten unter der Geltung des Art. 51 Abs. 1 GrCh mit seiner engeren Formulierung („Durchführung" des Unionsrechts) fortgeführt werden kann, ist umstritten (s. nur *Huber,* NJW 2011, 2385; *Thym,* JZ 2011, 148; *ders.,* NVwZ 2013, 889). Der EuGH hat sich durch Art. 51 GrCh nicht gehindert gesehen, an seinem bisherigen Verständnis der Reichweite der Unionsgrundrechte festzuhalten, diese sogar eher noch ausgedehnt (EuGH, Urt. v. 26.2. 2013, Rs. C-617/10 – Åkerberg Fransson, Rn. 18 ff.).

e) Gewährleistungsdimensionen

99   Das Kohärenzgebot des Art. 52 Abs. 3 GrCh hat zur Konsequenz, dass die in der EGMR-Rechtsprechung zu Art. 10 EMRK entfalteten Dimensionen des Grundrechtsschutzes – mit Einschränkungen hinsichtlich der grundrechtlichen Schutzpflicht (s. u., Rn. 102) – auch für die Auslegung des Art. 11 GrCh zugrunde zu legen sind. Die bisherige Rechtsprechung des EuGH bestätigt diese Vielfalt der Gewährleistungsgehalte, auch wenn bisher nicht jeder dieser vom EGMR entwickelten Gehalte als Entscheidungsmaßstab herangezogen worden ist. Auch Art. 11 GrCh ist mithin sowohl individuelles Freiheitsrecht der in den Schutzbereichen erfassten Berechtigten, also der aktiven Kommunikatoren (Medienangehörige, Personen, die eine Meinung

III. Europäischer Grundrechtsschutz der Pressefreiheit § 1 LPG

äußern, Beteiligte am Prozess der Verbreitung eines Kommunikats), als auch überindividuell-objektive Gewährleistung der (rechtlichen) Rahmenbedingungen für die Vielfalt der Meinungen und Medien (Vielfaltssicherungsgarantie) (*Schladebach/ Simantrias*, EuR 2011, 784). Dieser Dualismus individualgrundrechtlicher und objektiv-programmatischer Gehalte findet in Abs. 2 textlichen Ausdruck („Die Freiheit der Medien und ihre Pluralität werden gewährleistet"), ist aber seit langem auch in der Rechtsprechung zur Presse- und Rundfunkfreiheit des EGMR und der darauf Bezug nehmenden EuGH-Rechtsprechung zum Medienpluralismus als einem grundrechtlichem Argument im Zusammenhang der Rechtfertigung von Beschränkungen der Grundfreiheiten nachweisbar (s. o., Rn. 92).

Aus der ausdrücklichen Erwähnung der „Pluralität" in Ab. 2 kann allerdings keine 100
Akzentverschiebung im Verhältnis beider Gewährleistungsdimensionen, etwa im Sinne einer Aufwertung oder gar eines Vorrangs der objektiv-rechtlichen Normziel-Dimension nach deutschem Vorbild (in diese Richtung möglicherweise – im Anschluss an *Stock*, EU-Medienfreiheit, 2004 – *Borowsky*, in: Meyer, GRC, Art. 52, Rn. 23b), abgeleitet werden, schon deswegen nicht, weil Art. 52 Abs. 3 GrCh grundsätzliche Kohärenz der Interpretation des Art. 11 mit derjenigen des Art. 10 EMRK fordert, aber auch, weil Abs. 2 mit dem Nebeneinander der Medienfreiheit und der Medienpluralität als Gegenständen der Gewährleistung nur das beschreibt, was seit Jahrzehnten ohnehin praktizierter Rechtsprechung entspricht (dazu *Skouris*, MMR 2011, 423). Gegen eine akzentuiert funktionalistische Konzeption des Unionsgrundrechts spricht zudem die Nichtübernahme des Art. 10 Abs. 1 Satz 3 EMRK in den Art. 11 und die dazu niedergelegte Erläuterung des Präsidiums (s. o., Rn. 88), ferner auch schon die ältere EuGH-Rechtsprechung zum Rundfunk-Binnenmarkt, die zwar das Pluralismussicherungsziel, also die objektive Normzieldimension der Mediengewährleistung immer als Schrankengrund der Grundfreiheiten (insb.: Dienstleistungsfreiheit) anerkannt, gleichwohl aber doch recht strenge Verhältnismäßigkeitsanforderungen an eine gerechtfertigte Grundfreiheitsbeschränkung gerichtet und so keineswegs jede mitgliedstaatlich-rundfunkrechtliche Regelung akzeptiert hat (EuGH, 25.7.1991, Rs. C-353/89 – Kommission/Niederlande, Rn. 30 f.; 25.7.1991, Rs. 288/89 Stichting Collectieve Antennevoorziening Gouda, Rn. 24, 29; 13.12. 2007, Rs. C-250/06 – United Pan, Rn. 43 ff.). Schließlich führen auch die Beschränkung der Union auf zugewiesene Kompetenzen (Konzept der begrenzten Einzelermächtigung) und das Verbot grundrechtsbegründeter Kompetenzausdehnung (Art. 51 Abs. 2 GrCh) dazu, dass grundrechtliche Auftragsgehalte, etwa Handlungsverpflichtungen des (Unions-)Gesetzgebers zur Schaffung einer pluralismussichernden Medienordnung, nur in deutlich engeren Grenzen vorstellbar sind als etwa gemäß dem aus Art. 5 GG entwickelten Rundfunkverfassungsrecht (*Paal*, Medienvielfalt und Wettbewerb, S. 93 f.).

Die subjektiv-individualschützenden Grundrechtsdimensionen – namentlich des 101
Abwehrrechts – und die objektiv-funktionale Dimension (insbesondere: Vielfaltssicherungsziel) stehen mithin ohne Überordnung der objektiven Funktion der Pluralismussicherung nebeneinander. Deutlich sichtbar wird dieses Nebeneinander in dem die Pressefreiheit betreffenden, dogmatisch bemerkenswerten Urteil Familiapress (Urt. v. 26.7.1997, Rs. C-368/95; weniger deutlich auch schon in Urt. v. 5.10.1994, Rs. C-23/93 – TV10, Rn. 18 ff.): Die Gewährleistung des Art. 10 EMRK tritt hier doppelfunktional und gegenläufig einerseits als objektiv-rechtliche Garantie der Medienvielfalt und damit als Rechtfertigungsgrund für die Beschränkung der Warenverkehrsfreiheit des Presseunternehmers hervor (Rn. 18 des Urteils), andererseits als Verbürgung individueller Pressefreiheit – und damit als Verstärker der Schutzwirkung der Warenverkehrsfreiheit iSd ERT-Rspr. (Rn. 24 ff. des Urteils). Die Kollision gegenläufiger normativer – subjektiv-individualschützender und objektiv-vielfaltssichernder – Anforderungen aus dem „Bündel"-Garantie des Art. 10 EMRK bzw. Art. 11 GrCh führt in die Notwendigkeit einer durch die Grundsätze der Verhältnismäßigkeit strukturierten Kollisionslösung, durchaus ähnlich wie in der neueren Rspr. des BVerfG

Cornils 93

zu Art. 5 Abs. 1 Satz 2 GG (BVerfGE 121, 30, Rn. 113 ff.), aber – anders als in der Rspr. des BVerfG – ohne Dominanz des Vielfaltssicherungsziels gegenüber der individuellen Meinungs-, Presse- oder Rundfunkveranstalterfreiheit.

102 Nur begrenzt übertragbar für die Interpretation des Art. 11 GrCh erscheinen die zu Art. 10 EMRK entwickelten Normaussagen über die an den Grundrechtsadressaten gerichteten grundrechtlichen Leistungspflichten („positive obligations") neben der negatorisch-abwehrrechtlichen Wirkdimension. Leistungspflichten kommen sowohl in Betracht in der Form der horizontal (mittelbar) drittwirkenden Schutzpflicht als auch in Gestalt grundrechtlicher Organisations- und Ausgestaltungspflichten, wie sie gerade im Zusammenhang der Medienfreiheit für die Ordnung eines vielfältigen, gegen staatliche und gesellschaftliche Vermachtungsbestrebungen hinreichend abgeschirmten Rundfunks entfaltet worden sind, und zwar mittlerweile auch in der Judikatur des EGMR (EGMR, Urt. v. 17.9.2009, Nr. 13936/02 Rn. 99 ff. – Manole and Others v. Moldova; Urt. v. 7.6.2012, Nr. 38433/09 Rn. 129 ff. – Centro Europa 7 S. R. L. and Di Stefano v. Italy). Da allerdings die Unionsgrundrechte nicht kompetenzbegründend für die Union wirken (Art. 51 Abs. 2 GrCh), die Union selbst jedoch nur in geringem Umfang über Befugnisse zum straf-, zivil- oder medienordnungsrechtlichen Schutz der durch Art. 11 GrCh gewährleisteten Güter verfügt, könnte sich diese Auftragsdimension im Wesentlichen nur gegen die Mitgliedstaaten richten (*Bernsdorff*, in: Meyer, GRC, Art. 11 Rn. 19), soweit hier das Unionsgrundrecht anwendbar ist, also – mangels sekundärrechtlicher Rechtsakte außerhalb des audiovisuellen Bereichs – nur im Rahmen von Beeinträchtigungen der Grundfreiheiten. Aber die grundfreiheitsrechtliche Begründung der Anwendung der Unionsgrundrechte („ERT"- und „Gouda"-Konstellation, s. o., Rn. 97) ist nicht geeignet, grundrechtliche Handlungsaufträge an die Mitgliedstaaten zur Beschränkung der Grundfreiheiten zu erschließen (so auch *Wollenschläger*, EuZW 2014, 577/580): Die Grundfreiheiten schützen die Unionsbürger vor ihrer Einschränkung durch die Mitgliedstaaten, nicht aktivieren sie umgekehrt eine Pflicht der Mitgliedstaaten, sie zu beschränken. Das Unionsrecht erlaubt den Mitgliedstaaten zur Verfolgung bestimmter Gemeinwohlziele, darunter auch des Schutzes der Grundrechte, und unter Wahrung der Verhältnismäßigkeit die Einschränkung der Grundfreiheiten, aber es zwingt dazu nicht. Von den Unionsgrundrechten kann ein solcher Handlungszwang schon deswegen nicht ausgehen, weil ihr Geltungsanspruch gegenüber der mitgliedstaatlichen Gewalt durch eine grundfreiheitsbeschränkende Maßnahme des Mitgliedstaats überhaupt erst eröffnet wird; er kann einer solchen Maßnahme mithin nicht vorausliegen. Der EuGH hat sich dementsprechend bisher darauf beschränkt, aus der Gewährleistung der Meinungs- und Medienvielfalt mitgliedstaatliches grundfreiheitsbeschränkendes Handeln zu rechtfertigen (Art. 10 EMRK bzw. Art. 11 GrCh als Schrankengrund); er hat aber nicht solches Handeln gefordert.

f) Inhalte der Pressefreiheit

103 Hinsichtlich der Schutzinhalte – tatbestandliche Reichweite und Kriterien zur Schrankenrechtfertigung – hat die Rechtsprechung des EuGH zu den Medienfreiheiten und zur Pressefreiheit im Besonderen bisher keinerlei eigene Züge entwickelt, so dass insoweit auf die Darlegungen zu Art. 10 EMRK verwiesen werden kann (s. o., Rn. 53 ff.).

IV. Die Gewährleistung der Pressefreiheit nach dem Grundgesetz

104 Das Grundgesetz kennt, von der Menschenwürde und dem menschlichen Leben („Höchstwert der Verfassung", BVerfGE 39, 1/42; 46, 160/164; 49, 24/53; 115, 118, Rn. 82) abgesehen, an sich keine Werthierarchie der Grundrechte und so kommt auch der Pressefreiheit kein apriorisch höherer Rang gegenüber konkurrierenden oder kollidierenden Grundrechtsgütern, etwa dem allgemeinen Persönlichkeitsrecht,

IV. Die Gewährleistung der Pressefreiheit nach dem Grundgesetz § 1 LPG

zu. Diese grundsätzliche Einsicht tut indessen der Bedeutung der Pressefreiheit und ihrer verfassungsrechtlichen Verbürgung keinen Abbruch: Mit der Presse gewährleistet die Verfassung ein, wie es das BVerfG im grundlegenden Spiegel-Urteil v. 5.8. 1966 formuliert hat, „Wesenselement des freiheitlichen Staates", das „für die moderne Demokratie unentbehrlich" ist (BVerfGE 20, 162, 174; ebenso BVerfGE 52, 283, 296; *Koch,* S. 112; *Korte,* § 1, S. 1 f., Rn. 2 ff.; *Kläver,* UFITA 2007, 87). Im Nebeneinander beider Prädikate bringt sich jene für die Kommunikationsfreiheiten – vom BVerfG zunächst für die Meinungsfreiheit (BVerfGE 5, 86/134, 199, 206 f.; 7, 198/ 208, 212: „schlechthin konstituierend für die freiheitliche Demokratie"), schon bald aber auch für die Pressefreiheit hervorgehobene (BVerfGE 10, 118, Rn. 14) – charakteristische zweifache Bedeutung zum Ausdruck, die auch in ihrer verfassungsrechtlichen Gewährleistung eine Entsprechung findet (BVerfGE 20, 162, Rn. 38: „Der Funktion der freien Presse im demokratischen Staat entspricht ihre Rechtsstellung nach der Verfassung."): Sie ist zum einen bereichsspezifische Ausprägung der Garantie allgemeiner Handlungsfreiheit, schützt insofern also individuelle Selbstbestimmung und Persönlichkeitsentfaltung auf dem Gebiet der Pressetätigkeit; zum anderen aber erfasst sie die überindividuelle Funktion der Presse für den Prozess der Information und Meinungsbildung, nicht nur, aber auch als konstituierende Verfassungs-Voraussetzung der Demokratie (*Schulze-Fielitz,* in: Dreier, Art. 5 I, II Rn. 40).

1. Mehrdimensionale Gewährleistung

Die Mehrdimensionalität wohl aller Grundrechtsgewährleistungen ist auf dem heute 105 erreichten Entwicklungsstand der Grundrechtsdogmatik, nicht nur nach dem Grundgesetz, sondern auch in den europäischen Grundrechtsordnungen (s. o., Rn. 55 f., 99 ff.), kaum noch in Abrede zu stellen, und zwar auch schon von einem nur mehr individual-freiheitsrechtlichen Grundverständnis aus. Zumindest die Schutzpflichtdimension der Grundrechte mit daraus abgeleiteter Individualberechtigung (Schutzanspruch) ist weitgehend unstreitig, auch im Rahmen der Pressefreiheitsgewährleistung; sie nimmt heute zusammen mit dem negatorischen Abwehrrecht auch die (mittelbaren) Drittwirkungseffekte der Grundrechte auf, die früher – auch unter dem Thema der Pressefreiheit – mit dem Ausdruck der „Ausstrahlungswirkung" umschrieben worden sind (s. u., Rn. 114) (zur Diskussion: *Koch,* S. 120 ff. mwN).

Die Pluralität der Gewährleistungsgehalte fächert sich indes in dem Maße noch 106 weiter aus, in dem auch bei der Pressefreiheit die vorstehend angedeutete Dimension der positiven Funktionssicherung durch den Staat, namentlich den Gesetzgeber, als substantielle verfassungsnormative Bindung, bis hin zur Qualität grundrechtlicher Gesetzgebungsaufträge, begriffen wird. Das Grundrecht der Pressefreiheit ist, soviel ist klar, nicht nur Abwehrrecht und horizontal drittwirkende Schutzgewährleistung, sondern auch „objektive Grundsatznorm" (BVerfGE 80, 124, Rn. 27); es garantiert, so die ältere, in der jüngeren Rechtsprechung indes außer Gebrauch gekommene Diktion, das Institut „Freie Presse" (BVerfGE 20, 162, Rn. 38).

Steht dieser Gewährleistungsgehalt in der bundesverfassungsgerichtlichen Dogma- 107 tik der Rundfunkfreiheit ganz im Vordergrund und hat er hier, aller Kritik ungeachtet, seine dominierende Stellung bis heute behauptet, so sind sein Inhalt und seine Reichweite hinsichtlich der Freiheit der Presse umstritten: Eine der Rundfunkdogmatik verwandte oder gar mit ihr identische Sicht auf die objektiv-rechtliche Gewährleistungsdimension der Pressefreiheit wird ganz überwiegend, wenn nicht allgemein abgelehnt, vielmehr verbreitet entschiedene Distanz gegenüber dem vom BVerfG auf dem Gebiet des Rundfunkverfassungsrechts beschrittenen Sonderweg behauptet (insb. *Bullinger,* Voraufl., § 1 Rn. 30: „grundlegend anders geprägt"). Unzweifelhaft ist, dass auch in der Rechtsprechung des BVerfG die Folgerungen aus der grundsätzlich anerkannten objektiv-rechtlichen, funktionsorientierten Bindungsdimension der Pressegewährleistung längst nicht so weit getrieben worden sind wie bei der Rundfunkfreiheit. Freilich gibt die Rechtsprechung durchaus Hinweise, dass dem kein grundsätzlicher Konzeptunterschied im Verständnis beider Mediengrundrechte zu Grunde liegt, sondern die Divergenz in erster Linie auf die unterschiedlichen tatsächlichen Gegebenheiten in beiden Normbereichen zurückzuführen sind (BVerfGE 91, 125/134, näher u., Rn. 134ff.). Die Alternative entweder eines die Teilschutzbereiche des Art. 5 Abs. 1 Satz 2 GG übergreifenden grundrechtstheoretischen Verständnisses einer grundsätzlich einheitlichen Medienfreiheit oder der Annahme von kategorial verschieden angelegten Einzelgewährleistungen der Rundfunkfreiheit und der Pressefreiheit andererseits markiert mithin die gegenüberliegenden Standpunkte einer bis heute letztlich nicht entschiedenen Kontroverse, welche indessen erhebliche Bedeutung für die Interpretation des Pressegrundrechts auch in Einzelfragen hat.

108 Wie weit reichend auch immer die Mehrdimensionalität der Pressegewährleistung verstanden wird, jedenfalls führt sie in die Möglichkeit, ja Notwendigkeit der Kollisionslösung gegenläufiger grundrechtlicher Anforderungen: Dies gilt nicht nur für die häufige Konstellation von Konflikten der Pressefreiheit mit „externen" Schutzgütern, etwa dem Persönlichkeitsrecht oder eigentumsrechtlich geschützten Urheberrechtspositionen, erstreckt sich vielmehr auch auf gewährleistungsinterne Zielkonflikte zwischen verschiedenen gleichermaßen durch das Pressegrundrecht konstituierten Schutzpositionen. Zu derartigen „In-Sich-Konflikten" (*Schulze-Fielitz,* in: Dreier, Art. 5 I, II, Rn. 40) im Rahmen des Art. 5 Abs. 1 S. 2 GG kommt es auch nicht erst bei Zugrundelegung einer pointiert objektiv-rechtlichen Grundrechtstheorie nach dem Vorbild des Rundfunkverfassungsrechts in der Lesart des BVerfG, sondern auch schon bei einer reduzierteren, dezidiert „liberalen" Deutung, die positive Ordnungsaufträge und funktionale Pflichtbindungen im Hinblick auf ein der demokratischen Funktion entsprechendes Pressewesen ablehnt: Schon die Abwehrrechts- und Schutzpflichtdimensionen führen im Horizontalverhältnis zwischen verschiedenen an der Herstellung und dem Vertrieb von Presseerzeugnissen beteiligten Personen zu Grundrechtskonflikten jeweils aus der Gewährleistung der Pressefreiheit, die im Sinne wechselseitiger Verhältnismäßigkeit aufgelöst werden müssen (innere Pressefreiheit, s. dazu u., Rn. 126ff.). Verstärkt können derartige interne Kollisionslagen aber selbstredend vorkommen, wenn die Pressegewährleistung mit objektiven Programmvorstellungen hinsichtlich einer funktionsadäquaten Ausgestaltung des Pressewesens aufgeladen wird, die dann auf die abwehrrechtlich geschützte individuelle Betätigungsfreiheit der Presseangehörigen treffen und insoweit schrankenlegitimierend wirken. Ein plakatives Beispiel ist die Einschränkung der Zulässigkeit von Pressefusionen aus Gründen der Sicherung der Pressevielfalt, wenn diese ihrerseits als aus Art. 5 Abs. 1 Satz 2 GG verfassungsrechtlich geboten angesehen wird, vergleichbar der Konzentrationskontrolle im Rundfunkrecht (s.u., Rn. 148ff.).

a) Abwehrrecht

109 Die in langem Kampf gegen obrigkeitsstaatliche Gängelung und Kontrolle errungene Pressefreiheit ist historisch eindeutig vom Gedanken der Abwehr staatlicher Beschränkungen geprägt (*Schulze-Fielitz,* in: Dreier, Art. 5 I, II, Rn. 132; *Bullinger,* § 1, Rn. 30; zur historischen Entwicklung: *Koch,* S. 110ff.; 120f.); die abwehrrechtliche Schutzdimension steht in dieser Tradition bis heute im Zentrum der grundrechtlichen Pressegewährleistung nach Art. 5 Abs. 1 Satz 2 GG, zumal die grundrechtstypische Gefährdungslage, das Schutzbedürfnis gegenüber staatlichen Übergriffen auch unter demokratischen Vorzeichen keineswegs vollständig gewichen sind (s. zu den klassischen, aber eben bis heute relevanten Eingriffen der strafprozessualen Durchsuchung und Beschlagnahme nur BVerfGE 117, 244 – CICERO). Zwar hat auch schon die frühere Rechtsprechung des BVerfG mit dem Abwehrrecht zugleich immer auch ihre „objektiv-rechtliche Seite" betont (ansatzweise schon BVerfGE 10, 118, Rn. 14: „institutionelle Sicherung der Presse"; deutlich dann BVerfGE 20, 162, Rn. 38). Anders als bei der von Anfang an – noch zu Zeiten ausschließlich öffentlichrechtlicher Rundfunkveranstaltung – primär objektiv-rechtlich angelegten Rundfunk-

IV. Die Gewährleistung der Pressefreiheit nach dem Grundgesetz § 1 LPG

freiheit erscheint die institutionelle Garantie der Pressefreiheit aber wesentlich als Verstärkung und überindividuelle Erweiterung des (negatorischen) Freiheitsrechts (*Zohm*, S. 133). Sie programmiert die „Rechtsordnung" darauf, „überall, wo der Geltungsbereich einer Norm die Presse berührt, dem Postulat ihrer Freiheit Rechnung zu tragen", auch unabhängig von individueller Eingriffsbetroffenheit (BVerfGE 20, 162, Rn. 38; s. auch BVerfGE 80, 124, Rn. 27: objektive Grundsatznorm, die „die Freiheitlichkeit des Pressewesens insgesamt" garantiert). Eine Gegenspielerrolle gegenüber der individuellen Pressefreiheit als gewährleistungsimmanenter Schrankengrund im Interesse übergeordneter Gemeinwohlziele – etwa der Funktionsfähigkeit eines pluralistischen Meinungsbildungsprozesses – gewinnt die institutionelle Garantie hier – anders als beim Rundfunk – noch kaum, jedenfalls zeichnen sich inhaltliche Konturen eines solchen, sich disziplinierend gerade gegen die ungehinderte Betätigungsfreiheit der Presse richtenden Gewährleistungsgehalts kaum ab – allenfalls ansatzweise in der viel zitierten Erwägung des Spiegel-Urteils, wonach sich auch an eine „Pflicht des Staates denken [ließe], Gefahren abzuwehren, die einem freien Pressewesen aus der Bildung von Meinungsmonopolen erwachsen könnten" (BVerfGE 20, 162, Rn. 38).

(1) Anwendungsfälle des Abwehrrechts
Aktualisierungen der Abwehrfunktion des Grundrechts sind in der Rechtsprechung des BVerfG hingegen immer wieder vorgekommen, so in den Fällen des Berufsverbots für Redakteure (BVerfGE 10, 118/121), der Durchsuchung von Redaktionsräumen und Beschlagnahmeaktionen (BVerfGE 20, 162/187; 64, 108/115; 117, 244/259), der Erzwingung von Zeugenaussagen (BVerfGE 36, 193/204) oder der Aufnahme eines Presseerzeugnisses in den Verfassungsschutzbericht (BVerfGE 113, 63/76 ff.). Abwehrrechtlichen Schutz bietet Art. 5 Abs. 1 Satz 2 GG nicht nur gegen imperative Eingriffe, sondern auch gegen influenzierendes Verwaltungshandeln durch faktische Anreize, etwa mit staatlichen Fördermaßnahmen verbundene „inhaltslenkende Wirkungen" (BVerfGE 80, 124, Rn. 28).

110

(2) Insbesondere: Boykottaufruf
Um abwehrrechtlichen Schutz geht es regelmäßig auch in den wettbewerbsrechtlichen oder äußerungsrechtlichen Fällen, in denen die Grundrechte der Meinungs- und Pressefreiheit die Äußerung und pressemäßige Verbreitung von Boykottaufrufen legitimieren. Sie bewirken also im Rahmen der Auslegung und Anwendung wettbewerbsrechtlicher (§§ 1, 3 UWG, § 126 GWB) oder zivilrechtlicher Verbotsnormen, dass derartige Verbote nicht eingreifen. Nach der Rechtsprechung deckt Art. 5 GG Boykottaufrufe auch, wenn damit wirtschaftliche Interessen beeinträchtigt werden, jedoch nur dann, wenn eine Meinungsäußerung erstens „ihren Grund nicht in eigenen Interessen wirtschaftlicher Art findet, [sondern] der Sorge um politische, wirtschaftliche, soziale oder kulturelle Belange der Allgemeinheit dient", zweitens kein wirtschaftlicher Druck eingesetzt wird (BVerfGE 25, 256/264 ff.) und drittens das eingesetzte Mittel verhältnismäßig ist (vgl. BVerfGE 62, 230, Rn. 35 ff.; BGH, AfP 1985, 115, Rn. 17; OLG Hamm, NJW-RR 2010, 189, Rn. 24; OLG München, OLGR München 1995, 78, Rn. 15).

111

Diese Rechtsprechung stößt, soweit sie in der geforderten Abwägung das Durchgreifen des grundrechtlichen Schutzes der Pressefreiheit davon abhängig macht, dass nicht eigene wirtschaftliche Interessen verfolgt, sondern gleichsam altruistisch Belange der Allgemeinheit wahrgenommen werden, auf erhebliche Bedenken. Sie läuft auf eine kaum kritisch gebrochene heteronome Bewertung der grundrechtlichen Dignität von Meinungsäußerungen nach Maßgabe des je verfolgten Motivs hinaus und belastet damit das durch Art. 5 Abs. 1 GG garantierte Prinzip staatlicher Meinungsneutralität erheblich. Zudem kann von der wirtschaftlichen oder immateriellen Motivation einer massenmedialen oder individualkommunikativen Aussage nicht ohne weiteres auf ihre Bedeutung für den Prozess öffentlicher Meinungsbildung geschlossen werden.

112

Cornils 97

b) Schutzpflicht

113 Die objektiv-grundrechtliche Schutzpflicht des Staates für die Presse und daraus abgeleitete subjektive Schutzansprüche der Presse sind unter der Geltung des Art. 5 Abs. 1 Satz 2 GG anerkannt, nicht anders als für Art. 10 EMRK in der Rechtsprechung des EGMR (positive obligation, s. o., Rn. 56) (dazu: *Kübler*, in: FS Lerche, S. 649 ff.). Die Schutzpflicht verpflichtet den Staat dazu, geeignete Maßnahmen zu ergreifen, um das Grundrechtsgut, hier die Pressefreiheit, vor Beeinträchtigungen durch gesellschaftliche Gruppen oder Privatpersonen zu schützen (zum Schutzpflichtkonzept: *Zohm*, S. 265 ff.). Die staatsabwehrende Schutzrichtung des Grundrechts wird komplettiert um seine über den Schutzanspruch gegen den Staat vermittelte Drittwirkung; das Grundrecht schützt als „Rundum-Freiheit" (*Schulze-Fielitz*, in: Dreier, Art. 5 I, II Rn. 42) auch gegen „horizontale Eingriffe". Primär verlangt sie – vor allem vom Gesetzgeber, aber auch von der das Gesetz konkretisierenden Rechtsprechung – die Abgrenzung konkurrierender, jeweils grundrechtlich fundierter Entfaltungsansprüche (primäre Schutzpflicht: Aufgabe der Rechtskreisabgrenzung), sekundär den präventiven Schutz vor und die Verfolgung von Überschreitungen der jeweils zugeordneten Rechtskreise (sekundäre Schutzpflicht: Schutz vor Rechtsverletzungen, s. dazu näher *Cornils*, S. 621 ff.). Die primäre Schutzpflicht (aus Art. 5 Abs. 1 Satz 2 GG) kommt etwa im Konflikt der Rechtsbehauptungen im Zusammenhang der „inneren Pressefreiheit" zum Tragen: Hier bedarf es im Verhältnis zwischen dem Verleger und dem Redakteur oder dem Chefredakteur und anderen Redakteuren der näheren Bestimmung der ihnen jeweils aus der Pressefreiheit zustehenden Rechte (Direktionsrecht/Tendenzschutz einerseits, vgl. BVerfGE 52, 283, Rn. 42 ff., Meinungs- und Gestaltungsfreiheit des Journalisten andererseits). In den praktisch wichtigen Fällen der Kollision der Pressefreiheit mit dem Persönlichkeitsrecht von Personen, die durch die Presseberichterstattung betroffen werden, geht es regelmäßig nicht um die *presse*grundrechtliche Schutzpflicht, sondern wendet sich umgekehrt die grundrechtliche Schutzpflicht aus dem allgemeinen Persönlichkeitsrecht (Art. 2 Abs. 1 iVm Art. 1 Abs. 1 GG) gerade gegen die Pressefreiheit, wirkt sie also eingriffslegitimierend im Rahmen der äußerungsrechtlichen Schutznormen und -ansprüche (§ 1004 iVm § 823 BGB analog usw.) zur Sicherung des Persönlichkeitsrechts. Den Schutz der Presse gegen übermäßige Schutzgewährung durch die Gerichte zu Gunsten der sich auf die Persönlichkeitsrecht berufenden Kläger (durch Zuerkennung von Unterlassungsansprüchen, Schadensersatz u. ä.) leistet hier das gegen die staatliche Verurteilung gerichtete Abwehrrecht.

114 Nach heute verbreiteter und zutreffender Auffassung bringt das Zusammenspiel von Abwehrrecht und Schutzpflicht, ggf. darüber hinaus auch weiterer objektivrechtlicher Gewährleistungsgehalte wie desjenigen der medienrechtlichen Pluralismussicherung, die mittelbare Drittwirkung der Grundrechte, auch der Gewährleistung der Pressefreiheit, im Privatrechtsverhältnis abschließend zur Geltung. Des Rückgriffs auf die ältere, indessen stets unscharf gebliebene Kategorie der grundrechtlichen „Ausstrahlungswirkung" auf das einfache Recht (BVerfGE 7, 198 – Lüth) bedarf es nicht (Übernahme der Lüth-Grundsätze über die „Wechselwirkung" von Grundrecht und grundrechtlicher Schranke für das Pressefreiheit aber z. B. in BVerfGE 62, 230, Rn. 30). Als griffig-metaphorische Sammelbezeichnung für die Grundrechtswirkungen im Privatrecht (etwa bei *Schulze-Fielitz*, in: Dreier, Art. 5 I, II, Rn. 277 ff.), die sich indessen konstruktiv stets entweder auf das Abwehrrecht, die Schutzpflicht oder funktionale bzw. institutionelle Gehalte der Gewährleistung zurückführen lassen, ist sie freilich unschädlich.

115 Die im dargelegten Sinne begriffene Schutzpflicht – grundrechtlicher Schutz durch den Staat vor horizontalen Eingriffen – ist nicht gleichbedeutend mit den institutionellen oder auf die Funktionssicherung der Presse zielenden Gewährleistungsgehalten der Pressegewährleistung. Sie ist nicht der Oberbegriff für alle objektiv-rechtlichen Gewährleistungsgehalte; diese Begrenzung und Unterscheidung ist allerdings auch in der

IV. Die Gewährleistung der Pressefreiheit nach dem Grundgesetz § 1 LPG

Rechtsprechung zur Pressefreiheit nicht immer beachtet worden (BVerfGE 80, 124, Rn. 27: „In dieser Eigenschaft [als objektive Grundsatznorm] erlegt das Grundrecht dem Staat eine Schutzpflicht für die Presse auf"). Die Schutzpflicht wendet den freiheitsrechtlichen Schutzanspruch individueller Handlungsfreiheit und Integrität auch gegen Private („Rundum-Wirkung"), die Funktionssicherung verfolgt hingegen andere, mit der individuellen Freiheit und Selbstbestimmung gerade nicht identische Gemeinwohlziele, namentlich die Sicherung der Pluralität und Qualität des Pressewesens als Voraussetzung demokratischer Öffentlichkeit. Diese Unterscheidung ist wesentlich, weil aus den verschiedenen objektiv-rechtlichen Gehalten auch verschiedene verfassungsrechtliche Anforderungen an die Ausgestaltung der Rechtsordnung folgen, gerade auch hinsichtlich der Rechtsbeziehungen zwischen Privaten (s. zu den Auswirkungen der Funktionsgewährleistung auf das Pressefusionsrecht und das Pressegrosso u. Rn. 148 ff., 153 ff.).

Die Begründung von Schutzpflichten und korrespondierenden -ansprüchen setzt **116** wie bei allen Grundrechten auch bei der Pressefreiheit eine präzise Bestimmung des grundrechtlichen Schutzgutes und der darauf bezogenen horizontalen Schutzwirkung des Grundrechts gegen Dritte (Einzelpersonen oder gesellschaftliche Gruppen) voraus. Nicht jede von dem Verhalten eines Dritten herrührende Belastung oder Erschwerung presseunternehmerischer Betätigung aktiviert die individualschützende oder (bei der Funktions- oder Institutsgarantie) funktionssichernde Schutzwirkung des Grundrechts und lässt sich daher als horizontaler Grundrechtseingriff bzw. Funktionsgefährdung deuten.

(1) Kein Konkurrenzschutz

Dies gilt vor allem für die Stellung des Presseunternehmens im privatwirtschaft- **117** lichen Wettbewerb: So wie die Gewährleistung der Privatautonomie, im besonderen der Vertragsfreiheit, nicht vor einer juristischen Bindung an das mit der Willenserklärung Versprochene schützt, vielmehr gerade umgekehrt die Verbindlichkeit des Versprechens garantiert, auch wenn dieses später lästig fällt (pacta sunt servanda, näher *Cornils*, S. 176 ff.), und so wie das Grundrecht wirtschaftlicher Betätigungsfreiheit (Art. 12 GG) nicht vor (jedenfalls privater) Konkurrenz im (fairen) Wettbewerb schützt (BVerfGE 105, 252/265; BVerwGE 71, 183/193; *Jarass*, in: ders./Pieroth, Art. 12 Rn. 20), verpflichtet auch Art. 5 Abs. 1 Satz 2 GG nicht zu staatlichem Beistand gegen publizistische Konkurrenten, auch wenn diese mit ihrem Markterfolg den Bestand der eigenen Unternehmens gefährden. Die Gewährleistung der Pressefreiheit schützt die individuelle Pressetätigkeit im publizistischen Wettbewerb und sie zielt darüber hinaus auch in ihrer objektiv-funktionalen Dimension auf dessen Erhaltung, weil die (Außen-)Pluralität der Presse die erste und wichtigste Voraussetzung ihrer Funktionseignung für den Prozess geistiger Auseinandersetzung und vielfältiger Information ist (s. u., Rn. 144 ff.). Aus Art. 5 Abs. 1 Satz 2 GG lässt sich daher, ähnlich wie aus Art. 12 GG für den wirtschaftlichen Wettbewerb, eine sowohl individualgrundrechtlich als auch objektiv-funktional begründete Gewährleistung publizistischer Wettbewerbsfreiheit herleiten (in diese Richtung BVerfGE 80, 124, Rn. 28), die durch einen gegen solchen Wettbewerb gerichteten Schutzanspruch in ihr Gegenteil verkehrt würde.

Aus der Pressefreiheit folgt mithin kein Bestandsschutz für das einzelne Presseun- **118** ternehmen und schon gar nicht ein Anspruch auf staatliche Eindämmung des erfolgreicheren Wettbewerbers um die Aufmerksamkeit des Publikums, gleichviel ob sich die Überlegenheit des konkurrierenden Angebots der größeren Attraktivität der publizierten Inhalte oder einer besseren Marketing- oder Vertriebsstrategie des Konkurrenten verdankt (*Bullinger*, Vorauf. Rn. 47). Daher löst auch die Verbreitung anzeigenfinanzierter Gratiszeitungen mit redaktionellem Teil nicht die Schutzpflicht der Pressefreiheit zugunsten von Zeitungsverlagen aus, die aufgrund des unentgeltlichen Angebots erhebliche Einbußen beim Absatz ihrer Tageszeitungen erleiden (BGHZ 157, 55, Rn. 19 ff.; ausführlich zu dieser Problematik; *Lahusen*, Inhalt und Schranken der Pressefreiheit; *Bringe,* Wettbewerbsrechtliche und verfassungsrechtliche Vorgaben für den Gratisvertrieb).

119 Der Vorbehalt, den der BGH für die Konstellation formuliert, dass „die ernstliche Gefahr bestehe, daß deshalb die Tagespresse als Institution in ihrem verfassungsrechtlich garantierten Bestand bedroht sei" (BGH GRUR 1985, 881/882 – Bliestal-Spiegel; BGHZ 157, 55, – 20-Minuten-Köln, Rn. 18) bzw. – spezifischer gefasst – dass der Bestand eines „meinungsbildenden Blattes", mithin einer Zeitung, die „sich redaktionell vor allem mit allgemein interessierenden politischen, wirtschaftlichen und kulturellen Gegenständen" befasst und dabei „informierend und kommentierend an der Bildung der öffentlichen Meinung" mitwirkt, durch ein Konkurrenzprodukt gefährdet würde, „das diese Funktionen nicht wahrnehmen könnte" (BGH GRUR 1985, 881/882; BGHZ 157, 55, Rn. 20), leitet sich nicht aus der individuumbezogenen Schutzpflicht, sondern aus dem Funktionssicherungsauftrag der Pressegewährleistung ab (s. dazu u., Rn. 134 ff.). Er zielt nicht auf das Interesse des Presseunternehmens, vielmehr allein auf die Informationsfunktion der Presse für die Allgemeinheit (s. dazu auch BGHZ 51, 236/247 f.; BGHZ 116, 47/53 f.; individualgrundrechtliche Tendenz hingegen noch in BGHZ 19, 392/398 f.). Dieser institutionell begründete Vorbehalt existenzsichernder Schutzmaßnahmen gegen Gratiszeitungen ist indessen in der „20-Minuten-Köln"-Entscheidung von 2003 zwar noch wiederholt, der Sache nach aber weitgehend – zu Recht – zurückgenommen worden (BGHZ 157, 55 mit Anm. *Schulte-Nölke/Hauxwell,* EWiR 2004, 1053; *Lahusen,* GRUR 2005, 221; *Wallenberg,* K&R 2004, 328; *Schricker,* AfP 2001, 109; *Bringe,* Wettbewerbsrechtliche und verfassungsrechtliche Vorgaben für den Gratisvertrieb): Art. 5 Abs. 1 Satz 2 GG gestattet keine inhaltliche Bewertung der im Wettbewerb stehenden Presseprodukte nach ihrer höheren oder geringeren Bedeutung für die Information und Meinungsbildung, verpflichtet insoweit vielmehr zu strikter Neutralität (BVerfGE 80, 124, Rn. 28), die auch bei der wettbewerbsrechtlichen Beurteilung (§ 1 UWG) durchschlägt. Die Annahme des Vorrangs einer angeblich publizistisch höherwertigen, zum Verkauf angebotenen Zeitung gegenüber einem „geringerwertigen" nur werbefinanzierten Blatt ist verfassungsrechtlich ausgeschlossen (BGHZ 157, 55, Rn. 21). Das verfassungsrechtliche Gebot der Wettbewerbsneutralität schließt auch verschiedene Geschäftsmodelle und Vertriebsformen ein. Damit ist aber für eine public-value-Prüfung der besseren oder schlechteren Funktionseignung konkurrierender Zeitungen grundsätzlich kein Raum, als es auch kein Verdrängungsschutz im Sinne jenes Vorbehalts der älteren Rechtsprechung kaum noch in Betracht kommen kann.

120 Kein durchgreifendes Argument für einen wettbewerbsrechtlichen Schutzeingriff gegen anzeigenfinanzierte Gratiszeitungen hat der BGH insbesondere darin gesehen, dass bei unentgeltlich verteilten Zeitungen eine größere Gefahr der Einflussnahme der Werbetreibenden auf die Arbeit, Ausrichtung und personelle Besetzung der Redaktion bestehen möge; diese vom BGH durchaus für denkbar gehaltene Annahme rechtfertige es nicht, „der durch die Leserschaft (mit-)finanzierten Tageszeitung von vornherein einen höheren Schutz vor einer Marktstörung zuzubilligen" (BGHZ 157, 55/63 – 20 Minuten Köln; BGH WRP 2004, 746/748 – Zeitung zum Sonntag; AfP 2010, 241, Rn. 21). Mit dieser Beurteilung distanziert sich der BGH einerseits von rundfunkrechtlichen Begründungsmustern (scil: Rechtfertigung des öffentlichrechtlichen Rundfunks als Vielfaltsicherungsinstrument aus der finanzierungsartbedingten Funktionsschwäche des privaten „free-TV"), verweist anderseits aber gerade auch auf die Konkurrenz zwischen werbefinanzierten Privatrundfunkangeboten und Bezahlfernsehangeboten, die schließlich auch unter dem Einfluss der Rundfunkgewährleistung nicht durch Wettbewerbseingriffe zugunsten der Bezahlangebote aufgelöst werde (BGHZ 157, 55, Rn. 22). Schließlich gewinnt die Rechtsprechung den Gratisangeboten sogar eine positive, wettbewerbsbelebende Bedeutung ab: Nur mit anzeigenfinanzierten Gratisangeboten sei es neuen Anbietern überhaupt möglich, in den häufig monopolistischen Märkten für Lokal- und Regionalzeitungen Fuß zu fassen (BGHZ 157, 55, Rn. 26; BGH WRP 2004, 746/749). Diese für Gratiszeitun-

IV. Die Gewährleistung der Pressefreiheit nach dem Grundgesetz   § 1 LPG

gen entwickelten Grundsätze sind auch auf den entgeltlichen Vertrieb von Tageszeitungen unter Verwendung ungesicherter Verkaufshilfen – bei denen es regelmäßig in erheblichem Maße zur Entwendung von Exemplaren ohne Bezahlung und also zu einer verkappten unentgeltlichen Verbreitung kommt – übertragen worden (BGH AfP 2010, 241, Rn. 21 f.).

(2) Presse und Arbeitskampfrecht

Nicht aus der Schutzpflichtdimension der Pressefreiheit, sondern allenfalls aus dem Funktionssicherungsziel des Art. 5 Abs. 1 Satz 2 GG lassen sich auch diejenigen Wirkungen herleiten, die das Grundrecht auf das richterrechtlich ausgestaltete Arbeitskampfrecht richtet. Die Pressegewährleistung gewährt dem individuellen Presseunternehmen hingegen keine freiheitsrechtliche, als Schutzanspruch gegen den Staat geltend zu machende Rechtsposition gegenüber dem streikenden Arbeitnehmer, ebenso wenig wie die Mitarbeiter von Druckereibetrieben pressegrundrechtliche Schutzansprüche gegen die Abwehraussperrung der Arbeitgeber geltend machen können. Art. 9 Abs. 3 GG gewährleistet mit der Tarifautonomie den Koalitionen beider Seiten das Recht, Kampfmittel zur Bekräftigung und ggf. Durchsetzung ihrer Positionen im Rahmen tarifvertraglicher Auseinandersetzungen einzusetzen. Mit dieser grundrechtlichen Garantie der Arbeitskampffreiheit ist die Vorstellung von umgekehrt gerade gegen diese Freiheit wirkenden Schutzpflichten, gerichtet auf die Verhinderung oder Unterdrückung von Arbeitskampfmaßnahmen, unvereinbar (näher *Cornils*, S. 409 ff.; *ders*, in: Epping/Hillgruber, Art. 9 Rn. 74, 80 f., 98). Art. 9 Abs. 3 GG garantiert vielmehr auch in der Pressewirtschaft „den autonomen Lohnfindungsprozeß und damit den Arbeitskampf, der das Erscheinen von Presseerzeugnissen teilweise oder ganz verhindern kann" (BAGE 48, 195, Rn. 43 mit Verweis auf *Rüthers*, AfP 1977, 305/315). „Im Interesse einer auch für die Arbeitnehmer im Pressebereich funktionierenden Tarifautonomie muß es die Öffentlichkeit hinnehmen, wenn Zeitungen zeitweise nicht erscheinen können und dadurch das Meinungs- und Informationsangebot reduziert wird" (BAG ebd. mit Verweis auf *Weiss*, AuR 1984, 97/102). 121

Wenn das BAG in der zitierten Entscheidung zur Aussperrung in der Druckindustrie gleichwohl ein grundrechtliches „Spannungsverhältnis" zwischen Arbeitskampf und Pressefreiheit bejaht und insofern gefordert hat, die arbeitsrechtlichen Regeln über Arbeitskämpfe müssten auch „im Lichte der Pressefreiheit" betrachtet werden (BAGE 48, 195, Rn. 42), so geht es auch dabei nur um die objektive Funktion der Pressefreiheit für die öffentliche Meinungsbildung, um die Presse als Institution. Dies wird auch daran erkennbar, dass diese institutionelle Schutzwirkung nur eingreift und daher auch überhaupt erst im Rahmen der Beurteilung der arbeitsrechtlichen Zulässigkeit von Arbeitskampfmaßnahmen zu berücksichtigen ist, wenn die Pressefreiheit durch Streik oder Aussperrung „ernsthaft" bzw. „nachhaltig gefährdet" wird (BAG, ebd., Rn. 42 bzw. 43); das BAG lässt sogar offen, ob dies der Fall wäre, wenn „Presse, Rundfunk und Fernsehen oder ein unter den Wertungsgrundsätzen des Art. 5 Abs. 1 GG relevanter Teil lahmgelegt würden [...] oder wenn die Pressefreiheit bei einem Streik gerade dadurch gefährdet wird, daß sich dieser erkennbar gegen Unternehmen einer bestimmten Tendenz richtet" (BAG, ebd., Rn. 44). Der institutionelle Schutz aus Art. 5 Abs. 1 Satz 2 GG ist also auch hinsichtlich der Ausgestaltung und Interpretation des Arbeitskampfrechts, ebenso wie bei den Instrumenten des Wettbewerbsschutzes (s. o., Rn. 117 ff.), der wirtschaftlichen Förderung (s. u., Rn. 168 ff.) oder der Sicherung von Meinungsvielfalt durch öffentliche Presseunternehmen (s. u., Rn. 172 ff.) allenfalls eine in einer Lage struktureller Gefährdung der Informationsfunktion der Presse überhaupt eingreifende Grundrechtswirkung. Diese zurückgenommene Normativität, in dogmatischer Sicht gewiss nicht als Optimierungsgebot, eher als Kernbereichsgarantie, erklärt sich daraus, dass weitergehende Berücksichtigungspflichten mit dem verfassungsrechtlich gewährleisteten Bild der Pressefreiheit selbst (nicht nur mit der Arbeitskampffreiheit des Art. 9 Abs. 3 GG) in Widerspruch gerieten, denn zur Pressefreiheit in die- 122 sem subjektiv wie objektiv-rechtlich (institutionell) garantierten Sinn gehört gerade die privatwirtschaftliche Struktur, damit aber auch die Freiheit zur autonomen Aushandlung der Tarifbedingungen, unter denen Pressetätigkeit stattfindet (*Wendt*, in: v. Münch/ Kunig, Art. 5 Rn. 38; *Brodmann*, S. 93 f.).

123 Bestimmt sich die Rechtmäßigkeit von Arbeitskampfmaßnahmen unterhalb der skizzierten Schwelle der Instituts-Gefährdung mithin allein nach den allgemeinen Grundsätzen, die die arbeitsrechtliche Rechtsprechung unter dem Gesichtspunkt der Verhältnismäßigkeit aufgestellt hat (BAGE 123, 134, Rn. 22 mwN), so wird diese Verhältnismäßigkeitsbeurteilung nicht durch verfassungsrechtliche Argumente aus der Pressefreiheit beeinflusst (auch BAGE 48, 195, Rn. 68 ff., stellt darauf keineswegs ab, lässt allerdings die Möglichkeit einer Berücksichtigung von Verzerrung des publizistischen Wettbewerbs durch Arbeitskampfmaßnahmen offen; s. auch *Kisker*, RdA 1987, 194; für weitergehende Berücksichtigungspflicht im Rahmen der Verhältnismäßigkeit *Degenhart*, in: BK, Art. 5 Abs. 1, 2 Rn. 469). Es gibt richtigerweise keine bereichsspezifische Verformung der Arbeitskampf-Verhältnismäßigkeit, kein Sonderarbeitskampfrecht der Presse (in der Sache wie hier *Starck*, in: v Münch/Kunig, Art. 5 Abs. 1, 2 Rn. 73).

124 Unzulässig ist der aus tarifautonomiefremden Motiven heraus geführte Richtungsarbeitskampf gegen bestimmte Presseunternehmen oder -erzeugnisse wegen ihrer publizistischen Tendenz (*Degenhart*, in: BK, Art. 5 Abs. 1 und 2 Rn. 470), dies jedoch nicht erst aus spezifisch pressegrundrechtlichen Gründen, sondern schon wegen der verfassungsrechtlichen Begrenztheit des Koalitionszwecks auf die Wahrung und Förderung der Wirtschafts- und Arbeitsbedingungen (Art. 9 Abs. 3 GG). Der Nichtabdruck einzelner Artikel durch die Belegschaft („weiße Flecken") als Mittel tariflicher Auseinandersetzung ist hingegen horizontaler Eingriff in die individuelle Pressefreiheit des Verlegers und also ein wirklicher Schutzpflichtfall (*Degenhart*, in: BK, Art. 5 Abs. 1, 2 Rn. 473; *Wendt*, in: v. Münch/Kunig, Art. 5 Rn. 38; *Starck*, in: v Münch/Kunig, Art. 5 Abs. 1, 2 Rn. 73).

(3) Schutz des Redaktionsgeheimnisses

125 Ein interessantes Beispiel für eine presseinterne Kollision von Schutzpflicht und Abwehrrecht liefert die Wallraff-Entscheidung des BVerfG (BVerfGE 66, 116, Rn. 44 ff.): Die Verbreitung auch rechtswidrig, unter Bruch des Redaktionsgeheimnisses erlangter Informationen ist gegenüber gerichtlichen Verboten durch das Abwehrrecht geschützt, die Vertraulichkeit der Redaktionsarbeit eines Presseunternehmens (näher dazu *Degenhart*, in: BK, Art. 5 Abs. 1 und 2 Rn. 406 f.) durch die Schutzpflicht, die sich, so das BVerfG, in der Güterabwägung im Rahmen der Beurteilung der für den Unterlassungsanspruch vorausgesetzten Rechtswidrigkeit der Verbreitung regelmäßig durchsetzen muss, sofern nicht besondere Gründe ausnahmsweise die Verbreitung illegal erlangter Informationen rechtfertigen (s. u., Rn. 233).

(4) Innere Pressefreiheit

126 Konkurrierende und ggf. auch kollidierende Grundrechtsberechtigungen aus Art. 5 Abs. 1 Satz 2 GG, die rechtlich zu einem Ausgleich oder einer Vorrangentscheidung gebracht werden müssen, werden seit jeher auch unter dem Gesichtspunkt der so genannten „inneren Pressefreiheit" diskutiert. Der Begriff meint etwaige, in ihrer Existenz und Tragweite indessen seit jeher umstrittene interne Schutzwirkungen der Pressegewährleistung zu Gunsten des einzelnen Redakteurs oder der Redaktion gegenüber dem Verleger oder auch dem von diesem bestellten Chefredakteur hinsichtlich des Bestimmungsrechts über Inhalt und Gestaltung der Presseerzeugnisse. Unbestritten ist im Ausgangspunkt die Berechtigung sowohl des Verlegers als auch der Redakteure oder sonstigen, nicht fest angestellten Journalisten aus dem Grundrecht der Pressefreiheit: Alle Grundrechtsträger können sich gegen staatliche Eingriffe in die pressemäßige Gestaltungsfreiheit auf ihr Abwehrrecht aus Art. 5 Abs. 1 Satz 2 GG berufen. Daraus folgen indessen nicht notwendig auch voll kongruente staatsgerichte-

IV. Die Gewährleistung der Pressefreiheit nach dem Grundgesetz § 1 LPG

te Schutzansprüche des Redakteurs wegen vergleichbarer horizontaler Einschränkungen journalistischer Gestaltungsfreiheit durch den Verleger auf der Grundlage arbeitsvertraglicher, ggf. auch durch Redaktionsstatut konkretisierter Befugnisse.

Zwar lässt sich die pressegrundrechtliche Position des Redakteurs konstruktiv **127** durchaus mit der Schutzpflicht des Staates, gerichtet gegen Weisungen des Verlegers, erfassen, kommt es dann also zum pressegrundrechtlichen In-Sich-Konflikt mit der ihrerseits in Art. 5 Abs. 1 Satz 2 GG verankerten Tendenzautonomie des Verlegers (dazu BVerfGE 52, 283; sowie u. Rn. 219 ff.). Diese stellt ihrerseits als Abwehrrecht staatliche Schutzeingriffe zugunsten des Redakteurs, etwa im Rahmen arbeitsgerichtlicher Konfliktentscheidungen (Nichtanerkennung der Kündigung eines Redakteurs u. ä.), rechtfertigungspflichtig. Zu einer offenen Verhältnismäßigkeits-Abwägung zwischen Tendenzfreiheit (Abwehrrecht) einerseits und „innerer Pressefreiheit" des Redakteurs (Schutzpflicht) andererseits könnte es aber nur kommen, wenn Art. 5 Abs. 1 Satz 2 GG im arbeitsrechtlichen Innenverhältnis tatsächlich ein mit der Verlegerautonomie gleichrangiges inhaltliches Bestimmungsrecht des einzelnen Redakteurs gewährleisten würde, das dann in der staatlichen (gesetzlichen und gerichtlichen) Kollisionslösung mit jener in praktische Konkordanz zu bringen wäre. Daraus könnten sich im Ergebnis recht weit reichende Einschränkungen des verlegerischen Tendenzfestlegungsrechts des Verlegers ergeben.

Tatsächlich besteht eine derartige Kollisionslage prima facie gleichrangiger presse- **128** grundrechtlicher Rechtspositionen im Innenverhältnis nicht, damit aber auch keine entsprechende Schutzpflicht. Die Rechte von Verleger und Redakteur bestimmen sich – nach beiden Seiten! – nach der je privatautonom getroffenen Vereinbarung (zur Maßgeblichkeit arbeitsvertraglicher Gestaltung etwa ArBG Berlin, AfP 2008, 537); *diese* unterliegt mit ihrem Inhalt der ihrerseits grundrechtlich geschützten Vertragsfreiheit (zur Problematik grundrechtlich begründeter Vertragskorrektur näher *Cornils,* S. 180 ff.). Aus einer solchen Vereinbarung, namentlich einem Redaktionsstatut, können sich durchaus weitgesteckte Bestimmungsrechte der Redaktion ergeben, gegen die der Verleger keinen Grundrechtsschutz seiner Tendenzautonomie, auf die er doch selbst vertraglich verzichtet hat, ins Feld führen kann (BAGE 98, 76, Rn. 55 ff.). Umgekehrt gewährt Art. 5 Abs. 1 Satz 2 GG dem Journalisten kein grundrechtliches Recht auf publizistische Selbstentfaltung über selbst eingegangene vertragliche Bindungen hinweg; dies liefe auf die Anerkennung eines grundrechtlichen Anspruchs auf Bereitstellung von Ressourcen durch Private, letztlich auf einen Publikationsanspruch gegen Verlage hinaus. Ein solches Recht gibt es nicht, damit aber auch keine Pflicht des Staates, solche Ansprüche zu schützen oder durchzusetzen.

Grundrechtlich gesicherte Grenzen der privatautonomen Gestaltung der Rechts- **129** beziehungen zwischen Redakteur und Verleger, damit aber auch eines aus solcher Gestaltung sich ergebenden Direktionsrechts des Verlegers werden nach wohl allgemeiner Meinung durch Anerkennung eines Freiraums publizistischer Gestaltung des Journalisten sowie vor allem durch den sog. Überzeugungsschutz gezogen (zu beidem *Degenhart,* in: BK, Art. 5 Abs. 1 und 2 Rn. 463; *Wendt,* in: v. Münch/Kunig, Art. 35 – Stichwort Überzeugungsschutz; s. auch LAG BW, AfP 2001, 248, Rn. 66 ff.: „Mindestmaß an publizistischer Unabhängigkeit"): Kein Journalist darf gezwungen werden, Beiträge zu verfassen, deren Inhalt seiner Überzeugung oder gar seinem Gewissen widersprum. Freilich ginge es zu weit, daraus ein in jeder Hinsicht uneingeschränktes und folgenloses Weigerungsrecht abzuleiten: Es muss dem Verleger zur Sicherung der von ihm verfolgten Tendenz möglich sein, die Zusammenarbeit mit Redakteuren zu beenden, die sich außerstande sehen, der Tendenz entsprechende Artikel zu schreiben. § 4 Abs. 2 Satz 2 BbgPG, der das Weigerungsrecht des Redakteurs mit einem Verbot nachteiliger Reaktionen verknüpft („Aus der Weigerung dürfen keine Nachteile entstehen"), ist daher verfassungskonform (Tendenzschutz des Verlegers und Privatautonomie!) einschränkend dahin auszulegen, dass davon jedenfalls grundsätzliche, die Tendenz betreffende oder wiederholte Meinungsverschiedenheiten zwischen Verleger und Redakteur nicht erfasst sind.

c) Leistungsansprüche und Teilhaberechte

130 Ob sich aus der objektiv-rechtlichen Grundsatznorm des Art. 5 Abs. 1 Satz 2 GG staatliche Förderpflichten zu Gunsten der Presse ergeben können, ist vom BVerfG bisher nicht eindeutig entschieden worden (in diese Richtung: *Draack,* S. 150; *Koch,* S. 123 mwN). Soweit aktive Fördermaßnahmen, etwa finanzielle Unterstützung, das einzige geeignete Mittel sind, die Funktionsfähigkeit der Presse (als Institut) zu sichern, wird man diese Möglichkeit nicht kategorisch ausschließen können (s. u., Rn. 168). Ein Bestandsschutzanspruch einzelner Presseunternehmen oder Zeitungen ergibt sich daraus keinesfalls (*Schulze-Fielitz,* in: Dreier, Art. 5 I, II, Rn. 251). Im Spiegel-Urteil werden die behördlichen Auskunftspflichten – wie sie in den Pressegesetzen einfachrechtlich niedergelegt sind – immerhin als Beispiel genannt für die der objektiv-rechtlichen Verpflichtung des Staates zur Beachtung der Pressefreiheit fließende „prinzipielle Folgerungen" (BVerfGE 20, 162, Rn. 38; s. auch BVerwGE 85, 283).

131 Klar abgelehnt hat das BVerfG in der Entscheidung zum Postzeitungsdienst individuelle Leistungsansprüche des Presseunternehmens auf staatliche Förderung (BVerfGE 80, 124, 133). Nimmt der Staat allerdings eine solche Förderung vor, muss sie dem Gebot inhaltlicher Neutralität entsprechen, mithin jede Differenzierung nach Meinungsinhalten vermeiden, und kann darüber hinaus den Anknüpfungspunkt für einen auf Art. 3 Abs. 1 GG gestützten Anspruch auf Gleichbehandlung im publizistischen Wettbewerb bilden (BVerfGE 80, 124, Rn. 28; *Ahrens,* in: Gloy/Loschelder/Erdmann, Wettbewerbsrecht, § 69, Rn. 42; *Diekel,* S. 147, dazu noch u., Rn. 170 f.). Insgesamt deuten diese kursorischen Erörterungen der leistungsrechtlichen Dimension des Grundrechtsschutzes (jenseits der unbestrittenen Schutzpflichten) doch auf eine zurückhaltende Position des BVerfG: Objektive Förderpflichten als Unterfall der allgemeinen Funktionssicherungspflicht erscheinen nicht ausgeschlossen (s. u., Rn. 168), wenngleich bisher kaum konturiert. Eine Subjektivierung solcher Förderpflichten in korrespondierende Leistungsansprüche einzelner Berechtigter findet nicht statt, jedenfalls nicht bei finanzieller Förderung.

132 Für die seit jeher umstrittene Frage einer grundrechtlichen Fundierung des Auskunftsanspruchs der Presse (§ 4 LPG) dürfte dies eher auf eine ablehnende Haltung des BVerfG hinauslaufen, eine Vermutung, die überdies darauf gestützt werden kann, dass das Gericht in der n-tv-Entscheidung (BVerfGE 103, 44, Rn. 53) Informationsrechte der Medien ausdrücklich nur im Rahmen und in der Reichweite der allgemeinen Informationsfreiheit anerkannt hat (Art. 5 Abs. 1 Satz 1 zweite Variante GG; *Holznagel/Höppener,* DVBl. 1998, 868 zu Zutrittsrechten der Presse zu öffentlichen Veranstaltungen). Das BVerwG hat freilich seine bisher (BVerwGE 70, 310, Rn. 23) offen gehaltene Position in dieser Frage nunmehr dahingehend entschieden, dass aus Art. 5 Abs. 1 Satz 2 GG tatsächlich ein verfassungsoriginärer Auskunftsanspruch der Medien gegen staatlichen Behörden abzuleiten sei, wenn auch nur auf dem Niveau eines „Minimalstandards" (BVerwGE 146, 56 Rn. 27 ff.; dazu *Cornils,* DÖV 2013, 657; s. auch Kommentierung zu § 4).

133 Stellt der Staat Leistungen bereit, eröffnet er etwa Informationsquellen oder gibt er Auskünfte in Pressekonferenzen u. ä., ist er zu strikter Wahrung der publizistischen Wettbewerbsgleichheit verpflichtet (Art. 3 Abs. 1 in Verbindung mit Art. 5 Abs. 1 S. 2 GG). Solange das staatliche Angebot aufrechterhalten wird, ergeben sich daraus Teilhabeansprüche auf chancengleiche Beteiligung an der staatlichen Leistung. Auswahlentscheidungen in Knappheitslagen, etwa bei der Vergabe von Sitzplätzen in Gerichtsverhandlungen an Medienvertreter, müssen sachlichen und realitätsgerechten Kriterien entsprechen (BVerfG, AfP 2013, 233 – NSU-Prozess, Rn. 18 f., dazu Anm. *Kujath,* AfP 2013, 169; *Wegner,* BLJ 2014, 37). Ein Ausschluss von Journalisten von Gerichtsverhandlungen oder Pressekonferenzen, „Pressefahrten", aber auch von Kulturveranstaltungen u. ä. in öffentlicher Trägerschaft wegen der Inhalte der Berichterstattung, etwa bei kritischer Tendenz, ist schon wegen des Verstoßes gegen das Prinzip

IV. Die Gewährleistung der Pressefreiheit nach dem Grundgesetz § 1 LPG

der Inhaltsneutralität ausgeschlossen (BVerfGE 50, 234/242f.; BVerwGE 47, 247/ 253f.; *Jarass*, DÖV 1986, 723; *Schulze-Fielitz*, in: Dreier, Art. 5 Abs. 1, 2 Rn. 132). Die Weitergabe von Gerichtsentscheidungen zur Veröffentlichung darf nicht auf bestimmte Zeitungen mit wissenschaftlichem Anspruch beschränkt werden (BVerwGE 104, 105/112f.; *Jarass*, in: ders./Pieroth, GG, Art. 5 Rn. 40).

d) Gewährleistung einer funktionsentsprechenden Presse

Weit weniger erörtert und entwickelt als bei der Rundfunkfreiheit, damit in ihrer 134 Reichweite aber auch dunkel und umstritten geblieben ist die objektiv-rechtliche Dimension der Gewährleistung einer funktionsentsprechenden Presse. Dass jedenfalls die Rechtsprechung des BVerfG Funktionsvorstellungen auch mit dem Phänomen Presse – keineswegs nur mit dem Rundfunk – verbindet und entsprechende Funktionsziele formuliert hat, ist eindeutig. Ist die Formel von der „schlechthin konstituierenden Bedeutung für die freiheitliche Demokratie" (BVerfGE 10, 118/121; 107, 299/329, Rn. 102; 117, 244/258, Rn. 429) noch aus dem Kontext der allgemeinen Meinungsfreiheit übernommen, insofern also noch kein Indikator für eine normative Funktionalisierung der Massenmedien, so führt schon das Spiegel-Urteil ohne Zurückhaltung spezifisch pressemäßige Aufgaben auf: Die Presse habe „die Funktion, umfassende Informationen zu ermöglichen, die Vielfalt der bestehenden Meinungen wiederzugeben und selbst Meinungen zu bilden und zu vertreten" (BVerfGE 20, 162/174; 52, 283/296; s. auch BVerfGE 85, 1, Rn. 39; 86, 122, Rn. 19: „Aufgabe im Kommunikationsprozess"). Im Honecker-Urteil schließt das BVerfG hinsichtlich der Funktionsbeschreibung nahtlos an das Rundfunkverfassungsrecht an: „Rundfunk und Presse unterscheiden sich in ihrer Funktion nicht. Unter den Bedingungen der modernen Massenkommunikation sind beide für die freie individuelle und öffentliche Meinungsbildung, für Kritik und Kontrolle der öffentlichen Gewalt und für die Wahlentscheidung als demokratischen Grundakt des Volkes unerlässlich. Unterschiede bestehen allerdings im Mittel der Funktionserfüllung." (BVerfGE 91, 125/134). Zweifel können daher überhaupt nur und allerdings in der Frage bestehen, wie sich die Normativität des Grundrechts zu dieser – als solcher klar bezeichneten – Funktion verhält, ob es sich mithin bei der Funktionsbeschreibung nur mehr um den Ausdruck einer Verfassungserwartung handelt, die rechtlich nicht eingefordert werden kann, oder ob sie, wie beim Rundfunk, für den dies in der Rechtsprechung vielfach klar ausgesprochen worden ist (BVerfGE 12, 205/263; 57, 295/319f.; 90, 60/88; näher zu den Auftragsgehalten an den Gesetzgeber *Cornils*, S. 58ff.), Gewährleistungsinhalt, „Normziel" des Art. 5 Abs. 1 Satz 2 GG auch mit Blick auf den Tatbestand der Pressefreiheit ist.

(1) Gewährleistung einer pluralistischen Presse als verfassungsrechtlicher Normgehalt

Ausgangspunkt aller Überlegungen kann insoweit nur sein, dass die Entwicklung 135 und Aufrechterhaltung grundrechtlicher Spezialdogmatiken für je unterschiedliche Medienarten fragwürdig sind, und zwar aus allgemein grundrechtstheoretischer Sicht (woraus rechtfertigt sich überhaupt die Sonderstellung bestimmter Ausschnittfelder von Handlungsfreiheit?) ebenso wie aus einer sachlich eingegrenzteren Perspektive auf die Medienfreiheiten: Presse, Rundfunk und nunmehr auch der neuen digitalen Medien weisen zwar je gegenständliche Besonderheiten in ökonomischer Hinsicht und mit Blick auf die publizistischen Wirkungen auf. Erstens sind diese aber ohnehin eher gradueller Natur, teilweise auch nicht einmal unbestritten (etwa hinsichtlich der angeblichen höheren Wirkungsintensität des Rundfunks), schließlich unter den Bedingungen der Medienkonvergenz immer weniger bestimmten, klar abgegrenzten Medienarten zurechenbar (dazu: *Sporn*, K&R-Beih 2013, 2; *Fiedler*, AfP 2011, 15; *Neuhoff*, ZUM 2012, 371; *Jungheim*, S. 35ff.; *Rahvar*, Die Zukunft des deutschen Presserechts im Lichte konvergierender Medien; *Schmidtmann*, Die verfassungsrechtliche Einordnung konvergenter Massenmedien). Zweitens und vor allem schlagen diese faktisch-gegenständlichen Unterschiede nicht oder doch allenfalls wiederum

Cornils 105

nur quantitativ auf die grundsätzliche Ebene der demokratischen Funktion der Medien durch. Diese Funktion ist allen, nicht nur einzelnen (Massen-)Medien eigen. Die Presse ist auch heute noch gewiss nicht weniger wichtig für die Informations- und Wissensvermittlung und damit überhaupt jede Kommunikation als der Rundfunk oder digitale Kommunikationspfade und -foren. Wenn aber für den Rundfunk aus dieser Bedeutung in der bundesverfassungsgerichtlichen Rechtsprechung der Schluss auf einen diese Funktion schützenden normativen Gewährleistungsgehalt des Rundfunkgrundrechts gezogen worden ist, so spricht wenig dafür, dass die medienverfassungsrechtliche Nachbargewährleistung (und Art. 10 EMRK) der Pressefreiheit kategorial anders zu verstehen wäre, mithin so, dass sie sich normativer Auftragsbindungen des Staates zur Sicherung jener Funktion ganz enthielte.

136 Zwar könnte dem Anliegen eines strukturell gleichen, gleichsam technologieneutralen Verständnisses einer Theorie und Dogmatik der Medienfreiheit auch mit einer Abkehr von der Deutung der Rundfunkgewährleistung als Funktionsgrundrecht entsprochen werden: Fluchtpunkt grundrechtstheoretischer Konvergenz der Medienfreiheiten wäre dann ein Verständnis klassischer Pressefreiheit im Sinne einer pointiert liberalen Grundrechtstheorie, die alle überindividuell-objektiven Ziel- und Zweckbindungen als grundrechtliche Gewährleistungsgehalte schlechthin ablehnte und die Erreichung gesellschaftlich erwünschter oder gar verfassungsrechtlich vorausgesetzter Zustände keinesfalls als Inhalt von Grundrechten, sondern allenfalls als Grund für die Beschränkung grundrechtlicher Freiheit anerkennen könnte (so *Sporn*, K&R-Beih 2013, 2). Jedoch fiele ein derart reduziertes Grundrechtsverständnis so weit hinter die seit Jahrzehnten stabile rundfunkverfassungsrechtliche Rechtsprechung des BVerfG, aber auch hinter die Rechtsprechung des EGMR zu den staatlichen Gewährleistungspflichten für eine plurale Rundfunkordnung (s. o., Rn. 56) zurück, dass es kaum als praktisch anschlussfähig bezeichnet werden könnte. Auch Art. 11 Abs. 2 GrCh beschränkt das in dieser Bestimmung explizit angesprochene Pluralitäts-Achtungsgebot nicht allein auf den Rundfunk, sondern unterschiedslos auf die „Medien", zweifelsfrei damit jedenfalls auch auf die Presse (s. o., Rn. 89). Im Landesverfassungsrecht lässt schon Art. 19 Abs. 2 Satz 1 BbgVerf die Gleichartigkeit und -rangigkeit der grundrechtsnormativen Erfassung der traditionellen sowie darüber hinaus auch noch der „anderen Massenmedien" (als Auffangkategorie) erkennen; Satz 2 wendet dann explizit den hier ausformulierten Vielfaltsicherungsauftrag an den Gesetzgeber sowohl auf den Rundfunk als auch auf die Presse: „Das Gesetz hat durch Verfahrensregelungen sicherzustellen, dass die Vielfalt der in der Gesellschaft vorhandenen Meinungen in Presse und Rundfunk zum Ausdruck kommt." Diese – letztere – Gleichstellung ist freilich hinsichtlich der eingeforderten funktionssichernden Verfahrensregelungen problematisch, weil sie den – unzutreffenden – Eindruck erwecken könnte, die Presse bedürfe in gleichem Maße und gleicher Tiefe organisationsrechtlicher Ausgestaltung wie der Rundfunk und es bestehe insoweit eine Gesetzgebungspflicht (sehr krit. *Bullinger*, Voraufl., § 1 Rn. 17, 46).

137 Auch in der Sache sind die Argumente für eine spezifische Gewährleistungsverantwortung des Staates für die Sicherung und ggf. auch Pflege der Voraussetzungen für die Erhaltung einer vielfältigen und reichhaltigen publizistischen Kultur als Grundlage geistigen Lebens kaum überzeugend von der Hand zu weisen; sie fügen sich nicht in die immer brüchigeren Grenzen bestimmter Medienarten, sondern beanspruchen Geltung für alle kommunikationserheblichen Faktoren. Konstitutive Voraussetzung für die Funktionsfähigkeit der demokratischen Öffentlichkeit und daher „Leitmotiv" der Medienregulierung überhaupt ist die Existenz und Aufrechterhaltung eines Pluralismus der Meinungen und Medien im Prozess der öffentlichen Meinungsbildung vor allem auch zur Erhaltung kommunikativer Rezeptionschancengleichheit (*Schulze-Fielitz*, in: Dreier, Art. 5 I, II, Rn. 42; *Jungheim*, S. 163 ff.).

138 Das Fundament einer medienartenübergreifenden, kohärenten Grundrechtstheorie und -dogmatik zu Art. 5 Abs. 1 Satz 2 GG wird mithin durch die Anerkennung einer allen Medien gemeinsamen kommunikativen Funktion sowie eines auf die Sicherung

IV. Die Gewährleistung der Pressefreiheit nach dem Grundgesetz § 1 LPG

dieser Funktion bezogenen, den Staat positiv verpflichtenden Gewährleistungsgehalts der Verfassungsnorm gebildet (*Jungheim,* S. 96 ff.). Die im Spiegel-Urteil auch für die Pressegewährleistung als Folgerung aus dieser Gewährleistung angedachte „Pflicht des Staates [...], Gefahren abzuwehren, die einem freien Pressewesen aus der Bildung von Meinungsmonopolen erwachsen könnten" (BVerfGE 20, 162, Rn. 38) ist ein mehr als deutlicher Hinweis auf eine solche verfassungsnormative Bindungskraft der Pressegewährleistung (zutreffend etwa *Gersdorf,* AfP 2012, 336/338 f.).

(2) Differenzen zum Rundfunkverfassungsrecht

Dies bedeutet nun weder, dass alle Folgerungen und Teilaussagen der rundfunkverfassungsrechtlichen Dogmatik des BVerfG überzeugend wären – sie sind es keineswegs –, noch gar, dass sie auf die Pressefreiheit übertragen werden sollten oder müssten (dazu *Bullinger,* AfP 2007, 407). Die im deutschen Verfassungsrecht, nicht auch parallel in den europäischen Grundrechtsordnungen, entwickelte „Sonderdogmatik" der Rundfunkfreiheit – und insoweit ist sie tatsächlich „besonders" – überdehnt die objektiv-rechtliche Gewährleistungsdimension auf Kosten des infolgedessen denaturierten Freiheitsrechts. Der Gehalt der Funktionssicherung steht nicht gleichrangig neben dem Freiheitsrecht der Veranstalterfreiheit, sondern macht vielmehr die eigentliche Sinnmitte der Gewährleistung aus. Dies führt in mehrfacher Hinsicht zu problematischen Konsequenzen.

Eine hauptsächliche Konsequenz ist schon die hypertrophierte Fassung des „Normziels" des Art. 5 Abs. 1 Satz 2 GG (BVerfGE 83, 238, Rn. 401, 404) als Optimierungsgebot, als „Auftrag zur Gewährleistung der Rundfunkfreiheit, der auf eine Ordnung zielt, die sicherstellt, dass die Vielfalt der bestehenden Meinungen im Rundfunk in möglichster Breite und Vollständigkeit Ausdruck findet" (BVerfGE 57, 295/319; 73, 118/152 f.; 90, 60/88; 114, 371/387 ff., 121, 30, Rn. 88; *Ritlewski,* S. 31 ff.). Ist der Staat verpflichtet, durch positive Ordnung so viel Vielfalt wie möglich sicherzustellen – oder auch mit dem Instrument des öffentlich-rechtlichen Rundfunks überhaupt erst zu erzeugen –, liegt darin eine ausgesprochen anspruchsvolle, starke Formulierung der staatlichen Gewährleistungsverantwortung, die wohl zwangsläufig in die für das Rundfunkverfassungsrecht kennzeichnende Prädominanz des Funktionsgewährleistung vor individuellen Freiheitsansprüchen einzelner Rundfunkveranstalter führt. Die starke Fassung der Gewährleistung erzeugt einen hohen Regulierungsdruck, der sich damit auch stärker gegen individuelle Entfaltungsinteressen von Rundfunkveranstaltern, die dem hohen Anspruch des Normziels nicht oder nicht hinreichend gerecht werden, wendet als in eine denkbare Interpretation im Sinne einer zurückhaltender gefassten Basisgarantie essentiell notwendiger Kommunikationsvoraussetzungen, wie sie etwa dem Universaldienstkonzept des Art. 87 f GG (dazu *Cornils,* AöR 131 [2006], 378 ff.; *ders,* in: Geppert/Schütz [Hrsg.], Beck'scher TKG-Kommentar, 4. Aufl. 2013, Einl. A Rn. 15 ff., vor § 78 Rn. 16; *Uerpmann-Wittzack,* in. v. Münch/Kunig, GG, Art. 87 f Rn. 8 ff.) dem Sozialstaatsprinzip für die „Mindestvoraussetzungen für ein menschenwürdiges Dasein" (BVerfGE 40, 121/133; 82, 60/80; 110, 412/445) oder auch dem grundrechtlich verankerten Kulturstaatsziel (BVerfGE 36, 321/331) zugrunde liegt. Führt das Verständnis der Funktionsgewährleistung als Prinzip mit Optimierungsgehalt zur Verschärfung der Zielkonflikte mit den individuellen Veranstalterinteressen und ist die objektive Rundfunkgewährleistung mithin weit mehr Gegenspieler als Verstärkung der individuellen Rundfunkfreiheit, jedenfalls im privaten Sektor, so wird das dogmatisch so eigenartige Alleinstellungsmerkmal der Rundfunkfreiheit, dass ein gesetzesunabhängiges Selbstentfaltungsrecht des Rundfunkveranstalters aus der Grundrechtsidee personaler Autonomie heraus legitimierte Facette allgemeiner Handlungsfreiheit bis heute vom BVerfG nicht eindeutig anerkannt worden ist (BVerfGE 87, 181, Rn. 70: „handelt es sich bei der Rundfunkfreiheit allerdings nicht um ein Grundrecht, das seinem Träger zum Zweck der Persönlichkeitsentfaltung oder Interessenverfolgung eingeräumt ist"; BVerfGE 97, 298/313 f.: nur „Grundrechtsbeachtungsanspruch"), eher nachvollziehbar, wenn auch deswegen noch nicht überzeugend: Ein voll entwickeltes Veranstalterrecht stünde der Durchsetzung des starken Funktionsauftrags zu sehr im Weg und errichtete hier ggf. nur schwer zu überwindende Widerstände.

141 Konsequent sind dann auch die freiheitsrechtlich hochproblematische unmittelbare Zweckbindung der Rundfunkveranstaltung selbst (nicht nur des gewährleistenden Staates!) (BVerfGE 57, 295/320: „dienende Freiheit") sowie die Erfindung eines eigenständigen Ausgestaltungsvorbehalts mit der Folge, dass funktionssichernde Ausgestaltungen der Rundfunkordnung auch bei noch so starker Beschränkungswirkung für den Rundfunkveranstalter nicht als das eingeordnet werden, was sie der Sache nach sind, nämlich zugleich Eingriffe in die individuelle Rundfunkfreiheit, die den Schrankenanforderungen des Art. 5 Abs. 2 GG genügen müssen (BVerfGE 57, 295 Rn. 91; krit. zur Exklusivität von Schranken- und Ausgestaltungsgesetzen *Cornils*, Ausgestaltungsgesetzesvorbehalt, S. 86 ff.).

142 Alle diese historisch aus dem Ursprung des öffentlich-rechtlichen Rundfunkmonopol erklärbaren, aber dogmatisch und sachlich unter den Bedingungen auch privatwirtschaftlicher Rundfunkveranstaltung nicht überzeugenden (Fehl-)Entwicklungen der Dogmatik des Rundfunkverfassungsrechts (zur Kritik: *Cornils*, S. 96 ff.) haben in die Dogmatik der Pressefreiheit bisher keinen Eingang gefunden, auch nicht in der Rechtsprechung des BVerfG. Die Pressefreiheit ist ohne Wenn und Aber subjektiv-individuelle Handlungsfreiheit, sie hat als solche grundrechtlichen Eigenwert um ihrer selbst willen, nicht nur wegen der mit ihr verbundenen Nutzeffekte für andere (die Rezipienten) und die Gesellschaft. Sie dient zwar auch – wie der Rundfunk – dem Meinungsbildungsprozess und letztlich der Demokratie, eine dienende Funktion, die durchaus im objektiv-rechtlichen Gewährleistungsgehalt der Pressefreiheit aufgenommen wird. Sie dient aber zunächst – anders als der Rundfunk in der problematischen Sicht des BVerfG – dem subjektiven Entfaltungsinteresse des Journalisten und Verlegers und steht insofern uneingeschränkt unter abwehrrechtlichem und schutzpflichtrechtlichem Schutz.

143 Funktionssichernde Ausgestaltungen der Pressefreiheit, die die Betätigungsfreiheit des subjektiv Berechtigten verkürzen oder unter Vorbehalt stellen, mögen aus dem medienübergreifenden Normziel der Funktionssicherung des Art. 5 Abs. 1 Satz 2 GG gerechtfertigt werden können, insbesondere soweit es um die Erhaltung pluralistischer Strukturen geht, sind aber immer zugleich auch Schranke des Freiheitsrechts der Pressefreiheit und bedürfen als solche der verfassungsrechtlichen Eingriffsrechtfertigung (*Hain*, AfP 2012, 313). Sie dürfen damit insbesondere nicht über das Erforderliche und Zumutbare hinausgehen. Insbesondere aber fehlen in der Presserechtsprechung des BVerfG Anhaltspunkte für ein der Rundfunkjudikatur vergleichbares starkes Ausgestaltungsmandat an den Gesetzgeber, namentlich eine Fassung des Vielfaltssicherungsauftrags als Optimierungsgebot mit dem Gehalt einer Verpflichtung zur Erhaltung von „möglichst viel" Pressevielfalt im Sinne einer quantitativen „Je mehr desto besser"-Vorstellung von Anbieter- und Angebotsvielfalt; eine qualitativ-inhaltliche Steuerung des Presseangebots wäre dem Staat ohnehin von Verfassungs verwehrt (BVerfGE 80, 124 Rn. 28: „inhaltliche Neutralitätspflicht, die jede Differenzierung nach Meinungsinhalten verbietet").

144 Hier scheinen deutliche Unterschiede zum Rundfunkverfassungsrecht schon im Verständnis des Vielfaltsziels, das allerdings mit den Rahmenbedingungen und Faktoren seiner Realisierung eng zusammenhängt, auf (s. auch *Degenhart*, in: BK, Art. 5 Abs. 1 und 2 Rn. 447: „ist dabei differenzierend zu sehen"): Die Pressegewährleistung setzt auf wettbewerblich-privatwirtschaftliche Strukturen der Presse, damit aber auch auf andere Treiber und Rationalitäten für die Entwicklung von Vielfalt als ein von organisierter Programmpflege im Anstaltsrahmen her gedachtes Vielfaltskonzept, das der Fähigkeit des Marktes, überhaupt Vielfalt im verfassungsgeforderten Sinne hervorzubringen, zutiefst misstraut. Die Pressegewährleistung akzeptiert damit aber auch notwendig marktgesteuerte Entwicklungen, Veränderungen und auch medien-

artenübergreifende (Internet!) Verlagerungen im Anbieter- und Angebotsspektrum, ohne dass diese sogleich als Vielfaltsdefizit identifiziert und mit staatlichen Gegenmaßnahmen bekämpft oder gar präventiv verhindert werden müssten. Der auf dem Grundsatz der Privatwirtschaftlichkeit der Presse beruhende, damit aber marktorientierte Vielfaltsbegriff der Pressegewährleistung hat mithin jedenfalls ein dynamischeres Moment als der wesentlich vom Verfassungsauftrag „möglichster" thematischer Breite geprägte und insbesondere im gesetzlichen Programmauftrag für den öffentlich-rechtlichen Rundfunk umgesetzte, schon deswegen ungleich statischere Vielfaltsbegriff der Rundfunkgewährleistung.

Dies hat wiederum – wie beim Rundfunk, aber mit anderem Inhalt – Folgen für **145** die präzisere Bestimmung der funktionsbezogenen („institutionellen") Gewährleistungsgehalte der Pressefreiheit. Sind wettbewerblich-privatwirtschaftliche Strukturen der Presse vorhanden und imstande, für eine Vielzahl verschiedener und überall erreichbarer Presseerzeugnisse zu sorgen, und können hier insbesondere auch nicht die „vielfaltsverengenden" und für die publizistische Qualität nachteiligen Wirkungen privatwirtschaftlicher Finanzierung nachgewiesen werden (so BVerfGE 114, 371, Rn. 66; 119, 181, Rn. 134; 121, 30, Rn. 93 zur Werbefinanzierung im Privatrundfunk), lässt der Verhältnismäßigkeitsgrundsatz keine dem rundfunkrechtlichem Muster unmodifiziert entsprechende Regulierungsmaßnahmen zur Vielfaltssicherung zu (anders *Draack,* S. 151). Auch Marktveränderungen, die Teile der klassischen Pressewirtschaft unter Druck setzen, Konzentrationstendenzen begünstigen oder mit technischen wie publizistischen Veränderungen im Produktions- oder im Vertriebsbereich einhergehen, können verfassungsrechtlich nicht schlicht nur als Krise und Vielfaltsproblem wahrgenommen werden und staatliche Bestandserhaltungsprogramme auslösen. Die das Rundfunkverfassungsrecht wesentlich mitbestimmende Begründung eines strukturellen „Marktversagens" kann für die Presse gerade nicht als apriorische Prämisse zugrunde gelegt werden. Ist das aber nicht der Fall, bedürfen Marktversagensdiagnosen und darauf gestützte Stützungseingriffe staatlicher Regulierung über die allgemein wettbewerbsrechtlichen Schranken hinaus jedenfalls sorgfältiger Begründung und kommen sie erst bei schwerwiegenden und eindeutig feststellbaren Defekten in Betracht.

Einer „positiven Ordnung" im rundfunkrechtlichen Sinne intensiver Vielfaltsregu- **146** lierung, angefangen von der Einrichtung öffentlich-rechtlicher Anstalten mit binnenpluralistischer Organisation, über den Zulassungsvorbehalt im Privatrundfunk bis hin zur Konzentrationskontrolle und Drittsenderechten, bedarf es mithin für die Presse nicht, mehr noch, sie wäre hier in vergleichbarer Gestalt verfassungsrechtlich ausgeschlossen. Diese Nichtübertragbarkeit rundfunkrechtlicher Regulierungsmuster kommt in der Formulierung des BVerfG von den „Unterschieden" zwischen Rundfunk- und Pressefreiheit „im Mittel der Funktionserfüllung" (BVerfGE 91, 125/134) klar zum Ausdruck. Solange die Presse im Rahmen wettbewerbsrechtlicher Vorgaben nach Marktgrundsätzen „funktioniert", erscheint daher die weit hinter dem Rundfunkrecht zurückbleibende gesetzliche Ordnung der Presse als die nach Inhalt und Maß grundrechtlich adäquate Form der Erfüllung des verfassungsrechtlichen Gewährleistungsauftrags (ausführlich dazu: *Rudolph,* Erhalt von Vielfalt im Pressewesen). Dazu gehören etwa die pressegesetzlichen Offenlegungspflichten hinsichtlich der Eigentümerverhältnisse (zB § 5 HPresseG): Eigentümertransparenz ist Voraussetzung der Nachvollziehbarkeit möglicher Einflussnahmen auf Inhalt und Tendenz des Presseerzeugnisses (*v. Münch,* AfP 1969, 845 ff.; *Groß,* Rn. 345 f.), zudem Voraussetzung für pluralismussichernde Gegensteuerungen. Im Presserecht im weiteren Sinne legitimieren sich aus dem Funktionssicherungsziel die kartellrechtlichen Regelungen über die Pressefusionskontrolle (näher u., Rn. 148 ff.) und – freilich stark umstritten – zum Pressegrosso (s. u., Rn. 153 ff.).

Die weiterreichenden Potentiale der Funktionsgewährleistung ruhen hingegen **147** gleichsam in einem Latenzzustand, aus dem sie erst bei ernsthafter und funktionsbedrohender Verschlechterung der Existenzbedingungen einer vielfältigen Presse aktiviert werden könnten. Über die wettbewerbsrechtliche Marktstrukturerhaltung hinausgehende Ausgestaltungsregelungen zur Vielfaltssicherung im Pressebereich – durch organisatorisch-institutionelle Vorkehrungen oder auch Fördermaßnahmen – sind nach alledem zwar nicht undenkbar (s. auch *Schulze-Fielitz*, in: Dreier, Art. 5 I, II, Rn. 227; *Draack*, S. 151), wären aber derzeit trotz wachsender wirtschaftlicher Schwierigkeiten der Presseunternehmen unter dem Druck der Digitalisierung und anhaltender Konzentrationstendenzen verfassungsrechtlich kaum noch zu rechtfertigen.

(3) Pressefusionskontrolle

148 Ein vom Ziel der Erhaltung außenpluralistischer, privatwirtschaftlicher Strukturen der Presse her nahe liegendes Instrument der Funktionssicherung ist die Konzentrations-, insbesondere Zusammenschlusskontrolle (dazu: *Draak*, Pressekartellrecht zur Vielfaltssicherung; *Paal*, Medienvielfalt und Wettbewerbsrecht; *Zohm*, Der verfassungsrechtliche Rahmen der Pressefusionskontrolle; *Wiring*, Pressefusionskontrolle im Rechtsvergleich; *Nordmann*, AfP 2014, 1). Sie ist für die Presse, anders als im Rundfunkrecht (§§ 26 ff. RStV), nicht durch ein spezifisch medienrechtliches Kontroll- und Untersagungsverfahren zur unmittelbaren Vermeidung und Bekämpfung vorherrschender Meinungsmacht ausgestaltet, sondern nur in medienbezogenen Sonderregelungen im Rahmen allgemein kartellrechtlicher Bestimmungen verwirklicht, namentlich in Gestalt der abgesenkten Aufgreifschwelle für Presseunternehmen in § 38 Abs. 3 GWB (zu Problemen mit elektronischer Presse dabei: *Spindler*, AfP 2012, 328/331). Die mit der 3. GWB Novelle v. 28.6.1976 (BGBl. I S. 1697) eingeführte Regelung sah bis zur Änderung durch die 8. GWB-Novelle 2013 einen Multiplikationsfaktor von 20 für die in § 35 Abs. 1 GWB festgelegten Schwellenwerte vor mit der Folge, dass auch schon Fusionsvorhaben von kleinen Zeitungsverlagen der Zusammenschlusskontrolle unterfielen. In Verbindung mit der besonders strengen Anwendung der materiellen Zulässigkeitsvoraussetzungen auf Pressefusionen in der Praxis des Bundeskartellamts führte diese Regelung in vielen Fällen zur Untersagung des Vorhabens. Den Einsatz des wirtschaftsrechtlichen, unmittelbar auf die Bekämpfung wettbewerbsschädlicher Marktbeherrschung gerichteten Instruments auf bundesgesetzlicher Grundlage zur Verfolgung des weiteren, mittelbaren Ziels der Sicherung einer vielfältigen Presse (BT-Drs. 7/2954, S. 5: „Im Pressewesen, in dem es in besonderem Maße auf die Vielfalt des Angebots auch im regionalen und lokalen Bereich ankommt und das überwiegend von mittleren und kleinen Unternehmen getragen wird, reicht eine auf Großzusammenschlüsse begrenzte Fusionskontrolle nicht aus.") hat ein Vorprüfungsausschuss des BVerfG in einem knapp begründeten Nichtannahmebeschluss als kompetentiell und auch materiell grundrechtlich unbedenklich beurteilt (BVerfG, NJW 1986, 1743; s. auch *Bechtold*, GWB, § 38, Rn. 7), ohne sich eingehender mit dem Pluralismussicherungsziel zu befassen (eingehend dazu: *Zohm*, S. 66 ff.). Der Bund kann sich für die kartellrechtliche Regelung auf seine Gesetzgebungszuständigkeit aus Art. 74 Abs. 1 Nr. 16 GG stützen, weil unmittelbarer Regelungsgegenstand „nicht die publizistische Vielfalt auf den Pressemärkten" – diese fiele in die Landeskompetenz für das Presserecht (s. Einl., Rn. 33 ff.) –, „sondern die Wettbewerbszwecken dienende Ausgestaltung der Fusionskontrolle unter den besonderen Bedingungen der Pressemärkte zur Schaffung einer effektiven Fusionskontrolle auch in diesem Bereich ist" (BVerfG, NJW 1986, 1743).

149 In der Rechtsprechung des BVerfG zur Pressefreiheit ist, anders als zur Nachbargewährleistung der Rundfunkfreiheit (BVerfGE 57, 295/323; 73, 118/160; 95, 163/172), das Rechtsinstitut einer besonderen Konzentrationskontrolle nicht zum Gegenstand eines verfassungsrechtlichen Ausgestaltungsauftrags zur Vielfaltssicherung erhoben, nur – im Spiegel-Urteil – als Möglichkeit erwogen worden (BVerfGE 20, 162, Rn. 38: „[...] doch ließe sich etwa auch an eine Pflicht des Staates denken, Gefahren abzuwehren, die einem freien Pressewesen aus der Bildung von Meinungsmonopolen

IV. Die Gewährleistung der Pressefreiheit nach dem Grundgesetz § 1 LPG

erwachsen könnten."). Eine (pressespezifisch ausgestaltete) kartellrechtliche Fusions- oder gar genuin medienrechtliche Konzentrationskontrolle ist für den Pressesektor mithin nicht verfassungsgeboten, wohl aber verfassungsrechtlich aus dem Gesichtspunkt der Funktionssicherung legitimiert (*Zohm,* S. 234 ff.; *Groß,* VR 2007, 151). Art. 5 Abs. 1 Satz 2 GG stützt das gesetzgeberische Anliegen, mit diesem Instrument publizistische Machtkonzentration zu verhindern, auch in der mittelbaren Weise kartellrechtlicher Fusionsbeschränkung. In der Verhältnismäßigkeitsabwägung mit der durch die Zusammenschlusskontrolle betroffenen individualgrundrechtlichen Pressefreiheit der fusionswilligen Unternehmen kann der objektive presseverfassungsrechtliche Gewährleistungsgehalt der Vielfaltssicherung eingriffslegitimierende Kraft entfalten.

Allerdings ist der aus vordigitaler Zeit stammende Ansatz kartellrechtlich abgesicherter Erhaltung auch kleiner, lokal oder regional radizierter Zeitungsverlage als geeignete Konzeption zur Sicherung der Pressevielfalt unter den Bedingungen der Konkurrenz mit den Internetmedien zweifelhaft geworden (*Klumpp,* WuW 2013, 344; *Spindler,* AfP 2012, 328/331). Der aus den Absatzrückgängen infolge der Internetkonkurrenz, massiven Einbußen bei den Werbeeinnahmen sowie hohen Investitionsbedarfen bei zwingend notwendigen digitalen Angeboten resultierende starke wirtschaftliche Druck auf die Presseunternehmen erzwingt die Anpassung der rechtlichen Rahmenbedingungen (zur Entwicklung auf dem Pressemarkt: *Röper,* MP 2010, 218; *ders,* MP 2014, 254; *Pasquay,* ZfBB 57 [2010], 140; *Zohm,* S. 36 ff., *Draack,* S. 77 ff.; s. auch Einl., Rn. 142 ff.): Die Fusion kleiner, so nicht mehr überlebensfähiger Verlage und Medienhäuser erscheint weniger als Bedrohung, denn als notwendige Voraussetzung der Erhaltung von Pressevielfalt (s. auch *Degenhart,* in: BK, Art. 5 Abs. 1 und 2 Rn. 449 ff.). Auch ist die stärkere Konzentration von Printmedien in Zeiten ubiquitär verfügbar digitaler Informationsangebote nicht mehr in vergleichbarer Weise gleichbedeutend mit einer negativ konnotierten publizistischen Monopolstellung in den kleinräumigeren lokalen oder regionalen Zeitungsmärkten. Die Erhaltung größerer, wirtschaftlich schlagkräftigerer und überhaupt nur so überlebensfähiger Presseunternehmen kann zusammen mit den hinzugetretenen Internetmedien immerhin ein höheres Maß an Anbieter- und Angebotsvielfalt bewahren als die Alternative eines verbreiteten Zeitungssterbens als Folge zu eng gesteckter Schranken der kartellrechtlichen Pressefusionskontrolle. Hinzu kommt schließlich die Fragwürdigkeit einer auf die klassischen Massenmedien Presse und Rundfunk begrenzten, nicht auch für Internetmedien gleichermaßen geltenden Spezialregelung. Die gewandelten tatsächlichen Umfeldbedingungen pressewirtschaftlicher Betätigung bewirken mithin eine Änderung der Stoßrichtung des verfassungsrechtlichen Gewährleistungsauftrags aus Art. 5 Abs. 1 Satz 2 GG: Die Kontrolle und weit gehende Vermeidung von Pressefusionen kann nicht mehr ohne weiteres und regelmäßig als adäquates Mittel zur Verfolgung des grundrechtlichen Normziels begriffen werden; umgekehrt rückt die Möglichkeit in das Blickfeld, dass Zusammenschlüsse von Presseunternehmen eine aus Sicht des verfassungsrechtlichen Gewährleistungsauftrags ggf. sogar zu fördernde Option sind, wenn nur so wirtschaftlich Not leidenden Printmedien überhaupt eine Überlebensmöglichkeit eröffnet werden kann.

Diese Einsichten haben schon vor Jahren die Forderung nach einer Anhebung der Aufgreifschwellen in § 38 Abs. 3 GWB oder gar einer Abschaffung der pressespezifischen Sonderregelung laut werden lassen. Mit der am 30. Juni 2013 in Kraft getretenen 8. GWB-Novelle (BGBl. 2013 I S. 1738; dazu näher: *Nordmann,* AfP 2014, 1; *Lettl,* WuW 2013, 706; *Bardong,* NZKart 2013, 303; *Keßler,* WRP 2013, 1116; *Klumpp,* WuW 2013, 344) hat der Bundesgesetzgeber diese Forderungen aufgegriffen und in einer – so die Selbsteinschätzung der Begründung des Regierungsentwurfs – „moderaten Änderung" umgesetzt, um so die „Spielräume der Verlage zur Stabilisierung ihrer wirtschaftlichen Basis" und zur Steigerung ihrer Wettbewerbsfähigkeit mit anderen Medien „angemessen" zu erweitern (BT-Drs. 17/9852, S. 29). Der Multiplikationsfaktor in § 38 Abs. 3 GWB ist auf acht abgesenkt worden mit der Folge, dass nunmehr die Fusionskontrolle erst dann eingreift, wenn alle Beteiligten zusammen weltweit Presseumsätze von mehr als 62,5 Mio. € erwirtschaften, ein Beteiligter in Deutschland auf Presseumsätze von mehr als 3,125 Mio. € kommt und ein zweiter Beteiligter Presseumsätze von mehr als 625 000 € erzielt. Entgegen der noch im Regierungsentwurf vorgesehenen Fassung hat der Gesetzgeber zusätzlich auch die Anschlussregelung des § 35 Abs. 2 Satz 1 GWB auf Pressefusionen erstreckt. Danach greift die Fusionskontrolle nicht, soweit eines der beteiligten Unternehmen, das nicht abhängig im Sinne des § 36 Abs. 2 GWB sein darf, weltweit Umsatzerlöse von weniger als 1,25 Mio. € erzielt. Hinzu tritt die nunmehr in den Regelungszusammenhang der materiellen Zusammenschlussvoraussetzungen verlagerte Bagatellmarktklausel (§ 36 Abs. 1 Satz 2 Nr. 2 GWB) sowie die gleichfalls erst auf Initiative des Wirtschaftsausschusses des Bundestages (BT-Drs. 17/11053, S. 18) neu eingeführte, allerdings an eine Reihe von Voraussetzungen gebundene pressespezifische Sanierungsklausel (§ 36 Abs. 1 Satz 2 Nr. 3 GWB, dazu *Körber*, ZWeR 2014, 32), die zur Zulässigkeit von nach den allgemeinen Grundsätzen (§ 36 Abs. 1 Satz 1 GWB) an sich verbotenen Fusionen führt, wenn der Zusammenschluss das nachweisbar einzige Mittel zur Rettung kleiner oder mittlerer Zeitungs- oder Zeitschriftenverlage ist (näher zu allem *Klumpp*, WuW 2013, 344). Insbesondere in dieser Sanierungsklausel kommt die gewandelte Sicht auf die Pressefusion – nicht mehr stets als zu verhindernde Gefahr für die Vielfalt, sondern unter Umständen sogar als notwendiges Mittel der Vielfaltserhaltung – deutlich zum Ausdruck (s. auch Bericht des BT-Ausschusses für Wirtschaft und Technologie, BT-Drs. 17/11053: „Kleine und mittlere Presseunternehmen müssen die Möglichkeit zu einer Fusion mit stärkeren Partnern haben, bevor sie gezwungen sind, einen Insolvenzantrag zu stellen und damit als Teil der Pressevielfalt und des publizistischen Wettbewerbs gänzlich aus dem Markt ausscheiden.").

152 Auch die Rechtsprechung des BGH hat an dem bisher strengen Kurs der Fusionskontrollpraxis im Pressebereich Korrekturen vorgenommen, und zwar im Rahmen der Beurteilung der Verstärkungswirkung einer Pressefusion hinsichtlich der marktbeherrschenden Stellung bei benachbarten, jeweils lokal monopolistischen Presseunternehmen (BGH, NZKart 2013, 36 – Haller Tagblatt, Rn. 20 ff.; dazu auch *Nordmann*, AfP 2014, 1; *Klumpp*, WuW 2013, 344). Hier kann entgegen der bisherigen Praxis nicht mehr ohne weiteres ein Ausschluss potentiellen Wettbewerbs und eine so begründete Verstärkungswirkung angenommen werden: Vielmehr dürfte nunmehr in aller Regel die weit realitätsgerechtere Einschätzung zu Grunde zu legen sein, dass ein Eintritt des einen Unternehmens in den benachbarten räumlichen Markt und also ein potentieller Wettbewerb zwischen den Gebietsmonopolisten ohnehin nach aller Erfahrung angesichts hoher Marktzutrittsschranken nicht hinreichend wahrscheinlich ist, erst recht unter den wirtschaftlich angespannten heutigen Bedingungen. Zudem hat der Änderungsgesetzgeber der 8. GWB-Novelle die materiellen Anforderungen an die Prognose einer Wettbewerbsbehinderung – Voraussetzung der Untersagung – verschärft (§ 36 Abs. 1 Satz 1 GWB: „Ein Zusammenschluss, durch den wirksamer Wettbewerb *erheblich* behindert würde …",) und so der früheren kartellrechtlichen Praxis zur Verstärkungswirkung wohl den Boden entzogen (*Bechtold*, GWB, § 36, Rn. 30 iVm Rn. 23). Insgesamt dürfte sich aus dieser Neujustierung der materiellen Untersagungsvoraussetzungen eine deutlich großzügigere Haltung gegenüber Fusionsvorhaben von lokalen oder regionalen Tageszeitungen ergeben, insofern potentieller Wettbewerb zwischen diesen ohnehin generell eher unrealistisch ist (*Klumpp*, WuW 2013, 344/355). Zwar steht die Kurskorrektur zunächst nur in einem kartellrechtlichen Argumentationszusammenhang; sie lässt sich aber doch durchaus in Beziehung setzen zum presseverfassungsrechtlichen Gewährleistungsziel: Die kartellrechtliche Erleichterung von Pressefusionen, eben auch durch Anpassung des Verständnisses der materiellen Grundsätze, nicht nur durch die gesetzliche Änderung der Aufgreifschwellen, trägt insgesamt unter den gewandelten marktlichen Bedingun-

IV. Die Gewährleistung der Pressefreiheit nach dem Grundgesetz § 1 LPG

gen für Medienunternehmen jenem Ziel besser Rechnung als ein zu strikt gefasster Verhinderungsansatz.

(4) Pressegrosso
Der Gewährleistungsgehalt der Funktionssicherung erstreckt sich thematisch auch 153 auf die Ebene des Pressevertriebs, weil die Zugänglichkeit von Presseerzeugnissen notwendige Bedingung der Pressefunktion ist. Nur wenn das Erzeugnis das Publikum erreichen kann, lässt sich von einer Publikation und daraus resultierenden Informationschancen reden, das bedarf keiner weiteren Begründung. Seit langem umstritten (s. nur *Kaiser,* Das Recht des Presse-Grosso; *Wenzel,* AfP 1979, 380; *Ipsen,* Presse-Grosso im Verfassungsrahmen; *Kloepfer,* Vielfaltssicherung durch Ebenentrennung in der Massenkommunikation) ist jedoch, welche näheren Folgerungen daraus für die Inhalte der Gewährleistung zu ziehen sind, insbesondere ob und inwieweit aus Art. 5 Abs. 1 Satz 2 GG eine Bestandsgarantie oder zumindest -legitimation für die seit den 1950er Jahren in Deutschland etablierten Strukturen des Pressegroßhandels (s. dazu, *Kühling,* ZUM 2013, 18 mwN) herzuleiten ist.

aa) Keine verfassungsrechtliche Institutsgarantie des Pressegrosso
Das BVerfG hat den Pressegrossisten zwar wegen des engen organisatorischen und 154 funktionalen Pressebezugs seiner Dienstleistung und der Auswirkungen von an ihn gerichteten gesetzlichen Pflichten auf die Meinungsverbreitung in die subjektive Schutzreichweite des individuellen Freiheitsrechts einbezogen (BVerfGE 77, 346, Rn. 26 f.), damit aber keineswegs eine im verfassungsrechtlichen Funktionssicherungsauftrag verankerte Bestandsgarantie für das etablierte Grosso-Vertriebssystem ausgesprochen. Die subjektiv-grundrechtliche Schutzbedürftigkeit des Grossisten wird mit den tatsächlichen Gegebenheiten des überkommenen Vertriebssystems und der sich daraus ergebenden Abhängigkeiten der Presse von der Großhandelsstufe – solange sie bestehen – begründet, nicht aber werden umgekehrt diese tatsächlichen Gegebenheiten und die auf Branchenüblichkeit und selbstregulativer Vereinbarung beruhenden Strukturen als verfassungsrechtlich geboten festgeschrieben (s. auch einschränkend das BVerfG selbst, BVerfGE 77, 346, Rn. 31: „Umstände, die sich aus der gegenwärtigen Organisation und Personalausstattung des Pressegroßhandels ergeben und als solche keineswegs unabänderlich sind [...] können allenfalls im Rahmen der Zumutbarkeit der Regelung Bedeutung erlangen"). Allein der Satz der Begründung, wonach Presseunternehmen, besonders „neue, finanzschwache oder minderheitenorientierte Presseunternehmen", „für den freien Verkauf ihrer Erzeugnisse auf Grossisten angewiesen" seien (BVerfGE 77, 346, Rn. 27), lässt sich möglicherweise als implizite Bestätigung der Gewährleistung einer funktionsgeeigneten Zwischenhandelsstufe ausdeuten. Das Pressegrosso-System in seiner konkret bestehenden Gestalt ist jedoch verfassungsrechtlich keineswegs änderungsfest; das Grundgesetz legt den Staat nicht darauf fest, seine Gewährleistungsverantwortung für die Sicherung funktionsadäquater Vertriebsbedingungen gerade durch die Anerkennung und ggf. rechtliche Absicherung dieser selbstregulativ gestalteten Vertriebsorganisation zu erfüllen (*Gersdorf,* AfP 2012, 336/345).

Allerdings gehören zum verfassungsrechtlichen Garantiebestand die zentralen Da- 155 seinsvorsorgeziele der flächendeckenden (Grundsatz der „Überallerhältlichkeit") und diskriminierungsfreien Versorgung mit Presseerzeugnissen. Diese Leistungsmerkmale eines Presse-Universaldienstes (*Kühling,* ZUM 2013, 18/21) sind für die ungehinderte Verbreitung und den publizistischen Wettbewerb unabdingbar und daher von der Funktionsgewährleistung erfasst. Zweifelhaft ist hingegen schon, ob das bundesverfassungsrechtliche Diskriminierungsverbot ohne weiteres mit der als „Essential" des Pressegrosso anerkannten strikten Neutralitätspflicht des Grossisten gegenüber Verlagen und Einzelhandel gleichgesetzt werden kann (Festschreibung der „Essentials" in der Gemeinsamen Erklärung des Verbandes Deutscher Zeitschriftenverleger [VDZ], des Bundesverbandes Deutscher Zeitungsverleger [BDZV] und des Bundesverbandes

Deutscher Buch-, Zeitungs- und Zeitschriften-Grossisten [BVPG] vom 19. August 2004, http://www.pressegrosso.de/branche/gemeinsame-erklaerung.html; krit. dazu *Kloepfer,* S. 60ff.; landesrechtliche Festschreibung in § 2 Abs. 2 BbgPresseG). Das Neutralitätskonzept des Pressegrosso geht über ein bloßes Diskriminierungsverbot wettbewerbsrechtlicher Prägung (§ 19 Abs. 1, Abs. 2 Nr. 1 GWB), das Differenzierungen aus sachlichen Gründen zulässt (OLG Düsseldorf, GRUR-RR 2014, 353, Rn. 44), hinaus, indem es eine nach Maßgabe der Disposition der Verlage umfassende Pflicht zur Abnahme aller Presseerzeugnisse zu den zentral vereinbarten Handelsspannen (Vollsortiment) vorsieht (*Kloepfer,* S. 16ff.). Da dem Funktionssicherungsziel der Pressegewährleistung aber keine Festlegungen auf bestimmte Zustände und Mechanismen in den medienwirtschaftlichen Marktverhältnissen zu zugeschrieben werden können (s. o., Rn. 154), kann auch eine bestimmte tradierte Vertriebsform, die auf dem Grundsatz der „Blindheit" des Zwischenhandels gegenüber der vorgelagerten und nachgelagerten Handelsstufe besteht, schwerlich als solche verfassungsrechtlichen Bestandsschutz beanspruchen, solange der Grossohandel oder auch andere Vertriebsmöglichkeiten geeignet sind, die grundsätzliche, gegen Diskriminierungen abgeschirmte Chance einer Publikation von Presseprodukten zu eröffnen. Vergleichbar der Internet-Neutralität enthält Art. 5 Abs. 1 Satz 2 GG mithin auch für das Pressevertriebsnetz nicht eine Festlegung auf ein Konzept „starker Netzneutralität", das sachlich begründete Preis- und Qualitätsdifferenzierungen nach Produktklassen generell ausschlösse. Diese Einsicht hat durchaus Bedeutung für die neuerdings wieder stark umstrittene Beurteilung der Vereinbarkeit des praktizierten Pressegrosso-Systems mit dem deutschen und europäischen Kartellrecht (s. u., Rn. 157 ff.).

156 Nicht eindeutig ist daher auch, ob die weiteren für das Pressegrosso konstitutiven „Essentials" des (abgeleiteten) Dispositions- und Remissionsrechts (dazu BGHZ 82, 238) zum auch verfassungsgeschützten Funktionskern des Pressevertriebs gehören (vgl. *Paschke,* AfP 2012, 431/441). Immerhin ist das Remissionsrecht notwendige Voraussetzung umfassender Abnahme- und Bevorratungspflichten und daher auch des flächendeckenden umfassenden Angebots der Händler auf beiden Handelsstufen (*Bechtold,* GWB, § 30, Rn. 37). Aber es hängt damit eben auch auf das Engste mit dem Grosso-System in seiner gegenwärtigen, als solchen aber nicht verfassungsfesten Ausprägung zusammen.

bb) Kartellrechtliche und verfassungsrechtliche Infragestellung des Pressegrosso

157 Kontrovers diskutiert (*Paschke,* AfP 2012, 431; *Guggenberger/Ulmer,* AfP 2013, 183; *Gersdorf,* AfP 2012, 336; *Bach,* NJW 2012, 728; *Kloepfer,* AfP 2010, 120; *ders,* Vielfaltssicherung durch Ebenentrennung in der Massenkommunikation; *Paal,* AfP 2012, 1) wird die rechtliche Zulässigkeit der für das Grosso-System kennzeichnenden Merkmale der gebietsbezogenen Alleinauslieferung und der kollektiv ausgehandelten Einheitstarife für die Vertriebsleistung. Aus verfassungsrechtlicher Sicht geht es insoweit darum, ob die grundrechtliche Pressegewährleistung immerhin die Kraft haben kann, das Pressegrosso-System mit seinen aus den genannten Merkmalen sich ergebenden wettbewerbsausschließenden Wirkungen im Rahmen der Auslegung kartellrechtlicher Vorschriften zu rechtfertigen – sofern nicht ohnehin mit Anwendungsvorrang Schranken des Unions-Kartellrechts (Art. 101 AEUV) entgegenstehen. Die Debatte ist neuerdings wieder mit Heftigkeit aufgeflammt, nachdem der BGH einen Kontrahierungszwang des Verlegers gegenüber dem bisher gebietsmonopolistischen Grossisten verneint (BGH NJW 2012, 773 – Grossistenkündigung) und das LG Köln darüber hinausgehend die branchenweit-zentralen Vereinbarungen des Bundesverbandes Deutscher Buch-, Zeitungs- und Zeitschriften-Grossisten mit den Verlagen als mit Art. 101 Abs. 1 AEUV unvereinbar eingestuft, damit aber das gesamte wettbewerbsausschließende, auf der gebietsmonopolistischen Alleinauslieferung mit einheitlichen Vertriebs-Handelsspannen basierende Pressegrosso-Vertriebssystem in Frage gestellt hat (LG Köln, GRUR-RR 2012, 171, bestätigt durch OLG Düsseldorf, GRUR-RR 2014, 353, nicht rechtskr., mit krit. Anm. *Bunte,* EWIR 2014, 299;

Haus, WuW 2014, 830). Die Gerichte haben in der verfassungsrechtlichen Pressegewährleistung kein durchgreifendes Argument für eine Rechtfertigung der systemprägenden, aber wettbewerbsausschließenden Alleinauslieferung gesehen. Insbesondere bestehe kein notwendiger Zusammenhang mit der aus dem Vielfaltsicherungsziel gerechtfertigten Preisbindung bei Verlagserzeugnissen (§ 30 Abs. 1 GWB); diese werde durch den Marktzutritt weiterer Zwischenhändler nicht unterlaufen (BGH, NJW 2012, 773, Rn. 47; OLG Düsseldorf, GRUR-RR 2014, 353, Rn. 44). Der Prognose, mit der Zulassung von Wettbewerb werde das Leistungsziel der Überallerhältlichkeit (dazu *Kloepfer*, S. 15) gefährdet, entweder weil der Einzelhandel nicht das Angebot mehrerer Grossisten abnehmen oder weil die Grossisten bei individuell ausgehandelten Vertriebskonditionen nur noch die für sie wirtschaftlich lukrativeren Titel in ihr Angebot aufnehmen würden, schließt sich der BGH nicht an: Beide Entwicklungen seien nicht zu erwarten; namentlich obliege den Grossisten auch bei einer Öffnung der räumlichen Märkte für Wettbewerber wegen ihrer weiterhin marktbeherrschenden Stellung aus dem Diskriminierungsverbot des § 20 Abs. 1 GWB (nunmehr: § 19 Abs. 2 Nr. 1 GWB) die Verpflichtung, allen Presseerzeugnissen in ihrem Gebiet Marktzugang zu gewähren (BGH, NJW 2010, Rn. 50).

Im Schrifttum hat diese wettbewerbsorientierte Linie der jüngsten Kartellrechtsprechung teilweise Zustimmung und zusätzliche argumentative Unterstützung aus der individualgrundrechtlichen Pressefreiheit gefunden (*Paschke*, AfP 2012, 431; 501; *Guggenberger/Ulmer*, AfP 2013, 183; ablehnend hingegen *Kloepfer*, AfP 2010, 120/127; *Gersdorf*, AfP 2012, 336/344f.): In der Tat liegt in dem durch die Kombination von Gebietsmonopolen und branchenweit ausgehandelten Einheitstarifen bewirkten mindestens faktischen Wettbewerbsausschluss auf der Zwischenhändlerebene eine erhebliche Beeinträchtigung der Vertriebsfreiheit der Verleger, die ihrerseits durch das Grundrecht aus Art. 5 Abs. 1 Satz 2 GG gewährleistet ist (*Paschke*, AfP 2012, 431/436f.). Insofern die wettbewerbsbeschränkenden Effekte aus der Selbstregulierung der Branche hervorgehen, aktivieren sie in erster Linie die grundrechtliche Schutzpflicht. Insofern der Gesetzgeber dieser nicht durch kartellrechtliche wettbewerbsschützende Regelungen nachkommt, sondern im Gegenteil den kartellrechtlichen Schutz durch Freistellungsanordnungen gerade zurücknimmt, wie dies mit der 8. GWB-Novelle geschehen ist (s.u. Rn. 164 ff.), ist darüber hinaus sogar auch eine eingriffsabwehrrechtliche Beurteilung denkbar, da sich der Staat an der horizontalen Wettbewerbsbeschränkung „aktiv" beteiligt; das BVerfG geht indessen für diese Konstellation der Übernahme staatlicher „Mitverantwortung" für den unmittelbar privaten Eingriff von einer schutzpflichtrechtlichen Lösung aus (grundlegend BVerfGE 53, 30 – Mülheim-Kärlich, Rn. 52 ff.; zur Gegenposition abwehrrechtlicher Verarbeitung s. insb. *Schwabe*, S. 212 ff.; weitere Nachweise bei *Cornils*, S. 622 mit Fn. 230). 158

cc) Legitimation des Pressegrosso aus der Funktionssicherungsgewährleistung der Pressefreiheit?

Der horizontale oder sogar vertikale (staatliche) Eingriff in die Pressefreiheit des Verlegers ist indessen nicht notwendigerweise verfassungswidrig, kann vielmehr durch die Legitimationswirkung des objektiv-rechtlichen Funktionssicherungsziels aus Art. 5 Abs. 1 Satz 2 GG gerechtfertigt sein (anders *Paschke*, AfP 2012, 431/438f.) – auch wenn sich daraus keine Verfassungspflicht zur Erhaltung des Pressegrosso überkommener Form herleiten lässt (s.o., Rn. 154f.). Dies setzt allerdings die Wahrung der grundrechtlichen Verhältnismäßigkeitsanforderungen voraus: Wird die kartellrechtliche Verschonung des „Branchenkartells" (*Paschke*, AfP 2012, 431/432) als prima facie grundrechtlich legitimiertes Instrument der Vielfaltsicherung auf der Presse-Vertriebsebene begriffen, so kann sich diese Legitimationswirkung im grundrechtlichen In-sich-Konflikt mit Pressefreiheit der Verleger – aber auch etwaiger Konkurrenten im Pressegroßhandel, für die die Gebietsmonopole als prohibitive Marktzutrittsschranke wirken – nur durchsetzen, wenn die damit einhergehende Be- 159 einträchtigung der Möglichkeiten zu autonom bestimmter Vertriebsgestaltung erforderlich und angemessen zur Erreichung der Universaldienstziele der flächendeckenden und diskriminierungsfreien Versorgung ist. Die Beurteilung dieser Frage hängt vor allem von der Prognose hinsichtlich der hypothetischen Entwicklung des Marktverhaltens der beteiligten Akteure bei einem Übergang von der bisherigen Kollektivvereinbarung zu individuell ausgehandelten Vertriebskonditionen ab.

160 Während die Kritiker des Pressegrosso-Systems wie die kartellrechtliche Rechtsprechung keine nachteiligen Auswirkungen auf die flächendeckende Versorgung erwarten, insbesondere auch keine Diskriminierung auflagenschwacher oder von kleinen Verlagen vertriebener Titel, halten die Vertreter der Gegenauffassung, die für eine Erhaltung des Systems eintreten, diese nachteiligen Folgewirkungen für die Erreichbarkeit und Zugänglichkeit eines vielfältigen Presseangebots für wahrscheinlich, zumindest möglich, insbesondere auch die kartellrechtlichen Instrumente der Missbrauchskontrolle und des Antidiskriminierungsschutzes für nicht hinreichend leistungsfähig zur Verhinderung derartiger Folgen (*Kühling*, ZUM 2013, 18/27 f.; *Gersdorf*, AfP 2012, 336/341). Dem „Alleinvertriebs-Grosso" soll danach eine strukturell bessere Eignung für die Sicherung der Pressevielfalt gegenüber dem „Wettbewerbs-Grosso" zugeschrieben werden können (*Gersdorf*, AfP 2012, 336/341).

161 Diese Argumentation leuchtet zunächst durchaus ein: Dass die Wettbewerbsöffnung des Pressegroßhandels Anreize zu einem marktrationaleren Verhalten der dann auf Individualverhandlungen verwiesenen Akteure beider Marktseiten setzt, ist kaum zu bestreiten; nur daraus erklärt sich ja überhaupt das Interesse einiger Verlage an einer Veränderung der bisherigen Strukturen. Dass der Wettbewerbsdruck eine stärkere Ausdifferenzierung der Konditionen für die verschiedenen Presseerzeugnisse nach Maßgabe ihrer Attraktivität und der Verhandlungsstärke der beteiligten Verlage zur Folge haben wird, ist nahe liegend. Dies gilt dann aber konsequent auch für die damit einhergehenden Risiken für die Versorgung mit schwächer nachgefragten Produkten oder bei aus anderen Gründen hohen Vertriebskosten; die Neutralität der Zwischenhändler gerät jedenfalls stärker unter Druck als im gegenwärtigen System. Die aus dem wettbewerbsrechtlichen Diskriminierungsverbot abgeleitete, vom BGH betonte neutralitätssichernde Abnahmepflicht des Grossisten hängt von dessen marktbeherrschender Stellung ab, liegt also wohl noch bei einem Doppelgrosso vor, nicht verlässlich aber auch bei einer weitergehenden Liberalisierung (*Guggenberger/Ulmer*, AfP 2013, 183/187 f.). Das aus Sicht der Wettbewerbsfreiheit sicherlich attraktive Konzept einer Abschaffung der Gebietsmonopole bei gleichzeitiger Sicherung der bisherigen Versorgungsstandards führt daher jedenfalls in die Notwendigkeit zusätzlicher regulatorischer Absicherungen, entweder im Kartellrecht oder durch Errichtung medienrechtlicher Neutralitätsgarantien (so *Guggenberger/Ulmer*, AfP 2013, 183/188 f. mit dem Hinweis auf § 2 Abs. 2 BbgPG); insoweit muss dann aber auch für die effektive Durchsetzung Sorge getragen sein, wird also zusätzlicher Kontrollaufwand erzeugt.

162 Gleichwohl hängt die verfassungsrechtliche Rechtfertigung der doch massiven Wettbewerbsbeschränkung im Rahmen der Verhältnismäßigkeit (Erforderlichkeit und Güterabwägung) letztlich davon ab, welche Tragweite und normative Zielvorstellung der Funktionsgewährleistung des Art. 5 Abs. 1 Satz 2 GG zugeschrieben wird: Zielt diese Gewährleistung gar nicht auf die Erhaltung einer aus Sicht des Versorgungszwecks möglichst komfortablen, aber wirtschaftlich wegen des Wettbewerbsausschlusses und der systemimmanenten Quersubventionierungen ineffizienten Vertriebsstruktur sowie die Bewahrung der strikten Neutralitätspflicht im Sinne des überkommen Pressegrosso (s. o., Rn. 155), ist sie vielmehr auch offen für Entwicklungen hin zu anderen, wettbewerbsnäheren Gestaltungen auf der Grundlage (nur) kartellrechtlicher Diskriminierungsverbote, kann sie schwerlich ein verfassungsrechtliches Argument für den Bestandsschutz des etablierten Systems sein. Die für sich plausible Beschreibung von Risiken für den Fortbestand eines gleichermaßen wie bisher funktionierenden Großhandels reicht dann für die Begründung der Erforderlichkeit und Angemessenheit des Wettbewerbsausschlusses nicht aus.

IV. Die Gewährleistung der Pressefreiheit nach dem Grundgesetz § 1 LPG

Es bleiben also durchaus Zweifel an der Verhältnismäßigkeit dieses Wettbewerbs- 163
ausschlusses. Indessen spricht aus der verfassungsrechtlichen Sicht auf den Zielkonflikt von Vertriebsfreiheit und Vielfaltssicherung angesichts der Prognoseunsicherheiten hinsichtlich der Folgewirkungen einer Marktöffnung für die Pressepluralität doch einiges dafür, dass die Gewährleistung der Pressefreiheit der Verleger und gegebenenfalls von Marktzutritt begehrenden konkurrierenden Grossohändlern jedenfalls nicht eindeutig gegen eine Fortführung des bisherigen wettbewerbslosen Pressegrosso-Systems in Stellung gebracht werden kann, die Entscheidung für oder gegen eine solche Fortschreibung daher noch in den Verfassungskonkretisierungsspielraum des Gesetzgebers fällt.

dd) Absicherung des Pressegrosso durch die 8. GWB-Novelle

In der Tat hat der Bundesgesetzgeber im Zuge der 8. GWB-Novelle in Reaktion 164
auf die neue Rechtsprechung das „seit Jahrzehnten bewährte Presse-Grosso-Vertriebssystem" kartellrechtlich abzusichern versucht (Bericht des BT-Ausschusses für Wirtschaft und Technologie, BT-Drs. 17/9852, S. 18; dazu auch *Soppe*, AfP 2013, 365; *Schwarze*, NZKart 2013, 270), und zwar durch Einfügung der Bestimmungen der §§ 30 Abs. 2a, Abs. 3 Satz 2 GWB. In § 30 Abs. 2a sieht das Gesetz eine Freistellung der Branchenvereinbarungen zwischen dem Grosso-Bundesverband und den Verlagen vom Kartellverbot des § 1 GWB vor und erklärt die von den Vereinbarungen erfassten Verlage wie Grossisten sowie ihre Verbände als im Sinne des Art. 106 Abs. 2 AEUV insoweit als mit einer Dienstleistung von allgemeinem wirtschaftlichen Interesse betraut. Abs. 3 Satz 2 ergänzt die Freistellung um eine Befugnis des Bundeskartellamts, Branchenvereinbarungen im Pressegrosso-System für den Fall eines Missbrauchs für ganz oder teilweise unwirksam zu erklären. Nimmt man an, dass eine solche gesetzliche Bestandsabsicherung zum Schutz des für die Funktion der Presse essenziellen Guts der Überallerhältlichkeit von Presseprodukten noch in den verfassungsrechtlichen Einschätzungs- und Gestaltungsspielraum des Gesetzgebers fällt, ist sie verfassungsrechtlich nicht zu beanstanden.

Namentlich die geltend gemachten Kompetenzbedenken (*Guggenberger/Ulmer*, AfP 165
2013, 183/186; *Paschke*, AfP 2012, 501/509) überzeugen nicht (*Kühling*, ZUM 2013, 18/28): Die den kartellrechtlichen Wettbewerbsschutz gezielt einschränkenden Regelungen bleiben auch dann solche des Kartellrechts, wenn sie wie hier (auch) außerwirtschaftsrechtliche Ziele verfolgen, insbesondere die Sicherung der Pluralität des Presseangebots. Das publizistische Schutzmotiv ist, wie das BVerfG schon in der Zeugnisverweigerungsrechtsentscheidung (BVerfGE 36, 193) bekräftigt hat, nicht kompetenzbegründend zu Gunsten der Länder; es führt nicht zur Zuordnung der Regelung der Materie des Presserechts (s. näher o., Einl., Rn. 45). Entscheidend für die Kompetenzabgrenzung sind hingegen vor allem die historische Zuordnung, der unmittelbare Regelungsgegenstand (BVerfG [K], NJW 1986, 1743) und, was den Kompetenzbereich Presserecht angeht, die Pressespezifität der Regelung. Fällt das historische Argument mangels einer insoweit bestehenden Tradition aus, so sprechen die genannten weiteren Kriterien – nicht anders als bei den pressebezogenen Vorschriften der Fusionskontrolle (s. o., dazu die Bundeskompetenz bejahend BVerfG [K] NJW 1986, 1743) – für die Zugehörigkeit zum Kompetenztitel aus Art. 74 Abs. 1 Nr. 16 GG: Die unmittelbaren Regelungswirkungen zielen nur auf die kartellrechtliche Freistellung; diese ist, ähnlich wie das prozessuale Zeugnisverweigerungsrecht, instrumentell auch kein Spezifikum der Presse, greift vielmehr in verschiedenen Tatbeständen, aus ganz unterschiedlichen Gründen und keineswegs nur wirtschaftsrechtlichen – Motiven, auch für andere Sachverhalte (§ 2 Abs. 1 GWB, Art. 101 Abs. 3, Art. 106 Abs. 2, Art. 107 Abs. 2 und 3 AEUV).

ee) Unionsrechtskonformität der Betrauung als Dienst von allgemeinem wirtschaftlichem Interesse

Das auf die gegen die Entscheidung des LG Köln eingelegte Berufung ergangene 166
Urteil des OLG Düsseldorf vom 26.2.2014 im Fall Bauer Media Group hat diesen

Cornils 117

gesetzgeberischen Versuch, das Grosso-Vertriebssystem über eine service-public-Beauftragung gem. Art. 106 Abs. 2 AEUV (näher *Bechtold/Bosch/Brinker*, EU-Kartellrecht, AEUV, Art. 106, Rn. 36f.) dem europarechtlichen Kartellverbot zu entziehen, für untauglich erklärt und das Verbotsverdikt der Vorinstanz bestätigt (OLG Düsseldorf, GRUR-RR 2014, 353, Rn. 76ff.). Zwar handele es sich bei der flächendeckenden, diskriminierungsfreien Versorgung mit Presseerzeugnissen auf der Großhandelsstufe angesichts des insoweit den Mitgliedstaaten eingeräumten weiten Definitionsspielraums wohl um einen Dienst von allgemeinem wirtschaftlichen Interesse. Jedoch entrate die gesetzliche Festschreibung in § 30 Abs. 2a GWB der für einen Betrauungsakt im unionsrechtlichen Sinn erforderlichen Verpflichtungswirkung gegenüber den Dienstbringern, insofern diese, also die selbstständigen Grossisten, nur unter der Bedingung als mit einer Dienstleistung von allgemeinem wirtschaftlichen Interesse betraut angesehen werden sollen, dass eine Branchenvereinbarung mit den Verlegern zu Stande kommt, der sie sich überdies – freiwillig – unterwerfen. Eine solche bedingte Betrauung sei indes nicht zulässig, weil sie die Übernahme der Gewährleistungsverantwortung für einen flächendeckenden Vertrieb der Verlagserzeugnisse in das Belieben der Grossisten stelle. Selbst wenn man jedoch einen Betrauungsakt annehme, genüge diese Betrauung nicht den Verhältnismäßigkeitsanforderungen des Art. 106 Abs. 2 AEUV (dazu *Bechtold/Bosch/Brinker*, EU-Kartellrecht, AEUV, Art. 106, Rn. 41ff.), weil nicht erkennbar sei, warum das zentrale Aushandeln einheitlicher Großhandelskonditionen erforderlich sein solle, um eine flächendeckende Versorgung der Bevölkerung mit Presseerzeugnissen und einen diskriminierungsfreien Zugang aller Verlage zum Lesermarkt zu erreichen.

167 Diese Argumentation und ihr Ergebnis überschätzen aber wohl die Strenge der unionsrechtlichen Anforderungen an die Zulässigkeit mitgliedstaatlicher publicservice-Beauftragungen (näher *Kühling*, ZUM 2013, 18ff.). Gerade im Medienbereich haben die Unionsgerichte den Mitgliedstaaten zur Verfolgung des auch unionsgrundrechtlich (Art. 11 Abs. 2 GrCh, Art. 10 EMRK) seit langem anerkannten Gewährleistungsziels der Pluralismussicherung ein weites Ermessen bei der Bestimmung von Diensten im allgemeinen wirtschaftlichen Interesse, aber auch bei der Beurteilung der Kriterien des Art. 106 Abs. 2 AEUV zugestanden (*Bechtold/Bosch/Brinker*, EU-Kartellrecht, AEUV, Art. 106, Rn. 42; s. für Rundfunkbeihilfen etwa EuG, Urt. v. 26.6.2008, Rs. T-442/03 – SIC/Kommission, Rn. 194ff.; Urt. v. 22.10.2008, verb. Rs. T-309/04, T-317/04, T-329/04 und T-336/04 – TV2 Danmark u.a./Kommission, Rn. 101ff.). Dies rechtfertigt die Annahme, dass die oben dargelegten Prognoseunsicherheiten hinsichtlich der Notwendigkeit der mit dem Pressegrosso verbundenen Wettbewerbsbeschränkung für die Sicherung der flächendeckenden und diskriminierungsfreien Versorgung mit Presseprodukten auch unionsrechtlich zu Gunsten eines entsprechend erweiterten Einschätzungsspielraums der Mitgliedstaaten ausschlagen, die Regelung des § 30 Abs. 2a GWB also tatsächlich als Betrauung im Sinne des Art. 106 Abs. 2 AEUV angesehen werden kann (so auch *Bechtold*, GWB, § 30 Rn. 47).

(5) Pressesubventionen

168 Subventionen kommen als staatliche Fördermaßnahme zur Unterstützung der Existenzfähigkeit der Presse in Betracht (*Diekel*, S. 31; *Detterbeck*, ZUM 1990, 371; *Stober*, BB 1996, 1845/1850; *Groß*, VR 2007, 151). Ein grundrechtlicher Anspruch des einzelnen Presseunternehmens aus Art. 5 Abs. 1 Satz 2 GG auf materielle Förderung besteht jedoch nicht, nur und allerdings ein Anspruch auf Gleichbehandlung im publizistischen Wettbewerb sowie darüber hinaus ein Abwehrrecht gegen die mit einer Förderung etwa verbundenen „inhaltslenkenden Wirkungen" (BVerfGE 80, 124, Rn. 27f.). Förder*verpflichtungen* aus der objektiv-rechtlichen Funktionsgarantie einer freien Presse hat das BVerfG bisher nicht explizit anerkannt. Im Beschluss zum Postzeitungsdienst, der sich mit staatlicher Förderung der Presse auf der Vertriebsebene befasst (BVerfGE 80, 124; dazu *Hoffmann-Riem*, JZ 1989, 842f.), ist vielmehr aus-

IV. Die Gewährleistung der Pressefreiheit nach dem Grundgesetz § 1 LPG

drücklich von Fördermaßnahmen für die Presse die Rede, zu denen sich der Staat „entschließt", „ohne verfassungsrechtlich dazu verpflichtet zu sein" (BVerfGE 80, 124, Rn. 28). Da die Pressesubvention aber danach ein verfassungsrechtlich statthaftes Förderinstrument ist, vorbehaltlich der notwendigen Sicherung gegen eine verfassungsrechtlich verbotene Einflussnahme auf die Presseinhalte (s. u., Rn. 170), erscheint es nicht schlechthin undenkbar, dass sich das politische Gestaltungsermessen hinsichtlich des Einsatzes dieses Instruments in einer Lage, in der die Pressewirtschaft strukturell Not leiden würde und andere Möglichkeiten zur Sicherung des Fortbestandes von Presseunternehmen nicht bestünden, doch zu einer verfassungsrechtlichen Förderpflicht verdichten könnte. Eine derartige Förderpflicht – die selbstverständlich nur auf ein Angebot der Förderung, nicht etwa eine dem Presseunternehmen oktroyierte Subvention, gerichtet sein kann – liegt auch näher als die vom BGH für die Situation ernstlicher Bestandsgefährdung der Tagespresse als Institution angenommene Möglichkeit eines wettbewerbsrechtlichen Verbots des gefahrverursachenden Vertriebs von konkurrierenden Gratiszeitungen (BGH NJW 1985, 1624, Rn. 14; BGHZ 157, 55, Rn. 18; dazu auch *Schricker*, AfP 2001, 109, s. näher o., Rn. 118 ff.). Das Verbot von Presseerzeugnissen als Mittel der presseinstitutsbezogenen Funktionssicherung dürfte den individualrechtlichen, aber auch den überindividuell-objektiven (Wettbewerbsfreiheit!) Gewährleistungsgehalten der Pressefreiheit in stärkerem Maß zuwiderlaufen als eine möglichst wettbewerbskonform ausgestaltete Presseförderung (so wohl auch *Bullinger*, Vorauß. Rn. 48).

Allerdings sind Pressesubventionen mit erheblichen Risiken für die Staatsferne und **169** Unabhängigkeit der Presse verbunden (*Detterbeck*, ZUM 1990, 371/372). Sie sind heikel für die materielle Freiheit und Eigenständigkeit der Presseunternehmen, weil sich daraus selbst bei neutraler Ausgestaltung schleichende Gefahren wachsender Abhängigkeiten und Verhaltensanpassungen ergeben können, jedenfalls aber eine Unterminierung der privatwirtschaftlichen Grundstruktur der Presse. Mit dieser sind zwar ökonomische Zwänge und auch ggf. Bedrängnisse bis hin zur immer möglichen Existenzgefährdung verbunden. Diese Zwänge wirken aber andererseits auch als Treiber für Innovation und Qualität und prägen damit auch die publizistische Seite der Presse in spezifischer Weise. Pressesubventionen haben darüber hinaus potentiell wettbewerbsverzerrenden Charakter – auch in Hinblick auf den publizistischen Wettbewerb und gerade auch dann, wenn sie selektiv nur an wirtschaftlich bedrängte oder existenzgefährdete Unternehmen ausgegeben werden (*Wendt*, in: v. Münch/Kunig, Art. 5 Rn. 41). Daher sind direkte finanzielle Beihilfeangebote des Staates in wirtschaftlichen Normallagen grundsätzlich problematisch und sollte ihre Zulässigkeit an die in der BGH-Rechtsprechung zum ausnahmsweise denkbaren Wettbewerbsschutz genannte Voraussetzung ernsthafter Bedrohung des Instituts der Presse, nicht nur einzelner Unternehmen, geknüpft sein. Bei indirekten Begünstigungen, wie beim Postzeitungsdienst oder durch die Umsatzsteuerermäßigung für Presseprodukte mit Ausnahme der Anzeigenblätter und jugendgefährdenden Schriften iSd JSchG (§ 12 Abs. 2 Nr. 1 UStG iVm Anlage 2 Nr. 49), kann die Beeinflussungs- und Abhängigkeitsgefahr allerdings von vornherein geringer sein, so dass jene Bedenken hier geringeres Gewicht haben dürften für eine Verfassungspflicht zur Mehrwertsteuerermäßigung *Lerche*, AfP 1974, 593/594 ff.).

Jedenfalls aber gilt für staatliche Fördermaßnahmen die Voraussetzung strikter Mei- **170** nungsneutralität (*Diekel*, S. 143): Art. 5 Abs. 1 Satz 2 GG verlangt, „dass jede Einflussnahme auf Inhalt und Gestaltung einzelner Presseerzeugnisse sowie Verzerrungen des publizistischen Wettbewerbs insgesamt vermieden werden. Staatliche Förderungen dürfen bestimmte Meinungen oder Tendenzen weder begünstigen noch benachteiligen." Im „Förderungsbereich" besteht für den Staat eine „inhaltliche Neutralitätspflicht, die jede Differenzierung nach Meinungsinhalten verbietet" (BVerfGE 80, 124, Rn. 28). Diese Neutralitätspflicht zwingt auch zu Vorkehrungen, die jene oben mit der „Störung wirtschaftlicher Auslesemechanismen" (*Bullinger*, in: HStR VII, § 163 Rn. 48 ff.) einhergehenden Verzerrungen des publizistischen Wettbewerbs nach

Möglichkeit vermeiden, etwa durch Erstreckung des Förderangebots nicht nur auf wirtschaftlich besonders gefährdete Unternehmen. Diese Neutralitätspflicht begrenzt den Staat indessen nicht auf Förderstrategien nach dem „Gießkannenprinzip", mithin unter Verzicht auf jedwede Differenzierung (krit. hingegen *Diekel,* S. 147). Solche Differenzierungen bleiben, so das BVerfG, zulässig, soweit sie sich an meinungsneutralen Kriterien ausrichten, nicht aber an den Inhalt oder die Tendenz von Presseerzeugnissen als Förderkriterium anknüpfen. Meinungsneutral soll danach eine Differenzierung nach dem publizistischen bzw. außerpublizistischen Herausgabezweck sein, wie sie dem Postzeitungsdienst – heute Postuniversaldienst (§ 1 Abs. 1 Nr. 3 PUDLV: „periodisch erscheinende Druckschriften, die zu dem Zwecke herausgegeben werden, die Öffentlichkeit über Tagesereignisse, Zeit- oder Fachfragen durch presseübliche Berichterstattung zu unterrichten") – zugrunde lag (bzw. liegt). Rein oder überwiegend geschäftlichen Zwecken dienende Anzeigenblätter, „bei denen es gar nicht um die Äußerung und Verbreitung von Meinungen und Informationen geht oder bei denen Meinungen und Informationen außerpublizistischen Geschäftszwecken untergeordnet sind" (BVerfGE 80, 124, Rn. 30) sind, so das BVerfG, „ihrer Intention nach nicht primär auf einen Beitrag zur Meinungsbildung ausgerichtet". Sie genössen zwar wie die übrige Presse die Freiheit von staatlicher Lenkung, hätten aber, da sie nicht in gleicher Weise einen Beitrag zur verfassungsrechtlich garantierten Meinungsbildungsfunktion leisteten, „nicht notwendig denselben Anteil an staatlicher Förderung" (BVerfGE 80, 124, Rn. 31). Kann diese Abgrenzung bei auch anzeigenfinanzierten Periodika mit redaktionellem Teil schon Schwierigkeiten aufwerfen, so nimmt deren Gewicht mit dem Maß der Verfeinerung solcher Differenzierung nach der publizistischen Relevanz der Presseerzeugnisse noch zu; eine derartige Verfeinerung stieße daher rasch an die Grenzen des Neutralitätsgebots.

171 Die Subventionierung der Presse durch den Staat oder aus staatlichen Mitteln ist schon wegen der damit immer verbundenen Risiken für die Unabhängigkeit und Gleichbehandlung der Presse grundrechtswesentlich und bedarf daher gesetzlicher Regelung (OVG Berlin, JZ 1976, 402; NVwZ 1991, 176, Rn. 18 ff.; s. auch BayVGH VGHE BY 59, 75, Rn. 42; VG Potsdam, Urt. v. 27.6.2003, 12 K 4144/00, Rn. 28; *Diekel,* S. 139 ff.). Nur auf gesetzlicher Grundlage lassen sich auch die beihilfenrechtlichen Anforderungen des Unionsrechts (Art. 106 f. AEUV) bewältigen (Betrauung, hinreichend präzise Auftragsdefinition, Verhältnismäßigkeit, namentlich Verbot der Überkompensation). Die verfassungsrechtlich gebotene Regulierungsdichte wächst nach allgemeinen verfassungsrechtlichen Grundsätzen zum Gesetzesvorbehalt und zur Normenbestimmtheit mit dem Ausmaß potentieller Gefährdung der Pressefreiheit, also mit dem Umfang und dem Inhaltsbezug der Förderung, etwa bei weitergehender Differenzierung nach publizistischer Relevanz. Die systematische und dauerhafte Teilfinanzierung der privatwirtschaftlichen Presse durch öffentliche Bezuschussung müsste auch mit gesetzlich zu regelnden prozeduralen und organisationsrechtlichen Vorgaben zur Gewährleistung der Staatsferne, Neutralität und Berechenbarkeit einer solchen Förderung verbunden sein.

(6) Vielfaltssicherung durch öffentliche Presseunternehmen?

172 Die Sicherung des Instituts der freien Presse durch Errichtung und Betrieb von öffentlichen Presseunternehmen, etwa einer öffentlich-rechtlichen „Presseanstalt" nach dem Beispiel des Rundfunks, ist schon früher gelegentlich als ultima ratio denkbarer Vielfaltssicherungsmaßnahmen erwogen worden (*Hoffmann-Riem,* in: AK GG, Art. 5 I, II Rn. 168; *Kohl,* AfP 1981, 326/330 ff.). Die staatliche organisierte Medientätigkeit ist ein besonders starkes Gestaltungsmittel der Vielfaltssicherung und informationellen Daseinsvorsorge (zur „Staatspresse" *Degenhart,* AfP 2009, 207). Selbstverständlich könnte eine derartige Organisationsform vorbehaltlich aller weiteren Bedenken keinesfalls hinter den objektiv-rechtlichen aus Art. 5 Abs. 1 Satz 2 GG fließenden Anforderungen an die Staatsferne zurückbleiben, wie sie auch für den Rundfunk gelten (s. dazu zuletzt BVerfG, ZUM 2014, 501 – ZDF m. Anm. *Cornils,*

IV. Die Gewährleistung der Pressefreiheit nach dem Grundgesetz § 1 LPG

K&R 2014, 386, ZJS 2014, 447). Eine eigenhändig staatliche, entweder durch eigene Presseunternehmen, Unternehmensbeteiligungen oder gar verwaltungsmäßig ausgeübte Pressetätigkeit ist damit ausgeschlossen (zurückhaltender noch BVerfGE 12, 205, Rn. 182). Nicht betroffen von diesem Betätigungsverbot ist allein die Herausgabe von Druckwerken durch Hoheitsträger, soweit diese damit ihre gesetzlichen (oder verfassungsrechtlichen) Aufgaben, namentlich also Informationspflichten erfüllen (Amtsblätter, hoheitliche Information oder Warnung im Rahmen der Kompetenzordnung) oder in zulässiger Weise Öffentlichkeitsarbeit betreiben (s. dazu grdl. BVerfGG 44, 125/148f.; 63, 230/243f.: Grenze zulässiger Öffentlichkeitsarbeit ist die Wahlwerbung). Insbesondere redaktionelle Beiträge in Parlaments- oder Amtsblättern müssen in einem hinreichend engen Zusammenhang mit der Aufgabe der jeweiligen hoheitlichen Stelle stehen (*Schürmann*, AfP 1993, 435/437, *Wendt*, in: v. Münch/Kunig, Art. 5 Rn. 43, *Degenhart*, in: BK, Art. 5 Abs. 1 und 2 Rn. 488). Über die Öffentlichkeitsarbeit hinaus, also im eigentlichen Bereich publizistischer Tätigkeit, käme ohnehin nur eine Beauftragung autonomer Träger in Betracht, die so ausgestaltet wäre, dass sowohl die Gefahren beherrschenden Staatseinflusses als auch der politischen Instrumentalisierung nach Möglichkeit ausgeschlossen würden. Auch die einem so organisierten öffentlichen Presseunternehmen übertragene Tätigkeit bliebe aber – wie beim Rundfunk – im Auftrag funktional gebunden und unterschiede sich damit wesentlich von der tendenzautonomen Presse (s. u. Rn. 219) auf privatwirtschaftlicher Grundlage. Die Errichtung solcher öffentlich finanzierter Unternehmen oder auch schon die staatliche Beteiligung an Presseunternehmen zur wirtschaftlichen Existenzsicherung bleibt daher auch dann problematisch, wenn staatliche Einflussnahmemöglichkeiten auf die publizistischen Inhalte verfahrensrechtlich ausgeschaltet werden.

Im Rundfunk hat sich das Anstaltsmodell auch deswegen behaupten können, weil **173** es unter den technischen Knappheitsbedingungen der Frühzeit des Rundfunks und vor allem Fernsehens von Anfang an (auf die Nachkriegszeit bezogen) da war und die historische Normalität des Rundfunkwesens prägte, welches überhaupt erst nach Jahrzehnten einer konkurrierenden privatwirtschaftlichen Betätigungsform geöffnet werden konnte. Inhaltlich liefert zudem das Erscheinungsbild des real existierenden Marktrundfunks gute Argumente für die Vermutung des BVerfG, dass die wirtschaftlichen Geschäftsbedingungen der privaten Rundfunkveranstaltung eine Programmgestaltung begünstigen oder sogar bedingen, die in mancher Hinsicht (Minderheitenprogramme, politische Information, Hoch- und Randkulturphänomene usw.) unter dem normativen Vielfaltsanspruch der verfassungsrechtlichen Rundfunkgewährleistung defizitär ist und bleiben muss (BVerfGE 114, 371, Rn. 66; 119, 181, Rn. 134; 121, 30, Rn. 93, s. schon o., Rn. 144f.). Die rundfunk-sonderdogmatische Konstruktion des nur mehr derivativen, von gesetzlicher Grundentscheidung für die Zulassung privater Rundfunkveranstaltung abhängigen und zudem stets immanent pflichtgebundenen (insb.: kein Tendenzrundfunk) Veranstalterrechts sichert schließlich verfassungsrechtlich die Stellung des öffentlich-rechtlichen Rundfunks auch gegen Infragestellungen ab, die sich aus einer uneingeschränkt freiheitsrechtlichen Statusbeschreibung des Rundfunkveranstalters ergeben könnten: Wäre die private und privatwirtschaftliche Rundfunkveranstaltung grundrechtlicher Normalfall als Ausprägung allgemeiner Handlungsfreiheit, so geriete die konkurrierende Rundfunktätigkeit öffentlicher, aus öffentlichen Mitteln finanzierter Unternehmen unter schärferen Rechtfertigungsdruck hinsichtlich derjenigen programmlichen Engagements, die auch unter Marktbedingungen stattfinden könnten. Dies müsste zwar noch nicht zwingend in das Konzept eines reinen Ergänzungsrundfunks in den nicht marktfähigen Programmnischen führen, weil sich auch für ein breiteres, in unmittelbarer Konkurrenz mit privaten Veranstaltern stehendes Programm wohl – mehr oder weniger überzeugende – rechtfertigende Argumente finden lassen („Integrationsfunktion", Notwendigkeit der Einbettung genuin öffentlich-rechtlicher Inhalte in ein massenattraktives Ambiente, tatsächliche Unmöglichkeit und rechtliche Unzulässigkeit programmlicher

Differenzierung zwischen public service- und sonstigen Inhalten). Aber die weitgehende Freistellung der öffentlich-rechtlichen Angebote schlechthin von einer Rechtfertigungslast auf ihrer – notwendig ungleichen – Wettbewerberrolle in den sachlichen Märkten, in denen auch private Veranstalter tätig sind (insb. BVerfGE 74, 297, Rn. 94 ff.: Unbeachtlichkeit der wirtschaftlichen Verzerrungswirkung subventionierter öffentlich-rechtlicher Konkurrenzangebote) entzieht sie von vornherein rechtlicher Diskussion und stabilisiert so doch fraglos ihren Bestand.

174 Bei der Presse liegt es in allen genannten Hinsichten anders: Hier ist die freie Pressetätigkeit durch private Unternehmen und in privatwirtschaftlicher Form der historisch gewachsene, ja erkämpfte, vom Grundgesetz vorgefundene und verfassungsrechtlich anerkannte Normalfall (vgl. *Paal*, S. 35 ff.). Das BVerfG hat dies im Spiegel-Urteil klar formuliert: „So wichtig die damit der Presse zufallende „öffentliche Aufgabe" ist, so wenig kann diese von der organisierten staatlichen Gewalt erfüllt werden. Presseunternehmen müssen sich im gesellschaftlichen Raum frei bilden können. Sie arbeiten nach privatwirtschaftlichen Grundsätzen und in privatrechtlichen Organisationsformen. Sie stehen miteinander in geistiger und wirtschaftlicher Konkurrenz, in die die öffentliche Gewalt grundsätzlich nicht eingreifen darf." (BVerfGE 20, 162, Rn. 37). Diese Aussagen sind mehr als nur eine Beschreibung des tatsächlichen Zustandes (so aber *Hoffmann-Riem/Plander*, S. 70). Sie anerkennen die individuelle Handlungsfreiheit der Presse, namentlich die Freiheit der Gründung („Bildung") von Presseunternehmen, damit aber auch ihren privatwirtschaftlichen Organisationsmodus als Kerngehalt der grundrechtlichen Gewährleistung (*Degenhart*, in: BK, Art. 5 Abs. 1 und 2 Rn. 437 ff.). Diese Garantie der Privatwirtschaftlichkeit der Presse – damit aber notwendig auch einer wettbewerblich-außenpluralistischen Struktur – schließt zwar ergänzende öffentlich finanzierte public service-Angebote eines staatsfern verfassten, gesetzlich beauftragten Zeitungsverlages nicht schlechthin aus (schlechthin abl. hingegen *Bullinger*, Vorauf., Rn. 44). Die Errichtung einer derartigen Presseanstalt oder eines vergleichbar autonom organisierten Unternehmensträgers bedürfte aber wegen der von deren Tätigkeit ausgehenden Belastungs- und Verdrängungswirkungen auf die privatunternehmerische Presse einer Rechtfertigung, die auch bei künftig weiter fortschreitenden Konzentrationstendenzen kaum zu leisten sein dürfte (im Ergebnis so auch *Bullinger*, in HStR VII, § 163, Rn. 145, Fn. 243): Sie würde den Prozess der Degeneration der außenpluralistisch-wettbewerblichen Struktur, die indessen grundrechtlich mit der originären Handlungsfreiheit der Presse gerade geschützt ist, noch beschleunigen, nähme also eine weitere Belastung ohnehin gefährdeter privater Pressetätigkeit in Kauf, um dem objektiven Gewährleistungsauftrag nunmehr durch staatlich organisierte Presseproduktion zu genügen. Einem solchen Übergang zum rundfunkrechtlichen Modell der Gewährleistungserfüllung – nicht mehr durch Private, sondern durch binnenpluralistisch strukturierte beauftragte öffentliche Unternehmen (in welcher Organisationsform auch immer) – auf Kosten und unter weiterer (faktisch-wirtschaftlicher) Einschränkung privater Pressetätigkeit steht aber das für die Presse (anders als für den Rundfunk) anerkannte Grundrechtsprinzip der Gründungs- und Betätigungsfreiheit als Jedermannfreiheit grundsätzlich entgegen (*Degenhart*, in: BK, Art. 5 Abs. 1 und 2 Rn. 459): Die objektive Funktionsgewährleistung der Presse und das Grundrecht der (individuellen) Pressefreiheit müssen sinnvollerweise so zusammengelesen werden, dass der Staat jene Funktion mit und durch die private Presse, gegebenenfalls durch deren Förderung, gewährleisten soll, nicht aber gegen sie.

175 Allenfalls in dem Extremfall ganz hinfällig und damit funktionsunfähig gewordener Pressemärkte, die auch durch rechtliche oder tatsächliche Fördermaßnahmen nicht wieder reanimiert werden könnten, bleibt als ultima ratio das Ersatzinstrument organisierter Presseversorgung durch Anstalten oder sonstige öffentliche Unternehmen denkbar. Von einer derartigen Lage kann indessen auch heute noch gewiss keine Rede sein: Trotz unübersehbarer Konzentrationstendenzen (s. o., Einl. Rn. 156; *Paal*, S. 167 f.) bringt die immer noch reiche Presselandschaft ein Informationsangebot hervor, das in qualitativer Tiefe wie thematischer Breite der organisierten Vielfalt des

IV. Die Gewährleistung der Pressefreiheit nach dem Grundgesetz § 1 LPG

Rundfunksektors gleichkommt, ihr ziemlich sicher sogar, wenn man die großen und wichtigen Zeitungen und Zeitschriften – immer noch Kulminationspunkte des Geisteslebens – in den Blick nimmt, überlegen ist. Auch ist nicht erkennbar, dass die privatrechtliche Organisation und privatwirtschaftliche Grundlage der Presse als solche, „strukturell", jene vielfaltsverengenden Wirkungen hätte, wie sie vom BVerfG nicht grundlos, aber eben auch immer schon unter den Bedingungen einer sehr starken öffentlich finanzierten Konkurrenz, welche privatwirtschaftlichen Angebotsformen außerhalb der Werbefinanzierung wenig Raum lässt, für den Rundfunk angenommen werden. Vor diesem – gegenwärtigen – Hintergrund erscheinen daher Vorstellungen von einer Pluralismuspflege durch gesetzlich installierte und öffentlich finanzierte Presseunternehmen verfassungsrechtlich unhaltbar (*Wendt*, in: v. Münch/Kunig, Art. 5 Rn. 43; nur bei einem dem Rundfunk vergleichbaren Konzentrationsgrad vorstellbar auch für *Schulze-Fielitz*, in: Dreier, Art. 5 I, II Rn. 229).

2. Systematischer Zusammenhang und Bedeutung im Gefüge der Kommunikationsfreiheiten

a) Pressefreiheit und Meinungsfreiheit

Die Gewährleistung der Pressefreiheit wie auch der Rundfunkfreiheit verhält sich **176** zum Grundrecht der Meinungsfreiheit nach nicht unbestrittener (krit. *Bethge*, in: Sachs, Art. 5 Rn. 89; *Trute*, HGR IV, § 104 Rn. 19) Auffassung des BVerfG komplementär, nicht speziell (BVerfGE 85, 1, Rn. 38 ff.). Die Abgrenzung folgt vergleichbaren Grundsätzen wie bei dem Verhältnis von Meinungs- und Versammlungsfreiheit (Art. 8 GG, vgl. dazu BVerfGE 82, 236/258; 111, 147/154 f.). Die Medienfreiheiten sind danach keine Unterfälle der Meinungsfreiheit wie noch in der Weimarer Reichsverfassung (Art. 118 WRV) oder in Art. 10 EMRK. Daher ist der Inhalt eines Presseerzeugnisses, Meinungsäußerung oder Tatsachenbehauptung, bereits von der Gewährleistung der Meinungsfreiheit erfasst, während der Schutzbereich der Pressefreiheit dann berührt ist, „wenn es um die im Pressewesen tätigen Personen in Ausübung ihrer Funktion, um ein Presseerzeugnis selbst, um seine institutionell-organisatorischen Voraussetzungen und Rahmenbedingungen sowie um die Institution einer freien Presse überhaupt geht" (BVerfGE 85, 1, Rn. 40; 86, 122, Rn. 19; 97, 391/400; 113, 63, Rn. 47; ebenso die hM, zB *Jarass*, in: ders./Pieroth, Art. 5 Rn. 32; *Grabenwarter*, in: Maunz/Dürig, Art. 5 Rn. 4; s. auch *Frenz*, Jura 2012, 198/198 f.). Diese Aufzählung der Gewährleistungsgehalte verdeutlicht, dass es dabei zwar auch, aber keineswegs nur um die institutionelle Seite der Gewährleistung, um den Schutz der Voraussetzungen der Institution Presse geht (insofern missverständlich BVerfGE 85, 1, Rn. 39: „[…] vor allem auf die Voraussetzungen, die gegeben sein müssen, damit die Presse ihre Aufgabe im Kommunikationsprozeß erfüllen kann"), sondern auch – und sogar in erster Linie – um die individualgrundrechtliche Betätigungsfreiheit der Presseangehörigen, nur eben nicht im Hinblick auf die Inhalte der Kommunikate, sondern auf die spezifisch pressemäßige Tätigkeit „von der Beschaffung der Information bis zur Verbreitung der Nachricht und der Meinung" (BVerfGE 10, 118/125; 85, 1, Rn. 39), so etwa „die Rolle, die sie [scil.: die Herausgeberin einer Werkszeitung] mit ihrer publizistischen Tätigkeit im innerbetrieblichen Kommunikationsprozeß spielt, und die Gestalt, die sie ihrer Zeitung geben will" (BVerfGE 95, 28, Rn. 24).

Die entstehungsgeschichtliche sowie historisch-vergleichende Argumentation des **177** BVerfG zur Begründung dieser Auffassung (BVerfGE 85, 1, Rn. 38) ist nachvollziehbar, aber nicht zwingend: Die Erwähnung einer besonderen Garantie der Pressefreiheit wäre, so das BVerfG, nicht erforderlich gewesen, „wenn es nur darum gegangen wäre, sicherzustellen, dass auch die gedruckte Meinung grundrechtlich geschützt ist", es hätte dann die Fortschreibung der Formulierung schon Art. 143 Abs. 1 Satz 1 der Paulskirchen-Verfassung und von Art. 118 WRV genügt, in denen das Medium „Druck" unter den verschiedenen Modalitäten der Meinungsäußerung aufgeführt war. Erforderlich in einem strengen Sinne ist die Errichtung eines textlich gesonderten

Schutzbereichs der Pressefreiheit jedoch auch dann nicht, wenn diesem gemäß der Auffassung des BVerfG die spezifisch pressemäßigen Tätigkeiten und institutionellen Voraussetzungen der Presse zugewiesen werden. Auch aus einem Einheitstatbestand nach dem Muster der deutschen Vorgängerverfassungen könnten durchaus medienspezifische Gewährleistungsgehalte entwickelt werden, wie das Beispiel der Rechtsprechung zu Art. 10 EMRK zeigt (s. o., Rn. 57 ff., 70). Auch ist die Gewährleistung der allgemeinen Meinungsfreiheit selbst nicht ausschließlich inhaltsbezogen, erfasst vielmehr auch die Art und Weise der Meinungsäußerung, namentlich auch der Verbreitung (BVerfGE 54, 129/138 f.; 60, 234/241; 76, 171/192; 128, 226, Rn. 97; *Jarass*, in: ders./Pieroth, Art. 5 Rn. 9). Überhaupt lassen sich der Aussageinhalt, dessen Deutung schließlich immer auch abhängig ist von der Situation und den Umständen der Äußerung (BVerfGE 93, 266, Rn. 125), sowie der Kommunikationsmodus kaum scharf voneinander abgrenzen (aufschlussreich BGHZ 187, 240 − AnyDVD, Rn. 19 ff.), so dass die Zuordnung des „äußeren" Wirkbereichs der Pressetätigkeit zur Sondergewährleistung der Medienfreiheiten auch von dieser Seite her nur begrenzt leistungsfähig ist.

178 Umgekehrt bedeutet die Zuweisung kommunikatsinhaltsbezogener Schutzwirkungen, namentlich hinsichtlich der „Frage, ob eine bestimmte Äußerung erlaubt war oder nicht, insbesondere ob ein Dritter eine für ihn nachteilige Äußerung hinzunehmen hat" (BVerfGE 85, 1, Rn. 40), zur Meinungsfreiheit des Art. 5 Abs. 1 Satz 1 GG keineswegs, dass im Rahmen dieses Grundrechts nicht doch auch besondere Grundsätze für die Meinungsäußerung gerade durch die Presse entwickelt werden könnten; eben dies ist der Fall, wenn von der Presse ein im Vergleich mit der Individualkommunikation höheres Maß an „pressemäßiger Sorgfalt" hinsichtlich der Wahrheitsprüfung verlangt (BVerfGE 85, 1, Rn. 62 f.; BGH, NJW 1966, 2010; NJW 1987, 2225; NJW 1996, 1131; NJW 2000, 1036), ihr aber andererseits im Konflikt mit Persönlichkeitsrechten auch der Rechtfertigungsgrund der Wahrung berechtigter Interessen − bei Erfüllung ihrer Informationsfunktion für die Öffentlichkeit − in besonderer Weise zur Seite steht (zB BGH, NJW 1987, 18 ff.). Die Abwägungskriterien für die Beurteilung der Rechtmäßigkeit pressemäßiger Meinungsäußerungen oder Tatsachenbehauptungen weisen mithin durchaus Besonderheiten gegenüber der individuellen Meinungsäußerungsfreiheit auf − was indessen eine Verarbeitung dieser Besonderheiten im Rahmen des umfassenden Grundrechts des Art. 5 Abs. 1 S. 1 GG (so die Lösung des BVerfG) ebenso wenig ausschließt wie − nicht weniger plausibel − eine Auslagerung der Presse-Meinungsfreiheit auf einen als lex specialis begriffenen Tatbestand der auch die Inhalte der pressemäßigen Kommunikation umfassenden Pressefreiheit.

b) Pressefreiheit und Informationsfreiheit

179 Der Ansatz der Unterscheidung von medienspezifischen Betätigungsformen bzw. Funktionsvoraussetzungen einerseits und allgemeiner Jedermann-Handlungsfreiheit andererseits prägt in vergleichbarer Weise auch das Verhältnis und die Abgrenzung zur Informationsfreiheit des Art. 5 Abs. 1 Satz 1 2. Variante GG; das BVerfG hat die dafür geltenden Grundsätze namentlich in der n-tv-Entscheidung von 2001 dargelegt (BVerfGE 103, 44, Rn. 55). Danach wird der Zugang zu einer allgemein zugänglichen Informationsquelle auch zu Gunsten der Medien, nicht anders als für jedermann, durch die Gewährleistung allgemeiner Informationsfreiheit geschützt. Spezifisch mediengrundrechtlicher Schutz greift nur und allerdings ergänzend ein, soweit medienspezifische Informationsbeschaffungstechniken zum Einsatz kommen, beim Rundfunk, um den es in der n-tv-Entscheidung ging, namentlich die „Nutzung rundfunkspezifischer Aufnahme- und Übertragungsgeräte zum Zwecke der Verbreitung der Informationen mit Hilfe des Rundfunks"; vergleichbares ist aber auch für die Pressefreiheit anzunehmen, wenn es etwa um den Einsatz von Kameras, Schreib- und Aufnahmegerät für Interviews o. ä. geht.

180 Das BVerfG folgert aus der Zuordnung der Zugangsgewährleistung zur allgemeinen Informationsfreiheit, dass den Medien ebenso wenig wie Nichtmedienangehörigen ein Recht auf Eröffnung einer Informationsquelle zukomme. Die Medienfreiheiten erweitern danach mit ihrem nur komplementären Schutz hinsichtlich der Informationsbeschaffung den auf die Abwehr staatlicher Beeinträchtigungen der Informationsmöglichkeit aus allgemein zugänglichen Quellen beschränkten Schutz der Informationsfreiheit des Art. 5 Abs. 1 Satz 1 GG gegenständlich daher nicht, vermitteln insbesondere kein Leistungsrecht auf Zugangseröffnung. Die Abgrenzung zwischen dem „Zugang als solchem" (Art. 5 Abs. 1 Satz 1 GG) und dem Einsatz medienspezifischer Informationsbeschaffungsmittel (Art. 5 Abs. 1 Satz 2 GG) ist in der Lesart des BVerfG wohl bedeutungslos, weil von einem zusätzlichen Schutzgehalt der Mediengrundrechte insoweit keine Rede sein kann: Zu den die Zugänglichkeit der Informationsquelle definierenden Eigenschaften gehören nicht nur die Möglichkeit physischer Anwesenheit, sondern gerade auch weitergehende Möglichkeiten der Information und Speicherung (etwa durch Aufnahmegeräte). Es gibt mithin verschiedene Qualitäten der Zugänglichkeit einer Informationsquelle, vom bloßen Auskunftsanspruch oder der körperlichen Anwesenheit bis hin zu umfassenden medialen Aufzeichnungsrechten. Auch diese Qualitätsmerkmale der Zugänglichkeit unterliegen bei Informationsquellen im Herrschaftsbereich des Staates aber nach – umstrittener – Auffassung des BVerfG dessen Bestimmungsrecht. Der Staat, namentlich der Gesetzgeber, kann über die mehr oder weniger weit gehende Öffnung „seiner" Informationsquelle verfügen, also etwa „Ton- und Fernseh-Rundfunkaufnahmen sowie Ton- und Filmaufnahmen zum Zwecke der öffentlichen Vorführung oder Veröffentlichung ihres Inhalts" verbieten (§ 169 Satz 2 GVG). Da damit die Zugänglichkeit der Quelle kraft normativer Ausgestaltung (anders noch BVerfGE 27, 71/80 ff.; 33, 52, Rn. 52: „Zugänglichkeit richtet sich allein nach tatsächlichen Kriterien") von vornherein um die spezifisch medialen Speichertechniken des Rundfunks kupiert ist, die Rundfunkfreiheit aber insoweit „nicht weiter reicht" als die Informationsfreiheit (BVerfGE 103, 44, Rn. 55), vermittelt sie auch keinen Schutz gegen die medienspezifische Verkürzung von Informationsbeschaffungsmöglichkeiten, sofern diese nach der – allerdings fragwürdigen – Unterscheidung des BVerfG eine grundsätzliche Ausgestaltung der Zugänglichkeit ist, nicht eine Beschränkung der „an sich" weiterreichenden Zugänglichkeit im Einzelfall, wie etwa bei über § 169 S. 2 GVG hinausreichenden sitzungspolizeilichen Einschränkungen der Medienöffentlichkeit aufgrund von § 176 GVG (BVerfGE 103, 44, Rn. 56 ff.). Ganz inkonsequent ist in diesem Ausgestaltungskonzept freilich der dann doch vom BVerfG eingelassene Vorbehalt, „aus Verfassungsrecht" [aus welcher Norm, wenn es doch gerade keinen originären Zugangsanspruch oder wenigstens eine objektiv-grundrechtliche Zugangs-Eröffnungspflicht gibt?] könne folgen, „dass der Zugang als solcher weiter oder gar unbeschränkt hätte eröffnet werden müssen" und es könne „dies vom Träger des Grundrechts der Informationsfreiheit, bei dem Ausschluss rundfunkspezifischer Aufnahme- und Verbreitungstechniken vom Träger des Grundrechts der Rundfunkfreiheit, geltend gemacht werden" (BVerfGE 103, 44, Rn. 59, krit. zum Ausgestaltungsansatz des BVerfG auch *Dörr*, in: Merten/Papier, HGR IV, § 103 Rn. 42 ff.).

Diese, von dem vorstehend erwähnten, kryptischen Vorbehalt abgesehen deutliche **181** Absage an ein auch gegen die staatliche (gesetzliche) Ausgestaltung der Zugänglichkeit der Quelle ins Feld zu führendes grundrechtliches Leistungsrecht für die Medien aus Art. 5 Abs. 1 Satz 2 GG und der sich daraus ergebende Gesetzesabhängigkeit des Informationsfreiheit auch der Medien haben weit reichende Folgen, namentlich auch für die seit langem umstrittene Frage der grundrechtlichen Verankerung des medienrechtlichen Auskunftsanspruchs, wie ihn die Mediengesetze vorsehen (s. dazu o., Einl. Rn. 61 ff., 87 u. die Kommentierung zu § 4). Nach den Grundsätzen der n-tv-Entscheidung kommt ein originär grundrechtlicher Anspruch auf besonderen Zugang der Presse und des Rundfunks zu Informationen öffentlicher Stellen an sich nicht in Betracht. Allenfalls in abwehrrechtlicher Dimension ist er konstruierbar, wenn die landesgesetzlichen Informationspflichten zu Gunsten von Presse und Rundfunk als grundsätzliche Eröffnung dieser Informationsquelle begriffen werden und gesetzwidrige Auskunftsverweigerungen zugleich verfassungsrechtlich als Eingriffe in die so – nämlich weiter – ausgestaltete Informationsfreiheit der Medien aufgefasst werden (s. zu diesem Gedanken im Zusammenhang mit der von BVerwGE 146, 56 angenommenen Nichtanwendbarkeit der landespressegesetzlichen Auskunftsansprüche gegen Behörden, soweit diese Bundesgesetze vollziehen, *Cornils,* DÖV 2013, 657/665f.).

c) Freiheit der Presse und anderer Medien

182 Die triadische Auffächerung der Medienschutzbereiche in Art. 5 Abs. 1 Satz 2 GG – Presse, Rundfunk, Film – stammt aus einer Zeit, der die heutige Medienvielfalt unbekannt war. Mit dem Aufkommen der „neuen" Internet-Medien sowie hybrider Kombinations- oder Zwischenformen verflüssigen sich die früher vergleichsweise klaren Grenzen zwischen den Medienarten und den darauf bezogenen Gewährleistungsbereichen, im Übrigen aber auch zwischen den mehr oder weniger als Profession und Institut begriffenen Massenmedien Presse und Rundfunk gegenüber der Individualkommunikation (Art. 5 Abs. 1 Satz 1 GG). Weitergehend noch stellt sich die Frage nach der Leistungsfähigkeit der überkommen Tatbestandsstruktur hinsichtlich der Aufnahme und dogmatischen Verarbeitung des Schutzes der Internetmedien. Die negative Antwort auf diese Frage hat schon zur Forderung nach Anerkennung einer ungeschriebenen Internet(-dienste-)freiheit geführt (*Mecklenburg,* ZUM 1997, 525; *Holznagel,* AfP 2011, 532; *Holznagel/Schumacher,* ZRP 2011, 74/77), eine Forderung, die sich allerdings bisher nicht hat durchsetzen können, und zwar zu Recht, wenn dieser neue ungeschriebene Schutzbereich als ähnlich geschlossen betrachtet wird wie die tradierten Bereiche der klassischen Medienfreiheiten und ihm in vergleichbarer Weise unter einem medium-spezifischen Typusbegriff der Internetdienste wieder einheitliche Gewährleistungsgehalte zugeschrieben werden, die indessen hier angesichts der weitausgreifenden Heterogenität dieser Dienste ebensowenig allgemein passen wie bei Rundfunk und Presse (s. zur Kritik *Hain,* AfP 2012, 98ff.; *Jäkel,* AfP 2012, 224; *Koreng,* S. 83ff.; *Schmidtmann,* S. 238ff.).

183 Schon immer, auch schon vor der digitalen Revolution, konnten allerdings die drei Medienschutzbereiche als mehr oder weniger unselbstständige Ausfaltungen einer technologie- und verbreitungsartübergreifenden Medienfreiheit verstanden werden (*Hoffmann-Riem,* HdbVerfR I, § 7 Rn. 24ff.), die auf im Kern gleichen Prinzipien aufbaut und nur in Einzelfragen dogmatisch besondere Entwicklungen für die je verschiedenen Medienarten genommen hat, welche sich auf sachliche Unterschiede zwischen den Medien zurückführen lassen und auch (nur) daraus gerechtfertigt sind.

(1) Medienfreiheit oder Medienfreiheiten?

184 In der Tat lässt sich am gemeinsamen Grund der Medienfreiheiten, ihrer inneren Verbindung und gleichsinnigen Letztbegründung, nicht ernsthaft zweifeln, und zwar sowohl in subjektiv-freiheitsrechtlicher als auch in funktional-überindividueller Hinsicht: Alle Medienfreiheiten sind Ausschnitt individueller Handlungsfreiheit im Bereich der Kommunikation und von unabdingbarer Bedeutung für die Information, Bildung (nicht nur von Meinungen) und letztlich Demokratiefähigkeit aller Menschen und damit der Gesellschaft insgesamt. Das besondere, im Tatbestand der Medienfreiheiten aufgenommene grundrechtliche Schutzbedürfnis vor staatlicher Kontrolle und Beschränkung, aber auch vor privater Bedrohung und Vermachtung besteht bei der Presse genauso (und historisch betrachtet schon viel länger) wie beim Rundfunk. Und von der Informations- und Kommunikationsfunktion der Massenmedien hat das BVerfG zu Recht klar ausgesprochen, dass sie für Presse und Rundfunk gleichermaßen anzunehmen sind (BVerfGE 91, 125/134; übergreifend medienbezogene Beschreibung auch in BVerfGE 107, 299, Rn. 117; 117, 244/258). Das darauf bezogene Gewährleistungsziel des Art. 5 Abs. 1 Satz 2 GG ist technologieblind; es unterscheidet nicht zwischen den Medienarten (s. o., Rn. 134). Auch in den

IV. Die Gewährleistung der Pressefreiheit nach dem Grundgesetz § 1 LPG

einzelnen Ausprägungen medienrechtlicher Pflichten und Rechte zeigen sich bei Rundfunk und Presse vielfältige Parallelen oder sogar Kongruenzen, die sich dahingehend zuspitzen lassen, dass die klassischen presserechtlichen Bindungen und Vorrechte – von den Offenlegungs- und Sorgfaltspflichten über den Gegendarstellungsanspruch bis zum medienrechtlichen Auskunftsanspruch – recht eigentlich nicht pressespezifische, sondern allgemein medienrechtliche Anforderungen bilden, daher in gleicher, allenfalls den Gegebenheiten des Rundfunks angepasster Form auch im Rundfunkrecht gelten.

Die atypischen dogmatischen Verformungen, denen die Gewährleistung der Rund- **185** funkfreiheit unterworfen worden ist, sind hingegen aus der historischen Prägung des Lebensbereichs durch die öffentlich-rechtliche Rundfunkorganisation sowie die ökonomischen und publizistischen Besonderheiten des Mediums Rundfunk erklärbar – ohne allerdings daraus sämtlich gerechtfertigt zu sein (s. o., Rn. 139 ff.). Sie können aber, gerade auch in ihrer Fragwürdigkeit, nicht die Grundlage für ein anachronistisches Konzept impermeabler Eigenständigkeit und Eigenart verschiedener Mediengewährleistungen sein, das sich über deren basale Verwandtschaft ebenso hinwegsetzt wie über die wachsenden Schwierigkeiten medienartenbezogener Abgrenzung unter Bedingungen technischer und funktionaler Konvergenz. Eher schon setzen umgekehrt das Zusammenwachsen der Medien und ein dadurch befördertes einheitliches Verständnis der Medienfreiheit des Art. 5 Abs. 1 Satz 2 GG die sonderdogmatischen Eigenwilligkeiten des deutschen Rundfunkverfassungsrechts unter zusätzlichen Druck, namentlich also die Überbetonung des grundrechtlichen Funktionssicherungsauftrags bei korrespondierender Unterbewertung der individuellen Veranstalter-Handlungsfreiheit sowie die Freistellung der normativen Ausgestaltung der positiven Rundfunkordnung von der freiheitsrechtlichen Schrankenrechtfertigung (s. o., Rn. 140 f.), welche in der Gewährleistung von Presse und Film ebenso wenig wie in den europarechtlichen Mediengewährleistungen eine Entsprechung finden.

Werden die textexpliziten Benennungen in Art. 5 Abs. 1 S. 2 GG also jeweils eher **186** als veranschaulichender Ausdruck historisch vorgefundener und bis heute besonders wichtiger gegenständlicher Teilbereiche einer übergreifenden Medienfreiheit (umfassend in jüngster Zeit *Koreng*, S. 56 ff.; ferner *Bronsema*, S. 168 ff.; *Schulz*, CR 2008, 470/472) verstanden, so entlastet dies die medienverfassungsrechtliche Dogmatik zudem von sonst kaum lösbaren Abgrenzungs- und Zuordnungsproblemen: Stimmen die Teilgewährleistungen in den charakterprägenden Grundprinzipien – von den problematischen Deviationen der Rundfunkfreiheit einmal abgesehen – überein und sind die Presse-, die Rundfunk- und die Filmfreiheit nur benannte Varianten einer entwicklungsoffenen, potenziell und heute schon aktuell weiter gefassten Medienfreiheit mit auch unbenannten Segmenten, verliert auch die begriffliche Abgrenzung zwischen verschiedenem Medienarten erheblich an Bedeutung und erschließt sich die Chance, neuartige, in das zu eng gewordene Begriffsgerüst nicht recht passende Medienformate als unter dem Dach der Medienfreiheit aufgehoben zu betrachten (in diesem Sinne ausformuliert in Art. 19 Abs. 2 S. 1 BbgVerf.: „Die Freiheit der Presse, des Rundfunks, des Films und anderer Massenmedien ist gewährleistet"). Dies erspart auch den Zwang zu umstrittenen und jedenfalls gekünstelten Begriffserweiterungen, in deren Folge sich die verfassungsrechtlichen Begriffe der Presse oder des Rundfunks immer weiter von denjenigen des einfachen Rechts und der allgemeinen Sprachgebrauchs entfernen würden (presseähnliche Telemedien als Presse im verfassungsrechtlichen Sinne usw.). Auch besteht keine Notwendigkeit der Herausbildung neuer, ungeschriebener, aber doch nur wiederum nach der Separierungslogik gegeneinander abgeschotteter medienartenspezifischer Einzelschutzbereiche konzipierter Teilgewährleistungen, etwa eines Innominatgrundrechts der Internetdienstefreiheit (s. o., Rn. 182).

Voraussetzung dafür ist die Einsicht, dass sachliche Unterschiede zwischen ver- **187** schiedenen Formen medialer Betätigung – indessen nicht mehr notwendig entlang der Grenzen herkömmlicher Medienartenabgrenzungen – durch die Anerkennung einer solchen übergreifenden Medienfreiheit keineswegs ignoriert werden und daher auch nicht zu einer vollständigen Nivellierung medienverfassungsrechtlicher Einzelaussagen, bezogen auf alle Betätigungsformen, führen müssen – oder auch nur führen dürfen (z.B. *Starck,* in: v. Mangoldt/Klein/Starck, Art. 5 Abs. 1, 2 Rn. 100 mit Blick auf die Rundfunkfreiheit; ferner u., Rn. 199ff.). Ob und inwieweit aus dem – medienübergreifend gleichen – objektiv-rechtlichen Funktionssicherungsziel des Art. 5 Abs. 1 Satz 2 GG verfassungsrechtliche Regulierungsaufträge an den Ausgestaltungsgesetzgeber folgen, hängt davon ab, welche relative Bedeutung das je in Rede stehende Medium für die Informationsversorgung und öffentliche Meinungsbildung hat und ob diese Funktion einer spezifischen, mehr oder weniger intensiven medienrechtlichen Abstützung oder Förderung bedarf, hingegen nicht zu ihrer Erfüllung den Kräften des Marktes unter im wesentlichen nur wettbewerbsrechtlichen Rahmenbedingungen überlassen werden kann. Die Begrenzung staatlicher funktionssichernder Interventionen auf das Erforderliche, d. h. die Subsidiarität staatlich organisierter Vielfaltpflege gegenüber privater und privatwirtschaftlicher Erfüllung des Gewährleistungsziels ergibt sich schon aus dem Verhältnismäßigkeitsprinzip, insofern staatliche Vielfaltsicherungsmaßnahmen in aller Regel mit Eingriffen in das subjektive Abwehrrecht der Medienbetätigungsfreiheit verbunden sein werden und also die freiheitsrechtlichen Schutzwirkungen der Verhältnismäßigkeit aktivieren. Für die Pressefreiheit ist das ohne Abstriche anerkannt, für die Rundfunkfreiheit mit ihrem bis heute nicht korrigierten, indes verfehlten Dogma der Exklusivität von Ausgestaltung und Eingriff allerdings nur eingeschränkt (der Sache nach recht weit gehend quasi-schrankendogmatische Verarbeitung immerhin in BVerfGE 121, 30, Rn. 128ff.).

(2) Pressefreiheit und elektronische Medien

188 Die Abgrenzung der Schutzbereiche von Presse- und Rundfunkfreiheit nach Maßgabe der dafür ausschlaggebenden Schlüsselbegriffe der Presse und des Rundfunks im verfassungsrechtlichen Sinne erscheint für die Kernbereiche klassischer Presse- bzw. Rundfunktätigkeit vergleichsweise eindeutig: Sie unterscheidet zwischen der unkörperlichen, zeitgleichen (linearen) öffentlichen, d.h. an einen unbestimmten Personenkreis gerichteten Wiedergabe von Programmen mit Darbietungscharakter unter Nutzung elektromagnetischer Schwingungen einerseits (Rundfunk) und der körperlichen Verbreitung von auf Trägern („Druckwerken" im weiteren Sinne) gespeicherten Daten andererseits (Presse).

189 Schwierigkeiten der Zuordnung bereiten demgegenüber diejenigen Medieninhalte und Verbreitungsarten, die außerhalb dieser Kernbereichsdefinitionen liegen. Im Bereich der elektronischen – unkörperlichen – Verbreitung betrifft dies diejenigen Angebote, denen es entweder an der Linearität (Abrufdienste) oder am Merkmal der Verbreitung entlang eines Sendeplans fehlt und die daher nicht mehr vom einfachrechtlichen Rundfunkbegriff der AVMD-Richtlinie bzw. des § 2 Abs. 1 RStV erfasst werden. Problematisch sind auch Angebote, die zwar im formalen Sinne des einfachrechtlichen Rundfunkbegriffs Rundfunk sind, die aber inhaltlich keinen Beitrag zur Meinungsbildung leisten (kein Darbietungscharakter) und für die daher keine Notwendigkeit der Einbeziehung in den verfassungsrechtlichen Rundfunkbegriff mit seinen potenziell anspruchsvollen Gewährleistungsfolgen besteht (Beispiel: Teleshopping, vgl. zur einfachrechtlichen Bewältigung des Umstandes eingeschränkter Regulierungsbedürftigkeit dieses Rundfunkinhalts § 1 Abs. 4 RStV). Ob ein materiell gehaltvolles Merkmal der „Darbietung" Element des verfassungsrechtlichen Rundfunkbegriffs ist, dieser also insoweit enger ist als der einfachrechtliche Rundfunkbegriff (so wohl *Degenhart,* HGR IV, § 104 Rn. 28), ist indessen umstritten. Wird konsequent anerkannt, dass allein mit der begrifflichen Einordnung als Rundfunk (im verfassungsrechtlichen Sinne) keine Vorentscheidung für eine besondere Regulierungsbedürftigkeit und folglich -notwendigkeit verbunden ist (s.u., Rn. 199f.),

IV. Die Gewährleistung der Pressefreiheit nach dem Grundgesetz   § 1 LPG

der Rundfunk vielmehr zunächst nur inhaltsneutrale Dachkategorie für alle, untereinander sehr verschiedenen Formen elektronischer Massenkommunikation ist, führt dies indes zum Verzicht auf ein materielles Kriterium der publizistischen Bedeutung (so etwa *Bethge*, in: Sachs, Art. 5 Rn. 90a; *Brand*, S. 63 ff., insb. S. 120: „‚Darbietung' als Begriffsmerkmal des Rundfunks erschöpft sich in der vom Rundfunkveranstalter durchgeführten Auslese von Inhalten jedweder Art aus dem unendlichen Fundus möglicher Informationseinheiten").

Für den verfassungsrechtlichen Pressebegriff wiederum ergibt sich korrespondie- 190 rend die Frage nach einer Aufweichung oder gar Aufgabe der traditionellen Anknüpfung an die körperliche Verbreitung in dem Maße, wie die Zuordnung bestimmter elektronischer Mediendienste zur Rundfunkfreiheit als inadäquat oder gar verfehlt begriffen wird, namentlich bei presseähnlichen Telemedien bis hin zum Extrembeispiel der mit der Printausgabe inhaltsidentischen elektronischen Ausgabe einer Tages- oder Wochenzeitung (e-paper).

Werden die Schutzbereiche der Presse- und der Rundfunkfreiheit (neben dem 191 kaum dazu in Konkurrenz tretenden Film) in enger Bindung an die textlichen Vorgaben des Art. 5 Abs. 1 Satz 2 GG entgegen der hier vertretenen Auffassung (s. o., Rn. 184 ff.) für abschließend gehalten und kommt danach also mit der wohl herrschenden Meinung eine Einordnung der (nichtlinearen) Telemedien unter einen subsidiären Auffangtatbestand ungenannter Medienfreiheit im Sinne der oben angestellten Überlegungen nicht in Betracht, ergibt sich zwangsläufig die Notwendigkeit der Subsumtion entweder unter den Rundfunk- oder Pressebegriff in einem jeweils weiteren Sinne. Auch abhängig von der jeweiligen verfassungstheoretischen Präferenz des Betrachters für das Grundmodell der („liberaleren") Pressefreiheit oder aber der stärker funktional-objektivrechtlich geprägten Rundfunkfreiheit differieren die Auffassungen in der Literatur.

Wohl überwiegend dürfte die strikt am Verbreitungsmodus orientierte Unterschei- 192 dung („körperlich/nicht körperlich") sein mit der Konsequenz, dass auch die elektronische Presse, selbst bei nicht von der Printversion abweichender Gestaltung, dem Rundfunkbegriff im verfassungsrechtlichen Sinne zuzuordnen ist (s. etwa *Bethge*, in: Sachs, Art. 5 Rn. 88; *Brand*, S. 152 und passim; *Gounalakis*, ZUM 2003, 180/182; *Kühn*, S. 32; *Schemmer*, in: Epping/Hillgruber, Art. 5 Rn. 67; *Wendt*, in: v. Münch/Kunig, Art. 5 Rn. 58). Das Abgrenzungskriterium ist danach allein der Veröffentlichungsmodus (formale Betrachtungsweise).

Verbreitet werden aber jedenfalls die online-ausgaben gedruckter Zeitungen als 193 Annex der Pressefreiheit zugeschlagen (für diese Annextheorie schon *Bullinger*, AfP 1996, 1/6; wohl auch – bei im übrigem weiten, Telemedien einschließendem – Rundfunkbegriff *Degenhart*, in: BK, Art. 5 Abs. 1 und 2 Rn. 377 [„electronic publishing" als Pressesurrogat]; *Schulze-Fielitz*, in: Dreier, Art. 5 I, II Rn. 101; *Jarass*, in: ders./Pieroth, Art. 5 Rn. 111; *Möllers*, AfP 2008, 241 ff.), eine Konstruktion, die indes wiederum die Frage aufwirft, weshalb dies bei vergleichbar gestalteten Telemedien ohne Print-Pendant anders sein soll. Teilweise wird die Pressefreiheit noch weitergehend auf alle im äußeren oder „funktionalen Erscheinungsbild" (so *Trute*, HGR IV, § 104 Rn. 16; funktionaler Ansatz auch bei *Jäkel*, AfP 2012, 224; *Fiedler*, AfP 2011, 15, 16; *Gersdorf*, S. 103 ff.) presseähnlichen Abrufdienste oder – noch weiter – überhaupt auf alle nichtlinearen elektronischen Angebote erstreckt (so wohl *Fink*, in: Spindler/Schuster, Erster Teil C. Verfassungsrecht, Rn. 28 ff.: Pressefreiheit als „Auffanggrundrecht für alle medialen Inhalte, die nicht im engeren Sinne der Rundfunkfreiheit zuzuordnen sind"). Auch immerhin eine Kammer des BVerfG hat 2012 das online-Archiv einer Tageszeitung mit illustrierten Zeitungsartikeln ohne nähere Begründung dem Schutz der Pressefreiheit unterstellt (BVerfG [K], ZUM-RD 2012, 129, Rn. 7, vorgehend schon BGH ZUM-RD 2011, 290, 294 f.). Gleichfalls ohne Erläuterung hat der BGH im Fall „AnyDVD" Internetbeiträge samt darin eingebetteter Verlinkungen unter dem Gesichtspunkt der Pressefreiheit (und der Meinungsfreiheit), nicht aber – ungeachtet der elektronischen Zugänglichmachung – der Rundfunkfreiheit erörtert (BGHZ 187, 240; nicht beanstandet durch BVerfG [K], NJW 2012, 1205, Rn. 30 ff.).

194 Umgekehrt hat das BVerfG im 6. Rundfunkurteil Programmzeitschriften der Rundfunkanstalten dem Grundrecht der Rundfunkfreiheit unterstellt, obwohl es sich dabei – auch nach Auffassung des Gerichts – gegenständlich um „das Medium Presse" handle, nicht um Rundfunk (BVerfGE 83, 238, Rn. 448). Die Argumentation verlässt mithin den vom BVerfG selbst eingenommenen Ausgangspunkt, dass „die Abgrenzung der verschiedenen Freiheitsbereiche des Art. 5 Abs. 1 Satz 2 GG von dem gewählten Verbreitungsmittel" abhängt (BVerfGE 83, 238, ebd.). Diese handlungsbezogene Einordnung als Rundfunk oder Presse bestimmt danach also offenbar nicht abschließend über den Schutzbereich; vielmehr kann die Nutzung eines bestimmten Mediums auch in den Schutzbereich einer anderen als der eigentlich diesem Medium zugeordneten Garantie fallen. Für von den Anstalten selbst herausgegebene Programmzeitschriften soll dies – mit dem Schutz der Rundfunkfreiheit – dann der Fall sein, wenn die pressemäßige Publikation „dazu beiträgt, die Erfüllung der Aufgaben [der Anstalt] sicherzustellen, die in der dienenden Funktion der Rundfunkfreiheit begründet sind" (BVerfGE 83, 238, Rn. 449). Diese Sicht durchschneidet – wenn auch nur als Ausnahme gedacht – das Band zwischen dem jeweiligen Begriff des Mediums (Presse, Rundfunk, Film) und dem – damit nur vermeintlich – je zugehörigen Schutzbereich. Die Verfassungsbegriffe des Rundfunk, der Presse und des Films sind mithin ratione materiae keine Schlüsselbegriffe mehr für die Eröffnung der verschiedenen Teilschutzbereiche. Die Einschlägigkeit des je Platz greifenden medienspezifisch-grundrechtlichen Schutzes wird nicht mehr, jedenfalls nicht mehr allein von der sachlichen Tätigkeit her gedacht, sondern von der Bedeutung und Funktion dieser Tätigkeit (etwa: der „hilfsweisen", „annexhaften" Publikation von Programmzeitschriften für den Rundfunk) für weitere, „eigentlich" schutzbereichsbestimmende Tätigkeiten oder Ziele.

195 Beide Varianten – Erweiterung des Pressebegriffs um unkörperliche Übermittlungsformen bzw. „Annextheorie", die die Schutzbereichsbestimmung von dem definierenden Begriff der medialen Handlung löst – lassen sich als Ausprägungen einer materiell-funktionalen Betrachtungsweise für die Bestimmung des je zutreffenden Schutzbereichs begreifen. Diese macht entweder, nachdem die Verbreitungsform als Distinktionskriterium ausgeschaltet oder doch zumindest relativiert worden ist, die inhaltliche oder gestaltbezogene Typusähnlichkeit mit dem klassischen Rundfunk bzw. der Presse zum stattdessen erheblichen Kriterium oder fragt nach der funktionalen Vergleichbarkeit der jeweils zu beurteilenden Internetangebote mit Rundfunk oder Presse oder lässt – wie im Fall der Programmzeitschriften – sogar die dienende Funktion des Mediums für eine andere mediale Tätigkeit ausreichen, um sie selbst dem Grundrechtsschutz der letzteren zu unterstellen. Der zuordnungsentscheidende Ähnlichkeitstest kann sich dabei sowohl auf Eigenschaften des Medienangebots selbst beziehen, etwa eine besondere oder umgekehrt nicht besondere Meinungsbildungsrelevanz z. B. nach den für den Rundfunk behaupteten Kriterien der Aktualität, Suggestivität und Breitenwirkung, als auch auf die besondere Schutz- und Regulierungsbedürftigkeit zur Sicherung der Informationsfunktion des Mediums nach den je herrschenden Marktbedingungen. Wiederum formale Qualität hat allein die am weitesten in Richtung der Pressefreiheit gehende Variante der Abgrenzung nach dem Kriterium der Linearität (Rundfunk)/Nichtlinearität (Presse), die allerdings mit dem überkommenen Pressebegriff gänzlich bricht und die Presse im verfassungsrechtlichen Sinne zu einem Sammelbegriff auch für alle audiovisuellen Medien nicht linearer Verbreitung erhebt (zu den Einwänden s. folgende Rn.).

196 Gegen die formale ebenso wie gegen die materielle Betrachtungsweise können Einwände erhoben werden. Die formale Betrachtungsweise ist zwar einfach und klar in der Abgrenzung (*Pappi*, S. 67), setzt sich aber über die inhaltlich-publizistische Verwandtschaft eines erheblichen Teils der – eben presseähnlichen – Telemedien mit

IV. Die Gewährleistung der Pressefreiheit nach dem Grundgesetz § 1 LPG

der Presse hinweg. Die Realbedingungen heutiger Medienproduktion mit ihrer rasant voranschreitenden Schwerpunktverlagerung der publizistischen Tätigkeit auf den digitalen Sektor werden von ihr gewissermaßen ignoriert. Dies gilt erst recht auch für den „umgekehrt formalen" Ansatz, sämtliche elektronischen Dienste, die nicht Rundfunk im engeren (einfachrechtlichen?) Sinne sind, der Pressefreiheit als „Auffanggrundrecht" zuzuweisen: Allein der Umstand (zusätzlicher) nichtlinearer Verbreitung von Rundfunksendungen etwa in den Mediatheken der Rundfunkveranstalter rechtfertigt schwerlich die Verschiebung dieser genuin audiovisuellen Inhalte in die Kategorie der Presse, auch nicht unter dem Gesichtspunkt unterschiedlicher Beeinflussungswirkung; dieser Unterschied dürfte angesichts sich ändernder Rezeptionsgewohnheiten hin zu nichtlinearen Diensten ohnehin immer weiter verblassen.

Die materiale Betrachtungsweise führt hingegen in schwierige, wegen ihrer Inhaltsbezogenheit prekäre und auch im sachlichen Ergebnis mangels eindeutiger kommunikationswissenschaftlicher Messparameter nicht selten angreifbare Bewertungen hinsichtlich der „Presseähnlichkeit", der höheren oder niedrigeren Meinungsbildungsrelevanz verschiedener Medienangebote oder der funktionalen Austauschbarkeit elektronisch übermittelter oder in Druckwerkform verbreiteter Inhalte; sie ist daher in hohem Maße rechtsunsicher. Jeden Halt verliert die Abgrenzung schließlich, wenn im Sinne der bundesverfassungsgerichtlichen Entscheidung zu den Programmzeitschriften die Begriffe von Presse und Rundfunk nicht mehr als schutzbereichsbestimmend angesehen werden, mediale Handlungen vielmehr quer über Medienartengrenzen hinweg (auch) „fremden" Schutzbereichen zugeordnet werden müssen, wenn sie mit diesen in einem funktionalen Sachzusammenhang stehen. Was für die von der Rundfunkanstalt herausgegebene Programmzeitschrift gilt (Rundfunkfreiheit, BVerfGE 83, 238, Rn. 448 f.), müsste dann aber nicht weniger auch für die von privaten Presseunternehmen verlegte Programmzeitschrift gelten; das gedruckte Kinoprogramm müsste der Filmfreiheit unterfallen; für – sogar lineare – Rundfunksendungen, die sich mit Literatur oder Kinofilmen befassen, könnte jedenfalls darüber nachgedacht werden, ob sie nicht eigentlich eher der Presse- oder Filmfreiheit unterfielen usw. Im Programmzeitschriften-Fall erklärte sich die fragwürdige Annexkonstruktion offensichtlich aus der Zwangslage, dass sich die Rundfunkanstalten angeblich nicht auf das Grundrecht der Pressefreiheit sollten berufen können, daher überhaupt nur die Rundfunkfreiheit blieb, um die dem WDR gesetzlich zugewiesene Befugnis zur Herausgabe der eigenen Zeitschrift verfassungsrechtlich abzusichern (*Gounalakis*, ZUM 2003, 180/181). Nachdem das BVerfG in der Entscheidung zur Handy-Überwachung anerkannt hat, dass sich die Grundrechtsberechtigung der Rundfunkanstalten (Art. 19 Abs. 3 GG) keineswegs allein auf die Rundfunkfreiheit beschränkt, vielmehr sich die Grundrechtsträgerschaft auch auf andere Grundrechte (z. B.: Art. 10 GG) erstreckt, „soweit […] ein die Ausübung der Rundfunkfreiheit unterstützendes Verhalten in [dieser] anderen Grundrechtsnorm geschützt ist" (BVerfGE 107, 299, Rn. 38), ist jene vom BVerfG seinerzeit angenommene dogmatische Zwangslage entfallen, damit aber auch die vermeintliche Notwendigkeit für die Annex-Begründung eines Grundrechtsschutzes der Rundfunkfreiheit für Pressetätigkeit. Die Aussage des BVerfG zum rundfunkgrundrechtlichen Schutz der anstaltseigenen Programmzeitschrift von 1991 ist mithin überholt; sie kann auch keine Stütze mehr sein für umgekehrte Annexbegründungen von der Pressefreiheit aus hinein in den Bereich elektronischer Medien.

Die dargelegten Schwierigkeiten und Unzulänglichkeiten der Abgrenzungs- und Zuordnungsversuche bestätigen damit die Zweifel an der Sinnhaftigkeit des Ansatzes, neue Medien unbedingt einer der beiden in Betracht kommenden traditionellen Medienkategorien zuordnen zu müssen. Umso vorzugswürdiger erscheint die Anerkennung einer übergreifenden, in Art. 5 Abs. 1 Satz 2 GG verankerten Medienfreiheit, die die neuartigen Medienphänomene zwanglos aufnehmen könnte.

Solange indessen dieser Ausweg nicht beschritten wird, erscheint die formale Lösung der Unterscheidung nach der körperlichen bzw. unkörperlichen Verbreitungsform

197

198

199

wohl als das geringere Übel: Sie wahrt am ehesten den Anschluss an die Abgrenzungskonzepte des einfachen Rechts, kann damit aber auch auf das Erfahrungswissen der elaborierten Fachdogmatiken des Presserechts (konsequent auf Trägermedien bezogener Pressebegriff, § 6 LPG), des Urheberrechts (§ 15 Abs. 1 und 2, §§ 16 ff. UrhG), aber auch des Rundfunkrechts zurückgreifen. Letzteres hat zwar die nichtlinearen elektronischen Dienste aus dem Begriff des Rundfunks im engeren Sinne ausgeschieden, sie aber doch zusammen mit diesem im gemeinsamen Regelungszusammenhang des Rechts der audiovisuellen Medien behalten, nicht etwa dem Presserecht überlassen (Art. 1 Abs. 1 Buchst. a) AVMD-RL; § 1 Abs. 1, § 2 Abs. 1 RStV). Der Haupteinwand gegen eine Zuweisung sämtlicher elektronischer Massenmedien zum Rundfunkbegriff im verfassungsrechtlichen Sinne, damit würden sachinadäquat die Sonderstrukturen des Rundfunkverfassungsrechts auf die neuen Mediendienste übertragen (insb. *Fink,* in: Spindler/Schuster, Erster Teil C. Verfassungsrecht, Rn. 30), überzeugt nicht. Die begriffliche Zuordnung zum Rundfunk für sich genommen präjudiziert die aus der Rundfunkgewährleistung des Art. 5 Abs. 1 Satz 2 GG für den klassischen Rundfunk hergeleiteten Normaussagen nicht (*Hain,* K&R 2012, 98 (102f.); *Schulze-Fielitz,* in: Dreier, Art. 5 I, II Rn. 102; *Starck,* in: v. Mangoldt/Klein/Starck, Art. 5 Abs. 1, 2 Rn. 100; *Wendt,* in: v. Münch/Kunig, Art. 5 Rn. 58). Deswegen ergibt sich auch etwa bei der elektronischen Presse mit identischer Printausgabe aus der Zuweisung der Verbreitungsformen in unterschiedliche Schutzbereiche keine inhaltliche Dissonanz: Die elektronische Ausgabe muss nicht von Verfassungs wegen medienrechtlich anders behandelt werden als die gedruckte Ausgabe, nur weil sie dem formalen Zuordnungskriterium zufolge zum Rundfunk im verfassungsrechtlichen Sinne ressortiert.

200 Die sonderdogmatischen Aussagen zur Rundfunkfreiheit sind in der Rechtsprechung des BVerfG aus Besonderheiten der Rundfunkveranstaltung sowohl ökonomischer („Marktversagen") als auch publizistischer (einzigartige Wirkmacht) Art hergeleitet worden, die keineswegs in vergleichbarer Weise auch für andere elektronische Medien angenommen werden können. Dies gilt nicht nur für die Annahme einer besonderen Regulierungsbedürftigkeit und entsprechend geschärfter Gewährleistungsgehalte (definierte Ausgestaltungsaufträge an den Rundfunkgesetzgeber), sondern vor allem auch für die – schon mit Blick auf den klassischen Rundfunk allerdings fragwürdigen und überdenkenswerten – bereichsspezifischen Abweichungen des Rundfunkverfassungsrechts vom sonst unter dem Grundgesetz anerkannten Normalbild einer freiheitsrechtlichen Grundrechtstheorie und -dogmatik. Namentlich die Prämissen der Gesetzesbedingtheit und immanenten Funktionsgebundenheit der Rundfunkveranstaltung auf der Grundlage einer starken Ausgestaltungstheorie sind auf Telemedien nicht schon deswegen übertragbar, im Übrigen auch bisher in der Rechtspraxis nicht übertragen worden, weil letztere begrifflich als Rundfunk im verfassungsrechtlichen Sinne erfasst werden. Der Schluss vom verfassungsrechtlichen Rundfunkbegriff auf eine spezifisch anspruchsvolle Rundfunkregulierung ist unzulässig (richtig zunächst *Papier/Schröder,* S. 66 ff.; inkonsequent aber dann S. 86 ff., wo doch aus der Zuordnung zum Rundfunk zusammen mit der publizistischen Bedeutung der Internetmedien ohne weiteres auf eine Zugehörigkeit zum Grundversorgungsauftrag der öffentlich-rechtlichen Anstalten geschlossen wird).

201 Das Angebot nicht linearer audiovisueller Mediendienste kann und muss daher, solange keine dem klassischen Rundfunk vergleichbaren Monopolisierungstendenzen auftreten, grundrechtlich in einem Konzept originärer (nicht gesetzlich präformierter) Handlungsfreiheit erfasst werden, wie es von der Pressefreiheit her geläufig ist; dies schließt namentlich die Tendenzfreiheit privater Telemediendienste ein. Dementsprechend verzichtet das geltende Telemedienrecht weit gehend – allerdings mit der wichtigen Ausnahme öffentlich-rechtlicher Telemedienangebote (mit Recht krit. gegenüber untauglichen Versuchen, diese Angebote schon aus der Zuordnung zum Rundfunk im verfassungsrechtlichen Sinne zu legitimieren, *Trute,* in: HGR IV, § 104 Rn. 16) – auf die für den Rundfunk eingesetzten Regulierungsmittel, obgleich es

IV. Die Gewährleistung der Pressefreiheit nach dem Grundgesetz   § 1 LPG

verfassungsrechtlich demselben Gewährleistungsbereich der Rundfunkfreiheit zugehörig ist.

Nicht zu übersehen ist allerdings, dass die Schwierigkeiten einer Differenzierung   202
zwischen mit Blick auf die Informationsfunktion der Medien stark (Muster: Rundfunkregulierung) oder schwach (Muster: Presserecht) regulierungsbedürftigen Medien mit dem weiten formalen Rundfunkbegriff von der Begriffsebene (Presse v. Rundfunk) auf die Ebene rundfunkimmanenter Subklassenbildung nur verschoben werden, damit aber natürlich nicht verschwinden. Indessen wäre diesem Problem auch nicht mit einem weiten Begriff der Presse im verfassungsrechtlichen Sinne abzuhelfen: Es würde dort genauso auftreten und die Frage aufwerfen können, welche „elektronischen Pressedienste" wegen ihrer rundfunkähnlichen Wirkmacht und Marktgegebenheiten gegebenenfalls einer an rundfunkrechtlichen Standards angenäherten Regulierung unterworfen werden müssen. Vergleichbares gälte auch für die Einordnung sämtlicher nichtlinearer elektronischen Mediendienste in einen neuen Teilschutzbereich der „Internetdienstefreiheit".

Wird akzeptiert, dass die begriffliche Einordnung, damit aber auch die Abgrenzung 203
der Teilgewährleistungen in Art. 5 Abs. 1 Satz 2 GG nicht über die materielle Legitimation staatlicher Funktionssicherungsmaßnahmen, richtigerweise darüber hinaus auch nicht über die dogmatische Struktur des Grundrechtsschutzes aus Art. 5 Abs. 1 Satz 2 GG (solange insoweit die Besonderheiten des Rundfunkverfassungsrechts beibehalten werden) entscheiden, verliert die Abgrenzungsfrage insgesamt stark an Bedeutung – und besteht bei einer Zuordnung zur Rundfunkfreiheit (wenn schon nicht zu einer unbenannten Facette der Medienfreiheit) immerhin sogar die Chance einer Korrektur der rundfunkverfassungsrechtlichen Dogmatik in ihren unnötigen und problematischen Sonderfiguren.

3. Schutzreichweite

a) Verfassungsrechtlicher Pressebegriff

Auf dem Boden der vorstehend begründeten Auffassung, wonach die unkörperli- 204
chen Verbreitungsformen auch auf Verfassungsebene sämtlich nicht der Teilgewährleistung der Pressefreiheit zuzuordnen sind, ist der verfassungsrechtliche Pressebegriff mit demjenigen der Pressegesetze (o. Einl., Rn. 103 ff.) in wesentlichen kongruent: Presse meint in gegenständlicher Hinsicht die zur Verbreitung in der Allgemeinheit bestimmten vervielfältigten Verkörperungen von Gedankeninhalten, mithin von Trägermedien, oder, in der alten Terminologie des Presserechts, von „Druckwerken" (heute im weiten, jedwedes Speichermedium umfassenden Sinne), in tätigkeitsbezogener Hinsicht den gesamten Vorgang der Erzeugung und Verbreitung von Presseerzeugnissen, von der Beschaffung der Information bis zum Vertrieb, schließlich in personell-organisatorischer Hinsicht den Personenkreis, der in die Herstellung und Verbreitung von Presseerzeugnissen hinreichend spezifisch einbezogen ist. Für diejenige Auffassung, die auch elektronische Abrufdienste sämtlich, oder in Teilen, der Pressefreiheit zuordnet (s. o., Rn. 193), ist der gegenständliche Pressebegriff dementsprechend weiter.

Auch vom hier vertretenen Standpunkt aus ist der Pressebegriff des Art. 5 Abs. 1 205
Satz 2 GG immerhin weiter als derjenige des Art. 10 EMRK (s. o., Rn. 59), indem er alle, nicht nur die periodischen Druckwerke erfasst. Überhaupt ist er „weit und formal" (BVerfGE 34, 269/283; 66, 116/134; 95, 28, Rn. 26), also entwicklungsoffen für sämtlichen technischen Speicherungsformen und Wege körperlicher Verbreitung sowie inhaltlich indifferent: Auf den Inhalt der Druckwerke, dessen Schutz ohnehin primär der Meinungsfreiheit des Art. 5 Abs. 1 Satz 2 GG unterfällt (s. o., Rn. 176 f.), kommt es nicht an (*Jarass*, in: Jarass/Pieroth, Art. 5 Rn. 35). Der im Druckwerk verkörperte Gedankeninhalt kann mithin in Tatsachenbehauptungen ebenso wie in Meinungen bestehen; Unterhaltung bis hin zur Skandalkolportage ist ebenso erfasst

wie die kommerzielle Kommunikation (BVerfGE 21, 271/278 ff.; 64, 108/114; 102, 347/359), mit oder ohne Verbindung mit einem redaktionellen Teil (auch: Anzeigenblätter, BGHZ 116, 47/54) oder die Verbreitung von Beiträgen Dritter, zum Beispiel im Fall von Leserbriefen oder Pressespiegeln.

206 Insofern es für die Zuordnung zur Presse maßgeblich auf den Publikationsmodus ankommt, können Speichermedien sowohl Presseerzeugnis sein als auch für Rundfunkzwecke oder zu Filmvorführungen eingesetzt werden: Vom Trägerobjekt als solchem lässt sich mithin noch nicht stets eindeutig auf die Zuordnung zu einem der drei Medien-Schutzbereiche des Art. 5 Abs. 1 Satz 2 GG schließen; vielmehr kommt es stets auf den Einsatzzweck, also die beabsichtigte Veröffentlichungsart an. Bei einer Mehrfachfunktionalität von Verkörperungen kann auch der kumulierte Schutz mehrerer Mediengewährleistungen in Betracht kommen, je nach in Bezug genommener Publikationsart, etwa bei in Umlauf gebrachten bespielten Videocassetten (pressemäßige Verbreitung), die dann zur – öffentlichen oder privaten – Vorführung der Filme (Filmfreiheit) oder ggf. auch zur (linearen) Sendung oder (nicht linearen) öffentlichen Zugänglichmachung (Rundfunk) genutzt werden (*Wendt*, in: Münch/Kunig, Art. 5 Rn. 30, für Vorrang der Filmfreiheit gegenüber der Pressefreiheit indes *Jarass*, in: ders./Pieroth, Art. 5 Rn. 61; *Schulze-Fielitz*, in: Dreier, Art. 5 I, II, Rn. 91, 111 f.).

207 Die Faksimile-Presse, also die elektronische Übermittlung von Inhalten zum Ausdruck beim Empfänger, ist hingegen dem Rundfunk zuzuordnen – sofern nicht die Faksimile-Stücke ihrerseits als Presseerzeugnisse weiter in Umlauf gebracht werden –, da die Verbreitung als solche unkörperlich und gerade nicht in Form körperlicher Vervielfältigungsstücke geschieht und die Rundfunkeigenschaft elektronisch übermittelter Inhalte nicht vom Empfangsverhalten des Rezipienten, insbesondere einer technisch fast immer möglichen Abspeicherung abhängen kann (*Bethge*, in: Sachs, GG, Art. 5 Rn. 73a; *Brand*, S. 154 ff.; *Degenhart*, in: BK, Art. 5 Abs. 1 und 2 Rn. 376; anders etwa *Schmitt Glaeser*, S. 191 f.). Vom Verständnis einer in Art. 5 Abs. 1 Satz 2 GG gewährleisteten übergreifenden Medienfreiheit aus ist die begriffliche (Mehrfach-)Zuordnung zu den (aus dieser Sicht unselbstständigen) Teilschutzbereichen ohnehin von allenfalls nachrangiger Bedeutung.

208 Presse setzt wie der Rundfunk als Medium der Massenkommunikation voraus, dass sich die Verbreitung an einen unbestimmten Personenkreis richtet. Wie das BVerfG in der Werkszeitungs-Entscheidung klargestellt hat, kommt es auch für den verfassungsrechtlichen Pressebegriff (s. zum Begriff der Verbreitung nach dem Pressegesetzen o., Einl. Rn. 114 ff.) und damit den Schutz der Pressefreiheit nicht darauf an, dass das Presseerzeugnis der Öffentlichkeit im Sinne eines offenen Personenkreises zugänglich gemacht wird. Der Grundrechtsschutz erfasst vielmehr auch die Verbreitung in geschlossenen Personengruppen (so der Werks-Belegschaft), da „die Ermöglichung freier individueller und öffentlicher Meinungsbildung […] nicht nur von allgemein zugänglichen, sondern auch von gruppeninternen Publikationen erfüllt" werde, die Differenz zur weiterreichenden Veröffentlichung über die Gruppe hinaus daher für die „Funktion des Grundrechts, eine staatlich nicht reglementierte, offene Kommunikation zu gewährleisten", unerheblich sei (BVerfGE 95, 28, Rn. 26).

209 Auf die Größe des Personenkreises kommt es – ab einer gewissen vom Sinngehalt der Massenkommunikation her notwendigen Mindestzahl potentieller Rezipienten – nicht an; auch enge Leserkreise reichen aus (*Wendt*, in: v. Münch/Kunig, Art. 5 Rn. 30).

210 Neuerdings – im Fraport-Urteil – hat das BVerfG das Verteilen von Flugblättern im Rahmen von Demonstrationen der Garantie der Meinungsfreiheit, nicht der Pressefreiheit, zugeordnet, gestützt auf die Begründung, das Grundrecht des Art. 5 Abs. 1 Satz 1 GG schütze das Äußern einer Meinung „nicht nur hinsichtlich ihres Inhalts, sondern auch hinsichtlich der Form ihrer Verbreitung zur Freiheit der Meinungsäußerung" (BVerfGE 128, 226/264). So richtig das unzweifelhaft ist, so sehr unterläuft die Anwendung dieses Satzes auf die Flugblattverteilung doch die vom BVerfG selbst zugrundegelegte funktional-komplementäre Aufteilung der Gewährleistungsgehalte von Meinungs- und Pressefreiheit (s. o., Rn. 176 f.). Gerade Flugschriften und -blätter

IV. Die Gewährleistung der Pressefreiheit nach dem Grundgesetz   § 1 LPG

sind traditionell besonders wichtig und gegen obrigkeitsstaatliche Unterbindungs- oder Kontrollversuche erkämpfte Erscheinungsformen der Presse gewesen (*Bullinger,* Voraufl., § 1 Rn. 37). In der Verteilung an ein Publikum im öffentlichen Raum liegt auch unzweifelhaft eine Verbreitung im presserechtlichen Verständnis, so dass die verfassungsgerichtliche Zuordnung zur Meinungsfreiheit insoweit hinter den Pressegesetzen zurückbleibt. Sollte die Zuordnung zur Jedermann-Meinungsfreiheit damit zu erklären sein – dies kommt in der Entscheidung nicht klar zum Ausdruck –, dass Art. 5 Abs. 1 Satz 2 GG eine „mediale Aufbereitung" des kommunikativen Inhalts voraussetzt (so *Jarass,* in: ders./Pieroth, Art. 5 Rn. 34), bedeutete dies eine Einschränkung des „formalen und weiten" Pressebegriffs; es käme dann doch auf eine bestimmte Qualität journalistischer Gestaltung an (mit Recht krit. gegenüber solchen Tendenzen *Bullinger,* Voraufl., § 1 Rn. 37).

b) Sachliche Schutzreichweite: Pressebetätigung

Die Pressefreiheit erfasst alle in spezifischem Zusammenhang mit der Presse stehenden Tätigkeiten „von der Beschaffung der Information bis zur Verbreitung der Nachricht und Meinung" (BVerfGE 20, 162/176; 91, 125/134; 103, 44/59). In ihrem „Zentrum stehen die Gründung und Gestaltung von Presseerzeugnissen" (BVerfGE 97, 125, Rn. 107 – Caroline von Monaco I). In organisatorischer Hinsicht schließt dies die Freiheit der Gründung von Presseunternehmen ein – sie ist Bedingung der von Art. 5 Abs. 1 Satz 2 GG vorausgesetzten privatwirtschaftlichen Struktur der Presse – sowie den Zugang zu den und die Ausübung der Presseberufe(n) (BVerfGE 10, 118, Rn. 15; 20, 162/175 f.). Geschützt sind die ungehinderte Recherche und sonstige Informationsbeschaffung unter Nutzung pressespezifischer Methoden und Techniken, freilich begrenzt auf die allgemein zugänglichen Quellen (BVerfGE 103, 44, Rn. 55; s. dazu näher o., Rn. 179 ff.), ferner die Vertraulichkeit der Redaktionsarbeit (Redaktionsgeheimnis, BVerfGE 66, 116/133 – Wallraff) und der Schutz des Vertrauensverhältnisses zwischen Redakteur und Informant (Quellenschutz, BVerfGE 117, 244/258 – CICERO).

211

(1) Insbesondere: Gestaltungsfreiheit

Art. 5 Abs. 1 Satz 2 GG schützt die inhaltliche und formale Gestaltung von Presseerzeugnissen (nach „Art und Ausrichtung, Inhalt und Form", BVerfGE 101, 369/389 – Caroline von Monaco II). Zur inhaltlichen Gestaltungsfreiheit gehört „die Bestimmung, welche Themen behandelt und welche Beiträge in eine Ausgabe aufgenommen werden sollen" (BVerfGE 97, 125, Rn. 107). Das Grundrecht schützt Presseerzeugnisse ungeachtet ihrer Eigenart oder ihres Niveaus (BVerfGE 34, 269/283; 50, 234/240; 120, 180, Rn. 42). „Die Presse darf nach eigenen publizistischen Kriterien entscheiden, was sie des öffentlichen Interesses für wert hält und was nicht" (BVerfGE 101, 361/389; 120, 180, Rn. 42). Die Absage des BVerfG an jedwede Inhaltsdifferenzierung auf Schutzbereichsebene ist unmissverständlich und eindrucksvoll: „Jede Unterscheidung dieser Art liefe am Ende auf eine Bewertung und Lenkung durch staatliche Stellen hinaus, die dem Wesen dieses Grundrechts gerade widersprechen würde" (BVerfGE 101, 361, Rn. 94). Auch die funktionale Bedeutung der Presse für den Meinungsbildungsprozess erlaubt, wie das BVerfG vor allem in der zweiten Caroline-Entscheidung, also noch vor der (behutsamen) Anpassung der eigenen Judikatur an die Vorgaben des EGMR, überzeugend ausgeführt hat, keine Abstriche vom Grundsatz der Inhaltsneutralität: Denn die „politische Meinungsbildung [ist] in einen umfassenden, vielfach verflochtenen Kommunikationsprozeß eingebettet, der weder unter dem Gesichtspunkt der persönlichen Entfaltung noch dem der demokratischen Herrschaft in relevante und irrelevante Zonen aufgespalten werden kann" (vgl. BVerfGE 101, 361, Rn. 95). Daher sind auch die Unterhaltung und namentlich die unterhaltende Berichterstattung über prominente Personen uneingeschränkt geschützt, einerseits schon deswegen, weil sich Meinungsbildung und Unterhaltung nicht klar trennen lassen („Meinungsbildung und Unterhaltung sind keine Gegensätze.

212

Cornils   135

Auch in unterhaltenden Beiträgen findet Meinungsbildung statt", BVerfGE 101, 361, Rn. 96), zum anderen aber auch, weil selbst die „bloße Unterhaltung" wichtige Informations- und Orientierungsleistungen erbringen kann, also kommunikativen „Wert" hat und sei es nur in der Bereitstellung von „Gesprächsgegenständen" (BVerfGE 101, 361, Rn. 97). Die Berichterstattung über Personen bedarf auch aus funktionaler Sicht – wenn es denn auf eine solche Rechtfertigung überhaupt ankäme – des grundrechtlichen Schutzes, weil „Personalisierung [...] ein wichtiges publizistisches Mittel zur Erregung von Aufmerksamkeit [bildet]" (BVerfGE 101, 361, Rn. 98).

213 Diese Grundsätze zur Inhaltsneutralität und zur uneingeschränkten Schutzfähigkeit auch der Unterhaltung und Prominentenberichterstattung beanspruchen für die Schutzbereichsebene weiterhin Geltung (BVerfGE 120, 180 – Caroline von Monaco IV, Rn. 42, 60 ff.), auch nachdem der EGMR in seiner ersten Caroline-Entscheidung den deutschen Gerichten ein zu geringes und vor allem zu wenig nach der publizistischen Relevanz ausdifferenziertes, also zu unelastisches Niveau des Privatsphärenschutzes prominenter Personen in der Ausprägung äußerungsrechtlicher Maßstäbe vorgehalten hat (EGMR, Urt. v. 24.6.2004, Nr. 59320/00 – Hannover v. Germany Nr. 1, s. dazu o. Rn. 76). In der deutschen Rechtsprechung ist die Forderung des Gerichtshofs nach einzelfallbezogener, an verschiedenen konventionsrechtlich vorgeprägten Kriterien orientierter Abwägung im Konflikt zwischen Medienfreiheit und Persönlichkeitsrechten aufgenommen worden; sie hat auf der Ebene der Schrankenrechtfertigung zu gewissen Nachjustierungen geführt (BVerfGE 120, 180, Rn. 65 ff.). Danach wird nunmehr – entsprechend der freilich ihrerseits problematischen funktionalen Wertungsvorgabe des EGMR (s. o., Rn. 74 ff.) – stärker nach dem Maß publizistischer Relevanz des jeweiligen Kommunikats unterschieden, etwa „bloße" Unterhaltung im Konflikt mit betroffenen Persönlichkeitsrechten geringer gewichtet (s. etwa – mit allerdings zu apodiktischer Formulierung – BGHZ 171, 275 Rn. 20: „Das Interesse der Leser an bloßer Unterhaltung hat gegenüber dem Schutz der Privatsphäre regelmäßig ein geringeres Gewicht und ist nicht schützenswert"). Der drohenden Gefahr eines Abgleitens in eine mit der Pressefreiheit unvereinbare Inhaltsbewertung der Presseberichterstattung im Rahmen der Abwägungsargumentation sucht das BVerfG mit einer möglichst formalen Fassung der „matter-of-public-interest"-Prüfung gegenzusteuern: „Im Zuge der Gewichtung des Informationsinteresses haben die Gerichte allerdings von einer inhaltlichen Bewertung der betroffenen Darstellungen als wertvoll oder wertlos, als seriös und ernsthaft oder unseriös abzusehen und sind auf die Prüfung und Feststellung beschränkt, in welchem Ausmaß der Bericht einen Beitrag für den Prozess der öffentlichen Meinungsbildung zu erbringen vermag" (BVerfGE 120, 180, Rn. 67).

214 Diese Abstrahierung der Relevanz-Evaluation von den konkreten Inhalten auf die gleichsam „äußere", nur mehr thematische Zugehörigkeit der in Rede stehenden Publikation zu einer höheren oder niederen Relevanzklasse für die öffentliche Meinungsbildung hebt das Problem aber nicht auf, entschärft es allenfalls ein Stück weit. Das ganz richtige – auf Schutzbereichsebene vom BVerfG eloquent verteidigte – Differenzierungsverbot hinsichtlich wertvoller oder wertloser, seriöser oder unseriöser, für die Meinungsbildung wichtiger Information oder unwichtiger Unterhaltung usw. wird auf der Rechtfertigungsebene unterlaufen, wenn hier jetzt doch Wertunterscheidungen nach der – vermeintlichen – publizistischen Bedeutung zugelassen werden. Das Bekenntnis zur staatlichen Inhaltsneutralität gegenüber Meinungen bleibt ein Lippenbekenntnis, wenn es den Grundrechtsschutz nicht insgesamt prägt, sondern sich auf den prima-facie Schutz (im Schutzbereich) beschränkt. Allerdings hat die Rechtsprechung immer schon der problematischen Meinungsevaluation in der Abwägung mit gegenläufigen Schutzgütern Raum gegeben, etwa im Zusammenhang der Verbreitung rechtswidrig erlangter Informationen (BVerfGE 66, 116/137 ff., s. dazu o., Rn. 125 und u., Rn. 233, krit. auch *Bullinger,* Voraufl., Rn. 62, 70) und – besonders prekär – in der Judikatur zur Zulässigkeit von Boykottaufrufen, in der sogar auf die inneren Motive des sich Äußernden abgestellt wird (s. o., Rn. 111 f.).

IV. Die Gewährleistung der Pressefreiheit nach dem Grundgesetz § 1 LPG

Diese Tendenzen einer Abstufung des effektiven Grundrechtsschutzes nach der heteronom beurteilten publizistischen Bedeutung werden jetzt durch die Einflüsse aus der insoweit noch weniger skrupulösen Rechtsprechung des EGMR noch verstärkt.

Geschützt ist auch der Anzeigenteil einer Zeitung, und zwar sowohl wegen der 215 wirtschaftlichen Bedeutung der Werbung als Finanzierungsquelle für die Pressetätigkeit (BVerfGE 64, 108 – Chiffreanzeige, Rn. 16) als auch mit Blick auf den kommunikativen Eigenwert der Werbung (BVerfGE 21, 271/278f. – Südkurier). Die Anerkennung der Werbung als massenmediale Kommunikation ist zwingende Konsequenz aus dem Prinzip der Inhaltsneutralität: Der Inhalt des Kommunikats und erst recht die dahinter stehenden Motive sind für den Schutz der Pressefreiheit schlechterdings unerheblich (BVerfGE 21, 271/278 f.).

Der Schutz der Pressefreiheit schließt darüber hinaus auch das Recht ein, den 216 Schutz der Meinungsfreiheit (Art. 5 Abs. 1 Satz 1 GG) hinsichtlich der Meinungsäußerungen Dritter, die in einem Presseorgan veröffentlicht werden, geltend zu machen: „Einem Presseorgan darf die Veröffentlichung einer fremden Meinungsäußerung nicht verboten werden, wenn dem Meinungsträger selbst ihre Äußerung und Verbreitung zu gestatten ist. In diesem Umfang kann sich das Presseunternehmen auf eine Verletzung der Meinungsfreiheit Dritter in einer gerichtlichen Auseinandersetzung berufen." (BVerfGE 102, 347 – Benetton, Rn. 39). Der in den Schutz der Pressefreiheit „eingebettete Schutz des Art. 5 Abs. 1 Satz 1 GG" (BVerfG, ebd., Rn. 40) „reiner Wirtschaftswerbung" soll allerdings davon abhängen, dass diese „einen wertenden, meinungsbildenden Inhalt hat" (BVerfGE 71, 162/175), so wenn etwa in einem zu Werbezwecken eingesetzten Bild „eine Ansicht, ein Werturteil oder eine bestimmte Anschauung zum Ausdruck kommt" (BVerfG, ebd., Rn. 40 mit Verweis auf BVerfGE 30, 336/352; 71, 162/175). Darin kann eine nicht unproblematische Einschränkung der Inhaltsneutralität des kommunikationsgrundrechtlichen Schutzes (unmittelbar der Meinungsfreiheit, mittelbar auch der Pressefreiheit) gesehen werden.

Das BVerfG hat darüber hinaus das Vertrauensverhältnis zwischen Inserent und 217 Presse (Chiffregeheimnis) als in ähnlicher Weise schutzbedürftig angesehen wie das Redaktionsgeheimnis und den Quellenschutz hinsichtlich der redaktionellen Inhalte. Auch im Hinblick auf den Anzeigenteil ist danach „eine intakte und gesicherte Vertraulichkeitssphäre der Presse unerläßliche Voraussetzung für deren Arbeit. Der Schutz dieser Sphäre läßt sich nicht auf den redaktionellen Teil begrenzen, wenn in den Augen der Öffentlichkeit die Vertrauenswürdigkeit der Presse nicht insgesamt Einbußen erleiden soll. Das Chiffregeheimnis fällt daher, ebenso wie das Redaktionsgeheimnis, in den Schutzbereich der Art. 5 Abs. 1 Satz 2 GG" (BVerfGE 64, 108, Rn. 18).

Die formale Gestaltungsfreiheit umfasst „die Entscheidung über die äußere Darbietung 218 der Beiträge sowie ihre Platzierung innerhalb der Ausgabe." (BVerfGE 97, 125, Rn. 107). Selbstverständlich gehört dazu auch und gerade die Gestaltung des Titelblatts und die Bildberichterstattung (BVerfGE 120, 180, Rn. 42).

(2) Tendenzfreiheit

Zum vollen, nicht schon a priori auf bestimmte Funktionsziele hin eingegrenzten 219 Inhaltsbestimmungsrecht des grundrechtlich Berechtigten gehört auch insbesondere das Recht, die politische, weltanschauliche oder kulturelle Tendenz seines Presseerzeugnisses festzulegen (BVerfGE 52, 283/296 f.). Gerade dieses, vom grundrechtstheoretischen Leitbild inhaltlich nicht präformierter, vielmehr dem Selbstverständnis des Berechtigten überlassener Handlungsfreiheit her zwangsläufige Recht ist für die Nachbargewährleistung der Rundfunkfreiheit nicht anerkannt, gleichsam selbstverständlich nicht für die auf Ausgewogenheit und Binnenpluralität verpflichtete Programmfreiheit des öffentlich-rechtlichen Rundfunks (BVerfGE 59, 231, Rn. 56), aber auch nicht für den privaten Rundfunk, für den das Konzept außenpluralistischer Anbieter- und dadurch hergestellter Angebotsvielfalt im geltenden Rundfunkrecht keineswegs uneingeschränkt durchgeführt ist (s. insb. § 25 Abs. 1 Satz 2 und 2 RStV; aus

Cornils 137

der rundfunkrechtlichen Rspr. besonders deutlich: VGH BW ZUM-RD 2005, 156: „Jedoch geht es bei der Veranstaltung eines Rundfunkprogramms nicht darum, die eigenen Wertvorstellungen zu verwirklichen. Vielmehr sind nach der Rechtsprechung des Bundesverfassungsgerichts Rundfunkprogramme frei von privater Indienstnahme zu veranstalten.").

220 Das BVerfG begründet die demgegenüber bei der Pressefreiheit anerkannte Tendenzfreiheit in der Entscheidung zu § 118 BetrVG weniger mit der subjektiv-individuellen Inhaltsgestaltungsfreiheit der Presse als vor allem mit der Meinungsbildungsfunktion; es bekennt sich insoweit zu einem – für die Presse – von Verfassungs wegen pointiert außenpluralistischen Modell: Die massenkommunikative Funktion der Presse erfordert danach die „Existenz einer relativ großen Zahl selbständiger, vom Staat unabhängiger und nach ihrer Tendenz, politischen Färbung oder weltanschaulichen Grundhaltung miteinander konkurrierender Presseerzeugnisse" (BVerfGE 52, 283, Rn. 39 mit Verweis auf BVerfGE 12, 205/206). Diese Außenpluralität als Bedingung eines lebendigen Meinungskampfes auch und gerade zwischen den Presseunternehmen hängt aber ihrerseits davon ab, „dass die Grundrichtung einer Zeitung unbeeinflusst bestimmt und verwirklicht werden kann". Daraus ergibt sich ein strikter abwehrrechtlicher Schutz gegen unmittelbare staatliche Einflussnahme auf die Tendenz von Zeitungen, darüber hinaus aber auch ein Schutzanspruch dagegen, dass der Staat durch rechtliche Regelungen die Presse fremden nichtstaatlichen Einflüssen unterwirft oder öffnet, „welche mit dem durch Art 5 Abs. 1 Satz 2 GG begründeten Postulat unvereinbar wären, der Freiheit der Presse Rechnung zu tragen" (BVerfGE 52, 283, Rn. 39; 20, 162/175). Auch dieser Schutz ergibt sich aus dem Abwehrrecht, soweit der Staat selbst die horizontale Einflussnahme begünstigt oder gar rechtsverbindlich herbeiführt („unterwerfen"), im Übrigen, soweit es nur um staatlichen Schutz gegen private Eingriffe in die Tendenzautonomie geht, aus der grundrechtlichen Schutzpflicht.

221 Berechtigt aus der Tendenzfreiheit („Tendenzträger") ist jedenfalls der Verleger eines Druckwerks, möglicherweise – vom BVerfG offengelassen – auch der Redakteur in Gestalt eines Mitwirkungsrechts hinsichtlich der vom Verleger bestimmten Tendenz (für Tendenzträgerschaft der Redakteure *Degenhart*, in: BK, Art. 5 Abs. 1 und 2 Rn. 466), keinesfalls aber der Betriebsrat eines Presseunternehmens, der keine publizistischen Aufgaben hat, vielmehr nur die Interessen der Arbeitnehmer in sozialen, personellen und – eingeschränkt – in wirtschaftlichen Angelegenheiten wahrnimmt (BVerfGE 52, 283, Rn. 43). Der Verleger ist daher berechtigt, die Aufnahme eines Werkes, dessen Tendenz er nicht teilt, in sein Verlagsprogramm zu verweigern (BVerfGE 21, 271/278; 42, 53/62; *Bullinger*, HStR VII, § 163 Rn. 21; *Wendt*, in: v. Münch/Kunig, Art. 5 Rn. 35); die Auferlegung einer Publikationspflicht wäre ein höchst intensiver Eingriff nicht nur in seine negative, sondern auch schon in seine positive Pressefreiheit, für den, von denkbaren amtlichen Verlautbarungspflichten nach rundfunkrechtlichem Muster (vgl. z.B. § 18 LMG R-P) abgesehen, eine grundrechtliche Rechtfertigung kaum vorstellbar wäre.

(3) Hilfstätigkeiten

222 Erhebliche Schwierigkeiten wirft die Frage der Zuordnung von Hilfstätigkeiten zur Presse (oder eben nicht) auf; sie betrifft gleichermaßen die sachlich-tätigkeitsbezogene Seite des Pressebegriffs wie auch diejenige der institutionellen Zugehörigkeit bestimmter Personen oder Unternehmen zur Presse. Eindeutig ist im Ausgangspunkt, dass nicht jedwede zur Herstellung und zum Vertrieb von Presseerzeugnissen beitragende Tätigkeit dem Lebens- und Normbereich der Presse zuzuordnen ist; der Lieferant von Energie für die Beheizung des Verlagshauses ist ebenso wenig Presseangehöriger wie der Hersteller von für den Druck von Zeitungen oder Büchern benötigtem Material (Papier, Druckfarbe usw.) oder die kreditgebende Bank (*Bullinger*, Voraufl., Rn. 89). Daher ist auch die Formel, es komme für die Bestimmung des Schutzbereichs der Pressefreiheit „hiernach wesentlich darauf an, was notwendige Bedingung

IV. Die Gewährleistung der Pressefreiheit nach dem Grundgesetz § 1 LPG

der Funktion einer freien Presse ist" (BVerfGE 66, 116, Rn. 46), nur begrenzt leistungsfähig. Die in diesem Sinne notwendige Bedingung ist keineswegs hinreichend, um eine Hilfstätigkeit als Pressetätigkeit begreifen zu können. Erforderlich ist vielmehr ein spezifischer Zusammenhang mit der Pressearbeit im engeren Sinne, der durch das entscheidende Kriterium eines „ausreichenden Inhaltsbezugs" bestimmt werden muss (BVerfGE 77, 346, Rn. 25; weiter allerdings BVerfG [K], NVwZ 2007, 1306: auch „inhaltsferne pressetechnische Hilfstätigkeiten, einschließlich der Tätigkeiten zur Erhaltung der wirtschaftlichen Grundlagen der Unabhängigkeit des Presseunternehmens als notwendige Voraussetzung einer freien Presse" [ebd., Rn. 24]; das dafür vom BVerfG in Bezug genommene Entscheidung BVerfGE 64, 108 passt freilich nicht recht, weil es dort um den Anzeigenteil einer Zeitung ging, also durchaus um inhaltliche Publikationstätigkeit).

Das BVerfG behilft sich in der Pressegrosso-Entscheidung zunächst mit einer aus der institutionellen Perspektive des Presseunternehmens vorgenommenen Unterscheidung zwischen presseinternen und -externen Hilfstätigkeiten: Während der Inhaltsbezug bei internen Tätigkeiten „durch den organisatorischen Zusammenhalt des Presseunternehmens regelmäßig gegeben" sei, bleibe es für presseexterne Hilfstätigkeiten in der Regel beim Schutz anderer Grundrechte, insbesondere des Art. 12 Abs. 1 GG. Etwas anderes könne jedoch „ausnahmsweise im Interesse eines freiheitlichen Pressewesens dann gelten, wenn eine selbständig ausgeübte, nicht die Herstellung von Presseezeugnissen betreffende Hilfstätigkeit typischerweise pressebezogen ist, in enger organisatorischer Bindung an die Presse erfolgt, für das Funktionieren einer freien Presse notwendig ist und wenn sich die staatliche Regulierung dieser Tätigkeit zugleich einschränkend auf die Meinungsverbreitung auswirkt" (BVerfGE 77, 346, Rn. 25). Diese institutionelle Perspektive birgt offenkundig die Gefahr in sich, dass der Schutz der Pressefreiheit auf klassische Presseunternehmen und ihre Trabanten, mithin auf die professionelle Presse und wohl sogar hier nur auf organisierte Strukturen verengt wird (krit. *Bullinger*, Voraufl., Rn. 74), obwohl der persönliche Schutzbereich des Grundrechts diese Engführung an sich nicht kennt (s. u., Rn. 234 ff.).

Anhand des bundesverfassungsgerichtlichen Kriterienrasters ist der Grossist dem Schutz der Pressefreiheit unterstellt worden, insofern er unter den tatsächlichen Gegebenheiten des Pressegrosso-Systems für den Vertrieb von Presseerzeugnissen unentbehrlich und eng mit den Verlagen und dem Einzelhandel verflochten sei und weil daher „sowohl der enge organisatorische und funktionale Pressebezug seiner Dienstleistung als auch die Auswirkung der an ihn gerichteten Gesetzespflicht auf die Meinungsverbreitung gegeben sind" (BVerfGE 7, 346, Rn. 26; s. näher o., Rn. 153 ff.). Ein ausreichender Pressebezug ist auch für presseredaktionelle Hilfsunternehmen anerkannt (BVerfG [K] NJW 2006, 2836: Presseagentur; BGHZ 187, 354, Rn. 9 f.: Bildarchiv; *Wendt*, in: v. Münch/Kunig, Art. 5 Rn. 33). Auch Druckereien ist der pressespezifische Bezug eigen; sie unterfallen daher dem Grundrechtsschutz (BayVGH, NJW 1983, 1339/1340; *Bullinger*, Voraufl., Rn. 87; s. auch die Erstreckung des Richtervorbehalts für die Beschlagnahme auf Druckereien in § 98 Abs. 1 Satz 2 StPO, zur ratio BGH, AfP 1999, 268, Rn. 13).

(4) Informationsbeschaffung

Art. 5 Abs. 1 Satz 2 GG gewährleistet zu Gunsten der Presse (wie auch des Rundfunks) den Einsatz medienspezifischer Informationsbeschaffungstechniken, begründet damit aber keinen über die allgemeine Informationsfreiheit bis Art. 5 Abs. 1 Satz 1 GG hinausgehenden Anspruch auf Zugang zu Informationsquellen. Der gewährleistete Zugang ist mithin auf allgemein zugängliche Quellen beschränkt; die Eröffnung der Zugänglichkeit steht in der Bestimmungsmacht des jeweils Berechtigten (etwa das Eigentümers oder der zuständigen staatlichen Stelle, BVerfGE 103, 44, Rn. 55). Auch bei öffentlichen Veranstaltungen in privater Trägerschaft unterliegt dieses Bestimmungsrecht allerdings den allgemeinen Schranken sittenwidriger (§ 826 BGB) oder wettbewerbswidriger (§§ 19 f. GWB) Diskriminierung. Daraus ergeben sich Zugangs-

Cornils

ansprüche auch der Pressevertreter zu den allgemein für jedermann geltenden Bedingungen (näher *Degenhart,* in: BK, Art. 5 Abs. 1 und 2 Rn. 388). Geht es nur um den Zugang als solchen, nicht aber um den Einsatz pressespezifischer Mittel, unterfallen auch die Medien ohnehin nur dem Schutz der allgemeinen Informationsfreiheit und greifen die Mediengrundrechte tatbestandlich gar nicht ein (s. o., Rn. 179).

226 Haben Pressevertreter nach diesen Grundsätzen zu öffentlichen Gerichtsverhandlungen Zutritt wie andere Personen auch, so bestimmt sich die Verteilung knapper Sitzplätze, namentlich auch die Reservierung einer bestimmten Anzahl von Plätzen für Medienberichterstatter, grundsätzlich nach dem einfachen Verfahrensrecht. Sie unterliegt der Prozessleitung des Vorsitzenden in dem jeweiligen Gerichtsverfahren (BVerfG [K], NJW 2003, 500); dieser hat insoweit einen weiten Entscheidungsspielraum (BVerfG NJW 2013, 1293 – NSU-Prozess, Rn. 19; dazu *Kujath,* AfP 2013, 269; *Wegner,* BLJ 2014, 37). Allerdings muss die Entscheidung über die Vergabe knapper Plätze an Medienvertreter dem aus Art. 3 Abs. 1 GG iVm Art. 5 Abs. 1 Satz 2 GG abgeleiteten subjektiven Recht auf Gleichbehandlung im publizistischen Wettbewerb entsprechen (BVerfGE 80, 124/133 f.; BVerfG [K], NJW-RR 2008, 1069/1071; dazu auch *Kujath,* AfP 2013, 269); daraus folgt ein Anspruch auf „gleichberechtigte Teilhabe an den Berichterstattungsmöglichkeiten zu gerichtlichen Verfahren" (BVerfG NJW 2013, 1293 – NSU-Prozess, Rn. 18). Sitzungspolizeiliche Anordnungen (§ 176 GVG) müssen daher in Berücksichtigung des grundsätzlichen Anspruchs der Presse auf Zugang im Interesse einer freien Berichterstattung und des subjektiven Rechts der Medienvertreter auf gleiche Teilhabe sachlich ausgestaltet sein. Das Prioritätsprinzip ist ein möglicher und üblicher Maßstab für die Platzverteilung (BVerfG [K], NJW 2003, 500). Allerdings bedarf nach Auffassung des BVerfG „auch dieses Prinzip einer Ausgestaltung, die die Chancengleichheit realitätsnah gewährleistet. Bei der verfahrensrechtlichen Umsetzung ist insoweit die tatsächliche Situation der vorhersehbar Interessierten hinreichend zu berücksichtigen" (BVerfG NJW 2013, 1293 – NSU-Prozess, Rn. 19). Ob dabei „in bestimmten Situationen eine Differenzierung zwischen verschiedenen Medienvertretern verfassungsrechtlich zulässig oder geboten ist", hat das BVerfG offengelassen (BVerfG ebd.).

227 Die rechtswidrige Beschaffung von Informationen fällt nach Auffassung des BVerfG nicht in den Schutzbereich der Meinungs- noch der Medienfreiheit (BVerfGE 66, 116, Rn. 54). Diese Annahme passt zum vom BVerfG zu Grunde gelegten Konzept normativer Ausgestaltung der Zugänglichkeit von Informationsquellen – der Grundrechtsschutz hängt eben von der rechtlichen Eröffnung der Informationsquelle ab. Sie ist indes aus allgemein grundrechtstheoretischer Sicht fragwürdig, weil sie den Schutz der Grundrechte nach Maßgabe der Gesetze bestimmt, nicht umgekehrt diese als Beschränkung einer prima facie weiterreichenden Handlungsfreiheit begreift. Immerhin pflanzt sich die grundrechtliche Schutzlosigkeit einfachrechtlich-illegaler Informationsbeschaffung nicht stets in einer Versagung des Schutzes auch für die nachfolgende Verbreitung fort (s. u., Rn. 233).

(5) Vervielfältigung und Verbreitung

228 Geschützt ist die freie Entscheidung über die Art und Weise der Vervielfältigung und (körperlichen) Verbreitung von Presseerzeugnissen, namentlich auch die Bestimmung und Gestaltung der Vertriebsorganisation. Daher liegt in dem rechtlichen oder auch nur faktischen Zwang zur Wahl eines bestimmten Vertriebswegs eine Beeinträchtigung des grundrechtlichen Schutzgutes, der das Abwehrrecht (bei staatlichem Zwang) bzw. die Schutzpflicht (bei horizontaler Einschränkung etwa durch die wettbewerbsausschließenden Vereinbarungen des Pressegrosso, s. o., Rn. 158) entgegenwirken. Geschützt ist mithin jedenfalls auch die Entscheidung für einen verlagseigenen Vertrieb; zum danach in den Schutz einbezogenen Personal gehören auch beim Verlag beschäftigte Zeitungsträger.

229 Umstritten ist die Frage, ob auch der Presse-Einzelhandel (selbständiger Buchhandel, Zeitschriften- und Zeitungshändler) dem Schutz der Pressefreiheit unterfällt. Am

IV. Die Gewährleistung der Pressefreiheit nach dem Grundgesetz § 1 LPG

spezifischen Pressebezug und der Bedeutung für die Pressefunktion lässt sich auch beim Einzelhandel (wie beim Großhandel) kaum zweifeln. Allein das vom BVerfG für die Beurteilung externer Hilfstätigkeiten herangezogene Kriterium der „engen organisatorischen Bindung an die Presse" liegt hier weniger deutlich vor als bei der nach beiden Seiten (Verleger und Einzelhändler) institutionell eingebundenen Rolle des Pressegrosso. Stellt man indes die grundsätzliche Fragwürdigkeit dieses institutionell nur auf Presseunternehmen bezogenen, damit aber die Reichweite der Pressefreiheit problematisch einschränkenden Merkmals in Rechnung (s. o., Rn. 223), spricht mehr für eine an der sachlichen Bedeutung des Einzelhandels für die Pressedistribution orientierte großzügige Sichtweise; danach kann sich auch der Einzelhandel, soweit er Druckwerke vertreibt, auf die Pressefreiheit berufen. Mindestanteile von Presseerzeugnissen an Angebot oder Umsatz des jeweiligen Betriebs können dafür sinnvollerweise nicht gefordert werden (*Bullinger*, Voraufl., Rn. 96). Das BVerfG hat in einer Kammerentscheidung den Verkauf von Sonntagszeitungen durch ambulante Straßenverkäufer jedenfalls unter der Bedingung als vom Schutzbereich der Pressefreiheit umfasst angesehen, dass diese Verkäufer in das Vertriebsnetz des Verlages eingebunden waren und also „in enger organisatorischer Bindung an die Presse" tätig wurden (BVerfG [K], NVwZ 207, 1306, Rn. 25).

In räumlicher Hinsicht stellt sich die Grundsatzfrage, ob die pressegrundrechtliche 230 Verbreitungsfreiheit ähnlich wie die an die Bedingung der Allgemeinzugänglichkeit geknüpfte Informationszugangsfreiheit von vornherein auf rechtlich für die Verbreitung von Presseerzeugnissen zugelassene Orte beschränkt ist. Danach hinge schon der prima facie-Grundrechtsschutz des Art. 5 Abs. 1 Satz 2 GG von der Widmung des jeweiligen Raums auch für den Zweck pressemäßiger Kommunikation ab (in dieser Richtung unter Berufung u. a. auf die fragwürdige Sprayer-von-Zürich-Entscheidung des BVerfG [Vorprüfungsausschuss], NJW 1984, 1293, *Bullinger*, Voraufl., Rn. 102 ff.; s. auch – für Art. 8 GG – BVerfGE 128, 130 – Fraport, Rn. 66: „verbürgt die Versammlungsfreiheit die Durchführung von Versammlungen dort, wo ein allgemeiner öffentlicher Verkehr eröffnet ist").

Die Gegenauffassung tritt auf der Grundlage einer weiten Tatbestandstheorie der 231 Grundrechte für ein prinzipielles Recht auf Inanspruchnahme fremder Flächen, ob in privater oder öffentlicher Trägerschaft, ein, begreift mithin rechtliche Verbreitungsverbote, ob in der starken Form eines Ausschlusses des Zugangs zu den Räumen oder – weniger weit gehend – nur einer Einschränkung der Verbreitung von Presseerzeugnissen, immer auch als rechtfertigungsbedürftige Schranke der Kommunikationsfreiheiten (in diesem Sinn schon BVerfGE 7, 230 Rn. 12 ff.). Diese weite Auffassung kann für sich in Anspruch nehmen, die definitiv anerkannten Fälle einer verfassungsrechtlich aus Art. 5 Abs. 1 und 3 GG hergeleiteten Bindung und Begrenzung des Widmungsrechts des Hoheitsträgers und auch des Nutzungsbestimmungsrechts gemischt-öffentlicher Unternehmen hinsichtlich von „Orten allgemeinen kommunikativen Verkehrs" (BVerfGE 128, 130 – Fraport, Rn. 66 ff.) dogmatisch besser erklären zu können: Wäre der grundrechtliche Anspruch durch die einfachrechtlichen Eröffnung des Raums als Verbreitungsforum für Druckwerke bedingt, könnte das Grundrecht nicht umgekehrt Bindungswirkung gegenüber dem einfachen Recht, etwa den Landesstraßengesetzen, entfalten und ließe sich für den doch allgemein anerkannte kommunikative Gemeingebrauch (s. sogleich, Rn. 232) nicht mehr grundrechtlich begründen. Auf der anderen Seite führt die Anerkennung eines prima facie unbegrenzten räumlichen Verbreitungsrechts der Presse keineswegs in unlösbare Konflikte mit der Eigentumsordnung und dem durch Art. 14 Abs. 1 GG prinzipiell auch verfassungsrechtlich garantierten Ausschließungsrecht des Eigentümers: Geht es um private Räume und Flächen, lassen sich die dem Eigentümer zugeordneten ausschließlichen Nutzungsrechte ohne weiteres als in aller Regel gerechtfertigte Schranken der Medienfreiheiten verstehen.

Die Rechtsprechung und heute herrschende Meinung leitet aus den Kommunika- 232 tionsgrundrechten (unter Einschluss der Art. 5 Abs. 3 und Art. 4 Abs. 1 GG) in der Tat nicht nur prima facie, sondern auch als definitive Schutzwirkung das Recht auf „kommunikativen (Gemein-)Gebrauch" öffentlicher Straßen und Wege ab (*Stahlhut*, in: Kodal, Straßenrecht, Kapitel 25, Rn. 22 ff., und *Sauthoff*, Öffentliche Straßen, Rn. 301 ff.; *Degenhart*, in: BK, Art. 5 Abs. 1 und 2 Rn. 430). Die straßenrechtlichen Vorschriften sind mithin so zu lesen, dass davon auch der kommunikative Verkehr erfasst ist, soweit nicht durch Hinzutreten besonderer Umstände die „eigentliche" Verkehrsfunktion der Straßen ernsthaft beeinträchtigt wird, etwa durch Aufstellen von Informationsständen, räumliche Beeinträchtigung des fließenden oder ruhenden Verkehrs usw. Das Verteilen von missionarischen oder sonst werbenden Flugschriften oder Handzetteln in Fußgängerzonen gehört danach zur kommunikativen Funktion des Straßenraums, die von Verfassungs wegen entweder als Gemeingebrauch (so z. B. VG Ansbach, Urt. v. 8.12.2008, AN 10 K 08.00961, juris) oder als erlaubnisfreie Sondernutzung anzuerkennen ist oder deren Zulassung durch Sondernutzungserlaubnis zumindest nicht in das Ermessen nach den Straßengesetzen fallen darf, vielmehr zu bewilligen ist (Ermessensschrumpfung, s. etwa BVerfG [K], NVwZ 1992, 53, Rn. 15 ff., *Papier*, in: Erichsen/Ehlers (Hrsg.), Allgemeines Verwaltungsrecht, 14. Aufl. 2010, § 41 III 5 Rn. 33 mwN). Für den Straßenverkauf von Sonntagszeitungen hat das BVerfG (K) die Einordnung als erlaubnis- und gebührenpflichtige Sondernutzung gebilligt, allerdings unter der Bedingung, dass sich das Ermessen in verfassungskonformer Auslegung auf eine gebundene Entscheidung, also einen Anspruch des Antragstellers reduziert, sofern nicht ausnahmsweise ein durchgreifender straßenrechtlicher Versagungsgrund besteht (BVerfG [K], NVwZ 2007, 1306, Rn. 32 ff.). Der Ansatz eines Teils der verwaltungsgerichtlichen Rechtsprechung, die Schutzwürdigkeit der Kommunikation im öffentlichen Straßenraum davon abhängig zu machen, dass damit nicht allein oder im Schwerpunkt wirtschaftliche Motive verfolgt werden (z. B. VGH BW, NVwZ 1998, 91, Rn. 5 ff.; restriktiv auch OVG NRW Beschl. v. 17.7.2014, 11 A 2250/12, Rn. 13 ff.) ist abzulehnen (zutreffend BVerwG, NJW 1997, 406, Rn. 14). Die innere Befindlichkeit und Motivation ist ein noch viel problematischeres und häufig untaugliches Kriterium für die grundrechtliche Schutzbedürftig- und -würdigkeit einer Kommunikation als die nach der äußeren Wirkung bemessene publizistische Relevanz (s. o., Rn. 212 ff.).

233 Das grundrechtliche prima-facie-Recht zum pressemäßigen Vertrieb von Druckwerken wird nicht dadurch ausgeschlossen, dass deren Inhalt auf rechtswidrig erlangten Informationen basiert (überzeugend dazu BVerfGE 66, 116, Rn. 55, näher *Degenhart*, in: BK, Art. 5 Abs. 1 und 2 Rn. 414 ff.). Verbote des Vertriebs derartiger Inhalte – gestützt auf zivilrechtliche Unterlassungs- oder Schadensersatzansprüche, §§ 823 und 826 i. V. m. § 1004 BGB – sind Eingriffe in das Grundrecht, als solche allerdings jedenfalls dann regelmäßig gerechtfertigt (Art. 5 Abs. 2 GG), wenn der Rechtsbruch bei der Informationsbeschaffung qualifiziert war, z. B. bei „einer durch Täuschung widerrechtlich beschafften und zu einem Angriff gegen den Getäuschten verwendeten Information" (BVerfGE 66, 116, Rn. 57). Die verfassungsrechtliche Rechtfertigung der Verbreitung kommt nur dann ausnahmsweise in Betracht, „wenn die Bedeutung der Information für die Unterrichtung der Öffentlichkeit und für öffentliche Meinungsbildung eindeutig die Nachteile überwiegt, welche der Rechtsbruch für den Betroffenen und die (tatsächliche) Geltung der Rechtsordnung nach sich ziehen muß" (BVerfG, ebd.). Davon kann dem BVerfG zufolge aber nur ausgegangen werden, wenn mit der Verbreitung widerrechtlich erlangter Informationen selbst wiederum rechtswidrige Zustände oder Verhaltensweisen aufgedeckt werden. Liegt der Rechtsverstoß bei der Beschaffung der Information in einem Bruch des selbst zu den essenziellen Schutzinhalten der Pressegewährleistung fehlenden Redaktionsgeheimnisses, kann sich mithin in der Güterkollision beider Rechtspositionen aus Art. 5 Abs. 1 Satz 2 GG der grundrechtliche Verbreitungsanspruch gegen den grundrechtlichen Anspruch auf Schutz des Redaktionsgeheimnisses regelmäßig nur durchsetzen, wenn durch die Publikation ihrerseits Rechtsverletzungen des von dem Vertrauensbruch betroffenen Verlages oder der Redaktion aufgedeckt werden (BVerfGE 66, 116, Rn. 71).

IV. Die Gewährleistung der Pressefreiheit nach dem Grundgesetz § 1 LPG

c) Grundrechtsberechtigung

Der Kreis der aus dem Grundrecht der Pressefreiheit Berechtigten bestimmt sich nach dem Merkmal ihrer Mitwirkung an den sachlich zur Presse gehörenden Tätigkeiten, nicht nach irgendwelchen Qualifikationen, Berufszugehörigkeiten oder professionellen Standards. Dementsprechend ist Träger des Grundrechts jedermann, der in spezifischer und daher der Pressefreiheit zuzurechnender Weise an der Herstellung oder Verbreitung von Presseerzeugnissen mitwirkt. Zu diesem Kreis gehören neben den Verlegern, Verlagsmitarbeitern, Herausgebern und Redakteuren mithin auch diejenigen Personen, die presseexterne Hilfstätigkeiten ausüben, welche in hinreichend engem funktionalem Zusammenhang mit der Presse stehen (s. o., Rn. 222 ff.), namentlich die Grossisten, aber auch Buchhändler, Presseagenturen und sonstige redaktionelle Hilfsbetriebe. 234

Insofern der verfassungsrechtliche Pressebegriff in personeller Hinsicht keinerlei Professionalisierung oder institutionelle Einbindung in Presseunternehmen verlangt, bleibt jede einfachrechtliche Verengung des Personenkreises spezifisch berechtigter Presseangehöriger hinter der grundrechtlichen Garantie ratione personae zurück. Eine solche Differenz, ist, soweit es sich um einfachrechtliche Privilegierungen der institutionellen Presse handelt, wie etwa beim medienrechtlichen Auskunftsanspruch (§ 4 LPG), zwar nicht abwehrrechtlich rechtfertigungsbedürftig – es geht insoweit nicht um einen staatlichen Eingriff. Sie muss sich jedoch sehr wohl mit den Anforderungen des Gleichheitssatzes (Art. 3 Abs. 1 GG) vereinbaren lassen. Die Professionalität ausgebildeter oder jedenfalls von Presseunternehmen im engeren Sinne beauftragter Journalisten mag regelmäßig immer noch ein hinreichend tragfähiger Differenzierungsgrund für derartige Privilegierungen, indes auch für die Auferlegung der presseordnungsrechtlichen Sonderlasten sein. Mit dem immer stärker werdenden Aufkommen eines – allerdings zumeist internetbasierten und daher im engeren exakten Sinn außerhalb der Presse liegenden – Laien- und Gelegenheitsjournalismus geraten derartige Differenzierungen und Verengungen auf die institutionelle Presse im traditionellen Sinn jedoch zunehmend unter Druck. Der verfassungsrechtliche Pressebegriff indes ist in persönlicher Hinsicht offen genug, um auch derartige Veränderungen aufzunehmen. 235

Art. 5 Abs. 1 Satz 2 GG ist Jedermann-Grundrecht, berechtigt mithin auch Ausländer, im Übrigen auch juristische Personen und sonstige Personenvereinigungen, insofern das Grundrecht seinem Wesen nach auf diese Kollektive anwendbar ist (Art. 19 Abs. 3 GG), also namentlich Verlagsunternehmen (BVerfGE 10, 118, Rn. 22; 21, 271, Rn. 25), Presseagenturen usw., aber auch Unternehmensträger, deren Geschäftsfeld nicht primär auf dem Gebiet der Herstellung und Verbreitung von Druckwerken liegt, soweit sie Presseerzeugnisse herstellen oder vertreiben (BVerfGE 95, 28/34 f.). 236

Grundrechtsfähig aus Art. 5 Abs. 1 Satz 2 sind auch Minderjährige, soweit sie pressemäßige Massenkommunikation, insbesondere in Form von Schülerzeitungen, betreiben können (*Schulze-Fielitz*, in: Dreier, Art. 5 I, II Rn. 119). Die Verteilung von Schülerzeitungen in der Schule fällt in die abwehrrechtlich geschützte Vertriebsfreiheit und ist nicht etwa Bewilligung einer staatlichen Leistung im Sonderstatusverhältnis; Verbote oder Beschränkungen sind daher Grundrechtseingriffe (*Degenhart*, in: BK, Art. 5 Abs. 1 und 2 Rn. 432). Vergleichbares gilt für Anstaltszeitungen von Strafgefangenen (näher zu beidem *Bullinger*, Voraufl., Rn. 296 ff.) Hoheitsträger und damit auch staatliche Schulen sind hingegen nach allgemeinen Grundsätzen nicht grundrechtsberechtigt und können sich daher auch in Hinsicht auf ein von ihnen herausgegebenes Druckwerk nicht auf das Grundrecht der Pressefreiheit berufen (*Bethge*, in: Sachs, Art. 5 Rn. 80; *Jarass*, in: ders./Pieroth, Art. 5 Rn. 38). 237

4. Eingriffe in die Pressefreiheit

Rechtfertigungsbedürftiger Eingriff in die Pressefreiheit ist entsprechend dem Eingriffsbegriff der allgemeinen Grundrechtslehren jede dem Staat zurechenbare recht- 238 liche oder faktische, unmittelbare oder mittelbare Beeinträchtigung der grundrechtlich gewährleisteten Gehalte der Pressefreiheit.

a) Eingriffe

239 Zu den Eingriffen in die Pressefreiheit gehören danach Berufsausübungsverbote (BVerfGE 10, 118/121), strafprozessuale Ermittlungsmaßnahmen mit beeinträchtigender Wirkung auf das Redaktionsgeheimnis oder die sonstige Pressearbeit (Durchsuchung und Beschlagnahme, BVerfGE 38, 103/105; 56, 247/248 f.), die Erzwingung von Zeugenaussagen in den vom pressespezifischen Zeugnisverweigerungsrecht (§ 53 Abs. 1 Nr. 5 StPO) nicht erfassten Fällen (BVerfGE 36, 193/204; 64, 108, Rn. 21 ff.), der Ausschluss von Journalisten aus Gerichtsverhandlungen oder staatlichen Pressekonferenzen (BVerfGE 50, 234/241 ff.; 87, 334/339; BVerwGE 47, 247/253 f.), die Erhebung von Telekommunikationsverkehrsdaten von Journalisten (BVerfGE 107, 299/330 f.) aber auch wirtschaftsrechtliche, die verlegerische Handlungsfreiheit einschränkende Vorgaben wie zum Beispiel das kartellrechtliche Zusammenschlussverbot.

b) Faktisch-mittelbare Eingriffe

240 Der Erste Senat des BVerfG hat in den Entscheidungen Osho und Glykol von 2002 (BVerfGE 105, 279/300 f.; 105, 252), den Eingriffsbegriff wieder enger gefasst, also auf rechtliche Imperative oder doch jedenfalls unmittelbar staatlich verursachte Belastungen beschränkt. Faktisch-mittelbare Verkürzungen des Grundrechtsgutes sind nach diesem Sonderweg des Ersten Senats (krit. dazu *Cornils*, in: FS Bethge, 2009, 137 ff.) nicht im engeren Sinne Eingriff, sondern nur mehr „eingriffsgleiche Beeinträchtigung", indessen auch nur dann, wenn sie in ihrer Zielsetzung und Wirkung Eingriffen gleichkommen, mithin dem Eingriff „funktional äquivalent" sind. Nur dann greifen die gleichen Rechtfertigungsanforderungen wie für Eingriffe im engeren Sinne. Substantiell ist diese Differenz, von den Ausgangsfällen Glykol und Osho abgesehen, bisher allerdings soweit ersichtlich nicht zum Tragen gekommen, bleibt es mithin bei einer terminologischen Abweichung von der sonst üblichen Einbeziehung auch der faktisch-mittelbaren, aber dem Staat als eigene zurechenbaren Beeinträchtigungen in den Eingriffsbegriff. Eine eingriffsgleiche Wirkung mit der Folge uneingeschränkter Schutzwirkung des Grundrechts aus Art. 5 Abs. 1 Satz 2 GG hat das BVerfG so auch im Schutzbereich der Pressefreiheit für die Veröffentlichung einer Zeitung im Verfassungsschutzbericht unter der Rubrik Rechtsextremismus angenommen (BVerfGE 113, 63 – Junge Freiheit). In der jüngsten Rechtsprechung auch des Ersten Senats ist, soweit ersichtlich, die Figur der „eingriffsgleichen Beeinträchtigung" nicht mehr herangezogen worden.

c) Fiskalische Maßnahmen mit Beeinflussungswirkung

241 Staatliche finanzielle Förderung von Presseunternehmen ist nicht von Verfassungs wegen kategorisch ausgeschlossen, kann vielmehr sogar als Instrument der Funktionssicherung angezeigt oder im Extremfall struktureller Existenzgefährdung geboten sein (s. o., Rn. 168 ff.), aktiviert aber als faktischer Eingriff das Abwehrrecht der Pressefreiheit, wenn sie gegen die strikten Anforderungen der Inhaltsneutralität verstößt, also mit inhaltsbezogenen Steuerungswirkungen auf die Publikationstätigkeit verbunden ist (BVerfGE 80, 124, Rn. 28: „subjektives Abwehrrecht gegen die mit staatlichen Förderungsmaßnahmen etwa verbundenen inhaltslenkenden Wirkungen").

242 Die staatliche Beteiligung an Presseunternehmen ist wie die Neugründung solcher Unternehmen grundsätzlich ausgeschlossen (Verbot der Staatspresse), soweit es nicht nur um zulässige Formen der Öffentlichkeitsarbeit oder Aufgabenerfüllung geht (s. o., Rn. 172, näher *Degenhart*, in: BK, Art. 5 Abs. 1 und 2 Rn. 488). Allenfalls als ultimaratio-Variante wirtschaftlicher Förderung zur Funktionssicherung – vergleichbar den Pressesubventionen – denkbar könnte eine Gestaltungsform öffentlicher Presseunternehmen sein, die unmittelbare, aber auch mittelbare Einflussnahmen des staatlichen

Eigentümers auf die inhaltliche Pressetätigkeit zuverlässig und nachhaltig ausschließt (s. o., Rn. 172, 175). Die grundrechtliche Verbotswirkung gegenüber staatlicher Pressebeteiligung folgt indes nicht in erster Linie aus dem subjektiven Abwehrrecht der Pressefreiheit, sondern aus der objektiven Grundsatznorm des Art. 5 Abs. 1 Satz 2 GG: Gewährleistung der Staatsfreiheit der Presse (dazu *Degenhart,* in: BK, Art. 5 Abs. 1 und 2 Rn. 439 f.; *Schulz,* AfP 2013, 464; mit Blick auf den Rundfunk: BVerfG, ZUM 2014, 501, Rn. 43; *Cornils,* Ausgestaltungsgesetzesvorbehalt, S. 111 ff.). Daher kommt es auf konkrete faktische Beeinträchtigungseffekte hinsichtlich der publizistischen Gestaltungsfreiheit des Presseunternehmens aufgrund der staatlichen Beteiligung gar nicht an: Diese ist auch dann unzulässig, wenn sich der Staat tatsächlich jedweder Beeinflussung enthält und die Beteiligung aus Sicht der privaten Anteilseigner sogar erwünscht ist.

d) Eingriff und Ausgestaltung

Im Vergleich mit der rundfunkverfassungsrechtlichen Dogmatik ist die Kategorie 243 des Ausgestaltungsgesetzes im Schutzbereich der Pressefreiheit kaum entwickelt. Dieser Unterschied ist Konsequenz der hier weit geringer ausgebildeten und konkretisierten Gewährleistungsgehalte zur Sicherung der objektiven massenmedialen Informations- und Kommunikationsfunktion (o., Rn. 134 ff.). Sind Ausgestaltungen diejenigen rechtlichen Maßnahmen, insbesondere, aber nicht ausschließlich normativer Art, die in Erfüllung positiver verfassungsrechtlicher Regelungspflichten vorgenommen werden, so kann davon im Bereich der die Presse betreffenden Regelungen allenfalls begrenzt die Rede sein, denn konkret und unbedingt gefasste Regelungsaufträge aus der Pressegewährleistung, die dem dicht gewebten rundfunkverfassungsrechtlichen Ausgestaltungsprogramm für den Rundfunkgesetzgeber auch nur annähernd entsprächen, sind bisher, d. h. auf dem heutigen Stand pressegrundrechtlicher Dogmatik in der Rechtsprechung des BVerfG nicht formuliert worden. Dies bedeutet aber erstens nicht, dass solche Auftragsgehalte – und ihnen korrespondierende Ausgestaltungsgesetze – nicht schon gegenwärtig durchaus anerkannt, wenn auch nicht dem Rundfunkverfassungsrecht vergleichbar thematisiert sind, und zweitens erst recht nicht, dass nicht künftig präziser gefasste Ausgestaltungsaufträge zur Sicherung des Funktionsziels des Art. 5 Abs. 1 Satz 2 GG durch Fortentwicklung der presseverfassungsrechtlichen Dogmatik noch herausgearbeitet werden können, wenn und soweit die tatsächlichen Umfeldbedingungen der Presse dies gebieten (s. zu den „latenten" Gewährleistungsgehalten des Art. 5 Abs. 1 Satz 2 GG o. Rn. 147; s. auch *Jarass,* in: ders./Pieroth, Art. 5 Rn. 39; *Schemmer,* in: Epping/Hillgruber, Art. 5 Rn. 55; *Schulze-Fielitz,* in: Dreier, Art. 5 Abs. 1, 2 Rn. 227).

Bei einem weiten Ausgestaltungsbegriff lassen sich jedenfalls die rechtlichen 244 Schutzgewährungen, die auf die grundrechtliche Schutzpflicht zurückgeführt werden können (z. B.: Sicherung des Redaktionsgeheimnisses durch äußerungsrechtliche Ansprüche, BVerfGE 66, 116, s. o., Rn. 125), insoweit als Ausgestaltungen der Pressefreiheit begreifen. Aber auch im Hinblick auf die Funktionssicherungsgewährleistung erscheint es zumindest gut vertretbar, den klassischen Satz presserechtlicher Bestimmungen im engeren Sinne, namentlich das Presseordnungsrecht (Impressumpflicht, Offenlegungspflicht, Sorgfaltspflicht) sowie die Vorschriften über die Gegendarstellung und ggf. auch den Auskunftsanspruch, als im Kern verfassungsgeboten anzusehen. Sie dienen sämtlich nicht nur der Sicherung individueller Rechtsverfolgung, sondern auch – etwa über die Ausweisung von Verantwortlichkeiten und Einflussfaktoren – der freien und nichtmanipulierten Meinungsbildung (s. für die Impressumpflicht nur u. § 8 Rn. 10). Aus dem Presserecht im weiteren Sinne stehen jedenfalls die gerichtsverfahrensrechtlichen Regelungen über das Zeugnisverweigerungsrecht und die Beschlagnahme sowie wohl auch die kartellrechtlichen Modifikationen für die Pressefusionskontrolle in einem denkbar engen und verfassungsrechtlich eingeforderten Zusammenhang zum Funktionssicherungsziel des Art. 5 Abs. 1 Satz 2 GG. Für die strafprozessualen Eingriffe hat das BVerfG sogar eine über die

Reichweite der gesetzlichen Schutzvorschriften (§ 53 Abs. 1 Nr. 5 StPO) hinausreichende Schutzwirkung der Pressefreiheit angenommen (BVerfGE 25, 296/305; 36, 193/211; 64, 108, Rn. 20f.), namentlich auch ein ggf. grundrechtsunmittelbar begründetes Zeugnisverweigerungsrecht in den von der gesetzlichen Regelung nicht erfassten Fällen, etwa hinsichtlich des in § 53 Abs. 1 Satz 3 StPO ausgeschlossenen Anzeigenteils (*Degenhart*, in: BK, Art. 5 Abs. 1 und 2 Rn. 404).

245 Sind die genannten Regelungen in ihrer funktionssichernden Bedeutung und kraft ihrer Verankerung in der verfassungsrechtlichen Funktionsgewährleistung Ausgestaltungen der Pressefreiheit, so sind sie doch zugleich auch Eingriffe in die Pressefreiheit, soweit sie die Betätigungsfreiheit von Journalisten oder Presseunternehmen einschränken, insbesondere also im Presseordnungsrecht oder bei der Untersagung von Pressefusionen. Die im Rundfunkverfassungsrecht nicht überzeugend (näher *Cornils,* Ausgestaltungsgesetzesvorbehalt, S. 90 ff.) wohl bis heute von der herrschenden Auffassung behauptete Exklusivität der Kategorien der Ausgestaltung und des Eingriffs (BVerfGE 73, 118/166; *Jarass,* in: ders./Pieroth, Art. 5 Rn. 54, 56; *Ruck,* AöR 117 [1992], 543ff.; erkennbar zweifelnd *Schulze-Fielitz,* in: Dreier, Art. 5 I, II Rn. 216f.) ist also zu Recht für die Pressefreiheit nie angenommen worden. Die rechtsstaatlich disziplinierende Gegen-Kraft des Abwehrrechts wirkt hier auf das Funktionssicherungsziel gestützten staatlichen Ausgestaltungsmaßnahmen entgegen und sichert so ab, dass diese Maßnahmen auf das Notwendige und Angemessene begrenzt bleiben und – grundsätzlicher noch – die individuelle Handlungsfreiheit des aus der Pressefreiheit Berechtigten überhaupt mit dem ihr zukommenden Gewicht im Zielkonflikt mit gegenläufigen objektiven Funktionssicherungsinteressen zur Geltung kommt.

5. Eingriffsrechtfertigung und Abwägungsprobleme

246 Eingriffe in die Pressefreiheit bedürfen der verfassungsrechtlichen Rechtfertigung. Sie bedürfen wie jeder Grundrechtseingriff gesetzlicher Grundlage, die indessen bei den Kommunikationsgrundrechten den in Art. 5 Abs. 2 GG genannten qualifizierenden Anforderungen genügen muss: Das den Eingriff unmittelbar bewirkende oder tragende Gesetz muss allgemein sein oder die Ziele des Jugend- oder Ehrenschutzes verfolgen. Eine absolute Grenze gegenüber jedweder zulässigen Beeinträchtigung der Kommunikationsfreiheiten zieht darüber hinaus das Zensurverbot des Art. 5 Abs. 1 Satz 3 GG. Materiellen Grundrechtsschutz sichert vor allem das in den Grundrechten, so auch in Art. 5 Abs. 1 GG, selbst verankerte Verhältnismäßigkeitsprinzip: Eingriffe müssen zur Erreichung legitimer Beschränkungsgründe geeignet und erforderlich sein; der mit der Maßnahme erreichte Nutzen für das geförderte Rechtsgut muss schließlich in angemessenen Verhältnis zur Intensität des Grundrechtseingriffs stehen (Verhältnismäßigkeit im engeren Sinne).

a) Allgemeinheit des Gesetzes

247 Gesetze, die die Pressefreiheit unmittelbar beeinträchtigen (gesetzesunmittelbare Eingriffe) oder zu administrativen oder judikativen Eingriffen ermächtigen, müssen allgemein sein (Art. 5 Abs. 2 GG). Das BVerfG hat im für das bundesverfassungsgerichtliche Verständnis der „Allgemeinheit" des Gesetzes auf dem heutigen Stand maßgebenden Wunsiedel-Beschluss vom 4. November 2009 diese Anforderung überzeugend auch auf die anderen beiden Schrankenvorbehalte des Art. 5 Abs. 2 GG erstreckt, also auf das Recht der persönlichen Ehre und die gesetzlichen Bestimmungen zum Schutze der Jugend (BVerfGE 124, 300, Rn. 62ff.; zust. *Jestaedt,* in: HGR IV, § 102 Rn. 64; a. A. noch *Degenhart,* in: BK, Art. 5 Abs. 1, 2 Rn. 78). Deutlich wird ferner, dass die Allgemeinheitsanforderung auch für Gesetze gilt, die inhaltlich auf verfassungsrangige Gründe gestützt werden können, die also Umsetzungen einer verfassungsimmanenten Schranke der Kommunikationsgrundrechte sind. Die Allgemeinheit des Gesetzes ist danach eine für alle Beschränkungsgründe übergreifend geltende, rechtsstaatliche Grundbedingung für die Zulässigkeit von Eingriffen in die

IV. Die Gewährleistung der Pressefreiheit nach dem Grundgesetz § 1 LPG

Kommunikationsfreiheit. Im Verständnis des BVerfG sichert erst sie – und nicht schon der Verhältnismäßigkeitsgrundsatz – die rechtsstaatlich unabdingbare Distanz des Staates gegenüber den konkreten Inhalten von Meinungen. Sie verpflichtet den Staat immer, d. h. ungeachtet des Inhalts und der Eigenart des jeweils mit kommunikationsbeschränkenden Eingriffen geschützten Rechtsguts auf Meinungsneutralität, und zwar auch dort, wo der Eingriff notwendigerweise zum Schutz externer Rechtsgüter an die Inhalte von Kommunikaten anknüpft, wie etwa beim Verbot persönlichkeitsrechtsverletzender oder jugendgefährdender Äußerungen.

Allgemein sind der in der Rechtsprechung des BVerfG etablierten Formel zufolge **248** Gesetze, „die nicht eine Meinung als solche verbieten, die sich nicht gegen die Äußerung der Meinung als solche richten, sondern dem Schutz eines schlechthin ohne Rücksicht auf eine bestimmte Meinung zu schützenden Rechtsguts dienen" (BVerfGE 124, 300, Rn. 54; aus der älteren Rspr. s. BVerfGE 7, 198/209 f.; 28, 282/292; 71, 162/175 f.; 93, 266/291). Diese Formel übernimmt den Grundgedanken der schon in der Weimarer Zeit zu Art. 118 WRV vertretenen Sonderrechtslehre (*Häntzschel*, AöR 10 [1926], 228/232; *ders*, in: HDStR, Bd. 2, 1932, S. 651/657 ff.; *Rothenbücher*, in: VVDStRL 4 [1928], 6/20). Danach ist Sonderrecht gegen den Prozess freier Meinungsbildung verfassungsrechtlich absolut ausgeschlossen (BVerfGE 71, 206/214; 95, 220/236), kann mithin niemals in der Verhältnismäßigkeitsabwägung gerechtfertigt werden, auch nicht durch noch so starke Gegengründe. Eben in dieser Abwägungsfestigkeit liegt die wichtige eigenständige Schutzwirkung des Allgemeinheitserfordernisses.

Die schon unter der Geltung des Art. 118 WRV mit dem Sonderrechtsgedanken **249** konkurrierende materielle Abwägungslehre (*Smend*, VVDStRL 4 [1928], S. 44/52), die die Allgemeinheit des Gesetzes mit dem relativen Vorrang des je mit dem Schrankengesetz geschützten externen Rechtsguts gegenüber der beschränkten Kommunikationsfreiheit begründen wollte und die in der Rechtsprechung des BVerfG noch längere Zeit in die Definition des allgemeinen Gesetzes Eingang gefunden hatte (sog. Kombinationsformel, BVerfGE 7, 198/209 f.; 28, 282, Rn. 34: „[...] dem Schutze eines Gemeinschaftswerts, der gegenüber der Betätigung der Meinungsfreiheit den Vorrang hat"), ist hingegen der Sache nach in der Schutzwirkung des dritten Teilpostulats der Verhältnismäßigkeit aufgegangen; der zitierte, auf die Abwägungslehre zurückgehende Schlussteil der Kombinationsformel ist in der jüngeren Judikatur des BVerfG nicht mehr nachweisbar. Diese klare Akzentverschiebung hin zur Sonderrechtstheorie ist konsequent und auch in der Sache richtig: Die materielle Abwägungslehre wiederholt nur die Schutzwirkung, die sich ohnehin schon aus dem Abwägungsgebot des Verhältnismäßigkeitsgrundsatzes ergibt, verkürzt den qualifizierten Gesetzesvorbehalt des allgemeinen Gesetzes aber damit um seine spezifische Schutzwirkung, nämlich die Bindung staatlicher Eingriffskompetenzen an das strikte (abwägungsfeste) Gebot der Meinungsneutralität (dazu auch *Masing*, JZ 2012, 585 ff.). Eingriffe dürfen sich niemals gezielt gegen bestimmte Auffassungen, Ansichten, Standpunkte richten, müssen vielmehr stets auf den Schutz von allgemein in der Rechtsordnung anerkannten Rechtsgütern bezogen sein. Das eingriffslegitimierende Rechtsgut „muss in der Rechtsordnung allgemein und damit unabhängig davon geschützt sein, ob es durch Meinungsäußerungen oder auf andere Weise verletzt werden kann" (BVerfGE 111, 147/155; 117, 244/260).

Dieser strikte Rechtsgüterbezug schließt die Anknüpfung des (danach zulässigen) **250** Rechtsgüterschutzes an die Inhalte von Äußerungen nicht aus, da bestimmte Rechtsgüter gerade auch durch den kommunikativen Inhalt beeinträchtigt werden können; die explizite Nennung der Güter der Integrität kindlicher und jugendlicher Entwicklung und der persönlichen Ehre, für deren staatlichen Schutz indessen das Allgemeinheitserfordernis auch greift (o., Rn. 247), in Art. 5 Abs. 2 GG macht dies besonders deutlich. Führt mithin nicht schon der Inhaltsbezug einer kommunikationsbeschränkenden Regelung oder Maßnahme als solcher zur Verneinung ihrer Qualität als „allgemein", sind aber doch gezielt meinungsunterdrückende Gesetze ausgeschlossen, so ergeben sich aus dieser danach notwendigen Unterscheidung zwischen der noch erlaubten Inhaltsanknüpfung und der jedenfalls verbotenen Meinungsdiskriminierung (BVerfGE 124, 300, Rn. 59: „spezifisches und striktes Diskriminierungsverbot gegenüber bestimmten Meinungen"; s. auch *Hong,* DVBl 2010, 1267) schwierige Abgrenzungsprobleme, die nicht ohne wertende Beurteilung unter Einschluss quantitativer Argumente – gleichsam auf gleitender Skala – bewältigt werden können. Das BVerfG formuliert dies im Wunsiedel-Beschluss so (BVerfGE 124, 300, Rn. 60): „Die Frage, ob eine Norm nach diesen Grundsätzen noch als allgemeines Gesetz oder als Sonderrecht zu beurteilen ist, lässt sich dabei nicht schematisch beantworten. Es kommt vielmehr auf eine Gesamtsicht an. Abzustellen ist hierbei insbesondere darauf, in welchem Maße eine Norm sich auf abstrakt-inhaltsbezogene, für verschiedene Haltungen offene Kriterien beschränkt oder konkret-standpunktbezogene, insbesondere etwa ideologiebezogene Unterscheidungen zugrunde legt."

251 Diese Abgrenzungsprobleme im Graubereich inhaltsanknüpfender Schrankengesetze sind indessen unvermeidlich; sie stellen nicht die Überzeugungskraft des sonderrechtlichen Ansatzes überhaupt in Frage; dieser ist den doch weit wertungsoffeneren, im Ergebnis kaum berechenbaren Kriterien der materialen Konzepte des allgemeinen Gesetzes (s. dazu im Überblick *Schulze-Fielitz,* in: Dreier, Art. 5 I, II Rn. 140, 144) auch unter diesem Gesichtspunkt der argumentativen Präzision und Rechtssicherheit – nicht nur demjenigen der Bewahrung des Eigenwerts des qualitativen Gesetzesvorbehalts in Art. 5 Abs. 2 GG – deutlich überlegen (*Jestaedt,* In: HGR IV, § 102, Rn. 67: „Konsistenzzuwachs der Dogmatik").

252 Entscheidend für die (wertende) Zuordnung zur Kategorie des allgemeinen Gesetzes ist mithin bei inhaltsanknüpfenden Regelungen, dass „sie sich bei der gebotenen Gesamtsicht als konsequent und abstrakt vom Rechtsgut her gedacht erweisen und ohne Ansehung konkret vorfindlicher Auffassungen ausgestaltet sind. Hierzu gehört eine hinreichend allgemein gefasste Formulierung der Verletzungshandlung sowie der geschützten Rechtsgüter, die sicherstellt, dass die Norm im politischen Kräftefeld als gegenüber verschiedenen Gruppierungen offen erscheint und sich die pönalisierte oder verbotene Meinungsäußerung grundsätzlich aus verschiedenen politischen, religiösen oder weltanschaulichen Grundpositionen ergeben kann. Geboten ist eine Fassung der Norm, die in rechtsstaatlicher Distanz gegenüber konkreten Auseinandersetzungen im politischen oder sonstigen Meinungskampf strikte ‚Blindheit' gegenüber denen gewährleistet, auf sie letztlich angewendet werden soll. Sie darf allein an dem zu schützenden Rechtsgut ausgerichtet sein, nicht aber an einem Wert- oder Unwerturteil hinsichtlich der konkreten Haltungen oder Gesinnungen." (BVerfGE 124, 300, Rn. 58).

253 In der Rechtsprechung sind bisher fast alle unter dem Gesichtspunkt des allgemeinen Gesetzes geprüften Regelungen für mit dem Verfassungsgebot vereinbar beurteilt worden (zu den presserelevanten Regelungen im einzelnen *Degenhart,* in: BK, Art. 5 Abs. 1 und 2 Rn. 494 ff.), so namentlich die Strafbarkeit der Beleidigung nach § 185 StGB (BVerfGE 93, 266/291; BVerfGK 8, 89/96; BVerfG [K], NJW 2009, 3016/3017), der Verunglimpfung des Staates und seiner Symbole gemäß § 90a StGB (BVerfGE 47, 198/232; 69, 257/268 f.), der Volksverhetzung gem. § 130 StGB a. F. (vgl. BVerfGE 90, 241/251; 111, 147/155); die Vorschriften zu den politischen Mäßigungspflichten der Soldaten und Beamten (BVerfGE 28, 282/292; 39, 334/367); § 353d StGB (verbotene Mitteilungen über Gerichtsverhandlungen, BVerfG 71, 206/214 f.; BVerfG [K], EuGRZ 2014, 489, Rn. 22); die strafprozessualen Bestimmungen über die Durchsuchung, Sicherstellung und Beschlagnahme, §§ 94, 97, 103, 105 StPO (BVerfGE 77, 65/75; 107, 299/331 f.; 117, 244/261; BVerfG [K], NJW 2001, 507; EuGRZ 2011, 83, Rn. 27); § 823 Abs. 1 BGB (BVerfGE 34, 269/282; 82, 272/280); § 812 BGB (BVerfGE 7, 198/211 f.; 66, 116/138); § 1004 BGB (BVerfGE 7, 230/234; 82, 272/280); „die miet- und eigentumsrechtlichen Bestimmungen des Bürgerlichen Gesetzbuchs, die die Rechte und Pflichten von Mietern und Vermietern festlegen" (BVerfG [K], NJW 2013, 2180, Rn. 18); das aus § 903 Satz 1 und § 1004 BGB abgelei-

IV. Die Gewährleistung der Pressefreiheit nach dem Grundgesetz § 1 LPG

tete Hausrecht (BVerfGE 128, 226, Rn. 100); §§ 22f. KUG (BVerfGE 35, 202/224); § 50 UrhG (BVerfG [K], NJW 2012, 754, Rn. 16), der urheberrechtliche Auskunftsanspruch (heute § 101–§ 101b UrhG, BGH, ZUM 2013, 406 Rn. 35); § 1 UWG (BVerfGE 62, 230/243ff.; 102, 347/360); die Vorschriften des GWB (BGHZ 110, 371, Rn. 72); § 2 Abs. 2 iVm § 1 Abs. 1 und 2 RGebStV a. F. (BVerfG [K], AfP 2012, 462, Rn. 15); § 74 Abs. 2 Satz 2 BetrVG 1972 (BVerfGE 42, 133, Rn. 27); das Rechtsberatungsgesetz (BVerfGK 2, 231/235; 3, 77/83; 10, 312, Rn. 40); § 43a Abs. 3 BRAO (BVerfG [K], NJW-RR 2010, 204 Rn. 25).

Einen nicht allgemeinen Charakter hat das BVerfG in der Südkurier-Entscheidung 254 dem gesetzlichen Zustimmungsvorbehalt zugunsten der damaligen Bundesanstalt für Arbeit für pressemäßige Stellenanzeigen für eine Beschäftigung von Arbeitnehmern im Ausland (§ 37 Abs. 2 Satz 3 AVAVG) attestiert (BVerfGE 21, 271, Rn. 34ff.). Die Argumentation dieser Entscheidung ist auch deswegen unter dem Gesichtspunkt der Pressefreiheit bemerkenswert, weil sie den Art. 5 Abs. 2 GG zu Grunde liegenden Gedanken verbotenen Sonderrechts nicht auf den Inhalt publizierter Meinungen bezieht (Art. 5 Abs. 1 Satz 1 GG), sondern auf das, was Art. 5 Abs. 1 Satz 2 GG (Pressefreiheit) spezifisch schützt, nämlich die Tätigkeit der Presse (s. zur Abgrenzung gegenüber der Meinungsfreiheit o., Rn. 176ff.). Daher war die in der arbeitsverwaltungsrechtlichen Regelung beschlossene Beeinträchtigung des Rechts des Verlages, Anzeigen nach seinem Ermessen zu veröffentlichen, deswegen verbotenes Sonderrecht, weil das Verbot nur die Presse traf und nicht etwa Ausprägung des für jedermann geltenden Arbeitsvermittlungsverbots war. Ersichtlich geht diese Lesart des allgemeinen Gesetzes, die das Sonderrechtsverbot nicht nur auf die kommunikativen Inhalte, sondern auch die mediale Tätigkeit und den Personenkreis des jeweiligen Mediums („persönliche Allgemeinheit", *Degenhart*, in: BK, Art. 5 Abs. 1 und 2 Rn. 489f., dagegen zu Recht *Starck*, in: v. Mangoldt/Klein/Starck, Art. 5 Rn. 197) bezieht (in diese Richtung und unter Bezugnahme auf die Südkurier-Entscheidung, wenn auch letztlich offengelassen auch BVerfGE 74, 297, Rn. 104), also den Allgemeinheits-Begriff schutzbereichsspezifisch mit Blick auf die Medienfreiheiten anders versteht als hinsichtlich der allgemeinen Meinungsfreiheit, über die im Wunsiedel-Beschluss präzisierten Grundsätze zur Meinungsneutralität hinaus.

An der Richtigkeit, jedenfalls aber Verallgemeinerbarkeit dieser Lesart persönlicher 255 und tätigkeitsbezogener Allgemeinheit sind Zweifel anzubringen: Träfe diese medienspezifische Sichtweise auf den Begriff des allgemeinen Gesetzes zu, geriete das gesamte Presseordnungsrecht in kaum zu überwindende Rechtfertigungsprobleme, denn auch und gerade bei diesem geht es um Sonderpflichten der Presse (nicht überzeugender Rechtfertigungsversuch bei *Degenhart*, in: BK, Art. 5 Abs. 1 und 2 Rn. 491). Sondermaßnahmen gegen die Presse suchen die Landespressegesetze in ihrem § 1 zu verbieten; sie können aber damit nicht die in ihnen selbst enthaltenen presseordnungsrechtlichen Pflichtbindungen gemeint haben (s. o., Rn. 34) und es kann derartiges Pressesonderrecht mit Belastungswirkung nicht schon wegen Art. 5 Abs. 2 GG ausgeschlossen sein. Da mithin presse- und rundfunktätigkeitsspezifische Anforderungen seit jeher aus guten Gründen anerkannt sind, sich zwar, insoweit sie Eingriffswirkung auf die Pressefreiheit entfalten, grundrechtlich rechtfertigen müssen (Art. 5 Abs. 2 GG), aber doch nicht schon kategorisch wegen Nichterfüllung des Allgemeinheitserfordernisses ausgeschlossen sein können, spricht mehr dafür, dieses Erfordernis entsprechend den Wunsiedel-Grundsätzen auf die Inhaltsdimension beschränkt zu verstehen, also als Verbot der Meinungsdiskriminierung. Die Pressefreiheit wird von dieser auf die Meinungsfreiheit bezogenen Schutzwirkung immerhin insofern mittelbar mit erfasst, als ihr Schutz auch die Geltendmachung der Meinungsfreiheit einschließt, soweit es um die Verbreitung der Meinungen Dritter geht (BVerfGE 102, 347, Rn. 39f. – Benetton I), und er darüber hinaus auch dann aktiviert wird, wenn sich die staatliche Beschränkung zwar aus dem Inhalt von Presseerzeugnissen motiviert, aber gegen pressemäßige Tätigkeiten (Recherche, Redaktion, Herstellung und Verbreitung) richtet.

Cornils

256 § 130 Abs. 4 StGB hat das BVerfG im Wunsiedel-Beschluss in Anwendung der in dieser Entscheidung entwickelten Grundsätze als nicht allgemeines Gesetz beurteilt, aber dennoch kraft einer ungeschriebenen – dogmatisch zweifelhaften (*Jestaedt*, in: HGR IV, § 102, Rn. 68) – verfassungsrechtlichen Ausnahme „für Vorschriften, die auf die Verhinderung einer propagandistischen Affirmation der nationalsozialistischen Gewalt- und Willkürherrschaft zwischen den Jahren 1933 und 1945 zielen" für mit Art. 5 GG vereinbar erklärt (BVerfGE 124, 300, Rn. 64 ff., näher dazu *Görisch*, KritV 2011, 186; *Höfling/Augsberg*, JZ 2010, 1088; *Ladeur*, K&R 2010, 642; *Lepsius*, Jura 2010, 527; *Schaefer*, DÖV 2010, 379).

b) *Jugend- und Ehrenschutz*

257 Die Schranken des Jugend- und Ehrenschutzes haben schon in der Vergangenheit neben dem Vorbehalt des allgemeinen Gesetzes kaum eine praktisch erhebliche selbstständige Rolle gespielt. Mit der Erstreckung des Allgemeinheit-Erfordernisses im Wunsiedel-Beschluss auch auf diese Vorbehalte (s. o., Rn. 247) ist ihre Bedeutung noch weiter geschrumpft. Immerhin drückt sich in der verfassungsexpliziten Anerkennung als Schrankengrund ein besonderes – verfassungsrangiges – Gewicht dieser Güter aus (BVerfGG 30, 336/348; 77, 346/356; *Jestaedt*, in: HGR IV, § 102, Rn. 60; *Schulze-Fielitz*, Art. 5 I, II Rn. 147), welches in grundrechtlichen Verhältnismäßigkeitsabwägungen zur Begründung von Grundrechtseingriffen oder Schutzansprüchen zur Geltung gebracht werden muss. Konzepten eines generellen Vorranges der Kommunikationsfreiheit vor dem Persönlichkeitsschutz stellt sich das Grundgesetz mithin schon im Text des Art. 5 Abs. 2 GG entgegen.

258 Jugendschutz im Sinne des Art. 5 Abs. 2 GG zielt auf das Interesse an einer ungestörten Entwicklung der Jugend – nicht nur durchschnittlich empfindlicher und belastbarer, sondern durchaus auch besonders labiler oder gefährdungsgeneigter Jugendlicher (BVerwGE 39, 197/205). Dieses Ziel berechtigt den Gesetzgeber zu Regelungen zur Abwehr von Gefahren für jene ungestörte Entwicklung. Gefahren drohen „auf sittlichem Gebiet von allen Druck-, Ton- und Bilderzeugnissen, die Gewalttätigkeiten oder Verbrechen glorifizieren, Rassenhaß provozieren, den Krieg verherrlichen oder sexuelle Vorgänge in grob schamverletzender Weise darstellen und deswegen zu erheblichen, schwer oder gar nicht korrigierbaren Fehlentwicklungen führen können." (BVerfGE 30, 336, Rn. 35). Art. 5 Abs. 2 GG legitimiert den Gesetzgeber mithin zu Maßnahmen, die hinreichend bestimmt und geeignet sind, Kinder und Jugendliche vor solchen Wirkungen von Presseerzeugnissen zu schützen, insbesondere auch den freien Zugang Jugendlicher zu solchen Erzeugnissen unterbinden (BVerfG, ebd.).

259 Der in Art. 5 Abs. 2 GG als Beschränkungsgrund genannte Schutz der persönlichen – inneren und äußeren – Ehre (*Mackeprang*, Ehrenschutz in Verfassungsstaat, 1990; *Stark*, Ehrenschutz in Deutschland, 1996; *Rühl*, KJ 2002, 197 ff.; *Kube*, HStR VII, § 148 Rn. 60 ff.) hat seinen eigenen grundrechtlichen Standort in der Gewährleistung des allgemeinen Persönlichkeitsrechts in Art. 2 Abs. 1 iVm Art. 1 Abs. 1 GG.

c) *Explizierte Wesensgehaltsgrenze des Zensurverbots*

260 Das Zensurverbot des Art. 5 Abs. 1 Satz 3 GG („Eine Zensur findet nicht statt.") ist absolute, abwägungsfeste Grenze der staatlichen Eingriffsbefugnis in das Grundrecht der Pressefreiheit („Schranken-Schranke"). Zensur im Sinne dieser Vorschrift kann mithin niemals nach Maßgabe des Art. 5 Abs. 2 GG und auch nicht unter Berufung auf kollidierendes Verfassungsrecht (*Bullinger*, Voraufl., § 1 Rn. 126) gerechtfertigt werden. Schon dieser Charakter als unübersteigbare Eingriffsschranke bedingt eine eher zurückhaltende Begriffsdeutung, damit nicht materiell legitime Beschränkungsmöglichkeiten oder sogar -notwendigkeiten zum Schutz anderer Rechtsgüter a priori abgeschnitten werden.

261 Kann das Zensurverbot als gegenständliche Ausprägung des Wesensgehaltsschutzes des Art. 19 Abs. 2 GG (im Sinne einer absoluten Wesensgehaltstheorie) gelesen wer-

den, so liegt die Begrenzung seiner Reichweite auf die für ein freies Geistesleben besonders unerträgliche Vorzensur nahe (BVerfGE 33, 52, Rn. 72: „Die Verfassung kann mit diesem kategorischen Verbot jeder Zensur nur die Vorzensur gemeint haben."). Diese Begrenzung ist auch historisch abgesichert: Art. 5 Abs. 1 Satz 3 GG übernimmt wortgleich (bis auf die entfallenen Ausnahmen (betr. Lichtspiele, die „Bekämpfung der Schund- und Schmutzliteratur" sowie den Schutz der Jugend „bei öffentlichen Schaustellungen und Darbietungen") Art. 118 Abs. 2 WRV, der selbst in der Tradition der im 19. Jh. von der bürgerlichen Freiheitsbewegung erkämpften Zensurverbote steht (insb. § 143 Abs. 2 der Paulskirchenverfassung, Art. 24 preußVerf v. 5.12.1848, Art. 27 preußVerf v. 31.1.1850, näher *Bullinger,* Voraufl., Rn. 121, s. auch o., Einl., Rn. 13f.). Diese meinten aber stets die censura praevia, wie insbesondere in der Aufzählung der verschiedenen vom Verbot erfassten „vorbeugenden Maaßregeln", darunter auch der „Censur", in § 143 Abs. 2 der Frankfurter Reichsverfassung von 1849 zum Ausdruck kommt. Von Art. 5 Abs. 1 S. 3 GG erfasst sind mithin nur „einschränkende Maßnahmen vor der Herstellung oder Verbreitung eines Geisteswerkes, insbesondere das Abhängigmachen von behördlicher Vorprüfung und Genehmigung seines Inhalts (Verbot mit Erlaubnisvorbehalt)" (BVerfGE 33, 52, Rn. 72; s. auch BVerfGE 73, 118/166; 83, 130/155; 87, 209/230; für Aufgabe der Beschränkung auf die Vorzensur hingegen *Rhode,* S. 125 ff.; *Koreng,* S. 211 ff.; *Hoffmann-Riem,* AK-GG, Art. I, II Rn. 93).

Zensur im Sinne des absoluten Verbots ist stets verfahrensbezogen (formelle **262** Zensur); sie besteht in einem Präventiv-Kontrollverfahren, das mit der Befugnis zu einem Verbot nachfolgender Publikation verbunden ist (*Gucht,* S. 21 ff.). Dies ist nicht nur bei einem Genehmigungserfordernis, sondern auch schon bei einer Vorlagepflicht der Fall, wenn die hoheitliche Stelle berechtigt ist, das Presseerzeugnis (oder auch den Film) vor der Verbreitung zu prüfen und ggf. zu verbieten (BVerfGE 87, 209/232f.). Bloße Ablieferungspflichten (etwa zu Dokumentationszwecken, an die nicht unmittelbar eine Verbotsbefugnis geknüpft ist, erfüllen diese Voraussetzungen hingegen nicht (BVerfGE 33, 52, Rn. 76). Solange ein behördliches Prüfverfahren die Entscheidungsfreiheit des Berechtigten, das Druckwerk oder den Film zu verbreiten, nicht beeinträchtigt, liegt darin keine Zensur; anders aber, wenn damit, etwa durch Informationsübermittlung an die Strafverfolgungsbehörden, eine Beschlagnahme der Presseerzeugnisse (oder Filme) ermöglicht wird, ohne dass der Berechtigte noch die Möglichkeit hätte, aus eigener Entscheidung von der Verbreitung Abstand zu nehmen (BVerfGE 87, 209/230 f. zum jugendschutzrechtlichen Kennzeichnungsverfahren).

Das Zensurverbot schließt nach der Rechtsprechung des BVerfG nicht Vorprüfun- **263** gen von Druckwerken oder Filmen mit dem Vorbehalt der Vertriebsbeschränkung aus, sofern diese nicht auf den Inhalt der Kommunikation bezogen sind, sondern sich aus anderen, etwa wirtschaftspolitischen Gesichtspunkten rechtfertigen (BVerfGE 33, 52, Rn. 77 ff. für das Genehmigungsverfahren nach § 48 AWV 1966 [BGBl. 1967 I S. 1]). Denkbar – allerdings praktisch doch kaum realistisch – sind auch polizeiliche Kontroll- und Verbotszwecke, wenn die abzuwehrende Gefahr von äußeren Gegebenheiten der in Rede stehenden Druckwerke abhängt, namentlich den Umständen ihrer Verbreitung (s. *Bullinger,* Vorauf., § 1 Rn. 135, mit dem Beispiel von aus einem Flugzeug abgeworfenen Flugblättern), keinesfalls aber aus Gründen des Rechtsgüterschutzes vor den Inhalten der Publikation (zur Polizeifestigkeit der Presse s. o., Rn. 27 ff.).

Beschränkungsmaßnahmen, die nicht dem formellen Zensurbegriff unterfallen **264** (materielle Zensur), können grundsätzlich nach Art. 5 Abs. 2 GG gerechtfertigt werden. Ähnlich wie in der Rechtsprechung des EGMR zu Art. 10 EMRK (s. o., Rn. 63, 79) können sich die Rechtfertigungslasten (Verhältnismäßigkeitsgrundsatz) für derartige Beschränkungen allerdings in ihrem Gewicht dem absoluten Zensurverbot annähern, also solche Beschränkungen verfassungsrechtlich weit gehend ausschließen, wenn sie in ihrer Wirkung einer Vorzensur faktisch nahe- oder gleichkommen (BVerfGE 33, 52, Sondervotum Rupp/v. Brünneck/Simon, S. 78, 88 ff.; *Schulze-Fielitz*, in: Dreier, Art. 5 I, II Rn. 172; *Nessel*, Zensurverbot, S. 150 ff.).

265 Verpflichtet aus dem Zensurverbot sind nur Träger hoheitlicher Gewalt, wegen ihrer grundrechtlichen Sonderstellung indessen nicht die öffentlich-rechtlich verfassten Religions-Gesellschaften (*Schulze-Fielitz*, in: Dreier, Art. 5 I, II Rn. 174). Eine „private Zensur" im Sinne des verfassungsrechtlichen Zensurverbots gibt es nicht (a. A. *Löffler*, NJW 1969, 2225/2227; *Koreng*, S. 232 ff.). Das absolute Zensurverbot wäre der Bewältigung schwieriger grundrechtlicher Kollisionslagen im Horizontalverhältnis zwischen jeweils aus der Medienfreiheit berechtigten Privatrechtsubjekten (innere Pressefreiheit, s. dazu o. Rn. 126 ff.) ganz unangemessen. Keine Zensur im formalen Sinn des Art. 5 Abs. 1 Satz 3 GG liegt vor, wenn staatliche oder sonst hoheitliche Stellen bei der Erfüllung ihrer Aufgaben bestimmte Medienerzeugnisse ausschließen, zum Beispiel Bücher nicht für den Schulgebrauch zulassen (*Starck*, in: v. Mangoldt/Klein/Starck, Art. 5 Abs. 1, 2 Rn. 174; *Jarass*, in: ders/Pieroth, Art. 5 Rn. 78), denn insoweit geht es nicht um ein Kontrollverfahren zur Unterbindung der Verbreitung von Presseerzeugnissen im Markt, sondern um eine aus der jeweiligen Sachkompetenz gerechtfertigte eigene Nutzungsentscheidung. Allerdings unterliegen derartige Auswahlentscheidungen durchaus den Anforderungen an eine diskriminierungsfreie Behandlung der Presse; sie müssen mithin sachlich gerechtfertigt sein (s. o., Rn. 133).

d) Verhältnismäßigkeit: Grundsätze der Abwägung

266 Der Verhältnismäßigkeitsgrundsatz bindet jede Beschränkung der Kommunikationsfreiheiten an die Bedingungen der Geeignetheit, Erforderlichkeit und Angemessenheit (Proportionalität) des Eingriffs im Hinblick auf das verfolgte, legitime Eingriffsziel. Gerade die Kommunikationsgrundrechte haben wesentlich zur dogmatischen Entwicklung der mit dem Verhältnismäßigkeitsprinzip verbundenen materiellen Schutzwirkung der Grundrechte im Allgemeinen beigetragen. Dies gilt insbesondere für die Abwägungsdogmatik, die notwendige Folge der Anerkennung einer Bindung staatlicher Schrankengewalt auf Gesetzes- wie Vollzugsebene an ein Postulat der Angemessenheit, der Verhältnismäßigkeit im engeren Sinne, hoheitlicher Eingriffe ist. Eingriffe in die Pressefreiheit oder die anderen Kommunikationsgrundrechte müssen danach durch hinreichend gewichtige Belange oder schutzwürdige Rechte oder Interessen Dritter gerechtfertigt werden können. Das Gewicht des mit dem Eingriff geschützten Guts oder Interesse, im genaueren der Zusatznutzen oder Förderungseffekt für dieses Gut aufgrund des Eingriffs, muss mit dem Gewicht der eingriffsbedingten Rechtsgutseinbuße ins Verhältnis gesetzt und verglichen werden. Das kommunikationsbeschränkende Gesetz und seine Anwendung im Einzelfall müssen für die Beurteilung ihrer verfassungsrechtlichen Rechtfertigung stets im Lichte des eingeschränkten Grundrechts, mithin der Pressefreiheit oder anderer betroffener Kommunikationsfreiheiten, gesehen werden. Diese sog. „Wechselwirkungslehre" ist nichts anderes als eine Umschreibung der Verhältnismäßigkeit im engeren Sinne (*Jarass*, in: ders/Pieroth, Art. 5 Rn. 69; *Grabenwarter*, in: Maunz/Dürig, GG, Art. 5 Rn. 140).

267 Die danach anzustellende Abwägung ist bei allen damit verbundenen Wertungsabhängigkeiten und Rationalitätsproblemen unvermeidbar (*Schulze-Fielitz,* in: Dreier, Art. 5 I, II Rn. 160); erst sie sichert eigentlich die Effektivität des Grundrechtsschutzes vor übermäßigen Freiheitsverkürzungen (eingehender zuletzt *Jestaedt,* in: HGR IV, § 102 Rn. 70 ff.; s. zur Konstruktion des Grundrechtsschutzes im Schrankenmodell der Grundrechte auch *Cornils,* HStR VII, § 168 Rn. 89 ff., zur Abwägung insb. Rn. 101 ff.). Ein vergleichbar effektiver Grundrechtsschutz könnte bei einer Reduktion auf den nurmehr formellen Schutzgehalt des Gesetzesvorbehalts bzw. auf die Postulate der Geeignetheit und Erforderlichkeit nicht erreicht werden. Letztere sichern die Freiheit nicht gegen schlechterdings außerhalb jeder vertretbaren Relation stehende Kosten-Nutzen-Verhältnisse von Grundrechtseingriffen ab und weisen überdies eine spezifische Wirkungsschwäche deswegen auf, weil die Tauglichkeit und

IV. Die Gewährleistung der Pressefreiheit nach dem Grundgesetz § 1 LPG

Notwendigkeit einer Schutzmaßnahme unmittelbar keine normative, sondern Tatsachenfrage ist, die genuin juristisch nicht beantwortet werden kann und für die daher vom BVerfG regelmäßig weite Einschätzungsprärogativen des Gesetzgebers anerkannt werden (z. B. BVerfGE 103, 293, Rn. 51; eingehend *Bickenbach*, S. 319 ff.).

Die Abwägung auf der dritten Stufe der Verhältnismäßigkeitsprüfung muss bei **268** Eingriffen in die Kommunikationsfreiheiten ebenso wie auch sonst auf die Gegebenheiten der jeweiligen Eingriffsstufe staatlicher Gewalt bezogen werden: Sie greift mithin schon auf der Ebene normativer Beschränkung oder Ermächtigung zu administrativen oder gerichtlichen Einzeleingriffen, hat hier indes notwendig abstrakteren Charakter als auf der nachgelagerten Stufe der Anwendung des Gesetzes durch Behörden oder Gerichte (Einzelfallabwägung, s. zu beiden Stufen z. B. BVerfGE 93, 266 – Soldaten sind Mörder, Rn. 111 ff.). Da die Verhältnismäßigkeitsbeurteilung von Schrankengesetzen nicht von einer vorgegebenen verfassungsrechtlichen Rangordnung von Rechtsgütern ausgehen kann – eine derartige Rangordnung gibt es nicht (*Wendt*, in: v. Münch/Kunig, Art. 5 Rn. 76; *Schlink*, S. 17 ff., insbesondere auch nicht im Verhältnis von Kommunikationsfreiheiten zu den in Betracht kommenden Schranken legitimierenden Gegengründen [Persönlichkeitsrecht usw., BVerfGE 35, 202 – Lebach, Rn. 53] – muss auch sie schon auf die Anwendungssituationen und die damit verbundenen Rechtsgutopfer (auf der einen Seite) und Rechtsgutgewinne (auf der anderen Seite) Bezug nehmen, sie in ihrer Potentialität erfassen und von da aus zu einem Urteil über die Angemessenheit der normativen Regelung als solcher gelangen.

Wird richtigerweise mit der ganz herrschenden verfassungsrechtlichen Auffassung **269** und Rechtsprechung die grundsätzliche Möglichkeit einer verfassungskonformen Auslegung, damit aber auch Beschränkung der potentiellen Reichweite gesetzlicher Schrankenermächtigungen anerkannt (statt vieler *Schulze-Fielitz*, in: Dreier, Art. 5 I, II Rn. 159; dagegen allerdings *Jestaedt*, in: HGR IV, § 192 Rn. 76 ff.) führt dies sehr häufig, auch gerade in den Schutzbereichen der Kommunikationsfreiheiten des Art. 5 GG, dazu, die Angemessenheit auf der Ebene des Gesetzes noch zu bejahen – eben weil die kritischen, nicht mehr zu rechtfertigenden Anwendungsfälle sodann auf der Anwendungsebene im Rahmen der Einzelfallabwägung ausgeschlossen werden können (BVerfGE 35, 202 – Lebach, Rn. 51).

Die Abwägungsprobleme betreffen gegenständlich zum einen die Rechtsgüter- **270** konflikte zwischen der Medienfreiheit und Persönlichkeitsrechten von durch die Medienberichterstattung Betroffenen, etwa im Rahmen der Berichterstattung über Prominente, Ermittlungs- oder Gerichtsverfahren. Insoweit ergeben sich aus der überindividuellen Informationsfunktion der Presse und der anderen Medien sowie der im Vergleich mit der Individualkommunikation weitaus höheren Einwirkungsintensität auf die Persönlichkeitsrechte medienspezifische Ausprägungen der allgemeinen äußerungsrechtlichen Abwägungsdogmatik (s. näher *Degenhart*, in: BK, Art. 5 Abs. 1 und 2 Rn. 518 ff., 534 ff.); für die Einzelheiten ist auf die Einzelkommentierungen, insb. zu § 6 LPG (Sorgfaltspflichten der Presse) zu verweisen (s. u., Kommentierung zu § 6 Rn. 25 ff.).

Gleiches gilt – zum anderen – für die aus der grundrechtlichen Güterabwägung **271** sich ergebenden, die Anwendung der einfachrechtlichen Normen steuernden Grundsätze über die Reichweite des Zeugnisverweigerungsrechts der Presse sowie die daran anschließenden Befugnisse der Durchsuchung und Beschlagnahme (s. dazu u. Kommentierung zu § 23 LPG). Der strafprozessuale Beschlagnahmeschutz und damit auch der für eine freie Presse elementare Quellenschutz ist namentlich durch die CICERO-Entscheidung des BVerfGS gestärkt worden: Entgegen der bisherigen strafrechtlichen Praxis müssen nunmehr zur Wahrung des verfassungsrechtlich garantierten Informantenschutzes die strafprozessualen Normen über Durchsuchung und Beschlagnahme dahingehend ausgelegt werden, „dass die bloße Veröffentlichung des Dienstgeheimnisses durch einen Journalisten nicht ausreicht, um einen diesen Vorschriften genügenden Verdacht der Beihilfe des Journalisten zum Geheimnisverrat zu begründen". Voraussetzung „sind vielmehr spezifische tatsächliche Anhaltspunkte für das Vorliegen einer vom Geheimnisträger bezweckten Veröffentlichung des Geheimnisses und damit einer beihilfefähigen Haupttat" (BVerfGE 117, 244, Rn. 62, dazu *Gaede,* AfP 2007, 410; *Schnöckel,* DÖV 2013, 381; s. auch nachfolgend BVerfG [K], NJW 2010, 2937). Der Gesetzgeber hat die verfassungsgerichtlichen Präzisierungen und Schutzverstärkungen aufgegriffen und mit dem „Gesetz zur Stärkung der Pressefreiheit im Straf- und Strafprozessrecht" v. 25.6.2012 (BGBl. I S. 1374) auf verfahrensrechtlicher (Änderung des § 97 Abs. 5 StPO: nunmehr Schwelle des „dringenden Tatverdachts") und materiellrechtlicher Ebene (Ausschluss der bloßen „Entgegennahme, Auswertung oder Veröffentlichung" eines Dienstgeheimnisses durch einen zeugnisverweigerungsberechtigten Medienangehörigen aus der Beihilfe-Strafbarkeit nach § 353b StGB) im Gesetz verankert.

LPG § 2
Zulassungsfreiheit

I. Geltende Gesetzesfassungen

Baden-Württemberg (Gesetz über die Presse vom 14. Januar 1964)

§ 2 [Zulassungsfreiheit]

Die Pressetätigkeit einschließlich der Errichtung eines Verlagsunternehmens oder eines sonstigen Betriebes des Pressegewerbes darf von irgendeiner Zulassung nicht abhängig gemacht werden.

Bayern (Pressegesetz in der Fassung der Bekanntmachung vom 19. April 2000)

Art. 2 [Zulassungsfreiheit]

(1) Die Errichtung eines Verlagsunternehmens oder eines sonstigen Betriebs des Pressegewerbes bedarf keiner gewerberechtlichen Zulassung.

(2) Die für alle Gewerbebetriebe geltenden Vorschriften bleiben unberührt.

Berlin (Pressegesetz v. 15. Juni 1965)

§ 2 [Zulassungsfreiheit]

Die Pressetätigkeit einschließlich der Errichtung eines Verlagsunternehmens oder eines sonstigen Betriebes des Pressegewerbes darf nicht von irgendeiner Zulassung abhängig gemacht werden.

Brandenburg (Landespressegesetz v. 13. Mai 1993)

§ 2 Abs. 1 [Zulassungsfreiheit]

(1) Die Pressetätigkeit einschließlich der Errichtung eines Verlagsunternehmens und eines sonstigen Betriebes der Presse darf von irgendeiner Zulassung nicht abhängig gemacht werden.

Bremen (Gesetz über die Presse v. 16. März 1965)

§ 2 [Zulassungsfreiheit]

Die Pressetätigkeit einschließlich der Errichtung eines Verlagsunternehmens oder eines sonstigen Betriebes der Presse bedarf keiner Zulassung.

Zulassungsfreiheit § 2 LPG

Hamburg (Pressegesetz v. 29. Januar 1965)

§ 2 [Zulassungsfreiheit]

Die Pressetätigkeit einschließlich der Errichtung eines Verlagsunternehmens oder eines sonstigen Betriebes des Pressegewerbes bedarf keiner Zulassung.

Hessen (Gesetz über Freiheit und Recht der Presse in der Fassung vom 12. Dezember 2003)

§ 2

[...]
[...]

(3) Die Pressetätigkeit darf von keinerlei Zulassung abhängig gemacht werden. [...]

Mecklenburg-Vorpommern (Landespressegesetz v. 6. Juni 1993)

§ 2 [Zulassungsfreiheit]

Die Pressetätigkeit einschließlich der Errichtung eines Verlagsunternehmens oder eines sonstigen Betriebes des Pressegewerbes bedarf keiner Zulassung.

Niedersachsen (Pressegesetz v. 22. März 1965)

§ 2 [Zulassungsfreiheit]

Die Pressetätigkeit einschließlich der Errichtung eines Verlagsunternehmens oder eines sonstigen Betriebs der Presse darf von irgendeiner Zulassung nicht abhängig gemacht werden.

Nordrhein-Westfalen (Pressegesetz v. 24. Mai 1966)

§ 2 Zulassungsfreiheit

Die Pressetätigkeit einschließlich der Errichtung eines Verlagsunternehmens oder eines sonstigen Betriebes des Pressegewerbes darf von irgendeiner Zulassung nicht abhängig gemacht werden.

Rheinland-Pfalz (Landesmediengesetz v. 4. Februar 2005)

§ 4 [Medienfreiheit]

[...]

(2) Die Tätigkeit der Medien, einschließlich der Errichtung eines Medienunternehmens, ist vorbehaltlich der nachfolgenden Bestimmungen und im Rahmen der Gesetze zulassungs- und anmeldefrei.

Saarland (Mediengesetz v. 27. Februar 2002)

§ 3 [Freiheit der Medien]

(2) Die Tätigkeit der Medien, einschließlich der Errichtung eines Medienunternehmens, ist vorbehaltlich der nachfolgenden Bestimmungen und im Rahmen der Gesetze zulassungs- und anmeldefrei.

Sachsen (Gesetz über die Presse vom 3. April 1992)

§ 2 [Zulassungsfreiheit]

Die Pressetätigkeit einschließlich der Errichtung eines Verlagsunternehmens oder eines sonstigen Betriebs der Presse bedarf keiner eigenen Zulassung.

LPG § 2   Zulassungsfreiheit

Sachsen-Anhalt (Pressegesetz in der Fassung der Bekanntmachung vom 2. Mai 2013)

§ 2 [Zulassungsfreiheit]

Die Pressetätigkeit einschließlich der Errichtung eines Verlagsunternehmens oder eines sonstigen Betriebes des Pressegewerbes darf nicht von irgendeiner Zulassung abhängig gemacht werden.

Schleswig-Holstein (Gesetz über die Presse in der Fassung vom 31. Januar 2005)

§ 2 Zulassungsfreiheit

Die Pressetätigkeit einschließlich der Errichtung eines Verlagsunternehmens oder eines sonstigen Betriebes des Pressegewerbes darf von irgendeiner Zulassung nicht abhängig gemacht werden.

Thüringen (Pressegesetz v. 31. Juli 1991)

§ 2 [Zulassungsfreiheit]

Die Pressetätigkeit einschließlich der Errichtung eines Verlagsunternehmens oder eines sonstigen Betriebes der Presse darf von irgendeiner Zulassung nicht abhängig gemacht werden.

Inhaltsübersicht

	Rn
I. Geltende Gesetzesfassungen	
II. Bedeutung der Vorschrift	1–14
1. Historischer Kontext: Erlaubnispflichten als zensurähnliche Institute mittelbarer Inhaltskontrolle	1–9
2. Konzessionsverbot und Zensurverbot	10, 11
3. Zusammenhang mit dem Pressebegriff und Abgrenzungsprobleme	12–14
III. Verfassungsrechtlicher Hintergrund	15–40
1. Kompetenzrechtliche Grenzen des § 2 LPG	15–32
a) Presserecht und Gewerberecht	16
b) Insbesondere: Die Erlaubnispflicht für das Reisegewerbe (§ 55 GewO)	17–32
2. Grundrechtliche Verankerung	33–40
IV. Inhalt und Grenzen der Zulassungsfreiheit	41–71
1. Reichweite: Personal- und Sachkonzession, gemischte Erlaubnisse	41–44
2. Erlaubnis und schwächere Formen der Eröffnungskontrolle	45, 46
3. Zulässigkeit presseinhaltsneutraler Zulassungen	47–51
4. Presseausübungsbeschränkungen	52–54
5. Untersagung weiterer Pressetätigkeit	55–59
a) Untersagung nach §§ 35, 59 GewO	56, 57
b) landesrechtliche Untersagungsbefugnisse	58
6. Grundrechtliche Grenzen von Zulassungsvorbehalten und Untersagungsbefugnisse	60
a) Reisegewerbekarte	61–63
b) Untersagungsbefugnisse	64–67
c) Strafgerichtliches Berufsverbot (§ 70 StGB)	68–71

Schrifttum: *Bullinger,* in: Löffler, Presserecht, 5. Aufl, München 2006; *Copic,* Grundgesetz und politisches Strafrecht neuer Art, Tübingen 1967; *Cornils,* Die Verlängerung von Rundfunklizenzen, ZUM 2014, 270; *ders,* in: Schlachter/Ohler, Europäische Dienstleistungsrichtlinie, Handkommentar, Baden-Baden 2008, Art. 9; *ders,* Allgemeine Handlungsfreiheit, in: Isensee/Kirchhof (Hrsg.), Handbuch des Staatsrechts der Bundesrepublik Deutschland, 3. Aufl, Bd. VII, Heidelberg 2009, § 168; *Degenhart,* in: Dolzer/Vogel/Graßhof (Hrsg.), Bonner Kommentar zum Grundgesetz, Art. 5 Abs. 1 und 2 (Stand: 2004–2006); *Epping/Hillgruber,* Grundgesetz, Kommentar, 2. Aufl, München 2013; *Gallwas,* Der Mißbrauch von Grundrechten, Berlin 1967; *Gerlach,* Zur Anwendbarkeit gewerberechtlicher Vorschriften auf Pressetätigkeiten, NJW 1970, 692; *Hanack,* in: Laufhütte/Rissing-van Saan/Tiedemann (Hrsg.), Leipziger Kommentar StGB, 12. Aufl, Berlin 2008; *Häntzschel,* Reichspreßgesetz, Berlin 1927; *Isensee,* Idee und Gestalt des Föderalismus im Grundgesetz, in: Isensee/Kirchhof (Hrsg.),

II. Bedeutung der Vorschrift   § 2 LPG

Handbuch des Staatsrechts der Bundesrepublik Deutschland, 3. Aufl, Bd. VI, Heidelberg 2008, § 126; *Jarass/Pieroth*, Grundgesetz für die Bundesrepublik Deutschland, Kommentar, 13. Aufl, München 2014; *Kitzinger*, Das Reichsgesetz über die Presse, Tübingen 1920; *Koller*, Das Reichs-Preßgesetz vom 7. Mai 1874, Nördlingen 1888; *Landmann/Rohmer*, Gewerbe-Ordnung und ergänzende Vorschriften, Kommentar, Loseblatt (Stand: 66. Lieferung 2014); *Lerche*, Die Gesetzgebungskompetenz des Bundes auf dem Gebiet des Presserechts, JZ 1972, 468; *Martini*, in: Gersdorf/Paal (Hrsg.), Informations- und Medienrecht, RStV § 20a, 2014; *Mößle*, Gewerberechtliche Beschränkungen des Pressewesens – Das Verhältnis zwischen Pressefreiheit und Pressegewerberecht als gesetzesgeschichtlicher Prozess, AöR 101 (1976), 202; *v Münch/Kunig*, Grundgesetz-Kommentar, Bd. I, 6. Aufl, München 2012; *Papier*, Pressefreiheit und gewerberechtlicher Erlaubnisvorbehalt nach § 55 I GewO für ambulanten Zeitungshandel, AfP 1981, 249; *Pestalozza*, Thesen zur kompetenzrechtlichen Qualifikation von Gesetzen im Bundesstaat, DöV 1972, 182; *Pielow* (Hrsg.), BeckOK GewO (Stand: Edition 27/2014]); *Pollähne*, in: Kindhäuser/Neumann/Paeffgen, Strafgesetzbuch, 4. Aufl, Baden-Baden 2013; *Rapsch*, Das Berufsverbot gegen Journalisten. Zum Verhältnis von strafrechtlicher Untersagung der Berufsausübung und verfassungsrechtlicher Verwirkung der Pressefreiheit, Münster 1978; *Ruthig/Storr*, Öffentliches Wirtschaftsrecht, 3. Aufl., Heidelberg 2011; *Rebmann/Ott/Storz*, Das baden-württembergische Gesetz über die Presse, Stuttgart 1964; *Schliesky*, Öffentliches Wirtschaftsrecht, 4. Aufl, Heidelberg 2014; *Schmidt/Vollmöller* (Hrsg.), Kompendium öffentliches Wirtschaftsrecht, 3. Aufl, Berlin 2007; *Steinberg*, Meinungsfreiheit und Straßennutzung, NJW 1978, 1898; *Stern/Becker*, Grundrechte-Kommentar, 1. Aufl, Köln 2009; *Stober*, Grundrechte und Erlaubnisbedürftigkeit im Reisegewerbe, JuS 1980, 182; *Tettinger/Wank/Ennuschat*, Gewerbeordnung, Kommentar, 8. Aufl, München 2011; *Verbeek*, Anwendbarkeit gewerberechtlicher Vorschriften auf Pressetätigkeiten, GewArch 1978, 83; *Wilke*, Die Verwirkung der Pressefreiheit und das strafrechtliche Berufsverbot, Berlin 1964; *Wittreck*, in: Dreier, Grundgesetz: Kommentar, Bd. I, 3. Aufl, Tübingen 2013.

II. Bedeutung der Vorschrift

1. Historischer Kontext: Erlaubnispflichten als zensurähnliche Institute mittelbarer Inhaltskontrolle

Die Garantie der personenbezogenen Zulassungsfreiheit ergänzt das publikationsbezogene verfassungsrangige Zensurverbot und vervollständigt so den rechtlichen Schutz vor präventiver Inhaltskontrolle der Presse durch staatliche Gewalt. Ihr Sinn und ihre Bedeutung werden recht verständlich erst in Kenntnis der historischen Konzessionsvorbehalte, die schon früh an der Seite der Vorzensur ein hauptsächliches Instrument ordnungsrechtlicher Präventivaufsicht waren (s. zu § 156 Satz 1 des Speyerer Reichsabschieds von 1570 *Bullinger*, Voraufl., § 2 Rn. 20; s. für Preußen noch die Bestätigung des Konzessionswesens in §§ 5, 6 der Verordnung über die Organisation der Censurbehörden v. 23.2.1843, GesSlg. für die kgl. pr. Staaten, S. 31 ff.), sodann aber noch in der zweiten Hälfte des 19. Jh. über das 1848 besiegelte Ende der Zensur hinaus mit nunmehr diese substituierender Funktion fortbestanden. 1

Die Paulskirche hatte nicht nur die Zensur, sondern schlechterdings alle „vorbeugenden Maaßregeln" verbieten wollen, namentlich auch die „Concessionen" (Art. 143 Satz 2 der Frankfurter Reichsverfassung, s. o., Einl. Rn. 8). Auch das preußische Pressegesetz vom 17. März 1848 (GesSlg. für die kgl. preuß. Staaten, S. 69) verzichtete neben der Zensur zugleich auf einen Genehmigungsvorbehalt für die Pressetätigkeit als solche, beschränkte sich vielmehr auf Anzeigepflichten für die periodische (§ 4 Abs. 1 Buchst. a]) und nichtperiodische (§ 5) Presse sowie einen Kautionszwang für Periodika (§ 4 Abs. 1 Buchst. b]). Ausgeschlossen vom Recht zur Herausgabe periodischer Schriften war danach nur derjenige, der „wegen eines von ehrloser Gesinnung zeugenden Verbrechens rechtskräftig zu einer Strafe verurteilt" worden war (§ 4 Abs. 2). 2

Nach dem Scheitern der Revolution gelang es der Reaktion indessen, den Konzessionszwang wiederzubeleben, anders als die nicht mehr durchsetzbare Zensur. Die persönliche Zulassung avancierte nun zur tragenden Säule der präventiven Pressekontrolle. So schrieb § 1 preußPressG v. 12.5.1851 (GesSlg. für die kgl. preuß. Staaten S. 273) für die gewerbliche Pressetätigkeit eine Gewerbeerlaubnis vor: „Zum Gewerbebetriebe eines Buch- oder Steindruckers, Buch- oder Kunsthändlers, Antiquars, Leihbibliothekars, Inhabers von Lesekabinetten, Verkäufers von Zeitungen, Flugschriften und Bildern ist die Genehmigung der Bezirksregierung erforderlich." Zwar 3 bestand ein Anspruch auf ihre Erteilung, jedoch bedingt durch die Voraussetzungen der „Unbescholtenheit" sowie – bei Buchhändlern und Buchdruckern – eines vor einer Prüfungskommission zu erbringenden Befähigungsnachweises. Mit der Erlaubnisvoraussetzung der „Unbescholtenheit" war die Möglichkeit eröffnet, politische Entscheidungskriterien einfließen zu lassen (*Bullinger*, Voraufl., § 2 Rn. 22). Die – auch nichtgewerbliche – Verbreitung von Presseerzeugnissen in der Öffentlichkeit war zudem dem Vorbehalt einer nicht gebundenen und jederzeit aufhebbaren Erlaubnis der Ortspolizei-Behörde unterworfen (§ 10).

4 Auf Bundesebene machte das Bundespreßgesetz v. 6.7.1854 („Allgemeine Bestimmungen zur Verhinderung des Mißbrauchs der Presse", s. o., Einl. Rn. 9) diese Bausteine eines strengen Konzessionssystems für alle Bundesglieder verbindlich (§ 2). Die Konzession war danach so auszugestalten, dass sie nicht nur infolge gerichtlicher Verurteilung, sondern auch „auf administrativem Wege" eingezogen werden konnte, wenn auch nur unter der Voraussetzung, dass „nach vorausgegangener wiederholter schriftlicher Verwarnung oder nach erfolgter gerichtlicher Bestrafung die vorerwähnten Gewerbetreibenden ihre Beschäftigung beharrlich zur Verbreitung von strafbaren, insonderheit staatsgefährlichen Druckschriften mißbrauchen", sofern nicht die Konzession von vornherein nur widerruflich erteilt worden war. Auch im Bundespreßgesetz tritt neben die Gewerbekonzession der Erlaubnisvorbehalt für das „Hausieren" mit Druckschriften sowie das Ausstreuen, Anbieten, Verteilen und Anschlagen an öffentlichen Orten (§ 3).

5 Diese Regelungen machen deutlich, dass die Pressekonzessionierung im 19. Jh. in erster Linie auf die mit der Herstellung und dem Vertrieb von Druckwerken befassten Gewerbe zielt, also Sondergewerberecht der Presse ist. Die dadurch erreichte Aufsicht über das Pressewesen wird sodann ergänzt und abgesichert durch den Polizeierlaubnis-Vorbehalt hinsichtlich der Verbreitung von Druckwerken im öffentlichen Raum, der die Zulassung solcher Verbreitung in das – zu dieser Zeit rechtsstaatlich noch nicht gebundene – Ermessen der Polizeibehörden stellt. Eine weitere erhebliche Beschränkung erfährt diese Möglichkeit zur öffentlichen Verbreitung noch durch die – durch § 30 Satz 2 RPG sogar noch nach 1874 reichsrechtlich zugelassenen – restriktiven gesetzlichen Regelungen über das Anschlagen, Anheften oder Ausstellen von Schriften (vgl. § 9 preußPresseG v. 12.5.1851: „Anschlagzettel und Plakate, welche einen anderen Inhalt haben, als Ankündigungen über gesetzlich nicht verbotene Versammlungen, über öffentliche Vergnügungen, über gestohlene, verlorene oder gefundene Sachen, über Verkäufe oder anderen Nachrichten für den gewerblichen Verkehr, dürfen nicht angeschlagen, angeheftet oder in sonstiger Weise öffentlich ausgestellt werden").

6 Die Regelung der pressegewerberechtlichen Zulassung hinsichtlich der Tätigkeiten des Druckers oder Veräußerers (bzw. Verleihers) mit (von) Druckwerken weist demgegenüber ein höheres Maß rechtlicher Durchformung auf, zumindest in der Fassung des preußischen Pressegesetzes von 1851 (weniger deutlich in § 2 Bundespreßgesetz 1854) und lässt sich – bei aller politischen Instrumentalisierbarkeit namentlich über den dehnbaren Tatbestandsbegriff der Unbescholtenheit – insofern durchaus als Frühform einer (sonder-)gewerberechtlichen Zuverlässigkeits-Eröffnungskontrolle begreifen, wie sie auch heute noch etwa im Rundfunkrecht (medienrechtliche Zuverlässigkeit, § 20a Abs. 1 Nr. 6 RStV, § 25 Abs. 2 Nr. 1 LMG R.-P.) vorgesehen ist: Sie ist als rechtlich gebundene präventive Kontrollerlaubnis, nicht als repressives Verbot ausgestaltet, gründet also immerhin auf der Annahme prima facie bestehender Pressefreiheit (Art. 27 preuß. Verf. v. 31.1.1850). Sie zielt auf die Erreichung zweier Kontrollzwecke, zum einen die Gewähr der Einhaltung der für das Gewerbe geltenden rechtlichen Vorgaben (insbesondere der Strafgesetze) durch den Berechtigten auf der Grundlage einer Zuverlässigkeitsprognose, die sich auf die bisherige Rechtstreue („Unbescholtenheit") des Antragstellers stützt, zum anderen die Sicherung hinreichender fachlicher Befähigung (Sachkunde). Letztere Anforderung bezieht sich allerdings nur auf die Berufe des Druckers und des Buchhändlers, also nicht etwa auch auf die Tätigkeit des Redakteurs oder

II. Bedeutung der Vorschrift   § 2 LPG

andere Vertriebstätigkeiten. Vor allem diese Beschränkung – etwa im Kontrast mit den gerade die inhaltsbezogenen Presseberufe (Redakteure, Verleger usw.) erfassenden Ausbildungsanforderungen des Schriftleitergesetzes v. 4.10.1933 (§ 5 Nr. 6) – verdeutlicht, dass es dabei nicht um ein Instrument präventiver Inhaltskontrolle der Presse geht, sondern um eine Prüfung beruflicher Qualifikation im Hinblick auf fachlich besonders anspruchsvolle und auf eine spezifische Ausbildung angewiesene Teilbereiche der Pressetätigkeit. Schon an diesem Beispiel des § 1 preußPresseG 1851 zeichnet sich mithin die auch heute noch virulente Problematik ab, ob und inwieweit Zulassungsvorbehalte für bestimmte Presseberufe zur Gewährleistung beruflicher Qualifikationen vom Geltungsanspruch des § 2 LPG erfasst sind und also mit diesem in Konflikt geraten – oder nicht (s. dazu u., Rn. 47 ff.).

Mit der Einführung der allgemeinen Gewerbefreiheit durch die Gewerbeordnung 7 des Norddeutschen Bundes von 1869 entfiel mit Sperrwirkung für das Landesrecht auch die Konzessionspflicht für die Pressegewerbe. Ausnahmen, also ein gewerbepolizeilicher Erlaubnisvorbehalt, bestanden für die gewerbsmäßige Verbreitung von Druckwerken an öffentlichen Orten (§ 43 GewO a. F.) sowie allgemein das Wandergewerbe (§ 55 GewO a. F.). Die Versagung des Legitimationsscheins konnte nur auf die in § 57 GewO a. F. aufgeführten Gründe gestützt werden, also etwa eine „abschreckende oder ansteckende Krankheit" des Antragstellers oder seine strafgerichtliche Verurteilung in den in § 57 Abs. 2 GewO a. F. genannten Fällen. § 4 Reichspreßgesetz 1874 ergänzte die Erlaubnisfreiheit um das ausdrückliche Verbot einer Entziehung der Befugnis zum selbständigen Betrieb eines Pressgewerbes (s. näher *Mößle*, AöR 101 [1976], 202 ff.). Für die – nicht der Erlaubnispflicht des § 43 GewO unterliegende – nichtgewerbsmäßige öffentliche Verbreitung von Druckschriften sah § 5 RPG indessen eine wiederum an die Gründe des § 57 GewO a. F. gebundene Untersagungsbefugnis vor. Die Öffnungsklausel des § 30 Satz 2 RPG überließ dem Landesrecht die Möglichkeit, restriktivere Vorschriften über das „öffentliche Anschlagen, Anheften, Ausstellen, sowie die öffentliche, unentgeltliche Vertheilung von Bekanntmachungen, Plakaten und Aufrufen zu erlassen" (s. schon o., Einl. Rn. 10); dieser Vorbehalt entfiel mit dem Inkrafttreten des Art. 118 WRV (*Bullinger*, Vorauf., Rn. 23).

Wieder eingeführt wurde der Konzessionszwang in der nationalsozialistischen Zeit 8 mit dem Reichskulturkammergesetz v. 22.9.1933 (RGBl. I S. 661) und dem Schriftleitergesetz v. 4.10.1933 (RGBl. I S. 713: Zulassung zum Beruf des „Schriftleiters", §§ 5 ff. SchriftlG, näher o., Einl. Rn. 15). Nach dem Krieg unterwarfen die Besatzungsmächte die Presse einem Lizenzsystem (Nachrichtenkontrollvorschrift der Militärregierung Deutschland Nr. 1 v. 12.5.1945), um so die unter dem NS-Regime kompromittierte Publizistik von der Pressetätigkeit auszuschließen (o., Einl. Rn. 16 f.). Auch in der DDR war – wenig überraschend – die Lizenzierung wesentliches Mittel der ideologiekonformen Steuerung der Presse (s. o., Einl. Rn. 23).

In den westdeutschen Ländern ist nach Aufhebung des Lizensierungssystems die 9 Zulassungsfreiheit der Presse erreicht worden. § 2 der Landespressegesetze bekräftigen dieses essentielle Element der Pressefreiheit, das auch einen signifikanten Unterschied zum – von Verfassungs wegen! (BVerfGE 57, 295, Rn. 103) – zulassungspflichtigen Rundfunk markiert. Allerdings ist die Zulassungsfreiheit der Pressetätigkeit auch heute noch nicht ausnahmslos gegen Vorbehalte des Gewerberechts durchgesetzt: Vielmehr leben die Legitimationsschein-Erfordernisse des frühen Gewerberechts (§ 43, 55 GewO a. F.) noch heute in der Reisegewerbekartenpflicht des § 55 GewO fort; die Freistellung in § 55a Abs. 1 Nr. 10 GewO betrifft nur das Feilbieten von Druckwerken auf öffentlichen Wegen oder an anderen öffentlichen Orten, nicht aber den Handel mit Schriften oder die Abonnementwerbung an der Haustür. Insbesondere dieser bis heute bundesrechtlich erlaubnispflichtig gestellte Restbereich der Pressevertriebstätigkeit im Reisegewerbe hat daher Fragen nach dem Verhältnis zur pressegesetzlich verankerten Zulassungsfreiheit aufgeworfen, sowohl in kompetenzrechtlicher als auch in materieller Hinsicht (s. u., Rn. 17 ff., 61 ff.).

2. Konzessionsverbot und Zensurverbot

10 Konstituierend für die nach Fortfall des Lizensierungssystems wiedergewonnene uneingeschränkte Pressefreiheit ist die Zulassungsfreiheit kaum weniger als das kommunikatbezogene Zensurverbot: Erst der Verzicht auf beide Kontrollerlaubnisse verschafft der Presse die notwendige Sicherheit vor inhaltsbezogener Lenkung ihrer Tätigkeit. Auch die (in der beschränkten Reisegewerbekartenpflicht noch bis heute punktuell fortlebende) gewerberechtliche Eröffnungskotrolle auf die „medienrechtliche Zuverlässigkeit" des Verlegers oder Druckers setzte die Presse jener Präventivaufsicht hinsichtlich der Einhaltung rechtlicher Standards – der allgemeinen Gesetze ebenso wie presseordnungsrechtlicher Sonderpflichten – aus, die das Zensurverbot doch gerade ausschließen will (s. zum Zensurverbot näher o., § 1 Rn. 260 ff.). Dabei geht es zwar unter rechtsstaatlichen Bedingungen einer freiheitlichen Ordnung mit umfassendem Gerichtsrechtschutz kaum mehr um die Gefahr der Unterdrückung bestimmter missliebiger politischer oder weltanschaulicher Anschauungen und Positionen, wohl aber um den Konformitätsdruck, der auch durch eine bloße präventive Rechtsaufsicht in Gestalt einer personenbezogenen Zuverlässigkeitsprognose erzeugt werden kann, durchaus vergleichbar mit einer auf die Vereinbarkeit von Druckwerkinhalten mit jugendschutz- oder persönlichkeitsrechtlichen Grenzen beschränkten Zensur.

11 Zwar zielt die Zulassungsfreiheit mit der Person des Presseangehörigen und der von dieser ausgeübten Tätigkeit auf einen anderen Bezugspunkt als das publikations-(kommunikat-)bezogene Verbot der Vorzensur, so wie sich die Phänomene des Konzessionszwangs und der Zensur in den Regelwerken der Presseaufsicht seit dem 16. Jh. klar unterscheiden lassen. Gleichwohl ist die funktionale Ähnlichkeit und auch die Vergleichbarkeit der Gefährdungspotentiale von Erlaubniszwang und Zensur für die Pressefreiheit offenkundig: Die Zensur wirkt in ihrem inhaltsprüfenden Effekt wohl unmittelbarer, indem sie sich auf den kommunikativen Inhalt des einzelnen zur Genehmigung vorgelegten Druckwerks bezieht. Indessen muss auch eine medienrechtliche Zuverlässigkeitsprüfung notwendig auf die Inhalte der schon erschienenen oder für die Zukunft geplanten Publikationen Bezug nehmen, insofern dieser Inhalt für die Beurteilung und Prognose der Rechtstreue des Genehmigungswerbers wesentlich entscheidend ist. Ist die Zulassung auf einzelne Tätigkeiten zugeschnitten und begrenzt wie bei der polizeilichen Erlaubnis nach § 10 preußPresseG 1851 betreffend das Verbreiten von Druckwerken an öffentlichen Orten (s. o., Rn. 3), tritt die funktionale Äquivalenz mit der Zensur um so deutlicher hervor. Erst die Aufhebung des Erlaubniszwangs komplettiert mithin die Schutzwirkung des Zensurverbots, ohne allerdings von dessen verfassungsrechtlicher Spezialgewährleistung erfasst zu sein (s. u., Rn. 34). Erst § 2 LPG, der indessen in der Gewährleistung der Pressefreiheit (wenn schon nicht im speziellen Zensurverbot) selbst auch grundrechtliche Deckung hat (s. u., Rn. 35 ff.), und Art. 5 Abs. 1 Satz 3 GG zusammen verwirklichen das schon seinerzeit in Art. 143 der Paulskirchenverfassung vorgezeichnete Programm umfassender Freiheit der Presse vor präventiver Kontrolle samt der damit in besonderer Weise verbundenen Einschüchterungseffekte.

3. Zusammenhang mit dem Pressebegriff und Abgrenzungsprobleme

12 § 2 LPG bezieht die Zulassungsfreiheit auf „die Pressetätigkeit", nicht unmittelbar auf die Person, die die Tätigkeit betreibt, anders als etwa im Rundfunkrecht, wo die Zulassung direkt personenbezogen formuliert ist (§ 20 Abs. 1 Satz 1 RStV: „Private Veranstalter bedürfen zur Veranstaltung von Rundfunk einer Zulassung."). Diese Formulierung kann als Bekräftigung dafür gelesen werden, dass alle Gestaltungen einer die pressemäßige Tätigkeit erfassenden Lizenz eingeschlossen sind, auch solche, die eher das Gepräge einer „Sachkonzession", denn einer Personalkonzession aufweisen, also von der individuellen Person des Berechtigten abstrahieren, nur auf die Eigenschaften und den Inhalte der in Rede stehenden Tätigkeit (etwa der Herausgabe einer Zeitung), nicht aber auf persönliche Merkmale des Erlaubnisinhabers abstellen

III. Verfassungsrechtlicher Hintergrund § 2 LPG

und daher auch übertragbar sein können (zur wirtschaftsverwaltungsrechtlichen idealtypologischen Unterscheidung von Personal-, Sach- und gemischten Konzessionen nur *Vollmöller,* in: Schmidt/Vollmöller [Hrsg], Kompendium Öffentliches Wirtschaftsrecht, § 8 Rn. 44; *Schliesky,* S. 248). Dies ändert aber nichts daran, dass Verpflichteter eines Zulassungserfordernisses, Berechtigter einer Zulassung, damit aber auch Begünstigter aus der Zulassungsfreiheit iSd § 2 stets nur eine natürliche oder juristische Person sein kann, mithin jeweils derjenige, der „die Pressetätigkeit" ausübt (s. auch besonders deutlich § 2 Bundespreßgesetz 1854: „besondere persönliche Concession).

Damit hängt die subjektive Reichweite der pressegesetzlichen Zulassungsfreiheit 13 von der Bestimmung dessen ab, was Pressetätigkeit ist: Die Zugehörigkeit eines Verhaltens zum Sachbereich der Presse bestimmt zugleich über die Einbeziehung in den Kreis der Presseangehörigen im personell-institutionellen Sinne, ein Zusammenhang, der ebenso auch bei der Bestimmung des grundrechtlichen Schutzbereichs des Art. 5 Abs. 1 Satz 2 GG zutage tritt (s. o., § 1 Rn. 234).

Je weiter der sachliche Bereich der Pressetätigkeit und korrespondierend der perso- 14 nale Kreis der Presseangehörigen abgesteckt wird, desto mehr gerät die presserechtliche Zulassungsfreiheit allerdings in Konkurrenz mit Erlaubnisvorbehalten des Berufs-, Gewerbe- oder sonstigen Fachrechts ohne spezifischen Pressebezug. Diese nach dem je gegebenen Maß der Bedeutung für die inhaltliche Freiheit der Presse und damit zum Schutzanliegen des § 2 mehr oder weniger prekäre Konkurrenz reicht etwa von der (unproblematischen) KfZ-Führerscheinpflicht oder der Baugenehmigung für Verlags- oder Druckereigebäude über das Erfordernis einer Genehmigung nach dem Güterkraftverkehrsgesetz für die Beförderung von Presseerzeugnissen und wegerechtliche Sondernutzungserlaubnisse bis zur umstrittenen Reisegewerbekartenpflicht nach § 55 GewO (dazu u. Rn. 17 ff., 61 ff.). Sowohl die textliche Fassung der Bestimmung über die Zulassungsfreiheit in den Landespressegesetzen, die regelmäßig die „Errichtung von Verlagsunternehmen oder von sonstigen Betrieben des Pressegewerbes" ausdrücklich hervorhebt, als auch die Erstreckung der Erlaubnispflicht gerade auf die Druckereien und am Vertrieb von Presseerzeugnissen Beteiligten in den historischen Regelungen des Konzessionszwangs schließen indessen ein enges, nur auf die journalistische Tätigkeit im Kern beschränktes Verständnis der Vorschrift aus. Das Konkurrenzproblem lässt sich mithin nicht schon dadurch umgehen, dass die gegenständliche Reichweite der Vorschrift nur auf die Arbeit an den Inhalten von Druckwerken verengt wird. Auf der anderen Seite bedarf die presserechtliche Affirmation der Zulassungsfreiheit doch schon aus kompetentiellen Gründen einer kollisionsvermeidenden Begrenzung ihrer Stoßrichtung auf pressespezifische Eröffnungskontrollen, weil unspezifisch allgemeine Zulassungsregimes in der Regelungszuständigkeit des Bundes, namentlich im Gewerberecht, von der Regelungsmacht des Landespressegesetzgebers nicht erfasst sein können (dazu u., Rn. 16 ff.). Darüber hinaus – auch unabhängig von der Gesetzgebungskompetenzproblematik – kann offensichtlich nicht jede nach der Rechtsordnung erforderliche Genehmigung jedweder (Hilfs-)Tätigkeit, die für die Herstellung oder den Vertrieb von Presseerzeugnissen notwendig oder nützlich ist, vom Geltungsanspruch der Zulassungsfreiheit des § 2 erfasst sein. Für Pressemitarbeiter und ihr Verhalten besteht nicht ein Freiheitsprivileg, das sie von jedweder Erlaubnispflicht des sonstigen, nicht pressespezifischen Rechts freistellt. Aus dieser Einsicht ergeben sich Eingrenzungen des Schutzbereichs der pressegesetzlichen Gewährleistung der Zulassungsfreiheit: § 2 LPG erfasst danach insbesondere nicht presseinhaltsneutrale Erlaubnisvorbehalte, d.h. solche, die nach ihren Kontrollzielen und -maßstäben nicht an die Inhalte von Pressepublikationen anknüpft.

III. Verfassungsrechtlicher Hintergrund

1. Kompetenzrechtliche Grenzen des § 2 LPG

§ 2 LPG kann nur soweit überhaupt Geltung beanspruchen, wie die Gesetzge- 15 bungszuständigkeit der Länder reicht (grds. anders *Bullinger,* Voraufl. § 2 Rn. 46 ff.;

abzulehnendes Konzept einer nurmehr konkurrierenden (!), indes bei Ausschöpfung gegenüber den Bundeskompetenzen aus Art. 74 Abs. 1 GG vorrangigen Presserechtskompetenz der Länder bei *Papier,* AfP 1981, 249, 252f.). Bundesrechtliche, zulässigerweise auf eine Gesetzgebungskompetenz aus Art. 73 oder 74 GG gestützte Zulassungsvorbehalte können von der landesrechtlichen Norm nicht berührt werden, wohl aber ggf. von grundrechtlichen Verbotswirkungen aus Art. 5 Abs. 1 Satz 2 GG (s. u., Rn. 39, 60ff.). Auch innerhalb der Landeszuständigkeit könnte sich darüber hinaus die pressegesetzlich angeordnete Zulassungsfreiheit gegenüber später erlassenen landesgesetzlichen Regelungen, die einen Erlaubnisvorbehalt vorsehen, nur bei Annahme eines Vorrangs kraft Spezialität durchsetzen; insofern gilt für die Zulassungsfreiheit des § 2 nichts anderes als für das pressegesetzliche Verbot von Sondermaßnahmen gegen die Presse (§ 1, s. dazu o., § 1 Rn. 22ff.).

a) Presserecht und Gewerberecht

16 Im Verhältnis zur Bundeszuständigkeit für das Wirtschafts-, namentlich das Gewerberecht (Art. 74 Abs. 1 Nr. 11 GG) hat sich in der Rechtsprechung die Auffassung durchgesetzt, dass diese Bundeskompetenz auch die gewerberechtliche Regelung von Erlaubnisvorbehalten erfasst, welche Pressetätigkeiten mit einschließen, soweit diesen Vorschriften ein spezifischer Bezug auf das Pressewesen fehlt und sie daher nicht in die Landeskompetenz für die Materie Presserecht fallen (insb. BGHSt 28, 5, Rn. 12ff.). Die landespressegesetzlichen Vorschriften über die Zulassungsfreiheit sind damit nicht verfassungswidrig, bedürfen aber der einschränkenden, kompetenzkonformen Auslegung, die jene bundesrechtlich geregelten Zulassungserfordernisse von ihrem Anwendungsbereich ausnimmt.

b) Insbesondere: Die Erlaubnispflicht für das Reisegewerbe (§ 55 GewO)

17 Entwickelt worden ist diese Auffassung vor allem am Referenzbeispiel der Reisegewerbekartenpflicht des § 55 GewO, die zwar seit 1984 (Gesetz zur Änderung des Titels III der Gewerbeordnung und anderer gewerberechtlicher Vorschriften v. 25.7. 1984, BGBl I 1008) um den Tatbestand des Feilbietens von Druckwerken auf öffentlichen Wegen, Straßen, Plätzen oder an anderen öffentlichen Orten verkürzt ist, aber gleichwohl immer noch bestimmte Modalitäten des Pressevertriebs erfasst, etwa die Abonnementwerbung und den Vertrieb an der Haustür (s. dazu z.B. BayObLG, NW 1971, 1761; OLG Düsseldorf, NStZ 1983, 177; BeckOK GewO/*Rossi*, § 55a Rn. 21f.). Während frühere Entscheidungen und ein Teil der Literatur insoweit noch einen Vorrang des Presserechts und also eine umgekehrt einschränkende – den nicht stationären Pressevertrieb aussparende – Interpretation der gewerberechtlichen Reisegewerbekartenpflicht angenommen hatten (BayObLG, NJW 1971, 1761f.; OLG Stuttgart, Beschl. v. 15.1.1975, 4 Ss 837/74; OLG Bremen, NJW 1976, 1359/1360; *Löffler*, 2. Aufl., Bd. II, Rn. 44 zu § 1 LPG; *Gerlach,* NJW 1970, 692), schloss sich der BGH (a.a.O.) der Ansicht von der Zugehörigkeit der Reisegewebekartenregelung zum Gewerberecht an, und zwar auch, soweit dadurch der Handel mit Presseerzeugnissen mit betroffen ist (s. auch schon in diesem Sinne mit instruktiver Begründung VGH BW, ESVH 23, 221; OLG Karlsruhe, Justiz 1977, 469; später OLG Düsseldorf, NStZ 1983, 223; aus der Literatur etwa *Lerche*, JZ 1972, 468/470; *Pestalozza*, DÖV 1972, 181ff.; *Verbeek,* GewArch 1978, 84f.; *Ennuschat*, in: Tettinger/Wank/Ennuschat, GewO, § 55a Rn. 43; BeckOK/GewO/*Rossi*, § 55a Rn. 22; *Schönleiter,* in: Landmann/Rohmer, GewO, § 55a Rn. 60).

18 In der Tat entspricht diese Ansicht eher den für die Abgrenzung der Kompetenzmaterie des Presserechts zu Gegenständen der Bundeskompetenz maßgeblichen Grundsätzen: Die Gegenauffassung unterliegt dem Fehlschluss von der Reichweite des grundrechtlichen Schutzes der Pressefreiheit auf den Zuschnitt der Landeskompetenz für das Presserecht (auch *Papier,* AfP 1981, 249, 253: „Institutsgewährleistung prägt zugleich die wesensmäßige Eigenart der Kompetenzmaterie ‚Presserecht' – trotz gegenteiliger Beteuerung ebd., S. 252). Besonders deutlich wird dies in der Argumenta-

III. Verfassungsrechtlicher Hintergrund   § 2 LPG

tion des BayObLG, in der ohne weiteres die Landeszuständigkeit für die Regelung des Presse-Reisegewerbes deswegen bejaht wird, weil die Verbreitung von Presseerzeugnissen ein „wesentliches funktionelles Element einer wirksamen Pressetätigkeit" sei und deshalb „in den besonderen Schutzbereich der Pressefreiheit einbezogen werden" müsse. So richtig Letzteres ist, der Vertrieb von Presseerzeugnissen im nicht stehenden Gewerbe daher unzweifelhaft in den Schutzbereich der Pressegewährleistung des Art. 5 Abs. 1 Satz 2 GG fällt, so wenig ergibt sich daraus etwas für die Kompetenzbeurteilung; diese folgt, wie das BVerfG zu Recht im Beschluss zum Zeugnisverweigerungsrecht ausgeführt hat (BVerfGE 36, 193, Rn. 31), nicht dem Grundrechtsschutz, so wie umgekehrt die grundrechtliche Bindungswirkung kompetenzneutral ist, also den Bund ebenso in die Pflicht nimmt wie die Länder (näher o., Einl. Rn. 45).

(1) Das Traditionsargument

Kommt es stattdessen für die Kompetenzzuordnung entscheidend auf die Merkmale **19** der historisch-traditionellen Zugehörigkeit des Regelungsgegenstandes sowie inhaltlich auf die Pressespezifität der fraglichen Regelung an, so sprechen diese Kriterien eher für die Zuständigkeit des Bundes aus Art. 74 Abs. 1 Nr. 11 GG.

Das Traditionsargument ist hier allerdings für die Zeit vor dem Inkrafttreten der Lan- **20** despressegesetze nicht eindeutig und daher nur bedingt aussagekräftig (so auch *Bullinger,* Voraufl., § 2 Rn. 63; eingehend *Papier,* AfP 1981, 249/254 ff.): Das Pressegewerberecht war seit der Reichsgründung 1869/71 gleichsam arbeitsteilig hauptsächlich in der Gewerbeordnung 1869, ergänzend aber auch im RPG 1874 geregelt; beide Gesetzeskomplexe stehen in engem komplementären Zusammenhang (s. nur *Koller,* § 4 Nr. 1) und lassen sich auch in kompetentieller Hinsicht, also im Hinblick auf das Verhältnis von Gewerberecht und Presserecht, nicht durchweg scharf gegeneinander abgrenzen. Unter der Reichsverfassung 1871 blieb diese Zuordnungsfrage wegen der Reichszuständigkeit für beide Regelungsbereiche (Art. 4 Nr. 1 Verf des Deutschen Reichs v. 16.4.1871: Gewerberecht, Art. 4 Nr. 16: Presserecht) ohne praktische Bedeutung; wohl auch deswegen ist die Zuordnung zu den komplementär verstandenen Gesetzen des Reichspreßgesetzes und der Gewerbeordnung nicht trennscharf durchgeführt worden, kommt es vielmehr punktuell sogar zu Überschneidungen im Regelungsgegenstand, namentlich hinsichtlich der Frage der Entziehung der Berechtigung zum Pressegewerbe.

Im einzelnen: War der Konzessionszwang für die Pressegewerbe etwa für Preußen **21** noch bis in die 1860er Jahre hinein als Sondergewerberecht der Presse im Zusammenhang besonderer Pressegesetze geregelt (§ 1 preußPresseG 1851, s. o., Rn. 3 ff.) worden, so wurde dieser Gegenstand unter den Verhältnissen der Bundesstaatlichkeit mit Schaffung der Gewerbeordnung 1869 in den Regelungszusammenhang des Gewerberechts überführt, gestützt auf die Zuständigkeit des Norddeutschen Bundes für diese Rechtsmaterie (Art. 4 Nr. 1 der Verfassung des Norddeutschen Bundes v. 16.4.1867) – anders als in der Fassung von 1871 enthielt der Kompetenzkatalog des Art. 4 noch nicht die Bundeszuständigkeit für das Pressewesen. Dementsprechend enthielt die Gewerbeordnung 1869 auch Spezialregeln für das Pressegewerbe, namentlich § 43 GewO a. F., betreffend die Erlaubnispflicht (Legitimationsschein) für den gewerblichen Vertrieb von Presseerzeugnissen an öffentlichen Orten, und § 143 GewO 1869, der nicht nur allgemeinen, in § 15 Abs. 2 und § 35 GewO a. F. nur punktuell durchbrochenen Grundsatz des Ausschlusses behördlicher und gerichtlicher Befugnisse zu einer Entziehung der Gewerbeberechtigung errichtete, sondern insoweit auch Sonderregelungen für die Presse vorsah (Abs. 3: Öffnungsklausel für landesrechtliche Untersagungsbefugnisse der Gerichte, Abs. 4: Bekräftigung des nunmehr bundes-(reichs-)rechtlichen Verbots administrativer Entziehungen gegen anderslautende Landesgesetze).

Das auf der nunmehr errichteten Reichszuständigkeit für das Presserecht gegrün- **22** dete Reichspreßgesetz 1874 bestätigte diese Ausdehnung des Gewerberechts auch auf die Pressegewerbe, indem es in § 4 für „den Betrieb der Preßgewerbe" auf die Bestimmungen der Gewerbeordnung verwies, zuvörderst selbredend auf den Grundsatz der Gewerbefreiheit (§ 1 GewO), der zunächst Erlaubnisfreiheit bedeutete und deswegen eine eigene Regelung der Zulassungsfreiheit im RPG entbehrlich machte, sodann aber auch auf die schon genannten Regelungen in § 43 und § 143 GewO a. F., schließlich auch auf §§ 55 ff. GewO a. F. (Legitimationsschein für das „Wandergewerbe"). Das RPG konnte sich hinsichtlich des Pressegewerbes auf ergänzende Bestimmungen beschränken, so zunächst und ganz einleuchtend auf die Regelung nicht gewerblicher Vertriebstätigkeit: Für diese in der gefestigten Tradition der Pressekontrolle stehende Erlaubnispflicht hinsichtlich des *nicht*gewerblichen Vertriebs an öffentlichen Orten (§ 5 RPG) ist die Notwendigkeit einer regelungssystematischen Verortung außerhalb der Gewerberegulierung offensichtlich.

23 Mit heutigen Begriffen der (strikten) Kompetenzabgrenzung schwerer zu verarbeiten ist hingegen die Regelung des § 4 RPG, soweit sie ein Verbot der Entziehung der Berechtigung zum Betrieb eines Pressegewerbes sowohl im administrativen als auch im „richterlichen Wege" vorsah. Sie betraf unzweifelhaft einen auch in der Gewerbeordnung (§ 143 GewO a. F.), und zwar auch hier ausdrücklich für die Presse (s. o. Rn. 21) geregelten Gegenstand, trat also zur gewerberechtlichen Regelung in Konkurrenz. In der Sache verschärfte sie den in dem wenige Jahre älteren § 143 GewO noch lückenhaft ausgestalteten Entziehungsschutz zugunsten der Presse insofern, als nunmehr auch die dort noch dem Landesrecht überlassene Möglichkeit einer richterlichen Gewerbeuntersagung ausgeschlossen wurde und die in § 143 GewO vorgesehenen weiteren Ausnahmen einer zulässigen Entziehung für das Pressegewerbe abbedungen wurden. In der Gewerbeordnung ist die durch § 4 RPG überholte Öffnungsklausel in Art. 143 erst durch das Änderungsgesetz von 1883 gestrichen worden (Gesetz v. 1.7.1883, RGBl S. 159). Der Gewerbeberechtigungs-Entziehungsschutz war also nunmehr für die Pressegewerbe in den Kontext des Pressegesetzes verlagert worden. Konflikthaltiger wird das Verhältnis des § 4 RPG zu den gewerberechtlichen Vorschriften – und zwar denjenigen über die Erlaubnispflicht in § 43 und § 55 GewO a. F. – noch, wenn sein Gehalt nicht nur als Verbot der Entziehung einer Gewerbeberechtigung, sondern erweiternd auch als Postulat der Zulassungsfreiheit, also als Vorgängernorm des § 2 LPG gelesen wird (so *Kitzinger*, § 4 Anm. II 2b; im Anschluss daran *Löffler*, 1. Aufl. 1955, § 4 Rn. 13, 17; 3. Aufl. § 2 Rn. 21; *Bullinger*, Voraufl., § 2 Rn. 57), eine Deutung, die freilich nicht überzeugt (*Mößle*, AöR 101 [1976], 202/210 ff.). In umgekehrter Richtung berührte der in § 143 GewO idF der Novelle von 1883 nunmehr vorgesehene Ausnahme-Vorbehalt („abgesehen von den in den Reichsgesetzen vorgesehenen Fällen") aber auch wieder nicht die Schutzwirkung des § 4 RPG; dies galt insbesondere für die gleichfalls 1883 eingefügte Befugnis zur Rücknahme des Wandergewerbescheins (§ 58 GewO a. F.), die auch das nicht stehende Pressegewerbe erfasste (*Häntzschel*, § 4 Nr. 3, dazu *Mößle*, a. a. O., S. 213 ff.).

24 Dieser Blick auf die nicht mehr nur komplementären, sondern konkurrierenden Vorschriften des Reichspreßgesetzes und der Gewerbeordnung macht letztlich die Zufälligkeit des – presserechtlichen oder gewerberechtlichen – Standorts pressegewerberechtlicher Regelungen unter der Geltung der Reichsverfassung deutlich (*Papier*, AfP 1981, 249/254, 256). Eine – angesichts der umfassenden Reichszuständigkeit für beide Gebiete auch gar nicht erforderliche – scharf und sauber abgrenzende Kompetenzlehre war jedenfalls für diesen Sachbereich nicht ausgebildet. Und so lässt sich letztlich nicht einmal bei § 4 RPG vom gesetzessystematischen Standort der Bestimmung verlässlich auf die kompetentielle Zugehörigkeit dieser Regelung zum Titel Presserecht in Art. 4 Nr. 16 der Reichsverfassung schließen (für die Zugehörigkeit des Pressegewerberechts zum Presserecht allerdings *Häntzschel*, S. 4): Denkbar und keineswegs fernliegend ist sogar auch insoweit eine Abstützung in der Kompetenzmaterie Gewerberecht – insbesondere da der weitaus größere Teil der die gewerbliche Pressetätigkeit betreffenden Bestimmungen in die Gewerbeordnung auslagert waren (umgekehrte Sichtweise für § 43 GewO a. F. bei *Papier*, AfP 1981, 249/256: materiell sonderpresserechtliche Bestimmung).

25 Für die Kompetenzbeurteilung unter dem Grundgesetz und die in diesem Zusammenhang wichtig gewordene historische Perspektive sind der Verfassungszustand

III. Verfassungsrechtlicher Hintergrund § 2 LPG

von 1869/71 und 1919 sowie die Staatspraxis angesichts der hier obwaltenden Regelungskonkurrenz von RPG und Gewerbeordnung nach alledem nur begrenzt weiterführend. Immerhin ist unübersehbar, dass der Schwerpunkt pressegewerberechtlicher Regelung seit der Zeit des Norddeutschen Bundes im Regelungskontext des Gewerberechts liegt. Das Traditionsargument spricht also, wenn überhaupt, eher für die Zugehörigkeit der Regelung des Reisegewerbes zur Kompetenz des Bundes, auch soweit diese Erlaubnispflicht den Haustürvertrieb von Presserzeugnissen einschließt; vergleichbares muss für die Untersagungsbefugnis des § 35 GewO gelten (richtig VGH BW, ESVGH 23, 221/228, näher u., Rn. 56 f.).

(2) Keine kompetenzbegründende Pressespezifität des Reisegewerbekartenzwangs

Was das für die Zuordnung zum Kompetenztitel der Pressefreiheit ausschlaggebende 26
Kriterium der Pressespezifität (s. o., Einl. Rn. 42 f.) anbetrifft, verdient die Argumentation den Vorzug, derzufolge der gewerberechtliche Reisegewerbekartenzwang – und ebenso auch die Untersagungsbefugnis des § 35 GewO – keinen hinreichend dichten inneren Zusammenhang zur Presse aufweist, vielmehr als allgemeine, nicht auf einzelne Gewerbe beschränkte Regelung im kompetenzbegründenden Sachzusammenhang des Gewerberechts, nicht des Presserechts, stehe (in diesem Sinn VGH BW, ESVGH 23, 221/224ff.; BGHSt 28, 5, Rn. 14f.; *Verbeek,* GewArch 1978, 82/85f.).

Zunächst ist festzuhalten, dass die kompetentielle Spezifität, die eine Regelung 27
zum Kompetenztitel des Presserechts zugehörig erscheinen lässt, nicht etwa gleichbedeutend ist mit der Beurteilung als grundrechtlich verbotenes Sonderrecht (Art. 5 Abs. 2 GG). Umgekehrt fallen nicht Gesetze, weil sie „allgemein" sind im Sinne des Art. 5 Abs. 2 GG, schon aus dem Kompetenzbereich des Presserechts hinaus und damit in den Einzugsbereich anderer Kompetenztitel, auch, aber nicht notwendig des Bundes (s. aber in diesem Sinne verkürzend BayObLG MDR 87, 255: „Ein nicht zur Regelung der Pressefreiheit erlassenes Gesetz auf dem Gebiet des Wirtschaftsrechts ist das Güterkraftverkehrsgesetz. Es richtet sich nicht gegen die Äußerung oder Verbreitung einer Meinung als solche, sondern hat allgemein gültige gewerberechtliche Regelungen, insbesondere auch zum Schutz der Deutschen Bundesbahn, zum Gegenstand. Auf diesem Sachgebiet steht gemäß Art. GG Artikel 74 Nr. 11 GG dem Bund die konkurrierende Gesetzgebung zu."; Vermengung der Kompetenzfrage mit der Qualifikation als allgemeines Gesetz wohl auch bei *Ennuschat,* in: Tettinger/Wank/ Ennuschat, GewO, § 55a Rn. 43). Die Erlaubnisvorbehalte des Gewerberechts, aber auch die Untersagungsbefugnisse des § 35 und des § 59 GewO sowie die Anzeigepflichten nach § 14 bzw. § 55c GewO, sind mithin in ihrem die Pressegewerbe betreffenden Anwendungsbereich nicht schon deswegen von der Bundeskompetenz für das Gewerberecht gedeckt, weil sie allgemeine Gesetze sind (VGH BW, ESVGH 23, 221/225). Der Begriff der Allgemeinheit in Art. 5 Abs. 2 GG meint entsprechend den im Wunsiedel-Beschluss des BVerfG überzeugend dargelegten Grundsätzen die Meinungsneutralität hoheitlicher Kommunikationseingriffe, schließt hingegen einen spezifischen Bezug von Regelungen auf die Medien nicht aus (s. o., § 1 Rn. 247 ff.). Dementsprechend sind auch die Sonderpflichten der Presse begründenden Vorschriften des Landes-Presseordnungsrechts allgemeine Gesetze (s. o., § 1 Rn. 255).

Und so könnten allerdings durchaus auch die von den gewerberechtlichen Vor- 28
schriften über die Reisegewerbeerlaubnis usw. – als „allgemeine Gesetze" – mit umfassten Regelungswirkungen gegenüber der Presse denkmöglich in die Zuständigkeit der Länder für das Presserecht fallen mit der Folge, dass jene Vorschriften verfassungskonform um den pressebezogenen Anwendungsbereich zu beschränken wären und stattdessen die landesgesetzliche Zulassungsfreiheit des § 2 LPG insoweit Geltung beanspruchen könnte. Jedoch greift dieser Gedanke nicht durch: Die gewerberechtlichen Vorschriften sind nicht nur „allgemein" im grundrechtlichen Sinne des Art. 5 Abs. 2 GG, sondern auch nicht pressespezifisch im kompetentiellen Sinne und daher auch in ihren Auswirkungen auf die Presse von der Bundeskompetenz für das Gewerberecht gedeckt (überzeugend VGH BW, ESVGH 23, 221/224ff.).

29 Zwar ließe sich bei isoliertem Blick auf das personale, adressatenbezogene Element der Pressespezifität einwenden, § 2 LPG, verstanden als presserechtliche Ausnahme vom Reisegewerbekartenzwang, richte sich ausschließlich auf Pressetätigkeiten, damit aber notwendig auch nur an Angehörige der Presse im weiteren Sinne, so dass diese Ausnahmeregelung der Materie des Presse-Sonderrechts zuzuordnen sei, vergleichbar der Sonderregelung der kurzen Verjährung der Pressedelikte, die als Abweichung vom allgemeinen bundesrechtlich geregelten Verjährungsrecht in die Zuständigkeit der Landesgesetzgeber für das Presserecht fällt (BVerfGE 7, 29, Rn. 30 ff., s. o., Einl. Rn. 44). Jedoch deckt eine solche Argumentation nur die Unzulänglichkeit einer ausschließlich „formal" auf das Adressatenkriterium abstellenden Sichtweise ohne jeden Bezug auf inhaltliche Sachzusammenhangserwägungen auf (s. dazu o., Einl. Rn. 47 ff.). Mit einer entsprechenden Begründung ließe sich für jede Regelung, gleich auf welchem Sachgebiet, die Zuständigkeit der Länder behaupten, sofern sie in ihrem Adressatenkreis nur ausschließlich auf die Presse zugeschnitten wäre – und könnte umgekehrt der Bund die Kompetenz mit gleichem Recht für sich behaupten, sofern er nur die pressebezogene Norm als Teil einer Gesamtregelung fasst, die auch noch andere Personengruppen adressiert, so dass ihr die personale Pressespezifität genommen ist (s. in diesem Sinne schon *Häntzschel*, S. 4; insoweit zutr. auch *Papier*, AfP 181, 249/252); dieses Begründungsmuster ist ja in der Tat für das gerichtsverfahrensrechtliche Zeugnisverweigerungsrecht fruchtbar gemacht worden (s. o., Rn. 43). Die Kompetenzzuordnung hinge danach von der Regelungstechnik des jeweiligen Gesetzes ab, nicht umgekehrt die kompetentielle Zulässigkeit des Gesetzes von der Identifizierung vorausliegender Zuständigkeit. Die Verbindung des formal-adressatenbezogenen Teilkriteriums mit materiellen Zurechnungserwägungen, die die Eigenart pressemäßiger Betätigung und deren Bedeutung für die in Rede stehende Regelung in den Blick nehmen, ist mithin für eine überzeugende Begründung der Pressespezifität der Regelung unverzichtbar (VGH BW, ESVGH 23, 221/226). Sie war – neben dem Traditionsargument – durchaus auch für die Zuordnung der Regelung der kurzen Verjährung zum Presserecht entscheidend (s. o., Einl. Rn. 44).

30 Sucht man vor diesem Hintergrund nach einem regelungserklärenden oder gar -begründenden Zusammenhang zwischen dem gewerberechtlichen Reisegewerbeerlaubniszwang und spezifischen Charakteristika der von diesem Zwang auch – neben allen anderen nicht stehenden Gewerben – betroffenen Presse, so ist ein positives Ergebnis solcher Suche nicht in Sicht: Die Erlaubnispflicht für das Reisegewerbe reagiert auf besondere Risiken, die mit dem ambulanten Handel insbesondere für die Verbraucher verbunden sind (fehlende Greifbarkeit und Verfolgbarkeit des Verkäufers, Überrumpelungseffekt bei Haustürgeschäften usw., vgl. nur BeckOK GewO/*Rossi*, § 55 Rn. 1). Mit besonderen Eigenschaften gerade des Vertriebsgegenstandes Presseerzeugnis oder der dafür eingesetzten Vertriebstechniken verbunden sind diese Risiken mitnichten; ein irgend gearteter innerer Zusammenhang dieser Regelung gerade mit der Presse ist nicht erkennbar. Sie fällt daher in die – mit der GewO ausgeschöpfte – Gesetzgebungskompetenz des Bundes und liegt daher außerhalb der Reichweite des entsprechend verfassungskonform einzuschränkenden Geltungsanspruchs des § 2 LPG.

31 Einschränkungen der danach gegebenen Gesetzgebungskompetenz des Bundes auch für das – nicht spezifische – „Pressegewerberecht" lassen sich auch nicht aus dem bundesstaatlichen Grundsatz der Bundestreue herleiten (so aber *Bullinger*, Voraufl., § 2 Rn. 65). Der Grundsatz bundes- oder umgekehrt länderfreundlichen Verhaltens ist Kompetenzausübungsschranke und kann so zwar neben prozeduralen Rücksichtnahmepflichten auch inhaltliche Bindungen hinsichtlich der Wahrnehmung von Befugnissen begründen, die dem gebundenen Teil an sich nach der Kompetenzverteilungsordnung zustehen (dazu und zu den Inhalten der Bundestreue-Pflichten im einzelnen *Isensee*, HStR VI, § 126 Rn. 166 ff.). Er ist aber nicht geeignet, die in den Art. 70 ff. GG zwischen Bund und Ländern geteilten Kompetenzen als solche zugunsten des einen oder anderen Teils zu verschieben. Denkbar wäre allenfalls eine Ausübungsgrenze dort, wo die Wahrnehmung einer dem Bund (oder umgekehrt den

III. Verfassungsrechtlicher Hintergrund § 2 LPG

Ländern) zustehenden Gesetzgebungszuständigkeit die sinnvolle Ausübung von den jeweils der föderalen Gegenseite (oder auch im Inter-Länder-Verhältnis) zukommenden Kompetenzen vereiteln oder wesentlich beeinträchtigen würde. Davon kann aber in der Streitfrage der Zuordnung der Regelung (auch) pressegewerblicher Tätigkeiten entweder zur konkurrierenden Bundeskompetenz oder zur Landeskompetenz für das Presserecht keine Rede sein: Die Unterstellung solcher Tätigkeiten unter die begrenzten Erlaubnispflichten des Bundesgewerberechts (§ 55 GewO) oder unter die Untersagungsbefugnis des § 35 GewO stellt keineswegs die Möglichkeit der Ausschöpfung der Landeskompetenz für das Presserecht, soweit diese gegeben ist, in Frage, sondern allenfalls den von der Landeskompetenz gerade nicht gedeckten überschießenden Geltungsanspruch des § 2 LPG, wenn dieser so interpretiert wird, dass er auch nicht pressespezifische gewerberechtliche Erlaubnisvorbehalte oder gar noch Untersagungsbefugnisse umfasse, soweit sie sich nur auf Pressegewerbe auswirken. Die überschießende Kompetenzbehauptung einer Partei in der föderalen Kompetenzverteilung kann keine Bundestreuepflichten der Gegenseite auslösen.

Eine andere Frage ist hingegen, ob die bundesrechtliche Erlaubnispflicht und die damit verbundene präventive Zuverlässigkeitsprüfung mit Art. 5 Abs. 1 Satz 2 GG vereinbar sind, eine Frage, die indes von der Rechtsprechung mit dem Argument der relativen Geringfügigkeit der grundrechtlichen Belastung bejaht wird (BGHSt 28, 5, Rn. 19, näher u., Rn. 63). 32

2. Grundrechtliche Verankerung

Dass die Gewährleistung der Pressefreiheit prima facie abwehrrechtlich auch vor staatlichen Erlaubnisvorbehalten schützt, ist – jedenfalls vom Ausgangspunkt einer für die Pressefreiheit anerkannten liberalen Grundrechtstheorie aus – selbstverständlich (BVerfGE 20, 162/175 f.; *Schulze-Fielitz*, in: Dreier, Art. 5 I, I Rn. 132): Eröffnungskontrollen, sogar schon in der schwächsten Form der Anzeigepflicht, erst recht in der Gestaltung eines die Freigabe der Tätigkeit steuernden Genehmigungsvorbehalts, sind erhebliche Eingriffe in die Handlungsfreiheit des Grundrechtsberechtigten und daher stets abwehrrechtlich rechtfertigungspflichtig. Insofern hat das Prinzip der Zulassungsfreiheit grundrechtliche Qualität, ist es Ausprägung der Gründungsfreiheit sowie der Freiheit des ungehinderten Zugangs zu Presseberufen und -tätigkeiten, wie sie durch Art. 5 Abs. 1 Satz 2 GG gewährleistet ist (*Degenhart*, in: BK, Art. 5 Abs. 1 und 2 Rn. 441 f.). 33

Das Grundrecht garantiert die Zulassungsfreiheit der Presse indessen nur prinzipiell, als einschränkbaren (Art. 5 Abs. 2 GG) Grundsatz, nicht hingegen definitiv, vergleichbar der jeder Beschränkung entzogenen Zensurfreiheit. Zwar könnte es die funktionale Ähnlichkeit oder – bei inhaltsbezogener Gestaltung – sogar Austauschbarkeit von Zensur und (Personal-)Konzession (s. o., Rn. 11) nahelegen, den absoluten Schutz des Art. 5 Abs. 1 Satz 3 GG auch gegen Genehmigungsvorbehalte zu wenden oder – wenn der Zensurbegriff entsprechend der bisher herrschenden Auffassung eng auf die Vorzensur von Druckwerken begrenzt wird – einen vergleichbar absoluten Schranken-Schranken-Schutz aus dem Verhältnismäßigkeitsprinzip (i. e. S.) herzuleiten. Jedoch verschließt namentlich die Rechtsprechung des BVerfG zum rundfunkverfassungsrechtlich geforderten Zulassungserfordernis für die Veranstaltung privaten Rundfunks derart weit reichende, vor allem aber unterkomplexe Ableitungen aus dem Zensurverbot: Wenn hinsichtlich der Rundfunkveranstaltung Zulassungsvorbehalte nicht nur verfassungsrechtlich zulässig, sondern sogar geboten sind (BVerfGE 57, 295, Rn. 103), können sie schwerlich als solche mit dem Zensurverbot in Widerspruch stehen: Das Zensurverbot gilt für die Rundfunkfreiheit schließlich ebenso wie für die Pressefreiheit. Auch sogar die Vorabprüfung der medienrechtlichen Zuverlässigkeit, also – in gewerberechtlicher Tradition – der Gewähr, dass die geprüfte Person die für die Medientätigkeit geltenden Rechtsvorschriften einhalten wird, kann danach nicht als verfassungsrechtlich kategorisch ausgeschlossen gelten, denn gerade die Zuverlässigkeit ist hauptsächlicher Kontrollgegenstand der rundfunkrechtlichen Zulassungsverfahren (s. dazu nur *Bumke*, in: Hahn/Vesting, Rundfunkrecht, § 20a Rn. 13 f.). 34

35 Dies bedeutet indessen keineswegs, dass sich nicht aus Art. 5 Abs. 1 Satz 2 und Abs. 2 GG für die Presse sowie ähnlich auch für elektronische Medien, die nicht linearer Rundfunk (im einfachrechtlichen Sinne) sind, grundrechtliche Schutzwirkungen begründen lassen, an denen die Einführung von Konzessionspflichten zur Vorabkontrolle der Zuverlässigkeit von Pressebetrieben scheitern müsste. Kollidiert das Zulassungserfordernis auch nicht unmittelbar mit dem Zensurverbot und ist es daher nicht schon wegen Art. 5 Abs. 1 Satz 3 GG a priori ausgeschlossen, so kann es doch – je nach Ausgestaltung – in seinen prohibitiven Wirkungen auf die Medienfreiheit der Zensur nahe- oder gleichkommen. Je stärker die Entscheidung über die Erlaubniserteilung von den konkreten Inhalten der schon publizierten oder für die Veröffentlichung vorgesehenen Schriften abhängig gemacht wird, desto tiefer gerät das Erlaubnisverfahren in den Einzugsbereich der materiellen Schutzwecke des Zensurverbots und um so schwerer wiegen die Rechtfertigungslasten für eine derartige zensurähnliche Regelung – auch schon unterhalb der Schwelle ohnehin gem. Art. 5 Abs. 2 GG verfassungsrechtlich verbotener Meinungsdiskriminierung und durchaus auch für den Rundfunk, bei dem die Zuverlässigkeitsprüfung daher von jeder Qualitätsbewertung der Programminhalte freizuhalten ist und nur klare Rechtsverstöße Grundlage einer – gerichtlich voll überprüfbaren (*Martini*, in: Gersdorf/Paal, RStV § 20a Rn. 12) – negativen Beurteilung der Zuverlässigkeit sein können.

36 Ist die in ein Lizensierungsverfahren eingebundene präventive Zuverlässigkeitsprüfung (nur) unter dieser Voraussetzung für den Rundfunk verfassungsrechtlich gerechtfertigt (dann aber auch sogar geboten), gilt dies nicht deswegen auch schon gleichermaßen für die Presse und die Telemedien: Für den Rundfunk folgt die auch verfassungsrechtlich aufgegriffene Notwendigkeit der Konzessionierung in erster Linie schon aus dem Anspruch aller Bewerber auf die Gewährleistung chancengleichen Zugangs zur Rundfunkveranstaltung bei knappen verfügbaren Übertragungskapazitäten (BVerfGE 57, 295, Rn. 106), in zweiter Linie aus dem Gebot möglichst wirksamer Sicherung der rundfunkverfassungsrechtlich fundierten funktionalen Anforderungen an eine dem Vielfalts- und Ausgewogenheitspostulat des Art. 5 Abs. 1 Satz 2 GG entsprechende Programmgestaltung und -sendung (s. zu allem näher zuletzt *Cornils*, ZUM 2014, 270 ff.). Insofern schlägt hier die tatsächliche (Frequenzknappheit) und rechtliche (Vielfaltsicherung als Optimierungsgebot, rechtliche Vielfaltssteuerung als Korrektur marktgesetzlicher Dysfunktionalität, unmittelbare Funktionsbindung der Rundfunkveranstaltung: „dienende Freiheit") Sondersituation der Rundfunkfreiheit (s. dazu o., § 1 Rn. 139 ff.) auch auf die grundrechtliche Anerkennung, ja Forderung des Instruments des Erlaubnisvorbehalts durch.

37 Im Schutzbereich der Pressefreiheit – auch bei einem zutreffenden Verständnis derselben als Facette eines verbreitungsmodalitäten-übergreifend umfassenden Grundrechts der Medienfreiheit (s. o., § 1 Rn. 184 ff.) – greifen diese Besonderheiten hingegen nicht und fehlt daher die Legitimation für einen rundfunkanalog gestalteten Erlaubnisvorbehalt presseunternehmerischer Tätigkeit im engeren Sinne, also namentlich zu Lasten der Verlage. Hinreichend gewichtige Schutzbedürfnisse aus der objektiven Informations- und Kommunikationsfunktion der Presse, die einen Konzessionszwang für Zeitungen, Zeitschriften rechtfertigen könnten, sind hier nicht erkennbar, umgekehrt aber die damit einhergehenden Risiken für eine Knebelung der Presse unter dem Zeichen der Gefahrenabwehr – etwa bei wiederholten Verstößen gegen äußerungsrechtliche Vorgaben – gravierend. Schon die Auferlegung eines die Aufnahme einer Pressetätigkeit unter Inhaltskontrolle stellenden Aufsichtsregimes hat potentiell verhaltenssteuernde Wirkung, die mit der auch objektiv-funktional, nicht nur aus Sicht der subjektiven Handlungsfreiheit, verfassungsrechtlich vorausgesetzten Unabhängigkeit, Kritikbereitschaft, auch Nonkonformität der Presse schwerlich vereinbar wäre. In der Konsequenz hielte die Einführung eines Zulassungsvorbehalts für Verlage oder Journalisten zur Präventivkontrolle medienrechtlicher Zuverlässigkeit dem Angemessenheitspostulat der Verhältnismäßigkeit nicht Stand.

III. Verfassungsrechtlicher Hintergrund   § 2 LPG

Vergleichbares gälte auch für Erlaubnis-Anforderungen wirtschaftlicher Leistungsfä- **38**
higkeit – wie sie im Rundfunkrecht indessen etabliert sind (vgl. z. B. § 25 Abs. 2 Nr. 2
LMG R.-P.) – und publizistisch-journalistischer Sachkunde, die das freiheitliche Medienrecht mit gutem Grund schlechthin nicht kennt (anders bezeichnenderweise das
Schriftleitergesetz 1933, s. o., Rn. 6). Anders als bei dem auftragsgebundenen und in ein
auf Dauer und Beständigkeit angelegtes System der Kapazitätenvergabe eingebundenen
Rundfunkveranstalter kann die Freiheit zur Ausübung von Pressetätigkeiten nicht von
der wirtschaftlich-organisatorischen Leistungsfähigkeit des Presseunternehmers abhängig sein – und davon in einem Kontrollverfahren abhängig gemacht werden: Die Gewährleistung der Pressefreiheit gibt mit ihren Schutzgehalten der Privatwirtschaftlichkeit und Wettbewerbsfreiheit (s. o., § 1 Rn. 117, 144, 174) ein Recht zu pressemäßiger
Publikation auch auf wirtschaftlich instabiler oder riskanter Grundlage sowie überhaupt
auch demjenigen, der gar nicht auf lange Sicht, sondern vielleicht nur in einem begrenzten Zeitraum oder sogar nur aus aktuellem Anlass publizistisch tätig werden will –
selbstverständlich im Rahmen der allgemeinen wettbewerbsrechtlichen Missbrauchsverbotsregeln. Gerade auch aus der Sicht des objektiven Vielfaltssicherungsziels des
Art. 5 Abs. 1 GG kann es keinen Grund geben, die Pressetätigkeit nur hinreichend
soliden, langfristig wirtschaftlich konkurrenzfähigen Akteuren vorzubehalten, weil
damit zwangsläufig eine Verkürzung von außenpluraler Angebotsvielfalt einherginge.

Auch die Forderung eines Nachweises fachlicher Qualifikation, etwa in Gestalt be- **39**
rufsrechtlicher Ausbildungsanforderungen oder des Nachweises dinglicher Erfahrung
(s. noch § 2 Abs. 2 des schl.-h. Gesetzes zur vorläufigen Regelung des Pressewesens
v. 27.9.1949, GVBl S. 199), kollidierte für den journalistischen Kernbereich pressemäßiger Tätigkeit mit der Offenheit des Grundrechtsschutzes für Jedermann: Die
Pressefreiheit ist kein Berufsgrundrecht und widerstreitet daher Versuchen einer ständischen Ordnung der Presse. Dieses vom weiten Pressebegriff, der auch den Laien-
und Gelegenheitsjournalisten umfasst, her zwingende Ergebnis lässt sich auch nicht
mit dem Gedanken einer notwendigen oder jedenfalls gerechtfertigten Beschränkung
zum Schutz der Rechtsgüter Dritter oder der Informationsfunktion der Presse relativieren: Die überschaubaren Pflichten des Presseordnungsrechts, auch wohl die Pflicht
zu spezifisch pressemäßiger Sorgfalt – im Maße ihrer Differenz zu den allgemeinen auch
für die individuelle Meinungsäußerungsfreiheit geltenden rechtlichen Grenzen –, sind
kaum von einer Komplexität, die eine kurrikulare Ausbildung notwendig erforderten.
Etwaige Ziele einer „Qualitätssteigerung" journalistischer Tätigkeit oder gar der Ausrichtung auf bestimmte Tendenzen (moralischer, politischer oder ideologischer Art)
wären ohnehin mit dem Gewährleistungs-Kerngehalt der Inhaltsneutralität unvereinbar. Die Presseberufe im engeren Sinne (Journalisten, Redakteure, Verleger, Herausgeber) dürfen damit von Verfassungs wegen keinen fachlichen Qualifikationsanforderungen und an deren Nachweis geknüpften Zulassungserfordernissen unterworfen
werden – § 2 LPG nimmt diese verfassungsrechtliche Wertung auf und übersetzt sie
für den Kompetenzbereich der Länder in einfaches Recht (so auch *Bullinger*, Vorauf.,
§ 2 Rn. 31). Soweit berufsrechtliche Zulassungsregelungen in die Gesetzgebungszuständigkeit des Bundes fielen (insb.: Art. 74 Abs. 1 Nr. 11 GG: Wirtschafts-, namentlich Handwerksrecht), vom Anwendungsbereich des § 2 LPG mithin nicht
erfasst werden könnten, trifft die grundrechtliche Verbotswirkung den Bund und ist
daher auch dieser gehindert, derartige Regelungen zu erlassen.

Berufsrechtliche Anforderungen und Zulassungsvorbehalte für Presseberufe im
weiteren Sinne, die unmittelbar nicht den Inhalten der Presserzeugnisse befasst
sind, bei denen aber eine qualifizierte Ausbildung sachlich unabdingbar ist, insbesondere das Druckgewerbe, können von dem grundrechtlichen Verbot hingegen sinnvollerweise nicht erfasst sein. Insoweit bleibt der zuständige Gesetzgeber berechtigt,
die Ausübung des Berufs von sachgerechten Qualifikationsnachweisen abhängig zu
machen (dazu näher u., Rn. 47 ff.).

Ähnliche Erwägungen rechtfertigen auch den von § 2 aus kompetentiellen Grün- **40**
den nicht erfassten (s. o., Rn. 17 ff.) gewerberechtlichen Reisegewerbekartenzwang,

LPG § 2 …… Zulassungsfreiheit

soweit von diesem im nicht durch § 55a Nr. 10 GewO freigestellten Bereich, also bei der Abonnementwerbung und den Haustürgeschäften, auch der ambulante Pressevertrieb betroffen ist. Allerdings ist insoweit eine verfassungskonforme Beschränkung des Zuverlässigkeitsmaßstabes auf die Einhaltung nicht inhaltsbezogener Rechtspflichten geboten (s. näher u., Rn. 61 ff.).

IV. Inhalt und Grenzen der Zulassungsfreiheit

1. Reichweite: Personal- und Sachkonzession, gemischte Erlaubnisse

41 Der thematische Schutzbereich der Zulassungsfreiheit umfasst selbstredend repressive Verbote mit Befreiungsvorbehalt, aber auch bloße Kontrollerlaubnisse (präventives Verbot mit Erlaubnisvorbehalt), die die Handlungsfreiheit auf dem jeweiligen Gebiet (hier der Pressetätigkeit) nicht materiell einschränken oder gar als grundsätzlich unerwünscht unterdrücken wollen, vielmehr nur der präventiven Sicherung objektiver oder subjektiver Ausübungsvoraussetzungen dienen. Auch solche nurmehr rechtsaufsichtlich konzipierten Eröffnungskontrollen bergen, wenn sie die Prüfung der Inhalte von Druckwerken ermöglichen und ihre Entscheidungsmaßstäbe danach ausrichten (s. dazu u., Rn. 49), die Gefahr behördlicher vorbeugender Inhaltskontrolle, welche durch § 2 LPG, aber auch schon durch die grundrechtliche Gewährleistung der Pressefreiheit (s. o., Rn. 33 ff.) ausgeschlossen sein soll.

42 Die gegenständliche Reichweite des Prinzips der Zulassungsfreiheit ist unbeschadet des notwendigen Personenbezuges (natürliche oder juristische Person als Begünstigter der Zulassung) nicht im engeren Sinne auf Personalkonzessionen beschränkt (s. schon o., Rn. 12), mithin auf solche Erlaubnisse, deren Erteilungsvoraussetzungen in persönlichen Eigenschaften oder Verhältnissen des Genehmigungsinhabers bestehen, namentlich der Fähigkeit und Bereitschaft, die für die in Rede stehende Tätigkeit je geltenden rechtlichen Anforderungen zu erfüllen (Zuverlässigkeit). Schon die nicht die Person des Berechtigten, sondern ihre Tätigkeit (Pressetätigkeit) in Bezug nehmende Formulierung des § 2 LPG deutet darauf hin, dass auch Erlaubnisse, deren Erteilung von sachlichen Voraussetzungen dieser Tätigkeit abhängig gemacht wird, erfasst sind (s. dazu schon o., Rn. 12), d. h. in der wirtschaftsverwaltungsrechtlichen Terminologie Sachkonzessionen bzw. – bei Kombination subjektiver und sachlicher Voraussetzungen – gemischte Konzessionen (anders wohl *Bullinger*, Vorauf., § 2 Rn. 34 ff.). Auch vom Schutzzweck der Zulassungsfreiheit her erscheint dieses weitere Verständnis nahe liegend: Konzessionssysteme, die die Bewilligung nicht (oder nicht in erster Linie) an die persönliche Zuverlässigkeit des Verlegers oder Händlers knüpfen, sondern zum Beispiel an das inhaltliche Profil einer Zeitung oder Zeitschrift, bleiben in ihrer für die Pressefreiheit prekäre Nähe zur verbotenen Zensur nicht hinter der reinen Personalkonzession zurück, knüpfen sogar eher noch unmittelbarer (und zensurähnlicher) an den Inhalt der Publikation an. Dementsprechend kann es für die Einschlägigkeit der Ausschlussnorm des § 2 LPG auch nicht auf die Höchstpersönlichkeit oder aber Übertragbarkeit der Erlaubnis ankommen: Auch die Einführung einer übertragbaren, aber von bestimmten qualitativen Standards oder gar politischer Linientreue abhängig gemachten Zeitungslizenz ist ausgeschlossen.

43 Abzugrenzen ist die Zulassung in diesem weiteren Sinne von der auf einzelne, konkrete Druckwerke bezogenen (Vor-)Zensur (Art. 5 Abs. 1 Satz 3 GG) bzw. das an die Pressebeschlagnahme anknüpfende Verbot weiterer Verbreitung (z. B. § 14 berl-PresseG). Die subjektiv-höchstpersönliche oder (eher) tätigkeitsbezogene Zulassung im Sinne des § 2 LPG erstreckt sich jedenfalls nicht nur auf einzelne Publikationen, sondern den Zugang zur Pressetätigkeit als solcher; allerdings muss insoweit eine bestimmte Art der Pressetätigkeit (Herausgabe eines Periodikums, von Büchern, Großhandel oder Einzelhandel als Vertriebsart usw.) ausreichen und kann die präventiv zugangsverschließende Qualität eines Erlaubnisvorbehalts nicht mit dem Argument

IV. Inhalt und Grenzen der Zulassungsfreiheit § 2 LPG

bestritten werden, er betreffe nur eine Tätigkeitsmodalität, nicht aber den Marktzutritt der Person schlechthin (zur Frage der Anwendbarkeit auf „Presseausübungsregelungen" u., Rn. 52 ff.).

Dies bedeutet keineswegs, dass jedwede für die Herstellung oder den Vertrieb von 44 Presseerzeugnissen mittelbar erforderliche Bau- oder Anlagenerlaubnis (etwa die Baugenehmigung für das Verlagsgebäude oder eine immissionsschutzrechtliche Genehmigung für eine Druckerei, s. zu diesen Beispielen *Bullinger*, Voraufl., § 2 Rn. 38) in den Anwendungsbereich der Vorschrift fällt. Entscheidend für die Abgrenzung aus dem Anwendungsbereich ist in den genannten Fällen indes nicht die ohnehin nur bedingt trennscharfe Unterscheidung von Personal- und Sachkonzession, sondern das Kriterium der Inhaltsneutralität dieser Erlaubnisse (insoweit auch *Bullinger*, Voraufl., § 2 Rn. 39): Sie sind nach dem Schutzzweck des § 2 LPG deswegen nicht von der Vorschrift erfasst, weil sie nach Gegenstand und Bewilligungsmaßstab keinen Bezug zum Inhalt der jeweils publizierten oder vertriebenen Druckwerke haben, daher aber auch nicht zum Zweck der Tendenzsteuerung eingesetzt werden können.

2. Erlaubnis und schwächere Formen der Eröffnungskontrolle

Der Begriff der Zulassung in § 2 LPG umfasst bei verständiger Deutung nicht 45 nur die ausdrückliche Genehmigung, sondern auch eine qualifizierte Anzeigepflicht in dem Sinne, dass die rechtmäßige Ausübung der Tätigkeit rechtlich durch die Anzeige bedingt und die Behörde infolgedessen die Möglichkeit einer Untersagung vor Aufnahme der Tätigkeit eingeräumt ist. Art. 4 Nr. 6 der Dienstleistungsrichtlinie (Richtlinie Nr. 2006/123/EG des europäischen Parlaments und des Rates v. 12. Dezember 2006 über Dienstleistungen im Binnenmarkt, ABl EU v. 27.12.2006 Nr. L 376/36) definiert als „Genehmigungsregelung" „jedes Verfahren, das einen Dienstleistungserbringer oder -empfänger verpflichtet, bei einer zuständigen Behörde eine förmliche oder stillschweigende Entscheidung über die Aufnahme oder Ausübung einer Dienstleistungstätigkeit zu erwirken" (dazu *Cornils*, in: Schlachter/Ohler, Art. 9 Rn. 20). Dazu gehören neben den Zulassungen im engeren Sinne auch die Verpflichtung zu einer Eintragung in ein Register (etwa in eine Berufsrolle), „falls diese Voraussetzung dafür [ist], eine Tätigkeit ausüben zu können. Die Erteilung einer Genehmigung kann nicht nur durch eine förmliche Entscheidung erfolgen, sondern auch durch eine stillschweigende Entscheidung" (Erwägungsgrund Nr. 39 RL 2006/123). Sowie die mit einer präventiven Verbotsmöglichkeit verbundene Vorlagepflicht hinsichtlich konkreter Druckwerke dem Zensurbegriff unterfällt (BVerfGE 87, 209, Rn. 113 ff., s. o., § 1 Rn. 262), muss auch die Einzeldruckwerkübergreifende Anzeigepflicht hinsichtlich einer Pressetätigkeit dem durch § 2 LPG ausgeschlossenen Zulassungsvorbehalt unter- oder zumindest gleichgestellt werden, wenn sie mit der Befugnis der präventiven Untersagung der Tätigkeit verkoppelt ist. Dafür spricht im übrigen schon der aus § 1 LPG (Verbot von Sondermaßnahmen) hergeleitete Grundsatz der Polizeifestigkeit der Presse (s. dazu o., § 1 Rn. 27 ff.): Inhaltsbezogene behördliche präventive Prüf- und Verbotsbefugnisse sind durch das Zensurverbot, die Prinzipien der Polizeifestigkeit der Presse sowie die Zulassungsfreiheit in ihrem Zusammenwirken umfassend ausgeschlossen. Kommt aber eine Befugnis zu präventiver administrativer Inhaltskontrolle nicht in Betracht, muss auch ein Anzeigeverfahren, dessen Sinn allein auf eine solche Präventivaufsicht gerichtet ist, ausgeschlossen sein.

Einfache Anzeigepflichten als schwächste Form der Eröffnungskontrolle, deren 46 Verletzung die Rechtmäßigkeit der Tätigkeit als solche unberührt lässt (z. B.: § 14 GewO), sind hingegen kein (konstitutives) Zulassungserfordernis; sie unterfallen daher nicht dem Anwendungsbereich des § 2 LPG. Die gewerberechtlichen Anzeigepflichten aus § 14 und § 55c GewO werden im Übrigen schon aus kompetentiellen Gründen vom Geltungsanspruch der landespressegesetzlichen Vorschriften nicht erfasst (s. o., Rn. 16 ff.). Für die journalistischen Berufe im Kernbereich der Pressetätigkeit entfällt die Anzeigepflicht schon deshalb, weil sie nicht dem Gewerbebegriff unterfallen, sondern den freien (schriftstellerischen) Berufen zuzurechnen sind (s. u., Rn. 57), anders gem. § 55c GewO hinsichtlich des erlaubnisfreien (§ 5a Nr. 10 GewO) Handels mit Presseerzeugnissen an öffentlichen Orten.

3. Zulässigkeit presseinhaltsneutraler Zulassungen

47 Der Schutzzweck der Zulassungsfreiheit bestimmt mit dem Anwendungsbereich des § 2 zugleich auch seine Grenzen: Die Vorschrift erfasst nicht presseinhaltsneutrale Erlaubnisvorbehalte, d. h. solche, die keine unmittelbare oder mittelbare Möglichkeit der Einflussnahme auf die Inhalte von Presseerzeugnissen eröffnen. Diese Begrenzung ist in Rspr und Literatur (s. nur *Bullinger,* Voraufl., § 2 Rn. 39) anerkannt, wenngleich ihr tragender Grund (Inhaltsneutralität) nicht immer deutlich hervortritt, sondern teilweise mit anderen Erwägungen (insb.: nur zulässige Modalitäts-, nicht verbotene Zugangsbeschränkung, so BVerfG [K], NVwZ 2007, 1306, Rn. 31) verbunden wird oder gar dahinter verborgen scheint. In der Sache liegt sie aber vor allem der Judikatur zur Anwendbarkeit der straßenrechtlichen Sondernutzungserlaubnisvorbehalte auf qualifizierte und daher gemeingebrauchsübersteigende Straßennutzungen durch die Presse zugrunde (OVG LSA, GewArch 2002, 250 [Aufstellen von Zeitungsautomaten]; BayVGH, NVwZ-RR 2002, 782 [Zeitungsautomaten mit Gratiszeitungen]; VG Karlsruhe, AfP 2001, 434 [Straßenverkauf von Sonntagszeitungen]); vergleichbar ist auch für die Güterfernverkehrsgenehmigung nach § 8 GüKG entschieden worden (OVG NRW NVwZ 1984, 734; BayObLG MDR 1987, 255; anders noch OLG Köln, AfP 1978, 101), wobei hier allerdings wiederum (anders als beim Landesstraßenrecht und wie beim Reisegewerbekartenzwang der Gewerbeordnung) der kompetentielle Vorrang (Art. 74 Abs. 1 Nr. 11 GG) zugunsten des Bundesgesetzes greift und § 2 LPG schon aus diesem Grund nicht entgegenstehen kann (s. o., Rn. 15 ff.). Der Anwendungsbereich des § 2 LPG ist damit sinnvoller- und notwendigerweise eingeschränkt auf diejenigen Zulassungsvorbehalte, die entweder gezielt als Instrument zur Unterdrückung oder Lenkung medialer Kommunikation eingesetzt werden könnten oder mit denen auch ohne solche Finalität doch immerhin Risiken einer solchen Inhaltesteuerung „bei Gelegenheit" der Verfolgung anderer Zwecke verbunden sind. Erlaubnisvorbehalte hingegen, die für die Entscheidung über die Erteilung oder Versagung der Erlaubnis überhaupt keinen Bezug auf den Inhalt der Kommunikation nehmen, vielmehr nur Gefahren steuern, die von bestimmten (Hilfs-) Tätigkeiten der Presse ungeachtet des Inhalts der Druckwerke ausgehen können, sind nicht allein deswegen rechtlich ausgeschlossen, weil sie im funktionalen Zusammenhang mit der Presse stehen. Am klassischen Beispiel der – selbstverständlich erforderlichen, allerdings auch wiederum bundesrechtlich geregelten (§ 2 StVG, Fahrerlaubnis-Verordnung v. 13.12.2010, BGBl. I S. 1980) – Fahrerlaubnis für den Fahrer eines Kraftwagens, der Druckwerke ausliefert, wird dies besonders deutlich. Gleiches gilt aber auch für an Qualifikationsnachweise geknüpfte Berufszulassungen hinsichtlich von nur mit der äußeren Herstellung von Druckwerken befassten Berufe ohne Einfluss auf den Inhalt der Presseerzeugnisse, namentlich das handwerksmäßig ausgeübte Druckergewerbe (s. allerdings heute § 18 Abs. 2 iVm Anlage B Nr. 40 HandwO: zulassungsfreies Handwerk).

48 Wird angenommen, dass die Freiheit der Presse von inhaltsbezogenen Zulassungserfordernissen verfassungsrechtlich durch Art. 5 Abs. 1 Satz 2 GG geboten ist (s. o., Rn. 33 ff.), führt die Eingrenzung des Tatbestands des § 2 LPG auf nicht-inhaltsneutrale Zulassungsvorbehalte dazu, dass die Vorschrift für den von der Landesgesetzgebungskompetenz erfassten Regelungsbereich den verfassungskräftigen Kern der Zulassungsfreiheit abbildet, nicht aber darüber hinausgeht. Dieses vom grundrechtlichen Schutzgehalt her bestimmte Verständnis entschärft auch das Problem kompetentieller Begrenzung des Geltungsanspruchs der landesrechtlichen Norm und dadurch bedingter etwaiger Disharmonien mit bundesgesetzlichen Erlaubnisvorbehalten (namentlich des Gewerberechts): Wird die Schutzwirkung der Zulassungsfreiheit

IV. Inhalt und Grenzen der Zulassungsfreiheit § 2 LPG

kompetenzebenenübergreifend einheitlich für Bund und Länder aus Art. 5 Abs. 1 Satz 2 GG begründet, kommt der aus Kompetenzgründen begrenzten Reichweite des § 2 LPG keine durchgreifende Bedeutung zu. Der Bundesgesetzgeber ist einerseits grundrechtlich nicht anders und weniger weitgehend auf die Achtung der Zulassungsfreiheit (im kritischen, inhaltsbezogenen Bereich) verpflichtet als die Länder – eine Bindung, die für die Auslegung der bundesrechtlichen Erlaubnisvorbehalte, etwa des Reisegewerbekartenzwangs, aber auch der Untersagungsbefugnis aus § 35 GewO erheblich wird. Andererseits unterliegen aber auch die Länder in ihrem Kompetenzbereich nicht engeren, verfassungsrechtlich nicht gebotenen Grenzen hinsichtlich der Einführung von inhaltsneutralen Aufsichtsregelungen.

Maßgeblich für die Beurteilung der Frage, ob ein Erlaubnisvorbehalt inhaltsneutral ausgestaltet ist und daher keine die Freiheit der Presse spezifisch beeinträchtigenden Wirkungen haben kann, sind der Gegenstand, der Zweck und die Prüfmaßstäbe des in Rede stehenden Kontrollvorbehalts. Unterwirft dieser das Druckwerk als solches mit seinem geistigen Inhalt der Prüfung, zielt er auf die Beeinflussung – Förderung oder Vermeidung – der geistigen Wirkung von Presseerzeugnissen oder richtet er die Entscheidung über die Erteilung der Erlaubnis an Kriterien aus, die mit dem Inhalt des Druckwerks zu tun haben, so kann die Regelung nicht als inhaltsneutral beurteilt werden und ist sie daher ausgeschlossen. Die straßenrechtliche Sondernutzungserlaubnis mag daher zwar schon wegen der mit ihr verbundenen Gebührenpflicht eine belastende Wirkung auf den Vertrieb von Presseerzeugnissen im öffentlichen Straßenraum haben; indessen trifft diese Belastung die Presse nicht anders als andere Sondernutzungen auch, sofern sich ihr Grund und Maß (auch etwa in der Bemessung der Gebühr) ausschließlich nach der Intensität der Überschreitung des Gemeingebrauchs bestimmt (s. zur darüber hinaus gebotenen Berücksichtigung des Art. 5 Abs. 1 Satz 2 GG bei der Bemessung der Gebühr BVerfG [K], NVwZ 2007, 1306, Rn. 45). Sie ist daher von inhaltsneutralem Charakter, wenn die erwogenen und ggf. als durchgreifend anerkannten Versagungsgründe allein auf die straßenrechtlichen Gründe der Leichtigkeit und Sicherheit des Verkehrs, allenfalls noch auf damit im Zusammenhang stehende weitere Zwecke (BayVGH BayVBl. 1984, 244; VGH BW, NVwZ-RR 2000, 837 f.) bezogen bleiben, keinesfalls aber auf die Inhalte der Presseerzeugnisse Bezug nehmen (s. besonders deutlich VG Hamburg, NVwZ-RR 2001, 564, Rn. 6: „Die Antragsgegnerin ist in keiner Weise berechtigt, Publikationen der Antragstellerin oder ihr nahestehender Organisationen oder Einzelpersonen vor ihrer Auslage auf ihren Inhalt zu überprüfen. […] Soweit die Wegebehörde befürchtet, dass die Antragstellerin eine ihr erteilte Sondernutzungserlaubnis zu presserechtswidrigen Handlungen nutzen könnte, so ist sie gehalten, mögliche presserechtliche Verstöße – sollten sie denn vorliegen – durch die dafür zuständigen Behörden [Ordnungsämter, Polizei, Staatsanwaltschaft] im Wege einer zulässigen „Nachzensur" verfolgen zu lassen."; s. auch instruktiv BayVGH, NVwZ-RR 2002, 782: Ermessensfehlerhaftigkeit einer auf die Eigenschaft des Gratisvertriebs von Zeitungen in Automaten begründeten Versagung der Sondernutzungserlaubnis).

Die Inhaltsneutralität einer Genehmigungsregelung ist nicht schon dann zu bejahen, wenn diese „meinungsneutral" iSd Art. 5 Abs. 2 GG ist und also die Eigenschaft eines allgemeinen Gesetzes aufweist (dazu BVerfGE 124, 300, Rn. 55 ff. und o., § 1 Rn. 247 ff.; *Bullinger*, Vorauß., § 2 Rn. 48). § 2 LPG und der dahinter stehende grundrechtliche Schutz der Zulassungsfreiheit der Presse schließen Zulassungsvorbehalte auch dann aus, wenn sie zwar „in Neutralität zu den verschiedenen politischen Strömungen und Weltanschauungen stehen" (BVerfGE 124, 300, Rn. 56), aber doch an die Inhalte von Presseerzeugnissen anknüpfen, wenn auch zum Schutz anderer Rechtsgüter, etwa mit dem Zweck des Jugendschutzes. Die Allgemeinheitsbedingung des Art. 5 Abs. 2 GG hindert derartige Inhaltsanknüpfungen nicht – wie schon die Qualifikation der Äußerungsdelikte (insb. § 185 StGB) als allgemeine Gesetze (BVerfGE 93, 266/291; BVerfGK 8, 89/96; BVerfG [K], NJW 2009, 3016/3017 deutlich macht –, steht vielmehr nur solchen Meinungsbeschränkungen entgegen, die sich

49

50

von „vornherein nur gegen bestimmte Überzeugungen, Haltungen oder Ideologien" richten (BVerfGE 124, 300, Rn. 57). In diesem – praktisch kaum je wirksam gewordenen, schon durch Art. 5 Abs. 2 GG gewährleisteten – Schutz geht die einfachrechtliche und grundrechtliche Verbotswirkung der Zulassungsfreiheit indessen nicht auf (auch BGHSt 28, 5 argumentiert, die Reisegewerbekartenpflicht betreffend, nicht mit der grundrechtlichen „Allgemeinheit" der Norm, sondern – zutreffend, s. o., Rn. 26 ff. – mit ihrer fehlenden Pressespezifität und der daher bestehenden Gesetzgebungskompetenz des Bundes, dazu noch u., Rn. 62): Zulassungsvorbehalte müssen vielmehr zum Schutz der freien medialen Kommunikation auch dann ausgeschlossen sein, wenn sie zwar nicht geradezu der diskriminierenden Unterdrückung einzelner Meinungen, etwa bestimmter politischer Standpunkte dienen (können), wohl aber der Unterbindung oder Erschwerung der Herstellung oder des Vertriebs von Druckwerken – durch Versagung einer Lizenz –, die etwa ihrem Genre oder ihrer generellen Programmatik entsprechend unerwünschte oder auch rechtlich unzulässige Inhalte enthalten.

51 So wären etwa hinreichend abstrakt gehaltene Lizenzversagungsgründe der Unzuverlässigkeit wegen politisch-kritischer Berichterstattung – sofern nur alle oder wenigstens verschiedene politische Richtungen erfasst sind –, wegen „religionsfeindlicher Agitation" – sofern sie nicht auf einzelnen Religionen beschränkt ist –, erst recht wegen Verletzung der Presseinhaltsdelikte des Strafgesetzbuches oder von Jugendschutzbestimmungen, durchaus „meinungsneutral" und daher allgemein im Sinne der Rechtsprechung zu Art. 5 Abs. 2 GG, aber doch als hochgradig zensurähnliche „vorbeugende Maßregeln" (im Sinne schon des Zensurverbots im weiten Sinne des Art. 143 Abs. 2 der Frankfurter Reichsverfassung v. 1849) durch Art. 5 Abs. 1 Satz 2 GG eindeutig verboten. Gerade im Vergleich mit der Zensur wird der besondere – notwendig über die Allgemeinheitsbedingung des Art. 5 Abs. 2 GG hinausgehende – Schutzgehalt auch des Konzessionsverbots anschaulich: Sogar die Zensur der Restaurationszeit (Karlsbader Beschlüsse) müsste aus heutiger Sicht – nach den engen Kriterien der Meinungsneutralität zu Art. 5 Abs. 2 GG – zumindest in Teilen als „allgemein" charakterisiert werden (vgl. z. B. Nr. II der preußischen Zensur-Verordnung v. 18.10.1819, GesSlg. für die kgl. pr. Staaten, S. 227 f.: „Ihr [scil. der Zensur] Zweck ist, demjenigen zu steuern, was den allgemeinen Grundsätzen der Religion, ohne Rücksicht auf die Meinungen und Lehren einzelner Religionspartheien und im Staate geduldeter Sekten, zuwider ist, zu unterdrücken, was die Moral und gute Sitten beleidigt, dem fanatischen Herüberziehen von Religionswahrheiten in die Politik und der dadurch entstehenden Verwirrung der Begriffe entgegen zu arbeiten; endlich zu verhüten, was die Würde und Sicherheit, sowohl des preußischen Staats, als der übrigen deutschen Bundesstaaten, verletzt."). Wenn gleichwohl die Zensur sogar absolut verboten ist (Art. 5 Abs. 1 Satz 3 GG), kann ein funktional äquivalenter Konzessionszwang, der auf die gleichen Lenkungsziele gerichtet ist und die gleichen Maßstäbe für die Erteilung oder Versagung einer Konzession zu Grunde legt, nicht schon wegen Wahrung der niedrigen Anforderungen der „Meinungsneutralität" gem. Art. 5 Abs. 2 GG aus dem Anwendungsbereich des § 2 LPG herausfallen – und vor Art. 5 Abs. 1 Satz 2 GG gerechtfertigt sein. Der Allgemeinheitsbegriff gemäß Art. 5 Abs. 2 GG entscheidet mithin ebenso wenig wie über die Kompetenzabgrenzung zwischen Bund und Ländern (s. o., Rn. 27 f.) über die Reichweite der grundrechtlichen und einfachrechtlichen Zulassungsfreiheit der Presse. Ihre Gewährleistung schirmt die Presse vielmehr gegen alle Erlaubnispflichten ab, die an den Inhalt von Druckwerken anknüpfen.

4. Presseausübungsbeschränkungen

52 Verbreitet, aber nicht unproblematisch ist die Annahme, außerhalb der Reichweite des § 2 LPG lägen „pressezugangsneutrale" Beschränkungen mit Erlaubnisvorbehalten (*Bullinger*, Voraufl., § 2 Rn. 40; *Rebmann*, § 2 Rn. 6, in diesem Sinne wohl auch

IV. Inhalt und Grenzen der Zulassungsfreiheit § 2 LPG

– zum Straßenverkauf von Sonntagszeitungen als erlaubnispflichtige Sondernutzung – BVerfG [K], NVwZ 2007, 1306, Rn. 31: „spezifische Art des Verkaufs einer Zeitung, hier der Straßenverkauf, von dieser Norm nicht erfasst"). Danach soll die Vorschrift nur vor der Auferlegung von Erlaubnispflichten schützen, welche den Zugang zur Pressetätigkeit als solchen betreffen, nicht aber die Regelung ihrer Modalitäten (Ausübungsregelung). Zwar ist die Unterscheidung zwischen Zugangsbeschränkungen und bloßen Ausübungs- oder Verhaltensregelungen der Rechtsordnung auch im Übrigen nicht fremd (vgl. nur die Stufenlehre zu Art. 12 Abs. 1 GG, BVerfGE 7, 377/407; 126, 112, Rn. 87 ff., oder die Differenzierung zwischen Marktzugang und Marktverhalten im Unionsrecht, dazu etwa BGH WRP 2010, 1489; GRUR 2013, 421 Rn. 28). Indessen findet sie in den beispielhaft genannten Feldern – bei allen auch hier häufig damit verbundenen Abgrenzungsschwierigkeiten – doch einen gewissen Halt in den Bezugspunkten der Unterscheidung („Beruf" oder „Markt"). Der gerade nicht auf klar umrissene Berufsbilder festgelegte Gegenstand der „Pressetätigkeit" hingegen ist in seiner Offenheit kaum geeignet, überzeugende Abgrenzungen zwischen den Kategorien der bloßen Ausübungsmodalität und des Zugangshindernisses zu ermöglichen: Jede Einschränkung einer bestimmten Tätigkeit, die zur Presse im grundrechtlichen Sinne des Art. 5 Abs. 1 Satz 2 GG rechnet, lässt sich sowohl als Verhaltensbeschränkung als auch als Versagung des Zugangs gerade zu dieser Tätigkeit beschreiben. Insbesondere kann von einer bloßen, nicht in den Anwendungsbereich des § 2 LPG fallenden Ausübungsbeschränkung nicht immer schon dann die Rede sein, wenn noch andere, vom Erlaubnisvorbehalt nicht erfasste Tätigkeitsalternativen bestehen, etwa bei der Unterwerfung bestimmter Vertriebsformen (stationärer oder nicht stehender Einzelhandel) unter einen Zulassungsvorbehalt.

Der Versuch, Genehmigungsvorbehalte, die den Pressevertrieb betreffen, danach zu 53 unterscheiden, ob sie „grundlegende Vertriebsformen" betreffen (dann verbotene Zugangsbeschränkung) oder sich als „bloße Ausübungs-Modalitäten der Verbreitung von Druckwerken" darstellen (so *Bullinger*, Voraufl. § 2 Rn. 50), läuft auf ein wenig präzises und auch in der Sache angreifbares, weil von subjektiven Bewertungen eines außenstehenden Beobachters abhängiges Schwerekriterium hinaus. So sollen nach dieser Unterscheidung der Abonnementvertrieb, der Vertrieb an festen Verkaufsstellen sowie innerhalb der ambulanten Verbreitung der Vertrieb einerseits auf öffentlichen Straßen und Plätzen, andererseits an der Haustür jeweils „grundlegende Vertriebsformen" sein, während die Art der Beförderung der Druckwerke (mit der Post oder anderen Paketdiensten, mit eigenen Kraftfahrzeugen oder im gewerblichen Güterverkehr) nur die Ausübung der Tätigkeit betreffe, so dass die Erlaubnispflicht nach § 3 GüKG vom Gebot der Zulassungsfreiheit nicht berührt werde (*Bullinger*, Voraufl., § 2 Rn. 50). „Zugangsneutrale" Ausübungsbeschränkungen sind nach dieser Unterscheidung auch die (nunmehr) landesgesetzlichen Regelungen über die Ladenöffnungszeiten, die Ausnahmevorbehalte für den Vertrieb von Zeitungen und Zeitschriften an Sonn- und Feiertagen vorsehen (s. z. B. § 5 LÖG NRW, § 9 Abs. 1 LadöffnG R.-P.) oder das – heute durch die gesetzliche Freistellung in § 10 Abs. 1 Nr. 8 ArbZG ersetzte – Verbot der Beschäftigung an Sonn- und Feiertagen mit Befreiungsvorbehalt (§ 105b und § 105e Abs. 1 GewO a. F., dazu BVerwG AfP 1986, 148, Rn. 19 – Verteilung eines Anzeigenblatts am Sonntag; zur aus Art. 5 Abs. 1 Satz 2 GG gebotenen Ermessensreduzierung – Anspruch auf Ausnahmebewilligung für die Herstellung von Tageszeitungen und am Montag erscheinenden Wochenschriften – BVerwGE 84, 86).

Betrachtet man die unter dem Gesichtspunkt der „bloßen Ausübungsregelung" 54 ausgenommenen Fälle, erscheint diese Kategorie entbehrlich und sind die damit verbundenen Abgrenzungsprobleme daher vermeidbar: Alle anerkannten Beschränkungen mit ihren gesetzlichen Ausnahmen zugunsten der Presse oder Dispensermächtigungen an die Verwaltung sind inhaltsneutral gestaltet, dienen ohne Rücksicht auf die Inhalte der betroffenen Druckwerke „inhaltsblinden" Schutzzwecken etwa des Arbeitsschutzes oder der Sicherheit und Leichtigkeit des Straßenverkehrs. Sie lassen sich daher ohne weiteres hinreichend mit dem Kriterium der Inhaltsneutralität bewältigen, sofern nicht – namentlich bei der straßenrechtlichen Sondernutzungserlaubnis – überhaupt schon der Eingriffscharakter der Erlaubnisregelung in Abrede gestellt wird, insofern die Möglichkeit einer Bewilligung den Rechtskreis des Begünstigten erweitert, nicht jedoch einschränkt („pressebegünstigende Erlaubnisse", so *Bullinger*, Voraufl., § 2 Rn. 41 ff. mit dem weiteren Beispiel der Sondernutzungserlaubnis zur Anbringung von Plakaten oder zum Verteilen von Zeitungen u. ä. in staatlichen Schul- oder Universitätsräumen, dazu VGH BW NJW 1994, 2636; für eine abwehrrechtliche Beurteilung nutzungsbeschränkender Widmungen – damit aber konsequent auch der gesetzlichen Beschränkung des Widmungszwecks von Straßen und Wegen auf den Gemeingebrauch – demgegenüber *Cornils*, HStR VII, § 168 Rn. 58 ff.).

5. Untersagung weiterer Pressetätigkeit

55 Die Zulassungsfreiheit im Sinne des § 2 LPG wendet sich wie das verwandte Zensurverbot nur gegen präventive Tätigkeitssperren, nicht hingegen gegen nachträgliche behördliche Maßnahmen, insbesondere die behördliche oder gerichtliche Untersagung der Fortführung einer erlaubnisfreien Pressetätigkeit (a. A. *Bullinger*, Vorauflage, § 2 Rn. 56 ff.; *Rebmann*, § 2 Rn. 5).

a) Untersagung nach §§ 35, 59 GewO

56 Für den – im Teilbereich administrativer Untersagungsbefugnisse – wichtigsten Fall, mithin die Befugnisse aus § 35 und § 59 GewO, folgt die Nichtanwendbarkeit des § 2 LPG schon aus den kompetenzrechtlichen Grenzen, die die mit der Gewerbeordnung ausgeschöpfte Bundeszuständigkeit für das Gewerberecht dem Geltungsanspruch der landesgesetzlichen Vorschrift zieht (s. o., Rn. 16 ff.); diese Sicht entspricht der Rechtsprechung (eingehend VGH BW, ESVGH 23, 221/228 f.) und überwiegenden Schrifttumsauffassung (*Gerlach*, NJW 1970, 693; *Verbeek*, GewArch 1978, 82) und harmoniert mit der Rechtsprechung zur Anwendbarkeit der Vorschriften über die Reisegewerbeerlaubnis auch auf die Pressevertriebs-Gewerbe der Abonnementwerbung sowie des Hautürvertriebs (s. o., Rn. 17 und u., Rn. 61 f.). Dass die neuen Landespressegesetze nach 1964 keine dem § 4 RPG entsprechende Bestimmung mehr vorsahen (anders noch § 2 Abs. 2 des Pressegesetzes für Württemberg-Baden von 1949, dazu *Bullinger*, in: Voraufl. § 2 Rn. 57), war folgerichtig, nachdem das Regelungsthema der Gewerbeuntersagung inzwischen mit der 4. GewO-Novelle 1960 (BGBl I S. 60) vom Bundesgesetzgeber umfassend in § 35 n. F. GewO aufgegriffen und erschöpft worden war. Und dass auf der anderen Seite der Bundesgesetzgeber aus der Kompetenzlegitimation gem. Art. 74 Abs. 1 Nr. 11 GG das Regelungsthema der Untersagung auch pressegewerblicher Tätigkeit für sich in Anspruch nimmt, ist angesichts der Regelung des § 59 iVm § 55a Nr. 10 GewO (Fälle des erlaubnisfrei gestellten Straßen-Vertriebs von Druckwerken) ebenso unzweifelhaft, wie das schon früher unter der Geltung der Reichsverfassungen von 1867/71 bzw. 1919 bei den reichsgesetzlichen Vorschriften der § 43 und § 143 GewO der Fall war (s. o., Rn. 21 ff.).

57 Auch die allgemeine Untersagungsvorschrift des § 35 GewO ist daher so zu lesen, dass sie kompetenzkonform auch Pressetätigkeiten erfasst – soweit diese nicht als freie Berufe ohnehin aus dem Gewerbebegriff und damit dem Anwendungsbereich der Gewerbeordnung herausfallen, so der der Fallgruppe freier schriftstellerischer Berufe zuzurechnende Beruf des Journalisten (*Kahl*, in: Landmann-Rohmer, GewO, Einl. Rn. 66; die verfassungsrechtliche Bundeskompetenz für das Gewerberecht endet im Übrigen keineswegs an der Grenze der freien Berufe, *Pielow*, in: Beck-OK GewO, § 1 Rn. 73). § 35 wird also nicht etwa von einer weiten, auch die Untersagung einschließenden Deutung der Zulassungsfreiheit gem. den landespresse-

IV. Inhalt und Grenzen der Zulassungsfreiheit　　　　　　　　　§ 2 LPG

gesetzlichen Normen geltungseinschränkend betroffen (so aber *Bullinger,* Voraufl., § 2 Rn. 57f., näher dazu u., Rn. 58). Der vermeintliche Rückschritt für die Pressefreiheit gegenüber dem Rechtszustand unter dem Reichspreßgesetz, der in der Aufgabe des umfassenden Schutzes vor Gewerbeuntersagungen, wie ihn noch § 4 RPG verbürgte, gesehen werden kann, wird jedenfalls dann erträglich, wenn der grundrechtliche Schutz des Art. 5 Abs. 1 Satz 2 GG vor einer presseinhaltsbezogenen behördlichen Zuverlässigkeitskontrolle auch gegenüber den – anwendbaren – bundesgewerberechtlichen Eingriffsbefugnissen, darunter auch der Untersagungsbefugnis des § 35 GewO, zur Geltung gebracht wird (s. u., Rn. 64 ff.). Im Übrigen war, wie bereits bemerkt (s. o., Rn. 23 f.), schon der Schutz des § 4 RPG nicht „gewerberechtsfest", erfuhr er vielmehr schon Einschränkungen durch spätere und gem. der lex posterior-Regel daher vorrangige Änderungen der GewO (§ 58 GewO seit 1883). So gesehen ist der 1960 in die Gewerbeordnung gekommene allgemeine Untersagungstatbestand wegen Unzuverlässigkeit nur ein weiterer Schritt der zum Schutz von anderen Rechtsgütern rechtspolitisch für notwendig gehaltenen Einschränkung der Gewerbefreiheit im Allgemeinen – aber eben auch mit Wirkung für die immer schon wirtschaftsrechtlichem Einfluss und Geltungsanspruch ausgesetzten Pressegewerbe.

b) landesrechtliche Untersagungsbefugnisse

Auch hinsichtlich des verbleibenden, von der Landeskompetenz für das Presserecht 58 abgedeckten Anwendungsbereichs sprechen die besseren Gründe für eine auf die Eröffnungskontrollen begrenzte Lesart der Norm, die also nicht auch den Schutz vor landesrechtlichen Untersagungsbefugnissen einschließt. Hätten die Pressegesetzgeber die Untersagung nach Aufnahme einer (nichtgewerblichen) Pressetätigkeit ebenso ausschließen wollen wie einen Zulassungsvorbehalt, hätten sie dies ohne Schwierigkeiten durch eine Formulierung wie in § 2 Abs. 2 des württembergisch-badischen Gesetzes Nr. 1032 über die Freiheit der Presse v. 1.4.1949 zum Ausdruck bringen können. Zwar weist auch die Untersagungsbefugnis mit ihrer zukunftsgerichteten Verbotswirkung eine erhebliche Eingriffsintensität auf, die der Versagung einer Zulassung durchaus nahekommen kann (so *Bullinger,* Voraufl., § 2 Rn. 57). Ihr fehlt aber doch die für die Zensur und die Konzession gleichermaßen charakteristische besonders grundrechtssensible Eigenschaft vorbeugender behördlicher Prüfung der Pressetätigkeit, insofern schon von diesem Prüfverfahren verhaltenssteuernde Wirkungen ausgehen können, die nicht gleichermaßen auch mit einem immer nur punktuell, anlassbedingt einsetzenden nachträglichen Untersagungsverfahren verbunden sind. Die Unterscheidung zwischen Genehmigungsvorbehalten und repressiven Aufsichtsbefugnissen einschließlich der Untersagung ist im Wirtschaftsverwaltungsrecht durchgehend präsent und die Differenz in der grundrechtlichen Eingriffsqualität gegenüber dem Erlaubnisvorbehalt etwa für § 35 GewO dementsprechend anerkannt (*Marcks,* in: Landmann/Rohmer, GewO, § 35 Rn. 17: „ist diese Bestimmung im Vergleich zu den präventiven Erlaubnisregelungen jedoch ein Minus"). Auch im Presserecht kann sie daher nicht interpretatorisch einfach übergangen werden.

Die Frage verliert ohnehin wesentlich an Bedeutung, wenn auch für die Unter- 59 sagungsbefugnisse grundrechtsgeforderte Einschränkungen des Prüfhorizonts anerkannt werden, namentlich die Untersagung auf inhaltsneutrale Gründe beschränkt wird (s. dazu u., Rn. 64 ff.): Da § 2 LPG inhaltsneutrale Erlaubnisvorbehalte nicht erfasst, auch diese also zulässig sind (s. o., Rn. 47 ff.), liegt in der korrespondierenden Zulassung inhaltsneutraler nachträglicher Untersagungsbefugnisse keine Risikoerhöhung für die Pressefreiheit; sie erscheint im Gegenteil folgerichtig, da es nicht einleuchten könnte, aus § 2 LPG einen strengeren Schutz gegen die Untersagungsmöglichkeit herzuleiten als gegen den textlich in der Bestimmung überhaupt nur beschriebenen Erlaubnisvorbehalt.

6. Grundrechtliche Grenzen von Zulassungsvorbehalten und Untersagungsbefugnisse

60 Die Unzulässigkeit inhaltsanknüpfender Genehmigungsvorbehalte ergibt sich nach hier vertretener Auffassung nicht erst aus der einfachrechtlichen Bekräftigung in § 2 LPG, sondern schon aus der grundrechtlichen Schutzwirkung der Verhältnismäßigkeit im engeren Sinne: Die grundrechtlich gewährleistete und auch in ihrer objektiven Funktion für den gesellschaftlichen Kommunikationsprozess unverzichtbare Gedankenfreiheit und geistige Unabhängigkeit der Presse wäre durch vorbeugende – zensurähnliche – Kontrollvorbehalte hinsichtlich der Presseinhalte, auch soweit diese nur die Einhaltung rechtlicher Grenzen sichern sollen, substantiell in Frage gestellt, ohne dass jedenfalls für die Presse und wohl auch für nicht rundfunkähnliche elektronische Medien hinreichend gewichtige Gründe bestünden, die derartige Zulassungsvorbehalte erforderten. Eine Vorabprüfung medienrechtlicher Zuverlässigkeit, also hinsichtlich der Gewähr, diejenigen Rechtsvorschriften einzuhalten, die für die fragliche Pressetätigkeit maßgeblich sind, ist mithin ausgeschlossen, soweit rechtliche Maßstäbe für die Presseinhalte in Rede stehen.

a) Reisegewerbekarte

61 Für die Zuverlässigkeitsprüfung im Rahmen der Erteilung der Reisegewerbekarte für Abonnementwerber und den gewerblichen Pressevertrieb an der Haustür (§ 55, 57 GewO) bedeutet dies, dass die in Betracht zunehmenden Versagungsgründe auf inhaltsneutrale Unzuverlässigkeitsmerkmale der jeweiligen Gewerbetreibenden zu beschränken sind, also etwa die Gefahr der Begehung von Straftaten im Rahmen oder bei Gelegenheit der Geschäftstätigkeit, die keine Presse- oder Presseinhaltsdelikte sind, ggf. Verstöße gegen sozialversicherungsrechtliche Pflichten oder sonstige, typischerweise im Reisegewerbe auftretende Verfehlungen (s. dazu mit Beispielen *Ennuschat*, in: Tettinger/Wank/Ennuschat, GewO, § 57 Rn. 4). Die Begehung von oder Beteiligung an Presseinhaltsdelikten oder die Verletzung von Jugendschutzbestimmungen durch den Vertrieb von Presseerzeugnissen kann hingegen keine Grundlage für eine Unzuverlässigkeitsprognose sein (insoweit zutr. *Bullinger,* Vorauf., § 2 Rn. 55); ihre Sanktionierung bleibt den Gerichten vorbehalten.

62 Eine derartige Beschränkung findet in der einschlägigen Rechtsprechung durchaus eine Stütze. So hat es schon der VGH Mannheim in seiner die spätere Judikatur zur Anwendbarkeit der gewerberechtlichen Vorschriften auch auf die Pressegewerbe maßgeblich prägenden Entscheidung vom 4. Juni 1973 unter dem Gesichtspunkt der Vereinbarkeit dieser Anwendung mit dem Grundrecht der Pressefreiheit für „entscheidend" gehalten, dass die in § 57 (und damals noch § 57a) GewO aufgezählten Versagungsgründe „in keinem Falle zur Verweigerung oder Entziehung der Reisegewerbekarte aus Gesichtspunkten, die eine spezifische Beeinträchtigung der Pressefreiheit darstellen würden, [ermächtigen]" (VGH BW, ESVGH 23, 221/227). Deutlicher noch betont der BGH, dass „die Rolle der Presse als Mittlerin geistiger Inhalte [...] nur mittelbar berührt [wird], zumal da die Gründe für die Versagung einer Reisegewerbekarte keinerlei Bezug zum Inhalt von Presseerzeugnissen haben" (BGHSt 28, 5/19). Zwar erging diese Rechtsprechung noch zu §§ 57, 57a GewO a. F., mithin zur Fassung dieser Bestimmungen, in der neben dem Grund der fehlenden Zuverlässigkeit „für die Ausübung des Reisegewerbes" (§ 57 Abs. 1 Nr. 1) noch im weiteren einzelne Versagungsgründe aufgeführt waren, die in der Tat sämtlich keinerlei Bezug zu Kommunikationsinhalten aufwiesen. Jedoch kann darin kein inhaltlicher Unterschied zu der mit dem Änderungsgesetz vom 25.7.1984 (BGBl I S. 1008) eingeführten, noch heute geltenden Fassung, die als Versagungsgrund nur noch die Unzuverlässigkeit – im selben Sinne wie bei § 35 GewO und den Erlaubnispflichten für das stehende Gewerbe (§ 34a Abs. 1 Nr. 1 usw.) – nennt, gesehen werden. Die Änderung trug nur der Einsicht Rechnung, dass die in der alten Fassung aufgeführten einzelnen Versagungsgründe ohnehin nur entbehrliche Regelbeispiele der – ja auch schon da-

IV. Inhalt und Grenzen der Zulassungsfreiheit § 2 LPG

mals die Enumeration anführenden – Unzuverlässigkeit waren (Gesetzesbegründung, BT-Drs. 10/1125 S. 21; *Ennuschat*, in: Tettinger/Wank/Ennuschat, GewO, § 57 Rn. 1; *Schönleiter*, in: Landmann/Rohmer, GewO, § 57 Rn. 2).

Umstritten ist des Weiteren, ob die Reisegewerbekartenpflicht auch bei Beschränkung auf inhaltsneutrale Versagungs- bzw. Entziehungsgründe in ihren belastenden Wirkungen auf das ambulante Pressevertriebsgewerbe verhältnismäßig ist. Die Rechtsprechung hat dies mit den Argumenten einerseits „auf der Hand liegender" Schutzwürdigkeit der mit der Erlaubnispflicht verfolgten gewerbepolizeilichen Interessen, andererseits der relativen Geringfügigkeit der Belastung bejaht (BGHSt 28, 5, Rn. 19: „fallen kaum ins Gewicht"). In der Literatur ist dies vor allem für den ambulanten Straßenverkauf von Zeitungen in Abrede gestellt worden, insofern bei dieser Vertriebsform die für die Erlaubnispflichtigkeit des Reisegewerbes tragenden Sonderrisiken für den Verbraucher kaum auftreten können, anders als beim Haustürvertrieb (*Papier*, AfP 1981, 249/259 f.). Der Gesetzgeber hat dieser differenzierenden Kritik durch die Herausnahme des Pressevertriebs auf öffentlichen Straßen und Plätzen aus dem Erlaubniszwang Rechnung getragen (§ 55a Nr. 10 GewO). Die auch gegen die verbleibenden erlaubnispflichtigen Gewerbemodalitäten, also die Abonnementwerbung (Aufsuchen von Bestellungen) und den Haustürverkauf ins Feld geführten Verhältnismäßigkeitsbedenken, insbesondere auch unter Hinweis auf den verbesserten Verbraucherschutz bei Haustürgeschäften (*Bullinger*, Voraufl., § 2 Rn. 49), richten sich letztlich gegen das Institut der Reisegewerbeerlaubnis schlechthin, nicht spezifisch gegen ihre Erstreckung auf den Pressevertrieb. Sie berücksichtigen auch wohl nicht alle spezifischen Risiken des Reisegewerbes. **63**

b) Untersagungsbefugnisse

Die nachträgliche Untersagung einer Pressetätigkeit unterfällt nicht dem Anwendungsbereich des § 2 LPG, § 35 und § 59 GewO schon aus Kompetenzgründen nicht (s. o., Rn. 16 ff., 56). Gleichwohl sprechen die besseren Gründe dafür, auch insoweit – wie bei der präventiven Erlaubnis – ein abwehrgrundrechtliches Verbot inhaltsbezogener behördlicher Prüfungen anzunehmen (so schon *Bullinger*, Voraufl., § 2 Rn. 58). Namentlich für die bundes-gewerberechtlichen Untersagungsbefugnisse wegen Unzuverlässigkeit bedeutet dies, dass selbst die wiederholte Verletzung äußerungsrechtlicher oder jugendschutzrechtlicher Grenzen der Pressetätigkeit nicht zu einer Beurteilung als unzuverlässig führen kann; gewerbeaufsichtliche Betriebsuntersagungen sind niemals zur Abwehr von Gefahren möglich, die von den Inhalten von Presseerzeugnissen ausgehen. Sowenig der Schutz vor rechtsgutgefährdenden Kommunikationsinhalten Sache der allgemeinen Polizeibehörden ist (Polizeifestigkeit der Presse, s. o., § 1 Rn. 27 ff.), kann er der Zuständigkeit der Gewerbeaufsicht oder anderer Sonderordnungsbehörden überantwortet werden, nicht einmal einer spezifisch dafür eingesetzten, landesrechtlich begründeten Medienpolizeibehörde nach dem Muster der Jugendmedienschutz-Aufsicht über die Telemedien (§ 20 Abs. 4 JMStV iVm § 59 RStV) – letzteres ergäbe sich freilich nicht aus einem nicht zu begründenden Geltungsvorrang des § 2 LPG (oder des § 1 LPG) gegenüber derartigen medienrechtlichen Spezialnormen (s. o. § 1 Rn. 22 ff.), wohl aber aus dem Befund pressegrundrechtlicher Unverhältnismäßigkeit – in Abweichung von der grundrechtlichen Bewertung vergleichbarer administrativer Rechtsaufsicht über die elektronischen Medien (s. o., Rn. 37 ff.). **64**

Die Untersagung einer gewerblichen oder nichtgewerblichen Pressetätigkeit muss auf nicht-inhaltliche, äußere, gefahrträchtige Umstände der Tätigkeit betreffende Gründe beschränkt sein, weil sie ein schwerwiegender Eingriff ist, der für die Dauer seiner Wirksamkeit zugangsverschließende Qualität hat. Die Intensität des „repressiven", genauer formuliert reaktiven, indessen doch ab seiner Verhängung zukunftsgerichtet präventiv wirkenden Tätigkeitsverbots bleibt immerhin, aber eben auch nur insofern hinter dem Konzessionszwang und der im Rahmen der Lizenzprüfung ausgesprochenen Versagung zurück, als die Konzessionierung schon kraft der **65** flächendeckend alle Tätigkeit erfassenden Vorabkontrolle Lenkungseffekte erreicht, die bei punktueller anlassbezogener Untersagung nicht gleichermaßen auftreten. Diese Differenz in der Eingriffsintensität wird im Gleichklang mit den allgemeinen Wertungen des Gewerberechts darin abgebildet, dass auch die Pressegewerbe im Allgemeinen, abgesehen von den mit spezifischen Gefahren für die Verbraucher konnotierten ambulanten Vertriebsformen (Reisegewerbe), zulassungsfrei sind, wohl aber der Möglichkeit nachträglicher Untersagung bei Unzuverlässigkeit unterliegen. Diese eingriffsqualitätsentsprechend differenzierende Wertung würde geradezu auf den Kopf gestellt, das zulassungsfreie stehende Pressegewerbe sowie der ambulante Straßenverkauf von Druckwerken (§ 55a iVm § 59 GewO) sogar strengeren materiellen Aufsichtsmaßstäben als die erlaubnispflichtige Abonnementwerbung und der Haustürverkauf unterworfen, hielte man bei der Untersagung eine inhaltsbezogene Zuverlässigkeitsprüfung für möglich, obwohl sie bei der Entscheidung über die Erteilung der Reisegewerbekarte – und ihrer Entziehung (§§ 48 f. VwVfG) – von Verfassungs wegen (Art. 5 Abs. 1 Satz 2 GG) ausgeschlossen ist (s. o., Rn. 35 ff.). Der materielle Zuverlässigkeitsmaßstab kann für die Untersagung nicht ausgreifender sein als für die Zulassung; eine andere Sicht der Dinge setzte geradezu einen Anreiz zur Umgehung des verfassungskräftigen Verbots zensurähnlich inhaltsbezogener Eröffnungskontrollen durch breitflächig eingesetzte und daher funktional annähernd äquivalente reaktive Prüfverfahren.

66 In der Rechtsprechung zu § 35 GewO scheint sich diese pressefreiheitsfreundliche Sicht indessen nicht durchgesetzt zu haben. Vielmehr hat das Oberverwaltungsgericht für das Land Sachsen-Anhalt – ohne die Frage einer grundrechtlichen Bindung und Begrenzung des Zuverlässigkeitsmaßstabs überhaupt zu thematisieren – die Untersagung eines gewerblichen Vertriebs rechtsgerichteter Musik-CDs, der gegen Strafgesetze verstieß, bestätigt (OVG LSA, Beschluss vom 13.9.2007, 1 M 78/07, juris). In einem anderen Fall ist die auf § 35 GewO gestützte Verfügung der Einstellung des Betriebs eines Videobildträger-Verleihautomaten nur deswegen aufgehoben worden, weil der Automat technisch hinreichend gegen die Benutzung durch Jugendliche gesichert und ein Verstoß gegen das Verbot des § 7 Abs. 4 JÖSchG (vgl. heute § 12 Abs. 4 JuSchG) daher nicht vorgelegen habe (VG Karlsruhe, GewArch 2001, 476, Parallelentscheidung bestätigt durch VGH BW GewArch 2001, 479). Die grundsätzliche Berechtigung, gegen den Betrieb wegen der Verletzung von Jugendschutzvorschriften gewerbeaufsichtlich einzuschreiten, ist auch hier nicht einmal ansatzweise in Zweifel gezogen worden.

67 Demgegenüber ist an der Vorstellung einer grundrechtlichen Gewährleistung umfassenden Schutzes vor inhaltsbezogenen Aufsichtsbefugnissen der Verwaltungsbehörden festzuhalten. Zwar mag eine grundrechtsbewusste Interpretation des § 35 GewO das Problem praktisch weitgehend auch dann entschärfen, wenn kein absoluter Ausschluss kommunikatbezogener Prüfung zugrunde gelegt wird: Die Vorschrift nimmt in ihren Voraussetzungen und auf Rechtsfolgenseite grundrechtliche Verhältnismäßigkeitsanforderungen auf: Danach ist die Gewerbe-Volluntersagung ultima ratio; sie kommt ohnehin nur in Betracht, wenn die die Unzuverlässigkeit begründende Rechtsgütergefährdung nicht durch andere, weniger weit reichende Eingriffsmaßnahmen unterbunden werden kann, etwa durch Abmahnung, Auflagen, Kontrollen, Teiluntersagung (*Marcks*, in: Landmann/Rohmer, GewO, § 35 Rn. 78). Es versteht sich auch von selbst, dass dem grundrechtlichen Schutz der Pressefreiheit im Rahmen der Verhältnismäßigkeit i. e. S. in besonderer Weise Rechnung getragen werden muss (VGH BW, ESVGH 23, 221/227). Dieser starke Schutz der Verhältnismäßigkeit wird eine gewerberechtliche Untersagung der Fortführung von Pressebetrieben (sofern diese überhaupt Gewerbe iSd GewO sind) aus Gründen der Herstellung oder Verbreitung rechtswidriger Schriften kaum je zulassen, vielmehr eine Begrenzung auf den als solchen rechtsverletzenden Ausschnitt der Tätigkeit erzwingen. Gleichwohl bedeutete die Vorstellung eines – wenn auch gegenständlich begrenzten – Jugend- oder Persönlichkeitsschutzes gegen Presseveröffentlichungen mit gewerbepolizeilichen

IV. Inhalt und Grenzen der Zulassungsfreiheit § 2 LPG

Mitteln einen kaum zu rechtfertigenden Rückschritt gegenüber dem schon mit dem Reichspressgesetz erreichten Stand der Pressefreiheit (eindrücklich *Bullinger,* Voraufl., § 2 Rn. 57 ff.) – ohne dass die Notwendigkeit einer solchen administrativen Rechtsaufsicht über die Presse zum Schutz wichtiger Rechtsgüter und damit also das Ungenügen des immerhin doch auch bei der Individualkommunikation für hinreichend leistungsfähig gehaltenen Rechtsgüterschutzes durch Zivil- und Strafgerichte erkennbar wäre.

c) Strafgerichtliches Berufsverbot (§ 70 StGB)

Vor Jahrzehnten stark umstritten, soweit ersichtlich aber heute kaum noch problematisiert ist schließlich auch die verfassungsrechtliche Zulässigkeit der Anwendung der strafrechtlichen Sicherungsmaßregel des Berufsverbots (§ 70 StGB) auf Presseberufe im engeren Sinne, namentlich Journalisten (s. dazu ausführlicher *Bullinger,* Voraufl., § 1 Rn. 319 ff.; *Hanack,* in: Leipziger Kommentar StGB, § 70 Rn. 64 ff.; *Pollähne,* in: Kindhäuser/Neumann/Paeffgen, § 70 Rn. 8 f.). Die Auffassung, § 70 Abs. 1 StGB dürfe gegen Presseberufe schon wegen insoweit nicht gegebener Bundesgesetzgebungskompetenz keine Anwendung finden (*Bullinger,* Voraufl., § 1 Rn. 322 ff.), überzeugt freilich hier ebenso wenig – und aus denselben Gründen nicht – wie bei den gewerberechtlichen Eingriffsbefugnissen (s. o., Rn. 16 ff.). Gewichtiger sind die aus der Sperrwirkung des Art. 18 GG (Grundrechtsverwirkungs-Entscheidungsmonopol des BVerfG) und aus der Gewährleistung der Pressefreiheit (Art. 5 Abs. 1 Satz 2 GG) begründeten Einwände hinsichtlich solcher Berufsverbote, die sich auf die Verurteilung wegen Staatsschutzdelikten bzw. wegen Presseinhaltsdelikten stützen (s. dazu sogleich, Rn. 70 f.). § 70 Abs. 1 StGB bindet das Berufsverbot in der heute geltenden Fassung nicht (mehr) an eine Mindeststrafdauer und sieht neben dem zeitigen Verbot auch die Möglichkeit eines lebenslangen Verbots der Ausübung des in Rede stehenden zur Begehung der Straftat „missbrauchten" Berufs, Berufszweiges, Gewerbes oder Gewerbezweiges vor, ermächtigt mithin zu einem Grundrechtseingriff höchster Intensität.

Der BGH hat schon in den 1960er Jahren die strafgerichtliche Verhängung eines Berufsverbots gegen Journalisten auf der Grundlage der Vorgängervorschrift des § 70 StGB (§ 42 Abs. 1 StGB a. F.) gebilligt, namentlich keine Bedenken aus Art. 5 und 12 GG, aber auch nicht aus Art. 18 (Grundrechtsverwirkung) gesehen.

Was Art 18 GG angeht, ist danach das Feststellungsmonopol des BVerfG hinsichtlich der Grundrechtsverwirkung aus Art. 18 GG durch § 70 StGB nicht verletzt, insofern das Berufsverbot nach den Voraussetzungen der Vorschrift nicht schon allein mit der Begründung verhängt werden könne, der Betroffene habe das Grundrecht zum Kampf gegen die freiheitlich demokratische Grundordnung missbraucht, vielmehr nur unter den engeren in der Bestimmung genannten Voraussetzungen (BGHSt 17, 38; BGH NJW 1965, 1388). Nur die Entscheidung über ein allein mit dem Kampf gegen die freiheitlich demokratische Grundordnung begründetes Berufsverbot gegen Journalisten und Verleger stehe wegen Art. 18 GG ausschließlich dem BVerfG zu (so in BVerfGE 10, 118 = NJW 1960, 29: Unvereinbarkeit des § 4 des nordrheinwestfälischen Gesetzes über die Berufsausübung von Verlegern, Verlagsleitern und Redakteuren v. 17.11.1949 [GVBlNRW S. 293] mit Art. 18 GG). In der Literatur ist demgegenüber die Vereinbarkeit von auf § 70 (§ 42 Abs. 1 a. F.) StGB gestützten Berufsverboten mit Art. 18 GG im tatbestandlichen Überschneidungsbereich, d. h. bei Verurteilung wegen Staatsschutzdelikten, teilweise bestritten worden (*Copic,* S. 143, Fußn. 53; *Wilke,* S. 115, 120 f.; s. auch BVerfGE 63, 266, abweichende Meinung *Simon,* Rn. 89; *Bullinger,* Voraufl. § 1 Rn. 329). Das BVerfG hat die Frage im allgemeinen offengelassen; jedenfalls bei „organisationsbezogener", „verbandsmäßiger" im Rahmen einer für verfassungswidrig erklärten Partei betätigten Verfassungsfeindlichkeit ergebe sich kein Widerspruch und sperre Art. 18 GG ein strafgerichtliches Berufsverbot nicht (BVerfGE 25, 88, Rn. 23, 28). In der heutigen staatsrechtlichen Literatur findet die BGH-Rechtsprechung Billigung (*v. Coelln,* in: Stern/Becker, Art. 18 Rn. 45; wohl auch *Butzer,* in: Epping/Hillgruber, Art. 18 Rn. 20: „Komplementarität") oder stößt

LPG § 3 Öffentliche Aufgabe der Presse

doch jedenfalls nicht mehr auf dezidierte Kritik (offenbar unentschieden *Jarass,* in: Jarass/Pieroth, Art. 18 Rn. 3; *Krebs,* in: v. Münch/Kunig, Art. 18 Rn. 25; *Wittrek,* in: Dreier, Art. 18 Rn. 51).

71 Das Grundrechtsproblem der mit dem Berufsverbot einher gehenden massiven Beschränkung der Pressefreiheit ist in der genannten Rechtsprechung allenfalls ansatzweise gesehen worden; auch das BVerfG hat die Vereinbarkeit des § 42 Abs. 1 StGB a. F. mit Art. 5 Abs. 1 Satz 2 GG ohne weitere Bedenken bestätigt (BVerfGE 25, 88, Rn. 17). Vom grundrechtlich begründeten Verbot behördlicher inhaltsbezogener Untersagungsbefugnisse („Presseinhaltspolizei", s. o., Rn. 64 ff.) lässt sich in der Tat nicht ohne weiteres auf eine absolute grundrechtliche Sperrwirkung strafrechtlicher, von der Strafgerichtsbarkeit verhängter Sanktionsfolgen schließen. Allerdings ist die Sicherungsmaßregel nicht mehr Schuldstrafe, sondern Gefahrenabwehreingriff, gehört also in den Kreis der grundrechtlich immer prekären zensurähnlichen, vorbeugend gegen Meinungsäußerungen wirkenden Maßnahmen. Auch wenn man nicht so weit geht, aus Art. 5 Abs. 1 Satz 2 GG ein kategorisches Verbot der Verhängung pressebezogener Berufsverbote bei einer Verurteilung wegen Presseinhaltsdelikten abzuleiten (so – mit einer allerdings nicht tragfähigen Begründung aus der Bundestreue, s. dagegen schon o., Rn. 31 – *Bullinger,* Voraufl., § 1 Rn. 325), ist insoweit doch jedenfalls besondere Grundrechtssensibilität (Verhältnismäßigkeit!) und Zurückhaltung geboten; eine Beschränkung beruflicher Pressebetätigung kann danach allenfalls in Extremfällen ungewöhnlich schwerwiegender oder notorischer Begehung von Presseinhaltsdelikten in Betracht kommen.

LPG § 3
Öffentliche Aufgabe der Presse

I. Geltende Gesetzesfassungen

Gesetzesfassung in Baden-Württemberg

§ 3 [Öffentliche Aufgabe der Presse]

Die Presse erfüllt eine öffentliche Aufgabe, wenn sie in Angelegenheiten von öffentlichem Interesse Nachrichten beschafft und verbreitet, Stellung nimmt, Kritik übt oder auf andere Weise an der Meinungsbildung mitwirkt.

Gesetzesfassung in Bayern

Art. 3

(1) **Die Presse dient dem demokratischen Gedanken.**

(2) **Sie hat in Erfüllung dieser Aufgabe die Pflicht zu wahrheitsgemäßer Berichterstattung und das Recht, ungehindert Nachrichten und Informationen einzuholen, zu berichten und Kritik zu üben.**

(3) **im Rahmen dieser Rechte und Pflichten nimmt sie in Angelegenheiten des öffentlichen Lebens berechtigte Interessen im Sinn des § 193 des Strafgesetzbuchs wahr.**

Gesetzesfassung in Berlin

§ 3 [Öffentliche Aufgabe der Presse]

(1) **Die Presse erfüllt eine öffentliche Aufgabe.**

Öffentliche Aufgabe der Presse § 3 LPG

(2) Die Presse hat alle Nachrichten vor ihrer Verbreitung mit der nach den Umständen gebotenen Sorgfalt auf Inhalt, Wahrheit und Herkunft zu prüfen.

(3) Die Presse nimmt berechtigte Interessen im Sinne des § 193 StGB wahr, wenn sie in Angelegenheiten von öffentlichem Interesse Nachrichten beschafft und verbreitet, Stellung nimmt, Kritik übt oder in anderer Weise an der Meinungsbildung mitwirkt.

Gesetzesfassung in Brandenburg

§ 3 [Öffentliche Aufgabe der Presse]

Die Presse erfüllt eine öffentliche Aufgabe insbesondere dadurch, dass sie Nachrichten beschafft und verbreitet, Stellung nimmt Kritik übt oder auf andere Weise an der freien individuellen und öffentlichen Meinungsbildung mitwirkt. Sie nimmt insoweit grundsätzlich berechtigte Interessen im Sinne von § 193 StGB wahr.

Gesetzesfassung in Bremen

§ 3 [Öffentliche Aufgabe der Presse]

Die Presse erfüllt eine öffentliche Aufgabe.

Gesetzesfassung in Hamburg

§ 3 [Öffentliche Aufgabe der Presse]

Die Presse erfüllt eine öffentliche Aufgabe insbesondere dadurch, dass sie Nachrichten beschafft und verbreitet, Stellung nimmt, Kritik übt, in anderer Weise an der Meinungsbildung mitwirkt oder der Bildung dient.

Gesetzesfassung in Hessen

Eine entsprechende Bestimmung fehlt.

Gesetzesfassung in Mecklenburg-Vorpommern

§ 3 [Öffentliche Aufgabe der Presse]

Die Presse erfüllt eine öffentliche Aufgabe, indem sie insbesondere in Angelegenheiten von öffentlichem Interesse Nachrichten beschafft und verbreitet, Stellung nimmt, Kritik übt, auf andere Weise an der Meinungsbildung mitwirkt oder der Bildung dient.

Gesetzesfassung in Niedersachsen

§ 3 [Öffentliche Aufgabe der Presse]

Die Presse erfüllt eine öffentliche Aufgabe, wenn sie in Angelegenheiten von öffentlichem Interesse Nachrichten beschafft und verbreitet, Stellung nimmt, Kritik übt oder auf andere Weise an der Meinungsbildung mitwirkt.

Gesetzesfassung in Nordrhein-Westfalen

§ 3 [Öffentliche Aufgabe der Presse]

Die Presse erfüllt eine öffentliche Aufgabe insbesondere dadurch, dass sie Nachrichten beschafft und verbreitet, Stellung nimmt, Kritik übt oder auf andere Weise an der Meinungsbildung mitwirkt.

LPG § 3

Gesetzesfassung in Rheinland-Pfalz

§ 5 [Öffentliche Aufgabe]

Die Medien nehmen eine öffentliche Aufgabe wahr.

Gesetzesfassung im Saarland

§ 4 [Öffentliche Aufgabe der Medien]

Die Medien nehmen bei der umfassenden Teilnahme an der Meinungsbildung eine öffentliche Aufgabe wahr.

Gesetzesfassung in Sachsen

§ 3 [Öffentliche Aufgabe der Presse]

(1) Die Presse dient dem demokratischen Gedanken im Sinn des Grundgesetzes.

(2) Die Presse erfüllt eine öffentliche Aufgabe, indem sie in Angelegenheiten von öffentlichem Interesse Nachrichten beschafft und verbreitet, Stellung nimmt, Kritik übt oder auf andere Weise an der Meinungsbildung mitwirkt.

(3) Die Presse ist gehalten, die Erfüllung ihrer öffentlichen Aufgaben nach den Abs. 1 und 2 nicht durch Belastungen aus der Vergangenheit zu gefährden.

Gesetzesfassung in Sachsen-Anhalt

§ 3 [Öffentliche Aufgabe der Presse]

Die Presse erfüllt eine öffentliche Aufgabe, wenn sie in Angelegenheiten von öffentlichem Interesse Nachrichten beschafft und verbreitet, Stellung nimmt, Kritik übt oder auf andere Weise an der Meinungsbildung mitwirkt.

Gesetzesfassung in Schleswig-Holstein

§ 3 [Öffentliche Aufgabe der Presse]

Die Presse erfüllt dadurch eine öffentliche Aufgabe, dass sie Nachrichten beschafft und verbreitet, Stellung nimmt oder Kritik übt.

Gesetzesfassung in Thüringen

§ 3 [Öffentliche Aufgabe der Presse]

Die Presse erfüllt eine öffentliche Aufgabe, wenn sie in Angelegenheiten von öffentlichem Interesse Nachrichten beschafft und verbreitet, Stellung nimmt, Kritik übt oder auf andere Weise an der Meinungsbildung mitwirkt.

Inhaltsübersicht

	Rn
I. Geltende Gesetzesfassungen	
II. Die „öffentliche Aufgabe" in den Landespressegesetzen: Überblick	1–4
III. Historischer Hintergrund	5–17
1. Ältere geistesgeschichtliche Hintergründe	6
2. Erstarken der Pflichtbindungsthese (Pressefreiheit im öffentlichen Interesse)	7
3. Der öffentliche Auftrag der Presse als Amt des Journalisten	8, 9

Öffentliche Aufgabe der Presse § 3 LPG

Rn

4. Pervertierung des Auftragsgedankens: Die öffentliche Aufgabe im
   Schriftleitergesetz 1933 10
5. Die Übernahme der „öffentlichen Aufgabe" in die Landespresse-
   gesetze 11–17
IV. Die „öffentliche Aufgabe" der Presse als verfassungsrechtliche
    Funktion 18–35
   1. Verfassungsrechtliche Rahmenbedingungen der „öffentlichen
      Aufgabe" 20–29
      a) Das rundfunkverfassungsrechtliche Kontrastbild: „Öffentliche
         Aufgabe" als immanente Pflichtbindung der Freiheit 21
      b) Das Grundrecht der Pressefreiheit als Freiheitsrecht und
         Funktionsauftrag 22–25
      c) Kongruenz von „öffentlicher Aufgabe" und verfassungsrechtlich
         gewährleisteter Funktion der Presse 26, 27
      d) Presse und „öffentliche Meinung" 28, 29
   2. Die einfachgesetzliche Beschreibung der „öffentlichen Aufgabe" 30
      a) Kein eigenständiger normativer Gehalt der „öffentlichen Aufgabe" 31–33
      b) Thematische Kongruenz von Pressefunktion und Pressefreiheit:
         Kein Vorbehalt relevanter Pressetätigkeit 34, 35

Schrifttum: *Aretin/Rotteck,* Staatsrecht der constitutionellen Monarchie, 2. Aufl, Leipzig 1940; *Armbruster/Bachhof ua,* Entwurf eines Gesetzes zur Sicherung freier Meinungsbildung, Tübingen 1972; *Bullinger,* Freiheit der Presse, Funk, Film, in: Isensee/Kirchhoff (Hrsg.), Handbuch des Staatsrechts der Bundesrepublik Deutschland, Bd. VII § 163, 3. Aufl, Heidelberg 2009; *ders,* Genetische Belastung der „öffentlichen Aufgabe" der Presse, Stuttgart 1968; *ders,* Medien, Pressefreiheit, Rundfunkfreiheit, in: Festschrift 50 Jahre BVerfG, Bd. 2, S. 193 ff.; *ders,* Tübingen 2011; *ders* in: Löffler, Presserecht, 5. Aufl, München 2006; *Czajka,* Pressefreiheit und „öffentliche Aufgabe" der Presse, Stuttgart 1968; *Dagtoglou,* Wesen und Grenzen der Pressefreiheit, Stuttgart 1963; Deutscher Journalisten-Verband (Hrsg), Journalistengesetze und Pressegesetze. Die Entwürfe von 1924 bis 1954, Bonn 1969; *Faller,* Die öffentliche Aufgabe von Presse u Rundfunk, – Begriff, Inhalt und Bedeutung –, AfP 1981, 430; *Forsthoff,* Pressepresse und GG, DöV 1963, 633; *Frowein,* Meinungsfreiheit und Demokratie, EuGRZ 2008, 117; *Gounalakis,* Wer schützt die Pressefreiheit vor der Wirtschaft? Neue Gefährdungslagen für ein demokratiesensibles Grundrecht, in: Demel/Heck/Schäfer (Hrsg.), FS für Christean Wagner zum 70. Geburtstag, Berlin 2013, S. 311 ff.; *Groß,* Presserecht, 3. Aufl, Heidelberg 1999; *ders,* Öffentliche Aufgabe und Verantwortlichkeit der Presse, AfP 2005, 142; *Häntzschel,* Grundzüge des Deutschen Preßrechts und die Notwendigkeit einer Reform, in: Recht und Staat im Neuen Deutschland, Berlin 1929, S. 242 ff.; *Hoffmann-Riem,* Innere Pressefreiheit als politische Aufgabe, Darmstadt 1979; *Klein,* Die öffentliche Aufgabe der Presse, Düsseldorf 1973; *Krüger,* Allgemeine Staatslehre, Stuttgart 1966; *Kübler,* Medienverflechtung. Eine verfassungsrechtliche und rechtspolitische Untersuchung der Presse in der Demokratie, Frankfurt 1982; *Küster/Sternberger,* Die rechtliche Verantwortung des Journalisten, Heidelberg 1949; *Lackner/Kühl,* StGB, 28. Aufl, München 2014; *Löffler,* Der Verfassungsauftrag der Presse, Karlsruhe 1963; *Löffler/Arndt/Noelle-Neumann,* Die öffentliche Meinung, München 1962; *Mallmann,* Pressepflichten und öffentliche Aufgabe der Presse, JZ 1966, 625; *v Mangoldt/Klein* (Hrsg.), Kommentar zum GG, Bd. I, 2. Aufl, München 1957; *Posse,* Die moderne Zeitung, in: Deutsche Revue (35), 1910 Bd. 4, S. 79 ff., 204 ff.; *Rehbinder,* Die öffentliche Aufgabe und rechtliche Verantwortlichkeit der Presse, Berlin 1962; *ders,* Presserecht. Grundriß mit Gesetzestexten für Juristen und Publizisten, Herne 1967; *Ridder,* Die Pressefreiheit im Rahmen der öffentlichen Meinungsfreiheit, JZ 1960, 451; *ders,* Meinungsfreiheit, in: Neumann/Nipperdey/Scheuner (Hrsg.), Die Grundrechte II, Berlin 1954; *Ricker,* Freiheit und Aufgabe der Presse, Freiburg i Br, München 1983; *Ricker/Weberling,* Handbuch des Presserechts, 6. Aufl, München 2012; *Rüthers,* Dienstverpflichtungen der Medien durch „öffentliche Aufgabe", AfP 1982, 23; *Rudolph,* Erhalt von Vielfalt im Pressewesen: unter besonderer Berücksichtigung des publizistischen Wettbewerbs – eine rechtswissenschaftliche Analyse unter Berücksichtigung kommunikationswissenschaftlicher und wirtschaftswissenschaftlicher Erkenntnisse, Frankfurt aM 2009; *Scheer,* Deutsches Presserecht, Hamburg 1966; *Scheuner,* Pressefreiheit, VVDStRL 22 (1965), 1 ff.; *Schneider,* F, Presse- und Meinungsfreiheit nach dem Grundgesetz, München 1962; *Schnur,* Pressefreiheit, VVDStRL 22 (1965), 101 ff.; *Schüle,* in: Schüle/Huber, Persönlichkeitsschutz und Pressefreiheit, Tübingen 1981; *Skriver,* Schreiben und schreiben lassen – unsere Pressefreiheit, Karlsruhe 1970; *Smend,* Das Problem der Presse in der heutigen geistigen Lage, in: Smend, Staatsrechtliche Abhandlungen und andere Aufsätze, Berlin 1955; *Soehring/Hoene,* Presserecht, Köln 2013; *Stammler,* Die Presse als soziale und verfassungsrechtliche Institution, Berlin 1971; *ders,* Bestandsschutz der Presse, AfP 1987, 59; *Thum,* Pressefreiheit in der modernen Demokratie, AfP 2006, 17; *Weber, W,* Innere Pressefreiheit als Verfassungsproblem, Berlin 1973; *Welcker,* Die vollkommene und ganze Preßfreiheit nach ihrer sittlichen, rechtlichen und politischen Nothwendigkeit ... und nach ihrer völligen Zeitgemäßheit dargestellt in ehrerbietigster Petition an die Hohe deutsche Bundesversammlung, Freiburg 1830; *Wenzel/Burkhardt,* Das Recht der Wort- und Bildberichterstattung, 5. Aufl, Köln 2003; *Wettstein,* Über das Verhältnis zwischen Staat und Presse, Zürich 1904.

Cornils

II. Die „öffentliche Aufgabe" in den Landespressegesetzen: Überblick

1   Alle Landespressegesetze mit der Ausnahme Hessens erwähnen an prominenter Stelle, gleich nach der Bestimmung über die Zulassungsfreiheit (§ 2), die „öffentliche Aufgabe" der Presse und stellen der Bekräftigung der *Freiheit* der Presse damit eine Aussage über ihre funktionale *Bindung* oder doch zumindest Bedeutung an die Seite. Die Ambivalenz von Freiheit und Funktion, die in fast allen Pressegesetzen – wiederum mit der Ausnahme des besonders freiheitsbetont formulierten hessischen Gesetzes – schon in der Eingangsbestimmung im Nebeneinander der Proklamation der Pressefreiheit („Die Presse ist frei.") und der Verpflichtung auf die freiheitlich demokratische Grundordnung (z.B. § 1 Satz 2 LPresseG BW) ihren Ausdruck findet, setzt sich in der Abfolge der Bestimmungen über die Zulassungsfreiheit und die öffentliche Aufgabe fort. Für Bayern, dessen Pressegesetz die öffentliche Aufgabe nicht ausdrücklich nennt, kann die hier erst in Art. 3 Abs. 1 BayPrG verortete „Dienen"-Formel („Die Presse dient dem demokratischen Gedanken") so verstanden werden, dass sie den Sinngehalt der „öffentliche Aufgabe" mit übernimmt (s.o., § 1 Rn. 42). Das offenbar nach dem bayerischen Vorbild gleichfalls das Thema der Funktions- oder gar Pflichtbindung erst in § 3 aufgreifende sächsische Pressegesetz bringt aber doch – anders als in Bayern – kumulativ noch die öffentliche Aufgabe in § 3 Abs. 2 SächsPrG, zudem die unter allen Gesetzen auch der Beitrittsländer einzigartige Bestimmung des Abs. 3 („Die Presse ist gehalten, die Erfüllung ihrer öffentlichen Aufgabe nach den Abs. 1 und 2 nicht durch Belastungen aus der Vergangenheit zu gefährden."). Hinter der kryptischen Formulierung verbirgt sich die rechtlich fragwürdige Zielsetzung, durch ihre Mitarbeit im SED-Staat der DDR kompromittierte Personen von publizistische Tätigkeit fernzuhalten (GesEntw zum SächsPresseG, LT-Drs. 1/1160, zu § 3). Die Bestimmung hat aber auch im Sinne dieser Intention schon aus Gründen mangelnder Bestimmtheit allenfalls Appellcharakter, jedenfalls keine verfassungsrechtlich mit der Zugangsfreiheit zu Presseberufen (s.o. § 2 Rn. 33ff.) kaum vereinbare Rechtsverbindlichkeit (*Bullinger*, Vorauft., § 3 Rn. 17: „in vielerlei Hinsicht problematische Vorschrift").

2   Die Gesetze beschreiben die öffentliche Aufgabe in indikativischer Formulierung („erfüllt" …), die einen normativen Bindungswillen nicht ausschließt, aber doch jedenfalls auch nicht eindeutig zum Ausdruck bringt. In der Fassung der Gesetze Niedersachsens, Sachsen-Anhalts und Thüringens wird der eigenartig distanzierte, beschreibende Charakter der Aussage noch dadurch unterstrichen, dass die Erfüllung der öffentlichen Aufgabe sprachlich von der Bedingung abhängig gemacht wird, dass die Presse Pressetätigkeiten im öffentlichen Interesse vornimmt („…, wenn sie in Angelegenheiten von öffentlichem Interesse Nachrichten beschafft …"). Dieser Textbefund unterstützt die Deutung, dass die Vorschrift entweder nur mehr deklaratorischen Charakter habe oder doch jedenfalls nicht im Sinne einer rechtsverbindlichen Indienstnahme der Presseunternehmen oder einzelner Presseangehörigen für die objektivinstitutionelle Funktion der Presse verstanden werden könne (s.u., Rn. 18ff.).

3   Gewisse, für das Verständnis der Norm immerhin gebende Anhaltspunkte gebende Unterschiede weisen die Fassungen der Gesetze auch im Übrigen auf: So füllen die meisten Gesetze (anders: Bremen, Rheinland-Pfalz, Saarland) den Begriff der öffentlichen Aufgabe mit der Hervorhebung zentraler Tätigkeitsbereiche, regelmäßig in der Trias Nachrichtenbeschaffung und -verbreitung, Stellungnahme und Kritik. Der nicht abschließende Charakter dieser Aufzählung wird deutlich in der fast überall (anders: § 3 LPresseG Schl.-H.) angeschlossenen Wendung „oder auf andere Weise an der Meinungsbildung mitwirkt", in Hamburg, Nordrhein-Westfalen und Brandenburg zudem noch durch das Wort „insbesondere". In Hamburg und Mecklenburg-Vorpommern wird der Tätigkeiten-Oberbegriff der Mitwirkung an der Meinungsbildung noch durch die Modalität der „Bildung" ergänzt („oder der Bildung dient"). Bemerkenswert

III. Historischer Hintergrund § 3 LPG

ist, dass zwar einige, nicht aber alle (so nicht in Nordrhein-Westfalen, Brandenburg, Hamburg, Schleswig-Holstein) Gesetze die Regelbeispiele einer Erfüllung der öffentlichen Aufgabe mit der Bedingung „in Angelegenheiten von öffentlichem Interesse" verbinden (in Bayern bezogen auf die Wahrnehmung berechtigter Interessen, s. sogleich Rn. 4), in Mecklenburg-Vorpommern dies aber auch nur wiederum abgeschwächt durch die Wendung „insbesondere". Diese Formulierungsunterschiede lassen sich durchaus als Spiegel der Kontroverse in der Frage lesen, ob die öffentliche Aufgabe auf sämtliche Publikationstätigkeiten in der Reichweite des formalen Pressebegriffs zu projizieren ist oder doch nur auf bestimmte, inhaltlich von der Bedeutung für die öffentliche Meinungsbildung her bestimmte Ausschnitte (s. u., Rn. 34).

Bayern, Berlin und Brandenburg verknüpfen die öffentliche Aufgabe mit dem äußerungsrechtlichen Rechtfertigungsgrund der Wahrnehmung berechtigter Interessen (§ 193 StGB): Diese Verknüpfung kann jedenfalls nicht im Sinne einer Gleichsetzung beider Begriffe gelesen werden (zurückhaltender denn auch die brandenburgische Version: „grundsätzlich"). Dass eine Berichterstattung thematisch in den Kreis der Gegenstände fällt, auf die sich die öffentliche Aufgabe der Presse bezieht, kann noch nicht abschließend bedeuten, dass sie auch gem. § 193 StGB gerechtfertigt ist, denn die Rechtfertigung setzt zusätzlich die Erfüllung weiterer Voraussetzungen voraus (Angemessenheit, Wahrung von Prüfpflichten usw.), unabhängig davon, ob § 193 StGB nur als einfachrechtlicher Ausdruck des verfassungsrechtlichen Abwägungsgebots im Konflikt von Kommunikationsfreiheit und Persönlichkeitsrechten gelesen (so die hM) oder die Abwägungslehre verworfen und stattdessen ein genuin strafrechtliches Rechtfertigungskonzept zugrunde gelegt wird (näher dazu *Zaczyk*, in: Kindhäuser/Neumann/Paeffgen, StGB, § 193 Rn. 2 ff., 16 ff.). Immerhin geben die genannten Landespressegesetze aber die – allerdings die bundesrechtliche Normaussage des § 193 StGB nicht unmittelbar prägende (s. u., Rn. 33) – Wertung ab, dass eine der öffentlichen Aufgabenerfüllung zuzurechnende Berichterstattung gegenständlich von berechtigtem Interesse ist und daher die Rechtfertigung – nach hM bei Überwiegen dieses Interesses gegenüber dem beeinträchtigten Persönlichkeitsrecht – jedenfalls in Betracht kommt. 4

III. Historischer Hintergrund

Die gesetzestextliche Zuweisung einer „öffentlichen Aufgabe" an die Presse schreibt keine presserechtlichen Traditionsbestände aus der Zeit der Herausbildung der modernen Pressegesetze im 19. Jh. fort. Sie war dem RPG 1874, aber auch den vorausgehenden einzelstaatlichen oder Bundes-Pressegesetzen und verfassungsrechtlichen Bestimmungen über die Presse unbekannt. Die „öffentliche Aufgabe" als Begriff des geschriebenen Presserechts ist Ertrag jüngerer Rechtsentwicklungen, insbesondere der Weimarer Zeit. In der Sache wurzelt sie indes sehr wohl in weiter zurückreichenden geistesgeschichtlichen Hintergründen (s. dazu u., Rn. 6). Die aus verschiedenen Motivationsschichten getriebenen Entwicklungen der 1920er Jahre hin zu einem pointiert pflichtgebundenen, funktionalen Verständnis des Presseberufs (s. dazu noch u., Rn. 7 ff.) sind zu Beginn der nationalsozialistischen Herrschaft aufgegriffen und ideologiegerecht instrumentalisiert im Schriftleitergesetz von 1933 umgesetzt worden; der Ausdruck von der „öffentlichen Aufgabe" findet nun Eingang in den Gesetzestext (§ 1 Satz 1 SchriftlG: „Die im Hauptberuf oder aufgrund der Bestellung zum Hauptschriftleiter ausgeübte Mitwirkung an der Gestaltung des geistigen Inhalts der im Reichsgebiet herausgegebenen Zeitungen und politischen Zeitschriften durch Wort, Nachricht oder Bild ist eine in ihren beruflichen Pflichten und Rechten vom Staat durch dieses Gesetz geregelte öffentliche Aufgabe."). Die „öffentliche Aufgabe" in den Nachkriegs-Pressegesetzen steht daher in nicht zu übersehender Kontinuität zum Schriftleitergesetz; sie muss als historisch kontaminiert gelten und bedarf 5 umso sorgfältiger, geschichts- und verfassungsbewussterer Deutung ihres Inhalts und ihrer rechtlichen Bedeutung.

1. Ältere geistesgeschichtliche Hintergründe

6 Die „öffentliche Aufgabe" der Presse geht freilich in der Sache auf ältere Vorstellungen zurück (eingehend *Czajka,* S. 37 ff.). Deren Betrachtung deckt heterogene inhaltliche Konnotationen und Intentionen auf, die aber in der Annahme einer Funktion oder eben „Aufgabe" der Presse übereinstimmen. Diese Annahme, dass sich der Wert und die Bedeutung der Presse nicht allein in der individuellen Entfaltungsfreiheit des Presseschaffenden erschöpft, es bei der Presse nicht nur um ein „Privatvergnügen" geht (*Küster/Sternberger,* S. 11 ff.), sondern um eine Angelegenheit von hoher Bedeutung für die Gesellschaft und auch für deren politische Verfassung, ist vermutlich annähernd so alt wie die neuzeitliche Presse selbst, jedenfalls auch schon für die Zeit des frühmodernen Staates nachweisbar. Im 19. Jh. ist in der zeitgenössischen Literatur eine (auch) funktionale Sicht auf die Presse voll ausgebildet: Die vormärzliche bürgerliche Freiheitsbewegung begründete und rechtfertigte ihre Hauptforderung nach Pressefreiheit nicht allein, wohl nicht einmal primär mit dem – überhaupt erst aus heutiger Sicht so zu fassenden – grundrechtlichen Eigenwert individueller Handlungsfreiheit der Drucker, Verleger oder Textautoren, vielmehr auch mit dem publizistischen Verbreitungs-, Bildungs- und Kulturförderungsauftrag der Presse (s. etwa *Welcker,* S. 5), ihrer staatsbezogenen Bedeutung als „Gewährleistung für Recht, Freiheit und Verfassung" (*v. Aretin/Rotteck,* Bd. 3, S. 228 ff.). Erst recht die zeitgenössischen romantischen (namentlich: *J. Görres*) oder dem Gemeinschaftsgedanken verhafteten Geisteshaltungen kultivierten Vorstellungen einer ständischen Ordnung und eines Auftrags der Presse für gesellschaftlich-integrative Zwecke, etwa unter den Gesichtspunkten der Bündelung und Artikulation einer „öffentlichen Meinung" oder des „Volkswillens" (näher *Czajka,* S. 40 ff.: Idee des „öffentlichen Amtes" der Presse; *Ricker/Weberling,* 3. Kap. Rn. 15).

2. Erstarken der Pflichtbindungsthese (Pressefreiheit im öffentlichen Interesse)

7 In der zweiten Hälfte des 19. Jh., insbesondere nachdem die Pressefreiheit erlangt und im liberalen Presserecht gesichert worden war, zeichnete sich eine weitere Akzentverschiebung des Denkens von der Presse als einem Amt „nach innen" ab: Die Presse selbst, namentlich die Journalisten (s. u., Rn. 8 f.), machte sich den Pflichtbindungsgedanken immer stärker zu eigen. Das Selbstverständnis des Journalisten wandte sich gegen die zunehmende Kommerzialisierung und publizistische Verflachung der periodischen Presse, behauptete den schon im Frühliberalismus betonten Repräsentationsauftrag hinsichtlich der „öffentlichen Meinung" aber nunmehr auch in funktionaler Konkurrenz mit den Parlamenten (*Wettstein,* S. 18 ff., näher *Czajka,* S. 54 ff.). In der Zeit der Weimarer Republik fand die Vorstellung von einem spezifischen „Beruf" der Presse im öffentlichen, nicht hingegen oder allenfalls nachrangig im privaten Interesse schließlich Eingang in konkret ausgearbeitete Konzepte institutioneller Selbstregulierung und -disziplinierung durch berufsständische Einrichtungen.

3. Der öffentliche Auftrag der Presse als Amt des Journalisten

8 Diese aus den Kreisen der Journalisten und ihrer verbandlichen Vertretung (Reichsverband der Deutschen Presse) entwickelten Selbstbindungsvorstellungen stehen zugleich in enger Verbindung mit schon im späten 19. Jh. aufgekommenen Forderungen nach innerer Pressefreiheit, namentlich einer Befreiung der publizistischen Tätigkeit aus den Zwängen und vor allem Tendenzvorgaben der wirtschaftlichen Träger und Einflussfaktoren der Presse, also der – immer mehr konzentrierten – Verlage sowie der

III. Historischer Hintergrund § 3 LPG

Werbewirtschaft als eines hauptsächlichen Financiers der periodischen Presse (zu alledem ausführlicher *Bullinger,* Voraufl., § 3 Rn. 41 ff.). Die Journalisten beanspruchten publizistische Unabhängigkeit von den auf erwerbswirtschaftliche Eigeninteressen gerichteten, damit aber gerade nicht den öffentlichen Interessen verpflichteten Verlegern und Inserenten und reklamierten daher den gemeinwohlbezogenen Informations- und Kommunikationsauftrag der Presse für sich, für den Redakteur als „Organ der Selbstverwaltung", als „verantwortlichen Vertreter der öffentlichen Meinung" (*Wettstein,* S. 37), als „Beamten der Selbstverwaltung" des Volkes und Diener der Allgemeinheit (*Posse,* in: Deutsche Revue 35 [1910], 204/206 ff.).

Kehrseite des Anspruchs, eigentlicher und hinsichtlich der redaktionellen Inhalte unabhängiger Träger der Pressefreiheit zu sein, diese aber eben verstanden als dem öffentlichen Interesse verpflichtete, insofern dienende Freiheit, ist die in den 1920er Jahren gerade aus dem Kreis der Journalisten vorangetriebene Pflichtbindung des Journalistenberufs (*Ricker,* S. 17: „übersteigerte Berufsethik"): Der vom „Reichsverband der deutschen Presse" erarbeitete und 1924 vorgelegte Entwurf eines Journalistengesetzes sah daher die „Aufgabe und Pflicht der Presse" darin, öffentliche Interessen wahrzunehmen, ähnlich auch der darauf aufbauende Referentenentwurf des Reichsinnenministeriums eines „Gesetzes über die Rechte und Pflichten der Schriftleiter periodischer Druckschriften" (§ 3: „Der Schriftleitungsteil dient öffentlichen Interessen"; beide Entwürfe abgedr. in: DJV, Journalistengesetze und Pressegesetze, S. 10 bzw. 13 ff.). Der Pflichtbindung entsprachen Vorschläge einer selbstregulativen, berufsständischen Aufsicht und Sanktionierung mit einschneidenden, bis zum Berufsverbot wegen Unwürdigkeit reichenden Disziplinierungsbefugnissen der dazu ermächtigten, im Referentenentwurf schließlich öffentlich-rechtlich verfassten Pressekammern.

4. Pervertierung des Auftragsgedankens: Die öffentliche Aufgabe im Schriftleitergesetz 1933

Zwar wurden die Entwürfe der Weimarer Zeit nicht Gesetz, insbesondere auch nicht mehr der Entwurf eines neuen Reichspressegesetzes von 1931/32 und der bereits die politische Neuorientierung auf den „nationalen Staat" als den leitenden Gesichtspunkt des öffentlichen Interesses implementierende Entwurf des Reichsverbandes der deutschen Presse von 1932/33 (abgedr. in DLV, Journalistengesetze und Pressegesetze, S. 37 bzw. 55 ff.). Das nationalsozialistische Regime konnte aber für das im Herbst 1933 erlassene Schriftleitergesetz in wesentlichen Hinsichten darauf zurückgreifen (*Czajka,* S. 62 ff.; *Ricker,* S. 16 f.). Dies gilt insbesondere für die Strukturelemente der Verkammerung, freilich in nunmehr degenerierter, regierungsabhängiger und damit ihres Selbstverwaltungscharakters beraubter Gestalt (§§ 24 ff. SchriftlG), sowie die Pflichtenstellung des Journalisten – die allerdings nunmehr auf die NS-Ideologie programmiert wurde (insb. § 14 Nr. 2 und 3 SchriftlG). Die „öffentliche Aufgabe" der Presse, deren „Träger" die „Schriftleiter", nicht die Verleger, sind (§ 1 SchriftlG) – zweifelhafter „Erfolg" des Kampfes der Journalisten um das redaktionelle Bestimmungsrecht in der periodischen Presse –, ist der nunmehr erstmals gesetzestextlich verwendete Ausdruck für diese inhaltlich auf die Linientreue zum NS-Staat denaturierte Pflichtenstellung. Mit diesem Ausdruck verbindet sich der fatale Endpunkt einer von der Freiheit der Presse ihren Ausgangspunkt nehmenden, sodann aber immer mehr die angenommenen Funktions- und Pflichtbindungselemente jener Freiheit betonenden Entwicklung. Er ist mithin auch Menetekel für die Instrumentalisierungs- und Missbrauchsrisiken eines Konzepts der dienenden (Medien-)Freiheit, für das nicht die selbstbestimmten Motive und Inhalte publizistischer Tätigkeit, sondern heteronom vorgegebene – so oder so vorstellbare – Zwecke und Leitbilder sinnprägend sind.

5. Die Übernahme der „öffentlichen Aufgabe" in die Landespressegesetze

11 Dass die neuen Pressegesetze der 1960er Jahre dieses belastete Erbe der „öffentlichen Aufgabe" angetreten haben, ist daher aus heutiger Sicht nicht ohne weiteres verständlich. Tatsächlich enthielten alle frühen, in den Jahren von 1946 bis 1949 erlassenen pressegesetzlichen Regelungen in Bremen, Saarland, Württemberg-Baden, Hessen, Nordrhein-Westfalen, Schleswig-Holstein – mit der Ausnahme Bayerns, hier jedoch in der bis heute abweichenden Formulierung des § 3 BayPrG 1949 – eine solche Bestimmung nicht; in der auf das Entstehungsjahr 1949 zurückgehenden hessischen Fassung ist dies bis heute sichtbar. Auch im Übrigen sind die rechtlichen Ausprägungen der Pflichtbindung, wie sie in den Entwürfen seit 1924 entwickelt worden waren, nur in Ansätzen nachweisbar (insb. in den Regelungen der Länder der britischen Besatzungszone [NRW, Schleswig-Holstein, Hamburg]: „Presseausschüsse", jedoch ohne Kontrollbefugnisse, s. dazu näher *Czajka*, S. 70ff.)). Auch die „Leitsätze für ein Pressegesetz" der „Aktionsgruppe Heidelberg" v. 1949 (abgedr. in: DJV, Journalistengesetze und Pressegesetze, S. 64ff.) erwähnen die „öffentliche Aufgabe" nicht.

12 Diese Zurückhaltung der ersten, noch stark am RPG 1874 orientierten Neuregelungen kann aber nicht darüber hinwegtäuschen, dass in den Fachkreisen der Juristen und der Publizistik nach 1945 keineswegs die liberale Auffassung weithin ungeregelter, individualistisch begriffener Pressefreiheit vorherrschend war. Die dem RPG zugrunde liegende liberale Konzeption wurde für den Niedergang der freien Presse und ihre schließliche Zerstörung im NS-Staat mitverantwortlich gemacht und galt daher als diskreditiert (einflussreich: *Smend*, S. 380ff.). So schlossen die rechtspolitischen Überlegungen des Deutschen Journalisten-Verbandes und der Bundesregierung mit einer gewissen Folgerichtigkeit wieder an die in der Weimarer Zeit entwickelten Ordnungs- und Funktionsvorstellungen hinsichtlich der Presse an. Insbesondere im „Lüders-Entwurf" eines Bundespressegesetzes von 1952 fanden sich die schon in den Entwürfen der Weimarer Zeit entwickelten und im Schriftleitergesetz 1933 auf die Zwecke des NS-Staates umgepolten Instrumente der Funktionsbindung der Presse an die „öffentliche Aufgabe" sowie der berufsständischen Aufsicht wieder (s. o., Einl. Rn. 25, näher *Bullinger*, Voraufl., § 3 Rn. 48, zu den strukturellen Parallelen zum Schriftleitergesetz – mit allerdings „umgekehrten politischen Vorzeichen" –, *Mallmann*, JZ 1966, 625).

13 Allerdings stieß dieser auf die Pflichtbindung der Presse, nicht ihre Freiheit in den Vordergrund rückende Lüders-Entwurf auf das geschlossene Widerstand von Verlegern und Journalisten (*Czajka*, S. 75). Das Scheitern dieses Entwurfs ist als Ausdruck einer Wiederbesinnung auf die liberale presserechtliche Tradition verstanden worden (*Czajka*, S. 75; *Bullinger*, Voraufl., § 3 Rn. 48). Auch die zweite Fassung des DJV-Vorschlags eines Bundespressegesetzes von 1954 trug im Sinne dieses Auffassungswandels deutlich liberalere Züge als die Erstfassung von 1950; sie verzichtete nunmehr insbesondere auf die Vorschrift über die gemeinsame „Selbstverwaltung" von Journalisten und Verlegern. Die „öffentliche Aufgabe" wurde von der aus dem Schriftleitergesetz geläufigen Stellung im Eingangsparagraphen in den § 3 verschoben und damit in unmittelbaren regelungssystematischen Zusammenhang mit dem dort in Abs. 2 vorgesehenen Presseauskunftsanspruch. Diese Neujustierung des Verhältnisses von Freiheit und Aufgabe (*Bullinger*, Voraufl., § 3 Rn. 48) und überhaupt zahlreiche Regelungen des DJV-Entwurfs 1954 hatten sodann Modellcharakter für die in den 1960er Jahren konzipierten Pressegesetze.

14 Allein die Verknüpfung der „öffentlichen Aufgabe" mit dem alten Thema der inneren Pressefreiheit, also der Spannung zwischen Journalisten und Verlegern in der Frage der Entscheidungsbefugnis über die redaktionellen Inhalte der periodischen Presse (s. o., Rn. 8), fand sich noch in Vorschlägen und Gesetzentwürfen zur Regelung der inneren Pressefreiheit bis in die 1970er Jahre hinein wieder – trotz ihres Missbrauchs im Schriftleitergesetz 1933 (dazu ausführlicher *Bullinger*, Voraufl., Rn. 49). Keiner dieser Vorschläge wurde indessen Gesetz.

III. Historischer Hintergrund § 3 LPG

Der Stellenwert und die Bedeutung der „öffentlichen Aufgabe" in den Landespressegesetzen der 1960er Jahre sind in historischer Perspektive mithin ambivalent: Einerseits steht die Bestimmung des § 3 LPG nun wieder in einem reliberalisierten Kontext presserechtlicher Regelungen, die im wesentlichen auf die Konzeption des RPG zurückgehen. Sie ist nicht mehr, wie in den Entwürfen der Weimarer Zeit, im Schriftleitergesetz und noch im Lüders-Entwurf von 1952, Oberbegriff für eine durch materielle Regelungen (Wahrheitspflicht, nicht nur Pflicht zu pressemäßiger Sorgfalt, Mäßigungsgebote oder gar Sprechverbote hinsichtlich politischer Kritik usw.) und institutionelle Aufsichts- und Disziplinarbefugnisse im einzeln ausgeprägte, substantielle Pflichtenordnung der Presse, über den klassischen Satz presseordnungsrechtlicher Anforderungen hinaus. Andererseits hält sie aber doch an dem vergleichsweise jungen und historisch belasteten Begriff fest und eröffnet damit immerhin ein Risiko, dass die mit dem Begriff entstehungszeitlich verknüpften Konnotationen auch in die Interpretation der neuen Gesetze mit eingebracht werden. 15

Jedoch wirken die Gesetzestexte solchen Deutungsversuchen selbst auch wieder entgegen – und unterstreichen damit unübersehbar, dass die „öffentliche Aufgabe" im modernen Verständnis anders begriffen werden muss als in der Vergangenheit, insbesondere nicht mehr als Inbegriff statusbildender besonderer Berufspflichten. Hinsichtlich der institutionellen Seite des Pflichtenstatus geschieht dies – mit unmissverständlicher Stoßrichtung gegen die im Schriftleitergesetz dann pervertierte Selbstverwaltungsidee jener Gesetzentwürfe – dadurch, dass ein Korporationszwang und eine Standesgerichtsbarkeit mit hoheitlichen Befugnissen nunmehr ausdrücklich ausgeschlossen werden (§ 1 Abs. 4 LPresseG BW, s. dazu o., § 1 Rn. 38 ff.). In materieller Hinsicht kann die Distanzierung vom alten Bild der öffentlichen Aufgabe – wenngleich weniger deutlich – aus dem Zusammenhang mit dem Verbot von Sondermaßnahmen gegen die Presse (§ 1 Abs. 3 LPresseG BW) sowie dem Vorbehalt einer Beschränkung der Pressefreiheit allein nach Maßgabe des jeweiligen Pressegesetzes selbst (§ 1 Abs. 2 LPresseG BW) herausgelesen werden. So begrenzt die Rechtswirkungen dieser Vorschriften auch sind (s. o., § 1 Rn. 15 ff.), so deutlich kommt darin doch die Intention des Gesetzes zum Ausdruck, Eingriffe in die Pressefreiheit über die Bindung an die allgemeinen Gesetze hinaus ausschließlich aufgrund von spezifizierten pressegesetzlichen Schrankennormen zuzulassen. § 3 LPG ist aber keine aus sich heraus tragfähige Eingriffsgrundlage in diesem Sinne. Dies ergibt sich nicht aus dem Befund der öffentlichen Aufgabe nicht mehr beschreibenden, irgendeinen konkreten Verpflichtungsinhalt nicht einmal andeutenden Formulierung der Bestimmung, sondern gerade auch aus dem Vergleich mit dem Regelungsmuster des Schriftleitergesetzes und der anderen Vorgänger-Entwürfe (s. o., Rn. 9 f., 12), in dem die materiellen Pflichtbindungselemente in je besonderen Bestimmungen explizit ausgeführt waren. Schon damals ergab sich die Substanz der Pflichtbindung, der Status des Journalisten in seinen Inhalten, nicht aus dem Begriff der „öffentlichen Aufgabe" als solchem, war dieser vielmehr nur ihr zusammenfassender Ausdruck. Der Sinngehalt dessen, was die öffentliche Aufgabe meint, ließ sich schon damals und lässt sich auch heute nur in der Gesamtsicht auf die den (Sonder-)Status der Presse ausformenden Regeln erfassen (*Rehbinder*, S. 40). Mit der weitgehenden Abschaffung der statusprägenden Bindungsnormen, auf die die „öffentliche Aufgabe" Bezug nahm, hat sich damit aber in den Gesetzen der 1960er Jahre auch der Inhalt dieser „öffentlichen Aufgabe" selbst verändert; er ist, was die rechtliche Pflichtbindung angeht, im wesentlichen „entleert" worden. 16

Auch die in fast allen (Ausnahme wiederum: Hessen) Gesetzen enthaltene Klausel hinsichtlich der dienenden Funktion der Presse für die freiheitliche demokratische Grundordnung (§ 1 Abs. 1 Satz 2 LPG) führt zu keinem anderen Ergebnis. Zwar konnten sich die Landesgesetzgeber offenkundig noch in den 1960er Jahren nicht von der Vorstellung lösen, dass der Presse eine wie auch immer näher zu bestimmende system- und staatstragende Rolle – nunmehr gegenüber der Verfassungsordnung des Grundgesetzes – zukommen solle (aus der zeitgenössischen Literatur etwa *Scheer*, 17

Cornils 191

S. 188: „Nicht als öffentliche Aufgabe ist eine Tätigkeit anzusehen, die sich bewusst gegen die freiheitliche demokratische Grundordnung der Bundesrepublik richtet."). Auch in dieser Bestimmung ist an die Stelle des Imperativs, der etwa noch den Lüders-Entwurf kennzeichnete (§ 5: „Die Presse darf nicht das Ansehen der Bundesrepublik und ihrer freiheitlichen demokratischen Grundordnung schädigen ..."), der Indikativ getreten; die „Dienen-Klausel" ist in ihrer Formulierung viel zu zurückhaltend, stellt keine rechtsstaatlich belastbaren Ansatzpunkte bereit, um daraus spezifische Loyalitätspflichten gegenüber dem Staat und seiner Ordnung abzuleiten. Dies wird auch im Vergleich mit den ungleich schärfer formulierten Verfassungstreueklauseln des öffentlichen Dienstrechts überaus deutlich (vgl. z. B. § 33 Abs. 1 Satz 2 BeamtStG). Ein weitergehendes Verständnis der Vorschrift, welches die Presse in ein beamtenähnliches Sonderstatusverhältnis gegenüber dem Staat stellen würde, wäre mit der Grundrechtsgarantie der Freiheit zu unabhängiger, inhaltlich in keiner Weise auf bestimmte politische Anschauungen festgelegter, daher gerade auch – insofern sogar besonders stark geschützt – staatskritischer, ja selbst systemablehnender publizistischer Tätigkeit unvereinbar (s. schon o., § 1 Rn. 44) und im folgenden (Rn. 20 ff.).

IV. Die „öffentliche Aufgabe" der Presse als verfassungsrechtliche Funktion

18 Können daher schon aus Gründen insoweit mangelnder Bestimmtheit und mit Blick auf den gesetzessystematischen Zusammenhang weder die Normaussage hinsichtlich der „öffentlichen Aufgabe" noch die „Dienen"-Klausel in den Pressegesetzen dahingehend verstanden werden, dass sich daraus selbständige Rechtspflichten der Presse ableiten ließen (*Degenhart*, BK, Art. 5 Abs. 1 und 2 Rn. 254), ist die rechtliche Bedeutung dieser Bestimmung, ihr normativer Bindungsgehalt, sofern er überhaupt anerkannt wird (abl. eine verbreitete Auffassung, s. etwa *Rehbinder*, Presserecht, S. 23: „ideologische Floskel", „Material für Festredner"; näher u., Rn. 31), jedenfalls gering. Gleichwohl hat in der älteren Debatte gerade die „öffentliche Aufgabe" intensive Aufmerksamkeit in der presserechtlichen Literatur gefunden; sie war im Deutungskampf um eine eher individualgrundrechtliche oder institutionell-funktionale Sicht der Pressefreiheit geradezu zum Schlüsselbegriff avanciert (etwa: *F. Schneider*, Presse- und Meinungsfreiheit nach dem Grundgesetz, 1962; *Stammler*, S. 206 ff.). Im jüngeren Schrifttum indessen finden sich davon allenfalls noch Spuren oder im Wesentlichen retrospektive Darstellungen eher berichtenden Charakters (*Ricker/Weberling*, 3. Kap.). Pointiert funktionale Vorstellungen einer dienend-instrumental begriffenen Pressefreiheit (*Stammler*, S. 218: „... kann die Pressefreiheit nicht mehr als ein um des Einzelnen willen, sondern nur als ein um der Allgemeinheit, d. h. aber um der öffentlichen Aufgabe willen gewährleistetes Grundrecht angesehen werden") oder von der Presse als einer, ähnlich den politischen Parteien (Art. 21 GG, dazu BVerfGE 44, 125/145; 111, 382/404), verfassungsrechtlich geformten Institution im Zwischenbereich von Staat und Gesellschaft (Zuordnung auch der Presse zu Art. 21 GG bei *Ridder*, in: Neumann/Nipperdey/Scheuner, S. 243 ff.; s. auch für ein schon begrifflich auf die „Veröffentlichung von Druckwerken ... in öffentlicher Funktion" verengtes Verständnis der Presse *v. Mangoldt/Klein*, Art. 5 Anm. VI. 3) haben heute, soweit erkennbar, kaum noch Rückhalt (dagegen schon *Dagtoglou*, S. 16 ff.; *Rehbinder*, S. 120 ff.; *Ricker*, S. 19 ff.). Das gilt auch für die weniger weit gehende, aber doch verwandte Auffassung von der „staatspolitischen Aufgabe" der Presse als der „vierten Gewalt" in der Demokratie (*Löffler*, S. 4 f.).

19 Grund für diese heute unzweifelhaft zurückhaltendere Sicht auf die Pressefunktion – in einem normativen Sinn, ohne damit ihre soziokulturelle Bedeutung für die gesellschaftliche Kommunikation in Zweifel zu ziehen – ist vor allem der verfassungsrechtliche Rahmen, den die Gewährleistung der Pressefreiheit in Art. 5 Abs. 1 Satz 2 GG derartigen Deutungskonzepten zieht. Die einfachgesetzlich beschriebene öffent-

IV. Die „öffentliche Aufgabe" der Presse § 3 LPG

liche Aufgabe der Presse kann bindende oder auch positiv legitimierende Kraft jedenfalls nur insoweit erzeugen, als die Freiheitsgewährleistung des Grundrechts dies zulässt. Das heute für die Pressefreiheit (nicht gleichermaßen auch für die Rundfunkfreiheit) ganz überwiegend, auch in der Rechtsprechung des BVerfG, anerkannte konventionell-schrankendogmatische Grundrechtsverständnis lässt indes für Konzepte verfassungsunmittelbarer, aber auch gesetzesvermittelter Inpflichtnahme der Presse wenig Raum.

1. Verfassungsrechtliche Rahmenbedingungen der „öffentlichen Aufgabe"

Die Abhängigkeit des Verständnisses der öffentlichen Aufgabe der Massenmedien 20 von der zu Grunde liegenden verfassungsrechtlichen Gewährleistung der Medienfreiheit ist, entsprechend der Mehrdimensionalität dieser Gewährleistung (s. o., § 1 Rn. 105 ff.), komplex; sie lässt sich nicht auf die Abschirmungswirkung des Abwehrrechts gegenüber staatlicher Inpflichtnahme reduzieren: Vielmehr kann die Gewährleistung kraft ihrer objektiv-rechtlichen Funktionssicherungsgarantie Bindungen der Presse, soweit diese für die Funktionserfüllung erforderlich sind, umgekehrt geradezu einfordern; die öffentliche Aufgabe ist in diesem Sinne Umschreibung der verfassungsrechtlich, nicht nur in den Pressegesetzen, gewährleisteten Informations- und Kommunikationsfunktion der Medien. Grund, Inhalt und Grenzen der öffentlichen Aufgabe der Presse sind mithin wesentlich verfassungsrechtlich geprägt; sie ergeben sich einerseits schon aus dem Verständnis des Funktionssicherung-Gewährleistungsgehalts des Art. 5 Abs. 1 Satz 2 GG als solchen, zusätzlich – andererseits – aus Schranken-Schranken, die das Grundrecht der individuellen Presse-Handlungsfreiheit funktionssichernden Ausgestaltungen zieht.

a) Das rundfunkverfassungsrechtliche Kontrastbild: „Öffentliche Aufgabe" als immanente Pflichtbindung der Freiheit

Das Beispiel der medienverfassungsrechtlichen Nachbargewährleistung der Rund- 21 funkfreiheit in der Deutung durch das BVerfG zeigt, dass der Gewährleistungsgehalt der Funktionssicherung – Garantie eines vielfältigen, ausgewogenen und staatsfernen Rundfunks – durchaus im Sinne einer immanenten, die Freiheit zur Rundfunkveranstaltung selbst präformierenden, verfassungsrechtlichen Pflichtbindung verstanden werden kann. Die öffentliche Aufgabe des Rundfunks ist danach nicht nur sozialer Tatbestand oder Beschreibung einer Verfassungserwartung, sondern verfassungsnormativer Auftrag. Dieser muss zwar durch die positive gesetzliche Ordnung des Rundfunks in konkrete Anforderungsprofile an die Rundfunkveranstalter übersetzt werden (etwa: medienrechtliche Zuverlässigkeit und Leistungsfähigkeit, Programmbindung auf Vielfalt und Ausgewogenheit gem. §§ 25 ff. RStV). Die entscheidende rechtliche Weichenstellung jedoch, dass die Freiheit der Rundfunkveranstaltung nicht jener Ordnung vorausliegt und durch diese Ordnung beschränkt (Art. 5 Abs. 2 GG), vielmehr erst funktionsgerecht ausgestaltet und so eröffnet wird, liegt auf der verfassungsrechtlichen Ebene. Die – sämtlich problematischen und umstrittenen – Aussagen des Konzepts der dienenden Freiheit (keine originäre Rundfunkveranstaltungsfreiheit, keine Tendenzfreiheit des Veranstalters, sondern Bindung an das Vielfalts- und Ausgewogenheitsziel, keine Eingriffsqualität funktionssichernder Ausgestaltungen) ressortieren daher zum Rundfunkverfassungsrecht (s. näher o., § 1 Rn. 140 f.). Art. 5 Abs. 1 Satz 2 GG – Rundfunkfreiheit – selbst, nicht erst schrankenziehende Rundfunkgesetze, erhebt die öffentliche Aufgabe des Rundfunks zum eigentlichen Inhalt der Rundfunkfreiheit.

b) Das Grundrecht der Pressefreiheit als Freiheitsrecht und Funktionsauftrag

Die Frage, wie die öffentliche Aufgabe der Presse zu begreifen ist, entscheidet sich 22 mithin letztlich danach, in welcher Nähe oder Distanz die Interpretation des Pressegrundrechts zu derjenigen der Rundfunkgewährleistung steht. Insofern ist aber kein

Cornils 193

Zweifel, dass die spezifisch rundfunkverfassungsrechtlichen Abweichungen („Sonderdogmatik") vom sonst herrschenden außentheoretisch-schrankendogmatischen Modell der Grundrechte auch in der Rechtsprechung des BVerfG nicht auf die Pressefreiheit übertragen worden sind (näher dazu und zum folgenden o., § 1 Rn. 142 ff.):

23 Zwar betrifft der medienverfassungsrechtliche Gewährleistungsgehalt der Funktionssicherung im Hinblick auf Vielfalt und Staatsferne alle Massenmedien und so auch die Presse; das „Normziel" des Art. 5 Abs. 1 Satz 2 GG ist für die Presse kein anderes als für den Rundfunk (BVerfGE 91, 125/134). Und so trifft den Gesetzgeber auch für die Presse eine Gewährleistungsverantwortung, für funktionsentsprechende Rahmenbedingungen zu sorgen, etwa durch wettbewerbsrechtliche Vorkehrungen gegenüber einer vielfaltsgefährdenden Pressekonzentration (BVerfGE 20, 162, Rn. 38).

24 Aber derartige „Ausgestaltungen" der Pressefreiheit im Interesse der Informations- und Kommunikationsfunktion der Presse sind doch in ihrer handlungsfreiheitsverkürzenden Wirkung unzweifelhaft Eingriffe in die individualgrundrechtliche Pressefreiheit. Sie können im Funktionssicherungsauftrag ihren legitimierenden Grund finden, müssen aber doch jedenfalls gemäß Art. 5 Abs. 2 GG gerechtfertigt werden.. Die Funktion und ihre Sicherung prägen mithin nicht schon den verfassungsrechtlichen Freiheitsbegriff; die Pressefreiheit geht nicht – wie bei der Rundfunkfreiheit – in der „öffentlichen Aufgabe" auf.

25 Wesentliche Differenzen zum Rundfunkverfassungsrecht ergeben sich darüber hinaus auch aus dem deutlich anders akzentuierten Verständnis des Funktionssicherungsauftrages für die Presse: Zwar hat das BVerfG die Unterschiede explizit nur auf die „Mittel der Funktionserfüllung" bezogen (BVerfGE 91, 125/134); jedoch hat dieses Bekenntnis zu den im Vergleich mit dem Rundfunk anderen, der Presse adäquaten „Mitteln" auch wiederum Rückwirkungen auf die das Ziel der Gewährleistung ausmachenden Funktionsvorstellungen selbst: So gehören zu den inhaltlichen Ausprägungen der Funktionsgewährleistung der Presse die Prinzipien der Privatwirtschaftlichkeit und Wettbewerbsfreiheit (BVerfGE 20, 162, Rn. 37): Der Modus, in dem Pressevielfalt zu Stande kommen soll, ist der (funktionierende) Markt, nicht die gesetzlich beauftragte Anstalt. Ist aber die Privatwirtschaftlichkeit der Presse verfassungsrechtlich anerkannte Grundbedingung der Pressefreiheit, so kann sie – diametral anders als beim Rundfunk – nicht von Verfassungs wegen im Generalverdacht stehen, funktionswidrige Ergebnisse zu begünstigen. Der dynamischere Vielfaltsbegriff der Pressefreiheit ergibt sich nicht aus vorgegebenen quantitativen und qualitativen Optimierungsvorstellungen, ist vielmehr Resultat „geistiger und wirtschaftlicher Konkurrenz, in die die öffentliche Gewalt grundsätzlich nicht eingreifen darf" (BVerfGE 20, 162, Rn. 37).

c) Kongruenz von „öffentlicher Aufgabe" und verfassungsrechtlich gewährleisteter Funktion der Presse

26 Für das Verständnis der öffentlichen Aufgabe der Presse sind diese verfassungsrechtlichen Markierungen wesentlich: Es ist danach unzweifelhaft, dass der Presse wie dem Rundfunk und den nichtlinearen elektronischen Medien eine „öffentliche Aufgabe" für den gesellschaftlichen Meinungsbildungsprozess, dieser auch wiederum als Demokratievoraussetzung begriffen (z. B. *Klein,* S. 35 ff.), „zufällt" (BVerfGE 20, 162, Rn. 37), wenngleich die (Senats-)Rechtsprechung des BVerfG zur Pressefreiheit den Begriff selbst im Spiegelurteil nur in Anführungszeichen verwendet hat (BVerfG, ebd.; darauf Bezug nehmend BVerfGE 66, 116, Rn. 45; ohne Anführungszeichen: BVerfG [K], NJW 2001, 503, Rn. 29). Die Presse erfüllt eine öffentliche Aufgabe, insofern sie, zusammen und gleichrangig mit den anderen Massenmedien, die informationelle Basis für weite Teile der öffentlichen und privaten Meinungsbildung schafft („Medium") und an dieser zugleich durch publizistische Tätigkeit selbst teilnimmt („Faktor") (BVerfGE 20, 162, Rn. 36; 101, 361, Rn. 96; ausführlicher *Löffler,* S. 3 ff.; *Ricker,* S. 27 ff.). Die „öffentliche Aufgabe" ist mithin gleichbedeutend mit der

IV. Die „öffentliche Aufgabe" der Presse § 3 LPG

verfassungsrechtlich im Gewährleistungsauftrag des Art. 5 Abs. 1 Satz 2 GG erfassten Funktion für Meinungsbildung und Demokratie; sie ist überhaupt nichts anderes als ein missverständnisträchtiger Ausdruck für diese Funktion. Sie ist aber damit gerade nicht identisch mit der grundrechtlich geschützten Freiheit selbst, liegt also nicht als immanente Pflichtbindung auf der Pressetätigkeit. Die Funktion der Presse ist erwartetes Resultat ihrer Freiheit, nicht ist die Pressefreiheit Ausdruck ihrer Funktion.

Dies schließt eine funktionssichernde Auferlegung von Pflichten durch Gesetz 27 nicht aus; solche Funktionssicherungsgesetze sind zugleich Ausgestaltung („Vollzug" des Gewährleistungsauftrags) und Schranke der Pressefreiheit (Art. 5 Abs. 2 GG). Jedoch müssen solche Gesetze sowohl dem verfassungsrechtlichen Bild der Funktion der – aus gesellschaftlicher Initiative entspringenden, privatwirtschaftlich organisierten und im Wettbewerb stehenden – Presse entsprechen als auch mit ihrer beschränkenden Wirkung auf die Presse-Handlungsfreiheit verhältnismäßig sein. Dem rundfunkrechtlichen Muster vergleichbare Regulierungseingriffe zur Vielfaltssicherung sind danach jedenfalls unter den auch heute noch gegebenen Bedingungen für Pressetätigkeit ausgeschlossen (näher o., § 1 Rn. 144 ff.).

d) Presse und „öffentliche Meinung"

Nicht überzeugend (dazu schon o., Einl. Rn. 140), heute aber wohl auch weithin 28 überholt (s. dagegen etwa *Klein*, S. 26 ff.) sind Vorstellungen einer absorbierenden, integrierenden oder eher selektierenden, jedenfalls homogenisierenden Mittlerrolle der Medien im Sinne der Aufbereitung einer „öffentlichen Meinung" als einer von der Gesellschaft insgesamt oder zumindest maßgeblichen Teilen (s. zum eher elitären Charakter der „öffentlichen Meinung" im Liberalismus des 19. Jh. *Czajka*, S. 51 f.) geteilten Auffassung (s. etwa *Krüger*, S. 447: „eine einigere und richtigere Meinung, als es die Einzelmeinungen und ihr Querschnitt sind"; durchaus differenzierter zu dieser Bündelungs- und Mittlerfunktion das Spiegel-Urteil, BVerfGE 20, 162, Rn. 36). Die Behauptung einer Repräsentationsfunktion der Presse hinsichtlich der „öffentlichen Meinung" ist von den organisierten Journalisten selbst noch weit in das 20. Jh. hinein nicht ohne Erfolg zur Rechtfertigung der eigenen Bedeutung und Funktion für Staat und Gesellschaft, mithin eben für die Begründung der „öffentlichen Aufgabe", kultiviert worden, nachdem aber die Substanz einer derartigen Einheits-Repräsentationsidee schon im späteren 19. Jh. verloren gegangen war (*Czajka*, S. 57 f.).

Unter dem Grundgesetz ist die individuelle ebenso wie die gruppenbezogene 29 Kommunikation frei und pluralistisch; eine Funktionsbeschreibung der Bildung einheitlicher oder mehrheitlicher Auffassungen der Bevölkerung ist damit a priori unvereinbar (*Dagtoglou*, S. 18 ff.). Schon die in der Rechtsprechung aufgenommene, indessen mit der Aussage, die Presse habe beidem zu dienen, sogleich auch wieder relativierte Unterscheidung von individueller und öffentlicher Meinungsbildung (BVerfGE 101, 361, Rn. 95) ist im Digitalzeitalter fragwürdig geworden, noch fragwürdiger als sie es wohl ohnehin immer schon war. Die Medien „funktionieren" im Sinne der Funktionsvorstellung des Grundgesetzes dann, wenn sie den Diskurs der je verschiedenen, miteinander streitenden Anschauungen abbilden und selbst auch mit führen. Übereinstimmung oder gar Einigkeit in der Presse – etwa in der Beurteilung staatspolitischer Fragen oder auch in der moralischen Verurteilung von Personen („Kampagnenjournalismus") sind in der pluralistischen Gesellschaft eher funktionale Krisensymptome, nicht aber Erfolgsanzeichen für eine funktionsgerecht wahrgenommene öffentliche Aufgabe. Verfassungsrechtlicher Funktionsauftrag ist also keineswegs eine „Führungsaufgabe" bei der Bildung einer „öffentlichen Meinung" (so aber *Scheer*, S. 187, im Anschluss an *Krüger*, S. 448 f.; s. auch *Löffler*, S. 3 f.), sondern die berichtende und mitwirkende Anteilnahme am Streit der Meinungen in der Öffentlichkeit.

2. Die einfachgesetzliche Beschreibung der „öffentlichen Aufgabe"

30 § 3 LPG verweist daher mit der Beschreibung der öffentlichen Aufgabe auf die verfassungsrechtlich als Gewährleistungsinhalt anerkannte Funktion der Presse als Massenmedium, damit auch auf einen verfassungsrangigen Legitimationsgrund für funktionssichernde Einschränkungen oder auch Förderungen und Privilegierungen der Presse, nicht aber auf eine schon im Begriff selbst liegende Rechtsbindung. Aus der Funktion – die § 3 LPG nur mehr benennt – ergibt sich nicht eo ipso eine Funktionsbindung der Presse.

a) Kein eigenständiger normativer Gehalt der „öffentlichen Aufgabe"

31 Gegenstand der Beschreibung ist mithin zwar keineswegs nur ein faktischer Zustand oder Prozess, eine soziale Tatsache (in der Formulierung freilich in diese Richtung *Bullinger*, Vorauﬂ. § 3 Rn. 21, 51: „rechtliche Anerkennung der faktischen Funktion der Presse"), sondern das verfassungsrechtliche Normziel des Art. 5 Abs. 1 Satz 2 GG. § 3 LPG entfaltet aber im Hinblick auf dieses Ziel keine eigene normative Wirkung, insbesondere keinen aus sich heraus wirksamen Verpflichtungsgehalt. Die Vorschrift beschreibt nur die ohnehin verfassungsrechtlich gewährleistete Funktion, ist aber nicht selbst Instrument der Funktionserfüllung, also Ausgestaltungs- und Schrankengesetz, mit dem bestimmbare Sonderpflichten oder -rechte der Presse begründet würden. Derartige Ausformungen des funktionsadäquaten Rechte- und Pflichtenstatus nehmen erst die nachfolgenden pressegesetzlichen Bestimmungen des Presseordnungsrechts und auch diejenigen des Presserechts im weiteren Sinne vor. Deren Legitimation und verfassungsrechtliche Rechtfertigung sind aber nicht davon abhängig, dass die Pressegesetze die „öffentliche Aufgabe" bekräftigen, sondern allenfalls, soweit nicht andere Gründe, etwa der Schutz der Rechtsgüter Dritter, dafür tragend sind, davon, dass diese Aufgabe verfassungsrechtlich anerkannt ist. Die Verhältnismäßigkeit der Offenlegungspflicht der Presse, ihrer spezifischen Sorgfaltspflicht und auch der mit den Sonderbestimmungen über die Pressefusion verbundenen Eingriffseffekte bestimmt sich nach Art. 5 Abs. 1 Satz 2 und Abs. 2 GG, nicht nach § 3 LPG. Die Bestimmung über die „öffentliche Aufgabe" in § 3 LPG trägt also normativ nichts aus, sie könnte tatsächlich entfallen, ohne dass sich am Rechtszustand der Presse etwas ändern würde.

32 Dies gilt auch für die rechtlichen Privilegierungen der Presse, etwa den Auskunftsanspruch (§ 4 LPG), das datenschutzrechtliche Medienprivileg (§ 41 BDSG) oder das Zeugnisverweigerungsrecht (§ 53 Abs. 1 Nr. 5 StPO). Soweit diese Vorzugstellungen gleichheitsrechtlich einer sachlichen Begründung bedürfen, ergibt diese sich aus der Sache – den Funktionserfordernissen der Presse – und ihrer verfassungsrechtlichen Anerkennung, nicht erst aus der landesgesetzlichen Bekräftigung der Funktion.

33 Schließlich wird auch die Anerkennung persönlichkeitsrechtsberührender pressemäßiger Berichterstattung als um berechtigter Interessen willen gerechtfertigt (§ 193 StGB), nicht schon durch die Bestimmung des § 3 LPG als solche getragen. Zwar ist in dem Schluss von der öffentlichen Aufgabe auf die Wahrnehmung berechtigter Interessen eine geradezu hauptsächliche Bedeutung der pressegesetzlichen Aufgabenproklamation gesehen worden (s. dazu eingehend *Rehbinder*, 1962) – die Fassung der Bestimmung in Bayern, Berlin und Brandenburg spricht diesen Zusammenhang ausdrücklich aus (s. o., Rn. 4). Auch steht der verbandskompetenzielle Ebenenunterschied von Landes-Presserecht und Bundes-Strafrecht nicht notwendig der Möglichkeit entgegen, dass der bundesrechtliche Begriff des berechtigten Interesses für landesrechtliche Interessenauszeichnungen – wie in den Pressegesetzen – offen sein kann (*Bullinger*, Vorauﬂ., § 3 Rn. 54). Jedoch ist auch insoweit nicht erst § 3 LPG konstitutiver Grund dieser Rechtfertigung in strafrechtlichen oder auch zivilrechtlichen Güterabwägungen (s. näher *Soehring/Hoene,* § 15), sondern ergibt sich das berechtigte Interesse substantiell schon aus den Wertungen der Verfassung, insbesondere des Art. 5 Abs. 1 GG, die die im Rahmen der einfachrechtlichen Vorschriften anzu-

IV. Die „öffentliche Aufgabe" der Presse   § 3 LPG

stellende Abwägung maßgeblich bestimmen (BVerfGE 42, 143/152; BVerfG [K], NJW 1999, 2262, Rn. 23; BGHSt 12, 287/293; *Lackner/Kühl*, § 193 Rn. 1). Außerdem kann die kategoriale und wertneutrale (s. sogleich Rn. 34) Zuordnung einer jeden Presseberichterstattung zur öffentlichen Aufgabe noch nicht das Ergebnis der anspruchsvolleren, einzelfallbezogenen Rechtfertigungsabwägung nach § 193 StGB präjudizieren.

b) *Thematische Kongruenz von Pressefunktion und Pressefreiheit: Kein Vorbehalt relevanter Pressetätigkeit*

Die Verfassungsgeprägtheit des Begriffs der öffentlichen Aufgabe schließt endlich 34 auch Deutungen aus, die den Schutz der Presse gegenüber der grundrechtlich bestimmten Reichweite zurücknehmen. Namentlich kann man die öffentliche Aufgabe der Presse entgegen einer früher verbreitet vertretenen Ansicht (Charakterisierung *durch Ricker*, S. 19, gleichlautend in *Ricker/Weberling*, 3. Kap. Rn. 13 ff.: „wertbezogene Interpretation der Pressefreiheit") nicht auf bestimmte Inhalte, Darstellungs- oder Verbreitungsarten, die in besonderer Weise von öffentlichem Interesse sind, reduziert werden, etwa auf in einem engeren Sinne „politische" oder „seriöse" Inhalte oder gar nur auf die periodische Presse (zutr. *Bullinger*, Voraufl., § 3 Rn. 32 ff.; *Ricker*, S. 21 ff.). Zwar beziehen und beschränken einige – keineswegs alle – Pressegesetze in ihrer Fassung der Umschreibung der „öffentlichen Aufgabe" diese allein oder doch zumindest „insbesondere" (Mecklenburg-Vorpommern) auf „Angelegenheiten von öffentlichem Interesse" (s. o., Rn. 3), scheinen damit also in der Tat eine Deutung zu unterstützen, die nicht schlechthin jede pressemäßige Berichterstattung, ungeachtet ihres Inhalts oder ihrer Machart, dem öffentlichen Interesse und damit der öffentlichen Aufgabe zuordnet. Eine solche restriktive Deutung – und daran anschließende Folgerungen, etwa bei dem eine Tätigkeit in Erfüllung der öffentlichen Aufgabe voraussetzenden Presseauskunftsanspruch (s. dazu *Burkhardt*, Voraufl., § 4 Rn. 86) – setzten sich jedoch zu der verfassungsrechtlichen Garantie der Pressefreiheit in Widerspruch, und zwar nicht erst im Verhältnis zur individualgrundrechtlich gewährleisteten Pressefreiheit, die fraglos zumindest auf Schutzbereichsebene keine Differenzierungen nach der funktionalen Werthaltigkeit der medial verbreiteten Kommunikate zulässt, sondern – hier entscheidend – schon im Verhältnis zur verfassungsrechtlichen Funktionsgewährleistung. Aus dieser ließe sich mithin insoweit auch keine Rechtfertigung zur Beschränkung (Art. 5 Abs. 2 GG) jener weiter gespannten Freiheit auf „funktional wertvolle" Inhalte ableiten: Denn gerade auch das Funktionsverständnis der Pressegewährleistung muss – insofern kongruent mit dem Abwehrrecht – offen sein für potentiell alle Presseinhalte (*Klein*, S. 45 ff.), auch der „bloßen Unterhaltung", der Befriedigung von Neugierde und „Sensationslust" usw. Die namentlich vom BVerfG für die Begründung der gegenständlichen Weite der Pressefreiheit, von der Berichterstattung über staatspolitische Ereignisse bis zum Boulevard-Tratsch, angeführten – überzeugenden – Argumente betreffen gerade die kommunikative Funktion der Medien, nicht nur das individuelle Selbstentfaltungsinteresse des Medienunternehmens (BVerfGE 101, 361, Rn. 96 ff.).

Die unter dem Einfluss der EGMR-Rechtsprechung (seit dem ersten *Hannover-* 35 Urteil von 2004, EGMR, NJW 2004, 2647) stattgefundene Akzentverschiebung dahin, dass nunmehr für die Beurteilung der Rechtsgutskollision mit dem Persönlichkeitsrecht, d. h. auf der Ebene der Rechtfertigung von Äußerungsverboten der Presse, eine ausgeprägtere Differenzierung nach der relativen Bedeutung des Kommunikats für die öffentliche Meinungsbildung stattzufinden hat (s. o., § 1 Rn. 212 f.), kann nicht zu einer anderen Einschätzung führen: Auch aus Sicht der Konventionsrechts sind der Schutz der Pressefreiheit und die Pressefunktion nicht allein auf im engeren demokratisch oder gesellschaftlich relevante Berichterstattungsinhalte beschränkt. Die geforderte Differenzierung meint auch in dieser Akzentuierung nur graduelle Gewichtsabstufungen für die Rechtsgüterabwägung (s. zu dieser nicht unproblematischen Rechtsprechung o. § 1 Rn. 74 ff.), nicht aber den a-priori-Aus-

LPG § 4 Informationsanspruch

schluss der Unterhaltung oder sonst „trivialer" Inhalte aus dem rechtlich anerkannten Funktionskreis der Medien. Zusammenfassend ist also festzuhalten, dass sich aus der Anerkennung der öffentlichen Aufgabe keine Konturen eines besonders geschützten funktional herausgehobenen Kernbereichs der Pressetätigkeit herleiten lassen. Zum Wesen der Freiheit der Presse, aber auch gleichlaufend ihrer Funktion, gehört das Recht, selbst zu entscheiden, was im öffentlichen Informationsinteresse liegt (BVerfGE 101, 361, Rn. 95; 120, 180, Rn. 42). Damit erstreckt sich aber auch die öffentliche Aufgabe der Presse auf all das, was die Presse zum Gegenstand ihrer Berichterstattung macht (insoweit enger aber die Rspr. des BGH in Strafsachen, BGHSt 18, 182/187; BGH AfP 1998, 34, dem zustimmend offenbar *Bullinger*, Voraufl., § 3 Rn. 36).

§ 4 LPG
Informationsanspruch

Geltende Gesetzesfassungen

Gesetzesfassung in Baden-Württemberg:

§ 4 [Informationsrecht der Presse]

(1) Die Behörden sind verpflichtet, den Vertretern der Presse die der Erfüllung ihrer öffentlichen Aufgabe dienenden Auskünfte zu erteilen.

(2) Auskünfte können verweigert werden, soweit
1. hierdurch die sachgemäße Durchführung eines schwebenden Verfahrens vereitelt, erschwert, verzögert oder gefährdet werden könnte oder
2. Vorschriften über die Geheimhaltung entgegenstehen oder
3. ein überwiegendes öffentliches oder schutzwürdiges privates Interesse verletzt würde oder
4. ihr Umfang das zumutbare Maß überschreitet.

(3) Anordnungen, die einer Behörde Auskünfte an die Presse allgemein verbieten, sind unzulässig.

(4) Der Verleger einer Zeitung oder Zeitschrift kann von den Behörden verlangen, daß ihm deren amtliche Bekanntmachungen nicht später als seinen Mitbewerbern zur Verwendung zugeleitet werden.

Gesetzesfassung in Bayern:

Art 4 [Auskunftsrecht]

(1) Die Presse hat gegenüber Behörden ein Recht auf Auskunft. Sie kann es nur durch Redakteure oder andere von ihnen genügend ausgewiesene Mitarbeiter von Zeitungen oder Zeitschriften ausüben.

(2) Das Recht auf Auskunft kann nur gegenüber dem Behördenleiter und den von ihm Beauftragten geltend gemacht werden. Die Auskunft darf nur verweigert werden, soweit auf Grund beamtenrechtlicher oder sonstiger gesetzlicher Vorschriften eine Verschwiegenheitspflicht besteht.

Gesetzesfassung in Berlin:

§ 4 [Informationsrecht der Presse]

(1) Die Behörden sind verpflichtet, den Vertretern der Presse, die sich als solche ausweisen, zur Erfüllung ihrer öffentlichen Aufgabe Auskünfte zu erteilen.

Informationsanspruch § 4 LPG

(2) Auskünfte können nur verweigert werden, soweit
1. Vorschriften über die Geheimhaltung entgegenstehen oder
2. Maßnahmen ihrem Wesen nach dauernd oder zeitweise geheimgehalten werden müssen, weil ihre Bekanntgabe oder ihre vorzeitige Bekanntgabe die öffentlichen Interessen schädigen oder gefährden würde oder
3. hierdurch die sachgerechte Durchführung eines schwebenden Verfahrens vereitelt, erschwert, verzögert oder gefährdet werden könnte oder
4. ein schutzwürdiges privates Interesse verletzt würde.

(3) Allgemeine Anordnungen, die einer Behörde Auskünfte an die Presse verbieten, sind unzulässig.

(4) Der Verleger einer Zeitung oder Zeitschrift kann von den Behörden verlangen, daß ihm deren amtliche Bekanntmachungen nicht später als seinen Mitbewerbern zur Verwendung zugeleitet werden.

(5) Die Vorschriften des Berliner Informationsfreiheitsgesetzes vom 15. Oktober 1999 (GVBl S 561) bleiben unberührt.

Gesetzesfassung in Brandenburg:

§ 5 [Informationsanspruch der Presse]

(1) Die Behörden sind verpflichtet, den Vertreterinnen oder den Vertretern der Presse die der Erfüllung ihrer öffentlichen Aufgabe dienenden Auskünfte zu erteilen.

(2) Auskünfte können verweigert werden, wenn und insoweit
1. durch sie die sachgemäße Durchführung eines schwebenden Verfahrens vereitelt oder gefährdet werden könnte,
2. Vorschriften über die Geheimhaltung entgegenstehen,
3. ein überwiegendes öffentliches oder schutzwürdiges privates Interesse verletzt würde,
4. ihr Umfang das zumutbare Maß überschreitet.

(3) Allgemeine Anordnungen, die einer Behörde Auskünfte an die Presse überhaupt, an diejenige einer bestimmten Richtung oder an ein bestimmtes periodisches Druckwerk verbieten, sind unzulässig.

(4) Die Verlegerinnen oder die Verleger einer Zeitung oder Zeitschrift können von den Behörden verlangen, daß ihnen deren amtliche Bekanntmachungen nicht später als den Mitbewerberinnen und Mitbewerbern zur Verwendung zugeleitet werden.

Gesetzesfassung in Bremen:

§ 4 [Informationsrecht der Presse]

(1) Die Behörden des Landes und der Gemeinden sowie die der Aufsicht des Landes unterliegenden Körperschaften des öffentlichen Rechts sind verpflichtet, den Vertretern der Presse in Angelegenheiten von öffentlichem Interesse Auskünfte zu erteilen, die dazu dienen, Nachrichten zu beschaffen und zu verbreiten, Stellung zu nehmen, Kritik zu üben oder in anderer Weise an der Meinungsbildung mitzuwirken.

(2) Auskünfte können verweigert werden, soweit
1. durch ihre Erteilung die sachgemäße Durchführung eines schwebenden Verfahrens vereitelt, erschwert, verzögert oder gefährdet werden könnte oder
2. Vorschriften über die Geheimhaltung entgegenstehen oder
3. ein überwiegendes öffentliches oder schutzwürdiges privates Interesse verletzt würde.

(3) Allgemeine Anordnungen, die einer Behörde Auskünfte an die Presse verbieten, sind unzulässig.

(4) Der Verleger einer Zeitung oder Zeitschrift kann von den Behörden verlangen, daß ihm deren amtliche Bekanntmachungen nicht später als seinen Mitbewerbern zur Verwendung zugeleitet werden.

Gesetzesfassung in Hamburg:

§ 4 [Informationsrecht]

(1) Die Behörden sind verpflichtet, den Vertretern der Presse und des Rundfunks die der Erfüllung ihrer öffentlichen Aufgabe dienenden Auskünfte zu erteilen.

(2) Auskünfte können verweigert werden, soweit
1. hierdurch die sachgemäße Durchführung eines schwebenden Gerichtsverfahrens, Bußgeldverfahrens oder Disziplinarverfahrens beeinträchtigt oder gefährdet werden könnte oder
2. Vorschriften über die Geheimhaltung oder die Amtsverschwiegenheit entgegenstehen oder
3. sonst ein überwiegendes öffentliches oder schutzwürdiges privates Interesse verletzt würde.

(3) Allgemeine Anordnungen, die einer Behörde Auskünfte an die Presse verbieten, sind unzulässig.

(4) Der Verleger eines periodischen Druckwerks kann von den Behörden verlangen, daß ihm deren amtliche Bekanntmachungen nicht später als seinen Mitbewerbern zur Verwendung zugeleitet werden.

Gesetzesfassung in Hessen:

§ 3 [Auskunftspflicht von Behörden]

(1) Die Behörden sind verpflichtet, der Presse die gewünschten Auskünfte zu erteilen. Sie können eine Auskunft nur verweigern,
1. soweit durch sie die sachgemäße Durchführung eines straf- oder dienststrafgerichtlichen Verfahrens vereitelt, erschwert, verzögert oder gefährdet werden könnte,
2. soweit Auskünfte über persönliche Angelegenheiten einzelner verlangt werden, an deren öffentlicher Bekanntgabe kein berechtigtes Interesse besteht, und
3. soweit Maßnahmen, die im öffentlichen Interesse liegen, durch ihre vorzeitige öffentliche Erörterung vereitelt, erschwert, verzögert oder gefährdet werden könnten.

(2) Anordnungen, die einer Behörde Auskünfte an die Tagespresse überhaupt, an diejenige einer bestimmten Richtung oder an ein bestimmtes periodisches Druckwerk allgemein verbieten, sind unzulässig.

(3) Der Verleger einer Zeitung oder Zeitschrift kann von den Behörden verlangen, daß ihm deren amtliche Bekanntmachungen gegen Vergütung der Übermittlungskosten nicht später als seinen Mitbewerbern zur Verwendung zugeleitet werden.

Gesetzesfassung in Mecklenburg-Vorpommern:

§ 4 [Informationsrecht der Presse]

(1) Die Presse hat gegenüber Behörden ein Recht auf Auskunft.

(2) Die Behörden sind verpflichtet, den Vertretern der Presse die der Erfüllung ihrer öffentlichen Aufgabe dienenden Auskünfte zu erteilen.

Informationsanspruch   § 4 LPG

(3) Auskünfte können verweigert werden, soweit
1. hierdurch die sachgemäße Durchführung von schwebenden Verfahren oder Verwaltungsvorgängen zu Lasten Dritter vereitelt, erschwert, verzögert oder gefährdet werden könnte,
2. ein überwiegendes öffentliches oder schutzwürdiges privates Interesse verletzt würde,
3. Vorschriften über die Geheimhaltung oder den Datenschutz entgegenstehen,
4. ihr Umfang das zumutbare Maß überschreitet.

(4) Anordnungen, die einer Behörde Auskünfte an die Presse überhaupt, an diejenige einer bestimmten Richtung oder an ein bestimmtes periodisches Druckwerk allgemein verbieten, sind unzulässig.

(5) Der Verleger einer Zeitung oder Zeitschrift kann von den Behörden verlangen, daß ihm deren amtliche Bekanntmachungen nicht später als seinen Mitbewerbern zur Verwendung zugeleitet werden.

Gesetzesfassung in Niedersachsen:

§ 4 [Informationsrecht der Presse]

(1) Die Behörden sind verpflichtet, den Vertretern der Presse die der Erfüllung ihrer öffentlichen Aufgabe dienenden Auskünfte zu erteilen.

(2) Auskünfte können verweigert werden, soweit
1. durch sie die sachgemäße Durchführung eines schwebenden Verfahrens vereitelt, erschwert, verzögert oder gefährdet werden könnte oder
2. ihnen Vorschriften über die Geheimhaltung entgegenstehen oder
3. sie ein überwiegendes öffentliches oder schutzwürdiges privates Interesse verletzen würden oder
4. ihr Umfang das zumutbare Maß überschreitet.

(3) Allgemeine Anordnungen, die einer Behörde Auskünfte an die Presse verbieten, sind unzulässig.

(4) Der Verleger einer Zeitung oder Zeitschrift kann von den Behörden verlangen, daß ihm deren amtliche Bekanntmachungen nicht später als seinen Mitbewerbern zur Verwendung zugeleitet werden.

Gesetzesfassung in Nordrhein-Westfalen:

§ 4 [Informationsrecht der Presse]

(1) Die Behörden sind verpflichtet, den Vertretern der Presse die der Erfüllung ihrer öffentlichen Aufgabe dienenden Auskünfte zu erteilen.

(2) Ein Anspruch auf Auskunft besteht nicht, soweit
1. durch sie die sachgemäße Durchführung eines schwebenden Verfahrens vereitelt, erschwert, verzögert oder gefährdet werden könnte oder
2. Vorschriften über die Geheimhaltung entgegenstehen oder
3. ein überwiegendes öffentliches oder ein schutzwürdiges privates Interesse verletzt würde oder
4. deren Umfang das zumutbare Maß überschreitet.

(3) Allgemeine Anordnungen, die einer Behörde Auskünfte an die Presse überhaupt, an diejenige einer bestimmten Richtung oder an ein bestimmtes periodisches Druckwerk verbieten, sind unzulässig.

(4) Der Verleger einer Zeitung oder Zeitschrift kann von den Behörden verlangen, daß ihm deren amtliche Bekanntmachungen nicht später als seinen Mitbewerbern zur Verwendung zugeleitet werden.

LPG § 4

Informationsanspruch

Gesetzesfassung in Rheinland-Pfalz:

§ 6 LMG [Informationsrecht]

(1) Die Behörden sind verpflichtet, den Medien die der Erfüllung ihrer öffentlichen Aufgabe dienenden Auskünfte zu erteilen.

(2) Auskünfte können verweigert werden, soweit
1. hierdurch die sachgemäße Durchführung eines schwebenden Verfahrens vereitelt, erschwert, verzögert oder gefährdet werden könnte,
2. Vorschriften über die Geheimhaltung entgegenstehen,
3. ein überwiegendes öffentliches oder ein schutzwürdiges privates Interesse verletzt würde oder
4. ihr Umfang das zumutbare Maß überschreitet.

(3) Allgemeine Anordnungen, die einer Behörde Auskünfte an Medien verbieten, sind unzulässig.

(4) Bei der Erteilung von Auskünften ist der Grundsatz der Gleichbehandlung zu beachten.

Gesetzesfassung im Saarland:

§ 5 SMG [Informationsrecht der Medien]

(1) Die Behörden sind verpflichtet, Vertreterinnen und Vertretern der Medien die der Erfüllung ihrer öffentlichen Aufgabe dienenden Auskünfte zu erteilen.

(2) Auskünfte können verweigert werden, soweit
1. hierdurch die sachgemäße Durchführung eines schwebenden Verfahrens vereitelt, erschwert, verzögert oder gefährdet werden könnte oder
2. Vorschriften über die Geheimhaltung entgegenstehen oder
3. ein überwiegendes öffentliches oder ein schutzwürdiges privates Interesse verletzt würde oder
4. ihr Umfang das zumutbare Maß überschreitet.

(3) Allgemeine Anordnungen, die einer Behörde Auskünfte an Medien überhaupt, an diejenigen einer bestimmten Richtung oder an bestimmte Medien verbieten, sind unzulässig.

(4) Bei der Erteilung von Auskünften an Medien, insbesondere der Übermittlung von amtlichen Bekanntmachungen, ist der Grundsatz der Gleichbehandlung zu beachten.

Gesetzesfassung in Sachsen:

§ 4 [Informationsrecht der Presse]

(1) Alle Behörden sind verpflichtet, den Vertretern der Presse und des Rundfunks, die sich als solche ausweisen, die der Erfüllung ihrer öffentlichen Aufgabe dienenden Auskünfte zu erteilen, sofern nicht dieses Gesetz oder allgemeine Rechtsvorschriften dem entgegenstehen. Das Recht auf Auskunft kann nur gegenüber dem Behördenleiter oder dem von ihm Beauftragten geltend gemacht werden.

(2) Die Auskunft darf verweigert werden, wenn und soweit
1. Vorschriften über die Geheimhaltung und über den Persönlichkeitsschutz entgegenstehen,
2. durch sie die sachgemäße Durchführung eines schwebenden Verfahrens vereitelt, erschwert, verzögert oder gefährdet werden könnte.
3. durch sie ein überwiegendes öffentliches oder ein schutzwürdiges privates Interesse verletzt würde oder
4. ihr Umfang das zumutbare Maß überschreitet.

Informationsanspruch § 4 LPG

(3) Allgemeine Anordnungen, die einer Behörde Auskünfte an die Presse verbieten, sind unzulässig.

(4) Der Verleger einer Zeitung oder Zeitschrift kann von den Behörden verlangen, daß ihm deren amtliche Verlautbarungen gleichzeitig mit seinen Mitbewerbern zugänglich gemacht werden.

(5) Die Rundfunkanstalten sind nicht nach den Absätzen 1 bis 4 auskunftspflichtig.

Gesetzesfassung in Sachsen-Anhalt:

§ 4 [Informationsrecht der Presse]

(1) ¹Die Behörden sind verpflichtet, den Vertretern der Presse die der Erfüllung ihrer Aufgabe dienenden Auskünfte zu erteilen. ²Das Recht auf Auskunft kann gegenüber dem Behördenleiter oder dem von ihm Beauftragten geltend gemacht werden.

(2) Auskünfte können verweigert werden, soweit
1. durch sie die sachgemäße Durchführung eines schwebenden Verfahrens vereitelt, erschwert, verzögert oder gefährdet werden könnte oder
2. ihnen Vorschriften über die Geheimhaltung entgegenstehen oder
3. sie ein überwiegendes öffentliches oder ein schutzwürdiges privates Interesse verletzen würden oder
4. ihr Umfang das zumutbare Maß überschreitet.

(3) Der Verleger einer Zeitung oder Zeitschrift kann von den Behörden verlangen, daß ihm deren amtliche Bekanntmachungen nicht später als seinen Mitbewerbern zur Verwendung zugeleitet werden.

Gesetzestext in Schleswig-Holstein:

§ 4 [Informationsrecht der Presse]

(1) Die Behörden sind verpflichtet, den Vertreterinnen und Vertretern der Presse die zur Erfüllung ihrer öffentlichen Aufgabe dienenden Auskünfte zu erteilen.

(2) Auskünfte können verweigert werden, soweit
1. hierdurch die sachgemäße Durchführung eines schwebenden Verfahrens vereitelt, erschwert, verzögert oder gefährdet werden könnte oder
2. Vorschriften über die Geheimhaltung entgegenstehen oder
3. ein überwiegendes öffentliches oder ein schutzwürdiges privates Interesse verletzt würde oder
4. ihr Umfang das zumutbare Maß überschreitet.

(3) Allgemeine Anordnungen, die einer Behörde Auskünfte an die Presse verbieten, sind unzulässig.

(4) Die Verlegerin oder der Verleger einer Zeitung oder Zeitschrift kann von den Behörden verlangen, daß ihm deren amtliche Bekanntmachungen nicht später als ihren oder seinen Mitbewerberinnen oder Mitbewerbern zur Verwendung zugeleitet werden.

Gesetzesfassung in Thüringen:

§ 4 [Informationsrecht der Presse]

(1) Die Behörden sowie die der Aufsicht des Landes unterliegenden Körperschaften des öffentlichen Rechts sind verpflichtet, den Vertretern der Presse die der Erfüllung ihrer öffentlichen Aufgaben dienenden Auskünfte zu erteilen.

LPG § 4   Informationsanspruch

(2) ¹Auskünfte können verweigert werden, soweit

1. dadurch die sachgemäße Durchführung eines straf-, berufs- oder ehrengerichtlichen Verfahrens oder eines Disziplinarverfahrens vereitelt, erschwert, verzögert oder gefährdet werden könnte;
2. Auskünfte, die über persönliche Angelegenheiten einzelner verlangt werden, an deren Bekanntgabe kein berechtigtes Interesse der Öffentlichkeit besteht;
3. Maßnahmen, die im öffentlichen Interesse liegen, durch ihre vorzeitige öffentliche Erörterung vereitelt, erschwert, verzögert oder gefährdet werden könnten.

²Die Auskünfte sind zu verweigern, soweit Vorschriften über die Geheimhaltung und den Datenschutz entgegenstehen.

(3) ¹Allgemeine Anordnungen, die einer Behörde Auskünfte an die Presse überhaupt, an diejenige einer bestimmten Richtung oder an ein bestimmtes periodisches Druckwerk verbieten, sind unzulässig. ²Dasselbe gilt für allgemeine Anordnungen, die einer Behörde verbieten, ihre Akten der Presse zugänglich zu machen.

(4) Der Verleger einer Zeitung oder Zeitschrift kann von den Behörden verlangen, daß ihm deren amtliche Bekanntmachungen nicht später als seinen Mitbewerbern zur Verwendung zugeleitet werden.

Inhaltsübersicht

	Rn
A. Informationsanspruch	1–136
I. Grundlagen	1–37
1. Gegenstand der Regelung	1–4
2. Entstehungsgeschichte	5–18
3. Frage der Grundrechtsverbürgung	19–24
4. Allgemeiner Informationsanspruch als rechtspolitisches Ziel	25–37
II. Informationsberechtigte	38–54
1. Allgemeine Abgrenzungskriterien	38–45
a) Problematik der Anspruchsberechtigung	38–41
b) Zweck der Vorschrift	42–45
2. Einzelne Anspruchsberechtigte	46–51
3. Nachweis der Berechtigung, Presseausweis	52–54
III. Auskunftsverpflichtete	55–79
1. Behörden	55–63
a) Begriff der Behörde	56–60
b) Stellen der Legislative und Judikative	61
c) Stellen der mittelbaren Staatsverwaltung	62
d) Privatrechtlicher Organisationsformen	63
2. Zuständigkeit der Behörde	64–69
a) Zuständigkeit und tatsächliche Beschäftigung	65–67
b) Behördeninterne Zuständigkeit	68, 69
3. Sonderfragen	70–79
a) Kirchen	71
b) Rundfunkanstalten	72–76
c) Auskunftspflicht Privater?	77–79
IV. Voraussetzung und Gegenstand des Informationsanspruches	80–96
1. Auskunftsverlangen	80–83
2. Gegenstand des Informationsanspruches	84–96
a) Bestimmter Tatsachenkomplex	85, 86
b) Form	87
c) Frist	88
d) Auskunftsinhalt	89
e) Erfordernis der öffentlichen Aufgabe	90–93
f) Keine laufende Belieferung	94–96
V. Schranken des Informationsanspruches	97–136
1. Informationsverweigerung als Ermessensfrage	97–101

Informationsanspruch § 4 LPG

	Rn
2. Schwebendes Verfahren	102–107
a) Bedenklichkeit der Regelung	103
b) Begriff des schwebenden Verfahrens	104, 105
c) Gefährdung eines schwebenden Verfahrens	106
d) Zusammenarbeit von Presse und Kripo	107
3. Geheimhaltungsvorschriften	108–116
a) Begriff der Geheimhaltungsvorschrift	109–112
b) Verschlusssachen	113
c) Dienstverschwiegenheit	114–116
4. Überwiegendes öffentliches oder schutzwürdiges privates Interesse	117–129
a) Überwiegendes öffentliches Interesse	118–120
b) Schutzwürdiges privates Interesse	121–128
c) Regelung in Bayern, Berlin, Hessen und Thüringen	129
5. Unzumutbarer Auskunftsumfang	130
6. Unzulässigkeit genereller Auskunftsverbote	131–136
a) Grundsatz	132, 133
b) Nachrichtensperre in Notsituationen	134–136
B. Gleichbehandlungsanspruch bei sonstiger behördlicher Informationstätigkeit	137–160
I. Gleichbehandlungsanspruch als allgemeines Prinzip	138
II. Gleichbehandlungsanspruch bei amtlichen Bekanntmachungen nach § 4 IV LPG	139–147
1. Begriff der amtlichen Bekanntmachung	139–142
2. Öffentliche Bekanntmachungen	143, 144
3. Konkurrenz von Amts- und Anzeigenblättern	145–147
III. Teilhabeanspruch an behördliche Informationstätigkeit	148–160
1. Freiwillige Informationstätigkeit	148–152
2. Behördliche Pressekonferenzen	153–157
3. Sonstige behördliche Veranstaltungen	158–160
C. Sonstige Informationsrechte	161–183
I. Zutrittsrecht zu Sitzungen und Privaten Veranstaltungen	161–165
1. Öffentliche Verhandlungen	161
2. Private Veranstaltungen	162, 163
3. Recht zur Fernsehkurzberichterstattung	164, 165
II. Einsichtsrecht in öffentliche Register	166–171
III. Einsichtsrecht in Archivgut des Bundes	172
IV. Einsichtsrecht in Stasi-Unterlagen	173, 174
V. Anspruch auf Umweltinformationen	175
VI. Anspruch auf Urteilsabschriften	176–183
D. Durchsetzung des Informationsanspruches	184–194
1. Verwaltungsrechtsweg	184–188
2. Einstweilige Anordnung	189–191
3. Verfahren gegen Justizbehörden	192–194

Schrifttum: *Berg,* Zum presserechtlichen Informationsanspruch – OVG Münster, NVwZ-RR 1998, 311, JuS 1998, 997; *Cornils,* Der medienrechtliche Auskunftsanspruch in der Kompetenzordnung des Grundgesetzes, DÖV 2013, 657; *Degenhart,* Rechtsfragen der Ausstellung von Presseausweisen, AfP 2005, 305; *ders,* Der Staat im freiheitlichen Kommunikationsprozess: Funktionsträgerschaft, Funktionsschutz und Funktionsbegrenzung, AfP 2010, 324; *Düwel,* Das Amtsgeheimnis, 1965; *Ehlers/Vorbeck,* Presserechtliche Auskunftsansprüche gegen Bundesbehörden, in: Festschrift für Götz Frank, 2014, S 223 ff.; *Fehn/Horst,* Behördliche Pressearbeit bei strafprozessualen Maßnahmen, AfP 2007, 15; *Fluck/Wintterle,* Zugang zu Umweltinformationen, VerwArch 2003, 437; *Germelmann,* Presserechtliche Auskunftsansprüche gegenüber Bundesbehörden, DÖV 2013, 667; *Greefeld,* Information und Indiskretion zwischen Presse und Behörden, in: Die Verwaltung, 14. Band 1981, S 443; *Groß,* Verschwiegenheitspflicht der Bediensteten und Informationsrecht der Presse, 1964; *ders,* Zum presserechtlichen Informationsanspruch, DÖV 1997, 133; *Gundel,* Zur Durchsetzung des presserechtlichen Auskunftsanspruchs gegen staatliche Eigengesellschaften in Privatrechtsform: Bestimmt der presserechtliche Behördenbegriff auch den Rechtsweg? AfP 2001, 194; *Hämmerlein,* Öffentlichkeit und Verwaltung, 1966; *Hecker,* Landesrechtliche Bindungen von Bundesbehörden, DVBl 2006, 1416; *Heintschel von*

LPG § 4 Informationsanspruch

Heinegg, Auskunftsansprüche der Presse gegenüber der Verwaltung, AfP 2003, 295; *ders*, Herausgabe und Verwendung von Stasi-Unterlagen mit personenbezogenen Informationen an die Presse, AfP 2004, 505; *Heymann*, Der Umgang mit Informationen: Auskunftsansprüche versus progessives Informationsverhalten von Behörden – 107. Tagung des Studienkreises für Presserecht und Pressefreiheit e. V., AfP 2010, 350; *Huff*, Informationspflichten und Informationsverhalten der Justiz, AfP 2010, 332; *Jarass*, Nachrichtensperre und Grundgesetz, AfP 1979, 228; *Jerschke*, Öffentlichkeitspflicht der Executive und Informationsrecht der Presse, 1971; *Kempen*, Grundgesetz, Amtliche Öffentlichkeitsarbeit und politische Willensbildung, 1975; *Kloepfer*, Informationsrecht, 2002; *Köhler*, Auskunftsanspruch der Presse gegenüber Unternehmen der öffentlichen Hand, NJW 2005, 2337; *Krieger*, Das Recht des Bürgers auf behördliche Auskunft, 1972; *Kübler*, Massenmedien und öffentliche Veranstaltungen, 1978; *Kugelmann*, Das Informationsfreiheitsgesetz des Bundes, NJW 2005, 3609; *Lehr*, Pressefreiheit und Persönlichkeitsrechte – Ein Spannungsverhältnis für die Öffentlichkeitsarbeit der Justiz, NJW 2013, 728; *Leisner*, Öffentlichkeitsarbeit der Regierung im Rechtsstaat, 1966; *Löffler*, Informationsanspruch der Presse und des Rundfunks, NJW 1964, 2277; *Lorz/Bosch*, Rechtliche Parameter für die Öffentlichkeitsarbeit der Justiz, AfP 2005, 97; *Mensching*, Zur Veröffentlichungspflicht und Veröffentlichungsanspruch bei gerichtlichen Entscheidungen, AfP 2007, 534; *Partsch*, Zum Stand der Informationsfreiheit in Deutschland, AfP 2012, 516; *ders*, Der Auskunftsanspruch der Presse – Neujustierung durch das BVerwG, NJW 2013, 2858; *Püschel*, Zur Berechtigung des presserechtlichen Auskunftsanspruchs in Zeiten allgemeiner Informationszugangsfreiheit, AfP 2006, 401; *Raabe*, Informations- und Auskunftspflichten der öffentlichen Hand gegenüber der Presse, 2010; *Rotta*, Nachrichtensperre und Recht auf Information, 1986; *Schnabel*, Auskunftsansprüche für Journalisten nach Landespressegesetzen und Informationsfreiheitsgesetz, NVwZ 2012, 854; *Scherer*, Verwaltung und Öffentlichkeit, 1978; *Schoch*, Informationsfreiheitsgesetz, 2009; *ders*, Informationszugangsfreiheit des Einzelnen und Informationsverhalten des Staates, AfP 2010, 313; *Schröer-Schallenberg*, Informationsansprüche der Presse gegenüber Behörden, 1987; *Schwan*, Amtsgeheimnis oder Aktenöffentlichkeit, 1984; *Sobotta*, Das Informationsrecht der Presse, Diss. Bonn 1972; *Staggat*, Zur Rechtsgrundlage des Informationsanspruches der Presse, 1970; *Starck*, Informationsfreiheit und Nachrichtensperre, AfP 1978, 171; *Thum*, Verfassungsunmittelbarer Auskunftsanspruch gegenüber staatlichen Stellen?, AfP 2005, 30; *von Coelln*, Zur Medienöffentlichkeit der Dritten Gewalt, 2005; *Wasmuth*, Bemerkungen zum Rechtsschutz bei Klagen gegen Pressemitteilungen von Ermittlungsbehörden, NJW 1988, 1705; *Wente*, Das Recht der journalistischen Recherche, 1987; *Windsheimer*, Die Information als Interpretationsgrundlage für die subjektiven öffentlichen Rechte des Art 5 Abs 1 GG, 1968.

A. Informationsanspruch

I. Grundlagen

1. Gegenstand der Regelung

1 Sämtliche LPG begründen die Verpflichtung der Behörden, „der Presse" bzw „den Vertretern der Presse" die Auskünfte zu erteilen, die zur Erfüllung der öffentlichen Aufgabe der Presse erforderlich sind. Daraus folgt das sog. „Informationsrecht der Presse", dh ein Auskunfts- oder Informationsanspruch. Darüber hinaus sehen die LPG vor (Ausnahme: Bayern), dass der Verleger einer Zeitung oder Zeitschrift von den Behörden verlangen kann, dass ihm deren amtliche Bekanntmachungen nicht später als seinen Mitbewerbern zur Verwendung zugeleitet werden. Dieses den Gleichheitsgrundsatz des Art 3 GG konkretisierende Gleichbehandlungsgebot regelt im Ausgangspunkt ein Problemfeld, das sich vom Informationsanspruch wesensmäßig unterscheidet.

2 Der Informationsanspruch muss geltend gemacht werden. Er bezieht sich im Prinzip auf einen vom Pressevertreter zu benennenden bestimmten Tatsachenkomplex, zu dem die betreffende Behörde die zur Information erforderlichen Tatsachen mitzuteilen hat. Durch umfassende und wahrheitsgetreue Informationen soll die Presse in die Lage versetzt werden, die Öffentlichkeit entsprechend zu unterrichten (BGH NJW 2005, 1720; OVG Saarlouis AfP 1998, 426; BayVGH AfP 2007, 168). Dem Grundsatz nach geht es um Einzelauskünfte. Sobald die Behörde die Tatsachen vollständig mitgeteilt hat, ist der geltend gemachte Anspruch erfüllt und damit erledigt (vgl § 362 BGB). Das in den LPG außerdem geregelte Gleichbehandlungsgebot bezieht sich auf die amtlichen Bekanntmachungen (Sachsen: Verlautbarungen) der Behörden. Der Begriff der amtlichen Bekanntmachung ist gesetzlich nicht definiert. Soweit ersichtlich, wird er allein in den LPG und den rundfunkrechtlichen Parallelvorschriften verwendet. Der mit den öffentlichen Bekanntmachungen iSd GemO nicht identische

A. Informationsanspruch   § 4 LPG

Begriff ist problematisch. Man wird darunter die an die Öffentlichkeit gerichteten Kundgaben einer Behörde mit amtlich bestimmtem Inhalt zu verstehen haben, sofern sie als von einer Behörde stammend und in ihrem Namen veröffentlicht gekennzeichnet sind (Näheres Rn 140 ff.). Damit unterscheiden sich die amtlichen Bekanntmachungen von den nach § 4 Abs 1 LPG zu erteilenden Informationen dadurch, dass die Behörden sie von sich aus verbreiten. In Rheinland-Pfalz und im Saarland ist das presserechtliche Gleichbehandlungsgebot nicht auf die Zuleitung amtlicher Bekanntmachungen beschränkt. § 6 Abs 4 LMG Rh-Pf bzw § 5 Abs 4 SMG verlangen vielmehr weiter, dass bei jeder Erteilung von Auskünften der Grundsatz der Gleichbehandlung zu beachten ist.

Hiernach ist festzuhalten, dass § 4 durchaus unterschiedliche Bereiche regelt. Allerdings überschneiden sie sich. Was die Behörde von sich aus veröffentlicht, könnte in aller Regel Gegenstand eines Informationsbegehrens sein. Dies umso mehr, als mit den amtlichen Bekanntmachungen üblicherweise auch bezweckt ist, Anfragen von Pressevertretern zuvorzukommen, um so den mit einer Einzelbeantwortung verbundenen Arbeitsaufwand zu vermeiden. Dementsprechend können amtliche Bekanntmachungen ihrerseits Gegenstand eines Informationsbegehrens sein, und zwar eventuell des Begehrens, damit laufend beliefert zu werden (Näheres Rn 139–147).   3

Die von den Behörden auf Anfrage zu erteilenden Informationen stehen im Mittelpunkt des Interesses. Die Verpflichtung zur Gleichbehandlung wirft aber auch ihrerseits Probleme auf, zumal es in der Praxis nicht allein um die wie auch immer zu verstehenden amtlichen Bekanntmachungen geht, sondern auch um die sonstige behördliche Informationstätigkeit, die zum nicht unerheblichen Teil der Daseinsvorsorge, aber auch der bloßen behördlichen Selbstdarstellung dient.   4

2. Entstehungsgeschichte

Das Informiertsein der Bürger und die dazu erforderliche Information sind wesentliche Voraussetzungen für das Funktionieren eines demokratischen Staatswesens, das die gleichberechtigte Teilnahme aller Bürger an der politischen Willensbildung voraussetzt und erfordert (BVerfGE 15, 288). Wollen die Bürger an der politischen Willensbildung des Volkes verantwortlich teilhaben, müssen sie von den zu entscheidenden Sachfragen sowie von den durch die verfassten Staatsorgane getroffenen Entscheidungen, Maßnahmen und Lösungsvorschlägen genügend wissen, um sie beurteilen und billigen oder verwerfen zu können (BVerfGE 44, 125/147; vgl auch *Löffler,* Der Verfassungsauftrag, 1963, S 3 ff.). Mit diesem staatsrechtlich-politischen Aspekt ist die Bedeutung der Information nicht erschöpft. Sich informieren zu können, ist ein menschliches Grundanliegen (BVerfG NJW 1994, 1147 – Parabolantenne; BGH NJW 2004, 937; vgl *Geiger* AfP 1977, 256). Das Recht, dies tun zu können, muss in den Kreis der Menschenrechte einbezogen werden. Die Verbürgung dieses Rechts ist gleichwohl das Ergebnis erst der neueren Rechtsentwicklung.   5

Ein Grundrecht auf Information ist in Deutschland erst nach 1945 statuiert worden. Zuvor wurde dafür keine Notwendigkeit gesehen. Die Informationsbeschränkungen während der Nazizeit haben erwiesen, dass die fortschreitende Entwicklung der Medien, speziell des Rundfunks und die Möglichkeit des Empfanges auch ausländischer Sender autoritäre Systeme dazu verleiten kann, die Bürger an der Nutzung als „gefährlich" eingestufter Medien zu hindern. In Reaktion hierauf ist die Informationsfreiheit bereits unmittelbar nach dem Zweiten Weltkrieg in die Verfassungen einiger Bundesländer aufgenommen worden (vgl zB Art 11 der Verfassung der ehem. Landes Württ-Baden vom 28.11.1946; Art 13 Hess Verf vom 1.12.1946; Art 112 Abs 2 BayVerf vom 2.12.1946), dann auch in das Grundgesetz.   6

Nach Art 5 Abs 1 Satz 2 GG hat jeder das Recht, „sich aus allgemein zugänglichen Quellen ungehindert zu unterrichten". Soweit es um öffentliche Quellen geht, sind Informationsbeschränkungen also vollständig abgeschafft. Eine Informationsquelle ist nach der Rechtsprechung des BVerfG allgemein zugänglich, wenn sie technisch ge-   7

Burkhardt   207

eignet und bestimmt ist, der Allgemeinheit, dh einem individuell nicht bestimmten Personenkreis, Informationen zu verschaffen. Dabei richtet sich die allgemeine Zugänglichkeit allein nach tatsächlichen Kriterien. Zeitungen und andere Massenkommunikationsmittel wie das Fernsehen sind daher von Natur aus allgemein zugängliche Informationsquellen (BVerfGE 35, 307/309; BVerfG NJW 1994, 1147 – Parabolantenne; NJW 2001, 1633 – n-tv II; vgl auch EGMR NJW 1991, 620).

8 Ein Eingriff in dieses Recht erfolgt nicht erst bei endgültiger Vorenthaltung einer Information, sondern bereits bei einer hoheitlichen Beeinträchtigung des Zugangs (BVerfG NJW 2001, 1633 – n-tv II), zB bei einer auf staatlichen Kontrollmaßnahmen beruhenden Verzögerung (BVerfG NJW 1970, 238). Auch Strafgefangene haben ein Recht auf Information, weswegen ihnen der Zugang zu den Informationsquellen nur in begrenztem Umfang verwehrt werden darf (BVerfGE 25, 295). Diese und weitere Folgerungen ergeben sich daraus, dass die durch Art 5 Abs 1 Satz 1 GG gewährte Informationsfreiheit als selbstständiges Grundrecht gleichwertig neben der Äußerungs- und Pressefreiheit steht (BVerfG NJW 1970, 235). Mit der Einführung dieses weitreichenden Grundrechtsschutzes ist die Bundesrepublik der internationalen Entwicklung gefolgt. Hierzu ist auf Art 19 der Allgemeinen Erklärung der Menschenrechte vom 10.12.1948 zu verweisen. Danach hat jedermann nicht nur das Recht auf Meinungs- und Äußerungsfreiheit, sondern ebenso darauf, Nachrichten und Meinungen zu empfangen („… to collect, receive and distribute news and thoughts by any means of expression and independently of frontiers").

9 Die Grundrechtsverbürgung des Art 5 Abs 1 Satz 1 GG betrifft allein das Recht, an der Informationsbeschaffung nicht durch staatlichen Zwang gehindert zu werden, also nur den status negativus. Sie greift nur ein, soweit der Zugang zu einer Informationsquelle bereits eröffnet ist. Einen Anspruch auf Eröffnung einer Informationsquelle kann daraus nicht hergeleitet werden (BVerfG NJW 2001, 1633 – n-tv II). Bliebe das Recht hierauf beschränkt, könnten sich nicht nur Private, sondern auch die öffentliche Hand gegenüber dem Bemühen um Informationsgewinnung abschotten. Private brauchen nur in sehr begrenztem Umfang und nur auf Grund spezieller gesetzlicher Verpflichtung Auskunft über ihre Verhältnisse zu erteilen, zB gegenüber dem Finanzamt, als Zeuge vor Gericht, auf Grund gesellschaftsrechtlicher Publizitätspflichten usw. Diese nur eng begrenzten Ausnahmen von der grundsätzlichen Abschottungsmöglichkeit, die bei Privaten legitim und durch das Recht auf informationelle Selbstbestimmung seinerseits verfassungsrechtlich gesichert ist (BVerfGE 65, 1 = NJW 1984, 419; Näheres *Wenzel-Burkhardt*, Kap 5 Rn 21), darf für öffentlichrechtlich organisierte und vor allem für hoheitlich tätige Stellen keine Gültigkeit haben. Für einige Bereiche ist das positiv rechtlich geregelt. So verhandeln der Bundestag und Bundesrat nach Art 42 Abs 1, 52 Abs 3 Satz 3 GG öffentlich. Entsprechendes gilt für Landtage und Gemeinderäte und insb auch für die Gerichte (§ 169 GVG; zur sog Saalöffentlichkeit EGMR NJW 2013, 521; BVerfG NJW 2001, 1633 – n-tv II).

10 Einblicke in die Arbeit der öffentlichen Hand müssen auch möglich sein, wenn sie sich nicht unter den Augen der Öffentlichkeit vollzieht. Eine freiheitlich-demokratische Grundordnung bedingt ein Verhalten der Behörden, das in Angelegenheiten von öffentlichem Interesse von Offenheit geprägt ist. Es erfordert die Bereitschaft, dem Bürger diese Angelegenheit dadurch durchsichtig zu machen, dass den Medien durch eine großzügige Informationspolitik eine genaue und gründliche Berichterstattung und dadurch die Schaffung von allgemein zugänglichen Quellen iSv Art 5 Abs 1 Satz 1 GG ermöglicht wird (vgl OVG Berlin ZUM 1996, 250/253). Erst der prinzipiell ungehinderte Zugang zur Information versetzt die Presse in die Lage, die ihr in der freiheitlichen Demokratie eröffnete Rolle wirksam wahrzunehmen (BVerfG NJW 1979, 1400; NJW 2001, 503 – Grundbucheinsicht; NJW 2001, 1633 – n-tv II; vgl. auch BGH NJW 2005, 1720). Eine Behörde, die der Presse eine Auskunft verweigert, obwohl der Erteilung ein durchgreifender Grund nicht entgegensteht, wird der ihr vom Grundgesetz auferlegten Pflicht nicht gerecht (*Geiger*, Festschrift für Adolf

A. Informationsanspruch § 4 LPG

Arndt, 1969, S 133f.; *Scheuner* VVDStRL 22 (1965) 78; *Ridder* in: Neumann/Nipperdey/Scheuner, Grundrechte II, 1954, S 276; BVerwG NJW 1985, 1655/1656). Der EGMR spricht von einer Zensurwirkung, wenn bei bestehendem Informationsmonopol die staatliche Stelle keinen Zugang zu der Information gewährt (EGMR v 14.7.2009, Nr 37374/05 – Társaság a Szabadságjogokért). Um ihre Aufgabe als „public watchdog" zu erfüllen, bedarf auch die Presse des Zugangs zu Informationen von öffentlichem Interesse (vgl. EGMR EuGRZ 2014, 520; v 28.11.2013, Nr 39534/07 – Österreichische Vereinigung). Diese auch aus dem Demokratiegebot iSd Art 20 Abs 1 GG folgende Verpflichtung der Behörden bliebe ein nudum ius, stünde ihr kein Anspruch gegenüber, der sie einklagbar macht. Neben der Gewährleistung des status negativus bedarf es also der Begründung eines status positivus, dh eines einklagbaren Informationsanspruches.

In dem im Jahre 1874 in Kraft getretenen Reichspressegesetz, das auch noch nach 11 1945 und auch noch nach Gründung der (alten) Bundesrepublik in einigen Bundesländern als Landesrecht fortgegolten hat (Näheres Einleitung Rn 21f.), war noch kein Informationsanspruch vorgesehen. Die nach 1945 geschaffenen LPG sehen diesen Anspruch ausnahmslos vor (vgl dazu OVG Münster AfP 2014, 181). Er musste und muss zwar Beschränkungen unterworfen werden. Ein Informationsanspruch kann versagt werden, wenn

1. durch die Auskunft die sachgemäße Durchführung eines schwebenden Verfahrens vereitelt, erschwert, verzögert oder gefährdet würde,
2. Vorschriften über die Geheimhaltung entgegenstehen,
3. ein überwiegendes öffentliches oder ein schutzwürdiges privates Interesse verletzt würde,
4. der Umfang der begehrten Auskünfte das zumutbare Maß überschreitet.

Sieht man von diesen Beschränkungen ab, ist der Informationsanspruch umfassend. 12 Die Behörden haben also grundsätzlich über sämtliche Angelegenheiten Auskunft zu erteilen. Vorbehaltlich der Schrankenregelung gibt es keine Reservate, die Behörden gegenüber der Presse im Verborgenen halten dürften. Die Notwendigkeit eines solchen einklagbaren Informationsanspruches ist heute unbestritten.

Für den **Rundfunk** fehlte lange Zeit eine eigene Regelung des Informations- 13 anspruchs. Lediglich einzelne Mediengesetze, so z. B. die LMedienG Baden-Württemberg (§ 6) und Thüringen (§ 21) sowie die RundfunkG Hessen (§ 24) und Mecklenburg-Vorpommern (§ 33) hatten schon bislang einen Informationsanspruch vorgesehen. In den sonstigen rundfunkrechtlichen Regelungen fehlte ein solcher Anspruch. Das wirkte sich allerdings in den meisten Bundesländern nicht negativ aus, weil die dortigen LPG die Regelung des presserechtlichen Informationsanspruches auf den Rundfunk für entsprechend anwendbar erklären. In Hamburg und in Sachsen wird der Informationsanspruch in § 4 LPG, in Rheinland-Pfalz in § 6 LMG und im Saarland in § 5 SMG auch den Vertretern des Rundfunks zuerkannt. Das Fehlen einer einheitlichen rundfunkrechtlichen Regelung war noch in der 5. Auflage (§ 4 LPG Rz. 13f.) kritisiert worden. Durch den 9. Rundfunkänderungsstaatsvertrag, der am 1. März 2007 in Kraft getreten ist, wurde § 9a RStV eingefügt (vgl. Bad.-Württ. Gesetz zum 9. RÄndStV und zur Änderung medienrechtlicher Vorschriften v. 14.2.2007, GBl. 2007, S. 108). § 9a RStV enthält sowohl für die öffentlich-rechtlichen als auch für die privaten Rundfunkveranstalter einen dem presserechtlichen Auskunftsanspruch nachgebildeten Informationsanspruch. Nach § 55 Abs. 3 RStV gilt diese Regelung auch für **Anbieter von Telemedien mit journalistisch-redaktionell gestalteten Angeboten** (zum Begriff VGH Mannheim BeckRS 2014, 49810). Aufgrund der Neuregelung in § 9a RStV haben die Regelungen in den LPG ihre bisherige Bedeutung für den Rundfunk verloren. Einige Länder haben diese Regelungen zwischenzeitlich aufgehoben (z. B. Baden-Württemberg, Schleswig-Holstein; Näheres s. § 25 LPG Rz. 1), in anderen Ländern bestehen diese Vorschriften aber auch die entsprechenden Vorschriften in den Landesmediengesetzen (noch) fort, so dass es dort zu teilweise im Wortlaut abweichenden,

Burkhardt 209

mehrfachen Regelungen des Informationsanspruches kommt. Nicht gesetzlich geregelt ist bislang ein Informationsanspruch der **Deutschen Welle**. Für diese Bundesrecht unterfallende Rundfunkanstalt gilt der RStV nicht. Da das DWG bislang keinen Informationsanspruch vorsieht, kann die Deutsche Welle sich auf den neuerdings vom 6. Senat des BVerwG postulierten verfassungsunmittelbaren Auskunftsanspruch berufen (vgl. Rz. 15 und 58). Wegen des dadurch nur gewährten „Minimalstandards" dürfte sich jedoch ein auf den aus Art. 3 Abs. 1 GG folgenden Gleichheitssatz gestützter Anspruch eher empfehlen, nachdem durch § 9a RStV die Zugänglichkeit der Informationsquelle eröffnet ist (vgl. BVerfG NJW 2001, 1633 – n-tv-II; NJW 2008, 977; *Cornils*, DÖV 2013, 657, 666).

14 Darüber hinaus gibt es weitere Regelungslücken. So gewährt § 4 des LPG Bremen den Anspruch allein gegenüber den Behörden des Landes und der Gemeinden sowie gegenüber den der Aufsicht des Landes unterliegenden Körperschaften des öffentlichen Rechts. Gegenüber den Bundesbehörden steht den Medienvertretern in Bremen kraft Gesetz kein Informationsanspruch zu. Ähnlich eingeschränkt ist das Informationsrecht in Thüringen gegenüber Körperschaften öffentlichen Rechts. Nach dem Wortlaut von § 4 Abs 1 LPG Thüringen sind nur die der Aufsicht des Landes unterliegenden Körperschaften zur Auskunft verpflichtet.

15 Diese Regelungslücken hatten lange Zeit kaum Schwierigkeiten verursacht. Am 20.2.2013 hat der 6. Senat des BVerwG (Az. 6 A 2.12, AfP 2013, 355) entschieden, dass ein Auskunftsanspruch der Presse gegen Bundesbehörden, im konkreten Fall gegen den Bundesnachrichtendienst, nicht auf § 4 Abs. 1 BerlPrG gestützt werden könne, da den Ländern die Gesetzgebungskompetenz insoweit fehle. Der Informationsanspruch der Presse gehöre nicht zum Presserecht. Es handele sich vielmehr um einen Annex zur jeweiligen Sachmaterie. Die Gesetzgebungskompetenz stehe daher dem Gesetzgebungsorgan zu, das auch die Kompetenz für die Sachmaterie habe. Soweit in Landesgesetzen ein Informationsanspruch geregelt sei, könne auch dieser nicht auf die Gesetzgebungskompetenz der Länder für das Presserecht gestützt werden, sondern ergebe sich ebenso aus der Annexkompetenz zu jeweiligen Sachkompetenz. In einem obiter dictum weist das BVerwG ferner darauf hin, dass sich die Gesetz-gebungskompetenz des Bundes für den gegen Bundesbehörden gerichteten Informationsanspruch „zusätzlich" sich daraus ergeben könne, „dass der Bund nach der Verfassungsordnung die Verantwortung für die administrative Ausrichtung und Funktionsfähigkeit der Bundesverwaltung trägt". Das BVerwG meint ferner, eine bundesrechtliche Regelung des Informationsanspruchs fehle, stünde der Presse ein verfassungsunmittelbarer Auskunftsanspruch zu, wenngleich nur im Sinne eines „Minimalstandards".

16 Um die aus Sicht des 6. Senats des BVerwG bestehende Regelungslücke zu schließen, hat die SPD-Fraktion bereits am 26.2.2013 einen Gesetzentwurf für ein Presseauskunftsgesetz des Bundes eingebracht (BT-Drs. 17/12484). Der Gesetzentwurf wurde u. a. auch im Hinblick auf die dem Bund wohl fehlende Gesetzgebungskompetenz für das Presserecht im Bundestag abgelehnt (vgl. Sten. Bericht der 250. Sitzung vom 27.6.2013, S 32264 ff.).

17 Die Entscheidung des 6. Senats des BVerwG ist ganz überwiegend auf heftige Kritik gestoßen (*Burkhardt*, BT-Ausschussdrucksache 17(4)731C (Innenausschuss), S. 3 f.; *Cornils*, BT-Ausschussdrucksache 17(4)731E (Innenausschuss), S. 4 ff.; *ders.*, DÖV 2013, 657; *ders.*, Einl Rn 61 ff.; *Ehlers/Vorbeck*, S 233 ff.; *Kloepfer*, JZ 2013, 892 ff.; *Germelmann*, DÖV 2013, 667; *Huber*, NVwZ 2013, 1010; *Koreng*, K&R 2013, 513; *Müller*, ZD 2013, 466; *Sachs*, BT-Ausschussdrucksache 17(4)731D (Innenausschuss), S. 3 ff.; *von Coelln*, jurisPR-ITR 23/2013, Anm. 5). Sowohl die Annahme, der Informationsanspruch gehöre nicht zur Materie Presserecht und damit zur Gesetzgebungskompetenz der Länder, als auch die Zuordnung als Annex zu einer Sachkompetenz begegnen durchgreifenden Bedenken (*Burkhardt*, BT-Ausschussdrucksache 17(4)731C (Innenausschuss), S. 3 f.; *Cornils*, BT-Ausschussdrucksache 17(4)731E (Innenausschuss), S. 4 ff.; *ders.*, Einl Rn 65 ff.; *Sachs*, BT-Ausschussdrucksache 17(4)731D (Innenaus-

A. Informationsanspruch § 4 LPG

schuss), S. 3ff.; vgl. auch OVG Münster, AfP 2014, 181, die dagegen gerichtete Revision hat das BVerwG mit Urteil vom 25.3.2015, Az 6 C 12.14, zwar zurückgewiesen, jedoch an seiner Rechtsprechung zur angeblich fehlenden Gesetzgebungskompetenz der Länder festgehalten). Die Annahme einer Annexkompetenz zur Sachkompetenz würde u. a. dazu führen, dass auch Landesbehörden, die Bundesrecht ausführen, hinsichtlich des Informationsanspruchs Bundesrecht unterliegen (*Cornils,* DÖV 2013, 657, 662; *Sachs,* BT-Ausschussdrucksache 17(4)731D (Innenausschuss), S. 6f.). Das zieht jedoch auch das BVerwG nicht in Erwägung, worauf *Sachs* zutreffend hinweist (vgl. auch OVG Lüneburg, Beschluss v. 12.2.2014, Az 10 ME 102/13). Die Annahme einer Annexkompetenz steht ferner in einem Begründungskonflikt zu der zusätzlichen Herleitung einer Bundeskompetenz durch das BVerwG aus der „Verantwortung für die administrative Ausrichtung und Funktionsfähigkeit der Bundesverwaltung", da „dieser Ansatz (...) umgekehrt Regelungskompetenzen der Landesgesetzgeber in Bezug auf die Erteilung von Presseauskünften durch Landesbehörden begründen" könnten, und zwar auch „wo diese Gesetzesmaterien vollziehen, die in der ausschließlichen Sachkompetenz des Bundes liegen" (so auch der 6. Senat des BVerwG in seinem Urteil Rn. 25; Näheres dazu *Cornils,* DÖV 2013, 657, 662f.; *Sachs,* BT-Ausschussdrucksache 17(4)731D (Innenausschuss), S. 7f.). Trotz dieser Kritik hält das BVerwG (Urteil v 25.3.2015, Az 6 C 12.14) an der verfehlten Rechtsprechung fest.

Keine Zweifel an der Gesetzgebungskompetenz der Länder für den presserechtlichen Auskunftsanspruch hatte der 7. Senat des BVerwG noch in seinem Urteil vom 15.11.2012 (NVwZ 2013, 431) geäußert. Da gleichwohl ein Teil der Instanzgerichte der neuen Auffassung des 6. Senats des BVerwG folgt und bei Auskunftsansprüchen gegen Bundesbehörden nur noch von einem Minimalstandard ausgeht (aA OVG Münster AfP 2014, 181, das BVerwG hat die dagegen gerichtete Revision mit Urteil v 25.3.2015, Az 6 C 12.14, zurückgewiesen, zwar liegt das Urteil schriftlich noch nicht vor, jedoch scheint das BVerwG nun etwas hinsichtlich des von ihm vertretenen „Minimalstandards" aufgrund eines verfassungsrechtlichen Anspruchs auf Auskunftserteilung zu differenzieren), kommt es in der Praxis derzeit zu einer spürbaren Beeinträchtigung der Medien bei der Informationsbeschaffung (vgl. z.B. OVG Berlin-Brandenburg AfP 2013, 537 und BeckRS 2013, 59597). Dies ist im Hinblick auf die öffentliche Aufgabe, die die Presse zu erfüllen hat, insbesondere das ihr übertragene Wächteramt gerade auch im Bezug auf Behörden kein weiter hinnehmbarer Zustand. Es ist zu hoffen, dass das Bundesverfassungsgericht in der ihm eingelegte Verfassungsbeschwerde nun rasch klarstellt, dass der Informationsanspruch zum Kernbestand einer freien Presse und damit zum Kernbereich des Presserechts gehört, für das die Länder die Gesetzgebungsbefugnis haben.

3. Frage der Grundrechtsverbürgung

Angesichts der Entscheidung des 6. Senats des BVerwG vom 20.2.2013 stellt sich erneut, wenngleich aus einem anderen Blickwinkel, die Frage, ob der Informationsanspruch der Medien aus Art 5 Abs 1 GG unmittelbar ableitbar ist oder die einfach-rechtlichen Regelungen lediglich als nähere Ausgestaltung aufzufassen sind, oder ob die Pressefreiheit nur einen diesbezüglichen Verfassungsauftrag an den Gesetzgeber enthält, entsprechende Ansprüche gesetzlich vorzusehen (zum Diskussionsstand vgl. *von Coelln* S 397; *Schoch,* IFG, Einl. Rn 53). Die Auffassung, dass der presserechtliche Informationsanspruch zwar nicht aus Art 5 Abs 1 Satz 1 wohl aber aus Art 5 Abs 1 Satz 2 GG abgeleitet werden könne, ist bereits bislang vielfach vertreten worden (vgl *v Münch* GG I, 2. Aufl, Art 5 Rn 24; *Hamann/Lenz* GG, 3. Aufl, Art 5 Anm B 6; *Löffler* Presserecht, 3. Aufl, § 4 LPG Rn 17; *Löffler/Ricker,* Handbuch des Presserechts, 2. Aufl, S 110; *Groß,* Presserecht, Rn 397 ff. und DÖV 1997, 133; *Staggat,* Zur Rechtsgrundlage des Informationsanspruches der Presse, 1970, S 99; *Jerschke,* Öffentlichkeitspflicht der Exekutive und Informationsrecht der Presse, 1971, S 223 ff.; *Gerhardt* AfP 74, 691). Diese Auffassung war aber von Anfang nicht unumstritten. Die gegenteilige Meinung, nach der ein verfassungsunmittelbarer Informationsanspruch zu verneinen sei, war und

18

19

LPG § 4 Informationsanspruch

ist gleichfalls weit verbreitet (so ua *Herzog* in: Maunz/Düring, Art 5 GG Rn 137; *Ridder* in: Neumann/Nipperdey/Scheuner, Grundrechte II, 1954 S 276; Starck, in: ders./ *v Mangoldt/Klein*, Art 5 GG Rn. 77 ff.; *ders.*, AfP 1978, 175; *Friesenhahn*, in: Festgabe für Otto Kunze 1969 S 25; *Stober* DRIZ 1980, 9; *Berg* JuS 1998, 997/999).

20 Das BVerfG hat einen verfassungsunmittelbaren Auskunftsanspruch in einem Beschluss der 1. Kammer des Ersten Senates vom 20.7.1988 (NJW 1989, 382; ähnlich BerlVerfGH NJW 1994, 3343) ausdrücklich offen gelassen. In seiner n-tv-II-Entscheidung (NJW 2001, 1633) stellt das Gericht fest, dass der Schutzbereich der Rundfunkfreiheit nach Art 5 Abs 1 Satz 2 GG kein Recht auf Eröffnung einer Informationsquelle gewähre. Insoweit reiche die Rundfunkfreiheit nicht weiter als die Informationsfreiheit des Art 5 Abs 1 Satz 1 GG. Nur soweit eine im staatlichen Verantwortungsbereich liegende Informationsquelle aufgrund rechtlicher Vorgaben zur öffentlichen Zugänglichkeit bestimmt sei, bestünde ein Anspruch der Medien. In der Folgeentscheidung vom 19.11.2007 (NJW 2008, 977) hat das BVerfG diese Rechtsansicht bestätigt. Bereits zuvor hatte das BVerwG eine klare Position bezogen. Sein Urteil vom 10.12.1971 (BVerwGE 39, 159 = NJW 1972, 968) ließ sich noch dahin deuten, es stehe der Möglichkeit eines verfassungsunmittelbaren Anspruches positiv gegenüber, zumal das auch der Tendenz des BVerfG zu entsprechen schien (vgl BVerfGE 20, 162/176; 66, 116/133). In einem Urteil vom 3.12.1974 (NJW 1975, 891) hat das BVerwG die Frage offen gelassen. In seinem Urteil vom 13.12.1984 (NJW 1985, 1655) war sie insofern entscheidungserheblich, als der VGH Mannheim als Berufungsinstanz den von dem Redakteur eines Informationsdienstes gegen den Südwestfunk geltend gemachten Informationsanspruch auf Grund nicht revisiblen Rechtes verneint und der Kläger sich in der Revisionsinstanz ausdrücklich auf Art 5 Abs 1 Satz 2 GG berufen hatte. In dieser Entscheidung vertritt das BVerwG explizit die Auffassung, der Regelung des Art 5 Abs 1 Satz 2 GG sei auch dann kein Anhaltspunkt für einen daraus ableitbaren Informationsanspruch zu entnehmen, wenn man die Pressefreiheit nicht nur im Sinne eines Freiheitsrechts, sondern als institutionelle Garantie verstehe.

21 In der Entscheidung vom 13.12.1984 (NJW 1985, 1655) meint das BVerwG, dass der Staat die Pflicht zur Respektierung der Presse habe und dass dazu auch die Pflicht zur Erteilung von Auskünften gehöre, sei zwar richtig. Es treffe aber nicht zu, dass die Presse ohne einen Informationsanspruch außerstande wäre, ihre obliegende öffentliche Aufgabe der Nachrichtenbeschaffung zu erfüllen. Im Übrigen sei eine Rechtsfortbildung durch die Rechtsprechung ganz abgesehen vom Gewaltenteilungsgrundsatz dem rechtsstaatlichen Gebot der Rechtssicherheit abträglich, weil Umfang und Grenzen eines etwaigen verfassungsunmittelbaren Anspruches im Grundgesetz nicht vorgegeben seien. Die Regelung des Informationsanspruches müsse also dem Gesetzgeber vorbehalten bleiben (kritisch hierzu insb *Löffler* AfP 1986, 92). Das BVerwG hatte allerdings offen gelassen, ob im Falle einer Untätigkeit des Gesetzgebers ein „Minimalstandard" an Informationen verfassungsunmittelbar garantiert sein könnte. Das BVerfG hat die hiergegen gerichtete Verfassungsbeschwerde nicht zur Entscheidung angenommen (BVerfG NJW 1989, 382).

22 Die Rechtsprechung der Instanzgerichte ist der Auffassung überwiegend gefolgt, ein Auskunftsanspruch sei nicht verfassungsunmittelbar gewährleistet (vgl. OVG Münster NJW 1995, 2741; NJW 2000, 1968; OVG Berlin NVwZ 1997, 32; OVG Berlin-Brandenburg, Urteil vom 7.6.2012, Az. 12 B 34.10). Auch die literarischen Stellungnahmen aus der Zeit nach dieser Entscheidung haben sich der Auffassung des BVerwG trotz der daran geäußerten Kritik überwiegend angeschlossen. Zu verweisen ist beispielsweise auf die Bochumer Dissertation von *Schröer-Schallenberg* (Informationsansprüche der Presse gegenüber Behörden, 1987 S 34 ff.) sowie die Beiträge von *Thum* (AfP 2005, 30) und *Püschel* (AfP 2006, 401). *Löffler/Ricker* hatten die in der 1. und 2. Auflage ihres Handbuches des Presserechts vertretene Auffassung, § 4 LPG enthalte lediglich eine nähere Ausgestaltung eines aus der Verfassung unmittelbar folgenden Anspruches, in der 3. Auflage von 1994 (18. Kapitel Rn 6) aufgegeben. Auch in der 4. und 5. Auflage lehnten sie einen verfassungsrechtlichen Anspruch ab

A. Informationsanspruch § 4 LPG

(18. Kapitel Rn 7). *Ricker/Weberling* vertreten in der 6. Auflage nun wieder die Auffassung, es bestünde ein verfassungsunmittelbarer Anspruch (18. Kapitel Rn 6). Bejaht wird ein verfassungsunmittelbarer Anspruch auch von *Degenhart* Bonner Kommentar Art. 5 Abs. 1 und 2 Rn 393 f., *Soehring/Hoene* § 1 Rn 6 ff. und 4.3, *Heintschel v. Heinegg*, AfP 2003, 295, *Groß* DÖV 1997, 133, *ders.* Rn 398 und 413 und *Lorz* AfP 2005, 97 sowie *Paschke* Rn 341 f.

Im Anschluss an *Hoffmann-Riem* (*Hoffmann-Riem* in: Alternativkommentar Art 5 GG Rn 99) hat das BVerwG in seiner Entscheidung vom 13.12.1984 (NJW 1985, 1655) die Frage, ob im Falle einer Untätigkeit des Gesetzgebers ein „Minimalstandard" an Informationen in der Form eines klagbaren Rechtsanspruches verfassungsunmittelbar garantiert sei, trotz seiner negativen Haltung gegenüber einem solchen Anspruch, noch offengelassen. Einer Entscheidung dieser Frage bedürfe es nicht, weil sich die Rechtsordnung der Bundesrepublik nicht in einer solchen Lage befinde, nachdem die LPG aller Bundesländer die Informationspflicht der Behörden regelten. In seiner Entscheidung vom 20.2.2013 meint nun der 6. Senat des BVerwG (AfP 2013, 355), dass den Bundesländern die Gesetzgebungskompetenz zur Regelung von Informationsansprüchen gegen Bundesbehörden fehle und der zuständige Bundesgesetzgeber untätig geblieben sei, weshalb ein verfassungsunmittelbarer Auskunftsanspruch zu gewähren sei. Jedoch sei dieser Anspruch auf das Niveau eines „Minimalstandards" begrenzt, da die Ausgestaltungsprärogative des Gesetzgebers nicht unterlaufen werden dürfe.

Durch die Anerkennung eines verfassungsunmittelbaren Informationsanspruchs schließt das BVerwG eine derzeit nur noch für die Deutsche Welle bestehende Lücke. Mit der Subjektivierung des objektiv-grundrechtlichen, auf die Bereitstellung des Informationsanspruchs gerichteten Gewährleistungsgehalts folgt das BVerwG der Idee der Grundrechte, dass diese individuelle Rechte des Einzelnen verbürgen und nicht nur objektive Pflichten des Staates beinhalten (*Cornils*, DÖV 2013, 657, 665). Das BVerwG begründet jedoch nicht weiter, weshalb es eine Untätigkeit des zuständigen Gesetzgebers annimmt, obschon der 6. Senat des BVerwG völlig überraschend und entgegen der ganz herrschenden Meinung (vgl. Rn. 58 f. und *Cornils*, Einl Rn 61 ff.) erstmals in diesem Urteil zur Ansicht gelangt, die Gesetzgebungskompetenz stünde dem Bund zu (der 7. Senat des BVerwG hatte noch in seinem Urteil vom 15.11.2012, NVwZ 2013, 431, keine Zweifel an der Gesetzgebungskompetenz der Länder geäußert). Das Urteil vermag auch hinsichtlich des postulierten „Minimalstandards" nicht zu überzeugen (zur weiteren Kritik s. oben Rn 15). Die Ausführungen des BVerwG lassen insoweit beunruhigend restriktive Ausdeutungen zu (*Cornils* DÖV 2013, 657, 666). So endet nach Ansicht des BVerwG der Auskunftsanspruch der Presse bereits dort, wo berechtigte schutzwürdige Interessen öffentlicher Stellen entgegenstehen (Rn 29 des Urteils; ihm folgend OVG Berlin-Brandenburg BeckRS 2013, 55923). Die Formulierung könnte dahin verstanden werden, dass solche Interessen öffentlicher Stellen als dem aus dem Grundrecht der Pressefreiheit fließenden Auskunftsanspruch gleichberechtigt gegenüber stehen. Dies erscheint schon deswegen fraglich, da der Staat nicht grundrechtsberechtigt, sondern grundrechtsgebunden ist (vgl. *Schoch*, in: *Isensee/Kirchhof* (Hrsg.), Handbuch des Staatsrechts, Band III, § 37 Rn 115). Die mit dieser Auffassung verbundene Einschränkung des auch den bestehenden Landespressegesetzen wie den rundfunkrechtlichen Regelungen bislang bestehenden Auskunftsanspruchs (vgl. Rn 13, 54 und § 25 Rn 1) begegnet auch im Hinblick auf Art. 3 Abs. 1 GG Bedenken. Trotz seiner Annahme, der Auskunftsanspruch beruhe auf einer Annexkompetenz zur Sachkompetenz, enthält das Urteil des BVerwG keinen Hinweis darauf, dass der presserechtliche Auskunftsanspruch für Bundesrecht ausführende Landesbehörden nicht weiterhin gelte (vgl. auch OVG Lüneburg, Beschluss v. 12.2.2014, Az 10 ME 102/13). Vielmehr unterliegen diese wohl auch nach Ansicht des BVerwG weiterhin den presserechtlichen Vorschriften. Eine Differenzierung des Auskunftsanspruchs je nach dem, ob bei einer Bundesbehörde oder bei einer ebenso Bundesrecht ausführenden Landesbehörde angefragt wird, bedürfte aber einer besonderen Rechtfertigung. Eine solche ist weder dem Urteil des

BVerwG zu entnehmen noch nach dem mit Zuerkennung des Auskunftsanspruches verfolgten Zweck erkennbar. Es erscheint daher notwendig, den verfassungsunmittelbaren Anspruch unter Berücksichtigung des Gleichheitssatzes (Art. 3 Abs. 1 GG) in dem Umfang der presserechtlichen Regelungen zu gewähren.

4. Allgemeiner Informationsanspruch als rechtspolitisches Ziel

25 Auch wenn man einen grundrechtsunmittelbaren Informationsanspruch anerkennt, und sei es auch nur einen einem Minimalstandard entsprechenden Anspruch, so steht er lediglich den Vertretern der Medien zu, deren Rechte durch Art 5 Abs 1 Satz 2 GG besonders geregelt sind. Für die nicht im Medienbereich tätigen Bürger ergibt sich aus Art 5 GG kein solcher Anspruch. Nach Art 5 Abs 1 Satz 1 GG bleibt das allgemeine Informationsrecht auf die Quellen beschränkt, die allgemein zugänglich sind (BVerfG NJW 2001, 1633 – ntv-II). Für den Zugang zu behördlichen oder amtlichen Informationen bedarf es der Eröffnung der Informationsquelle durch entsprechende gesetzliche Regelungen (krit. und für einen verfassungsunmittelbaren Zugangsanspruch vgl *Wegener,* Der geheime Staat – Arkantradition und Informationsfreiheit, 2006). Seit Erscheinen der Vorauflage setzt sich zwar vermehrt die Erkenntnis durch, dass jedermann grundsätzlich Zugang zu bei Behörden vorhandenen Informationen haben sollte und diese auch weiterverwenden darf. Erfreulicherweise haben der Bund wie auch eine Reihe von Bundesländern Informationsfreiheitsgesetze erlassen (vgl. Rn 33 ff.). Ein allgemeiner gesetzlicher Anspruch besteht jedoch weiterhin nicht in den Ländern Baden-Württemberg, Bayern, Hessen, Niedersachsen und Sachsen. Informationsfreiheitsgesetze sehen teilweise auch Bereichsausnahmen (zB § 3 Nr. 8 IFG Bund) vor und unterscheiden sich hinsichtlich der Informationsverweigerungsgründen (vgl. dazu *Schoch* AfP 2010, 313). Trotz der erfreulichen Rechtsentwicklung ist der Unterschied zwischen dem Informationsrecht der Medienangehörigen und der sonstigen Bürger also auch weiterhin ein grundlegender.

26 Wie problematisch der grundlegende Unterschied der Informationsrechte ist, wird besonders deutlich, wenn man berücksichtigt, dass offen ist, wer zum Kreis der privilegierten Medienangehörigen gehört. Dass in der periodischen Presse tätige Redakteure Vertreter der Presse sind, ist klar. Auch freie Mitarbeiter einer aus einigen hektographierten Blättern bestehenden Alternativzeitung wird man noch als Vertreter der Presse ansehen können (zum Pressebegriff vgl § 1 LPG). Wie verhält es sich aber zB bei einem privaten Forscher, der erwägt, seine Forschungsergebnisse demnächst in einer Fachzeitschrift zu publizieren? Wird er zum Vertreter der Presse erst bzw nur, wenn er mit einem Fachzeitschriftenverlag einen Verlagsvertrag geschlossen hat (vgl VGH Mannheim NJW 1996, 538)? Oder genügt die Aussicht, dass ein Verlag sein zu erstellendes Manuskript aller Voraussicht nach zur Veröffentlichung annehmen wird, nachdem seine früheren Arbeiten regelmäßig publiziert worden sind? Wie verhält es sich bei einem Anfänger, der erstmalig an einem Manuskript arbeitet? Schon diese wenigen Fragen machen zur Genüge klar, dass eine sachliche Rechtfertigung der strengen Unterscheidung zwischen dem weitreichenden Informationsanspruch der Medienangehörigen und dem vollständigen Fehlen eines solchen Anspruches bei den übrigen Bürgern kaum zu rechtfertigen ist. Damit ergibt sich zwangsläufig die Frage nach einem allgemeinen und möglichst umfassenden Informationsanspruch, der jedermann zusteht. Nur wenn ein solcher Anspruch anerkannt bzw gesetzlich geregelt wird, löst sich der Widerspruch, der sich daraus ergibt, dass ein Mitarbeiter einer Alternativzeitung Anspruchsinhaber ist, nach hM aber wohl nicht ein Forscher, wenn er nur erwägt, seine eventuellen Forschungsergebnisse zu publizieren (vgl BVerfG NJW 1986, 1243; BVerwG NJW 1986, 1277; VGH Mannheim NJW 1996, 538/540).

27 Privilegien gelten immer weniger als hinnehmbar. Deswegen ist nicht länger einzusehen, aus welchem Grunde man Mitarbeiter zB einer Alternativzeitung sein muss, um – von den wenigen Ausnahmen abgesehen – Informationen zu erhalten, die anderen nicht offen stehen. Nicht länger einsehbar ist das auch insofern, als die Akade-

A. Informationsanspruch § 4 LPG

misierung des Lebens mit der Folge fortschreitet, dass sich immer mehr Menschen mit wirtschaftlichen, politischen oder sonstigen Fragen beschäftigen und sich um ein immer tieferes Eindringen in die Probleme bemühen und ihre Ansichten z. B. in Blogs publizieren. Hierfür kann das Zurückgreifen auf die allgemein zugänglichen Quellen unzulänglich sein. Für am Geschehen Interessierte kann es wichtig sein, sich bei den Behörden unmittelbar zu informieren. Dies auch insofern, als Pressemeldungen keineswegs immer zuverlässig sind. Ein behördliches Geheimhaltungsinteresse kann einem allgemeinen Informationsanspruch nicht entgegenstehen. Wenn Pressevertreter eine erbetene Auskunft erhalten, kann es keinen Geheimhaltungsgrund geben, sie einem nicht zur Presse gehörigen Bürger zu verweigern. Als alleiniges Gegenargument kommt der Verwaltungsaufwand in Betracht, der bei Anerkennung eines allgemeinen Informationsanspruches möglicherweise zusätzlich entsteht. Wenn es um die Verwirklichung demokratischer Rechte geht, kann das aber trotz aller berechtigten Sparsamkeitsbestrebungen nicht das entscheidende Kriterium sein. Demokratische Einrichtungen lassen sich nicht mit dem Argument durch anders strukturierte ersetzen, Demokratie sei zu teuer. Davon abgesehen müssen Auskünfte nicht unbedingt kostenlos erteilt werden. Den Anspruch zu gewähren, die Auskunftserteilung aber von der Entrichtung einer angemessenen Gebühr abgängig zu machen, sehen die meisten mittlerweile erlassenen Informationsfreiheitsgesetze vor. Allerdings darf die Gebühr nur so hoch sein, dass der Informationszugang wirksam in Anspruch genommen werden kann und dadurch keine abschreckende Wirkung entfaltet wird (VG Berlin Urteil v 10.7.2014 Az VG 2 K 232.13 zu hohe Gebührenforderung durch BMI). Davon abgesehen, steht auch bei erfolgender Anerkennung eines allgemeinen Auskunftsanspruches kaum zu erwarten, weite Bevölkerungskreise würden von der Lektüre der Zeitung und dem Hören des Rundfunks Abstand nehmen und sich statt dessen von den Behörden unmittelbar unterrichten lassen. Davon hält schon der Zeitaufwand ab, den die Geltendmachung eines Auskunftsanspruches erfordert. Die Information aus den allgemein zugänglichen Quellen ist unvergleichlich einfacher.

Andere europäische Länder haben wesentlich früher Informationsfreiheiten vorgesehen. Das gilt vor allem für Schweden. Dort gehört das Prinzip der Aktenöffentlichkeit, das bis auf die erste Hälfte des 18. Jahrhunderts zurückgeht, seit 1812 zum ehernen Bestandteil des Schwedischen Verfassungsrechts (vgl *Bernhardt* ZRP 1981, 278). Gesetzlich ist es durch die Druckfreiheitsverordnung (Tyreckfrihetsförordnung) seit 1766 geregelt. Finnland hat den allgemeinen Zugang zu Behördenakten, die abgeschlossene Vorgänge betreffen, im Jahre 1865 eröffnet. Der Zugang zu allen Unterlagen ist seit 1951 eröffnet. Norwegen hat sich dem schwedischen Prinzip der Aktenöffentlichkeit 1970 angeschlossen, im gleichen Jahr auch Dänemark. Die Niederlande gewähren einen allgemeinen, dh jedermann gegen die Organe der Regierung und die Verwaltung zustehenden Informationsanspruch seit 1980 (*Lübbe-Wolff* Die Verwaltung 1980, S 339 ff.). In Frankreich hat seit 1978 jedermann ein grundsätzlich unbeschränktes voraussetzungsloses Recht auf Zugang zu nichtpersonenbezogenen Daten (zu dieser Rechtsentwicklung im übrigen Europa vgl das Gutachten des Max-Planck-Instituts für ausländisches öffentliches Recht und Völkerrecht in Heidelberg vom 22.7.1981 betreffend ausländisches Datenzugangsrecht). Zwischenzeitlich verfügen die meisten europäischen Staaten über ein entsprechendes Gesetz: Griechenland seit 1986, Österreich seit 1987, Italien seit 1990, Spanien seit 1992, Portugal seit 1993, Belgien seit 1994, Island seit 1996, Irland seit 1997, Großbritannien sei 2000. Die Ausgestaltung der einzelnen Gesetze ist jedoch unterschiedlich. Teilweise wird der Zugangsanspruch an eine eigene Betroffenheit geknüpft (zB teilweise in Italien), teilweise dürfen die so erlangten Informationen nicht weitergegeben (zB Belgien) oder kommerziell verwertet werden (zB Griechenland).

Auch die EU hat den Zugang zu Unterlagen eröffnet. Nach Art. 15 Abs. 3 AEUV (ex Art 255 Abs 1 EGV) haben alle natürlichen und juristischen Personen mit Sitz in einem Mitgliedstaat Zugang zu Dokumenten des Europäischen Parlaments, des Rates und der Kommission. Das Zugangsrecht wird durch die Verordnung (EG) Nr 1049/

2001 vom 30.5.2001 (ABl EG L 145 S 43) über den Zugang der Öffentlichkeit zu Dokumenten des Europäischen Parlaments, des Rates und der Kommission (sog Transparenz-VO) näher ausgestaltet (dazu *Callies/Ruffert-Wegener* AEUV Art 15 Rn 6 ff.). Die Verordnung gilt als Ausformung des in Art 1 Abs 2 EUV normierten Transparenzgebots (vgl. EuGH EuZW 2010, 617 – Bavarian Lager). Das Zugangsrecht ist nicht unbeschränkt. Art 4 der Verordnung sieht eine Reihe von Verweigerungsgründen insbesondere zum Schutz öffentlicher Interessen (Sicherheit, Verteidigung, internationale Beziehungen, Finanz-, Währungs- oder Wirtschaftspolitik) sowie der Privatsphäre und der Integrität des Einzelnen vor (vgl EuGH BeckRS 2012, 678826). Betrifft der Antrag Dokumente Dritter hat das EU-Organ den Dritten grds zunächst zu konsultieren. Stammt ein Dokument aus einem Mitgliedsstaat, kann dieser den Zugang von seiner vorherigen Zustimmung abhängig machen. Die Einsichtnahme vor Ort, Kopien von weniger als 20 DIN A4-Seiten und der direkte elektronische Zugang sind nach Art 10 kostenlos. Im Übrigen dürfen höchstens die tatsächlichen Kosten in Rechnung gestellt werden. Gemäß Art 17 Abs 1 der Verordnung hat jedes Organ der EU jährlich einen Bericht über die Durchführung der Verordnung vorzulegen, in dem u. a. die Gründe für Zugangsverweigerungen aufzuführen sind. Zur Beantwortung praktischer Fragen zum Zugangsrecht hat die Europäische Kommission einen Leitfaden für den Bürger herausgegeben, der auch über das Internet abrufbar ist (http://ec.europa.eu/transparency/access_documents/guide_de.htm).

30 Art 42 der Charta der Grundrechte der Europäischen Union sieht ein ähnliches Recht auf Zugang zu Dokumenten vor. Daneben bestehen bereichsspezifische Zugangsansprüche (Überblick in *Schoch* IFG Einl. Rn 74 ff.) wie zB nach der Umweltinformationsrichtlinie (Richtlinie 2003/4/EG; s. Rn 175) und der Informationsweiterverwendungsrichtlinie (Richtlinie 2003/98/EG; vgl dazu VGH Mannheim NJW 2013, 2045).

31 Dem gegenüber ergibt sich ein Anspruch auf Eröffnung von Informationsquellen nicht aus Art 10 EMRK (EGMR NJW 2013, 521; OVG Münster AfP 2013, 162; aA Partsch NJW 2013, 2858 unter Hinweis auf EGMR Urteile v 14.4.2009 Az 37374/05 – Társaság a Szabadságjogokért v. Ungarn und v 25.6.2013 Az 48135/06 – Youth Initiative for Human Rights v. Serbia, ebenso wohl *Ehlers/Vorbeck* S 241). Ein solcher Anspruch kann sich aber aus Art 8 EMRK (EGMR Urteil v 31.7.2012 Az 45835/05 – *Shapovalov* v. Ukraine) und jedenfalls für gerichtliche Entscheidungen aus Art 6 Abs 1 S 2 EMRK (*Mensching* AfP 2007, 534; BeckOK-*Cornils* Art 10 EMRK Rn 20) ergeben. Ist der Zugang zu Informationen eröffnet, kann sich jedoch aus Art 10 EMRK ein Anspruch auf Gleichbehandlung und damit auch auf gleichen Zugang ergeben (EGMR NJW 2013, 521).

32 Besonders zu erwähnen ist die Rechtsentwicklung in den USA. Dort ist ein allgemeiner Auskunftsanspruch seit dem Administrativ Procedure Act vom 11.7.1946 anerkannt. Allerdings gewährte er nur dem unmittelbar Betroffenen einen Anspruch (properly and directly concerned). Seit dem 5.7.1967 befindet sich der Freedom of Information Act in Kraft, mit dem auf diese Einschränkung verzichtet worden ist. Bei der Unterzeichnung hat der Präsident der USA erklärt, eine Demokratie bewähre sich an besten, wenn das Volk jedwede Information bekomme, die zu geben die Staatssicherheit erlaube. In den Jahren 1974 und 1986 ist der Freedom on Information Act fortentwickelt sowie 1996 durch den Electronic Freedom of Information Act (EFOIA – 5 U.S.C. § 552 as amended in 2002) ergänzt worden. Danach ist in den USA jede Behörde verpflichtet, im Prinzip jede Akte jedermann unverzüglich zugänglich zu machen. Sie hat binnen 20 Tagen seit Eingang eines Auskunftsantrages zu entscheiden, ob sie ihm entsprechen will. Im Falle der Ablehnung, die zu begründen ist, hat sie den Antragsteller über sein Widerspruchsrecht zu belehren. Ggf kann Klage erhoben werden, die beschleunigt durchzuführen ist. Die Beweislast dafür, es liege ein Auskunftsverweigerungsgrund vor, trifft die Behörde. Die Ausnahmen, bei denen das Geheimhaltungsinteresse Vorrang genießt, wurden in den vergangenen Jahren zugunsten von Rechten Dritter („right of privacy" – Privacy Act) sowie zu-

A. Informationsanspruch § 4 LPG

gunsten staatlicher Geheimhaltungsinteressen erweitert (Übersicht unter www.usdoj. gov/04foia/04_7html). Gleichwohl verfügt der Freedom of Information Act auch weiterhin über eine Vorbildfunktion, wie im Übrigen auch die teilweise noch umfassendere Rechte gewährenden Gesetze einzelner US-Bundesstaaten, zB Indiana.
In Deutschland gewährte auf Bundesebene lange Zeit nur das ursprünglich am 33 16.7.1994 in Kraft getretene Umweltinformationsgesetz (BGBl I S 1490, derzeit gültig idF vom 22.12.2004, BGBl I S 3704 geändert durch Gesetz v. 7.8.2013, BGBl I S 3154; dazu Rn 175) Zugang zu bei öffentlichen Stellen vorhandenen Informationen. Am 1.1.2006 trat nach langem zähen Ringen das Gesetz zur Regelung des Zugangs zu Informationen des Bundes (Informationsfreiheitsgesetz – IFG; BGBl I 2005, 2722) in Kraft. Bereits in den Koalitionsverträgen von 1998 und 2002 war eine entsprechende Gesetzesinitiative vereinbart worden. Die Umsetzung war lange Zeit jedoch an den Widerständen, insbesondere der Ministerialbürokratie gescheitert. Ziel des Gesetzes ist die Steigerung der Transparenz des Verwaltungshandelns durch Gewährung eines Informationsanspruches gegenüber Behörden des Bundes. Das Gesetz orientiert sich an den mit dem UIG sowie mit den Länder-IFG gewonnenen Erfahrungen.
Auf Länderebene hatte Brandenburg eine Vorreiterrolle übernommen. Schon 34 Art 21 Abs 4 der Landesverfassung vom 20.8.1992 (GVBl I S 298) sieht vor, dass nach Maßgabe des Gesetzes jedermann ein Akteneinsichtsrecht zusteht. Diesen Verfassungsauftrag (zum Streit über die unmittelbare Anwendbarkeit der Norm vgl Breidenbacher/Kneifel-Haverkamp, in Simon/Franke/Sachs, Handbuch der Verfassung des Landes Brandenburg, 1994, § 21 Rn 25) hat der Gesetzgeber durch das Akteneinsichts- und Informationszugangsgesetz (AIG) vom 10.3.1998 (GVBl I S 46) ausgeführt (zuletzt geändert durch Gesetz v 15.10.2013, GVBl I/13, Nr 30). Das Gesetz gewährt Akteneinsicht gegenüber allen Behörden und Einrichtungen des Landes sowie der brandenburgischen Gemeinden und Gemeindeverbände, soweit diese Verwaltungsaufgaben erledigen und die Akten sich ausschließlich auf das Land Brandenburg beziehen (§ 2 AIG). Akten sind nach § 3 AIG alle schriftlich, elektronisch, optisch, akustisch oder auf andere Weise aufgezeichneten Unterlagen, soweit sie ausschließlich amtlichen oder dienstlichen Zwecken dienen. Die Akteneinsicht ist nach § 4 Abs 1 AIG bei Vorliegen bestimmter öffentlicher Interessen zB Landesverteidigung zu verweigern. Bei anderen öffentlichen Interessen soll eine Einsicht abgelehnt werden (§ 4 Abs 2 AIG). Stehen überwiegende private Interessen entgegen, darf ebenso wenig Einsicht gewährt werden (§ 5 AIG). Kann der Schutz der öffentlichen und privaten Belange durch Aussonderung von Aktenteilen oder Einzeldaten gewährleistet werden, so ist der übrige Teil der Akte zugänglich zu machen (§ 6 Abs 2 AIG).
Diesem Beispiel sind zunächst Berlin mit dem Gesetz zur Förderung der Informa- 35 tionsfreiheit (Berliner Informationsfreiheitsgesetz – IFG) vom 15.10.1999 (GVBl S 561) zuletzt geändert durch Zweites ÄndG v 8.7.2010 (GVBl S 358), sowie die Länder Schleswig-Holstein mit dem Gesetz über die Freiheit des Zugangs zu Informationen (Informationsfreiheitsgesetz – IFG) vom 9.2.2000 (GVOBl S 166), abgelöst durch das Informationszugangsgesetz für das Land Schleswig-Holstein (IZG-SH) v 19.1.2012 (GVOBl S 89), und Nordrhein-Westfalen mit dem Gesetz über die Freiheit des Zugangs zu Informationen für das Land Nordrhein-Westfalen vom 27.11. 2001 (GVBl S 806), zuletzt geändert durch Gesetz v 8.12.2009 (GV.NRW. S 765) gefolgt. Zwischenzeitlich verfügen die Länder mit Ausnahme von Baden-Württemberg, Bayern, Hessen, Niedersachsen und Sachsen über entsprechende Gesetze.
Die IFG-Regelungen schränken den Auskunftsanspruch der Presse nicht ein. § 1 36 Abs 1 IFG Bund (gleichlautend oder ähnlich die jeweiligen landesrechtlichen Regelungen) gewährt jedermann einen Anspruch auf Zugang zu amtlichen Informationen. Daher können auch Pressevertreter diesen Anspruch geltend machen. Allerdings sieht § 1 Abs 3 IFG Bund vor, dass Regelungen in anderen Rechtsvorschriften über den Zugang zu amtlichen Informationen den Bestimmungen des IFG vorgehen. Eine Sperrwirkung kann jedoch nur eine Norm entfalten, die einen mit dem Informa-

tionsanspruch nach dem Informationsfreiheitsgesetz identischen sachlichen Regelungsgegenstand hat (BVerwG NVwZ 2012, 251; NVwZ 2013, 431). Dies ist bereits hinsichtlich der Art der Informationsgewährung nicht der Fall, da der IFG-Anspruch auf Akteneinsicht während der presserechtliche Anspruch auf (ggfl auch aufbereitete) Auskunft gerichtet ist (vgl Rn 85 ff.). Darüber hinaus greift § 1 Abs 3 IFG nur ein, wenn und soweit die spezialgesetzliche Bestimmung eine abschließende Regelung enthält. Davon kann bei einem den Presseangehörigen vorbehaltenen Auskunftsanspruch nicht ausgegangen werden. Denn die Berufsgruppe der Journalisten soll durch die entsprechenden Regelungen in den Pressegesetzen privilegiert werden. Damit ließe sich nicht vereinbaren, wenn ihnen die Berufung auf ein Jedermannsrecht verwehrt würde (BVerwG NVwZ 2013, 431; OVG Münster AfP 2012, 94 zum NWIFG). Die presse- und rundfunkrechtlichen Auskunftsansprüche bestehen daher neben den weiteren, jedermann zustehenden Informationsrechten (BVerwG NVwZ 2013, 431). Medienvertreter können sich sowohl auf den presserechtlichen Auskunftsanspruch als auch IFG-Informationsansprüche nebeneinander berufen (BVerwG NVwZ 2013, 431; OVG Münster AfP 2010, 302; AfP 2012, 94; *Schoch*, IFG, § 1 Rn 185; teilweise anders noch: OVG Münster NJW 2005, 618 zum NWIFG „lex specialis"). Gleiches gilt für ähnliche Ansprüche, wie etwa dem Anspruch nach dem Verbraucherinformationsgesetz (VGH Mannheim NVwZ 2011, 958; VG Oldenburg BeckRS 2012, 53119) oder nach § 475 StPO (VGH Mannheim Beschluss v. 21.3.2011 Az 1 K 4686/10; VGH München BeckRS 2014, 49210; VG München AfP 2012, 593; VG Augsburg BeckRS 2014, 46814).

37 Zwischenzeitlich bestehen weitere gesetzliche Informationsansprüche etwa gemäß dem Verbraucherinformationsgesetz idF v. 17.10.2012 (BGBl I S 2166, 2725, geändert durch Gesetz v. 7.8.2013 (BGBl I S 3154). Auch dürfen zugängliche Informationen nach dem Gesetz über die Weiterverwendung von Informationen öffentlicher Stellen (IWG) v 13.12.2006 (BGBl I S 2913) zB als Ausgangsmaterial für eigene Geschäftstätigkeiten weiterverwendet werden (vgl VGH Mannheim NJW 2013, 2045).

II. Informationsberechtigte

38 1. a) Der durch § 4 normierte Informationsanspruch steht in Übereinstimmung mit dem Modellentwurf 1963 der Innenministerkonferenz der Länder den „Vertretern der Presse" zu bzw. „den Vertreterinnen und Vertretern der Medien" (§ 5 Abs 1 SMG), nach der Regelung in Bayern, Hessen (dort § 3) und in Mecklenburg-Vorpommern „der Presse" als solcher bzw. nach § 5 Abs 1 LMG „den Medien" als solchen. Dabei weist die bayerische Regelung die interessante Variante auf, dass zwischen der „Presse" auf der einen und denjenigen auf der anderen Seite unterschieden wird, die dieses Recht auszuüben berechtigt sind. Nach § 4 Abs 1 Satz 2 des Bayerischen LPG kann „sie" das Recht auf Auskunft gegenüber Behörden „nur durch Redakteure oder andere von ihnen genügend ausgewiesene Mitarbeiter von Zeitungen oder Zeitschriften ausüben." Eine ähnliche Regelung findet sich in § 4 LPG Mecklenburg-Vorpommern. Nach § 4 Abs 1 LPG M-V steht das Auskunftsrecht der „Presse" zu. Die Auskünfte sind nach Abs 2 jedoch den „Vertretern der Presse" zu erteilen. Mit Recht hat schon *Willms* beklagt (DRiZ 1965, 94), dass die Rechtsträgerschaft dieses wichtigen Anspruches „höchst unbestimmt" bezeichnet ist. Diese Kritik lässt sich nur als milde bezeichnen. Eigentlich kann nur überraschen, wie es möglich gewesen ist, dass eine so kompetente Institution wie die Innenministerkonferenz der Länder zu einem rechtlich so wenig qualifizierten Formulierungsvorschlag gelangt ist und dass die Länderparlamente ihm noch dazu unisono gefolgt sind. Allein die Erste der heute in Kraft befindlichen Regelungen, nämlich die nicht auf den Modellentwurf beruhende bayerische lässt erkennen, dass es dem dortigen Gesetzgeber um eine konkrete Abgrenzung gegangen ist.

A. Informationsanspruch § 4 LPG

Der Mangel der Fixierung des Anspruchsinhabers beruht darauf, dass die in § 4 **39**
benannte „Presse" zwar existiert, aber keine Rechtspersönlichkeit besitzt.
Mangels Rechtspersönlichkeit ist ausgeschlossen, „ihr" irgendwelche Ansprüche zuzuerkennen. Dann aber ist ebenso wenig möglich, solche Ansprüche ihrer „Vertreter" vorzusehen, jedenfalls wenn man den Begriff des Vertreters im Sinne der §§ 164 ff. BGB verstehen wollte. Einigermaßen verständlich wird die Gesetzesfassung nur bei Berücksichtigung des historischen Bezuges, nämlich der jahrhundertealten Forderung nach Pressefreiheit. Der Kampf um diese Freiheit lässt „die Presse" noch heute als Institution mit besonderen Rechten erscheinen. Diese politische Forderung hat sich in Verfassungen, auch im Grundgesetz, als „Pressefreiheit" niedergeschlagen. Soweit es sich um den status negativus handelt, darum, dass staatlichen Einrichtungen die Behinderung des Pressewesens verwehrt ist, lässt sich gegen die Verwendung des Begriffes „Presse" nichts einwenden. Bei § 4 handelt es sich aber um den status positivus. Ebenso wie § 11 LPG enthält auch § 4 einen klagbaren Anspruch. Bei der Fassung des § 4 scheint nicht ausreichend bedacht worden zu sein, dass dieser Anspruch möglicherweise nicht allen zuerkannt werden sollte, denen das Recht zusteht, sich in den Medien frei zu äußern und gegenüber etwaigen staatlichen Behinderungen Abwehransprüche geltend zu machen, dass also zwischen status negativus und status positivus eine Divergenz bestehen könnte.

Soweit es sich um die Ausgestaltung des status negativus handelt, darum also, die **40**
Abwehrrechte des Bürgers gegenüber Eingriffen in die Freiheit publizistischer Äußerungen zu definieren, wird man naturgemäß geneigt sein, den Begriff „Presse" so weit wie möglich zu fassen, damit eine möglichst umfassende Garantie der Pressefreiheit sichergestellt wird. Zu möglichst weiter Fassung des Pressebegriffs veranlasst auch § 7 LPG, nach dem alle mittels der Buchdruckerpresse oder eines sonstigen zur Massenherstellung geeigneten Vervielfältigungsverfahrens hergestellten und zur Verbreitung bestimmten Schriften, besprochenen Tonträger, bildlichen Darstellungen mit und ohne Schrift sowie Musikalien mit Text oder Erläuterungen Druckwerke im Sinne des LPG sind. Wird all dem entsprechend pressegesetzlicher Definition Druckwerkcharakter beigemessen, lässt sich der Pressecharakter kaum leugnen. Auf vereinfachende Formel gebracht, lässt sich also als „Presse" alles bezeichnen, was gedruckt oder an Textlichem sonst vervielfältigt ist. Im Handel erhältliche Druckerzeugnisse unterfallen dem Pressegesetz auch, wenn sie nur einen engen Kreis von Lesern ansprechen (VG Stuttgart AfP 1986, 89). Näheres zum Pressebegriff *Cornils* § 1 LPG Rn 204 ff.

Natürlich könnte man diesen weiten Pressebegriff zum Ausgangspunkt für die De- **41**
finition auch der Anspruchsinhaberschaft im Sinne des § 4 nehmen und danach ebenso beurteilen, wer „Vertreter der Presse" ist. Das Ergebnis wäre oder könnte zumindest sein, dass „Vertreter der Presse" jeder ist, der in irgendeiner Weise mit der Publikation eines Schreib- oder sonstigen Werkes zu tun hat, wobei man sich darüber streiten könnte, ob es eines geistigen Inhaltsbezuges bedarf oder ob technische bzw manuelle Bezüge ausreichen wie zB die Bedienung einer Druckmaschine. UU wäre „Vertreter der Presse" dann auch, wer Erwägungen zur Fehlsamkeit kommunaler Maßnahmen anstellt und sich mit dem Gedanken trägt, dazu einen Leserbrief zu verfassen bzw wer dafür in Betracht kommt, einen solchen Leserbrief in Maschinenschrift zu übertragen.

b) Die missglückte, jederlei Interpretationsmöglichkeit Raum gebende Fassung der **42**
Anspruchsberechtigung hat erwartungsgemäß vielfältigen Streit ausgelöst. Richtiger Auffassung nach ist bei der Erfassung der Anspruchsberechtigung vom **Zweck der Vorschrift** auszugehen. § 4 gewährt Anspruch auf Behördenauskünfte, der Erfüllung der von der Presse zu erfüllenden öffentlichen Aufgabe dienen. Der Begriff der öffentlichen Aufgabe ist zwar auch seinerseits problematisch. Immerhin heißt es aber in § 3 der Landespressegesetze von Baden-Württemberg, Brandenburg, Hamburg, Mecklenburg-Vorpommern, Niedersachsen, Nordrhein-Westfalen, Sachsen, Sachsen-Anhalt, Schleswig-Holstein und Thüringen, die Presse erfülle eine öffentliche Auf-

gabe, wenn sie in Angelegenheiten von öffentlichem Interesse Nachrichten beschafft und verbreitet, Stellung nimmt, Kritik übt oder auf andere Weise an der Meinungsbildung mitwirkt. Ebenso geht § 4 SMG davon aus, dass die Medien bei der umfassenden Teilnahme an der Meinungsbildung eine öffentliche Aufgabe wahrnehmen. Auch nach § 3 BlnPrG nimmt die Presse und nach § 5 LMG Rheinland-Pfalz nehmen die Medien eine öffentliche Aufgabe wahr. Deswegen wird der Anspruch allen denen zuerkannt werden müssen, die an der Erfüllung dieser Aufgabe beteiligt und damit auf Behördenauskünfte angewiesen sind. Es sind dies zunächst alle Personen, die an der Gestaltung und Verbreitung von Presseerzeugnissen mitwirken.

43 Dabei ist der Begriff „Presse" in umfassendem Sinne zu verstehen, also nicht lediglich im Sinne der periodischen Presse. Auch die Buchpresse gehört dazu, ebenso Nachrichtenagenturen (VGH Mannheim DVBl 2014, 101; *Löffler* NJW 1964, 2277; *Scheer* § 4 Anm A II). Eine Ausnahme gilt für Bayern. Nach § 4 BayLPG kann „die Presse" den Auskunftsanspruch nur durch Redakteure oder andere von ihnen genügend ausgewiesene Mitarbeiter von Zeitungen oder Zeitschriften ausüben. Ganz im Gegensatz zu den übrigen Bundesländern bleibt damit der Auskunftsanspruch in Bayern auf die periodische Presse beschränkt.

44 Ebenso wenig wie auf die Erscheinungsweise (ausgenommen Bayern) kommt es auf die „Qualität" des Presseerzeugnisses bzw auf die Wertschätzung des herstellenden Verlages an. Insbesondere ist unerheblich, ob es sich um ein moralisch „seriöses" oder politisch „zuverlässiges" Blatt handelt (VGH Mannheim AfP 1989, 589; VG Saarbrücken AfP 2006, 596; vgl. auch OVG Bremen NJW 1990, 931; Studienkreis für Presserecht und Pressefreiheit, ZV 1964 S 2096; *Soehring* AfP 1995, 449). Die gegenteilige Auffassung *Rebmanns* (§ 4 Rn 17) ist abzulehnen. Es kann nicht den Leitern von Behörden überlassen bleiben, eine Gruppe von Blättern als „anerkannt" durch die Erteilung von Auskünften zu fördern, eine andere als „abzulehnen", „suspekt" oder „verdächtig" durch Verweigerung von Auskünften zu behindern. Der Inhalt des Druckerzeugnisses ist grundsätzlich ohne Bedeutung (VG Stuttgart AfP 1986, 89; VG Saarbrücken AfP 2006, 596). Solange nicht dem Auskunftersuchenden das Grundrecht auf Pressefreiheit im Verfahren nach Art 18 GG aberkannt ist, kann er sich auf dieses Grundrecht und damit auch auf § 4 LPG berufen (so zutreffend auch *Scheer* § 4 Anm IV; vgl BVerfGE 10, 118). Es kann auch nicht etwa dahin argumentiert werden, die sog. „Sensationspresse" erfülle keine öffentliche Aufgabe und sei aus diesem Grunde von der Geltendmachung des Auskunftsspruches ausgeschlossen. In der modernen Massengesellschaft kommt der Unterhaltung gleichfalls eine wichtige publizistische Funktion zu (BVerfGE 12, 205 – Fernsehurteil; 101, 361 – Caroline von Monaco I; *Löffler*, Der Verfassungsauftrag, S 3 f.). Eine entsprechende ausdrückliche Regelung enthalten die LPG Brandenburg (§ 5 Abs 3), Hessen (§ 3 Abs 2), Mecklenburg-Vorpommern (§ 4 Abs 4), Nordrhein-Westfalen (§ 4 Abs 3) und Thüringen (§ 4 Abs 3) sowie das Saarländische Mediengesetz (§ 5 Abs 3). Danach sind allgemeine Anordnungen, die einer Behörde Auskünfte an die Presse einer bestimmten Richtung oder an ein bestimmtes periodisches Druckwerk verbieten, unzulässig (vgl Rn 131 ff.). Das ändert allerdings nichts daran, dass eine Behörde eventuell berechtigt sein kann, eine Auskunft im Einzelfall mit der Begründung zu verweigern, dass ein schutzwürdiges privates Interesse iSd § 4 Abs 2 Nr 3 LPG gefährdet sei, weil nach dem bisherigen Stil des anfragenden Presseorgans mit einer sensationellen Ausschlachtung der Auskunft zu rechnen sei. Eine so begründete Auskunftsverweigerung wird allerdings nur in Betracht kommen können, wenn kein ausreichendes öffentliches Informationsinteresse erkennbar ist (*Groß* ArchPR 1965, 491; *Scheer* § 4 A IV).

45 Unerheblich ist auch die Nationalität des Presseorgans. Den Informationsanspruch können ausländische Pressevertreter gleichfalls geltend machen. Das ergibt sich schon daraus, dass § 4 keinen Hinweis auf eine nationale Beschränkung enthält. Davon abgesehen ist die Pressefreiheit, aus der Anspruch nach § 4 erwächst (vgl Rn 19 ff.), ein allgemeines Menschenrecht, das sich auf Inländer nicht beschränken lässt (ebenso *Scheer* § 4a III). Das dagegen entwickelte Argument, die ausländische Presse erfülle im

A. Informationsanspruch
§ 4 LPG

Inland keine öffentliche Aufgabe, ist ersichtlich unzutreffend. Zahlreiche ausländische Blätter sind auch hier vertreten. Darüber hinaus können selbst solche ausländischen Publikationen in der Bundesrepublik eine öffentliche Aufgabe erfüllen, die hier nicht vertrieben werden. Auch aus ihnen kann zitiert, in ihnen enthaltene Fakten und Meinungen können von deutschen Presseorganen übernommen werden (im Ergebnis übereinstimmend *Groß* ArchPR 1965, 491). Die erhebliche Bedeutung, die der ausländischen Presse für die Bundesrepublik zukommt, hat sich insb im Zusammenhang mit der sog. SPIEGEL-Affäre von 1962 bestätigt (*Löffler*, Der Verfassungsauftrag, S 65 f.). Ein Ausschluss der ausländischen Presse kann auch nicht etwa aus § 1 LPG hergeleitet werden, nach dem die Presse „der freiheitlichen demokratischen Grundordnung dient". Der Landesgesetzgeber vermag das von der Verfassung als Menschenrecht anerkannte Grundrecht der Pressefreiheit nicht auf ein nationales Recht zu reduzieren.

2. Während die meisten LPG den Anspruch den **„Vertretern der Presse"** (Saarland: „Vertreterinnen und Vertretern der Medien") zuerkennen, steht er nach dem LPG von Hessen und von Mecklenburg-Vorpommern der **„Presse"** (Rheinland-Pfalz: „den Medien") zu (zur Regelung in Bayern vgl Rn 38 und 43). *Rebmann* hält die Begriffe „Presse" und „Vertreter der Presse" für gleichwertig (§ 4 Rn 11). Demgegenüber sieht *Scheer* einen Unterschied. Im Vergleich zum Begriff „Presse" sei der Begriff „Vertreter der Presse" enger (§ 4 Anm A II). Eine praktische Konsequenz kann sich aus dieser Kontroverse allenfalls bezüglich der Frage ergeben, ob der Verleger auch selbst aktiv legitimiert ist, wenn es nicht „die Presse", sondern die „Vertreter der Presse" sind, denen der Auskunftsanspruch zusteht. Überraschenderweise ist es aber gerade *Rebmann*, der die Aktivlegitimation des Verlegers verneint, während *Scheer* sie trotz des von ihm gesehenen Unterschiedes bejaht. Vernünftigerweise wird man auf die Konstruktion eines Unterschiedes zwischen den Begriffen „Presse" und „Vertreter der Presse" bzw „Medien" und „Vertreter der Medien" verzichten. Da die Verwendung des Begriffes „Presse" in 4 wohl mehr im allegorischen Sinne zu verstehen ist, gilt für den eines „Vertreters der Presse" zwangsläufig entsprechendes. Damit bleibt es der Interpretationskunst überlassen, was daraus konkret abgeleitet wird. Da die Konstruktion eines Unterschiedes nur zur Folge haben könnte, dass zwischen der Anspruchsberechtigung in Hessen, Mecklenburg-Vorpommern und Rheinland-Pfalz im Vergleich zu den übrigen Bundesländern (ausgenommen Bayern) möglicherweise irgendwelche Unterschiede entstehen, wäre eine solche Konstruktion schon von vornherein kaum irgendwie nützlich.

Richtiger Auffassung nach ist der Informationsanspruch auch dem **Verleger** zuzuerkennen, und zwar dem Verleger von Presseerzeugnissen im oben erörterten Sinne (VGH Mannheim NVwZ 2011, 958; OLG Stuttgart AfP 1992, 291; VG Berlin NJW 2001, 3799; VG Hamburg AfP 2009, 296, Berufung nicht zugelassen: OVG Hamburg AfP 2010, 217; VG Berlin NJW 2013, 1464). Praktisch werden kann das insbesondere für Verleger periodischer Druckerzeugnisse, bei denen es sich um Sammelwerke handelt, an deren Gestaltung viele mitwirken (zur Rechtssituation in Bayern vgl Rn 38 und 43). Aus welchem Grunde ein solcher Verleger, wie *Rebmann* meint (§ 4 Rn 11), von der Anspruchsberechtigung ausgeschlossen sein sollte, ist umso weniger zu ersehen, als er für den Inhalt der von ihm verlegten Druckschriften zumindest zivilrechtlich verantwortlich ist (*Wenzel-Burkhardt*, Kap 5 Rn 64 und Kap 14 Rn 60). Dementsprechend muss auch er die Möglichkeit zur Recherche, ggf zur Nachrecherche haben und also einen Auskunftsanspruch geltend machen können. Ist der Verleger eine juristische Person, handeln für sie ihre Organe. Neben dem Verleger steht der Anspruch auch dem **Herausgeber** zumindest unter der Voraussetzung zu, dass er nicht lediglich Titularherausgeber ist, sondern echte Herausgeberfunktionen wahrnimmt, dh dass er bei der Sichtung, Auswahl und ggf bei der Gestaltung der zu publizierenden Beiträge mitwirkt (BGH NJW 2005, 1720).

Vor allem steht der Anspruch den **Redakteuren** von Zeitungen und Zeitschriften zu (BGH NJW 2005, 1720; in Bayern kann er nur von ihnen ausgeübt werden), und

LPG § 4

Informationsanspruch

zwar unabhängig von ihrem Status, dh dem Chefredakteur ebenso wie dem Redaktionsvolontär. Nicht unproblematisch ist allerdings die Anspruchsberechtigung **freier Journalisten.** Sofern es sich um einen sog „festen freien" Mitarbeiter handelt, der ständig für ein oder einige Zeitungen oder Zeitschriften schreibt, ist die Anspruchberechtigung klarerweise zu bejahen (BayVGH NJW 2004, 3358; VGH Mannheim DVBl 2014, 101). Fragen können sich aber ergeben, wenn der Betreffende nur nebenberuflich, lediglich nebenher oder bloß ab und zu journalistisch bzw publizistisch tätig ist und dementsprechend auch nicht über einen Presseausweis der großen Verleger- und Journalistenverbände verfügt. Sofern man einen eventuell vom Nachweis eines berechtigten Interesses abhängenden allgemeinen Auskunftsanspruch anerkennt (vgl dazu oben Rn 25 ff.), kann der Betreffende sich hierauf berufen. Den speziell durch § 4 LPG gewährten Anspruch wird man aber davon abhängig machen müssen, dass ein Auskunftsersuchender, der nicht in ständiger Verbindung mit einem Presseorgan steht, sich des Einverständnisses dieses Organs für den konkreten Fall vergewissert, wenn er als „Vertreter der Presse" gelten will. Er muss einem Presseunternehmen zugeordnet werden können, das publizistisch an der öffentlichen Meinungsbildung mitwirkt. Dazu gehört auch ein Buchverlag, da auch Bücher Druckwerke iS des Presserechts sind (VGH Mannheim DVBl 2014, 101). Der Nachweis kann durch schriftliche Bestätigung des Presseunternehmens oder auch durch Vorlage einer Ausgabe des Presseerzeugnisses oder einer entsprechender Publikationen erfolgen, in der der Anspruchsteller zB im Impressum genannt wird (vgl VG Saarlouis AfP 2006, 596). Auf § 4 LPG kann sich auch berufen, wer lediglich beabsichtigt, für die Presse tätig zu werden, sofern er ein Legitimationsschreiben einer Redaktion oder eine sonstige Einverständniserklärung eines Presseunternehmens vorweisen kann (VGH Mannheim NJW 1996, 538/539; DVBl 2014, 101; VG Hannover AfP 1984, 60; LG München I WRP 2007, 99).

49 Fraglich ist, ob zum Kreis der auskunftsberechtigten Personen nur diejenigen gehören, die durch verlegerische, herausgebende, redigierende oder publizierende Tätigkeit auf den Inhalt eines Druckwerkes Einfluss nehmen oder auch solche, die mit der **technischen Herstellung,** mit der **Verbreitung** oder mit der **kaufmännischen Abwicklung** befasst sind. Hierbei ist zu beachten, dass der Anspruch sich auf Erteilung der Auskünfte bezieht, die der Erfüllung der öffentlichen Aufgabe der Presse dienen. Nach § 3 LPG besteht die öffentliche Aufgabe nicht nur in der Beschaffung, sondern ebenso in der Verbreitung von Nachrichten und Kommentaren. Auch die Grundrechtgarantie gilt „von der Beschaffung der Information bis zur Verbreitung der Nachricht und der Meinung" (BVerfGE 10, 118). Zumindest den an der Verbreitung Beteiligten wird man deswegen ein eigenes Auskunftsrecht zubilligen müssen. ZB kann der Vertriebsleiter einer Zeitschrift von einer Hochschulbehörde Auskunft verlangen, inwieweit das Blatt im Hochschulbereich verbreitet werden darf. Soweit *Scheer* (§ 4a II) und *Soehring/Hoene* (§ 4 Rn 10) kaufmännische Mitarbeiter und solche der technischen Herstellung vom Kreis der Anspruchsberechtigten ausschließen, wird nicht hinreichend berücksichtigt, dass auch dieser Personenkreis an der Erfüllung der öffentlichen Aufgabe der Presse mitwirkt. Bei diesem Personenkreis mag allerdings im Einzelfall das Kriterium Relevanz erlangen, dass die konkret begehrten Auskünfte der Erfüllung der öffentlichen Aufgabe dienen müssen (vgl dazu die im Übrigen nicht bedenkenfreie Entscheidung VG Saarbrücken AfP 2006, 596; zutreffend OVG Hamburg AfP 2010, 617, das diesem Merkmal einen Ausnahmecharakter zuweist).

50 Die Auskunftsberechtigten brauchen den Anspruch nicht notwendigerweise selbst geltend zu machen. Die „Vertreter der Presse" können sich ihrerseits vertreten lassen, und zwar sowohl durch einen Verlagsangehörigen, zB auch durch eine Sekretärin, oder durch einen Außenstehenden, zB einen freien Mitarbeiter (vgl dazu Rn 48), eventuell auch durch einen Anwalt, Steuerberater, Architekten usw. Zu diesem Ergebnis zu gelangen, erscheint unvermeidlich: Die Einholung der erforderlichen Auskünfte darf nicht an einer Verhinderung des eigentlichen Pressevertreters scheitern. Überdies kann es zweckmäßig sein, einen Außenstehenden zB aus Gründen fach-

A. Informationsanspruch   § 4 LPG

licher Kompetenz heranzuziehen. Neben Vertretern können auch Boten beauftragt werden, insbesondere mit der Beschaffung schriftlicher oder gedruckt vorliegender Auskünfte.

Ein Recht der Behörden, einzelnen Mitarbeitern die Auskunft zu verweigern, zB **51** aus politischen oder gar aus rassischen Gründen, besteht nicht. Allerdings könnte es einen Missbrauch des Informationsanspruches bedeuten, wenn zB ein Zeitungsverleger statt eines anderen gerade jenen Redakteur mit der Auskunftseinholung beauftragt, dessen Erscheinen für die Behörde einen Affront bedeuten muss. Für Ausnahmefälle wird deswegen die Möglichkeit anerkannt werden müssen, einem bestimmten Pressevertreter die Auskunftserteilung zu verweigern, sofern gewährleistet ist, dass das betreffende Presseorgan ebenso gut einen anderen entsenden kann. Ein solcher ausnahmsweiser Ausschluss kann auch in Betracht kommen, wenn ein Pressevertreter sich im Zusammenhang mit der Auskunftseinholung beleidigend zu verhalten, wenn er Räumlichkeiten zu beschmutzen pflegt usw.

3. Wer gegenüber einer Behörde einen auf § 4 gestützten Auskunftsanspruch gel- **52** tend macht, muss sich auf Verlangen als „Vertreter der Presse" **ausweisen** (VGH Mannheim NJW 1996, 538/539). In § 4 Abs 1 LPG Berlin und im SächsPresseG ist das ausdrücklich vorgeschrieben (... Vertreter der Presse, die sich als solche ausweisen), ebenso in Bayern, dessen § 4 Abs 1 die Ausübung des Auskunftsanspruches „nur durch Redakteure oder andere von ihnen genügend ausgewiesene Mitarbeiter von Zeitungen oder Zeitschriften" vorsieht (vgl hierzu Rn 38 und 48). Der Ausweispflicht wird in der Regel durch Vorlage des Presseausweises genügt. Gesetzlich ist die Ausstellung von Presseausweisen nicht geregelt. Bis 2008 wurde ein bundeseinheitlicher Presseausweis auf Grund der Vereinbarung über die Gestaltung und Ausgabe von bundeseinheitlichen Presseausweisen zwischen dem Bundesminister des Innern und den Innenministerien/-senatoren der Länder und den großen Verleger- und Journalisten-Verbänden von diesen ausgegeben (vgl dazu *Degenhart* AfP 2005, 305). Nachdem das VG Düsseldorf (AfP 2005, 295) in der Beschränkung auf die bis dahin allein ausgabeberechtigten Verbände eine Verletzung des Gleichbehandlungsgrundsatzes sah, hat die Innenministerkonferenz beschlossen, die staatliche Autorisierung der von diesen Verbänden herausgegeben Presseausweise ab 2009 nicht fortzuführen. Die seither ausgestellten Presseausweise sind reine Verbandsdokumente. Neben den großen Verleger- und Journalistenverbänden stellen auch eine Reihe weiterer Organisationen Presseausweise aus. Dabei unterscheiden sich die Anforderungen für die Ausstellung eines Presseausweises der einzelnen Organisationen teilweise nicht unerheblich. Die großen Verleger- und Journalistenverbände fordern nach wie vor eine hauptberufliche journalistische Tätigkeit. Einen einheitlichen Presseausweis geben heraus:

– Deutscher Journalisten-Verband (DJV)
– Deutsche Journalistinnen- und Journalisten-Union (dju in ver.di)
– Bundesverband Deutscher Zeitungsverleger (BDZV)
– Verband Deutscher Zeitschriftenverleger (VDZ)
– Freelens und
– Verband Deutscher Sportjournalisten (VDS).

Der Presseausweis ist dazu bestimmt, Journalisten die Berufsausübung gegenüber **53** Behörden wie auch gegenüber Privatpersonen und privaten Organisationen zu erleichtern. Richtiger Auffassung nach setzt die für die Auskunftserteilung erforderliche Legitimation die Vorlage eines Presseausweises nicht voraus. Der Presseausweis ist also kein zwingendes oder allein anzuerkennendes Legitimationspapier iSd § 4 LPG. Dies zumal auch der bundeseinheitlich gestaltete Presseausweis der großen Verleger- und Journalistenverbände nicht mehr aufgrund der früher bestehenden Vereinbarung mit dem Bundesinnenminister und den Innenministern der Länder herausgegeben wird. Im Hinblick auf die Anforderungen an die Ausgabe eines solchen bundeseinheitlichen Presseausweises der großen Verleger- und Journalistenverbände kann aber in aller Regel davon ausgegangen werden, dass ein dadurch Ausgewiesener zum Kreis der Anspruchsberechtigten nach § 4 LPG gehört. Gleichfalls ausreichend ist ein Be-

Burkhardt

stätigungsschreiben des Verlages oder ein ähnlicher Nachweis. Praktisch werden kann das insbesondere bei freien Mitarbeitern, die nur gelegentlich für das Blatt tätig werden oder nicht hauptberuflich journalistisch tätig sind. In Zweifelsfällen steht es der Behörde frei, telefonische oder schriftliche Erkundigungen einzuziehen (ebenso *Rebmann* § 4 Rn 13). Ggfls sind auch Presseausweise, die von anderen Organisationen ausgestellt werden, anzuerkennen (aA *Soehring/Hoene* § 4 Rn 10 unter Hinweis auf LG Frankfurt/Main v. 24.9.1992, Az 2/6 O 561/92).

54 4. Entsprechendes gilt für Mitarbeiter des **Rundfunks,** soweit § 4 zB gemäß § 25 auf den Rundfunk anwendbar ist. Dem gegenüber steht der Auskunftsanspruch nach § 9a RStV dem Rundfunkveranstalter zu. Dies ist gemäß § 2 Nr. 13 RStV, wer ein Rundfunkprogramm unter eigener inhaltlicher Verantwortung anbietet. Obgleich die Regelung allein auf den Rundfunkveranstalter als rechtlichen Träger verweist, sind Redakteure und Journalisten, die für den Rundfunk arbeiten als selbst berechtigt anzusehen. Aufgrund der Verweisung in § 55 Abs 3 RStV gilt die Regelung auch für Anbieter von **Telemedien** mit journalistisch-redaktionell gestalteten Angeboten (zum Begriff VGH Mannheim BeckRS 2014, 49810; zur rundfunkrechtlichen Regelung in § 9a RStV s. u. a. *Hahn/Vesting-Flechsig*, Beck'scher Kommentar zum Rundfunkrecht, 3. Auflage 2012). Im Bereich des Rundfunks und der Telemedien bestehen in einer Reihe von Ländern Mehrfachregelungen, die nach ihrem Wortlaut im Detail unterschiedlich sind. In Rheinland-Pfalz und im Saarland ergibt sich die Anspruchsberechtigung von Personen, die an der Veranstaltung und Verbreitung von Rundfunk und Telemediendiensten mitwirken, aus §§ 6, 1 Abs 1 LMG Rheinland-Pfalz bzw §§ 5, 1 Abs 1, 2 SMG. Insoweit besteht Anspruchskonkurrenz zu § 9a RStV. Im Saarland ist davon auszugehen, dass vorrangig § 9a RStV anwendbar ist, da § 1 Abs 2 SMG ausdrücklich anordnet, dass der RStV unberührt bleibt. Da §§ 55 Abs 3, 9a RStV jedoch nur Anbietern von journalistisch-redaktionell gestalteten Angeboten, in denen insbesondere vollständig oder teilweise Inhalte periodischer Druckerzeugnisse in Text oder Bild wiedergegeben werden, einen Auskunftsanspruch gewährt, bleibt daneben § 5 SMG jedenfalls insoweit anwendbar, als es sich um einen Telemediendienst handelt, der an der öffentlichen Meinungsbildung iSv § 4 SMG teilnimmt. Entsprechendes gilt für Rheinland-Pfalz. Trotz des Wortlautes in § 1 Abs 2 S 1 LMG ist auch in Rheinland-Pfalz davon auszugehen, dass § 6 LMG die Regelung in § 9a RStV nicht verdrängt, sondern lediglich außerhalb des Regelungsbereiches von § 9a RStV ergänzt. Zur Verweisung auf die presserechtlichen Regelungen s. im Übrigen § 25 LPG Rn 1 ff.

III. Informationsverpflichtete

55 1. Der Informationsanspruch nach § 4 richtet sich gegen **Behörden.** Soweit das Auskunftsrecht der Presse bzw der Vertreter der Presse reicht, soweit geht die Auskunftspflicht der Behörden. Die LPG enthalten jedoch keine Definition des Begriffs der Behörde. Im Hinblick auf die unterschiedlichen Definitionen des Behördenbegriffs (vgl zB VwVfG, UIG, BDSG) ist von einem eigenständigen presserechtlichen Begriff auszugehen. Dieser ist nach Sinn und Zweck der Regelung durch Auslegung zu ermitteln (BGH NJW 2005, 1720; OVG Saarlouis AfP 1998, 426; OVG Münster AfP 2008, 656; BayVGH AfP 2007, 168). Beschränkungen und Bereichsausnahmen nach anderen Gesetzen, etwa den IFG, können auf den presserechtlichen Anspruch weder übertragen noch analog herangezogen werden (OVG Münster BeckRS 2013, 45752).

56 a) Nach § 1 Abs 4 VwVfG ist Behörde **jede Stelle, die Aufgaben der öffentlichen Verwaltung wahrnimmt.** Nach BVerfGE 10, 20/48 sind unter Behörden zu verstehen „in den Organismus der Staatsverwaltung eingeordnete organisatorische Einheiten von Personen und sächlichen Mitteln, die mit einer gewissen Selbstständigkeit ausgestattet dazu berufen sind, unter öffentlicher Autorität für die Erreichung der

A. Informationsanspruch § 4 LPG

Zwecke des Staates oder von ihm geförderter Zwecke tätig zu sein." Ob die übertragenen Befugnisse Ausübung hoheitlicher Gewalt sind, ist nicht entscheidend (BGH NJW 1957, 673). Auch kommunale Eigenbetriebe wie z.B. eine Oper sind Behörden im Sinne des Landespresserechts (OVG Münster BeckRS 2013, 48676; VG Köln AfP 2011, 515). Ebenso der Landesrechnungshof (OVG Münster BeckRS 2013, 45752) und der Bundesrechnungshof (BVerwG Urteil v. 15.11.2012, Az 7 C 1.12; OVG Münster BeckRS 2011, 55609).

Der Auskunftsverpflichtung unterliegen nicht nur Behörden des Landes und der 57 Gemeinden, sondern ebenso die des Bundes (zu § 4 LPG Bremen vgl Rn 60). Das folgt daraus, dass der Auskunftsanspruch zum Kernbereich des Presserechts gehört, für das allein der Landesgesetzgeber zuständig ist. Der Landesgesetzgeber ist also nicht nur in der Lage, auch zugunsten des Bundes ein Forderungsrecht wie den Gegendarstellungsanspruch zu gewähren, sondern ebenso, Bundesbehörden zur Auskunft gegenüber der Presse zu verpflichten (OVG Münster AfP 2014, 181 n.rk.; OVG Berlin ZUM 1996, 250/253; BayVGH AfP 2009, 183; VG Berlin AfP 1994, 175; ebenso *Rebmann* § 4 Rn 6; *Scheer* § 4 Anm A I 8; *Groß* Presserecht Rn 437; *ders.* DÖV 1997, 133; *Soehring*, 4. Auflage, § 4 Rn 17; *Schoch* AfP 2010, 313; aA BVerwG AfP 2013, 355, Verfassungsbeschwerde anhängig Az. 1 BvR 2420/13 und Urteil v 25.3.2015, Az 6 C 12.14; OVG Berlin-Brandenburg AfP 2013, 537; *Thiele* DVBl 1963, 906; *Magen* JR 1965, 321/323; *Hecker* DVBl 2006, 1416). Davon geht auch die Begründung zu § 9 Abs 1 Nr 1 des Entwurfes eines Presserechtsrahmengesetzes vom 25.7.1974 aus, nach dem die Vorschriften über das Informationsrecht der Presse landesrechtlicher Regelung vorbehalten bleiben sollte. Die Begründung stellt fest, dass zu den auskunftsverpflichteten Behörden auch die Behörden des Bundes gehören, weil die Bundesverwaltung auch an Landesrecht gebunden ist (zitiert nach *Gehrhardt* AfP 1975, 765). Das BVerwG hatte bislang gleichfalls keinen Zweifel daran gelassen, dass Bundesbehörden der Auskunftspflicht unterliegen (AfP 1975, 762). Noch in seinem Urteil vom 15.11.2012 (NVwZ 2013, 431) hatte der 7. Senat des BVerwG keine Zweifel an der Gesetzgebungskompetenz der Länder für den presserechtlichen Auskunftsanspruch gegenüber Behörden des Bundes geäußert.

In seinem Urteil vom 20.2.2013 hat der 6. Senat des BVerwG (Az. 6 A 2.12, AfP 58 2013, 355, Verfassungsbeschwerde anhängig Az. 1 BvR 2420/13) nun die Auffassung vertreten, dass ein Auskunftsanspruch der Presse gegen Bundesbehörden, im konkreten Fall gegen den Bundesnachrichtendienst, nicht auf § 4 Abs. 1 BerlPrG gestützt werden könne, auch den Ländern die Gesetzgebungskompetenz insoweit fehle. Der Informationsanspruch der Presse gehöre nicht zum Presserecht. Es handele sich vielmehr um einen Annex zur jeweiligen Sachmaterie. Die Gesetzgebungskompetenz stehe daher dem Gesetzgebungsorgan zu, das auch die Kompetenz für die Sachmaterie habe. Soweit in Landesgesetzen ein Informationsanspruch geregelt sei, könne auch dieser nicht auf die Gesetzgebungskompetenz der Länder für das Presserecht gestützt werden, sondern ergebe sich ebenso aus der Annexkompetenz zu jeweiligen Sachkompetenz. In einem obiter dictum weist das BVerwG ferner darauf hin, dass sich die Gesetzgebungskompetenz des Bundes für die gegen Bundesbehörden gerichteten Informationsanspruch „zusätzlich" sich daraus ergeben könne, „dass der Bund nach der Verfassungsordnung die Verantwortung für die administrative Ausrichtung und Funktionsfähigkeit der Bundesverwaltung trägt". Das BVerwG meint ferner, da ein bundesrechtliche Regelung des Informationsanspruchs fehle, stünde der Presse ein verfassungsunmittelbarer Auskunftsanspruch zu, wenngleich nur im Sinne eines „Minimalstandards". An dieser Rechtsauffassung hat das BVerwG trotz der erheblichen Kritik in seinem Urteil v 25.3.2015, Az 6 C 12.14 festgehalten.

Die Entscheidung des 6. Senats des BVerwG vermag nicht zu überzeugen und ist 59 ganz überwiegend auf heftige Kritik gestoßen (*Burkhardt*, BT-Ausschussdrucksache 17(4)731C (Innenausschuss), S. 3 f.; *Cornils*, BT-Ausschussdrucksache 17(4)731E (Innenausschuss), S. 4 ff.; *ders.*, DÖV 2013, 657; *ders.*, Einl Rn 61 ff.; *Ehlers/Vorbeck*, S. 223 ff.; *Germelmann*, DÖV 2013, 667; *Huber*, NVwZ 2013, 1010 f.; *Kloepfer*, JZ 2013,

892 ff.; *Koreng*, K&R 2013, 513; *Müller*, ZD 2013, 466; *Sachs*, BT-Ausschussdrucksache 17(4)731D (Innenausschuss), S. 3 ff.; *Sachs/Jasper*, NWVBl 2013, 389 ff.; *von Coelln*, jurisPR-ITR 23/2013, Anm. 5). Sowohl die Annahme, der Informationsanspruch gehöre nicht zur Materie Presserecht und damit zur Gesetzgebungskompetenz der Länder, als auch die Zuordnung als Annex zu einer Sachkompetenz begegnen durchgreifenden Bedenken (*Burkhardt*, BT-Ausschussdrucksache 17(4)731C (Innenausschuss), S. 3 f.; *Cornils*, BT-Ausschussdrucksache 17(4)731E (Innenausschuss), S. 4 ff.; *Sachs*, BT-Ausschussdrucksache 17(4)731D (Innenausschuss), S. 3 ff.; vgl. auch OVG Münster AfP 2014, 181, n. rk., Revision beim 6. Senat des BVerwG anhängig). Die Annahme einer Annexkompetenz zur Sachkompetenz würde u. a. dazu führen, dass auch Landesbehörden, die Bundesrecht ausführen, hinsichtlich des Informationsanspruchs Bundesrecht unterliegen (*Cornils*, DÖV 2013, 657, 662; *Sachs*, BT-Ausschussdrucksache 17(4)731D (Innenausschuss), S. 6 f.). Das zieht jedoch auch das BVerwG nicht in Erwägung, worauf *Sachs* zutreffend hinweist. Die Annahme einer Annexkompetenz steht ferner in einem Begründungskonflikt zu der zusätzlichen Herleitung einer Bundeskompetenz durch das BVerwG aus der „Verantwortung für die administrative Ausrichtung und Funktionsfähigkeit der Bundesverwaltung", da „dieser Ansatz (...) umgekehrt Regelungskompetenzen der Landesgesetzgeber in Bezug auf die Erteilung von Presseauskünften durch Landesbehörden begründen" könnten, und zwar auch „wo diese Gesetzesmaterien vollziehen, die in der ausschließlichen Sachkompetenz des Bundes liegen" (so auch der 6. Senat des BVerwG in seinem Urteil Rn. 25; Näheres dazu *Cornils*, DÖV 2013, 657, 662 f.; *Sachs*, BT-Ausschussdrucksache 17(4)731D (Innenausschuss), S. 7 f.). In diesem Sinne sei das Urteil des BVerwG nach Meinung des OVG Lüneburg jedoch nicht zu verstehen (Beschluss vom 12.2.2014, Az 10 ME 102/13). Richtigerweise gewähren die landesrechtlichen Regelungen daher grundsätzlich auch gegenüber Bundesbehörden einen Auskunftsanspruch.

60   Eine besondere Situation besteht in Bremen. § 4 des dortigen LPG beschränkt die Auskunftspflicht auf die Behörden des Landes und der Gemeinden sowie auf die der Landesaufsicht unterliegenden Körperschaften des öffentlichen Rechts. Die dadurch im Vergleich zu den anderen Bundesländern vorhandene Lücke lässt sich nur durch einen aus Art 5 Abs 1 Satz 2 GG und Art 3 Abs 1 GG unmittelbar abgeleiteten Informationsanspruch füllen (vgl oben Rn 19–24). Zwar legt der Wortlaut von § 4 Abs 1 LPG Thüringen nahe, dass auch dort der Auskunftsanspruch gegenüber Körperschaften des öffentlichen Rechts auf jene beschränkt ist, die der Landesaufsicht unterliegen. Allerdings unterfällt eine Körperschaft des öffentlichen Rechts grundsätzlich dem presserechtlichen Behördenbegriff. Da konkrete Anhaltspunkte fehlen, dass Körperschaften, die der Bundesaufsicht unterliegen, durch den Gesetzgeber bewusst ausgeklammert werden sollten, besteht in Thüringen ein Auskunftsanspruch auch gegenüber der Bundesaufsicht unterliegenden Körperschaften.

61   b) Nach praktisch einhelliger Auffassung sind unter Behörden im Sinne von § 4 auch **Stellen der Legislative und der Judikative** anzusehen. Der Behördenbegriff war zwar ursprünglich mit jenem Bereich staatlicher Tätigkeit verknüpft, der der staatlichen Organisationsgewalt unterliegt, also mit der Exekutive. Im Zusammenhang mit dem Informationsanspruch hat aber ein auf die Exekutive beschränkt bleibender Behördenbegriff keinen Platz. Der Behördenbegriff ist nicht organisatorisch-verwaltungstechnisch, sondern funktionell-teleologisch zu begreifen (BGH NJW 2005, 1720; OVG Münster BeckRS 2013, 45752). Als eigenständiger presserechtlicher Begriff umfasst er auch die Legislative, Judikative und Regierungshandeln (vgl BVerwG BeckRS 2012, 45392 zum IFG). Die Sitzungen der Parlamente und Gerichte finden zwar idR öffentlich statt. Das gilt aber zB nicht für die Parlamentsausschüsse. Davon abgesehen müssen Pressevertreter die Möglichkeit haben, Informationen zu Sitzungen einzuholen, zu denen teilzunehmen sie gehindert gewesen sind, ferner Auskünfte über Planungen, Ort und Zeit bevorstehender Sitzungen usw. Deswegen kann *Stober* (DRiZ 1980, 3/11) nicht gefolgt werden, wenn er die Gerichte auf Grund der Besonderheiten der rechtsprechenden Tätigkeit aus dem Behördenbegriff ausgrenzen

A. Informationsanspruch § 4 LPG

will (so zutreffend *Groß* Presserecht Rn 441 f.; zur Medienarbeit der Justiz vgl *Birkert* Die Justiz 1997, 157 und 197). Ebenso wenig kann die Presse auf Akteninformationsrechte nach §§ 475 ff. StPO verwiesen werden. Diese bestehen neben dem presserechtlichen Informationsanspruch (s Rn 36; VGH Mannheim Beschluss v. 21.3.2011 Az 1 K 4686/10; VGH München BeckRS 2014, 49210; VG München AfP 2012, 593; VG Augsburg BeckRS 2014, 46814).

c) Zu den Behörden gehören auch **Stellen der mittelbaren Staatsverwaltung.** 62 Überträgt der Staat Verwaltungsaufgaben an Körperschaften, Anstalten, Stiftungen des öffentlichen Rechts, so sind diese ebenfalls zur Auskunft verpflichtet (vgl OVG Saarlouis AfP 1998, 426; BayVGH AfP 2007, 168). Dies gilt auch zB für eine Bank, die als Instrument der staatlichen Wirtschafts-, Verkehrs-, Umwelt- und Strukturpolitik eingesetzt wird (VG München NVwZ 2005, 477; AfP 2006, 292; BayVGH AfP 2007, 168 zur LfA Förderbank Bayern).

d) Problematisch ist, ob ein Informationsanspruch auch besteht, wenn die öffent- 63 liche Hand sich zur Erfüllung ihrer Aufgaben **privatrechtlicher** Organisationsformen bedient, zB der Form einer Handelsgesellschaft (AG, GmbH usw). Solche Handelsgesellschaften sind zwar an sich zumindest insofern keine Behörden, als sie nicht den verwaltungsverfahrensrechtlichen Behördenbegriff erfüllen (vgl § 1 Abs 1 VwVfG). § 4 LPG enthält jedoch einen eigenständigen presserechtlichen Behördenbegriff. Welche Stellen als Behörde iSd § 4 anzusehen sind, ist funktionell-teleologisch zu bestimmen (BGH NJW 2005, 1720; BayVGH AfP 2007, 168; OVG Münster AfP 2008, 656; BeckRS 2013, 48676). Da es oft eine bloße Frage der Zweckmäßigkeit ist, ob zB eine Gemeinde für eine wirtschaftliche Betätigung die Form des Eigenbetriebes wählt oder aber die einer juristischen Person des Privatrechts, kann es auf eine formale Betrachtungsweise nicht ankommen (BGH NJW 2005, 1720). Zumal von der öffentlichen Hand beherrschte, in Privatrechtsform organisierte Unternehmen einer unmittelbaren Grundrechtsbindung unterliegen (BVerfG NJW 2011, 1201). Richtiger Auffassung nach ist davon auszugehen, dass juristische Personen des Privatrechts ebenso auskunftspflichtig sind, wenn diese durch die öffentliche Hand beherrscht werden. Dies ist der Fall, wenn die öffentliche Hand nach den Beteiligungsverhältnissen die Möglichkeit hat, auf die Geschäftsführung entscheidenden Einfluss zu nehmen (vgl BVerfG NJW 1990, 1783; BGH NJW 2005, 1720; OVG Saarlouis AfP 1998, 426; OVG Münster AfP 2008, 656, für die Deutsche Telekom AG verneint; VG Saarlouis AfP 1997, 837; VG Hamburg AfP 2009, 296, Berufung nicht zugelassen: OVG Hamburg AfP 2010, 617; VG Berlin BeckRS 2012, 50999; LG München I BeckRS 2008, 02775). Da der Begriff der Beherrschung mit seiner Anknüpfung an die eigentumsrechtlichen Mehrheitsverhältnisse auf die Gesamtverantwortung für das jeweilige Unternehmen abstellt, kommt es nicht auf konkrete Einwirkungsbefugnisse der öffentlichen Hand auf die Geschäftsführung der privatrechtlich organisierten Unternehmens an (vgl. BVerfG NJW 2011, 1201; VG Berlin BeckRS 2012, 50999). Dies gilt jedenfalls, soweit die Gesellschaft öffentliche Aufgaben wahrnimmt, wozu auch der Bereich der Daseinsvorsorge zählt (BGH NJW 2005, 1720; OVG Saarlouis AfP 1998, 426; OVG Münster AfP 2008, 656; VG Saarlouis AfP 1997, 837; VG Hamburg AfP 2009, 296, Berufung nicht zugelassen: OVG Hamburg AfP 2010, 617; VG Berlin BeckRS 2012, 50999). Zumindest insoweit wäre es unerträglich, wenn die öffentliche Hand Auskünfte durch bloßen Hinweis auf die gewählte Organisationsform verweigern könnte (ebenso *Rebmann/Ott/Storz* § 4 Rn 9; *Groß* Presserecht Rn 445). Praktische Bedeutung erlangt diese Frage auch für privatisierte Unternehmen, solange die öffentliche Hand daran überwiegend beteiligt ist, zB die Deutsche Bahn AG als Nachfolgerin der Deutschen Bundesbahn. Richtiger Auffassung nach wird man einen ihnen gegenüber bestehenden Informationsanspruch trotz Privatisierung bejahen müssen. Verfügt die öffentliche Hand zwar nicht über einen beherrschenden gesellschaftsrechtlichen Einfluss, gleichwohl aber maßgebenden Einfluss, ändert dies an der Auskunftspflicht nichts (für Deutsche Telekom AG verneint: OVG Münster AfP 2008, 656). Ebenso wenig stehen etwaige Vertraulichkeitsinteressen von Minderheitsgesellschaftern dem Auskunftsanspruch entgegen. Wer sich an einer durch die öffentliche Hand maßgeblich beherrschten Gesellschaft beteiligt, muss sich dem Informationsrecht der Presse unterwerfen (*Soehring/Hoene* § 4 Rn 19a; *Partsch* NJW 2013, 2858; aA *Köhler* NJW 2005, 2337). Ein maßgebender Einfluss ist auch anzunehmen, wenn verschiedene juristische Personen des öffentlichen Rechts mehrere Minderheitsbeteiligungen halten, die insgesamt einen maßgebenden oder beherrschenden Einfluss begründen („koordinierter Einfluss"; vgl. BGH NJW 2005, 1720). Entgegen *Köhler* (NJW 2005, 2337) bedarf es keiner einheitlichen Willensbildung bei der Ausübung der Gesellschafterrechte durch die öffentlich-rechtlichen Gesellschafter. Es muss genügen, dass die Summe der Gesellschaftsanteile der öffentlichen Hand für einen beherrschenden Einfluss ausreichend sind. Ansonsten würde der Auskunftsanspruch ausgeschlossen, auch wenn die öffentlich-rechtlichen Gesellschafter zumeist, evtl. mit wechselnden Mehrheiten, tatsächlich auch ohne einheitliche Willensbildung einen beherrschenden Einfluss ausüben. Dies wäre mit dem Grundgedanken des Auskunftsanspruchs und seiner aus der Pressefreiheit und der öffentlichen Aufgabe der Presse sich ergebenden Legitimation nicht vereinbar. Liegt eine solche maßgebende oder koordinierte Einflussmöglichkeit nicht vor, kann jedenfalls von der dahinter stehenden öffentlich-rechtlichen juristischen Person Auskunft begehrt werden. Inhalt und Umfang der Auskunft können in solchen Fällen jedoch anders ausfallen. Allein eine Minderheitsbeteiligung der öffentlichen Hand genügt für die Begründung eines presserechtlichen Auskunftsanspruchs gegenüber einer juristischen Person des Privatrechts nicht (OVG Münster AfP 2008, 656 – Deutsche Telekom AG; differenzierend: *Partsch* NJW 2013, 2858).

64 2. Im Rahmen der Passivlegitimation ergibt sich weiter die Frage, welche Behörde die Verpflichtung trifft, eine konkret gewünschte Auskunft zu erteilen, und weiterhin, wer innerhalb des Behördenapparates zuständig ist.

65 a) Die Auskunftspflicht bezieht sich grundsätzlich nur auf Vorgänge, für die die betreffende Behörde **zuständig** ist, oder mit denen sie **amtlich befasst** war, befasst ist oder befasst werden soll. Eine Behörde, die mit dem erfragten Vorgang weder organisationsrechtlich noch tatsächlich etwas zu tun hat, braucht keine Auskunft zu erteilen, auch nicht wenn sie auf amtlichem Wege Kenntnisse erlangt hat (vgl *Rebmann* Rn 15). Hiernach kommt es auf die organisationsrechtliche Zuständigkeit nicht allein an (anders *Rebmann* Rn 14). Gerade wenn eine Behörde sich mit einem Vorgang befasst, für den sie nicht zuständig ist, kann ein besonders nachhaltiges Informationsinteresse vorhanden sein. Gleiches gilt im umgekehrten Falle, dh wenn eine Behörde zwar zuständig ist, sich aber mit dem Vorgang dennoch nicht befasst.

66 Sind mehrere Behörden zuständig oder mit dem erfragten Vorgang befasst, sind sie sämtlich zur Auskunft verpflichtet. Die Auffassung *Rebmanns* (§ 4 Rn 16), zur Auskunft verpflichtet sei nur die in erster Linie zuständige Behörde, ist weder mit dem Wortlaut des § 4 noch mit dem Sinn des Informationsanspruches vereinbar. Das letztere folgt schon daraus, dass bei einer Beteiligung mehrerer Behörden unterschiedliche Auffassungen vorhanden sein können, deren Ermittlung uU von besonderem Interesse ist. Richtig ist allerdings, dass bei einer Beteiligung mehrerer Behörden möglicherweise nicht jede zu erschöpfender Auskunft verpflichtet ist, zB wenn sie nur einen Teilbereich bearbeitet. So pflegt etwa das Justizministerium, wenn es Gesetzesvorhaben nicht federführend tätig ist, nur die Verfassungsmäßigkeit und sonstige formelle Ordnungsmäßigkeit zu überprüfen. Dann braucht es auch nur dazu Auskunft zu erteilen.

67 Bei juristischen Personen des **Privatrechts** (vgl Rn 63) ist diese selbst auskunftspflichtig, nicht die dahinter stehende öffentlich-rechtliche juristische Person. § 4 will eine möglichst quellennahe Informationserhebung sicherstellen. Damit wäre es nicht vereinbar, wenn sich die Presse an die jeweils dahinter stehend öffentlich-rechtliche juristische Person verweisen lassen müsste (OVG Saarlouis AfP 1998, 426).

68 b) Auskunftspflichtig ist die **Behörde als solche**, also nicht ein bloßer Teil wie zB eine Abteilung, ein Referat, Dezernat, usw, erst recht nicht ein einzelner Beamter.

A. Informationsanspruch § 4 LPG

Nach § 63 BBG liegt die Zuständigkeit zur Auskunftserteilung der Behörde bei deren Vorstand oder bei dem von ihm bestimmten Beamten. § 4 Abs 2 BayLPG enthält eine entsprechende Regelung: Das Recht auf Auskunft kann nur gegenüber dem Behördenleiter und den von ihm Beauftragten geltend gemacht werden.

Ob der Behördenleiter die Auskunft selbst erteilt oder diese Aufgabe für den Einzelfall oder generell einem anderen Beamten überträgt, unterliegt grundsätzlich seiner Entscheidung. Jedenfalls größere Behörden haben heute fast ausnahmslos die Institution eines Pressereferenten oder einer Pressestelle geschaffen. Auf die Einrichtung einer Pressestelle kann die Behörde nur verweisen, wenn es sich um ihre eigene Stelle handelt. Deswegen kann zB die Bundesregierung anfragende Journalisten auf ihr Presse- und Informationsamt verweisen. Ein einzelnes Ministerium hat diese Möglichkeit nicht. Ein Ministerium muss selbst Auskunft erteilen und ggf eine eigene Pressestelle einrichten. **69**

3. Zusätzlich zum Vorstehenden ist eine Reihe von **Sonderfragen** vorhanden. **70**

a) Besonderer Beurteilung bedarf die Frage, ob auch **Kirchen** nach § 4 auskunftspflichtig sind. Sofern eine Kirche privatrechtlich organisiert ist, wie das insbesondere bei Sekten der Fall zu sein pflegt, besteht schon von vornherein keinerlei Auskunftspflicht (vgl dazu auch Rn 77). Insbesondere die evangelische und die katholische Kirche haben aber die Rechtsform einer Körperschaft des öffentlichen Rechts. Angesichts des besonderen Status, den sie nach Art 140 GG iVm Art 136–139 und 141 der Weimarer Reichsverfassung in der Bundesrepublik genießen, ist der Auskunftsanspruch richtiger Auffassung nach gleichwohl zu verneinen, soweit es sich um die Ordnung der inneren kirchlichen Angelegenheiten handelt. Soweit die Kirchen aber der staatlichen Gesetzgebung unterworfen sind, ist die Auskunftspflicht zu bejahen. Insbesondere gilt das für Fragen, die die Kirchensteuer betreffen. Darüber besteht im Ergebnis Einigkeit (VG Berlin JR 72, 306; *Weber* JR 72, 308; *Rebmann* § 4 LPG Rn 7; *Groß* Rn 446; *Ricker/Weberling* Kap 19 Rn 11; *Soehring/Hoene* § 4 Rn 21). **71**

b) Nicht unproblematisch ist, ob und ggf inwieweit die als Anstalt des öffentlichen Rechts organisierten **Rundfunkanstalten** nach § 4 zur Auskunft verpflichtet sind. Ausdrücklich ausgeschlossen ist ein Informationsanspruch nur in Sachsen (§ 4 Abs 5). Im Übrigen schließen jedenfalls die Verwaltungsverfahrensgesetze der Länder die Rundfunkanstalten aus ihrem Anwendungsbereich aus. Dazu heißt es in der amtlichen Begründung zu § 2 des LVwVfG BaWü (Landtagsdrucksache 7/820): „Rundfunkanstalten werden ausgenommen, weil die Anwendung des Gesetzes Schwierigkeiten bereiten würde, soweit die Anstalten über Ländergrenzen hinweg tätig werden müssen." Daraus ergibt sich, dass die Landesgesetzgeber die Rundfunkanstalten an sich als Behörden einstuft. Andernfalls hätte es des Ausschlusses der Anwendbarkeit des LVwVfG nicht bedurft (VG Karlsruhe, Rundfunk und Fernsehen 1980, S 241; ebenso VG Köln, Urteil vom 6.2.1981, Az 6 K 161/80). Sind die Rundfunkanstalten als Behörden anzusehen, unterliegen sie zwar an sich der Auskunftspflicht. Allerdings sind wesentliche Besonderheiten zu beachten. **72**

Wenn der Gesetzgeber der Presse gegenüber Behörden einen Auskunftsanspruch gewährt, geht er davon aus, dass die Auskunftsverpflichteten behördliche Aufgaben erfüllen. Beim Rundfunk ist das nur in äußerst begrenztem Maße der Fall. Als behördliche Tätigkeit lässt sich zB die Zuteilung von Wahlkampfsendezeiten an die Parteien bezeichnen. Auch der Einzug von Rundfunkbeiträgen hat behördlichen Charakter. Daneben mag der Rundfunk einige weitere behördliche oder behördenähnliche Tätigkeiten ausüben. Im Großen und Ganzen aber, insbesondere in Bezug auf die Programmgestaltung einschließlich aller Vorbereitungsmaßnahmen hat die Rundfunktätigkeit keinerlei Behördencharakter. Insoweit ist der Rundfunk vom Staat unabhängig, „staatsfrei" (vgl BVerfGE 31, 314/322; BeckRS 2014, 49057 – ZDF-StV). Angesichts der von ihm wahrgenommenen Kontrollfunktion steht er sogar in bestimmter Hinsicht in Frontstellung zum Staat und seinen Behörden: Es gehört zu den legitimen Aufgaben des Rundfunks, Missstände ganz speziell innerhalb der staatlichen Einrichtungen aufzuzeigen, eventuell sogar anzuprangern. Angesichts dieser **73**

Burkhardt 229

LPG § 4
Informationsanspruch

Sonderstellung kann eine der Presse gegenüber bestehende Auskunftspflicht nur anerkannt werden, soweit es sich um den schmalen Bereich handelt, in dem Rundfunksanstalten als oder wie eine Behörde tätig sind, nicht hingegen bezüglich des gesamten Programmbereiches (OVG Berlin, Urteil v. 13.6.1985, Az 5 B 5/83; VGH Mannheim NJW 1982, 668; OVG Münster AfP 2012, 302; VG Köln AfP 2010, 299; VG Karlsruhe Rundfunk und Fernsehen 1980, S 241; VG Köln, Urteil vom 6.2.1981, Az 6 K 161/80; vgl weiter *Bettermann* NJW 1969, 1323; *Groß* DÖV 1997, 33; *Herrmann*, Fernsehen und Hörfunk in der Verfassung der Bundesrepublik Deutschland 1975 S 153 ff. und *Herrmann/Lausen*, Rundfunkrecht § 22 Rn 45; *Schoch* AfP 2010, 313; *Schröer-Schallenberg* S. 79 ff.).

74 Die Beschränkung der Auskunftspflicht der Rundfunkanstalten ist auch mit Rücksicht auf das zwischen Rundfunk und Presse bestehende Konkurrenzverhältnis geboten. Es wäre nicht unproblematisch, der Presse einen auch die Programmgestaltung betreffenden Auskunftsanspruch gegen den Rundfunk zu gewähren, der dem Rundfunk gegen die Presse nicht zusteht (VGH Mannheim NJW 1982, 668; OVG Münster AfP 2012, 302). Etwas Gegenteiliges lässt sich auch nicht etwa daraus entnehmen, dass die Pressegesetze teilweise noch auf den Rundfunk entsprechend anwendbar sind. Daraus folgt nur, dass Rundfunkmitarbeiter ebenso wie Pressevertreter auskunftsberechtigt sind, nicht aber, Rundfunkanstalten seien über das vorerwähnte Maß hinaus auskunftsverpflichtet.

75 Auch zu finanziellen und organisatorischen Programmhilfen besteht kein Informationsanspruch, weil die Haushaltswirtschaft dem Programmbereich zuzuordnen ist (OVG Münster AfP 1986, 86; AfP 2012, 302; VG Köln AfP 2010, 299). Ebenso wenig kann Auskunft gefordert werden, ob eine Rundfunkanstalt Hörfunk- oder Fernsehproduktionen von öffentlichen Stellen erworben oder an sie verkauft (insoweit zutreffend VG Karlsruhe RuF 1980, 241) oder Aufträge an bestimmte Unternehmen mit oder ohne vorherige Ausschreibung vergeben habe (OVG Münster AfP 2012, 302, das allerdings insoweit einen Anspruch nach dem IFG NRW nicht von vornherein ausschließt).

76 Im Berufungsverfahren über das Urteil des VG Karlsruhe vom 7.11.1979 (RuF 1980, 241) hat der VGH Baden-Württemberg die Ansicht vertreten, anders als andere Rundfunkanstalten unterliege der Südwestfunk in Baden-Baden keiner Auskunftspflicht nach § 4 Abs 1 LPG BaWü. Das folge aus § 25 Abs 2 LPG BaWü, nach dem das LPG BaWü den am 27.8.1951 zwischen den ehemaligen Ländern Baden und Württemberg-Hohenzollern sowie dem Lande Rheinland-Pfalz geschlossenen SWF-Staatsvertrag unberührt lässt. § 25 Abs 2 zeige, dass der Landesgesetzgeber sich dem SWF als Zweiländer-Anstalt einseitig Auskunftspflichten aufzuerlegen; hierzu hätte es einer mit Rheinland-Pfalz zu vereinbarenden Ergänzung des Staatsvertrages bedurft (NJW 1982, 668; Revision zurückgewiesen BVerwG NJW 1985, 1655). Dieser Ansicht wird kaum gefolgt werden können. Die vom VGH Baden-Württemberg zu Unrecht verneinte Auskunftspflicht trifft den SWF, heute SWR, nicht, weil, sondern obwohl es sich bei ihm um eine Rundfunkanstalt handelt, und zwar insofern, als Rundfunkanstalten in begrenzter Hinsicht Behördencharakter haben. Soweit der Behördencharakter zu bejahen ist, unterliegt der SWR sämtlichen Pflichten, denen eine Behörde in Baden-Württemberg unterworfen ist, mögen sie arbeitsrechtlicher, baurechtlicher, fiskalischer oder sonstiger Art sein. Dementsprechend unterliegt er in dem begrenzten Anwendungsbereich ebenso wie alle anderen Behörden auch der sich aus § 4 LPG ergebenden Auskunftspflicht.

77 c) Auf ganz anderer Ebene liegt die Frage, ob ein **Informationsanspruch** der Presse auch **gegenüber Privaten** begründbar ist. Diese Frage ergibt sich insofern, als Bedeutung und Einfluss insbesondere großer Organisationen und Unternehmen ein Ausmaß erreichen kann, dass es nicht abwegig erscheinen lassen könnte, der Presse auch insoweit die Möglichkeit von Nachforschungen zu eröffnen.

78 Aus § 4 lässt sich keine Auskunftsverpflichtung Privater nicht ableiten, auch nicht hinsichtlich bedeutender gesellschaftlich relevanter Gruppen. Die Anwendbarkeit des

A. Informationsanspruch § 4 LPG

§ 4 bleibt auf Behörden beschränkt. Ebenso wenig ist die Auskunftsverpflichtung Privater aus Art 5 GG ableitbar. Selbst wenn man eine mittelbare Drittwirkung von Rechten aus Art 5 GG für sich betrachtet anerkennt, kann sich daraus zwar ein status negativus ergeben, also ein Abwehrrecht, nicht aber ein status positivus, also kein gegen einen Dritten bestehenden Anspruch (*Gaedeke* AfP 1978, 108; *Stober* AfP 1981, 389; vgl *Maunz/Dürig/Herzog/Scholz* Art 5 Rn 137; ferner BVerfGE 20, 162/176). Nur ausnahmsweise kann sich ein Auskunftsanspruch aus dem Verbot sittenwidriger Schädigung nach § 826 BGB oder dem kartellrechtlichen Behinderungs- oder Diskriminierungsverbot ergeben (vgl *Steffen* AfP 1988, 117).

Wenn gegenüber Privaten kein Informationsanspruch besteht, führt eine Aus- 79 kunftsverweigerung nicht zu Rechtsnachteilen. Insbesondere werden dadurch keine Ansprüche „verwirkt", und zwar weder der Gegendarstellungsanspruch noch deliktische Ansprüche. Ein Presseverlag bzw eine Rundfunkanstalt kann sich also nicht darauf berufen, ein Betroffener hätte die Möglichkeit gehabt, zu der beanstandeten Darstellung „rechtzeitig" Stellung zu nehmen, weswegen nachträgliche Ansprüche entfielen. Eventuelle Ansprüche bleiben vielmehr unverändert bestehen, weil Private andernfalls einem mittelbaren Zwang unterlägen, sich zu Presseanfragen zu äußern oder gar, sich für live-Diskussionen zur Verfügung zu stellen (so zutreffend OLG Hamburg UFITA 76 (1976) S 354; OLG Köln, Urteil vom 6.5.1980; Az 15 U 266/79). Eine Ausnahme gilt allerdings für den Ersatzanspruch. Hat ein um Auskunft Ersuchter es unterlassen, einen erkennbaren Irrtum aufzuklären, kann das nach den Grundsätzen des § 254 BGB zu einer Minderung, eventuell auch zum Wegfall des Ersatzanspruches führen (Näheres *Löffler* BB 1980, 1727).

IV. Voraussetzung und Gegenstand des Informationsanspruches

1. Nach § 4 des BayLPG hat die Presse gegenüber Behörden ein Recht auf Aus- 80 kunft. Nach § 3 des Hessischen LPG sind die Behörden verpflichtet, der Presse die gewünschten Auskünfte zu erteilen. In den übrigen LPG bzw LMG heißt es, die Behörden sind verpflichtet, den Vertretern der Presse die der Erfüllung ihrer öffentlichen Aufgabe dienenden Auskünfte zu erteilen (Ausnahme: Bremen; Sachsen-Anhalt). Trotz dieser Formulierungsunterschiede besteht kein Zweifel, dass die Behörden nach sämtlichen LPG Auskünfte nicht von sich aus, sondern nur auf Verlangen zu erteilen brauchen.

Das **Auskunftsverlangen** muss von jemandem geltend gemacht worden sein, der 81 anspruchsberechtigt ist oder einen Anspruchsberechtigten vertritt (Rn 38 ff.). Gerichtet sein muss das Auskunftsverlangen an eine auskunftsverpflichtete Behörde (Rn 55). Eine Adressierung an den behördenintern zuständigen Beamten ist nicht erforderlich. Die Behörde hat die Anfrage bzw den anfragenden Pressevertreter ggf an die zuständige Stelle weiterzuleiten. Um Fehlleitungen zu vermeiden, ist es zweckmäßig, Auskunftsersuchen an die Behörde als solche zu richten, eventuell an den grundsätzlich zuständigen Behördenleiter oder ggf an die Pressestelle bzw den Pressereferenten.

An die Einhaltung einer bestimmten **Form** ist das Auskunftsverlangen nicht gebun- 82 den. Behörden sind also grundsätzlich auch zur Beantwortung telefonischer Anfragen verpflichtet. Das setzt allerdings voraus, dass der Anfragende bei der Behörde als Pressevertreter bekannt ist. Andernfalls kann die Behörde die Auskunft mangels Nachweises der Anspruchsberechtigung verweigern. Überdies wird man die Behörden als berechtigt ansehen müssen, eine schriftliche oder fernschriftliche Anfrage zu fordern, wenn es sich um eine umfangreiche Fragestellung handelt. Einer formellen Begründung des Auskunftsersuchens bedarf es jedoch nicht (VG Cottbus AfP 2002, 360).

Auch an die Einhaltung einer **Frist** ist das Auskunftsbegehren nicht gebunden. UU 83 können auch Sachverhalte erfragt werden, die bereits Jahre zurückliegen. In einem solchen Falle setzt die Verpflichtung zur Auskunftserteilung voraus, dass die Beant-

Burkhardt 231

wortung noch möglich ist. Die Befürchtung, die Presse könne längst abgeschlossene Sachverhalte wieder hervorholen, genügt nicht, um eine Auskunft zu verweigern (VG Cottbus AfP 2002, 360). Werden Angaben erfragt, die andere Presseorgane bereits gemeldet haben, kann die Behörde grundsätzlich darauf verweisen. Dies setzt aber voraus, dass die Behörde sich die anderweitige Veröffentlichung zu eigen macht und diese das Auskunftsverlangen erschöpfend und wahrheitsgemäß (vgl Rn 90) beantwortet. Im Zweifel ist die Behörde zur zusätzlichen Auskunftserteilung verpflichtet (vgl BayVGH NJW 2004, 3358).

84 2. Die Verpflichtung zur Informationserteilung bedeutet, dass bezüglich eines **bestimmten Sachverhaltes** Aufklärung zu geben ist. Der von *Scheer* unternommene Versuch (§ 4 Anm A IX), zwischen Auskunft und Information zu unterscheiden, führt nicht weiter. Dass in § 4 von der Verpflichtung zur Erteilung von Auskünften gesprochen wird, in der Überschrift der meisten LPG aber von einem „Informationsrecht", scheint auf einem bloßen Redaktionsversehen zu beruhen.

85 a) Das Auskunftsverlangen muss sich auf einen bestimmten **Tatsachenkomplex** beziehen. Hinsichtlich eines solchen Komplexes besteht Anspruch auf Mitteilung von Fakten. ZB kann Gegenstand des Auskunftsbegehrens die Frage sein, welche Filme ein Ministerium zwecks Ausstrahlung im Fernsehen habe herstellen lassen und welche tatsächlich ausgestrahlt worden sind (VG Düsseldorf, Urteil vom 15.5.1979, Az 1 K 3817/78). Nicht gefordert werden kann, bekannte Tatsachen zu kommentieren oder sonst zu bewerten. Auch zu einer rechtlichen Stellungnahme ist die Behörde nicht verpflichtet (OVG Münster NJW 1995, 2741). Wird eine Auskunft über sogenannte innere Tatsachen, d. h. Absichten, Motive und sonstige Überlegungen, erbeten, kann die Behörde diese nur erteilen, wenn diese inneren Vorgänge sich in irgendeiner Form im amtlichen Raum manifestiert haben. Fehlt es an der Manifestation, besteht kein Auskunftsanspruch (OVG Münster NJW 1995, 2741; zu eng OVG Saarlouis AfP 2008, 653). Die vom OVG Saarlouis erwähnte „Geschehnisformel" und die daran geknüpfte, den Auskunftsanspruch begrenzende Auslegung vermag nicht zu überzeugen. Der Auskunftsanspruch besteht hinsichtlich jeglicher Tatsachen, soweit die Behörde darüber verfügt. Dies folgt bereits aus dem Grundrecht der Pressefreiheit, wonach überall dort, wo der Geltungsbereich einer Norm die Presse berührt, dem Postulat ihrer Freiheit Rechnung zu tragen ist (vgl BVerfG NJW 2001, 503). Jedoch kann nicht verlangt werden, generell mit Eigeninformationen einer Behörde bedient zu werden. ZB ist eine Behörde nicht verpflichtet, dem Verlangen zu entsprechen, sämtliche Angaben zu wiederholen, die im Rahmen der Öffentlichkeitsarbeit anlässlich einer Pressekonferenz gemacht worden sind (vgl BVerwG AfP 1975, 762; zum allgemeinen Gleichbehandlungsgrundsatz s Rn 138). Ebenso wenig besteht Anspruch auf Informationen, die nicht der publizistischen Auswertung zu dienen bestimmt sind, sondern nur die wettbewerblichen Chancen verbessern sollen. Diese Ausnahme vom Informationsanspruch dürfte jedoch nur in seltenen Fällen gegeben sein (vgl OLG Stuttgart AfP 1992, 291; VG Berlin NJW 2001, 3799; VG Saarbrücken AfP 2006, 596). So hat zB das OVG Münster (NJW 1997, 144) einen Anspruch auf Zurverfügungstellung sämtlicher Anschriften der Mitglieder einer öffentlich-rechtlichen Körperschaft (Kassenzahnärztliche Bundesvereinigung) zurecht verneint. Ebenso der BayVGH (AfP 2009, 183) bezüglich von Namen und Adressen der bei einem Unfallversicherungsträger Versicherten. Der Auskunftsanspruch ist aber nicht von einem konkreten Veröffentlichungsvorhaben abhängig (OVG Hamburg AfP 2010, 617). Vielfach wird sich erst aufgrund der erteilten Auskunft erweisen, ob ein Berichterstattungsinteresse besteht. Es ist allein Sache der Presse aufgrund eigener publizistischer Beurteilung zu entscheiden, ob und wie über einen Sachverhalt berichtet wird (BVerfG AfP 2010, 365). Daher liegt auch allein bei der Presse die Entscheidung, ob die erteilte Auskunft tatsächlich für die Berichterstattung verwertet oder von einer solchen Abstand genommen wird (OVG Hamburg AfP 2010, 617; OVG Lüneburg Beschluss v. 12.2.2014 Az 10 ME 102/13).

86 Der Anspruch bezieht sich nur auf vorhandene Informationen. Eine Schaffung von Informationen kann nicht verlangt werden (BVerwG AfP 2013, 355; VG Köln AfP

A. Informationsanspruch § 4 LPG

2011, 511). Davon zu unterscheiden ist jedoch die Frage, ob es zur Auskunftserteilung zuvor einer Aufbereitung der Information bedarf, die jedoch als solche der Behörde vorliegt (dies verkennt BVerwG, AfP 2013, 355; s. dazu *Ehlers/Vorbeck*, S. 242). Auskünfte über die Tätigkeit anderer Behörden brauchen ebenso nicht erteilt zu werden, selbst wenn dazu Unterlagen vorhanden sind. Dementsprechend hat das VG Köln den gegen den WDR gerichteten Anspruch für unbegründet erklärt, dem Anspruchsteller die von der ARD für die einzelnen Rundfunkanstalten zusammengestellten Daten der Sendezeitstatistik und der Finanzplanung zugänglich zu machen. Ein solcher Anspruch bestehe allenfalls bezüglich der Daten des in Anspruch genommenen WDR, nicht hinsichtlich der Zahlen anderer Rundfunkanstalten (VG Köln Beschluss vom 13.6.1980, Az 6 L 409/80).

b) Auf eine bestimmte **Form** der Auskunftserteilung besteht kein Anspruch 87 (BVerwG DVBl 1966, 575; OLG Stuttgart AfP 1992, 291/292; OVG Münster BeckRS 2013, 48676; VG Hannover Beschluss v. 20.2.2012 Az 6 B 1778/12). Art und Weise der Auskunftserteilung liegt grds im Ermessen der Behörde. Die Auskunft ist in pressegeeigneter Form zu erteilen (OVG Münster AfP 2014, 181). Die Form muss sachgerecht sein. Nicht sachgerecht wäre es, wenn eine Behörde auf telefonische Bitte einer rasch benötigten kurzen Auskunft auf den schriftlichen Weg verweisen würde, um Zeit zu gewinnen. Ebenso wenig wäre es sachgerecht, ein schriftlich angefordertes statistisches Zahlenwerk telefonisch durchzugeben. Der presserechtliche Auskunftsanspruch ist auf die Beantwortung von Fragen zu einem bestimmten Tatsachenkomplex gerichtet. Anders als das Informationszugangsrecht nach den IFG schuldet die Behörde ggfl die Zusammenstellung von Einzelinformationen, soweit diese bei der Behörde vorhanden sind (aA BVerwG NJW 2014, 1126). Ist mit der Zusammenstellung ein besonderer Aufwand verbunden, kann ausnahmsweise der Verweigerungsgrund des unzumutbaren Umfangs (vgl. Rn 130) eingreifen. Im Übrigen verbleibt es bei der Auskunftspflicht (vgl EGMR EuGRZ 2014, 520; Urteil v 28.11.2013 Nr. 39534/07; *Ehlers/Vorbeck* S 242). Ein Anspruch auf Akteneinsicht oder Zurverfügungstellung von Kopien besteht nur, soweit im Hinblick auf die begehrte Information andere Formen der Auskunftserteilung unsachgemäß wären und insoweit eine Ermessensreduzierung eintritt (VG Cottbus AfP 2002, 360; ZUM 2014, 441, Beschwerden zurückgewiesen: OVG Berlin-Brandenburg BeckRS 2014, 48807 und Urteil v. 28.1.2015, Az OVG 12 B 21.13; VG Dresden BeckRS 2009, 33677). Ebenso wenig umfasst der verfassungsunmittelbare Informationsanspruch aus Art 5 Abs 1 Satz 2 GG (BVerwG NJW 2014, 1126; OVG Berlin-Brandenburg, Urteil v. 28.1.2015, Az OVG 12 B 21.13; vgl dazu Rn 19 ff.) oder das Grundrecht auf Freiheit der Wissenschaft und Forschung aus Art 5 Abs 3 GG nach Ansicht des BVerwG einen Anspruch auf Akteneinsicht oder Erteilung von Kopien aus Behördenakten (BVerwG NJW 2014, 1126).

Aus dem Informationsanspruch lässt sich kein Recht herleiten, dass die Presse bei 87a Veranstaltungen mit allgemeinem Fotografierverbot gleichwohl eigene Bildaufnahmen herstellen darf (OVG Münster BeckRS 2013, 48676).

c) Die Auskunft ist **kostenlos** zu erteilen. Dies ergibt sich bereits aus dem allge- 88 meinen Grundsatz, dass derjenige, der die Erfüllung eines Leistungsanspruches schuldet, die Leistung zu erbringen hat, ohne Rücksicht darauf, ob die Erfüllung Kosten verursacht (BGH NJW 1982, 1643; *Köhler* NJW 2005, 2337). Mangels einer speziellen gesetzlichen presserechtlichen Ermächtigungsnorm können auch die auskunftspflichtigen Behörden insoweit keine Gebühren- oder Kostenregelungen schaffen (VG Arnsberg AfP 2007, 69).

d) Eine **Frist** ist für die Auskunftserteilung nicht vorgesehen. Aus der Natur der 89 Sache folgt aber, dass die Auskunftserteilung so rasch wie möglich zu erfolgen hat. Die Presse ist auf eine zeitnahe Auskunftserteilung angewiesen, da das Informationsinteresse der Öffentlichkeit maßgeblich von der Aktualität der Information abhängt (BVerfG NJW 2014, 3711; BayVGH NJW 2004, 3358; OVG Berlin-Brandenburg AfP 2010, 621 m. w. N.; VG Berlin NJW 2013, 1464). Dies gilt auch für Informationen über Umstände, die bereits länger zurück liegen, die die Presse jedoch möglicherweise in neuen Zusammenhängen aufgreifen und darüber berichten will. Im Übrigen ist der Zeitungs- und Zeitschriftenverlagen nach § 4 Abs 4 zustehende Anspruch zu beachten, mit amtlichen Bekanntmachungen nicht später beliefert zu werden als Mitbewerber (Näheres Rn 138 ff.). Auch unabhängig davon ist das Gleichbehandlungsprinzip zu beachten. Daraus folgt andererseits, dass eine Behörde die Erteilung einer begehrten Auskunft bis zu einer Pressekonferenz zurückzustellen berechtigt ist, wenn eine solche in Kürze bevorsteht. Jedenfalls haben einzelne Pressevertreter keinen Anspruch darauf, über die für eine Pressekonferenz vorgesehenen Themen bereits vorab informiert zu werden (vgl dazu auch Rn 148 ff.).

90 e) Der **Inhalt** der von der Behörde erteilten Auskunft muss sachgerecht, vollständig und wahr sein (BVerwG NJW 1992, 62; BayVGH NJW 2004, 3358; VG Saarlouis NJW 2003, 3431; *Rebmann/Ott/Storz* § 4 Rn 19; *Bettermann* NJW 1955, 97; vgl auch RGZ 170, 134). Wahrheit bedeutet Übereinstimmung der Auskunft mit der Wirklichkeit. Entspricht die erteilte Auskunft nicht der Wahrheit, ist der Informationsanspruch nicht ordnungsgemäß erfüllt, so dass erneute Auskunft gefordert werden kann, eventuell auf gerichtlichem Wege.

91 Davon, dass eine erteilte Auskunft wahr sein muss, ist der BGH schon vor in Kraft treten der auf dem Modellentwurf beruhenden LPG ausgegangen. Allerdings hat er in einem Urteil vom 20.9.1954 gemeint (BGHZ 14, 319 = NJW 1955, 97; vgl auch BGHSt 10, 206), die Amtspflicht, eine Auskunft wahrheitsgemäß zu erteilen, bestehe nur gegenüber der Allgemeinheit, nicht gegenüber einem einzelnen, auch nicht wenn er Journalist ist (dagegen mit Recht *Bettermann* NJW 1955, 97). Nachdem der Informationsanspruch inzwischen gesetzlich anerkannt ist, hat sich dieser Streit erledigt. Heute kann es keinem ernsthaften Zweifel mehr unterliegen, dass eine falsche Auskunft nicht nur den Auskunftsanspruch unerfüllt lässt, sondern darüber hinaus einen Ersatzanspruch auslösen kann.

92 Die Wahrheitspflicht verpflichtet zugleich zur Vollständigkeit (BayVGH NJW 2004, 3358; VG Berlin AfP 1994, 175/178; VG Saalouis NJW 2003, 3431; VG München NVwZ 2005, 477). Die Verpflichtung zur Vollständigkeit kann bedeuten, dass Akteneinsicht zu gewähren ist, zB wenn es um bildliche Darstellungen geht oder um handschriftlich angebrachte Anmerkungen (VG Hannover AfP 1984, 60) oder wenn die begehrte Auskunft nur durch Einsichtnahme vollständig und wahrheitsgemäß erteilt werden kann (VG Cottbus AfP 2002, 360). Im Übrigen gewährt der presserechtliche Auskunftsanspruch nicht von vornherein einen Anspruch auf Akteneinsicht (BVerwG NJW 2014, 1126 zum Mindeststandard aus Art 5 Abs 1 S 2 GG; OVG Berlin-Brandenburg BeckRS 2014, 48807; Urteil v. 28.1.2015, Az: OVG 12 B 21.13; vgl Rn 87). Ein Auskunftsersuchen wird aber nicht ordnungsgemäß erfüllt, wenn die Behörde Fakten mitteilt, die einseitig ausgewählt sind und damit zu einem schiefen Bild führen. In welchem Maß die Auskunft „erschöpfend" zu sein hat, richtet sich nach den Umständen. Es kommt darauf an, dass die wesentlichen Fakten vollständig mitgeteilt werden. ZB ist das Bundesaufsichtsamt für das Versicherungswesen verpflichtet, auf entsprechendes Verlangen die öffentlich bereits gemeldete Anzahl von Beschwerdefällen auf die einzelnen Versicherungen aufzuschlüsseln. Dies trotz der Besorgnis der Behörde, die Aufschlüsselung könnte ein schiefes Bild ergeben, weil die Anzahl der Beschwerdefälle pro Versicherung in Relation zu ihrem Geschäftsumfang gesehen werden müsse. Notfalls muss die Behörde dann auch zum Geschäftsumfang Angaben machen (OVG Berlin ZUM 1996, 250/253 ff. m Anm *Präve* VersR 1995, 1221; VG Berlin AfP 1994, 175/178). Ggf ist die Behörde zu einer erneuten, umfassenden Auskunft verpflichtet, wenn zwischen einzelnen erteilten Auskünften und weiteren Informationen ein sachlicher Zusammenhang besteht und die Auskunft sinnvoll nur einheitlich erteilt werden kann (BayVGH NJW 2004, 3358). Ein Angebot der Behörde, im Rahmen eines Gesprächs nur einzelne Auskünfte zu erteilen, ist unzulänglich und lässt daher das Rechtsschutzbedürfnis für eine Klage hinsichtlich sämtlicher begehrter Informationen nicht entfallen (OVG Hamburg AfP 2010, 617).

A. Informationsanspruch § 4 LPG

Tatsachen, die Behördenmitglieder privat erfahren haben, brauchen nicht mitgeteilt 93
zu werden. **Privates Wissen** kann aber insofern von Bedeutung sein, als sich daraus
uU ergibt, dass die amtlich vorliegenden Informationen falsch sind. In einem solchen
Falle darf das amtliche Wissen jedenfalls nicht ohne Einschränkung so mitgeteilt werden, als bestünden keinerlei Zweifel. Eine bloße Absicht, zB die Absicht zu einer
erneuten Kandidatur, braucht jedenfalls dann nicht mitgeteilt zu werden, wenn sie
nach außen noch nicht in Erscheinung getreten ist. Dies insbesondere, wenn sie sich
noch ändern kann.

e) Mit Ausnahme von Bayern und Hessen setzt der Informationsanspruch voraus, dass 94
die geforderte Auskunft der Erfüllung der öffentlichen Aufgabe der Presse dient (in Bremen und Sachsen-Anhalt andere Formulierung). Nach § 3 LPG nimmt die Presse eine
öffentliche Aufgabe wahr, wenn sie in Angelegenheiten von öffentlichem Interesse
Nachrichten beschafft und verbreitet, Stellung nimmt, Kritik übt oder auf andere Weise
an der Meinungsbildung mitwirkt. Danach ergibt sich die Frage, ob eine Behörde eine
geforderte Auskunft mit dem Argument verweigern darf, ein öffentliches Interesse sei
nicht oder in nicht ausreichendem Maße vorhanden. Dies könnte der Fall sein, wenn es
um Vorgänge geht, die dem persönlichkeitsrechtlichen Schutz der Intim- oder der
Privatsphäre unterliegen. Praktische Bedeutung dürfte das allerdings kaum erlangen,
weil in solchen Fällen unter dem Blickwinkel eines schutzwürdigen privaten Interesses
ein Auskunftsverweigerungsrecht nach § 4 Abs 2 LPG besteht. Sonstige Fälle, in denen
der Informationsanspruch infolge des Merkmals „öffentliche Aufgabe" Beschränkungen
unterliegt, erscheinen kaum denkbar. Könnte sich eine Behörde unabhängig vom
Schutz der Intim- oder Privatsphäre oder eines sonstigen Auskunftsverweigerungsrechtes iSd § 4 Abs 2 auf ein vermeintliches Fehlen des öffentlichen Interesses berufen, zB
weil der Vorgang „nicht wichtig genug" sei, wäre ihr die Möglichkeit eröffnet, peinliche
Vorgänge unter Verschluss zu halten. Dass das kein akzeptables Ergebnis wäre, bedarf keiner besonderen Begründung. Die Beschränkung der Auskunftspflicht auf
Fälle, in denen die Presse „öffentliche Aufgaben" wahrnimmt, ist also praktisch bedeutungslos (OVG Hamburg AfP 2010, 617; VG Berlin BeckRS 2012, 50999).

Von einer Auskunft ist die **laufende Belieferung** mit Informationsmaterial zu un- 95
terscheiden. Diese Unterscheidung trifft auch das BVerwG (BVerwGE 61, 15 = NJW
1981, 535; vgl auch BVerwGE 61, 40 = DVBl 1981, 190 und die Anm *Jellinek* NJW
1981, 2235). Abgesehen von der in Abs 4 geregelten Zuleitung der amtlichen Bekanntmachungen (vgl dazu Rn 139), ist der Anspruch nach § 4 lediglich auf die Erteilung von Einzelauskünften gerichtet (VGH Mannheim 1992, 95/96; OVG Münster NVwZ-RR 1998, 311; NJW 2000, 1968; VG Düsseldorf NJW 1999, 1988; VG
Minden NJW 2001, 315). Gibt aber die Behörde, zB eine Stadtverwaltung, laufend
gedruckte oder sonst vervielfältigte Informationen heraus, zB um Einzelanfragen im
beiderseitigen Interesse zu vermeiden, können Pressevertreter, die daran ein berechtigtes Interesse haben, laufende Belieferung fordern (VG Stuttgart AfP 1986, 89/91).
Über ein solches Ersuchen hat die Behörde unter Beachtung des Gleichheitssatzes
nach pflichtmäßigem Ermessen zu entscheiden (ebenso BVerwG NJW 1981, 535/
537; VGH Münster NVwZ-RR 1998, 311; VG Düsseldorf NJW 1999, 1987 zum
Anspruch eines Mediendienstes). Ausdrücklich bestimmt ist die Beachtung des
Gleichbehandlungsgrundsatzes für jede Form der Auskunftserteilung in § 6 Abs 4
LMG Rh-Pfalz und § 5 Abs 4 SMG. Im Übrigen enthalten die LPG nur für amtliche
Bekanntmachungen eine Sonderregelung (Näheres Rn 138ff.).

Ein Anspruch auf laufende Belieferung kann insbesondere geltend gemacht wer- 96
den, wenn die Behörde bezüglich der Form der Informationserteilung von ihrem
Ermessen dahin Gebrauch gemacht hat, dass sie abgesehen von unvermeidlichen Einzelauskünften grundsätzlich Pressemitteilungen herausgibt, was sachgerecht sein kann.
In solchen Fällen zu verlangen, dass die Presse jede Ausgabe gesondert anfordert,
wäre bloße Förmelei. Anspruch darauf, dass die Behörde aus ihren allgemeinen Pressemitteilungen die Informationen aussondert, an denen der Journalist besonders interessiert ist, besteht nicht (VG Stuttgart AfP 1986, 89/91).

V. Schranken des Informationsanspruches

97 1. Der presserechtliche Informationsanspruch unterliegt naturgemäß Schranken. Die dazu in den einzelnen LPG getroffenen Regelungen weisen Unterschiede auf. Die geringste Beschränkung ist im ältesten der heute in Kraft befindlichen LPG vorgesehen, nämlich im Bayerischen. Die weitestgehenden Schranken enthalten die auf dem Modellentwurf 1963 beruhenden LPG bzw LMG, die sich allerdings auch untereinander unterscheiden. Die in den neuen Bundesländern geltenden Auskunftsschranken entsprechen weitgehend denen auf Grund des Modellentwurfes.

98 Nach der Mehrzahl der LPG „können" die Behörden unter den in Abs 2 genannten Voraussetzungen Auskünfte verweigern. Dadurch wird den Behörden ein Ermessensspielraum eingeräumt (OVG Bremen NJW 1989, 926; VG Berlin NJW 2001, 3799; VG Saalouis NJW 2003, 3431/3434). In Bayern und Sachsen „darf" die Behörde die Auskunft unter den Voraussetzungen des § 4 Abs 2 LPG verweigern. Diese Formulierung ist gleichfalls iS der Einräumung eines Ermessensspielraumes zu verstehen (BayVGH NJW 2004, 3358; *Ricker/Weberling* Kap 20 Rn 2). Die Ermessensentscheidung erfordert eine Güterabwägung zwischen der Notwendigkeit der öffentlichen Information und den entgegenstehenden öffentlichen oder privaten Interessen (OVG Bremen NJW 1989, 926; BayVGH NJW 2004, 3358; VG Saalouis NJW 2003, 3431/3434 f.). Die Behörde ist verpflichtet, alle für die Ermessensentscheidung relevanten Gesichtspunkte sachgerecht gegeneinander abzuwägen. Dabei ist der Grundsatz der Verhältnismäßigkeit zu beachten. Die Einhaltung dieser an die Ermessensentscheidung zu stellenden Anforderungen ist gerichtlich überprüfbar.

99 Nach der in NRW geltenden Regelung besteht unter den Voraussetzungen des § 4 Abs 2 ein Anspruch auf Auskunft nicht. Dadurch kann der Anschein entstehen, als unterscheide sich die Regelung in NRW von denen der übrigen Bundesländer dadurch, dass den Behörden in NRW kein Ermessensspielraum eingeräumt werde. Jedenfalls praktisch ist das nicht der Fall. Nach § 4 Abs 2 LPG NRW entfällt der Informationsanspruch, wenn die sachgemäße Durchführung eines schwebenden Verfahrens beeinträchtigt werden könnte, wenn ein überwiegendes öffentliches oder ein schutzwürdiges privates Interesse verletzt würde oder wenn die begehrte Auskunft das zumutbare Maß überschreitet. Ob das der Fall ist, lässt sich nur auf Grund einer Prognose beurteilen, die einen Beurteilungsspielraum erfordert. Zwischen einem Ermessens- und einem Beurteilungsspielraum besteht zwar ein theoretischer Unterschied. Praktisch läuft aber beides jedenfalls im hier erörterten Zusammenhang insbesondere bei zutreffender Berücksichtigung des Grundrechts der Pressefreiheit auf das Gleiche hinaus.

100 Eine Besonderheit ist in allen Bundesländern hinsichtlich des Auskunftsverweigerungsrechts auf Grund entgegenstehender Geheimhaltungsvorschriften zu beachten, zB auf Grund des Steuergeheimnisses nach § 30 AO (zum Begriff der „Vorschriften über die Geheimhaltung" im presserechtlichen Sinn siehe Rn 108 ff.). Steht dem Auskunftsbegehren eine solche gesetzliche Geheimhaltungsvorschrift entgegen, schrumpft ein der Behörde eingeräumtes Ermessen „auf null" (VG Saarlouis NJW 2003, 3431/3434 f.). Die Möglichkeit einer Ermessensentscheidung ist also nur theoretisch vorhanden, praktisch nicht. Dementsprechend sind im Falle des Eingreifens einer gesetzlichen Geheimhaltungsvorschrift die Behörden zur Auskunftsverweigerung verpflichtet. Gesetzliche Geheimhaltungspflichten werden durch den presserechtlichen Informationsanspruch nicht beseitigt. Am dogmatisch saubersten erweist sich damit die Regelung in § 4 Abs 2 des Thüringischen Pressegesetzes. Danach „können" die Auskünfte in den in § 4 Abs 2 Nr 1–3 genannten Fällen verweigert werden; soweit aber einer Auskunft Vorschriften über die Geheimhaltung und den Datenschutz entgegenstehen, „sind" sie zu verweigern. Damit beschreibt das Thüringische Gesetz in klarer Weise die rechtliche Situation, von der im Ergebnis auch in den anderen Bundesländern auszugehen ist.

A. Informationsanspruch   § 4 LPG

Die Auskunft darf nur insoweit verweigert werden als ein Auskunftsverweigerungs- 101
recht eingreift. Daher ist auch bei einem einheitlichen Sachverhalt möglicherweise
ein Teil der begehrten Informationen mitzuteilen, obgleich hinsichtlich eines anderen
Teils ein Auskunftsverweigerungsgrund durchgreift.

2. Die Mehrzahl der Pressegesetze erwähnt in § 4 Abs 2 Nr 1 Auskünfte, durch die 102
die sachgemäße Durchführung eines **schwebenden Verfahrens** vereitelt, erschwert,
verzögert oder gefährdet werden könnte (Ausnahmen: in Bayern fehlt diese Bestimmung,
in Berlin ist sie unter Nr 3 aufgeführt, in Mecklenburg-Vorpommern in Abs 3
Nr 1; in Sachsen unter Nr 2). Geringfügig unterschiedliche Regelungen finden sich
in Hamburg, Hessen und Thüringen.

a) Die starke Herausstellung schwebender Verfahren, deren Vereitelung, Erschwe- 103
rung, Verzögerung oder Gefährdung eine Schranke des Informationsanspruches bildet,
wird vielerorts als **bedenklich** bezeichnet (vgl *Groß* Presserecht Rn 428 f.; *Rehbinder*
Presserecht S 24). Hieran ist richtig, dass es vor allem die schwebenden Verfahren sind,
die öffentliches Interesse und damit die Aufmerksamkeit der Presse finden. Speziell
während dieses Verfahrensstadiums kommt auch das Wächteramt der Presse in besonderer
Weise zum tragen. Mit der bloßen Erörterung abgeschlossener Verfahren würde die
Presse ihren Verfassungsauftrag nicht erfüllen. Dass diese spezielle Schrankenziehung
nicht zwingend ist, zeigt auch das bayerische Beispiel. Bayern hat auf diesen Ausnahmetatbestand
vollständig verzichtet. In Hamburg und in Hessen gilt er in nur eingeschränktem
Umfang, nämlich nur für Gerichts-, Bußgeld- und Disziplinarverfahren
(Hamburg) bzw für straf- oder dienststrafgerichtliche Verfahren (Hessen). In Thüringen
gilt die Auskunftsschranke für straf-, berufs- und ehrengerichtliche Verfahren sowie für
Disziplinarverfahren. Angesichts der auch verfassungsrechtlichen Bedenklichkeit dieser
von den meisten LPG an die Spitze gestellten Beschränkung des Informationsanspruches
erscheint eine restriktive Interpretation geboten. Die Regelung in Mecklenburg-Vorpommern,
nach der ein Auskunftsverweigerungsrecht auch besteht, wenn die
sachgemäße Durchführung von „Verwaltungsvorgängen zu Lasten Dritter" beeinträchtigt
werden könnte, ist besonders bedenklich. Mangels restriktiver Interpretation ermöglicht
diese Regelung der Behörde Auskunftsverweigerungen auch, wenn ein Dritter
Vorteile in Anspruch nimmt, gegen die der Kritiker sich wenden will.

b) Unter einem Verfahren ist die **rechtlich geregelte Behandlung eines Ein-** 104
zelfalles zu verstehen. Es muss sich um ein förmliches Verfahren handeln (vgl
§§ 63 ff. VwVfG). Ein formloses Verfahren im Sinne des §§ 10 ff. VwVfG erfüllt die
Voraussetzungen eines Verfahrens im Sinne des § 4 LPG nach richtiger Auffassung
nicht (ebenso *Thomas* AfP 1978, 181; vgl auch *Sobotta* aaO S 187; *Groß* Presserecht
Rn 429, will den Begriff des schwebenden Verfahrens sogar auf gerichtliche oder
gerichtsähnliche Verfahren beschränken). Als Verfahren im Sinne des § 4 kommen
insbesondere in Betracht gerichtliche Verfahren, zB das Verfahren vor dem Untersuchungsrichter,
Verfahren der freiwilligen Gerichtsbarkeit usw, ebenso staatsanwaltschaftliche
und polizeiliche Ermittlungsverfahren (BGH NJW 1961, 918), ferner
Bußgeldverfahren. Weiterhin gehören hierzu Verwaltungsverfahren, zB in Disziplinarsachen,
schließlich bestimmte Verfahren der Legislative, zB vor einem Untersuchungsausschuss.
Ausnahmen gelten in Hamburg, Hessen, Mecklenburg-Vorpommern
und Thüringen (vgl Rn 103).

Schwebend ist ein Verfahren, wenn die in den gesetzlichen Verfahrensvorschriften 105
vorgesehene erste Maßnahme ergriffen, der letzte abschließende Akt aber noch nicht
vollzogen ist. So beginnt das polizeiliche Ermittlungsverfahren mit dem ersten Tätigwerden
der Polizei, zB mit der Entgegennahme einer Anzeige. Wenn und soweit
polizeiliche Stellen als Hilfsbeamte der Staatsanwaltschaft tätig werden, ist das polizeiliche
Verfahren mit der Abgabe an die Staatsanwaltschaft nicht abgeschlossen, vielmehr
schwebt es dann bei der Staatsanwaltschaft. Das staatsanwaltschaftliche Ermittlungsverfahren
wird mit der Anklageerhebung oder der Einstellung des Verfahrens
abgeschlossen. Von diesem Zeitpunkt an ist die Staatsanwaltschaft auskunftspflichtig.
Darauf, dass die Anklageerhebung ein weiteres, nämlich ein gerichtliches Verfahren

einleitet, kann die Staatsanwaltschaft sich nicht berufen (anders: *Scheer* § 4 Anm B I 2). Gerichtliche Verfahren sind nicht erst mit der Rechtskraft des Urteils, sondern bereits mit dessen Verkündung abgeschlossen. Die Tatsache, dass uU durch Einlegung eines Rechtsmittels wiederum ein weiteres Verfahren, nämlich das Berufungs- bzw das Revisionsverfahren eingeleitet werden kann, ändert hieran nichts. Ist ein Ermittlungsverfahren zwar formal noch nicht abgeschlossen, jedoch die Angelegenheit ausermittelt, scheidet eine Auskunftsverweigerung ebenso aus (OVG Berlin-Brandenburg AfP 2010, 621).

106 c) Ein Auskunftsverweigerungsrecht nach § 4 Abs 2 Nr 1 besteht nur, soweit die Gefahr besteht, dass die **sachgemäße Durchführung** eines schwebenden Verfahrens **vereitelt, erschwert, verzögert oder gefährdet** wird. Bei extensiver Interpretation dieser teilweise zu weit und zu wenig konkret gefassten Merkmale könnten die Behörden nahezu bei jedem schwebenden Verfahren die Auskunft verweigern. Eine solche Auslegung stünde in offensichtlichem Gegensatz zur wertsetzenden Bedeutung der Presse- und der Rundfunkfreiheit, die den presserechtlichen Auskunftsanspruch als einen speziellen Aspekt einschließt. Deswegen bedarf es einer restriktiven Interpretation. Ein Auskunftsverweigerungsrecht kann nur bei einer konkreten Gefährdung anerkannt werden. Diese muss ferner von einigem Gewicht sein (*Schröer-Schallenberg* S 116; *Fehn/Horst* AfP 2007, 15). Hieran sind strenge Anforderungen zu stellen (OVG Münster BeckRS 2013, 4572). Eine Auskunftsverweigerung kann gerade zu Beginn staatsanwaltschaftlicher Ermittlungen berechtigt sein, wenn durch eine Berichterstattung der Verdächtige von einem bevorstehenden Zugriff erfahren und dadurch das Verfahren erschwert oder gefährdet würde (vgl VG Potsdam AfP 2009, 534). Dem gegenüber begründet das Interesse einer Behörde, eine von einer möglichen Presseberichterstattung unvoreingenommene Entscheidung durch Ausschussmitglieder sicherstellen zu wollen, kein Auskunftsverweigerungsrecht (VG Cottbus AfP 2008, 114). Verschiedentlich wird geltend gemacht, bei der Gesetzesformulierung hätten die strengen Anforderungen zum Ausdruck gebracht werden sollen, zB durch die nähere Umschreibung von Gefährdungstatbeständen wie etwa den Wegfall des Überraschungsmomentes beim beabsichtigten Zugriff der Staatsanwaltschaft, die Gefahr der Beeinflussung von Zeugen und von Laienrichtern usw (*Ricker/Weberling* Kap 20 Rn 6; ähnlich: *Groß* Presserecht Rn 428 f.). Zur Zulässigkeit einer Auskunft der Staatsanwaltschaft zu einem schwebenden Ermittlungsverfahren vgl BGHZ 27, 338; BGH VersR 59, 520; NJW 1994, 1950; OLG Karlsruhe NJW 1995, 899; OLG Hamm NJW 2000, 1278; OLG Stuttgart NJW 2001, 3797; NJW-RR 2002, 1597; BVerwG NJW 1989, 412; 1992, 62; VG Saarlouis NJW 2003, 3431; zu eg OLG Düsseldorf NJW 2005, 1791; Näheres *Huff* AfP 2010, 332; *Wenzel-Burkhardt,* aaO, Kap 10 Rn 166 ff.).

107 d) Besonderes Interesse verdient die **Zusammenarbeit von Presse und Kriminalpolizei.** Dazu hat die Arbeitsgemeinschaft der Landeskriminalämter mit dem Bundeskriminalamt (AG Kripo) bereits 1956 „Grundsätze über das Zusammenwirken von Kriminalpolizei und Presse" beschlossen (abgedruckt bei *Scheer,* Deutsches Presserecht, S 202). Diese Grundsätze sollen eine schnelle und zuverlässige Unterrichtung der Öffentlichkeit über kriminelle Vorkommnisse sicherstellen, und zwar unter Berücksichtigung der Belange der kriminalpolizeilichen Verbrechensbekämpfung wie auch der schutzwürdigen Belange der Betroffenen. Besonderes Augenmerk hat die AG Kripo auch darauf gelegt, dass hinsichtlich der Auskunftserteilung Einvernehmen mit der ermittlungsführenden Staatsanwaltschaft hergestellt wird, dass ein Anreiz zur Nachahmung von Straftaten vermieden und die Bevölkerung zur Mitfahndung angeregt wird. An der durch § 4 getroffenen gesetzlichen Regelung vermögen diese Grundsätze allerdings nichts zu ändern. Daran ist auch die Kripo gebunden.

108 3. In § 4 Abs 2 Nr 2 der vom Modellentwurf 1963 ausgehenden LPG sind als weitere Schranke des Auskunftsanspruches entgegenstehende **Vorschriften über die Geheimhaltung** genannt (in Berlin § 4 Abs 2 Nr 1, Brandenburg § 5 Abs 2 Nr 2, Mecklenburg-Vorpommern § 4 Abs 3 Nr 3, Rheinland-Pfalz § 6 Abs 2 Nr 2 LMG,

A. Informationsanspruch § 4 LPG

Saarland § 5 Abs 2 Nr 2 SMG, Sachsen § 4 Abs 2 Nr 1; in Hessen fehlt eine solche Beschränkung). Zu den Regelungen in Bayern und in Sachsen vgl Rn 115).

a) Geheimhaltungsvorschriften iSd Regelung sind Vorschriften, die öffentliche Geheimnisse schützen sollen und auskunftsverpflichtete Behörde zumindest auch zum Adressaten haben (OLG Schleswig AfP 1985, 46/48; OVG Münster AfP 2009, 295; *Treffer* ZUM 1990, 508). Es muss sich mithin um Vorschriften handeln, die einen materiellen Geheimschutz bewirken sollten. Vor allem sind das die Staats- und Dienstgeheimnisse betreffenden Normen zB der §§ 93 ff., 203, 353b StGB, 174 Abs 2 GVG, § 43 DRiG, die Vorschriften der Geschäftsordnung des Deutschen Bundestages (§ 16 Abs 4 GeschOBT iVm Geheimschutzordnung des Deutschen Bundestages), sowie das Beratungsgeheimnis der Mitglieder der Rechnungshöfe (BVerwG NJW 2007, 1705; OVG Münster BeckRS 2013, 45752). Wenn *Groß* meint (Presserecht Rn 430), diese Bestimmungen fielen nicht unter § 4 Abs 2 Nr 2, sondern stünden der Auskunftspflicht „von vornherein" entgegen, kann dem nicht beigepflichtet werden. Richtiger Auffassung nach ist davon auszugehen, dass dieser die Auskunftspflicht beschränkende presserechtliche Ausnahmetatbestand den Einklang mit anderweitig geregelten Enthaltungspflichten herstellt. Das Presserecht kann keine Auskunftspflicht begründen, wenn die Auskunft anderweitig untersagt ist. Die Informationspflicht nach § 4 LPG bedeutet nicht etwa eine Entbindung von gesetzlichen Schweigepflichten (vgl dazu OLG Schleswig AfP 1985, 46/49). Allerdings muss eine materielle Geheimhaltungsverpflichtung vorhanden sein, welche der Behörde als solcher die Preisgabe der Information schlechthin untersagt (OVG Hamburg AfP 2010, 617; OVG Berlin-Brandenburg BeckRS 2014, 48807). Wird eine Angelegenheit zB in nichtöffentlicher Sitzung eines Gemeinderats beraten, hat dies allenfalls indizielle Wirkung dafür, dass diese auch der Geheimhaltungspflicht unterliegt (BayVGH BayVBl 2004, 402/403; NJW 2004, 3358; VG Cottbus AfP 2008, 114). Vorschriften der Gemeindeordnung, die nicht öffentliche Sitzungen vorsehen, und entsprechende Beschlüsse von Kommunalparlamenten begründen keinen dem Auskunftsanspruch entgegenstehenden Geheimnisschutz (VG Würzburg BeckRS 2011, 50110). Entscheidend ist, ob eine materielle Geheimhaltungspflicht besteht. Auch nach § 203 Abs 2 StGB ist nur die unbefugte Offenbarung eines Geheimnisses strafbar. § 4 Abs 1 verleiht Behörden aber ein solches Recht zur Information, soweit nicht ein (anderer) Ausnahmetatbestand nach § 4 Abs 2 eingreift. § 203 Abs 2 StGB schließt den Auskunftsanspruch mithin nicht zwingend aus (OLG Schleswig NJW 1985, 1090; OVG Münster NJW 2005, 618; VG München AfP 2012, 593; VG Berlin NJW 2013, 1464). Gleiches gilt für das Merkmal „unbefugt" in § 85 Abs 1 GmbHG (OVG Hamburg AfP 2010, 617; LG München I BeckRS 2008, 02775). Ein Auskunftsverweigerungsrecht kann sich aber aus § 4 Abs 2 Nr 3 ergeben. Zu den Auskunftsschranken, denen Landesbehörden in Bezug auf Prüfberichte des Landesrechnungshofes unterliegen, speziell wenn es um die Prüfung der Haushaltslage einer Rundfunkanstalt wie des ZDF geht, vgl VG Neustadt AfP 1994, 340/344.

Umstritten ist, ob das durch § 30 der Abgabenordnung gewährleistete **Steuergeheimnis** gegenüber dem Auskunftsanspruch gleichfalls als absolute Schranke anzusehen ist (so OLG Hamm NJW 1981, 356; OVG Münster AfP 2012, 590; VG Saarlouis NJW 2003, 3431/3433; ferner *Felix* NJW 1978, 2134; *Saarstedt* in: Studienkreis, ZV 1964, S 2096; *Soehring/Hoene,* § 4 Rn 50; anders *Scheer* § 4 B II 1). Wie das OLG Hamm zutreffend erwähnt, ist das Steuergeheimnis das Gegenstück zu den weitgehenden Auskunfts- und Offenbarungspflichten der Steuerpflichtigen. Es liegt damit auch im öffentlichen Interesse. Nur bei strikter Wahrung kann eine dem Finanzamt gegenüber erfolgende rückhaltlose Offenbarung erwartet werden (vgl dazu auch *Maassen,* Steuergeheimnis und Pressefreiheit, FinRSch 1972, 386; VG Saarlouis NJW 2003, 3431/3433 f.). Andererseits ist bei der Bestimmung des Geltungsbereichs des Steuergeheimnisses dem Postulat der Freiheit der Presse Rechnung zu tragen (vgl BVerfG NJW 2001, 503). Daher bedarf es der Prüfung im Einzelfall, ob ein bestimmter Gegenstand tatsächlich dem Schutz des Steuergeheimnisses gegenüber dem

Burkhardt

LPG § 4   Informationsanspruch

presserechtlichen Auskunftsanspruch unterliegt (offen gelassen OVG Münster AfP 2012, 590).

111   Eine besondere Situation besteht bei Steuerstrafverfahren. Nach § 30 Abs 2 AO verletzen zwar Amtsträger, zu denen auch Richter und Staatsanwälte gehören, das Steuergeheimnis, wenn sie Verhältnisse eines anderen, die ihnen in einem Strafverfahren wegen einer Steuerstraftat oder in einem Bußgeldverfahren wegen einer Steuerordnungswidrigkeit bekannt geworden sind, unbefugt offenbaren oder verwerten. Aus dem Öffentlichkeitsprinzip gerichtlicher Verhandlungen (§ 169 GVG), von dem Steuerstrafsachen nicht ausgenommen sind (vgl §§ 170–172 GVG; anders nach § 52 Abs 2 FGO für finanzgerichtliche Verfahren), ergibt sich aber, dass die Offenbarung solcher, dem Öffentlichkeitsprinzip unterliegender Vorgänge nicht unbefugt ist. Allerdings wird das Verfahren erst mit Eröffnung der Hauptverhandlung öffentlich. Bis zu diesem Zeitpunkt überwiegen regelmäßig die Geheimhaltungsinteressen, insbesondere hinsichtlich einzelner Details der Vorwürfe (VG Saarlouis NJW 2003, 3431/3434). Im Übrigen ist den amtlich Beteiligten in Steuerstrafverfahren nur geboten, die sonst geltende Pflicht zur Amtsverschwiegenheit zu beachten. Darüber hinausgehende Geheimhaltungspflichten bestehen nicht. Mitgeteilt werden kann also zB der Zeitpunkt einer Steuerstrafverhandlung und insbesondere auch der Tenor eines ergangenen Urteils (so zutreffend *Schomberg* NJW 1979, 526).

112   Darüber hinaus ist § 30 Abs 4 Nr 5 AO zu beachten, nach dem die Offenbarung der nach § 30 Abs 2 AO, also im Rahmen eines Steuerstraf- oder Steuerordnungswidrigkeitsverfahrens verlangten Kenntnisse zulässig ist, soweit dafür ein zwingendes öffentliches Interesse besteht. Ein solches Interesse kann sich einerseits aus finanziellen, andererseits aus Überwachungsgründen ergeben, ferner wenn bei Unterbleiben der Mitteilung die Gefahr bestünde, dass schwere Nachteile für das allgemeine Wohl des Bundes, eines Landes oder anderen öffentlich-rechtlichen Körperschaft zu befürchten wären (BFH HFR 1965, 381). Bei der Beurteilung ist das Grundrecht der Pressefreiheit zu berücksichtigen (vgl BVerfG NJW 2001, 503). Mit Recht hat das OLG Hamm (NJW 1981, 356/358) unter diesem Blickwinkel auch den Informationsanspruch nach § 4 LPG in einem Falle als begründet angesehen, in dem es um die Frage nach dem konkreten Gegenstand eines Ermittlungsverfahrens, nach dem als feststehend ermittelten Sachverhalt und um die zu erwartende Zeitdauer eines Ermittlungsverfahrens wegen des Verdachtes der Beihilfe zur Steuerverkürzung im Zusammenhang mit der Parteispendenaffäre anlässlich der Bundestagswahl 1980 gegangen ist. Ein zwingendes öffentliches Interesse kann zB in Fällen organisierter Kriminalität, Geldwäsche oder der Aufdeckung schwarzer Konten im Ausland bekannter Persönlichkeiten vorhanden sein (*Soehring/Hoene* § 4 Rn 52a). Fehlt ein solcher öffentlicher Bezug, können detaillierte Angaben jedenfalls bis zur Eröffnung der Hauptverhandlung verweigert werden bzw zu verweigern sein (VG Saarlouis NJW 2003, 3431/3434).

113   b) Neben den absoluten Schweigegeboten fallen unter § 4 Abs 2 Nr 2 die sogenannten **Verschlusssachen**, dh Vorgänge, die auf Grund allgemeiner Verwaltungsvorschriften als „geheim" bezeichnet worden sind. Da ein fest umrissener materieller Geheimnisbegriff nicht existent ist, kann im Einzelfalle fraglich sein, ob die Bezeichnung eines Vorganges als „geheim" der grundrechtlich fundierten Auskunftsverpflichtung standzuhalten geeignet ist (vgl *Starck* AfP 1978, 171/177; *Düwel,* Das Amtsgeheimnis, Berlin 1965). Selbstverständlich ist jedenfalls, dass ein Vorgang nicht nur deswegen als geheim bezeichnet werden darf, damit speziell Presseauskünfte vermieden werden können (*Gehrhardt* MediaPerspektiven 1978, 349/351). Auch eine VS-Einstufung aufgrund einer Norm, die selbst keine materielle Geheimhaltungsvorschrift enthält, begründet kein Auskunftsverweigerungsrecht (VG Berlin NJW 2013, 1464). Erforderlich ist ein materieller Geheimhaltungsgrund (BVerwG AnwBl 2010, 526; AfP 2012, 298). Umgekehrt liegt auch dann kein Auskunftsverweigerungsrecht vor, wenn die Information zwar materiell geheimhaltungsbedürftig sein mag, aber formell nicht als geheim eingestuft ist (VG Hannover BeckRS 2012, 46386). Anderseits gibt es verfassungsmäßig legitimierte staatliche Aufgaben, deren Erfüllung der Natur der Sache

A. Informationsanspruch § 4 LPG

wegen Geheimhaltung erfordert (BVerfG NJW 1981, 1719; BVerwG NJW 1986, 2329). Das gilt insbesondere für Erkenntnisse und Arbeitsweisen der Sicherheitsbehörden, zu denen auch die Ämter für Verfassungsschutz gehören. Die Erfüllung ihrer Aufgaben würde erheblich erschwert oder unmöglich gemacht, wenn die gewonnenen Erkenntnisse auf Verlangen mitgeteilt werden müssten. Mit dieser Begründung hat das BVerwG einen auf das Persönlichkeitsrecht gestützten Auskunftsanspruch als unbegründet bezeichnet (BVerwG NJW 1990, 2761). Ein presserechtlicher Informationsanspruch muss aus den gleichen Gründen verneint werden. Soweit die Beantwortung der Anfrage jedoch Aufgaben oder Arbeitsweise der Sicherheitsbehörden nicht beeinträchtigt, vermag eine formale Einordnung als „geheim" eine Auskunftsverweigerung nicht zu rechtfertigen (OVG Greifswald AfP 2013, 161).

c) Keine Geheimhaltungsvorschriften in Sinne des § 4 Abs 2 Nr 2 sind Bestimmungen, die den einzelnen Beamten zur **Dienstverschwiegenheit** verpflichten, zB § 67 BBG (OVG Münster 2009, 295). Der Auskunftsanspruch nach § 4 richtet sich nicht gegen den einzelnen Beamten, sondern gegen die Behörde. Die Behörde als solche unterliegt nicht den Schweigepflichten, denen der Beamte unterworfen ist (OVG Hamburg AfP 2010, 617; OVG Berlin-Brandenburg BeckRS 2014, 48807; vgl oben Rn 108). Die Behörde kann deswegen Geheimnisse, die weder Privatgeheimnisse noch durch ein sonstiges absolutes Schweigegebot gesichert sind, im Gegensatz zum einzelnen Beamten nach pflichtgemäßem Ermessen für Presseauskünfte verwenden (*Ganschezian-Finck* NJW 1961, 1652/1654; *Groß* DÖV 1997, 133/138). Auch die Verschwiegenheitspflicht des Bundesbeauftragten für den Datenschutz gemäß § 23 Abs 5 BDSG ist trotz einer gewissen Ähnlichkeit zum Steuergeheimnis keine Geheimhaltungsvorschrift iSd § 4 Abs 2 Nr 2 (aA unter Hinweis auf die nur summarische Prüfung im einstweiligen Rechtsschutzverfahren OVG Münster AfP 2009, 295). Auch Verschwiegenheitspflichten des Datenschutzrechts (VG München AfP 2012, 593) oder z. b. nach Art 14 Abs 1 LfAG (Bayern) begründen kein generelles Auskunftsverweigerungsrecht (BayVGH AfP 2007, 168). Ebenso wenig Geheimhaltungspflichten z. B. gemäß Art 7 Abs 2 und 3 Verordnung (EG) 822/2004 (VG Oldenburg BeckRS 2012, 53119) oder Vertraulichkeitsregelungen der VOL/A (VG Frankfurt/Oder AfP 2010, 305). Auch gesellschaftsrechtliche Verschwiegenheitspflichten z. b. gemäß §§ 52, 85 GmbHG, §§ 93, 116 AktG sind keine Geheimhaltungsvorschriften iSd § 4 Abs 2 Nr 2 (OVG Hamburg AfP 2010, 617; OVG Berlin-Brandenburg BeckRS 2014, 48807; LG München I BeckRS 2008, 02775; aA VG Arnsberg BeckRS 2009, 31716). Bei Unternehmen kommt idR daher nur der Auskunftsverweigerungsgrund nach § 4 Abs 2 Nr 3 (vgl unten Rn 117 ff.) in Betracht.

Nach § 4 Abs 2 des **Bayerischen Pressegesetzes** darf die Auskunft nur verweigert werden, soweit auf Grund beamtenrechtlicher oder sonstiger gesetzlicher Vorschriften eine Verschwiegenheitspflicht besteht. Ein sonstiges Auskunftsverweigerungsrecht ist im bayerischen LPG nicht vorgesehen. Unter die bayerische Regelung fallen sowohl Geheimhaltungsvorschriften iS der anderen Landespressegesetze als auch Regelungen, die private Geheimnisse schützen (BayVGH NJW 2004, 3358; *Schmidbauer* BayVBl 1988, 259). Ein sachlicher Unterschied zu den Regelungen in den anderen Bundesländern besteht nicht (BayVGH AfP 2007, 168). Insbesondere begründet Art 4 Abs 2 Satz 2 BayLPG keine Pflicht, die Auskunft stets zu verweigern, wenn eine beamtenrechtliche oder ähnliche gesetzliche Verschwiegenheitsbestimmung besteht. Vielmehr bedarf es einer Abwägung unter Ausübung pflichtgemäßen Ermessens (BayVGH AfP 2007, 168). Da sich der Auskunftsanspruch auch in Bayern gegen die Behörde richtet (vgl Rn 68), gehört die Erteilung von Auskünften zu den allgemeinen Aufgaben, die durch den jeweiligen Behördenleiter oder seinen Beauftragten zu erfüllen sind. Dazu bedarf es keiner spezifischen gesetzlichen Ermächtigung oder einer vorherigen Aussagegenehmigung (vgl BVerfG NJW 2002, 2621; NJW 2002, 2626; BayVGH AfP 2007, 168; aA noch VG München NVwZ 2005, 477 und AfP 2006, 292 jeweils zur Auskunftspflicht der LfA Förderbank Bayern; vgl auch *Groß* DÖV 1997, 133/138).

116 In § 4 Abs 2 Nr 1 **SächsPresseG** ist ein zusätzliches Auskunftsverweigerungsrecht vorgesehen soweit Vorschriften über den Persönlichkeitsschutz entgegenstehen. Hiermit sind Vorschriften gemeint wie zB der Namensschutz nach § 12 BGB und das Recht am eigenen Bild nach §§ 22 ff. KUG. Ob solche Vorschriften entgegenstehen ist ebenso aufgrund einer Interessenabwägung zu entscheiden. Falls Vorschriften dieser Art eingreifen, ist zugleich ein schutzwürdiges privates Interesse verletzt. Die zusätzliche Erwähnung des Persönlichkeitsschutzes im SächsPresseG ist also überflüssig. Zur Frage, ob es sich bei § 4 Abs 2 Nr 3 SächsPrG um eine so genannte Kopplungsvorschrift (vgl. dazu OVG Bautzen BeckRS 2000, 17165) oder um eine Ermessensvorschrift handelt, vgl VG Dresden BeckRS 2009, 33677: im Ergebnis kein Unterschied.

117 4. Nach § 4 Abs 2 Nr 3 kann die Auskunft verweigert werden, wenn die Erteilung ein **überwiegendes öffentliches** oder ein **schutzwürdiges privates Interesse** verletzen würde (Brandenburg § 5 Abs 2 Nr 3; Mecklenburg-Vorpommern § 4 Abs 2 Nr 2; Rheinland-Pfalz § 6 Abs 2 Nr 3 LMG; Saarland § 5 Abs 2 Nr 3 SMG). Abweichende Regelungen enthalten die LPG von Bayern, Berlin, Hessen und Thüringen.

118 a) Der Ausschluss des Auskunftsanspruches auf Grund überwiegenden **öffentlichen Interesses** hat generalklauselartigen Charakter. Der Annahme, dieser Tatbestand komme vornehmlich in Betracht, wenn andere Verweigerungsgründe nicht oder nicht mehr durchgreifen, etwa weil die Voraussetzungen der Geheimhaltung nicht mehr vorliegen oder das schwebende Verfahren seinen Abschluss gefunden habe, wegen gegen diese Generalklausel ganz prinzipielle Bedenken bestünden (*Ricker/Weberling* Kap 20 Rn 9), kann nicht gefolgt werden. Vielmehr erfasst § 4 Abs 2 Nr 3 alle jene Fälle, die einer kasuistischen Aufzählung der Natur der Sache wegen entzogen sind (Zur Frage, ob das Steuergeheimnis nach § 30 AO ebenfalls ein öffentliches Interesse darstellen kann vgl OLG Hamm NJW 1981, 356 und Rn 110).

119 Ein überwiegendes öffentliches Interesse im Sinne von § 4 Abs 2 Nr 3 kann vornehmlich bei Vorgängen mit außenpolitischem Bezug vorhanden sein. Aber auch in der Innenpolitik existieren Pläne, die vor der endgültigen Entscheidung geheim bleiben müssen, wenn die beabsichtigte Wirkung nicht vereitelt werden soll. Zu denken ist vornehmlich an die Währungs- und Wirtschaftspolitik, die auch auf die Vermeidung unnötiger Spekulationen und Spekulationsgeschäfte bedacht zu nehmen hat. Ebenso kann das öffentliche Geheimhaltungsinteresse während der Phase der Erarbeitung von Beratungs- und Entscheidungsgrundlagen überwiegen. Im Verlaufe des Entstehungsprozesses solcher Vorlagen kann ein Informationsanspruch uU zu verneinen sein. Auch in einem demokratischen Staat muss es für Regierung und Verwaltung Phasen der Besinnung und der Arbeit geben, in denen überhaupt erst das erzeugt wird, was später Informationsgegenstand sein kann (so zutreffend *Starck* AfP 1978, 17/177; *Jarass* DÖV 1986, 723; zum Kernbestand „exekutiver Eigenverantwortung" vgl. BVerfGE 110, 199; BVerwG NJW 2007, 1705: wirkt nicht gegenüber der Presse). Haben Überlegungen einen Zwischenstand erreicht, zB das Stadium eines Referentenentwurfs, besteht hieran ein Informationsinteresse. „Politische Gründe" berechtigen dann nicht, die Auskunft zu verweigern. Die LPG sehen einen Auskunftsverweigerungsgrund aus politischen Gründen nicht vor. Auch eine mögliche Beunruhigung der Öffentlichkeit durch Informationen, die Demonstrationen oder Ähnliches auslösen könnten, begründen ein Recht zur Auskunftsverweigerung nicht (*Wenzel,* in: Festschrift *Löffler* S. 420). Allein der Umstand, dass die Rechnungsprüfung noch nicht abgeschlossen ist, vermag trotz eines möglichen ungünstigen Einflusses etwaiger öffentlicher Berichterstattung auf die noch anstehende Erörterung im Gemeinderat ein überwiegendes öffentliches Interesse, das eine Auskunftsverweigerung rechtfertigen würde, nicht zu begründen (aA VG Würzburg BeckRS 2011, 50110).

120 Hat die Behörde ihr diesbezügliches Ermessen fehlerhaft ausgeübt, unterliegt dies verwaltungsgerichtlicher Kontrolle (zur Durchsetzung des Auskunftsanspruches vgl Rn 184 ff.). Eine fehlerhafte Ermessensausübung kann zB vorliegen, wenn die Her-

A. Informationsanspruch § 4 LPG

ausgabe eines Zahlenwerkes mit der bloßen Begründung verweigert wird, da es nur Fachleute verstehen könnten, sei mit Fehlinterpretationen zu rechnen (VG Köln Urteil vom 6.2.1981, Az 6 K 181/80).

b) Im Vergleich zu öffentlichen genießen **private Interessen** gegenüber dem 121 Auskunftsanspruch stärkeren Schutz. Bezüglich privater Interessen kommt es nicht darauf an, ob sie überwiegend, sondern nur darauf, ob sie schutzwürdig sind. Ist das der Fall, gelten die privaten Interessen als vorrangig, so dass der Auskunftsanspruch entfällt (so auch *Evers* AfP 1974, 548). Insoweit bedarf es dann keiner Interessenabwägung mehr. Die Anerkennung eines privaten Interesses als schutzwürdig setzt allerdings ihrerseits eine Interessenabwägung voraus (BVerwGE 70, 310/315; OLG Hamm NJW 2000, 1278/1279; OLG Stuttgart NJW 2001, 3797; OVG Lüneburg Beschluss v. 12.2.2014 Az 10 ME 102/13; VG Berlin NJW 2001, 3799; VG Saarlouis NJW 2003, 3431). Die widerstreitenden Rechtspositionen sind nach dem Grundsatz der praktischen Konkordanz in einen angemessenen Ausgleich zu bringen. Entscheidend ist dabei, wie hoch das öffentliche Informationsinteresse an der begehrten Auskunft zu bewerten und wie stark der Eingriff in private Rechte durch die Offenlegung der begehrten Information zu gewichten ist. Je geringer der Eingriff in das Recht des Privaten, desto geringere Anforderungen sind an das Informationsinteresse zu stellen; je intensiver und weiter gehend die begehrte Auskunft reicht, desto gewichtiger muss das Informationsinteresse sein (BVerwGE 70, 310/315; OLG Hamm NJW 2000, 1278/1279; OLG Stuttgart NJW 2001, 3797; OVG Münster NJW 2005, 618; AfP 2012, 590; OVG Berlin-Brandenburg AfP 2010, 621; VGH Mannheim NVwZ 2011, 958; DVBl 2014, 101; OVG Lüneburg Beschluss v. 12.2.2014 Az 10 ME 102/13; VG Oldenburg BeckRS 2012, 53119; VG Berlin NJW 2013, 1464). Je intensiver das private Interesse bereits Gegenstand öffentlicher Erörterungen war, desto eher sind die Behörden zur Informationserteilung berechtigt (OLG Stuttgart NJW 2001, 3797; VG Berlin AfP 1994, 175/178).

Schutzwürdig ist insbesondere das Persönlichkeitsrecht. Wenn die Veröffentlichung 122 eine Persönlichkeitsverletzung bedeuten würde, darf die Auskunft nicht erteilt werden (*Evers* AfP 1974, 548/551; *Windsheimer* aaO S 45f.). Schutzwürdig können alle Ausprägungen des Persönlichkeitsrechts sein, etwa Privat- und Sozialsphäre, Recht auf informationelle Selbstbestimmung etc. Zur Abwägung können die zum Schutze der Persönlichkeit entwickelten Grundsätze herangezogen werden (OVG Berlin ZUM 1996, 250/254; OVG Berlin-Brandenburg AfP 2010, 621; OLG Hamm NJW 2000, 1278/1279; OLG Stuttgart NJW 2001, 3797; VG Berlin NJW 2001, 3799; VG Dresden AfP 2009, 301; VG Frankfurt/Oder AfP 2010, 305; vgl. auch OVG Lüneburg Beschluss v. 12.2.2014 Az 10 ME 102/13; zur Interessenabwägung, die bei der Ermittlung der Rechtswidrigkeit einer Persönlichkeitsverletzung erforderlich ist, vgl *Wenzel-Burkhardt,* Das Recht der Wort- und Bildberichterstattung, Kap 6 Rn 151; zum Persönlichkeitsschutz *ders,* aaO, Kap 5; zur Namensnennung *ders,* aaO, Kap 10 Rn 51ff. und OLG Hamm NJW 2000, 1278; VG Saarlouis NJW 2003, 3431; zu weitgehend OLG Düsseldorf, NJW 2005, 1791 – Mannesmann/Vodafone mit Anmerkung *Lorz* NJW 2005, 2657). Zu berücksichtigen ist jedoch, dass mit der Auskunftserteilung noch nicht feststeht, ob und in welcher Weise berichtet wird. Dies zu entscheiden ist allein Sache der Presse, die dabei die ihr obliegende Sorgfaltspflicht zu beachten hat (VGH Mannheim NVwZ 2011, 958; VG Oldenburg BeckRS 2012, 53119). Dies führt allerdings nicht dazu, dass Auskünfte ohne vorherige Abwägung erteilt werden könnten und es allein der Presse überlassen bleibt, über deren Veröffentlichung zu entscheiden (VGH Kassel AfP 2012, 308; OVG Münster AfP 2012, 590). Auskünfte über die Sozialsphäre sind eher zu erteilen, als solche aus der Privatsphäre einer Person (vgl BVerfG NJW 2011, 47). Vor einer Bekanntgabe von Namen, zB von für einen Einsatz der Steuerfahndung federführenden Personen, ist das Informationsinteresse gerade an den Namen der Beteiligten gesondert zu prüfen. Steht aufgrund der konkreten Umstände eine Personengefährdung bei Offenbarung der Beteiligten zu befürchten, kann die Auskunft zu verweigern sein (OVG Münster AfP 2012, 590). In

Burkhardt 243

jedem Fall bedarf es einer Interessenabwägung. Mit Rücksicht auf persönlichkeitsrechtliche Belange unterliegen jedoch grundsätzlich der Geheimhaltung: Personalakten (BVerfGE 19, 179/184; vgl aber VG Dresden BeckRS 2009, 33677), Ehescheidungsakten (BVerwGE 27, 344/351), Akten der Sozialdienststellen (*Becker* MDR 1967, 793) und medizinische Untersuchungsergebnisse (*Maetzel* DVBl 1966, 665/670). Persönlichkeitsbeeinträchtigend kann auch die Weitergabe einer Nachricht als bloße Background-Information sein. Dies gilt sogar, wenn sie als „gesperrte Nachricht" übermittelt wird, weil die Behörde die Einhaltung eines solchen Arrangements nicht gewährleisten kann (*Evers* AfP 1974, 548/555). In Zweifelsfällen ist auf Grund pflichtgemäßen Ermessens zu entscheiden, ob, in welchem Umfang und ggf mit welchen Zusätzen eine Auskunft zu erteilen ist (vgl OVG Lüneburg ZBR 1981, 155; OLG Stuttgart AfP 1992, 291; NJW 2001, 3797; VG Berlin NJW 2001, 3799; VG Saarlouis NJW 2003, 3431/3433; aA VGH Kassel AfP 2012, 308). Dies kann auch einzelne Informationen betreffen, die in Personalakten enthalten sind. So hat das VG Dresden (BeckRS 2009, 33677) den Anspruch zuerkannt, über eigene Angaben des Ministerpräsidenten z. B. hinsichtlich seiner Funktionen in politischen Parteien in der DDR, welche in den Personalakten enthalten sind, Auskunft zu erteilen. Über die objektiven Umstände des Todes einer bekannten Jugendrichterin war trotz der zu berücksichtigenden Interessen der Hinterbliebenen Auskunft zu erteilen (OVG Berlin-Brandenburg AfP 2010, 621). Dem gegenüber hat der VGH Kassel (AfP 2012, 308) einen Auskunftsanspruch bezüglich des Namens des Letztunterzeichners der Freigabe einer Abitur-Mathematik-Aufgabe mit dem Hinweis verneint, es handele sich hier um dessen „persönliche Angelegenheiten", und es sei mit einer Prangerwirkung einer namentlichen Berichterstattung zu rechnen. Zwar verfügen auch Amtsträger über eine Privatsphäre, worauf der VGH Kassel hinweist. Diese hat jedoch schon begrifflich nichts mit der Amtstätigkeit zu tun. Bedenklich ist ferner, dass der VGH Kassel insoweit eine Berichterstattung mit Prangerwirkung antizipiert, obschon nach ständiger, auch vom VGH zitierter Rechtsprechung, es allein Sache der Presse ist, unter Beachtung ihrer Sorgfaltspflicht zu entscheiden, ob oder wie berichtet wird und bei Auskunftserteilung mithin weder das Ob noch das Wie einer etwaigen Publikation feststeht. Bei einem Luftfahrtunternehmer, der Halter eines verunglückten Flugzeuges war, ist ein schutzwürdiges Interesse daran, dass das Luftfahrtbundesamt es unterlässt, die Presse über die Unfallursache zu unterrichten, nicht anerkannt worden. Auch eine Unterrichtung in Form der Bekanntgabe des Inhaltes eines unverbindlichen Gutachtens ist als zulässig angesehen worden (BVerwG MDR 1962, 847). Auskunft ist auch zu erteilen über die Titel von Kinderzeitschriften, in denen in eingeklebten Kosmetikproben verbotene Farbstoffe festgestellt worden waren. Dies auch noch ca. 2 Jahre später, soweit ein Informationsinteresse besteht, etwa weil derartige Proben bei Kindern sehr beliebt sind und daher vor möglichen Gefahren gewarnt werden soll (VGH Mannheim NVwZ 2011, 958). Ebenso ist über den Halter eines besonders teuren Sportwagens Auskunft zu erteilen, wenn Anhaltspunkte dafür bestehen, dass das Fahrzeug möglicherweise dem wirtschaftlichen Vermögen eines wegen Betrugs vor Gericht stehenden Angeklagten zugerechnet werden kann. Ein schutzwürdiges privates Interesse steht dem nicht entgegen, da eine (nennenswerte) Verletzung des Rechts auf informationelle Selbstbestimmung damit nicht verbunden ist (OVG Lüneburg Beschluss v. 12.2.2014 Az 10 ME 102/13).

123 Als private Interessen, die einer Auskunftserteilung entgegenstehen können, kommen auch Betriebs- und Geschäftsgeheimnisse in Betracht (VG Berlin BeckRS 2012, 50999). Zu den nach Art 12 und 14 GG geschützten Betriebs- und Geschäftsgeheimnissen zählen alle auf ein Unternehmen bezogene Tatsachen, Umstände und Vorgänge, die nicht offenkundig sind. Neben dem Mangel an Offenkundigkeit der zugrunde liegenden Informationen setzt ein Geschäfts- oder Betriebsgeheimnis ein berechtigtes Interesse des Unternehmens an deren Nichtverbreitung voraus. Ein solches Interesse besteht, wenn die Offenlegung der Informationen geeignet ist, exklusives technisches oder kaufmännisches Wissen den Marktkonkurrenten zugänglich zu ma-

chen und so die Wettbewerbsposition des Unternehmens nachteilig zu beeinflussen. Geschäftsgeheimnisse zielen auf den Schutz kaufmännischen Wissens. Sie betreffen alle Konditionen, durch welche die wirtschaftlichen Verhältnisse eines Unternehmens maßgeblich bestimmt werden können. Dazu gehören unter anderem Umsätze, Ertragslagen, Geschäftsbücher, Kundenlisten, Marktstrategien oder Bezugsquellen. Auch konkrete Vertragsgestaltungen, dh ein bestimmtes Vertragswerk, können als Geschäftsgeheimnis geschützt sein (BVerfG NVwZ 2006, 1041; BVerwG BeckRS 2012, 47001; BeckRS 2014, 48628; VG Berlin BeckRS 2012, 50999). Ob ein Betriebs- oder Geschäftsgeheimnis schutzwürdig ist, ist im Einzelfall unter Abwägung des Informationsinteresses der Öffentlichkeit zu entscheiden (so nun auch BVerwG, Urteil v. 25.3.2015, Az 6 C 12.14).

Ein Auskunftsverweigerungsrecht kann begründet sein, wenn die Auskunft einen Eingriff in den eingerichteten und ausgeübten Gewerbebetrieb des betroffenen Unternehmens bedeuten würde. Das ist in einem Fall anerkannt worden, in dem bei der Behörde der Verdacht entstanden war, dass das von einem Teigwarenhersteller verwendete Flüssigei „mikrobiell verdorben" sei. Diesen Verdacht hat die Behörde bekanntgegeben, ohne klar herauszustellen, dass es um einen bloßen Verdacht gegangen ist und die Produkte auch dann weder gesundheitsschädlich noch Ekel erregend gewesen wären, wenn der Verdacht sich bestätigt hätte (OLG Stuttgart NJW 1990, 2690/ 2694 – *Birkel*). Ein Auskunftsanspruch steht der Presse bei Fragen, die dem Gesundheitsschutz dienen eher zu. So hat das VG Oldenburg (BeckRS 2012, 53119) zur Auskunft über die Bezeichnungen der Fleischerzeugnisse verpflichtet, die die Behörde als gesundheitsschädlich eingestuft hatte. Das VG Berlin (NJW 2001, 3799) nahm eine Auskunftspflicht über ein Ermittlungsverfahren gegen führende Manager einer Bank an, trotz etwaiger wirtschaftlicher Auswirkungen auf deren Geschäftstätigkeit. Auch war die Bundesregierung verpflichtet, die Summe aller Beratungshonorare einer für das BMF während der Amtszeit des damaligen Bundesfinanzministers Steinbrück tätigen Anwaltskanzlei mitzuteilen, nachdem bekannt wurde, dass der damalige Kanzlerkandidat für einen in den Räumen dieser Anwaltskanzlei gehaltenen Vortrag ein Honorar in Höhe von € 15 000 erhalten hatte (VG Berlin NJW 2013, 1464).

Geht es um die Mitteilung der Anzahl der Beschwerden, die beim Bundesversicherungsamt pro Versicherungsgesellschaft eingegangen sind, ist zu berücksichtigen, dass durch eine entanonymisierte Beschwerdestatistik nur die privaten Interessen jener Versicherungsgesellschaften berührt werden, gegen die sich ein überproportionaler Anteil der Beschwerden gerichtet hat. Deren Interesse an der Geheimhaltung der sie betreffenden Beschwerdezahlen kann umso weniger berücksichtigt werden, als ohne Differenzierung auch solche Versicherungen in ein ungünstiges Licht geraten können, gegen die sich nur wenige Beschwerden gerichtet haben (OVG Berlin ZUM 1996, 250/254 m Anm *Präve* VersR 1995, 1221; VG Berlin AfP 1994, 175/178).

Problematisch kann die Erteilung von Auskünften zu personalpolitischen Entscheidungen sein, zB über die Nichteinstellung eines Beamten. Eine solche Mitteilung kann für den Berufsweg des Betroffenen außerordentlich schädlich sein. Andererseits besteht an derartigen personalpolitischen Entscheidungen uU erhebliches öffentliches Interesse, das die Auskunftserteilung unvermeidlich macht (vgl *Evers* AfP 1974, 548/ 551). Wird in solchen Fällen Auskunft erteilt, sind die persönlichen Belange des Betroffenen gebührend zu berücksichtigen, ggf in der Weise, dass seine Stellungnahme, wenn sie für eine Veröffentlichung geeignet ist, ebenfalls mitgeteilt wird, zB dass er das behauptete Fehlen ausreichender Verfassungstreue bestreitet. Dem gegenüber beeinträchtigt die bloße Mitteilung von Namen und Funktion neu eingestellter Mitarbeiter durch die Gemeindeverwaltung deren privates Interesse nicht. Insofern ist die Gemeinde zur Auskunft verpflichtet. Gleiches gilt für die Anzahl der Bewerber und die abstrakten Auswahlkriterien (BayVGH NJW 2004, 3358). Ein Auskunftsanspruch hinsichtlich der konkreten Gründe einer Auswahlentscheidung wird nur ausnahmsweise im Hinblick auf die Bedeutung der Position, die zu besetzen war, oder sonstige besondere Umstände in Betracht kommen.

LPG § 4   Informationsanspruch

126   Besondere Schwierigkeiten können sich bei Disziplinarmaßnahmen ergeben (vgl OVG Lüneburg ZBR 1991, 155). Deren öffentliche Erörterung kann den betroffenen Beamten zur Unperson machen. Eine Auskunftserteilung wird deswegen regelmäßig nicht schon im Falle bloßer Voruntersuchungen in Betracht kommen, sondern nur, wenn ein förmliches Untersuchungsverfahren eingeleitet worden ist bzw wenn die Einleitungsbehörde eine Anschuldigungsschrift eingereicht hat. Bei der Frage, ob, in welchem Umfang und in welcher Weise in solchen Fällen Auskunft zu erteilen ist, bedarf auch der Gesichtspunkt der Fürsorgepflicht Beachtung. Soll eine Persönlichkeitsverletzung vermieden werden, hat die Behörde folglich neben belastenden auch entlastende Gesichtspunkte mitzuteilen.

127   Allgemein gilt für solche Auskünfte, dass sie sich auf Tatsachen zu beschränken haben. Wertungen oder gar Warnungen einfließen zu lassen, wäre unzulässig. Im Übrigen bedarf es eines aktuellen Bezuges. Selbst Bismarck hat eine Beanstandung des Reichstages hinnehmen müssen, weil er versucht hat, dadurch ein Exempel zu statuieren, dass er einen Beamten durch Veröffentlichung einer bereits erledigten Anklageschrift in Misskredit gebracht hat (vgl *Evers* AfP 1974, 548/552).

128   Nach Auffassung des OLG Schleswig (AfP 1985, 46) fallen unter § 4 Abs 2 Nr 3 LPG auch die durch § 203 StGB geschützten Privatgeheimnisse (zweifelhaft). Richtig ist aber, dass bei der Frage, wie Auskunftsersuchen zu Disziplinarmaßnahmen zu behandeln sind, eine Interessenabwägung erforderlich werden kann. Im konkreten Falle ging es um die Frage nach dem Ergebnis der dienstrechtlichen Überprüfung des Verhaltens von 35 Richtern und Staatsanwälten, die eine Anzeigenaktion gegen die Raketenstationierung gestartet hatten. Die allgemein gehaltene Auskunft, es seien Ermahnungen ausgesprochen worden, hat das OLG Schleswig als zulässig angesehen. Eine andere Möglichkeit als eine solche allgemeine Auskunft, die keine Rückschlüsse auf einzelne Personen ermöglicht, habe der Pressesprecher praktisch nicht gehabt.

Zum Unterlassungsanspruch des Betroffenen gegen die Erteilung von Auskünften gegenüber der Presse s VG München AfP 2012, 593.

129   c) Eine abweichende Fassung beinhalten die LPG von **Bayern** (§ 4 Abs 2), **Berlin** (§ 4 Abs 2 Nr 4), **Hessen** (§ 3 Abs 1 Nr 2) und **Thüringen** (§ 4 Abs 2 Nr 2 und 3). Das BayPrG verweist generell auf die beamtenrechtliche Verschwiegenheitspflicht. Im Ergebnis bedeutet das keinen Unterschied. Auch hier bedarf es einer Abwägung. Bei privaten Interessen kommt es ebenfalls auf deren Schutzwürdigkeit an (BayVGH AfP 2007, 168 unter Hinweis auf BayVerfGH, Entscheidung vom 3.7.2006, Az 11-IVa-05 zum parlamentarischen Fragerecht). Zu restriktiv ist jedoch die Auffassung des BayVGH (AfP 2012, 495), wonach das Informationsinteresse der Presse schon dann zurücktritt, wenn der Geschäftsführer einer kommunalen Klinik-GmbH sein Einverständnis zur Veröffentlichung seiner Bezüge nach den kommunalrechtlichen Vorschriften nicht erteilt hat. Auch in Berlin (vgl VG Berlin NJW 2001, 3799) und Hessen, in deren LPG nur von entgegenstehenden privaten Interessen gesprochen wird, bedarf es einer Interessenabwägung. Soweit es sich um öffentliche Interessen handelt, greift das allgemeine Abwägungsprinzip ein. Bezüglich privater Interessen geht das Hessische LPG weiter als die übrigen: Auch wenn ein privates Interesse nicht schutzwürdig ist, darf keine Auskunft erteilt werden, sofern nicht an der öffentlichen Bekanntgabe ein berechtigtes Interesse besteht. Die in Thüringen getroffene Regelung unterscheidet sich zwar dem Wortlaut nach, nicht aber nach dem Sinn.

130   5. Die Länder Baden-Württemberg, Niedersachsen, Nordrhein-Westfalen, Rheinland-Pfalz, Sachsen, Sachsen-Anhalt und Schleswig-Holstein haben mit § 4 Abs 2 Nr 4 (Brandenburg § 5 Abs 2 Nr 4; Mecklenburg-Vorpommern § 4 Abs 3 Nr 4; Rheinland-Pfalz § 6 Abs 2 Nr 4 LMG; Saarland § 5 Abs 2 Nr 4 SMG) eine zusätzliche Schranke vorgesehen. Danach können Auskünfte auch verweigert werden, wenn der **Umfang das zumutbare Maß überschreiten** würde. Dieser gelegentlich als „zweifelhaft" bezeichnete Ausnahmetatbestand hat besonders heftige Kritik erfahren, weil er den Schutz der Behörde vor „Unannehmlichkeiten" allzu einseitig in den Vordergrund stelle und die Bedeutung der Pressefreiheit außer acht lasse (*Ricker/*

A. Informationsanspruch § 4 LPG

Weberling Kap 20 Rn 12 f.; kritisch auch *Groß* ArchPR 1965, 492 und Presserecht Rn 434; demgegenüber bejahen die Vorschrift *Rebmann/Ott/Storz* § 4 Rn 36 und *Scheer* § 4 Anm B IV). Entscheidend ist, wie § 4 Abs 2 Nr 4 interpretiert wird. Richtiger Auffassung nach kann die Bestimmung nicht anders denn als bloße Fixierung des allgemeinen Missbrauchstatbestandes verstanden werden. Sie ist vor dem Hintergrund des hohen Stellenwerts der Pressefreiheit sehr restriktiv auszulegen. Auch ein erheblicher Umfang der begehrten Informationen und ein hoher Bearbeitungsaufwand führen nicht schon zu einem Überschreiten des zumutbaren Maßes (VG Oldenburg BeckRS 2012, 53119). Wie das tatsächlich geltend gemachte Begehren zeigt, eine Rundfunkanstalt solle eine Auskunft erteilen, die die Sichtung von Tausenden von Programmstunden erfordert hätte, hat diese Regelung durchaus ihren Sinn. Das VG Köln hat mit Recht festgestellt, dass ein Begehren wie das vorerwähnte jenseits der Zumutbarkeitsgrenze liegt, zumal angesichts des Gleichheitssatzes auch gefragt werden muss, ob der Behörde zuzumuten wäre, andere Anfragen, deren Erledigung einen ähnlichen Aufwand bedingen würde, ebenfalls zu beantworten (VG Köln Urteil vom 6.2.1981, Az 6 K 161/80). Davon zu unterscheiden ist ein Verweis auf eine anderweitige Veröffentlichung. Verweisen darf die Behörde nur, wenn sie sich die anderweitige Veröffentlichung zu eigen macht und diese das Auskunftsverlangen erschöpfend und wahrheitsgemäß (vgl Rn 90 ff.) beantwortet.

6. Dass ein generelles Verbot, der Presse überhaupt Auskünfte zu erteilen, verfassungswidrig wäre, ist offensichtlich und entspricht einhelliger Meinung. 131

a) Die **Unzulässigkeit genereller Auskunftsverbote** bringen die LPG in § 4 132 Abs 3 fast übereinstimmend wie folgt zum Ausdruck: Allgemeine Anordnungen, die einer Behörde Auskünfte an die Presse verbieten, sind unzulässig. Obwohl die LPG Bayern und Sachsen-Anhalt eine solche ausdrückliche Bestimmung nicht enthalten, gilt dort nichts anderes. Eine weitergehende Regelung enthalten die LPG Brandenburg (§ 5 Abs 3), Hessen (§ 3 Abs 2), Mecklenburg-Vorpommern (§ 4 Abs 4), Nordrhein-Westfalen (§ 4 Abs 3) und Thüringen (§ 4 Abs 3) sowie das Saarländische Mediengesetz (§ 5 Abs 3). Danach sind allgemeine Anordnungen, die einer Behörde Auskünfte an die Presse einer bestimmten Richtung oder an ein bestimmtes periodisches Druckwerk verbieten, ebenso unzulässig. Das Verbot gilt trotz fehlender ausdrücklicher Bestimmungen auch in den anderen Bundesländern. Behörden dürfen nicht generell Auskünfte auf Grund einer Differenzierung nach vermeintlicher Qualität, Seriosität, politischer Zuverlässigkeit etc einem bestimmten Medium verweigern. Dies ergibt sich aus dem Grundrecht der Pressefreiheit (vgl BVerfG NJW 2000, 1021/1024 – Caroline von Monaco I) und dem Gleichbehandlungsgrundsatz (vgl BVerfGE 80, 124; BVerwG NJW 1997, 2694). § 6 Abs 4 LMG Rh-Pfalz und § 5 Abs 4 SMG verpflichten die Behörden ausdrücklich, bei der Erteilung von Auskünften den Gleichbehandlungsgrundsatz zu beachten. Das allgemeine Gebot der Gleichbehandlung gilt auch gegenüber Anbietern von Telemedien iSv § 55 Abs 2 RStV. Entgegen dem Wortlaut des § 4 Abs 3 LPG Sachsen muss das Verbot von allgemeinen Anweisungen auch für Auskünfte an den Rundfunk gelten, da der Auskunftsanspruch nach Abs 1 auch diesem zusteht. Jedenfalls innerhalb der Gruppe der Rundfunkanbieter ist deren grundrechtlicher Schutz und der Gleichbehandlungsgrundsatz zu beachten.

Unzulässig wäre nicht nur ein generelles oder für bestimmte Blätter geltendes Aus- 133 kunftsverbot, sondern ebenso eine allgemeine Anweisung, die eine Verzögerung der Auskunftserteilung bewirken soll. Dazu ist auf die grundlegende Entscheidung des BVerfG zu verweisen, nach der ein Eingriff in die Informationsfreiheit nach Art 5 Abs 1 Satz 1 GG nicht nur durch endgültige Vorenthaltung einer Information erfolgen kann, sondern auch durch eine auf einer Kontrolle beruhenden Verzögerung, zB infolge von Überwachungsmaßnahmen nach dem Gesetz zur Überwachung strafrechtlicher und anderer Verbringungsverbote vom 24.5.1961 (BGBl I S 607; BVerfGE 27, 88 = NJW 1970, 238). Für den Auskunftsanspruch der Presse gegenüber Behörden kann nichts anderes gelten. Auch insoweit lässt sich eine auf Verzögerung angelegte Maßnahme nur als verfassungswidrig bezeichnen.

Burkhardt

134 b) So eindeutig ein generelles behördliches Auskunftsverbot festzustehen scheint, so problematisch wird es, wenn außergewöhnliche Umstände, wie zB ein Entführungsfall, eine **zeitlich begrenzte Nachrichtensperre** erforderlich machen, wenn Menschenleben keiner zusätzlichen Gefährdung ausgesetzt werden sollen. Diese Problematik ist im Zusammenhang mit dem Terrorismus in der zweiten Hälfte der 70er Jahre in schrecklicher Weise praktisch geworden, insbesondere im Zusammenhang mit der Entführung Hanns Martin Schleyer sowie der Lufthansa-Maschine „Landshut" nach Mogadischu im Jahre 1977.

135 Auch wenn sie sich auf einen abgegrenzten Tatsachenkomplex bezieht, ist eine totale Nachrichtensperre nur gerechtfertigt, wenn schwerwiegende Gründe dies fordern. Im Anschluss an die Entführung des damaligen Arbeitgeberpräsidenten Hanns Martin Schleyer hat die Bundesregierung eine solche Sperre verhängt, weil das Leben des Entführten auf dem Spiel stand. Die Gegengründe, nämlich Information der Öffentlichkeit über die Handlungsfähigkeit der Regierung sowie Fahndungshilfe durch die Bevölkerung, konnten sich nicht durchsetzen. Vielmehr hat die Bundesregierung sich von drei Grundsätzen leiten lassen: Der Staat darf sich nicht erpressen lassen; Menschenleben müssen gerettet werden; die Funktionsfähigkeit des Staates muss zum Schutze seiner Bürger erhalten bleiben. In bestimmter Rangfolge haben diese Grundsätze nicht gestanden. Sie lässt sich auch für die Zukunft nicht aufstellen, so wie auch eine andere im Vorhinein erfolgte Festlegung aus grundsätzlichen Erwägungen abzulehnen ist: In Entführungsfällen wäre es verfehlt, das Risiko der Entführer durch feststehende Rechtsgrundsätze kalkulierbar zu machen. Hierauf hat der damalige Regierungssprecher Klaus Bölling bei der 44. Tagung des Studienkreises für Presserecht und Pressefreiheit vom 27./28.10.1978 mit Recht hingewiesen (vgl Tagungsbericht *Löffler* AfP 1978, 202; *Rotta*, Nachrichtensperre und Recht auf Information, Stuttgart 1986).

136 Wird eine Nachrichtensperre verhängt, kann es erforderlich sein, sie durch eine nachträgliche Dokumentation zumindest partiell zu kompensieren. Im Anschluss an die Entführungsfälle Schleyer und Mogadischu hat das Presse- und Informationsamt der Bundesregierung eine solche Dokumentation erstellt.

B. Gleichbehandlungsanspruch bei sonstiger behördlicher Informationstätigkeit

137 Der Informationsanspruch iSd § 4 Abs 1 LPG setzt die Anfrage eines Pressevertreters zu einem konkreten Sachverhalt voraus. Mit der Geltendmachung dieses Anspruches ist das Informationsbedürfnis der Presse nicht erschöpft. Es geht außerdem um die Informationstätigkeit, die die Behörden von sich aus entfalten. Die Frage, welche Ansprüche den Medien insoweit zustehen, stellt sich ganz allgemein. Ein Teilaspekt, nämlich die Zuleitung der amtlichen Bekanntmachungen, ist in § 4 Abs 4 besonders geregelt.

I. Gleichbehandlungsanspruch als allgemeines Prinzip

138 Der grundsätzliche Anspruch auf Gleichbehandlung folgt aus Art 3 Abs 1 GG. An den dort verankerten Gleichheitssatz ist alle staatliche Gewalt einschließlich der Verwaltung gebunden (BVerfGE 3, 390; 6, 264). Anspruch auf Gleichbehandlung haben auch die Medien (Art 5 Abs 1 Satz 2 GG), also Presseunternehmen und Rundfunkveranstalter (BVerwG NJW 1997, 2694; VGH Mannheim NJW 2013, 2045) wie auch journalistisch-redaktionell gestaltete Telemedien (dazu VGH Mannheim BeckRS 2014, 49810). Die Pflicht zur grundsätzlichen Gleichbehandlung der Medienunternehmen folgt zusätzlich aus der Pflicht des Staates zu unparteiischer, neutraler Verwal-

B. Gleichbehandlungsanspruch § 4 LPG

tungsführung (§§ 33, 34 BeamtStG und §§ 60, 61 BBG). Medienunternehmen haben somit Anspruch, bezüglich Zeitpunkt, Umfang und Inhalt von Auskünften sowie hinsichtlich der Lieferung von Informationsmaterial und ebenso in Bezug auf den Zutritt zu Pressekonferenzen und zu sonstigen Veranstaltungen gleich behandelt zu werden (BGHZ 33, 230). Bei Differenzierungen dürfen Behörden nicht willkürlich verfahren. Sie haben sich von sachgerechten Erwägungen leiten zu lassen (BVerwG NJW 1992, 1339; NJW 1997, 2694; VGH Mannheim AfP 87, 538/541; OVG Münster NJW 2000, 1968/1969; VG Berlin AfP 1985, 77; VG Bremen NJW 1997, 2696/2698). Das gilt vor allem insofern, als aus Art 5 Abs 1 Satz 2 GG die Verpflichtung des Staates zur Neutralität gegenüber den Medien folgt. Eine Einflussnahme auf die Pressetätigkeit durch die Gewährung unterschiedlicher Leistungen ist unzulässig (vgl BVerfGE 80, 124; BGH AfP 2013, 129 – Solarinitiative; OVG Bremen NJW 1990, 933; VG Bremen NJW 1997, 2696/2698; KG NJW 1998, 3573; OLG Naumburg WRP 1995, 61; OLG Frankfurt WRP 1993, 403; VG Berlin NJW 1996, 410). Insbesondere darf der Staat den Wettbewerb der Presseorgane untereinander nicht durch Einsatz staatlicher Mittel beeinflussen (BGH AfP 2013, 129 – Solarinitiative; OVG Bremen NJW 1989, 927; KG NJW 1998, 3573). Dies gilt auch, soweit der Staat hierdurch eigene Kosten sparen will. Der Sparwille muss hinter dem Neutralitätsgebot zurückstehen (KG NJW 1998, 3573). Die Presseorgane können also beanspruchen, hinsichtlich Zeitpunkt, Umfang und Inhalt von Informationen und bei der Beschaffung von Informationsmaterial durch Zutritt zu Pressekonferenzen und zu sonstigen Veranstaltungen gleich behandelt zu werden (vgl BVerfG NJW 1989, 2877; BGHZ 33, 230; BVerwG NJW 1997, 2694; VGH Mannheim AfP 1992, 95; NJW 2013, 2045; OVG Münster NJW 1996, 2882; NVwZ-RR 1998, 311; NJW 2000, 1968; OVG Berlin-Brandenburg Urteil v 22.6.2011 Az OVG 10 B 1.11; VG Bremen NJW 1997, 2696/2698; VG Minden NJW 2001, 315; VG Karlsruhe Urteil v 19.12.2013 Az 3 K 1329/13; KG NJW 1998, 3573). Dies gilt auch, soweit sich der Staat bei der Erfüllung seiner Aufgaben privatrechtlicher Organisationsformen bedient (BVerwG NJW 1997, 2694; OVG Saarlouis AfP 1998, 426; OVG Bremen NJW 1989, 926; VG Minden NJW 2001, 315). Entsprechendes gilt für Sperrfristen. Es wäre unzulässig, einzelnen Blättern durch unterschiedliche Fristsetzung einen Aktualitätsvorsprung zu verschaffen (zum Problem der Sperrfristen allgemein vgl *Prantl* AfP 1982, 204; *Soehring/Hoene* § 3 Rn 37 ff.; *Wenzel-Burkhardt* Kap 2 Rn 68 ff.). Gesetzlich ist der Gleichbehandlungsgrundsatz als allgemeines Prinzip, das **bei jeder Erteilung von Auskünften** zu beachten ist, neuerdings in § 5 Abs 4 SMG und § 6 Abs 4 LMG Rheinland-Pfalz enthalten. Auch das IWG sieht in Umsetzung der Richtlinie 2003/98/EG des Europäischen Parlaments und des Rates über die Weiterverwendung von Informationen des öffentlichen Sektors in § 3 Abs 1 ausdrücklich einen Gleichbehandlungsanspruch vor (dazu VGH Mannheim NJW 2013, 2045).

II. Gleichbehandlungsanspruch bei amtlichen Bekanntmachungen

1. Die Pflicht zur Gleichbehandlung bei der Zuleitung amtlicher Bekanntmachungen ist besonders geregelt. Nach § 4 Abs 4 LPG (Brandenburg § 5 Abs 4; Mecklenburg-Vorpommern § 4 Abs 5; Sachsen-Anhalt § 4 Abs 3) sind die Behörden verpflichtet, den Verlegern von Zeitungen und Zeitschriften ihre amtlichen Bekanntmachungen (Sachsen: Verlautbarungen) nicht später als den Mitbewerbern zur Verwendung zuzuleiten. In Hamburg steht der Anspruch den Verlegern periodischer Druckwerke zu. In Hessen (§ 3 Abs 4) haben die Verleger die Übermittlungskosten zu vergüten. Nach § 5 Abs 4 SMG ist insbesondere bei der Übermittlung von amtlichen Bekanntmachungen der Grundsatz der Gleichbehandlung zu beachten. In Rheinland-Pfalz ist nach § 6 Abs 4 LMG bei jeder Erteilung von Auskünften der Grundsatz der Gleichbehandlung zu beachten. Dies gilt auch für den Spezialfall der Zuleitung amtlicher Bekanntmachungen. In Bayern fehlt eine entsprechende Rege-

lung. Ursächlich für die mit Ausnahme von Bayern getroffene Regelung gerade dieser Frage ist die Tatsache, dass Missstände vorhanden waren. Vor allem Lokalzeitungen haben versucht, sich mit Hilfe guter Beziehungen zum Bürgermeisteramt für den Abdruck der amtlichen Bekanntmachungen ein Monopol zu verschaffen und das durch eine wettbewerbsfördernde Bezeichnung wie „Kreiszeitung" usw werblich auszunutzen (vgl *Neumann/Duesberg* ZHR 52, 205; *Bussmann/Droste,* Werbung und Wettbewerb im Spiegel des Rechts, 1951, S 32). Solche einseitigen Bevorzugungen haben die Landesgesetzgeber durch § 4 Abs 4 mit Recht ausdrücklich untersagt. Bei der Informationserteilung unterliegen Behörden dem Gebot strikter Neutralität (BVerfGE 80, 124; BVerwG NJW 1997, 2694; OVG Bremen NJW 1990, 932/933; VGH Mannheim NJW 2013, 2045; VG Bremen NJW 1997, 2696/2698; BGH AfP 2013, 129; KG NJW 1998, 3573; *Soehring,* AfP 1995, 449/450). Gleiches folgt aus dem allgemeinen Gleichbehandlungsgrundsatz (Art 3 Abs 1 iVm Art 5 Abs 1 S 2 GG) für andere Informationsmaterialien (OVG Lüneburg NJW 1996, 1489; VGH Mannheim NJW 2013, 2045; vgl Rn 138). Die presserechtliche Regelung scheint in der jüngeren Vergangenheit an Bedeutung verloren zu haben. Dies mag einerseits an einer Veränderung des Informationsverhaltens öffentlicher Stellen liegen und andererseits wesentlich durch die elektronischen Kommunikationsmöglichkeiten bedingt sein, welcher sich auch die öffentlichen Stellen bedienen. Neben den presserechtlichen Anspruch ist überdies der Anspruch nach dem Gesetz über die Weiterverwendung von Informationen öffentlicher Stellen (IWG) getreten, der eine selbständige Anspruchsgrundlage bildet (vgl dazu VGH Mannheim NJW 2013, 2045).

140 Der Begriff der amtlichen Bekanntmachungen ist gesetzlich nicht definiert. Soweit ersichtlich, wird er allein in den LPG und den rundfunkrechtlichen Parallelvorschriften (ua § 9a RStV, § 6 Abs 4 LMedienG BW) verwendet. Man wird darunter die an die Öffentlichkeit gerichteten Kundgaben einer Behörde mit amtlich bestimmtem Inhalt zu verstehen haben, sofern sie als von einer Behörde stammend und in ihrem Namen veröffentlicht gekennzeichnet sind (ähnlich KG DJZ Band 3, S 250; Hess VGH VwRspr 5, 276). Sie umfassen zum einen die offiziellen Mitteilungen, für die durch Rechtsvorschriften die öffentliche Bekanntmachung vorgeschrieben ist, also vor allem Satzungen und andere Rechtssetzungsakte, sowie die gesetzlich vorgeschriebenen Hinweise auf Genehmigungs- oder Planungsunterlagen etc. Amtliche Bekanntmachungen sind ferner Mitteilungen der Behörden, über die allein diese verfügen und nur von ihr amtlich publiziert werden können (VGH Mannheim AfP 1992, 95/96). Zu verstehen sind darunter zB Mitteilungen städtischer Ämter, etwa des Ordnungsamtes, des Baurechtsamtes, ferner Mitteilungen der Polizei, der städtischen Feuerwehr usw. Auch amtliche Hinweise gehören zu diesem Bereich, etwa zur Durchführung von Wahlen, zu steuerlichen Problemen, zu Förderprogrammen, zu Angelegenheiten staatlicher oder städtischer Schulen usw. Insoweit ist der Begriff der amtlichen Bekanntmachung in § 4 LPG weiter als jener in § 9a RStV. Von § 9a RStV werden nach der amtlichen Begründung nur „die Bekanntmachungen im engeren Sinne und nicht jede amtliche Verlautbarung" erfasst.

141 Nicht zu den amtlichen Bekanntmachungen gehören Vereinsnachrichten, Sammlungen von Daten wie zB die Zusammenstellung von Jubilaren, Glückwünsche zur Eisernen, Goldenen oder zur Silberhochzeit und ähnliches (VGH Mannheim AfP 1992, 95/96). Der Verpflichtung zur Weitergabe solcher Daten können auch datenschutzrechtliche Probleme entgegenstehen. Die Sammlung von Angeboten oder Nachfragen für Wohnraum ist gleichfalls keine amtliche Bekanntmachung (Hess VGH ArchPR 1945–1956 S 19).

142 Von den amtlichen Bekanntmachungen iSd § 4 LPG sind öffentliche Bekanntmachungen zu unterscheiden. Die öffentliche Bekanntmachung ist in den Gemeindeordnungen zB für Satzungen vorgeschrieben. Sie hat den Charakter einer Verkündung. Für die Form dieser öffentlichen Bekanntmachungen sehen die GemO unterschiedliche Möglichkeiten vor. Bei bestimmten gesetzlich geregelten Verfahren, zB betreffend die Inkraftsetzung von Bebauungsplänen, erfolgt die öffentliche Bekanntmachung in Form

B. Gleichbehandlungsanspruch § 4 LPG

der Auslegung. Insoweit hat die Bekanntmachung den Charakter eines Nachweises. Die vorgeschriebene öffentliche Bekanntmachung von Gemeinderatssitzungen hat Hinweischarakter. Darüber hinaus sehen die ZPO (vgl §§ 185 ff., 948, 956 ZPO) und andere Verfahrensordnungen öffentliche Bekanntmachungen vor (vgl §§ 111e, 291, 371 IV StPO, ferner §§ 53 II FGO, 56 II VwGO, 63 II SGG, jeweils iVm §§ 185 ff. ZPO).

2. Unter den nach § 4 Abs 4 gleich zu behandelnden Mitbewerbern sind alle Zeitungs- und Zeitschriftenverleger, aber auch Rundfunkveranstalter und Anbieter journalistisch-redaktioneller Telemedien (vgl § 9a RStV) zu verstehen, für die die amtlichen Bekanntmachungen gleichfalls als Informationsstoff in Betracht kommen. Zwar werden Rundfunkveranstalter und Anbieter journalistisch-redaktioneller Telemedien in den meisten Gesetzen nicht ausdrücklich erwähnt. Im publizistischen Wettbewerb stehen diese mit den Verlegern allemal. Zutreffend sieht § 6 Abs 4 LMG Rh-Pfalz vor, dass bei der Erteilung von Auskünften, wozu auch die Zuleitung von amtlichen Bekanntmachungen rechnet, generell der Grundsatz der Gleichbehandlung zu beachten ist. § 5 Abs 4 SMG fordert dies hinsichtlich der „Medien". Erfasst werden mithin alle Medien, die eine erkennbare publizistische Zielsetzung haben, dh von der Intention her auf Teilhabe am Prozess der öffentlichen Meinungsbildung – gegebenenfalls auch nur innerhalb einer bestimmten Zielgruppe – angelegt sind (vgl VGH Mannheim BeckRS 2014, 49810). Fordert der Verleger eines Periodikums, ein Rundfunkveranstalter oder ein Anbieter journalistisch-redaktionell gestalteter Telemedien die Belieferung mit den amtlichen Bekanntmachungen, ist sein Interesse an der Veröffentlichung und ebenso seine Mitbewerbereigenschaft zu vermuten. Die Mitbewerbereigenschaft kann auch im Verhältnis zu einem Amtsblatt bestehen, das in Verbindung mit einem Anzeigenblatt in einem privaten Verlag publiziert wird (VGH Mannheim AfP 1992, 95; VG Sigmaringen NJW 1998, 3584). Zu verneinen ist die Belieferungspflicht nur im Falle des Missbrauchs. Auch Anzeigenblätter mit redaktionellem Teil sind grundsätzlich als Mitbewerber anzusehen (VGH Mannheim AfP 1992, 95; OVG Münster NJW 1996, 2882). Seine frühere Auffassung, gemeindliche Amts- und Nachrichtenblätter erfüllten die Merkmale einer Zeitung oder Zeitschrift im Allgemeinen nicht, weil sie lediglich dazu dienten, die früher übliche Unterrichtung durch Ausschellen bzw durch einen Aushang am Schwarzen Brett zu bewirken (VBl Baden-Württemberg, 1965, 93 und 1973, 155; GRUR 1974, 232; vgl dazu auch OLG Stuttgart ArchPR 1977, 42), hat der VGH Mannheim angesichts der Entwicklung der Amts- und der Anzeigenblätter mit der vorerwähnten Entscheidung aufgegeben.

Ist die Mitbewerbereigenschaft zweifelhaft, hat die Behörde über einen geltend gemachten Belieferungsanspruch nach pflichtgemäßem Ermessen zu entscheiden. Im Zweifel kommt es darauf an, ob damit zu rechnen ist, dass der Antragsteller die begehrten amtlichen Bekanntmachungen für publizistische Zwecke benötigt, ob er sich also auf ein berechtigtes Interesse für die Belieferung berufen kann. An das berechtigte Interesse sind keine allzu hohen Anforderungen zu stellen. Ist angesichts des geringen redaktionellen Umfanges oder auch infolge zahlenmäßig schwacher Besetzung der Redaktion nicht zu erwarten, dass das Blatt willens und in der Lage ist, die amtlichen Bekanntmachungen zu verwerten, kann der Grundsatz der sparsamen Verwaltung es rechtfertigen, die Belieferung zu verweigern (VGH Mannheim AfP 1989, 587/588). Allerdings kann keine umfassende, flächendeckende publizistische Auswertung gefordert werden. Der Zuleitungsanspruch besteht schon dann, wenn kontinuierlich über örtliche Geschehnisse berichtet wird, sei es auch nur im Rahmen eines redaktionellen Teils von acht Seiten eines monatlich erscheinenden Blattes (OVG Münster NJW 1996, 2882). Ist jedoch auf Grund der Spezialisierung und zeitlichen Erscheinungsweise eine laufende pressemäßige Verwertung von vornherein ausgeschlossen, besteht der Anspruch nicht. Dies hat das OVG Münster (NVwZ-RR 1998, 311) bei einem vierteljährlich erscheinenden Blatt mit etwa 1–2$^{1}/_{2}$ Seiten Berichterstattung mit lokalem Bezug angenommen, dessen Verleger die Zuleitung der

Burkhardt

fünfmal wöchentlich erscheinenden „Rathauspost" mit einer Fülle von Informationen verlangt hatte. Erfolgt die Belieferung per E-Mail oder sonst in elektronischer Form, dürfte das Kostenargument hinsichtlich der Übermittlung heute allerdings nicht mehr durchgreifen. Insoweit könnte allenfalls noch der Aufwand für Aktualisierung und Pflege der Adressdaten eine Rolle spielen, insbesondere wenn häufige Unzustellbarkeitsmeldungen des E-Mail-Postmasters Überprüfungen erforderlich machen. Zur Geltendmachung genügt ein einmaliges ausdrückliches Verlangen (VG Sigmaringen NJW 1998, 3584, das die Entscheidung des VGH Mannheim, AfP 1992, 95, allerdings missverstanden haben dürfte). Der Anspruch ist auf Zuleitung der amtlichen Bekanntmachungen gerichtet. Die Behörde ist also mit einer Bringschuld belastet. Leistungs- bzw Erfüllungsort ist der Sitz der Redaktion des Verlages. Die Art der Übermittlung hat in zweckentsprechender Weise zu erfolgen (vgl BVerwG DVBl 1966, 575), ggf per E-Mail, RSS oder ähnlichen Möglichkeiten, soweit die Behörde über die notwendige technische Ausstattung verfügt. Allerdings besteht kein Anspruch auf eine bestimmte Art der Übermittlung. Verlangt werden kann lediglich Gleichbehandlung (VG Minden NJW 2001, 315). Die Übermittlungskosten gehen grds zu Lasten der Behörde. Nur in Hessen hat sie der Verleger zu tragen. Kein Anspruch auf Gleichbehandlung besteht, wenn die Informationen durch eigenmächtig handelnde Bedienstete einem anderen Verlag zugeleitet werden, obgleich die Behörde dies ausdrücklich allgemein untersagt hat. Dies gilt jedenfalls, soweit der Behörde eine Duldung solcher Verstöße nicht vorgeworfen werden kann (OVG Münster NWVBl 1996, 490).

145 3. Eine spezielle Frage ist, ob eine amtliche oder öffentliche Bekanntmachung schon vorliegt, wenn die Veröffentlichung noch bevorsteht oder erst, wenn sie bereits erfolgt ist. Diese Frage hat erhebliche praktische Bedeutung, wenn die amtlichen Bekanntmachungen einer Gemeinde in einem von ihr herausgegebenen, von einem privaten Verleger verlegten Amtsblatt erfolgen, mit dem ein privates Anzeigenblatt konkurriert: Liegt eine öffentliche Bekanntmachung auch bzw schon vor, wenn die Veröffentlichung noch bevorsteht, kann der Anzeigenblattverleger von der Gemeinde im Zweifel fordern, mit dem Material zur gleichen Zeit beliefert zu werden wie der Amtsblattverleger. Setzt der Begriff der Bekanntmachung statt dessen ihr bereits erfolgtes Erscheinen voraus, muss sich der Anzeigenblattverleger auf die Belieferung mit dem Amtsblatt verweisen lassen.

146 Die praktische Bedeutung dieser Frage folgt daraus, dass Anzeigen- ebenso wie Amtsblätter idR nur einmal pro Woche erscheinen. Kann der Anzeigenblattverleger Belieferung zur gleichen Zeit wie der Amtsblattverleger fordern, hat er insofern einen Wettbewerbsvorsprung, als er die amtlichen Bekanntmachungen in seinem unentgeltlich an alle Haushaltungen verteilten Anzeigenblatt zur gleichen Zeit bringen kann wie das üblicherweise nur im Abonnement zu beziehende Amtsblatt. Dadurch vermindert sich nicht nur das Interesse am Inhalt des Amtsblattes, sondern damit zugleich auch an seiner Leistung als Werbeträger. Es kann dann sogar die Gefahr entstehen, dass sich das Amtsblatt wirtschaftlich nicht mehr trägt.

147 Richtiger Auffassung nach ist entgegen der Ansicht des VGH Mannheim (AfP 1992, 95/96; offen gelassen OVG Münster NWVBl 1996, 490) jedenfalls bei öffentlichen Bekanntmachungen mit Verkündungscharakter davon auszugehen, dass die Bekanntmachung erst durch die Verkündung entsteht. Zuvor handelt es sich um einen bloßen Entwurf, dessen Lieferung Zeitungs- und Zeitschriften- und ebenso Anzeigenblattverleger jedenfalls nicht auf der Grundlage des § 4 Abs 4 LPG fordern können. Ob im Einzelfalle ein Informationsanspruch nach § 4 Abs 1 LPG besteht, ist eine andere Frage. Soweit es um sonstige amtliche Bekanntmachungen geht, ist der Anspruch auf zeitgleiche Belieferung mit dem Amtsblattverleger eine Abwägungsfrage.

III. Teilhabeanspruch an behördlicher Informationstätigkeit

1. Während des gegenwärtigen Medienzeitalters betreiben die Behörden zunehmend eine aktive Informationspolitik. Einerseits ersparen sie sich dadurch die Notwendigkeit zur Beantwortung zusätzlicher Einzelanfragen. Zum anderen geht es um Informationen im Interesse der Daseinsvorsorge, aber auch der behördlichen Selbstdarstellung. Grundsätzlich hat diese Informationstätigkeit ebenfalls öffentlich-rechtlichen Charakter, so dass die Behörden auch insoweit an den Gleichheitssatz gebunden sind, so ausdrücklich § 6 Abs 4 LMG Rh-Pfalz und § 5 Abs 4 SMG. Sofern ein Pressevertreter einen Belieferungsanspruch geltend macht, ist er also im Zweifel zu erfüllen (VGH Mannheim NJW 2013, 2045 – juris). Daneben sieht das Gesetz über die Weiterverwendung von Informationen öffentlicher Stellen (IWG) einen eigenständigen Gleichbehandlungsanspruch vor, der auf der Richtlinie 2003/98/EG des Europäischen Parlaments und des Rates vom 17.11.2003 beruht (dazu eingehend VGH Mannheim NJW 2013, 2045; vgl *Fluck/Theuer-Püschel*, Informationsfreiheitsrecht).

Der Gleichheitssatz ist auch hinsichtlich der Einzelheiten zu beachten (OVG Bremen NJW 1989, 926/927; VG Bremen NJW 1997, 2696). Die Belieferung hat also ebenso wie bei den amtlichen Bekanntmachungen zur gleichen Zeit und auf gleichem technischen Wege und in gleicher Form zu erfolgen (vgl VGH Mannheim NJW 2013, 2045). Erhält im Verlag die Information per Telefon, Fax, E-Mail oder RSS-Feed, kann nicht ein anderer auf die Zuleitung per Briefpost verwiesen werden. Auch etwaige Sperrfristen sind gleich zu bemessen (vgl *Prantl* AfP 82, 204).

Bei der freiwilligen Informationstätigkeit der Behörden kommt allerdings in erheblich stärkerem Maße als bei den amtlichen Bekanntmachungen die Möglichkeit bzw Notwendigkeit einer Differenzierung in Betracht. Das gilt ganz besonders für Informationen, die in mündlicher Form anlässlich einer Veranstaltung, zB bei einer Pressekonferenz, oder durch eine Führung, durch eine Informationsreise oder in ähnlicher Weise gegeben werden. Auch insoweit gilt zwar, dass dem Staat die Einflussnahme auf den Inhalt und die Gestaltung der Medientätigkeit verwehrt ist (BVerfGE 80, 124; OVG Bremen NJW 1990, 933). Ebenso wenig darf auf das Wettbewerbsverhältnis konkurrierender Verlage behördlicher Einfluss genommen werden (BVerwG NJW 1997, 2694; OVG Bremen NJW 1989, 926/927; VG Bremen NJW 1997, 2696; KG NJW 1998, 3573). Eine Differenzierung kann aber gerechtfertigt sein, wenn es nicht lediglich um Übersichten usw geht, sondern um umfangreicheres Material wie etwa Sitzungsvorlagen gemeindlicher Beschlussgremien, die auch Flächennutzungs- und Bebauungspläne und sonstige oftmals Hunderte von Seiten umfassende Akten enthalten können. Vervielfältigungsstücke solcher Unterlagen herzustellen und zu versenden, ist kostenaufwändig. Unter dem Gesichtspunkt der Sparsamkeit der Verwaltung ist ein derartiger Aufwand nur gerechtfertigt, wenn Aussicht besteht, dass das Material auch tatsächlich pressemäßig ausgewertet wird (VGH Mannheim AfP 1989, 587/588; OVG Münster NVwZ-RR 1998, 311). Ob dieses Argument heute angesichts der kostengünstigen elektronischen Möglichkeiten noch durchgreift, ist im Einzelfall zu prüfen.

Bei der Teilhabe an freiwilliger behördlicher Informationstätigkeit wird man den Gleichbehandlungsanspruch auch freien Journalisten zuerkennen müssen. Das gilt jedenfalls für Journalisten, die auf dem betreffenden Gebiet laufend tätig sind und für Blätter schreiben, die sich damit befassen (so auch VGH Mannheim AfP 1987, 538). Für Rundfunkjournalisten gilt das in besonderer Weise, weil Rundfunkveranstalter in noch stärkerem Maße als Zeitungs- und Zeitschriftenverleger mit festen freien Mitarbeitern zusammenarbeiten. Ebenso für Journalisten eines journalistisch-redaktionell gestalteten Telemediums (vgl VGH Mannheim BeckRS 2014, 49810). In dieser Weise freiberuflich tätige Journalisten dürfen gegenüber ihren fest angestellten Kollegen nicht benachteiligt werden.

152 Insbesondere darf die Herkunft oder die politische Einstellung eines Journalisten oder seine bisherige Berichterstattung grds nicht zu seiner Zurücksetzung verleiten (VG München AfP 1993, 609). Auch wenn er einen Politiker mehrfach angegriffen hat, ist das kein Grund, ihn von der Belieferung mit Informationsmaterial auszuschließen. Im Allgemeinen ist das noch nicht einmal gerechtfertigt, wenn dem Journalisten öffentlich verbreitete Falschbehauptungen anzulasten sind. In solchen Fällen bleibt es grundsätzlich dem Betroffenen überlassen, sich gegenüber rechtswidrigen Darstellungen mit rechtlichen Mitteln zur Wehr zu setzen (vgl hierzu die eingehende Kommentierung des § 6 LPG; sowie *Wenzel*, Das Recht der Wort- und Bildberichterstattung). Würde es als zulässig angesehen, einen Journalisten wegen wirklicher oder vermeintlicher Falschberichterstattung von der künftigen Belieferung mit Informationsmaterial auszuschließen, bestünde die Gefahr, dass als lästig empfundene Kritiker mundtot gemacht werden (vgl auch VG München AfP 1993, 609).

153 2. Die Notwendigkeit von Beschränkungen und Differenzierungen kann sich auch bei der Zulassung zu behördlichen Pressekonferenzen ergeben. Dazu haben Behörden zwar grundsätzlich alle Pressevertreter zuzulassen, die sich als solche ausweisen können, zB durch einen anerkannten Presseausweis (OVG Berlin-Brandenburg Urteil v 22.6.2011 Az OVG 10 B 1.11; VG München AfP 1993, 609; *Reschke* DVBl 1951, 444; aA VG Braunschweig DVBl 1951, 441). Besonderheiten gelten aber, wenn Sicherheitsvorkehrungen erforderlich sind, wie zB bei Pressekonferenzen des Sprechers der Bundesregierung, wenn ausländische Staatsgäste teilnehmen usw. In solchen Fällen ist es zulässig, nur akkreditierten Journalisten bzw den Inhabern eines Spezialausweises Zutritt zu gewähren, dessen Ausgabe zB eine Sicherheitsüberprüfung voraussetzt. Bei der Erteilung der Akkreditierung haben die Behörden den Gleichheitssatz ebenso zu berücksichtigen (BVerfG NJW 2013, 1293 – NSU-Strafverfahren). Die Verweigerung einer Akkreditierung allein wegen bestrittener Vorfälle im Zusammenhang mit Greenpeace-Aktionen wurde vom OVG Berlin-Brandenburg als rechtswidrig angesehen (Urteil v 22.6.2011 Az OVG 10 B 1.11).

154 Die Ausgabe von Dauerhausausweisen kann an sachliche Kriterien geknüpft werden, soweit dadurch den berechtigten Journalisten kein nennenswerter Vorteil bei der Ausübung ihrer journalistischen Tätigkeit verschafft wird (VG Karlsruhe Urteil v 19.12.2013 Az 3 K 1329/13). Eine weitere Ausnahme gilt für persönliche Interviews. Sie können der Natur der Sache wegen nur einem oder einigen Journalisten gewährt werden. Das muss trotz des Gleichheitssatzes zulässig sein und bleiben (VGH Mannheim AfP 1989, 587/590; VG Bremen NJW 1997, 2696/2698). Andernfalls wäre, wie das BVerwG treffend ausgeführt hat, nur noch eine uniforme Massenunterrichtung der Presse in der Form allgemeiner Pressekonferenzen möglich (BVerwG NJW 1975, 891/892). Die verfassungsmäßige Garantie der Pressefreiheit und des Gleichbehandlungsgrundsatzes wird bei Presseveranstaltungen für einen kleineren Kreis nur verletzt, wenn die Auswahl der Teilnehmer willkürlich wäre, dh auf eine Reglementierung oder Steuerung der Presse oder eines Teils von ihr hinausliefe. Erforderlich ist, dass die Behörde ihr Auswahlermessen anhand sachgerechter Kriterien ausübt (VG Bremen NJW 1997, 2696/2698).

155 Die Verweigerung des Zutrittes des Herausgebers einer Tageszeitung zum „Mittwochsgespräch" eines Polizeipräsidenten mit der Begründung, das Blatt berichte „weniger" als andere Zeitungen über polizeiliche Angelegenheiten, ist unzulässig. Welchen Raum eine Zeitung einem Themenbereich widmet, unterliegt ihrer freien Entscheidung. Wird das Zutrittsrecht von dieser Entscheidung abhängig gemacht, bedeutet das den Versuch der Einflussnahme auf die redaktionelle Gestaltung. Die Zurückweisung wäre aber berechtigt, wenn die Redaktion Vertraulichkeitsvereinbarungen missachten würde. Dafür müssten aber konkrete Anhaltspunkte nachgewiesen werden. Abgesehen davon kommt es darauf an, ob die Vertraulichkeitsabsprache sachlich gerechtfertigt ist oder ob sie etwa nur dazu dienen soll, peinliche Vorgänge nicht publik werden zu lassen (VG Berlin AfP 1985, 77). Ebenso wenig ist die persönliche Wertung über die Wichtigkeit oder Unwichtigkeit eines Presseorgans ein sachgerechtes

B. Gleichbehandlungsanspruch

Kriterium zur Begrenzung des Zugangs zu Informationsveranstaltungen (VG Bremen NJW 1997, 2696/2698). Auch der Ausschluss eines Journalisten von einer Feierstunde anlässlich der Einweihung des Neubaus der Bayerischen Staatskanzlei mit anschließender Führung und Pressegespräch mit der Begründung, dieser habe sich unbefugt bereits zuvor Zugang zu dem Gebäude verschafft und über die architektonischen Leistungen bzw Fehlleistung berichtet, ist unzulässig (VG München AfP 1993, 609).

Stellt eine Gemeinde ihr Rathaus für eine Pressekonferenz einer Journalistenvereinigung zur Verfügung, verstößt es gegen die behördliche Neutralitätspflicht, wenn sie dadurch auf die Berichterstattung Einfluss zu nehmen versucht, dass sie bestimmte Personen oder Vertreter von Parteien wegen der von ihnen vertretenen Auffassung am Betreten des Gebäudes hindert. Das gilt auch, wenn die Behörde geltend macht, die Tätigkeit der ausgeschlossenen Person oder Gruppe richte sich gegen die verfassungsmäßige Ordnung (vgl BVerwG NJW 1980, 1863; 1990, 134; VGH München NJW 1988, 497; 1989, 2491). Etwas anderes kann gelten, wenn die durch Tatsachen begründete dringende Gefahr besteht, dass die Räumlichkeiten von dem Zutrittsbegehrenden zu Straftaten oder Ordnungswidrigkeiten oder zu einem entsprechenden Aufruf benutzt werden sollen (VGH Mannheim NJW 1987, 2698; OVG Bremen NJW 1990, 931; OVG Berlin-Brandenburg Urteil v 22.6.2011 Az OVG 10 B 1.11, im konkreten Fall verneint; aA *Vollmer* DVBl 1989, 1087; vgl auch BVerfG NJW 1978, 1043 und 1985, 2521 betreffend Wahlwerbespots mit strafbarem Inhalt).

Die Verpflichtung zur Einladung grundsätzlich aller interessierter Journalisten darf nicht dadurch umgangen werden, dass die Behörde die Pressekonferenz nicht selbst durchführt, sondern die Organisation einer privaten Journalistenvereinigung wie zB der Landespressekonferenz e.V. in Stuttgart (LPK) überlässt. In der LPK sind die im Raum Stuttgart hauptberuflich für Presse und Rundfunk tätigen landespolitischen Korrespondenten und Redakteure zusammengeschlossen. Da die LPK hohes Ansehen genießt und die Behörden, insbesondere die Ministerien es als Vereinfachung angesehen haben, Pressekonferenzen durch die LPK organisieren zu lassen, wurde sie bis 1970 nach Art eines „beliehenen Unternehmens" regelmäßig mit der Durchführung beauftragt, so dass sie und damit ihre Mitglieder auf die Erlangung landespolitischer Informationen aus erster Hand ein Quasi-Monopol hatten. Nachdem die LPK einem DKP-Funktionär die Aufnahme verweigert hatte, haben die baden-württembergischen Behörden ihre Praxis aufgegeben und ihre Pressekonferenzen fortan selbst veranstaltet (vgl OLG Stuttgart AfP 1971, 135). Ziel der Landespressekonferenz ist es weiterhin, ihren Mitgliedern gleichberechtigten Zugang zu landespolitischen Informationen zu gewährleisten. Dazu werden die Termine von Pressekonferenzen der Landtagsfraktionen, der Landesregierung, der Parteien, Interessenverbände und Gewerkschaften koordiniert (vgl www.lpk-bawue.de). Zur Organisation der Bundespressekonferenz vgl www.bundespressekonferenz.de.

3. Zu sonstigen behördlichen Veranstaltungen sind gleichfalls grundsätzlich sämtliche Pressevertreter zuzulassen. Unzulässig wäre es insbesondere, Vertreter der einen ortsansässigen Zeitung einzuladen, Vertreter der anderen nicht (VG Stuttgart ArchPR 1964, 483). Etwas anderes kann für die Teilnahme an Besichtigungsfahrten gelten, die eine Behörde aus Gründen der Öffentlichkeitsarbeit veranstaltet. ZB hat ein Pressevertreter nicht ohne weiteres Anspruch auf Einladung zu einer überregionalen Pressefahrt, die die Bundesbahn speziell für Journalisten veranstaltet, die sich mit Transportproblemen befassen. Dann ist es zulässig, die einzuladenden Journalisten danach auszuwählen, ob sie sich bisher schon auf dem betreffenden Gebiet fachjournalistisch betätigt haben (BVerwG NJW 1975, 892/893).

Ob sich aus der Erscheinungsweise des Periodikums ein zureichendes Differenzierungskriterium ableiten lässt, erscheint zweifelhaft. In Betracht könnte das wohl nur kommen, wenn es um aktuelle Informationen geht, die für ein zB monatlich erscheinendes Blatt im Zweifel nicht von Interesse sind. Bedeutung kann aber das Verbreitungsgebiet erlangen. Bei lokalen Ereignissen reicht es im Zweifel aus, die örtliche

Presse einzuladen. Bei bundesweit interessierenden Themen kann die Einladung allein der ebenso weit verbreiteten Presse gerechtfertigt sein.

160 Da solche Differenzierungen in Betracht kommen, steht einem Journalisten nicht der Anspruch zu, die Behörde habe ihn zu allen Pressegesprächen einzuladen, bei denen die Initiative von der Behörde ausgeht oder zu denen mehrere Pressevertreter hinzugezogen werden. Es kann Fälle geben, in denen die Einladung nur eines oder einiger Journalisten gerechtfertigt ist (VGH Mannheim AfP 1989, 587/589). Damit erweist sich die Formulierung eines nicht auf eine konkrete Veranstaltung beschränkt bleibenden Anspruches als schwierig. Eine Einschränkung dahin, der Anspruch beziehe sich nur auf Veranstaltungen ohne Sondersituationen, scheitert an mangelnder Bestimmtheit. Jedenfalls im Prozess erscheint es erforderlich, die Veranstaltungen, auf die sich der geltend gemachte Einladungsanspruch bezieht, näher zu umschreiben. Gefordert werden kann zB eine Einladung zu allen Journalisten-öffentlichen Veranstaltungen, bei denen kommunale Probleme erörtert werden.

C. Sonstige Informationsrechte

I. Zutrittsrecht zu Sitzungen und privaten Veranstaltungen

161 1. Angesichts der aus dem Demokratiegebot folgenden Verpflichtungen des Staates zu Offenheit ist die Öffentlichkeit von Verhandlungen in den Fällen von Gesetzes wegen vorgeschrieben, in denen die Öffentlichkeit unverzichtbar ist. Das gilt insb für die Sitzungen der gesetzgebenden Organe des Bundes (Art 42 Abs 1, 52 Abs 3 GG) und der Länder sowie auf kommunaler Ebene für die Gemeinderatssitzungen, ferner für Gerichtsverhandlungen (§ 169 Abs 1 GVG; zur Frage der Anfertigung von Fernsehaufnahmen während Gerichtsverhandlungen vgl BVerfG NJW 1996, 581 – n-tv I; NJW 2001, 1633 – n-tv II; NJW 2003, 2671; zur derzeitigen rechtspolitischen Diskussion s Referate und Tagungsbericht der 115. Tagung des Studienkreises für Presserecht und Pressefreiheit AfP 2014, S 193 ff.). Ist eine Sitzung oder Verhandlung öffentlich, haben Pressevertreter das gleiche Zutrittsrecht wie jedermann (BVerfGE 50, 234/241 f.; *Brüggemann* AfP 1971, 155). Bei Raumnot ist es sachlich gerechtfertigt, Pressevertreter zu bevorzugen, weil sie als Multiplikatoren tätig sind (*Starck* in: *v Mangoldt/Klein/Starck*, GG Art 5 Rn 42). Andererseits hat es das BVerfG (NJW 2010, 1739) und der EGMR (NJW 2013, 521) im Hinblick auf das gesetzgeberische Ziel für zulässig angesehen, die Anzahl der Pressevertreter in Jugendstrafverfahren zu begrenzen. Genügen die vorhandenen Plätze nicht, alle Pressevertreter zuzulassen, ist es sachlich gerechtfertigt, Journalisten, die auf ein Sammelangebot eines anderen Medienunternehmens zB innerhalb der ARD auf die Aufzeichnungen einer anderen Landesrundfunkanstalt zurückgreifen können, nicht zu berücksichtigen (BVerfG NJW 1993, 915). Auch kann vorgesehen werden, dass Zutritt nur in der Reihenfolge des zeitlichen Erscheinens bis zur Grenze der verfügbaren Plätze möglich ist (BVerfG NJW 2003, 500 – El Kaida II) oder die Sitzplätze in Losverfahren vergeben werden (EGMR NJW 2013, 521). Offen ist, ob es verfassungsrechtlich zulässig oder geboten ist, eine Quotenregelung für verschiedene Medienvertreter oder bestimmte Kontingente für Medien mit besonderem Bezug zum Verfahrensgegenstand vorzusehen (BVerfG NJW 2013, 1293 – NSU-Strafverfahren). Anspruch besteht jedenfalls auf gleiche Teilhabe an den Berichterstattungsmöglichkeiten (BVerfG NJW 1989, 2877; NJW-RR 2008, 1069; NJW 2013, 1293 – NSU-Strafverfahren; zum bestehenden Ermessensspielraum der Mitgliedstaaten EGMR NJW 2013, 521). Eine Behörde ist nicht berechtigt, auf Grund einer einmaligen Verletzung des Hausrechts, zB des Deutschen Bundestages durch die Anfertigung genehmigungsloser Fernsehaufnahmen, ein auch nur zeitlich befristetes Hausverbot auszusprechen, wenn konkrete Anhaltspunkte für eine weitere Verletzungshandlung fehlen (VG Berlin AfP 2001, 437).

C. Sonstige Informationsrechte § 4 LPG

Sachlich gerechtfertigt ist es, für Journalisten Plätze mit Schreibgelegenheit in den vorderen Reihen zu reservieren (*Arndt* NJW 1960, 423/424; *Stober* DRiZ 1980, 3/5). Ob in öffentlichen Gemeinderatssitzungen Bild- und Tonaufnahmen gemacht und zB über das Internet veröffentlicht werden dürfen, regelt das jeweilige Kommunalverfassungsrecht. So sind in Mecklenburg-Vorpommern Film- und Tonaufnahmen durch die Medien zulässig, soweit dem nicht ein Viertel aller Mitglieder der Gemeindevertretung in geheimer Abstimmung widerspricht (§ 29 Abs 5 S 4 KV M-V). In Hessen können durch Hauptsatzung Film- und Tonaufnahmen mit dem Ziel der Veröffentlichung zugelassen werden (§ 52 Abs 3 HGO; dazu VGH Kassel BeckRS 2013, 57843). Fehlen spezielle gesetzliche Regelungen ist unter Abwägung des Grundrechts der Rundfunkfreiheit einerseits und der konkurrierenden Rechtsgüter wie etwa dem Interesse an der von Wirkungen der Medienöffentlichkeit unbeeinflussten Funktionsfähigkeit des Gemeinderats andererseits über die Zulassung sogenannter Medienöffentlichkeit zu entscheiden (OVG Saarlouis BeckRS 2010, 52421). Die Entscheidung trifft der Ratsvorsitzende. Er ist mangels abweichender Regelungen auf Grund des Hausrechtes bzw seiner Sitzungsgewalt zur Untersagung von Bild- und Tonaufzeichnungen befugt (BVerwG NJW 1991, 118; OVG Saarlouis BeckRS 2010, 52421).

2. Ein Zutrittrecht für Pressevertreter sehen auch die Versammlungsgesetze vor. Das **162** Versammlungsrecht war bis zur Föderalismusreform von 2006 nach der damals geltenden Fassung von Art 74 Abs 1 Nr 3 GG Gegenstand der konkurrierenden Gesetzgebungskompetenz des Bundes. Durch die Föderalismusreform ist das Versammlungsrecht nun in der Länderkompetenz (vgl. Art. 74 Abs. 1 Nr. 3 GG). Aufgrund der Übergangsvorschrift in Art 125a Abs 1 GG gilt Bundesrecht, das auf Grundlage einer abgeschafften Bundeskompetenz erlassen wurde, grundsätzlich weiter, kann jedoch von den Ländern durch Landesrecht ersetzt werden kann. Von dieser Möglichkeit haben bislang die Länder Bayern, Niedersachsen, Sachsen und Sachsen-Anhalt, hinsichtlich eines Teilaspektes auch Berlin Gebrauch gemacht. Nach § 6 Abs 2 des Versammlungsgesetzes bzw. Art 10 Abs 2 BayVersG, § 13 Abs 2 NVersG, § 5 Abs 2 SächsVersG und § 5 Abs 2 VersammlG LSA haben Pressevertreter ein Zutrittsrecht zu allen öffentlichen Versammlungen, auch zu solchen, die von privater Seite veranstaltet werden. Sie haben sich gegenüber dem Versammlungsleiter durch ihren Presseausweis (vgl Rn 52) auszuweisen. Ein Ausschluss eines Journalisten, etwa auf Grund negativer Berichterstattung, ist unzulässig (Näheres *Kübler*, Massenmedien und öffentliche Veranstaltungen, 1978). Schon das RG hat es als Verstoß gegen § 826 BGB angesehen, einem Theaterkritiker Hausverbot zu erteilen (RGZ 133, 388/392). Von einer Verwirklichung des § 826 BGB kann insbesondere auszugehen sein, wenn eine Institution oder Vereinigung Subventionen in Form öffentlicher Gelder in Anspruch nimmt, aber Kritik an ihrer Tätigkeit dadurch zu verhindern sucht, dass sie zwar anderen Zutritt gewährt, nicht aber Journalisten. Dies kann auch einen Verstoß gegen das Diskriminierungsverbot nach § 20 GWB (vgl OLG München NJW-RR 2010, 769) oder das Boykottverbot nach § 21 GWB darstellen (OLG Köln NJW-RR 2001, 1051; vgl *Kübler*, Pflicht der Presse zur Veröffentlichung politischer Anzeigen, 1976, S 19). ZB rechtfertigt allein eine kritische Berichterstattung den Ausschluss eines Journalisten vom Besuch des Spielgeländes und der Pressekonferenzen eines Bundesligavereines nicht, wenn diese Veranstaltung ansonsten der allgemeinen Presseöffentlichkeit zugänglich sind (OLG Köln NJW-RR 2001, 1051). Ein von einem Fußballverein gegenüber dem Sportredakteur einer Tageszeitung ausgesprochenes Platzverbot hat das LG Münster als Verstoß gegen Art 5 GG gewertet (NJW 1978, 1329). Veranstalter können jedoch den Zutritt davon abhängig machen, dass Akkreditierungsbedingungen, die für alle Medienvertreter gelten, akzeptiert werden. Das OLG München hat daher einen Anspruch eines Telemedienanbieters auf Zutritt zu Pressekonferenzen verneint, der Bildaufzeichnungen im Internet veröffentlichte, obgleich der Veranstalter ausschließlich die Aufzeichnung zur Ausstrahlung in linearen Medien (Rundfunk) nach seinen Akkreditierungsbedingungen erlaubte (OLG München NJW-RR 2010,

769). Auch geht das OLG München davon aus (AfP 1985, 222), der Betreiber eines auf einem Hof stattfindenden Flohmarktes sei auf Grund seines Hausrechtes befugt, einem von einer Bildagentur beauftragten Fotografen das Betreten des Flohmarktes zu untersagen. Besteht ein allgemeines Fotografierverbot, kann auch die Presse nicht verlangen, eigene Bildaufnahmen anzufertigen. Die sog Saalöffentlichkeit gebietet nicht, auch Bildaufnahmen zuzulassen (BVerfG NJW 2001, 1633 – ntv-II; OVG Münster BeckRS 2013, 48676). Pressefotografen steht insoweit mangels ausdrücklicher gesetzlicher Regelung kein weitergehender Anspruch als anderen Besuchern zB einer Opernpremiere zu (OVG Münster BeckRS 2013, 48676). Das Zutrittsrecht nach § 6 Abs 2 VersG umfasst auch nicht die Tätigkeit eines Fernsehteams, da insbesondere bei Anwesenheit mehrerer Teams eine Veranstaltung erheblich gestört werden könnte (zur Kurzberichterstattung vgl Rn 164). Das einem Veranstalter zustehende Hausrecht umfasst auch, den Zutritt nur zu bestimmten Zwecken zu erlauben oder rechtswirksam von Bedingungen wie der Zahlung eines Entgelts abhängig zu machen. Mit dieser Begründung hat der BGH (NJW 2006, 377) es als zulässig angesehen, dass Hamburger Fußballvereine für die sogenannten Hörfunkrechte ein Entgelt verlangen. Bestehen keine derartigen auf dem Hausrecht beruhenden Regelungen, ist grds auch die Berichterstattung zulässig, soweit kein Sonderrechtsschutz eingreift (vgl. BGH AfP 2011, 253 – Hartplatzhelden; zur Frage der Lizensierbarkeit hinsichtlich einzelner Sendegebiete EuGH AfP 2011, 462 – *Karen Murphy*; zum Veranstalterschutz *Peifer* AfP 2011, 540; *Holzer/Matzneller/Rock* AfP 2012, 532; *Heermann* WRP 2012, 17 und 132; *Wildmann/Castendyk* MMR 2012, 75).

163 Die Frage des Zutrittsrechtes stellt sich in ähnlicher Weise auch für Testkäufer, die Warentests vorbereiten. Dazu ist der Gedanke erwogen worden, es sei ein venire contra factum proprium, wenn ein Kaufmann seine Waren jedermann anbietet, Testkäufern aber den Zutritt zum Ladenlokal verwehrt (*Helle* NJW 1963, 1022; ähnlich *Gaedeke* AfP 1978, 108). Im Ergebnis laufen diese Erwägungen darauf hinaus, Pressevertretern auch unabhängig von § 6 Abs 2 des Versammlungsgesetzes ein Zutrittsrecht auch zu privaten Veranstaltungen zu gewähren, wenn dessen Verweigerung den guten Sitten widerspräche (vgl *Stober* AfP 1981, 389). Auch bei privat veranstalteten Pressekonferenzen kann die Nichtzulassung von Pressevertretern oder die Nichteinladung eines bestimmten Journalisten ausnahmsweise gegen § 826 BGB verstoßen. Trifft aber zB eine private Messegesellschaft eine themenspezifische Auswahl unter den in Betracht kommenden Journalisten, ist das grundsätzlich sachgerecht. Will ein von der Gesellschaft zurückgewiesener Journalist zu einer Pressekonferenz eingeladen werden, kann die Gesellschaft Belegexemplare oder ähnliche Nachweise von ihm fordern, um zu überprüfen, ob eine Einladung angesichts seiner bisherigen Tätigkeit gerechtfertigt ist (LG Frankfurt AfP 1989, 572).

164 3. Ein über den Zutritt hinausgehendes Recht ist das aus § 5 des Rundfunkstaatsvertrages folgende Recht jedes in Europa zugelassenen Fernsehveranstalters zur unentgeltlichen **Kurzberichterstattung** über Veranstaltungen und Ereignisse, die öffentlich zugänglich und von allgemeinem Informationsinteresse sind. Nach § 5 Abs 1 Satz 2 RStV schließt dieses Recht die Befugnis zum Zugang, zur kurzzeitigen Direktübertragung, zur Aufzeichnung, zu deren Auswertung zu einem einzigen Beitrag und zur Weitergabe an andere Veranstalter ein. Das Recht ist auf eine dem Anlass entsprechende nachrichtenmäßige Kurzberichterstattung beschränkt. Die zulässige Dauer richtet sich nach der journalistischen Notwendigkeit. Bei kurzfristig und regelmäßig wiederkehrenden Veranstaltungen vergleichbarer Art beträgt die Obergrenze in der Regel eineinhalb Minuten. Können nicht alle nachfragenden Fernsehveranstalter zugelassen werden, sind die zugelassenen verpflichtet, das Signal und die Aufzeichnung unmittelbar den nicht zugelassenen gegen Aufwendungsersatz zur Verfügung zu stellen. Entsprechende Regelungen finden sich in sonstigen rundfunkrechtlichen Vorschriften, zB in § 3a LRG NW und in § 3a des WDR-Gesetzes (hierzu die Entscheidung des BVerfG NJW 1998, 1627). Eine analoge Anwendung des Rechts auf Kurzberichterstattung auf Hörfunk, Presse und Telemedien scheidet auf-

C. Sonstige Informationsrechte   § 4 LPG

grund des eindeutigen Wortlauts der Regelung aus (OVG Münster BeckRS 2013, 48676; *Wenzel-Burkhardt*, aaO, Kap 10 Rn 13; *Hahn/Vesting-Michel/Brinkmann* § 5 RStV Rn 6ff.). Zutritt und Hörfunkberichterstattung können von der Zahlung eines Entgelts abhängig gemacht werden (BGH NJW 2006, 377).

Da das Recht zur Kurzberichterstattung in verfassungsrechtlich geschützte Positio- **165** nen des Veranstalters, zB Eigentums- und Hausrecht, eingreift, war seine Verfassungsmäßigkeit lange umstritten. Das BVerfG hat Regelungen, wonach die Kurzberichterstattung auch bei berufsmäßig durchgeführten Veranstaltungen kostenlos ausgeübt werden konnte, für verfassungswidrig erklärt (BVerfG NJW 1998, 1627; zur Zulässigkeit der begrenzten Kostenerstattung an den Inhaber exklusiver Fernsehrechte gem Art 15 Abs. 6 der Richtlinie 2010/13/EU s EuGH AfP 2013, 123). § 5 Abs 7 RStV sieht daher nun vor, dass solche Veranstalter ein dem Charakter der Kurzberichterstattung entsprechendes billiges Entgelt verlangen können. Die Regelungen über die Kurzberichterstattung sind ferner verfassungskonform dahin auszulegen, dass die Kurzberichterstattung nicht vor einem vertraglich begründeten Übertragungsrecht ausgeübt werden darf, wenn der Inhaber der vertraglichen Rechte eine Karenzzeit einzuhalten hat (BVerfG NJW 1998, 1627). Zur rundfunkrechtlichen Regelung hinsichtlich der Übertragung von Großereignissen s. *Hahn/Vesting-Rossen-Stadtfeld* § 4 RStV.

II. Einsichtsrecht in öffentliche Register

Das Grundrecht der Pressefreiheit schützt ua den gesamten Bereich publizistischer **166** Vorbereitungstätigkeit, zu der insbesondere die Beschaffung von Informationen gehört. Erst der prinzipiell ungehinderte Zugang zur Information versetzt die Presse in den Stand, die ihr in der freiheitlichen Demokratie eröffnete Rolle wirksam wahrzunehmen (BVerfG NJW 1979, 1400; NJW 2001, 503). Der Staat ist daher verpflichtet, in seiner Rechtsordnung überall dort, wo der Geltungsbereich einer Norm die Presse berührt, dem Postulat ihrer Freiheit Rechnung zu tragen. Dies ist auch bei der Frage, ob Zugang zu Informationen durch Einsicht in öffentliche Register gewährt wird, zu beachten (BVerfG NJW 2001, 503).

Bei amtlichen Registern ist zwischen Registern mit unbeschränkter Publizität und **167** mit Interessentenpublizität zu unterscheiden. Ein Einsichtsrecht für jedermann ist zB vorgesehen beim Güterrechtsregister (§ 1563 BGB), beim Handelsregister (§ 9 HGB), beim Genossenschaftsregister (§ 156 GenG), beim Markenregister (§ 62 Abs 2 MarkenG), beim Designregister (§ 22 DesignG), beim Partnerschaftsgesellschaftsregister (§ 5 Abs 2 PartGG), beim Vereinsregister (§ 79 BGB). Bei diesen Registern steht das Einsichtsrecht auch Journalisten ohne weiteres zu. Bei anderen hängt das Einsichtsrecht entweder von einem rechtlichen oder von einem berechtigtem Interesse ab.

Ein rechtliches Interesse ist zB bei den Einsichtsrechten erforderlich, die in den **168** §§ 61 ff. PStG, 299 Abs 2 ZPO (KG NJW 2008, 1748) und 13 FamFG vorgesehen sind. Ein rechtliches Interesse setzt ein bestehendes Recht voraus, das durch Unkenntnis oder Unsicherheit gefährdet ist, deren Beseitigung zur Rechtsverfolgung als notwendig erscheint (vgl *Schimpf* DÖV 1985, 264/266; *Schröer-Schallenberg*, Informationsansprüche der Presse gegenüber Behörden, S 158). In diesen Fällen können auch Journalisten das Einsichtsrecht nur bei vorhandenem rechtlichen Interesse ausüben, also nicht schon auf Grund eines Informationsinteresses (vgl BVerfG AfP 2000, 566/567). Ebenso kommt eine Auskunft aus dem Schuldnerverzeichnis an Journalisten nur zu den im Gesetz genannten Zwecken, zB zu Zwecken der Zwangsvollstreckung, in Betracht (§ 882f ZPO). Ein besonderes Interesse ist gemäß § 15 Abs 1 BVerfSchG darzulegen, wenn Auskunft vom Bundesamt für Verfassungsschutz oder vom Bundesnachrichtendienst (§ 7 BNDG) begehrt wird (vgl BVerwG AfP 2010, 410).

Schließlich gibt es Register, bei denen die Einsichtnahme jedem gestattet ist, der **169** ein berechtigtes Interesse darlegt. Das gilt insbesondere für das Grundbuch (§ 12

GBO). Erwähnt seien weiter § 21 Abs 2 MRRG und § 62 Abs 1 MarkenG. Unter einem berechtigtem Interesse ist ein verständiges, durch die Sachlage gerechtfertigtes Interesse zu verstehen, das nicht rechtlicher Art zu sein braucht, sondern auch tatsächlicher, insbesondere ideeller oder wirtschaftlicher Art sein kann (BVerfG NJW 2001, 503/505; vgl BGH GRUR 1999, 104 – Akteneinsicht XIII; VGH Mannheim NJW 1984, 1911/1912; OLG Hamm DNotZ 1986, 497; BayObLG NJW 1993, 1142; KG NJW 2002, 223; *Nieder* NJW 1984, 329/336 mwN). Die Frage ist, ob auch das öffentliche Interesse, das Journalisten mit beabsichtigten Publikationen regelmäßig verfolgen (vgl § 3 LPG), ein berechtigtes Interesse in diesem Sinne ist. Dies ist zu bejahen (BVerfG NJW 2001, 503; AfP 2000, 566; BGH NJW-RR 2011, 1651; OLG Hamm RPfleger, 1971, 107; NJW 1988, 2482; OLG Stuttgart, Die Justiz, 1983, 80; BeckRS 2013, 07597; LG Frankfurt AfP 1979, 245; LG Stuttgart AfP 1984, 171; LG Mosbach RPfleger 1990, 60; *Demharter* GBO § 12 Rn 10; aA *Bauer/ v Oefele-Maaß* GBO § 12 Rn 21). Dazu weist das BVerfG (NJW 2001, 503; AfP 2000, 566) darauf hin, dass die Anforderungen an das berechtigte Interesse selbst und an dessen Darlegung der Besonderheit einer freien Presse Rechnung tragen müssen. Mit dem verfassungsrechtlichen Schutz der Presse wäre es nicht vereinbar, wenn die Durchsetzung des Informationsinteresses von einer staatlichen Bewertung des Informationsanliegens abhinge. Dem Grundbuchamt steht daher eine Bewertung des Informationsinteresses nicht zu. Insbesondere kommt es auf die Eigenart und das Niveau des Presseerzeugnisses oder der Berichterstattung im Einzelnen nicht an. Die Presse hat das Informationsinteresse so weit zu konkretisieren, dass eine inhaltlich beschränkte Überprüfung durch das Grundbuchamt erfolgen kann. Das Grundbuchamt ist auf die Überprüfung beschränkt, ob die Einsichtnahme zur Erfüllung des Informationsinteresses geeignet ist und ob sich die Einsichtnahme auf das Erforderliche beschränkt (BVerfG NJW 2001, 503; AfP 2000, 566; LG Hof WuM 2001, 133; AG Lichtenberg AfP 2001, 340). Dazu hat die Presse den Themenkomplex der beabsichtigten Berichterstattung, der Gegenstand der Recherche ist, und den konkreten Zweck der Einsichtnahme mitzuteilen. Erforderlich ist ein konkreter Bezug des Rechercheinteresses zu dem jeweils in Rede stehenden Grundstück (BVerfG AfP 2000, 566/567; BGH NJW-RR 2011, 1651). Ausreichend ist zB das Berichterstattungsinteresse über die Finanzkraft einer politischen Partei, wenn durch die Einsichtnahme geklärt werden soll, ob eine Partei-Geschäftsstelle gemietet oder im Eigentum der Partei oder einer damit verbundenen Organisation steht und diese ggf kostenlos genutzt werden kann (LG Hof WuM 2001, 133). Die für die Recherche benötigten einzelnen Informationen brauchen nicht benannt zu werden (BGH NJW-RR 2011, 1651). Im Zuge der Prüfung der Eignung und Erforderlichkeit ist eine Abwägung mit dem Interesse des Eingetragenen an dem Schutz seiner Daten nicht vorzunehmen (BVerfG NJW 2001, 503; OLG Stuttgart BeckRS 2013, 07597). Lediglich im Rahmen einer Angemessenheitsprüfung kann zwischen dem Informationsinteresse und dem Persönlichkeitsrecht noch abgewogen werden. Dabei hat das Zugangsinteresse der Presse Vorrang, wenn es um Fragen geht, die die Öffentlichkeit wesentlich berühren und wenn die Recherche der Aufbereitung einer ernsthaften und sachbezogenen Auseinandersetzung dient (BVerfG NJW 2001, 503/506; BGH NJW-RR 2011, 1651; OLG Stuttgart BeckRS 2013, 07597). Von einem Vorrang des Informationsinteresses ist grds auch bei unterhaltenden Beiträgen auszugehen, da auch diese der Meinungsbildung dienen (BVerfG NJW 2000, 1021). Allerdings können sich Grenzen ergeben. Dient das Informationsinteresse lediglich einer Sensations- oder Skandalberichterstattung, kann das allgemeine Persönlichkeitsrecht des Eingetragenen einer Einsichtnahme insbesondere in die Abteilungen II und III des Grundbuches entgegenstehen (KG NJW 2002, 223, das allerdings bei seiner Abwägung wohl zu strenge Maßstäbe anlegt). Jedoch kommt eine Vorauswahl durch das Grundbuchamt über nach dessen Ansicht relevante oder nicht relevante Inhalte des Grundbuchs angesichts des generellen Einsichtsrechts der Presse nicht in Betracht. Der BGH (NJW-RR 2011, 1651) hat dies jedenfalls für den Fall angenommen, wenn sich der im Antrag unterbreitete Sachverhalt nicht unmittelbar

C. Sonstige Informationsrechte § 4 LPG

anhand der Eintragungen erschließen lässt, sondern die Presse sich diesen „mosaiksteinartig" in der Zusammenschau mit anderen Umständen erschließen muss. Eine Anhörung des eingetragenen Eigentümers kommt mangels einer entsprechenden gesetzlichen Norm nicht in Betracht. Durch eine Anhörung könnte im Übrigen der Rechercheerfolg der Presse nachhaltig gefährdet werden. Dies wäre weder mit der Pressefreiheit noch mit der der Presse übertragenen öffentlichen Aufgabe vereinbar (BVerfG NJW 2001, 503/506; BGH NJW-RR 2011, 1651; OLG Stuttgart BeckRS 2013, 07597; LG Hof WuM 2001, 133).

Das Einsichtsrecht erstreckt sich auch auf die Grundakten (BGH NJW-RR 2011, **170** 1651) und schließt die Befugnis ein, sich Abschriften aus dem Grundbuch oder aus den Grundakten zu fertigen. Einer Güterabwägung bedarf es hierzu nicht (LG Mosbach AfP 1990, 63).

Allerdings wird auch die Auffassung vertreten, die Interpretation des berechtigten **171** Interesses habe sich an Sinn und Zweck der Datenerfassung zu orientieren. Dazu hat das OVG Berlin die Auffassung vertreten (DÖV 1985, 287), die in § 26 Abs 5 StVZO vorgesehene Halterauskunft (inzwischen aufgehoben, neu geregelt in § 39 StVG) diene Bedürfnissen des Straßenverkehrs. Deswegen könne Auskunft nur in verkehrsrechtlichen Angelegenheiten erteilt werden (OVG Berlin DÖV 1985, 287; vgl auch VGH Mannheim NJW 1984, 1911 betreffend die Beschränkung des Auskunftsanspruches, wenn öffentliche Interessen wie etwa im Falle einer behördlich veranlassten Observation entgegenstehen). Richtiger Auffassung nach lässt es sich nicht ausschließen, dass der Berufung auf öffentliche Interessen ein schutzwürdiges privates Interesse entgegensteht und das Einsichtsrecht des Journalisten aus diesem Grunde im Einzelfall zu verneinen ist. Grundsätzlich ist aber davon auszugehen, dass ein vom Journalisten wahrgenommenes öffentliches Interesse als berechtigtes Interesse anzuerkennen ist (vgl BVerfG NJW 2001, 503; AfP 2000, 566; BGH NJW-RR 2011, 1651; im Ergebnis ebenso *Schröer-Schallenberg*, Informationsansprüche der Presse gegenüber Behörden, S 163).

III. Einsichtsrecht in Archivgut des Bundes

Nach § 5 BArchG (Gesetz über die Sicherung und Nutzung von Archivgut des **172** Bundes v 6.1.1988, BGBl. I S. 62, zuletzt geändert durch das Dritte Gesetz zur Änderung des Bundesarchivgesetzes vom 27.5.2013, BGBl I S. 1888) steht auf Antrag jedermann das Recht zu, Archivgut des Bundes aus einer mehr als 30 Jahre zurückliegenden Zeit zu nutzen, soweit durch Rechtsvorschrift nichts anderes bestimmt ist. Archivgut sind Unterlagen, die archivpflichtige Stellen nach § 2 Abs 1 BArchG dem Bundesarchiv anbieten, und denen nach der Entscheidung des Bundesarchivs bleibender Wert für die Erforschung oder das Verständnis der deutschen Geschichte, die Sicherung berechtigter Belange der Bürger oder die Bereitstellung von Informationen für Gesetzgebung, Verwaltung oder Rechtsprechung zukommt. Die Unterlagen müssen jedoch älter als 30 Jahre sein (BVerwG NJW 2014, 1126). Darüber hinaus enthält § 5 Abs 6 BArchG weitere Beschränkungen (vgl BVerwG AfP 2012, 298 – BND-Akten zum Fall *Adolf Eichmann*). Altersgrenze und weitere Beschränkungen können dazu führen, dass der Zugang zu Archivgut höheren Anforderungen unterliegt, als dies nach dem IFG der Fall wäre. Da an den Zugang zu historischem Material grundsätzlich keine höheren Anforderungen gestellt werden können als an den Zugang zu noch im Verwaltungsgebrauch stehenden Material, sind die Zugangsbeschränkungen eng auszulegen. Um Wertungswidersprüche zu vermeiden, müssen die Unterlagen jedenfalls in gleicher Weise wie nach dem IFG zugänglich sein. Nur soweit der Erhaltungszustand des Archivguts gefährdet würde, kann insoweit eine Ausnahme gelten.

IV. Einsichtsrecht in Stasi-Unterlagen

173 Die Stasi-Unterlagen werden nach dem Gesetz über die Unterlagen des Staatssicherheitsdienstes der ehemaligen Deutschen Demokratischen Republik (Stasi-Unterlagengesetz, StUG, idF der Bekanntmachung v 18.2.2007, BGBl I S 162, zuletzt geändert durch Art 4 Abs 40 Gesetz v 7.8.2013 BGBl I S 3154) vom Bundesbeauftragten für die Stasi-Unterlagen verwaltet. Nach §§ 7, 9 StUG ist jedermann und auch die Presse verpflichtet, dem Bundesbeauftragten den Besitz von Stasi-Unterlagen unverzüglich anzuzeigen. Der Bundesbeauftragte kann Herausgabe verlangen, ggf zwecks Anfertigung von Duplikaten. Der Zugang zu den Stasi-Unterlagen ist in §§ 19 ff. StUG, die Verwendung der Unterlagen für politische und historische Aufarbeitung sowie durch Presse, Rundfunk und Film in §§ 32 ff. StUG geregelt (dazu *Zielinski* AfP 2013, 284). Damit sah das StUG lange vor den IFG einen, wenngleich beschränkten Auskunftsanspruch vor. Über den Zugang zu Stasi-Unterlagen wurde in der Vergangenheit vielfältig gestritten. Anlass dazu war insbesondere der durch den Altbundeskanzler Kohl geltend gemachte Anspruch gegen den Bundesbeauftragten, es zu unterlassen, die über ihn vorliegenden Unterlagen für die Forschung, für Zwecke der politischen Bildung und zur Verwendung durch die Medien herauszugeben. Nachdem das VG Berlin (NJW 2001, 2987) dem Unterlassungsbegehren weitgehend stattgegeben und die Revision des Bundesbeauftragten dagegen keinen Erfolg hatte (NJW 2002, 1815), sah sich der Deutsche Bundestag veranlasst, das Gesetz hinsichtlich des Zugangsrechts zu den Unterlagen (insbesondere § 32 StUG) zu ändern (5. StUÄndG vom 2.9.2002, BGBl I S 3446). Daraufhin erhob die Bundesbeauftragte Vollstreckungsgegenklage gegen den Vollzug der Urteile des VG Berlin (NJW 2001, 1815) und des BVerwG (NJW 2002, 1815). Das BVerwG (AfP 2004, 380) betrachtet es nun – unter teilweiser Abänderung des Urteils des VG Berlin (NJW 2004, 457) – auf Grund der neuen Gesetzesfassung für zulässig, Unterlagen mit personenbezogenen Informationen über Personen der Zeitgeschichte, Inhaber politischer Funktionen oder Amtsträger der Forschung zum Zwecke der wissenschaftlichen Aufarbeitung zur Verfügung zu stellen. Diese Unterlagen dürfen jedoch nur für den Forschungszweck genutzt und nicht an Dritte weitergegeben werden. Weiterhin unzulässig ist die Herausgabe von Tonbändern und Wortprotokollen über abgehörte Gespräche des Betroffenen oder Dritter.

174 Die Zurverfügungstellung von Stasi-Unterlagen mit personenbezogenen Informationen für **Zwecke der Presse, von Rundfunk und Film** (§ 34 Abs 1 StUG) kommt demgegenüber trotz der geänderten Gesetzesfassung auch weiterhin nur in sehr engem Umfang in Betracht. Dem Betroffenen ist eine beliebige Veröffentlichung durch die Medien nach Auffassung des BVerwG (AfP 2004, 380) grundsätzlich nicht zumutbar. Das gilt für Informationen, die durch Verletzung der räumlichen Privatsphäre oder des Rechts am gesprochenen Wort gewonnen worden sind, ebenso wie für Informationen, die im weitesten Sinne auf Spionage beruhen, sowie für Berichte und Stellungnahmen des Staatssicherheitsdienstes, die derartige Informationen möglicherweise zu Grundlage haben. Andere Unterlagen, etwa mit Informationen aus allgemein zugänglichen Quellen, aus öffentlichen Reden oder aus Äußerungen gegenüber Dritten, die darüber ihrerseits berichteten, dürfen auch an die Medien nach Maßgabe einer Abwägung herausgegeben werden. Die Entscheidung des BVerwG ist nicht ohne Kritik geblieben (*Heintschel von Heinegg* AfP 2004, 505). Die Medien haben insbesondere die Ungleichbehandlung zwischen Zwecken der öffentlichen Berichterstattung und Zwecken der Forschung beklagt. Zu bedenken ist aber, dass die Stasi-Unterlagen teilweise durch menschenverachtende Methoden erstellt worden sind. Deswegen bedürfen die Stasi-Opfer des besonderen Schutzes, wenn vermieden werden soll, dass ihnen durch Veröffentlichung persönlicher Daten erneut schwerer Schaden entsteht (*Gounalakis/Volmann* DtZ 1992, 78; *Stoltenberg* ZRP 1990, 460). Seit 2007 enthält das Gesetz die zusätzliche Möglichkeit Informationen über Verstorbene zu erteilen, deren Tod 30 Jahre, in Ausnahmefällen auch nur 10 Jahre zurück

C. Sonstige Informationsrechte § 4 LPG

liegt (§ 32 Abs 3 Nr 6 StUG). Das Gesetz gewährt Anspruch auf Einsichtnahme in die Unterlagen sowie das Anfertigen von Duplikaten, wenngleich kostenpflichtig (vgl. Kostenordnung vom 13. Juli 1992 (BGBl. I 1992, S. 1241, geändert durch StU-KostÄndV vom 8.5.1995, BGBl. I 1995, S. 625, geändert durch Art 2 Abs 58 Gesetz v 7.8.2013, BGBl I S 3154).

V. Anspruch auf Umweltinformationen

Freien Zugang zu Informationen über die Umwelt hatte schon das Umweltinformationsgesetz 1994 vorgesehen. Aufgrund der Änderung der Umweltinformationsrichtlinie der EG durch die RL 2003/4/EG und einzelner Umsetzungsdefizite (vgl. EuGH NVwZ 1999, 1209) sowie zur Anpassung an die Vorgaben der Aarhus-Konvention wurde das UIG neu gefasst (v 22.12.2004, BGBl. I S. 3704, geändert durch Artikel 2 Absatz 47 des Gesetzes v 7.8.2013, BGBl. I S. 3154). Das Gesetz gewährt jedermann einen voraussetzungslosen Informationsanspruch gegenüber Behörden sowie gegenüber Privatpersonen, die öffentlich-rechtliche Aufgaben im Bereich des Umweltschutzes wahrnehmen und die der Aufsicht von Behörden unterstellt sind. Die Behörde ist grundsätzlich an die beantragte Form der Informationserteilung gebunden. Sie kann davon nur abweichen, bei Vorliegen eines gewichtigen Grundes abweichen, wenn hierfür gewichtige, von ihr darzulegende Gründe bestehen (BVerwG NJW 1997, 753; NVwZ 2010, 189). Allerdings müssen die Informationsmittel im Wesentlichen die gleiche Informationseignung besitzen (BVerwG NVwZ 2010, 189). Nach § 8 Abs 1 UIG besteht der Anspruch zum Schutze bestimmter öffentlicher Belange nicht (zum Ausschlusstatbestand der Vertraulichkeit der Beratungen von Behörden bei Kabinettsvorlagen OVG Schleswig NVwZ 2000, 341). Der Schutz sonstiger Belange ist in vergleichbarer Weise in § 9 UIG geregelt (vgl. BVerwG NVwZ 2009, 1113).

175

VI. Anspruch auf Urteilsabschriften

Gerichtsurteile sind die wesentliche Erkenntnisquelle für das Richterrecht, das angesichts einer komplizierter werdenden Welt, in der der Gesetzgeber weitgehend nur noch Richtlinien festschreibt und das Übrige insbesondere den Gerichten überlassen muss, immer stärkere Bedeutung erlangt. Das gilt auch und besonders für Instanzurteile. Die Dokumentation gerichtlicher Entscheidungen ist auch Voraussetzung für die Funktionsfähigkeit der Rechtspflege, die die kritische Rechtsdiskussion, die Möglichkeit informierter Rechtsberatung, die Ausprägung des Richterrechts, die Rechtsfortbildung und die Rechtseinheitlichkeit einschließt (vgl Art 95 Abs 3 GG, §§ 121 Abs 2, 132 GVG und dazu BVerfG NJW 1986, 2242; *Kramer* ZRP 1976, 84). Der Veröffentlichung von Gerichtsentscheidungen kommt daher eine der Verkündung von Rechtsnomen vergleichbare Wirkung zu. Deswegen sind Gerichte verpflichtet, ihre Urteile in angemessener Weise zu veröffentlichen (BVerwG NJW 1997, 2694; OLG München OLGZ 1984, 477/479; OVG Bremen NJW 1989, 926; OLG Celle NJW 1990, 2570; OVG Lüneburg NJW 1996, 1489; OLG Köln NJW-RR 2003, 429/431; VGH Mannheim NJW 2013, 2045; *Hirte* NJW 1988, 1698; *Huff* DRiZ 1994, 50; *Tiedemann* NVwZ 1997, 1187; *Albrecht* CR 1998, 373; *Mensching* AfP 2007, 534). Diese Veröffentlichungspflicht erfüllen insbesondere das Bundesverfassungsgericht, der Bundesgerichtshof und das Bundesverwaltungsgericht in vorbildlicher Weise, indem sie alle Entscheidungen für jedermann über das Internet zum Abruf bereithalten (www.bundesverfassungsgericht.de bzw www.bundesgerichtshof.de bzw bverwg.de). Zwischenzeitlich machen auch die Instanzgerichte ihre Entscheidungen vermehrt über das Internet abrufbar.

176

Gesetzlich ist die Veröffentlichungspflicht allerdings nur vereinzelt geregelt (zB in § 5 AGVwGO Rheinland-Pfalz, § 8 AGVwGO Bayern). Die Verpflichtung folgt aus

177

Burkhardt 263

dem für staatliches Handeln allgemein geltenden Publizitätsgebot kraft Bundesverfassungsrecht. Es bedarf hierzu keiner speziellen gesetzlichen Verpflichtung (BVerwG NJW 1997, 2694/2695). Die Publikation ist eine Aufgabe der Gerichtsverwaltung. Hierzu ist auf § 299 Abs 2 ZPO zu verweisen, nach dem der Vorstand des Gerichts für die Gestattung der Akteneinsicht und damit auch für die Einsicht in Urteile zuständig ist (OLG München OLGZ 1984, 477/481; KG NJW 2008, 1748; OVG Lüneburg NJW 1996, 1489; *Hirte* NJW 1988, 1698/1700; zum Einsichtsrecht nach § 475 Abs 1, 4 StPO vgl VGH Mannheim Beschluss v. 21.3.2011 Az 1 K 4686/10; BeckRS 2013, 56440; VGH München BeckRS 2014, 49210; VG München AfP 2012, 593; VG Augsburg BeckRS 2014, 46814; LG Bochum NJW 2005, 999). Die Organisation dieses Aufgabenbereiches ist der Gerichtsverwaltung nicht im Einzelnen vorgeschrieben (BVerwG NJW 1997, 2694/2695; OVG Bremen NJW 1989, 926/927). Allerdings hat sie die Beachtung öffentlich-rechtlicher Bindungen sicherzustellen, insbesondere die Wahrung der Persönlichkeitsrechte, des Datenschutzes und die Gewährleistung strikter Gleichbehandlung bei der Herausgabe von Entscheidungen. Zu ihren Aufgaben gehört ferner die Auswahl der veröffentlichungswürdigen Gerichtsentscheidungen und die Herstellung einer herausgabefähigen, dh insbesondere anonymisierten und neutralisierten Fassung (BVerwG NJW 1997, 2694/2695).

178 Angesichts der Bedeutung gerichtlicher Entscheidungen erkennt das OLG Celle (NJW 1990, 2570) zu Recht grundsätzlich jedem, der ein Informationsinteresse hat, einen Anspruch auf Erteilung einer Urteilsabschrift zu (vgl dazu auch BVerwG NJW 1997, 2694). Begründet sein kann dieser Anspruch zB zwecks wissenschaftlicher Auseinandersetzung mit der Entscheidung (OLG Celle NJW 1990, 2570; LG Bochum NJW 2005, 999), ebenso wenn die Kenntnis zur Beurteilung rechtlicher Chancen erforderlich ist. Der Fach- und auch der Publikumspresse muss grundsätzlich ein Anspruch auf eine Urteilsabschrift zuerkannt werden, wenn sie abgedruckt oder publizistisch erörtert werden soll. Dieser Anspruch folgt allerdings nicht aus § 4 Abs 1 LPG, weil es nicht um eine behördliche Auskunft geht, und auch nicht aus § 4 Abs 4 LPG, weil Urteile keine amtlichen Bekanntmachungen sind. Der Anspruch folgt aus dem allgemeinen Gleichheitssatz des Art 3 Abs 1 GG iVm Art 5 Abs 1 Satz 2 GG (BVerwG NJW 1997, 2694; OVG Bremen NJW 1989, 926; VGH Mannheim NJW 2013, 2045) oder speziellen gesetzlichen Normen wie etwa § 475 StPO (VGH Mannheim Beschluss v. 21.3.2011 Az 1 K 4686/10; BeckRS 2013, 56440; VGH München BeckRS 2014, 49210; VG München AfP 2012, 593; VG Augsburg BeckRS 2014, 46814; LG Bochum NJW 2005, 999).

179 Gegenüber dem Überlassungsanspruch kann sich das Gericht nicht auf eine mit einem Verlag getroffene Exklusivvereinbarung berufen. Der Staat mag zwar dulden, dass die ihm obliegende Veröffentlichungsaufgabe durch private wissenschaftliche Nebentätigkeit der Richter erfüllt wird. Damit ist er aber nicht seiner Bindung an Gesetz und Recht für diesen Aufgabenbereich enthoben. Er bleibt daran auch gebunden, wenn er sich zur Erfüllung von Verwaltungsaufgaben privatrechtlicher Rechtsformen bedient. Überlässt die Gerichtsverwaltung die Veröffentlichungspraxis der privaten richterlichen Selbstregulierung, hat sie darüber zu wachen und sicherzustellen, dass öffentlich-rechtliche Bindungen erfüllt werden und insbesondere der Gleichheitsgrundsatz und die Erfordernisse der Presse gewahrt bleiben (BVerwG NJW 1997, 2694; OVG Bremen NJW 1989, 926/927; VGH Mannheim NJW 2013, 2045). Diese Verpflichtung besteht auch, wenn mit der Exklusivbindung von Gerichten an einen bestimmten Verlag die Schaffung eines „Hausorgans" bezweckt ist, um „alle wichtigen Finanzgerichtsentscheidungen zeitnah in einer Zeitschrift gesammelt und inhaltlich nach einheitlichen Richtlinien gestrafft zur Verfügung zu stellen." Dementsprechend hat das OVG Bremen (NJW 1989, 926) einem Verlag als Herausgeber eines steuerrechtlichen Informationsbriefes den Anspruch zuerkannt, ihm alle Entscheidungen, das das „Hausorgan" erhält, gegen Kostenerstattung zur Verfügung zu stellen (ebenso BVerwG NJW 1997, 2694). Auch soweit Entscheidungen durch vom Gericht beschäftigte Dokumentatoren zur Publikation zB in juris aufbereitet werden, besteht ein Anspruch anderer Medien,

C. Sonstige Informationsrechte § 4 LPG

die aufbereiteten Entscheidungen ebenso und in gleicher Form zu erhalten (VGH Mannheim NJW 2013, 2045). Der Anspruch folgt auch aus § 3 IWG (dazu eingehend VGH Mannheim NJW 2013, 2045). In einer missglückten Entscheidung zum gleichen Komplex hat es der 7. Senat des **180** BVerwG für zulässig erklärt (AfP 1994, 74), bei der Forderung nach Übersendung von Urteilsabschriften danach zu unterscheiden, ob das Publikationsorgan fachwissenschaftlichen Ansprüchen genügt oder ob das nicht der Fall ist. Durch eine solche Unterscheidung werde nicht auf den Meinungsinhalt des Publikationsorgans abgestellt, sondern auf ein Kriterium, das meinungsneutral sei. Diese Auffassung hat der nun für das Presserecht zuständige 6. Senat des BVerwG ausdrücklich aufgegeben (NJW 1997, 2694). Er ist mit dem VG Hannover (NJW 1993, 3282) und dem OVG Lüneburg (NJW 1996, 1489) der Ansicht, dass der Grad der Wissenschaftlichkeit sich nicht als ein formales und damit meinungsneutrales Kriterium darstellt, mit dem sich eine unterschiedliche Behandlung von Publikationsorganen rechtfertigen ließe. Eine Auswahl sei auch nicht erforderlich, da es sich nicht um die Bewirtschaftung beschränkt verfügbarer Ressourcen handele.

Dass der Zurverfügungstellung einer bestimmten Entscheidung öffentliche Interessen **181** entgegenstehen, kann ausgeschlossen werden. Auch ein etwaiges Interesse einer unterlegenen Prozesspartei an Geheimhaltung des Urteils ist nicht als berechtigt anzuerkennen (*Hirte* NJW 1988, 1698/1700). Grundsätzlich gilt das auch im Falle einer strafrechtlichen Verurteilung, und zwar unabhängig von der seit der Verurteilung vergangenen Zeit. Jedenfalls kann Überlassung einer Urteilsabschrift zur wissenschaftlichen Erörterung gefordert werden (OLG Celle NJW 1990, 2570). Allerdings wird seit dem Volkszählungsurteil des BVerfG (BVerfG NJW 1984, 419) überwiegend davon ausgegangen, dass Urteile wegen des Rechts auf informationelle Selbstbestimmung grundsätzlich nur in anonymisierter Form zur Verfügung gestellt werden dürfen (vgl *Mallmann* DRiZ 1987, 481). Dies gilt grundsätzlich auch bei einer Übersendung zum Zwecke wissenschaftlicher Erörterung. Zu weitgehend erscheint die Ansicht des LG Bochum (NJW 2005, 999), dass darüber hinaus einzelne Teile eines Urteils nicht zur Verfügung zu stellen sind, soweit darin persönliche Angaben, etwa zur Kindheit enthalten sind. Gerade solche Informationen können für wissenschaftliche Erörterungen von besonderer Bedeutung sein. In einer im Verfahren nach § 23 EGGVG ergangenen Entscheidung, in dem lediglich die etwaige Überschreitung der gesetzlichen Ermessensgrenze überprüft werden kann, vertritt das OLG Stuttgart die Auffassung (AfP 1992, 291), die Verweigerung der Herausgabe eines längere Zeit zurückliegenden Strafurteils sei zulässig, wenn es nicht um wissenschaftliche Erörterung geht, sondern wenn ein Nachrichtenmagazin in der Sache recherchieren wolle und der Betroffene trotz Anonymisierung erkennbar bleibe. Das schriftliche Strafurteil befasse sich mit den Vorgängen und der Bewertung des Angeklagten und Dritter in aller Regel detaillierter als bei der mündlichen Urteilsbegründung. Diese Ausführungen seien in erster Linie für die Verfahrensbeteiligten bestimmt. Demzufolge sei die Verweigerung der Herausgabe an das Nachrichtenmagazin mit Rücksicht auf das Persönlichkeitsrecht des Betroffenen nicht ermessensfehlerhaft erfolgt. Kein Anspruch auf Urteilsabschrift besteht auch, wenn diese nur dazu verwendet werden soll, einen längst abgeschlossenen Streit nochmals öffentlich darzustellen, ohne dass ein neues Informationsinteresse erkennbar ist (OLG Köln NJW-RR 2003, 429). Ebenso wenig kann grds die Überlassung eines **Verhandlungsprotokolls** verlangt werden (OLG Köln NJW-RR 2003, 429/431).

Auch wenn man von einer grundsätzlichen Anonymisierungspflicht ausgeht, muss **182** ein Informationsinteresse am Namen der Prozessparteien anerkannt werden, wenn die Entscheidung derartig stark mit ihnen verbunden ist, dass sie sich davon nicht trennen lässt. ZB kann ein Urteil zur Verwechslungsfähigkeit von Firmenbezeichnungen ohne die Nennung der Firmen unverständlich bleiben. Abgesehen davon erfolgt eine Anonymisierung in der Form nach, wenn sich der oder die Betroffenen aus dem Tatbestand des Urteils unschwer ablesen lassen. Wird zB in einem Urteil des LG Darmstadt ein PKW-Hersteller erwähnt, der rund 60 000 AN beschäftigt, ist klar, dass das nur die Adam Opel AG in Rüsselsheim sein kann. Eine Verfremdung des Sachverhaltes zwecks Vermeidung der Erkennbarkeit kann allenfalls bei steuerrechtlichen Entscheidungen in Betracht kommen (vgl dazu *Blümel* DVBl 1966, 66; *Leistner,* Über die Veröffentlichungspraxis oberster und höherer Gerichte in Westeuropa, 1975, S 28 f.). Beteiligte Richter und Schöffen sind idR zu nennen, da deren Anonymitätsschutzinteresse im Hinblick auf das von ihnen wahrgenommene öffentliche Amt hinter das Informationsinteresse der Öffentlichkeit zurück tritt (VGH Mannheim BeckRS 2013, 56440). Wegen des überwiegenden Informationsinteresses kann eine Anonymisierung auch verzichtbar sein, wenn eine Prozesspartei Partner gleichartiger Sachverhalte oder Prozesse werden könnte. Diesem Interesse hat der Gesetzgeber für den Fall unwirksamer AGB-Klauseln durch § 7 UKlaG Rechnung getragen. Danach kann dem obsiegenden Kläger die Befugnis zugesprochen werden, die Urteilsformel mit „der Bezeichnung des verurteilten Beklagten auf dessen Kosten im Bundesanzeiger, im Übrigen auf eigene Kosten" zu veröffentlichen.

183 In welchem Rechtsweg die Durchsetzung des Anspruches zu erfolgen hat, ist umstritten (vgl. VGH Mannheim Beschluss v 16.6.2011 Az 1 S 1137/11 und unten Rn 192). Dazu meint das OVG Bremen (NJW 1989, 926), die richtige Verfahrensart sei nicht die Leistungs-, sondern die Verpflichtungsklage. Dem ist zuzustimmen, soweit es um die grundsätzliche Entscheidung über eine (dauerhafte) Belieferung geht. Wird demgegenüber die bloße Übersendung von Entscheidungen verlangt, ist eine Leistungsklage zu erheben (VG Hannover NJW 1993, 3282).

D. Durchsetzung des Informationsanspruches

184 1. Die gerichtliche Durchsetzbarkeit des Informationsanspruches ist unbestritten (VGH Mannheim NJW 1979, 21/17; 82, 668; OLG Hamm NJW 1981, 356; *Staggat* S 164; kritisch allerdings *Willms* AfP 1965, 511). Da es sich um einen Anspruch handelt, der die Rechtsbeziehungen zwischen Staat und Bürger betrifft, also um einen öffentlich-rechtlichen Anspruch, ist er grundsätzlich im **Verwaltungsrechtsweg** durchsetzbar (BVerwG AfP 1975, 763; NJW 1992, 1339; VG Saarlouis AfP 1997, 837; *Ricker/Weberling* Kap 22 Rn 1; *Rebmann* § 4 Rn 2; *Reh/Groß* § 3 Anm 5). Dies gilt auch für Auskunftsansprüche gegenüber einer juristischen Person des Privatrechts (OVG Saarlouis Beschluss vom 26.4.1996, Az 8 Y 5/96 unveröff; AfP 1998, 426; VG Saarlouis AfP 1997, 837; VG Arnsberg BeckRS 2009, 31716; VG Berlin BeckRS 2012, 50999; *Soehring/Hoene* § 4 Rn 76a; *Schoch,* zitiert nach *Heymann,* AfP 2010, 350; zweifelnd, wenngleich offen gelassen VG Hamburg AfP 2009, 296; aA VG Hannover Beschluss v. 5.6.2003 Az 6 A 4856/02 (juris) in dem vom BGH, NJW 2005, 1720 sodann entschiedenen Fall; AG Hamburg AfP 2008, 232; *Gundel* AfP 2001, 194/196) sowie für die Teilnahme an Pressekonferenzen und ähnlichen Informationsveranstaltungen (VG Bremen NJW 1997, 2696). Umstritten ist, ob dies auch für Auskunftsersuchen gilt, die an die Justizbehörden einschließlich der Staatsanwaltschaft gerichtet werden (vgl Rn 61, 183 und 192).

185 Entgegen der früher herrschenden Auffassung ist die Auskunftserteilung idR nicht als Verwaltungsakt anzusehen. Dies folgt insb aus § 35 Satz 1 Verwaltungsverfahrensgesetz. Danach ist der Verwaltungsakt verbindlich definiert als „... Verfügung, Entscheidung oder andere hoheitliche Maßnahme, die eine Behörde zur Regelung eines Einzelfalles auf dem Gebiet des öffentlichen Rechts trifft und die auf unmittelbare Rechtswirkung nach außen gerichtet ist" (ebenso bereits BVerwGE 3, 258/259 und BVerwGE 31, 301 = NJW 1969, 1131). Selbst wenn es sich bei der Auskunftserteilung um eine Regelung eines Einzelfalles auf dem Gebiet des öffentlichen Rechts handeln sollte (verneinend *Ricker/Weberling* Kap 22 Rn 3), wäre sie jedenfalls nicht auf unmittelbare Rechtswirkung nach außen gerichtet. Die Auskunftserteilung ist idR bloße Wissenskundgabe (so zutreffend VG Köln Urteil vom 6.2.1981, Az 6 K

D. Durchsetzung des Informationsanspruches   § 4 LPG

161/80; VG Saarluis AfP 2006, 596; *Ricker/Weberling* Kap 22 Rn 3; vgl auch *Kopp/ Ramsauer,* VwVfG, 8. Aufl, § 35 Rn 50 und *Löwer* DVBl 1980, 952/954).

Da idR weder die Erteilung der Auskunft noch ihre Verweigerung als Verwaltungsakt zu qualifizieren sind, kann die Auskunftserteilung im Wege der allgemeinen Leistungsklage durchgesetzt werden (VGH Mannheim NJW 1979, 2117; NJW 1982, 668; OVG Münster NJW 1995, 2741; VGH Kassel AfP 2012, 308; VG Berlin NVwZ-RR 1994, 212; VG Saarlouis AfP 2006, 596; VG Arnsberg BeckRS 2009, 31716). Nur ausnahmsweise kommt eine Verpflichtungs- oder Feststellungsklage (zum Feststellungsinteresse bei Vorbehalt, bestimmte Pressevertreter auch künftig nicht zu Informationsveranstaltungen einzuladen vgl VG Bremen NJW 1997, 2696) in Betracht (vgl §§ 42, 43 VwGO). Praktisch ergibt sich hieraus, dass es keines Vorverfahrens bedarf, also keines Widerspruches nach § 68 Abs 2 VwGO. Ebenso wenig braucht die Klagefrist des § 74 VwGO eingehalten zu werden. Im Falle der Auskunftsverweigerung kann unmittelbar beim Verwaltungsgericht Klage erhoben werden, und zwar mit dem Antrag, die Beklagte (die Behörde bzw die sie tragende Körperschaft oder Anstalt) zu verpflichten, dem Kläger die begehrte Auskunft zu erteilen bzw die gewünschten Presseinformationen oder sonstigen Unterlagen zur Verfügung zu stellen (so auch VGH Mannheim NJW 1979, 2117). Das gilt auch, wenn Beklagte eine Rundfunkanstalt ist (VG Karlsruhe, Rundfunk und Fernsehen, 1980, 241).

In seinem Urteil vom 25.2.1969 hat das BVerwG demgegenüber die Auffassung vertreten, die Frage, ob mit dem Antrag auf Erteilung einer behördlichen Auskunft ein Verwaltungsakt begehrt wird, könne nicht allgemein bejaht oder verneint werden (BVerwG 31, 30 = NJW 1969, 1131/1132). Zwar sei zB bei einer Auskunft des Einwohnermeldeamtes von einer bloßen Wissenskundgabe auszugehen. Etwas anderes gelte aber bei der Frage, ob ein Verfassungsschutzamt berechtigt bzw verpflichtet sei, den Namen eines Behördeninformanten preiszugeben. In einem solchen Falle setzt die Beschäftigung mit dem Auskunftsbegehren eine eingehende Prüfung voraus, ob die Auskunftserteilung mit der Erfüllung der gesetzlichen Aufgabe der Behörde vereinbar ist. Mangels gesetzlicher Regeln seien diese Überlegungen dem Ermessen der Behörde überlassen, die dabei öffentliche und private Belange gegeneinander abzuwägen und das Auskunftsersuchen auf Grund des Ergebnisses dieser Prüfung positiv oder negativ zu bescheiden habe. Nach Auffassung des BVerwG ist diese Entscheidung auch auf unmittelbare Rechtswirkung nach außen gerichtet (anders *Perschel* JuS 1966, 231). Bei Ablehnung des Auskunftsbegehrens könne daher nicht eine solchen Falle keine Leistungs-, sondern nur eine Verpflichtungsklage erhoben werden (ebenso BFH NJW 1979, 735).

Die Auffassung des BVerwG ist bedenklich. Allerdings ist die Anfechtungsklage die richtige Klageart, wenn es nicht um eine Auskunftserteilung, sondern um ein Hausverbot geht, zB damit die betreffende Person während einer Pressekonferenz keine Erklärungen abgeben kann (OVG Bremen NJW 1990, 931). In diesem Falle liegt ein anfechtbarer Verwaltungsakt vor (OVG Münster NVwZ-RR 1989, 316). Wenn aber zwischen dem Verwaltungsträger und dem Besucher privatrechtliche Beziehungen bestehen, ist auch ein erteiltes Hausverbot privatrechtlich zu beurteilen (BVerwGE 35, 103).

2. Verwaltungsgerichtliche Verfahren haben idR eine erhebliche Laufzeit. Zumal Auskunftsersuchen nach § 4 LPG eilig zu sein pflegen, ergibt sich die Frage, ob sie im Wege der **einstweiligen Anordnung** durchgesetzt werden können. Nach § 123 Abs 1 Satz 2 VwGO sind solche Regelungsanordnungen zur Regelung eines einstweiligen Zustandes in Bezug auf ein streitiges Rechtsverhältnis zulässig, wenn die begehrte Regelung, vor allem bei dauernden Rechtsverhältnissen, zur Abwendung wesentlicher Nachteile, zur Verhinderung drohender Gewalt oder aus anderen Gründen notwendig erscheint. Allerdings darf die einstweilige Anordnung das Ergebnis des Hauptverfahrens grundsätzlich ebenso wenig vorwegnehmen wie eine im zivilgerichtlichen Verfahren ergehende einstweilige Verfügung. Deswegen wird verschiedentlich bezweifelt, ob ein Auskunftsanspruch nach § 4 LPG im Wege der

einstweiligen Anordnung durchsetzbar ist (*Staggat* S 172; *Schröer-Schallenberg* S 173 f.; verneinend: *Groß* Rn 456). Dem ist entgegenzuhalten, dass sowohl im verwaltungs- wie auch im zivilgerichtlichen Verfahren traditionell Ausnahmen zugelassen werden, nämlich wenn durch die Verweisung auf das Hauptverfahren ein effektiver Rechtsschutz unmöglich wäre, insbesondere dem Antragsteller dadurch unzumutbare und nicht mehr auszugleichende Nachteile entstünden, obwohl ein Obsiegen im Hauptverfahren mit hoher Wahrscheinlichkeit zu erwarten ist (vgl *Eyermann-Happ* § 123 VwGO Rn 48f). Heute kann es zur gefestigten Rechtsprechung gerechnet werden, dass ein presserechtlicher Auskunftsanspruch auch im Wege des einstweiligen Rechtsschutzes durchgesetzt werden kann (BVerfG Beschluss v 8.9.2014, Az 1 BvR 23/14; BVerwG Beschluss v. 10.2.2011, Az 7 VR 6/11; BVerwG Beschluss v 26.11.2013, 6 VR 3/13; VGH Mannheim AfP 1989, 587/588; NJW 1996, 538; NVwZ 2011, 958; VGH München NJW 2004, 3358; OVG Berlin-Brandenburg AfP 2010 621; OVG Münster AfP 2012, 590; BeckRS 2013, 45752; OVG Greifswald AfP 2013, 161; VG Berlin NJW 2001, 3799/3800; VG Cottbus AfP 2002, 360; AfP 2008, 114; VG Dresden AfP 2009, 301; VG Frankfurt/Oder AfP 2010, 305; VG Augsburg BeckRS 2014, 46814, abgeändert durch VGH München BeckRS 2014, 49210 – „Schwabinger Kunstfund"; so jetzt auch *Ricker/Weberling* Kap 22 Rn 5; *Soehring/ Hoene* § 4 Rn 77; *Wente* S 276), ebenso bei Geltendmachung des Gleichbehandlungsanspruchs nach Abs 4 (VG Sigmaringen NJW 1998, 3584/3586) und dem Teilnahmeanspruch an Pressekonferenzen und anderen Informationsveranstaltungen (VG München AfP 1993, 609). An den Anordnungsgrund sollten keine allzu strengen Anforderungen gestellt werden. Der Auskunftsanspruch dient der öffentlichen Aufgabe, die die Presse wahrnimmt. Häufig ist nicht vorauszusehen, ob eine verlangte Information besondere Bedeutung für die Meinungsbildung der Öffentlichkeit erlangt oder nicht. Gleichwohl kommt es jedoch zumeist auf den „richtigen Zeitpunkt" an, in dem eine Information verfügbar und damit auch publizierbar ist. Werden mit dem Argument einer Vorwegnahme der Hauptsache an den Anordnungsgrund strenge Anforderungen gestellt, beeinträchtigt dies die Recherche und Berichterstattung. Ein Abwarten auf den Ausgang eines Hauptsacheverfahrens würde den Auskunftsanspruch möglicherweise faktisch leerlaufen lassen. Denn das Informationsinteresse hängt maßgeblich von der Aktualität der Berichterstattung ab, weshalb die Presse auf eine zeitnahe Informationsbeschaffung angewiesen ist (OVG Berlin-Brandenburg AfP 2010 621; VGH Mannheim NVwZ 2011, 958; OVG Greifswald AfP 2013, 161; VG Frankfurt/Oder AfP 2010, 305). Dabei ist ferner zu beachten, dass das Grundrecht der Pressefreiheit auch das Selbstbestimmungsrecht umfasst, zu entscheiden, ob eine Berichterstattung zeitnah erfolgen soll (BVerfG Beschluss v 8.9.2014, Az 1 BvR 23/14). Zwar ist es richtig, dass eine Auskunftserteilung irreversibel und dadurch die Information in der Welt ist. Dies steht jedoch einer nur vorläufigen Regelung nicht im Wege. So ist der BGH (BGHZ 94, 268/274) der Auffassung, dass eine Auskunftserteilung auf Grund eines nur vorläufig vollstreckbaren Titels und dem Druck der Zwangsvollstreckung keine Erfüllung darstellt. Ähnlich nimmt eine verbreitete Auffassung an (OLG Düsseldorf AfP 1976; OLG Hamburg AfP 1982, 35; OLG München AfP 1990, 53; OLG Karlsruhe AfP 1998, 65; OLG Brandenburg NJW-RR 2000, 325), auch der Abdruck einer Gegendarstellung unter dem Druck drohender Zwangsvollstreckung auf Grund eines nur vorläufig vollstreckbaren Titels sei keine Erfüllung, stelle keine endgültige Regelung dar. Diese Grundsätze können zwar nicht unmittelbar auf das Verwaltungsgerichtsverfahren übertragen werden. Gemeinsam ist ihnen aber, dass lediglich eine faktische Vorwegnahme in Rede steht (zum Begriff der Vorwegnahme: BVerfG NVwZ 2003, 1112; BVerwG Beschluss v. 10.2.2011, Az 7 VR 6/11: endgültige Vorwegnahme), die die materiell-rechtliche Position des Antragstellers nicht ändert (vgl. *Kuhls*, in: Beck'scher Online-Kommentar VwGO § 123 Rn 154f). Hinzu kommt, dass das Verbot der Vorwegnahme der Hauptsache seinerseits vielfach im Widerspruch zu dem Verfassungsgebot eines wirksamen Rechtsschutzes gemäß Art 19 Abs 4 GG steht (*Schoch* AfP 2010, 313). Wird ein Anord-

D. Durchsetzung des Informationsanspruches § 4 LPG

nungsgrund verneint, ist der dadurch eintretende Zeitverlust für die Presse ebenso irreversibel, wie eine erteilte Auskunft aufgrund entsprechender Anordnung. Der dadurch bewirkte Rechtsverlust ist in beiden Fällen irreparabel, da die Presse bei ausbleibender Information insoweit am Gebrauch ihrer Freiheit gehindert wird (*Schoch* AfP 2010, 313). Angesichts dieser Kollisionslage bedarf es einer sorgfältigen und nicht nur summarischen Prüfung sowohl des Anordnungsanspruchs als auch des Anordnungsgrundes (*Schoch* AfP 2010, 313; vgl auch BVerfG Beschluss v. 8.9.2014, Az 1 BvR 23/14). Dabei ist die Prüfungsreihenfolge nicht disponibel, da eine Bejahung des Anordnungsanspruchs in Fallgestaltungen, in denen dieser bei Versagung des vorläufigen Rechtsschutzes fortschreitend endgültig vereitelt würde, für die Prüfung des Anordnungsgrundes in weitem Umfang vorgreiflich ist (BVerfG NVwZ-RR 2009, 945; VG Cottbus AfP 2008, 114; *Schoch* AfP 2010, 313). Zu berücksichtigen ist ferner, dass das Grundrecht der Pressefreiheit es gebietet, überall dort, wo der Geltungsbereich einer Norm die Presse berührt, dem Postulat ihrer Freiheit Rechnung zu tragen (st. Rspr., vgl BVerfG NJW 2001, 503), und dass es zu der öffentlichen Aufgabe der Presse gehört, Nachrichten zu beschaffen und zu verbreiten, und dass Informationen einen Nachrichtenwert nur so lange haben, als sie einen aktuellen Gegenwartsbezug aufweisen. Es muss gewährleistet sein, dass die Presse in die Lage versetzt wird, ihrer für eine freiheitlich-demokratische Grundordnung unerlässlichen Aufgabe nachzukommen (BVerfG Beschluss v. 8.9.2014, Az 1 BvR 23/14; VGH München NJW 2004, 3358; VG Frankfurt/Oder AfP 2010, 305).

Die Rechtsprechung ist insoweit leider sehr uneinheitlich. Die Anforderungen an die Erfolgswahrscheinlichkeit und die Darlegung unzumutbarer Nachteile werden teilweise zu hoch angesetzt (vgl BVerfG Beschluss v. 8.9.2014, Az 1 BvR 23/14). Der Umstand, dass die Presse auch ohne die begehrten Auskünfte über einen Fall bereits berichtet hat, vermag jedenfalls an der Dringlichkeit nichts zu ändern (aA OVG Münster AfP 2012, 590), zumal die Auskunft möglicherweise ein Korrekturbedürfnis bisheriger Berichterstattung aufzeigt und Mitteilungen amtlicher Stellen in besonderes Vertrauen entgegen gebracht wird (vgl BVerfG AfP 2010, 365). Auch die Ansicht, ein Anordnungsgrund sei nur gegeben, wenn ein Abwarten bis zu einer Entscheidung in der Hauptsache für die Presse schwere und unzumutbare, nachträglich nicht mehr zu beseitigende Nachteile zur Folge habe (vgl BVerwG Beschluss v. 10.2.2011, Az 7 VR 6/11), und der Presse sei auch eine gewisse Aktualitätseinbuße zuzumuten (vgl BVerwG Beschluss v 26.11.2013, Az 6 VR 3/13; VGH München Beschluss v 27.3.2014 Az 7 CE 14.253), bewirkt faktisch eine Beeinträchtigung der Presse bei der Informationsbeschaffung und wirft die Frage nach einer effektiven Rechtsschutzgewährung (Art 19 Abs 4 GG) auf. Zurecht hat das BVerfG (Beschluss v 8.9.2014, Az 1 BvR 23/14) es als verfassungsrechtlich bedenklich bezeichnet, wenn das BVerwG (Beschluss v 26.11.2013, Az 6 VR 3/13) davon ausgeht, dass der Presse eine gewisse Aktualisierungseinbuße regelmäßig zuzumuten sei und eine Ausnahme „allenfalls" dann vorliege, wenn Vorgänge in Rede stünden, die unabweisbar einer sofortigen, keinen Aufschub duldenden journalistischen Aufklärung bedürften, etwa wenn manifeste Hinweise auf aktuelle schwere Rechtsbrüche staatlicher Stellen vorlägen oder ein unmittelbares staatliches Handeln zur Abwehr von Gemeinwohlgefahren dringend gefordert sein könnte. Diese Anforderungen beschränken im Blick auf die Pressefreiheit den vorläufigen Rechtsschutz unverhältnismäßig. Auch soweit de lege lata für eine einstweilige Anordnung in Pressesachen die allgemeinen Grundsätze gelten, wobei nach dem Wortlaut des § 123 Abs 1 S 1 VwGO es für einen Anordnungsgrund bei endgültiger Vorwegnahme der Hauptsache schon genügt, wenn die Verwirklichung des Rechts wesentlich erschwert werden könnte, erscheint im Lichte der Pressefreiheit und der öffentlichen Aufgabe der Presse geboten, im Zweifel das Vorliegen eines Anordnungsgrundes anzunehmen. De lege ferenda hat schon *Kohlhaas* vorgeschlagen, ein besonderes Kurzverfahren vor den Oberverwaltungsgerichten bzw Verwaltungsgerichtshöfen als einzige Instanz vorzusehen (JZ 1965, 34; dazu *Willms* DRiZ 1965, 93; ablehnend *Starck* AfP 1978, 171/177). Vorzugswürdig ist der Vor-

190

schlag von *Löffler,* das einstweilige Rechtsschutzverfahren als einzige Verfahrensart vorzusehen, wie dies § 11 LPG für den Gegendarstellungsanspruch vorsieht. Leider haben die Gesetzgeber keinen dieser Vorschläge bislang aufgegriffen.

191 Der Anordnungsgrund ist darzulegen und glaubhaft zu machen. Ein Anordnungsgrund ist jedenfalls zu bejahen, wenn das Auskunftsbegehren einen besonderen Aktualitätsbezug aufweist, der eine Auskunft im Hauptsacheverfahren mit Blick auf das Informationsbedürfnis der Öffentlichkeit wertlos erscheinen lässt und eine sofortige, tagesaktuelle Berichterstattung erfordert (BVerwG Beschluss v. 10.2.2011, Az 7 VR 6/11; VG München BeckRS 2014, 48412). Richtigerweise ist er schon dann zu bejahen, wenn dargelegt und glaubhaft gemacht wird, dass die Auskunft für eine geplante aktuelle Berichterstattung benötigt wird (vgl VGH Mannheim NVwZ 2011, 958) oder eine hohe Erfolgswahrscheinlichkeit besteht. Handelt es sich um zurückliegende Vorgänge, ist näher vorzutragen, warum für die jetzige Berichterstattungsabsicht sogleich die Informationen benötigt werden (BVerfG Beschluss v 8.9.2014, Az 1 BvR 23/14). Pauschale Hinweise genügen insoweit nicht. Diese Darlegungslast darf aber nicht dazu führen, dass Recherchegeheimnisse oder der Duktus einer beabsichtigten Berichterstattung offenbart werden müssen. Da die Presse erst nach Vorliegen der Auskunft entscheiden kann, ob und in welcher Weise über den Tatsachenkomplex berichtet werden soll, kann richtigerweise eine Glaubhaftmachung nicht verlangt werden, gerade erst die konkret begehrte Information gestatte es der Presse, über den Sachverhalt zu berichten (vgl Rn 85). Zur Androhung eines Zwangsgelds VG Sigmaringen NJW 1998, 3584/3586.

192 3. Eine verfahrensmäßige Besonderheit gilt, wenn Auskunft von einer **Justizbehörde** begehrt wird, also vom Gericht oder der Staatsanwaltschaft. Nach § 23 Abs 1 Satz 1 EGGVG entscheiden über die Rechtmäßigkeit der Anordnungen, Verfügungen oder sonstigen Maßnahmen, die von den Justizbehörden zur Regelung einzelner Angelegenheiten auf den Gebieten ua des bürgerlichen Rechts einschließlich des Handelsrechts, des Zivilprozesses und der Strafrechtspflege getroffen werden, auf Antrag die ordentlichen Gerichte und zwar nach § 25 EGGVG das Oberlandesgericht, in dessen Bezirk die Justiz- oder Vollzugsbehörde ihren Sitz hat. Ob diese abdrängende Sonderzuweisung auch für Pressemitteilungen und sonstige Auskünfte über Ermittlungs- und Gerichtsverfahren gilt, ist umstritten. Zwar besteht Einigkeit darüber, dass Justizverwaltungsakte iSd § 23 Abs 1 Satz 1 EGGVG auch schlicht hoheitliche Maßnahmen von Justizbehörden umfassen (BVerwG NJW 1989, 412/413; OLG Karlsruhe Die Justiz 1980, 450; OLG Dresden NJW 2000, 1503; OLG Karlsruhe AfP 2009, 57; Münchener Kommentar zur ZPO-*Pabst* § 23 EGGVG Rn 3 mwN; Karlsruher Kommentar zur StPO-*Mayer* § 23 EGGVG Rn 20). Auch diesen wird eine Regelungswirkung beigemessen, wenn sie jedenfalls Außenwirkung entfalten, also zB das Handeln geeignet ist, eine Person in ihren Rechten zu verletzen (BVerwG NJW 1989, 412/413; OLG Dresden NJW 2000, 1503; OLG Karlsruhe AfP 2009, 57). Umstritten ist jedoch, ob das **Informationshandeln noch dem Gebiet des Zivilprozesses bzw der Strafrechtspflege** zuzurechnen ist. Nach Auffassung des Bundesverwaltungsgerichts (NJW 1989, 412, 414 m abl Anm *Wasmuth* NStZ 1990, 138 und NJW 1992, 62) fallen hierunter nur spezifisch justizmäßige Maßnahmen der Justizbehörden. Hierzu gehöre das Informationshandeln der Justizbehörden, das dem Gebiet der Öffentlichkeitsarbeit zuzurechnen sei, nicht. Auch ein unmittelbarer Zusammenhang zwischen Presseerklärung und einem konkreten Ermittlungsverfahren rechtfertige nicht die Annahme, es handele sich hierbei um Maßnahmen auf dem Gebiet der Strafrechtspflege. Die Auskunftserteilung diene nicht der Durchführung der Strafverfolgung bzw eines Zivilprozesses, sondern der Erfüllung des Informationsanspruchs der Presse. Demgegenüber nimmt die andere Meinung an, dass Presseinformationen über laufende Verfahren, die anhand der Akten gegeben werden, eng mit der Verfahrensdurchführung verknüpft sind und daher das Verfahren nach §§ 23 ff. EGGVG vor den sachnäheren Fachgerichten der Straf- bzw Zivilgerichtsbarkeit eröffnet ist (OLG Hamburg NJW 1965, 776; OLG Karlsruhe, Justiz 1980, 450;

D. Durchsetzung des Informationsanspruches   § 4 LPG

NJW 1995, 899; AfP 2009, 57; KG GA 1984, 24; OLG Koblenz StV 1987, 430; OLG Hamm NJW 1981, 356; NStZ 1995, 412; OLG Stuttgart AfP 1992, 291; NJW 2001, 3797; OLG Celle NJOZ 2005, 3115; VGH Mannheim NJW 1969, 1319; 1973, 214; Justiz 1981, 250; OVG Münster NJW 1977, 1790; VG Köln Beschluss vom 9.7.2001; *Wasmuth* NStZ 1990, 138; *Kissel* § 23 EGGVG Rn 36 mwN; *Baumbach/Lauterbach/ Albers/Hartmann*, Zivilprozessordnung, § 23 EGGVG Rn 3; Karlsruher Kommentar zur StPO-*Mayer* § 23 EGGVG Rn 20; *Dölling/Duttge/Rössner-Böttcher*, Gesamtes Strafrecht, § 23 EGGVG Rn 3; *Meyer-Goßner/Schmitt* § 23 EGGVG Rn 15). In der Vorauflage wurde noch vertreten, dass dies die herrschende Meinung sei (so auch OLG Karlsruhe AfP 2009, 57). Daran bestehen indessen Zweifel. Zwar wird soweit ersichtlich auch weiterhin von den Strafsenaten der Oberlandesgerichte die Auffassung vertreten, dass der Rechtsweg nach §§ 23 ff. EGGVG eröffnet sei (OLG Celle NJOZ 2005, 3315; OLG Karlsruhe AfP 2009, 57). Dem gegenüber vertreten jedoch wohl ebenso geschlossen die Verwaltungsgerichte die gegenteilige Auffassung, dies gerade auch in jüngster Zeit (VGH München BeckRS 2014, 49210; VGH Mannheim Beschluss v 16.6.2011, Az 1 S 1137/11 (unveröff.); DVBl 2014, 101; VG Berlin NJW 2001, 3799; Beschluss v 23.9.2013 Az VG 1 K 280.12; BeckRS 2014, 46921; VG Saarlouis NJW 2003, 3431; VG Düsseldorf BeckRS 2011, 56351; ZD 2012, 188; VG Gießen BeckRS 2012, 48785; VG Augsburg BeckRS 2014, 46814; VG Magdeburg BeckRS 2014, 51169; offengelassen in BayVerfGH BeckRS 2013, 56097), ebenso ein beachtlicher Teil der Literatur (*Zöller-Lückemann* § 23 EGGVG Rn 13; *MüKom ZPO-Rauscher/Pabst* § 23 EGGVG Rn 61; *Sodan/Ziekow* Verwaltungsgerichtsordnung § 40 Rn 612; *Eyermann-Rennert* § 40 VwGO Rn 126; *Groß* Rn 455; *Strübel/Sprenger* NJW 1972, 1734; *Soehring/Hoene* § 4 Rn 76; *Ricker/Weberling* Kap 22 Rn 1; *Wenzel-Burkhardt* Kap 10 Rn 3 und Kap 12 Rn 111; *Hahn/Vesting-Flechsig* 9a RStV Rn 43). Auch wenn das Argument des engen Zusammenhangs zwischen Presseauskünften sowie Pressemitteilungen und dem jeweiligen Verfahren ebenso wenig von der Hand zu weisen ist, wie das praktische Argument, dass die Verfahren vor den Oberlandesgerichten häufig deutlich weniger lang dauern als Hauptsacheverfahren vor den Verwaltungsgerichten, sprechen die besseren Argumente für eine Zuständigkeit der Verwaltungsgerichtsbarkeit. Als Ausnahmeregelung zu § 40 Abs 1 S 1 VwGO ist § 23 Abs 1 EGGVG, was die erfassten Rechtsgebiete angeht, eng auszulegen (*Schoch/Schneider/Bier-Ehlers* VwGO § 40 Rn 586, 597f mwN). § 4 verpflichtet als öffentlich-rechtliche Norm Behörden zur Auskunft. Die Auskunftsverpflichtung besteht unabhängig von der jeweiligen Aufgabe, die die Behörde wahrnimmt. Mit der Auskunftserteilung kommt die Behörde ihrer sich aus dem presserecht ergebenden Verpflichtung nach (a. A. BVerwG AfP 2013, 355). Sie handelt dabei, jedenfalls aus Sicht des Anspruchsberechtigten, nicht auf dem Gebiet der Straf- oder Zivilrechtspflege, sondern erfüllt allein den öffentlich-rechtlichen Auskunftsanspruch der Presse. Der Anwendungsbereich des § 23 Abs 1 EGGVG ist daher nicht eröffnet.

Dies gilt auch im Falle des Informationshandelns durch eine Polizeidienststelle **193** oder einer gemeinsamen Presseerklärung durch Polizei und Staatsanwaltschaft. Als Hilfsbeamte der Staatsanwaltschaft sind unter Justizbehörden iSv § 23 EGGVG auch Polizeibehörden zu verstehen (OLG Karlsruhe NJW 1995, 899; OLG Stuttgart NJW 2001, 3797). Nach Auffassung des OVG Münster (NJW 2001, 3803) bestimmt sich das Recht auf **Einsicht in Ermittlungsakten** der Staatsanwaltschaft auch für Pressevertreter nach §§ 474 ff. StPO, so dass für eine gerichtliche Entscheidung das Landgericht zuständig ist, in dessen Bezirk die Staatsanwaltschaft ihren Sitz hat. Der Beschluss, den Rechtsstreit an das für den eröffneten Rechtsweg zuständige Gericht zu verweisen, ist bindend (§ 17a Abs 2 S 3 GVG). Die Bindungswirkung gilt nur hinsichtlich des Rechtswegs, nicht bezüglich sonstiger Zulässigkeitsvoraussetzungen (BGH NJW 2001, 2181; OLG Köln NJW-RR 2003, 429).

Entscheidungen nach §§ 23 ff. EGGVG bleiben auf die Prüfung der Frage be- **194** schränkt, ob von einem zutreffenden Sachverhalt ausgegangen wurde, ob in § 4 Abs 2 LPG enthaltene unbestimmte Rechtsbegriffe zutreffend ausgelegt wurden und ob bei

Burkhardt   271

der Ermessensentscheidung die gesetzliche Grenze des Ermessens überschritten oder von dem Ermessen in einer dem Zweck entsprechenden Weise Gebrauch gemacht worden ist (OLG Karlsruhe Die Justiz 1980, 450; OLG Stuttgart AfP 1992, 291; NJW 2001, 3797/3798). ZB kann zu prüfen sein, ob der Behördenleiter die Forderung auf Herausgabe einer Urteilsabschrift wegen eines entgegenstehenden schutzwürdigen privaten Interesses zu Recht zurückgewiesen hat (OLG Stuttgart AfP 1992, 291). Praktisch werden kann das Verfahren nach §§ 23 ff. EGGVG auch, wenn die Pressestelle eines Gerichts oder der Staatsanwaltschaft Auskünfte wegen § 30 AO oder mit Rücksicht auf persönlichkeitsrechtliche Belange verweigert. Im Verfahren nach §§ 23 ff. EGGVG kann zwar grundsätzlich nur die gerichtliche Nachprüfung bereits getroffener oder unterlassener Maßnahmen überprüft werden. Das OLG Hamm hat es aber als noch zulässig angesehen, auch über die Frage zu befinden, ob die Staatsanwaltschaft die Presse nach Abschluss eines Ermittlungsverfahrens in der üblichen Weise unterrichten und ob der Anfragende gleichfalls eine Benachrichtigung erhalten werde. Zur Begründung verweist das OLG Hamm darauf, dass andernfalls das verfassungsmäßige Recht auf effektiven Rechtsschutz leerlaufen würde (NJW 1981, 356). In §§ 23 ff. EGGVG ist eine einstweilige Anordnung nicht vorgesehen. Aus dem in Art 19 Abs 4 GG normierten Gebot eines effektiven Rechtsschutzes folgt jedoch, dass in den Fällen, in denen ein effektiver Rechtsschutz sonst nicht möglich wäre, eine einstweilige Anordnung zulässig ist (OLG Karlsruhe AfP 2009, 57; ähnlich OLG Rostock BeckRS 2005, 09628). Allerdings ist ein isolierter Antrag auf Erlass einer **einstweiligen Anordnung** unzulässig. Eine einstweilige Anordnung kann nur während der Dauer des Verfahrens nach §§ 23 ff. EGGVG erlassen werden, dh nach Antrag zur Hauptsache und bis zur Entscheidung über diesen (BGH NJW 2001, 2181; OLG Köln NJW-RR 2003, 429). Betrifft das Auskunftsverlangen keine justizmäßigen Maßnahmen, sondern zB **Verwaltungsangelegenheiten** der Justizbehörden ist der Rechtsweg nach fast einhelliger Meinung zu den Verwaltungsgerichten nach § 40 Abs 1 VwGO gegeben (BVerwG NJW 1988, 1746; Wasmuth NJW 1988, 1705). Wird die Presse nicht zu Zwecken der Berichterstattung informiert, sondern geht es um die Ermittlung und Auffindung von gesuchten Verdächtigen und Zeugen, handelt es sich um Fahndungsmaßnahmen, gegen welche der Betroffene entsprechend § 98 Abs 2 S 2 StPO vorgehen kann (Karlsruher Kommentar zur StPO-*Mayer* § 23 EGGVG Rn 28). Zur Bindungswirkung für einen nachfolgenden Amtshaftungsprozess BGH NJW 1994, 1950.

§ 5 LPG
Veröffentlichung amtlicher Schriftstücke

aufgehoben

§ 6 LPG
Sorgfaltspflicht der Presse

Geltende Gesetzesfassungen

Gesetzesfassung in Baden-Württemberg:

§ 6 Landespressegesetz

> **Die Presse hat alle Nachrichten vor ihrer Verbreitung mit der nach den Umständen gebotenen Sorgfalt auf Wahrheit, Inhalt und Herkunft zu prüfen. Die Verpflichtung, Druckwerke von strafbarem Inhalt freizuhalten oder Druckwerke strafbaren Inhalts nicht zu verbreiten (§ 20 Abs. 2), bleibt unberührt.**

Sorgfaltspflicht der Presse § 6 LPG

Gesetzesfassung in Bayern:

Art 3 Bayerisches Pressegesetz

(1) Die Presse dient dem demokratischen Gedanken.

(2) Sie hat in Erfüllung dieser Aufgabe die Pflicht zu wahrheitsgemäßer Berichterstattung und das Recht, ungehindert Nachrichten und Informationen einzuholen, zu berichten und Kritik zu üben.

(3) Im Rahmen dieser Rechte und Pflichten nimmt sie in Angelegenheiten des öffentlichen Lebens berechtigte Interessen im Sinn des § 193 des Strafgesetzbuchs wahr.

Gesetzesfassung in Berlin:

§ 3 Berliner Pressegesetz

(1) Die Presse erfüllt eine öffentliche Aufgabe.

(2) Die Presse hat alle Nachrichten vor ihrer Verbreitung mit der nach den Umständen gebotenen Sorgfalt auf Inhalt, Wahrheit und Herkunft zu prüfen.

(3) Die Presse nimmt berechtigte Interessen im Sinne des § 193 StGB wahr, wenn sie in Angelegenheiten von öffentlichem Interesse Nachrichten beschafft und verbreitet, Stellung nimmt, Kritik übt oder in anderer Weise an der Meinungsbildung mitwirkt.

Gesetzesfassung in Brandenburg:

§ 6 Brandenburgisches Landespressegesetz

Der Inhalt eines Presseerzeugnisses ist von den dafür Verantwortlichen vor der Verbreitung mit der nach den Umständen gebotenen Sorgfalt auf Herkunft und Wahrheitsgehalt sowie den Schutz überwiegender öffentlicher oder privater Interessen hin zu überprüfen. Die Presse ist verpflichtet, Druckwerke von strafbarem Inhalt freizuhalten.

Gesetzesfassung in Bremen:

§ 6 Pressegesetz

Die Presse hat alle Nachrichten vor ihrer Verbreitung mit der nach den Umständen gebotenen Sorgfalt auf Wahrheit, Inhalt und Herkunft zu prüfen. Die Verpflichtung, Druckwerke von strafbarem Inhalt freizuhalten oder Druckwerke strafbaren Inhalts nicht zu verbreiten, bleibt unberührt.

Gesetzesfassung in Hamburg:

§ 6 Hamburgisches Pressegesetz

Die Presse hat alle Nachrichten vor ihrer Verbreitung mit der nach den Umständen gebotenen Sorgfalt auf Wahrheit, Inhalt und Herkunft zu prüfen. Die Verpflichtung, Druckwerke von strafbarem Inhalt freizuhalten (§ 19), bleibt unberührt.

Gesetzesfassung in Mecklenburg-Vorpommern:

§ 5 Landespressegesetz für das Land Mecklenburg-Vorpommern

Die Presse hat alle Nachrichten vor ihrer Verbreitung mit der nach den Umständen gebotenen Sorgfalt auf Wahrheit, Inhalt und Herkunft zu prüfen. Die

LPG § 6   Sorgfaltspflicht der Presse

Verpflichtung, Druckwerke von strafbarem Inhalt freizuhalten oder Druckwerke strafbaren Inhalts nicht zu verbreiten (§ 19 Abs. 2), bleibt unberührt. Darüber hinaus trägt die Presse im Rahmen ihrer Berichterstattung besondere Verantwortung für die Privatsphäre der Betroffenen.

Gesetzesfassung in Niedersachsen:

§ 6 Niedersächsisches Pressegesetz

Die Presse hat alle Nachrichten vor ihrer Verbreitung mit der nach den Umständen gebotenen Sorgfalt auf Inhalt, Herkunft und Wahrheit zu prüfen. Sie ist verpflichtet, Druckwerke von strafbarem Inhalt freizuhalten.

Gesetzesfassung in Nordrhein-Westfalen:

§ 6 Landespressegesetz NRW

Die Presse hat alle Nachrichten vor ihrer Verbreitung mit der nach den Umständen gebotenen Sorgfalt auf Inhalt, Herkunft und Wahrheit zu prüfen. Die Verpflichtung, Druckwerke von strafbarem Inhalt freizuhalten (§ 21 Abs. 2), bleibt unberührt.

Gesetzesfassung in Rheinland-Pfalz:

§ 7 Landesmediengesetz

(1) Medieninhalte dürfen nicht gegen die verfassungsmäßige Ordnung verstoßen. Die Vorschriften der allgemeinen Gesetze und die gesetzlichen Bestimmungen zum Schutz der Jugend und des Rechts der persönlichen Ehre sind einzuhalten.

(2) Die Medien haben den anerkannten journalistischen Grundsätzen, auch beim Einsatz virtueller Elemente, zu entsprechen. Nachrichten sind vor ihrer Verbreitung mit der nach den Umständen gebotenen Sorgfalt auf Herkunft und Wahrheit zu prüfen.

Gesetzesfassung in Saarland:

§ 6 Saarländisches Mediengesetz

(1) Medieninhalte dürfen nicht gegen die verfassungsmäßige Ordnung verstoßen. Die Vorschriften der allgemeinen Gesetze und die gesetzlichen Bestimmungen zum Schutz der Jugend und des Rechts der persönlichen Ehre sind einzuhalten.

(2) Die Medien haben den anerkannten journalistischen Grundsätzen, auch beim Einsatz virtueller Elemente, zu entsprechen. Nachrichten über das aktuelle Tagesgeschehen sind vor ihrer Verbreitung mit der nach den Umständen gebotenen Sorgfalt auf Inhalt, Herkunft und Wahrheit zu prüfen.

Gesetzesfassung in Sachsen:

§ 5 Sächsisches Gesetz über die Presse

Die Presse hat alle Nachrichten vor ihrer Verbreitung mit der nach den Umständen gebotenen Sorgfalt unter Berücksichtigung von Herkunft und Inhalt auf ihre Wahrheit hin zu prüfen. Sie ist verpflichtet, Druckwerke von strafbarem Inhalt freizuhalten.

Sorgfaltspflicht der Presse § 6 LPG

Gesetzesfassung in Sachsen-Anhalt:

§ 5 Landespressegesetz

Die Presse hat alle Nachrichten vor ihrer Verbreitung mit der nach den Umständen gebotenen Sorgfalt auf Inhalt, Wahrheit und Herkunft zu prüfen. Sie ist verpflichtet, Druckwerke von strafbarem Inhalt freizuhalten.

Gesetzesfassung in Schleswig-Holstein:

§ 5 Landespressegesetz

Die Presse hat alle Nachrichten vor ihrer Verbreitung mit der nach den Umständen gebotenen Sorgfalt auf Wahrheit, Inhalt und Herkunft zu prüfen. Die Verpflichtung, Druckwerke von strafbarem Inhalt freizuhalten, bleibt unberührt.

Gesetzesfassung in Thüringen:

§ 5 Thüringer Pressegesetz

Die Presse hat alle Nachrichten vor ihrer Verbreitung mit der äußersten, nach den Umständen gebotenen Sorgfalt auf Inhalt, Herkunft und sachliche Richtigkeit zu prüfen. Sie ist verpflichtet, Druckwerke von strafbarem Inhalt freizuhalten.

Inhaltsübersicht

	Rn
A. Grundlagen	1–53
I. Geltende Gesetzesfassungen	1
II. Regelungszusammenhänge	2–20
1. § 6 LPG im Bezugszusammenhang der LPG	2–6
a) Funktionszusammenhang mit § 1 und § 2 LPG	2–5
b) Beschränkung auf Presseerzeugnisse	6
c) Rundfunk	6a
d) Mediendienste. „Elektronische Presse"	6b
e) Elektronische Dienste zur individuellen Nutzung	6c
2. § 6 LPG im Spannungsverhältnis zu den Sorgfaltspflichten der Presse aus allgemeinen Regeln	7–19
a) § 6 LPG als presserechtliche Spezialregelung	7–11
b) § 6 LPG im Verhältnis zum BGB	12–17
c) § 6 LPG im Verhältnis zum UWG	18
d) § 6 LPG im Verhältnis zum StGB	19
3. § 6 LPG und der Pressekodex des Presserats	20
III. Die gemeinsamen Koordinaten der Sorgfaltspflichten für die Berichterstattung der Presse	21–24
1. Ausrichtung der Sorgfaltspflichten vornehmlich am Individualgüterschutz	21–24
a) Integritätsschutz als primäre Aufgabe der Sorgfaltspflichten	21
b) Individualgüterschutz als Bestimmungsgrund und Begrenzung der Sorgfaltspflichten	22–23
c) Konzentrierung der Pflichten auf unmittelbare Eingriffe durch Presseveröffentlichungen	24
2. Ausrichtung der Sorgfaltspflichten an den Einflüssen von Art 1, 2, 5 Abs 1 und 3 GG	25–32
a) Presserechtliche Sorgfaltspflichten als Grundrechtsschranken iSv Art 5 Abs 2 GG	25
b) Einfluss des Art 5 Abs 1 und 3 GG auf staatsschützende Schrankensetzung	26
c) Einfluss von Art 1, 2, 5 GG auf die Schranken zum Schutz von Individualinteressen	27–32

		Rn
d) Einfluss weiterer Grundrechte		32a
e) Einflüsse der Europäischen Menschenrechtskonvention		32b–32c
3. Ausrichtung an einer Interessen- und Güterabwägung		33–34
a) Individualschutz durch „offene" Schutzgüter		33
b) Einfluss der Grundrechte auf die Interessenabwägung		34
4. Einfluss des Maßstabs von § 276 BGB auf die Sorgfaltspflichten		35–37
a) Sorgfaltsstandards als normative Pflichten		36
b) Bezugspunkte für Standards pressemäßiger Sorgfalt		37
5. Abwägungsgrundsätze		38–53
a) Maßgeblichkeit der gesetzlichen Konfliktlösung		39
b) Maßgeblichkeit der konkreten Konfliktlage		40
c) Genereller Gleichrang der betroffenen Schutzgüter		41–42
d) Grundsatz der Verhältnismäßigkeit		43–44
e) Maßgeblichkeit des Informationsinteresses		45–47
f) Maßgeblichkeit der Form der Veröffentlichung		48–51
g) Schutz auch für unwahre Berichterstattung		52
h) Schutz auch für rechtswidrig erlangte Informationen		53

B. Geschützte Individualgüter — 54–152

I. Allgemeines Persönlichkeitsrecht — 55–72

1. Entstehungsgeschichte — 56
2. Zuweisungsgehalt — 57–72
   a) Konkretisierungsbedürfnis gemäß der Konfliktlage — 57
   b) Schutz der informationellen Selbstbestimmung — 58–60
   c) Schutz der Selbstdefinition des sozialen Geltungsanspruchs — 61–62
   d) Schutz von Freiräumen der Person — 63–70
   e) Rechtsinhaberschaft — 71–72

II. Besondere Persönlichkeitsrechte. Übersicht — 73

III. Ehrenschutz — 74–105

1. Regelungssystematik — 74
2. Zuweisungsgehalt des Rechts auf Ehre — 75–78c
   a) Innere und äußere Ehre — 75
   b) Begrenzter Schutzbereich — 76
   c) Einschränkungen aus Art 5 Abs 1 GG — 77
   d) Einschränkungen aus Art 5 Abs 3 GG — 78–78c
3. § 185 StGB: Schutz vor ehrverletzenden Meinungsäußerungen — 79–81
   a) Abgrenzung gegenüber unwahren Tatsachenaussagen — 80
   b) Abgrenzung gegenüber nicht beleidigender Polemik — 81
4. §§ 186, 187, 187a, 193 StGB: Schutz vor ehrverletzenden Tatsachenaussagen — 82–99
   a) Tatsachenbehauptung — 83–89
   b) Ermittlung des Tatsachengehalts — 90–92a
   c) Behaupten. Verbreiten — 93–94
   d) § 186 StGB. Üble Nachrede — 95
   e) § 187 StGB. Verleumdung — 96
   f) § 187a StGB. Üble Nachrede und Verleumdung gegen Personen des politischen Lebens — 97–98
   g) Verunglimpfung des Bundespräsidenten, der Bundesrepublik bzw der Bundesländer und ihrer Symbole sowie der Verfassungsorgane — 98a
   h) § 103 StGB: Beleidigung von Organen und Vertretern ausländischer Staaten — 98b
   i) § 193 StGB. Wahrnehmung berechtigter Interessen — 99
5. § 189 StGB: Verunglimpfen des Andenkens Verstorbener — 100
6. Träger des Schutzguts Ehre — 101–105
   a) natürliche Personen — 101
   b) Personengemeinschaften — 102
   c) Kollektivbeleidigungen — 103–105

IV. § 187 StGB; § 824 BGB: Schutz vor Kreditgefährdung — 106–117

1. Regelungsgrundlage — 106
2. Verhältnis zu anderen Schutznormen — 107
3. Schutzgüter Kredit. Erwerb. Fortkommen — 108
4. Schutzumfang — 109–113
   a) Beschränkung auf geschäftliche Beziehungen — 109

§ 6 LPG

Rn

b) Schutz schon vor Gefährdungen ... 110
c) Schutz nur vor unwahren Tatsachenaussagen ... 110–111c
d) Behaupten. Verbreiten ... 112
e) Unmittelbares Betroffensein ... 113
5. Berechtigtes Interesse an der Behauptung ... 114–116
6. Rechtsträgerschaft ... 117

V. §§ 22 ff. KUG. Recht am eigenen Bild ... 118–138
1. Regelungsgrundlage ... 118–120
    a) Gesetzeswortlaut ... 118
    b) Verhältnis zum allgemeinen Persönlichkeitsrecht. Rechtsinhaberschaft ... 119
    c) Güter- und Interessenabwägung ... 120
2. Schutzumfang ... 121–122
    a) Personenbildnis ... 121
    b) Erkennbarkeit der Person ... 122
    c) Räumliche und sachliche Begrenzung des § 201a StGB ... 122a
3. Veröffentlichen. Verbreiten. Herstellen ... 123
4. Einwilligung des Abgebildeten ... 124–128
    a) Rechtsnatur ... 124
    b) Einwilligungsberechtigung ... 125
    c) Form ... 126
    d) Reichweite ... 127
    e) Beweislast ... 128
5. Veröffentlichung ohne Einwilligung (§ 23 KUG) ... 129–138
    a) Bildnisse aus dem Bereich der Zeitgeschichte (§ 23 Abs 1 Nr 1 KUG) ... 129–134
    b) Entgegenstehende Interessen des Abgebildeten (§ 23 Abs 2 KUG) ... 135–136
    c) Landschaftsbilder (§ 23 Abs 1 Nr 2 KUG) ... 137
    d) Bilder von Versammlungen (§ 23 Abs 1 Nr 3 KUG) ... 138

VI. Recht am Unternehmen ... 139–150
1. Entstehungsgeschichte ... 139
2. Subsidiarität des Schutzes ... 140
3. Zuweisungsgehalt ... 141–142
    a) Konkretisierungsbedürfnis gemäß der Konfliktlage ... 141
    b) Schutzbereich ... 142
4. Betriebsbezogenheit (Unmittelbarkeit) des Eingriffs ... 143–145
5. Güter- und Interessenabwägung. Abwägungsgrundsätze ... 146–146b
6. Warentest ... 147–148
7. Boykottaufrufe ... 149
8. Rechtsträgerschaft ... 150

VII. Schutz vor unlauterem Wettbewerb als Unternehmens- und Verbraucherschutz ... 151–152

C. Pflichten für die Presseberichterstattung im Einzelnen ... 153–218
I. Pflichten im Interesse wahrheitsgemäßer Berichterstattung ... 153–185
1. § 6 LPG. Presserechtliche Wahrheitspflicht nach dem LPG ... 153–181
    a) Regelungsgrundlagen ... 153–155
    b) Prüfungsgegenstand Nachrichten ... 156–158
    c) Prüfungsziel: Bewahrung des Lesers vor Falschinformation ... 159
    d) Prüfungsumfang ... 160–170
    e) Pflicht zu prüfungsrichtiger Veröffentlichung ... 171–173
    f) Veröffentlichung eines Verdachts ... 175–179
    g) Parlamentsberichterstattung ... 180
2. Pflichten zur Wahrheitsprüfung aus §§ 823 ff. BGB ... 181–183
    a) Prüfungsziel Individualgüterschutz ... 181
    b) Prüfungsgegenstand Tatsachenaussagen ... 182
    c) Prüfungsumfang. § 276 Abs 2 BGB ... 183
3. Pflichten zur Wahrheitsprüfung nach UWG ... 184
4. Pflichten zur Wahrheitsprüfung nach StGB ... 185

II. Schutz vor ehrverletzenden Meinungen ... 186–192
1. Freiraum der Presse aus Art 5 GG ... 186–189
    a) Auslegung von § 185 StGB „im Lichte" von Art 5 GG ... 186–187

	Rn
b) Einfluss von Art 5 GG auf die Feststellung des Aussagegehalts	188
c) Schmähkritik als Grenze für zulässige Polemik	189
2. Unzulässige Schmähkritik	190–192
a) Begriffsbestimmung	190
b) Beispiele	191–192
III. Pflichten zur Achtung des Rechts auf informationelle Selbstbestimmung und Selbstdefinition der Person	193–213
1. Schutzziel	193
2. Grenzen für die Darstellung des Lebensbildes	194–199
a) Gestufte Rücksichtspflichten	194–197
b) Fallbeispiele für absoluten Schutz	198–199
3. Pflicht zur Zitierungstreue	200
4. Grenzen für Gesprächsprotokolle	201
5. Sorgfaltspflichten für den Bildnisschutz	202–204
a) Anforderungen an die Prüfung des Einwilligungsbedürfnisses	203
b) Anforderungen an die Prüfung der Einwilligung	204
6. Sorgfaltspflichten bei der Gerichtsberichterstattung	205–213
a) Publikationsinteresse an der Identität des Betroffenen	205–206
b) Art des Tatgeschehens	207–208
c) Ausreichendes Recherchieren des Tatverdachts	209
d) Deutlicher Hinweis auf die Vorläufigkeit der Beschuldigung	210
e) Aktualität des Publikationsinteresses	211
f) Einwilligung des Betroffenen	212
g) Berichterstattung über vergleichbare Negativvorfälle	213
IV. Pflichten zur Achtung von Freiräumen für die Person	214–218
1. Intimbereich	214–215
2. Privatsphäre	216
3. Geheimsphäre	217
4. Öffentlichkeitssphäre	218
V. Träger der Pflichten	219–229a
1. Maßgeblichkeit des Aufgabenbereiches	219–220
a) Pflichtenzuständigkeit im arbeitsteiligen Veröffentlichungsprozess	219
b) Unterschiedliche Relevanz für negatorische und schadensrechtliche Folgen	220
c) Eingeschränkte Verantwortlichkeit der Medien- und Teledienste	220a
2. Verleger	221–223
a) Delegierbarkeit der Pflichten	221–222
b) Persönliche Prüfung bei „heißen Eisen"	223
3. Herausgeber	224
4. Redakteur	225–227
a) Ressortredakteur	225
b) Verantwortlicher Redakteur	226
c) Chefredakteur	227
5. Technische Verbreiter	228
6. Informant. Einsender	229
7. Medien- und Teledienste	229a
D. Zivilrechtliche Folgen der Verletzung von Sorgfaltspflichten der Presse	230–351
I. Zivilrechtliche Haftungstatbestände	230–259
1. Keine unmittelbaren Folgen aus § 6 LPG	230
2. §§ 823 ff. BGB als wichtigste Haftungsnormen	231–232
a) Vertragshaftung. Deliktshaftung. Sondergesetze	231
b) Deliktsrechtliche Regelungssystematik	232
3. Negatorische und schadensrechtliche Folgen	233
4. Haftungsvoraussetzungen im Einzelnen	234–259
a) Rechtswidrigkeit der Verletzung	234–243
b) Rechtfertigungsgründe	244–246
c) Kausalität	247–249
d) Verschulden	250–258
e) Schaden	259

	Rn
II. Unterlassungsanspruch	260–282
1. Ziel: Abwehr künftiger Störungen	260
2. Voraussetzungen	261–269
a) Rechtswidrige Störung	261–262
b) Begehungsgefahr	263–269
3. Inhalt und Grenzen des Verbots	270–271
a) Begrenzung durch die Rechtswidrigkeit der Störung	270
b) Bestimmtheitserfordernis	271
4. Aufbrauchs- und Umstellungsfrist	272
5. Kein Unterlassungsbegehren gegen Äußerungen in förmlichen Verfahren	272a
6. Beweislasten	273
7. Verjährung	274
8. Anspruchsberechtigte	275
9. Anspruchsverpflichtete	276–281a
a) Störereigenschaft	276
b) Verleger	277
c) Herausgeber	278
d) Redakteur	279
e) Informant	280
f) Technische Verbreiter	281
g) Anbieter von Medien- und Telediensten	281a
10. Gerichtliche Durchsetzung des Unterlassungsanspruchs	282
III. Widerrufsanspruch	283–302
1. Ziel: Beseitigung der Quelle künftiger Störungen	283
2. Voraussetzungen	284–290
a) Unwahre Tatsachenaussage	284–290
b) Rechtswidrigkeit der Störung	287
c) Fortdauer der Störung	288
d) Erforderlichkeit des Widerrufs	289–290
3. Inhalt und Umfang des Widerrufs	291–294
4. Kein Widerruf gegen Äußerungen in einem förmlichen Verfahren	295
5. Beweislasten	296
6. Verjährung	297
7. Anspruchsberechtigte	298
8. Anspruchsverpflichtete	299–301
a) Störereigenschaft	299
b) Sich-Zueigen-Machen von Aussagen Dritter	300
c) Abrücken von Aussagen Dritter	301
9. Gerichtliche Durchsetzung des Widerrufsanspruchs	302
IV. Materieller Schadensersatz	303–331
1. Ziel: Ausgleich von Vermögensnachteilen	303
2. Voraussetzungen	304–315
a) Rechtswidrige Verletzung geschützter Interessen	304
b) Verschulden	305
c) Vermögensschaden	306–308
d) Haftungsausfüllende Kausalität. Zurechnungszusammenhang	309–315
3. §§ 249 ff. BGB: Art und Umfang der Ersatzleistung	316–319
a) Regelungssystem	316
b) Naturalrestitution	317–319
4. Ersatz nach Lizenzanalogie. Eingriffskondiktion	320
4a. Herausgabe des Verletzergewinns	320a
5. Beweismaß (§ 252 BGB. § 287 ZPO). Beweislasten	321–322
6. Verjährung	323
7. Anspruchsberechtigte	324, 324a
8. Anspruchsverpflichtete	325–330
a) Maßgeblichkeit der Gefahrzuständigkeit	325
b) Verleger	326
c) Herausgeber	327
d) Redakteur	328
e) Informant	329
f) Technische Mitarbeiter	330
g) Anbieter von Medien- und Telediensten	330a
h) Gesamtschuldner	331

LPG § 6　　　　　　　　　　　　　　　　Sorgfaltspflicht der Presse

	Rn
V. Geldentschädigung für immaterielle Nachteile („Schmerzensgeld")	332–345
1. Rechtsgrundlage	332
2. Ziel: Lückenfüllender Persönlichkeitsschutz	333
3. Voraussetzungen	334–340
a) Rechtswidrige und schuldhafte Persönlichkeitsverletzung	334
b) Schwere Verletzung	335–337
c) Ultima ratio	338–340
4. Höhe der Entschädigung	341
5. Beweislasten	342
6. Verjährung	343
7. Anspruchsberechtigte	344
8. Anspruchsverpflichtete	345
VI. Hilfsansprüche	346–351
1. Akzessorischer Auskunftsanspruch	346–348
2. Herausgabeanspruch	349
3. Anspruch auf Vernichtung	350
4. Anspruch auf Urteilsveröffentlichung	351

Schrifttum: *Bamberger,* Einführung in das Medienrecht, 1986; *Baumbach-Hefermehl,* Wettbewerbsrecht, 22. Aufl, 2001; *Beuthien/Schmölz,* Persönlichkeitsschutz und Persönlichkeitsgüterrechte: Erlösherausgabe statt nur billige Entschädigung in Geld, 1999; *Bornkamm,* Pressefreiheit und Fairneß des Strafverfahrens, 1980; *Coing,* Ehrenschutz und Presserecht, 1960; *Damm/Rehbock,* Widerruf, Unterlassung und Schadensersatz in Presse und Rundfunk, 3. Aufl 2008; *Dreier/Schulze,* Urheberrechtsgesetz, 4. Aufl., 2013; *Dunz* in: Reichsgerichtsräte-Kommentar zum BGB, 12. Aufl, Anh I; *Ehmann* in: Erman, Bürgerliches Gesetzbuch, Kommentar, 12. Aufl 2008 Anh zu § 12; *Eser/Meyer,* Öffentliche Vorverurteilung und faires Strafverfahren, 1986; *Fechner,* Medienrecht, 5. Aufl 2005; *Fischer,* StGB, 60. Aufl, 2013; *Fromm/Nordemann,* Urheberrecht, 10. Aufl 2008; *v Gamm,* Persönlichkeits- und Ehrverletzungen durch Massenmedien, 1969; *v Gamm,* Urheberrechtsgesetz, Kommentar, 5. Aufl, 1968; *v Gamm,* Wettbewerbsrecht, 3. Aufl. 1993; *Gerhardt/Steffen,* Kleiner Knigge des Presserechts, 3. Aufl 2009; *Götting,* Persönlichkeitsrechts als Vermögensrechte, 1995; *Götting/Schertz/Seitz,* Handbuch des Persönlichkeitsrechts, 2008; *Gross,* Presserecht, 3. Aufl, 1999; *Hager, J.* in *v Staudinger,* Kommentar zum BGB, 13. Bearb 1999, §§ 823–825; *Helle E.,* Der Schutz der Persönlichkeit, der Ehre und des wirtschaftlichen Rufes im Privatrecht, 2. Aufl, 1969; *Helle J.,* Besondere Persönlichkeitsrechte im Privatrecht, 1991; *Helle, J* Persönlichkeitsrechtsverletzungen im Internet JZ 2002, 593; *Herdegen* in: Leipziger Kommentar zum StGB, 12. Aufl, 2006 ff. §§ 185 ff.; *Herzog* in: Maunz/Dürig/Herzog/Scholz, Grundgesetz für die Bundesrepublik Deutschland, Kommentar, Loseblattsammlung; *Hoffmann-Riem,* Alternativkommentar zum GG, 3. Aufl, Loseblattsammlung; *Hubmann,* Das Persönlichkeitsrecht, 2. Aufl, 1967; *Hübner* (Hrsg), Das Persönlichkeitsrecht im Spannungsfeld zwischen Informationsauftrag und Menschenwürde, 1989; *Klein, H. H.* Die öffentliche Aufgabe der Presse, 1973; *Lackner/Kühl,* Strafgesetzbuch, Kommentar, 28. Aufl, 2011; *Lange,* Schadensersatz, 3. Aufl, 2003; *Löffler,* Der Verfassungsauftrag der Presse, 1963; *Löffler/Ricker,* Handbuch des Presserechts, 5. Aufl 2008; *Mathy,* Das Recht der Presse, 4. Aufl, 1988; *Nirk/Kurtze,* Wettbewerbsstreitigkeiten, 2. Aufl 1992; *Prinz/Peters,* Medienrecht, 1999; *Rath-Glawatz,* Das Recht der Anzeige, 2. Aufl 1995; *Rebmann/Ott-Storz,* Das badenwürttembergische Gesetz über die Presse vom 14.1.1964, Kommentar, 1964; *Reh/Gross,* Hessisches Pressegesetz, Kommentar, 1963; *Rehbinder,* Presserecht, 1967; *Rixecker* in: Münchner Kommentar zum BGB, 6. Aufl 2002, § 12 Anh; *Rudolphi/Horn/Samson,* Systematischer Kommentar zum Strafgesetzbuch, Besonderer Teil, Loseblattsammlung; *Ricker,* Anzeigenwesen und Pressefreiheit, 1973; *ders,* Unternehmensschutz und Pressefreiheit, 1989; *Scheer,* Deutsches Presserecht, 1966; *Schönke/Schröder/Lenckner,* Strafgesetzbuch, Kommentar, 28. Aufl, 2010; *Schricker/Loewenheim,* Urheberrecht 4. Aufl, 2010; *Schwerdtner,* Das Persönlichkeitsrecht in der deutschen Zivilrechtsordnung 1977; *ders,* in: Münchner Kommentar zum BGB, 3. Aufl § 12; *Seitz/Schmidt/Schoener,* Der Gegendarstellungsanspruch, 4. Aufl 2010; *Simitis/Damann/Mallmann/Reh/Walz,* Kommentar zum Bundesdatenschutzgesetz, 5. Aufl, 2003; *Soehring,* Presserecht, 4. Aufl 2010; *Spindler/Schuster,* Recht der elektronischen Medien, 2. Aufl, 2011; *Struve,* Werkszeitungen zwischen Arbeits- und Presserecht, 2003, Diss; *Teplitzky,* Wettbewerbsrechtliche Ansprüche und Verfahren: Unterlassung – Beseitigung – Schadensersatz: Anspruchsdurchsetzung und Anspruchsabwehr, 10. Aufl 2012; *Wandtke/Bullinger,* Urheberrecht, 3. Aufl., 2009; *Wasserburg,* Der Schutz der Persönlichkeit im Recht der Medien, 1988; *Uschner,* Der Rechtsrahmen der elektronischen Presse, 2011, Diss.; *Wente,* Das Recht der journalistischen Recherche, 1987; *Wenzel/Burkhardt/Gamer/v. Strobl-Albeg,* Das Recht der Wort- und Bildberichterstattung, 5. Aufl., 2003; *Wandtke,* Medienrecht, 2. Aufl, 2011; *Zazyjm* in: Nomos-Kommentar zum StGB, Loseblattsammlung.

A. Grundlagen

I. Geltende Gesetzesfassungen

Soweit sie die Sorgfaltspflichten der Presse betreffen, sind sie im Vorspann vor der Inhaltsübersicht vorgestellt. 1

Zugrundegelegt werden der Kommentierung:
Baden-Württemberg: Gesetz über die Presse (Landespressegesetz) vom 14. Januar 1964 (GBl. S. 11), zuletzt geändert durch Gesetz vom 4. Februar 2003 (GBl. S. 108);
Bayern: Bayerisches Pressegesetz (BayPrG) idF der Bekanntmachung vom 19. April 2000 (GVBl. S. 340), zuletzt geändert durch Gesetz vom 22. Dezember 2009 (GVBl. S. 630);
Berlin: Berliner Pressegesetz vom 15. Juni 1965 (GVBl. 744), zuletzt geändert durch Gesetz vom 18. November 2009 (GVBl. S. 674);
Brandenburg: Pressegesetz des Landes Brandenburg (Brandenburgisches Landespressegesetz – BbgPG) vom 13. Mai 1993 (GVBl. I S. 162), zuletzt geändert durch Gesetz vom 21. Juni 3012 (GVBl. I Nr. 27);
Bremen: Gesetz über die Presse (Pressegesetz) vom 16. März 1965 (GBl. S. 63), zuletzt geändert durch Gesetz vom 17. Dezember 2002 (GBl. S. 613);
Hamburg: Hamburgisches Pressegesetz vom 29. Januar 1965 (GVBl. S. 15), zuletzt geändert durch Gesetz vom 28. Januar 2003 (GVBl. S. 11);
Hessen: Hessisches Gesetz über Freiheit und Recht der Presse – Hessisches Pressegesetz (HpresseG) idF der Bekanntmachung vom 14. Dezember 2005 (GVBl. S. 838);
Mecklenburg-Vorpommern: Landespressegesetz für das Land Mecklenburg-Vorpommern (LPrG M-V) vom 6. Juni 1993 (GVBl. S. 541), zuletzt geändert durch Gesetz vom 28. März 2002 (GVBl. S. 154);
Niedersachsen: Niedersächsisches Pressegesetz vom 22. März 1965 (GVBl. S. 9), zuletzt geändert durch Gesetz vom 20. November 2001 (GVBl. S. 701);
Nordrhein-Westfalen: Pressegesetz für das Land Nordrhein-Westfalen (Landespressegesetz NRW) vom 24. Mai 1966 (GV.NW.S. 340), zuletzt geändert durch Gesetz vom 29. April 2003 (GV.NW.S. 252);
Rheinland-Pfalz: Landesmediengesetz (LMG) vom 4. Februar 2005 (GVBl. S. 23);
Saarland: Saarländisches Mediengesetz (SMG) vom 27. Februar 2002 (Abl. S. 498, ber. S. 754), zuletzt geändert durch Gesetz vom 19. September 2012 (GVBl. S. 406);
Sachsen: Sächsisches Gesetz über die Presse (SächsPresseG) vom 3. April 1992 (GVBl. S. 125), zuletzt geändert durch Gesetz vom 21. März 2003 (GVBl. S. 38);
Sachsen-Anhalt: Pressegesetz für das Land Sachsen-Anhalt (Landespressegesetz) vom 14. August 1991 (GVBl. LSA S. 261), zuletzt geändert durch Gesetz vom 18. November 2004 (GVBl. LSA S. 778);
Schleswig-Holstein: Gesetz über die Presse (Landespressegesetz) vom 19. Juni 1964 (GVBl. S. 71), in der Fassung der Bekanntmachung vom 31. Januar 2005 (GVBl. S. 105); zuletzt geändert durch Gesetz vom 25. Januar 2012 (GVBl. S. 266);
Thüringen: Thüringer Pressegesetz (TPG) vom 31. Juli 1991 (GVBl. S. 271), zuletzt geändert durch Gesetz vom 21. Juni 2002 (GVBl. S. 279).

II. Regelungszusammenhänge

1. § 6 LPG im Regelungszusammenhang der Landespressegesetze

a) Funktionszusammenhang mit § 1 und § 3 LPG

aa) Wechselbezug zur öffentlichen Aufgabe der Presse

2 Die im Reichspreßgesetz von 1874 nicht geregelten Sorgfaltspflichten der Presse haben, abgesehen von Hessen, das darauf verzichtet hat, die Bundesländer in die LPG bzw Mediengesetze (MedG) in erster Linie aufgenommen als Korrelat zu der von ihnen als „öffentliche Aufgabe" bezeichneten Funktion einer freiheitlichen Presse für die Meinungsbildung und die staatsbürgerliche Mitwirkung und Kontrolle. Zu dem Verständnis dessen, was als „öffentliche Aufgabe" presserechtlich normiert ist, vgl Einl Rn 60; § 1 Rn 45 ff.; § 3 Rn 21 ff.

3 Die LPG und MedG beschränken sich nicht darauf, die Rechte, die die Presse für ihre Aufgabe braucht und die ihre verfassungsrechtliche Grundlage und Struktur in den Freiheitsverbürgungen des Art 5 Abs 1 GG haben, näher zu konkretisieren, sondern sie beschreiben auch Pflichten, die der Presse aus Aufgabenstellung und Einflussmacht erwachsen. Neben der Pflicht zum Impressum (näher dazu § 8), zum Abdruck einer Gegendarstellung (näher dazu § 11) sowie einer besonderen strafrechtlichen Verantwortung (näher dazu § 20) heben die LPG und MedG die Pflicht der Presse zur Sorge vor allem für eine wahrheitsgemäße Berichterstattung sowie für eine von strafbarem Inhalt freie Information hervor. Das Brandenburgische LPG geht mit der Einbeziehung des Schutzes überwiegender öffentlicher und privater Interessen, das LPG für das Land Mecklenburg-Vorpommern mit dem Hinweis auf die besondere Privatsphäre der Betroffenen über die Regelungen in den anderen LPG hinaus, ohne allerdings in der Sache die Pflichtenstellung der Presse dadurch zu verschärfen (vgl Rn 7f., 15).

4 Die LPG bzw MedG tragen damit der Erkenntnis Rechnung, dass an einer unwahren Information prinzipiell niemand ein schutzwürdiges Interesse haben kann. Auch die Grundrechtsgarantien der Meinungs- und Pressefreiheit in Art 5 Abs 1 GG können hierfür grundsätzlich nicht in Anspruch genommen werden. Vielmehr können wegen der von der Presse beanspruchten und ihr eröffneten Einflussmacht mit einer unwahren Berichterstattung existentielle Gefahren nicht nur für die einzelnen Betroffenen, sondern auch für die demokratisch verfasste Gesellschaft verbunden sein und damit auch für die Presse selbst, die durch solche Verzichte auf ihre Funktion deren Grundrechtsgarantien selbst infrage stellt (vgl auch Rn 159). Kompetenzen bedingen Verantwortlichkeit; Verantwortung erst schafft Kompetenz. Dieser Wechselbezug von „öffentlicher" Aufgabe und Verantwortlichkeit kommt in den LPG von Bayern und Berlin besonders deutlich zum Ausdruck. Dort ist die Pflicht der Presse „zur wahrheitsgemäßen Berichterstattung" (Art 3 BayPG) bzw zur Prüfung der Nachrichten vor ihrer Verbreitung „... auf Inhalt, Wahrheit und Herkunft" (§ 3 BerlPG) jeweils als Absatz 2 unmittelbar einem Absatz 1 angegliedert, der die Aufgaben der Presse (BayPG: „Die Presse dient dem demokratischen Gedanken"; BerlPG: „Die Presse erfüllt eine öffentliche Aufgabe") anspricht. Aber auch für den am 10.1.1963 von der Innenministerkonferenz gebilligte Modellentwurf (abgedr. in AfP 1963, 329 ff. m Anm *Möller* AfP 1963, 333 f.), an dem sich die meisten LPG der alten und über diese auch die LPG der neuen Bundesländer ausgerichtet haben (vgl Einl Rn 87 ff.), ist die Anbindung an die Grundlegung des BVerfG in seinem Urteil vom 25.1.1961 (BVerfGE 12, 113/130 – *Schmid/Spiegel*) offensichtlich: „Mit der Pressefreiheit gehen Pflichten einher, die umso ernster genommen werden müssen, je höher man das Grundrecht der Pressefreiheit einschätzt. Wenn die Presse von ihrem Recht, die Öffentlichkeit zu unterrichten, Gebrauch macht, ist sie zur wahrheitsgemäßen Berichterstattung verpflichtet. Die Erfüllung dieser Wahrheitspflicht wird

A. Grundlagen § 6 LPG

schon vom Ehrenschutz des Betroffenen gefordert. Sie ist zugleich in der Bedeutung der öffentlichen Meinungsbildung für die freiheitliche Demokratie begründet. Nur dann, wenn ein Leser – im Rahmen des Möglichen – zutreffend unterrichtet wird, kann sich die öffentliche Meinung richtig bilden. Die Presse ist daher um ihrer Aufgabe bei der öffentlichen Meinungsbildung willen gehalten, Nachrichten und Behauptungen, die sie weitergibt, auf ihren Wahrheitsgehalt zu überprüfen." Entsprechendes gilt für die Berichterstattung mit strafbarem Inhalt. Auch insoweit zielen die LPG und MedG – hier von der Pflichten- und Schrankenseite her – auf die Konkretisierung des Grundrechts Pressefreiheit.

bb) Reichweite des Wechselbezugs

Der Sinnbezug der presserechtlichen Sorgfaltspflichten zu der „öffentlichen" Aufgabe der Presse bedeutet freilich nicht, dass der Regelungsbereich sich auf eine Pressetätigkeit beschränkt, in der die Presse in Angelegenheiten von öffentlichem Interesse an der Meinungsbildung mitwirkt. Anders als das insbes der Wortlaut des § 3 der LPG von Sachsen, Sachsen-Anhalt und Thüringen nahe legen könnten, erfüllt sie die Funktion in der Demokratie, die ihr Art 5 Abs 1 Satz 2 GG garantiert, im weiteren Sinn schon durch ihre Teilnahme an der Kommunikation im Selbstverständnis ihrer prinzipiell für alle Informationen und Meinungen offenen Möglichkeiten. Selbstverständlich werden auch Schülerzeitungen erfasst; sie sind ein spezifisches Übungsfeld für die Teilnahme an der öffentlichen Meinungsbildung (BVerfG 86, 122; zum Recht des Schülers auf Meinungsfreiheit *Schwartz* AfP 1987, 573 ff.; zu den rechtlichen Grundlagen der Schülerpresse und der Schulpresse *Jarass* DÖV 1983, 609). Auch wo die Presse mit ihren Produkten ganz andere Interessen und Ziele als die Meinungsbildung in einer die Öffentlichkeit besonders angehenden Frage verfolgt, etwa mit News-Management, Enthüllungsstrategien und Kampagnen-Journalismus Politik macht (dazu *Glotz* in: Hübner, Persönlichkeitsrecht im Spannungsfeld zwischen Informationsauftrag und Menschenwürde, 1989, S 21) und selbst dort, wo sie ganz auf die Produktion und Vermittlung von Erlebnissurrogaten, bloßer Unterhaltung oder virtueller Realitäten verlegt, hat sie teil an dieser der Presse eingeräumten Stellung (zum Stellenwert von „Infotainement" vgl BVerfGE 101, 361/389 – *Paparazzi-Fotos*). Davon darf sie durch Zensuren, die sich an Qualitätsmaßstäben oder inhaltlichen Vorgaben oder Vorverständnissen über das orientieren, was die Öffentlichkeit interessiert, nicht ausgeschlossen werden. Anderenfalls liefe die Presse Gefahr, auf ein staatliches Verständnis festgelegt zu werden von dem, was ihre Aufgabe (nicht) ist und was wahr ist, was die unter dem Eindruck und den Erfahrungen aus der NS-Zeit stehenden LPG gerade verhindern sollten (vgl *Löffler* NJW 1965, 957). Näheres dazu § 1 Rn 45 ff. und § 3 Rn 21 ff. Natürlich aber hat die Presse auch dort, wo sie solche ganz anderen Interessen verfolgt, mit der ihr aus ihrer Stellung erwachsenden Einflussmacht teil an den Gefahren, die den einzelnen Betroffenen, die Gesellschaft, den Staat, die Presse selbst und ihre Freiheit und Funktion aus einer unverantwortlichen Presseveröffentlichung bedrohen. So wie die Freiheitsverbürgungen in Art 5 Abs 1 GG nicht nach der Qualität eines Presseproduktes oder seiner Zielsetzung unterscheiden, gelten deshalb die presserechtlichen Sorgfaltspflichten schlechthin auch für eine solche Presse. Insoweit enthält die Regelung ebenso wie § 1 LPG Normenappelle, die die pressespezifische Ordnung generell prägen (vgl *Faller* AfP 1981, 430/436; *Groß* Presserecht 2. Aufl S 25 ff.; *Koebel* NJW 1964, 1108; aA *Rebmann/Ott/Storz*, Bad-Württ LPG, 1964, § 6 Rn 7). Näheres dazu vgl Rn 29 ff.

b) Beschränkung auf Presseerzeugnisse

Abgesehen von dem Saarländischen Mediengesetz und dem Landesmediengesetz von Rheinland-Pfalz mit der Erstreckung ihrer Regeln auf Rundfunk und Mediendienste (§ 1 Abs 1, § 2 Abs 1 SMG; § 1 Abs 1, § 3 Abs 2 LMG Rh-Pf) beschränken die LPG ihre Vorschriften zu den Sorgfaltspflichten grundsätzlich auf Erzeugnisse der

LPG § 6   Sorgfaltspflicht der Presse

Presse (dazu vgl Einl Rn 1, 12 ff., § 1 Rn 68 f.); eine sinngemäße Erstreckung auf den Rundfunk (Hörfunk und Fernsehen) ordnen nur die LPG von Baden-Württemberg (§ 25 Abs 1), Berlin (§ 23 Abs 1), Brandenburg (§ 17) und Bremen (§ 25) an. Das ist Ausdruck der im Wesentlichen historisch bedingten Unterschiede im Verständnis der „öffentlichen" Aufgaben von Hörfunk und Fernsehen, die zwar mit dem privaten Rundfunk und Fernsehen verschwinden, deren Relikte sich aber auch im Verständnis der Rundfunkfreiheit des Art 5 Abs 1 Satz 2 GG niederschlagen (vgl Einl Rn 3 f., § 1 Rn 29 f., 37 f.). Für sie soll der Aspekt der Ausgewogenheit der Berichterstattung und die Bedeutung pluralistischer Meinungsbildung besonders herausgehoben werden; allein daraus erklärt sich die Zurückhaltung der LPG.

c) Rundfunk

6a   Zur Rundfunkfreiheit allgemein BVerfGE 57, 295/319; 59, 231/258; 90, 60/87/90; 114, 371/387 ff.; 117, 244/258 f.; 121, 30 ff.; BVerfG NJW 1999, 709. Keineswegs sollen Hörfunk und Fernsehen aus ihrer Verantwortung für eine wahrheitsgemäße und Rechte Dritter achtende Berichterstattung entlassen werden. Deshalb bestimmt der in Landesrecht transformierte Rundfunkstaatsvertrag (vgl Art 1 Staatsvertrag über den Rundfunk im vereinten Deutschland vom 31. August 1991 idF des Dreizehnten Rundfunkänderungsstaatsvertrags vom 10. März 2010 (GVBl. S. 397):

§ 10 Abs 1: „Berichterstattung und Informationssendungen haben den anerkannten journalistischen Grundsätzen, auch beim Einsatz virtueller Elemente, zu entsprechen. Sie müssen unabhängig und sachlich sein. Nachrichten sind vor ihrer Verbreitung mit der nach den Umständen gebotenen Sorgfalt auf Wahrheit und Herkunft zu prüfen. Kommentare sind von der Berichterstattung deutlich zu trennen und unter Nennung des Verfassers als solche zu kennzeichnen."

Ergänzende Regelungen zur Sorgfalt bei der Beschaffung von Informationen enthalten rundfunkbezogene Landesgesetze für den öffentlich-rechtlichen Rundfunk bzw Landesmediengesetze für die Privatrundfunksender. So heißt es im Landesmediengesetz für Baden-Württemberg zusätzlich:

§ 3 Abs 3: „... Noch nicht ausreichend verbürgte Nachrichten und Berichte dürfen nur veröffentlicht werden, wenn sie mit einem erkennbaren Vorbehalt versehen sind. Tatsachenbehauptungen, die sich als falsch erwiesen haben, sind unverzüglich und angemessen richtig zu stellen ..."

§ 3 Abs 4: „Die Personen oder Stellen, die durch eine Nachricht oder einen Bericht wesentlich betroffen werden, sollen vor der Verbreitung nach Möglichkeit gehört werden. Sendungen, die in den Privatbereich einer Person ohne deren Einwilligung eingreifen, sind nur zulässig, soweit der Eingriff in den Privatbereich im Einzelfall durch das Informationsinteresse der Öffentlichkeit gefordert wird und in angemessenem Verhältnis zur Bedeutung der Sache für die Öffentlichkeit steht. Die Intimsphäre ist in jedem Fall zu achten."

Ebenso treffen die Sorgfaltsvorschriften und die Sanktionen der allgemeinen Regeln des BGB, StGB, UWG auch sie, und zwar wegen ihrer größeren Effizienz in noch stärkerem Maß (vgl zB § 169 Satz 2 GVG, der aus diesem Grund Ton- und Fernseh-Rundfunkaufnahmen im Gerichtssaal verbietet). Die Verpflichtung des Rundfunks auf die „anerkannten journalistischen Grundsätze" erweitert oder beschränkt diese allgemeinen Sorgfaltspflichten nicht, sondern spricht sie nur in ihrer Ausrichtung auf die Verkehrskreise der journalistischen Arbeit bestärkend an (näher dazu Rn 6c).

d) Elektronische Mediendienste. „Elektronische Presse"

6b   Die elektronische Presse und andere an die Allgemeinheit gerichteten elektronischen Dienste unterfallen nicht dem Pressebegriff, der der verkörperten Presse vorbehalten ist. Sie nehmen selbstverständlich an den verfassungsrechtlichen Gewährleistun-

A. Grundlagen § 6 LPG

gen insbesondere von Art. 5 GG im selben Umfang wie die Printmedien teil. Die elektronische Presse ordnet § 1 Abs. 1 Satz 1 des Telemediengesetztes (TMG) v 26. Februar 2007 (BGBl. I S. 179), derzeit idF v 31. Mai 2010 (BGBl. I S. 692) den Telemedien zu. Für die Anforderungen an ihre Inhalte verweist § 1 Abs. 4 TMG auf §§ 54 ff. des Staatsvertrags für Rundfunk und Telemedien (Rundfunkstaatsvertrag – RStV) v 31. August 1991 idF v 11. August 2006. Zu den Sorgfaltspflichten der Telemedien bestimmt § 54 RStV:

„(1) Telemedien sind im Rahmen der Gesetze zulassungs- und anmeldefrei. Für die Angebote gilt die verfassungsmäßige Ordnung. Die Vorschriften der allgemeinen Gesetze und die gesetzlichen Bestimmungen zum Schutz der persönlichen Ehre sind einzuhalten.

(2) Telemedien mit journalistisch-redaktionell gestalteten Angeboten, in denen insbesondere vollständig oder teilweise Inhalte periodischer Druckerzeugnisse in Text oder Bild wiedergegeben werden, haben den anerkannten Grundsätzen zu entsprechen. Nachrichten sind vom Anbieter vor ihrer Verbreitung mit der nach den Umständen gebotenen Sorgfalt auf Inhalt, Herkunft und Wahrheit zu prüfen.

(3) Bei der Wiedergabe von Meinungsumfragen, die von Anbietern von Telemedien durchgeführt werden, ist ausdrücklich anzugeben, ob sie repräsentativ sind."

Diese Sorgfaltspflichten erweitern oder beschränken deshalb den Pflichtenkatalog aus den allgemeinen Regeln des BGB, StGB, UWG prinzipiell nicht. Das gilt auch für die Verpflichtung der Telemedien auf die „anerkannten journalistischen Grundsätze", soweit sie der Berichterstattung dienen und Informationsangebote enthalten. Damit sind nur die allgemeinen Sorgfaltspflichten in ihrer spezifischen Ausrichtung auf die Verkehrskreise der journalistischen Arbeit bestärkend angesprochen. Die Verpflichtung setzt an dem für die redaktionell-gestaltende Öffentlichkeitsarbeit allgemein anerkannten Mindeststandard an als der derzeit gesicherten und in der Praxis anerkannten und bewährten Grundbestand von Verhaltensregeln zur Bewahrung der Öffentlichkeit vor vermeidbarer Schädigung durch Veröffentlichungen auf journalistisch nicht vertretbarer Grundlage. Konkretisiert und ergänzt werden diese Verhaltensregeln durch die von Gesetzgeber und Rechtsprechung an den Koordinaten des allgemeinen Zivil-, Straf- und Wettbewerbsrecht herausgearbeiteten Sorgfaltspflichten. Der vom Deutschen Presserat aufgestellte Pressekodex orientiert sich ebenfalls an den anerkannten journalistischen Grundsätzen, er hat durch die Mediengesetze keine gesetzliche Geltungskraft erlangt. Näher dazu Rn 20.

Die Pflichtenstellung der Anbieter von Diensten für die Kommunikation im Internet wird allerdings erheblich modifiziert durch Beschränkungen ihrer Verantwortlichkeiten für fremde Informationen auf Grund der §§ 7 bis 10 TMG, die einen sehr detaillierten „Verantwortlichkeitsfilter" vorschalten. Durch ihn ist ihre Verantwortung für Gefahrenquellen aus fremden Informationen eingeschränkt, sofern sich der Anbieter diese Informationen nicht zu eigen gemacht hat. Näher dazu Rn 229a.

2. § 6 LPG im Spannungsverhältnis zu den Sorgfaltspflichten der Presse aus allgemeinen Regeln

a) § 6 als presserechtliche Spezialregelung

aa) Konkurrenz zu allgemeinen Regeln des Bundesrechts

Die Regelung ist Teil des Presserechts, das zur Kompetenz des Landesgesetzgebers gehört und für die der Bund nach Art 75 Nr 2 GG nur eine Rahmengesetzgebungskompetenz besitzt (BVerfGE 7, 29/44; *Groß* Presserecht Rn 16 ff.; *ders* AfP 1978, 11 ff.; *Reh/Groß* NJW 1962, 517/519; *Rebmann/Ott/Storz* Einl Rn 14 ff.; vgl Einl Rn 62, 67, 95; § 1 Rn 242). Das ergibt sich aus dem Regelungszusammenhang, in den die Sorgfaltspflichten der Presse mit ihrer „öffentlichen" Aufgabe und den Konkretisierungen dieser Funktion gestellt sind, um die sich die LPG bemühen. Insoweit ist § 6 Teil eines Regelungskomplexes, der ihre rechtliche Stellung in Gesell-

7

schaft und Staat, also die „allgemeinen Rechtsverhältnisse der Presse" isV Art 75 Nr 2 GG regelt.
Das bedeutet nicht, dass die Bestimmung der Sorgfaltspflichten der Presse – vorbehaltlich bundesrechtlicher Rahmenkompetenz – ausschließlich Ländersache wäre. Die Rechte und Pflichten der Presseunternehmen und ihrer Angehörigen im zivilrechtlichen Geschäftsverkehr gegenüber dem Geschäftspartner ebenso wie im außervertraglichen deliktischen Bereich sind, weil und soweit der Presse hier als solcher keine Sonderstellung zukommt, Gegenstand der konkurrierenden Gesetzgebung des Art 74 Nr 1 GG. Dass auch auf diese Rechtsverhältnisse die Grundrechtsgarantien der Meinungs- und Pressefreiheit ausstrahlen, nimmt sie aus der Regelungskompetenz des Bundes nicht heraus.

8   Deshalb ist die Presse, soweit es um den Schutz von Individualinteressen vor Beeinträchtigungen aus ihrer Tätigkeit geht, den Vorschriften des BGB, insbes seinem Sorgfaltsmaßstab der „im Verkehr erforderlichen Sorgfalt" des § 276 BGB verpflichtet (BGHZ 57, 325/332; BGH NJW 1976, 799/800). Inhalt und Umfang ihrer Haftung für die Verletzung von zivilrechtlich geschützten Rechtspositionen bestimmen sich nach BGB (BGHZ 3, 270/275). Ein LPG oder LMG, das die Haftung der Presse für Schäden aus unsorgfältiger Berichterstattung in Abänderung des Sorgfaltsmaßstabs des § 276 Abs 2 BGB mildern oder verschärfen wollte, würde deshalb nicht nur mit Art 3 GG in Konflikt geraten, sondern an der vom Bund schon in Anspruch genommenen Kompetenz scheitern.

9   Ebenso ist die Presse, weil und soweit ihre Eigenart nicht eine Sonderregelung verlangt, wie jeder andere den strafrechtlichen Vorschriften und ihren öffentlich-rechtlichen Pflichten unterworfen.

10   Die LPG und LMG haben hieran auch nichts ändern wollen. Das ergibt sich besonders klar aus § 1 Abs 5 der LPG von Baden-Württemberg und Hamburg und aus § 1 Abs 1 des Sächsischen Pressegesetzes, die ausdrücklich klarstellen, dass den Gesetzen, die für jedermann gelten, auch die Presse unterworfen ist. Nach der Amtlichen Begründung zum Baden-Württembergischen Pressegesetz soll § 6 LPG die Presse auch dort zum Bemühen um wahrheitsgemäße Berichterstattung verpflichten, wo die Unwahrheit niemandes Rechte verletzt, die Pflicht sich also nicht schon aus dem bürgerlichen Recht oder dem Strafrecht ergibt (Beil 3420 S 6868). Und ebenso stellen die meisten LPG ausdrücklich heraus, dass die Verpflichtung, Druckwerke von strafbarem Inhalt freizuhalten oder Druckwerken strafbaren Inhalts nicht zu verbreiten, unberührt bleiben (so in Baden-Württemberg, Bremen, Hamburg, Nordrhein-Westfalen, Rheinland-Pfalz und Schleswig-Holstein) bzw auch für die Presse gilt (so in Brandenburg, Niedersachsen, Mecklenburg-Vorpommern, Sachsen, Sachsen-Anhalt und Thüringen) und dass die Verantwortlichkeit für strafbare Handlungen, die mittels eines Druckwerks begangen werden, sich nach den allgemeinen Strafgesetzen bestimmt (so in § 20 Abs 1 LPG-BW, Art 11 Abs 1 BayPrG, § 14 Abs 1 BbgPrG, § 19 Abs 1 BerlPG, § 20 PRGBr; § 19 Abs 1 HambPrG, § 19 Abs 1 LPrGM-V, § 21 Abs 1 LPGNW, § 12 Abs 2 SMG § 12 Abs 1 Sächs PresseG, § 14 Abs 1 LPGSchl-H).
Deshalb werden die Sorgfaltspflichten der Presse gegenüber den schutzwürdigen Individualinteressen und die Rechtsfolgen bei ihrer Verletzung durch das bürgerliche Recht und das Wettbewerbsrecht, diejenigen gegenüber der Strafrechtsordnung durch die Strafgesetze bestimmt.
Entsprechendes gilt für die Sorgfaltspflichten des öffentlich-rechtlichen und privaten Rundfunks (vgl Rn 6a).
Die Verantwortlichkeit der Anbieter elektronischer Dienste nach Maßgabe der allgemeinen Gesetze ist durch die Regelung der §§ 7 bis 10 TMG kanalisiert und beschränkt. Näher dazu Rn 6b, 229a.

bb) § 6 LPG als sanktionslose Norm

11   Folgerichtig knüpfen die LPG an die Verletzung der presserechtlichen Sorgfaltspflichten keine unmittelbaren Sanktionen. Gleichwohl ist die Pflicht aus § 6 LPG als

A. Grundlagen § 6 LPG

Rechtspflicht, nicht als Programmsatz oder Zielbestimmung ausgestaltet. Ebenso ist sie mehr als nur eine Standespflicht der Presse, für deren Überwachung und Einhaltung nur Organe einer Selbstkontrolle, insbes der Deutsche Presserat, zuständig wären (so *Löffler,* in der 3. Aufl § 6 Rn 39).

Ihr Normappell an die Verantwortlichkeit der Presse ist Teil der von den LPG unternommenen rechtlichen Konkretisierung von Funktion und Stellung der Presse in Staat und Gesellschaft, vor allem von den Auswirkungen des Grundrechts der Pressefreiheit hierfür. Die Sorgfaltspflichten aus § 6 LPG zeigen Beschränkungen auf, denen nach Art 5 Abs 2 GG auch eine Presse unterliegt, deren Tätigkeit sich auf die Grundrechte der Meinungs- und Pressefreiheit stützen kann. Sie modifizieren und konkretisieren die als „öffentlich" von den LPG qualifizierte Aufgabe der Presse und ihr hieraus begründetes Recht, sich gegenüber Interessen, die mit ihrer Berichterstattung kollidieren, auf die Wahrnehmung berechtigter Interessen berufen zu können (vgl etwa § 193 StGB oder § 824 Abs 2 BGB; näher dazu Rn 16, 99, 114 ff.). Da die Sanktionen für eine rechtsverletzende Presseberichterstattung im konkreten Fall zivilrechtlich fast durchweg, in engeren Grenzen aber auch strafrechtlich von einer Güter- und Interessenabwägung abhängen, für die das Gewicht der Pressefreiheit und die mit ihr verknüpfte Berechtigung zu belastender Information eine entscheidende Rolle spielt, löst ein Verstoß gegen die presserechtlichen Sorgfaltspflichten auf diesem mittelbaren Weg zivilrechtliche bzw strafrechtliche Sanktionen aus (*Groß* Presserecht 2. Aufl S 48; *Rebmann/Ott/Storz* § 6 Rn 3). In diesem Sinn arbeitet § 6 LPG mittelbar den allgemeinen Gesetzen zu.

Zu den entsprechenden Normen der rundfunkbezogenen Landesgesetze, des RStV und des TMG siehe Rn 6a und b.

b) § 6 LPG im Verhältnis zum BGB

aa) Weitergehende Sorgfaltspflichten der Presse nach BGB

Die presserechtlichen Sorgfaltspflichten betreffen, auch wo sie, wie die LPG von Brandenburg und Mecklenburg-Vorpommern über die Sorge um Wahrhaftigkeit der Berichterstattung hinaus zur Rücksicht auf überwiegende private Interessen (§ 6 Satz 1 BbgPG) bzw auf die Privatsphäre der Betroffenen (§ 5 Satz 3 LPrG M-V) oder wie die Mediengesetze zur Ausrichtung an den anerkannten journalistischen Grundsätzen verpflichten (§ 7 Abs. 2 LMG-Rh-Pf; § 6 Abs 2 SMG, § 54 RStV dazu Rn 6b), nur einen Ausschnitt der Sorgfaltspflichten, die der Presse zum Schutz des Betroffenen durch das bürgerliche Recht aufgegeben sind. Der zivilrechtliche Pflichtenkatalog für die Presse zum Schutz der Individualinteressen, sei es von natürlichen oder juristischen Personen oder diesen gleichstehenden Personengemeinschaften, wird im Rahmen vertraglicher Beziehungen in erster Linie durch den Inhalt der jeweils zugrundegelegten Vertragsvereinbarung festgelegt; darauf wird hier nicht näher eingegangen.

Von viel größerer praktischer Bedeutung sowie struktur- und richtungsgebend auch für den vertraglichen Schutzbereich sind die der Presse im außervertraglichen Bereich vom Deliktsrecht aufgegebenen Sorgfaltspflichten gegenüber den Individualinteressen. Diese Pflichten werden vor allem durch die in § 823 Abs 1 BGB ausgebildeten Schutzgüter des allgemeinen und besonderen Persönlichkeitsrechts und des Rechts am Unternehmen, durch die nach § 823 Abs 2 BGB eine zivilrechtliche Haftung begründende Schutzgesetze insbes des Ehrenschutzes der §§ 185 ff. StGB, durch den Schutz vor Kredit- und Fortkommensgefährdung in § 824 BGB und durch den Schutz vor vorsätzlicher sittenwidriger Schädigung nach § 826 BGB festgelegt. Ihren Sorgfaltsmaßstab, der heute nicht mehr nur ein Verschuldensmaßstab, sondern ein objektiver Pflichtenmaßstab ist, finden sie in § 276 Abs 2 BGB, der auch die Presse zur Beachtung der „im Verkehr erforderlichen Sorgfalt" verpflichtet. Näher dazu Rn 8, 35 ff., 183.

Diese zivilrechtlichen Sorgfaltspflichten haben ebenfalls den Schutz vor Behauptung und Verbreitung unwahrer Tatsachen durch die Presse (insbes in § 823 Abs 2

LPG § 6   Sorgfaltspflicht der Presse

iVm §§ 186, 187, 187a StGB und in § 824 BGB) zum Gegenstand. Ebenso verpflichten sie die Presse dazu, ihre Druckwerke von Inhalten freizuhalten, die in strafrechtlich relevanter Weise die Individualinteressen verletzen (§ 823 Abs 2 BGB), und die Privatsphäre zu schützen. Indes gehen sie über die genannten Schutzziele weit hinaus (vgl Rn 193 ff.).

bb) Identische Anforderungen an die Wahrheitspflicht der Presse

15   Die presserechtlichen Sorgfaltspflichten mildern den zivilrechtlichen Pflichtenkatalog weder ab noch verschärfen sie ihn (vgl Rn 10). Für den von den LPG geregelten Ausschnitt sind die Pflichten der Presse, soweit diese den Individualschutz zum Gegenstand haben, vielmehr mit den Sorgfaltsanforderungen der §§ 823 ff. iVm § 276 Abs 2 BGB deckungsgleich (vgl Rn 181 ff.). Für den zivilrechtlichen Kontext sind Rechtswirkungen aus der Regelung der LPG und LMG zu den presserechtlichen Sorgfaltspflichten deshalb sehr beschränkt.

cc) Zivilrechtliche Folgen einer Verletzung des § 6 LPG

16   Die Verletzung der presserechtlichen Pflichten zur Sorge für eine wahre Berichterstattung kann der Presse die Berufung darauf abschneiden, dass sie mit ihrer Veröffentlichung als „öffentliche" Aufgabe im presserechtlichen Sinn zu qualifizierende berechtigte Interessen wahrgenommen hat. Dies kann für die Beurteilung, ob sie rechtswidrig das Persönlichkeitsrecht oder das Recht am Unternehmen iSv § 823 Abs 1 BGB verletzt hat, unerlaubt das Risiko einer üblen Nachrede (§ 823 Abs 2 BGB iVm §§ 186, 193 StGB) oder einer Kreditgefährdung (§ 824 Abs 2 BGB) eingegangen ist, von entscheidender Bedeutung sein (vgl Rn 99, 114 ff., 155). Allerdings misst das Zivilrecht auch ohne Rückgriff auf die presserechtlichen Sorgfaltspflichten der Verletzung von deliktsrechtlichen Pflichten der Presse zu sorgfältiger Recherche vor der Veröffentlichung dieselbe Bedeutung zu (vgl Rn 181 ff.). Indes sind diese zivilrechtlichen Prüfungspflichten der Presse ebenso wie die Qualifizierung der Presseberichterstattung als Wahrnehmung berechtigter Interessen iSv § 193 StGB, § 824 Abs 2 BGB erst von der Rechtsprechung ausgeformt worden (vgl § 3 Rn 54 f.). In diesem Sinn verfestigen und verstärken die presserechtlichen Regeln diejenigen des Deliktsrechts.

dd) § 6 LPG kein Schutzgesetz iSv § 823 Abs 2 BGB

17   Umstritten ist, ob die presserechtliche Regelung der Sorgfaltspflichten als Schutzgesetz iSv § 823 Abs 2 BGB zu qualifizieren ist mit der Folge, dass an die Verletzung dieser Vorschrift die zivilrechtlichen negatorischen und schadensersatzrechtlichen Folgen zu knüpfen sind (so: BGH NJW 1972, 1658/1659; *Löffler* ZV 1966, 563; *Scheer*, Deutsches Presserecht, 1966, Teil II § 6 Anm C I; aA *Groß* Presserecht Rn 40 Fn 25; 54; *Koebel* NJW 1964, 1108; *Staudinger/Schäfer* BGB 12. Aufl § 824 Rn 64; offengelassen in *Staudinger/Hager* BGB 13. Bearb § 823 G 67). Die Voraussetzung dafür, dass die Regelung nach Zweck und Inhalt wenigstens auch dem Individualschutz dient (BGHZ 100, 13/14 f. mwN), ist auf den ersten Blick erfüllt. Dass sie die Haftung der Presse nach den Vorschriften des BGB und dem Strafrechtsschutz des Einzelnen unberührt lässt, belegt noch nicht das Gegenteil. Vielmehr sind es die vor allem von der Effizienz der Massenmedien ausgehenden spezifischen Gefahren einer falschen oder verfälschenden Berichterstattung für die Demokratie, für die freie Presse insgesamt, aber natürlich auch und gerade für den betroffenen Einzelnen, die den Landesgesetzgeber zur Betonung der Verantwortlichkeit der Presse im Bemühen um Wahrhaftigkeit als Kehrseite ihrer „öffentlichen" Aufgabe veranlasst haben. Das unterstreichen besonders § 6 Satz 1 BbgPG, der in die Prüfungspflicht auch den Schutz überwiegender privater Interessen ausdrücklich einbezieht, und § 5 Satz 3 LPrGM-V, der die Presse zur besonderen Verantwortung für die Privatsphäre der Betroffenen verpflichtet. Es ergibt sich aber auch aus den Gesetzesmaterialien anderer

A. Grundlagen § 6 LPG

LPG (vgl Protokoll des LT-ProtBW vom 16.5.1963 S 2692 und vom 20.12.1963 S 7314/17; Amt Begr NdsLPG LT-Drs Nr 42 S 12; *Scheer,* Deutsches Presserecht, 1966, Teil II § 6 Anm C I). Von hier aus wäre es also möglich, die presserechtliche Regelung als Schutzgesetz zu qualifizieren. Indes würde das – jedenfalls ohne einschränkende Modifizierung – zu einer Ausweitung des Deliktsschutzes so, wie er schon nach BGB gegenüber derartigen Presseeingriffen besteht, auf den Schutz reiner Vermögensinteressen führen, bis hin zu einer Haftung der Presse auch dafür, dass im Vertrauen auf ihre Informationen Vermögensdispositionen getroffen oder nicht getroffen werden; und zwar nicht nur dort, wo die Presse in Vermögensangelegenheiten berät (dazu Rn 243a). Dies ist sicherlich nicht die Absicht der Landesgesetzgeber. Vielmehr sollten die LPG gerade die zivilrechtliche Haftung unberührt lassen (Rn 10). Diese Vorprägung der presserechtlichen Verhaltensnorm durch ihre Kohabitation mit den allgemeinen Deliktspflichten und deren Schutzbereich, die reine Vermögensinteressen weithin ausnimmt, muss deshalb für das Schutzziel auch des § 6 LPG mitbeachtet werden (vgl generell BGHZ 66, 388/392; BGH VersR 1980, 457/458). Dies beschränkt auch die Verwendbarkeit der Regelung zur unmittelbaren Überführung in das Deliktsrecht über § 823 Abs 2 BGB. Für solche Transformierung wäre nicht nur der Schutz reiner Vermögensinteressen sondern auch die Möglichkeit ausgeklammert, über Modifizierungen der Beweislast auf diesem Weg den Deliktsschutz zu verändern. Wenn die Vorschrift aber zu einem weiteren Ausbau des Deliktsschutzes für Individualinteressen über § 823 Abs 2 BGB nicht herangezogen werden kann, dann erscheint es richtig, ihr die Schutzgesetzeignung überhaupt abzusprechen.

c) § 6 Verhältnis zum UWG

Das für das Verhältnis zu den bürgerlich-rechtlichen Sorgfaltspflichten Gesagte gilt ebenso für das Verhältnis der presserechtlichen Pflichten zu den Sorgfaltspflichten der Presse bei der Teilnahme am Wettbewerb. Soweit sie ihre Informationen zu Zwecken des Wettbewerbs, dh im geschäftlichen Verkehr mit der objektiven Eignung und subjektiven Bestimmung dazu einsetzt, eigenen oder fremden Wettbewerb zu fördern, unterliegt sie den spezifischen, regelmäßig erheblich strengeren Sorgfaltspflichten des UWG auch in Bezug auf die Verpflichtung zur Vermeidung unwahrer oder irreführender Informationen und den sich aus einer Pflichtverletzung ergebenden Unterlassungs- und Schadensersatzfolgen der §§ 8 ff. UWG. Die presserechtlichen Sorgfaltspflichten lassen auch diese Pflichtenstellung unberührt. Näheres dazu Rn 151 f. 18

d) § 6 LPG im Verhältnis zum StGB

Die presserechtlichen Sorgfaltspflichten aus § 6 LPG lassen auch die strafrechtlichen Sollenspflichten nicht nur zum Schutz der öffentlichen Ordnung (zB das Verbot der Verunglimpfung des Bundespräsidenten, des Staates und seiner Symbole, das Verbot der Volksverhetzung, der Anstiftung zu Straftaten, der Gewaltdarstellung, der Aufstachelung zum Rassenhass, vgl §§ 90, 91, 130, 130a, 131 StGB), sondern auch zum Schutz der Ehre und des Rufs vor ehrverletzenden unwahren Behauptungen (§§ 185, 186, 187, 188, 189 StGB) unberührt (Rn 10). Mittelbar können sie aber insbes über die Zubilligung oder Versagung einer Berufung der Presse auf die Wahrnehmung berechtigter Interessen nach § 193 StGB gegenüber einer Rufschädigung durch unwahre Behauptungen strafrechtlich relevant werden. Näheres dazu Rn 185. 19

3. § 6 LPG und der Pressekodex des Presserats

Die vom Deutschen Presserat in Zusammenarbeit mit den Presseverbänden beschlossenen „Publizistischen Grundsätze" (Pressekodex) und die dazu nach den Empfehlungen des Deutschen Presserats ergangenen Richtlinien für die publizistische Arbeit heben die Achtung vor der Wahrheit, die Wahrung der Menschenwürde und die wahrhaftige Unterrichtung der Öffentlichkeit als oberstes Gebot der Presse hervor 20

LPG § 6

(Ziff 1 Pressekodex) und formen Regeln und Empfehlungen zur Erfüllung dieses Gebots aus (Ziff 2, 3, 7, 13, 14 Pressekodex). So verlangt Ziff 2 Pressekodex in fast wörtlicher Übereinstimmung mit § 6 Satz 1 LPG, zur Veröffentlichung bestimmte Nachrichten und Informationen in Wort, Bild und Grafik mit der nach den Umständen gebotenen Sorgfalt auf ihren Wahrheitsgehalt hin zu überprüfen und wahrheitsgetreu wiederzugeben, und konkretisiert die Anforderungen an die Bemühung um Wahrhaftigkeit bei der Wiedergabe bearbeiteter Informationen und um Vermeidung von Irrtümern über den Informationsgehalt bei der Leserschaft. Ziff 3 Pressekodex fordert zur unverzüglichen Richtigstellung sich nachträglich als falsch erweisender Nachrichten oder Behauptungen auf. Ziff 7 wehrt der Beeinflussung redaktioneller Veröffentlichungen durch private oder geschäftliche Interessen und gebietet die Trennung von redaktionellem Text und Anzeigen. Ziff 13 und 14 sollen eindeutig verzerrender Berichterstattung über Ermittlungs- und Gerichtsverfahren und über Erfolge oder Misserfolge medizinischer oder pharmazeutischer Forschung vorbeugen. Darüber hinaus enthält der Pressekodex Grundsätze für eine saubere und faire, die Persönlichkeitsrechte, den Schutz der Jugend, das Schutzbedürfnis der Allgemeinheit vor einer unangemessenen Berichterstattung respektierende Pressearbeit. Diese Grundsätze lassen die presserechtlichen ebenso wie die bundesrechtlichen Sorgfaltspflichten für die Presse unberührt. Es sind, ähnlich wie zB die Richtlinien des Zentralausschusses für die Werbewirtschaft (vgl OLG Hamm GRUR 1986, 172), standesrechtliche Grundsätze einer Berufsethik, die nicht die Bindungswirkungen von Rechtsnormen haben, insbes „keine rechtlichen Haftungsgründe" darstellen (so die Präambel des Pressekodex). Sie spiegeln aber das Selbstverständnis der Presse in Bezug auf Orientierungen für die eigene Pressearbeit und die selbst auferlegten Grenzen für sie wider und sind deshalb ebenso wie die von dem Deutschen Presserat zu konkreten Presseveröffentlichungen erteilten Rügen für den Rechtsanwender wertvolle Auslegungshilfen, zumal sie viele praktische Handreichungen für eine medienadäquate Lösung der Interessenkonflikte geben (vgl BGH NJW 1979, 1041). Dazu auch Rn 49.

III. Die gemeinsamen Koordinaten der Sorgfaltspflichten für die Berichterstattung der Presse

1. Ausrichtung der Sorgfaltspflichten vornehmlich am Individualgüterschutz

a) Integritätsschutz als primäre Aufgabe der Sorgfaltspflichten

21 Die Pflicht zum Bemühen um eine wahrheitsgemäße Berichterstattung ebenso wie alle anderen Pflichten der Presse zur Sorge um den Inhalt der Druckwerke sind ihr nicht zur Bewahrung eines gehobenen Niveaus aufgegeben oder um sie dazu anzuhalten, die ihr vom GG zugeordnete Funktion in der Demokratie zu erfüllen. Sondern sie soll vor den Gefahren schützen, die von Presseveröffentlichungen für den betroffenen Einzelnen und für die Gemeinschaft ausgehen können. Der Einfluss insbes der Massenmedien auf die Meinungsbildung, ihre durch das Internet immens verstärkten Möglichkeiten, im selben Zeitraum eine Vielzahl von Menschen zu erreichen, können für den, der Gegenstand einer Erörterung in der Presse wird, gravierende Beeinträchtigungen in seinem privaten, beruflichen, wirtschaftlichen Lebensführung, für seine soziale Geltung und für die Definition des eigenen Lebensbildes bedeuten. Unter Umständen können sie für den Betroffenen das Weiterleben in den von der Veröffentlichung erreichten Lebensräumen geradezu unmöglich machen. Schon das Bewusstsein von den Möglichkeiten eines heimlichen Zudringens auf die Daten seiner Persönlichkeitssphäre, die der Betroffene der Öffentlichkeit nicht bekannt geben will, kann Lebensführung und Kommunikation sehr einschränken (BVerfGE 101, 361/383 – *Paparazzifotos;* 120, 180/198/207 – *CvM-Ferienvilla in Kenia;* EGMR NJW 2004, 2647/2650 (Tz 68 ff.) – *v Hannover/Deutschland*). Öffentlich ge-

machte Indiskretionen können für Wirtschaftsunternehmen existenzvernichtend sein. Ebenso können nicht nur von der Veröffentlichung von Staatsgeheimnissen, sondern mehr noch von einer sie einseitig als Steuerungsinstrument missbrauchenden Presse für Staat und Gesellschaft massive Gefahren ausgehen. Aufgabe der Sorgfaltspflichten ist es, diesen Gefahren vorzubeugen oder sie wenigstens in Grenzen zu halten.

b) Individualgüterschutz als primärer Bestimmungsgrund und Begrenzung der Sorgfaltspflichten

Die Sorgfaltspflichten orientieren sich an den zu schützenden Gütern bzw Interessen und an den Gefahren, die die Presseveröffentlichung für die Integrität der Schutzgüter bzw Bewahrungsinteressen schafft. In den durch sie der Presse aufgegebenen Verhaltenspflichten setzt sich der Integritätsanspruch des Schutzguts bzw das Bewahrungsinteresse des Betroffenen um. Dieser Integritätsanspruch des Geschützten ist deshalb maßgebender Bestimmungsgrund für den Inhalt und das Maß der Sorgfaltspflichten. 22

Für die Bestimmung der zivilrechtlichen Sorgfaltspflichten des BGB schon von Hause aus, aber auch für die presserechtlichen Sorgfaltspflichten nach den LPG und MG steht der Individualgüterschutz als Bestimmungsgrund ganz im Vordergrund. Das folgt daraus, dass der Einzelne besonders stark und nachhaltig durch eine ihn betreffende Veröffentlichung gefährdet ist, weil seine Lebensführung für ein Zudringen der Öffentlichkeit mit Hilfe der Medien und ihrer Suggestivkraft, sei es aus Neugier, Anteilnahme oder Kritik, besonders verletzlich ist und er kaum eine Chance hat, sich im außerrechtlichen Bereich dagegen zu wehren. Die besondere Bedeutung des Individualgüterschutzes für die Ausformung der Sorgfaltspflichten ergibt sich aber auch daraus, dass staatliche Interessen an einer vor der Presse verschonten Eigensphäre vom GG nur in engen Grenzen für schützenswert gehalten wird. Das unterstreichen die primär staatsgerichteten Grundrechtsgarantien für die Meinungs- und Pressefreiheit in Art 5 Abs 1 GG. Sie sollen auch und gerade eine Kontrolle der staatlichen Autoritäten durch die aus einer freien Presse über Missstände und Missbräuche informierten Bürger gewährleisten. Das verlangt einen für Presseneugier und Pressekritik offenen Staat. Staatsinteressen können die Pressetätigkeit nur beschränken, wo es um Geheimbereiche geht, deren Öffnung die staatliche Gemeinschaft existentiell bedrohen würde, oder wo die Strafgesetze oder die Gesetze zum Schutz der Jugend verletzt werden. Näher dazu Rn 26. Soweit es sich nicht um einen Straftatbestand handelt, kann der Staat nicht einmal gegen unwahre Behauptungen über ihn aus staatspolitischem Interesse vorgehen, sondern nur, wenn und soweit er wie ein Bürger, etwa als unternehmerisch tätiger Fiskus, in Individualinteressen unmittelbar betroffen ist (vgl BGHZ 90, 113 – *Bundesbahnplanungsvorhaben*). Dazu Rn 72.

Auch Interessen von Kollektiven, die weder als staatlich zu qualifizieren sind, noch einer juristischen Person oder einer als solcher rechtlich gleichgestellten Gemeinschaft zugeordnet werden können, stehen weithin außerhalb des Schutzes der Sorgfaltspflichten der Presse. Hier gelten zwar die verfassungsrechtlich begründeten Beschränkungen aus dem Verhältnis der Presse zum Staat nicht. Auch sind Kollektivinteressen durchaus nicht stets von geringerem Gewicht als Individualinteressen. So kann eine Presseveröffentlichung etwa über die Gesundheitsschädlichkeit bestimmter Substanzen, die die Nahrungsmittelindustrie oder der Wohnungsbau verwenden, Kollektivinteressen der Wirtschaft und der Verbraucher beeinträchtigen, ohne dass unmittelbar Individualinteressen betroffen sind. Aber für sie wirkt sich aus, dass unser Recht aus wohlerwogenen Gründen nur in sehr begrenztem Umfang, etwa im Wettbewerbsrecht (vgl § 8 UWG), Organe und Verfahren zur Betreuung und Durchsetzung solcher Kollektivinteressen geschaffen hat. Zudem ist das Äußerungsrecht vor allem wegen der Körperlosigkeit der von den Veröffentlichungen ausgehenden Einwirkungen, ihrer unterschiedlichen Wirkungsinhalte und Wirkungsdichte und wegen der vielschichtigen, multivalenten Interessen des Personalen, des unternehmerischen Organismus, der sozialen Geltung und des wirtschaftlichen Rufs in besonderem Maß darauf angewiesen, den Schutzkreis auf ein unmittelbares Betroffensein wertend zu 23 beschränken, um Ausuferungen und Missbräuchen des Rechtsschutzes zu steuern und um die Pressekritik an allgemeinen Zuständen und Verhältnissen nicht übermäßig einzuschränken (vgl Rn 33f.).

c) Konzentrierung der Pflichten auf unmittelbare Eingriffe durch Presseveröffentlichungen

24 Auch soweit es um den Schutz von Individualinteressen geht, ist für die Sorgfaltspflichten der Presse im äußerungsrechtlichen Bereich kennzeichnend, dass sie sich de facto auf den unmittelbaren Eingriff durch die Veröffentlichung konzentrieren. Die Verletzung der Individualinteressen ist in aller Regel schon mit der Presseveröffentlichung eingetreten. Auch die immateriellen Nachteile sind in diesem Zeitpunkt schon auf den Weg gebracht, allenfalls ein Vermögensschaden konkretisiert sich erst später. „Mittelbare" Eingriffe, die von der Presseveröffentlichung im entfernteren sozialen Vorfeld des Schutzinteresses in Gang gesetzt werden und den Verletzungstatbestand erst im weiteren Geschehen auf Grund des Hinzutretens weiterer Bedingungen verwirklichen, kommen, abgesehen vom Tatbestandsmerkmal eines Schadenseintritts, anders als sonst im Haftungsrecht praktisch nicht vor. Allenfalls wirkt die Veröffentlichung insoweit „mittelbar", als sie ein allgemeines Rauschen im Blätterwald provoziert, das erst eigentlich die existentielle Katastrophe für den Betroffenen herbeiführt (zur Verantwortlichkeit in diesen Fällen vgl Rn 313). Deshalb können die zum Schutz dieser Interessen der Presse aufgegebenen Verhaltenspflichten sich weitgehend auf das unmittelbare Gefahrenfeld der Veröffentlichung konzentrieren. Handlungsanweisungen für das Vorfeld der Recherche, der Materialsammlung und -archivierung, des Umgangs mit den Presse- und Bildagenturen enthalten die LPG prinzipiell nicht; anderes mag für die „anerkannten journalistischen Grundsätze" gelten, an denen sich auszurichten die Mediengesetze verlangen (dazu Rn 6b). Aber auch für die Sorgfaltspflichten der Presse nach den allgemeinen Vorschriften sind solche Handlungsanweisungen regelmäßig nur im Bezugsrahmen der Veröffentlichungsgefahren, dagegen als eigenständige Pflichten nur schwach ausgeprägt.

Andererseits ist die Möglichkeit zu Sorgfaltspflichten, die sich auf ein einziges Gefahrenfeld konzentrieren und eindeutig auf unmittelbare Eingriffe in die Schutzgüter bezogen sind, dadurch wesentlich abgeschwächt, dass von Presseveröffentlichungen mit dem allgemeinen Persönlichkeitsrecht und dem Unternehmensrecht wenig konturierte Schutzgüter betroffen sind. Ihr Zuweisungsgehalt konkretisiert sich in der Regel erst in dem Konflikt mit den auf sie zugreifenden Veröffentlichungen und auf Grund einer Abwägung mit den diese tragenden schutzwürdigen Interessen (vgl Rn 36f.; 57ff.; 141ff.). Darüber hinaus ist, weil sowohl das Recht der Presse an einer nach Inhalt und Form möglichst nicht beschränkten Veröffentlichung als auch das Persönlichkeitsrecht durch Grundrechte geschützt sind, eine Güterabwägung von Grundwerten zur Wahrung der praktischen Konkordanz der Grundrechte erforderlich (vgl Rn 41f.). Dies mindert die Möglichkeiten zur Verallgemeinerung der Sorgfaltspflichten und ihre Prägnanz und setzt die Vorausberechenbarkeit der rechtlichen Konfliktlösung wesentlich herab.

2. Ausrichtung an den Einflüssen von Art 1, 3, 5 Abs 1 und 3 GG

a) Presserechtliche Sorgfaltspflichten als Grundrechtsschranken iSv Art 5 Abs 2 GG

25 Die presserechtliche Regelung der Sorgfaltspflichten ebenso wie die bürgerlichrechtlichen, wettbewerbsrechtlichen, strafrechtlichen Vorschriften über die Pflichten der Presse zum Schutz kollidierender Rechtsgüter gehören zu den Normen, die die Schranken der Meinungs- und Pressefreiheit iSv Art 5 Abs 2 GG mitbestimmen, insbes wo es um die Abgrenzung des Freiheitsbereichs für die Presseberichterstattung gegenüber den schutzwürdigen Interessen von Betroffenen geht. Die Vorschriften der LPG sind allgemeine Gesetze iSv Art 5 Abs 2 GG (zu dem Begriff BVerfGE 7, 198/209f. – *Lüth*; 97, 125/146 – *Gegendarstellung auf der Titelseite*). Dass auch die

A. Grundlagen § 6 LPG

presserechtliche Pflichtenregelung Grenzen der Pressefreiheit konkretisiert, wird in den meisten LPG ausdrücklich hervorgehoben (vgl § 1 Abs 2 bzw § 2 Abs 1 HessPrG; nicht in Bayern, Niedersachsen, Sachsen-Anhalt und Thüringen).

b) Einfluss von Art 5 Abs 1 und 3 GG auf staatsschützende Schrankensetzung

Die Schrankenvorschriften nach Art 5 Abs 2 GG sind ihrerseits an den Grundwerten der sie beschränkenden Meinungs- und Pressefreiheit in Art 5 Abs 1 GG zu orientieren (vgl BVerfGE 7, 198/208 ff. – *Lüth;* stdg zuletzt 120, 180/230 f. – *CvM-Ferienvilla in Kenia;* BVerfGAfP 2009, 365; 2009, 480; 2012, 143 ff.; § 1 Rn 256 ff.). Soweit die Presseveröffentlichung mit Interessen des Staats an einer Geheimhaltung in Konflikt gerät, ist Art 5 Abs 1 GG in seiner Staatsgerichtetheit unmittelbar berührt. Es gehört zu der durch das Grundrecht gerade gewährleisteten Aufgabe der Presse, über Zustände, Vorgänge, Hintergründe im Staat ungeschminkt und unzensiert zu berichten, auch wenn dem Staat das nicht passt (Rn 22). Deshalb ist bei der Anwendung von Staatsschutzvorschriften auf die Presse besonders sorgfältig darauf zu achten, dass ihre Berufung zur Machtkritik hinter das Staatsschutzbedürfnis nur ausnahmsweise zurückzutreten hat (vgl BVerfGE 93, 266, 293 ff. – *Soldaten sind Mörder;* BVerfG NJW 1999, 204, 205 – *Oktoberfest;* 2005, 2912/2914 – *Verfassungsschutzbericht;* BGH NJW 2002, 685 – *Wehrmachtsausstellung;* NSt 2003, 145 – *Offener Brief;* NJW 2011, 511 – *Bundeszentrale gegen ,deutsch-jüdische Symbiose').* Grenzen setzen der Presse hier die Strafvorschriften insbes der §§ 93 ff. StGB, insbes § 95 StGB, zum Schutz von Staatsgeheimnissen (näher dazu Soehring § 12. 31 ff.). Diesen Sicherheitsbelangen muss die Presse aber auch nur dort weichen, wo durch die Bekanntgabe der äußeren Sicherheit des Staats ein schwerer Nachteil droht (BVerfGE 20, 162/177 – *Spiegel-Urteil;* BGH NJW 1970, 437/438).

Ferner legen ihr die Strafvorschriften über den Friedensverrat (§ 80a StGB: Aufstacheln zum Angriffskrieg), über die Gefährdung des demokratischen Rechtsstaats (§§ 86, 86a StGB: Verbreiten von Propagandamitteln oder Verwenden von Kennzeichen verfassungswidriger Organisationen; §§ 90 ff. StGB: Verunglimpfen des Bundespräsidenten und anderer Verfassungsorgane sowie des Staats und seiner Symbole), über das Verbot des öffentlichen Aufforderns zu Straftaten (§ 111 StGB), der Störung des öffentlichen Friedens durch Androhung von Straftaten (§ 126 StGB), der Volksverhetzung (130 StGB), der Verherrlichung, Verharmlosung oder die Menschenwürde verletzenden Darstellung von Gewalttätigkeiten gegen Menschen (§ 131 StGB) Beschränkungen in der Darstellung auf. Auch hier gilt, dass die strafbewehrten Beschränkungen im Lichte der grundrechtlichen Gewährleistung des Art 5 GG interpretiert werden müssen (BVerfGE 77, 65/75 ff. – *Beschlagnahme beim ZDF).* Vgl auch zum Spannungsverhältnis mit Zielen der Untersuchungs- und Auslieferungshaft BVerfG AfP 1995, 596. Näheres zu den Schranken der Presse aus den Vorschriften des StGB und ihrer verfassungsrechtlichen Einbettung vgl Rn 77 ff.

Art 5 Abs 2 GG hebt in diesem Zusammenhang die Beschränkungen der Presse durch die gesetzlichen Bestimmungen zum Schutz der Jugend besonders hervor. Der Jugendschutz setzt seine Schranken sowohl als ein wichtiges Gemeinschaftsanliegen als auch durch seine Verwurzelung in Art 1, 2 Abs 1 GG (BVerfGE 30, 336/347 – *FKK;* 83, 130/139 – *Josefine Mutzenbacher).* Zu den Wechselwirkungen dieser Schranken mit Art 5 Abs 1 S 2 vgl § 1 Rn 272.

c) Einfluss von Art 1, 2, 5 GG auf die Schranken zum Schutz von Individualinteressen

aa) Drittwirkung der Grundrechte

Grundrechtswerte der Meinungs- und Pressefreiheit aus Art 5 Abs 1 GG fließen auch in die Vorschriften ein, die die Rechtsverhältnisse auf der Ebene bürgerlich-rechtlicher Gleichordnung zwischen Presse und Bürgern regeln. Auf dieser Ebene kommt den Grundrechten zwar kein unmittelbare Wirkung zu; sie schaffen selbst keine zivilrechtlichen Ansprüche oder Pflichtenlagen (*Gallwas* NJW 1992, 2785/2786).

Sie verkörpern aber eine objektive Wertordnung, die als solche für die ganze Rechtsordnung gilt und als sog mittelbare Drittwirkung der Grundrechte von den Gerichten bei der Auslegung zivilrechtlicher und strafrechtlicher Vorschriften zu beachten ist (BVerfGE 7, 198/208 ff. – *Lüth;* stdg zuletzt 124, 340/352, 392 – *Heß-Gedenkveranstaltung;* BVerfG NJW 2012, 1272 – *Georg Elsner- allein gegen Hitler; Grimm* NJW 1995, 1697). Deshalb sind auch die Vorschriften, die der Presse zum Schutz der Bürger vor den Gefahren ihrer Veröffentlichungen aufgeben sind, auf die Gewährung der Meinungs- und Pressefreiheit in Art 5 Abs 1 GG und der Kunst- und Wissenschaftsfreiheit in Art 5 Abs 3 GG hin zu interpretieren. Die Auslegung der Vorschriften hat daher nicht nur sich mit den Schutzzielen und dem Schutzbereich der Norm zu befassen, sondern auch mit ihrer Auswirkung als Schranke auf die Pressetätigkeit und für deren vom GG anerkannten besonderen Stellenwert in der Demokratie. Generell führt das zu einer restriktiven Interpretation der einfachrechtlichen Schrankenvorschriften, jedenfalls zu einem gesteigerten Begründungszwang für eine erweiternde Auslegung dieser Schranken.

bb) Eingangspforten für die Grundrechte

28 Die Einflüsse der Grundrechtswerte aus Art 1, 2 Abs 1, 4 und 5 Abs 1 und 3 GG auf das einfache Recht findet auf sämtlichen Tatbestandsebenen statt. Das gilt schon für die tatrichterlichen Feststellungen insbes bei der Ermittlung des Aussagegehalts einer Presseveröffentlichung, von deren Interpretation entscheidend ihre Zulässigkeit abhängen kann (Näheres dazu Rn 80 f.). Ebenso sind die Ausstrahlungswirkungen der Verfassungsgarantien bei der Auslegung des Verletzungstatbestands zu berücksichtigen, etwa bei der Abgrenzung von Tatsachenbehauptungen gegenüber subjektiven Meinungen und Werturteilen, bei der die Weichenstellung zB für den Ehrenschutz erfolgt (Näheres dazu Rn 89). Eine Überspannung der Sorgfaltsanforderungen bei der Feststellung von Rechtswidrigkeit und Verschulden kann die Pressearbeit unverhältnismäßig erschweren und daher wegen Verletzung von Art 5 Abs 1 S 2 GG unzulässig sein. Auch auf die Ausgestaltung des materiell-rechtlichen und prozessualen Instrumentariums strahlt die verfassungsrechtliche Wertentscheidung aus Art 5 Abs 1 GG aus (Näheres dazu Rn 262, 289 f., 332 f.).

Die Haupteingangspforte der verfassungsrechtlichen Drittwirkung ist die Interessen- und Güterabwägung im Rahmen der Interpretation auslegungsfähiger einfachrechtlicher Tatbestandsmerkmale (seit BVerfGE 34, 238/245 – *Tonbandaufnahme* stdg, zuletzt 99, 185/196 – *Helnwein;* 101, 361 – *Paparazzi-Fotos;* 120, 180/200 f. – *CvM-Ferienvilla in Kenia;* ebenso BGH, zuletzt BGH NJW 2012, 3645 – *Erkrankung der Entertainerin*), durch die die Reichweite der offenen Schutzgüter des Persönlichkeitsrechts und des Rechts am Unternehmen gegenüber den Veröffentlichungsinteressen der Presse fallbezogen konkretisiert wird, also die Grenze, an der die Presseveröffentlichung wegen ihrer nicht mehr hinzunehmenden Beeinträchtigung der schutzwürdigen Interessen der Betroffenen rechtswidrig (d. h. unzulässig) wird.

cc) Einfluss von Art 5 Abs 1 Satz 1 GG

29 Vgl dazu zunächst § 1 Rn 32 f. Für die Auslegung enthält vor allem das jedermann gewährte Grundrecht auf freie Meinungsäußerung in Art 5 Abs 1 S 1 GG Wertungen, die den Inhalt von Vorschriften mitbestimmen, die wie § 185 StGB, ggf iVm § 823 Abs 2 BGB einer meinungsbildenden Stellungnahme, einer subjektiv wertenden Kommentierung, einer Kritik der Presse Schranken setzen. Vor allem wo die Presseveröffentlichung eine die Öffentlichkeit wesentlich berührende Auseinandersetzung betrifft, streitet auch für sie die Vermutung der freien Rede. Aber das Grundrecht ist aber auch dort für die Auslegung von Bedeutung, wo die Vorschriften über die presserechtlichen Sorgfaltspflichten oder § 824 BGB, §§ 186, 187, 188 StGB sich vorrangig nicht mit subjektiven Meinungen und Wertungen, sondern mit der Veröffentlichung von Nachrichten, also mit Tatsachenaussagen befassen. Mit dem Grundrechtsschutz für die Teilnahme am öffentlichen Diskurs sind auch Informatio-

A. Grundlagen § 6 LPG

nen über vergangenes, gegenwärtiges, künftiges Geschehen als die Basis, auf der sich Meinungen erst überhaupt bilden können, ebenso geschützt wie die unterschiedlichen Meinungen über diese Fakten, weil und soweit sie Voraussetzung für die Bildung von Meinungen sind (BVerfGE 90, 1/14 – *Wahrheit für Deutschland;* 90, 241/247 f. – *Ausschwitz-Lüge;* stdg zuletzt BVerfG NJW 2003, 1856 – *KKK;* ZUM 2005, 917 – *frauenfeindliche Fahrschule;* AfP 2009, 480 – *Pressespiegelt;* BGHZ 176, 175/182 – *Richtigstellung;* BGHVersR 2009, 365/366 – *Schleichwerbeskandal;* 2009, 555/556 – *Korruptions-Prävention*). Subjektive Meinungen und Wertungen sind durchweg mit Tatsachenbehauptungen verbunden, auf die sie sich beziehen, und umgekehrt gibt es kaum eine Tatsachenaussage ohne wertendes Meinen. Näheres dazu Rn 80 f.; 84 ff. Nur wo die Information, wie etwa bei der Übermittlung von Chiffren, mit Meinungsbildung nichts zu tun hat, nimmt sie am Schutz des Art 5 Abs 1 S 1 GG nicht teil. Auch für sie greift aber die Pressefreiheit des Art 5 Abs 1 S 2 GG ein.

Nicht geschützt durch Art 5 Abs 1 GG sind bewusst unwahre oder als unwahr erwiesene Tatsachenbehauptungen (BVerfGE 7, 198/212 – *Lüth;* stdg zuletzt BVerfG NJW 2003, 1856 – *KKK;* 2007, 468 – *Insiderwissen*) und diffamierende Polemik (BVerfGE 82, 272/283 – *Zwangsdemokrat;* BVerfG NJW 1993, 1462 – *Böll/Henscheid;* weitere Nachweise Rn 190 ff.).

Für Art 5 Abs 1 S 1 GG macht es prinzipiell keinen Unterschied, ob die Berichterstattung abzielt auf hochgeistige Auseinandersetzung oder auf Unterhaltung, auf Staatsangelegenheiten oder auf kulturelle, wirtschaftliche, technische Gegenstände oder auf Klatsch und Sensation (BVerfGE 101, 361/390 – *Paparazzi-Fotos;* BGHZ 143, 199/208/213 – *Sticheleien von Horaz*). Auch die weniger „wertvollen" Ziele und Inhalte der Kommunikation sind durch Art 5 Abs 1 S 1 GG geschützt, allerdings in abgeschwächtem Maß (Näheres Rn 45 ff.).

dd) Einfluss von Art 5 Abs 1 S 2 GG

Vgl wegen des Verhältnisses zur Meinungsfreiheit zunächst § 1 Rn 33 bis 38; **30** wegen der Bedeutung als individuelles Abwehrrecht und objektive Verfassungsgarantie § 1 Rn 39 ff. Presseveröffentlichungen sind, was ihren Schutz durch die Gewährleistung der Meinungsfreiheit in Art 5 Abs 1 S 1 GG betrifft, nicht privilegiert (BVerfGE 20, 162/176 – *Spiegel-Urteil;* stdg zuletzt BVerfG NJW 2001, 507 – *Bekennerbrief*). Die Sorgfaltspflichten der Presse beziehen, soweit es um Presseeinrichtungen und ihr organisches Funktionieren geht, Wertungen auch aus der Grundrechtsgarantie der Pressefreiheit des Art 5 Abs 1 S 2 GG über deren mittelbare Drittwirkung. Dieses Grundrecht sichert zwar nicht die Existenz des einzelnen Presseunternehmens (BVerfG NJW 2001, 1639), aber es schützt die Eigenständigkeit der Presse in den Grundlagen ihrer von den LPG als „öffentliche" Aufgabe bezeichneten Mittler- und Brückenfunktion für die Informations- und Meinungsfreiheit der Bürger und für die Wahrnehmung ihrer staatsbürgerlichen Mitwirkungs- und Kontrollrechte, als Forum, auf dem Meinungen geäußert, zur Diskussion gestellt, zur Information aufbereitet werden (BVerfGE 20, 162/174 – *Spiegel-Urteil;* stdg zuletzt BVerfG NJW 2005, 2912/2913 – *Verfassungsschutzbericht*). In diesem Verständnis geschützt ist vor allem die pressemäßige Teilhabe am Kommunikationsprozess (§ 1 Rn 37 f.) in ihrer Funktionsfähigkeit (§ 1 Rn 48 ff.).

Der Schutz umfasst das Recht, Art und Ausrichtung, Inhalt und Form eines Publikationsorgans frei zu bestimmen (BVerfGE 20, 162/174 – *Spiegel-Urteil* stdg zuletzt 101, 361/389 – *Paparazzifotos;* 120, 180/205 – *CvM-Ferienvilla in Kenia;* BGHZ 171, 275/282 – *CvM-St. Moritz;* 178, 213/216 – *Freigang;* 180, 114/118 – *Beerdigung in Monaco;* BGH NJW 2008, 3135/3140 – *Christiansen I;* VersR 2011, 192 – *Die Inka-Story II*); er reicht von der Informationsbeschaffung bis zur Verbreitung des redaktionellen und des Anzeigenteils, umfasst auch den Abdruck von Leserbriefen (BVerfGE 28, 55/64; näher § 1 Rn 68 ff.) und schließt alle wesensmäßig mit der Pressearbeit zusammenhängenden Hilfstätigkeiten ein, wie zB den Vertrieb durch Botenzustellung (BVerfGE 52, 283/296 – *Tendenzschutz;* 64, 108/114; 77, 346/354 – *Pressegrossist;*

BGHZ 151, 26/31 – *Marlene Dietrich II*). Auch an diesen Garantien nimmt die Presse ohne Rücksicht darauf teil, ob sie sich politischen oder gesellschaftlichen Interessen, der geistigen Auseinandersetzung oder der bloßen Unterhaltung (§ 1 Rn 70) widmet (Näheres dazu Rn 45 ff.).

Bei der Feststellung der Sorgfaltspflichten für die Presse verlangt Art 5 Abs 1 Satz 2 GG ua, dass die Eigengesetzlichkeit der Pressearbeit und ihre Sachzwänge angemessen berücksichtigt werden, zB der Tageszeitungen zu Aktualität und Schnelligkeit, zur Aufbereitung der Information für das Verständnis ihrer Leserschaft und zur Weckung des Interesses, zu Selektionen und Kürzungen wegen der Platzgrenzen, ihre begrenzten Möglichkeiten zur Verifizierung bestimmter Nachrichten, aber auch ihre Finanzierungsgrundlagen durch Anzeigen. In Grenzen muss der Presse auch die Verbreitung strafrechtlich relevant beschaffter Informationen erlaubt sein (§ 1 Rn 84). Art 5 Abs 1 S 2 GG kann es rechtfertigen, dass die Presse mit einem Bericht zB über öffentliche Missstände auch dann schon an die Öffentlichkeit tritt, wenn sie erst einen Mindestbestand an Indizien für die Richtigkeit zusammengetragen hat, den vollen Beweis dafür aber noch nicht führen kann; oder einen Verdacht öffentlich ausspricht. Denn es gehört zu ihrer durch die Pressefreiheit gewährleisteten Kontrollfunktion, gerade solche die Öffentlichkeit berührenden Missstände an das Licht zu holen und zur Diskussion und weiteren Aufklärung zu stellen. Sie muss dies auch tun dürfen in den Fällen, in denen sich die volle Wahrheit erst in der öffentlichen Erörterung oder in einer deswegen erst in Gang gesetzten öffentlichen Untersuchung offenbart. Näheres dazu Rn 175 ff.

ee) Einfluss von Art 5 Abs 3 GG

31 Art 5 Abs 3 GG gewährleistet die Freiheit der Kunst und Wissenschaft, Forschung und Lehre. Gegenstand dieser Freiheiten sind Eigenständigkeit und Eigengesetzlichkeit künstlerischer und wissenschaftlicher Erkenntnissuche und Erkenntnisfindung und ihre Anerkennung durch Staat und Gesellschaft sowie ihre Gewährleistung für jeden in diesen Prozessen sowie in der Deutung und der Vermittlung ihrer Ergebnisse Tätigen (zur Kunstfreiheit vgl BVerfGE 30, 173/188 f. – *Mephisto*; 67, 213/224 f. – *Anachronistischer Zug*; 77, 240 – *Herrenburger Bericht*; 86, 1/9 – *geb Mörder*; 119, 1/21 ff. – *Esra*; BVerfG NJW 2002, 3767 – *Bonnbons*; BGHZ 183, 227/232 ff. – *Esra II*; BGH NJW 2005, 2844/2846 f. – *Esra I*; 2009, 3576 – *Der Kannibale von Rotenburg*; zur Wissenschaftsfreiheit vgl BVerfGE 35, 79/113 – *Kriegsschuldfrage*). Das unterstreicht das GG dadurch, dass diese Freiheiten – anders als Art 5 Abs 1 GG – nicht unter Gesetzesvorbehalt stehen. Damit sollten nicht etwa Kunst und Wissenschaft vor anderen Lebensbereichen privilegiert, sie im Verhältnis zu den Kommunikationsprozessen des Art 5 Abs 1 GG „ein bisschen freier gestellt" werden. Sondern Art 5 Abs 3 GG geht davon aus, dass freie Kunst und freie Wissenschaft, Forschung und Lehre ihren eigenen Gesetzen folgen müssen, um zu ihren Erkenntnissen zu kommen, und dass sie darin für die Gesellschaft nicht nur unverzichtbar, sondern trotz der dadurch auftretenden Spannungen auch tragbar sind. Schranken werden ihnen allerdings dadurch gesetzt, dass sie Teil der Verfassungsordnung sind, mit deren Wertungen, insbes der Menschenwürde, dem Schutz der Persönlichkeit und der zur Sicherung ihrer Integrität geschützten Rechtsgüter sie im Falle einer Kollision zu einem verhältnismäßigen Ausgleich zu bringen sind (BVerfGE 30, 173/189 – *Mephisto*; 33, 173/193; 77, 240/ 253 – *Herrenburger Bericht*; 81, 278 – *Bundesflagge*; 86, 1/9 – *geb Mörder*; 119, 1/27 f. – *Esra*; BGHZ 183, 227/232 ff. – *Esra II*; BGH NJW 2005, 2844/2847 – *Esra I*.).

Der Schutz umfasst sowohl den Werk- als auch den Wirkbereich von Wissenschaft und Kunst (BVerfGE 30, 173/189 – *Mephisto*; 77, 240/251 – *Herrnburger Bericht*; 81, 278/292 – *Strauß Karikatur*; 119, 1/21 f. – *Esra*; Henschel NJW 1990, 1937/1939/ 1942), insbes auch Handlungen des Produzenten und Vertriebsunternehmers, die nicht alle der wirtschaftlichen Verwertung, sondern auch der kommunikativen Vermittlung dienen (BVerfGE 30, 173/191 – *Mephisto*; 36, 321/331 – *Schallplatten-Umsatzsteuer*; 67, 213/224 – *Anachronistischer Zug*; 81, 278/292 – *Bundesflagge*; 119, 1/22

A. Grundlagen § 6 LPG

– *Esra*; BGH NJW 1995, 3182 – *Feuer, Eis & Dynamit II*). Geschützt ist auch die Werbung für eine Kunstwerk (BVerfGE 77, 240/251 – *Herrnburger Bericht* mwN). Deshalb darf prinzipiell mit dem Namen oder Bildnis einer berühmten Schauspielerin für ein Musical geworben werden, soweit die Werbung nur auf das Kunstwerk zielt (BGHZ 143, 214/229 f. – *Marlene Dietrich I*; KG AfP 1997, 926/927; 1999, 134/135; 1999, 174).

Vor allem in ihrer Mittlerfunktion zwischen Kunst bzw Wissenschaft und Publikum nimmt auch die Presse an diesen Gewährleistungen teil, soweit sie künstlerische oder wissenschaftliche Arbeiten verbreitet (BVerfGE 36, 321; 77, 240 – *Herrenburger Bericht*; 81, 278 – *Bundesflagge*). Die Presse kann sich auf Art. 5 Abs. 3 GG nicht nur gegenüber den Strafvorschriften, sondern auch im Rahmen ihrer zivilrechtlichen Rechtsverhältnisse berufen. Art. 5 Abs. 3 GG verlangt hier vor allem, dass schon für die Feststellung, ob die Veröffentlichung überhaupt mit anderen Schutzgütern der Verfassungsordnung kollidiert und worin die Kollision besteht, die eigenständigen Ausrichtungen und Strukturen künstlerischer und wissenschaftlicher Aussagen beachtet werden (BVerfGE 30, 173/189 – *Mephisto*; 75, 369/376 f. – *Strauß-Karikatur*; 81, 278 – *Bundesflagge*; 81, 298 – *Bundeshymne*; 119, 1, 27 f. – *Esra*; BGHZ 156, 206/208 ff. – *Fotomontage*; 183, 227/232 f. – *Esra II*; BGH NJW 1995, 3182 – *Feuer, Eis & Dynamit II*; 2005, 2844/2846 – *Esra I*; OLG Hamm AfP 2002, 224/225 f. – *Pestalozzis Erben*). So verlangt Art. 5 Abs. 3 GG für ein literarisches Werk, das sich als Roman ausweist, die Vermutung für die Fiktionalität des literarischen Textes (BVerfGE 119, 1/28 f. – *Esra*). Näher zu den werkgerechten Maßstäben für die Feststellung des Aussagegehalts einer künstlerischen Emanation, insbes einer Satire vgl Rn 78.

Auf dieser Grundlage ist sodann bei der Güter- und Interessenabwägung dem hohen Stellenwert dieser Freiheitsrechten für Staat und Gesellschaft und der Bedeutung des Bekenntnisses zum Kulturstaat Rechnung zu tragen (BVerfGE 67, 213 – *Anachronistischer Zug*; 77, 240/253 – *Herrenburger Bericht*; 81, 278 – *Bundesflagge*). Zwar ist eine Verletzung der Person an ihrer Basis auch nicht dadurch gedeckt, dass es um künstlerische Betätigung geht (BVerfGE 30, 173/195 – *Mephisto*; 67, 213/228 – *Anachronistischer Zug*; 75, 369/380 – *Strauß-Karikatur*; BGH NJW 2005, 2844/2847 f. – *Esra I*; OLG Karlsruhe NJW 1994, 1963 – *Steffi Graf*). Aber eine nur geringfügige Beeinträchtigung des Persönlichkeitsrechts oder die bloße Möglichkeit, dass es zu einer schwerwiegenderen Beeinträchtigung kommen kann, reicht für das Verbot der Verbreitung eines Kunstwerks nicht aus (BVerfGE 67, 213 – *Anachronistischer Zug*, 119, 1/26 f. – *Esra*).

In der Interpretation des BVerfG ist Kunst nicht erst ab einer bestimmten Werkhöhe und Wissenschaft nicht wegen eines besonderen Niveaus der Erkenntnissuche geschützt, sondern in der Eigenständigkeit und Eigengesetzlichkeit ihrer „Lebensbereiche", also im Sachspezifischen von Werk- und Wirkbereich. Diese verbindliche Auslegung bereitet der Abgrenzung des Schutzbereichs Schwierigkeiten.

Als spezifische Strukturmerkmale der Kunst hebt das BVerfG den schöpferischen Prozess hervor, der darauf zielt, Dasein von und in der Realität zu klären, und in dem der Künstler seine subjektive Erfahrung der Realität in einen gestalteten Organismus einbringt, der die Wechselspannung zwischen Form- und Sachinhalten des subjektiv Erfahrenen in ihrem ästhetischen Ringen umeinander objektiviert (vgl BVerfGE 30, 173/188 ff. – *Mephisto* 67, 213/226 f. – *Anachronistischer Zug*; 75, 369 – *Strauß-Karikatur*; 83, 130 – *Josefine Mutzenbacher*; 119, 1/28 *Esra*). Aber weil Art 5 Abs 3 GG die Eigenständigkeit der Kunst schützt, ist der Rechtsbegriff Kunst nicht auf einen bestimmten Stil oder auf ein bestimmtes Kunstverständnis von Kunstsachverständigen fixiert, sondern muss sich für den Wandel in diesem Verständnis offen halten sowie für künstlerische Emanationen, die sich – wie Satire und Karrikatur (BVerfGE 75, 369/377– *Strauß-Karikatur*; 81, 278 – *Bundesflagge*; 87, 298 – *Bundeshymne*; 86, 1 – *Titanic*) – geradezu als Gegenkunst begreifen. Ebenso wenig kann er an einem bestimmten Niveau festmachen, sondern muss um der Wirksamkeit des sachspezifischen Schutzes willen auch das misslungene Werk umfassen (BVerfGE 30, 173/188 ff.

– *Mephisto;* 75, 369/377 – *Strauß-Karrikatur;* 81, 278/291 *Bundesflagge;* 83, 130 – *Josefine Mutzenbacher*). Geschützt ist auch nicht nur „sanfte", „folgenlose" Kunst, sondern Kunst gerade auch dort, wo sie sich um Gesellschaftsveränderung, um politisches Engagement bemüht und wie die durch Art 5 Abs 1 GG geschützte Kritik auf Meinungsbildung zielt. Der Schutzbereich wird also sehr weit gezogen. Eine generelle Definition dessen, was als Kunst geschützt ist, hält auch das BVerfG nicht für möglich (BVerfGE 67, 213/224 ff. – *Anachronistischer Zug;* 119, 1/23 – *Esra*). Es verlangt aber, sich um Teilaspekte des Kunstspezifischen zu bemühen: in den materialen Merkmalen des Schöpferischen, des Ausdrucks persönlicher Erlebnisse, der Formgebung, der kommunikativen Sinnvermittlung im Wege sich fortsetzender Interpretation des Dargestellten; in einer formalen Zuordnung zum Werktypus Malen, Bildhauen, Dichten. Aber die bloße Erklärung zur Kunst, die bloße Übertreibung oder Verzerrung in einer Aussage nach Art einer Satire (dazu BVerfGE 86, 1/9 – *geb Mörder;* BVerfG NJW 1998, 1386 – *Münzen-Erna;* 2002, 3767 – *Bonnbons;* ZUM 2005, 917 – *frauenfeindliche Fahrschule;* BGHZ 156, 206/208 – *Fotomontage*) reicht nicht aus, die Schrankenregelung des Art 5 Abs 2 zu überwinden. Derartig Aussagen sind aber durch Art 5 Abs 1 GG geschützt (BVerfG ZUM 2005, 917 – *frauenfeindliche Fahrschule;* BGHZ 156/206/208 – *Fotomontage* mN). Wo der „Künstler" auf einen eigenständigen, die soziale Realität gestaltenden Klärungs- und Identifikationsprozess verzichtet oder sich ganz mit einem Glaubenssatz, einem wissenschaftlichen Lehrsatz, einem politischen Dogma identifiziert, läuft die Kunstfreiheitsgarantie leer. Auch Kunstkritik ist selbst grundsätzlich durch Art 5 Abs 1, nicht durch Art 5 Abs 3 GG geschützt (BVerfG NJW 1993, 1462 – *Böll/Henscheid*).

31c Ebenso schützt die Wissenschaftsfreiheit nicht eine bestimmte Auffassung von Wissenschaft, eine bestimmte Wissenschaftstheorie oder -methode, eine bestimmte Höhe nach Qualität oder Quantität der Argumentation und Beweisführung, der Belege und Fundstellennachweise. Geschützt ist auch hier das Eigengesetzliche, Sachspezifische der wissenschaftlichen Erkenntnissuche im diskursiven Prozess miteinander konkurrierender Wissenschaftler (*Frank* NJW 1983, 1172 f.), die auch Mindermeinungen und bloße Forschungsansätze, unorthodoxes oder intuitives Vorgehen und auch solche Erkenntnisse umfasst, die sich als irrig oder fehlerhaft erweisen. Nach dem verbindlichen Verständnis des BVerfG fällt unter den Schutz der Wissenschaftsfreiheit alles, was nach Inhalt und Form als ernsthafter Versuch zur Ermittlung der Wahrheit anzusehen ist (BVerfGE 35, 79/113; 47, 327/367; NJW 1994, 1781 – *Kriegsschuldfrage*). Auch dieser Schutzbereich ist also sehr weit. Aber der bloße historische Bezug lässt einen Pressebericht noch nicht an der Wissenschaftsfreiheit teilnehmen (BVerfG NJW 1993, 916 – *Leugnen der Rassenmorde*). Eine Emanation, die der Ausrichtung auf das Erkennen der Wahrheit fehlt, die systematisch Erkenntnisquellen ausblendet und vorgefassten Meinungen oder Ergebnissen lediglich den Anschein wissenschaftlicher Erkenntnis oder Nachweisbarkeit vermittelt, erfüllt die Voraussetzungen des Art 5 Abs 3 GG nicht (BVerfG NJW 1994, 1781 – *Kriegsschuldfrage*). Zur Anknüpfung für die Feststellung des Aussagegehalts an das Verständnis nicht des Durchschnittslesers, sondern eines Wissenschaftsbetriebs *Frank* NJW 1983, 1172.

ff) Einfluss von Art 1 und 2 Abs 1 GG

32 Nur der informierte Bürger kann sich eine eigene Meinung bilden und sich mit Meinungen anderer auseinandersetzen; Entscheidungen für sich und andere treffen; seine Mitwirkungsrechte und politischen Möglichkeiten als Staatsbürger wahrnehmen (BVerfGE 20, 162/174 – *Spiegel-Urteil;* 50, 234/239 f. – *Kölner Volksblatt;* BVerfG NJW 2001, 507 – *Bekennerschreiben*). Erst in Kenntnis der Pluralität der Standorte klärt sich für ihn die eigene Position. Auch braucht er ein Forum, auf dem er an der Auseinandersetzung der Meinungen und ihrer Klärung als Leser, als Informant, als Autor teilnehmen kann. Über diesen staats- und sozialpolitischen Bereich hinaus bedarf der Einzelne zur persönlichen Entfaltung umfassend der Teilhabe am Kommunikationsprozess in der Gesellschaft, für den die Medien Wege öffnen und Impulse

A. Grundlagen § 6 LPG

geben; gleichgültig ob durch informierende oder nur unterhaltende Beiträge (dazu BVerfGE 97, 228/257 – *Kurzberichterstattung;* 101, 361/389 – *Paparazzi-Fotos;* 120, 180/204 – *CvM-Ferienvilla in Kenia*). Insoweit dient eine freie Presse ebenso wie die Gewährleistung der Meinungsfreiheit auch der durch Art 1 und 2 GG geschützten Persönlichkeit und ihrer Entfaltung in Selbstbestimmung und Würde. Aber vor allem werden von Art 1 und 2 Abs 1 GG die Grenzen für die Meinungs- und Pressefreiheit bestimmt, insbes dort, wo die Presse mit ihren Veröffentlichungen die Menschenwürde verletzt oder die Person, mit der sie sich befasst, in ihrer Ehre und ihrem Selbstbestimmungsanspruch beschädigt. Die der Presse durch das einfache Recht aufgegebenen Sorgfaltspflichten haben in erster Linie die Konkretisierung dieser ihr zum Schutz der Persönlichkeit gezogenen und verfassungsrechtlich bekräftigten Grenzen zur Aufgabe. Sie sind deshalb auch an Art 1 und 2 GG zu messen. Sie erfüllen diese Aufgabe vornehmlich im Dienst des von der Rechtsprechung entwickelten allgemeinen Persönlichkeitsrechts (§ 823 Abs 1 BGB, näher Rn 55 ff.), der gesetzlich normierten besonderen Persönlichkeitsrechte, zB des Rechts am eigenen Bild §§ 22, 23 KUG (näher Rn 118 ff.), des Ehrenschutzes (§§ 185 ff. StGB, 823 Abs 2 BGB; näher Rn 74 ff.), des Schutzes vor Gefährdungen des Kredits, des beruflichen und wirtschaftlichen Fortkommens (§ 824 BGB; näher Rn 106 ff.) und des Rechts am Unternehmen (näher Rn 139 ff.). Zu den Abhängigkeiten zwischen dem Recht des einzelnen auf Informationsbeschaffung und dem Recht auf informationelle Selbstbestimmung vgl *Gallwas* NJW 1992, 2784; *Hermann* ZUM 1990, 541.

d) Einfluss weiterer Grundrechte

Selbstverständlich bedarf die Inanspruchnahme der Gewährleistungen aus Art 5 Abs 1 Satz 1 und 2 GG und aus Art 5 Abs 3 GG der Abstimmung mit den objektiven Wertsetzungen des Grundrechtskatalogs auch im übrigen, soweit sie durch die Arbeit der Medien im konkreten Fall betroffen sind. ZB können die Gewährleistungen der Bekenntnisfreiheit in Art 4 GG der Öffentlichkeitsarbeit von Staat oder Kirche zur Aufklärung über die Einflüsse von Sekten Grenzen setzen (BVerfGE 105, 279/294 – *Osho-Bewegung;* BGHZ 154, 54/62 f. – *Sektenkampagne*); die Gewährleistungen von Ehe und Familie durch Art 6 GG können die Berichterstattung über Kinder von Prominenten und über ihr Eltern-Kind-Verhältnis zusätzlich einschränken (BVerfGE 101, 361/386 – *Paparazzi-Fotos;* BGHZ 160, 298/305 – *Das heimliche Babyglück*); Art 10 Abs 1 GG verstärkt den Schutz des gesprochenen Worts vor einer Veröffentlichung (BVerfGE 85, 386/396 – *Fangschaltung;* BVerfG NJW 2002, 3619 – *heimlicher Mithörer;* näher dazu Rn 69, 201); Art 13 GG schützt die Unverletzlichkeit der Wohnung und Arbeitsräume (BVerfG NJW 2005, 883 – *Tierversuche*). Auch sie prägen deshalb die Sorgfaltsanforderungen an die Presse mit.

32a

e) Einflüsse der Europäischen Menschenrechtskonvention

Ebenso wie alle anderen Beschränkungen der Presse zum Schutz kollidierender Rechtsgüter und Interessen stehen die presserechtlichen Regelungen der Sorgfaltspflichten in einem Spannungsverhältnis auch zu der Gewährleistung der Meinungsäußerungsfreiheit des Art 10 Abs 1 EMRK, die die „Freiheit zum Empfang und zur Mitteilung von Nachrichten oder Ideen ohne Eingriff öffentlicher Behörden und ohne Rücksicht auf Landesgrenzen" einschließt und damit auch die Freiheit der Presse schützt (EuGRZ 1979, 386/390 – *Sunday Times*).
Als unmittelbar geltendes einfaches Bundesrecht (Gesetz v 7.8.1952 – BGBl 1952 II 685; BVerfGE 19, 342/347; 74, 358/370; BVerfG NJW 2004, 3407; BGHZ 45, 30/34 – *Auslieferungshaft*) geht Art 10 EMRK dem landesrechtlichen Presserecht vor. Die Vorschrift eröffnet bei Verletzung ihrer Gewährleistung den Weg zum Europäischen Gerichtshof für Menschenrechte in Straßburg, dessen Auslegung der EMRK von den Gerichten der Vertragsstaaten zu beachten ist (BGBl 1994 II 3856; BVerfG NJW 2004, 3407 ff. – *Görgülü; Jaeger/Broß* EuGRZ 2004, 1/14; *E. Klein* AfP 1994, 9/11; *Löffler/Ricker* Kap 5 Rn 5). Seine rechtskräftigen Entscheidungen binden zwar

32b

nur im Rahmen der res iudicata, dh beschränkt personell auf die an dem Verfahren beteiligten Parteien und sachlich auf den Streitgegenstand (Art. 34 EMRK); sie sind – anders als die Entscheidungen des BVerfG (BVerfGE 40, 88/93 – nicht über den entschiedenen Fall hinaus in ihren tragenden Gründen auch für andere Streitfälle und Normadressaten verbindlich (BVerfG NJW 2004, 3407/3409; *E. Klein*, Festschrift f Ryssdal, 2000, 705/706 ff.; *Jaeger/Broß* EuGRZ 2004, 1/13 f.). Natürlich aber sind sie, soweit sie sich über den entschiedenen Fall hinaus auf Grundverständnisse des EGMR zu den Menschenrechten der EMRK und auf Abwägungsgrundsätze stützen, von den deutschen Gerichten prinzipiell für das Verständnis und die Anwendung der EMRK zu beachten.

Das gilt nicht nur für die Anwendung des einfachen Rechts, sondern auch für die Auslegung von Inhalt und Reichweite der Grundrechte und rechtsstaatlichen Grundsätze des GG. Zwar geht das GG dem einfachen Bundesrecht der EMRK vor; diese hat noch nicht einmal automatisch den Vorrang vor einfachem Bundesrecht (BVerfG NJW 2004, 3407/3411 – *Görgülü*). Aber aus der Bindung der Bundesrepublik an die EMRK ergibt sich auch für ihre Gerichte einschließlich des BerfG die Pflicht, eine Verletzung der Konvention möglichst zu vermeiden (BVerfG NJW 2004, 3407/ 3408/3410 f.). Diese völkervertragliche „Verstrickung" ist von den Gerichten auch bei der Auslegung des GG zu beachten. Sie verlangt, die EMRK und die dazu ergangenen Rechtsprechungsgrundsätze des EGMR in die Anwendung des nationalen Rechts einfließen zu lassen, Auslegungs- und Abwägungsfreiräume vorrangig konventionsmäßig auszulegen, soweit das Ergebnis nicht gegen eindeutig entgegenstehendes Gesetzesrecht oder Verfassungsrecht verstößt, und nachvollziehbar zu begründen, wenn der Rechtsauffassung des EGMR nicht gefolgt wird, etwa weil der Streitfall im Sachverhalt oder in dem Betroffensein anders gelagert ist oder in den Entscheidungen des EGMR aus Verfahrensgründen Drittinteressen nicht berücksichtigt worden sind (BVerfG NJW 2004, 3407/3411 – *Görgülü*).

Indes gewährleistet auch Art 10 EMRK die Meinungs- und Pressefreiheit nicht schrankenlos. Art 10 Abs 2 EMRK bestimmt:

„Da die Ausübung dieser Freiheiten Pflichten und Verantwortung mit sich bringt, kann sie bestimmten, vom Gesetz vorgesehenen Formvorschriften, Bedingungen, Einschränkungen oder Strafandrohung unterworfen werden, wie sie vom Gesetz vorgeschrieben und in einer demokratischen Gesellschaft im Interesse der nationalen Sicherheit, der territorialen Unversehrtheit oder der öffentlichen Sicherheit, der Aufrechterhaltung der Ordnung und der Verbrechensverhütung, des Schutzes der Gesundheit und der Moral, des Schutzes des guten Rufs und der Rechte anderer, um die Verbreitung von vertraulichen Nachrichten zu verhindern oder das Ansehen und die Unparteilichkeit der Rechtsprechung zu gewährleisten, unentbehrlich sind."

Dieser Katalog entspricht im Kern den Konkretisierungen der Schrankenregelung des Art 5 Abs 2 GG für die Meinungs- und Pressefreiheit nach Art 5 Abs 1 GG durch das BVerfG. Insbesondere verlangt wie diese auch Art 10 Abs 2 EMRK eine Auslegung im Geist der Freiheitsverbürgung des Art 10 Abs 1 EMRK (EGMR NJW 2006, 1645 – *Pedersen u Baadsgaard. /. Dänemark*). So hat der EGMR auch schockierende und verletzende Nachrichten und Ideen zugelassen und insbes die Grenze für politische Kritik hoch angesetzt (EGMR NJW 1992, 613 – *Oberschlick/Österreich*) und auch massive Polemik als von der Gewährleistung des Art 10 EMRK gedeckt angesehen (EGMR NJW 1987, 2413 – *Lingens/Österreich*). Tatsachenbehauptungen und Meinungsäußerungen sind in Bezug auf ihre Zulässigkeit unterschiedlich zu bewerten. Wie für die Gewährleistungen des GG geht es um das Auffinden der Zulässigkeitsgrenze durch eine Güterabwägung.

Darüber hinaus hat sich Art 10 EMRK ebenso wie Art 5 Abs 1 GG mit den anderen Freiheitsverbürgungen der EMRK zu arrangieren; insbes mit Art 8 Abs 1 EMRK, der das Recht auf Achtung des Privat- und Familienlebens, der Wohnung und des Briefverkehrs schützt. Soweit es um die Rechtsverhältnisse auf der Ebene bürgerlich-rechtlicher Gleichordnung zwischen Presse und Bürger geht, verschaffen auch die Art 8 und 10 EMRK den Beteiligten ebenso wenig wie die Grundrechte aus Art 1, 2, 5 GG unmittelbare Ansprüche, sondern verpflichten die Vertragsstaaten

A. Grundlagen § 6 LPG

und ihre Organe, also auch die Gerichte, zur Beachtung ihrer wertsetzenden Bedeutung. Insoweit treffen sich grundgesetzliche und konventionsrechtliche Gewährleistungen im selben Ziel. Echte Konfliktslagen können sich jedoch vor allem auf der Ebene der Abwägung aus einer unterschiedlichen Gewichtung kollidierender Schutzinteressen ergeben, wie durch das Urteil der 3. Kammer des EGMR vom 24.6.2004 (NJW 2004, 2647 – *v Hannover/Deutschland*) mit dem BVerfG. Näher dazu Rn 32c, 68a, 130a, 131b, 136b, 216a.

Bis 2004 schienen die Sichtweisen von BVerfG und EGMR weithin ähnliche zu sein (vgl aber EGMR NJW 1985, 2885 – *Barthold/Deutschland*); zumal die Schrankenregelung des Art 10 Abs 2 EMRK für die Meinungsfreiheit und die gleiche Regelung des Art 8 Abs 2 EMRK für die Freiheit der Person verhältnismäßig breite Beurteilungsfreiräume für eine angemessene Einzelfallentscheidung lassen. Vgl etwa zur Interpretation des Begriffs „notwendig" EKMR NJW 1992, 963 – *Hempfing/Deutschland;* EGMR NJW 1985, 2885 – *Barthold/Deutschland*. Dieser Gleichklang von BVerfG und EGMR geriet ein wenig zur Dissonanz auf Grund des Urteils der 3. Kammer des EGMR vom 24.6.2004 (NJW 2004, 2647 – *v Hannover/Deutschland*), das eine Verletzung des Rechts der Bfin, der monegassischen Prinzessin Caroline von Hannover, aus Art 8 EMRK festgestellt hat, soweit die deutschen Gerichte, einschließlich des BVerfG durch dessen Grundsatzentscheidung BVerfGE 101, 369 ff. – *Paparazzifotos* sowie durch Nichtannahme von Verfassungsbeschwerden Bildberichte über das Auftreten der Bfin zwar in der Öffentlichkeit, aber bei rein „privaten" Tätigkeiten (beim Reiten, beim Radfahren, beim Tennisspielen, bei Einkäufen auf dem Markt, im Restaurant, beim Verlassen ihrer Pariser Wohnung, im Skiurlaub, im Beach-Club) als durch Art 5 Abs 1 GG gedeckt angesehen hatten. Zu dieser Beurteilung kommt der EGMR im Rahmen der auch für die Auslegung der EMRK erforderlichen Güter- und Interessabwägung zwischen den Gewährleistungen des Art 8 EMRK für die Privatsphäre und des Art 10 EMRK für die Meinungsfreiheit durch eine über die entschiedenen Einzelfälle hinausreichende stärkere Bewertung der Belastungen auch für Personen des öffentlichen Lebens durch Medienveröffentlichungen, insbesondere wo sie diese in ihrem Alltag im Bild darstellen, sowie durch eine zurückhaltendere Bewertung des Interesses der Öffentlichkeit, über diese Personen unterrichtet zu werden, insbesondere darüber, wie sie sich im Alltag verhalten.

Näher dazu Rn 68a, 130a, 131b, 136b, 216a.

Die materielle und formelle Rechtskraft dieses Urteils des EGMR beschränkt sich zwar auf die Feststellung von völkerrechtlichen Vertragsverletzungen in den entschiedenen Fällen durch die Bundesrepublik (ihrer Gerichte) (Art 46 Abs 1 EGMR-Verfahrensordnung v 4.11.1998 – BGBl 2002 II 1081); insbes entfalten die Entscheidungsgründe keine Bindungswirkungen für die Auslegung von Art 8 und 10 EMRK in anderen noch nicht entschiedenen Fällen anders als die Entscheidungen des BVerfG für die Auslegung des GG. Näher dazu Rn 32b. Indes zeigt das Urteil die Auffassung des EGMR zu den Grenzen für die Befugnis der Medien auf, Personen des öffentlichen Interesses bei Alltagsbeschäftigungen in Wort und insbes im Bild der Öffentlichkeit vorzustellen. Zwar bindet diese Auslegung des EGMR zu Art 8 und 10 EMRK das BVerfG in seiner Auslegung von Art 1, 2 und 5 GG prinzipiell nicht. Ein Außerachtlassen der Auffassung des EGMR durch das BVerfG würde indes die Bundesrepublik entsprechenden Sanktionen aussetzen, da entgegenstehendes Verfassungsrecht die Konventionsverletzung nicht rechtfertigt. Diese Zwickmühlen-Zwangslage hat das BVerfG dazu veranlasst, zu einer Kohabitation mit dem EGMR zu gelangen. Näher dazu Rn 68a, 136b, 216a.

3. Ausrichtung an einer Interessen- und Güterabwägung

a) Individualschutz durch „offene" Schutzgüter

Zur Feststellung der Sorgfaltsanforderungen an die Presse ist eine Güter- und Interessenabwägung notwendig, die die grundrechtliche Wertsetzung für die miteinander

32c

33

kollidierenden Schutzgüter auch auf der Ebene der Rechtsanwendung wahrt. Das mindert die Möglichkeit, sie berechenbar zu halten, erheblich herab (Kritik insbes von *Canaris* § 80 II). Aber ohne diese Interessen- und Güterabwägung geht es nicht (*Müko-Rixecker* BGB § 12 Anh Rn 9; *Staudinger/Hager* BGB 13. Bearb § 823 C 16 ff.). Das ergibt sich aus Sachzwängen. Die von Presseveröffentlichungen im Wesentlichen betroffenen individuellen Schutzgüter, das allgemeine Persönlichkeitsrecht und seine besonderen Ausformungen ebenso wie das Recht am Unternehmen, beschreiben nicht wie zB das Schutzgut der körperlichen Integrität oder das Eigentum aus sich selbst heraus abgrenzbare Integritäts- bzw Herrschaftsbereiche, sondern sind sog „offene" Schutzgüter, sog „Rahmenrechte", deren Zuweisungsgehalt sich in der Regel erst in dem Konflikt mit dem diese Sphären tangierenden Verhalten auf Grund einer Abwägung mit den dieses Verhalten tragenden Interessen konkretisiert. Die Persönlichkeit erscheint in ihrer Personalität, die vielschichtigen und sehr unterschiedlichen sozialen Bezügen ausgesetzt ist, situationsbezogen in unterschiedlich verdichteten Aggregatzuständen. Ebenso zentriert das Recht am Unternehmen in einem im Einzelfall nicht nur sehr unterschiedlich ausgestatteten und ausgestalteten, sondern im Konfliktsfall auch unterschiedlich betroffenen Organismus. Ein als absolut verstandener Schutz für diese Sphären würde zudem Möglichkeiten zu persönlichkeits- und unternehmensbezogenen Auseinandersetzungen ausschließen, die für die Entfaltung der Persönlichkeit und die Entwicklung und Geltung des Unternehmens unverzichtbar sind, so dass der Schutz geradezu sich gegen diese Schutzgüter kehren würde. Persönlichkeit ebenso wie das Unternehmen bedürfen der Dynamik des Sich-Bewährens außerhalb des Gerichtssaals im sozialen, geistigen, wirtschaftlichen Umfeld konkurrierender und auch gegenläufiger Interessen und beziehen so hieraus erst eigentlich ihre rechtliche Existenz.

Für den Persönlichkeitsschutz sind in einzelnen Beziehungen Schutzbereiche und Konfliktlösungen durch das Gesetz herausgearbeitet worden. Soweit die gesetzgeberische Lösung trägt, ist sie zugrunde zu legen, unbeschadet des Umstands, dass auch diese „besonderen" Persönlichkeitsrechte stets an den Wertungsvorgaben des GG, insbes am Spannungsverhältnis zu den Gewährleistungen aus Art 5 Abs 1 und 3 GG zu messen sind (vgl Rn 73). Im Übrigen lässt sich regelmäßig die Rechtswidrigkeit einer Beeinträchtigung des Persönlichkeitsrechts bzw des Rechts am Unternehmen erst auf Grund einer Güter- und Interessenabwägung im Bezugsrahmen der Umstände des konkreten Falls ermitteln. Natürlich sind auch hier auf Grund der gesetzlichen Koordinaten für typische Konfliktsituationen normative Leitlinien vorgegeben und von der Rechtsprechung erarbeitet worden, die Berechenbarkeit anstreben. Und es gibt evidente Eingriffe, bei denen es keiner Güterabwägung bedarf (zutreffend *Staudinger/Hager* BGB 13. Bearb § 823 C 17). Näher dazu Rn 38 ff.

b) Einfluss der Grundrechte auf die Interessenabwägung

34 Die Abwägung erhält Rang und Struktur durch den Grundrechtsschutz der betroffenen Interessen und das ungeschriebene Verfassungsprinzip der Verhältnismäßigkeit. Die verfassungskräftig geschützten Interessen drängen zwar nicht die anderen Interessen zurück, sie können, wie sich zB aus Art 5 Abs 2 GG ergibt, auch das durch Art 5 Abs 1 Satz 2 GG geschützte Publikationsinteresse der Presse beschränken. Aber für die kollidierenden einfachrechtlich geschützten Interessen ist mit zu berücksichtigen, dass sie Teil einer Gemeinschaftsordnung sind, die die freie Äußerung der Meinung und eine freie Presse für die Gemeinschaft wie für die Freiheit des Einzelnen als wichtig und besonders schützenswert ansieht (Rn 2 ff.; 26 f.; 40). Ebenso sind die Veröffentlichungsinteressen der Presse dort, wo sie zB die personale Basis des von der Veröffentlichung Betroffenen unmittelbar beeinträchtigen, mit den Grundwerten aus Art 1 und 2 Abs 1 GG in Übereinstimmung zu bringen usw. Prüfungsmaßstab ist dabei, ob die wertsetzende Bedeutung der Schutzgüter auf der Ebene der Rechtsanwendung im konkreten Fall gewahrt ist (BVerfGE 99, 185/196 – *Sektenmitgliedschaft*; 101, 361/388 *Paparazzi-Fotos*; 120, 180/208 f. – *CvM-Ferienvilla in Kenia*).

A. Grundlagen   § 6 LPG

Für die Gefährdung des durch § 824 BGB geschützten Kredits und des wirtschaftlichen Fortkommens finden die verfassungsrechtlichen Ausstrahlungen einen Weg vor allem über § 824 Abs 2 BGB, der bei Vorliegen eines berechtigten Interesses, auf das sich die Presse bei der Behandlung einer die Öffentlichkeit besonders angehenden Frage in aller Regel berufen kann, trotz fahrlässiger Verwirklichung des Haftungstatbestands haftungsfrei lässt (Rn 115).

Für den strafrechtlichen Ehrenschutz, auch soweit er über § 823 Abs 2 BGB als Schutzgesetz in das Zivilrecht zu transformieren ist, gilt entsprechendes vornehmlich bei der Anwendung des § 193 StGB, der bei Wahrnehmung berechtigter Interessen das Risiko einer Beeinträchtigung des Kritisierten durch eine abwertende Äußerung, uU sogar durch eine möglicherweise unwahre Behauptung, erlaubt (Rn 99). Wo solche ausdrücklichen einfachrechtlichen Öffnungen fehlen, vollzieht sich die grundrechtliche Einflussnahme über die Wertungskriterien des Tatbestandes, der Rechtswidrigkeit bzw der Sittenwidrigkeit und des Verschuldens (BVerfG stdg; vgl etwa BVerfGE 99, 185/196 – *Sektenmitgliedschaft;* 101, 361/388 – *Paparazzi-Fotos*).

4. Einfluss des Maßstabs von § 276 BGB auf die Sorgfaltspflichten

Der Pflichtenstellung der Presse zum Güterschutz teilt sich zivilrechtlich auch der 35 Verschuldensmaßstab der im Verkehr erforderlichen Sorgfalt des § 276 Abs 2 BGB (§ 276 Abs 1 S 2 BGB aF) mit. Wenn die LPG für die presserechtlichen Prüfungspflichten auf die „nach den Umständen gebotene" oder „nach den Umständen erforderliche" (§ 5 S 1 LPG für Sachsen-Anhalt und Thüringen) Sorgfalt abheben, legen sie damit zumindest im Ergebnis denselben Sorgfaltsmaßstab zugrunde.

a) Sorgfaltsstandards als normative Pflichten

Die Rechtsprechung hat auf der Grundlage dieses Maßstabs für das Verhalten zum 36 Schutz kollidierender Interessen ebenso wie für die Zuständigkeit für diesen Schutz im arbeitsteiligen Geschehen Sorgfaltsstandards entwickelt, die heute ganz im Mittelpunkt der zivilrechtlichen Haftung stehen. Sie gelten auch nach der Neufassung des § 276 BGB sowohl ihrem Charakter als ihrem Inhalt nach unverändert weiter. Mit ihrer Hilfe erst können für typische Fallgruppen von durch die Pressetätigkeit tangierten Schutzinteressen normative Leitlinien zur Konfliktlösung von der Rechtsprechung herausgebildet werden, mit denen dem Verkehrsbedürfnis nach Berechenbarkeit Rechnung getragen werden kann. Nach dem gesetzlichen Konzept des BGB gehört zwar § 276 BGB im Schichtenaufbau der zivilrechtlichen Haftungstatbestände erst zum Verschulden, für das die Vorschrift in den Grenzen des im Verkehr Erforderlichen der Möglichkeit und den Fähigkeiten des Schädigers zum Erkennen und Vermeiden der Schutzgutverletzung nachgeht. Insoweit ist die Vorschrift für die Beurteilung, ob das Verhalten gegenüber den Schutzgütern dem Verletzungsverbot genügt, also rechtswidrig ist, ohne Bedeutung. Indes zeigt sich insbes an den für das Äußerungsrecht im Mittelpunkt stehenden „offenen" Schutzgüter („Rahmenrechten") des Persönlichkeitsrechts und des Rechts am Unternehmen, dass das Verletzungsverbot hier nicht von vornherein mit dem Anspruch auf generelle Geltung klar ausgewiesen ist, sondern selbst erst unter Berücksichtigung der jeweils konkret betroffenen kollidierenden Interessen fallgruppenweise von der Rechtsprechung herausgearbeitet werden muss (vgl Rn 57, 141). Diese Gewichtung der Interessen verlangt, auch der Frage nachzugehen, welcher Aufwand, dh welches Maß an Verkürzung der eigenen Interessen mit der Sorge für die Interessen der anderen Seite verbunden sind: ob und inwieweit diese Verkürzung zur Wahrung der eigenen schutzwürdigen Interessen generell tragbar und im konkreten Fall zumutbar ist und ob sie in einem angemessenen Verhältnis zu dem Schutzbedürfnis der Interessen der anderen Seite steht. Insoweit sind Elemente, die das gesetzliche Konzept des BGB generell zum Verschulden rechnet, gerade für diese erst von der Rechtsprechung fortentwickelten Schutzgüter schon für die Sollenspflichten eines rechtmäßigen Verhaltens der Presse relevant. Der an dem „im Verkehr Erforderlichen" ausgerichtete Sorgfaltsmaßstab des § 276 BGB verlangt die Herausarbeitung von generalisierenden, also objektivierenden Verhaltensstandards Sie sind zwar auf die Konfliktsituation abzustimmen, müssen aber, die um den für den Verkehr unverzichtbaren Vertrauensschutz gewährleisten zu können, die individuellen Fähigkeiten und Möglichkeiten zur Gefahrvermeidung außer Betracht lassen, sondern darauf abstellen, welche Rücksichtnahme gegenüber der Schutzsphäre vom Verkehr gefordert und erwartet werden kann und muss.

b) Bezugspunkte für Standards pressemäßiger Sorgfalt

37 Der objektivierte Sorgfaltsmaßstab des § 276 Abs 2 BGB ist durch die spezifischen Kontakte und die mit ihnen verbundenen Gefahren sowie durch die Möglichkeiten und die Zumutbarkeit der Gefahrensteuerung des jeweiligen Verkehrskreises charakterisiert (BGHZ 39, 281/283 mN; BGH VersR 1974, 565/566). Die für die Presseveröffentlichung maßgebenden Sorgfaltsstandards richten sich nach den spezifischen Gefahren, die von einer Veröffentlichung vor allem für die Persönlichkeits- und Unternehmenssphäre des unmittelbar Betroffenen ausgehen, und danach, was an Gefahrvermeidung den für die Veröffentlichung Verantwortlichen möglich und zumutbar ist. Das ist gemeint, wenn für die Medienberichterstattung journalistische Sorgfalt verlangt wird; nicht etwa beschreibt dies eine Privilegierung oder Benachteiligung der Presse im bürgerlichen Haftungsrecht. Dass die LPG für die presserechtlichen Prüfungspflichten eine „nach den Umständen gebotene" Sorgfalt fordern, bedeutet keine Abweichung gegenüber dem Maßstab der „im Verkehr erforderlichen" Sorgfalt in § 276 Abs 2 BGB. Auch für § 276 BGB kommt es auf die nach den Umständen gebotene Sorgfalt an und auf die typischen Besonderheiten, unter denen der angesprochene Berufsstand zu arbeiten pflegt. Keineswegs wird durch die LPG die journalistische Sorgfalt auf die in der Praxis übliche Sorgfalt herabgemindert. Abzustellen ist auch für die presserechtliche Sorgfaltspflicht auf das zum Schutz der Betroffenen verkehrserforderliche Maß (BGHZ 8, 141; BGH NJW 1963, 484; 1963, 904; 1965, 1374; GRUR 1965, 495; *Löffler* NJW 1965, 942). Berufsübliche Gleichgültigkeit oder ein im Pressewesen eingerissener Schlendrian entlasten nicht (BGHZ 30, 7 – *Caterina Valente*). Nach der Art der Presseveröffentlichung, ihrer Reichweite und Effizienz und den spezifischen Sachzwängen, denen sie unterliegt, kann der Sorgfaltsstandard typenmäßig weiter abgestuft sein. Näheres dazu Rn 163 ff.

5. Abwägungsgrundsätze

38 Sofern eine Abwägung der Meinungs- und Pressefreiheit mit den Schutzgütern, auf die die Sorgfaltspflichten der Presse bezogen sind, für die Inhaltsbestimmung und Abgrenzung dieser Schutzinteressen (Rn 34), zur Harmonisierung mit der verfassungsrechtlichen Wertordnung (Rn 32 f., 39) und zur Feststellung des im Verkehr erforderlichen und der Presse zumutbaren Sorgfaltsmaßstabs (Rn 35 f.) in Betracht kommt, können hierfür folgende Grundsätze hilfreich sein:

a) Maßgeblichkeit der gesetzlichen Konfliktlösung

39 Die Interessen- und Güterabwägung wird zu allererst bestimmt durch die vom Gesetzgeber in der Norm geleistete Abwägung. Prinzipiell hat der Gesetzgeber im Bemühen, kollidierenden Rechtsgütern zur Wirkung zu verhelfen, einen Gestaltungsfreiraum (BVerfGE 33, 367/387 – *Zeugnisverweigerungsrecht;* BVerfG NJW 2001, 507 – *Bekennerschreiben*). Das gilt auch für Normen, die der Presse den Schutz staatlicher Interessen auferlegen und unter der unmittelbaren Wirkung der Grundrechte stehen (BVerfGE 77, 65/77 – *Beschlagnahme beim ZDF*). In besonderem Maß aber gilt es für die Vorschriften zur Regelung der Rechtsverhältnisse der Presse auf der Ebene des Individualgüterschutzes, auf die die Verfassungsgarantien nur mittelbar einwirken (Rn 27). Vor allem hier muss die normierte Konfliktlösung nicht nur Ansatz, sondern auch erste Wegbeschreibung für die Abwägung sein. Nicht zu ihrer Überwindung, sondern zunächst nur als Wertvorgabe für die Auslegung der Normvoraussetzungen

A. Grundlagen   § 6 LPG

und zur Kontrolle des Rechtsanwenders ist das GG heranzuziehen. Deshalb sind auch die Entscheidungssätze des BVerfG zum Verhältnis der Presse zum Staat auf das Verhältnis der Presse zum Individualgüterschutz nicht unmittelbar anzuwenden, sondern nur für die erforderliche Harmonisierung (die sog „praktische Konkordanz") zwischen den Verfassungsgütern iSv Wertvorgaben zu berücksichtigen, die auf das einfachrechtliche Lösungskonzept unter Berücksichtigung der konkreten Umstände des Einzelfalls zu projizieren sind.

Da allerdings die von der Presse vornehmlich betroffenen Schutzgüter der Persönlichkeit und der unternehmerischen Betätigung zumal für die hier infragestehenden Konflikte nur in Einzelbereichen gesetzlich ausgeformt sind, sie auch hier mit ausfüllungsbedürftigen Begriffen („Wahrnehmung berechtigter Interessen"; „Beachtung der im Verkehr erforderlichen oder nach den Umständen gebotenen Sorgfalt") arbeiten, die Konflikte zudem durchweg Interessen betreffen, die verfassungsrechtlich geschützt sind, ist die Rechtsanwendung mehr als auf anderen Rechtsgebieten auf Anfragen an die Verfassungsgarantien und deren mit Gesetzeskraft bindende Interpretation durch das BVerfG angewiesen. Verstärkend wirkt sich die vom BVerfG sehr umfassend in Anspruch genommene verfassungsgerichtliche Kontrolle der Rechtsanwendung auch zu den Anforderungen an den Individualgüterschutz der Presse aus.

b) Maßgeblichkeit der konkreten Konfliktlage

Unter Einhaltung des jeweiligen gesetzlichen Regelungskonzepts (Rn 39) hat sich **40** die Abwägung daran zu orientieren, welche Rechtsgüter und Interessen beider Seiten auf welche Weise mit welchem Schweregrad konkret im Einzelfall betroffen sind. Maßgebend sind die konkreten Auswirkungen der Güter- und Interessenabstimmung für die Belastung der geschützten Interessen im Bezugsrahmen des Einzelfalls (BVerfGE 99, 185/196 – *Sektenmitgliedschaft;* 101, 361/388 – *Paparazzi-Fotos;* 114, 339/348 – *Stolpe;* BVerfG NJW 2002, 3767/3768 – *Bonnbons;* 2012, 756 – *CvM-Wortberichterstattung;* ZUM 2005, 917 – *frauenfeindliche Fahrschule*). An Fallgruppen darf sich die Einzelfallabwägung nur orientieren, wenn gewährleistet ist, dass die Interessenbelastung, die die Fallgruppe charakterisieren und typisieren soll, auch im konkreten Fall besteht (BVerfG NJW 2002, 1187/1188 – *Benetton-Werbung H. I. V.-Positive;* 2003, 277/278 – *Anwaltsranglisten*).

Für die Interessenbewertung ist Ausgangspunkt die generelle Bedeutung und Wertigkeit der im Konflikt stehenden Güter und Interessen und der Gehalt ihrer grundrechtlichen Gewährleistung (BVerfGE 35, 202/221 – *Lebach;* 63, 131/144; 66, 116/ 138 – *Der Aufmacher;* 77, 65/77 – *Beschlagnahme beim ZDF;* 99, 185/198 –*Scientology;* BGHZ 171, 275/279 ff. – *CvM-St. Moritz;* 183, 353/357 – *Sedlmayrmord;* BGH NJW 2005, 2844/2847 – *Esra I*). Der Verfassungsrang des einen Interesses hat nicht schon deshalb Vorrang vor dem nicht verfassungsrechtlich, „nur" einfachrechtlich bekräftigtem Interesse; das ergibt sich schon aus den grundrechtlichen Eingrenzungen des Art 2 Abs 1 GG und dem Schrankenvorbehalt des Art 5 Abs 2 GG. Jedoch beeinflusst der Verfassungsrang die Wertigkeit der kollidierenden einfachrechtlich geschützten Interessen insoweit, als der Schutz auch dieser Interessen Teil einer Gemeinschaftsordnung ist, die sich zu jenem Grundwert bekennt. Da es auf beiden Seiten um hoch anzusetzende, die existentielle Basis betreffende Interessen geht, kommt es letztlich darauf an, wie stark die Interessen im konkreten Konflikt betroffen sind und wie nach Maßgabe des Verhältnismäßigkeitsprinzips möglichst schonend mit ihnen umgegangen werden kann.

c) Genereller Gleichrang der betroffenen Schutzgüter

Dass zugunsten einer Presseveröffentlichung die Gewährleistungen der Meinungs- **41** und Pressefreiheit in Art 5 Abs 1 GG, ggfls auch die Garantien aus Art 5 Abs 3 GG streiten, bedeutet nur, dass die Interessen- und Güterabwägung auch diese Grundwerte zu berücksichtigen hat (*Grimm* ZRP 1994, 276/277; *drslb* NJW 1995, 1697 ff.). Bei Antastung der Menschenwürde tritt die Meinungs- und Pressefreiheit, auch die

Kunstfreiheit, stets zurück (BVerfGE 75, 369, 380 – *Konkret-Karikatur;* 93, 266 ff. – *Soldaten sind Mörder II).* Grundsätzlich aber haben das Schutzbedürfnis der Persönlichkeit einschließlich ihrer Entfaltung auf wirtschaftlich-unternehmerischem Gebiet und die Pressefreiheit gleichen Rang (BVerfGE 34, 269/281 – *Soraya;* 35, 202/225 – *Lebach;* 63, 131/144 – *Gegendarstellung;* 71, 206/244 – *Gerichtsberichterstattung;* BGHZ 57, 325/330 – *Freispruch;* 73, 120/124 – *Kohl/Biedenkopf;* 187, 200/205 – *Rosenball;* 198, 346/350 – *Mascha S.;* BGH NJW 1979, 1041 – *Exdirektor;* 1982, 1805 – *Schwarzer Filz;* zur Schrankenregelung des Art 5 Abs 2 GG und dem wechselbezüglichen Verständnis näher Rn 26 f.). Daher ist die Presseveröffentlichung nicht schon deshalb rechtswidrig, weil sie den, über den sie berichtet, gegen seinen Willen in die Öffentlichkeit bringt, ihn öffentlicher Kritik aussetzt und durch sie herabsetzt oder gar in Existenzschwierigkeiten bringt. Sie ist aber andererseits nicht schon deshalb rechtmäßig, weil der Betroffene mit seinen Individualinteressen hinter den Gemeinschaftsinteressen an uneingeschränkter und umfassender Information zurückstehen müsste. Vielmehr muss der Einzelne die Notwendigkeit einer in Gegenstand und Form ihrer Berichterstattung freien Presse akzeptieren, auch wenn seine Persönlichkeit unmittelbar davon belastet wird. Ebenso aber muss die Presse Rücksicht auf das Schutzbedürfnis des durch ihre Veröffentlichung Betroffenen nehmen, auf das die Meinungs- und Pressefreiheit mitbezogen ist.

42 Nach der Wertordnung der Grundrechte sind Persönlichkeitsschutz und Meinungs- bzw Pressefreiheit keine Interessengegensätze, sondern sie betreffen gleichgerichtete Interessen. Ohne die Gewährung einer unzensierten Kommunikation und Artikulation des eigenen Standpunkts, ohne den freien Zugang zu den Informationen über die Medien, die der Bürger zur Findung und Kontrolle des eigenen Standpunkts, aber auch für die Ausübung seiner demokratischen Rechte und Kontrolle im Staat braucht, wäre die Entfaltung der Person in der Gemeinschaft in Selbstbestimmung und Freiheit nicht ausreichend garantiert (BVerGE 12, 113/125 – *Schmid/Spiegel;* 20, 162/174 – *Spiegel-Urteil;* 50, 234/239 – *Kölner Volksblatt;* 82, 272/281 – *Zwangsdemokrat;* 93, 266 ff. – *Soldaten sind Mörder II;* BVerfG NJW 1993, 1845 – *Chefarzt;* 1994, 2943 – *Soldaten sind Mörder I;* vgl dazu auch *Hoffmann-Riehm* AK-GG Art 5 I Rn 4, 9 ff., 15 f.; *Gallwas* NJW 1992, 2765/2786). Deshalb ist bei der Interessen- und Güterabwägung auch zu fragen, ob die Persönlichkeit den Schutz durch die Gerichte braucht oder ob sie ihn bereits ausreichend in der öffentlichen Auseinandersetzung findet, in der sich nicht nur die Person, sondern auch die Presse mit ihrer Kritik bewähren muss (dazu auch *Ladeur* AfP 1993, 531/532; drslb NJW 2004, 393 ff.). Andererseits läuft die Presse, je rücksichtsloser sie gegenüber den Individualinteressen der Person, des Unternehmens sein darf, umso eher Gefahr, ihr Ansehen und damit Effizienz und Kompetenz als Forum für die geistige Auseinandersetzung und ihre Möglichkeit zur Aufdeckung von Missständen und Willkür im Staat zu verlieren. Je stärker sich mit der Pressearbeit das Image von mangelnder Fairness, von Marktausbeutung und Machtmissbrauch, von bloßer Jagd nach Sensationen und den „bad news" verbindet, desto dichter verschließen sich ihr die Zugänge zu den Informationsquellen ebenso wie sich Ohr und Auge des Adressaten für ihre Botschaften verhärten.

Unzulässig wird das Zudringen der Presse auf die Individualschutzgüter dort, wo das in Anspruch genommene Informationsinteresse oder Art und Ausmaß des Zudringens dieses Schutzbedürfnis und seine existentielle Bedeutung für den Betroffenen außer Acht lassen. Der Grenzverlauf hängt von dem Gewicht und dem Kontext der Berichterstattung sowie davon ab, welche restriktiven Folgen generell für die Pressearbeit mit dem Einzelfallverbot verbunden sind.

d) Grundsatz der Verhältnismäßigkeit

43 Auf der Grundlage der Gleichrangigkeit ist der Konflikt so zum Ausgleich zu bringen, dass die kollidierenden Schutzinteressen im konkreten Fall möglichst alle zum Tragen kommen (BVerfGE 35, 202/225 – *Lebach;* 63, 131/144 – *Gegendarstellung;*

BGHZ 27, 284/289 – *Tonbandaufnahme;* 73, 120/129 – *Kohl/Biedenkopf*). Lässt sich das, wie im Regelfall, nicht erreichen, so ist nach dem Prinzip der Verhältnismäßigkeit (stdg Rspr, zuletzt BVerfGE 124, 300/342 – *Heß-Gedenkveranstaltung;* BVerfG NJW 2006, 2836/2837 – *Autobahnraser;* 2011, 1859 – *Durchsuchung der Rundfunkredaktion;* AfP 2008, 497 – *Pool-Lösung;* 2011, 43 – *NS-Gedankengut*), das ebenfalls Verfassungsrang hat (BVerfGE 44, 353/373 – *Suchtkrankenakten*), so zu entscheiden, dass die Meinungs- und Pressefreiheit bzw Kunst- und Wissenschaftsfreiheit auf der einen und das betroffene Schutzgut auf der anderen Seite durch die generellen Auswirkungen der Konfliktlösung wenigstens in ihrem jeweiligen Bestandskern nicht angetastet werden. So muss vielleicht im konkreten Fall das Interesse des Betroffenen an Anonymität dem Informationsinteresse der Öffentlichkeit weichen. Das darf aber nicht zur schutzlosen Preisgabe auch jener Persönlichkeitssphäre an die Öffentlichkeit führen, den die Person wie insb den Intimbereich oder einen wenigstens räumlichen Rückzugsbereich als Grundlage ihrer Selbstverwirklichung braucht. Ebenso wenig dürfen die Pflichten, die der Presse im konkreten Fall zum Schutz der Person etwa bei der Formwahl oder der Sprache auferlegt werden müssen, die Berichterstattung generell nicht so einschränken, dass sie offene Pressekritik über die Person schon im Vorfeld ersticken. Näheres dazu Rn 48 ff.

Mit allen Vorbehalten gegenüber einer solchen generellen Übersicht kann aufgrund der konkreten Umstände als Abwägungsfaktoren vor allem zu berücksichtigen sein: **44**

der Stellenwert der infragestehenden Presseveröffentlichung für die Erfüllung der publizistischen Aufgabe, insbes nach Art und Grad des Informationsinteresses (BVerfGE 20, 162/177 – *Spiegel-Urteil;* 35, 202/211 – *Lebach;* 66, 116/138 – *Der Aufmacher;* 77, 65/77 – *Beschlagnahme beim ZDF;* BVerfG NJW 2000, 2413 – *IM-Liste;* 2003, 1856 – *KKK*); vgl Rn 45 ff.; 194 ff.; 205 ff.;

der Stellenwert des Sich-Behauptens der betroffenen Person oder des betroffenen Unternehmens gegenüber der Neugier der Öffentlichkeit generell und im Zuschnitt der konkreten Umstände, insbes nach dem Grad der konkreten Belastung für die Lebensführung und die unternehmerische Existenz (BVerfGE 21, 239/243; 35, 202/225 – *Lebach;* 77, 65/75 – *Beschlagnahme beim ZDF;* 99, 185/196 – *Scientology;* 105, 279/310 – *Osho-Bewegung;* 114, 339/348 – *Stolpe;* BVerfG NJW 2002, 3767 – *Bonnbons;* BGHZ 73, 120/124 – *Kohl/Biedenkopf;* 2012, 756 – *CvM-Wortberichterstattung;* OLG Jena AfP 2001 – *Internet-Pranger*); näher Rn 57 ff.; 113 ff.; 194;

der Grad der Erforderlichkeit solcher Belastung zur Verfolgung der publizistischen Interessen und der Einfluss von Einschränkungen im Einzelfall für die Pressearbeit generell (BVerfGE 35, 202/211 – *Lebach;* 59, 231/265; 63, 131/144 – *Gegendarstellung;* 71, 206/244; 77, 65/75 – *Beschlagnahme beim ZDF;* BGHZ 131, 332/342 – *Paparazzi-Fotos*); näher Rn 45 ff.;

die eingesetzten Mittel, mit denen der publizistische Zweck verfolgt wird, die Art und Weise der Darstellung, ihr Verhältnis zu der Bedeutung der Sache und zu den Möglichkeiten, auf weniger belastende Darstellungsformen auszuweichen (BVerfG NJW 2000, 2413/2415 – *IM-Liste;* BGHZ 138, 311/318 – *Filmaufnahme in Ferienanlage;* 151, 26/32 – *Marlene Dietrich II*); vgl aber Rn 48 ff.

e) Maßgeblichkeit des Informationsinteresses

aa) Abwägbarkeit trotz des Art 5 Abs 1 GG

Art und Grad des Interesses der Öffentlichkeit an der Publikation dürfen und müssen bei der Abwägung berücksichtigt werden. Zwar schützt die Pressefreiheit alle Presseveröffentlichungen, einschließlich der nicht professionellen Presse, grundsätzlich ohne Rücksicht auf ihren Wert (BVerfGE 25, 296/307 – *Blinkfüer;* 34, 269/283 – *Soraya* stdg zuletzt 101, 361/389 ff. – *Paparazzi-Fotos;* 120, 180/196 ff. – *CvM-Ferienvilla in Kenia;* BGHZ 180, 114/119 – *Beerdigung in Monaco;* BGH NJW 2004, 764 – *Luftbildaufnahme I*). Auch die Sensations- und Regenbogenpresse kann sich auf Art 5 **45**

Abs 1 GG berufen (BVerfGE 25, 296/307 – *Blinkfüer;* 34, 269/283 – *Soraya;* 66, 116/132/151 – *Der Aufmacher;* 101, 361/389 ff. – *Paparazzi-Fotos).* Auch die Befriedigung der Bedürfnisse des Lesers nach Unterhaltung gehört zu der „öffentlichen" Aufgabe der Presse (*Engels/Schulz* AfP 1998, 574/580 f.; *Wenzel/Burkhardt* Kap 6 Rn 64 mN; zur Identität stiftenden und die soziale Ordnung erhaltenden Funktion von Klatsch *Janisch* AfP 2000, 32 ff.). Ebenso erfüllt die Boulevardpresse diese Aufgabe, wo sie Informationen reißerisch unterhaltend vermittelt. Eine Differenzierung würde Möglichkeiten einer Zensur eröffnen (BVerfGE 35, 202/222 – *Lebach;* 101, 361/389 – *Paparazzi-Fotos).* Es macht gerade auch die Bedeutung einer freien Presse für den demokratischen Meinungsbildungsprozess und die Transparenz der ihn beeinflussenden und ihn bedrohenden staatlichen und gesellschaftlichen Kräfte aus, dass die Presse frei darüber befindet, welchem Gegenstand sie sich zuwenden will (Rn 5 ff.) Außerdem erkennt die Rechtsprechung inzwischen und akzeptiert es, dass die Medien generell dazu tendieren, Unterhaltung mit Information in einem „Infotainement" zu verbinden (BVerfGE 101, 361/389 f. – *Paparazzifotos;* 120, 180/196 ff. – *CvM-Ferienvilla in Kenia;* BVerfG NJW 2001, 1921/1923 – *E. A. u CvH-Bildberichte;* 2006, 2836/2837 – *Autobahnraser).* Es wäre dem Anliegen des Art 5 Abs 1 GG geradezu diametral entgegengesetzt, sie hieran durch Begrenzung dieser Freiheitsgarantien zu hindern (vgl BVerfGE 101, 361/389 – *Paparazzi-Fotos;* BVerfG NJW 2000, 2189 – *Scheidungsgrund).*

45a Das schließt aber nicht die Prüfung aus, ob im konkreten Fall die schutzwürdigen Interessen etwa der betroffenen Person einem Beitrag zur Meinungsbildung in einer die Öffentlichkeit wesentlich berührenden Frage oder bloßer Neugier oder dem Sensationsbedürfnis (BVerfGE 34, 269/283 – *Soraya;* 35, 202/223 – *Lebach;* 50, 234/240 – *Kölner Volksblatt;* 101, 361/389 ff. – *Paparazzi-Fotos;* BVerfG NJW 2000, 2189 – *Scheidungsgrund* 2006, 3406/3407; BGHZ 131, 332/342 – *Paparazzi-Fotos;* 178, 213/219 f. – *Freigang)* weichen soll; einer Pressefehde oder einer anderen internen Auseinandersetzung (BVerfGE 25, 256/264 – *Blinkfüer;* 51, 129/137 – *Kunstkritik;* 61, 1/11 – *Wahlkampfäußerung;* 66, 116/139 – *Der Aufmacher;* 82, 272/281 – *Zwangsdemokrat;* BVerfG NJW 1992, 1153 – *Wettbewerber).* Im ersteren Fall muss der Betroffene, vor allem wo es um Kontrolle und Kritik an der Ausübung öffentlicher Gewalt von Staatsorganen oder den nichtstaatlichen Herrschaftsverhältnissen in der Gesellschaft geht, ein erhebliches Maß an Beeinträchtigungen, uU sogar nicht voll verifizierte und sich später als falsch herausstellende Informationen hinnehmen (seit BVerfGE 7, 198/212 – *Lüth;* stdg zuletzt BVerfG NJW 2000, 2413/2415 – *IM-Liste;* BGHZ 50, 1 ff. – *Pelzverand;* 73, 120/128 – *Kohl-Biedenkopf;* BGH NJW 1977, 1288/1289 – *Abgeordnetenbestechung;* 1979, 1041 – *Exdirektor;* 1981, 1366 – *Der Aufmacher;* 1985, 1621/1622 – *Türkol I;* 1987, 2746 – *Formaldehyd).* Denn gerade hier will Art 5 Abs 1 GG um der Demokratie willen den freien Meinungsaustausch, die von der Furcht vor Repressionen freie Erörterung gewährleisten.

Ein bloßes Unterhaltungs- oder Sensationsinteresse der Leserschaft macht zwar die Abwägung nicht überflüssig, sondern kann Belastungen des Betroffenen durch die Veröffentlichung uU ebenfalls rechtfertigen (BVerfGE 101, 361/389 – *Paparazzi-Fotos;* BVerfG NJW 2000, 2189 – *Scheidungsgrund;* 2001, 1921 – *E. A. u CvH – Bildberichte).* Der Betroffene muß aber – auch als „prominente Persönlichkeit" – eine wirkliche Verkürzung oder eine ernsthafte Belastung seines Persönlichkeitsrechts zur „reinen" Unterhaltung, insb zur Befriedigung von Neugier und Voyeurismus nicht hinnehmen (BVerfGE 120, 180/205 – *CvM-Ferienvilla in Kenia;* BGHZ 131, 332/342 – *Paparazzi-Fotos;* BGH NJW 1963, 665 – *Callgirl I;* 1965, 2148 – *Spielgefährtin;* 2004, 766 – *Luftbildaufnahme II; Wenzel/Burkhardt* Kap 6 Rn 64). Ebenso kommt dem Schutz entgegenstehender privatwirtschaftlicher Interessen des Betroffenen umso größere Bedeutung zu, je weniger es sich um einen Beitrag im Meinungskampf handelt (BVerfG NJW 1992, 1153 – *Wettbewerber).* In dieser Abwägung geben die thematischen Bezüge der Veröffentlichung den Maßstab vor. Wichtigstes Kriterium ist die Eignung der Veröffentlichung als Anstoß für eine öffentliche Diskussion und Mei-

A. Grundlagen **§ 6 LPG**

nungsbildung (BVerfGE 120, 180/205 – *CvM-Ferienvilla in Kenia;* BVerfG AfP 2008, 598 – *Dieter Bohlen;* 2010, 365 – *Haschischpflanzen im Wohnzimmer;* BGHZ 171, 275/283, 285 f. – *CvM-St. Moritz;* 177, 119 ff. – *Heide Simonis;* 178, 213/216 f. – *Freigang;* 180, 114/118 ff. – *Beerdigung in Monaco*).

Zur Entwicklung einer besonderen Form von „Unterhaltungsöffentlichkeit" (insbes durch Buchveröffentlichungen und das Fernsehen), die nicht an der Wahrheit der nur vordergründig eingesetzten Informationen interessiert ist, sondern eher an dem Verhalten der Beteiligten bzw am Ausfüllen ihrer „Rollen" mit Elementen des Spielerischen *Ladeur* NJW 2004, 393 ff. Selbstverständlich sind auch derartige Shows und Spektakel durch Art 5 Abs 1 GG geschützt; kaum je durch Art 5 Abs 3 GG beispielsweise als Satire, deren Stilmittel sie allenfalls benützen (BVerfG ZUM 2005, 917 – *frauenfeindliche Fahrschule*). Soweit die Betroffenen sich an solchen „Spielen" unter Billigung ihrer „Spielregeln" beteiligen, kommt eine Interessenverkürzung nur in Extremfällen infrage. Insbesondere sind die medienrechtlichen Sorgfaltspflichten hier nicht so sehr auf das Bemühen um Wahrheit, sondern zunächst auf das Einhalten der Spielregeln und auf die Tragfähigkeit der Einwilligung der Betroffenen gerichtet. **45b**

bb) Parameter für das Publikationsinteresse

Allerdings darf die sich häufig am „Beitrag in einer die Öffentlichkeit interessierenden Frage" orientierende Bewertung nicht zu hoch angesetzt werden. **46**

Die Funktion der Presse ist nicht auf die Meinungsbildung in besonders wichtigen öffentlichen Angelegenheiten, auf Kontrolle der Staatsführung und auf Kritik an staatlichen Autoritäten in gesellschaftlichen Existenzfragen beschränkt. Vielmehr macht ihre Effizienz sowohl für den von ihr Beobachteten wie für den von ihr Unterrichteten mit aus, dass sie in Themen- und Stoffwahl frei ist. Eine informierte Gesellschaft verlangt eine auf allen für das Zusammenleben relevanten Gebieten und für alle Bevölkerungsschichten präsente Presse. Anzuerkennen ist ein öffentliches Interesse nicht nur an Politikern, sondern auch an anderen Personen, die für die Öffentlichkeit Leitbild- oder Kontrastfunktionen haben. Das läßt es deshalb zu, die mit dieser Leitbildfunktion sachlich zusammenhängende „Normalität des Alltagslebens" dieser Personen der Öffentlichkeit in Wort und Bild darzustellen (BVerfGE 101, 361/390 – *Paparazzifotos;* 120, 180/220 – *CvM-Ferienvilla in Kenia;* BVerfG NJW 2012, 756 – *CvM-Wortberichterstattung;* BGHZ 171, 275/283 – *CvM-St. Moritz;* 177, 119/124 f. – *Heide Simonis;* 178, 213/216 f. – *Freigang;* 180, 114/118 f. – *Beerdigung in Monaco;* BGH NJW 2009, 3030 – *Joschka Fischer;* VersR 2011, 192 – *Die Inka-Story II*). Nicht muss das Motiv die Unterrichtung der Öffentlichkeit sein, es genügt der Informationsgehalt des Beitrags. Dabei ist die zunehmende Tendenz mit zu berücksichtigen, das politische, soziale, wirtschaftliche Bewusstsein des Lesers im Rahmen von und durch Unterhaltung zu bilden (näher dazu BVerfGE 101, 361/389 ff. – *Paparazzi-Fotos*). Für die Bewusstseins- und Meinungsbildung kann uU ein kritischer Artikel über die Welt der Reichen & Schönen oder über die Kunst- oder Musik-„Szene" von nicht geringerem Informationsgehalt sein wie eine sozialwissenschaftliche Analyse. Zwar reicht die bloße Zugehörigkeit zum internationalen „Jet-Set" nicht aus, ein Publikationsinteresse zu rechtfertigen, wenn dem Schutz der Privatsphäre des Betroffenen und sein Recht auf Anonymität übersteigt (BGH NJW 1996, 985/986 – *Kumulationsgedanke;* 2005, 56 – *Reitturnier*). Aber das Alltagsleben von besonders herausragenden Persönlichkeiten kennen zu lernen, reizt den Normalbürger nicht nur aus Neugier oder Sensationslust; sondern das Bedürfnis dazu wurzelt ua auch darin, an dem Leitbild sich für die eigene Lebensführung zu orientieren, seinen Standort in der Gemeinschaft und in seiner Zeit zu bestimmen und zu bestätigen. Insoweit dienen die Medien auch als Seismograph für gesamtgesellschaftliche Veränderungen von möglicherweise sozial- und kulturpolitischer Dimension. Das hatte der EGMR in seinem Urteil v 24.6.2004 (NJW 2004, 2467 – *v Hannover/Deutschland*), das die öffentliche Aufgabe der Presse vornehmlich in dem „Wächteramt" im Staat als „Wachhund" betont, und das schützenswerte Publikationsinteresse auf politischen Diskussionsstoff zentriert hat, ausgespart (vgl. *Steffen* in FS f *Gerda Müller,* 2009, S 575 ff.). Inzwischen haben nicht nur BVerfG und BGH, sondern hat auch der EGMR sich einer gemeinsamen Linie angenähert. Danach haben Prominente auch in Bezug auf ihre mit dieser Leitbildfunktion sachlich zusammenhängende Lebensgestaltung eine „öffentliche Funktion" die von dem der Presse im Interesse der Meinungsfreiheit zugeordneten „Wächteramt" mit umfaßt sein kann (EGMR NJW 2012, 1053 Rn 109 ff. mwN – *C. u. E. A. v H – Urlaubsfotos*). Allerdings verpflichtet diese gemeinsame Linie dazu, die Rechtfertigung derartiger Veröffentlichungen genauer zu hinterfragen, insbesondere auf den thematischen Bezug der Veröffentlichung und seine Eignung für die öffentliche Diskussion zu achten. Das verlangt, das Interesse der Öffentlichkeit an der Publikation nach Thema und Informationsgehalt in der Abwägung mit kollidierenden Interessen zu gewichten; etwa nach der Eignung der Publikation, Meinungen zu bilden oder Verhalten zu bestimmen; oder nach dem größeren oder geringeren Interesse, das die Öffentlichkeit dem Thema schenkt; oder nach der größeren bzw geringeren Tragweite der Thematik für die Gemeinschaft. Da es zum Kern der Presse- und Meinungsbildungsfreiheit (Art. 5 Abs. 1 GG) gehört, der Presse einen ausreichenden Freiraum zu belassen, innerhalb dessen sie nach ihren publizistischen Kriterien darüber entscheiden kann, was die Öffentlichkeit interessiert, sind die Gerichte im Wesentlichen auf die Prüfung beschränkt, in welchem Ausmaß die Veröffentlichung einen Beitrag für die öffentliche Meinung leisten kann (BVerfGE 120, 180/205 f. – *CvM-Ferienvilla in Kenia*; BGHZ 180, 114/119 – *Beerdigung in Monaco*; BGH NJW 2008, 3138/3140 – *Sabine Christiansen I*).

46a   Keineswegs muss es sich um die Anprangerung von Missständen der Qualität eines Watergate handeln, um den Schutz der betroffenen Persönlichkeit zurücktreten zu lassen. Auch Alltagsfragen, die eine breitere Leserschaft interessieren, sind von öffentlichem Interesse mit erheblichem Gewicht, zB in Angelegenheiten der Ökologie, des Natur- und Tierschutzes (BVerfG NJW 2005, 883 – *Tierversuche*; OLG München NJW 1996, 2515 – *Menschenflut als Heuschreckenplage*; OLG Stuttgart OLG 2002, 277 – *Angelsport*), die Verbraucheraufklärung in vergleichenden Wartentests (BGHZ 65, 325/331 – *Warentest II*); in der Kritik an der Qualität deutscher Waren (BGH NJW 1963, 484 – *Maris*; 1966, 2010 – *Teppichkehrmaschine*; 1970, 187/189 – *Hormoncreme*) oder an Praktiken im Heilmittelgewerbe (BGH GRUR 1969, 555 – *Cellulitis*; OLG Hamburg NJW 1996, 1140 – *Hildegard-Medizin*; AfP 1997, 721 – *Uriella*), oder im Kreditgewerbe (BVerfGE 60, 234/240 – *Kredithaie*; BGH GRUR 1969, 304 – *Kredithaie*; OLG Frankfurt OLGR 1999, 293 – *Geld ohne Ende*) oder an einer Filmkritik (BGH GRUR 1967, 540 – *Die Nächte der Birgit Malström*) oder im Sport. Am Abdruck von Leserbriefen besteht ein erhebliches Interesse der Leserschaft; auch die Teilnahme am Kommunikationsprozess auf diesem Wege ist durch Art 5 Abs 1 GG geschützt (BVerfGE 28, 55/64 – *Leserbrief I*; BVerfG NJW 1991, 3023/3024 – *Leserbrief II*). Eine Sonderproblematik, die nur einen begrenzten Leserkreis interessiert, kann von öffentlichem Interesse sein, solange sich sich von einer bloßen Privatangelegenheit abhebt (BGHZ 36, 77 – *Waffenhandel*; 45, 246 – *Höllenfeuer*; BGH NJW 1959, 636 – *Alt-Baden*).

46b   Die Bewertung des Publikationsinteresses darf sich nicht zu sehr auf die Form der Darstellung fixieren. Auch insoweit müssen die Trends der Medien zur Unterhaltung berücksichtigt werden. Diese sind durch Art 5 Abs 1 S 2 GG ebenso geschützt wie die Form generell, für die ein Beitrag der Presse aufbereitet wird (BVerfGE 93, 266/289 – *Soldaten sind Mörder II*; BVerfG NJW 2000, 2413 – *IM-Liste*; 2003, 660 – *Ethnische Säuberung*; ZUM 2005, 917 – *frauenfeindliche Fahrschule*; näher dazu Rn 48 ff.).

Die Intensität des Informationsinteresses wird ferner von der Aktualität des Anlasses bestimmt. So nimmt das hohe Informationsinteresse an einer Straftat, die die Bevölkerung erregt hat, mit der Zeit, insbes nach Abschluss des Strafverfahrens, rasch ab. Von diesem Zeitpunkt ab können sich dann die personalen Belange des Straftäters wieder stärker durchsetzen (stdg. Rspr seit BVerfGE 34, 202 – *Lebach*), sofern nicht ein neues Ereignis mit inneren sachlichen Bezügen zu der Tat das Informationsinteresse wieder aufleben lässt. Näheres dazu Rn 211.

cc) Bedeutung der Reichweite des Informationsinteresses

Auch die Reichweite des Informationsinteresses ist von Bedeutung. In vielen **47** Fällen besteht ein schutzwürdiges Interesse der Öffentlichkeit nur an der Thematik, nicht in gleichem Umfang auch an der Person, die den Anstoß für die Erörterung gegeben hat. Zur Bedeutung des Anlassbezugs für die Verwendung von Bildnissen zur Textillustration BGHZ 158, 218/223 – *Galaabend;* 171/275/283, 285f. – *CvM-St. Moritz;* 180, 114/118ff. – *Beerdigung in Monaco;* 187, 200/205 – *Rosenball;* BGH NJW 2005, 56 – *Reitturnier;* 2007, 3440/3442 – *Herbert Grönemeyer;* 2009, 3030 – *Joschka Fischer;* AfP 2008, 608 – *Spaziergang in St. Rémy);* näher Rn 136b. Insbesondere wo wie bei der Berichterstattung über eine Straftat oder andere Negativvorfälle für den Betroffenen mit der Identifizierbarkeit besondere Prangerwirkungen verbunden sind, hat die Rechtsprechung den Schutz des Interesses der Öffentlichkeit an der Aufdeckung seiner Person stark begrenzt. Grundsätzlich bedarf das Interesse der Öffentlichkeit an der Aufdeckung der Bezüge des Geschehens, durch die der Betroffene identifizierbar wird, in derartigen Fällen einer besonderen Begründung. Gerade hier hat der Grundsatz, dass das Interesse an der Person umso stärker sein muss, je intensiver und andauernder die nachteiligen Wirkungen für sie aus einer Veröffentlichung sind, besonderes Gewicht. Indes sind diese Wirkungen im Kontext der Presseveröffentlichung zu messen. So kann es im Rahmen berechtigter Wahrung des Informationsinteresses liegen, wenn die Presse den Fall des Betroffenen, der isoliert gesehen vielleicht unauffällig ist, aufgreift als Beispiel zur Verdeutlichung einer Allgemeinerscheinung (vgl BVerfG KirchE 50, 193 – *Boykott gegen Scientology;* BGH NJW 1963, 484 – *Maris;* 1994, 124 – *Greenpeace-Plakat;* AfP 1994, 306 – *Stasi-Mitarbeiter;* GRUR 1969, 304 – *Kredithaie),* sofern dem Leser hinreichend bewusst gemacht wird, dass dies nicht geschieht, um den Betroffenen als besonders kritikwürdig herauszustellen, sondern um die Thematik an einem konkreten Beispiel zu verdeutlichen. Grundsätzlich ist Personalisierung eines Themas von den Medien zunehmend eingesetztes und zulässiges Mittel, um Aufmerksamkeit zu erregen (BVerfGE 101, 361/389ff. – *Paparazzi-Fotos).* Wenn aber bei solcher Berichterstattung Prangerwirkungen für den Betroffenen nicht zu vermeiden sind, muss auf die Personifizierung des Sachthemas verzichtet werden, sofern nicht diese Wirkung von dem Betroffenen geradezu herausgefordert worden ist (BVerfGE 35, 202/233 – *Lebach;* 97, 391/406 – *Mißbrauchsvorwurf;* BVerfG AfP 2010, 145 – *Zitat aus Anwaltsschreiben;* BGHZ 181, 328/345 – *www.spickmich.de;* BGH NJW 1994, 1281 – *Fortbildungsseminar;* 2009, 3580 – *unsaubere Geschäfte;* AfP 1994, 306 – *Stasi-Mitarbeiter;* 2007, 44 – *Klinik-Geschäftsführer)* oder die Namensnennung zum Schutz der Öffentlichkeit ausnahmsweise nötig ist (OLG Frankfurt OLGR 1997, 287 – *unseriöse Geschäftspraktiken)* oder die Person für das Thema noch in anderer Beziehung eine herausragende Bedeutung hat. So kann nach Auffassung des BGH ausnahmsweise personalisierende Kritik wegen der exponierten Stellung des Betroffenen (Vorstandsvorsitzender eines Chemie-Konzerns) trotz erheblicher Nachteile für seine Person zulässig sein, wo es um unternehmerische Entscheidungen mit weittragenden Folgen für die Umwelt geht (BGH NJW 1994, 124/126 – *Greenpeace-Plakat).*

f) Maßgeblichkeit der Form der Veröffentlichung

aa) Abwägbarkeit trotz Art 5 Abs 1 GG

In der Abwägung haben auch die Art und Weise der Berichterstattung, die Aufma- **48** chung, das Stilmittel, die Sprache einen Stellenwert. Grundsätzlich allerdings muss die Presse in der Art und Weise der Aufbereitung frei sein; denn davon hängt ihre Freiheit in der Stoff- und Themenwahl sehr wesentlich ab. Die Ansicht des BVerfG in BVerfGE 42, 143/149f. – *DGB,* dass ein Verbot der Form weniger gravierend sei, weil Formulierungen in aller Regel ohne Schwierigkeit ausgewechselt werden könnten, ist zu akademisch (vgl dazu die abw Meinung von *Rupp/v Brüneck* BVerfGE 42, 154 ff.) und vom BVerfG später nicht weitergeführt worden (vgl etwa BVerfGE 42, 163/170 – *Deutschlandstiftung;* 54, 129/139 – *Kunstkritik;* 60, 234/24 – *Kredithaie;* 82, 272 – *Zwangsdemokrat;* BGH NJW 1974, 1762 – *Deutschlandstiftung;* 1987, 2746 – *Formaldehyd;* AfP 1995, 596 – *Auslieferungshäftling*). Die Angst des Redakteurs, wegen eines Sich-Vergreifens im Ton, in der Formulierung, in der Art der Darstellung mit einem Prozess überzogen zu werden, würde Wichtiges von vornherein ungesagt bleiben lassen. Denn gerade hier ist er vielfältigen Sachzwängen ausgesetzt. Er muss pressegerecht berichten, zB Sachverhalte um der Verständnisfähigkeit und -bereitschaft der Leser willen holzschnittartig verkürzen und aus Raumgründen sich in der Begründung einer abwertenden Kritik beschränken. Er muss die Aufmerksamkeit des an Reizüberflutung gewöhnten Lesers zu erreichen suchen und seine Informationen und Auffassungen möglichst wirksam transportieren (BVerfGE 24, 278/286 – *Tonjäger*). Er ist häufig verpflichtet, eine bestimmte Linie oder Tendenz seiner Zeitung durchzuhalten. UU besteht das Bedürfnis, auf einen scharf vorgetragenen Angriff oder gegenüber einer prägnant vertretenen Gegenposition entsprechend akzentuiert zu reagieren (zum Recht zum Gegenschlag näher Rn 51).

bb) Maßstäbe für die Bewertung

49 Deshalb kann die Presse weder verpflichtet sein, das den Betroffenen schonendste Mittel einzusetzen, noch ist sie nach Inhalt, Sprache, Stilmittel auf das Maß an Darstellung beschränkt, das zur Unterrichtung der Leserschaft über den Sachverhalt und über den eigenen Standpunkt dazu unbedingt erforderlich ist. Zwar gilt auch für die Form der Darstellung, dass Anlass und Berichterstattung in einem angemessenen Verhältnis zueinander stehen müssen. Aber an die Angemessenheit ist ein Maßstab anzulegen, der auch auf die jeweiligen Sachzwänge und Eigengesetzlichkeiten der Presseveröffentlichung sowie auf das Klima einer uU engagiert geführten Auseinandersetzung in der Öffentlichkeit Rücksicht nimmt. Ebenso ist dem Bedürfnis der Presse Rechnung zu tragen, auch die Art und Weise der Darstellung der Nachfrage ihrer Leserschaft anzupassen. Deshalb kann je nach dem Grad des öffentlichen Interesses, das die Veröffentlichung zu erreichen sucht, auch eine harte, als gewalttätig empfundene Sprache, eine den guten Geschmack verletzende reißerischer Schlagzeile vertretbar sein, auch wenn der Betroffene das als unakzeptabel empfindet.

Zwar fordern die publizistischen Grundsätze des Deutschen Presserats (vgl § 1 Rn 190 ff.; § 6 Rn 20) die Presse zur Sachlichkeit auf, vor allem dazu, Veröffentlichungen, die das sittliche oder religiöse Empfinden einer Personengruppe nach Form und Inhalt verletzen können, zu unterlassen; auf eine unangemessene sensationelle Darstellung von Gewalt und Brutalität zu verzichten; den Schutz der Jugend auch in der Form der Darstellung zu berücksichtigen; bei Berichten über medizinische Themen eine unangemessene sensationelle Darstellung zu vermeiden, die unbegründete Befürchtungen oder Hoffnungen beim Leser wecken könnten (vgl Ziff 10, 11, 14 Pressekodex). Jedoch sind dies standesrechtliche Empfehlungen für eine faire, auf Qualität sehende Berichterstattung, die nicht als Mindestmaß für die Sorgfaltsänderung an nicht verhältnismäßige Darstellungsform bei der Güterabwägung zugrundegelegt werden können.

Von Rechts wegen ist eine Presseveröffentlichung wegen ihrer Form nicht schon unzulässig, weil sie das Empfinden desjenigen, mit dem sie sich beschäftigt, verletzt, sondern erst dann, wenn für den Durchschnittsleser die Form von einer Nicht- oder Missachtung des Betroffenen zeugt. In erster Linie sind das Fälle einer Formalbeleidigung iSv §§ 185, 192 StGB (Rn 79, 186 ff.), doch kann die Form auch dort unzulässig sein, wo sie die Ehre nicht verletzt (Rn 57 ff., 193 ff.).

cc) Abhängigkeit vom sachlichen Anlass

50 Je stärker aus der Sicht des Kritikers der sachliche Anlass dafür ist, desto schonungsloser kann die Form sein, weil und soweit sie für den Durchschnittsleser noch einen

A. Grundlagen   § 6 LPG

Bezug zu der Sache und nicht allein in der Herabwürdigung der Person findet. Deshalb ist die Grenze hoch, wo die Veröffentlichung eine die Öffentlichkeit bewegende Angelegenheit betrifft; umso höher, je extremer die Standorte sind, die die Auseinandersetzung der Sache nach zulässt. Für eine Agitation im Wahlkampf, in Umweltfragen mit ihrem regelmäßig existentiellen Hintergrund, in engagierten wirtschaftspolitischen, sozialen, konfessionellen, künstlerischen Auseinandersetzungen erlaubt die Rechtsprechung des BVerfG und des BGH eine scharfe, schonungslose, polemische Sprache, überspitzte Formulierungen, die Aufmerksamkeit der Leserschaft erregende, reißerische Begriffsbildungen (BVerfGE 24, 278/286 − *Tonjäger* stdg Rspr; ebenso BGHZ 180, 355/368 f. − *Festbetragsfestsetzung;* BGH NJW 1974, 1762 − *Deutschland-Stiftung* stdg; näher dazu Rn 190 ff.). Die Grenze ist hier erst überschritten, wo die Ausfälle vom Durchschnittsleser als reine Schmähung gewertet werden müssen, weil sie jeden sachlichen Bezug vermissen lassen. Da dies auch der Durchschnittsleser regelmäßig vom Standort des Kritikers würdigt, der ihn in sein Lager führt, ist die Schwelle bei solchen engagierten Beiträgen hoch. Niedriger ist sie dort, wo der Betroffene als Randfigur oder als eher zufälliges Beispiel in die Schlagzeilen gerät. Indes schwindet mit seiner Bedeutung für die Stoßrichtung des Angriffs im Kontext der Veröffentlichung auch das Maß des Betroffenseins durch einen Formenexzess. Dazu ebenfalls Rn 190 ff. Zur besonderen Zurückhaltung auch bei der Belastung des Betroffenen schon durch die Art und Weise der Darstellung ist die Presse aber dort verpflichtet, wo sie in den Kernbereich seiner Privatsphäre eingreift (BGHZ 131, 332/337 − *Paparazzifotos;* 180, 114/119 − *Beerdigung in Monaco;* BGH NJW 2004, 762 − *Luftbidaufnahmen;* KG ZUM-RD 2007, 115 − *Verhaftung des Unterweltkönigs*).

dd) Recht zum Gegenschlag

Den ihre Zulässigkeit begründenden Sachbezug kann eine scharfe, schonungslose, **51** polemische Sprache auch als Reaktion auf einen diese Akzentuierung der Gegenposition provozierende Kritik oder Haltung haben. Dieses „Recht zum Gegenschlag" (BVerfGE 12, 113/132 − *Schmid-Spiegel;* 54, 129/138 − *Kunstkritik;* 61, 1/13 − *Wahlkampfäußerung;* 66, 116/150 − *Der Aufmacher;* BGHZ 31, 308/318 − *Alte Herren;* 36, 77/82 f. *Waffenhandel;* 45, 296 − *Höllenfeuer;* 99, 133/136 − *Oberfaschist;* BGH NJW 1964, 1471 − *Sittenrichter;* 1967, 390 − *Kreditmakler;* 1968, 1419 − *Pelzversand;* 1974, 1762/1763 − *Deutschland-Stiftung;* BayObLG AfP 2002, 221/224 − *Zigeunerjude;* OLG München OLGR 1999, 2762) ist kein Gegenrecht oder Rechtfertigungsgrund; es beschreibt nur einen Gesichtspunkt, der bei der Abwägung mit zu berücksichtigen ist. Nicht bedarf es einer Herausforderung durch einen beleidigenden Angriff (BVerfGE 24, 278/286 − *Tonjäger;* BGHZ 45, 296/310 − *Höllenfeuer;* BGH NJW 1974, 1762/1763 − *Deutschland-Stiftung;* OLG Köln NJW 1977, 398; AfP 1991, 438) und es muss auch nicht der Verfasser des Artikels oder die Zeitung etc selbst unmittelbar herausgefordert worden sein (BVerfGE 54, 129/138 − *Kunstkritik;* 60, 234/240 − *Kredithaie;* 61, 1/13 − *Wahlkampfäußerung;* 66, 116/150 − *Der Aufmacher*). Vielmehr genügt es, dass der Kritisierte öffentlich durch Wort oder Tat betont eine Stellung bezogen hat, die das Unterstreichen einer Gegenposition mit deutlicher, überakzentuierter Sprache herausfordert (BGHZ 31, 308/318 − *Alte Herren;* 36, 77/82 − *Waffenhändler;* BGH NJW 1966, 2010/2011 − *Teppichkehrmaschine*), sodann noch adäquate Reaktion erscheinen lässt (BVerfGE 24, 278/283 − *Tonjäger;* BayObLG AfP 2002, 221/224 − *Zigeunerjude*).

g) *Schutz auch für unwahre Berichterstattung*

Der Schutz, den Art 5 Abs 1 GG gewährt, endet jedenfalls dort, wo es um die Behauptung oder Verbreitung einer Tatsache geht, deren Unwahrheit feststeht (seit BVerfGE 7, 198/212 − *Lüth* stdg zuletzt BVerfG NJW 2003, 277 − *Anwalts-Ranglisten;* 2003, 1109 − *KKK;* 2007, 468 − *Insiderquelle*). Erst recht sind bewusste Unwahrheiten nicht geschützt. Niemals besteht ein schutzwürdiges Interesse daran, dass Meinungsbildung auf solcher Information gründet. Indes kann es das Publikationsinteresse rechtfertigen, mit der Verbreitung schon eines noch nicht erhärteten Verdachts **52** an die Öffentlichkeit zu gehen oder über Vorgänge zu berichten, noch bevor sie vollständig aufgeklärt worden sind. Geht es zB um das Licht der Öffentlichkeit scheuende kritikwürdige Vorgänge im Staatsapparat, so ist es eine legitime Aufgabe der Presse, Anstöße für die Aufdeckung zu geben und Ermittlungen in Gang zu bringen, die erst zur Feststellung des wahren Sachverhalts führen (BGH NJW 1977, 1288 – *Abgeordnetenbestechung;* OLG Celle OLGR 2000, 160; KG AfP 1999, 361; vgl auch BVerfG NJW 2001, 503/505 – *Grundbucheinsicht;* 2003, 1109 – *Anwaltsranglisten*). Ganz allgemein kann von der Presse nur verlangt werden, mit ihren Mitteln um die Wahrhaftigkeit ihrer Berichterstattung bemüht zu sein. Dazu Rn 160. Allerdings kann die Presse ein schutzwürdiges Veröffentlichungsinteresse auch in solchen Fällen nur in Anspruch nehmen, wenn sie ein Mindestmaß an Anhaltspunkten für die Richtigkeit der Information hat. Zudem fehlt es an einem Publikationsinteresse für eine Berichterstattung, wenn die Presse das von ihr zu verlangende Maß an Sorgfalt bei der Verifizierung nicht aufgewendet hat. Näheres dazu Rn 99, 114 ff.

h) Schutz auch für rechtswidrig erlangte Informationen

53 Im Prinzip erstreckt sich der Schutz des Art 5 Abs 1 GG auch auf die Veröffentlichung rechtswidrig beschaffter Informationen (BVerfGE 66, 116/137 f. – *Der Aufmacher;* so im Ergebnis auch schon BVerfGE 20, 162/177 f. – *Spiegel-Urteil;* BGHZ 73, 120/124 ff. – *Kohl/Biedenkopf;* 80, 25/38/39 – *Der Aufmacher I;* 138, 311/319 – *Filmaufnahmen in Ferienanlage;* BGH NJW 1987, 2667/2669 – *Langemann;* KG ZUM 2011, 570 – *rechtswidrig verschaffte E-Mails*). Ein absolutes Verwertungsverbot wäre nicht nur nicht durchzusetzen, weil es spätestens an dem Aussageverweigerungsrecht der Presse scheitern müsste. Wäre die Presse verpflichtet, stets auch den Mitteln nachzugehen, mit denen ihr Informant die Information erlangt hat, und müsste sie hierüber dem Betroffenen Rechenschaft geben, so würde das den Informationsfluss und die Kontrollaufgabe der Presse entscheidend beeinträchtigen und sie schon im Vorfeld der Veröffentlichung erheblichen Repressionen aussetzen; selbst dort, wo der Rechtsbruch in der Veröffentlichung kaum aufscheint, etwa in der Veröffentlichung der Indiskretion einer Hausangestellten, die der Reporter unter Begehung eines Hausfriedensbruchs befragt hat.

Es ist aber auseinander zu halten: Haben der Publizierende bzw seine Leute, für die er verantwortlich ist, den Rechtsbruch selbst begangen, dann hat die Veröffentlichung grundsätzlich zu unterbleiben, jedenfalls wenn die Norm, gegen die verstoßen wurde, gerade die Vertraulichkeit der Information schützen sollte. Art 5 Abs 1 GG schützt nicht die rechtswidrige Beschaffung der Information. Der recherchierende Journalist unterliegt wie jeder Bürger allen strafrechtlichen Schranken, die vor einem Zudringen der Öffentlichkeit gegen den Willen des Betroffenen schützen; ergänzt wird dieser wegen des strafrechtlichen Analogieverbots nur punktuelle Schutz durch die zivilrechtlichen Schranken des § 826 BGB gegenüber vorsätzlicher sittenwidriger Schädigung und durch das allgemeine Persönlichkeitsrecht. Insoweit kann die Presse für die Wahl von Mitteln und wegen der Recherche weder kraft ihrer „öffentlichen" Aufgabe noch aus dem besonderen Öffentlichkeitswert der begehrten Information ein Privileg gegenüber anderen Bürgern beanspruchen. Das muss sich grundsätzlich auch auf die Befugnis zur Veröffentlichung auswirken; die Unverbrüchlichkeit der Rechtsordnung verlangt, dass die Presse Informationen, die sie sich nur durch vorsätzlichen Rechtsbruch oder bewussten Verstoß gegen die Sittenordnung verschaffen konnten, nicht in die Immunität eines Veröffentlichungsschutzes aus Art 5 Abs 1 GG überführen darf. Hier kann allenfalls ein besonders großes schützenswertes Interesse der Öffentlichkeit an der Bekanntgabe der Information die Veröffentlichung ausnahmsweise zulassen (BVerfGE 66, 116/137 – *Der Aufmacher;* dazu (abmildernd) OLG Hamm OLGR 2004, 342, bestätigt durch BVerfG NJW 2005, 883 – *Tierversuche*).

Der Konflikt mit der Rechtsordnung ist weniger scharf, wo sich die Presse an dem Rechtsbruch nicht unmittelbar beteiligt hat. Ein absolutes Verwertungsverbot auch in diesen Fällen wäre mit Art 5 Abs 1 GG unvereinbar (zum vergleichbaren Konflikt bei der Verwertung heimlicher Tonbandaufnahmen BVerfGE 34, 238/246ff. – *Tonbandaufnahme I;* 35, 202/221ff. – *Lebach;* BVerfG NJW 2002, 3619/3621 – *heimlicher Mithörer;* BGHZ 73, 124ff. – *Kohl-Biedenkopf;* BGH GRUR 1982, 181/182 mwN; OLG Celle AfP 1986, 58; OLG Köln NJW 1979, 669; OLG Düsseldorf ZUM-RD 2012, 137 – *Ton- und Bildaufnahmen in Arztpraxis*). Es wäre wegen der Vielfalt der Wege von Indiskretionen auch in der Sache oft unangemessen (vgl BGH NJW 1987, 2667 – *Langemann*); selbst dort, wo die Information nur aus dem besonders geschützten Bereich des Brief-, Post-, Fernmeldegeheimnisses stammen kann (BGHZ 73, 120/126 – *Kohl/Biedenkopf;* BGH GRUR 1982, 181/182f.). Jedoch muss sich die Presse auch hier bewusst bleiben, dass die Veröffentlichung den Einbruch in die geschützte Sphäre und die mit ihm verbundene Rücksichtslosigkeit gegenüber dem Betroffenen so nicht sich zu eigen macht so doch unterstreicht. Zudem kann sie durch ihre Bereitschaft zur Veröffentlichung zu solche Einbrüchen ermuntern. Deshalb hat sie ihre Veröffentlichungsbefugnis hier zwar nicht an einem überragenden Informationsinteresse der Öffentlichkeit (BGHZ 138, 311/320 – *Filmaufnahmen in Ferienanlage*), aber an einer aufmerksamen Güter- und Interessenabwägung zu legitimieren. Je stärker der Rechtsbruch in der Information aufscheint, je mehr Geheimhaltungsinteressen mit ihr verbunden sind, umso größer und nachhaltiger muss der Öffentlichkeitswert der Information sein (vgl BGHZ 73, 120/127 – *Kohl/Biedenkopf*).

B. Geschützte Individualgüter

Die Sorgfaltspflichten zum Schutz der von Presseveröffentlichungen Betroffenen 54 richten sich in erster Linie am Individualgüterschutz des Strafrechts und des Zivilrechts aus. Die presserechtlichen Sorgfaltspflichten aus dem LPG nehmen für das Bemühen um wahre Berichterstattung diesen Schutz auf (Rn 155). Spezialregeln insbes des Wettbewerbs und des Urheberrechts geben dort, wo sie ihren Regelungsbereich erschöpfend regeln, spezifischen Schutz, zu dem in diesem Zusammenhang nur für Abgrenzungsfragen Stellung genommen wird.

I. Allgemeines Persönlichkeitsrecht

Die Sorgfaltspflichten werden am stärksten durch den Persönlichkeitsschutz ge- 55 prägt, weil die Persönlichkeit durch Presseveröffentlichungen von allen Individualinteressen am stärksten gefährdet ist.

1. Entstehungsgeschichte

Persönlichkeitsschutz gegen Presseveröffentlichungen haben Gesetzgebung und 56 Rechtsprechung bis zu der sog Leserbriefentscheidung BGHZ 13, 334 von 1954 im Wesentlichen dem Schutz des Strafrecht in §§ 185ff. StGB gegen vorsätzliche Ehrverletzungen überlassen (Prot II 637f.; allgemein dazu Coing, Festschrift für Maihofer, 1988, S 75/79; *J. Helle,* Besonderes Persönlichkeitsrecht, in § 3ff.). Diese Vorschriften wurden als Schutzgesetze iSv § 823 Abs 2 BGB in das Zivilrecht transformiert. Ergänzt wurde der strafrechtliche Schutz durch den Schutz des § 824 BGB gegen Gefährdungen des Fortkommens in Beruf und Wirtschaftsleben durch unwahre Tatsachenbehauptungen. Darüber hinaus war in den §§ 22, 23 KUG der Schutz gegen ungenehmigte Bildnisveröffentlichungen herausgebildet. Der selten relevante § 826 BGB gewährt Schutz vor sittenwidriger vorsätzlicher Vermögensschädigung. Die Lücken im Schutz wurden durch Überstrapazieren des Namensschutzes in § 12 BGB und des Urheberschutzes zu schließen gesucht.

Unter dem Einfluss der grundrechtlichen Gewährleistungen in Art 1 und Art 2 GG mit ihrem hohen Rang für die Personalität im Rahmen der grundrechtlichen

Wertordnung hat die Rechtsprechung seit BGHZ 13, 334, gebilligt vom BVerfG (BVerfGE 30, 173/194 – *Mephisto*; 34, 118/135 – *Soraya*), als durch § 823 Abs 1 BGB geschütztes sonstiges Recht das allgemeine Persönlichkeitsrecht ausgeformt, dessen Verletzung zu Unterlassungs-, Widerrufs- und Schadensersatzansprüchen einschließlich von Ansprüchen auf Geldentschädigung für immaterielle Nachteile führen kann (Rn 260 ff.).

2. Zuweisungsgehalt

a) Konkretisierungsbedürfnis gemäß der Konfliktlage

57 Das vom BGH so ausgeformte allgemeine Persönlichkeitsrecht hat selbst keinen Verfassungsrang (BVerfGE 99, 185/193 – *Scientology*; 118, 168/183 – *Kontenabfrage*; 120, 180/197 – *CvM-Ferienvilla in Kenia*). Es spiegelt aber die verfassungsrechtlichen Wertentscheidungen aus Art 1 und 2 GG wider, die für seine Herausbildung den Anstoß gegeben haben. „Mit dem Schutz von der Verhaltensfreiheit werden Elemente der Persönlichkeitsentfaltung gewährleistet, die nicht Gegenstand der besonderen Freiheitsgarantien des GG sind, diesen aber in ihrer konstituierende Bedeutung für die Persönlichkeit nicht nachstehen" (BVerfGE 120, 180/197 – *CvM-Ferienvilla in Kenia*). An ihnen orientiert sich auch das Zivilrecht auf seiner ihm angestammten Ebene gleichgeordneter Interessen; sie beeinflussen und strukturieren es (Rn 27, 32). Gestützt und ausgeformt wird es weiter durch Art 8 EMRK, der zwar als einfaches Bundesrecht anzusehen ist (Rn 32c), aber wenigstens in seinem Kern als supranationaler allgemeiner Rechtsgrundsatz des Europäischen Gemeinschaftsrechts den grundrechtlichen Gewährleistungen vorgehen kann. Näher dazu Rn 32c, § 1 Rn 27.

Auf dieser bürgerlich-rechtlichen Ebene ist das Persönlichkeitsrecht darauf gerichtet, die Grundbedingungen für die Selbstverwirklichung der Person gegenüber den kollidierenden Individualinteressen Anderer zu schützen und darin für das bürgerliche Recht die Wertentscheidungen der Menschenwürde (Art 1 GG) und des Grundrechts der Person auf Entfaltung in Selbstbestimmung und Freiheit (Art 2 Abs 1 GG) umzusetzen (seit BVerfGE 34, 269/281 – *Soraya*; 35, 202/220 – *Lebach* stdg zuletzt 101, 361/380 – *Paparazzi-Fotos*; 120, 180/197 f. – *CvM-Ferienvilla in Kenia*; ebenso BGH zuletzt BGHZ 131, 332/338 ff. – *Paparazzi-Fotos*). Die Rechtsprechung hat es als „Rahmenrecht" (BGH NJW 1987, 2667 – *Langemann*; zuletzt BGH NJW 2012, 3645 – *Erkrankung der Entertainerin*) bezeichnet und konkretisiert. Denn weil Lebensgestaltung sich auch im Umgang mit dem Anderen und in Bindung an die Gemeinschaft, Selbstentfaltung sich auch durch Bewährung darin vollzieht, kann das Persönlichkeitsrecht noch weniger als die in § 823 Abs 1 BGB benannten absoluten Rechte absolute Schutzzonen für die Integrität des Schutzgutes und die Ausübung der mit ihm verbundenen Rechte gewähren. Vielmehr kann sich die Grenze für rechtmäßige Belastungen in der Regel erst in dem jeweiligen Konflikt mit dem auf die Person zugreifenden oder sie jedenfalls tangierenden Verhalten oder Gefährdungen und in der Abwägung der tragenden schutzwürdigen Interessen Anderer konkretisieren (Rn 33). Für typische Konfliktsituationen sind von der Lehre und der höchstrichterlichen Rechtsprechung normative Leitlinien herausgebildet worden, die an Sphären der Lebensgestaltung und Fallgruppen anknüpfen (BGHZ 181, 328/338 – *www. spickmich.de* mwN). Sie erleichtern und strukturieren die Einzelfallabwägung, dürfen diese aber nicht dominieren oder gar ersetzen (Rn 40). Näher dazu Rn 64. Tendenzen zur Verfestigung des allgemeinen Persönlichkeitsrechts in besonderen Persönlichkeitsrechten (Datenschutz; Schutz des gesprochenen Worts; Recht am eigenen Bild) können zwar keine absoluten, bei einem Eingriff die Rechtswidrigkeit ohne weiteres indizierenden Rechte schaffen, aber den Blick dafür schärfen, daß für bestimmte Schutzbereiche die Güterabwägung weitgehend bereits vom Gesetzgeber vorgenommen worden ist (dazu *J. Helle,* Besondere Persönlichkeitsrechte, S 20 ff.; 27 ff.; *Erman/ Ehmann* BGB § 12 Anh Rn 4 ff.; *MüKo-Rixecker* BGB § 12 Anh Rn 10 f.; *Larenz/ Canaris,* SchR II/2 §§ 80 ff.; *Schwerdtner,* Das Persönlichkeitsrecht in der deutschen

B. Geschützte Individualgüter § 6 LPG

Zivilrechtsordnung, 1977, S 97 ff.; *Staudinger/Hager* BGB 13. Bearb § 823 C 149; *Wasserburg* S 56 ff.). Dem allgemeinen Persönlichkeitsrecht verbleibt insbesondere die Gewährleistung der engeren persönlichen Lebenssphäre und ihrer Grundbedingungen.

b) Schutz der informationellen Selbstbestimmung

Durch das vom BVerfG so bezeichnete Recht auf informationelle Selbstbestimmung (BVerfGE 65, 1 ff. − *Volkszählungsgesetz*) ist die Person geschützt vor einem Verfügbarmachen für den Staat durch überzogenes Ausforschen von personenbezogenen Daten in einer umfassenden Datenerhebung, -speicherung und -weitergabe. Grundsätzlich ist die Person berechtigt, über die Preisgabe und Verwendungen ihrer Daten in einem so umfassenden Umfang selbst zu bestimmen und dadurch der Gefahr einer Fremdmanipulierung vorzubeugen. 58

Auf bürgerliche Rechtsverhältnisse sind diese Grundsätze nicht unmittelbar anwendbar (vgl Rn 27). Jedoch weisen sie dem Schutzbedürfnis der Person auch auf dieser Ebene über den Datenschutz durch das BDSG hinaus (zum Medienprivileg des BDSG vgl *Damm* AfP 1990, 7 ff.; *Simitis* AfP 1990, 14 ff.) einen entsprechend hohen Rang zu gegenüber solchen Zugriffen, die sie für eine ihrem Einfluss und ihrer Kontrolle sich entziehende Fremdverfügung und Identitätsentfremdung manipulierbar machen.

Allerdings ist auch dieses personale Interesse nicht absolut geschützt. Das Recht auf informationelle Selbstbestimmung gibt weder ein umfassendes Verfügungsrecht über die Darstellung der eigenen Person, über das Öffentlichmachen personenbezogener Daten, Beziehungen, Zustände, noch einen Anspruch darauf, von der Presse so dargestellt zu werden, wie man gesehen werden möchte (BVerfGE 82, 236/269; zuletzt BVerfGE 120, 180/198 − *CvM-Ferienvilla in Kenia*; BVerfG NJW 2011, 740 − *Wie gefährlich ist das süße Leben?*; 2012, 756 − *CvM-Wortberichterstattung*, BGHZ 181, 328/337 f. − *www.spickmich.de*). Eine Presseberichterstattung über das Zeitgeschehen ohne kritisches Eingehen auf die darin handelnden Personen würde Kernbereiche ihrer Aufgaben zur Unterrichtung und zur Meinungsbildung tabuisieren. Information hierüber, vor allem wo die Öffentlichkeits- oder Sozialsphäre der Person betroffen ist, ist Information über soziale Realität, die nicht ausschließlich der betroffenen Person allein gehört (BVerfGE 65, 1/41 ff. − *Volkszählungsgesetz*; 84, 192/195 − *Entmündigung*; 99, 185/196 f. − *Sektenmitgliedschaft*; BVerfG NJW 2000, 2413 − *IM-Liste*; 2002, 3767 − *Bonnbons*; 2003, 1109 − *Elternvorwürfe gegen Lehrer*; BGHZ 181, 328/338 f. − *www.spickmich.de*; BGH NJW 1991, 1532/1533 − *Notfalldienst*; 2004, 762/765 − *Luftbildaufnahme I*; AfP 1994, 306 − *IM-Liste*). Deshalb ist auch hier jeweils am konkreten Fall auf Grund einer Interessen- und Güterabwägung zu ermitteln, ob das von dem Betroffenen nicht genehmigte Einbringen seiner Person in die öffentliche Erörterung nach Art und Reichweite durch ein schutzwürdiges Publikationsinteresse gedeckt wird und in angemessenem Verhältnis zur Bedeutung der Sache steht (BVerfGE 35, 202/221 − *Lebach*; 65, 1/41 ff. − *Volkszählungsgesetz*; BGHZ 181, 328/338 f. − *www. spickmich.de*; BGH NJW 1991, 1532/1533 − *Notfalldienst*; vgl auch BGHZ 91, 233/ 238 − *AEG-Aktionär*). Ein praktizierender Arzt muss es hinnehmen, dass er mit Anschrift, Fachgebiet, Hinweis auf seine besondere Behandlungsmethode (Akupunktur) in einem als Buch vertriebenen Verzeichnis aufgenommen wird (OLG Nürnberg 1993, 796).

Das informationelle Selbstbestimmungsrecht kann verletzt sein durch eine umfassende Aufbereitung der Persönlichkeitsdaten in der Presse, insbes von Schlüsseldaten über den psychischen Persönlichkeitskern; oder von Daten, in denen sich die Person entäußert fühlt, wenn sie der Öffentlichkeit zugänglich gemacht werden, etwa in einem Psychogramm oder einer ähnlich umfassenden und manipulierbarer Ausleuchtung der Person (BVerfGE 35, 202 − *Lebach*; BGHZ 181, 328 − *www.spickmich.de*); oder im Offenlegen „heikler" Daten, mit denen sich die Person vor der Öffentlichkeit vorgeführt, „an den Pranger gestellt", vorkommen muss. Nähere Beispiele dazu 59

Rn 194, 198 f. Indes tendiert die Rechtsprechung insbes des BVerfG heute selbst bei deutlicher Prangerwirkung eher zugunsten der Meinungs- und Pressefreiheit jedenfalls in Fällen eines fundierten öffentlichen Interesses, vor allem wenn es durch das Verhalten des Betroffenen, das seine berufliche Sphäre betrifft; oder durch die Möglichkeit seiner Personifizierung mit dem Sachthema herausgefordert wird (BVerfGE 97, 391/406 – *sexueller Missbrauch;* BVerfG NJW 1999, 258 – *Greenpeace;* 2000, 2413 – *Stasi-Liste* (gegen die engere Sicht in BGH AfP 1994, 306); BGHZ 181, 328/338 ff., 345 – *www.spickmich.de;* BGH NJW 1994, 124 – *Greenpeace;* 2000, 3421 – *Babycaust I;* AfP 2007, 44 – *Klinikgeschäftsführer;* enger dagegen BGH NJW 2003, 2011 – *Babycaust II*).

60 In dieselbe Richtung zielt der Schutz vor einer Verdinglichung des gesprochenen Worts durch die ungenehmigte Aufnahme auf einer Tonband-Konserve, die es für eine Reproduktion vor welchem Adressatenkreis und in welchem Kontext auch immer verfügbar macht. Deshalb sind nicht nur Privatgespräche, sondern auch geschäftliche Besprechungen grundsätzlich vor ungenehmigten Tonbandmitschnitten durch das Persönlichkeitsrecht geschützt. Dieser zivilrechtliche Schutz wird strafrechtlich durch § 201 StGB verstärkt. Näheres dazu Rn 201.

Aus demselben Grund geschützt ist die Person vor einer ungenehmigten Herstellung und Veröffentlichung ihres Bildnisses einschließlich vor technischen Manipulationen an ihm (BVerfG NJW 2005, 3271/3272 – *Fotomontage*). Näheres dazu Rn 118 ff.

c) Schutz der Selbstdefinition des sozialen Geltungsanspruchs

61 Mit entsprechender Zielrichtung und ebenfalls in Begrenzung auf einen Kernbestand ist durch das allgemeine Persönlichkeitsrecht das mit dem Recht auf informationelle Selbstbestimmung eng verzahnte Interesse an der Selbstdefinition des sozialen Geltungsanspruchs geschützt (BVerfGE 97, 125/148 f. – *Gegendarstellung auf Titelseite;* 97, 391/403 – *sexueller Missbrauch;* 99, 185/193 f. – *Sektenmitgliedschaft;* BVerfG NJW 2003, 1856 – *KKK;* 2004, 3619 – *Würzburger Anwalt;* BGH NJW 2009, 3576 – *Der Kannibale von Rotenburg;* AfP 2011, 180 – *Moshammermörder im Internet*); insbes gegenüber zwar wahren, aber den sozialen Ruf besonders belastenden Veröffentlichungen von „kritischen", „heiklen" Personendaten, zB über die Verwicklung der Person in politische, kulturelle, gesellschaftliche Skandale; wirtschaftliche Zusammenbrüche; aufsehenerregende Gerichtsverfahren; Straftaten. Näheres mit Beispielen Rn 198 f.; 205 ff. Auch dieses Interesse muss aber in aller Regel gegenüber einem fundierten öffentlichen Interesse an einer detaillierten Offenlegung des Sachverhalts dann zurückstehen, wenn ein berechtigtes Interesse auch an der Benennung der darin verwickelten Personen besteht. Zudem hat der Betroffene in der Regel kein Schutzbedürfnis gegenüber von Veröffentlichungen „heikler" Daten, soweit er sie der Öffentlichkeit selbst preisgegeben hat (BGH NJW 2013, 790 – *„IM Christoph"*).

62 Das Recht auf Selbstdefinition des sozialen Geltungsanspruchs in der Öffentlichkeit umfasst auch den Schutz davor, dass dem Betroffenen Lebensäußerungen untergeschoben werden, mit denen er sich nicht zu identifizieren braucht, zB ein erfundenes Interview oder Falschzitate; oder ein unwahrer Lebenssachverhalt, eine andere Identität, auch wenn der Durchschnittsleser darin die Person positiver dargestellt wird, als sie ist (LG München Ufita 20, 230; LG Berlin Ufita 20, 92); oder wenn sie ohne ihre Zustimmung für kommerzielle Zwecke, zB für die Werbung, eingespannt wird, oder für die Wahlpropaganda einer politischen Partei (BGH NJW 1980, 994/995 – *Wahlkampf-Illustrierte;* OLG Hamburg AfP 2004, 566 – *Werbung mit Politiker;* 2010, 589 – *Playboy am Sonntag*) oder zu Unrecht als Autor einer Satire in einem Satiremagazin ausgegeben wird (OLG Düsseldorf AfP 1989, 549; oder wo das Werk eines Malers mit Fälschungen belastet wird (BGHZ 207, 384/392 – *Nolde-Aquarelle*); oder wenn das Verlangen des Rechtsanwalts nach Richtigstellung eines Presseberichts über seinen Mandanten als Leserbrief des Anwalts abgedruckt und ihm dadurch ein fal-

B. Geschützte Individualgüter § 6 LPG

sches Engagement unterstellt wird (BGHZ 13, 334 – *Leserbrief*). Näheres dazu Rn 198 f.; 200 ff.

d) Schutz von Freiräumen der Person

aa) Abstufung des Schutzes nach Persönlichkeitssphären

Das Persönlichkeitsrecht schützt das Interesse daran, sich vor dem Zudringen der Öffentlichkeit durch eine Presseveröffentlichung zurückziehen zu können. Aber nicht einmal der ganze Bereich des Privatlebens ist absolut geschützt. Auch insoweit sind die schutzwürdigen personellen Belange gegenüber dem Publikationsinteresse unter Berücksichtigung aller konkreten Umstände des jeweiligen Falls abzuwägen (vgl. Rn 38 ff.; BVerfGE 6, 389/433; 27, 1/7 – *Mikrozensus*; 27, 344/351 – *Ehescheidungsakten*; 32, 373/379; 33, 367/376 f.; 34, 238/245 – *Tonbandaufnahme*; 35, 202/220 – *Lebach*; 54, 148/153 – *Eppler*; 101, 361/389 ff. – *Paparazzi-Fotos*; BGHZ 73, 120/121 ff. – *Kohl/Biedenkopf*; 131, 332/338 ff. – *Paparazzi-Fotos*; BGH NJW 1981, 1366 – *Der Aufmacher II*). 63

Lehre und Rechtsprechung haben versucht, durch Ausformung von Persönlichkeitssphären, die nach ihrem Sozialbezug gestuft sind (grundlegend *Hubmann*, Das Persönlichkeitsrecht, 2. Aufl 1967, S 268 ff.; *Heldrich* FS Heinrichs, 1998, S 325; *Soehring* § 19 Rn 4 f.), oder nach ihrer Intensität gestaffelte Schutzbereiche (*Larenz/Canaris* § 80 II; *Erman/Ehmann* BGB § 12 Anh Rn 4 ff.; *Ehmann* JuS 1997, 193; *Müko-Rixecker* BGB § 12 Anh Rn 44) der Güter- und Interessenabwägung festere Konturen zu geben. Allerdings handelt es sich nur um Hilfestellungen für eine erste Grobzuordnung. Abstrakte Leitlinien können nur ein Grobraster vermitteln, das zudem stets in dem Bewusstsein eingesetzt werden muss, dass die Individualität und Komplexität des Personalen schon wesensmäßig einer Katalogisierung und Zergliederung entgegensteht. Die Sphären überschneiden sich und zeigen oft nur verschiedene Facetten des Selbstbestimmungsrechts auf (vgl *Amelung* NJW 1990, 1753/1755 ff.). Das Interesse von Kohl und Biedenkopf daran, dass ihr privates Telefongespräch nicht mitgeschrieben und nicht in einer Illustrierten veröffentlicht wurde, erschöpfte sich nicht in dem Interesse daran, den Inhalt und Sprachduktus ihrer Unterhaltung nicht der Öffentlichkeit bekannt zu geben, dh im Geheimhaltungs- bzw Diskretionsinteresse; sondern mitbetroffen war ihr Interesse an der Abschirmung eines Lebensbereichs, in dem sich der Mensch unbehelligt von einer Kontrolle und Zensur der Öffentlichkeit zurückziehen und seine Individualität verwirklichen kann (BGHZ 73, 120/121 f. – *Kohl/Biedenkopf*). 64

Absolut geschützt und daher einer Güter- und Interessenabwägung entzogen ist die Intimsphäre im engeren Sinn, dh die Sexualsphäre, jedenfalls wenn sie dem Leser unmittelbar zur Anschauung gebracht wird, und entsprechende Darstellungen von Zuständen äußerster Entäußerung der Person in Trauer, Angst, Schmerzen, Ekstase. Weithin umfassend geschützt ist auch ein Kern von Vertraulichkeit in Kommunikationsräumen mit einem besonders hohen Grad der Privatheit, derer man sich für eine freie Artikulation und Kommunikation besonders sicher sein muss. Demgemäß sind weitgehend absolut geschützt das Brief-, Post- und Fernsprechgeheimnis (vgl Art 10 GG; §§ 201, 202 StGB) und die durch das Strafrecht mitgeschützten besonderen Vertrauensbeziehungen (vgl § 203 StGB). Sonst aber verlieren solche absolut sich behauptenden Bestandsschutzmerkmale an Bedeutung zugunsten einer Gewichtung der personalen mit den publizistischen Belangen nach den besonderen Umständen des konkreten Falls: insbes nach Art und Intensität des hinter der Veröffentlichung stehenden Informationsinteresses, ihrer Bedeutung für die freie Kommunikation, den Mitteln, mit denen der Zweck verfolgt wird und den Einschränkungen und Belastungen, die sie für die betroffene Person, ihre Lebensführung und -gestaltung sowie ihre soziale Geltung mit sich bringen (BVerfGE 35, 202/225 – *Lebach*; 50, 234/240 – *Kölner Volksblatt*; 63, 131/144 – *Gegendarstellung*; BGHZ 27, 284/289 – *Tonbandaufnahme*; 73, 120/124 – *Kohl/Biedenkopf*; 181, 328/338 – *www.spickmich.de*; 198, 345/351 f. – *Mascha S.*). 65

65a Dabei ist schon im Ansatz zu beachten, daß der Schutz der Person vor einer Presseberichterstattung für alle Aspekte der Persönlichkeit gegenüber der Veröffentlichung von Bildern von der Person weiter und anders ausgestaltet ist als gegenüber einer bloßen Wortberichterstattung über sie. Eine bebilderte Berichterstattung greift schon deshalb intensiver und unmittelbar in das Verfügungsrecht des Betroffenen über die Darstellung seiner Person ein, weil sie Informationen in der Anschauung viel unvermittelter und eindringlicher, zudem ungleich unkontrollierbarer und manipulierbarer, weil für beliebig andere Augenblicke zu beliebig anderen Zeitpunkten reproduzierbare Informationen vermittelt, als ein bloßer Wortbericht das kann. Deshalb hat der Gesetzgeber für die Veröffentlichung von „Bildnissen" der Person durch §§ 22, 23, KUG ein eigenes Schutzkonzept normiert. Auch dieses Konzept bedarf auf allen Ebenen der Güterabwägung im Spannungsfeld der grundrechtlichen Gewährleistungen insbesondere zwischen Art. 1 und 2 GG einerseits und Art. 5 GG andererseits nach den Grundsätzen, die das BVerfG und der BGH unter dem Eindruck auch der Rechtsprechung des EGMR dazu entwickelt haben. Für den Bildbericht ist stets auch der Belastung der Person durch seine spezifischen Wirkungsmöglichkeit Rechnung zu tragen. Hierin einzubeziehen ist zudem das Schutzbedürfnis des Betroffenen – insbesondere einer in der Öffentlichkeit stehenden Person –, „in praktisch jeder Situation unvorhergesehen und unbemerkt oder aber unter erheblichen Belästigungen bis hin zu Verfolgungen und beharrlichen Darstellungen mit der Folge fotografiert zu werden, daß das Bildnis in den Medien veröffentlicht werden kann" (BGHZ 187, 200/203, 206 – *Rosenball* mwN). Näher dazu Rn 68a.

bb) Schutz des Intimbereichs

66 Weithin absolut gegen Presseveröffentlichungen ist der Intimbereich geschützt.
Gemeint ist in erster Linie das Sexualleben (BVerfGE 47, 46 – *Sexualkundeunterricht;* 49, 286 – *Transsexuelle;* 75, 369/380 – *Strauß-Karikatur;* 119, 1/29 ff. – *Esra;* BVerfG NJW 2009, 3357 – *Ex-Bundesliaga-Star),* insb die Freiheit, die eigenen Ausdrucksformen des Sexuallebens für sich zu behalten und sie in einem dem Zugriff anderer entzogenen Freiraum zu erleben (BVerfG NJW 2009, 3357 – *Ex-Bundesliaga-Star;* BGH NJW 2009, 3576 – *Der Kannibale von Rotenburg;* 2012, 767 – *Pornodarsteller;* OLG Köln AfP 2012, 66 – *Kachelmann;* ZUM 2012, 350 – *Kachelmann II,* dazu aber BGH NJW 2013, 1681 Wiederholungsgefahr verneint). Primär absolut geschützt sind ferner die sich der Öffentlichkeit entziehenden Vorgänge um die körperliche und gesundheitliche Befindlichkeit (BVerfGE 32, 373 – *Patientenkartei;* BGH NJW 2005, 2844/2848 – *Esra I;* OLG Karlsruhe NJW-RR 1999, 1699 – *Wachkomapatient),* auch diskrete Gepflogenheiten der Körperpflege (RGRK-BGB/*Dunz,* 12. Aufl § 823 Anh I Rn 50). Weiter Rechtsprechungsbeispiele Rn 214f. Dem Intimbereich sollten gegenüber der zunehmenden Rücksichtslosigkeit der Medien vor Tabuzonen auch zugeordnet werden die Augenblicke, in denen der Mensch durch das Schicksal ganz auf sich zurückgeworfen wird und sein Interesse, allein gelassen zu werden, höchsten Schutz braucht: Augenblicke der Überwältigung durch Schmerz, Trauer, Angst, Verzweiflung, Momente der höchsten Erniedrigung (OLG Dresden NJW 2012, 782 – namentliche BE über Suizid des nahen Angehörigen; OLG Köln ZUM-RD 2012, 675 – heimliche Fotos vom Hofgang des prominenten Häftlings). Allerdings hängt hier wie generell das Betroffensein gerade in den Tabuzonen des Intimbereichs davon ab, ob und welcher konkrete Vorgang nach seinem Inhalt höchstpersönlichen Charakter hat bzw. ob und mit welcher Intensität ein Sexualbezug besteht, zB im Zusammenhang mit einer Straftat (BVerfG NJW 2009, 3357 – *Ex-Bundesliaga-Star;* BGH NJW 2009, 3576 – *Der Kannibale von Rotenburg);* wie intensiv, detailliert (BGH AfP 1999, 350 – *Scheidungsgrund;* KG NJW 2006, 621 – *Scheidung)* und für die Anschauung unmittelbar die intimen Vorgänge offengelegt werden. Näheres dazu Rn 214.

67 Zur Aufdeckung von schweren Missständen kann es in seltenen Ausnahmefällen zur „öffentlichen" Aufgabe der Presse gehören, über Vorgänge aus dem Intimbereich

B. Geschützte Individualgüter   § 6 LPG

zu berichten. Klassisch ist zB der Fall des britischen Kriegsminister, der ein intimes Verhältnis zu einem Playgirl unterhielt, das zugleich mit einem der Spionage verdächtigten Marine-Attaché liiert war (*Löffler* DRiZ 1965, 57; *ders* in Lord Dennings Report, 1964, 203 ff.). Die Intimsphäre kann gegenüber dem Publikationsinteresse zurücktreten, wenn der Betroffene selbst seinen Intimbereich in die Öffentlichkeit trägt (BGH NJW 2005, 594/595 mwN – *Rivalin*), etwa als Pornodarsteller (BGH NJW 2012, 767 – *Pornodarsteller*) oder Showmaster auch diesen Teil seiner Persönlichkeit vermarktet (OLG Hamburg ArchPr 1974, 128; OLG Stuttgart NJW 1981, 2817; *Koppehele* AfP 1981, 337).

Eine Intimsphäre haben nur natürliche Personen, nicht wirtschaftliche oder andere Zweckgebilde des Rechts (BGH NJW 1981, 1089/1091 – *Der Aufmacher II*). Ihre „Intimsphäre" wird durch ein besonderes Geheimhaltungs- oder Vertraulichkeitsinteresse richtiger definiert. Dazu Rn 69.

cc) Schutz der Privatsphäre

Gerade für den Schutz der Privatsphäre sind schon im Ansatz die Unterschiede **68** zwischen Bild- und nicht bebilderten Wortberichten zu beachten. Dazu Rn 65a.

Die Privatsphäre betrifft zunächst den über die Intimsphäre hinausreichenden Kernbereich der Privatheit, der in Beachtung von Art 1 Abs 1, Art 2 Abs 1 S 1 GG dem räumlichen Bereich der Lebensgestaltung oder dem Sachverhalt nach als vor einer Beteiligung der Öffentlichkeit grundsätzlich abgeschirmt auszuweisen ist. Das BVerfG nennt Sachverhalte, deren öffentliche Erörterung oder Zurschaustellung als unschicklich gelten, deren Bekanntwerden als peinlich empfunden werden oder nachteilige Reaktionen der Umwelt auslösen (so BVerfGE 101, 361/381 – *Paparazzi-Fotos*); indes ist das eine nur beispielhafte und mit dem Schutzziel der grundrechtlichen Gewährleistungen noch weiter abzustimmende Konkretisierung des Interesses der Person daran, sich vor der Öffentlichkeit zurückziehen und das Leben unbehelligt durch sie autonom gestalten zu können. Dieses grundrechtlich geschützte Interesse umfasst auch einen räumlichen Bereich, in den der Einzelne sich zurückziehen kann, ohne öffentliche Neugier, Anteilnahme, Kontrolle befürchten und sich entsprechend zur Selbstkontrolle zwingen zu müssen (BVerfGE 27, 1/6 – *Mikrozensus*; 34, 269 – *Soraya*; 35, 202/211 – *Lebach*; 101, 361/381 ff. – *Paparazzi-Fotos*; 120, 180/198/206 – *CvM-Ferienvilla in Kenia*; BGHZ 73, 120/121 – *Kohl/Biedenkopf*; 131, 332/338 ff. – *Paparazzi-Fotos*; 187, 200/206, 210 – *Rosenball*; BGH NJW 1981, 1366 – *Der Aufmacher II*; 2004, 762/763 – *Luftbildaufnahmen I*; 2004, 766/767 – *Luftbildaufnahme II*; 2012, 763 – *Die Inka-Story I*.) Die Lebens- und Entfaltungsräume des Betroffenen wären übermäßig eingeengt, wenn er sich stets einer breiteren Öffentlichkeit vorgestellt fühlen müsste als der, die er im sozialen Kontakt gesucht hat (BGH NJW 1981, 1366 – *Der Aufmacher II*).

Berührt ist in erster Linie der häusliche Bereich und das Leben in der Familie. Indes endet der prinzipiell geschützte Bereich nicht an der Haustür. Zum vor öffentlicher Neugier absolut geschütztem Privatbereich gehört zumindest auch das deutlich auf Aussperrung jeder Öffentlichkeit zugeschnittene Zusammensein zweier Menschen, auch wenn es außerhalb des häuslichen Bereichs stattfindet. Der geschützte Bereich ist weiter gezogen als die strafrechtliche Sanktion nach § 201a StGB, die den höheren Bestimmtheits-Anforderungen des Strafrechts genügen muss; näher dazu Rn 122a. Er kann deshalb die von § 201a StGB nicht geschützte Ecke in einem Gartenlokal umfassen, die durch ihre räumliche Beschaffenheit Schutz vor indiskreten Zuschauern bietet; sowie eine nicht besonders umfriedete Örtlichkeit, die vom Verkehr wegen ihrer Lage oder aus anderen Gründen deutlich gemieden wird und deshalb die Erwartung, vor öffentlichen Einblicken insbes der Medien geschützt zu sein, durch diese objektiv-räumlichen Eigenschaften für den Durchschnittsbetrachter selbstverständlich macht. Nach Auffassung des BVerfG und des BGH müssen indes in diesen Fällen auch für das Zivilrecht schon um der Rechtssicherheit willen Rückzugsinteresse und -wille objektiv für Dritte deutlich, dh „situationsübergreifend und

LPG § 6

konsistent" (BVerfGE 101, 361/385 – *Paparazzi-Fotos;* BGH NJW 2005, 594 – *Rivalin; Wenzel/v Strobl-Albeg* Kap 8, Rn 75; *Seitz,* NJW 2000, 2167), erkennbar sein. Verlangt wird danach ein Verhalten in deutlicher, wenn auch nicht krasser räumlicher Abgrenzung von der breiten Öffentlichkeit in einer Weise, die erkennen lässt, dass es auf Privatheit eingerichtet und für eine Teilnahme der Öffentlichkeit nicht bestimmt ist. Kriterien dafür lassen sich kaum abstrakt festlegen und sind von der Rechtsprechung nur in Ansätzen herausgearbeitet worden (BVerfGE 101, 361/389 ff. – *Paparazzi-Fotos;* 120, 180/199/207 – *CvM-Ferienvilla in Kenia;* BGHZ 131, 332/ 340 ff. – *Paparazzi-Fotos;* BGH NJW 2004, 762/763 – *Luftbildaufnahmen I;* 2004, 766/767 – *Luftbildaufnahme II;* 2012, 763 – *Die Inka-Stary I*). Jedenfalls müssen nach dieser Rechtsprechung sowohl Örtlichkeit als auch Verhalten im Zusammenwirken die Zone der Privatheit für Dritte erkennbar machen. Verhalten im Restaurant, in der Hotellobby, im Theater, in der Sportarena, am Strand ist nach dieser Auffassung von BVerfG und BGH durch das Interesse an einem Rückzugsbereich prinzipiell nicht geschützt (BGHZ 131, 332/343 – *Paparazzi-Fotos*); ebenso wenig ein Verhalten, das trotz örtlicher Abgeschiedenheit darauf aus ist, es öffentlich zu machen (BVerfGE 101, 361/389 ff. – *Paparazzi-Fotos*).

68a Außerhalb des für die Persönlichkeitsverwirklichung notwendigen Rückzugsbereichs ist die Privatsphäre durch das Grundgesetz nicht wie der Intimbereich absolut geschützt. Aber die Privatheit, selbst wo sie in der Öffentlichkeit gelebt wird, ist für die Medien keineswegs vogelfrei. Vielmehr sind auch für diese „interaktive Zone" des Zusammenlebens (EGMR) im konkreten Fall die Interessen des Betroffenen am Schutz seiner Privatheit zur Gewährleistung freier Selbstverwirklichung und Persönlichkeitsentfaltung gegen Art und Gewicht des Informationsinteresses der Öffentlichkeit abzuwägen.

Die Privatsphäre des Normalbürgers ist vor ungenehmigten Presseberichten grundsätzlich umfassend geschützt (BGH GRUR 1965, 256 – *Gretna Green;* OLG Köln AfP 1973, 479; 1978, 148). Auch die Zugehörigkeit zum internationalen „Jet-Set" rechtfertigt eine höhere Gewichtung des Publikationsinteresses – sei es auch nur an einem bloßen Wortbericht – prinzipiell noch nicht (BGH NJW 1996, 985/986 – *Kumulationsgedanke;* 2005, 56 – *Reitturnier*). Eine herausragende Stellung des Betroffenen im öffentlichen Leben kann das Publikationsinteresse an der Privatsphäre, insbes an seinem Familienleben, eher rechtfertigen. Doch ist auch ihr Privatbereich von der Presse grundsätzlich zu respektieren (BVerfGE 101, 361/381 ff. – *Paparazzifotos;* BVerfG NJW 2001, 1921/1923 f. – *Prinz Ernst August v Hannover;* BGHZ 131, 332/ 338 ff. – *Paparazzifotos*).

Dabei ist auch den unterschiedlichen Belastungen der Person durch eine Bildberichterstattung über sie gegenüber einer bloßen Wortberichterstattung Rechnung zu tragen. Dazu schon Rn 65 a. Personbezogene Bildberichte müssen sich an dem abgestuften Schutzkonzept der §§ 22, 23 KUG rechtfertigen und an den Grundsätzen, die das BVerfG und der BGH unter dem Eindruck der Rechtsprechung des EGMR zu Art. 8 und 10 EMRK entwickelt haben (BVerfGE 120, 180/200 ff. – *CvM-Ferienvilla in Kenia;* BVerfG NJW 2011, 740 – *Wie gefährlich ist das süße Leben?;* BGHZ 171, 275/279 ff. – *Ferienvilla in Kenia;* jew mwN). Die Veröffentlichung von Bildern der Person, der diese nicht ausdrücklich zugestimmt hat, muß im Kontext der dazu gehörenden Wortberichterstattung durch einen ausreichenden Bezug zu einem „zeitgeschichtlichen Ereignis" einen Beitrag zur öffentlichen Meinungsbildung leisten. Ein nicht von Bildern des Betroffenen unterstützter Wortbericht über die Person ist zwar nicht stets ohne Rücksicht auf ihren Informationswert zulässig, zumal unter Umständen ein Text mehr Einzelheiten von der Person vermitteln kann als eine fotografische Darstellung (BVerfG NJW 2000, 2193; 2000, 2194 – *CvM-Skiurlaub* mwN). Indes setzt die Feststellung ihrer Unzulässigkeit eine einzelfallbezogene Würdigung voraus (BVerfG NJW 2011, 740 – *Wie gefährlich ist das süße Leben?*). Prinzipiell ist ein Wortbericht über die Person ohne Bilder von ihr erst unzulässig, wenn der Text die Person verletzt: insb wenn der Bericht in den Kernbereich der Privatsphäre eingreift; The-

B. Geschützte Individualgüter § 6 LPG

men in Bezug auf die Person betrifft, die nicht in die Öffentlichkeit gehören; den Betroffenen falsch zitiert oder sonst in Bezug auf seine Person unwahr oder ehrverletzend ist.

Bis zur Entscheidung des EGMR vom 24.6.2004 (NJW 2004, 2647 – *v Hannover/ Deutschland*) hatte die deutsche Rechtsprechung die Privatsphäre prominenter Personen für die Veröffentlichung nicht nur von Wortberichten, sondern auch von Bildberichten zwar nicht unbeschränkt, aber unter Betonung insbesondere der Freiheit der Presse zur Entscheidung über das, was sie für interessant und der Veröffentlichung würdig hält, auch für das Interesse des Publikums an bloßer Unterhaltung verhältnismäßig weit geöffnet. Der EGMR hat aufgrund einer Güterabwägung zwischen Art. 8 und 10 EMRK den Schutz der Privatsphäre auch von Personen eines besonderen öffentlichen Interesses weiter gefaßt. Danach sind auch diese Personen vor ungenehmigten Bildberichten über ihr privates Auftreten geschützt, sofern die Berichte über sie nicht einen Beitrag zu einer Diskussion in einer demokratischen Gesellschaft leisten. Das Urteil des EGMR von 2004 stellte für ein berechtigtes Informationsinteresse insbesondere auf Persönlichkeiten des politischen Lebens ab, die amtliche Funktionen wahrnehmen oder öffentliche Mittel in Anspruch nehmen. Denn insoweit hätten die Medien ihre besonders schutzwürdige Rolle als „Wachhund" in einer demokratischen Gesellschaft. In späteren Entscheidung hat der EGMR seine Auffassung von einem berechtigten Interesse der Presse auf Bildberichte über andere „im öffentlichen Leben stehende" Personen außerhalb des politischen Lebens („Sportler, Schauspieler") sowie thematisch auf den Bereich ihres „öffentlichen Alltagslebens" erweitert, sofern im Kontext mit der Wortberichterstattung „zumindest in gewissem Umfang politische oder sonst bedeutsame Fragen für eine Debatte von allgemeinem Interesse behandelt würden" (Nachweise zusammengestellt bei EGMR NJW 2012, 1053/1054 ff. – *v Hannover – Urlaubsfotos*). Eine solche Veröffentlichung könne eine öffentliche, durch den „Wachhund Presse" vermittelte „Kontrolle auch des privaten Gebarens einflußreicher Personen des Wirtschaftslebens, der Kultur oder des Journalismus ermöglichen". Soweit es nicht um diese Aufgaben der Medien für die Meinungsbildung geht, dürfen nach Auffassung des EGMR aber auch Personen des besonderen öffentlichen Interesses eine berechtigte Erwartung auf den Schutz ihres Privatlebens haben. „Eheprobleme eines Staatspräsidenten oder finanzielle Schwierigkeiten eines berühmten Sängers gelten hingegen nicht als relevant für eine Debatte von allgemeinem Interesse."

Unter dem Einfluß der Rechtsprechung des EGMR hat der BGH unter Billigung des BVerfG die Einstufung von Personen des öffentlichen Interesses in „absolute" und „relative" Personen der Zeitgeschichte als die Grundsätze aufgegeben, nach denen diese Personen, weil sie vor der Öffentlichkeit als Geistesgrößen, Wirtschaftsführer, Kult- und Leitfiguren herausragende gesellschafts-, wissenschafts-, kulturpolitische Bedeutung erlangt haben, nach § 23 Abs 1 Nr 1 KUG die Veröffentlichung ihrer Bildnisse grundsätzlich auch gegen ihren Willen dulden müssen.

BVerfG und BGH bemühen sich seitdem darum, der Güter- und Interessenabwägung im Spannungsverhältnis zwischen Art. 1, 2 und Art. 5 GG mehr Substanz zu geben insbesondere durch eine genauere Gewichtung, ob und inwieweit die Veröffentlichung von Personenbildern im Kontext mit dem Begleittext nur die Neugier des Publikums befriedigen oder ein Interesse der Öffentlichkeit am Zeitgeschehen und einen Anstoß zur öffentlichen Diskussion zu finden. Hierfür erkennen sie es als vom „Wächteramt" der Presse mitumfaßt auch ein Interesse der Öffentlichkeit an der „Normalität des Alltagslebens" prominenter Personen wegen der „Leitbild- bzw. Kontrastfunktion" dieser Persönlichkeiten als Orientierung für die eigene Lebenseinstellung, die eigenen Werthaltungen und Verhaltensmuster an (BVerfGE 101, 361/ 360 f – *Paparazzi-Fotos;* 120, 180/220, 222 – *CvM-Ferienvilla in Kenia;* BVerfG NJW 2012, 756/757 – *Cv Hannover-WortBE;* BGHZ 177, 119/124 ff. – *Heide Simonis;* 180, 114/118 – *Beerdigung in Monaco;* BGH NJW 2011, 746 – *Rosenball;* 2012, 763/ 765 f. – *Die Inka-Story I*). Bildberichte aus ihrem Alltag ohne Eignung als Anstoß für

68b

68c

eine öffentliche Diskussion allein zur Befriedigung der Neugier des Publikums müssen sich auch Persönlichkeiten des öffentlichen Lebens nicht gefallen lassen (BGHZ 171, 275/284 *CvM-Skiurlaub;* BGH NJW 2008, 749/750 – *Oliver Kahn;* BGH AfP 2008, 608 – *Spaziergang in St. Rémy*).

68d Besonders geschützt vor der Öffentlichkeit ist räumlich und thematisch der Entwicklungsbereich von Kindern, Jugendlichen, Heranwachsenden (BVerfGE 101, 361/385 f. – *Paparazzi-Fotos;* 119, 1/... – *Esra;* 120, 180/... – *CvM-Ferienvilla in Kenia;* BVerfG NJW 2005, 1857 – *Ballett-Premiere;* NJW-RR 2007, 1191 – *Ehrenpatenschaft;* BGHZ 158, 218/220 f. – *Gala-Abend;* 160, 298/305 – *Das heimliche Babyglück;* BGH NJW 2005, 56 – *Reitturnier*). Hier wird der Schutz der Privatsphäre durch Art 6 GG weiter verstärkt (BVerfGE 101, 361/381 ff. – *Paparazzi-Fotos* mwN; BVerfG NJW-RR 2007, 1191 – *Ehrenpatenschaft*). Einen grundsätzlichen Vorrang des allgemeinen Persönlichkeitsrechts von Kindern und Jugendlichen gegenüber der Pressefreiheit erkennt der BGH aber nicht an (BGHZ 198, 346/353 *Mascha S.*).

dd) Schutz der Geheimsphäre

69 Der Schutzkreis für das Geheimhaltungsinteresse überschneidet teilweise diejenigen der Intim- und Privatsphäre. Diese sind stärker auf die Gewährleistung von Lebensraum und Selbstverwirklichung ausgerichtet, jenem geht es um den Inhalt von Lebensäußerungen, an denen man nur ausgesuchte Dritte teilhaben lassen will, sofern sie überhaupt für andere bestimmt sind (BGHZ 73, 120/121 – *Kohl/Biedenkopf*).

In erster Linie geht es um die Kommunikationsbeziehungen, in denen man auf Privatheit besonders vertrauen darf, weil der Weg der Mitteilung den Geheimhaltungswillen besonders signalisiert oder weil er generell gegen unerwünschte Anteilnahme besonders, vor allem durch Strafbewehrung, abgesichert ist: Tagebuchaufzeichnungen (BVerfGE 80, 367 – *Tagebuch des Beschuldigten;* BGHZ 15, 249/257 – *Cosima Wagner;* BGHSt 19, 325; 34, 397); briefliche und telefonische Korrespondenz, soweit das gesetzliche Brief-, Post- und Fernmeldegeheimnis reicht (vgl Art 10 GG iVm Gesetz zu Art 10 GG v 13.8.1968 – BGBl I 949 – idF v 26.6.2001 – BGBl. I S. 1254; zuletzt geändert am 7.12.2011 – BGBl. I S. 2576 Art. 5; §§ 201, 202, 354 StGB; zu den Grenzen vgl BVerfG NJW 2002, 3619 – *heimlicher Mithörer*); Schutz auch des Absenders vor ungenehmigter Öffnung von Briefen (BGH NJW-RR 1990, 764); auch der Geschäftsbriefe vor unbefugtem Öffnen absolut und nach Öffnung jedenfalls dann, wenn ihr Inhalt auf unlautere Weise erkundet worden ist (BGHZ 36, 77 – *Waffenhändler*); Telefongespräche auch gegen ungenehmigte Mitschriften (BGHZ 73, 120 – *Kohl/Biedenkopf*).

Ergänzt wird der Schutz des Brief-, Post-, Fernmeldegeheimnisses durch den Schutz des gesprochenen Worts vor einer Verdinglichung (Rn 60) durch heimliche Mitschnitte und vor dem heimlichen Einbeziehen eines Dritten in ein Telefongespräch, sei es auch über die Raumtontaste (aA OLG Brandenburg NJW-RR 2002, 1127); und zwar gleichgültig, ob Vertraulichkeit besonders vereinbart worden ist oder ob sie sich wenigstens aus dem Inhalt des Gesprächs ergibt oder nicht (BVerfG NJW 2002, 3619 – *heimliches Mithören;* BGHZ 73, 120 – *Kohl/Biedenkopf;* OLG Düsseldorf ZUM-RD 2012, 137 – *heimliche Ton- und Bildaufnahmen in Arztpraxis vom Arzt-Patienten-Gespräche*), sowie durch den prinzipiellen Schutz vor einer Verwertung solcher Zeugen oder Urkunden im Prozess, sofern nicht ausnahmsweise ein besonders starkes Interesse an der Gewährleistung einer funktionstüchtigen Rechtspflege und an einer materiell richtigen Entscheidung das Geheimhaltungsinteresse des Betroffenen in der Güter- und Interessenabwägung deutlich überwiegt, zB bei der Aufklärung schwerer Straftaten oder in einer notwehrähnlichen Lage (BVerfGE NJW 2002, 3619 – *heimliches Mithören;* BGHZ 27, 284/290 – *Tonbandaufnahme;* BGH NJW 2003, 3717). Zur ungenehmigten Veröffentlichung privater E-Mails OLG Stuttgart ZUM-RD 2011, 617 (kein Vertraulichkeitsschutz); KG ZUM 2011, 570 (idR unzulässiger Eingriff in die Geheimsphäre).

B. Geschützte Individualgüter § 6 LPG

Geschützt sind ferner Krankenaufzeichnungen; Kartei von Suchtkranken (BVerfGE 32, 373/379); Ehescheidungsakten (BVerfGE 27, 344/350 f.); die den in § 203 StGB genannten Amtsträgern oder beruflichen Vertrauenspersonen amtlich oder beruflich anvertrauten Geheimnisse (Ärzte, Zahnärzte, Tierärzte, Apotheker, Berufspsychologen, Rechtsanwälte, Patentanwälte, Notare, Wirtschaftsprüfer, Steuerberater, Steuerbevollmächtigte, Ehe-, Familien-, Erziehungs- und Jugendberater, Sozialarbeiter, Sozialpädagogen, Versicherungsberufe); im Rahmen des § 17 UWG Angestellten, Arbeitern, Lehrlingen anvertraute oder zugänglich gewordene Geschäfts- oder Betriebsgeheimnisse. Näheres dazu Rn 217.

ee) Schutz der Öffentlichkeitssphäre

Am schwächsten ist der Schutz der Person gegen ungenehmigte Presseveröffent- 70 lichungen aus Vorgängen, in denen ihr sozialer Kontakt am stärksten ist; insbes auf dem Feld der erwerbswirtschaftlichen Betätigung, der politischen, kulturellen, konfessionellen Öffentlichkeitsarbeit oder auf ähnlich der Öffentlichkeit zugewandten Betätigungsfeldern. Eine wahre Berichterstattung, die dieses Sphäre betrifft, ist von dem Betroffenen grundsätzlich hinzunehmen, auch wenn sie für ihn nachteilig ist. Das BVerfG hält sogar in Grenzen die Inkaufnahme gesundheitlicher Schäden für den Betroffenen für uU gerechtfertigt (BVerfGE 97, 391/406 – *sexueller Missbrauch;* 99, 185/196 – *Sektenmitgliedschaft;* BGH NJW 2003, 1109 – *Elternvorwürfe gegen Lehrer*). Der Schutz des Betroffenen beschränkt sich hier auf den Schutz vor absehbaren schweren gesundheitlichen Folgen, vor Prangerwirkungen, vor einer dauerhaften Stigmatisierung oder einer sozialen Ausgrenzung. Näher dazu Rn 106 f., 193 ff.

e) Rechtsinhaberschaft

Träger des allgemeinen Persönlichkeitsrechts ist in erster Linie die natürliche Per- 71 son zu Lebzeiten. Alter und Geschäftsfähigkeit spielen keine Rolle (BGHSt 7, 129/132). Nicht in Art 2 GG (BVerfGE 30, 173 – *Mephisto*), aber im Grundrecht auf Achtung der Menschenwürde (Art 1 Abs 1 GG) wirkt der Persönlichkeitsschutz über den Tod hinaus (BGH NJW 2006, 605/606 – *Obduktionsfoto* mwN). Er verbietet vor allem die unwahre oder diffamierende Berichterstattung über den Verstorbenen, solange die Erinnerung an ihn fortbesteht und sein Persönlichkeitsbild dadurch verfälscht oder auf andere Weise erheblich herabgewürdigt wird (vgl § 189 StGB-Verunglimpfung des Andenkens Verstorbener; BVerfGE 30, 173 – *Mephisto;* BGHZ 50, 133 – *Mephisto;* BGH ZUM 1990, 180/183 – *Emil Nolde*). Darüber hinaus bezieht der BGH heute in den postmortalen Persönlichkeitsschutz nicht nur das ideelle Interesse des Verstorbenen an der Integrität seines Rufs, sondern auch kommerzielle Interessen ein, jedenfalls bei unbefugter Verwertung des Bildnisses, der Stimme, des Namens oder anderer kennzeichnender Persönlichkeitsmerkmale des Verstorbenen (BGHZ 143, 214/223 – *Marlene Dietrich I;* 151, 26, 29 – *Marlene Dietrich II;* BGH NJW 2000, 2201 – *Der blaue Engel;* AfP 2012, 260 – *Verkehrsunfalltod des Kindes*). Mit dem Verblassen der Erinnerung an den Verstorbenen erlischt der postmortale Persönlichkeitsschutz jedenfalls für das immaterielle Schutzinteresse (dazu BVerfGE 30, 173 – *Mephisto;* BGHZ 50, 133/140 f. – *Mephisto;* BGH ZUM 1990, 180/183 – *Emil Nolde;* Buschmann NJW 1970, 2081; *Damm/Rehbock* Rn 380 ff.; Heldrich, Festschrift für Lange, 1970, S 163; *Hubmann* Persönlichkeitsrecht S 340 ff.; *MüKo-Rixecker* § 12 Anh Rn 33, 35; *Prinz/Peters* Rn 137; *Schwerdtner* S 101 ff.; *Staudinger/Hager* § 823 C 34 ff.; *Soehring* § 13 Tz 6 ff.; *Wenzel/Burkhardt* Kap 5 Rn 114 ff., 123 f.). Ein zeitlicher Anhaltspunkt bietet insoweit die Zehnjahresfrist des § 22 S 2 KUG; ausnahmsweise kann jedoch auch für besonders bedeutende Persönlichkeiten ein längerer Schutz in Betracht kommen (BGHZ 50, 133/140 f. – *Mephisto;* 143, 214/227 f. – *Marlene Dietrich I*). Jedenfalls solange die ideellen Interessen noch geschützt sind, bestehen auch die vermögenswerten Bestandteile des Persönlichkeitsrechts nach dem Tod seines Trägers fort (BGHZ 143, 214/227 – *Marlene Dietrich I;* 151, 26/29 – *Marlene Dietrich II*).

Wahrnehmungsberechtigte des nicht übertragbaren Schutzes ideeller Interessen sind in erster Linie die Personen, die der Verstorbene damit ausdrücklich oder stillschweigend betraut hat, sonst die nächsten Angehörigen iSv §§ 77 Abs 2, 194 Abs 2 StGB (BGHZ 50, 133/140 – *Mephisto;* OLG München AfP 1989, 747/748; OLG Köln NJW 1999, 1969; OLG Hamm AfP 2006, 261 – *Ehrensache*). Ansprüche aus der Verletzung vermögenswerter Interessen werden demgegenüber vom BGH der Wahrnehmung durch die Erben des Verstorbenen zugewiesen. Zur Übertragbarkeit durch Rechtsgeschäft und Vererbbarkeit der Persönlichkeitsrechte Rn 119a, 125, 275, 324, 344.

Von den Beschränkungen des Persönlichkeitsschutzes des Verstorbenen unberührt ist das Persönlichkeitsrecht seiner lebenden nahen Angehörigen, wenn sie durch die Presseveröffentlichung selbst unmittelbar betroffen sind.

72 Presseangriffe gegen juristische Personen und sonstige Personengemeinschaften können zugleich Angriff gegen ihre Mitglieder bzw Gesellschafter sein und deren allgemeines Persönlichkeitsrecht unmittelbar verletzen. Darüber hinaus nehmen juristische Personen des bürgerlichen Rechts und ihnen von der Rechtsprechung im Rechtsverkehr gleichgestellte Personengesellschaften an den Gewährleistungen des Art 2 Abs 1 GG selbst teil, soweit für sie ein eigenständiges Schutzbedürfnis nach Maßgabe ihrer Funktion als Zweckschöpfung des Rechts dafür besteht (BGH NJW 1957, 665; 1967, 1411/1412; 1970, 378/381; 1994, 1281/1282; 2009, 1872 – *Fraport-Manila-Skandal;* OLG Karlsruhe AfP 1998, 72; NJW-RR 2001, 766; OLG Köln NJW-RR 1997, 786; 1998, 839; OLG Hamburg AfP 2008, 632 – *keine Betroffenheit des Dachverbandes für Biathlon und Ski-Langlauf durch Äußerung eines Dopingverdachts gegen Sportler;* zu Unrecht die Anwendbarkeit überhaupt infrage stellend BVerfG NJW 1994, 1784 – *Jahresabschlussbilanz;* wie hier jetzt BVerfGE 106, 28/42 f. – *heimlicher Mithörer;* offen gelassen aber wieder in BVerfG NJW 2005, 883 – *Tierversuche;* 2010, 301 – *GEN-Milch*). Er ist hier in der Tat kein Persönlichkeits-, sondern Funktionsschutz. Dieser Schutz ist deshalb beschränkt auf das ihr jeweils zugewiesene Tätigkeitsfeld, also je nach dem Gesellschafts- oder Vereinsgegenstand auf das wirtschaftliche, weltanschauliche, religiöse, politische Gebiet, auf dem sich die Interessen der Beteiligten zu diesem Verbund zusammengeschlossen haben. Der Schutz betrifft vor allem den sozialen Geltungsanspruch. Näheres dazu Rn 102.

Juristische Personen des öffentlichen Rechts sind dort, wo sie öffentliche Aufgaben in hoheitlicher oder privatrechtlicher Form wahrnehmen, nicht Grundrechtsträger. Dagegen nehmen sie am strafrechtlichen Ehrenschutz teil, wenn sie als solche oder in ihren Repräsentanten beleidigt werden (BVerfGE 81, 278, 292 f. = NJW 1990, 1982 – *Bundesflagge;* NJW 1995, 3303, 3304 – *Soldaten sind Mörder II;* BGHZ 90, 113/117 – *Bundesbahnplanungsvorhaben;* BGH NJW 1983, 1183 – *Vetternwirtschaft;* 2006, 601/ 602 – *Erzbistum;* KG AfP 2010, 85; kritisch *Ladeur* AfP 1991, 589). Bund und Bundesländer sind auf den strafrechtlichen Schutz der §§ 90a, 90b StGB beschränkt.

II. Besondere Persönlichkeitsrechte. Übersicht

73 In einzelnen Beziehungen ist der Schutzbereich der Person durch gesetzliche Konfliktlösungen konkretisiert worden (vgl Rn 57). Soweit die gesetzliche Lösung reicht, geht sie als die spezielle Regelung dem allgemeinen Persönlichkeitsrecht vor (BGHZ 26, 349/351/355/357 – *Herrenreiter;* 80, 3121/319; 91, 233/239; BGH GRUR 1962, 211 – *Hochzeitsbild; J. Helle* S 41; *Wasserburg* S 56, 59; aA RGRK-BGB/*Dunz,* 12. Aufl § 823 Anh I Rn 8). Allerdings sind auch diese „besonderen" Persönlichkeitsrechte an den Wertungsvorgaben von Art 1 und 2 Abs 1 GG ebenso wie an Art 5 Abs 1 und 3 GG zu messen.

Besondere Persönlichkeitsrechte sind

das Namensrecht in § 12 BGB, das aber nur die Aufgabe des Namens zum Gegenstand hat, den Namensträger zu identifizieren, also nicht davor schützt, dass die Person mit ihrem Namen in die Öffentlichkeit gezerrt wird;

B. Geschützte Individualgüter   § 6 LPG

das Urheberpersönlichkeitsrecht nach §§ 12 bis 14 UrhG, das den Urheber in seiner geistigen und persönlichen Beziehung zu seinem Werk und in dessen Nutzung, insbes vor ungenehmigter Veröffentlichung und vor Entstellungen und Beeinträchtigungen des Werks schützt (zur wesensmäßigen Unterscheidung von dem allgemeinen Persönlichkeitsrecht *Neumann-Duesberg* NJW 1971, 1640);

das Recht am eigenen Bild gemäß §§ 22 bis 24, 33, 37, 38, 42 bis 44, 48, 50 KUG, das die Person davor schützt, ohne ihren Willen der Öffentlichkeit im Bild vorgestellt zu werden (näher dazu Rn 118 ff.); ergänzt durch § 201a StGB und durch den Schutz des allgemeinen Persönlichkeitsrechts auch vor der ungenehmigten Herstellung von Bildnissen; dazu Rn 123; das durch das Strafrecht ausgebildete (§§ 201 bis 204 StGB) und vom BVerfG ausgebaute Recht am gesprochenen Wort;

der Schutz personenbezogener Daten, die in Dateien gespeichert, verändert, gelöscht oder an Dateien übermittelt werden, vor Missbrauch der technischen Entwicklung auf dem Gebiet der Datenverarbeitung durch ein im Bundesdatenschutzgesetz näher geregeltes Recht auf Auskunft, Berichtigung, Sperrung, Löschung; wo das BDSG eine Lücke offen lässt, tritt das allgemeine Persönlichkeitsrecht lückenausfüllend ein (BGHZ 80, 311/319; 91, 233/239 f.).

III. Ehrenschutz

1. Regelungssystematik

Der Ehrenschutz ist ein vom (Straf-)Gesetzgeber in den §§ 185 ff. StGB ausführlich geregelter Teilbereich des Persönlichkeitsschutzes. Die strafrechtlichen Tatbestände werden als Schutzgesetze iSv § 823 Abs 2 BGB in das zivile Deliktsrecht transformiert und lösen dort Unterlassungs-, Widerrufs- und Ersatzansprüche aus. Näheres dazu Rn 237 f.; 260 ff. Auch die presserechtliche Wahrheitspflicht der LPG dient dem Ehrenschutz mit allerdings nur mittelbaren Sanktionen (vgl Rn 11, 16, 19). Im weiteren Sinn dienen dem Ehrenschutz auch die Strafrechtsvorschriften des § 90 (Verunglimpfung des Staats und seiner Symbole), § 90a (Verunglimpfung des Staats und seiner Symbole), § 90b (verfassungsfeindliche Verunglimpfung von Verfassungsorganen) und § 103 (Beleidigung von Organen und Vertretern ausländischer Staaten); doch steht als Schutzziel nicht die Person, sondern der Staat hier im Vordergrund. Soweit die gesetzliche Regelung der §§ 185 ff. StGB, § 823 Abs 2 BGB reicht, ist für das allgemeine Persönlichkeitsrecht kein Raum. Dieses ist von der Rechtsprechung ja gerade für die gesetzlich nicht erfassten Bereiche der Persönlichkeit entwickelt worden. In Einzelbeziehungen werden Lücken im strafrechtlichen Ehrenschutz zivilrechtlich geschlossen durch das Recht auf informationelle Selbstbestimmung, auf Selbstdefinition des sozialen Geltungsanspruch, auf Schutz vor Freiräumen für die Person. Aber für eine Erweiterung des strafrechtlichen Ehrenschutzes durch das allgemeine Persönlichkeitsrecht auf fahrlässige Verletzungsformen ist schon wegen der Risikoverteilung in § 186 StGB kein Bedürfnis (vgl Rn 55, 76; aA *Wasserburg* S 60 f.). Sonst aber beschränken die engeren Grenzen für den strafrechtlichen Schutz der Ehre nicht den zivilrechtlichen Persönlichkeitsschutz aus dem allgemeinen Persönlichkeitsrecht. Nicht ist gegenüber der Person erlaubt, was strafrechtlich nicht verboten ist. Die §§ 185 ff. StGB verstärken diesen Schutz lediglich durch strafrechtliche Sanktionen für den Eingriff in einen besonders sensiblen Teilbereich.

Grund- und Auffangtatbestand ist die Strafvorschrift des § 185 StGB. Sie greift gegenüber herabsetzenden subjektiven Meinungen und Werturteilen in einer Presseveröffentlichung ein. Außerdem schützt sie vor beleidigenden Tatsachenbehauptungen, die nur an den Betroffenen gerichtet sind; das scheidet für die Presseberichterstattung aus. Soweit es um ehrverletzende Tatsachenaussagen in der Presseberichterstattung geht, wird § 185 StGB verdrängt durch die Straftatbestände der üblen Nachrede (§§ 186, 188 StGB) und der Verleumdung (§§ 187, 188 StGB). Sie schützen vor

74

LPG § 6   Sorgfaltspflicht der Presse

Behauptungen, deren Wahrheit nicht bewiesen werden kann (üble Nachrede) und vor vorsätzlichen Unwahrheiten (Verleumdung). Betreffen diese Behauptungen Personen des politischen Lebens, greift die Strafschärfung des § 188 StGB ein. In Grenzen erweitert § 189 StGB den Ehrenschutz für den Ruf Verstorbener. § 193 StGB nimmt herabwürdigende Äußerungen, die zur Wahrnehmung berechtigter Interessen gemacht werden, von der Strafbarkeit als Beleidigung aus, sofern sie nicht eine Formalbeleidigung enthalten (§ 192 StGB). § 193 StGB ist die Haupteingangspforte für Einwirkungen aus Art 5 Abs 1 GG, die Pressekritik bis zur Grenze der Schmähkritik zulässt und uU sogar erlaubt, mit Informationen an die Öffentlichkeit zu gehen, bevor sie umfassend verifiziert sind und sich also später als falsch erweisen können. § 187 StGB gewährt in seiner 2. Alternative keinen Ehren-, sondern Vermögensschutz gegen wider besseres Wissen aufgestellte oder verbreitete Behauptungen, die zur Kreditgewährung geeignet sind. Insoweit findet die Vorschrift eine zivilrechtliche Entsprechung in § 824 BGB. Dieser Schutz gegen Kreditgefährdung und wirtschaftliche Fortkommensnachteile wird unter Rn 106 ff. abgehandelt.

2. Zuweisungsgehalt des Rechts auf Ehre

a) Innere und äußere Ehre

75   Schutzgut ist nach der in Rechtsprechung und Lehre trotz Unterschiede im Ansatz und Nuancen heute vorherrschenden Auffassung der Anspruch auf Achtung der dem Einzelnen kraft seiner Personenwürde, seines Menschseins zukommenden „inneren" Ehre, die als solche allerdings unverlierbar und unverletzbar ist, und des sich im Kern auf ihr gründenden sittlichen, personalen und sozialen Geltungswerts, seines sog „guten Rufs" innerhalb der Gemeinschaft als sog „äußere" Ehre (vgl BGHSt 1, 288/289; 11, 67/70f. (Großer Senat); 35, 76/77; 36, 145/147; *Schönke/Schröder/Lenckner/Eisele* Vorb 1 ff.; *Müko-Regge* Vorb 1; NK-StGB/*Zazyk* Vorb 1; LK-*Herdegen,* Vorb 1 ff.; SK-*Rudolphi,* Vorb 1 ff.; *Lackner/Kühl* Vorb 1 ff.; *Fischer* Vorb 2 ff., jeweils vor § 185).

Aus der Verwurzelung in der Menschenwürde folgt, dass der Geltungsanspruch unabhängig ist von den Graden eines subjektiven Ehrgefühls oder Ehrempfindens seines Trägers, von etwaigen zuteil gewordenen Ehrungen; prinzipiell hat jeder Ehre in gleichem Maß (*Fischer* Rn 5 vor § 185; LK-*Herdegen* Rn 3, 4 vor § 185). Wohl kann der Einzelne zB durch sein Verhalten seinen Geltungsanspruch teilweise einbüßen, denn in der „äußeren" Ehre ist nur der berechtigte gute Ruf geschützt, also nicht auch das unverdiente Ansehen, das der Einzelne faktisch genießt. Insoweit gilt ein „normativer" Ehrbegriff (BGHSt 36, 145/148, *Schönke/Schröder/Lenckner/Eisele* Rn 1 vor § 185 mit zahlreichen Nachw; SK-*Rudolphi* Rn 4 vor § 185). Der Straftäter wird nicht dadurch in seiner Ehre verletzt, dass man ihn einen Straftäter nennt. Wohl kann solch öffentliche Anprangerung sein allgemeines Persönlichkeitsrecht in anderer Beziehung verletzen. Näheres dazu Rn 193 ff., 205 ff.

b) Begrenzter Schutzbereich

76   Die Vorschriften des §§ 185 ff. StGB sind keine Auffangtatbestände für jede Missachtung der Person. Rechtsstaatliche Anforderungen verlangen klare Tatbestände. Die §§ 185 ff. StGB schützen nur davor, dass dem Einzelnen zu Unrecht Mängel nachgesagt werden, die, wenn sie vorlägen, seinen Geltungswert mindern würden, sei es durch eine Tatsachenbehauptung, sei es durch ein abschätziges Werturteil (BGHSt 36, 145/148). Tatbestandsmäßig iS der §§ 185 ff. StGB ist nur die Kundgabe von Geringachtung, Missachtung, Nichtachtung durch eine Äußerung, die dem Betroffenen den sittlichen, personalen und sozialen Geltungswert ganz oder teilweise abspricht und ihn dadurch mit einer negativen Qualität bemakelt (BayObLGSt 1988, 32/33 f.; AfP 2002, 221). Das kann durch unwahre oder verfälschende Tatsachenaussagen geschehen oder durch eine herabwürdigende Bewertung der Person oder ihres Umfelds, durch einen polemischen Ausfall gegen sie oder einen infamen Seitenhieb oder schon durch das Setzen von Anführungsstrichen (vgl OLG Hamm NJW 1982,

B. Geschützte Individualgüter
§ 6 LPG

1656/1657 – „*Künstler*" *und sein* „*Werk*"). Ausreichend kann auch eine kaschierte, ihren beleidigenden Aussagegehalt nur „zwischen den Zeilen" offenbarende Anspielung sein (LK-*Herdegen* § 185 Rn 16) oder das positive Herausstellen eines anderen im direkten Vergleich mit dem Betroffenen (BGH AfP 1986, 228/229 – *Frank der Tat*). Stets muss aber die Äußerung in ihrem objektiven Sinngehalt dem Betroffenen eine negative Qualität, eine Minderwertigkeit, eine Unzulänglichkeit nachreden. Sie muss sich von anderen Rücksichtslosigkeiten gegenüber der Person durch diesen äußernden Charakter, diese kundgebende, kommunikative Zielrichtung deutlich abheben (BGHSt 36, 145/148; BGH StrVert 1987, 243; BayObLG JZ 1980, 580). Deshalb ist das Schutzgut Ehre im Sinne dieser Vorschriften keineswegs identisch mit der Personenwürde oder mit dem allgemeinen Persönlichkeitsrecht, sondern es ist nur ein allerdings für Übergriffe der Presse auf die Persönlichkeit sehr relevanter Ausschnitt aus dem Bereich, den das allgemeine Persönlichkeitsrecht umfasst (BGHSt 36, 145/148).

Dadurch, dass eine Zeitung ihren Lesern eine brutale oder zynische Berichterstattung, sexuelle oder andere Tabus verletzende Fotoreportagen zumutet oder auf Bereiche des Un- oder Unterbewussten gezielt zudringt, verletzt sie ebenso wenig die persönliche Ehre des Lesers wie die des unmittelbar Betroffenen dadurch, dass sie sein Recht auf informationelle Selbstbestimmung (Rn 58 ff., 143 f.) oder sein Recht am eigenen Bild (vgl Rn 118 ff.) verletzt. Die Wandlungen der Rechtsprechung zum allgemeinen Persönlichkeitsrecht, das heute akzentuierter und komplexer auf die Gewährleistung ihrer Selbstverwirklichung in der Gemeinschaft und auf Teilhabe an ihrer integrierenden Kraft gerichtet ist (vgl *Kübler* JZ 1984, 541/544 ff.), kann der (strafrechtliche) Ehrenschutz schon aus rechtsstaatlichen Gründen nicht mitmachen.

c) Einschränkungen aus Art 5 Abs 1 GG

Die Gewährleistungen der Meinungs- und Pressefreiheit in Art 5 Abs 1 GG haben keineswegs Vorrang vor dem Persönlichkeitsschutz. Bei Formalbeleidigungen oder Schmähungen geht der Persönlichkeitsschutz immer vor (BVerfGE 66, 116/151 – *Der Aufmacher;* 82, 272/281/283 ff. – *Zwangsdemokrat;* 93, 266 – *Soldaten sind Mörder II;* BVerfG NJW 1994, 1779 – *Ausschwitzlüge*). 77

Ebenso wenig können die Medien für als unwahr festgestellte oder gar vorsätzlich falsche Aussagen über die Person den Grundrechtsschutz aus Art 5 Abs 1 S 1 oder 2 in Anspruch nehmen (BVerfGE 7, 198/212 – *Lüth;* stdg zuletzt BVerfG NJW 2007, 468 – *Insider-Quelle;* vgl Rn 52). Nicht kann sich die Presse über die persönliche Ehre hinwegsetzen allein mit dem Hinweis auf das Publikationsinteresse an aktueller, investigativer Berichterstattung auch dort, wo die Verifizierung der Meldung mit den Mitteln der Presse so schnell und so umfassend nicht gelingen kann, an gegensätzliche Standorte artikulierenden Kommentaren und Bewertungen, an einer farbigen, die Aufmerksamkeit erregenden Aufmachung. Diese Gesichtspunkte können zwar für eine Güterabwägung zu beachten sein, sie reichen aber nicht aus, um eine Abwägung mit dem Ehrenschutz des Betroffenen entbehrlich zu machen.

Art 5 Abs 2 GG hebt das Recht der persönlichen Ehre als Schranke für die Garantien der Meinungs- und Pressefreiheit in Art 5 Abs 1 GG besonders hervor. Nach der Rechtsprechung des BVerfG müssen allerdings auch diese Schranken im Licht der Freiheitsverbürgungen interpretiert werden (Rn 26 ff., 186 f.). Die Konkretisierung dieses Postulats durch die Rechtsprechung (Übersicht bei *R. Weber,* Festschrift f Hans Joachim Faller, 1984, S 443 ff.) führt zu einer starken Einschränkung des Rechtsschutzes der Person gegenüber ihrer herabsetzenden Behandlung in der Presse. Jedenfalls wenn es um ein Thema von allgemeinem Interesse geht, setzt das Rechtswidrigkeitsverbot der §§ 185 ff. StGB, § 823 Abs 2 BGB prinzipiell erst ein
– gegenüber Tatsachenbehauptungen, wenn und soweit ihre Unwahrheit erwiesen ist oder wenn die Frage nach wahr oder unwahr offen bleibt, die Presse aber nicht nachweisen kann, dass sie mit pressemäßiger Sorgfalt recherchiert hat (Rn 95, 99);

gegenüber abwertenden Meinungen und Werturteilen bei der Diffamie, wobei die Schwelle für verbotene Schmähung erst oberhalb selbst schärfster Polemik ansetzt. Näheres Rn 189 ff.

In Einzelbeziehungen werden Lücken im Ehrenschutz geschlossen durch das Recht auf informationelle Selbstbestimmung und den Schutz von Freiräumen für die Person. Näher dazu Rn 58 ff., 63 ff., 193 ff., 214 ff. Im Übrigen wird dem Betroffenen zugemutet, solche Angriffe um der freien Kommunikation und Meinungsbildung willen, die ihm in anderer Beziehung auch zugute kommen (Rn 32, 41), zu tolerieren.

b) Einschränkungen des Ehrenschutzes aus Art 5 Abs 3 GG

78 Soweit künstlerische oder wissenschaftliche Beiträge die Ehre tangieren, ist der vorbehaltlosen Gewährleistung der Freiheit von Kunst und Wissenschaft in Art 5 Abs 3 GG Rechnung zu tragen. Zur Bedeutung der Verfassungsgarantien und dem sich daraus ergebenden Schutzumfang vgl zunächst Rn 31 ff.

Der Ehrenschutz wird durch Art 5 Abs 3 GG nicht aufgehoben; er hat seine verfassungsrechtlichen Garantien in Art 1, 2 Abs 1 GG, die wie Art 5 Abs 3 GG Teil der grundrechtlichen Wertordnung sind. Art 5 Abs 3 GG verlangt aber, dass den Eigengesetzlichkeiten von Kunst und Wissenschaft auch dort zur Anerkennung verholfen wird, wo das tangierte Individualinteresse sie als persönlichen Angriff empfindet.

78a Die Feststellung des Aussagegehalts wissenschaftlicher Beiträge und ihre Einordnung als Tatsachaussage oder Meinungsäußerung bietet allerdings kaum Besonderheiten. Hier verpflichtet Art 5 Abs 3 GG den Rechtsanwender im wesentlichen nur dazu, die Eigengesetzlichkeiten eines Diskurses von bei der Suche nach der Wahrheit konkurrierenden Beteiligten Rechnung zu tragen und auch bei der Frage, ob und in welcher Weise der Beitrag Individualinteressen verletzt, die Zielsetzungen wissenschaftlicher Wahrheitssuche zu beachten sowie den hohen Rang, den die vorbehaltlose Verfassungsgarantie ihrer freien Betätigung einräumt.

78b Für künstlerische Beiträge verlangt Art 5 Abs 3 GG, dass bei der Beurteilung des Aussagegehalts, bei der Qualifizierung als Tatsachenaussage oder Werturteil bzw subjektive Meinung, bei der Feststellung des Wahrheitsgehalts und bei der Prüfung auf Wahrnehmung berechtigter Interessen (§ 193 StGB, § 824 Abs 2 BGB) werkgerechte Maßstäbe anzulegen und die spezifischen Ausstrahlungen und Eigengesetzlichkeiten der ästhetischen Wirkungsebene zu berücksichtigen sind (BVerfGE 30, 173/188 – *Mephisto;* 75, 369/376 – *Strauß-Karikatur;* 81, 278 – *Bundesflagge;* 81, 298 – *Bundeshymne;* 86, 1/9 – *geb Mörder;* 119, 1/27 f. – *Esra;* BVerfG NJW 2002, 3767 – *Bonnbons;* BGH NJW 2005, 2844/2847 – *Esra I;* Eine künstlerische Aussage ist in aller Regel auf den Bezugsrahmen ihres Konzepts der ästhetischen Wirklichkeitsebene gestellt und auf die Richtigkeitsmaßstäbe allein dieser Ebene. Den Richtigkeitsmaßstäben der (theoretischen) Beweisbarkeit ist sie daher grundsätzlich nicht unterworfen. Die reale Wirklichkeit ist für sie bloßer Ansatz für das gestalterische Hervorbringungen einer werkimmanenten neuen Wirklichkeit. Diese „wirklichere" Wirklichkeit, die sie zur Erscheinung bringen will, ist die Objektivierung subjektiver Wirklichkeitserfahrung. Grundsätzlich müssen deshalb solche Aussagen den für Werturteile (Meinungen) entwickelten Grundsätzen folgen. Es würde Art 5 Abs 3 GG verletzen, vom Künstler den Wahrheitsbeweis für seine Aussagen nach den Grundsätzen der StPO oder der ZPO zu verlangen.

Auch für die sog. „Schlüsselliteratur", die an Lebensbildern realer Personen detailliert ansetzt, ist die künstlerische Aussage prinzipiell auf den Bezugsrahmen eines Konzepts der ästhetischen Wirklichkeitsebene gestellt und auf die Richtigkeitsmaßstäbe dieser Ebene. Den Richtigkeitsmaßstäben der (theoretischen) Beweisbarkeit ist daher auch sie grundsätzlich nicht unterworfen. Grundsätzlich ist auch für sie die reale Wirklichkeit zunächst nur Ansatz für das gestalterische Hervorbringen einer dem Werk immanenten (neuen) Wirklichkeit. So hat ein literarisches Werk, das sich als Roman ausweist, die Vermutung der Fiktionalität für sich (BVerfGE 119, 1/28 ff.

B. Geschützte Individualgüter § 6 LPG

– *Esra*). Allerdings stellt das den Autor nicht von den Wertentscheidungen der Art 1 und 2 GG frei: hat er auch bei voller Berücksichtigung des Umstands, dass der Künstler immer an der realen Wirklichkeit, insbesondere an real existierenden Personen ansetzt, ein „Porträt" realer Personen gezeichnet, dann stellen BVerfG und BGH für die vom Betroffenen hinzunehmenden Belastungen seines Persönlichkeitsrechts auf die quantitative und qualitative Verfremdung seiner Person in der „Kunstfigur" ab; d. h. wie deutlich der Autor auch den auf ein fiktionales Grundverständnis eingestellten, unbefangenen Leser es nahelegt. den Inhalt auf wirkliche Personen zu beziehen: je geringer die literarische Qualität der Personengestaltung, je detaillierter und negativ belastend ihre Vorführung vor dem Leser ist, je tiefer der aufgezeichnete Persönlichkeitsbereich in die Intimsphäre eindringt, umso eher nehmen die Gerichte eine unzulässige Rufschädigung durch einen Schlüsselroman an (BVerfG 30, 173/195/198 – *Mephisto;* 119, 1/9 f. – *Esra;* BGHZ 183, 227/232 f. – *Esra I;* BGH NJW 2008, 2587 – *Esra II;* OLG Frankfurt AfP 2009, 612 – *Roman;* OLG Hamburg AfP 2007, 143; 2009, 751 – *Film über Contergan*).

Wenn allerdings der Künstler die soziale Wirklichkeitsebene zu der Wirkungsebene seines Kunstwerks erklärt, kann auch das Kriterium der künstlerischen Verfremdung nicht die kompensierende Bedeutung haben, durch die sonst der Realitätsbezug transzendiert wird. Dann muss er seine Aussagen an den für Äußerungen im außerkünstlerischen Bereich geltenden Regeln messen lassen, weil er mit ihnen bei dem Adressaten die Wirkungen dieser Kommunikationsebene erzeugt und erzeugen will. Natürlich ist bei der Feststellung und Qualifizierung des Aussagegehalts auch hier dem Anliegen des Künstlers nachzugehen und eine für den Durchschnittsbetrachter als solche erkennbare Übertreibung oder Verzeichnung nicht mit dem Inhalt der Aussage gleichzusetzen.

Das trifft grundsätzlich auch für die Satire und Karikatur zu, bei denen sich „der an einer Norm sich orientierende Spott über Erscheinungen der Wirklichkeit durch eine ästhetische Nachahmung dieser Wirklichkeit ausdrückt" (OLG Düsseldorf NJW-RR 1990, 1116; OLG Dresden AfP 2010, 402 – *Nacktgemälde*). Auch sie sind durch Art 5 Abs 3 GG geschützt. Allerdings eröffnet das BVerfG nicht schon deshalb, weil es sich um eine glossierend-übertreibende oder verzeichnende Darstellung handelt, den spezifischen Schutzbereich des Art 5 Abs 3 (BVerfG NJW 2005, 3271/3272 – *Fotomontage;* BGHZ 156, 206/208 mwN – *Fotomontage*); vielmehr muss sich die Darstellung als „das geformte Ergebnis einer freien schöpferischen Gestaltung" qualifizieren (BVerfGE 86, 1/9 – *Titanic;* BVerfG NJW 2002, 3767 – *Bonnbons*), wobei allerdings wegen der Weite des Kunstbegriffs in Art 5 Abs 3 GG ein großzügiger Maßstab angelegt werden muss (vgl Rn 31b). Wenn die Aussage diese Qualifikation nicht erfüllt, ist ihre Zulässigkeit nach den allgemeinen Maßstäben von Art 5 Abs 1 S 1 GG zu bestimmen.

78c

Auch Satire und Karikatur können bei der Feststellung und Qualifizierung des Aussagegehalts nicht ohne weiteres jeder anderen kritischen Äußerung gleichgestellt werden, obschon sie – meistens – ganz auf Kritik an der sozialen Wirklichkeit zielen und ihnen künstlerische Ambitionen vielfach gleichgültig sind. Um ihren Aussagengehalt festzustellen, sind Satire und Karikatur nach einer methodischen Anweisung schon des RG (RGSt 62, 183 ff.), die das BVerfG aufgegriffen hat (BVerfGE 75, 369/377 – *Strauß-Karikatur;* 86, 1 – *Titanic;* BVerfG NJW 2002, 3767 – *Bonnbons;* BGHZ 143, 199/209 – *Sticheleien von Horaz*) ihrer in Wort und Bild gewählten formalen Verzerrung zu entkleiden, die als Stilmittel nicht schon selbst als Kundgabe der Missachtung gewürdigt werden darf (BVerfGE 75, 269/377 – *Strauß-Karikatur;* 86, 1/12 f. – *Titanic;* BVerfG NJW 2002, 3767 – *Bonnbons;* BGHZ 156, 206/210 – *Fotomontage;* OLG München AfP 2009, 419 – *ans Kreuz genagelter Bundestrainer;* grundsätzliche Kritik daran von *Kübler,* Festschrift f Ernst-Gottfried Mahrenholz 1994, 303, 309 f.; vgl dazu auch meine Ausführungen in Festschrift f Helmut Simon, 1987, 359 ff.). Nach Auffassung des BVerfG ist zwar auch die satirische oder karikierende Einkleidung „gesondert" („weniger streng") auf eine Kundgabe der Missachtung der Persönlichkeit oder eine sonstige Verletzung des Persönlichkeitsrechts des Betroffenen zu überprüfen (NJW 2005, 3271/3272 – *Fotomontage;* nachfolgend BGH NJW 2006, 603/604 – *Fotomontage II;* zu dem unbefriedigenden Ergebnis in jenem Fall vgl Rn 136b und *v Becker* AfP 2005, 247). Auch in dieser Analyse bleibt aber unbeachtet, dass Form und Inhalt sich wechselseitig bedingende Elemente einer nicht spaltbaren Einheit sind, dh auch die „entkleidete" inhaltliche Aussage ihre Eigenart einer satirischen bzw karikierenden Inszenierung behält, was sie von einer Aussage der konventionellen Kommunikation unterscheidet (beispielhaft: BVerfGE 67, 213/224 – *Anachronistischer Zug;* 75, 369/376 *Strauß-Karikatur;* 81, 2989 – *Bundeshymne;* 86, 1 – *Titanic;* BGHZ 84, 237 – *Moritat;* 156, 206/210 f. – *Fotomontage*).

Mit dieser spezifischen Sichtweise ist zu fragen, ob die Aussage trotz des Mitschwingens der verhässlichenden Zeichensymbolik, auf die Karikatur und Satire wesensmäßig angewiesen sind und die prinzipiell durch Art 5 Abs 3 GG geschützt ist, in den Wert- und Achtungsanspruch des Betroffenen eingreift. Dabei ist hier besonders zu beachten, dass Karikatur und Satire nie in ihren Einzelelementen isoliert, sondern immer nur als Gesamtheit sowie in ihrem besonders ausgeprägten zeitlichen Bezug gewürdigt werden müssen. Bei ihrer Einordnung als Tatsachenbehauptung oder Meinungsäußerung ist darauf zu achten, dass Satire und Karikatur geprägt sind von den subjektiven Wertungen des gegnerischen Lagers; der Normenwiderspruch, den sie aufzeigen wollen, ist prinzipiell subjektiver Wertungswiderspruch. Die Tatsachenunterlage, auf der sie aufbauen, ist meistens nur allgemein bekannter Boden, dessen Wertigkeit Satire und Karikatur erschließen wollen. Gibt allerdings der Satiriker in der sog Dokumentationssatire reales Geschehen als solches aus, dann geht es um Behauptungen, die der Richtigkeitskontrolle des Gerichts unterliegen (vgl BGH NJW 1975, 1882 – *Geist v Oberzell;* OLG Stuttgart NJW 1983, 1263 – *Siemens-Festschrift;* vgl auch OL Hamm AfP 2002, 224/225 f. – *Pestalozzis Erben*). Setzt der Kabarettist in sein satirisches Gebäude Aussprüche eines Politikers als reale Bausteine ein, so müssen die Zitate stimmen. Hier muss sich die Satire nach ihrem eigenen Anspruch an der Wirklichkeit messen lassen.

3. § 185 StGB: Schutz vor ehrverletzenden Meinungsäußerungen

79 **§ 185 StGB**
Die Beleidigung wird mit Freiheitsstrafe bis zu einem Jahr oder mit Geldstrafe und, wenn die Beleidigung mittels einer Tätlichkeit begangen wird, mit Freiheitsstrafe bis zu zwei Jahren oder mit Geldstrafe bestraft.

§ 192 StGB
Der Beweis der Wahrheit der behaupteten oder verbreiteten Tatsache schließt die Bestrafung nach § 185 nicht aus, wenn das Vorhandensein einer Beleidigung aus der Form der Behauptung oder Verbreitung oder aus den Umständen, unter welchen sie geschah, hervorgeht.

a) Abgrenzung gegenüber unwahren Tatsachenaussagen

80 Presseveröffentlichungen verletzen die Ehre in erster Linie durch unwahre oder verfälschende Informationen. Hiervor wird die Ehre durch die §§ 186, 187, 188 StGB geschützt. § 185 StGB schützt vor solchen Presseveröffentlichungen, die den ehrverletzenden Angriff über eine subjektive Meinung oder ein Werturteil führen oder auf andere Weise, zB durch die Veröffentlichung eines Bildnisses, das den Betroffenen gewollt der Lächerlichkeit preisgibt, die Kundgabe der Missachtung durch „Nachrede" einer negativen Qualität, einer Minderwertigkeit, einer Unzulänglichkeit enthalten (vgl Rn 76). § 192 StGB stellt klar, dass nicht schon die Wahrheit einer Tatsachenaussage die Qualifizierung der Äußerung als Beleidigung entgegensteht, wenn die Äußerung, so wie oder wo sie gemacht wird, die Kundgabe einer Missachtung enthält. Die Vorschrift verlangt zumindest bedingten Vorsatz.

Subjektive Meinungen und Werturteil enthalten subjektive Stellungnahmen des Äußernden, die anders als Tatsachenaussagen über äußeres oder inneres Geschehen auch theoretisch nicht beweisbar sind und eine Beweisbarkeit auch gegenüber dem Adressaten nicht beanspruchen. Zur Abgrenzung gegenüber Tatsachenbehauptungen näher Rn 84 ff., 157.

B. Geschützte Individualgüter § 6 LPG

b) Abgrenzung gegenüber nicht beleidigender Polemik

Art 5 Abs 1 GG beeinflusst die Schwelle, jenseits derer eine zulässige Meinungsäußerung in einer Presseveröffentlichung zur unzulässigen Beleidigung wird. Art 5 Abs 1 GG schützt auch die „falsche", ungerechte, polemische Meinung (BVerfGE 42, 163/170 – *Deutschlandstiftung;* 61, 1/7 – *Wahlkampfäußerung;* 85, 1/15 – *Kritische Bayeraktionäre;* 93, 266/294/303 – *Soldaten sind Mörder II;* BVerfG NJW 1992, 2815/2816 – *Gestapo-Methoden;* 1994, 1779; 2003, 1104 – *Elternvorwürfe gegen Lehrer;* AfP 1994, 118/119; 2009, 3016 – *durchgeknallter Staatsanwalt;* BGHZ 143, 199/209 – *Sticheleien von Horaz;* BGH NJW 2005, 279/282 – *Bauernfängerei*). Herabsetzende publizistische Meinungsäußerungen, die sich im Rahmen des Art 5 GG halten, sind nicht als Beleidigung strafbar oder zivilrechtlich verfolgbar (BVerfGE 7, 198 – *Lüth;* 25, 264 – *Blinkfüer;* 42, 163 – *Deutschland-Stiftung;* 50, 234 – *Kölner Volksblatt;* 54, 129 – *Kunstkritik;* BGHZ 31, 302 – *Alte Herren;* 45, 269 – *Höllenfeuer;* 80, 25 – *Der Aufmacher I;* 143, 199/209 – *Sticheleien von Horaz*). Erst wenn bei einer Äußerung nicht mehr die Auseinandersetzung in der Sache, sondern die Herabsetzung der Person im Vordergrund steht, sie diese jenseits überspitzder-polemischer Kritik herabsetzt oder gleichsam an den Pranger stellt, hat die Äußerung hinter dem Persönlichkeitsrecht des Betroffenen zurückzutreten (BVerfGE 82, 272/283 – *Zwangsdemokrat;* 85, 1/16 – *kritische Bayeraktionäre;* stdg. Rspr.; zuletzt BGH NJW 2007, 686 – *Terroristentochter;* 2009, 1872 – *Fraport-Manila-Skandal;* AfP 2008, 193 – *namenloser Gutachter*).

Art 5 Abs 1 GG verlangt, dass bei der Auslegung der §§ 185 ff. StGB das Anliegen des Grundrechts berücksichtigt wird, die Artikulation des eigenen Standorts und die Auseinandersetzung gegensätzlicher Standpunkte mit ihrem Bedürfnis, zu überzeugen, möglichst umfassend zu gewährleisten. Das gilt vor allem dort, wo es um die Öffentlichkeit wesentlich berührende Fragen geht, zu denen auch Alltagsfragen etwa der Gesundheit, der Ökologie, des Natur- und Tierschutzes, des Sports, der „Szene" durchaus gehören können (näher dazu Rn 46) und für deren Einordnung die Begrenzung auf ein nur lokales Interesse nicht entgegen steht (BVerfG NJW 2003, 1109 – *Elternvorwürfe gegen Lehrer*). Insoweit spricht eine Vermutung zunächst dafür, die Konfliktlösung der geistigen Auseinandersetzung überlassen zu können, dh für die Zulässigkeit der freien Rede (in dubio pro libertate; BVerfGE 60, 234/241 – *Kredithaie;* 66, 116/150 – *Der Aufmacher;* 68, 226/232 – *Schwarze Sherrifs;* 85, 1/16 – *Kritische Bayeraktionäre;* 93, 266/294 – *Soldaten sind Mörder II;* BVerfG NJW 1991, 3023/3025 – *Beschleunigungszuschlag;* 1993, 1845 – *Chefarzt;* 1993, 2925/2926 – *BKA-Präsident;* 1994, 1779/1780 – *Leugnung der Judenverfolgung;* 1994, 2943 – *Soldaten sind Mörder I;* 2003, 1109 – *Elternvorwürfe gegen Lehrer;* BGH NJW 1994, 124/126 – *Greenpeace;* 2000, 3421 – *Babycaust I*). Hier wird von der Rechtsprechung vor allem der BVerfG und des BGH die Schwelle für zulässige Polemik sehr hoch (für einige Kritiker: zu hoch; Nachw Rn 39) angesetzt; engere Tendenz beim EGMR (vgl. EGMR NJW 2006, 1645/1649 – *Pedersen u Baadsgaard ./. Dänemark* mwN). Sie ist besonders hoch, wo die Auseinandersetzung um weltanschauliche, ideologische, politisch konträre Standpunkte geführt wird, insb wo es um Kritik an staatlicher Macht geht (BVerfGE 93, 266/293 – *Soldaten sind Mörder* II; BVerfG NJW 1999, 204/205 – *Flugblatt Oktoberfest;* 2012, 1273 – *Georg Elsner-allein gegen Hitler*), weil Übertreibungen und verbale Exzesse hier auf eine entsprechende Erwartungshaltung der Leserschaft treffen, zB im Wahlkampf; oder wo der Kritisierte durch seine eigene Stellungnahme in der Öffentlichkeit zu scharfen Gegenangriffen herausgefordert hat (Recht zum Gegenschlag; näher dazu Rn 51). Aber auch sonst kommt die Rechtsprechung dem Umstand sehr entgegen, dass es angesichts der heutigen Reizüberflutung „starker Formulierungen" bedarf, um sich für den eigenen Standpunkt Aufmerksamkeit und Gehör zu verschaffen (BVerfGE 24, 278/286 – *Tonjäger;* BGH NJW 1987, 1398 – *Kampfanzug unter der Robe;* 1994, 124/126 – *Greenpeace;* 2000, 3421 – *Babycaust I;* 2002, 1193 – *Zuschussverlag*); mit dem Risiko allerdings einer Spirale wachsender Entsensibilisierung. Praktisch wird die Ehre in Fällen, die eine breitere Öffentlichkeit interessieren, nur gegen persönliche Diffamierungen geschützt, die als Aussage in der Sache ganz offensichtlich nur kaschiert sind und als massive Schmähkritik qualifiziert werden müssen. Zu diesem Begriff und zu Beispielen der Abgrenzung näher Rn 190.

4. §§ 186, 187, 188, 193 StGB: Schutz vor unwahren Tatsachenaussagen

82 §§ 186, 187, 188 StGB schützen vor dem Behaupten oder Verbreiten von unwahren bzw nicht erweislich wahren Tatsachenaussagen über Personen oder Institutionen, die diese der öffentlichen Missachtung aussetzen können. Sie zielen in erster Linie zum Schutz der unmittelbar Betroffenen auf das Freibleiben der Presseveröffentlichungen von solchen falschen Informationen, die dem Adressaten als Grundlage für seine Geringachtung, Missachtung, Nichtachtung des Betroffenen dienen können. Insoweit muss die behauptete oder verbreitete Tatsache geeignet sein, den Betroffenen als der Achtung anderer unwürdig hinzustellen oder ihn in seinem Wert herabzusetzen oder herabzuwürdigen. In seiner 2. Alternative schützt § 187 StGB nicht die Ehre, sondern das Vermögen gegen falsche Informationen, die zur Kreditgefährdung geeignet sind. Die strafrechtlichen Pflichten im Interesse wahrheitsgemäßer Berichterstattung sind also enger als diejenigen der LPG. Andererseits hebt die strafrechtliche Sanktionierung, die über § 823 Abs 2 BGB durch negatorische und schadensersatzrechtliche Folgen zivilrechtlich ergänzt wird (Rn 237f., 260ff.), sie gegenüber den unmittelbar sanktionslosen presserechtlichen Wahrheitspflichten heraus. Der Öffentlichkeitsbezug der Pflichtverletzung durch das Verbreiten von Schriften iSv § 11 Abs 3 StGB wirkt strafschärfend.

a) Tatsachenbehauptung

aa) Begriffsbestimmung

83 Die Tatsachenaussage wird herkömmlich definiert als eine Aussage über äußeres oder inneres Geschehen der Vergangenheit oder Gegenwart, das als solches (theoretisch) beweisbar ist (BVerfGE 90, 241/247 – *Ausschwitzlüge;* BGHZ 3, 270/273 – *Constanze I;* 132, 13/21 – *Der Lohnkiller;* 139, 95/101 – *Stolpe;* 154, 54/60 – *Sektenkampagne;* BGH NJW 1965, 36 – *Marktbericht;* 1993, 525 – *Ketten-Mafia;* 1993, 930 – *illegaler Fellhandel;* 1994, 2614 – *Pleite gehen;* 1997, 1148 – *Chefarztkritik;* 2005, 279/281 – *Bauernfängerei*). In der subjektiven Meinung oder dem Werturteil im Sinn einer persönlichen Beurteilung von Tatsachen (zu dieser Definition *Rühl* AfP 2000, 17) als den Gegenpolen dazu artikuliert sich die subjektive Stellungnahme des Kritikers zum beweisbaren Geschehen, sein Dafürhalten, sein Meinen zu ihm (BVerfGE 61, 1/9 – *Wahlkampfäußerung;* 85, 1/14 – *Kritische Bayeraktionäre;* 90, 241/247 – *Ausschwitzlüge;* 93, 266/289 – *Soldaten sind Mörder II;* BVerfG NJW 2001, 3403 – *Generikum;* 2002, 3315 – *Sicherheitsdienst;* 2003, 277 – *Anwaltsranglisten;* 2012, 1272 – *Georg Elsner – allein gegen Hitler;* BGH NJW 2008, 193 – *namenloser Gutachter;* 2009, 3580 – *Rücktritt des Vorstandsvorsitzenden*). Die Meinungsäußerung entzieht sich also weitgehend einer rationalen Kontrolle.

bb) Abgrenzung gegenüber Meinungsäußerungen aus Art 5 Abs 1 GG

84 Die Gewährleistungen der Meinungs- und Pressefreiheit in Art 5 Abs 1 GG sind von erheblichem Einfluss für die Einordnung einer Aussage als Tatsachenbehauptung oder als subjektive Meinung. Art 5 Abs 1 GG schützt in erster Linie Meinungen; Tatsachenbehauptungen dagegen nur, weil und nur soweit sie Voraussetzung für die Bildung oder Äußerung von Meinungen sind (BVerfGE 61, 1/8 – *Wahlkampfäußerung;* stdg zuletzt BVerfG NJW 2007, 468 – *Insiderquelle;* 2012, 756 – *CvM-Urlaub;* 2012, 1272 – *Georg Elsner-allein gegen Hitler;* BGHZ 176, 175/182 – *BKA-Bericht;* BGH NJW 2010, 760 – *Roger Willemsen-Interview;* 2012, 763 – *Die Inka-Story I*). Freilich sind in fast jeder Aussage Tatsachenbehauptungen und Meinungen eng miteinander verbunden. Purismus ist hier unmöglich, fast jede Tatsachenaussage ist auch ein Tatsachenurteil, jedes Werturteil hat eine Tatsachenbasis, die es stützt. Meinungsbildung

B. Geschützte Individualgüter § 6 LPG

ohne Information über (beweisbares) Geschehen ist nicht möglich. Deshalb umfasst der Schutz des Art 5 Abs 1 S 1 GG in weitem Umfang auch das freie Aufstellen und Verbreiten von Tatsachenbehauptungen. Aber um in der Güterabwägung am Rang einer durch Art 5 Abs 1 GG geschützten Meinungsäußerung teilzuhaben, müssen sich die Tatsachenaussagen am Meinungsbildungsprozess legitimieren. Daher haben bewusste Unwahrheiten und Tatsachenbehauptungen, sobald ihre Unwahrheit feststeht, diesen Schutz der Meinungsfreiheit nicht, weil sie die Meinungsbildung nicht fördern, sondern erschweren. Dagegen sind Meinungen bzw Werturteile prinzipiell ohne Rücksicht auf ihre „Richtigkeit" geschützt, weil auch eine sich als „unhaltbar" disqualifizierende Meinung den Prozess der Meinungsbildung beleben kann (BVerfGE 42, 163/170 f. – *Deutschlandstiftung;* 61, 1/7 – *Wahlkampfäußerung;* 85, 1/15 – *Kritische Bayeraktionäre;* 93, 266/289 – *Soldaten sind Mörder II;* BVerfG NJW 1994, 1779 – *Auschwitzlüge;* 2003, 961 – *Kritik an Arztkollegen;* 2003, 1109 – *rassistische Gedankengut;* 2003, 1856 – *KKK;* ZUM 2005, 917 – *frauenfeindliche Fahrschule;* BGH NJW 2005, 279/281 f. – *Bauernfängerei).*

Im Interesse der Grundrechtsgarantie ist der Begriff der Meinung weit zu verstehen. Sofern eine Aussage durch Elemente der Stellungnahme oder des Dafürhaltens oder Meinens im Rahmen einer geistigen Auseinandersetzung geprägt ist, fällt sie in den Schutzbereich des Grundrechts, auch wenn die Elemente mit denen einer Tatsachenmitteilung verbunden oder vermischt sind, sofern beide ohne Aufhebung oder Verfälschung des Sinns der Äußerung sich nicht trennen lassen oder der tatsächliche Gehalt gegenüber der Wertung in den Hintergrund tritt (BVerfGE 85, 1/15 – *Kritische Bayeraktionäre;* 85, 23/24 – *Fragen;* 90, 241/248 – *Auschwitzlüge; BVerfG NJW* 1991, 1529 – *Ärztestreik;* 1993, 1845 – *Chefarzt;* 2012, 1272 – *Georg Elsner – allein gegen Hitler;* BGHZ 132, 13/20 f. – *Der Lohnkiller;* 139, 95/101 f. – *Stolpe;* BGH NJW 1994, 124/126 – *Greenpeace-Plakat;* 1994, 2614 – *Pleite gehen;* 2002, 1192 – *Zuschussverlag;* 2005, 279/281 – *Bauernfängerei). Stürner JZ* 1994, 868/873 rügt, das System prämiere die Entfernung von den kontrollierbaren Tatsache und privilegiere die nur andeutungsweise begründete Bewertung (ähnlich *Kiesel* NVwZ 1993, 1129 ff.; *Kriele* NJW 1994, 189; weitere Nachweise zur Kritik Rn 39). Aber die Kontrollaufgaben und -fähigkeiten der geistigen Auseinandersetzung sollten nicht zu gering, die Freiheitsbewahrung durch Gerichtskontrolle nicht zu hoch eingeschätzt werden. Außerdem schwächt es den Schutz solcher gemischten Äußerungen als Meinung, wenn ihre Tatsachenbasis unwahr feststeht (BVerfGE 61, 1/8 f. – *Wahlkampfäußerung;* 85, 1/17 – *Kritische Bayeraktionäre;* 85, 23/24 – *Fragen;* 90, 241/248 – *Auschwitzlüge;* 94, 1/8 – *DGHS;* BVerfG NJW 1993, 1845 – *Chefarzt;* 2007, 468 – *Insiderquelle).* Keineswegs ist eine Aussage allein deshalb, weil auch Wertungen mitschwingen, ohne Rücksicht auf diesen zugrundeliegenden tatsächlichen Ansatz als insgesamt zulässig anzusehen (anders die von *Kriele* NJW 1994, 1900 genannten Beispiele). Zumindest haben sie in der Abwägung ein geringes Gewicht (*Grimm,* ZRP 1994, 277; *drslb* NJW 1995, 1697 ff.). Dann kommt es für die Frage, ob die Meinung zu dem Zeitpunkt, in dem sie geäußert wurde, zulässig war, darauf an, ob sich der Äußernde die Unwahrheit der Tatsachengrundlage wegen seines Kenntnisstandes ex ante schon damals entgegenhalten lassen musste oder nicht.

Auch der Vorwurf von *Canaris* (Methodenlehre § 79 I 2; vgl auch OLG Nürnberg NJW-RR 2003, 40 ff.), dass diese Qualifizierung den Erkenntnissen der Sprachphilologie zur Abgrenzung von deskriptiven und normativen Begriffen bzw Aussagen und Werturteilen nicht gerecht werde, trägt den zugrundeliegenden Normgedanken nicht hinreichend Rechnung. Weil es um die Wirkungen für den Meinungsbildungsprozess geht, muss maßgebend die sprachphilologische Zuordnung, sondern die sich dem Durchschnittsleser aufdrängende Wertigkeit der Äußerung sein. Schreibt der Adressat der Aussage kontrollierbaren Nachrichtengehalt zu, über den man insoweit als „Faktum" nicht diskutieren kann, dann ist ihre funktionale Bedeutung für den Meinungsbildungsprozess von anderer Qualität als eine Äußerung, auch nach ihrem Gesamteindruck für den Empfänger die Wertigkeit einer nur subjektiven, unter dem

Steffen 335

Irrtumsvorbehalt der persönlichen Einschätzung und Überzeugung stehenden subjektiven Stellungnahme hat, die das Gegenargument, an dem sie sich bewähren muss, herausfordert und so die Meinungsbildung fördert.

cc) Abgrenzungsgrundsätze

85 Hieraus ergeben sich Abgrenzungsgrundsätze, die ebenfalls ihre Grundlage letztlich in der Verfassungsgarantie der Meinungsfreiheit haben. Maßgebend ist das Verständnis des Durchschnittslesers, auf dessen Meinungsbildung die Aussage Einfluss nimmt (BVerfGE 93, 266/289 – *Soldaten sind Mörder II;* BVerfG NJW 2003, 1855 – *Asylbewerberheim;* 2013, 317; BGHZ 45, 296 – *Höllenfeuer;* 143, 199/206 – *Sticheleien von Horaz;* BGH NJW 1961, 1913 – *Honorarvereinbarung;* 1965, 2395 – *Mörder unter uns;* AfP 1994, 295, 296 – *verdeckte Behauptung I;* 1995, 495 – *Kundenzeitschrift;* 1999, 2736 – *Gutachterkritik;* 2003, 1308/1309 ff. – *Sektenkampagne;* BGH GRUR 1975, 89 – *Brüning I;* LM BGB § 824 Nr 13a – *Kundenmitteilung*). Weil der Adressat dabei die Aussage gewöhnlich nicht seziert, sondern sie nach ihrem Gesamteindruck nimmt, entscheidet dieser über die Qualifizierung als Tatsachenbehauptung oder als subjektive Meinungsäußerung mit. Anschauungen und Verständnisse des angesprochenen Leserkreises sind angemessen zu berücksichtigen. Ebenso hat der Äußernde ein Recht darauf, dass subjektive Stellungnahmen und Bewertungen, wenn sie als solche erkennbar sind, auch erkannt werden; eine „Missverständnis-Freiheit" des Adressaten wird insoweit durch Art 5 Abs 1 GG ausgeschlossen. Überwiegt für den sich am Durchschnittsleser aufdrängenden Sinn des Gesamtinhalts die subjektive Wertung des Mitteilenden so stark, dass er den maßgeblichen Akzent der Mitteilung ganz oder doch ganz überwiegend im Subjektiven des Kritikers verortet, dann ist sie keine „Nachricht" oder „Information", sondern Meinung.

Das ist vor allem der Fall:

85a wenn die inkriminierte Aussage ganz von Begriffen der Wertung beherrscht ist und der Tatsachenkern darin untergeht:

zB die Bezeichnung einer Sache als „prekär"; des Zusammentreffens von Spende und Auftragvergabe als „bedenklich" (BGHZ 143, 199/206 – *Sticheleien von Horaz*);

die Äußerungen eines Dritten seien dem Betroffenen „geistig zuzurechnen" (OLG München NJW 1996, 2515 – *Heuschrecken-Vergleich*);

die Wehrmachtsausstellung „erwecke den Eindruck", dass alle Soldaten Verbrecher gewesen seien (OLG Saarbrücken OLGR 1999, 451);

die Kennzeichnung eines Hilfswerks als „vermutliche Sekte" (OLG Saarbrücken NJW-RR 1998, 1479);

die Benotung von Lehrern durch ihre Schüler als „fraglich kompetent", „gut vorbereitet", „menschlich", „cool und witzig" (BGHZ 181, 328/339 f. – *www.spickmich;*

85b wenn der Durchschnittsleser die Aussage in Bezug auf ihren Tatsachengehalt als substanzarm oder als eher pauschal bewertet:

zB die Bezeichnung eines Widerstandskämpfers als Landesverräter (BGSt 11, 329/331);

die Würdigung eines politischen Publizisten als „glanzlose Existenz" (BGH NJW 1965, 1476); die Bezeichnung als „schillernde Persönlichkeit" (OLG Saarbrücken AfP 2011, 366); als „Krimineller" (KG AfP 2010, 498);

die Aussage, der Betroffene „stehe einer totalitären, verfassungs- und jagdfeindlichen Sekte nahe" (OLG Saarbrücken AfP 2010, 493); er trete „für vieles ein, was nicht im Grundgesetz, aber in der Scharia steht" (OLG München AfP 2007, 229);

die Zeitung werde „von der der Jugendorganisation der NPD gelenkt" (OLG Frankfurt AfP 2009, 163);

die Bezeichnung als „traumatisierte Terroristentochter", als „fanatisch-verbitterte Verschwörungstheoretikerin" (BGH NJW 2007, 686 – *Terroristentochter*);

die Würdigung einer Illustrierten-Schlagzeile als „Dummenfang" (BGHZ 45, 296/304 – *Höllenfeuer*);

B. Geschützte Individualgüter § 6 LPG

die Kritik an einer Unternehmensleistung, „alle gestalterischen Mittel seien auf das alleinige Bestreben konzentriert, einen möglichst billigen Schmarrn herzustellen" (BGH NJW 1965, 35 – *Lüftungsfirma*);

oder die Kritik an einem Kosmetikpräparat: „Unklarheiten über mögliche Gefahren. Täuschende Versprechungen" (BGH GRUR 1969, 624 – *Hormoncreme*);

die Bezeichnung eines Sachverständigen als „namenloser Gutachter" (BGH AfP 2008, 193);

die Bezeichnung eines Beraters als „unqualifiziert" (OLG München NJW 1997, 62); eines Bezirksleiters als „seiner Aufgabe nicht gewachsen" (OLG Frankfurt OLGR 1998, 167);

eines Rechtsanwalts als „Multifunktionär mit einschlägiger brauner Sektenerfahrung" (OLG Hamburg NJW-RR 2000, 1292); der Betroffene „gehöre zu den Figuren aus dem Frankfurter Milieu" (OLG Frankfurt OLGR 1997, 288);

die Qualifizierung erfolgloser Massenklagen wegen Anlegerverlusten als „Abzockerei" „geldgieriger Anwälte" (BGH NJW 2006, 609/610 – *Anlegerklage*);

die Schlagzeile „Sabotage, Lüge Bestechung. Im Kampf um die Gunst der Hörer greifen Deutschlands Privatsender zu immer härteren Maßnahmen" (KG AfP 1999, 369); oder in Bezug auf die Nachrichtensendung eines Privatsenders: „Dailysoap aus Blut und Sperma" (OLG Köln NJW-RR 1997, 786);

der Vorwurf „nicht artgerechter Tierhaltung (OLG Nürnberg NJW-RR 2002, 1471); die Aussage, der Kläger mäste Enten „in tierquälerischen Großbeständen" (OLG Nürnberg NJW-RR 2002, 40);

die Aussage, Angeln verstärke die Empfindungslosigkeit und Ignoranz gegenüber dem Leben und trage erheblich zur Verrohung der Gesellschaft bei (OLG Stuttgart OLGR 2002, 277);

der Vorwurf, ein Verlag „gehe nur zum Schein" auf Autorenwünsche ein (BGH NJW 2002, 1192 – *Zuschussverlag*);

der Vorwurf, ein Ehemann sei durch seine geschiedene Ehefrau „ruiniert worden und werde ausgenommen wie eine Weihnachtsgans" (OLG Karlsruhe AfP 2002, 42);

die Bezeichnung als „Abkassierer", als „übel abgezockt" (OLG Brandenburg OLGR 1998, 83);

die Bezeichnung eines Finanzierungsmodells als „Bauernfängerei" (BVerfG NJW 2008, 114; BGH NJW 2005, 279; VersR 2008, 1081);

die Aussage, „Feuerwehr, Rotes Kreuz, Bundeswehr oder Zivildienst werden als Einrichtungen von Jehovas Zeugen abgelehnt" (OLG Köln NJW 1998, 212);

wenn sich für den Durchschnittsleser aus dem Kontext, in dem die Aussage steht, bzw dem politischen, weltanschaulichen, ideologische Lager, aus dem sie objektiv erkennbar stammt, eine so stark wertende Färbung ergibt, dass sie den Gehalt an Fakten wo nicht ganz aufhebt, so jedenfalls erheblich relativiert, selbst wenn die Wertungen auf einer Tatsachengrundlage basieren bzw sich aus ihnen ein Tatsachenkern zusammenfassen lässt (BVerfG NJW 1994, 1781/1782 – *Wahrheit für Deutschland;* 2003, 274 – *Anwaltsranglisten;* OLG Karlsruhe AfP 2001, 336): 85c

im Wahlkampf die Bezeichnung der CSU als NPD Europas (BVerfGE 61, 1 – *Wahlkampfäußerung*);

des Ministerpräsidenten Franz Josef Strauß als „Zwangsdemokraten" (BVerfGE 82, 272 – *Zwangsdemokrat*);

in einer Kampfschrift gegen die Wirtschaftspolitik eines Konzerns die Aussage: „In seiner grenzenlosen Sucht nach Gewinn und Profiten verletzt Bayer demokratische Prinzipien, Menschenrecht und politische Fairness. Missliebige Kritiker werden bespitzelt und unter Druck gesetzt, rechte und willfährige Politiker werden unterstützt und finanziert." (BVerfGE 85, 1/15 f. – *Kritische Bayer-Aktionäre*);

die Bezeichnung der Einrichtung „pro Familia" im Kontext einer Kritik an ihrer Beratung bei Schwangerschaftsabbrüchen als „lebensfeindliche Organisation" (OLG Karlsruhe ZfL 2007, 126);

der Zusatz in einer Textilwerbung „Tierfreundliche Mode" (BVerfG NJW 2002, 1187 – *gefühlsbetonte Werbung*);

die Abqualifizierung einer Heilmethode als „absurde Scharlatanerie" (OLG Karlsruhe AfP 1997, 721 – *Uriella*); eines Arztes als „Scharlatan und Pfuscher" als „personifizierten Vertreter der Vitaminindustrie" (OLG Karlsruhe NJW-RR 2002, 1695 ff.;

in der Kritik an dem gewalttätigen Vorgehen von Sicherheitskräften eines SB-Markts die Qualifizierung als „Einsatz von privaten Schlägertrupps, von hastig umgekleideten Skinheads, primitiven Schlägernaturen" mit dem generellen Hinweis auf solche „Tummelbecken für verkrachte Existenzen jeder Couleur, speziell Personen aus dem Schläger- und Zuhältermilieu, erweitert durch das Angebot aus Tausenden ehemaliger Stasi-Kreaturen" (BVerfG NJW 2002, 3315 – *Sicherheitsdienst*);

die Kritik eines Gutachters an der Testier-Praxis eines Arztkollegen: „leichtfertiges Ausstellen von Attesten und Krankschreibungen abseits jedweder medizinischer Kompetenz" (BVerfG NJW 2003, 961 – *Gutachterkritik*);

86 wo innere Vorgänge angesprochen werden, die auch nach dem Verständnis des Durchschnittslesers von dem Äußernden nur subjektiv-schlussfolgernd aus Indizien gewonnen worden sein können (BVerfG NJW 1991, 3023/3024: „es liegt wohl ziemlich nahe ..."). Dann haben allenfalls die ausdrücklich oder konkludent mitgeteilten objektiven Anknüpfungspunkte der Schlussfolgerung Tatsachenqualität (BGH NJW 2003, 1308 – *Sektenkampagne*; BGH GRUR 1969, 555 – *Cellulitis*; LM GG Art 5 Nr 40 – *Halsabschneider*).

86a Entsprechendes gilt für die Schlussfolgerungen in der Diagnose des Arztes (BGH NJW 1989, 2941/2942; 1989, 774/775; 1999, 2736/2737);

in dem wissenschaftlichen Gutachten zB für Zusammenhänge zwischen den Fakten (BGH BGB LM § 823 Ah Nr 60 – *Schriftsachverständiger*);

oder für die Erklärung, die therapeutische Äquivalenz eines Generikums sei bewiesen, unter Hinweis auf eine Doppelblindstudie (BVerfG NJW 2001, 3402 – *Generikum*);

oder für die Aussagen eines Bewertungssystems, dessen Koordinaten erkennbar Meinungssache sind wie die Bewertung von Lehrern durch ihre Schüler im Internet (BGHZ 181, 328/339 – *www.spickmich*) oder von Produkten im Warentest (BGHZ 65, 325). Tatsachenaussagen sind hier aber die Behauptung über die zugrundegelegte Untersuchungsmethode oder die Anwendung spezieller Kenntnisse und Fähigkeiten (BGHZ 65, 325 – *Warentest II*; BGH NJW 1966, 647 – *Reichtagsbrand*; 1971, 284 – *Steuerhinterziehung*; LM BGB § 823 (Ah) Nr 60 – *Schriftsachverständiger*; OLG Karlsruhe NJW-RR 2003, 177 – *Öko-Test*; OLG Köln AfP 1995, 498 – *Handscanner*).

In all diesen Fällen, für die die Einordnung als Meinungsäußerung bzw Werturteil typisch ist, kommt es mitentscheidend auf ihren Kontext an. Er kann der kritischen Äußerung die herkömmliche Tatsachengrundlage uU sogar ganz entziehen oder sie im Gegenteil dem Durchschnittsleser als Komprimierung einer Aussage über Tatsächliches erscheinen lassen. Genauer dazu Rn 88.

87 Prognosen über zukünftiges Geschehen bzw Verhalten sind prinzipiell als subjektive Urteile zu behandeln (BGH NJW 1998, 1223/1224 – *Versicherungsrundschreiben*: Ankündigung künftigen Verfahrens bei der Schadensregulierung). Sie können allerdings Tatsachengehalt haben, wenn und soweit mit ihnen früheres oder gegenwärtiges Geschehen vorgetragen wird, das die Schlussfolgerung auf künftiges Geschehen tragen soll (BGH JR 1977, 28/29; NJW 1223/1224 – *Versicherungsrundschreiben*) oder eine gegenwärtige Planung dieser künftigen Folge als innere Tatsache behauptet wird (BGHZ 128, 1/11 – *Caroline v Monaco I*; BGH NJW 1998, 1223/1224 – *Versicherungsrundschreiben*; GRUR 1969, 555/557).

87a Fragen, selbst wenn sie polemisch gestellt werden und detailreich sind, sind prinzipiell wie Meinungen zu behandeln. Denn sie können ebenso wenig wie diese unrichtig sein, sondern allenfalls dumm oder unangebracht (BVerfGE 85, 23/31 – *Kritische Bayer-Aktionäre*). Art 5 Abs 1 GG will sie ebenso wie das Werturteil möglichst umfassend zulassen, weil sie die geistige Auseinandersetzung, die das Grundrecht schützen will, beleben können. Anderes gilt für nur rhetorische Fragen, die in Wirklichkeit in

B. Geschützte Individualgüter § 6 LPG

Fragestellung gekleidete Tatsachenaussagen sind. Auch der mit der Frage angesprochene Sachverhalt hat Tatsachenqualität.

Ebenso kann das Aufwerfen einer Frage, die Äußerung eines Verdachts, einer Vermutung oder einer Möglichkeit Tatsachenqualität haben, wenn sich damit nur ein Stilmittel artikuliert, das die Information kaschieren soll. Denn die Äußerung eines Verdachts, der Hinweis auf ein Gerücht ist nicht wegen des konkludent dahinter stehenden Fragezeichens ohne weiteres als Meinungsäußerung zu qualifizieren (so aber wohl OLG Celle OLGR 2000, 160), sondern nach dem Inhalt des mitgeteilten Verdachts oder Gerüchts einzuordnen (OLG Brandenburg NJW-RR 2002, 1269; vgl Rn 93). Das muss vor allem für Schlagzeilen gelten, die in die Frageform gekleidet werden, um ihre Herkunft aus der Gerüchteküche anzudeuten (BGH NJW 2004, 1034 – *Udo Jürgens*: Udo Jürgens im Bett von Caroline?; zu formal OLG Hamburg AfP 1995, 517 – *Prinzessin Caroline Neues Mutterglück?*). Grundsätzlich allerdings ist auch hier für die Interpretation Zurückhaltung geboten (BGH NJW 1970, 187 – *Hormoncreme;* 1978, 2151 – *Schutzgemeinschaft;* GRUR 1975, 89 – *Brüning I;* OLG Köln VersR 1976, 950; OlG Saarbrücken NJW-RR 1998, 1479 – *Sektenbildung*).

Zitate enthalten als Tatsachenbehauptung zumindest, dass der Zitierte sich so geäußert habe, auch wenn das Zitierte als Meinungsäußerung zu qualifizieren ist (BVerfGE 85, 1/15 – *Kritische Bayeraktionäre;* BVerfG NJW 208, 119 – *Bauernfängerei;* AfP 2009, 480 – *Pressespiegel;* BGH NJW 2010, 760 – *Roger Williams Interview;* 2011, 3516 – *Das Prinzip Arche Noah*). Das Zitat kann am Schutz der Meinungsfreiheit des Zitierenden teilnehmen, wenn es mit der eigenen Auffassung des Zitierenden verknüpft ist (BGH NJW 2005, 279/282 – *Bauernfängerei*). 87b

Die Wiedergabe andernorts veröffentlichter Berichte im Rahmen einer Presseschau ist nicht nur durch Art. 5 Abs. 1 Satz 2 GG, sondern auch durch die Meinungsfreiheit (Art. 5 Abs. 1 Satz 1 GG) geschützt. Sie beruht auf Wertungen zumindest aufgrund der Auswahl aus der Quelle, selbst wenn sie nicht durch eine Kommentierung ergänzt wird (BVerfG AfP 2009, 480 – *Pressespiegel*). Das gilt aber nicht für die kommentarlose Veröffentlichung von technischen Daten oder von Werbeanzeigen (BVerfGE 21, 271/278 f.; BVerfG AfP 2009, 480 – *Pressespiegel;* BGHZ 45, 296/304 – *Höllenfeuer;* 139, 95/103 – *Stolpe;* BGH NJW 2008, 2110 – *GEN-Milch*).

Derartige Abgrenzungsgrundsätze dürfen aber keinesfalls schematisch angewendet werden, sondern sie sind stets auf ihre Tragfähigkeit im Einzelfall zu überprüfen. Denn die Weichenstellung, die Einordnung als Meinungsäußerung bzw Werturteil oder als Tatsachenaussage äußerungsrechtlich bedeutet, hängt wesentlich von dem Kontext ab, in dem die Aussage veröffentlicht wird. Dafür, ob und inwieweit die Aussage auf die subjektive Einstellung des Äußernden oder auf Tatsächliches hinweist, ist mitentscheidend, ob und wie das Vorverständnis des Durchschnittslesers durch den Kontext angesprochen und eingestimmt wird und ob und welche tatsächlichen Einzelheiten, die er aus dem Kontext erfahren kann, er mit der Aussage verbindet. Dabei sind Kontext und infrage stehende Einzelaussage nicht nur nach ihrem Wortsinn zu nehmen (BVerfG NJW 2002, 1855 – *Asylbewerberheim;* BGHZ 139, 95/102 – *Stolpe;* BGH NJW 2005, 279/281 – *Bauernfängerei*) oder gar in einer philologischen Textanalyse zu sezieren, sondern sie sind die Verständnis- und Verständigungsmöglichkeiten, insbes die Verständnis- und Verständigungsgewohnheiten, die nicht zuletzt die Medien gestalten und gezielt einsetzen wo nicht anerziehen, einschließlich der selektiven Steuerung durch Blickfang und Aufmachung mit zu berücksichtigen (vgl schon Rn 85). 88

Eine Äußerung, die auf Werturteilen beruht, kann sich als Tatsachenbehauptung erweisen, wenn und soweit sie bei den Adressaten zugleich die Vorstellung von konkreten, in die Wertung eingekleideten Vorgängen hervorruft (BGHZ 132, 13/21 – *Die Lohnkiller;* BGH NJW 2008, 2110 – *GEN-Milch*).

Werden zB im Zusammenhang mit einer Aussage über innere Vorgänge dem Durchschnittsleser Indizien für die Schlussfolgerung weder express noch konkludent mitgeteilt, dann ist die Aussage als Pauschalurteil oder als substanzlose Wertung zu behandeln. Andererseits kann die Schlussfolgerung auf Grund ihres Kontextes für den Durchschnittsleser die darin zusammengefasste Tatsachenaussager einer detaillierten Indizienkette sein (vgl etwa OLG München NJW-RR 1996, 1365 in Bezug auf den Vorwurf des Verfassers einer Kritik an einer Sekte gegenüber dem diese vertretenden Rechtsanwalt, an einem Mordkomplott beteiligt gewesen zu sein mit detaillierter Darstellung entsprechender Verbindungen und Zusammenhängen).

Die Aussage, für den Bürgermeister habe schon wenige Stunden nach einem Brandanschlag auf ein Asylbewerberheim die Täterschaft von Rechtsradikalen festgestanden, ist vom BVerfG als dem Indizienbeweis zugängliche Tatsachenbehauptung bestätigt worden (BVerfG NJW 2003, 1855 – *Asylbewerberheim*). Ebenso hat der BGH die Kritik, der Chefarzt „lüge", wenn er angebe, bestimmte Operationen selbst durchgeführt zu haben, als Tatsachenaussage gewertet (BGH NJW 1997, 1148 – *Chefarztkritik*).

Demgegenüber ist die Aussage, eine Rechtsanwältin habe erkennbar die Absicht gehabt, ihre Mandantin zu übertölpeln, in ihrem Verhalten seien Unredlichkeiten und Manipulationen zu erkennen, als Meinungsäußerung qualifiziert worden, weil über diese Schlussfolgerung im konkreten Fall nicht sinnvoll Beweis erhoben werden konnte (OLG Köln VersR 1999, 1163).

Aus demselben Grund ist die Vermutung eines Zusammenhangs zwischen dem Verkauf des Wohnhauses eines Schlagersängers und dem Zustand seiner Ehe als Meinungsäußerung gewürdigt worden (OLG Karlsruhe NJW-RR 2003, 109 – *Roberto Blanco*);

oder die Aussage, ein wissenschaftliches Archiv sei „gefälscht und umsortiert" worden, um „die Rolle eines Sportfunktionärs vor 1945 zu beschönigen" (OLG Köln OLGR 2002, 411);

oder die Aussage über einen Kausalzusammenhang zwischen Todesfällen bei bestimmten Erbkrankheiten und der Einnahme hochdosierter Vitamin C, weil sie erkennbar das Ergebnis äußerst schwieriger Deduktion sei (OLG Stuttgart ZUM-RD 2001, 84; zweifelhaft);

oder der Vorwurf, der Vater eines Kinderstars nehme sich keine Zeit, einer regelmäßigen Arbeit nachzugehen und selbst Geld für die Familie zu verdienen (OLG Karlsruhe AfP 2001, 336).

Eine unternehmensbezogene Kritik, die sich auf pauschale subjektive Bewertungen des geschäftlichen Verhaltens beschränkt, ist nicht auf ihre „Richtigkeit" zu untersuchen (BGH NJW 2008, 2110 – *GEN-Milch*). Besonders vorsichtig sind Aussagen zu analysieren, die den Kritisierten unter nur schlagwortartiger Kennzeichnung seines Tuns oder Unterlassens abqualifizieren. Gerade hier ist entscheidend, ob und welche Information über tatsächliche Einzelheiten der Durchschnittsadressat damit verbindet. Auch ist die Färbung der Aussage durch das subjektive Vorverständnis des Kritikers, der (polemisch wertenden) Agitation des gegnerischen politischen, gesellschaftlichen, ideologischen Lagers mit zu berücksichtigen; allerdings nur, wenn und soweit diese Färbung für den Durchschnittsleser deutlich zum Ausdruck kommt. Dass der Chefarzt die Abteilung „heruntergewirtschaftet" habe, ist als subjektive Bewertung tatsächlicher Vorkommnisse gewürdigt worden (BVerfG NJW 1993, 1845 – *Chefarzt*); die Aussage, ein Ehemann sei durch seine geschiedene Ehefrau „ruiniert" und „wie eine Weihnachtsgans ausgenommen" worden, mangels näherer tatsächlicher Einzelheiten ebenfalls (OLG Karlsruhe AfP 2002, 42).

Die Bewertung von Manipulationen des Theaterintendanten mit Haushaltsmitteln als „Unterschlagung" hat nicht etwa deshalb Tatsachenqualität, weil nicht genug Tatsachen mitgeteilt werden; als substanzarm ist sie Meinung (aA OLG Hamburg AfP 1992, 375; wie hier OLG München AfP 1992, 78).

88a Rechtsbegriffe werden in aller Regel als Werturteil eingeordnet (zB „Vertragsstrafe": BGH NJW 2005, 279/282 – *Bauernfängerei*; 2009, 3580 – *Rücktritt des Vorstandsvorsitzenden*). Außerdem ist hier zu beachten dass der nicht juristisch ausgebildete Durch-

B. Geschützte Individualgüter § 6 LPG

schnittsleser sie vor allem dann, wenn sie in der öffentlichen Auseinandersetzung gebraucht werden, nicht fachspezifisch, sondern alltagssprachlich versteht (BVerfGE 85, 23/31 – *Kritische Bayer-Aktionäre;* BGH NJWE 2002, 1192 – *Zuschussverlag*). Die schlagwortartige Bewertung tatsächlicher Vorgänge mit einem Rechtsbegriff – Mörder, Dieb, Betrüger, Fälschung, Unterschlagung, Bestechung, Korruption, illegal, rechtswidrig, wettbewerbswidrig, Verletzung von Menschenrechten und demokratischen Prinzipien – hat häufig das Gepräge subjektiv-wertender Abqualifizierung („ich nenne das Betrug") und ist als solche Werturteil. Tatsachengehalt kommt solcher „Bewertung" dann zu, wenn sie in das konkrete Tatsachenmaterial so eingebaut ist oder es so überformt, dass sie zugleich als Kürzel für ein das Tatsachenmaterial weiter ausbauendes, zusätzliches Tatsachensubstrat von dem Durchschnittsleser verstanden wird (BVerfGE 85, 1/15f. – *Kritische Bayeraktionäre;* 93, 266/289 – *Soldaten sind Mörder II;* BVerfG NJW 1994, 2413 – *Kassenarzt;* 1994, 2943 – *Soldaten sind Mörder I;* BGH NJW 1982, 2246 – *Klinikdirektoren;* 1982, 2248 – *Geschäftsführer;* 1992, 1314/1316 – *Kassenarzt;* 1993, 930 – *illegaler Fellhandel;* 1994, 2614 – *Pleite gehen;* 2000, 3421 – *Babycaust I;* 2003, 2011 – *Babycaust II;* 2005, 279/282 – *Bauernfängerei;* 2009, 1872 – *Fraport-Manila-Skandal;* GRUR 1989, 781 – *Wünschelrute*).

So ist der Vorwurf des Betrugs prinzipiell Werturteil (BVerfG NJW 1992, 1439/1441 – *Kritische Bayer-Aktionäre;* BGH NJW 1982, 2248; 2002, 1192); die als Betrugsmasche bezeichnete Wassersuche mit der Wünschelrute kann aber im Kontext der übrigen Informationen die Tatsachenaussage enthalten, der Wünschelrutengänger haben unter Ausnutzen der Umstände, die einen Scheinerfolg begünstigten, bewusst getäuscht (BGH GRUR 1989, 781 – *Wünschelrute*).

Die Äußerung, das Gericht habe den Beamten einer „vorsätzlichen" Amtspflichtverletzung überführt, ist eine unwahre Tatsachenbehauptung, wenn das Gericht die Verschuldensfrage offengelassen hat (OLG Koblenz NJW 1992, 1330/1331).

Die Bezeichnung eines Verhaltens als „illegal" ist grundsätzlich Werturteil (BGH NJW 1982, 2246 – *Klinikdirektoren*); der Vorwurf, der Fellhändler habe 100 000 Felle besonders geschützter Tierarten „illegal" exportiert, kann aber wegen des übrigen Textes die Aussage enthalten, der Export sei ohne die nach dem Washingtoner Artenschutzabkommen dafür erforderlichen Papiere durchgeführt worden (BGH NJW 1993, 930 – *illegaler Fellhandel*).

Der Aufkleber mit dem Tucholsky-Zitat „Soldaten sind Mörder" bezeichnet für den Durchschnittsleser nicht die Soldaten der Bundeswehr als Schwerkriminelle, sondern enthält, mit dem Ziel, die Verantwortung des einzelnen ins Bewusstsein zu rufen, die generelle wertende Missbilligung jeglicher Tötung von Menschen (BVerfGE 93, 266/289 – *Soldaten sind Mörder II;* NJW 1994, 2943 – *Soldaten sind Mörder I*).

Ein Plagiatsvorwurf ist je nach seinem Kontext und dem Charakter der Auseinandersetzung, in der er erhoben wird, das subjektive Abqualifizieren als unkreatives Nachahmen bis hin zum schmarotzenden Sich-Anhängen (OLG München AfP 1998, 635; OLG Köln NJW-RR 2002, 1341); in einer urheberrechtlichen Auseinandersetzung kann er andererseits als Tatsachenbehauptung einzuordnen sein (BGH AfP 1992, 361 – *Plagiatsvorwurf II*).

Als subjektiv-wertend ist der Vorwurf qualifiziert worden, ein Arzt verhalte sich wettbewerbswidrig, verstoße gegen ärztliches Berufsrecht, seine Bezeichnung als Schmerztherapeut sei wertlos (OLG Karlsruhe AfP 1998, 72).

Der Vorwurf gegen eine Rechtsanwältin, sie habe versucht, absprachewidrige Verhandlungen bzw Vereinbarungen zu kaschieren und erkennbar die Absicht gehabt, ihre Mandantin zu übertölpeln, in ihrem Verhalten seien Unredlichkeiten und Manipulationen zu erkennen, kann ohne Einbettung in Details der Interessenvertretung als substanzloses Pauschalurteil eingeordnet werden (so offenbar OLG Köln VersR 1999, 1163); dagegen kann die Aussage – umgeben von einem Tatsachengerüst – für den maßgebenden Adressatenkreis die Behauptung planmäßiger Irreführung des Mandanten oder einer auf Schädigung abzielenden Strategie enthalten, über deren tatsächliche Bezugspunkte Beweis erhoben werden kann.

LPG § 6 Sorgfaltspflicht der Presse

In einem Bericht über Ermittlungen gegen Apotheker und Pharmahandel ist die Aussage: „Erst die Kasse betrogen, dann auf und davon", unterlegt mit Details über die pflichtwidrige Nichtweitergabe von Preisvorteilen an die Krankenkassen und über die Aufteilung des Gewinns zwischen Ärzten und Apotheken zutreffend als Tatsachenaussage eingeordnet worden (OLG Karlsruhe NJW-RR 2003, 192); dagegen der Vorwurf: „Sabotage, Lüge, Bestechung. Im Kampf um die Gunst der Hörer greifen Deutschlands Privatsender zu immer härteren Maßnahmen" als Meinungsäußerung (KG AfP 1999, 369).

Der Vorwurf des Kassenarztes gegenüber der Kassenärztlichen Vereinigung, wissentlich „grob fehlerhafte Statistiken" erstellt, damit Gutachten in den Prüfungsausschüssen fehlgesteuert und Fehlentscheidungen der Prüforgane vorprogrammiert zu haben, ist vom BGH wegen des Kontextes als Tatsachenbehauptung angesehen worden, weil er beim sachkundigen Adressaten die Vorstellung von konkreten, in eine Wertung gekleideten Vorgängen hervorgerufen hat (BGH NJW 1992, 1314); vom BVerfG vom Standpunkt eines die kassenärztliche Abrechnungspraxis als sachlich ungerechtfertigt ablehnenden Kritikers aus als bloße Wertung (BVerfG NJW 1994, 2413).

Der Vorwurf gegenüber einer Fluggesellschaft, im Zusammenhang mit dem Ausfall eines Charterfluges in die Türkei zum Ramadanfest seien türkische Landsleute „in eine erbärmliche Lage" geraten, kann mangels Substanz bloßes abqualifizierendes Werturteil sein; er kann aber im Kontext auch als schlagwortartige Kurzbezeichnung für weitere mitgeteilte Daten in Richtung auf einen Betrug eine konkrete Notsituation der Fluggäste bezeichnen und dann durch diese Tatbestandsbeschreibung festgelegt sein (BGH NJW 1987, 1403 − *Türkol I*). Die Bezeichnung von Unternehmen einer Branche als „Ketten-Mafia" kann in Verbindung mit den übrigen Behauptungen selbst Tatsachenqualität haben (BGH NJW 1993, 525/526). Weitere Beispiele Rn 157, 191 ff. sowie bei *v Gamm* Rn 32 ff.

88b Bei der schlagwortartigen Bezeichnung als „Nazi", „Faschist", „Kommunist", „Terrorist", „Diktator", „Zigeunerjude" kommt es für die Einordnung als Tatsachaussage oder abwertendes subjektives Urteil vor allem darauf an, ob der Kritisierte damit einer bestimmten Gruppe zugeordnet werden soll (BayObLG AfP 2002, 221 − *Zigeunerjude;* bestätigt durch BVerfG, Beschl v 12.7.2005 − 1 BvR 2097/02, bisher nicht veröff) oder ob der Äußernde eine entsprechende Geisteshaltung oder äußeres Verhalten klassifizieren, also subjektiv bewerten will (OLG Jena OLGR 2001, 202 − *Bürgermeister als Diktator*). Häufig geht es dem Kritiker nicht um eine Tatsachenaussage, sondern nur um ein Abqualifizieren.

Die Bezeichnung eines Ministers als „Oberfaschist", weil er eine Schankerlaubnis verweigert hat, ist Schmähung (BGH JW 1987, 1400 − *Oberfaschist*);
die Bezeichnung einer Religionsgemeinschaft als „Nazi-Sekte" kann bloße plakative Bewertung sein (OLG Hamburg NJW 1992, 2035);
der Vorwurf, die Deutschlandstiftung sei „von Alt- und Neufaschisten durchsetzt", kann in dem Zusammenhang, in den sie fällt, Tatsächliches über die Mitgliederstruktur aussagen (BGH NJW 1974, 1762).

Die Bezeichnung eines Rechtsanwalts als „Multifunktionär mit einschlägig brauner Sektenerfahrung" ist mangels Erkennbarkeit eines damit umschriebenen Profils als Werturteil eingestuft worden (OLG Hamburg NJW-RR 2000, 1292).

Zu den Besonderheiten für die Einordnung künstlerischer und wissenschaftlicher Aussagen vgl Rn 78.

dd) Revisibilität der Abgrenzung

89 Die Einordnung einer Äußerung als Tatsachenbehauptung oder als Meinung bzw Werturteil kann deshalb von fallentscheidender Bedeutung sein (BVerfGE 61, 1/7 − *Wahlkampfäußerung;* 99, 185/196 − *Sektenmitgliedschaft;* BVerfG NJW 2003, 277 − *Anwaltsranglisten;* 2013, 217; BGHZ 154, 54/60 − *Sektenkampagne*). Die falsche Qualifizierung einer Meinung als Tatsachenbehauptung kann so das Grundrecht der Mei-

B. Geschützte Individualgüter § 6 LPG

nungsfreiheit unzulässig einschränken; ebenso wie die falsche Einordnung einer Tatsachenaussage als Werturteil das Persönlichkeitsrecht des Betroffenen. Daher ist das richterliche Beurteilungsermessen revisionsrechtlich vom BGH nachprüfbar (BVerfGE 94, 1/8; BVerfG NJW 2013, 217; BGH NJW 1978, 1797/1798 – *Böll I*; 1992, 1312/1313 – *Korruptionsprozess;* 1994, 2614/2615 – *Pleite gehen;* AfP 1994, 295 – *verdeckte Behauptung I;* 1994, 299 – *verdeckte Behauptung II*) und einer umfassenden Nachprüfung durch das BVerfG auf seine Vereinbarkeit mit Art 1, 2 Abs 1 und 5 Abs 1 und 3 GG eröffnet.

b) Ermittlung des Tatsachengehalts

aa) Durchschnittsleser als Maßstab

Art 5 Abs 1 GG ist auch bei der Ermittlung des ehrverletzenden Aussagegehalts zu 90 beachten. Der Sinn einer Äußerung darf nicht auf einem Weg oder in einer Weise ermittelt werden, die der zentralen Bedeutung des Grundrechts auf freie Artikulation und freien Gedankenaustausch widersprechen (BVerfGE 82, 272/282 – *Zwangsdemokrat;* 93, 266/289 – *Soldaten sind Mörder II;* BVerfG NJW 1990, 1980 – *Stoppt Strauß;* 1994, 2943 – *Soldaten sind Mörder I*). Die Ermittlung des Inhalts darf nicht einseitig auf das Herausfinden von ehrverletzenden Faktoren fixiert sein, sondern muss dem Gesagten oder Geschriebenen möglichst gerecht zu werden suchen (vgl BVerfGE 43, 130 – *Flugblatt*). Maßgebend ist grundsätzlich – anders bei Zitaten, für die der Zitierte den Maßstab für das Verständnis setzt – nicht der Sinn, den der Äußernde beilegen wollte, sondern der in der Aussage objektivierte Sinngehalt, der durch Auslegung zu ermitteln ist (BVerfGE 82, 43/51 ff.; 82, 272/281 – *Zwangsdemokrat;* BVerfG NJW 2005, 1341 – *vollzugsfeindlich;* BGHSt 19, 235/237; BGH NJW 1982, 1805 – *Schwarzer Filz;* BayObLGSt 1963, 141; 1980, 32/34; NJW 1957, 1607). Das ist nicht an der Bedeutung, die das Lexikon der Aussage gibt, oder an den nach Außen nicht erkennbaren Absichten des Äußernden oder an dem Verständnis des kritisierten Betroffenen, sondern am Verständnis des Lesers, Hörers oder Fernsehzuschauers, an den sich die Äußerung richtet, zu messen unter Berücksichtigung der für ihn wahrnehmbaren, den Sinn der Äußerung mitbestimmenden Umstände (BVerfGE 93, 266/295 – *Soldaten sind Mörder II;* BVerfG NJW 2003, 1303 – *Benetton-Werbung H. I. V. Positive;* BGHZ 139, 95/102 – *Stolpe;* BayObLG AfP 2002, 221 ff. – *Zigeunerjude*). Denn es kommt für den Ehrenschutz auf die herabwürdigende Wirkung an. Deshalb ist die Gesamtheit der äußeren und inneren Umstände mit zu berücksichtigen, in deren Kontext die Äußerung gemacht wird, insbes sind die Anschauungen und Vorstellungen des Adressatenkreises ebenso angemessen zu beachten wie dessen Gewöhnung an bestimmte Redewendungen und die Ortsüblichkeit bestimmter Ausdrücke. Das kann dazu führen, dass zB Rechtsbegriffe nicht ohne weiteres im fachlich-technischen Sinn zugrunde zu legen sind; vielmehr muss den Umständen entnommen werden, ob eine technische oder alltagssprachliche Begriffsbestimmung vorliegt. Näheres mit Fallbeispielen Rn 88a, b.

Abzustellen ist auf den Durchschnittsleser der jeweils angesprochenen Leserschaft. Dabei ist stets vom Wortlaut der Äußerung auszugehen, der aber den Sinn nicht abschließend festlegt, sondern auch von dem sprachlichen Kontext und den Begleitumständen, unter denen sie gemacht worden ist, bestimmt wird (BVerfG NJW 2013, 217) Die Rechtsprechung, die früher vielfach auf den „flüchtigen Zeitungsleser" abgestellt hat, hat den Maßstab zugunsten einer stärkeren Differenzierung aufgegeben (BVerfGE 43, 130/139 – *Politisches Flugblatt;* 93, 266/295 – *Soldaten sind Mörder II;* BVerfG NJW 2003, 1855 – *Asylbewerberheim;* 2010, 3501 – *GEN-Milch;* NVwZ 2002, 709 – *PKK-Plakat;* BGHZ 80, 25 – *Der Aufmacher I;* BGH NJW 1966, 1213/1214 – *Luxemburger Wort;* 1979, 1041 – *Exdirektor;* 1982, 1805 – *Schwarzer Filz;* 1997, 1148 – *Kritik an Chefarzt;* 2000, 656 – *Der Schmiergeldmann;* 2008, 2110 – *GEN-Milch*). Für Massenzeitungen maßgebend ist der „unbefangene (unvoreingenommene) Zeitungsleser", für Fernsehsendungen der „unbefangene Fernsehzuschauer", entsprechend der „unbefangene Betrachter" eines Plakats, der „unbefangene Hörer" des

Steffen

jeweils angesprochenen Empfängerkreises, der mit der Materie nicht speziell vertraut ist (BGHZ 95, 212/215 – *Nachtigall II;* BGH NJW 1957, 1146/1149 – *Krankenkassenpapiere;* 1965, 29 – *Gewerkschaftspropaganda;* 1977, 626 – *konkret;* 1979, 1041 – *Exdirektor;* 1985, 1621 – *Türkol I;* 1987, 2225/2226 – *Umweltskandal;* AfP 1987, 495 – *wohlwollender BE;* 1988 34/35 – *Intimbericht;* GRUR 1970, 370 – *Nachtigall I).* Eine andere Beurteilung kann sich ergeben, wenn nach dem Charakter der Pressemitteilung ein speziell interessierter und entsprechend informierter Leserkreis angesprochen wird, zB bei Fachzeitschriften oder Börsenberichten (BGH NJW 1971, 1655 – *Sabotage;* 1977, 626 – *konkret;* Wenzel AfP 1978, 143).

bb) Berücksichtigung des Kontextes. Deutungsalternativen

91   Die inkriminierte Aussage darf nicht aus dem Kontext, in den sie eingekleidet ist, für die Ermittlung ihres Gehalts herausgelöst werden, sondern ihr Aussagegehalt erschließt sich in aller Regel erst vollständig im Zusammenspiel mit den übrigen Aussagen und den Umständen, unter denen sie gemacht worden ist (BVerfG NJW 2009, 3016 – *durchgeknallter Staatsanwalt;* 2010, 3501 – GEN-Milch; 2013, 217; BGHZ 132, 13/20 – *Der Lohnkiller;* 180, 114/121 – *Beerdigung in Monaco;* BGH NJW 2003, 1308/1310 ff., insoweit nicht in BGHZ 154, 54 – *Sektenkampagne* mwN; 2005, 279/281 – *Bauernfängerei;* 2008, 2110 – *GEN-Milch;* 2010, 760 – *Roger Willemsen-Interview).* Beispiele für die Kontextdeutung BGHZ 139, 95/102 – *Stolpe;* BGH NJW 1997, 2513/2514 – *Beschwerde an Rechtsanwaltskammer;* OLG Karlsruhe NJW-RR 2001, 766 – *Fremdfirmenbeschäftigte;* OLG Köln NJW-RR 2001, 1486/1487 – *Gefälligkeitsjournalismus;* AfP 2001, 524 – *Ermittlungsverfahren gegen WestLB.* Schlagzeilen können zwar eigenständigen Informationsgehalt haben, insbes für sog Kioskleser, die die Zeitung nur in der Auslage „lesen"; gleichwohl ist für ihren Informationsgehalt der Text mit zu berücksichtigen, den sie kennzeichnen sollen; ebenso wie dessen Aussagegehalt durch die Schlagzeile mitgeprägt wird (KG NJW-RR 1999, 1547; AfP 1999, 361). Entsprechend sind Bild und Bildbegleittext in ihrem Zusammenspiel zu interpretieren (OLG München AfP 1998, 635; KG NJW-RR 1999, 1547). Zum Zusammenspiel von Text und Strichgraphik OLG München NJW-RR 1996, 1635.

Ebenso verlangt das Grundrecht der Meinungsfreiheit, dass in der Würdigung des Aussagegehalts dem Anliegen des Kritikers und dem Standort, von dem aus die Kritik geführt wird, Rechnung getragen wird, sofern sich diese Parameter in dem Artikel und den Umständen seiner Veröffentlichung niederschlagen. Müsste die Presse einen Kommentar, eine Stellungnahme stets darauf kontrollieren, ob die Meinung des Kommentators oder seine Bewertung auch wirklich von allen Lesern als solche verstanden wird, so wäre das ein generelles Hindernis für die Meinungsäußerung in vielen Bereichen. So müssen Anlass, gesellschaftlicher, sozialer, wirtschaftlicher Hintergrund sowie das politische, weltanschauliche, ideologische Lager, aus dem die Äußerung stammt, mitberücksichtigt werden).

Auch muss die grundrechtliche Gewährleistung in Art 5 Abs 1 GG dazu veranlassen, von mehreren objektiv möglichen Deutungen auch die weniger herabsetzende zu erwägen und sich für die belastendere erst zu entscheiden, wenn die anderen Deutungsmöglichkeiten mit nachvollziehbaren Gründen auszuschließen sind (BVerfGE 43, 130/136 – *Politisches Flugblatt;* 82, 43/51 – *Stoppt Strauß;* 82, 272/281 – *Zwangsdemokrat;* 85, 1/13 f. – *Kritische Bayeraktionäre;* 93, 266/289 – *Soldaten sind Mörder II;* 94, 1/9 – *DGHS I;* 114, 339/349 – *Stolpe;* BVerfG NJW 1992, 2013/2014; 1993, 1845 – *Chefarzt;* 1994, 2943 – *Soldaten sind Mörder I;* 2002, 3315 – *Sicherheitsdienst;* 2002, 3767 f. – *Bonnbons;* 2003, 1303 – *Benetton-Werbung H. I. V. Positive;* 2009, 3016 – *durchgeknallter Staatsanwalt;* ZUM 2005, 917 – *frauenfeindliche Fahrschule;* BGHZ 143, 199/206 – *Sticheleien von Horaz).* Der Äußernde soll keine Sanktion befürchten müssen wegen einer Deutung, die das Gemeinte verfehlt. Demgegenüber ist für den vorbeugenden Unterlassungsanspruch die stärker verletzende Deutungsvariante zugrunde zu legen, weil der Äußernde sie durch Klarstellung ausräumen kann. Das gilt

B. Geschützte Individualgüter § 6 LPG

aber nur, wenn die Äußerung vom Durchschnittspublikum als mehrdeutig auch wahrgenommen wird; anders wenn sie auch von dem oder den Adressaten als so mehrdeutig erkannt wird, daß sie deshalb keinen Raum für Mißverständnisse läßt (BVerfG NJW 2010, 3501 – *GEN-Milch*). Vgl. dazu auch Rn 269. Um Verletzungen des Persönlichkeitsrechts des Zitierten möglichst auszuschließen, ist der Zitierende verpflichtet, die eigene Deutung einer mehrdeutigen Äußerung durch einen Interpretationsvorbehalt kenntlich zu machen (BVerfGE 54, 208/221 – *Böll*; BVerfG NJW 2013, 774 – *Die Arche Noah*).

Bewusstes Verschweigen wesentlicher Umstände, durch das beim Leser oder Hörer ein falscher Eindruck entstehen kann, kann als unwahre Tatsachenbehauptung zu würdigen sein (BGH NJW 2006, 601/602 – *Erzbistum* mwN).

cc) Verdeckte Behauptungen

Besondere Zurückhaltung ist in der Überprüfung eines Textes auf Behauptungen geboten, die „verdeckt" „zwischen den Zeilen" stehen. Selbstverständlich ist der Betroffene auch gegen sie geschützt. Aber der Rechtsanwender muss vorsichtig in der Interpretation sein, vor allem wo der „offene" Text nicht zu beanstanden ist. Es wäre das Ende der Kritikfreiheit, wenn der Kritiker sich nicht nur an dem Gesagten messen lassen müsste, sondern auch an dem, was einige Leser oder der Richter selbst noch alles aus dem Text „zwischen den Zeilen" herauszulesen vermeinen. Als „verdeckt" kann nur in Betracht kommen, was im Zusammenspiel „offener" Behauptungen als zusätzliche eigene Mitteilung des Kritikers hervortritt, die sich dem Leser als unabweisbare Schlussfolgerung nahe legt, also nicht nur das Ergebnis von Schlussfolgerungen des Lesers ist, die der Kritiker zwar durch Denkanstöße angeregt, aber letztlich dem Leser als eigene Arbeit überantwortet hat. Von „verdeckten" Aussagen kann keine Rede sein, wenn solches Verständnis sich mühelos aus Eigengesetzlichkeiten und Zwängen der Pressearbeit, aus dem Konzept, dem sprachlichen Duktus erklären lässt (BVerfG NJW 2004, 1942; BGHZ 78, 9/14 f. – *Medizin-Syndikat I*; 78, 24 – *Medizin-Syndikat III*; AfP 2008, 58 – *Gegendarstellung*; BGH AfP 1994, 295/297 – *verdeckte Behauptung I*; 1994, 299/300 – *verdeckte Behauptung II*; NJW 1997, 2513/2514 – *Beschwerde an Rechtsanwaltskammer*; 2000, 656/657 – *Der Schmiergeldmann*; OLG Hamburg NJW-RR 1996, 926; 1997, 724 AfP 2009, 149; OLG München AfP 2000, 174).

dd) Künstlerische Aussagen

Zu der Feststellung des Gehalts künstlerischer Aussagen vgl Rn 78.

c) *Behaupten. Verbreiten*

Die §§ 186, 187, 188 StGB schützen gegen das Behaupten und Verbreiten ehrenrühriger falscher oder nicht erweislich wahrer Informationen. Behaupten ist die Mitteilung der Tatsache als eigenes Wissen oder unter Sich-Identifizieren mit der Behauptung eines Dritten, indem der Mitteilende sie sich erkennbar zu eigen macht (BGHZ 66, 182/189 – *Panorama*; 132, 13/18 – *Der Lohnkiller*; 154, 54 – *Sektenkampagne*; BGH NJW 1970, 187 – *Hormoncreme*; 1973, 1460 – *Kollo-Schlager*; 1977, 1288/1289 – *Abgeordnetenbestechung*); insb wenn die Äußerung des Anderen so in den eigenen Gedankengang eingefügt ist, daß sie als eigene erscheint (BGH NJW 2010, 760 – *Roger Willemsen-Interview*); 2012, 2345 f. – *RSS-Feeds*. Zusätze wie „so viel ich weiß" oder „offenbar" oder „unbestätigt" (OLG Frankfurt NJW-RR 2003, 37) nehmen dem Behaupteten diese Rolle nicht. Auch verdecktes Behaupten reicht dazu aus: das Formulieren als Frage oder das Aussprechen eines Verdachts, eines Gerüchts kann genügen (RGZ 60, 190; 95, 339; BGH NJW 1955, 352; 1970, 187; WM 1956, 1094; OLG Brandenburg NJW-RR 2002, 1269; OLG Frankfurt NJW-RR 2003, 37). Unerheblich ist, ob der Behauptende die Aussage von sich aus macht oder zu ihr proviziert worden ist, etwa durch die Frage eines Interviewers (BGH 1974, 1460 – *Kollo-Schlager*). Wo eine Rundfunk- oder Fernsehanstalt nur ein Dis-

92

93

kussionsforum zur Verfügung stellt, macht sie sich die Äußerung der Disputanten nicht schon deshalb zu eigen; vgl. auch EGMR NJW 2006, 1645/1649 – *Pedersen u. Baadsgaard./. Dänemark* zu Art 10 EMRK. Doch kann sich aus der Dramaturgie ergeben, dass der Autor der Sendung sich Äußerungen Dritter zu eigen machen will (BGHZ 66, 182/188f. – *Panorma;* BGH NJW 1970, 187 – *Hormoncreme*). Entsprechendes gilt für die von einer Zeitung veranstalte Podiumsdiskussion; oder ihre Dokumentation eines Meinungsstands, in der Äußerungen und Stellungnahmen verschiedener Seiten zusammen- und gegenübergestellt werden (BGHZ 132, 13/18f. – *Der Lohnkiller*). Diese Ausnahmen für Live-Sendungen gelten natürlich nur für die Erstausstrahlung, nicht für Wiederholungen (BGH NJW 2007, 2558 – *Katzenfreund*).

Entsprechend sind für Aussagen im Internet „eigene" Inhalte des Diensteanbieters iSv § 7 Abs. 1 TMG nicht nur diejenigen, die vom Provider herrühren, sondern auch fremd erstellte Inhalte, die der Diensteanbieter so übernimmt, dass er aus der Sicht eines objektiven Nutzers für sie Verantwortung tragen will (BGH NJW 2007, 2558 – *Katzenfreund*; 2012, 2345f. – *RSS-Feeds*). Dazu bedarf es der wertenden Betrachtung aller Umstände des Einzelfalls (OLG Köln NJW-RR 2003, 1700 zu § 5 TDG).

94 Verbreiten ist die Weitergabe der Behauptung eines Dritten, ohne dass der Äußernde sich mit ihr identifiziert (RGZ 101, 335/338; BGHZ 132, 13/18f. – *Der Lohnkiller;* BGH NJW 1970, 187/189 – *Hormoncreme;* 1977, 1288 – *Abgeordnetenbestechung*); also zB die Mitteilung einer Tatsache als Gerücht, das als unbestätigt oder unglaubwürdig bezeichnet wird (RGSt 22, 223; 38, 368; BGHSt 18, 183). Auch wer sich bei der Wiedergabe der Mitteilung von ihr ausdrücklich distanziert, erfüllt grundsätzlich den Tatbestand des Verbreitens. Allerdings erfordert die Verbreiterhaftung Kenntnis oder zumindest fahrlässige Unkenntnis der Äußerung und ihrer Verbreitung; technische Verbreiter müssen zur Inhaltsprüfung verpflichtet sein. Nicht muss Ziel des Verbreiters sein, die Aussage an einen größeren Kreis gelangen zu lassen (RGSt 30, 224; 31, 63; 55, 277). Es genügt ihre Weitergabe als „vertraulich"; sogar an eine Person, die sie schon kennt (BayObLG 11, 323; 13, 72). Nur darf der Adressat nicht der Beleidigte selbst sein (BayObLG NJW 1995, 57; OLG Köln NJW 1964, 2121). Ebensowenig erfüllt der Abruf von Informationen aus dem eigenen Archiv den Begriff des Verbreitens. Der BGH hat auch für den Abruf von Bildnisses aus dem Bildarchiv eines Drittunternehmens durch den Presseverlag als „quai presseintern" eine Verbreitungshandlung iSv § 22 KUG verneint (BGHZ 187, 354/358 – *Jahrhundertmörder*). Das sollte aber nur für Fallgestaltungen gelten, in denen das Archiv organisatorisch dem Presseverlag zuzuordnen ist. Von der strafrechtlichen Haftung freigestellt ist die Parlamentsberichterstattung im Rahmen von Art 42 Abs 3 GG, § 37 StGB (dazu Rn 180) sowie von der Verpflichtung zum Abdruck einer Gegendarstellung auf Berichte über die Verhandlungen auch der kommunalen Parlamente. Darüber hinaus ist die strafrechtliche Verbreiterhaftung durch die Beschränkung auf den intellektuellen Verbreiter – im Gegensatz zu dem nur technischen Verbreiter (Drucker, Vertriebsunternehmer) – sowie durch das Korrektiv des Vorsatzes, und in den Fällen, in denen die Presse mit der Weitergabe ihre öffentliche Aufgabe erfüllt, durch die Wahrnehmung berechtigter Interessen iSv § 193 StGB eingeschränkt, etwa wo sie unter eindeutiger Distanzierung einem bereits öffentlich diskutierten Gerücht oder Verdacht entgegentritt (BGHZ 132, 13/18f. – *Der Lohnkiller* mwN). Näher dazu Rn 180.

d) § 186 StGB: Üble Nachrede

95 Wer in Beziehung auf einen anderen eine Tatsache behauptet oder verbreitet, welche denselben verächtlich zu machen oder in der öffentlichen Meinung herabzuwürdigen geeignet ist, wird, wenn nicht diese Tatsache erweislich wahr ist, mit Freiheitsstrafe bis zu einem Jahr oder mit Geldstrafe und, wenn die Tat öffentlich oder durch Verbreiten von Schriften (§ 11 Abs 3) begangen ist, mit Freiheitsstrafe bis zu zwei Jahren oder mit Geldstrafe bestraft.

§ 186 StGB stellt in den Mittelpunkt die Nichterweislichkeit der Information. Wer die Ehre eines anderen gefährdende Aussagen macht, soll sie prinzipiell nur machen

B. Geschützte Individualgüter **§ 6 LPG**

dürfen, wenn er sie auch beweisen kann. Die Vorschrift geht also bis zum Beweis des Gegenteils vom Geltungswert des Betroffenen in der ihm durch die Aussage abgesprochenen Beziehung aus. Das Risiko wird dem Äußernden zugewiesen. Deshalb nimmt der Umstand der Nichterweislichkeit an den subjektiven Voraussetzungen (mindestens bedingter Vorsatz) nicht teil. Es genügt allerdings der Beweis des Tatsachenkerns (BGHSt 18, 182); unbedeutende Übertreibungen können unschädlich sein (OLG Hamm JMinBl NRW 1958, 112). Näheres zur Prüfungspflicht und zu gesetzlichen Erleichterungen Rn 162 ff., 185.

Die Beweislast für die Wahrheit der Tatsachenaussage gilt aber nach § 193 StGB nicht, wenn sich die Veröffentlichung auf die Wahrnehmung berechtigter Interessen berufen kann. Das trifft vor allem dann zu, wenn an der Veröffentlichung ein Interesse der Öffentlichkeit besteht. In aller Regel ist deshalb die Presseberichterstattung von der Beweislast freigestellt, wenn sie sich auf sorgfältige Recherchen stützen kann. Diese Prüfungspflichten richten sich am Maßstab pressemäßiger Sorgfalt aus und sind identisch mit denen, die die presserechtlichen Sorgfaltspflichten der LPG verlangen. Näheres dazu vgl Rn 185.

e) § 187 StGB: Verleumdung

Wer wider besseres Wissen in Beziehung auf einen anderen eine unwahre Tatsache behauptet oder **96** verbreitet, welche denselben verächtlich zu machen oder in der öffentlichen Meinung herabzuwürdigen oder dessen Kredit zu gefährden geeignet ist, wird mit Freiheitsstrafe bis zu zwei Jahren oder mit Geldstrafe und, wenn die Tat öffentlich, in einer Versammlung oder durch Verbreiten von Schriften (§ 11 Abs 3) begangen ist, mit Freiheitsstrafe bis zu fünf Jahren oder mit Geldstrafe bestraft.

§ 187 StGB hat in seiner ersten Alternative dieselbe Schutzrichtung wie § 186 StGB. Indes hat der Gekränkte hier stets die Unwahrheit zu beweisen. Auch muss der Täter wider besseren Wissens, dh vorsätzlich die Unwahrheit gesagt haben; bedingter Vorsatz reicht nicht aus. Gelingt dieser Nachweis nicht, wie das für Presseveröffentlichungen durchweg der Fall sein dürfte, dann kommt § 186 StGB in Betracht. Für diese Vorschrift ist die Nichterweislichkeit bzw Unwahrheit der Tatsachenaussage bloße Strafbarkeitsbedingung, auf die sich das Verschulden nicht zu erstrecken braucht (Rn 95).

In ihrer 2. Alternative gewährt die Vorschrift keinen Ehren-, sondern Vermögensschutz gegen wider besseres Wissens aufgestellte oder verbreitete Behauptungen, die zur Kreditgefährdung geeignet sind. Insoweit findet die Vorschrift eine zivilrechtliche Entsprechung in § 824 BGB. Indes geht dessen Schutz weiter, weil § 824 BGB keinen Vorsatz verlangt.

f) § 188 StGB: Üble Nachrede und Verleumdung gegen Personen des politischen Lebens

(1) Wird gegen eine im politischen Leben des Volkes stehende Person öffentlich, in einer Versamm- **97** lung oder durch Verbreiten von Schriften (§ 11 Abs 3) eine üble Nachrede (§ 186) aus Beweggründen begangen, die mit der Stellung des Beleidigten im öffentlichen Leben zusammenhängen, und ist die Tat geeignet, sein öffentliches Wirken erheblich zu erschweren, so ist die Strafe Freiheitsstrafe von drei Monaten bis zu fünf Jahren.
(2) Eine Verleumdung (§ 187) wird unter den gleichen Voraussetzungen mit Freiheitsstrafe von sechs Monaten bis zu fünf Jahren bestraft.

§ 188 StGB (= § 187a StGB aF) verstärkt den Ehrenschutz für Personen des politischen Lebens. Sie soll der Vergiftung der politischen Landschaft und der Verhetzung durch ehrabschneidende nicht erweislich wahre oder unwahre Informationen entgegenwirken (BVerfGE 4, 352/356; BGHSt 6, 159/161). Die Vorschrift ist verfassungsgemäß (BVerfGE 4, 352). Schon aus rechtsstaatlichen Gründen ist der aber wenig scharf definierte Kreis der geschützten Personen eng zu ziehen (BayObLGSt 1982, 58; 1959, 51): Dazu gerechnet werden Personen, die sich für eine gewisse Dauer mit grundsätzlichen Angelegenheiten des Staats befassen, welche seine Verfassung, Gesetzgebung, Verwaltung internationalen Beziehungen berühren und die aufgrund der ausgeübten Funktion das politische Leben maßgebend beeinflussen (BGHSt 4, 338/339; BayObLGSt 1982, 56; 1989, 50; *Schönke/Schröder/Lenckner* Rn 2; *Lackner/Kühl* Rn 2; *Fischer* Rn 2; *NK-StGB/Zazyk* § 187a Rn 3). In Betracht kommen der Bundespräsident, die Kabinettsmitglieder, die Abgeordneten (BGHSt 3, 73/74; BGH NJW 1952, 194), die Bundesverfassungsrichter (BGHSt 4, 338), die führenden Mitglieder der politischen Parteien (OLG Düsseldorf NJW 1983, 1211), Gewerkschaftsführer, Arbeitgeberpräsidenten, sofern ihr politischer Einfluss erheblich ist. Politisch betätigen iSv einer unmittelbaren Einwirkung über politische Zielsetzung müssen sie sich aber nicht (BGHSt 4, 338/339 – *Bundesverfassungsrichter*). Personen des öffentlichen Lebens sind den „im politischen Leben des Volkes stehenden" Personen des § 188 StGB nicht gleichzusetzen.

98   Der verstärkte Ehrenschutz beschränkt sich wie §§ 186, 187 StGB auf unwahre bzw. nicht erweislich wahre Tatsachenaussagen. Er greift nur ein, wenn die beanstandete Information ihrem Inhalt nach geeignet ist, das öffentliche Wirken des Betroffenen erheblich zu erschweren (BGH NJW 1954, 649; NStZ 1981, 300; kritisch dazu *Schönke/Schröder/Lenckner* Rn 6; SK-*Rudolphi* § 187a Rn 5; *Hoyer*, Die Eignungsdelikte, 1987, S 146 f.). Diese Eignung muss vom Vorsatz umfasst sein. Darüber hinaus muss die Tat aus Beweggründen begangen werden, die mit der Stellung des Beleidigten im öffentlichen Leben zusammenhängen. Es muss die Stellung des Beleidigten im öffentlichen Leben der entscheidende Anlass sein. Seine Person als solche reicht als Beweggrund nicht. Welches Endziel der Beleidiger verfolgt, interessiert nicht; auch nicht, ob er die Stellung des Beleidigten im politischen Leben untergraben will. Es genügt zB das bloße Spekulieren auf eine höhere Auflage wegen der besonderen politischen Stellung des Opfers (BGHSt 4, 119/121).

Dass die Strafvorschrift der Presse die Kontrolle gerade der politisch wirksamsten Kräfte in verfassungsrechtlich bedenklicher Weise erschwere (so *Soehring* 12.22, 12.28; *Damm/Rehbock* Rn 324), ist keine zwangsläufige Folge. Auch die Auslegung des § 188 StGB steht unter dem Einfluss von Art 5 Abs 1 GG. Insbesondere soweit es um nicht erweislich wahre Behauptungen geht, ist der Geltungsbereich der Beweisregel ebenso wie für § 186 StGB für Presseveröffentlichungen in Fragen, die die Öffentlichkeit wesentlich berühren, durch § 193 StGB erheblich eingeschränkt. Näheres dazu Rn 45 ff.; 99.

g) Verunglimpfung des Bundespräsidenten, der Bundesrepublik bzw der Bundesländer und ihrer Symbole sowie der Verfassungsorgane

98a   **§ 90 StGB: Verunglimpfung des Bundespräsidenten**
(1) Wer öffentlich, in einer Versammlung oder durch Verbreiten von Schriften (§ 11 Abs 3) den Bundespräsidenten verunglimpft, wird mit Freiheitsstrafe von drei Monaten bis zu fünf Jahren bestraft.
(2) ...
(3) Die Strafe ist Freiheitsstrafe von sechs Monaten bis zu fünf Jahren, wenn die Tat eine Verleumdung (§ 187) ist oder wenn der Täter sich durch die Tat absichtlich für Bestrebungen gegen den Bestand der Bundesrepublik Deutschland oder gegen Verfassungsgrundsätze einsetzt.
(4) Die Tat wird nur mit Ermächtigung des Bundespräsidenten verfolgt.

§ 90a StGB: Verunglimpfung des Staates und seiner Symbole
(1) Wer öffentlich, in einer Versammlung oder durch Verbreiten von Schriften (§ 11 Abs 3)
1. die Bundesrepublik Deutschland oder eines ihrer Länder oder ihre verfassungsmäßige Ordnung beschimpft oder böswillig verächtlich macht oder
2. die Farben, die Flagge, das Wappen oder die Hymne der Bundesrepublik Deutschland oder eines ihrer Länder verunglimpft,
wird mit Freiheitsstrafe bis zu drei Jahren oder mit Geldstrafe bestraft.
(2) Ebenso wird bestraft, wer eine öffentlich gezeigte Flagge der Bundesrepublik Deutschland oder eines ihrer Länder oder ein von einer Behörde öffentlich angebrachtes Hoheitszeichen der Bundesrepublik Deutschland oder eines ihrer Länder entfernt, zerstört, beschädigt, unbrauchbar oder unkenntlich macht oder beschimpfenden Unfug daran verübt. Der Versuch ist strafbar.
(3) Die Strafe ist Freiheitsstrafe bis zu fünf Jahren oder Geldstrafe, wenn der Täter sich durch die Tat absichtlich für Bestrebungen gegen den Bestand der Bundesrepublik Deutschland oder gegen Verfassungsgrundsätze einsetzt.

§ 90b StGB: Verfassungsfeindliche Verunglimpfung von Verfassungsorganen
(1) Wer öffentlich, in einer Versammlung oder durch Verbreiten von Schriften (§ 11 Abs 3) ein Gesetzgebungsorgan, die Regierung oder das Verfassungsgericht des Bundes oder eines Landes oder eines ihrer Mitglieder in dieser Eigenschaft in einer das Ansehen des Staates gefährdenden Weise verunglimpft und sich dadurch absichtlich für Bestrebungen gegen den Bestand der Bundesrepublik

B. Geschützte Individualgüter § 6 LPG

Deutschland oder gegen Verfassungsgrundsätze einsetzt, wird mit Freiheitsstrafe von drei Monaten bis zu fünf Jahren bestraft.
(2) Die Tat wird nur mit Ermächtigung des betroffenen Verfassungsorgans oder Mitglieds verfolgt.

Der nach §§ 90, 90a und 90b StGB durch Strafverschärfung erhöhte Schutz der Ehre und des Ansehens des Staats und seiner Organe hat seinen Normzweck über den Ehrenschutz hinaus auch im Schutz der Bundesrepublik gegen Angriffe gegen ihren Bestand oder gegen die verfassungsmäßige Ordnung. Das gilt insbes für § 90b StGB, der nur eingreift, wenn die Äußerung in der Absicht verbreitet wird, sich für Bestrebungen gegen den Bestand der Bundesrepublik oder gegen Verfassungsgrundsätze einzusetzen; also durch eine konkrete Gefährdung des Staats und der mit dem Angriff verfolgten verfassungswidrigen Bestrebungen gekennzeichnet ist (*Tröndle/ Fischer* § 90b 3, 4). Sie knüpfen vornehmlich an den Tatbestand der Verunglimpfung iS einer nach Form, Inhalt oder Begleitumstände erheblichen Ehrkränkung an, die durch die Presse durch diffamierende Meinungsäußerungen oder durch unwahre Tatsachenaussagen über die geschützten Organe und Symbole begangen werden kann. Gleichgestellt ist in § 90a Abs 1 Ziff 1 StGB die Beschimpfung oder böswillige Verächtlichmachung des Bundes, der Bundesländer oder der verfassungsmäßigen Ordnung.

Bei der Anwendung dieser Strafvorschriften auf die Medien ist – wie allgemein für die Schranken des Art 5 Abs 2 GG – nicht nur der für die freiheitliche Demokratie konstituierenden Bedeutung der Meinungsfreiheit (Art 5 Abs 1 S 1 GG), sondern der durch die Gewährleistung in Art 5 Abs 1 S 2 GG geschützten Aufgabe der Medien zur kritischen Kontrolle des Staats und seiner Institutionen Rechnung zu tragen (BVerfGE 93. 266/293 – *Soldaten sind Mörder;* BVerfG NJW 1999, 204/205 – *Flugblatt Oktoberfest;* 2012, 1273 – *Georg Elsner – allein gegen Hitler*). Näher dazu Rn 26. Soweit diese Kritik in künstlerischer Gestaltung, insbes als Karikatur oder Satire, vorgetragen wird, greift ferner die Gewährleistung der Kunstfreiheit ein; zu diesem Spannungsfeld und Beispielsfällen aus der Rechtsprechung näher Rn 31 ff.

h) § 103 StGB: Beleidigung von Organen und Vertretern ausländischer Staaten

(1) Wer ein ausländisches Staatsoberhaupt oder wer mit Beziehung auf ihre Stellung ein Mitglied einer ausländischen Regierung, das sich in amtlicher Eigenschaft im Inland aufhält, oder einen im Bundesgebiet beglaubigten Leiter einer ausländischen diplomatischen Vertretung beleidigt, wird mit Freiheitsstrafe bis zu drei Jahren oder mit Geldstrafe, im Falle der verleumderischen Beleidigung mit Freiheitsstrafe von drei Monaten bis zu fünf Jahren bestraft.
(2) Ist die Tat öffentlich, in einer Versammlung oder durch Verbreiten von Schriften (§ 11 Abs 3) begangen, so ist § 200 anzuwenden. Den Antrag auf Bekanntgabe der Verurteilung kann auch der Staatsanwalt stellen.

§ 104a StGB: Voraussetzungen der Strafverfolgung
Straftaten nach diesem Abschnitt werden nur verfolgt, wenn die Bundesrepublik Deutschland zu dem anderen Staat diplomatische Beziehungen unterhält, die Gegenseitigkeit verbürgt ist und auch zurzeit der Tat verbürgt war, ein Strafverlangen der ausländischen Regierung vorliegt und die Bundesregierung die Ermächtigung zur Strafverfolgung erteilt.

Repräsentanten ausländischer Staaten sind auf Grund von §§ 103, 104a StGB durch eine Strafschärfung verstärkt nicht nur gegen beleidigende Tatsachenbehauptungen, sonder generell gegen Beleidigungen iSv §§ 185 bis 187 StGB geschützt, wenn mit dem betreffenden Staat diplomatische Beziehungen bestehen, die Gegenseitigkeit verbürgt ist und ein entsprechender Strafantrag gestellt wird. Sind diese Voraussetzungen nicht erfüllt, nehmen sie am allgemeinen Strafrechtsschutz der Person gegen Ehrverletzungen und Rufschädigungen teil. Auch dieser Ehrenschutz unterliegt den Beschränkungen aus Art. 5 Abs. 1 und 3 GG (BayVGH NJW 2011, 109 – *Pabstpuppe und -plakat*).

i) § 193 StGB. Wahrnehmung berechtigter Interessen

Tadelnde Urteile über wissenschaftliche, künstlerische oder gewerbliche Leistungen, desgleichen Äußerungen, welche zur Ausführung oder Verteidigung von Rechten oder zur Wahrnehmung berechtigter Interessen gemacht werden, sowie Vorhaltungen und Rügen der Vorgesetzten gegen ihre

LPG § 6 Sorgfaltspflicht der Presse

Untergebenen, dienstliche Anzeigen oder Urteile von Seiten eines Beamten und ähnliche Fälle sind nur insofern strafbar, als das Vorhandensein einer Beleidigung aus der Form der Äußerung oder aus den Umständen, unter welchen sie geschah, hervorgeht.

§ 193 StGB nimmt herabwürdigende Äußerungen, die „zur Wahrnehmung berechtigter Interessen" gemacht werden, von der Strafbarkeit als Beleidigung aus, sofern sie nicht eine Formalbeleidigung enthalten. Bei Bejahung berechtigter Interessen an der Veröffentlichung, die an sich einen Beleidigungstatbestand erfüllt, ist die Rechtswidrigkeit ausgeschlossen, selbst wenn iSv § 186 StGB die Äußerung „nicht erweislich wahr" ist. Die Vorschrift verlangt also eine Interessen- und Güterabwägung im Rahmen des Ehrenschutzes, wie sie der Ausgrenzung des Individualgüterschutzes gegenüber Presseveröffentlichungen ganz allgemein sozusagen wesenseigen ist (vgl Rn 33 f.). Deshalb ist auch hier ein Eingangstor für die Wertungen aus den Gewährleistungen des Art 5 Abs 1 und 3 GG (BVerfGE 93, 266 – *Soldaten sind Mörder II* BVerfG NJW 2006, 3769 – *Abtreibungsgegner;* NJW-RR 2012, 1002 – *Kampf ums Recht;* AfP 2010, 365 – *Haschpflanzen im Wohnzimmer;* BGHZ 132, 13/23 – *Der Lohnkiller;* 139, 95/105 ff. – *Stolpe;* OLG München ZUM-RD 2003, 577/580 – *Passionsspieler;* Rn 28), die sich insoweit vor allem auf die Zulässigkeit ehrverletzender oder kreditgefährdender unwahrer Tatsachenbehauptungen auswirken.

Für die Presseberichterstattung ist ein berechtigtes Interesse angesichts ihrer durch Art 5 Abs 1 S 2 GG gewährleisteten Rolle bei der Meinungsbildung in Angelegenheiten, die die Allgemeinheit wesentlich berühren, grundsätzlich zu bejahen. Die Anforderungen an das Publikationsinteresse sind nicht hoch anzusetzen (vgl Rn 46). Einschränkungen früherer Rechtsprechung sind durch Art 5 Abs 1 GG überholt.

Von vornherein fehlt ein berechtigtes Interesse an der Veröffentlichung bewusst unwahrer Behauptungen und von Schmähungen. Auch Art 5 Abs 1 GG schützt solche Veröffentlichungen nicht. Näher dazu Rn 52.

Infrage kommen deshalb nur Informationen, die sich zwar im Nachhinein als unwahr herausstellen, die aber „in gutem Glauben" an ihre Richtigkeit veröffentlicht worden sind. Nach § 186 StGB trägt der Kritiker dieses Risiko; § 193 StGB nimmt es ihm ab, wenn er es „zur Wahrnehmung berechtigter Interessen" eingegangen ist. Es kann durchaus im Rahmen der „öffentlichen" Aufgaben der Presse liegen, Informationen schon dann an die Öffentlichkeit zu bringen, bevor sie mit den der Presse zur Verfügung stehenden Mitteln innerhalb der ihr zur Verfügung stehenden Zeit vollständig verifiziert werden konnten (BGHZ 90, 113 – *Bundesbahnplanungsvorhaben;* 132, 13/23 – *Der Lohnkiller;* 139, 95/105 f. – *Stolpe;* BVerfG NJW 2007, 468 – *Insiderquelle;* BGH NJW 1977, 1288 – *Abgeordnetenbestechung;* 1987, 2225 – *Umweltskandal;* 1993, 930 – *illegaler Pelzhandel;* 1993, 525 – *Kettenmafia*). Dazu Rn 175 ff.

Allerdings muss die Presse schon wegen ihrer Breitenwirkung auf den Betroffenen besondere Rücksicht nehmen, wenn sie ihn den Gefahren einer nicht ausreichend verifizierten und deshalb möglicherweise unwahren Information aussetzt. Schlampige Recherchen, leichtfertiger Umgang mit der Pflicht, sich um wahrheitsgemäße Berichterstattung zu bemühen, schließen von vornherein die Berufung auf ein berechtigtes Interesse aus (BVerfGE 85, 1/21 – *Kritische Bayer-Aktionäre;* BVerfG ZUM 2005, 917 – *frauenfeindliche Fahrschule;* BGHZ 139, 95/106 – *Stolpe;* BGH NJW 1977, 1288 – *Abgeordnetenbestechung;* 1985, 1621 – *Türkol I;* 1987, 1403 – *Türkol II;* 1994, 2614/2616 – *Pleite gehen*). Die Presse muss also zumindest die Erfüllung pressemäßiger Recherchierungspflicht nachweisen, wenn sie dem Risiko des § 186 StGB entgehen will; wobei die Anforderungen an die Sorgfaltspflicht insbes bei Wahrnehmung der „öffentlichen" Aufgabe der Presse zur Machtkritik aber nicht überspannt werden dürfen (BVerfGE 85, 1/21 – *Kritische Bayer-Aktionäre;* BGHZ 139, 95/106 – *Stolpe*). Ferner dürfen Presseveröffentlichungen, die die Persönlichkeit schwerwiegend belasten, nicht als feststehend hinstellen ohne ausreichenden Hinweis auf bestehende Feststellungslücken (BVerfGE 114, 339/354 – *Stolpe*); dazu auch Rn 159, 171 ff. Grundsätzlich muss zudem wenigstens ein Mindestbestand an Indizien für die Wahrheit der Information ermittelt sein. Näher dazu Rn 176.

B. Geschützte Individualgüter § 6 LPG

Ganz allgemein ist für § 193 StGB der Verhältnismäßigkeitsgrundsatz zu beachten. Die Veröffentlichung muss durch das von ihr verfolgte Ziel gerechtfertigt sein. Sensations- und Stimmungsmache schützt § 193 StGB nicht. Je leichter die Überprüfung möglich ist, desto weniger besteht ein schutzwürdiges Interesse daran, auf die vollständige Verifizierung zu verzichten. Die Schwelle, an der die Pflicht zu wahrer Berichterstattung durch das Publikationsinteresse aufgewogen wird, ist umso höher anzusetzen, je gefährlicher die Berichterstattung für den Betroffenen ist. So kann es geboten sein, eine Information trotz der besonderen Aktualität ihres Inhalts wegen der dubiosen Informationsquelle zunächst nicht weiterzugeben (BGH NJW 1977, 1288 – *Abgeordnetenbestechung*). Zudem gebietet es der Verhältnismäßigkeitsgrundsatz, auf Erkenntnislücken hinzuweisen (vgl Rn 177).

Zur Beweislast der Wahrheit von historischen Gegebenheiten, für die kein Zeuge mehr zur Verfügung steht OLG München ZUM-RD 2003, 577/580: Beweisbelastung der Presse (für den Fall im Ergebnis vertretbar, als allgemeine Regel zweifelhaft).

5. § 189 StGB: Verunglimpfung des Andenkens Verstorbener

Wer das Andenken eines Verstorbenen verunglimpft, wird mit Freiheitsstrafe bis zu zwei Jahren oder mit Geldstrafe bestraft. **100**

§ 189 StGB erweitert den Ehrenschutz auch gegen unwahre und nicht erweislich wahre Behauptungen über den Tod hinaus. Zum Schutzgut näher Rn 101. Strafrechtlich geschützt ist der Ruf des Verstorbenen nur gegen „Verunglimpfen"; das setzt eine besonders schwere Ehrenkränkung voraus (BayObLGZ 1951, 786; vgl auch BGHSt 12, 366). Die Schwere kann sich aus dem Inhalt, aber auch aus der Form, den erkennbaren Motiven, dem Anlass, bei dem die Veröffentlichung gemacht wird, ergeben. Bedingter Vorsatz genügt. Soweit es um eine nicht erweislich wahre Tatsachenaussage geht, kann auch hier § 193 StGB eingreifen (*NK-StGB/Zazyk* § 189 Rn 9).

6. Träger des Schutzguts Ehre

a) Natürliche Personen

Beleidigungsfähig sind alle lebenden Menschen ohne Rücksicht darauf, ob sie sich **101** ihrer Ehre bewusst sind und die in der Kundgebung liegende Achtungsverletzung als Ehrenkränkung empfinden, also auch Kinder (BGHSt 7, 129/132) und Geisteskranke (BGHSt 23, 1/3f). Auch „bescholtene" Personen sind beleidigungsfähig, denn geschützt wird durch das Persönlichkeitsrecht auch der innerste, unverlierbare Kern der Person (vgl Rn 75).

Verstorbene sind in den strafrechtlichen Ehrenschutz nur insoweit einbezogen, als durch § 189 StGB das Pietätsgefühl ihrer Angehörigen geschützt wird (*Schönke/Schröder/Lenckner/Eisele* StGB Rn 2 vor § 185; SK-*Rudolphi/Rogall* Rn 34 vor § 185; *Fischer* § 189 Rn 2; *Lackner/Kühl* § 189 Rn 1; *NK-StGB/Zazyk* Rn 8 vor § 185).

b) Personengemeinschaften

Beleidigungsfähig können auch Personengemeinschaften sein. Sie haben zwar keine **102** Personenwürde, es kann aber ihr sozialer Geltungswert in der Gemeinschaft um ihrer Aufgaben willen ähnlich einer Einzelperson schutzbedürftig sein. Das ist der Fall, wenn sie eine rechtlich anerkannte gesellschaftliche Funktion erfüllen und einen einheitlichen Willen bilden können (BGHSt 6, 186/191; 36, 83/88; BGH NJW 1971, 1655; OLG Karlsruhe AfP 1998, 72; OLG Nürnberg NJW-RR 2003, 40 ff.). Ehrenschutz ist hier Funktionsschutz (*Ladeur* AfP 1991, 584/588 f.). Entscheidend ist die soziale Aufgabe und das Hervorbringen eines einheitlichen Willens, nicht die Rechtsform einer juristischen Person. In Betracht kommen deshalb Kapitalgesellschaften, zB eine AG (BGH NJW 2009, 1872 – *Fraport-Manila-Skandal*); eine GmbH als Verleger einer Tageszeitung (BGHSt 6, 186/191; BGH NJW 1974, 1762 – *Deutschlandstiftung*; 1975, 1882/1883 – *Geist v Oberzell*); Personengesellschaften des Handelsrechts (BGH

NJW 1980, 2807 – *Medizin-Syndikat;* 1981, 2117/2119 – *Abgeordnetenbestechung;* OLG Stuttgart NJW 1976, 628, OLG Karlsruhe NJW-RR 2001, 766 – *Fremdfirmenbeschäftigte);* Gewerkschaften und andere nichtrechtsfähige Vereine (BGH NJW 1971, 1655 – *Sabotage);* Stiftungen; das Rote Kreuz; religiöse Orden; politische Parteien (OLG München NJW 1996, 2515); Fraktionen (OLG Stuttgart AfP 2003, 365); juristische Personen des öffentlichen Rechts (BGH NJW 1982, 2246 – *Klinikdirektoren;* 1983, 1183 – *Vetternwirtschaft;* 2000, 3421 – *Babycaust I;* KG AfP 2010, 87; OLG München NJW-RR 2002, 186; ein Erzbistum (BGH NJW 2006, 601/602); Gesetzgebungsorgane des Bundes oder eines Landes; Behörden und sonstige Stellen mit Aufgaben der öffentlichen (OLG Hamburg AfP 2007, 488 – *BKA)* oder kirchlichen Verwaltung; Gerichte, Fakultäten der Universität; Industrie- und Handelskammer. Für sie folgt das schon aus § 194 Abs 3 S 2 und 3, Abs 4 StGB.

Nicht beleidigungsfähig sind Vereine, die lediglich Hobbys pflegen *(Schönke/ Schröder/Lenckner/Eisele* Rn 3a vor § 185; *Wenzel/Burkhardt* Kap 5 Rn 182); ebenso wenig die Familie als zwar nach innen, nicht aber nach außen handelnder korporaler Verband *(Schönke/Schröder/Lenckner/Eisele* Rn 4 vor § 185; *Fischer* Rn 11a vor § 185; SK-*Rudolphi* Vorb 10; *Lackner/Kühl* Vorb 5; vgl BGHSt 6, 186/192; BGH JZ 19 511, 520; BayObLGZ 1986, 92); natürlich kann der Angriff gegen die Familie auf einen bestimmten Familienangehörigen zielen und diesen dann beleidigen.

Die Gemeinschaft ist gegen Rufschädigungen nur geschützt, wenn und soweit sie durch die inkriminierte Äußerung unmittelbar betroffen ist; insbes durch einen Angriff auf sie selbst oder ihre Organe (BGH NJW 1982, 2246 – *Klinikdirektoren;* 1983, 1183 – *Vetternwirtschaft;* OLG München NJW-RR 2002, 186). Der Dachverband für Biathlon und Skilanglauf ist durch den Verdacht, daß Sportler gedopt sind, nicht betroffen (OLG Hamburg AfP 2008, 632). Eine Personengesellschaft kann durch die Kritik an einem mit ihr verbundenen Unternehmen unmittelbar betroffen sein, zB wenn die Kritik den Vorwurf kollusiven Zusammenwirkens mitenthält (OLG Karlsruhe NJW-RR 2001, 766).

c) Kollektivbeleidigungen

103 Von der Beleidigung von Personengemeinschaften, die unmittelbar als solche geschützt sind, zu unterscheiden ist die Beleidigung der einem Kollektiv angehörenden Einzelperson durch Herabwürdigung unter der Sammelbezeichnung des Kollektivs. Das Kollektiv selbst wird nicht beleidigt; gleichwohl braucht sich der Beleidiger die einzelnen Personen des Kollektivs, die er mit seinem Vorwurf trifft, nicht vorzustellen. Erforderlich ist nur, dass er weiß und in seinen Willen aufnimmt, dass seine Äußerung vom Publikum auf alle Angehörigen der Gruppe bezogen werden kann (BGHSt 14, 48; 19, 235). Anders aber, wenn er nur ein Durchschnittsurteil abgeben will, das eindeutig Ausnahmen zulässt (LK-*Herdegen* Rn 23 vor § 185; SK-*Rudolphi/ Rogall* Rn 13 vor § 185).

Die Rechtsprechung stellt an die Größe und Abgrenzbarkeit des Kollektivs zunehmend strengere Anforderungen im Interesse der Verfolgungspraxis und auch deshalb, weil mit zunehmender Größe des Kollektivs die Herabwürdigung des Einzelnen verschwindet. Danach ist Voraussetzung, dass der Kreis der Betroffenen zahlenmäßig überschaubar und auf Grund bestimmender Merkmale so deutlich aus der Allgemeinheit herausgehoben ist, dass er klar abgegrenzt ist (BGHSt 2, 38/39; 11, 207/ 2308; 36, 83/85; BayObLG NJW 1953, 554; 1990, 931; 1990, 1742; OLG Frankfurt NJW 1989, 1367; KG JR 1978, 422; 1990, 124). Und es ist auch dann noch zu prüfen, ob die abwertende Äußerung wirklich geeignet ist, auf dem Weg über dieses Kollektiv jeden Einzelnen eindeutig abzuqualifizieren (BVerfG NJW 1995, 3303, 3306 – *Soldaten sind Mörder II;* BGHSt 36, 83/85; *Fischer* Rn 9 ff. vor § 185, LK-*Herdegen* Rn 22 vor § 185; *Schönke/Schröder/Lenckner/Eisele* Rn 7 ff. vor § 185). Je kleiner die kollektiv beleidigte Gruppe ist, desto unmittelbarer ist jedes Mitglied der Gruppe betroffen. Durch die diffamierende Kollektiv-Beleidigung „Die ganze Sippe sind Verbrecher" ist jedes Familienmitglied beleidigt; von der Aussage „In den Skan-

B. Geschützte Individualgüter   § 6 LPG

dal sind zwei Minister der Landesregierung verwickelt" sind alle Mitglieder der Regierung betroffen (BGHSt 18, 182).

Beispiele für ein solches Kollektiv, das heutigen Maßstäben standhält: **104**
die Großgrundbesitzer eines bestimmten Landstrichs (RGSt 33, 46/47);
die Spitze der Großbanken (OLG Hamm DB 190, 1205);
die Polizei, soweit erkennbar nur die an einem bestimmten Einsatz (RGSt 45, 138; BayObLG NJW 1990, 921; OLG Frankfurt NJW 1977, 1353) oder an einer bestimmten Schauveranstaltung (BayObLG ZR 1989, 72) beteiligten Polizisten gemeint sind;
die Kriminalpolizei einer bestimmten Stadt (OLG Köln OLGSt § 185 12);
die GSG 9 (OLG Köln OLGSt § 185 35; OLG Stuttgart JR 1981, 339);
die aktiven und solche Soldaten der Bundeswehr, die durch regelmäßige Teilnahme an Wehrübungen usw ihre Verbundenheit mit ihr manifestieren, durch Vergleich mit KZ-Aufsehern, Folterknechten, Henkern (BGHSt 36, 83/85);
die in Deutschland lebenden Juden, die Opfer der nationalsozialistischen Verfolgung waren (BGHSt 11, 207/208; 16, 49/56; BGH NJW 1982, 1183);
auch die erst nach 1945 geborenen Menschen jüdischer Abstammung durch die Leugnung der Judenmorde der Nazis, wenn sei als „Volljuden" oder „jüdische Mischlinge" in der NS-Zeit verfolgt worden wären; dies auf Grund ihres einzigartigen Schicksals, das den Geltungs- und Achtungsanspruch eines jeden von ihnen vor allem gegenüber den Deutschen, auf denen diese Vergangenheit lastet, prägt (BGHZ 75, 160; Anm *Deutsch* NJW 1980, 100; *Müko-Rixecker* BGB § 12 Anh Rn 29; *Staudinger/Hager* BGB § 823 C 25; *Wenzel/Burkhardt* Kap 5 Rn 185).

Beispiele für Kollektive, die die Voraussetzungen nicht erfüllen: **105**
die Frauen (LG Hamburg NJW 1980, 56); alle Katholiken, Protestanten, Politiker, Akademiker (BGHSt 11, 207/209); die Polizei (BGHStrVert 1982, 222; BayObLG NJW 1989, 1742; 1990, 921; OLG Düsseldorf NJW 1981, 1522); alle an der Entnazifizierung Beteiligte (BGHSt 2, 38/39).

IV. § 187 2. Alt. StGB; § 824 BGB: Schutz vor Kreditgefährdung

§ 187 StGB **106**
Wer wider besseres Wissen in Beziehung auf einen anderen eine unwahre Tatsache behauptet oder verbreitet, welche ... dessen Kredit zu gefährden geeignet ist, wird ... bestraft.

§ 824 BGB
(1) Wer der Wahrheit zuwider eine Tatsache behauptet oder verbreitet, die geeignet ist, den Kredit eines anderen zu gefährden oder sonstige Nachteile für dessen Erwerb oder Fortkommen herbeizuführen, hat dem anderen den daraus entstandenen Schaden auch dann zu ersetzen, wenn er die Unwahrheit zwar nicht kennt, aber kennen muss.
(2) Durch eine Mitteilung, deren Unwahrheit dem Mitteilenden unbekannt ist, wird dieser nicht zum Schadensersatz verpflichtet, wenn er oder der Empfänger der Mitteilung an ihr ein berechtigtes Interesse hat.

1. Regelungsgrundlage

Durch § 187 2. Alt. StGB ist die wirtschaftliche Wertschätzung, der Kredit vor Gefährdungen durch die verleumderische Behauptung oder Verbreitung von unwahren Tatsachen über den Betroffenen besonders geschützt. § 824 BGB erweitert mit zivilrechtlichen Folgen diesen Schutz auf solche der errungenen wirtschaftlichen und beruflichen Zukunftsaussichten des Betroffenen, also seine Geltung im Wirtschaftsleben schlechthin, und zwar über § 187 StGB hinaus auch gegenüber fahrlässigen Begehungsweisen. Die besondere Bedeutung, die das Bild der Person, der „good will" des Unternehmens für Existenz und Fortkommen im Wirtschaftsleben haben, und die sich daraus ergebende Anfälligkeit gegenüber Falschinformationen, die sich auf den Betroffenen oder sein Unternehmen beziehen, haben den Gesetzgeber zur Schaffung dieses besonderen äußerungsrechtlichen Schutzes veranlasst (BGHZ 90,

103/119 – *Bundesbahnplanungsvorhaben*). Der BGB-Gesetzgeber hat anders als für das allgemeine Persönlichkeitsrecht, dem nach seiner Auffassung dafür die „feste Kontur von Körperdingen" fehlten (Prot II 573), diese Basen der wirtschaftlichen Existenz als für Schutzgüter hinreichend ausgrenzbar (vgl RGZ 60, 6/8; RG WarnSpr 1915 Nr 20), aber auch als gegenüber Falschinformationen besonders schutzbedürftig angesehen.

2. Verhältnis zu anderen Schutznormen

107 Der Schutz ist beschränkt auf Gefährdung durch unwahre Tatsachenbehauptungen, die aber nicht ehrenrührig sein müssen. Die Abgrenzung zu Werturteilen ist ebenso vorzunehmen wie in sonstigen Zusammenhängen (BGHZ 166, 84/100ff. – *Leo Kirch;* BGH NW 2011, 2204 – *Bonitätsbeurteilung*). Deshalb kann der Ehrenschutz aus §§ 185, 186 StGB neben diesem Schutz bestehen (RGZ 57, 157; 140, 392/396; BGHZ 78, 24 – *Medizin-Syndikat;* BGH NJW 1983, 1183 – *Vetternwirtschaft;* NJW 1983, 1559 – *Geldmafiosi*). Für die zivilrechtlichen Folgen wird dagegen § 187 StGB durch die auch fahrlässige Rufgefährdung umfassende speziellere Vorschrift des § 824 BGB verdrängt. Der Schutz des allgemeinen Persönlichkeitsrechts geht auch für die wirtschaftliche Seite nicht im Schutz von Kredit, Erwerb, Fortkommen auf. Indes ist die gesetzliche Beschränkung der § 187 2. Alt., § 824 BGB auf unwahre Behauptungen und die Bejahung eines berechtigten Interesses auch an nicht ausreichend verifizierten Mitteilungen in § 193 StGB, § 824 Abs 2 BGB auch für das „offene" Schutzgut des allgemeinen Persönlichkeitsrechts zu beachten. Der nur zur Lückenausfüllung von der Rechtsprechung entwickelte Schutz des eingerichteten und ausgeübten Gewerbebetriebes wird durch den Schutz aus § 824 BGB verdrängt. Näheres dazu Rn 140. Ansprüche aus § 826 BGB können neben solchen aus § 824 BGB bestehen (BGH LM BGB § 824 Nr 3; Nr 13a – *Ausscheiden des Gesellschafters*). Gegenüber dem stärkeren Schutz des Wettbewerbsrechts (§§ 3, 4 Nr 8 UWG – *Anschwärzung*) tritt § 824 BGB faktisch zurück, sofern nicht die kürzere Verjährungsfrist des § 11 UWG relevant wird.

3. Schutzgüter Kredit, Erwerb, Fortkommen

108 Kredit bedeutet das allgemeine Vertrauen in die Zahlungsfähigkeit und Zahlungswilligkeit des Betroffenen (RG GoldA 52, 104), in seine wirtschaftliche Bonität (OLG Frankfurt NJW-RR 1988, 562).
Erwerb ist die errungene wirtschaftliche und berufliche Stellung.
Fortkommen sind die darüber hinausgehenden wirtschaftlichen und beruflichen Zukunftsaussichten des Betroffenen (RG SeuffA 87 Nr 25; 93 Nr 90; JW 1933, 1254; BGH GRUR 1975, 89 – *Brüning I*).

4. Schutzumfang

a) Beschränkung auf geschäftliche Beziehungen

109 Der Schutz ist auf eine negative Beeinflussung der geschäftlichen Entschließungen des Personenkreises gerichtet, der dem Betroffenen als Kreditgeber, als Abnehmer und Lieferant, als Auftrag- und Arbeitnehmer Existenz und Fortkommen im Wirtschaftsleben ermöglicht. Er ist aber auch auf diese „geschäftlichen" Beziehungen beschränkt. Äußerungsrechtliche Nachteile, die sich nicht über bestehende oder künftige Geschäftsbeziehungen, sondern auf einem anderen Wege vollziehen, mögen damit auch wirtschaftliche Nachteile für den Betroffenen verbunden sein, werden von dem Schutz der § 187 2. Alt. StGB, § 824 BGB nach ihrem Normzweck nicht erfasst (zweifelnd *Wenzel/Burkhardt* Kap 5 Rn 259); zB mit unwahren Behauptungen operierende Aufforderungen zu Streiks, zu Blockaden, zu Aktionen von Personen, die nicht als „Geschäftspartner", sondern als „Außenstehende" dem Erwerb oder dem Fortkommen des Betroffenen Hindernisse bereiten können. Insoweit handelt es

B. Geschützte Individualgüter § 6 LPG

sich nicht um Gefährdungen, denen der „good will" des Betroffenen gegenüber Falschinformationen in dieser spezifischen Weise ausgesetzt ist. So werden Verzögerungen in der Planung einer Neubaustrecke der Bundesbahn durch den Aufruf an Kommunen und Bürger, massenhaft Einsprüche einzulegen, von § 824 BGB nicht erfasst, weil sie nicht von den Entschließungen der „Geschäftspartner" der Bundesbahn, sondern von „außen" an sie herangetragen werden (BGHZ 90, 113/120 – *Bundesbahnplanungsvorhaben*). Insoweit ist Raum für den von der Rechtsprechung entwickelten Schutz des „eingerichteten und ausgeübten Gewerbebetriebs" durch § 823 Abs. 1 BGB.

b) Schutz schon vor Gefährdungen

Andererseits greift der Schutz schon im Vorfeld einer bloßen Gefährdung der geschützten Interessen ein. Die wirtschaftliche Position des Betroffenen muss nicht konkret in Gefahr sein. Es genügt die Eignung der Behauptung dazu, innerhalb derjenigen Wirtschaftskreise, in denen der Betroffene seine geschäftlichen Interessen verfolgt, die Meinung über seine Kreditwürdigkeit oder seine wirtschaftliche Leistungsfähigkeit nachteilig zu beeinflussen. Der Grad der Gefährdung wirkt sich erst auf den Umfang eines etwaigen Schadensersatzanspruchs aus, der nur besteht, soweit sich die Gefährdung in einen konkreten Vermögensschaden umsetzt (BGHZ 90, 113 – *Bundesbahnplanungsvorhaben*). Negatorische Unterlassungs- und Widerspruchsansprüche lässt er unberührt (vgl Rn 239, 262, 287). Nicht erforderlich ist, dass die wirtschaftliche Stellung als Ganzes belastet ist. Es genügt das Betroffensein in Einzelbeziehungen, etwa der Absatz nur eines von mehreren Erzeugnissen des Unternehmens (BGH NJW 1966, 2010/2011 – *Teppichkehrmaschine*; 1987, 2222 – *Komposthäcksler*; 1989, 456 – *Filmbesprechung*). Genügend ist die Eignung der Mitteilung, die wirtschaftlichen Nachteile mittelbar herbeizuführen (BGH NJW 1965, 29/32 – *Gewerkschaftspropaganda*). 110

c) Schutz nur vor unwahren Tatsachenaussagen

aa) Abgrenzung zur Meinungsäußerung

Der Schutz greift nur gegenüber unwahren Tatsachenaussagen ein, die aber nicht ehrenrührig sein müssen. 111

Genügen kann die Aussage, jemand habe sein Baugeschäft aufgegeben (BGHZ 59, 76 – *Geschäftsaufgabe*); er habe unverschuldet sein ganzes Vermögen verloren; er sei an einer ansteckenden Krankheit erkrankt (BGH LM BGB § 826/Gb/Nr 3) oder verstorben (RG SeuffArch 93, 90); im Vorstand einer Kapitalgesellschaft bestünden starke Differenzen (RGZ 83, 362); der Geschäftsführer einer GmbH sei ausgeschieden (BGH LM BGB § 824 Nr 13a – *Kundenmitteilung*).

Meinungsäußerungen und Werturteile werden von dem Schutz nicht mitumfasst. Zur Begriffsbestimmung und zur Abgrenzung der Tatsachenbehauptungen von Meinungsäußerungen und Werturteilen vgl Rn 84ff., 157, zur Maßgeblichkeit des Verständnisses des unbefangenen Durchschnittslesers näher Rn 90 bis 92.

Auch für § 824 BGB sind bei der Ermittlung des Tatsachengehalts die grundrechtlichen Gewährleistungen des Art 5 Abs 1 S 1 und 2 GG zu beachten. Auch hier gilt der Grundsatz des BVerfG, dass von mehreren objektiv möglichen, sich ausschließenden Deutungen auch die weniger belastende zu erwägen und die belastendere erst zugrunde zu legen ist, wenn die weniger belastende mit nachvollziehbaren Gründen auszuschließen ist (vgl Rn 91). Ist allerdings festzustellen, dass ein nicht unbeachtlicher Teil des angesprochenen Verkehrs die Aussage in der belastenderen Variante versteht, dann sollte der Schutz gegen die Gefährdung des wirtschaftlichen Rufs auch in diesem Fall eingreifen (zur entsprechenden Anknüpfung des BGH zu § 3 UWG aF vgl die Nachw in BGH NJW 2000, 588, 589 – *Last-Minute-Reise*) und die Mehrdeutigkeit erst in der Ersatzfolge bzw einer Einschränkung der negatorischen Rechtsbehelfe sich niederschlagen.

bb) Beispiele

111a Bejaht worden ist im jeweiligen Kontext eine Tatsachen-Aussage für die Behauptung, der Wettbewerber schmiere Einkäufer (BGH GRUR 1959, 31); seine Leistungen würden von keiner anderen Organisation erreicht (BGHZ 42, 210/222);

die Authentizität von Memoiren sei nicht sichergestellt (BGH GRUR 1975, 89 – *Brüning I*);

eine von einem Heilmittelhändler in den Vordergrund gestellte Krankheit sei ein ersonnenes Leiden (BGH 1969, 555 – *Cellulitis*);

ein Journalist habe eine Veröffentlichung inszeniert (BGH AfP 1968, 55);

ein bestimmtes Verhalten sei illegal, es sei strafbar, es sei Betrug, sofern die Wertung in konkretes Tatsachenmaterial so eingebaut ist, dass sie als Kürzel für einen konkreten Sachverhalt hervortritt (BGH NJW 1982, 2246 – *Klinikdirektoren;* 1992, 1314 – *Kassenarzt,* dazu aber aA BVerfG NJW 1994, 2413; BGH GRUR 1989, 781 – *Wünschelrute*);

ein gemeinnütziger Verein erfülle die Kriterien für das Spendensiegel wegen des „unvertretbar hohen Werbe- und Verwaltungsaufkommens" nicht, wenn zugleich der Klassifizierungsmaßstab für diese Bewertung mitgeteilt wird (OLG Koblenz NJW 1996, 325 f.);

ein Sachverständiger erstelle überhöhte Abrechnungen (OLG Naumburg NJW-RR 2006, 1029);

mit der Stornierung eines Charterflugs durch eine türkische Fluggesellschaft seien türkische Landsleute in eine erbärmliche Lage geraten, weil die Aussage im Kontext als schlagwortartige Kurzbezeichnung der mitgeteilten Daten für einen Betrug Tatsachenqualität hatte (BGH NJW 1985, 1621 – *Türkol I;* 1987, 1403 – *Türkol II*);

ein Unternehmer sei zweimal pleite gegangen (BGH NJW 1994, 2614 – *Pleite gehen*);

in einer Restaurantkritik: der Wein sei brühwarm gekommen, der servierte Hummer sei winzig, hart und geschmacklos gewesen, der Salat habe von billigem Essig getrieft, es seien zu alte Jacobsmuscheln und ur-alte Garnelen serviert worden (BGH GRUR 1998, 167 ff. – *Restaurantführer*);

der Gaststättenbetreiber veranlasse seine Gäste durch falsche Angaben auf der Speisekarte in Verbindung mit scheinbar günstigen Preisen zu Bestellungen (OLG Frankfurt OLGR 1999, 279);

In einer Kritik an den Weinen eines Weinguts ist die Prämisse, dass die Kritik auf der Besichtigung des Weinkellers und einer Verkostung des Weins beruht, sicher eine Tatsachenaussage (zu Recht OLG Frankfurt NJW 1996, 1146), dagegen die Aussage, die Weine „seien heute nur noch zweite Klasse, oft nicht einmal das", und die Bewertung als „teilweise grob fehlerhafte Weine" subjektiv-wertende Schlussfolgerungen (aA OLG Frankfurt NJW 1996, 1146), die selbstverständlich aber wegen der Vortäuschung der Prämisse unzulässig sind.

111b Verneint worden ist eine Tatsachenaussage bei unsubstantiierten Urteilen über den Wert gewerblicher Leistungen (BGH NJW 1965, 35 – *Lüftungsfirma;* OLG Köln GRUR 1999, 376 – *Außenfassade*); über ein Produkt als „GEN-Milch" (BGH NJW 2008, 2110); für die Einordnung als „nicht empfehlenswert" oder „mangelhaft" in einem vergleichenden Warentest (BGHZ 65, 325 – *Warentest II*);

die Aussage eines Inkassounternehmens, die Zahlungsweise eines Unternehmens sei „langsam und schleppend" (BGH NJW 2011, 2204 – *Bonitätsbeurteilung*);

die Aussage, an eine Firma seien 4,8 Mio DM gezahlt worden, „ohne dass die Firma eine wirtschaftliche Leistung erbracht habe" (BGH NJW 2004, 598 – *Modernisierer*);

die Bezeichnung als Schwindelfirma mit dem Rat, bei einer Geschäftsverbindung vorsichtig zu sein (RGZ 100, 335; 154, 117/125);

die Bezeichnung eines Prozessfinanzierungsmodells als Bauernfängerei (BGH NJW 2005, 279);

B. Geschützte Individualgüter   § 6 LPG

ein Plagiatsvorwurf (OLG Köln NJW-RR 2002, 1341; vgl aber dazu auch die Beispiele Rn 88a);
Urteile über die Befähigung zu einer Tätigkeit (RGSt 56, 227/321); jemand sei nicht qualifiziert, im Unternehmen die Durchführung eines bestimmten Projekts zu beraten (BGH GRUR 1969, 368);
die Bezeichnung eines Verlegers als glanzlose Existenz (BGH NJW 1965, 1476); eines Sachverständigen als „namenloser Gutachter" (BGH AfP 2008, 193;
die Bezeichnung der Wassersuche mit der Wünschelrute als eine Betrugsmasche, als einen Taschenspielertrick, solange die Bezeichnung im Kontext nicht für konkrete Fakten steht (BGH GRUR 1989, 781 – *Wünschelrute*);
die Bezeichnung der Aussetzung einer Belohnung für die Rückgabe eines gestohlenen Madonnenbildes unter Zusicherung der Verschwiegenheit als Straftat, Begünstigung, Hehlerei (BGH NJW 1965, 294 – *Volkacher Madonna*);
der Vorwurf, eine Vereinbarung bleibe in wesentlichen Punkten hinter der gesetzlichen Haftung zurück, verkürze den direkten gesetzlichen Haftungsanspruch, gelte nicht für bestimmte Personen (OLG Stuttgart AfP 1999, 353);
die gegenüber seiner Kassenärztlichen Vereinigung vom Kassenarzt erhobene Verdächtigung der planmäßigen zentralgesteuerten Fälschung, des Betrugs, der Unterschlagung, der Korruption durch Anwendung der von dem Kassenarzt abgelehnten statistischen Vergleichsmethode bei der Wirtschaftlichkeitsprüfung seiner Abrechnungen (BVerfG NJW 1994, 2413 – *Kassenarzt;* teilweise anders BGH NJW 1992, 1314 – *Kassenarzt*);
die Aussage der Krankenkasse, der Speicheltest für eine Diagnoseuntersuchung sei zu kostenintensiv, er könne durch einfachere Verfahren ersetzt werden (OLG Celle ZfS 2002, 63);
die Bezeichnung einer Anleitung zur Selbstbehandlung als Kurpfuscherei (RGZ 154, 117; RG JW 1933, 2045);
die Äußerung, nach einem Störfall in einem Unternehmen herrsche in der Bevölkerung die Angst, Opfer eines neuen Umweltskandals zu werden (BGH NJW 1987, 2225 – *Umweltskandal*);
die Schlagzeile „Privatbank in Not, Kunden zittern um ihr Geld. Da können viele Menschen ihr Geld verlieren." (OLG Hamburg OLGR 2003, 170 ff.);
dass nach dem Dafürhalten des Kritikers alle gestalterischen Mittel bei der Konstruktion eines Ventilators auf das alleinige Bestreben konzentriert seien, einen möglichst billigen Schmarren herzustellen (BGH NJW 1965, 35 – *Lüftungsfirma*);
eine Zeitschrift sei auf Dummenfang aus (BGHZ 45, 246 – *Höllenfeuer*);
unter phantastischen Anpreisungen verhökere die Firma selbst wertlose Stoffe mit beträchtlichem Gewinn (BGH GRUR 1969, 555 – *Cellulitis*); ein Teppichreinigungsunternehmen gehöre nicht zu den am Teppichreinigungsproblem verantwortungsbewusst beteiligten Fachbetrieben (BGH GRUR 1968, 205); ein Geschäftsgebahren sei clever (BGH GRUR 1968, 314);
ein Chemie-Konzern setze missliebige Kritiker unter Druck (BVerfGE 85, 1 = NJW 1992, 1439 – *Kritische Bayeraktionäre*);
der Unternehmer wisse, wie man gekonnt Pleite geht (BGH NJW 1994, 2614 – *Pleite gehen*).

cc) Maßstab für die Unwahrheit

Die Tatsachenaussage muss unwahr sein. Zum Maßstab für die Unwahrheit vgl **111c** Rn 171 ff. Wahr ist sie, wenn sie im Wesentlichen, dh in ihrem breiten Kern wahr ist (RGZ 55, 129/132; 62, 83/95; 64, 284/286; BGHSt 18, 182; BGH GRUR 1969, 555 – *Cellulitis*). Maßgebender Zeitpunkt ist die Abgabe der Erklärung durch den als Verletzer in Anspruch Genommenen. Eine wahre Aussage wird durch spätere Veränderungen der Verhältnisse nicht haftungsbegründend (RGZ 66, 227/231). Wird die unwahre Aussage durch spätere Veränderungen wahr, kann sich das nur bei der Schadensberechnung auswirken. Kann die Unwahrheit der Behauptung für den Zeitpunkt ihrer Abgabe nicht festgestellt werden, entfällt eine Haftung nach § 824 BGB. Zu beachten ist aber, dass schon die Äußerung eines Verdachts eine Tatsachen-Aussage sein kann, deren Wahrheit oder Unwahrheit nachgegangen werden muss (BGH GRUR 1975, 89 – *Brüning I*).

Wird die Behauptung eines Anderen verbreitet, so erfüllt der Verbreiter § 824 BGB grundsätzlich auch dann, wenn er den Anderen richtig zitiert, dessen Behauptung aber unwahr ist (*Wenzel/Burkhardt* Kap 5 Rn 250). Denn der Verbreiter vergrößert die Gefährdung für den Betroffenen, vor der die Vorschrift schützen soll. Das muss selbst in den Fällen gelten, in denen für den Durchschnittsleser oder -hörer das Mitgeteilte sich ausschließlich darauf beschränkt, über den Zitierten zu berichten (einschränkend *Wenzel/Burkhardt* Kap 5 Rn 250), weil der Verbreiter auch so den Empfängerkreis der unwahren Behauptung vergrößert. Etwaige Korrektive sind nicht schon hier, sondern erst bei der Feststellung der schädlichen Auswirkung einzusetzen.

d) Behaupten. Verbreiten

112 Der Schutz richtet sich sowohl gegen das Behaupten als auch das Verbreiten unwahrer Tatsachenaussagen. Behaupten ist die Mitteilung der Tatsachen als eigenes Wissen oder unter Identifizierung mit der Behauptung eines Dritten, an die der Mitteilende sich anhängt (BGH NJW 1970, 187 – *Hormoncreme*). Verbreiten ist die Weitergabe der Behauptung eines Dritten, ohne dass sich der Äußernde mit ihr identifiziert (RGZ 101, 335/338; BGH NJW 1970, 187/189 – *Hormoncreme*). Die Begriffe entsprechen denen der §§ 186, 187, 188 StGB; vgl dazu Rn 93 ff. Nicht fehlt es am Verbreiten schon dann, wenn der Äußernde sich ausdrücklich von der Behauptung des Dritten distanziert (einschränkend BGH NJW 1970, 187 – *Hormoncreme*). Wohl kann eine Schadensersatzpflicht nach § 824 Abs 2 BGB entfallen, wenn an der Zitierung des Dritten ein öffentliches Interesse besteht (BGH NJW 1977, 1288 – *Abgeordnetenbestechung*). Zur Haftung für Zitiertes vgl Rn 111c. Ausnahmsweise fehlt es am Verbreiten durch das Medium, wenn es nur als Diskussionsforum beteiligt ist, wie bei der live-Übertragung der Fernseh- oder Hörfunkdiskussion (BGHZ 66, 182/188 f. – *Panorama*; BGH NJW 1970, 187 – *Hormoncreme*) oder Äußerungen und Stellungnahmen verschiedener Seiten in einer Dokumentation zusammen- und gegenübergestellt (BGHZ 132, 13/19 – *Der Lohnkiller*). Dazu Rn 93.

Anders als im Strafrecht ist für den Tatbestand des § 824 BGB eine gedankliche Beziehung des Verbreiters zur Äußerung nicht erforderlich, so dass auch das technische Verbreiten durch die an der Herstellung (Drucker, Kameramann) oder am Vertrieb (Großist, Importeur, Buchhändler, Bibliothekar) Beteiligten von der Vorschrift erfasst wird (BGH NJW 1976, 799/800 – *Alleinimporteur*). Allerdings ist ihre Haftung durch Beschränkung ihrer Prüfungspflichten eingeschränkt. Näher dazu Rn 228.

e) Unmittelbares Betroffensein

113 Die unwahre Tatsachenaussage muss den Geschädigten unmittelbar betreffen. Der Schutz greift nur ein, wenn und soweit die Aussage sich in ihrer Stoßrichtung mit seiner Person, seinem Unternehmen, seiner wirtschaftlichen Position, seinem Erzeugnis oder der von ihm ausgeübten Tätigkeit befasst. Namensnennung ist nicht erforderlich (BGH NJW 1966, 2010/2011 – *Teppichkehrmaschine*; 1981, 1366/1367 *Der Aufmacher*; 1992, 1312/1313 – *Verkehrspoller*), aber der Betroffene muss für den Adressatenkreis erkennbar, in seinen durch § 187 2. Alt StGB, § 824 BGB geschützten indiviudellen wirtschaftlichen Belangen unmittelbar angesprochen sein. Diese Einschränkung ist auch durch Art 5 Abs 1 GG geboten. Denn Äußerungen zu allgemeinen Tagesfragen, Kritik an allgemeinen Zuständen, Warnungen vor Konsumgewohnheiten und allgemeinen Verkaufspraktiken sollen durch einen zu weiten Schutzbereich für die Individualinteressen nicht belastet werden, selbst wenn sie den davon „mittelbar" Betroffenen schädigen (BGH NJW 1978, 2152/2152 – *Schutzgemeinschaft*). Die Grenze ist durch Bewertung der Gesamtumstände unter Einbeziehung dieses Anliegens des Art 5 Abs 1 GG zu ermitteln.

B. Geschützte Individualgüter **§ 6 LPG**

So ist zwar in der Regel der Hersteller oder das Unternehmen, das bei der Vermarktung dem Produkt in der kritisierten Beziehung am nächsten steht, unmittelbar betroffen, wenn dieses Produkt Gegenstand der Kritik ist (BGH NJW 1970, 187/188 – *Hormoncreme*). Entsprechendes gilt, wenn für den Empfängerkreis hinter der Kritik am Produkt deutlich die Kritik am Hersteller steht (dazu *Wenzel/Burkhardt* Kap 5 Rn 263). Aber der Baustoffproduzent ist nur „mittelbar" betroffen durch einen Beitrag, in dem die von ihm verwendeten Substanzen mit einem Krebsverdacht belegt werden (OLG München 25.1.82 – 21 U 2603/81); oder durch Namensnennung seines im Außenfassadenbereich eingesetzten Produkts durch eine herabsetzende Kritik zu Qualität und Verarbeitung einer Außenfassade (OLG Köln GRUR 1999, 376); oder der Zuckerproduzent durch eine Kampfschrift gegen den „Schadstoff Zucker", die sich mit den Gesundheitsgefahren des Verzehrs von Industriezucker beschäftigt (OLG Hamburg NJW 1988, 3211); oder der Hersteller von elektronischen Orgeln durch die Behauptung, Kirchengemeinden versuchten, elektronische Orgeln gegen Pfeifenorgeln auszutauschen, weil diese im System vorzuziehen seien (BGH NJW 1963, 1871 – *Elektronische Orgeln*); oder der Hersteller des im Bild dargestellten Verkehrspollers in einem Bericht über einen Bestechungsskandal im städtischen Beschaffungsamt (BGH NJW 1992, 1312 – *Verkehrspoller*). Als unmittelbar betroffen durch unrichtige Preisangaben für Gebrauchtwagen in einem Marktbericht ist nur der Hersteller, nicht der Händler angesehen worden (BGH NJW 1965, 33 – *Marktbericht*); nur der Filmverleiher, nicht auch der deutsche Importeur eines schwedischen Films durch die Behauptung, die interessantesten Stellen des Films seien von der FSK herausgeschnitten worden (BGH GRUR 1967, 540 – *Die Nächte der Birgit Malström;* vgl aber BGH AfP 1989, 456 – *Filmbesprechung*, dazu *Wenzel/Burkhardt* Kap 5 Rn 240); durch eine gegen eine juristische Person gerichtete Äußerung nur diese, nicht auch der Gesellschafter, sofern er nicht Alleingesellschafter ist (RGZ 91, 354 – *Dierig;* BGH NJW 1954, 72). Nicht unmittelbar betroffen ist der Warenhersteller durch eine zu gute Bewertung der Konkurrenzprodukte in einem vergleichenden Warentest (BGH NJW 1987, 222 – *Komposthäcksler* mwN).

5. Berechtigtes Interesse an der Behauptung

§ 824 Abs 1 BGB geht davon aus, dass das Behaupten oder Verbreiten einer unwahren Tatsachenaussage mit dem näher definierten Gefahrenpotential (Rn 110) für den unmittelbar Betroffenen (Rn 113) grundsätzlich rechtswidrig ist. Andererseits erkennt § 824 Abs 2 BGB ebenso wie § 193 StGB, dass an der unwahren Mitteilung ein berechtigtes Interesse des Äußernden oder des Adressaten oder beider bestehen kann, wenn dem Mitteilenden die Unwahrheit unbekannt war. Das kommt vor allem dann in Betracht, wenn ein öffentliches Interesse an der Information besteht, obschon sie noch nicht vollständig verifiziert ist, also trotz des Risikos, dass sie sich später als falsch erweist. **114**

Die Fassung des § 824 Abs 2 BGB ist nur entstehungsgeschichtlich einzuordnen. Nach dem Konzept des § 824 Abs 1 BGB indiziert das Behaupten oder Verbreiten solcher unwahrer Tatsachenaussagen die Rechtswidrigkeit. Verschulden wurde als eine auf dieses Erfolgsunrechts-Konzept bezogene Bewertungsebene ohne Rechtswidrigkeitselemente verstanden. Ebenso wenig wie die Rechtswidrigkeit wurde in diesem Erfolgskonzept das Verschulden durch Wahrnehmung berechtigter Interessen ausgeschlossen. Deshalb bedurfte es einer besonderen Vorschrift, um bei Wahrnehmung berechtigter Interessen den Schädiger von Ersatzfolgen freizustellen. Nach heutiger Auffassung ist schon die Rechtswidrigkeit des Verhaltens durch Wahrnehmung berechtigter Interessen ausgeschlossen, so wie dies auch § 193 StGB tut. Zu den Folgerungen hieraus für die negatorischen und Schadensersatzfolgen vgl Rn 269, 287. **115**

Auch für § 824 BGB gilt deshalb eine dem § 193 StGB insoweit entsprechende Rechtfertigungsregel. Wie bei § 193 StGB ist auch hier eine Interessenabwägung anzustellen, die sich an den Wertentscheidungen des Art 5 Abs 1 und 3 GG und an **116** dem Verhältnismäßigkeitsgrundsatz orientieren muss. Näheres dazu vgl Rn 34, 43, 99. Dabei ist die Abwägung – insoweit anders als für § 193 StGB wegen der dort geltenden Beweisregel des § 186 StGB – auf Äußerungen beschränkt, deren Unwahrheit inzwischen feststeht. Sie braucht also nicht die Fälle des Zweifels einzubeziehen und kann sich stets daran orientieren, dass auch Art 5 Abs 1 GG nicht Behauptungen schützt, deren Unwahrheit erwiesen ist (Rn 52). § 824 Abs 2 BGB wie § 193 StGB unterstreichen das mit der Forderung, dass der Äußernde die Unwahrheit seiner Mitteilung nicht gekannt haben darf. Aber trotz dieser günstigen Ausgangslage für den Betroffenen kann das Interesse an der Mitteilung es rechtfertigen, dem Mitteilenden in der Dunkelphase bis zur Aufdeckung der Unwahrheit von Rechts wegen in Schutz zu nehmen. Allerdings muss das Interesse an der Mitteilung von besonderem Gewicht sein, um als berechtigt anerkannt zu werden. Für die Presseberichterstattung kann angesichts ihrer durch Art 5 Abs 1 GG gewährleisteten Funktion für die Meinungsbildung ein berechtigtes Interesse zu bejahen sein, wenn die Presse in Angelegenheiten von allgemeinem, sei es auch nur lokalem Interesse Informationen verbreitet:

etwa sich mit der Qualität von Produkten auseinandersetzt (BGHZ 65, 325 – *Warentest II;* 70, 39 – *Alkoholtest;* BGH NJW 1966, 2010 – *Teppichkehrmaschine;* 1970, 187/189 – *Hormoncreme;* 1986, 981 – *Boxentest;* 1987, 2222 – *Komposthäcksler;* OLG Karlsruhe NJW-RR 2003, 177 – *Antibiotikabelastung von Shrimps*); oder mit der Preisgestaltung von SB-Märkten (BGH NJW 1986, 981 – *Preisvergleich*); oder mit Praktiken im Heilmittelwesen (BGH GRUR 1969, 555 – *Cellulitis*); oder im Kreditwesen (BGH GRUR 1969, 304 – *Kredithaie;* OLG München OLGR 1996, 229 ff. – *Beratung auf Kapitalanlagemarkt;* OLG Hamburg OLGR 2003, 170/175 – *Privatbank in Not*);

oder mit der Amtsführung von Behörden (BGH NJW 1983, 1183 – *Vetternwirtschaft*); oder dem rücksichtslosen Verhalten einer Fluggesellschaft (BGH NJW 1985, 1621 – *Türkol I*);

oder mit der Abwasserverschmutzung durch ein Industrieunternehmen (BGH AfP 1987, 5979 – *Umweltskandal*); oder über Modetrends (BGH NJW 1963, 484 – *Maris*); oder Filme bespricht (BGH LM § 824 Nr 10 – *Die Nächte der Birgit Malström;* AfP 1989, 456 – *Filmbesprechung*).

Auch in solchen Fällen ist aber Voraussetzung, dass die Presse mit pressemäßiger Sorgfalt recherchiert und einen Mindestbestand an Beweismaterial zusammengetragen hat BGH GRUR 1998, 167 ff. – *Restaurantführer*). Dazu Rn 52, 176.

6. Rechtsträgerschaft

117 Geschützt ist weithin derselbe Kreis wie bei der persönlichen Ehre, sofern unmittelbare Betroffenheit zu bejahen ist; vgl Rn 101 ff.; also natürliche und juristische Personen (BGH NJW 1974, 1762 – *Deutschland-Stiftung;* NJW 1975, 1882/1883 – *Geist von Oberzell*); Idealvereine (BGH NJW 1970, 378 – *Sportkommission;* 1974, 1762 – *Deutschland-Stiftung*); auch der nichtrechtsfähige Verein (BGHZ 42, 210 – *Gewerkschaftspropaganda;* BGH NJW 1971, 1655 – *Sabotage*); OHG und KG (BGHZ 78, 24 – *Medizin-Syndikat*); andere Personengesamtheiten, soweit sie in ihrer Funktion als Wirtschaftsunternehmen (BGH NJW 1974, 1762 – *Deutschland-Stiftung;* 1975, 1882 – *Geist von Oberzell*) oder auf ihrem sonstigen Erscheinungs- und Wirkungsfeld selbst unmittelbar betroffen sind. Beeinträchtigungen des „wirtschaftlichen Rufs" eines Verstorbenen werden durch § 824 BGB nicht verfolgt (BGHZ 50, 133 – *Mephisto*). Geschützt ist die wirtschaftliche Betätigung der öffentlichen Hand, auch wenn sie dadurch öffentliche Aufgaben erfüllt, nicht jedoch die hoheitliche Betätigung des Staats (BGHZ 90, 113/116 – *Bundesbahnplanungsvorhaben*).

Äußerungen gegen juristische Personen werden von diesen, nicht von den Gesellschaftern verfolgt (RGZ 91, 354; RG Recht 16 Nr 824). Der Gesellschafter ist daneben aktivlegitimiert, wenn und soweit die Äußerung seinen eigenen Wirtschaftskreis

B. Geschützte Individualgüter § 6 LPG

unmittelbar betrifft. Um unmittelbar betroffen zu sein, reicht aber das Betroffensein der Gesellschaft allein nicht aus (BGH NJW 1954, 72).

V. §§ 22 ff. KUG: Recht am eigenen Bild

1. Regelungsgrundlage

a) Gesetzeswortlaut

Das Recht der Person zur Bestimmung darüber, ob und wie ihr Bildnis in die Öffentlichkeit gebracht wird, ist durch die §§ 22 bis 24, 33, 37, 38, 41 bis 44, 50 des Kunsturhebergesetzes vom 9. Januar 1907 – RGBl 7 – und durch § 201a StGB (BGBl I 2004, 2012), in Kraft seit dem 6.8.2004, geregelt. Die wichtigsten Vorschriften für den Bildnisschutz gegenüber Presseveröffentlichungen lauten: 118

§ 22 KUG
Bildnisse dürfen nur mit Einwilligung des Abgebildeten verbreitet oder öffentlich zur Schau gestellt werden. Die Einwilligung gilt im Zweifel als erteilt, wenn der Abgebildete dafür, dass er sich abbilden ließ, eine Entlohnung erhielt. Nach dem Tode des Abgebildeten bedarf es bis zum Ablaufe von 10 Jahren der Einwilligung der Angehörigen des Abgebildeten. Angehörige im Sinne dieses Gesetzes sind der überlebende Ehegatte oder Lebenspartner und die Kinder des Abgebildeten, und wenn weder ein Ehegatte oder Lebenspartner noch Kinder vorhanden sind, die Eltern des Abgebildeten.

§ 23 KUG
(1) Ohne die nach § 22 erforderliche Einwilligung dürfen verbreitet oder zur Schau gestellt werden:
1. Bildnisse aus dem Bereiche der Zeitgeschichte,
2. Bilder, auf denen die Personen nur als Beiwerk neben einer Landschaft oder sonstigen Örtlichkeit erscheinen;
3. Bilder von Versammlungen, Aufzügen und ähnlichen Vorgängen, an denen die dargestellten Personen teilgenommen haben;
4. Bildnisse, die nicht auf Bestellung angefertigt sind, sofern die Verbreitung oder Schaustellung einem höheren Interesse der Kunst dient.
(2) Die Befugnis erstreckt sich jedoch nicht auf eine Verbreitung und Schaustellung, durch die ein berechtigtes Interesse des Abgebildeten oder, falls dieser verstorben ist, seiner Angehörigen verletzt wird.

§ 33 KUG
(1) Mit Freiheitsstrafe bis zu einem Jahr oder mit Geldstrafe wird bestraft, wer entgegen den §§ 22, 23 ein Bildnis verbreitet oder öffentlich zur Schau stellt.
(2) Die Tat wird nur auf Antrag verfolgt.

§ 201a StGB: Verletzung des höchstpersönlichen Lebensbereichs durch Bildaufnahmen
(1) Wer von einer anderen Person, die sich in einer Wohnung oder einem gegen Einblick besonders geschützten Raum befindet, unbefugt Bildaufnahmen herstellt oder überträgt und dadurch deren höchstpersönlichen Lebensbereich verletzt, wird mit Freiheitsstrafe bis zu einem Jahr oder mit Geldstrafe bestraft.
(2) Ebenso wird bestraft, wer eine durch eine Tat nach Abs 1 hergestellte Bildaufnahme gebraucht oder einem Dritten zugänglich macht.
(3) Wer eine befugt hergestellte Bildaufnahme von einer anderen Person, die sich in einer Wohnung oder einem gegen Einblick besonders geschützten Raum befindet, wissentlich unbefugt einem Dritten zugänglich macht und dadurch deren höchstpersönlichen Lebensbereich verletzt, wird mit Freiheitsstrafe bis zu einem Jahr oder mit Geldstrafe bestraft.
(4) Die Bildträger sowie Bildaufnahmegeräte oder andere technische Mittel, die der Täter oder Teilnehmer verwendet hat, können eingezogen werden. § 74 a ist anzuwenden.

Nicht zuletzt wegen der Gefährdungen durch die technologische Entwicklung, insb durch das immense Gefährdungspotential des Internets, erweitert und verstärkt § 201a StGB den Strafrechtsschutz des § 33 KUG, der sich im Verbund mit den §§ 22, 23 KUG auf die ungenehmigte Veröffentlichung und Verbreitung von Bildnissen beschränkt, auf das unbefugte Herstellen und Übertragen (Abs 1), Gebrauchen und Zugänglichmachen (Abs 2) von Bildaufnahmen aus dem besonders schutzbedürftigen Kernbereich privater Lebensgestaltung, soweit dieser auch räumlich den Einblicken der Öffentlichkeit Halt gebietet, wie die Wohnung, eine Dusch- oder Umkleidekabine, eine Toilette, ein ärztlicher Behandlungsraum, ein Auto mit abgedunkelten oder verspiegelten Scheiben, sowie das wissentlich unbefugte Zugänglichmachen solcher Aufnahmen, selbst wenn sie befugt gemacht worden sind (Abs 3). Näher dazu Rn 120, 122a, 123; Schrifttum zu § 201a StGB von *Borgmann* NJW 2004, 2133; *Bosch* JZ 2005,

337; *Flechsig* ZUM 2004, 605; *Heinrich* ZfS 2011; 416; *Hesse* ZUM 2005, 432; *Hoppe* GRUR 2004, 990; *Koch* GA 2005, 589; *Kühl* AfP 2004, 190 ff.; *Flechsig* ZUM 2004, 605 ff.; *Obert/Gottschalck* ZUM 2005, 436; *Sauren* ZUM 2005, 425; *Tillmanns/Führ* ZUM 2005, 441; *Wendt* AfP 2004, 181 ff. Ebenso wie die §§ 22, 23 KUG (dazu BGHZ 26, 349/351 – *Herrenreiter;* Staudinger/Hager § 823 G 49; *J. Helle* S 50; *Wiese,* FS Hubmann, S 481 Rn 108) ist § 201a StGB Schutzgesetz iSv § 823 Abs 2 BGB (*Hoppe* GRUR 2004, 990/994; *Sauren* ZUM 2005 K 425/431); deshalb wird auch die Strafvorschrift des § 201a StGB zivilrechtlich durch den Deliktsschutz vor unerlaubten Bildaufnahmen bzw ihrer unbefugten Weitergabe negatorisch und schadensrechtlich verstärkt.

b) Verhältnis zum allgemeinen Persönlichkeitsrecht. Rechtsinhaberschaft

119 Die gesetzlichen Regelungen schützen das Selbstbestimmungsrecht über Verbreitung und Veröffentlichung von Bildnissen (§§ 22, 23 KUG) bzw über Herstellung, dh die dauerhafte Abspeicherung auf Bild- oder Datenträger von Bildaufnahmen, und über das Zugänglichmachen (§ 201a StGB). Geschützt ist in erster Linie das Interesse des Betroffenen daran, nicht ohne seine Einwilligung für die Öffentlichkeit im Bildnis objektiviert und damit für Dritte verfügbar gemacht zu werden. Grundsätzlich soll die Person selbst darüber bestimmen können, ob und wie sie im Bild dokumentiert, weitergereicht und in der Öffentlichkeit vorgestellt wird. Zu diesem Zweck bezieht § 201a Abs 3 StGB sogar in seinen Strafschutz den vorsätzlichen („wissentlichen") Bruch eines begründeten Vertrauens des Betroffenen ein, dass der Besitzer von befugt hergestellten Bildaufnahmen aus dem Kernbereich privater Lebensgestaltung nicht Dritten zugänglich machen wird. Darüber hinaus zielt § 201a StGB auf die Verstärkung des Schutzes des für die Selbstverwirklichung notwendigen und deshalb durch Art 1 und 2 Abs 1 GG besonders gewährleisteten räumlich gegen Voyeure abgeschirmten Intim- und Rückzugsbereichs vor öffentlicher Neugier und kommerzieller Ausbeutung. Näher dazu Rn 122a sowie generell Rn 68, 68a, 216 f.; zum allgemeinen Persönlichkeitsrecht vgl Rn 55 ff., 60.

Diese Regelungen sind also besondere gesetzliche Ausprägungen des allgemeinen Persönlichkeitsrechts auf der Linie primär des Rechts auf informationelle Selbstbestimmung (zu §§ 22, 23 KUG BVerfGE 35, 202/224 – *Lebach;* stdg zuletzt 101, 361/380 – *Paparazzi-Fotos;* BVerfG NJW 2005, 883 – *Tierversuche;* 2006, 3406 – *Promi-Partner;* BGHZ 151, 26/29 – *Marlene Dietrich II;* 156, 206/208 – *Fotomontage;* 171, 275/277 – *CvM-St. Moritz;* BGH NJW 2005, 56 – *Reitturnier*).

Im Verhältnis zum allgemeinen Persönlichkeitsrecht aus § 823 Abs 1 BGB können die Vorschriften für ihren begrenzten Geltungsbereich als leges speciales gewertet werden (zu §§ 22, 23 KUG *J. Helle* S 66; *ders* AfP 1986, 25/28 f.). Jedoch löst ein Verletzungstatbestand nach den §§ 22, 23 KUG oder § 201a StGB zivilrechtlich die Rechtsfolgen einer Verletzung des allgemeinen Persönlichkeitsrechts aus (zum KUG stdg Rspr, zuletzt BGHZ 143, 214/218 – *Marlene Dietrech I* mwN; 151, 26/29 – *Marlene Dietrich II;* BGH NJW 2000, 2201 f. – *Der blaue Engel;* zu § 201a StGB *Hoppe* GRUR 2004, 990/994; *Saurens* ZUM 2005, 425/431). Außerhalb des begrenzten Anwendungsbereichs der §§ 22, 23 KUG und § 201a StGB, zB für die Herstellung von Bildaufnahmen außerhalb des räumlich eng begrenzten Lebensbereichs des § 201a StGB oder für technische Manipulationen mit einem Bildnis (BVerfG NJW 2005, 3271/3273 – *Fotomontage*), kann ergänzend der Schutz des allgemeinen Persönlichkeitsrechts eingreifen, den die Rechtsprechung schon vor Inkrafttreten von § 201a StGB in Grenzen auf den Schutz vor Bildaufnahmen erstreckt hat (BGHZ 24, 200/208 – *Spätheimkehrer;* 30, 7/11 – *Caterina Valente;* 131, 332/338 – *Paparazzi-Fotos;* BGH NJW 1971, 698 – *Pariser Liebestropfen;* 1974, 1947/1948 – *Nacktaufnahme;* AfP 1995, 597 – *Video-Überwachung;* GRUR 1969, 301 – *Spielgefährtin II;* OLG Düsseldorf NJW 1994, 1971; OLG Karlsruhe NJW-RR 1999, 1699 – *Wachkomapatient;* OLG Hamburg AfP 1982, 41 – *Heimliche Nacktfotos;* GRUR 1990, 35; OLG Frankfurt GRUR 1958, 508; OLG Schleswig NJW 1980, 352). So kann die

B. Geschützte Individualgüter § 6 LPG

Bildaufzeichnung des Betroffenen in Situationen höchster personaler Verletzlichkeit, etwa ihrer totalen Entäußerung in Trauer, Angst, Schmerzen, Erschöpfung, Ekstase unzulässig sein, auch wenn sie an einem der Allgemeinheit zugänglichen Ort gemacht wird. Näher dazu Rn 66; 123; *Wenzel/v Strobl-Albeg* Kap 7 Rn 22ff. Allerdings sind für die Interessen- und Güterabwägung hier die in den Regelungen zum Ausdruck gekommenen Abwägungsentscheidungen des Gesetzgebers mit zu berücksichtigen, die indes für § 201a StGB auch auf dem Erfordernis straftatbestandlicher Stringenz beruhen.

Die Rechtsträgerschaft des Rechts am eigenen Bild einschließlich des gegen Einblicke besonders geschützten räumlichen Bereichs gegen Bildaufnahmen geht in derjenigen des allgemeinen Persönlichkeitsrechts auf; dazu wird auf Rn 72 verwiesen. Wie dieses ist das Recht am eigenen Bildnis, soweit es wie in erster Linie die personalen, ideellen Interessen des Betroffenen schützt, höchstpersönlicher Natur; insoweit ist es unauflösbar an die Person gebunden, jedenfalls zu ihren Lebzeiten, und weder übertragbar noch vererblich (BGHZ 50, 133/137 – *Mephisto;* 143, 214/220 – *Marlene Dietrich I;* 151, 26/29 – *Marlene Dietrich II;* BGH NJW 2000, 2201f. – *Der blaue Engel*). Soweit es allerdings um die Interessen des Rechtsträgers an einer materiellen Auswertung des Rechts geht, erkennt der BGH neuerdings, einer inzwischen wohl herrschenden Meinung im Schrifttum folgend (vgl die Nachweise BGHZ 143, 214/221 – *Marlene Dietrich I*), ein besonderes, auf Verkehrsfähigkeit ausgerichtetes Schutzbedürfnis an, das den hierauf beschränkten Übergang der Rechtsstellung auf die Erben rechtfertigt und diesen für die Verfolgung von Rechtsverletzungen dieselben negatorischen, deliktischen, bereicherungsrechtlichen, GoA-rechtlichen Möglichkeiten eröffnet wie die Verletzung vermögensrechtlicher Ausschließlichkeitsrechte (BGHZ 143, 214/226ff. – *Marlene Dietrich I;* 151, 26/29 – *Marlene Dietrich II;* BGH NJW 2000, 2201f. – *Der blaue Engel*). Zur Wahrnehmungsbefugnis des postmortalen Schutzes des Verstorbenen näher Rn 125.

c) Güter- und Interessenabwägung

Als Ausprägung des Persönlichkeitsrechts wird aus denselben Gründen wie bei diesem (Rn 33f., 57) der Schutz der Selbstbestimmung über die Herstellung, Verbreitung und Veröffentlichung von Aufzeichnungen seiner Person im Bild grundsätzlich von einer Interessen- und Güterabwägung zwischen den schutzwürdigen Interessen der Person und den mit ihnen kollidierenden Publikationsinteressen beherrscht. Abwägungserfordernis und Abwägungskriterien sind allerdings im Regelungszusammenhang der §§ 22, 23 KUG (vgl BVerfGE 101, 361/387 – *Paparazzi-Fotos*) und im Schutzbereich des § 201a StGB in erster Linie durch diese Vorschriften vom Gesetzgeber normiert. Der Gesetzgeber hat für diese Interessenabwägung ein 3-Stufen-Schutzkonzept verordnet: Stufe 1 als Grundsatz, daß die Bildnisveröffentlichung nur mit Einwilligung des Abgebildeten erfolgen darf (§ 22 KUG);

Stufe 2 als Ausnahme davon die Befugnis zur Veröffentlichung von Bildnissen „aus dem Bereich der Zeitgeschichte ohne Einwilligung des Abgebildeten (§ 23 Abs. 1 Nr. 1 KUG);

Stufe 3 als Ausnahme von der Stufe 2 die Abhängigkeit der Veröffentlichung auch von Bildnissen „aus dem Bereich der Zeitgeschichte" von einer Einwilligung des Abgebildeten bei Verletzung seines berechtigten Interesses (§ 23 Abs. 2 KUG).

Dieses Stufenkonzept des Gesetzgebers ist allerdings in den Koordinaten anzulegen, die das BVerfG für das Spannungsfeld zwischen Art. 1, 2 und 6 GG auf der einen und Art. 5 Abs. 1 und 3 GG auf der anderen Seite ausgebildet hat (BVerfGE 120, 180/201ff. – *CvM-Ferienvilla in Kenia;* BVerfG NJW 2006, 3406/3408 – *Promi-Partner;* 2011, 740 – *Wie gefährlich ist das süße Leben?* – inzwischen in Praktischer Konkordanz mit den vom EGMR aus Art. 8 und Art. 10 EMRK entnommenen Grundsätzen (EGMR NJW 2004, 2647; 2006, 59; 2012, 1053; 2012, 1058).

Gegenüber Aufnahmen aus dem durch § 201a StGB besonders geschützten Rückzugsbereich der Person, deren Herstellung bzw Weitergabe die Betroffene nicht zugelassen hat und die sein Bedürfnis nach Abschirmung vor der Öffentlichkeit verletzen, ist der Schutz des Betroffenen bei verfassungsgemäßer Anwendung des gesetzlichen Stufenkonzepts absolut. Für eine Relativierung durch ein besonderes Publikationsinteresse lässt § 201a StGB keinen Raum (BT-Drs 15/1891 S 7). Damit folgt der Gesetzgeber im Wesentlichen der Auffassung der Rechtsprechung schon vor Inkrafttreten des § 201a StGB (Rn 119). Einschränkungen sind allenfalls unter den Voraussetzungen eines rechtfertigenden Notstands denkbar (§ 34 StGB); ähnlich *Kühl* AfP 2004, 190/197; *Tillmanns/Gottschalck* ZUM 2005, 441/445). Unberührt davon bleibt allerdings die Notwendigkeit, die Tatbestandsmerkmale von § 201a StGB im Licht auch von Art 5 Abs 1 und 3 GG ggfls einschränkend zu interpretieren.

Für das Veröffentlichen oder Verbreiten anderer Bildaufnahmen von der Person können schutzwürdige Publikationsinteressen, die in § 23 Abs 1 KUG im Einzelnen bezeichnet sind, dem Selbstbestimmungsrecht des Betroffenen vorgehen. Doch sind die Grenzen dafür nach dem heutigen Rechtsverständnis für die Ausnahme der Stufe 2 des Schutzkonzeptes enger zu ziehen. Deren Voraussetzung hat die Presse nachzuweisen; im Zweifel bleibt es bei dem Grundsatz des § 22 KUG. § 23 Abs 2 KUG versagt dem Publikationsinteresse auch in seinem heute begrenzteren Verständnis den Vorrang bei einem entgegenstehenden berechtigten personalen Interesse. Die dieses Interesse tragenden besonderen Umstände stehen zur Beweislast der betroffenen Person. Auch die für diese Abwägung maßgebenden Wertungsstufen und Wertungsmaßstäbe des Gesetzes haben sich nicht anders als die Abwägung im Bereich des allgemeinen Persönlichkeitsrechts (vgl Rn 34, 57) an den Verfassungsgarantien für die Person einerseits und für die Meinungs- und Pressefreiheit andererseits zu orientieren, die mittelbar auch auf diese Regelung ausstrahlen und Orientierungspunkte für ihre Auslegung geben.

2. Schutzumfang

a) Personenbildnis

121 In der Definition der Amtlichen Begründung zum KUG ist Bildnis „die Darstellung der Person in ihrer wirklichen, dem Leben entsprechenden Erscheinung" (S 31; zur Entstehungsgeschichte der §§ 22, 23 KUG *Steffen* in FSf. Gerda Müller, 2009, S. 575 ff.). Geschützt durch das KUG ist das Personenbildnis (BVerfG NJW 2005, 3483 – *Tierversuche*), dh die Darstellung einer oder mehrerer Personen, die die äußere Erscheinung des oder der Abgebildeten in einer für Dritte erkennbaren Weise wiedergibt (BGH GRUR 1966, 102 – *Spielgefährtin I*; 2011, 647 – *Markt & Leute*). Nach seinem Schutzzweck, der auf die Sicherung eines von Einblicken der Öffentlichkeit freien räumlichen Rückzugsbereich der Person zur Gewährleistung ihrer Selbstverwirklichung zielt, ist der Begriff der „Bildaufnahme von einer Person" iSv § 201a StGB mit diesem Verständnis des Bildnisses iSv §§ 22, 23 KUG deckungsgleich. Deshalb kann sich der Schutz von § 201a StGB auch auf den Leichnam erstrecken (aA *Lackner/Kühl* § 201a Rn 3). Bildaufnahmen von Hausgrundstücken oder Sachen werden vom Schutz des KUG oder § 201a StGB nicht erfasst. Jedoch kann in der Veröffentlichung von Grundstücksaufnahmen insbes unter Wegbeschreibung und Namensnennung des Besitzers eine Verletzung des allgemeinen Persönlichkeitsrechts auf Rückzug in die Privatheit liegen (BVerfG NJW 2006, 2836/2837 – *Luftbildaufnahme*; BGH NJW 2004, 762/764 – *Luftbildaufnahme I*; 2009, 3030 – *Joschka Fischer*; OLG Hamburg NJW-RR 2005, 414 – *Privathaus des Künstlers*; näher dazu Rn 68).

Ein Bild, kein Bildnis iSv §§ 22, 23 KUG liegt vor, auf dem die abgebildeten Personen nur „als Beiwerk neben einer Landschaft oder sonstigen Örtlichkeit" (§ 23 Abs 1 Nr 2 KUG) oder als in den Hintergrund tretender Teilnehmer „von Versammlungen, Aufzügen und ähnlichen Vorgängen" (§ 23 Abs 1 Nr 3 KUG) erscheint. § 201a StGB erfasst solche Bilder von vornherein nicht. Umfasst werden alle Darstellungsspielarten und -techniken, zB Fotomontagen und die durch Retuschen an dem Bildnis eines anderen hergestellte Darstellung der Person (BVerfG NJW 2005, 3271 –

B. Geschützte Individualgüter § 6 LPG

Fotomontage; BGHZ 156, 206/209 – *Fotomontage;* OLG Hamburg AfP 1983, 282; 1988 247/248), Portrait-Skizzen, Karikaturen (aA *J. Helle* S 92); KG KGR 2002, 171); Abbildungen auf Gedenkmünzen und Medaillen (BGH NJW 1996, 593 – *Willy Brandt*), auch das Bildnis eines bereits Verstorbenen (wie hier OLG Hamburg AfP 1983, 446; RGRK-BGB/*Dunz* Anh I Rn 27; *Staudinger/Hager* § 823 C 155; *Schricker/Gerstenberg,* Anh zu § 60 UrhG/§ 22 KUG Rn 4; aA *Wenzel/v Strobl-Albeg* Kap 7 Rn 10) Das Recht am eigenen Bild iSv §§ 22, 23 KUG wird auch durch die Veröffentlichung des Bildnisses eines Doubles oder eines auf den Betroffenen zurechtgemachten Fotomodells verletzt (LG Stuttgart AfP 1983, 292/293; 1983, 294/295); nicht allerdings schon durch die Veröffentlichung eines nur zufällig ähnlichen Bildnisses ohne die Absicht, es für den Betroffenen auszugeben (BGHZ 30, 7/10 – *Caterina Valente*). Auch die Darstellung der Person durch Schauspieler im Theater, Film oder Fernsehen kann zwar nicht von § 201a StGB, da sie den räumlichen Rückzugsbereich des Dargestellten nicht tangiert, aber vom Bildnisschutz des KUG umfasst sein (BVerfGE 35, 202/224 – *Lebach;* BGH NJW 1958, 459 – *Sherlock Holmes;* OLG Karlsruhe AfP 1996, 282; OLG Koblenz AfP 1997, 328; OLG Hamburg NJW 1975, 649). Bleibt aber der Schauspieler, wie in aller Regel, als solcher erkennbar und identifizierbar, bestimmt er und nicht die dargestellte Person Bildnis und Bildnisschutz (BGH GRUR 1961, 138/139 – *Familie Schölermann;* NJW 2000, 2201/2202 – *Der blaue Engel*).

b) Erkennbarkeit der Person

Dem Schutzzweck entsprechend muss jedenfalls für den Schutz aus §§ 22, 23 **122** KUG die Person auf dem Bild erkennbar sein (BGHZ 26, 349/351 – *Herrenreiter;* BGH NJW 1961, 558 – *Familie Schölermann;* 1965, 2148/2149 – *Spielgefährtin I;* 1974, 1947/1948 – *Nacktaufnahme;* 1979, 2205 – *Fußballtor*2000, 2201 – *Der blaue Engel;* GRUR 2011, 647 – *Markt & Leute*). Für den Schutz aus § 201a StGB steht zwar die Belastung der höchstpersönlichen Lebensgestaltung und des dafür notwendigen räumlichen Rückzugsbereichs der Person durch das Aufzeichnen der Person im Bild im Vordergrund. Indes wird auch für § 201a StGB eine Bildaufnahme, auf der die Person nicht erkennbar ist, weder als Aufnahme von einer Person noch als zur Verletzung des höchstpersönlichen Lebensbereich geeignet anzusehen sein. Zur Erkennbarkeit der Person genügt allerdings für das KUG ebenso wie für § 201a StGB die Möglichkeit, dass der nur andeutungsweise Bezeichnete und undeutlich Abgebildete in seinem engeren Bekanntenkreis identifiziert werden kann (BVerfGE 35, 202 – *Lebach;* BGH NJW 1971, 698/699 – *Pariser Liebestropfen;* 1979, 2205 – *Fußballtor;* OLG Frankfurt NJW 2006, 619; OLG Düsseldorf ZUM-RD 2012, 137; KG AfP 2011, 393). Die Rechtsprechung stellt sehr geringe (gelegentlich zu geringe, vgl etwa OLG Düsseldorf GRUR 1970, 618 – *Schleppjagd;* OLG Nürnberg *Schulze* OLGZ 141 – *Kunstflieger;* OLG München *Schulze* OLGZ 270 – *Paul Breitner*) Anforderungen an die Erkennbarkeit. Es genügt Identifizierbarkeit, sei es auch erst nach längerem intensiven Betrachten und unter Zuhilfenahme des Begleittextes oder sogar von Bezügen zu früheren Veröffentlichungen (BGH GRUR 1962, 211 – *Hochzeitsbild;* NJW 1965, 2148/2149 – *Spielgefährtin I;* GRUR 1974, 794 – *Todesgift*). Der Fachmann kann einen Torwart uU von hinten auf Grund von Statur, Haltung, Haarschnitt, Trikot (BGH NJW 1979, 2205 – *Fußballtor*), einen Reiter durch sein Pferd (OLG Düsseldorf GRUR 1970, 618 – *Schleppjagd*) identifizieren. Die Erkennbarkeit wird durch einen Augenbalken kaum je ausreichend beseitigt (OLG Hamburg AfP 1993, 590; OLG Karlsruhe NJW 1980, 1701; AfP 2000, 42 ff.; OLG München AfP 1983, 276). Als unzureichend ist eine Verpixelung des Gesichtes angesehen worden, bei der Stirn, Haaransatz, Ohren, Mund- und Kinnpartien sichtbar bleiben (KG AfP 2011, 383). Näheres zu den Sorgfaltspflichten vgl Rn 202. Ein Teenager ist auch durch ein Foto als Kleinkind betroffen (OLG Düsseldorf FamRZ 2010, 1854). Für die Darstellung durch ein Double genügt, dass der Eindruck erweckt wird, es handele sich um die dargestellte Person, auch wenn dieser Eindruck nicht durch die Gesichtsmaske, sondern durch andere Umstände erzeugt wird, etwa durch die Nachahmung von der dargestellten Person wesenseigenen Besonderheiten (BGH NJW 2000, 2201 – *Der blaue Engel*).

Fehlt es an der Erkennbarkeit, so kann die Veröffentlichung ausnahmsweise doch das allgemeine Persönlichkeitsrecht des Betroffenen verletzen, wenn ihn die Gefahr, gleichwohl mit dem Bild in Verbindung gebracht zu werden, besonders belastet (BVerfG NJW 2004, 3619 – *Würzburger Anwalt*); zB bei einer Nacktaufnahme, auch wenn sie nur die Rückenpartie zeigt (BGH NJW 1974, 1947/1949 – *Nacktaufnahme*).

c) Räumliche und sachliche Begrenzung des § 201a StGB

122a Das Verbot des § 201a StGB, der nicht nur die Verletzung des höchstpersönlichen Lebensbereichs durch das „Gebrauchen" und „Zugänglichmachen", sondern primär schon durch das unbefugte Herstellen und Übertragen von Bildaufnahmen verbietet, ist zudem räumlich begrenzt auf die Bildaufnahmen von einer Person, „die sich in einer Wohnung oder einem gegen Einblick besonders geschützten Raum befindet". Die räumliche Eingrenzung soll der Strafvorschrift die nötige Bestimmtheit vermitteln. Als Wohnung kommen eigene und fremde Privaträume infrage, sei es auch von Täter und Opfer gemeinsam bewohnte (*Lackner/Kühl* § 201a Rn 2; *Sauren* ZUM 2005, 425/428), Hotelzimmer, Wohnwagen, Zelte, Autos mit verhängten Scheiben, Kranken- und Untersuchungszimmer im Krankenhaus, nicht aber Geschäfts- und Diensträume oder dem allgemeinen Besuchsverkehr zugängliche Räumlichkeiten; geschützt sind ferner Aufenthalte an gegen Sicht geschützten, diskreten Orten wie in einer Umkleidekabine, einer Toilette, einem Besprechungsraum beim Anwalt oder Steuerberater; eine Gefängniszelle, ein Beichtstuhl. Gegen Einblick der Öffentlichkeit besonders geschützt können auch Örtlichkeiten im Freien sein, die durch eine hohe Mauer, einen dichten Zaun oder eine Hecke Schutz gegen Voyeure bieten. Indes muss der Ort durch seine räumliche Beschaffenheit gegen indiskrete Zuschauer sichtgeschützt sein; insoweit ziehen die stringenteren strafrechtlichen Bestimmtheitsanforderungen den strafrechtlichen Schutzbereich enger als der Zivilrechtsschutz für die Privatsphäre. Die lauschige Ecke in einem Gartenlokal, das abgelegene, aber nicht besonders umfriedete Gelände, das vom Verkehr gemieden wird, wird vom Zivilrechtsschutz, nicht aber vom Strafrechtsschutz erfasst, mag auch der Durchschnittsbetrachter die Erwartung des Betroffenen, vor öffentlichen Einblicken geschützt zu sein, teilen. Zu Grenzfällen *Hesse* ZUM 2005, 432/433 f.; *Kühl* AfP 2004, 190/194; *Obert/Gottschalck* ZUM 2005, 436/437; *Tillmanns/Führ* ZUM 2005, 441/445. Die räumlichen Voraussetzungen für den Schutz des § 201a StGB sind dem Fotografen nachzuweisen. Demgegenüber hat dieser die Beweislast für eine von ihm behauptete Einwilligung des Betroffenen; insoweit gilt dasselbe wie für die §§ 22, 23 KUG (Rn 120, 128).

Zu der räumlichen Begrenzung des Schutzbereichs von § 201a StGB muss als sachliche Einschränkung eine Verletzung des höchstpersönlichen Lebensbereichs der betroffenen Person durch das Offenlegen dieses Bereichs mittels der Bildaufnahme hinzutreten. Das Kriterium ist für eine strafrechtliche Sanktion gemessen an dem Bestimmtheitserfordernis von Art 103 Abs 1 GG ziemlich unscharf und bedarf zumindest genauerer Strukturierung und Umgrenzung durch die Rechtsprechung; dazu *Borgmann* NJW 2004, 2133/2134; *Flechsig* ZUM 2004, 605/610; *Hesse* ZUM 2005, 432/435; *Kühl* AfP 2004, 190/192; *Obert/Gottschalck* ZUM 2005, 436/438; *Sauren* ZUM 2005, 425/429; *Tillmanns/Führ* ZUM 2005, 441/444 f. Der Gesetzgeber wollte den Begriff des höchstpersönlichen Lebensbereichs bewusst enger fassen als den Begriff des persönlichen Lebensbereichs in § 68 Abs 1 StPO und § 171b Abs 1 GVG; allein gelebtes, sog „neutrales" Verhalten innerhalb der eigenen Wohnung sollte beispielsweise nicht durch § 201a StGB geschützt sein (BT-Drs 15/2466 S 5). Er wollte aber den Schutzbereich von § 201a StGB weiter fassen als den Bereich von Intimität iSv Sexualität, Nacktheit, Krankenlager. Er zielt auf den Schutz des Kernbereichs privater Lebensgestaltung, in dem das Schutzinteresse der betroffenen Person am Frei-

B. Geschützte Individualgüter § 6 LPG

sein von öffentlicher Neugier, Anteilnahme, Kontrolle zur Gewährleistung ihres Grundrechts auf Selbstverwirklichung und Entwicklung von Persönlichkeit (Art 2 Abs 1 GG iVm Art 1 GG) auch ohne das Verbot des § 201a StGB nicht zur Abstimmung mit dem Publikationsinteresse steht (BT-Drs 15/2466 S 6). Infrage stehen damit Lebensäußerungen, mit denen man allein gelassen werden will und die andere nichts angehen; hinzukommen muss ein für Dritte deutlich erkennbares und als Grundvoraussetzung für die personale Selbstverwirklichung deutlich herausgehobenes generelles Interesse am Schutz davor, sich in diesem Lebensraum, dieser Lebenslage, dieser Situation durch eine Bildaufnahme „verdinglichen" zu lassen. Außerhalb der eigentlichen Intimsphäre (Rn 66 f.; 214 f.), die für solchen absoluten Schutz unproblematisch ist, könnte eine Groborientierung an der Entscheidung eines dem Metier verschriebenen, aber nicht durch Vermarktung seiner Leidenschaft motivierten, aufgeschlossenen Fotografen festmachen, in solcher Situation von der sich ihm darbietenden Möglichkeit zu einer Aufnahme aus Anstand oder Respekt – und im Wissen um das Vertrauen der betroffenen Person auf den Sichtschutz für Außenstehende – keinen Gebrauch zu machen:

bei einem deutlich auf den Ausschluss Anderer setzenden Zusammensein mit Familienangehörigen oder engen Vertrauten (vgl dazu auch BVerfGE 109, 279/ 314/319 – *akustische Wohnraumüberwachung*);

in stark emotional geprägten Situationen, etwa bei aus der Kontrolle geratender Auseinandersetzungen im häuslichen Bereich;

in von Trauer, Leiden, Schmerzen, Verzweiflung, Depression, Hilflosigkeit, Überschwang beherrschten Augenblicken;

bei einem für die Anwesenden klaren Sich-Zurückziehen des Betroffenen in das Alleinsein; beim Sich-Gehen-Lassen-Können im Krankenstand; bei der Andacht, der Meditation, der Morgengymnastik;

aus Achtung des elementaren Bedürfnisses, nicht als Gefangener in seiner Zelle oder in anderen hilflosen Lagen im Bild vorgeführt zu werden;

bei einer Unterredung in einem durch das Recht auf Geheimhaltung besonders geschützten Bereich.

Ob allerdings dieser vom Gesetzgeber durch § 201a StGB angestrebte Schutz der Persönlichkeit auch das von der Rspr von BVerfG und BGH dem allgemeinen Persönlichkeitsrecht entnommene Recht des Betroffenen auf absoluten Schutz eines sachlich-situativ definierten Rückzugsbereichs (dazu Rn 68) umfaßt, erscheint wegen der stringenteren strafrechtlichen Anforderungen an die Deutlichkeit der Grenzziehung des Anwendungsbereichs für Opfer und Täter zweifelhaft. Verfassungskonform dürfte § 201a StGB eher eingeschränkter auszulegen sein. Jedenfalls die eigentliche Intimsphäre (Rn 66 f.; 214 f.), für die ein Anspruch auf Geheimhaltung wesensmäßig zur Selbstverwirklichung der Persönlichkeit gehört, ist Teil des höchstpersönlichen Lebensbereichs, dessen Verletzung bei Überwindung des in § 201a StGB genannten Sichtschutzes durch Offenlegung mittels einer Bildaufnahme sanktioniert ist (*Hesse* ZUM 2005, 432/435; *Hoppe* GRUR 2004, 990/993).

3. Veröffentlichen, Verbreiten, Herstellen

Das KUG beschränkt sich auf das Verbot der nicht durch Einwilligung des Betroffenen gedeckten Veröffentlichung und Verbreitung des Bildnisses. § 201a StGB ist um lückenloseren Schutz bemüht; er umfasst das nicht durch die Einwilligung der betroffenen Person gedeckte Herstellen der Bildaufnahme, dh ihre Abspeicherung auf einen Bild- oder Datenträger, ihre Übertragung iS einer Echtzeitübertragung mittels Webcam oder Spycam auch ohne dauerhafte Speicherung (§ 201a Abs 1 StGB); ihre Nutzung, ihr Zugänglichmachen für Dritte (§ 201a Abs 2); darüber hinaus erweitert § 201a Abs 3 StGB den Schutz des Betroffenen auf das Vertrauen, die Grenzen einer von ihm erteilten Einwilligung nicht wesentlich dadurch zu verletzen, dass die Aufnahme gegen seinen Willen weiteren Personen zugänglich gemacht wird. Das

LPG § 6
Sorgfaltspflicht der Presse

"öffentlich Zurschaustellen" in der Presse umfasst den presserechtlichen Begriff der Veröffentlichung (Rn 9). Zum Begriff des Verbreitens vgl Rn 93; hie auch zum "quasi-presseintern" bleibenden Abruf von Bildnissen aus einem Presseverlag (BGHZ 187, 354/358 – *Jahrhundertmörder*).

Bereits das durch eine Erlaubnis des Betroffenen nicht gedeckte Herstellen oder Vervielfältigen des Bildnisses kann auch über das Betroffensein des engen räumlichen Schutzbereichs des § 201a StGB hinaus negatorische Unterlassungsansprüche unter dem Gesichtspunkt der Verletzung des allgemeinen Persönlichkeitsrechts auslösen (Rn 119; vgl BGHZ 24, 200/208 – *Spätheimkehrer;* 30, 7/11 – *Caterina Valente;* 131, 332/338 – *Paparazzi-Fotos;* BGH NJW 2004, 762/764 – *Luftbildaufnahme I;* 2004, 766 – *Luftbildaufnahme II;* AfP 1995, 597 – *Video-Überwachung;* OLG Frankfurt GRUR 1958, 508 – *Verbrecherbraut;* OLG Hamburg AfP 1982, 41 – *Heimliche Nacktfotos;* GRUR 1990, 35; OLG Schleswig NJW 1980, 352). Denn durch die Aufnahme wird das Erscheinungsbild der fotografierten Person aus einer bestimmten Situation herausgelöst, datenmäßig fixiert, gewissermaßen verdinglicht und kann jederzeit vor einem anderen Personenkreis in anderer Situation reproduziert werden (BVerfGE 101, 361/381 – *Paparazzifotos;* OLG Karlsruhe, NJW-RR 1999, 1699 f. – *Wachkomapatient*). Allerdings hängt ein solches Bedürfnis des Betroffenen nach negatorischem Schutz in erster Linie von einer Veröffentlichungsabsicht des Fotografen sowie davon ab, ob ein Bildnis des Betroffenen oder ein Bild iSv § 23 Abs 1 Nr 2 oder 3 KUG veröffentlicht werden soll. Da die Presse regelmäßig erst nach Sichtung des Fotomaterials über die Art und Weise der Veröffentlichung entscheidet und in dieser Entscheidungsfindung durch Art 5 Abs 1 S 2 GG grundsätzlich geschützt ist, kann die Anfertigung von Bildaufnahmen von Personen, auch wenn es heimlich geschieht, der Presse nicht generell von vorn herein im Wege einer einstweiligen Verfügung verboten werden (wie hier *Wenzel/v Strobl-Albeg* Kap 7 Rn 25; vgl auch BVerfGE 101, 361/394 – *Paparazzifotos*). Anderes gilt für Aufnahmen, deren Umstände bereits deutlich machen, dass mit ihnen eine Veröffentlichung unter Umgehung des Bildnisschutzes des KUG oder § 201a StGB bezweckt ist, insbes für Paparazzifotos aus dem jetzt durch § 201a StGB strafrechtlich gegenüber solchem Zudringen der Öffentlichkeit besonders geschützten räumlichen Rückzugsbereich der Person (so schon vor Inkrafttreten des § 201a StGB BVerfGE 101, 361/393 f. – *Paparazzifotos;* BGHZ 131, 332/ 336 ff. – *Paprazzifotos*).

123a Ein gesetzliches – verfassungsgemäßes (BVerfGE 103, 44/66 ff.; 119, 308) – Verbot für Ton- und Bildaufnahmen besteht nach § 169 GVG für Filmaufnahmen während der Gerichtsverhandlung einschließlich der Verkündung der Entscheidung. Für das BVerfG ist dieses Verbot durch § 17a BVerfGG eingeschränkt. Vor dem Beginn und nach Schluß der mündlichen Verhandlung sowie in den Verhandlungspausen gilt das gesetzliche Verbot nicht (BVerfGE 119, 309/322 – *Bundeswehrskandal;* BGHSt 23. 123/125). Der Vorsitzende kann aber nach pflichtgemäßem Ermessen Beschränkungen durch sitzungspolizeiliche Anordnungen treffen (§ 176 GVG; BVerfGE 91, 125/136; 119, 309/322 – *Bundeswehrskandal;* BGH St 44, 23 f.; BGH NJW 2011, 3153 – *Bild im Gerichtssaal*). Er hat dabei die schutzwürdigen Interessen der Betroffenen, insb das Persönlichkeitsrecht und das Recht am Bild aller Verfahrensbeteiligten einschließlich der Richter, Staatsanwälte, Rechtsanwälte, Justizbediensteten, Zeugen und Sachverständigen unter Berücksichtigung ihrer Belastungssituation und ihres Sicherheitsbedürfnisses sowie des Anspruchs der Betroffenen auf ein faires Verfahren gegenüber den Interessen der Öffentlichkeit und der Justiz an der öffentlichen Berichterstattung unter Beachtung des Grundsatzes der Verhältnismäßigkeit abzuwägen (BVerfGE 119, 309/322 – *Bundeswehrskandal;* BVerfG NJW 2009, 350; 2009, 2117; NJW-RR 2007, 1416; K & R 2012, 346; BGH NJW 2011, 3153 – *Bild im Gerichtssaal*).

B. Geschützte Individualgüter § 6 LPG

4. Einwilligung des Abgebildeten

a) Rechtsnatur

Die Einwilligung ist Betätigung der Selbstbestimmung. Ihrer Rechtsnatur nach unterscheidet sie sich nicht prinzipiell von der Einwilligung des Patienten in einen ärztlichen Eingriff (*Müko/Rixecker* § 12 Anh Rn 54. Derartige Einwilligungen sieht der BGH, sofern sie nicht Bestandteile eines Vertrags sind, im Gegensatz zur hM weder als Rechtsgeschäft noch als geschäftsähnliche Handlung, sondern als Realakt an (vgl BGHZ 38, 49/54; BGH VersR 1961, 632/633; NJW 1964, 1177; 1980, 1903/1904; aA OLG Düsseldorf FamRZ 1984, 1121; OLG Frankfurt ZUM-RD 2011, 408; OLG Hamburg AfP 1987, 703; OLG München AfP 1983, 230; NJW-RR 2000, 999 – *Dolly-Dollar;* ZUM 2001, 708; *J. Helle* S 103; *ders* AfP 1985, 93/97; *Dreier/Schulze* UrhG § 22 KUG Rn 17; *Frömming/Peters* NJW 1996, 958; *Löffler/Ricker* Kap 43 Rn 6; *Schricker/Götting* UrhGesetz § 22 KUG Rn 39; *Wandtke/Bullinger/Fricke* § 22 KUG Rn 14; *Wenzel/v Stobl-Albeg* Kap 7 Rn 62, die hier aber zu sehr auf die durch die Medien weiter getragene Kommerzialisierung des Rechts am eigenen Bild (*Ullmann* AfP 1999, 209; *Seifert* NJW 1999, 1889; *Seitz* NJW 1999, 1940) und das Bestandsinteresse des Rechtsverkehrs abheben). Für die Auslegung können aber nach der Rechtsprechung des BGH die für Willenserklärungen geltenden allgemeinen Grundsätze vorsichtig angewendet werden (BGH NJW 1980, 1903/1904; 1992, 108). Ist die Einwilligung in eine rechtsgeschäftliche Vereinbarung einbezogen, nimmt sie an der rechtsgeschäftlichen Natur der Vereinbarung teil.

b) sEinwilligungsberechtigung

Maßgebend ist nicht zuerst das Bedürfnis des Rechtsverkehrs auf Vertrauen in den Bestand der Einwilligung, sondern ganz im Vordergrund steht die Gewährleistung der Selbstbestimmung über den eigenen Integritätsbereich. Deshalb auch muss der Einwilligende nicht geschäftsfähig sein, sondern nur die natürliche Fähigkeit haben, Bedeutung und Tragweite des Eingriffs in seine Persönlichkeitssphäre zu erkennen, das Für und Wider abzuwägen und seine Entscheidung nach dieser Einsicht zu bestimmen. Für Minderjährige begründet die Befugnis zur tatsächlichen Personensorge die Zuständigkeit des Sorgeberechtigten (vgl BGHZ 160, 298/304 – *Das heimliche Babyglück*); jedoch haben die Minderjährigen ein Vetorecht, wenn sie grundrechtsmündig sind (BGH NJW 1974, 1947 – *Nacktaufnahme*). Im Zweifel ist der Zugriff auf das Bildnis versperrt. Dieser Minderjährigenschutz erscheint wirksamer als der über die Qualifizierung der Einwilligung als rechtsgeschäftliche Erklärung.

In die Veröffentlichung von Bildnissen Verstorbener haben nach § 22 S 3 KUG sämtliche nächste Angehörige einzuwilligen, und zwar, soweit vorhanden, der Ehegatte und die Kinder, auch die durch Legitimation (§ 1719 BGB) oder Ehelicherklärung (§ 1723 BGB) legitimierten Kinder. Fehlen Ehegatte und Kinder, erfolgt die Einwilligung durch die Eltern. Geschwister sind nicht einwilligungsberechtigt. Dieser Schutz dauert zumindest 10 Jahre nach dem Tod des Abgebildeten. Er kann aber länger dauern, sofern das Schutzinteresse der Person diese Frist überdauert (*Staudinger/ Hager* § 823 C 156; *Wenzel/v Strobl-Albeg* Kap 7 R 55; vgl auch BGHZ 143, 214/ 227 f. – *Marlene Dietrich I*).

Nach neuerer Rspr des BGH gilt § 22 S 3 KUG nur zum Schutz ideeller Interessen des Verstorbenen. Soweit es um vermögenswerte Interessen geht, sind die Erben aktiv legitimiert; sie dürfen allerdings nicht entgegen dem wirklichen oder mutmaßlichen Willen des Verstorbenen handeln (BGHZ 143, 214/220/226 ff. – *Marlene Dietrich I*; BGH NJW 2000, 2201 f. – *Der blaue Engel*). Sofern die kommerzielle Verwertung des Bildnisses zugleich die ideellen Interessen des Verstorbenen tangiert, können die Angehörigen auch ohne Zustimmung der Erben hiergegen einschreiten (BGHZ 143, 214/227 – *Marlene Dietrich I*; 151, 26/29 – *Marlene Dietrich II*).

c) Form

126 Die Einwilligung bedarf keiner Form. Sie kann sich auch aus den Umständen ergeben, insbes wenn der Betroffene die Anfertigung der Aufnahme in Kenntnis der Veröffentlichungsabsicht und seinem Recht, die Einwilligung zu verweigern (OLG Hamburg NJW-RR 2005, 479 – *Polizeiverhör*) billigt (BGHZ 49, 288/295 – *Fußballsammelbildnis;* BGH GRUR 1962, 211 – *Hochzeitsbild;* NJW 2005, 56/57 – *Reitturnier* mwN; OLG Hamm NJW-RR 1997, 1044); etwa durch ein Interview für das Fernsehen (OLG München NJW-RR 1996, 1487 – *Sex-Papst*). Wer erkennt, daß er von einem Kamerateam des Fernsehens gefilmt wird und dabei an ihn gerichtete Fragen beantwortet, ohne Unwillen zu zeigen, willigt in die spätere Ausstrahlung der Fernsehaufzeichnung ein (OLG Karlsruhe AfP 2006, 467 – *verirrtes Kind auf dem Campingplatz*). Aus der Teilnahme des Betroffenen an einer Veranstaltung, bei der er mit der Aufmerksamkeit von Medien an seiner Person rechnen muß, ist nur aufgrund weiterer Umstände aus seinem Verhalten auf eine konkludente Einwilligung zu schließen (BGH NJW 2010, 3025 – *Galadiner im Centre Pompidou;* 2012, 762 – *Die lange Nacht der Goldkinder*). Für die Veröffentlichung zu Werbezwecken ist eine ausdrückliche Einwilligung zu verlangen (OLG Köln AfP 2011, 574). Nach § 22 KUG ist die Einwilligung zu vermuten, wenn der Abgebildete eine Vergütung erhalten hat. Solche Gestattung deckt aber nicht eine Veröffentlichung, durch die der Betroffene für ihn unerwartet in einen für ihn abträglichen Zusammenhang gestellt wird (OLG Hamburg AfP 1981, 386).

d) Reichweite

127 Die gegenständliche und zeitliche Reichweite der Einwilligung ist eng auszulegen. Grundsätzlich beschränkt sie sich auf die Veröffentlichung aus dem Anlass zu diesem Zeitpunkt in dieser Zeitung, für die sie abgegeben worden ist. Ihre Bedeutung für spätere Veröffentlichungen eines anderen Zuschnitts beizulegen, ist prinzipiell nur aufgrund eines besonderen Interesses des Betroffenen zulässig (BGH NJW 1979, 2203 – *Fussballkalender;* 1996, 593 – *Abschiedsmedaille;* 2005, 56/57 – *Reitturnier*). Allerdings erstreckt sich die Einwilligung zur Veröffentlichung von Werbefotos auf eine Verwertung durch den Auftraggeber in branchenüblicher Weise (OLG Koblenz NJW-RR 1995, 112; OLG Köln NJW-RR 1994, 865; OLG Frankfurt NJW-RR 1990, 1349). Aber wenn die Veröffentlichung dann unterbleibt, kann sie grundsätzlich nicht auch noch nach Monaten ohne neue Einwilligung erfolgen, sei es auch zu demselben Zweck (OLG Oldenburg NJW 1983, 1202). Das gilt vor allem für „heikle" Aufnahmen, insbes von Nacktaufnahmen. Keinesfalls kann daraus, dass der Betroffene einmal in eine Nacktaufnahme eingewilligt hat, geschlossen werden, er werde auch in Zukunft gegen solche Veröffentlichung nichts haben (OLG Hamm NJW-RR 1997, 1044). Anderes gilt auch nicht für ein Mannequin, einen Dressman oder einen Schauspieler (BGH NJW 1985, 1617/1618 – *Sexualkundebuch;* OLG Stuttgart NJW 1983, 652; OLG Hamburg AfP 1972, 1440). Nicht gefolgt werden kann deshalb der Auffassung, dass die Einwilligung eines männlichen Fotomodells in die Veröffentlichung seines Bildnisses zu Werbezwecken mangels ausdrücklicher thematischer Beschränkung auch die Werbung für Kondome und Lederbekleidung in einer Zeitschrift für Homosexuelle erfasst (OLG Frankfurt NJW-RR 2003, 553). Zweifelhaft erscheint auch die Ausdehnung einer Einwilligung in die Darstellung des Betroffenen als „doofen Bayern" in einer Karikatur (BVerfG NJW 2002, 3767 f. – *Bonnbons*).

Es entspricht dem Selbstbestimmungsrecht der Person, dass eine erteilte Einwilligung grundsätzlich jederzeit mit Wirkung ex nunc, also für die Zukunft, widerrufen werden kann. Die Vertreter der Lehre von der rechtsgeschäftlichen Natur der Einwilligung halten sie dagegen grundsätzlich für verbindlich und verlangen für den Widerruf, dass sich die Umstände seit der Erteilung der Einwilligung so geändert haben, dass die Veröffentlichung den Betroffenen in seiner Persönlichkeit empfindlich beeinträchtigt (vgl OLG München AfP 1989, 570/571: wichtiger Grund entsprechend

§ 42 UrhG, § 35 VerlG; *J. Helle* S 118; *v Gamm* Rn 109; *Müko/Schwerdtner* 3. Aufl § 12 Rn 176; wie hier *Müko/Rixecker* 4. Aufl § 12 Anh Rn 38 ff.; *Wenzel/v Strobl-Albeg* Kap 7 Rn 85). Zweifellos allerdings ist die Widerrufsbefugnis durch den Grundsatz von Treu und Glauben (§ 242 BGB) eingeschränkt. Hat der Betroffene durch seine Einwilligung auf Grund besonderer Umstände ihrer Erteilung ausnahmsweise einen Vertrauenstatbestand geschaffen, der die Zeitung schon zu erheblichen Investitionen für die Veröffentlichung des Bildnisses veranlasst hat und veranlassen durfte, dann müssen gewichtige Gründe den Widerruf rechtfertigen; anderenfalls ist die Zeitung zwar nicht zur Veröffentlichung des Bildnisses berechtigt, aber der Betroffene zum Schadensersatz verpflichtet(vgl. OLG Frankfurt ZUM-RD 2011, 408). Auch für die hier vertretene Auffassung kann dazu § 122 BGB analog herangezogen werden; die Vertreter der Auffassung von der rechtsgeschäftlichen Natur der Einwilligung wenden die Vorschrift unmittelbar (*J. Helle* S 117 ff.; *ders* AfP 1985, 95/101; vgl dazu auch *Dunz*, RGRK-BGB 12. Aufl § 823 Anh I Rn 29) oder § 42 Abs 3 UrhG entsprechend an (*Wandtke/Bullinger* § 22 KUG Rn 20; *Frömming/Peters* NJW 1996, 959; *Wenzel/v Strobl-Albeg* Kap 7 Rn 85). Das gilt natürlich erst Recht im Rahmen vertraglicher Abmachungen mit dem Betroffenen. Hier kann die Einwilligung stets nur aus wichtigem Grund gekündigt werden (BGH GRUR 1987, 128 – *Nena*; OLG München AfP 1989, 570).

e) Beweislast

Die Beweislast für die Erteilung der Einwilligung hat die Presse (BGHZ 20, 345/348 – *Paul Dahlke*; BGH NJW 1965, 1374 – *Satter Deutscher*). Wer sich auf die Erlaubnis des Abgebildeten beruft, hat nachzuweisen, dass der Abgebildete auch mit Art und Weise der Veröffentlichung einverstanden (OLG Düsseldorf Ufita Bd 64 S 328), also zuvor entsprechend aufgeklärt worden ist. Entsprechendes gilt für den einem Widerruf zur Unzeit entgegenstehenden Vertrauenstatbestand, während der Betroffene die besonderen Gründe für seinen Widerruf zu beweisen hat. Zu den Sorgfaltspflichten der Presse bei der Ermittlung der Einwilligung Rn 203 f.

5. Veröffentlichung ohne Einwilligung

§ 201a StGB verbietet und bestraft die unbefugte, dh ohne Erlaubnis des Betroffenen hergestellte Bildaufnahme von einer Person, die sich in einem gegen Einblick besonders geschützten räumlichen Rückzugsbereich privater Lebensgestaltung befindet, unter der weiteren Voraussetzung, dass die Herstellung oder Übertragung der Aufnahme den höchstpersönlichen Lebensbereich der Person verletzt, dies selbst dann, wenn das Publikationsinteresse an der Aufnahme groß ist; dazu Rn 120. Soweit ein Einbruch in diesen engeren räumlichen Schutzbereich nicht infrage steht, kann die Veröffentlichung eines Bildnisses nach § 23 KUG ohne Einwilligung des Betroffenen zulässig sein, wenn in einer Interessen- und Güterabwägung mit dem Selbstbestimmungsrecht des Abgebildeten sich das Publikationsinteresse als stärker erweist.

a) Bildnisse aus dem Bereich der Zeitgeschichte (§ 23 Abs 1 Nr 1 KUG)

aa) Zeitgeschichtlicher Bezug der Person

Als ein solches stärkeres Publikationsinteresse sieht § 23 Abs 1 Nr 1 KUG das Interesse der Öffentlichkeit an einer bildmäßigen Unterrichtung aus dem Bereich der Zeitgeschichte an. Aus diesem Bereich entstammen in erster Linie Bildnisse, in denen der Abgebildete nicht bloß als Person, sondern wegen seiner Verbindung zum Zeitgeschehen das Interesse der Öffentlichkeit findet. In diesem (weiten) Verständnis können solche Bildnisse selbst als zeitgeschichtliche Dokumentation begriffen werden (so wohl *v Gamm* URG Einf Rn 115; *J. Helle* S 132 ff.). Das darf indes nicht zu einer Beschränkung des § 23 Abs 1 Nr 1 KUG auf Bildnisse führen, die als solche einen zeitgeschichtlichen Wert haben (dahin tendierend möglicherweise *v Gamm* URG Einf Rn 115: Bildnisse, die nach Inhalt und Charakter der Darstellung objektiv geeignet sind, den damit angesprochenen Verkehrskreisen als zeitgeschichtliches Dokument zu dienen). Entscheidend ist der zeitgeschichtliche Charakter nicht des Dokuments, sondern des Dokumentierten, das zumindest für einen Teil der Öffentlichkeit (ob zu Recht oder zu Unrecht) Zeitgeschichte repräsentiert und deshalb ein besonderes öffentliches Interesse an einem „Vorgestelltwerden im Bild" findet (BVerfGE 101, 361/392 – *Paparazzifotos;* 120, 180/220 – *CvM-Ferienvilla in Kenia;* BVerfG NJW 2012, 756 – *CvM-in Zürs;* BGHZ 171, 275/282 – *CvM-Skiurlaub;* 177, 119/124 f. – *Heide Simonis;* 180, 114/118 f. – *Beerdigung in Monaco;* BGH NJW 2008, 749 – *Oliver Kahn;* AfP 2008, 608 – *Spaziergang in St. Rémy).* Das sind auch Personen, die die Öffentlichkeit unabhängig von einzelnen Ereignissen als bedeutsam ansieht und sich deshalb für sie besonders interessiert (BVerfGE 101/392 – *Paparazzifotos;* BGHZ 158, 218/2208 – *Charlotte Casiraghi;* BGH NJW 2006, 599/600 f. – *Autobahnraser),* insbes wenn und weil das Publikum in ihnen Leit- oder Kontrastbilder oder Symbole für das eigene Erleben verkörpert sieht. Dieses Interesse ist in § 23 Abs 1 Nr 1 KUG geschützt, soweit und solange die zeitgeschichtliche Repräsentanz des Abgebildeten reicht (BGHZ 20, 345/349 – *Paul Dahlke;* 131, 332/336 – *Paparazzifotos;* BGH NJW 1965, 2148 – *Spielgefährtin I;* 1979, 2203 – *Fußballkalender;* 1985, 1617/1618 – *Nacktaufnahme,* OLG Hamburg AfP 1995, 512).

130 Der erforderliche zeitgeschichtliche Bezug einer Person ist nicht von geschichtswissenschaftlicher Größe. Gemeint ist das Interesse der Öffentlichkeit an einer Unterrichtung über das Zeitgeschehen, das sich für das Publikum in der Person des Abgebildeten besonders verbindet, sei es dass sie Zeitgeschehen personifiziert, sei es dass die Öffentlichkeit sie „per se" (*Wenzel/v Strobl-Albeg* Kap 8 Rn 7) als Zeitgeschichte empfindet, so dass die Veröffentlichung des Bildnisses der Sache nach mit zur Befriedigung dieses Interesses gehört. Soweit und solange die Person dieses Bezug zu einem vergangenen, gegenwärtigen oder künftigen Geschehen hat, über das informiert zu werden – in der Abwägung der Meinungs- und Pressefreiheit mit den grundrechtlichen Gewährleistungen für die Person des Betroffenen – ein schutzwürdiges Interesse wenn auch nur eines Teils der Öffentlichkeit besteht, muss ihr Selbstbestimmungsrecht über das Bildnis zurückstehen. Daraus wird deutlich, dass es auch hier nicht von einer schematischen Einordnung einer Person als solche zur Zeitgeschichte, sondern von einer wertenden, zur Beweislast der Presse stehenden Güter- und Interessenabwägung des Persönlichkeitsrechts des Betroffenen mit dem Informationsinteresse der Öffentlichkeit, insb von Art und Grad des schutzwürdigen Informationsinteresses abhängt, ob und wie der Betroffene es hinnehmen muss, der Öffentlichkeit im Bild vorgestellt zu werden (BVerfGE 101, 361/392 – *Paparazzifotos;* 120, 180/220 ff. – *CvM-Ferienvilla in Kenia;* BVerfG NJW 2012, 756 – *CvM in Zürs;* BGHZ 158, 218/220 – *Charlotte Casiraghi;* 171, 275/282 – *CvM-Skiurlaub;* BGH NJW 1996, 985/986 – *Kumulationsgedanke;* 2006, 599/600 f. – *Autobahnraser;* 2008, 749 – *Oliver Kahn;* AfP 2008, 608 – *Spaziergang in St. Rémy).* Es war eher eine praktische Faustformel für eine Grobbewertung dieses schutzwürdigen Publikationsinteresses, wenn die hM bis in dieses Jahrhundert hinein nach einem Vorschlag von *Neumann-Duesberg* (JZ 1960, 114; 1970, 564) nach „absoluten" und „relativen" Personen der Zeitgeschichte klassifiziert hat.

130a Allerdings hat die Rechtsprechung, befördert auch durch eine gewisse Faszination dieser Klassifizierung, das Leben prominenter Personen für die Öffentlichkeit durch die Zulassung von Bildberichten bis hinein in den Alltag der Betroffenen verhältnismäßig weit geöffnet unter Betonung insbesondere der Freiheit der Presse, selbst darüber zu entscheiden, was interessant und veröffentlichungswürdig ist.

Die Entscheidung des EGMR vom 24.6.2004 (NJW 2004, 2647 – *v Hannover/Deutschland*) hat zu einer Zäsur geführt. Der EGMR hat mit Ausführungen zu dem für die Güter- und Interessenabwägung vergleichbaren Spannungsfeld zwischen Art. 8 und 10 EMRK eine so weite Öffnung selbst der Privatsphäre für Bildberichte prinzipiell allenfalls für Persönlichkeiten mit öffentlichen Ämtern aus dem Bereich der Politik gelten lassen. Sie könne aber nicht für eine „Privatperson" wie die mone-

B. Geschützte Individualgüter § 6 LPG

gassische Prinzessin Caroline v Hannover gelten, die selbst keine öffentlichen Funktionen ausübe, sondern bei der das Interesse der breiten Öffentlichkeit und der Presse ausschließlich auf ihre Zugehörigkeit zu einer Herrscherfamilie gestützt sei. In derartigen Fällen dürfe eine restriktive Auslegung des § 23 KUG geboten sein, damit der Konventionsstaat – hier: in seinen Gerichten – seine Vertragspflicht zum Schutz des Privatlebens und des Rechts am eigenen Bild nach Maßgabe von Art 8 EMRK erfüllen könne. Selbst wenn an der Veröffentlichung von Fotos und Artikeln auch darüber, wo und wie derartige Personen des öffentlichen Lebens sich in der Öffentlichkeit außerhalb öffentlicher Funktionen verhielten, ein legitimes Interesse der Öffentlichkeit und ein kommerzielles Interesse der Presse bestände, so habe dieses hinter dem Recht der betroffenen Person auf wirksamen Schutz ihres Privatlebens aus Art 8 EMRK zurück zu treten. Zudem müsse die Unterscheidung zwischen „absoluten" und „relativen" Personen der Zeitgeschichte eindeutig und offensichtlich sein, damit der Einzelne in einem Rechtsstaat über präzise Angaben bezüglich seines künftigen Verhaltens verfüge. Er müsse ganz genau wissen, wann und wo er sich in einem Schutzbereich befinde oder im Gegenteil in einem Bereich, in dem ein Eingriff seitens eines anderen und vorwiegend der Boulevardpresse zu erwarten sei.

Die vom EGMR 2004 verlangte Verkürzung des öffentlichen Interesses an Bildberichten über Personen des (staats-)politischen Lebens, die ein öffentliches Amt bekleiden oder sonst öffentliche Mittel in Anspruch nehmen, allein um die Privatsphäre anderer Personen des öffentlichen Interesses klarer und effizienter zu schützen, ginge indes daran vorbei, dass auch Personen außerhalb des staatspolitischen Bereichs neben ihrer Privatsphäre eine vergleichbare „öffentliche Funktionssphäre" haben, in der sie – nicht zuletzt dank der Gemeinschaft, in der sie leben – als Geistesgrößen, Wirtschaftsmanager, Stars in der Malerei, der Musik, des Theaters, des Sports usw ebenso wie auch als Täter aufsehenerregender Untaten mit ihren Leistungen oder Hervorbringungen, ihrem Selbstverständnis, ihrer Lebensführung, ihrer Realitätsverarbeitung gesellschaftliche bzw gesellschaftspolitische Leit- oder Orientierungsrollen für das Publikum ein- bzw in Anspruch nehmen, an denen Maßstäbe und Grenzen nicht nur für die soziale Ordnung sondern auch für das individuelle Wirklichkeitsbewusstsein und die eigene Lebensführung sichtbar werden. Dass diese „öffentlichen" Rollen von den Medien gefördert, gesteuert oder vielleicht sogar erst eigentlich aufgebaut worden sind, diskreditiert ihre zeitgeschichtliche Bedeutung für die Öffentlichkeit nicht; zumal roter Teppich und Podest ebenso wie auch massive Marktinteressen der betroffenen Personen oft genug Anreize dafür sind, die öffentliche Aufmerksamkeit zu suchen. Vergleichsweise ähnlich wie bei Politikern steht das Auftreten auch solcher Personen in der Öffentlichkeit mit ihrer zeitgeschichtlich relevanten „öffentlichen Funktion" häufig auch dann in einem unmittelbaren sachlichen Zusammenhang, wenn es nicht in Wahrnehmung von Aufgaben ihrer „Berufung" geschieht. Ihr öffentliches Verhalten außerhalb dieses Bereichs kann für das, was sie als Leitfigur oder Idol zeitgeschichtlich verkörpern, insbes in Bezug auf ihre Einflusskraft, ihre Glaubwürdigkeit, ihre Ausstrahlung für das Publikum ähnlich von sachlich begründeten Interesse sein wie das öffentliche Auftreten von Politikern in Phasen, in denen sie nicht gerade Staatsgeschäften nachgehen. Auch dieser mit ihrer „öffentlichen Funktion" sachlich zusammenhängende „Privatbereich" von Personen des öffentlichen Interesses ist von dem „Wächteramt" der Presse jedenfalls iS von Art 5 Abs 1 S 2 GG in der Auslegung durch das BVerfG, an die die Fachgerichte gebunden sind (Rn 32c), mit umfasst (BVerfGE 101, 361/392 – *Paparazzifotos;* 120, 180/222 – *CvM-Ferienvilla in Kenia;* BVerfG NJW 2012, 756 – *CvM-Wortberichterstattung;* BGHZ 177, 119/124 f. – *Heide Simonis;* 180, 114/118 – *Beerdigung in Monaco;* BGH NJW 2006, 599/601 – *Autobahnraser;* 2011, 746 – *Rosenball;* 2012, 763 – *Die Inka-Story I).*

In späteren Entscheidung hat der EGMR deshalb seine Auffassung von einem berechtigten Interesse der Presse auf Bildberichte über andere „im öffentlichen Leben stehende" Personen außerhalb des politischen Lebens („Sportler, Schauspieler") sowie thematisch auf den Bereich ihres „öffentlichen Alltagslebens" erweitert, sofern im

Kontext mit der Wortberichterstattung „zumindest in gewissem Umfang politische oder sonst bedeutsame Fragen für eine Debatte von allgemeinem Interesse behandelt würden" (Nachweise zusammengestellt bei EGMR NJW 2012, 1053/1055 ff. – *v Hannover – Urlaubsfotos*).

Unter dem Einfluß dieser Rechtsprechung hat der BGH unter Billigung des BVerfG auf den Begriff der Person der Zeitgeschichte ganz verzichtet. Zwar hat er das berechtigte Interesse der Öffentlichkeit an vollständiger Information über das Zeitgeschehen, dem § 23 Abs. 1 Nr. 1 KUG für die Bildberichterstattung Rechnung zu tragen sucht, zugunsten der Pressefreiheit weiterhin auf Vorgänge von allgemeinem gesellschaftlichen Interesse erstreckt. Grenzen setzt dem damit verbundenen Einbruch in die persönliche Sphäre des Abgebildeten aber der Grundsatz der Verhältnismäßigkeit. Für diese Gewichtung ist vor allem der Gegenstand der Bildberichterstattung maßgebend: insbesondere ob der Bericht eine Angelegenheit von öffentlichem Interesse ernsthaft und sachbezogen erörtert und damit zur Bildung der öffentlichen Meinung beiträgt oder ob er lediglich die Neugier der Öffentlichkeit befriedigt (BVerfGE 120, 180/205 – *CvM-Ferienvilla in Kenia;* BVerfG NJW 2006, 3406 – *Promi-Partner;* BGHZ 180, 114/118 ff. – *Beerdigung in Monaco;* BGH NJW 2009, 757 – *Freigang des prominenten Häftlings;* 2010, 2432 – *Sedlmayer-Mord;* 2012, 763 – *Die Inka-Story I*). Der Informationsgehalt der Bildberichterstattung ist unter Mitberücksichtigung des Textes zu ermitteln und an ihm zu würdigen, ob der Bericht lediglich einen Vorwand zur Abbildung prominente Personen geben soll, weil er einen Beitrag zur öffentlichen Meinungsbildung nicht erkennen läßt. Mit maßgebend sind auch die Umstände, unter denen die Aufnahmen entstanden sind, in welcher Situation sie den Betroffenen erfassen, wie er dargestellt ist, ob der Betroffene selbst die konkrete Situation, in der er abgelichtet worden ist, hierfür öffentlich gemacht hat (BVerfGE 101, 361/384 – *Paparazzi-Fotos;* BVerfG NJW 2006, 3406/3408 – *Promi-Partner;* 2012, 756 – *CvM-in Zürs;* BGHZ 171, 275/283, 285 – *CvM-Skiurlaub;* NJW 2008, 3138 ff. – *Sabine Christiansen I;* 2009, 1502 – *Sabine Christiansen II;* 2011, 744 – *Rosenball;* 2012, 762 – *Die lange Nacht der Goldkinder*).

Mit diesen Einschränkungen bleibt für die Zulässigkeit von Medienveröffentlichungen mit Bildnissen der Person ohne deren Einwilligung nach § 23 Abs. 1 Nr. 1 KUG der besondere Stellenwert, mit dem zumindest ein Teil der Öffentlichkeit an der Person des Betroffenen interessiert ist, mit maßgebend. Auf die Anziehungskraft, die die Person auf die Gesellschaft ausübt und die die Person dem öffentlichen Interesse am Zeitgeschehen zuordnet, stützt sich letztlich auch diese Freigabe von Personenbildnern.

bb) Personen „aus dem Bereiche der Zeitgeschichte"

131 Dieses schutzwürdige öffentliche Interesse an der Person ist von sehr unterschiedlicher insbes zeitlicher Dimension. Weltstars der Unterhaltungsbranche, Spitzensportler, auch Politiker sind uU schnell vergessen; wenn ihre Zeit vorbei ist, besteht ihr „Öffentlichkeitswert" iS eines ihr Recht am eigenen Bild übersteigenden Publikationsinteresses regelmäßig nur noch in dem durch das Bildnis dokumentierten Bezug zu „ihrer" Zeit Es lebt wieder auf, wenn „ihr" Ereignis, „ihre" Zeit durch besondere Umstände wieder aktualisiert wird.

132 Im Focus des öffentlichen Interesses stehen primär „Berühmtheiten", „Prominente", „Stars" aus Politik (BVerfGE 101, 361/392; BGHZ 131, 332/336; BGH NJW 2004, 1795: *Prinzessin Caroline v Monaco;* BGH NJW 1996, 593/594 – *Willy Brandt;* KG JW 1928, 363 – *Kaiser Wilhelm II;* OLG München *Schulze* OLGZ 158 – *Kanzlerkandidat;* Wissenschaft und Forschung (RGZ 74, 312 – *Graf Zeppelin*), Wirtschaft (BGH NJW 1994, 124 – *Vorstandsvorsitzender der Hoechst AG;* KG JW 1925, 378), Kunst (BGHZ 20, 345 – *Paul Dahlke;* 30, 7 – *Caterina Valente;* 143, 214/229; 151, 26/29 – *Marlene Dietrich;* OLG Hamburg AfP 1982, 41 – *Romy Schneider;* OLG München NJW-RR 1996, 93 – *Anne-Sophie Mutter*), Unterhaltung (BGH GRUR 1961, 138 – *Familie Schölermann;* NJW-RR 1987, 2321 – *Nena;* NJW 1992, 2084 – *Joachim Fuchsberger;* 1997, 1192 – *Bob*

B. Geschützte Individualgüter   § 6 LPG

Dylan; OLG Hamm NJW 2000, 1278 – *A. Brauner;* OLG Hamburg AfP 1991, 437 – *Roy Black;* OLG Frankfurt AfP 1987, 526 – *Leonard Cohen*), Sport (BGH NJW 1979, 220 – *Franz Beckenbauer;* OLG Hamburg AfP 1985, 209 – *Günter Netzer;* OLG Frankfurt AfP 1988, 62 – *Boris Becker;* NJW 2000, 594 – *Katharina Witt;* OLG München *Schulze* OLGZ 1270 – *Paul Breitner*) oder auf Grund ihrer Rolle in der Gesellschaft mit ihrer Person, jedenfalls soweit sie am öffentlichen Leben teilnehmen (*Soehring* 21.3 ff.; *Wenzel/v Strobl-Albeg* Kap 8 Rn 9 ff.). Sie können durch Leistungen aus welchen Bereichen auch immer hervorgetreten sein; auch Pop- und Rockstars, Boxer, Spitzenköche, Staranwälte. Sie können sich ihre zeitgeschichtliche Repräsentanz durchaus auch durch Untaten erworben haben, zB Straftäter der Kriminalgeschichte, NS-Größen.

Ein berechtigtes Interesse iSv § 23 Abs. 1 N. 1 KUG kann die Öffentlichkeit aber auch an Bildern von Personen haben, die durch ein bestimmtes, für das Interesse der Öffentlichkeit besonders herausgehobenes Ereignis (ein wissenschaftliches Experiment, eine Heldentat, einen Unfall, einen Skandal, eine Straftat) zusammen mit diesem Geschehen, das mit ihrer Person verbunden ist, in das Scheinwerferlicht der Öffentlichkeit geraten (vgl BGH NJW 2006, 599/601 – *Autobahnraser*). Ihre zeitgeschichtliche Bedeutung relativiert sich in ihrer Beziehung zu dem zeitgeschichtlichen Ereignis, mit dessen nachlassender Aktualität auch sie wieder in der Menge verschwinden. Die Befugnis zur Vorstellung der Person „im Bild" beschränkt sich auf die Berichterstattung über das infragestehende Ereignis. Maßgebend ist das besondere öffentliche Interesse an diesem Geschehen; bloße Neugier und Sensationslust reichen zur Qualifizierung auch für sie nicht aus. So mag aus Anlass eines Kapitalverbrechens die Veröffentlichung eines Kinderbildnisses des Täters im Zusammenhang mit einem Bericht über die Entwicklung und die Hintergründe seines Verbrechens zulässig sein oder eine Bildberichterstattung über ihn nach seiner Verurteilung (einschränkend OLG Hamburg AfP 1987, 518; OLG Köln NJW 1987, 2682). Für die bildliche Darstellung des Verbrechensopfers dagegen sind die thematischen Grenzen enger zu ziehen. Das schutzwürdige Interesse der Öffentlichkeit, dem das hier besonders empfindliche Interesse des Opfers an Anonymität und Vergessen weichen soll, kann sich nur auf die spezifische Verbindung des Betroffenen mit der Tat als Opfer beziehen (vgl OLG Hamburg NJW 1975, 649; KG AfP 2011, 269). Eine Geisel kann während der Geiselnahme Person der Zeitgeschichte iSv § 23 Nr. 1 KUG sein (*Engels/Schulz* AfP 1998, 574/583). Das Opfer einer Sexualstraftat (KG AfP 2011, 269) oder Angehörige von entführten oder missbrauchten Kindern sind es nicht.

Diese Begrenzung gilt auch in gegenständlich/zeitlicher Beziehung. Verliert das Ereignis für das öffentliche Interesse an Aktualität, dann entfällt auch das berechtigte Interesse an der Veröffentlichung des Bildnisses gegen den Willen des Betroffenen. So können nach der sog. „Begleiterrechtsprechung" Angehörige, insbes die Partner von prominenten Personen etwa aus der Unterhaltungsbranche oder von Sportidolen Thema eines berechtigten Interesses der Öffentlichkeit an Bildern von ihnen sein (BVerfG NJW 2000, 2190 – *Prinz Ernst August v Hannover;* 2001, 1921/1923 – *Prinz Ernst August v Hannover II;* 2006, 3406 – *Promi-Partner;* BGHZ 158, 218/221 – *Charlotte Casiraghi;* OLG Hamburg NJW-RR 1990, 1000. Nicht ist das berechtigte Interesse daran, sie der Öffentlichkeit im Bild vorzustellen, ausschließlich auf gemeinsame Auftritte in der Öffentlichkeit beschränkt (einschränkend OLG München NJW-RR 1996, 93/95 – *Anne-Sophie Mutter; Wenzel/v Strobl-Albeg* Kap 8 Rn 24 ff., 30). Erforderlich ist aber, dass ihre Darstellung im Bild in einem Begleitereignis steht, das wegen des öffentlichen Interesses als „zeitgeschichtlich" iSv § 23 Abs 1 Nr 1 KUG zu bewerten ist. Jedenfalls entfällt dieses berechtigte Interesse grundsätzlich mit der Auflösung der Verbindung (OLG Frankfurt AfP 1987, 526; 1988, 62; OLG Hamburg AfP 1985, 209; 1991, 437; 1991, 626). Näheres zur zeitlichen Befristung für die Bildnisveröffentlichung von Täter und Opfer sowie von am Ermittlungs- und Strafverfahren beteiligten Personen Rn 211.

Kinder von prominenten Personen sind wie Kinder generell vor Störungen ihrer Entwicklung durch das Zudringen eines öffentlichen Interesses räumlich und thema-

133

133a

tisch besonders zu schützen (BVerfGE 101, 361/385 – *Paparazzifotos;* BVerfG NJW 2000, 2191; BGHZ 158, 218/222 – *Charlotte Casiraghi;* 160, 298/304 ff. – *Das heimliche Babyglück;* BGH NJW 2005, 56 – Reitturnier). Aber einen Vorrang des allgemeinen Persönlichkeitsrechts von Kindern und Jugendlichen gegenüber der Pressefreiheit gibt es nicht (BGHZ 198, 346/353 – *Mascha S.* Die Öffentlichkeit kann ein berechtigtes Interesse an Bildern von ihnen haben, wenn sie als Kinder ihrer prominenten Eltern in der Öffentlichkeit auftreten oder im Pflichtenkreis ihrer Eltern öffentliche Funktionen wahrnehmen (BGHZ 158, 218/221 – *Charlotte Casiraghi;* 160, 298/305 – *Das heimliche Babyglück;* BGH NJW 1996, 985/986 – *Kumulationsgedanke;* 2005, 56 – *Reitturnier;* ZUM 2010, 262: kein absolutes Verbot) und ihre Vorstellung im Bild einen inneren Bezug zu dem zeitgeschichtlichen Ereignis hat. Das kann dazu führen, dass die Veröffentlichung ihres Bildnisses von ihrem Auftreten bei einem zeitgeschichtlichen Ereignis, zB einer Ballettpremiere (BVerfG NJW 2005, 1857 – *Ballettpremiere*), einem Gala-Abend (BGHZ 158, 218 – *Charlotte Casiraghi*); einem Reitturnier (BGH NJW 2005, 56 – *Reitturnier*) unzulässig ist, weil der Begleittext sich nicht mit dem Ereignis, sondern nur mit dem Aussehen des Kindes beschäftigt (BGHZ 158, 218/224 – *Charlotte Casiraghi;* BGH NJW 2005, 56 – *Reitturnier;* dazu auch OLG Hamburg NJW 1990, 1000).

134 Keine Personen „aus dem Bereiche der Zeitgeschichte" sind Zeugen an der Unfallstelle (OLG Karlsruhe GRUR 1989, 823) oder Polizisten im Einsatz während einer Veranstaltung oder Demonstration (OLG Karlsruhe AfP 1980, 64), sofern nicht durch das Bild Missstände bei der Polizei aufgedeckt werden sollen (*Kohl,* Festschrift f Martin Löffler, 1980, 127/136 ff.). Die bildliche Darstellung des Einsatzes kann aber im Rahmen von § 23 Abs 1 Nr 3 KUG zulässig sein (vgl Rn 138; vgl auch *Franke* NJW 1981, 2033; *Krüger* NJW 1982, 89; *U. Müller* NJW 1982, 863). Ausnahmsweise kann der Polizist Person „aus dem Bereiche der Zeitgeschichte" sein, wenn er zB bei seinem Einsatz eine Straftat begeht, etwa einen wehrlos am Boden liegenden Demonstranten misshandelt (OVG Saarland AfP 2002, 545; *Wenzel/v Strobl-Albeg* Kap 7 Rn 32; noch weiter einschränkend *Rebmann* AfP 1982, 189/194).

b) Entgegenstehendes Interesse des Betroffenen

135 Der Gesetzgeber hat in seinem 3-Stufen-Schutzkonzept der §§ 22, 23 KUG dem abgebildeten Betroffenen erst auf der 3. Stufe des § 23 Abs. 2 KUG die Befugnis eingeräumt, die Zulässigkeit der Veröffentlichung eines Bildnisses von ihm dadurch zu entkräften, daß er sein berechtigtes Interesse an Unterbleiben der Veröffentlichung besonders dartut. Dementsprechend hat das RG zwar anerkannt, daß „Beweggrund, Zweck oder begleitende Umstände des Verbreitens oder Zurschaustellens für gerecht und billig Denken den … Abgebildeten stärker beeinträchtigen (können), als es der gesetzlich anerkannte Anspruch der Allgemeinheit (auf die Veröffentlichung des Bildes) rechtfertigt" (RGZ 125, 80, 83 – *Tull Harder*). Es hat diese Fälle aber im gesetzlichen 3-Stufen-Schutzkonzept der Darlegungs- und Beweislast des Betroffenen für seine entgegenstehenden Interessen auf der 3. Stufe des § 23 Abs. 2 KUG zugewiesen. Erst in den 50-er Jahren wurde dieser Ort als im Lichte des GG für die Interessen- und Güterabwägung fragwürdig erkannt. Denn diese Abschichtung verdeckt, daß die zentrale Weichenstellung für die Zulässigkeit der Bildberichterstattung nicht erst nach Verneinung ihres zeitgeschichtlichen Bezugs auf dieser 3. Stufe stattfindet. Sondern nach heutigem Rechtsverständnis ist in einer Güter- und Interessenabwägung zwischen dem Interesse der Öffentlichkeit an der Veröffentlichung und Gewährleistungen von Art. 5 Abs. 1 und 3 GG einerseits und den grundrechtlichen Gewährleistungen für das Selbstbestimmungsrecht der abgebildeten Person andererseits nach der Verhältnismäßigkeit schon auf der 2. Stufe des § 23 Abs. 1 Nr. 1 KUG festzustellen, welchen der prinzipiell gleichrangigen miteinander konkurrierenden Interessen im Einzelfall der Vorzug zu geben ist. Diese Zuordnung zur 2. Stufe des Schutzkonzepts der §§ 22, 23 KUG ist heute umso notwendiger, als ganz wesentlich die Medien über das bestimmen, was „Zeitgeschichte" ist. Nicht nur steuern sie das

B. Geschützte Individualgüter § 6 LPG

Interesse der Öffentlichkeit daran, über Personen und ihr Leben „ins Bild gesetzt" zu werden, sondern sie erschaffen Personen der Zeitgeschichte selbst. Auch thematisch kann heute durch mediales Interesse alles zur Zeitgeschichte werden.
Das hebt die Bedeutung von § 23 Abs. 2 KUG in der Praxis weithin auf. Die Gewichtung der Interessen des Betroffenen, die einer Veröffentlichung von Bildnissen entgegenstehen, hat schon bei der Befassung mit dem Normzweck des gesetzlichen Schutzkonzepts insgesamt und ohne Zuweisung von Darlegungs- und Beweislasten stattzufinden.
Maßgebend ist, ob der Stellenwert des Persönlichkeitsrechts gegenüber den mit der Abbildung in Anspruch genommenen Rechtspositionen Vorrang gebietet (BVerfGE 34, 269/282 – *Soraya;* 35, 202/221 – *Lebach;* 101, 361/381 ff. – *Paparazzifotos;* BVerfG NJW 2003, 2523 – *v Metzeler;* BGHZ 128, 1/10 – *Caroline v Monaco I;* 131, 332/337 – *Paparazzifotos;* BGH NJW 1966, 2353 – *Vor unserer eigenen Tür;* 1994, 124/125 – *Greenpeace-Plakat*). Die Gewichtung ist an den Grundsätzen zu orientieren, die das BVerfG und der BGH unter dem Einfluß der Rechtsprechung des EGMR seit 2004 insb zum Schutz ehemals als „absolute" Personen der Zeitgeschichte klassifizierte Persönlichkeiten entwickelt haben (dazu Rn 130a ff.). Insoweit sind die Entscheidungen aus früherer Zeit nur mit Zurückhaltung als Maßstab zugrunde zu legen.
Aus der Konzeption der §§ 22, 23 KUG wird ferner deutlich, dass auch für die Zulässigkeit einer Bildnis-Veröffentlichung die Gesamtumstände berücksichtigt werden müssen; vor allem in welchem Rahmen das Bildnis durch die Veröffentlichung gestellt werden soll (BGHZ 20, 346/350 – *Paul Dahlke;* 24, 200/208 – *Spätheimkehrer;* BGH NJW 1962, 1004 – *Doppelmörder;* 1965, 1374 – *Satter Deutscher;* GRUR 1962, 211/214 – *Hochzeitsbild*).
Zwar fehlt ein schutzwürdiges Informationsinteresse der Öffentlichkeit nicht schon dort, wo es im wesentlich im Unterhaltungsbedürfnis aufgeht; die früher strengere Sicht der Rechtsprechung (BVerfGE 34, 269/283 – *Soraya;* BGHZ 24, 200/208 – *Fußballkalender;* allerdings auch noch BGHZ 128, 1/12 – *Caroline v Monaco I*) ist heute durch eine differenziertere Haltung zum „infotainement" überholt (BVerfGE 101, 361/389 f. – *Paparazzifotos;* dazu näher Rn 45 ff.). Aber das Gewicht des Schutzinteresses der Person kann das Gewicht des Informationsinteresses zurücktreten lassen. So muss für eine Berichterstattung aus dem Privatleben das Publikationsinteresse besonders begründet werden (näher Rn 136b).

136 Insbesondere bedarf die Veröffentlichung von Nacktbildern stets der gerade für sie erteilten Einwilligung (BGH NJW 1974, 1947 – *Nacktaufnahme;* 1985, 1617 – *Nacktfoto;* OLG Hamm NJW-RR 1997, 1044; OLG Hamburg AfP 1982, 41; 1995, 665; AfP 2013, 65; KG KGR 2002, 171; OLG München AfP 1986, 69; abzulehnen ist eine Einschränkung bei satirischer Präsentation und opferfreundlicher Zielsetzung OLG Frankfurt NJW 2000, 594 – *Katharina Witt*). Gerade für derartige spezielle Schaustellung sollten sich die Medien nicht darauf berufen dürfen, dass eine Einwilligung früher einmal für eine andere Veröffentlichung erteilt worden ist. Auch die Berufung auf die zeitgeschichtliche Dimension des Vorgangs sollte hier durch den Normzweck von § 23 Abs 1 Nr 1 KUG nicht gedeckt sein (anders OLG Hamburg AfP 1992, 159).

136a Niemand, auch eine absolute Person der Zeitgeschichte nicht, muss sein Bildnis gegen seinen Willen zu Werbezwecken verwenden lassen (RGZ 74, 308/312 – *Graf Zeppelin;* BGHZ 20, 345/350 – *Paul Dahlke;* 30, 7 – *Caterina Valente;* 35, 363 – *Ginseng;* 49, 288/293 – *Ligaspieler-Sammelbilder;* 151, 26/30 – *Marlene Dietrich II;* BGH NJW 1971, 698/00 – *Pariser Liebestropfen;* 1979, 2203 – *Fußballkalender;* 1979, 2205/2206 – *Fußballtorwart;* 1980, 994 – *Wahlkampfbroschüre;* 1981, 2402 – *Carrera;* 1992, 2084 – *Fuchsberger;* 1997, 1152 – *Bob Dylan;* GRUR 1987, 128 – *Nena;* OLG Hamburg AfP 1982, 282; 2004, 566; OLG Bremen AfP 1987, 514). Dieser absolute Schutz erstreckt sich nicht auf eine Werbeanzeige, die nicht nur dem Geschäftsinteresse des mit der Abbildung werbenden Unternehmens, sondern daneben auch einem

Informationsinteresse der Öffentlichkeit dient (BGHZ 169, 340/345 – *Rücktritt des Finanzministers;* BGH GRUR 2009, 1085 – *Wer wird Millionär?;* 2010, 546 – *Der strauchelnde Liebling*), oder auf die Verwendung des Bildnisses für einen redaktionellen Beitrag in einer Kundenzeitschrift (BGH AfP 1995, 495, 496; bestätigt durch BVerfG NJW 2000, 1026 – *Wepper*) oder wenn mit Namen oder Bildnis im Zusammenhang mit einem Theaterstück, Musical, Film des Namensträgers geworben wird (*Schertz* AfP 2000, 495 ff. mwN) oder für die Einführungswerbung von Presseerzeugnissen (OLG Köln AfP 2011, 574 mwN).

136b Zum Schutz von Kindern, Jugendlichen, Heranwachsenden, auch wenn sie zum „Jet-Set" gehören, vgl Rn 133a.

Auch prominente Personen haben ein berechtigtes Interesse, ihren Anspruch auf Anonymität der Privatsphäre, vor allem der Intimsphäre und des Familienlebens, gegenüber der öffentlichen Neugier insbes im Rahmen einer Bildberichterstattung, die sie besonders belasten kann, durchzusetzen (BVerfGE 101, 361/393 – *Paparazzifotos;* 120, 180/220ff – *CvM-Ferienvilla in Kenia;* BVerf NJW 2006, 3406/3408 – *Promi-Partner;* BGHZ 24, 200 – *Spätheimkehrer;* 131, 332/337 – *Paparazzifotos;* BGH GRUR 1962, 211/212 – *Hochzeitsbild;* NJW 1965, 2148 – *Spielgefährtin;* 2007, 3440 – *Herbert Grönemeyer;* 2008, 749 – *Oliver Kahn;* 2008, 3138 – *Sabine Christiansen I;* 2009, 1502 – *Sabine Christiansen II;* 2012, 763 – *Die Inka-Story I*).

Auch sie dürfen Respektierung vor allem des eindeutig auf Ausschluss jeder Öffentlichkeit gerichteten Zuschnitts privaten Zusammenseins erwarten, selbst wenn dieses außerhalb von Haus und Wohnung stattfindet. Zum absolut geschützten Bereich der Privatheit auch von Personen des öffentlichen Interesses vor einer Bildberichterstattung gehört prinzipiell auch das deutlich auf Aussperrung jeder Öffentlichkeit zugeschnittene Verhalten außerhalb des häuslichen Bereichs. Insoweit knüpft dieser Bereich an der Voraussetzung des EGMR an, der das Recht auf Schutz der Privatsphäre nach Art 8 EMRK mit der „berechtigten Hoffnung auf Schutz und Achtung des Privatlebens" verbindet (EGMR NJW 2004, 2647 Tz 51/73 – *v Hannover ./. Deutschland*). Indes müssen zur Berechenbarkeit und Rechtssicherheit Rückzugsinteresse und -wille objektiv für Dritte erkennbar sein durch ein Verhalten in deutlicher, wenn auch nicht abschottender räumlicher Abgrenzung von der breiten Öffentlichkeit in einer Weise, die erkennen lässt, dass das Verhalten auf Privatheit vertraut und für eine Teilnahme der Öffentlichkeit nicht bestimmt ist (BVerfGE 101, 361/385 – *Paparazzifotos;* BVerfG NJW 2006, 3406/3408 – *Promi-Partner* BGH NJW 2005, 594 – *Rivalin;* 2007, 1981 – *CvM-St. Moritz;* OLG Köln ZUM 2009, 486 – *Hochzeitfotos; Wenzel/v Strobl-Albeg* Kap 8 Rn 75; *Seitz* NJW 2000, 2167). Näher dazu Rn 68. Dieser Schutz vor einer Bildberichterstattung wird verstärkt durch § 201a StGB, der strafrechtlich und zivilrechtlich auch prominente Personen vor heimlichen, ihren höchstpersönlichen Lebensbereich verletzende Bildaufnahmen ihrer Person in ihrer Wohnung oder in anderen gegen Einblick besonders geschützten Räumen schützt, allerdings begrenzt auf einen noch engeren räumlichen Bereich; dazu Rn 119, 122a.

Darüber hinaus können aus den genannten Gründen stärkere personale Interessen auch der Prominenz dem Interesse der Öffentlichkeit an einer Veröffentlichung und Verbreitung von außerhalb dieses engen räumlichen Rückzugsbereichs aufgenommenen Bildnissen gemäß § 23 Abs 1 N4. 1 und 2 KUG entgegenstehen, zumal die Interessenabwägung sich auch an Geboten des Anstands und der Fairness zu orientieren hat. So ist zu Recht der Schutz der Privatheit Prominenter vor Bildnisveröffentlichungen „thematisch" auf das Gebet und den Empfang des Abendmahls in einer Kirche erstreckt worden (OLG Hamburg OLGR 2001, 139); auf Grund der Umstände auch auf den Aufenthalt auf dem Sonnendeck einer Yacht (so OLG Hamburg OLGR 2001, 139). Zum begrenzten „räumlichen Rückzugsbereich" des § 201a StGB vgl Rn 68, 119, 122a; zum „thematischen" in Ergänzung des „räumlichen" Rückzugsbereichs näher Rn 66.

Anderes gilt, wenn der Abgebildete seine Privat- und Intimsphäre selbst der Öffentlichkeit umfassend preisgibt (BVerfGE 101, 361/385 – *Paparazzifotos;* BGH NJW

B. Geschützte Individualgüter § 6 LPG

2004, 762 – *Luftbildaufnahme I;* 2004, 766 – *Luftbildaufnahme II;* 2005, 594 – *Rivalin;* 2010, 3025 – *Galadiner im Centre Pompidou;* 2012, 762 – *Die lange Nacht der Goldkinder;* OLG Köln AfP 1982, 181/183 – *Rudi Carrell;* OLG Stuttgart AfP 1981, 362 – *Rudi Carrell;* vgl Rn 197).

Zudem darf die Veröffentlichung von Bildnissen aus der Privatsphäre nicht nur der Befriedigung der Neugier oder der Sensationslust des Publikums dienen, sondern muß durch das Interesse der Öffentlichkeit am Zeitgeschehen gerechtfertigt sein und einen Beitrag zur öffentlichen Diskussion und Meinungsbildung geben. Zum Interesse der Öffentlichkeit an der „Normalität des Alltags" prominenter Personen wegen ihrer Leitbild- und Kontrastfunktion vgl. Rn 130a.

Auch sind die Belastungen, die das Festhalten ihrer Privatheit im Bild für diese Person bedeutet, besonders zu berücksichtigen (Rn 68a). Art 5 Abs. 1 Satz 2 GG und seine Gewährleistung der öffentlichen Aufgaben einer freien Presse in der Demokratie ist kein Freibrief für eine umfassende mediale Begleitung auf Schritt und Tritt; vor allem nicht für eine bedrängende „Verfolgung" durch Bildreporter wie im Fall der Prinzessin Diana von Wales, der die Entscheidungen des EGMR offensichtlich mit beeinflusst hat. Zutreffend unterstreicht der EGMR, dass der Leser kein Recht habe, alles über Personen des öffentlichen Lebens zu erfahren (Tz 72); auch ihre Klassifizierung als absolute Person der Zeitgeschichte berechtigt dazu nicht. Indes entspricht das auch den Grundlinien der deutschen Rechtsprechung, auch wenn sie im Einzelfall nicht immer so umgesetzt worden sind. Je loser die Wort- oder Bildberichterstattung über ihr öffentliches Verhalten im „Alltag" mit der beschriebenen „öffentlichen Funktion" bzw „zeitgeschichtlichen Rolle" in sachlichem Zusammenhang steht, desto begründeter sollte ihre „Hoffnung auf Schutz und Achtung ihres Privatlebens" sein. Jedoch gilt das für alle Persönlichkeiten des öffentlichen Lebens, auch für Politiker.

Unzulässig ist eine Veröffentlichung, die den Betroffenen nur deshalb im Bild vorstellt, um ihn der Lächerlichkeit preiszugeben der ihn zur Witzfigur herabzuwürdigen; zB die Abbildung eines zwergwüchsigen Menschen, der einen Brief zum Briefkasten trägt, mit der Bildunterschrift: „Die Briefkästen werden auch immer höher." Anderes mag für die Darstellung einer Person gelten, die bewusst als „Urbayer" in der Öffentlichkeit auftritt und sich auch so vor Kameras zeigt, als „doofer Bayer" zusammen mit einem bayerischen Spitzenpolitiker in einer politischen Karikatur (BVerfGE NJW 2002, 3767 f. – *Bonnbons),* wenigstens soweit die Darstellung in diesem Kontext nicht als herabwürdigende „Benutzung" des Betroffenen erscheint.

Niemand muss sich ein „falsches" Bildnis seiner Person durch eine nicht erkennbare (digital-)technische Manipulation mit dem Foto von sich gefallen lassen. Allzu beckmesserisch erscheint mir das Verbot einer vom BGH unbeanstandet gelassenen (BGHZ 156, 206 – *Fotomontage)* Fotomontage, bei der das Foto des Kopfes eines in die Kritik geratenen Wirtschaftsmanagers auf den Oberkörper eines anderen Mannes gesetzt worden war, durch das BVerfG (NJW 2005, 3271 – *Fotomontage* abl Anm *v Becker* AfP 2005, 247, nachfolgend BGH NJW 2006, 603 – *Fotomontage II),* weil dadurch „das Gesicht insgesamt länger, Wangen und Kinn fleischiger und breiter, der Kinnbereich fülliger, die Hautfarbe blasser, der Kopf im Verhältnis zum Körper insgesamt zu klein und zu tief auf den Schultern stehend" wirke, so dass der Hals kürzer und dicker erscheine. Verzeichnungen durch Fotomontagen, wenn sie wie im Streitfall wenigstens aus dem Gesamtzusammenhang der Veröffentlichung heraus als satirische Darstellung erkennbar sind, sind ein bekanntes Stilmittel, das der unvoreingenommene Betrachter als solches erkennt und richtig einschätzt, auch wenn die Stellen, an denen im Foto „manipuliert" worden ist, nicht genau auszumachen sind, und das deshalb eine in die Kritik geratene Person des öffentlichen Lebens nicht übermäßig belasten sollte.

Unzulässig als ein mit der Menschenwürde nicht vereinbarer Einbruch in die Intimsphäre ist die Veröffentlichung eines Bildnisses, das den Betroffenen im Zustand größter Schutzlosigkeit dem Voyeurismus preisgibt, zB das Bildnis des toten Uwe Barschel in der Badewanne, dessen Abdruck auch nicht durch den eher zynischen

Hinweis darauf zulässig wird, die unzulässige Entstehung der Aufnahme rechtfertige deren Veröffentlichung, weil diese Entstehung als solche zum Tagesgespräch geworden sei.

Wird der Betroffene durch die Veröffentlichung einer Gefahr für Leib und Leben ausgesetzt, so muss sie unterbleiben (BVerfG NJW 2000, 2194 – *Flick-Tochter;* OLG München AfP 1991, 435; OLG Jena AfP 2001, 78 – *Anprangerung als Gegner auf Website von Rechtsradikalen*). Wer aber selbst fortdauernd und mit offenen Aufrufen zur Gewalt gegen Minderheiten die Auseinandersetzung herausfordert, muss die Veröffentlichung seines Bildnisses in Form eines Steckbriefs in einem Aufruf zur Abwehr von rechtsradikaler Gesinnung hinnehmen (OLG Braunschweig NJW 2001, 160).

c) Landschaftsbilder (§ 23 Abs 1 Nr 2 KUG)

137 Nach § 23 Abs 1 Nr 2 KUG dürfen ohne Einwilligung des Betroffenen Bilder verbreitet werden, auf denen die Person nur als Beiwerk neben einer Landschaft oder sonstigen Örtlichkeit erscheint, obschon sie als Person erkennbar (Rn 122) ist. Hier tritt das Selbstbestimmungsrecht gegenüber dem Publikationsinteresse deshalb in den Hintergrund, weil sich die Aufmerksamkeit des Publikums auf anderes konzentriert. Voraussetzung ist, dass die abgebildete Person als solche keinen Einfluss auf das Thema des Bildes ausübt und dieses Thema das einer Landschaft ist; der Gesamteindruck muss ganz auf die Landschaft bezogen, die Person ihr untergeordnet sein (*v Gamm* UrhRecht Einf Rn 121). Das hängt ab von dem Raum, den die Person auf dem Bild einnimmt, ihrer bildnerischen Zuordnung zur Landschaft, natürlich auch von der Pose, in der sie abgebildet ist (vgl aber OLG Frankfurt AfP 1984, 115 – *Kalenderfoto*). Die Person muss aus dem Bild derart ablösbar sein, dass sie auch entfallen könnte, ohne dass Gegenstand und Charakter des Bildes sich verändern (OLG Karlsruhe GRUR 1989, 823 – *Unfallfoto;* OLG München ZUM 1997, 390 – *Schwarzer Sheriff;* OLG Oldenburg NJW 1989, 400; *Wenzel/v Strobel-Albeg* Kap 8 Rn 51; *Damm/ Rehbock* Rn 248). In der Oben-ohne-Aufnahme am Mittelmeerstrand ist die Sonnenbadende in aller Regel kein „Beiwerk zur Landschaft" (OLG Oldenburg AfP 1989, 556); eine Wandergruppe in der Bergwelt ist kein „Beiwerk", wenn sie im Gesamteindruck nicht als bloß unbeabsichtigt auf das Bild geratene Personengruppe erscheint (OLG Frankfurt GRUR 1986, 614).

d) Bilder von Versammlungen (§ 23 Abs 1 Nr 3 KUG)

138 Nach dieser Vorschrift bedürfen keiner Einwilligung der abgebildeten Personen Bilder von Versammlungen, Aufzügen, Demonstrationen und ähnlichen Vorgängen mit ihnen. Hier liegt der besondere Öffentlichkeitswert an dem Bild regelmäßig schon in der auf Öffentlichkeit ausgerichteten Veranstaltung zutage; diese Ausrichtung ist deshalb ungeschriebene Voraussetzung. Die abgebildeten Personen müssen an der Veranstaltung teilgenommen haben. Voraussetzung ist, dass die Veranstaltung als solche dem Bild das Gepräge gibt. Als bloßes „Beiwerk" muss die Person zwar nicht erscheinen, aber Portraitaufnahmen einzelner Teilnehmer werden durch § 23 Abs 1 Nr 3 KUG nicht gedeckt (OLG München NJW-RR 1996, 93). Anderes gilt zB für den Redner in Aktion, weil er darin die Versammlung mit repräsentiert. Zulässig sollte es aus demselben Grund sein, einzelne Teilnehmer mit der Kamera herauszugreifen, wenn und soweit durch sie die Eigenart der Veranstaltung besonders deutlich sichtbar gemacht werden kann (ebenso *Wenzel/v Strobl-Albeg* Kap 8 Rn 51; *Damm/ Rehbock* Rn 205). Dass es sich um eine ausdrucksstarke Momentaufnahme der Versammlung handelt, genügt nicht; sie muss die Versammlung, nicht die Person des abgebildeten Teilnehmers repräsentieren (vgl auch *Prinz/Peters* Rn 872). Bildnisausschnitte aus der Versammlung sind zulässig, zB von gewalttätigen Auseinandersetzungen von Demonstrantengruppen mit der Polizei, sofern sie nicht porträtieren, sondern den Vorgang selbst wiedergeben. Gerade über solche Vorkommnisse im Bild zu berichten ist eine legitime Aufgabe der Presse. Einschränkungen durch restriktivere Auslegung der Vorschrift (vgl OLG Celle NJW 1979, 57) sind mit Art 5 Abs 1 GG

B. Geschützte Individualgüter § 6 LPG

nicht vereinbart (*Soehring* Rn 21.13; *Wenzel/v Strobl-Albeg* Kap 7 Rn 32; aA *Rebmann* AfP 1982, 189/193).

Beerdigungen gehören, jedenfalls wenn sie nur im Familien-, Freundes- und Nachbarkreis stattfinden, nicht zur Öffentlichkeit (*Damm/Rehbock* Rn 207; *Prinz/Peters* Rn 872).

Zu Bild- und Tonaufnahmen im Gerichtssaal Rn 123 a.

VI. Recht am Unternehmen

1. Entstehungsgeschichte

Das Recht am eingerichteten und ausgeübten Gewerbebetrieb ist vom RG zunächst entwickelt worden, um den zivilrechtlichen Deliktsschutz des § 823 Abs 1 BGB auf die Abwehr fahrlässiger Schutzrechtsverwarnungen zu erstrecken. Später wurde der Schutz verallgemeinert zunächst auf „bestandsgefährdende" (RGZ 76, 35/46 – *Boykott eines Geschäfts*), sodann auf „betriebsbezogene" Eingriffe in den Gewerbebetrieb (grundlegend BGHZ 3, 270/278 – *Constanze I*; 29, 65/67 – *Kabelfall*). Anlass dazu gab die Erkenntnis, dass der Integritätsschutz für das Leben, den Körper, die Gesundheit und die absoluten Rechte des § 823 Abs 1 BGB zwar die Betriebsmittel des Unternehmens in ihrer Unverbundenheit schützen kann, darin aber nicht ausreicht, um dem Schutzbedürfnis auch der betrieblichen Funktionseinheit als einem personellen und sächlichen Organismus zu genügen. Nach einer Periode eines sehr weiten Verständnisses, das dem Unternehmensschutz den Vorwurf unzulässiger Privilegierung durch einen vom Gesetz nicht eröffneten Schutz reiner Vermögensinteressen eingetragen hat, sucht der BGH ihn über das Wertungskriterium der „Betriebsbezogenheit" heute stärker zu beschränken gegenüber Verhaltensweisen, mit denen der Schädiger eine gewerbliche Betätigung oder Verwertungshandlung für sich beansprucht, die wirtschaftlich dem Unternehmer vorzubehalten sind, oder gegenüber solchen Störungen, die die Grundlagen oder den Bestand des Betriebs oder sein Auftreten im Wirtschaftsleben infrage stellen. 139

2. Subsidiarität des Schutzes

Der Schutz dient der Lückenausfüllung. Er greift subsidiär erst ein, wenn der Zusammenhang der auf dem jeweiligen Rechtsgebiet geltenden Vorschriften ergibt, dass eine Lücke im Unternehmensschutz besteht (BGHZ 29, 65 – *Stromkabelbeschädigung*; 69, 128/138 – *Fluglotsenstreik*; 105, 346/350 – *Fischfutter*; 138, 349 – *MacDog*; 166, 84/108 – *Leo Kirch*; BGH NJW 1977, 2264/2265 – *Zufahrtblockade*; 1980, 881 – *Teilhaberquerelen*; 1983, 2195 – *photokina*; 1999, 1028 – *Torfsubstrat*). So löst zB ein Verhalten in Wettbewerbsabsicht den Schutz grundsätzlich nicht aus, weil Zulässigkeit und Folgen hier durch das UWG geregelt sind (BGHZ 36, 252/257 – *Gründerbildnis*; 38, 200/240 – *Kindernähmaschine*; 43, 359/361 – *Warnschild*; BGH GRUR 1965, 690/694 – *Facharzt*; 1972, 189/191 – *Wandsteckdose II*; NJW 1973, 2285 – *Brünova*). Deshalb kommt das Recht am Gewerbebetrieb nach § 823 Abs 1 BGB gegenüber gewerbeschädigender Pressekritik nur außerhalb von Wettbewerbsverhältnissen zum Zuge (kritisch dazu *Wenzel/Burkhardt* Kap 5 Rn 165). 140

Dabei ist zu beachten, dass für Angriffe der Medien auf das Unternehmen im Rahmen ihrer „öffentlichen" Aufgabe zur Information und Meinungsbildung keine Vermutung der Wettbewerbsabsicht besteht (BGH NJW 1985, 60 – *Kundenboykott*; 1997, 1304 – *Versierter Ansprechpartner*; 1997, 2679 – *Die Besten I*; 1997, 2681 – *Die Besten II*; 2002, 2882 – *Wir Schuldenmacher*; NJW-RR 1998, 250 – *Testesser*; 1998, 831 – *Azubi '94*; WRP 1985, 340 – *Idealstandard*); dies selbst dann nicht, wenn sich das Presseorgan kritisch mit einem Konkurrenzblatt befasst (BGH NJW 1982, 637 – *Großbanken-Restquoten*). Auch insoweit verlangt Art 5 Abs 1 GG, bei der rechtlichen Beurteilung die „öffentliche" Aufgabe der Presse zu berücksichtigen (BVerfG NJW 1992, 1153 – *Rundbriefaktion*). Näher dazu Rn 151 f.

LPG § 6   Sorgfaltspflicht der Presse

Wegen der Subsidiarität des Rechts am Unternehmen gehen § 823 Abs 2 und § 824 BGB vor (BGHZ 45, 296/307 – *Höllenfeuer;* 59, 30/34 – *Zeitungsboykott;* 59, 76/79 – *Geschäftsaufgabe;* 65, 325/328 – *Warentest II;* 138, 311/315 – *Filmaufnahmen in Ferienanlage;* 166, 84/108 f. – *Leo Kirch;* BGH GRUR 1975, 89 – *Brüning I;* NJW 1980, 881 – *Vermögensverwaltung;* 192, 1312/1313 – *Verkehrspoller;* NJW-RR 1989, 924; Brinkmann GRUR 1988, 515/518). Deshalb kommt ein Unternehmensschutz aus § 823 Abs 1 BGB nicht in Betracht, wenn es um den durch § 823 Abs 2 BGB iVm §§ 186, 187 StGB und § 824 BGB zu gewährleistenden Schutz vor unmittelbarer Beeinträchtigungen durch das Aufstellen oder Verbreiten unwahrer Behauptungen geht (BGHZ 138, 311/315 – *Filmaufnahmen in Ferienanlage*). Wahre Berichterstattung über das Unternehmen kann Unterlassungs- oder Schadensersatzansprüche aus § 823 Abs 1 BGB auslösen (BGHZ 8, 142/144; 90, 113/121 – *Bundesbhnplanungs-Vorhaben;* 138, 311/320 – *Filmaufnahmen in Ferienanlage* mwN; 166, 84/108 f. – *Leo Kirch*).

3. Zuweisungsgehalt

a) Konkretisierungsbedürfnis gemäß der Konfliktslage

141   Das „Recht am eingerichteten und ausgeübten Gewerbebetrieb" ist wie das allgemeine Persönlichkeitsrecht (vgl Rn 57 ff.) als offenes Schutzgut ausgestaltet, dessen Inhalt und Grenzen erst eine Interessen- und Güterabwägung mit der im Einzelfall konkret kollidierenden Interessensphäre anderer offenbart (BGHZ 45, 296/307 – *Höllenfeuer;* 59, 30/34 – *Zeitungsboykott;* 65, 325/331 – *Warentest II;* 74, 9/14 – *Offenbarungseid-Verfahren;* 90, 113 – *Bundesbahnplanungs-Vorhaben;* 138, 311/318 – *Filmaufnahmen in Ferienlager;* 166, 84/109 – *Leo Kirch;* BGH NJW 1976, 753/754 – *UNICEF-Grußkarten;* 1977, 628/630 – *Abschleppunternehmen;* 1980, 881/882 – *Teilhaberquerelena;* 1999, 279/281 – *Mietwagenabrechnung;* 2008, 2110 – *GEN-Milch;* 2011, 2204 – *Bonitätsbeurteilung*). Denn auch der Unternehmer muss sich den gesellschaftlichen Anforderungen und Entwicklungen stellen. Sein Unternehmen muss sich gegenüber der Konkurrenz, den Veränderungen von Märkten und Kundengewohnheiten in einem mit lauteren Mitteln geführten Wettbewerb, in Warentests, in sozialpolitischen Auseinandersetzungen zwischen Unternehmen, Arbeitnehmern und Verbraucher behaupten und ebenso gegenüber einer Kritik an Produkten, Produktion, Vermarktungspraktiken in den Medien.

b) Schutzbereich

142   Geschützt ist alles, was der unternehmerischen Betätigung und Entfaltung im Wirtschaftsleben dient. Indes bedingt die nur lückenausfüllende Subsidiarität des Schutzes (vgl Rn 140), dass er bei verletzenden Eingriffen in die personellen und sächlichen Betriebsmittel, denen gegenüber der Schutz der körperlichen und gesundheitlichen Integrität, des Eigentums oder Besitzes ausreicht, nicht eingreift. Hier besteht er nur, soweit von solchen Eingriffen zugleich der wirtschaftliche Organismus selbst, der Funktionsbereich als organisches Mehr seiner Einzelfaktoren oder die unternehmerische Entscheidungsfreiheit ergriffen wird (BGHZ 55, 153/168 f. – *Wasserstraßensperre;* 59, 30/34 – *Zeitungsboykott;* 66, 388/393 – *Versorgungskabel;* 69, 128/139 – *Fluglotsenstreik;* 138, 311/317 – *Filmaufnahmen in Ferienanlage*). Vorbehaltlich der Einschränkungen aus dieser Offenheit des Schutzguts und der nur lückenausfüllenden Subsidiarität des Unternehmensschutzes zielt der Schutz auf den gesamten beruflichen und gewerblichen Tätigkeitsbereich in allen seinen Erscheinungsformen (BGHZ 3, 270 – *Constanze I;* BGH NJW 1983, 2196 – *photokina*), soweit dieser in einem Betrieb oder einer entsprechenden Veranstaltung sächlich-organisatorisch verfestigt, auf gewisse Dauer angelegt und auf Erwerb (nicht notwendig: auf Gewinn) gerichtet ist. Zur Arztpraxis: BGHZ 153, 285; BGH NJW 2003, 1308 ff. (Psychotherapeut); Architekt: BGHZ 33, 321/325; BGH VersR 1981, 882; Anwalt: RGZ 153, 285; Architekt: BGHZ 33, 321/325; Bundesbahn: BGHZ 90, 113; Gewerkschaften im

B. Geschützte Individualgüter § 6 LPG

Rahmen der Mitgliederwerbung: BGHZ 42, 210; BAG NJW 1969, 861, offengelassen in BGHZ 52, 393/397; BGH GRUR 1968, 205/206; NJW 1970, 378; Landwirtschaftsbetrieb: BGH NJW 1961, 720; Boxveranstaltung: BGH NJW 1958, 1986; 1970, 260; Reiseunternehmen: BGHZ 138, 311/315 – *Filmaufnahmen in Ferienanlage*. Soweit die sächlich-organisatorische Verfestigung fehlt, insbes bei Freiberuflern, greift der äußerungsrechtliche Persönlichkeitsschutz ein (zutreffend *Wenzel/Burkhardt* Kap 5 Rn 141).

Geschützt wird die Fortsetzung der bisherigen Tätigkeit auf Grund schon getroffener Betriebsveranstaltung (BGH LM BGB § 839/C/Nr 5). Es kommt auf Art und Umfang der ins Werk gesetzten Veranstaltung, nicht auf die Wirtschaftlichkeit an. Auch ein in den Anfängen werbender Tätigkeit noch unrentabler Betrieb wird geschützt. Nicht geschützt ist das im Planungs- oder Versuchsstadium steckengeblieben Vorhaben (BGH NJW 1969, 1207); ebenso wenig ein konzessionsbedürftiger Betrieb vor Erteilung der Konzession. Ist aber der Betrieb eingerichtet, so erstreckt sich der Schutz auch auf eine erst geplante Ausweitung des Betätigungsfeldes (BGHZ 3, 270/279 – *Constanze I;* 30, 338/356 – *Bausperre;* BGH NJW 1965, 2101/2103 – *Trümmergrundstück;* BAG NJW 1964, 1291/1292 – *Absperrung*).

4. Betriebsbezogenheit (Unmittelbarkeit) des Eingriffs

Das Recht am Unternehmen schützt nur gegen Eingriffe, die objektiv in den Funktionsbereich, das organische Herz des Unternehmens zielen. Zur Grobabgrenzung gegenüber Beeinträchtigungen, die zwar mittelbar auf das Unternehmen durchschlagen, zu deren Abwehr das Recht aber nicht entwickelt ist, verlangt die Rechtsprechung die Betriebsbezogenheit des Eingriffs. Dies ist kein Tatsachenmerkmal, sondern Wertungskriterium, das solche Beeinträchtigungen erfassen soll, auf die der Organismus des Betriebs und die unternehmerische Entscheidungsfreiheit besonders empfindlich reagieren. 143

Nicht muss die Beeinträchtigung im finalen Sinn auf Schädigung des Betriebs abzielen. Es genügt, dass sie in ihrer objektiven Stoßrichtung auf das Unternehmen als organische Einheit zielt oder sonst nach der Verkehrsauffassung als Störung der Grundlagen gerade dieses Betriebs erscheint (BGHZ 138, 311/317 – *Filmaufnahmen in Ferienanlage*). Betriebsbezogenheit hält der BGH heute im wesentlichen nur gegeben bei Eingriffen, die die Grundlagen des Betriebs bedrohen oder die Tätigkeit des Unternehmens oder die unternehmerische Verwertung infrage stellen, zB die unberechtigte Schutzrechtsverwarnung oder das Ausbeuten unternehmerischer Leistung durch Dritte, oder die sich gegen das Funktionieren des unternehmerischen Organismus richten, zB die Blockade, der Boykott, der Streik, oder die den Funktionszusammenhang der Betriebsmittel auf längere Zeit aufheben.

Für den äußerungsrechtlichen Schutz des Unternehmens kommen als „betriebsbezogen" vor allem infrage: 144

Aufrufe zum Boykott eines bestimmten Unternehmens oder einzelner seiner Produkte oder zur Bestreikung des Unternehmens (BVerfGE 25, 256 – *Blinkfüer;* BGHZ 70, 277 – *Fluglotsenstreik;* BGH NJW 1985, 60 – *Kundenboykott;* 1985, 62 – *Copy-Charge;* BAG NJW 1964, 1291 – *Absperrung;* OLG Hamm AfP 1998, 68 – *Ozelotpelz;* OLG Karlsruhe OLGR 1997, 45 – *Abonnementverträge;* OLG München AfP 2002, 235 – *Buchverlag*);

oder zu Protestaktionen gegen das Unternehmen (BVerfG NJW 1989, 381 – *Mietboykott;* BGHZ 90, 113 – *Bundesbahnplanungsvorhaben;* BGH NJW 1985, 1620 – *Mietboykott;* GRUR 1980, 242 – *Denkzettelaktion*);

oder die Sperre der Zeitung für Mitteilungen über das Unternehmen (BGH GRUR 1960, 505);

oder Warnungen vor geschäftlichen Beziehungen mit ihm (BGHZ 8, 142 – *Schwarze Listen;* BGH GRUR 1956, 212 – *Wirtschaftsarchiv;* NJW 1978, 2152 – *Schutzgemeinschaft;* WM 1993, 69 – *Kettenmafia*);

oder die kritische Interviewäußerung des Vorstandssprechers einer Großbank zur Kreditwürdigkeit eines Unternehmers, die seine Geschäftsbeziehungen zu Banken und anderen Kreditgebern unmittelbar gefährden (BGHZ 166, 84/114 – *Leo Kirch*);

oder der kritische Bericht über die Produkte des Unternehmens (BGH GRUR 1957, 360 – *Erdstrahlengerät;* NJW 1963, 484 – *Maris;* 1963, 1871 – *elektronische Orgel;* 1966, 2010 – *Teppichkehrmaschine;* 1970, 187 – *Hormoncreme*), oder seine Geschäftspraktiken (BGHZ 78, 9; 78, 22; 78, 24 – *Medizin-Syndikat;* BGH NJW 1967, 390 – *Makler;* 1975, 1882 – *Geist von Oberzell;* 1985, 1621 – *Türkol I;* 1987, 2225 – *Umweltskandal;* 1992, 1312 – *Verkehrspoller;* 1993, 930 – *illegaler Fellhandel;* 2003, 1308 – *Psychotherapeut;* GRUR 1989, 781 – *Wünschelrute;* OLG Nürnberg NJW-RR 2003, 40 – *Geflügelzuchtbetrieb*);

oder die Einbeziehung eines Produkts in ein den Anforderungen an das Verfahren nicht standhaltenden vergleichenden Warentest (BGHZ 65, 325 – *Warentest I;* BGH NJW 1986, 981 – *Preisvergleich;* 1987, 222 – *Komposthäcksler;* 1989, 192 – *Boxentest;* NJW-RR 1998, 250 – *Restaurantführer;* OLG Frankfurt NJW 1996, 1146 – *Weintest*);

oder die Meldung über den Konkursantrag des Unternehmens (BGHZ 36, 18/23 – *unbegründeter Konkursantrag*), oder das Erwecken einer unrichtigen Vorstellung über die gewerbliche Betätigung des Unternehmens (BGH NJW 1966, 1857 – *Tai-Ginseng*);

oder das unberechtigte Bestreiten der Berechtigungsgrundlage der Unternehmensbetätigung, insbes durch unberechtigte Schutzrechtsverwarnung (BGH NJW 2000, 3716 – *Subway/Subwear* mwN);

oder die eigenwirtschaftliche Vermarktung des „Unternehmensbildes" oder seine Herausstellung als Lehrbeispiel für die dem Konkurs zusteuernde GmbH durch einen entsprechend umfassenden Zugriff auf die Daten des Unternehmens (BGH NJW 1994, 1281/1282 – *Jahresabschlussanalyse;* BVerfG NJW 1994, 1784).

145 Betriebsbezogenheit verneint worden ist

für eine Kritik an einem Betriebsangehörigen, sei es auch in leitender Stellung, jedenfalls wenn sie nur die persönlichen Verhältnisse betrifft;

für die Kritik an einem bestimmten Beruf oder einer Branche (BVerfGE 60, 234 – *Kredithaie;* BGH GRUR 1969, 304 – *Kredithaie;* OLG Hamburg AfP 1984, 222; OLG Köln NJW 1985, 1943);

oder an allgemeinen Erscheinungen im Wirtschafts- und Marktgeschehen (OLG Köln NJW 1985, 1643 – *Aufruf gegen Privatisierung der städtischen Reinigung*);

oder Warnungen vor Konsumgewohnheiten, vor Stoffen und Substanzen, auch wenn sie nur von einer begrenzten Gruppe von Herstellern oder einem Monopolisten verarbeitet werden;

oder für herabsetzende Äußerungen zu Qualität und Verarbeitung einer Außenfassade in Bezug auf das Unternehmen des Herstellers des genannte Produkts (OLG Köln GRUR 1999, 376);

oder die zu gute Bewertung eines Konkurrenzprodukts in einem vergleichenden Warentest (BGHZ 65, 325/329 – *Warentest II;* BGH NJW 1987, 2222 – *Komposthäcksler*).

5. Güter- und Interessenabwägung. Abwägungsgrundsätze

146 Die „Betriebsbezogenheit" des Eingriffs besagt noch nichts über seine Rechtswidrigkeit. Vielmehr ist erst durch eine Abwägung mit den kollidierenden konkret betroffenen schutzwerten Interessen auf Grund der Gesamtumstände die Reichweite des Unternehmensschutzes und die Grenze für die zulässige Belastung des Unternehmens zu ermitteln. Gegenüber Eingriffen durch Presseveröffentlichungen gelten für die Güter- und Interessenabwägung die für den Konflikt der Pressearbeit mit Individualschutzgütern allgemein erarbeiteten Abwägungsgrundsätze. Näheres dazu und zu den spezifischen Kriterien der Rechtsprechung hier Rn 38 ff. und *Brinkmann* NJW 1987, 2721/2724 f.

B. Geschützte Individualgüter § 6 LPG

Da die unternehmerische Tätigkeit zu den Betätigungsfeldern der Persönlichkeit gehört, streiten insoweit auch für den Unternehmensschutz die Verfassungsgarantien der Art 1, 2 GG neben denen des Art 12 GG (vgl BVerfG NJW 1994, 1784; offen gelassen aber in BVerfG NJW 2005, 883 – *Tierversuche*). Indes ist der Unternehmensbereich prinzipiell Öffentlichkeitsbereich. Deshalb reicht sein Schutz vor der Öffentlichkeit keineswegs so weit wie der Schutz der Privatsphäre der Person (BGHZ 36, 77 – *Waffenhändler*). Vielmehr kann sich die Presse hier besonders oft darauf berufen, dass das Unternehmen mit zunehmendem Einfluss auf den Markt von einem wachsenden Interesse der Öffentlichkeit an Information über diesen Einfluss, an Transparenz und an Kontrolle begleitet wird. So hat das Unternehmen grundsätzlich keinen Anspruch darauf, dass seine Stellung am Markt (BGHZ 138, 311/320 – *Filmaufnahmen in Ferienanlage;* BGH NJW 1971, 510/512 – *Kartellbehörde*) und Leistungskraft (BGHZ 36, 77 – *Waffenhändler;* NJW 1966, 2010 – *Teppichkehrmaschine;* GRUR 1969, 304 – *Kredithaie;* OLG Hamburg OLGR 2003, 170 – *Privatbank in Not*), sein Auftreten am Markt (BGHZ 80, 25/39 – *Der Aufmacher;* BGH GRUR 1966, 386 – *Warentest I;* vgl. auch BVerfG NJW 2005, 883 – *Tierversuche*) nicht öffentlich erörtert werden. Vor geschäftsschädigender Kritik, durch unwahre Behauptungen ist das Unternehmen regelmäßig schon durch § 824 BGB, der dem § 823 Abs 1 BGB vorgeht, vor rufschädigenden unwahren Behauptungen außerdem durch §§ 186, 187 StGB iVm § 823 Abs 2 BGB geschützt. Dazu Rn 82ff., 107ff.; 140.

Soweit das Unternehmen Schutz gegen wahre Behauptungen begehrt, muss es sich grundsätzlich die Beschränkung des § 824 BGB auf unwahre Behauptungen entgegenhalten lassen. Außerhalb von Wettbewerbsverhältnissen sind Ansprüche aus § 823 Abs 1 BG nur in seltensten Fällen gerechtfertigt (BGHZ 36, 77/82 – *Waffenhändler;* 45, 296/308 – *Höllenfeuer;* 65, 25/331 – *Warentest II;* 138, 311/320 – *Filmaufnahmen in Ferienanlage;* 166, 84/108ff., 114ff. – *Leo Kirch;* BGH NJW 1963, 484 – *Maris;* 1966, 201 – *Teppichkehrmaschine;* 1966, 1857 – *Tai Ginseng;* 1970, 187 – *Hormoncreme;* 1982, 2246 – *Klinikdirektoren;* 1987, 2667 – *Langemann;* GRUR 1966, 386 – *Warentest I;* 1967, 540 – *Nächte der Birgit Malström;* 1968, 205 – *Teppichreinigung;* 1969, 304 – *Kreditihaie;* 1969, 555 – *Cellulitis;* OLG Hamburg VersR 1999, 1252 – *EDV-Praxisprogramm;* OLGR 2003, 170 – *Privatbank in Not*). Die Grenze zur Rechtswidrigkeit ist hier erst überschritten, wenn das Vorgehen des Mitteilenden auch bei voller Würdigung seines schutzwürdigen Interesses an freier Kommunikation und der Möglichkeiten des Betroffenen zur Gegenwehr nicht mehr vertretbar ist (BVerfGE 25, 256 – *Blinkfüer;* BGHZ 36, 18 – *unbegründeter Konkursantrag*). So kann das Recht am Unternehmen – allerdings nur in Ausnahmefällen – gegenüber wahrer Berichterstattung in Anspruch genommen werden, wo diese in den Kernbereich einer vertraulichen Sphäre, zB der Redaktionskonferenz einer Zeitung (BVerfGE 66, 116/120 – *Der Aufmacher;* vgl. auch BGHZ 166, 84/110 – *Leo Kirch*), insbes von Betriebsgeheimnissen eingreift, oder wo sich die Presse auf unrechtmäßige Weise vertrauliche Informationen verschafft hat (vgl aber BVerfG NJW 2005, 883 – *Tierversuche*), oder wo sie ohne sachlichen Anlass längst verjährte Dinge ans Licht holt.

Eher kommt Unternehmensschutz in Betracht, wenn mit der wahren Behauptung herabwürdigende Werturteile verbunden sind. Indes müssen diese als Diffamie, als Schmähkritik zu qualifizieren sein (BGHZ 45, 296/307 – *Höllenfeuer;* 65, 325/331 – *Warentest II;* BGH NJW 1970, 187 – *Hormoncreme;* 1983, 1559 – *Geldmafiosi;* 2005, 279/282 – *Bauernfängerei;* GRUR 1969, 304 – *Kreditihaie;* OLG München NJW 1994, 1964 – *Pygmäenlokal;* OLG Frankfurt NJW 1996, 1146 – *Weintest;* OLG 1999, 279 – *Flop Five*). Geschäftsschädigende Werturteile und Meinungsäußerungen erfordern zur Zulässigkeit nicht den Einsatz des schonendsten Mittels (BGHZ 45, 296/308 – *Höllenfeuer;* BGH NJW 2002, 1192 – *Zuschußverlag;* 2005, 279 – *Prozeßfinanzierer;* 2008, 2110 – *GEN-Milch*). Vor allem, wo Medienkritik am Unternehmen – wie meistens wegen der beteiligten Verbraucherinteressen – eine die Öffentlichkeit berührende Frage betrifft, sind scharfe Formulierungen, plastische Klassifizierungen, grobe Abwertungen erlaubt, wenn sie auf Diffamierung verzichten (BGH GRUR 1969, 555 –

146a

146b

Cellulitis). Ein Milchprodukt, für das nicht ausdrücklich auf gentechnisch veränderte Fütterung verzichtet worden ist, darf von einer Gesellschaft zur Verbraucheraufklärung als „GEN-Milch" bezeichnet werden (BGH NJW 2008, 2110 – *GEN-Milch*). Apparate gegen Erdstrahlen können „wertlose Zauberkästen" genannt werden (BGH GRUR 1967, 360 – *Erdstrahlen*); die Wassersuche mit der Wünschelrute „Taschenspielertrick" (BGH GRUR 1989, 781 – *Wünschelrute*); ein Prozesskostenfinanzierungsmodell als „Bauernfängerei" (BGH NJW 2005, 279); Schönheitsfarmen können in Fernsehsendungen abwertend beurteilt werden (OLG Frankfurt NJW 1971, 1900); der Waffenhändler, der Kreditmakler hat kritische Beiträge unter Namensnennung zu dulden (BGHZ 36, 77/79 – *Waffenhändler*; BGH GRUR 1969, 304 – *Kredithaie*). Zulässig ist die Anzeige des Bauherrn, mit der er „Leidensgenossen" zur Gründung einer Interessengemeinschaft sucht, weil er bei der Errichtung seines Typen-Einfamilienhauses mit den Leistungen des Baubetreuers wegen erheblicher Baumängel nicht zufrieden ist (OLG München AfP 1992, 275). Auch insoweit gilt dasselbe wie für die kritische Berichterstattung über die Person. Näheres vgl Rn 79 ff., 190 ff. Prinzipiell zulässig ist es, allgemein kritisierte Erscheinungen am Beispiel konkreter Unternehmen zu verdeutlichen (BGH NJW 1966, 2010 – *Teppichkehrmaschine*; GRUR 1969, 555 – *Cellulitis*; 1969, 304 – *Kredithaie*).

6. Warentest

147 Die Abwertung einer Ware in einem vergleichenden Wartentest ist grundsätzlich zulässig (BGHZ 65, 325/331 – *Warentest II*; BGH NJW 1986, 981 – *Preisvergleich*; 1987, 2222 – *Komposthäcksler*; 1989, 1923 – *Boxentest*; 1997, 2593 – *Druckertest*). Aber der Tester muss durch sachkundige und gründliche Untersuchungen und durch eine faire Untersuchungsanordnung darauf Rücksicht nehmen, dass eine Warenkritik in einem Testbericht von einschneidenden Folgen für das kritisierte Unternehmen ist. Das Testverfahren muss zwar nicht jeder wissenschaftlichen Kritik standhalten. Es muss aber sachlich gerechtfertigt, dh diskutabel sein und mit Sachkunde angegangen werden. Es geht also um das Bemühen um Richtigkeit. Dazu gehört, dass der Test nach der Zusammensetzung der Produkte sinnvoll sein muss; die Waren müssen nach Preis, Qualität, Verwendungsart vergleichbar sein. Das richtet sich nach der Verbrauchererwartung (BGH NJW 1997, 2593/2594 – *Druckertest*). Unzulässig ist es, in einem Vergleich mit Erzeugnissen der haute couture einen Pelzmantel der Konfektion einer ganz anderen Preiskategorie als altmodisch und nicht tragbar herabzuwürdigen (BGH NJW 1963, 484 – *Maris*) oder in einer Weinkritik einen Winzer und seine Weine vernichtend zu beurteilen, ohne das Weingut besichtigt und den Wein verkostet zu haben (OLG Frankfurt NJW 1996, 1146); oder in einer Restaurantkritik den falschen Eindruck zu erwecken, der Besitzer veranlasse durch falsche Angaben auf der Speisenkarte zu Bestellungen (OLG Frankfurt OLGR 1999, 279).

Zulässig ist es, einen Drucker wegen Nichtbestehens der Funkentstörungsprüfung abzuwerten, weil zur Vermeidung der Funkstörung ein spezielles Kabel erforderlich ist, das aber nicht zusammen mit dem Drucker ausgeliefert wird, sondern von dem Käufer besonders angeschafft werden muss (BGH NJW 1997, 2593/2594).

Nicht alle Hersteller der Produktart müssen beteiligt werden; ein repräsentativer Querschnitt reicht aus, wenn im Testbericht deutlich darauf hingewiesen wird (BGH NJW 1987, 2222 – *Komposthäcksler*). Der Test muss eine ausreichende Zahl von Prüfmustern umfassen, damit er nicht durch Ausreißer verfälscht wird. Die vernichtende Gastrokritik (dazu generell *Mathy/Wendt* AfP 1982, 144 ff.) nach Genuss von einer Tasse Kaffee oder nur einem Testbesuch erfüllt die Voraussetzung nicht (OLG München NJW 1994, 1964 – *Pygmäenlokal*; BGH NJW-RR 1998, 250 – *Restaurantführer*; vgl. die Restaurantkritik OLG Köln AfP 2011, 489). Die Prüfmethoden müssen zwar nicht unumstritten, aber fair und diskutabel sein (BGH NJW 1987, 2222 – *Komposthäcksler*; zustimmend *Brinkmann* GRUR 1988, 516/520 f.; *Viehweg* NJW 1987, 2726). Ist so das Verfahren vom Bemühen um Objektivität geprägt, dann ist

B. Geschützte Individualgüter § 6 LPG

dem Tester ein erheblicher Freiraum für Prüfmethoden, Objektauswahl, Darstellung der Ergebnisse eingeräumt (*Kohl* AfP 1984, 207).
Die Bewertung des Produkts oder der Dienstleistung ist Werturteil, nicht Tatsachenbehauptung. Gegen die bessere Bewertung eines Konkurrenzprodukts allein kann der Unternehmer Deliktsschutz nicht in Anspruch nehmen. Sie sieht der BGH nicht als betriebsbezogenen Eingriff in einen Gewerbebetrieb, sondern als Reflex für das Unternehmen an (BGH NJW 1987, 2222 – *Komposthäcksler*). Den Anforderungen an dem Wahrheitsbeweis zugängliche Tatsachenbehauptungen müssen dagegen solche Testaussagen genügen, die für den Leser nicht nur unselbstständige Bausteine für die Testnote sind, sondern eigenständigen Aussagewert haben (BGH NJW 1989, 1923 – *Boxentest;* OLG Köln AfP 1995, 498 – *Handscanner*). 148

7. Boykottaufrufe

Vgl *Born* AfP 2005, 110; *Friauf/Höfling* AfP 1985, 249; *Degenhart* FS Lukes 1989, S 287; *Libertus/Sneider* ZUM 2006, 487; *Möllers* NJW 1996, 1374; *Säcker* NJW 2010, 1115; *Scherer,* Der Boykott im Meinungskampf, Diss, 1971; *Schönewald* K&R 2013, 407; *Schultz,* Der Wandel in der rechtlichen Beurteilung des Boykotts in Deutschland, Diss, 1991. 149

Boykottaufrufe können sich auf Art 5 Abs 1 GG berufen, wenn der Verruf im Meinungskampf in einer die Öffentlichkeit berührenden Frage als adäquater Ausdruck des Standorts des Verrufers zum Verrufenen und als Aufforderung an die Adressaten eingesetzt wird, sich mit diesem Standort auseinander zu setzen und sich mit der Verrufer zu solidarisieren (BVerfGE 7, 198/215 – *Lüth;* 25, 256/264 – *Blinkfuer;* 62, 230/244f. – *Boykottaufruf;* OLG Hamm NJW-RR 2010, 189 – *Aufruf zum Boykott von Pelzbekleidung*). Er darf also nicht auf Förderung des Wettbewerbs des Verrufers oder eines Dritten gerichtet sein. Andererseits machen egoistische Interessen des Verrufers den Boykottaufruf nicht schon deshalb unzulässig. Ebenso wenig verlangt Art 5 GG schonendstes Vorgehen (BGHZ 45, 295/307 – *Höllenfeuer*). Der Boykott muss aber ein adäquates Mittel für die geistige Auseinandersetzung sein. Er darf nicht statt der Argumente die wirtschaftliche oder soziale Machtstellung des Verrufers einsetzen (BVerfGE 25, 256/264 – *Blinkfüer;* 62, 230/244f. – *Boykottaufruf;* BVerfG KirchE 50, 193 – *Scientology-Plakat;* OLG München AfP 2002, 235 – *Buchverlag*), oder unwahre Behauptungen oder Gewalt (zB Blockade: BGHZ 59, 30 – *Zeitungsboykott;* OLG Hamm AfP 1998, 68), oder sich ausschließlich auf Polemik beschränken ohne jede Unterrichtung über das Sachanliegen, so dass für eine Auseinandersetzung mit diesem kein Raum bleibt (RGZ 66, 379/383; RG JW 1913, 35), oder zu wettbewerblichen Zielen eingesetzt werden (*Kohl* AfP 1984, 205).
Der Aufruf an die Käufer, sich gegen Preistreibereien einer Branche zu wehren, ist kein betriebsbezogener Eingriff in den Gewerbebetrieb des Einzelunternehmers. Im übrigen haben auch „betriebsbezogene" Käuferstreiks Art 5 Abs 1 GG regelmäßig für sich, sofern sie sich allein auf das Argument stützen, insbes dem Käufer Entschlussfreiheit und dem Verrufenen die Möglichkeit lassen, seine Preisgestaltung etc zu rechtfertigen (*Kübler* AcP 1972, 200; *v Sambuch* JZ 1975, 698; vgl auch OLG Stuttgart NJW 1975, 1888; zu eng OLG Frankfurt NJW 1969, 2095).
Für die Zulässigkeit von Aufrufen zu und Veranstaltungen von Demonstrationen kann von Gewicht sein, ob die Behinderung des Unternehmens Ziel oder nur unbeabsichtigte Nebenwirkung der Demonstration ist (BGHZ 59, 30/34 – *Zeitungsblockade*). Soll sie die Fortsetzung der gewerblichen Tätigkeit durch unmittelbaren Zwang, etwa durch Blockieren der Zugänge verhindern, so ist die Demonstration als unfriedlich nicht geschützt (BGHZ 59, 30/36 – *Zeitungsblockade;* BGH NJW 1972, 1571; 1998, 377 – *Baumaschinenblockade*); ebenso wenig der Aufruf dazu. Zielt die beabsichtigte Demonstration dagegen nicht auf das Unternehmen, dann sind die von ihr ausgehenden Beeinträchtigungen für den Gewerbebetrieb, auch wenn sie unfriedlich wird, nicht betriebsbezogen.

8. Rechtsinhaberschaft

150 Träger des Schutzguts ist der Unternehmer, sei er eine natürliche oder eine juristische Person des bürgerlichen Rechts, eine OHG oder KG; eine BGB-Gesellschaft; ein nichtrechtsfähiger Verein, sofern er „unmittelbar", dh durch einen „betriebsbezogenen" Eingriff betroffen ist. Insoweit gilt für den persönlichen Schutzkreis dasselbe wie für den Schutz vor Kreditgefährdung iSv § 824 BGB. Näheres dazu Rn 113, 117.

VII. Schutz vor unlauterem Wettbewerb als Unternehmens- und Verbraucherschutz

151 Das Gesetz gegen den unlauteren Wettbewerb v 3.7.2004 (UWG; BGBl I 1414), in Kraft seit dem 8.7.2004, umschreibt entspr der BGH-Rspr zum UWG aF (BGHZ 140, 134/138 – *Hormonpräparate;* BGH NJW 2000, 864/865 – *Giftnotruf-Box*) in § 1 UWG als gleichrangiges und gleichwertiges Ziel den Schutz von Mitbewerbern, Verbrauchern sowie sonstigen Mitbewerbern vor unlauterem Wettbewerb. In seiner Stoßrichtung ist es auf die Sicherung des unverfälschten Wettbewerbs der Marktteilnehmer beschränkt. Ebenso wie das UWG aF gewähren seine Verbotstatbestände in §§ 3 bis 7 UWG nF zwar kein subjektives Recht auf lauteres Wettbewerbsverhalten am Markt, gar im Sinne eines absoluten Rechts, aber einen mit privatrechtlichen Abwehr- und Ersatzansprüchen ausgestatteten Schutz von Individualinteressen der betroffenen Mitbewerber und der selbst nicht anspruchsberechtigten Verbraucher und sonstigen Marktbeteiligten; darüber hinaus hat es auch eine öffentliche Ordnungsfunktion. Der Individualschutz ist nicht mit dem Persönlichkeitsrecht oder dem Recht am Unternehmen zu erfassen. Er hat seinen Bezugspunkt in der Ordnungsfunktion zur Gewährleistung der Lauterkeit des wettbewerblichen Verhaltens am Markt und zur Unterbindung von Wettbewerbsauswüchsen. Er richtet sich gegen unlautere Einflussnahme auf die freie Entscheidung des Kunden, Behinderung der Mitbewerber mit nicht leistungsgerechten Mitteln der Nachahmung, der Ausbeutung, des Wettbewerbsvorsprungs durch Missachtung gesetzlicher Schranken, des Einsatzes machtbedingter Vorteile (BGHZ 140, 134/138 – *Hormonpräparate;* 144, 255/265 – *Abgasemissionen;* siehe auch BVerfG NJW 2002, 1187 – *Tierfreundliche Mode;* 2001, 3404/3404 – *Generikum*). Was als unlautere Wettbewerbshandlung iSv § 3 UWG verboten ist, wird durch die nichtabschließenden Beispielstatbestände der §§ 4 bis 7 UWG näher konkretisiert.

Der Schutz des UWG ist indes gegenüber Presseveröffentlichungen durch Art 5 Abs 1 S 1 und 2 GG stark eingeschränkt. Das Gesetz greift ein bei Veröffentlichungen zu Wettbewerbszwecken; sein Schutz betrifft hier deshalb in erster Linie den Anzeigenteil, kontrolliert aber auch den redaktionellen Teil auf unzulässige redaktionell „getarnte" Werbung, dh von Werbung, die unter Verletzung auch des medienrechtlichen Gebots der Trennung von redaktionellem Text und Werbung davon zu profitieren sucht, dass der Verkehr den redaktionellen Teil als objektive Berichterstattung oder Meinungsäußerung größerer Bedeutung zumisst als dem Anzeigenteil (BGHZ 81, 247/250 – *getarnte Werbung;* BGH NJW-RR 1993, 868 – *Produktinformation;* 1994, 872 – *Kosmetikstudio;* 1998, 833 – *Auto '94*). Hierbei tritt das Gesetz in Spannung zu den Gewährleistungen des Art 5 Abs 1 S 1 und 2 GG, die sich auch auf kommerzielle Meinungsäußerungen und reine Wirtschaftswerbung erstrecken (BVerfGE 102, 347/360 – *Benetton-Werbung;* BVerfG NJW 2001, 3402 – *Generikum*). Zwar sind die Regeln des UWG Schranken für die Meinungs- und Pressefreiheit iSv Art 5 Abs 2 GG (BVerfGE 102, 347/360 – *Benetton-Werbung* mwN); als solche sind sie aber im Lichte dieser Gewährleistungen einschränkend auszulegen (BVerfGE 62, 230/244 – *markt intern;* BVerfG NJW 1992, 1153/1154 – *Rundbriefaktion;* dazu allgemein Rn 25 ff.).

B. Geschützte Individualgüter § 6 LPG

Diese Einschränkung ist ungeachtet des Verantwortungs-Privilegs des § 9 UWG für die periodisch erscheinende Presse, das zudem auf Schadensersatzansprüche beschränkt ist, bereits für die Feststellung der Wettbewerbsrelevanz der jeweiligen Presseveröffentlichung von weichenstellender Bedeutung. Denn die „Wettbewerbshandlung" iSd Definition des § 2 Abs 1 Ziff 1 UWG umfaßt die Förderung nicht nur des eigenen, sondern auch eines fremden Wettbewerbs. Deshalb kann die Presse insbes mit einer Wirtschaftsberichterstattung oder Produktkritik ohne entsprechende Güter- und Interessenabwägung leicht in den Verbotsbereich des UWG geraten. Insb für redaktionelle Beiträge darf daher die Vermutung eines Wettbewerbsziels grundsätzlich nicht eingreifen, auch wenn sie sich mit Unternehmen oder Produkten befassen, die im Anzeigenteil beworben werden könnten oder beworben werden oder die auf andere Weise dem Unternehmen oder Produkt oder dem Presseunternehmen selbst wirtschaftliche Vorteile bringen können oder bringen (einschränkend OLG Düsseldorf WRP 2011, 1085 – *Apotherkerzeitung*). Bei redaktionellen Beiträgen reicht Eignung zur Wettbewerbsbeeinflussung allein nicht aus, um das Ziel der Förderung eigenen oder fremden Wettbewerbs zu vermuten (zu § 1 UWG aF BGH GRUR 1983, 379/380 – *Geldmafiosi*; 1986, 812/813 – *Gastrokritiker*; 1986, 898/899 – *Frank der Tat*; AfP 1994, 136 – *Störerhaftung*; 1994, 293, 294 – *Bio-Tabletten*; 1995, 404, 406 – *Dubioses Geschäftsgebaren*; 2006, 875 – *Rechtsanwalts-Ranglisten*; NJW-RR 1998, 250 – *Restaurantführer*; OLG Hamm AfP 1992, 255; 1992, 256; OLG Köln AfP 1993, 657/658; dazu allgemein *Brinkmann* GRUR 1986, 516 ff.; *Kohl* AfP 1984, 201; *Ulmann* GRUR 1996, 948/953; *Wenzel/v Strobl-Albeg* Kap 5 Rn 313 ff.). Haben sich mit dem Markt auseinandersetzende Presseveröffentlichungen einen Grund in politischen, wirtschaftlichen, sozialen, kulturellen Belangen der Allgemeinheit, dann sind sie prinzipiell durch Art 5 Abs 1 GG geschützt. Es müssen besondere Umstände vorliegen, die erkennen lassen, dass neben der Absicht, den Leser vom Tagesgeschehen zu unterrichten, auch die Absicht, fremden Wettbewerb zu fördern, eine größere als notwendig begleitende Rolle gespielt hat (BGH AfP 1994, 136 – *Störerhaftung* mwN 1994, 293, 294 – *Bio-Tabletten*). Auch harte oder lobende Kritik über ein Unternehmen oder ein Produkt in einem redaktionellen Beitrag reicht für die Vermutung einer Wettbewerbsabsicht grundsätzlich nicht aus; dasselbe gilt für ein zeitliches Überschneiden von Werbeanzeige und Presseartikel über das Erzeugnis (OLG Köln AfP 1996, 387). Jedoch kann das unsachliche, undifferenzierende Abqualifizieren oder ein reißerisch aufgemachter Jubelbericht über ein Unternehmen oder ein Produkt Indiz für das Ziel der Förderung von Wettbewerb sein (zu § 1 UWG aF BGH ZUM 1990, 365 – *Schönheitschirurg*; OLG München ZUM-RD 1999, 232 ff. – *Sportarzt*; OLG Hamburg AfP 2000, 89 – *Pharmalieferant*). Je größer die Werbewirkung ist, desto eher kommt eine Wettbewerbsabsicht in Betracht (OLG Hamm AfP 1992, 255). Im Rahmen einer Pressefehde (dazu *Kohl* AfP 1984, 203 ff.) wird es darauf ankommen, ob die Äußerung – werblich – die eigene oder fremde Leistungsfähigkeit als Informations-, Meinungs- oder Werbeträger zum Gegenstand hat oder – wettbewerbsneutral – die eigene oder fremde journalistische Leistung (so *Messer*, Festschrift f Otto-Friedrich Frh v Gamm, 1990, S 95/105 f.; vgl OLG Köln NJW-RR 1997, 786 ff. – *Dailysoap aus Blut und Sperma*; OLG Hamburg ZUM-RD 2000, 286 – *Focus*). Ist auf dieser Grundlage der Wettbewerbszweck der Veröffentlichung zu bejahen, dann ist auch die Feststellung der Wettbewerbswidrigkeit iSd UWG ebenfalls an den grundrechtlichen Gewährleistungen des Art 5 GG zu messen. Die Einschränkung der Meinungs- und Pressefreiheit zum Schutz vor unlauterem Wettbewerb ist nur zulässig, wenn eine konkrete Gefährdung von durch das UWG geschützten Interessen festzustellen ist und diese Gefährdung die Einschränkung der grundrechtlichen Gewährleistungen rechtfertigt. Die Einordnung einer Presseveröffentlichung als sittenwidrig iSd UWG muss also durch eine konkrete Gefährdung des Leistungswettbewerbs getragen sein, die ausreicht, um die Einschränkung der Meinungsfreiheit und der durch Art 5 Abs 1 S 2 gleichfalls gewährleisteten unternehmerischen Freiheit des Presseunternehmens zu rechtfertigen (BVerfG NJW 2001, 3403 – *Generikum*; 2002,

LPG § 6   Sorgfaltspflicht der Presse

1187/1188 f. – *Tierfreundliche Mode;* 2003, 277 – *Anwaltsrangliste;* 2003, 1303 – *Benetton-Werbung H. I. V. Positive*).

Zur Feststellung der Wettbewerbswidrigkeit, generell und speziell auch von Presseveröffentlichungen, hat die Rechtsprechung insbes des Wettbewerbssenats des BGH zum UWG aF eine umfangreiche Fallrechtsprechung entwickelt, die in ihren Leitsätzen auch für das UWG nF richtungsweisend sein werden, zumal der Gesetzgeber in den §§ 4 bis 7 UW die vom BGH entwickelten Fallgruppen zum Teil kodifiziert hat. Diese Fallrechtsprechung wird hier nicht dargestellt; näher dazu zB *Wenzel/v Strobl-Albeg* Kap 5 Rn 295 ff. Das BVerfG ist in neuerer Zeit Tendenzen dieser Rechtsprechung zu einer zu einseitigen Ausrichtung der Wirtschaftsberichterstattung in den Medien an wettbewerblichen Grundregeln verstärkt entgegengetreten und hat eine stärkere Berücksichtigung der Meinungs- und Pressefreiheit und ihrer Funktion für die Information der Öffentlichkeit verlangt. Ganz generell mahnt das BVerfG Zurückhaltung beim Verbot von Werbeaussagen an (BVerfGE 102, 347/364 ff. – *Benneton-Werbung*). So hält es eine sog Aufmerksamkeitswerbung (relevant jetzt für den auch sonst zentralen Beispielstatbestand des § 4 Nr 1 UWG nF) für zulässig, die inhumane Zustände und Umweltsünden anprangert, um die dadurch erzeugte Aufmerksamkeit für das Bekanntmachen des Produkts auszunutzen; dies selbst dann, wenn der werbende Hersteller von Bekleidung auf diesem Weg einen Aidskranken vermarktet (BVerfG NJW 2003, 1303 – *Benneton-Werbung H. I. V. Positive*). Näher dazu *Lange* AfP 2003, 113 ff.; *Schuppert* AfP 2003, 113 ff.; aus der Sicht des EGMR *Caliess* AfP 2000, 248 ff. Auch die Werbung mit einem Appell an das soziale Engagement des Käufers ist prinzipiell zulässig; ebenso andere Formen der Werbung, die sich nicht auf Preis und Qualität beschränken, sondern durch weitere Informationen Aufmerksamkeit und Kaufinteresse zu erreichen suchen; soweit der BGH einen sachlichen Zusammenhang mit der beworbenen Ware verlangt hat (BGHZ 112, 311/314 – *Biowerbung mit Fahrpreiserstattung;* BGH GRUR 1976, 308/309 – *UNICEF-Grußkarten;* 1987, 534/535 – *McHappy-Tag*), erscheint diese Rechtsprechung im Licht der Entscheidungen des BVerfG und des Erfordernisses der Feststellung eines unsachlichen Einflusses auf die Entscheidungsfreiheit nach § 4 Nr 1 UWG nF als überprüfungsbedürftig.

Die von der Wettbewerbs-Rechtsprechung entwickelten Fallgruppen zur Erleichterung der Feststellung der Wettbewerbswidrigkeit hält das BVerfG nur dann für unbedenklich, wenn die von der Fallgruppe ausgehende Indizwirkung den im Einzelfall konkret kollidierenden Interessen hinreichend Rechnung trägt. Das ist nach Auffassung des BVerfG nicht gesichert, wenn die Fallgruppe auf Prognosen und unbestimmte, insbes wertausfüllende Rechtsbegriffe verweist. Dann ist die spezifische Gefahr für den Leistungswettbewerb konkret festzustellen (BVerfGE 102, 347/364 ff. – *Benneton-Werbung;* BVerfG NJW 2002, 1187/1188 – *Tierfreundliche Mode;* 2003, 2777 – *Anwaltsrangliste*).

Die Gewährleistung der Medienfreiheit verlangt auch die Zulassung eines Internet-Suchdienstes, der Informations-Angebote auswertet und durch ein Deep Link den unmittelbaren Zugriff auf die Angebote ermöglicht unter Vorbeiführen an der Startseite der Internetauftritte, unter denen Angebote zugänglich gemacht sind (BGH NJW 2003, 3406 ff. – *Paperboy*).

152   Die Vorschriften des UWG sind Spezialregeln, die für wettbewerbliches Verhalten spezifische und durchweg strengere Pflichten aufstellen als sie für den außerwettbewerblichen Bereich bestehen. Die Regeln des UWG gehen den allgemeinen deliktischen Vorschriften vor (BGHZ 36, 252/257 – *Gründerbildnis;* 43, 359/361 – *Warnschild;* BGH GRUR 1964, 154/156 – *Trockenrasierer;* 1988, 826 – *Entfernung von Kontrollnummern II*). Allerdings ist nicht schon zwangsläufig nach UWG nicht verbotenes wettbewerbliches Handeln nach den allgemeinen Deliktsvorschriften der §§ 823 ff. BGB zugelassen. Art und Maß der Sanktionen für unlauteren Wettbewerb sind in den §§ 8 bis 10 UWG abschließend bestimmt (*Köhler* NJW 2004, 2121/2125; RegE BT-Dr 15/1487 S 14, 22).

C. Pflichten für die Presseberichterstattung im Einzelnen § 6 LPG

Für den sich im Wettbewerbsverstoß aktualisierenden Eingriff in den Gewerbebetrieb kann nicht auf das Recht am Unternehmen zurückgegriffen werden, weil dieses Recht nur subsidiär eingreift (vgl Rn 140).

Die Vorschriften des UWG kommen als Schutzgesetze iSv § 823 Abs 2 BGB in Betracht (BGHZ 15, 338/355 – *Gema/Indeta* 41, 310/317 – *Lavamat I*). Doch greift § 823 Abs 2 BGB nicht ein, wenn das UWG wie für § 3 iVm §§ 9 ff. schon selbst eine Ersatzpflicht vorsieht (BGHZ 36, 252/256 – *Gründerbildnis;* BGH GRUR 1959, 31/34 – *Feuerzeug;* NJW 1973, 2285 – *Brüniermittel*). Der einzelne Verbraucher kann, wie schon nah altem Recht, auch über § 823 Abs 2 BGB nicht selbst Rechte durchsetzen (BGH NJW 1974, 1503/1505; vgl auch RegE BT-Dr 15/1487 S 22; *Köhler* NJW 2004, 2121/2125 f.).

§ 824 BGB kann neben die Haftung aus entsprechenden Sondervorschriften des Wettbewerbsrechts treten. Doch tritt § 824 BGB häufig faktisch zurück, weil das UWG für den Schädiger durchweg ungünstigere Vorschriften enthält (§ 3 Nr 7, 8 – *Anschwärzung*), § 17 (Verrat von Geschäftsgeheimnissen).

§ 826 BGB ist selbstständige Haftungsgrundlage neben dem UWG (BGHZ 36, 252/257 – *Gründerbildnis;* 36, 370/376; 38, 391/393; BGH GRUR 1964, 218/219 – *Düngekalkhandel;* NJW 1965, 1527/1528 – *Warnschild;* 1973, 2285/2286 – *Brüniermittel*).

C. Pflichten für die Presseberichterstattung im Einzelnen

I. Pflichten im Interesse wahrheitsgemäßer Berichterstattung

1. § 6 LPG. Presserechtliche Wahrheitspflicht nach dem LPG

a) Regelungsgrundlagen

aa) Unterschiede im Gesetzeswortlaut

Die meisten Landespressegesetze bestimmen in ihrem § 6 (Berlin in § 3 Abs 2; Mecklenburg-Vorpommern, Sachsen-Anhalt, Schleswig-Holstein und Thüringen in § 5):

> Die Presse hat alle Nachrichten vor ihrer Verbreitung mit der nach den Umständen gebotenen (in Thüringen: mit der äußersten, nach den Umständen gebotenen) Sorgfalt auf Wahrheit, Inhalt und Herkunft
> (in Niedersachsen und Nordrhein-Westfalen: auf Inhalt, Herkunft und Wahrheit;
> in Berlin und Sachsen-Anhalt: auf Inhalt, Wahrheit und Herkunft;
> in Thüringen: auf Inhalt, Herkunft und sachliche Richtigkeit)
> zu prüfen.

Abweichend davon lauten die LPG

> in Bayern Art 3 Abs 2: Sie (die Presse) hat in Erfüllung dieser Aufgabe (dem demokratischen Gedanken zu dienen) die Pflicht zu wahrheitsgemäßer Berichterstattung ...
> in Brandenburg § 6: Der Inhalt eines Presseerzeugnisses ist von den dafür Verantwortlichen vor der Verbreitung mit der nach den Umständen gebotenen Sorgfalt auf Herkunft und Wahrheitsgehalt sowie den Schutz überwiegender öffentlicher oder privater Interessen hin zu überprüfen.
> in Rheinland-Pfalz LandesMedG § 7 Abs. 2 Satz 2: Nachrichten sind vor ihrer Verbreitung mit der nach den Umständen gebotenen Sorgfalt auf Herkunft und Wahrheit zu überprüfen.
> in Sachsen § 5: Die Presse hat alle Nachrichten vor ihrer Verbreitung mit der nach den Umständen gebotenen Sorgfalt auf Inhalt, Herkunft und Wahrheit hin zu prüfen.
> im Saarland MedG § 6 Abs 2: Nachrichten über das aktuelle Tagesgeschehen sind vor ihrer Verbreitung mit der nach den Umständen gebotenen Sorgfalt auf Inhalt, Herkunft und Wahrheit zu prüfen.
> Hessen hat auf eine Regelung ganz verzichtet.

bb) Schutzbereich

Die Sorge um die Wahrhaftigkeit der Berichterstattung ist Mittelpunkt der von den LPG besonders geregelten presserechtlichen Sorgfaltspflichten. Die Regelungen stehen in Wechselbezug zu der Rolle der Presse für die Unterrichtung, Meinungsbildung und Kommunikation in einem demokratischen Gemeinwesen, die in den meisten LPG als „öffentliche" Aufgabe der Presse hervorgehoben ist, und zielen auf Konkretisierung von Art 5 Abs 1 GG, hier aus der Sicht der Verantwortlichkeit der Presse für den Umgang mit diesen Freiheiten (vgl Rn 2 ff.). Ebenso wie die Pressefreiheit nicht nach Qualität und Zielsetzung der Presseprodukte unterscheidet, sondern die Pressetätigkeit umfassend gewährleistet, sind die presserechtlichen Sorgfaltspflichten nicht auf Presseberichte in Angelegenheiten von „wirklich" öffentlichem Interesse beschränkt, sondern gelten für die Presseberichterstattung schlechthin (Rn 5). Schutzgegenstand sind nicht nur die von einer unwahren Berichterstattung betroffenen Individualinteressen, sondern auch die Interessen der Allgemeinheit an wahrheitsgemäßer Unterrichtung als Basis der geistigen Auseinandersetzung und für das Funktionieren der Kontrolle in der Demokratie sowie das Interesse der Presse selbst an der Bewahrung ihrer Rolle für die Gemeinschaft (vgl Rn 4).

Zu besonderen Formen der „Unterhaltungsöffentlichkeit" insbes des Fernsehens, die nicht an Information und ihrer Wahrheit, sondern eher an dem Verhalten der Beteiligten in Rollenspielen interessiert ist näher Rn 45a.

cc) Verhältnis zu den straf-, zivil- und wettbewerblichen Wahrheitspflichten

155 Die presserechtliche Wahrheitspflicht ist deshalb nicht nur auf den Schutz vor ehrverletzenden (§§ 186, 187, 188 StGB, § 823 Abs 2 BGB, vgl Rn 76) oder den Kredit und das wirtschaftliche Fortkommen gefährdenden (§ 187 2. Alt StGB, § 824 BGB) oder im Wettbewerb täuschenden (§ 3 UWG) Nachrichten gerichtet, sondern auf Verbreitung zutreffender Informationen um der Wahrhaftigkeit der Presseberichterstattung schlechthin. Das gilt auch für diejenigen Regelungen, die als Gegenstand der Sorgfaltspflicht die Nachrichten über das aktuelle Tagesgeschehen besonders herausheben (§ 6 Abs 2 SaarlMedG). Die Pflichten zu wahrheitsgemäßer Berichterstattung im Interesse des zivilrechtlichen Individualschutzes, des Schutzes der Lauterkeit des Wettbewerbs, des Schutzes der Strafrechtsordnung vor Beleidigungen lassen die Pflichten der LPG unberührt (Rn 12 ff., 18, 19). Auch sind keine unmittelbaren Sanktionen an die Verletzung der presserechtlichen Wahrheitspflicht geknüpft. Hierzu sowie zu den mittelbaren Auswirkungen vgl Rn 11, 16, 19.

Allerdings sind die presserechtlichen Prüfungspflichten, unbeschadet ihres umfassenderen Schutzziels, nach Inhalt und Sorgfaltsgrad mit den zivilrechtlichen Sorgfaltspflichten der Presse zum Schutz der unmittelbar Betroffenen vor unwahrer Berichterstattung deckungsgleich. Dasselbe gilt für die Anforderungen an die Recherchierungspflicht, deren Erfüllung der Presse gegenüber dem Vorwurf der üblen Nachrede (§§ 186, 188 StGB) uU die Berufung auf Wahrnehmung berechtigter Interessen erlaubt (§ 193 StGB). Die betroffenen Konflikt- und Spannungsverhältnisse sind vergleichbar. Denn auch die presserechtlichen Sorgfaltspflichten orientieren sich an den Gefahren unwahrer Presseinformationen, denen sie beggnen sollen; und unter diesen sind durchweg die Gefahren für den unmittelbar betroffenen Einzelnen am gravierendsten und stellen an die Prüfungspflichten die strengsten Anforderungen. Auf der anderen Seite muss auch die presserechtliche Prüfungspflicht in ihren Anforderungen nicht anders als die journalistische Sorgfaltspflicht nach allgemeinen Regeln den Zwängen und Eigengesetzlichkeiten der Pressetätigkeit Rechnung tragen und darf die Pressearbeit nicht unzumutbar erschweren. Die Grundsätze, nach denen der Maßstab der journalistischen Sorgfaltspflicht für den Individualgüterschutz nach § 276 Abs 2 BGB zu bestimmen ist und die entsprechend auch im Rahmen des § 193 StGB gelten, sind deshalb auf die Bestimmung der pressrechtlichen Prüfpflichten nach Maßgabe der LPG entsprechend anzuwenden.

b) *Prüfungsgegenstand Nachrichten*

aa) Begriffsbestimmung

156 Gegenstand der Prüfungspflichten sind die von der Presse zu verbreitenden Nachrichten. Das heben die meisten LPG ausdrücklich hervor. Das LPG von Brandenburg spricht vom „Inhalt eines Presseerzeugnisses", das von Bayern von „wahrheitsgemäßer

C. Pflichten für die Presseberichterstattung im Einzelnen   § 6 LPG

Berichterstattung", das SaarlMedG von „Nachrichten über das aktuelle Tagesgeschehen". Gemeint sind mit der Wahrheitspflicht auch hier Informationen iSv Tatsachenaussagen.

Nachrichten in dem hier gemeinten Sinn sind Mitteilungen über äußeres oder inneres Geschehen aus Vergangenheit, Gegenwart, Zukunft, die sich auf die Unterrichtung über diesen Vorgang beschränken und (theoretisch) der Kontrolle des Wahrheitsbeweises zugänglich ist. Insoweit deckt sich der Begriff mit dem der Tatsachenaussage in den §§ 186, 187, 188 StGB, 824 BGB. Näheres dazu Rn 83ff., 111.

bb) Nachricht und Stellungnahme

Selten kommt in der Presse die Nachricht als reine Tatsachenaussage vor: Börsenkurse, Sportergebnisse, Toto- oder Lottozahlen, Wasserstände. Regelmäßig ist sie verbunden mit subjektiven Wertungen, Stellungnahmen, Kommentierungen des Informanten oder Informierenden, die die Daten einer Bewertung zuführen oder sie auf Grund wertender Subsumtion oder Kombination mit anderen Daten in eine weitere Aussage überführen. Die Pflicht zur Prüfung auf den Wahrheitsgehalt kann sich nur auf den Tatsachengehalt der Aussage beziehen, weil nur insoweit die Nachricht der Beweisbarkeitskontrolle zugeführt werden kann. Die wertenden Elemente dagegen orientieren sich an einem Urteilsmaßstab, den sich der Wertende selbst subjektiv setzt und der daher nicht objektiv kontrollierbar ist. Dass daher solche Meinungsurteile auch von Rechts wegen nicht auf einen objektiven Maßstab festgelegt werden dürfen, ergibt sich zudem aus dem Grundrecht der Meinungsfreiheit in Art 5 Abs 1 S 1 GG, auf das sich auch die Presse berufen kann. Auch die presserechtliche Wahrheitspflicht steht unter dem Einfluss dieser Grundrechtsgewährleistung. Näheres dazu Rn 2ff., 26ff.

Für die Presse sollte gelten: „Die Nachricht ist heilig, der Kommentar ist frei" (*Löffler* in der 3. Aufl). Natürlich erstreckt sich die Wahrheitspflicht auch auf die Tatsachenaussagen in einem Kommentar, im Leitartikel, im Feuilleton. Sie umschließt auch solche Informationen, die eine Tatsachenaussage in einem an sich wertenden Begriff zusammenfassen. Selbstverständlich umfasst die Prüfungspflicht auch die Nachrichtenbasis der Kommentierung, deren Informationsgehalt ja durch diese als „kommentierungswürdig" für den Leser noch verstärkt wird.

Was prüfungspflichtige Nachricht, was subjektive Stellungnahme ist, bestimmt sich danach, ob der Leser oder Hörer der Aussage in dem Kontext, in dem sie steht, beweisbaren Tatsachengehalt oder ihr die Bedeutung einer subjektiven Wertung oder Stellungnahme zumisst. Auch Art 5 Abs 1 S 1 GG bestimmt über die Abgrenzung zwischen prüfungspflichtiger Nachricht und Meinungsäußerung mit. Es gelten dieselben Abgrenzungskriterien wie für die Abgrenzung der Tatsachenbehauptung von einer Meinungsäußerung nach §§ 186, 187, 188 StGB, § 824 BGB. Vgl dazu Rn 84f., 111.

cc) Eigene, fremde Nachricht

Die Prüfungspflicht erstreckt sich auf alle Nachrichten, gleichgültig aus welcher Quelle sie stammen, ob die Nachricht von der Zeitung selbst recherchiert ist, von einem Informanten stammt, einer Presseagentur oder einem anderen Presseorgan, aus amtlichen Verlautbarung, oder ob die Zeitung als bloßes Sprachrohr, zB ihrer Kunden Anzeigen oder andere Informationen weitergibt. Die Prüfungspflicht umfasst auch den Anzeigenteil, der einen hohen Informationswert besitzt (BVerfGE 21, 271/278 – *Südkurier*; BGHZ 59, 76/78 – *Geschäftsaufgabe;* BGH GRUR 203/204 – *Badische Rundschau;* 1990, 1012 – *Pressehaftung;* OLG Düsseldorf GRUR 1982, 622/626; OLG Frankfurt GRUR 1985, 71; AfP 1987, 424; 1990, 44; OLG Hamburg AfP 1990, 318; OLG Hamm GRUR 1984, 358; KG AfP 1987, 619; OLG Karlsruhe AfP 1990, 217; OLG Koblenz AfP 1989, 753; OLG Saarbrücken NJW 1978, 2395). Näheres dazu und zu den Einschränkungen der Sorgfaltspflichten Rn 167. Sie umfasst sogar Leserbriefe, allerdings nur in Form eines Grobfilters (vgl Rn 168). Auch der

LPG § 6   Sorgfaltspflicht der Presse

Abdruck von Auszügen aus anderen Zeitungen und Informationsblättern im „Pressespiegel" unterliegt der presserechtlichen Prüfungspflicht (BVerfG AfP 2009, 480 – *Pressespiegel;* BGH NJW 2010, 760 – *Roger Willemsen Interview*). Die ausdrückliche oder stillschweigende Erklärung, dass für die Richtigkeit keine Verantwortung übernommen werde, die Kennzeichnung als „Zitat" befreien davon nicht, weil es der Sorgfaltspflicht auf die verantwortliche (Weiter-)Verbreitung von Informationen durch die Presse ankommt. Insoweit ist BVerfGE 21, 271/278 – *Südkurier* zumindest missverständlich. Natürlich hängt nicht zuletzt von der Vertrauenswürdigkeit der Nachrichtenquelle der Umfang und die Intensität der Prüfung der Nachricht vor ihrer Veröffentlichung ab.

c) Prüfungsziel: Bewahrung des Lesers vor Falschinformation

159   Die presserechtliche Prüfungspflicht hebt die Verantwortung der Presse und zugleich die Bedeutung ihrer Aufgabe als Informationsquelle für den Bürger, als Transporteur und Motor für die Kommunikation in der Gemeinschaft und als Beobachter der Vorgänge in ihr hervor, an der auch die Gewährleistung der Pressefreiheit in Art 5 Abs 1 S 2 GG ansetzt (vgl Rn 2 ff.). Ziel ist nicht nur der Schutz des durch eine Falschinformation unmittelbar Betroffenen vor schädigenden Eingriffen in seinen sozialen Geltungsanspruch, sein wirtschaftliches oder berufliches Fortkommen, seine wettbewerbliche Stellung am Markt, obschon solche Gefahren im Vordergrund stehen (vgl BVerfGE 12, 113/130 – *Schmid Spiegel*). Sie soll auch den Gefahren steuern, die wegen des beherrschenden Einflusses der Medien von einer unwahren oder nachlässigen Berichterstattung auf die Unterrichtung des Bürgers als Grundlage für seine Meinungsbildung, auf sein geistiges Verhältnis zur Gemeinschaft, ihrer Befindlichkeit und ihren Belangen, auf die Ausübung seiner staatsbürgerlichen Rechte auf Mitwirkung und Kontrolle ausgehen. Insoweit schützt sie die Gemeinschaft in ihren politischen, kulturellen, wirtschaftlichen, wissenschaftlichen Bereichen und verpflichtet zur Prüfung auf Wahrheit auch dort, wo Presseberichterstattung Rechte Dritter unmittelbar nicht tangiert. Letztlich soll die Prüfungspflicht die Presse selbst vor Verlusten an Glaubwürdigkeit und damit an Einfluss durch leichtfertig mit der Wahrheit umgehende Berichterstattung schützen. Durch den Normenappell an ihre Verantwortlichkeit soll der Presse, aber auch der Gemeinschaft die Bedeutung ihrer Aufgabe bewusst gemacht werden. Schutzziel der Prüfungspflicht ist in diesem Sinn die Gewährleistung der Pressefreiheit, die die LPG konkretisieren. Zu diesen Bezügen vgl auch Rn 2 ff.

Um das Schutzziel der presserechtlichen Prüfungspflicht zu erreichen, muss die Prüfung auch das Bemühen einschließen, die Veröffentlichung dem Wahrheitsgehalt der Information und dem Erkenntnisstand anzupassen. Näheres dazu Rn 171 ff.

Zu besonderen Formen einer „Unterhaltungsöffentlichkeit" insbes des Fernsehens, die nicht an Information und ihrer Wahrheit, sondern eher an dem Verhalten der Beteiligten in Rollenspielen interessiert ist und deshalb anderen „Regeln" unterliegen kann, näher Rn 45a.

d) Prüfungsumfang

aa) Bemühen um Wahrheit

160   Mit Recht legen die LPG der Presse nicht die Pflicht auf, allein die objektiv erwiesene Wahrheit zu publizieren. Die Presse soll sich nur mit der nach den Umständen gebotenen und ihr möglichen Sorgfalt um wahre Berichterstattung bemühen. Insoweit ist der Wortlaut von Art 3 Abs 2 BayPrG, der der Presse „die Pflicht zur wahrheitsgemäßer Berichterstattung" ohne weitere Einschränkung auferlegt, zumindest missverständlich. Eine Rechtspflicht, nur die „reine", feststehende Wahrheit zu verbreiten, würde die Presse überfordern, die Meinungsfreiheit verletzen und das Grundrecht der Pressefreiheit unzulässig einschränken (BVerfG NJW 2004, 589 – *Haarfarbe des Bundeskanzlers;* BGH NJW 2010, 760 – *Roger Willemsen Interview*). Selbst wer nichts als die Wahrheit sucht, stößt kaum je zur ganzen Wahrheit vor, sondern

C. Pflichten für die Presseberichterstattung im Einzelnen § 6 LPG

allenfalls zu einigen ihrer Facetten. Zudem gelangt auch eine auf gründliche Recherchen besonders bedachte Presse sehr schnell an zeitliche, instrumentelle, finanzielle Grenzen für die umfassende Verifizierung der Nachricht. Nicht zuletzt gehört es zu ihrer verfassungskräftig geschützten Aufgabe, Vorgänge, deren genauen Inhalte und Bedeutung sich den Erkenntnismöglichkeiten einer pressemäßigen Recherche verschließen, an das Licht und zur Erörterung zu bringen für eine Untersuchung an dafür geeigneterer Stelle. Gleichgültig, ob die Pflicht der Presse zur Prüfung der Wahrheit der Nachricht presserechtlich, öffentlich-rechtlich durch das Strafrecht oder durch das Zivilrecht begründet ist, stets kann sie nur eine der Presse zumutbare, mit deren Mitteln ohne substantielle Einschränkungen in der Berichterstattung erfüllbare Pflicht zur Überprüfung des Sachverhalts auf seinen Wahrheitsgehalt und seine zutreffende Wiedergabe in der Presseveröffentlichung sein. Allerdings muss sie auf Feststellungslücken hinweisen; jedenfalls wenn die Veröffentlichung die betroffene Person schwer belastet (BVerfGE 114, 339/353 – *Stolpe;* BVerfG AfP 2010, 145 – *Zitat aus Anwaltsschreiben;* vgl. auch BGH NJW 2006, 601/603 – *Erzbistum*).

bb) Prüfung „auf Inhalt", „auf Herkunft" als Bestandteil der Wahrheitsprüfung

Die Hervorhebung von Pflichten zur Prüfung „auf Inhalt", „auf Herkunft" der **161** Nachricht zählt beispielhaft prüfungswürdige Punkte für die Wahrheitsprüfung auf. Sie hat außerhalb des Bezugsrahmens einer Prüfung auf Wahrheit keine eigenständige Bedeutung. Am deutlichsten sagt das § 5 SächsPressG, der die Presse dazu verpflichtet, alle Nachrichten vor ihrer Verbreitung mit den nach den Umständen gebotenen Sorgfalt „unter Berücksichtigung von Herkunft und Inhalt auf ihre Wahrheit hin" zu prüfen. Der Sache nach sagen das auch die LPG aus, deren Fassung die Indienststellung der Prüfung „auf Herkunft", „auf Inhalt" nicht so klar herausstellen. Keinesfalls wollen sie die Presse unter Verletzung von Art 5 Abs 1 GG über die Verwerfung des hinsichtlich seines Wahrheitsgehalts zweifelhaften Materials hinaus zu einer zusätzlichen Auslese verpflichten; etwa gar auf den Verzicht von Informationen, die „gemeinschafts-unverträglich" sind, zB politische, wirtschaftliche, gesellschaftliche Unruhe stiften können oder die den für die Gemeinschaft gefährlichen oder schädlichen Kräften werbeträchtig Aufmerksamkeit verschaffen (vgl dazu auch BVerfG NJW 2005, 2912/2915 – *Verfassungsschutzbericht*). Ebenso wenig verpflichtet die presserechtliche Sorgfalt die Presse auf ein bestimmtes der geistigen Auseinandersetzung dienliches Niveau ihrer Berichterstattung. Auch nur unterhaltende und Sensationsberichte finden ein breites Informationsbedürfnis, das abzudecken mit zu der „öffentlichen" Aufgabe der Presse gehört und durch Art 5 Abs 1 GG ebenfalls geschützt ist (Rn 5). Eine Verpflichtung der Presse zur Prüfung von Opportunität oder Niveau wäre mit der Pressefreiheit unvereinbar, solange sich die Berichterstattung in den Grenzen des Art 5 Abs 2 GG der allgemeinen Gesetze, der Vorschriften zum Schutze der Jugend und des Rechts der persönlichen Ehre hält.

Selten wird sich schon aus dem Inhalt der Nachricht ihre Unwahrheit ergeben, etwa wenn die Nachricht in sich widersprüchlich ist; noch seltener allerdings ihre Wahrheit. Öfter wird eine Plausibilitätsprüfung Anlass zu Zweifeln an der Information und zu erhöhter Aufmerksamkeit bei der Prüfung geben. Besonderen Stellenwert für die Wahrheitsprüfung hat die Herkunft der Nachricht, also die Zuverlässigkeit der Nachrichtenquelle. Dazu Rn 169.

cc) Nach den Umständen gebotene Sorgfalt

(1) Objektiver Prüfungsmaßstab

Ebenso wie der sich an dem „im Verkehr Erforderlichen" orientierende zivilrecht- **162** liche Sorgfaltsmaßstab des § 276 Abs 2 BGB (dazu Rn 36, 253) richtet sich die presserechtliche Prüfungspflicht des § 6 LPG an dem aus, was zur Vermeidung von Falschinformationen notwendig und zumutbar ist, also nach einem normativ objektivierenden Standard. Keineswegs wird durch die LPG die journalistische Sorgfalt auf die in der Praxis übliche Sorgfalt herabgemindert. Berufsübliche Gleichgültigkeit oder ein im Pressewesen eingerissener Schlendrian oder eine Tendenz, Informationen als Sensationen entsprechend frisiert zu verkaufen, oder ein Wettbewerbsdruck (OLG München NJW-RR 1998, 1480 – *Zeitungsente*) entlasten nicht. Maßgebend sind auch nicht die individuellen Möglichkeiten des konkreten Presseunternehmens, sondern das, was von einer verantwortungsbewussten Presse erwartet werden kann und muss.

(2) Gleitender Prüfungsmaßstab

163 Der Maßstab für die presserechtliche Prüfungspflicht ist kein abstrakter, sondern er wird von den konkreten Umständen diktiert. Zwar ist die presserechtliche Prüfung nicht wie die zivilrechtliche Verpflichtung nur auf Individualgüterschutz oder wie die §§ 186, 187, 188 StGB auf Ehrenschutz, sondern umfassender auf die Gewährleistung einer zutreffenden Unterrichtung der Leserschaft ausgerichtet (vgl Rn 155, 181f.). Gleichwohl steht auch für sie der Schutz des durch die unwahre Information unmittelbar Betroffenen an bestimmender Stelle, so wie andererseits Eigengesetzlichkeit und Zwänge der Pressearbeit der presserechtlichen Prüfungspflicht dieselben Begrenzungen auferlegen wie der entsprechenden journalistischen Sorgfaltspflicht zum Schutz vor unwahrer Berichterstattung aus Zivil- und Strafrecht (vgl Rn 15, 155, 183). Daher sind die Grundsätze für die Bestimmung des Maßstabs der journalistischen Sorgfaltspflicht nach § 276 Abs 2 BGB auch auf die presserechtliche Prüfungspflicht übertragbar.

Maßgebend sind in erster Linie die konkreten Folgen, die mit einer unwahren Presseveröffentlichung für den Betroffenen verbunden sind, wobei der weittragende, durch die Möglichkeit des Internets weiter verstärkte Einfluss der Presse auf das, was die Öffentlichkeit zu wissen und zu meinen glaubt, zu berücksichtigen ist. (BVerfGE 12, 113/130 – *Schmid/Spiegel;* BGHZ 31, 308/312 – *Alte Herren;* 59, 76/78 – *Geschäftsaufgabe;* 132, 13/24 ff. – *Der Lohnkiller;* 143, 199/203 f. – *Sticheleien von Horaz;* BGH NJW 1963, 904 – *Drahtzieher;* 1966, 1213 – *Luxemburger Wort;* 1966, 2010/ 2011 – *Teppichkehrmaschine;* 1977, 1288/1289 – *Abgeordnetenbestechung;* 1986, 981 – *Preisvergleich;* 1987, 2225/2226 – *Umweltskandal;* GRUR 1969, 147 – *Korruptionsvorwurf;* 1969, 555 – *Cellulitis;* AfP 1988, 34 – *Intime Beziehungen*). Mit Macht und Möglichkeiten der Presse als Folge der grundrechtlichen Gewährleistungen für sie korrespondiert eine gesteigerte Verantwortung auf Grund von Sorgfaltsanforderungen, die regelmäßig strenger sind als für Privatleute (BVerfG NJW 2004, 589 – *Haarfarbe des Bundeskanzlers;* BGH NJW 2003, 1308/1311 – *Sektenkampagne*). Mit zunehmender Schwere des Eingriffs in die Rechte Dritter müssen sich diese Anforderungen weiter erhöhen (BVerfG NJW 2007, 468 – *Insiderquelle;* vgl auch EGMR NJW 2006, 1645/1649 – *Pedersen u. Baadsgaard . /. Dänemark* zu Art 10 EMRK). Insoweit kann von einem gleitenden, nach Fallgruppen abstufbaren Sorgfaltsmaßstab gesprochen werden, der sich an dem drohenden Schaden der falschen Nachricht orientiert. Dieser hängt vom Inhalt der Information ebenso ab wie von der Art und Weise und dem Umfeld der Veröffentlichung. So ist für die Genauigkeit der Rezeptur eines Arzneimittels in einem pharmazeutischen Handbuch ein höheres Maß an Sorgfalt auch in Bezug auf die Vermeidung von Druckfehlern zu verlangen (BGH NJW 1970, 1963; zur Produkthaftung der Presse nach dem Produkthaftungsgesetz *Beyer-Delhey* BB 1990, 1501; *Ricker/Müller-Malm* AfP 1989, 505; *Röhl* JZ 1979, 378; *Wenzel/Burkhart* Kap 10 Rn 264 ff.) als für ein Kochrezept in einem Kochbuch. Aus diesem Grund ist, je schärfer eine Kritik vorgetragen wird, desto größer die Pflicht der Presse, die mit ihr verbundenen Tatsachenaussagen auf ihre Richtigkeit zu überprüfen (BVerfGE 54, 208 – *Böll;* ZUM 2005, 917 – *frauenfeindliche Fahrschule;* BGH GRUR 1963, 277 – *Maris;* OLG Stuttgart NJW 1964, 48; 1964, 595; OLG Düsseldorf BB 1964, 1361).

Die Folgen für den Betroffenen hängen von dem in Anspruch genommenen Informationswert, dem Adressatenkreis, den Umständen, unter denen die Veröffentlichung erfolgt, dem Charakter des Presseorgans und anderen Faktoren des Bezugsrahmens ab, die der Veröffentlichung die Intensität und Breitenwirkung verleihen.

C. Pflichten für die Presseberichterstattung im Einzelnen § 6 LPG

Mit Rücksicht auf die besonders große Reichweite und Effizienz von Massenmedien und die regelmäßig sehr stark die Lebensführung beeinträchtigenden Wirkungen unwahrer Zeitungsmeldungen für den Betroffenen und seine geringen Möglichkeiten, ihnen entgegenzuwirken, zunehmend verstärkt durch die Möglichkeiten des Internets, müssen die Anforderungen an die Prüfungspflicht hoch angesetzt werden vor allem für Presseagenturen, zumal ihnen die Medien großes Vertrauen entgegenbringen (BVerfG NJW 2004, 589/590 – *Haarfarbe des Bundeskanzlers*), sowie für periodisch erscheinende Druckwerke (BGHZ 132, 13/24 ff. – *Der Lohnkiller;* 143, 199/ 203 f. – *Sticheleien von Horaz;* BGH NJW 1966, 2010/2011 – *Teppichkehrmaschine;* 1987, 2225/2226 – *Umweltskandal;* 2003, 1308/1311 – *Sektenkampagne*).

Andererseits ist nur eine pressegemäße Sorgfalt gefordert. Eine Überspannung der Anforderungen würde die Grundrechtsgarantie der Pressefreiheit in Art 5 Abs 1 S 2 GG verletzen (BVerfG NJW 2004, 589 – *Haarfarbe des Bundeskanzlers;* BGH NJW 2010, 760 – *Roger Willemsen – Interview*). Insbesondere ist den Sachzwängen der auf Aktualität und Schnelligkeit der Berichterstattung angewiesenen, Beschränkungen für den Umfang, die Genauigkeit und das Niveau der Darstellung unterworfenen, mit nur begrenzten Möglichkeiten für die Verifizierung einer Nachricht ausgestatteten Presse Rechnung zu tragen (BVerfGE 12, 113/130 – *Schmid/Spiegel;* 34, 269/285 – *Soraya;* 61, 1/8 – *Wahlkampfäußerung;* 85, 1/15 – *Kritische Bayer-Aktionäre;* BVerfG NJW 1999, 1322/1324 – *Helnwein;* 2003, 1851 – *Asylbewerbeheim;* BGHZ 132, 13/24 – *Der Lohnkiller;* 143, 199/204 – *Sticheleien von Horaz;* BGH NJW 1977, 1288/1289 – *Abgeordnetenbestechung;* 1979, 1041 – *Gerichtsberichterstattung;* 1987, 2225/2226 – *Umweltskandal;* 1997, 1148 – *Kritik an Chefarzt;* GRUR 1990, 1012/1014 – *Pressehaftung*). Die Anforderungen müssen den Arbeitsbedingungen der Presse angepasst, einer verantwortungsbewussten Presse zumutbar und auch im Blick auf den Nutzen der verlangten Maßnahme für das angestrebte Ziel der Gefahrvermeidung verhältnismäßig sein. Für Schülerzeitungen ist für den Sorgfaltsmaßstab zudem zu berücksichtigen, dass sie ein wichtiges Übungsfeld für die Teilnahme an der öffentlichen Meinungsbildung sind (BVerfGE 86, 122). Je leichter die Überprüfung der Nachricht für die Presse ist, desto weniger besteht ein schutzwürdiges Interesse daran, auf die Prüfung zu verzichten.

Zu besonderen Formen einer „Unterhaltungsöffentlichkeit" insbes des Fernsehens, die in erster Linie nicht an Informationen und ihrer Wahrheit, sondern eher an dem Verhalten der Beteiligten in Rollenspielen interessiert ist und deshalb eigenständige „Spiel-Regeln" und uU eine Modifizierung der Sorgfaltspflichten erfordert näher Rn 45a.

Die Prüfungspflicht verlangt nicht das Beweismaterial eines solchen Gewissheitsgrads, dass die Presse den Wahrheitsbeweis in einem späteren Verfahren auf dieser Grundlage bereits führen könnte. Sicher sollte die Presse das zu ihrem eigenen Schutz anstreben, aber auch insoweit sind ihre beschränkten Möglichkeiten zu beachten (vgl BGH NJW 1979, 266 – *Untersuchungsausschuss;* 1981, 2117/2120 – *Abgeordnetenprivileg;* 1987, 2225/2226 – *Umweltskandal*). Ein auf die Untersuchung des Gewerbeaufsichtsamts gestützter Bericht über einen Umweltskandal bedarf keiner weiteren fachwissenschaftlichen Beratung (BGH NJW 1987, 2225/2226 – *Umweltskandal*). UU kann die Presse schon mit einem Verdacht an die Öffentlichkeit treten; vgl Rn 52, 175 ff.

(3) Heikle Daten. Heiße Eisen

Streng müssen die Anforderungen an die journalistische Sorgfalt insbes sein, wo es um ehrenrührige Berichte über Einzelpersonen oder Personengesamtheiten des Privatrechts geht, da sie durch falsche Behauptungen in Existenz und Fortkommen stärker und nachhaltiger gefährdet sind als öffentliche Institutionen und nur begrenzte Möglichkeiten haben, eine geschehene Verletzung reparieren zu lassen. Besonders hohe Anforderungen an Richtigkeitsgewähr und Genauigkeit verlangen Informationen über heikle Persönlichkeitsdaten: Straftaten, Mitteilungen über Vorstrafen, geschäftlicher Zusammenbruch, Kündigung von Anstellungsverhältnissen, Verwicklung in Skandale usw, sowie Mitteilungen aus der Privat- und Intimsphäre (BGH AfP 1979, 307 – *Exdirektor;* 1988, 34 – *Intime Beziehungen*), da der Verkehr auf sie besonders empfindlich und, weil sie schwer nachzuprüfen sind, prophylaktisch reagiert (BGHZ 57, 325/326 – *Freispruch;* 59, 76 – *Geschäftsaufgabe;* BGH NJW 1957, 1149 – *Konkursfalschmeldung;* 1966, 1857 – *Tai Ginseng;* 1970, 187/189 – *Hormoncreme;* 1979, 1041 – *Gerichtsberichterstattung;* OLG Frankfurt NJW 1971, 47/48; 1980, 597/598; OLG Braunschweig NJW 1975, 651; OLG Stuttgart NJW 1990, 2690). Entsprechendes gilt für sog heiße Eisen, dh Vorgänge, die in der Öffentlichkeit heftige Reaktionen auslösen, in ihrer Wertigkeit oder ihrem Aussagehalt heftig umstritten sind und den Betroffenen in besonderem Maß negativ belasten, wenn seine Verbindung zu ihnen öffentlich gemacht wird (BVerfGE 54, 208/269 – *Böll;* ZUM 2005, 917 – *frauenfeindliche Fahrschule;* BGHZ 24, 200/211 – *Spätheimkehrer;* 39, 124/128 – *Fernsehansagerin;* 78, 24 – *Medizin-Syndikat;* OLG Stuttgart AfP 1975, 55 – *Siemens* Festschrift; OLG Stuttgart NJW 1990, 2690). Grundsätzlich hat die Presse hier die Pflicht, bei dem Betroffenen vor der Veröffentlichung rückzufragen; dazu Rn 170.

(4) Anzeigen. Werbung. Leserbriefe

167 Die Pflichten zur Prüfung auf die Wahrheit der Information müssen eingeschränkt sein, wo die Presse nur Sprachrohr für Mitteilungen Dritter ist, die sich ihrer Verifizierung weitgehend entziehen, insbes für geschäftliche oder gesellschaftliche Anzeigen und Werbeinserate. Zwar stellen weder die presserechtlichen Prüfungspflichten der LPG noch die Sorgfaltspflichten auf allgemeinrechtlicher Grundlage (§ 276 Abs 2 BGB; § 193 StGB) die Presse von Prüfungspflichten für den Anzeigenteil frei. Der Anzeigenteil hat für die Leserschaft hohen Informationswert. Entsprechend gehen für den Betroffenen von einer unwahren oder wettbewerbswidrigen Anzeige erhebliche Gefahren aus, und es ist für seine Belastung ohne Relevanz, dass die Zeitung die Anzeige nicht selbst verfasst hat, sondern nur verbreitet (BVerfGE 21, 271/278 – *Stellenangebote;* BGHZ 59, 76/78 – *Geschäftsaufgabe;* BGH NJW 1972, 2302/2303 – *Badische Rundschau;* GRUR 1990, 1012/1014 – *Pressehaftung I;* NJW-RR 1998, 833 – *Auto '94*). Jedoch sind die Anforderungen auf das der Presse in diesem Bereich Zumutbare beschränkt. Müsste sie jedes Inserat auf die Wahrheit der in ihm enthaltenen Angaben oder ihre wettbewerbsrechtliche Zulässigkeit überprüfen, wäre ihr die für ihre Tätigkeit notwendige finanzielle Grundlage entzogen. Deshalb setzt die Pflicht zur gründlichen Überprüfung der Anzeige erst ein, wenn aus dem Inhalt der Anzeige oder aus den Umständen, unter denen sie aufgegeben wird, deutliche Anhaltspunkte dafür hervortreten, dass mit der Anzeige etwas nicht stimmt (BVerfGE 102, 347/361 – *Benetton-Werbung;* BGHZ 59, 76/78 – *Geschäftsaufgabe;* BGH GRUR 1990, 1012/1014 – *Pressehaftung I;* AfP 1994, 140 – *Schlankheitswerbung;* 1998, 624 – *Möbelklassiker;* OLG Frankfurt GRUR 1985, 71; OLG Hamburg ZUM-RD 2002, 602 – *Schlankheitsmittel;* vgl auch BGH NJW 1992, 2765 – *Pressehaftung II*): ins Gesicht springende Unvereinbarkeit des Textes mit allgemein bekannten Umständen; unübliches Vorgehen, die Leserschaft auf diesem Weg zu informieren; massive Anhaltspunkte dafür, dass die Anzeige in Schädigungsabsicht oder als böser Scherz aufgegeben worden ist; grobe, offensichtliche Verstöße gegen das UWG. Näheres dazu bei *Rath-Glawatz,* Das Recht der Anzeige, Rn 277 ff.; *Wenzel/Burkhardt* Kap 10 Rn 213 ff. Konkrete Anzeichen dafür können sich aus dem Bemühen des Anzeigenden ergeben, gegenüber der Zeitung anonym zu bleiben. Zwar gibt eine telefonische Aufgabe der Anzeige noch keinen Anlass zu Misstrauen (BGHZ 59, 76/80 – *Geschäftsaufgabe*). Aber jedenfalls bei Anzeigen, die, wenn sie falsch sind, dem Betroffenen erheblich schaden können, wie bei Mitteilungen über Geschäftsaufgabe, Verlobungs-, Heiratsanzeigen, sind die Personalien des Aufgebenden festzuhalten. Deuten die Angaben darauf hin, dass die Anzeige von einem Dritten aufgegeben ist, dann kann es erforderlich sein, bei dem Betroffenen rückzufragen (BGHZ 59, 76/81 – *Geschäftsaufgabe;* OLG Saarbrücken NJW 1978, 2395/2396 – *Verlobungsanzeige;* OLG Oldenburg WRP 1976, 398; *v Rosgen* ZV 1971, 872; *Löhr* WRP 1974, 524). Gegen-

C. Pflichten für die Presseberichterstattung im Einzelnen   § 6 LPG

über ausländischen Inserenten ist die Prüfungspflicht nicht verschärft (BGH NJW 1992, 3093 – *ausl Inserent*).
Anzeigen dürfen nicht den Eindruck einer redaktionellen Berichterstattung erwecken. Aus Inhalt, Gestaltung, räumlicher Platzierung muß sich hinreichend deutlich ergeben, daß es sich um eine Werbeanzeige handelt; zB durch die Kennzeichnung mit dem Wort „Werbung" (BGH GRUR 1996, 791/792 – *Editorial II*).
Eine Prüfungspflicht hat die Presse auch für Leserbriefe. Erfahrungsgemäß finden sie ein besonderes Interesse der Leserschaft. Ein in der Zeitung publizierter Vorbehalt dahin, die Redaktion übernehme für die Leserbriefe keine Verantwortung, ist ohne rechtliche Wirkung (anders wohl *Löffler-Ricker* Kap 41 Rn 17: allgemeine Distanzierung genüge zur Freizeichnung von der Verbreiterhaftung). Auch hier ist die Prüfungspflicht jedoch eingeschränkt auf verletzende Behauptungen, deren Unwahrheit offensichtlich ist. **168**

(5) Vertrauen in die Nachrichtenquelle
In aller Regel hat die Nachprüfung an der Zuverlässigkeit der Nachrichtenquelle anzusetzen. Diese Vergewisserung sollte Mindeststandard sein (BGH NJW 1966, 2010 – *Teppichkehrmaschine*; 1970, 187 – *Hormoncreme*; 1977, 1288 – *Abgeordnetenbestechung*; vgl auch BVerfG ZUM 2005, 917 – *frauenfeindliche Fahrschule*). Stammt die Meldung von einer allgemein als seriös bekannten und bewährten Presseagentur, so kann sich die Zeitung auf deren Richtigkeitsgewähr verlassen (BVerfG NJW-RR 2000, 1209/1210 – *Interviewpartner FAP*; KG AfP 2007, 571 – *D. D. D./d*; OLG Nürnberg AfP 2007, 127/128), sofern nicht die Agentur selbst Zweifel an der Zuverlässigkeit ihrer Quelle ausdrücklich oder stillschweigend zu erkennen gibt oder die Meldung als solche, zB durch innere Widersprüchlichkeit oder wegen ihrer plausiblen oder gar grotesken Aussage Anlass zu Zweifeln geben muss (vgl auch *Wenzel/Burkhardt* Kap 6 Rn 135; offengelassen von BVerfG NJW 2004, 589/590 – *Haarfarbe des Bundeskanzlers*). **169**
Entsprechendes gilt für amtliche Auskünfte und behördliche Presseerklärungen, selbst wenn es sich um brisante Auskünfte aus einem Ermittlungsverfahren handelt (BVerfG AfP 2010, 365 – *Haschischpflanzen im Wohnzimmer*; BGH NJW 1971, 688/700 – *Pariser Liebestropfen*; 1987, 2225 – *Umweltskandal*; 1993, 930/932 – *illegaler Fellhandel*; 2013, 790 – *IM „Christoph"*; OLG Braunschweig NJW 1975, 651; KG ZUM-RD 2011, 468 – *Verlautbarung des Bundesbeauftragten für die Unterlagen der Staatssicherheit der ehemaligen DDR*; OLG Dresden NJW 2004, 1181 – *Doppelmord*; OLG Hamburg NJW 1980, 842 – *Lottoskandal*).
Ebenso kann sich die Presse in Spezialfragen auf Auskünfte der Fachleute verlassen, sofern sie keinen konkreten Anlass haben muss, an deren Kompetenz zu zweifeln (BGH NJW 1966, 1857 – *Tai Ginseng*). Allerdings kann, wenn sie wissenschaftliche Abhandlungen publiziert, die Leserschaft von der Presse erwarten, dass die Abhandlung auf einem verantwortungsbewussten Quellenstudium beruht (BGH NJW 1966, 64 – *Reichstagsbrand*).
Der Abdruck der Information aus einer anderen Zeitung befreit von der Prüfungspflicht nicht (OLG Hamm NJW-RR 1993, 735/736; OLG Brandenburg AfP 1995, 520/522; *Peters* NJW 1997, 1334/1337; *Wenzel/Burkhardt* Kap 6 Rn 131); ebenso wenig die Kennzeichnung als Zitat. Nicht nur das Zitat, sondern auch das Zitierte muss stimmen. Denn die Presse schafft die von der Prüfungspflicht bekämpfte Gefahr auch dort, wo sie nur verbreitet. Auch wenn bereits viele Zeitungen die Information veröffentlicht haben, ist das keine Richtigkeitsgewähr, selbst wenn der Betroffene hiergegen nicht vorgegangen ist (vgl dazu auch Rn 170). BVerfGE 85, 1/22 – *Kritische Bayeraktionäre* meint nicht den professionellen Nachrichten-Vermittler, der bessere Möglichkeiten zur Verifizierung hat als eine Bürger- oder Aktionärsinitiative (*Wenzel/Burkhardt* Kap 6 Rn 131: „Laienprivileg"; vgl auch BVerfG NJW-RR 2000, 1209/1211; BGH NJW 2003, 1308/1311 f. – *Sektenkampagne*; OLG München NJW-RR 2002, 1045 – *Flugblatt*). Die Verbreitung einer Falschinformation ist auch dann

rechtswidrig; allerdings kann der Umstand, dass dadurch der Schaden für den Betroffenen nicht merklich vergrößert wird, für die Sanktionen gegenüber den Verantwortlichen zu Buche schlagen (BGH NJW 1977, 1288/1289 – *Abgeordnetenbestechung;* vgl auch Rn 311 ff.). Nach EGMR NJW 1992, 613/615 – *Oberschlick/Österreich* soll es allerdings an einem „sozialen Bedürfnis" für eine Beschränkung der Meinungsfreiheit iSv Art 10 MRK zulasten einer Publikation im Ausland fehlen, wenn es im Heimatland des Betroffenen bereits zu einer entsprechenden Publikation gekommen ist. Dem kann nicht gefolgt werden (ebenso Müko-*Rixecker* BGB § 12 Anh Rn 18).

Das Recht der Presse, ihren Informanten geheim zu halten, befreit sie nicht von der nach §§ 186, 193 StGB ihr obliegenden Pflicht, darzulegen, dass sie mit pressemäßiger Sorgfalt recherchiert hat (OLG Hamburg AfP 1993, 574/575).

(6) Einschaltung des Betroffenen

170 Grundsätzlich darf die Presse von der Richtigkeit der Information ausgehen, wenn und soweit derjenige, der Gegenstand der Nachricht ist, ihren Inhalt eingeräumt hat. Nur in sehr engen Grenzen kann der Umstand, dass der Betroffene auf früher erhobene Vorwürfe nicht reagiert hat, ein Indiz für ihre Richtigkeit sein (zu weitgehend *Wenzel/Burkhardt* Kap 6 Rn 131; OLG Köln AfP 1991, 427; zu undifferenziert auch die Prämisse in BVerfGE 85, 1/22 – *Kritische Bayeraktionäre,* vgl Rn 169; kritisch dazu auch *Stürner* JZ 1994, 865/867). Sein Schweigen kann durchaus auf der nicht unbegründeten Vorstellung beruhen, dass selbst ein vor Gericht erstrittener Erfolg häufig sich als Pyrrhussieg entpuppt (*Kriele* NJW 1994, 1902). Anderes mag für eine im öffentlichen Leben stehende Persönlichkeit gelten, an deren Reaktion auf einen Presseangriff die Öffentlichkeit interessiert ist oder von der sie entsprechende Dementis gewöhnt ist.

Zunehmend gewinnt die Auffassung an Boden, daß die Presse zur Prüfung „heikler" Nachrichten dem Betroffenen vor der Veröffentlichung Gelegenheit zur Stellungnahme geben muss, wenn die Rückfrage leicht möglich ist und Aufklärung verspricht (BGHZ 59, 76/79 – *Geschäftsaufgabe;* 132, 13/25 – *Der Lohnkiller;* 143, 199/204 – *Sticheleien von Horaz;* BGH NJW 1977, 1288 – *Abgeordnetenbestechung;* GRUR 1966, 157 – *Wo ist mein Kind?;* AfP 1988, 34 – *Intime Beziehungen;* OLG Stuttgart NJW 1972, 2330/2331; OLG Brandenburg AfP 1995, 520/522; OLG Celle NJW-RR 2001, 335; OLG Dresden NJW 2004, 1181 – *Doppelmord;* AfP 2012, 383 – *Sklavenarbeit;* OLG Hamburg AfP 1997, 477/478; 2008, 404 – *Motive des Bundeskanzlers;* ZUM 2010, 606 – *Stasivorwurf;* OLG Jena OLGR-NL 2003, 197; KG ZUM-RD 2011, 468 – *Terroristen-Verdacht;* OLG München NJW-RR 1996, 1487). Grundsätzlich wird eine Verpflichtung, dem Betroffenen Gelegenheit zur Stellungnahme zu geben, bei solchen Berichten erforderlich sein, die sich in ihrer Stoßrichtung gerade gegen ihn richten und ihn darin persönlich nachhaltig belasten (vgl auch BGHZ 132, 13/25 – *Der Lohnkiller*). Die Möglichkeit, dass der Betroffene dann mit gerichtlichen Schritten die Veröffentlichung zu durchkreuzen versucht, darf davon nicht abschrecken. Aber die Rückfrage muss wenigstens weitere Aufklärung versprechen, das verlangt der Grundsatz der Verhältnismäßigkeit. Die Einladung des Betroffenen zu einem Interview reicht nicht (OLG Hamburg ZUM 2010, 606 – *Stasivorwurf*). Es geht um Aufklärung, nicht um Gewährung rechtlichen Gehörs. Gewährung des rechtlichen Gehörs ist eine Frage der Fairness, die mit der presserechtlichen Prüfungspflicht oder mit der zivilrechtlichen Sorgfaltspflicht unmittelbar nichts zu tun hat. Sind lediglich Dementis zu erwarten, die für die Aufklärung nichts Substantielles hinzufügen, dann ist diese Maßnahme nicht rechtlich geboten bzw erforderlich. Erklärt sich der Betroffene auf telefonische Anfrage zur Stellungnahme bereit, so ist dem nachzugehen (BGH GRUR 1966, 157 – *Wo ist mein Kind?*).

e) *Pflicht zu prüfungsrichtiger Veröffentlichung*

171 Die presserechtliche Prüfungspflicht ist nicht Selbstzweck, sondern sie steht im Dienst eine wahrheitsgemäßen Unterrichtung der Leserschaft. Deshalb umfasst sie

C. Pflichten für die Presseberichterstattung im Einzelnen § 6 LPG

nicht nur die Überprüfung der Nachricht vor ihrer Verbreitung, sondern auch das Bemühen um eine Anpassung der Berichterstattung an das Ergebnis diese Überprüfung . Dasselbe gilt für die deliktischen Sorgfaltspflichten der Presse und für die Pflichten, die die Presse erfüllen muss, um sich gegenüber dem strafrechtlichen Vorwurf der üblen Nachrede (§§ 186, 188 StGB) auf Wahrnehmung berechtigter Interessen berufen zu können (§ 193 StGB).

aa) Ausrichtung am Durchschnittsleser

Maßstab für den prüfungsrichtigen Transport der Nachricht ist das Verständnis, das 172 die Mitteilung bei ihrem Empfänger findet. Es kommt also darauf an, ob und inwieweit die jeweilige Leserschaft, an die sich die Veröffentlichung richtet, sie als eine Nachricht, also eine beweisbare Tatsachenmitteilung oder als subjektive Stellungnahme versteht und welchen Aussageinhalt sie ihr beilegt. Zur Abgrenzung Rn 84 ff. Bei Presseerzeugnissen, die sich nicht – wie etwa eine Fachzeitschrift – an eine besonders vorinformierte Leserschaft richtet, ist maßgebend das Verständnis des unbefangenen (unvoreingenommenen) Durchschnittslesers, der mit der Materie nicht besonders vertraut ist. Näheres zu diesem Maßstab vgl Rn 90. Zugrundezulegen ist der Sinn, der sich ihm auch unter Berücksichtigung des Gesamtinhalts, also des Kontextes aufdrängt, in dem die Nachricht steht. Dabei ist auch auf das Anliegen der Veröffentlichung zu achten, so wie es von dem Durchschnittsleser verstanden wird. Von mehrdeutigen Darstellungen ist zunächst die der Wahrheit am nächsten kommende zu erwägen und auf eine die Presse belastendere erst auszuweichen, wenn die ihr günstigere Deutungsmöglichkeit auszuschließen ist (vgl Rn 92).

bb) Einfluss von Form, Akzenten, Tendenzen

Die Unwahrheit einer Publikation kann sich auch aus Auslassungen wesentlicher 173 Teile des Sachverhalts, durch die ein anderer Aussagegehalt entsteht, aus der Einseitigkeit der Darstellung, aus einer das wirkliche Geschehen im Kern entstellenden oder verzerrenden Akzentsetzung ergeben (BVerfGE 12, 113/130 – *Schmid/Spiegel;* BGHZ 31, 308 – *Alte Herren;* 57, 325/326 – *Freispruch;* BGH NJW 1966, 245 – *Literaturlexikon;* 1977, 262 – *konkret;* 1979, 1041 – *Exdirektor;* 2000, 656 – *Korruption am Bau;* 2004, 598/600 – *Modernisierer;* GRUR 1968, 208 – *Lengede*). Das bewusste Weglassen von Tatsachen kann für den Leser ein falsches Bild von der politischen Gesinnung der Person, über die berichtet wird, zeichnen (BVerfGE 12, 113/130 – *Schmid/Spiegel*). Auslassungen führen zu unwahrer Berichterstattung, wenn durch sie bewusst falsche Schlussfolgerungen aus mitgeteilten wahren Tatsachen provoziert werden, unter Verschweigen wichtiger anderer Tatsachen, aus denen der Leser die Schlussfolgerung ganz anders gezogen hätte, wenn sie ihm mitgeteilt worden wären (BVerfGE 114, 339/353 – *Stolpe;* BVerfG AfP 2010, 145 – *Zitierung des Anwaltsschreibens;* BGH NJW 2000, 656 – *Korruption am Bau;* 2006, 601/603 – *Erzbistum*), oder wenn sie in der Darstellung eines komplexen Geschehens die Erklärungen und Absichten der Personen, über die berichtet wird, ins Gegenteil verkehrt werden (OLG Koblenz NZG 2002, 622). Die Mitteilung der Verurteilung ohne Hinweis darauf, dass das Strafverfahren noch nicht rechtskräftig abgeschlossen ist, kann den falschen Eindruck von der Bestandskraft der Verurteilung erwecken (BGHZ 57, 325/326 – *Freispruch*). Das Verknüpfen der Aussage: „Als Modernisierer hatte man ihn nach K geholt" mit der Aussage: „Jetzt stehen die Politiker von K belämmert vor einem verschuldeten Haus" kann zu der falschen Information verleiten, der „Modernisierer" habe versagt (BGH NJW 2004, 598 – *Modernisierer*). Fehlen in einem detaillierten Bericht über die Abstimmung im Stadtrat Angaben über das Abstimmungsverhalten eines Ratsmitglied, so kann die Auslassung zu einem falschen Verständnis von der Beteiligung dieses Mitglieds an der Abstimmung führen (OLG Karlsruhe NJW 1984, 1127). Das Einstellen einer Anzeige in den redaktionellen Teil kann den Leser über den Aussagegehalt täuschen (BGH NJW 1974, 1141; OLG Düsseldorf AfP 1987, 418; OLG München AfP 1991, 628). Das Schweigen über eine nicht zu erwartende

Testanordnung für einen vergleichenden Warentest kann bei ihm ein falsches Verständnis auch von der Aussage über das Testobjekt bewirken (OLG München AfP 1986, 74). Die ungeschickte Verbindung von Bild und Text kann den Gehalt der Mitteilung verändern (BGH NJW 1971, 1359; OLG Hamburg AfP 1987, 703). Ein Zitat ist falsch, wenn verschwiegen wird, dass es nur sinngemäß wiedergegeben wird (vgl BGH NJW 1982, 635 – *Böll II;* OLG Saarbrücken AfP 1985, 134).

Unwahr ist die Mitteilung, ein Unternehmen zahle Gelder an eine politische Partei, ohne den Hinweis darauf, dass es sich um eine Vergütung für Zeitungsanzeigen handelt (BGH NJW 1951, 352); ein Kind sei durch ein Produkt verletzt worden ohne Hinweis auf den sachwidrigen Gebrauch des Produkts (OLG Hamburg OLG Rspr 20, 255); wenn bei Verdächtigungen nur die belastenden, nicht auch die entlastenden Umstände mitgeteilt werden (BGH NJW 1966, 1213); wenn von der Entlassung eines Angestellten berichtet wird, obwohl er sich von dem Arbeitgeber einverständlich getrennt hat (BGH LM BGB § 824 Nr 13a); wenn die gerichtliche Auseinandersetzung über die Entlassung eines leitenden Angestellten so dargestellt wird, als sei das Verfahren abgeschlossen, während es sich in Wirklichkeit um ein einstweiliges Verfügungsverfahren handelt (BGH NJW 1979, 1041 – *Exdirektor*). Ausnahmsweise kann der Bericht auch durch die Suggestivkraft einer Schlagzeile in seiner wesentlichen Aussage unwahr werden. Im Regelfall wird allerdings vom Leser die Schlagzeile als Blickfang und Aufmunterung zur Beschäftigung mit dem Bericht verstanden und steht insofern zu der Mitteilung in einer gewissen Distanz (OLG Köln AfP 1985, 295).

174 Für die Anforderungen an die Pflicht zur prüfungsrichtigen Veröffentlichung ist jedoch zu berücksichtigen, dass die Presse nicht verpflichtet ist, umfassend zu berichten. Nicht nur die Aufbereitung de Sachverhalts, sondern auch seine Zusammenfassung und Verdichtung sind Grundaufgaben der Pressearbeit. Es gehört zur Pressefreiheit, nicht nur über den Gegenstand der Berichterstattung, sondern auch über die Art und Weise der Aufbereitung des Berichts frei zu entscheiden. Ohnehin werden der Berichterstattung schon durch das begrenzte Platzangebot und die Lesererwartung bzw das jeweilige Verkaufskonzept für das Presseprodukt zB der Boulevardpresse Grenzen auch für die Form der Darstellung gesetzt. Diese Sachzwänge und Eigengesetzlichkeiten schränken die Anforderungen an die prüfungsgenaue Umsetzung der Nachricht ein. Auch schützt Art 5 Abs 1 S 2 GG die Presse in der Freiheit, tendenziös zu berichten, soweit die Tendenz für den Leser als wertende Färbung sichtbar bleibt. Art 5 Abs 1 S 2 GG deckt aber Unwahrheiten als tendenzieller Verzerrung nicht. Vergröberungen zum Zweck einer kurzgefassten „pressegerechten" Darstellung sind zulässig, sofern die Aussage im Kern wahr bleibt (OLG Brandenburg NJW 1999, 3339). Auch Übertreibungen, Auslassungen, Verzeichnungen, die den Bericht interessant machen sollen, sind, sofern sie sich auf solche Randdetails beschränken, also den Kern der Mitteilung nicht ausmachen, zulässig (BVerfGE 7, 198 – *Lüth;* 54, 129/138 – *Kunstkritik;* 45, 296/304 – *Höllenfeuer;* 60, 234/240 – *Kredithaie;* BGHZ 36, 77 – *Waffenhandel*). Was vom Leser dem scharfen oder lockeren Schreibstil oder der durchgehaltenen plakativen Darstellungsform zugeschrieben wird, ist regelmäßig noch nicht als Verfälschung der Wahrheit zu qualifizieren. Aber auch eine holzschnittartige verkürzende Darstellung muss auf eine jedenfalls im Kern zutreffende Berichterstattung achten, vor allem dort, wo durch eine verzerrende, verfälschende Berichterstattung dem Betroffenen Nachteile entstehen würden. Die selektive Darstellung nicht ausreichend ermittelter Tatsachen als feststehend ohne ausreichenden Hinweis auf die Feststellungslücken kann das Persönlichkeitsrecht des Betroffenen rechtswidrig verletzen (BVerfGE 114, 339/353 f. – *Stolpe).* Die Anforderungen an die Vollständigkeit müssen daher vor allem dort streng sein, wo über Negativvorfälle aus dem persönlichen oder wirtschaftlich-unternehmerischen Bereich berichtet wird, die den Betroffenen vor der Öffentlichkeit besonders belasten; BVerfG ZUM 2005, 917 – *frauenfeindliche Fahrschule;* BGH NJW 2006, 601/603 *Erzbistum.* Das gilt vor allem für die Gerichtsberichterstattung (näher dazu Rn 205 ff.) und andere Aufsehen erre-

C. Pflichten für die Presseberichterstattung im Einzelnen § 6 LPG

gende Vorkommnisse, die das Ansehen des Betroffenen in der Öffentlichkeit besonders belasten (dazu Rn 213). Weniger streng können sie für kritische Berichte aus dem politischen, weltanschaulichen oder ideologischen Bereich sein, soweit dem Leser die hier durchweg prägende subjektiv wertende Sicht des Autors erkennbar ist (*Wenzel/Burkhardt* Kap 6 Rn 145). Auch insoweit kommt es maßgebend auf die jeweilige Leserschaft an. Sie misst für die Boulevard- und Regenbogenpresse Auslassungen und Einseitigkeiten im Interesse einer vereinfachenden, reißerischen Darstellung ein anderes Gewicht bei als für eine seriöse Zeitung. Zudem nehmen die nur kommentierenden Stellungnahmen und Wertungen, soweit sie als solche dem Durchschnittsleser erkennbar sind, an der Wahrheitsprüfung nicht teil (BGH GRUR 1968, 208/210 – *Lengede*).

f) Veröffentlichung eines Verdachts

aa) Interessen- und Güterabwägung

Ein besonderes Informationsinteresse kann es rechtfertigen, mit der Verbreitung schon eines noch nicht erhärteten Verdachts an die Öffentlichkeit zu treten, bevor die Vorgänge umfassend aufgeklärt sind. Die Presse kann auch Zusammenhänge aufzeigen, die nach den Anforderungen von StPO oder ZPO nicht zu belegen wären (BVerfGE NJW 1992, 2013/2014 – *faschistische Gesinnung;* BVerfG K 9, 317 – *Verdachtsberichterstattung*). Weder § 6 LPG noch der zivilrechtliche Deliktsschutz nach § 186 StGB können der Presse das verbieten, weil sich solches Verbot in Widerspruch zu der Garantie in Art 5 Abs 1 S 2 GG setzen würde (aA *Kriele* NJW 1994, 1902). Denn es ist eine legitime, durch die Pressefreiheit geschützte Aufgabe der Presse, Anstöße für die Aufdeckung von Vorgängen in Staat und Gesellschaft zu geben, die die Öffentlichkeit zwar angehen, die aber das Licht der Öffentlichkeit scheuen. Vgl Rn 52. 175

Allerdings ist die Presse verpflichtet, ihre Möglichkeiten zur Recherche auszuschöpfen. Je leichter ihr die Überprüfung möglich ist, desto weniger besteht ein schutzwürdiges Interesse daran, auf sie zu verzichten. Ferner ist hier die Interessenabwägung in besonderem Maß gefordert. Denn die Presse setzt den, gegen den sie sich richtet, uU zu Unrecht erheblichen, oft gerade hier existenzvernichtenden Belastungen aus. Der Leser bringt seiner Zeitung regelmäßig einen erheblichen Vertrauensvorschuss entgegen. Auch einer Einschränkung, dass die Nachricht noch nicht verifiziert ist, misst er nur geringe Aufmerksamkeit zu, mag sie noch so deutlich herausgestellt werden. Das Informationsinteresse an der Nachricht muss nicht nur das Risiko aufwiegen, dass sie möglicherweise falsch ist, sondern auch das Risiko, dass der unmittelbar Betroffene möglicherweise zu Unrecht belastet wird. Deshalb muss das Interesse der Öffentlichkeit an einer noch nicht bestätigten Nachricht von erheblichem Gewicht sein, um als berechtigt anerkannt zu werden. Dieses Gewicht hängt von dem Grad der erfolgten Verifizierung mit ab, die der Nachricht überhaupt erst Öffentlichkeitswert verleiht. Zwar muß die Presse nicht wie die Staatsanwaltschaft recherchieren, bevor sie an die Öffentlichkeit geht. Aber es muss schon ein Mindestbestand an Beweistatsachen zusammengetragen werden, um überhaupt ein schutzwürdiges Informationsinteresse entstehen zu lassen (BGHZ 143, 199/203 – *Sticheleien von Horaz;* BGH NJW 1977, 1288/1289 – *Abgeordnetenbestechung;* 1997, 1148/1149 – *Kritik an Chefarzt;* KG AfP 2007, 576 – *Rütli-Schule;* OLG Köln AfP 2011, 601 – *Kachelmann;* OLG München NJW-RR 2002, 186; ZUM 2009, 777; OLG Celle OLGR 2000, 160; OLG Dresden NJW 2004, 1181 – *Doppelmord;* OLG Frankfurt OLGR 2003, 383).

Dieser Mindestbestand an Beweis hängt von den mit der Veröffentlichung verfolgten Zielen ab. Er muss notwendig niedriger sein, wenn es um Vorgänge geht, die nur mit staatlichen Mitteln geklärt werden können und die deshalb in die Öffentlichkeit gebracht werden, um eine solche Untersuchung in Gang zu bringen. Er muss höher sein, wenn die Vorgänge für eine Auseinandersetzung unter Bürgern zur Meinungs- 176 bildung mitgeteilt werden; er muss grundsätzlich volle Beweisbarkeit erreichen, wo es nur um unterhaltende Berichterstattung und die Klatschspalte geht. Aber selbst in einer die Ordnung des Staats berührenden Angelegenheit kann die Presse ihre Veröffentlichung nicht allein auf die Angaben eines auch ihr gegenüber anonym bleibenden Informanten stützen (BGH NJW 1977, 1288 – *Abgeordnetenbestechung*). Als Mindestgrundlage für die Berichterstattung über den Vorwurf der Korruption bei der Vergabe von Sendefrequenzen reicht nach OLG München NJW-RR 2002, 186 die Aussage von zwei „Hörensagen"-Zeugen nicht aus. Auch die Aufgabe der Presse, über solche Vorgänge die Öffentlichkeit zu informieren, rechtfertigt keine schlampigen Recherchen und leichtfertigen Umgang mit der Wahrheitspflicht; auch in diesen Fällen muss die Presse die Gefahr, dass sie etwas Falsches berichtet, nach ihren Möglichkeiten zur Recherche auszuschließen suchen (BGH NJW 1997, 1148/1149 – *Kritik an Chefarzt*) oder, wenn sie das nicht kann, schweigen. Es müssen wenigstens so viele konkrete Mosaiksteine zusammengetragen sein, dass sie bei objektiver Betrachtung die Eröffnung einer formellen Amtsermittlung rechtfertigen würden.

177 Ferner verlangt das Interesse des Betroffenen, dass die Presse mit der Veröffentlichung eines bloßen Verdachts gegen ihn umso zurückhaltender ist, je schwerer ihn die Vorwürfe belasten (BVerfG NJW 2004, 589/590 – *Haarfarbe des Bundeskanzlers;* 2007, 468 – *Insiderquelle;* OLG Köln AfP 2011, 601 – *Kachelmann;* OLG München AfP 1993, 767 – *Amigo*). Auch hier besteht ein Wechselbezug zur Dichte des Verdachts. Zudem kommt es auch auf die Art und Weise der Interessenverwirklichung an. Es entspricht dem Verhältnismäßigkeitsgrundsatz, dass die Presse das Informationsinteresse auf den Betroffenen möglichst schonende Weise befriedigt, solange das Risiko einer Falschbeschuldigung besteht. So darf die Art und Weise ihrer Verdachtsberichterstattung nicht zu einer Vorverurteilung führen (BGHZ 143, 199/203 – *Sticheleien von Horaz;* BGH NJW 1997, 1148/1150 – *Kritik an Chefarzt;* OLG Brandenburg NJW 1995, 886/888; OLG Dresden NJW 2004, 1181; OLG Frankfurt NJW-RR 1990, 989/990; OLG Karlsruhe NJW-RR 2003, 688; OLG München NJW-RR 1996, 1147/1148; 1996, 1493/1494; 2002, 186). Zudem muss sie auf Namensnennung verzichten, wenn dem Interesse auch ohne sie entsprochen werden kann (BVerfG K 9, 317 – *Verdachtsberichterstattung;* BGHZ 24, 200 – *Spätheimkehrer;* 143, 199/203 – *Sticheleien von Horaz;* BGH NJW 1994, 1950/1952 – *Ermittlungsverfahren*). Auch insoweit kommt es auf die Umstände des Einzelfalls, das Maß der Gefährdung des Betroffenen, die Möglichkeiten einer Verifikation der Mitteilung und zu ihrer Richtigstellung nach Aufdeckung des wahren Sachverhalts an. Näher dazu Rn 205 ff.

bb) Bericht über den Verdacht einer Straftat

178 Diese Grundsätze gelten insbes für die Berichterstattung über den Tatverdacht aus einem Ermittlungs- oder Strafverfahren. Zwar hindert die bis zur Verurteilung geltende Unschuldsvermutung die Presse nicht an solcher Berichterstattung. Doch erlegt sie ihr angesichts der Prangerwirkung der Veröffentlichung und des Risikos einer unbegründeten Verdächtigung besondere Zurückhaltung auf. Aber die Zulässigkeit der Berichterstattung ist hier spezifisch geprägt durch die Pflicht, die der Presse durch das allgemeine Persönlichkeitsrecht des Betroffenen auch dort auferlegt wird, wo sich der Verdacht als begründet erweist. Deshalb wird dieser Problembereich im Zusammenhang mit den Anforderungen an die Gerichtsberichterstattung ausführlicher abgehandelt; vgl Rn 205 ff.

cc) Richtigstellender Pressebericht

179 In Grenzen ist die Presse als Nachwirkung ihrer Pflicht zur Wahrheitsprüfung gehalten, jedenfalls bei Nachrichten, an deren Richtigkeit schon bei ihrer Veröffentlichung Zweifel bestehen, auch nach ihrer ausnahmsweise zulässigen Verbreitung die Entwicklung zu verfolgen und ggf die Öffentlichkeit davon zu unterrichten, sobald sich die Nachricht als falsch erweist. Es entspricht den Richtlinien des Pressekodex

C. Pflichten für die Presseberichterstattung im Einzelnen §6 LPG

des Deutschen Presserats (vgl Ziff 3 sowie die „Leitsätze des Deutschen Journalistentags", Der Journalist, 1968, Heft 8 S 1), sich in derartigen Fällen nicht darauf zu beschränken, nachträglich den richtigen Sachverhalt zu publizieren, sondern die Leserschaft ausdrücklich darauf hinzuweisen, dass sich die Nachricht inzwischen als ganz oder teilweise unrichtig erwiesen hat. Eine solche Richtigstellung deckt sich auch mit dem Schutzanliegen der presserechtlichen Sorgfaltspflicht der LPG, das auf wahrheitsgemäße Unterrichtung der Öffentlichkeit zielt. Ein Rechtsanspruch auf Abdruck einer freilich von ihm zu veranlassenden Richtigstellung steht nach zivilrechtlichen Deliktsgrundsätzen dem zu, über dessen Verurteilung in einem erstinstanzlichen Strafverfahren die Presse berichtet hat, wenn er in der Rechtsmittelinstanz später rechtskräftig freigesprochen wird (BGHZ 57, 325/326 – *Freispruch;* BGH GRUR 1980, 1105 – *Medizin-Syndikat III;* Näheres dazu Rn 294).

g) Parlamentsberichterstattung

Ausdrücklich freigestellt von einer Nachprüfung der von ihr aufgenommenen und weitergegebenen Information ist die Presse durch Art 42 Abs 3 GG im Rahmen wahrheitsgetreuer Berichterstattung über die Sitzungen des Bundestags und seiner Ausschüsse. Die verfassungsrechtliche Privilegierung der Parlamentsberichterstattung erweitert § 37 StGB auf wahrheitsgetreue Berichte über öffentliche Sitzungen der Bundesversammlung und der gesetzgebenden Körperschaften der Bundesländer und Ausschüsse eines dieser Gremien sowie auf Ausschüsse des Bundestags. Diese Freistellung haben die meisten Landesgesetzgeber (Ausnahme: Bayern) für die Verpflichtung zum Abdruck von Gegendarstellungen auf wahrheitsgetreue Berichte über öffentliche Sitzungen der gesetzgebenden oder beschließenden Organe der Gemeine, Gemeindeverbände und der Gerichte (§ 11 Abs 5 LPG; Berlin und Hessen: § 10 Abs 5 LPG), Rheinland-Pfalz auch auf übernationale parlamentarische Organe erstreckt. Die Regelung soll die ungezwungene Erörterung in Parlament und Ausschüssen bei gleichzeitiger Gewährleistung der Öffentlichkeit durch die Medien sichern. Voraussetzung ist, dass die Presseberichte wahrheitsgetreu die Äußerungen in den Gremien wiedergeben. Dazu muss nicht die gesamte Sitzung wiedergegeben werden. Auch Kürzungen oder das Einbetten in ein Gesamtthema heben nach seinem Normzweck das Privileg nicht auf. Aber ein Stimmungsbericht über oder eine Kritik an der Sitzung wird von dem Privileg nicht gedeckt (BGHZ 75, 384/387; BGH GRUR 1981, 616). 180

2. Pflichten zur Wahrheitsprüfung aus §§ 823 ff. BGB

a) Prüfungsziel Individualgüterschutz

Journalistische Sorgfaltspflichten zur Vermeidung unwahrer Presseveröffentlichungen ergeben sich auch aus den allgemeinen Vorschriften des BGB, insbes den §§ 823, 824 BGB. Schutzziel ist hier nicht die Vermeidung nachteiliger Folgen einer unwahren Presseberichterstattung generell, sondern Individualgüterschutz für die Schutzgüter, die der Gesetzgeber in den äußerungsrechtlichen Schutz einbezogen hat. Entsprechend zielen die zivilrechtlichen Sorgfaltspflichten der Presse zur Gewährleistung wahrer Berichterstattung nur auf Vermeidung von Gefährdungen für den unmittelbar Betroffenen (vgl Rn 22 ff.). Insoweit ist das deliktische Schutzziel gegenüber dem der presserechtlichen Prüfungspflicht begrenzter; allerdings wird auch die presserechtliche Sorgfalt in erster Linie vom Schutz des unmittelbar Betroffenen bestimmt (vgl Rn 21). Anders als die Verletzung der presserechtlichen Prüfungspflicht kann die Verletzung der deliktischen Sorgfaltspflicht unmittelbar zu negatorischen und schadensersatzrechtlichen Haftungsfolgen führen. Näheres dazu vgl Rn 230 ff. 181

Zivilrechtlich geschützt gegen nicht erweislich wahre und unwahre Behauptungen ist die Ehre durch Transformierung des Strafrechtsschutzes der §§ 186, 187, 188 StGB als Schutzgesetznormen iSv § 823 Abs 2 BGB in das BGB. Einzelheiten dazu Rn 82 ff. Ferner schützen § 187 2. Alt StGB, § 824 BGB Kredit, Erwerb, Fortkommen gegen Gefährdungen durch unwahre Behauptungen. Einzelheiten dazu Rn 108 ff. Kaum je praktisch dürfte der Schutz vor unwahren Presseveröffentlichungen durch andere Schutzgesetze werden, etwa der Schutz der Person gegen Missgriffe irregeführter Behörden auf Grund von öffentlichen unwahren Anschuldigungen nach § 164 StGB und der Schutz des Vermögens vor betrügerischer Täuschung iSv § 263 StGB. Ferner kommt als Schutzgut das von der Rechtsprechung zu § 823 Abs 1 BGB entwickelte allgemeine Persönlichkeitsrecht in Betracht. Indes reicht gegenüber unwahren Presseveröffentlichungen regelmäßig bereits der gesetzlich normierte Schutz aus, so dass auf das Persönlichkeitsrecht, das die Rechtsprechung keineswegs zur Verstärkung dieses Schutzes geschaffen hat, hier im Allgemeinen nicht zurückgegriffen zu werden braucht (vgl Rn 74). Es greift ergänzend ein, wo durch unwahre Behauptungen das Selbstbestimmungsrecht zB durch Falschzitate verletzt wird (Rn 23, 155, 200).

Das nur subsidiär geltende Recht am eingerichteten und ausgeübten Gewerbebetrieb kommt als Schutzgut gegen unwahre Veröffentlichungen nicht zur Geltung; der gesetzlich normierte Unternehmensschutz durch §§ 823, 824 BGB ist in dieser Beziehung abschließend.

b) Prüfungsgegenstand: Tatsachenaussagen

182 Auch die zivilrechtlichen Prüfungspflichten im Dienst wahrheitsgemäßer Berichterstattung können nur Tatsachenaussagen betreffen. Kommentierende Stellungnahmen, Werturteile und andere subjektive Meinungsäußerungen sind der Wahrheitskontrolle nicht zugänglich. Die §§ 186 ff. StGB, 824 BGB beschränken dem gemäß den Schutz auf unwahre bzw nicht erweislich wahre Tatsachenaussagen. Deshalb deckt sich der Prüfungsgegenstand hier mit dem der Nachricht iSd presserechtlichen Prüfungspflichten aus den LPG, so dass auf die Erläuterungen hierzu bei Rn 156 ff. verwiesen wird. Zur Feststellung von Tatsachenaussagen und zu ihrer Abgrenzung gegenüber Meinungsäußerungen vgl Rn 83 ff., 157.

Ebenso wie für die presserechtlichen Prüfungspflichten ist es für die zivilrechtlichen Sorgfaltspflichten im Dienst wahrheitsgemäßer Berichterstattung gleichgültig, ob die Tatsachenaussage in der Presseveröffentlichung als eigene aufgestellt oder als fremde nur verbreitet wird, ohne sie sich zu eigen zu machen. Es kommt allein auch hier auf die nachteiligen Wirkungen der Veröffentlichung für den Betroffenen an. Diese hängen prinzipiell nicht davon ab, ob die Nachricht originär aufgestellt oder nur (weiter-)verbreitet wird. Dem gemäß unterscheiden auch die §§ 186 ff. StGB, § 824 BGB hier nicht zwischen Behaupten und Verbreiten. Zu diesen Begriffen vgl Rn 93 f.

c) Prüfungsumfang. § 276 Abs 2 BGB

183 Die Sorgfaltsanforderungen werden im Deliktsrecht des BGB nach dem Schutzbedürfnis der Individualschutzgüter der §§ 823 ff. BGB und nach dem zivilrechtlichen Maßstab für Fahrlässigkeit des § 276 Abs 2 BGB (= § 276 Abs 1 S 2 BGB aF) festgelegt. Danach handelt fahrlässig, wer die im Verkehr erforderliche Sorgfalt außer Acht lässt. Dieser Maßstab ist objektiviert, dh er bemisst sich anders als im Strafrecht grundsätzlich nicht nach den individuellen Fähigkeiten des Pflichtigen, sondern nach dem Sorgfaltsstandard der ordnungsmäßigen Verkehrs (BGHZ 5, 319; 8, 140; st Rspr; Rn 253). Er ist an der jeweiligen Verkehrsgruppe angelegt. Der für die Presseveröffentlichung maßgebende Sorgfaltsstandard richtet sich nach den spezifischen Gefahren, die von der Veröffentlichung für die individuelle Schutzsphäre des unmittelbar Betroffenen ausgehen, und nach dem, was an Gefahrvermeidung den für die Veröffentlichung Verantwortlichen möglich und zumutbar ist. Näheres dazu vgl Rn 37, 252 ff. Der zivilrechtliche Maßstab für die Sorge um eine wahrheitsgemäße Presseveröffentlichung ist mit dem Maßstab für die presserechtliche Prüfungspflicht aus den LPG deckungsgleich. Denn auch dort wird er maßgeblich von den Gefahren bestimmt, die mit einer unwahren Information zu allererst für den unmittelbar Betrof-

C. Pflichten für die Presseberichterstattung im Einzelnen § 6 LPG

fenen verbunden sind und durchweg unter allen anderen Risiken das höchste Gewicht haben. Zivilrechtliche und presserechtliche Pflichten zur Wahrheitsprüfung unterscheiden sich im Wesentlichen nur dadurch, dass die Verletzung der zivilrechtlichen Sorgfaltspflicht für den Betroffenen Ansprüche auf Unterlassung, Widerruf und Schadensersatz begründen kann. Näheres dazu vgl Rn 230 ff. Deshalb gilt das für die Anforderungen an den presserechtlichen Prüfungsumfang Gesagte auch für die deliktische Sorgfaltspflicht der Presse; die Kommentierung bei Rn 160 bis 180 ist auch darauf zugeschnitten.

Allerdings gilt auch im Rahmen von § 823 Abs 2 BGB iVm §§ 186, 187, 188 StGB die gesetzliche Regelung des § 190 StGB, nach der der Wahrheitsbeweis dafür, dass der Beschuldigte auch wirklich der Täter ist, durch seine rechtskräftige Verurteilungen erbracht ist (BGH AfP 1985, 204 – *Nachtigall II*); ebenso wie der rechtskräftige Freispruch den Wahrheitsbeweis abschneidet (Rn 185 aE). Indes sollte diese gesetzliche Beweisregel auch auf die presserechtliche Sorgfaltspflicht anwendbar sein (in diesem Sinn OLG Dresden AfP 1998, 410; ähnlich OLG Brandenburg NJW-RR 2003, 919: Anspruch des Freigesprochenen, in Ruhe gelassen zu werden, auch durch einen Bericht über die Beendigung des Strafverfahrens, weil auch dieser Bericht den Betroffenen erneut ins Gerede bringen kann).

3. Pflichten zur Wahrheitsprüfung nach UWG

Spezielle Sorgfaltspflichten zur Prüfung der Veröffentlichungen auf ihren Wahrheitsgehalt sind der Presse ferner durch § 4 Nr 8 und 9, § 5, § 16 UWG aufgegeben, wenn die Veröffentlichung ihrem Inhalt nach die Förderung des eigenen oder fremden Wettbewerbs im geschäftlichen Verkehr verfolgt. Dazu Rn 151 ff. **184**

4. Pflichten zur Wahrheitsprüfung nach StGB

Unwahre oder nicht erweislich wahre Presseinformationen können ua die Straftatbestände der üblen Nachrede (§§ 186, 188 StGB) und der Verleumdung (§ 187 StGB) erfüllen; vorausgesetzt, dass die behaupteten oder verbreiteten Tatsachen in Beziehung auf einen anderen ehrenrührig sind. Der Straftatbestand der Verleumdung verlangt positive Kenntnis der für die Veröffentlichung Verantwortlichen von der Unwahrheit; er ist deshalb im vorliegenden Zusammenhang unproblematisch. Demgegenüber erfordert der Straftatbestand der üblen Nachrede Vorsatz nur in Bezug auf die Ehrenrührigkeit der Information; dass ihre Wahrheit nicht erweisbar ist, ist von subjektiven Voraussetzungen nicht erfasste Bedingung der Strafbarkeit. Deshalb greifen §§ 186, 188 StGB zwar dem Prinzip nach auch ein, wenn die Verantwortlichen die nach den Umständen gebotene Sorgfalt bei der Wahrheitsprüfung iSd presserechtlichen wie des bürgerlich-rechtlichen Sorgfaltsmaßstabs erfüllt haben (*Schönke/Schröder/Lenckner/Eisele* § 186 Rn 10f., 15f. mN). Eine Strafhaftung entfällt jedoch, wenn sich die Presse iSv § 193 StGB auf die Wahrnehmung berechtigter Interessen berufen kann. Das dafür verlangte Informationsinteresse der Leserschaft am Thema bzw Gegenstand wird meistens bei Presseveröffentlichungen vorhanden sein. Doch setzt die Inanspruchnahme von § 193 StGB auch den sorgfältigen Umgang der Presse mit der Wahrheit voraus. Die Vorschrift scheidet aus, wenn der Nachweis, mit ihr möglichen oder zumutbaren Mitteln um die Wahrheit bemüht gewesen zu sein, der Presse nicht gelingt, oder wenn sie eine nach ihrer Kenntnis umstrittene oder zweifelhafte Tatsache als feststehend hinstellt (BVerfGE 114, 339/353f. – *Stolpe* mwN). Insoweit sind der Presse Pflichten zur Wahrheitsprüfung auch zur Vermeidung der strafrechtlichen Folgen aufgegeben. Näheres dazu Rn 99. **185**

Prüfungsgegenstand ist wie für die presserechtliche und bürgerlich-rechtliche Pflicht zur Wahrheitsprüfung nur der Tatsachengehalt. Zur Abgrenzung gegenüber Meinungen vgl Rn 84 ff., 188. Der Maßstab für die Prüfpflichten entspricht dem bürgerlich-rechtlichen Sorgfaltsmaßstab und dem der presserechtlichen Prüfungspflicht (BGHZ 90, 113/126 – *Bundesbahnplanungsvorhaben;* BGH NJW 1977, 1288/

1289 – *Abgeordnetenbestechung;* 1985, 1621 – *Türkol I;* 1987, 1403 – *Türkol II;* 1987, 2225 – *Umweltskandal;* 1993, 930 – *illegaler Pelzhandel*). Auch hier gilt, dass der Nachweis des Tatsachenkerns genügt (BGHSt 18, 182), unbedeutende Übertreibungen können unschädlich sein (OLG Hamm JMBl NRW 1958, 112). § 190 StGB befreit von der Prüfungspflicht für die Behauptung, der Betroffene habe die Straftat begangen, wenn er rechtskräftig verurteilt worden ist. Andererseits schließt rechtskräftiger Freispruch den Wahrheitsbeweis für die Behauptung aus. Näher dazu Rn 183 aE.

II. Schutz vor ehrverletzenden Meinungen

1. Freiräume der Presse aus Art 5 GG

a) Auslegung von § 185 StGB „im Lichte" von Art 5 GG

186 Presseveröffentlichungen müssen frei von beleidigendem Inhalt sein. Soweit die Ehre durch unwahre Tatsachenaussagen bedroht werden kann, sind der Presse durch die LPG spezifische Wahrheitspflichten sowie kraft des Strafrechtsschutzes vor übler Nachrede und Verleumdung (§§ 186, 187, 188 StGB), den das BGB für seine deliktische Folgenregelung durch § 823 Abs 2 BGB übernommen hat, deckungsgleiche Sorgfaltspflichten auferlegt. Für ihre kommentierenden Stellungnahmen und Bewertungen und die Meinungsäußerungen anderer, die sie verbreitet, hat die Presse den Strafrechtsschutz aus §§ 185, 192 StGB zu beachten, der ebenfalls über § 823 Abs 2 BGB mit den deliktischen Zivilrechtsfolgen versehen ist.

187 Zum Schutz aus §§ 185, 192 StGB vgl zunächst Rn 79. Hier sind die Einflüsse der Meinungsfreiheit aus Art 5 Abs 1 S 1 GG besonders stark. Weil Art 5 Abs 1 GG vor allem die Bildung und den Austausch von Meinungen gewährleisten will, ist die Güter- und Interessenabwägung zwischen den schutzwürdigen Belangen der Person und den ihnen entgegenstehenden Belangen der Presse an einem freien Transport ungeschminkter Meinungen besonders gefordert. Mit dem Hinweis auf diese Interessen darf die Presse die persönliche Ehre zwar nicht verletzen. Aber nach der Rechtsprechung des BVerfG, die hier Gesetzeskraft hat (§ 31 BVerfGG), müssen auch die Schranken für die Meinungs- und Pressefreiheit durch die Vorschriften des Ehrenschutzes ihrerseits im Licht dieser grundrechtlichen Freiheitsverbürgungen interpretiert werden (vgl Rn 26, 77; sog Wechselwirkungs-Regel). Dadurch ist der Rechtsschutz der Person gegenüber einer herabsetzenden Behandlung in der Presse erheblich eingeschränkt, soweit es nicht um unwahre oder verfälschende Tatsachenaussagen, sondern um subjektive Meinungsäußerungen und Bewertungen zu der Person, ihrem Verhalten, ihrem Umfeld, um gewichtende Stellungnahmen, um den Stil, in dem darüber berichtet wird, um die verschiedenen Grade des Respekts bis hin zum polemischen Ausfall, zum infamen Seitenhieb, zur plumpen Geschmacklosigkeit geht. Hier wird die Ehre, jedenfalls wenn es um eine Berichterstattung mit Öffentlichkeitswert geht, praktisch nur gegen massive Schmähung geschützt. Zur näheren Abgrenzung vgl Rn 190 ff.

b) Einfluss von Art 5 GG auf die Feststellung des Aussagegehalts

188 Zur Abgrenzung des Meinungsbereichs von den Tatsachenaussagen in der Presseberichterstattung vgl Rn 83 ff., 157; zur Einordnung künstlerischer und wissenschaftlicher Aussagen vgl Rn 78. Die Abgrenzung steht wesentlich unter dem Einfluss von Art 5 Abs 1 GG, weil hier entscheidungserhebliche Weichen gestellt werden (vgl Rn 89). Ebenso ist Art 5 Abs 1 GG bei der Ermittlung des ehrverletzenden Gehalts einer Meinungsäußerung zu beachten. Maßgebend ist zwar nicht der Sinn, den der Äußernde beilegen wollte, sondern der in der Aussage objektivierte Sinngehalt, der am Verständnis des Durchschnittslesers zu ermitteln ist (vgl Rn 90). Aber die Presse hat ein Recht darauf, dass Meinungen und Wertungen, wenn sie als solche erkennbar

C. Pflichten für die Presseberichterstattung im Einzelnen § 6 LPG

sind, auch erkannt werden. Müsste die Presse einen Kommentar, eine Stellungnahme stets darauf hin kontrollieren, ob die Meinung des Kommentators oder seine Bewertung auch wirklich von allen Leser als solche verstanden wird, so wäre das ein generelles Hindernis für kritische Pressekommentare in vielen Bereichen. Es entspricht im Übrigen auch dem Persönlichkeitsschutz eines Kritikers, dass ihm nicht Äußerungen untergeschoben werden, die er nicht gemacht hat. Ebenso verlangt Art 5 Abs 1 S 1 GG, dass in der Würdigung des Aussagegehalts dem Anliegen des Kritikers Rechnung getragen wird, sofern diese Parameter sich in seinem Artikel und den Umständen, unter denen er veröffentlicht wird, niederschlagen.

So müssen Anlass und Kontext der Äußerung mitberücksichtigt werden einschließlich der Schlagzeile, unter der sie steht. Die Äußerung darf nicht aus ihrem Gesamtzusammenhang herausgelöst werden (Rn 91). Insbesondere muss herausgearbeitet werden, worauf die Äußerung zielt, ob nur auf die Person des Kritisierten oder auch auf die Sache, die durch die Person hindurch kritikwürdig erscheint. Im letzteren Fall können Schärfen und Polemiken, die weniger die sittliche, geistige oder soziale Integrität des Kritisierten als die sich in ihm repräsentierende Sache meinen, für das Kriterium der Kundgabe einer Beleidigung in einem milderen Licht erscheinen (BVerfGE 54, 129/137 – *Kunstkritik*). Bei mehrdeutigen Aussagen müssen die den Betroffenen (und damit den Kritiker) geringer belastenden Deutungen mit nachvollziehbaren Gründen ausgeschlossen werden, bevor die belastendere Deutung zugrunde gelegt wird (Rn 91; vgl BVerfGE 82, 43/52 – *Stoppt Strauß*; 93, 266/295 – *Soldaten sind Mörder II*; 94, 1/10 f. – *DGHS I*; 102, 347 – *Benetton-Werbung*; BVerfG NJW 2002, 3315 – *Sicherheitsdienst*; 2005, 1857 – *Ballett-Premiere*; BGHZ 143, 199/206 – *Sticheleien von Horaz*; BGH NJW 2004, 598 – *Modernisierer*; 2004, 1034 – *Udo Jürgens*).

c) Schmähkritik als Grenze für zulässige Polemik

Art 5 Abs 1 GG verlangt, dass die Schwelle, an der eine Meinungsäußerung wegen 189 ihrer beleidigenden Wirkungen für den unmittelbar Betroffenen unzulässig wird, hoch anzusetzen ist. Die Rechtsprechung von BVerfG und BGH setzen hier an der „Schmähkritik" an. Vgl dazu zunächst Rn 77, 79, 186 f.

2. Unzulässige Schmähkritik

a) Begriffsbestimmung

Das wenig aussagekräftige Kriterium der „Schmähkritik" ist somit ein an Art 5 190 Abs 1 GG zu messender Wertungsbegriff (BVerfGE 82, 272/274 – *Zwangsdemokrat*; 85, 1/16 – *Kritische Bayer-Aktionäre*; 93, 266/293 f. – *Soldaten sind Mörder II*; BVerfG NJW 1993, 1462 – *Böll/Henscheid*; BGH NJW 1974, 1762 – *Deutschlandstiftung*). Es beschreibt, dass auch eine übertriebene Polemik, überzeichnende „plastische" Ausdrücke selbst dort, wo sie herabwürdigen, den für eine unzulässige Beleidigung erforderlichen Grad von Miss- oder Nichtachtung noch nicht erreichen, wenn und solange sie noch einen Bezug zu der ablehnenden Haltung des Kritikers in der Sache aufweisen. Wo es um polemische Kritik der Presse am Staat und seinen Institutionen geht, ist die Toleranzschwelle besonders hoch anzusetzen, weil die Garantien aus Art 5 Abs 1 GG gerade auch dem besonderen Schutzbedürfnis für Machtkritik erwachsen ist (BVerfG NJW 1995, 3303/3304 – *Soldaten sind Mörder*; 1999, 204/205 – *Mahnwache*; BGH NStZ 2003, 145). Jedoch gilt generell: Zwar ist nicht jedes Werturteil, das die Grenze der Schmähung nicht überschreitet, zulässig (BVerfG NJW 1993, 2925; 1995, 3303, 3304). Insb ist eine Kritik, die gegen die Menschenwürde verstößt, durch Art 5 Abs 1 GG nicht gedeckt (BVerfGE 82, 272/283 – *Zwangsdemokrat*; 86, 1/13 – *geb Mörder*; BVerfG NJW 2003, 296; 2003, 1109 – *Elternvorwürfe gegen Lehrer*; BGH NJW 2002, 1192 – *Zuschussverlag*; 2005, 279 – *Bauernfängerei*); und ebenso kann in Ausnahmefällen eine ehrenrührige Kritik als unverhältnismäßig unzulässig sein, wenn das generell geringe Öffentlichkeitsinteresse an der Kritik weiter dadurch an Bedeutung verliert, dass ein sachlicher Zusammenhang zwischen Anlass und Vorfall nicht erkennbar ist. Aber für Meinungen in Angelegenheiten, die die Öffentlichkeit wesentlich berühren, gilt eine Vermutung für ihre Zulässigkeit, die praktisch erst bei Schmähungen entkräftet ist. Als unzulässige „Schmähkritik" erfasst werden abwertende Ausfälle, in denen die Diffamierung der Person des Kritisierten ganz im Vordergrund steht, die also selbst vom Standpunkt des Kritikers und seinem Engagement in der Sache aus nicht mehr gerechtfertigt erscheinen (BVerfGE 82, 272/283 – *Zwangsdemokrat;* BVerfG NJW 1993, 1462 – *Böll/Henscheid;* 1994, 2413 – *Kassenarzt;* 2003, 961; BGHZ 91, 117/122 – *Marlboro;* 143, 199/209 – *Marlene Dietrich I;* 143, 199/209 – *Sticheleien von Horaz;* BGH NJW 1977, 626 – *konkret;* 1987, 1400 – *Oberfaschist;* 2002, 1192 – *Zuschussverlag*). In der höchstrichterlichen Rechtsprechung ist die Brandbreite dafür groß (vgl einerseits als Schmähkritik gewertet BVerfGE 42, 143 – *Gewerkschaftspresse:* Bezeichnung des Presseorgans einer national-konservativen Vereinigung als „rechtsradikales Hetzblatt"; BGH VersR 1977, 640 – *Halsabschneider:* Bezeichnung eines unsozialen Arbeitgebers als „Halsabschneider"; andererseits als Polemik zugelassen BVerfGE 54, 129 – *Kunstkritik:* Bezeichnung eines polemischen Kunstkritikers als „bornierter Oberlehrer" und „dialektischer Gartenzwerg"). Teilweise lässt sich das aus den Umständen des konkreten Falls erklären, die stets für die Bewertung der Äußerung auch insoweit maßgebend sind; teilweise aus dem wachsenden Maß an Tolerierung; teilweise leider auch aus einem dadurch mitbedingten Abstumpfungseffekt bei allen Beteiligten. Deshalb ist bei der Heranziehung von Präjudizien Vorsicht geboten, vor allem bei solchen aus älterer Zeit.

b) Beispiele

aa) Schmähkritik bejaht

191 Als unzulässige Schmähkritik ist – jeweils im Kontext der konkreten Umstände, unter denen die Äußerung gebracht worden ist – angesehen worden:
die Bezeichnung eines Widerstandskämpfers als „Landesverräter" (BGHSt 11, 329); die Benennung eines Ministers als „Oberfaschisten" durch eine Sekte, weil er ihr die Schankerlaubnis verweigert hatte (BGHZ 99, 133/135); die Benennung als „Nazi", „alter Nazi", „Jungfaschist" (OLG Düsseldorf NJW 1970, 905; OLG Karlsruhe MDR 1978, 421), wobei jedoch wegen der schillernden Wertigkeit des Begriffs dem Kontext besondere Beachtung zukommen muss; vor allem der Vorwurf des Faschismus kann als Versuch einer politischen Platzzuweisung zulässig sein (OLG München ArchPrax. 1975, 54; vgl auch BGH NJW 1974, 1762 – *Deutschlandstiftung:* Bezeichnung als „von Alt- und Neufaschisten durchsetzt");
die Bezeichnung als „Jude" in Verbindung mit „Zugehörigkeit zur fremdvölkischen Minderheit" (OLG Celle NStZ-RK 2004, 107; die Bezeichnung eines Vertreters des Zentralrats der Juden als „Zigeunerjude" im Kontext nationalsozialistischen, antisemitischen Gedankenguts (BayObLG AfP 2002, 221 ff., bestätigt durch BVerfG ZUM-RD 2006, 127);
in einem „offenen Brief an die Mitglieder des Bundestags und der Bundesregierung" die Äußerung: „Sie alle haben aus der Bundes- eine Bimbes-Republik gemacht, einen käuflichen Saustall, über den ein als Wichtigstes Ihr Glaubensbekenntnis steht: Es darf nie wieder einen selbstbewussten, wirklich souveränen deutschen Staat geben ... (Die Bundesregierung hat) das Grundgesetz zu einem Wahlkörperprodukt der Feindesmächte, zur Quaiverfassung erhoben ..." (BGH NStZ 2003, 145);
in einem Wahlwerbespot: „Auch Konrad Adenauer und Kurt Schumacher würden heute die Republikaner wählen"; wegen der groben Entstellung des Lebensbildes der Verstorbenen (OLG Köln NJW 1999, 1969);
die Bezeichnung der Osho-Bewegung und ihrer Gruppen als „destruktiv" und „pseudoreligiös" durch einen Sektenbeauftragten der katholischen Kirche; im Lichte von Art 4 GG und der Neutralitätspflicht öffentlich-rechtlicher Körperschaften (BVerfGE 105, 279);

C. Pflichten für die Presseberichterstattung im Einzelnen § 6 LPG

die Bezeichnung des Presseorgans einer national-konservativen Stiftung durch die Gewerkschaftspresse als „rechtsradikales Hetzblatt" (BVerfGE 42, 143/149 – *Gewerkschaftspresse*), dies allerdings vornehmlich deshalb, weil die Kritiker die kränkende Ausdrucksform ohne Verlust an gedanklichem Inhalt hätten vermeiden können; ein im Licht von Art 5 Abs 1 GG anfechtbares Argument, dessen sich das BVerfG später auch nicht mehr bedient hat (vgl BVerfGE 42, 163/170; 54, 129/139; 60, 234/241; 82, 272/282);

die Benennung von Bankiers als „mafia-vergleichbare Gestalten" (OLG Hamm DB 1980, 1213);

einer Fernsehansagerin als „ausgemolkene" Ziege" (BGHZ 39, 124 – *Fernsehansagerin*);

von Polizeibeamten als „Spitzel" (OLG KölnSt § 187 S 27); als „Scheißbullen" (OLG Oldenburg JZ 1990, 126; für „Bullen" in BayObLG NJW 1990, 1742 offen gelassen; dazu OLG Hamm JMBl NRW 1982, 22); als „Schlag- und Schießgesellschaft, die Studenten abknallen und Beweismittel unterdrücken" (OLG Hamm AfP 1974, 724); sie hätten „ein gestörtes Verhältnis zum freiheitlichen Rechtsstaat schon wiederholt erkennen lassen" (OLG München ArchPrax 1973, 114);

der Angehörigen der GSG 9 als „Killertruppe" (OLG Köln AfP 1980, 11);

der Vergleich der Soldaten mit „Folterknechten, KZ-Aufsehern, Henkern" (BGHSt 36, 83); die Bezeichnung von Offizieren als „Wehrsklavenhalter" (OLG Karlsruhe NJW 1989, 1369); eines Querschnittsgelähmten, der zum Wehrdienst einrücken will, als „Krüppel" (BVerfE 86, 1/13 – *Titanic*);

eines Richters als „Verfassungsfeind", er gehöre dem Volksgerichtshof zugeordnet (OLG Hamburg 1990, 1246);

Schimpfwörter ohne Nähe zur Darstellung eines verurteilungswürdigen Verhaltens, zB Schuft, Kanaille, Halunke (OLG Hamburg AfP 1990, 135); Gesindel (OLG Köln AfP 1982, 472); andererseits kann die Bezeichnung als „Schieber-Syndikat", „Ganovenbrut" bei entsprechendem Sachverhalt zulässig sein (OLG München ArchPrax 1973, 94);

in einer Buchbesprechung die Beschimpfung des Autors Heinrich Böll als „einen der verlogensten und korruptesten, ein steindummer, kenntnisloser und talentfreier Autor, ein pathologischer, zT ganz harmloser Knallkopf" (BVerfG NJW 1993, 1462 – *Böll/Henscheid*); die Bezeichnung eines Arbeitgebers wegen seines unsozialen Verhaltens als „Halsabschneider" (BGH GRUR 1977, 891; nach heutigen Maßstäben zweifelhaft);

„der Kläger wisse die Dreckschleuder so gut zu führen wie die Feder, preise kaum verhüllend den abgefeimten Mord" (BGH GRUR 1971, 529 – *Dreckschleuder*; nach heutigen Maßstäben zweifelhaft);

der Stadtrat habe sich im Schmutz seiner Gesinnung gebrüstet, er habe sich geifernd geäußert (BayObLGSt 1961, 46);

die Äußerung in Richtung auf F.J. Strauß: „dann müssen wir dem Schweinehirten aus Passau seine dreisten Hetzparolen in den geschwollenen Hals zurückstoßen" (OLG Koblenz NJW 1978, 1817);

der Mutter komme es darauf an, aus dem auf ärztlichen Fehlern beruhenden Tod ihres Kindes Kapital zu schlagen (OLG Köln AfP 1972, 223);

zur Begründung dafür, dass die Zeitschrift ein Wahlinserat für die von ihr bekämpfte Partei veröffentlicht hat, die Ankündigung, das Honorar dafür einem Kinderkrankenhaus in Vietnam zu überweisen „ohne Rücksicht darauf, dass sich (die Inserenten) furchtbar ärgern werden, wenn mit ihrem Geld kleinen Vietnamesen geholfen wird, denen unter ihrer Beihilfe Napalm über die Körper geschüttet wurde" (BGH NJW 1977, 626 – *konkret*); in der Besprechung eines Restaurants die Gerichte seien „wie eine Portion Pinscherkot in die Teller hineingeschissen und zum Kotzen", die Bedienung als „radikal vor sich hindämmernd und vor dem Herzinfarkt stehend", die Zustände im Lokal als „heilloses Chaos" bezeichnet (OLG Frankfurt NJW 1990, 2002).

bb) Schmähkritik verneint

192 Zugelassen worden ist dagegen
in einem Flugblatt aus Anlass eines gewalttätigen Vorfalls: „Der im Viertel bekannte Nazi gab gegenüber Zeugen den Anlass zu. Doch nicht Alkohol, sondern seine faschistische Gesinnung verleiteten ihn zur Tat." (BVerfG NJW 1992, 2013);
die Bezeichnung einer national-konservativen Vereinigung als „von Alt- und Neufaschisten durchsetzt" in einer kritischen Glosse zur Verleihung des Konrad-Adenauer-Preises an einen national-konservativen Kolumnisten (BGH NJW 1974, 1762);
im politischen Meinungskampf die Bezeichnung der CSU als „die NPD Europas" (BVerfGE 61, 1/7 – *Politisches Flugblatt*); des bayerischen Ministerpräsidenten F.J. Strauß als „Zwangsdemokraten" wegen des politischen Kontextes, der eine sachbezogene Interpretation zuließ (BVerfGE 82, 272 – *Zwangsdemokrat*);
aus Anlass eines Gerichtsurteils die mit Begründung versehene Erklärung eines Offiziers der Bundeswehr gegenüber der Presse: „Wir halten die Aussage ‚alle Soldaten sind potentielle Mörder' inhaltlich für richtig" (BVerfG NJW 1992, 2750 – *Mörderzitat*);
einen Aufkleber mit dem Zitat von Tucholsky „Soldaten sind Mörder" (BVerfGE 93, 266/293 f.; BVerfG NJW 1994, 2943);
im Kontext einer Satire die Bezeichnung eines Querschnittsgelähmten, der zu einer Reserveübung einrücken will, als „geb. Mörder" (BVerfGE 86, 1/13 – *Titanic*);
in einem Flugblatt die Bezeichnung von Abtreibungsgegnern als „rechte bis rechtsradikale frauenfeindliche Lebensschutzorganisation" (OLG Karlsruhe AfP 1992, 263); in einer Fernsehdiskussion zum Thema Abtreibung die Bezeichnung des Kontrahenten als „Neofaschisten", dessen von ihm vertretene Organisation für „Rassismus plädiere" und in der Abtreibungsfrage „rassistisches Gedankengut" vertrete (OLG Köln AfP 1993, 755);
in der Kritik an der Hausdurchsuchung bei dem Vizepräsidenten des Zentralrats der Juden in einem von der Öffentlichkeit sehr beachteten Ermittlungsverfahren die Bezeichnung des Strafverfolgers als „durchgeknallter Staatsanwalt" (BVerfG NJW 2009, 3016 – *durchgeknallter Staatsanwalt*);
in einer Kritik an Vorwürfen der Tochter von Ulrike Meinhoff an dem Verhalten von Joschka Fischer und dem Berliner Frisör Udo Walz als „68er": die Bezeichnung der Tochter als „fanatische, verbitterte Verschwörungstheoretikerin, die die Achtundsechziger abgrundtief haßte. Statt Respekt brachte man ihr allenfalls Mitleid entgegen, der traumatisierten Terroristentochter (BGH NJW 2007, 686 – *Terroristentochter*);
in einem Flugblatt von Abtreibungsgegnern, verteilt vor einer städtischen Klinik, in der Schwangerschaftsabbrüche vorgenommen werden: „Damals Holocaust, heute Babycaust … Tötungsspezialist für ungeborene Kinder Dr. F auf dem Geländes des Klinikums NN" (BGH NJW 2000, 3431 – *Babycaust I*); bestätigt dagegen das Verbot der Äußerung auf Handzetteln, in der gynäkologischen Praxis X würden „rechtswidrige Abbrüche durchgeführt"; wegen der Prangerwirkung zulasten des Arztes (BGH NJW 2003, 2011 – *Babaycaust II*);
die Bezeichnung von Kreditvermittlern als „Kredithaie" in einer vor Zeitungsannoncen unseriöser Geschäftsleute warnenden Kritik (BVerfGE 60, 234); eines Hauseigentümers als „Wohnungshai, dem Wolfscharakter zukomme", weil der damit bewertete Sachverhalt im Wesentlichen zutreffend mitgeteilt worden war (OLG Köln AfP 1982, 404); eines unsozialen Arbeitgebers als „berüchtigten Chef" (BGH GRUR 1977, 801 – *Halsabschneider*), eines Zeitungsartikels als „Gangsterartikel" (OLG München ZV 1977 Heft 7 S 1); in einem Gebührenstreit: der Anwalt habe sich „Strafmandate und dazugehörige Gebühren erschleichen wollen (BVerfG NJW 1991, 2074 – *Rechtsanwaltshonorar*);
in einer kritischen Beurteilung des Berichts einer Kapitalanlageform: dafür „stark gemacht sich übrigens auch K, der früher mit irreführenden und täuschenden Ar-

C. Pflichten für die Presseberichterstattung im Einzelnen § 6 LPG

gumenten englische Lebensversicherungen promotet hat und in den letzten Jahren, quasi als „Wolf im Schafspelz", sich in Fachpublikationen als seriöser Honorarberater darstellt" (OLG Köln GRUR 1999, 93); die Bewertung eines Prozesskostenfinanzierungsmodells als „Bauernfängerei" (BGH NJW 2005, 279);

in einem veröffentlichten Interview zum Rücktritt des Vorstandsvorsitzenden die Äußerung: „Das muß damit zusammenhängen, daß die Geschäfte nicht immer sauber waren, die der Vorstandsvorsitzende geregelt hat (BGH NJW 2009, 3580 – *Rücktritt des Vorstandsvorsitzenden*);

in einer Kritik an der Aufarbeitung eines 500-Millionen-US-Dollar-Verlustes im Rahmen eines Flughafenbetriebs-Projekts die Äußerung: „Nach den massiven Korruptionsvorwürfen im Manila-Projekt der Fraport AG ist die Beteiligung ihres Fraport-Vertreters G. als Oberlehrer in Sachen Korruptionsvorwurf der Witz des Jahres! Eine Steigerung der Unverfrorenheit wäre nur dadurch möglich, wenn der Fraport-Vorstand W.B. auch noch als Referent auftreten würde." (BGH NJW 2009, 1872 – *Fraport-Manila-Skandal*);

in einer Kritik an einer zu hohen Bewertung einer Fotosammlung zur Steigerung des Buchwerts des Unternehmens die Bezeichnung des Sachverständigen als „namenloser Gutachter" (BGH AfP 2008, 193 – *namenloser Gutachter*);

die Kritik an einem ehemaligen Vorstandsvorsitzenden und Autor eines polarisierenden Buchs: er werde von Journalisten als Hure benutzt, die zwar billig ist, aber für ihre Zwecke immer noch ganz brauchbar, wenn man sie auch etwas aufhübschen muß ... fragt sich nur, wer da die Hure und wer Drübersteiger ist" (OLG Frankfurt AfP 2012, 577); die Kritik an den Geschäftspraktiken eines Verlags unter der Überschrift: „Dem Autor in die Tasche gefasst" die Aussage, der Verlag verhalte sich gegenüber den bei ihm publizierenden Autoren wie ein Lebensmittelhändler, bei dem man ein Pfund Käse verlange, es bezahle, dann aber zuhause feststelle, dass man nur 100 Gramm bekommen habe, und das sei Betrug (BGH NJW 2002, 1192 – *Zuschussverlag*);

in einer Kritik an den Nachrichtensendungen eine Privatfernsehsenders unter der Überschrift „Daily soap aus Blut und Sperma" die Aussage: „Wo Neger verrecken und Jugos verbluten, pflanzt sich NN-Reporter auf" (OLG Köln AfP 1996, 398);

als Kritik an einem Privatrundfunksender: „Sabotage, Lüge, Bestehung. Im Kampf um die Gunst der Hörer greifen Deutschlands Privatsender zu immer härteren Maßnahmen (KG NJW-RR 1999, 1547);

in einem Leserbrief zur Abschiebung von Asylanten: „Asylanten bei Nacht und Nebel verschleppt. Ich nenne das zum Himmel schreiende Gestapo-Methoden" (BVerfG NJW 1992, 2815);

in einem Leserbrief zur Baugenehmigungspraxis der Gemeinde, bei der auch Spenden eine Rolle gespielt haben, unter der Überschrift: „Vielleicht Schutzgeld?" „Es liegt wohl ziemlich nahe, dass X. nicht nur einen Beschleunigungszuschlag an die offene Hand unserer Gemeinde gezahlt hat.";

wegen der glossenhaften Einkleidung die Bezeichnung von Verkehrsüberwachungskräften als „Drückerkolonne", „Abkassierkolonne", die wie „gierige Geier" über die Nummernschilder der Falschparker herfallen, als „nicht mitdenkende Paragraphenreiter" (OLG Düsseldorf NJW 1992, 1335); der Radarmessung als „Wegelagerei" (OLG Düsseldorf NStZ-RR 2003, 295);

der Vorwurf, die GEMA unternehmen den Versuch, in „östliche Zustände" hineinzuführen, als noch adäquaten Ausdruck der Furcht vor Einbrüchen in die Privatsphäre durch die Ermittlungsmethoden der GEMA (BVerfGE 24, 278/282 – *GEMA*);

als „Gegenschlag" die Bezeichnung des Gegners als „hemmungslos ehrgeizig, unübertrefflich arrogant und unverträglich" (BGH Ufita 76, 324);

als „Gegenschlag" auf die Attacke eines Kunstprofessors, der Kunstkritikern „autoritär faschistische Gesinnung" unterstellt und ihnen vorgeworfen hatte, sie scheuten nicht die billigsten Argumenten und gaukelten dem Leser Dinge vor, die einfach nicht wahr seien, die Zurückweisung dieser „hasserfüllten, in der Form eines borniertes Oberlehrers vorgetragenen Tiraden" und die Bemerkung: „hier saßen ein paar dialektische Gartenzwerge beieinander, kurzsichtig und weitschweifig über Fragen hockend, die sie gründlich falsch gestellt hatten" (BVerfGE 54, 129/137 – *Kunstkritik*);

der Vorwurf von „brutalem Machtmissbrauch" gegenüber einer Zeitungsgruppe (BGH NJW 1981, 2117);

anlässlich der Hauptversammlung eines Chemiekonzerns in einem Flugblatt-Aufruf zur „Unterstützung der kritischen Bayer-Aktionäre" die Passage: „Gefahren für die Demokratie. In seiner grenzenlosen Sucht nach Gewinnen und Profiten verletzt Bayer demokratische Prinzipien, Menschenrechte und politische Fairness" (BVerfGE 85, 1 = NJW 1992, 1439 – *Kritische Bayeraktionäre*);

die gegenüber seiner Kassenärztlichen Vereinigung von dem Kassenarzt ausgesprochene Verdächtigung der „planmäßigen zentral gesteuerten Fälschung", des Betrugs, der Unterschlagung der Korruption bei der Überprüfung seiner Abrechnungen auf ihre Wirtschaftlichkeit nach der statistischen Vergleichsmethoden, weil es dem Kassenarzt um die Korrektheit der Abrechnungspraxis gehe (BVerfG NJW 1994, 2413; vgl dazu aber auch BGH NJW 1992, 1314 – *Kassenarzt*);

der Vorwurf der „Datenmanipulation" in einer Untersuchung und Auswertung der Ausgewogenheit ostdeutscher Presseberichterstattung in Bezug auf politische Parteien (OLG Köln OLGR 2003, 87);

die Bewertung einer Zeitschrift für Kapitalanleger als „dümmliches Blatt", es gehöre nicht gerade zu den herausragenden Publikationen (OLG Frankfurt AfP 1988, 675/676);

in einem Bericht über den „Coaching Markt" die Bezeichnung von Anbietern als „Scharlatane" (BGH GRUR 2012, 74 – *Coaching-Newsletter*);

der Zeitungsverlag führe gegen den Verlag eines Anzeigenblatt einen „Vernichtungsfeldzug, der als besondere Form der Wirtschaftskriminalität zu bewerten sei" (OLG Stuttgart AfP 1980, 43);

der Vorwurf gegen einen tendenziell ausgerichteten Verlag, er arbeite mit „Geschichtsfälschung" und ihm sei „jedes Mittel recht" (OLG Köln AfP 1987, 217);

der Vorwurf der „Lüge" gegenüber einer widersprechenden Erklärung des Angreifers (OLG Köln AfP 1991, 438); die Bezeichnung der Kassenarztpraktiken an einer Universitätsklinik als „illegal" (BGH NJW 1982, 2246); der Abrechnungspraxis einer Kassenärztlichen Vereinigung als „grob unkollegiales Verhalten" und „Missbrauch von Dienstfunktionen" (BGH NJW 1992, 1314); eines Amtsbewerbers als „linksradikal bis prokommunistisch eingestellter Kommunalspezi" (OLG München ArchPrax 72, 109);

in einer Glosse über Fastfood die ironische Bemerkung: „Dreck's Donald"; „jeder Big Mac verwundet, der Letzte tötet" (KG AfP 1984, 217); oder: „Kommunalbeamte gelten gemeinhin als etwas schläfrig. Das ist nicht nur übertrieben, sondern kann ein Kompliment sein. Denn was würde uns erspart, wenn sie einfach weiterschlafen." (OLG Düsseldorf NJW 1992, 1336);

die Abwertung eines Lokals unter der Rubrik „Flop Five – Golden Flops" aufgrund eines Testessens (OLG Frankfurt OLGR 1999, 279);

die Bezeichnung der Tätigkeit einer Geistheilerin als „absurde Scharlaterie, die allerdings gefährlich ist" (OLG Karlsruhe AfP 1997, 721 – *Uriella*);

in einer gesundheitspolitischen Kritik die Bezeichnung eines Arztes „als Scharlatan, als Pfuscher, als personifizierter Vertreter der Vitaminindustrie" (OLG Karlsruhe NJW-RR 2002, 1695);

die Äußerung, der Gutachter habe „abseits jedweder vertretbarer medizinischer Kompetenz" begutachtet (BGH NJW 2003, 961 – *Kritik an Gutachter*);

die Bezeichnung einer Entenmästerei in Großbetrieben als „tierquälerische" (OLG Nürnberg NJW-RR 2003, 40);

C. Pflichten für die Presseberichterstattung im Einzelnen § 6 LPG

die Aussage, Angeln verstärke die Empfindungslosigkeit und Ignoranz gegenüber dem Leben, trage erheblich zur Verrohung der Gesellschaft bei und könne den Grundstein legen dafür, dass sich geistige Menschen zu Gewalttätern entwickeln (OLG Stuttgart OLGR 2002, 277);
in einer Buch-Satire eines Erziehers über einen leicht wiederzuerkennenden Lehrer in einer Kleinstadt: „L. gehörte zu jener Spezies, die durch ihr Verhalten jedes Vorurteil über Lehrer bestätigten. Er war faul, anmaßend, unpünktlich und feierte – im wahrsten Sinn des Wortes – meistens einmal monatlich krank" (OLG Hamm AfP 2002, 224 – *Pestalozzis Erben*); in einer Buchbesprechung der Vorwurf, das Buch „So heilt Gott" gefährde das Leben der Leser, da es auf jede medizinische Diagnose verzichte und Diabetikern empfehle, das Hungergefühl mit einem Diamanten zu bekämpfen (OLG Karlsruhe AfP 1995, 524);
das Zeitungsinserat, mit dem der Bauherr „Leidensgenossen" zur Gründung einer Interessengemeinschaft sucht, weil er bei der Erstellung seines Typen-Einfamilienhauses mit den Leistungen seines Baubetreuers wegen erheblicher Baumängel nicht zufrieden sei (OLG München AfP 1992, 275);
eine satirische Fotomontage, die unvorteilhafte Fotos vom Gesicht des Betroffenen benutzt (BGHZ 156, 206/208 ff. – *Fotomontage,* aufgehoben durch BVerfG NJW 2005, 3271; dazu Rn 136b).
Pauschale und unsachliche Abwertung des publizistischen Wettbewerbs (zB Vorwürfe der mangelnden Seriosität) sind nach §§ 3 ff. UWG unzulässig (zu § 1 UWG aF BGH NJW 1982, 637), wenn im konkreten Fall das publizistische Moment von der Konkurrenzabsicht in den Hintergrund gedrängt ist (BGHZ 45, 296 – *Höllenfeuer;* 50, 1 – *Pelzhandel*). Bei Pressefehden spricht generell keine Vermutung für eine Wettbewerbsabsicht, auch wenn die Kritik objektiv der Förderung des Wettbewerbs des Kritikers dient (BGH NJW 1982, 637). Näher dazu Rn 140, 151 ff.

III. Pflichten zur Achtung des Rechts auf informationelle Selbstbestimmung und Selbstdefinition der Person

1. Schutzziel

Der Presseberichterstattung sind inhaltliche Grenzen durch das vom Persönlichkeitsrecht in einem Kernbestand mitumfasste Recht der Person gesetzt, selbst darüber zu bestimmen, was sie von sich der Öffentlichkeit preisgibt (Recht auf informationelle Selbstbestimmung), sowie ihrem Selbstverständnis in der Öffentlichkeit Geltung zu verschaffen (Recht auf Selbstdefinition des sozialen Geltungsanspruchs). Teilbereiche des Schutzbedürfnisses auf informationelle Selbstbestimmung werden durch Pflichten der Presse zur Wahrung der Intim-, Privat- und Geheimsphäre abgedeckt und näher konkretisiert; zu diesen Pflichten vgl Rn 214 ff. Aber über das Interesse hinaus, Persönlichkeitsbereiche für die freie, ungezwungene Lebensgestaltung vor ungewollten Einblicken der Öffentlichkeit freizuhalten, besteht ein elementares Bedürfnis auf Schutz der Person davor, durch die Medien für die Öffentlichkeit verfügbar gemacht zu werden. Auch im Medienzeitalter gibt es durchaus Menschen, die es als Beschränkung ihrer Persönlichkeit empfinden, wenn ihr Name in der Zeitung steht, und es sind keineswegs nur die überempfindlichen. Ebenso wird zwar der soziale Geltungsanspruch der Person im Wesentlichen durch den Ehrenschutz gewährleistet. Aber über den Schutz vor einer Ansehensminderung hinaus hat die Person ein Recht auf Verwirklichung ihres Selbstverständnisses von ihrem sozialen Erscheinungsbild.

193

2. Grenzen für die Darstellung des Lebensbildes

Vgl zunächst zu dem Inhalt und den Grenzen des informationellen Selbstbestimmungsrecht Rn 58 ff., zum Recht auf Selbstdefinition des sozialen Geltungsanspruchs Rn 61 f.

194

a) Gestufte Rücksichtspflichten

Das Recht auf informationelle Selbstbestimmung und Selbstdefinition der Person hindert die Presse grundsätzlich nicht daran, über die Person ausführlich zu berichten, insbes wo es um ihr Auftreten in der Sozial- und Öffentlichkeitssphäre geht und dem Publikationsinteresse nicht wegen der damit verbundenen Nachteile für die Person im konkreten Fall ein höherrangiges Bedürfnis nach Anonymität entgegensteht (BVerfGE 97, 391/403 f. – *sexueller Missbrauch;* 99, 185/196 f. – *Sektenmitgliedschaft;* 101, 361/380 – *Paparazzifotos;* BVerfG NJW 2002, 3767 – *Bonnbons;* 2005, 1857/1858 – *Ballett-Premiere;* 2011, 740 – *Wie gefährlich ist das süße Leben?;* 2012, 756 – *CvM in Zürs;* BGHZ 160, 298/303 f. – *Das heimliche Babyglück;* 187, 200 – *Rosenball;* BGH NJW 2004, 762/764 – *Luftbildaufnahme I;* 2004, 766 – *Luftbildaufnahme II;* 2005, 56/58 – *Reitturnier;* 2006, 599/600 – *Autobahnraser;* AfP 1999, 350 – *Scheidungsgrund*). Geschützt ist de Betroffene vor verfälschender oder entstellender Darstellung seiner Person (BVerfGE 97, 125/140 – *Caroline v Monaco I;* 97, 391/403 – *Mißbrauchsvorwurf;* 99, 185/193 – *Scientology;* 114, 339/346 – *Stolpe;* BGH AfP 2008, 193 – *namenloser Gutachter*). Der Schutz richtet sich aber auch gegen eine Darstellung der Person, die zwar wahr ist, die die Person aber auf eine Weise der Öffentlichkeit preisgibt, in der sie sich unter nachhaltiger Beeinträchtigung freier Persönlichkeitsverwirklichung als vor der Öffentlichkeit „verfolgt", „entäußert" oder gar „vorgeführt" oder in ein ihr fremdes Erscheinungsbild gezwungen oder für die Öffentlichkeit „verfügbar gemacht" empfinden muss. Entsprechendes gilt bereits für die Bereitstellung auf die Person in dieser Weise zudringende Daten auf einer Internet-Plattorm (BVerfG AfP 2009, 365 – *Sexualstraftäter;* BGH NJW 2013, 229 – *Gazprom-Manager;* AfP 2011, 180 – *Moshamer-Mord online*).

Allerdings ist auch eine Darstellung des Betroffenen,, durch die er sich mehr oder weniger „entäußert" sieht, nicht von vornherein verboten. Sie muss sich aber in der Güter- und Interessenabwägung durch die Art und das Gewicht des Publikationsinteresses nicht nur gegenüber den materiellen und immateriellen Nachteilen, die der Betroffene durch sie befürchten muss, sondern eben auch gegenüber den Einschränkungen legitimieren, die solche „Entäußerung" und „Verfügbarkeit" für die Selbstbestimmung der Person und die Verwirklichung ihrer Persönlichkeit bedeutet (BGHZ 181, 328/339/342 – *www.spickmich.de*). Je umfassender die Presse sich mit dem Betroffenen beschäftigt, desto stärker muss sie sich bewusst sein, dass sie hierdurch sein Persönlichkeitsbild für die Öffentlichkeit festlegt und dadurch seine Selbstverwirklichung verkürzt, zumindest erschwert. Darauf muss sie nicht nur durch das Bemühen um Wahrheit, sondern auch durch Respektierung des Betroffenen als Person Rücksicht nehmen.

195 Die sich daraus für die Presse ergebenden Rücksichtspflichten hängen auch hier maßgebend von dem Anlass der Berichterstattung, dem Öffentlichkeitsbezug des Betroffenen und der Situation ab, in der er konkret betroffen wird. Das Ausmaß der Zurückhaltung wird zunächst davon bestimmt, in welchem Maß das Persönlichkeitsbild des Betroffenen bereits öffentlich definiert ist (BGHZ 198, 346 ff. – *Mascha S.*). Insoweit kann das Wertungskonzept der §§ 22, 23 KUG, § 201a StGB entsprechend zugrundegelegt werden (vgl dazu Rn 118 ff., 129 f.). Prominente Personen (dazu vgl Rn 131 ff.) finden ein besonders starkes Interesse der Öffentlichkeit an ihrer Person. Wegen ihres Öffentlichkeitsbezugs werden sie durch den Zugriff der Presse als solchen jedenfalls im Rahmen einer Wortberichterstattung in ihrer Selbstdefinition und Selbstverwirklichung noch nicht ohne weiteres unzulässig verkürzt (BVerfG NJW 2011, 740 – *Wie gefährlich ist das süße Leben?* 2012, 756 – *CvM in Zürs;* BGHZ 187, 200/208 f. – *Rosenball*). Entsprechendes gilt für Menschen, die sich ganz wesentlich in einem Öffentlichkeitsbezug verwirklichen, aber auch Politiker, Lehrer (BGHZ 181, 328/338 f. – *www.spickmich.de*). Fensehmoderatoren, Entertainer, Künstler vor allem eines Massenpublikums, Volksredner oder -prediger usw. Verbieten lassen können natürlich auch sie unwahre Mitteilungen über Persönliches, auch wenn

C. Pflichten für die Presseberichterstattung im Einzelnen § 6 LPG

Ehre oder Ruf nicht tangiert sind (OLG Hamburg NJW-RR 1999, 1701 – *Heiratspläne*).

Einschränkungen für die Zulässigkeit von wahren Presseberichten über die Intim- und Privatsphäre aus dem Gesichtspunkt des Rechts auf informationelle Selbstbestimmung schützen auch prominente Personen. Abbildungen über das Alltagsverhalten „verdinglichen" die Persönlichkeit des Betroffenen – auch von eines im Rampenlicht stehenden – in ihren spontanen, von dem Betroffenen für ein unbekanntes Umfeld nicht „autorisierten" Lebensäußerungen besonders intensiv. Hinzu kommt der physische und psychische Druck, den das Wissen um die Möglichkeit einer ständigen Registrierung auch solcher Alltagsäußerungen durch die Kameras von Fotografen auf das ungezwungene Verhalten auslösen kann. Das kann uU zu Einschränkungen personaler Lebens- und Entfaltungsbereiche führen, die nur ein besonders starkes Interesse der Öffentlichkeit rechtfertigen kann, das sich durch den Anlass und durch Respekt vor der Privatheit der Privatsphäre auch in dem Zudringen auf den Betroffenen bei der Materialgewinnung und der Art der Veröffentlichung, ihrer Aufmachung legitimieren muss. Wesentlich kommt es für die Zulässigkeit deshalb auf den inneren Bezug des Medienberichts nach Thema, Inhalt und Aufmachung zu der zeitgeschichtlichen Bedeutung an, derentwegen die betroffene Person des öffentlichen Lebens das Interesse de Medien findet. Wo dieser Bezug nicht deutlich genug ist, sollte das informationelle Selbstbestimmungsrecht des Betroffenen Vorrang vor dem Interesse der Öffentlichkeit jedenfalls an einem Bildbericht über seine Privatsphäre haben.

Dieser Vorrang besteht grundsätzlich bei einem Menschen, dessen Lebensbild auf Grund seiner Rolle im Tagesgeschehen oder auch nur zur Personifizierung einer Thematik (zB der Konflikte zwischen Alteigentümern und Nutzern von „DDR"-Grundstücken; OLG Brandenburg NJW 1999, 3339) von einer Zeitung erst eigentlich „öffentlich gemacht" wird. Auch mit seinem Lebensbild darf sich die Presse bzw das Internet befassen, aber das muss umso zurückhaltender geschehen, je weniger die Sache zu solcher Darstellung Anlass gibt. Das Interesse an einer namentlichen Herausstellung muss hier in aller Regel deutlich in der Sache begründet sein, um sich gegen ein Anonymitätsinteresse der Person durchzusetzen. Je kompletter die Presse bzw das Internet vor der Öffentlichkeit Persönlichkeitsdaten ausbreitet und verfestigt, desto stärker ist die Verpflichtung der Presse, sich nicht nur um wahrheitsgetreue, sondern auch um eine faire Darstellung bemühen. Der Verhältnismäßigkeitsgrundsatz ist besonders gefordert, wo es um ein negatives oder intimes Erscheinungsbild geht, das man wegen der belastenden oder bloßstellenden Wirkung typischerweise nicht der Öffentlichkeit vorgestellt sehen möchte; etwa in der Berichterstattung über die plötzliche Entlassung als leitender Angestellter, durch die die beruflichen Fähigkeiten und charakterlichen Eigenschaften zur öffentlichen Erörterung erstellt werden (BGH NJW 1979, 1041 – *Exdirektor*; AfP 1986, 223 – *Korrespondentenskandal*), oder in der Benotung von Lehrern durch ihre Schüler auf einer Internet-Plattform (BGHZ 181, 328/339 f. – *www.spickmich.de*) oder in der Darstellung der Krankengeschichte, auch wenn sie bei der Leserschaft Mitleid und Anteilnahme erzeugt werden soll (OLG Oldenburg NJW 1983, 1202), oder in der öffentlichen Bekanntgabe der Entmündigung (heute: der Anordnung eines Betreuungsverhältnisses) wegen Verschwendung oder Trunksucht (BVerfGE 84, 192/194 – *Mietvertrag*; OLG Karlsruhe NJW-RR 1999, 1699); oder in der Veröffentlichung über ein Verfahren zur Abgabe der Offenbarungsversicherung (OLG Hamburg AfP 1992, 376); oder in der Offenlegung der Zugehörigkeit zu einer ins öffentliche Zwielicht geratenen Sekte (OLG Celle NJW-RR 1999, 1477; OLG Köln AfP 1993, 759; OLG München AfP 1993, 762; OLG Stuttgart AfP 1993, 739). Zu der besonderen Problematik von Berichten über Straftäter unter Namensnennung näher Rn 205 ff.

Hier muss die intensive „Vereinnahmung" der Person durch ein starkes Publikationsinteresse an der Berichterstattung über den Anlass und durch den inneren Zusammenhang solchen Zugriffs mit diesem gerechtfertigt sein. Auch insoweit gilt, dass sich die Person nicht gegen ihren Willen als Objekt eines reinen Sensations- oder Unterhaltungsinteresse vermarkten lassen muss, jedenfalls solange dieser Zugriff nicht aufgewogen wird durch einen entsprechenden Öffentlichkeitswert, den sie durch ihre auf die Öffentlichkeit ausgerichtete Lebensgestaltung selbst anbietet. Insoweit streitet also jedenfalls zugunsten des Normalbürgers eine Vermutung für die Unzulässigkeit solcher Herausstellung der Person.

197 Geprüft werden muss hier auch, ob das Publikationsinteresse nicht unter Wahrung der Anonymität des Betroffenen erfüllt werden kann (OLG Stuttgart NJW 1972, 2330). Der Grundsatz, dass die Presse in ihrer Berichterstattung über die Person sich nicht auf das schonendste Mittel verweisen lasen muss (vgl Rn 48 f.), bedarf in solchen Fällen einer Einschränkung. Grundsätzlich muss das Informationsinteresse gerade an der Identifizierung des Betroffenen bestehen. Der Informationsgehalt muss aus der Namensnennung bezogen werden (OLG Stuttgart NJW 1973, 2320). Meistens wird das schutzwürdige Interesse der Öffentlichkeit auf die Thematik beschränkt sein, auch wo die Vorgänge um den Betroffenen den Anstoß für die Berichterstattung gegeben haben (*Wenzel/Burkhardt* Kap 6 Rn 57 ff.). Dann begründet das Publikationsinteresse die namentliche Heraushebung der Person noch nicht (BGHZ 36, 77/81 – *Waffenhändler;* BGH NJW 1980, 1790/1791 – *Familientragödie;* GRUR 1965, 256 – *Gretna Green;* 1966, 157 – *Wo ist mein Kind?;* OLG Oldenburg NJW 1983, 1202 – *Nierentransplantation*). Allerdings kann uU die Presseberichterstattung durch Namensnennung an Glaubwürdigkeit gewinnen. Deshalb umfasst die Pressefreiheit prinzipiell auch das Interesse daran, gemeinschaftswichtige Themen durch konkrete Beispiele zu belegen oder zu verdeutlichen. Aber auch hier kann eine Namensnennung nur zulässig sein, wenn sie verhältnismäßig ist und dem Leser hinreichend deutlich gemacht wird, dass es sich um die Veranschaulichung des Themas an einem Fallbeispiel handelt (BGH NJW 1966, 2353 – *Vor unserer eigenen Tür;* 1987, 2746/2747 – *Formaldehyd;* GRUR 1966, 633 – *Teppichkehrmaschine;* 1969, 304/306 – *Kredithaie;* 1969, 555/559 – *Cellulitis*). Zudem hat die Presse zu fragen, ob bei dem von ihr angesprochenen Leserkreis ein schutzwürdiges Interesse an solcher Konkretisierung besteht oder ob nur das Informationsinteresse einiger weniger befriedigt wird und ob es wirklich der Mitteilung aller Umstände bedarf, durch die der Betroffene identifizierbar wird (vgl Rn 205 f.).

Die Sorgfaltspflicht, die für die Presse in den Hauptanwendungsfällen der Berichterstattung über Ermittlungs- und Strafverfahren herausgearbeitet worden sind, gelten entsprechend für Veröffentlichungen, die die Person vergleichbar belasten (vgl Rn 205 ff.).

b) Fallbeispiele für absoluten Schutz

198 Grundsätzlich nur mit Einwilligung des Betroffenen zulässig sind Darstellungen, in denen sich die Person anderenfalls als vor der Öffentlichkeit vorgeführt empfinden müsste, zB durch Informationen über ein Betreuungsverhältnis (BVerfGE 78, 77/84 – *Entmündigung wegen Verschwendung und Trunksucht;* 84, 192/194 – *Mietvertrag;* OLG Karlsruhe NJW-RR 1999, 1699); oder über ein Verfahren zur Abgabe der Offenbarungsversicherung (OLG Hamburg AfP 1992, 376); oder im Rahmen einer Ehrenpatenschaft des Bürgermeisters für Drillinge über eine frühere Verurteilung des Kindesvaters wegen eines Sexualdelikts (BVerfG NJW-RR 2007, 1191 – *Ehrenpatenschaft*); oder durch detaillierte Ausführungen über den psychischen Gesundheitszustand und andere „Auffälligkeiten" eines Rechtsanwalts in einem Pressebericht über seine Strafverteidigung (BVerfG NJW 2004, 3619 – *Würzburger Anwalt*); oder durch die Veröffentlichung von Protokollen über Vieraugengespräche, in denen der Betroffene unter dem Siegel der Vertraulichkeit in vielen Sitzungen über sein dienstliches Verhältnis zum BND geplaudert hatte, so dass in den Protokollen nicht nur seine Vertrauensseligkeit dokumentiert, sondern seine Persönlichkeit in vielen Facetten besonders komplex festgehalten und preisgegeben worden war (BGH NJW 1987, 2667/2668 – *Langemann*); oder durch das Herausstellen als politischer Gegner auf der

C. Pflichten für die Presseberichterstattung im Einzelnen § 6 LPG

Internetseite einer rechtsradikalen Vereinigung mit Foto und Namen (OLG Jena AfP 2001, 78). Entsprechendes muss für die Veröffentlichung eines Psychogramms oder eine ähnliche Darstellung gelten, die verborgene physische und psychische Schichten der Person besonders ausgiebig transparent zu machen sucht; sei es auch mit wissenschaftlichem Anspruch. Verboten worden ist einer Fernsehanstalt die Ausstrahlung eines Dokumentarspiels, in der das Persönlichkeitsbild eines Mörders besonders eindringlich auch unter Einschluss des Sexualbereichs umfassend dargestellt werden sollte, mit Rücksicht auf die davon ausgehenden nachteiligen Wirkungen für seine spätere Resozialisierung (BVerfGE 35, 202/220 – *Lebach*). Untersagt wurde dem Professor, die Bilanzen einer GmbH als Musterbeispiel eines maroden Unternehmens unter Namensnennung in seinen Unterlagen für sein Steuerberater-Seminar zu benutzen und die GmbH seinen ca 1200 Steuerberater-Schülern „vorzuführen" (BGH NJW 1994, 1281/1282 – *Jahresabschlussbilanz;* BVerfG NJW 1994, 1784).

Eng mit dem Recht auf informationelle Selbstbestimmung verzahnt ist der Schutz der Intimsphäre einschließlich des für die Selbstverwirklichung der Person unverzichtbaren Möglichkeiten zum räumlichen Rückzug vor der Öffentlichkeit, die auch für Personen der Zeitgeschichte absolut geschützt sind (BVerfGE 101, 361/380 – *Paparazzifotos;* BGHZ 131, 332 – *Paparazzifotos;* BGH NJW 2004, 762/764 – *Luftbildaufnahme I;* 2004, 766 – *Luftbildaufnahme II.* Näher dazu Rn 136f., 216f. Zum Schutz von Kindern, Jugendlichen, Heranwachsenden vor Medienberichten über ihr Auftreten in der Öffentlichkeit, auch wenn sie zum „JetSet" gehören, näher Rn 133a.

Nur mit Einwilligung des Betroffenen zulässig ist das Ausnutzen oder Verfügbarmachen des Persönlichkeitsbildes für Zwecke der Werbung für ein Produkt (vgl BGH NJW 1971, 698/669 – *Pariser Liebestropfen;* 1981, 2402 – *Carrera;* 1992, 2084 – *Joachim Fuchsberger;* AfP 2008, 598 – *Dieter* Bohlen); GRUR 1984, 907 – *Frischzellenkosmetik;* 1987, 187 – *Nena;* OLG Hamburg AfP 1982, 282; 1989, 558) oder für eine politische Partei (BGH NJW 1980, 994 – *Wahlkampfbroschüre*). Wegen der damit verbundenen besonderen Belastungen für das Erscheinungsbild des Betroffenen sind an die Pflicht der Presseverantwortlichen, sich über die Einwilligung zu vergewissern, die für die Bildnisveröffentlichung geltenden strengen Anforderungen zu stellen (vgl Rn 202 ff.).

Unzulässig nicht nur wegen der Verletzung der Wahrheitspflicht, sondern wegen **199** der Missachtung des Rechts, dem Selbstverständnis der Person Geltung zu verschaffen, ist es, wenn einen erfundenen Lebenssachverhalt, eine andere Identität, ein erfundenes Interview zu unterschieben (BVerfGE 34, 269/282 – *Soraya;* BGHZ 128, 1/7f. – *Caroline v Monaco I;* BGH NJW 1965, 685/86 – *Soraya*). Über den Tod hinaus reicht der Schutz vor grober Entstellung des Persönlichkeitsbildes (BGHZ 50, 133/137 – *Mephisto;* BGH NJW 1974, 1371 – *Fiete Schulze*) oder vor der Verfälschung des Lebenswerk seines bildenden Künstlers durch Bilderfälschungen (BGHZ 107, 384/392 – *Nolde-Aquarelle;* vgl dazu auch OLG Hamburg NJW 1990, 1985). Das Selbstbestimmungsrecht wird verletzt, wenn die anwaltliche Aufforderung, einen den Mandanten belastenden Pressebericht richtig zu stellen, als Leserbrief abgedruckt und damit dem Anwalt ein ganz anderes Engagement für seinen Mandanten unterschoben wird (BGHZ 13, 334 – *Leserbrief*).

3. Pflicht zur Zitierungstreue

Aus demselben Grund ist die Presse verpflichtet, richtig zu zitieren. Der Zitierte **200** hat einen Anspruch darauf, dass seine Aussage an seinem Selbstverständnis, also daran gemessen wird, wie und in welchem Kontext er die Äußerung gemacht hat, und nicht daran, wie ein Teil der Leser oder Hörer die Äußerung auch (miss)verstehen konnten, solange das Zitat als solches, also als eindeutige, einer Interpretation nicht bedürftige Erklärung des Zitierten ausgegeben wird (BVerfGE 54, 148/155 – *Eppler;* 54, 208/217 – *Böll;* BVerfG AfP 1993, 563 – *BKA-Präsident;* 2010, 145 – *Zitat aus*

Anwaltsschreiben; BGH NJW 1982, 635/636 – *Böll II;* 2006, 609/610 – *Anlegerklage;* 2011, 3516 – *Das Prinzip Arche Noah;* VersR 2008, 1081 – *Bauernfängerei II;* OLG Bremen AfP 1987, 514; OLG Hamburg NJW 1987, 1416/1417). An die Pflicht zur Zitierungstreue werden strenge Anforderungen gestellt. Eine Missverständnisfreiheit des Zitierenden gibt es insoweit nicht; er muss sich als Sprachrohr des Zitierten verstehen. Er muss Wortwahl und Gedankenführung des Zitierten berücksichtigen (BGH NJW 1982, 635 – *Böll II*). Er darf das Zitat nicht aus seinem Gesamtzusammenhang lösen und ihm dadurch einen anderen Sinn unterschieben (OLG München AfP 1981, 297; OLG Saarbrücken AfP 1985, 134). Will er das Gesagte verkürzt wiedergeben, so muss er deutlich herausstellen, dass es sich nicht um ein Zitat, sondern um eine inhaltliche Zusammenfassung handelt. Einen Interpretationsvorbehalt muß er auch machen, wenn er nur seine eigene Interpretation des mehrdeutig Gesagten wiedergibt (BVerfGE 54, 208/221 – *Böll;* BVerfG NJW 2013, 774 – *Das Prinzip Arche Noah*). Einzelne Worte in Anführungszeichen machen aber nicht stets schon zum Zitat (BVerfG AfP 1993, 563/564 – *BAK-Präsident*). Aus demselben Grund darf die Presse Leserbriefe grundsätzlich nicht verkürzt veröffentlichen, sofern sie dafür nicht die Autorisation des Autors hat (*Langohr* MDR 1989, 959).

4. Grenzen für Gesprächsprotokolle

201 Außer Kraft gesetzt werden kann das Recht der Person auf Selbstbestimmung über sein Persönlichkeitsbild in der Öffentlichkeit auch dadurch, dass das gesprochene Wort durch die ungenehmigte Aufnahme auf einer Tonbandkonserve verdinglicht und dadurch für eine Reproduktion vor welchem Adressatenkreis und in welchem Kontext auch immer verfügbar gemacht wird. Deshalb sind nicht nur Privatgespräche, sondern auch geschäftliche Besprechungen grundsätzlich vor ungenehmigten Tonbandmitschnitten, vor der heimlichen Einbeziehung eines Dritten in ein Telefongespräch durch Mithöreinrichtungen und vor der Verwertung solcher ungenehmigten Teilnahme im Wege des Zeugen-, Urkunden- und Anscheinsbeweises vor Gericht durch das Persönlichkeitsrecht geschützt (BVerfGE 34, 238/246 – *Tonbandaufnahme;* 35, 202/220 – *Lebach;* 54, 148/155 – *Eppler;* 106, 28/39 – *heimlicher Mithörer;* BVerfG NJW 1992, 815; BGHZ 27, 284/286 – *Tonbandaufnahme;* BGH NJW 1982, 1397/1398; 1987, 2267 – *Langemann;* 1988, 1016/1017; 2003, 636 – *Telefongespräch;* 2003, 2717 ff.; OLG Karlsruhe NJW-RR 2003, 410 – *Anti-Aggressionstraining*). Dabei ist der Inhalt der Kommunikation unerheblich, ebenso, ob die Vertraulichkeit besonders zugesichert worden ist oder nicht. Dieser Schutz, der durch die Strafsanktion des § 201 StGB verstärkt ist, zielt in erster Linie auf die Tonkonservierung; die Strafsanktion des § 201 Abs 2 Nr 2 StGB umfasst auch die Veröffentlichung einer Gesprächsmitschrift, wenn sie aus einer verbotenen Tonbandaufzeichnung gewonnen worden ist. Solche Veröffentlichung kann auch in anderen Fällen unzulässig sein, wenn sie durch ihre Detailgenauigkeit über eine lange Passage die Persönlichkeit des Sprechenden so intensiv zur Anschauung bringt, dass er sich als der Öffentlichkeit preisgegeben empfinden muss (vgl BGHZ 73, 120 – *Kohl/Biedenkopf;* BGH NJW 1987, 2667 – *Langemann;* OLG Karlsruhe NJW-RR 2003, 410 – *Anti-Aggressionstraining*: Aufzeichnung einer gruppentherapeutischen Sitzung im Bewährungsvollzug). Zum Anspruch der Presse auf Duldung des Mitschneidens von öffentlichen Gemeinderatssitzungen *Wilhelmi* AfP 1992, 221 ff.

Zudem umfasst das Persönlichkeitsrecht grundsätzlich auch die Befugnis, selbst darüber zu bestimmen, ob seine Worte seinem Gesprächspartner, einem bestimmten Kreis oder der Öffentlichkeit zugänglich sein sollen (BVerfGE 54, 148/155 – *Eppler;* 106, 28/39 – *heimlicher Mithörer;* BVerfG NJW 1992, 815; BGHZ 27, 284/286 – *Tonbandaufnahme;* BGH NJW 1991, 1180). Privatgespräche sind damit zwar nicht der ungenehmigten Veröffentlichung absolut entzogen; die Belastung des Selbstbestimmungsrechts ist aber bei der Güterabwägung mit zu berücksichtigen. Auch in derartigen Fällen, die allerdings selten sein werden, muss die Presse den Abdruck des Ge-

C. Pflichten für die Presseberichterstattung im Einzelnen § 6 LPG

sprächs unterlassen, solange die Zustimmung des Betroffenen dazu nicht vorliegt. Zum Nebeneinander vom Recht am gesprochenen Wort und allgemeinen Persönlichkeitsrecht *J. Helle* S 231 ff.; *Schünemann* ZWStrW 90 (1978), 11/16; *Wente* S 89.

5. Sorgfaltspflichten für den Bildnisschutz

Besonders intensiv als „verdinglicht" der Öffentlichkeit preisgegeben wird die Person durch eine Darstellung im Bild. Entsprechend umfasst das Selbstbestimmungsrecht der Person das Verfügungsrecht darüber, ob und wie ihr Bildnis in die Öffentlichkeit gebracht wird. Grundsätzlich ist die Veröffentlichung nur mit Einwilligung des Abgebildeten zulässig (§ 22 KUG, § 201a StGB). Von den Ausnahmen, unter denen § 23 KUG die Veröffentlichung ohne Einwilligung zulässt, stehen für die Presse Bildnisse aus dem Bereich der Zeitgeschichte an erster Stelle (§ 23 Abs 1 Nr 1 KUG) sowie Bilder von Versammlungen, Aufzüge, Demonstrationen (§ 23 Abs 1 Nr 3 KUG). Jedoch steht auch der Dispens des § 23 Abs 1 KUG unter dem Vorbehalt, dass durch die Veröffentlichung nicht das berechtigte Interesse des Abgebildeten bzw das seiner Hinterbliebenen verletzt wird (§ 23 Abs 2 KUG). 202

Zu den Tatbestandsmerkmalen der §§ 22, 23 KUG und § 201a StGB im Einzelnen vgl Rn 118 ff.

Wer Personenbilder veröffentlichen will, muss also prüfen, wer der Abgebildete ist, ob das Bildnis aus einem durch § 201a StGB oder durch das allgemeine Persönlichkeitsrecht absolut vor ungenehmigten Bildnisveröffentlichungen geschützten Rückzugsbereich des Betroffenen stammt, in welchem Zusammenhang der Abgebildete mit dem Sachanliegen der Berichterstattung steht, ob dieses nach § 23 Abs 1 KUG von dem Einwilligungsbedürfnis befreit, verneinendenfalls ob eine wirksame Einwilligung vorliegt und ob sie die beabsichtigte Veröffentlichung umfasst. Das Vorliegen einer ausreichenden Einwilligung oder die Ausnahmen einer Befreiung von dem Einwilligungsbedürfnis nach § 23 KUG gehören in solchen Fällen ohnehin zur Beweislast der Presse. Die Tatbestandsvoraussetzungen des § 201a StGB sind zwar dem Beschuldigten nachzuweisen; indes befreit das die Presse nicht von der Pflicht, einem Verdacht, dass die Aufnahme unter Verstoß gegen die Vorschrift oder unter Verletzung des zivilrechtlich geschützten umfassenden Rückzugsbereich des Abgebildeten zustande gekommen ist, vor der Veröffentlichung des Bildnisses nachzugehen.

a) Anforderungen an die Prüfung des Einwilligungsbedürfnisses

Für das Einwilligungsbedürfnis hat die Presse zunächst die sehr geringen Anforderungen zu beachten, die die Rechtsprechung an die Erkennbarkeit des Betroffenen stellt. Dazu vgl Rn 122. Es genügt die entfernte Möglichkeit, von Menschen der nächsten Umgebung oder anderen über den Betroffenen besonders unterrichteten Personen aus den Begleitumständen der Veröffentlichung oder gar nur in Verbindung mit einer früheren Berichterstattung identifiziert zu werden (vgl BGH NJW 1974, 1947/1948 – *Nacktaufnahme;* 1985, 1617/1618 – *Nacktfoto;* OLG Hamburg AfP 1982, 41; OLG Düsseldorf AfP 1984, 259; ZUM-RD 2012, 137 – *Arzt-Patienten-Gespräch;* vgl auch allgemein dazu BVerfG NJW 2004, 3619 –*Würzburger Anwalt*). Auch Augenbalken oder eine Verpixelung des Gesichts, die charakteristische Merkmale erkennbar läßt, befreien von der Einwilligungsbedürftigkeit nicht (OLG München AfP 1982, 276; OLG Hamburg AfP 1993, 590; OLG Karlsruhe AfP 2000, 42 ff. KG AfP 2011, 383). 203

Eine Befugnis zur Veröffentlichung ohne Einwilligung des Betroffenen bei Bildnissen aus dem Bereich der Zeitgeschichte gemäß § 23 Nr. 1 KUG erkennt die Rechtsprechung heute nur an, wenn die Interessen- und Güterabwägung der Gewährleistungen von Art. 5 Abs. 1 und 3 GG mit den Grundrechten des Betroffenen aus Art. 1 Abs. 1, 2 Abs. 1 und 6 GG unter Berücksichtigung des Verhältnismäßigkeits-Grundsatzes ergibt, daß das Interesse der Öffentlichkeit an dem Bildbericht nicht hinter den Interessen des Betroffenen zurückstehen muß. Nur mit dieser Einschränkung begründet § 23 Nr. 1 KUG eine Vermutung zugunsten der Veröffentlichung.

Die gegenständlich/zeitliche Begrenzung der Befreiung von der Einwilligung aus § 23 Abs 1 Nr 1 KUG muss die Presse bei der Prüfung berücksichtigen. Näher dazu und zu der Reichweite des § 23 Abs 1 Nr 1 KUG vgl Rn 129 ff.

§ 23 Abs 1 Nr 1 KUG befreit nicht vom Einwilligungsbedürfnis, wenn das Bildnis zu Werbezwecken verwendet werden soll oder die Intimsphäre verletzt oder der Betroffene der Lächerlichkeit preisgegeben wird. Zu den Einschränkungen durch § 23 Abs 2 KUG. Näheres bei Rn 135 ff.

b) Anforderungen an die Prüfung der Einwilligung

204 Die Feststellung, dass die erforderliche Einwilligung auch wirklich erteilt worden ist und diese Veröffentlichung umfasst (dazu Rn 127), ist mit großer Sorgfalt zu treffen. Das gilt vor allem für Bildnisse, von denen nicht ohne weiteres ein Einverständnis des Betroffenen zu erwarten ist, auf diese Weise im Bild vorgestellt zu werden; insbes für Nacktfotos, für Fotos aus der Intimsphäre oder solche, die den Abgebildeten in einer Situation äußerster Schutzlosigkeit zeigen (Rn 63); für „verfängliche" Fotos; für Fotos, die zur Werbung oder für den Wahlkampf einer politischen Partei benutzt werden sollen. Und selbstverständlich müssen von vornherein Fotos tabu sein, die das Fehlen einer Einwilligung des Abgebildeten geradezu dokumentieren, wie das mit dem Teleobjektiv geschlossene Nacktfoto der Filmschauspielerin oder das Paparazzi-Foto, das die prominente Fürstentochter in einer auf Ausschluss der Öffentlichkeit zugeschnittenen Situation überrumpelt.

Für diese „heiklen" Fotos, deren ungenehmigte Veröffentlichung das Persönlichkeitsrecht besonders schwer verletzt, hat der Verleger oder eine vergleichbare Organisationsebene Anweisungen für das Prüfverfahren und seine Kontrolle zu geben. Der Verleger kann sich nicht entlasten, wenn es an solchen organisatorischen Vorkehrungen gefehlt hat (BGH GRUR 1965, 495/496 – *Satter Deutscher*). Zu seinen Anweisungen gehört die Aufklärung darüber, dass der Erwerb von einer Presse- oder Bildagentur nicht schon die Gewähr für die Einwilligung des Betroffenen in die Veröffentlichung bietet, selbst wenn gegen ihre Zuverlässigkeit keine Bedenken bestehen und die Agentur von sich aus keine Einschränkung macht; sofern nicht ohne weiteres anzunehmen ist, dass die Agentur den genauen Verwendungszweck des Fotos kennt (BGHZ 20, 345/346 – *Paul Dahlke*; BGH NJW 1980, 994/995 – *Wahlkampfbroschüre*; 1992, 2084 – *Joachim Fuchsberger*; GRUR 1962, 211 – *Hochzeitsbild*; 1965, 495/496 – *Satter Deutscher*; OLG Frankfurt NJW 1992, 441; GRUR 1986, 614; OLG Hamm NJW-RR 1997, 1044; OLG Karlsruhe NJW 1989, 73; KG AfP 2011, 383). Eine Presseagentur, die in der Regel nur Aufnahmen von Personen der Zeitgeschichte zu vergeben hat, rechnet nicht damit, dass das Bildnis erlaubnispflichtig verwendet werden soll (BGH GRUR 1962, 211 – *Hochzeitsbild*); eine Werbeagentur, die auf Wirtschaftswerbung ausgerichtet ist, hat in ihrem Archiv nicht ohne weiteres auch Bildnisse zur Verwendung für eine Wahlkampfillustrierte (BGH NJW 1980, 994/995 – *Wahlkampfbroschüre*). Vielmehr muss, wer Personenbilder veröffentlichen will, grundsätzlich von sich aus prüfen, ob er dazu befugt ist und wie weit seine Befugnis reicht (BGH NJW 1971, 698/700 – *Pariser Liebestropfen*; 1985, 1617/1619 – *Nacktfoto*; 1992, 2084 – *Joachim Fuchsberger*; GRUR 1962, 211 – *Hochzeitsbild*). Zumindest ist bei der Agentur nachzufragen, ob die Einwilligung zu der beabsichtigten Veröffentlichung vorliegt, und bei dem Betroffenen selbst nachzuforschen, wenn die Agentur keine zufrieden stellende Antwort gibt (OLG Frankfurt GRUR 1986, 614; OLG Hamm NJW-RR 1997, 1044). Eine besondere Sorgfaltspflicht trifft die Presse auch für von Dritten eingesandte Fotos (BGH GRUR 1965, 495 – *Satter Deutscher*).

Ferner ist darauf zu achten, dass die Einwilligung im Allgemeinen nicht generell erteilt wird, sondern in aller Regel einen sachlichen und zeitlichen Bezug hat, der sie umso stärker einschränkt, je „heikler" das Bildnis für den Betroffenen ist. Keinesfalls kann daraus, dass der Betroffene einmal in eine Werbeaufnahme (bedenklich deshalb OLG Frankfurt NJW-RR 2003, 553) oder gar in eine Nacktaufnahme eingewilligt hat, geschlossen werden, er werde auch in Zukunft nichts gegen solche Veröffentlichungen

C. Pflichten für die Presseberichterstattung im Einzelnen § 6 LPG

haben (BGH NJW 1985, 1617/1618; 1996, 593 – *Abschiedsmedaille;* 2005, 56/57 – *Reitturnier;* OLG Stuttgart NJW 1983, 652; OLG Hamburg AfP 1972, 1440). Näheres zu der inhaltlichen und zeitlichen Reichweite der Einwilligung vgl Rn 127.

6. Sorgfaltspflichten bei der Gerichtsberichterstattung

a) Publikationsinteresse an der Identität des Betroffenen

Zurückhaltung ist für die identifizierbare Herausstellung der Person, vor allem durch Nennung ihres Namens oder im Bild, bei einer Berichterstattung über Negativ-Vorfälle geboten, die den Betroffenen mit einem schweren Makel belegen. Das gilt vor allem für Presseberichte über die polizeilichen Ermittlungen und das Gerichtsverfahren aus Anlass einer Straftat, in gleicher Weise aber auch über andere Untersuchungs- und Gerichtsverfahren, die die Person besonders bloßstellen (Scheidungsverfahren; Rechtsstreitigkeit um das Kind; arbeitsgerichtliche Streitigkeiten usw). 205

Straftaten gehören zum Zeitgeschehen, dessen Vermittlung Aufgabe der Presse ist (BVerfGE 35, 202/226/230 – *Lebach;* BVerfG AfP 1993, 478/479; 2009, 365 – *Fußballspieler;* BGHZ 143, 199/204 – *Sticheleien von Horaz;* 178, 213/220 – *Freigang;* BGH NJW 2012, 2197 – *Sedlmayr-Mord;* AfP 2011, 180 – *Moshammer-Mord online).* Ein schützenswertes Publikationsinteresse besteht nicht nur an der Tat, sondern auch an dem Täter, und zwar uU schon in der Phase eines bloßen Tatverdachts vor Abschluss der Ermittlungen (aA *Lampe* NJW 1973, 217; *Kühl,* Festschrift f Hubmann, S 241). Die Unschuldsvermutung des Art 6 Abs 2 EurMRK bindet zwar die Träger staatlicher Gewalt, aber nicht die Presse (*Müko/Rixecker* § 12 Anh Rn 165; *Prinz/Peters* Rn 271; *Soehring* Rn 19.32; *ders* GRUR 1986, 518/525; *Wenzel/Burkhardt* Kap 10 Rn 168; aA *Grave* NJW 1981, 209/210; *Lampe* NJW 1973, 217 ff.; *Löffler/Ricker* Kap 42 Rn 15). Aber sie verlangt von den Medien für die Berichterstattung über ein Ermittlungsverfahren, bei der gebotenen Interessenabwägung und bei der Art der Berichterstattung mit zu berücksichtigen, daß die Schuld des Betroffenen vom Gericht noch nicht festgestellt ist (BVerfG NJW 2009, 350/352 – *Holzklotz-Fall;* 2012, 1500 – *Die jungen Wilden;* AfP 2010, 365 – *Haschpflanzen im Wohnzimmer;* BGH NJW 2013, 229 – *Gazprom-Manager;* näher dazu Rn 210). Presseveröffentlichungen über die Straftat unter Namensnennung oder Bildnisveröffentlichung belasten das Persönlichkeitsrecht des Täters bzw Tatverdächtigen schwer (BVerfGE 35, 202/226 – *Lebach;* 71, 206/219; BVerfG AfP 1993, 478/479; BGHZ 143, 199/203 – *Sticheleien von Horaz).* Deshalb müssen wegen der Prangerwirkungen, aber auch wegen der Gefahr einer Vorverurteilung (*Hassemer* NJW 1985, 1921; *Kohl* AfP 1985, 102; *Kerscher* in: Deutscher Richterbund, Grenzen der Rechtsgewährung, 1983, S 257 ff.) strenge Anforderungen an das „Ob" und das „Wie" einer Berichterstattung gestellt werden, die seine Identität durch Namensnennung und Bildnisveröffentlichung aufdeckt. Dabei ist zu bedenken, dass nur ein Bruchteil der Ermittlungsverfahren (*Prinz/Peters* Rn 272: weniger als 10%) zur rechtskräftigen Verurteilung führt.

Prangerwirkungen solcher Berichterstattung bestehen nicht nur für den Täter bzw Tatverdächtigen, sondern uU auch für seine Angehörige, zB durch die Darstellung ihrer Beziehungen zu ihm, und für das Tatopfer (BGH NJW 1980, 1790/1791 – *Familientragödie).* Deshalb sollte die Presse vorab immer prüfen, ob das Publikationsinteresse an der Tat nicht auch befriedigt werden kann, ohne die Identität des Tatverdächtigen bzw Täters zu offenbaren (BGH NJW 1980, 1790/1791 – *Familientragödie;* OLG Karlsruhe OLGR 2003, 192). Indes ist das keine absolute Zulässigkeitsvoraussetzung, sondern die Berichterstattung unter Namensnennung ist legitim, wenn Art und Schwere der Tat und die Aktualität das rechtfertigen. 206

b) Art des Tatgeschehens

Die Berichterstattung hat der Abhängigkeit des öffentlichen Interesses, aber auch der Stigmatisierung des Betroffenen von de Schwere de Straftat Rechnung zu tragen. 207

Je schwerer die dem Betroffenen angelastete Tat, desto größer und berechtigter das öffentliche Interesse an der Berichterstattung; desto nachhaltiger aber auch die Stigmatisierung des Betroffenen durch sie. Berichte über Bagatelldelikte belasten den Betroffenen entsprechend geringer (BVerfG NW 2009, 350/352 – *Holzklotz-Fall;* 2012, 1500 – *Die jungen Wilden;* 2012, 1500 – *Haschpflanzen im Wohnzimmer*).

Das Herausstellen des Täters oder gar nur Tatverdächtigen durch Namensnennung oder Bildveröffentlichung ist grundsätzlich nur zulässig bei Straftaten von erheblicher Bedeutung (BVerfGE 35, 202/233 – *Lebach;* BVerfG AfP 1993, 478/479; BGHZ 143, 199/207 – *Sticheleien von Horaz;* BGH NJW 1994, 1990/1952 – *Ermittlungsverfahren;* OLG Braunschweig NJW 1975, 651; OLG Frankfurt NJW 1971, 47/48; 1980, 597/598; AfP 1990, 239; OLG Hamburg AfP 1985, 218; OLG Hamm AfP 1985, 218; 1988, 258; OLG Köln NJW 1987, 2652; AfP 1989, 683/685; OLG München NJW-RR 2003, 111). Dafür kann die Qualifizierung als Verbrechen iSv § 12 StGB (Mindestfreiheitsstrafe 1 Jahr) nur grobe Orientierung geben. Eher kommt es auf den Grad der lokalen oder regionalen Beunruhigung der Bevölkerung durch die Tat an (zB Mord, Vergewaltigung, Bankraub, Serieneinbrüche, Großbetrügereien), auf das Aufsehen, das sie wegen der spektakulären Begleitumstände (Verhaftung während einer aufsehenerregenden Gerichtsverhandlung) oder wegen der besonderen Sympathien mit dem Opfer (zB bei Geiselnahme) erregen, oder auf ihre Beispielhaftigkeit für Befindlichkeiten der Gesellschaft (Ausländerfeindlichkeit, Ausschreitungen von Extremisten, das „Milieu", Schutzgeld- und Drogenkriminalität, Steuerhinterziehung durch Prominente, Bestechlichkeit von Beamten). Deshalb kann der Bericht über das Ermittlungsverfahren gegen den Liquidator einer LPG wegen Betrugs und Unterschlagung unter Namensnennung zulässig sein (OLG Brandenburg AfP 1995, 520). Verstärkt werden kann das Interesse an der Aufdeckung der Anonymität durch die Erwartung von Mitteilungen aus der Öffentlichkeit, die zur Aufklärung beitragen können (OLG Braunschweig NJW 1975, 651; OLG Frankfurt NJW 1971, 47; OLG Hamburg NJW 1982, 458), oder gar zur Verhaftung eines Flüchtigen (OLG München AfP 1978, 206). Jedoch ist hier der Verhältnismäßigkeitsgrundsatz besonders strikt zu beachten wegen der nicht kontrollierbaren Auswirkungen einer solchen Einschaltung der Leserschaft in die polizeilichen Ermittlungen (vgl auch OLG Hamm NJW 1993, 1209/1210). Grundsätzlich müssen die Voraussetzungen des § 131 Abs 3 StPO für den Erlass eines Steckbriefs (Ausschreibung zur Festnahme durch Öffentlichkeitsfahndung) vorliegen: Verhältnismäßigkeit zur Bedeutung der Sache und der zu erwartenden Strafe; dringender Tatverdacht, der durch Haft- oder Unterbringungsbefehl ausgewiesen ist (OLG Hamm NJW 1993, 1209). Andererseits ist die Eignung zur Verbrechensaufklärung keineswegs Voraussetzung für eine Berichterstattung unter Namensnennung; sie kann durchaus allein durch die Art und Schwere der Straftat gerechtfertigt sein.

208 Ausnahmsweise kann Namensnennung schon bei mittlerer und sogar bei Kleinkriminalität zulässig sein wegen der herausgehobenen Position des Täters oder deren spezifischen Verhältnisses zu der Tat (BGHZ 36, 77 – *Waffenhändler;* 143, 199/207 – *Sticheleien von Horaz;* BGH NJW 2006, 599/600 – *Autobahnraser*). So kann die Öffentlichkeit ein legitimes Interesse daran haben zu erfahren, dass die Person des öffentlichen Lebens das in Anspruch genommene Vertrauen nicht rechtfertigt, wenn es sich um eine Verfehlung handelt, die Schlaglichter auf den Charakter wirft, zB das Führen eines Kraftfahrzeugs unter Alkoholeinfluss, die Verkehrsunfallflucht, der Ladendiebstahl (OLG Düsseldorf AfP 1980, 108), die Tätlichkeiten des Bürgermeisters gegenüber seiner Mutter in der Öffentlichkeit; oder wenn die Tat einen spezifischen Widerspruch zu der beanspruchten öffentlichen Rolle oder der übertragene öffentliche Aufgabe offenbart, zB wenn es um massive Verkehrsübertretungen eines Beamten geht, der für die Verkehrsregelung verantwortlich ist; oder bei Vorteilsannahme durch ein Organ der Rechtspflege (BGHZ 143, 199/207 – *Sticheleien von Horaz;* OLG München NJW-RR 2003, 111; OLG Frankfurt OLGR 2003, 383); oder wenn sich der Täter zu seinem Auftreten als Sittenrichter in deutlichen Widerspruch gesetzt hat (BGH NJW 1964, 1471 – *Sittenrichter*).

C. Pflichten für die Presseberichterstattung im Einzelnen   § 6 LPG

Die Namensnennung in Verlautbarungen der Staatsanwaltschaft allein legitimiert die Presse nicht dazu, den Namen ebenfalls preiszugeben.

Bei jugendlichen Tätern ist die Berichterstattung unter Namensnennung grundsätzlich unzulässig (OLG Hamburg ZUM 2010, 61). Anderes kann gelten, wenn unabhängig von einem Strafverfahren über die „wüste Randale" von jugendlichen Nachwuchsschauspielern und -sängern berichtet wird, die über das Fernsehen die Öffentlichkeit mit dem Image als „Junge Wilde" gesucht haben (BVerfG NJW 2012, 1500 – *Die jungen Wilden*).

c) Ausreichende Recherchen zum Tatverdacht

Für Presseberichte vor einer Verurteilung muss zu dem besonderen Öffentlichkeitsinteresse an der Person des Verdächtigen ein Mindestbestand an Tatverdacht hinzutreten. Nicht ist dieses Erfordernis bei Kapitalverbrechen zu vernachlässigen; im Gegenteil ist umso genauer zu recherchieren, je nachhaltiger und schwerer das Ansehen des Betroffenen durch die Veröffentlichung beeinträchtigt wird (BGHZ 132, 13/26 – *Der Lohnkiller;* 143, 199/207 – *Sticheleien von Horaz;* BGH NJW 1972, 1658/1659 – *Geschäftsaufgabe;* 1977, 1288/1289 – *Abgeordnetenbestechung;* 1997, 1148/1149 – *Kritik an Chefarzt;* OLG Brandenburg NJW 1995, 886/888; OLG Celle OLGR 2000, 160; OLG München NJW-RR 2002, 186). Vgl dazu zunächst Rn 175 ff. Bei Verdacht kriminellen Machtmissbrauchs durch staatliche Amtsträger kann die Presse zwar früher an die Öffentlichkeit treten als bei einem Tatverdacht gegenüber Privatpersonen; insoweit kann sie sich auf ihre „öffentliche" Aufgabe zur Machtkritik und auf die größeren Möglichkeiten des Staats berufen, die Vorwürfe zu entkräften (KG AfP 1999, 392). Aber sie darf auch in diesen Fällen nicht leichtfertig vorgehen, insbes nicht ihren Einfluss auf die Öffentlichkeit dazu ausnutzen, auf eigene Faust Politik zu machen; dazu sind die Gewährleistungen des Art 5 Abs 1 GG nicht da.

Allerdings muss der Basisverdacht ganz generell nicht so dringend sein, dass er für einen Haftbefehl ausreichen würde. Aber es genügt nicht ein für die Eröffnung eines Ermittlungsverfahrens wegen des Legalitätsprinzips (§ 160 StPO) ausreichender Anfangsverdacht, sondern es muss der Verdacht auf einer wenn auch nicht sicheren, so doch sich bereits verfestigenden Grundlage konkreter Anhaltspunkte für eine Tatbeteiligung beruhen (vgl OLG Frankfurt NJW 1980, 597/598; AfP 1990, 229; KG AfP 2007, 576 – *Rütli-Schule* OLG Köln NJW 1983, 2682; AfP 1989, 683/685; 2011, 601 – *Kachelmann;* OLG München ZUM 2009, 777).

Grundsätzlich muss sich die Presse, wenn sie in identifizierbarer Weise über die Verdächtigung berichten will, um die Verdachtsgründe, die die Bloßstellung des Betroffenen vor der Öffentlichkeit rechtfertigen sollen, selbst kümmern. Sie darf sich dabei nicht mit der Berichterstattung in anderen Presseorganen beruhigen; im Streitfall entlastet sie die Sorglosigkeit anderer nicht (vgl Rn 169). Ausnahmsweise kann sie auf die Zuverlässigkeit polizeilicher oder staatsanwaltlicher Verlautbarungen vertrauen und darauf, dass die Ermittlungsbehörden die Identität des Beschuldigten vor der Presse erst lüften, wenn ein gravierender Tatverdacht besteht (OLG Braunschweig NJW 1975, 651/653; OLG Karlsruhe NJW-RR 1993, 723; vgl auch BVerG AfP 2010, 365 – *Haschpflanzen im Wohnzimmer;* OLG Hamm NJW 2000, 1278). Auch darf sie die von den Ermittlern an sie herangetragene Aufforderung zur Veröffentlichung von Fahndungsaufrufen befolgen (OLG Braunschweig NJW 1975, 651/653). Im Übrigen hat sie aber selbst zu prüfen, ob die Pressemitteilung der Ermittlungsbehörde, ihre Richtigkeit unterstellt, ausreicht, um den Betroffenen an den Pranger zu stellen. Davon entlastet sie das behördliche Ermessen prinzipiell nicht (anders wohl OLG Braunschweig NJW 1975, 651/653).

d) Deutlicher Hinweis auf die Vorläufigkeit der Beschuldigung

Strenge Anforderungen sind an das „Wie" der Presseberichterstattung gestellt. Ziff 13 des Pressekodex des Deutschen Presserats lautet:

LPG § 6 Sorgfaltspflicht der Presse

„Die Berichterstattung über Ermittlungsverfahren, Strafverfahren und sonstige förmliche Verfahren muss frei von Vorurteilen erfolgen. Die Presse vermeidet deshalb vor Beginn und während der Dauer eines solchen Verfahrens in Darstellung und Überschrift jede präjudizierende Stellungnahme. Ein Verdächtiger darf vor einem gerichtlichen Urteil nicht als Schuldiger hingestellt werden. Über Entscheidungen von Gerichten soll nicht ohne schwerwiegende Rechtfertigungsgründe vor deren Bekanntgabe berichtet werden."

Als standesrechtliche Regelung entfaltet dieses Gebot keine Normbindung. Es ist aber auch durchaus richtungsweisend auch für die rechtlichen Anforderungen an die Rücksichtnahme der Presse auf das Persönlichkeitsrecht (OLG Köln NJW 1987, 1418). Es muss der Umstand, dass zunächst nur ein Verdacht besteht, möglichst deutlich auch für den flüchtigen Leser herausgestellt werden. Die Presse muss berücksichtigen, dass eine Vielzahl ihrer Leser unkritisch, unaufmerksam und nur selektiv liest und dass ihre Berichterstattung auf vorgeprägte Erwartungshaltungen trifft, für die die Medien mitverantwortlich sind. Leser unterscheiden gewöhnlich nicht zwischen Haupttätern und Gehilfen einer Straftat (OLG Frankfurt NJW 1980, 597/598), sie tendieren eher zu einer Verschuldens- als zu einer Unschuldsvermutung (OLG Braunschweig NJW 1975, 651/652) und neigen oft dazu, schon die Einleitung eines Ermittlungsverfahrens mit dem Nachweis der Schuld gleichzusetzen. Deshalb ist die Presse hier zu einer objektiven Darstellung verpflichtet, die auch die entlastenden Umstände nicht verschweigt (BVerfGE 35, 202/232 – *Lebach;* BGHZ 143, 199/203 – *Sticheleien von Horaz* mwN; BGH NJW 1965, 2395/2396 – *Mörder unter uns;* 1979, 1041 – *Exdirektor;* OLG Düsseldorf NJW 1980, 599; OLG Köln AfP 1989, 683; OLG München NJW-RR 1996, 1487/1488; 1996, 1493/1494; 2002, 186), überhaupt sei jeder präjudizierenden Stellungnahme enthält. Wenn der Zwang zur Kürze eine hinreichend objektive, ausgewogene Darstellung nicht zulässt, muss auf die Berichterstattung ganz verzichtet werden (BGH NJW 1979, 1041 – *Exdirektor*). Nicht darf die Schlagzeile das Bemühen um Objektivität von vornherein zunichte machen. Es ist nicht nur an versteckter Stelle, sondern in dem Gesamtbericht klar auszusprechen, dass die Schuld noch nicht erwiesen ist (OLG Düsseldorf NJW 1980, 599; OLG Frankfurt NJW 1980, 597/598; OLG Köln NJW 1987, 2682). Das gilt prinzipiell auch nach einem Geständnis des Beschuldigten, da aus den unterschiedlichsten Motiven heraus immer wieder falsche Selbstbezichtigungen abgegeben werden. Generell zur Berücksichtigung der „Vorläufigkeit" der Täterschaft bei Berichten über Ermittlungsverfahren BVerfG NJW 2009, 350/352 – *Holzklotz-Fall;* AfP 2010, 365 – *Haschpflanzen im Wohnzimmer).*

Die Einleitung einer Verdachtsberichterstattung mit den Worten: „bereits jetzt gehen Justizkreise davon aus", kann bei der Leserschaft zu der Vorstellung führen, dass nicht nur ein Anfangsverdacht vorliegt, sondern dass der Verdacht sich bereits für eine Anklageerhebung verfestigt hat (OLG Köln AfP 2001, 524); die apodiktische Behauptung einer Straftat wird nicht ausreichend dadurch relativiert, dass im Kontext von staatsanwaltschaftlichen Ermittlungen die Rede ist (OLG Karlsruhe NJW-RR 2003, 688).

Allerdings darf solches Fragezeichen hinter der Täterschaft nicht zu einer bloßen Formalie werden, die dem Betroffenen letztlich auch nur schadet. Ein auf frischer Tat ertappter Täter darf als solcher bezeichnet werden. Ebenso wenig müssen Zweifel an der Täterschaft besonders herausgestellt werden, wenn nur noch wegen Modalitäten der Beteiligung ermittelt wird (OLG Düsseldorf NJW 1980, 599). Nach Zulassung der Anklage kann die Presse über die Gerichtsverhandlung und den dort zur Sprache gebrachten Vorgang auch ohne Absicherung durch weitere eigene Recherchen berichten (OLG München NJW-RR 2003, 111).

210a Durch § 353d Nr 3 StGB ist der Presse die wörtliche Wiedergabe der Anklageschriften oder sonstiger Bestandteile der Ermittlungsakten oder wesentlicher Teile davon verboten, solange diese noch nicht in öffentlicher Verhandlung erörtert worden sind. Die Vorschrift hat eine ähnliche Regelung der LPG in § 5 aF ersetzt. Sie soll vor einer Vorverurteilung des Angeklagten durch die Öffentlichkeit schützen und

C. Pflichten für die Presseberichterstattung im Einzelnen § 6 LPG

ein faires Verfahren mit unbefangenen Verfahrensbeteiligten gewährleisten. Sie ist zwar für verfassungsmäßig erklärt worden (BVerfGE 71, 206/218), macht aber kaum Sinn, zumal sie nicht verbietet, über den Inhalt von Anklageschriften usw sinngemäß zu berichten (*Schuppert* AfP 1984, 67 ff.).

Als ergänzungsbedürftig sieht der BGH sogar die Berichterstattung über eine erstinstanzliche Verurteilung an, wenn sie nicht dem Eindruck entgegenwirkt, dass das Urteil noch nicht rechtskräftig ist. Kommt es später in der Rechtsmittelinstanz zu einem Freispruch, so hat der Betroffene einen Anspruch auf richtigstellende Berichterstattung (BGHZ 57, 325 – *Freispruch*). Vgl Rn 294.

e) Aktualität des Publikationsinteresses

In der Abwägung mit zu berücksichtigen sind auch die zeitlichen Grenzen für das Informationsinteresse. Sie werden grundsätzlich durch den Aktualitätsgrad der Tat und ihre Sühne festgelegt. Einen generellen, nach Wochen oder Monaten rechnenden Maßstab gibt es dafür nicht (BVerfGE 35, 202, 234 – *Lebach;* OLG Hamburg AfP 1991, 537; OLG Hamm AfP 1988, 258; OLG Köln AfP 1986, 347; OLG München AfP 1981, 360; *Lampe* NJW 1973, 217/221). Die zeitliche Grenze hängt von den konkreten Umständen ab, vor allem von der Art und dem Gewicht der Tat, ihrer Beispielhaftigkeit, dem Bezug des Betroffenen zu ihr, den Auswirkungen für ihn durch das Bewusshalten des Geschehens. Das schützenswerte Interesse des Betroffenen daran, dass er im Zusammenhang mit der Tat nicht mehr erwähnt wird, nimmt mit der schwindenden Aktualität zu (BVerfGE 35, 202/233 – *Lebach;* BVerfG AfP 2009, 365 – *Fußballspieler;* BGH NJW 2012, 2197 – *Sedlmayr-Mord;* AfP 2011, 180 – *Moshammer-Mord online*).

211

Für die namentliche Erwähnung des Opfers der Straftat muss die zeitliche Grenze erheblich enger als für den Straftäter gezogen werden, schon damit für das Opfer die Tatfolgen nicht länger als unbedingt nötig durch das Zudringen der Öffentlichkeit verstärkt werden. Grundsätzlich geht das Bedürfnis des Betroffenen, aus der Öffentlichkeit herausgehalten zu werden, dem Publikationsinteresse an der Person vor (OLG Frankfurt AfP 1976, 181; KG AfP 2011, 263), solange er nicht anderes bekundet. Hier ist in aller Regel spätestens nach der Verurteilung des Täters ein schutzwürdiges Publikationsinteresse nicht mehr anzunehmen (OLG Hamburg NJW 1975, 649/650). Dasselbe sollte für Tatzeugen gelten (BGH NJW 1960, 2148/2149; KG AfP 2011, 263; OLG München AfP 1981, 360: 6 Monate nach Abschluss des Verfahrens). Auch eine nur in dieser Rolle in die Tat verstrickte Person ist durch das öffentliche Interesse für die Verfahrensdauer erheblich in ihrem Selbstbestimmungsrecht beeinträchtigt. Anderes kann in Betracht kommen, wenn auf Grund konkreter Umstände, etwa wegen ihrer besonderen Rolle in dem Verfahren, die öffentliche Diskussion an ihr über die Verkündung des Strafurteils hinaus andauert oder wieder auflebt (OLG Hamburg AfP 2005, 76: Bildbericht über eine für das Opfer tödlich verlaufende Geiselnahme nach 15 Jahren).

Die Aktualitätsgrenze endet für den Tatverdächtigen regelmäßig mit der Einstellung des Ermittlungsverfahrens mangels Tatverdachts (KG NJW 1989, 397). Andererseits kann, solange ein Aktualitätsinteresse besteht, die Presse den Namen des Täters auch nennen, wenn ein Strafverfahren wegen seines Todes nicht mehr möglich ist, seine Täterschaft aber feststeht (OLG Hamburg AfP 1983, 466: Bombenleger auf dem Münchener Oktoberfest). Im Übrigen braucht die Aktualitätsgrenze für den Straftäter nicht so restriktiv bemessen werden. Er muss sich entgegenhalten lassen, dass er den Anlass für das Aufmerken der Öffentlichkeit verantwortlich gesetzt hat. Aber auch an seiner Person nimmt das Interesse der Öffentlichkeit nach der Verurteilung signifikant ab; zudem wird sein Anonymitätsinteresse nunmehr durch den Resozialisierungszweck der Strafe verstärkt. Deshalb wird die zeitliche Grenze für die Berichterstattung über ihn unter Namensnennung erheblich früher anzusetzen sein als auf das Ende der Strafverbüßung bzw den Ablauf einer Bewährungszeit (vgl OLG Hamburg AfP 1971, 41; OLG München AfP 1981, 360: Berichterstattung über Doppelmörder 10 Jahre nach der Tat unzulässig; OLG Köln AfP 1986, 347: Berichterstattung über Vergewaltiger 1 Jahr nach der Tat und 7 Monate nach der Verurteilung unzulässig; OLG Hamm AfP 1988, 258: Berichterstattung über Täter einer schweren Tat 3 Jahre nach seiner Verurteilung und beanstandungsloser Bewährungszeit unzulässig; vgl ferner OLG Düsseldorf AfP 1980, 108; OLG Hamburg AfP 1976, 137; 1983, 466; 1986, 518; 1991, 537; OLG Hamm AfP 1985, 218). Keine Rolle spielt dabei, wenn für die Publikation erhebliche Investitionen gemacht worden sind (BVerfGE 35, 202/234 – *Lebach*). Für Verbrechen aus der NS-Zeit müssen wegen ihres Ausmaßes und ihrer sich daraus ergebenden Präsenz im öffentlichen Bewusstsein besondere zeitliche Maßstäbe gelten. Der Name eines ehemaligen SS-Führers darf aus aktuellem Anlass noch heute genannt werden, wenn er an schweren Naziverbrechen beteiligt war (OLG Frankfurt NJW 1980, 597).

Natürlich kann ganz generell das Publikationsinteresse wieder aufleben aus Anlass eines aktuellen Geschehens, das zu einem früheren Ermittlungsverfahren oder einer früheren Verurteilung in einem sachlichen Zusammenhang steht; zB im Wiederholungsfall, oder wenn der Täter auf andere Weise in Gangsterkreisen oder im „Milieu" wieder auffällig wird (KG AfP 1992, 302), oder über seine früheren terroristischen Aktivitäten bei Eröffnung eines neuen Ermittlungsverfahrens mit Haftbefehl (OLG Frankfurt NJW-RR 1996, 1490), oder wenn er sich um ein öffentliches Vertrauensamt bewirbt.

Das Interesse daran, abgeschlossene Fälle in einer Dokumentation usw neu zu beleben, reicht grundsätzlich nicht aus, die Aktualitätsgrenze zu überspringen (OLG Hamburg AfP 1991, 537 – *Mörder, die man nicht vergisst;* OLG München AfP 1981, 360 – *Bayerische Spitzbuben*). Anderes gilt, wenn es sich um Ereignisse der Kriminalgeschichte handelt, die den Täter zur Person der Zeitgeschichte haben werden lassen (vgl aber OLG Hamburg AfP 1991, 537). Außerdem ist das Interesse der Medien daran anzuerkennen, vergangene zeitgeschichtliche Ereignisse in Archiven oder im Internet zu recherchieren. Deshalb dürfen die Medien nicht mehr aktuelle Veröffentlichungen insb über Kapitalverbrechen für Mediennutzer im Internet verfügbar halten (BGHZ 183, 353/361 – *Sedlmayr-Mord – Onlinearchiv I;* BGH NJW 2010, 2432 – *Sedlmayr-Mord – Onlinearchiv II;* 2010, 2728 – *Sedlmayr-Mord-Onlinearchiv III;* AfP 2011, 180 – *Moshammer-Mord-online*).

Nach einem rechtskräftigen Freispruch ist in einem strafrechtlichen Beleidigungsprozess der Beschuldigte gemäß § 190 S 2 StGB mit dem Wahrheitsbeweis dafür, dass der Freigesprochene die Tat doch begangen hat, ausgeschlossen; der Normzweck dieser Vorschrift sollte auch in einem zivilrechtlichen Verfahren der Presse die Berufung auf Wahrnehmung berechtigter Interessen für ein undifferenziertes Wiederaufgreifen des Verdachts regelmäßig ausschließen (so OLG Dresden AfP 1998, 410). Nach OLG Brandenburg NJW-RR 2003, 919 soll der Freispruch sogar einer Berichterstattung über die Beendigung des Strafverfahrens entgegenstehen, weil sie ebenfalls belastet; indes sollte das von den Umständen abhängen.

Bei Einstellung des Ermittlunungsverfahrens nach § 153a StPO müssen die Medien den Betroffenen nicht wie einen Freigesprochenen behandeln; er wird durch die Einstellung nicht in einer dem Freispruch vergleichbaren Weise rehabilitiert (BVerfGE 82, 106/118; BGH NJW 2013, 229 – *Gazprom-Manager*).

f) Einwilligung des Betroffenen

212 Die Einwilligung des Straftäters macht die Berichterstattung über ihn regelmäßig rechtlich zulässig (vgl OLG München NJW-RR 1996, 1487 – *Fernsehinterview*); dies leider selbst dann, wenn damit sein eigenes Bedürfnis nach Publizität mehr gefördert wird als das Informationsinteresse der Öffentlichkeit. Betroffen ist hier aber die standesrechtliche Verantwortung der Presse, an der die Richtlinie 11.5 des Pressekodex ausdrücklich erinnert.

g) Berichterstattung über vergleichbare Negativvorfälle

213 Die Grundsätze für die Gerichtsberichterstattung über Straftaten unter Namensnennung oder Angabe anderer Identifikationsmerkmale gelten auch für die Presse-

C. Pflichten für die Presseberichterstattung im Einzelnen § 6 LPG

berichte über Skandale, Selbstmorde, Unglücksfälle und andere Aufsehen erregende, für das Ansehen des Betroffenen in der Öffentlichkeit kritische Vorkommnisse. Meistens kann hier die Presse dem schutzwürdigen Informationsinteresse auch dann genügen, wenn sie die Beteiligten anonym lässt. Für das Verständnis des Geschehens ist regelmäßig das Wissen um die Identität der Akteure und ihrer Opfer unerheblich. Anderes kann gelten, wenn es sich um eine Person der Zeitgeschichte handelt, oder wenn die Begleitumstände auf ein höherrangiges öffentliches Interesse stoßen, oder wenn die Nennung der beteiligten Personen die Vorgänge erst plausibel macht (OLG Hamburg AfP 1991, 533 – *Graf*).

IV. Pflichten zur Achtung von Freiräumen für die Person

1. Intimbereich

Vgl zunächst Rn 66 f. **214**

Der Intimbereich ist für Presseveröffentlichungen grundsätzlich tabu; das gilt dem Grundsatz nach nicht nur zugunsten des Normalbürgers, sondern auch für Personen „aus dem Bereiche der Zeitgeschichte" (BVerfGE 119, 1/29 f. *Esra;* BVerfG NJW 2000, 2189 – *Scheidungsgrund;* AfP 2009, 365 – *Fußballspieler;* BGHZ 73, 120/124 – *Kohl/Biedenkopf;* BGH NJW 1971, 698 – *Pariser Liebestropfen;* 1981, 1366 – *Der Aufmacher II;* 1988, 1984/1985 – *Telefonsex;* 2004, 1034 – *Curd Jürgens;* 2005, 2844/ 2848 – *Esra;* GRUR 1965, 256 – *Gretna Green;* AfP 1988, 34 – *Intime Beziehungen;* 1999, 350 – *Scheidungsgrund;* OLG Hamburg NJW 1976, 1325; 1983, 1202; ZUM-Red 2000, 142; OLG Köln NJW 1973, 850; 1987, 1418; OLG Karlsruhe NJW-RR 1999, 1699 – *Wachkomapatient;* vgl ferner BVerfGE 27, 1/7 – *Mikrozensus;* 27, 344/ 350 – *Ehescheidungsakten;* 32, 373/379 – *Arztkartei;* 47, 46/73 – *Sexualkundeunterricht;* 49, 286/298 – *Transsexuelle*). Eng mit dem Intimbereich verbunden ist der Schutz eines für die Entfaltung der Persönlichkeit und die personale Selbstverwirklichung unverzichtbaren räumlichen „Rückzugsbereichs" vor der Öffentlichkeit, der ebenfalls vor Einblicken der Presse absolut geschützt ist; näher dazu Rn 68, 122a.

Dem Intimbereich sollten auch zugeordnet werden die Augenblicke, in denen der Mensch durch das Schicksal ganz auf sich zurückgeworfen wird und sein Interesse, allein gelassen zu werden, höchsten Schutz braucht: Augenblicke der Überwältigung durch Schmerz, Trauer, Angst, Verzweiflung, Momente der höchsten Erniedrigung. Die Anforderungen an die Pflichten der Presse zur Aussparung des Intimbereichs sind besonders streng, weil ihre Verletzung die betroffene Persönlichkeit in ihrem grundrechtlich geschützten Kernbereich verletzt. Die Annäherung der Berichterstattung an diesen Bereich gehört zu der Fallgruppe der „heiklen" Persönlichkeitsdaten oder „heißen Eisen", deren Schutz zur Organisations- und Kontrollpflicht der Organspitze gehört, von deren Verletzung sich das Presseunternehmen nicht exkulpieren kann (vgl auch Rn 166, 223).

Gerade in den Tabuzonen des Intimbereichs hängt das Betroffensein und damit das Maß der Zurückhaltung der Presse allerdings sehr davon ab, wie intensiv, detailliert und unmittelbar intime Vorgänge offengelegt werden (BVerfG NJW 2000, 2189 – *Scheidungsgrund*). Es macht einen Unterschied, ob eine Zeitschrift über die Tatsache, dass ein Prominenter Liebesbeziehungen unterhält, informiert, solche Beziehungen detailliert beschreibt oder ein Protokoll über Telefonsex veröffentlicht. In erster Linie betrifft die Pflicht der Presse zur Zurückhaltung daher die Bildberichterstattung oder den Abdruck von Protokollen über intime Gespräche. Zur Unzulässigkeit einer Veröffentlichung von Bildnissen aus der Intimsphäre, einschließlich von Situationen höchster Schutzbedürftigkeit der Person, auch soweit es sich um Personen der Zeitgeschichte handelt, vgl Rn 68, 68a, 122a, 136b. Zum Schutz vor der Preisgabe der Person durch den Abdruck von Gesprächsprotokollen vgl Rn 201. Zur Unzulässigkeit einer Videoüberwachung BGH AfP 1995, 597.

215 Absolut geschützt ist die Freiheit, die eigenen Ausdrucksformen der Sexualität für sich zu behalten (BVerfG AfP 2009, 365 – *Fußballspieler;* BGH NJW 2012, 767 – *Wenn Frauen zu sehr lieben;* vgl auch OLG Köln AfP 2012, 66 – *Kachelmann* – die Aufhebung des Urteils durch BGH NJW 2013, 1681 betraf die vom BGH verneinte Wiederholungsgefahr in Bezug auf die inkrimierte Veröffentlichung; OLG Köln ZUM 2013, 350 – *Kachelmann).* Ein schutzwürdiges Publikationsinteresse daran, über sexuelle Beziehungen des Betroffenen informiert zu werden, besteht in aller Regel auch dann nicht, wenn sich der Bericht auf Hinweise auf das Bestehen solcher Beziehungen beschränkt und deshalb weniger die Intim- als die Privatsphäre tangiert (BGH NJW 1964, 1471 – *Sittenrichter;* 1965, 2148 – *Spielgefährtin;* vgl *Wenzel/ Burkhardt* Kap 5 Rn 49). Anderes kann hier für Menschen gelten, die in der Öffentlichkeit stehen und in besonderem Maß öffentliche Anteilnahme an ihrem Leben finden, sie meistens auch suchen (BVerfG NJW 2000, 2189 – *Scheidungsgrund;* BGH NJW 1999, 2893/2894 – *Scheidungsgrund;* 2012, 763 – *Die Inka-Story I;* OLG Karlsruhe NJW 2006, 617/618 – *Fürst Albert v Monaco).* Natürlich gilt die Unantastbarkeit des Intimbereichs auch für Politiker und andere Personen „aus dem Bereiche der Zeitgeschichte", die im Mittelpunkt des öffentlichen Lebens stehen (BGHZ 73, 120/122 – *Kohl/Biedenkopf;* BGHSt 18, 182). Aber ein Hinweis auf „engere" oder „nicht nur platonische" Beziehungen kann hier zulässig sein. Insbesondere gilt das für Personen, die sich durch ihre Beziehungen in Widerspruch zu der von ihnen öffentlich beanspruchten Rolle eines Moralapostels oder Tugendwächters setzen (BGH NJW 1964, 1471 – *Sittenrichter).* Ferner kann ein näheres Eingehen auf den Sexualbereich zulässig sein, wo dieser durch ein Ereignis mit Öffentlichkeitswert aufgeworfen ist, zB bei spektakulären Straftaten, die erst durch derartige Konkretisierung verständlich werden (vgl auch BVerfGE 35, 202 – *Lebach;* BGH NJW 1993, 1484; 2009, 3576 – *Der Kannibale von Rotenburg;* OLG Hamburg AfP 1971, 107; 1991, 533). Auch der Mandant darf in der Öffentlichkeit ansprechen, dass sein Strafverteidiger während seiner Untersuchungshaft intime Beziehungen zu seiner Ehefrau eingegangen ist (OLG München OLGR 2000, 361). Aber ein so intensives mediales Zudringen auf die Tabuzonen muss in der Sache durch die „öffentliche" Aufgabe der Presse zur Unterrichtung über das Zeitgeschehen legitimiert sein. Ein Interesse an Unterhaltung, Sensation oder Klatsch kann es niemals rechtfertigen (OLG Köln AfP 2012, 66; ZUM 2013, 350 – *Kachelmann).* Presseartikel über intime Beziehungen eines katholischen Geistlichen (BGH NJW-RR 1988, 733 – *Intime Beziehungen),* über den Kündigungsschutzprozess eines leitenden Angestellten aus Anlass seiner Entlassung wegen Telefonsex im Büro (BGH NJW 1988, 1984 – *Telefonsex),* die namentliche Erwähnung des Opfers in einem Bericht über eine Vergewaltigung (OLG Köln NJW 1987, 1418) verdienen keinen Schutz, weil sie im Wesentlichen nur Neugier und Voyeurismus der Leser befriedigen wollen. Dazu gehören auch detaillierte Berichte über Krankheiten (BVerfGE 32, 373/379 – *Krankenkartei;* BVerfG NJW 2008, 39/44 – *Esra;* BGH AfP 2008, 606 – *E. A. v Hannover-Alkoholerkrankung;* 2008, 608 – *Spaziergang in St. Rémy;* OLG Hamburg ZUM 2010, 976: Intime und peinliche Einzelheiten der schweren körperlichen Beeinträchtigungen einer prominenten Sport- und Fernsehmoderatorin; vgl dazu einschränkend aber BGH NJW 2012, 3645 – *bekannte Kabarettistin und Entertainerin):* über Operationen (OLG Oldenburg NJW 1983, 1202), auch wenn sie vom Mitleid mit dem Betroffenen geprägt sind (OLG Hamburg Ufita Bd 78, 52; 81, 278/286; OLG Karlsruhe NJW-RR 1999, 1699 – *Wachkomapatient).* Als unzulässiges Zudringen auf die Intimsphäre hat der BGH sogar die intime Beziehungen andeutende Schlagzeile: „Udo Jürgens im Bett mit Caroline?" in der Boulevardpresse angesehen (BGH NW 2004, 1034 – *Curd Jürgens).* Die bloße Erwähnung, die Betroffene sei HIV-Infiziert, im Rahmen der Berichterstattung über ein Ermittlungsverfahren wegen gefährlicher Körperverletzung greift noch nicht in die absolut geschützte Intimsphäre ein (KG AP 2009, 418). Zurücktreten kann das Schutzbedürfnis des Betroffenen, wo er selbst seinen Intimbereich in die Öffentlichkeit trägt, etwa als Darsteller in Pornofilmen oder als Showmaster auch diesen Teil

C. Pflichten für die Presseberichterstattung im Einzelnen   § 6 LPG

seiner Persönlichkeit vermarktet (BGH NJW 2012, 767 – *Wenn Frauen zu sehr lieben;* OLG Hamburg ArchPr 1974, 128; OLG Stuttgart NJW 1981, 2817; *Koppehele* AfP 1981, 337). Ein unzulässiger Pressebericht über den Intimbereich wird aber nicht dadurch nachträglich zulässig, dass der Betroffene sich später „geoutet" hat (BGH NJW 2005, 594/595 f. – *Rivalin*).

2. Privatsphäre

Vgl zunächst Rn 68, 68a, 195.   216

Presseberichte aus der Privatsphäre sind ohne Einwilligung des Betroffenen nur zulässig, wenn ihr Öffentlichkeitswert deutlich überwiegt. Das gilt vor allem für eine Bildberichterstattung; dabei ist ua zu berücksichtigen, dass sie uU nicht nur wegen psychischer und physischer Belastungen durch das Wissen um ein Ausgeliefertsein an offene und heimliche Herstellungspraktiken, sondern auch auf Grund eindringlicherer, komplexerer, dauerhafterer Preisgabe der Anonymität in der bildlichen Darstellung sowie ihrer „Verdinglichung" und unbegrenzte Verfügbarkeit für die betroffene Person noch belastender sein kann als ein unbebilderter Textbericht. Wort- oder Bildberichte über das Familienleben oder aus dem häuslichen Bereich des sog Normalbürgers sind ohne seine Zustimmung grundsätzlich unzulässig; prinzipiell auch dann, wenn sie nichts Negatives über den Betroffenen aussagen (dazu schon Rn 68a). Das gilt auch, wenn solche Berichte ihn in den Rahmen eines die Öffentlichkeit interessierenden Sachthemas unter Nennung seines Namens bzw ihn identifizierender Umstände stellen (BGH NJW 1981, 1366 – *Der Aufmacher II:* Bericht aus dem häuslichen Bereich des Chefredakteurs eines Boulevardblattes; GRUR 1965, 256 – *Gretna Green:* Bericht über Möglichkeiten für Minderjährige zur Eheschließung ohne Einwilligung der Eltern; 1974, 794 – *Todesgift:* Bericht über das Versagen der Eltern eines rauschgiftsüchtigen Jugendlichen; OLG Köln AfP 1973, 479: Bericht über den Versuch der Mutter, das Kind dem Vater trotz Gerichtsbeschluss vorzuenthalten; AfP 1978, 148: Bericht unter Namensnennung über ein Kind, das 10 m tief fällt und überlebt).

Auch in Bezug auf Personen „aus dem Bereiche der Zeitgeschichte" war der Kernbereich ihrer Privatheit schon nach der Rspr von BVerfG und BGH vor dem Urteil des EGMR v 24.6.2004 (NJW 2004, 2647 – *v Hannover/Deutschland*) für die Medien grundsätzlich tabu (BVerfGE 101, 361/381 ff. – *Paparazzi-Fotos;* BVerfG NJW 2001, 1921 – *Prinz Ernst August v Hannover;* BGHZ 131, 332/338 ff. – *Paparazzi-Fotos*). Häuslicher Krach, eheliche Zerwürfnisse, Scheidungsabsichten gehen die Öffentlichkeit auch dann nichts an, wenn sie eine herausragende Persönlichkeit betreffen (OLG Hamburg NJW 1970, 1325; ZUM-RD 2000, 142: Bericht über die Scheidungsabsichten eines Prominenten; KG ZUM-RD 2006, 390: Bericht über perkäre private Lebensumstände eines ehemaligen Fußballprofis; vgl auch LG Oldenburg NJW 1987, 1419: Bericht über Tätlichkeiten des Bürgermeisters gegenüber seiner Mutter auf seiner Geburtstagsparty). Dass Scheidungsurteile in öffentlicher Sitzung verkündet werden, rechtfertigt die Namensnennung in der Presse nicht (OLG Hamburg AfP 1971, 32). Ein Schlüssellochjournalismus ist absolut unzulässig.

Zu diesem Kernbereich gehört auch der Schutz eines für die Entfaltung der Persönlichkeit und die personale Selbstverwirklichung unverzichtbaren räumlichen „Rückzugsbereichs", zu dem Einblicke der Presse keinen Zugang haben; in diesem Bereich sind sie insbes davor geschützt, in einer auf Abgeschiedenheit erkennbar zugeschnittenen Situation durch Bildreporter überrumpelt zu werden. Vor allem hier geht die Privatsphäre in der absolut geschützten Intimsphäre auf (*Wenzel/v Strobl-Albeg* Kap 5 Rn 56, 5.41, 5.52; OLG Hamburg ArchPr 1971, 107). Näher dazu Rn 68, 68a, 122a, 136b.

Außerhalb solcher auch für Personen „aus dem Bereiche der Zeitgeschichte" absolut geschützten Kernbereiche der Privatsphäre war der weniger „heikle", sensible Privatbereich von Persönlichkeiten des öffentlichen Interesses nicht nur für Wort-,   216a sondern auch für Bildberichte bis zur Entscheidung des EGMR v 24.6.2004 (NJW 2004, 2647 – *v Hannover/Deutschland*) zwar nicht unbeschränkt, aber unter Betonung insbesondere der Freiheit der Presse zur Entscheidung über das, was sie für interessant und der Veröffentlichung würdig hält, auch für das Interesse des Publikums an bloßer Unterhaltung verhältnismäßig weit geöffnet.

Unter dem Einfluß des EGMR und der Weiterentwicklung bzw. Präzisierung und Modifizierung seiner Auffassung zu dem Spannungsverhältnis zwischen Art. 8 und 10 EMRK in seinen nachfolgenden Urteilen haben BVerfG und BGH für die Güter- und Interessenabwägung auch für das Spannungsverhältnis zwischen Art. 1, 2 und Art. 5 GG konkreter sich im Einzelfall damit auseinander gesetzt, ob und inwieweit die Veröffentlichung insbesondere von Bildberichten über die Person nur die Neugier des Publikums befriedigen oder ein Interesse der Öffentlichkeit am Zeitgeschehen und einen Anstoß zur öffentlichen Diskussion findet. Sie beschränken die Berechtigung des öffentlichen Interesses daran, die Persönlichkeit vorgestellt zu bekommen, zwar nicht auf Politiker und ihr Verhalten im politischen Leben, sondern beziehen auch ein Interesse der Öffentlichkeit an der „Normalität des Alltagslebens" prominenter Personen ein wegen der „Leitbild- bzw. Kontrastfunktion" dieser Persönlichkeiten als Orientierung für die eigene Lebenseinstellung, die eigenen Werthaltungen und Verhaltensmuster (BVerfGE 101, 361/360f. – *Paparrazi-Fotos;* 120, 180/222 – *CvM-Ferienvilla in Kenia;* BVerfG NJW 2012, 756 – *C. v Hannover-WortBE;* BGHZ 177, 119/124f. – *Heide Simonis;* BGH NJW 2011, 746 – *Rosenball;* 2012, 763/765 – *Die Inka-Story I*): etwa weil in ihrer Person die besonderen Eigenschaften, Lebensformen, Selbstverständnisse, wegen derer sie in den Mittelpunkt öffentlicher Aufmerksamkeit gelangt sind, besonders zum Ausdruck kommen oder weil sie sich mit ihrem privaten Auftreten in der Öffentlichkeit zu diesem Status geradezu in Widerspruch setzen: das strafbare oder sonst besonders anstößige Verhalten des Law-and-order-Manns oder Sittenapostels; die Einkehr des wegen seines Eintretens für einen strikten Vegetarismus allseits berühmten Menschen in eine Würstchenbude; oder weil sie mit ihrem Beruf bewusst auch ihre Privatheit in das Rampenlicht der Öffentlichkeit stellen, insbes als Leitfigur oder Idol Einfluss auf die Lebensführung ihrer Fangemeinde beanspruchen oder in anderer Weise ihre Privatsphäre vermarkten, auch wenn sie in die Berichterstattung nicht eingewilligt haben.

Dadurch haben sich die Auffassungen der deutschen Rechtsprechung und des EGMR inzwischen zumindest angenähert. Berichte – insb Bildberichte – aus dem Alltag prominenter Personen ohne die Eignung zum Anstoß einer öffentlichen Diskussion allein zur Befriedigung von Neugier und Sensationslust müssen sich die Betroffenen heute nicht mehr gefallen lassen (BVerfG 120, 180/204f./209 – *CvM-Ferinienvilla in Kenia* – hier in Bezug auf Urlaubsaufenthalte; BVerfG NJW 2006, 3406/3408 – *Promi-Partner;* BGHZ 171, 275/285 – *CvM-Skiurlaub;* BGH NJW 2008, 749 – *Oliver Kahn;* AfP 2008, 608 – *Spaziergang in St. Remy*).

Auf ein Recht auf Privatheit kann sich gegenüber Presseveröffentlichungen grundsätzlich nicht berufen in Bezug auf Verhalten, Auftritte, Umstände, die er selbst gegenüber der Medienöffentlichkeit preisgegeben hat. Das Unterhaltungsbedürfnis und die Neugier der Leserschaft rechtfertigt schon nach der bisherigen Rechtsprechung auch bei Spitzenpolitikern nicht die Berichterstattung über private Telefongespräche. Das kann anders sein, wenn Gegenstand wichtige politische Entscheidungen sind. Indes muss auch hier das Publikationsinteresse umso eher zurücktreten, je mehr Privatheit in die Berichterstattung einbezogen werden muss. Wird gar das Gespräch wortgetreu wiedergeben mit allen Eigenarten in Stil und Sprache, dann ist das schon deshalb unzulässig, weil damit die Person unmittelbar vorgeführt wird (BGHZ 73, 120/121 – *Kohl/Biedenkopf;* vgl auch Rn 198).

Bei Berichten über die Zugehörigkeit zu einer Sekte ist auch die Ausstrahlung der Gewährleistung der negativen Bekenntnisfreiheit in Art 4, 140 GG iVm Art 136 WRV zu beachten (OLG München AfP 1993, 762; OLG Stuttgart AfP 1993, 739; OLG Celle NJW-RR 1999, 1477).

C. Pflichten für die Presseberichterstattung im Einzelnen **§ 6 LPG**

Kinder, Jugendliche, Heranwachsende, auch Kinder von Personen der Zeitgeschichte bzw Kinder, die selbst zu dieser Kategorie zuzurechnen sind, sind vor dem Zudringen der Medienöffentlichkeit prinzipiell absolut zu schützen; ihr Persönlichkeitsrecht ist durch die Gewährleistungen für die Familie in Art 6 GG verstärkt. Näher dazu Rn 133a.

3. Geheimsphäre

Vgl zunächst Rn 69. **217**

Grundsätzlich verletzt die Presse ihre Pflicht zur Achtung der Geheimsphäre nicht schon dadurch, dass sie Indiskretionen veröffentlicht, die ihr zugetragen werden. Das allgemeine Persönlichkeitsrecht schützt nicht das Vertrauen darin, dass derjenige, dem ein Geheimnis anvertraut wird, sich dieses Vertrauens auch würdig erweist. Schutz gegen Geheimnisverrat muss man in entsprechenden vertraglichen Vereinbarungen, abgesichert ggfls durch eine Vertragsstrafe, suchen. Aber dieser Schutz greift nur gegenüber dem Vertragspartner und umgibt das diesem Anvertraute nicht ohne weiteres mit einem auch von Dritten zu respektierenden Schutzmantel (BGH NJW 1987, 2667/2668 – *Langemann*). Gegen Dritte kann der Betroffene vorgehen, wenn ihr Verhalten die Voraussetzungen einer vorsätzlichen sittenwidrigen Schädigung erfüllt, zB wenn sie sich den Zugang zum Geheimnisbereich durch arglistige Täuschung erschlichen haben, oder wenn sie einen Geheimnisträger zum Vertragsbruch in Fällen verleiten, in denen die Wahrung des Geheimnisses für den Betroffenen offenkundig von existentieller Bedeutung und sein Bruch für ihn deshalb besonders schadensträchtig ist.

Besonderen Schutz begründen gesetzliche Verschwiegenheitspflichten insbes für die in § 203 StGB genannten Amtsträger und berufliche Vertrauenspersonen für amtlich oder beruflich anvertraute Geheimnisse (Rn 69). § 203 StGB wird ergänzt durch § 353b StGB, der die Verletzung von Dienstgeheimnissen vor allem von Amtsträgern unter Strafe stellt, wenn dadurch wichtige öffentliche Interessen gefährdet werden. Aber auch hier steht neben dem ungetreuen Geheimnisträger nur der Anstifter oder Gehilfe unter Strafe, nicht die bloße Verwertung von Informationen durch die Presse.

Ferner sind nach § 17 UWG während ihres Beschäftigungsverhältnisses zur Verschwiegenheit verpflichtet Angestellte, Arbeiter und Lehrlinge in Bezug auf die ihnen anvertrauten oder zugänglich gewordenen Geschäfts- und Betriebsgeheimnisse. Strafbewehrt ist der Geheimnisverrat und die Verleitung dazu (§ 20 UWG) aber nur, wenn er zu Zwecken des Wettbewerbs, aus Eigennutz, zugunsten eines Dritten oder in der Absicht erfolgt, dem Unternehmer Schaden zuzufügen. Nach §§ 93 Abs 1 S 2, 116 AktG gilt entsprechendes für Vorstands- und Aufsichtsratsmitglieder von Aktiengesellschaften.

Auch insoweit ist der Betroffene gegen die bloße Verwertung der Indiskretion durch die Presse nicht geschützt; dieser muss eine aktive Beteiligung an dem Vertrauensbruch, sei es durch Anstiftung, Beihilfe oder Bestechung nachgewiesen werden (vgl auch BVerfGE 10, 234/240; 66, 116/137 – *Der Aufmacher;* BGHZ 73, 120/124 – *Kohl/Biedenkopf;* BGH NJW 1987, 2667/2668 – *Langemann*).

Allerdings hat sich die Presse im Zugriff auf solche Informationen und bei ihrer Verwertung zurückzuhalten, weil sie schon durch ihre Verwertungsbereitschaft Dritte zu Einbrüchen in die Geheimsphäre der Person ermutigt. Der Öffentlichkeitswert der Information muss auch diesem Interessengesichtspunkt überlegen sein (BGHZ 73, 120/127 – *Kohl/Biedenkopf*). Entsprechend hieß es in der Richtlinie 5.1 aF des Pressekodex:

„Über als geheim bezeichnete Vorgänge und Vorhaben darf dann berichtet werden, wenn nach sorgfältiger Abwägung festgestellt wird, dass das Informationsbedürfnis der Öffentlichkeit höher rangiert als die für die Geheimhaltung angeführten Gründe. Strafbare Handlungen, die bei der Beschaffung der Information begangen werden, sind damit nicht gedeckt."

Leider ist der letzte Satz inzwischen dem Redakteur zum Opfer gefallen, wohl weil Ziff 4 des Pressekodexes generell bestimmt:

LPG § 6 Sorgfaltspflicht der Presse

„Bei der Beschaffung von personenbezogenen Daten, Nachrichten, Informationsmaterial und Bildern dürfen keine unlauteren Methoden angewendet werden."

Zum begrenzten Schutz der Kommunikationswege durch Art 10 GG vgl Rn 69.
Zum Schutz des gesprochenen Worts vgl Rn 201.
Zum Verwertungsverbot illegal beschaffter Informationen vgl Rn 53.

4. Öffentlichkeitssphäre

218   Vgl dazu Rn 70.
  Das Leben der Person in der Öffentlichkeit, ihr erwerbswirtschaftliches, politisches, kulturelles, gesellschaftliches Wirken mit sozialem „Außen-" Kontakt über das Sich-Bewegen im Alltag hinaus ist von ihren Lebenssphären am ehesten Presseberichten zugänglich. Wahre Berichte, die diese Lebens- und Wirkungssphäre betreffen, sind grundsätzlich hinzunehmen, auch wenn sie für den Betroffenen nachteilig sind (BVerfGE 99, 185/196 – *Sektenmitgliedschaft;* BVerfG NJW 2003, 1109; BGH NJW 2012, 763 – *Die Inka-Stry I;* AfP 2007, 44 – *Abberufung des Geschäftsführers*). Aber auch für diesen Bereich hat sich das Interesse der Presse an einer „Veröffentlichung" der Person, des Unternehmens in einer Interessen- und Güterabwägung erst zu legitimieren. Die Person wäre in ihrer Entfaltung übermäßig eingeengt, wenn sie – sei es auch nur in ihren für Fremde einsehbaren Sozialkontakten – stets mit einer breiteren Öffentlichkeit rechnen müsste als derjenigen, die sie im sozialen Kontakt gesucht hat (BGH NJW 1981, 1366 – *Der Aufmacher II*). Auch hier setzt nicht nur der Schutz vor unwahren Informationen und rufverletzenden Kommentaren der Berichterstattung Grenzen, sondern auch das Recht des Betroffenen zur informationellen Selbstbestimmung und der damit eng verbundene Anspruch auf Selbstbestimmung des sozialen Erscheinungsbildes, die der Person sowohl um ihrer Individualität und Würde als auch um der Wahrung von Entfaltungsraum willen Schutz gewähren (vgl Rn 193). Die Ausführungen unter Rn 194 bis 200 zu den Grenzen, die sich hieraus für die Darstellung eines umfassenderen Lebensbildes von der Person ergeben, gelten auch für die Darstellung der Person in diesen Ausschnitten der Öffentlichkeitssphäre: maßgebend ist Anlass und Ausmaß der Berichterstattung, Grad und Struktur des Öffentlichkeitsbezugs des Betroffenen und seine konkret betroffene Situation (Rn 195). Insoweit kann das Wertungskonzept für den Schutz des Rechts am eigenen Bild (Rn 118 ff., 129 f.) zwar nicht unmittelbar, aber doch als Orientierungsmuster herangezogen werden. Das Informations- und Publikationsinteresse an prominenten Personen des Zeitgeschehens ist stärker, ihr Interesse an Anonymität ist geringer, also weniger schutzwürdig als für den Normalbürger. Mehr noch als für den Normalbürger setzt sich für den Prominenten seine Sozialbindung für diese Sphären des sozialen Außenkontakts darin um, dass er den Kommunikationsfluss zu den Bereichen des Gemeinschaftslebens nicht schon wegen seiner Beteiligung und seines Wunsches nach Anonymität versperren kann (BGH NJW 1981, 1366 – *Der Aufmacher II*). Unter Umständen muss er sich zB gefallen lassen, in seinem beruflichen, kulturellen, gesellschaftlichen Umfeld zur Konkretisierung und Veranschaulichung eines Themas mit starkem Öffentlichkeitsinteresse als Person (BGH NJW 1966, 2353 – *Vor unserer eigenen Tür;* 1981, 1366 ff. – *Der Aufmacher II;* GRUR 1966, 633 – *Teppichkehrmaschine;* 1969, 304/306 – *Kredithaie;* 1969, 555/559 – *Cellulitis*) oder wegen seiner wichtigen Funktion für die Gemeinschaft sogar mit seiner Anschrift herausgestellt zu werden (BGH NJW 1991, 1532/1533 – *Notfallarzt;* 1994, 124 – *Greenpeace-Plakat*). Aber stets muss die Presse auch hier besonders prüfen, ob das Publikationsinteresse nicht unter Wahrung der Anonymität des Betroffenen genauso erfüllt werden kann bzw ob die Freigabe seiner Identität noch verhältnismäßig ist. Ihr ist der Bericht über einen Arbeitsgerichtsprozess aus Anlass der Kündigung eines Angestellten wegen Telefonsex nicht deshalb eher erlaubt, weil es um Informationen aus der beruflichen Sphäre geht (BGH NJW 1988, 1984 – *Telefonsex*). Die Berichterstattung über die Mitgliedschaft und Betätigung in einer ins Zwielicht geratenen Sekte (OLG München AfP 1993,

C. Pflichten für die Presseberichterstattung im Einzelnen §6 LPG

762; OLG Stuttgart AfP 1993, 739), einer Organisation der katholischen Kirche (OLG München NJW 1986, 1260) hat die Gewährleistung der Privatsphäre auch für den sozialen Kontakt und die negative Bekenntnisfreiheit in Art 4, 140 GG iVm Art 136 WRV mit zu berücksichtigen usw.

V. Träger der Pflichten

1. Maßgeblichkeit des Aufgabenbereichs

a) Pflichtenzuständigkeiten im arbeitsteiligen Veröffentlichungsprozess

Normadressaten sowohl der presserechtlichen Prüfungspflichten des § 6 LPG als auch der Pflichten für die Presseberichterstattung, die auf allgemeiner zivilrechtlicher, wettbewerbsrechtlicher, strafrechtlicher Grundlage beruhen, sind alle Personen und Unternehmen, die bei der Vorbereitung, Herstellung und Verbreitung des infragestehenden Presseprodukts mitwirken, einschließlich der Informanten und Nachrichten-Zuträger. Indes sind diese Adressaten nicht stets nach Inhalt und Grad im selben Maß verpflichtet. Der Schutzzweck der Pflichten, die den Gefahren unsorgfältig recherchierter, ehrverletzender oder auf andere Weise rücksichtsloser Presseveröffentlichungen, sei es zum Schutz der unmittelbar davon Betroffenen, sei es zum Schutz der Gesellschaft und der Presse, selbst steuern sollen (Rn 154), verlangt zwar nach einer umfassenden Einbeziehung der Beteiligten. Angesprochen werden können sie aber nur nach Maßgabe ihrer Einflussmöglichkeiten in Bezug auf das Presseprodukt, die durch ihren Aufgaben- und Wissensbereich begrenzt werden. In der arbeitsteiligen Produktion mit ihren Spezialisierungen müssen sich die Beteiligten in begrenztem Umfang auf die sachkundige Erfüllung der Sicherungs- und Kontrollaufgaben durch den anderen verlassen dürfen. Wo mehrere Unternehmen zusammenarbeiten, muss ferner berücksichtigt werden, dass einem Hineinregieren in einen fremden Betrieb durch Notwendigkeiten zu vertrauensvollen Zusammenarbeit, durch Sachzuständigkeit und Weisungsunabhängigkeit der beteiligten Unternehmen als Korrelat für das unternehmerische Wagnis Grenzen gesetzt sind. Auch im Team kann der Partner nicht auf Schritt und Tritt kontrolliert werden. Grundsätzlich hat Pflichten zur Gefahrabwendung nur, wer und soweit er im Prozess der Veröffentlichung die Gefahr beherrschen und steuern kann. Allerdings darf kein Beteiligter aus dem Auge verlieren, dass er am Gefahrenfeld, das die Veröffentlichung schafft, mitbeteiligt ist. Vor einer sich ihm aufdrängenden konkreten Gefahr darf er nicht allein deswegen die Augen verschließen, weil sie nicht aus seinem Aufgabenbereich stammt. Es gelten dieselben Grundsätze, an denen die Rechtsprechung im Deliktsrecht Verkehrs-(sicherungs)pflichten etwa des Warenherstellers oder die Berufshaftung des Experten orientiert.

b) Unterschiedliche Relevanz für negatorische und schadensrechtliche Folgen

Die genaue Ausgrenzung der Pflichtenzuständigkeit hat zivilrechtliche Folgerungen allerdings nur, soweit es um die Haftung für eine schuldhafte Pflichtverletzung, also um einen Anspruch auf Ersatz des materiellen Schadens und um Geldentschädigung für immaterielle Nachteile geht (vgl Rn 325 ff.). Für negatorische und quasinegatorische Ansprüche auf Widerruf oder Unterlassung, die am Zustand einer rechtswidrigen Störung anknüpfen, genügt die Mitbeteiligung an dem Störzustand einschließlich der nur technischen Verbreitung ohne Rücksicht auf solche Differenzierung nach Pflichtenzuständigkeiten (BGH AfP 1994, 136/137 – Störerhaftung mwN). Hier wirken sich diese erst in der Vollstreckung aus. Näheres dazu vgl Rn 276 ff.

c) Eingeschränkte Verantwortlichkeit der Medien- und Teledienste

Die Haftung für die Verletzung von Persönlichkeitsrechten durch online-Veröffentlichungen im Internet ist aufgrund der §§ 7 bis 10 TMG modifiziert. Die

LPG § 6 Sorgfaltspflicht der Presse

Regelung hat §§ 8 bis 11 TDG mit Wirkung vom 1. März 2007 ohne Änderung in der Sache abgelöst (BT-Drs 16/3078 S. 15). Näher dazu Rn 229a.

2. Verleger

a) Delegierbarkeit der Pflichten

221 Zum presserechtlichen Begriff vgl Einl Rn 49 f. Den Verleger, der das Verlagsunternehmen als Einzelkaufmann oder – regelmäßig – als Personenhandelsgesellschaft oder juristische Person betreibt, trifft als den „Herrn" (BGHZ 3, 270/275 – *Constanze I*; 14, 163/174 – *Constanze II*; 66, 182/188 – *Panorama*; BGHZ 181, 328/332 – *www.spickmich.de*; BGH NJW 1974, 1371 – *Fiete Schulze*; 1986, 2503/2504 – *Landesverrat*) des Veröffentlichens und Verbreitens die umfassendste Prüfungs- und Kontrollzuständigkeit (BGHZ 39, 124/139 – *Fernsehansagerin*; 73, 120/121 – *Kohl/Biedenkopf*; 99, 133/136 – *Oberfaschist*; BGH NJW 1974, 1762 – *Deutschlandstiftung*; OLG Brandenburg NJW 1999, 3339). Sie schließt auch den Anzeigenteil (vgl Rn 167 ff.; BGHZ 59, 76/78, 82 – *Geschäftsaufgabe*; BGH NJW 1972, 2302 – *Badische Rundschau*; 1985, 1620 – *Mietboykott*; OLG Hamburg AfP 1985, 41; KG AfP 1987, 619; OLG Saarbrücken NJW 1978, 2395/2396) und Leserbriefe ein (BGH NJW 1986, 2503/2505); auch für Kopf- oder Mantelzeitungen (dazu Rn 276). Allerdings kann er diese Aufgabe meistens, vor allem für periodische Druckschriften (BGH NJW 1975, 1149 – *Konkursfalschmeldung*), schon auf der organisatorischen Ebene erfüllen, indem er dafür sorgt, dass kompetente und zuverlässige Fachkräfte, zB Redakteure für den Zeitungsverleger, Lektoren für den Buchverleger mit der Stoffprüfung und -aufbereitung betraut werden. Dann müssen aber deren Prüfungs- und Kontrollzuständigkeiten genau definiert und koordiniert sein, so dass Kontrolllücken nicht auftreten können. Im Rahmen solcher zulässigen Delegation, ohne die ein moderner Verlag nicht geführt werden kann, hat der Verleger organisatorisch zu veranlassen, dass die Redakteure bzw Lektoren ihre Pflichten zur Nachprüfung der Nachrichten auf ihren Wahrheitsgehalt und der Veröffentlichung auf Zulässigkeit im Blick auf betroffene Drittinteressen ernst nehmen, dass sie durch generelle Anweisungen unterwiesen sowie nach Maßgabe veränderter Anforderungen aus tatsächlichen und rechtlichen Fortentwicklungen weitergebildet werden in den an sie zu stellenden Anforderungen, zB die Voraussetzungen für Rückfragen beim Betroffenen, die Zurückhaltung bei der Namensnennung, den für die Interessenabwägung anzulegenden Maßstab, die Prüfung von Anzeigen- und Werbeaufträgen zumindest auf grobe Wettbewerbsverstöße. Der Verleger muss ihnen zur Pflicht machen, bei kritischem, dh mit den Risiken von Rechtsverletzungen besonders belastetem Material seine verlegerische Entscheidung einzuholen (Rn 223). Schließlich hat er für eine effiziente Kontrolle ihrer Tätigkeit zu sorgen (BGH NJW 1957, 1149 – *Konkursfalschmeldung*; 1963, 484 – *Maris*; 1965, 1374 – *Satter Deutscher*). Das gilt auch in Bezug auf die Beiträge freier Mitarbeiter. Zwar sind diese mangels Weisungsabhängigkeit nicht die Verrichtungsgehilfen des Verlegers iSv § 831 BGB (OLG München AfP 1990, 222); das entbindet ihn indes nicht von der Verpflichtung, sie durch seine Verrichtungsgehilfen kontrollieren zu lassen.

222 Erfüllt er diese organisatorischen Pflichten, so bewahrt ihn das zwar nicht vor negatorischen Widerrufs- und Unterlassungsansprüchen, wenn es gleichwohl zu einer Rechtsverletzung durch die Störung kommt (vgl Rn 276; BGHZ 3, 270/275 – *Constanze I*; 14, 163/174; BGH NJW 1986, 2503/2505 – *Landesverrat*). Wohl aber entlastet es ihn von der deliktischen Ersatzpflicht des Geschäftsherrn aus § 831 BGB für Schäden aus dem Fehlverhalten seiner Mitarbeiter, für das er deliktisch nur bei eigenem Verschulden einzustehen hat.

Im Rahmen von Vertragsvereinbarungen haftet er darüber hinaus auch ohne eigenes Verschulden für seine Mitarbeiter als seine Erfüllungsgehilfen nach § 278 BGB. Darauf wird hier nicht näher eingegangen (Rn 12).

C. Pflichten für die Presseberichterstattung im Einzelnen § 6 LPG

b) Persönliche Prüfung bei „heißen Eisen"

Eine haftungsbefreiende Delegierung von Prüfungs- und Kontrollpflichten durch 223 entsprechende organisatorische Vorkehrungen ist dem Verleger aber nicht möglich, wo von vornherein offensichtlich ist, dass mit der Veröffentlichung für den Betroffenen besondere Nachteile verbunden sein können, insbes wo sich die Veröffentlichung mit sog „heißen Eisen" befasst, bei denen in besonderem Maß Verletzungen des Persönlichkeits- oder Unternehmensrechts drohen (vgl Rn 166; BGHZ 24, 200/212 – *Spätheimkehrer;* 39, 124/130 – *Fernsehansagerin;* BGH NJW 1957, 1149/1150 – *Konkursfalschmeldung;* 1980, 2810 – *Medizin-Syndikat;* OLG Düsseldorf AfP 1989, 549/551; OLG Stuttgart NJW 1976, 628 – *Siemens-Festschrift;* OLG München NJW 1975, 1129 – *Witzbuch*) oder bei „Enthüllungs-" oder anderen Sensationsberichten über eine Person oder ein Unternehmen (BGH NJW 1965, 685/686 – *Soraya*); bei der Gerichtsberichterstattung mit Namensnennung und Bild des Beschuldigten (BGH NJW 1963, 904 – *Gerichtsberichterstattung*); bei Bildberichten, die an den Pranger stellen (BGH NJW 1965, 68/686 – *Satter Deutscher*); bei vergleichenden Warentests in Bezug auf die Auswahl der zu vergleichenden Waren und Dienstleistungen (BGH NJW 1986, 981 – *Preisvergleich*); bei diskriminierenden Angaben über eine Ware (BGH NJW 1978, 210 – *Alkoholtest*) oder bei einer Kampagne gegen ein Unternehmen (BGH GRUR 1980, 242/244 – *Denkzettelaktion*). Hier muss der Verleger die kritischen Entscheidungen in Bezug auf das Ausmaß der Nachprüfung einschließlich einer Rückfrage bei dem Betroffenen, auf die Darstellungsintensität sowie die Interessenabwägung selbst treffen. Das Schutzbedürfnis des Rechtsverkehrs und das mit der Veröffentlichung verbundene besondere Risikopotential verlangen, dass für den Betroffenen in diesen Fällen in dem Verleger ein potenter Haftungsschuldner bereitsteht, den nicht eine nur auf Organisationsaufgaben begrenzte, sondern die volle deliktische Einstandspflicht trifft. Ist der Verleger Einzelkaufmann, dann muss er in diesen Fällen selbst prüfen und die kritischen Entscheidungen persönlich treffen. Ist eine juristische Person oder eine Personenhandelsgesellschaft Verleger, muss sie für diese Aufgaben ein Organ iSv §§ 30, 31 BGB bestellen, dessen Verschulden sie sich auch deliktsrechtlich als eigenes zurechnen lassen muss. Sind solche Aufgaben, die nach Bedeutung und Umfang im Haftungsinteresse eine Freizeichnung nicht erlauben, bloßen Verrichtungsgehilfen iSv § 831 BGB übertragen, mögen sie auch „technisch" noch so zuverlässig und fähig sein, dann sieht die Rechtsprechung hierin einen Organisationsmangel im Haftungsinteresse. Das schadenstiftende Verhalten des Beauftragten wird als schadenstiftendes Verhalten des Verlegers bzw eines verfassungsmäßigen Vertreters iSv §§ 30, 31 BGB fingiert (sog Fiktionshaftung; BGHZ 39, 129 – *Fernsehansagerin;* BGH NJW 1963, 484 – *Maris;* 1965, 685 – *Soraya;* 1980, 2810/2811 – *Medizin-Syndikat*). Auch die Betrauung eines freien Rechtsanwalts mit der Überprüfung der Veröffentlichung auf Verletzungen von Persönlichkeits- oder Unternehmensrechten genügt in derartigen besonders risikobelasteten Fällen den Haftungsinteressen des Betroffenen nicht (BGH NJW 1980, 2810/2811 – *Medizin-Syndikat;* kritisch *Wenzel/Burkhardt* Kap 14 Rn 60). Der Organisationsfehler beschränkt sich hier darauf, dass nicht für eine geschlossene Haftungsdecke gesorgt ist. Der Feststellung des verantwortlichen Organs bedarf es dann nicht.

Eine eigene Prüfungspflicht des Verlegers entfällt, wo es um den Bericht eines Spezialisten aus seinem Fachgebiet geht, sofern konkret Anhaltspunkte gegen die Kompetenz und Gewissenhaftigkeit des Verfassers nicht hervorgetreten sind (BGH NJW 1966, 1857 – *Tai-Ginseng*).

3. Herausgeber

Zum presserechtlichen Begriff vgl Einl Rn 51. Ganz anders als diejenige des Verlegers ist die Pflichtenstellung des Herausgebers in Bezug auf Stoffprüfung und -aufbereitung erheblich eingeschränkt, sofern seine Aufgabe auf die Überwachung der Tendenz einer Zeitung, auf die geistige Oberleitung der Veröffentlichung von 224

Beiträgen oder schlicht auf eine Herausstellung des Niveaus des Presseorgans durch seine Person gerichtet ist (OLG Celle AfP 1992, 295). Beschränkt er sich hierauf, so hat er – abgesehen von seiner Verantwortung für die eigenen Beiträge – im Wesentlichen nur für das Fernhalten solcher Beiträge zu sorgen, die offensichtlich unzulässig in fremde Rechte eingreifen, sofern er im Übrigen auf die organisatorischen Vorkehrungen des Verlegers vertrauen kann. Seine Pflichtenstellung erweitert sich aber mit der zunehmenden Einflussnahme auf die Veröffentlichung. Sie steht derjenigen des Verlegers gleich, wenn der Herausgeber ausnahmsweise wie jener als „Herr" des Veröffentlichens anzusehen ist (BGHZ 99, 133/136; BGH NJW 1954, 1682 – *Constanze II;* 1980, 994/995 – *Wahlkampfillustrierte;* 1980, 2810 – *Medizin-Syndikat;* 1986, 2503 – *Landesverrat;* 1987, 2225/2226 – *Umweltskandal;* OLG Düsseldorf AfP 1989, 549/551; OLG Köln AfP 1985, 293; OLG München NJW 1989, 910; dazu aber auch OLG München AfP 1990, 315).

Der Herausgeber eines Flugblatts haftet für darin enthaltene Unwahrheiten auch dann, wenn das Flugblatt von nicht in Erscheinung tretenden „Hintermännern" gestaltet worden ist und er auf deren Recherchen vertraut hat (OLG München NJW-RR 2002, 1045 ff.).

4. Redakteur

a) Ressortredakteur

225   Zum Begriff vgl Einl Rn 52; § 9 Rn 15. Mit seiner Aufgabe, über die Auswahl des zu publizierenden Stoffs zu entscheiden und ihn veröffentlichungsreif zu machen, sofern er nicht selbst überhaupt der Verfasser ist, ist von Amts wegen die Pflicht verbunden, für seinen Sachbereich für eine wahrheitsmäßige Berichterstattung sowie dafür zu sorgen, dass unzulässige Übergriffe in den geschützten Interessenbereich Dritter möglichst verhindert werden; insbes durch entsprechende Organisation und Überwachung der Kontrolle (BGHZ 24, 200/210 – *Spätheimkehrer;* 73, 120/121 – *Kohl/Biedenkopf;* BGH NJW 1968, 1419 – *Pelzversand;* 1973, 1460 – *Kollo-Schlager;* 1974, 1762 – *Deutschlandstiftung;* 1977, 626/627 – *konkret*). Das gilt auch für den Anzeigenredakteur (BGHZ 59, 76; BGH NJW 1972, 2302; KG AfP 1987, 619). Damit wird die dem Verleger regelmäßig allein nicht mögliche Inhaltskontrolle auf eine breitere Grundlage gestellt (vgl Rn 221 f.; BGH NJW 1957, 1149/1150 – *Konkursfalschmeldung;* 1963, 904 – *Maris;* 1977, 626/627 – *konkret*). Seine Pflicht setzt nicht erst ein, wenn er von einer drohenden Gefährdung Dritter auf andere Weise Kenntnis erhält, sondern er hat sich solche Kenntnis selbst aus der Veröffentlichung zu verschaffen.

b) Verantwortlicher Redakteur

226   Nicht gleichzusetzen ist der für die Stoffprüfung verantwortliche „Ressort-Redakteur" mit dem im Impressum aufzuführenden „Verantwortlichen Redakteur". Dieser ist nach den LPG für periodische Druckwerke zu bestellen, um den staatlichen Strafanspruch nicht daran scheitern zu lassen, dass die Täter von Presseinhaltsdelikten meist unbekannt bleiben (dazu Einl Rn 54; § 9 Rn 17 ff.); indes kann mit der Bestellung auch seine zivilrechtliche Verantwortlichkeit verbunden sein, wenn und soweit ihm die Aufgabe der Überprüfung auf strafbare Inhalte de facto zugewiesen ist (BGH NJW 1977, 626/627 – *konkret*). Die Angabe im Impressum besagt aber noch nichts über die Funktionen des benannten Redakteurs in Bezug auf die Inhaltsprüfung. Deshalb lässt die Benennung allein noch keine zivilrechtliche Pflichtenzuständigkeit mit entsprechenden Haftungsfolgen entstehen (*Damm/Rehbock* Rn 538 ff.; *Löffler/Ricker* Kap 13 Rn 22 ff.; Kap 41 Rn 22; *Prinz/Peters* Rn 313; *Soehring* AfP 1977, 330; *Wenzel/Burkhardt* Kap 12 Rn 66). Anderes gilt nicht einmal für die zivilrechtliche Haftung aus Verletzung strafrechtlicher Schutzgesetze iSv § 823 Abs 2 BGB durch die Veröffentlichung (*Bamberger* S 155; aA *Soehring* AfP 1977, 330). Auch strafrechtlich ist er nicht allein auf Grund seiner Benennung im Impressum verantwortlich, wenn er

C. Pflichten für die Presseberichterstattung im Einzelnen **§ 6 LPG**

nur irrtümlich im Impressum aufgeführt ist und tatsächlich ein anderer die Pflicht zur Prüfung auf strafbaren Inhalt ausgeübt hat (KG NJW 1998, 1320; *Soehring* Rn 26.8; siehe § 20 Rn 125). Allerdings kann die Benennung Indiz dafür sein, dass dem Benannten solche Pflichten übertragen worden sind. Soweit er ein eigenes Fachressort zu bearbeiten hat, haftet er hierfür zivilrechtlich wie jeder andere Ressort-Redakteur (BGH NJW 1977, 626/627 – *konkret;* OLG Düsseldorf NJW 1980, 599; OLG Köln NJW 1987, 1418; KG NJW 1991, 1490/1491).

c) Chefredakteur

Zum Begriff vgl Einl Rn 53; § 9 Rn 16. Inwieweit der Chefredakteur nicht nur für die von ihm selbst redigierten Beiträge sondern für die Arbeit der Ressort-Redakteure die Verantwortung trägt, richtet sich nach den ihm vom Verleger zugewiesenen Aufgaben und danach, wie detailliert das Arbeitsgebiet der Ressort-Redakteure ausgegrenzt ist (BGH NJW 1979, 1041 – *Exdirektor;* OLG Düsseldorf NJW 1980, 599). Im Wesentlichen hat er zu koordinieren und für die Gesamtthematik zu sorgen; seine Sorgfaltspflichten in Bezug auf die Detailprüfung dürfen daher nicht überspannt werden (vgl *Damm/Rehbock* Rn 533; *Wenzel/Burkhardt* Kap 14 Rn 64). Grundsätzlich kann er sich bei der Prüfungspflicht der eingesetzten Ressort-Redakteure beruhigen, solange nicht konkrete Anhaltspunkte auftreten, die gegen ihre Kompetenz oder Zuverlässigkeit sprechen. Jedoch muss er neben dem Verleger für generelle Anweisungen an die Redakteure in Bezug auf Umfang und Intensität ihrer Stoffprüfung und für ihre Überwachung durch unvermutete Stichproben sorgen. Soweit es um Veröffentlichungen von besonderer Relevanz für die Persönlichkeits- oder Unternehmensrechte betroffener Dritter geht, muss er aus denselben Gründen wie der Verleger sich selbst in die Prüfung einschalten (vgl Rn 223). 227

5. Technische Verbreiter

Die an der Veröffentlichung mit der Herstellung oder dem Vertrieb der Druckschrift befassten Beteiligten (Drucker, Setzer, Importeure, Bibliothekare) können als Störer auf Unterlassung der Verbreitung einer rechtswidrigen Veröffentlichung in Anspruch genommen werden, auch wenn sie den Inhalt nicht kennen und nicht kennen müssen (näher dazu Rn 281). Auf Schadensersatz haften sie indes nur, wenn sie Prüfungspflichten schuldhaft vernachlässigt haben. Diese haben sie hinsichtlich des Inhalts nur dort, wo konkrete Zweifel daran bestehen, dass in erster Linie dazu berufenen „intellektuelle" Verbreiter, insbes Redakteure und Verleger, ihre Prüfungspflicht erfüllt haben, oder wo von vornherein besonderer Anlass zu rechtlichen Bedenken an der Zulässigkeit der Veröffentlichung besteht, zB bei pornographischer Literatur (BGH NJW 1976, 799/800 – *Alleinimporteur;* OLG Stuttgart BB 1963, 1196). Auch Bibliothekare sind grundsätzlich nicht verpflichtet, von sich aus die von ihnen verwalteten Druckschriften auf ihren Wahrheitsgehalt etc zu überprüfen; vielmehr bedarf es dazu eines Anstoßes durch Abmahnung des Betroffenen. Entsprechend auffällig gewordene Schriften können bei Nachweis berechtigter Interessen insbes zu wissenschaftlichen Zwecken ausgeliehen werden, sind aber für diese Zwecke unter Verschluss zu halten. 228

6. Informant. Einsender

Prüfungspflichten hat der Informant hinsichtlich der Richtigkeit und Vollständigkeit der von ihm an die Presse gegebenen Informationen, gleichgültig ob er sie von sich aus gibt oder von dem Verlag dazu aufgefordert wird. Hat er eine einseitige oder missverständliche oder in der Schärfe überzeichnende Darstellung gegeben, kann er nicht damit rechnen, dass die an der Veröffentlichung Beteiligten seine Information korrigieren werden. Für verfälschende Ausschmückungen des Journalisten haftet er aber nicht schon deshalb, weil er sich nicht vorbehalten hat, dessen Artikel vor der Veröffentlichung zu überprüfen (OLG Stuttgart AfP 1991, 743; *Wenzel/Burkhardt* 229

Kap 12 Rn 71; 5 Rn 381 ff.; vgl jetzt im Anschluss an BVerfG NJW 1992, 2341 – *Hackethal* der BGH AfP 1993, 566 – *Produktinformation* unter Modifizierung seiner für den Informanten strengeren früheren Rechtsprechung; dazu BGHZ 50, 1/8 – *Pelzversand;* BGH NJW 1964, 1181 – *Weizenkeimöl;* 1967, 675 – *Spezialsalz;* 1973, 1460 – *Kollo-Schlager;* 1987, 2297 – *Arztinterview*). Hat der Informant die Presse in Wettbewerbsabsicht eingeschaltet, so haftet er für eine wettbewerbswidrige Aufbereitung seiner Information auch dann nur, wenn seine Information unsachlich, fehlerhaft oder unzureichend war oder er sie der Presse in einer Weise hat zukommen lassen, die die Annahme nahe legt, dass die Veröffentlichung wettbewerbsrechtlich unzulässig – zB irreführend verfälschend oder als redaktionell getarnte Werbung – erfolgen wird. In diesen Fällen muss der Informant solchen Risiken durch einen Prüfungsvorbehalt entgegentreten (BGH NJW-RR 1977, 235 – *Orangenhaut;* 1997, 934 – *Produktinterview*).

Der Autor eines Artikels, eines Leserbriefs haftet neben den Presseverantwortlichen nach allgemeinen Regeln für unzulässige Interessenverletzung durch seinen Beitrag als Gesamtschuldner.

7. Medien- und Teledienste

229a Diensteanbieter haften uneingeschränkt für eigene Informationen, die sie zur Nutzung bereithalten (§ 7 Abs. 1 TMG BGH Z 181, 328/332 – *www.spickmich.de;* 197, 213/220 – *Autocomplete-Funktion;* BGH NJW 2012, 2345 – *RSS-Feeds*), wobei entsprechend dem Zweck der Einschränkung ihrer Verantwortlichkeit durch die Regelung der § 7 Abs. 2, §§ 8 bis § 10 TMG nur maßgebend ist, dass der Diensteanbieter sich den Inhalt auf irgendeine Weise zu eigen gemacht hat, auch wenn der Inhalt als von anderen stammend gekennzeichnet ist (BGH NJW 2012, 2345 – *RSS-Feeds;* OLG Köln CR 2012, 116). Der Anbieter muss also den Inhalt als fremden kennzeichnen und seine Distanz zu ihm deutlich machen, wenn er die Privilegierung der §§ 7 Abs. 2, 8 bis 10 TMG erreichen will. Allerdings kann sich schon aus der äußeren Form des Internetangebots ergeben, daß lediglich eine fremde Äußerung ohne eigene Wertung oder Stellungnahme mitgeteilt wird, zB für einen Pressespiegel oder für das Bereitstellen von Informationen aus Medien in einem Informationsportal (BGH NJW 2012, 2245 mwN – *RSS-Feeds*).

Eigene Inhalte setzt auch der Betreiber einer Suchmaschine mit Autocomplete-Funktion dadurch, daß er dem Nutzer während der Eingabe seiner Suchbegriffe variierend mit der Reihenfolge der eingegebenen Buchstaben automatisch auf der Basis eines Algorithmus verschiedene Suchvorschläge macht und den Nutzer durch diese Ergänzungen seiner Recherche inhaltlich weiterführt (BGHZ 197, 213/217 ff. – *Autocomplete-Funktion*). Allerdings hat der BGH dem Betreiber der Suchmaschine nur das Unterlassen hinreichender Vorkehrungen zur Verhinderung von Rechtsverletzung durch seine von der Software generierten Suchvorschläge vorgeworfen, so daß seine Haftung – begrenzend – die Verletzung von ihm zumutbarer Prüfungspflichten voraussetzt entsprechend der Haftung eines Hostproviders für fremde rechtswidrige Informationen.

Ein „Sich-Zueigen-Machen" kann auch durch das Setzen von Links (für die der Gesetzgeber ebenso wie für Suchmaschinen bewusst von einer speziellen Verantwortlichkeitsregelung abgesehen hat; *Spindler* NJW 2002, 921/924; *Tettenborn/Bender/Lübben/Karenfort* BB 2001 Beil 10 S 27 f.) geschehen, durch die im eigenen Fließtext auf fremde Webseiten verwiesen wird, insbes bei Empfehlung des Besuchs oder bei einem zustimmenden Kommentar (*Mann* AfP 1998, 129/132; *Wenzel/Gamer* Kap 13 Rn 126) oder als die eigene Information unterstützendes Zitat; ein kommentarloses Zusammenstellen von Fundstellen wird dazu aber nicht ausreichen (*Mann* AfP 1998, 129/132). Für ein „Sich-Zueigen-Machen" muss der Linksetzer allerdings den fremden Inhalt kennen; Änderungen erst nach der Linksetzung können die Zurechnung zum Linksetzer entfallen lassen; dazu und zur „internen Verkehrssicherungspflicht"

C. Pflichten für die Presseberichterstattung im Einzelnen § 6 LPG

des Linksetzers Müko/*Rixecker* § 12 Anh.Rn. 210; *Soehring* § 16 Rn 17, 17c, 17off.; *Waldenberger/Hoß* AfP 2000, 237/243; *Wenzel/Gamer* Kap 13 Rn 126; OLG München MM-RD 2002, 361.

Für fremde Informationen enthalten die §§ 8 bis 10 TMG einen Haftungs- „Filter", der die strafrechtliche und schadensrechtliche Haftung der Diensteanbieter für persönlichkeitsverletzende Informationen nur durchläßt, wenn auch die Voraussetzungen für ihre Verantwortlichkeit nach den §§ 8 bis 10 TMG als anspruchsbegründende Tatbestandsmerkmale (BGHZ 181, 328/332 – *www.spickmich.de;* BGH NJW 2007, 2558 – *Katzenfreund;* BGHZ 158, 236/264ff. zum TDG aF) erfüllt sind, Dieser „Filter" gilt aber nur für die strafrechtliche und schadensrechtliche Haftung, nicht für die Inanspruchnahme des Diensteanbieters als Störer auf Unterlassung oder Widerruf mit negatorischer Begründung (BGHZ 181, 328/332 – *www. spickmich.de;* BGH NJW 2012, 2345 – *RSS-Feeds;* BGHZ 158, 236/264f. zum TDG aF). Für diesen beschränkten Haftungsbereich der §§ 8 bis 10 TMG müssen die Diensteanbieter fremde Information, die sie in ein Kommunikationsnetz übermitteln oder zur Nutzung speichern, ohne sie sich zu eigen zu machen, prinzipiell weder auf ihre Rechtmäßigkeit überprüfen noch überwachen. Pflichten zur Bekämpfung der von fremden Inhalten ausgehenden Störungen treffen sie erst, wenn sie Kenntnis von Umständen erhalten, die die Störung als solche, also auch ihre Rechtswidrigkeit (*Wenzel/Burkhardt* Kap 10 Rn 240), für sie evident machen.

Kenntnis und Handlungspflichten richten sich nach der Funktion, die der Diensteanbieter bei der Verbreitung der Inhalte jeweils einnimmt und die ihm die Mithilfe bei der Beseitigung der Störung ermöglicht. Dem Access-Provider, der lediglich den technischen Zugang zur Nutzung der Information vermittelt, ohne sie zu speichern, sind keine Handlungspflichten auferlegt (§ 8 Abs. 1 TMG). Dasselbe gilt bei kurzzeitiger Zwischenspeicherung der Informationen als Kopie, die während und ausschließlich zum Zweck der Übertragung der Informationen erstellt wird und zu der Nutzer keinen direkten Zugang hat.

Der Proxy-Server, der Webseiten zwischenspeichert, die von den Nutzern häufig abgerufen werden (Caching), hat diese unverzüglich zu entfernen oder den Zugang zu ihnen zu sperren, sobald er Kenntnis davon erhält, dass die Informationen am ursprünglichen Ausgangsort der Übertragung aus dem Netz entfernt wurden oder der Zugang zu ihnen gesperrt wurde oder die Entfernung oder Sperre angeordnet worden ist. Diese Kenntnis des Proxy-Server muss also nicht die Rechtswidrigkeit der Informationen einschließen.

Der Host- oder Seviceprovider, der den Nutzern die technische Plattform für das Speichern fremder Informationen oder für Foren oder für Bewertungen zur Verfügung stellt, hat zwar ebenfalls keine primäre Überwachungspflichten. Er hat aber bei Kenntnis der Rechtswidrigkeit der Informationen oder von Tatsachen bzw von Umständen, aus denen ihre Rechtswidrigkeit offensichtlich wird, diese unverzüglich zu entfernen oder den Zugang zu ihnen zu sperren (§ 10 TMG; OLG Hamburg MMR 2010, 490; AfP 2006, 565; OLG Köln CR 2012, 116; OLG Koblenz MMR 2008, 63). Kenntnis der Rechtswidrigkeit ist dazu nicht erforderlich.

Die Beweislast für die Kenntnis des Diensteanbieters hat der geschädigte Betroffene (BGH NJW 2003, 3764 zum TDG aF unter Auseinandersetzung mit der Schrifttum; aA *Wenzel/Burkhardt* Kap 10 Rn 246).

Die Störerhaftung aus negatorischer Begründung wird durch die §§ 8 bis 10 TMG nicht berührt. Sie trifft den Diensteanbieter prinzipiell schon als Verbreiter nach den von der Rechtsprechung zu § 1004 BGB entwickelten allgemeinen Rechtsgrundsätzen. Soweit der Diensteanbieter nicht selbst die persönlichkeitsverletzende Handlung vorgenommen bzw sie sich zueigen gemacht hat, knüpft seine Haftung als Störer an die Verletzung zumutbarer Prüfungspflichten an (dazu generell BGH GRUR 2004, 860 – *Internet-Versteigerung I;* NJW 2007, 2636 – *Internet-Versteigerung II;* NJW-RR 2008, 1136 – *Internet-Versteigerung III;* 2009, 1413 – *Haftung des Domainverpächters;* MMR 2013, 185 – *Alone in the dark*). Näher dazu Rn 276ff.

Steffen

D. Zivilrechtliche Folgen der Verletzung von Sorgfaltspflichten der Presse

I. Zivilrechtliche Haftungstatbestände

1. Keine unmittelbaren Folgen aus § 6 LPG

230   An die Verletzung der presserechtlichen Wahrheitspflicht des § 6 LPG sind keine unmittelbaren strafrechtlichen oder zivilrechtlichen Sanktionen geknüpft. § 6 LPG wird auch nicht als Schutzgesetz iSv § 823 Abs 2 BGB in das bürgerliche Recht der unerlaubten Handlung transformiert (vgl Rn 17). Ein Verstoß gegen § 6 LPG wirkt sich vielmehr nur mittelbar zivilrechtlich oder strafrechtlich dahin aus, dass er der Presse die Berufung auf die Wahrnehmung berechtigter Interessen im Rahmen der zivilrechtlichen und strafrechtlichen Güter- und Interessenabwägung abschneiden kann (vgl Rn 16, 19, 99). Prinzipiell aber überlassen die LPG die Folgen den allgemeinen Regeln der Zivil- und Strafrechtsordnung.

2. §§ 823 ff. BGB als wichtigste Haftungsnormen

a) Vertragshaftung. Deliktshaftung. Sondergesetze

231   Verstößt die Presse bei ihrer Tätigkeit gegen die Rechtsordnung, so ist zu unterscheiden zwischen Verstößen ausschließlich gegen die Gemeinschaftsbelange und solchen Verstößen, die die von der Rechtsordnung geschützten Rechte und Interessen des Einzelnen verletzen. Diese Individualrechte genießen gegenüber unerlaubten Eingriffen der Presse in der Regel sowohl strafrechtlichen als auch zivilrechtlichen Schutz. Beide Schutzkreise bestehen nebeneinander, ggf verstärken sie sich.

Sofern zwischen der Presse und dem Verletzten ein Vertragsverhältnis besteht, zB ein vom Leser mit dem Verlag geschlossener Abonnementvertrag, greift Vertragsschutz nach Maßgabe des Vereinbarten ein. Hierauf wird in der Kommentierung nicht näher eingegangen. In der Praxis ganz im Vordergrund steht der zivilrechtliche Schutz des einzelnen gegen unzulässige Eingriffe der Presse in seinen Rechtskreis durch die Vorschriften der §§ 823 bis 853 BGB über die Rechtsbeziehungen aus unerlaubter Handlung. Daneben kommen Vorschriften von Sondergesetzen, insbes des Wettbewerbsrechts und des Urheberrechts in Betracht. Sie enthalten Spezialregeln, die aber nur dort die Deliktsvorschriften der §§ 823 ff. BGB verdrängen, wo sie den Bereich erschöpfend regeln (dazu Rn 73, 151 f.).

Auch Vertrags- und Deliktsschutz bestehen grundsätzlich nebeneinander, jeder folgt seinem Regelungssystem.

b) Deliktische Regelungssystematik

232   Der Deliktschutz des BGB knüpft an drei Grundtatbestände an.

§ 823 BGB
(1) Wer vorsätzlich oder fahrlässig das Leben, den Körper, die Gesundheit, die Freiheit, das Eigentum oder ein sonstiges Recht eines anderen widerrechtlich verletzt, ist dem anderen zum Ersatz des daraus entstehenden Schadens verpflichtet.
(2) Die gleiche Verpflichtung trifft denjenigen, welcher gegen ein den Schutz eines anderen bezweckendes Gesetz verstößt. Ist nach dem Inhalte des Gesetzes ein Verstoß gegen dieses auch ohne Verschulden möglich, so tritt die Ersatzpflicht nur im Falle des Verschuldens ein.

§ 826 BGB
Wer in einer gegen die guten Sitten verstoßenden Weise einem anderen vorsätzlich Schaden zufügt, ist dem anderen zum Ersatz des Schadens verpflichtet.

§ 823 Abs 1 BGB schützt vor Übergriffen in diejenigen Wirkungs- und Schutzkreise, die die Rechtsordnung dem Einzelnen als absolute subjektive Rechte, insbes als Eigentum und andere dinglichen Rechte, zuordnet. Ihnen gleichgestellt sind die Rechtsgüter Leben, Körper, Gesundheit, Freiheit. Relevant wird der Haftungstat-

D. Zivilrechtl. Folgen der Verletzung von Sorgfaltspflichten der Presse § 6 LPG

bestand gegenüber Presseveröffentlichungen – abgesehen vom Recht am eigenen Bild (Rn 118 ff.) – aber eigentlich erst beim allgemeinen Persönlichkeitsrecht (vgl Rn 55 ff.) und dem Recht am eingerichteten Gewerbebetrieb (vgl Rn 139 ff.), durch die die Rechtsprechung den Schutzbereich des § 823 Abs 1 BGB ergänzt hat. Indes werden diese Schutzgüter nicht den absoluten Rechten und Rechtsgütern gleichgestellt, sondern sie bedürfen stets der Ermittlung ihrer Reichweite in jedem konkreten Fall durch eine Interessen- und Güterabwägung mit den kollidierenden Interessen Dritter, hier an der Presseveröffentlichung (vgl Rn 38 ff., 57, 141).

§ 823 Abs 2 BGB ergänzt den schutzgutbetonten Schutz des Abs 1 durch Erweiterung des Deliktsschutzes gegen die Verletzung von Verhaltensge- und -verboten, die zum Schutz von Individualinteressen besonders normiert sind. Da viele solcher Verhaltensnormen die Schutzgüter des Abs 1 betreffen, können Ansprüche nach beiden Absätzen des § 823 BGB begründet sein. Besondere Bedeutung gegenüber Presseangriffen haben die Vorschriften der §§ 22, 23 KUG, § 201a StGB für das Recht am eigenen Bild (Rn 118 ff.) sowie die §§ 185 ff. StGB für den Ehrenschutz, da das BGB die Ehre nicht als Schutzgut dem § 823 Abs 1 BGB zuordnet, sondern über den Abs 2 den Strafrechtsschutz in das bürgerliche Deliktsrecht transformiert (Rn 74 ff.).

§ 826 BGB vervollständigt die Schutzsphären um Verhaltensregeln der guten Sitten, soweit diese die bewusste illoyale Schädigung anderer Interessen verbieten.

Ergänzt werden diese drei Grundtatbestände durch enger umgrenzte Haftungstatbestände, von denen für den Schutz vor Presseangriffen § 824 BGB Bedeutung hat. Die Vorschrift ergänzt der beiden Grundtatbestände des § 823 BGB um einen Schutz von Interessen am guten Ruf im Wirtschaftsleben, der insbes wegen der geringeren subjektiven Anforderungen über den strafrechtlichen Ehrenschutz hinausgeht (Rn 106 ff.).

3. Negatorische und schadensrechtliche Folgen einer Pflichtverletzung

Das BGB nennt als Rechtsfolgen der unerlaubten Handlung nur den Schadensersatzanspruch des Verletzten. Er setzt einen schuldhaften Eingriff in seine Schutzsphäre voraus. 233

Außerhalb der Deliktsregeln kennt das BGB Beseitigungs- und Unterlassungsansprüche, die als „actiones negatoriae" durch die Störung bestimmter absoluter Rechte ausgelöst werden (des Eigentums und anderer dinglicher Rechte: §§ 1004, 1027, 1065, 1090 Abs 1, 1134 Abs 1, 1227; des Rechts zum Besitz: §§ 862, 1029; des Namens- und Firmenrechts: § 12 BGB, § 37 Abs 2 HGB; gewerblicher Schutzrechte: §§ 11, 97 Abs 1 UrhRG; § 47 Abs 1 PatG; §§ 15, 24 Abs 1, 25 WZG; § 15 Abs 1 GebrMG; § 14e GeschmMG; § 12 RabattG; § 2 Abs 1 ZugabeVO; § 40 SchiffRG; vgl ferner §§ 1, 3, 14 UW).

Diese Regeln hat die Rechtsprechung als Ausdruck eines allgemeinen Rechtsgrundsatzes im Wege der Gesetzesanalogie für die Inhaber aller in § 823 Abs 1 BGB genannten absoluten Rechte und Rechtsgüter einschließlich des allgemeinen Persönlichkeitsrechts und des Rechts am eingerichteten Gewerbebetrieb sowie der durch §§ 823 Abs 2, 824, 826 BGB geschützten Interessen zu der „quasi-negatorischen" Befugnis ausgebaut, auf Beseitigung der Störungsquelle und auf Unterlassung einer drohenden künftigen Störung zu klagen ohne Rücksicht drauf, ob die Störung schuldhaft gesetzt wird und ob ein Schaden eingetreten ist oder sich weiterentwickelt. Diese „quasi-negatorischen" Rechtsbehelfe sind nicht wie der Schadensersatzanspruch auf Wiedergutmachung, sondern auf Befreiung von einer Störung gerichtet. Sie machen wegen ihrer geringeren Tatbestandsvoraussetzungen insbes für den Schutz der Person und des Unternehmens gegen Presseangriffe in der Praxis das Schwergewicht der Zivilprozesse aus. Sie sind von der Rechtsprechung im Äußerungsrecht zu einem differenzierten Instrumentarium ausgestaltet worden, das an die Bedürfnisse der Praxis angepasst werden kann. Ergänzt werden sie durch Hilfsansprüche auf Auskunftserteilung, auf Veröffentlichung der gerichtlichen Entscheidung und auf Vernichtung, ggfl Herausgabe der beanstandeten Druckschrift. Näheres dazu Rn 346 ff.

4. Haftungsvoraussetzungen im Einzelnen

a) Rechtswidrigkeit der Verletzung

234   Deliktshaftung ist Unrechtshaftung. Der Schädiger haftet, weil und soweit er in den Kreis geschützter Interessen des Geschädigten im Widerspruch zur Rechtsordnung eingegriffen hat. Haftungsfolgen setzen deshalb die Feststellung der Normwidrigkeit des verletzenden Verhaltens voraus. Die negatorischen Folgen, die Widerrufs- und Unterlassungsansprüche knüpfen bereits an das Rechtswidrigkeitsurteil an. Schadensersatzfolgen verlangen darüber hinaus, dass die Rechtsverletzung dem Schädiger vorzuwerfen, dh von ihm vorsätzlich oder fahrlässig begangen worden ist. Allerdings lassen innere Abhängigkeiten zwischen den Sollensgeboten an das (äußere) Verhalten, die das Rechtswidrigkeitsurteil tragen, und dem sich stark an einem von der individuellen Person gelösten objektivierend-typisierenden Maßstab ausgerichteten zivilrechtlichen Verschulden (Rn 36, 162, 253) eine klare Trennung von Rechtswidrigkeits- und Verschuldensstufe heute nicht mehr zu.

Der Gesetzgeber hat die Rechtswidrigkeit in den deliktischen Grundtatbeständen unterschiedlich konzipiert.

aa) § 823 Abs 1 BGB: Schutzgutverletzung

(1) Erfolgsbezogenes Unrechtskonzept

235   § 823 Abs 1 BGB geht davon aus, dass sich rechtswidrig verhält, wer eines der genannten Schutzgüter verletzt. In diesem Konzept indiziert der „Erfolg", dh die Verletzung des Schutzguts die Rechtswidrigkeit; Rechtfertigungsgründe sind vom Verletzer zu beweisende Ausnahmen. Dieses Konzept des „Erfolgsunrechts" kann für eine Presseveröffentlichung relevant werden, wenn durch eine Falschmeldung, zB durch einen Druckfehler in einer Arzneimittelrezeptur (BGH NJW 1970, 1963), oder durch einen besonders scharfen oder an den Pranger stellenden Presseangriff (RGZ 148, 154 ff.) bei dem Betroffenen Gesundheitsschäden ausgelöst werden. Die Schutzgüter Freiheit und Eigentum können durch rechtswidrige Recherchen verletzt werden. Im Wesentlichen beschränkt sich aber der Schutz des § 823 Abs 1 BGB vor einer Presseveröffentlichung auf Eingriffe in Persönlichkeitsrechte und das Recht am Unternehmen. Für diese sog „offenen" Schutzgüter des allgemeinen Persönlichkeitsrechts und des Rechts am Unternehmen gilt das erfolgsbezogene Unrechtskonzept nicht. Hier ist der Inhalt des Schutzguts bereits für den Verletzungstatbestand, jedenfalls für die Zulässigkeitsgrenze, die das Schutzgut für Zugriffe zieht, erst auf Grund einer situationsbezogenen Güter- und Interessenabwägung unter besonderer Berücksichtigung der Art des Zugriffs und der mit ihm verfolgten Ziele zu ermitteln. Zivilrechtliche Folgen greifen schon mangels eines Verletzungstatbestandes, jedenfalls aber mangels Rechtswidrigkeit der Beeinträchtigung des Schutzguts nicht ein, wenn an der Presseveröffentlichung ein schutzwürdiges Interesse besteht, das sich in der Güterabwägung nicht als schwächer erweist. Erst die Gesamtschau auf die Interessen beider Seiten, und zwar sowohl ihrer Art als dem konkret betroffenen Konflikt nach, gibt darüber Auskunft. Vgl für das allgemeine Persönlichkeitsrecht Rn 57, für das Recht am eigenen Bild Rn 120, für das Recht am Unternehmen Rn 141, 146 sowie allgemein Rn 33 f. und zu den Abwägungsgrundsätzen Rn 38 ff. Deshalb kann sich, wer solche zivilrechtlichen Folgen geltend macht, nicht auf die Indizwirkungen des erfolgsbezogenen Unrechtskonzepts berufen. Jede Seite muss ihre schutzwürdigen Interessen dartun, nicht ist der Presse die Beweislast für ein Eingriffsrecht zugeschoben.

Für die Beurteilung der Zulässigkeit der Presseveröffentlichung werden daher insbes hier die Wertentscheidungen des Art 5 GG und der grundrechtlichen Gewährleistungen der Persönlichkeit wirksam. Soweit die Veröffentlichung sich unter Beachtung

D. Zivilrechtl. Folgen der Verletzung von Sorgfaltspflichten der Presse § 6 LPG

von Art 5 Abs 2 GG im Rahmen des Art 5 Abs 1 GG hält oder den Schutz des Art 5 Abs 3 GG in Anspruch nehmen kann, entfällt die Rechtswidrigkeit.

(2) Schutzgutbezogene Pflichten der Presse im Einzelnen

Der Inhalt der für Presseveröffentlichungen relevanten Schutzgüter des § 823 Abs 1 BGB und die Bestimmung der Grenzen, an denen das Zudringen auf sie zur rechtswidrigen Verletzung im Sinn dieser Vorschrift wird, ist unter Rn 55 bis 152 näher dargestellt. Zum allgemeinen Persönlichkeitsrecht vgl Rn 55 bis 72, zum Recht am eigenen Bild vgl Rn 118 bis 138, zum Recht am Unternehmen vgl Rn 139 bis 152. **236**

Die sich daraus für die Presse ergebenden Pflichten zur Rücksicht auf diese Schutzgüter sind unter Rn 153 bis 217 im Einzelnen dargestellt.

bb) § 823 Abs 2 BGB: Schutzgesetzverletzung

(1) Begriff des Schutzgesetzes

§ 823 Abs 2 BGB knüpft nicht, wie § 823 Abs 1 BGB, an die Verletzung eines Schutzgutes, sondern an die Verletzung eines Schutzgesetzes an. Gesetze iSv Abs 2 sind alle ein Gebot oder Verbot aussprechende Rechtsnormen (Art 2 EGBGB), also auch Rechtsverordnungen einschließlich von Polizeiverordnungen, sofern sie Individualinteressen schützen sollen. Keine Gesetze sind Verwaltungsvorschriften, Unfallverhütungsvorschriften, der Pressekodex des Deutschen Presserats. Nach der gesetzgeberischen Absicht haben Abs 1 und Abs 2 sich im Schutz der Individualsphäre zu ergänzen. Abs 2 erscheint als Erweiterung von Abs 1, indem er den Schutz vorverlegt schon in die Phase einer abstrakten Gefährdung der Schutzgüter, der diese Schutzgesetze begegnen sollen. Außerdem dehnt Abs 2 den Schutz auf das durch Abs 1 nicht erfasste Vermögen als solches aus, sofern dessen Schutz Aufgabe des Schutzgesetzes ist. **237**

Aufgabe des Abs 2 ist deshalb nicht, jeden Gesetzesverstoß mit zivilrechtlichen Folgen zu belegen oder für jeden Nachteil, den jemand durch eine Gesetzesverletzung erleidet, einen negatorischen oder deliktischen Anspruch zu begründen. Vielmehr werden nur die zum Schutz der Individualsphäre geschaffenen gesetzlichen Normen mit Haftungsfolgen versehen. Um solche zivilrechtliche Folgen auszulösen, muss also das verletzte Gesetz zum Schutz der Individualsphäre erlassen sein, und es muss in der gesetzgeberischen Absicht liegen, dem betroffenen Einzelnen die Verfolgung der Verletzung mit zivilrechtlichen Abwehr- und Schadensersatzansprüchen zu ermöglichen. Dieser Zweck muss allerdings nicht ausschließlich die Aufgabe der Norm sein. Es genügt, dass das Schutzgesetz nach Zweck und Inhalt wenigstens auch dem Individualschutz dient, mag auch ein auf die Allgemeinheit gerichteter Schutzzweck ganz im Vordergrund stehen (seit BGHZ 12, 146/148 stdg Rspr, vgl 66, 388/390; 84, 312/314; 100, 13/14; 122, 1/3; 150, 343/352). Aber der Individualschutz muss einer der Bestimmungsgründe der Norm sein; die Individualinteressen dürfen nicht nur als Reflex einer Regelung von Belangen der Allgemeinheit mitgeschützt sein. Ob eine Norm diese Voraussetzung erfüllt, muss sich aus Inhalt, Zweck und Entstehungsgeschichte der Norm, aber auch aus ihrem Standort in der Rechtsordnung, dem Regelungszusammenhang und den Aufgaben der Deliktshaftung ergeben (BGHZ 66, 388/390; 150, 343/352 mwN; BGH NJW 2003, 586 ff.). So sind zB kein Schutzgesetz iSv § 823 Abs 2 BGB die Strafvorschriften der §§ 93 ff. StGB zum Schutz von Staatsgeheimnissen; des Friedensverrats (§§ 80 f. StGB), der Gefährdung des demokratischen Rechtsstaats (§§ 84 ff. StGB), der Verunglimpfung von Staats- und Verfassungsorganen (§§ 90 ff. StGB), des öffentlichen Aufforderns zu Straftaten (§ 111 StGB), der Störung des öffentlichen Friedens (§ 126 StGB); der Volksverhetzung (§ 130 StGB) und des Aufstachelns zum Rassenhass (§ 131 StGB). Hier ist der Individualschutz nur Reflex der zum Schutz des Staats und im Allgemeininteresse eines geordneten und freiheitlichen Zusammenlebens im Staat erlassenen Vorschriften. Verstöße gegen §§ 3, 4 UWG insbes wegen Vermischung von redaktioneller Berichterstattung und Werbung lösen nach der im Schrifttum allerdings umstrittenen

LPG § 6

(vgl *Sack* NJW 1975, 1303; WRP 1982, 615/624 Fn 81 mN; *Schricker* GRUR 1974, 579; 1975, 111) Rechtsprechung des BGH zu §§ 1, 3 UWG aF keine Schadensersatzansprüche aus § 823 Abs 2 BGB aus, weil derartige Ansprüche nur im speziellen Rahmen von §§ 8, 12 ff. UWG (= § 13 UWG aF) durchgesetzt werden können (BGH NJW 1974, 1503/1505).

Schutzgesetze iSv § 823 Abs 2 BGB sind dagegen Strafvorschriften, die die Individualsphäre zB gegen Übergriffe bei der Recherche schützen: §§ 123 f. StGB Hausfriedensbruch (BGHZ 63, 124, 129); §§ 223 f. Körperverletzung; § 239 StGB Freiheitsberaubung (RG WarnRspr 17 Nr 118), § 240 StGB Nötigung (BGH NJW 1962, 910/911); §§ 201 ff. StGB Schutz des persönlichen Geheimbereichs; § 201a StGB Bildaufnahmen in gegen Einblick der Öffentlichkeit besonders geschützte Räume; § 354 StGB Schutz des Post- und Fernmeldegeheimnisses; § 355 StGB Schutz des Steuergeheimnisses. Schutzgesetze sind die Strafvorschriften der §§ 185 ff. StGB zum Ehrenschutz, die bei Persönlichkeitsverletzungen neben § 823 Abs 1 BGB anwendbar sind (BGHZ 95, 212/214 – *Nachtigall II* mwN). Schutzgesetze sind die Vorschriften des BDSG über den Datenschutz (OLG Hamm ZIP 1983, 552; NJW 1996, 131; *Simitis* NJW 1977, 729/736), die §§ 22, 23 KUG zum Schutz des Rechts am eigenen Bild (RG JW 1929, 2257; BGHZ 20, 345/347; 26, 349/351), ebenso § 201a StGB (Rn 118). Die §§ 32, 34, 44 StasiUnterlagenGes sind Schutzgesetze (OLG Frankfurt AfP 1996, 177).

(2) Einzelne Schutzgesetze für die Presse

238 Die Pflichten, die sich in Bezug auf Presseveröffentlichungen aus Schutzgesetzen ergeben, sind im Einzelnen unter B und C erläutert. Zu den Schutzvorschriften der §§ 22, 23 KUG, § 201a StGB über das Recht am eigenen Bild vgl Rn 118 bis 138 und zu den sich daraus ergebenden Pflichten für die Presse vgl Rn 160 bis 192.

Für die Presseberichterstattung zentrale Bedeutung als Schutzgesetze iSv § 823 Abs 2 BGB haben die strafrechtlichen Beleidigungstatbestände der §§ 185 ff. StGB. Zu den Schutzvorschriften der §§ 185 ff. StGB vgl Rn 74 bis 105. Der ursprünglich auf sie konzipierte deliktische Ehrenschutz ist heute ergänzt durch das allgemeine Persönlichkeitsrecht in § 823 Abs 1 BGB, das Schutz vor nicht ehrverletzender, aber rücksichtsloser Presseberichterstattung gewährt. Zum Verhältnis des allgemeinen Persönlichkeitsrechts zum Ehrenschutz vgl Rn 55, 74, 76. Für dieses Konkurrenzverhältnis gilt auch hier: der strafrechtliche Ehrenschutz konkretisiert für seinen Regelungsbereich den zivilrechtlichen Ehrenschutz als Teilbereich des allgemeinen Persönlichkeitsrechts. Andererseits sind auch für den strafrechtlichen Ehrenschutz die Ausstrahlungswirkungen der grundgesetzlich garantierten Meinungs- und Pressefreiheit (Art 5 Abs 1 GG) zu beachten, die zwar als ihre Schranken den Ehrenschutz ausdrücklich hervorheben (Art 5 Abs 2 GG), aber auch für eine Strukturierung und Modifizierung dieser einfachrechtlichen Schranken von Bedeutung sind (vgl Rn 27 ff.). Das wirkt sich schon auf die tatbestandlichen Anforderungen insbes an die ehrverletzende Qualität einer kritischen Äußerung über den Betroffenen aus und setzt sich für das Rechtswidrigkeitsurteil vor allem bei der Frage nach einem berechtigten Interesse an der Behauptung oder Verbreitung einer nicht erweislich wahren Tatsachenaussage gemäß § 193 StGB fort. Ebenfalls für die Transformation der strafrechtlichen Vorschriften in die zivilrechtliche Folgenregelung der §§ 823 ff. BGB können die Wertentscheidungen des Grundgesetzes Modifizierungen vor allem bzgl der Beweislast und für eine Beschränkung des Widerrufs begründen. Näheres dazu Rn 77, 99, 291 ff.

Zu den sich aus den §§ 185 ff. StGB für die Presseveröffentlichung ergebenden Pflichten vgl Rn 160 bis 192.

cc) § 824 BGB: Gefährdung von Kredit, Erwerb, Fortkommen

239 § 824 BGB, der sich teilweise mit § 187 2. Alt. StGB deckt, formt einzelne Grundpfeiler für die wirtschaftliche Existenz als Schutzgüter aus und schützt sie be-

D. Zivilrechtl. Folgen der Verletzung von Sorgfaltspflichten der Presse § 6 LPG

reits vor Gefährdungen durch unwahre Behauptungen, die nicht notwendig ehrverletzend sein müssen. Deshalb ist er die häufigste und wirksamste Anspruchsgrundlage gegenüber schadensrelevanter falscher Berichterstattung über ein Unternehmen. Verletzungstatbestand ist das Behaupten oder Verbreiten unwahrer Tatsachen, die geeignet sind, den Kredit eines anderen zu gefährden oder sonstige Nachteile für dessen Erwerb oder Fortkommen herbeizuführen. § 824 Abs 1 BGB geht davon aus, dass das Behaupten oder Verbreiten einer unwahren Tatsache mit diesem Gefahrenpotential für den unmittelbar Betroffenen prinzipiell rechtswidrig ist (vgl dazu Rn 114). Die Vorschrift ist unter Rn 106 bis 117 erläutert: zu den Schutzgütern Kredit, Erwerb, Fortkommen vgl Rn 108 f.; zum Begriff der Tatsachenaussage vgl Rn 111 und Rn 84 ff., 157; zu Behaupten und Verbreiten vgl Rn 93 ff., 112; zur Voraussetzung des unmittelbaren Betroffenseins vgl Rn 113. Die aus § 824 BGB folgenden Prüfungspflichten für die Presse sind unter Rn 153 bis 185 vorgestellt.

dd) § 826 BGB: Verstoß gegen die guten Sitten

(1) Rechtswidrigkeitsurteil aus der Sittenordnung

§ 826 BGB erweitert die deliktische Haftung auf die Schadensfolgen eines Verhaltens, **240** dessen Rechtswidrigkeit sich aus einem Verstoß gegen sittliche Grundvorstellungen des Gemeinschaftslebens ergibt, auch wenn diese nicht als Rechtsregeln normiert sind. Die Vorschrift greift aber auch dann ein, wenn die sittenwidrige Schädigung zugleich die Haftungsvoraussetzungen der §§ 823, 824 BGB erfüllt. Auch neben Ansprüchen aus der Verletzung des Persönlichkeitsrechts und des Rechts am eingerichteten Gewerbebetrieb können Ansprüche aus § 826 BGB gegeben sein (BGHZ 59, 30, 34; 69, 128, 139).

Generell ist die Haftungsvoraussetzung des auf Schädigung gerichteten Vorsatzes eine hohe Barriere für die Anwendung von § 826 BGB (BGHZ 69, 128/139; 70, 277/279; BGH VersR 2001, 251/252 mwN). Deshalb auch hat sie für die Haftung aus schädigender Presseveröffentlichung eine eher marginale Bedeutung, da der Nachweis eines Schädigungsvorsatzes hier kaum je gelingt. Das gilt auch für Schadensfälle wegen eines Wettbewerbsverstoßes, die von der Rechtsprechung weitgehend unter § 3 UWG nF (§ 1 UWG aF) eingeordnet werden. § 826 BGB wird durch das UWG zwar nicht ausgeschlossen (Rn 152), tritt aber in der Praxis hier sehr zurück, da der Begriff der Sittenwidrigkeit, der für BGB und UWG prinzipiell identisch ist, durch die UWG-Rechtsprechung für diesen Anwendungsbereich spezifisch konturiert ist. Deshalb wird für diesen Bereich auf die Rn 151 verwiesen.

(2) Maßstab für die Sittenwidrigkeit

§ 826 BGB soll nicht Maßstäben des Moralkodexes oder einer Standesethik, zB des **241** Pressekodex des Deutschen Presserats, die Qualität von Haftungsnormen verschaffen, sondern der Maxime Rechnung tragen, dass Verhalten wegen seiner Unvereinbarkeit mit den sittlichen Grundvorstellungen auch Unrecht sein kann, wenn es sich formal auf das Recht berufen kann. Die hier gemeinte Sittenwidrigkeit orientiert sich an demjenigen Grundbestand an Anständigkeit, Loyalität, Fairness in der Durchsetzung der eigenen Interessen, der von der Gemeinschaft als für ihre Ordnung maßgebender Wert angesehen wird. Als Maßstab der Sittenwidrigkeit legt die Rechtsprechung das Anstandsgefühl aller billig und gerecht Denkenden zugrunde (seit RGZ 48, 114 st Rspr). Anzulegen ist ein durchschnittlicher Maßstab. Das Sittenwidrigkeitsverdikt muss auf breiter Zustimmung der beteiligten Kreise beruhen. Das gilt vor allem in Grundfragen der Lebensführung, in denen nach dem freiheitlichen Persönlichkeitsbild des GG der Pluralismus der Anschauungen nicht durch Sanktionen eingeschränkt werden darf. Die Standesethik eines Berufsstandes kann mitzubeachten sein, wenn und soweit sie Ausdruck besonderer Verantwortung für die Gemeinschaft ist. Jedoch ist Standeswidrigkeit nicht gleich Sittenwidrigkeit (RGZ 83, 110/114; 144, 242/245; 146, 194; BGHZ 60, 28/32; BGH WM 1977, 458/459). Es muss sich um Normen des Standesrechts handeln, die ethischen Maximen des Berufs verpflichtet (BGHZ

39, 142, 148) und durch einen Bezug zur Gemeinschaftsordnung ausgewiesen sind. Sonst verletzt standeswidriges Verhalten nur dann die guten Sitten, wenn das Hinzutreten besonderer Umstände es zu unverständlichem Verhalten macht (vgl RGZ 83, 110/114; BGH NJW 1963, 262; BB 1973, 128). Wichtige Erkenntnisquelle für die sozialethischen Grundwerte der Gemeinschaft sind die verfassungsrechtlichen Grundentscheidungen, die für § 826 BGB besonders aussagekräftig sind, wenn es um das zulässige Maß an Egoismus und das Rangverhältnis zwischen den Belangen des Einzelnen und der Gemeinschaft geht (vgl zB BVerfGE 25, 256 – *Blinkfuer;* 66, 116 – *Der Aufmacher;* BGHZ 65, 325/331 – *Warentest II;* 67, 48/53 – *freiwillige Sterilisation;* 70, 273/287 – *Fluglotsenstreik*).

Eine sittenwidrige Handlung hat nicht den Grundrechtsschutz aus Art 5 Abs 1 GG (BVerfGE 34, 238 – *Tonbandaufnahme;* 66, 116 – *Der Aufmacher;* BGHZ 73, 120 – *Kohl/Biedenkopf;* 80, 25 – *Der Aufmacher I;* BGH NJW 1981, 1366 – *Der Aufmacher II*). Andererseits teilt sich die verfassungsrechtliche Wertentscheidung von der Bedeutung der Meinungs- und Pressefreiheit für eine freiheitliche Entfaltung des Einzelnen und für die Demokratie, auf der die Gewährleistungen des Art 5 Abs 1 GG beruhen, dem Wertgehalt des Sittenbegriffs mit. Kein Verhalten verstößt gegen die guten Sitten, in dem sich diese Wertvorstellungen des GG verwirklichen.

(3) Fälle sittenwidrigen Verhaltens

242 Ein Verhalten kann nach dem Ziel oder Zweck, dem eingesetzten Mittel oder nach der Verhältnismäßigkeit des Mitteleinsatzes zu dem Zweck sittenwidrig sein.

Sittlich verwerflich ist das planmäßige Vorgehen oder Zusammenwirken in Schädigungsabsicht (Schikane, Kollusion). Die Verfolgung eigener Rechte oder Interessen verstößt natürlich nicht schon deshalb gegen die guten Sitten, weil sie einem anderen Nachteile zufügt. Aber die Interessenverfolgung darf nicht die Schädigung zum Ziel haben oder zu Schäden führen, die unverhältnismäßig größer sind als der erstrebte Nutzen. Sittenwidrig ist die Bekanntgabe von Tatsachen aus dem privaten Lebensbereich, um den anderen zu schädigen (BGH BB 1954, 360) oder eine Anleitung zur unberechtigten Inanspruchnahme von staatlichen Leistungen oder zur Umgehung von Ordnungsmaßnahmen, etwa von Radarfallen, oder zur Ermöglichung eines Suizids durch Veröffentlichung entsprechender Handlungsanweisungen.

Ein sittenwidriges Mittel zur Verfolgung eines an sich erlaubten Zwecks ist insbes der Einsatz arglistiger Täuschung oder erpresserischen Drucks oder das Ausnutzen des Irrtums oder der Unerfahrenheit oder der Willensschwäche des Anderen. Als sittenwidrig kann auch die Preisgabe der Person an die Öffentlichkeit durch die Medien in Augenblicken höchster Verletzlichkeit (Schmerz, Trauer, Panik, Ekstase) erschienen (dazu Rn 66, 214).

243 Am häufigsten kommen für § 826 BGB Fallgestaltungen in Betracht, bei denen das angewandte Mittel unter anderen Umständen nicht zu beanstanden gewesen wäre, unter den vorliegenden aber vor allem wegen seiner Unverhältnismäßigkeit für dieses Ziel unanständig ist. So kommt es für die Interessenverfolgung unter Einsatz von Druck auf die Inadäquanz des Mittels zu diesem Zweck an. Maßgebend ist, ob der Drohende Anspruch auf das abgenötigte Verhalten oder jedenfalls ein berechtigtes Interesse daran hat (BGHZ 2, 287/288; 25, 217/220; BGH NJW 1969, 1627; 1982, 2301; 1983, 1266/1267; LM BGB § 123 Nr 28, 32, 49). Sittenwidrig ist zB die Androhung einer Veröffentlichung, um Schweigegeldforderungen Nachdruck zu verleihen; nicht sittenwidrig dagegen ist das Aufdecken von Missständen, um den Betroffenen zu veranlassen, sie abzustellen. Sittenwidrig kann eine Veröffentlichung von Informationen sein, die sich die Presse nur unter Einsatz illegaler Methoden, durch Täuschung, durch Bruch zugesicherter Vertraulichkeit auf strafbare Weise verschafft hat (BGHZ 80, 25 – *Der Aufmacher I;* BVerfGE 66, 116 – *Der Aufmacher;* BGH NJW 1987, 2667 – *Langemann*). Auch hier kommt es auf die Zweck-Mittel-Relation an. Die Aufdeckung strafbarer Sachverhalte kann auch den Einsatz einer List rechtfertigen. Nicht sittenwidrig ist die Publikation von rechtswidrig beschafften Informatio-

D. Zivilrechtl. Folgen der Verletzung von Sorgfaltspflichten der Presse § 6 LPG

nen, die der Presse zugespielt werden, ohne dass sie sich an dem Rechts- oder Vertrauensbruch beteiligt hat (BGHZ 73, 120 – *Kohl/Biedenkopf;* BGH NJW 1987, 2667 – *Langemann*). Näheres dazu Rn 53, 217 f.

Sittenwidrig ist die Mittel-Zweck-Relation, wenn der angerichtete Schaden außer Verhältnis steht zu dem erstrebten Nutzen (BGH LM BGB § 826 (Gc) Nr 2: kaltblütige Vernichtung der wirtschaftlichen Existenz eines anderen, um auf bequeme Weise eine Auskunft zu erhalten, die sich unschwer auf anderem Wege verschaffen lässt; oder die Mitteilung längst zurückliegender Jugendverfehlungen allein zur Befriedigung eines Unterhaltungsinteresses (RGZ 115, 4156; RG JW 1928, 1211).

Für die Sittenwidrigkeit von Auskünften und Ratschlägen lässt die Rechtsprechung 243a leichtfertig „ins Blaue hinein" gemachte Angaben genügen, wenn ihre Erteilung wegen erhöhter Verlässlichkeitserwartungen des Empfängers bzw eines in seinem Informationsbereich stehenden Dritten auf Grund der Inanspruchnahme von Expertenwissen durch den Schädiger und angesichts der diesem erkennbaren Tragweite der Entscheidungen, für die die Auskünfte bzw der Rat eingeholt wird, als gewissenlos zu bewerten ist.

So ist als sittenwidrig bewertet worden das leichtfertige Erstatten eines Gutachtens, wenn für den Gutachter erkennbar ist, dass es für die Entschließung des Adressaten von weittragender Bedeutung ist (BGH VersR 1966, 1034/1036 – *Sachverständiger;* NJW-RR 1986, 1150 – *Tierarzt;* NJW 1987, 1758 – *Steuerberater-Testat;* 1991, 3282 – *Grundstückssachverständiger*); oder die leichtfertigen Erklärungen von Wirtschaftsprüfern (BGH NJW 1956, 1595), Steuerbevollmächtigten (BGH NJW 1986, 180), Rechtsanwälten. Warentests können sittenwidrig sein, wenn sie bewusst die speziellen Anforderungen derartiger Tests an die Neutralität von Auswahl und Prüfungsmethoden verletzen (BGHZ 65, 325/334; Rn 147 f.). Kapitalanlageempfehlungen eines Spezialdienstes können sittenwidrig sein, wenn sie unter Vorgabe gründlicher Recherchen „ins Blaue hinein" gegeben werden oder gar als bezahlte verdeckte Werbung mit einseitiger positiver Beurteilung unter Verschweigen relevanter negativer Faktoren den Adressaten irreführen. Indes fehlt schlechter „Beratung" durch Presseerzeugnisse meistens der Bezugsrahmen einer konkreten individuellen Geschäfts- und Interessenlage sowie der personale Kontakt zwischen Auskunft(Rat)geber und Empfänger. Deshalb ist die Schwelle, an der eine Mitteilung als leichtfertig und gewissenlos angesehen werden muss, höher anzusetzen als bei einer Expertise oder Bankauskunft.

b) Rechtfertigungsgründe

aa) Einwilligung

Die Rechtfertigungsgründe Notwehr und Nothilfe (§ 32 StGB, § 227 BGB), Ver- 244 teidigungsnotstand (§ 228 BGB) und Angriffsnotstand (§ 34 StGB, § 904 BGB), erlaubte Selbsthilfe (§§ 229, 230 BGB) werden für Presseveröffentlichungen kaum praktisch. Anderes trifft für die Einwilligung des Betroffenen in die Veröffentlichung zu. Die Einwilligung rechtfertigt den Eingriff. Öffnet der Betroffene in Ausübung seines Selbstbestimmungsrechts dem Schädiger seine Schutzsphäre, so fehlt es an der Grundlage für ein Rechtswidrigkeitsurteil.

Für die Einwilligung generell gilt das zur Einwilligung in die Veröffentlichung eines Bildnisses nach § 22 KUG Gesagte. Näheres zur Rechtsnatur der Einwilligung Rn 124, zur Einwilligungsberechtigung Rn 125, zur Form Rn 126, zur Reichweite Rn 127, zur Beweislast Rn 128. Wer dem Reporter ein Interview gibt, willigt in die Veröffentlichung ein. Die Einwilligung erstreckt sich aber nicht auch darauf, einzelne Sätze aus dem Kontext zu nehmen und sie in einen verfälschenden oder verzerrenden oder den Betroffenen der Lächerlichkeit preisgebenden Rahmen zu stellen.

bb) Mutmaßliche Einwilligung

Gerechtfertigt ist ein Eingriff bei mutmaßlicher Einwilligung, wenn für die Dar- 245 stellung die Zustimmung des Betroffenen wegen Ortsabwesenheit, Bewusstlosigkeit oder aus anderen zwingenden, in der Natur der Sache liegenden Gründen eine Entschließung des Betroffenen nicht rechtzeitig eingeholt werden kann. Vorausgesetzt ist die Feststellung, dass der Betroffene vermutlich weil vernünftigerweise in ein Zudringen auf seinen Integritätsbereich überhaupt und in dieser Art und durch diese Person eingewilligt haben würde, wenn er von der Notwendigkeit gewusst haben würde, sich zu dem Vorhaben zu äußern (BGH NJW 1972, 475). An die Voraussetzungen sind hohe Anforderungen zu stellen, da mit diesem Institut das Selbstbestimmungsrecht des Betroffenen überspielt wird. Die Presse wird sich hierauf kaum je berufen können.

cc) Wahrnehmung berechtigter Interessen

246 Die Wahrnehmung berechtigter Interessen ist als Rechtfertigungsgrund in § 193 StGB für Ehrverletzungen (dazu Rn 99) und in § 824 Abs 2 BGB für das Behaupten oder Verbreiten kreditgefährdender unwahrer Tatsachen (dazu Rn 114 ff.) ausgebildet, der für die Presseberichterstattung in einer die Öffentlichkeit berührenden Frage im Blick auf Art 5 GG Regeltatbestand ist. Im übrigen hat die Wahrnehmung berechtigter Interessen im Zivilrecht ihren Standort in der Abgrenzung der „offenen" Schutzgüter Persönlichkeitsrecht und Recht am Unternehmen gegenüber den schutzwürdigen, insbes den durch Art 5 GG gewährleisteten Interessen an freier Meinungsäußerung. Die Abstimmung der Schutzgüter des Betroffenen mit dem berechtigten Interesse der Presse an der Veröffentlichung auf der Grundlage der generellen Bedeutung der Schutzgüter und den konkreten Umständen des Einzelfalls zeigt Umfang und Reichweite des Persönlichkeitsrechts und des Unternehmensrechts gegenüber abträglichen Äußerungen auf, an denen sich das Rechtswidrigkeitsurteil orientiert. Demgegenüber tritt die Qualifizierung der berechtigten Interessenwahrung als rechtfertigende Ausnahme dogmatisch in den Hintergrund.

Näheres zur Güter- und Interessenabwägung vgl Rn 33 bis 53, 57, 141, 146.

c) Kausalität. Conditio sine qua non

247 Für die quasi-negatorische ebenso wie für die schadensrechtliche Haftung muss das rechtswidrige Verhalten für die Störung, den Eingriff in die Schutzsphäre (mit)ursächlich sein (sog haftungsbegründende Kausalität). Für die Haftung auf Schadensersatz ist ferner festzustellen, welche Einbußen auf den Eingriff zurückgehen; denn der Schädiger ist zum Ausgleich nur der von ihm (mit)verursachten Schäden verpflichtet (sog haftungsausfüllende Kausalität).

Den Kausalzusammenhang bestimmen die Naturgesetze, Marktgesetze usw, dh Mechaniken außerhalb juristischer Wertung. Das Verhalten muss eine Bedingung für den Eingriff in die Schutzsphäre, der Eingriff in die Schutzsphäre eine Bedingung für diese Einbuße gesetzt haben, ohne die der Erfolg bzw der Schaden so nicht eingetreten wäre (conditio sine qua non). Ein Tun ist Bedingung für den Erfolg, wenn dieser ohne es so nicht eingetreten wäre; ein Unterlassen dann, wenn er – das erwartete Handeln hinzugedacht – ausgeblieben wäre. Das muss auch für das Unterlassen mit Sicherheit feststehen; hier muss nach Maßgabe des individuellen Geschehens gefragt werden, ob pflichtgemäßes Handeln den Eintritt des konkreten Erfolgs mit Sicherheit verhindert haben würde (BGHZ 34, 206/215; 36, 237/239; 54, 46; 61, 118/120; BGH NJW 1974, 453/455, 1975, 1827/1829). Stets ist zu bedenken, dass es nur von der Fragestellung abhängt, ob ein Verhalten als Tun oder Unterlassen gewertet wird; das rechtliche Ergebnis kann von der Fragestellung nicht abhängen.

Kausalitätsfeststellung verlangt den Vergleich des realen Geschehensablaufs (Ist-Verlauf) mit einem Geschehensablauf, in dem der auf seine Bedingungsqualität zu untersuchende Vorgang herausgefiltert ist (Soll-Verlauf). Dabei darf der Ist-Verlauf in allen anderen Komponenten nicht verändert werden.

Da die Störung bzw die Verletzung der geschützten Individualsphäre in aller Regel schon mit der Presseveröffentlichung eintritt, „mittelbare" Eingriffe hier praktisch nicht vorkommen (Rn 24), bereitet die Feststellung der haftungsbegründenden Kau-

D. Zivilrechtl. Folgen der Verletzung von Sorgfaltspflichten der Presse § 6 LPG

salität als Voraussetzung für quasi-negatorische Unterlassungs- und Widerrufsansprüche im Allgemeinen keine besonderen Schwierigkeiten. Demgegenüber ist die Feststellung der haftungsausfüllenden Kausalität, also des auf den Eingriff zurückzuführenden Schadens als Voraussetzung für einen Schadensersatzanspruch oft besonders schwierig, insbes wo eine Veröffentlichung nur in Teilen unzulässig ist oder wie sie auf andere Veröffentlichungen trifft, die das Schadensfeld bereits vorbereitet haben. Näheres dazu vgl Rn 311 ff.

bb) Adäquanz. Rechtswidrigkeitszusammenhang

Der wertfreie, mechanische Ursachenzusammenhang zwischen dem Verhalten des Schädigers und der Verletzung des Geschädigten reicht in Grenzfällen nicht aus, den Zurechnungszusammenhang für die Unrechtshaftung zufrieden stellend zu begründen. Die Feststellung, dass sorgfaltswidriges Verhalten für die Verletzung ursächlich geworden ist, gibt in Fällen, in denen von dritter Seite oder vom Geschädigten selbst hinzutretende Bedingungen den Verletzungserfolg erst verwirklichen, nicht stets die Gewissheit, dass die negative Bewertung des Schädigerverhaltens die Verletzung (mit)trägt. Der Vorwurf der Rechtswidrigkeit kann in Richtung auf ein Geschehen liegen, das sich in der Verletzung nicht verwirklicht hat. 248

Das RG hat versucht, solche Fälle einer „Zielverfehlung" mit dem Wertungskriterium der Adäquanz auszusondern. Danach erfordert ein relevanter Zurechnungszusammenhang, dass eine Tatsache nicht nur unter besonders eigenartigen, ganz unwahrscheinlichen und nach dem regelmäßigen Verlauf der Dinge außer Betracht zu lassenden Umständen zur Herbeiführung des Erfolgs geeignet war. Die Folge darf nicht von vornherein außer aller Wahrscheinlichkeit liegen (RGZ 133, 126; BGHZ 3, 261/267 ständig). Positiv wird danach gefragt, ob das schädigende Ereignis generell geeignet war, einen Erfolg dieser Art herbeizuführen.

Diese mit empirischen Wahrscheinlichkeiten arbeitende Betrachtungsweise hat sich in einer Zeit, in der die Gefahrenkreise näher zusammenrücken und sich zu neuen Gefahrenpotentialen verbünden und in der kaum je ein Schadensverlauf undenkbar ist, als nicht ausreichend erwiesen. Heute wird genauer gefragt, ob das vom Schädiger gesetzte, den Eingriff bewirkende Risiko in den Bereich der Gefahren fällt, um derentwillen die Haftungsnorm erlassen worden ist. Die Schädigung muss sich „innerhalb des Schutzbereichs der verletzten Norm verwirklichen" (BGHZ 57, 137/142), „im Bereich der jeweiligen spezifischen Gefahr liegen" (BGHZ 67, 129/130); es muss ein „innerer Zusammenhang mit der durch den Schädiger geschaffenen Gefahrenlage, nicht nur eine zufällige äußere Verbindung" bestehen (BGHZ 27, 137; 37, 311/315; 57, 12/142; 57, 245/256; 74, 221/225; BGH NJW 1972, 1804/1805). 249

Da sich die Pflichten der Presse auf unmittelbare Eingriffe durch Presseveröffentlichungen konzentrieren (Rn 24) und nicht nur in ihre Zielrichtung, sondern auch nach Inhalt und Umfang durch diesen Schutzzweck signifikant geprägt sind, sind für den Zurechnungszusammenhang zwischen Pflichtverletzungen der Presse und den Eingriff in die geschützte Individualsphäre solche wertenden Korrekturen an der Kausalität kaum je erforderlich.

d) *Verschulden*

aa) Voraussetzung nur für Schadensersatz

Delikthaftung ist, soweit sie im äußerungsrechtlichen Bereich in Betracht kommt, Verschuldenshaftung. Der widerrechtliche Eingriff in die geschützte Interessensphäre des Betroffenen führt zur Haftung auf Schadensersatz nach den §§ 823 ff. BGB nur, wenn und weil der Schädiger sie als ihm vorwerfbar zu vertreten hat. Verschulden ist das Zuordnungsprinzip, mit dem die Delikthaftung die Zuordnung des angerichteten Schadens als vom Schädiger zu tragende Lasten legitimiert. Auch den von der Rechtsprechung entwickelten Anspruch auf Geldentschädigung für immaterielle Nachteile bei grober Verletzung des Persönlichkeitsrechts gewährt sie in Anlehnung an den früheren, inzwischen aufgehobenen § 847 BGB nur bei Verschulden (Rn 334). Die 250 auf Beseitigung einer Störung für die Zukunft gerichteten quasi-negatorischen Rechtsbehelfe des Widerrufs und der Unterlassung setzen dagegen Verschulden des Störers nicht voraus; für sie genügt die Rechtswidrigkeit des von ihm gesetzten oder beabsichtigten Störzustandes (dazu Rn 233, 261).

bb) Vorsatz

251 Grundsätzlich unterscheidet die Deliktshaftung nicht nach den Schuldformen und -graden; prinzipiell genügt ihr leichte Fahrlässigkeit. Nur die Haftung aus § 826 BGB greift lediglich bei vorsätzlicher sittenwidriger Schädigung ein. Vorsatz bedeutet im Rahmen des § 826 BGB bewusste Schadenszufügung. Bewusstsein der Sittenwidrigkeit reicht dazu nicht. Im Gegenteil braucht sich der Vorsatz gar nicht auf die Sittenwidrigkeit zu beziehen (BGH WM 1962, 579). Der Schädiger muss allerdings die Tatumstände gekannt haben, die sein Verhalten als sittenwidrig erscheinen lassen. Auch Absicht einer Schädigung ist nicht erforderlich (BGHZ 8, 387/393; BGH NJW 2000, 2896/2897). Bedingter Vorsatz reicht: dh dass der Schädiger das Bewusstsein hat, dass infolge seines Tuns oder Unterlassens der Betroffene der Gefahr eines Schadens ausgesetzt wird, und er diesen möglichen Schaden für den Fall seines Eintritts billigend in Kauf nimmt, mag er ihn auch nicht wünschen (BGH WM 1977, 59). Das wird in aller Regel ausscheiden, wo die Verletzung der Person, des Unternehmens in einer unwahren Presseveröffentlichung liegt; denn nur fahrlässig handelt, wer auf den Nichteintritt der Beschädigung hofft. Am Bewusstsein der Schädigungsmöglichkeit fehlt es auch, wenn diese sich dem Schädiger so entfernt darstellt, dass er glaubt, sie von Rechts wegen nicht kalkulieren zu müssen (BGH NJW 1951, 596). Eher kommt Vorsatz in Betracht, wo das schädigende Vorgehen die Rücksichtslosigkeit gegenüber den Belangen des Geschädigten dokumentiert. Oft ist der Schluss möglich, dass der Schädiger so leichtfertig gehandelt hat, dass er eine Schädigung in Kauf genommen haben muss (BGH WM 1975, 559; 1986, 904). Nicht verlangt Vorsatz Voraussicht des genauen Schadenshergangs, des genauen Umfangs, der Höhe des Schadens (BGH NJW 2000, 2896/2897). Es genügt, dass die allgemeine Eignung des Vorgehens für die Schädigung erkannt und gebilligt wird (RGZ 148, 154/165; BGH VersR 1972, 938/939). Ebenso wenig braucht sich der Schädiger vorzustellen, wen oder wie viele Personen er schädigen wird. Es genügt, dass der Geschädigte dem Personenkreis angehört, für den der Schädiger den Schadenseintritt für möglich hält (BGH WM 1966, 1152).

Irrtum über ein Tatbestandsmerkmal oder über die Rechtswidrigkeit schließt Vorsatz aus, auch wenn der Irrtum fahrlässig ist (RGZ 159, 227; BGHZ 69, 128/142; 118, 201/208; BGH LM BGB § 828 Nr 1); zB der Irrtum über die besonderen Verhältnisse einer Person oder eines Unternehmens, auf die sich das Persönlichkeitsrecht oder das Recht am Unternehmen stützt; oder der Irrtum im Rahmen der Interessen- und Güterabwägung über das Erlaubtsein der Veröffentlichung. Schädigungsvorsatz bei Verstößen gegen das UWG kann aber auch dann vorliegen, wenn der Schädiger zu Unrecht davon überzeugt ist, in Wahrnehmung berechtigter Interessen zu handeln (BGH NJW 1960, 284; 1964, 447/449). Denn die Sittenwidrigkeit, die hier das Rechtswidrigkeitsurteil ausmacht, muss nicht vom Vorsatz umfasst sein.

cc) Fahrlässigkeit

(1) Begriff

252 Ausgenommen von § 826 BGB haftet nach §§ 823 ff. BGB auch, wer fahrlässig den Tatbestand einer rechtswidrigen Verletzung der Schutzsphäre des Geschädigten verwirklicht. Nach der Begriffsbestimmung des § 276 Abs 2 BGB nF (= § 276 Abs 1 S 2 BGB aF) handelt fahrlässig, wer die im Verkehr erforderliche Sorgfalt außer Acht lässt. Einfache Fahrlässigkeit genügt grundsätzlich; nur für eine Geldentschädigung wegen Verletzung des Persönlichkeitsrechts kann die Schwere der Schuld haftungsbegründend sein.

D. Zivilrechtl. Folgen der Verletzung von Sorgfaltspflichten der Presse § 6 LPG

(2) Objektivierend-typisierter Sorgfaltsmaßstab

Die im Verkehr erforderliche Sorgfalt ist im Deliktsrecht auf die Bestandsgarantien **253** der Schutzgüter in § 823 Abs 1 BGB, auf das Rechtswidrigkeitsurteil der Verhaltensgebote oder -verbote der Schutzgesetze des § 823 Abs 2 BGB und aus § 824 BGB sowie auf die haftungsrechtlichen Aufgaben der Normen bezogen. Ihr Pflichtenprogramm gibt an, welcher Umfang mit der geschützten Interessensphäre des anderen von einem verantwortungsbewussten Menschen in der Situation des Schädigers als sachgemäß verlangt werden muss. Der Sorgfaltsmaßstab trägt dem Grad der Bedrohung, den Möglichkeiten des Betroffenen zum Selbstschutz, dem Können des Handelnden, seinen Erkenntnismöglichkeiten, der Sicherheitserwartung des Verkehrs Rechnung. Er ist objektiviert, dh er bemisst sich, im Ansatz anders als das Strafrecht, nicht nach den individuellen Fähigkeiten des Schädigers, sondern nach den Sorgfaltsstandards des ordnungsmäßigen Verkehrs (BGHZ 5, 319; 8, 140; BGH NJW 1970, 1038/1039). Er ist an der jeweiligen Verkehrsgruppe angelegt. Die für die Presseveröffentlichung maßgebende Sorgfaltstandards richten sich nach den spezifischen, regelmäßig beträchtlichen Gefahren, die von einer Presseveröffentlichung vor allem von periodisch erscheinenden Massenblättern für die Persönlichkeits- und Unternehmenssphäre des unmittelbar Betroffenen ausgehen, und nach dem, was der Presse an Gefahrvermeidung möglich und zumutbar ist.

Maßstab ist nicht die Üblichkeit, sondern das zur Vermeidung einer Verletzung Erforderliche. Allerdings kann zur Ermittlung des Standards auf Verkehrsgewohnheiten zurückgegriffen werden, aber nur, wenn und soweit in ihnen Sicherheitserwartungen umschrieben werden, die dem Urteil gewissenhafter Angehöriger dieses Kreises entsprechen, die Gewohnheiten also vor allem sich nicht als Unsitte oder Schlampereien darstellen.

Andererseits legt der Verkehrsstandard nur die Mindestanforderungen fest. Besitzt der Schädiger besondere Fähigkeiten, so kann, wenn er mit ihnen in einem bestimmten Verkehrskreis als Kapazität hervortritt, von ihm eine das durchschnittliche Maß übersteigende Sorgfalt verlangt werden. Dies kann erheblich werden nicht nur für einen auf ein Fach spezialisierten Journalisten im Vergleich zu seinen diese Qualifikation nicht aufweisenden Kollegen, sondern auch für Journalisten mit einer ihre besondere Reputation ausmachenden überdurchschnittlichen Kompetenz.

(3) Voraussehbarkeit der Verletzung

Die Sorgfaltspflicht hat sich auf den Verletzungstatbestand, für § 823 Abs 1: auf den **254** rechtswidrigen Eingriff in die geschützte Sphäre des Geschädigten, für § 823 Abs 2 BGB: auf die Verletzung des Schutzgesetzes, für § 824 BGB: auf dessen Tatbestandsmerkmale zu beziehen. Die Verletzung muss für einen seiner Verantwortung gegenüber dem Betroffenen bewussten, sorgfältig Handelnden in der Lage des Schädigers voraussehbar sein. Der Normenappell der Verhaltenspflicht muss für den Schädiger erkennbar sein; ansprechen kann die Norm aber erst von einer bestimmten Gefahrenschwelle ab. Jedoch können auch Folgen, die nur selten und ausnahmsweise eintreten, zu beachten sein, wenn sie als solche erkennbar sind. Wer wie der Journalist beruflich dazu verpflichtet ist, muss auch entferntere Möglichkeiten einer Gefährdung aus seiner Berufsarbeit in den Kreis seiner Erwägungen einbeziehen.

Ähnlich wie beim Vorsatz braucht sich die Voraussehbarkeit aber nicht auf den genauen Geschehensablauf zu beziehen und darauf, wie sich die Gefahr schließlich in der Verletzung aktualisiert. Es genügt die Erkennbarkeit einer Gefahr in Richtung auf diesen Erfolg (BGHZ 41, 123/128; 57, 25/33; 58, 48/56). Die Voraussehbarkeit ist pflichten-orientiert; es genügt, dass der Schädiger Grund und Anlass der ihm auferlegten Verhaltenspflicht erkennen kann.

Nicht umfassen muss die Voraussehbarkeit, dass der Verletzungserfolg bei der Person gerade des Geschädigten eintritt. Nicht erstrecken muss sie sich auf den Schaden als (haftungsausfüllende) Folge der Verwirklichung des Verletzungstatbestandes. Insoweit ist die Voraussehbarkeit nur mit dem Bewertungsmaßstab der Adäquanz zu messen (RGZ 148, 154/165; BGHZ 59, 30/39; dazu Rn 305, 310).

255 Fahrlässigkeit hat auch das Rechtswidrigkeits-Urteil zu umfassen. Kann der Schädiger nach dem objektiviert-typisierten Sorgfaltsmaßstab des § 276 Abs 2 BGB nicht erkennen, dass sein Verhalten rechtswidrig war, so entfällt der Fahrlässigkeitsvorwurf wegen entschuldigtem Verbotsirrtum. Doch ist ein Rechtsirrtum nur unter ganz besonderen Umständen entschuldbar. Insbesondere wer beruflich mit der Gefahr befasst ist, ist verpflichtet, sich ständig über die für seinen Beruf einschlägigen Vorschriften und die dazu ergangene Rechtsprechung zu unterrichten. Ein Verbotsirrtum kann hier allenfalls bei besonders zweifelhaften, bis dahin höchstrichterlich nicht entschiedenen oder auf eine gefestigte herrschende Meinung nicht stützbare Rechtsfrage in Betracht kommen (BGHZ 17, 266/295; 27, 264/273; 89, 296/303; BGH NJW 1963, 1673/1676; 1966, 108/110; 1969, 1898/1899; 1994, 2755). Zudem kann nur eine vertretbare Rechtsauffassung entschuldigen, die nach pflichtmäßiger Prüfung der erreichbaren Urteile und Literatur, ggf unter Einschaltung eines Rechtskundigen (BGH NJW 1970, 463), gewonnen wird. Das gilt auch für den Irrtum über das Vorliegen eines Rechtfertigungsgrundes, zB der Wahrnehmung berechtigter Interessen. Auch hier sind sehr strenge Anforderungen an die Sorgfalt zu stellen (BGHZ 3, 270/281; BGH NJW 1956, 1106; LM BGB § 823 (Aa) Nr 11; (Hb) Nr 2).

256 Die Verkehrspflichten erfassen nicht die Elemente der „inneren" Sorgfalt, verstanden als die „innere" Komponente eines Sich-Bereithaltens für die besondere Lage und für das richtige Einschätzen ihrer Bedeutung für die geschützte Interessensphäre in der konkreten Situation. Deren Verletzung wird durch den Verstoß gegen die objektivierte Verkehrspflicht, dem sachgemäßen Verhalten der Verkehrsgruppe als den „äußeren" Komponenten der Fahrlässigkeit, durch die „äußere" Fahrlässigkeit indiziert. Denn grundsätzlich kann der Verkehr den einzelnen in seinem Bereich, insbes in seinem auf andere Einfluss nehmenden Beruf, nur wirken lassen, wenn er etwaige persönliche Defizite hinsichtlich der zu verlangenden Fähigkeiten und Bereitschaft durch zusätzliche Maßnahmen so ausgleicht, dass sie nicht zum Tragen kommen (BGH NJW 1961, 1520; 1971, 1314/1315; VersR 1967, 859; 1969, 542).

(4) Rechtsgrundlagen für den Sorgfaltsmaßstab

257 Soweit für bestimmte Verkehrsbereiche Verhaltensregeln durch Rechtsvorschriften aufgestellt sind, übernehmen grundsätzlich sie die Anweisungen für Inhalt und Maß des sorgfältigen Verhaltens gegenüber den Schutzinteressen (BGH NJW 1964, 404/405). Zu der presserechtlichen Sorgfaltsregel des § 6 LPG im Interesse wahrheitsgemäßer Berichterstattung und ihrem Verhältnis zu § 276 BGB vgl Rn 12 ff., 155.

Normierte Sorgfaltspflichten sind vor allem in den Schutzgesetzen iSv § 823 Abs 2 BGB enthalten; zB in den §§ 22, 23 KUG, § 201a StGB und den strafrechtlichen Beleidigungstatbeständen der §§ 185 ff. StGB.

Für die weiten Bereiche, für die Verhaltensnormen fehlen, hat die Rechtsprechung Verkehrs(sicherungs)pflichten entwickelt, in denen die verlangte Interessenabwägung zwischen dem Integritätsanspruch des Geschädigten und den schutzwürdigen Interessen der anderen Seite nach Handlungs- und Bewegungsfreiheit für bestimmte Verhaltensbereiche konkretisiert ist. Dogmatisch sind in diesen Verkehrspflichten Elemente der Rechtswidrigkeit und des Verschuldens vereinigt.

(5) Standards für die journalistische Sorgfalt

258 Mit Rücksicht auf die Effizienz von Presseveröffentlichungen, den regelmäßig die gesamte Lebensführung belastenden nachteiligen Wirkungen einer unzulässigen Berichterstattung über den Betroffenen und seine geringen Möglichkeiten für eine Rehabilitierung ist an die journalistische Sorgfalt ein strenger Maßstab anzulegen. Je schwerer die Belastungen für den Betroffenen, desto höher die Sorgfaltsanforderungen. Andererseits dürfen die Anforderungen nicht überspannt werden, sonst wird in die Gewährleistungen des Art 5 GG eingegriffen.

D. Zivilrechtl. Folgen der Verletzung von Sorgfaltspflichten der Presse § 6 LPG

Zu den allgemeinen Koordinaten der journalistischen Sorgfaltspflichten vgl Rn 21 ff., zu den sich daraus ergebenden konkreten, von der Rechtsprechung erarbeiteten Sorgfaltsstandards bei der Prüfung der Veröffentlichung auf Wahrheit Rn 153 ff., auf Freisein von beleidigenden Inhalten vgl Rn 186 ff., zur Rücksichtnahme auf das Recht der Person auf informationelle Selbstbestimmung vgl Rn 193 ff., zur Achtung von Freiräumen für die Person vgl Rn 214 ff.

e) Schaden

Voraussetzung für den deliktischen Schadensersatzanspruch, nicht hingegen für die quasi-negatorischen Unterlassungs- und Widerrufsansprüche, und für den Anspruch auf Entschädigung wegen eines schweren Eingriffs in das Persönlichkeitsrecht ist ferner, dass durch die unzulässige Presseveröffentlichung ein Vermögensschaden verursacht worden ist; dh es muss sich im Vermögen des Betroffenen niederschlagen, was Verkehrsauffassung und Markt als nachteilig verstehen. Näheres zum Begriff des Vermögensschadens vgl Rn 306 ff., zum Ursachenzusammenhang zwischen Eingriff und Schaden (haftungsausfüllende Kausalität) vgl Rn 309 ff., zu den Formen der Ersatzleistung nach §§ 249 BGB vgl Rn 316 ff. **259**

II. Unterlassungsanspruch

1. Ziel: Abwehr künftiger Störung

Der von der Rechtsprechung entwickelte (vgl BGHZ 68, 331, 335; BGH NJW 1984, 1886; Rn 233) negatorische und quasi-negatorische Anspruch ist im Grundsatz auf Abwehr künftiger Störungen der Rechtsgüter- und Interessensphäre des Einzelnen, insbes der durch §§ 823 ff. BGB geschützten Rechtsgüter und Interessen gerichtet. Anders als der Anspruch auf Schadensersatz aus §§ 823 ff. BGB, der uU ebenfalls einen Anspruch auf Unterlassung künftiger Beeinträchtigungen gewährt, setzt er kein Verschulden voraus, sondern nur eine widerrechtliche Störung, die auf Grund eines geschehenen Eingriffs oder angesichts vorbereitender Umstände in Zukunft zu befürchten ist. Ein Schaden muss nicht eingetreten sein. Deshalb und weil dem Störer mit der einstweiligen Verfügung zuvorgekommen werden kann, ist der negatorische Unterlassungsanspruch im Äußerungsrecht zwar nicht der wirkungsvollste, aber der in der Praxis wichtigste Rechtsbehelf. **260**

2. Voraussetzungen

a) Rechtswidrige Störung

aa) Schutzsphäre

Voraussetzung ist ein mit großer Wahrscheinlichkeit drohender Eingriff mit den Kriterien des objektiven Tatbestands einer unerlaubten Handlung nach §§ 823, 824 oder 826 BGB. Geschützt sind also nicht nur die absoluten Rechte und Rechtsgüter, die § 823 Abs 1 BGB nennt, und die von der Rechtsprechung dazu entwickelten Schutzgüter Persönlichkeitsrecht und Recht am eingerichteten Gewerbebetrieb, sondern auch Individualinteressen, die durch Schutzgesetze iSv § 823 Abs 2 BGB oder durch die §§ 824, 826 BGB als deliktisch geschützt ausgewiesen sind. Im Rahmen der Presseveröffentlichung kommen vor allem Eingriffe in das allgemeine Persönlichkeitsrecht (§ 823 Abs 1 BGB) und seine besonderen Ausformungen (zB §§ 22, 23 KUG, § 201a StGB) sowie in das Recht am Unternehmen (§ 823 Abs 1 BGB), Verletzungen der Vorschriften zum Schutz der Ehre und des wirtschaftlichen Rufs (§ 823 Abs 2 BGB iVm §§ 185 ff. StGB; § 824 BGB) und Wettbewerbsverstöße (§§ 3 ff. UWG) in Betracht. **261**

bb) Rechtswidrigkeit der Störung. Einfluss von Art 5 GG

262 Die bevorstehende Störung muss rechtswidrig sein. Unterlassungsansprüche aus dem Gesichtspunkt der Persönlichkeitsverletzung oder des Eingriffs in den Gewerbebetrieb setzen deshalb eine Güter- und Interessenabwägung voraus, die für den konkreten Sachverhalt diese „offenen" Schutzgüter ausgrenzt und die Zulässigkeit oder Unzulässigkeit ihrer Störung benennt (vgl Rn 33 ff., 57, 135, 141). Vor allem hier, aber auch sonst generell im Bereich der Medienberichterstattung sind die Ausstrahlungswirkungen der Gewährleistung des Art 5 Abs 1 und 3 GG zu berücksichtigen. Sie führen zB dazu, dass Unterlassungsansprüche zwar gegen rufschädigende Tatsachenaussagen gegeben sind, wenn deren Unwahrheit erwiesen ist (BVerfG NJW 2003, 1855 – *Asylbewerberheim*); ist die Unwahrheit nicht erwiesen, die Wahrheit noch nicht bewiesen aber nur dann, wenn sich die Medien nicht auf die Wahrnehmung berechtigter Interessen berufen können, etwa auf ein besonderes Interesse der Öffentlichkeit an der Mitteilung (BGHZ 139, 95/105 – *Stolpe;* BGH NJW 1979, 266 – *Untersuchungsausschuss;* 1987, 2225 – *Umweltskandal;* OLG Karlsruhe AfP 1987, 614; OLG Stuttgart AfP 1987, 606; OLG Jena OLG NL 2003, 197; zu eng, zumindest irreführend („nur ausnahmsweise") OLG München ZUM-RD 2003, 577/580); gegen Meinungsäußerungen und Werturteile nur, wenn diese Äußerungen nicht nur als überspitzte Polemik, sondern als bloße Diffamierung (Schmähkritik) zu qualifizieren sind. Näheres dazu Rn 185 ff. Aus entsprechendem Grund sind sie gegenüber der Aufnahme wettbewerbswidriger Inserate prinzipiell nur bei groben offensichtlichen Wettbewerbsverstößen gegeben (BGHZ 14, 163 – *Constanze II;* BGH GRUR 1973, 203/204 – *Badische Rundschau;* OLG Frankfurt NJW 1985, 1684). Näheres bei Rn 167. Einzelne Textstellen können nicht als Ansatz für einen Unterlassungsanspruch genommen werden, wenn sie im Gesamtkontext zulässig sind (BGHZ 180, 114/122 – *Beerdigung in Monaco*). Bei einer eigenständigen künstlerischen Gestaltung einer Figur ist wegen Art. 5 Abs. 3 GG eine schwere Persönlichkeitsverletzung des Betroffenen durch eine schwerwiegende Entstellung seines Bildes in der Öffentlichkeit vorauszusetzen (OLG Hamburg AfP 2007, 143; 2009, 151).

b) Begehungsgefahr

263 Die rechtswidrige Störung muss für die Zukunft ernsthaft, dh mit großer Wahrscheinlichkeit (BVerfGE 24, 278/287 – *GEMA*), zu besorgen sein (BGHZ 117, 264/271); also als ernsthafte Gefahr im Zeitpunkt der letzten mündlichen Verhandlung noch bestehen. Auch in ihrer Ausgestaltung muss sich die drohende Verletzung in tatsächlicher Hinsicht so greifbar abzeichnen, dass eine zuverlässige Beurteilung unter rechtlichen Gesichtspunkten möglich ist (BGHZ 117, 264/271; BGH GRUR 1990, 687/688 – *Anzeigenpreis II;* 1992, 404 – *Systemunterschiede;* OLG Brandenburg ZD 2012, 469). Diese Befürchtung kann sich aus einem schon geschehenen Einbruch in die Schutzsphäre ergeben, der die Wiederholung weiterer Einbrüche vermuten lässt (Wiederholungsgefahr). Indes müssen die befürchteten weiteren Einbrüche ebenfalls rechtswidrig sein (BGH NJW 2005, 594/595 – *Rivalin*). Voraussetzung für die Unterlassungsklage ist aber eine schon eingetretene Rechtsverletzung nicht; es genügt die Bedrohung des geschützten Rechts oder Rechtsguts oder Interesses durch einen bevorstehenden Ersteingriff (Erstbegehungsgefahr). So kann eine Tatsachenbehauptung, deren Unwahrheit sich erst nach ihrer Veröffentlichung herausstellt und die wegen Wahrnehmung berechtigter Interessen damals nicht rechtswidrig war, gleichwohl Ansatz für eine Unterlassungsklage sein, wenn ihre Wiederholung ernsthaft zu befürchten ist (BVerfG NJW 1969, 227/228 – *Tonjäger;* BGH NJW 1987, 2225/2226 f. – *Chemiegift*). Jedoch ist diese Unterlassungsklage durch strenge Anforderungen an den Nachweis der Erstbegehungsgefahr erschwert. Grundsätzlich können aus einem Text wegen der (Erstbegehungs-)Gefahr einer isolierten Wiederholung einzelne Stellen, die im Kontext zulässig sind, nicht herausgelöst und als Ansatz für eine Unterlassungsklage genommen werden (BGHZ 180, 114/122 – *Beerdigung in Monaco*).

D. Zivilrechtl. Folgen der Verletzung von Sorgfaltspflichten der Presse § 6 LPG

Die Begehungsgefahr ist Anspruchsvoraussetzung (BGH NJW 1987, 3251/3253 – *Wiederholte Unterwerfung II;* 2005, 594/595 mwN – *Rivalin*). Ihre Feststellung ist im Wesentlichen Tatfrage (BGHZ 117, 264/272; BGH GRUR 1983, 186 – *Wiederholte Unterwerfung*). Zur Revisibilität der Feststellung vgl RGZ 148, 114/119; 170, 117/119; BGHZ 14, 163/167 – *Constanze II.*

aa) Vermutete Wiederholungsgefahr

Ist ein rechtswidriger Eingriff in die Schutzsphäre geschehen, so begründet er, weil und wenn in ihm eine gegen den Betroffenen gerichtete Einstellung oder Haltung zum Ausdruck kommt, insbes bei ehrverletzenden Angriffen (BGHZ 31, 308 – *Alte Herren;* BGH NJW 1966, 647 – *Reichstagsbrand;* 1980, 2801/2804 – *Medizin-Syndikat,* insoweit nicht in BGHZ 78, 9; 1986, 2503 – *Landesverrat;* 1987, 2225/2226 f. – *Chemiegift;* 1994, 1281/1283 – *Jahresabschlussanalyse;* 1998, 1391/1392 – *Rechte Professoren;* 2005, 594/595 – *Rivalin;* BGH GRUR 1966, 157 – *Wo ist mein Kind?;* 1969, 236/238 – *Ostflüchtlinge;* 1972, 435/437 – *Grundstückgesellschaft;* 1975, 89/92 – *Brüning I*) und vor allem bei Eingriffen in Wettbewerbsabsicht (BGH GRUR 1955, 342/345 – *Holl. Obstbauer;* 1959, 544/547 – *Modenschau;* NJW 1967, 675 – *Spezialsalz I*) eine tatsächliche Vermutung dafür, dass der Störer den Eingriff wiederholen wird. An ihre Widerlegung durch den Störer werden strenge Anforderungen gestellt (BGHZ 14, 163 – *Constanze II;* GRUR 1959, 368/374 – *Ernst Abbe;* 1965, 198/202 – *Küchenmaschine;* 1970, 558/559 – *Sanatorium;* 1972, 550 – *Spezialsalz II*). Diese Vermutung besteht nach der Rechtsprechung unabhängig davon, ob Störer eine seriöse Zeitung oder ein Sensationsblatt ist.

Die Vermutung wird vor allem angesichts des oft kurzlebigen Interesses an der Information häufig ohne besonderes sachliches Fundament sein (BGHZ 158, 218/224 f. – *Gala-Abend;* OLG Celle AfP 1977, 345; OLG München AfP 2007, 229: Abdruck eines Interviews in der Regel nur einmal (*Soehring* § 30 Rn 8 ff.; *Wenzel/Burghardt* Kap 12 Rn 8). Dem kann im Einzelfall durch weniger strenge Anforderungen an ihre Entkräftung Rechnung getragen werden (OLG Frankfurt NJW 2002, 1277/1278; OLG München NJW-RR 2003, 11; *Soehring* § 30 Rn 8; *Wenzel/Burkhardt* Kap 12 Rn 8). Sie ist jedoch generell auch in solchen Fällen ein Instrument zur sachrichtigen Befreiung des Betroffenen von der Beweislast für die ihm regelmäßig verschlossenen Absichten des Störers in Bezug auf dessen weiteres Verhalten. Je weniger sachlich fundiert die Vermutung einer Wiederholungsgefahr ist, desto leichter wird es im Übrigen dem Störer fallen, sie zu entkräften. Außerdem gibt es Fallgestaltungen, bei denen von einer Wiederholungsgefahr schon nach dem Sachverhalt vernünftigerweise keine Rede sein kann. Näheres vgl Rn 266.

bb) Reichweite der Vermutung

Die Vermutung umfasst die Gefahr auch inhaltlich gleicher Übergriffe in anderer Form und stützt deshalb auch den Anspruch auf deren Unterlassung. So kann eine Behauptung, die nur verdeckt „zwischen den Zeilen" aufgestellt worden ist, für die Zukunft schlechthin verboten werden, ohne dass sich die Unterlassungsklage auf die geschehene Form des verdeckten Vorgehens beschränken müsste. Nicht erforderlich ist die Befürchtung der Wiederholung des Gesamtkomplexes, in den die inkriminierte Aussage gestellt war; es reicht die Gefahr der Wiederholung der Einzelaussage, sei es auch in anderem Zusammenhang, aus (OLG Hamburg Ufita 76, 354/360; OLG München NJW-RR 1996, 1365), sofern nicht diese isoliert einen anderen Aussagegehalt bekommt. Auf inhaltlich andersartiges Störverhalten darf sich die Unterlassungsklage nicht erstrecken; sie hat sich an dem geschehenen Eingriff auszurichten, der dem Unterlassungsbegehren Schranken setzt (BGHZ 158, 218/225 – *Gala-Abend;* BGH NJW 1989, 2801/2804 – *Medizin-Syndikat*).

Eine andere Frage ist, ob auf Grund zB einer verdeckten Angriffs eine Wiederholungsgefahr selbst dann noch zu vermuten ist, wenn dem Störer infolge der Umstände oder auf Grund eines gerichtlichen Verbots das Vorgehen auf diesem (Schleich-)Weg verschlossen ist, etwa weil er den Text, in dem er die Behauptung versteckt hatte, nicht mehr veröffentlichen kann (BGH NJW 1980, 2801/2805 – *Medizin-Syndikat,* insoweit nicht in BGHZ 78, 9). Grundsätzlich besteht die Wiederholungsgefahr einer unzulässigen Behauptung, wenn sie einmal aufgestellt oder verbreitet worden ist, ohne Rücksicht darauf, ob eine Gefahr auch dafür besteht, dass auch der Beitrag, in den sie gestellt war, alsbald wiederholt werden wird (OLG Hamburg Ufita 76, 354/360; OLG München NJW 1971, 844/846; NJW-RR 1996, 1365). Aber wenn die inkriminierte Behauptung sich erst zwischen den Zeilen aus einem bestimmt gestalteten Kontext erschließt, kann die Wiederholungsgefahr für diese verdeckte Behauptung von der Gefahr einer Wiederholung auch des Kontextes mit abhängen (OLG Saarbrücken AfP 2010, 81; *Wenzel/Burkhardt* Kap 12 Rn 14).

cc) Entkräftung der Vermutung. Abgabe einer strafbewehrten Erklärung

266 An die Widerlegung der an eine geschehene Störung anknüpfenden Vermutung einer Wiederholungsgefahr stellt die Rechtsprechung sehr strenge Anforderungen. Diese sind stark von den Rechtsprechungsgrundsätzen zum Unterlassungsanspruch gegenüber wettbewerbswidrigem Verhalten geprägt, das erfahrungsgemäß besonders hartnäckig an der eingeschlagenen Strategie festhält (BGHZ 14, 163 – *Constanze II;* 115, 105/115 – *Anwaltswerbung;* BGH GRUR 1959, 368, 374 – *Ernst Abbe;* 1965, 198/202 – *Küchenmaschine;* 1970, 558/559 – *Sanatorium;* 1972, 550 – *Spezialsalz II* und ständig). Auf den außerwettbewerblichen Konflikt sollten sie deshalb nicht sklavisch übertragen werden (BGH NJW 1994, 1281/1283 – *Jahresabschlussanalyse*). Jedoch differenziert die Rechtsprechung ausdrücklich nur selten (vgl Rn 264).

Die Vermutung muss allerdings als von vornherein entkräftet gelten, wenn nach der Art der Störung oder auf Grund der Umstände eine Wiederholung vernünftigerweise nicht zu befürchten ist; zB wo die Störung in der Verbreitung einer Behauptung durch das Zitat aus einem Buch im Rahmen einer Buchbesprechung besteht (OLG Köln AfP 1976, 185), oder im Abdruck eines Leserbriefs (*Soehring* Rn 30, 9a; *Wenzel/Burkhardt* Kap 12 Rn 16) oder bei Aufgabe des Tätigkeitsbereichs, aus dem der Eingriff herrührt, sofern eine Wiederaufnahme ausgeschlossen erscheint (RGZ 104, 376/382; BGHZ 14, 163/168 – *Constanze II;* BGH GRUR 1955, 342/345 – *Holl. Obstbauer;* 1957, 372/374 – *2 DRP;* 1961, 356 – *Pressedienst;* 1965, 198/202 – *Küchenmaschine;* 1972, 550/551 – *Spezialsalz II*); oder wenn die inkriminierte Passage in der ersten Fassung eines Drehbuchs gar nicht in Szene gesetzt wird (OLG Hamburg AfP 2007, 142; 2009, 151); oder wenn sich die Wahrheit einer zunächst unbewiesenen Aussage nachträglich herausstellt (OLG Karlsruhe NJW-RR 2003, 688). Fehlt der befürchteten Störung die Rechtswidrigkeit, kann die Unterlassungsklage nicht auf eine geschehene Rechtsverletzung gestützt werden (BGH NJW 2005, 594/595 – *Rivalin);* dazu Rn 269.

Durch das Urteil im Strafverfahren kann die Wiederholungsgefahr für einen unzulässigen Bericht über die Hauptverhandlung beseitigt werden (OLG München NJW-RR 2003, 111). Dagegen reichen für den Fortfall der Wiederholungsgefahr nicht aus ein Wechsel im Verlag (BGHZ 14, 163/167 – *Constanze II*) oder die Neuauflage des Buchs ohne den beanstandeten Text (OLG München NJW-RR 1996, 1365; aA *Wenzel/Burkhardt* Kap 12 Rn 18) oder die Löschung im Internet-Forum (OLG Frankfurt MMR 2007, 604; OLG Köln CR 2012, 116). Ganz generell reicht nicht aus, dass der Eingriff, an den die Vermutung anknüpft, nicht mehr als Störungsquelle fortwirkt. Grundsätzlich genügt auch das Verbot durch eine einstweilige Verfügung nicht (BGH GRUR 1964, 274 – *Möbelrabatt).*

267 Die Wiederholungsgefahr wird beseitigt durch die Abgabe einer strafbewehrten Unterlassungsverpflichtungserklärung, in der der Störer den Unterlassungsanspruch bedingungslos anerkennt (BGHZ 1, 241/248 – *Piek Fein;* 14, 163/167 – *Constanze II;* 78, 9/17 – *Medizin-Syndikat;* 115, 105/115 – *Anwaltswerbung;* BGH NJW 1985, 62/63 – *Copy-Charge;* 1996, 723/724 – *Wegfall der Wiederholungsgefahr;* 1997, 1152/1154 – *Bob Dylan;* NJW-RR 2002, 608/609 – *Weit-vor-Winterschluss-Verkauf;* GRUR 1988, 699/700 – *qm-Preisangaben II;* 1990, 367/369 – *alpi/AlbaModa;* 1990, 617/624 –

D. Zivilrechtl. Folgen der Verletzung von Sorgfaltspflichten der Presse § 6 LPG

Metro III); dieses auch, wenn der Betroffene die Erklärung zwar entgegen –, nicht aber annimmt (BGH NJW 1983, 167/169 – *Senioren-Pass;* 1985, 62 – *Copy-Charge;* 1985, 191 – *Vertragsstrafe bis zu ... I;* OLG München NJW-RR 2003, 1487). Die Erklärung bedarf nicht der Schriftform (aA *Wenzel/Burkhardt* Kap 12 Rn 21: Form des § 780 BGB unter Berufung auf BGFH NJW 1998, 2439/2440 – *Altunterwerfung III*), muss aber eindeutig formuliert und ernst gemeint und deshalb von der Bereitschaft begleitet sein, sie auf Verlangen schriftlich zu bestätigen (BGH GRUR 1990, 530/532 – *Unterwerfung durch Fernschreiben*). Sie braucht allerdings keinen Gesinnungswandel erkennen zu lassen (BGH GRUR 1957, 283 – *Erstes Kulmbacher*). Grundsätzlich darf die Unterwerfungserklärung nicht durch aufschiebende Bedingungen (BGH GRUR 1957, 352/354 – *Pertussin II*) oder einschränkende Vorbehalte, etwa der Sachprüfung, entwertet sein (BGH GRUR 1955, 390 – *Spezialpresse;* 1964, 82 – *Lesering;* NJW 1982, 2311 – *AGB-Klausel*). Indes schadet nicht der Vorbehalt einer Änderung der Sach- oder Rechtslage, durch die die inkriminierte Störung zulässig wird (vgl BGH NJW 1997, 1706 – *Altunterwerfung II;* NJW 1993, 1000 – *Bedingte Unterwerfung;* GRUR 1957, 342/343 – *Holl. Obstbauern;* 1957, 352/354 – *Pertussin II;* 1964, 82/86 – *Lesering*).

Die Unterlassungsverpflichtung muss nach Inhalt und Umfang dem Unterlassungsanspruch entsprechen (BGH NJW-RR 2002, 608/609 mwN – *Weit-vor-Winterschluss-Verkauf*); Einschränkungen beseitigen die Wiederholungsgefahr grundsätzlich nicht, auch nicht teilweise (BGH GRUR 1965, 671/679 – *Basoderm;* 1968, 200/203 – *Acrylglas*). Nur wenn die Unterwerfungserklärung für einen abgrenzbaren Teil des Unterlassungsanspruchs abgegeben wird, kann sie für diesen Teil die Wiederholungsgefahr beseitigen.

Die versprochene Vertragsstrafe kann der Höhe nach festgelegt sein oder ihre Bestimmung in den Grenzen des § 315 BGB dem Betroffenen oder einem Dritten (§ 317 BGB) – nicht: des Gerichts (BGH GRUR 1978, 192 – *Hamburger Brauch;* NJW 1983, 167 – *Seniorenpass*) – überlassen werden. Ihre Bestimmung kann auch, was in der Praxis die Regel ist, den konkreten Umständen bei ihrer Verwirkung und der Überprüfung durch das Gericht vorbehalten bleiben (BGH GRUR 1978, 192 – *Hamburger Brauch;* NJW 1983, 167 – *Seniorenpass*). In diesem Fall hat für die Bemessung auch der konkret angerichtete Schaden Bedeutung. Die Strafe muss angemessen, dh ausreichend hoch sein, um den Störer von der Verletzung seiner Verpflichtungserklärung abzuschrecken (BGH GRUR 1987, 748/750 – *Getarnte Werbung II*). Für die Bestimmung kann ein Höchstrahmen vorgegeben werden „bis zu ... €"; vgl BGH GRUR 1985, 155/157 – *Vertragsstrafe bis zu ... I;* 1985, 937 – *Vertragsstrafe bis zu ... II*). In Betracht kommen derzeit Beträge zwischen 1000 und 50 000 € (*Wenzel/Burkhardt* Kap 12 Rn 24).

Die Wiederholungsgefahr für eine falsche Berichterstattung kann ferner bei zeitnaher redaktioneller Richtigstellung entfallen, sofern diese so gestaltet ist, dass an der Ernstlichkeit ihres Bemühens um die korrekte Information kein Zweifel besteht (OLG Karlsruhe AfP 1989, 542; OLG Köln AfP 1989, 764; 1993, 744/745; KG 2010, 85). Dies ist der für beide Seiten beste Weg der Konfliktbereinigung aus einem Presseversehen.

dd) Erstbegehungsgefahr

War die Berichterstattung trotz sich später herausstellender Unrichtigkeit zunächst rechtmäßig, weil die Medien in Wahrnehmung berechtigter Interessen gehandelt, insbes ihre Recherchierungspflicht erfüllt haben (vgl Rn 52, 99, 115, 175 ff.), oder das Privileg der §§ 7 ff. TMG eingreift (dazu Rn 229a, 281a), dann kann zwar der Betroffene für die Zukunft Unterlassung verlangen. Denn die Wahrnehmung berechtigter Interessen rechtfertigte die frühere Mitteilung, nicht aber das Festhalten am Mitgeteilten, dessen Unwahrheit nunmehr feststeht (BVerfGE 24, 278 – *GEMA;* 102, 347/362 – *Benetton-Werbung*). Aber der Betroffene kann seinen Beweis, dass die Presse trotz der zwischenzeitlichen Klärung ihre Berichterstattung fortsetzen werde, nicht auf die geschehene Veröffentlichung stützen, weil diese den Störer nicht als Rechtsbrecher ausweist; sondern der Betroffene muss konkrete Umstände nachweisen, die diese „Erstbegehungsgefahr" belegen (BGH NJW 1980, 2801/2804 – *Medizin-Syndikat,* insoweit nicht in BGHZ 78, 9; 1986, 2503/2504 – *Landesverrat;* 1987, 2225 – *Umweltskandal;* GRUR 1966, 157 – *Wo ist mein Kind?;* 1972, 435 – *Grundstücksgesellschaft).* Dabei darf die Erstbegehungsgefahr nicht überbewertet werden; auch hier sind die Ausstrahlungswirkungen des Art 5 Abs 1 GG zu beachten (BVerfGE 24, 278/287 – *GEMA).* Die Auffassung, dass nach dem späteren Wegfall der rechtmäßigen Interessen- oder Abwehrlage die Gefahr einer Wiederholung der Störung regelmäßig nahe liege (BGH GRUR 1957, 84/86 – *Limonadenflaschen;* 1960, 500/502 – *Plagiatsvorwurf;* 1962, 34/35 – *Werkstatt und Betrieb),* mag für den Bereich des UWG begründet sein; für das Äußerungsrecht im außerwettbewerblichen Bereich trifft sie als Regel nicht zu und würde als solche Art 5 Abs 1 GG verletzen. Hier müssen konkrete Tatsachen vorliegen, die die Vorbereitung und die Absicht eines rechtswidrigen Eingriffs mit Sicherheit erkennen lassen; eine rechtswidrige Störung muss als unmittelbar bevorstehend anzusehen sein (BGHZ 2, 394/395 – *Widia;* 23, 100/103 – *Pertussin I;* BGH GRUR 1955, 411 – *Zahl 55;* 1957, 84 – *Limonadenflaschen;* 1958, 30 – *Außenleuchte;* 1990, 687/688 – *Anzeigenpreis I;* 1992, 404/405 – *Systemunterschiede;* NJW 1972, 1571 – *Auslieferungsblockade;* NJW-RR 2001, 1483 – *Berühmungsaufgabe).* Es müssen Umstände vorliegen, die darauf schließen lassen, dass der Beklagte den Entschluss zur Verletzung bereits gefasst hat und es nur noch an ihm liegt, ob es zur Verletzung kommt oder nicht (BGHZ 117, 264/272 *Nicola ua;* OLG Karlsruhe NJW-RR 1999, 1699). Im Regelfall muss der Betroffene also Kenntnis von der Veröffentlichungsabsicht haben. Kenntnis von Recherchen reicht dazu nicht stets aus (OLG Hamburg AfP 1992, 279; OLG Frankfurt NJW-RR 2003, 27; OLG Koblenz AP 2008, 213).

Nach der Rechtsprechung zum UWG reicht zur Erstbegehungsgefahr bereits aus, dass sich der Beklagte im Prozess, sei es auch nur zur Rechtsverteidigung, des Rechts berühmt, die störende Handlung vornehmen zu dürfen (BGHZ 117, 264/271 – *Nicola ua;* BGH NJW 1972, 2302 – *Badische Rundschau;* 1992, 2292 – *Sortenschutz G Nr 3;* 1992, 2765/2766 – *Pressehaftung II;* GRUR 1992, 404/405 – *Systemunterschiede);* es sei denn, der Beklagte bringt eindeutig und unmissverständlich zum Ausdruck, dass die Berühmung ausschließlich der Rechtsverteidigung diene und nicht die Inanspruchnahme des Rechts für eine Begehung bedeuten solle (BGH GRUR 1968, 49/50 – *Zentralschlossanlagen;* 1988, 313 – *Auto F. GmbH;* 1990, 678/679 – *Herstellerkennzeichen auf Unfallwagen;* 1992, 404/405 – *Systemunterschiede).* Jedenfalls auf außerwettbewerbliche Verhältnisse ist dieser sehr pauschale und den Prozessvortrag auskernende Grundsatz im Blick auf Art 5 Abs 1, 103 GG nur sehr zurückhaltend zu übertragen (zu undifferenziert BGH NJW 2000, 3412 – *Babycaust).* Für Vergleichsgespräche hat er auch in der wettbewerblichen Auseinandersetzung keine Geltung (BGH GRUR 1992, 627/629 – *Pajero).*

Journalistische Recherchen begründen grundsätzlich noch keine Erstbegehungsgefahr (OLG Hamburg AfP 1992, 279; 2000, 188; OLG Frankfurt NJW-RR 2003, 27; OLG Karlsruhe AfP 2003, 482; OLG Koblenz AfP 2008, 213). Die journalistische Recherche ist das Herzstück der Pressearbeit und gehört zu den Kernbereich der durch Art 5 Abs. 1 Satz 2 GG gewährleisten Pressefreiheit. Sie wäre im höchsten Maß gefährdet durch eine zu großzügige Zulassung von Unterlassungsklagen. Das gilt prinzipiell auch für Filmaufnahmen, selbst für solche ohne Einwilligung des Betroffenen, solange, wie in aller Regel, der redaktionelle Rahmen und die Rechtswidrigkeit ihres Einsatzes nicht konkret bewertet werden kann (BGHZ 138, 311/318 ff. – *Filmaufnahmen in Ferienanlage;* OLG Brandenburg NJW-RR 2012, 1250; OLG Hamburg ZUM 2000, 163 f.); ein pauschales Verbot würde Art 5 Abs 1 GG verletzen (*Wenzel/Burkhardt* Kap 12 Rn 36; aA OLG München AfP 1992, 78/80; *Prinz/Peters* Rn 331). Anderes gilt natürlich für Bildaufnahmen von Personen in gegen Einblick der Öffentlichkeit besonders geschützten Räumen (§ 201a StGB).

D. Zivilrechtl. Folgen der Verletzung von Sorgfaltspflichten der Presse § 6 LPG

Auch an die Beseitigung der Erstbegehungsgefahr sind nicht dieselben strengen Anforderungen zu stellen wie für die Beseitigung der Wiederholungsgefahr (BGH GRUR 1992, 116/117 – *Topfguckerscheck;* 1993, 53/54 – *ausländischer Inserent*). Es reicht jedenfalls die uneingeschränkte Erklärung, dass die beanstandete Handlung in Zukunft nicht vorgenommen werde (BGH GRUR 1992, 404 – *Systemunterschiede;* 1993, 53/55 – *ausländischer Inserent*). Zur Entkräftung der Störung aus einer mehrdeutigen Behauptung reicht die ernsthafte Erklärung, bei einer Wiederholung das nicht verletzend Gemeinte klarzustellen (BVerfG NJW 2006, 207 ff. – *Stolpe*). Die Löschung eines inkriminierten Eintrags im Internet reicht nicht aus (OLG Frankfurt MMR 2007, 604; OLG Köln CR 2012, 116).

3. Inhalt und Grenzen des Verbots

a) Begrenzung durch die Rechtswidrigkeit der Störung

Der Unterlassungsanspruch ist gerichtet auf das Verbot, eine bestimmte Verletzungshandlung zu begehen, hier: eine unzulässige Aussage in der Presse zu machen oder zu verbreiten; ein Bildnis ohne Einwilligung des Betroffenen zu veröffentlichen. Er hat sich seinem Inhalt und Umfang nach in erster Linie an der geschehenen bzw. im Fall der Erstbegehungsgefahr an der zu erwartenden Veröffentlichung zu orientieren (BGH NJW 1975, 1882 – *Geist v Oberzell;* 1995, 2985/2987; 1997, 2513 – *Torres;* OLG Hamburg AfP 1990, 128; OLG München AfP 2000, 174). Grenzen werden gezogen durch die Rechtswidrigkeit des befürchteten Eingriffs. Es können deshalb komplexe Mitteilungen, in denen wenige unwahre Behauptungen oder diffamierende Äußerungen enthalten sind, nicht insgesamt verboten werden, sondern allein die unzulässigen weil unwahren oder diffamierenden Aussagen. Nun würde in derartigen Fällen ein auf die wörtliche Wiederholung des unzulässigen Satzes oder gar nur Satzteils beschränktes Verbot wegen der darin fehlenden Sinngebung durch den Kontext oft den Störungsgehalt nicht genug deutlich machen oder den Unterlassungsanspruch nicht ausreichend ausschöpfen. Hier wird sich der Betroffene deshalb nicht auf eine einfache Übernahme der inkriminierten Äußerung in sein Unterlassungsbegehren beschränken können, sondern den konkreten Störungsgehalt aus dem Kontext unter Konzentrierung auf das Unzulässige, aber durch erweiterndes Abstrahieren auf von der Rechtswidrigkeit und der Begehungsgefahr noch gedeckte sinngemäße Äußerungen herausarbeiten müssen. Er kann sich aber auch auf ein Verbot einer „wörtlichen oder sinngemäßen" Wiederholung der inkrimierten Aussage beschränken (BGB AfP 2007, 44 – *Abberufung des Geschäftsführers des Klinikums*). Verallgemeinerungen sind aber nur zulässig, wenn sie das Charakteristische des konkreten Verletzungstatbestandes zum Ausdruck bringen und das Verbot nicht über die zu befürchtende Verletzung hinaus verbreitern (RGZ 147, 27/30; BGH NJW 1980, 2801/2804 – *Medizin-Syndikat;* 1984, 467/469 – *Das unmögliche Möbelhaus;* 1989, 445/446 – *Professorenbezeichnung in der Arztwerbung;* 1991, 254/257 – *Unbestimmter Unterlassungsantrag I;* 1998, 604 – *Togal*). Erstreckt sich das Unterlassungsbegehren auf mehrere Aussagen, so kann zB deren Verbot nicht durch „und/oder" verknüpft werden, wenn die Begehungsgefahr nicht schon aus jeder der Aussagen, sondern nur aus ihrer Kumulierung zu begründen ist; eben weil das Verbot nicht über die inhaltlichen Grenzen hinausgehen darf, die durch die geschehene Störung und die hieran anknüpfende Wiederholungsgefahr vorgezeichnet sind. Anderes gilt, wenn und soweit die unzulässige Aussage ausnahmsweise so eng mit dem Kontext verschmolzen ist, dass ein solches „Herausschälen" ihren Sinn verändern würde (*Wenzel/Burkhardt* Kap 12 Rn 82; *Romatka* AfP 1978, 216/217). Insbesondere wenn der Gesamtartikel einen unzulässigen Angriff enthält, etwa die Gesamtaussage ein verfälschendes Persönlichkeitsbild in einer Weise bezeichnet, dass dem nicht durch das Verbot einzelner Textstellen begegnet werden kann, dann kann auch das Verbot auf den gesamten Artikel, den ganzen Roman etc. erstreckt werden (vgl BGH NJW 1968, 1773 – *Mephisto;* 1975, 1882 – *Geist v Oberzell;* OLG Hamburg AfP 1975, 916; OLG Düsseldorf

WRP 1984, 272/276). Grenzen werden aber hier durch Art 5 Abs 1 GG gezogen. Insbesondere müssen Inhalt und Umfang des Verbots sich auch insoweit am Schutzbedürfnis des Betroffenen orientieren unter Abwägung mit den Einschränkungen, die damit für die Meinungs- und Pressefreiheit verbunden sind (BGH NJW 1980, 2801/2804 – *Medizin-Syndikat*). So kann der Betroffene uU darauf verwiesen werden, an Stelle eines Verbots der Gesamtveröffentlichung sich mit einem erläuternden Vorwort zu begnügen, wenn damit die Störung ausreichend neutralisiert werden kann.

Zum Unterlassungsanspruch aus Anlass von verdeckten Behauptungen vgl Rn 265.

Ist die Veröffentlichung von Bildnissen von Kindern mangels eines Bezugs des Begleittextes zu einem zeitgeschichtlichen Ereignis rechtswidrig (Rn 133a), dann ist das Verbot dahin einzuschränken, dass eine Veröffentlichung im Rahmen einer Berichterstattung untersagt wird, die keine Berichterstattung über ein zeitgeschichtliches Ereignis darstellt, sondern nahezu ausschließlich persönliche Belange der Kinder zum Inhalt hat (BGHZ 158, 218/225 ff. – *Gala-Abend*).

b) Bestimmtheitserfordernis

271 Das Unterlassungsbegehren muss nicht nur die materiell-rechtlichen Voraussetzungen erfüllen, sondern auch dem prozessrechtlichen Bestimmtheitserfordernis des § 253 Abs 2 S 2 ZPO genügen. Denn der Beklagte kann sich nur gegen ein hinreichend bestimmtes Begehren verteidigen; die Rechtskraft des Urteils muss klar genug umrissen sein; die Ausfüllung des Verbots darf nicht dem Vollstreckungsverfahren überlassen sein (BGHZ 144, 255/263 – *Abgasemissionen*; BGH GRUR 1975, 75/77 – *Wirtschaftsanzeige – public relations*; 1991, 254/256 – *unbestimmter Unterlassungsantrag I*; 1992, 561/562 – *unbestimmter Unterlassungsantrag II*; 1993, 565 – *Faltenglätter* 2002, 1088/1089 – *Zugabenbündel*). So ist die konkrete Verletzungsform nicht erfasst, wenn der Unterlassungsantrag die tatsächliche Äußerung nicht wiedergibt, sondern nur deren Eindruck in dem Sinn, wie die Äußerung in einem speziellen Kontext missstanden werden kann (OLG Hamburg 6.11.03 3 U 203/02). Werden Verbote verschiedener Handlungen begehrt, für die der Anspruch jeweils von unterschiedlichen tatsächlichen oder rechtlichen Voraussetzungen abhängt, müssen die einzelnen Handlungen in gesonderten Anträgen als konkrete Verletzungsformen umschrieben werden (BGH NJW 2003, 3406 ff. mwN).

Allerdings kann eine gewisse Unschärfe in Kauf genommen werden, weil das Unterlassungsbegehren ebenso wie der Unterlassungstitel für die Feststellung der Rechtskraft und für seine Vollstreckbarkeit auslegungsfähig ist (BGH GRUR 1987, 172/174 – *Unternehmensberatungsgesellschaft I*; 1992, 525/526 – *Arztwerbung II*; AfP 1994, 136/137 – *Störerhaftung*; BGHZ 156, 335/339 – *Euro-Einführungsrabatt*; OLG Frankfurt GRUR-RR 2009, 37; OLG Hamburg AfP 2013, 149). So ist es als zulässig angesehen worden, das Verbot auf „sinngemäße" Äußerungen zu erstrecken (BGH GRUR 1977, 114/115 – *VUS*; AfP 2007, 44 – *Abberufung des Geschäftsführers des Klinikums*), sofern es sich um Tatsachen-Aussagen handelt, so dass das Verbot durch diese noch ausreichend begrenzt ist. Für unzulässig, weil zu unbestimmt, wird demgegenüber prinzipiell das Verbot angesehen, „den Eindruck zu erwecken, als ob ..." etwa der Betroffene etwa getan habe oder ein Betrüger sei (zum wettbewerbsrechtlichen Unterlassungsanspruch vgl BGH GRUR 1962, 310/312 – *Gründerbildnis*, insoweit nicht in BGHZ 36, 252; 1976, 197 – *Herstellung und Vertrieb*), oder: „Anzeigen ähnlich den veröffentlichten zu veröffentlichen" (BGH GRUR 1991, 254/256 – *Unbestimmter Unterlassungsantrag I*); oder Beiträge, „die inhaltlich Werbung sind" (BGH GRUR 1993, 565 – *Faltenglätter*). Den Antrag auf Unterlassung „wie in dem nachfolgend wiedergegebenen Volltext der Veröffentlichung" hält das OLG Köln NJW-RR 2001, 1486/1487 für zulässig, wenn sich aus der Begründung Reichweite und Vollstreckungsmöglichkeit hinreichend deutlich ergeben; das verlangt aber nach präzisen Anforderungen an die Begrenzung und Transparenz des Unterlassungsgebots.

Nicht zulässig ist das Gebot, die Veröffentlichung von „ähnlichen" oder „kerngleichen" Bildnissen des Betroffenen (KG AfP 2010, 385) zu unterlassen, sofern nicht der absolut geschützte Intimbereich betroffen ist (BGH NJW 2009, 2823; 2010, 1454 – *Bildnisschutz des Minderjährigen*), oder Bildberichte „aus dem privaten Alltag" einer Shomasterin (KG AfP 2006, 477). Zugelassen worden ist dagegen das Verbot der Veröffentlichung von Fotos der Betroffenen „in identifizierender Weise wie in der XY-Zeitung Nr ... auf Seite ..." (BGH NJW 2008, 3138 – *Sabine Christiansen I*).

4. Aufbrauchs- und Umstellungsfrist

In den Fällen, in denen die sofortige Durchführung des Unterlassungsverbots insbes gegen eine Buchveröffentlichung für den Beklagten unverhältnismäßige Nachteile bewirken würde, kann dieser verlangen, dass ihm gemäß § 242 BGB in Anlehnung an die Regelung in § 111m StPO eine sog Aufbrauchs- oder Umstellungsfrist eingeräumt wird, in der die Vollziehung des Unterlassungsanspruch aufgeschoben ist; insbes durch Beschränkung auf den noch nicht ausgedruckten oder den noch ungebundenen Teil (OLG München AfP 1974, 631/632). Doch gilt das nur, wenn dieser Aufschub für den Verletzten keine unzumutbare Beeinträchtigung bedeutet (BGH GRUR 1961, 283 – *Mon Cheri II;* 1982, 420/423 – *Klosterdoktor;* 1990, 522/528 – *HBV-Familien- und Wohnungsrechtsschutz;* OLG Hamburg ArchPR 1969, 58; OLG Düsseldorf AfP 1985, 51/52; OLG Frankfurt GRUR 1985, 395; OLG Stuttgart BB 1963, 831; OLG München AfP 1974, 631). Es hat also auch insoweit eine Interessenabwägung stattzufinden. Grundsätzlich kommt die Bewilligung einer Aufbrauchfrist nur ausnahmsweise in Betracht. Der Aufschub nimmt den Aufbrauchhandlungen nicht die Rechtswidrigkeit, so dass der Betroffene Schadensersatz auch insoweit verlangen kann, als der Schaden durch sie vergrößert worden ist (BGH GRUR 1974, 735/737 – *Pharmamedan*).

272

5. Kein Unterlassungsbegehren gegen Äußerungen in einem förmlichen Verfahren

Keine Unterlassungsklage ist gegeben für Äußerungen, die von der Presse vor Gericht oder vor den Strafverfolgungsbehörden (OLG München NJW-RR 2002, 1473) oder vor Verwaltungsbehörden (BGH NJW 1965, 1803; 1969, 463; 1987, 3138; 1992, 1314/1315; GRUR 1965, 381/385 – *Weinbrand*) in Ausführung, Verfolgung oder Verteidigung von Rechten gemacht werden oder im Rahmen von Anzeigen und Eingaben bei öffentlichen Stellen, die zur Entgegennahme und Überprüfung solcher Anzeigen zuständig sind. Das folgt aus der Unvereinbarkeit eines solchen Verbots mit Einrichtung und Aufgabe jener Verfahren, in denen die Äußerung getan wird. Es würde deren Zweck zuwiderlaufen, wenn die Sachaufklärung, die in den Bahnen und mit den Garantie eines förmlichen Verfahrens auf Vollständigkeit und Fairness ausgerichtet ist, durch den Haftungs- oder Ehrenschutzrichter mit entsprechenden Verboten unterlaufen werden könnte. Das Verfahren, in dem die Äußerung gemacht worden ist, soll nicht durch eine Unterlassungsklage im Streit über die Vorsätzlichkeit oder Leichtfertigkeit des Äußernden torpediert werden können. Der Gesetzgeber hat deshalb in diesen Fällen den Schutz des Betroffenen vor unwahren Behauptungen einer anderen Instanz zugewiesen (generell BGH (GSZ) NJW 2005, 3141/3142 f. – *unberechtigte Schutzrechtsverwarnung;* ferner BGH NJW 1962, 242/244; 1965, 1803; 1969, 643; 1971, 284; 1977, 1681/1682; 1984, 1104/1105; 1986, 2502/2503 – *Vergewaltigung;* 1987, 3138; 1988, 1016; 1992, 1314/1315 – *Kassenarzt;* OLG Düsseldorf NJW 1987, 2522; 1987, 3268; AfP 1985, 1397; OLG Hamm NJW 1992, 1329). Dazu auch *J. Helle* NJW 1987, 233.

272a

Äußerungen ohne Sachbezug zu dem Verfahren sind nicht privilegiert (BGH NJW 2000, 2217 – *Verharmlosen des Holocaust;* NJW-RR 1999, 1251/1253; OLG München NJW-RR 2001, 765); ebenso Äußerungen, soweit sie außerhalb des Verfahrens wiederholt werden (BGH NJW 1992, 1312/1316 – *Korruptionsprozess;* OLG München NJW-RR 2002, 1473). Die Presseberichterstattung über solche Äußerungen ist nicht deshalb besonders privilegiert, weil es sich um Äußerungen in einem Verfahren handelt; sie kann aber wegen Wahrnehmung berechtigter Interessen zulässig sein.

6. Beweislasten

273 Grundsätzlich hat der Betroffene die Voraussetzungen des Unterlassungsanspruchs nachzuweisen, also einen geschehenen rechtswidrigen Eingriff in seine Rechte, aus denen sich die Vermutung einer Wiederholungsgefahr, bzw die konkreten Umstände, aus denen sich eine Erstbegehungsgefahr ergibt. Soweit es um den Straftatbestand der üblen Nachrede (§ 186 StGB) geht, hat der Störer die Beweislast für die Wahrheit der Behauptung. Kann er indes nachweisen dass er in Wahrnehmung berechtigter Interessen gehandelt, insbes sorgfältig recherchiert hat (§ 193 StGB), dann hat der Betroffene die Beweislast für die Unwahrheit (vgl Rn 99, 175 f.; BVerfGE 85, 1/21 – *Kritische Bayeraktionäre;* BGHZ 95, 212 – *Nachtigall II;* 132, 13/23 – *Der Lohnkiller;* 139, 95–105 – *Stolpe* BGH NJW 1985, 1621 – *Türkol I;* 1987, 2225 – *Umweltskandal;* 1993, 525/526 – *Kettenmafia;* Grimm NJW 1995, 1697/1702). Ebenso obliegt im Anwendungsbereich des § 4 Nr 8 UWG grundsätzlich dem Beklagten der Wahrheitsbeweis, doch muss die Anschwärzung zum Zweck des Wettbewerbs erfolgt sein. Ein berechtigtes Interesse befreit ihn von der Beweislast, wenn es sich um vertrauliche Mitteilungen handelt. Im Rahmen des § 824 BGB greift die Umkehr der Beweislast nach § 186 StGB nicht ein (BGH GRUR 1972, 435/439 – *Grundstücksgesellschaft*). Als Nachweis der Unwahrheit kann es ausreichen, dass der Inanspruchgenommene für die Richtigkeit der Behauptung jede Substantiierung verweigert, obwohl sie ihm ohne weiteres möglich wäre (BGH NJW 1959, 2011/2012; 1974, 1710/1711 – *Arbeitsrealitäten;* GRUR 1975, 85 – *Brüning I*). Eine gesteigerte Substantiierungspflicht trifft vor allem den, der vorgibt, über Insiderwissen zu verfügen (BGH GRUR 1987, 397 – *Insiderwissen*).

7. Verjährung

274 Der außervertragliche Unterlassungsanspruch gegen Presseveröffentlichungen wird, auch wo er auf quasi-negatorischer Grundlage beruht, wegen seiner Ausrichtung auf die Abwehr rechtswidriger Eingriffe, die die deliktisch geschützten Individualinteressen bedrohen, dem Recht der unerlaubten Handlung zugeordnet. Für seine Verjährung sind seit dem 1.1.2002 die §§ 195, 199, 203 ff. BGB nF maßgebend: Danach verjährt der Anspruch drei Jahre (§ 195 BGB) nach dem Schluss des Jahres, in dem der Anspruch entstanden ist und der Betroffene von der drohenden Störung und dem Störer Kenntnis erlangt hat oder ohne grobe Fahrlässigkeit hätte erlangen können (§ 199 Abs 1 Nr 1 BGB); ohne diese Kenntnis oder grobfahrlässige Unkenntnis 10 Jahre nach der Entstehung des Anspruchs (§ 199 Abs 3 Nr 1 BGB). Für vor dem 1.1.2002 entstandene und bis zum 1.1.2002 noch nicht verjährte Ansprüche gilt die Übergangsregelung des Art 229 § 6 EG BGB. Danach gilt für sie in Bezug auf Beginn, Hemmung, Ablaufhemmung und Neubeginn der Verjährung für die Zeit vor dem 1.1.2002 prinzipiell das frühere Recht (Art 229 § 6 Abs 1 S 2 EG BGB) und für die Zeit nach dem 1.1.2002 die dem Schuldner günstigere Regelung (Art 229 § 6 Abs 2 bis 4 EG BGB).

Die Verjährung nach BGB kann mit der Regelung des § 11 UWG konkurrieren, der im wettbewerblichen Bereich Unterlassungsansprüche nach UWG bereits sechs Monate nach dieser Kenntnis oder grobfahrlässigen Unkenntnis verjähren lässt. Diese Vorschrift verdrängt die Verjährung nach BGB aber nur, wenn sich der Anspruch aus unerlaubter Handlung, hier aus § 823 Abs 2 BGB, auf die Verletzung einer nur im UWG aufgestellten Schutzvorschrift gründet (zum früheren Recht BGHZ 36, 252/256 – *Gründerbildnis;* BGH GRUR 1974, 99 f. – *Brünova*) oder soweit ein Eingriff in den Gewerbebetrieb infrage steht wegen des nur subsidiären, lückenausfüllenden Unternehmensschutzes aus § 823 Abs 1 BGB (zum früheren Recht BGHZ 36,

D. Zivilrechtl. Folgen der Verletzung von Sorgfaltspflichten der Presse § **6 LPG**

252/256 ff. – *Gründerbildnis;* BGH GRUR 1964, 218/219 – *Düngekalkhandel;* 1974, 99 – *Brünova;* 1984, 820/822 – *Intermarkt II*).

Die Verjährung des Unterlassungsanspruch steht in einem gewissen Widerspruch dazu, dass der Anspruch stets das Fortbestehen der Störung voraussetzt und darin sich permanent neu legitimiert, so dass für den Ablauf der Verjährungsfrist gar keine Zeit zu sein scheint. Das trifft im Prinzip auch für den sich auf einen geschehenen Eingriff stützenden Unterlassungsanspruch zu; die geschehene Störung schließt den Anspruch nicht ab, sondern Anspruchsvoraussetzung ist auch hier die Begehungsgefahr, für deren Bestehen der geschehene Eingriff lediglich ein widerlegbares Indiz liefert (aA offenbar *Teplitzky* Kap 16 Rn 5). Indes entspricht es dem Schutzgedanken und den Befriedungszielen der Verjährung, dass der Störer der Berufung des Betroffenen auf den geschehenen Eingriff die Einrede der Verjährung entgegensetzen kann, wenn dieser sich trotz Kenntnis oder grobfahrlässiger Unkenntnis erst nach Fristablauf zur Klageerhebung entschließt. Für den Unterlassungsanspruch aus Erstbegehungsgefahr kann dann aber nichts anderes gelten. Auch hier kann der Betroffene zum Nachweis der Begehungsgefahr sich nicht mehr auf Umstände berufen, die er schon in rechtsverjährter Zeit gekannt hat (aA BGH GRUR 1979, 121 – *Verjährungsunterbrechung; Teplitzky* Kap 16 Rn 4f.; *Baumbach/Hefermehl* UWG § 21 Rn 11; wie hier *Großk/ Messer* § 21 Rn 13; *Nirk/Kurtze* § 21 Rn 44). Für die Entstehung des Anspruchs iS der Verjährungsregelung maßgebend ist also der Zeitpunkt, zu dem die Störung eingetreten ist, dh die eine Vermutung der Wiederholungsgefahr rechtfertigende unzulässige Veröffentlichung oder die Störung, die eine Erstbegehungsgefahr begründet.

Für den Beginn der Verjährung war nach § 852 BGB wie § 21 UWG aF positive Kenntnis erforderlich; Kennenmüssen genügte nicht (BGH GRUR 1964, 218/220 – *Düngekalkhandel;* allgemein zu § 852 BGB BGH NJW 1985, 2022/2023). Nach der neuen Regelung reicht für den Beginn der Verjährungsfrist nunmehr auch grobfahrlässige Unkenntnis von den anspruchsbegründenden Umständen und der Person des Schuldners aus. In dieser Beziehung ist die Verjährung zulasten des Gläubigers verschärft worden. Durch diese Verschärfung sind ohne weiteres für den Verjährungsbeginn auch die Fälle erfasst, in denen der BGH schon nach § 852 BGB aF die Berufung des Betroffenen auf seine Unkenntnis ausgeschlossen hat, weil er sich der Kenntnis unter Verstoß gegen §§ 162, 242 BGB missbräuchlich verschlossen hat (BGHZ 133, 192/198 ff.; BGH NJW 1999, 423/424 f.; 2000, 953; 2001, 1721/1722 mwN). Die Verschärfung geht aber über solche Fälle hinaus; sie erfasst auch eine Unkenntnis aus schwerer Nachlässigkeit bei der Wahrung der eigenen Interessen. Vorausgesetzt ist jedoch, dass dem Betroffenen nicht nur objektiv, sondern auch subjektiv eine schwere Unachtsamkeit vorzuwerfen ist. Dabei sind die Anforderungen etwa an eine entsprechende Organisation zu rechtzeitigen Erlangung von Informationen für Geschäftsleute, Behörden, Institutionen höher anzusetzen als für den Normalbürger.

Vorausgesetzt ist ein Maß an erlangtem oder unschwer erlangbarem Wissen von den Voraussetzungen des Unterlassungsanspruchs und von der Person des Anspruchsverpflichteten, dass dem Betroffenen die Klage zugemutet werden kann. Nicht heißt das, dass er die Anspruchsvoraussetzungen auch beweisen kann; zum Zusammentragen der Beweise gibt das Gesetz ihm die Dreijahresfrist (BGH VersR 1974, 1082/1083; GRUR 1988, 832/834 – *Intermarkt II;* 1987, 125/126 – *Berühmung*). Die Kenntnis muss sich nur auf die Tatsachen beziehen, die den Unterlassungsanspruch auslösen, nicht auf ihre richtige rechtliche Einordnung. Juristische Personen etc. erlangen die Kenntnis erst durch den für die Verfolgung des Anspruchs zuständigen Sachbearbeiter (BGHZ 83, 293/296 mN; BGH VersR 1984, 160/161; 1985, 735; 1986, 163).

Unterbrochen wird die Verjährung nach Maßgabe von §§ 212, 213 BGB; gehemmt nach §§ 203 bis 209, 213 BGB. Eine einstweilige Verfügung unterbricht den Lauf der Verjährungsfrist nicht (*Teplitzky* Rn 16.40).

Die Verjährung bewirkt nur, dass der Betroffene aus rechtsverjährten Vorgängen keine Rechte mehr im Klagewege durchsetzen, zB sich nicht mehr auf die Vermutung einer Begehungsgefahr aus einer geschehenen Störung berufen kann (BGH GRUR 1987, 125/126 – *Berühmung;* 1988, 313 – *Auto F. GmbH*). Nicht etwa erlaubt sie der Presse, die Veröffentlichung nunmehr sanktionslos zu wiederholen. Vielmehr wäre solche Veröffentlichung ein neuer, selbstständiger Störtatbestand mit neu laufenden, eigenen Verjährungsfristen (BGH GRUR 1984, 820/822 – *Intermarkt II;* 1987, 125/126 – *Berühmung*).

8. Anspruchsberechtigte

275   Vgl zunächst Rn 71, 101 ff., 117, 150.
Der Unterlassungsanspruch gegen Presseveröffentlichungen steht dem zu, dem die §§ 823 Abs 1, Abs 2, 824, 826 BGB Zivilrechtsschutz gewähren. Gerade für Eingriffe durch Äußerungen ist Voraussetzung dafür das unmittelbare Betroffensein. Näher dazu Rn 24, 113, 143.

Anspruchsberechtigt sind natürliche und juristische Personen (BGH NJW 1974, 1762 – *Deutschlandstiftung;* 1975, 1882/1883 – *Geist v Oberzell*); der nichtrechtsfähige Verein (BGHZ 42, 210 – *Gewerkschaftspropaganda;* BGH NJW 1971, 1655 – *Sabotage;* 1974, 1762 – *Deutschlandstiftung*); OHG und KG (BGHZ 78, 24 – *Medizin-Syndikat*); BGB-Gesellschaften; Partnerschaftsgesellschaften; öffentliche Institutionen, nicht jedoch Behörden (BGH NJW 1983, 1183 – *Vetternwirtschaft*); andere Personengesamtheiten, soweit sie in ihren eigenen Belangen, also in ihrer Funktion als Wirtschaftsunternehmen oder in sonstigen Beziehungen auf dem Erscheinungs- und Wirkungsfeld des gesellschaftlichen Interessenverbundes (BGHZ 78, 24 – *Medizin-Syndikat*) selbst unmittelbar betroffen sind. Zur begrenzten Parteifähigkeit der Glaubensgemeinschaft „Jehovas Zeugen", soweit die Abwicklung ihrer staatlichen Anerkennung in der DDR infrage steht OLG Köln NJW 1998, 235 m krit Anm *H. Weber* NJW 1998, 197.

Äußerungen gegen juristische Personen werden von diesen, nicht von den Gesellschaftern verfolgt; der Gesellschafter ist ebenfalls anspruchsberechtigt, wenn die Äußerung seinen eigenen Wirkungskreis unmittelbar mitbetrifft, zB weil er wegen seiner beherrschenden Stellung die Gesellschaft in der Öffentlichkeit verkörpert. Wenn nur der Gesellschafter oder Mitarbeiter durch die Äußerung unmittelbar betroffen ist, dann steht der Unterlassungsanspruch auch nur diesen, nicht dem Unternehmen zu (BGH NJW 1975, 1882 – *Geist v Oberzell;* 1980, 2807/2810 – *Medizin-Syndikat;* 1981, 1089/1092 – *Der Aufmacher I*).

Soweit die §§ 823 ff. BGB Schutz ideeller, nicht vermögenswerter Interessen eines Verstorbenen gegen rufschädigende Äußerungen gewähren (vgl Rn 71, 100; BVerfGE 30, 173/194 – *Mephisto;* BGHZ 50, 133/137 – *Mephisto;* 107, 384/391 – *Nolde-Aquarelle;* 143, 214/220 – *Marlene Dietrich I;* 151, 26/29 – *Marlene Dietrich II*), sind in erster Linie die vom Verstorbenen zu Lebzeiten dazu Ermächtigten, hilfsweise die nächsten Angehörigen anspruchsberechtigt (BGHZ 50, 133/137 – *Mephisto;* 143, 214/220 – *Marlene Dietrich I;* 151, 26/29 – *Marlene Dietrich II;* 165, 203 – *Mordkommission in Köln;* BGH NJW 1974, 1371 – *Fiete Schulze*). Soweit vermögenswerte Bestandteile des Persönlichkeitsrechts betroffen sind, sind die Erben anspruchsberechtigt (BGHZ 143, 214/220 ff. – *Marlene Dietrich I;* 151, 26/29 mwN – *Marlene Dietrich II*). Vgl dazu auch Rn 71, 119a, 125.

Der Unterlassungsanspruch ist nicht als solcher abtretbar, sondern nur zusammen mit dem Recht oder Interesse, mit dem er seiner Funktion und seinem Inhalt nach untrennbar verbunden ist. Deshalb ist eine Rechtsnachfolge Dritter in einen Anspruch gegenüber Störungen des allgemeinen oder besonders ausgestalteten Persönlichkeitsrechts wegen der Höchstpersönlichkeit des Rechts prinzipiell ausgeschlossen (BGH NJW 1981, 1089/1094 – *Der Aufmacher I;* 1981, 2062/2063 – *Der Aufmacher II*). Das gilt auch für den auf § 824 BGB gestützten Unterlassungsanspruch. Zu den Einschränkungen dieses Prinzips im Blick auf das Bedürfnis nach Verkehrsfähigkeit der materiellen Bestandteile des Persönlichkeitsrechts näher Rn 71. Eher um

D. Zivilrechtl. Folgen der Verletzung von Sorgfaltspflichten der Presse § 6 LPG

Ausübung aus originärem Recht als um Rechtsnachfolge handelt es sich bei der Wahrnehmung des – beschränkten – Schutzes der Persönlichkeit des Betroffenen nach seinem Tod durch seine nächsten Angehörigen bzw – soweit es um eine Störung der wirtschaftlichen Verwertung von vermögenswerten Bestandteilen geht – durch seine Erben (BGHZ 143, 214/220 f. *Marlene Dietrich I;* 151, 26/29 – *Marlene Dietrich II*). Gewillkürte Prozessstandschaft ist denkbar, soweit es nicht um die Verletzung der persönlichen Eigensphäre geht, weil anderes den Leistungsinhalt verändern würde (BGH NJW 1981, 1089/1094). Prinzipiell zulässig sollte sie sein, soweit der Betroffene die kommerzielle Auswertung von Namens- oder Bildnisrechten gestatten kann (BGH NJW 1993, 918/919 – *Universitätsemblem*). Sie wird aber nur selten die strengen Anforderungen an das Rechtsschutzinteresse erfüllen, etwa für Unternehmen, Verbände usw bei einem eigenen geschäftlichen Interesse an der Prozessführung (BGH NJW 1983, 1559/1561 – *Geldmafiosi*). Mit dem Übergang übertragbarer deliktisch geschützter Rechte, etwa des Rechts am Unternehmen, geht der Unterlassungsanspruch auf den Erwerber über.

9. Anspruchsverpflichtete

a) Störereigenschaft

Vgl zunächst Rn 220, 220a, 229a. Abgesehen von den Einschränkungen der Verantwortlichkeit von Anbietern von Medien- und Telediensten (dazu näher Rn 220a, 229a) ist Schuldner des Unterlassungsanspruchs prinzipiell jeder Störer, dh ohne Rücksicht auf ein Verschulden jeder, der in irgend einer Weise willentlich daran mitwirkt, die Störung ins Werk zu setzen, bzw wer die Störquelle, aus der die Störung zu befürchten ist, beherrscht (BGH NJW 1976, 799/800 – *Alleinimporteur;* 2004, 762/765 – *Luftbildaufnahme I;* GRUR 1957, 352 – *Pertussin II*) und auch die rechtliche Möglichkeit zur Verhinderung der Handlung hat (BGH NJW 1997, 2180 – *Architektenwettbewerb;* NJW-RR 1997, 1468/1469 – *Branchenbuch-Nomenklatur;* GRUR 1991, 769/770 – *Honoraranfrage;* AfP 1994, 136/137 – *Störerhaftung;* 1998, 624 – *Möbelklassiker*). Mitwirken an einer Störung durch Dritte durch Unterlassen setzt aber zumutbare Prüfungspflichten voraus (BGH GRUR 2004, 860 – *Internet-Versteigerung I;* NJW 2007, 2636 – *Internet-Versteigerung II;* NJW-RR 2008, 1136 – *Internet-Versteigerung III;* 2009, 1413 – *Haftung des Domainverpächters;* MMR 2013, 185 – *Alone in the dark*). Auch die Unterstützung oder die Ausnutzung der Handlung eines eigenverantwortlich handelnden Dritten kann als Mitwirkung genügen (BGH NJW 2004, 762/765 – *Luftbildaufnahme I*). Unerheblich ist, ob er die unzulässige Äußerung selbst aufgestellt, die Äußerung eines Dritten sich zu eigen gemacht oder nur an ihrer Verbreitung mitgewirkt hat, ob er Täter, Anstifter oder Gehilfe ist; ob er vorsätzlich oder fahrlässig stört. Nicht einmal setzt die Störereigenschaft Kenntnis davon voraus, Störer zu sein, also Kenntnis von der Tatbestandsmäßigkeit oder Rechtswidrigkeit der herbeigeführten Störung oder gar ein Verschulden (BGH NJW 1970, 187 – *Hormoncreme;* 1976, 799/800 – *Alleinimporteur;* 1986, 2503 – *Landesverrat;* GRUR 1957, 352 – *Pertussin II;* 1969, 147/150 – *Korruptionsvorwurf;* OLG München AfP 2001, 140; 2001, 404/405; OLG Hamburg NJW 2004, 1114/1115); das Erfordernis der willentlichen Mitwirkung an dem Störzustand (BGH GRUR 1991, 769/770 – *Honoraranfragen;* AfP 1994, 136/137 – *Störerhaftung*) bezieht sich nur auf den äußeren Tatbestand des Veröffentlichens oder Verbreitens.

So kommen für sog „unselbstständige Blätter", dh für Kopf- oder Mantelzeitungen, die regelmäßig ganze Seiten des redaktionellen Teils einer anderen Ausgabe fertig übernehmen (dazu § 8 Rn 109 f.; *Löffler/Ricker* Kap 13 Rn 12), für Störungen aus dem übernommenen Teil in erster Linie der Verleger in Betracht, der auch für Störungen aus dem Mantel verantwortlich ist; neben ihm außer dem Autor des diskriminierten Artikels die für seine redaktionelle Bearbeitung oder Kontrolle zuständigen Redakteure (zur Erweiterung der Impressumspflicht bezüglich des verantwortlichen Redakteurs vgl § 8 Abs 3 und die Kommentierung von *Sedelmeier* dazu) und die in die technische Verbreitung eingeschalteten Personen, soweit sie rechtliche Möglichkeiten zur Verhinderung der Verbreitung haben; nicht aber die an der redaktionellen Aufbereitung des „Mantels" beteiligten Redakteure; diese dagegen für Störungen aus dem „Mantel", nicht aber die nur für den übernommenen Teil zuständigen Redakteure für sie.

Störer kann auch der Verbreiter sein, der sich von der Aussage distanziert (BGH NJW 1970, 187 – *Hormoncreme;* 1986, 2503/2504 – *Landesverrat;* aA *Prinz/Peters* Rn 35). Ausnahmsweise gilt das nicht für die Verbreitung einer Äußerung insbes durch die elektronischen Medien dort, wo sie ganz offensichtlich ausschließlich das Forum für eine Diskussion zur Verfügung stellen und die Äußerungen nicht durch Fragen provozieren, sonden ihnen freien Lauf lassen müssen, sofern sie nicht auf diese Art der Kommunikation ganz verzichten wollen, wie zB die Erstausstrahlung einer live gesendeten Fernsehdiskussion (BGHZ 66, 182/188 – *Panorama;* BGH NJW 2010, 760 – *Roger Willensem-Interview;* OLG Hamburg AfP 1983, 412). Indes gilt das nicht auch für den Abdruck eines Leserbriefs (BGH NJW 1986, 2503/2505 – *Landesverrat*) oder eines Presseinterviews (aA OLG Hamburg AfP 1983, 412), weil hier die redaktionelle Entscheidung zugunsten des Abdrucks in Kenntnis des Inhalts Störereigenschaft vermittelt. Ebenso ist die Presse für den Abdruck einer rechtsverletzenden Anzeige Störer auch über den Bereich ihrer Prüfungspflicht hinaus. Doch sollte die Unterlassungsklage hier regelmäßig an der Begehungsgefahr scheitern.

b) Verleger

277 Vgl dazu zunächst Rn 221 ff. Für die Presseveröffentlichung ist in erster Linie der Verleger passivlegitimiert (BGHZ 3, 270/275 – *Constanze I;* 14, 160/174 – *Constanze II;* 39, 124/129 – *Fernsehansagerin;* BGH NJW 1974, 1371 – *Deutschlandstiftung;* 1986, 2503/2504 – *Landesverrat;* 1987, 2225/2226 – *Umweltskandal;* AfP 1994, 136/137 – *Störerhaftung*). Dass er für die Aufbereitung und Prüfung des Stoffes Fachleute beauftragt hat, auf deren Zuverlässigkeit er vertrauen kann, entlastet ihn prinzipiell nicht; solche Prüfungszuständigkeiten haben nur für die Verschuldenshaftung Bedeutung. Für die Störereigenschaft ist insoweit allein maßgebend, dass der Verleger die Störquelle beherrscht. Für die Veröffentlichung einer wettbewerbswidrigen Anzeige ist er jedoch als Störer nur verantwortlich, wenn es sich um grobe, offensichtliche Wettbewerbsverstöße handelt (BGHZ 14, 163 – *Constanze II;* BGH NJW 1972, 2302 – *Badische Rundschau;* 1992, 2765 – *Pressehaftung II;* NJW-RR 1990, 1184 – *Pressehaftung I;* OLG Frankfurt GRUR 1993, 130 – *Benetton-Werbung*). Sobald er allerdings von der Unzulässigkeit Kenntnis erhält, wird er zum Störer, wenn er trotz Rechtsbelehrung an seiner Auffassung festhält, die Anzeige sei nicht wettbewerbswidrig, und die Anzeige auch in Zukunft schalten will (BVerfGE 102, 347/362 – *Benetton-Werbung;* BGH GRUR 1973, 203/204 – *Badische Rundschau;* NJW 1992, 2765 – *Pressehaftung II;* OLG Frankfurt NJW 1985, 1648; OLG Hamburg AfP 1990, 318f.; KG NJW-RR 1990, 1325; AfP 1990, 312; *Gaertner* AfP 1990, 269; *Hecker* AfP 1993, 717).

c) Herausgeber

278 Vgl zunächst Rn 224. Der Herausgeber ist nur Störer, wenn er den Artikel selbst verfasst oder veranlasst hat (OLG Celle AfP 1992, 295) oder wenn er ähnlich einem Verleger nach seinem Einfluss „Herr" der Veröffentlichung ist (BGH NJW 1980, 994 – *Wahlkampfillustrierte*).

d) Redakteur

279 Vgl zunächst Rn 225 ff. Chefredakteure (OLG Köln AfP 1985, 293/295), Ressortredakteure, Moderatoren (BGH NJW 1976, 1198 – *Panorama*) sind Störer, soweit sie mit dem inkriminierten Beitrag sachlich befasst sind. Nicht ist der Redakteur schon deshalb Unterlassungsschuldner, weil er als „Verantwortlicher Redakteur" im Impressum steht (*Wenzel/Burkhardt* Kap 12 Rn 66). Dies kann aber ein Indiz für seine sach-

D. Zivilrechtl. Folgen der Verletzung von Sorgfaltspflichten der Presse § 6 LPG

liche Zuständigkeit sein (BGH NJW 1977, 626/627 – *konkret;* Soehring AfP 1977, 330; *drslb* Rn 28.12). Zur Verantwortlichkeit für Kopf- und Mantelzeitungen Rn 276.

e) Informant

Vgl zunächst Rn 229. Störer ist auch der Informant, soweit es um eine unwahre **280** oder verfälschende Information geht (BGH NJW 1964, 1181 – *Weizenkeimöl;* 1967, 675 – *Spezialsalz;* 1974, 105 – *Kollo-Schlager*); grundsätzlich jedoch nicht wegen der verletzenden Form, in die seine Information durch den Redakteur erst gebracht worden ist (BGH NJW 1994, 1536/1537 – *Beipackzettel;* NJW-RR 1993, 868/869 – *Produktinformation*).

f) Technische Verbreiter

Vgl Rn 228. Auch die an der Verbreitung der Äußerung nur technisch Beteiligten **281** sind prinzipiell Störer, selbst wenn sie von dem Inhalt keine Kenntnis haben (*Damm/ Rehbock* Rn 495; *Prinz/Peters* Rn 35, 325). Sie müssen allerdings die rechtliche Möglichkeit zur Verhinderung der Störung besitzen (BGH GRUR 1991, 769/770 – *Honoraranfragen;* AfP 1994, 136/137 – *Störerhaftung*). Unterlassungsverpflichtet können daher Drucker, Grossisten, Buchhändler, Bibliothekare sein (BGH NJW 1976, 799/ 800 – *Alleinimporteur*). Kann der Verfasser oder der Verleger in Anspruch genommen werden, dürfte es aber an einem Rechtsschutzbedürfnis für ein Vorgehen auch gegen technische Verbreiter fehlen, zumal der Unterlassungstitel gegen sie nicht besonders effizient ist.

g) Anbieter von Medien- und Telediensten

§§ 8 bis 10 TMG (Rn 220a) begrenzen durch ihren „Haftungsfilter" nur die straf- **281a** rechtliche und schadensrechtliche Verantwortlichkeit des Diensteanbieters und auch insoweit nur für fremde persönlichkeitsverletzende Informationen (Rn 229a). Für die Haftung als Störer aus negatorischer Begründung sind Diensteanbieter nicht privilegiert. Soweit der Diensteanbieter nicht selbst die persönlichkeitsverletzende Handlung vorgenommen bzw sie sich zueigen gemacht hat, knüpft seine Haftung als Störer an die Verletzung zumutbarer Prüfungspflichten an (BGHZ 197, 213/221 ff. – *Autocomplete-Funktion;* BGH GRUR 2004, 860 – *Internet-Versteigerung I;* NJW 2007, 2636 – *Internet-Versteigerung II;* 2012, 2345 – *RSS-Feeds;* NJW-RR 2008, 1136 – *Internet-Versteigerung III;* 2009, 1413 – *Haftung des Domainverpächters;* MMR 2013, 185 – *Alone in the dark*). Zu den Maßstäben für die Zumutbarkeit von Prüfpflichten BGH NJW 2012, 148 – *Host-Provider;* 2012, 2345 – *RSS-Feeds;* NJW-RR 2009, 1413 – *Haftung des Domain-Verächters*). Mitstörer kann auch der Geschäftsführer einer Kapitalgesellschaft sein, die das Internetforum betreibt (BGHZ 181, 328/332 f. – *www. spickmich.de*).

10. Gerichtliche Durchsetzung des Unterlassungsanspruchs

Vgl die Hinweise für die Praxis bei *Damm/Rehbock* Rn 819 ff.). Der Unterlassungs- **282** anspruch ist grundsätzlich im Zivilrechtsweg zu verfolgen, auch wo er sich gegen eine öffentlich-rechtliche Rundfunk- oder Fernsehanstalt richtet (BGHZ 66, 182/ 186 – *Panorama;* BGH NJW 1978, 1860 – *Umgehungsgründung;* BVerwG JZ 1995, 401; OLG Düsseldorf AfP 1980, 46/47). Der Verwaltungsrechtsweg ist dagegen gegeben für Ansprüche gegen Erklärungen von Behörden oder für Presseerklärungen der Staatsanwaltschaft (BVerwG NJW 1989, 412); der Arbeitsgerichtsweg (§ 21 Nr 3 ArbGG) bei Presseerklärungen von Arbeitgebern oder Arbeitnehmern, die das Beschäftigungsverhältnis betreffen.

Soweit sich der Unterlassungsanspruch gegen Eingriffe in das allgemeine Persönlichkeitsrecht richtet, ist der Anspruch grundsätzlich nicht vermögensrechtlich (BGH NJW 1974, 1470 – *Brüning II* mwN; 1986, 2503 – *Landesverrat;* 1986, 3142; BGH GRUR 1981, 297 – *Anne Frank;* AfP 1986, 223; 1991, 410); auch dann, wenn die

Berufsehre betroffen ist (BGH AfP 1990, 209). Ausnahmsweise ist der Unterlassungsanspruch auch in diesen Fällen vermögensrechtlich, wenn er in wesentlicher Weise der Verfolgung vermögensrechtlicher Interessen dient. Diese besonderen vermögensrechtlichen Interessen muss der Kläger substantiiert dartun; maßgebend ist aber nur das Begehren, nicht ob es auch begründet ist (BGH NJW 1974, 1470 – *Deutschlandstiftung;* 1983, 2572 – *Mun-Sekte;* 1985, 978/979 – *Vergewaltigungsopfer;* 1986, 2503/2504 – *Landesverrat*). Nach der Novellierung des GVG ist die vermögensrechtliche Natur für die sachliche Zuständigkeit des Gerichts nicht mehr entscheidend, sondern die erstinstanzliche Zuständigkeit von Amts- oder Landgericht bestimmt sich nach der Wertgrenze von derzeit 5000 € (§ 23 Nr 1 GVG). Ein Berufungsurteil ist grundsätzlich nur bei Revisionszulassung durch das Berufungsgericht oder – auf Nichtzulassungsbeschwerde – durch das Revisionsgericht revisibel (§ 543 ZPO).

Der Streitwert für Unterlassungs- und Widerrufsklagen ist prinzipiell gleich (OLG Hamburg AfP 1987, 353). Für mehrere Äußerungen, die denselben Gegenstand betreffen, ist der Streitwert einheitlich zu bemessen (*Wenzel/Burkhardt* Kap 12 Rn 126).

Der Unterlassungsanspruch kann im Wege der einstweiligen Verfügung gemäß § 935 ZPO gerichtlich durchgesetzt werden; dies ist in der Praxis der Regelfall. Im Verfahren der einstweiligen Verfügung hat der Betroffene die Beweislast für alle Voraussetzungen des Unterlassungsanspruchs ebenso wie für den Verfügungsgrund (§ 920 Abs 2 ZPO); die „normalen" Beweislastregeln sollten allerdings bei Entscheidungen auf Grund mündlicher Verhandlung gelten (OLG Brandenburg NJW-RR 2002, 1127/1128; 2002, 1269; OLG Karlsruhe WRP 1983, 170; OLG Frankfurt NJW-RR 1991, 175; OLG München OLGR 2003, 263; OLG Stuttgart WRP 1991, 269; *Wenzel/Burkhardt* Kap 12 Rn 145). Es genügt Glaubhaftmachung mit präsenten Beweismitteln einschließlich der eidesstattlichen Versicherung (§ 294 ZPO). Der Antragsgegner kann den Betroffenen gemäß § 926 ZPO zur Erhebung der Unterlassungsklage innerhalb einer vom Gericht festzusetzenden Frist zwingen; für das Hauptsacheverfahren gelten die allgemeinen Beweislastregeln. Dazu vgl Rn 273.

Mit Rücksicht auf die gelegentlich besonderen Schwierigkeiten kann der Richter gemäß § 139 ZPO bei der Formulierung eines zweckentsprechenden Klageantrags mitwirken (BGHZ 31, 308/319 – *Alte Herren;* BGH GRUR 1968, 552/558 – *Mephisto*).

Die Vollstreckung des Unterlassungsverbots erfolgt nach § 890 ZPO.

III. Widerrufsanspruch

1. Ziel: Beseitigung der Quelle künftiger Störungen

283 Auch der von der Rechtsprechung entwickelte (Rn 233) negatorische Widerrufsanspruch ist ebenso wie der negatorische Unterlassungsanspruch auf die zukünftige Freistellung von einer Störung der Schutzsphäre gerichtet. Dadurch unterscheidet er sich von dem Schadensersatzanspruch, mit dem der Zustand hergestellt werden soll, der ohne das schädigende Ereignis bestehen würde. Anders als der Unterlassungsanspruch zielt der Widerrufsanspruch jedoch nicht nur auf vorbeugende Abwehr, sondern auf Beseitigung der Störquelle, die das Schutzgut oder Interesse gegenwärtig belastet und aus der die Störungen für die Zukunft befürchtet werden. Er soll eine geschaffene Störquelle für die Zukunft zuschütten. Dies soll durch eine Erklärung des Störers gegenüber dem Adressaten der störenden Äußerung erreicht werden. Das ist gegenüber dem Unterlassen durch Schweigen nicht nur ein „Mehr", sondern von anderer Qualität, ein „aliud" (BGH NJW-RR 1994, 1404 = AfP 1994, 309).

In seinem Ziel auf Beseitigung der Störung nähert sich der negatorische Widerrufsanspruch dem Schadensersatzanspruch an, der allerdings nicht nur den künftigen Störzustand, sondern den geschehenen Einbruch bekämpft. Wenn die zusätzlichen Voraussetzungen, insbes ein Verschulden, gegeben sind, kann Widerruf auch mit dem

D. Zivilrechtl. Folgen der Verletzung von Sorgfaltspflichten der Presse § 6 LPG

Schadensersatzanspruch verlangt werden (BGHZ 31, 308/318 – *Alte Herren;* 66, 182/193 – *Panorama;* 128, 1/20 – *Caroline v Monaco I;* BGH NJW 1998, 1223 – *Versicherungsrundschreiben*).

Weil er den Störer vor der Öffentlichkeit zu dem Eingeständnis zwingt, etwas Unwahres gesagt zu haben, ist der Widerruf von den prozessualen Möglichkeiten gegenüber Eingriffen durch die Presse der für den Betroffenen stärkste, aber auch riskanteste Rechtsbehelf. Denn gerade weil der Widerruf den Beklagten persönlich besonders belastet, sind die rechtlichen Hürden für den Widerrufskläger hoch.

Für das Urheberpersönlichkeitsrecht gewährt § 97 Abs 1 UrhG einen Anspruch auf Beseitigung. Für das Recht am eigenen Bild gibt § 37 KUG einen Anspruch auf Vernichtung rechtswidrig verbreiteter oder vorgeführter Bildnisse sowie der dazu ausschließlich bestimmten Vorrichtungen.

2. Voraussetzungen

a) Unwahre Tatsachenaussage

aa) Kein Widerruf von Meinungen

Widerruf kann nur verlangt werden von Tatsachenaussagen, nicht von subjektiven Meinungen, Schlussfolgerungen (BGH AfP 1987, 502), Werturteilen, echten Fragen (BGH NJW 2004, 1034 – *Udo Jürgens*). Niemand kann gezwungen werden, seiner subjektiven Meinung öffentlich abzuschwören (BGHZ 37, 187 – *Eheversprechen;* BGH NJW 1974, 1371 – *Fiete Schulze;* 1977, 1681 – *Wohnstättengemeinschaft;* 1982, 2246 – *Klinikdirektoren;* 1989, 2941/2942 – *Attest;* OLG München NJW 1997, 62 – *Abkassierer;* OLG Karlsruhe NJW-RR 2001, 766 – *Fremdfirmenbeschäftigte*). Gegen sie gibt es nur Unterlassung, (materiellen) Schadensersatz oder eine Geldentschädigung für die immateriellen Belastungen; aber auch dann nur, wenn das tragende Anliegen die Schmähung des Betroffenen gewesen ist. Zur Abgrenzung der Tatsachenaussage von der Meinungsäußerung und dem Werturteil vgl Rn 80, 84 ff., 157. **284**

bb) Feststehende Unwahrheit

Widerruf setzt den Nachweis des Betroffenen voraus, dass die Aussage, deren Widerruf verlangt wird, unwahr ist (BGHZ 10, 104; 37, 187 – *Eheversprechen;* 66, 192 – *Panorama*). Gegen wahre Behauptungen gibt es keinen Widerruf, auch wenn sie für den Betroffenen schädlich sind (BGH GRUR 1959, 1413/1414 – *Blindenseife;* 1966, 272/274 – *Arztschreiber;* 1970, 254/256 – *Remington;* 1992, 527 – *Plagiatsvorwurf*). Niemand soll zum Widerruf einer Behauptung verpflichtet sein, die sich im Nachhinein als wahr herausstellen kann. Diese Beweislast hat der Betroffene deshalb auch für einen schadensrechtlich begründeten Widerruf ungeachtet der anderen Regel des § 186 StGB (BVerfG NJW 1998, 1381/1383 – *Gegendarstellung auf Titelseite;* BGHZ 69, 181/183 – *Heimstätten;* 176, 175/184 – *BKA;* kritisch dazu MüKo/Rixecker § 12 Anh Rn 230). Auch eine mehrdeutige Aussage ist dem Widerruf dann nicht zugänglich, wenn eine Deutung nicht ausgeräumt werden kann, die wahr ist oder wahr sein könnte (BVerfGE 114, 339/356 – *Stolpe;* OLG Dresden AfP 1993, 496; näher dazu Rn 91). Ausnahmsweise lässt die Rechtsprechung einen Widerruf in der abgeschwächten Form, dass die Behauptung nicht aufrechterhalten werden kann, dann zu, wenn die Unwahrheit zwar noch nicht erwiesen ist, aber bei objektiver Beurteilung nicht einmal ernstliche Anhaltspunkte für ihre Wahrheit festgestellt werden können (BGH NJW 1970, 1077 – *Nachtigall;* vgl auch BGH NJW 1974, 1710/1711 – *Arbeitsrealitäten;* 1984, 1103 – *Wahlkampfrede;* GRUR 1975, 89 – *Brüning I;* 1981, 297 – *Anne Frank*). Aber dass der Widerruf wenigstens auf diesen schwachen Füßen steht, muss feststehen. Prozessual kann dem Kläger helfen, wenn der Beklagte durch Angabe von Details und Zahlen erhöhte Glaubwürdigkeit in Anspruch genommen und damit konkludent vorgegeben hat, über Insiderwissen zu verfügen. Ihn trifft dann im Prozess eine erweiterte Substantiierungspflicht gegenüber einem detaillierten Vortrag des Klägers. Kommt er dieser Pflicht nicht nach, dann hat der Richter **285** in Anlehnung an § 138 Abs 3 ZPO von der Unwahrheit der Behauptung auszugehen (BGH AfP 1987, 502 – *Insiderwissen*). Grundsätzlich muss die Behauptung in ihrem Kern unwahr sein. Unwahrheit in einem nebensächlichen Teil genügt regelmäßig nicht; sie eröffnet allenfalls einen Anspruch auf Richtigstellung, sofern dafür ein Rechtsschutzbedürfnis besteht (dazu Rn 289 f.).

cc) Behaupten. Verbreiten

286 Auch wer die Tatsachenaussage nicht selbst aufgestellt, sondern nur verbreitet hat, kann dem Widerrufsanspruch ausgesetzt sein. Jedoch ist der Verbreiter, der sich die Aussage nicht zu eigen gemacht hat, nur zu der Erklärung verpflichtet, er distanziere sich von ihr; er rücke von ihr ab (vgl Rn 292). Gleichgültig ist, ob die Behauptung vor breiter Öffentlichkeit oder nur in kleinem Kreis aufgestellt worden ist. Im letzteren Fall ist der Widerruf natürlich nur gegenüber den wenigen Adressaten der Behauptung zu erklären (BGHZ 89, 198 – *Kleiner Kreis*).

b) Rechtswidrigkeit der Störung

287 Der durch den Widerruf geschützte Bereich deckt sich mit demjenigen, für den der negatorische Unterlassungsanspruch entwickelt worden ist; dazu Rn 261. Widerruf setzt voraus, dass eine rechtswidrige Störung dieser Schutzsphäre eingetreten ist und noch andauert. Er verlangt nicht, dass der Störer, als er die Aussage gemacht hat, rechtswidrig gehandelt hat. Genügend und erforderlich ist, dass der von ihm geschaffene Störzustand als rechtswidrig fortdauert. Das ist zB auch der Fall, wenn der Störer die Behauptung, weil er auf Grund sorgfältiger Recherchen zunächst von ihrer Richtigkeit ausgegangen ist, in Wahrnehmung berechtigter Interessen (§ 193 StGB) aufgestellt hat und sie sich später als unwahr erweist. Dann kann auch der Störer nicht länger ein berechtigtes Interesse dran haben, diese von nun an rechtswidrige Störung in der Welt zu lassen (*Wenzel/Gamer* Kap 13 Rn 24; kritisch *Seyfarth* NJW 1997, 1287/1293; *Soehring* § 31 Rn 4a). Sofern die Beeinträchtigung des Betroffenen aus der Behauptung gleichwohl noch fortwirkt, ist der Störer zwar nicht zum uneingeschränkten Widerruf (BVerfG NJW 2003, 1855 – *Asylbewerberheim*), aber zu der Richtigstellung verpflichtet, dass er die Behauptung nach Klärung des Sachverhalts nicht mehr aufrechterhalte (BVerfGE 99, 185/188 ff. – *Sektenmitgliedschaft;* BVerfG NJW 2003, 1855 – *Asylbewerberheim;* BGHZ 14, 163 – *Constanze II;* 31, 308 – *Alte Herren;* 57, 325/328 – *Freispruch;* 176, 175/180 – *BKA;* BGH NJW 1960, 672 – *La Chatte;* 1966, 647 – *Reichtagsbrand;* AfP 1986, 333/334 – *Kampfanzug unter der Robe*).

c) Fortdauer der Störung

288 Anders als für den Unterlassungsanspruch ist Wiederholungsgefahr nicht vorausgesetzt, da der Widerruf keiner zukünftigen Störung vorbeugen, sondern eine geschaffene Störquelle für die Zukunft ausräumen will. Erforderlich ist aber, dass die Beeinträchtigung des Betroffenen durch die unwahre Behauptung fortdauert; anderenfalls kann nur ein Unterlassungsanspruch in Betracht kommen. Denn der Widerruf solle eine wirkliche Störung bekämpfen. Insbesondere darf er nicht zur Demütigung eingesetzt werden (BGHZ 10, 104/105; 31, 308/320 – *Alte Herren;* 68, 331/337 – *Abgeordnetenbestechung;* 89, 198/202 – *Kleiner Kreis;* BGH NJW 1965, 35 – *Lüftungsanlage;* 1977, 1681/1863 – *Heimstättengemeinschaft*) noch dazu, den Andersgesinnten oder den Konkurrenten (BGH NJW 1968, 644/646 – *Fälschung*) zu treffen. Deshalb auch wird nicht verlangt, dass der Störer zum Ausdruck bringt, er sei nunmehr von der Unrichtigkeit überzeugt (BVerfGE 28, 7/9 – *Korruptionsvorwurf;* BGHZ 68, 331/338 – *Abgeordnetenbestechung;* 1969, 181/184 – *Heimstättengemeinschaft*); oder gebe eine Ehrenerklärung ab (BGHZ 89, 198 = NJW 1984, 1104/1005 – *Kleiner Kreis*). Zum Erfordernis der Verhältnismäßigkeit des Widerrufs, wenn die Störung im Wesentlichen auf anderem Weg behoben worden ist oder werden kann vgl Rn 290.

D. Zivilrechtl. Folgen der Verletzung von Sorgfaltspflichten der Presse § 6 LPG

d) Erforderlichkeit des Widerrufs

Der Widerruf belastet den Verpflichteten stark. Deshalb verlangt er eine Verhältnismäßigkeitsprüfung. Er muss nicht nur zur Beseitigung der Störung geeignet sein (BGHZ 89, 198 = NJW 1984, 1104 – *Kleiner Kreis*), sondern das gestörte Recht muss auf Grund der konkreten Umstände im Blick auf die Schwere des Vorwurfs auch unter voller Berücksichtigung des Persönlichkeitsrechts des Widerrufenden den Widerruf erfordern (BGHZ 10, 104; 31, 308/320 – *Alte Herren;* 34, 99/106; BGH NJW 1965, 35/36 – *Lüftungsfirma;* 1968, 644 – *Fälschung;* 1970, 557 – *Remington;* 1977, 1681 – *Wohnstättengemeinschaft;* 1982, 1805 – *Schwarzer Filz;* 1995, 861/863 – *Caroline v Monaco I*). Auch juristische Personen des öffentlichen Rechts können Widerruf oder Richtigstellung jedenfalls dann verlangen, wenn die Äußerung geeignet ist, sie schwerwiegend in ihrer Funktion zu beeinträchtigen (BGHZ 176, 175/187 – *BKA*). Die Widerrufswürdigkeit einer ehrverletzenden Aussage kann durch Zeitablauf entfallen; indes sind an solche Fallgestaltungen strenge Anforderungen zu stellen (BGH NJW 2004, 1034/1035 – *Udo Jürgens;* OLG Karlsruhe OLGR 2004, 66 mwN). Das Rechtsschutzbedürfnis kann auch bei einer vorausgegangenen Provokation des Betroffenen zu verneinen sein (BGH GRUR 1962, 315/319 – *Deutsche Miederwoche;* 1992, 527 – *Plagiatsvorwurf II*). Von mehreren Möglichkeiten ist nur die sachrichtigere geschuldet und auch nur die schonendste (BGHZ 31, 308/320 – *Alte Herren;* 57, 325/332 – *Freispruch*). Bei schweren rufschädigenden Vorwürfen oder in Fällen der Breitenwirkung des Vorwurfs ist die Erforderlichkeit des Widerrufs aber nicht infrage zu stellen (*Teplitzky,* Kap 26 Rn 11).

Widerruf kann nicht verlangt werden, wenn die Störung inzwischen auf andere Weise so weit behoben wurde, dass ein Widerruf außer Verhältnis zur Reststörung stehen würde; insbes wenn der Störer bereits richtig gestellt hat, sofern die Richtigstellung hinreichend klar und in entsprechender Aufmachung wie die richtig zu stellende Mitteilung erfolgt ist, zB im Anschluss an eine Gegendarstellung (OLG Hamburg AfP 1970, 968/969; OLG Karlsruhe AfP 1989, 542; OLG Köln AfP 1991, 427). Der Abdruck einer Gegendarstellung allein genügt nicht (BVerfG NJW 1998, 1381/1382 f.). Die Veröffentlichung des Berichts über ein vom Betroffenen erwirktes Unterlassungsurteil kann den Widerruf ausschließen (BGH GRUR 1992, 527/528 – *Plagiatsvorwurf II*). Zur Möglichkeit, einen Unterlassungstitel veröffentlichen zu lassen vgl BGH GRUR 1954, 337/342 – *Radschutz;* 1962, 315/318 – *Deutsche Miederwoche;* 1966, 272/274 – *Arztschreiber*). Grundsätzlich kann der Widerrufsanspruch auch entfallen, wenn die Mitteilung durch die spätere Berichterstattung so überholt wird, dass sie ohne jedes Interesse ist; oder durch sie so entzerrt und ergänzt werden würde, dass von einer Richtigstellung nicht gesprochen werden kann. Allerdings reicht der Rechtsprechung der Umstand, dass eine Nachricht in den Medien für den Leser oder Hörer sehr schnell an Aktualität verliert, allein noch nicht aus, um die Fortdauer der Störung zu verneinen (BGH NJW 1968, 644/645 – *Fälschungen;* GRUR 1966, 272/274 – *Arztschreiber*). Ebenso wenig kann sich der Störer darauf berufen, dass die Störquelle durch seinen Widerruf deshalb nicht völlig beseitigt werden kann, weil dieselbe Behauptung auch von anderen Medien aufgestellt worden ist (*Wenzel/Gamer* Kap 13 Rn 27).

Kein Widerruf kann verlangt werden, wenn es um bloße Übertreibungen und Nebensächlichkeiten geht (vgl BGH GRUR 1962, 315/318 – Deutsche *Miederwoche;* 1992, 527 – *Plagiatsvorwurf II*). Widerruf ist ausgeschlossen, wenn die Behauptung in einem Vier-Augen-Gespräch mit dem Betroffenen aufgestellt worden ist, weil er hier allein der Genugtuung dienen würde (BGHZ 10, 104/106; 89, 198/202 = NJW 1984, 1104/1105 – *Kleiner Kreis*).

3. Inhalt und Umfang des Widerrufs

Der Inhalt des Widerrufsanspruchs richtet sich nach Umfang und Inhalt der Störung und Art und Grad der Beteiligung des zum Widerruf Verpflichteten an ihr.

Der uneingeschränkte Widerruf geht auf die Erklärung, dass die inkriminierte Behauptung „widerrufen" oder „zurückgenommen" wird oder „nicht den Tatsachen entspricht" oder „unwahr ist". Lässt diese einfache Form Zweifel hinsichtlich des Sachverhalts offen, kann ein klarstellender Zusatz verlangt werden. Hinzufügen darf der Verpflichtete, dass er den Widerruf in Erfüllung eines rechtskräftigen Urteils abgebe (BVerfGE 28, 1/9 – *Korruptionsvorwurf*). Natürlich darf der Widerruf nie zur Entstellung des Sachverhalts führen. Ein Anspruch auf Widerruf von einzelnen Textstellen setzt voraus, daß diese einen eigenständigen Verletzungsgehalt haben, also auch im Kontext unzulässig sind, und aus dem Kontext so herausgelöst werden können, daß dies den Sinn des aufrechterhaltenen Teils nicht entstellt oder sein Inhalt irreführt (BGH AfP 1984, 28 – *Wahlkampfrede;* OLG Saarbrücken ZUM-RD 2012, 265) Wo sich Wahres mit Unwahrem vermischt, muss das Unwahre für den Widerruf herausgeschält werden (BGH AfP 1984, 28 – *Wahlkampfrede*). Teil-Unwahrheiten rechtfertigen keinen uneingeschränkten Widerruf. Vielmehr kann ihnen gegenüber nur verlangt werden, die Behauptung „richtig zu stellen" (BGHZ 31, 308/318 – *Alte Herren;* 68, 182/189 – *Panorama;* BGH NJW 1971, 1913; 1982, 2246 – *Klinikdirektoren;* 1984, 1102/1103 – *Wahlkampfrede*) oder sie zu ergänzen. Gegenüber einer „verdeckten" Behauptung zwischen den Zeilen kommt nur die „Klarstellung" in Betracht, dass die Zeilen nicht in dem (falschen) Sinn verstanden werden dürfen (BGH NJW 1980, 2801/2803 – *Medizin-Syndikat III*).

292 Wer die Behauptung nicht aufgestellt, sondern nur verbreitet hat, ohne sie sich zueigen zu machen, ist nur zu der Erklärung verpflichtet, er „rücke von der Äußerung ab" oder er „distanziere sich von ihr" (BGHZ 66, 182/189 – *Panorama*).

293 Hat der Widerrufsverpflichtete in Wahrnehmung berechtigter Interessen gehandelt und ist die Unwahrheit der Behauptung trotz ausreichender Recherchen erst nachträglich zutage getreten, dann hat er, soweit Beeinträchtigungen für den Betroffenen von der unwahren Behauptung noch fortbestehen, nur richtig stellend zu erklären, dass er die Behauptung „nicht aufrechterhalten könne" (BGHZ 37, 187 – *Eheversprechen;* BGH NJW 1960, 672 – *La Chatte;* 1966, 647 – *Reichstagsbrand;* 1974, 1371 – *Fiete Schulze;* vgl auch BVerfGE 99, 185/188 ff. – *Sektenmitgliedschaft;* BVerfG NJW 2003, 1855 – *Asylbewerberheim*).

294 Einen spezifischen Anspruch auf Ergänzung der Pressemitteilung hat der BGH unter Billigung des BVerfG aus dem negatorischen Widerrufsanspruch für die Fälle entwickelt, in denen in einem periodisch erscheinenden Presseorgan seinerzeit zu Recht über eine strafrechtliche Verurteilung berichtet wurde, noch bevor diese rechtskräftig geworden ist. Kommt es später zur Aufhebung des Urteils und zum Freispruch, dann kann der Betroffene verlangen, dass in dem Presseorgan eine Mitteilung über den Freispruch veröffentlicht wird (BVerfG NJW 1997, 2589 – *Stern;* OLG Düsseldorf NJW 2011, 788; OLG Saarbrücken ZUM-RD 2012, 265). Indes wird dieser Anspruch auf die Veröffentlichung einer von dem Betroffenen verfassten Erklärung beschränkt, freilich auf Kosten des Verpflichteten. Damit soll dem Grundsatz des schonendsten Mittels und dem Umstand Rechnung getragen werden, dass die Berichterstattung über die Verurteilung zunächst in Wahrnehmung berechtigter Interessen erfolgt ist (BGHZ 57, 325/327 ff., 333 f. – *Freispruch;* OLG München NJW-RR 1996, 1487 ff.; kritisch *Wenzel/Gamer* Kap 13 Rn 76). Diese Einschränkung gilt jedoch dann nicht, wenn die Berichterstattung über die Verurteilung von Anfang an unwahr oder verfälschend gewesen ist.

Grundsätzlich hat der Widerruf im selben Presseorgan, im gleichen Teil, an der gleichen Stelle zu erfolgen (BGH GRUR 1968, 262 – *Fälschung;* kritisch *Damm/ Rehbock* Rn 678); uU auf der Titelseite unter derselben Schlagzeile (BVerfG NJW 1998, 1368; BGHZ NJW 1995, 861 – *Caroline v Monaco I;* BGH GRUR 1968, 262/263 – *Fälschung;* OLG Hamburg AfP 1970, 968, *Damm/Rehbock* Rn 917). Gegendarstellung auf der Titelseite lässt nicht schon das Rechtsschutzbedürfnis für einen Widerruf auf der Titelseite entfallen (aaO OLG Hamburg AfP 1995, 515). Insbesondere wenn für den Widerruf die Titelseite einer Illustrierten in Anspruch genommen

D. Zivilrechtl. Folgen der Verletzung von Sorgfaltspflichten der Presse § 6 LPG

wird, ist auf Grund einer Interessen- und Güterabwägung eine Größe und Aufmachung zu wählen, die gewährleistet, dass der Widerruf eine möglichst große Zahl der Leser der Erstmitteilung erreicht, aber dem Verlag genügend Raum für die Gestaltung der Titelseite übrig lässt (BGHZ 128, 1; vgl auch BVerfG AfP 1993, 793/794; zum Anspruch auf Veröffentlichung einer Gegendarstellung auf der Titelseite OLG Hamburg 1975, 861/862; OLG Karlsruhe NJW 1993, 1476). So verlangt das Prinzip der Waffengleichheit nicht, den Widerruf direkt unter die Titelmarke zu setzen; zulässig kann auch die Wahl einer deutlich kleineren Schrift sein (BGH NJW 1995, 861/862 – *Caroline v Monaco I;* OLG Hamburg NJW-RR 1999, 1701). Ist derselbe Empfängerkreis so nicht mehr zu erreichen, dann kann eine Veröffentlichung genügen, die wenigstens einen großen Teil der Empfänger voraussichtlich erreicht (BGHZ 31, 308/319 – *Alte Herren;* BGH NJW 1961, 1913; 1984, 1102/1103 – *Wahlkampfrede*).

Der durch eine Rundfunksendung ausgelöste Widerruf ist möglichst im gleichen Teil des gleichen Programms zur gleichen Zeit zu senden. Auch hier kann der Verhältnismäßigkeitsgrundsatz Modifizierungen legitimieren, etwa eine komprimierende Fassung der Richtigstellung (*MüKo/Rixecker* § 12 Anh Rn 191).

4. Kein Widerruf gegen Äußerungen in einem förmlichen Verfahren

Ebenso wenig wie Unterlassung kann Widerruf beansprucht werden für Äußerungen, die in Ausführung oder zur Verteidigung von Rechten oder im Rahmen von Anzeigen und Eingaben bei öffentlichen Stellen gemacht werden, die zur Entgegennahme und Überprüfung solcher Eingaben zuständig sind. Näheres dazu vgl Rn 272a.   295

5. Beweislasten

Der Verletzte hat sämtliche anspruchsbegründende Voraussetzungen zu beweisen, insbes die Unwahrheit der Tatsachenaussage (BGHZ 176, 175/183 – *BKA;* BGH NJW 1962, 1438/1439; AfP 1976, 75/78 – *Panorama*). Das gilt auch für Widerrufsansprüche gegenüber Äußerungen zum Zweck des Wettbewerbs (BGH GRUR 1957, 93 – *Jugendfilmverleih*). Allerdings kann den Beklagten eine erweiterte (sekundäre) Darlegungslast treffen, die ihn anhält, Belegtatsachen für seine Behauptung anzugeben (BGHZ 176, 175/184 – *BKA*). Als Nachweis der Unwahrheit kann es ausreichen, dass der Inanspruchgenommene für die Richtigkeit der Behauptung jede Substantiierung verweigert, obwohl sie ohne weiteres möglich wäre (BGHZ 176, 175/184 – *BKA;* BGH NJW 1959, 2011/2012; 1974, 1710/1711 – *Arbeitsrealitäten;* 1984, 1102/1003 – *Wahlkampfrede;* GRUR 1975, 89 – *Brüning I;* 1987, 39 – *Insiderwissen;* vgl auch Rn 285).   296

6. Verjährung

Der Widerrufsanspruch verjährt nach denselben Grundsätzen wie der Unterlassungsanspruch nach §§ 195, 199 BGB und/oder nach § 11 UWG. Näheres vgl Rn 274. Soweit wegen derselben Störung sowohl Unterlassung als auch Widerruf verlangt werden kann, laufen für beide Ansprüche eigene Verjährungsfristen. Ebenso lässt die Unterbrechung des Unterlassungsanspruchs durch Anerkenntnis den Lauf der Verjährungsfrist für den Widerrufsanspruch unberührt (BGH GRUR 1974, 99 ff. – *Brünova;* 1984, 820/822 – *Intermarkt II*).   297

7. Anspruchsberechtigte

Anspruchsberechtigt ist der unmittelbar Betroffene; bei Verstorbenen sind es die nächsten Angehörigen. Näher dazu Rn 100, 101.   298

8. Anspruchsverpflichtete

a) Störereigenschaft

299 Verpflichtet zum negatorischen Widerruf ist, wie für den Unterlassungsanspruch, der Störer ohne Rücksicht auf eine Passivlegitimation für eine Schadensersatzforderung (BGH NJW 1976, 799 – *Alleinimporteur*); dazu Rn 220, 220a, 229. Im Unterschied zum Unterlassungsanspruch ist zum Widerruf uneingeschränkt nur verpflichtet, wer die zu widerrufende Behauptung aufgestellt bzw an ihr mitgewirkt hat, sowie der Verbreiter, wenn er sich für das Verständnis des Durchschnittslesers oder -hörers die fremde Behauptung „zu eigen gemacht" hat. Bei Wiedergabe der Äußerung eines Dritten ohne ein „Sich-Zueigen-Machen" kann der Verbreiter zwar nicht zu einem uneingeschränkten Widerruf, aber zu einer Richtigstellung durch ein „Abrücken" oder eine andere Form der Distanzierung verpflichtet sein (BGHZ 66, 182/189 – *Panorama;* 132, 13/18 f. – *Der Lohnkiller;* näher dazu Rn 301). Auf dieser Grundlage sind insbes passivlegitimiert der Zeitungsverleger, der mit der Sache befasste Redakteur, der Autor.

Zur eingeschränkten Verantwortlichkeit der Anbieter von Medien- und Telediensten näher Rn 220a, 229a.

b) Sich-Zueigen-Machen von Aussagen Dritter

300 Das Sich-Zueigen-Machen von Äußerungen Dritter kann sich daraus ergeben, dass die Erklärung des Dritten in den Mittelpunkt des Berichts gestellt oder ohne identifizierbaren Absender wiedergegeben wird, etwa mit dem Zusatz: „wie man hört" oder „wie aus gut unterrichteten Kreisen verlautet" oder wenn auf andere Weise eine positive Heraushebung der Drittbehauptung bekundet wird.

Auch versteckte Behauptungen reichen aus; das Formulieren als Frage oder das Aussprechen eines Verdachts, eines Gerüchts; der Hinweis auf Wahrscheinliches und Mögliches. Sogar der Vorbehalt: „Wir selbst können dazu nicht Stellung nahmen" vermag den Eindruck des Sich-Zueigen-Machens nicht aufzuheben, wenn die Behauptung so zitiert wird, dass sie sich in den Rahmen der Darstellung nahtlos einfügt.

Veröffentlicht eine Zeitung einen Beitrag, ohne sich ausdrücklich von seinem Inhalt zu distanzieren, ist regelmäßig davon auszugehen, dass sie sich den Inhalt zueigen macht (BGH NJW 1974, 1371 – *Fiete Schulze;* GRUR 1969, 147/151 – *Korruptionsvorwurf*).

Zum Sich-Zueigen-Machen des Linksetzers Rn 220a, 281a.

c) Abrücken von Aussagen Dritter

301 Von dem Verbreiter, der sich die Behauptung nicht zueigen gemacht hat, sich von ihr aber auch nicht ausreichend distanziert hat (BGHZ 132, 13/18 – *Der Lohnkiller;* BGH NJW 1997, 1148/1149 – *Kritik an Chefarzt;* OLG Köln AfP 1976, 185), kann das „Abrücken" von der Äußerung verlangt werden; auch das aber nur dort, wo das Interesse des Betroffenen eine derartige ausdrückliche Distanzierung erfordert. Das kann zweifelhaft sein, wo die Zeitung sich auch für das Verständnis des Durchschnittslesers eindeutig als bloßer Bote versteht; etwa beim Abdruck der Abhandlung eines Wissenschaftlers, den auch der Durchschnittsleser nicht dem Mitarbeiterstab der Zeitung zuordnet; bei der Veröffentlichung eines Pressespiegels; der Dokumentation eines Meinungsstands (BGHZ 132, 13/19 – *Der Lohnkiller*); von Leserbriefen, sofern sie nicht als verbrämter redaktioneller Beitrag erscheinen; von Inseraten.

Ebenso würde ein ständiges Sich-Distanzieren der Rundfunk- oder Fernsehanstalten bei einem Interview oder einer live ausgestrahlten Diskussion der Aufgabe des Mediums widersprechen, Meinungsforum zu sein (vgl auch EGMR NJW 2006, 1645/1649 – *Pedersen u. Baadsgaard./. Dänemark*). Hier kommt grundsätzlich ein Widerrufsanspruch auch nicht in der abgeschwächten Form des „Abrückens" in Betracht. Für einen (unbeschränkten) Widerruf ist aber dann Raum, wenn sich aus der Dramaturgie ergibt, dass der Autor der Sendung sich die Äußerung des Dritten zu

D. Zivilrechtl. Folgen der Verletzung von Sorgfaltspflichten der Presse § 6 LPG

eigen macht, etwa wenn er ihm die Rolle eines „Sprechers" zuweist. Doch genügt dazu noch nicht, dass die Äußerung ganz auf der Linie des Magazins liegt, das sie verbreitet. Da von einer Nachrichtenagentur nur verlangt werden kann, den Widerruf gegenüber ihrem Empfängerkreis, zB den von ihr belieferten Tageszeitungen, abzugeben, nicht aber für die Weitergabe der Berichtigung durch die Zeitungen zu sorgen (OLG Frankfurt AfP 1972, 228), wird man zum Schutz der Betroffenen in derartigen Fällen die Presseorgane als Verbreiter für passivlegitimiert ansehen müssen für den Anspruch auf Abgabe einer distanzierenden Erklärung (aA offenbar *Damm/ Rehbock* Rn 664).

9. Gerichtliche Durchsetzung des Widerrufsanspruchs

Ebenso wie der Unterlassungsanspruch ist der Widerrufsanspruch, auch wo er sich gegen öffentlich-rechtliche Rundfunk- und Fernsehanstalten richtet, grundsätzlich im Zivilrechtsweg zu verfolgen (BGHZ 66, 182, 186 – *Panorama;* vgl Rn 281). Wie dieser ist der Widerrufsanspruch gegen Eingriffe in das allgemeine Persönlichkeitsrecht grundsätzlich nicht vermögensrechtlich, sofern nicht ausnahmsweise sein Ziel in wesentlicher Weise die Wahrung wirtschaftlicher Belange ist (BGHZ 89, 198/200 - *Kleiner Kreis;* BGH NJW 1974, 1470 – *Brüning II;* 1983, 2572 – *Mun-Sekte;* 1986, 2503 – *Landesverrat;* 1994, 2614 – *Pleite gehen;* BGH GRUR 1981, 297 – *Anne Frank).* In Wettbewerbssachen ist der Widerruf stets vermögensrechtlich. Unterlassungs- und Widerrufsklage haben verschiedene Streitgegenstände (BGH AfP 1994, 309). 302

Das Verfahren der einstweiligen Verfügung ist zur Verfolgung des Widerrufsanspruchs prinzipiell ungeeignet im Blick auf die Denaturierung eines Widerrufs unter dem Vorbehalt der Vorläufigkeit (OLG Celle BB 1964, 910; OLG Hamm AfP 1979, 355; 1979, 396; OLG Köln AfP 1980, 358; 1981, 358; *Damm/Kuner* Rn 296; *Ricker* NJW 1990, 2097/2098; aA OLG Stuttgart MDR 1961, 1024; *Helle* NJW 1963, 133; *Schneider* AfP 1984, 127). Ausnahmsweise wird bei einem unabweisbaren Bedürfnis eine Leistungsverfügung für zulässig gehalten, wenn sowohl die Unwahrheit der Behauptung als auch ihre nachteiligen Auswirkungen für den Betroffenen offenkundig sind (vgl OLG Hamburg AfP 1971, 35; OLG Köln AfP 1972, 331; 1981, 358; *Soehring* § 31, Rn 20; *Wenzel/Gamer* Kap 13 Rn 102).

Die Vollstreckung eines Widerrufstitels richtet sich nach § 888 ZPO, nicht nach § 894 ZPO (BVerfGE 28, 1/9; BGHZ 37, 187/189 – *Eheversprechen;* 68, 331/336 – *Abgeordnetenbestechung;* aA – nach § 894 ZPO – OLG Frankfurt NJW 1982, 113). Auch sie ist grundsätzlich erst nach Rechtskraft des Titels zulässig (OLG Frankfurt NJW 1982, 113; *Damm/Rehbock/Smid* Rn 906; *Soehring* § 31 Rn 18; aA *Wenzel/ Gamer* Kap 13 Rn 105). Zur Art und Weise der Veröffentlichung des Widerrufs vgl Rn 94.

Die Möglichkeit, statt auf Widerruf auf Feststellung zu klagen, „dass die Äußerung unwahr ist" oder „dass die Äußerung das Persönlichkeitsrecht des Klägers verletzt", ist prozessual nicht eröffnet (BGHZ 68, 331/334 – *Abgeordnetenbestechung).*

IV. Materieller Schadensersatz

1. Ziel: Ausgleich von Vermögensnachteilen

Der Anspruch auf Ersatz des materiellen Schadens ist der einzige Rechtsbehelf gegen rechtswidrige Eingriffe durch die Medienberichterstattung, der in den §§ 823 Abs 1, 823 Abs 2, 824, 826 BGB gesetzlich geregelt ist. Der negatorische Unterlassungs- und Widerrufsanspruch sowie der Anspruch auf Geldentschädigung für immaterielle Nachteile durch solche Eingriffe beruhen auf der Fortentwicklung durch Richterrecht. Anders als der negatorische Unterlassungs- und Widerrufsanspruch ist der Schadensersatzanspruch auf Beseitigung eingetretener (Vermögens-) 303

Nachteile aus einem geschehenen Eingriff gerichtet. Die materielle Seite des rechtswidrigen Eingriffs soll ausgeglichen werden. Ein erst später rechtswidrig gewordener Störzustand aus einem rechtmäßigen Eingriff löst Unterlassungs- und Widerrufsansprüche, nicht aber den Schadensersatzanspruch aus; er ist eingriffsbezogen. Dass der Anspruch auch schon für Zukunftsschäden geltend gemacht werden kann, ändert nichts daran, dass seine Fälligkeit an den Zeitpunkt des Schadenseintritts anknüpft.

Als Rechtsbehelf ist der Schadensersatzanspruch deshalb von besonderem Gewicht, weil die finanzielle Seite von den Presseverantwortlichen schon im Vorfeld zur Kenntnis genommen wird, zumal wegen der Effizienz ihrer Berichterstattung hohe Schadensersatzforderungen auf die Presse zukommen können. Zudem deckt der Ersatzanspruch alle Eingriffe ab, sofern sie zu Vermögensnachteilen führen; nicht wie der Widerrufsanspruch nur unwahre Tatsachenaussagen, sondern beleidigende Meinungsäußerungen und Werturteile sowie sonstige Übergriffe der Presse, etwa durch die Verletzung der Intim- oder der persönlichen Eigensphäre, durch unbefugte Bildnisveröffentlichung, durch Verletzung des Rechts am gesprochenen Wort usw. Allerdings verliert der Rechtsbehelf dadurch an Wirksamkeit, dass häufig der Beweis für die Schadensursächlichkeit der unzulässigen Berichterstattung trotz Beweiserleichterungen nur schwer zu führen ist. Das gilt selbst für die Fälle des § 824 BGB mit ihrem verhältnismäßig weiten Schutz schon gegenüber Behauptungen, die nur geeignet sein müssen zu einer Gefährdung der wirtschaftlichen Position in bloßen Einzelbeziehungen (Rn 110). Denn dass die unwahre Berichterstattung zu einem konkreten Schaden geführt hat, muss der Betroffene auch hier dartun und beweisen.

Schadensersatzansprüche aus Presseveröffentlichungen können sich auch aus der Verletzung von Vertragspflichten der Presse aus einem mit dem Betroffenen geschlossenen Vertrag ergeben (vgl Rn 231). Indes betreffen in aller Regel schädigende Übergriffe hier das nicht vertraglich verbundene Nebeneinander der Beteiligten in durch die §§ 823 ff. BGB geschützten Deliktsbeziehungen. Nur auf diese Rechtsgrundlage wird hier näher eingegangen.

Zu den Besonderheiten der Entschädigung von Eingriffen in vermögenswerte Bestandteile des Persönlichkeitsrechts näher Rn 320.

2. Voraussetzungen

a) Rechtswidrige Verletzung geschützter Interessen

304 Voraussetzung für Schadensersatzansprüche im außervertraglichen Bereich ist die Erfüllung eines Tatbestands der Verletzung von Rechten und Rechtsgütern iSv § 823 Abs 1 BGB einschließlich des dazu von der Rechtsprechung entwickelten allgemeinen Persönlichkeitsrechts und des Rechts am Unternehmen, die beide für Eingriffe durch Presseveröffentlichungen ganz im Vordergrund stehen (vgl Rn 235); die Verletzung eines Schutzgesetzes iSv § 823 Abs 2 BGB, für die hier insbes der strafrechtliche Ehrenschutz aus §§ 185 ff. StGB infrage kommt (vgl Rn 237); die Gefährdung von Kredit, Erwerb oder Fortkommen durch unwahre Behauptungen iSv § 824 BGB; die vorsätzliche sittenwidrige Schadenzufügung nach § 826 BGB (Rn 239). Der Eingriff durch die Berichterstattung muss deshalb nach Maßgabe einer dieser Vorschriften rechtswidrig sein. Selbst unwahre Mitteilungen mit erheblichem Schadenspotential lösen keine Schadenseratzansprüche aus, solange sich die Presse auf die Wahrnehmung berechtigter Interessen, sei es nach Maßgabe von § 193 StGB oder von § 824 Abs 2 BGB oder auf die Gewährleistungen des Art 5 Abs 1, 3 GG unmittelbar berufen kann; also insbes für die Berichterstattung in einer die Öffentlichkeit wesentlich berührenden Frage, sofern die Presse mit ihren Mitteln sorgfältig recherchiert hat (vgl BGH NJW 1987, 2667/2668 – *Langemann;* Rn 52, 99, 175 ff.). Auch die Schadensfolgen, die aus einem solchen Eingriff entstehen, nachdem sich die Unwahrheit herausgestellt hat, sind nicht zu ersetzen (BVerfGE 99, 185/188 ff. – *Sektenmitgliedschaft;* BVerfG NJW 2003, 1855 – *Asylbewerberheim;* BGHZ 143, 199/202 ff. – *Sticheleien von Horaz);* insoweit ist der Schadensersatzanspruch stärker an den geschehenen

D. Zivilrechtl. Folgen der Verletzung von Sorgfaltspflichten der Presse § 6 LPG

Eingriff orientiert als die in die Zukunft gerichteten negatorischen Unterlassungs- und Widerrufsansprüche.

b) Verschulden

Anders als für die negatorischen und quasi-negatorischen Ansprüche auf Unterlassung und Widerruf muss für den Schadensersatzanspruch auch der subjektive Tatbestand einer dieser Vorschriften durch eine schuldhafte Verletzung der pressemäßigen Sorgfalt erfüllt sein. Wegen des objektiviert verstandenen Fahrlässigkeitsbegriff des § 276 BGB sind Verschuldenselemente wesentlich in den objektivierend-typisierten Verkehrs- und Verkehrssicherungspflichten enthalten, die die Rechtsprechung zur Inhaltsbestimmung der im Verkehr erforderlichen Sorgfalt iSv § 276 Abs 2 BGB nF (= § 276 Abs 1 S 2 BGB aF) herausgearbeitet hat. Diese haben vor allem Bedeutung für die Bestimmung der Haftungszuständigkeit im arbeitsteiligen Prozess der Berichterstattung, also zur Aus- und Abgrenzung der Haftungsverpflichteten nach Maßgabe der ihnen bei der konkreten Berichterstattung zugewiesenen oder in Anspruch genommenen Aufgabe. Im Ergebnis führt das Verschuldenskriterium heute dazu, dass die Feststellung einer rechtswidrigen Störung, die für die Verpflichtung aus negatorischem Rechtsgrund aller mit dem Bericht Befassten einschließlich der technischen Verbreiter unterschiedslos trifft, für die Verpflichtung zum Schadensersatz einer Differenzierung nach Haftungszuständigkeiten zugeführt wird. Näher dazu Rn 219f., 252ff.

305

c) Vermögensschaden

aa) Konkreter Differenzschaden

Voraussetzung ist ferner, dass durch die unzulässige Berichterstattung ein Vermögensschaden verursacht wird; dh es muss sich im Vermögen des Betroffenen niederschlagen, was Verkehrsauffassung und Markt als nachteilig verstehen. Das kann durch Minderung des Aktivvermögens, zB durch den Verdienstausfall infolge einer durch die unwahre Berichterstattung veranlassten Kündigung oder durch entgehende Erwerbsaussichten (Rn 308), oder durch Erhöhung des Passivvermögens, zB durch Aufwendungen für die Rechtsverfolgung oder durch Belastung mit Verbindlichkeiten, etwa mit einer Haftung, oder durch Aufwendungen für vermehrte Bedürfnisse zur Schadensbeseitigung oder zur Vorbeugung einer Ausdehnung des Schadens durch eine Zeitungsanzeige geschehen. Dass Aufwendungen freiwillig gemacht werden, berührt nicht ihre Einordnung als schädliche Vermögensbelastung, sondern ist allenfalls für die Frage ihrer Zuordnung von Bedeutung. Schadensbelastungen können auch darin liegen, dass der Vermögensträger gezwungen wird, sein Vermögen anders als geplant einzusetzen.

306

Auskunft darüber erteilt primär die Differenzmethode, nach der der nach dem Schadensereignis sich darstellende tatsächliche Vermögensstand mit demjenigen, der ohne das schadensstiftende Ereignis (hypothetisch) bestehen würde, zu vergleichen ist; natürlich unter Ausklammerung des Ersatzanspruchs in diesem Vergleich (BGHZ 27, 181/183; st Rspr). Dabei wird als Bilanzierungszeitpunkt grundsätzlich auf die letzte mündliche Verhandlung vor dem Tatrichter abgehoben (BGHZ 5, 138/142; 55, 329/331; st Rspr). Dieser Vergleich der infolge des schädigenden Ereignisses bestehenden Ist-Lage mit der ohne dieses Ereignis hypothetischen Soll-Lage wird am besten dem schadensrechtlichen Grundsatz gerecht, dass Schadensersatz sich möglichst am konkret eingetretenen Schaden und subjektbezogen an dem Vermögenszuschnitt und den Einsatzzielen des individuell Geschädigten orientieren soll.

bb) Normative Berichtigungen

Jedoch können normative Korrekturen an dieser Vermögensrechnung veranlasst sein, etwa wenn der Geschädigte in Anbetracht des Schadensereignisses auf Ausgaben verzichtet oder besondere Anstrengungen zur Neutralisierung des Schadens unternommen hat, die er dem Schädiger nicht schuldete und die deshalb als „überobliga-

307

tionsmäßig" dem Schädiger nicht zugute kommen sollen (vgl etwa BGHZ 61, 56/57; 76, 216); oder wenn Dritte Leistungen auf den Schaden erbringen, die den Schädiger nicht entlasten sollen. Solche Leistungen müssen deshalb beim Vermögensvergleich auf der Aktivseite ausgeklammert werden, ebenso wie „überobligationsmäßig" ersparte Ausgaben auf der Passivseite hinzugesetzt werden müssen, weil erst eine so bereinigte Differenzrechnung den Schaden ergibt, der auf den Schädiger abzuwälzen ist.

cc) Entgangener Gewinn. Chancen

308 Schadensersatz umfasst den entgangenen Gewinn, wenn dieser im regelmäßigen Verlauf ohne das schädliche Verhalten mit Wahrscheinlichkeit zu erwarten gewesen wäre (§ 252 BGB). Zu den Beweisanforderungen vgl Rn 322. Aber auch der Entgang bloßer Gewinnchancen kann als gegenwärtiger Schaden berücksichtigt werden, wenn diese nach der Verkehrsanschauung bereits einen aktuellen Vermögenswert hatten, mit dem sie dann in die Soll-Rechnung einzusetzen sind. Ebenso können Schadenserwartungen als Negativposten in der Ist-Rechnung erscheinen, wenn die Aussicht auf die negative Entwicklung vom Markt schon als gegenwärtige konkrete Vermögensbelastung bewertet wird. Auf den verlorenen Vermögenswert muss kein rechtlicher Anspruch bestehen; es genügt, dass der Wert dem Geschädigten ohne das Schadensereignis faktisch zugeflossen wäre. Auszuscheiden haben nur solche Vermögensvorteile, die nur durch Verletzung gesetzlicher Verbote hätten erzielt werden können (vgl BGHZ 67, 119/121; 75, 366/368; 79, 223/231; BGH NJW 1986, 1486/1487).

d) Haftungsausfüllende Kausalität. Zurechnungszusammenhang

aa) Totalersatz

309 Der zu ersetzende Schaden muss mit dem haftungsbegründenden Eingriff in das Schutzgut oder in das rechtlich geschützte Interesse in einem Zurechnungszusammenhang stehen. Dieser wird grundsätzlich durch die Kausalität des haftungsbegründenden Eingriffs für den Nachteil hergestellt; denn die Deliktshaftung geht vom Grundsatz des vollen Schadensersatzes aus. Der Schädiger hat ohne Rücksicht darauf, ob ihm Vorsatz oder nur leichte Fahrlässigkeit vorzuwerfen ist, alle nachteiligen Wirkungen der unerlaubten Handlung zu ersetzen. Insoweit enthält die Haftungsnorm eine Zäsur: der Verschuldensvorwurf braucht – von dem Erfordernis der vorsätzlichen Schadenszufügung in § 826 BGB abgesehen – sich nicht auch auf die Schadensfolge zu erstrecken, sondern nur die Verletzung des Schutzguts oder Interesses zu erfassen. Wer eine geschäftsschädigende unwahre Behauptung aufstellt, haftet für den gesamten darauf zurückzuführenden Unternehmensschaden einschließlich einer Insolvenz auf Grund des Hinzutretens weiterer Umstände, mit denen der Schädiger nicht zu rechnen brauchte.

bb) Adäquanz. Rechtswidrigkeitszusammenhang

310 Vgl zunächst Rn 248 f. Die Zuordnung des Schadens zu dem haftungsbegründenden Eingriff, der im Beispielsfall schon mit der Belastung des Unternehmens mit der Behauptung verwirklicht ist, wird nur begrenzt bzw strukturiert durch das weitere Erfordernis, dass den Schaden zu dem Schadensfeld gehören muss, auf das der Schädiger den Geschädigten zurechenbar geführt hat. Die Schadensfolge muss in den Bereich der Gefahren fallen, die zu verhindern oder zu entschärfen dem Schädiger aufgegeben ist (BGHZ 27, 137/140; 57, 245/256; BGH NJW 1968, 2287/2288). Zu dieser Kontrolle wird das Wertungskriterium der Adäquanz eingesetzt. Diese verlangt, dass die Schadensfolge für einen optimalen Beobachter aus der Sicht ex post nicht außer aller Wahrscheinlichkeit liegt (BGHZ 42, 118/124) bzw dass das Schadensereignis generell geeignet war, einen Erfolg dieser Art herbeizuführen (BGHZ 7, 198/204; 57, 137/141; BGH VersR 1976, 757). Ergänzt wird dieses statistisch-mathematische Korrektiv einer Schadenswahrscheinlichkeit durch die Prüfung, ob

D. Zivilrechtl. Folgen der Verletzung von Sorgfaltspflichten der Presse § 6 LPG

die Abnahme dieser Schadensfolge durch den Schädiger zum Schutzbereich der Norm gehört, die er zum Schutz des Geschädigten zu beachten hatte. Das sind grundsätzlich alle schädlichen Auswirkungen der haftungsbegründenden Verletzung, die Ausdruck einer durch den Eingriff erhöhten Schadensanfälligkeit bzw Schadenssensibilisierung sind. Nachteile, die in diesem Sinn nicht dem Schadenspotential des verletzenden Eingriffs zugeordnet werden können, sondern aus einem anderen Gefahrenkreis stammen, sind, weil sie nur „zufällig", „äußerlich" mit dem haftungsbegründenden Eingriff zusammenhängen, nicht dem Schädiger zuzuordnen.

Zum Gebot einer entsprechenden Zurechnungszäsur aus Art 5 Abs 1 S 2 GG für Schäden, die nur gelegentlich einer rechtswidrigen Presseberichterstattung entstanden sind BVerfG NJW 2001, 1639 – *Verbandsvorsteherwahl*.

cc) Mitursächlichkeit. Teilursächlichkeit

(1) Nur Folgen unzulässiger Aussagen

Andererseits muss diese Schadensfolge zumindest mit auf den haftungsbegründenden Eingriff zurückzuführen sein. Ist in einem insgesamt negativen Bericht über das Unternehmen nur ein Satz oder eine Passage als rechtswidrig zu beanstanden, dann muss der Betroffene nachweisen, dass der Konkurs ohne diesen Satz oder die Passage nicht eröffnet worden wäre; den Gesamtbericht kann er nicht dafür anschuldigen (BGH NJW 1987, 1403/1404 – *Türkol II*). Es genügt Mitursächlichkeit. Haben zB zwei Publikationsorgane dieselbe unwahre Information über das Unternehmen veröffentlicht, dann haften beide Verleger für den Konkurs des Unternehmens gesamtschuldnerisch, wenn feststeht, dass erst die so weite Verbreitung der unwahren Meldung unter den Leserschaften beider Organe den wirtschaftlichen Einbruch des Unternehmens verursacht hat. 311

(2) § 830 Abs 1 Satz 2 BGB

Lässt sich das nicht feststellen, dann kann die Beweisregel des § 830 Abs 1 Satz 2 BGB helfen. Sie setzt aber voraus, dass jede Veröffentlichung von ihrem Gefahrpotential her geeignet war, den ganzen Schaden, hier also den Konkurs, auch ohne die andere Veröffentlichung herbeizuführen. Wenn das etwa für zwei am selben Ort erscheinenden Zeitungen zu bejahen ist, kann der Betroffene sie beide auf Ersatz des gesamten Schadens gesamtschuldnerisch in Anspruch nehmen. Besonderheiten gelten insoweit für den immateriellen Schadensersatz; näher dazu Rn 345. Steht etwa bei Beteiligung einer großen Zahl von Publikationsorganen auf breiter Front oder bei zeitlichem Auseinanderfallen der Veröffentlichungen fest, dass die in Anspruch genommene Veröffentlichung nicht den ganzen Schaden verursacht haben kann, dann ist § 830 Abs 1 Satz 2 BGB nicht anwendbar. Dann kommt allenfalls eine anteilige Einstandspflicht („pro rata") infrage, sofern mit den Beweiserleichterungen, die § 287 ZPO für die Schätzung des Schadensumfangs, aber auch der Schadensanteile in solchen Fällen eröffnet (dazu näher Rn 322), im konkreten Fall eine solche Feststellung „pro rata" möglich ist. 312

(3) Zurechnung ausgelöster Veröffentlichungen Dritter

Soweit die Erstveröffentlichung die nachfolgenden Veröffentlichungen anderer Publikationsorgane veranlasst hat, haftet der erstveröffentlichende Verleger auch für den Schaden aus den nachfolgenden Veröffentlichungen mit. Dazu bedarf es nicht der Feststellung, dass er zu der Pressekampagne im strafrechtlichen Sinn angestiftet hat. Denn diese schädigenden Beiträge gehören dann zu der Kausalkette, die das haftungsbegründende Verhalten des erstveröffentlichenden Verlegers in Gang gesetzt hat und für die er nach dem Grundsatz des Totalersatzes haftungsrechtlich einstehen muss. Dass die späteren Beiträge auf die Entschließung Dritter zurückzuführen sind, ist für seine Haftung ohne Bedeutung, weil er zu dieser Entschließung im gegebenen Fall durch seine Veröffentlichung Anlass gegeben hat. Auch für diese Feststellung sind die Beweiserleichterungen des § 287 ZPO eröffnet (vgl Rn 322). 313

Steffen 481

Auch ein solcher Zweiteingriff als Schadensfolge des Ersteingriffs gehört zu der Schadensentwicklung, die dem dafür verantwortlichen Schädiger zugerechnet wird, auch wenn sein Verschulden den Zweiteingriff nicht mitumfasst.

dd) Überholende Kausalität

314 War das Schutzgut, bevor die vom Schädiger zu verantwortende Eingriffsursache wirksam geworden ist, von einem davon unabhängigen anderen Schadensverlauf soweit bedroht, dass diese Schadensanlage nach der Verkehrsanschauung dem Soll-Verlauf zuzuordnen ist, dh der Entwicklung, wie sie ohne das Schadensereignis gewesen wäre, dann kann das für den vom Schädiger zu ersetzenden Schaden mindernd zu berücksichtigen sein. War zB der Ruf des Unternehmens vor der unzulässigen Veröffentlichung bereits so beschädigt, dass sein Zusammenbruch auch ohne sie nicht mehr aufzuhalten war, dann ist der Schädiger nur haftbar, wenn und soweit durch seine Veröffentlichung der Zusammenbruch beschleunigt worden ist oder in anderer Weise zu größeren Einbußen geführt hat. Auch insoweit hat der Geschädigte die Beweislast für den auf den haftungsbegründenden Eingriff des Schädigers zurückzuführenden Vergrößerungs- oder Verfrühungsschaden.

ee) Reserveursache

315 Anderes gilt für eine Schadensentwicklung, die nicht schon im Zeitpunkt des haftungsbegründenden Eingriffs im „Soll-Verlauf" schon angelegt war, aber möglicherweise das Schutzgut betroffen hätte, wenn dem nicht schon der haftungsbegründende Eingriff zuvorgekommen wäre; zB das Geschäft wäre durch Kriegseinwirkung oder durch einen Brand zerstört worden; der Unternehmer hätte infolge einer später begangenen Straftat ohnehin seine Konzession verloren. Grundsätzlich ist eine solche „Reserveursache" nur dann beachtlich, wenn der Schädiger diese Entwicklung nachweist, wobei an den Nachweis strenge Anforderungen gestellt werden, und wenn der Geschädigte bei Verwirklichung der „Reserveursache" entschädigungslos geblieben wäre (BGHZ 8, 288/295; 29, 176/186; BGH VersR 1963, 675/676; 1967, 130; 1981, 131/132).

3. §§ 249ff. BGB: Art und Umfang der Ersatzleistung

a) Regelungssystem

316 Art und Umfang der Ersatzleistung sind in den §§ 249ff. BGB geregelt, die für die Schutzgüter Leben, Körper, Gesundheit durch die §§ 842 bis 845 BGB ergänzt werden. Vorrang bei der Schadensbeseitigung hat nach § 249 BGB die Naturalrestitution, dh die Herstellung des Zustandes, der bestehen würde, wenn der zum Ersatz verpflichtende Umstand nicht eingetreten wäre. Naturalrestitution bei Körper- und Gesundheitsverletzung oder bei Sachbeschädigung kann der Geschädigte selbst veranlassen und dazu vom Schädiger den hierfür erforderlichen Geldbetrag verlangen (§ 249 Abs 2 BGB). An die Stelle der Naturalrestitution tritt Kompensation, dh Ersatz des Geldwerts des Schadenslochs dann, wenn und soweit Herstellung unmöglich (§ 251 Abs 1 BGB) oder nur mit unverhältnismäßigen Aufwendungen möglich, also wirtschaftlich unmöglich ist (§ 251 Abs 2 BGB).

b) Naturalrestitution

aa) Grundsatz

317 Auch im Fall einer Rufbeeinträchtigung durch Presseveröffentlichungen kann Naturalrestitution jedenfalls in manchen Fällen in Betracht kommen (*Wenzel/Burkhardt* Kap 14 Rn 72ff.), zB durch einen Widerruf oder die Berichtigung einer unwahren Behauptung, durch Abdruck eines Leserbriefs (OLG Hamburg NJW 1962, 2062) oder einer Anzeige, die den negativen Eindruck aufhebt (BGH NJW 1978, 210 – *Alkoholtest*), oder einer Gegendarstellung, die schadensrechtlich begründet nicht den Beschränkungen der presserechtlichen Gegendarstellung unterliegt, oder durch die

D. Zivilrechtl. Folgen der Verletzung von Sorgfaltspflichten der Presse   § 6 LPG

Gewährung eines Interviews. Indes gelten für den schadensrechtlich begründeten Widerruf zusätzlich zum Verschuldenserfordernis ähnliche Beschränkungen aus dem Grundsatz der Verhältnismäßigkeit wie für den negatorisch begründeten, da auch insoweit die Person des Widerrufenden nicht weniger schutzwürdig ist. Näheres dazu Rn 289f.

bb) Richtigstellung durch den Schädiger

Für eine schadensrechtlich begründende Gegendarstellung oder eine berichtigende 318 Anzeige kann der Geschädigte auf Kosten des Schädigers Platz in dessen Presseorgan nur dann verlangen, wenn sie für den Leser oder Hörer den inneren Bezug zu der rufschädigenden Darstellung wahrt, deren schädliche Wirkungen sie beseitigen soll (BGH NJW 1979, 2197/2198 – Konkursfalschmeldung), keine unwahren oder die Wahrheit verfälschenden Behauptungen oder diffamierende Meinungsäußerungen enthält und nach Inhalt und Umfang nicht über das hinausgeht, was ein vernünftiger, wirtschaftlich denkender Mensch nach den Umständen des Falls zur Behebung des Schadens auf diesem Wege für erforderlich hält.

cc) Aufwendungen des Geschädigten zur Schadensabwehr

Besonders zurückhaltend ist die Rechtsprechung gegenüber einer Befugnis des 319 Rufgeschädigten, zur Schadensbehebung oder -minderung auf Kosten des Schädigers selbst eine Gegendarstellungs- oder Anzeigenkampagne in anderen Zeitungen durchzuführen. Die dem Geschädigten zur Naturalrestitution in eigener Regie eröffnete Ersetzungsbefugnis nach § 249 Abs 2 BGB greift hier nicht ein, weil es an einer Körper- oder Gesundheitsverletzung fehlt. Allerdings sind Aufwendungen des Geschädigten zur Abwehr oder Minderung des Schadens generell auch dann, wenn der Geschädigte die Ersetzungsbefugnis nach § 249 Abs 2 BGB nicht hat, als Folgeschaden erstattungsfähig, wenn sie ein verständiger, wirtschaftlich denkender und auch auf das Interesse des Schädigers an einer Geringhaltung des Schadens sehender Mensch in der Lage des Geschädigten nicht nur als zweckmäßig, sondern als erforderlich ergriffen haben würde, wobei auf den Zeitpunkt, zu dem die Maßnahme getroffen worden ist, abgestellt werden muss (BGHZ 66, 182/192 – Panorama; 70, 39/42 – Alkoholtest; BGH NJW 1979, 2197 – Konkursfalschmeldung; 1986, 918/982 – Preisvergleich; 2011, 733 – Erstattung von Rechtsanwaltskosten). Zudem dürfen die Maßnahmen nicht iSv § 251 Abs 2 BGB unverhältnismäßig sein.

Insbesondere Maßnahmen des Geschädigten zur Erfüllung seiner Obligationen zur Schadensminderung nach § 254 Abs 2 BGB erfüllen diese Voraussetzungen (vgl etwa BGHZ 10, 18/20; 32, 280/285; 76, 216; BGH VersR 1961, 1152). Aber in Betracht kommen können auch nicht durch § 254 BGB geforderte Initiativen.

Die Zurückhaltung der Rechtsprechung in diesen Fällen beruht ua auf der Erwägung, dass der Geschädigte nicht einen zweifelhaften Schaden auf diesem Weg erst eigentlich konkretisieren bzw begründen soll (BGHZ 70, 39/42 – Alkoholtest). Zudem hat ein solches Haftungsrisiko generell repressive Auswirkungen auf die Presseberichterstattung, die im Blick auf Art 5 Abs 1 GG nur bei einem besonderen Bedürfnis vertreten werden können (BGHZ 66, 182/196 – Panorama; Damm/Rehbock Rn 697ff.; Soehring Rn 32.13). In der Regel muss sich der Geschädigte für eigene Wege in die Öffentlichkeit mit der presserechtlichen Gegendarstellung begnügen (BGH NJW 1979, 2197 – Konkursfalschmeldung). Anderes kann gelten, wenn der Schädiger sich bei der Gewährung der Gegendarstellung zögerlich verhält (BGHZ 66, 182/196 – Panorama) oder wenn ein ungewöhnlich hoher Schaden droht (BGHZ 66, 182/192ff. – Panorama; 70, 39/42 – Alkoholtest; BGH NJW 1979, 1041 – Exdirektor; 1979, 2197 – Falschmeldung), dem durch die Gegendarstellung nicht so zeitig oder so gezielt begegnet werden kann wie durch eine solche Anzeige (BGH NJW 1986, 981/982 – Preisvergleich). Auch in diesen Fällen sollte der Geschädigte zuvor sein Vorhaben dem Schädiger ankündigen, um ihm Gelegenheit zu geben, sich an der Suche nach dem wirtschaftlichsten Weg der Schadensbeseitigung zu beteiligen.

Das begrenzt das Risiko des Geschädigten, auf seinen Kosten später sitzen zu bleiben wegen des Vorwurfs, sie seien nicht erforderlich gewesen. In den Fällen, in denen der Geschädigte danach eine Befugnis zu einer Anzeigenaktion hatte, diese aber das zur Schadensbeseitigung Erforderliche überschritten hat, muss er sich nach § 254 Abs 2 BGB Abstriche an seinem Anspruch auf Aufwendungsersatz gefallen lassen (BGHZ 170, 39/42 – *Alkoholtest*).

4. Ersatz nach Lizenzanalogie. Eingriffskondiktion

320   Wegen der besonderen Schwierigkeiten bei der Feststellung des Schadens für unerlaubte Eingriffe in ausschließliche Immaterialgüterrechte (Urheber-, Patent-, Gebrauchsmuster-, Geschmacksmusterrechte) lässt die Rechtsprechung statt Ersatz des konkreten Schadens die Beanspruchung einer angemessenen Vergütung zu, die üblicherweise bei vertraglicher Gestattung des Eingriffs zu zahlen gewesen wäre (BGHZ 57, 11/117 – *Wandsteckdose II*; 77, 16/23 – *Tolbutamid*; 81, 75/82 – *Carrera*; BGH NJW 1977, 1062 – *Prozessrechner*; GRUR 1990, 353 – *Raubkopien*; 1990, 1008 – *Lizenzanalogie*). Diese Grundsätze gelten entsprechend für Eingriffe in das Recht am eigenen Bild nach § 22 KUG (BGHZ 20, 345 – *Paul Dahlke*; 143, 214/232 – *Marlene Dietrich I*; 169, 340 – *Rücktritt des Finanzministers*; BGH NJW 1979, 2205 – *Fußballkalender*; 1997, 1152 – *Bob Dylan*; 2000, 2201 f. – *Der blaue Engel*; NJW-RR 1987, 231 – *Nena*; AfP 2008, 598 – *Dieter Bohlen*; 2012, 260 – *Verkehrsunfalltod des Kindes*; GRUR 2008, 1124 – *zerknitterte Zigarettenschachtel*; OLG Hamburg AfP 2010, 589 – *Playboy am Sonntag*; OLG München AfP 1995, 658, 661); des Namensrechts, der Stimme (OLG Frankfurt ZUM 1985, 570; *Wenzel/Burkhardt* Kap 14 Rn 9 mwN). Es geht in diesen Fällen in Wahrheit um eine ursprünglich für die Verletzung von Urheber- und Patentrechten vom RG entwickelte, später auf die rechtswidrige kommerzielle Verwertung des Rechts am eigenen Bild und andere vermögenswerte Bestandteile des Persönlichkeitsrechts ausgedehnte, gewohnheitsrechtlich verfestigte (BGHZ 20, 345/353 – *Paul Dahlke*) Erweiterung des Ersatzrechts des Betroffenen durch Anleihen an bereicherungsrechtlichen Grundsätzen der Eingriffskondiktion, die das zu Unrecht Erlangte dem Berechtigten wieder zuordnet (BGHZ 68, 90 – *Kunststoffhohlprofil*; 77, 16/25 – *Tolbutamid*; 81, 75/82 – *Carrera*; NJW 1979, 2205/2206 – *Fußballtor*; 1992, 2084/2085 – *Joachim Fuchsberger*). Aus diesem Ansatz erklärt sich, dass der Ausgleich insoweit nur auf den rechtswidrigen Vermögenszuwachs bei dem Verletzer und nicht auf eine entsprechenden Vermögensverlust bei dem Betroffenen sieht; dass es zur Begründung des Anspruchs nicht auf Verschulden ankommt; dass vielmehr die Rechtswidrigkeit des Eingriffs in die vermögenswerte Bestandteile der Persönlichkeitsrechte des Betroffenen genügt; dass der Geschädigte keinen Schaden nachweisen muss oder dass er überhaupt das Recht hätte verwerten können; dass der Verletzer sich auch nicht darauf berufen kann, er würde, wenn der Betroffene eine Lizenzgebühr verlangt haben würde, von dem Eingriff abgesehen und sich auf andere kostenlose Weise beholfen haben. Insoweit muss er sich an dem von ihm geschaffenen Zustand festhalten lassen (BGHZ 20, 345/355 – *Paul Dahlke*; BGH NJW 1979, 2203 – *Fußballkalender*; 1979, 2205 – *Fußballtor*; 1992, 2084/2085 – *Joachim Fuchsberger*; GRUR 1990, 1008 – *Lizenzanalogie*; AfP 2012, 260 – *Verkehrsunfalltod des Kindes*).

Nur die bereicherungsrechtliche Anleihe legitimiert auch die Bereitschaft der Rechtsprechung, den Anspruch auch demjenigen Betroffenen zu gewähren, der eine kommerzielle Verwertung seines Rechts von vorn herein ablehnt (BGHZ 81, 75/82 – *Carrera*; BGH NJW 1979, 2203 – *Fußballkalender*; 1992, 2084/2085 – *Joachim Fuchsberger*; OLG Hamburg AfP 2004, 566 – *Werbung mit Bundesminister*; *Beuthien/ Hieke* AfP 2001, 353/362; *Ullmann* AfP 1999, 209 ff.), er also auch nicht in seinen Vermögensinteressen verkürzt worden ist (BGHZ 26, 349/353 – *Herrenreiter*; 30, 7/16 – *Caterina Valente*; BGH NJW 1979, 2205 – *Fußballtor*; OLG Hamburg AfP 1995, 504; OLG Stuttgart NJW 1983, 1203; dazu *Damm/Rehbock* Rn 1029; *Prinz/*

D. Zivilrechtl. Folgen der Verletzung von Sorgfaltspflichten der Presse § 6 LPG

Peters Rn 904; *Müko/Rixecker* § 12 Anh Rn 234 f.; *Götting/Schertz/Seitz/Müller* § 50 Rn 38 ff.; *Ullmann* AfP 1999, 209/212; *Wenzel/v Strobl-Albeg* Kap 9 Rn 9). Im Interesse einer auch für das Bereicherungsrecht notwendigen Grenzziehung zwischen der Zuordnung materieller und immaterieller Güter sollte indes auch dieser eigenständige Ausgleich nach Lizenzanalogie auf die Verletzung von Befugnissen zur kommerziellen Verwertung solcher vermögenswerten Bestandteile beschränkt bleiben, die sich gerade wegen der Bedeutung dieser Verwertungsbefugnis in besonderen Persönlichkeitsrechten verfestigt haben. Darüber hinaus sollten Eingriffe als solche in das allgemeine Persönlichkeitsrecht grundsätzlich nicht „lizenzfähig" sein, schon weil das allgemeine Persönlichkeitsrecht selbst nicht im Interesse einer Kommerzialisierung der Person gewährleistet ist (BVerfG NJW 2000, 1021/1023 – *Caroline v Monaco; Soehring* § 32, 9; drslb AfP 2000, 230; aA *Canaris* FS Steffen 85 ff.; *Ullmann* AfP 1999, 209 ff.).

Der Anspruch setzt einen rechtswidrigen Eingriff in die vermögenswerten Bestandteile der Persönlichkeitsrechte des Betroffenen voraus. Er besteht im Regelfall nicht gegenüber redaktioneller Berichterstattung über die Person selbst bei unbefugter Verwendung von Fotos, da nach der Verkehrssitte hierfür ein Honorar gezahlt wird (OLG Hamburg AfP 2010, 589 – *Playboy am Sonntag*). Insoweit kommt prinzipiell nur eine Geldentschädigung für immaterielle Nachteile in Betracht (dazu näher Rn 332 ff.). Sie dürfte auch der adäquatere Ausgleich für die Ausbeutung des Intim- und Privatlebens Prominenter durch eine unzulässige Bildberichterstattung sein.

Für die Höhe maßgebend ist in erster Linie der (objektive) Verkehrswert des verletzten Ausschließungsrechts bzw. der unbefugten Nutzung des „Erlangten" (BGH GRUR 1980, 841/844 – *Tolbutamid;* NJW 2006, 136/138 – *Pressefotos*). Abzustellen ist darauf, welches Entgelt vernünftige Vertragspartner in der Lage der Parteien unter Berücksichtigung der Auflagenhöhe (BGH NJW 2006, 136 – *Pressefotos;* OLG Hamburg AfP 1983, 282/283; MMR 2010, 196 – *Internet;* OLG Karlsruhe NJW 1989, 401/402; OLG München AfP 2003, 71 – *Boris Becker*), der Art der Gestaltung der Anzeige (BGH NJW 1979, 2205/2206 – *Fußballkalender;* OLG München AfP 2003, 71 – *Boris Becker*), der Werbewirkung (BGH GRUR 1961, 138/140 – *Familie Schölermann;* OLG München AfP 2003, 71 – *Boris Becker*) als angemessenes Honorar für die werbemäßige Verwertung ausgehandelt hätten (BGHZ 30, 7/17 – *Caterina Valente;* 44, 372/380 – *Messmer Tee II;* BGH NJW 1982, 1151 – *Fersenabstützvorrichtung;* 1992, 2084/2085 – *Joachim Fuchsberger,* 2006, 136 – *Pressefotos*). Das ist nach § 287 ZPO zu schätzen (OLG Karlsruhe AfP 2003, 767). Beispiele: OLG Karlsruhe AfP 1998, 326 – *Ivan Rebroff* 155 000 DM; OLG München AfP 2003, 71 – *Boris Becker* 150 000 DM; NJW-RR 2003, 767 – *Der blaue Engel* 70 000 €; OLG Hamburg MMR 2010, 196– 240 € pro Bild für einjährige Nutzung).

4 a. Herausgabe des Verletzergewinns

Als Schadensersatz bei unberechtigter Verwertung der vermögenswerten Bestandteile des Persönlichkeitsrechts, insbes des Bildnisses, der Stimme oder des Namens, kommt auch die Auskehrung des Verletzergewinns in Betracht, wenn dem Betroffenen insoweit ein Schaden entstanden ist, weil er die Nutzungsmöglichkeit entsprechend selbst verwertet hätte und der Schädiger ihm das vereitelt hat. 320a

Eigenständig neben dem Schadensersatzanspruch gewährt § 687 Abs 2 iVm §§ 677, 681 BGB bei vorsätzlich unbefugter Ausbeutung der vermögensmäßigen Bestandteile des Persönlichkeitsrechts dem Berechtigten gegen den Unbefugten einen Anspruch auf Gewinnherausgabe, wenn der Berechtigte sich wenigstens nachträglich mit der unbefugten Verwertung abfindet und sie gegen sich gelten lässt. Ist sein Einverständnis mit einer solchen Nutzung durch den Dritten unter keinen Umständen zu erreichen, scheidet ein Herausgabeanspruch auf dieser Rechtsgrundlage aus, weil dann der Verletzer kein Geschäft des Verletzten geführt hat (BGHZ 26, 349/352 – *Herrenreiter;* 44, 372/375 *Messmer-Tee II;* aA *Müko/Rixecker* Anh § 12 Rn 251 mwN).

Anrechnen lassen muss sich der Verletzte auf den Gewinn die Aufwendungen des Verletzers einschließlich anteiliger Gemeinkosten (*Beuthien/Schmölz* S 59 ff.).

5. Beweismaß (§ 252 BGB. § 287 ZPO). Beweislasten

321 Grundsätzlich hat der Geschädigte die haftungsbegründenden und die haftungsausfüllenden Voraussetzungen für seinen Schadensersatzanspruch zu beweisen. Zu seiner Beweislast für den haftungsbegründenden Eingriff vgl Rn 305. Die Beweislast des Geschädigten für die haftungsausfüllenden Umstände des Schadenstatbestandes umfassen den Umfang des Schadens, die Ursächlichkeit des haftungsbegründenden Eingriffs für ihn, die Einbeziehung des Schadens in den Wertungsrahmen von Adäquanz und Schutzbereich. Zur Beweislast des Schädigers für eine „Reserveursache" vgl Rn 315.

322 Beweiserleichternd greift hier § 287 ZPO ein, der dem Richter die Feststellung unter Würdigung aller Umstände nach freier Überzeugung bis hin zur echten Schadensschätzung erlaubt. Zwar ermächtigt ihn die Vorschrift nicht zur Entscheidung nach Billigkeit. Aber er kann alle Erkenntnismöglichkeiten einsetzen, ohne an die Beweisanträge gebunden zu sein, in Grenzen den Beweisführer als Partei vernehmen (§ 287 Abs 1 Satz 3 ZPO) und seine Überzeugung auch schon auf der Grundlage einer überwiegenden Wahrscheinlichkeit gewinnen, indem er die in der Natur der Sache liegenden Ermittlungsgrenzen und den deutlich geringeren Wahrscheinlichkeitsgrad anderer Verkaufsmöglichkeiten mitberücksichtigt. Die Vorschrift ermächtigt ihn nicht nur, sondern verpflichtet ihn dazu, das materielle Interesse des Geschädigten nicht an prozessualen Formalismen und den in der Natur der Sache liegenden Aufklärungserschwernissen scheitern zu lassen. Denn sie soll der Beweisnot des Geschädigten Rechnung tragen, die sich als Folge des Einbruchs in seine Schutzsphäre und die ihm in diesem Bereich aufgezwungenen Fremdeinflüsse ergeben. Deshalb muss er auch in den Fällen, in denen der volle Schaden nicht zu beweisen ist, sich um die Feststellung eines Mindestschadens bemühen, wenn das feststellbare Tatsachensubstrat für die Annahme ausreicht, dass der Geschädigte mit hoher Wahrscheinlichkeit jedenfalls irgendeinen Schaden erlitten hat (BGHZ 74, 221/226; BGH NJW 1982, 2238/2242; 1997, 256; 2000, 3287; VersR 1960, 179; 1964, 257, 1965, 239; 1973, 762). Allerdings darf er nicht ins Blaue hinein schätzen; auch für die Feststellung eines Mindestschadens bedarf er einer ausreichend sicheren Grundlage (BGHZ 29, 393/400; 54, 45/55; BGH NJW 2011, 733; VersR 1964, 253; 1970, 924/926; 1971, 442/443, 1972, 834; 1973, 423; 1974, 968).

§ 287 ZPO findet Anwendung auch auf die Feststellung der haftungsausfüllenden Kausalität, also auf den Zusammenhang eines Schadenspostens mit dem haftungsbegründenden Ereignis. Unterstützend tritt hier die Beweiserleichterung des § 252 Satz 2 BGB hinsichtlich des durch das Schadensereignis abgebrochenen Kausalverlaufes, des „Soll-Verlaufs", zur Feststellung eines Gewinnentgangs hinzu. Danach gilt als entgangen der Gewinn, der nach dem gewöhnlichen Lauf der Dinge oder nach den besonderen Umständen, insbes nach den getroffenen Anstalten und Vorkehrungen, mit Wahrscheinlichkeit erwartet werden konnte. Der Gewinnentgang muss also nicht mit Sicherheit feststehen, der Richter kann seine Überzeugung auch schon auf Grund der Wahrscheinlichkeit eines solchen Verlaufs gewinnen, die allerdings die Wahrscheinlichkeit anderer Verlaufsmöglichkeiten deutlich übersteigen muss.

6. Verjährung

323 Die Verjährung des Schadensersatzanspruchs richtet sich nach §§ 195, 199 BGB und/oder nach § 11 UWG (vgl Rn 274). Die Verjährungsfrist nach BGB beträgt grundsätzlich 3 Jahre nach dem Schluss des Kalenderjahres, in dem der Anspruch entstanden ist und der Betroffene von dem Schaden und dem Schädiger Kenntnis erlangt hat oder ohne grobe Fahrlässigkeit hätte erlangen müssen; ohne diese Kenntnis oder grobfahrlässige Unkenntnis 10 Jahre, bei Ersatzansprüchen wegen Verletzung

D. Zivilrechtl. Folgen der Verletzung von Sorgfaltspflichten der Presse § 6 LPG

des Lebens, der Gesundheit, der Freiheit 30 Jahre seit Entstehung des Anspruchs. Der Verjährungsbeginn verlangt Kenntnis oder grobfahrlässige Unkenntnis von Schaden und Schädiger sowie die kausale Verknüpfung zwischen beiden; das Kennen oder Kennenmüssen muss sich also auf alle Merkmale des Haftungstatbestandes einschließlich des Verschuldens und der haftungsbegründenden Kausalität beziehen. Kenntnis bzw Kennenmüssen des Schadens bedeutet aber nicht Kenntnis bzw Kennenmüssen auch von den einzelnen Schadensfolgen, der haftungsausfüllenden Kausalität. Vielmehr stellt der gesamte aus der unerlaubten Handlung entspringende Schaden für die Zwecke des § 852 BGB eine Einheit dar mit der Folge, dass die allgemeine Kenntnis bzw grobfahrlässige Unkenntnis von der Schädlichkeit des Eingriffs die Verjährungsfrist einheitlich für alle Schadensfolgen in Lauf setzt, auch soweit jene sich erst später realisieren, sofern sie nur als möglich voraussehbar sind (Grundsatz der Schadenseinheit, vgl BGH VersR 1979, 646/647 mN). Ausnahmsweise gilt das nicht für Spätschäden, die sich nach scheinbar ganz leichten Verletzung auch für einen Fachmann ganz unerwartet einstellen; hier läuft die Verjährung erst ab Schluss des Kalenderjahrs ihrer Kenntnis bzw grobfahrlässigen Unkenntnis (zu § 852 BGB aF BGH VersR 1973, 371). Aus Presseveröffentlichungen dürften solche Spätschäden nicht infrage kommen.
Weitere Einzelheiten bei Rn 274.

7. Anspruchsberechtigte

Anspruchsberechtigt ist der Verletzter ohne Rücksicht auf seine Geschäftsfähigkeit; **324** aber nur der Inhaber des gegen den Eingriff geschützten Rechts, Rechtsguts oder Interesses, nicht dagegen auch, wer über den Eingriff in das Schutzgut eines anderen Nachteile nur an seinem Vermögen erleidet (sog „mittelbar" Verletzer). Das gilt auch für die „offenen" Schutzgüter des Persönlichkeitsrechts (BGH NJW 1980, 1790 – *Familientragödie*; 2006, 601/608 – *Obduktionsfoto*) und des Rechts am Unternehmen (vgl Rn 143 ff.). Doch sind von solcher ersatzlosen Rückwirkung der Verletzung eines Dritten auf das eigene Vermögen die Fälle zu unterscheiden, in denen die Verletzung des Dritten zu einer Schädigung nicht nur von reinen Vermögensinteressen, sondern zur Verletzung eines Schutzguts des Geschädigten geführt hat, seine Schädigung also auch die Merkmale eines haftungsbegründenden Eingriffs aufweist (BGH GRUR 1965, 256 – *Gretna Green*; 1966; 157 – *Wo ist mein Kind?*). Daher kann, wenn die Presse über einen Familienvater, der seine Familie und sich selbst umgebracht hat, unzulässig unter Namensnennung berichtet hat, der Bruder des Täters nicht deshalb Schadensersatz verlangen, weil er sich durch die Nennung des Familiennamens in seiner Persönlichkeit verletzt fühlt (BGH NJW 1980, 1790 – *Familientragödie*): durch die Namensnennung ist nur das Persönlichkeitsrecht des Täters verletzt, die Belastung seines Bruders sind bloße Reflexwirkungen. Anders, wenn kreditschädigende Äußerungen über Geschäftspraktiken einer juristischen Person auch den Gesellschafter deshalb unmittelbar selbst treffen, weil er als Alleingesellschafter von der Stoßrichtung der Äußerung unmittelbar betroffen ist und das dem Durchschnittsleser nicht verborgen bleibt. Das bloße Betroffensein seiner Gesellschaft reicht aber für das unmittelbare Betroffensein des Gesellschafters nicht aus (BGH NJW 1954, 72).
Zum Schutz von juristischen Personen, Personengesellschaften, nichtrechtsfähigen Vereinen, Personengesamtheiten vgl Rn 102, 113, 150.
Ansprüche auf Ersatz von Vermögensschäden aus der Deliktshaftung der Presse, sei **324a** es auch aus einer Schadensberechnung nach Lizenzanalogie, aus Eingriffskondiktion oder aus eigenmächtiger Geschäftsbesorgung sind grundsätzlich rechtsgeschäftlich übertragbar und vererblich.
Das sollte auch für in der Person des Betroffenen vor der Übertragung bereits entstandene Ansprüche auf Geldersatz aus einer Verletzung von vermögensrechtlichen Befugnissen aus dem allgemeinen Persönlichkeitsrecht gelten. Die höchstpersönliche

Natur des allgemeinen Persönlichkeitsrechts sollte insoweit einer entsprechenden, der Verletzung nachfolgenden Disposition des Betroffenen über seine Vermögensansprüche nicht entgegenstehen.

Erst nach dem Tod des Betroffenen entstandene Ansprüche aus einem Eingriff in die vermögenswerten Bestandteile seines (postmortalen) Persönlichkeitsrechts können die Erben geltend machen, solange die ideellen Interessen des Verstorbenen noch geschützt sind (BGHZ 143, 214/220 ff. – *Marlene Dietrich I;* BGH NJW 2000, 2201 – *Der blaue Engel;* AfP 2012, 260 – *Verkehrsunfalltod des Kindes).*

Eine andere Frage ist, ob und inwieweit der Berechtigte über vermögenswerte Bestandteile seines allgemeinen Persönlichkeitsrechts als solche durch Rechtsgeschäfte oder letztwillige Verfügung verfügen kann, da solche Befugnisse durch die Übertragung sich nicht nur von ihrer Wurzel ablösen, sondern ihren Schutzinhalt in der Hand Dritter verändern. Anerkannt hat der BGH bisher erst den Übergang des (post-)mortalen Persönlichkeitsschutzes vor der Verletzung solcher vermögenswerten Befugnisse auf die Erben (BGHZ 143, 214/221 – *Marlene Dietrich I;* 151, 26 ff. – *Marlene Dietrich II;* BGH NJW 2000, 2201 f. – *Der blaue Engel;* 2006, 605/607 – *Obduktionsfoto);* indes ist dies eine Sonderlage, weil die Bestätigung des Persönlichkeitsrechts des Betroffenen eine begrenzte zeitliche Erstreckung der Aktivlegitimation über seinen Tod hinaus verlangt. In Bezug auf die Übertragbarkeit unter Lebenden geht die Tendenz dahin, die Verkehrsfähigkeit der vermögenswerten Befugnisse, insbes des Rechts am eigenen Bild, des Rechts an der eigenen Stimme, des Namensrechts durch die Möglichkeit zu erleichtern, nach dem Vorbild der §§ 31 ff. UrhG gebundene Nutzungsbefugnisse einzuräumen, die dem Inhaber des Persönlichkeitsrechts Einwirkungsmöglichkeiten belassen (*Götting* S 60 ff., 142 ff., 162 ff.; *Forkel* GRUR 1988, 491; *Beuthien/Schmölz* S 32 ff., 62 f.; *Dreier/Schulze* UrhG § 22 KUG Rn 36; MüKo/*Rixecker* § 12 Anh Rn 43 ff.; *Ullmann* AfP 1999, 209/210 ff.; *Wandtke* GRUR 2000, 942/949). Eine solche vorsichtige Ausgestaltung zum „wirtschaftlichen Persönlichkeitsrecht" entspricht dem Verkehrsbedürfnis und sollte auch dogmatisch vertretbar sein.

8. Anspruchsverpflichtete

a) Maßgeblichkeit der Gefahrzuständigkeit

325 Ersatzpflichtig ist jeder, der rechtswidrig und schuldhaft den Schaden (mit)verursacht hat. Anders als für negatorische Rechtsbehelfe, die an die objektive Störereigenschaft anknüpfen und deshalb den Kreis der Verpflichteten sehr weit und undifferenziert ziehen, führt das Verschuldenserfordernis für Schadensersatzansprüche zur Begrenzung der Schuldnerstellung auf diejenigen, die unter den konkreten Umständen die Aufgabe hatten, den konkreten rechtswidrigen Eingriff zu verhindern. Die Ersatzpflicht knüpft deshalb stärker an die Kontrollmöglichkeiten und -zumutbarkeiten sowie an die vorhandenen Kontrollzuständigkeiten und daran an, ob und inwieweit bei Verteilung der Kontrollzuständigkeiten das Vertrauen in die ordnungsmäßige Erfüllung der Aufgabe durch den anderen reichen darf. So sind die Einstandspflichten für Druckerzeugnisse abgestuft nach den Prüfungs- und Kontrollpflichten, die dem Einzelnen bei Herstellung und Vertrieb zugewiesen sind. Näheres dazu vgl Rn 219.

b) Verleger

326 In erster Linie ist der Verleger als „Herr" der Veröffentlichung passivlegitimiert. Durch Verlagerung der Kontrollzuständigkeit auf Redaktion und Chefredakteur, beim Buchverleger auf Lektoren bleibt er einstandspflichtig für Mängel bei der Auswahl der Leute, ihrer Anweisung und Überwachung. Im Schadensfall muss er sich von der Vermutung, dass solche Mängel bestanden haben und ursächlich geworden sind, entlasten (§ 831 BGB). Näheres zu der Aufgaben- und Haftungszuständigkeit des Verlegers vgl Rn 221 ff. Nicht delegieren kann der Verleger die Kontrolle, soweit

D. Zivilrechtl. Folgen der Verletzung von Sorgfaltspflichten der Presse § 6 LPG

nach dem Gegenstand der Veröffentlichung die Verletzung von Drittinteressen nahe liegt, wie etwa bei der Befassung mit sog „heißen Eisen". Dazu Rn 223.

c) Herausgeber
Die Einstandspflicht des Herausgebers hängt von seiner Stellung ab. Hat ihn der 327 Verleger als den „maßgeblichen Mann" seines Verlags bestellt oder ist er der „Herr" des Unternehmens, dann trifft ihn dieselbe Haftung wie diesen. Näheres dazu Rn 224.

d) Redakteur
Der Redakteur haftet über seinen eigenen Beitrag hinaus nur, wenn und soweit er 328 im konkreten Fall mit der Prüfung von fremden Beiträgen beauftragt ist. Näheres dazu Rn 225 ff.

e) Informant
Der Informant haftet für die Vollständigkeit und Richtigkeit seiner Information. 329 Näher dazu Rn 229.

f) Technische Mitarbeiter
Die technischen Mitarbeiter können sich grundsätzlich darauf verlassen, dass Stoff- 330 prüfung und Interessenabwägung von anderen Kontrollinstanzen im Verlag wahrgenommen werden. Sie haben eigene Prüfungspflichten erst, wenn konkreter Anlass zu Zweifeln an der ordnungsmäßigen Erfüllung dieser Aufgaben besteht. Näheres dazu Rn 228.

g) Anbieter von Medien- und Telediensten
Zur eingeschränkten Verantwortlichkeit der Anbieter von Medien- und Tele- 330a diensten vgl Rn 220a, 281a.

h) Gesamtschuldner
Mehrere für denselben Eingriff Verantwortliche haften nach § 840 BGB als Ge- 331 samtschuldner. Um denselben Eingriff handelt es sich nicht, wenn zB mehrere Presseorgane ohne Zustimmung des Betroffenen dasselbe Nacktfoto von ihm veröffentlichen (BGH NJW 1985, 1617/1619). Vgl dazu Rn 312.

V. Geldentschädigung für immaterielle Nachteile („Schmerzensgeld")

1. Rechtsgrundlage

Als zusätzlichen Rechtsbehelf gegen schuldhaft rechtswidrige Eingriffe in das Per- 332 sönlichkeitsrecht gewährt die Rechtsprechung seit der Herrenreiter-Entscheidung von 1958 (BGHZ 26, 349) in besonderen Fällen eine Geldentschädigung für die zugefügten immateriellen Nachteile, obschon das Gesetz das Schmerzensgeld gemäß § 253 Abs 1 BGB nF ausdrücklich gesetzlicher Regelung vorbehält, die das BGB nur für Verletzungen des Körpers, der Gesundheit, der Freiheit und der sexuellen Selbstbestimmung in § 253 Abs 2 BGB nF getroffen hat. Nach Auffassung des BGH, die das BVerfG im Soraya-Beschluss (BVerfGE 34, 269) gebilligt hat, ist diese richterrechtliche Erweiterung des deliktischen Rechtsschutzes im Grundrechtsschutz der Persönlichkeit und ihrer Würde (Art 1 und 2 GG) ebenso angelegt (BVerfGE 34, 269/292 – *Soraya;* BGHZ 128, 1/15 – *Carline v Monaco I;* 143, 214/218 f. – *Marlene Dietrich I;* 160, 298/302 ff. – *Das heimliche Babyglück;* 165. 203/206 f. – *Mordkommission Köln;* 183, 227/231 f. – *Esra;* BGH ZUM 2010, 262 – *Bildnisschutz für Minderjährige;* AfP 2012, 260 – *Verkehrsunfalltod des Kindes),* wie die Anerkennung eines deliktisch geschützten Persönlichkeitsrechts, das das BGB ebenfalls nicht kennt. Dazu Rn 56.

2. Ziel: Lückenfüllender Persönlichkeitsschutz

333 Die Rechtsprechung stellt den Anspruch nicht so sehr in den Dienst eines Prinzips, nach dem bei Persönlichkeitsverletzungen umfassender Ersatz sowohl für die materiellen wie für die immateriellen Nachteile zu leisten sei. Im Vordergrund steht vielmehr die Erkenntnis der Praxis, dass in bestimmten Fällen die vom Gesetz zur Verfügung gestellten Rechtsbehelfe nicht ausreichen, um die Persönlichkeit gegen solche Angriffe zu schützen (vgl BGHZ 128, 1/15 – *Caroline v Monaco I* mwN; 160, 298/302 f. – *Das heimliche Babyglück*). Folgerichtig hat die Rechtsprechung alsbald für den Anspruch eigenständige Kriterien entwickelt, die ihn vom Anspruch auf Schmerzensgeld nach § 253 Abs. 2 BGB nF unterscheiden. Mit Schmerzensgeld im herkömmlichen Sinn hat der Anspruch auf Geldentschädigung für eine Persönlichkeitsverletzung nach Grund und Höhe wenig zu tun. Während jener zu allererst Ausgleichsfunktion hat und nur in seltenen Fällen auch der Genugtuung dient, erfüllt die Geldentschädigung für Persönlichkeitsverletzungen in erster Linie Aufgaben einer Prävention sowie der Genugtuung (BVerfG NJW 2000, 2187; BGHZ 35, 363/369 – *Tai Ginseng*; 39, 124/133 – *Fernsehansagerin*; 128, 1/15 – *Caroline v Monaco I*; 160, 298/302 f. – *Das heimliche Babyglück*; BGH NJW 1979, 1041 – *Exdirektor*; 1985, 1645 – *Nacktfoto*; 1996, 984/985 – *Caroline v Monaco II*; 1997, 1148 – *Kritik an Chefarzt*; OLG Hamburg ZUM 2010, 976), die allerdings in der Ausgleichsaufgabe aufgeht (vgl dazu ferner RGRK-BGB/*Dunz* § 823 An I Rn 142; *Damm/Rehbock* Rn 949 ff.; *Democh* AfP 2002, 375/382; *Erman/Ehmann* BGB, § 12 Anh Rn 481, 483; *Hübner*, Vhdl des 58. DJT Bd II K 93; *Kübler*, Festschrift f. Walter Mallmann, 1978, S 169/176; *Lindacher* Rundfunkrecht Bd 1, S 361; *Löffler/Ricker* Kap 44 Rn 43 ff.; MüKo/*Rixecker* § 12 Anh Rn 238 ff.; *Westermann* 130; kritisch *v Bar* NJW 1980, 1724/1727; *Deutsch* LM BGB § 823 [Ah] Nr 122; *Lange* Schadensersatz 2. Aufl, S 438; *Mincke* JZ 1980, 86; *Seitz* NJW 1996, 2848; *Stürner*, Vhdlg des 58. DJT Bd I A 93, jetzt aber eher zustimmend AfP 1998, 1 ff.; ablehnend *Gounalakis* AfP 1998, 10 ff. „Prinzenrecht"). Zwar ist der Anspruch ebenso wenig wie das Schmerzensgeld des § 253 Abs 2 BGB nF (= § 847 BGB aF) (BGHZ 160, 298/303 – *Das heimliche Babyglück*; BGHZ 118, 312/338) ein Instrument zur zivilrechtlichen Bestrafung des Schädigers (BGH NJW 1977, 626/628 – *konkret*; dazu auch meine Ausführungen NJW 1997, 10). Aber der Entschädigungsanspruch soll es den Medienverantwortlichen erschweren, sich um der Verfolgung eigensüchtiger Ziele willen rücksichtslos über die Persönlichkeit des Betroffenen hinwegsetzen zu können in der beruhigenden Gewissheit, dass der Unterlassungsanspruch regelmäßig zu spät kommt, um die Veröffentlichung zu verhindern; dass der Betroffene von einem Widerrufsanspruch, soweit dieser Rechtsbehelf überhaupt eröffnet ist, häufig absieht, weil er für seine Rehabilitierung vor der Öffentlichkeit wegen des Zeitintervalls oft ungenügend ist; dass es oft für einen Schadensersatzanspruch an einem Vermögensschaden fehlt oder jedenfalls an der Beweisbarkeit. Wo dieser Präventiveffekt den konkreten Fall nicht verhindert hat, soll der Betroffene, sofern andere Rechtsbehelfe für sein Schutzbedürfnis nicht ausreichen, im Anspruch auf Geldentschädigung der Persönlichkeitsverletzung adäquat entgegentreten können.

3. Voraussetzungen

a) Rechtswidrige und schuldhafte Persönlichkeitsverletzung

334 Der Schutzzweck des Anspruchs auf Geldentschädigung bestimmt über seine Voraussetzungen. Als Ersatzanspruch mit deliktsrechtlicher Entstehungsgeschichte setzt er eine rechtswidrige und schuldhafte Verletzung des Persönlichkeitsrechts voraus, sei es der von der Rechtsprechung dem allgemeinen Persönlichkeitsrecht zugewiesenen personalen Schutzsphären oder deren gesetzliche Ausprägungen zB im Recht am eigenen Bild (§§ 22 ff. KUG); oder von den durch Schutzgesetze iSv § 823 Abs 2 BGB besonders geschützten personalen Bereichen (vgl etwa §§ 201 ff. StGB) einschließlich des Ehrenschutzes (§§ 185 ff. StGB; vgl BGHZ 95, 212/214 – *Nachti-*

D. Zivilrechtl. Folgen der Verletzung von Sorgfaltspflichten der Presse § 6 LPG

gall II; BGH NJW 1966, 1213 – *Luxemburger Wort;* AfP 1984, 204). Dementsprechend verlangt er in aller Regel eine auf den konkreten Fall bezogene Güter- und Interessenabwägung unter Berücksichtigung insbes der grundrechtlichen Gewährleistungen für die Unantastbarkeit der Menschenwürde sowie für den Schutz der Person einerseits und der Meinungs- und Pressefreiheit andererseits, ohne die die Tatbestandsmäßigkeit eines rechtswidrigen äußerungsrechtlichen Eingriffs in das Persönlichkeitsrecht regelmäßig nicht festgestellt werden kann. Vgl dazu Rn 57.

b) Schwere Verletzung

Der Anspruch wird von der Rechtsprechung nur bei einer Persönlichkeitsverletzung gewährt, die im Bezugsrahmen der konkreten Gesamtumstände als schwere Verletzung zu qualifizieren ist, weil von vornherein nur für solche Verletzungen ein besonderes Bedürfnis für die Erweiterung der Rechtsbehelfe um diesen präter legem entwickelten Anspruch besteht (BGHZ 26, 349 – *Herrenreiter;* 30, 7 – *Caterina Valente;* 35, 363 – *Ginseng;* 39, 124 – *Fernsehansagerin;* 68, 331 – *Abgeordnetenbestechung;* 95, 212/ 215 – *Nachtigall II;* 128, 1/12 – *Caroline v Monaco I;* 132, 13/27 – *Der Lohnkiller;* 165, 203/210 f. – *Mordkommission Köln;* 183, 227/231 – *Esra* BGH NJW 1965, 1374 – *Satter Deutscher;* 1971, 698/700 – *Pariser Liebestropfen;* 1982, 635/636 – *Böll II;* 1985, 1617/ 1619 – *Nacktfoto;* 1989, 2941/2943 – *Ärztliche Diagnose;* 1996, 984/985 – *Caroline v Monaco II;* 1996, 985/987 – *Kumulationsgedanke;* 1997, 1148 – *Kritik an Chefarzt;* AfP 1988, 34 – *Intimbericht;* 2012, 263 – *Verkehrsunfalltod des Kindes).* Die Schwere des Eingriffs kann sich aus einem schweren Verschulden des Schädigers ergeben, setzt aber grobe Fahrlässigkeit nicht notwendig voraus (BGH NJW 1971, 698 – *Pariser Liebestropfen;* 1980, 2801/2907 – *Medizin-Syndikat;* 1982, 636 – *Böll II;* GRUR 1970, 370/372 – *Nachtigall I).* In erster Linie kommt es auf das Gewicht der Verkürzung der Persönlichkeitssphäre für den Geschädigten, also auf die objektive Seite der Verletzung an. 335

Zu würdigen sind dafür alle Umständen (BGHZ 128, 1/12 – *Caroline v Monaco I;* 132, 13/27 – *Der Lohnkiller;* BGHZ 160, 298/306 – *Das heimliche Babyglück;* BGH NJW 1971, 698/700 – *Pariser Liebestropfen;* 1985, 1617/1619 – *Nacktfoto;* 1996, 985/ 986 – *Kumulationsgedanke;* AfP 1988, 34 – *Intimbericht;* OLG Karlsruhe NJW-RR 2003, 410; OLG Hamburg NJW 1996, 2870; OLG München NJW-RR 2002, 1045): Bedeutung und Tragweite des Eingriffs; Anlass und Beweggrund; Grad des Verschuldens; das Ausmaß der Verbreitung des inkriminierten Artikels; die Nachhaltigkeit der Belastung; ob der Ruf des Geschädigten bereits durch Veröffentlichungen in anderen Zeitungen beeinträchtigt gewesen ist (OLG Koblenz AfP 1991, 427; OLG Stuttgart AfP 1983, 396/398). Es muss sich um eine bedeutende und nachhaltige Verletzung des Persönlichkeitsrechts handeln, die bei Würdigung seiner Grundlage für Selbstbestimmung und Entfaltung der Person des Betroffenen die Bestätigung des verletzten Rechts durch einen ultima-ratio-Rechtsbehelf notwendig macht. Bloße Übertreibungen oder Überzeichnungen lösen den Anspruch deshalb keinesfalls aus (OLG Düsseldorf AfP 1980, 108; OLG Nürnberger ArchPr 1978, 57). Aber auch bedeutendere Rufschädigungen müssen ihn nicht stets begründen (vgl OLG Hamburg NJW-RR 1999, 1701: falscher Bericht über Hochzeitspläne der Prinzessin Caroline v Monaco; OLG Karlsruhe AfP 2002, 42: Bericht über Scheidungsopfer Mann „Ausgenommen wie Weihnachtsgans"; OLG München NJW 1997, 62: bekannter Konkursverwalter wird in die Nähe eines unqualifizierten Abkassierers gerückt). Ihm kann auch entgegenstehen, dass der Betroffene schon ein entsprechendes Image hatte (OLG Stuttgart NJW 1981, 2817/2818) oder die Berichterstattung selbst herausgefordert hat (BGH NJW 196, 51476/1477 – *Glanzlose Existenz;* GRUR 1965, 157 – *Wo ist mein Kind?;* AfP 1988, 34 – *Intimbericht;* OLG Köln OLGR 1997, 274 – *nackter Strandläufer)* oder eine Befassung mit seiner Person, die der Betroffene als Satire hinnehmen muss (BVerfG NJW 2002, 3767 – *Bonnbons).* Wer seinen Intimbereich bewusst der Öffentlichkeit preisgibt oder durch sein Verhalten in besonderem Maß das Interesse der Öffentlichkeit auf ihn zieht, kann keine Geldentschädigung verlangen, wenn sich die Medien mit ihm befassen (BGH NJW 1964, 1471 – *Sitten-* 336 *richter;* 1965, 1476 – *Glanzlose Existenz;* 1970, 1077 – *Nachtigall I;* GRUR 1966, 157 – *Wo ist mein Kind?;* 1969, 301 – *Spielgefährtin II;* 1971, 529 – *Dreckschleuder;* AfP 1982, 181 – *Rudi Carell;* OLG Celle NJW-RR 2001, 325; OLG Köln AfP 1982, 181; OLG München AfP 1990, 214; OLG Stuttgart NJW 1981, 2817).

337 Regelmäßig wird der Anspruch nur gewährt, wo über die Person an ihrer Basis verfügt wird: bei schweren Eingriffen in die Intim- und die Privatsphäre, etwa durch heimliche Tonbandmitschnitte; bei unwahren Behauptungen von besonderem Gewicht für die Persönlichkeit; durch erfundene Interviews oder durch Falschzitate mit besonderen Belastungen für das Selbstbestimmungsrecht des Zitierten; bei Diffamierungen in der Öffentlichkeit, die an die persönliche oder berufliche Existenz gehen; bei unzulässiger Verwendung des Bildnisses oder Namens zur Werbung; bei ungenehmigter Veröffentlichung von Nacktfotos. Nicht muss eine unwahre Behauptung für den Betroffenen abträglich sein; auch die Andichtung einer schweren Krankheit, um das Mitgefühl der Leserschaft zu wecken, kann das Selbstbestimmungsrecht des Betroffenen schwer beeinträchtigen (aA OLG Hamburg Ufita 78, 252). Aber die unwahre Behauptung muss das Persönlichkeitsbild in der Öffentlichkeit erheblich belasten. Auch eine Behauptung, deren Unwahrheit nicht erwiesen ist, kann den Entschädigungsanspruch auslösen, wenn sie nicht durch die Wahrnehmung berechtigter Interessen gedeckt ist und den Ruf trotz der unsicheren Beweislage schwer belastet; indes ist hier für die Schwere des Eingriffs mit zu berücksichtigen, dass die Aussage wahr sein könnte (BGHZ 95, 212/215 – *Nachtigall II;* 132, 13/27 – *Der Lohnkiller).* Eine unzulässige Schmähkritik führt nur dann zu einer Geldentschädigung, wenn sich in ihr ein beachtliches Maß an Rücksichtslosigkeit gegenüber dem Kritisierten offenbart (BVerfGE 51, 129 – *Kunstkritik;* BGH NJW 1979, 1041 – *Exdirektor;* OLG Frankfurt ArchPr 1974, 126). Die ungenehmigte Veröffentlichung von Bildnissen führt nicht automatisch zur Entschädigung sondern nur dann, wenn sie nach den Umständen von besonderem Gewicht für den Betroffenen ist (BGH NJW 1965, 1374 – *Satter Deutscher;* 1971, 698/699 – *Pariser Liebestropfen;* 1980, 994/955 – *Wahlkampfillustrierte;* 1996, 985 – *Kumulationsgedanke;* AfP 1975, 456 – *Todesgift;* OLG Köln OLGR 1997, 274 – *nackter Strandläufer;* OLG München AfP 1995, 658, 661). Bei ungenehmigten Bildnisveröffentlichungen generell „geringere" Anforderungen an eine Geldentschädigung zu stellen (so jetzt BGHZ 160, 298/306 – *Das heimliche Babyglück)* entbehrt so undifferenziert des Sachgrundes; dass hier der Verletzte keine andere Abwehrmöglichkeit hat, ist auch soweit Voraussetzung dieses ultima-ratio-Rechtsbehelfs (Rn 338). Aber das Umfunktionieren eines Plakats mit dem Bildnis einer Schauspielerin, verbunden mit dem Slogan: „Wer trinkt, fährt ohne mich. Jahr für Jahr verunglücken junge Menschen, weil der Fahrer getrunken hat" zu einem Plakat mit dem Slogan: „Wer trinkt fährt besser als ich nüchtern. Jahr für Jahr verunglücken junge Frauen, weil sie kein Auto fahren können" ist eine entschädigungswürdige Missachtung der Persönlichkeit der Abgebildeten; aA OLG Zweibrücken AfP 1999, 362.

c) Ultima ratio

338 Der Anspruch auf Geldentschädigung ist ein „ultima-ratio-Rechtsbehelf"; das folgt aus seiner Aufgabe, eine Lücke im Schutz der Persönlichkeit zu schließen (BVerfGE 34, 269 – *Soraya;* BVerfG NJW 2000, 2187; BGHZ 35, 363/367 – *Ginseng;* 39, 124/131 – *Fernsehansagerin;* 66, 182 – *Panorama;* 95, 212/215 – *Nachtigall II;* 128, 1/12 f. – *Caroline v Monaco I;* 132, 13/29 – *Der Lohnkiller;* 183, 227/231 – *Esra;* BGH NJW 1969, 1110 – *Detektei;* 1970, 1077 – *Nachtigall I;* 1971, 698/699 – *Pariser Liebestropfen;* 1977, 626/628 – *konkret;* 1979, 1041 – *Exdirektor;* 1980, 2801 – *Medizin-Syndikat;* 1985, 1617/1619 – *Nacktfoto;* 1996, 985/986 – *Kumulationsgedanke).* Das Bedürfnis nach einer Entschädigung zum Schutz der Persönlichkeit muss unabweisbar sein. Kann die Verletzung auf andere Weise hinreichend ausgeglichen werden, dann entfällt der Anspruch. Das gilt insbes dann, wenn gegenüber einer unwahren Behauptung in einem periodisch erscheinenden Druckwerk ein Widerruf bzw eine Richtigstellung

D. Zivilrechtl. Folgen der Verletzung von Sorgfaltspflichten der Presse   § 6 LPG

alsbald veröffentlicht wird oder erstritten werden kann (BGHZ 128, 1/13 – *Caroline v Monaco I*; BGH NJW 1963, 904 – *Drahtzieher*; 1970, 1077/1078 – *Nachtigall I*; OLG Köln AfP 1971, 170; KG AfP 1974, 720; OLG München ArchPr 1974, 95; OLG Zweibrücken AfP 1999, 362); oder wenn der Schädiger die Falschmeldung alsbald selbst richtig stellt (OLG Hamburg Ufita 78, 252); oder wenn der Betroffene bewusst auf den Widerrufsanspruch verzichtet hat (OLG Köln AfP 1971, 170; KG AfP 1974, 720; OLG München NJW-RR 2000, 472; OLG Stuttgart NJW 1981, 2817; modifizierend OLG Hamburg ZUM-RD 2008, 602). Anderes gilt, wenn bei einem Widerruf nicht ausreichend gewährleistet ist, dass er den Adressatenkreis der Veröffentlichung, etwa eines nicht periodisch erscheinenden Druckwerks, im Großen und Ganzen erreicht (BGH NJW 1965, 2395 – *Mörder unter uns*; 1970, 1077/1078 – *Nachtigall I*; zu scharf OLG Hamburg AfP 1994, 42: Entschädigung entfällt nur bei vollständiger Identität des Adressatenkreises); oder wenn der Angriff sich gegen die Grundlagen der Persönlichkeit richtet (BGHZ 128, 1/13 – *Caroline v Monaco I*; BGH NJW-RR 1988, 733 – *Intimbericht über Priester*) oder in anderer Beziehung besonders tief und nachhaltig verletzt; oder wo die Beeinträchtigung dem Widerruf gar nicht zugänglich ist, zB bei unzulässigen Eingriffen in die Intimsphäre oder Diffamierung oder unzulässige Anprangerung (BGH GRUR 1965, 256 – *Gretna Green*). Auch kann eine Geldentschädigung neben einem Widerruf infrage kommen, wenn der Schädiger den Widerruf verweigert und der Widerruf infolge des Zeitablaufs bis zur Verurteilung zur Schadensbeseitigung ungeeignet geworden ist (BGHZ 128, 1/13 – *Caroline v Monaco I*; BGH NJW 1965, 685/686 – *Soraya*; 1970, 1077/1078 – *Nachtigall I*; 1976, 11989 – *Panorama*; 1979, 1041 – *Exdirektor*; NJW-RR 1988, 733 – *Intimbericht über Priester*; GRUR 1969, 147 – *Korruptionsvorwurf*; OLG München AfP 1990, 45; NJW-RR 2000, 472).

Auch ein Unterlassungstitel bzw die Möglichkeit, ihn zu erstreiten, kann die Geldentschädigung entbehrlich machen (BGH NJW 1970, 1077 – *Nachtigall I*; GRUR 1971, 529/531 – *Dreckschleuder*; AfP 2012, 260 – *Verkehrsunfalltod des Kindes*; OLG Köln NJW-RR 2000, 470); insbes wenn der Betroffene die Veröffentlichung des Titels erreichen kann (dazu vgl Rn 351). Doch hängt es auch in diesen Fällen von den Umständen ab, ob durch den Rechtsbehelf die nachteiligen Wirkungen der unzulässigen Veröffentlichung zwar nicht gänzlich so doch so weitgehend beseitigt werden können, dass die verbleibenden Nachteile nicht als für eine Geldentschädigung gewichtig genug angesehen werden können. Auch insoweit ist zu berücksichtigen, dass der Anspruch auf Geldentschädigung seine Rechtfertigung darin findet, dass das Persönlichkeitsrecht ohne sie nicht ausreichend geschützt wäre. Die Abgabe einer Unterlassungserklärung schließt den Anspruch auf Geldentschädigung nicht aus (OLG Karlsruhe NJW-RR 2009, 1273; OLG Dresden NJW 2012, 782). 339

Die Verweisung des Klägers auf die Gegendarstellung wird heute vom BGH kaum noch erwogen (BGH NJW 1965, 685 – *Soraya*; 1976, 1198 – *Panorama*; 1979, 1041 – *Exdirektor*; GRUR 1969, 147/151 – *Korruptionsvorwurf*; OLG Hamburg ZUM-RD 2008, 602; OLG Köln AfP 1975, 170). Erheblich kann der Verzicht auf die Gegendarstellung sein, wenn der Kläger mit ihm zu erkennen gibt, dass er dem Angriff selbst nur ein begrenztes Gewicht beimisst (BGH NJW 1979, 1041 – *Exdirektor*). Solche Rückschlüsse sind aber nur dort möglich, wo sich der Kläger von einer Gegendarstellung eine nennenswerte Verbesserung seiner Lage versprechen kann. Als anderweiter, den Anspruch auf Geldentschädigung verdrängender Behelf scheidet die Gegendarstellung von vornherein aus, wo der Schädiger sie erst nach gerichtlichem Verfahren und mit einem Redaktionsschwanz abgedruckt hat (BGH NJW 1976, 1198 – *Panorama*; OLG München NJW-RR 2002, 1339). 340

4. Höhe der Entschädigung

Die Höhe der Entschädigung richtet sich nach der Schwere des Eingriffs, in erster Linie nach dem sich hieraus ergebenden konkreten Bedürfnis nach Genugtuung für 341 den Betroffenen. Ihre Festsetzung ist in erster Linie Sache tatrichterlicher Beurteilung nach § 287 ZPO, die nur beschränkt nachprüfbar ist. Maßgebend sind zunächst Bedeutung und Tragweite des Eingriffs für die Person des Betroffenen, gemessen an der Art des Eingriffs und der Befindlichkeit, in der die Person betroffen wurde, der psychische und physische Zustand des Betroffenen nach dem Eingriff, das Ausmaß der Belastung seines Ansehens, das Ausmaß der Verbreitung, die Nachhaltigkeit und Fortdauer der Interessenverkürzung. Von Bedeutung sind ferner Anlass und Beweggrund des Schädigers sowie der Grad seines Verschuldens. Bedeutsam kann in diesem Zusammenhang auch eine Gewinnerwartung sein, wenn sie den Schädiger dazu veranlasst hat, sich über die Persönlichkeit des Betroffenen vorsätzlich hinwegzusetzen (OG Hamburg ZUM 2010, 976; ablehnend *v Bar* NJW 1980, 1724/1727). Dabei sind auch die wirtschaftlichen Verhältnisse einer Konzerngruppe, die hinter dem beklagten Presseorgan steht, mit zu berücksichtigen (BGHZ 160, 298/307 – *Das heimliche Babyglück*). Zwar ist die Geldentschädigung kein Instrument zur Abschöpfung solcher unzulässigen Gewinne; aber der aus bewusster Rücksichtslosigkeit gegenüber dem Persönlichkeitsrecht erzielte Gewinn kann in derartigen Fällen als Bemessungsfaktor die Entschädigung auf einen Betrag erhöhen, der für die Entscheidung zu derartigen Rechtsverletzungen eine Hemmschwelle ist, die wirklich zur Kenntnis genommen wird (BVerfG NJW 2000, 2187 – *Unfalltod der Kinder;* BGHZ 128, 1/14 – *Caroline v Monaco I;* 160, 298/307 – *Das heimliche Babyglück;* BGH NJW 1996, 984/985 – *Caroline v Monaco II;* 1996, 985/986 – *Kumulationsgedanke*). Hier tritt für Vorsatztaten neben die vor allem das Genugtuungsbedürfnis mitberücksichtigenden Ausgleichsaufgabe der Geldentschädigung der Gesichtspunkt der Vorbeugung zukünftiger Verletzung des Betroffenen sei es durch den Schädiger selbst oder durch andere Medien. Insoweit kann die Geldentschädigung mithelfen, den durch die rücksichtslose Vermarktung nachhaltig geschwächten Persönlichkeitsstatus des Betroffenen zu stabilisieren durch ein Memento, das zukünftige Kommerzialisierungspläne von vornherein abwehrt oder wenigstens erschwert (dazu *meine Ausführungen* NJW 1997, 10 ff.). Die Entschädigung darf allerdings nicht die Pressefreiheit unverhältnismäßig beschränken (BVerfGE 34, 269/285 – *Soraya;* 54, 208/222 – *Böll;* BGHZ 128, 1/16 – *Caroline v Monaco I;* 160, 298/307 – *Das heimliche Babyglück; Stürner* JZ 1994, 865/874). Die Zuerkennung zu hoher Entschädigung kann die Pressefreiheit verletzen (BVerfGE 34, 269/285 – *Soraya;* RGRK – *Dunz* § 8234 Anh I Rn 142; *Stürner,* Vdlg des 58. DJT Bd I A 85). Ein Höhenvergleich mit den Schmerzensgeldern des § 253 Abs 2 BGB nF (§ 847 BGB aF) für Körper- und Gesundheitsverletzungen ist wegen der anderen Funktion der Geldentschädigung für Persönlichkeitsverletzungen nicht sinnvoll. Es handelt sich um eine eigenständige Kategorie (BVerfG NJW 2000, 2187 – *Unfalltod von Kindern*). Bis in die jüngste Zeit sind sehr maßvolle Beträge zuerkannt worden, die sich meistens in der Größenordnung zwischen 5000 € und 30 000 € (vgl die Zusammenstellung von *Wenzel/Burkhardt* Kap 14 Rn 149) bewegt haben:

BGHZ 26, 349 – *Herrenreiter:* 10 000 DM; BVerfGE 34, 269 – *Soraya:* 15 000 DM; BGHZ 66, 182 – *Panorama:* 25 000 DM, BGH AfP 1978, 136 – *Böll II:* 40 000 DM; NJW 2004, 1034 – *Udo Jürgens:* 20 000 € OLG Hamburg ZUM 2010, 976 – Wortbericht über intime und peinliche Einzelheiten schwerer gesundheitlicher Beeinträchtigungen der Fernseh-Sportmoderatorin 25 000 €);

OLG Karlsruhe NJW-RR 2003, 410 – *Anti-Aggressionstraining:* 3000 € für die Ausstrahlung einer Tonbandaufnahmen von einem Emotionen offenbarenden Training für jugendliche Straftäter im Rundfunk;

OLG München NJW-RR 2002, 1045: 5000 DM für die unwahre Behauptung in einer Wahlwerbung, ein Politiker habe Polizeibeamte als „kleine grüne Männchen" und einen Landtagsabgeordneten als „katholischen Drecksack" bezeichnet;

OLG München NJW-RR 2002, 414: 10 000 € für Nacktfoto, das Marlene Dietrich darstellen sollte.

Doch kann die Berücksichtigung der Gewinnerzielung als Bemessungsfaktor bei vorsätzlicher Rechtsverletzung auch eine wesentlich höhere Größenordnung rechtfer-

D. Zivilrechtl. Folgen der Verletzung von Sorgfaltspflichten der Presse § 6 LPG

tigen (BGHZ 106, 298 – *Das heimliche Babyglück:* 150 000 DM für neun unzulässige Artikel mit Bildnissen der Klägerin, ua auch auf der Titelseite; zuzüglich zu bereits von anderen Verlagen erhaltenen Geldentschädigungen; OLG Hamburg NJW 1996, 2870 – *Caroline v Monaco:* 180 000 DM für 3 unzulässige Titelgeschichten in zwei Zeitschriften; LG Hamburg ZUM 2002, 68: 150 000 DM für unzulässigen Artikel über eine Bestseller-Autorin in einer Illustrierten). Eine Obergrenze wird dadurch gesetzt, dass es sich um einen zivilrechtlichen Rechtsbehelf handelt und nach deutschem Zivilrecht eine Erhöhung durch Strafzuschläge *(punitive damages)* auch durch den Präventionsaspekt nicht gerechtfertigt wird. Eine Untergrenze wird dadurch bestimmt, dass Geldentschädigung nur für schwere Eingriffe in die Persönlichkeit gewährt wird (BGH NJW 1979, 1041 – *Exdirektor:* 2500 DM; OLG München NJW-RR 2002, 1339: 6200 € für einen Bericht über Bewährungsstrafen des Betroffenen und die unwahre Behauptung einer Teilnahme an Raubzügen gegen Flüchtlinge dürften selbst als Untergrenze kaum vertretbar sein).

5. Beweislasten

Der Verletzte hat die haftungsbegründenden und haftungsausfüllenden Voraussetzungen des Entschädigungsanspruchs nachzuweisen. Näheres dazu Rn 321. 342

6. Verjährung

Der Anspruch verjährt nach §§ 195, 199 BGB. Näheres dazu vgl Rn 274, 323. 343

7. Anspruchsberechtigte

Die Anspruchsberechtigung setzt unmittelbares Betroffensein voraus; insoweit gilt 344 dasselbe wie für den Schadensersatzanspruch wegen materieller Nachteile. Näher dazu vgl Rn 324. Anspruchsberechtigt sind nur natürliche Personen, nicht dagegen Kapitalgesellschaften und andere gesellschaftsrechtliche Zusammenschlüsse, für die ein Eingriff in das Persönlichkeitsrecht, selbst wenn sie dieses Recht begrenzt besitzen, neben den von dieser Entschädigung nicht erfassten vermögensrechtlichen Auswirkungen nicht auch mit einem unabweisbaren Bedürfnis nach Genugtuung verbunden ist. Dabei ist zu berücksichtigen, dass die in solchem Interessenverbund tätigen natürlichen Personen auf ihr Betroffensein mit eigenen Entschädigungsansprüchen reagieren können (BGH NJW 1980, 2807/2810 – *Medizin-Syndikat).*

Nicht anspruchsberechtigt sind die Angehörigen bei postmortalen Rufschädigungen. Auch insoweit wird ein besonderes Bedürfnis nach diesem „ultima-ratio-Rechtsbehelf" nicht anerkannt (BGHZ 143, 214/223 f. – *Marlene Dietrich I* mwN; 165, 203/211 – *Mordkommission Köln;* BGH NJW 1974, 1371 – *Fiete Schulze;* 2006, 605/607 – *Obduktionsfoto;* AfP 2012, 260 – *Verkehrsunfalltod des Kindes;* OLG Dresden NJW 2012, 782 – *Suizid des Ministers;* abl OLG München OLGR 2002, 416). Nach Auffassung des BGH wird das Persönlichkeitsrecht der Eltern auch durch eine unbefugte Bildberichterstattung über den Verkehrsunfalltod ihres Kindes nicht betroffen (BGH AfP 2012, 260 – zweifelhaft).

Der Schutz der ideellen Interessen durch das allgemeine Persönlichkeitsrecht ist nicht vererblich (BGHZ 50, 133/137 – *Mephisto;* 143, 214/220 – *Marlene Dietrich I* und kann nicht in Prozeßstandschaft wahrgenommen werden (BGH GRU 1969, 426/428 – *Detektei).* Das gilt auch für den Anspruch auf Geldentschädigung (BGH VersR 2014, 847 – *Trauer des Entertainers;* demnächst BGHZ; *Damm/Rehbock* Rn 1013 f.; *Dreier/Schulze* UrhG 3 22 UG Rn 37). Die Berufung der Gegenmeinung auf die Verkehrsfähigkeit des Schmerzensgeldes (so *Kutschera* AfP 2000, 147 ff.; *Müko/Rixecker* § 12 Anh Rn 207; *Wenzel/Burkhardt* Kap 14 Rn 140) ist zumindest nicht zwingend. Erst nach dem Tod des Betroffenen entstandene Ansprüche aus einem Eingriff in die vermögenswerten Bestandteile seines postmortalen Persönlichkeitsrechts können aber die Erben geltend machen, solange die ideellen Interessen des Verstorbenen noch geschützt sind (vgl Rn 324a).

8. Anspruchsverpflichtete

345 Verpflichtet ist, wer rechtswidrig und schuldhaft an der Verletzung des Persönlichkeitsrechts mitgewirkt hat. Insoweit gelten dieselben Ausgrenzungen von Haftungszuständigkeiten durch die mit der Aufgabe übernommenen Gefahr- und Kontrollzuständigkeit, die die Passivlegitimation für den Anspruch auf Ersatz der materiellen Schäden begründet. Näher dazu vgl Rn 325 ff. Die Persönlichkeitsverletzung durch gleichförmige Angriffe mehrerer Presseveröffentlichungen, zB durch unzulässige Bildnisveröffentlichung in mehreren Zeitungen, führt nicht zur gesamtschuldnerischen Haftung. Die Leistung der Entschädigung durch den einen befreit den anderen schädigenden Verleger nicht. Anderes wäre mit der Funktion der Entschädigung als Korrektiv für die je eigenständige Verletzung des Selbstbestimmungsrechts nicht vereinbar (BGH NJW 1985, 1617/1620 – *Nacktfoto;* OLG Köln NJW-RR 1993, 31; OLG Hamburg NJW-RR 1994, 1176).

VI. Hilfsansprüche

1. Akzessorischer Auskunftsanspruch

346 Zur Durchsetzung der Hauptansprüche Unterlassung, Widerruf, Schadensersatz gewährt die Rechtsprechung Hilfsansprüche, die neben dem Hauptanspruch oder zu seiner Vorbereitung geltend gemacht werden können.

Zur Auskunft über den Verfasser oder den Inhalt ihrer Veröffentlichungen ist die Presse grundsätzlich nicht verpflichtet, solange sich der Betroffene die Veröffentlichungen – auf eigene Kosten – selbst beschaffen kann, wie dies ihm bei Presseprodukten in aller Regel möglich ist; ggfls durch einen Anspruch auf Einsicht in das Zeitungsarchiv.

Für Rundfunk und Fernsehen gewähren die Rundfunk- und Landesmediengesetze bzw Staatsverträge während der zumeist auf 2 Monate begrenzten Aufbewahrungsfrist einen Anspruch auf Einsicht und – gegen Kostenerstattung – Überlassung einer Mehrfertigung der betreffenden Aufzeichnung, zu der die Gesetze die Anstalten verpflichten bei Glaubhaftmachung des Betroffenseins:

öffentlich-rechtlicher Rundfunk: Deutschlandradio-Staatsvertrag § 14; Deutsche WelleG § 21; ZDF-Staatsvertrag § 14; BayRundfG Art 16; Staatsvertrag über den Mitteldeutschen Rundfunk § 17; Staatsvertrag über den Norddeutschen Rundfunk § 14; BrandenbRundfG § 13; BremRundfG § 5; SaarlMedG § 18; Staatsvertrag über den SWR § 12; WDRG § 12; privater Rundfunk: BadW LMedG § 8; BayMedG Art 29 Abs 2 und 3; Berlin Staatsvertrag § 57; BremLMedG § 22; HambMedG § 13; HessPRundfG § 27; M-VorpRundfGMV § 27; NiedersMedG § 20; NRWLMedG § 43; RhPflMedG § 41; SaarlMedG § 18; SächsPRundfG § 17; SachsAnhMedG § 23; SchlH RundfG § 30; ThürRundfG § 23.

346a Nach aus §§ 242, 259, 260 BGB abgeleiteten allgemeinen Rechtsgrundsätzen besteht ferner ein Auskunftsanspruch in jedem Rechtsverhältnis, in dem der Berechtigte in entschuldbarer Weise über das Bestehen und den Umfang seiner Rechte im Ungewissen und dem Verpflichteten unschwer die Auskunft darüber möglich ist (BGHZ 10, 385). Deshalb kann der Betroffene von dem Störer Unterrichtung über den Verbreitungsumfang und Auskunft darüber verlangen, in welcher Auflagenhöhe an welchen Personenkreis die unzulässige Veröffentlichung gelangt ist (BGHZ 42, 210/221 – *Gewerkschaftspropagandas;* BGH NJW 1957, 1026 – *Alleinverkaufsrecht;* 1962, 731 – *Kreditschädigung;* 2002, 2475 – *Musterfragment;* GRUR 2001, 841 – *Entfernung der Herstellungsnummer II*). Der Auskunftsanspruch kann bei einem rechtswidrigen Eingriff aus dem Internet gegen den Blogbetreiber auf Benennung des Urhebers der rechtsverletzenden Äußerung gerichtet sein (OLG Düsseldorf K&R 2012, 626). Der Auskunftsanspruch soll den Betroffenen in die Lage versetzen, sich zur Durchsetzung negatorischer oder schadensrechtlicher Ansprüche ein zutreffendes Bild

D. Zivilrechtl. Folgen der Verletzung von Sorgfaltspflichten der Presse § 6 LPG

insb von Umfang und Intensität der Störung zu machen und uU die Höhe des Schadens zu ermitteln (BGHZ 10, 385; 42, 210 – *Gewerkschaftspropaganda*). Der Anspruch ist akzessorisch; er verlangt das Bestehen eines Unterlassungs-, Widerrufs- oder Schadensersatzanspruchs wenigstens dem Grunde nach (BGHZ 151, 26/33 – *Marlene Dietrich II;* OLG München AfP 1995, 658; 2003, 363). Jedoch genügen Anhaltspunkte dafür, dass die verletzende Veröffentlichung an Dritte weitergeleitet wurde und eine fortwirkende Störung bzw ein materieller oder immaterieller Schaden im Ansatz entstanden ist (vgl BGH NJW 1962, 731).

Der Auskunftsanspruch ist nur bei unverschuldeter Unkenntnis des Betroffenen **347** (BGH NJW 1980, 2463/2464) und nur begründet, wenn der Schädiger die Auskunft unschwer erteilen kann, so dass es als Verstoß gegen Treu und Glauben erscheint, wenn er Nutzen aus der Unkenntnis des Geschädigten zieht (BGH NJW 1962, 731 – *Konstruktionsbüro;* OLG Frankfurt NJW 1971, 245/246; OLG München NJW 1995, 658/660; AfP 1983, 278/279). Das ist auf Grund einer Interessenabwägung nach den konkreten Gesamtumständen zu ermitteln (BGH GRUR 1980, 227/232 – *Monumenta Germaniae Historica*), wobei auch die Art und Schwere der Rechtsverletzung eine Rolle spielen kann (BGHZ 95, 274 – *GEMA-Vermutung I;* 95, 285 – *GEMA-Vermutung II;* BGH GRUR 1958, 346/348 – *Spitzenmuster;* 1978, 52/53 – *Fernschreibverzeichnisse*). Dass der Kläger sich die Zahlen über die Verbreitung eines Presseerzeugnisses auch von Dritten beschaffen kann, steht seinem Auskunftsverlangen nicht grundsätzlich entgegen (BGHZ 10, 385/387; BGH NJW 2002, 2475 – *Musterfragment;* GRUR 2001, 841 – *Entfernung der Herstellungsnummer II;* OLG Hamburg NJW-RR 2004, 196). Eine Nachrichten-Agentur, die eine falsche Mitteilung verbreitet hat, ist verpflichtet, dem Verletzten Auskunft darüber zu erteilen, an welches Presseorgan sie die Falschmeldung weitergeleitet hat; nicht dagegen darüber, welche Zeitungen die Nachricht gebracht haben, weil der Agentur diese Information nicht ohne weiteres zugänglich ist (OLG Frankfurt NJW 1971, 245f.). Der Zeitungsverlag hat zwar über die Zahl seiner Abonnenten Auskunft zu geben, nicht aber muss er seine Abonnentenkartei offen legen, schon weil er in Konflikt mit datenschutzrechtlichen Pflichten geraten würde (BGHZ 10, 387). Wo die Auskunft zur Feststellung des Schadensumfangs benötigt wird, genügt Angabe über die verkauften Exemplare nach Einzelverkauf, Abonnements, Lesezirkeln, Auslandsvertrieb. Regelmäßig können genaue Angaben über die Lieferdaten und die Person der Abnehmer nicht verlangt werden (BGH GRUR 1973, 375/377 – *Miss Petite;* 1974, 53/54 – *Nebelscheinwerfer;* 1980, 227/233 – *Monumenta Germaniae Historica*).

Der akzessorische Auskunftsanspruch darf nur dazu dienen, dem Verletzten Aufklä- **348** rung über Art und Umfang eines so festgestellten Eingriffs zu verschaffen. Demgegenüber soll er ihn nicht von der Beweislast für die Voraussetzungen zum Anspruchsgrund entlasten. Deshalb genügt nicht schon der Verdacht einer rechtswidrigen Störung oder eine zum Schadenersatz verpflichtende Handlung, um den Verdächtigen zu verpflichten, Auskunft über sein vermutetes Verhalten zu geben. Ebenso wenig kann der durch eine Presseveröffentlichung Verletzte von dem Verleger Auskunft darüber verlangen, ob dieser einen ähnlichen Beitrag auch in anderen Presseorganen veröffentlicht oder bei welcher Gelegenheit und durch wen er weitere unerlaubte Handlungen ähnlicher Art begangen hat (BGHZ 78, 24 – *Medizin-Syndikat;* BGH NJW 1976, 193/194 – *Ausschreibungsunterlagen;* GRUR 1978, 54/55 – *Preisauskunft;* 1987, 647 – *Briefentwürfe;* OLG Nürnberg NJW-RR 2002, 1471). Der Auskunftsanspruch darf nicht als Mittel der Ausforschung oder zur Auskundschaftung von Geschäftsgeheimnissen missbraucht werden (BGHZ 10, 387). Ggf ist die Auskunft einem verlässlichen unbeteiligten Dritten (Notar, Wirtschaftsprüfer) zu erteilen (BGH GRUR 1957, 336 – *Rechnungslegung*).

Der akzessorische Auskunftsanspruch wird in dem Rechtsweg des Hauptanspruchs geltend gemacht (BGHZ 78, 274/276 – *Scientology*). Seine Vollstreckung erfolgt nach § 888 ZPO.

2. Herausgabeanspruch

349 Im Zuge der Naturalrestitution aus negatorischer oder schadensrechtlicher Begründung (§§ 823, 1004 BGB) kann der Verletzte die Herausgabe der unzulässig aufgenommenen Fotos und Negative oder der beanstandeten Druckschrift verlangen, wenn deren Verbreitung zeitlich unbeschränkt unzulässig ist (KG NJW 1980, 894; OLG München NJW-RR 1996, 93/95; OLG Stuttgart NJW-RR 1987, 1434). Auch kann das Gericht zur Sicherung des Unterlassungsanspruchs im Verfahren der einstweiligen Verfügung gemäß § 938 ZPO die vorläufige Herausgabe an einen Gerichtsvollzieher als Sequester anordnen (OLG Celle AfP 1984, 236). Dabei ist jedoch entsprechend den Beschränkungen für eine strafprozessuale Beschlagnahme in § 111m StPO auch zivilprozessual das Herstellungs- bzw Sicherungsinteresse des Verletzten gegenüber den durch die Herausgabe verursachten Belastungen für den Schuldner nach dem Verhältnismäßigkeitsgrundsatz abzuwägen; bei Tages- oder Wochenzeitschriften verlangt das außergewöhnliche Umstände (*Wenzel/Burkhardt* Kap 15 Rn 13; vgl auch Rn 272). Außerdem ist die Herausgabe streng auf den unzulässigen Teil der Druckschrift zu beschränken. Ist eine solche Trennung nicht möglich, dann ist dieser Weg verschlossen.

3. Anspruch auf Vernichtung

350 Als Nebenanspruch aus negatorischem oder schadensrechtlichem Grund kann Vernichtung bzw Unbrauchbarmachung der beanstandeten Druckschrift in analoger Anwendung von § 74d StGB oder eines rechtswidrigen Internet-Eintrags verlangt werden, sofern dafür ein Rechtsschutzbedürfnis besteht (OLG Düsseldorf ZUM-RD 2012, 137 – Vernichtung von heimlichen Film- und Tonaufnahmen in einer Arztpraxis). Der Anspruch erstreckt sich auch auf die zur Herstellung und Vervielfältigung des Druckwerks bestimmten Platten, Formen, Folien, Matrizen usw. Im Verfahren der einstweiligen Verfügung ist die Anordnung nicht möglich, da sie eine unzulässige Vorwegnahme der Entscheidung zur Hauptsache wäre (OLG Hamburg WRP 1963, 369). Die Vollstreckung richtet sich nach § 888 ZPO.
Zur Aufbrauchsfrist näher Rn 272.

4. Anspruch auf Urteilsveröffentlichung

351 Der Anspruch auf Urteilsveröffentlichung kann in Anlehnung an § 200 StGB, § 23 Abs 2 UWG mit negatorischer Begründung der Beseitigung der Störquelle mit ihren Wirkungen in die Zukunft ebenso wie mit schadensrechtlicher Begründung der Naturalrestitution dienen. Das Gericht kann deshalb dem Verletzten auf seinen Antrag das Recht zuerkennen, den Tenor des zu seinen Gunsten erlassenen Unterlassungs-, Widerrufs- oder Schadensersatzurteils auf Kosten des Störers bzw Schädigers öffentlich bekannt zu machen (BGHZ 14, 163 – *Constanze II;* 99, 133/136 – *Oberfaschist;* BGH NJW 1984, 1102 – *Wahlkampfrede;* GRUR 1966, 272 – *Arztschreiber;* 1972, 555 – *Spezialsalz II;* OLG Köln AfP 1985, 223). Die Veröffentlichung kann zur Verstärkung eines Unterlassungs- oder Schadensersatzanspruchs wegen unzulässiger Meinungsäußerung ausgesprochen werden; sie ist nicht auf unzulässige Tatsachenaussagen beschränkt. Da sie aber den Störer bzw Schädiger ähnlich belasten wie ein Widerruf, sind an das Rechtsschutzinteresse insbes im außerwettbewerblichen Bereich strenge Anforderungen zu stellen. In aller Regel ist erforderlich, dass die unzulässige Äußerung auch wirklich vor einem großen Empfängerkreis gemacht worden ist und die Publizierung des Urteils zur Beseitigung noch andauernder Folgen für das Ansehen des Verletzten erforderlich ist.

Die Regelung in § 200 Abs 2 StGB hindert den Richter nicht, in Ausnahmefällen die Veröffentlichung des verfügenden Teils des Urteils noch in weiteren Zeitungen oder Zeitschriften anzuordnen, wenn die Veröffentlichung in dem Druckwerk, das die unzulässige Äußerung verbreitet hat, zur Beseitigung der Störung nicht genügt, weil damit derselbe Empfängerkreis auch nicht annähernd zu erreichen ist (OLG Stuttgart NJW 1972, 2320/2321). Das Urteil hat die Publikationsorgane, das Größenmaß der Veröffentlichung sowie den Zeitraum, innerhalb dessen die Veröffentlichung erfolgen muss, genau anzugeben. Die Vollstreckung erfolgt nach §§ 887, 888 ZPO.

§ 7 LPG
Druckwerke

Gesetzesfassung in Baden-Württemberg:

§ 7 [Begriffsbestimmungen]

(1) Druckwerke im Sinne des Gesetzes sind alle mittels der Buchdruckerpresse oder eines sonstigen zur Massenherstellung geeigneten Vervielfältigungsverfahrens hergestellten und zur Verbreitung bestimmten Schriften, besprochenen Tonträger, bildlichen Darstellungen mit und ohne Schrift, Bildträger und Musikalien mit Text oder Erläuterungen.

(2) Zu den Druckwerken gehören auch die vervielfältigten Mitteilungen, mit denen Nachrichtenagenturen, Pressekorrespondenzen, Materndienste und ähnliche Unternehmungen die Presse mit Beiträgen in Wort, Bild oder ähnlicher Weise versorgen. Als Druckwerke gelten ferner die von einem presseredaktionellen Hilfsunternehmen gelieferten Mitteilungen ohne Rücksicht auf die technische Form, in der sie geliefert werden.

(3) Den Bestimmungen dieses Gesetzes über Druckwerke unterliegen nicht
1. amtliche Druckwerke, soweit sie ausschließlich amtliche Mitteilungen enthalten,
2. die nur Zwecken des Gewerbes und Verkehrs, des häuslichen und geselligen Lebens dienenden Druckwerke, wie Formulare, Preislisten, Werbedrucksachen, Familienanzeigen, Geschäfts-, Jahres- und Verwaltungsberichte und dergleichen, sowie Stimmzettel für Wahlen.

(4) Periodische Druckwerke sind Zeitungen, Zeitschriften und andere in ständiger, wenn auch unregelmäßiger Folge und im Abstand von nicht mehr als sechs Monaten erscheinende Druckwerke.

Gesetzesfassung in Bayern:

Art. 6 [Druckwerke, Zeitungen, Zeitschriften]

(1) Druckwerke im Sinne dieses Gesetzes sind alle mittels der Buchdruckerpresse oder eines sonstigen Vervielfältigungsverfahrens hergestellten und zur Verbreitung in der Öffentlichkeit bestimmten Schriften, bildlichen Darstellungen mit und ohne Schrift und Musikalien mit Text oder Erläuterungen.

(2) Periodische Druckwerke sind Druckwerke, die in Zwischenräumen von höchstens sechs Monaten erscheinen.

(3) Zeitungen und Zeitschriften im Sinn dieses Gesetzes sind periodische Druckwerke, deren Auflage 500 Stück übersteigt. Periodische Druckwerke, deren Auflage 500 Stück nicht übersteigt, gelten als Zeitungen und Zeitschriften nur dann, wenn ihr Bezug nicht an einen bestimmten Personenkreis gebunden ist.

Art. 7 [Impressum]

(1) Auf jedem in Bayern erscheinenden Druckwerk muß der Drucker und Verleger, beim Selbstverlag der Verfasser oder Herausgeber genannt sein. Anzugeben sind Name oder Firma und Anschrift.

(2) Ausgenommen sind Druckwerke, die ausschließlich Zwecken des Gewerbes oder Verkehrs oder des häuslichen oder geselligen Lebens dienen, wie Formblätter, Preislisten, Gebrauchsanweisungen, Fahrkarten, Familienanzeigen und dergleichen.

(3) Ausgenommen sind weiter Stimmzettel für Wahlen, sofern sie lediglich Zweck, Zeit und Ort der Wahl und die Namen der Parteien und Wahlbewerber enthalten.

Art. 17 [Nachrichtenagenturen, Pressebüros]

Die Bestimmungen dieses Gesetzes gelten sinngemäß auch für Nachrichtenagenturen, Pressebüros und ähnliche Unternehmen.

Gesetzesfassung in Berlin:

§ 6 [Begriffsbestimmungen]

(1) Druckwerke im Sinne dieses Gesetzes sind alle mittels der Buchdruckerpresse oder eines sonstigen zur Massenherstellung geeigneten Vervielfältigungsverfahrens hergestellten und zur Verbreitung bestimmten Schriften, besprochenen Tonträger, bildlichen Darstellungen mit und ohne Schrift und Musikalien mit Text oder Erläuterungen.

(2) Zu den Druckwerken gehören auch die vervielfältigten Mitteilungen, mit denen Nachrichtenagenturen, Pressekorrespondenzen, Materndienste und ähnliche Unternehmungen die Presse mit Beiträgen in Wort, Bild oder ähnlicher Weise versorgen. Als Druckwerke gelten ferner die von einem presseredaktionellen Hilfsunternehmen gelieferten Mitteilungen ohne Rücksicht auf die technische Form, in der sie geliefert werden.

(3) Den Bestimmungen dieses Gesetzes über Druckwerke unterliegen nicht
1. amtliche Druckwerke, soweit sie ausschließlich amtliche Mitteilungen enthalten,
2. die nur Zwecken des Gewerbes und Verkehr, des häuslichen und geselligen Lebens dienenden Druckwerke, wie Formulare, Preislisten, Werbedrucksachen, Familienanzeigen, Geschäfts-, Jahres- und Verwaltungsberichte und dergleichen, sowie Stimmzettel für Wahlen

(4) Periodische Druckwerke sind Zeitungen, Zeitschriften und andere in ständiger, wenn auch unregelmäßiger Folge und im Abstand von nicht mehr als sechs Monaten erscheinende Druckwerke.

Gesetzesfassung in Brandenburg:

§ 7 [Begriffsbestimmungen]

(1) Druckwerke im Sinne dieses Gesetzes sind alle mittels eines zur Massenherstellung geeigneten Vervielfältigungsverfahrens hergestellten und zur Verbreitung bestimmten Schriften, besprochenen Tonträgern, bildlichen Darstellungen mit und ohne Schrift, Bildträger und Musikalien mit Text oder Erläuterungen.

(2) Zu den Druckwerken gehören auch die vervielfältigten Mitteilungen, mit denen Nachrichtenagenturen, Pressekorrespondenzen, Materndienste und ähnliche Unternehmen die Presse mit Beiträgen in Wort, Bild oder ähnlicher Weise

Druckwerke § 7 LPG

versorgen. Als Druckwerk gelten ferner die von einem presseredaktionellen Hilfsunternehmen gelieferten Mitteilungen ohne Rücksicht auf die technische Form, in der sie geliefert werden.

(3) Den Bestimmungen dieses Gesetzes über Druckwerke unterliegen nicht:
1. amtliche Druckwerke, soweit sie ausschließlich amtliche Mitteilungen enthalten,
2. die nur zu Zwecken des Gewerbes und Verkehrs, des häuslichen und geselligen Lebens dienenden Druckwerke wie Formulare, Preislisten, Werbedrucksachen, Familienanzeigen, Geschäfts-, Jahres- und Verwaltungsberichte und dergleichen sowie Stimmzettel für Wahlen.

(4) Periodische Druckwerke sind Zeitungen, Zeitschriften und andere in ständiger, wenn auch unregelmäßiger, Folge und dem Abstand von nicht mehr als sechs Monaten erscheinende Druckwerke.

Gesetzesfassung in Bremen:

§ 7 [Begriffsbestimmungen]

(1) Druckwerke im Sinne dieses Gesetzes sind alle mittels der Buchdruckerpresse oder eines sonstigen zur Massenherstellung geeigneten Vervielfältigungsverfahren hergestellten und zur Verbreitung bestimmten Schriften, besprochenen Tonträger, bildlichen Darstellungen mit und ohne Schrift, Bildträger und Musikalien mit Text oder Erläuterungen.

(2) Zu den Druckwerken gehören auch die vervielfältigten Mitteilungen, mit denen Nachrichtenagenturen, Pressekorrespondenzen, Materndienste und ähnliche Unternehmungen die Presse mit Beiträgen in Wort, Bild oder ähnlicher Weise versorgen. Als Druckwerke gelten ferner die von einem presseredaktionellen Hilfsunternehmen gelieferten Mitteilungen ohne Rücksicht auf die technische Form, in der sie geliefert werden.

(3) Den Bestimmungen dieses Gesetzes über Druckwerke unterliegen nicht
1. amtliche Druckwerke, soweit sie ausschließlich amtliche Mitteilungen enthalten
2. die nur Zwecken des Gewerbes und Verkehrs, des häuslichen und geselligen Lebens dienenden Druckwerke, wie Formulare, Preislisten, Werbedrucksachen, Familienanzeigen, Geschäfts-, Jahres- und Verwaltungsberichte und dergleichen sowie Stimmzettel für Wahlen.

(4) Periodische Druckwerke sind Zeitungen, Zeitschriften und andere Druckwerke, die in ständiger, wenn auch unregelmäßiger Folge und im Abstand von nicht mehr als sechs Monaten erscheinen.

Gesetzesfassung in Hamburg:

§ 7 [Druckwerke]

(1) Druckwerke im Sinne dieses Gesetzes sind alle mittels der Buchdruckerpresse oder eines sonstigen zur Massenherstellung geeigneten Vervielfältigungsverfahren hergestellten und zur Verbreitung bestimmten Schriften, besprochenen Tonträger, bildlichen Darstellungen mit und ohne Schrift und Musikalien mit Text oder Erläuterungen.

(2) Zu den Druckwerken gehören auch die vervielfältigten Mitteilungen, mit denen Nachrichtenagenturen, Pressekorrespondenzen, Materndienste und ähnliche Unternehmungen die Presse mit Beiträgen in Wort, Bild oder ähnlicher Weise versorgen. Als Druckwerke gelten ferner die von einem presseredaktionellen Hilfsunternehmen gelieferten Mitteilungen ohne Rücksicht auf die technische Form, in der sie geliefert werden, sowie Wochenschauen.

LPG § 7

Druckwerke

(3) Den Bestimmungen dieses Gesetzes über Druckwerke unterliegen nicht
1. amtliche Druckwerke, soweit sie ausschließlich amtliche Mitteilungen enthalten,
2. Druckwerke, die nur Zwecken des Gewerbes und Verkehrs, des häuslichen und geselligen Lebens dienen, wie Formulare, Preislisten, Werbedrucksachen, Familienanzeigen, Geschäfts-, Jahres- und Verwaltungsberichte und dergleichen, sowie Stimmzettel für Wahlen.

(4) Periodische Druckwerke sind Zeitungen, Zeitschriften und andere in ständiger, wenn auch unregelmäßiger Folge und im Abstand von nicht mehr als sechs Monaten erscheinende Druckwerke.

Gesetzesfassung in Hessen:

§ 4 [Druckwerke]

(1) Druckwerke im Sinne dieses Gesetzes sind alle Druckerzeugnisse sowie alle anderen zur Verbreitung bestimmten Vervielfältigungen von Schriften, besprochenen Tonträgern und bildlichen Darstellungen mit oder ohne Schrift und von Musikalien mit oder ohne Text oder Erläuterungen.

(2) Ausgenommen sind:
1. amtliche Druckwerke, soweit sie ausschließlich amtliche Mitteilungen enthalten,
2. die nur den Zwecken des Gewerbes und Verkehrs, des häuslichen und geselligen Lebens dienenden Druckwerke wie Formulare, Preislisten, Werbedrucksachen, Familienanzeigen, Geschäfts-, Jahres- und Verwaltungsberichte und dergleichen, sowie Stimmzettel für Wahlen.

(3) Periodische Druckwerke sind Zeitungen und Zeitschriften, die in Zwischenräumen von höchstens sechs Monaten in ständiger, wenn auch unregelmäßiger Folge erscheinen.

Gesetzesfassung in Mecklenburg-Vorpommern:

§ 6 [Druckwerke]

(1) Druckwerke im Sinne dieses Gesetzes sind alle mittels der Buchdruckerpresse oder eines sonstigen zur Massenherstellung geeigneten Vervielfältigungsverfahrens hergestellten und zur Verbreitung bestimmten Schriften, besprochenen Tonträger, bildlichen Darstellungen mit und ohne Schrift und Musikalien mit Text oder Erläuterungen.

(2) Zu den Druckwerken gehören auch die vervielfältigten Mitteilungen, mit denen Nachrichtenagenturen, Pressekorrespondenzen und ähnliche Unternehmungen die Presse mit Beiträgen in Wort, Bild oder ähnlicher Weise versorgen. Als Druckwerke gelten ferner die von einem presseredaktionellen Hilfsunternehmen gelieferten Mitteilungen ohne Rücksicht auf die technische Form, in der sie geliefert werden.

(3) Den Bestimmungen dieses Gesetzes über Druckwerke unterliegen nicht
1. amtliche Druckwerke, soweit sie ausschließlich amtliche Mitteilungen enthalten,
2. die nur Zwecken des Gewerbes und Verkehrs, des häuslichen und geselligen Lebens dienenden Druckwerke wie Formulare, Preislisten, Werbedrucksachen, Familienanzeigen, Geschäfts-, Jahres- und Verwaltungsberichte und dergleichen sowie Stimmzettel für Wahlen.

(4) Periodische Druckwerke sind Zeitungen, Zeitschriften und andere in ständiger, wenn auch unregelmäßiger Folge und im Abstand von nicht mehr als sechs Monaten erscheinende Druckwerke.

Druckwerke § 7 LPG

Gesetzesfassung in Niedersachsen:

§ 7 [Begriffsbestimmungen]

(1) Druckwerke im Sinne dieses Gesetzes sind alle mittels der Buchdruckerpresse oder eines sonstigen zur Massenherstellung geeigneten Vervielfältigungsverfahren hergestellten und zur Verbreitung bestimmten Schriften, besprochenen Tonträger, bildlichen Darstellungen mit und ohne Schrift und Musikalien mit Text oder Erläuterungen.

(2) Zu den Druckwerken gehören auch die vervielfältigten Mitteilungen, mit denen Nachrichtenagenturen, Pressekorrespondenzen, Materndienste und ähnliche Unternehmungen die Presse mit Beiträgen in Wort, Bild oder ähnlicher Weise versorgen. Als Druckwerke gelten ferner die von einem presseredaktionellen Hilfsunternehmen gelieferten Mitteilungen ohne Rücksicht auf die technische Form, in der sie geliefert werden.

(3) Den Bestimmungen dieses Gesetzes über Druckwerke unterliegen nicht
1. amtliche Druckwerke, soweit sie ausschließlich amtliche Mitteilungen enthalten,
2. die nur Zwecken des Gewerbes und Verkehrs, des häuslichen und geselligen Lebens dienenden Druckwerke – Formulare, Preislisten, Werbedrucksachen, Familienanzeigen, Geschäfts-, Jahres- und Verwaltungsberichte und dergleichen – sowie Stimmzettel für Wahlen und Abstimmungen sowie Unterschriftenbögen für Volksinitiativen, Volksbegehren und Bürgerbegehren.

(4) Periodische Druckwerke sind Zeitungen, Zeitschriften und andere Druckwerke, die in ständiger, wenn auch unregelmäßiger Folge und im Abstand von nicht mehr als sechs Monaten erscheinen.

Gesetzesfassung in Nordrhein-Westfalen:

§ 7 [Begriffsbestimmungen]

(1) Druckwerke im Sinne dieses Gesetzes sind alle mittels der Buchdruckerpresse oder eines sonstigen zur Massenherstellung geeigneten Vervielfältigungsverfahren hergestellten und zur Verbreitung bestimmten Schriften, besprochenen Tonträger, bildlichen Darstellungen mit und ohne Schrift, Bildträger und Musikalien mit Text oder Erläuterungen.

(2) Zu den Druckwerken gehören auch die vervielfältigten Mitteilungen, mit denen Nachrichtenagenturen, Pressekorrespondenzen, Materndienste und ähnliche Unternehmungen die Presse mit Beiträgen in Wort, Bild oder ähnlicher Weise versorgen. Als Druckwerke gelten ferner die von einem presseredaktionellen Hilfsunternehmen gelieferten Mitteilungen ohne Rücksicht auf die technische Form, in der sie geliefert werden.

(3) Den Bestimmungen dieses Gesetzes über Druckwerke unterliegen nicht
1. amtliche Druckwerke, soweit sie ausschließlich amtliche Mitteilungen enthalten,
2. die nur Zwecken des Gewerbes und Verkehrs, des häuslichen und geselligen Lebens dienenden Druckwerke, wie Formulare, Preislisten, Werbedrucksachen, Familienanzeigen, Geschäfts-, Jahres- und Verwaltungsberichte und dergleichen, sowie Stimmzettel für Wahlen.

(4) Periodische Druckwerke sind Zeitungen, Zeitschriften und andere in ständiger, wenn auch unregelmäßiger Folge und im Abstand von nicht mehr als sechs Monaten erscheinende Druckwerke.

LPG § 7   Druckwerke

Gesetzesfassung in Rheinland-Pfalz:

§ 1 [Geltungsbereich]

(1) Dieses Gesetz gilt für die Presse, für die Veranstaltung und Verbreitung von Rundfunk und Telemedien, für die Zuteilung und Zuordnung von Übertragungskapazitäten und für die Durchführung von Modellversuchen mit neuen Rundfunktechniken oder Telemedien.

(2) Soweit dieses Gesetz keine besonderen Bestimmungen enthält, gelten für bundesweite, länderübergreifende und nicht länderübergreifende Angebote und Plattformen die Bestimmungen des Rundfunkstaatsvertrages, des Jugendmedienschutz-Staatsvertrages und des Rundfunkfinanzierungsstaatsvertrages. Bei der Anwendung der Bestimmungen dieses Gesetzes auf nicht länderübergreifende Rundfunkprogramme und Rundfunkfensterprogramme ist deren besondere Ausgestaltung zu berücksichtigen.

(3) Für die öffentlich-rechtlichen Rundfunkveranstalter gelten die durch Staatsvertrag getroffenen Regelungen. Der Landesmedienanstalt stehen keine Befugnisse ihnen gegenüber zu. Die §§ 28, 32, 33 und 34 bleiben unberührt.

(4) Den Bestimmungen dieses Gesetzes über Druckwerke unterliegen nicht

1. amtliche Druckwerke, soweit sie ausschließlich amtliche Mitteilungen enthalten,
2. Druckwerke, die nur Zwecken des Gewerbes und Verkehrs oder des häuslichen und geselligen Lebens dienen, insbesondere Formulare, Preislisten, Werbedrucksachen, Familienanzeigen, Geschäfts-, Jahres- und Verwaltungsberichte und dergleichen, sowie
3. Stimmzettel für Wahlen

§ 3 [Begriffsbestimmungen]

(1) Im Sinne dieses Gesetzes sind Medien Presse, Rundfunk und Telemedien.

(2) Im Sinne dieses Gesetzes sind

1. Druckwerke
   a) alle mittels eines zur Massenherstellung geeigneten Vervielfältigungsverfahrens hergestellten und zur Verbreitung bestimmten Texte, auch Texte in verfilmter oder elektronisch aufgezeichneter Form, besprochene Tonträger, Notendrucke und andere grafische Musikaufzeichnungen, Landkarten, Ortspläne und Atlanten sowie bildliche Darstellungen, wenn sie mit einem erläuternden Text verbunden sind,
   b) vervielfältigte Mitteilungen, mit denen Nachrichtenagenturen, Pressekorrespondenzen, Materndienste und ähnliche Unternehmungen die Presse mit Beiträgen in Wort, Bild oder ähnlicher Weise versorgen,
   c) von presseredaktionellen Hilfsunternehmen gelieferte Mitteilungen ohne Rücksicht auf die technische Form, in der sie geliefert sind,
2. periodische Druckwerke
   Zeitungen, Zeitschriften und andere in ständiger, wenn auch unregelmäßiger Folge und im Abstand von nicht mehr als sechs Monaten erscheinende Druckwerke,
3. Programm
   eine nach einem Sendeplan zeitlich geordnete Folge von Inhalten,
4. Sendung
   ein inhaltlich zusammenhängender, in sich geschlossener, zeitlich begrenzter Teil eines Programms,
5. Programmbeitrag
   ein inhaltlich zusammenhängender in sich geschlossener Teil einer Sendung,

6. Programmgattung
ein Vollprogramm, Spartenprogramm oder Fensterprogramm, insbesondere Satellitenfensterprogramm oder Regionalfensterprogramm,
7. Programmschema
eine nach Wochentagen entsprechend der jeweiligen Programmgattung gegliederte Übersicht über die Verteilung der täglichen Sendezeit innerhalb der Bereiche Information, Bildung, Beratung und Unterhaltung mit einer Darstellung der vorgesehenen wesentlichen Programminhalte,
8. Fensterprogramm
ein zeitlich oder räumlich begrenztes Programm im Rahmen eines weiter reichenden Programms,
9. eigener Kanal
ein einem Rundfunkveranstalter oder Anbieter von Telemedien, die an die Allgemeinheit gerichtet sind (vergleichbaren Telemedien) zur ausschließlichen Nutzung zugeordneter Kanal, bei Fensterprogrammen der zeitlich zur ausschließlichen Nutzung teilweise zugeordnete Kanal, und
10. Landesmedienanstalt
die LMK als nach Landesrecht zuständige Stelle für Rundfunk und Telemedien nach diesem Gesetz.

Gesetzesfassung im Saarland:

§ 2 [Begriffsbestimmungen]

(1) Im Sinne dieses Gesetzes sind Medien Presse, Rundfunk und Telemedien. In den §§ 4, 5 und 6 Abs. 2 sind dabei nur Telemedien mit journalistisch-redaktionell gestalteten Angeboten, in denen insbesondere vollständig oder teilweise Inhalte periodischer Druckerzeugnisse in Text oder Bild wiedergegeben werden, erfasst.

(2) Im Sinne dieses Gesetzes sind

1. Druckwerke alle mittels eines zur Massenherstellung geeigneten Vervielfältigungsverfahrens hergestellten und zur Verbreitung bestimmten Schriften, Bildträger, besprochenen Tonträger, bildlichen Darstellungen und Musikalien mit Text oder Erläuterungen. Zu den Druckwerken gehören auch die vervielfältigten Mitteilungen, mit denen Nachrichtenagenturen, Pressekorrespondenzen und ähnliche Unternehmungen die Presse mit Beiträgen versorgen. Als Druckwerke gelten ferner die von einem presseredaktionellen Hilfsunternehmen gelieferten Mitteilungen ohne Rücksicht auf die technische Form, in der sie geliefert sind,
2. periodische Druckwerke Zeitungen, Zeitschriften und andere in ständiger, wenn auch unregelmäßiger Folge und im Abstand von nicht mehr als sechs Monaten erscheinende Druckwerke.

(3) Den Bestimmungen dieses Gesetzes über Druckwerke unterliegen nicht
a) amtliche Druckwerke, soweit sie ausschließlich amtliche Mitteilungen enthalten,
b) die nur Zwecken des Gewerbes und Verkehrs, des häuslichen und geselligen Lebens dienenden Druckwerke, wie Formulare, Preislisten, Werbedrucksachen, Familienanzeigen, Geschäfts-, Jahres- und Verwaltungsberichte sowie Stimmzettel für Wahlen.

(4) Im Sinne dieses Gesetzes ist
1. Rundfunk die für die Allgemeinheit bestimmte Veranstaltung und Verbreitung von Darbietungen aller Art in Wort, in Ton und in Bild unter Benutzung elektromagnetischer Schwingungen ohne Verbindungsleitung oder längs oder mittels eines Leiters. Der Begriff schließt Darbietungen ein, die

verschlüsselt verbreitet werden oder gegen besonderes Entgelt empfangbar sind,
2. Rundfunkprogramm eine planvoll und zeitlich geordnete Folge von lokal, regional oder überregional verbreiteten Darbietungen eines Veranstalters,
3. Sendung ein inhaltlich zusammenhängender, in sich abgeschlossener zeitlich begrenzter Teil eines Rundfunkprogramms; Sendung ist auch die einzelne Folge einer Serie, wenn die Serie aus in sich geschlossenen, aber inhaltlich zusammenhängenden Folgen besteht,
4. Vollprogramm ein Rundfunkprogramm mit vielfältigen Inhalten, in welchem Informationen, Bildung, Beratung und Unterhaltung einen wesentlichen Teil des Gesamtprogramms bilden,
5. Spartenprogramm ein Rundfunkprogramm mit im Wesentlichen gleichartigen Inhalten,
6. Rundfunkveranstalterin oder Rundfunkveranstalter, wer ein Rundfunkprogramm unter eigener inhaltlicher Verantwortung darbietet,
7. LMS die Landesmedienanstalt Saarland,
8. SR die Anstalt Saarländischer Rundfunk.

Gesetzesfassung in Sachsen:

§ 6 [Impressum]

(1) Auf allen mittels eines zur Massenherstellung geeigneten Vervielfältigungsverfahren hergestellten und zur Verbreitung bestimmten Schriften, besprochenen Tonträgern, bildlichen Darstellungen mit oder ohne Schrift und Musikalien mit Text oder Erläuterungen (Druckwerke), die im Geltungsbereich dieses Gesetzes erscheinen, müssen deutlich sichtbar Name oder Firma und Anschrift des Druckers und des Verlegers genannt sein. Beim Selbstverlag treten an die Stelle der Angaben über den Verleger Name oder Firma und Anschrift des Herausgebers oder des Verfassers.

(2) Für Zeitungen, Zeitschriften und andere Druckwerke, die in ständiger, wenn auch unregelmäßiger Folge und im Abstand von nicht mehr als sechs Monaten erscheinen (periodische Druckwerke), ist mindestens ein verantwortlicher Redakteur zu bestellen. Sein Name und seine Anschrift sind auf dem Druckwerk anzugeben. Sind mehrere verantwortliche Redakteure bestellt, so gilt Satz 2 für jeden von ihnen. Dabei ist auch anzugeben, für welchen räumlichen oder sachlichen Bereich ein jeder verantwortlich ist. Für den Anzeigenteil ist ebenfalls ein Verantwortlicher zu bestellen; die Bestimmungen über den verantwortlichen Redakteur gelten für ihn entsprechend.

(3) Zeitungen und Anschlußzeitungen, die regelmäßig ganze Seiten des redaktionellen Teils fertig übernehmen, haben dies im Impressum unter zusätzlicher Angabe von Name oder Firma und Anschrift des für den übernommenen Teil verantwortlichen Verlegers und Redakteurs kenntlich zu machen.

(4) Für die Aufnahme des Impressums ist der Verleger, beim Selbstverlag der Herausgeber oder Verfasser verantwortlich.

§ 15 [Anwendungsbereich]

(1) Die Bestimmungen dieses Gesetzes gelten mit Ausnahme von § 11 sinngemäß auch für die von Nachrichtenagenturen, Pressekorrespondenzen, Materndiensten und ähnlichen Unternehmen (presseredaktionelle Hilfsunternehmen) zugelieferten Mitteilungen ungeachtet der Form, in der sie geliefert werden.

(2) Auf amtliche Publikationen, sofern sie ausschließlich amtliche Mitteilungen enthalten, sind die §§ 7 und 9 nicht anzuwenden. Auf Publikationen, die nur Zwecken des Gewerbes oder Verkehrs, des häuslichen oder geselligen Lebens

Druckwerke $ 7 LPG

dienen wie Formulare, Preislisten, Werbedrucksachen, Familienanzeigen, Geschäfts-, Jahres- und Verwaltungsberichte und dergleichen sowie auf Stimmzettel bei Wahlen sind die §§ 6, 7 und 9 bis 11 nicht anzuwenden.

Gesetzesfassung in Sachsen-Anhalt:

§ 6 [Begriffsbestimmungen]

(1) Druckwerke im Sinne dieses Gesetzes sind alle mittels eines zur Massenherstellung geeigneten Vervielfältigungsverfahrens hergestellten und zur Verbreitung bestimmten Schriften, Tonträger, bildliche Darstellungen, Musikalien und sonstige Datenträger mit Informationen.

(2) Zu den Druckwerken gehören auch die vervielfältigten Mitteilungen, mit denen Nachrichtenagenturen, Pressekorrespondenzen, Materndienste und ähnliche Unternehmungen die Presse mit Bild oder ähnlicher Weise versorgen. Als Druckwerke gelten ferner die von einem presseredaktionellen Hilfsunternehmen gelieferten Mitteilungen ohne Rücksicht auf die technische Form, in der sie geliefert werden.

(3) Den Bestimmungen dieses Gesetzes über Druckwerke unterliegen nicht
1. amtliche Druckwerke, soweit sie ausschließlich amtliche Mitteilungen enthalten,
2. die nur Zwecken des Gewerbes und Verkehrs, des häuslichen und geselligen Lebens dienenden Druckwerke, wie Formulare, Preislisten, Werbedrucksachen, Familienanzeigen, Geschäfts-, Jahres- und Verwaltungsberichte und dergleichen sowie Stimmzettel für Wahlen.

(4) Periodische Druckwerke sind Zeitungen, Zeitschriften und andere Druckwerke, die in ständiger, auch unregelmäßiger Folge und im Abstand von nicht mehr als sechs Monaten erscheinen.

(5) Digitale Publikationen sind Darstellungen in Schrift, Bild oder Ton, die auf Datenträgern oder in unkörperlicher Form in öffentlichen Netzen verbreitet werden. Für digitale Publikationen gelten die Regelungen für Druckwerke entsprechend, soweit im Gesetz nichts anderes geregelt ist.

Gesetzesfassung in Schleswig-Holstein:

§ 6 [Begriffsbestimmungen]

(1) Druckwerke im Sinne dieses Gesetzes sind alle mittels der Buchdruckerpresse oder eines sonstigen zur Massenherstellung geeigneten Vervielfältigungsverfahrens hergestellten und zur Verbreitung bestimmten Schriften, besprochenen Tonträger, bildlichen Darstellungen mit und ohne Schrift, Bildträger und Musikalien mit Text oder Erläuterungen.

(2) Zu den Druckwerken gehören auch die vervielfältigten Mitteilungen, mit denen Nachrichtenagenturen, Pressekorrespondenzen, Materndienste und ähnliche Unternehmungen die Presse mit Beiträgen in Wort, Bild oder ähnlicher Weise versorgen. Als Druckwerke gelten ferner die von einem presseredaktionellen Hilfsunternehmen gelieferten Mitteilungen ohne Rücksicht auf die technische Form, in der sie geliefert werden.

(3) Den Bestimmungen dieses Gesetzes über Druckwerke unterliegen nicht
1. amtliche Druckwerke, soweit sie ausschließlich amtliche Mitteilungen enthalten,
2. die nur Zwecken des Gewerbes und Verkehrs, des häuslichen und geselligen Lebens dienenden Druckwerke, wie Formulare, Preislisten, Werbedrucksachen, Familienanzeigen, Geschäfts-, Jahres- und Verwaltungsberichte und dergleichen, sowie Stimmzettel für Wahlen.

Lehr

(4) Periodische Druckwerke sind Zeitungen, Zeitschriften und andere in ständiger, wenn auch unregelmäßiger Folge und im Abstand von nicht mehr als sechs Monaten erscheinende Druckwerke.

Gesetzesfassung in Thüringen:

§ 6 [Begriffsbestimmungen]

(1) Druckwerke im Sinne dieses Gesetzes sind alle mittels eines zur Massenherstellung geeigneten Vervielfältigungsverfahrens hergestellten und zur Verbreitung bestimmten Schriften, besprochenen Bild-/Tonträger, bildlichen Darstellungen mit und ohne Schrift und Musikalien mit Text oder Erläuterungen.

(2) Zu den Druckwerken gehören auch die vervielfältigten Mitteilungen, mit denen Nachrichtenagenturen, Pressekorrespondenten, Materndienste und ähnliche Unternehmen die Presse mit Beiträgen in Wort, Bild oder ähnlicher Weise versorgen. Als Druckwerke gelten ferner die von einem presseredaktionellen Hilfsunternehmen gelieferten Mitteilungen ohne Rücksicht auf die technische Form, in der sie geliefert werden.

(3) Den Bestimmungen dieses Gesetzes über Druckwerke unterliegen nicht:
1. amtliche Druckwerke, soweit sie ausschließlich amtliche Mitteilungen enthalten;
2. die nur Zwecken des Gewerbes und Verkehrs, des häuslichen und geselligen Lebens dienenden Druckwerke, Formulare, Preislisten, Werbedrucksachen, Familienanzeigen, Geschäfts-, Jahres- und Verwaltungsberichte und dergleichen sowie Stimmzettel für Wahlen.

(4) Periodische Druckwerke sind Zeitungen, Zeitschriften und andere Druckwerke, die in ständiger, wenn auch unregelmäßiger Folge und im Abstand von nicht mehr als sechs Monaten erscheinen.

Inhaltsübersicht

		Rn
I.	Geltende Gesetzesfassung	1
II.	**Zweck und Bedeutung der Bestimmung**	
	1. § 7 als Basis des umfassenden Begriffs „Presse"	2
	2. Herkunft und Zweck des weiten Pressebegriffs	3–5
	3. § 7 beschränkt sich auf die Definition „Druckwerk"	6
III.	**Das Druckwerk als Grundlage des Pressebegriffs**	
	1. Allgemeines	7
	2. Druckwerk und Druckschrift	8
	3. Begriff und Abgrenzung von Zeitung und Zeitschrift	9–14
IV.	**Der Begriff des Druckwerks im Besonderen**	
	1. Der geistige Sinngehalt	15–17
	2. Die stoffliche Verkörperung	18–19
	3. Die Bestimmung zur Verbreitung	20–22
	4. Herstellung im Massenvervielfältigungsverfahren	23–26
V.	**Die möglichen Verkörperungsformen des Druckwerks**	
	1. Schriften	27
	2. Besprochene Tonträger	28
	3. Bildliche Darstellungen, Bildträger	29–34
	4. Musikalien mit Text oder Erläuterungen	35
	5. Kombinationen. „Gemischte" Vervielfältigungen	36–40
VI.	**Die Einbeziehung der presseredaktionellen Hilfsunternehmen (§ 7 Abs 2 LPG)**	
	1. Begriff und Bedeutung der presseredaktionellen Hilfsunternehmen	41–42
	2. Die Regelung in den einzelnen Landes-Pressegesetzen	43
	3. Die geschichtliche Entwicklung der Redaktionskorrespondenzen; Meinungsmonopole der Materndienstzentralen, Anschlusszeitungen, Kopfblätter	44–47

II. Zweck und Bedeutung der Bestimmung §7 LPG

		Rn
4. Der Sinn des § 7 Abs 2		48
5. Die presseredaktionellen Hilfsunternehmen		
a) Nachrichtenagenturen		49
b) Pressekorrespondenzen		50
c) Materndienste		51
d) Ähnliche Unternehmungen		52
6. „Ohne Rücksicht auf die technische Form"		53
VII. Die Freistellung amtlicher Druckwerke (§ 7 Abs 3 Ziff 1 LPG)		
1. Die Bedeutung der Freistellung		54
2. Der Begriff „amtliche Druckwerke"		55
3. Druckwerke gemischten Inhalts		56
4. Besondere Regelung in Bayern		57
5. Besondere Regelung in Sachsen		58
VIII. Die Freistellung der „harmlosen" Druckwerke (§ 7 Abs 3 Ziff 2 LPG)		
1. Geltungsbereich und Sinn der Vorschrift		59
2. Nur tendenzfreie Zwecke sind privilegiert		60
3. Den Zwecken des Gewerbes dienende Druckwerke		61
4. Den Zwecken des Verkehrs dienende Druckwerke		62
5. Dem häuslichen und geselligen Leben dienende Druckwerke		63
6. Stimmzettel für Wahlen		64
IX. Periodische Druckwerke. Begriff und Sonderstellung (§ 7 Abs 4 LPG)		
1. Sinn und Zweck der Sonderstellung. Überragende Bedeutung der „periodischen Presse"		65
2. Die für periodische Druckwerke geltenden presserechtlichen Sondervorschriften		66–75
3. Der Begriff des periodischen Druckwerks. Zeitungen und Zeitschriften		76–82
4. Die Sonderregelung in Bayern		83

Schrifttum: *Damm,* Der Gegendarstellungsanspruch. Festschrift für Martin Löffler, München 1980; *Groß,* Presserecht, 3. Auflage, Heidelberg, 1999; *Haentzschel,* Reichspressegesetz, Berlin 1972; *Hoehne,* Report über Nachrichtenagenturen, Baden-Baden 1977; *Löffler,* in Festschrift für Walter Bappert, Freiburg 1964 S 117 ff.; *Ricker/Weberling,* Handbuch des Presserechts, 6. Auflage, München 2012; *Lüders,* Rundfunk- und Presserecht, Berlin 1952; *Rebmann/Ott/Storz,* Das baden-württembergische Gesetz über die Presse, Stuttgart 1961; *Reh/Gross,* Hessisches Pressegesetz, Wiesbaden 1968; *Scheer,* Deutsches Presserecht, Hamburg 1966; *Schiwy/Schütz,* Medienrecht, Neuwied 1977; *Schnicker,* Verlagsrecht, 3. Auflage, München 2001; *Seitz/Schmidt,* Der Gegendarstellungsanspruch, 4. Auflage, München 2010; *Soehring/Hoene,* Presserecht, 5. Auflage, Köln 2013; *Ulmer E.,* Urheber- und Verlagsrecht, 3. Auflage, Berlin 1980; Wallenfels/Russ, Buchpreisbindungsgesetz, 6. Auflage, München 2012; *Wenzel,* Das Recht der Wort- und Bildberichterstattung, 5. Auflage, Köln 2003.

I. Geltende Gesetzesfassung

In den meisten Landespressegesetzen finden sich die Begriffsbestimmungen in § 7. **1**
Sofern nachstehend von § 7 die Rede ist, gelten die Ausführungen in Bayern für Art 6, 7 und 17, in Berlin, Mecklenburg-Vorpommern, Sachsen-Anhalt, Thüringen und Schleswig-Holstein für § 6, in Hessen für § 4, im Saarland für § 2 und in Sachsen für §§ 6 und 15. In Rheinland-Pfalz gelten die Ausführungen für die §§ 1 und 3 des Landesmediengesetzes vom 4. Februar 2005.

II. Zweck und Bedeutung der Bestimmung

1. § 7 als Basis des umfassenden Begriffs „Presse"

Der § 7 LPG ist eine der wichtigsten Bestimmungen des gesamten Medienrechts. **2**
Aus ihm ergibt sich die außerordentliche Reichweite, die dem Verfassungsschutz der Pressefreiheit zukommt: da sich der Rechtsbegriff der *Presse* mangels einer Legal-

definition am umfassenden Begriff „Druckwerk" im Sinne des § 7 LPG orientiert, reicht der Schutz der Pressefreiheit weit über den Presse-Begriff des Sprachgebrauchs hinaus und kommt ua auch Bild- und Tonträgern aller Art und Musikalien mit Text oder Erläuterungen zugute.

2. Herkunft und Zweck des weiten Pressebegriffs

Der ausgedehnte *Rechtsbegriff* der Presse hat historische Ursachen:

3 a) Der Obrigkeitsstaat früherer Zeiten war bestrebt, die „gefährliche" Massenvervielfältigung von Gedanken in möglichst allen ihren Erscheinungsformen (Zeitung, Zeitschrift, Buch, Broschüre, Flugblatt, Plakat usw) den Ordnungsbestimmungen des Presserechts und damit der staatlichen Kontrolle zu unterwerfen. Wo es von vornherein an einer solchen „Gefährdung" fehlte, wie bei den *amtlichen* und den sogenannten *harmlosen* Druckwerken, hat man bewusst auf ihre Einbeziehung ins Presserecht verzichtet (§ 7 Abs 3).

Da die Presse heute ein Wesenselement des freiheitlichen Rechtsstaats bildet (BVerfGE 20, 174; 36, 340), besteht kein Anlass, den auf § 7 LPG beruhenden, umfassenden Schutzumfang der Pressefreiheit einzuschränken. Dass der Rechtsbegriff „Presse" *weit* auszulegen ist, entspricht gefestigter Rechtsauffassung.

4 b) Die besondere Bedeutung des § 7 LPG besteht des Weiteren darin, dass sich aus ihm – nach bisherigem Rechtsverständnis – eine klare *Abgrenzung* zwischen den „verkörperten" Medien Presse und Bild- und Tonträger einerseits und den „körperlosen" Medien Rundfunk und Film andererseits herleiten ließ. Aufgrund der sprunghaften technischen Entwicklung neuer Medien ist das überkommene Abgrenzungskriterium des Gutenberg-Zeitalters allerdings nachhaltig in Frage gestellt.

5 c) Von erheblicher rechtlicher Bedeutung ist auch § 7 Abs 2 LPG. Im Gegensatz zum Reichspreßgesetz von 1874 dehnt § 7 Abs 2 den Schutz der Pressefreiheit auf die für die Pressetätigkeit unentbehrliche „Vorarbeit" der *Pressekorrespondenzen* und Materndienste aus (vgl Rn 41 ff.). Dass mit der Anerkennung der beruflichen Tätigkeit (zB der Materndienste) als privilegierte Pressetätigkeit auch erhöhte Sorgfaltspflichten verbunden sind, hat die Rechtsprechung wiederholt betont (vgl etwa BVerfGE 12, 113 ff.).

3. § 7 beschränkt sich auf die Definition „Druckwerk"

6 Die Mehrzahl der Landespressegesetze gibt dem § 7 LPG die Bezeichnung „Begriffsbestimmungen". Dies entspricht dem Inhalt des § 7 nur zum geringen Teil.

Der § 7 definiert weder den Begriff der „Presse" bzw „periodischen Presse" noch den Begriff der „Massenmedien" noch gibt das LPG eine Definition der Begriffe „Zeitung" und „Zeitschrift". Der Gesetzgeber überließ diese Aufgabe der Presserechtswissenschaft und beschränkte sich darauf, in § 7 den Begriff des *„Druckwerkes"* (bzw des periodischen Druckwerkes, in § 7 Abs 4) in umfassender Weise festzulegen: Unter den Sammelbegriff „Druckwerk" fallen nicht nur die *herkömmlichen* Erzeugnisse des Buchdrucks wie Bücher, Zeitungen, Zeitschriften, Flugblätter und Plakate, sondern sämtliche in einem mechanischen, chemischen oder sonstigen modernen *Massenvervielfältigungsverfahren* hergestellten und zur Verbreitung bestimmten Schriften, die einen geistigen Sinngehalt stofflich verkörpern (Groß, Kapitel I Rn 3). Hinzu kommen *Ton- und Bildträger* sowie das der Presse zugelieferte Material der *Maternbüros* und Pressekorrespondenzen (vgl im Einzelnen Rn 15–26).

III. Das Druckwerk als Grundlage des Pressebegriffs

1. Allgemeines

7 Es gehört zu den Besonderheiten der „Materie Presserecht", dass Verfassung und Gesetzgeber trotz der gesellschaftspolitischen Bedeutung des Pressewesens im frühe-

III. Das Druckwerk als Grundlage des Pressebegriffs § 7 LPG

ren und im geltenden Recht auf eine Legaldefinition des Begriffs „Presse" verzichtet haben. Diese Zurückhaltung lässt dem durch das rasche Fortschreiten der Technik bedingten Begriffswandel freien Raum (Studienkreis für Presserecht und Pressefreiheit in NJW 1980, 1612).

Mangels einer Legaldefinition hat sich der ursprünglich von der Buchdruckerpresse abgeleitete Rechtsbegriff Presse schon im Reichspreßgesetz von 1874 (§ 2 RPG) und nach heutigem Recht (§ 7 LPG) am umfassenden Begriff des *Druckwerks* orientiert. Der dadurch bedingte extensive Pressebegriff bedeutete in der Vergangenheit für den Obrigkeitsstaat eine willkommene Sicherung, da auf diese Weise die Presse in allen ihren mannigfaltigen Erscheinungsformen (Zeitung, Zeitschrift, Buch, Plakat usw) den strengen Ordnungsvorschriften des Presserechts unterlag. In der Gegenwart, die durch einen intensiven Verfassungsschutz der Pressefreiheit geprägt ist, kommt der ausgedehnte Pressebegriff nunmehr allen darunter fallenden Presseprodukten bis zum Bierdeckel mit politischer Aufschrift zugute.

Dieser umfassende Begriff des Druckwerks bzw der Presse gilt nicht nur für das LPG, sondern auch für die presserechtlichen Vorschriften in anderen Gesetzen (GewO, StPO, StGB, JuSchG usw), soweit sie nichts Gegenteiliges bestimmen (herrschende Meinung, RGSt 35, 376; Häntzschel S 23).

2. Druckwerk und Druckschrift

Das alte Reichspreßgesetz sprach nicht von Druckwerken, sondern von *Druckschriften*. Ein sachlicher Unterschied besteht nicht. Der Begriff „Druckwerk" bringt lediglich deutlicher zum Ausdruck, dass es sich hier auch um bildliche, nicht bloß um schriftliche Darstellungen handelt. Jedoch vermag auch der Begriff „Druckwerk" nicht voll zu befriedigen, da zum Rechtsbegriff „Druckwerk" auch fotomechanische Vervielfältigungen und Bild- und Tonträger aller Art gehören, die mit „Drucken" im herkömmlichen Sinne nichts zu tun haben. Man spricht deshalb auch im Hinblick auf den Herstellungsvorgang von der besonderen Gruppe der *„Buchdruckerpresse"*, womit in erster Linie Zeitungen, Zeitschriften und Bücher begrifflich zusammengefasst werden. Während im alten RPG die Buchdruckerpresse als „Druckschrift im engeren Sinn" noch eine rechtliche Sonderstellung besaß (§ 27 Abs 1 RPG; vgl 1. Auflage § 2 RPG Rn 3), ist diese Unterscheidung heute weggefallen. Die LPG von Brandenburg, Hessen, Rheinland-Pfalz, Saarland, Sachsen, Sachsen-Anhalt und Thüringen erwähnen die Buchdruckerpresse nicht mehr, während sie in den anderen Landespressegesetzen noch als Hauptbeispiel einer verkörperten Massenvervielfältigung geistigen Inhalts Erwähnung findet.

3. Begriff und Abgrenzung von Zeitung und Zeitschrift

Auch die Bestimmung der besonders wichtigen Begriffe *Zeitung* und *Zeitschrift* hat der Gesetzgeber der Wissenschaft überlassen.

a) Zeitungen und Zeitschriften werden in § 7 Abs 4 LPG als Hauptanwendungsfälle der sog „periodischen Druckwerke" erwähnt, jedoch nicht näher definiert. Zeitungen und Zeitschriften, die in ihrer Zusammenfassung auch *„periodische Presse"* genannt werden, sind Massenvervielfältigungen geistigen Sinngehalts, die der redaktionellen Berichterstattung dienen. Sie erscheinen periodisch, dh in ständiger, wenn auch unregelmäßiger Folge in einem Abstand der Erscheinungstermine von nicht mehr als sechs Monaten. Die einzelnen Nummern der Zeitungen bzw Zeitschriften sind in sich abgeschlossen und selbstständig. Sie dienen durch Wort und Bild der Information, Erbauung und Unterhaltung des Publikums. Sie sind „periodische Sammelwerke" im Sinne des Verlagsgesetzes (§ 41), weil die Beiträge der verschiedenen Verfasser zu einem selbstständigen Ganzen zusammengefasst sind.

b) Die gegenseitige *Abgrenzung* von Zeitung und Zeitschrift ist in der Publizistik-Wissenschaft umstritten (vgl Löffler, in: Festschrift für Walter Bappert, Freiburg 1964, 117 ff.). Die Abgrenzung ist *notwendig*, weil die Rechtsordnung beide Medien des

LPG § 7

Öfteren unterschiedlich behandelt. So bezieht sich § 8 Abs 3 LPG nur auf Zeitungen, nicht auf Zeitschriften. Auch in anderen Rechtsbereichen spielt die Unterscheidung eine wichtige Rolle. Das *Tarifvertragsrecht* unterscheidet zwischen Redakteuren bei Tageszeitungen und solchen bei Zeitschriften (zB Manteltarifvertrag für Redakteurinnen und Redakteure an Tageszeitungen vom 1.1.2011/Manteltarifvertrag für Journalistinnen und Journalisten an Zeitschriften vom 1.1.2010). Im Urheberrecht (§ 38 Abs 3 UrhG) darf – soweit nichts anderes vereinbart ist – der Verfasser eines Zeitungsbeitrages alsbald nach dessen Erscheinen anderweitig darüber verfügen, bei einer Zeitschrift erst nach einem Jahr. § 49 Abs 1 UrhG beschränkt das sog publizistische Entnahmerecht auf Artikel und Kommentare, die von der aktuellen Tagespresse zu Tagesfragen veröffentlicht werden. „Zeitungen" iSv § 49 I 1 UrhG und damit vom Pressespiegelprivileg erfasst, können jedoch auch wöchentlich oder gar monatlich erscheinende Periodika sein, die nach ihrem Gesamtcharakter lediglich der aktuellen Information dienen (BGH NJW 2005, 2698 ff.). Nach § 46 Abs 1 VerlG kann der Verfasser eines in einer Zeitung erschienenen Beitrags keine Freiexemplare verlangen. Auch im *Postwesen* ist die Unterscheidung von Zeitung und Zeitschrift von Bedeutung.

11 c) Das Wesensmerkmal der *Zeitung,* insb im Unterschied zur Zeitschrift, ist der tagebuchartige Charakter, mit dem die Zeitung fortlaufend über aktuelle Ereignisse berichtet (BGH NJW 2005, 2700; Ricker/Weberling 1. Kapitel Rn 17). Die Zeitung ist das *Tagebuch der Zeit* – sei es in allen Lebensbereichen (Tageszeitung) oder auf einem bestimmten Sektor wie zB Religion, Sport, Wirtschaft, Lokales (vgl BGHZ 19, 392). Sie will den Leser durch Übermittlung von Tagesneuigkeiten über das aktuelle Tagesgeschehen informieren (OLG Köln AfP 1999, 87). Außer der tagebuchartigen Berichterstattung sind noch weitere Merkmale für den Zeitungsbegriff wesentlich. Dazu gehören die *Periodizität* des Erscheinens (fortlaufend), ferner die *Publizität* (Adressat ist das anonyme Publikum) und schließlich ihre *Aktualität.* Entsprechend ihrer Zielsetzung erscheinen Zeitungen öfter, häufig täglich, zT auch mehrmals wöchentlich. Das vielfach für den Zeitungsbegriff geforderte Element der „Universalität" ist hingegen nicht wesentlich, da die fortlaufende Berichterstattung über einen begrenzten aber eigenständigen Lebensbereich, zB die Wirtschaft, genügt (vgl Häntzschel S 52). Zur Definition der „Zeitung" s auch Einl Rn 14, 15.

12 d) Auch für die *Zeitschrift* ist die Periodizität und die Publizität des Erscheinens wesentlich. Dagegen fehlt bei der Zeitschrift die fortlaufende tagebuchartige Berichterstattung über alle oder einem bestimmten Lebensbereich entstammende Tagesneuigkeiten (vgl Schricker, § 41 Rn 6). Für die Zeitschrift ist es charakteristisch, dass sie sich auf ihrem Gebiet (Religion, Kunst, Sport, Wissenschaft etc) mit einzelnen Problemen und Vorgängen befasst. Zum Begriff „Zeitschrift" s auch Einl Rn 16.

13 e) Bei der Unterscheidung von Zeitschrift und Zeitung ist die Grenze fließend und eine klare Abgrenzung ist oft schwierig. Der wesentliche Unterschied zwischen Zeitung und Zeitschrift liegt – wie oben dargelegt – im Inhalt der Publikation. Es kommt darauf an, welche Inhalte im Einzelfall überwiegen. Bringt ein der Erörterung von Einzelfragen des Faches gewidmetes Druckwerk jeweils auch einen „Zeitspiegel" mit einer Zusammenfassung der wichtigsten Ereignisse, so bleibt doch der bestimmungsgemäße Zeitschriftencharakter, der nicht im „Zeitspiegel" verkörpert ist, unberührt. Eine Tageszeitung, die sich neben der laufenden Berichterstattung in besonderem Maße der Erörterung wichtiger Zeitfragen widmet (zB die Süddeutsche Zeitung oder die FAZ), verliert dadurch nicht ihren Zeitungscharakter. Die äußere Aufmachung oder die Häufigkeit des Erscheinens liefert nicht immer ein zuverlässiges Unterscheidungskriterium. So kommt es für die Abgrenzung von Zeitschriften und Zeitungen nicht darauf an, ob das Blatt im typischen (ungehefteten) Zeitungsformat erscheint oder nicht (BGH NJW 2005, 2700). Auch die Benennung ist nicht entscheidend. Die „Juristenzeitung" ist entgegen ihrer Benennung eine Zeitschrift. Dagegen ist das nur einmal wöchentlich erscheinende Tagblatt einer kleinen Kreisstadt eine Zeitung. Dennoch kann die äußere Ausstattung Anhaltspunkte für die Abgrenzung liefern. Bei

IV. Der Begriff des Druckwerks im Besonderen

Zeitungen beschränkt sich die äußere Ausstattung regelmäßig auf das Notwendigste. Sie erscheinen ganz überwiegend in der Form von großformatigen Blättern. Die Ausstattung von Zeitschriften ist hingegen meist aufwändiger. Sie weisen ganz überwiegend ein anderes Format auf und erscheinen regelmäßig in der Form von Heften (Schricker § 41 Rn 6). Mit den häufig wöchentlich erscheinenden politischen und wirtschaftlichen Nachrichtenmagazinen hat sich ein Zeitschriftentyp entwickelt, der nicht nur in der Erscheinungsweise, sondern auch thematisch insbesondere Wochenzeitungen sehr nahe kommt und sich von diesen in erster Linie durch Aufmachung und Format unterscheidet (Melichar, ZUM 1988, 14 ff.).

f) Kostenlose *Anzeigenblätter* fallen weder unter den Begriff der Zeitung noch den der Zeitschrift. Die Verwendung des Begriffs „Zeitung" in einer auf dem Titel eines Anzeigenblattes geschalteten Eigenwerbung ist eine wettbewerbswidrige Irreführung (OLG Köln AfP 1999, 86). Bei den Anzeigenblättern fehlt es einerseits an der tagebuchartigen Berichterstattung über alle oder über bestimmte Lebensbereiche (Zeitung); andererseits fehlt aber auch die intensive Beschäftigung mit besonderen Fragen oder Problemen (Zeitschrift). Der geringe redaktionelle Teil der kostenlosen Anzeigeblätter dient im Wesentlichen dem Zweck, im Publikum ein gewisses Lese-Interesse zu wecken (vgl BGH GRUR 1971, 477 mit Anm Hefermehl). Doch gehören Anzeigenblätter zum Massenmedium „Presse", da sie unstreitig der Information der Leser dienen. Je nach der Interessenlage können die für Zeitungen geltenden Normen auch auf Anzeigenblätter Anwendung finden (vgl BGH GRUR 1982 Heft 5 S XVII – kartellrechtliche Fusionskontrolle, HessVGH AfP 93, 682 – Sonntagsverteilung). Anzeigenblätter können Zeitungen im Sinne des Kartellrechts sein, wobei ihr Marktanteil nicht durch die kostenlos verteilte Auflage, sondern durch den Umsatz bestimmt wird, den sie durch Anzeigenaufträge erzielen (BGH AfP 1982, 167; vgl auch Beyer, AfP 1983, 384).

14

IV. Der Begriff des Druckwerks im Besonderen

§ 7 LPG geht von einem *extensiven Begriff* des Druckwerkes aus (vgl Rn 7). Druckwerke sind, wie oben (Rn 6) festgestellt wurde, verkörperte Massenvervielfältigungen geistigen Sinngehalts, die zur Verbreitung bestimmt sind.

1. Der geistige Sinngehalt

Wesentlich für den Begriff des Druckwerkes ist es, dass in ihm ein *geistiger Sinngehalt* verkörpert ist. Denn gerade wegen ihres geistigen Inhalts ist die Druckschrift einem Sonderrecht, dem Presserecht, unterstellt. Das Gesetz selbst spricht in § 20 LPG vom strafbaren „Inhalt" eines Druckwerks und besonders anschaulich in § 14 Abs 1 Satz 2 LPG von der Ausdehnung der Beschlagnahme auf sonstige „den gedanklichen Inhalt der Veröffentlichung tragende Vervielfältigungsmittel".

15

a) Mit Recht wird heute die früher verfochtene Ansicht (RGSt 6, 85; Schwarze S 8) abgelehnt, wonach ein geistiger Sinngehalt nicht erforderlich sei, vielmehr die Form der Herstellung (Buchdruckerpresse, Massenvervielfältigungsverfahren) für den Begriff des Druckwerkes ausreiche. Nur das Abstellen auf den „geistigen Sinngehalt" entspricht dem Presserecht als einem „geistigen Schutz- und Abwehrrecht" (Häntzschel S 24; Kitzinger S 11; OLG Breslau ZV Bd 8 S 862). Wenn Rebmann (§ 7 Rn 1) anstelle von „geistigem Sinngehalt" den Begriff „Aussage" (verkörperte Aussage) setzt, so lehnt er im Ergebnis die frühere formalistische Auffassung gleichfalls ab. Der Begriff „Aussage" wird jedoch dem umfassenden Begriff „Sinngehalt", der Schrift, Bild und Ton (Musik), aber auch reine Symbole (Landesfarben) umfasst, sprachlich nicht voll gerecht. Nach heute anerkannter Rechtsauffassung (zustimmend auch Scheer § 7 A I) sind sinnlose Zusammenstellungen von Buchstaben oder Zahlen keine Druckwerke im Sinn des § 7 LPG. Dasselbe gilt von den Prüfungstafeln von

16

LPG § 7 — Druckwerke

Augenärzten, da die auf den Tafeln zur Messung der Sehschärfe angebrachten Buchstaben oder Zahlen keinen Sinngehalt besitzen. Auch bei einer sinnlosen Zusammenstellung von Linien oder Farben fehlt der geistige Gehalt, und es liegt kein Druckwerk vor. Anders dagegen, wenn es sich um Landesfarben mit innerem Symbolgehalt oder um den Zirkel einer studentischen Korporation handelt. Nichtssagende Muster, Tapeten, Ornamente und Arabesken sind deshalb in der Regel keine Druckwerke (zustimmend Rebmann § 7 Rn 4).

17 b) Andererseits ist es zu eng, wenn man mit der früher herrschenden Ansicht (v Liszt S 15 ff., OLG Breslau ZV Bd 8 S 862) als geistigen Inhalt der Druckschrift den Ausdruck eines *Gedankens oder einer Meinung* fordert. Diese Auffassung steht in unvereinbarem Widerspruch zum Gesetz selbst, das in § 7 Abs 3 LPG auch Formulare, Preislisten usw als Druckwerke bezeichnet, obwohl hier eine Meinungs- und Gedankenäußerung in der Regel fehlt (OVG in Reger Bd 17 S 219; Kitzinger S 11; Häntzschel S 259). Es muss vielmehr als ausreichend angesehen werden, wenn das Druckwerk Träger eines inneren Sinngehalts ist, der vom Betrachter, Hörer oder Leser wahrgenommen werden kann, selbst wenn der Sinn nur Eingeweihten zugänglich ist.

2. Die stoffliche Verkörperung

18 Zum Begriff des Druckwerks gehört ferner die *stoffliche Verkörperung,* die den geistigen Inhalt trägt und zur körperlichen Verbreitung befähigt.

a) Nach allgemeiner Ansicht ist die *Art* des Stoffes für den Begriff des Druckwerks unwesentlich. Neben dem Hauptstoff Papier kommen ebenso Kunststoff (Bild- und Tonträger), Textilien (Fahnen, beschriftete Tücher, gestickte Haussegen), Holz (Wandsprüche), Emaille und Glas (Hausschilder), Metall (Gedenkmünzen) und alle sonstigen Stoffe in Betracht.

19 b) Weil es an der körperlich greifbaren Vervielfältigung fehlt, sind *optische Projektionen (Fernsehen, Film, Laufband oder Lichtreklame)* wie auch *Rundfunkdarbietungen* keine Druckwerke (RGZ 113, 415). Hier handelt es sich um elektronische Telekommunikation, die durch Lichtimpulse oder elektromagnetische Wellen „körperlos" erfolgt. Auch das wiederholte Abspielen eines einzelnen Tonbandes bedeutet noch nicht seine körperliche Vervielfältigung. Dagegen sind die Filmstreifen selbst ebenso wie die Bild- und Tonträger (zB Schallplatten, Kassetten und elektronische Speichermedien, zB CD-ROM, DVD) stoffliche Verkörperungen. Im Landesmediengesetz Rheinland-Pfalz wird dies in der gesetzlichen Definition ausdrücklich klargestellt. Nach § 3 Abs 2 Nr 1a) LMG sind unter anderem auch Texte in verfilmter oder elektronisch aufgezeichneter Form Druckwerke im Sinne dieses Gesetzes.

3. Die Bestimmung zur Verbreitung

20 Ein weiteres notwendiges Begriffsmerkmal des Druckwerkes im Sinne des § 7 LPG ist nach ausdrücklicher gesetzlicher Anordnung die *Bestimmung zur Verbreitung.* Von den inhaltlich verschiedenen Verbreitungsbegriffen des Strafrechts, des Presserechts, des Urheber- und Verlagsrechts (Näheres s Einl Rn 32 ff. § 8 Rn 16 ff.) kommt hier der *presserechtliche Verbreitungsbegriff* zur Anwendung. Der BGH (BGHSt 18, 63 ff.) hat das Wesen der presserechtlichen Verbreitung zutreffend wie folgt herausgestellt (S 64):

> „Der Gesetzgeber hat bewusst davon abgesehen, den Begriff „Verbreiten" näher abzugrenzen ... Bei der Auslegung ist deshalb auf den Grundgedanken des Gesetzes zurückzugreifen. Das Pressewesen beruht auf der schriftlichen und bildlichen Darstellung von Gedanken ... Die Druckschrift ist ihrem Wesen nach eine verkörperte Gedankenäußerung ... Für das Begriffsmerkmal „Verbreitung von Druckschriften" ist das körperliche Zugänglichmachen des Druckstückes daher wesentlich ... Gegenstand der Verbreitung im presserechtlichen Sinne ist stets die Druckschrift als Gedankenverkörperung, nicht bloß ihr geistiger Inhalt. Das folgern Rechtsprechung und Schrifttum aus dem Wortlaut des § 3 Pressegesetz, der ausdrücklich von der Verbreitung einer Druckschrift, nicht ihres Inhalts spreche (Löffler, Presserecht Anm 7 zu § 3 Presse-Gesetz)".

IV. Der Begriff des Druckwerks im Besonderen § 7 LPG

Da es für den Begriff des Druckwerkes auf die *Bestimmung* eines Presseprodukts zur Verbreitung ankommt, unterliegen Übungsdrucke eines Buchdruckerlehrlings oder die vom Verleger oder Buchdrucker zu seinem persönlichen Gebrauch hergestellten Drucke nicht dem Druckwerkbegriff des § 7: für sie gelten weder die Schutznormen noch die Ordnungsvorschriften (zB § 8 LPG – Impressumpflicht) des Presserechts.

a) Die Bestimmung zur Verbreitung erfordert weder eine solche zur *entgeltlichen* noch zur *gewerbsmäßigen* Verbreitung (RGSt 20, 63). Sie ist ein subjektives Merkmal, das davon abhängt, welche Zwecke Verfasser und Hersteller mit der Herstellung einer Druckschrift verfolgen. Für den Nachweis der Zweckbestimmung kommt es auf die Umstände des Einzelfalles an (vgl RGSt 42, 87). Die Zahl der Vervielfältigungen ist ein wichtiger, aber nicht der einzige Anhaltspunkt (Schwarze S 9). Wenn der Fotograf die von ihm auf Bestellung hergestellten Porträts an den Porträtierten abliefert, liegt keine Bestimmung zur Verbreitung und damit kein Druckwerk vor, während zum Handel bestimmte Fotografien als Druckwerke anzusehen sind. Möglich ist auch die nachträgliche Bestimmung zur Verbreitung einer ursprünglich zu anderen Zwecken angefertigten Vervielfältigung und umgekehrt. Damit entsteht oder entfällt jeweils nachträglich der Charakter eines Druckwerks. Doch sind an den Nachweis der Zweckänderung begreiflicherweise strengere Maßstäbe anzulegen. 21

b) Wesentlich für den Druckwerksbegriff ist die *Bestimmung* zur Verbreitung, nicht das (spätere) Erscheinen, die Herausgabe oder die sonstige Veröffentlichung bzw die tatsächlich erfolgte Verbreitung des Druckstücks (Häntzschel S 24; Schwarze S 9; Kitzinger S 14; aA von Liszt S 17). Deshalb sind Schriftproben, Korrekturen und Druckfahnen nach herrschender Meinung noch keine Druckwerke im Sinne des § 7 LPG, weil sie in ihrer unfertigen Form nicht zur Verbreitung bestimmt sind (vgl BGH NJW 1983 Heft 30 S VI). Doch genießen sie als Vorbereitungsmaterial der Druckwerkherstellung den Schutz der Pressefreiheit (Häntzschel S 12). 22

4. Herstellung im Massenvervielfältigungsverfahren

Druckwerke im Sinne des § 7 LPG liegen nur vor, wenn die Herstellung mittels der Buchdruckerpresse oder eines sonstigen zur *Massenherstellung geeigneten Vervielfältigungsverfahrens* erfolgt. 23

a) *Vervielfältigungsverfahren* sind Herstellungsmethoden technischer Art, die dazu geeignet sind, eine große Anzahl von vervielfältigten Verkörperungen des gleichen Stücks (Vervielfältigungen) auf mechanische, chemische oder physikalische Weise anzufertigen. Neben diesen traditionellen Verfahren sind auch moderne Reproduktionsverfahren wie elektronischer Satz und Computersatz einzubeziehen. Dabei sind *Vervielfältigungen* sowohl die zur Herstellung verwandten Formen, Klischees, Platten, Steine, fotografischen Negative etc. wie auch die vervielfältigten Stücke (Abzüge) selbst. Doch sind nur die letzteren zur Verbreitung bestimmt und demzufolge „Druckwerke" im Sinne des § 7 LPG. Die verschiedenen Herstellungsarten können zusammenwirken, wie dies bei den modernen bebilderten Zeitungen und Zeitschriften selbstverständlich geworden ist. 24

b) Eine Herstellung im Sinne des § 7 LPG liegt auch dann vor, wenn Handarbeit unterstützend mitwirkt (Bedienung eines Fotokopierapparates oder einer Handdruckmaschine, Nachkolorieren vervielfältigter farbiger Ansichtskarten). Doch folgt aus dem gesetzgeberischen Zweck der Bestimmung, dass es sich bei der Herstellung um ein Massenvervielfältigungsverfahren handeln muss. Im Gegensatz dazu stehen Vervielfältigungen, die vom Original etwa durch mehrfache Abschrift oder durch Kopieren mit der Hand gewonnen werden. Das Wesen der vom Gesetz begrifflich verlangten Massenvervielfältigung liegt darin, dass nicht bloß eine Mehrheit von Abschriften, sondern eine zwar nicht unbegrenzte, aber doch beliebig vermehrbare Vielzahl von Vervielfältigungen hergestellt werden kann. Deshalb gelten die Durchschriften einer Schreibmaschine, bei der die nichtmechanische Handarbeit überwiegt, und die nur eine geringe Anzahl gut lesbarer Durchschläge liefert, nicht als Druckwerke 25

LPG § 7

(herrschende Meinung, vgl RGSt 47, 245, Ebner S 10, Häntzschel S 26, Kitzinger S 15). Auch die Vervielfältigung von Videofilmen mittels zweier Videorecorder ist keine Herstellung in einem zur Massenherstellung geeigneten Vervielfältigungsverfahren iS von § 7 LPG (BGH NJW 1999, 1979).

26 c) Es genügt, dass ein Vervielfältigungsverfahren zur Anwendung kommt, das zur Massenherstellung geeignet ist. Ob im praktischen Einzelfall viele oder wenige Exemplare hergestellt werden, ist rechtlich nicht entscheidend. Auf die Höhe der Auflage kommt es nicht an, wenn nur die zur Massenherstellung geeigneten technischen Mittel Verwendung finden. Wenn auf diese Weise auch nur *ein* Exemplar hergestellt wird, liegt ein Druckwerk vor (Häntzschel S 26, Kitzinger S 15, Ulmer S 142, Rebmann § 7 Rn 7). Eine Ausnahme macht nur Art 6 Abs 3 des bayerischen Pressegesetzes der für Zeitungen und Zeitschriften im Sinne des LPG eine Auflage von mehr als 500 Exemplaren fordert. Ob im Einzelfall ein Massenvervielfältigungsverfahren vorliegt, hängt uU von den Begleitumständen oder dem angestrebten Ergebnis ab (so zutreffend für das lithografische Verfahren Rebmann § 7 Rn 7).

V. Die möglichen Verkörperungsformen des Druckwerks

Ein Druckwerk im Sinne des § 7 LPG liegt nur vor, wenn sich ein geistiger Sinngehalt stofflich verkörpert. Der § 7 Abs 1 nennt als mögliche Formen dieser *stofflichen Verkörperung*: (1) Schriften, (2) besprochene Tonträger, (3) bildliche Darstellungen (mit und ohne Schrift) sowie (4) Musikalien mit Text oder Erläuterungen. Hinzu kommen von der modernen Technik entwickelte Kombinationen verschiedener Verkörperungsformen (5).

1. Schriften

27 Schriften sind Zeichen oder Verbindungen solcher Zeichen, die einen geistigen Sinngehalt verkörpern und die zugleich bestimmt und geeignet sind, ihn dem menschlichen Verständnis zu vermitteln (vgl BGHSt 13, 376). Welcher Art die Schriftzeichen sind, ob Buchstaben, Zahlen, Bilder, stenografische oder telegrafische Zeichen usw, ist begrifflich ohne Bedeutung. Unerheblich ist auch, ob das Verständnis des Inhalts der Schrift durch die Augen (Buchlektüre) oder den Tastsinn (Blindenschrift) vermittelt wird. Unwesentlich ist es, ob die Schrift von allen oder nur von Eingeweihten verstanden wird (Kurzschrift, Bilderschrift, Geheimschrift – RGSt 47, 224). Auch spielt es keine Rolle, ob die Vermittlung des Verständnisses des Inhalts der Schrift direkt erfolgt oder durch Benutzung mechanischer Hilfsmittel wie des Lesegerätes bei Mikrokopien.

2. Besprochene Tonträger

28 Zu den Druckwerken gehören nach § 7 Abs 1 auch alle *besprochenen Tonträger*. Damit hat der Gesetzgeber die alte Streitfrage, ob Schallplatten und Tonbänder als Druckwerke anzusehen sind, im Sinne der hier vertretenen Auffassung (vgl 1. Auflage § 2 RPG Rn 11, 22) positiv entschieden. Besprochene Tonbänder und besprochene Schallplatten (vgl OLG Düsseldorf NJW 1967, 1142) sind Träger eines geistigen Sinngehalts. Dass die Vermittlung des Verständnisses des Inhalts nur durch technische Hilfsmittel (Tonabnahmegerät beim Tonband) möglich ist, steht dem Begriff des Druckwerks nicht entgegen (RGSt 47, 408, Häntzschel S 26, vgl oben Rn 27).

Die Vermittlung des geistigen Sinngehalts erfolgt beim Tonträger nicht wie bei der Schrift durch Lesen, sondern durch das Gehör. Der Ausdruck „besprochene Tonträger" ist zu eng, weil nicht verlangt wird, dass der Tonträger in jedem Fall mit menschlicher Stimme zuvor „besprochen" sein müsste. Das Wort „besprochen" ist nur ein beispielhafter Hinweis darauf, dass der Tonträger einen geistigen Sinngehalt

V. Die möglichen Verkörperungsformen des Druckwerks § 7 LPG

verkörpern muss (zutreffend Rebmann § 7 Rn 3). So kann der besungene Tonträger (Nationalhymne) einen stärkeren Sinngehalt zum Ausdruck bringen als der besprochene.

3. Bildliche Darstellungen, Bildträger

Bildliche Darstellungen bzw Bildträger sind nach § 7 LPG gleichfalls Druckwerke. Dadurch erfährt der Begriff „Druckwerk" – und damit der Begriff „Presse" (vgl Rn 2) – eine erhebliche Ausweitung. 29

a) *Darstellung* ist der für alle Verkörperungsformen geistiger Sinngehalte maßgebende *Oberbegriff* (RGSt 47, 406), der jedoch eine stoffliche Verkörperung von gewisser Dauer erfordert, so dass schauspielerische Moment-Darstellungen ausscheiden (Schönke/Schröder § 11 StGB Rn 67). Die schriftliche Darstellung erfolgt durch körperhafte Zeichen, die bildliche Darstellung durch das Bild. Da nach § 7 LPG die bildliche Darstellung der schriftlichen gleichsteht, spielt die Abgrenzung praktisch keine Rolle. Deshalb dient der Zusatz: bildliche Darstellungen „mit oder ohne Schrift" lediglich der Klarstellung dahin, dass auch die rein bildliche Darstellung Druckwerk ist und damit den Landespressegesetzen unterliegt, vorausgesetzt, sie weist einen geistigen Sinngehalt auf.

b) Eine *bildliche* Darstellung liegt vor, wenn ein der materiellen oder geistigen Welt angehöriger Vorgang auf einer Fläche (zweidimensional) mit den Mitteln des Bildes weitergegeben wird. Im Gegensatz zur Schrift, bei der die Buchstaben zum Verständnis ihres Sinnes erst der intellektuellen Verarbeitung bedürfen, ermöglicht das Bild die Erfassung des Sinngehalts durch unmittelbare Anschauung (vgl Rebmann § 7 Rn 4). Eine „konkrete" Ausdrucksform der bildlichen Darstellung ist entgegen der überholten Entscheidung RGSt 39, 183 nicht erforderlich, da auch die abstrakte Kunst verstandes- oder gefühlsmäßig erfassbare Vorstellungen zu übermitteln vermag. Doch muss in jedem Fall die bildliche Darstellung nach dem Zweck des Gesetzes einen inneren Sinn und Inhalt besitzen, um als Druckwerk zu gelten (vgl oben Rn 15 ff.). Rein dekorative, ornamentale Vervielfältigungen wie die gebräuchlichen Tapeten und bedruckten Kleiderstoffe oder sinnlose Farb- und Formmischungen sind deshalb keine Druckwerke (vgl Rn 16). Wie oben beim Medium „Schrift" (Rn 27) festgestellt wurde, spielt es für den Begriff des Druckwerks keine Rolle, ob das Verständnis des Inhalts direkt (durch Lesen) erfolgt oder durch Benutzung eines mechanischen Hilfsmittels (Lesegerät bei Mikrokopien). Dasselbe gilt auch für die bildliche Darstellung. Auch eine *Bildplatte,* bei der die gespeicherten Bilder nur durch das Wiedergabegerät dem Auge sichtbar gemacht werden, fällt unter den Begriff der bildlichen Darstellung im Sinne des § 7 Abs 1 LPG. Es erscheint deshalb überflüssig, wenn die Landespressegesetze von Baden-Württemberg, Brandenburg, Bremen, Nordrhein-Westfalen, Saarland, Schleswig-Holstein und Thüringen in § 7 Abs 1 LPG neben den „bildlichen Darstellungen" die „Bildträger" noch besonders aufführen. Für „Bildträger" gilt das oben (Rn 28) für Tonträger Ausgeführte entsprechend. 30

c) Zweifelhaft erscheint nach dem Gesagten, ob *Fotografien* und *Dias,* insb nichts sagende Porträt- und Landschaftswiedergaben, in jedem Fall als Druckwerk anzusehen sind, da sie ja einen *geistigen* Sinngehalt erfordern (Rn 15). Die herrschende Meinung sieht in der fotografisch getreuen Wiedergabe des fotografierten Gegenstandes den Sinngehalt der Vervielfältigung und bejaht so den Charakter des Druckwerks (RGSt 4, 362; 36, 11; Kitzinger S 17; Fischer § 11 StGB Rn 37; Schönke/Schröder § 11 StGB Rn 67, aA von Liszt S 17). Dem kann dort beigepflichtet werden, wo die (künstlerische) Gestaltung einer sonst nichts sagenden Fotografie den für das Druckwerk geforderten Sinngehalt ergibt. Die Wirkung eines Bildes (Fotos) kann von seinem Inhalt ausgehen (Davids Skizze von Marie Antoinette auf ihrem Weg zum Schafott) oder von der künstlerischen Form als solcher. 31

d) Die Vorführung eines *Filmes* besteht zwar aus dem Ablauf zahlreicher aneinandergereihter Fotografien; da jedoch die Übertragung von Text und Bild nicht kör- 32 perhaft, sondern durch optische Projektion erfolgt (vgl Rn 18), ist die Filmvorführung selbst weder „Druckwerk" noch „Presse". Wohl aber fallen Filmbänder und Filmstreifen wie auch die *Filmkassetten* als Verkörperung des Filminhalts unter den Begriff des Druckwerks, sofern es sich um Produktionen im Massenvervielfältigungsverfahren handelt (RGSt 39, 183; OLG Frankfurt a. M. NJW 1973, 2074).

33 e) Für *Ansichtskarten,* bei denen sich die gleichen Bedenken wie bei Fotografien erheben, wird in der Praxis der Charakter des Druckwerks meist bejaht (RGSt 36, 11; OVG in Reger Bd 27 S 153; BayObLG GoltdArch 17 S 363; Scheer § 7 A I 3d; aA für Postkarte mit satirischer Verfremdung von Elementen des Produktes Milka OLG Hamm AfP 2002, 442). Auch *Plakate* (mit Ausnahme der Plakate iSv § 7 Abs 3 Nr 2) sind idR Druckwerke iS des LPG (BayObLG NStZ 1984, 514). Gleiches gilt für *Aufkleber,* die eine Aussage enthalten (BayObLG NJW 1987, 1711). Ebenso werden allgemein und mit Recht als Druckwerke angesehen: Öl- und Steindrucke, Radierungen, Kupfer- und Stahlstiche, Holz- und Linoleumschnitte usw. Auch Sterbebilder werden als Druckwerke eingeordnet (OLG München AfP 2008, 522).

34 f) Umstritten, aber zu verneinen ist die Frage, ob *Plastiken* oder sonstige dreidimensionale Figuren unter den Begriff der „bildlichen Darstellungen" des § 7 Abs 1 LPG fallen. Kitzinger (S 17) hat die Frage bejaht mit der Begründung, ein solcher Analogieschluss liege nahe. Unbestritten ist, dass Plastiken unter den weiten Begriff der „Darstellung" im Sinn des § 11 Abs 3 StGB fallen. Der § 7 Abs 1 LPG schränkt jedoch den umfassenden Begriff der „Darstellung" auf „*bildliche* Darstellungen" ein. Die Annahme liegt nahe, dass der Gesetzgeber diese Einschränkung bewusst vorgenommen hat, weil bei Plastiken schon aus technischen Gründen die Möglichkeit der Massenvervielfältigung offensichtlich geringer ist. Auch fehlt den in Massen verbreiteten Plastiken in der Regel ein geistiger Sinngehalt (Gartenzwerg). Die Praxis jedenfalls neigt der hier vertretenen Auffassung zu und verlangt für Plastiken in der Regel nicht das für Druckwerke nach § 8 LPG vorgeschriebene Impressum (Angabe des Druckers und Verlegers).

4. Musikalien mit Text oder Erläuterungen

35 Die reine Musik ohne textliche Begleitung betrachtete der Gesetzgeber von jeher als ungefährlich und sah keinen Anlass, Musiknoten ohne Text den Ordnungsvorschriften des Presserechts (Impressum etc) zu unterstellen. Aus diesem Grundgedanken des Gesetzes folgt nach allgemeiner Ansicht, dass Erläuterungen in Notenheften dann als harmlos anzusehen sind und dem Notenheft noch keinen Druckwerkscharakter verleihen, wenn sie sich auf technische Hinweise (Bemerkungen über Fingersatz, Zeitmaß, Tonstärke, Ausdruck) beschränken. Im Übrigen ist Kitzinger (S 17) zuzustimmen, dass auch die normalen Angaben über den Komponisten, den Titel und die Opuszahl unschädlich sind. Was jedoch darüber hinausgeht (zB Vergleiche mit anderen Tonwerken), ist „Erläuterung" im Sinne des § 7 Abs 1 und macht das Notenheft zum Druckwerk. Das Gleiche muss auch gelten, wenn das Notenheft bildliche Darstellungen enthält. „Text" im Sinne des § 7 ist auch der Gesang bei einem besungenen Tonträger; er gibt dem Medium den Charakter eines Druckwerks.

5. Kombinationen, „Gemischte" Vervielfältigungen

36 a) Die moderne Technik ermöglicht die *Kombination* verschiedener Verkörperungen geistiger Sinngehalte, insbesondere von Bild- und Tonträgern wie zB *bei Video-Kassetten und CD-ROM.* Auch solche Kombinationen fallen, soweit sie eine Verkörperung (Bildplatte, Video-Kassette, CD-ROM, DVD) gefunden haben, unter den Begriff des Druckwerkes im Sinne des § 7 Abs 1 LPG (BayObLG 79, 45; Fischer § 11 StGB Rn 36; OLG Koblenz NStZ 1991, 45; Mann, NJW 1996, 1241, 1243).

Demgegenüber wird die „elektronische Presse" (siehe zu den verschiedenen Erscheinungsformen Lent, ZUM 2013, 914 ff.), bei der es an einer derartigen stofflichen Verkörperung fehlt, überwiegend nicht als Druckwerk qualifiziert (vgl Ricker/Weber-

V. Die möglichen Verkörperungsformen des Druckwerks § 7 LPG

ling 12. Kapitel Rn 6a). Nicht verkörperte elektronische Publikationen, in denen insbesondere vollständig oder teilweise Inhalte periodischer Druckerzeugnisse in Text oder Bild wiedergegeben werden, unterfallen vielmehr dem Begriff der „Telemedien mit journalistisch-redaktionell gestalteten Angeboten" im Sinne der §§ 54 ff. RStV (siehe hierzu eingehend § 8 LPG Rn 15 m. w. N.). Keine „Druckwerke" im Sinne der Pressegesetze sind demzufolge „reine" Online-Angebote, wie etwa die von Verlagen betriebenen Websites (zB bild.de, spiegel.de usw).

Die Abgrenzung, ob noch eine hinreichende stoffliche Verkörperung und damit ein „Druckwerk" vorliegt oder nicht, kann angesichts der heutigen Vielzahl von elektronischen Angeboten und Formaten im Einzelfall allerdings durchaus schwierig sein. Im Gegensatz zu „unverkörperten" Online-Angeboten wie einer Verlagshomepage, spricht zum Beispiel bei E-Books in der Regel viel für eine hinreichende stoffliche Verkörperung und damit für die Einordnung als Druckwerk. E-Book steht für ein elektronisches Buch und meint Buchinhalte in digitaler Form, die auf E-Book-Readern, PCs, Notebooks, Tablets oder Smartphones gelesen werden können. Hierbei kommen unterschiedlichste Dateiformate zum Einsatz (zB pdf, EPUB etc). Der Vertrieb erfolgt meist als digitale, speicher- und portierbare Kopie eines Originalbuchs über Internet-Anbieter/Plattformen, wie etwa Amazon, Apple, Google, buch.de, Thalia etc. Typischerweise werden beim E-Book gerade Eigenschaften und Ausstattung des klassischen Buchs nachgebildet (zB Angabe von Seitenzahlen, Inhaltsverzeichnis, Kapitel usw). Jedenfalls unter diesen Voraussetzungen wird man die speicherbare E-Book-Version als Reproduktion und Substitut der gedruckten Version eines Buches und damit ebenfalls rechtlich als Druckwerk qualifizieren müssen. Wertungsmäßig spricht dafür auch der Umstand der Gleichbehandlung von E-Books und gedruckten Büchern bei der Preisbindung (vgl § 2 Abs 1 Nr 3 Buchpreisbindungsgesetz; hierzu Wallenfels/Russ § 2 Rn 6 und Rn 9 ff. m. w. N.).

b) Während bei Zeitungen, Zeitschriften und Büchern der geistige Inhalt gegenüber dem Stoff bzw Material (Zeitungspapier) eindeutig vorherrscht, gibt es Fälle „gemischter" Vervielfältigung, in denen sich geistige und anderweitige (wirtschaftliche, gewerbliche, gesellschaftliche usw) Zweckbestimmung oder Stoffbedeutung die Waage halten (Visitenkarte, Haussegen usw) und schließlich solche Fälle, bei denen Stoff bzw wirtschaftlicher Gebrauchszweck eindeutig dominieren (Bierkrug mit einer Aufschrift). Hier ist wie folgt zu differenzieren: 37

aa) Tritt bei „gemischten" Vervielfältigungen der *geistige Inhalt* gegenüber dem vorherrschenden Stoffmaterial, insb gegenüber der wirtschaftlichen, gewerblichen oder sonstigen Zweckbestimmung, so in den Hintergrund, dass er nur noch eine unwesentliche und untergeordnete Rolle – zB zwecks Verzierung oder Ausstattung – spielt, so muss der Charakter des Druckwerks verneint werden. 38

(1) Hierher gehören in erster Linie Gebrauchs- und Haushaltsgegenstände wie Wein- und Biergläser, Krüge, Teller, Aschenbecher, Zigarettenetuis usw, aber auch Lebensmittel wie Künstlerlebkuchen, die als Zierrat oder zur Erleichterung des faktischen Gebrauchs Aufschriften, Inschriften oder Widmungen tragen (Häntzschel S 28). Ist bei bildlichen Darstellungen das Bild nur ein untergeordneter Bestandteil eines Schmuckwerkes, so liegt gleichfalls kein Druckwerk vor, so zB bei einer Fotografie, die nur Beiwerk einer Brosche ist (BayObLG 10, 344) oder bei Öldrucken unter Rahmen und Glas (RGSt 41, 413). Dasselbe gilt für die Aufschrift auf Grabsteinen.

(2) Das Gleiche muss aber auch für solche Vervielfältigungen des wirtschaftlichen Lebens gelten, bei denen Zahl, Schrift und Bild lediglich den objektiven Wert ausdrücken wie Münzen (anders Gedenk- und Erinnerungsmünzen), Hartgeld, Papiergeld, Wertpapiere, aber auch Bier- und Garderobenmarken sowie Postkarten, die nur den Aufdruck des Postwertzeichens enthalten (im Unterschied zu Ansichtskarten vgl Rn 33). Sie sind mangels eines ausreichenden geistigen Inhalts keine Druckwerke (ebenso Klöppel S 147; Häntzschel S 28; Scheer § 7 A I 3d). Aus dem gleichen Grund sind nach herrschender Ansicht auch Spielkarten keine Druckwerke (Häntz- 39

Lehr

schel S 28; Ebner S 10; v Liszt S 17; Landmann-Rohmer S 500; aA Stenglein S 362; Kitzinger S 17). Die Praxis trägt der hier vertretenen Ansicht Rechnung und behandelt Münzen, Papiergeld und Spielkarten nicht als Druckwerke.

40   bb) Auch *Warenetiketten,* wie die Ausstattung von Zigarrenkisten oder Zigarettenschachteln, die Etiketten von Wein- und Spirituosenflaschen, die Leibbinden von Zigarren, Schokoladepackungen usw verlieren ihren Druckwerkcharakter, wenn sie durch Verbindung mit dem Hauptgegenstand dessen stofflich-wirtschaftlicher Bestimmung völlig untergeordnet werden. Gleiches gilt für Gebrauchsgegenstände des täglichen Lebens, wie zB beschriftete Gläser, wenn der geistige Sinngehalt dem Nutzungszweck untergeordnet ist (vgl Ricker/Weberling 12. Kapitel Rn 13).

VI. Die Einbeziehung der presseredaktionellen Hilfsunternehmen (§ 7 Abs 2 LPG)

1. Begriff und Bedeutung der presseredaktionellen Hilfsunternehmen

41   Von großer pressepolitischer Bedeutung ist § 7 Abs 2 LPG, der das gesamte Korrespondenzmaterial, das die Presse von den sog *presseredaktionellen Hilfsunternehmen* (Nachrichtenagenturen, Pressekorrespondenzen, Materndiensten und ähnlichen Unternehmen) bezieht, zu Druckwerken im Sinne des § 7 Abs 1 erklärt.

a) Presseagenturen und andere presseredaktionelle Hilfsunternehmen nehmen eine herausragende, in jüngster Zeit immer wichtiger gewordene Rolle bei der Gestaltung von Presse-Nachrichten wahr (BVerfG AfP 2003, 539, 540). Sie liefern in der Praxis einen Großteil der Nachrichten druckfertig an Presseunternehmen. Aufgrund des § 7 Abs 2 werden diese für die öffentliche Meinungsbildung besonders wichtigen publizistischen Unternehmen zu *Trägern der Pressefreiheit* (vgl Rn 25) und genießen den vollen Verfassungs- und Gesetzesschutz der Presse. So steht den Hilfsunternehmen ua der Schutz des Zeugnisverweigerungsrechts (§ 53 Abs 1 Nr 5 StPO) wie auch die Berufung auf die Wahrnehmung berechtigter Interessen im Sinn des § 193 StGB zu (vgl LG Hannover v 25.6.1959, 2 O 102/59).

Das Bundesdatenschutzgesetz gewährt das Medienprivileg gemäß § 41 ausdrücklich den „Unternehmen und Hilfsunternehmen der Presse". Andererseits unterliegen nunmehr auch Presse-Agenturen, Materndienste und Korrespondenz-Büros den strengen Ordnungsvorschriften des Presserechts, insbesondere dem Impressumzwang (§§ 8, 9 LPG) und der Pflicht zum Abdruck von Gegendarstellungen (§ 11 LPG). Doch bleibt ihnen die Ablieferungspflicht von einzelnen Exemplaren ihrer Produktion an die in Frage kommenden Landesbibliotheken erspart (s. 3. Aufl Rn 51).

42   b) Die Tätigkeit der presseredaktionellen Hilfsunternehmen ist in der Praxis von weit größerer Bedeutung als der Öffentlichkeit bekannt ist. Denn die „Pressedienste" wenden sich im Allgemeinen nicht an die Öffentlichkeit sondern leiten ihr Material fast ausschließlich den Zeitungen und Zeitschriften zu, unter deren Namen dann das von den Pressediensten versandte Material ins Publikum gelangt (s Löffler, BB 1962, 1137 ff.). Mit der ständigen Steigerung der Herstellungskosten im Pressewesen ist auch der Einfluss der Pressedienste ständig gewachsen. Nur noch wenige große und kapitalstarke Presseunternehmen sind heute in der Lage, den umfangreichen und vielfältigen Zeitungsstoff (Nachrichten aus aller Welt, Leitartikel, Feuilleton, Roman, politische und wissenschaftliche Abhandlungen) mit einem eigenen Redaktionsstab selbst herzustellen. Die Mehrzahl aller Presseunternehmen erhält den Zeitungsinhalt von sog Korrespondenzbüros, Materndiensten, Bildbüros und Nachrichtenagenturen druckfertig geliefert (vgl zur Bedeutung, zum Tätigkeitsumfang und zum Einfluss der sog Presse-Hilfsunternehmen Höhne, „Report über Nachrichten-Agenturen" 2 Bde, Baden-Baden 1977; ders, in: Publizistik 1980 Heft 1 S 75 ff.; Munzinger, „Medien und Archive", München 1974, 119 ff.; Roth, in: „Publizistik" 1978 Heft 3, 250 ff.). Wie folgenschwer sich die Falschmeldung einer Nachrichten-Agentur auswirken

VI. Die Einbeziehung der presseredaktionellen Hilfsunternehmen § 7 LPG

kann, machte die dpa-Falschmeldung vom 13.4.1964: „Chruschtschow ist tot" deutlich (vgl ZV 1964, 616, 617).

Das alte Reichspreßgesetz von 1874 hatte in § 13 die sog Redaktionskorrespondenzen von den für periodische Druckschriften geltenden Ordnungsbestimmungen freigestellt in der Erwägung, dass bei den ausschließlich an Zeitungs- und Zeitschriftenredaktionen versandten Korrespondenzen der Gesichtspunkt der gefährlichen Massenverbreitung von Druckschriften entfalle. Diese Überlegung erwies sich im Hinblick auf den starken politischen Einfluss der Materndienste (Hugenberg-Konzern) als irrig. Deshalb wurde von vielen Seiten – auch in der 1. Auflage § 13 RPG Rn 15 – die Gleichstellung des Materials der Pressedienste mit den übrigen Druckwerken und damit die volle Gleichstellung mit der Presse gefordert. Der § 7 Abs 2 LPG hat dem Rechnung getragen und diese Gleichstellung ausdrücklich angeordnet. Darüber hinaus bezieht § 7 Abs 2 durch eine Fiktion („gelten als") die Pressedienste sogar dann in die rechtliche Stellung eines Presseunternehmens ein, wenn der Rechtsbegriff des „Druckwerkes" im Einzelfall nicht voll erfüllt ist.

2. Die Regelung in den einzelnen Landes-Pressegesetzen

Die Einbeziehung der Materndienste in die für alle Druckwerke geltenden presserechtlichen Vorschriften haben fast alle Landespressegesetze etwa in der gleichen Form vollzogen, wie dies § 7 Abs 2 LPG Baden-Württemberg angeordnet hat. *Bayern* hat in Art 17 LPG, *Sachsen* in § 15 die Gleichstellung ausdrücklich angeordnet: „Die Bestimmungen dieses Gesetzes gelten sinngemäß auch für Nachrichtendienste ...". In *Hessen* fallen – mangels einer Sondervorschrift – die Materndienste und Zeitungskorrespondenzen ohnehin unter den Begriff des Druckwerks im Sinne des § 4 und damit unter die Ordnung des Pressegesetzes (Reh-Groß § 4 Anm 1). 43

3. Die geschichtliche Entwicklung der Redaktionskorrespondenzen; Meinungsmonopole der Materndienstzentralen, Anschlusszeitungen, Kopfblätter

Die wenig bekannte *geschichtliche Entwicklung* des für die Struktur des modernen Pressewesens charakteristischen, höchst einflussreichen Nachrichtenagenturwesens ist bei Höhne („Die Geschichte der Nachricht und ihrer Verbreiter" Baden-Baden 1977) ausführlich dargestellt. 44

a) Eingang fand die Verwendung von Redaktionskorrespondenzmaterial in die deutsche Presse erst nach der französischen Julirevolution (1830). Mit dem gewaltigen Anwachsen des Stoffes der Presse und der Steigerung der Kosten sahen sich vor allem die mittleren und kleineren Zeitungsbetriebe auf die – meist im Abonnement erfolgende – Belieferung durch Materndienste angewiesen. Mit der Schaffung von *Materndienstzentralen* (vgl zur heutigen technischen Form Rn 51) gelang es den Inhabern weltweiter Nachrichtenbüros, wachsenden Einfluss auf die öffentliche Meinung zu gewinnen. In Deutschland trug in den zwanziger Jahren der weitverzweigte Materndienst *Hugenbergs*, des Führers der konservativen Deutschnationalen Volkspartei, wesentlich zum Untergang der freiheitlichen Weimarer Republik bei. Der Pressedienst des Hugenberg-Konzerns versorgte Hunderte von mittleren und kleineren Zeitungen mit anti-demokratischem Material und wurde so zum publizistischen Wegbereiter des Nationalsozialismus, der selbst nur über eine kleine Parteipresse verfügte (vgl Dovifat, ZV 1963, 585 ff.). 45

b) Nach den beiden Weltkriegen gingen große und kapitalstarke Zeitungsverlage selbst dazu über, mit ihrem Redaktionsstab die Funktion einer Materndienstzentrale zu übernehmen und ihrerseits andere wirtschaftlich schwächere Zeitungen mit druckfertigem Redaktionsmaterial zu beliefern. So entstand eine neue Form der Zeitungskonzentration mit einem kapitalstarken Zeitungsverlag im Mittelpunkt, dessen leistungsfähige Redaktion einen Kreis angeschlossener Zeitungen laufend mit druck- 46 fertigem Redaktionsmaterial versorgte. (Zur rechtlichen Seite des Verhältnisses des „Zentralverlages" zur sog „Anschluss-Zeitung" s § 8 LPG Rn 104–135).

Dass dadurch auf dem Pressesektor bei der Bildung der öffentlichen Meinung eine bedenkliche Verengung eintrat, liegt auf der Hand. Doch hat diese Entwicklung gegenüber dem Entstehen großer Zeitungskonzerne den Vorteil, dass beim Maternsystem die einzelnen Anschlusszeitungen ihre rechtliche und wirtschaftliche Unabhängigkeit im Allgemeinen bewahren können. Vorteilhaft wirkt sich das Maternsystem dort aus, wo sich eine Anzahl mittlerer oder kleinerer Presseverlage auf *genossenschaftlicher* Basis zusammenschließen, um eine gemeinsame Redaktionszentrale zu errichten, von der alle Genossen ihren redaktionellen Stoff beziehen konnten (sog System Walchner, genannt nach dem „Erfinder" Walchner in Oberschwaben). Verliert jedoch eine Zeitung ihre Selbstständigkeit und sinkt sie zu einer bloßen Unterausgabe des Hauptblattes herab, so spricht man von einer *Nebenausgabe* (Tochterzeitung, Bezirks- oder Lokalausgabe), die nur noch nach außen hin mit einem eigenen Zeitungskopf („Neudorfer Anzeiger") den Schein der Selbstständigkeit aufrechtzuerhalten sucht (sog „Kopfblatt" vgl § 8 LPG Rn 108 ff.).

47 c) Der (gescheiterte) *Entwurf* 1952 für ein einheitliches Bundespressegesetz (vgl Einl Rn 86) widmete den „Nachrichtenagenturen, Pressekorrespondenzen, Materndiensten und gleichartigen Unternehmen", die er mit dem neugeprägten Begriff *„presseredaktionelle Hilfsunternehmungen"* zusammenfasste, „angesichts der Bedeutung dieser Unternehmen und ihres besonderen Charakters" (Lüders S 301) einen eigenen Abschnitt. Die Begründung zum Entwurf (Lüders S 301) führte aus, dass die presseredaktionellen Hilfsunternehmungen einer besonderen Beobachtung bedürften, da sie „aus verdeckter Stellung einen nicht zu unterschätzenden politischen Einfluss ausüben können". Der Entwurf eines Bundespressegesetzes, den der „Arbeitskreis Pressefreiheit" 1969 ausarbeitete (vgl ZV 1969, 1254, 1488), sah einen § 24d vor mit der Überschrift „Nachrichtenagenturen und andere publizistische Vorlieferanten". Danach sollten Abmachungen zwischen Nachrichtenagenturen unwirksam sein, „wenn sie geeignet sind, die Nachrichtenverbreitung einheitlich oder abgestimmt zu gestalten".

4. Der Sinn des § 7 Abs 2

48 Die *Fassung des § 7 Abs 2 LPG* ist missglückt: in Satz 1 und Satz 2 von § 7 Abs 2 wird für den gleichen Lieferantenkreis einerseits (in Satz 2) die Sammelbezeichnung „presseredaktionelle Hilfsunternehmen" verwendet, andererseits erfolgt in Satz 1 die Einzelaufzählung der zur Sammelbezeichnung gehörenden Unternehmen, jedoch ohne entsprechenden Hinweis darauf, dass es sich beidesmal um den gleichen Lieferantenkreis handelt (vgl Rebmann § 7 Rn 18). Der Satz 1 des § 7 Abs 2 hat lediglich klarstellende Bedeutung, wie sich aus dem Wortlaut (zu den Druckwerken „gehören") ergibt. Er besagt, dass das Pressekorrespondenzmaterial, soweit es den Begriff des „Druckwerks" erfüllt, voll dem Presserecht unterliegt. Hätte der Satz 1 keine klarstellende, sondern anordnende Bedeutung (so Rebmann § 7 Rn 18), dann wäre er sinnlos, weil er inhaltlich genau das Gleiche anordnen würde wie Satz 2.

5. Die presseredaktionellen Hilfsunternehmen

49 Die wichtigsten presseredaktionellen Hilfsunternehmen sind in § 7 Abs 2 im Einzelnen aufgezählt (vgl dazu Groth, „Die unerkannte Kulturmacht", Berlin 1962 Bd 4, S 761 ff.; Munzinger aaO S 120 ff.).

a) Nachrichtenagenturen

Nachrichtenagenturen sammeln systematisch Nachrichten und liefern sie laufend gegen Bezahlung – meist im Abonnement – an ihre Abnehmer, die Presseredaktionen. Am bekanntesten ist in der Bundesrepublik die „dpa" (Deutsche Presse-Agentur), die Nachrichten aus allen Lebensbereichen sammelt und an ihre Kunden weiterleitet.

VI. Die Einbeziehung der presseredaktionellen Hilfsunternehmen § 7 LPG

Manche Nachrichtenagenturen spezialisieren sich auf bestimmte Gebiete (kirchliches Leben, Sport, Wirtschaft usw). In der Regel erfolgt heute die Nachrichtenübermittlung seitens der Agentur an ihre Abnehmer im Wege der elektronischen Datenübermittlung.

b) Pressekorrespondenzen

Pressekorrespondenzen (Zeitungskorrespondenzen) liefern zum Abdruck gegen Honorar nicht nur Nachrichten, sondern vorbereiteten, druckreifen Redaktionsstoff (Zeitungsromane, Anekdoten, Kommentare zum politischen, wirtschaftlichen und sportlichen Geschehen). Die Mitteilungen ergehen an möglichst viele Presseredaktionen, teils im Abonnement, teils unaufgefordert, wobei die Zeitung im Falle der Verwendung des angebotenen Materials das übliche Honorar entrichten muss. Während die Nachrichtenagenturen ihrem Wesen nach um Neutralität bemüht sind, machen sich bei den Pressekorrespondenzen häufig starke Richtungseinflüsse bemerkbar: politische Parteien, kirchliche Organisationen, Gewerkschaften und Verbände unterhalten Korrespondenzbüros, um über die Presse auf das Publikum Einfluss zu nehmen. 50

c) Materndiesnte

Die sog *Materndienste* liefern überwiegend fertige redaktionelle Beiträge häufig in Form reprofähiger Druckvorlagen mit Text und Bild, sodass für die belieferte Zeitung der umständliche Vorgang des Setzens des Zeitungsinhalts entfällt. 51

d) Ähnliche Unternehmungen

Der § 7 Abs 2 LPG stellt hinsichtlich der Unterordnung unter den Rechtsbegriff „Druckwerk" den ausdrücklich aufgeführten Nachrichtenagenturen, Pressekorrespondenzen und Materndiensten „*ähnliche Unternehmungen*" gleich. Mit dieser Auffang-Bestimmung hat der Gesetzgeber den ganzen Kreis der presseredaktionellen Hilfsunternehmen erfasst und zugleich die weitere technische Entwicklung auf dem Gebiet der Pressedienste mit einbezogen. Zu den ähnlichen Unternehmungen gehören vor allem die *Bildagenturen,* die sich auf die Belieferung der Zeitungen und Zeitschriften mit Bildmaterial spezialisiert haben. „Ähnliche Unternehmungen" sind auch Zentralen, die den angeschlossenen Blättern die vorgefertigte Zeitung liefern, wobei die Empfänger meist nur noch den selbstgefertigten Lokalteil (Nachrichten und Inserate) beifügen. Das Gleiche gilt von Büros, die an ihre Abnehmer vorgefertigte Zeitungsteile (zB Sportbeilage oder Unterhaltungsbeilage) liefern. 52

6. „Ohne Rücksicht auf die technische Form"

Angesichts des großen Einflusses, den die presseredaktionellen Hilfsunternehmen – vom Publikum unbemerkt – auf die öffentliche Meinung ausüben (Löffler, BB 1962, 1137; vgl Rn 42, 44), hat sich der Gesetzgeber nicht damit begnügt, den gesamten Informationsstoff, den die Hilfsunternehmen an die Presse-Organe liefern, zum „Druckwerk" im Sinn des § 7 Abs 1 zu erklären. Um diese Einordnung so umfassend wie möglich vorzunehmen, hat sich der Gesetzgeber in § 7 Abs 2 der *Fiktion* bedient, solches Korrespondenzmaterial auch dann als „Druckwerk" zu betrachten, wenn diese Zusendungen mangels Herstellung im Massenvervielfältigungsverfahren an sich nicht unter den Rechtsbegriff des Druckwerks fallen würden (vgl Rn 23 ff.). Solche Mitteilungen „gelten ... *ohne Rücksicht auf die technische Form,* in der sie geliefert werden" als Druckwerke. Sonach sind Mitteilungen, die von den presseredaktionellen Hilfsunternehmen geliefert werden und die zur Verbreitung in der Presse bestimmt sind, auch dann Druckwerke, wenn die Übermittlung beispielsweise durch Funk, Telefax, Fernschreiber oder auf elektronischem Wege erfolgt (vgl oben Rn 18 f.) oder wenn es sich um ein einzelnes Schreiben bzw. eine E-Mail an eine bestimmte Redaktion – also nicht Massen-Vervielfältigungen – handelt (§ 7 Abs 2 Satz 2, vgl hierzu Rn 25). 53

LPG § 7 Druckwerke

Zweifelhaft ist es dagegen, ob die Fiktion des § 7 Abs 2 auch *fernmündlich* erfolgende Mitteilungen erfassen will. Rebmann (§ 7 Rn 17) verneint im Hinblick auf das bei Druckwerken unerlässliche Erfordernis der Verkörperung. Andererseits besteht die Gefahr, dass bei technischer Weiterentwicklung und Verlagerung des Schwergewichts der Kommunikation auf Telefonverkehr der § 7 Abs 2 seinen Zweck verfehlen würde. Da es sich bei § 7 Abs 2 um eine Fiktion handelt und die Formulierung „ohne Rücksicht auf die technische Form" umfassend ist, müssen sinngemäß auch mündliche, telefonische oder elektronische Mitteilungen, die zur Weiterverbreitung in der Presse bestimmt sind, als von § 7 Abs 2 erfasst angesehen werden, mindestens in den Fällen, in denen die mündliche, fernmündliche oder elektronische Mitteilung beim Mitteilenden oder beim Empfänger in einer verkörperten Form (Telefonnotiz, Aufzeichnung, Speichern, Ausdruck, E-mail) festgehalten wird.

VII. Die Freistellung amtlicher Druckwerke (§ 7 Abs 3 Ziff 1 LPG)

1. Die Bedeutung der Freistellung

54 Schon das Reichspreßgesetz von 1874 hatte die „amtlichen" und die sog „harmlosen" Druckschriften wegen ihrer vermutlichen Ungefährlichkeit von gewissen Ordnungsvorschriften des Presserechts ausdrücklich freigestellt. Die Landespressegesetze führen diese Regelung in § 7 Abs 3 fort, der bestimmt, dass die amtlichen und die sog „harmlosen" Druckwerke den Bestimmungen des LPG nicht unterliegen. Für sie besteht demzufolge kein Impressumzwang, keine Pflicht zur Benennung eines verantwortlichen Redakteurs, keine Pflicht zum Abdruck einer Gegendarstellung usw. Andererseits gilt für sie nicht die kurze 6-monatige Verjährungsfrist der Landespressegesetze (BGH AfP 95, 415).

2. Der Begriff „amtliche Druckwerke"

55 *Amtliche Druckwerke* sind Druck-Erzeugnisse, die von einer Behörde oder in deren Auftrag für amtliche Zwecke hergestellt werden (Wenzel/Burkhardt Rn 11.35). Zum Begriff der Behörde s § 1 Abs 4 VwVfG. Hierzu gehören neben den Gerichten (§ 11 Abs 1 Nr 7 StGB; BGHSt 9, 20) zB die Fakultäten der Universitäten, die Industrie- und Handelskammern sowie die Rechtsanwaltskammern. Auch ein von Mitarbeitern des Bundesministeriums für Verkehr, Bau- und Wohnungswesen aufgestelltes „Handbuch von Bauleistungen in Straßen- und Brückenbau" ist nach einer Entscheidung des OLG Köln (ZUM 2004, 17) ein amtliches Werk. Rebmann (§ 7 Rn 20) will das Privileg des § 7 Abs 3 Ziffer 1 auf alle juristischen Personen des öffentlichen Rechts, auch Kirchenbehörden, ausgedehnt wissen (zweifelhaft). Vielfach werden die Behörden, soweit kein eigener Behördenverlag vorhanden ist, sich zur Herausgabe eines Privatverlags bedienen. Hier ist für die Privilegierung erforderlich, dass die Behörde das Druckwerk in eigenem Namen herausgibt; sie muss die Entscheidung über die Gestaltung des Stoffes besitzen (Häntzschel S 92, Kitzinger S 84). Dass die Behörde Herausgeber ist, muss aus dem Druckwerk selbst eindeutig hervorgehen. Doch genügt die Bezeichnung: „herausgegeben im Auftrag des Staatsministeriums." Die Privilegierung des § 7 Abs 3 Ziff 1 beschränkt sich auf bundesdeutsche Behörden. Amtliche Informationen, die nicht in amtlichen Druckwerken enthalten sind, genießen keine Privilegierung nach dem LPG.

3. Druckwerke gemischten Inhalts

56 Der § 7 Abs 3 Ziff 1 begünstigt amtliche Druckwerke nur „soweit sie *ausschließlich* amtliche Mitteilungen enthalten." Der nichtamtliche Inhalt des von einer Behörde herausgegebenen Druckwerks, insbesondere etwa aufgenommene Inserate oder private Beiträge, genießen die Vergünstigung nicht. Strittig ist die Frage der Privilegierung

VIII. Die Freistellung der „harmlosen" Druckwerke § 7 LPG

bei Druckwerken *gemischten Inhalts,* wenn ein amtliches Druckwerk sowohl amtlichen wie auch nichtamtlichen Inhalt hat. Das Wort „ausschließlich" spricht eindeutig dafür, dass Druckwerke gemischten Inhalts nicht privilegiert sind (so auch Wenzel/Burkhardt Rn 11.35; Ricker/Weberling 12. Kapitel Rn 19). Die Gegenmeinung von Rebmann (§ 7 Rn 21), die sich darauf stützt, es sei unrünlich, amtliche Mitteilungen etwaigen Gegendarstellungsansprüchen auszusetzen, kann aus doppeltem Grund nicht überzeugen: dieser rechtspolitische Gesichtspunkt ist zum einen kein Einwand gegenüber dem eindeutigen Gesetzestext; zum anderen erfordert jeder Gegendarstellungsanspruch eine Tatsachenbehauptung in der Erstmitteilung über den Betroffenen und ein berechtigtes Interesse des Betroffenen. Ist der Anspruch gegeben, so soll sich ihm die Behörde nicht entziehen können (im Ergebnis übereinstimmend GroßBT. Rn 344).

4. Besondere Regelung in Bayern

Eine besondere Regelung hat *Bayern* getroffen: hier sind lediglich die „harmlosen" 57
Druckschriften privilegiert und dies nur in begrenztem Umfang durch Freistellung vom Impressumzwang (Art 7 Abs 2 und 3 bayer LPG). Eine Freistellung der *amtlichen Druckschriften* ist nicht erfolgt. In der Tat sprechen gegen eine Freistellung der amtlichen Druckwerke *gewichtige Bedenken:* angesichts des in ungeahntem Ausmaß gestiegenen Einflusses der öffentlichen Hand und ihrer vielfältigen Betätigung, vor allem auch auf wirtschaftlichem Gebiet, erscheint die Freistellung der amtlichen Druckwerke von den Vorschriften des Presserechts, vor allem auch von der Gegendarstellungspflicht, nicht mehr gerechtfertigt. Der Missbrauch des Staatsapparates zu Parteizwecken liegt auch in einer Demokratie im Bereich des Möglichen. In einem solchen Fall würde sich die Freistellung der amtlichen Druckwerke als besonders nachteilig erweisen. Gegen die publizistische und wirtschaftliche Konkurrenz staatlicher und gemeindlicher Publikationen steht der Presse aus Art 5 GG ein wirksames Abwehrrecht zu (vgl Studienkreis für Presserecht und Pressefreiheit zur Frage der Betätigung der öffentlichen Hand im Pressebereich in NJW 1981, 2339).

5. Besondere Regelung in Sachsen

Das sächsische Pressegesetz stellt amtliche Druckwerke bzw. „Publikationen" (vgl 58
§ 15 Abs 2 iVm § 11 Abs 3–5) nicht generell frei. Es bestimmt in § 15 Abs 2 lediglich, dass bei amtlichen Publikationen § 7 (persönliche Anforderungen an den verantwortlichen Redakteur) und § 9 (Kennzeichnung entgeltlicher Veröffentlichungen) nicht anwendbar sind. In Sachsen gelten also auch für amtliche Druckwerke die Impressumspflicht, die Offenlegungspflicht und insb die Pflicht zur Veröffentlichung von Gegendarstellungen. Auch im Übrigen ist das LPG auf amtliche Druckwerke anwendbar.

VIII. Die Freistellung der „harmlosen" Druckwerke
(§ 7 Abs 3 Ziff 2 LPG)

1. Geltungsbereich und Sinn der Vorschrift 59

Wie oben dargelegt (vgl Rn 54), entspricht die Privilegierung der sog „harmlosen" Druckwerke dh ihre Freistellung von den Ordnungsvorschriften der Landespressegesetze, der Tradition des Reichspreßgesetzes von 1874. Während aber das RPG und heute noch das LPG *Bayern* (Art 7 Abs 2 und 3) die harmlosen Druckwerke lediglich vom Impressumzwang freistellen, befreien die anderen Landespressegesetze die „harmlosen" Druckwerke in § 7 Abs 3 Ziffer 2 (Hessen in § 4 Abs 2 Ziffer 2; Mecklenburg-Vorpommern in § 6 Abs 3 Ziffer 2; Rheinland-Pfalz in § 1 Abs 4 Ziffer 2; Saarland in § 2 Abs 3 b); Sachsen-Anhalt in § 6 Abs 3 Ziffer 2; Schleswig-Holstein in

LPG § 7
Druckwerke

§ 6 Abs 3 Ziffer 2; Thüringen in § 6 Abs 3 Ziffer 2) von den Vorschriften des Landespresserechts im vollen Umfang. Sie genießen andererseits nicht das Privileg der kurzen Verjährung (BGH AfP 95, 415). Eine besondere Regelung hat Sachsen in § 15 Abs 2 Satz 2 getroffen. Hiernach sind die harmlosen Publikationen lediglich vom Impressumszwang, von den persönlichen Anforderungen an den verantwortlichen Redakteur, von der Kennzeichnungspflicht entgeltlicher Veröffentlichungen, von der Pflicht zur Veröffentlichung von Gegendarstellungen und von der Ablieferungspflicht befreit. Alle anderen Vorschriften des Landespresserechts, beispielsweise auch die Offenlegungspflicht, gelten in Sachsen auch für die harmlosen Druckschriften. Der Grund für die vollständige oder teilweise Befreiung liegt auch hier in der vermutlichen Ungefährlichkeit dieser Druckwerke (RGSt 36, 11). Als vermutlich harmlos werden in § 7 Abs 3 Ziffer 2 solche Druckwerke angesehen, die nur den Zwecken des Gewerbes und des Verkehrs, des häuslichen und geselligen Lebens dienen, wobei das Gesetz als Beispiel „Formulare, Preislisten, Werbedrucksachen, Familienanzeigen, Geschäfts-, Jahres- und Verwaltungsberichte und dergleichen" anführt. Als „harmlos" erwähnt werden außerdem Stimmzettel für Wahlen.

2. Nur tendenzfreie Zwecke sind privilegiert

60   Die Privilegierung des § 7 Abs 3 setzt voraus, dass die „harmlosen" Druckwerke gewissen ersichtlich unpolitischen *Zwecken* wie Gewerbe, Verkehr, häusliches und geselliges Leben dienen. Welchen Zwecken ein Druckwerk dient, entscheidet sich nicht nach seinem Titel oder Programm, auch nicht nach den subjektiven Absichten oder Vorstellungen des Verfassers, Druckers oder Verlegers, sondern nach dem objektiven Gesamtcharakter (RGSt 14, 279; 36, 11; BayObLG 1, 115; OLG Hamburg ZV 8, 127; Rebmann § 27 Rn 23), wobei äußere Aufmachung und Absicht der Beteiligten wertvolle Anhaltspunkte geben können.

Das „harmlose" Druckwerk muss, soll es privilegiert sein, den im Gesetz aufgeführten Zwecken *ausschließlich* dienen. Werden neben den begünstigten Zwecken andere Tendenzen politischer, weltanschaulicher, sozialer und ähnlicher nichtprivilegierter Art verfolgt, so entfällt die Freistellung von den Bestimmungen des LPG, ua vom Impressumszwang (KG GoltdArch 51, 59). Darüber hinaus fordert die herrschende Meinung (RGSt 20, 65; Häntzschel S 51; Kitzinger S 40; Mannheim S 19; Rebmann § 7 Rn 22), dass sich das harmlose Druckwerk auf den Dienst an den eigentlichen, *unmittelbaren* Zwecken des Gewerbes usw beschränken müsse, um privilegiert zu sein. Meinungsbildende Kampfschriften auf dem Gebiet des Gewerbes oder Verkehrs (zB Aufforderung zum Boykott oder die Rechtfertigungsschrift eines politischen Streiks) könnten der Natur der Sache nach die Freistellung von den Ordnungsvorschriften des Presserechts nicht rechtfertigen (RGSt 20, 65). Dem ist zuzustimmen. Die vom Gesetzgeber erwähnten Beispiele: Formulare, Preislisten, Familienanzeigen usw rechtfertigen die Beschränkung auf Druckwerke, die den eigentlichen, engeren Zwecken des Gewerbes usw unmittelbar dienen, schließen also eine Privilegierung solcher Druckwerke aus, die sich der Meinungsbildung auf den einschlägigen Gebieten widmen (aA KG GoltdArch 51, 59). Kapitalanlageprospekte sind harmlose Schriften (BGH AfP 95, 415).

3. Den Zwecken des Gewerbes dienende Druckwerke

61   Der Begriff *Gewerbe* ist nach dem Sprachgebrauch in weitem Sinne zu verstehen und umfasst auch Handel, Industrie und Landwirtschaft einschließlich der freien Berufe. Nach herrschender und richtiger Auffassung gehört zum „Gewerbe" im Sinne des § 7 Abs 3 auch die Reklame, soweit sie sich auf den privilegierten Rahmen des § 7 beschränkt (RGSt 14, 279, Häntzschel S 51). Nimmt jedoch die Reklame an der öffentlichen Meinungsbildung teil, dann entfällt die Privilegierung. Dies gilt vor allem für die sog *Anzeigenblätter*, die sich im Wesentlichen durch Inserate finanzieren (vgl Rn 14). Eine Freistellung der häufig in hoher Auflage erscheinenden Anzeigen-

IX. Periodische Druckwerke. Begriff und Sonderstellung § 7 LPG

blätter von den Ordnungsbestimmungen des Presserechts wie dem Impressumzwang (§ 8), dem Gebot der Trennung von Text- und Anzeigenteil (§ 10) sowie der Pflicht zum Abdruck einer Gegendarstellung (§ 11) wäre von der Sache her nicht gerechtfertigt (so auch Ricker/Weberling 12. Kapitel Rn 22).

4. Den Zwecken des Verkehrs dienende Druckwerke

Als Druckwerke, die dem *Verkehr* dienen, gelten Fahrpläne, Frachtbriefe, Fahrkarten, Gepäckscheine, Landkarten (ablehnend ohne Begründung Rebmann § 7 Rn 25), Autokarten, aber auch Warnschilder, Telegramme, Postkarten, Briefbogen mit dem Aufdruck des Absenders, ebenso alle dem Verkehr und der Verkehrspolitik gewidmeten Druckschriften, wenn sie sich in dem privilegierten Rahmen halten (vgl Rn 60).   62

5. Dem häuslichen und geselligen Leben dienende Druckwerke

Dem *häuslichen und geselligen* Leben dienen Visitenkarten, Theaterzettel, Konzertprogramme, Speisekarten, Heirats-, Todes- oder sonstige Familienanzeigen, Glückwunschkarten (vgl dazu BayObLG 15, 111), Taschenkalender, Spielkarten, Festzeitungen zu Familien- und Vereinsfeiern, Satzungen und Mitgliederverzeichnisse geselliger (und gewerblicher) Vereine usw, aber auch Werke wie Knigges „Umgang mit Menschen", Spiel-, Unterhaltungs- und Rätselbücher, die ausschließlich dem geselligen Leben dienen.   63

Im Gegensatz zu Postkarten verfolgen *Ansichtskarten* häufig neben geselligen Zwecken auch künstlerische, politische, erotische und andere Tendenzen. Soweit dies der Fall ist, verlieren sie nach dem oben zu Rn 60 Ausgeführten die Ausnahmevergünstigung des § 7 Abs 3 (ebenso RGSt 36, 11; Kitzinger S 41; Häntzschel S 51). Eine Ansichtskarte mit dem Aufdruck „Gruß aus Plauen" und der Abbildung des Stadtwappens ist mit Recht als „tendenzlos" und im Sinne des § 7 Abs 3 als privilegiert betrachtet worden (BayObLG 1, 115). Hingegen soll es sich bei Sterbebildern nicht um harmlose Druckwerke handeln, weil sie in der Regel nicht ausschließlich geselligen Zwecken dienen, sondern weltanschauliches Beiwerk beinhalten, etwa in Gestalt von Wünschen und Bitten für den Verstorbenen (OLG München AfP 2008, 522 f.).

6. Stimmzettel für Wahlen

Zu den privilegierten Druckwerken, die den Ordnungsvorschriften des Presserechts nicht unterliegen, zählen nach § 7 Abs 3 Ziffer 2 auch *„Stimmzettel für Wahlen"*.   64

Das Reichspreßgesetz von 1874 hatte in § 6 Abs 2 Stimmzettel von den presserechtlichen Ordnungsvorschriften nur für den Fall freigestellt, dass es sich um öffentliche Wahlen handelte und die Stimmzettel nichts weiter enthielten als Zweck, Zeit und Ort der Wahl sowie die Bezeichnung der zu wählenden Personen. Demgegenüber privilegiert § 7 Abs 3 LPG „Stimmzettel für Wahlen" ohne jede Einschränkung. Aber auch nach geltendem Recht würde die Aufnahme tendenziöser Äußerungen in einen Wahl-Stimmzettel von der Privilegierung des § 7 Abs 3 LPG ausschließen (vgl Rn 60). Was für Stimmzettel bei Wahlen gilt, findet auch für Stimmscheine bei Abstimmungen, Volksbegehren usw Anwendung (Rebmann § 7 LPG Rn 27).

IX. Periodische Druckwerke. Begriff und Sonderstellung (§ 7 Abs 4 LPG)

1. Sinn und Zweck der Sonderstellung. Überragende Bedeutung der „periodischen Presse"

Die rechtliche Sonderstellung, die § 7 Abs 4 LPG den ständig erscheinenden, sog periodischen Druckwerken, zuweist, ergibt sich aus der erhöhten Bedeutung, die ihnen im weitgezogenen Kreis der Druckwerke zukommt. Denn zur Gruppe der   65 periodischen Druckwerke gehören insbesondere *Zeitungen und Zeitschriften,* die im Sinne des Sprachgebrauchs als die eigentliche Presse betrachtet werden.

So ragt aus der fast unübersehbaren Masse der Druckwerke im Sinne des § 7 Abs 1 und 2 LPG, die sich von der Fotografie und Schallplatte über das Buch bis zum Wandspruch und Bierdeckel mit tendenziöser Aufschrift erstreckt, als mächtiger Block die aus Zeitungen und Zeitschriften bestehende sog *periodische Presse* hervor. Die periodische Presse ist es, die man als „siebte Großmacht" bezeichnet hat. Ihr Leserkreis und ihr Einfluss sind weit größer als der des Buches. Ihre Auflagenhöhe, ihre Aktualität und der im Vergleich zur Reichhaltigkeit des Inhalts niedere Preis ihrer Erzeugnisse sichern der periodischen Presse eine enorme Streukraft und Wirkungsfähigkeit. Indem sie periodisch erscheint, besitzt sie ständig das Ohr des Publikums. In allen Auseinandersetzungen behält sie das letzte Wort und überwindet mit der Regelmäßigkeit des Erscheinens ihre Schwäche: die Gebundenheit an den flüchtigen Tag. Hinzu kommt bei der Zeitung das meist stillschweigende Zurücktreten der Verfasser und Mitarbeiter hinter der Stimme des Presseorgans. Die Anonymität, mit der die Presse im Namen der öffentlichen Meinung auftritt, wird bei der Masse zur Autorität. In dieser den „Auch-Druckwerken" gegenüber um ein Vielfaches gesteigerten Macht der periodischen Presse liegt zugleich nach der Auffassung des Gesetzgebers ihre Gefährlichkeit, die gesetzliche Schranken gegen einen Missbrauch dieser Macht erfordert. Fast alle Pressegesetze der Welt verlagern deshalb den Schwerpunkt auf die Ordnungs-Bestimmungen, die den periodischen Druckwerken gewidmet sind.

2. Die für periodische Druckwerke geltenden presserechtlichen Sondervorschriften

66 Eine ganze Reihe von presserechtlichen *Sondervorschriften* gelten aus den angeführten Gründen nicht für alle, sondern nur für die periodischen Druckschriften. Hier ist vor allem auf folgende Bestimmungen zu verweisen:

67 a) Nur für periodische Druckwerke besteht, wie schon im Reichspreßgesetz von 1874, die Pflicht, einen *verantwortlichen Redakteur* zu haben und ihn mit Namen und Adresse im Impressum anzuführen (§ 8 Abs 2 LPG).

68 b) Nur für die periodischen Druckwerke gilt die presserechtliche Verpflichtung, den Charakter einer *bezahlten Anzeige* deutlich in Erscheinung treten zu lassen – sei es durch Aufnahme in den Anzeigenteil oder durch Hinzufügung der Bezeichnung „Anzeige" (§ 10 LPG).

69 c) Nur die periodischen Druckwerke unterliegen dem Anspruch auf *Gegendarstellung* (§ 11 LPG).

70 d) Eine durch praktische Erwägungen gebotene Vereinfachung ergibt sich in einigen Ländern für periodische Druckwerke bei der *Anbietungspflicht* gegenüber öffentlichen Bibliotheken: Hier muss nicht von jeder (möglicherweise täglichen) Auflage ein Exemplar angeboten werden, es genügt, wenn der Drucker oder Verleger das von ihm gedruckte oder verlegte periodische Druckwerk der berechtigten Bibliothek sowohl beim erstmaligen Erscheinen wie am Beginn jedes Kalenderjahres zum laufenden Bezug anbietet. Diese Regelung findet sich in § 12 Abs 3 der Länder Bremen und Schleswig-Holstein sowie § 14 Abs 3 des Saarlandes und § 14 Abs 4 LMG Rheinland-Pfalz (Näheres siehe § 12 LPG).

71 e) Die Strafvorschrift des § 20 LPG (strafbare *Berufspflichtverletzung*) richtet sich in erster Linie gegen den verantwortlichen Redakteur eines periodischen Druckwerks (§ 20 Abs 2 Ziffer 1 LPG).

72 f) Das besondere *Zeugnisverweigerungsrecht* der ZPO kommt nur den Angehörigen und Mitarbeitern der periodischen Presse zugute (§ 383 Abs 1 Ziff 5 ZPO).

73 g) Nach § 22 JuSchG (Jugendschutzgesetz) kann für periodisch erscheinende Trägermedien, bei denen innerhalb von zwölf Monaten zwei ihrer Folgen indiziert wurden, eine *Dauer-Indizierung* von drei bis zwölf Monaten in Betracht kommen. Diese

IX. Periodische Druckwerke. Begriff und Sonderstellung   § 7 LPG

existenzgefährdende Maßnahme ist jedoch bei Tageszeitungen und politischen Zeitschriften nicht zulässig (§ 22 Abs 1 Satz 2 JuSchG).

h) In Bayern, Berlin, Brandenburg, Hessen, Mecklenburg-Vorpommern, Rheinland-Pfalz, Sachsen, Sachsen-Anhalt, Schleswig-Holstein und Thüringen obliegt den Verlegern periodischer Druckwerke außerdem noch eine Offenbarungspflicht hinsichtlich der internen *Beteiligungsverhältnisse* am Verlag (vgl Art 8 Bayern, § 7a Berlin und Sachsen-Anhalt, § 9 Brandenburg und Rheinland-Pfalz, § 5 Hessen, § 7 Mecklenburg-Vorpommern und Schleswig-Holstein, § 8 Sachsen und Thüringen). 74

i) Im *bayerischen* Presserecht (Art 11 Abs 2) und im *hessischen* Presserecht (§ 11) wird die strafrechtliche Haftung des verantwortlichen Redakteurs eines periodischen Druckwerks verschärft durch eine zu seinen Lasten wirkende *Veröffentlichungsvermutung*. 75

3. Der Begriff des periodischen Druckwerks. Zeitungen und Zeitschriften

Der *Begriff* des periodischen Druckwerks ist durch die Legaldefinition des § 7 Abs 4 klargestellt: „periodisch sind Druckwerke nur dann, wenn sie in ständiger, wenn auch unregelmäßiger Folge erscheinen, sofern der zeitliche Abstand zwischen den einzelnen Erscheinungsterminen nicht mehr als sechs Monate beträgt." Als Beispiele periodischer Druckwerke führt § 7 Abs 4 Zeitungen und Zeitschriften als die bekannteste Erscheinungsform periodischer Druckwerke an. Doch beschränkt sich der Begriff „periodisches Druckwerk" keinesfalls auf Zeitungen und Zeitschriften, dh die sog „*periodische Presse*" (so noch § 7 RPG), sondern schließt auch alle sonstigen periodisch, im Abstand von nicht mehr als 6 Monaten erscheinenden Druckwerke wie zB Flugblätter, Informationsblätter und regelmäßig erscheinende *Plakate* (zB Plakatdienst „Die Waage", in der seitens der Bundesregierung fortlaufend für die soziale Marktwirtschaft geworben wurde oder die Plakatreihe „Goldene Worte" der Evangelischen Kirche, vgl Rebmann § 7 Rn 29). Auch die sog. „Händlerschürze", mit der von Verlagen an Verkaufsstellen für ein periodisch erscheinendes Druckwerk regelmäßig geworben wird, ist ebenfalls ein periodisch erscheinendes Druckwerk (LG Berlin AfP 2000, 98). Des Weiteren kommen Veröffentlichungen von Nachrichtenagenturen, Pressekorrespondenzen und Materndiensten als periodische Druckwerke in Betracht (Seitz/Schmidt S 57f.). 76

a) Ein *periodisches* Erscheinen im Sinne des § 7 Abs 4 liegt vor, wenn die Frist zwischen dem Erscheinen der einzelnen Nummern des Druckwerks nicht länger als sechs Monate beträgt. „Erscheinen" bedeutet auch hier den Beginn der öffentlichen Verbreitung. 77

Zum Begriff des periodischen Erscheinens gehört nach Sinn und Sprachgebrauch das *wiederkehrende* Erscheinen. Die Absicht „ewiger Wiederkehr" ist entgegen der Meinung v Liszt's (S 20) nicht erforderlich. Doch fordert § 7 Abs 4 LPG – abweichend von § 7 Abs 1 RPG – das Erscheinen in „*ständiger*" Folge. Ist die Dauer des Erscheinens von vornherein begrenzt – die Zeitschrift soll nur während einer Messe oder während des Wahlkampfes erscheinen – so liegt nach früherer Auffassung ein periodisches Druckwerk nicht vor (vgl 3. Auflage Rn 77; so auch Ricker/Weberling 12. Kapitel Rn 18). Zunehmend setzt sich jedoch die Auffassung durch, dass für das Tatbestandsmerkmal „ständig" die Häufigkeit des Erscheinens ohne Belang sei und dass bei einer Wahlkampfzeitschrift, sofern diese innerhalb eines Wahlkampfes mehrfach erscheint, eine periodische Druckschrift anzunehmen sei (vgl § 11 Rn 81 sowie Wenzel/Burkhardt Rn 11.36, Seitz/Schmidt S 57f.; Damm, Festschrift für Löffler, S 26). Sofern eine Wahlkampfzeitung allerdings in mehreren Wahlkämpfen erschient, die mehr als sechs Monate auseinander liegen, liegt sicher keine Periodizität vor.

b) Periodisch heißt wiederkehrend, erfordert aber nach der ausdrücklichen Bestimmung des § 7 Abs 4 keine kalenderbestimmte *Regelmäßigkeit*. Die Zeitspannen zwischen dem Erscheinen der einzelnen Nummern können unregelmäßig sein und bei der gleichen Zeitung oder Zeitschrift von stündlichen, täglichen und wöchent- 78 lichen Fristen bis zur Höchstgrenze der Sechsmonatsfrist schwanken. Durch Ausdehnung der engen Zeitgrenze des Reichspreßgesetzes (§ 7 Abs 1) von nur einem Monat auf nunmehr sechs Monate (§ 7 Abs 4 LPG) hat der Gesetzgeber den Kreis der periodischen Druckwerke beträchtlich erweitert. Die gelegentliche Überschreitung der Sechsmonatsfrist des § 7 nimmt einer Zeitschrift nicht den Charakter des periodischen Druckwerks, wenn die Zeitschrift im Übrigen nach dem Willen der Herausgeber mindestens alle sechs Monate erscheint, was aus dem Aufdruck („Erscheint am Anfang jedes Halbjahres") oder aus der bisherigen Gepflogenheit zu entnehmen ist (KG GoltdArch 70, 81; Rebmann § 7 Rn 32). Solche vorübergehende Fristüberschreitungen können sich aus technischen Gründen – Ausfall einer Nummer zB wegen Streiks oder Zusammenlegung einer Doppelnummer – des Öfteren ergeben.

Ist jedoch eine solche „normale" Erscheinungszeit weder aus der Gepflogenheit noch aus dem Druckwerk selbst zu entnehmen, weil es zwar „wiederkehrend", aber völlig unregelmäßig erscheint, so bleibt dem Richter zur Feststellung des rechtlichen Charakters des Druckwerks nichts anderes übrig, als der Zahl der innerhalb eines angemessenen Zeitraumes erschienenen Druckwerks zu addieren und danach festzustellen, ob die Zeitschrift durchschnittlich mindestens einmal im Halbjahr erscheint und somit unter § 7 Abs 4 fällt (KG GoltdArch 70, 81). Keinesfalls ist es angebracht, eine unregelmäßig erscheinende Zeitschrift lediglich danach zu beurteilen, ob gerade im Zeitpunkt des Delikts oder der Urteilsfällung die Sechsmonatsfrist gewahrt wurde. Nur aus der rückschauenden Gesamtsicht kann der Richter, wenn sonstige sichere Anhaltspunkte fehlen, den Charakter des Druckwerks – ob periodisch oder nicht – verbindlich feststellen. Zu beachten ist jedoch, dass der Charakter eines Druckwerks wechseln kann: ein ursprünglich periodisch erscheinendes Druckwerk kann – zB aus Kostengründen – zum nichtperiodischen Erscheinen übergehen und umgekehrt.

79 c) Nur in sich *abgeschlossene und selbstständige* Druckwerke gelten bei wiederkehrendem Erscheinen als periodische Druckwerke. Weil ihnen die Abgeschlossenheit und Selbstständigkeit fehlt, sind die einzelnen Teile eines periodisch erscheinenden *Lieferwerks* (Loseblattsammlung, Konversationslexikon, Entscheidungssammlung) keine periodischen Druckwerke im Sinne des § 7 Abs 4. Der einzelne Teil des Lieferwerks bleibt ohne die Verbindung mit den anderen Teilen, mit denen zusammen das Werk erst zu einer sinnvollen Einheit wird, stets ein Torso. Die Selbstständigkeit der Zeitungsnummer wird nicht dadurch aufgehoben, dass sie einen Roman in Fortsetzungsform enthält. Entscheidend ist der Gesamtcharakter der Zeitungsnummer (Kitzinger S 42). Andererseits wird ein geschlossener Roman, der in einzelnen Teilen periodisch erscheint, damit nicht zum periodischen Druckwerk, da den Einzelteilen die Selbstständigkeit fehlt.

80 d) Trotz des Erfordernisses der Selbstständigkeit der einzelnen Nummern eines periodischen Druckwerks (vgl Rn 79) liegt doch nur dort eine periodische Druckschrift vor, wo die einzelnen Nummern durch das verbindende Gesamtkonzept des betreffenden periodischen Druckwerks zusammengehalten werden. Die wesensmäßige Gleichartigkeit, die einem periodischen Druckwerk nach außen und nach innen das Gepräge gibt, muss bei allen einzelnen Nummern eines periodischen Druckwerks gegeben sein. Diese die einzelnen Nummern verbindende äußere und innere Wesensgleichheit fehlt zB bei den Buchreihen eines Taschenbuchverlages (Rebmann § 7 Rn 30). Ist die Wesengleichheit gegeben, stehen Änderungen im äußeren Erscheinungsbild (wechselnde Farbe) dem Charakter eines periodischen Druckwerks nicht entgegen. Auch *Plakate,* die im Abstand von nicht mehr als sechs Monaten erscheinen (zB Werbung für die soziale Marktwirtschaft) sind periodische Druckwerke (übereinstimmend v. Liszt S 19, vgl oben Rn 76). Eine Zeitschrift kann sich dadurch nicht den Ordnungsvorschriften für periodische Druckwerke entziehen, dass sie zwar periodisch, aber jeweils unter verschiedenen äußeren Kopftiteln erscheint (ebenso Lentner, Grünhuts Zeitschr 10, 689).

81 Stets muss es sich bei allen periodischen Druckwerken um körperliche Massenvervielfältigungen handeln, gleichgültig, ob Bilder, lose Blätter, Hefte oder Bücher ver-

IX. Periodische Druckwerke. Begriff und Sonderstellung § 7 LPG

breitet werden. Weil die körperliche Vervielfältigung fehlt, gehören „gesprochene" oder ferngesendete periodische Mitteilungen nicht zu den periodischen Druckwerken im Sinne des § 7 Abs 4 LPG.

e) Die Aktualität sowie die Mannigfaltigkeit sind für den Begriff des periodischen Druckwerks nicht wesentlich. So ist zB eine periodisch erscheinende Zeitschrift, die über die Ausgrabungsergebnisse in Delphi berichtet und sich ausschließlich diesen Fragen widmet, ein periodisches Druckwerk im Sinn des § 7 Abs 4 LPG, wenn die sonstigen Voraussetzungen gegeben sind. Dasselbe gilt für regelmäßig erscheinende Kurszettel, Lotterielisten, Preisverzeichnisse, Wetterberichte, Wasserstandsmeldungen und ähnliche periodische Verzeichnisse. Hierzu gehören auch die periodischen Wohnungsanzeiger, die nur aus einer Zusammenstellung von einzelnen Wohnungsanzeigen bestehen. **82**

f) Allerdings wird man für ein periodisches Druckwerk im Sinne des § 7 Abs 4 LPG ein öffentliches Zugänglichmachen sowie eine gewisse Auflagenhöhe fordern müssen. § 7 Abs 4 spricht vom *Erscheinen*. Unter dem Erscheinen eines Druckwerks im presserechtlichen Sinn wird der Beginn seiner öffentlichen Verbreitung verstanden (vgl § 8 Rn 18). Der Öffentlichkeit zugänglich gemacht ist ein Druckwerk nur, wenn es in einer Auflage verbreitet wird, die nicht ganz geringfügig ist (so auch Wenzel/Burkhardt Rn 11.36). Als Orientierung kann der Begriff des Erscheinens in § 6 Abs 2 UrhG dienen, der vorschreibt, dass ein Werk „erschienen" ist, wenn es „in genügender Anzahl" der Öffentlichkeit angeboten und in Verkehr gebracht worden ist. Wieviele Exemplare hierfür erforderlich sind, kann nur im Einzelfall anhand des konkreten Druckwerkes entschieden werden. Das Druckwerk muss in einer zur Deckung des normalen Bedarfs des jeweiligen Druckwerks genügenden Anzahl erscheinen (so auch die herrschende Meinung zu § 6 UrhG, vgl zB Wandtke/Bullinger, Urheberrecht, § 6 Rn 31). Entscheidend hierfür ist, dass dem interessierten Publikum ausreichend Gelegenheit zur Kenntnisnahme des Druckwerkes gegeben wird (BGH GRUR 1981, 360, 362; Dreier/Schulze, Urheberrechtsgesetz, § 6 Rn 15).

4. Die Sonderregelung in Bayern

Eine eigenständige gesetzliche Regelung hat *Bayern*. Dort gehört nach Art 6 Abs 1 LPG zum Begriff des Druckwerks nicht nur die Bestimmung zur Verbreitung an sich, sondern zur Verbreitung in der Öffentlichkeit. Das bayerische Presserecht verwendet in Art 6 Abs 2 und Art 11 Abs 2 den Begriff „periodisches Druckwerk". Aus Art 6 ist zu entnehmen, dass der Begriff des periodischen Druckwerks in Bayern mit dem Begriff übereinstimmt, der nach § 7 Abs 4 Anwendung findet. Periodische Druckwerke sind auch in Bayern Zeitungen, Zeitschriften und andere Druckwerke, die in ständiger, wenn auch unregelmäßiger Folge und im Abstand von nicht mehr als sechs Monaten erscheinen. Gegenüber dem übrigen Landespresserecht ergibt sich aber beim bayerischen LPG insofern ein wichtiger Unterschied, als hier die maßgeblichen Sondervorschriften (Bestellung und Benennung des verantwortlichen Redakteurs in Art 8, Offenlegung der Beteiligungsverhältnisse in Art 8 Abs 3, Kenntlichmachung von Inseraten in Art 9 und die Gegendarstellungspflicht in Art 10 nicht für alle periodischen Druckwerke gelten, sondern nur für *Zeitungen und Zeitschriften*. Im Sinne des bayerischen LPG sind dies – nach der Legaldefinition des Art 6 Abs 3 – nur periodische Druckwerke, deren Auflage 500 Stück übersteigt. Periodische Druckwerke, deren Auflage 500 Stück nicht übersteigt, gelten als Zeitungen und Zeitschriften nur dann, wenn ihr Bezug nicht an einen bestimmten Personenkreis gebunden ist. Vereins- und Verbandszeitungen bzw -zeitschriften, gelten somit in Bayern presserechtlich nicht als Zeitungen oder Zeitschriften, wenn ihre Auflage nur 500 Exemplare oder weniger beträgt. **83**

§ 8 LPG
Impressum

Gesetzesfassung in Baden-Württemberg:
§ 8 [Impressum]

(1) Auf jedem im Geltungsbereich dieses Gesetzes erscheinenden Druckwerk müssen Name oder Firma und Anschrift des Druckers und des Verlegers, beim Selbstverlag des Verfassers oder des Herausgebers, genannt sein.

(2) Auf den periodischen Druckwerken sind ferner Name und Anschrift des verantwortlichen Redakteurs anzugeben. Sind mehrere Redakteure verantwortlich, so muß das Impressum die in Satz 1 geforderten Angaben für jeden von ihnen enthalten. Hierbei ist kenntlich zu machen, für welchen Teil oder sachlichen Bereich des Druckwerks jeder einzelne verantwortlich ist. Für den Anzeigenteil ist ein Verantwortlicher zu benennen; für diesen gelten die Vorschriften über den verantwortlichen Redakteur entsprechend.

(3) Zeitungen und Anschlußzeitungen, die regelmäßig ganze Seiten des redaktionellen Teils fertig übernehmen, haben im Impressum auch den für den übernommenen Teil verantwortlichen Redakteur und den Verleger zu benennen. Kopfzeitungen müssen im Impressum auch den Titel der Hauptzeitung angeben.

Gesetzesfassung in Bayern:
Art. 7 [Impressum]

(1) Auf jedem in Bayern erscheinenden Druckwerk muß der Drucker und Verleger, beim Selbstverlag der Verfasser oder Herausgeber genannt sein. Anzugeben sind Name oder Firma und Anschrift.

(2) Ausgenommen sind Druckwerke, die ausschließlich Zwecken des Gewerbes oder Verkehrs oder des häuslichen oder geselligen Lebens dienen, wie Formblätter, Preislisten, Gebrauchsanweisungen, Fahrkarten, Familienanzeigen und dergleichen.

(3) Ausgenommen sind weiter Stimmzettel für Wahlen, sofern sie lediglich Zweck, Zeit und Ort der Wahl und die Namen der Parteien und Wahlbewerber enthalten.

Art. 8 [Verantwortlicher Redakteur, Beteiligungsverhältnis]

(1) Zeitungen und Zeitschriften müssen auf jeder Nummer außerdem den Namen und die Anschrift des oder der verantwortlichen Redakteure enthalten. Das gilt nicht für Amtsblätter öffentlicher Behörden.

(2) Sind mehrere verantwortliche Redakteure bestellt, so muß ersichtlich sein, für welches Sachgebiet ein jeder verantwortlich ist. Auch für den Anzeigenteil muß eine verantwortliche Person benannt werden.

(3) Die Inhaber- und Beteiligungsverhältnisse eines Verlags, der eine Zeitung oder eine Zeitschrift herausgibt, sind wie folgt bekanntzugeben:

a) bei Herausgabe einer Zeitung oder einer wöchentlich erscheinenden Zeitschrift in dem Impressum der ersten Ausgabe jedes Kalenderhalbjahres,
b) bei Herausgabe einer anderen Zeitschrift in dem Impressum der ersten Ausgabe jedes Kalenderjahres.

Außerdem sind Änderungen der Inhaber- und Beteiligungsverhältnisse unverzüglich im Impressum zu veröffentlichen.

Impressum §8 LPG

(4) Zeitungen und Anschlußzeitungen, die regelmäßig wesentliche Teile fertig übernehmen, haben im Impressum auch den für den übernommenen Teil verantwortlichen Redakteur und den Verleger des anderen Druckwerks zu benennen.

Verordnung zur Durchführung des Gesetzes über die Presse (v. 7.2.1950 BayRS 2250-1-1-I)

§ 1 [Inhalt der Bekanntgabe]

(1) Die Bekanntgabe der Inhaber- und Beteiligungsverhältnisse nach Art. 8 Abs. 3 des Bayerischen Pressegesetzes hat mindestens zu enthalten:
a) bei Einzelkaufleuten:
Vorname, Name, Beruf und Wohnort des Inhabers;
b) bei offenen Handelsgesellschaften:
Vorname, Name, Beruf und Wohnort jedes Gesellschafters;
c) bei Kommanditgesellschaften:
Vorname, Name, Beruf und Wohnort der persönlich haftenden Gesellschafter und der Kommanditisten;
d) bei Aktiengesellschaften:
Vorname, Name, Beruf und Wohnort derjenigen Aktionäre, die mehr als 25 v. H. des Aktienkapitals besitzen, sowie der Mitglieder des Aufsichtsrats unter Benennung seines Vorsitzers;
e) bei Kommanditgesellschaften auf Aktien:
Vorname, Name, Beruf und Wohnort der persönlich haftenden Gesellschafter, der Aktionäre, die mehr als 25 v. H. des Aktienkapitals besitzen, sowie der Mitglieder des Aufsichtsrats unter Benennung seines Vorsitzers;
f) bei Gesellschaften mit beschränkter Haftung:
Vorname, Name, Beruf und Wohnort aller Gesellschafter mit einer Stammeinlage von mehr als fünf v. H. des Stammkapitals unter bruchteilsmäßiger Angabe der geleisteten Stammeinlage;
g) bei Genossenschaften:
Vorname, Name, Beruf und Wohnort der Mitglieder des Vorstands und des Aufsichtsrats unter Benennung seines Vorsitzers.

(2) Außerdem sind alle stillen Beteiligungen aufzuführen unter genauer Bezeichnung der stillen Gesellschafter sowie alle Treuhandverhältnisse unter genauer Bezeichnung von Treuhänder und Treugeber.

(3) Ist an einer Verlagsgesellschaft eine andere Gesellschaft zu mehr als einem Viertel beteiligt, so sind über diese Gesellschaft die gleichen Angaben zu machen, wie sie in Abs. 1 und 2 für den Verlag selbst vorgeschrieben sind.

(4) Werden Beteiligungen im Sinn der Abs. 1 bis 3 von politischen Parteien oder Wählergruppen gehalten, ist darauf unter bruchteilsmäßiger Angabe der Höhe der Beteiligung hinzuweisen.

(5) Die Bezeichnung des Berufs muß bei Bestehen eines Dienstverhältnisses den Dienstgeber erkennen lassen; bei Personen, die Inhaber oder Mitinhaber anderer wirtschaftlicher Unternehmungen sind, müssen diese Unternehmungen mit den Angaben über den Beruf genannt werden.

Gesetzesfassung in Berlin:

§ 7 [Impressum]

(1) Auf jedem im Geltungsbereich dieses Gesetzes erscheinenden Druckwerk müssen Name oder Firma und Wohnort oder Geschäftssitz des Druckers und des Verlegers, beim Selbstverlag des Verfassers oder des Herausgebers, genannt sein.

(2) Auf den periodischen Druckwerken sind ferner der Name und die Anschrift des verantwortlichen Redakteurs anzugeben. Sind mehrere Redakteure verantwortlich, so muß das Impressum die in Satz 1 geforderten Angaben für jeden von ihnen enthalten. Hierbei ist kenntlich zu machen, für welchen Teil oder sachlichen Bereich des Druckwerks jeder einzelne verantwortlich ist. Für den Anzeigenteil ist ein Verantwortlicher zu benennen; für diesen gelten die Vorschriften über den verantwortlichen Redakteur entsprechend.

(3) Zeitungen und Anschlußzeitungen, die regelmäßig Sachgebiete oder ganze Seiten des redaktionellen Teils fertig übernehmen, haben im Impressum auch den für den übernommenen Teil verantwortlichen Redakteur und den Verleger zu benennen.

§ 7a Offenlegung der Inhaber- und Beteiligungsverhältnisse

(1) Der Verleger eines periodischen Druckwerks muss in regelmäßigen Zeitabständen im Druckwerk die Inhaber- und Beteiligungsverhältnisse seines Verlags und seine Rechtsbeziehungen zu mit ihm verbundenen Presse- und Rundfunkunternehmen (§ 15 des Aktiengesetzes) offen legen. Die Bekanntgabe erfolgt
1. bei täglich oder wöchentlich erscheinenden Druckwerken in dem Impressum der ersten Ausgabe jedes Kalenderhalbjahres,
2. bei anderen periodischen Druckwerken in dem Impressum der ersten Ausgabe jedes Kalenderjahres.

Änderungen der Inhaber- und Beteiligungsverhältnisse sind unverzüglich bekannt zu machen.

(2) Bei der Offenlegung sind mindestens anzugeben:
1. bei Einzelkaufleuten: Vorname, Name, Beruf und Wohnort des Inhabers;
2. bei offenen Handelsgesellschaften: Vorname, Name, Beruf und Wohnort jedes Gesellschafters;
3. bei Kommanditgesellschaften: Vorname, Name, Beruf und Wohnort der persönlich haftenden Gesellschafter und der Kommanditisten;
4. bei Aktiengesellschaften: Vorname, Name und Wohnort derjenigen Aktionäre, die mehr als 25 vom Hundert des Aktienkapitals besitzen, sowie der Mitglieder des Aufsichtsrats unter Benennung seines Vorsitzenden;
5. bei Kommanditgesellschaften auf Aktien: Vorname, Name, Beruf und Wohnort der persönlich haftenden Gesellschafter, der Aktionäre, die mehr als 25 vom Hundert des Aktienkapitals besitzen, sowie der Mitglieder des Aufsichtsrats unter Benennung seines Vorsitzenden;
6. bei Gesellschaften mit beschränkter Haftung: Vorname, Name, Beruf und Wohnort aller Gesellschafter mit einer Stammeinlage von mehr als 5 vom Hundert des Stammkapitals unter bruchteilsmäßiger Angabe der geleisteten Stammeinlage;
7. bei Genossenschaften: Vorname, Name, Beruf und Wohnort der Mitglieder des Vorstands und des Aufsichtsrats unter Benennung seines Vorsitzenden.

(3) Außerdem sind alle stillen Beteiligungen und Anteilstreuhandschaften aufzuführen unter genauer Bezeichnung der stillen Gesellschafter und Treugeber. Ferner haben die Gesellschafter auch gegenüber der Gesellschaft Anteilstreuhandschaften mit Dritten offen zu legen unter genauer Bezeichnung der Treugeber.

(4) Ist an einer Verlagsgesellschaft eine andere Gesellschaft zu mehr als einem Viertel beteiligt, so sind über diese Gesellschaft die gleichen Angaben zu machen wie sie in Absatz 2 für den Verleger vorgeschrieben sind.

(5) Die Bezeichnung des Berufs muss bei Bestehen eines Dienstverhältnisses den Dienstgeber erkennen lassen; bei Personen, die Inhaber oder Mitinhaber

anderer wirtschaftlicher Unternehmungen sind, müssen diese Unternehmungen mit den Angaben über den Beruf genannt werden.

Gesetzesfassung in Brandenburg:

§ 8 [Impressum]

(1) Auf jedem im Geltungsbereich dieses Gesetzes erscheinenden Druckwerk müssen Name oder Firma und Anschrift der Druckerin oder des Druckers und der Verlegerin oder des Verlegers, beim Selbstverlag der Verfasserin oder des Verfassers oder der Herausgeberin oder des Herausgebers, genannt sein.

(2) Auf den periodischen Druckwerken sind ferner Name und Anschrift der verantwortlichen Redakteurin oder des verantwortlichen Redakteurs anzugeben. Sind mehrere Redakteurinnen oder Redakteure verantwortlich, so muss das Impressum die in Satz 1 geforderten Angaben für jede oder jeden von ihnen enthalten. Hierbei ist kenntlich zu machen, für welchen Teil oder sachlichen Bereich des Druckwerks jede oder jeder einzelne verantwortlich ist. Für den Anzeigenteil ist ebenfalls eine verantwortliche Person zu benennen; für diese gelten die Vorschriften über die verantwortliche Redakteurin oder den verantwortlichen Redakteur entsprechend.

(3) Zeitungen und Anschlußzeitungen, die regelmäßig ganze Seiten des redaktionellen Teils fertig übernehmen, haben im Impressum auch die oder den für den übernommenen Teil verantwortliche Redakteurin oder verantwortlichen Redakteur und die Verlegerin oder den Verleger zu benennen. Kopfzeitungen müssen im Impressum auch den Titel der Hauptzeitung angeben.

§ 9 [Offenlegung der Inhaber- und Beteiligungsverhältnisse]

(1) Die Verlegerin oder der Verleger eines periodischen Druckwerks muß in regelmäßigen Zeitabschnitten im Druckwerk die Inhaber- und Beteiligungsverhältnisse ihres oder seines Verlags und die Rechtsbeziehungen zu mit ihr oder ihm verbundenen Presse- und Rundfunkunternehmen (§ 15 Aktiengesetz) offen legen. Dies gilt insbesondere für die Überlassung der damit verbundenen Rechte. Die Bekanntgabe erfolgt
1. bei täglich oder wöchentlich erscheinenden Druckwerken in dem Impressum der ersten Ausgabe jedes Kalenderhalbjahres,
2. bei anderen periodischen Druckwerken in dem Impressum der ersten Ausgabe jedes Kalenderjahres.
Änderungen der Inhaber- und Beteiligungsverhältnisse sind unverzüglich bekanntzumachen.

(2) Bei der Offenlegung sind mindestens anzugeben:
1. Namen und Anschriften sowie Art und Höhe der Beteiligung der Inhaberinnen oder Inhaber, der persönlich haftenden Gesellschafterinnen oder Gesellschafter, der geschäftsführenden Gesellschafterinnen oder Gesellschafter, der Kommanditistinnen oder Kommanditisten sowie der Anteilseignerinnen oder der Anteilseigner mit einer Kapitalbeteiligung von mehr als 20 vom Hundert, der stillen Gesellschafterinnen oder Gesellschafter, sofern ihnen der Gesellschaftsvertrag Geschäftsführungsbefugnisse oder erweiterte Kontrollrechte einräumt; bei Genossenschaften: der Mitglieder des Vorstandes und der oder des Vorsitzenden des Aufsichtsrats.
2. die Namen der weiteren Zeitungen, Zeitschriften und Rundfunkunternehmen, die der Verlag, seine Inhaberinnen oder Inhaber oder die nach Nummer 1 an ihm Beteiligten herausgeben beziehungsweise an denen sie beteiligt sind.

LPG § 8

Gesetzesfassung in Bremen:

§ 8 [Impressum]

(1) Auf jedem im Geltungsbereich dieses Gesetzes erscheinenden Druckwerk müssen Name oder Firma und Anschrift des Druckers und des Verlegers, beim Selbstverlag Name und Anschrift des Verfassers oder des Herausgebers genannt sein.

(2) Auf den periodischen Druckwerken sind ferner der Name und die Anschrift des verantwortlichen Redakteurs anzugeben. Sind mehrere Redakteure verantwortlich, so muß das Impressum die in Satz 1 geforderten Angaben für jeden von ihnen enthalten. Hierbei ist kenntlich zu machen, für welchen Teil oder sachlichen Bereich des Druckwerks jeder einzelne verantwortlich ist. Für den Anzeigenteil ist ein Verantwortlicher zu benennen; für diesen gelten die Vorschriften über den verantwortlichen Redakteur entsprechend.

(3) Zeitungen und Anschlußzeitungen, die regelmäßig wesentliche Teile fertig übernehmen, haben im Impressum auch den für den übernommenen Teil verantwortlichen Redakteur zu benennen.

Gesetzesfassung in Hamburg:

§ 8 [Impressum]

(1) Auf jedem in der Freien und Hansestadt Hamburg erscheinenden Druckwerk müssen Name oder Firma und Anschrift des Druckers und des Verlegers, beim Selbstverlag die des Verfassers oder des Herausgebers genannt sein.

(2) Auf den periodischen Druckwerken sind ferner Name und Anschrift des verantwortlichen Redakteurs anzugeben. Sind mehrere Redakteure verantwortlich, so muß das Impressum die geforderten Angaben für jeden von ihnen enthalten. Hierbei ist kenntlich zu machen, für welchen Teil oder sachlichen Bereich des Druckwerks jeder einzelne verantwortlich ist. Für den Anzeigenteil ist ein Verantwortlicher zu benennen; für diesen gelten die Vorschriften über den verantwortlichen Redakteur entsprechend.

(3) Zeitungen und Anschlusszeitungen, die regelmäßig wesentliche Teile fertig übernehmen, haben im Impressum auch den für den übernommenen Teil verantwortlichen Redakteur und den Verleger des anderen Druckwerkes zu benennen.

Gesetzesfassung in Hessen:

§ 5 [Verlag]

(1) Sofern für einen Verlag periodischer Druckwerke die Form der Aktiengesellschaft oder der Kommanditgesellschaft auf Aktien gewählt wird, müssen die Aktien auf den Namen lauten.

(2) Der Verleger eines periodischen Druckwerks muss in regelmäßigen Zeitabständen im Impressum des Druckwerks Art und Umfang der Inhaber- und Beteiligungsverhältnisse seines Verlags offen legen. Die Bekanntgabe erfolgt
1. bei Tageszeitungen in der ersten Ausgabe jedes Kalendervierteljahres,
2. bei anderen periodischen Druckwerken in der ersten Ausgabe jedes Kalenderjahres.

Änderungen der Inhaber- und Beteiligungsverhältnisse sind unverzüglich im Impressum bekannt zu machen.

(3) Bei der Offenlegung nach Abs. 2 sind mindestens anzugeben:
1. Vorname, Name und Wohnort
   a) bei Einzelkaufleuten des Inhabers,

b) bei offenen Handelsgesellschaften derjenigen Gesellschafter, deren Kapitalanteil mindestens 5 vom Hundert beträgt oder die mindestens 5 vom Hundert der Stimmrechte halten,
c) bei Kommanditgesellschaften der persönlich haftenden Gesellschafter und der Kommanditisten, deren Kapitalanteil mindestens 5 vom Hundert beträgt oder die mindestens 5 vom Hundert der Stimmrechte halten,
d) bei Aktiengesellschaften derjenigen Aktionäre, die mindestens 5 vom Hundert des Kapitals oder der Stimmrechte halten, sowie der Mitglieder des Vorstands und des Aufsichtsrats jeweils unter Benennung des Vorsitzenden,
e) bei Kommanditgesellschaften auf Aktien der persönlich haftenden Gesellschafter, der Aktionäre, die mindestens 5 vom Hundert des Kapitals oder der Stimmrechte halten, sowie der Mitglieder des Vorstands und des Aufsichtsrats jeweils unter Benennung des Vorsitzenden,
f) bei Gesellschaften mit beschränkter Haftung derjenigen Gesellschafter, die mindestens 5 vom Hundert des Kapitals oder der Stimmrechte halten, und der Geschäftsführer,
g) bei Genossenschaften der Mitglieder des Vorstands und des Aufsichtsrats jeweils unter Benennung des Vorsitzenden,
h) bei Stiftungen der Mitglieder des Vorstands unter Benennung des Vorsitzenden,
2. der prozentuale Umfang des Kapitalanteils, der Beteiligung am Kapital und an den Stimmrechten der in Nr. 1 Buchst. b bis f genannten Gesellschafter und Aktionäre.

Handelt es sich bei den Gesellschaftern, Aktionären oder Mitgliedern des Vorstands um eine juristische Person, sind Name, Rechtsform und Sitz anzugeben.

(4) Außerdem sind bei einem Verlag nach Abs. 3 Satz 1 Nr. 1 Buchst. a bis g alle stillen Beteiligungen oder Treuhandschaften an dem Verlag oder Treuhandschaften eines Gesellschafters oder Aktionärs aufzuführen unter Bezeichnung der stillen Gesellschafter und Treugeber mit Vorname, Name und Wohnort oder Name, Rechtsform und Sitz. Bei einem Verlag nach Abs. 3 Satz 1 Nr. 1 Buchst. b bis g gilt dies nur, wenn die stille Beteiligung oder die Treuhandschaft einer Beteiligung mit einem Kapitalanteil von mindestens 5 vom Hundert oder einer Beteiligung von mindestens 5 vom Hundert am Kapital oder an den Stimmrechten entspricht.

(5) Ist eine Gesellschaft oder eine Stiftung an dem Verlag mit mindestens 15 vom Hundert an dem Kapital oder an den Stimmrechten beteiligt oder beträgt ihr Kapitalanteil mindestens 15 vom Hundert, so sind vom Verleger über diese die gleichen Angaben zu machen, wie sie in Abs. 3 für den Verlag selbst vorgeschrieben sind.

(6) Gesellschafter und Aktionäre nach Abs. 3 und 4 und die am Verlag beteiligte Stiftung nach Abs. 5 haben dem Verleger die zur Erfüllung der Offenlegungspflichten erforderlichen Angaben sowie jede Änderung der Angaben unverzüglich mitzuteilen. Gleiches gilt für die Gesellschafter und Aktionäre der an dem Verlag beteiligten Gesellschaft nach Abs. 5.

(7) Gehören einer politischen Partei im Sinne des § 2 des Parteiengesetzes unmittelbar oder mittelbar mindestens 5 vom Hundert der Anteile an dem Verlag oder stehen ihr unmittelbar oder mittelbar mindestens 5 vom Hundert der Stimmrechte zu, so hat sie dies dem Verlag unverzüglich schriftlich unter Angabe von Art und Umfang der Beteiligung mitzuteilen. Als Anteile, die der politischen Partei gehören, gelten auch Anteile, die einem Unternehmen, an dem die politische Partei unmittelbar oder mittelbar zu mindestens 15 vom Hundert beteiligt ist oder einem anderen für Rechnung der politischen Partei

oder einem anderen für Rechnung eines Unternehmens, an dem die politische Partei unmittelbar oder mittelbar zu mindestens 15 vom Hundert beteiligt ist, gehören. Als Stimmrechte, die der politischen Partei zustehen, gelten auch Stimmrechte aus Anteilen nach Satz 2 sowie solche Stimmrechte Dritter, auf deren Ausübung die politische Partei kraft einer Vereinbarung oder aufgrund einer sonstigen Abstimmung Einfluss nehmen kann. Der Verleger des periodischen Druckwerks hat zu den in Abs. 2 Satz 1 genannten Erscheinungszeitpunkten die Angaben nach Satz 1 im Impressum des Druckwerks offen zu legen.

§ 6 [Angabe des Druckers und des Verlegers]

Auf jedem im Geltungsbereich dieses Gesetzes erscheinenden Druckwerk sind Name und Geschäftsanschrift des Druckers und, wenn das Druckwerk zur Verbreitung bestimmt ist, des Verlegers oder – beim Selbstvertrieb – des Verfassers oder Herausgebers zu nennen. Der Drucker kann statt mit seinem Namen auch mit seiner handelsgerichtlich eingetragenen Firma genannt werden. Wird der Verleger unter einer handelsgerichtlich eingetragenen Firma tätig, so sind Namen und Geschäftsanschrift der Vertretungsberechtigten zu nennen.

§ 7 [Verantwortlicher Redakteur]

(1) Auf jedem Stück eines im Geltungsbereich dieses Gesetzes erscheinenden periodischen Druckwerks sind der Name und die Geschäftsanschrift des verantwortlichen Redakteurs zu nennen. Sind mehrere Redakteure verantwortlich, so ist kenntlich zu machen, auf welchen Teil des Druckwerks sich die Verantwortlichkeit jedes einzelnen bezieht. Für den Anzeigenteil ist ein Verantwortlicher zu benennen; für diesen gelten die Vorschriften über den verantwortlichen Redakteur entsprechend.

(2) Zeitungen und Anschlusszeitungen, die regelmäßig ganze Seiten oder Sachgebiete des redaktionellen Teils fertig übernehmen, haben auch den für den übernommenen Teil verantwortlichen Redakteur und Verleger zu benennen.

(3) Als verantwortlicher Redakteur kann nur tätig sein und beschäftigt werden, wer

1. seinen ständigen Aufenthalt innerhalb eines Mitgliedstaates der Europäischen Union oder eines anderen Vertragsstaates des Abkommens über den Europäischen Wirtschaftsraum hat,
2. die Fähigkeit zur Bekleidung öffentlicher Ämter besitzt,
3. das 21. Lebensjahr vollendet hat,
4. unbeschränkt geschäftsfähig ist,
5. wegen durch die Presse begangener strafbarer Handlungen unbeschränkt gerichtlich verfolgt werden kann.

(4) Die Vorschriften des Abs. 3 Nr. 3 und 4 gelten nicht für Druckwerke, die von Jugendlichen für Jugendliche herausgegeben werden.

Gesetzesfassung in Mecklenburg-Vorpommern:

§ 7 [Impressum]

(1) Auf jedem im Lande Mecklenburg-Vorpommern erscheinenden Druckwerk müssen Name oder Firma und Anschrift des Druckers und des Verlegers, beim Selbstverlag die des Verfassers oder des Herausgebers genannt sein.

(2) Auf den periodischen Druckwerken sind ferner der Name und die Anschrift des verantwortlichen Redakteurs anzugeben. Sind mehrere Redakteure verantwortlich, so muß das Impressum die in Satz 1 geforderten Angaben für jeden von ihnen enthalten. Hierbei ist kenntlich zu machen, für welchen Teil

Impressum § 8 LPG

oder sachlichen Bereich des Druckwerks jeder einzelne verantwortlich ist. Für den Anzeigenteil ist ein Verantwortlicher zu benennen; für diesen gelten die Vorschriften über den verantwortlichen Redakteur entsprechend.

(3) Zeitungen und Anschlußzeitungen, die regelmäßig ganze Seiten des redaktionellen Teils fertig übernehmen, haben im Impressum auch den für den übernommenen Teil verantwortlichen Redakteur und den Verleger des anderen Druckwerkes zu benennen. Neben- und Unterausgaben einer Hauptzeitung, insbesondere Kopfzeitungen, Bezirks- oder Lokalausgaben, müssen im Impressum auch den Verleger und Titel der Hauptzeitung angeben.

(4) Der Verleger eines periodischen Druckwerks muß in regelmäßigen Zeitabschnitten im Druckwerk offenlegen, wer an der Finanzierung des Unternehmens wirtschaftlich beteiligt ist, und zwar bei Tageszeitungen in der ersten Nummer jedes Kalendervierteljahres, bei anderen periodischen Druckschriften in der ersten Nummer jedes Kalenderjahres. Hierfür ist die Wiedergabe der im Handelsregister eingetragenen Beteiligungsverhältnisse ausreichend.

Gesetzesfassung in Niedersachsen:

§ 8 [Impressum]

(1) Auf jedem im Geltungsbereich dieses Gesetzes erscheinenden Druckwerk müssen Name oder Firma und Anschrift des Druckers und des Verlegers genannt sein, bei Selbstverlag Name und Anschrift des Verfassers oder des Herausgebers.

(2) Auf den periodischen Druckwerken sind ferner Name und Anschrift des verantwortlichen Redakteurs anzugeben. Sind mehrere Redakteure verantwortlich, so muß das Impressum die in Satz 1 geforderten Angaben für jeden von ihnen enthalten. Hierbei ist kenntlich zu machen, für welchen Teil oder sachlichen Bereich des Druckwerks jeder einzelne verantwortlich ist. Für den Anzeigenteil ist ein Verantwortlicher zu benennen; für diesen gelten die Vorschriften über den verantwortlichen Redakteur entsprechend.

(3) Zeitungen und Anschlußzeitungen, die regelmäßig ganze Seiten des redaktionellen Teils fertig übernehmen, haben im Impressum auch Name und Anschrift des für den übernommenen Teil verantwortlichen Redakteurs anzugeben.

Gesetzesfassung in Nordrhein-Westfalen:

§ 8 [Impressum]

(1) Auf jedem im Geltungsbereich dieses Gesetzes erscheinenden Druckwerk müssen Name oder Firma und Anschrift des Druckers und des Verlegers, beim Selbstverlag des Verfassers oder des Herausgebers genannt sein.

(2) Auf den periodischen Druckwerken sind ferner der Name und die Anschrift des verantwortlichen Redakteurs anzugeben. Sind mehrere Redakteure verantwortlich, so muß das Impressum die in Satz 1 geforderten Angaben für jeden von ihnen enthalten. Hierbei ist kenntlich zu machen, für welchen Teil oder sachlichen Bereich des Druckwerks jeder einzelne verantwortlich ist. Für den Anzeigenteil ist ein Verantwortlicher zu benennen; für diesen gelten die Vorschriften über den verantwortlichen Redakteur entsprechend.

(3) Zeitungen und Anschlußzeitungen, die regelmäßig ganze Seiten des redaktionellen Teils fertig übernehmen, haben im Impressum auch den für den übernommenen Teil verantwortlichen Redakteur und den Verleger zu benennen. Neben- oder Unterausgaben einer Hauptzeitung, insb Kopfzeitungen, Bezirks- oder Lokalausgaben, müssen im Impressum auch den Verleger der Hauptzeitung angeben.

LPG § 8

Gesetzesfassung in Rheinland-Pfalz:

§ 9 [Impressum, Programmverantwortlichkeit, Auskunftspflicht]

(1) Auf jedem in Rheinland-Pfalz erscheinenden Druckwerk müssen Name oder Firma und Anschrift derjenigen Personen genannt sein, die das Werk gedruckt und verlegt haben, beim Selbstverlag derjenigen Personen, die das Werk verfasst haben oder herausgeben.

(2) Auf den periodischen Druckwerken sind ferner Name und Anschrift der redaktionell verantwortlichen Person anzugeben. Sind mehrere für die Redaktion verantwortlich, so muss das Impressum Name und Anschrift aller redaktionell verantwortlichen Personen angeben; hierbei ist kenntlich zu machen, wer für welchen Teil oder sachlichen Bereich des Druckwerks verantwortlich ist. Für den Anzeigenteil ist eine verantwortliche Person zu benennen; für diese gelten die Vorschriften über die redaktionell verantwortliche Person entsprechend.

(3) Zeitungen und Anschlusszeitungen, die den überwiegenden Teil fertig übernehmen, haben im Impressum auch die für den übernommen Teil redaktionell verantwortliche Person und diejenige Person, die den übernommenen Teil ursprünglich verlegt, zu benennen.

(4) Wer ein periodisches Druckwerk verlegt, muss in der ersten Nummer eines jeden Kalenderhalbjahres im Druckwerk offen legen, wer an der Finanzierung des Unternehmens wirtschaftlich beteiligt ist; bei Tageszeitungen ist bei Veränderungen der wirtschaftlichen Beteiligung dies zusätzlich in der nachfolgenden ersten Nummer jedes Kalendervierteljahres offen zu legen. Wirtschaftlich beteiligt im Sinne des Satzes 1 ist, wer mit mehr als 5 v. H. am Kapital beteiligt ist oder über mehr als 5 v. H. der Stimmrechte verfügt. Für die nach Satz 1 offen zu legenden Angaben ist die Wiedergabe der aus dem Handelsregister und aus den zum Handelsregister eingereichten Schriftstücken zu entnehmenden Beteiligungsverhältnisse ausreichend.

(5) Für die Aufnahme des Impressums sind diejenigen Personen verantwortlich, die das Werk gedruckt oder verlegt haben. Für die Richtigkeit des Impressums sind die redaktionell verantwortlichen Personen, beim Selbstverlag die Personen, die das Werk verfasst haben oder herausgeben, verantwortlich.

(6) Ein Rundfunkveranstalter, der nicht eine natürliche Person ist, muss mindestens eine für den Inhalt des Programms verantwortliche Person bestellen, die zur alleinigen Entscheidung berechtigt ist; werden mehrere Verantwortliche bestellt, nehmen sie ihre Aufgaben gemeinsam wahr. Jeder Rundfunkveranstalter hat auf Verlangen Name und Anschrift der für den Inhalt des Programms verantwortlichen Personen sowie der für den Inhalt einer Sendung redaktionell verantwortlichen Personen mitzuteilen.

Gesetzesfassung im Saarland:

§ 8 Impressum, Programmverantwortlichkeit, Auskunftspflicht, Beschwerderecht

(1) Auf jedem im Geltungsbereich dieses Gesetzes erscheinenden Druckwerk müssen Namen oder Firma und Anschrift der Druckerin oder des Druckers und der Verlegerin oder des Verlegers, beim Selbstverlag der Verfasserin oder des Verfassers oder der Herausgeberin oder des Herausgebers, genannt sein.

Auf den periodischen Druckwerken sind ferner Name und Anschrift der verantwortlichen Redakteurin oder des verantwortlichen Redakteurs anzugeben. Sind mehrere Redakteurinnen oder Redakteure verantwortlich, so muss das Impressum die in Satz 1 geforderten Angaben für jede oder jeden von ihnen enthalten. Hierbei ist kenntlich zu machen, für welchen Teil oder sachlichen

Bereich des Druckwerks jede oder jeder Einzelne verantwortlich ist. Für den Anzeigenteil ist eine Verantwortliche oder ein Verantwortlicher zu benennen; für diese oder diesen gelten die Vorschriften über die verantwortliche Redakteurin oder den verantwortlichen Redakteur entsprechend.

Zeitungen und Anschlusszeitungen, die regelmäßig ganze Seiten des redaktionellen Teils fertig übernehmen, haben im Impressum auch die oder den für den übernommenen Teil verantwortliche Redakteurin oder verantwortlichen Redakteur und die Verlegerin oder den Verleger zu benennen.

(2) Eine Rundfunkveranstalterin und ein Rundfunkveranstalter privaten Rechts, die oder der nicht eine natürliche Person ist, muss eine für den Inhalt des Programms verantwortliche Person bestellen, die zur alleinigen Entscheidung berechtigt ist. Werden mehrere Verantwortliche bestellt, nehmen sie ihre Aufgaben gemeinsam wahr.

Jede Rundfunkveranstalterin und jeder Rundfunkveranstalter hat auf Verlangen Namen und Anschrift der für den Inhalt des Programms Verantwortlichen sowie des für den Inhalt einer Sendung verantwortlichen Redakteurs oder der für den Inhalt einer Sendung verantwortlichen Redakteurin mitzuteilen.

Jede Rundfunkveranstalterin und jeder Rundfunkveranstalter privaten Rechts hat am Anfang und am Ende seiner täglichen Sendezeit die Veranstalterin oder den Veranstalter zu nennen. Außerdem ist am Ende jeder Sendung die für den Inhalt verantwortliche Redakteurin oder der für den Inhalt verantwortliche Redakteur anzugeben.

Jede Person oder Stelle kann sich mit Beschwerden über Sendungen an die Rundfunkveranstalterin oder den Rundfunkveranstalter wenden. Über Einwände gegen die Antwort der für das Programm Verantwortlichen befindet beim SR der Rundfunkrat, bei privaten Veranstalterinnen oder Veranstaltern der Medienrat der LMS; die Entscheidung kann auf einen Ausschuss oder Beirat übertragen werden.

Gesetzesfassung in Sachsen:

§ 6 [Impressum]

(1) Auf allen mittels eines zur Massenherstellung geeigneten Vervielfältigungsverfahren hergestellten und zur Verbreitung bestimmten Schriften, besprochenen Tonträgern, bildlichen Darstellungen mit oder ohne Schrift und Musikalien mit Text oder Erläuterungen (Druckwerke), die im Geltungsbereich dieses Gesetzes erscheinen, müssen deutlich sichtbar Name oder Firma und Anschrift des Druckers und des Verlegers genannt sein. Beim Selbstverlag treten an die Stelle der Angaben über den Verleger Name oder Firma und Anschrift des Herausgebers oder des Verfassers.

(2) Für Zeitungen, Zeitschriften und andere Druckwerke, die in ständiger, wenn auch unregelmäßiger Folge und im Abstand von nicht mehr als sechs Monaten erscheinen (periodische Druckwerke), ist mindestens ein verantwortlicher Redakteur zu bestellen. Sein Name und seine Anschrift sind auf dem Druckwerk anzugeben. Sind mehrere verantwortliche Redakteure bestellt, so gilt Satz 2 für jeden von ihnen. Dabei ist auch anzugeben, für welchen räumlichen oder sachlichen Bereich ein jeder verantwortlich ist. Für den Anzeigenteil ist ebenfalls ein Verantwortlicher zu bestellen; die Bestimmungen über den verantwortlichen Redakteur gelten für ihn entsprechend.

(3) Zeitungen und Anschlußzeitungen, die regelmäßig ganze Seiten des redaktionellen Teils fertig übernehmen, haben dies im Impressum unter zusätzlicher Angabe von Name oder Firma und Anschrift des für den übernommen Teil verantwortlichen Verlegers und Redakteurs kenntlich zu machen.

LPG § 8

(4) Für die Aufnahme des Impressums ist der Verleger, beim Selbstverlag der Herausgeber oder Verfasser verantwortlich.

§ 8 [Offenlegungspflicht]

Der Verleger eines periodischen Druckwerks hat die Inhaber- und Beteiligungsverhältnisse sowie seine Rechtsbeziehungen zu mit ihm verbundenen Unternehmen im Impressum der ersten Ausgabe jedes Kalenderjahrs, im Fall von Tageszeitungen im Impressum der ersten Ausgabe jedes Kalenderhalbjahrs bekanntzugeben. Änderungen sind unverzüglich im Impressum anzuzeigen.

§ 15 [Anwendungsbereich]

(1) Die Bestimmungen dieses Gesetzes gelten mit Ausnahme von § 11 sinngemäß auch für die von Nachrichtenagenturen, Pressekorrespondenzen, Materndiensten und ähnlichen Unternehmen (presseredaktionelle Hilfsunternehmen) zugelieferten Mitteilungen ungeachtet der Form, in der sie geliefert werden.

(2) Auf amtliche Publikationen, sofern sie ausschließlich amtliche Mitteilungen enthalten, sind die §§ 7 und 9 nicht anzuwenden. Auf Publikationen, die nur Zwecken des Gewerbes oder Verkehrs, des häuslichen oder geselligen Lebens dienen wie Formulare, Preislisten, Werbedrucksachen, Familienanzeigen, Geschäfts-, Jahres- und Verwaltungsberichte und dergleichen sowie auf Stimmzettel bei Wahlen sind die §§ 6, 7 und 9 bis 11 nicht anzuwenden.

Gesetzesfassung in Sachsen-Anhalt:

§ 7 [Impressum]

(1) Auf jedem im Geltungsbereich dieses Gesetzes erscheinenden Druckwerk müssen Name oder Firma und Geschäftsanschrift des Druckers und des Verlegers genannt sein, beim Selbstverlag Name und Geschäftsanschrift des Verfassers oder des Herausgebers.

(2) Auf den periodischen Druckwerken sind ferner Name und Geschäftsanschrift des verantwortlichen Redakteurs anzugeben. Sind mehrere Redakteure verantwortlich, so muss das Impressum die in Satz 1 geforderten Angaben für jeden von ihnen enthalten. Hierbei ist kenntlich zu machen, für welchen Teil oder sachlichen Bereich des Druckwerks jeder einzelne verantwortlich ist. Für den Anzeigenteil ist ein Verantwortlicher zu benennen; für diesen gelten die Vorschriften über den verantwortlichen Redakteur entsprechend.

(3) Zeitungen und Anschlusszeitungen, die regelmäßig ganze Seiten des redaktionellen Teils fertig übernehmen, haben im Impressum auch Name und Anschrift des für den übernommenen Teil verantwortlichen Redakteurs anzugeben.

§ 7a [Offenlegungspflicht]

(1) Der Verleger eines periodischen Druckwerks muss in regelmäßigen Zeitabschnitten im Druckwerk seine Eigentumsverhältnisse und seine Rechtsbeziehungen zu mit ihm verbundenen Unternehmen nach § 15 des Aktiengesetzes sowie seine Beteiligung an Unternehmen, die dabei Herstellung, Vertrieb und Anzeigenakquisition übernehmen, offenlegen. Dies ist bei Tageszeitungen in der ersten Ausgabe jedes Kalendervierteljahrs im Impressum, bei anderen periodischen Druckwerken in der ersten Ausgabe jedes Kalenderjahrs im Impressum bekannt zu machen. Änderungen sind unverzüglich bekannt zu machen.

(2) Bei der Offenlegung sind mindestens anzugeben:
1. die Familiennamen und Vornamen der Inhaber,

Impressum § 8 LPG

2. die Familiennamen und Vornamen aller persönlich haftenden Gesellschafter und aller geschäftsführenden Gesellschafter (Beteiligte) und
3. die Namen der weiteren Druckwerke, die der Verlag, seine Inhaber oder die nach Nummer 2 an ihm Beteiligten herausgeben.

Genossenschaften haben die Familiennamen und Vornamen der Mitglieder des Vorstands und des Vorsitzenden des Aufsichtsrats anzugeben.

Gesetzesfassung Schleswig-Holstein:

§ 7 [Impressum]

(1) Auf jedem im Geltungsbereich dieses Gesetzes erscheinenden Druckwerk müssen Name oder Firma und Anschrift der Druckerin oder des Druckers und der Verlegerin oder des Verlegers, beim Selbstverlag der Verfasserin oder des Verfassers oder der Herausgeberin oder des Herausgebers, genannt sein.

(2) Auf den periodischen Druckwerken sind ferner der Name und die Anschrift der verantwortlichen Redakteurin oder des verantwortlichen Redakteurs anzugeben. Sind mehrere Redakteurinnen oder Redakteure verantwortlich, so muss das Impressum die in Satz 1 geforderten Angaben für jede oder jeden von ihnen enthalten. Hierbei ist kenntlich zu machen, für welchen Teil oder sachlichen Bereich des Druckwerks jede oder jeder einzelne verantwortlich ist. Für den Anzeigenteil ist eine Verantwortliche oder ein Verantwortlicher zu benennen; für diese oder diesen gelten die Vorschriften über die verantwortliche Redakteurin oder den verantwortlichen Redakteur entsprechend.

(3) Zeitungen und Anschlusszeitungen, die regelmäßig wesentliche Teile fertig übernehmen, haben im Impressum auch die oder den für den übernommenen Teil verantwortliche Redakteurin oder verantwortlichen Redakteur und die Verlegerin oder den Verleger des anderen Druckwerks zu benennen.

(4) Die Verlegerin oder der Verleger eines periodischen Druckwerkes muss in regelmäßigen Zeitabschnitten im Druckwerk offen legen, wer an der Finanzierung des Unternehmens wirtschaftlich beteiligt ist, und zwar bei Tageszeitungen in der ersten Nummer jedes Kalendervierteljahres, bei anderen periodischen Druckschriften in der ersten Nummer jedes Kalenderjahres. Hierfür ist die Wiedergabe der im Handelsregister eingetragenen Beteiligungsverhältnisse ausreichend.

Gesetzesfassung in Thüringen:

§ 7 [Impressum]

(1) Auf jedem im Geltungsbereich dieses Gesetzes erscheinenden Druckwerk müssen Name oder Firma und Anschrift der Druckerei und des Verlegers genannt sein, beim Selbstverlag Name und Anschrift des Verfassers oder des Herausgebers sowie die Eigentumsverhältnisse des Verlags.

(2) Auf den periodischen Druckwerken sind ferner Name und Anschrift des verantwortlichen Redakteurs anzugeben. Sind mehrere Redakteure verantwortlich, so muß das Impressum die in Satz 1 geforderten Angaben für jeden von ihnen enthalten. Hierbei ist kenntlich zu machen, für welchen Teil oder sachlichen Bereich des Druckwerks jeder einzelne verantwortlich ist. Für den Anzeigenteil ist ein Verantwortlicher zu benennen; für diesen gelten die Vorschriften über den verantwortlichen Redakteur entsprechend.

(3) Zeitungen und Anschlußzeitungen, die regelmäßig ganze Seiten des redaktionellen Teils fertig übernehmen, haben im Impressum auch Name und Anschrift des für den übernommenen Teil verantwortlichen Redakteurs und des Verlegers anzugeben.

(4) Für die Aufnahme des Impressums sind die Druckerei und der Verleger, für die Richtigkeit des Impressums ist der verantwortliche Redakteur – beim Selbstverlag der Verfasser oder Herausgeber – verantwortlich.

§ 8 [Offenlegungspflicht]

(1) Der Verleger eines periodischen Druckwerks muß in regelmäßigen Zeitabschnitten im Druckwerk seine Eigentumsverhältnisse und seine Rechtsbeziehungen zu mit ihm verbundenen Unternehmen (§ 15 Aktiengesetz) sowie seine Beteiligung an Unternehmen, die dabei Herstellung, Vertrieb und Anzeigenakquisition übernehmen, offenlegen. Dies gilt insbesondere für die Überlassung der damit verbundenen Rechte. Dies ist bei Tageszeitungen in der ersten Nummer jedes Kalendervierteljahrs, bei anderen periodischen Druckschriften in der ersten Nummer jedes Kalenderjahres zu veröffentlichen. Änderungen sind unverzüglich bekanntzumachen.

(2) Bei der Offenlegung sind mindestens anzugeben:
1. der Inhaber, alle persönlich haftenden Gesellschafter, alle geschäftsführenden Gesellschafter;
2. die weiteren Zeitungen und Zeitschriften, die der Verlag oder seine Inhaber oder seine Beteiligten herausgeben;
3. bei Genossenschaften: die Mitglieder des Vorstandes und der Vorsitzende des Aufsichtsrats.

Inhaltsübersicht

	Rn
I. Geltende Gesetzesfassung	1
II. Zweck und Bedeutung des Impressums	
1. Schutz gegenüber der Anonymität der Presse	2
2. Periodische, nichtperiodische und harmlose (einschl amtliche) Druckwerke	3–5
3. Aktuelle Bedeutung. § 8 als Schutzgesetz	6–11
4. Neuerungen in den Landespressegesetzen	12–14
5. Impressum bei Online-Medien	15
III. Der Geltungsbereich der landesrechtlichen Impressumspflicht	
1. Das im konkreten Fall maßgebliche Landespressegesetz	16
2. Das Kriterium des Erscheinungsorts	17–23
3. Die Bedeutung der Erscheinungszeit	24–25
IV. Der Inhalt der Impressumangaben. Allgemeines	
1. Die Dreiteilung der Druckwerke hinsichtlich der Impressumpflicht	26
2. Der Grundsatz der Klarheit der Angaben	27–33
3. Eindeutige Namens- und Adress-Angaben	34–41
V. Die Benennung von Drucker, Verleger, Verfasser, Herausgeber (§ 8 Abs 1)	
1. Drucker	42–48
2. Verleger	49–61
3. Verfasser	62–63
4. Herausgeber	64–70
VI. Die zusätzliche Benennung des verantwortlichen Redakteurs bei der periodischen Presse (§ 8 Abs 2)	
1. Der besondere Einfluss der periodischen Presse	71–73
2. Klarheit der Angaben	74–77
3. Umfang der Haftung	78–79
4. Haftung bei einer Mehrheit verantwortlicher Redakteure	80–91
VII. Die Benennung des „Verantwortlichen für den Anzeigenteil" (§ 8 Abs 2)	
1. Bedeutung des Anzeigenteils	92
2. Der „Verantwortliche" muss kein Redakteur sein	93–94

	Rn
3. Der „Verantwortliche" steht presserechtlich dem verantwortlichen Redakteur gleich	95

VIII. Mehrteilige Druckwerke. Beilagen

1. Bei Einheitlichkeit des Druckwerks (mechanische Verbindung) genügt ein Impressum	96
2. Selbstständige und integrierte Beilagen	97–103

IX. Impressumgangaben über Fremdbezug von Zeitungsteilen (§ 8 Abs 3)

1. Zweck der Regelung (§ 8 Abs 3)	104
a) Transparenz der Zeitungspresse	105
b) Abgrenzung der Haftung der Beteiligten	106
2. Die Voraussetzungen der Impressumpflicht des § 8 Abs 3	107
a) Zeitungen und Anschlusszeitungen	108–111
b) Regelmäßigkeit des Fremdbezugs	112
c) Bezug „fertiger" Zeitungsteile	113
d) Bezug „wesentlicher" Zeitungsteile	114
3. Inhalt der Impressumangaben bei § 8 Abs 3	
a) Allgemeines	115
b) Angabe des (fremden) verantwortlichen Redakteurs	116
c) Angabe des (fremden) Verlegers	117
d) Angabe des fremden Zeitungstitels	118
4. Übersicht über die (divergierenden) landespresserechtlichen Regelungen	119–135

X. Offenlegung der Inhaber- und Beteiligungsverhältnisse der periodischen Presse

1. Offenlegung im öffentlichen Interesse	136
2. Die pressegeschichtliche Entwicklung	137
3. Rechtliche Bedenken unbegründet	138
4. Die Offenlegungspflicht in Bayern (Art. 8)	139–142
5. Die Offenlegungspflicht in Hessen (§ 5)	143
6. Die Offenlegungspflicht in Berlin (§ 7a)	144
7. Die Offenlegungspflicht in Rheinland-Pfalz (§ 9)	145
8. Die Offenlegungspflicht in Schleswig-Holstein (§ 7)	146
9. Die Offenlegungspflicht in den neuen Bundesländern	147–150
10. Publizitäts-/Statistikgrenze	151

XI. Verletzung der Impressumpflichten

1. Übersicht über die einzelnen Pflichten	152
2. Impressumverstöße als Presse-Ordnungsdelikte	153–155
3. Impressumverstöße als Ordnungswidrigkeiten	156
4. Täterschaft und Teilnahme	157
5. Irreführendes Impressum als Wettbewerbsverstoß	158

XII. Ausländisches Recht

1. Österreich	159
2. Schweiz	160

Schrifttum: *Bodendorf* AfP 1980 S 217; *Gross,* Presserecht, 3. Auflage, Heidelberg 1999; *Häntzschel,* Reichspreßgesetz Berlin 1927; *Jarass,* Rechtsfragen der Öffentlichkeitsarbeit in NJW 1981 S 193, 198; *Ricker/Weberling,* Handbuch des Presserechts, 6. Auflage, München 2012; *Lüders,* Rundfunk- und Presserecht, Berlin 1952; *Nobel,* Leitfaden zum Presserecht, Zürich 1982; *Paschke/Berlit/Meyer,* Hamburger Kommentar Gesamtes Medienrecht, 2. Auflage, Baden-Baden 2012; *Rath-Glawatz-Engels-Dietrich,* Das Recht der Anzeige, 3. Auflage, Köln 2006; *Rebmann/Ott/Storz,* Das baden-württembergische Gesetz über die Presse, Stuttgart 1961; *Rehbinder,* Presserecht, Berlin 1967; *Roloff* in „Die Zeitung" 1981 Nr 8/9 S 3; *Scheer,* Deutsches Presserecht, Hamburg 1966; *Schricker,* Verlagsrecht, 3. Auflage, München 2001; *Seitz/Schmidt,* Der Gegendarstellungsanspruch, 4. Auflage, München 2010; *Soehring/Hoene,* Presserecht, 5. Auflage, Köln 2013; *Spindler/Schuster,* Recht der elektronischen Medien, 2. Auflage, München 2011; *Wenzel,* Das Recht der Wort- und Bildberichterstattung, 5. Aufl, Köln 2003.

LPG § 8   Impressum

I. Geltende Gesetzesfassung

1   In den meisten Landespressegesetzen finden sich die Impressumsbestimmungen in § 8. Sofern nachstehend von § 8 die Rede ist, gelten die Ausführungen für die Art bzw. §§ 7/8 in Bayern und Thüringen, §§ 7, 7a in Berlin, § 7 in Mecklenburg-Vorpommern, Sachsen-Anhalt, Schleswig-Holstein, §§ 8/9 in Brandenburg, §§ 5/6/7 in Hessen, §§ 6, 8 und 15 in Sachsen sowie § 9 des Landesmediengesetzes Rheinland-Pfalz.

II. Zweck und Bedeutung des Impressums

1. Schutz gegenüber der Anonymität der Presse

2   Zu den wichtigsten Ordnungspflichten der Presse gehört der in § 8 LPG normierte Impressumzwang. Durch den „Aufdruck" bzw „Eindruck" (Impressum) einer detaillierten *Herkunftsangabe* in jedem zur öffentlichen Verbreitung kommenden Druckwerk (ausgenommen die amtlichen und die sog harmlosen Druckschriften im Sinne des § 7 Abs 3 LPG) soll es den Behörden wie auch Dritten ermöglicht werden, die für den Inhalt des Druckwerks Verantwortlichen jederzeit straf-, zivil- und presserechtlich haftbar zu machen. Dieser für die Masse aller Druckwerke gesetzlich vorgeschriebene Herkunfts- und Haftungshinweis stammt aus dem 16. Jahrhundert und ist beinahe so alt wie die Erfindung der Massenvervielfältigungen von Druckwerken durch Gutenberg. Die Impressumpflicht war die staatliche Abwehrmaßnahme gegen eine der wirksamsten Waffen der Presse, ihre schon früh praktizierte *Anonymität*. In ihrem Schutz suchten sich Drucker und Verleger kritischer oder ketzerischer Flugblätter, Broschüren und Schriften der drohenden Bestrafung zu entziehen. Die Bekämpfung der gefährlichen Anonymität der Presse war über Jahrhunderte hinweg ein vorrangiges Anliegen aller staatlichen Pressepolitik und wurde insbesondere bei den Beratungen des Reichspreßgesetzes von 1874 von Regierungsseite deutlich zum Ausdruck gebracht (vgl Klöppel, S 184/185; Haible, S 119). Eine „Flucht in die Anonymität" ist bei der Presse heute nur noch in begrenztem Umfang und für einen kleinen Kreis der Beteiligten möglich, so für den Verfasser eines Pressebeitrages (vgl Rn 13) und für die Informanten der Presse.

2. Periodische, nichtperiodische und harmlose (einschl amtliche) Druckwerke

3   Die gegen die Anonymität der Großmacht Presse gerichtete gesetzespolitische Tendenz des Impressumzwangs („müssen", vgl § 8 Abs 1) schlägt sich auch in der *Dreiteilung* nieder, die die Impressumpflicht der Presse in § 8 LPG gefunden hat:

a) Vom Impressumzwang *freigestellt* sind die sog *harmlosen* Schriften, die auf den vom Gesetzgeber als ungefährlich betrachteten familiären, geselligen, gewerblichen oder verwandten Gebieten zur Veröffentlichung kommen. Vom Impressumzwang gleichfalls freigestellt sind die *amtlichen* Druckwerke, soweit sie ausschließlich amtliche Mitteilungen enthalten (§ 7 Abs 3 LPG; vgl § 7 LPG Rn 54–64).

4   b) Die *„normale"* Impressumregelung gilt für die nichtperiodische Presse, insb für die gesamte *Buchpresse,* zB aber auch für Schallplatten und Kassetten und nicht periodisch erscheinende Flugblätter und Plakate. Hier genügt die Angabe von Namen und Anschrift sowohl des Herstellers *(Druckers)* wie des *Verlegers.* Beim *Selbstverleger,* der sich eines Kopierapparates bedienen kann (vgl § 7 LPG, Rn 25) und der in solchen Fällen weder eines Druckers noch eines (fremden) Verlegers bedarf, ist lediglich die Angabe von Namen und Anschrift des *Verfassers* oder des *Herausgebers* erforderlich.

II. Zweck und Bedeutung des Impressums **§ 8 LPG**

c) Die *verschärfte* Impressumpflicht des § 8 Abs 2 gilt nur für die wegen ihres überragenden Einflusses von jeher als „gefährlich" betrachtete periodische Presse *(v a Zeitungs- und Zeitschriftenpresse).* Bei ihr hat das Impressum außer Namen und Adresse des Druckers und des Verlegers zusätzlich den Namen und die Anschrift des oder der *verantwortlichen Redakteure* anzuführen. Darüber hinaus ist für den *Anzeigenteil* der periodischen Presse auf Grund von dessen besonderer Funktion und Bedeutung ein eigener „Verantwortlicher" im Impressum zu benennen.

3. Aktuelle Bedeutung. § 8 als Schutzgesetz

Trotz der veränderten Stellung der Presse in Staat und Gesellschaft und trotz voller Anerkennung ihrer Freiheitsrechte entspricht die Impressumpflicht für Druckwerke auch heute noch einem unbestreitbaren rechtlichen Bedürfnis. Sie dient in unserer modernen Mediengesellschaft insbesondere dem *Schutz des Einzelnen* gegenüber der Großmacht Presse, so dass § 8 LPG als *Schutzgesetz* im Sinne des § 823 Abs 2 BGB anzusehen ist (BGHZ 39, 366; 46, 17; OLG München ArchPR 1972, 96; Palandt § 823 Rn 68). Irreführende Impressumangaben können zugleich einen Verstoß gegen §§ 3, 5 UWG bedeuten. Die Aufgabe des Impressums ist demnach eine mehrfache:

a) Der Impressumzwang sichert die notwendige *strafrechtliche* Verfolgung von Presseverfehlungen sowie die Möglichkeit der *Beschlagnahme* (§§ 13 ff. LPG) und der *Einziehung* (§ 74d StGB) von Druckwerken.

b) Die Impressumpflicht ermöglicht außerdem die wirksame Verfolgung *zivilrechtlicher Ansprüche,* die Einzelpersonen oder Unternehmen aus unzulässigen Eingriffen der Presse in ihre geschützten Rechte erwachsen (vgl OLG München ArchPR 1972, 96; Soehring/Hoene § 25 Rn 4). Das Impressum vermittelt dem Verletzten die ladungs- und zustellungsfähige Anschrift des Verletzers (Rebmann S 93). Der politische Meinungskampf würde verwildern, wenn es zulässig wäre, den Gegner mit anonymen Schmähschriften risikolos zu bekämpfen. Mangels Impressums im Sinne eines ausreichenden Herkunfts- und Haftungshinweise wäre es dem Angegriffenen kaum möglich, den Verletzer gerichtlich zu belangen.

c) Das in erster Linie dem Schutz des Betroffenen, aber auch der notwendigen Information des Publikums dienende *Gegendarstellungsrecht* (§ 11 LPG) bedarf zu seiner Durchsetzung gleichfalls der Erfüllung der Impressumpflicht durch die Presse. Nur dank des Herkunfts- und Haftungshinweises im Impressum ist der durch eine Presseveröffentlichung Betroffene in der Lage, seinen Gegendarstellungsanspruch „unverzüglich" (vgl § 11 Abs 2) bei der richtigen Stelle (verantwortlicher Redakteur und Verleger, § 11 Abs 1) geltend zu machen (vgl Seitz/Schmidt S 26 ff.; OLG Hamburg ArchPR 1969, 73/74).

d) Des Weiteren dient der Impressumzwang durch die Klarstellung der Herkunft der verschiedenen Presseprodukte auch der Sicherung einer freien, nichtmanipulierten *Meinungsbildung,* wie sie für eine demokratische Gesellschaft wesentlich ist (vgl BVerfGE 8, 113; 20, 175). Für das von der Presse maßgeblich beeinflusste Urteil des Publikums ist nicht nur der Inhalt eines Druckwerks wichtig, sondern auch die durch das Impressum vermittelte Kenntnis von der Herkunft des betreffenden Presseprodukts und von den Kräften und Personen, die „dahinter stehen".

e) Schließlich erschöpft sich der Impressumzwang nicht in der Pflicht der Presse zur Anführung der nach § 8 LPG im Impressum zu machenden Angaben. Als Folge der Benennung der Verantwortlichen im Impressum ergibt sich für diese, insb für den verantwortlichen Redakteur, die *pressespezifische Pflicht,* das Druckwerk, in dessen Impressum sie benannt werden, von rechtswidrigem Inhalt *freizuhalten,* soweit ihre Verantwortung reicht (BGH NJW 1977, 626; vgl § 20 Abs 2 LPG). Die Aufteilung der Verantwortlichkeit unter den einzelnen Redakteuren, wie sie vom Impressum vorgenommen wird, dient zugleich der Begrenzung ihrer konkreten Haftung.

4. Neuerungen in den Landespressegesetzen

12 Gegenüber der früheren Regelung der Impressumpflicht im *Reichspreßgesetz* (§§ 6/7) hat die Neuregelung in § 8 LPG *größere Klarheit* gebracht, weil eine Reihe von Streitfragen, die auf dem Boden des alten Presserechts entstanden waren (zB Regelung des Impressums für den Anzeigenteil, für Beilagen oder für sonst von dritter Seite fertig übernommene Teile) nunmehr durch die konkreten Bestimmungen des § 8 LPG entschieden sind. Eine weitere Verbesserung brachte auch das in § 8 LPG neu normierte Erfordernis, bei den im Impressum zu Benennenden neben dem Namen (oder der Firma) die vollständige *Anschrift* anzugeben, während sich das RPG mit der Angabe von Namen und Wohnort begnügte, die häufig unzureichend ist („Schmidt/Hamburg").

13 Auf der anderen Seite haben sich die Landespressegesetze von einer Überspitzung der Impressumpflicht freigehalten. Der *Verfasser* einer Veröffentlichung muss im Impressum nicht aufgeführt werden und darf grundsätzlich anonym bleiben. Dies gilt auch beim Selbstverlag, wo statt des Verfassers der *Herausgeber* genannt werden kann. Die Nennung des Herausgebers ist nur beim Selbstverlag vorgesehen und lässt sich durch Nennung des Verfassers ersetzen. Beim *Drucker* und *Verleger* genügt in jedem Fall die Angabe von Name und Anschrift des handelsregisterlich eingetragenen Unternehmens.

Keine Verschärfung der Impressumpflicht gegenüber der Regelung im RPG bedeutet die Forderung in § 8 LPG, auf jedem nichtperiodischen Druckwerk – sofern es sich nicht um harmlose oder amtliche Druckschriften handelt – sowohl den *Drucker* wie den *Verleger* zu benennen. Zwar war nach § 6 RPG (und heute noch nach § 6 hess LPG) die zusätzliche Benennung des Verlegers nur erforderlich, „wenn das Druckwerk zur Verbreitung bestimmt ist". Da aber die „Bestimmung zur Verbreitung" zum Wesen des Druckwerks gehört (vgl § 7 LPG Rn 20/21), müssen auch in Hessen auf jedem Druckwerk Drucker *und* Verleger ebenso benannt werden wie dies auf Grund von § 8 LPG in allen übrigen Bundesländern zu erfolgen hat. Nach zutreffender Auffassung liegt hier sowohl bei § 6 RPG wie bei § 6 hess LPG ein Redaktionsversehen vor (so RGSt 20, 63; Häntzschel S 46 und Kitzinger S 32 zu § 6 RPG).

14 Die Pressegesetze von Bayern (Art 8), Berlin (§ 7a), Brandenburg (§ 9), Hessen (§ 5), Mecklenburg-Vorpommern (§ 7), Rheinland-Pfalz (§ 9), Sachsen (§ 8), Sachsen-Anhalt (§ 7a), Schleswig-Holstein (§ 7) und Thüringen (§ 8) fordern vom Verleger einer periodischen Druckschrift die Offenlegung der Inhaber- und Beteiligungsverhältnisse (vgl unten Rn 136 ff.).

5. Impressum bei Online-Medien

15 Aufgrund der überragenden Bedeutung des Internets und den damit einhergehenden Gefahren, mussten auch die Online-Medien einem Ordnungsrahmen unterworfen werden. Bei ihnen besteht zum Schutz der Allgemeinheit und des einzelnen Betroffenen ein mindestens ebenso dringendes Bedürfnis nach Angabe der für die Inhalte Verantwortlichen wie bei den Druckwerken im Sinne des LPG.

a) Wichtige Informationspflichten für Anbieter von Telemedien begründet zunächst § 5 TMG. Die dort geregelte Pflicht zur Anbieterkennzeichnung basiert auf der E-Commerce-Richtlinie (RL 2000/31/EG) und besteht nach § 5 Abs 1 TMG für alle Diensteanbieter, die geschäftsmäßige, in der Regel gegen Entgelt angebotene Telemedien bereit halten. Unter Telemedien sind gemäß der Legaldefinition in § 1 Abs 1 Satz 1 TMG grundsätzlich alle elektronischen Informations- und Kommunikationsdienste zu verstehen, wozu auch und gerade die sog. elektronische Presse zählt, mithin vor allem Online-Ausgaben von Zeitungen und Zeitschriften umfasst sind (vgl. Spindler/Schuster-Holznagel/Ricke § 1 TMG Rn 10; Ricker/Weberling 13. Kapitel Rn 38). Zu den Pflichtangaben zählen hiernach insbesondere der Name und die Anschrift des Anbieters, Rechtsform und Vertretungsberechtigte, Kommuni-

III. Der Geltungsbereich der landesrechtlichen Impressumspflicht § 8 LPG

kationsdaten einschließlich einer E-Mail-Adresse, Angaben zur Zulassungs-/Aufsichtsbehörde, Registerinformationen und die Umsatzsteuer-/Wirtschafts-Identifikationsnummer. Sämtliche Informationen müssen gemäß § 5 Abs 1 TMG „leicht erkennbar, unmittelbar erreichbar und ständig verfügbar" sein. Verstöße können nach § 16 Abs 2 Nr 1 TMG mit Bußgeldern bis 50 000 EUR geahndet oder von Mitbewerbern wettbewerbsrechtlich verfolgt werden (für weitere Einzelheiten siehe Spindler/Schuster 12. Teil, TMG; Paschke/Berlit/Meyer-Held 71. Abschnitt Rn 25 ff.).

b) Gemäß § 5 Abs 2 TMG bleiben weitergehende Informationspflichten nach anderen Vorschriften ausdrücklich unberührt. Solche ergeben sich für Online-Medien bzw. die „elektronische Presse" aus dem Rundfunkstaatsvertrag (siehe zur mitunter schwierigen Abgrenzung zwischen Druckwerken und „elektronischer Presse" auch § 7 Rn 36). So sind nach § 55 Abs 2 RStV Anbieter von Telemedien mit journalistisch-redaktionell gestalteten Angeboten, in denen insbesondere vollständig oder teilweise Inhalte periodischer Druckerzeugnisse in Text oder Bild wiedergegeben werden, dazu verpflichtet, zusätzlich zu den Angaben nach § 5 TMG einen Verantwortlichen mit Angabe des Namens und der Anschrift zu benennen. Werden mehrere Verantwortliche benannt, muss zudem kenntlich gemacht werden, für welchen Teil des Dienstes der jeweils Benannte verantwortlich ist. Außerdem stellt § 55 Abs 2 Satz 3 Nr 1 bis 4 RStV bestimmte persönliche Anforderungen an den/die zu benennenden Verantwortlichen, die sich großteils mit den Anforderungen an den verantwortlichen Redakteur nach den Landespressegesetzen (vgl. § 9 LPG) decken (siehe zum Ganzen auch Soehring/Hoene § 25 Rn 7 ff.; Spindler/Schuster-Micklitz/Schirmbacher 8. Teil, § 55 RStV Rn 1 ff.; Paschke/Berlit/Meyer-Held 71. Abschnitt Rn 49 ff.; Ricker/Weberling 13. Kapitel Rn 38/39).

c) In § 1 Abs 3 TMG wird schließlich klargestellt, dass die Pressegesetze unberührt bleiben. Presserechtliche Bestimmungen sind somit grundsätzlich neben dem TMG ergänzend anwendbar (Spindler/Schuster-Holznagel/Ricke 12. Teil, § 1 TMG Rn 15). Da die Impressumspflicht nach § 8 LPG an den Begriff des „Druckwerks" gemäß § 7 LPG anknüpft und dieser jedenfalls nach herkömmlichem Verständnis eine gewisse stoffliche Verkörperung voraussetzt (vgl. § 7 LPG Rn 18/19 und 36), findet § 8 LPG im Bereich der „rein" elektronischen Presse – etwa auf eine Verlagswebsite (faz.net, bild.de, spiegel.de usw), Internetplattform etc – jedoch keine Anwendung. Es bleibt insoweit vielmehr bei den genannten Informationspflichten aus § 5 TMG und § 55 Abs 2 RStV, die sich allerdings – wie dargelegt – mit den Vorgaben der Pressegesetze über weite Strecken decken und teilweise sogar über diese hinausgehen, etwa im Hinblick auf das Erfordernis der Angabe einer E-Mail-Adresse in § 5 Abs 1 Nr 2 TMG (vgl. Soehring/Hoene § 25 Rn 7 ff.; Spindler/Schuster-Holznagel/Ricke 12. Teil, § 1 TMG Rn 15). Wenn und soweit hingegen eine hinreichende stoffliche Verkörperung vorliegt, wovon man etwa bei auf Endgeräten speicherbaren E-Books als Substitut der gedruckten Buchausgabe und vergleichbaren Produkten wird ausgehen müssen (siehe oben § 7 Rn 36), dann erscheint für solche Produkte die Einordnung als „Druckwerk" im Sinne von § 7 LPG mit der Folge der Anwendbarkeit der Impressumspflicht nach § 8 LPG gerechtfertigt und sachgerecht (wobei in diesem Fall die aus § 8 LPG resultierende Pflicht zur Angabe des „Druckers" als Pflicht zur Angabe des technischen „Herstellers" des E-Books zu verstehen ist).

III. Der Geltungsbereich der landesrechtlichen Impressumspflicht

1. Das im konkreten Fall maßgebliche Landespressegesetz

Bei der Verschiedenheit der Impressumregelung im In- und Ausland wie auch in den einzelnen bundesdeutschen Ländern kommt der Frage, welchem Impressumrecht ein bestimmtes Druckwerk im Einzelfall unterliegt, angesichts der grenzüberschreitenden Tätigkeit der Presse besondere Bedeutung zu. Nach § 8 Abs 1 LPG ist das

16

Impressumrecht des Ortes maßgebend, an dem das *Druckwerk „erscheint"* (zum Begriff des Erscheinens s Rn 18).

2. Das Kriterium des Erscheinungsorts

17 Der *Erscheinungsort* eines Druckwerks, von dem angesichts der örtlich verschiedenen presserechtlichen Regelung die jeweilige konkrete Gestaltung eines Impressums abhängt, ist grundsätzlich dort, wo das Druckwerk mit Willen des Verfügungsberechtigten die Stätte der seine Verbreitung vorbereitenden Handlungen verlässt (BGH NJW 1990, 1991). An welchem Ort diese Voraussetzungen erfüllt sind, ist umstritten.

a) Einigkeit besteht darüber, dass der *Herstellungsort* (Druckort) nicht in Betracht kommt (Gross Rn 335). Das Herstellen eines Druckwerks bereitet zwar sein Erscheinen vor, doch spielt sich der Herstellungsvorgang noch innerhalb der Willens- und Weisungssphäre des Verlagsunternehmens ab. Demgegenüber weist das Erscheinen eines Druckwerks nach Sinn und Wortlaut auf das Heraustreten der Schrift an die Öffentlichkeit hin.

18 b) Das *Erscheinen* eines Druckwerks bedeutet nach richtiger Auffassung dessen Hinaustreten aus dem internen Kreis der mit der Herstellung und dem Vertrieb beschäftigten Presseangehörigen (Verfasser, Redakteur, Verleger, Drucker, Austräger) an die Öffentlichkeit. Das Erscheinen des Druckwerks entspricht somit dem Beginn der öffentlichen Verbreitung im Sinne des Zugänglichwerdens für die Allgemeinheit (OLG Frankfurt a. M. AfP 1981,464).

Doch führt das Hinaustreten des Druckwerks an die Öffentlichkeit nur dann zum „Erscheinen" im Rechtssinne, wenn es mit dem Willen des über das hergestellte Druckwerk Verfügungsberechtigten (Verleger, Herausgeber) erfolgt. Insoweit ist der herrschenden *Entäußerungstheorie* zuzustimmen: der Verfügungsberechtigte muss sich des Druckwerks willentlich entäußern (RGSt 64, 292; Häntzschel S 44; vgl UrhG § 6 Abs 2). Exemplare eines Druckwerks, die durch Diebstahl oder Raub an die Öffentlichkeit gelangt sind, gelten im presserechtlichen Sinn nicht als „erschienen".

19 Der Entäußerungstheorie kann jedoch insoweit nicht zugestimmt werden, als sie im „Entäußern" eines Druckwerks (Aufgabe zur Post) bereits den Beginn der Verbreitung und damit des Erscheinens erblickt. Sie bedarf der Ergänzung durch die *Zugangstheorie:* Verbrennt die gesamte Auflage eines Druckwerks, dessen sich der Verfügungsberechtigte willentlich entäußert hat, im Postwagen auf der Fahrt vom Herstellungsort zu dem mit der Gesamtverbreitung beauftragten Kommissionär, so ist das Druckwerk nicht „erschienen". Es ist der Öffentlichkeit nicht „zugegangen". Auch kann der Verleger, der sich des Druckwerks bereits entäußert hat, dessen Verbreitung und damit sein Erscheinen durch rechtzeitige Gegenorder an die Grossisten noch verhindern. Denn erst, wenn die Druckwerke im Vertriebsweg an die Sortimenter (Buchhändler) gelangt sind, gelten sie als der Öffentlichkeit zugegangen. Nach allgemeiner Ansicht bedeutet sonach das Erscheinen eines Druckwerks den Beginn (dh den ersten Verbreitungsakt) des mit dem Willen des Verfügungsberechtigten erfolgenden Zugangs des Druckwerks an die Öffentlichkeit (BGH NJW 1990, 1991; OLG Köln NJW 1953, 1765; OLG München AfP 1976, 29, 49; Haible S 121; Helle S 198; Rebmann S 94). *Erscheinungsort* im Sinne des Presserechts ist demzufolge der Ort, wo mit dieser „willentlichen" öffentlichen Verbreitung des Druckwerks begonnen wird. Die konsequente Anwendung dieses Grundsatzes kann jedoch im Einzelfall durch die Berücksichtigung des *Verlagsortes* eine wichtige Einschränkung erfahren (vgl Rn 20ff.).

20 c) Normalerweise ist Erscheinungsort des Druckwerks (Stuttgarter Zeitung) der *Verlagsort* (Stuttgart), denn hier beginnt in aller Regel die öffentliche Verbreitung. Bei diesem Zusammenfallen von Verlagsort und Verbreitungsort macht sonach die Feststellung des Erscheinungsortes keine Schwierigkeit (BGH NJW 1990, 1991; Paschke/Berlit/Meyer-Held 71. Abschnitt Rn 5). Fallen jedoch ausnahmsweise Verlagsort und Ausgabeort auseinander (der in Hamburg tätige Verleger schickt die gesamte Auflage

III. Der Geltungsbereich der landesrechtlichen Impressumspflicht § 8 LPG

des Druckwerks einem Kommissionär nach München zur Ausgabe in München), dann gehen die Ansichten darüber, ob Hamburg oder München der Erscheinungsort ist, erheblich auseinander:

aa) Nach der hier vertretenen „verlagsrechtlichen" Auffassung ist Erscheinungsort beim Auseinanderfallen von Verlagsort und Ausgabeort der *Verlagsort*, weil sich hier das „geistige Verbreitungszentrum" befindet und die verlegerische Tätigkeit ausgeübt wird, die die Verbreitung in die Wege leitet (OLG Frankfurt in AfP 1981 S 464; OLG Düsseldorf, GRUR 1987, 297; Seitz/Schmidt S 14; Kitzinger S 33; Mannheim S 18, 86; Groß Rn 335). Für diese These sprechen rechtliche und praktische Erwägungen: Der Verlagsort ist stets der eigentliche geistige Herkunfts- und Ursprungsort des Druckwerks, und § 8 bezweckt ja gerade die Kenntlichmachung des Ursprungsortes. Der Verlagsort besitzt eine von ständigem Wechsel unabhängige Kontinuierlichkeit; der Ort der faktischen Ausgabe hängt von Zufälligkeiten ab und unterliegt dem Wechsel. Auch würde das Abstellen auf die faktische Ausgabe eines Druckwerks die Umgehung des Gesetzes erleichtern: der inländische Verlag (München) brauchte nur die Auflage dem ausländischen Kommissionär (Salzburg) zuzuleiten, der von dort aus die Ausgabe (Versendung nach Deutschland) vornimmt. Dann wäre das Druckwerk des inländischen Verlags vom Impressumzwang des § 8 frei, weil ja Ausgabeort und damit Erscheinungsort im Ausland (Salzburg) liegen.

bb) Demgegenüber stellt eine andere Ansicht (Häntzschel S 44) schlechthin auf den *Ausgabeort* als Erscheinungsort ab, ohne die praktischen Bedenken, die gegen diese These sprechen (vgl Rn 20), widerlegen zu können. Die Befürchtung Häntzschels (S 44): beim Abstellen auf den Verlagsort könne sich der inländische Verlag durch Sitzverlegung ins Ausland dem Impressumzwang entziehen, schlägt nicht durch: Die Sitzverlegung ins Ausland macht den bisher inländischen Verlag mit allen Konsequenzen zu einem ausländischen Unternehmen, und die von diesem herausgegebenen Druckschriften sind im Ausland erschienen. Dass ein Stuttgarter, Münchener oder Hamburger Verlag den Sitz seines Verlagshauses nur deswegen ins Ausland verlegen würde, um dem Erfordernis der genauen Anschriftsangabe zu entgehen, ist wenig wahrscheinlich. 21

cc) Eine *Mittelmeinung* vertreten Rebmann/Ott/Storz (§ 8 Rn 2/3): sie wollen darauf abstellen, ob das Auseinanderfallen von Verlagsort und Ausgabeort auf vernünftigen verlegerischen Erwägungen oder auf Umgehungsabsichten beruht. Dies wird sich jedoch im Einzelfall kaum exakt nachweisen lassen, zumal anzunehmen ist, dass ein Verleger seine Umgehungsabsicht unschwer sachlich zu „bemänteln" vermag. Das dadurch hereingebrachte Unsicherheitsmoment spricht eindeutig gegen die „Mittelmeinung". Eine vermittelnde Auffassung vertritt auch der BGH (BGH NJW 1990, 991). Nach Ansicht des BGH muss bei der Bestimmung des Erscheinungsortes primär auf den Verlagsort abgestellt werden, da an diesem Ort üblicherweise die für den Inhalt des Druckwerks maßgeblichen Entscheidungen getroffen werden und sich dort auch die üblicherweise verantwortlichen Personen befinden, denen die Rechte und Pflichten obliegen, zu deren Sicherung das Impressum beitragen soll. Nach Auffassung des BGH lässt sich der Erscheinungsort eines Druckwerks jedoch nicht generell, sondern nur anhand der konkreten Umstände des Einzelfalles beantworten. Weichen Verlags- und Ausgabeort voneinander ab, so kann (neben dem Verlagsort) auch der Ausgabeort als Erscheinungsort in Betracht kommen, wenn dort das tatsächliche und rechtliche Schwergewicht der verlegerischen Tätigkeit liegt (BGH NJW 1990, 991). 22

d) Hat der Verlag *verschiedene Niederlassungen* mit eigener verlegerischer Tätigkeit („norddeutsche" und „süddeutsche Ausgabe"), so gilt jede als selbständiger Erscheinungsort (RGSt 64, 293; Paschke/Berlit/Meyer-Held 71. Abschnitt Rn 5). Auch bei regional selbstständigen Ausgaben einer Zeitung (zB „Bild" und „Bild München") kann sich ein eigener Erscheinungsort ergeben, mit der Folge, dass jeweils das Recht des betreffenden Erscheinungsorts anwendbar ist (Seitz/Schmidt S 14). Befinden sich die Filialen eines Verlages teils im Inland, teils im Ausland (Verlag X in Hamburg, 23

Lehr 551

Wien, New York), so unterliegen die von den ausländischen Niederlassungen herausgegebenen Druckwerke als ausländische nicht dem Impressumzwang des § 8 LPG (vgl oben Rn 16). Kein eigener „Verlagsort" und demgemäß kein „Erscheinungsort" liegt indessen dort vor, wo der fertige Publikationsstoff, der zB in elektronischer Form übermittelt wird, nur entgegengenommen wird und ohne redaktionelle Bearbeitung zur Vervielfältigung und Versendung gelangt (vgl Rebmann § 8 Rn 5).

3. Die Bedeutung der Erscheinungszeit

24   Inwieweit ein Druckwerk dem Impressumzwang unterliegt, hängt nicht nur vom Erscheinungsort sondern auch von der *Erscheinungszeit* ab.

a) Solange das Druckwerk nicht erschienen ist (es wird vorläufig nur vorrätig gehalten), besteht noch kein Impressumzwang. Erst das Erscheinen des Druckwerks löst die gesetzliche Impressumpflicht aus. Zum Erscheinen gebracht wird das Druckwerk mit dem Beginn des öffentlichen Verbreitens (vgl oben Rn 18). Die dem Beginn des Verbreitens vorangehende interne Weiterleitung des Druckwerks (Lesen des Druckwerks innerhalb der Redaktion, Versendung an den Kommissionär) ist kein „Erscheinenlassen", ebenso wenig die vertrauliche Bekanntgabe in kleinem Kreis.

25   b) Mit dem Beginn der öffentlichen Verbreitung des Druckwerks ist dessen Erscheinen im rechtlichen Sinne abgeschlossen und vollendet. Auch eine etwaige Zuwiderhandlung gegen die Impressumvorschriften ist damit bereits beendet. Werden in der Folge weitere Exemplare des Druckwerks verbreitet, so bedeutet dies kein erneutes Erscheinen des bereits erschienenen Druckwerks und keine neue Zuwiderhandlung (RGSt 24 S 350; OLG Köln NJW 1953 S 1765). Die Ansicht Kitzingers (S 200), wonach auch die Verbreitung der weiteren Exemplare der Auflage zum „Erscheinen" gehöre, widerspricht dem Sprachgebrauch und wird von der herrschenden Meinung mit Recht abgelehnt. Erscheint das gleiche Druckwerk an verschiedenen Erscheinungsorten zu verschiedener Zeit, so ist mit dem ersten inländischen Verbreitungsakt das Erscheinen im Inland vollendet.

IV. Der Inhalt der Impressumangaben. Allgemeines

1. Die Dreiteilung der Druckwerke hinsichtlich der Impressumpflicht

26   Wie oben (Rn 3) dargelegt wurde, bestimmt sich der vom Gesetz vorgeschriebene Inhalt des Impressums nach der Art des Druckwerks, präziser gesagt nach seinem publizistischen Einfluss. Die sog *„harmlosen"* und die *amtlichen* Druckwerke sind gemäß § 7 Abs 3 LPG vom Impressumzwang ganz freigestellt. Für die Masse der „normalen", *nichtperiodischen Druckwerke* (Bücher, Broschüren, Schallplatten etc) genügt die Angabe des Herstellers (Druckers) und Verlegers (§ 8 Abs 1 LPG). Für die einflussreiche *periodische Presse* gilt das verschärfte Erfordernis der zusätzlichen Benennung eines verantwortlichen Redakteurs sowie eines Verantwortlichen für den Anzeigenteil (§ 8 Abs 2 LPG).

2. Der Grundsatz der Klarheit der Angaben

27   Dem Zweck der Gesetzesvorschrift entsprechend müssen die Impressumangaben klar und eindeutig sein. Der Leser muss sich rasch, ohne Mühe und zuverlässig über die Herkunft der Druckschrift und über die für den Inhalt verantwortlichen Personen informieren und letztere auch identifizieren können (BGH NJW 1990, 1991; OLG Hamm GRUR 1991, 58; OLG München ArchPR 1972 S 98; RGSt 28, 72; RG JW 1929 S 3013; KG GoltdArch 44 S 376; Soehring/Hoene § 25 Rn 1; Kitzinger S 39; Scheer S 250). Unklarheiten des Impressums gehen zu Lasten der zum Abdruck des Impressums Verpflichteten.

IV. Der Inhalt der Impressumangaben. Allgemeines § 8 LPG

a) Schon *äußerlich* müssen die Impressumangaben vom übrigen Text des Druckwerks deutlich abgehoben sein, so dass sie ohne mühevolles Suchen gefunden werden. Jeder des Lesens Kundige muss sie – bei Fehlsichtigkeit unter Zuhilfenahme einer Brille – lesen können (RG JW 1929, 3013). Auch dürfen die Impressumangaben nicht auf verschiedene Stellen des Druckwerks verteilt werden; sie sind vielmehr an einer bestimmten Stelle des Druckwerks einheitlich aufzuführen (RGSt 28, 399; Ricker/Weberling 13. Kapitel Rn 9; Paschke/Berlit/Meyer-Held 71. Abschnitt Rn 7). Dagegen konnte sich bisher die schon früher erhobene Forderung von Kitzinger (S 37) und Klöppel (S 183) nicht durchsetzen, das Impressum müsse sich zwecks rascher Auffindung am Anfang oder Ende einer Druckschrift befinden. Dem wird entgegengehalten, dass § 8 LPG eine konkrete Platzierung nicht vorschreibe (vgl. Paschke/Berlit/Meyer-Held 71. Abschnitt Rn 7; Soehring/Hoene § 25 Rn 1). Angesichts des starken Umfangs, den heute viele Zeitungen (Samstags-Ausgaben) und Zeitschriften (zB „Spiegel" und „Stern") angenommen haben, ergibt sich die Forderung nach einer bestimmten Stelle des Impressums (Anfang oder Ende des Druckwerks) aus dem Klarheitsprinzip, zu dem es gehört, dass die Herkunftsangaben eines Druckwerks „ohne weiteres", dh ohne langes und mühevolles Suchen zu finden sind (so mit Recht RG JW 1929, 3013 mit zustimmender Anmerkung von Mannheim). Dieses Erfordernis wird im Umfang einer Zeitungs- oder Zeitschriftennummer von mehr als 100 Seiten nur erfüllt, wenn das Impressum am Anfang oder Ende des Druckwerks erscheint oder wenn die Druckschrift im Inhaltsverzeichnis einen entsprechenden Hinweis enthält.

b) Zum Prinzip der Klarheit gehört es auch, dass die publizistische *Funktion* des jeweils Benannten (Verfasser, Verleger, Drucker) aus der Impressumsangabe eindeutig hervorgeht (RGSt 39, 202; OLG Hamm DJZ 1914 S 176). Es ist nicht notwendig, die Fachausdrücke: Drucker und Verleger, oder: Druck, Verlag, Herausgabe usw zu verwenden. Es genügt die ausreichende textliche Klarstellung, so zB „Hergestellt durch" oder „für den Druck" (vgl KG GoltdArch 45 S 376). Dagegen ist der Vermerk „zu haben bei X" keine ausreichende Angabe des Verlegers, ebenso wenig der Vermerk „Druck und Verlag der Herausgeberschaft in X, Y-Straße 17" (OLG Hamm DJZ 1914 S 176). Dagegen reicht die Angabe „Verantwortlich für Druck und Verlag: X.Y. in Z." aus, da sie eindeutig ist (ebenso Kitzinger S 39). Das Gesetz verlangt klare Angaben und keine Denksportaufgaben: wird der Verleger als solcher am Anfang des Druckwerks im Impressum genannt, so genügt es nicht, wenn der Name des Druckers am Ende des Druckwerks ohne Funktionsangabe aufgeführt ist. Denn es ergibt sich allenfalls durch gedankliche Überlegung, dass der am Ende Benannte der im Impressum nicht aufgeführte Drucker sein muss (RGSt 28, 399). Wer sich im Eingang eines Impressums als „Verleger" bezeichnen lässt, muss sich als solcher auch dann gemäß LPG auf Gegendarstellung in Anspruch nehmen lassen, wenn an anderer Stelle des Impressums noch ein „Verlag" genannt wird (OLG Karlsruhe NJW-RR 1992, 1305). In Anbetracht der Tatsache, dass im Impressum neben dem Chefredakteur häufig eine Reihe weiterer Redakteure (zB Ressortleiter) aufgeführt werden, muss durch eine eindeutige Formulierung (zB „Verantwortlicher Redakteur" oder „verantwortlich für ...") klargestellt werden, welcher Redakteur für welchen Teil „Verantwortlicher Redakteur" im Sinne der Landespressegesetze ist (Rath-Glawatz-Engels-Dietrich/Rath-Glawatz P Rn 416). Hinsichtlich des Verantwortlichen für den Anzeigenteil kann hingegen auf die ausdrückliche Bezeichnung als „Verantwortlicher" verzichtet werden, wenn die Verantwortlichkeit durch anderweitige umschreibende Hinweise, wie zB „Anzeigenleitung", unmissverständlich klargestellt wird (so auch Rath/Glawatz-Engels-Dietrich/Rath-Glawatz P Rn 416).

c) Von zunehmender Bedeutung ist die Frage, ob auch bei den in Deutschland erscheinenden *fremdsprachigen Druckwerken* ein Impressum in deutscher Sprache erforderlich ist. Angesichts der zahlreichen, heute in Deutschland erscheinenden fremdsprachigen Zeitungen und Zeitschriften erfordert die vom Gesetz und der Rechtsprechung (RG JW 1929, 3013) verlangte Klarstellung der Herkunftsangaben, dass das Impressum neben der Fremdsprache auch in deutscher Sprache erscheint (so auch Ricker/Weberling 13. Kapitel Rn 9; Paschke/Berlit/Meyer-Held 71. Abschnitt Rn 7). Eine vermittelnde Richtung (vgl Rebmann § 8 Rn 11) will das Erfordernis der Zweisprachigkeit auf für Mitteleuropa fremde Sprachen wie zB Japanisch und Sanskrit beschränkt sehen. Dem kann nicht zugestimmt werden. Auch ein Impressum in türkischer Sprache oder in griechischer Schrift erfüllt innerhalb der Bundesrepublik nicht den gesetzlichen Anspruch auf volle Klarheit. Behörden und Bürger, die Anlass haben, gegen eine fremdsprachige Zeitung oder Zeitschrift vorzugehen, müssen sich über deren Herkunft und die Verantwortlichen informieren können, ohne zuvor sprachliche Barrieren überwinden zu müssen. Im Interesse der Gleichbehandlung bei der Geltung von presserechtlichen Ordnungsvorschriften, zu denen der Impressumszwang gehört, sollten hiervon auch keine Ausnahmen für in gängigen Sprachen, wie zB Englisch, abgefasste Druckwerke gemacht werden.

31   d) Angaben, die sich *widersprechen,* sind infolge der dadurch geschaffenen Unklarheit keine ordnungsmäßige Erfüllung der Impressumpflicht. Dies ist. zB der Fall, wenn die Benennung am Kopf des Druckwerks lautet: „Rotationsdruck und Verlag der W. Verlagsanstalt Emil B. in W.", während es am Schluss des redaktionellen Teils heißt: „Verantwortlich für Druck und Verlag Georg J. in W." (RG DJZ 7 S 52).

32   e) Keine Angabe ist darüber erforderlich, ob das Druckwerk im *Selbstverlag* erscheint. Der Verfasser kann seine Anonymität wahren und sich als Verleger oder Herausgeber bezeichnen, vorausgesetzt, dass er diese Tätigkeiten tatsächlich ausübt (ebenso v. Liszt S 72; Kitzinger S 39; vgl oben Rn 13).

33   f) Sind mehrere Drucker beteiligt, so erfordert es der Grundsatz der Klarheit, dass im Impressum angegeben wird, *welchen Teil* jeder Drucker hergestellt hat (BayObLG Seuff Bl 71 S 583; Kitzinger S 39).

3. Eindeutige Namens- und Adressen-Angaben

34   Zum Prinzip der Klarheit der Impressumangaben gehört vor allem die eindeutige Namen- und Adressen-Angabe der nach § 8 Abs 1 und 2 LPG im Impressum zu Benennenden: Drucker und Verleger, evtl Verfasser und Herausgeber, verantwortlicher Redakteur und Verantwortlicher für den Anzeigenteil, haben ihren Namen und ihre Anschrift verständlich aufzuführen, wobei statt des Familiennamens der Firmenname verwendet werden darf.

a) *Name* im Sinne des § 8 Abs 1 ist der bürgerliche *Familienname,* der die Identifizierung der Person ermöglicht (§ 12 BGB). Die Angabe von *Pseudonymen* und Künstlernamen war nach früher herrschender Auffassung (RGSt 28 S 72; Kitzinger S 37) unzulässig. Entsprechend dem Sinn der Gesetzesbestimmung, die Herkunft des Druckwerks klarzustellen, müssen Pseudonyme dann als zulässig angesehen werden, wenn sie im Publikum bekannt sind (Ricker/Weberling 13. Kapitel Rn 9). Auch sichert das im modernen Landespresserecht (§ 8 Abs 1) aufgestellte Erfordernis der Anschrift (statt des bloßen Wohnorts) den Herkunftshinweis bei einem bekannten Pseudonym ausreichend.

35   aa) Sehr umstritten ist die Frage, ob zum Namen der *Vorname* gehört. Das OLG Düsseldorf (16.2.1978, 2 U 89/77) hat die Auffassung vertreten, es sei Sinn und Zweck des § 8 LPG, dass die im Impressum Benannten „ohne weitere Nachforschungen" allein auf Grund der Impressumangabe gerichtlich geladen werden können. Im konkreten Fall hielt das Gericht die Angabe des gekürzten Vornamens (nur Anfangsbuchstabe) für erforderlich, aber auch ausreichend. Eine verbreitete Meinung verlangt demgegenüber mit Recht die Angabe des vollen Vornamens (OLG Posen Reger Bd 23 S 359; OLG München GoltdArch 43 S 280; Mannheim S 56; Haible S 121; Rehbinder S 39; Scheer S 248). Schwierigkeiten können sich ansonsten insbesondere bei so häufigen Namen wie Müller und Schmidt ergeben (ebenso Rebmann § 8 Rn 8).

IV. Der Inhalt der Impressumangaben. Allgemeines § 8 LPG

Der gekürzte Vorname reicht vor allem dann nicht aus, wenn der Adressat in einem Wohnblock zusammen mit mehreren Trägern des gleichen Namens wohnt. Während das Interesse der durch eine Pressemitteilung Betroffenen an einer ausreichenden Klarstellung im Impressum auf der Hand liegt, ist nicht ersichtlich, welches ausreichende Gegeninteresse aufseiten der an verantwortlicher Stelle tätigen Presseangehörigen besteht, ihren vollen Namen (Vor- und Zunamen) nicht zu nennen (vgl Diederichsen NJW 1981, 709). Auch im Rahmen der Informationspflichten bei Telemedien wird für die gemäß § 5 Abs 1 Nr 1 TMG erforderliche Namensangabe zu Recht die Nennung des ausgeschriebenen Vornamens verlangt (vgl. OLG Düsseldorf MMR 2009, 266; Spindler/Schuster-Micklitz/Schirmbacher § 5 TMG Rn 33). Für die Impressumangaben nach den Landespressegesetzen kann insoweit nichts anderes gelten.

bb) Die *Firma* kann statt des Familiennamens dort verwendet werden, wo der zu 36 Benennende (Drucker, Verleger) sich einer handelsrechtlich zulässigen Firma bedient (vgl §§ 17 ff. HGB).

cc) Eine *juristische Person* kann als ihren Namen nur den eigenen, nicht den ihres 37 Vorstands benennen (OLG Hamburg ZV 6 S 44 und GoldtArch 41 S 435). Eine natürliche Person kann nicht mit dem Namen ihres Vertreters bezeichnet werden (GoldtArch 24 S 374). Die rechtlich unklare Bezeichnung „Das Komitee" ist keine Namensangabe im Sinne des § 8 Abs 1 LPG (RGSt 20, 63). Eine unvollständige Firmenangabe kann hingegen ausreichen, wenn sie eine eindeutige Identifizierung ermöglicht (BGH NJW 1990, 1992).

b) Das Erfordernis, die *Anschrift* der im Impressum zu benennenden Personen 38 (Drucker, Verleger, Verfasser, Herausgeber, verantwortlicher Redakteur) anzugeben, ist eine wesentliche Verschärfung der früheren Regelung (§ 6 RPG), die sich mit dem Wohnort begnügte (vgl Rn 12). Als Anschrift kommen sowohl die Privatanschrift als auch die Geschäftsadresse in Betracht (Ricker/Weberling 13. Kapitel Rn 9; Rebmann § 8 Rn 10). Auf der Basis der Auffassung, dass der verantwortliche Redakteur nur an seinem privaten Wohnsitz verklagt werden kann (§ 11 Rn 192) muss jedoch konsequenterweise gefordert werden, dass für den verantwortlichen Redakteur die Privatanschrift angegeben wird (so auch Groß BT 342). Nach anderer Auffassung reicht die Angabe der Geschäftsadresse (Rath-Glawatz-Engels-Dietrich/Rath-Glawatz Rn. 416). Zum Teil wird es auch als ausreichend erachtet, wenn die Anschrift der Redaktion oder des Verlages für alle presserechtlich verantwortlichen Personen einmal aufgeführt wird (so Ricker/Weberling 13. Kapitel Rn 9). Zur Anschrift gehören grundsätzlich der Ort, die Straße und die Hausnummer (BGH NJW 1990, 1991, 1992), es sei denn, dass es sich um stadtbekannte Gebäude handelt (Schlossgartenbau, Hansa-Hochhaus usw). Keinesfalls genügt die Angabe des Postfachs; sie ist mit dem Zweck der Impressumspflicht (vgl oben Rn 6) nicht vereinbar. Damit der Anspruchsinhaber – notfalls auch mit gerichtlicher Hilfe – seine Rechte geltend machen kann, bedarf es der Kenntnis einer ladungsfähigen und zustellungsfähigen Anschrift (Sevecke AfP 1998, 356). Diesem Erfordernis genügt die Postfachangabe nicht (BVerwG NJW 1999, 2608/98; Paschke/Berlit/Meyer-Held 71. Abschnitt Rn 6). Auch insoweit herrscht Übereinstimmung mit den Anforderungen an die Anschriftenangabe im Bereich der Online-Medien nach § 5 Abs. 1 Nr. 1 TMG, wo ausweislich der Regierungsbegründung die bloße Postfachangabe ebenfalls nicht ausreichend ist (vgl. BT-Drs 14/6098 S 21; Spindler/Schuster-Micklitz/Schirmbacher § 5 TMG Rn 34).

c) Ist Drucker oder Verleger eine *Handelsgesellschaft* oder juristische Person, so 39 kommt nur die Angabe des Firmennamens und die Angabe der Geschäftsadresse in Betracht (KG GoldtArch Bd 70 S 304; OLG Hamburg ZV 6 S 1066; Kitzinger S 38).

d) Die bisherige – als unzureichend kritisierte – *hessische Sonderregelung* der Impres- 40 sumpflicht (§ 6 LPG), wonach statt der Anschrift der zu Benennenden die bloße Angabe des „Wohnsitzes" (Müller, Frankfurt) genügte, wurde aufgegeben. In seiner aktuellen Fassung lässt § 6 des hessischen LPG die Wohnortangabe nicht mehr genügen, sondern verlangt nunmehr ausdrücklich die Angabe der „Geschäftsanschrift", das heißt die Angabe einer vollständigen Anschrift mit (Geschäfts-)Ort, Straße und Hausnummer (vgl. Rn 38). Da im Gegensatz zu den Regelungen in anderen Landespressegesetzen nicht die Angabe der „Anschrift", sondern speziell der „Geschäftsanschrift" verlangt wird, kommt in Hessen eine wahlweise Angabe der Privatanschrift (vgl oben Rn 38) nach dem eindeutigen Gesetzeswortlaut nicht in Betracht.

41   Im Übrigen ist in Hessen gemäß § 6 LPG nur der Drucker berechtigt, anstelle des Namens mit der *Firma* im Impressum aufgeführt zu werden. Handelt es sich dagegen beim Verleger um eine handelsgerichtlich eingetragene Firma (Presseverlag-GmbH oder Klein KG), so müssen im Impressum zusätzlich Name und Geschäftsanschrift der Vertretungsberechtigten angegeben werden, damit die Öffentlichkeit weiß – was sie sonst nur durch Einsicht in das Handelsregister erfahren würde – wer vertretungsberechtigt ist.

V. Die Benennung von Drucker, Verleger, Verfasser, Herausgeber (§ 8 Abs 1)

42   Für die Masse der nichtperiodischen Druckwerke (Bücher, Flugblätter, Plakate, Schallplatten, Kassetten usw) kommen nach § 8 Abs 1 LPG als die im Impressum zu benennenden Personen bzw Firmen je nach dem Einzelfall Drucker, Verleger, Verfasser und Herausgeber in Frage. Im Einzelnen ergibt sich:

1. Drucker

Der *Drucker* (Hersteller) des Druckwerks ist im Impressum aller Druckwerke anzugeben, sofern es sich nicht um amtliche oder „harmlose" Druckwerke im Sinne des § 7 Abs 3 LPG handelt (vgl Rn 26).

43   a) Drucker ist, wer Druckwerke herstellt. Da für die Landespressegesetze (vgl § 7 Rn 8 ff.) der extensive Druckwerk-Begriff maßgebend ist, gilt der Impressumzwang auch für die Hersteller aller zur Verbreitung bestimmten Massenvervielfältigungen wie Fotografien, Schallplatten, Filmkassetten und anderer Druckwerke im weiteren Sinne. Obwohl eine verbreitete Meinung die Plastiken den Druckwerken zurechnet, gelten sie gewohnheitsrechtlich als vom Impressumzwang befreit (vgl Häntzschel S 52).

44   b) Anzugeben als Drucker ist der *Inhaber* des Druckereibetriebes, gleichgültig, ob er den Betrieb als Eigentümer, Pächter oder bloßer Besitzer führt, ohne Rücksicht auch darauf, ob er den Betrieb persönlich ausübt oder durch Angestellte ausüben lässt (Ricker/Weberling 13. Kapitel Rn 17b; Paschke/Berlit/Meyer-Held 71. Abschnitt Rn 8; Groß BT Rn 339). Ist Inhaber eine Erbengemeinschaft, eine Gesellschaft des Handelsrechts oder des bürgerlichen Rechts oder eine juristische Person, so ist als Drucker die Gemeinschaft oder Gesellschaft anzugeben, auch wenn ein einzelnes Mitglied der Gesellschaft im Auftrag und für Rechnung der Gesellschaft die praktische Leitung des Betriebes ausübt (OLG Hamburg ZV 6 S 1066; s auch Rn 36, 37).

45   c) Nur der rechtlich *selbstständige* Drucker darf benannt werden, nicht ein – wenn auch leitender – Angestellter, Prokurist oder sonstiger Stellvertreter des Betriebsinhabers (RG JW 1940, 862; RG GoltdArch 59 S 320; abweichend – in einem Fall umfassender Stellvertretung unter Ausschluss des Vertretenen – RG GoltdArch 50 S 283). Für die Zulässigkeit der Benennung des vollvertretungsberechtigten Geschäftsführers einer Druckerei sprechen sich auch Rebmann (§ 23 Rn 10) und Scheer (§ 8 Anm II, 3) aus. Dem steht jedoch der Zweck des § 8 LPG entgegen, der die Herkunft des Druckwerks – auch im Interesse des betroffenen Bürgers – eindeutig klären soll. Dieser Zielsetzung wird die Benennung leitender Angestellter des Druckerei-Betriebs nicht gerecht. Dies gilt vor allem für die Geltendmachung zivilrechtlicher Ansprüche gegenüber dem – im Verhältnis zu seinen Angestellten – meist kapi-

V. Die Benennung von Drucker, Verleger, Verfasser, Herausgeber § 8 LPG

talkräftigeren Druckereiinhaber. Arbeitet der Drucker selbstständig und auf eigene Rechnung, so ist er auch dann zu benennen, wenn er die Druckerei unbefugt betreibt. Ebenso ist als Drucker im Impressum aufzuführen, wer sich aus einem Druckereibetrieb eine Handpresse entleiht und auf ihr selbstständig Druckschriftenaufträge erledigt (RG JW 1911, 862, RG GoltdArch 59 S 320).

d) Wird der dem Drucker seitens des Verlegers erteilte Druckauftrag vom Drucker 46
ganz oder teilweise an einen anderen Drucker *weitervergeben* (untervergeben), so ist in jedem Fall der Hauptbeauftragte und nicht der unterbeauftragte Drucker im Impressum zu benennen, gleichgültig, wer den Auftrag tatsächlich ausgeführt hat (BGHSt 10, 161; RGSt 21, 360; 39, 202).

e) Handelt es sich nicht um den Fall einer Untervergabe, sondern zieht der Ver- 47
leger zur Herstellung eines Druckwerks mehrere Drucker heran, von denen jeder einen Teil des gesamten Druckwerks anfertigt, so ist jeder Mitwirkende gesondert als Drucker aufzuführen, und zwar im Interesse der Klarheit des Impressums möglichst an *einer* Stelle des Druckwerks; doch kommt auch eine Angabe in dem von ihm hergestellten Teil des Druckwerks in Frage (vgl Rn 96 ff.; RGSt 21, 360; OLG München 6 S 383; v Liszt S 27; Klöppel S 168; Kitzinger S 34; Scheer § 8 II 3).

Besondere Bedeutung hat diese Frage für den heute weitverbreiteten und aus dem modernen Pressewesen nicht mehr wegzudenkenden Druck von sog *Kopfzeitungen*: Die Stammzeitung druckt und liefert für eine ihr angeschlossene meist kleinere Tochter- oder Kopfzeitung den Hauptinhalt der Zeitung; das Kopfblatt beschränkt sich auf den Druck des Titelkopfes, des lokalen Teils und eventuell des lokalen Annoncenteils. Auch hier sind die selbstständig mitwirkenden Druckereiunternehmen einzeln zu benennen (vgl Rn 114 ff.; RG Reger Bd 12 S 77; RGSt 21, 360; 27, 246; BayObLG 6 S 383; RG DJZ 3 S 82). Näheres zu der Impressumregelung bei Kopfzeitungen s Rn 109 ff.

f) Dem Bestreben der Praxis, juristische Schwierigkeiten beim Abfassen des Im- 48
pressums zu vermeiden, kommt die Bestimmung des § 8 Abs 1 LPG entgegen, die an Stelle des Namens des Druckers die Angabe der in das Handelsregister eingetragenen *Firma*, die Inhaberin des Druckereibetriebs ist, genügen lässt. Von dieser Möglichkeit macht die Presse in weitestem Umfang Gebrauch. Näheres s Rn 59.

2. Verleger

Verleger im Sinn des § 8 LPG ist der Unternehmer, der das Erscheinen und Ver- 49
breiten von Druckwerken im eigenen Namen bewirkt (vgl RGSt 19, 357; OLG Düsseldorf NJW 1980, 71, Wenzel/Burkhardt Rn 11.90; Ricker/Weberling 13. Kapitel Rn 18; Seitz/Schmidt S 26). Nach der Rechtsprechung (BayObLG NJW 1976, 435) erfordert die verlegerische Tätigkeit ein aktives Tun, das auf Erscheinen und Verbreiten von Druckwerken einen bestimmenden Einfluss nimmt.

a) Der presserechtliche Begriff des Verlegers deckt sich nicht mit dem Verlegerbegriff des Verlagsrechts. Eine klare Unterscheidung ist für das Verständnis der rechtlichen Stellung des Verlegers wesentlich.

aa) Die Grundlage des *Verlagsrechts* ist der vom Verleger mit dem Autor eines Wer- 50
kes geschlossene Verlagsvertrag. Verleger im Sinne des Verlagsrechts ist derjenige Partner eines Verlagsvertrags, der berechtigt und verpflichtet ist, ein ihm vom Verfasser anvertrautes Werk der Literatur oder Tonkunst auf eigene Rechnung zu vervielfältigen und zu verbreiten (§ 1 Verlagsgesetz). Der *presserechtliche* Verlegerbegriff setzt keinen Verlagsvertrag mit dem Verfasser als begriffswesentlich voraus. Auch wer unbefugt unter Verletzung fremder Urheber- und Verlagsrechte Druckwerke erscheinen lässt, ist nach § 8 LPG als Verleger zu benennen (RGSt 5 S 358, Klöppel S 166; Mannheim S 12).

bb) Nach dem Verlagsgesetz beschränkt sich die verlegerische Betätigung auf *ein-* 51
zelne Werke der Literatur und Tonkunst. Demgegenüber erstreckt sich die presserechtliche Betätigung des Verlegers auf die Herausgabe von Büchern, Zeitungen,

LPG § 8

Zeitschriften und anderen Druckwerken als Ganzen im Sinne eines größeren technisch-kaufmännischen Betriebes, zu dem auch das wichtige Anzeigengeschäft gehören kann. Die presserechtliche Verlegertätigkeit umfasst alle zur Verbreitung bestimmten verkörperten Massenvervielfältigungen einschließlich Fotografien, Schallplatten und Kassetten (vgl § 7 Rn 6).

52 cc) Die für den Verlagsvertrag wichtige Pflicht des Verlegers zur Vervielfältigung (Herstellung) des Druckwerks ist presserechtlich nicht wesentlich: der Verleger ist auch dann als Verleger im Impressum zu benennen, wenn er sich darauf beschränkt, ein von fremder Seite vervielfältigtes Druckwerk erscheinen zu lassen und zu vertreiben. Dagegen ist der Vertrieb des Druckwerks, und zwar der gesamten Auflage, neben dem Erscheinenlassen für die presserechtliche Verlegertätigkeit nach durchaus herrschender Meinung wesentlich (RGSt 19, 357; Schwarze S 34; Häntzschel S 47; Kitzinger S 35).

53 dd) Nach dem Verlagsgesetz (§ 1) ist der Verleger gehalten, Druck und Vertrieb auf eigene Rechnung vorzunehmen. Presserechtlich ist es gleichgültig, ob die verlegerische Tätigkeit für eigene oder fremde Rechnung vorgenommen wird (Ricker/Weberling 13. Kapitel Rn 18; Häntzschel S 47; Rebmann/Ott/Storz § 23 Rn 8). Auch die Tätigkeit des sog *Kommissionsverlegers,* bei der die Vervielfältigung bzw der Vertrieb der Druckschrift auf Rechnung des Verfassers erfolgt, ist Verlegertätigkeit im Sinne des § 8 LPG (RGSt 5, 354; RGZ 5, 67; 78, 298; Wenzel/Burkhardt Rn 11.90). Verlagsrechtlich liegt hingegen beim Kommissionsverlag kein Verlagsgeschäft vor (Schricker § 1 Rn 55).

54 b) Verleger kann eine natürliche oder juristische Person oder eine Gesellschaft des bürgerlichen Rechts bzw des Handelsrechts sein (Ricker/Weberling 13. Kapitel Rn 18; Seitz/Schmidt S 27). Verleger im Sinne des § 8 ist stets der *Inhaber* des Verlagsunternehmens, nicht die herausragende Person, die landläufig als „Verleger" bezeichnet wird (vgl Paschke/Berlit/Meyer-Held 71. Abschnitt Rn 9; verfehlt OLG Karlsruhe AfP 92, 373; vgl § 11 Rn 84). Inhaber des Verlagsunternehmens kann der Verleger auch als Pächter, Nießbraucher oder bloßer Besitzer sein (Ricker/Weberling 13. Kapitel Rn 18). Es gilt das oben (vgl Rn 44 ff.) für den Drucker Ausgeführte entsprechend. Ob der Verleger seine Tätigkeit gewerbsmäßig oder nichtgewerbsmäßig ausübt, ist weder verlagsrechtlich noch presserechtlich erheblich. Das LPG erwähnt den Verleger außer in § 8 in einer Reihe weiterer Bestimmungen (zB §§ 4, 11, 14, 20–23 LPG). Während jedoch in § 8 die Inhaberstellung des Verlegers maßgebend ist – mag die verlegerische Tätigkeit auch von Angestellten ausgeübt werden –, kommt es bei den §§ 20–23 auf die Person an, die das Verlagsunternehmen tatsächlich leitet, zB den Geschäftsführer der das Verlagsunternehmen pachtenden GmbH.

55 c) Wird eine Verlagstätigkeit von mehreren Verlegern oder Verlagsunternehmen gemeinsam durchgeführt, so gilt auch hier die Pflicht zu gesonderter Impressumsangabe (vgl oben Rn 33).

56 d) Da der Verleger eines bestimmten Druckwerks (zB eines Lehrbuchs) derjenige ist, der es erscheinen und verbreiten lässt, gelten bei einer *Rechtsnachfolge* im Verlag während des sich oft über Jahre erstreckenden Vertriebs sowohl der Rechtsvorgänger wie der Rechtsnachfolger presserechtlich als Verleger dieser Druckschrift (RGSt 1, 357). Weil aber das Erscheinenlassen die maßgebliche presserechtliche Tätigkeit des Verlegers ist, genügt es, wenn im Impressum der im Zeitpunkt des Erscheinens verfügungsberechtigte Verleger genannt ist. Eine Änderung des Impressums dieses Druckwerks ist im Falle der Rechtsnachfolge nicht erforderlich (ebenso Kitzinger S 356). Bei periodischen Druckwerken, insbesondere Zeitungen und Zeitschriften, ist der beim Erscheinen der jeweiligen Ausgabe aktuelle Verleger im Impressum anzugeben, da sich zB der Anspruch auf Abdruck einer Gegendarstellung im Falle der Rechtsnachfolge nicht gegen den früheren, sondern gegen den neuen Verleger richtet (Wenzel/Burkhardt Rn 11.90).

57 e) Verleger und Drucker sind häufig identisch. In den Anfängen des Pressewesens war dies die Regel: der Drucker druckte, veröffentlichte und vertrieb das Druckwerk.

V. Die Benennung von Drucker, Verleger, Verfasser, Herausgeber § 8 LPG

Erst im 17. Jahrhundert haben sich beide Tätigkeiten in zwei selbstständigen Berufsgattungen aufgespalten, die sich heute – vor allem im Zeitungswesen – vielfach wieder vereinen. Liegt Identität vor, so ist dies im Impressum klar zum Ausdruck zu bringen, zB „Druck und Verlag: Südwestdeutsches Pressehaus GmbH Mannheim". Dasselbe gilt, wenn der Verleger, was zulässig ist, mit dem Verfasser, Herausgeber, dem Chefredakteur oder dem verantwortlichen Redakteur identisch ist (vgl ZV 1935 S 344; Rebmann § 8 Rn 7).

f) Der verlags- und presserechtliche Verlegerbegriff beschränkt sich auf formale, **58** rechtlich erhebliche Merkmale. Ungleich umfassender ist die *soziologische Bedeutung und Stellung des Verlegers*.

aa) Die Eigenart des Verlegerberufs liegt darin, dass hier kaufmännische und publizistische Aufgaben in untrennbarer Weise vereinigt sind. Der Verleger kalkuliert als Kaufmann den Druck und Vertrieb einer Druckschrift nach wirtschaftlichen Rentabilitätsgrundsätzen. Zugleich trifft er die grundsätzliche Entscheidung über die Auswahl des Stoffes und die publizistische Haltung seines Verlagsunternehmens bzw seiner Presseprodukte.

bb) Im Impressum ist als Verleger der *„Inhaber"* des Verlagsunternehmens anzugeben. **59** „Inhaber" ist, wer die verlegerische Stellung tatsächlich ausübt, gleichgültig, ob er das Unternehmen als Eigentümer, Pächter oder bloßer Besitzer führt (vgl Rn 54 und 44). In der Regel ist der Verleger zugleich Eigentümer der im Verlagsunternehmen vereinigten Sachen und Rechte, insbesondere der Urheber-, Verlags- und Titelrechte sowie Träger der Rechte und Pflichten aus laufenden Verlags-, Abonnements-, Annoncen- und Anstellungsverträgen, die häufig große wirtschaftliche Werte verkörpern. Bei den modernen großen Presseverlagen, denen meist ein Druckereiunternehmen angeschlossen ist, tritt häufig an die Stelle des Einzelverlegers die *Verlagsgesellschaft*, vielfach in Form der juristischen Person (GmbH, AG, Stiftung). Verleger im Sinne des § 8 LPG ist hier die Gesellschaft. Sie bedient sich zur Ausübung der verlegerischen Tätigkeit ihrer Organe oder Beauftragten. Verleger ist jedoch nicht der Beauftragte, sondern die Gesellschaft selbst als Inhaberin des Verlagsunternehmens (OLG Düsseldorf AfP 88, 160, verfehlt OLG Karlsruhe AfP 92, 373; s § 11 Rn 84).

g) Das Presserecht hat aus praktischen Gründen auf den Verleger und nicht auf den **60** Eigentümer abgestellt. Der Begriff des *„Eigentümers"* ist dem Aufbau des LPG fremd. Wem rechtlich das Eigentum am Verlag gehört, darüber kann unter den Beteiligten unter Umständen jahrelang gestritten werden. Man denke an schwierige Erbauseinandersetzungen. Indem sich das LPG mit seinen Ordnungsvorschriften an denjenigen hält, der die verlegerische Stellung in tatsächlicher Ausübung inne hat, vermeidet es die Unsicherheit einer ungeklärten Rechtslage.

h) Bei der Bedeutung der Presse für die Bildung der öffentlichen Meinung besteht **61** ein berechtigtes Interesse der Öffentlichkeit daran, zu erfahren, in wessen Händen sich die „siebte Großmacht" in Wirklichkeit befindet. Man denke zB an die Möglichkeit des Aufkaufs wichtiger meinungsbildender Presseorgane durch ausländisches Kapital. Zahlreiche Landespressegesetze enthalten deshalb besondere Bestimmungen über die *Offenlegung der Inhaber- und Beteiligungsverhältnisse* bei Presseunternehmen (Näheres Rn 136 ff.).

3. Verfasser

Der *Verfasser* (Autor) ist im Impressum nur ausnahmsweise aufzuführen, wenn das **62** Druckwerk im sog *Selbstverlag* erscheint (§ 8 Abs 1 LPG). Ein „Selbstverlag" liegt vor, wenn der Verfasser sein Werk ohne Vermittlung eines fremden Verlegers selbst zum Erscheinen bringt, wobei er sich natürlich zum Zweck der Verbreitung des gesamten Buchhandels bedienen kann. Da der Verfasser beim Selbstverlag faktisch die Funktion eines Verlegers ausübt, entspricht es nur den allgemeinen Grundsätzen des Impressumrechts, wenn § 8 Abs 1 LPG vorschreibt, dass bei den im Selbstverlag erscheinenden Druckwerken an Stelle des Verlegers der Verfasser (als Selbstverleger) zu benennen ist.

LPG § 8 Impressum

Doch müssen die Impressumangaben richtig und klar sein. Da der Selbstverleger Verfasser und Verleger in einer Person ist, darf er entweder schreiben: „Verfasser Max Müller" oder „Verleger Max Müller", jedoch nicht nur „Max Müller", da sonst unklar bliebe, ob Müller als Verfasser, Verleger oder Herausgeber fungiert (ebenso Häntzschel S 47; Schwarze S 35). Die Praxis gebraucht meist die Wendung: „Im Selbstverlag Max Müller". Ist jedoch neben dem Verfasser ein fremder Verleger tätig, dann liegt kein echter Selbstverlag vor; in diesem Fall darf nicht anstelle des Verlegers der Verfasser genannt werden, vielmehr ist hier die Benennung des Verlegers unumgänglich (OLG Jena in Thür Bl 58 S 137). Arbeiten ein oder mehrere Verfasser mit einem Herausgeber zusammen, so genügt statt der Benennung des oder der Verfasser die Angabe des Herausgebers (vgl § 8 Abs 1).

63 Nach den geltenden Impressumsregelungen kann der Verfasser als Schöpfer und Gestalter des Inhalts einer Druckschrift oder eines Teils derselben grundsätzlich anonym bleiben. Auch kann er sich hinter einem Pseudonym verbergen (vgl jedoch Rn 34). Der moderne Gesetzgeber hat sich mit dem Herkunftsnachweis für Drucker und Verleger, beim Selbstverlag von Verfasser oder Herausgeber sowie bei der periodischen Presse mit der zusätzlichen Benennung des verantwortlichen Redakteurs und des für den Anzeigenteil Verantwortlichen begnügt. Er hat damit der Presse nicht nur auf dem Gebiet des Zeugniszwanges und der Beschlagnahme (§§ 53, 97 StPO, § 383 ZPO), sondern auch im Bereich des Impressumzwanges ein angemessenes Recht auf Anonymität zuerkannt.

4. Herausgeber

64 Der *Herausgeber* eines Druckwerks hat hinsichtlich der Impressumpflicht eine ähnliche Stellung wie der Verfasser, dh er ist nur im Falle des *Selbstverlags* zu benennen (§ 8 Abs 1 LPG, vgl oben Rn 62). Dennoch werden der Herausgeber – ebenso wie Chefredakteure und Ressortleiter – im Impressum häufig gesondert benannt. Hierbei handelt es sich um eine freiwillige verlegerische Entscheidung, ohne rechtliche Verpflichtung, mit der Folge, dass daraus auch keine Folgerungen im Hinblick auf eine straf- oder zivilrechtliche Haftung der Genannten gezogen werden können. Der Herausgeber kann mit einem oder mehreren Verfassern zusammenarbeiten, es kann aber auch ein Verfasser ganz fehlen, so zB bei der Herausgabe eines Briefwechsels oder Sammelwerks. Ist neben dem Herausgeber ein Verfasser vorhanden, so stellt es das Gesetz (§ 8 Abs 1 LPG) frei, wer von beiden beim Selbstverlag benannt werden soll. Soweit der Herausgeber zugleich als Verleger tätig ist, kann er sich im Impressum entweder als Verleger oder als Herausgeber bezeichnen oder beide Tätigkeiten nebeneinander anführen: „Verleger und Herausgeber: Max Müller" (vgl oben Rn 62). Der § 8 Abs 1 hat den Begriff des „Herausgebers" nicht näher erläutert. Da der Herausgeber im Presserecht eine wichtige Rolle spielt, bedarf der Begriff der rechtlichen Klärung:

a) Der *Herausgeber* ist die Persönlichkeit, die beim Erscheinenlassen des Druckwerks die geistige Oberaufsicht führt. Er ist Träger der „publizistischen Richtlinienkompetenz" (Ricker in Festschrift D. Oppenberg S 49) und bestimmt die geistige Richtung eines Presseprodukts (OLG Hamburg ArchPR 1973, S 103). Der in § 8 Abs 1 erfolgten Gleichstellung von Herausgeber und Verfasser ist zu entnehmen, dass das Gesetz unter dem Herausgeber eine Person versteht, die – ohne selbst Verfasser zu sein – eine im Wesentlichen gleichwertige Tätigkeit entfaltet. Dies hat zB zur Folge, dass wer beim Selbstverlag als Herausgeber den Vorschriften über das Impressum zuwiderhandelt, eine Ordnungswidrigkeit begeht (AG Hamburg AfP 1998, 421). Eine Herausgebertätigkeit kommt häufig in Frage, wenn es sich zB um die Herausgabe eines Briefwechsels, nachgelassener Werke, Tagebücher, Memoiren, um die Neuherausgabe alter Werke oder um die Veröffentlichung eines von anderen verfassten Sammelwerkes handelt (vgl § 41 Verlagsgesetz).

65 b) Die Fälle, in denen der Herausgeber eine dem Verfasser gleichwertige oder ähnliche Funktion ausübt, sind in der Praxis keineswegs die wichtigsten. Bedeutsamer

V. Die Benennung von Drucker, Verleger, Verfasser, Herausgeber § 8 LPG

sind die Fälle, in denen der Herausgeber dem Verleger gleichgestellt oder gar mit ihm identisch ist. Ist zB der Verleger eine juristische Person (Aktiengesellschaft), so wird sie sich zur Durchführung ihrer verlegerischen Aufgaben in kaufmännischer Hinsicht ihres Organs, des Vorstands, bedienen. Bestellt die Gesellschaft zur Erfüllung ihrer publizistischen Verlegeraufgaben eine geeignete Persönlichkeit, so ist diese weder Redakteur noch Verleger, wohl aber „Herausgeber". Diesem steht nicht die kaufmännische, wohl aber die geistige Oberleitung beim Erscheinenlassen des Druckwerks zu. Gleichgültig ist es hierbei, ob es sich um ein periodisches oder nichtperiodisches Druckwerk handelt; gerade bei periodischen Druckwerken (Zeitungen und Zeitschriften) erscheint eine ständige geistige Oberleitung besonders zweckmäßig.

aa) Zwischen Verleger und Herausgeber sind die verschiedensten Rechtsbeziehungen denkbar (RGZ 68, 49). Neben dem geschilderten Auftrags- bzw Organverhältnis kann auch ein gesellschaftsrechtliches Verhältnis vorliegen: Bilden A, B und C zusammen eine Offene Handelsgesellschaft, die Inhaberin eines Verlagsunternehmens und damit „der Verleger" ist, und widmet sich A seiner Arztpraxis, während B die kaufmännische und C die publizistisch-geistige Oberleitung des Unternehmens innehat, so ist C „Herausgeber" und mit Zustimmung seiner Mitgesellschafter berechtigt, dies im Impressum besonders anzuführen. **66**

bb) Anders liegen die Verhältnisse, wenn der Herausgeber rechtlich und wirtschaftlich völlig selbstständig ist und sich zur Herausgabe des von ihm geplanten Druckwerks der Hilfe eines Verlages bedient. Dann ist nicht der Verleger, sondern der Herausgeber der eigentliche Herr des mit dem geplanten Druckwerk ins Leben gerufenen Verlagsunternehmens. **67**

cc) Bezeichnet sich der die Verlagstätigkeit ausübende Verleger als Herausgeber, so erscheint dies – streng rechtlich gesehen – als überflüssig, da ja zur Verlagstätigkeit die Ausübung der kaufmännischen und geistigen Oberleitung wesensgemäß gehört (vgl oben Rn 58 ff.). Der Verleger bringt aber durch seine im Impressum erfolgende Bezeichnung als Herausgeber öffentlich zum Ausdruck, dass ihm die publizistische Seite seiner Tätigkeit ein besonderes Anliegen ist, dem er sich mit Nachdruck persönlich zu widmen bereit ist. Er betont zugleich seine enge Verbundenheit mit dem geistigen Inhalt des Druckwerks und den persönlichen Kontakt zur Leserschaft. Er bekundet damit seinen Anspruch auf die geistige Führung seiner Zeitung oder Zeitschrift. Wo der Verleger zugleich als Herausgeber in Erscheinung tritt, steht ihm unbestritten das Weisungsrecht auch in redaktionellen Angelegenheiten zu: er hat als Herausgeber naturgemäß auch die Oberleitung der Redaktion (vgl Rn 58 ff.). **68**

c) Dass die Tätigkeitsgebiete des Herausgebers und des Redakteurs, vor allem des Chefredakteurs, sich berühren und zum Teil überschneiden, ist nicht zu bestreiten. Und doch bestehen wesentliche Unterschiede. Der Redakteur ist seiner Stellung nach in der Regel Arbeitnehmer oder freier Mitarbeiter, der Herausgeber ist in der Regel Unternehmer. Dem Redakteur obliegt die Tätigkeit des Redigierens, der Sammlung, Sichtung und Verarbeitung des Stoffes bis in alle Details. Der Herausgeber braucht nicht selbst zu „redigieren". Er hat statt dessen die geistige Oberleitung inne, er bestimmt im Zweifel die grundsätzliche Haltung der Zeitung oder Zeitschrift in allen politischen, wirtschaftlichen und weltanschaulichen Fragen. Der Chefredakteur hat sich in erster Linie von publizistischen Erwägungen leiten zu lassen. Sache des Herausgebers ist es, die publizistischen Gesichtspunkte und Wünsche (zB Errichtung eines Korrespondenzbüros in London) mit den finanziellen Möglichkeiten abzustimmen. **69**

d) Der Herausgeber als Inhaber der geistigen Oberleitung beim Erscheinen eines Druckwerks kann der Natur der Sache nach grundsätzlich nur eine *natürliche Person*, nicht aber eine Gesellschaft oder juristische Person sein (ebenso Häntzschel S 47). Dies ergibt sich aus der inneren Verwandtschaft mit der Tätigkeit des Verfassers und des Chefredakteurs. Dementsprechend lässt das Landespresserecht von Bremen (§ 8 Abs 1), Hessen (§ 6) und Niedersachsen (§ 8 Abs 1) ausdrücklich zwar beim Verleger und Drucker, nicht aber beim Herausgeber, den Ersatz des Familiennamens durch eine Firma zu. **70**

Lehr

VI. Die zusätzliche Benennung des verantwortlichen Redakteurs bei der periodischen Presse (§ 8 Abs 2)

1. Der besondere Einfluss der periodischen Presse

71 Für die *periodischen Druckwerke* im Sinne des § 7 Abs 4 LPG (im wesentlichen Zeitungen und Zeitschriften, vgl § 7 Rn 65 ff.) hat das Gesetz (§ 8 Abs 2 LPG) *verschärfte Impressumvorschriften* vorgesehen (soweit es sich nicht um amtliche oder „harmlose" Druckwerk im Sinne des § 7 Abs 3 handelt): sie müssen *zusätzlich* zu den Impressumangaben, die für jedes Druckwerk gelten (Benennung des Druckers und Verlegers bzw Verfassers oder Herausgebers) den Namen und die Anschrift des *verantwortlichen Redakteurs* enthalten. Sinn und Zweck dieser Regelung liegen auf der Hand: die periodischen Druckwerke (Zeitungen und Zeitschriften) bilden die eigentliche Presse im Sinne des modernen Sprachgebrauchs, die man nach einem Ausspruch Napoleons auch als „Siebte (europäische) Großmacht" bezeichnet. Ihre Auflagenhöhe, ihre Aktualität und der im Vergleich zur Reichhaltigkeit des Inhalts niedrige Preis ihrer Erzeugnisse sichern der periodischen Presse eine außerordentliche Wirkungskraft. Fast alle Pressegesetze der Welt widmen deshalb den periodischen Druckwerken ihre besondere Aufmerksamkeit und sehen Sonderbestimmungen vor. Daneben gelten aber für die periodischen Druckwerke auch die allgemeinen Vorschriften, denen alle Druckwerke unterworfen sind.

72 a) Der Begriff des verantwortlichen Redakteurs sowie dessen presserechtliche Funktion und Stellung und die an ihn zu stellenden persönlichen Anforderungen wie auch seine straf- und presserechtliche Haftung für den Inhalt des Druckwerks werden in § 9 und in den §§ 20 bis 22 LPG eingehend behandelt. In § 8 LPG geht es speziell um seine gesetzlich vorgeschriebene Benennung im Impressum. Für die Erfüllung dieser Pflicht haften der Verleger und der verantwortliche Redakteur selbst.

73 b) Hinsichtlich *Namen und Anschrift* gilt das oben (Rn 34 ff.) Ausgeführte: als *Namen* hat der verantwortliche Redakteur den bürgerlichen Familiennamen zu benennen. Zur Frage des Pseudonyms und des Vornamens ist auf Rn 34/35 zu verweisen. Zur Angabe der *Anschrift* gehören Wohnort, Straße und Hausnummer, sofern es sich nicht um eine stadtbekannte Anschrift handelt (Süddeutsche Zeitung, München). Als Anschrift kommt auch hier sowohl die Geschäftsadresse wie die Privatadresse in Betracht (vgl oben Rn 38). Bei einer *Mehrheit verantwortlicher Redakteure* sind im Impressum Name und Anschrift von jedem von ihnen anzugeben (§ 8 Abs 2 Satz 2).

2. Klarheit der Angaben

74 Der Grundsatz der *Klarheit der Angaben* ist beim verantwortlichen Redakteur von besonderer Bedeutung. Das Impressum muss eindeutig erkennen lassen, dass der Benannte nicht nur Redakteur ist, sondern gerade die Eigenschaft des *verantwortlichen* Redakteurs besitzt (RGSt 28, 399).

a) Unbestritten ist, dass statt der „persönlichen" Formulierung (verantwortlicher Redakteur: Hans Huber) auch die sachliche Form zulässig ist (verantwortliche „Redaktion" oder verantwortlich „redigiert" von Hans Huber).

75 b) Nach herrschender Meinung kann auf das gesetzliche Beiwort *„verantwortlich"* nicht verzichtet werden. Zwar hält Häntzschel (S 64) die Benennung als „Alleinredakteur" für ausreichend und zulässig, da im Falle der Vereinigung der gesamten Redaktionstätigkeit in einer Hand nur dieser Redakteur der verantwortliche sein könne (übereinstimmend Kitzinger S 54). Doch tritt hier an Stelle einer klaren Benennung unzulässigerweise eine – wenn auch richtige – logische Schlussfolgerung. Mit Recht lehnt die herrschende Meinung die Benennung als Alleinredakteur ohne den Zusatz „verantwortlich" ab (RGSt 25, 180; 28, 399; OLG Celle GoltdArch 39 S 197; OLG München GoltdArch 43 S 280; Ebner S 28; Rebmann § 8 Rn 31).

VI. Die zusätzliche Benennung des verantwortlichen Redakteurs § 8 LPG

Einmütigkeit herrscht, dass für die Benennung des verantwortlichen Redakteurs die Angabe „Chefredakteur Hans Huber" keinesfalls genügt, da Chefredakteur und verantwortlicher Redakteur nicht identisch zu sein brauchen (allgemeine Meinung, vgl OLG Köln DJZ 9 S 464; KG GoltdArch 39 S 374; LG Köln AfP 92, 310). Das Presserecht trennt zwischen dem *Chefredakteur*, dem die organisatorische Leitung der ihm unterstellten Redaktion obliegt und dem *verantwortlichen Redakteur*, der im Auftrag des Verlegers das Druckwerk auf strafrechtlich oder presserechtlich relevante Äußerungen zu überprüfen hat (OLG Celle NJW 1996, 1150). Der Chefredakteur einer Zeitung oder Zeitschrift kann auch bei unklarem oder unvollständigem Impressum nicht auf den Abdruck einer Gegendarstellung in Anspruch genommen werden, jedenfalls dann nicht, wenn er die Stellung eines im Sinne des Presserechts verantwortlichen Redakteurs tatsächlich nicht ausübt (OLG Celle NJW 1996, 1149). Mit Recht hat die Praxis das Fehlen des gesetzlichen Beiwortes „verantwortlich" in folgenden Fällen beanstandet und die Angaben für nicht ausreichend erachtet: „Die H. G. erscheint jeden Monat und wird herausgegeben und geleitet von ..." (OLG Celle Reger Bd 12 S 78); „Redaktion C. G. in M." (RGSt 25, 180); „Für die Schriftleitung: R. W." (RGSt 28 S 399). Als zulässig betrachtet wird dagegen des Impressum: „Für den redaktionellen Teil und die Inserate verantwortlich..." (RGSt GoltdArch 53 S 167).

c) Die Auffassung, wonach zwar das Beiwort „verantwortlich" unverzichtbar sei, jedoch keine Bedenken dagegen bestehen sollen, wenn das Wort „Redakteur" durch verwandte Bezeichnungen wie verantwortlicher Schriftleiter oder verantwortlicher Herausgeber ersetzt wird (Häntzschel S 64), ist aufgrund des Gesetzeswortlautes und in Anbetracht des Grundsatzes der Klarheit und Eindeutigkeit der Impressumangaben (siehe oben Rn 27 ff.) abzulehnen. Die Begriffe „Herausgeber"/„Redakteur" usw. sind nicht gleichbedeutend, ihre Vermischung könnte daher zu Missverständnissen führen. Zweck des § 8 ist es aber gerade, dem Leser schnell und verlässlich Auskunft über die Verantwortlichen zu geben. Eingebürgerte und eindeutige Bezeichnungen wie zB „V. i. S. d. P."/„Verantwortlich im Sinne des Presserechts" sind jedoch unbedenklich.

d) Zusätze, durch welche die Verantwortlichkeit eingeschränkt werden soll, wie auch eine Verwahrung gegen die Verantwortlichkeit sind rechtlich ohne Wirkung, aber nicht verboten, sofern nur der verantwortliche Redakteur aus dem Impressum mit Bestimmtheit zu entnehmen ist (RG Recht 1906 S 1388; OLG Celle AfP 87, 715; LG Berlin AfP 92, 86). Dasselbe gilt, wenn neben dem für alle Teile des Blattes verantwortlichen Redakteur für bestimmte Teile ein Nichtredakteur als verantwortlich bezeichnet wird, zB der Verfasser (RGSt 34 S 187; LG Berlin AfP 1992, 86). Die Haftung des für alle Teile verantwortlichen Redakteurs wird dadurch nicht eingeschränkt. Wegen der erforderlichen Klarheit der Angaben bei einer Mehrheit verantwortlicher Redakteure siehe unten Rn 80 ff.

3. Umfang der Haftung

Während für die straf- und presserechtliche Haftung des verantwortlichen Redakteurs die §§ 20, 21 und 22 LPG maßgebend sind, gilt für den *Umfang* seiner Haftung in Beziehung zum gesamten Druckwerk oder einem Teil desselben Folgendes:

a) Ist nur *ein* verantwortlicher Redakteur bestellt, so erstreckt sich dessen Haftung auf das *gesamte einheitliche Druckwerk*, bei der Presse also auf die gesamte einheitliche Nummer der Zeitung einschließlich des Titelkopfes. Die Haftung umfasst auch den sog Briefkasten und die Leserbriefe. Ausgenommen sind grundsätzlich der *Anzeigenteil* (für den nach § 8 Abs 2 Satz 4 ein besonderer „Verantwortlicher" zu bestellen ist) sowie die von *fremder Seite* fertig übernommenen redaktionellen Teile, für die gemäß § 8 Abs 3 der für den übernommenen Teil zuständige verantwortliche Redakteur zu benennen ist (vgl Rn 104 ff.). Wird jedoch die Benennung des für den Anzeigenteil „Verantwortlichen" oder die Benennung des für den übernommenen redaktionellen Teil verantwortlichen Redakteurs entgegen der gesetzlichen Vorschrift (§ 8 Abs 2 und 3) unterlassen, so dehnt sich die Haftung des verantwortlichen Redakteurs der über-

LPG § 8 Impressum

nehmenden Zeitung automatisch auf die übernommenen Teile bzw den Anzeigenteil aus. Würde diese Ausdehnung nicht eintreten, so wäre für wichtige Teile der Zeitung kein Haftender vorhanden.

79 b) Umfasst eine Zeitung oder Zeitschrift *selbstständige Beilagen,* für die ein eigenes Impressum erforderlich ist (vgl Rn 97 ff.), dann muss in diesem Impressum auch der hierfür speziell verantwortliche Redakteur benannt werden. Geschieht dies nicht, dann dehnt sich gleichfalls die Haftung des verantwortlichen Redakteurs derjenigen Zeitung, die diese Beilagen hereinnimmt, auf diesen hereingenommenen Stoff aus, damit auch insoweit ein Haftender vorhanden ist.

4. Haftung bei einer Mehrheit verantwortlicher Redakteure

80 Eine *Mehrheit verantwortlicher Redakteure* ist rechtlich zulässig und im heutigen Pressewesen durchaus üblich.

a) Bei der Größe und dem Umfang moderner Zeitungsredaktionen kann die Aufgabe des verantwortlichen Redakteurs in der Regel nicht mehr von *einer* Person bewältigt werden. Der § 8 Abs 2 lässt deshalb die Verteilung der verantwortlichen Redaktion auf mehrere verantwortliche Redakteure zu, macht aber zur Bedingung, dass der dem einzelnen Redakteur zukommende Teil seiner Verantwortlichkeit sowohl bei seiner *Bestellung* innerhalb der Redaktion wie auch bei seiner *Benennung* im Impressum zweifelsfrei klargestellt wird. Die Benennung verschiedener verantwortlicher Redakteure im Impressum setzt eine entsprechende vorausgehende Aufteilung der Verantwortlichkeit voraus. Eine gemeinsame presserechtliche Verantwortung mehrerer Redakteure für den *gleichen Teil* des Druckwerks ist hingegen nach den Impressumsvorschriften nicht gestattet. Ein Redaktionskollektiv kann deshalb nicht verantwortlicher Redakteur im Sinne des Presserechts sein (Groß BT Rn 341; Ricker/Weberling 13. Kapitel Rn 35; Seitz/Schmidt S 27).

81 b) Die faktische Aufteilung der presserechtlichen Verantwortlichkeit unter mehrere Redakteure und die entsprechende Benennung im Impressum darf nicht nach willkürlichen Gesichtspunkten erfolgen. Der § 8 Abs 2 Satz 3 LPG lässt – je nach der landesrechtlichen Regelung – nur eine Aufteilung in einzelne *„Teile"* oder *„sachliche Bereiche"* eines Druckwerks zu.

aa) Bei den einzelnen *„Teilen"* eines Druckwerks handelt es sich – im Gegensatz zu den sachlich abgegrenzten „sachlichen Bereichen" – um die *räumliche* Aufteilung der Verantwortung für ein Druckwerk ohne Rücksicht auf das Sachgebiet, etwa nach einzelnen Seiten oder nach Hauptblatt und Beilagen (so auch Rebmann § 8 Rn 32).

82 bb) Praktischer und gebräuchlicher als die räumliche Aufteilung ist die in Bayern (§ 8 Abs 2 Satz 1) ohnehin allein zugelassene Aufteilung der Verantwortlichkeit nach *Sachgebieten* wie Politik, Lokales, Wirtschaft, Kunst und Literatur, Sport usw. Eine klare räumliche Trennung ist hier nicht erforderlich.

83 cc) Durch die in fast allen Ländern (außer Bayern und Hessen) nach § 8 Abs 2 wahlweise zugelassene räumliche oder sachliche Aufteilung eines Druckwerks hinsichtlich der Verantwortlichkeit mehrerer Redakteure darf die *Übersichtlichkeit und die Erkennbarkeit* der Haftung nicht beeinträchtigt werden. Diesen Standpunkt hat das Reichsgericht in ständiger Rechtsprechung vertreten und die weitere Unterteilung selbstständiger Teile des Druckwerks für unzulässig erklärt. So dürfe für den politischen *Leitartikel* kein besonderer verantwortlicher Redakteur bestellt werden, denn der Leitartikel sei kein Teil des Druckwerks, sondern ein Teil des Teils „Politik" (RGSt 34, 187). Die strenge Auffassung des Reichsgerichts muss auf Grund der jetzt geltenden Fassung des § 8 Abs 2 LPG als überholt angesehen werden, zumal § 7 Abs 2 Reichspressgesetz noch forderte, dass aus dem Impressum „mit Bestimmtheit" zu ersehen sei, für welchen Teil des Druckwerks der Redakteur die Verantwortung trage. Demgegenüber spricht § 8 Abs 2 LPG lediglich von kenntlich bzw ersichtlich machen. Man wird deshalb auch bei einzelnen Beiträgen einer Zeitung oder Zeitschrift, die sich deutlich – sachlich und räumlich – abheben (zB bei einer umfangrei-

VI. Die zusätzliche Benennung des verantwortlichen Redakteurs § 8 LPG

chen *Reportage* im „Spiegel") von einem Teil des Druckwerks sprechen können, für den ein verantwortlicher Redakteur bestellt werden kann (zutreffend Rebmann § 8 Rn 32; Ricker/Weberling 13. Kapitel Rn 35). Demgegenüber hielt das OLG München (ArchPR 1972 S 98) das Sachgebiet „Reportagen" für schwer abzugrenzen. Dieses „Sachgebiet" lasse die für ein Impressum wünschenswerte Klarheit vermissen. Die Entscheidung stützt sich allerdings auf das bayer LPG, bei dem ein „räumliches" Kriterium nicht zugelassen ist (vgl Rn 82).

dd) In der Praxis werden sich auch bei sorgfältiger Aufteilung *Überschneidungen* **84** nicht vermeiden lassen. Gerät ein innenpolitischer Aufsatz in den Wirtschaftsteil oder ein Feuilletonbeitrag in den lokalen Teil, so stellt die Rechtsprechung zutreffend darauf ab, wo die Veröffentlichung tatsächlich erfolgte; verantwortlich ist der Redakteur des Zeitungsteils, in dem der „Irrläufer" publiziert wurde, nicht der Redakteur des Teils, in dem der Beitrag eigentlich hätte gebracht werden müssen (BayObLG 10 S 244; OLG München ArchPR 1972 S 98; KJG 11 S 340). Dementsprechend fällt auch die sog „*redaktionelle Werbung*", dh eine Geschäftsreklame, die, obwohl sie in den Anzeigenteil gehört, der größeren Wirkung wegen „redaktionell" aufgemacht wird und im redaktionellen Teil erscheint (Bericht über die Eröffnung eines neuen Stockwerkes im Bekleidungshaus X), in den Verantwortlichkeitsbereich nicht des Anzeigenteils sondern des redaktionellen Teils (KGJ 11 S 340).

ee) Die Aufteilung der Verantwortlichkeit für ein einzelnes Druckwerk unter meh- **85** rere Redakteure muss stets *erschöpfend* sein. Sie muss die ganze Druckschrift (Hauptblatt und Beilagen) erfassen. Es darf kein „Rest" bleiben, für den ein verantwortlicher Redakteur nicht bestellt bzw benannt wird (RGSt 28, 72; Rebmann § 8 Rn 32). Würde allerdings dieses Prinzip konsequent durchgeführt, so müssten im Impressum sämtliche Sparten und Rubriken einer Zeitung unter Hinweis auf den jeweils verantwortlichen Redakteur einzeln aufgeführt werden. Bei großen, umfangreichen Zeitungen würde dies eine kaum zumutbare räumliche Ausweitung des Impressums zur Folge haben. Gewohnheitsrechtlich hat sich für diese Fälle die Anerkennung des *Nachbarschaftsprinzips* durchgesetzt: Stehen einzelne kleinere Sparten der Zeitung (Briefkasten, „Vom Tage", Gerichtssaal usw) inhaltlich und räumlich einem größeren, geschlossenen Teil der Druckschrift so nahe, dass die für den größeren Teil gemachten Impressumangaben ohne weiteres auch für die benachbarte kleinere Rubrik zu gelten haben, dann rechnet die kleinere Rubrik zur größeren und benötigt keine besondere Erwähnung im Impressum. Ein unzulässiger „Rest" ist hier nicht vorhanden (OLG München ArchPR 1972 S 96 und ArchPR 1972 S 97; Häntzschel S 67; Ebner S 37).

c) Das Gesetz geht von der richtigen und erschöpfenden Aufteilung der Verant- **86** wortlichkeit unter mehreren Redakteuren und der entsprechenden zutreffenden und klaren Benennung im Impressum aus. Bei der Prüfung der rechtlichen *Folgen eines Verstoßes* gegen die Impressumpflicht, ist stets zwischen der faktischen Aufteilung der Verantwortlichkeit unter den Redakteuren und ihrer förmlichen Benennung im Impressum zu unterscheiden.

aa) Eine *Ordnungswidrigkeit* im Sinne des § 22 Abs 1 Nr 1 LPG liegt zB vor, wenn vorsätzlich oder fahrlässig gegen die wichtige Impressumpflicht verstoßen wird, wonach bei Bestellung mehrerer verantwortlicher Redakteure jeder Einzelne mit *Namen* und *Anschrift* im Impressum benannt werden muss (vgl Rn 73), und zwar unter eindeutiger Kenntlichmachung, für welchen Teil oder sachlichen Bereich er verantwortlich ist (§ 8 Abs 2 Satz 2).

bb) Ist der Verstoß darin zu erblicken, dass die Aufteilung der Verantwortung *keine* **87** *erschöpfende* war – sei es, dass bei der Aufteilung der Verantwortung unter mehrere Redakteure ein unverteilter Rest der Druckschrift verblieben ist oder dass für einen Teil der Druckschrift die Verantwortlichkeit aus dem Impressum nicht ersichtlich ist – so liegt bei vorsätzlichem oder fahrlässigem Verhalten gleichfalls eine Ordnungswidrigkeit im Sinne des § 22 Abs 1 Nr 1 LPG vor.

Durch die ordnungswidrige, nichterschöpfende Aufteilung der Verantwortung bzw die den Stoff des Redakteurs nicht erschöpfende Benennung im Impressum wird die Verantwortlichkeit der mehreren Redakteure nicht gemindert (Häntzschel S 67; Kitzinger S 59). Hier richtet sich bei nicht aufgeteilten bzw nicht benannten kleineren Sparten die Verantwortlichkeit nach dem sog Nachbarschaftsprinzip (vgl Rn 85). Ist für eine größere Sparte im Impressum kein verantwortlicher Redakteur benannt, so ist die Aufteilung maßgebend, wie sie unter den Redakteuren faktisch erfolgt ist; denn im Gegensatz zur früheren Rechtsprechung kommt es nach heute herrschender Auffassung für die Haftung der verantwortlichen Redakteure in erster Linie auf die tatsächliche Aufteilung der Verantwortlichkeit an, nicht jedoch auf die Benennung im Impressum, die nur als jederzeit widerlegbares außergerichtliches Geständnis zu bewerten ist (OLG München ArchPR 1972 S 97; KG NJW 1998, 1420; Wenzel/Burkhardt Rn 11.88). War schon die faktische Aufteilung des Stoffes unter die mehreren Redakteure ordnungswidrig weil nicht erschöpfend, so greift die Solidarhaftung der beteiligten Redakteure ein (OLG München ArchPR 1972 S 96, vgl Rn 90).

88   cc) Ein Verstoß gegen die Impressumpflicht kann auch darin bestehen, dass für den *gleichen Teil* des Druckwerks mehrere verantwortliche Redakteure zugleich bestellt und/oder im Impressum benannt werden. Hier gilt Folgendes:

(1) Es liegt auch hier ein Impressumverstoß vor, der bei Vorsatz oder Fahrlässigkeit als *Ordnungswidrigkeit* geahndet wird (§ 22 Abs 1 Nr 1 LPG).

89   (2) Die ordnungswidrige Impressumangabe in Form einer Mehrfachbenennung berührt die Verantwortlichkeit des haftenden Redakteurs nicht, wenn diesem bei der Aufteilung der Verantwortung das entsprechende Sachgebiet zugewiesen worden war, denn die faktische Zuteilung geht der unrichtigen Benennung im Impressum vor (vgl Rn 87).

90   (3) Umstritten ist jedoch die Frage der Haftung, wenn bereits bei der Aufteilung der Verantwortlichkeit für das gleiche Sachgebiet unzulässigerweise mehr als ein verantwortlicher Redakteur bestellt wurde. Hier ist von der *Solidarhaftung* der mehreren, für das gleiche Sachgebiet Bestellten auszugehen (zutreffend Kitzinger S 57, 58; BGH NJW 1980, 67). Demgegenüber hat Häntzschel (S 67, 68) die bedenkliche Ansicht vertreten, dass in diesem Fall keiner der zu viel Bestellten verantwortlicher Redakteur geworden sei und dass – außer der Haftung für den formalen Benennungsverstoß – die beteiligten Redakteure für einen etwa strafbaren Inhalt der Druckschrift der Sonderhaftung des § 20 nicht unterliegen, somit im Zweifel straffrei ausgehen würden. Zwar ist es richtig, dass der Gedanke der Solidarhaftung bei der Beratung des Reichspressgesetzes abgelehnt wurde (StenBer Bd 1 S 400 ff.). Aber es widerspräche dem Billigkeitsgefühl und dem Zweck des Landespresserechts, das für Presse-Inhaltsdelikte eine besondere Verantwortlichkeit normiert hat, wenn sich die Presse durch ordnungswidrige Doppelbestellung verantwortlicher Redakteure der Strafhaftung wirksam entziehen könnte. Der Gesetzesverletzer würde für seine Zuwiderhandlung „förmlich belohnt". Mit gutem Grund hat sich deshalb die Rechtsprechung für die Solidarhaftung entschieden (OLG München ArchPR 1972 S 98).

91   (4) Keine ordnungswidrige Doppelbestellung im Sinne von (3) liegt vor, wenn ein verantwortlicher Redakteur in unzulässiger Weise für den *Unterteil* eines Sachgebiets (vgl § 8 Abs 2 bayer LPG) bestellt wird, obwohl für das Sachgebiet selbst schon ein verantwortlicher Redakteur bestellt ist. Eine solche unzulässige „Unter-Bestellung" berührt die Verantwortlichkeit des für das gesamte Sachgebiet zuständigen verantwortlichen Redakteurs nicht (RGSt 34, 187; RG GoldtArch 52 S 83; vgl Rn 87).

VII. Die Benennung des „Verantwortlichen für den Anzeigenteil" (§ 8 Abs 2)

1. Bedeutung des Anzeigenteils

92   Der Anzeigenteil der modernen Presse ist für ihre Funktionsfähigkeit von wesentlicher Bedeutung. Die Erlöse aus dem Anzeigengeschäft bilden neben den Erlösen

VII. Die Benennung des „Verantwortlichen für den Anzeigenteil" § 8 LPG

aus dem Zeitungsvertrieb die Haupteinnahmequelle der periodischen Presse. Ein vielseitiger, ertragreicher Anzeigenteil sichert die wirtschaftliche und damit auch die geistige Unabhängigkeit der Presse und schützt sie vor einseitiger Abhängigkeit ihren Inserenten wie ihren Beziehern gegenüber (vgl Löffler, „Der Verfassungsauftrag der Presse" S 7, 13 ff.). Nach einer grundlegenden Entscheidung des Bundesverfassungsgerichts (BVerfGE 21, 271 – Südkurier) erstreckt sich der Grundrechtsschutz der Pressefreiheit (Art 5 GG) auch auf den Anzeigenteil, der nicht nur die wirtschaftliche Existenz der Presse sichert, sondern auch hohen allgemeinen Informationswert für die Leserschaft besitzt. Als unmittelbarer Bestandteil der Institution „Presse" nimmt der Anzeigenteil nicht nur an den Rechten, sondern auch an allen Pflichten der Presse teil. Gefahren für die geschützten Interessen des Staats und seiner Bürger gehen erfahrungsgemäß nicht nur vom redaktionellen, sondern gerade auch vom Anzeigenteil der Presse aus.

2. Der „Verantwortliche" muss kein Redakteur sein

a) Schon unter der Herrschaft des alten Reichspressgesetzes war anerkannt, dass sich die Haftung des verantwortlichen Redakteurs auch auf den *Anzeigenteil* der Zeitung oder Zeitschrift erstreckt (vgl KG GoltdArch 39 S 371). In der Praxis ergaben sich dadurch Schwierigkeiten, dass die Überwachung des Anzeigenteils hinsichtlich der Ausmerzung eines etwaigen strafbaren Inhalts in aller Regel durch den *kaufmännischen* Leiter der Anzeigenabteilung und nicht durch ein Mitglied der Redaktion erfolgt. Dieser praktischen Gegebenheit trägt das moderne Landespresserecht in § 8 Abs 2 Satz 4 LPG dadurch Rechnung, dass für den Anzeigenteil nicht ein verantwortlicher Redakteur zu benennen ist, sondern dass ein „Verantwortlicher" genügt, der nicht Redakteur sein muss. Dem Verleger steht es also frei, ob er für den Anzeigenteil einen Redakteur oder einen Kaufmann bestellen will; doch muss er in jedem Fall eine verantwortliche Person für den Anzeigenteil bestellen und diese im Impressum angeben. Dies kann auch der alleinige verantwortliche Redakteur des Blattes sein („Verantwortlich für den redaktionellen Teil und den Anzeigenteil: Redakteur Walter Müller, Aachen, Karlstraße 10"). 93

b) *Bayern* hat bereits 1949 in § 8 Abs 2 LPG bestimmt: „Auch für den Anzeigenteil muss eine verantwortliche Person benannt werden." Es besteht dort also die gleiche Rechtslage wie im übrigen Bundesgebiet. 94

3. Der „Verantwortliche" steht presserechtlich dem verantwortlichen Redakteur gleich

Für den „Verantwortlichen" des Anzeigenteils gelten in vollem Umfang die gleichen Vorschriften wie für den verantwortlichen Redakteur (§ 8 Abs 2 Satz 4 LPG). Er ist im Impressum mit Name und Anschrift aufzuführen (vgl oben Rn 73). Er haftet presserechtlich und strafrechtlich voll für den Anzeigenteil. So ist er (außer in Hessen s § 10 Rn 35) zB neben dem Verleger für die in § 10 LPG normierte Rechtspflicht zur strengen Trennung von Text- und Anzeigenteil verantwortlich. Löst eine Veröffentlichung im Anzeigenteil einen Gegendarstellungsanspruch aus, so ist der „Verantwortliche" des Anzeigenteils passiv legitimiert (OLG Karlsruhe AfP 1981, 363; Seitz/Schmidt S 27). Zivilrechtlich lässt sich jedoch aus der presserechtlichen Funktion des „Verantwortlichen für den Anzeigenteil" keine Haftung und erst recht keine Anscheinsvollmacht für den Abschluss von Anzeigenverträgen ableiten (OLG München ArchPR 1973 S 102; Ricker/Weberling 13. Kapitel Rn 37). Wettbewerbsrechtlich haftet er als solcher nur bei Verletzung seiner Verpflichtung aus § 10 LPG (s § 10 Rn 35). Da das Gesetz den „Verantwortlichen für den Anzeigenteil" einem verantwortlichen Redakteur rechtlich gleichgestellt, muss auch der „Verantwortliche" die erhöhten persönlichen Anforderungen erfüllen, die § 9 LPG an den verantwortlichen Redakteur stellt (Näheres s § 9 Rn 6 ff.). Verletzt der „Verantwortliche für den Anzeigenteil" vorsätzlich oder fahrlässig die ihm obliegende Pflicht, Druckwerke von 95 strafbarem Inhalt freizuhalten, so ergibt sich seine strafrechtliche Haftung aus §§ 20 ff. LPG (Näheres s Rn 153). Doch darf die Haftung des „Verantwortlichen" nicht überspannt werden (OLG Koblenz ArchPR 1967 S 68 – Fingierte Todesanzeige). Dem „Verantwortlichen" steht ein unmittelbar aus dem Grundsatz der Pressefreiheit herzuleitendes Zeugnisverweigerungsrecht zu (vgl § 23 Abs 1 LPG, § 383 Abs 1 Ziff 5 ZPO). Durch dieses Zeugnisverweigerungsrecht ist jedoch nur der redaktionelle Teil geschützt, nicht zB der Anzeigenteil (Baumbach/Lauterbach/Albers/Hartmann § 383 ZPO Rn 6). Auch beim Anzeigenteil kann jedoch ausnahmsweise aus Art 5 Abs 1 GG ein Schweigerecht bestehen (BVerfG NJW 1990, 701).

VIII. Mehrteilige Druckwerke. Beilagen

1. Bei Einheitlichkeit des Druckwerks (mechanische Verbindung) genügt ein Impressum

96   Nach § 8 Abs 1 muss sich auf *jedem* Druckwerk – ausgenommen die amtlichen und „harmlosen" des § 7 Abs 3 – ein Impressum befinden. Da viele als wirtschaftliche Einheit in Erscheinung tretenden Druckwerke aus mehreren Teilen bestehen, wie zB ein zweibändiger Roman oder die Samstagausgabe einer Zeitung (mit Sport- und Unterhaltungsbeilage und Werbeprospekten), erhebt sich die Frage, ob jeder Einzelteil ein eigenes Impressum haben muss oder ob *ein* Impressum für alle Teile genügt.

Es gilt der Grundsatz, dass bei einem *einheitlichen* Druckwerk nur *ein* Impressum erforderlich ist. Ob ein einheitliches Druckwerk vorliegt, bestimmt sich nicht nach dem inneren Sachzusammenhang sondern nach äußeren Gesichtspunkten. Die Herstellung eines einheitlichen Druckwerks erfolgt in der Regel *mechanisch* durch Binden oder Heften. Diese mechanische Verbindung fehlt, wenn ein Verlag Goethes „Faust" in zwei Bänden herausgibt. Hier muss jeder Band ein eigenes Impressum haben. Alle für sich gebundenen, gehefteten oder broschierten Druckwerke, die im Verkehr selbstständig (eigenständig) verbreitet werden können, benötigen ein eigenes Impressum (zustimmend Rebmann § 8 Rn 14). Doch kennt die Verkehrsauffassung auch Ausnahmen: Kunstmappen (Sammelmappen mit Kunstdrucken) werden nach der Verkehrsauffassung schon durch den Umschlag der Mappe eine Einheit, die nur *ein* Impressum erfordert, soweit hier nicht Impressumfreiheit nach § 7 Abs 3 LPG besteht.

2. Selbstständige und integrierte Beilagen

97   Von besonderer praktischer Bedeutung ist die Frage, ob *Beilagen,* die einem Druckwerk – in der Regel ohne mechanische Verbindung – eingefügt werden, ein eigenes Impressum benötigen. Hier ist zu unterscheiden:

a) Handelt es sich um Beilagen, die einem gebundenen oder gehefteten Druckwerk (Buch oder Zeitschrift) *lose* beigefügt werden (Bücherprospekte, Reklamehefte, Werbenummern etc), so entsteht durch die Beifügung kein einheitliches Druckwerk. Es fehlt die mechanische Verbindung (zustimmend Jarras NJW 1981, 198). Auch die Verkehrsauffassung sieht in solchen Beilagen selbstständige Teile des Druckwerks, die – jeder für sich – ein eigenes Impressum benötigen.

98   b) Schwierig ist die Frage der Selbstständigkeit von Beilagen zu entscheiden, wenn das Druckwerk, dem die Beilage beigefügt wird, seinerseits weder geheftet noch gebunden ist. Hier ist eine Unterscheidung zwischen Druckwerk und Beilage nach rein äußerlichen, mechanischen Gesichtspunkten kaum möglich oder doch wesentlich erschwert. Dies ist vor allem bei *Zeitungsbeilagen* der Fall. Hier gilt Folgendes:

aa) Besteht eine feste äußere Verbindung mit dem Zeitungsexemplar, so fehlt der Beilage nach dem oben zu Rn 96 Ausgeführten die Selbstständigkeit, und es ist nur *ein* Impressum nötig. Dies ist der Fall, wenn zB die „Sportbeilage" die letzte Seite der

VIII. Mehrteilige Druckwerke. Beilagen § 8 LPG

Zeitung bildet (ebenso Kitzinger S 55). Auf die Bezeichnung als „Beilage" kommt es nicht entscheidend an. Maßgebend ist der feste äußere Zusammenhang.

bb) Rechtlich eindeutig sind auch die Fälle, in denen die Beilagen, insb Sonntags- und Unterhaltungsbeilagen, illustrierte Beilagen, Fernsehmagazine usw oder in sich geschlossene redaktionelle Teile nicht vom Verlag des Hauptblattes redigiert und hergestellt, sondern von dritter Seite – etwa einem Korrespondenz- oder Maternbüro – fertig geliefert werden. Hier ergibt sich aus dem Erfordernis der Klarheit und Richtigkeit der Impressumangaben von selbst, dass die Beilage ein eigenes Impressum haben muss (RGSt 28, 72; Jarras NJW 1981, 198). Der § 8 Abs 3 LPG verlangt darüber hinaus gerade in solchen Fällen weitere klarstellende Angaben (vgl Rn 104 ff.). **99**

cc) Ebenso eindeutig sind die Fälle, in denen die nur lose beigefügten Beigaben eine äußere oder innere Verbindung mit der Zeitung selbst vermissen lassen und ihr nur bei Gelegenheit mitgegeben werden. Dies gilt vor allem für Reklamesendungen und *Prospekte,* aber auch für beigelegte Extrablätter, Flugblätter und Flugschriften, Kalender und Kursbücher sowie Nachschlageverzeichnisse. Der äußere und innere Zusammenhang mit dem Druckwerk ist so lose, dass von einer Einheitlichkeit des Druckwerks nicht die Rede sein kann (OLG Hamm DJZ 19 S 176; OLG Jena Thür Bl 58 S 137; Kitzinger S 55; Häntzschel S 49; Rebmann § 8 Rn 14). **100**

dd) Von diesen als selbstständig anzusehenden „Gelegenheitsbeigaben" sowie den von dritter Seite gelieferten Beilagen sind die eigenen „Beilagen" zu unterscheiden, die der Zeitung *regelmäßig oder bestimmungsgemäß* lose beigefügt oder – wie der verlagstechnische Fachausdruck lautet – „eingeschossen" werden. Es sind dies vor allem die *Sonntags- und Unterhaltungsbeilagen,* illustrierte, literarische, wissenschaftliche, technische oder sonstige Beilagen. Da die Zeitung selbst nur aus lose zusammengefügten Bogen besteht, kann es in diesen Fällen für die Frage der Selbstständigkeit der Beilage nicht auf das äußere Merkmal der mechanischen Verbindung ankommen. Kitzinger (S 56) will hier auf das äußere Merkmal abstellen, ob die Beilage eine eigene Nummerierung habe oder sich der Nummerierung des Hauptblatts einfüge. Die Nummerierung kann zwar in Zweifelsfällen ein wertvoller Anhaltspunkt sein, aber für sich allein betrachtet ist dieses rein drucktechnische Moment nicht ausschlaggebend. Das Gleiche gilt für die Frage, ob ein Hinweis des Hauptblattes auf die Beilage und umgekehrt die erforderliche Einheitlichkeit der Druckschrift gewährleiste. Auch dies ist nur ein Anhaltspunkt; ein gegenseitiger Hinweis ist nicht erforderlich, wenn aus anderen Gründen die Einheitlichkeit zu bejahen ist (ebenso RGSt 7, 45; Häntzschel S 49; aA jedoch RGSt 28, 72). **101**

Entscheidend ist, ob die Beilage nach der *einheitlichen Planung des Verlegers* dem Hauptblatt als regelmäßiger Bestandteil beigegeben wird mit der Absicht, für den Leserkreis den Zeitungsinhalt durch die Beilage zu *erweitern* bzw *zu bereichern.* Ist dies der Fall, dann ist die Einheitlichkeit gegeben und die Beilage (Sonntags- bzw Unterhaltungsbeilage etc) benötigt kein eigenes Impressum (RGSt 5, 314; 7, 45; 28, 72; Ratz-Glawatz-Engels-Dietrich/Rath-Glawatz P Rn 263; Häntzschel S 49; Rebmann/Ott/Storz § 8 Rn 14). Vom Erfordernis der Regelmäßigkeit der Beilage kann nur dort abgesehen werden, wo sich die Einheitlichkeit des Druckwerks aus seiner besonderen Bestimmung klar ergibt. So bildet die zum hundertjährigen Bestehen der Zeitung oder zum tausendjährigen Bestehen der Heimatstadt oder anlässlich großer Veranstaltungen (zB Olympiade) „eingeschossene" Beilage zusammen mit dem Hauptblatt ein einheitliches Druckwerk und benötigt kein eigenes Impressum. Handelt es sich bei der Beilage nach dem Willen des Verlegers hingegen um eine Sonderveröffentlichung, ist ein gesondertes Impressum erforderlich (Rath-Glawatz-Engels-Dietrich/Rath-Glawatz P Rn 263). **102**

Kein geeignetes Kriterium, weil zu unbestimmt, ist die von Häntzschel (S 49) hervorgehobene einheitliche *wirtschaftliche Zweckbestimmung* von Hauptblatt und Beilage, denn jeder Werbeprospekt und jeder Werbekalender dient vom verlagskaufmännischen Standpunkt aus letzten Endes dem gleichen kommerziellen Zweck wie der Vertrieb des Hauptblattes und seines Anzeigenteils. Stellt sich aber die Beilage nach

Lehr 569

LPG § 8
Impressum

Inhalt und Aufmachung als willkommene *Erweiterung bzw Bereicherung* des sonstigen Zeitungsinhalts dar und liegt eine einheitliche *verlegerische Planung* für Hauptblatt und Beilage vor, dann kann unter Umständen auch eine Werbeveröffentlichung, wenn sie sich dem Hauptblatt als Erweiterung des Anzeigenteils einfügt (zB Reise- und Ferienbeilage), mit dem Zeitungsexemplar eine Einheit bilden, so dass *ein* Impressum ausreicht. Zu beachten ist, dass Werbedrucksachen in der Regel ohnehin unter die „harmlosen" Schriften des § 7 Abs 3 LPG fallen und damit vom Impressumzwang gänzlich freigestellt sind.

103 ee) Soweit in sich geschlossene redaktionelle Teile von *dritter Seite* (Zentralverlag, Matern-, Korrespondenzbüro usw) fertig übernommen werden, liegen eigenständige Teile des Druckwerks vor, die ein eigenes Impressum benötigen. Außerdem kommt hier die Sonderbestimmung des § 8 Abs 3 zum Zug (hierzu nachfolgend Rn 104 ff.).

IX. Impressumangaben über Fremdbezug von Zeitungsteilen (§ 8 Abs 3)

1. Zweck der Regelung (§ 8 Abs 3)

104 Die Regelung in § 8 Abs 3 legt der Zeitungspresse – und nur ihr allein – die Pflicht auf, ihrer Leserschaft im Impressum Mitteilung zu machen, wenn ein wesentlicher Teil des Zeitungsinhalts nicht von der eigenen Redaktion erarbeitet, sondern regelmäßig fertig von dritter Seite bezogen wird. *Sinn und Zweck* dieser presserechtlichen Neuerung ist ein doppelter:

a) Transparenz der Zeitungspresse

105 Angesichts des starken meinungsbildenden Einflusses der Zeitungspresse auf die Öffentlichkeit ist es für das Publikum von großer Bedeutung zu erfahren, wer hinter einer Zeitung steht. Der Leser muss wissen, ob es sich um ein Blatt mit eigenständiger Meinung handelt oder ob hier fremde Ansichten, etwa eines großen Zeitungskonzerns, verbreitet werden (vgl Jarass NJW 1981, 198). Nur eine *transparente* Zeitungspresse kann die ihr nach § 3 LPG zukommende öffentliche Aufgabe der freien, nichtmanipulierten Meinungsbildung (vgl BVerfGE 12, 113; 20, 175) sachgemäß erfüllen.

Die schon im Modellentwurf 1963 (vgl Einl Rn 87 ff.) enthaltene Verpflichtung der Zeitungspresse zur Bekanntgabe eines wesentlichen Fremdbezugs ihres Zeitungsinhalts verfolgt im Sinne der publizistischen Transparenz den Zweck, der Öffentlichkeit ein wirklichkeitsnahes Bild der heutigen Presse zu vermitteln, das durch den immer mehr sich greifenden Fremdbezug des Zeitungsinhalts verschleiert wird. Das Bild der bundesdeutschen Presse ist nicht mehr so bunt und vielfältig, wie es nach außen den Anschein hat. Infolge der enorm gestiegenen Herstellungskosten ist nur noch eine kleine Minderheit der deutschen Tagespresse finanziell in der Lage, ihren redaktionellen Teil aus eigenen Kräften selbst zu erarbeiten und zu gestalten. Die Mehrzahl der deutschen Zeitungen ist auf fremde Hilfe angewiesen, die von der Lieferung einzelner redaktioneller Beiträge (durch sog Korrespondenzbüros) bis zur Lieferung einer fast kompletten Zeitung durch eine Hauptzeitung reicht.

b) Abgrenzung der Haftung der Beteiligten

106 Die Pflicht zur Impressumangabe bei Fertigbezug fremder Zeitungsteile (§ 8 Abs 3) verfolgt neben der Unterrichtung der Öffentlichkeit den weiteren Zweck, die *Haftung* der für den Inhalt der Anschlusszeitung Verantwortlichen abzugrenzen und klarzustellen. Ohne diese Anordnung müssten der Verleger und der verantwortliche Redakteur der Anschlusszeitung (des Kopfblattes) auch die Verantwortung für den von der Hauptzeitung gelieferten Zeitungsmantel mit übernehmen (vgl Rn 78). Da aber auch in der Praxis weder dem lokalen verantwortlichen Redakteur noch dem Verleger der Anschlusszeitung die Übernahme der Verantwortung für die an fremdem

IX. Impressumsangaben über Fremdbezug von Zeitungsteilen § 8 LPG

Ort hergestellte Hauptzeitung zugemutet werden kann, bestimmt § 8 Abs 3 mit Recht, dass das Impressum der Anschlusszeitung auch „den für den übernommenen Teil verantwortlichen Redakteur und den Verleger zu benennen" hat, die sonach für den von ihnen gelieferten Zeitungsmantel in der Verantwortung bleiben. Eine wirkliche Mitverantwortung zu übernehmen, wäre dem Verleger und dem verantwortlichen Redakteur der Anschlusszeitung auch faktisch kaum möglich. Denn wenn der fertige Zeitungsmantel kurz vor Beginn der Zeitungsverteilung am Ort des Lokalblattes eintrifft, ist es für Einsprüche und Änderungen zu spät. So bürdet § 8 Abs 3 demjenigen mit Recht die Verantwortung auf, der in der Praxis die Entscheidungsbefugnis über den Zeitungsstoff hat.

2. Die Voraussetzungen der Impressumpflicht des § 8 Abs 3

Die presserechtliche Regelung der Impressumpflicht bei Fremdbezug des Zeitungsinhalts (§ 8 Abs 3 LPG) ist in den einzelnen Ländern verschieden. Der Grund liegt darin, dass es sich hier für die betroffenen Zeitungsverlage um eine nicht allseits erwünschte Offenlegung kommerzieller Verflechtungen, ja Bindungen und Abhängigkeiten handelt. Deshalb wurde in den einzelnen Ländern um die *gesetzlichen Voraussetzungen* für den Eintritt der Impressumpflicht des § 8 Abs 3 lebhaft gerungen (vgl die Übersicht über die divergierenden Länderregelungen Rn 119 ff.). Grundsätzlich hat die besondere Impressumpflicht des § 8 Abs 3 folgende Voraussetzungen: 107

a) Zeitungen und Anschlusszeitungen

Nach insoweit einheitlichem Landespresserecht betrifft die Impressumpflicht des § 8 Abs 3 nur *Zeitungen,* nicht Zeitschriften. (Zum Begriff der Zeitung s § 7 LPG Rn 9). 108

aa) Im Presserecht besteht bezüglich der Zeitungen, die fremde Zeitungsteile fertig beziehen, eine reiche Terminologie. Während die zuliefernde Zeitung im Allgemeinen als *„Hauptzeitung"* bezeichnet wird, ist der Oberbegriff der belieferten Zeitung die sog *„Anschlusszeitung".* In der Praxis, aber auch im Gesetzestext (vgl § 8 Abs 3 LPG Nordrhein-Westfalen, § 7 Abs 3 LPG Mecklenburg-Vorpommern) werden die Anschlusszeitungen zT auch als Bezirks- oder Lokalausgaben, Neben- oder Unterausgaben bezeichnet. In § 8 Abs 3 LPG Baden-Württemberg, Brandenburg und Nordrhein-Westfalen sowie in § 7 Abs 3 LPG Mecklenburg-Vorpommern ist überdies von *„Kopfzeitungen"* die Rede. In der publizistischen Praxis vollzieht sich der Fremdbezug von Zeitungsteilen heute in der Regel wie folgt: die Hauptzeitung liefert der Anschlusszeitung den wesentlichen Teil einer Tageszeitung (Leitartikel, Politik, Wirtschaft, Unterhaltung, Sport usw), den sog *Zeitungsmantel,* in fertigem, häufig bereits gedrucktem Zustand. Dieser „Mantel" (eigentlich der Zeitungskern) wird dann vom übernehmenden örtlichen Zeitungsverleger nur noch durch Hinzufügung des lokalen redaktionellen und Anzeigenteils ergänzt und mit dem lokalen Zeitungs- bzw Titelkopf versehen (daher auch „Kopfzeitung" bzw „Kopfblatt" genannt). Bei allen diesen verschiedenen Formen und Bezeichnungen einer Anschlusszeitung handelt es sich, je nach dem Umfang des Fremdbezugs, um Nuancen, die eine verschiedene presserechtliche Behandlung nicht rechtfertigen, sofern nur das Wesensmerkmal der Anschlusszeitung vorliegt: der nicht unerhebliche Fremdbezug des Zeitungsinhalts von einer Hauptzeitung. 109

bb) § 8 Abs 3 LPG Baden-Württemberg und Brandenburg sowie § 7 Abs 3 LPG Mecklenburg-Vorpommern machen zwischen *Anschlusszeitungen* und *Kopfzeitungen* ausdrücklich einen rechtlichen Unterschied, indem speziell den Kopfzeitungen die zusätzliche Pflicht auferlegt wird, im Impressum auch den *Titel* der Hauptzeitung (etwa „Schwäbische Zeitung") zu nennen. Die genannten Vorschriften verstehen den Begriff „Kopfzeitung" offensichtlich in einem engeren wörtlichen Sinne, nämlich im Sinne einer Anschlusszeitung, die im Wesentlichen den Gesamtinhalt der Hauptzeitung übernimmt und sich von dieser vornehmlich durch den lokalen Titelkopf unterscheidet (RGZ 96, 298). 110

111 cc) Die Zusammenarbeit zwischen der meist in einer Großstadt ansässigen Hauptzeitung und der Anschlusszeitung kann sich in den verschiedensten gesellschaftsrechtlichen Formen vollziehen. Bewährt hat sich das System der sog *Redaktionsgemeinschaften* (vor allem das sog System Walchner in Oberschwaben): mehrere kleinere Zeitungen schließen sich auf genossenschaftlicher Basis zusammen, richten eine Zentralredaktion mit Zentraldruckerei ein, bekommen von dort den fertigen „Mantel", dem sie den Lokalteil beifügen und behalten so ihre wirtschaftliche und einen Teil der publizistischen Selbstständigkeit. Im Zuge der Konzentration auf dem Zeitungsmarkt werden die genossenschaftlichen Zusammenschlüsse immer mehr abgelöst durch andere Gesellschaftsformen. Viele Anschlusszeitungen sind mit der zuliefernden Hauptzeitung auch nur noch durch einen Liefervertrag verbunden. Häufig halten allerdings die Verleger der Anschlusszeitungen Gesellschaftsanteile am Verlag der Hauptzeitung.

dd) Da für den Begriff der „Anschlusszeitung" die Bindung an eine Hauptzeitung wesentlich ist, hängt es vom Grad der Abhängigkeit von der Zentralredaktion ab, ob die einer Redaktionsgemeinschaft angeschlossenen Zeitungen als „Anschlusszeitungen" mit entsprechender Impressumpflicht (§ 8 Abs 3) anzusehen sind. Haben die angeschlossenen Zeitungen Einfluss auf die Zusammensetzung der Zentralredaktion und deren Arbeit, so ist der Charakter der „Anschlusszeitung" und die Impressumpflicht des § 8 Abs 3 zu verneinen. Demgegenüber lehnt Rebmann (§ 8 Rn 46) in solchen Fällen zwar das Vorliegen einer „Kopfzeitung" im engen Sinne des § 8 Abs 3 Satz 2 LPG Baden-Württemberg bzw. der entsprechenden Vorschriften in Brandenburg und Mecklenburg-Vorpommern und damit die spezielle Pflicht zur Benennung des *Titels* der Hauptzeitung ab, hält aber die der Zentralredaktion angeschlossene Zeitung für eine „Anschlusszeitung" mit entsprechender Impressumpflicht. Dem kann nicht zugestimmt werden: die Redaktionsgemeinschaft selbstständiger Zeitungsverlage kann nicht als maßgebende „Hauptzeitung" im Sinne des § 8 Abs 2 angesehen werden. Dies widerspräche dem Zweck der Vorschrift, die Verhältnisse der Überordnung und nicht solche der Gleichordnung aufdecken will.

b) Regelmäßigkeit des Fremdbezugs

112 In den meisten Ländern greift die Impressumpflicht des § 8 Abs 3 nur dort Platz, wo der Fremdbezug von Zeitungsinhalt mit *Regelmäßigkeit* erfolgt. Regelmäßig bedeutet nicht täglich. Es genügt zB, wenn laufend beim gleichen Verlag der Sonntagsteil übernommen wird. Sporadische oder bloß gelegentliche Übernahme fremder Teile fällt nicht unter § 8 Abs 3. Bei sinnvoller Auslegung der gesetzlichen Pflicht zur Impressumangabe des Fremdbezugs von Zeitungsteilen ergibt sich sonach von selbst, dass stets eine gewisse Regelmäßigkeit des Fremdbezugs gegeben sein muss. Das Erfordernis der Regelmäßigkeit des Fremdbezugs muss deshalb auch für die Zeitungspresse von *Rheinland-Pfalz* gelten, obwohl dort § 9 Abs 3 eine solche Voraussetzung nicht enthält. Ausdrücklich enthalten ist das Erfordernis der Regelmäßigkeit in allen übrigen Landespressegesetzen.

c) Bezug „fertiger" Zeitungsteile

113 Eine weitere wichtige Voraussetzung für die Impressumpflicht des § 8 Abs 3 ist, dass *„fertige"* Zeitungsteile übernommen werden. Denn gerade der Verzicht auf die eigene kritische Gestaltung und Überprüfung des publizierten Zeitungsinhalts löst die strukturellen und rechtlichen Bedenken aus, die zu der Bestimmung des § 8 Abs 3 geführt haben. Der Zeitungsmantel wird den Anschlusszeitungen fertig gedruckt oder im Zeitalter moderner Kommunikationsmittel als Datei, per Kabel oder Satellit „fertig" geliefert. Eine eigene Überprüfung durch die übernehmende Zeitung ist daher nicht möglich. Die Beschränkung der Impressumpflicht des § 8 Abs 3 auf den Fremdbezug „fertiger" Zeitungsteile gilt in allen Bundesländern.

d) Bezug „wesentlicher" Zeitungsteile

114 Einigkeit besteht darüber, dass der Fremdbezug unwesentlicher Teile des Zeitungsinhalts die Impressumpflicht des § 8 Abs 3 nicht auslöst. Die Landespressegesetze von

IX. Impressumsangaben über Fremdbezug von Zeitungsteilen **§ 8 LPG**

Bayern, Bremen, Hamburg und Schleswig-Holstein stellen deshalb ausdrücklich darauf ab, ob *wesentliche Teile* des Zeitungsinhalts regelmäßig fertig von dritter Seite bezogen werden. Doch gehen die Ansichten darüber, was „wesentlicher" Zeitungsinhalt ist, naturgemäß auseinander. Sind Anzeigenteil, Sportteil, Tourismus etc wesentlicher Zeitungsinhalt? Um einen objektiven Maßstab zu gewinnen, stellt § 9 Abs 3 von Rheinland-Pfalz darauf ab, ob der *überwiegende* Teil der Anschlusszeitung fertig von dritter Seite übernommen wird. Doch erheben sich auch gegen dieses, rein auf den äußeren Umfang der Zeitung abstellende Kriterium berechtigte Bedenken. Wird nur der umfangreiche Anzeigenteil von dritter Seite bezogen (so zB bei einer Anzeigengemeinschaft) oder nur der ausführliche Sportteil, so erscheint die Offenlegung des Fremdbezugs trotz „überwiegenden" Umfangs sachlich nicht begründet: die Öffentlichkeit will vor allem wissen, wer politisch hinter der Zeitung steht, dh ob sie politisch eine eigene Meinung vertritt oder fremde Auffassungen wiedergibt. Deshalb stellen die Länder Baden-Württemberg, Berlin, Brandenburg, Hessen, Mecklenburg-Vorpommern, Niedersachsen, Nordrhein-Westfalen, Saarland, Sachsen, Sachsen-Anhalt und Thüringen darauf ab, ob es sich beim Fremdbezug um den *redaktionellen Teil* der Zeitung handelt. Auch hier gehen die gesetzlichen Formulierungen auseinander: In Berlin und Hessen kommt die Impressumpflicht des dortigen § 7 Abs 3 dann zum Zug, wenn Anschlusszeitungen regelmäßig *Sachgebiete* oder ganze Seiten des redaktionellen Teils fertig übernehmen. Da fraglich ist, ob der Begriff „Sachgebiet" nicht auch den Anzeigenteil umfasst, beschränken die Länder Baden-Württemberg, Brandenburg, Mecklenburg-Vorpommern, Niedersachsen, Nordrhein-Westfalen, Saarland, Sachsen, Sachsen-Anhalt und Thüringen die Impressumpflicht des § 8 Abs 3 auf die regelmäßige Übernahme fertiger *ganzer Seiten* des redaktionellen Teils.

3. Inhalt der Impressumangaben bei § 8 Abs 3

Was den *Inhalt* der Impressumangaben anlangt, die beim Fremdbezug gemäß § 8 Abs 3 bekannt zu geben sind, so gilt hier Folgendes:

a) Allgemeines

Der § 8 Abs 3 verpflichtet zu einer *zusätzlichen* Impressumangabe – neben den **115** nach § 8 Abs 1 und 2 aufzuführenden Angaben. Eine Zeitung, die fremde Zeitungsteile fertig übernimmt (Anschlusszeitung), muss deshalb in ihrem Impressum hinsichtlich ihres eigenen Teils (meist des lokalen Teils) zunächst nach § 8 Abs 1 und 2 ihren eigenen Drucker, Verleger und verantwortlichen Redakteur bzw den „Verantwortlichen für den Anzeigenteil" angeben. Darüber hinaus muss sie hinsichtlich des übernommenen Teils den fremden *Drucker* benennen, sofern fertig gedruckte Zeitungsteile übernommen werden. Außerdem müssen nach § 8 Abs 3 im Impressum der Anschlusszeitung auch der *verantwortliche Redakteur und der Verleger* des fremdbezogenen Zeitungsteils benannt werden (vgl Rn 116, 117), und zwar gerade hinsichtlich der von dritter Seite übernommenen Zeitungsteile. Denn die erweiterte Impressumpflicht des § 8 Abs 3 ist der übernehmenden Anschlusszeitung auferlegt. Sonach genügt es nicht, wenn die zuliefernde Hauptzeitung in dem zugelieferten Teil die sie betreffenden Angaben in einem eigenen Impressum macht. Auch erfordert es das Prinzip der Klarheit des Impressums, dass die Leserschaft alle einschlägigen Angaben an *einer* Stelle der Zeitung vorfindet (vgl Rn 28).

b) Angabe des (fremden) verantwortlichen Redakteurs

Was den *Inhalt* der Impressumangaben im Rahmen des § 8 Abs 3 betrifft, so gehen **116** hier die einzelnen Landespressegesetze erheblich auseinander. Immerhin verlangen sämtliche das Problem des Fremdbezugs wesentlicher Zeitungsteile regelnden Länder, dass im Impressum der übernehmenden Zeitung zusätzlich Namen und Anschrift des für den fremdbezogenen Teil *verantwortlichen Redakteurs* angegeben wird. Dies ist schon wegen der Abgrenzung der Haftung unerlässlich (vgl Rn 106).

c) Angabe des (fremden) Verlegers

117 Darüber hinaus fordern die Länder Baden-Württemberg, Bayern, Berlin, Brandenburg, Hamburg, Hessen, Mecklenburg-Vorpommern, Nordrhein-Westfalen, Rheinland-Pfalz, Saarland, Sachsen, Schleswig-Holstein und Thüringen mit Recht, dass im Impressum der übernehmenden Zeitung auch der *Verleger* benannt wird, der die fertig bezogenen Teile liefert. LPG Sachsen spricht dabei missverständlich vom verantwortlichen Verleger und Redakteur. Gemeint ist ersichtlich auch hier der Verleger und der verantwortliche Redakteur. Zu Unrecht haben Bremen und Niedersachsen auf das Erfordernis der Nennung auch des Verlegers verzichtet. Gerade die Angabe des zuliefernden Verlages, in der Regel also der Hauptzeitung (Münchner Merkur, Axel Springer Verlag, WAZ ua) gibt einer breiteren Leserschaft Aufschluss darüber, wer hinter der Anschlusszeitung steht. Hinzu kommt das Erfordernis der Abgrenzung der Verlegerhaftung (Rebmann § 8 Rn 38; vgl oben Rn 106).

d) Angabe des fremden Zeitungstitels

118 Im Interesse der Transparenz des bundesdeutschen Pressewesens hatte schon der Modell-Entwurf 1963 empfohlen, in den Anschlusszeitungen, die ihren redaktionellen Teil im Wesentlichen von dritter Seite beziehen, den *Titel* der sie beliefernden Zeitung bekannt zu geben. Nur Baden-Württemberg und, der dortigen Regelung folgend Brandenburg und Mecklenburg-Vorpommern, haben dieser Anregung Folge geleistet. § 8 Abs 3 Satz 2 LPG Baden-Württemberg und Brandenburg bestimmt: „Kopfzeitungen müssen im Impressum auch den Titel der Hauptzeitung angeben." LPG Mecklenburg-Vorpommern, § 7 Abs 3 Satz 2 bestimmt: „Neben- und Unterausgaben einer Hauptzeitung, insbesondere Kopfzeitungen, Bezirks- oder Lokalausgaben, müssen im Impressum auch den Verleger und Titel der Hauptzeitung angeben." Konsequent gehen diese Länder damit im Bemühen, die Leserschaft über die wirklichen Presseverhältnisse aufzuklären, einen Schritt weiter als die anderen Bundesländer. Denn die von der Mehrzahl der Länder geforderte Bekanntgabe des Namens des Verlegers der Hauptzeitung im Impressum der Anschlusszeitung reicht für die notwendige Information der Leserschaft darüber, wer hinter der Zeitung steht, erfahrungsgemäß nicht aus. Während die Namen von Zeitungsverlegern nur den im Pressewesen Erfahrenen etwas besagen, sind Zeitungstitel auch für eine breite Leserschaft als aufklärender Hinweis verständlich.

In welcher *Form* die Kopfzeitung in ihrem Impressum den Titel der Hauptzeitung anführen soll, ist in § 8 Abs 3 Satz 2 LPG Baden-Württemberg und Brandenburg sowie § 7 Abs 3 Satz 2 Mecklenburg-Vorpommern nicht gesagt. Eine „demütigende" Offenlegung des Abhängigkeitsverhältnisses wird man nicht fordern dürfen wie etwa „Kopfzeitung" oder „Nebenausgabe" der „Rhein-Zeitung". Es wird die Angabe genügen müssen „im Redaktionsverbund mit der Rhein-Zeitung". Demgegenüber fordert der „Arbeitskreis Pressefreiheit" in seinem Reformvorschlag (vgl ZV 1969 S 1488) eine Erweiterung der gesetzlichen Impressumpflicht dahingehend, dass Kopfzeitungen stets den *Titel* der Hauptzeitung unterhalb des lokalen Titelkopfes aufführen.

4. Übersicht über die (divergierenden) landespresserechtlichen Regelungen

119 Wie sich aus dem Vorstehenden ergibt, ist die in § 8 Abs 3 normierte Pflicht, die Übernahme fremder Zeitungsteile im Impressum der übernehmenden Zeitung bekannt zu geben, in den Landespressegesetzen in unterschiedlicher Form geregelt. Deshalb wird nachstehend eine kurze Übersicht über besonders divergierende *landespresserechtliche Regelungen* gegeben:

120 a) Baden-Württemberg (§ 8 Abs 3). Voraussetzung ist die regelmäßige Übernahme ganzer fertiger Seiten des redaktionellen Teils. Das Impressum hat zusätzlich den verantwortlichen Redakteur und den Verleger der zuliefernden Hauptzeitung zu benennen, bei Kopfzeitungen ist im Impressum der Titel der Hauptzeitung anzuführen.

X. Offenlegung der Inhaber- und Beteiligungsverhältnisse § 8 LPG

b) Bayern (Art 8 Abs 4) stellt auf die regelmäßige Übernahme fertiger wesentlicher Teile ab, schließt also außer dem redaktionellen Teil andere Zeitungsteile, wie zB den Anzeigenteil, ein. Zusätzlich zu benennen sind der verantwortliche Redakteur und der Verleger der Hauptzeitung. **121**

c) Berlin (§ 7 Abs 3) erweitert den Fall der regelmäßigen Übernahme fertiger ganzer Seiten des redaktionellen Teils um den Fall des regelmäßigen Fremdbezuges von „Sachgebieten". Zu benennen sind verantwortlicher Redakteur und Verleger. **122**

d) Brandenburg hat dieselbe Regelung wie Baden-Württemberg. **123**

e) Bremen hat dieselbe Regelung wie Bayern ohne die Pflicht zur Benennung des Verlegers der Hauptzeitung. **124**

f) Hamburg hat dieselbe Regelung wie Bayern. **125**

g) In Hessen gilt dieselbe Regelung wie in Berlin. **126**

h) Mecklenburg-Vorpommern hat im Wesentlichen dieselbe Regelung wie Baden-Württemberg. Neben- und Unterausgaben einer Hauptzeitung, insbesondere Kopfzeitungen, Bezirks- oder Lokalausgaben müssen im Impressum sowohl den Verleger als auch den Titel der Hauptzeitung angeben. **127**

i) In Niedersachsen (§ 8 Abs 3) gelten für den zusätzlichen Impressumhinweis die gleichen Voraussetzungen wie in Baden-Württemberg ohne die Pflicht zur Benennung des Verlegers und des Titels der zuliefernden Hauptzeitung. **128**

k) In Nordrhein-Westfalen (§ 8 Abs 3) gelten für den zusätzlichen Impressumhinweis die gleichen Bestimmungen wie in Mecklenburg-Vorpommern, jedoch ohne Verpflichtung zur Nennung des Titels der Hauptzeitung. **129**

l) Rheinland-Pfalz (§ 9 Abs 3) stellt darauf ab, ob überwiegende Teile der Anschlusszeitung fertig von dritter Seite bezogen werden (Näheres s Rn 114). Zwar fehlt der Regelung von Rheinland-Pfalz der Hinweis auf die Regelmäßigkeit des Fremdbezugs. Doch ergibt sich dieses Erfordernis bei sinnvoller Auslegung der Bestimmung aus allgemeinen Grundsätzen. Zu benennen sind verantwortlicher Redakteur und Verleger. **130**

m) Im Saarland (§ 8 Abs 3) gelten für die zusätzlichen Impressumangabe dieselben Grundsätze wie in Baden-Württemberg ohne die Pflicht zur Nennung des Titels der Hauptzeitung. **131**

n) In Sachsen (§ 6 Abs 3) gelten für die zusätzlichen Impressumangaben die gleichen Voraussetzungen wie in Baden-Württemberg. Die Übernahme ist als solche im Impressum kenntlich zu machen. Weiter ist „unter zusätzlicher Angabe von Name oder Firma und Anschrift" der Verleger und verantwortliche Redakteur der zuliefernden Hauptzeitung zu benennen, wobei missverständlich vom verantwortlichen Verleger und Redakteur anstatt vom Verleger und verantwortlichen Redakteur die Rede ist. **132**

o) Sachsen-Anhalt hat dieselbe Regelung wie Niedersachsen. **133**

p) In Schleswig-Holstein gilt eine entsprechende Regelung wie in Bayern. **134**

q) Thüringen hat in sprachlich geringfügig abweichender Form dieselbe Regelung wie das Saarland. **135**

X. Offenlegung der Inhaber- und Beteiligungsverhältnisse der periodischen Presse

1. Offenlegung im öffentlichen Interesse

Angesichts der immer stärkeren wirtschaftlichen Verflechtung und Konzentration der bundesdeutschen Presse reichen die üblichen Impressumangaben des § 8 LPG nicht aus, um die für eine freie demokratische Meinungsbildung unerlässliche *Transparenz* des Pressewesens zu gewährleisten. Die personelle und wirtschaftliche Verflechtung der häufig in der Form einer GmbH geführten einflussreichen Großverlage ist für die Öffentlichkeit schwer zu durchschauen. Die traditionelle Impressumpflicht **136** des § 8 ist in dieser Hinsicht ein wenig geeignetes Instrument. Deshalb wird seit dem Ende des 2. Weltkriegs von vielen Seiten nachdrücklich die Einführung einer gesetzlichen Pflicht der Presse zur Offenlegung der Inhaber- und Beteiligungsverhältnisse an Zeitungs- und Zeitschriftenverlagen gefordert. In diesem berechtigten Verlangen sind sich nicht nur alle politischen Parteien einig (vgl „Der Journalist" 1973 S 56ff., 64), sondern auch der Deutsche Presserat (ZV 1970 S 2718) und der Deutsche Journalistenverband (vgl „Der Journalist" 1968 Nr 11). Um die Machtkonzentration im Pressewesen sichtbar zu machen, schlug die von der Bundesregierung eingesetzte Pressekommission (sog Güntherkommission) 1969 vor, in allen Landespressegesetzen eine der bayerischen Offenlegungspflicht entsprechende Regelung einzuführen (vgl Bundestagsdrucksache V/3856 vom 20.2.1969 S 11, 12).

Eine von der „Ständigen Konferenz der Innenminister der Länder" eingesetzter Unterausschuss arbeitete 1970 einen Entwurf (§§ 8a und 8b) für eine Offenlegungspflicht in allen Bundesländern aus (ZV 1970 S 1426). Auch die Presserechtswissenschaft befasst sich intensiv und befürwortend mit dem Problem der Offenlegung (Mallmann JZ 1966, 632; Ingo v Münch AfP 1969, 845; Studienkreis für Presserecht und Pressefreiheit in NJW 1969, 784). Doch fand bisher weder die Offenlegung der Beteiligungsverhältnisse noch die gleichfalls vorgeschlagene Nennung der *durchschnittlichen Auflagenhöhe* im Impressum (vgl Ständige Konferenz der Innenminister der Länder in ZV 1970 S 1426) die Gegenliebe der betroffenen Verlage. So kam es vor der Wende nur in den Landespressegesetzen von Bayern (Art 8 Abs 3) und Hessen (§ 5) zur Normierung einer gesetzlichen Verpflichtung für die in diesen beiden Ländern erscheinende periodische Presse, die Inhaber- und Beteiligungsverhältnisse in regelmäßigen zeitlichen Abständen öffentlich bekannt zu geben (vgl Rn 144ff.; ZV 1982 S 372). Die Pressegesetze der neuen Länder sehen hingegen in unterschiedlicher Fassung eine Offenlegungspflicht vor. Zwischenzeitlich ist auch in weiteren alten Bundesländern die Offenlegungspflicht gesetzlich normiert. In Berlin wurde bereits durch Gesetz vom 4.12.2002 in das Berliner Pressegesetz § 7a eingefügt, der dem Verleger eines periodischen Druckwerks eine sehr weitgehende und detaillierte Verpflichtung auferlegt, die Inhaber und Beteiligungsverhältnisse seines Verlages regelmäßig offen zu legen. In Schleswig-Holstein ist im Jahr 2005 eine Änderung des Landespressegesetzes erfolgt. Durch den neu eingefügten § 7 Abs 4 wurde in das Landespressegesetz die Verpflichtung aufgenommen, die Inhaber und Beteiligungsverhältnisse eines periodischen Druckwerks in diesem Druckwerk selbst offen zu legen. Auch in Rheinland-Pfalz wurde durch das Landesmediengesetz vom 4. Februar 2005 die Verpflichtung des Verlegers eines periodischen Druckwerks normiert, offen zu legen, wer an der Finanzierung des Unternehmens wirtschaftlich beteiligt ist (§ 9 Abs 4 LMG Rheinland-Pfalz).

2. Die pressegeschichtliche Entwicklung

137 In den ersten Jahren, die auf den Zusammenbruch der nationalsozialistischen Gewaltherrschaft folgten, war die Überzeugung von der notwendigen Transparenz einer demokratischen Presse so allgemein, dass die Pflicht zur Offenlegung der Inhaber- und Beteiligungsverhältnisse im Pressewesen in zahlreichen Ländern gesetzlich verankert wurde. Solche Regelungen wurden 1948/1949 von der Mehrzahl der Länder getroffen, und zwar von *Bayern* (§ 8 des Pressegesetzes vom 3.10.1949), *Nordwürttemberg-Nordbaden* (§ 9 des Pressegesetzes vom 1.4.1949), *Hessen* (§ 5 des Pressegesetzes vom 23.6.1949), *Bremen* (§ 8 des Pressegesetzes vom 20.12.1948), *Hamburg* (§ 7 des Pressegesetzes vom 3.10.1949), *Nordrhein-Westfalen* (§ 2 des Pressegesetzes vom 17.11.1949 in Verbindung mit einer DVO vom 5.12.1949) und *Schleswig-Holstein* (§ 3 des Pressegesetzes vom 27.9.1949).

Umso überraschender war es, dass der von den Ländern in den Jahren 1959 bis 1963 erarbeitete *Modell-Entwurf* eines modernen Landespressegesetzes weder in seiner 1. Fassung (1960) noch in der 2. Fassung (1963) eine Pflicht der Presse zur Offen-

X. Offenlegung der Inhaber- und Beteiligungsverhältnisse   § 8 LPG

legung ihrer Inhaber- und Beteiligungsverhältnisse vorsah. Denn eine solche Regelung war gerade in dem vom *Deutschen Presserat* erarbeiteten und den Länder-Beratungen zugrundeliegenden Leitsatzkatalog vom 3.10.1959 (ZV 1959 S 1086/87) ausdrücklich gefordert worden. Dort hieß es, dass die Pressefreiheit nach Maßgabe folgender Gesichtspunkte zu sichern sei:

„1. ...
8. durch die Verpflichtung der Presseverlage, zur Stärkung ihrer Unabhängigkeit periodisch (in Jahres- oder Halbjahresabstand) die gesellschaftsrechtlichen Inhaber- und Beteiligungsverhältnisse offen zu legen".

Das Bedauern über die stillschweigende Aufgabe dieser wichtigen Regelung wird noch größer beim Gedanken, dass sich gerade in den sechziger Jahren der Beginn einer immer stärker um sich greifenden Pressekonzentration abzeichnete und sich die Offenlegung der Inhaber- und Beteiligungsverhältnisse im Pressewesen als geeignetes Instrument anbot, diese bedenkliche Entwicklung aufzuhalten. Der damalige Einwand der Länderbürokratie: die Offenlegung der Beteiligungsverhältnisse sei mit Verwaltungsaufwand verbunden, auch könne sie leicht durch Strohmänner umgangen werden, geht fehl (vgl Stellungnahme des Hamburger Senats Nr 322 vom 17.12. 1963, zitiert von Rehbinder S 39/40). Nach den Grundsätzen unseres Verfassungsrechts berechtigt der (im konkreten Fall geringe) Verwaltungsaufwand nicht zur Außerachtlassung demokratischer Prinzipien. Demokratie ist naturgemäß mit Aufwand verbunden. Mit Strohmännern das Publikum irrezuführen, können sich Presseverlage, die im Scheinwerferlicht der Öffentlichkeit und in hartem Konkurrenzkampf stehen, ohnehin nicht leisten.

3. Rechtliche Bedenken unbegründet

Rechtliche Bedenken gegen die landesrechtliche Normierung einer solchen Offenlegungspflicht bestehen nicht. Solange der Bund von seiner ihm nach Art 75 Ziff 2 GG zustehenden Rahmenkompetenz keinen Gebrauch gemacht hat, steht die Gesetzgebungsbefugnis den Ländern zu. Weder unter dem Gesichtspunkt der individuellen noch der institutionellen Pressefreiheit (Art 5 GG) noch unter dem Gesichtspunkt der allgemeinen Handlungsfreiheit (Art 2 GG) lassen sich stichhaltige Einwendungen herleiten. Wie aus Sinn und Wortlaut des Art 5 Abs 2 GG klar hervorgeht, verbietet die Verfassung nur gesetzliche Regelungen, die die Pressefreiheit einschränken, nicht aber Regelungen, die dem Schutz der Pressefreiheit und ihrer Voraussetzung, der Pressevielfalt, dienen. Auch das Übermaßverbot (BVerfGE 10, 59; 18, 131) greift nicht durch, da der Umfang der Offenlegungspflicht dem Ausmaß der wirtschaftlichen Verflechtung im Pressewesen entspricht (vgl Ingo von Münch auf der 25. Arbeitstagung des Studienkreises für Presserecht und Pressefreiheit in DÖV 1969 S 495). Ob allerdings mit Blick auf Art 5 GG eine *Pflicht des Landes-Gesetzgebers* zum Erlass einer solchen pressespezifischen Offenlegungsregelung besteht, wie Ridder annimmt (vgl DÖV 1969, 495), erscheint fraglich (kritisch auch Mallmann JZ 1966, 632).

138

4. Die Offenlegungspflicht in *Bayern* (Art 8 Abs 3 LPG)

a) Die Pflicht zur Offenlegung der Inhaber- und Beteiligungsverhältnisse ist in Bayern in Art 8 Abs 3 LPG geregelt, ergänzt durch die Bestimmungen der Durchführungsverordnung vom 7.2.1950 (BayRS 2250-1-1-I). Danach erfasst die Offenlegungspflicht nicht die gesamte periodische Presse, sondern nur die *Zeitungs- und Zeitschriftenverlage*. Im Impressum der ersten Ausgabe jedes Kalenderhalbjahres haben die *Zeitungsverlage* ihre Inhaber- und Beteiligungsverhältnisse bekannt zu geben, sonach *halbjährlich* (Art 8 Abs 3 Ziff 1). Die gleiche Verpflichtung besteht für *Zeitschriften*, soweit sie wöchentlich erscheinen, somit vor allem für die wöchentlichen Illustrierten. Bei allen anderen Zeitschriften gilt statt der halbjährlichen die jährliche

139

LPG § 8

Bekanntgabepflicht („in dem Impressum der ersten Ausgabe jedes Kalenderjahres", Art 8 Abs 3 Ziff 2). Soweit in den Inhaber- und Beteiligungsverhältnissen *Änderungen* eintreten, etwa durch Todesfall, sind sie „unverzüglich im Impressum zu veröffentlichen".

140 b) Der *Inhalt* („Mindest-Inhalt", Art 8 Abs 3) der Bekanntgabe wird in § 1 der Durchführungsverordnung (DVO) näher bestimmt. Von allen am Verlag Beteiligten sind stets Name (einschließlich Vornamen), Beruf und Wohnort anzugeben. Dies gilt für den Alleininhaber eines Zeitungs- oder Zeitschriftenverlages ebenso wie für etwaige stille Gesellschafter, Treuhänder/Treugeber wie auch für die Gesellschafter einer OHG und einer Kommanditgesellschaft einschließlich der Kommanditisten (vgl § 1 Abs 1a) bis c) und Abs 2 DVO). Bei einer *GmbH* umfasst die Benennung (Namen mit Vornamen, Beruf und Wohnort) alle Gesellschafter, deren Stammeinlage mehr als 5 % des Stammkapitals beträgt; zugleich ist die Höhe der geleisteten Stammeinlage bruchteilmäßig anzugeben (§ 1 Abs 1f) DVO). Bei der *Aktiengesellschaft* sind alle Aktionäre anzugeben, deren Kapitalbeteiligung mehr als 25 % beträgt, zugleich aber auch die Mitglieder des Aufsichtsrats unter Benennung des Vorsitzenden (§ 1 Abs 1d) DVO). Die gleiche Regelung gilt für die Kommanditgesellschaft auf Aktien, bei der auch die persönlich haftenden Gesellschafter zu benennen sind (§ 1 Abs 1e) DVO). Bei *Genossenschaften* genügt die Benennung der Mitglieder des Vorstands sowie des Aufsichtsrats unter Benennung seines Vorsitzenden (§ 1 Abs 1g) DVO).

141 c) Ist an einer zur Offenlegung verpflichteten Verlagsgesellschaft eine *andere Gesellschaft* zu mehr als einem Viertel beteiligt, so sind über die beteiligte Gesellschaft die gleichen Einzelangaben zu machen wie über die Verlagsgesellschaft selbst (§ 1 Abs 3 DVO). Sofern Beteiligungen im Sinne von § 1 Absätze 1 bis 3 DVO von *politischen Parteien oder Wählergruppen* gehalten werden, ist auch hierauf unter bruchteilsmäßiger Angabe der Höhe der Beteiligung hinzuweisen (§ 1 Abs 4 DVO). Die Bezeichnung des *Berufs* (zB Direktor) muss – bei Bestehen eines Dienstverhältnisses – den Dienstherrn erkennen lassen. Bei zu benennenden Personen, die zugleich Inhaber oder Mitinhaber anderer wirtschaftlicher Unternehmungen sind, müssen diese Unternehmungen mit den Angaben über den Beruf genannt werden (§ 1 Abs 5 DVO).

142 d) Die bayerische Regelung kann zwar im Einzelfall zu einer etwas umständlichen Bekanntgabe führen, zeichnet sich aber durch Exaktheit, Klarheit und Erfassung des Wesentlichen aus. Wichtig ist, dass in Bayern nach Art 17 BayPrG die Offenlegungspflicht sinngemäß auch für *Nachrichtenagenturen,* Pressebüros und ähnliche Unternehmen gilt, die an publizistischer Bedeutung den Zeitungs- und Zeitschriftenverlagen kaum nachstehen (vgl § 7 LPG Rn 41 ff.; DÖV 1969, 496 Sp 2 am Ende).

5. Die Offenlegungspflicht in *Hessen* (§ 5)

143 a) Eine ähnlich detailreiche Regelung wie in Bayern findet sich in § 5 LPG Hessen. Nach § 5 Abs 2 des hessischen LPG müssen die Verleger aller periodischen Druckwerke in regelmäßigen Zeitabständen im Impressum Art und Umfang der Inhaber- und Beteiligungsverhältnisse des Verlages offen legen. Bei *Tageszeitungen* hat diese Angabe *vierteljährlich* zu erfolgen (in der ersten Ausgabe jedes Kalenderviertel-jahres), bei Wochenzeitungen, Zeitschriften und sonstigen periodischen Druckwerken jährlich (in der ersten Ausgabe jedes Kalenderjahres). Sofern ein Verlag, der Zeitungen, Zeitschriften oder sonstige periodische Druckwerke publiziert, in Form einer *Aktiengesellschaft* oder Kommanditgesellschaft auf Aktien geführt wird, müssen nach § 5 Abs 1 die Aktien auf den Namen des Aktienbesitzers lauten, so dass jederzeit festgestellt werden kann, wem das Aktienkapital gehört.

b) Da nach hessischer Offenlegungspflicht in der früheren Fassung des § 5 Abs 2 LPG jeder anzugeben war, der „an der Finanzierung des Unternehmens wirtschaftlich beteiligt ist", hätte man dies dahin gehend verstehen können, dass auch jeder Kreditgeber, insb die *Geschäftsbank* eines Zeitungsverlags, auf Grund des laufenden Kundenkredits vierteljährlich zu benennen sei. Dies war schon bisher nach zutreffen-

X. Offenlegung der Inhaber- und Beteiligungsverhältnisse § 8 LPG

der Auffassung abzulehnen (siehe Vorauflage), zumal ansonsten das Publikum allzu leicht den Eindruck bekommen könnte, das Presseunternehmen befinde sich in wirtschaftlichen Schwierigkeiten (vgl auch DÖV 1969, 496 Sp 2). Anders wäre es bei der regulären Beteiligung einer Bank an einem Verlagsunternehmen, etwa bei einer Handels- oder Börsenzeitung. Das Problem hat sich zwischenzeitlich erledigt, da die missverständliche Formulierung in der aktuellen Fassung des § 5 LPG nicht mehr verwendet wird.

c) Weitere Einzelheiten zu Art und Umfang der Offenlegungspflicht sind im Detail in § 5 Abs 3 (Mindestangaben), Abs 4 (stille Beteiligungen und Treuhandschaften), Abs 5 (Beteiligung einer anderen Gesellschaft oder Stiftung an dem Verlag), Abs 6 (Mitteilungs-/Mitwirkungspflichten der Beteiligten gegenüber dem Verleger) sowie in Abs 7 (Sonderregelungen zu Mitteilungs- und Offenlegungspflichten im Falle der Beteiligung von politischen Parteien an dem Verlag) geregelt.

6. Die Offenlegungspflicht in *Berlin* (§ 7a)

Durch Gesetz vom 4.12.2002 wurde auch in Berlin durch den neu in das dortige **144** Pressegesetz eingefügten § 7a die Verpflichtung zur Offenlegung der Inhaber und Beteiligungsverhältnisse im Impressum gesetzlich normiert. Der Offenlegungspflicht unterliegen Verleger periodischer Druckwerke. Die Offenlegungspflicht ist sehr weitgehend. Anzugeben sind nicht nur die Inhaber- und Beteiligungsverhältnisse des Verlages, sondern auch seine Rechtsbeziehungen zu mit ihm verbundenen Presse- und Rundfunkunternehmen (§ 15 des Aktiengesetzes) sowie stille Beteiligungen und Anteilstreuhandschaften (§ 7a Abs 1 und Abs 3). Die Angaben haben bei täglich oder wöchentlich erscheinenden Druckwerken, im Impressum der ersten Ausgabe jedes Kalenderhalbjahres zu erfolgen, bei anderen periodischen Druckwerken im Impressum der ersten Ausgabe jedes Kalenderjahres. Änderungen der Inhaber und Beteiligungsverhältnisse sind unverzüglich bekannt zu geben (§ 7a Abs 1). Im Übrigen entspricht die Regelung des Mindestinhalts der Offenlegung in § 7a Abs 2 sowie die Regelung in Abs 4 (Beteiligung einer anderen Gesellschaft) und Abs 5 (Bezeichnung des Berufs) im Wesentlichen der Regelung in Bayern (vgl Rn 139 ff.).

7. Die Offenlegungspflicht in *Rheinland-Pfalz* (§ 9 Abs 4)

Durch das Landesmediengesetz (LMG) vom 4. Februar 2005 wurde für Rhein- **145** land-Pfalz in § 9 Abs 4 für periodische Druckwerke die Verpflichtung zur Offenlegung der Beteiligungsverhältnisse normiert. Wirtschaftlich beteiligt im Sinne dieser Vorschrift ist, wer mit mehr als 5 v. H. am Kapital beteiligt ist oder über mehr als 5 vH der Stimmrechte verfügt. Die Wiedergabe der aus dem Handelsregister und aus den zum Handelsregister eingereichten Schriftstücken zu entnehmenden Beteiligungsverhältnisse ist ausreichend.

8. Offenlegungspflicht in *Schleswig-Holstein* (§ 7 Abs 4)

Auch Schleswig-Holstein hat durch die Neubekanntmachung des Gesetzes über **146** die Presse vom 31.1.2005 (GVOBl SH S 105) die Pflicht zur Offenlegung der Beteiligungsverhältnisse eingeführt. Nach der Regelung in § 7 Abs 4 muss der Verleger eines periodischen Druckwerks in regelmäßigen Zeitabschnitten im Druckwerk offen legen, wer an der Finanzierung des Unternehmens wirtschaftlich beteiligt ist. Hierfür ist die Wiedergabe der im Handelsregister eingetragenen Beteiligungsverhältnisse ausreichend.

9. Die Offenlegungspflicht in den neuen Bundesländern

a) In den neuen Bundesländern findet sich die weitestgehende Offenlegungspflicht **147** im LPG *Brandenburg*, in dem § 9 die Offenlegung der Inhaber- und Beteiligungsverhältnisse regelt. Die Bekanntgabe erfolgt bei täglich oder wöchentlich erscheinenden

Druckwerken im Impressum der ersten Ausgabe jedes Kalenderhalbjahres, bei anderen periodischen Druckwerken im Impressum der ersten Ausgabe eines Kalenderjahres.

Anzugeben sind die Inhaber- und Beteiligungsverhältnisse des Verlages und zwar Namen und Anschriften, sowie Art und Höhe der Beteiligung der Inhaber, der persönlich haftenden Gesellschafter, der geschäftsführenden Gesellschafter und Kommanditisten. Namen und Anschriften, sowie Art und Höhe der Beteiligung der Anteilseigner – zB der nicht geschäftsführenden Gesellschafter einer GmbH und der Aktionäre – sind nur anzugeben, soweit die Anteilseigner eine Kapitalbeteiligung von mehr als 20% halten. Die Angaben für stille Gesellschafter müssen gemacht werden, sofern ihnen der Gesellschaftsvertrag Geschäftsführungsbefugnisse oder erweiterte Kontrollrechte einräumt. Bei Genossenschaften sind die Mitglieder des Vorstandes und der Vorsitzende des Aufsichtsrats zu nennen.

Weiter sind bekannt zu geben die Namen der weiteren Zeitungen, Zeitschriften und Rundfunkunternehmen, die der Verlag, sein Inhaber oder die am Verlag wie oben umschriebenen Beteiligten herausgeben bzw an denen sie beteiligt sind.

Schließlich fordert das Brandenburgische Pressegesetz auch die Offenlegung der Rechtsbeziehungen zu mit dem Verlag verbundenen Presse- und Rundfunkunternehmen, wobei das Wort „verbunden" sich auf die Vorschrift des § 15 Aktiengesetz bezieht. Danach sind verbundene Unternehmen rechtlich selbstständige Unternehmen, die im Verhältnis zueinander im Mehrheitsbesitz stehende Unternehmen, mit Mehrheit beteiligte Unternehmen, abhängige und herrschende Unternehmen, Konzernunternehmen oder wechselseitig beteiligte Unternehmen sind. Dazu gehören auch Vertragsteile eines Unternehmensvertrages, wie etwa eines Gewinnabführungs- oder Beherrschungsvertrags. Wenn es anschließend heißt, „dies gilt insb für die Überlassung der damit verbundenen Rechte", dann dürfte sich diese Klausel insbesondere auf die Vertragsteile eines Unternehmensvertrages beziehen.

Die Offenbarungspflicht nach § 9 LPG Brandenburg ist außerordentlich weitreichend und geht ebenso wie zB in § 7a LPG Berlin weit über die Offenlegung der Inhaber- und Beteiligungsverhältnisse an dem Verlag selbst hinaus. Zu offenbaren sind nicht nur die Inhaber und Beteiligten, sondern auch diejenigen Presse- und Rundfunkunternehmen, die gesellschaftlich oder vertraglich mit dem Verlag verbunden sind und zwar unter Darlegung der bestehenden Rechtsbeziehungen. Anzugeben sind zB Unternehmen, an denen der Verlag oder der Verleger beteiligt ist oder die ihm Rechte überlassen haben oder denen er Rechte überlassen hat, was immer damit gemeint sein soll. Weiterhin sind anzugeben die Namen der Zeitungen, Zeitschriften und Rundfunkunternehmen, die der Verlag und/oder die im Impressum zu benennenden Personen oder Unternehmen herausgeben oder an denen sie auch nicht beteiligt sind. Anzugeben sind demzufolge etwa Zeitungen, an denen zB ein Aktionär mit mehr als 20% Beteiligung am Verlag, ein stiller Gesellschafter mit Geschäftsführungsbefugnis oder ein Kommanditist oder Mitglied des Vorstandes einer beteiligten Genossenschaft in welcher Form und Höhe auch immer beteiligt ist. Diese Angaben zu machen, dürfte manchem Verlag schwer fallen, zumal er über die Beteiligungen seiner Mitinhaber an anderen Unternehmen keineswegs informiert sein muss. Noch im Entwurf eines Brandenburgischen Pressegesetzes in der Kabinettsvorlage war lediglich die Offenlegung der Inhaber- und Beteiligungsverhältnisse nach dem Vorbild von Bayern und Hessen vorgesehen.

148 b) *Mecklenburg-Vorpommern* sieht in § 7 Abs 4 eine Pflicht zur Offenlegung, wer an der Finanzierung des Unternehmens wirtschaftlich beteiligt ist, vor. Die Angaben müssen bei Tageszeitungen jeweils in der ersten Nummer jedes Kalendervierteljahres, bei anderen periodischen Druckwerken in der ersten Nummer jedes Kalenderjahres gemacht werden. Es genügt die Wiedergabe der im Handelsregister eingetragenen Beteiligungsverhältnisse.

149 c) *Sachsen* verpflichtet in § 8 den Verleger, die Inhaber- und Beteiligungsverhältnisse „sowie seine Rechtsbeziehungen zu mit ihm verbundenen Unternehmen" offenzule-

X. Offenlegung der Inhaber- und Beteiligungsverhältnisse § 8 LPG

gen. Die Angaben müssen im Impressum der ersten Ausgabe jedes Kalenderjahres gemacht werden, im Falle von Tageszeitungen im Impressum der ersten Ausgabe jedes Kalenderhalbjahres. Änderungen sind unverzüglich im Impressum anzuzeigen Die Regelung erscheint unklar. Ob die Inhaber- und Beteiligungsverhältnisse in der detaillierten Form anzugeben sind, wie dies Brandenburg fordert, oder ob – wie in Mecklenburg-Vorpommern – die Wiedergabe der im Handelsregister eingetragenen Beteiligungsverhältnisse ausreicht, wird gegebenenfalls von der Rechtsprechung zu klären sein. Unklar ist vor allem das Erfordernis, die Rechtsbeziehungen zu mit dem Verleger verbundenen Unternehmen offen zu legen. Diese Formulierung deutet darauf hin, dass ähnliche weitgehende Offenlegungspflichten wie in Brandenburg gemeint sind, dh dass über alle verbundenen Unternehmen im Sinne des § 15 Aktiengesetz und über die vertraglichen Beziehungen mit diesen Unternehmen, insb die Überlassung von Rechten, im Impressum berichtet werden muss.

d) Eine ebenfalls weitgehende, ähnlich wie in Brandenburg gefasste Offenlegungspflicht sieht § 8 des LPG in *Thüringen* vor. Die Angaben sind bei Tageszeitungen in der ersten Nummer jedes Kalendervierteljahres, bei anderen periodischen Druckschriften in der ersten Nummer jedes Kalenderjahres zu machen. Änderungen sind unverzüglich bekannt zu geben. Offenzulegen sind einmal die Eigentumsverhältnisse, zum zweiten die Rechtsbeziehungen zu den mit dem Verlag verbundenen Unternehmen im Sinne des § 15 Aktiengesetz, wobei es auch in Thüringen heißt: „Dies gilt insbesondere für die Überlassung der damit verbundenen Rechte". Bei der Offenlegung sind mindestens anzugeben der Inhaber, alle persönlich haftenden Gesellschafter und alle geschäftsführenden Gesellschafter. Im Gegensatz zu Brandenburg müssen nicht angegeben werden die Kommanditisten, die Anteilseigner mit einer bestimmten Kapitalbeteiligung und die stillen Gesellschafter, nicht die Namen der Zeitungen, Zeitschriften, an denen sie beteiligt sind, ferner nicht Rundfunkunternehmen, an denen die Inhaber oder Beteiligten des Verlages beteiligt sind. Im Übrigen geht die Offenlegungspflicht aber ähnlich weit wie in Brandenburg. Sie umfasst zB ua die Angabe der weiteren Zeitungen und Zeitschriften, die der Verlag, seine Inhaber oder seine Beteiligten herausgeben, wobei allerdings im Unterschied zu Brandenburg nicht ausdrücklich verlangt wird, dass deren „Namen" angegeben werden müssen. 150

e) Mittlerweile hat auch *Sachsen-Anhalt* in § 7a LPG eine Pflicht zur Offenlegung normiert, die vom Umfang jener in Thüringen ähnelt.

10. Publizitäts-/Statistikgrenze

a) Bis in das Jahr 1996 wurde auf der Grundlage des Gesetzes über eine Pressestatistik vom 1.4.1975 (BGBl I, S 777) eine Pressestatistik geführt, die es ermöglichen sollte, ein verlässliches Bild der wirtschaftlichen Entwicklung der Presse zu gewinnen. Aus Kostengründen wurde das Gesetz über eine Pressestatistik jedoch im Jahr 1997 aufgehoben (BGBl Teil 1 S 3159). Da die Fragen der Medien- und Pressekonzentration hoch sensible gesellschaftspolitische und demokratische Dimensionen enthalten und die Sicherstellung eines hinreichenden Wettbewerbs unabdingbar für die Sicherung der Meinungsvielfalt ist, wird vielfach gefordert, die abgeschaffte Pressestatistik wieder einzuführen. 151

b) Auf *Großverlage,* für die mindestens zwei der drei nachstehend aufgeführten Merkmale zutreffen, findet das sog *Publizitätsgesetz* vom 15.8.1969 (BGBl I S 1189, BER 1970 I S 1113) Anwendung: Die Bilanzsumme übersteigt 65 Millionen Euro, der Jahresumsatz übersteigt 130 Millionen Euro, das Unternehmen hat durchschnittlich mehr als 5000 Arbeitnehmer beschäftigt.

Diese Großverlage haben gemäß § 9 PublG einen Jahresabschluss und den Lagebericht in sinngemäßer Anwendung des § 325 Abs 1, 2, 2a, 2b, 4 bis 6 und § 328 des Handelsgesetzbuches offen zu legen. Nach § 325 Abs 2 HGB ist der Jahresabschluss im *Bundesanzeiger* bekannt zu machen. Den Einwand eines Großverlags, das Publizi-

LPG § 8

tätsgesetz verstoße gegen die durch Art 5 GG garantierte *Pressefreiheit* hat das OLG Hamburg (AfP 1980, 155 mit kritischer Anmerkung von Mayer-Maly) verworfen und die Verfassungsmäßigkeit des Gesetzes auch hinsichtlich des Pressebereichs bestätigt; das öffentliche Interesse am Einblick in (publizistische) Machtverhältnisse geht nach Auffassung des OLG Hamburg einer möglichen (geringen) Beeinträchtigung der Pressefreiheit vor.

XI. Verletzung der Impressumpflichten

1. Übersicht über die einzelnen Pflichten

152   Bei der Bedeutung, die der Staat dem Impressum als dem wirkungsvollen Gegenmittel gegenüber der gefährlichen Anonymität der „Großmacht Presse" beimisst (vgl Rn 2), ist verständlich, dass die Verletzung der Impressum- bzw Offenlegungspflichten mit zum Teil recht erheblichen Strafen bedroht ist (in Hessen bis zu zwei Jahren Freiheitsstrafe für falsche Angaben über die Inhaberverhältnisse bei der Offenlegung, vgl § 13 Abs 1). Je nach ihrer Schwere werden Verletzungen der Impressumpflicht teils als strafbare Vergehen, teils als bloße Ordnungswidrigkeiten geahndet.

2. Impressumverstöße als Presse-Ordnungsdelikte

153   Ein *strafbares Vergehen* im Sinne einer kriminellen Handlung, auch als Presseordnungs-Delikt bezeichnet, liegt zB in folgenden Fällen vor:
a) Nach § 21 Nr 3 LPG (Bayern Art 13 Nr 4, Berlin § 20 Nr 3, Bremen § 21 Nr 3, Hamburg § 20 Nr 3, Hessen § 13 Abs 2, Mecklenburg-Vorpommern § 20 Nr 3, Niedersachsen § 21 Nr 3, Nordrhein-Westfalen § 22 Nr 3, Rheinland-Pfalz § 35 Abs 1 Nr 3, Saarland § 63 Abs 2 Nr 3, Sachsen-Anhalt § 13 Nr 3, Schleswig-Holstein § 15 Nr 3) ist eine Straftat dann gegeben, wenn bei einem Druckwerk strafbaren Inhalts (zB Beleidigung, Volksverhetzung etc) vorsätzlich den Vorschriften über das Impressum zuwidergehandelt wird. Hier liegt eine doppelte Erschwernis vor: die vorsätzliche Begehung und der strafbare Inhalt des Druckwerks. Es ist der Sinn des Impressums, dass gerade bei strafbarem Inhalt der Druckschrift durch eindeutige und zutreffende Angaben im Impressum der Täter haftbar gemacht werden kann. In den Ländern Brandenburg (§ 15 Abs 1 Nr 3), Sachsen (§ 13 Abs 1 Nr 3) und Thüringen (§ 13 Abs 1 Nr 3) wird die Verletzung der Impressumspflicht nur als Ordnungswidrigkeit geahndet.

154   b) Eines strafbaren Vergehens macht sich außerdem schuldig, wer bei der *Offenlegung* der Inhaber- und Beteiligungsverhältnisse „*wissentlich* falsche Angaben macht" (Bayern Art 13 Nr 5, Hessen § 13 Abs 1 sowie Mecklenburg-Vorpommern § 20 Ziff 3 iVm § 7 Abs 4 bei strafbarem Inhalt des Druckwerks).

155   Die Verletzung der Offenlegungspflicht ist in Berlin (§ 21 Abs 1 Nr 2), in Brandenburg (§ 15 Abs 1 Nr 3), in Mecklenburg-Vorpommern (§ 21 Abs 1 Nr 1), Sachsen (§ 13 Abs 1 Nr 4), Sachsen-Anhalt (§ 14 Abs 1 Nr 3) und Thüringen (§ 13 Abs 1 Nr 6) Ordnungswidrigkeit.

3. Impressumverstöße als Ordnungswidrigkeiten

156   Eine bloße *Ordnungswidrigkeit* liegt nach § 22 Abs 1 Nr 1 LPG Baden-Württemberg bzw den entsprechenden Vorschriften in den anderen Bundesländern bei Verletzung der Impressumpflicht immer dann vor, wenn sie lediglich *fahrlässig* erfolgt. Auch *vorsätzliche* Verletzungen der Impressumpflicht gelten – vom Fall der wissentlichen Falschangabe der Inhaber- und Beteiligungsverhältnisse in Bayern und Hessen abgesehen – als Ordnungswidrigkeit, wenn der Impressumverstoß bei Druckwerken erfolgt, die keinen strafbaren Inhalt haben.

4. Täterschaft und Teilnahme

Täter eines als Vergehen oder als Ordnungswidrigkeit geahndeten Verstoßes gegen die Impressumpflicht sind grundsätzlich nur die Presseangehörigen, denen das Gesetz die Pflicht zur Einhaltung der Impressumvorschriften unmittelbar auferlegt hat. Dies sind gemäß § 21 Nr 3 LPG der verantwortliche Redakteur und der Verleger, beim Selbstverlag auch der Verfasser und der Herausgeber. Zu beachten ist, dass nach der „Stellungstheorie" (vgl § 9 Rn 24) strafrechtlich derjenige Redakteur verantwortlich ist, der vom Unternehmer oder Verleger mit der Stellung des verantwortlichen Redakteurs tatsächlich beauftragt wurde, unabhängig davon, wen das Impressum als verantwortlichen Redakteur nennt (KG NJW 1998, 1420). Auch wer an einer Kollektiventscheidung über die Ablehnung oder Aufnahme eines strafbaren Beitrags in einem Druckwerk mitwirkt und diese Entscheidung durch Aufnahme seines Namens in das Impressum nach außen hin (mit-)vertritt, ist in der Regel als verantwortlicher Redakteur im Sinne des Presserechts zu betrachten und damit strafrechtlich verantwortlich (OLG Stuttgart JZ 1980, 774). Die Pflicht zur wahrheitsgemäßen *Offenlegung* der Inhaber- und Beteiligungsverhältnisse obliegt schon der Natur der Sache nach dem mit den internen Verhältnissen vertrauten Verleger. Wer an einem Impressumverstoß vorsätzlich mitwirkt, ohne selbst der nach dem Gesetz unmittelbar Verpflichtete zu sein, haftet als *Teilnehmer*. Die *Verbreitung* von Druckwerken, bei denen vorschriftswidrig die Impressumangaben ganz oder teilweise *fehlen,* wird bei dem für die Verbreitung verantwortlichen Unternehmer als Ordnungswidrigkeit geahndet, gleichgültig, ob die Zuwiderhandlung vorsätzlich oder fahrlässig erfolgt ist (§ 22 Abs 1 Nr 1 LPG). 157

5. Irreführendes Impressum als Wettbewerbsverstoß

Da es sich bei den Impressumangaben zugleich um Angaben des Unternehmers über seine betrieblichen und geschäftlichen Verhältnisse im Sinne des § 5 UWG handelt, kann die Veröffentlichung eines unrichtigen, irreführenden Impressums zugleich ein *Wettbewerbsverstoß* im Sinne der §§ 3, 5 UWG sein. Ein Verstoß gegen die Impressumvorschriften als solcher ist jedoch nicht immer zugleich auch ein UWG-Verstoß. Die presserechtlichen Impressumvorschriften gehören nach vorherrschender Auffassung nicht zu den wertbezogenen Normen, deren Verletzung ohne weiteres wettbewerbswidrig ist. Nach dieser Ansicht handelt es sich bei ihnen um bloße Ordnungsvorschriften, nicht um Marktverhaltensregelungen im Sinne von § 4 Nr. 11 UWG (vgl BGH GRUR 1989, 830; Köhler/Bornkamm UWG § 4 Rn 11.167; Engels AfP 2004, 322; Soehring/Hoene § 25 Rn 5a). Ein Verstoß gegen die Impressumvorschriften ist daher nur dann wettbewerbswidrig, wenn besondere wettbewerbliche Umstände hinzutreten, die das gesetzwidrige Verhalten auch aus wettbewerblicher Sicht unlauter erscheinen lassen (BGH GRUR 1989, 830; OLG Düsseldorf WRP 87, 471; OLG Hamm AfP 86, 343; Rath-Glawatz-Engels-Dietrich/Rath-Glawatz P Rn 264; Paschke/Berlit/Meyer-Held 71. Abschnitt Rn 24). Dies ist zB der Fall bei Irreführung über wettbewerblich relevante Umstände, auch dadurch, dass zB im Impressum einer Anschlusszeitung verschwiegen wird, dass der Zeitungsmantel von dritter Seite bezogen wird und damit der Eindruck eines eigenständigen Blattes erweckt wird (LG Wuppertal ArchPR 70, 75). Ist im Einzelfall ein Wettbewerbsverstoß zu bejahen, richten sich die Rechtsfolgen und die Anspruchsberechtigung nach §§ 8 Abs 1, Abs 3 (Unterlassung und Beseitigung), 9 (Schadensersatz), 10 (Gewinnabschöpfung) UWG. 158

XII. Ausländisches Recht

1. Österreich

Gemäß § 24 Abs 1 des Mediengesetzes vom 12.6.1981 (BGBl Nr 314/1981, zuletzt geändert gemäß BGBl I Nr 50/2012) ist auf jedem „Medienwerk" (Druckwerke sind Medienwerke gem. § 1 Nr 3, 4 MedienG) Name oder Firma des Verlegers 159a

LPG § 9 Der verantwortliche Redakteur

(„Medieninhaber") sowie des Druckers („Hersteller") anzugeben, außerdem Verlags- und Herstellungsort. Auf periodischen Medienwerken ist zudem die Anschrift des Verlegers und der Redaktion sowie Name und Anschrift des Herausgebers anzuführen; enthält ein periodisches Medienwerk ein Inhaltsverzeichnis, dann ist darin auch anzugeben, an welcher Stelle sich das Impressum befindet (§ 24 Abs 2 MedienG).

159b Diese Pflichten treffen gemäß § 24 Abs 4 Satz 1 MedienG den Medieninhaber. Medieninhaber ist nach der Legaldefinition in § 1 Abs 1 Nr 8 MedienG ua, wer ein Medienunternehmen betreibt oder sonst die inhaltliche Gestaltung eines Medienwerks besorgt. § 25 MedienG schreibt eine sehr weitgehende Pflicht zur Offenlegung der Inhaber- und Beteiligungsverhältnisse einschließlich einer „Erklärung über die grundlegende Richtung eines periodischen Druckwerks (Blattlinie)" (Abs 4) vor. Verstöße gegen diese Pflichten werden als Verwaltungsübertretung gemäß § 27 MedienG mit einer Geldstrafe bis zu 20 000 Euro bestraft.

159c Gemäß § 50 Nr 1 MedienG entfällt die Impressumspflicht ua für die Medien ausländischer Medienunternehmen, es sei denn, dass das Medium zur Gänze oder nahezu ausschließlich im Inland verbreitet wird.

2. Schweiz

160 Die Impressumpflicht ist in Art 322 (in der Fassung gem. Ziff I BG vom 10.10. 1997 – AS 1998, 852; BBl 1996 IV 525) des Schweizerischen Strafgesetzbuches (Stand 1.1.2014) geregelt. Nach dieser Vorschrift müssen Zeitungen und Zeitschriften in einem Impressum den Sitz des Medienunternehmens, namhafte Beteiligungen an anderen Unternehmen sowie den verantwortlichen Redakteur angeben. Ist ein Redakteur nur für einen Teil der Zeitung oder Zeitschrift verantwortlich, so ist er als verantwortlicher Redakteur dieses Teils anzugeben. Es muss für jeden Teil einer solchen Zeitung oder Zeitschrift ein verantwortlicher Redakteur angegeben werden (Art 322 Abs 2). Bei Verstößen gegen die Vorschriften des Art 322 wird der Leiter des Medienunternehmens mit Geldbuße bestraft. Ein Verstoß liegt auch dann vor, wenn eine nur „vorgeschobene Person" als verantwortlich für die Veröffentlichung angeben wird (Art 322 Abs 3 StGB).

§ 9 LPG
Der verantwortliche Redakteur

Gesetzesfassung in Baden-Württemberg:

§ 9 [Persönliche Anforderungen an den verantwortlichen Redakteur]

(1) Als verantwortlicher Redakteur darf nicht tätig sein und beschäftigt werden, wer

1. seinen ständigen Aufenthalt außerhalb eines Mitgliedstaats der Europäischen Union oder eines anderen Vertragsstaates des Abkommens über den Europäischen Wirtschaftsraum hat,
2. infolge Richterspruchs die Fähigkeit, öffentliche Ämter zu bekleiden, Rechte aus öffentlichen Wahlen zu erlangen oder in öffentlichen Angelegenheiten zu wählen oder zu stimmen, nicht besitzt,
3. das 21. Lebensjahr nicht vollendet hat,
4. nicht geschäftsfähig ist,
5. nicht unbeschränkt strafgerichtlich verfolgt werden kann.

(2) Die Vorschriften des Absatzes 1 Nr. 3 und 4 gelten nicht für Druckwerke, die von Jugendlichen für Jugendliche herausgegeben werden.

(3) Von der Voraussetzung des Absatzes 1 Nr. 1 kann das Wissenschaftsministerium im Einvernehmen mit dem Justizministerium in besonderen Fällen auf Antrag Befreiung erteilen.

Gesetzesfassung in Bayern:

Art. 5 [Verantwortlicher Redakteur]

(1) Bei jeder Zeitung muß mindestens ein verantwortlicher Redakteur bestellt werden.

(2) Als verantwortlicher Redakteur darf nicht tätig sein und beschäftigt werden, wer

1. seinen gewöhnlichen Aufenthalt nicht in einem Mitgliedstaat der Europäischen Union oder in einem anderen Vertragsstaat des Abkommens über den Europäischen Wirtschaftsraum hat,
2. infolge Richterspruchs die Fähigkeit zur Bekleidung öffentlicher Ämter, die Fähigkeit, Rechte aus öffentlichen Wahlen zu erlangen, oder das Recht, in öffentlichen Angelegenheiten zu wählen oder zu stimmen, nicht besitzt,
3. nicht unbeschränkt geschäftsfähig ist.

(3) Wer nur mit besonderer Zustimmung oder Genehmigung strafrechtlich verfolgt werden kann, darf nicht verantwortlicher Redakteur für den politischen Teil einer Zeitung oder Zeitschrift sein.

(4) Absatz 2 Nr. 3 gilt nicht für Druckwerke, die von Jugendlichen für Jugendliche herausgegeben werden.

Gesetzesfassung in Berlin:

§ 8 [Persönliche Anforderungen an den verantwortlichen Redakteur]

(1) Als verantwortlicher Redakteur kann nicht tätig sein und beschäftigt werden, wer

1. seinen ständigen Aufenthalt außerhalb der Mitgliedstaaten der Europäischen Union und der Vertragsstaaten des Abkommens über den Europäischen Wirtschaftsraum hat,
2. infolge Richterspruchs die Fähigkeit zur Bekleidung öffentlicher Ämter nicht besitzt,
3. das einundzwanzigste Lebensjahr nicht vollendet hat,
4. nicht unbeschränkt geschäftsfähig ist,
5. nicht unbeschränkt strafgerichtlich verfolgt werden kann.

(2) Die Vorschriften des Absatzes 1 Nrn. 3 und 4 gelten nicht für Druckwerke, die von Jugendlichen für Jugendliche herausgegeben werden.

(3) Die Vorschriften des Absatzes 1 Nrn. 1 und 5 gelten nicht für periodisch erscheinende Zeitschriften, die Zwecken der Wissenschaft oder der Kunst dienen. Für diese Zeitschriften muß ein Verantwortlicher im Geltungsbereich des Grundgesetzes benannt werden; dieser braucht nicht der verantwortliche Redakteur für den redaktionellen Teil zu sein. Auf diesen Verantwortlichen finden im übrigen die Vorschriften dieses Gesetzes über den verantwortlichen Redakteur Anwendung.

(4) Die Vorschrift des Absatzes 1 Nr. 2 gilt nicht für Druckwerke, die in Justizvollzugsanstalten im Rahmen der Gefangenenmitverantwortung für Gefangene herausgegeben werden.

Gesetzesfassung in Brandenburg:

§ 10 [Persönliche Anforderungen an den verantwortlichen Redakteur]

(1) Als verantwortliche Redakteurin oder verantwortlicher Redakteur darf nicht tätig sein und beschäftigt werden, wer

LPG § 9   Der verantwortliche Redakteur

1. seinen ständigen Aufenthalt nicht in einem Mitgliedstaat der Europäischen Union, einem Vertragsstaat des Abkommens des Europäischen Wirtschaftsraumes oder der Schweiz hat,
2. infolge Richterspruchs die Fähigkeit, öffentliche Ämter zu bekleiden, nicht besitzt,
3. nicht oder nur beschränkt geschäftsfähig ist,
4. nicht unbeschränkt strafgerichtlich verfolgt werden kann,
5. aufgrund einer psychischen Krankheit oder einer geistigen oder seelischen Behinderung ihre oder seine Angelegenheiten ganz oder teilweise nicht besorgen kann und für die oder den deshalb das Betreuungsgericht gemäß § 1896 BGB eine Betreuerin oder einen Betreuer bestellt hat.

(2) Die Vorschrift des Absatzes 1 Nr. 2 gilt nicht für Druckwerke, die in Justizvollzugsanstalten im Rahmen der Gefangenenmitverantwortung für Gefangene herausgegeben werden. Die Vorschriften des Absatzes 1 Nr. 3 und 4 gelten nicht für Druckwerke, die von Jugendlichen für Jugendliche herausgegeben werden.

(3) Von der Voraussetzung des Absatzes 1 Nr. 1 kann das für Inneres zuständige Mitglied der Landesregierung auf Antrag Befreiung erteilen, wenn ein Bestehen auf der Einhaltung dieser Anforderungen im Einzelfall eine besondere Härte bedeuten würde. Die Befreiung kann widerrufen werden.

Gesetzesfassung in Bremen:

§ 9 [Persönliche Anforderungen an den verantwortlichen Redakteur]

(1) Als verantwortlicher Redakteur kann nicht tätig sein und beschäftigt werden, wer

1. seinen ständigen Aufenthalt außerhalb des Geltungsbereichs des Grundgesetzes hat,
2. infolge Richterspruchs die Fähigkeit zur Bekleidung öffentlicher Ämter, die Fähigkeit, Rechte aus öffentlichen Wahlen zu erlangen oder das Recht, in öffentlichen Angelegenheiten zu wählen oder zu stimmen, nicht besitzt,
3. Grundrechte verwirkt hat,
4. das 21. Lebensjahr nicht vollendet hat,
5. nicht oder nur beschränkt geschäftsfähig ist,
6. nicht unbeschränkt strafgerichtlich verfolgt werden kann.

(2) Die Vorschriften des Absatzes 1 Nr. 4 und 5 gelten nicht für Druckwerke, die von Jugendlichen für Jugendliche herausgegeben werden.

(3) Von der Voraussetzung des Absatzes 1 Nr. 1 kann der Senator für Inneres und Sport im Einvernehmen mit dem Senator für Justiz und Verfassung in besonderen Fällen auf Antrag Befreiung erteilen.

Gesetzesfassung in Hamburg:

§ 9 [Persönliche Anforderungen an den verantwortlichen Redakteur]

(1) Als verantwortlicher Redakteur kann nicht tätig sein und beschäftigt werden, wer

1. seinen ständigen Aufenthalt nicht innerhalb eines Mitgliedstaates der Europäischen Union oder eines anderen Vertragsstaates des Abkommens über den Europäischen Wirtschaftsraum hat,
2. infolge Richterspruchs die Fähigkeit zur Bekleidung öffentlicher Ämter, die Fähigkeit, Rechte aus öffentlichen Wahlen zu erlangen, oder das Recht, in öffentlichen Angelegenheiten zu wählen oder zu stimmen, nicht besitzt,
3. das 18. Lebensjahr nicht vollendet hat,
4. nicht unbeschränkt geschäftsfähig ist.

(2) Die Vorschriften des Absatzes 1 Nummern 3 und 4 gelten nicht für Druckwerke, die von Jugendlichen für Jugendliche herausgegeben werden.

(3) Von der Voraussetzung des Absatzes 1 Nummer 1 kann die zuständige Behörde in besonderen Fällen auf Antrag Befreiung erteilen.

Gesetzesfassung in Hessen:

§ 7 [Verantwortlicher Redakteur]

(1) Auf jedem Stück eines im Geltungsbereich dieses Gesetzes erscheinenden periodischen Druckwerks sind der Name und die Geschäftsanschrift des verantwortlichen Redakteurs zu nennen. Sind mehrere Redakteure verantwortlich, so ist kenntlich zu machen, auf welchen Teil des Druckwerks sich die Verantwortlichkeit jedes einzelnen bezieht. Für den Anzeigenteil ist ein Verantwortlicher zu benennen; für diesen gelten die Vorschriften über den verantwortlichen Redakteur entsprechend.

(2) Zeitungen und Anschlusszeitungen, die regelmäßig ganze Seiten oder Sachgebiete des redaktionellen Teils fertig übernehmen, haben auch den für den übernommenen Teil verantwortlichen Redakteur und Verleger zu benennen.

(3) Als verantwortlicher Redakteur kann nur tätig sein und beschäftigt werden, wer
1. seinen ständigen Aufenthalt innerhalb eines Mitgliedstaates der Europäischen Union oder eines anderen Vertragsstaates des Abkommens über den Europäischen Wirtschaftsraum hat,
2. die Fähigkeit zur Bekleidung öffentlicher Ämter besitzt,
3. das 21. Lebensjahr vollendet hat,
4. unbeschränkt geschäftsfähig ist,
5. wegen durch die Presse begangener strafbarer Handlungen unbeschränkt gerichtlich verfolgt werden kann.

(3) Die Vorschriften des Abs. 3 Nr. 3 und 4 gelten nicht für Druckwerke, die von Jugendlichen für Jugendliche herausgegeben werden.

Gesetzesfassung in Mecklenburg-Vorpommern:

§ 8 [Persönliche Anforderungen an den verantwortlichen Redakteur]

(1) Als verantwortlicher Redakteur kann nur tätig sein und beschäftigt werden, wer
1. innerhalb eines Mitgliedstaates der Europäischen Union seinen ständigen Aufenthalt hat,
2. die bürgerlichen Ehrenrechte besitzt und die Fähigkeit, ein öffentliches Amt zu bekleiden, nicht durch richterliche Entscheidung verloren hat,
3. unbeschränkt geschäftsfähig ist,
4. unbeschränkt strafrechtlich verfolgt werden kann.

(2) Die Vorschrift des Absatzes 1 Nr. 3 gilt nicht für Druckwerke, die von Jugendlichen für Jugendliche herausgegeben werden.

Gesetzesfassung in Niedersachsen:

§ 9 [Persönliche Anforderungen an den verantwortlichen Redakteur]

(1) Als verantwortlicher Redakteur darf nicht tätig sein und nicht beschäftigt werden, wer
1. seinen ständigen Aufenthalt weder in einem Mitgliedstaat der Europäischen Union noch in einem anderen Vertragsstaat des Abkommens über den Europäischen Wirtschaftsraum hat,

LPG § 9

2. infolge Richterspruchs die Fähigkeit, ein öffentliches Amt zu bekleiden oder Rechte aus öffentlichen Wahlen zu erlangen, oder das Recht, in öffentlichen Angelegenheiten zu wählen oder zu stimmen, nicht besitzt,
3. nicht unbeschränkt geschäftsfähig ist oder wer aufgrund einer psychischen Krankheit oder einer geistigen oder seelischen Behinderung unter rechtlicher Betreuung steht,
4. wegen einer Straftat, die er durch die Presse begangen hat, nicht unbeschränkt gerichtlich verfolgt werden kann.

(2) Absatz 1 Nr. 3 gilt nicht für Druckwerke, die von Jugendlichen für Jugendliche herausgegeben werden.

(3) Von der Voraussetzung des Absatzes 1 Nr. 1 kann der Minister des Innern in besonderen Fällen auf Antrag Befreiung erteilen. Die Befreiung kann widerrufen werden.

Gesetzesfassung in Nordrhein-Westfalen:

§ 9 [Persönliche Anforderungen an den verantwortlichen Redakteur]

(1) Als verantwortlicher Redakteur kann nicht tätig sein und beschäftigt werden, wer

1. seinen ständigen Aufenthalt außerhalb des Geltungsbereichs des Grundgesetzes hat,
2. infolge Richterspruchs die Fähigkeit zur Bekleidung öffentlicher Ämter nicht besitzt,
3. das 21. Lebensjahr nicht vollendet hat,
4. nicht geschäftsfähig ist oder aufgrund einer psychischen Krankheit oder einer geistigen oder seelischen Behinderung unter Betreuung steht,
5. nicht unbeschränkt strafrechtlich verfolgt werden kann.

(2) Die Vorschriften des Absatzes 1 Nr. 3 und 4 gelten nicht für Druckwerke, die von Jugendlichen für Jugendliche herausgegeben werden.

(3) Von der Voraussetzung des Absatzes 1 Nr. 1 kann der Innenminister in besonderen Fällen auf Antrag Befreiung erteilen. Die Befreiung kann widerrufen werden.

Gesetzesfassung in Rheinland-Pfalz:

§ 10 [Persönliche Anforderungen für Verantwortliche]

(1) Als für den Inhalt eines Rundfunkprogramms verantwortliche Person, als redaktionell verantwortliche Person eines periodisches Druckwerks oder als verantwortliche Person bei entsprechenden Angeboten von Telemedien kann nur diejenige Person benannt werden oder tätig sein, die

1. unbeschränkt geschäftsfähig ist,
2. die Fähigkeit, öffentliche Ämter zu bekleiden, nicht durch Richterspruch verloren hat,
3. das Grundrecht der freien Meinungsäußerung nicht nach Artikel 18 des Grundgesetzes verwirkt hat,
4. ihren Wohnsitz in der Bundesrepublik Deutschland, einem sonstigen Mitgliedstaat der Europäischen Union oder einem anderen Vertragsstaat des Abkommens über den Europäischen Wirtschaftsraum hat und gerichtlich verfolgt werden kann,
5. alle ihre Angelegenheiten ohne rechtliche Betreuung im Sinne der §§ 1896 bis 1908i des Bürgerlichen Gesetzbuchs besorgen kann und besorgt.

(2) Absatz 1 Nr. 1 gilt nicht für Jugendliche, die Druckwerke für Jugendliche herausgeben oder Rundfunksendungen oder Telemedien verantworten, die für Jugendliche bestimmt sind.

Der verantwortliche Redakteur § 9 LPG

(3) Von den Voraussetzungen des Absatzes 1 Nr. 4 kann bei periodischen Druckwerken oder bei entsprechenden Angeboten von Telemedien das für Angelegenheiten des Rundfunks und der Medien zuständige Ministerium, bei wissenschaftlichen Druckwerken im Einvernehmen mit dem für die Förderung der Wissenschaft, Forschung und Lehre zuständigen Ministerium, auf Antrag Befreiung erteilen.

Gesetzesfassung im Saarland:

§ 9 [Persönliche Anforderungen]

(1) Als Antragstellerin oder Antragsteller für eine Rundfunkzulassung, für den Inhalt eines Rundfunkprogramms verantwortliche Person, verantwortliche Redakteurin oder verantwortlicher Redakteur eines periodischen Druckwerks sowie Verantwortliche oder Verantwortlicher im Sinne des § 55 Abs. 2 des Rundfunkstaatsvertrages kann nur benannt werden oder tätig sein, wer
1. ihren oder seinen ständigen Aufenthalt in einem der Mitgliedstaaten der Europäischen Union hat,
2. nicht infolge Richterspruchs die Fähigkeit zur Bekleidung öffentlicher Ämter verloren hat,
3. voll geschäftsfähig ist und
4. unbeschränkt strafrechtlich verfolgt werden kann.

Bei einem Antrag juristischer Personen oder einer auf Dauer angelegten Personenvereinigung für eine Rundfunkzulassung müssen diese Voraussetzungen auch von der gesetzlichen oder satzungsmäßigen Vertreterin oder dem gesetzlichen oder satzungsmäßigen Vertreter erfüllt sein.

(2) Die Vorschriften des Absatzes 1 Nr. 3 und 4 gelten nicht für Druckwerke, die von Jugendlichen für Jugendliche herausgegeben werden. Satz 1 gilt für Rundfunksendungen und Telemedien, die von Jugendlichen verantwortet und für Jugendliche bestimmt sind, entsprechend.

Gesetzesfassung in Sachsen:

§ 7 [Persönliche Anforderungen an den verantwortlichen Redakteur]

(1) Als verantwortlicher Redakteur darf nicht tätig sein oder beschäftigt werden, wer
1. seinen ständigen Aufenthalt nicht innerhalb eines Mitgliedstaates der Europäischen Union oder eines anderen Vertragsstaates des Abkommens über den Europäischen Wirtschaftsraum vom 3. Januar 1994 (ABl. EG Nr. L 001 S. 3) in der jeweils geltenden Fassung hat,
2. infolge Richterspruchs die Fähigkeit, ein öffentliches Amt zu bekleiden oder Rechte aus öffentlichen Wahlen zu erlangen oder das Recht in öffentlichen Angelegenheiten zu wählen oder zu stimmen, nicht besitzt,
3. das 21. Lebensjahr nicht vollendet hat,
4. nicht unbeschränkt geschäftsfähig ist oder
5. wegen einer Straftat, die er durch die Presse begangen hat, nicht unbeschränkt gerichtlich verfolgt werden kann.

(2) Für die Herausgabe von Zeitschriften für Jugendliche und Heranwachsende gelten die Voraussetzungen des Absatz 1 Nr. 3 und 4 nicht.

Gesetzesfassung in Sachsen-Anhalt:

§ 8 [Persönliche Anforderungen an den verantwortlichen Redakteur]

(1) Als verantwortlicher Redakteur darf nicht tätig sein und beschäftigt werden, wer

1. seinen ständigen Aufenthalt außerhalb eines Mitgliedstaates der Europäischen Union oder eines anderen Vertragsstaates des Abkommens über den Europäischen Wirtschaftsraum oder der Schweiz hat,
2. infolge Richterspruchs die Fähigkeit, ein öffentliches Amt zu bekleiden oder Rechte aus öffentlichen Wahlen zu erlangen, oder das Recht, in öffentlichen Angelegenheiten zu wählen oder zu stimmen, nicht besitzt,
3. nicht unbeschränkt geschäftsfähig ist,
4. wegen einer Straftat, die er durch die Presse begangen hat, nicht unbeschränkt gerichtlich verfolgt werden kann.

(2) Die Vorschriften des Absatzes 1 Nr. 3 gelten nicht für Druckwerke, die von Jugendlichen für Jugendliche herausgegeben werden.

(3) Von der Voraussetzung des Absatzes 1 Nr. 1 kann der Minister des Innern in besonderen Fällen auf Antrag Befreiung erteilen. Die Befreiung kann widerrufen werden.

Gesetzesfassung in Schleswig-Holstein:

§ 8 [Persönliche Anforderungen an die verantwortliche Redakteurin oder den verantwortlichen Redakteur]

(1) Als verantwortliche Redakteurin oder verantwortlicher Redakteur kann nicht tätig sein und beschäftigt werden, wer

1. seinen gewöhnlichen Aufenthalt außerhalb der Mitgliedstaaten der Europäischen Union oder der Vertragsstaaten des Abkommens über den Europäischen Wirtschaftsraum hat,
2. infolge Richterspruchs die Fähigkeit, öffentliche Ämter zu bekleiden, Rechte aus öffentlichen Wahlen zu erlangen oder in öffentlichen Angelegenheiten zu wählen oder zu stimmen, nicht besitzt,
3. das 21. Lebensjahr nicht vollendet hat,
4. nicht unbeschränkt geschäftsfähig ist,
5. nicht unbeschränkt wegen einer Straftat, die sie oder er durch die Presse begangen hat, strafgerichtlich verfolgt werden kann.

(2) Die Vorschriften des Abs. 1 Nr. 3 und 4 gelten nicht für Druckwerke, die von Jugendlichen für Jugendliche herausgegeben werden.

Gesetzesfassung in Thüringen:

§ 9 [Persönliche Anforderungen an den verantwortlichen Redakteur]

(1) Als verantwortlicher Redakteur darf nicht tätig sein und beschäftigt werden, wer:

1. seinen ständigen Aufenthalt außerhalb des Geltungsbereichs des Grundgesetzes hat;
2. infolge Richterspruchs die Fähigkeit, ein öffentliches Amt zu bekleiden oder Rechte aus öffentlichen Wahlen zu erlangen, oder das Recht, in öffentlichen Angelegenheiten zu wählen oder zu stimmen, nicht besitzt;
3. nicht unbeschränkt geschäftsfähig ist;
4. wegen einer Straftat, die er durch die Presse begangen hat, nicht unbeschränkt gerichtlich verfolgt werden kann.

(2) Die Vorschrift des Absatzes 1 Nr. 3 gilt nicht für Druckwerke, die von Jugendlichen für Jugendliche herausgegeben werden.

(3) Von der Voraussetzung des Absatzes 1 Nr. 1 kann das Landesverwaltungsamt in besonderen Fällen auf Antrag Befreiung erteilen. Die Befreiung kann widerrufen werden.

§ 9 LPG

Inhaltsübersicht

		Rn
I.	**Geltende Gesetzesfassung**	1
II.	**Das Rechtsinstitut des verantwortlichen Redakteurs und des „Verantwortlichen für den Anzeigenteil"**	
	1. Zweck und Bedeutung der Bestimmung	2
	2. Historische Entwicklung	3–5
	3. Der Verantwortliche für den Anzeigenteil	6–9
III.	**Der Begriff des Redakteurs**	
	1. Die Herkunft des Begriffs	10
	2. Der publizistische Begriff	11
	3. Der arbeitsrechtliche Begriff	12
	4. Der presserechtliche Begriff	13–14
	5. Anzeigenleiter, Korrespondenten, Reporter, Archivredakteure, Bildjournalisten, Layouter	15
	6. Der Chefredakteur	16
IV.	**Der Begriff des verantwortlichen Redakteurs**	
	1. Das Fehlen einer Legaldefinition. Der Theorienstreit	17
	a) Die formale Benennungstheorie	18–20
	b) Die materiellen Theorien. Die Tätigkeitstheorie	21–23
	2. Die herrschende Stellungstheorie	24
V.	**Die Wesensmerkmale des verantwortlichen Redakteurs**	
	1. Faktische Bekleidung der Stellung	25–27
	2. Bestellung durch den Verleger	28
	3. Befugnis zum Ausscheiden bedenklichen Inhalts	29
	4. Abberufung. Amtsniederlegung. Keine Stellvertretung möglich. Wechsel im Amt des verantwortlichen Redakteurs	30–35
VI.	**Funktion und Haftung des verantwortlichen Redakteurs**	
	1. Die Pflicht zur Überprüfung des Druckwerks auf etwaigen strafbaren Inhalt und dessen Ausmerzung	36
	a) Vetorecht und Oberaufsicht	37
	b) Haftung nur in strafrechtlicher, nicht zivilrechtlicher Hinsichten	38–42
	c) Keine Haftung für Ordnungswidrigkeiten	43
	d) Keine Haftung für Verletzung gewerblicher Schutzrechte	44
	e) Gewissenhafte Durchführung der Kontrolle	45–48
	f) Die Zeitdauer der Oberaufsicht	49–50
	2. Haftung für den Anzeigenteil. Deutliche Trennung vom Textteil (§ 10 LPG)	51
	3. Pflicht zum Abdruck von Gegendarstellungen (§ 11 LPG)	52
	4. Einhaltung der Impressumvorschriften (§ 8 LPG)	53
	5. Folgen der Pflichtverletzung	54
	6. Persönliche Haftung, auch beim „Redaktionskollektiv"	55
	7. Der Ausnahmecharakter des Instituts des verantwortlichen Redakteurs	
	a) Analoge Anwendung scheidet aus	56
	b) Keine Form der Presse-Selbstkontrolle	57
VII.	**Die persönlichen Anforderungen an den verantwortlichen Redakteur**	
	1. Zweck und Bedeutung der Anforderungen	58–61
	2. Ständiger Aufenthalt	
	a) Aufenthalt im Geltungsbereich des Grundgesetzes	62
	b) Aufenthalt in einem Mitgliedstaat der Europäischen Union	63
	c) Der Begriff „ständiger Aufenthalt"	64
	d) Auseinanderfallen von Aufenthalts- und Tätigkeitsort	65
	e) Befreiung vom Erfordernis auf Antrag	66–67
	3. Besitz der Statusrechte (Fähigkeit zur Bekleidung öffentlicher Ämter, passives und aktives Wahlrecht)	
	a) Ablösung des Begriffs „Bürgerliche Ehrenrechte"	68
	b) Fähigkeit zur Bekleidung öffentlicher Ämter	69–71
	c) Passives Wahlrecht	72
	d) Aktives Wahlrecht	73
	e) Divergierende landesrechtliche Regelungen	74
	4. Mindestalter und Privileg der Jugendpresse	
	a) Allgemeines	75

		Rn
b) Mindestalter von 21 Jahren, unabhängig von Volljährigkeit		76
c) Regelung Volljährigkeit		77
d) Das Privileg der Jugendpresse		78–85

5. Unbeschränkte Geschäftsfähigkeit
   a) Allgemeines 86
   b) Geschäftsunfähigkeit; beschränkte Geschäftsfähigkeit 87
   c) Betreute Personen 88–90
6. Unbeschränkte strafgerichtliche Verfolgbarkeit, Immunität und Exterritorialität
   a) Zweck der Bestimmung 91
   b) Parlamentarische Immunität 92–94
   c) Parlamentarische Indemnität 95–96
   d) Exterritorialität 97–100
   e) Divergierende landesrechtliche Regelungen 101–105
7. Keine sonstigen persönlichen Anforderungen
   a) Keine extensive Auslegung zulässig 106
   b) Verwirkung der Grundrechte? Bremer Sonderegelung rechtlich bedenklich 107
   c) Unbescholtenheit, guter Leumund usw. kein Erfordernis 108

VIII. Zuwiderhandlungen
1. Divergierende landesrechtliche Regelung (teils Muss-, teils Sollvorschrift). Folgen der Zuwiderhandlung 109
2. Die Adressaten des Verbots des § 9 LPG 110
3. Bestrafung des Verlegers bzw des zu Unrecht zeichnenden verantwortlichen Redakteurs 111–112

IX. Ausländisches Recht
1. Österreich 113–114
2. Schweiz 115–117

Schrifttum: *Damm/Rehbock*, Widerruf, Unterlassung und Schadenersatz in den Medien, 3. Auflage, München 2008; *von Gamm*, Persönlichkeits- und Ehrverletzungen durch Massenmedien, München 1969; *Groß*, Presserecht, 3. Auflage, Heidelberg 1999; *Häntzschel*, Reichspreßgesetz, Berlin 1927; *Hahn/Vesting*, Beck'scher Kommentar zum Rundfunkrecht, 3. Auflage, München 2012; *Hoffmann-Riem/Pfander*, Rechtsfragen der Pressereform, Baden-Baden 1977; *Kübler*, Die zivilrechtliche Haftung des verantwortlichen Redakteurs, in Festschrift für Walter Mallmann, Baden-Baden S 169 ff.; *Löffler*, Rechtsproblem der Jugendpresse, insb der Schüler- und Studentenzeitungen, in AfP 1980 S 184; *Ricker/Weberling*, Handbuch des Presserechts, 6. Auflage, München 2012; *Mannheim*, Presserecht, Berlin 1927; *Paschke/Berlit/Meyer*, Hamburger Kommentar Gesamtes Medienrecht, 2. Auflage, Baden-Baden 2012; *Rath-Glawatz-Engels-Dietrich*, Das Recht der Anzeige, 3. Auflage, Köln 2006; *Ranft*, Staatsanwaltschaftliche Ermittlungstätigkeit und Immunität der parlamentarischen Abgeordneten, ZRP 1981 S 271; *Rebmann/Ott/Storz*, Das baden-württembergische Gesetz über die Presse, Stuttgart 1964; *Rehbinder*, Presserecht, Berlin 1967; *Roll*, Indemnität gegenüber zivilrechtlichen Ansprüchen, NJW 1980 S 1439; *Scholz*, Pressefreiheit und Arbeitsverfassung, Berlin 1978; *Seitz/Schmidt*, Der Gegendarstellungsanspruch, 4. Auflage, München 2010; *Scheer*, Deutsches Presserecht, Hamburg 1966; *Spindler/Schuster*, Recht der elektronischen Medien, 2. Auflage, München 2011; *Wenzel*, Das Recht der Wort- und Bildberichterstattung, 5. Auflage, Köln 2003.

I. Geltende Gesetzesfassung

1   In den meisten Landespressegesetzen finden sich die persönlichen Anforderungen an den verantwortlichen Redakteur in § 9. Sofern nachstehend von § 9 die Rede ist, gelten die Ausführungen entsprechend für Art 5 in Bayern, § 8 in Berlin, Mecklenburg-Vorpommern, Sachsen-Anhalt und Schleswig-Holstein, § 7 in Hessen und Sachsen sowie § 10 in Brandenburg und Rheinland-Pfalz.

II. Das Rechtsinstitut des verantwortlichen Redakteurs und des „Verantwortlichen für den Anzeigenteil"

1. Zweck und Bedeutung der Bestimmung

2   Die potentielle Gefährlichkeit des einflussreichen Massenmediums „Presse" wird erhöht durch die den Presseverantwortlichen offen stehende Möglichkeit, sich bei

II. Das Rechtsinstitut des verantwortlichen Redakteurs § 9 LPG

kritischen Publikationen einer straf- und zivilrechtlichen Haftung durch Flucht in die *Anonymität* zu entziehen. Deshalb gehört es zu den frühesten, der Presse schon seit dem 16. Jahrhundert auferlegten Ordnungspflichten, auf jedem Druckwerk eine Herkunftsangabe, das sog *Impressum* aufzuführen, aus dem vor allem der Drucker und der Verleger zu ersehen waren (§ 8 Abs 1 LPG). Bei der mächtigen, vor allem Zeitungen und Zeitschriften umfassenden *periodischen Presse* mit ihrer oft vielgliedrigen Organisation fällt es dem Außenstehenden besonders schwer, den für ein Pressevergehen Verantwortlichen zu ermitteln. Erschwerend kommt hinzu, dass allen Presseangehörigen hinsichtlich der an einer strafbaren Presseveröffentlichung Beteiligten das Zeugnisverweigerungsrecht zusteht (§ 53 StPO). Deshalb obliegt speziell der periodischen Presse nach den Impressumsvorschriften der Landespressegesetze die gesetzliche Pflicht, im Impressum neben dem Drucker und dem Verleger auch einen für die betreffende Ausgabe *verantwortlichen Redakteur* zu benennen. Es widerspräche gröblich der Gerechtigkeit, die oft gravierenden Pressedelikte deshalb ungesühnt zu lassen, weil im Räderwerk eines großen Verlagsunternehmens der wirkliche Täter nicht festzustellen ist. Das Gesetz begnügt sich deshalb nicht mit dem Gebot der Benennung eines verantwortlichen Redakteurs im Impressum der periodischen Presse. Es macht außerdem die der Impressumangabe zugrunde liegende *Bestellung* eines verantwortlichen Redakteurs dem Verleger zur gesetzlichen Pflicht. Angesichts der Wichtigkeit der presserechtlichen Aufgabe, die dem verantwortlichen Redakteur zukommt: die Druckschrift von strafbarem Inhalt freizuhalten, erfordert die wirksame Bestellung eines verantwortlichen Redakteurs nach § 9 LPG die Erfüllung einer Reihe von *persönlichen Voraussetzungen* wie Besitz der Statusrechte, ständiger Aufenthalt im Inland bzw. in einem der Mitgliedstaaten der Europäischen Union oder der Vertragsstaaten des Abkommens über den Europäischen Wirtschaftsraum usw. Die notwendige persönliche Qualifikation ist in den einzelnen Bundesländern zum Teil unterschiedlich geregelt (vgl Rn 58 ff.).

Für Online-Medien mit journalistisch-redaktionell gestalteten Angeboten, wie zB die Website (zB Spiegel Online) oder App (zB BILD App, ZEIT App) eines Verlages, besteht angesichts der vergleichbaren Interessenlage nach § 55 Abs 2 RStV die Verpflichtung – zusätzlich zu den Pflichtangaben nach §§ 5, 6 TMG – einen „Verantwortlichen" mit Angabe des Namens und der Anschrift zu benennen. Werden mehrere Verantwortliche benannt, so ist kenntlich zu machen, für welchen Teil des Dienstes der jeweils Benannte verantwortlich ist. Außerdem stellt § 55 Abs 2 Satz 3 Nr 1 bis Nr 4 RStV, ähnlich den Pressegesetzen, bestimmte persönliche Anforderungen an den „Verantwortlichen" (für weitere Einzelheiten siehe Hahn/Vesting-Held § 55 RStV Rn 38 ff.; Spindler/Schuster-Micklitz/Schirmbacher 8. Teil, § 55 RStV Rn 18 ff.).

2. Historische Entwicklung

Die Landespressegesetze enthalten keine Begriffsbestimmungen des verantwortlichen Redakteurs. Diese bedeutsame presserechtliche Institution hat sich als notwendiges Gegengewicht gegenüber der wachsenden Macht der periodischen Presse *historisch* entwickelt. Die Rechtsfigur des verantwortlichen Redakteurs, die als bedeutsame „juristische Erfindung" des deutschen Presserechts gilt, fußt rechtsgeschichtlich auf dem französischen System der sog Garantenhaftung.

a) In *Frankreich* wurde die 1789 verfassungsrechtlich garantierte Pressefreiheit in den parteipolitischen Kämpfen der folgenden Jahre immer wieder zu anonymen Schmähschriften missbraucht. Deshalb bestimmte das Gesetz vom 18. April 1795, dass der Herausgeber eines Druckwerks (celui qui fait publier) die strafrechtliche Verantwortung für anonyme Artikel persönlich zu tragen habe. Durch Gesetz vom 9.6.1819 wurde diese – neben der Verantwortlichkeit des Verfassers bestehende – Sonderhaftung des Herausgebers auf alle Artikel des Druckwerks ausgedehnt. Gegen die ihr unbequeme Sonderhaftung suchte sich die Presse dadurch zur Wehr zu setzen, dass

3

4

sie als „editeurs responsables" willige Leute bestellte, die zwar keinen finanziellen oder geistigen Anteil am Schaffen der Zeitung hatten, sich aber dafür anstellen und bezahlen ließen, dass sie die Haftung übernahmen und notfalls die Strafe absaßen. Diesem üppig blühenden Unwesen der sog Sitzredakteure bzw Strohmänner (hommes de paille) schob das Gesetz vom 18.7.1928 einen Riegel vor. An die Stelle des bisher haftenden Herausgebers trat nun eine vom französischen Presserecht neu geschaffene Rechtsfigur, der persönlich haftende Geschäftsführer oder „gérant", dessen Person mit dem Eigentum am Zeitungsunternehmen eng verknüpft sein musste: Gehörte der Zeitungsbetrieb einer Einzelperson, so war diese zwangsläufig zugleich „gérant". War die Inhaberin der Zeitung eine Gesellschaft, so hatten die Gesellschafter aus ihrer Mitte einen bis drei Geranten zu bestimmen, wobei jedem Geranten mindestens ein Geschäftsanteil gehören musste. Geschäftliche Beteiligung und strafrechtliche Haftung waren unlösbar verknüpft. So bot der Gerant der Strafjustiz auf Grund seiner formalen Haftung in Verbindung mit seiner Beteiligung am Verlag die Garantie für die Durchsetzbarkeit des staatlichen Strafanspruchs. Auf seine Schuld kam es nicht an, nicht einmal auf seine objektive Mitwirkung bei dem fraglichen Pressevergehen.

5   b) Der Gedanke der französischen Gerantenhaftung (sprachlich falsch, aber sachlich treffend auch „Garantenhaftung" genannt) fasste in Deutschland zuerst im badischen Pressegesetz vom 28.12.1831 Fuß. Dieses, die Zensur im Land Baden aufhebende Gesetz verlangte, dass „für jede im Großherzogtum erscheinende Zeitschrift oder Zeitung ein badischer Staatsbürger, der das 30. Lebensjahr vollendet hat, der Polizeibehörde als verantwortlicher Redakteur zu benennen" sei (§ 6). Diese Regelung entsprach offensichtlich französischem Vorbild (Löning S 78), wurde aber in Deutschland in zwei entscheidenden Punkten umgestaltet und so das Haftungssystem des verantwortlichen Redakteurs entwickelt: an die Stelle der in Frankreich vorgeschriebenen kapitalmäßigen Verbundenheit des Geranten mit seiner Zeitung trat in Deutschland das Bindeglied der geistigen Mitarbeit des verantwortlichen Redakteurs. Die Schroffheit der ein Verschulden nicht voraussetzenden Formalhaftung des französischen Geranten wurde in Deutschland abgemildert zu einer pressespezifischen Berufspflichtverletzung (jetzt § 20 Abs 2 Nr 1 LPG).

3. Der Verantwortliche für den Anzeigenteil

6   Die Entwicklung der Presse im 20. Jahrhundert führte zu der besonderen presserechtlichen Figur des *„Verantwortlichen für den Anzeigenteil".*

a) Die enorm gestiegenen Kosten der Zeitungsherstellung und der Zeitschriftenproduktion konnten durch die Einnahmen aus Abonnement und Verkauf, deren Steigerung naturgemäß Grenzen gesetzt sind, nicht mehr aufgefangen werden. So kam den Einnahmen aus dem Anzeigengeschäft und damit dem *Anzeigenteil* selbst eine immer größere Bedeutung zu. Auch umfangmäßig nahm der Anzeigenteil ständig zu und erreicht heute bei einem Großteil der Zeitungen und Zeitschriften den gleichen Umfang wie der redaktionelle Teil, in manchen Fällen übersteigt er ihn beträchtlich.

7   b) Unter der Herrschaft des alten Reichspreßgesetzes von 1874 galt der Grundsatz, dass sich die Haftung des verantwortlichen Redakteurs eines periodischen Druckwerks auch auf den Anzeigenteil erstreckte (vgl § 8 LPG Rn 93). Gefahren für die schutzwürdigen Interessen des Staates und seiner Bürger gehen erfahrungsgemäß gerade auch vom Anzeigenteil aus. Bei dem Umfang, den der Anzeigenteil der modernen Presse angenommen hat, ist einem für den redaktionellen Teil verantwortlichen Redakteur die zusätzliche Überwachung des Anzeigenteils in vielen Fällen nicht mehr zuzumuten. Das Presserecht hat daraus die Konsequenzen gezogen und mit seiner Neuregelung zugleich der Praxis des Pressewesens Rechnung getragen, wonach die Überwachung des Anzeigenteils schon bisher in aller Regel nicht durch einen Redakteur sondern durch den kaufmännischen Leiter der Anzeigenabteilung erfolgte. Daraus ergab sich (zuerst 1949 in Bayern) die neue presserechtliche Bestim-

III. Der Begriff des Redakteurs **§ 9 LPG**

mung: „Auch für den Anzeigenteil muss eine *verantwortliche Person* benannt werden" (Art 8 Abs 2 Satz 2 bayer LPG). Alle Länder haben in der Folge diese Impressumpflicht zur Bestellung und Benennung eines *„Verantwortlichen für den Anzeigenteil"* gleichfalls in ihr Pressegesetz aufgenommen (vgl Näheres § 8 LPG Rn 92–95; § 9 Rn 15).

c) Die Presse hat in allen Bundesländern die Wahl, ob sie mit der Verantwortung für den Anzeigenteil einen Redakteur oder eine andere „Person" betrauen will. In der Praxis wird diese Person ganz überwiegend der kaufmännische Leiter der Anzeigenabteilung sein. Doch kann der „Verantwortliche für den Anzeigenteil" auch der alleinige verantwortliche Redakteur des Gesamtblattes sein, sofern nur seine Bestellung und Benennung speziell auch für den Anzeigenteil gilt („Verantwortlich für den redaktionellen Teil und den Anzeigenteil Max Maier ...", vgl § 8 Rn 93). **8**

d) Wesentlich für die *rechtliche Stellung* des „Verantwortlichen für den Anzeigenteil" ist die Bestimmung des § 8 Abs 2 Satz 4, Halbsatz 2: „für diesen gelten die Vorschriften über den verantwortlichen Redakteur *entsprechend*" (Zur Auswirkung dieser Bestimmung auf die Impressumregelung vgl § 8 Rn 95). Was die in § 9 LPG normierten besonderen *persönlichen Voraussetzungen* für die Tätigkeit des verantwortlichen Redakteurs betrifft, so müssen diese auch vom „Verantwortlichen für den Anzeigenteil" erfüllt werden (zu den nach den einzelnen LPG differierenden Anforderungen im Einzelnen vgl nachstehend Rn 58 ff.). Sofern die Landespressegesetze in Bezug auf die persönlichen Anforderungen an den verantwortlichen Redakteur auf Antrag Befreiungsmöglichkeiten im Rahmen des Verwaltungsermessens vorsehen (vgl § 9 Abs 3), gelten diese auch für den „Verantwortlichen für den Anzeigenteil". Soweit für Tätigkeiten in der Jugendpresse beim verantwortlichen Redakteur die Voraussetzung des Mindestalters bzw. der vollen Geschäftsfähigkeit entfällt (vgl § 9 Abs 1, Abs 2), gilt dieses Privileg der Jugendpresse auch für den Verantwortlichen für einen etwaigen Anzeigenteil (vgl § 9 Rn 78 ff.). **9**

III. Der Begriff des Redakteurs

1. Die Herkunft des Begriffs

Die Landespressegesetze enthalten keine Legaldefinition des Begriffs „Redakteur" oder des „verantwortlichen Redakteurs". Sie haben die nähere Begriffsbestimmung der Rechtsprechung und der Presserechts-Wissenschaft überlassen. Der Beruf des *Redakteurs* hat sich auf dem Boden der periodischen Presse entwickelt. Die Bezeichnung „Redakteur" für den die Zeitung *redigierenden Journalisten* wird schon zu Beginn des 19. Jahrhunderts verwendet (Löning S 194). Der Redakteur gehört zu dem an der geistigen Gestaltung der Presse maßgeblich mitwirkenden Personenkreis. Für die in diesem Bereich Tätigen werden in der Praxis *unterschiedliche Berufsbezeichnungen* gebraucht, die der rechtlichen Abgrenzung bedürfen. Dabei ist zwischen publizistischer, arbeitsrechtlicher und presserechtlicher Begriffsbestimmung zu unterscheiden. **10**

2. Der publizistische Begriff

Für die *Publizistik-Wissenschaft* ist der Oberbegriff für alle Personen, die hauptoder nebenberuflich im Medienbereich bei der geistigen Gestaltung bzw Mitgestaltung von Publikationen tätig sind, der *Publizist*. Dieser weite Begriff umfasst sowohl den freien Schriftsteller (vgl „Gesetz über die Sozialversicherung selbstständiger Künstler und Publizisten", ZRP 1980, 182) als auch den Herausgeber literarischer oder wissenschaftlicher Werke. Zu den Publizisten gehören aber auch die freien und die festgestellten Wort- und Bildjournalisten, voran die Redakteure, einschließlich Reporter und Korrespondenten. Nicht zu den Publizisten zählt das im Medienbereich tätige kaufmännische und technische Personal. **11**

3. Der arbeitsrechtliche Begriff

12 Das für Presse und Rundfunk geltende *Arbeitsrecht,* das durch zahlreiche Tarifverträge geregelt ist (s BT Arbeitsrecht Rn 14 ff.) geht vom Oberbegriff des *Journalisten* aus. Journalist ist, wer in Verbindung mit Presse und/oder Rundfunk an der geistigen Gestaltung von Publikationen mitwirkt, sei es in unabhängiger Position als freier Journalist oder als Arbeitnehmer bzw in arbeitnehmerähnlicher, dh abhängiger Stellung. Der Begriff des Redakteurs ist arbeitsrechtlich eine von mehreren Erscheinungsformen des Berufsbildes des Journalisten. Gegenüber dem presserechtlichen Redakteurbegriff ist die arbeitsrechtliche Definition enger und beschränkt sich im Gegensatz zu den freien Journalisten auf solche Pressetätigen, die in einem festen Anstellungsverhältnis bei einem Presseunternehmen stehen. Insoweit weicht der arbeitsrechtliche Redakteurbegriff vom presserechtlichen Redakteurbegriff ganz erheblich ab (LAG Berlin ZUM-RD 1999, 359 und AfP 1999, 396). Für das Tarifrecht haben die Tarifvertragsparteien eine Definition des Redakteurbegriffs vorgenommen (vgl zB Protokollnotiz zu § 1 des Mantelvertrags für Redakteure/Redakteurinnen an Tageszeitungen: danach gilt als Redakteur/Redakteurin, wer – nicht nur zum Zwecke der Vorbereitung auf diesen Beruf – kreativ an der Erstellung des redaktionellen Teils von Tageszeitungen regelmäßig in der Weise mitwirkt, dass er/sie Wort- und Bildmaterial sammelt, sichtet, ordnet, dieses auswählt und veröffentlichungsreif bearbeitet und/oder mit eigenen Wort- und/oder Bildbeiträgen zur Berichterstattung und Kommentierung in der Zeitung beiträgt und/oder die redaktionell-technische Ausgestaltung (insbesondere Anordnung und Umbruch) des Textteils besorgt und/oder diese Tätigkeiten koordiniert).

4. Der presserechtliche Begriff

13 Für den *presserechtlichen Redakteurbegriff* ist im Gegensatz zum arbeitsrechtlichen Redakteurbegriff keines der Merkmale „hauptberuflich tätiger fest angestellter Arbeitnehmer" bedeutsam. Redakteur im Sinne des Presserechts kann auch ein nebenberuflich tätiger freier Journalist sein; auch der Arbeitgeber selbst (Verleger) kann sich zugleich als Redakteur im Sinne des Presserechts betätigen. Für den presserechtlichen Redakteurbegriff sind zwei andere Voraussetzungen wesentlich:
a) Redakteur ist, wer – dem Wortsinn entsprechend – eine Pressepublikation *„redigiert"* bzw mitredigiert (Seitz/Schmidt S 27). Redigieren bedeutet die Beschaffung und Bearbeitung des zur Veröffentlichung vorgesehenen Stoffes. Der Redakteur sammelt den benötigten Publikationsstoff (zB durch Nachrichtenbeschaffung) und macht ihn durch Bearbeitung im Wege der ordnenden Sichtung, Kürzung und Umarbeitung veröffentlichungsreif (Ricker/Weberling 13. Kapitel Rn 20). Dadurch unterscheidet sich der Redakteur vom Rechercheur, der eine wichtige Vorarbeit leistet (BAG AfP 1981, 422). Nicht begriffswesentlich ist es, dass der Redakteur selbst Artikel oder sonstige Beiträge verfasst (RGSt 21, 23). Eine redigierende Tätigkeit ist vor allem bei *Sammelwerken* erforderlich, die sich aus mannigfachen Beiträgen verschiedener Stofflieferanten zusammensetzen. Zu der Kategorie der Sammelwerke gehören vor allem die Publikationen der periodischen Presse (Zeitungen und Zeitschriften). Doch kommt eine redaktionelle Tätigkeit auch bei nichtperiodischen Sammelwerken in Frage, so zB bei der Jubiläumsschrift einer Stadt oder eines Landes.

14 b) Neben der redigierenden Tätigkeit ist für den presserechtlichen Redakteurbegriff wesentlich, dass dem Redakteur eine – wenn auch begrenzte – *Entscheidungsbefugnis* über die Auswahl und Gestaltung des zu publizierenden Stoffes zusteht (Seitz/Schmidt S 27). Wer beim Redigieren ohne eigene Entscheidungsbefugnis mitwirkt, ist zwar – sofern er als hauptberuflich Festangestellter tätig wird – Redakteur im arbeitsrechtlichen Sinne (ausgenommen Volontäre, Pressestenographen sowie technische Hilfskräfte einschließlich Stenotypisten- vgl Schmidt-Osten § 1 Anm 5). Er erfüllt jedoch mangels Entscheidungsbefugnis nicht den Begriff des Redakteurs im presserechtlichen Sinne (allgemeine Meinung, vgl RGSt 27, 249; Häntzschel S 54;

III. Der Begriff des Redakteurs § 9 LPG

Kitzinger S 45, Rebmann § 8 Rn 20; Scheer § 8 B III, 1; Seitz/Schmidt S 27). Auch das Reichspreßgesetz sprach in § 7 Abs 2 vom Redakteur als demjenigen, der „die Redaktion besorgt", sonach eine gewisse Entscheidungsbefugnis über die Auswahl und Gestaltung des Stoffes besitzt. In diese Richtung deutet auch der mitunter anstelle von „Redakteur" gebrauchte Ausdruck „*Schriftleiter*".

5. Anzeigenleiter, Korrespondenten, Reporter, Archivredakteure, Bildjournalisten, Layouter

Im Ergebnis ist festzuhalten: *Redakteur im presserechtlichen Sinne* ist derjenige, der 15 den Inhalt einer Pressepublikation mit eigener Entscheidungsbefugnis über Beschaffung und Gestaltung des zu publizierenden Stoffes redigiert bzw mitredigiert. Der *Anzeigenleiter,* auch Anzeigenredakteur genannt, erfüllt die Voraussetzungen eines Redakteurs im presserechtlichen Sinne nicht: ihm fehlt die freie Gestaltungsmöglichkeit und die Entscheidungsbefugnis. Er kann die in festliegender Form eingehenden Anzeigen grundsätzlich nicht „sichten" und inhaltlich gestalten. Mit Recht sieht deshalb § 8 Abs 2 LPG vor, dass der im Impressum als „Verantwortlicher für den Anzeigenteil" zu Benennende kein Redakteur sein muss. – Umstritten, jedoch zu verneinen ist die Frage, ob Inlands- oder Auslands-*Korrespondenten* als Redakteure im presserechtlichen Sinne anzusehen sind. Zwar redigieren sie auf ihrem speziellen Sachgebiet (zB Berichterstattung aus Moskau) den von ihnen bearbeiteten Stoff und haben insoweit auch Entscheidungsbefugnis. Aber ihr Sektor ist nur ein Teilgebiet des größeren Ressorts „Ausland". Dessen Leiter, der im Gegensatz zum Korrespondenten den Gesamtüberblick über die in Bearbeitung befindliche Ausgabe hat, redigiert in Wirklichkeit den hier in Frage kommenden „Auslandsteil" der Zeitung und stellt möglicherweise auf Grund seiner übergeordneten Entscheidungsbefugnis den Bericht des Korrespondenten aus Moskau für eine spätere Ausgabe zurück (vgl Rebe S 56/57).

Da die redigierende Stoffbeschaffung und die Entscheidung darüber, was letztlich „ins Blatt kommt", für den Begriff des Redakteurs im presserechtlichen Sinne maßgeblich sind, wird man diese Kriterien dann als erfüllt ansehen müssen, wenn ein Redakteur in seinem Ressort (zB Technik und Verkehr) alle Beiträge *selbst verfasst* und über deren Veröffentlichung bestimmt. Eine solche Regelung kann insb bei einem Lokalblatt mit geringem Umfang oder bei einem schreibfreudigen Redakteur eine zweckmäßige Lösung sein. Dagegen kann bei einem Reporter, insb einem Gerichtsreporter oder einem im Presse-Archiv tätigen *Archivredakteur* von einer eigenen redigierenden Tätigkeit kaum gesprochen werden. Beim *Bildjournalisten* kommt es darauf an, ob er die von ihm produzierten Bilder an die Redaktion abliefert oder ob er einen eigenen Bildteil im Rahmen der Gesamtausgabe seiner Zeitung oder Zeitschrift mit gewisser eigener Entscheidungsbefugnis bearbeitet. Nur im letzteren Fall ist er Redakteur im presserechtlichen Sinne. Der *Layouter* hat die schöpferische Aufgabe, Bild und Text zu einer harmonischen Einheit zusammenzufügen. Da aber Bild und Text in ihrer Fassung schon feststehen, wenn sie in die Hände des Lay-outers kommen, fehlt ihm die notwendige Entscheidungsbefugnis über den zu publizierenden Stoff. Er ist kein Redakteur im presserechtlichen Sinne.

6. Der Chefredakteur

Der *Chefredakteur,* der in der Praxis nicht selten mit dem verantwortlichen Redak- 16 teur verwechselt wird, hat seiner Funktion nach mit dem Redakteur im presserechtlichen Sinne nichts zu tun. Der Chefredakteur trägt die Verantwortung für den wirtschaftlichen Erfolg. Zu seinen Aufgaben zählt in erster Linie die organisatorische Leitung der ihm unterstellten Redaktion sowie die planerische Gestaltung des Produkts (OLG Celle NJW 1996, 1149). Doch kann der Chefredakteur je nach der gegebenen Situation (zB Lokalzeitung mit wenigen Mitarbeitern) zugleich die Funktion eines verantwortlichen Redakteurs bekleiden. Er bedarf dazu aber eines besonderen Auftrages von Seiten des Verlegers. Der Verleger kann dem Chefredakteur auch das Recht einräumen, in Vertretung des Verlegers einen oder mehrere verantwortliche Redakteure zu bestellen. Den Begriff des Chefredakteurs kennen die Landespressegesetze nicht. Es besteht auch keine Verpflichtung, ihn im Impressum zu benennen. Seine Nennung im Impressum kann aber freiwillig erfolgen und ist in der Praxis üblich (vgl Soehring/Hoene § 25 Rn 3 und § 28 Rn 8f.). Dagegen ist die Stellung des Chefredakteurs im Arbeitsrecht und bei der zivil- und strafrechtlichen Haftung der Presse von großer Bedeutung (vgl § 6 LPG Rn 227).

Eine *zivilrechtliche Haftung* des Chefredakteurs für den Zeitungsinhalt kommt dann in Betracht, wenn er an einer rechtswidrigen Veröffentlichung mitgewirkt hat, sei es als Verfasser (Täter), redigierend (Mittäter) oder als Gehilfe (vgl BGH AfP 1987, 715, 716; OLG Frankfurt a. M. ZUM 2007, 546, 548; OLG Celle NJW 1996, 1150). Seine Haftung kann sich auch daraus ergeben, dass er es fahrlässig unterlassen hat, die ihm unterstellten Redakteure zu überwachen, sofern eine solche Aufgabe zu seinen besonderen Pflichten gehörte, was sich nicht von selbst versteht (zutreffend OLG Köln ArchPR 1971, 89; LG Hamburg ArchPR 1970, 73; aM LG Köln ArchPR 1970, 74). Auch eine Verletzung von Überprüfungspflichten kann zu einer Haftung des Chefredakteurs führen. Eine Pflicht zur Überprüfung obliegt dem Chefredakteur zB dann, wenn er angesichts der Informationsquelle, des Verfassers oder des Inhalts Zweifel an der Richtigkeit der Darstellung haben muss (BGH AfP 1979, 307, 310). Eine generelle Haftung allein schon kraft seiner Stellung als „Herr der Zeitung" wird von der hM zu Recht abgelehnt (vgl § 6 Rn 227, Soehring/Hoene, § 28 Rn 8f; Ricker/Werberling 13. Kapitel Rn 21; Wenzel/Burkhardt Rn 14.64). Burkhardt will den Chefredakteur im Allgemeinen als Störer auf Unterlassung haften lassen (Wenzel/Burkhardt Rn 12.67). Nach der wohl hM ist indessen auch beim Unterlassungsanspruch gegen den Chefredakteur darauf abzustellen, ob er mit dem angegriffenen Beitrag sachlich befasst war (OLG Frankfurt a. M. ZUM 2007, 546, 548; ZUM 1992, 361; OLG Celle AfP 1992, 295; Prinz/Peters, Medienrecht, Rn 313; Soehring/Hoene § 28 Rn 8f.).

IV. Der Begriff des verantwortlichen Redakteurs

1. Das Fehlen einer Legaldefinition. Der Theorienstreit

17   Von der aus der Praxis des Presseberufs heraus gewachsenen Stellung und Funktion des Redakteurs, insb des Chefredakteurs, unterscheidet sich die der juristischen Begriffsretorte entsprungene Rechtsfigur des verantwortlichen Redakteurs grundlegend. Das Gesetz hat den verantwortlichen Redakteur zum Angelpunkt des gesamten presserechtlichen Haftungssystems gemacht (vgl §§ 10, 11, 20, 21, 22, 23 LPG). Doch hat es der Gesetzgeber bedauerlicherweise versäumt, den *Begriff des verantwortlichen Redakteurs* näher zu präzisieren. Nur seine Funktionen und seine Haftung als Ausfluss seiner Stellung sind aufgeführt. Über die Stellung selbst, insb die *Bestellung* des verantwortlichen Redakteurs, fehlt eine nähere Erläuterung im Gesetz. Diese Unterlassungssünde hat sich gerächt. Der Begriff war lange heftig umstritten. Rechtsprechung und Schrifttum haben sich bemüht, das aus rechtlichen Erwägungen hervorgegangene Institut des verantwortlichen Redakteurs in eine einheitliche logische Ordnung zu bringen. Jahrzehntelang war der Begriff des verantwortlichen Redakteurs die Zielscheibe scharfsinniger Begriffsjurisprudenz. Dabei handelte es sich keinesfalls um müßige Gedankenspielerei, sondern um die grundsätzliche Entscheidung einer Fülle von Rechtsfragen, die regelmäßig auftauchen, wenn der verantwortliche Redakteur haftbar gemacht werden soll. Der Streit geht vor allem um die Frage, ob die *formale Benennung* im Impressum als der maßgebende konstitutive Akt anzusehen ist, der den Benannten zum verantwortlichen Redakteur macht, oder ob es hinsichtlich der Haftung auf die *faktische* Übertragung dieser Funktion und deren Ausübung an-

IV. Der Begriff des verantwortlichen Redakteurs § 9 LPG

kommt. Zur Klärung dieser grundlegenden Rechtsfrage haben sich *verschiedene Theorien* herausgebildet:

a) Die formale Benennungstheorie
Als heute überholt anzusehen ist die *formale Benennungstheorie*. 18

aa) Nach dieser These soll die im Gesetz vorgeschriebene *Benennung* des verantwortlichen Redakteurs im *Impressum* der wesentliche (konstitutive und nicht bloß deklaratorische) Akt sein, der den verantwortlichen Redakteur – auch ohne redigierende Tätigkeit – ins Leben rufe und kennzeichne. Jeder so im Impressum Benannte und nur er sei im Sinne des Gesetzes verantwortlicher Redakteur; die Benennung sei zugleich, wenn sie mit Wissen und Willen des Benannten erfolge, eine Garantieerklärung, dass er für den Inhalt des Druckwerks die Verantwortung übernehme (vgl Löning S 137; Heilborn S 19). Den Befürwortern der Benennungstheorie kommt es vor allem darauf an, dass man sich hinsichtlich der strafrechtlichen Haftung an den formal Benannten halten kann. Die oft schwierige Beweisfrage nach der im Prozess vielfach bestrittenen Übertragung und Ausübung der Funktion des verantwortlichen Redakteurs im Einzelfall erledigt sich, wenn auf die formale Benennung im Impressum abgestellt wird (für die Benennungstheorie noch OLG München MDR 1959, 488; ArchPR 1976, 43).

bb) Die Benennungstheorie steht jedoch mit der Praxis des Presserechts in unvereinbarem Widerspruch und wird deshalb aus gutem Grund von der herrschenden Meinung abgelehnt (vgl RGSt 27, 246 unter Aufgabe des früheren formalen Standpunkts; BGH NJW 1963, 666; BayObLGSt 1967, 167; BayObLG AfP 1975, 918; OLG Hamburg NJW 1953, 1766; OLG Düsseldorf ArchPR 1963, 348). 19

Die Benennungstheorie übersieht, dass der verantwortliche Redakteur schon vor dem Erscheinen des periodischen Druckwerks im Hinblick auf dessen einwandfreien Inhalt wichtige Aufgaben wahrzunehmen hat. Er muss demnach schon vor seiner formalen Benennung seine Hauptaufgabe erfüllen. Deshalb kann die formale Benennung im Impressum nicht der wesentliche konstitutive Akt sein (zutreffend Rebmann § 8 Rn 27; Ricker/Weberling 13. Kapitel Rn 23a; vgl auch KG AfP 1998, 324). Die Benennung im Impressum ist zwar für die Frage der Haftung wichtig. Die Erfüllung der materiellen Funktion des verantwortlichen Redakteurs in Form der Freihaltung des Druckwerks von strafbarem Inhalt, geht jedoch der formalen Benennung im Impressum zeitlich voraus (vgl § 20 Abs 2 Nr 1 LPG).

cc) Außerdem begünstigt die Benennungstheorie das Unwesen der *Strohmänner* und sog Sitzredakteure, wenn es nur auf die formelle Benennung im Impressum und nicht auf die tatsächliche Mitarbeit bei der Publikation ankommt. Gerade diese Unsitte will aber das LPG, wie sich aus § 20 Abs 2 Nr 1 klar ergibt, aus dem Pressewesen ausmerzen, da sonst die strafrechtliche Belangbarkeit der in Wahrheit Verantwortlichen zur Farce wird. Den „Sitzredakteur" hat man schon früher mit Recht kritisiert als den „Kuli", den sich ein Herausgeber engagiere, damit dieser als Strohmann gegebenenfalls die verdiente Strafe für andere absitze (vgl Rn 4; Mannheim S 51 Anm 2). Dieser Missbrauch soll nicht wiederaufleben. 20

b) Die materiellen Theorien. Die Tätigkeitstheorie
Da es der auf die formale Benennung im Impressum abstellenden Benennungstheorie nicht gelang, die sich in der Praxis ergebenden Rechtsprobleme befriedigend zu lösen, traten die *materiellen Theorien* in den Vordergrund. Sie stimmen darin überein, dass es entscheidend auf das faktische Verhältnis ankommt, in dem der verantwortliche Redakteur während der „Tatzeit" (dh der Zeit der erforderlichen Überwachung des Inhalts des Druckwerks vor seinem Erscheinen) zu seiner Zeitung oder Zeitschrift steht. Doch gehen hier die Meinungen wiederum auseinander, welches materielle Moment als wesentlich zu betrachten ist: die faktische *Ausübung* der *Tätigkeit* eines verantwortlichen Redakteurs oder die offizielle *Bestellung* zum verantwortlichen Redakteur, auch wenn im Einzelfall ein anderer die Funktion ausübt. 21

22 aa) Nach der heute als überholt anzusehenden *Tätigkeitstheorie* gilt als verantwortlicher Redakteur derjenige, der im konkreten Fall bei der in Frage kommenden Druckschrift den zur Veröffentlichung vorgesehenen Stoff auf seinen etwaigen strafbaren Inhalt untersucht und über die Veröffentlichung entschieden hat (RGSt 21, 23; Schwarze-Appelius S 53; Kitzinger S 50 ff.). Man hat gegen die Tätigkeitstheorie eingewandt, dass sie es ermögliche, den verantwortlichen Redakteur mit jeder Nummer zu wechseln, und dass sie so aus einer wichtigen Rechtsinstitution eine Eintagsfliege mache (Köppel S 214). Aber dieses Bedenken greift nicht durch. Nur das Institut des verantwortlichen Redakteurs als solches ist vom Gesetz als dauernde Einrichtung geschaffen worden. Der Träger dieser Institution kann mit jeder Nummer wechseln. Dies verbieten weder Sinn noch Wortlaut des Gesetzes. Es ist im Gegenteil gerade der ins Auge springende Unterschied zwischen dem gewöhnlichen Redakteur bzw dem Chefredakteur einerseits und dem verantwortlichen Redakteur andererseits, dass die Funktion des Letzteren keinen ständig ausgeübten Beruf darstellt, sondern eine für jede einzelne Ausgabe neu begründete Haftung enthält, in die theoretisch jeder Redakteur jederzeit eintreten kann, wenn sie auch praktisch in der Regel vom gleichen Redakteur getragen wird.

23 bb) Dagegen versagt die Tätigkeitstheorie, wenn – was aus verschiedenen Gründen öfters vorkommt – niemand faktisch die Funktion des verantwortlichen Redakteurs ausübt: der verantwortliche Redakteur hat zB vor Antritt einer mehrtägigen Reise einen Stellvertreter mit der Ausübung seiner Funktion – Prüfung des Stoffes auf seine Strafbarkeit – betraut, der Stellvertreter unterlässt die Überwachung jedoch. Nach der Tätigkeitstheorie ist hier ein verantwortlicher Redakteur nicht vorhanden und eine Strafhaftung nicht gegeben. Das Reichsgericht hat deshalb die Tätigkeitstheorie aufgegeben und sich der Stellungstheorie zugewandt (vgl Rn 24).

2. Die herrschende Stellungstheorie

24 Durchgesetzt hat sich in dem jahrzehntelangen presserechtlichen Theorienstreit die heute herrschende *Stellungstheorie*. Sie geht auf v Bülow zurück (GoldtArch 40, 241; 43, 324; ZStW 14, 643) und wurde vom Reichsgericht seit der Entscheidung RGSt 27, 246 in ständiger Rechtsprechung (RGSt 35, 271; 36, 215; 66, 31) vertreten. Sie ist heute in Judikatur und Rechtslehre allgemein anerkannt (siehe nur BGH NJW 1997, 2248; NJW 1990, 2828; NJW 1980, 67; NJW 1963, 666; KG AfP 1998, 324; AfP 1975, 918 ff.; ArchPR 1962, 137; OLG Stuttgart AfP 1981, 289; OLG Karlsruhe Justiz 1979, 343; OLG München ArchPR 1972, 96; OLG Köln NJW 1969, 755; OLG Düsseldorf ArchPR 1963, 348; OLG Hamburg NJW 1953, 1766; Rebmann § 8 Rn 29; Rebe S 55; Seitz/Schmidt S 28; Paschke/Berlit/Meyer-Held 71. Abschnitt Rn 13; Ricker/Weberling 13. Kapitel Rn 23a; Wenzel/Burkhardt Rn 11.86; Hahn/Vesting-Held § 55 RStV Rn 42).

Die Stellungstheorie hat sich zwar nicht als ideale, aber doch als brauchbare Lösung erwiesen. Nach ihr ergibt sich folgender gültiger Begriff des verantwortlichen Redakteurs: Verantwortlicher Redakteur ist, wer diese *Stellung* im Auftrag des Unternehmers bzw. Verlegers des Druckwerks *tatsächlich* bekleidet und kraft dieser Stellung darüber entscheiden kann, ob ein Beitrag veröffentlicht wird oder wegen seines strafbaren Inhalts zurückzuweisen ist, unabhängig davon, ob er die ihm übertragene Funktion auch tatsächlich ausübt (Rn 30; BGH NJW 1963, 665; KG AfP 1998, 324). Zu den früher vertretenen sog *Kombinationstheorien,* die zwischen den Hauptheorien zu vermitteln suchten, s 2. Aufl Bd II Vorbem § 8 LPG Rn 16.

V. Die Wesensmerkmale der Stellung des verantwortlichen Redakteurs

25 Nach heute ganz herrschender Meinung (vgl Rn 24) ist verantwortlicher Redakteur, wer diese Stellung mit dem Willen des Verlegers und mit Entscheidungsbefugnis

V. Die Wesensmerkmale des verantwortlichen Redakteurs § 9 LPG

über das Ausscheiden evtl strafbaren Publikationsstoffes tatsächlich bekleidet. Daraus ergibt sich im Einzelnen:

1. Faktische Bekleidung der Stellung

Der verantwortliche Redakteur muss diese Stellung *tatsächlich bekleiden*. 26
a) Ein Schein- oder Sitzredakteur (Strohmann; vgl Rn 20) scheidet damit aus. Demzufolge können Verleger, Herausgeber und Chefredakteur nur dann gleichzeitig „verantwortliche Redakteure" sein, wenn sie „zusätzlich" zu einer redigierenden Tätigkeit die Funktion eines verantwortlichen Redakteurs haben, dh persönlich den Stoff hinsichtlich seines strafbaren Inhalts zu überprüfen und Unzulässiges auszuscheiden haben.

b) Die bloße *formale Benennung* im Impressum macht den Benannten nicht zum 27 verantwortlichen Redakteur (BGH NJW 1990, 2830; OLG Celle AfP 1996, 274). Wer andererseits die Stellung tatsächlich bekleidet, verliert die Eigenschaft nicht durch Unterbleiben der Benennung im Impressum (RGSt 21, 23; 27, 246; 36, 215; RG GoldtArch 53, 167; BayObLG 13, 296).

Die Benennung im Impressum ist jedoch rechtlich nicht ohne Bedeutung. Sie gilt nach herrschender Ansicht als *widerlegliches außergerichtliches Geständnis,* dass der Benannte auch in Wirklichkeit die Stellung des verantwortlichen Redakteurs bekleidet hat (RGSt 27, 246; KG AfP 1998, 324; Seitz/Schmidt S 28; Wenzel/Burkhardt Rn 11.88). Voraussetzung ist allerdings der Nachweis, dass die Benennung mit Wissen und Willen des Benannten erfolgt ist (KG AfP 1998, 324). Dieses vermutete Geständnis gilt für die ganze Nummer der Zeitung, soweit nicht eine Aufteilung der Verantwortlichkeit stattgefunden hat. Der im Impressum Benannte kann jedoch jederzeit den Gegenbeweis erbringen: ergibt sich, dass der Benannte nicht der wirkliche verantwortliche Redakteur war (mangelnde ordnungsgemäße Bestellung, Stellvertreter, Sitzredakteur), dann trifft die Sonderhaftung nur den (nichtbenannten) tatsächlich verantwortlichen Redakteur (OLG München AfP 1972, 278; OLG Düsseldorf ArchPR 1963, 348; Paschke/Berlit/Meyer-Held 71. Abschnitt Rn 13; Ricker/Weberling 13. Kapitel Rn 23c). Derjenige, der lediglich nach außen hin im Impressum benannt ist, tatsächlich aber an dem beanstandeten Druckwerk nicht beteiligt war, kann sich jedoch wegen Beihilfe strafbar machen (BGH NJW 1997, 2251). Ob aus der Benennung des verantwortlichen Redakteurs im Impressum die (widerlegbare) Vermutung hergeleitet werden kann, der Benannte habe den Inhalt des beanstandeten Artikels, der in der fraglichen Nummer erschienen war, auch wirklich zur Kenntnis genommen, erscheint fraglich (s dazu BGH NJW 1977, 627).

2. Bestellung durch den Verleger

Der verantwortliche Redakteur muss mit dieser Funktion vom *Eigentümer oder* 28 *Unternehmer* des Presse-Organs betraut sein. Nach reichsgerichtlicher Praxis (RGSt 36, 215) ist unter dem Eigentümer oder Unternehmer der Geschäftsinhaber (Verleger) zu verstehen, der ein Presseunternehmen als sein eigenes betreibt (vgl § 8 Rn 49 ff.). Bei der Bestellung des verantwortlichen Redakteurs hat der Inhaber des Presseunternehmens darauf zu achten, dass der mit der Funktion Betraute die gesetzlichen Mindestforderungen des § 9 LPG erfüllt (vgl Rn 58 ff.). Ist der Inhaber des Presseunternehmens eine natürliche Person, so kann er auch selbst die Funktion des verantwortlichen Redakteurs übernehmen (ebenso Rebmann § 8 Rn 25).

Die von Häntzschel (S 57) und Mannheim (S 55) erhobene Forderung, auch den *Chefredakteur* als befugt zur Bestellung eines verantwortlichen Redakteurs anzusehen, ist aus praktischen Erwägungen zu billigen unter der Voraussetzung, dass der Chefredakteur hierbei im vermuteten oder erteilten Einverständnis mit dem Verleger (Geschäftsinhaber) handelt. Der Verleger hat dafür zu sorgen, dass für jede Nummer ein verantwortlicher Redakteur bestellt ist. Da beim „regelmäßigen" verantwortlichen Redakteur stets Hinderungsgründe eintreten können (Krankheit, Reise), der Verleger aber unter Umständen selbst abwesend ist, empfiehlt sich aus Zweckmäßigkeitsgründen die Erstreckung der Befugnis zur Bestellung eines verantwortlichen Redakteurs auf den Chefredakteur.

3. Befugnis zum Ausscheiden bedenklichen Inhalts

29 Der verantwortliche Redakteur muss kraft seiner Bestellung *verfügungsbefugt* über den wegen seines strafbaren Inhalts auszuscheidenden Stoff sein (RGSt 11, 316; 20, 430; 36, 215; BayObLG NStZ 1983, 126). Die Tätigkeit des verantwortlichen Redakteurs besteht im Wesentlichen (vgl Rn 36 ff.) in der Prüfung des seiner Verantwortlichkeit unterliegenden Stoffes der gesamten Zeitung bzw Zeitschrift oder – wenn mehrere verantwortliche Redakteure bestellt sind – des auf ihn entfallenden Teiles des Druckwerks auf strafbare Inhalte sowie in der Ausscheidung des strafrechtlich bedenklichen Stoffes. Daneben ist vor allem seine Haftung für den rechtzeitigen Abdruck einwandfreier Gegendarstellungen (§ 11 LPG) von Bedeutung. Der verantwortliche Redakteur ist somit nicht Redakteur im gewöhnlichen standes- oder berufsmäßigen Sinne, sondern Redakteur in einem speziell presserechtlichen Sinne: er entscheidet unter *strafrechtlichem und presserechtlichem Aspekt*. Er muss gegen Beiträge strafbaren Inhalts sein Veto einlegen und durchsetzen können. Dass er in aller Regel daneben noch berufsmäßiger Redakteur seiner Sparte ist (zB Lokalredakteur), ist in erster Linie für seine zivilrechtliche Haftung von Bedeutung (vgl Rn 38 ff.).

Wesentlich ist, dass der verantwortliche Redakteur den strafrechtlich bedenklichen Stoff *nach eigener Entschließung* auszuscheiden befugt ist. Wer – wie es vielfach vorkommt – den Zeitungsstoff auf einen etwaigen strafrechtlichen Inhalt überprüft und darüber dem Verleger oder Chefredakteur berichtet, die dann ihrerseits die Entscheidung über das Ausscheiden des Stoffes treffen, ist Rechtsberater der Zeitung, aber nicht verantwortlicher Redakteur. Zur Frage, ob ein Journalist für die Ausübung der Funktion eines verantwortlichen Redakteurs eine besondere Vergütung verlangen kann siehe LAG Frankfurt in „journalist" 1982 Heft 9 S 42.

4. Abberufung. Amtsniederlegung. Keine Stellvertretung möglich. Wechsel im Amt des verantwortlichen Redakteurs

30 Die Stellung des verantwortlichen Redakteurs dauert von der Bestellung bis zur *Abberufung oder Niederlegung* des Amtes, die jederzeit, unbeschadet des arbeitsrechtlichen Anstellungsverhältnisses, sowohl generell wie für eine oder mehrere konkrete Nummern erfolgen kann.

a) Ein ordnungsgemäß bestellter verantwortlicher Redakteur wird von seiner Haftung und seinem Amt keineswegs dadurch frei, dass er die Tätigkeit des verantwortlichen Redakteurs *nicht ausübt* (RGSt 36, 218). Dies gilt unabhängig davon, ob die Nichtausübung auf Nachlässigkeit oder darauf beruht, dass er sich dem Willen eines anderen, zB des Verlegers, unterordnet, der ihn trotz ordnungsgemäßer Bestellung von seiner Tätigkeit abhält (RGSt 27, 338). Erkrankt oder verreist der verantwortliche Redakteur, und wird aus Nachlässigkeit oder Bequemlichkeit kein anderer verantwortlicher Redakteur bestellt (vgl ZV 1971, 2252, bedenklich!), so besteht seine Haftung auch während seiner Abwesenheit voll weiter (Ricker/Weberling 13. Kapitel Rn 23d).

31 b) Eine *Stellvertretung* in der Haftung des verantwortlichen Redakteurs ist ausgeschlossen (RGSt 66, 31). Geht der verantwortliche Redakteur in Urlaub oder ist er an der Ausübung seines Amtes sonst verhindert, so bedeutet die Berufung eines Stellvertreters für die vom Stellvertreter redigierten Nummern rechtlich zugleich die Abberufung bzw die Niederlegung des Amtes des bisherigen verantwortlichen Redakteurs. In diesem Falle ist nur der Urlaubsvertreter verantwortlicher Redakteur, und nur er darf im Impressum genannt werden (RGSt 21, 23; BayObLG 13, 296). Wer dagegen ohne ordnungsmäßige Bestellung lediglich faktisch die Tätigkeit des verhinderten oder pflichtvergessenen verantwortlichen Redakteurs ausübt, wird nicht ver-

antwortlicher Redakteur: die Haftung des sein Amt nicht ausübenden verantwortlichen Redakteurs wird dadurch nicht berührt (RGSt 27, 246; 66, 31; Ricker/Weberling 13. Kapitel Rn 23d).

c) Wer die Tätigkeit des verantwortlichen Redakteurs hinsichtlich einer konkreten Nummer auszuüben hat, kann die Haftung für den Inhalt nur durch *rechtzeitige Amtsniederlegung,* nicht aber dadurch abwälzen, dass er im Impressum oder an anderer Stelle erklärt, er lehne für gewisse Teile die Verantwortung ab (OLG Celle AfP 87, 715). Einer gesetzlichen Verantwortlichkeit kann sich niemand durch eine Vorbehaltserklärung nach eigenem Gutdünken entziehen (RGSt 34, 187; OLG Frankfurt CR 2000, 312). **32**

d) Die Bestellung zum verantwortlichen Redakteur ist mit dem Abschluss des zivilrechtlichen Anstellungsvertrags noch nicht erfolgt. Wesentlich ist die tatsächliche Einräumung der Prüfungs- und Entscheidungsbefugnis, der wirklichen *strafrechtlichen Oberaufsicht.* Diese ist auch dann wirksam, wenn aus zivilrechtlichen Gründen (zB Anfechtung oder Nichtigkeit) der Anstellungsvertrag ungültig ist. Ist die Bestellung erfolgt, so sind gegenteilige Anweisungen des Verlegers – solange die Bestellung nicht durch Abberufung rückgängig gemacht wurde – unbeachtlich (Ricker/Weberling 13. Kapitel Rn 24); aufseiten des verantwortlichen Redakteurs, der sie unbeachtet lässt, liegt keine Verletzung seines Anstellungsvertrages vor (RGSt 56, 168). **33**

e) Die *Abberufung* des verantwortlichen Redakteurs durch den Verleger oder die *Niederlegung* seines Amtes durch den verantwortlichen Redakteur geschieht durch jederzeit zulässige einseitige Erklärung gegenüber dem anderen Teil. Ob der Dienstvertrag eine solche Erklärung gestattet, ist presserechtlich ohne Bedeutung und berührt die Gültigkeit des Rücktritts nicht. Niederlegung und Abberufung beenden jedoch nur dann das Amt, wenn die Erklärung ernstlich gemeint ist und in die Tat umgesetzt wird. Übt ein verantwortlicher Redakteur trotz der im Unmut geäußerten Erklärung, sein Amt niederzulegen, seine strafrechtliche Oberaufsicht weiterhin aus, so dauert auch seine Haftung fort (OLG Stettin DB 1926 Nr 8). **34**

f) Tritt *vor* dem Erscheinen einer Pressepublikation – infolge Erkrankung, Abberufung, Amtsniederlegung oder aus anderen Gründen – ein *Wechsel* im Amt des verantwortlichen Redakteurs ein, dann ist derjenige, der diese Stellung mit dem Willen des Verlegers als Letzter vor dem Erscheinen der Publikation tatsächlich bekleidet hat, der für diese Nummer verantwortliche Redakteur. Eine Besonderheit besteht bei der *Gegendarstellung:* hier ist für den Anspruch aus § 11 LPG nicht derjenige passivlegitimiert, der die beanstandete Erstveröffentlichung zu verantworten hat, sondern der bei Eingang des Gegendarstellungsverlangens Verantwortliche. Letzterer ist für den Abdruck der Gegendarstellung zuständig und kann ihn auch tatsächlich veranlassen (s § 11 Rn 87; vgl OLG Köln ArchPR 1968, 62; BayObLG ArchPR 1970, 74; Seitz/Schmidt S 28; Wenzel/Burkhardt Rn 11.89). Der frühere verantwortliche Redakteur wäre – anders als der gegenwärtige – zur Erfüllung des Gegendarstellungsanspruchs gar nicht mehr in der Lage (vgl Rn 52). **35**

VI. Funktion und Haftung des verantwortlichen Redakteurs

Das deutsche Presserecht hat den *verantwortlichen Redakteur* in den Mittelpunkt seines Haftungssystems gestellt. Bei der einflussreichen periodischen Presse (Zeitungen und Zeitschriften) richtet sich die Strafandrohung des Gesetzes (§ 20 Abs 2 Nr 1 LPG) wegen Verletzung der Pflicht zur Reinhaltung der Publikation von strafbarem Inhalt allein gegen den verantwortlichen Redakteur. Aus dieser herausragenden Stellung ergeben sich für ihn eine *Reihe von Rechtspflichten,* an deren gewissenhafte Erfüllung die Rechtsprechung einen strengen Maßstab anlegt. Ihm obliegen folgende Pflichten: **36**

LPG § 9

1. Die Pflicht zur Überprüfung des Druckwerks auf etwaigen strafbaren Inhalt und dessen Ausmerzung

a) Vetorecht und Oberaufsicht

37 Die Hauptaufgabe des verantwortlichen Redakteurs geht dahin, den zu publizierenden Stoff, soweit ihm dafür ganz oder teilweise die Verantwortung übertragen wurde, auf seine Strafbarkeit zu *prüfen* und Veröffentlichungen strafbaren Inhalts zu *verhüten* (§ 20 Abs 2 Nr 1 LPG; RGSt 20, 430; BGHZ 3, 270; 24, 210 ff.; NJW 1966, 1857; Engels, AfP 2005, 39 ff.). Der Kern seiner vom Gesetz definierten Funktion „Druckwerke von strafbarem Inhalt freizuhalten" ist die auf gewissenhafter Überprüfung beruhende Geltendmachung und Durchsetzung eines *Vetorechts* hinsichtlich eines etwaigen strafbaren Inhalts des Druckwerks (RGSt 27, 251). Insoweit steht ihm bezüglich des seiner Verantwortung unterliegenden Publikationsstoffes die *Oberaufsicht* zu.

Diese Oberaufsicht hat der verantwortliche Redakteur nicht nur gegenüber den Redakteur-Kollegen und sonstigen Mitarbeitern des Verlages inne, sondern auch gegenüber dem Chefredakteur, dem Herausgeber, Verfasser und Verleger, wie auch gegenüber allen sonstigen Pressebeteiligten, einschließlich den Mitarbeitern der Druckerei, Setzerei und Vertriebsabteilung (RGSt 20, 430; Ricker/Weberling 13. Kapitel Rn 24). Die Oberaufsicht wirkt sich auch hier im Wesentlichen als Vetorecht aus: der verantwortliche Redakteur darf nicht anordnen, dass dies oder das publiziert, gesetzt oder gedruckt wird, sondern nur, was nicht publiziert werden darf.

b) Haftung nur in strafrechtlicher, nicht zivilrechtlicher Hinsichten

38 Nur in strafrechtlicher, *nicht in zivilrechtlicher* oder sonstiger Hinsicht obliegt dem verantwortlichen Redakteur in dieser Eigenschaft die gesetzliche Prüfungspflicht und stehen ihm Oberaufsicht und Vetorecht zu. Diese wichtige rechtliche Begrenzung seiner verantwortlichen und schwierigen Aufgabe entspricht nicht nur dem eindeutigen Wortlaut des Gesetzes (§ 20 Abs 2 Nr 1 LPG) sondern auch der in Rechtsprechung und Rechtslehre herrschenden Meinung (RGSt 59, 181; RGZ 148, 158; BGHZ 3, 275; BGH NJW 1977, 626 ff.; Häntzschel § 20 LPG Anm 5; Löffler, ZV 1952, 116; Wenzel/Burkhardt Rn 12.66; Damm/Rehbock Rn 702 f.; Soehring/ Hoene § 25 Rn 4 und § 28 Rn 11 ff.; Ricker/Weberling 13. Kapitel Rn 24a).

39 aa) Die gesetzliche Haftungsbeschränkung auf den strafrechtlichen Inhalt der Druckschrift hat zur Folge, dass der *verantwortliche Redakteur als solcher* für zivilrechtliche Ansprüche wegen rechtswidriger Presseveröffentlichungen nicht passivlegitimiert ist (vgl Soehring/Hoene § 28 Rn 11 ff.; Ricker/Weberling 13. Kapitel Rn 24a; Hahn/Vesting-Held § 55 RStV Rn 44), ausgenommen seine durch Gesetz (§ 11 Abs 1 und 4 LPG) begründete Haftung bei Geltendmachung von Gegendarstellungsansprüchen (vgl Rn 52). Auch ist der *verantwortliche Redakteur als solcher* weder berechtigt noch verpflichtet, den Publikationsstoff auf *zivilrechtlich* unzulässige, rechtswidrige bzw zum Schadensersatz verpflichtende Veröffentlichungen hin zu überprüfen und insoweit ein Vetorecht geltend zu machen. Es genügt, wenn er sich hier jeder Mitwirkung enthält, um sich persönlich vor zivilrechtlichen Ansprüchen auf Unterlassung, Widerruf oder Schadensersatz zu sichern. Anders ist es natürlich in den Fällen, in denen er – wie es der publizistischen Praxis entspricht – neben seiner speziellen Funktion als verantwortlicher Redakteur noch ein eigenes Referat etwa als Sport-, Feuilleton- oder Wirtschaftsredakteur etc betreut. Nur in dieser letzteren Eigenschaft trifft ihn die volle zivilrechtliche Haftung, falls er die ihm als „gewöhnlichem" Redakteur obliegenden Sorgfaltspflichten gegenüber den schutzwürdigen Rechten Dritter vorsätzlich oder fahrlässig verletzt (OLG Köln NJW 1987, 1418). Dass die besondere Funktion des verantwortlichen Redakteurs nicht stets scharf von seiner sonstigen gleichzeitigen Tätigkeit als gewöhnlicher Redakteur getrennt wurde, hat in Rechtsprechung und Rechtslehre wiederholt zu Missverständnissen hinsichtlich der Haftung des verantwortlichen Redakteurs als solchem geführt (so OLG Düs-

VI. Funktion und Haftung des verantwortlichen Redakteurs   § 9 LPG

seldorf NJW 1980, 599; OLG Stuttgart ArchPR 1977, 44; OLG Hamburg ArchPR 1975, 58; Wenzel/Burkhardt Rn 12.66).

bb) *Kübler* („Die zivilrechtliche Haftung des verantwortlichen Redakteurs", in: **40** Festschrift für Mallmann, S 169 ff.) hat den interessanten Versuch unternommen, eine zivilrechtliche Haftung des verantwortlichen Redakteurs als solchem rechtsdogmatisch zu begründen. Doch kann Kübler aus mehreren Gründen nicht gefolgt werden. Der Auffassung Küblers (aaO, S 171), dass sich die vielzitierte *„Konkret-Entscheidung"* des BGH (NJW 1977, 627 ff.) von der herrschenden Auffassung der ausschließlich strafrechtlichen Haftung des verantwortlichen Redakteurs entferne, steht entgegen, dass gerade diese Entscheidung die herrschende Meinung ausdrücklich bestätigt. Es heißt dort (vgl NJW 1977, 627 Sp 1) hinsichtlich des Beklagten, eines „Konkret"-Redakteurs:

„Seine Nennung als ‚verantwortlicher Redakteur' für diese Rubrik im Impressum betraf zwar nur seine strafrechtliche Verantwortung. ... Die zivilrechtliche Haftung, auf die es hier ankommt, knüpft an diese spezifisch presserechtliche Einrichtung nicht an; sie folgt den allgemeinen Grundsätzen des Deliktrechts (BGHZ 3270 ... Löffler PresseR I 2. Aufl Kapitel 14 Rn 100 ...)"

Leider hat auch die „Konkret-Entscheidung" in ihrer weiteren Begründung nicht immer scharf genug unterschieden zwischen der pressespezifischen Funktion des Beklagten als verantwortlichem Redakteur und der ihm außerdem obliegenden publizistischen Aufgabe, für das Sachgebiet, in dem die strittige Veröffentlichung erschienen war, als „gewöhnlicher" Redakteur die zivil- und strafrechtliche Verantwortung zu tragen. Nur aus dieser publizistischen Aufgabe leitete der BGH – durchaus im Einklang mit der herrschenden Meinung – die zivilrechtliche Haftung des Beklagten ab. Bedauerlicherweise hat auch die Formulierung des Leitsatzes des „Konkret-Urteils" zum Missverständnis der Entscheidung beigetragen.

cc) Zwar ist mittlerweile, worauf Kübler (aaO, S 74 ff.) mit Recht hinweist, die **41** Aufgabe des Schutzes von Ruf, Ansehen und Ehre in weitem Umfang vom Strafrecht auf das Zivilrecht übergegangen. Doch hat sich diese Schwerpunktverlagerung stets innerhalb der Grenzen der bestehenden Rechtsordnung vollzogen. Es geht deshalb zu weit, aus einer bloßen Tendenzwende vom Strafverfahren zum Zivilrechtsweg eine Erweiterung der gesetzlich begrenzten Haftung der Pressebeteiligten herzuleiten. Der klare Wortlaut des § 20 Abs 1 Nr 2 LPG, der die Funktion des *verantwortlichen Redakteurs* auf die Prüfung und Ausmerzung des *strafbaren* Inhalts des Druckwerks begrenzt, ist auch extensiver Auslegung, insbesondere auf die sehr viel *umfassendere zivilrechtliche Haftung* nicht zugänglich (zutreffend Rebmann § 8 Rn 19; vgl Rn 56). Es wird nur allzu leicht übersehen, dass es in der Presse-Praxis für den mit der Stellung eines verantwortlichen Redakteurs Betrauten eine erhebliche *Haftungserweiterung* und berufliche Mehrbelastung bedeuten würde, wenn er neben der strafrechtlichen Inhaltsprüfung und Ausmerzung auch noch für die zivilrechtliche „Freihaltung" des Druckwerks einstehen soll. Dabei umfasst die zivilrechtliche Haftung nicht nur Ansprüche aus unerlaubter Handlung gemäß §§ 823 ff. BGB, sondern zB auch Ansprüche auf dem Gebiet des Wettbewerbsrechts, des Markenrechts, des Unternehmenskennzeichen- und Titelrechts, des Urheberrechts und des Verlagsrechts. All das hat mit der historisch gewachsenen, auf das Strafrecht beschränkten pressespezifischen Figur des verantwortlichen Redakteurs nichts zu tun. Es kommt hinzu, dass pressespezifisch relevante strafrechtliche Vergehen im Allgemeinen *Vorsatz* erfordern und somit für den verantwortlichen Redakteur leichter zu beurteilen und zu erkennen sind als *zivilrechtliche Verstöße*, bei denen häufig bloße Fahrlässigkeit genügt (zB fahrlässige Kreditgefährdung, § 824 BGB). Die in der Praxis wohl am häufigsten geltend gemachten Unterlassungsansprüche sind sogar verschuldensunabhängig. Somit stehen nicht nur rechtliche Gründe, sondern auch beachtenswerte publizistische Gegebenheiten einer Ausdehnung der pressespezifischen strafrechtlichen Haftung des verantwortlichen Redakteurs auf eine entsprechende zivilrechtliche Haftung entgegen.

42 dd) Eine zivilrechtliche Haftung allein auf Grund der Stellung als verantwortlicher Redakteur, unabhängig von einer daneben bestehenden redaktionellen Aufgabenzuweisung des verantwortlichen Redakteurs, lässt sich auch nicht nach § 823 Abs 2 BGB iVm §§ 185 ff. StGB begründen. § 20 Abs 2 Nr 1 LPG ist kein Schutzgesetz iSd § 823 BGB. Die Vorschrift bezweckt nicht, bei einer Presseveröffentlichung neben denjenigen, die als Behauptende oder Verbreiter haften, weitere zivilrechtlich Verantwortliche für den Inhalt der Pressemitteilung zu schaffen, sie beschränkt im Gegenteil die Verantwortlichkeit ausdrücklich auf die Verpflichtung, das Druckwerk von strafbarem Inhalt freizuhalten. Das Vergehen des § 20 Abs 2 LPG betrifft eine im Interesse der Allgemeinheit unter Strafe gestellte spezielle Berufspflichtverletzung des verantwortlichen Redakteurs und des Verlegers. Der Unrechtsgehalt dieses Sonderdelikts liegt nicht in dem durch das Presseinhaltsdelikt herbeigeführten strafrechtlichen oder gar zivilrechtlichen Erfolg, sondern darin, dass der Täter seine Berufspflicht, für das Ausscheiden strafbarer Inhalte zu sorgen, verletzt hat. Vorsatz oder Fahrlässigkeit müssen sich deshalb auch nicht auf einen strafrechtlich oder zivilrechtlich relevanten Erfolg des Presseinhaltsdelikts beziehen, sondern auf die Nichterfüllung der Berufspflicht. Gegen den verantwortlichen Redakteur als solchen kommt demzufolge auch kein Unterlassungsanspruch in Betracht, da seine Verpflichtung sich darauf beschränkt, das Druckwerk künftig von strafbarem Inhalt freizuhalten und diese Pflicht nicht gegenüber dem Betroffenen, sondern gegenüber der Allgemeinheit besteht.

c) Keine Haftung für Ordnungswidrigkeiten

43 Da sich nach § 20 Abs 2 Nr 1 LPG die Prüfungs- und Ausmerzungspflicht des verantwortlichen Redakteurs auf den strafbaren Inhalt des Druckwerks beschränkt, ist es auch nicht seine Pflicht, *Ordnungswidrigkeiten* zu verhindern.

d) Keine Haftung für Verletzung gewerblicher Schutzrechte

44 Die Entscheidung darüber, ob eine Veröffentlichung geeignet ist, Urheberrechte, Markenrechte oder sonstige *gewerbliche Schutzrechte* zu verletzen, gehört gleichfalls nicht zum Pflichtenkreis des verantwortlichen Redakteurs. Seine Funktion konzentriert sich in erster Linie darauf, Presse-Inhaltsdelikte zu verhindern (zB Beleidigungen). Die Verletzung von Marken- und Urheberrechten ist zwar strafbar, aber nicht wegen des unzulässigen (geistigen) Inhalts des Druckwerks sondern wegen der Verletzung fremder Ausschließlichkeitsrechte.

e) Gewissenhafte Durchführung der Kontrolle

45 Was die *Durchführung* der dem verantwortlichen Redakteur obliegenden strafrechtlichen Kontrolle und Oberaufsicht betrifft, so stellt die Rechtsprechung hier hohe Anforderungen. Die Oberaufsicht ist mit der pressemäßigen Sorgfalt durchzuführen (Soehring/Hoene § 26 Rn 10). Welche Anforderungen an diese Sorgfalt zu stellen sind, hängt maßgeblich vom Einzelfall ab, so zB von der Schwere des Vorwurfs, des Zeitraums, der für die Recherche zur Verfügung steht etc. (wegen der Einzelheiten vgl die Kommentierung zu § 6 sowie Wenzel/Burkhardt Rn 6.110 ff.). Für die Sorgfaltspflichten des verantwortlichen Redakteurs gilt insbesondere:

aa) Der verantwortliche Redakteur muss durch sachgemäße Weisungen Sorge dafür tragen, dass nichts Strafbares an die Öffentlichkeit gelangt. Von ihm wird daher verlangt, dass er vom Inhalt sämtlicher Veröffentlichungen – soweit er die Verantwortung trägt – grundsätzlich persönlich Kenntnis nimmt. Überlässt er diese wichtige Aufgabe anderen Personen, so kann schon darin eine Pflichtverletzung liegen (RGSt 38, 379). Doch wird man diese Sorgfaltspflicht nicht überspannen dürfen: Beiträge wissenschaftlicher oder technischer Art oder Behördenerklärungen, mit deren einwandfreiem Inhalt vernünftigerweise gerechnet werden darf, können auch durch Hilfskräfte durchgesehen werden (ebenso Häntzschel S 60).

46 bb) Wird der verantwortliche Redakteur durch unvorhergesehene Umstände (Krankheit, plötzliche unaufschiebbare Reise usw) daran *gehindert*, die ihm obliegende Aufsicht persönlich wahrzunehmen, so ist er verpflichtet, sich nach Kräften darum zu bemühen, dass alsbald ein anderer verantwortlicher Redakteur bestellt wird (RGSt 20, 83; 24, 391).

cc) Der verantwortliche Redakteur braucht außerhalb der Redaktion keine eigenen Recherchen anzustellen um zu klären, ob ein Beitrag strafrechtlich einwandfrei ist oder nicht. In Zweifelsfällen muss der verantwortliche Redakteur mit dem Autor Rücksprache nehmen. Sofern ihm dieser überzeugend und glaubhaft darlegt, dass er die kritische Behauptung sorgfältig recherchiert und überprüft hat, darf der verantwortliche Redakteur sich hierauf verlassen. Hat der verantwortliche Redakteur allerdings noch Zweifel oder besteht der Verdacht, dass infolge mangelhafter eigener Aufklärung ein Pressedelikt begangen werden könnte, so hat der verantwortliche Redakteur die Veröffentlichung des Berichts bis zur erfolgten Klarstellung zu verhindern (Soehring/Hoene § 26 Rn 10ff.). 47

dd) Die strafrechtliche Oberaufsicht und Kontrolle erstreckt sich *auch auf* die *technische Herstellung* des Druckwerks. Der verantwortliche Redakteur haftet dafür, dass der von ihm überprüfte und als einwandfrei befundene Text nicht noch während des Setzens oder Druckens – etwa durch Druckfehler oder Eigenmächtigkeiten des Druckers – strafbare Formen annimmt (RG GoltdArch 62, 325). Doch darf sich der verantwortliche Redakteur hier auf die Mitarbeit zuverlässiger Korrektoren verlassen, die er, wenn sie erprobt sind, im Einzelnen nicht zu überwachen braucht (RGSt 26, 45). Fehlt jedoch ein verlässlicher Korrektor, so muss der verantwortliche Redakteur alsbald für Abhilfe sorgen, da er sonst verpflichtet ist, die Korrektur der Zeitung persönlich zu besorgen (RGSt 38, 379). Im Übrigen ist es nicht Sache des verantwortlichen Redakteurs, den technischen Betrieb oder die Einhaltung der gewerbepolizeilichen Vorschriften zu überwachen. 48

f) Die Zeitdauer der Oberaufsicht

Das Eingriffsrecht und die Eingriffspflicht des verantwortlichen Redakteurs zur Verhinderung eines strafbaren Inhalts des periodischen Druckwerks erstreckt sich *zeitlich* auf sämtliche Herstellungsphasen der Druckschrift bis zu ihrem Erscheinen. 49

aa) Während der verantwortliche Redakteur nicht mehr verpflichtet ist, eine Gegendarstellung im Sinne des § 11 LPG aufzunehmen, sobald der Umbruch der Zeitung erfolgt ist (s § 11 Rn 166), muss er zur Verhinderung einer Veröffentlichung strafbaren Inhalts pflichtgemäß selbst dann noch eingreifen, wenn bereits die fertiggedruckten Exemplare vorliegen, die Auslieferung jedoch noch nicht begonnen hat. Er kann hier mit dem Einwand, es sei in diesem Augenblick zu einer Verhinderung der Veröffentlichung zu spät gewesen, nicht gehört werden (RGSt 33, 315; RG GoltdArch 60, 306).

bb) Für die Zeit *nach* dem Erschienen des Druckwerks, dh für das, was in der Phase der Verbreitung und des Vertriebs geschieht, haftet der verantwortliche Redakteur nicht (KG GoltdArch 37, 376). 50

2. Haftung für den Anzeigenteil. Deutliche Trennung vom Textteil (§ 10 LPG)

Der Verantwortliche für den Anzeigenteil und der verantwortliche Redakteur, der zugleich auch die Stellung des – im Impressum besonders zu benennenden – Verantwortlichen für den *Anzeigenteil* bekleidet, hat nicht nur den Anzeigenteil gemäß § 20 Abs 2 LPG von strafbarem Inhalt freizuhalten, sondern im Sinne der gesetzlichen Pflicht der Presse zur Trennung von Text- und Anzeigenteil dafür zu sorgen, dass bezahlte Veröffentlichungen ausdrücklich als Anzeigen kenntlich gemacht werden (§ 10 LPG, vgl § 10 Rn 35). Eine Verletzung dieser Verpflichtung gilt als Ordnungswidrigkeit, für die er in seiner Eigenschaft als Verantwortlicher für den Anzeigenteil haftet (§ 22 Abs 1 Nr 2 LPG). In zivilrechtlicher Hinsicht haftet der „Verantwortliche für den Anzeigenteil" – abgesehen von seiner spezifischen Haftung nach dem Landespressegesetz – nur nach den allgemeinen gesetzlichen Bestimmungen (Rath-Glawatz-Engels-Dietrich/Rath-Glawatz P Rn 409). 51

3. Pflicht zum Abdruck von Gegendarstellungen (§ 11 LPG)

52 Zu den gesetzlichen Pflichten des verantwortlichen Redakteurs gehört in der Praxis vor allem auch die Pflicht zum *Abdruck von Gegendarstellungen* (§ 11 LPG). Neben dem Verleger ist der verantwortliche Redakteur Schuldner (Mitschuldner) des im Zivilrechtsweg verfolgbaren Anspruchs Dritter auf ordnungsmäßigen Abdruck einer den gesetzlichen Erfordernissen entsprechenden Gegendarstellung (Näheres Rath-Glawatz/Engels/Dietrich-Rath-Glawatz P Rn 218, 409 ff.). Für Gegendarstellungen, die den Anzeigenteil betreffen, ist der Verantwortliche für den Anzeigenteil neben dem Verleger abdruckpflichtig (vgl § 8 LPG Rn 95). Der verantwortliche Redakteur schuldet den Abdruck der Gegendarstellung nicht als Person, sondern als „Institution" (zutreffend Wenzel/Burkhardt Rn 11.89). Daraus folgt, dass sich bei einem *Wechsel im „Amt"* des verantwortlichen Redakteurs der Anspruch nicht gegen den zur „Tatzeit" verantwortlichen, sondern gegen den zum Zeitpunkt der Anspruchserhebung verantwortlichen Redakteur richtet (vgl Rn 35).

4. Einhaltung der Impressumvorschriften (§ 8 LPG)

53 Der verantwortliche Redakteur haftet außerdem strafrechtlich für die Einhaltung der *Impressumvorschriften* des § 8 gemäß § 21 Nr 3 und begeht unter den Voraussetzungen des § 22 Abs 1 Nr 1 und Abs 2 eine Ordnungswidrigkeit. Hat eine Aufteilung der Verantwortlichkeit auf mehrere verantwortliche Redakteure stattgefunden (§ 8 Abs 2 LPG), so haftet jeder für die richtige Benennung der Mitverantwortlichen und die ordnungsmäßige Angabe der Aufteilung im Impressum (RG GoltdArch 39, 51).

5. Folgen der Pflichtverletzung

54 Für die *Folgen einer Pflichtverletzung* haftet der verantwortliche Redakteur teils zivilrechtlich (so bei Nichterfüllung des Gegendarstellungsanspruchs), teils strafrechtlich (zu den Einzelheiten der strafrechtlichen Haftung des verantwortlichen Redakteurs vgl Engels AfP 2005, 39 ff.). Nach § 20 Abs 2 Nr 1 LPG wird der verantwortliche Redakteur mit Freiheitsstrafe bis zu einem Jahr oder mit Geldstrafe bestraft, wenn er vorsätzlich oder fahrlässig seine Verpflichtung verletzt hat, das periodische Druckwerk, für das er verantwortlich ist, von strafbarem Inhalt freizuhalten. Wegen seiner strafrechtlichen Haftung bei Verletzung seiner sonstigen Pflichten vgl §§ 20, 21 LPG sowie wegen seiner Haftung für Ordnungswidrigkeiten § 22 LPG.

6. Persönliche Haftung, auch beim „Redaktionskollektiv"

55 Die dem verantwortlichen Redakteur obliegenden gesetzlichen Pflichten treffen ihn *persönlich* und können nicht von einem Redaktionsteam oder einem *Redaktionskollektiv* wahrgenommen werden. Geschieht dies trotzdem, so ist jedes einzelne Mitglied des Kollektivs persönlich verantwortlich (BGH NJW 1980, 67; OLG Düsseldorf NJW 1980, 71). Auch wer in einem solchen Redaktionskollektiv gegen eine konkrete Entscheidung stimmt, haftet für sie als verantwortlicher Redakteur persönlich, weil er sich einem Majoritäts-Verfahren unterwirft, das mit Sinn und Zweck der Vorschrift des § 9 LPG, den persönlich verantwortlichen Redakteur mit Sicherheit zu ermitteln, unvereinbar ist (OLG Stuttgart JZ 1980, 774; zur Verantwortlichkeit des im Impressum genannten Redakteurs bei Redaktions-Kollektiven vgl auch OLG Köln MDR 1984, 869). Hinsichtlich des Kausalzusammenhangs gilt hier das Gleiche wie für Mittäter (BGHSt 14, 128).

7. Der Ausnahmecharakter des Instituts des verantwortlichen Redakteurs

56 Das Institut des verantwortlichen Redakteurs hat presserechtlichen Sondercharakter.

VII. Die persönl. Anforderungen an den verantwortl. Redakteur § 9 LPG

a) Analoge Anwendung scheidet aus

Daraus folgt, dass es sich bei den gesetzlichen Pflichten des verantwortlichen Redakteurs um eine Sonderhaftung handelt, die infolge ihres *Ausnahmecharakters* einer analogen Anwendung auf andere pressespezifische Haftungsfälle nicht zugänglich ist (zutreffend Rebmann § 8 Rn 19 gegen OLG München MDR 1959, 488).

b) Keine Form der Presse-Selbstkontrolle

In dem Institut des verantwortlichen Redakteurs kann auch keine *Presse-* 57 *Selbstkontrolle* gesehen werden (anders Rebmann § 16 Rn 16). Besondere Sorgfaltspflichten, die der *Gesetzgeber* einem Berufsstand auferlegt hat, um mögliche Gefahren für die Öffentlichkeit auszuschalten, sind keine Selbstkontrolle im Sinne der von der Presse selbst ins Leben gerufenen Kontrolleinrichtungen (vgl Löffler, Selbstkontrolle von Presse, Funk und Film, München 1959 S 3 ff.). Unter Selbstkontrolle im Pressebereich wird heute in erster Linie die auf Freiwilligkeit und moralischem Einfluss beruhende Tätigkeit des Deutschen Presserats verstanden (vgl „Aufgaben und Grenzen der Presseselbstkontrolle", 48. Tagung des Studienkreises für Presserecht und Pressefreiheit in NJW 1981, 908).

VII. Die persönlichen Anforderungen an den verantwortlichen Redakteur

1. Zweck und Bedeutung der Anforderungen

a) Person und Stellung des verantwortlichen Redakteurs sind nicht nur haftungs- 58 rechtlich von besonderer Wichtigkeit. Sie sind auch für das publizistische Niveau eines Presseorgans maßgebend. Es ist deshalb zu begrüßen, dass der Landesgesetzgeber in § 9 für die Person des verantwortlichen Redakteurs gewisse *Mindestvoraussetzungen* festgesetzt hat, wie dies in ähnlichem Umfang schon in § 8 Reichspreßgesetz erfolgt war. Dadurch soll einerseits eine Umgehung der gesetzlichen Haftungsbestimmungen verhindert werden wie zB durch das Verbot der Bestellung strafrechtlich nicht verfolgbarer Personen (§ 9 Abs 1 Nr 5). Zum anderen werden Ansehen und Bedeutung der Stellung eines verantwortlichen Redakteurs gehoben durch den Ausschluss von Personen, die nach richterlicher Feststellung die Amtsfähigkeit, das aktive oder das passive Wahlrecht nicht besitzen (§ 9 Abs 1 Nr 2).

b) Für den *Verleger* und den *Herausgeber* periodischer Druckwerke gelten solche be- 59 ruflichen Mindestforderungen nicht. Den diesbezüglichen Anregungen der Presseverbände (vgl 1. Aufl § 8 RPG Rn 26) hat sich der Gesetzgeber mit Recht nicht angeschlossen. Vielfach sind die Verleger, vor allem bei größeren Zeitungen, keine natürlichen Personen, sondern Handelsgesellschaften oder juristische Personen. Die Aufstellung von Mindesterfordernissen würde hier zu erheblichen rechtlichen Schwierigkeiten führen. Außerdem stünde die Normierung von Zulassungsvoraussetzungen beim Verleger und Herausgeber im Widerspruch zur gesetzlich garantierten *Zulassungsfreiheit* für die Pressetätigkeit, die auch der Landesgesetzgeber nicht einzuschränken vermag (§ 2 LPG in Verbindung mit Art 5 GG).

c) Die *rechtlichen Bedenken,* die etwaigen Zulassungserfordernissen beim Verleger 60 und Herausgeber entgegenstünden (vgl oben Rn 59), entfallen beim verantwortlichen Redakteur. Dass er strafrechtlich haftbar sein muss und persönlich zur Verantwortung gezogen werden kann, ist unabdingbare Voraussetzung für das sinnvolle Funktionieren des Rechtsinstituts des verantwortlichen Redakteurs. Solange sich der Gesetzgeber auf formale Erfordernisse (Geschäftsfähigkeit, Vollendung des 21. Lebensjahres usw) beschränkt, wird das Grundrecht der *Pressefreiheit* (Art 5 GG) nicht berührt. Auch aus Art 12 (Freiheit der *Berufswahl*) ergeben sich keine Bedenken. Es fragt sich, ob die Stellung des verantwortlichen Redakteurs, der innerhalb des Redakteurberufs lediglich eine – möglicherweise ganz kurzfristige – presserechtliche

Lehr

LPG § 9   Der verantwortliche Redakteur

Funktion übernimmt, überhaupt als „Beruf" im Sinne des Art 12 GG angesehen werden kann. Allenfalls liegt eine Regelung hinsichtlich der *Ausübung* des Berufs vor, die zulässig ist, da sie vernünftigen Erwägungen des Gemeinwohls dient (BVerfGE 7, 377 – Apothekenurteil). Da es sich auch beim Erfordernis des „*ständigen Aufenthalts*" des verantwortlichen Redakteurs im Inland um eine formale bzw wertneutrale Voraussetzung handelt, die nicht von der Staatsangehörigkeit abhängt, ist eine solche Regelung im Hinblick auf ihre sachliche Zweckmäßigkeit grundsätzlich als rechtlich zulässig anzusehen (vgl Reh-Groß § 7 Anm 6). Europarechtliche Bedenken bestehen allerdings insoweit, als die Gesetzesfassung von § 9 LPG in Bremen, Nordrhein-Westfalen und Thüringen die Tätigkeit als verantwortlicher Redakteur nach wie vor an die Voraussetzung eines ständigen Aufenthalts gerade *in Deutschland* knüpft. Dies ist mit der EU-Dienstleistungsrichtlinie (RL 2006/123/EG vom 12.12.2006, ABl L 376 S 36, kurz: DLRL) nicht vereinbar. Die Richtlinie war bis zum 12.12.2009 von den Mitgliedstaaten umzusetzen und verbietet es, diskriminierende Anforderungen an die Aufnahme oder Ausübung einer Dienstleistungstätigkeit zu stellen, insbesondere in Form eines Staatsangehörigkeitserfordernisses oder einer Residenzpflicht. Dementsprechend haben alle anderen Bundesländer die entsprechende Regelung mittlerweile angepasst und lassen auch den ständigen Aufenthalt in einem EU-Mitgliedstaat ausreichen (siehe hierzu Rn 62 ff.).

61 d) Zu den in § 9 LPG geforderten persönlichen Mindestvoraussetzungen des verantwortlichen Redakteurs kommt als weitere Voraussetzung hinzu, dass es sich bei dem mit der Verantwortung Betrauten um einen *Redakteur* im presserechtlichen Sinne handeln muss, dh eine Persönlichkeit, die den Inhalt einer Pressepublikation mit eigener Entscheidungsbefugnis über Beschaffung und Gestaltung des zu publizierenden Stoffes redigiert bzw mitredigiert (vgl Rn 15). Nur beim „Verantwortlichen für den Anzeigenteil" gestattet das Gesetz (§ 8 Abs 2 Abs 4) die Betrauung eines Nichtredakteurs, der aber die sonstigen Voraussetzungen des § 9 erfüllen muss.

2. Ständiger Aufenthalt

a) Aufenthalt im Geltungsbereich des Grundgesetzes

62 Nach der früheren Regelung der meisten Landespressegesetze konnte als verantwortlicher Redakteur nur tätig sein, wer seinen *ständigen Aufenthalt im Geltungsbereich des Grundgesetzes* bzw. im *Inland* hatte. Der in presserechtlicher und strafrechtlicher Hinsicht voll haftende verantwortliche Redakteur (vgl §§ 10, 11, 20, 21, 22, 23 LPG) sollte sich seiner Haftung nicht dadurch entziehen können, dass er seine Funktion vom Ausland aus wahrnimmt. Die Anforderung, dass der verantwortliche Redakteur seinen ständigen Aufenthalt im Gebiet der Bundesrepublik Deutschland haben muss, findet sich heute nur noch in § 9 LPG der Bundesländer Bremen, Nordrhein-Westfalen und Thüringen. Die jeweiligen Regelungen sind jedoch mit den europarechtlichen Vorgaben der Richtlinie 2006/123/EG des Europäischen Parlaments und des Rates vom 12.12.2006 über Dienstleistungen im Binnenmarkt (EU-Dienstleistungsrichtlinie – DLRL, ABl L 376 S. 36) nicht länger vereinbar. Art 14 DLRL verbietet den Mitgliedstaaten, die Aufnahme oder Ausübung einer Dienstleistungstätigkeit in ihrem Hoheitsgebiet von diskriminierenden Anforderungen abhängig zu machen, insbesondere von „*einer Residenzpflicht des Dienstleistungserbringers, seiner Beschäftigten, der Gesellschafter oder der Mitglieder der Geschäftsführung oder Kontrollorgane im betreffenden Hoheitsgebiet*" (Art 14 Nr 1b DLRL). Das Erfordernis eines ständigen Aufenthalts des verantwortlichen Redakteurs innerhalb des Gebietes der Bundesrepublik Deutschland ist hiermit nicht zu vereinbaren und daher europarechtswidrig (siehe zB die Begründung des Gesetzentwurfes zur Änderung von Art 5 Abs 2 Nr 1 des bayerischen Pressegesetzes vom 23.11.2009, Drucksache 16/2649, S 4). Die Umsetzungsfrist für die EU-Dienstleistungsrichtlinie endete am 28.12.2009. Solange der Wortlaut des § 9 in Bremen, Nordrhein-Westfalen und Thüringen nicht an die Vorgaben der DLRL angepasst worden ist, wird die Regelung daher gleichwohl europarechtskon-

VII. Die persönl. Anforderungen an den verantwortl. Redakteur   § 9 LPG

form dahingehend anzuwenden sein, dass auch der ständige Aufenthalt des verantwortlichen Redakteurs in einem Mitgliedstaat der Europäischen Union ausreicht. Dogmatisch lässt sich dieses Ergebnis entweder über eine richtlinienkonforme Auslegung des § 9 LPG oder durch unmittelbare Anwendung der DLRL erreichen. Ein weiterer Lösungsansatz könnte darin bestehen, dass in Fällen, in denen der Betreffende seinen ständigen Aufenthalt zwar nicht in Deutschland, aber in einem anderen EU-Mitgliedstaat hat, im Rahmen der in § 9 Abs 3 des LPG Bremen, Nordrhein-Westfalen und Thüringen jeweils vorgesehenen Befreiungsmöglichkeit eine Ermessensreduzierung auf Null stattzufinden hat. Das heißt: hat der verantwortliche Redakteur seinen ständigen Aufenthalt in einem anderen EU-Staat, dann „kann" nicht nur, sondern dann „muss" in diesen Bundesländern von der Voraussetzung des ständigen Aufenthaltes im Inland gemäß § 9 Abs 1 Nr 1 zwingend Befreiung erteilt werden (zu § 9 Abs 3 siehe auch Rn 66). Allerdings wird man allein schon das verbleibende Antragserfordernis in § 9 Abs 3 als gegenüber „Inländern" diskriminierende Regelung ansehen müssen, weshalb dieser Ansatz jedenfalls als Dauerlösung ungeeignet erscheint.

b) Aufenthalt in einem Mitgliedsstaat der Europäischen Union

Alle Bundesländer – außer Bremen, Nordrhein-Westfalen und Thüringen (dazu Rn 62) – haben § 9 LPG zwischenzeitlich an die Anforderungen der EU-Dienstleistungsrichtlinie (vgl Rn 60 und 62) angepasst und lassen neben dem ständigen Aufenthalt in Deutschland auch einen ständigen Aufenthalt des verantwortlichen Redakteurs in jedem anderen *Mitgliedstaat der Europäischen Union* oder in einem anderen Vertragsstaat des Abkommens über den Europäischen Wirtschaftsraum (siehe ABl EG Nr L 001 S 3) – der auch Island, Norwegen und Liechtenstein umfasst – ausreichen. Nach § 10 Abs 1 Nr 1 LPG Brandenburg und § 8 Abs 1 Nr 1 LPG Sachsen-Anhalt kann darüber hinaus auch verantwortlicher Redakteur sein, wer seinen ständigen Aufenthalt in der Schweiz hat.

63

c) Der Begriff „ständiger Aufenthalt"

Der Begriff des *„ständigen Aufenthaltes"*, der mit dem gewöhnlichen Aufenthalt gleichgesetzt werden kann, erfordert nicht, dass sich der verantwortliche Redakteur an einem Ort für unabsehbare Zeit niederlässt. Er wird vielmehr durch ein tatsächliches längeres Verweilen begründet (Palandt § 7 BGB Rn 3). Der BGH definiert den Begriff des gewöhnlichen Aufenthaltes dahin, dass darunter der Ort zu verstehen ist, in dem der Daseinsmittelpunkt der betreffenden Person liegt. Er fordert dafür einen Aufenthalt von einer Dauer, die nicht gering sein darf und das Vorhandensein weiterer Beziehungen, insbesondere in familiärer oder beruflicher Hinsicht. Vom Wohnsitz unterscheidet sich der gewöhnliche Aufenthalt dadurch, dass ein rechtsgeschäftlicher Wille, den Ort zum Mittelpunkt der Lebensverhältnisse zu machen, nicht erforderlich ist (vgl BGH NJW 1993, 2048). Ein Aufenthalt von wenigen Tagen oder Wochen genügt nicht. Zeitlich begrenzte Unterbrechungen, wie zB Reisen, machen den Aufenthalt nicht zu einem unständigen. Der Begriff „Aufenthalt" verlangt abweichend von der Begründung eines „Wohnsitzes" (vgl § 7 BGB) nicht, dass es sich um die häusliche Niederlassung im Sinne eines Mittelpunkts der persönlichen Lebensverhältnisse handelt (vgl auch zu § 55 RStV: Hahn/Vesting-Held § 55 RStV Rn 50). Auf der anderen Seite genügt – wie sich aus dem Erfordernis „ständiger Aufenthalt" ergibt – die lediglich rechtliche Begründung eines Wohnsitzes durch polizeiliche Anmeldung nicht, es bedarf vielmehr des persönlichen „ständigen" Aufenthalts. Wenn Bayern (Art 5 Abs 2 Nr 1 LPG) nicht von einem ständigen, sondern dem *„gewöhnlichen"* Aufenthaltsort spricht, so ist im Hinblick auf die oben angeführte sinnvolle Auslegung des Begriffs „ständig" ein ins Gewicht fallender Unterschied zwischen beiden Formulierungen nicht zu erkennen (so auch Palandt § 7 Rn 3).

64

d) Auseinanderfallen von Aufenthalts- und Tätigkeitsort

65 Häufig fallen – vor allem in Grenzgebieten – *Aufenthaltsort* (Wohnort) und *Tätigkeitsort* auseinander. In solchen Fällen sind sowohl Wohnort wie Tätigkeitsort „ständige Aufenthaltsorte". So kann zB der verantwortliche Redakteur einer Konstanzer Zeitung, wenn er in Konstanz arbeitet, in der Schweiz wohnen; er könnte aber auch – mit einigen praktischen Schwierigkeiten – seine Tätigkeit in der Schweiz (im Nachbarort Kreuzlingen) ausüben, sofern sich seine häusliche Wohnung in Konstanz befindet. Folgt man der Rechtsprechung, nach der der verantwortliche Redakteur nur an seinem persönlichen Wohnsitz auf Abdruck einer Gegendarstellung in Anspruch genommen werden kann (vgl § 11 Rn 192), dann muss ggf der Anspruch nach baden-württembergischem Presserecht vor Schweizer Gerichten durchgesetzt werden, was insbesondere infolge des besonderen Verfahrens nach § 11 LPG problematisch ist.

e) Befreiung vom Erfordernis auf Antrag

66 Die Vorschrift, dass der verantwortliche Redakteur einer Zeitung oder Zeitschrift seinen ständigen Aufenthalt im Inland, in einem EU-Mitgliedstaat oder in einem anderen Vertragsstaat des Abkommens über den Europäischen Wirtschaftsraum haben muss, kann in Einzelfällen zu *Härten* führen. Vor allem bei *wissenschaftlichen Zeitschriften*, wo es nur wenige Kenner gibt, kommt möglicherweise nur eine im außereuropäischen Ausland lebende Persönlichkeit als verantwortlicher Redakteur in Betracht; denn eine mit der schwierigen Materie wenig vertraute Persönlichkeit kann kaum die Verantwortung für den gesamten Inhalt der Schrift übernehmen. Eine Reihe von Ländern haben dieser Situation Rechnung getragen:

aa) Baden-Württemberg (§ 9 Abs 3), Brandenburg (§ 10 Abs 3), Bremen (§ 9 Abs 3), Hamburg (§ 9 Abs 3), Niedersachsen (§ 9 Abs 3), Nordrhein-Westfalen (§ 9 Abs 3), Rheinland-Pfalz (§ 10 Abs 3), Sachsen-Anhalt (§ 8 Abs 3) und Thüringen (§ 9 Abs 3) sehen vor, dass die jeweils zuständige oberste Landesbehörde *auf Antrag Befreiung* vom Erfordernis des ständigen Aufenthalts des verantwortlichen Redakteurs im Inland oder innerhalb der EU bzw des Europäischen Wirtschaftsraums erteilen kann. *Hamburg* verweist insofern kurzerhand auf die „zuständige" Behörde. *Brandenburg, Niedersachsen, Nordrhein-Westfalen und Sachsen-Anhalt* übertragen die Kompetenz an den Innenminister. In *Rheinland-Pfalz* ist das für Angelegenheiten des Rundfunks und der Medien zuständige Ministerium berufen, bei wissenschaftlichen Druckwerken im Einvernehmen mit dem für die Förderung der Wissenschaft, Forschung und Lehre zuständigen Ministerium. *Bremen* erklärt den Senator für Inneres und Sport im Einvernehmen mit dem Senator für Justiz und Verfassung für zuständig. In *Baden-Württemberg* ist das Wissenschaftsministerium im Einvernehmen mit dem Justizministerium für die Befreiung zuständig. In Thüringen kann das Landesverwaltungsamt die Befreiung erteilen. Brandenburg, Niedersachsen, Nordrhein-Westfalen, Sachsen-Anhalt und Thüringen weisen zusätzlich darauf hin, dass die Erteilung der Befreiung *widerrufen* werden könne. An sich ist dieser Hinweis jedoch überflüssig, da ein begünstigender Verwaltungsakt (Erteilung der Befreiung) nach allgemeinen Grundsätzen des Verwaltungsrechts ohnehin widerrufen werden kann, wenn die Voraussetzungen für die Befreiung wegfallen. Der Hinweis hat mithin allenfalls klarstellenden Charakter. Auch in denjenigen Bundesländern, in denen der Zusatz fehlt, besteht die Widerrufsmöglichkeit bei Vorliegen der verwaltungsrechtlichen Voraussetzungen.

67 bb) Eine konkrete Sonderregelung hat *Berlin* getroffen (§ 8 Abs 3): *Periodische Zeitschriften, die der Wissenschaft oder Kunst dienen*, sind vom Erfordernis des ständigen Aufenthalts des verantwortlichen Redakteurs im Inland bzw in der EU oder dem EWR befreit. Stattdessen muss die Zeitschrift einen „Verantwortlichen" benennen, der sich im Geltungsbereich des Grundgesetzes befindet, jedoch nicht der verantwortliche Redakteur des redaktionellen Teils zu sein braucht. Auf diesen „Verantwortlichen" finden die Vorschriften über den verantwortlichen Redakteur Anwendung. Ob diese Regelung noch mit Art 14 DLRL (dazu oben Rn 62) vereinbar ist, erscheint jedoch

VII. Die persönl. Anforderungen an den verantwortl. Redakteur § 9 LPG

zumindest fraglich, weil sie – wenn auch unter anderen Vorzeichen – jedenfalls für den zu benennenden „Verantwortlichen" offenbar weiterhin an eine Residenzpflicht im Inland und damit eine diskriminierende Anforderung anknüpft. Unklar ist, ob die Regelung in § 8 Abs 3 im Zuge der Anpassung von § 8 Abs 1 Nr 1 im Gesetzgebungsverfahren schlicht übersehen wurde oder bewusst nicht geändert wurde (vgl Abgeordnetenhaus Berlin, Vorlage zur Beschlussfassung über das Gesetz zur Umsetzung der DLRL in Berlin, 27.8.2009, Drucksache 16/2586, S 33).

3. Besitz der Statusrechte (Fähigkeit zur Bekleidung öffentlicher Ämter, passives und aktives Wahlrecht)

a) Ablösung des Begriffs „Bürgerliche Ehrenrechte" 68

Nur wer charakterlich einwandfrei und zuverlässig ist, kann nach dem Willen des Gesetzes die wichtige Stellung eines verantwortlichen Redakteurs bekleiden. Deshalb schließt § 9 Abs 1 Nr 2 LPG solche Personen aus, die gemäß § 45 StGB durch Richterspruch die Statusrechte, dh die Fähigkeit verloren haben, öffentliche Ämter zu bekleiden, Rechte aus öffentlichen Wahlen zu erlangen oder in öffentlichen Angelegenheiten zu wählen oder zu stimmen (vgl § 45 Abs 1 und 5 StGB). Bis 1969 stellten die Landespressegesetze in § 9 hinsichtlich der Ehrenhaftigkeit auf den „Besitz der *bürgerlichen Ehrenrechte*" ab (so heute noch Mecklenburg-Vorpommern). Dieser durch die Entwicklung überholte Status ist durch das 1. Strafrechtsänderungsgesetz vom 25.6.1969 (BGBl I S 645) beseitigt worden.

b) Fähigkeit zur Bekleidung öffentlicher Ämter

Der Verlust der Fähigkeit, ein *öffentliches Amt* zu bekleiden, ist als strafrechtliche 69 Nebenfolge der Verurteilung wegen gravierender Delikte in § 45 Abs 1 bis 3 StGB geregelt:

aa) Der Verlust tritt *automatisch* ein und zwar für die Dauer von fünf Jahren, wenn der Betroffene wegen eines Verbrechens zu einer Freiheitsstrafe von mindestens einem Jahr verurteilt wird (§ 45 Abs 1 StGB). In weiteren, vom Gesetz besonders aufgeführten Deliktsfällen steht es im pflichtgemäßen *Ermessen des Gerichts,* dem Verurteilten für die Dauer von zwei bis fünf Jahren die Fähigkeit zur Bekleidung öffentlicher Ämter abzuerkennen (§ 45 Abs 2 StGB). Eine solche Möglichkeit besteht zB bei Verurteilung zu einer Freiheitsstrafe von mindestens sechs Monaten wegen Hochverrats, Landesverrats sowie Bildung einer terroristischen Vereinigung (vgl §§ 92a, 101, 129a StGB). Das Gleiche gilt bei Verurteilung zu einer Freiheitsstrafe von mindestens einem Jahr wegen des sog „sicherheitsgefährdenden Nachrichtendienstes" zugunsten einer verbotenen Vereinigung oder einer ausländischen Dienststelle oder Vereinigung (§ 109f in Verbindung mit § 109i StGB) sowie in Fällen des Subventionsbetrugs (§ 264 Abs 1 bis 3 in Verbindung mit Abs 6 StGB).

bb) *Öffentliche Ämter* sind Einrichtungen mit öffentlich-rechtlich abgegrenzten Zu- 70 ständigkeiten zur Wahrnehmung von Verrichtungen, die sich aus der Staatsgewalt ableiten und staatlichen Zwecken dienen, insbesondere die Ämter der staatlichen Verwaltung und der Justiz (RGSt 62, 26; VGH Stuttgart NJW 1950, 837; Fischer zu § 45 StGB Rn 1 ff.). Dazu gehören auch die Ämter der kommunalen Verwaltung sowie der Körperschaften und Anstalten des öffentlichen Rechts wie Universitäten, aber nicht die kirchlichen Ämter (RGSt 47, 51).

cc) Der Verlust der Fähigkeit, ein öffentliches Amt zu bekleiden, tritt mit der 71 *Rechtskraft* des diese Wirkung anordnenden Strafurteils ein (§ 45a Abs 1 StGB). Der Verlust des öffentlichen Amtes selbst ist ein endgültiger und wird durch eine spätere Rehabilitierung nicht rückgängig gemacht (§ 45 Abs 3 StGB; RGZ 101, 256; Fischer zu § 45 StGB Rn 10). Dagegen wird die Dauer des Statusverlustes (zwei bis fünf Jahre) erst von dem Tag an gerechnet, an dem die Freiheitsstrafe (einschließlich etwaiger freiheitsentziehender Maßregeln der Besserung und Sicherung) verbüßt, verjährt oder erlassen ist (§ 45a Abs 2 und 3 StGB). Verlorene Fähigkeiten im Sinn des § 45 Abs 1, 2 und 5 kann das Gericht aus gegebenem Anlass vorzeitig wiederverleihen (§ 45b StGB). Damit lebt das Recht, als verantwortlicher Redakteur tätig zu sein, wieder auf.

c) Passives Wahlrecht

72 Wer auf Grund eines Strafurteils automatisch oder nach richterlichem Ermessen die Fähigkeit zur Bekleidung öffentlicher Ämter verliert (vgl Rn 69–71), erleidet damit grundsätzlich auch den Verlust des *passiven Wahlrechts,* dh der Fähigkeit, „Rechte aus öffentlichen Wahlen zu erlangen" (vgl § 9 Abs 1 Nr 2 LPG in Verbindung mit § 45 Abs 1 StGB). Mit dem Verlust des passiven Wahlrechts verliert der Verurteilte zugleich die Rechtsstellungen und Funktionen, die er auf Grund seines bisherigen passiven Wahlrechts innehatte, soweit das Gesetz nichts anderes bestimmt (§ 45 Abs 4 StGB). Eine Ausnahme besteht nur für Bundestagsabgeordnete, weil hier der Ältestenrat über den Verlust der Mitgliedschaft im Bundestag entscheidet (§ 47 Bundeswahlgesetz). Der Verlust des passiven Wahlrechts beschränkt sich nach § 45 Abs 1 StGB auf öffentliche Wahlen, dh auf Wahlen in inländischen öffentlichen Angelegenheiten, die die Gesamtheit des Gemeinwesens oder das öffentliche Wohl betreffen (RGSt 164, 303). Auch kann nach § 10 des Parteiengesetzes nicht *Mitglied einer Partei* sein, wer durch Richterspruch das aktive oder passive Wahlrecht verloren hat. Für den Zeitpunkt des Eintritts des Verlustes und die Berechnung der Dauer des Verlustes gilt entsprechend, was oben zum Verlust der Fähigkeit, öffentliche Ämter zu bekleiden, ausgeführt wurde (vgl Rn 71).

d) Aktives Wahlrecht

73 In besonderen, vom Gesetze festgelegten Fällen, so zB bei der Wählerbestechung (§ 108b StGB iVm § 108c StGB), stellt es § 45 Abs 5 StGB ins Ermessen des Gerichts, dem Verurteilten für die Dauer von zwei bis fünf Jahren das *aktive Wahlrecht,* dh das Recht „in öffentlichen Angelegenheiten zu wählen oder zu stimmen" abzuerkennen. Wer so das aktive Wahlrecht verloren hat, scheidet wie in den obigen Fällen als verantwortlicher Redakteur aus (§ 9 Abs 1 Nr 2 LPG).

e) Divergierende landesrechtliche Regelungen

74 Die *landesrechtliche Regelung* hinsichtlich der rechtlichen Voraussetzungen für die Tätigkeit als verantwortlicher Redakteur ist nicht einheitlich, soweit es sich um den Verlust der Statusrechte durch Richterspruch handelt (Rn 68 ff.). In allen Ländern außer Berlin, Brandenburg, Hessen, Mecklenburg-Vorpommern, Nordrhein-Westfalen, Rheinland-Pfalz und dem Saarland scheidet als verantwortlicher Redakteur aus, wer durch Strafurteil auch nur *eines* der in § 45 StGB aufgeführten drei Statusrechte verloren hat: die Fähigkeit zur Bekleidung öffentlicher Ämter, das aktive Wahlrecht oder das passive Wahlrecht. Demgegenüber betrachten Berlin (§ 8 Abs 1 Nr 2), Brandenburg, (§ 10 Abs 1 Nr 2), Hessen (§ 7 Abs 3 Nr 2), Mecklenburg-Vorpommern (§ 8 Abs 1 Nr 2), Nordrhein-Westfalen (§ 9 Abs 1 Nr 2), Rheinland-Pfalz (§ 10 Abs 1 Nr 2) sowie das Saarland (§ 9 Abs 1 Nr 2) lediglich den Verlust der Fähigkeit, ein öffentliches Amt zu bekleiden, als Ausschlussgrund für die Funktion des verantwortlichen Redakteurs. Mecklenburg-Vorpommern verlangt zusätzlich den Besitz der „bürgerlichen Ehrenrechte" (§ 8 Abs 1 Nr 2), die jedoch nicht mehr aberkannt werden können (s oben Rn 68). Berlin (§ 8 Abs 4) und Brandenburg (§ 10 Abs 2) nehmen Gefangenenzeitungen explizit von der Beschränkung aus.

4. Mindestalter und Privileg der Jugendpresse

75 *a) Allgemeines*

In Baden-Württemberg, Berlin, Bremen, Hessen, Nordrhein-Westfalen, Sachsen und Schleswig-Holstein gehört zu den persönlichen Anforderungen an den verantwortlichen Redakteur nach wie vor auch die *Vollendung des 21. Lebensjahres,* in Hamburg des *18. Lebensjahres* (vgl Rn 77). Die übrigen Bundesländer verzichten auf die

VII. Die persönl. Anforderungen an den verantwortl. Redakteur § 9 LPG

Aufnahme ausdrücklicher Altersgrenzen und stellen stattdessen (nur) abstrakt auf die unbeschränkte Geschäftsfähigkeit ab (siehe hierzu Rn 86 ff.), verlangen mithin die Vollendung des 18. Lebensjahres (§ 106 in Verbindung mit § 2 BGB). Das Erfordernis eines Mindestalters entfällt jedoch in allen Ländern für die sog *Jugendpresse*. Sie wird in den Landespressegesetzen kurz und treffend definiert als „Druckwerke, die von Jugendlichen für Jugendliche herausgegeben werden" (vgl § 1 Rn 308 ff.). Eine Sonderregelung hat Sachsen. Nach § 7 Abs 2 SächsPresseG entfällt das Erfordernis eines Mindestalters sowie der unbeschränkten Geschäftsfähigkeit nur für „die Herausgabe von Zeitschriften für Jugendliche und Heranwachsende". Freigestellt sind in Sachsen somit nur „Zeitschriften", diese allerdings auch dann, wenn sie nicht von Jugendlichen oder Heranwachsenden herausgegeben werden.

b) Mindestalter von 21 Jahren, unabhängig von Volljährigkeit

Was das Erfordernis des *Mindestalters* betrifft, so hatte das Reichspreßgesetz (§ 8 **76** Abs 1) auf die zivilrechtliche Verfügungsfähigkeit im Sinne der bürgerlichen Geschäftsfähigkeit (§ 2 BGB) abgestellt. Dadurch war es früher möglich gewesen, dass auch ein noch nicht voll Geschäftsfähiger, der durch Beschluss des Vormundschaftsgerichts – etwa infolge Ablebens seines Vaters – für volljährig erklärt worden war, die Funktion eines verantwortlichen Redakteurs übernehmen konnte. Demgegenüber hatten die *Presseverbände* – um die Bedeutung der Aufgaben des verantwortlichen Redakteurs zu betonen – bei ihren Reformvorschlägen ein Mindestalter von 25 Jahren gefordert (vgl 1. Aufl § 8 Rn 26). Viele Landespressegesetze sind den Mittelweg gegangen und haben ein *Mindestalter von 21 Jahren* vorgeschrieben. Diese Altersgrenze hat mit der Frage der *Volljährigkeit* nichts zu tun. Zwischenzeitlich verlangen allerdings nur noch sieben und damit weniger als die Hälfte der Bundesländer die Vollendung des 21. Lebensjahres (vgl Rn 75, 77).

c) Regelung Volljährigkeit

Bayern, Brandenburg, Mecklenburg-Vorpommern, Niedersachsen, Rheinland- **77** Pfalz, das Saarland, Sachsen-Anhalt und Thüringen stellen statt auf eine bestimmte feste Altersgrenze auf die *unbeschränkte Geschäftsfähigkeit* ab, die seit 1974 altersmäßig bereits mit Vollendung des 18. Lebensjahres eintritt (§§ 2, 106 BGB). In Hamburg (§ 9 Abs 1 Nr 3, 4) muss der verantwortliche Redakteur 18 Jahre alt *und* unbeschränkt geschäftsfähig sein. Nur Baden-Württemberg, Berlin, Bremen, Hessen, Nordrhein-Westfalen, Sachsen und Schleswig-Holstein verlangen weiter gehend, dass der verantwortliche Redakteur mindestens 21 Jahre alt sein muss. Doch gilt in allen Bundesländern das Privileg der Jugendpresse, deren verantwortlicher Redakteur nicht an die Erreichung einer bestimmten Altersgrenze gebunden ist (Rn 78 ff.).

d) Das Privileg der Jugendpresse

aa) Das in § 9 Abs 2 LPG garantierte Privileg der Jugendpresse (Näheres s Löffler, **78** AfP 1980, 184 ff.) enthält eine doppelte Begünstigung: die Jugendpresse ist sowohl vom Erfordernis, dass ihr verantwortlicher Redakteur bzw der Verantwortliche für den Anzeigenteil ein bestimmtes *Mindestalter* (21 oder 18 Jahre, siehe Rn 77) haben muss (§ 9 Abs 1 Nr 3) als auch vom Erfordernis der unbeschränkten *Geschäftsfähigkeit* befreit (§ 9 Abs 1 Nr 4). Tragender Grundgedanke der Privilegierung ist die berechtigte Erwägung, die Jugendlichen nicht zu zwingen, sich bei der Herausgabe einer Jugendzeitschrift eines Erwachsenen als verantwortlichen Redakteurs zu bedienen.

bb) Die Privilegierung des § 9 Abs 2 kommt nur der *„Jugendpresse"* zugute. Darun- **79** ter sind alle Druckwerke zu verstehen, die „von Jugendlichen für Jugendliche herausgegeben werden" (§ 9 Abs 2 LPG, abw Sachsen s oben Rn 75). Druckwerke und damit „Presse" (Jugendpresse) sind nach § 7 LPG alle im Wege eines Massenvervielfältigungsverfahrens hergestellten, zur Verbreitung bestimmten verkörperten Träger eines geistigen Sinngehalts (zum Begriff des Druckwerks vgl § 7 Rn 15 ff.). Da es sich aber in § 9 LPG speziell um das Mindestalter des verantwortlichen Redakteurs handelt, der nur für die *periodische Presse* (v a Zeitungen und Zeitschriften) vorgeschrieben ist (§ 8 Abs 2 LPG), liegt der Schwerpunkt des Jugendprivilegs bei der Herausgabe von Schülerzeitungen und Jugendzeitschriften.

80   cc) Es fällt auf, dass der Begriff *„Jugendlicher"* in den Landespressegesetzen nicht näher bestimmt ist, obwohl es gerade von diesem Begriff abhängt, welchem Personenkreis das Jugendprivileg zusteht. Es hätte für den Landespressegesetzgeber nahegelegen, Bezug zu nehmen auf die Legaldefinition des Jugendschutzgesetzes (§ 1 Abs 1 Nr 2: „Im Sinne dieses Gesetzes sind Jugendliche Personen, die 14, aber noch nicht 18 Jahre alt sind") oder auf die Definition in § 1 Abs 2 des Jugendgerichtsgesetzes („Jugendlicher ist, wer zur Zeit der Tat vierzehn, aber noch nicht achtzehn, Heranwachsender, wer zur Zeit der Tat achtzehn, aber noch nicht einundzwanzig Jahre alt ist"). Dass diese Bezugnahme nicht erfolgte, hat seinen Grund in der gesetzgeberischen Absicht, das Jugendprivileg des § 9 Abs 2 LPG vor allem der Schüler- und der Studentenpresse zukommen zu lassen (vgl zB OLG Köln AfP 1980, 296; OLG Hamm AfP 1974, 106). Deshalb sind für das Privileg des § 9 LPG die im JuSchG und JGG festgelegten Altersgrenzen weder nach unten (mindestens 14 Jahre) noch nach oben (18 Jahre) anwendbar. Vielmehr muss der Begriff „Jugendlicher" in § 9 Abs 2 LPG weit ausgelegt werden und umfasst sowohl das reifere Kindesalter wie auch die Ausbildungszeit der Heranwachsenden einschließlich der Studenten, wobei die besonderen Umstände des konkreten Falles und die Verkehrsanschauung mit zu berücksichtigen sind. Sachsen bezieht neben den Jugendlichen ausdrücklich die „Heranwachsenden" ein (s oben Rn 75).

81   dd) Bei der Frage nach dem vom LPG nicht geregelten angemessenen Mindestalter für die Ausübung der Pressetätigkeit, insbesondere der Funktion eines verantwortlichen Redakteurs der Jugendpresse, fällt auf, dass weder nationale noch andere Rechtsordnungen eine Einschränkung der Pressefreiheit unter dem Gesichtspunkt von Altersstufen kennen. Dabei erfordert gerade die journalistische Tätigkeit ein erhebliches Maß an Reife und Verantwortungsbewusstsein. Diese offenbare Diskrepanz lässt sich nur mit der bewährten Unterscheidung von Grundrechtsfähigkeit und *Grundrechtsmündigkeit* befriedigend lösen. So ist der fünfjährige Alleinerbe eines Presseverlags zwar Träger des Grundrechts auf Pressefreiheit, doch kommt ihm die *Ausübung* dieses Grundrechts, die Grundrechtsmündigkeit, noch nicht zu.

Vieles spricht dafür, die Grundrechtsmündigkeit im Pressebereich und damit die altersmäßige Qualifikation für die Bestellung zum verantwortlichen Redakteur mit Vollendung des 14. Lebensjahres eintreten zu lassen. In den meisten Ländern folgt dies ohnehin mittelbar daraus, dass der verantwortliche Redakteur unbeschränkt strafrechtlich verfolgbar sein muss (s unten Rn 91 ff.). Mit 14 Jahren beginnt beim Minderjährigen die bedingte strafrechtliche Verantwortlichkeit (§ 19 StGB). Auch die Entscheidung über das religiöse Bekenntnis wird dem Vierzehnjährigen zuerkannt (§ 5 des Gesetzes über die religiöse Kindererziehung in der im BGBl Teil III, Gliederungsnummer 404-9, veröffentlichten bereinigten Fassung, das zuletzt durch Art 63 des Gesetzes vom 17.12.2008 – BGBl I S 2586 geändert worden ist). Zu berücksichtigen ist, dass ein Jugendlicher heute mit 18 Jahren als Volljähriger aktiv und passiv wahlberechtigt ist, also zum Bundestagsabgeordneten gewählt werden könnte. Auch das österreichische Mediengesetz (vgl Rn 113) geht von Jugendlichen aus, die das 14. Lebensjahr vollendet haben (vgl § 47 Abs 2 Satz 2). Letztlich bleiben jedoch die *konkreten Umstände des Einzelfalles* entscheidend: die Früh- oder Spätreife des Minderjährigen, sein individuelles Verantwortungsbewusstsein und der von ihm zu bearbeitende harmlose oder kritische redaktionelle Stoff. Davon hängt auch ab, ob die Bestellung eines Jugendlichen zum verantwortlichen Redakteur den Sorgfaltspflichten der Presse entspricht, an die auch die Jugendpresse gebunden ist.

82   ee) Nach § 9 Abs 2 LPG ist Voraussetzung des Privilegs der Jugendpresse, dass sie „von Jugendlichen für Jugendliche herausgegeben" wird (abw Sachsen s oben Rn 75). Ob ein Druckwerk *von Jugendlichen* herausgebracht wird, bestimmt sich nach dem presserechtlichen Begriff des Jugendlichen (Rn 80f.) und nach den besonderen

VII. Die persönl. Anforderungen an den verantwortl. Redakteur **§ 9 LPG**

Umständen des Einzelfalles. Ob die Herausgabe *für Jugendliche* erfolgt, entscheidet sich danach, ob der Inhalt dazu bestimmt und geeignet ist, von Jugendlichen gelesen zu werden. Dass eine in erster Linie für Jugendliche bestimmte Zeitschrift auch von interessierten Erwachsenen gelesen wird, steht ihrem Charakter als Jugendpresse nicht entgegen (zutreffend Rebmann § 9 Rn 10). Vor allem ist bei der Studentenpresse angesichts der dort behandelten Themen davon auszugehen, dass sie weithin auch das Interesse der Erwachsenen findet. Dadurch geht ihr jedoch das Privileg des § 9 Abs 2 LPG nicht verloren, sofern die Studentenpresse *überwiegend* Jugendliche (Studenten) als Zielgruppe anspricht (OLG Hamm ArchPR 1974, 106).

ff) Die der Presse zur Erfüllung ihrer öffentlichen Aufgabe von Verfassung und Gesetz verliehenen *Schutzrechte* stehen grundsätzlich auch der Jugendpresse zu. Dies gilt sowohl für den Schutz des Redaktionsgeheimnisses (§ 53 StPO; §§ 383 ff. ZPO) wie für den Informationsanspruch gegenüber den Behörden einschließlich den Schulbehörden (§ 4 LPG). Auch die Schülerpresse genießt das besonders wichtige Privileg der Zulassungsfreiheit (§ 2 LPG). Sie bedarf zur Herausgabe von Druckwerken aller Art, die für Jugendliche bestimmt sind, keiner Genehmigung von Seiten der Schulbehörde. Die ohne schulische Genehmigung erscheinenden sog „freien Schülerzeitungen" sind ebenso legitim wie die sog „Schulzeitungen", die mit Genehmigung der Schule und unter ihrer Mitwirkung von Schülern herausgegeben werden. Die Schulverwaltungen der einzelnen Länder haben zum Teil eigene Regelungen für die Schülerpresse erlassen, so zB in Baden-Württemberg die Verordnung des Kultusministeriums über Schülerzeitschriften (Schülerzeitschriftenverordnung vom 8. Juni 1976), die allerdings zum 1.8.2005 außer Kraft getreten ist; Vorschriften über Schülerzeitungen finden sich nunmehr in der Verwaltungsvorschrift des Kultusministeriums 6499.10/417 „Werbung, Wettbewerbe und Erhebungen in Schulen" in der Fassung vom 28.10.2005. 83

gg) Ebenso wie die Privilegien gelten für die Jugendpresse – abgesehen vom Jugendprivileg des § 9 Abs 2 – auch die weitgehenden *Pflichten* der Presse (siehe etwa die diesbezügliche Information des Bayerischen Staatsministeriums für Bildung und Kultus, Wissenschaft und Kunst auf der Website www.km.bayern.de/schueler/schule-und-mehr/schuelerzeitungen.html, zuletzt abgerufen am 29.6.2014). Es gibt somit für Minderjährige keine reduzierte presserechtliche Haftung. Dies gilt insbesondere für die Pflicht zum alsbaldigen Abdruck einer ordnungsmäßigen Gegendarstellung (§ 11 LPG), ferner für die strenge Trennung von Text- und Anzeigenteil (§ 10 LPG) wie auch für die Einhaltung der Impressumpflicht (§ 8 LPG). Auch muss der verantwortliche Redakteur der Jugendpresse – abgesehen vom Mindestalter und der vollen Geschäftsfähigkeit – alle übrigen persönlichen Erfordernisse des § 9 LPG erfüllen. Machen sich minderjährige Redakteure *strafbarer Verfehlungen* schuldig, so ist das *Jugendgericht* zuständig. Das StGB gilt nur soweit im Jugendgerichtsgesetz nichts anderes bestimmt ist (§ 10 StGB). Statt Strafen kann das Jugendgericht Erziehungsmaßregeln anordnen (§ 5 JGG; vgl OLG Köln AfP 1980, 196). Für die *Haftung* des Minderjährigen als *verantwortlicher Redakteur* sind die für diesen geltenden strengen Haftungsgrundsätze maßgebend (Rn 36, 54). Doch ist die strafrechtliche Verantwortlichkeit des jugendlichen Redakteurs durch das Jugendstrafrecht, aber auch durch die altersbedingte verminderte Vorwerfbarkeit hinsichtlich der Schuldfrage eingeschränkt (OLG Hamm AfP 1977, 415; OLG Köln NJW 1971, 255). 84

Neben strafrechtlichen Verfahren drohen dem jugendlichen Redakteur *zivilrechtliche* Klagen auf Unterlassung, Widerruf und Schadensersatz, sofern in der Jugendpresse die Rechte Dritter, insb Ehre und Kredit, verletzt werden. Während Kinder (Personen unter 7 Jahren) deliktsunfähig sind, besteht bei Minderjährigen (schon 7 aber noch nicht 18 Jahre alt) eine vom Reifegrad abhängige bedingte Deliktsfähigkeit (§ 828 BGB). Entfällt bei einem jugendlichen Redakteur infolge mangelnder Reife die persönliche Haftung, so können uU die Eltern oder die Schule wegen Verletzung der Aufsichtspflicht haftbar gemacht werden (vgl Löffler, AfP 1980, 184). Klagen auf Abdruck von Gegendarstellungen setzen keine Rechtsverletzung und damit keine Deliktsfähigkeit des jugendlichen verantwortlichen Redakteurs voraus.

85 hh) Die Tätigkeit des verantwortlichen Redakteurs erfährt dadurch ihre besondere Note, dass er sich trotz des ihm zustehenden Grundrechts auf Pressefreiheit einem doppelten *Einordnungsverhältnis* unterworfen sieht. Er untersteht einerseits bis zur Vollendung des 18. Lebensjahres der „*elterlichen Sorge*", die im Grundgesetz (Art 6) verankert ist. Ferner ist er, solange er die Schule oder Hochschule besucht, der *Schulordnung* bzw der akademischen Ordnung unterworfen. Aus diesen verschiedenen Einordnungsverhältnissen ergeben sich schwierige Rechts- und Haftungsfragen, über die der Jugendredakteur Bescheid wissen muss (näheres § 1 LPG Rn 308 ff.).

5. Unbeschränkte Geschäftsfähigkeit

a) Allgemeines

86 Neben dem Erfordernis des ständigen Aufenthalts in der Bundesrepublik Deutschland oder in einem anderen EU-Mitgliedstaat bzw EWR-Vertragsstaat (§ 9 Abs 1 Nr 1), des Besitzes der Statusrechte (§ 9 Abs 1 Nr 2), des Erreichens einer bestimmten Mindestaltersgrenze in manchen Bundesländern (zB § 9 Abs 1 Nr 3 LPG BW: 21 Jahre) fordern alle Landespressegesetze – mit Ausnahme von Baden-Württemberg und Nordrhein-Westfalen – als weitere Voraussetzung für das Amt des verantwortlichen Redakteurs (jedoch nicht bei der Jugendpresse; vgl Rn 78 ff.) ausdrücklich die *unbeschränkte, volle Geschäftsfähigkeit* (§ 9 Abs 1 Nr 4). Das bedeutet den Ausschluss aller geschäftsunfähigen oder nur beschränkt geschäftsfähigen Personen von der Ausübung der Funktion eines verantwortlichen Redakteurs. Brandenburg schließt zusätzlich denjenigen aus, der auf Grund einer psychischen Krankheit oder einer geistigen oder seelischen Behinderung seine Angelegenheiten ganz oder teilweise nicht besorgen kann und für den deshalb das Betreuungsgericht gem. § 1896 BGB einen Betreuer bestellt hat. Nordrhein-Westfalen schließt diejenigen aus, die auf Grund einer psychischen Krankheit oder einer geistigen oder seelischen Behinderung unter Betreuung stehen. Gleiches gilt in Niedersachsen. In Rheinland-Pfalz kann nur eine Person verantwortlicher Redakteur sein, die alle ihre Angelegenheiten ohne rechtliche Betreuung im Sinne der §§ 1896 bis 1908i des BGB besorgen kann und besorgt.

b) Geschäftsunfähigkeit; beschränkte Geschäftsfähigkeit

87 *Geschäftsunfähig* aus Altersgründen ist das Kind bis zur Vollendung des siebten Lebensjahres (§ 104 Nr 1 BGB), außerdem Personen, die sich in einem Dauerzustand krankhafter Störung der Geistestätigkeit befinden (§ 104 Nr 2 BGB). Auch partielle Störung ist möglich, so zB bei krankhaft gesteigerter Eifersucht (BGHZ 18, 184). *Beschränkt geschäftsfähig* sind die Minderjährigen, dh die Jugendlichen vom 7. bis zum 18. Lebensjahr (§ 106 BGB). Die meisten Landespressegesetze fordern kurzerhand „unbeschränkte Geschäftsfähigkeit", das Saarland „volle Geschäftsfähigkeit". In Brandenburg und Bremen kann nicht verantwortlicher Redakteur sein, wer nicht oder nur beschränkt geschäftsfähig ist, was zum gleichen Ergebnis führt.

c) Betreute Personen

88 Aufgrund des Betreuungsgesetzes vom 12.9.1990 (BGBl I S 2002) durch das die Entmündigung wegen Geisteskrankheit beseitigt und durch das Erfordernis der Betreuung ersetzt wurde, schließt Baden-Württemberg nur noch denjenigen aus, der nicht geschäftsfähig ist.

89 Einen anderen Weg sind Brandenburg, Nordrhein-Westfalen, Niedersachsen und Rheinland-Pfalz gegangen. Dort werden mit unterschiedlichen Formulierungen unter Betreuung stehende Personen teilweise von der Funktion des verantwortlichen Redakteurs ausgeschlossen. Der Versuch, auf diese Weise Personen, die bis zum Inkrafttreten des Betreuungsgesetzes als „Entmündigte" beschränkt geschäftsfähig gewe-

VII. Die persönl. Anforderungen an den verantwortl. Redakteur § 9 LPG

sen wären, von der Stellung als verantwortlicher Redakteur auszuschließen, erscheint in den Regelungen nur teilweise gelungen:
In Brandenburg ist nur derjenige ausgeschlossen, der auf Grund einer psychischen 90
Krankheit oder einer geistigen oder seelischen Behinderung betreut wird. Derjenige, der auf Grund einer körperlichen Behinderung betreut wird, kann verantwortlicher Redakteur sein. Bei den Ausgeschlossenen genügt es aber, dass sie teilweise ihre Angelegenheiten nicht besorgen können. Daneben schließt Brandenburg nicht oder nur beschränkt Geschäftsfähige aus. Dasselbe gilt in anderer Formulierung in Nordrhein-Westfalen, wo aber neben den Betreuten nur noch die Geschäftsunfähigen ausgeschlossen sind, und in Niedersachsen. Rheinland-Pfalz setzt voraus, dass der verantwortliche Redakteur alle seine Angelegenheiten ohne rechtliche Betreuung im Sinne der §§ 1896 bis 1908i des BGB besorgen kann und besorgt. Die Regelungen in Brandenburg, Nordrhein-Westfalen, Niedersachsen und Rheinland-Pfalz tragen der differenzierenden Regelung in § 1896 BGB nicht genügend Rechnung. Wer nur teilweise außer Stande ist, seine Angelegenheiten ohne Betreuer zu besorgen, muss keineswegs notwendigerweise unfähig sein, redaktionelle Verantwortung zu tragen.

6. Unbeschränkt strafgerichtliche Verfolgbarkeit, Immunität und Exterritorialität

a) Zweck der Bestimmung

Dem gesetzgeberischen Zweck der Institution des verantwortlichen Redakteurs 91
(vgl Rn 2) widerspricht es eindeutig, für diese Funktion eine Person zu bestellen, die *strafrechtlich nicht haftbar* gemacht werden kann. Zu diesen Personengruppen gehören außer den strafunwürdigen Kindern vor allem die *Abgeordneten* der Parlamente, die die Privilegien der Immunität und der Indemnität genießen, aber auch die sog „*Exterritorialen*", zu denen vor allem das in der Bundesrepublik tätige Diplomatische Korps und die in der Bundesrepublik stationierten fremden Streitkräfte zählen. Mit Blick auf diese strafrechtlich privilegierten Gruppen schließt § 9 Abs 1 Nr 5 LPG vom Amt des verantwortlichen Redakteurs jede Person aus, die „nicht unbeschränkt strafgerichtlich verfolgt werden kann".

b) Parlamentarische Immunität

Beim „Ausschlussgrund" (vgl Rn 91) der *parlamentarischen Immunität* handelt es sich 92
um ein Privileg der Bundes- und Landtagsabgeordneten in Form eines strafprozessualen Verfahrenshindernisses:
aa) Die Immunität der *Bundestagsabgeordneten* ist in Art 46 Abs 2 der Verfassung verankert und lautet: „Wegen einer mit Strafe bedrohten Handlung darf ein Abgeordneter nur mit Genehmigung des Bundestages zur Verantwortung gezogen oder verhaftet werden. ..."
bb) Die *Landtagsabgeordneten* genießen Immunität auf Grund der einschlägigen Bestimmungen der jeweiligen Landesverfassung. Die Regelung in § 152a der Strafprozessordnung gibt den einzelnen landesrechtlichen Immunitätsvorschriften bundesweite Wirkung.
cc) Das Privileg der Immunität entwickelte sich in den Kämpfen des *englischen Par-* 93
laments gegen die Übergriffe der Krone, die mit Hilfe der Strafgerichte rebellische Abgeordnete bekämpfte. Der deutsche Parlamentarismus übernahm im Lauf des 19. Jahrhunderts die englischen Grundsätze. So ergab sich als Sinn und Zweck der Immunität, die *Arbeitsfähigkeit des Parlaments* und dessen Ansehen zu wahren (Maunz (Art 38 III 2). Doch wurde das Privileg der Immunität schon früh von radikalen Presseorganen dadurch missbraucht, dass man Abgeordnete zu verantwortlichen Redakteuren bestellte und so die strafrechtliche Haftung der Presse unterlief (RGSt 22, 379; 23, 184). Der Missbrauch steigerte sich in den erbitterten Parteikämpfen der Weimarer Republik. Im Februar 1931 lagen dem Deutschen Reichstag nicht weniger als 400 Anträge auf Aufhebung der Immunität von Abgeordneten-Redakteuren vor

(Heinrichsbauer S 28). Durch Novelle vom 4.3.1931 (RGBl I S 29) wurde dem Reichspreßgesetz der § 8 Abs 2 eingefügt, der ausdrücklich die Bestellung eines immunitätsgeschützten Abgeordneten zum verantwortlichen Redakteur verbot.

94 dd) Das Privileg der Immunität ist ein zeitlich begrenztes strafprozessuales Verfahrenshindernis, das dem Abgeordneten nur während der *Dauer seines Mandats,* dh von der Annahme der Wahl bis zum Ende der Wahlperiode zugute kommt (Meyer-Goßner/Schmitt § 152a StPO Rn 1 ff.). Die Tat selbst bleibt strafbar, und der Abgeordnete kann nach Beendigung seines Mandats zur Rechenschaft gezogen werden. Solange der Immunitätsschutz andauert, ruht die Verjährung der Tat (§ 78b Abs 1, 2 StGB). Tatbeteiligte (Anstifter, Gehilfen, Hehler usw), die nicht selbst Abgeordnete sind, genießen den Verfolgungsschutz nicht. Gegen sie kann das Strafverfahren jederzeit durchgeführt werden. Auch ist der Immunitätsschutz nur ein bedingter, da die Immunität vom Parlament jederzeit aufgehoben werden kann, sei es auf Antrag des Gerichts, der Staatsanwaltschaft oder des Privatklägers (Art 46 Abs 2 GG). Der Wille des Abgeordneten ist dabei rechtlich unbeachtlich. Das Parlament kann die Genehmigung zur Strafverfolgung auch beschränkt oder bedingt erteilen. Der Immunitätsschutz erstreckt sich nach Art 46 Abs 2 GG nur auf eine „mit Strafe bedrohte Handlung", sonach nicht auf *Ordnungswidrigkeiten* (Göhler, OWiG vor § 59 Rn 42). Da der Immunitätsschutz ein strafprozessuales Hindernis darstellt, steht er *zivilrechtlichen Klagen* auf Unterlassung, Widerruf und Schadensersatz, die sich gegen Abgeordnete richten, nicht entgegen (vgl BGH NJW 1980, 780).

c) Parlamentarische Indemnität

95 Die parlamentarische Immunität, die ein strafprozessuales Verfahrenshindernis darstellt, darf nicht verwechselt werden mit der *parlamentarischen Indemnität,* die eine strafrechtliche Verantwortungsfreiheit des Abgeordneten hinsichtlich seiner Äußerungen und seiner Stimmabgabe im Parlament bedeutet.

aa) Die Indemnität ist für Bundestagsabgeordnete verankert in Art 46 Abs 1 GG, wo es heißt: „Ein Abgeordneter darf zu keiner Zeit wegen seiner Abstimmung oder wegen einer Äußerung, die er im Bundestage oder in einem seiner Ausschüsse getan hat, gerichtlich oder dienstlich verfolgt oder sonst außerhalb des Bundestages zur Verantwortung gezogen werden. Dies gilt nicht für verleumderische Beleidigungen." Der § 36 StGB erweitert das Privileg der Indemnität auf die Mitglieder der Bundesversammlung sowie auf die Mitglieder der Gesetzgebungsorgane der Länder und schließt gleichfalls *„verleumderische Beleidigungen"* vom Indemnitätsschutz aus (§ 36 Satz 2 StGB). Dagegen gilt der Indemnitätsschutz nicht für die in einem parlamentarischen Hearing angehörten Sachverständigen (BGH NJW 1981, 2117). Bei der Indemnität handelt es sich um einen die Mandatszeit überdauernden unverzichtbaren persönlichen Strafausschließungsgrund bezüglich eventueller Äußerungsdelikte (herrschende Meinung, vgl Staatsgerichtshof Bremen MDR 1968, 147; Schönke/Schröder § 36 StGB Rn 1; Fischer § 36 StGB Rn 1). Während die Immunität bedeutet, dass ein Parlamentarier für die Dauer seines Mandats auch wegen eines völlig unpolitischen Delikts (zB einer Wirtschaftsstraftat) strafrechtlich nicht verfolgt werden darf, besagt die Indemnität, dass ein Abgeordneter wegen seiner politischen Betätigung im Parlament (Abstimmungen und Äußerungen im Parlament) zu keiner Zeit, also auch nicht nach Ablauf seines Mandats, von außerparlamentarischen Stellen gerichtlich oder disziplinarisch zur Rechenschaft gezogen werden darf. Stellt ein Abgeordneter eine kritische parlamentarische Anfrage auch der Presse zur Veröffentlichung zur Verfügung, so entfällt der Schutz der Indemnität, da insoweit eine Äußerung außerhalb des Parlaments vorliegt (BGH NJW 1980, 780; 1982, 2246).

96 bb) Im Interesse des Ehrenschutzes ist es zu begrüßen, dass *verleumderische Beleidigungen,* deren sich ein Abgeordneter im Parlament schuldig macht, vom Indemnitätsschutz ausgeschlossen sind (Art 46 Abs 1 Satz 2 GG; § 36 Satz 2 StGB). Die bundesrechtliche Regelung geht nach Art 31 GG („Bundesrecht bricht Landesrecht") abweichenden landesrechtlichen Regelungen vor (zutreffend Schönke/Schröder § 36

VII. Die persönl. Anforderungen an den verantwortl. Redakteur § 9 LPG

StGB Rn 3; aA Fischer § 36 StGB Rn 2). Die Entscheidung über die Rechtsfrage, ob im Einzelfall eine verfolgbare verleumderische Beleidigung vorliegt, steht dem Gericht zu, nicht der parlamentarischen Körperschaft (Fischer § 36 StGB Rn 4). Es widerspräche dem Sinn und Zweck der Verfolgbarkeit verleumderischer Beleidigungen, wenn das Parlament die in Art 46 Abs 1 GG ausdrücklich freigegebene Verfolgung praktisch sabotieren könnte. Nach herrschender Meinung hindert die Indemnität keinesfalls ein zivilrechtliches Vorgehen gegen einen Parlamentarier (BGH NJW 1980, 780).

d) Exterritorialität

Der bundesdeutschen strafrechtlichen Verfolgung entzogen und deshalb von der 97 Tätigkeit als verantwortliche Redakteure gemäß § 9 Abs 1 Nr 5 LPG ausgeschlossen sind neben den Parlamentariern auch die sog *Exterritorialen* (vgl §§ 18–20 GVG). Zu ihnen gehören:

aa) Die Mitglieder der in der Bundesrepublik errichteten *diplomatischen Missionen* einschließlich ihrer Familienmitglieder und ihrer privaten Hausangestellten (§ 18 GVG). Von der deutschen Gerichtsbarkeit sind außerdem befreit die Mitglieder der konsularischen Vertretungen in der Bundesrepublik einschließlich der Wahlkonsularbeamten (§ 19 GVG).

bb) Partiell exterritorial sind auch die *Nato-Streitkräfte,* die in der Bundesrepublik 98 stationiert sind. Maßgebend ist das NATO-Truppenstatut vom 19.6.1951 (BGBl 1961 II S 1183) mit Zusatzabkommen von 1959 und 1961.

cc) Das Privileg der Exterritorialität genießen auch die in der Bundesrepublik be- 99 findlichen Mitglieder von *supranationalen Gremien* wie die Sonderorganisationen der UNO, Mitglieder des EuGH und des europäischen Parlaments sowie anderer supranationaler Institutionen (§ 20 GVG in Verbindung mit zahlreichen supranationalen Verträgen und Vorschriften, insbesondere der Europäischen Gemeinschaften, Fundstellennachweis bei Meyer-Goßner/Schmitt, § 18 GVG und Groß BT Presseordnungsrecht Rn 362 Fußnote 46).

Zu aa) bis cc): Die Exterritorialen unterstehen der deutschen Gerichtsbarkeit 100 grundsätzlich nicht. Gegen sie darf von deutschen Justizbehörden kein Strafverfahren eingeleitet oder durchgeführt werden. Trotzdem gegen sie ergehende Entscheidungen sind nichtig (Meyer-Goßner/Schmitt § 18 GVG Rn 1 ff.). Bei den Angehörigen der NATO-Streitkräfte besteht teilweise eine konkurrierende Zuständigkeit zwischen dem Entsendestaat und der Bundesrepublik: teilweise sind nur deutsche Gerichte, teilweise nur die Gerichte des Entsendestaates zuständig (OLG Nürnberg NJW 1975, 2151; Meyer-Goßner/Schmitt § 18 GVG Rn 8–10). Beim Privileg der Exterritorialität handelt es sich nicht um einen persönlichen Strafausschließungsgrund, sondern – wie bei der Immunität der Abgeordneten – um ein Verfahrenshindernis des deutschen Rechts gegenüber den Privilegierten (Fischer vor § 32 StGB Rn 17). Die Tat bleibt rechtswidrig. Nicht privilegierte Tatbeteiligte können verfolgt und belangt werden (BGHSt 28, 99).

e) Divergierende landesrechtliche Regelungen

Das Erfordernis der unbeschränkten strafgerichtlichen Verfolgbarkeit im Sinne des 101 § 9 Abs 1 Nr 5 ist in den einzelnen *Landespressegesetzen* zum Teil abweichend geregelt. Der Ausschluss der Parlamentarier von der Funktion des verantwortlichen Redakteurs hat nicht in allen Parlamenten Zustimmung gefunden Dadurch ergeben sich folgende Unterschiede:

aa) Die oben 6a bis d dargestellte Regelung gilt in den Ländern *Baden-Württemberg* (§ 9 Abs 1 Nr 5), *Berlin* (§ 8 Abs 1 Nr 5), *Brandenburg* (§ 10 Abs 1 Nr 4), *Bremen* (§ 9 Abs 1 Nr 6), *Mecklenburg-Vorpommern* (§ 8 Abs 1 Nr 4), *Nordrhein-Westfalen* (§ 9 Abs 1 Nr 5), *Rheinland-Pfalz* (§ 10 Abs 1 Nr 4) und *Saarland* (§ 9 Abs 1 Nr 4).

bb) *Bayern* (Art 5 Abs 3) stellt zwar das gleiche Erfordernis auf wie die zu aa) ge- 102 nannten Länder, nämlich die unbeschränkte strafrechtliche Verfolgbarkeit, doch gilt diese Anforderung nur für den verantwortlichen Redakteur des „politischen" Teils einer Zeitung oder Zeitschrift. Diese Regelung kann nicht befriedigen. Die Abgrenzung zwischen politischem und unpolitischem Zeitungsteil führt in der Praxis zu erheblichen Schwierigkeiten. Was den „unpolitischen" Anzeigenteil anlangt, so hat das Bundesverfassungsgericht im Südkurier-Urteil (Bd 21 S 271) mit Recht auf den hohen Informationswert des Anzeigenteils hingewiesen. Auch die „unpolitischen" Zeitungs- und Zeitschriftenteile können Haftungsprozesse auslösen; dieser Haftung kann sich in Bayern der verantwortlichen Redakteur als Abgeordneter oder Exterritorialer entziehen.

103 cc) Auch *Berlin* (§ 8 Abs 1 Nr 5 LPG) fordert – wie Bayern und die zu aa) aufgeführten Länder – für den verantwortlichen Redakteur unbeschränkte strafgerichtliche Verfolgbarkeit. Während aber Bayern auf dieses Erfordernis verzichtet, soweit es sich um den verantwortlichen Redakteur für den nichtpolitischen Teil einer Zeitung oder Zeitschrift handelt, stellt Berlin die verantwortlichen Redakteure periodischer Zeitschriften, die Zwecken der *Wissenschaft oder der Kunst* dienen, vom Erfordernis der unbeschränkten strafrechtlichen Verfolgbarkeit frei (§ 8 Abs 3). Der Verantwortliche für solche Zeitschriften kann somit in Berlin ein Parlamentarier oder ein Exterritorialer sein.

104 dd) *Hamburg* (§ 9) hat auf das Erfordernis der unbeschränkten strafrechtlichen Verfolgbarkeit ganz verzichtet. Dort können demnach Parlamentarier von Bund und (allen) Ländern und Exterritoriale als verantwortliche Redakteure tätig sein – eine bedauerliche Haftungslücke im bundesdeutschen Presserecht.

105 ee) Eine Sonderregelung haben die Länder *Hessen* (§ 7 Abs 3 Nr 5), *Niedersachsen* (§ 9 Abs 1 Nr 4), *Sachsen* (§ 7 Abs 1 Nr 5), *Sachsen-Anhalt* (§ 8 Abs 1 Nr 4), *Schleswig-Holstein* (§ 8 Abs 1 Nr 5) sowie *Thüringen* (§ 9 Abs 1 Nr 4) getroffen. Hier genügt es für die Zulassung eines Parlamentariers zum Amt des verantwortlichen Redakteurs, wenn der Abgeordnete „wegen durch die Presse begangener strafbarer Handlungen" unbeschränkt gerichtlich verfolgt werden kann. Diese eigenartige Regelung erklärt sich dadurch, dass die Landesverfassungen der hier genannten Länder ihren *Landtagsabgeordneten* ohnehin keine Immunität gewähren, wenn es sich um Straftaten handelt, die sie als Redakteure einer Zeitung oder Zeitschrift begehen; insoweit unterliegen sie der unbeschränkten gerichtlichen Strafverfolgung und können demzufolge als verantwortliche Redakteure innerhalb und außerhalb ihres Landes bestellt werden (§ 152a StPO; Scheer § 9 A II 5).

7. Keine sonstigen persönlichen Anforderungen

a) Keine extensive Auslegung zulässig

106 Außer den oben genannten Tätigkeitsvoraussetzungen kennt das Presserecht keine weiteren persönlichen Anforderungen an das Amt des verantwortlichen Redakteurs. Einer *ausdehnenden Auslegung* der in § 9 LPG erschöpfend aufgeführten persönlichen Anforderungen steht das Prinzip der formellen (abwehrenden) Pressefreiheit entgegen (zutreffend Häntzschel S 69; Kitzinger S 61). Insbesondere kann einem nicht zur Gruppe der Exterritorialen (vgl Rn 97 ff.) gehörenden *Ausländer,* der die Voraussetzungen des § 9 LPG erfüllt, nicht verwehrt werden, die Tätigkeit eines verantwortlichen Redakteurs auszuüben. Ebensowenig darf einem *Beamten* die Tätigkeit als Redakteur oder als verantwortlicher Redakteur untersagt werden; nur generelle beamtenrechtliche Bestimmungen, welche die Frage einer Nebenbeschäftigung grundsätzlich regeln und sich nicht im Besonderen gegen eine Pressetätigkeit richten, sind als zulässig zu betrachten.

b) Verwirkung der Grundrechte? Bremer Sonderregelung rechtlich bedenklich

107 Bremen (§ 9 Abs 1 Nr 3 LPG) hat für den verantwortlichen Redakteur das zusätzliche Erfordernis aufgestellt, dass er keine „*Grundrechte verwirkt hat*". Gegen diese Bestimmung bestehen jedoch durchgreifende rechtliche Bedenken: Einerseits erscheint

die Aufstellung dieses Erfordernisses überflüssig: wenn das für die Verwirkung von Grundrechten nach Art 18 GG zuständige *Bundesverfassungsgericht* dem Betroffenen das Grundrecht der Pressefreiheit entzieht, kann und darf er ohnehin nicht mehr als Redakteur, insbesondere nicht als verantwortlicher Redakteur, in der Presse tätig sein (zutreffend Rebmann § 9 Rn 2). Nun beschränkt sich allerdings der § 9 Abs 1 Nr 3 LPG Bremen nicht auf die Verwirkung des Grundrechts der Pressefreiheit, sondern schließt vom Amt des verantwortlichen Redakteurs jeden aus, dem irgendeines der sieben in Art 18 GG erschöpfend aufgeführten Grundrechte (Art 5 Abs 1, Art 5 Abs 3, Art 8, 9, 10, 14 und 16a GG) entzogen wurde. Hier greift aber die bremische Sonderregelung unzulässigerweise in das *Verwirkungsmonopol* des Bundesverfassungsgerichts ein. Der einschlägige Art 18 Satz 2 GG lautet: „Die Verwirkung und ihr Ausmaß werden durch das Bundesverfassungsgericht ausgesprochen". Bei dem außerordentlich schwerwiegenden, das Wesen einer Persönlichkeit berührenden Eingriff einer Grundrechtsentziehung obliegt es zu Recht der alleinigen Entscheidung des höchsten Verfassungsgerichts, das Ausmaß der Entziehung mit möglichster Genauigkeit abzustecken (Löffler, NJW 1960, 30). Bereits nach zwei Jahren kann das Bundesverfassungsgericht die Grundrechts-Verwirkung ganz oder teilweise wieder aufheben – im Gegensatz zur Regelung des § 9 Abs 1 Nr 3 des LPG Bremen, der wegen Verstoßes gegen Art 18 S 2 GG insgesamt als nichtig anzusehen ist.

Das Landesmediengesetz *Rheinland-Pfalz* sieht in § 10 Abs 1 Nr 3 vor, dass als verantwortlicher Redakteur nur in Betracht kommt, wer „das Grundrecht der freien Meinungsäußerung nicht nach Artikel 18 des Grundgesetzes verwirkt hat". Die Regelung ist damit deutlich enger als die in Bremen und begegnet im Gegensatz zu jener keinen verfassungsrechtlichen Bedenken, da sie letztlich eine Selbstverständlichkeit ausspricht: wem das BVerfG nach Art 18 GG das Grundrecht der Meinungs- und Pressefreiheit aus Art 5 Abs 1 GG entzieht, der kann und darf ohnehin nicht mehr als (verantwortlicher) Redakteur in der Presse tätig sein (s. o.).

c) Unbescholtenheit, guter Leumund usw. kein Erfordernis

Auch *strafrechtliche Unbescholtenheit* (keine Vorstrafen) ist presserechtlich nicht Tätigkeitsvoraussetzung des verantwortlichen Redakteurs, ebenso wenig guter behördlicher *„Leumund"* (vgl Meyer-Goßner/Schmitt § 256 StPO Rn 11). Auch Anregungen, beim verantwortlichen Redakteur einen zB examensmäßig erwiesenen Bildungsgrad zu verlangen, müssen Bedenken begegnen. Für das deutsche Presserecht hat bereits das Reichsgericht wiederholt ausgesprochen (RGSt 16, 16; 35, 271), dass Bildung und sonstige Eignung keine gesetzlichen Voraussetzungen für die Pressetätigkeit darstellen. **108**

VIII. Zuwiderhandlungen

1. Divergierende landesrechtliche Regelung (teils Muss-, teils Sollvorschrift). Folgen der Zuwiderhandlung

Das in § 9 LPG enthaltene *Verbot* der Bestellung oder des Tätigwerdens eines verantwortlichen Redakteurs ohne Erfüllung der dort im Einzelnen aufgeführten persönlichen Anforderungen ist in der Mehrzahl der Landespressegesetze als eindeutige Untersagung („*kann nicht* tätig sein ...") formuliert. Hier erlangt die – trotz Fehlens der gesetzlichen Erfordernisse bestellte Person – infolge Verletzung einer Mussvorschrift nicht die rechtliche Stellung eines verantwortlichen Redakteurs (OLG Hamm ArchPR 1974, 106). Die zu Unrecht bestellte Person ist deshalb auch kein „tauglicher Täter", der wegen Verletzung der einem verantwortlichen Redakteur obliegenden Pflichten bestraft werden kann (§ 20 Abs 2 Nr 1 LPG; OLG Hamm aaO). Der Verleger, der eine Person zum verantwortlichen Redakteur bestellt, die nicht die erforderlichen persönlichen Anforderungen erfüllt, wie auch derjenige, der ohne **109** diese Anforderungen zu erfüllen als verantwortlicher Redakteur zeichnet, machen sich jedoch wegen Verletzung der Presseordnung strafbar (zB § 21 Nr 1 und 2 LPG Baden-Württemberg) bzw. begehen eine Ordnungswidrigkeit (zB § 14 Abs 1 Nr 4, 5 Hessisches Pressegesetz).

Abweichend von der obigen Regelung haben die Länder Baden-Württemberg, Bayern, Brandenburg, Niedersachsen, Sachsen, Sachsen-Anhalt und Thüringen – entsprechend der früheren Regelung des Reichspreßgesetzes (§ 8 RPG) – das Verbot in die mildere Form einer bloßen Sollvorschrift („*darf nicht* tätig sein") gekleidet. Hier erfolgt die Bestellung zum verantwortlichen Redakteur in rechtswirksamer Form, und er haftet für die gewissenhafte Erfüllung seiner Aufgaben. Doch löst die Zuwiderhandlung gegen die Sollvorschrift die Bestrafung bzw Ahndung gemäß §§ 21 und 22 LPG aus.

2. Die Adressaten des Verbots des § 9 LPG

110 Aus der Formulierung des Verbots des § 9 LPG: „kann nicht tätig sein und beschäftigt werden" ergibt sich, dass als Verbotsadressaten sowohl der zu Unrecht Bestellte wie sein Auftraggeber in Frage kommen. Deshalb nennen auch alle Landespressegesetze (mit Ausnahme des hessischen LPG) als den für die Zuwiderhandlung Verantwortlichen ausdrücklich sowohl den *Verleger* als auch den zu Unrecht tätigen *verantwortlichen Redakteur* (§ 21 Nr 1 und 2). In *Hessen* dagegen ist neben dem für die Zuwiderhandlung haftenden, zu Unrecht bestellten verantwortlichen Redakteur jeder mitverantwortlich, der jemanden zum verantwortlichen Redakteur bestellt, der nicht den Anforderungen des § 7 Abs 3 entspricht (§ 14 Abs 1 Nr 4 LPG Hessen). Dies kann neben dem Verleger auch der Herausgeber, der Geschäftsführer (Verlagsdirektor) oder der Chefredakteur sein.

3. Bestrafung des Verlegers bzw des zu Unrecht zeichnenden verantwortlichen Redakteurs

111 a) In allen Ländern (außer Hessen, Brandenburg, Sachsen und Thüringen) macht sich der *Verleger* einer strafbaren Verletzung der Presseordnung schuldig, wenn er vorsätzlich „eine Person zum verantwortlichen Redakteur bestellt, die nicht den Anforderungen des § 9 entspricht" (§ 21 Nr 1). Die angedrohte Strafe ist Freiheitsstrafe bis zu einem Jahr oder Geldstrafe. Handelt der Verleger fahrlässig, so liegt eine bloße Ordnungswidrigkeit vor (§ 22 Abs 2 LPG).

Berlin sieht eine Freiheitsstrafe bis zu sechs Monaten oder Geldstrafe bis zu einhundertachtzig Tagessätzen vor (§ 20 LPG). Abweichend von anderen Ländern erblicken *Brandenburg, Hessen, Sachsen* und *Thüringen* in der Verletzung der Gesetzesbestimmung betreffend die persönlichen Anforderungen an den verantwortlichen Redakteur nur eine Ordnungswidrigkeit, gleichgültig, ob sie vorsätzlich oder fahrlässig erfolgt.

112 b) Neben dem Verleger macht sich strafbar bzw. begeht eine Ordnungswidrigkeit, wer als *verantwortlicher Redakteur* zeichnet, ohne die gesetzlichen Voraussetzungen des § 9 LPG zu erfüllen. Während einerseits in § 9 LPG selbst das Verbot dahin formuliert wird, dass als verantwortlicher Redakteur nicht *tätig* sein dürfe, wer die gesetzlichen Voraussetzungen nicht erfüllt, stellen die entsprechenden Strafbestimmungen aller Länder nur darauf ab, ob ein zu Unrecht bestellter verantwortlicher Redakteur als solcher *„zeichnet"*. Diese einschränkende Inkonsequenz kommt dem zu Unrecht tätigen verantwortlichen Redakteur insofern zugute, als er nur wegen der rechtswidrigen „Zeichnung", nicht aber wegen seiner rechtswidrigen Tätigkeit bestraft werden kann. Hinsichtlich des Strafmaßes und der inneren Tatseite (Vorsatz bzw Fahrlässigkeit) wie auch bezüglich der Sonderregelungen in Berlin, Brandenburg, Hessen, Sachsen und Thüringen ist der verantwortliche Redakteur dem Verleger gleichgestellt (vgl Rn 111).

IX. Ausländisches Recht

1. Österreich

Im Mediengesetz vom 12.6.1981 (BGBl Nr 314/1981, zuletzt geändert gemäß BGBl I Nr 50/2012) ist im Gegensatz zu dem alten „Bundesgesetz über die Presse" vom 7.4.1922 (BGBl Nr 218) die Person des verantwortlichen Redakteurs nicht vorgesehen. Die presserechtlichen Pflichten sowie die zivil- und strafrechtliche Haftung sind auf den Medieninhaber (Verleger) konzentriert (siehe auch § 8 Rn 159a ff.).

Für den Anzeigenteil kann vom Verleger ein „verantwortlicher Beauftragter" bestellt werden. Dieser haftet neben dem Medieninhaber (Verleger) für die Einhaltung des dem § 10 LPG entsprechenden Gebots der Trennung von Text- und Anzeigenteil (vgl §§ 26, 27 Abs 1 Nr 2 MedienG).

113

114

2. Schweiz

In der Schweiz ist die „Strafbarkeit der Medien" in Art 28 StGB wie folgt geregelt: „Wird eine strafbare Handlung durch Veröffentlichung in einem Medium begangen und erschöpft sie sich in dieser Veröffentlichung, so ist, unter Vorbehalt der nachfolgenden Bestimmungen, der Autor allein strafbar.

Kann der Autor nicht ermittelt oder in der Schweiz nicht vor Gericht gestellt werden, so ist der verantwortliche Redaktor nach Artikel 322 bis strafbar. Fehlt ein verantwortlicher Redaktor, so ist jene Person nach Artikel 322 bis strafbar, die für die Veröffentlichung verantwortlich ist.

Hat die Veröffentlichung ohne Wissen oder gegen den Willen des Autors stattgefunden, so ist der Redaktor oder, wenn ein solcher fehlt, die für die Veröffentlichung verantwortliche Person als Täter strafbar. (…)"

Die Haftung des verantwortlichen Redakteurs ist somit subsidiär. Zunächst haftet der Autor eines strafbaren Pressebeitrags als alleinverantwortlicher Täter. Nur wenn dieser nicht ermittelt oder vor Gericht gestellt werden kann, haftet der „verantwortliche Redaktor" nach Maßgabe von Art 322 bis StGB. Dort ist geregelt, dass mit Freiheitsstrafe bis zu drei Jahren und Geldstrafe bestraft wird, wer als Verantwortlicher nach Art 28 Absätze 2 und 3 StGB eine Veröffentlichung, durch die eine strafbare Handlung begangen wird, vorsätzlich nicht verhindert. Im Falle von Fahrlässigkeit ist die Strafe eine „Busse" gemäß Art 322 bis Satz 2 StGB.

115

116

§ 10 LPG
Kennzeichnung entgeltlicher Veröffentlichungen
(Trennung von Text- und Anzeigenteil bei der periodischen Presse)

Gesetzesfassung in Baden-Württemberg:

§ 10 [Kennzeichnung entgeltlicher Veröffentlichungen]

Hat der Verleger eines periodischen Druckwerks oder der Verantwortliche (§ 8 Abs. 2 Satz 4) für eine Veröffentlichung ein Entgelt erhalten, gefordert oder sich versprechen lassen, so hat er diese Veröffentlichung, soweit sie nicht schon durch Anordnung und Gestaltung allgemein als Anzeige zu erkennen ist, deutlich mit dem Wort „Anzeige" zu bezeichnen.

LPG § 10   Kennzeichnung entgeltlicher Veröffentlichungen

Gesetzesfassung in Bayern:

Art. 9 [Anzeige- und Reklametexte]

Bei Zeitungen und Zeitschriften müssen Teile, insbesondere Anzeigen- und Reklametexte, deren Abdruck gegen Entgelt erfolgt, kenntlich gemacht werden.

Gesetzesfassung in Berlin:

§ 9 [Kennzeichnung entgeltlicher Veröffentlichungen]

Hat der Verleger eines periodischen Druckwerks oder der Verantwortliche (§ 7 Abs. 2 Satz 4) für eine Veröffentlichung ein Entgelt erhalten, gefordert oder sich versprechen lassen, so hat er diese Veröffentlichung, soweit sie nicht schon durch Anordnung und Gestaltung allgemein als Anzeige zu erkennen ist, deutlich mit dem Wort „Anzeige" zu bezeichnen.

Gesetzesfassung in Brandenburg:

§ 11 [Kennzeichnung entgeltlicher Veröffentlichungen]

Haben die Verlegerin oder der Verleger eines periodischen Druckwerks oder die verantwortliche Person (§ 8 Abs. 2 Satz 4) aus Anlass oder im Zusammenhang mit einer Veröffentlichung ein Entgelt oder einen anderen geldwerten Vorteil erhalten, gefordert oder sich versprechen lassen, so haben sie diese Veröffentlichung, soweit diese nicht schon durch die Anordnung und Gestaltung allgemein als Anzeige zu erkennen ist, deutlich mit dem Wort „Anzeige" zu bezeichnen.

Gesetzesfassung in Bremen:

§ 10 [Kennzeichnung entgeltlicher Veröffentlichungen]

Hat der Verleger eines periodischen Druckwerks für eine Veröffentlichung ein Entgelt erhalten, gefordert oder sich versprechen lassen, so hat er diese Veröffentlichung, soweit sie nicht schon durch Anordnung und Gestaltung allgemein als Anzeige zu erkennen ist, deutlich mit dem Wort „Anzeige" zu bezeichnen.

Gesetzesfassung in Hamburg:

§ 10 [Kennzeichnung entgeltlicher Veröffentlichungen]

Hat der Verleger eines periodischen Druckwerks für eine Veröffentlichung ein Entgelt erhalten, gefordert oder sich versprechen lassen, so hat er diese Veröffentlichung deutlich mit dem Wort „Anzeige" zu bezeichnen, soweit sie nicht schon durch Anordnung und Gestaltung allgemein als Anzeige zu erkennen ist.

Gesetzesfassung in Hessen:

§ 8 [Kennzeichnung entgeltlicher Veröffentlichungen]

Hat der Verleger eines periodischen Druckwerks für eine Veröffentlichung ein Entgelt gefordert, sich versprechen lassen oder erhalten, so hat er diese Veröffentlichung innerhalb des Druckwerks in der üblichen Weise als Anzeige kenntlich zu machen.

Gesetzesfassung in Mecklenburg-Vorpommern:

§ 9 [Kennzeichnung entgeltlicher Veröffentlichungen]

Hat der Verleger eines periodischen Druckwerks für eine Veröffentlichung ein Entgelt erhalten, gefordert oder sich versprechen lassen, so ist diese Veröffentlichung deutlich mit dem Wort „Anzeige" zu bezeichnen, soweit sie nicht schon durch Anordnung und Gestaltung allgemein als Anzeige zu erkennen ist.

Gesetzesfassung in Niedersachsen:

§ 10 [Kennzeichnung entgeltlicher Veröffentlichungen]

Hat der Verleger oder der Verantwortliche (§ 8 Abs. 2 Satz 4) eines periodischen Druckwerks für eine Veröffentlichung ein Entgelt erhalten, gefordert oder sich versprechen lassen, so muß diese Veröffentlichung, soweit sie nicht schon durch Anordnung und Gestaltung allgemein als Anzeige zu erkennen ist, deutlich mit dem Wort „Anzeige" bezeichnet werden.

Gesetzesfassung in Nordrhein-Westfalen:

§ 10 [Kennzeichnung entgeltlicher Veröffentlichungen]

Hat der Verleger oder der Verantwortliche (§ 8 Abs. 2 Satz 4) eines periodischen Druckwerks für eine Veröffentlichung ein Entgelt erhalten, gefordert oder sich versprechen lassen, so muss diese Veröffentlichung, soweit sie nicht schon durch Anordnung und Gestaltung allgemein als Anzeige zu erkennen ist, deutlich mit dem Wort „Anzeige" bezeichnet werden.

Gesetzesfassung in Rheinland-Pfalz:

§ 13 Landesmediengesetz [Kennzeichnung entgeltlicher Veröffentlichungen]

Hat diejenige Person, die ein periodisches Druckwerk verlegt oder für den Anzeigenteil verantwortlich ist, für eine Veröffentlichung ein Entgelt erhalten, gefordert oder sich versprechen lassen, so ist diese Veröffentlichung, soweit sie nicht schon durch Anordnung und Gestaltung allgemein als Anzeige zu erkennen ist, deutlich mit dem Wort „Anzeige" zu bezeichnen.

Gesetzesfassung im Saarland:

§ 13 Saarländisches Mediengesetz [Kennzeichnung entgeltlicher Veröffentlichungen]

Hat die Verlegerin oder der Verleger oder die Verantwortliche oder der Verantwortliche eines periodischen Druckwerks (§ 8 Abs. 1 Satz 5) für eine Veröffentlichung ein Entgelt erhalten, gefordert oder sich versprechen lassen, so hat sie oder er diese Veröffentlichung, soweit sie nicht schon durch Anordnung und Gestaltung allgemein als Anzeige zu erkennen ist, deutlich mit dem Wort „Anzeige" zu bezeichnen.

Gesetzesfassung in Sachsen:

§ 9 [Kennzeichnung entgeltlicher Veröffentlichungen]

Hat der Verleger oder der Verantwortliche im Sinn des § 6 Abs. 2 Satz 5 eines periodischen Druckwerks aus Anlaß oder im Zusammenhang mit einer Veröffentlichung zum Zweck der Werbung oder Mitteilung ein Entgelt erhalten, gefordert oder sich versprechen lassen, so hat er diese Veröffentlichung, sofern sie nicht schon durch Anordnung und Gestaltung eindeutig als Anzeige zu erkennen ist, mit dem Wort „Anzeige" zu bezeichnen.

Gesetzesfassung in Sachsen-Anhalt:

§ 9 [Kennzeichnung entgeltlicher Veröffentlichungen]

Hat der Verleger oder der Verantwortliche (§ 7 Abs. 2 Satz 4) eines periodischen Druckwerks für eine Veröffentlichung ein Entgelt erhalten, gefordert

LPG § 10   Kennzeichnung entgeltlicher Veröffentlichungen

oder sich versprechen lassen, so muß diese Veröffentlichung, soweit sie nicht schon durch Anordnung und Gestaltung allgemein als Anzeige zu erkennen ist, deutlich mit dem Wort „Anzeige" bezeichnet werden.

Gesetzesfassung in Schleswig-Holstein:

§ 9 [Kennzeichnung entgeltlicher Veröffentlichungen]

Hat die Verlegerin oder der Verleger eines periodisches Druckwerks für eine Veröffentlichung ein Entgelt erhalten, gefordert oder sich versprechen lassen, so hat sie oder er diese Veröffentlichung deutlich mit dem Wort „Anzeige" zu bezeichnen, soweit sie nicht schon durch Anordnung und Gestaltung allgemein als Anzeige zu erkennen ist.

Gesetzesfassung in Thüringen:

§ 10 [Kennzeichnung entgeltlicher Veröffentlichungen]

Hat der Verleger oder Verantwortliche (§ 7 Abs. 2 Satz 4) eines periodischen Druckwerks für eine Veröffentlichung ein Entgelt erhalten, gefordert oder sich versprechen lassen, so muß diese Veröffentlichung, soweit sie nicht schon durch Anordnung und Gestaltung allgemein als Anzeige zu erkennen ist, deutlich mit dem Wort „Anzeige" bezeichnet werden.

Inhaltsübersicht

	Rn
Geltende Gesetzesfassung	1
I. Vereinbarkeit mit Unionsrecht	
II. Sinn und Bedeutung der Bestimmung	
1. Allgemeine Übersicht	
a) Grundsatz der klaren Unterscheidbarkeit von Text- und Anzeigenteil	2
b) Die Herkunft der Bestimmung. Ihr Abwehrcharakter	3
c) Die Standesauffassung	4
2. Die geschützten Rechtsgüter	
a) Schutz der Pressefreiheit	5–10
b) Schutz des lauteren Wettbewerbs. Das UWG als Ergänzung des § 10 LPG	11, 12
III. Die verschiedenen Formen der Verquickung von redaktionellem und Anzeigenteil	
1. § 10 erfasst alle entgeltlichen Veröffentlichungen in der periodischen Presse	13
2. Hauptanwendungsfall Werbung: Redaktionell gestaltete Anzeigen und entgeltliche Hinweise	14
3. Nicht erfasste kostenlose redaktionelle Werbung und redaktionelle Unterstützung von Anzeigenwerbung	15
4. Sonderregelung in Brandenburg und Sachsen	16
IV. Das Entgelt	
1. Der Begriff „Entgelt"	17
2. Der Zeitpunkt der Gegenleistung	18
3. Die Empfänger des Entgelts	19
4. Der direkte Zusammenhang zwischen Veröffentlichung und Entgelt	
a) muss schon vor Veröffentlichung bestehen	20
b) Kein direkter Zusammenhang bei sog Koppelungsaufträgen (unentgeltliche redaktionelle Hinweise als Zugabe zu Anzeigenaufträgen)	21
c) Wegen Analogieverbot keine Ahndung von Koppelungsaufträgen möglich. Lückenausfüllung durch UWG	22
V. Form und Inhalt der angeordneten Kennzeichnung	
1. Allgemeines	23

	Rn
2. Die Alternative: eindeutige Anordnung bzw Gestaltung oder das Wort „Anzeige"	24
3. Die Klarstellung des Werbe-Charakters	
a) Maßgebend der unbefangene Durchschnittsleser	25
b) Erkennbar „auf den ersten Blick"	26
c) Berücksichtigung aller Umstände des Einzelfalles (Firmennamen, Umrandung, Platzierung usw)	27
4. Kennzeichnung durch das Wort „Anzeige"	
a) Umgehungsausdruck unzulässig	28
b) Deutliche Verwendung des Wortes „Anzeige"	29
5. Die gesetzliche Sonderregelung in Bayern und Hessen	
a) Bayern (Art 9)	30
b) Hessen (§ 8)	31

VI. Die zur deutlichen Kennzeichnung Verpflichteten

1. Allgemeines	32
2. Der Verleger der periodischen Presse als Verpflichteter	33, 34
3. Der Verantwortliche für den Anzeigenteil	35
4. Keine automatische Mithaftung des Verlegers und des Verantwortlichen	36
5. Die bayerische Sonderregelung	37

VII. Folgen des Verstoßes gegen § 10 LPG

1. Nichtigkeit wegen Gesetzesverstoßes (§ 134 BGB)	38
2. Ahndung als Ordnungswidrigkeit	
a) Haftung der aus § 10 Verpflichteten als Täter für Vorsatz und Fahrlässigkeit	39
b) Abweichende Länderregelungen	40
c) Haftung der sonst Beteiligten (Inserenten, Agenturen, Angestellte, Drucker)	41
d) Bei Beteiligung Vorsatz erforderlich	42

VIII. Die Bedeutung des Standesrechts

1. Standesauffassung besonders wichtig bei § 10 LPG	43
a) ZAW-Richtlinien für redaktionelle Hinweise	44, 45
b) ZAW-Richtlinien für redaktionell gestaltete Anzeigen	46
c) Stellungnahme des Deutschen Presserats zur redaktionellen Werbung	47
2. Die Standesrichtlinien als wichtige Rechtsquelle	
a) Gefestigte Standesauffassung erforderlich	48
b) ZAW-Richtlinien entsprechen der Standesauffassung	49

IX. Wettbewerbsrechtliche Beurteilung redaktioneller Werbung

1. Allgemeines	
a) Getarnte redaktionelle Werbung ist wettbewerbswidrig	50
b) Das Problem: Werbung und Information	50 a
2. Rechtsgrundlagen des Gebotes der Trennung von redaktionellem und Anzeigenteil. Redaktionelle Werbung nicht an sich wettbewerbswidrig, Quellen des Trennungsgebotes	51
a) § 10 LPG	52–54
b) Irreführungs- und Verschleierungsverbot	55–62
c) Zugabeverbot entfallen	63
d) Standesauffassung	64
3. Stellungnahme	
a) Entgeltliche Werbung, Wettbewerbsförderungsabsicht auf Grund objektiver Tatsachen	65
b) Redaktionelle Werbung ohne Entgelt und/oder Zusammenhang mit Anzeigenwerbung und positiver Wirtschaftsberichterstattung	66–70
4. Die Haftung der Beteiligten	
a) Presse, Inserent, Agentur	71
b) Haftung des Informanten	72
c) Haftung bei Mitwirkung	73–75
5. Die Antragsfassung	
a) Probleme der Antragsfassung	76
b) BGH Rechtsprechung	77
c) Stellungnahme	78
d) Unterlassungsanspruch gegen die Presse	79
e) Unterlassungsanspruch gegen den Mitwirkenden	80

LPG § 10 Kennzeichnung entgeltlicher Veröffentlichungen

Anhang zu § 10 LPG

(Kennzeichnung entgeltlicher Veröffentlichungen)
I. ZAW-Richtlinien für redaktionelle Hinweise in Zeitungen und Zeitschriften
II. ZAW-Richtlinien für redaktionell gestaltete Anzeigen
III. Richtlinien des Deutschen Presserats

Schrifttum: *Baumbach-Hefermehl*, Wettbewerbsrecht, 23. Aufl, München 2004 *Köhler/Bornkamm*, Wettbewerbsrecht, 31. Aufl, München 2013; *Gross*, Presserecht, Wiesbaden 1982 S 134 ff.; *Jarass*, Die freien Berufe zwischen Standesrecht und Kommunikationsfreiheit, NJW 1982 S 1833 ff.; *Löffler*, Kollision zwischen werblicher und publizistischer Aussage bei Presse und Rundfunk, in BB 1978 S 921 ff.; *ders* in Festschrift Roeber, Freiburg 1982 S 269 ff.; *Löffler/Ricker*, Handbuch des Presserechts, 5. Aufl 2005; *Ricker/Weberling*, Handbuch des Presserechts, 6. Aufl 2012; *Rath-Glawatz*, Auswirkungen der Aufhebung von RabattG und ZugabeVO auf das Anzeigengeschäft, AfP 01, 169; *Rath-Glawatz-Engels-Dietrich*, Das Recht der Anzeige, 3. Aufl Köln 2005; *Rebmann/Ott/Storz*, Das baden-württembergische Gesetz über die Presse, Stuttgart 1964 § 10; *Rehbinder*, Presserecht, Berlin 1967 Rn 35; *Ricker*, Anzeigenwesen und Pressefreiheit, München 1973; *Rodekamp*, Redaktionelle Werbung, Diss Münster 1972; *ders*, Wettbewerbsrechtliche Beurteilung redaktionell gestalteter Anzeigen, GRUR 1968 S 681 ff.; *Schneider*, BGH gegen „Werbung" im redaktionellen Teil, ArchPR 1968 S 737; *Sedelmeier*, Pharmarecht 1992, 34 ff.; *Wenzel*, Das Recht der Wort- und Bildberichterstattung, 5. Aufl, Köln 2003; *Wronka*, AfP 1974 S 621; 1975 S 926.

Die nachfolgende Kommentierung ist entstanden unter Mitarbeit von Fabian Dammann, Doktorand in Heidelberg.

Geltende Gesetzesfassung

1   In den meisten Landespressegesetzen findet sich die Kennzeichnung entgeltlicher Veröffentlichungen in § 10. Sofern nachstehend von § 10 die Rede ist, gelten die Ausführungen für Art 9 in Bayern, die §§ 9 in Berlin, Sachsen und Sachsen-Anhalt, 11 in Brandenburg, 8 in Hessen. 13 in den Landesmediengesetzen in Rheinland-Pfalz und im Saarland.

I. Vereinbarkeit mit Unionsrecht

Mit Beschluss vom 19.7.2012 hat der BGH dem EuGH die Frage vorgelegt, ob § 10 LPressG in seiner geltenden Form mit der Richtlinie über unlautere Geschäftspraktiken, 2005/29/EG, vereinbar ist (BGH I ZR 2/11, AfP 12, 464). Die Richtlinie harmonisiert das Lauterkeitsrecht im Verhältnis Verbraucher – Unternehmer abschließend. Die in § 10 LPressG konstituierte Pflicht, entgeltliche Veröffentlichungen ausdrücklich mit dem Wort „Anzeige" zu kennzeichnen, geht nach Auffassung des Generalanwalts (Rs C-391/12) über die Anforderungen der Richtlinie an die Trennung von Werbung und redaktionellem Teil hinaus.

Der EuGH ist dieser Auffassung nicht gefolgt und hat die vom BGH gestellte Frage am 17.10.2013 (GRUR 13, 1245, WRP 13, 1575) wie folgt beantwortet:
„Unter Umständen wie denen des Ausgangsverfahrens ist es nicht möglich, sich gegenüber Presseverlagen auf die Richtlinie 2005/29/EG des europäischen Parlaments und des Rates vom 11.5.2005 ... zu berufen, ... so dass die Richtlinie unter diesen Umständen dahin auszulegen ist, dass sie der Anwendung einer nationalen Bestimmung nicht entgegensteht, wonach Presseverlage jede Veröffentlichung in periodischen Druckwerken, für die sie ein Entgelt erhalten, speziell kennzeichnen müssen – im vorliegenden Falle mit dem Begriff „Anzeige" –, es sei denn, durch die Anordnung und Gestaltung der Veröffentlichung ist allgemein zu erkennen, dass es sich um eine Anzeige handelt."

Der Bundesgerichtshof hat daraufhin mit Urteil vom 6.2.2014 (AfP 14, 441) die Revision gegen das Verbot, entgeltliche Beiträge anstatt mit „Anzeige" mit den Worten „sponsored by" zu kennzeichnen, zurückgewiesen. § 10 LPG ist damit mit Unionsrecht vereinbar und weiterhin anzuwenden.

II. Sinn und Bedeutung der Bestimmung

1. Allgemeine Übersicht

§ 10 LPG ist eine presserechtliche Ordnungsvorschrift, die ausschließlich dem Zweck dient, entgeltliche Veröffentlichungen Dritter in periodischen Druckschriften so zu kennzeichnen, dass auf den ersten Blick deutlich wird, dass es sich nicht um redaktionelle Beiträge handelt, sondern dass sie von Dritten bezahlt sind. Eine eigenständige wettbewerbsrechtliche Bedeutung hat § 10 nicht. Insbesondere hat die Vorschrift mit der Abgrenzung publizistischer Äußerungen von Werbung nichts zu tun. Ungeachtet dessen kommt der Vorschrift, so lange und sofern sie im Bereich geschäftlicher Handlungen anwendbar ist, mittelbar wettbewerbsrechtliche Bedeutung insoweit zu, als sie bestimmt, in welcher Weise Werbung, die nach anderen Vorschriften als solche kenntlich sein muss, in periodischen Druckschriften zu kennzeichnen ist, sofern sie entgeltlich ist.

a) Grundsatz der klaren Unterscheidbarkeit von Text- und Anzeigenteil

§ 10 legt der periodischen Presse die Pflicht auf, jede Veröffentlichung, für die ihr ein Entgelt zufließt oder zufließen soll, deutlich mit dem Wort „Anzeige" zu kennzeichnen. Diese gesetzliche Verpflichtung entfällt nur dort, wo sich für den Leser bereits aus der äußeren Anordnung und Gestaltung der Veröffentlichung der Charakter einer Anzeige einwandfrei ergibt. Durch dieses Gebot der klaren Trennung bzw *Unterscheidbarkeit von Text- und Anzeigenteil* soll verhindert werden, dass Anzeigenkunden ihrer Veröffentlichung den täuschenden Anschein geben, es handle sich um eine Stellungnahme der unabhängigen Redaktion, ferner dass die periodische Presse darüber hinwegtäuscht, dass Veröffentlichungen bezahlt sind. Dem § 10 LPG kommt somit eine doppelte Bedeutung zu: in presserechtlicher Hinsicht schützt er die Unabhängigkeit der Meinungsbildung der Presse gegenüber pressefremden Einwirkungen, insb von Seiten wirtschaftlicher Interessengruppen. Da sich § 10 LPG zugleich auch gegen die Irreführung der Leserschaft, dh der Verbraucher durch eine getarnte Werbung wendet, kommt ihm als einziger Bestimmung des Landespresserechts mittelbar auch wettbewerbsrechtliche Bedeutung zu.

b) Die Herkunft der Bestimmung. Ihr Abwehrcharakter

Seiner *presserechtlichen* Herkunft nach ist § 10 LPG eine notwendige Abwehrreaktion gegenüber Gefahren, die mit der *privatwirtschaftlichen Struktur* der Presse (vgl BVerfGE 20, 174 – Spiegelurteil) verbunden sind. Das liberale Verfassungssystem sichert zwar der Presse die unerlässliche Freiheit gegenüber dem Staat, bringt aber naturgemäß die Möglichkeit unzulässiger Einflussnahme wirtschaftlicher Unternehmen, Gruppen und Verbände mit sich, die versuchen, die Presse in den Dienst ihrer privaten Interessen zu stellen. Derartige Bestrebungen machen sich vor allem auf dem Gebiet der sog *redaktionellen Werbung* bemerkbar (Löffler in BB 1978 S 921 ff.). Von jeher bringt die Leserschaft dem redaktionellen Teil einer Zeitung oder Zeitschrift größere Glaubwürdigkeit entgegen als dem Anzeigenteil, weil sie mit Recht annimmt, im redaktionellen Teil die selbstverantwortliche, um Objektivität bemühte Meinung der unabhängigen Redaktion vorzufinden, im Anzeigenteil dagegen die subjektive Äußerung der ihre Waren und Leistungen anpreisenden Inserenten. Dementsprechend ist die werbende Wirtschaft bemüht, das vom Publikum dem redaktionellen Teil der Presse entgegengebrachte Vertrauen der eigenen Werbung nutzbar zu machen. Zu den Hauptformen der hier angestrebten redaktionellen Werbung gehört der sog „*redaktionelle Hinweis*", dh die positive Erwähnung oder Empfehlung der Ware oder Leistung des Inserierenden im redaktionellen Teil des Blattes. Eine andere häufige Art der redaktionellen Werbung ist die „*redaktionell gestaltete Anzeige*", die der Inserent in Form eines von ihm redaktionell gestalteten Berichts über seine Ware oder Leistung veröffentlicht in der Erwartung, der Leser werde diesen Bericht nicht oder doch nicht sofort als Anzeige durchschauen. Gegen diese Versuche einer irreführenden redaktionellen Werbung, aber auch gegen jede andere Form getarnter entgeltlicher Veröffentlichungen, wendet sich § 10 LPG.

c) Die Standesauffassung

4   Bei dem in § 10 LPG zum Ausdruck kommenden Prinzip der klaren Unterscheidbarkeit redaktioneller und bezahlter Äußerungen handelt es sich um wichtige *Standesgrundsätze der Presse,* die seit Beginn des 20. Jahrhunderts allgemeine Anerkennung genießen (vgl Rn 43 ff.). Die Bedeutung des Standesrechts wuchs mit dem verstärkten Bemühen der werbenden Wirtschaft, sich der redaktionellen Werbung zu bedienen. Während das alte Reichspressgesetz von 1874 noch keine dem § 10 LPG vergleichbare Bestimmung kannte, trugen bereits 1949 *Bayern* (Art 9 bay LPG) und *Hessen* (§ 9 hess LPG) der Standesauffassung der Presse durch entsprechende Gesetzesbestimmungen Rechnung. Dem hessischen Vorbild lehnte sich auch § 10 des *Modellentwurfs* an, doch wurde seine Fassung entsprechend einer Resolution des Deutschen Presserats (vgl ArchPR 1964 Nr 59 S 449) verschärft durch die Aufnahme der Verpflichtung, die Veröffentlichung *„deutlich"* als Anzeige kenntlich zu machen.

2. Die geschützten Rechtsgüter

§ 10 LPG schützt sowohl die Freiheit der Presse wie die Lauterkeit des Wettbewerbs und zwar jeweils in ihren wesentlichen Bezügen.

a) Schutz der Pressefreiheit

5   Dass die Sicherung der *Unabhängigkeit* der politisch einflussreichen periodische Presse der Hauptzweck des § 10 ist, entspricht der allgemeinen Ansicht in Rechtsprechung und Literatur (vgl OLG Hamm GRUR 1979 S 170; OLG Stuttgart in ArchPR 1977 S 83; OLG Düsseldorf in NJW 1975, S 2018; OLG Köln in MDR 1970 S 673; OLG Celle in BB 1958 S 788; Reh-Gross Anm zu § 8; Rodekamp in GRUR 1978 S 681; Wronka in AfP 1974 S 621; Lutz in AfP 1969 S 834; Schneider in AfP 1968 S 737, 1964 S 466; Möller in AfP 1963 S 323; ZV 1961 S 598). Der § 10 LPG ist seinem Wesen nach eine *konkrete Ausprägung* des Grundrechts auf Pressefreiheit (Art 5 GG; Löffler BB 1978 S 922 Anm 12). Der Schutz, den § 10 LPG der Pressefreiheit gewährt, gilt vor allem ihren verschiedenen Ausstrahlungen:

6   (1) Ein wesentliches Element der freien Presse ist die von äußeren Einflüssen pressefremder Art unabhängige *Freiheit der Meinungsäußerung.* Der Begriff der Pressefreiheit, wie er sich historisch entwickelt hat, umfasst die *Abwehr* von außen kommender Beeinträchtigungsversuche sowohl seitens des Staates wie von Seiten wirtschaftlicher Interessengruppen (BVerfGE 25, 256 ff. – Blinkfüer). Hier kommt dem § 10 eine wichtige *präventive* Rolle zu: Verleger und Journalisten können sich den oft massiven Wünschen der Inserenten nach unterstützender redaktioneller Werbung unter Hinweise auf § 10 LPG mit Erfolg widersetzen.

7   (2) Durch die Verquickung von Text- und Anzeigenteil wird die Pressefreiheit auch *indirekt* gefährdet. Standesbewusst und korrekt handelnde Verleger, die die irreführende redaktionelle Werbung ablehnen, laufen Gefahr, Anzeigenaufträge an ihre *Mitbewerber* zu verlieren, die bereit sind, die Spalten des redaktionellen Teils der Schleichwerbung zu öffnen. Auf ausreichenden Inserateneinkünften beruht aber in aller Regel die wirtschaftliche und damit die publizistische Unabhängigkeit eines Presseorgans. Auch insoweit dient § 10 LPG dem Schutz der Pressefreiheit, der sich auch auf die *wirtschaftlichen Grundlagen* eines Presseunternehmens erstreckt.

8   (3) Auch sichert § 10 LPG der Presse die ungehinderte Erfüllung ihrer *öffentlichen Aufgaben,* wie sie ihr gemäß §§ 3 und 6 LPG anvertraut sind. Dazu gehört insb die Mitwirkung bei der Bildung einer freien, nicht manipulierten *öffentlichen Meinung,* ferner das Bemühen um eine *wahrheitsgetreue Darstellung* des öffentlichen und des wirtschaftlichen Geschehens sowie die Verpflichtung, das Presseprodukt von *strafbarem Inhalt* freizuhalten. Es liegt auf der Hand, dass eine die Leserschaft irreführende redak-

II. Sinn und Bedeutung der Bestimmung **§ 10 LPG**

tionelle Werbung mit der öffentlichen Aufgabe der Presse in unvereinbarem Widerspruch steht (vgl OLG Hamm GRUR 1979 S 171).

(4) Mit Recht weisen Rechtsprechung und Literatur darauf hin, dass *Ansehen und* **9** *Glaubwürdigkeit* der freien Presse einen nicht wiedergutzumachenden Schaden erleiden würden, wenn die getarnte Wirtschaftswerbung in erheblichem Umfang im redaktionellen Teil der Presse Eingang finden würde. Auf der grundsätzlichen Unbeeinflussbarkeit des redaktionellen Teils beruht die publizistische Kreditwürdigkeit und der Einfluss der freien Presse. Es käme der Selbstzerstörung dieses Einflusses gleich, wollte die Presse die klare, durch § 10 LPG vorgezeichnete Haltung preisgeben und damit das tragende Vertrauen ihrer Leserschaft verlieren (vgl OLG Hamm GRUR 1979 S 170; OLG Düsseldorf NJW 1975 S 2018; Rodekamp aaO S 683; Wronka AfP 1974 S 621; Schneider AfP 1968 S 737).

(5) Des Weiteren aber sichert § 10 LPG den durch Art 5 GG verfassungsrechtlich ga- **10** rantierten Anspruch der *Leserschaft* auf *freie Information* durch die Presse. Nur ein zutreffend informierter Staatsbürger kann seine demokratischen Pflichten in Bund, Land und Gemeinde sachgemäß erfüllen. Wird die Leserschaft durch getarnte „redaktionelle Werbung" irregeführt, so wird ihr Anspruch auf freie, nicht von pressefremder Seite manipulierte Information verletzt. Zu beachten ist, dass nicht nur der redaktionelle sondern auch der Anzeigenteil der Presse einen eigengewichtigen, wenn auch andersartigen Informationswert besitzt (so mit Recht BVerfGE 21 S 271 – Südkurier). Werden diese beiden wesensverschiedenen Informationsquellen vermischt, dann wird der Informationswert beider Presseteile – Text- und Anzeigenteil – empfindlich beeinträchtigt. Zum Schutz der Informationsfreiheit legt § 10 LPG der periodischen Presse mit Recht das Gebot der strengen Trennung von Text- und Anzeigenteil auf.

b) Schutz des lauteren Wettbewerbs. Das UWG als Ergänzung des § 10 LPG

Als einzige Bestimmung des Landespresserechts dient § 10 LPG zugleich dem **11** *Schutz des lauteren Wettbewerbs*. § 10 trennt zwar den Anzeigenteil vom redaktionellen nach dem rein formalen Kriterium, ob der Verleger für die Veröffentlichung ein Entgelt erhalten oder gefordert hat, bzw ob er sich ein Entgelt hat versprechen lassen. Mit dem Inhalt der Veröffentlichung hat § 10 nichts zu tun. Dieser kann publizistischer oder werblicher Art sein. Insbesondere sagt § 10 nichts darüber aus, wohin in einer periodischen Druckschrift Werbung gehört und wie diese als solche zu kennzeichnen ist (vgl *Sedelmeier* Pharmarecht 92, 34, 38). Praktische Auswirkungen hat § 10 aber fast ausschließlich im Bereich der Werbung. Außerhalb der Werbung kommen getarnte entgeltliche Beiträge in der Praxis so gut wie nicht vor. Die Erschleichung einer redaktionellen Empfehlung durch Tarnung der Werbung und Irreführung des Publikums in Form redaktionell gestalteter Anzeigen sind Verstöße gegen grundlegende Bestimmungen des Wettbewerbsrechts. Beeinträchtigt werden durch solche wettbewerbswidrigen Machenschaften vor allem die korrekt handelnden *Verleger*, die Anzeigen-Aufträge an solche verlieren, die sich der Schleichwerbung zugänglich zeigen. Benachteiligt werden auch die einwandfrei werbenden *Inserenten* gegenüber ihren Konkurrenten, die sich eine zusätzliche redaktionelle Werbung erschleichen. Geschädigt wird schließlich die Allgemeinheit der *Verbraucher*, denen durch die Verquickung von Text- und Anzeigenteil die Möglichkeit beschränkt wird, unter dem öffentlichen Angebot des Marktes eine sachgemäße Auswahl zu treffen.

Dabei kommt dem Wettbewerbsrecht im Rahmen des § 10 LPG deshalb besonde- **12** re Bedeutung zu, weil Verstöße gegen diese Bestimmung im Presserecht nur als Ordnungswidrigkeiten geahndet werden (§ 22 LPG), wobei der Staat gerade auf diesem Gebiet selten eingreift (vgl OLG Düsseldorf WRP 1974 S 557; Lutz AfP 1969 S 836). Weit wirksamer können sich korrekt handelnde Unternehmen gegenüber ihrer Konkurrenz, die sich der unlauteren Verquickung von Text- und Anzeigenteil bedient, mit den scharfen Waffen des Wettbewerbsrechts zur Wehr setzen (§§ 3, 4 Ziff 3, 11 und 5 iVm 8 UWG). Auch deckt das UWG Bereiche ab, die § 10 LPG nicht erfasst: während das Verbot des § 10 LPG nur die periodische Presse und nur

LPG § 10

Fälle entgeltlicher verlegerischer Leistung erfasst – dies allerdings auch außerhalb des Bereiches der Werbung –, erstrecken sich die Verbotsnormen des UWG auch auf nichtperiodische Presse und auf jede Form getarnter Werbung (Näheres s Rn 50 ff.).

III. Die verschiedenen Formen der Verquickung von redaktionellem und Anzeigenteil

1. § 10 erfasst alle entgeltlichen Veröffentlichungen in der periodischen Presse

13 § 10 erfasst alle Veröffentlichungen in periodischen Druckschriften, für die der Verleger oder der Verantwortliche ein Entgelt erhalten oder gefordert hat oder sich hat versprechen lassen. Dies gilt für Veröffentlichungen jeglichen Inhalts, also nicht nur für Werbung sondern auch für alle anderen Informationen. Denkbar, wenngleich praktisch kaum bedeutsam, sind etwa redaktionell aufgemachte Anzeigen, die nicht unter den Begriff der Werbung fallen, wie Familienanzeigen, verloren/gefunden, Bekanntschaftsanzeigen etc. Unter § 10 fallen auch bezahlte Bekanntmachungen von Vereinen oder Verbänden. Vorstellbar sind auch bezahlte rein redaktionelle Veröffentlichungen, die nicht von der Redaktion der Zeitung oder Zeitschrift selbst stammen sondern von dritter Seite, etwa von politischen Parteien, kirchlichen Organisationen, Interessengemeinschaften, Verbänden oder Gewerkschaften, die auf diese Weise Tatsachen oder ihre Meinung öffentlich bekannt machen wollen.

2. Hauptanwendungsfall Werbung: Redaktionell gestaltete Anzeigen und entgeltliche redaktionelle Hinweise

14 Praktisch bedeutsam ist in erster Linie redaktionell aufgemachte Werbung. Hier fallen unter § 10 die redaktionell gestalteten Anzeigen, die ohne Kennzeichnung geeignet wären, den Anschein zu vermitteln, es handele sich nicht um Werbung sondern um Empfehlungen der Redaktion. Für diese Fälle der redaktionell gestalteten Anzeigen hat der ZAW Richtlinien erlassen, die inhaltlich § 10 entsprechen (s unten Rn 46). Ebenfalls unter § 10 fallen redaktionelle Hinweise des Verlages im Zusammenhang mit Anzeigen oder auch ohne solchen Zusammenhang, sofern sie bezahlt sind oder eine Bezahlung gefordert oder versprochen ist.

3. Nicht erfasste kostenlose redaktionelle Werbung und redaktionelle Unterstützung von Anzeigenwerbung

15 Nicht unter § 10 LPG fallen andere Formen der Verquickung von Anzeigenteil und redaktionellem Teil, wie insb nicht besonders zu vergütende sog redaktionelle Hinweise, für die der ZAW ebenfalls Richtlinien erlassen hat (s unten Rn 45) und alle Fälle der redaktionellen Schleichwerbung, soweit es sich nicht um bezahlte, aber nicht als solche erkennbare und auch nicht gekennzeichnete Anzeigen handelt. Hier sind vor allem zu nennen alle redaktionellen Hinweise, die von den Verlagen im Zusammenhang mit entgeltlichen Anzeigen in Wettbewerbsförderungsabsicht und/oder zur Unterstützung der Anzeigenwerbung gewährt werden, sowie unbezahlte redaktionelle Veröffentlichungen, die sich mit Unternehmen, deren Waren, Erzeugnissen oder Dienstleistungen befassen und nicht durch publizistische sondern durch werbliche Absichten bestimmt sind. Solche Veröffentlichungen sind nach den Vorschriften des UWG zu beurteilen (s unten Rn 50 ff.).

4. Sonderregelung in Brandenburg und Sachsen

16 Eine Sonderregelung findet sich in den LPG von Brandenburg und Sachsen. Beide Pressegesetze stellen darauf ab, ob der Verleger oder der Verantwortliche aus Anlass oder im Zusammenhang mit einer Veröffentlichung ein Entgelt erhalten hat oder ob

IV. Das Entgelt   § 10 LPG

ein solches gefordert oder versprochen worden ist, § 11 LPG Brandenburg auch darauf, ob er einen anderen geldwerten Vorteil erhalten hat etc, § 9 LPG Sachsen darauf, ob dies zum Zweck der Werbung geschehen ist. In diesen beiden Ländern sollen redaktionelle, von dritter Seite stammende Beiträge also auch dann erfasst werden, wenn ein Entgelt nicht für die Veröffentlichung bezahlt wird bzw gefordert oder versprochen ist, sondern nur ein mittelbarer Zusammenhang zwischen einem Entgelt und der Veröffentlichung besteht. Dabei genügt in Brandenburg ein anderer geldwerter Vorteil, in Sachsen werden insoweit nur Veröffentlichungen zum Zwecke der Werbung erfasst. Die Gesetzgeber sind damit offenbar einer Anregung Löfflers (3. Aufl Rn 33) gefolgt. Die Gesetzesfassungen sind dennoch nicht sinnvoll. Eine Bezahlung, die nur in einem mittelbaren Zusammenhang mit oder aus Anlass einer Veröffentlichung erfolgt, macht diese nicht zu bezahlten Anzeige. Wird ein solcher Beitrag dennoch als Anzeige aufgemacht oder mit diesem Wort gekennzeichnet, dann führt der Verleger über den Umfang des Anzeigenaufkommens irre, und es liegt ein Verstoß gegen §§ 3, 5 UWG unter dem Gesichtspunkt der Füllanzeige (s unten Rn 54) vor. Eine ausdrückliche Erweiterung auf jeden geldwerten Vorteil erscheint nicht erforderlich (s unten Rn 22) und eine abweichende Regelung für entgeltliche Veröffentlichungen zu Zwecken der Werbung gegenüber anderen entgeltlichen Veröffentlichungen (s oben Rn 13) sprengt die Systematik der presserechtlichen Vorschrift ohne Not, da sinnvolle Ergebnisse über die wettbewerbsrechtlichen Vorschriften erzielt werden können.

IV. Das Entgelt

1. Der Begriff „Entgelt"

Der Wortlaut des § 10 LPG macht klar, dass die hier vorgeschriebene Kennzeichnungspflicht als „Anzeige" nur solche Veröffentlichungen betrifft, für die der Verleger ein *„Entgelt"* erhalten oder gefordert hat bzw sich ein solches versprechen ließ. Der *Begriff des Entgelts* ist nach Wortlaut und Sinn des § 10 *weit* auszulegen (OLG Düsseldorf NJW 1975 S 2018). Entgelt ist nicht nur die normale geldliche Vergütung, die für die Publizierung einer Anzeige entrichtet zu werden pflegt. In Betracht kommt im Rahmen des § 10 LPG jede geldwerte Vergütung oder Gegenleistung, die dem Verleger für die einschlägige Veröffentlichung gutgebracht wird oder werden soll (Löffler, „Der Begriff der entgeltlichen Presse-Veröffentlichung" in Festschrift für Roeber, Freiburg 1982 S 269). In § 11 LPG Brandenburg wird ein anderer geldwerter Vorteil dem Entgelt ausdrücklich gleichgestellt. So kann das Entgelt in der Bezahlung der Kosten für die Herstellung der Druckunterlagen bestehen (OLG Düsseldorf NJW 1975 S 2018). Auch kann es sich beim Entgelt im Sinn des § 10 um indirekte Gegenleistungen handeln: ist zB der Inserent selbst Verleger eines periodischen Druckwerks, dann kann das „Entgelt" darin bestehen, dass dem um eine Veröffentlichung angegangenen Verlegerkollegen versprochen wird, er dürfe seinerseits demnächst als Gegenleistung eine unentgeltliche oder verbilligte Anzeige im Blatt des Inserenten aufgeben (sog Gegengeschäft). Ein dem Verleger zugute kommendes Entgelt kann auch darin bestehen, dass ihm der Inserent Gegenstände zur Verfügung stellt, die zur Leserwerbung geeignet sind (vgl Rodekamp, „Redaktionelle Werbung" S 15, 39 ff.). Der BGH (WRP 94 816 Preisrätselgewinnauslosung II) sieht auch in der kostenlosen Überlassung von Preisen für die richtige Lösung eines von der Zeitschrift veranstalteten Preisausschreibens einen geldwerten Vorteil, lässt aber ausdrücklich offen, ob dieser zu der Verpflichtung führt, das Preisrätsel mit dem Wort „Anzeige" zu kennzeichnen (s unten Rn 54, 60 und 70). Ob die kostenlose Überlassung der Preise tatsächlich bei unbefangener Betrachtung Gegenleistung für die Veröffentlichung der Preisauslosung ist, oder nicht vielmehr eine Teilnahme des Spenders an der Veranstaltung des Preisausschreibens, erschient fraglich (s. dazu Köhler Bornkamm § 4 Rn 3.26), zumal eine Kennzeichnung mit dem Wort „Anzeige" unzulässig wäre

17

Sedelmeier   635 (s unten Rn 54) und das Gesetz bei entgeltlichen Beiträgen eine andere Kennzeichnung nicht zulässt (s unten Rn 28).

2. Der Zeitpunkt der Gegenleistung

18 Auch hinsichtlich des *Zeitpunkts,* zu dem die Gegenleistung erbracht wird, ist im Rahmen des § 10 LPG eine weite Auslegung geboten. Das Entgelt muss dem Verleger nicht in unmittelbarem zeitlichem Zusammenhang mit der Veröffentlichung gutgebracht werden; es muss auch nicht im Voraus bezahlt werden, wie dies bei Anzeigenaufträgen vielfach üblich ist. Die Kennzeichnungspflicht des § 10 LPG entsteht für den Verleger schon dann, wenn er sich ein Entgelt hat *versprechen* lassen oder wenn er seinerseits ein Entgelt für die fragliche Veröffentlichung *gefordert* hat. Damit werden vor allem die in der Praxis häufig vorkommenden Fälle von *Anzeigenserien* erfasst, die dem Verleger vielfach erst bei Ablauf der Serie vergütet werden. Erfasst werden auch die Fälle, in denen sich der Anzeigenkunde im *Zahlungsverzug* befindet.

3. Die Empfänger des Entgelts

19 Als möglichen *Empfänger* des Entgelts nennen die Landespressegesetze von Bremen, Hamburg, Hessen, Mecklenburg-Vorpommern und Schleswig-Holstein nur den Verleger; im LPG Bayern (Art 9) ist kein bestimmter Empfänger angeführt, die übrigen Landespressegesetze bezeichnen den „Verantwortlichen für den Anzeigenteil" neben dem Verleger als potentiellen Entgeltempfänger. Daraus folgt, dass ein Entgelt, das nicht dem Verleger oder dem „Verantwortlichen", sondern einem anderen Presse-Angehörigen (etwa einem freien Mitarbeiter) zugedacht ist, die Kennzeichnungspflicht des § 10 LPG nicht auslöst, mag auch die Annahme des Entgelts (zB durch den Chefredakteur) gegen den Dienstvertrag oder das Standesrecht verstoßen (Gross, Presserecht S 135). Da es zu den wesentlichen Aufgaben des „Verantwortlichen für den Anzeigenteil" gehört, für die Ordnungsmäßigkeit dieses wichtigen Zeitungsteils Sorge zu tragen, wird man den „Verantwortlichen" sinngemäß auch in den Ländern, in denen nur der Verleger als potentieller Entgeltempfänger genannt wird, als Adressaten der Kennzeichnungspflicht ansehen müssen, falls ein Entgelt in Frage steht (s Rn 35). Das Gleiche muss für Art 9 des bayr LPG gelten, wo kein Entgeltempfänger genannt ist. Wird das Entgelt dem Verleger oder dem „Verantwortlichen für den Anzeigenteil" zugesagt, so ist die Kennzeichnungspflicht auch dann gegeben, wenn das Entgelt selbst vereinbarungsgemäß einem Dritten (zB der Tochter des Verlegers) zukommen soll (Gross aaO S 135).

4. Der direkte Zusammenhang zwischen Veröffentlichung und Entgelt

Aus dem Wortlaut des § 10 LPG ergibt sich, dass er (außer in Brandenburg und Sachsen, s oben Rn 16) nur dann zur Anwendung kommt, wenn zwischen der Veröffentlichung und dem Entgelt ein *direkter Zusammenhang* besteht: denn die Bestimmung setzt voraus, dass der Verleger das Entgelt gerade für die fragliche Veröffentlichung erhalten oder gefordert hat.

a) Muss schon vor Veröffentlichung bestehen

20 Dieser unmittelbare Zusammenhang muss, wie sich aus Sinn und Zweck des § 10 ergibt, bereits *vor* der Veröffentlichung bestehen. Denn ein *nach* erfolgter Veröffentlichung vereinbartes oder versprochenes Entgelt würde für den Verleger zu der faktisch nicht realisierbaren Verpflichtung führen, eine bereits publizierte Veröffentlichung nachträglich mit dem Wort „Anzeige" zu versehen.

b) Kein direkter Zusammenhang bei sog Koppelungsaufträgen (unentgeltliche redaktionelle Hinweise als Zugabe zu Anzeigenaufträgen)

21 Das Erfordernis eines direkten Zusammenhangs zwischen Veröffentlichung und Entgelt ist auch für die Entscheidung der Rechtsfrage bedeutsam, ob *„redaktionelle*

Hinweise", die dem Inserenten von der Zeitung *zusätzlich* zu einem regulär vergüteten Anzeigenauftrag gewährt werden (sog Koppelungsaufträge), unter die Verpflichtung aus § 10 LPG fallen, dh deutlich als Anzeige gekennzeichnet werden müssen. Wo „redaktionelle Hinweise" vom Inserenten besonders vergütet werden, ist angesichts des direkten Zusammenhangs zwischen Entgelt und Veröffentlichung die Anwendung des § 10 LPG unproblematisch und zu bejahen. In den Fällen jedoch, in denen der „redaktionelle Hinweis" dem Inserenten ohne besondere Gegenleistung – als Zugabe zu einem Anzeigenauftrag – gewährt wird, ist zwar in der Regel auch ein Zusammenhang zwischen redaktionellem Hinweis und Entgelt gegeben: so macht der Inserent vielfach die Erteilung des Anzeigenauftrags von der Zugabe eines redaktionellen Hinweises abhängig, oder der Verleger bietet von sich aus einen solchen zusätzlichen redaktionellen Hinweis an, um Anzeigenkunden anzulocken (OLG Stuttgart WRP 1955 S 245; Lutz AfP 1969 S 835). In den letzteren Fällen ist jedoch der Zusammenhang zwischen der Veröffentlichung (redaktioneller Hinweis) und dem Entgelt (für den Anzeigenauftrag) nur ein mittelbarer: der Inserent zahlt nur für die reguläre Anzeigenveröffentlichung als solche. Deshalb kann ein solches Entgelt auch nicht aufgespalten werden in ein für den Anzeigenauftrag vergütetes und in ein für den redaktionellen Hinweis verbleibendes Teilentgelt (zutreffend OLG Düsseldorf NJW 1975 S 2018, zweifelnd Wronka in AfP 1975 S 926, im Ergebnis jedoch zustimmend). Da somit der *unmittelbare* Zusammenhang zwischen redaktionellem Hinweis und dem für die Anzeige selbst bezahlten Entgelt in diesen sog Koppelungsfällen fehlt, kommt hier (außer in Brandenburg und Sachsen s oben Rn 16) § 10 LPG nicht zum Zug (zutreffend Rodekamp „Redaktionelle Werbung" S 42). Für einen Großteil der redaktionellen Werbung, nämlich die vom Inserenten im Allgemeinen nicht besonders vergüteten „redaktionellen Hinweise" ergibt sich so die Feststellung, dass sie trotz ihres eindeutigen Werbecharakters von § 10 LPG nicht erfasst werden.

c) Wegen Analogieverbot keine Ahndung von Koppelungsaufträgen möglich. Lückenausfüllung durch UWG

Obwohl sonach in den Fällen der oben behandelten Koppelungsaufträge ein klarer **22** Verstoß gegen den Grundgedanken der strengen Trennung von redaktioneller Meinungsäußerung und Pressewerbung vorliegt, scheidet eine analoge Anwendung des § 10 LPG auf solche Zuwiderhandlungen aus. Nicht nur im Strafrecht, sondern auch im Recht der Ordnungswidrigkeiten gilt das *Verbot einer Analogie* zu ungunsten des Täters (§ 22 Abs 4 LPG; § 3 OWiG; Art 103 Abs 2 GG; BVerfGE 25, 269; Göhler § 9 Rn 9). Eine von Löffler in der 3. Aufl angeregte Erweiterung des Gesetzestextes, die inzwischen die Länder Brandenburg und Sachsen vorgenommen haben, ist wettbewerbsrechtlich nicht unbedenklich (s oben Rn 16). Eine Kennzeichnung von redaktionellen Hinweisen als „Anzeige" verstößt unter dem Gesichtspunkt der Irreführung über das Anzeigenaufkommen (Füllanzeige) gegen §§ 3, 5 UWG (s unten Rn 54). Eine solche Kennzeichnung vorzuschreiben erscheint auch nicht erforderlich: Sind redaktionelle Hinweise publizistisch veranlasst, dann sind sie auch nicht mittelbar entgeltlich, sind sie standeswidrig oder aus anderen Gründen wettbewerbswidrig, dann sind sie ohnehin unzulässig.

V. Form und Inhalt der angeordneten Kennzeichnung

1. Allgemeines

Der § 10 LPG legt der periodischen Presse die Pflicht auf, alle Veröffentlichungen, **23** für die dem Verleger ein Entgelt zukommen soll, eindeutig als Anzeigen zu kennzeichnen. Dies muss nach dem Gesetz durch Hinzufügung des deutlich erkennbaren *Wortes „Anzeige"* geschehen, soweit die Veröffentlichung „nicht schon durch *Anordnung und Gestaltung* allgemein als Anzeige zu erkennen ist". Die Fassung des § 10

LPG § 10 Kennzeichnung entgeltlicher Veröffentlichungen

LPG stimmt in allen *Landespressegesetzen* – ausgenommen Bayern (Art 9) und Hessen (§ 8) – im wesentlichen überein. Auf die bayerische bzw die hessische Regelung, die zu keinem grundsätzlich abweichenden Ergebnis führt, wird unten näher eingegangen (vgl Rn 30, 31).

Zur Frage der richtigen, der Vorschrift des § 10 LPG entsprechenden Kennzeichnung entgeltlicher Presseveröffentlichungen liegt eine Fülle von Entscheidungen vor. Mit dem immer stärkeren Aufkommen der Anzeigenblätter seit der Mitte der 50er Jahre (vgl BGHZ 19 S 392 ff. – Freiburger Wochenbericht) hat auch die redaktionelle Werbung zugenommen; die damit verbundenen Auseinandersetzungen haben ihren Niederschlag in einer umfangreichen Rechtsprechung gefunden. Wenn auch die Mehrzahl dieser Entscheidungen – ausgehend von der wettbewerbsrechtlichen Seite des § 10 LPG – auf die Bestimmungen des Wettbewerbsrechts abstellt, so ist doch die richterliche Beurteilung der einzelnen praktischen Fälle für die Auslegung des § 10 LPG von erheblicher Bedeutung. Hinzu kommt als weitere Auslegungshilfe die reichentwickelte, zahlreiche Detailfragen regelnde *Standesauffassung der Presse,* wie sie in Stellungnahmen des *Deutschen Presserats* (vgl Rn 47), vor allem aber in den bekannten Richtlinien des Zentralausschusses der Werbewirtschaft *(ZAW)* ihren Ausdruck gefunden haben (vgl Rn 44 ff.). Da die ZAW-Richtlinien in enger Zusammenarbeit mit den Berufsverbänden der Presse ausgearbeitet wurden, gelten sie als getreues Spiegelbild des Standesrechts. Sie sind wegen ihrer Bedeutung im Anhang zu § 10 LPG abgedruckt. Auch werden diese Grundsätze von den Gerichten zur Auslegung des § 10 LPG ständig herangezogen (vgl etwa OLG Düsseldorf in AfP 1979 S 261 und AfP 1978 S 52).

2. Die Alternative: eindeutige Anordnung bzw Gestaltung oder das Wort „Anzeige"

24   Entsprechend der Fassung des § 10 LPG ist bei einer entgeltlichen Presseveröffentlichung zunächst zu prüfen, ob nicht bereits ihre äußere *Anordnung und Gestaltung* der Leserschaft *zweifelsfrei* zu erkennen gibt, dass es sich hier um eine Anzeige und nicht um eine redaktionelle Äußerung handelt. Anordnung und Gestaltung sind im Pressebereich verwandte Begriffe, die sich überschneiden. Da sie in ihrer Auswirkung von § 10 LPG gleichgestellt sind, kann auf eine begriffliche Abgrenzung verzichtet werden. *Anordnung* deutet mehr auf die räumliche Unterbringung der Veröffentlichung in der jeweiligen Ausgabe hin, bei der *Gestaltung* steht die Aufmachung der Anzeige (Schriftart und -größe, Farbe, Überschrift, Umrandung, begleitendes Bild usw) im Vordergrund (vgl Ziff 2 der ZAW-Richtlinien für redaktionell gestaltete Anzeigen, Rn 46). Im Rahmen des § 10 LPG kommt nur die *äußere* Anordnung und Gestaltung der Veröffentlichung in Betracht, nicht die Gestaltung des *Inhalts,* von dem mit Recht in § 10 LPG nicht die Rede ist. Denn der Leser soll alsbald und ohne Prüfung des Inhalts den Anzeigencharakter einer Veröffentlichung feststellen können (vgl Rn 26).

Ergeben äußere Gestaltung und Anordnung einer Veröffentlichung für die Leserschaft *zweifelsfrei,* dass es sich um eine Anzeige handelt, dann ist dem Gesetz Genüge getan, und der Verleger kann auf die Beifügung des Wortes „Anzeige" verzichten (OLG Köln in AfP 1982 S 236 LG München AfP 95, 682 Beilage). Muss jedoch davon ausgegangen werden, dass beim Leser, wenn auch nur vorübergehend (Rebmann § 10 Rn 3), *Zweifel* über den Anzeigen- oder redaktionellen Charakter einer Veröffentlichung aufkommen könnten, dann ist der Verleger nach § 10 LPG verpflichtet, die Veröffentlichung „deutlich mit dem Wort Anzeige zu bezeichnen".

3. Die Klarstellung des Werbe-Charakters

Bei beiden im Gesetz vorgesehenen Sicherungen gegenüber getarnten Anzeigen: entweder eindeutige Erkennbarkeit als Anzeige auf Grund Anordnung bzw Gestaltung oder durch Verwendung des Wortes Anzeige – ist es wesentlich, dass der Anzeigencharakter der Veröffentlichung alsbald, dh auf den *ersten Blick* von einem

V. Form und Inhalt der angeordneten Kennzeichnung § 10 LPG

unbefangenen Durchschnittslesers zweifelsfrei erkannt werden kann. Im Einzelnen gilt hier:

a) Maßgebend der unbefangene Durchschnittsleser

Es kommt bei § 10 LPG auf den Eindruck an, den die Veröffentlichung auf den *unbefangenen Durchschnittsleser* macht. Nicht der Leser ist maßgebend, der die Zeitung oder Zeitschrift von vorn bis hinten „studiert", aber auch nicht der Leser, der „nur mal einen Blick in das Blatt wirft". Rechtsprechung und Schrifttum haben lange Zeit auf den sog „flüchtigen" Durchschnittsleser abgestellt (BGH in NJW 1974 S 1141; OLG Hamm AfP 1981 S 295; WRP 1978 S 910; OLG Düsseldorf AfP 1979 S 261; AfP 1978 S 52; WRP 1972 S 145; OLG Hamburg WRP 1972 S 480; OLG Köln AfP 1977 S 354; 1971 S 74; Rodekamp GRUR 1978 S 682; ZAW-Richtlinien II Ziff 4). Einer neueren Richtung ist der Typus des „flüchtigen" Lesers zu undifferenziert; sie geht von dem mit der betreffenden Materie nicht speziell vertrauten „unbefangenen" Durchschnittsleser aus, dem durchschnittlich informierten, situationsadäquaten, aufmerksamen und verständigen Durchschnittsleser (Köhler Bornkamm § 4 Rn 3.21, sa BVerfG AfP 98, 500; OLG München AfP 98, 86; OLG Hamburg AfP 00, 472). Eine Kennzeichnung ist nicht deshalb entbehrlich, weil sich die Zeitschrift an „Fachpublikum" wendet, das angeblich in der Lage ist, den werbenden Charakter eines Beitrags auch ohne ausdrücklichen Hinweis zu erkennen oder sogar mit Schleichwerbung rechnet (LG Hanau AfP 2007, 500). Der Grundsatz der Trennung von redaktioneller Berichterstattung und werblichen Veröffentlichungen gilt auch für Anzeigenblätter (OLG Hamm AfP 08, 513).

25

b) Erkennbar „auf den ersten Blick"

Aus Sinn und Zweck des § 10 ergibt sich, dass der Anzeigencharakter einer Veröffentlichung für den Leser alsbald, dh auf den *ersten Blick* erkennbar sein muss (Rn. 29), weshalb ja auch das Gesetz auf die *äußere* Anordnung und Gestaltung einer Veröffentlichung abstellt und nicht auf deren *Inhalt*. Müsste der Inhalt mitberücksichtigt werden, so wäre der Leser gezwungen, ihn erst einmal näher zur Kenntnis zu nehmen, womit die unlautere Absicht des Inserenten, die er mit der Tarnung seiner Anzeige verfolgte, bereits ihr Ziel erreicht hätte. Denn es würde im Falle der praktisch bedeutsamsten redaktionell gestalteten Werbeanzeige einem Werbetreibenden keine Schwierigkeiten machen, den Schwerpunkt seiner Werbung (Name und Produkt der werbenden Firma und Hervorhebung ihrer besonderen Leistungen) in den Anfang der Werbung zu „verpacken" und so den an Werbung nicht interessierten Leser mit Hilfe der Tarnung doch zu erreichen. Zutreffend vertritt OLG Köln (AfP 1971 S 74) unter Hinweis auf die Rechtsprechung zur *Blickfangwerbung* den Standpunkt, dass es schon zu spät sei, wenn der Leser – in Verkennung des Werbecharakters der getarnten Anzeige – zu lesen anfange. Eine solche unzulässige Blickfangwerbung (Köhler Bornkamm § 5 Rn 2.93ff.) wird bei redaktioneller Werbung vor allem durch neutrale, anlockende *Artikelüberschriften* ausgelöst wie etwa „Neues aus der Medizin" (LG Hamburg ArchPR 1970 S 119) oder „Trockenlegung feuchter Mauern" (OLG Köln AfP 1971 S 74). Dass eine Veröffentlichung, die sich erst bei näherer Kenntnisnahme des Inhalts als Anzeige entpuppt, nicht den Anforderungen des § 10 LPG entspricht, ist herrschende Meinung (vgl BGH GRUR 1962 S 461; OLG Köln AfP 1971 S 74; LG Hamburg ArchPR 1970 S 119; Rodekamp GRUR 1978 S 682; Schneider ArchPR 1964 S 446).

26

c) Berücksichtigung aller Umstände des Einzelfalles (Firmennamen, Umrandung, Platzierung usw)

Ob der Anzeigencharakter einer Veröffentlichung aus ihrer Anordnung und Gestaltung für den unbefangenen Durchschnittsleser auf den ersten Blick erkennbar ist, entscheidet sich unter *Berücksichtigung aller Umstände* des konkreten Falles. Es genügt für die Erkennbarkeit nicht, wenn die werbende Firma genannt wird (OLG Düssel-

27

dorf NJW 1975 S 2018; AfP 1973 S 530). Anders könnte es sein, wenn der *Name* der Firma in auffallender Weise herausgestellt würde, uU verbunden mit einer Abbildung des Unternehmens und der Wiedergabe des Firmenemblems (OLG Düsseldorf AfP 1978 S 53; AfP 1973 S 530; OLG Hamm WRP 1978 S 910). Für den Anzeigencharakter spricht nach OLG Düsseldorf (AfP 1978 S 53) zB der Umstand, dass der Text mit einer *Schwarz-Weiß-Grafik* ausgestattet ist, da beim redaktionellen Teil die Verwendung von Fotos üblich ist. Obwohl Anzeigen im Allgemeinen von einem Strich oder Balken umrandet sind, genügt diese *Umrandung* für sich allein noch nicht, um eine Presse-Äußerung als bezahlte Anzeige erkennbar zu machen; auch genügt es keinesfalls, wenn eine Veröffentlichung vom redaktionellen Teil durch einen Querstrich abgesondert wird, um sie deutlich als Anzeige zu qualifizieren (Köhler Bornkamm § 4 Rn 3.21a, BGH GRUR 75, 76/77 Wirtschaftsanzeigen – public-relations, OLG Düsseldorf AfP 1979 S 261; OLG Köln AfP 1971 S 74; LG Hannover WRP 1974 S 713; LG Hamburg ArchPR 1970 S 119). Verweist ein Beitrag auf eine an anderer Stelle eindeutig zu erkennende Werbeanzeige, so muss er selbst nicht mit dem Wort „Anzeige" gekennzeichnet werden, wenn er weder das werbende Unternehmen noch das beworbene Produkt erkennbar macht sondern den Leser lediglich zu eigentlichen Werbung hinführen soll (BGH AfP 2011 60, Flappe; OLG Düsseldorf AfP 09, 607 Flappe), denn der erste Beitrag entfalte für sich genommen noch keine Werbewirkung. Diese Entscheidung ist im Hinblick auf den Schutzzweck des § 10 LPG fragwürdig.

Im Allgemeinen wird die Plazierung einer Veröffentlichung *mitten im Anzeigenteil* für ihre Erkennbarkeit als entgeltliche Anzeige ausreichen (Rebmann § 10 Rn 3; Scheer § 10 Anm III Ziff 2). Doch sind auch hier Fälle denkbar, bei denen eine Anzeige so geschickt als redaktionelle Werbung getarnt ist, dass beim flüchtigen Durchschnittsleser Zweifel auftauchen können, die zur Folge haben, dass das Wort „Anzeige" deutlich beigefügt werden muss. Dies gilt insb für Anzeigenblätter mit redaktionellem Teil, da hier Anzeigenteil und redaktioneller Teil häufig durcheinandergehen (vgl OLG Düsseldorf AfP 1979 S 261; AfP 1973 S 530).

4. Kennzeichnung durch das Wort „Anzeige"

Ergibt sich nicht schon aus der Anordnung und Gestaltung einer Veröffentlichung einwandfrei ihr Charakter als Anzeige, dann ist der Verleger nach § 10 LPG verpflichtet, die Veröffentlichung *deutlich* mit dem Wort *„Anzeige"* zu bezeichnen.

a) Umgehungsausdruck unzulässig

28   Die eindeutige Verpflichtung aus § 10 LPG zur Verwendung des *Wortes* „Anzeige" ist wörtlich zu verstehen und schließt mit gutem Grund anderweitige Bezeichnungen aus. Der Auffassung von Köhler unter Berufung auf BGH GRUR 96, 791/792 Editorial II, die Kennzeichnung müsse nicht notwendig durch das Wort „Anzeige" erfolgen (Köhler Bornkamm § 4 Rn 3.21a), die möglicherweise auch den Beschluss zum unionsrechtlichen Gebot der Kennzeichnung von redaktioneller Werbung (AfP 2012, 464) zu Grunde liegt, kann nicht gefolgt werden. Der BGH hat nicht über die Auslegung von § 10 LPG und die Art der Kennzeichnung entgeltlicher Veröffentlichungen entschieden sondern zutreffend darüber, dass die Kennzeichnung mit „Werbeinformation" erkennen lässt, dass es um Werbung und nicht um redaktionelle Berichterstattung handelt. Die Auffassung verkennt, dass § 10 LPG nicht der Abgrenzung von redaktioneller Berichterstattung und Werbung dient sondern ausschließlich der Abgrenzung von entgeltlichen *(Anzeigen)* und nicht entgeltlichen Beiträgen (s. Rn 11). Da § 10 LPG auch im Verhältnis Unternehmer – Verbraucher anwendbar ist, sind entgeltliche Beiträge = Anzeigen – ob sie Werbung sind oder nicht – mit dem Wort „Anzeige" und nicht anders zu kennzeichnen, wenn sie als solche nicht auf den ersten Blick erkennbar sind. Der Vorlagebeschluss zum unionsrechtlichen Gebot der Kennzeichnung von redaktioneller Werbung hielt es für möglich, dass die

V. Form und Inhalt der angeordneten Kennzeichnung § 10 LPG

Verpflichtung zur Verwendung des Wortes „Anzeige" keine hinreichende Grundlage im Unionsrecht hat. Darüber hat der EuGH entschieden, wenn auch nicht mit unbedingt überzeugender Begründung. Der Generalanwalt meinte, die in § 10 LPG konstituierte Pflicht, entgeltliche Veröffentlichungen ausdrücklich mit dem Wort „Anzeige" zu kennzeichnen ... gehe über die Anforderungen der Richtlinie an die Trennung von Werbung und redaktionellem Teil hinaus. Dieser Trennung dient aber § 10 nicht und ist dazu auch nicht geeignet, weil die Entgeltlichkeit die Unterscheidung von Werbung oder Berichterstattung nicht definiert (s auch EUGH AfP 11, 563). Auf der anderen Seite belegt zum zweiten die Kennzeichnung eines redaktionell aufgemachten Beitrages mit dem Wort „Anzeige" keineswegs, dass es sich um Werbung handelt sondern lediglich, dass der Beitrag entgeltlich ist. Andere Kennzeichnungen mit einem Wort oder Schlagworten – wie zum Beispiel sponsored by – machen dies idR nicht hinreichend deutlich und dienen meist dazu – und sollen dazu dienen (s u) –, zu verschleiern, dass der scheinbar redaktionelle Beitrag bezahlte Anzeige ist (§ 4 Ziff 3, Anh Ziff 11 UWG). Die Richtlinie harmonisiert das Lauterkeitsrecht im Verhältnis Verbraucher – Unternehmer zwar abschließend, sie liegt aber auf einer anderen Ebene als § 10 LPG: Die Bedenken gegen die Vereinbarkeit des § 10 mit dem Unionsrecht verkennen den Umstand, dass die nur presserechtliche Ordnungsvorschrift des § 10 für redaktionelle Werbung keine zusätzlichen Anforderungen an die Lauterkeit stellt, weil sie nicht die Frage betrifft, ob ein Beitrag als getarnte Werbung irreführend ist oder nicht sondern lediglich bestimmt, wie eine Anzeige, ein von Dritten bezahlter Beitrag, – sei er Werbung oder nicht – in deutscher Sprache kurz, klar und unmissverständlich und unzweideutig als bezahlt zu kennzeichnen ist, wenn dies nicht auf den ersten Blick erkennbar ist. Die presserechtliche Ordnungsvorschrift dient ausschließlich der Trennung redaktionell verantworteter von bezahlten Inhalten, sie sagt nichts darüber aus, ob der bezahlte Beitrag Werbung ist oder nicht. Die Vermeidung von Irreführung durch redaktionell gestaltete Werbung, zu der das Wort „Anzeige" beitragen kann, ist eine nützliche Nebenwirkung.

Nicht entgeltliche Beiträge, die inhaltlich Werbung sind, müssen nicht nur nicht sondern dürfen nicht mit „Anzeige" gekennzeichnet werden (s. Rn 54). Wenn Werbungtreibende im Blick auf die heute allgemein bekannte Vorschrift des § 10 LPG (vgl OLG Köln, AfP 1977, 354) versuchen, das einfache und klare Wort „Anzeige" durch immer neue verhüllende Wort-Varianten zu umgehen, so ist ein anderes Motiv als das der Tarnung ihrer entgeltlichen Werbung kaum erkennbar. Mit Recht hat die einschlägige Judikatur an der Verwendung des gesetzlich vorgeschriebenen Wortes „Anzeige" festgehalten (OLG Düsseldorf, AfP 1979, 261; 1973, 530). Zutreffend wurden typische Umgehungsausdrücke zurückgewiesen wie „Geschäftliche Information" oder „*Wirtschaftsanzeigen*-Public-Relations" (BGH NJW 1974, 1141), ebenso *PR* (LG Hanau, AfP 2007, 500), *Promotion* (OLG Düsseldorf, WRP 2011, 127) *PR-Anzeige* (OLG Düsseldorf, AfP 1979, 261; LG Hamburg, WRP 1974, 713); *PR-Mitteilung* (OLG Düsseldorf, WRP 1972, 145; 1971, 129, OLG Hamburg, WRP 1972, 89); *PR-Artikel* (LG Oldenburg, ArchPR 1973, 135); *PR-Reportage* (LG Saarbrücken ArchPR 1977, 84); *PR-Advertisement* (LG Nürnberg-Fürth ArchPR 1973, 135); *Wirtschaftsspiegel* – außer Verantwortung der Schriftleitung (OLG Celle, BB 1958, 788), „sponsored by" BGH aaO. Alle diese vielfach auch fremdsprachlichen Ausdrücke sind nicht geeignet, dem flüchtigen Durchschnittsleser alsbald die erforderliche Klarheit über den Charakter einer Veröffentlichung zu geben. Wie der BGH (NJW 1974, 1141) zutreffend festgestellt hat, ist der Durchschnittsleser ohnehin kein Kenner der amerikanisch beeinflussten Fachsprache der Werbung, und solche Spezialausdrücke sind eher dazu angetan, ihn zu verwirren, statt ihm Aufschluss über den Anzeigencharakter der Veröffentlichung zu geben.

b) deutliche Verwendung des Wortes „Anzeige"

Aus gutem Grund schreibt § 10 LPG vor, dass die Kennzeichnung der Veröffentlichung durch das Wort „Anzeige" *deutlich* zu erfolgen habe. Demzufolge reicht es

29

nicht aus, wenn das Wort „Anzeige" so *klein gedruckt* wird, dass es vom flüchtigen Leser übersehen werden kann (OLG Hamm, AfP 1980, 295; OLG Düsseldorf, AfP 1978, 53; LG Hannover WRP 1974, 713; LG Hamburg, ArchPR 1970, 119). Die formale Kennzeichnung eines Textes als „Anzeige" reicht dann zur Kennzeichnung einer Werbung nicht aus, wenn der Leser sie übersieht oder jedenfalls nicht dem Anzeigentext zuordnet (OLG Hamburg AfP 13, 139 Titelblatt einer Zeitschrift). Bei Preisrätseln muss der werbliche Charakter der Veröffentlichung für einen durchschnittlich informierten und situationsadäquat aufmerksamen Leser auf den ersten Blick erkennbar sein, Erkennbarkeit erst nach einer analysierenden Lektüre genügt nicht (BGH AfP 13, 241). Die Kennzeichnung muss bei an Kinder gerichteter interaktiver Werbung kindgerecht sein (Kammergericht AfP 13, 151). Auch bei einem kostenlosen Anzeigenblatt kann nicht davon ausgegangen werden, dass die Kennzeichnung einer redaktionellen Werbung entbehrlich wäre. Wenn über Produkte bzw. Anbieter berichtet wird gilt auch dort das Verbot einer getarnten Werbung (OLG Hamburg AfP 14, 336).

Von der deutlichen Kennzeichnungskraft des Wortes „Anzeige" kann nur dort gesprochen werden, wo ein enger *räumlicher Zusammenhang* zwischen dem Wort „Anzeige" und der entgeltlichen Veröffentlichung besteht (OLG Düsseldorf, NJW 1975, 2018; OLG Celle, GRUR 1959, 193; LG Bielefeld, WRP 1969, 497). Ein deutlich erkennbarer Hinweis „Anzeige" am linken oberen Bildschirmrand der am Browserfenster fixiert ist und so beim Scrollen der Seite mitwandert, klärt hinreichend über den werblichen Charakter der Seite auf (OLG Köln AfP 14, 147). Befinden sich auf einer Seite mehrere Werbeanzeigen, von denen nur eine nach ihrem Erscheinungsbild einem redaktionellen Beitrag ähnelt, so genügt eine generelle Kennzeichnung der Seite mit dem Wort „Anzeigen" nicht (LG Frankfurt/Main, WRP 2006, 1265). Ein Hinweis auf den Anzeigencharakter der Veröffentlichung lediglich im Impressum oder an anderer Stelle des Blattes reicht nicht aus (OLG Düsseldorf, WRP 1972, 145; ZAW-Richtlinien für redaktionell gestaltete Anzeigen Ziff 6). Auch die am Schluss des Blattes veröffentlichte Liste der werbenden Firmen entspricht der Verpflichtung aus § 10 LPG nicht (OLG Düsseldorf, NJW 1975, 2018). Auch die vertikale Anordnung des Wortes „Anzeige" verstößt gegen das Prinzip der klaren Erkennbarkeit „auf den ersten Blick". Daraus folgt, dass das Wort „Anzeige" in deutlicher Schrift und ausreichender Größe unmittelbar über der Überschrift des Inhalts der Werbe-Veröffentlichung in horizontaler Richtung angebracht sein muss (zutreffend Rodekamp „Redaktionelle Werbung" S 75). Für die Kennzeichnungspflicht mit dem Wort „Anzeige" besteht eine *Wechselwirkung* insofern, als die Kennzeichnung umso deutlicher zu erfolgen hat, je weniger sich der Anzeigencharakter der Veröffentlichung aus ihrer sonstigen Anordnung und Gestaltung ergibt (LG Hamburg, ArchPR 1969, 1069).

5. Die gesetzliche Sonderregelung in Bayern und Hessen

Der *gesetzlichen Sonderregelung* der Kennzeichnungspflicht von Anzeigen in Bayern und Hessen (vgl Rn 23) liegt zwar eine von den übrigen Landespressegesetzen abweichende Gesetzesfassung zugrunde, doch führt die an Sinn und Zweck der Bestimmung orientierte Auslegung zum gleichen Ergebnis wie bei den anderen Landespressegesetzen.

a) Bayern (Art 9)

30 Der Art 9 *bay LPG* verlangt lediglich die „Kenntlichmachung" entgeltlicher Veröffentlichungen. Aus dem Zweck dieser Vorschrift folgt jedoch, dass auch hier die Kenntlichmachung *deutlich* erfolgen muss, sei es durch die äußere Anordnung und Gestaltung oder durch die unübersehbare Verwendung des Wortes „Anzeige".

b) Hessen (§ 8)

31 Der § 8 *hess LPG* verlangt Kenntlichmachung als Anzeige „in der üblichen Weise". Übliche Weise im Pressewesen ist entweder die Bezeichnung als Anzeige oder die

VI. Die zur deutlichen Kennzeichnung Verpflichteten § 10 LPG

äußere Anordnung und Gestaltung. Da Zweck des § 8 auch hier die Pressefreiheit ist (vgl Reh-Gross Anm zu § 8), gilt das oben (Rn 25 ff.) Ausgeführte.

VI. Die zur deutlichen Kennzeichnung Verpflichteten

1. Allgemeines

Die Pflicht aus § 10 LPG zur deutlichen Kennzeichnung einer entgeltlichen Veröffentlichung als Anzeige – sei es durch ihre Anordnung und Gestaltung, sei es durch die klarstellende Beifügung des Wortes „Anzeige" – trifft nach der ausdrücklichen Anordnung aller Landespressegesetze (ausgenommen Bayern, vgl Rn 37) die *Verleger periodischer Druckwerke*. Neben dem Verleger haftet der *Verantwortliche für den Anzeigenteil*, wie er nach § 8 Abs 2 Satz 4 LPG bei periodischen Druckwerken bestellt werden muss; jedoch ist die Haftung des „Verantwortlichen" nur in 10 Bundesländern ausdrücklich vorgesehen (vgl Rn 35). 32

2. Der Verleger der periodischen Presse als Verpflichteter

Die im Vordergrund stehende Verpflichtung des *Verlegers* zur Erfüllung der Kennzeichnungspflicht des § 10 LPG beruht auf der Erwägung, dass er als Inhaber des Unternehmens in erster Linie kompetent ist, sich dem Verlangen der Werbewirtschaft oder sonstiger Gruppen nach unterstützender redaktioneller Werbung zu widersetzen. Auch gehört die Verhinderung einer unzulässigen Verquickung von Text- und Anzeigenteil zu den wichtigsten verlegerischen Standespflichten (vgl Rn 43 ff.). Zur Frage der Haftung des Verlegers bei vorsätzlicher oder fahrlässiger Zuwiderhandlung gegen § 10 LPG und zur Frage seiner Mithaftung neben dem Verantwortlichen für den Anzeigenteil s Rn 36. 33

a) Nur den Verleger *periodischer Druckwerke* trifft die Kennzeichnungspflicht aus § 10 LPG, denn gerade Zeitungen und Zeitschriften sind wegen ihrer publizistischen *Massenwirkung* für die Werbewirtschaft von besonderem Interesse. Hier ist die Gefahr der Schleichwerbung besonders groß. Dass die Verpflichtung aus § 10 nur den Verleger der periodischen Presse betrifft, gilt trotz einer etwas unklaren Fassung auch für die Länder Niedersachsen, Nordrhein-Westfalen, und das Saarland, Sachsen, Sachsen-Anhalt und Thüringen (vgl die amtliche Begründung zum niedersächsischen LPG, abgedruckt bei Scheer § 10 vor Anm I). Klarer ist die Gesetzesfassung in allen übrigen Ländern, wo – mit Ausnahme Bayerns – „der Verleger eines periodischen Druckwerks oder der Verantwortliche" mit der Kennzeichnungspflicht bei entgeltlichen Veröffentlichungen belastet sind. Für den „Verantwortlichen für den Anzeigenteil" ist die Beschränkung auf die periodische Presse keine Besonderheit, denn seine Bestellung ist nach § 8 Abs 2 Satz 4 LPG ohnehin nur für die periodische Presse vorgesehen. 34

b) Die bedenkliche Zunahme der Schleichwerbung in Form der redaktionellen Werbung hat in den letzten Jahrzehnten auch auf die *nichtperiodische Presse* übergegriffen und Eingang bei Jahrbüchern, Messe- und Bestellkatalogen, Jubiläumsschriften usw gefunden (vgl Wronka in AfP 1974 S 621). Die hier im Rahmen des § 10 LPG bestehende Gesetzeslücke (vgl Rn 12) wird jedoch durch das Wettbewerbsrecht ausgefüllt, das auch die Schleichwerbung bei nichtperiodischen Druckwerken erfasst (vgl Rn 50 ff.).

3. Der Verantwortliche für den Anzeigenteil

Neben dem Verleger haftet der „*Verantwortliche* für den Anzeigenteil" eines periodischen Druckwerks (vgl § 8 Abs 2 Satz 4 LPG) für die Erfüllung der Pflicht aus § 10 LPG. Die Verpflichtung zur Kennzeichnung des „Verantwortlichen" ist jedoch nur in den Ländern Baden-Württemberg, Berlin, Brandenburg, Niedersachsen, Nordrhein- 35

Sedelmeier

Westfalen, Rheinland-Pfalz, Saarland, Sachsen, Sachsen-Anhalt und Thüringen ausdrücklich vorgesehen.

Nicht aufgeführt wird der „Verantwortliche" als Verpflichteter aus § 10 LPG in den Landespressegesetzen von Bremen, Hamburg, Hessen, Mecklenburg-Vorpommern und Schleswig-Holstein. In allen Ländern, außer in Hessen, handelt er aber ordnungswidrig, wenn er die Veröffentlichung nicht als Anzeige kenntlich macht oder kenntlich machen lässt (§ 22 Abs 1 Ziff 2).

Die Regelung ist verunglückt. Der Verantwortliche erhält für die Veröffentlichung kein „Entgelt". Vertragspartner des Anzeigenvertrages ist allein der Verleger. Es ist auch nicht eindeutig klar, auf wen sich das Wort „er" im nächsten Halbsatz in den Ländern Baden-Württemberg, Berlin, Brandenburg, Nordrhein-Westfalen, Saarland, und Sachsen, bezieht, auf denjenigen, der ein Entgelt erhalten etc. hat, auf den Verleger oder – was dem Sinn der Regelung entspricht, aber sprachlich falsch ist – auf beide, den Verleger und den Verantwortlichen. In den Ländern Niedersachsen, Rheinland-Pfalz, Sachsen und Thüringen ist zudem nicht deutlich gemacht, wer kennzeichnen muss, es heißt nur „... so muss ... bezeichnet werden ...". Die Vorschrift müsste lauten:

„hat der Verleger eines periodischen Druckwerks für die Veröffentlichung ein Entgelt erhalten, gefordert oder sich versprechen lassen, so haben er und der Verantwortliche (§ 8 Abs 2 Satz 4) diese Veröffentlichung ... deutlich mit dem Wort Anzeige zu bezeichnen."

Die Folge der verunglückten Regelung ist die, dass der Verantwortliche für den Anzeigenteil nur in den Ländern Baden-Württemberg, Berlin, Brandenburg, Niedersachsen, Nordrhein Westfalen, Rheinland-Pfalz, Saarland, Sachsen, Sachsen-Anhalt und Thüringen selbst zur Kennzeichnung verpflichtet ist. Auch das ist in den Ländern Niedersachsen, Rheinland-Pfalz, Sachsen und Thüringen nicht klar genug zum Ausdruck gebracht. In den anderen Ländern, außer in Hessen trifft ihn (entsprechend den Pflichten des verantwortlichen Redakteurs) nach § 22 Abs 2 Ziff 2 nur die presserechtliche Verpflichtung, die periodische Druckschrift von nicht ordnungsgemäß gekennzeichneten Veröffentlichungen frei zu halten.

Dies hat Auswirkungen auf die subjektive Tatseite: Soweit der Verantwortliche selbst zur Kennzeichnung verpflichtet ist, muss sich Vorsatz oder Fahrlässigkeit auf die unterlassene Kennzeichnung beziehen, soweit ihn nur die presserechtliche Verantwortung trifft, muss sich die subjektive Tatseite auf die Verletzung der Berufspflicht beziehen.

Weiter hat die Gesetzesformulierung Auswirkung auf die wettbewerbsrechtliche Haftung: Wettbewerbsrechtlich haftet der Verantwortliche für den Anzeigenteil auf Unterlassung gem 8 I UWG nur, soweit er selbst zur Kennzeichnung verpflichtet ist. Die bloße Verletzung der Berufspflicht, die periodische Druckschriften von nicht ordnungsgemäß gekennzeichneten Veröffentlichungen frei zu halten, löst keine zivilrechtliche und damit auch keine wettbewerbsrechtliche Haftung aus (siehe dazu § 9 Rn 39, 42).

4. Keine automatische Mithaftung des Verlegers und des Verantwortlichen

36 Wo für die Pflicht aus § 10 LPG sowohl der Verleger wie der „Verantwortliche" haften (vgl oben Rn 35), besteht *keine automatische Mithaftung.* Vielmehr kommt es auf den Tatbeitrag an, den jeder im konkreten Fall bei einer Zuwiderhandlung gegen § 10 LPG persönlich erbringt. Da sowohl Verleger wie „Verantwortlicher" die Normadressaten des § 10 LPG sind, kommt bei beiden auch eine fahrlässige Verletzung des § 10 LPG in Betracht (vgl § 22 Abs 1 Nr 2 LPG; Göhler § 10 OWiG Rn 6ff.; § 14 Rn 4; vgl Rn 39).

5. Die bayerische Sonderregelung

37 Die *bayerische Sonderregelung* (Art 9 bay LPG) nennt als Verpflichtete zur Kennzeichnung entgeltlicher Veröffentlichungen weder den Verleger noch den für den

VII. Folgen des Verstoßes gegen § 10 LPG　　　　　　　　§ 10 LPG

Anzeigenteil gemäß Art 8 Abs 2 Satz 2 LPG Verantwortlichen. Der Art 9 enthält ganz allgemein die Verpflichtung, in Zeitungen und Zeitschriften alle entgeltlichen Veröffentlichungen, „insb Anzeigen- und Reklametexte", *kenntlich* zu machen. Nach der hier vertretenen Auffassung kommen mangels Nennung eines Verpflichteten die allgemeinen Grundsätze zur Anwendung. Danach sind sowohl der *Verantwortliche für den Anzeigenteil* (Art 8 Abs 2 Satz 2 bay LPG) wie auch der *Verleger* als verpflichtet anzusehen, entgeltliche Veröffentlichungen als Anzeigen kenntlich zu machen. Beim „Verantwortlichen" ergibt sich diese Verpflichtung aus seiner speziellen, den Anzeigenteil betreffenden Aufgabe. Aber auch der Verleger selbst muss im Blick auf die berufsethischen Standespflichten in einer so delikaten Angelegenheit wie Schleichwerbung als Verpflichteter aus Art 9 LPG anzusehen sein (vgl Rn 44 ff.).

VII. Folgen des Verstoßes gegen § 10 LPG

1. Nichtigkeit wegen Gesetzesverstoßes (§ 134 BGB)

Verträge mündlicher und schriftlicher Art, die eine Umgehung der Kennzeichnungspflicht des § 10 zum Inhalt haben, sind wegen Verstoßes gegen ein gesetzliches Gebot gemäß § 134 BGB *nichtig* (vgl BGH in BB 1962 S 502; OLG Düsseldorf in NJW 1975 S 2018; OLG Köln in ArchPR 1970 S 116; OLG München AfP 1995, 655). Bei solchen gesetzwidrigen Abmachungen, wie sie in der Praxis zwischen Verlegern und Inserenten zum Abschluss kommen können, erstreckt sich jedoch die Nichtigkeit wegen Gesetzesverstoßes (§ 134 BGB) nur auf *die* Rechtsgeschäfte, deren Inhalt und Zweck direkt gegen die gesetzliche Vorschrift gerichtet sind, nicht dagegen auf sonstige Rechtsgeschäfte, die in diesem Zusammenhang zustande kommen (Wronka in AfP 1975 S 926). Wenn sich Verleger bzw Inserenten über die Standesgrundsätze der Presse bewusst hinwegsetzen, um gegenüber standestreuen Konkurrenten einen unlauteren Vorsprung zu erlangen, kommt auch Nichtigkeit wegen sittenwidrigen Verhaltens (Verstoß gegen § 138 BGB) in Frage (OLG Köln ArchPR 1970 S 116; LG Stuttgart ZV 1968 S 1522). Bei nichtigem Vertrag erfolgt die finanzielle Auseinandersetzung unter den Vertragsparteien nach den Grundsätzen der *ungerechtfertigten Bereicherung* (§§ 812 ff., vgl Reh-Gross Anm zu § 8). Ein Anspruch auf Herausgabe der Bereicherung kann aber im Fall der Sittenwidrigkeit (§ 138 BGB) an § 817 Satz 2 BGB scheitern (OLG Köln ArchPR 1970 S 116). Die Missachtung des § 10 LPG ist in der Regel zugleich ein Verstoß gegen das *Standesrecht der Presse* (vgl Rn 43 ff.) und gegen grundlegende Bestimmungen des *Wettbewerbsrechts.* Vor allem das Wettbewerbsrecht vermag Lücken des § 10 LPG, der nur ein Teilproblem des Gesamtkomplexes behandelt, ergänzend auszufüllen (vgl Rn 50 ff.).

38

2. Ahndung als Ordnungswidrigkeit

Zuwiderhandlungen gegen § 10 LPG werden als *Ordnungswidrigkeiten* geahndet. Hier gilt § 22 Abs 2 Nr 2 LPG: „Ordnungswidrig handelt, wer vorsätzlich oder fahrlässig ... als Verleger oder als ‚Verantwortlicher für den Anzeigenteil' (§ 8 Abs 2 Satz 4) eine Veröffentlichung gegen Entgelt nicht als Anzeige kenntlich macht oder kenntlich machen lässt (§ 10)." Zutreffend weist die Rechtsprechung darauf hin, dass der Grundsatz der Trennung des Anzeigenteils vom publizistischen Teil der Presse im Allgemeinen als bekannt vorausgesetzt werden darf (OLG Köln AfP 1977 S 354). § 22 Abs 3 LPG Hamburg sieht bei vorsätzlichem Handeln eine Geldbuße bis zu € 5000,– und bei Fahrlässigkeit gemäß § 17 Abs 2 OWiG eine Geldbuße bis zu € 2500,– vor, die meisten Länder einheitlich € 5000,–, einige Länder bis € 25 000 oder 50 000,– (s. Kommentierung LPG § 22).

LPG § 10   Kennzeichnung entgeltlicher Veröffentlichungen

a) Haftung der aus § 10 Verpflichteten als Täter für Vorsatz und Fahrlässigkeit

39 Als *Täter* der Zuwiderhandlung kommen der Verleger und ggf (s. Rn 35) der „Verantwortliche" in Betracht, denn sie sind die Adressaten der Kennzeichnungspflicht. Eine automatische Mithaftung beider besteht nicht, es kommt vielmehr darauf an, ob und welchen Tatbeitrag jeder geleistet hat. Wesentlich ist, dass die Tat, wie § 22 LPG ausdrücklich feststellt, vom Täter auch *fahrlässig* begangen werden kann, etwa durch Vernachlässigung seiner Aufsichtspflicht. Die Tat besteht in der pflichtwidrigen Nichtkennzeichnung einer entgeltlichen Veröffentlichung, so dass ein Unterlassungsverstoß vorliegt (vgl Göhler § 14 OWiG Anm 3).

b) Abweichende Länderregelungen

40 In den Ländern, in denen als Norm-Adressat *nur der Verleger* genannt ist (Bremen, Hamburg, Hessen, Mecklenburg-Vorpommern und Schleswig-Holstein), kommt er allein als vorsätzlicher oder fahrlässiger Täter wegen unterlassener Kenntlichmachung in Betracht. In *Bayern,* wo Art 9 LPG weder den Verleger noch den „Verantwortlichen für den Anzeigenteil" als Verpflichteten nennt, wird man aus allgemeinen Erwägungen heraus (vgl Rn 37) beide als Norm-Adressaten ansehen müssen. Im Unterschied zu allen anderen Landespressegesetzen ahndet das bay LPG nur die *vorsätzliche* Zuwiderhandlung gegen Art 9 LPG (vgl Art 13 Abs 1a bay LPG in Verbindung mit § 10 OWiG).

c) Haftung der sonst Beteiligten (Inserenten, Agenturen, Angestellte, Drucker)

41 Im Gegensatz zum Strafrecht (§§ 25 ff. StGB), das für etwaige an einer Straftat *Beteiligte* die subtilen Unterschiede zwischen Mittäter, Anstifter und Gehilfen macht, kennt das Recht der Ordnungswidrigkeiten diese Unterscheidung nicht, sondern geht in § 14 OWiG von einem einheitlichen, umfassenden *Beteiligungsbegriff* aus: „Beteiligen sich mehrere an einer Ordnungswidrigkeit, so handelt jeder von ihnen ordnungswidrig" (§ 14 Abs 1 Satz 1 OWiG). Als Beteiligte an der Zuwiderhandlung gegen § 10 LPG kommen Personen in Frage, die nicht selbst wie etwa der Verleger nach dem Gesetz zur Kennzeichnung einer Werbeanzeige verpflichtet sind, sondern die in anderer Weise einen Tatbeitrag leisten. Dazu gehört in erster Linie der *Inserent,* der seine Forderung nach redaktioneller Werbung durchzusetzen versteht. Nach strafrechtlichem Maßstab würde er als Anstifter bestraft (§ 26 StGB). Nach § 14 OWiG ist er kurzerhand „Beteiligter", und die Höhe der ihm auferlegten Geldbuße richtet sich – innerhalb des von § 22 Abs 3 LPG in Verbindung mit § 17 Abs 2 OWiG gesteckten Rahmens – nach dem Umfang und Gewicht seines Tatbeitrags. Als „Beteiligte" im Sinne des § 14 OWiG kommen uU auch eingeschaltete Werbungsmittler bzw *Werbe-Agenturen* in Frage (vgl Henning-Bodewig in GRUR 1981 S 164 ff.), aber auch mitwirkende *Verlagsangestellte* oder sonstige Beauftragte einschließlich des *Druckers* (vgl Rebmann § 22 Rn 9; Rodekamp GRUR 1978 S 682).

d) Bei Beteiligung Vorsatz erforderlich

42 Während bei den als Täter in Frage kommenden Norm-Adressaten nach § 22 Abs 3 LPG fahrlässiges Verhalten für die Zuwiderhandlung ausreicht, fordert die herrschende Meinung beim Beteiligten mit Recht ein *vorsätzliches Mitwirken* (KG in NJW 1976 S 1465; Göhler § 14 OWiG mit weiteren Nachweisen). Ein Beteiligter, wie zB der Inserent, den die Kennzeichnungspflicht aus § 10 LPG nicht trifft, handelt nur dann rechtswidrig, wenn er bei der Zuwiderhandlung des Verpflichteten (Verleger oder „Verantwortlicher") bewusst und gewollt mitwirkt (OLG Hamm MDR 1977 S 73).

VIII. Die Bedeutung des Standesrechts

1. Standesauffassung besonders wichtig bei § 10 LPG

Auf kaum einem Gebiet des Presserechts spielt das Standesrecht der Presse-Beteiligten eine so maßgebliche Rolle wie bei der von § 10 LPG erstrebten Abwehr unlauterer redaktioneller Werbung. Schon zu Beginn unseres Jahrhunderts haben die Berufsverbände der Presse erkannt, welche große Gefahr die redaktionelle Schleichwerbung für die Unabhängigkeit, das öffentliche Ansehen und den Einfluss der Presse bedeutet (vgl Rn 5–10; zur geschichtlichen Entwicklung Baumbach-Hefermehl § 4 UWG Rn 3.20; Rodekamp GRUR 1978 S 683). Die von den Berufsverbänden der Presse gemeinsam mit den Verbänden der Werbewirtschaft detailliert ausgearbeiteten *Standesgrundsätze* richten sich unmittelbar gegen die unlautere redaktionelle Werbung in ihren beiden gebräuchlichsten Formen, den sog „Redaktionellen Hinweisen" und den redaktionell gestalteten Anzeigen. 43

a) ZAW-Richtlinien für redaktionelle Hinweise

Schon 1952 führte die Zusammenarbeit der Pressefachverbände zur Aufstellung von „Richtlinien für *redaktionelle Hinweise* in Zeitungen und Zeitschriften", in denen eine klare Trennung bzw Unterscheidbarkeit von Text- und Anzeigenteil gefordert wurde (vgl ZV 1952 S 368/69, MA 1952 S 456). 44

(1) In der Folge übernahm der 1949 gegründete *„Zentralausschuss der Werbewirtschaft"* (ZAW) für die gesamte bundesdeutsche Publizistik die konzentrierte Abwehr der unlauteren redaktionellen Werbung. Beim ZAW handelt es sich nicht, wie man dem Namen entnehmen könnte, um einen Arbeitsausschuss, sondern um einen Zusammenschluss von mehr als 30 Verbänden der Werbung treibenden Wirtschaft einerseits wie auch der Werbung durchführenden Unternehmen und Institutionen (Medien) andererseits einschließlich der Werbe-Agenturen und der Werbeberufe (vgl Albrecht in: Medien- und Sexualpädagogik 1974 S 5 ff.). Dem ZAW gehören ua an der Bundesverband Deutscher Zeitungsverleger eV, der Verband Deutscher Zeitschriftenverleger eV, die Arbeitsgemeinschaft Rundfunkwerbung, der Markenverband eV, der Bundesverband Deutscher Industrie E. V. 45

(2) Die vom ZAW 1964 veröffentlichten Richtlinien für *„redaktionelle Hinweise"* (ArchPR 1964 S 69) wurden vom ZAW 1972 in stark erweiterter Fassung erneut herausgegeben. Die programmatischen ersten Sätze des Vorworts lauten seit 1952 unverändert:

„Verleger und Redakteure (Journalisten) wirken bei der Gestaltung der öffentlichen Meinung mit. Um ihre publizistische Aufgabe erfüllen zu können, brauchen sie das Vertrauen ihrer Leser. Dieses Vertrauen kann insb dann nicht entstehen oder erhalten bleiben, wenn die Leser in den Textteilen der Zeitungen oder Zeitschriften redaktionelle Hinweise finden, die, ohne äußerlich als bezahlte Wirtschaftswerbung in Erscheinung zu treten, privatwirtschaftlichen Belangen dienen."

Die „Richtlinien für redaktionelle Hinweise in Zeitungen und Zeitschriften", für deren Herausgabe auch der Deutsche Journalisten-Verband eV mitverantwortlich zeichnet, sind wegen ihrer großen praktischen Bedeutung in Anhang I zu § 10 LPG abgedruckt.

b) ZAW-Richtlinien für redaktionell gestaltete Anzeigen

Im Jahre 1955 übernahm der ZAW auch die Abwehr gegenüber unlauteren *„redaktionell gestalteten Anzeigen"* (zur früheren Fassung vgl ArchPR 1964 S 445). In der heute geltenden Fassung lautet die programmatische Einleitung der „ZAW-Richtlinien für redaktionell gestaltete Anzeigen" wie folgt: 46

„Anzeigen in Druckschriften (zB Zeitungen und Zeitschriften), die wie redaktionelle Mitteilungen gestaltet sind und nicht erkennen lassen, dass sie gegen Entgelt abgedruckt sind, erwecken beim unvoreingenommenen Leser den Eindruck unabhängiger redaktioneller Berichterstattung, während sie in Wirklichkeit Anzeigen darstellen. Wegen ihres irreführenden Charakters verstoßen sie gegen die

Grundsätze lauterer Werbung und gefährden das Ansehen und die Unabhängigkeit der redaktionellen Arbeit; sie sind daher auch presserechtlich untersagt. Wahrheit und Klarheit der Werbung fordern die klare Unterscheidbarkeit von redaktionellem Text und Werbung."

Wegen ihrer großen praktischen Bedeutung sind diese Richtlinien in Anhang II zu § 10 LPG abgedruckt.

c) Stellungnahme des Deutschen Presserats zur redaktionellen Werbung

47   Auch die Selbstkontroll-Einrichtung der bundesdeutschen Presse, der 1956 ins Leben gerufene *Deutsche Presserat* hat sich in zwei grundsätzlichen Erklärungen mit Entschiedenheit gegen die unlautere redaktionelle Werbung gewandt. Die Stellungnahme vom 27.10.1960 betrifft die „Trennung von Text- und Anzeigenteil"; die Erklärung vom 16.6.1976 verlangt die „Kenntlichmachung redaktionell gestalteter Anzeigen". Beide Stellungnahmen sind als Ziffer 34 und 35 in die „Richtlinien für die redaktionelle Arbeit nach den Empfehlungen des Deutschen Presserats" aufgenommen worden (vgl Jahrbuch des Deutschen Presserats (1980 S 53). Sie sind in Anhang III zu § 10 LPG abgedruckt.

2. Die Standesrichtlinien als wichtige Rechtsquelle

4   Die hier dargestellten, von den Verbänden der Presse und der Werbewirtschaft detailliert ausgearbeiteten Richtlinien betreffend die klare Trennung von Text- und Anzeigenteil sind für die Gerichte eine *wichtige Rechtsquelle* bei der Auslegung der presserechtlichen und wettbewerbsrechtlichen Seite des § 10 LPG (OLG Hamm, WRP 1981 S 109). Grundsätzlich ist dabei zu beachten:

a) Gefestigte Standesauffassung erforderlich

48   Die von Berufsverbänden aufgestellten Standesvorschriften sind nicht ohne weiteres identisch mit der für die Gerichte maßgeblichen *Standesauffassung*. Die Verbandsregeln müssen auch tatsächlich der allgemeinen Überzeugung der lauter handelnden Berufsangehörigen entsprechen, und ihre Verletzung muss von ihnen als grober Verstoß gegen die Standespflicht betrachtet werden (BGH GRUR 1969, 474, s a Köhler Bornkamm § 4 Rn 11.32). Die Standesauffassung muss außerdem *gefestigt* sein und in der Praxis befolgt werden. Dass einzelne pflichtvergessene Berufsangehörige sich über die Standesauffassung aus egoistischen Gründen hinwegsetzen, steht der verpflichtenden Wirkung der Standesauffassung nicht entgegen (vgl BGH, WRP 1957 S 227 - Westfalen-Blatt; BGH, GRUR 1959, 35; 1961, 292; OLG Hamm, WRP 1981, 109; OLG Celle, BB 1958, 788).

b) ZAW-Richtlinien entsprechen der Standesauffassung

49   b) Dass es bei den Standesregeln, wie sie sich in den Richtlinien des Deutschen Presserats und des ZAW zur Frage der klaren Trennung von Text- und Anzeigenteil niedergeschlagen haben, um die gefestigte, allgemein anerkannte Standesauffassung der Presse handelt, ist von den Gerichten wiederholt bestätigt worden (vgl OLG Celle, BB 1958, 788; GRUR 1959, 191; OLG Stuttgart ArchPR 1977, 83; OLG Hamm, GRUR 1979, 169 für die Lokal- und Regionalpresse). So hat insb das OLG Celle in der oben zitierten Grundsatz-Entscheidung einen Zeitungsverlag zur Unterlassung der Veröffentlichung von Anzeigen verurteilt, die als redaktionell aufgemachte Werbereportagen unter der Überschrift „Wirtschaftsspiegel" unmittelbar an den redaktionellen Teil angehängt waren. Das OLG Celle stellte fest, dass es sich beim Grundsatz der strengen Trennung von redaktionellem Teil und Anzeigenteil um die „heute gefestigte Standesauffassung der Zeitungsverleger" handle. Die entgeltliche Veröffentlichung von redaktionell gestalteten Anzeigen und Berichten sei gegenüber Lesern und Mitbewerbern unlauter, weil sie den Leser irreführe und die Unabhängigkeit verantwortungsbewusster Arbeit gefährde. Zum gleichen Ergebnis kam das LG Düsseldorf in der rechtskräftigen Entscheidung vom 14.6.1962 (BB 1962 S 1346 – Landwirte – Post).

IX. Wettbewerbsrechtliche Beurteilung redaktioneller Werbung § 10 LPG

Auch das Schrifttum geht ganz überwiegend davon aus, dass die ZAW-Richtlinien die gefestigte Standesauffassung von Presse und Werbewirtschaft wiedergeben (Köhler Bornkamm § 4 UWG Rn 3.20 ff.; Hörle AfP 1973 S 361; Lutz AfP 1969 S 832; Möller ZV 1961 S 598 ff.; Schneider AfP 1964 S 446; Wenzel 5.434, 439; verneinend Rodekamp S 169 ff.).

IX. Wettbewerbsrechtliche Beurteilung redaktioneller Werbung

1. **Allgemeines. Getarnte redaktionelle Werbung und redaktionelle Unterstützung von Anzeigenwerbung sind wettbewerbswidrig**

a) Getarnte redaktionelle Werbung ist wettbewerbswidrig 50

Die Vorschriften des Wettbewerbsrechts sind im Bereich der Verquickung von Anzeigenteil und redaktionellem Teil nur anwendbar, soweit der Verleger und/oder der Inserent bei der Veröffentlichung der in Frage stehenden Beiträge eine geschäftliche Handlung im Sinne des § 2 I Nr 1 UWG vornimmt. Der Begriff der „geschäftlichen Handlung" ersetzt seit der UWG-Novelle von 2008 die „Wettbewerbshandlung". Zurückzuführen ist dies auf die Richtlinie über unlautere Geschäftspraktiken 2005/29/EG, die durch die Novelle umgesetzt werden sollte. Der dort verwendete Begriff der „geschäftlichen Praktiken" wurde nicht übernommen, weil ihm in der deutschen Sprache eine abwertende Bedeutung zukommt (BT-Drucks 16/10145, 20). Stattdessen wählte der Gesetzgeber den Begriff der geschäftlichen Handlung, dem ein weitergehender Anwendungsbereich als dem Begriff der Wettbewerbshandlung zukommen soll. Weggefallen ist damit das subjektive Kriterium der „Wettbewerbsabsicht". Vielmehr muss das in Frage stehende Verhalten nun im „objektiven Zusammenhang" mit der Förderung des Absatzes oder dem Bezug von Waren oder Dienstleistungen oder dem Abschluss oder der Durchführung eines Vertrages hierüber stehen.

Im Umfeld des § 10 LPG scheiden die privaten Inserenten von vornherein aus der wettbewerbsrechtlichen Betrachtung aus. Der Werbungtreibende, der eine Anzeige aufgibt oder getarnte Werbung veranlasst, handelt hingegen stets geschäftlich im Sinne des § 2 I Nr 1 UWG. Sein Verhalten ist am Maßstab der §§ 3 ff. UWG zu messen. Der Verleger und der Redakteur, auch der Verantwortliche für den Anzeigenteil, handeln indes nicht notwendigerweise geschäftlich, wenn sie in der Presse Beiträge veröffentlichen, die geeignet sind, den Wettbewerb anderer zu fördern oder solche veranlassen oder daran mitwirken. Deren Handeln kann und wird, sofern nichts dagegen spricht, vielmehr in der Regel durchaus publizistisch veranlasst sein (s a OLG Hamburg AfP 09, 497). Dazu BVerfG AfP 06, 39: *§ 1* UWG ist im Lichte von Art. 5 Abs 1 Satz 1 GG auszulegen und anzuwenden. Es widerspricht nicht dem Grundrechtsschutz aus Art. 5 Abs 1 GG, dass getarnte Werbung grundsätzlich wettbewerbswidrig ist. Nicht schon jede positive Erwähnung eines Firmennamens oder Vertriebswegs bedeutet eine rechtlich zu beanstandender getarnte Werbung. Es bleibt der Presse unbenommen, auch unter Namensnennung sowie unter Angabe weiterer Details über Bezugsmöglichkeiten zu berichten. Überdimensional blickfangartige Herausstellung des Geschäftsführers einer Firma mit der ebenso überdimensionalen „plakativen" Hervorhebung des Firmennamens überschreitet die Grenze der presserechtlich geschützten sachlichen Informationsaufgabe.

Bei redaktionellen Äußerungen, die nur der Information der Leserschaft dienen, fehlt es nach den Gesetzesmaterialien regelmäßig an einem objektiven Zusammenhang zum Warenabsatz (BT-Drucks 16/10145, 21). Damit kommen auch nach neuem Recht, das keine Wettbewerbsabsicht als Kriterium für die „geschäftlichen Handlung" kennt, notwendigerweise wieder Absichten ins Spiel, nämlich das „Dienen" und die „publizistisch Veranlassung" = *Absicht zu informieren*, die – um Art 5 GG Genüge zu tun – diesen objektiven Zusammenhang ausschließt. Das OLG Hamburg (AfP 09, 497) spricht in diesem Zusammenhang nach wie vor von einem Absatzförderungszweck in objektiver und *subjektiver* Hinsicht und führt aus: „Werbewirksame Presseartikel in redaktioneller Funktion lassen wegen der Meinungs- und Pressefreiheit eine *Wettbewerbsabsicht* nicht vermuten. ... Diese Grundsätze zur Presseäußerungen gelten auch für den Begriff der Geschäftspraktiken im Sinne der Richtlinie 2005/29/EG". Auch der EuGH (AfP 11, 563) stellt nach wie vor auf Wettbewerbsabsicht ab, wenn er ausführt, der Begriff Schleichwerbung bedeute „die Erwähnung oder Darstellung von Waren, Dienstleistungen, Namen, Marke oder Tätigkeiten eines Herstellers von Waren oder eines Erbringers von Dienstleistungen in Programmen, wenn Sie vom Fernsehveranstalter *absichtlich* zur Werbezwecken vorgesehen ist. ... Eine Erwähnung oder Darstellung gilt insbesondere dann als *beabsichtigt*, wenn sie gegen Entgelt oder eine ähnliche Gegenleistung erfolgt."

Die Abgrenzung zu wettbewerbsrechtlich relevanten Handlungen bleibt auch nach der Novelle schwierig, wenn in einer Druckschrift zur Werbung geeignete Beiträge erscheinen, erst recht, wenn ein Zusammenhang mit Anzeigen in Betracht kommt. Das Kriterium des objektiven Zusammenhangs zum Warenabsatz an Stelle der Wettbewerbsabsicht wirft in diesem Zusammenhang mehr Fragen auf als es löst. Insbesondere ist zweifelhaft, ob durch eine rein objektive Betrachtung der verfassungsrechtlich gebotene Schutz der Presse noch gewährleistet ist (s Rn 57).

b) Das Problem: Werbung oder Information

50a Nach altem bis 2008 geltendem Recht setzte die Anwendung des UWG Wettbewerbsabsicht voraus, wodurch Presseäußerungen mit publizistischen Absichten von vornherein wettbewerbsrechtlich außer Betracht blieben. UWG 2008 kennt keine Wettbewerbsabsicht mehr. § 2 Abs I Ziff 2 UWG definiert die „geschäftliche Handlung" als jedes Verhalten einer Person zugunsten des eigenen oder eines fremden Unternehmens vor, bei oder nach einem Geschäftsabschluss, das mit der Förderung des Absatzes oder des Bezuges von Waren oder Dienstleistungen oder mit dem Abschluss oder der Durchführung eines Vertrages über Waren oder Dienstleistungen objektiv zusammenhängt. § 2 I UWG ist jedoch immer im Hinblick auf die UGP-Richtlinie richtlinienkonform auszulegen. Danach sind „Geschäftspraktiken" = geschäftliche Handlungen gem. Art. 2d): „jede Handlung, Unterlassung, Verhaltensweise oder Erklärung, kommerzielle Mitteilung einschließlich Werbung und Marketing eines Gewerbetreibenden, die *unmittelbar* mit der Absatzförderung, dem Verkauf oder der Lieferung eines Produkts an Verbraucher zusammenhängt". Jeder redaktionelle Beitrag erfüllt im Anwendungsbereich des Art. 5 I GG ein öffentliches Informationsinteresse. Aufgrund der verfassungsrechtlichen Bedeutung der Pressefreiheit „überlagert" diese Funktion eines redaktionellen Beitrags die wirtschaftsfördernde Funktion (BVerfG AfP 06, 39). Es spricht also eine Vermutung dafür, dass ein redaktioneller Beitrag *primär* eine Aufgabe im öffentlichen Interesse erfüllt und nur *mittelbar* mit der Absatzförderung zusammenhängt (OLG Hamburg AfP 09, 497). Diese Auslegung geht auch konform mit dem Wortlaut und Sinn und Zweck der Richtlinie. Jeder Bericht in der Presse, der sich mit Unternehmen und/oder den von ihnen angebotenen Waren oder Dienstleistungen befasst, hängt objektiv – jedenfalls wenn er positiv ist – mit der Förderung des Absatzes oder des Bezuges von Waren oder Dienstleistungen zusammen. Damit wäre nach dem bloßen Wortlaut des § 2 Abs I Ziff 2 UWG jeder Bericht dieser Art „geschäftliche Handlung" mit der Folge, dass auch redaktionelle Berichte danach zu beurteilen wären (Köhler-Bornkamm § 2 Rn 67). Ersichtlich um dieses mit dem Grundrecht der Meinungs- und Pressefreiheit nach Art. 5 GG eindeutig unvereinbare Ergebnis zu vermeiden (BVerfG aaO) sagen die Gesetzesmaterialien, dass redaktionellen Äußerungen, die nur der Information der Leserschaft dienen, regelmäßig ein objektiven Zusammenhang mit dem Warenabsatz fehlt (BT-Drucksache 16/10145, 21). Diese gesetzgeberische Absicht hat aber keinen Eingang in den Wortlaut des Gesetzes gefunden. Die Annahme ist überdies alles andere als überzeugend. Positive publizistisch bedingte Äußerungen über Unternehmen, ihre Waren und/oder Dienstleistungen unterscheiden sich ihrem Inhalt nach in aller Regel nicht von Werbeaussagen. Formulierungen wie „Fahrzeug der Spitzenklasse", „Hotel erster Kategorie" oder „Waschmittel mit überzeugender Reinigungswirkung" können sich sowohl in Werbeanzeigen wie in Wirtschaftsberichten, vor allem in vergleichenden Tests, in Reiseberichten oder in der Beschreibung von Preisen eines Gewinnspiels finden. Es leuchtet wenig ein, dass solche Aussagen objektiv mit der Förderung des Absatzes oder des Bezugs zusammenhängen, wenn sie in Werbeanzeigen erscheinen, dass dies hingegen objektiv nicht der Fall ist, wenn sie „nur" der Information dienen. Ersichtlich ist es idR nicht der Inhalt der Aussagen, der Werbung von publizistisch bedingte Äußerungen unterscheidet sondern es sind die Umstände, die erweisen, welcher Bestimmungszweck den Äußerungen zu Grunde liegt. Da das Wettbewerbsrecht nicht mehr auf Wettbewerbsabsicht abstellt, kann der publizistische Zweck von Presseäußerungen nicht mehr mit fehlender Wettbewerbsabsicht begründet werden (s jedoch OLG Hamburg AfP 09, 497 und EuGH AfP 11, 563 Schleichwerbung). Die Zweck*bestimmung* und das Wort *„dienen"* setzen aber jemanden voraus, der den Zweck, dem der Beitrag dient, bestimmt, also zwingend Absichten, von wem auch immer. Die Folge ist, dass Äußerungen „nur" der Information dienen, wenn sie nur zur Information der Leserschaft, also *nur* zu publizistischen Zwecken oder anders ausgedrückt *nur* mit publizistischen Absichten erfolgen. Als Abgrenzungskriterium ist seit UWG 2008 an Stelle der *fehlenden Wettbewerbsabsicht* das *bestehende* publizistische Motiv also die *Absicht, nur zu informieren,* getreten. Tatsächlich fehlt solchen Äußerungen nicht der objektiven Zusammenhang sondern § 2 Abs I Ziff 1 UWG ist verfassungskonform historisch und/oder teleologisch dahin auszulegen, dass „nur publizistische Zwecke *(= Absichten)"* den an sich bestehenden objektiven Zusammenhang beseitigen. Es bleiben dann immer noch genügend Probleme übrig, um festzulegen, was unter *„nur der Information der Leserschaft dienen"* zu verstehen ist, wie die wahre Absicht, die der Veröffentlichung zu Grunde liegt, ermittelt werden kann und von wem, insbesondere inwieweit die bestehende publizistische Absicht erwiesen oder lediglich nicht widerlegbar sein muss (in dubio pro libertate?), um den bestehenden objektiven Zusammenhang auszuschließen.

Zu Recht sagen Köhler-Bornkamm (§ 2 Rn 67), dass auch redaktionelle Beiträge nach § 2 Abs 1 Ziff 1 UWG zu beurteilen sind, wobei allerdings der objektiven Zusammenhang verfassungskonform zu definieren ist (s dazu BVerfG AfP 06, 39). Weiter zu Recht nehmen sie an, dass sich in der Sache kaum Unterschiede zum alten Recht, jedenfalls zur jüngeren Rechtsprechung, ergeben. Dies hat zur Folge, dass die dort entwickelten Grundsätze prinzipiell weiter gelten.

Für die wettbewerbsrechtliche Beurteilung ist es – anders als bei § 10 LPG – unerheblich, ob der zur Debatte stehende Beitrag in einer periodischen oder einer anderen Druckschrift erscheint und ob für die Veröffentlichung ein Entgelt bezahlt, gefordert oder versprochen worden ist oder nicht.

2. Rechtsgrundlagen des Gebotes der Trennung von redaktionellem und Anzeigenteil. Redaktionelle Werbung nicht an sich wettbewerbswidrig, Quellen des Trennungsgebotes

Redaktionelle Werbung ist nicht an sich wettbewerbswidrig. Das Verbot der Verquickung von redaktionellem und Anzeigenteil hat vielmehr verschiedene Quellen, nämlich das gesetzliche Gebot der Kennzeichnung entgeltlicher Veröffentlichungen (§ 10 LPG i V mit § 4 Ziff 11 UWG), das Irreführungsverbot der §§ 3 Anh 11, 4 Ziff 3 und 5 UWG und die Standesauffassung der Verleger.

a) § 10 LPG

Das gesetzliche Gebot der Kennzeichnung entgeltlicher Veröffentlichungen in § 10 LPG ist keine wettbewerbsrechtliche Norm und gewährt selbst keine Ansprüche. § 10 LPG dient aber neben der Sicherung der Unabhängigkeit der Presse mittelbar auch dem Schutz des lauteren Wettbewerbs (s oben Rn 11).

53 (1) Daraus folgt zunächst, dass der Verleger, der entgeltliche Beiträge in einer periodischen Druckschrift veröffentlicht, ohne diese entweder allgemein durch Anordnung und Gestaltung oder durch Bezeichnung mit dem Wort „Anzeige" zu kennzeichnen, stets nicht nur gegen § 10 LPG sondern gleichzeitig gegen §§ 3 III, Anh. 11, 4 Ziff 3, 11 und § 5 UWG verstößt. Eine Erwähnung oder Darstellung von Waren, Dienstleistungen, Namen, Marke oder Tätigkeiten eines Herstellers von Waren oder eines Erbringers von Dienstleistungen ist *insbesondere* (aber nicht nur) dann unlauter, wenn sie gegen Entgelt oder eine ähnliche Gegenleistung erfolgt (EuGH AfP 11, 563 Schleichwerbung). Dies gilt nicht nur dann, wenn es sich bei den Veröffentlichungen um Werbung handelt sondern auch bei der nicht gekennzeichneten Veröffentlichung sonstiger entgeltlicher Beiträge, hier wegen Verstoßes gegen § 4 Ziff 11. Zwar ist nicht jeder Gesetzesverstoß unlauter sondern nach § 4 Ziff 11 UWG nur der Verstoß gegen Gesetze, die auch dazu bestimmt sind, im Interesse der Marktteilnehmer das Marktverhalten zu regeln, was bei § 10 LPG zutrifft. Die Wettbewerbswidrigkeit des Gesetzesverstoßes kann also auch aus dem Schutzzweck der verletzten Norm folgen und der Verleger, der gegen die Kennzeichnungsvorschrift verstößt, verschafft sich zudem stets einen ungerechtfertigten Vorsprung im Wettbewerb gegenüber seinen gesetzestreuen Mitbewerbern, er täuscht stets den Verbraucher und verletzt zudem die Standesvorschriften (s unten Rn 64). Die geschäftliche Handlung betrifft insoweit die Förderung eigenen Wettbewerbs. Handelt es sich bei dem nicht gekennzeichneten redaktionell aufgemachten Beitrag um Werbung, dann liegt der Wettbewerbsverstoß auf der Hand. Die geschäftliche Handlung betrifft insoweit auch die Förderung fremden Wettbewerbs, nämlich desjenigen des werbungtreibenden Inserenten (BGH GRUR 75, 75, 77 – Wirtschaftswerbung).

54 (2) Umgekehrt folgt aus § 10 LPG in Verbindung mit §§ 3 u 5 UWG, dass Beiträge, die keine Anzeigen sind, dh für deren Veröffentlichung der Verleger oder Verantwortliche kein Entgelt erhalten oder gefordert hat oder sich hat versprechen lassen, nicht mit dem Wort „Anzeige" gekennzeichnet werden dürfen. Eine solche Kennzeichnung verletzt ebenfalls das Gebot der Trennung von redaktionellem und Anzeigenteil und verstößt zudem unter dem Gesichtspunkt der Füllanzeige gegen §§ 3, 5 UWG (Köhler Bornkamm § 5, 4.144, OLG Hamm NJW-RR 90, 1196, KG AfP 1995, 656). Erfasst werden hierdurch die in der Praxis häufigen Fälle, dass unentgeltliche Schleichwerbung mit dem Wort „Anzeige" gekennzeichnet wird, um wettbewerbsrechtliche Beanstandungen zu vermeiden.

b) Irreführungs- und Verschleierungsverbot

55 Die zweite Quelle, aus der die Trennung von redaktionellem und Anzeigenteil hergeleitet wird, ist das Verbot der Verschleierung des Werbecharakters von Wettbewerbshandlungen und der irreführenden Werbung gem. §§ 3 III Anh. 11, 4 Ziff 3, und 5 UWG.

56 (1) Aufbauend auf der Rechtsprechung zur Verwendung wissenschaftlicher Gutachten in der Werbung, die als Verstoß gegen § 1 UWG (alter Fassung) angesehen worden ist (BGH GRUR 61, 189, 191 – Rippenstreckmetall I), hat der BGH eine als objektive Stellungnahme des Herausgebers einer Fachzeitschrift getarnte Eigenwerbung als wettbewerbswidrig beanstandet (BGH GRUR 68, 382, 384 Favorit II). Er hat hierzu ausgeführt, dass durch eine solche Veröffentlichung der unrichtige Eindruck erweckt werde, als handele es sich um die fachkundige Äußerung eines unbeteiligten Dritten, der vom Verkehr regelmäßig größere Beachtung und größeres Gewicht beigemessen werde als entsprechenden eigenen anpreisenden Angaben des Werbenden über seine Ware (BGH GRUR 75, 75, 77 Wirtschaftswerbung). Eine derartige getarnte Werbung ist wettbewerbswidrig. Die Veröffentlichung eines redaktionellen Beitrags, welcher ein Produkt über das durch eine sachliche Information bedingte Maß hinaus werbend darstellt, indem er beispielsweise trotz einer Vielzahl von Produkten entsprechender Art nur ein Erzeugnis nennt, kann schlechthin eine unlautere Förderung fremden Wettbewerbs sein, auch ohne dass der Beitrag gegen

IX. Wettbewerbsrechtliche Beurteilung redaktioneller Werbung § 10 LPG

Entgelt geschaltet ist oder im Zusammenhang mit einer Anzeigenwerbung für das genannte Produkt stehen muss (BGH WRP 94, 814 Preisrätselgewinnauslobung I; WRP 93, 476 Produktinformation I; WRP 94, 728 Produktinformation II; WRP 94, 398 Kosmetikstudio; WRP 94, 400 Beipackzettel; AfP 96, 59 Feuer Eis & Dynamit; AfP 96, 64 Produktinformation III; AfP 97, 632 Produkt-Interview). Besondere Maßstäbe gelten für die Vorstellung der bei Preisrätseln ausgelobten Preise: hier ist nicht ohne weiteres jede positiv gehaltene Vorstellung der Preise verdeckte redaktionelle Werbung, sie ist in den Grenzen des Normalen und seriöserweise Üblichen als Anreiz für die Beteiligung am Rätselspiel zulässig (BGH WRP 94, 814 Preisrätselgewinnauslobung I; WRP 49, 816 Preisrätselgewinnauslobung II; AfP 97, 473 Preisrätselgewinnauslobung IV s dazu kritisch Köhler Bornkamm § 4 Rn 3.26; dazu wiederum BGH AfP 13, 241). Dieser „großzügiger Maßstab" kommt nicht zum Tragen, wenn die Werbung für das ausgelobte Produkt selbst Teil des Gewinnspiels ist und der Werbecharakter nicht klar und eindeutig auf den ersten Blick zu erkennen ist (BGH aaO).

(2) Ein zur Werbung geeigneter redaktionell gestalteter Beitrag, der nicht bezahlte Anzeige und entsprechend § 10 LPG mit dem Wort „Anzeige" gekennzeichnet ist, kann auch dann als getarnte Werbung gegen die §§ 3 Anh. 11, 4 Ziff 3 und 5 UWG verstoßen, wenn er nicht gegen Entgelt geschaltet ist (EuGH AfP 11, 563 Schleichwerbung) oder im Zusammenhang mit einer Anzeigenwerbung steht. Umgekehrt kann ein zur Werbung für ein Unternehmen, seine Erzeugnisse, Waren oder Dienstleistungen geeigneter redaktioneller Beitrag wettbewerbsrechtlich unbedenklich sein (BVerfG AfP 06, 39) und zwar auch dann, wenn das Unternehmen, mit dem sich der Bericht befasst, gleichzeitig oder zu einem anderen Zeitpunkt in dem Presseorgan inseriert. Das entscheidende Abgrenzungskriterium von positiver Wirtschaftsberichterstattung zur getarnten Werbung war nach altem Recht die Wettbewerbsförderungsabsicht (BGH WRP 82, 234 Großbankenrestquoten; WRP 86, 547 Gastrokritiker; WRP 87, 166 Frank der Tat; WRP 90, 270 Schönheits-Chirurgie; WRP 93, 476 Produktinformation I; WRP 93, 478 Faltenglätter; WRP 94, 398 Kosmetikstudio; WRP 94, 400 Beipackzettel; WRP 94, 862 Bio-Tabletten, BGH AfP 98, 221 Anzeigenblatt). Bei Äußerungen der Presse, die sich im Rahmen ihres Aufgabenbereichs halten, die Öffentlichkeit über Vorgänge von allgemeiner Bedeutung zu unterrichten und zur öffentlichen Meinungsbildung beizutragen, war und ist eine Wettbewerbsförderungsabsicht nicht zu vermuten (BGH WRP 94, 862 Bio-Tabletten AfP 95, 404; AfP 97, 795 Ärzte; AfP 97, 797 Rechtsanwälte; AfP 97, 909 Restaurantführer; AfP 98, 212 S Tagblatt; AfP 98. 221 Anzeigenblatt; OLG München AfP 04, 269 billiges Plagiat zum neuen Recht OLG Hamburg AfP 09, 497). Dies galt auch für und insb bei redaktionellen Beiträgen, die sich sachlich mit bestimmten wirtschaftlichen Gegebenheiten befassen und dabei zwangsläufig eine gewisse werbende Wirkung entfalten, wie zB Berichte über Neueröffnungen von Geschäftslokalen (BGH WRP 94, 398 Kosmetikstudio) und bei sonstigen redaktionellen Hinweisen, die sich im Rahmen der ZAW-Richtlinien halten. Auch bei den herkömmlichen und im Pressewesen seit jeher üblichen sog Kollektiven – etwa aus Anlass von Neubauten und Neueröffnungen von Unternehmen – spricht die Vermutung zunächst für publizistische Absichten (Kohl AfP 84, 201, 208). Es mussten deshalb besondere Umstände gegeben sein, die erkennen lassen, dass neben der Absicht, den Leser über das Tagesgeschehen zu unterrichten, auch die Absicht, fremden Wettbewerb zu fördern, eine größere oder eine andere als nur untergeordnete, weil notwendigerweise begleitende Rolle gespielt hat (BGH WRP 90, 270 Schönheits-Chirurgie; WRP 94, 398 Kosmetikstudio; WRP 94, 862 Bio-Tabletten, GRUR 95, 270 Dubioses Geschäftsgebaren; WRP 97, 434 Versierter Ansprechpartner; WRP 98, 169 Auto' 4; AfP 98, 221 Anzeigenblatt). Wenn in redaktionellen Beiträgen Produkte oder Dienstleistungen von Inserenten namentlich genannt und angepriesen werden, war in der Regel die Absicht, fremden Wettbewerb zu fördern, mehr als eine mit der journalistischen Berichterstattung einhergehende Begleiterscheinung und die Absicht fiel wettbewerbsrechtlich ins Ge-

wicht. Doch war auch in solchen Fällen nicht ausgeschlossen, dass unter Berücksichtigung des Informationsgebots der Presse und unter Würdigung der Aufmachung und des Inhalts der redaktionellen Beiträge auch bei Verknüpfung mit Werbeanzeigen einer Wettbewerbsförderungsabsicht nur eine untergeordnete Bedeutung zukommen kann (BGH AfP 98, 221 Anzeigenblatt). Auch bei bestehender und festgestellter Wettbewerbsförderungsabsicht konnte also der Vorwurf entfallen, die Presse stell ihre Berichterstattung in die Dienste der werbenden Wirtschaft (BGH aaO). Diese Grundsätze gelten mit der Maßgabe weiter, dass an die Stelle der Wettbewerbsförderungsabsicht die nicht vorhandene oder widerlegte publizistische Absicht tritt.

Das Oberlandesgericht Hamburg (AfP 00, 89) meinte, dass – umgekehrt – ein redaktioneller Bericht ohne Wettbewerbsförderungsabsicht unzulässig sei, wenn er nicht genügend deutlich erkennen lasse, dass er publizistischer Natur sei und keine Werbung (s u Rn 66).

58 (3) Die Wettbewerbsförderungsabsicht konnte auf die Förderung des eigenen Wettbewerbs des Presseunternehmens oder auf die Förderung des Wettbewerbs dessen, über den berichtet wird, gerichtet sein (BGH WRP 90, 270 Schönheits-Chirurgie). Eine wettbewerbsrechtliche Haftung kam ferner – ohne eigene Wettbewerbsförderungsabsicht – in Betracht unter dem Gesichtspunkt der Störerhaftung (BGH WRP 90, 270 Schönheits-Chirurgie s unten Rn 61).

59 (4) Das Abgrenzungsmerkmal Wettbewerbsabsicht ist nach neuem Recht entfallen (s jedoch oben RN 50; EuGH AfP 11, 563; OLG Hamburg AfP 09, 497). Publizistische Informationsabsichten können ohne weiteres verneint werden, wenn objektive Umstände vorliegen, die diese widerlegen, insbesondere, aber nicht nur (EuGH AfP 11, 563 Schleichwerbung zu einem griechischen Fall), wenn Beiträge bezahlt sind. Hierzu zählen die Fälle in denen einer zur Werbung geeigneten Veröffentlichung Absprachen zu Grunde liegen, etwa in der Hoffnung auf künftige Anzeigenaufträge oder als Dank für vergangene und abgewickelte oder solche, die den Zweck haben, vorsorglich für Wohlwollen beim potentiellen Inserenten zu sorgen. Nicht jeder Zusammenhang mit Werbeanzeigen rechtfertigt jedoch den Vorwurf, die Presse stelle ihre Berichterstattung in den Dienst der werbenden Wirtschaft (BGH AfP 98, 221 Anzeigenblatt). Fehlende publizistische Motive können auch angenommen werden, wenn der zuständige Redakteur bestochen ist oder in einem besonderen Verhältnis zum Begünstigten steht und Tatsachen der Annahme rechtfertigen, er habe dem Begünstigten mit der Veröffentlichung einen Gefallen getan (s *Sedelmeier* Pharmarecht 92, 34, 42). Fehlende Informationsabsichten bei Versendung druckfertiger Artikel mit getarnter Werbung an solche Zeitungen, denen auch Insertionsaufträge erteilt werden (BGHZ 81, 247 getarnte Werbung) oder wenn der beanstandete Beitrag auf einem Textvorschlag des Begünstigten beruht und Absprachen über die Platzierung des redaktionellen Beitrages neben einer Anzeige getroffen sind (BGH WRP 94, 398 Kosmetikstudio) oder wenn bei einem übermäßig werbenden redaktionell aufgemachten Bericht, der vom Hersteller verfasst und nicht redaktionell bearbeitet ist, über die Herkunft getäuscht wird (BGH AfP 97, 913), ferner bei blickfangmäßiger Herausstellung des Geschäftsführers und des Namens der Firma (BVerfG AfP 06, 39). Die Veröffentlichung von Telefonnummern nur eines von mehreren privat betriebenen tierärztlichen Notdiensten im redaktionellen Teil stellt keine unerlaubte Schleichwerbung dar, wenn weder etwas für die Honorierung der Veröffentlichung spricht, noch eine Kopplung mit Anzeigen vorliegt, noch die Dienstleistung in Übermaß werblich herausgestellt wird (OLG Hamm AfP 08, 513 Schleichwerbung).

60 (5) Problematisch ist die Feststellung fehlender Informationsabsichten aus dem Inhalt der Veröffentlichung (*Sedelmeier* Pharmarecht 92, 34, 48 ff., s unten Rn 67). Der BGH fordert für die Beurteilung eines solchen Wettbewerbsverstoßes eine Berücksichtigung aller Umstände des Einzelfalles, die den Inhalt des Berichts, dessen Anlass und Aufmachung ebenso zu würdigen hat, wie die Gestaltung und Zielsetzung des Presseorgans selbst (BGH WRP 93, 478 Faltenglätter). Der BGH hat eine Wettbewerbsförderungsabsicht, also heute fehlende publizistische Veranlassung, zB daraus

IX. Wettbewerbsrechtliche Beurteilung redaktioneller Werbung § 10 LPG

hergeleitet, dass ein Presseorgan trotz einer Vielzahl von Produkten entsprechender Art nur ein Erzeugnis genannt hat (WRP 93, 476 Produktinformation I), dass bei der Erörterung von Behandlungsmethoden verschiedener Organe nur ein bestimmtes Erzeugnis genannt wurde, während im Übrigen nur Ratschläge sachlicher Art erteilt wurden (WRP 94, 728 Produktinformation II), nicht jedoch allein daraus, dass einzelne Produkte namentlich unter Preisangaben herausgestellt waren (WRP 94, 862 Bio-Tabletten). Eine Wettbewerbsförderungsabsicht – und zwar die Absicht entweder eigenen oder fremden Wettbewerb zu fördern – hat der BGH aber daraus abgeleitet, dass den Umständen zu entnehmen sei, dass der Bericht bewusst unzutreffende Angaben enthielt (WRP 94, 862 Bio-Tabletten). Im besonderen Fall der Auslobung von Preisen an die Gewinner von Preisrätseln hat der BGH Wettbewerbsförderungsabsicht angenommen, wenn die werbliche Herausstellung des Produktes und seiner Eigenschaft optisch und dem Aussagegehalt nach deutlich im Vordergrund steht und der Eindruck vermittelt wird, die Rätselredaktion habe ein nicht nur als Preis attraktives sondern seiner Eigenschaften wegen auch sonst besonders kaufenswertes Produkt ausgesucht (WRP 94, 814 Preisrätselgewinnauslobung I). Anders verhält es sich, wenn Abbildung und Beschreibung der Preise dem eigentlichen Rätselteil in hinreichend unaufdringlicher Weise zugeordnet sind, die Fassung des Textes sachlich ist und sich auf eine Inhalts- und Wirkungsbeschreibung ohne hervorhebende Anpreisung beschränkt (WRP 94, 816 Preisrätselgewinnauslobung II und AfP 97, 473 Preisrätselgewinnauslobung IV). Hier müsse allerdings auf den Umstand hingewiesen werden, dass der Hersteller die Preise kostenlos zur Verfügung gestellt hat. Instanzgerichte haben Wettbewerbsförderungsabsicht angenommen, weil beschriebene Unternehmen oder Produkte gezielt und ohne Anlass genannt, übermäßig herausgestellt, mit anpreisender Textfassung beschrieben oder übermäßig gelobt wurden (s zB OLG Karlsruhe AfP 1995, 670; OLG Köln AfP 04, 136). Ob Veröffentlichungen zu Werbezwecken oder zur Befriedigung des Informationsinteresses der Öffentlichkeit erfolgt sind, wurde danach abgegrenzt, ob die Darstellungen sachlich seien bzw ob es zur Information der Öffentlichkeit erforderlich sei, ein Unternehmen, ein Produkt oder eine Leistung gerade so darzustellen wie geschehen oder ob die Presse unter Überschreitung ihres Berichts- und Informationsauftrages für das Unternehmen werbe. Wirke der Text unsachlich oder auffällig und beschränke er sich nicht darauf, dem Leser eine neutrale Information über Produkte zu geben, dann liege Werbung vor (bedenklich, s *Sedelmeier* Pharmarecht 92, 34, 36 s auch Köhler-Bornkamm § 4 Rn 3.28). Zur fehlenden Wettbewerbsförderungsabsicht s BGH AfP 98, 221 Anzeigenblatt, zur gegebenen BGH AfP 98, 212 S Tagblatt. Eine Wettbewerbsförderungsabsicht allein aus dem Inhalt der Veröffentlichung abzuleiten ist problematisch und verfassungsrechtlich bedenklich (*Sedelmeier* aaO 48 ff. S u Rn 67).

(6) Auch ohne eigene Wettbewerbsförderungsabsicht haftet nach altem Recht für redaktionelle Schleichwerbung derjenige, der als Störer in irgendeiner Weise willentlich und adäquat kausal an der Herbeiführung oder Aufrechterhaltung einer wettbewerbswidrigen Beeinträchtigung mitgewirkt hat. Jedoch setzt die Inanspruchnahme dessen, der selbst ohne Wettbewerbsförderungsabsicht gehandelt hat, voraus, dass überhaupt eine wettbewerbswidrige Beeinträchtigung besteht (BGH WRP 90, 270 Schönheits-Chirurgie). Derjenige, an dessen Handlung der als Störer in Anspruch genommen wirkt, musste also objektiv und muss wohl auch nach neuem Recht subjektiv wettbewerbswidrig, also ohne publizistische Motive, handeln.

(7) Eine nicht gegen Entgelt geschaltete und nicht im Zusammenhang mit einer Anzeigenwerbung stehende redaktionell gestaltete Veröffentlichung, die zur Werbung geeignet und auch zu Wettbewerbszwecken – jetzt als geschäftliche Handlung – erfolgt ist, muss nicht notwendigerweise wettbewerbswidrig sein. Eine solche Veröffentlichung ist zwar nach § 3 UWG zu beurteilen. Sie ist aber nicht in jedem Falle unlauter. Jedenfalls für den mitwirkenden Informanten hat der BGH im Pelzversandurteil (NJW 68, 1419) entschieden, dass der Gegenstand der Information von Bedeutung ist für die rechtliche Beurteilung seiner Handlungsweise. Auch § 3 UWG ist

61

62

auf Grund der Lüth-Entscheidung (BVerfGE 7, 198, 209) verfassungskonform zu interpretieren (BVerfG NJW 92, 2341), mit der Folge, dass die Handlungsweise des Informanten dann nicht als unlauter angesehen werden kann, wenn sie mit der Mitteilung sachlicher und wahrer Angaben an die Presse der Aufklärung der Allgemeinheit über wettbewerbliche Fragen dient, an denen diese ein ernsthaftes Informationsinteresse hat. Das Bundesverfassungsgericht hat in der Entscheidung „standeswidrige Werbung für Ärzte" (NJW 86, 1533) ausgeführt, dass selbst für den Fall, dass das dort zur Entscheidung stehende Buch in den beanstandeten Passagen eine Werbewirkung zugunsten des Beschwerdeführers und seines Sanatoriums ausübe, eine Anwendung des ärztlichen Werbeverbotes nicht zulässig sei. In der Entscheidung Hackethal – Interview (NJW 92, 2341) hat das BVerfG entschieden, dass das standesrechtliche Verbot an werbewirksamen Veröffentlichungen mitzuwirken bzw solche zu dulden unzumutbar und ein Verstoß gegen Art 12 und 5 GG sein kann.

c) Zugabeverbot entfallen

63   Die dritte Quelle für das Gebot der Trennung von redaktionellem und Anzeigenteil war bis 2001 das Zugabeverbot des § 1 ZugabeVO. Seit Wegfall der ZugabeVO sind redaktionelle und andere Zugeständnisse im Zusammenhang mit Anzeigen, die ausschließlich aus Gründen der ZugabeVO als Nebenleistung zur Veröffentlichung einer Anzeige unzulässig waren, erlaubt. Das kann etwa gelten für die Koppelung mit Gewinnspielen, die Verbreitung des Presseerzeugnisses an Nichtleserhaushalte, die kostenlose Gestaltung des Anzeigenmanuskripts, die Anzeigenwiederholung oder die kostenlose Gewährung anderer Anzeigen und in gewissem Umfang auch die Zugabe von redaktionellen Texten etwa durch Schaffung eines adäquaten redaktionellen Umfeldes. Begrenzt wird die Zulässigkeit redaktioneller Zugaben durch das Kennzeichnungsgebot, das Verbot der Schleichwerbung und das Gebot der Einhaltung der Standesregeln (Rath-Glawatz AfP 01, 169, Rath-Glawatz-Engels-Dietrich, Rn 290 ff., s a ZAW-Richtlinien redaktionell gestaltete Anzeigen Ziff. 9 im Anhang).

d) Standesauffassung

64   Schließlich gründet sich das Gebot der Trennung von redaktionellem und Anzeigenteil auf eine gefestigte Standesauffassung der beteiligten Verkehrskreise, also der Verleger, Journalisten und Werbungtreibenden (s oben Rn 43–49). Niedergelegt ist diese gefestigte Standesauffassung in den ZAW-Richtlinien für redaktionelle Hinweise in Zeitungen und Zeitschriften, die die Abgrenzung zulässiger redaktioneller Hinweise von nach damals geltendem Recht unzulässigen Zugaben behandeln und in den ZAW-Richtlinien für redaktionell gestaltete Anzeigen, die der Verwirklichung des Kennzeichnungsgebotes im Bereich der Werbung und der Vermeidung getarnter Werbung dienen. Auf Grund der gefestigten Rechtsprechung des BGH in den letzten Jahren, die in erster Linie auf den Gesichtspunkt der Irreführung abstellt, hat die Standesauffassung als Grundlage des Gebotes an praktischer Bedeutung verloren. Die Richtlinien bieten aber nach wie vor eine Entscheidungshilfe, wobei aber nicht schematisch nach den Richtlinien entschieden werden darf. Zu Recht hat Kohl (AfP 84, 208) darauf hingewiesen, dass bezweifelt werden kann, ob die Standesauffassung (allein) Maßstab für die Beurteilung der Sittenwidrigkeit sein kann. Auch in Bereichen, mit denen sich die ZAW-Richtlinien für redaktionelle Hinweise in Zeitungen und Zeitschriften befassen, muss es dem Journalisten gestattet sein „will"-kürlich über wirtschaftliche Zusammenhänge zu berichten, wenn er dies aus publizistischen Gründen für geboten hält. Negative wie positive Kritik an einzelnen oder einigen Produkten einer bestimmten Gattung darf kein Indiz für Wettbewerbsabsicht sein (Kohl aaO). Dies hat zur Folge, dass unter dem Gesichtspunkt der Standesauffassung in dubio pro libertate, nämlich zu Gunsten der Freiheit der Berichterstattung, zu entscheiden ist (s *Sedelmeier* Pharmarecht 92, 34, 40). Zu beachten ist auch, dass die ZugabeVO aufgehoben worden ist. Redaktionelle Hinweise, die – ohne gegen §§ 3, 4 Ziff 3 und 5 UWG zu verstoßen – bis 2001 ausschließlich als Nebenleistungen nach

der ZugabeVO als unzulässig angesehen werden konnten, können nicht mehr unter Hinweis auf die Standesauffassung unterbunden werden. Was nach der ZugabeVO verboten war, nach deren Wegfall hingegen erlaubt ist, kann nicht aus Standesgründen unzulässig sein. Dies könnte zB gelten für Hinweise auf Anzeigen in Gewinnspielen, die lediglich den Aufmerksamkeitswert der Anzeigen steigern, ohne das Angebot selbst zu erwähnen oder die Einbeziehung von Anzeigen in die zu lösende Aufgabe von Gewinnspielen (s Löffler v Strobl-Albeg 4. Aufl BT Gewinnsp Rn 186) oder eine gefällige Gestaltung des redaktionellen Umfeldes der Anzeige, die nicht das Angebot als solches nennt (Rath-Glawatz AfP 01, 169, Rath-Glawatz-Engels-Dietrich, Rn 290 ff.).

3. Stellungnahme

a) Entgeltliche Werbung, Wettbewerbsförderungsabsicht auf Grund objektiver Tatsachen

Nach dem bloßen Wortlaut des Gesetzes ist jede positive Presseäußerung über Unternehmen und/oder deren Waren oder Dienstleistungen objektive Förderung des Absatzes oder der Nachfrage, also geschäftliche Handlung und danach zu beurteilen (Köhler-Bornkamm § 2 Rn 67). Unproblematisch sind die Fälle getarnter Werbung, an denen gegen Entgelt geschaltete Werbung nicht mit dem Wort Anzeige gekennzeichnet ist. Der Verleger, der entgeltliche Beiträge in einer periodischen Druckschrift veröffentlicht, ohne diese entweder allgemein durch Anordnung und Gestaltung oder durch Bezeichnung mit dem Wort „Anzeige" zu kennzeichnen, verstößt stets nicht nur gegen § 10 LPG, sondern gleichzeitig gegen §§ 3, 4 Ziff 3, 11 und § 5 UWG. Unproblematisch sind auch die Fälle in denen unstreitige oder erwiesene objektive Tatsachen eine Förderung des Absatzes oder Bezugs von Waren oder Dienstleistungen als bestimmendes Motiv für die infrage stehende Veröffentlichung belegen. In diesen Fällen liegt eindeutig unzulässige Schleichwerbung gem. §§ 3 Anh Ziff 11, 4 Ziff 3, und 5 UWG vor.

65

b) Redaktionelle Werbung ohne Entgelt und/oder Zusammenhang mit Anzeigenwerbung und positiver Wirtschaftsberichterstattung

Problematisch hingegen sind die Fälle, in denen kein Entgelt infrage steht und keine objektiv feststellbaren Umstände vorhanden oder erweislich sind, die zwingend auf fehlende publizistische Absichten schließen lassen. Positive Wirtschaftsberichterstattung steht ebenso wie negativ kritische Berichterstattung unter dem Schutz des Art 5 GG und darf auf keinen Fall vorschnell als Werbung behindert werden. Die Aufgabe der Medien darf nicht durch ein zu weit gestecktes Verständnis des Begriffes der Wettbewerbsabsicht – heute geschäftliche Handlung – beeinträchtigt werden (BGH WRP 94, 862 Bio-Tabletten). Ist die Presse bei negativer Kritik prinzipiell berechtigt im Bereich der Öffentlichkeits- und Sozialsphäre über alles zu berichten und dabei, wenn dies publizistisch veranlasst ist, auch Namen zu nennen und ist die Presse bei abwertender Kritik berechtigt scharf, schonungslos, ja sogar abfällig und ausfällig zu kritisieren, solange die Kritik nur sachbezogen bleibt, dann kann bei positiver Berichterstattung selbst wenn die Presse überschwänglich lobt nichts anderes gelten (s. dazu Köhler-Bornkamm § 4 Rn 3.28, BVerfG AfP 06, 39). Solange die Presse wahrheitsgemäß berichtet, muss ihr diese Berichterstattung prinzipiell auch dann ungehindert erlaubt sein, wenn sie über Personen, Firmen, Waren, Erzeugnisse oder Dienstleistungen positive Tatsachen mitteilt oder wenn sie bei der Bewertung positiv überzieht (s *Sedelmeier* Pharmarecht 92, 34/45, Kohl AfP 84, 208 Köhler-Bornkamm aaO). Auch bei Verknüpfung mit Werbeanzeigen kann der Vorwurf entfallen, die Presse stelle ihre Berichterstattung in den Dienst der werbenden Wirtschaft (BGH AfP 98, 221 Anzeigenblatt). Abzulehnen ist die Auffassung des OLG Hamburg, ein unstreitig redaktioneller Bericht könne – ohne Wettbewerbsabsicht – wettbewerbswidrig sein, wenn er nicht hinreichend deutlich erkennen lasse, dass es sich um Berichterstattung handelt (AfP 00, 89).

66

67 Dies hat zur Folge, dass bei der Begründung einer geschäftlichen Handlung allein aus dem Inhalt der infrage stehenden Veröffentlichung äußerste Zurückhaltung geboten ist. Die Frage, ob eine Berichterstattung zur Information der Öffentlichkeit erforderlich ist oder ob die Presse ihren Informationsauftrag überschreitet, ob eine positive Kritik sachlich ist oder übermäßig lobt oder mit anpreisender Textfassung geschrieben ist oder ob sie sich darauf beschränkt, eine neutrale Information über ein Produkt zu geben, hat im Lichte des Art 5 GG in einem freiheitlichen Staat ebenso wenig der Richter zu entscheiden, wie die Frage, ob die Presse Anlass hatte, sich mit dem Berichtsgegenstand zu befassen. Dies zu entscheiden ist zunächst allein Sache der Presse bzw des Journalisten (s dazu Köhler-Bornkamm aaO, bedenklich OLG Karlsruhe AfP 1995, 670; OLG Köln AfP 04, 136). Nur dann, wenn auf Grund des Inhaltes der Veröffentlichung alle anderen als wettbewerbliche Motive mit Sicherheit ausgeschlossen werden können, erscheint es zulässig, aus dem Inhalt der Veröffentlichung die Beurteilung als Werbung herzuleiten. Auch die Ableitung einer Wettbewerbsförderungsabsicht (die Annahme einer geschäftlichen Handlung) daraus, dass die Umstände erkennen ließen, dass die Berichterstattung bewusst falsch sei (BGH WRP 94, 862 Bio-Tabletten), erscheint problematisch. Es ist zwar richtig, dass nur wahrheitsgemäße Berichterstattung den Schutz des Art 5 GG genießt. Der Schluss des BGH, aus den Umständen erkennbar bewusst unwahre Berichterstattung diene nicht der Unterrichtung und Aufklärung der Leser zur Befriedigung eines Informationsbedürfnisses, könne deswegen verständigerweise nur Wettbewerbszwecken dienen – eigenen oder fremden – kann nicht überzeugen. Die Presse geht erfahrungsgemäß auch aus anderen als werblichen Gründen gelegentlich mit der Wahrheit etwas großzügig um. Insbesondere kann aus unwahrer Berichterstattung kein Schluss auf die Absicht gezogen werden, eigenen Wettbewerb im Interesse der Steigerung der Auflagenhöhe zu fördern. Jede Berichterstattung dient in irgend einer Form auch der Steigerung der Auflagenhöhe, nicht jede bewusst unwahre Berichterstattung kann aber als Werbung (im Sinne der Förderung eigenen Wettbewerbs) beurteilt und als solche untersagt werden.

68 Die These, eine vom Gericht angenommene Wettbewerbsförderungsabsicht (in Betracht gezogene geschäftliche Handlung) sei nur dann unschädlich, wenn sie völlig hinter anderen Beweggründen zurücktritt (BGH GRUR 86, 899 Frank der Tat), bzw wenn sie nur eine untergeordnete, weil notwendigerweise begleitende Rolle gespielt hat (BGH WRP 90, 270 Schönheits-Chirurgie) oder keine größere als nur eine notwendigerweise begleitende Rolle (BGH WRP 94, 398 Kosmetikstudio), bedarf für die Fälle werbewirksamer Berichte, die nicht gegen Entgelt geschaltet und ohne Zusammenhang mit Anzeigenwerbung sind und bei denen keine objektiv feststellbaren Tatsachen wettbewerbliche Motive belegen, der kritischen Überprüfung. Ist eine objektiv werbewirksame Veröffentlichung nicht ausschließlich aus werblichen Gründen erschienen, sondern sind erkennbar auch publizistische Absichten im Spiel, dann erscheint es unter dem Gesichtspunkt des Art 5 GG fraglich, aus dem Inhalt der Veröffentlichung eine mehr als untergeordnete Wettbewerbsförderungsabsicht und damit die Qualifikation als Werbung herzuleiten, das kann sogar bei Verknüpfung mit Werbeanzeigen gelten (BGH AfP 98, 221 Anzeigenblatt). Es ist nicht ohne weiteres nachvollziehbar, dass der BGH im Falle WRP 94, 814 Preisrätselgewinnauslobung I einen Wettbewerbsverstoß angenommen hat, den er im Falle WRP 94, 816 Preisrätselgewinnauslobung II, soweit der Inhalt der Veröffentlichung zu beurteilen war, verneint hat. An der Wettbewerbsförderungsabsicht kann es kaum gelegen haben, da nicht anzunehmen ist, dass der einen Veröffentlichung andere Absichten zu Grunde gelegen haben als der anderen. Was die beiden Fälle unterscheidet ist nur der Umstand, dass der Gewinn für das Preisrätsel im ersten Fall stärker angepriesen wurde als im zweiten. Das kann aber durchaus auch publizistische Gründe gehabt haben, weil es als legitimes Anliegen der Presse anzusehen ist, ausgelobte Preise als attraktiv darzustellen um möglichst viele Leser zur Teilnahme anzuregen, nicht nur in den Grenzen dessen, was Gerichte für das Normale und seriöserweise Übliche halten (WRP

IX. Wettbewerbsrechtliche Beurteilung redaktioneller Werbung   § 10 LPG

94, 816 Preisrätselgewinnauslobung II). Darf etwa in einem vergleichbaren Fall in der Presse oder auch im Fernsehen bei der Auslobung eines Mercedes-, BMW- oder Golf-Cabrio nicht von einem „Traumauto" gesprochen werden? Auch in anderem Zusammenhang mischen sich publizistische und werbliche Absichten. Es kommt in der Presse und im Fernsehen häufig vor, dass Unternehmen oder Erzeugnisse über den grünen Klee gelobt werden (Beispiele bei *Sedelmeier* Pharmarecht 92, 39, 45 ff. s dazu auch Köhler-Bornkamm § 4 Rn 3.26), ohne dass damit eigensüchtige Ziele verfolgt werden. Preist die Presse oder das Fernsehen Erzeugnisse oder Dienstleistungen an, weil der Berichterstatter sie für gut und nützlich hält, dann ist damit stets und unvermeidlich die Absicht verbunden, die Leser oder Hörer zum Kauf oder zur Inanspruchnahme anzuregen – dies in erster Linie aus publizistischen Gründen. Der Berichterstatter will dabei aber auch bewusst die von ihm für gut und nützlich gehaltenen Erzeugnisse oder Dienstleistungen fördern, so dass die mitschwingenden Wettbewerbsförderungsabsichten nicht völlig in den Hintergrund treten (s. dazu BGH AfP 98, 221 Anzeigenblatt). Die miteinander verbundenen Absichten lassen sich oft nicht trennen und schon gar nicht quantitativ gegeneinander abwägen. Sind solche Berichte deshalb Werbung?

Wird dies bejaht, dann stellt sich die Frage, ob es tatsächlich richtig ist, redaktionelle Werbung stets auch dann für sittenwidrig oder heute unlauter zu erklären, wenn sie seitens der Presse aus Überzeugung und uneigennützig erfolgt, wenn sie sachlich richtig ist und keine Tarnung vorliegt, weil Presse oder Fernsehen gar keinen Hehl daraus machen, dass sie das Erzeugnis oder Unternehmen seiner Qualität wegen anpreisen oder – anders ausgedrückt – über das Erzeugnis erklärtermaßen seiner guten Qualität wegen und über das Unternehmen seiner vorbildlichen Haltung wegen informieren. Täglich kann man in der Presse und insb auch im Fernsehen erleben, dass Unternehmen und ihre Erzeugnisse im Rahmen redaktioneller Berichterstattung lobend erwähnt und positiv vorgestellt werden (s. dazu Köhler-Bornkamm aaO), die etwa für wohltätige Zwecke, zB für krebskranke Kinder, gespendet haben oder in sonstiger Weise gesellschaftlich nützlich in Erscheinung getreten sind. Positive Wirtschaftsberichterstattung, auch über einzelne Unternehmen oder Erzeugnisse, aus den verschiedensten Gründen ist an der Tagesordnung (s *Sedelmeier* Pharmarecht 92, 34, 45 ff.). Ist bei positiver Berichterstattung auf Grund der Qualität eines Erzeugnisses oder des Verhaltens des genannten Unternehmens dem Berichterstatter die Eignung zur Förderung des Wettbewerbs bewusst, dann ist die publizistische Absicht gleichzeitig Wettbewerbsförderungsabsicht, die keineswegs notwendigerweise hinter anderen Beweggründen völlig zurücktritt. Dass sich hier publizistische und werbliche Absichten mischen, jedenfalls aber nicht scharf getrennt werden, geschweige denn gegeneinander quantifiziert werden können, liegt auf der Hand. Es fällt auf, dass die entschiedenen Fälle meist solche sind, die Erzeugnisse betreffen, deren Wert oder Nutzen nicht allzu hoch zu veranschlagen ist oder solche, in denen der Verdacht einer Absprache nahe liegt, aber nicht bewiesen ist (*Sedelmeier* aaO 46, 47). Die Frage, ob – wohlgemerkt ausschließlich bei uneigennütziger „Werbung", also einer solchen, bei der weder ein Entgelt noch ein Zusammenhang mit Anzeigen erweislich ist und auch kein Hehl daraus gemacht wird, dass Produkte oder Dienstleistungen empfohlen werden – mitschwingende Wettbewerbsförderungsabsichten die grundgesetzlich geschützten publizistischen Motive ausschließen, also nur dann unschädlich sind, wenn sie völlig in den Hintergrund treten oder keine größere oder keine andere als nur untergeordnete, weil notwendigerweise begleitende Rolle gespielt haben, bedarf weiterer Überlegung. Für solche Fälle, in denen publizistische Absichten unverkennbar oder wenigstens unwiderlegbar im Vordergrund stehen und mitschwingende werbliche Motive uneigennützig oder nicht erweislich eigennützig sind, also für die Fälle nicht getarnter redaktioneller Werbung aus lauteren Motiven – oder in der Praxis bedeutungsvoller – aus nicht erweislich unlauteren (oder nicht widerlegt lauteren? in dubio pro libertate) Beweggründen, sollte entweder eine geschäftliche Handlung oder die Unlauterkeit iS des § 3 UWG verneint werden.

Sedelmeier 659

70 Nicht alles, was im redaktionellen Teil einer Zeitung oder Zeitschrift veröffentlicht wird, dient der Information. Neben den Anforderungen der Information und Meinungsbildung erfüllt die Presse ihren publizistischen Auftrag durch die Unterhaltung ihrer Leser. Zum unterhaltenden Teil der Presse gehören zB der Roman, die Witzseite in Illustrierten und insb der gesamte Bereich der spielerischen Unterhaltung, wie zB Kreuzworträtsel, Preisrätsel, Denksportaufgaben uäm. Dieser unterhaltende Teil ist innerhalb des redaktionellen Teils von dem informativen Teil zu unterscheiden. Im unterhaltenden Teil erwartet der Leser keine Information sondern Unterhaltung, gelegentlich verbunden mit der Möglichkeit, Preise zu gewinnen. Spielerische Unterhaltung dient einmal publizistischen Zwecken, zum Zweiten aber – insb soweit es Preise zu gewinnen gibt – auch der Werbung für die Zeitung selbst. Preisrätsel werden selbstverständlich und für den Leser erkennbar auch zu dem Zweck veranstaltet, die Leser beim Blatt zu halten bzw neue Leser zu gewinnen. Es handelt sich also dabei um Veranstaltungen im geschäftlichen Verkehr zu publizistischen Zwecken und zu Zwecken des Wettbewerbs iS der Förderung eigenen Wettbewerbs, wobei die miteinander vermischten Absichten nicht zu trennen sind, geschweige denn gegeneinander quantifiziert werden können. Beteiligen sich an solchen Preisausschreiben oder Preisrätseln oder auch an bloßen Verlosungen, wie sie häufig im Rundfunk vorkommen, werbende Unternehmen, indem sie Preise stiften, dann tritt ebenso unvermeidbar wie gewollt eine gewisse werbende Wirkung für diese Unternehmen und ihre Erzeugnisse ein. Dies hat das Kammergericht erkannt, das in einem unveröffentlichten Beschluss vom 19.7.1991 (5 W 4024/91) ausgeführt hat, in solchen Fällen ergebe sich eine Symbiose in der Weise, dass der Hersteller eine billige Werbung bekomme, der Verlag aber einen Anreiz für seine Leser, für die Lösung eines Rätsels einen Gewinn zu erzielen. Weder gegen die einzelnen Bestandteile dieser Verfahrensweise noch gegen ihre Verbindung untereinander sei nach Aktenlage etwas einzuwenden. Auch der BGH hat in den Entscheidungen WRP 94, 814 und 816 Preisrätselgewinnauslobung I und II GRUR 96, 804 und GRUR 97, 145 Preisrätselgewinnauslobung III und IV erkannt, dass für spielerische Unterhaltung in der Presse andere Maßstäbe gelten als für den informativen Teil und dass der Leser hier in den Grenzen des Normalen und seriöserweise Üblichen die mitschwingenden werblichen Absichten zu Gunsten der Zeitung selbst durchschaut. Erwartet deshalb der Leser hier keine objektive Information, dann sind die Annahmen des BGH schwer verständlich, derselbe Leser erkenne bei Überschreitung der gezogenen Grenzen nicht, dass es sich um Werbung handelt und er erkenne auch nicht, dass die Preise gestiftet seien, der Leser erwarte, dass die Redaktion sie nach ihrer Wertschätzung ausgewählt habe, und er erkenne bei Beteiligung eines Spenders der Preise nicht die zu dessen Gunsten mitschwingenden werblichen Absichten, er werde getäuscht, weil er annehme, von der Rätselredaktion sei ein Erzeugnis als Preis ausgesucht worden, das so außerordentliche Qualitäten aufweise, dass es ein lohnendes Objekt für einen käuflichen Erwerb darstelle (s dazu Köhler-Bornkamm § 4 Rn 3.26). Diese Annahmen des BGH setzen zunächst beim Leser mehr Überlegungen über die Herkunft der Preise voraus als in der Realität vorhanden sind und halten ihn andererseits für einfältiger als er ist. Die Annahmen sind überdies inkonsequent, weil sie die zuvor für den unterhaltenden Teil verneinte Erwartung einer objektiven Information voraussetzen. Der Leser wird sich zunächst gar keine Gedanken über die Herkunft der Preise machen und er erkennt, dass für die Preise auch geworben wird, zu wessen Gunsten ist ihm gleichgültig. Macht er sich Gedanken, dann liegt die Erkenntnis nahe, dass die Preise gespendet sind. Die Annahme einer wie auch immer gearteten Irreführung ist lebensfremd. Auch die Annahme, die kostenlose Überlassung der Preise sei ein Entgelt für die Veröffentlichung von Werbung erscheint wirklichkeitsfremd (s oben Rn 17). Näher liegt die vom Kammergericht in Betracht gezogene Symbiose. Auch der Leser wird bei ungezwungener Betrachtung davon ausgehen, dass sich Spender und Verlag zur Veranstaltungen eines für alle Teile nützlichen Preisrätsels zusammengetan haben. Von getarnter Werbung kann demzufolge auch dann keine Rede sein, wenn nicht auf die

IX. Wettbewerbsrechtliche Beurteilung redaktioneller Werbung § 10 LPG

kostenlose Überlassung der Preise hingewiesen wird (ähnlich Köhler-Bornkamm aaO, die zu Recht auch die Begrenzung der lobenden Präsentation der Preise auf das Normale und seriöserweise Übliche in Zweifel ziehen).

Andere Maßstäbe gelten nach der Entscheidung BGH AfP 13, 241 Verschleierungsverbot, wenn nicht die Werbung für die Zeitung selbst im Vordergrund steht, bei der die werblichen Absichten zu Gunsten dessen, der die Preise gestiftet hat lediglich mitschwingen, sondern wenn die Werbung für das ausgelobte Produkt selbst Teil des redaktionell beantworteten Gewinnspiels ist. Ein in einer Zeitschrift abgedruckter Beitrag, der mit Preisrätsel überschrieben ist und sowohl redaktionelle als auch werbliche Elemente enthält, verstößt in solchen Fällen gegen das Verschleierungsverbot des § 4 Nr 3 UWG, wenn der werbliche Charakter der Veröffentlichung für einen durchschnittlich informierten und situationsadäquat aufmerksamen Leser nicht bereits auf den ersten Blick, sondern erst nach einer analysierenden Lektüre des Beitrags erkennbar wird. Preisrätsel sind zwar grundsätzlich dem redaktionell gestalteten und zu verantwortenden Bereich einer Zeitschrift im weitesten Sinne zuzuordnen und es gelten für die wettbewerbsrechtliche Beurteilung solcher Beiträge und der darin enthaltenen Preispräsentationen der ausgelobten Produkte andere Maßstäbe als für den engeren redaktionellen Bereich, der der Unterrichtung und der Meinungsbildung der Leser dient (unter Hinweis auf Preisrätselgewinnauslobung III GRUR 96, 804). Dies folgt daraus, dass der Leser eine Form der Eigenwerbung des Verlages für die Zeitschrift erkennt. Der großzügigere Maßstab bei der wettbewerbsrechtlichen Beurteilung redaktioneller Gewinnspiele kommt aber dann nicht zum Tragen, wenn die Werbung für das ausgelobte Produkt selbst Teil des redaktionell beantworteten Gewinnspiels ist und dieses zudem mit Elementen redaktioneller Berichterstattung angereichert ist, sodass werbliche und redaktionelle Ebenen ineinander übergehen und der Leser zwischen diesen Ebenen nicht mehr unterscheiden kann (s zum Erkennen von Werbung auch LG Hamburg AfP 13, 427).

4. Die Haftung der Beteiligten

a) Presse, Inserent, Agentur

Für eine wettbewerbswidrige Handlung haftet auf Unterlassung, ggf auf Schadensersatz, derjenige, der geschäftliche Handlungen begangen hat, die gegen wettbewerbsrechtliche Vorschriften verstoßen, auf Unterlassung, wenn Wiederholungsgefahr besteht, die in der Regel vermutet wird. Weiter haftet auf Unterlassung derjenige, von dem solche Handlungen drohen, bei dem also im Hinblick auf wettbewerbswidrige Handlungen Erstbegehungsgefahr anzunehmen ist. In Betracht kommen demzufolge im gegebenen Zusammenhang der Zeitungs- oder Zeitschriftenverlag und seine Organe oder Mitarbeiter, hier insb der Anzeigenleiter oder auch der Redakteur, der einen wettbewerbswidrigen Bericht inhaltlich (nicht nur presserechtlich s § 9 Rn 39, insoweit missverständlich BGH WRP 94, 728 Produktinformation II, 729 2. Sp 1. Abs unten) zu verantworten hat. Der Verantwortliche für den Anzeigenteil haftet als solcher nur für Verstöße gegen § 10 LPG iV mit § 8 UWG, soweit er selbst zur Kennzeichnung verpflichtet ist (s Rn 35, § 8 Rn 95, § 9 Rn 51). Der Geschäftsführer eines Verlages haftet persönlich nur dann für ein wettbewerbswidriges Verhalten des Verlages, wenn er eine wettbewerbswidrige Werbung selbst veranlasst hat oder jedenfalls die ihm bekannte Gestaltung hätte unterbinden können (LG Bremen AfP 06, 196 Trennungsgebot). Weiter kommen in Betracht der Inserent oder das Unternehmen, über das redaktionell berichtet wird und seine Organe und Mitarbeiter. Schließlich kommen als Veranlasser wettbewerbswidriger Veröffentlichungen Werbe- und PR-Agenturen und ihre Organe oder Mitarbeiter in Betracht. Ist eine Veröffentlichung objektiv geeignet, für Unternehmen oder deren Waren, Erzeugnisse oder Dienstleistungen zu werben und liegen die Voraussetzungen vor, die einen Wettbewerbsverstoß begründen können, dann haftet jeder, der an diesem Verstoß ohne nur publizistische Veranlassung, also nach wie vor in Wettbewerbsförderungsabsicht, mit-

71

gewirkt hat oder der ohne eigene Wettbewerbsförderungsabsicht als Störer in irgendeiner Weise willentlich und adäquat kausal an der Schaffung oder Aufrechterhaltung einer wettbewerbswidrigen Beeinträchtigung mitgewirkt hat (BGH WRP 90, 270 Schönheits-Chirurgie). Ist eine Veröffentlichung aus den hier in Frage stehenden Gründen wettbewerbswidrig, dann haftet der Zeitungs- oder Zeitschriftenverlag. Praktisch bedeutsam ist die Frage, ob auch das Unternehmen, über das berichtet wird, und ggf dessen Agentur als Veranlasser auf Unterlassung in Anspruch genommen werden können.

b) Haftung des Informanten

72   Das Kammergericht (WRP 90, 333) und das OLG Karlsruhe (AfP 91, 429) haben in Fällen, in denen von Unternehmen lediglich Pressemappen mit Informationsmaterial verteilt worden waren, eine unzulässige Veranlassung getarnter bzw heilmittelwerberechtlich unzulässiger Werbung durch Presseorgane gesehen, das OLG Karlsruhe unter der Voraussetzung, dass das Unternehmen es unterlassen habe, auf den Pressemappen beruhende Veröffentlichungen auf unzulässige Werbung zu überprüfen. Diese Entscheidungen hat der Verf. unter Hinweis auf Art 5 Abs 1 S 2 als massive Eingriffe in die Presse- und Informationsfreiheit kritisiert (Pharmarecht 92, 34, 66 ff.). Der Bundesgerichtshof, auf dessen Entscheidungen Weizenkeimöl (GRUR 64, 392), Spezialsalz I (GRUR 67, 362) und Ärzteinterview (GRUR 87, 241) sich das OLG Karlsruhe berufen hatte, ist dieser Auffassung nicht gefolgt und hat in einer Reihe von Entscheidungen klargestellt, dass die Unternehmen nicht gehindert werden dürfen, der Presse sachlich zutreffende Informationen zu erteilen. Dies gilt auch dann, wenn diese Werbung enthalten. Was die Presse aus derartigen Informationen macht, unterliegt grundsätzlich allein deren eigener Verantwortung (BGH WRP 90, 270 Schönheits-Chirurgie, WRP 93, 476 Produktinformation I, WRP 94, 728 Produktinformation II, WRP 94, 400 Beipackzettel).

c) Haftung bei Mitwirkung

73   Das Unternehmen haftet als (Mit-)Störer grundsätzlich unabhängig von Art und Umfang eines eigenen Tatbeitrages, wenn es in irgendeiner Weise willentlich und adäquat kausal an der Herbeiführung der rechtswidrigen Beeinträchtigung mitgewirkt hat, wobei als Mitwirkung auch die Unterstützung oder die Ausnutzung der Handlung eines eigenverantwortlich handelnden Dritten genügt, sofern das Unternehmen als der in Anspruch Genommene die rechtliche Möglichkeit der Verhinderung dieser Handlung hatte (BGH WRP 94, 398 Kosmetikstudio). Das standesrechtlich begründete Verbot, an einer werbewirksamen Veröffentlichung mitzuwirken oder diese zu dulden, kann aber unzumutbar und ein Verstoß gegen die Art 12 und 5 GG sein (BVerfG NJW 92, 2341 Hackethal-Interview). Dient die in Frage stehende Veröffentlichung nur der Information und ist sie damit auf Seiten der Presse nicht wettbewerbswidrig, dann kommt ein Unterlassungsanspruch gegen den Begünstigten oder den Informanten auch dann nicht in Betracht, wenn dieser der Presse Informationen erteilt hat, die er selbst wegen seiner besonderen Pflichtensituation nicht veröffentlichen dürfte (BGH WRP 90, 270 Schönheits-Chirurgie). Hierzu zählen neben den Informationen durch Personen, die einem Werbeverbot unterliegen (BVerfG NJW 86, 1533 standeswidrige Werbung für Ärzte, zB Informationen der Pharmaindustrie über verschreibungspflichtige Arzneimittel (§ 10 HWG) oder solche, die der Werbebeschränkung des § 12 HWG unterliegen (verfehlt OLG Karlsruhe AfP 91, 429, s dazu *Sedelmeier* Pharmarecht 92, 34, 70).

74   (1) Keine Mitwirkung in diesem Sinne kann allein darin gesehen werden, dass das Unternehmen werbend, aber sachlich zutreffend die Öffentlichkeit über seine Produkte informiert (BGH WRP 93, 476 Produktinformation I). Das Unternehmen ist allein deshalb auch nicht gehalten, beschränkende Verwendungsauflagen oder Prüfungsvorbehalte zu machen (BGH WRP 94, 728 Produktinformation II, AfP 96, 64 Produktinformation III; AfP 97, 632 Produkt-Interview). Derartige Sperrauflagen

IX. Wettbewerbsrechtliche Beurteilung redaktioneller Werbung § 10 LPG

sind dem Unternehmen im Hinblick auf die Eigenverantwortung der Presse nur ausnahmsweise geboten, wenn das informierende Unternehmen dem Presseunternehmen die Produktinformationen nicht nur gezielt zur Veröffentlichung oder in einer Weise zukommen lässt, die die Annahme nahelegt, dass über das Produkt in einem redaktionellen Beitrag berichtet wird (dies begründet für sich genommen noch keine Mitverantwortung oder Verpflichtung zur Erteilung von Sperrauflagen), sondern außerdem das Unternehmen nach den Umständen des Falles damit rechnen musste, dass seine zutreffende Information in einer wettbewerbsrechtlich unzulässigen Weise – etwa in Form getarnter Werbung – erscheinen wird (BGH WRP 94, 728 Produktinformation II; AfP 96, 64 Produktinformation III; AfP 97, 632 Produkt-Interview). Diese Umstände des Falles, aus denen sich zB ergibt, dass das in Frage stehende Presseorgan einer redaktionellen Werbung nicht abgeneigt gegenüberstehe, hat der Angreifer *substantiiert* darzulegen und ggf zu beweisen (BGH aaO Produktinformation II). Eine Vermutung dahin, dass ein veröffentlichter Bericht auf Informationen des begünstigten Unternehmens beruht, besteht auch dann nicht, wenn der Bericht inhaltlich weitgehend mit einem Beipackzettel des begünstigten Unternehmens übereinstimmt (BGH WRP 94, 400 Beipackzettel). Es ist deshalb nicht Sache des Unternehmens, die ernsthafte Möglichkeit eines anderen Geschehensablaufes darzutun sondern Aufgabe des Angreifers, Umstände aufzuzeigen, die dafür sprechen, dass der beanstandete Artikel auf diesen Informationen beruht, was für sich genommen eine Verantwortlichkeit des Unternehmens ohnehin noch nicht begründet (BGH aaO).

(2) Eine Mitwirkung des Unternehmens und damit seine Mitverantwortung liegt 75 vor, wenn in redaktionellen Beiträgen sachlich unrichtig über das Produkt berichtet wird und diese Darstellung auf eine sachlich unrichtige Produktinformation des Unternehmens zurückzuführen ist (BGH WRP 93, 476 Produktinformation I mit weiteren Nachweisen). Eine verantwortungsbegründende Mitwirkung liegt auch dann vor, wenn der in Anspruch Genommene in irgendeiner Weise darauf hingewirkt hat, dass über sein Produkt in Form einer getarnten Werbung berichtet wird, wofür der Kläger Umstände darlegen und ggf beweisen muss (BGH WRP 94, 400 Beipackzettel), wenn der Beklagte auf Grund besonderer konkreter Umstände damit rechnen musste, dass seine zutreffenden Informationen verfälscht und somit irreführend oder in einer sonstigen wettbewerbsrechtlich unzulässigen Weise – beispielsweise in Form einer getarnten Werbung – in dem Presseorgan erscheint und es versäumt hat, sich eine Überprüfung vorzubehalten (BGH WRP 93, 476 Produktinformation I), wenn er einen vom Inserenten selbst verfassten Beitrag nebst einer damit zu koppelnden Anzeige an die Redaktion des Presseorgans weitergeleitet hat (BGH WRP 94, 398 Kosmetikstudio) und wenn er einen Beitrag, der den Anschein einer objektiven Unterrichtung des Lesers erweckt, dabei jedoch als Werbung nicht erkennbare absatzfördernde Hinweise auf seine Erzeugnisse enthält, zusammen mit Anzeigen dem Verlag zuleitet (BGHZ 81, 247 getarnte Werbung). Im zuletzt genannten Fall bedarf es des Umweges über eine Mitwirkung an einem Wettbewerbsverstoß des Verlages nicht, weil die Handlung wettbewerbswidrig ist, ohne dass es darauf ankommt, ob der Verlag seinerseits sittenwidrig gehandelt hat (BGH aaO).

5. Die Antragsfassung

a) Probleme der Antragsfassung

Bei der Beanstandung redaktioneller Werbung bereitet die Antragsfassung in der 76 Abmahnung und im gerichtlichen Verfahren (s dazu Köhler-Bornkamm § 8, Rn 1, 32 ff. und 1, 52 ff.) besondere Schwierigkeiten. Dies liegt zunächst einmal schon daran, dass einem redaktionell aufgemachten Beitrag in Wort und/oder Bild häufig nicht anzusehen ist, ob es sich um eine nicht gekennzeichnete bezahlte Anzeige oder um redaktionelle Schleichwerbung im oder ohne Zusammenhang mit entgeltlichen Anzeigen handelt. Im ersten Falle geht das Petitum dahin, es zu unterlassen, redaktionell gestaltete Anzeigen in Wort und/oder Bild zu veröffentlichen ohne diese deutlich mit dem Wort „Anzeige" zu bezeichnen. War der Beitrag gekennzeichnet, dies aber nach Auffassung des Klägers nicht genügend deutlich, so bedarf es im Antrag möglicherweise einer weiteren Konkretisierung dessen, was der Kläger für deutlich hält. Im zweiten Falle geht das Petitum der Sache nach dahin, es zu unterlassen, redaktionelle Schleichwerbung, ggf im Zusammenhang mit entgeltlichen Anzeigen zu veröffentlichen. Hier ergeben sich Schwierigkeiten mit der Antragsfassung einmal daraus, dass der Klageantrag gem. § 253 ZPO hinreichend bestimmt sein muss, zum Zweiten daraus, dass er nicht zu weit gehen und Verhaltensweisen erfassen darf, die zulässig sind. Der Klageantrag kann nur die konkrete Verletzungsform erfassen oder auf ein hiervon abstrahiertes Verbot gerichtet sein (BGH WRP 93, 478 Faltenglätter). Ein Angriff auf die konkrete Verletzungsform allein nützt dem Kläger wenig, da eine identische Schleichwerbung in aller Regel praktisch nicht in Betracht kommt. Ein abstrahiertes Verbot ist im vorliegenden Zusammenhang schwer zu formulieren, weil die Umstände, die eine Wettbewerbswidrigkeit begründen äußerst differenziert und vielschichtig sind. Bei der Abstrahierung besteht einmal die Gefahr, dass der Antrag durch Verwendung unbestimmter Begriffe nicht den Anforderungen des § 253 ZPO genügt, zum Zweiten, dass er nicht nur unzulässiges Verhalten erfasst und damit mit der Folge der Teilabweisung zu weit geht. Besondere und zusätzliche Schwierigkeiten bereitet die Antragsfassung, soweit der Anspruch gegen den „Veranlasser" gerichtet ist. Hier treten die geschilderten Schwierigkeiten auf zwei Ebenen auf, auf derjenigen der Wettbewerbswidrigkeit der Veröffentlichung und auf derjenigen der Mitwirkung.

b) BGH Rechtsprechung

77 Der Bundesgerichtshof hat sich insb in den Entscheidungen WRP 91, 216 Unbestimmter Unterlassungsantrag I, WRP 93, 478 Faltenglätter und AfP 98, 212 „S. Tagblatt" mit der Problematik befasst und dabei die Formulierungen „ähnlich wie", „die inhaltlich Werbung sind" und „wenn sich der Inhalt des Textbeitrages in der überwiegend pauschalen Anpreisung des Firmenangebotes erschöpft" für zu unbestimmt erklärt (s auch WRP 92, 506 Unbestimmter Unterlassungsantrag II). Zur Begründung wurde im wesentlichen ausgeführt, ein Verbotsantrag dürfe nicht derart undeutlich gefasst sein, dass sich die beklagte Partei nicht erschöpfend verteidigen könne und es letztlich dem Zwangsvollstreckungsverfahren überlassen bliebe, darüber zu entscheiden, was der Beklagten verboten ist. Begriffe im Antrag bzw Tenor, deren Bedeutung nicht immer die gleiche (selbe?) sein muss und die auslegungsfähig seien, seien hinnehmbar, wenn über den Sinngehalt der verwendeten Begriffe oder Bezeichnungen kein Zweifel bestehe, insb deren Bedeutung im konkreten Falle nicht umstritten sei, mit der Folge, dass damit die Reichweite von Antrag und Urteil feststehe. Anders liege es dann, wenn die Bedeutung der Begriffe und Bezeichnungen zwischen den Parteien streitig sei (WRP 91, 216 Unbestimmter Unterlassungsantrag I, AfP 98, 212 „S. Tagblatt"). Der Begriff „ähnlich wie" entspreche auch nicht den an die materiellrechtliche Begründetheit eines Unterlassungsbegehrens zu stellenden Anforderungen, weil er sich weder auf die Darstellung der konkreten Verletzungsform, noch auf eine zulässig-abstrahierende Beschreibung des charakteristischen Kerns der Verletzungshandlung beschränke (BGH aaO Unbestimmter Unterlassungsantrag I). In der Formulierung „die inhaltlich Werbung sind" kämen nicht die Elemente zum Ausdruck, die einen in zulässiger Weise gestalteten Beitrag von einer unzulässigen getarnten Werbung unterscheiden (BGH aaO Faltenglätter, AfP 98, 212 „S. Tagblatt"). Zu unbestimmt ist auch die Formulierung „werbenden Inhalts ohne publizistischen Anlass" (OLG Karlsruhe AfP 1995, 670, 672). Zugelassen hat der BGH dagegen in ständiger Rechtsprechung die Formulierung im Anschluss an eine abstrahierte Umschreibung der Verletzungshandlung „..., wenn dies geschieht wie" (Preisrätselgewinnauslobung I). Begründet wird dies damit, dass diese Formulierung die Deutung zulasse, dass sich der Kläger damit lediglich gegen die konkrete Verletzungsform und gegen solche weiteren Verletzungsformen gewandt habe, die – ersterer unmittelbar vergleichbar und nicht nur ähnlich – das für die konkrete Verlet-

IX. Wettbewerbsrechtliche Beurteilung redaktioneller Werbung § 10 LPG

zungsform Charakteristische enthalten (aaO Unbestimmter Unterlassungsantrag I). Nicht beanstandet wurde auch der Klageantrag „werbende redaktionelle Beiträge über einzelne Unternehmen zu veröffentlichen, wie dies in der ... (Zeitschrift) ... geschehen ist" (WRP 94, 398 Kosmetikstudio, sa BGH AfP 98, 212 „S. Tagblatt"; LG Hamburg AfP 13, 427), der Antrag „für das Mittel ... zu werben durch Mitwirkung an der Veröffentlichung eines redaktionellen Beitrags, wenn dieser dem Beitrag ... unmittelbar vergleichbar ist" (WRP 94, 400 Beipackzettel) und „wie in den Artikeln gemäß Anlage ... industrielle Herstellerprodukte namentlich zu nennen und/oder zu empfehlen" (WRP 94, 862 Bio-Tabletten), obwohl hier der BGH selbst festgestellt hat, dass der Antrag mehrere Deutungen zulässt mit unterschiedlichen rechtlichen Folgerungen, maW also unbestimmt ist. Soweit es um Ansprüche gegen die begünstigten Unternehmen geht, hat der BGH generell die Formulierung „... mitzuwirken" oder „durch Mitwirkung an ..." nicht beanstandet (WRP 93, 476 Produktinformation I, WRP 94, 728 Produktinformation II, WRP 94, 400 Beipackzettel), obwohl die Frage, ob bzw in welchen Fällen die Mitwirkung eine Mitverantwortung begründet, Hauptstreitpunkt war.

c) Stellungnahme

Es mag bezweifelt werden, ob die vom BGH zugelassenen Antragsformulierungen, verglichen mit den nicht zugelassenen, wesentlich bestimmter und immer hinreichend bestimmt sind (Beispiel WRP 94, 862 Bio-Tabletten). Nicht genügend in Betracht gezogen wurde bei der Annahme, Begriffe die zwischen den Parteien nicht streitig seien, könnten im Antrag hingenommen werden, dass die in Frage stehenden Unterlassungsansprüche in die Zukunft gerichtet sind, in eine Zukunft, in der sie sehr wohl streitig werden können. Bei derartigen Verboten hat der Vollstreckungsrichter evtl nach nahezu 30 Jahren zu entscheiden, ob eine neue Veröffentlichung geschehen ist wie die seinerzeit im Verfahren zur Debatte stehende oder dieser unmittelbar vergleichbar ist. Im Verletzungsfalle wird dann manches zwischen den Parteien streitig sein, was im Erkenntnisverfahren nicht diskutiert worden ist. Erst recht bestehen Bedenken, gegen ein Verbot, „... mitzuwirken", wenn schon im Erkenntnisverfahren nicht die Frage streitig ist, ob der Beklagte mitgewirkt hat, sondern gerade die Frage, wann Mitwirkung Verantwortung begründet, Hauptstreitpunkt ist.

d) Unterlassungsanspruch gegen die Presse

Bei Unterlassungsansprüchen gegen die Presse wegen inhaltlich nicht zu beanstandender aber getarnter Werbung empfiehlt es sich, sowohl unter dem Gesichtspunkt der Bestimmtheit, wie zur Begrenzung auf unzulässiges Verhalten, im Antrag deutlich zu machen, dass nur künftige Veröffentlichungen ohne publizistische Motive erfasst werden sollen. Bewährt hat sich in der Praxis und auch nach Wegfall der Wettbewerbsabicht als Kriterium nach wie vor sinnvoll ist die bisher soweit ersichtlich vom BGH nicht geprüfte Formulierung, es zu unterlassen, „Beiträge in Wort und/oder Bild zu veröffentlichen, die geeignet und ausschließlich oder überwiegend dazu bestimmt sind, für die Beklagte und/oder ihre Erzeugnisse, Waren oder Dienstleistungen zu werben", ggf mit dem Zusatz – falls zutreffend – „sofern diese Beiträge in einem (evtl näher zu umschreibenden) Zusammenhang mit entgeltlichen Anzeigen stehen" (vgl OLG Stuttgart AfP 71, 175). Diese Formulierung bringt zum Ausdruck, dass die leicht feststellbare Eignung zur Werbung nicht genügt. Die Frage, ob im Verletzungsfalle die dann zur Debatte stehende Veröffentlichung auch zur Werbung bestimmt war, mag der Vollstreckungsrichter entscheiden, wobei er im Zweifel die „geschäftliche Handlung" zu verneinen hat (s oben Rn 57). Näher konkretisiert und an die konkrete Verletzungsform angebunden werden kann die hier zur Debatte gestellte Antragsformulierung durch den Zusatz, „wenn dies geschieht wie ...".

e) Unterlassungsanspruch gegen den Mitwirkenden

Bei Unterlassungsansprüchen gegen die begünstigten Unternehmen, also für die Fälle der „Mitwirkung", erscheint es unbedingt erforderlich, die Art und Weise der

LPG § 10 Kennzeichnung entgeltlicher Veröffentlichungen

Mitwirkung im Antrag bzw Tenor näher zu umschreiben oder unter Bezugnahme auf die Art der Mitwirkung im Ausgangsfall einzugrenzen (s dazu *Sedelmeier* Pharmarecht 92, 34, 73 ff.). Der Begriff Mitwirkung ohne nähere Konkretisierung sollte nur bei inhaltlich unzulässiger Werbung verwendet werden, da hier der Mitwirkende stets mindestens als Störer haftet (BHG WRP 90, 270 Schönheits-Chirurgie). Bei inhaltlich nicht zu beanstandender, aber als solche nicht erkennbarer Werbung sollte der Begriff „mitwirken" nur verwendet werden, wenn deutlich wird, das dieses sich auch auf die Art der Kenntlichmachung bezieht. Hier bietet sich iÜ der Begriff „veranlassen" an.

Anhang zu § 10 LPG
(Kenntlichmachung entgeltlicher Veröffentlichungen)

I. ZAW-Richtlinien für redaktionelle Hinweise in Zeitungen und Zeitschriften

Herausgegeben vom Bundesverband Deutscher Zeitungsverleger e. V. und vom Verband Deutscher Zeitschriftenverleger e. V. in Zusammenarbeit mit dem Deutschen Journalistenverband e. V. und dem Zentralausschuss der Werbewirtschaft (ZAW).

Vorbemerkung

Um die im Interesse der Öffentlichkeit, der Werbungtreibenden, aber auch der Zeitungen und Zeitschriften selbst unbedingt notwendige klare Abgrenzung der Textteile und der Anzeigenteile der periodischen Druckwerke voneinander zu erreichen, sind die obengenannten Verbände übereingekommen, ihren Mitgliedern dringend nahezulegen, die folgenden Richtlinien anzuwenden. die Verleger werden sie in die Geschäftsanweisung aufnehmen, die sie ihren Redaktionen erteilen. Die Redakteure sollen sich bei der Anwendung der Richtlinien von dem Grundsatz leiten lassen, dass der Textteil unter keinen Umständen die Gegenleistung der Zeitung oder Zeitschrift für gleichzeitig oder vorher oder nachher veröffentlichte Anzeigen sein darf.

Vorwort

Verleger und Redakteure (Journalisten) wirken bei der Gestaltung der öffentlichen Meinung mit. Um ihre publizistische Aufgabe erfüllen zu können, brauchen sie das Vertrauen ihrer Leser. Dieses Vertrauen kann insb dann nicht entstehen oder erhalten bleiben, wenn die Leser in den Textteilen der Zeitungen und Zeitschriften redaktionelle Hinweise finden, die, ohne äußerlich als bezahlte Wirtschaftswerbung in Erscheinung zu treten, privatwirtschaftlichen belangen dienen. Als Teil der Textgestaltung gehören die redaktionellen Hinweise zum Verantwortungsbereich der Schriftleitung. Aufgabe des Redakteurs ist es daher, aus der Berichterstattung über ein Unternehmen und seine Leistung alles auszusondern, was über den Rahmen einer sachlichen Unterrichtung hinausgeht.

Zugeständnisse, die in Verbindung mit Anzeigenaufträgen in Form günstiger Beurteilung privatwirtschaftlicher Unternehmen, ihrer Erzeugnisse, Leistungen oder Veranstaltungen im Textteil des Druckwerkes eine zusätzliche Leistung des Verlages darstellen, sind geeignet, die Grundsätze der Sauberkeit in der Werbung, der Unabhängigkeit der Presse und der Freiheit der Meinungsäußerung zu gefährden, und sollten deshalb weder von Werbungtreibenden erwartet noch von Verlagen gewährt werden, zumal sie darüber hinaus gegen die Preistreue verstoßen.

1. Amtliche Bekanntmachungen und Verlautbarungen

Bekanntmachungen und Verlautbarungen, die Behörden, Körperschaften, Innungen usw durch die Presse verbreiten wollen, gehören in der Regel in den Anzeigenteil. Ein Hinweis auf solche Bekanntmachungen usw im Textteil ist zulässig.

2. Veranstaltungen, Sport, Mode, Theater, Film ua

Für Veranstaltungen unterhaltender Art (Theater, Lichtspielhäuser, Varietés, Zirkus, Konzerte und Vorträge) sowie für alle Veranstaltungen kultureller, religiöser und vaterländischer Art gilt der Grundsatz, dass eine einmalige Vorbesprechung gestattet ist, sofern in ihr alles Geschäftliche bzw Vortragsfolge, ausführliche Angaben über Eintrittspreise, Kartenverkaufsstellen, Vorverkauf usw vermieden wird. Diesen Zwecken dienende Bekanntmachungen und Werbeaufrufe gehören in den Anzeigenteil. Auf wichtige Veranstaltungen kann hingewiesen werden, sofern der Redakteur der Überzeugung ist, dass die Mehrzahl der Leser über ihre Bedeutung aufgeklärt werden muss.

Über gelegentliche und kleinere Varieté-Vorstellungen in Gaststätten können Betrachtungen veröffentlicht werden, wenn die artistischen Leistungen dieser Veranstaltungen als besprechenswert erscheinen. Ob und wann das zutrifft, hat jede Redaktion im Einzelfall selbst zu entscheiden.

Dagegen sind Hinweise auf sonstige Veranstaltungen von Gaststätten, Bars, Tanztees usw und Berichte darüber abzulehnen. Hinweise darauf gehören in den Anzeigenteil. Den Verlegern ist zu

I. ZAW-Richl f. redakt. Hinw. in Zeitungen u. Zeitschr. **§ 10 LPG**

empfehlen, sogenannte Vereinskalender zusammenzustellen, für die sie ermäßigte Grundpreise gewähren können.
Bei Wohltätigkeitsveranstaltungen ist darauf zu achten, dass jede Werbung für die Veranstalter oder einen bestimmten Kreis vermieden wird. Die Gemeinnützigkeit muss in Zweifelsfällen durch Rückfrage bei den Behörden festgestellt werden. Firmenwerbung in Veröffentlichungen über gemeinnützige Veranstaltungen ist zu unterlassen.

3. Programmübersichten uä

Die Veröffentlichung von Programmübersichten für Theater, Lichtspielhäuser, Konzerte, Vorträge usw im Textteil ist unter Vermeidung aller geschäftlichen Angaben zulässig. Sie muss sich auf das Allernotwendigste (wenige Zeilen) zur Unterrichtung der Leserschaft beschränken, denn sie soll für den Veranstalter kein Ersatz für die Anzeige sein. Gottesdienstordnungen werden im Anzeigenteil veröffentlicht, ebenso die Bekanntmachung über den Sonntags- und Nachtdienst der Ärzte, Zahnärzte, Apotheker, Kraftfahrzeughandwerker usw.

4. Kurorte, Vergnügungsreisen usw

Über Bäder-, See-, Bahn- und Autoreisen, Vergnügungsveranstaltungen kann berichtet werden unter Fernhaltung all dessen, was in den Anzeigenteil gehört, zB Kurtaxen, Bäderpreise, Eintrittspreise usw.
Werbeartikel über Kurorte, die den Redaktionen von Reisebüros, Verkehrsvereinen oder sonstigen Stellen eingesandt werden, dürfen nur als Unterlage für die eigene Würdigung benutzt werden.
In Reisebeschreibungen usw sind Namen von Fahrzeugen, Gaststätten usw nicht zu nennen.

5. Sportliche Veranstaltungen

Im besonderen Falle, wie bei Programmänderungen und größeren sportlichen Veranstaltungen (zB Meisterschaften, internationalen Kämpfen, Autorennen, tourensportlichen Kraftfahrzeugwettbewerben) können auch mehrmalige, verschieden gehaltene Vorbesprechungen veröffentlicht werden. Dies gilt auch zu örtlichen Sportveranstaltungen, falls für sie im Verbreitungsgebiet des betreffenden Blattes ein allgemeines öffentliches Interesse besteht.

6. Theater, Film und andere Veranstaltungen

Von den beteiligten Künstlern oder den Veranstaltern verfasste Vorberichte oder Rezensionen dürfen nur mit deutlicher Quellenangabe übernommen werden. Für Filme – deutsche und ausländische – ist insb hervorzuheben, dass Vorbesprechungen nur unterrichtende Mitteilungen enthalten sollen. Besprechungen von Werbefilmen einzelner Unternehmungen sind abzulehnen, es sei denn es handele sich um Musterbeispiele der Werbekunst. Auch in diesem Falle darf der Name der Firma in der Besprechung nicht in auffallendem Druck gebraucht werden. Der Abdruck von Waschzetteln über solche Filme ist nicht zulässig.

7. Textil-Modegewerbe

Die Berichterstattung über dieses Fachgebiet soll der Förderung des modischen Schaffens allgemein dienen und nicht der Werbung für einzelne Unternehmungen. Berichte über Modeschauen und Kollektionsbesichtigungen müssen eigene Arbeit der Redakteure oder deren Mitarbeiter sein. Waschzettel werden nicht abgedruckt. Die Hervorhebung von Firmennamen, Stoffbezeichnungen oder Marken in einer Weise, dass die Berichterstattung zur Reklame wird, widerspricht diesen Richtlinien und wird daher abgelehnt.
Eine mehrmalige Veröffentlichung von Berichten über die gleichen Kollektionen ist nicht zulässig. Modeberichte sollen keine Preisangaben oder sonstige Einzelheiten rein geschäftlichen Charakters enthalten.
Die Verlage lehnen Anzeigenaufträge von Firmen des Modegewerbes ab, welche die Bedingung enthalten, im Textteil Berichte über die Erzeugnisse des Auftraggebers zu veröffentlichen. Bei Veröffentlichungen von Schnittmustermodellen ist die Nennung des Kenn-Nummer und der Marke erlaubt. Gestattet ist auch die Angabe der Bezeichnungsart neuer Garne, Stoffe usw, die für die Ausführung der Modelle vorgeschlagen werden, aber nicht die Nennung einzelner Firmenmarken. Solche Veröffentlichungen im Textteil dürfen nicht als Anzeige wirken, auch darf mit ihnen weder für die Schnittmusterfirma noch für den Warenhersteller Werbung verbunden werden.

8. Lotterien

Vollständige Gewinnlisten von Lotterien sollen nicht im Textteil veröffentlicht werden. Es bleibt den Zeitungen und Zeitschriften jedoch überlassen, Auszüge aus Gewinnlisten (größere Gewinne) zu veröffentlichen.

9. Versteigerungen

Vorberichte von Tierversteigerungen sind dann zulässig, wenn es sich um Veranstaltungen zur Förderung der Tierzucht handelt. Geschäftliche Daten sind hierbei fortzulassen. Die Angaben müssen sich auf züchterisch wichtige Bemerkungen beschränken.
Vor- und Nachbesprechungen über Versteigerungen von Kunstwerken und Sammlungen sind gestattet, sofern es sich um Gegenstände von besonderem Kunstwert handelt und dabei Firmen nicht genannt werden.

10. Besprechungen von Büchern und Schallplatten

Waschzettel dürfen lediglich als Anhalt benutzt werden. Schallplatten dürfen in Zeitungen und Zeitschriften mit Angabe der Marke nur einmal besprochen werden, die Nennung von Preis und Nummer ist dabei nicht gestattet.

Werbebroschüren, Prospekte, Hausmitteilungen usw wirtschaftlicher Unternehmen sind redaktionell nicht zu behandeln, es sei denn, dass allgemein interessierende Sonderleistungen vorliegen.

11. Veranstaltungen von Firmen und Verbänden

Berichte über Firmenveranstaltungen sind zulässig, wen sie von allgemeinem Interesse sind.

12. Allgemeine Entwicklung der Wirtschaft, Technik uä

Es ist eine Aufgabe der Redaktion, über die allgemeine Entwicklung in Industrie, Handwerk, Handel, Kredit- und Versicherungswesen, Gewerbe und Technik zu berichten. Solche Berichte (auch Bildveröffentlichungen) werden vielfach zur versteckten Wirtschaftswerbung benutzt. Wirtschaftswerbung gehört aber in den Anzeigenteil. Zu den Fortschritten von Wirtschaftszweigen kann der Redakteur Stellung nehmen, doch darf damit keine Werbung für Einzelfirmen verbunden werden.

Dasselbe gilt von Berichten, die sich mit bestimmten Wirtschaftsräumen (regionale Gliederung der Wirtschaft) befassen.

Wenn Redaktionen Erzeugnisse der gewerblichen Wirtschaft fotografieren oder zeichnen lassen, darf in der Bildbeschreibung (Bildunterschrift, textliche Erklärung zum Bild) nur dann der Name der Herstellerfirma genannt werden (aber ohne typographische Hervorhebung), wenn es sich um eine Neuheit oder Sonderleistung handelt, die ein öffentliches oder besonders fachliches Interesse beansprucht.

Bilder oder Zeichnungen, die von den Herstellerfirmen der dargestellten Gegenstände selbst angefertigt worden sind, oder für die sie die ausschließlichen Werknutzungsrechte erworben haben, müssen den Bildurhebervermerk „Werkaufnahme" oder „Werkzeichnung" tragen.

Reklamebilder, die zum Zweck augenfälliger Eigenwerbung Markenfabrikate oder Herstellernamen des abgebildeten Erzeugnisses über Gebühr groß erscheinen lassen, gehören nicht in den redaktionellen Teil.

13. Marktberichte

Anzeigenaufträge von Firmen, welche die Bedingung enthalten, im Textteil vom Auftraggeber verfasste Berichte über Rohstoff-, Produkten-, Wertpapier- oder dergleichen Märkte ohne Herkunftsbezeichnung abzudrucken, werden von den Verlagen abgelehnt. Redaktionen übernehmen keine Marktberichte, für deren Abdruck im Textteil mit oder ohne Herkunftsbezeichnung Entgelte angeboten werden.

14. Messen und Ausstellungen

Die Berichte der Messe- und Ausstellungsämter dürfen ebenso wie die der ausstellenden Firmen nur als Material benutzt werden. Die Einzelbeschreibung bereits eingeführter Gegenstände ist zu unterlassen, ebenso die reklamehaft aufgemachte Beschreibung von Waren bzw Standschilderung von Firmen.

Eine Berichterstattung über Messen und Ausstellungen soll der Niederschlag eigener Überzeugung auf Grund persönlicher Besichtigung und Prüfung sein; dabei kann diese persönliche Besichtigung und Prüfung verantwortlich von Fachmitarbeitern oder Redaktionen der Korrespondenzbüros übernommen werden.

Wünscht ein Werbungstreibender die Veröffentlichung der Beschreibung seiner Erzeugnisse und Leistungen und ihre Empfehlung unter Nennung seines Firmennamens, der Marke und der Preise, so darf eine solche Reklamenotiz nur gegen Bezahlung zum Textmillimeterpreis laut Anzeigenpreisliste abgedruckt werden, und zwar nur in dem außer Verantwortung der Redaktion stehenden und als solchem deutlich gekennzeichneten Werbeteil.

15. Berichterstattung über Neuheiten

Bei Neuheiten und neuen Verwendungszwecken ist die Nennung der Hersteller (aber nicht der Wiederverkäufer) zulässig. Als Neuheiten gelten solche Erzeugnisse oder Verwendungsarten, die für den Leserkreis des Blattes wichtig und im Blatte noch nicht besprochen worden sind.

Allgemeine Neuerungen, wie sie alltäglich durch wirtschaftlichen Wettbewerb und Fortschritt laufend entwickelt und angeboten werden, sind keine wirklichen Neuheiten im Sinne des vorstehenden Absatzes.

Die Nennung des Preises, der Marke und der Herstellerfirma (nicht des Wiederverkäufers) ist zulässig bei Erfindungen, die ein öffentliches Interesse beanspruchen. Das gilt auch dann, wenn Neuschöpfungen zweifelsfrei als Sonderleistungen anzusprechen bzw für das jeweilige Fachgebiet von ganz besonderer Bedeutung sind und der Redakteur zu der Überzeugung kommt, dass die Erwähnung des Preises und Herstellers in einem solchen Falle überragender Leistungen den allgemeinen binnen- und exportwirtschaftlichen Interessen dient. In allen anderen Fällen ist die Beschreibung eines Fabrikates unter Nennung der Herstellerfirma und des Preises oder beider Angaben stets einer Textanzeige gleichzuachten. Dasselbe gilt für die Wiederholung einer Neuheitenbesprechung sowie für Veröffentlichungen von Schaufensterbildern, die den Zweck haben, für namentlich gekennzeichnete und schon bekannte Verkaufserzeugnisse zu werben.

I. ZAW-Richl f. redakt. Hinw. in Zeitungen u. Zeitschr. **§ 10 LPG**

16. Auskunfts-Rubriken

Die Angabe von Bezugsquellen in Textrubriken wie „Frage und Antwort", „Fragekasten", „Fragen aus dem Leserkreis", „Der Leser hat das Wort", „Briefe an die Redaktion" usw ist unzulässig. Auch wirkliche Neuheiten sind in derartigen Rubriken nicht namentlich aufzuführen. Selbstverständlich dürfen diese Rubriken auch keinerlei Kaufempfehlungen oder Kaufberatung sowie vergleichende Werturteile, Empfehlungen von Hotels, Verkaufserzeugnissen usw enthalten. Grundsatz bei allen Auskunftserteilungen muss sein, dass sowohl bei den veröffentlichten Fragen als auch Antworten der jeweilige Sachverhalt sachlich unter Vermeidung jeglicher Herabsetzung oder Empfehlung dargestellt wird.

17. Kraftfahrzeuge und Zubehör

Neue oder fortentwickelte Konstruktionen von Kraftfahrzeugen und solche Zubehörneuheiten, die den Fortschritt der Kraftfahrzeugtechnik augenfällig günstig beeinflussen, sind als Sonderleistungen im Sinne dieser Richtlinien zu betrachten. Ausstellungsberichte dürfen nicht lediglich Standbeschreibungen darstellen, die mehr oder minder werbend wirken; sie sind vielmehr nach Sachgebieten zu gliedern, bei Kraftfahrzeugen aller Art zweckmäßigerweise nach Klassen oder Marken.
In anderen Berichten, so bei Sportberichterstattungen, ist die Nennung von Zubehörfirmen der Kraftfahrzeugwirtschaft unzulässig. Ausnahmen sind hier nur bei überragenden Sonderleistungen gemäß diesen Richtlinien gestattet, also wenn zB ein beschriebenes Erzeugnis aus einem neuen Werkstoff hergestellt worden ist oder wenn es sich um besondere Spezialrennreifen handelt. Zulässig ist auch die über Kraftfahrzeuge aller Art in der Fachpresse übliche Veröffentlichung von Prüfungsbetrachtungen (Teste), aber nur unter Einhaltung ganz bestimmter Richtlinien, die zur Sicherung notwendiger Sachlichkeit festgelegt werden müssen, weil die in jeder Prüfungsbetrachtung zum Ausdruck kommende fachliche Wertung auf den jeweiligen Leserkreis beeinflussend wirkt.
Sogenannte Typenbeschreibungen sind nur in Verbindung mit Prüfungsbetrachtungen, technischen Arbeitsanleitungen oder anderen technischen Aufklärungsartikeln unter Beachtung strengster Sachlichkeit zugelassen. Dagegen fallen reine Typentafeln oder Typentabellen von Kraftfahrzeugen aller Art mit Preisangaben der Erzeugnisse und Nennung der Herstellerfirma (die solche Tafeln vielfach für die Kundengewinnung verwenden) in das Gebiet der Werbung und dürfen deshalb nur gegen Bezahlung im Werbeteil veröffentlicht werden.

18. Jubiläen, Geburtstage usw

Redaktionelle Notizen über Jubiläen von Unternehmungen, Persönlichkeiten der Wirtschaft, verdienter Belegschaftsmitglieder dürfen nicht zu irgendwie gearteter Wirtschaftswerbung gebraucht werden.
Anlass zu solchen Notizen kann nur die 25., 50., 75. oder 100. Wiederkehr eines wichtigen Tages bieten.
Sinngemäß gilt das Gleiche für Mitteilungen über Geburtstage usw Es darf also nicht jeder beliebige Lebensabschnitt zum Anlass einer redaktionellen Veröffentlichung genommen werden.
Handelsnachrichten von Firmen, Neueintragungen im Handelsregister, Erteilung von Prokura, Vergleich, Patentanmeldungen und Patentverteilungen, Auszeichnungen bei Ausstellungen usw dürfen nur mit wenigen Zeilen gebracht werden, die sich auf das rein Sachliche und Tatsächliche zu beschränken haben.
Darstellungen des Lebens verdienter Persönlichkeiten und Entwicklungsgeschichten von Firmen mit allgemein wirtschaftlicher Bedeutung können unter selbstverständlicher Vermeidung jeglicher Wirtschaftswerbung veröffentlicht werden, wenn ein öffentlicher Anlass dies ausreichend rechtfertigt.

19. Mitarbeit von Fachleuten der Wirtschaft

Bei Aufsätzen, die Fachleute der Wirtschaft geschrieben haben, darf der Firmenname dem Verfassernamen nur dann beigefügt werden, wenn sich der Inhalt des Artikels mit allgemeinen Wirtschaftsfragen befasst, nicht dagegen bei Behandlung von Fachfragen, die in ein Produktions- oder Arbeitsgebiet fallen, auf dem noch weitere Firmen im Wettbewerb stehen. Jede Werbung durch Namensnennung der Hausfirma oder durch unmittelbare Hervorhebung der Hauserzeugnisse muss unterbleiben.

20. Firmenveranstaltungen, Vorträge, Besichtigungen usw

Wenn Firmen über ihre Werke oder Erzeugnisse in Veranstaltungen aller Art, zB auch bei Wandervorführungen sowie vor Verbänden, Innungen usw Vorträge halten lassen, dürfen Firmen- oder Markennamen bei der Berichterstattung nicht angegeben werden. Vor- und Nachberichte mit der Nennung von bestimmten Verbrauchserzeugnissen können nur gegen Bezahlung im Werbeteil veröffentlicht werden. Einladungen zu Besichtigungen von Betrieben sind dann grundsätzlich abzulehnen, wenn die Absicht erkennbar ist, dass mit der Veröffentlichung eines Berichtes über die Besichtigung eine kostenlose Werbung erreicht werden soll.

21. Fachliche Fotoerläuterungen

Bei Abbildungen dürfen in den Bildunterschriften Objektive, Aufnahmeapparat und das verwendete Platten- oder Filmmaterial sowie deren Herstellerfirmen und -marken nur in Fotofachzeitschriften, die zur ausschließlichen Belehrung dienen, genannt werden.

Sedelmeier

22. Mitteilungen über Wirtschaftswerbung

Zur Belehrung, Aufklärung und Schulung über vorbildlich durchgeführte Wirtschaftswerbung darf textlich und bildlich berichtet werden, sofern die veröffentlichten Beispiele nicht offene oder versteckte Verkaufswerbung für Firmen darstellen.

23. Neubauten

Bei Würdigung neuer Bauten sowie bemerkenswerter Umbauten, die ein allgemein-öffentliches Interesse rechtfertigen, darf der Name des Architekten genannt werden. Dagegen ist die Aufzählung der am Bau beteiligten Lieferantenfirmen im Textteil unstatthaft, solche Werbung gehört in den Werbeteil.

24. Beilagenhinweise

Beilagenhinweise sollen nicht so aufgemacht werden, dass sie als Äußerung der Redaktion betrachtet werden können.

II. ZAW-Richtlinien für redaktionell gestaltete Anzeigen

Verabschiedet vom Präsidialrat des ZAW am 9. April 1964 und neugefasst 1991 und 1996

Anzeigen in Druckschriften (zB Zeitungen und Zeitschriften), die wie redaktionelle Mitteilungen gestaltet sind und nicht erkennen lassen, dass sie gegen Entgelt abgedruckt sind, erwecken beim unvoreingenommenen Leser den Eindruck unabhängiger redaktioneller Berichterstattung, während sie in Wirklichkeit Anzeigen darstellen. Wegen ihres irreführenden Charakters verstoßen sie gegen die Grundsätze lauterer Werbung und gefährden das Ansehen und die Unabhängigkeit der redaktionellen Arbeit; sie sind daher auch presserechtlich untersagt. Wahrheit und Klarheit der Werbung fordert die klare Unterscheidbarkeit von redaktionellem Text und Werbung.

Der Zentralausschuss der Werbewirtschaft stellt daher fest:

1. Nicht erkennbarer Anzeigencharakter

Eine Anzeige in einem Druckwerk, die durch ihre Anordnung, Gestaltung oder Formulierung wie ein Beitrag des redaktionellen Teils erscheint ohne den Anzeigencharakter, dh den Charakter einer entgeltlichen Veröffentlichung, für den flüchtigen Durchschnittsleser erkennen zu lassen ist irreführend gegenüber Lesern und unlauter gegenüber Mitbewerbern.

2. Kenntlichmachung einer Anzeige durch Gestaltung und Anordnung

Der Charakter als Anzeige kann durch eine vom redaktionellen Teil deutlich abweichende Gestaltung – Bild, Grafik, Schriftart und -grade, Layout und ähnliche Merkmale – und durch die Anordnung des Beitrages im Gesamtbild oder Gesamtzusammenhang einer Druckseite kenntlich gemacht werden.

3. Kennzeichnungspflicht als Anzeige bei Verwechslungsgefahr

Hat der Verleger eines Druckwerks oder der für den Anzeigenteil Verantwortliche für eine Veröffentlichung ein Entgelt erhalten, gefordert oder sich versprechen lassen und reichen die in Ziffer 2 genannten Elemente nicht aus, den Anzeigencharakter der Veröffentlichung für den flüchtigen Durchschnittsleser erkennbar werden zu lassen, ist diese Veröffentlichung deutlich mit dem Wort „Anzeige" zu kennzeichnen.

4. Beurteilung der Gestaltung, Anordnung und Text einer Anzeige durch den flüchtigen Durchschnittsleser

Die Frage, wann Anordnung, Gestaltung und Text einer Anzeige die Pflicht zu ihrer zusätzlichen Kennzeichnung begründet, beurteilt sich nach den Umständen des Einzelfalls. Maßgebend ist hierbei der Eindruck, den ein nicht völlig unbeachtlicher Teil der Leser, an die sich die Druckschrift richtet, bei ungezwungener Auffassung gewinnt. Ferner ist die Verwechslungsfähigkeit vom Standpunkt eines flüchtigen Lesers aus zu beurteilen. An die Aufmerksamkeit des Lesers, seine Erfahrung und Sachkunde ist ein Durchschnittsmaßstab anzulegen. Insgesamt ist daher der Gesamteindruck entscheidend, den die Anzeige bei ungezwungener Gesamtwürdigung durch den flüchtigen Durchschnittsleser macht. Dabei sind die Einzelelemente der Gestaltung, der Anordnung und des Textes der Anzeige zu berücksichtigen.

5. Beurteilung des Hinweises „Anzeige" durch den flüchtigen Durchschnittsleser

Eine deutliche Kennzeichnung liegt dann vor, wenn der Hinweis „Anzeige" – gemessen an dem Gesamt-Erscheinungsbild der Anzeige – durch Placierung, Schriftart, -grad und -stärke den Durchschnittsleser bereits bei flüchtiger Betrachtung auf den Anzeigencharakter der Veröffentlichung aufmerksam macht.

Ob im Einzelfall eine redaktionell gestaltete Anzeige, die nach den vorgenannten Grundsätzen der Kennzeichnungspflicht unterliegt, in ausreichender Weise durch die Hinzufügung des Wortes „Anzeige" bezeichnet ist, beurteilt sich nach der ungezwungenen Gesamtwürdigung eines flüchtigen Durchschnittslesers.

6. Hinweis an anderer Stelle nicht ausreichend

Ein Hinweis lediglich im Impressum oder an anderer Stelle genügt nicht zur Kennzeichnung des Werbecharakters einer Anzeige. Genügend ist stets nur die unmittelbare Kennzeichnung.

Gegendarstellung § 11 LPG

7. Firmenbezeichnung nicht ausreichend

Die namentliche Nennung des werbenden Unternehmers, seiner Erzeugnisse oder Leistungen im redaktionell gestalteten werbenden Text genügt für sich allein nicht zur Kennzeichnung des Werbecharakters.

8. Verbot anderer Begriffe als „Anzeige"

Die Worte „PR-Anzeige", „PR-Mitteilung", „Public Relation", „Public-Relations-Reportage", „Werbereportage", „Verbraucherinformation" und ähnliche Ausdrücke genügen nicht zur Kennzeichnung des Werbecharakters, wenn nicht die Entgeltlichkeit der Veröffentlichung bereits aus anderen Merkmalen hervorgeht.

9. Verbot von redaktionellen Zugaben

Redaktionelle Beiträge in Bild und Text außerhalb des Anzeigenteils einer Druckschrift, die
a) als zusätzliche Gegenleistung des Verlegers im Zusammenhang mit der Erteilung eines Anzeigenauftrages angeboten, gefordert oder veröffentlicht werden.
b) dabei in Form günstiger Beurteilung oder mit dem Anschein der Objektivität den Anzeigenauftraggeber, seine Erzeugnisse, Leistungen oder Veranstaltungen erwähnen und
c) hierdurch dem Erwerbstreben dienen ohne diese Absicht erkennen zu lassen, sind unlauter.

§ 11 LPG
Gegendarstellung

Gesetzesfassung in Baden-Württemberg

§ 11 [Gegendarstellungsanspruch]

(1) Der verantwortliche Redakteur und der Verleger eines periodischen Druckwerks sind verpflichtet, eine Gegendarstellung der Person oder Stelle zum Abdruck zu bringen, die durch eine in dem Druckwerk aufgestellte Tatsachenbehauptung betroffen ist. Die Verpflichtung erstreckt sich auf alle Nebenausgaben des Druckwerks, in denen die Tatsachenbehauptung erschienen ist.

(2) Die Pflicht zum Abdruck einer Gegendarstellung besteht nicht, wenn die betroffene Person oder Stelle kein berechtigtes Interesse an der Veröffentlichung hat, wenn die Gegendarstellung ihrem Umfang nach nicht angemessen ist oder bei Anzeigen, die ausschließlich dem geschäftlichen Verkehr dienen. Überschreitet die Gegendarstellung nicht den Umfang des beanstandeten Textes, so gilt sie als angemessen. Die Gegendarstellung muß sich auf tatsächliche Angaben beschränken und darf keinen strafbaren Inhalt haben. Sie bedarf der Schriftform und muß von dem Betroffenen oder seinem gesetzlichen Vertreter unterzeichnet sein. Der Betroffene oder sein Vertreter kann den Abdruck nur verlangen, wenn die Gegendarstellung dem verantwortlichen Redakteur oder dem Verleger unverzüglich, spätestens innerhalb von drei Monaten nach der Veröffentlichung, zugeht.

(3) Die Gegendarstellung muß in der nach Empfang der Einsendung nächstfolgenden, für den Druck nicht abgeschlossenen Nummer in dem gleichen Teil des Druckwerks und mit gleicher Schrift wie der beanstandete Text ohne Einschaltungen und Weglassungen abgedruckt werden; sie darf nicht in der Form eines Leserbriefs erscheinen. Der Abdruck ist kostenfrei. Wer sich zu der Gegendarstellung in derselben Nummer äußert, muß sich auf tatsächliche Angaben beschränken.

(4) Für die Durchsetzung des Gegendarstellungsanspruchs ist der ordentliche Rechtsweg gegeben. Auf Antrag des Betroffenen kann das Gericht anordnen, daß der verantwortliche Redakteur und der Verleger in der Form des Absatzes 3 eine Gegendarstellung veröffentlichen. Auf dieses Verfahren sind die Vorschriften der Zivilprozeßordnung über das Verfahren auf Erlaß einer einstweiligen

Verfügung entsprechend anzuwenden. Eine Gefährdung des Anspruchs braucht nicht glaubhaft gemacht zu werden. Ein Hauptverfahren findet nicht statt.

(5) Die Absätze 1 bis 4 gelten nicht für wahrheitsgetreue Berichte über öffentliche Sitzungen der gesetzgebenden oder beschließenden Organe des Bundes, der Länder und der Gemeinden (Gemeindeverbände) sowie der Gerichte.

Gesetzesfassung in Bayern:

Art 10 [Gegendarstellung]

(1) Der verantwortliche Redakteur und der Verleger einer Zeitung oder Zeitschrift sind verpflichtet, zu Tatsachen, die darin mitgeteilt wurden, auf Verlangen einer unmittelbar betroffenen Person oder Behörde deren Gegendarstellung abzudrucken. Sie muß die beanstandeten Stellen bezeichnen, sich auf tatsächliche Angaben beschränken und vom Einsender unterzeichnet sein. Ergeben sich begründete Zweifel an der Echtheit der Unterschrift einer Gegendarstellung, so kann die Beglaubigung der Unterschrift verlangt werden.

(2) Der Abdruck muß unverzüglich, und zwar in demselben Teil des Druckwerks und mit derselben Schrift wie der Abdruck des beanstandeten Textes ohne Einschaltungen und Weglassungen erfolgen. Der Abdruck darf nur mit der Begründung verweigert werden, daß die Gegendarstellung einen strafbaren Inhalt habe. Die Gegendarstellung soll den Umfang des beanstandeten Textes nicht wesentlich überschreiten. Die Aufnahme erfolgt insoweit kostenfrei.

(3) Der Anspruch auf Aufnahme der Gegendarstellung kann auch im Zivilrechtsweg verfolgt werden.

Gesetzesfassung in Berlin:

§ 10 [Gegendarstellungsanspruch]

(1) Der verantwortliche Redakteur und der Verleger eines periodischen Druckwerks sind verpflichtet, eine Gegendarstellung der Person oder Stelle zum Abdruck zu bringen, die durch eine in dem Druckwerk aufgestellte Tatsachenbehauptung betroffen ist. Die Verpflichtung erstreckt sich auf alle Nebenausgaben des Druckwerks, in denen die Tatsachenbehauptung erschienen ist.

(2) Die Pflicht zum Abdruck einer Gegendarstellung besteht nicht, wenn die betroffene Person oder Stelle kein berechtigtes Interesse an der Veröffentlichung hat, wenn die Gegendarstellung ihrem Umfang nach nicht angemessen ist oder bei Anzeigen, die ausschließlich dem geschäftlichen Verkehr dienen. Überschreitet die Gegendarstellung nicht den Umfang des beanstandeten Textes, so gilt sie als angemessen. Die Gegendarstellung muß sich auf tatsächliche Angaben beschränken und darf keinen strafbaren Inhalt haben. Der Abdruck der Gegendarstellung kann von dem Betroffenen oder seinem Vertreter nur verlangt werden, wenn die Gegendarstellung dem verantwortlichen Redakteur oder dem Verleger unverzüglich, spätestens innerhalb von drei Monaten nach der Veröffentlichung, zugeht. Die Gegendarstellung bedarf der Schriftform.

(3) Die Gegendarstellung muß in der nach Empfang der Einsendung nächstfolgenden, für den Druck nicht abgeschlossenen Nummer in dem gleichen Teil des Druckwerks und mit gleicher Schrift wie der beanstandete Text ohne Einschaltungen und Weglassungen abgedruckt werden; die Gegendarstellung darf nicht in Form eines Leserbriefs erscheinen. Der Abdruck ist kostenfrei; dies gilt nicht für Anzeigen. Wer sich zu der Gegendarstellung in derselben Nummer äußert, muß sich auf tatsächliche Angaben beschränken.

Gegendarstellung § 11 LPG

(4) Für die Durchsetzung des vergeblich geltend gemachten Gegendarstellungsanspruchs ist der ordentliche Rechtsweg gegeben. Auf Antrag des Betroffenen kann das Gericht anordnen, daß der verantwortliche Redakteur und der Verleger in der Form des Absatzes 3 eine Gegendarstellung veröffentlichen. Auf dieses Verfahren sind die Vorschriften der Zivilprozeßordnung über das Verfahren auf Erlaß einer einstweiligen Verfügung entsprechend anzuwenden. Eine Gefährdung des Anspruchs braucht nicht glaubhaft gemacht zu werden. Ein Verfahren zur Hauptsache findet nicht statt.

(5) Die Absätze 1 bis 4 gelten nicht für wahrheitsgetreue Berichte über öffentliche Sitzungen der gesetzgebenden oder beschließenden Organe des Bundes, der Länder, der Gemeinden (Gemeindeverbände), der Bezirke sowie der Gerichte.

(6) Auf den Rundfunk (Hörfunk und Fernsehen) finden die Absätze 1 bis 5 entsprechende Anwendung. Der Gegendarstellungsanspruch richtet sich gegen die Rundfunkanstalt, die für die redaktionelle Gestaltung der Sendung verantwortlich ist. Die Gegendarstellung muß unverzüglich für den gleichen Bereich sowie zu einer gleichwertigen Sendezeit wie die beanstandete Sendung verbreitet werden.

Gesetzesfassung in Brandenburg:

§ 12 [Anspruch auf Gegendarstellung]

(1) Die verantwortliche Redakteurin oder der verantwortliche Redakteur und die Verlegerin oder der Verleger eines periodischen Druckwerks sind verpflichtet, eine Gegendarstellung der Person oder Stelle zum Abdruck zu bringen, die durch eine in dem Druckwerk aufgestellte Tatsachenbehauptung betroffen ist. Die Verpflichtung erstreckt sich auf alle Nebenausgaben des Druckwerks, in denen die Tatsachenbehauptung erschienen ist.

(2) Die Pflicht zum Abdruck einer Gegendarstellung besteht nicht,
1. wenn die betroffene Person oder Stelle kein berechtigtes Interesse an der Veröffentlichung hat,
2. wenn die Gegendarstellung ihrem Umfang nach nicht angemessen ist oder
3. bei Anzeigen, die ausschließlich dem geschäftlichen Verkehr dienen.
Überschreitet die Gegendarstellung nicht den Umfang des beanstandeten Textes, so gilt sie als angemessen. Die Gegendarstellung muß sich auf tatsächliche Angaben beschränken und darf keinen strafbaren Inhalt haben. Sie bedarf der Schriftform und muß von dem Betroffenen oder seinem gesetzlichen Vertreter unterzeichnet sein. Der Betroffene kann den Abdruck nur verlangen, wenn die Gegendarstellung dem verantwortlichen Redakteur oder dem Verleger unverzüglich spätestens innerhalb von drei Monaten nach der Veröffentlichung, zugeht.

(3) Die Gegendarstellung muß in der nach Empfang der Einsendung nächstfolgenden, für den Druck nicht abgeschlossenen Nummer in dem gleichen Teil des Druckwerks und mit gleicher Schrift wie der beanstandete Text ohne Einschaltung, Weglassungen oder Zusätze abgedruckt werden; sie darf nicht in der Form eines Leserbriefs erscheinen. Der Abdruck ist kostenfrei. Wer sich zu der Gegendarstellung in derselben Nummer äußert, muß sich auf tatsächliche Angaben beschränken.

(4) Ist der Gegendarstellungsanspruch vergeblich geltend gemacht worden, so ist für seine Durchsetzung der ordentliche Rechtsweg gegeben. Auf Antrag des Betroffenen kann das Gericht anordnen, daß der verantwortliche Redakteur und der Verleger eine Gegendarstellung in der Form des Absatzes 3 veröffentlichen. Auf dieses Verfahren sind die Vorschriften der Zivilprozeßordnung über das

Verfahren auf Erlaß einer einstweiligen Verfügung entsprechend anzuwenden. Eine Gefährdung des Anspruchs braucht nicht glaubhaft gemacht zu werden. Ein Hauptverfahren findet nicht statt.

(5) Die Absätze 1 bis 4 gelten nicht für wahrheitsgetreue Berichte über öffentliche Sitzungen der gesetzgebenden und beschließenden Organe der Europäischen Union, der Europäischen Atomgemeinschaft, des Bundes, der Länder und der Gemeinden (Gemeindeverbände) sowie der Gerichte.

Gesetzesfassung in Bremen:

§ 11 [Gegendarstellungsanspruch]

(1) Der verantwortliche Redakteur und der Verleger eines periodischen Druckwerkes sind verpflichtet, eine Gegendarstellung der Person oder Stelle zum Abdruck zu bringen, die durch eine in dem Druckwerk aufgestellte Tatsachenbehauptung betroffen ist. Die Verpflichtung erstreckt sich auf alle Nebenausgaben des Druckwerks, in denen die Tatsachenbehauptung erschienen ist.

(2) Die Pflicht zum Abdruck einer Gegendarstellung besteht nicht, wenn
1. die betroffene Person oder Stelle kein berechtigtes Interesse an der Veröffentlichung hat oder
2. die Gegendarstellung ihrem Umfang nach nicht angemessen ist oder
3. es sich um eine Anzeige handelt, die ausschließlich dem geschäftlichen Verkehr dient.

Überschreitet die Gegendarstellung nicht den Umfang des beanstandeten Textes, so gilt sie als angemessen. Die Gegendarstellung muß sich auf tatsächliche Angaben beschränken und darf keinen strafbaren Inhalt haben. Sie bedarf der Schriftform. Der Betroffene kann den Abdruck nur verlangen, wenn die Gegendarstellung unverzüglich, spätestens 3 Monate nach der Veröffentlichung, dem verantwortlichen Redakteur oder dem Verleger zugeht.

(3) Die Gegendarstellung muß in der nach Empfang der Einsendung nächstfolgenden, für den Druck nicht abgeschlossenen Nummer, in dem gleichen Teil des Druckwerks und mit gleichwertiger Platzierung, gleicher Schriftgröße und Auszeichnung wie der beanstandete Text ohne Einschaltungen und Weglassungen abgedruckt werden. Die Gegendarstellung darf nicht in Form eines Leserbriefes erscheinen. Der Abdruck ist kostenfrei, es sei denn, daß es sich um eine Gegendarstellung zu einer im Anzeigenteil verbreiteten Tatsachenbehauptung handelt. Wer sich zu der Gegendarstellung in derselben Nummer äußert, muß sich auf tatsächliche Angaben beschränken. Druckt ein Unternehmen der in § 7 Abs 2 genannten Art, eine Zeitung oder Zeitschrift, eine Gegendarstellung ab, so hat die Gegendarstellung gleichfalls unverzüglich zu veröffentlichen, wer die behaupteten Tatsachen übernommen hatte.

(4) Für die Durchsetzung des vergeblich geltend gemachten Gegendarstellungsanspruchs ist der ordentliche Rechtsweg gegeben. Auf Antrag des Betroffenen kann das Gericht anordnen, daß der verantwortliche Redakteur und der Verleger eine Gegendarstellung in der Form des Absatzes 3 veröffentlichen. Auf dieses Verfahren sind die Vorschriften der Zivilprozeßordnung über das Verfahren auf Erlaß einer einstweiligen Verfügung entsprechend anzuwenden. Eine Gefährdung des Anspruchs braucht nicht glaubhaft gemacht zu werden. Ein Hauptverfahren findet nicht statt.

(5) Die Absätze 1 bis 4 gelten nicht für wahrheitsgetreue Berichte über öffentliche Sitzungen der gesetzgebenden oder beschließenden Organe des Bundes, der Länder und der Gemeinden (Gemeindeverbände) sowie der Gerichte.

Gegendarstellung § 11 LPG

Gesetzesfassung in Hamburg:

§ 11 [Gegendarstellung]

(1) Der verantwortliche Redakteur und der Verleger eines periodischen Druckwerks sind verpflichtet, eine Gegendarstellung der Person oder Stelle zum Abdruck zu bringen, die durch eine in dem Druckwerk aufgestellte Tatsachenbehauptung betroffen ist. Die Verpflichtung erstreckt sich auf alle Nebenausgaben des Druckwerks, in denen die Tatsachenbehauptung erschienen ist.

(2) Die Pflicht zum Abdruck einer Gegendarstellung besteht nicht, wenn die Gegendarstellung ihrem Umfang nach nicht angemessen ist. Überschreitet die Gegendarstellung nicht den Umfang des beanstandeten Textes, so gilt sie als angemessen. Die Gegendarstellung muß sich auf tatsächliche Angaben beschränken und darf keinen strafbaren Inhalt haben. Sie bedarf der Schriftform und muß von dem Betroffenen oder seinem gesetzlichen Vertreter unterzeichnet sein. Der Betroffene oder sein Vertreter kann den Abdruck nur verlangen, wenn die Gegendarstellung dem verantwortlichen Redakteur oder dem Verleger unverzüglich, spätestens innerhalb von drei Monaten nach der Veröffentlichung, zugeht.

(3) Die Gegendarstellung muß in der nach Empfang der Einsendung nächstfolgenden, für den Druck nicht abgeschlossenen Nummer in dem gleichen Teil des Druckwerks und mit gleicher Schrift wie der beanstandete Text ohne Einschaltungen und Weglassungen abgedruckt werden. Sie darf nicht in Form eines Leserbriefes erscheinen. Der Abdruck ist kostenfrei, es sei denn, der beanstandete Text ist als Anzeige abgedruckt worden. Wer sich zu der Gegendarstellung in derselben Nummer äußert, muß sich auf tatsächliche Angaben beschränken.

(4) Für die Durchsetzung des Gegendarstellungsanspruchs ist der ordentliche Rechtsweg gegeben. Auf Antrag des Betroffenen kann das Gericht anordnen, daß der verantwortliche Redakteur und der Verleger in der Form des Absatzes 3 eine Gegendarstellung veröffentlichen. Auf dieses Verfahren sind die Vorschriften der Zivilprozeßordnung über das Verfahren auf Erlaß einer einstweiligen Verfügung entsprechend anzuwenden. Eine Gefährdung des Anspruchs braucht nicht glaubhaft gemacht zu werden.

(5) Die Absätze 1 bis 4 gelten nicht für wahrheitsgetreue Berichte über öffentliche Sitzungen der gesetzgebenden oder beschließenden Organe des Bundes, der Länder und der Gemeinden (Gemeindeverbände) sowie der Gerichte.

Gesetzesfassung in Hessen:

§ 9 [Gegendarstellung]

(1) Der verantwortliche Redakteur und der Verleger eines periodischen Druckwerks sind verpflichtet, eine Gegendarstellung der Person oder Stelle zum Abdruck zu bringen, die durch eine in dem Druckwerk aufgestellte Tatsachenbehauptung betroffen ist. Die Verpflichtung erstreckt sich auf alle Nebenausgaben des Druckwerks, in denen die Tatsachenbehauptung erschienen ist.

(2) Die Pflicht zum Abdruck einer Gegendarstellung besteht nur, wenn und soweit die betroffene Person oder Stelle ein berechtigtes Interesse an der Veröffentlichung hat und wenn die Gegendarstellung ihrem Umfang nach angemessen ist. Der Abdruck der Gegendarstellung muß von dem Betroffenen oder seinem Vertreter ohne schuldhaftes Zögern verlangt werden. Die Gegendarstellung bedarf der Schriftform und muß von dem Betroffenen unterzeichnet sein. Sie muß sich auf tatsächliche Angaben beschränken und darf keinen strafbaren Inhalt haben.

(3) Der Abdruck muß in der nach Empfang der Einsendung nächstfolgenden, für den Druck nicht abgeschlossenen Nummer, in dem gleichen Teil des Druckwerks und mit gleicher Schrift wie der beanstandete Text ohne Einschaltungen und Weglassungen erfolgen. Wer sich zu der Gegendarstellung in derselben Nummer äußert, muß sich auf tatsächliche Angaben beschränken. Der Abdruck ist kostenfrei, soweit nicht der Umfang des beanstandeten Textes überschritten wird; im letzteren Fall sind die üblichen Einrückungsgebühren zu entrichten.

(4) Auf Erfüllung kann geklagt werden. Das Gericht kann im Wege der einstweiligen Verfügung, auch wenn die Gefahr der Wiederholung nicht begründet ist, anordnen, daß der verantwortliche Redakteur und der Verleger in der Form des Abs 3 eine bestimmte Gegendarstellung veröffentlichen.

(5) Diese Bestimmung gilt nicht für wahrheitsgetreue Berichte über öffentliche Sitzungen der gesetzgebenden oder beschließenden Körperschaften des Bundes, der Länder, der Gemeinden (Gemeindeverbände) und der Gerichte.

Gesetzesfassung in Mecklenburg-Vorpommern:

§ 10 [Gegendarstellungsanspruch]

(1) Der verantwortliche Redakteur und der Verleger eines periodischen Druckwerkes sind verpflichtet, eine Gegendarstellung der Person oder Stelle zum Abdruck zu bringen, die durch eine in dem Druckwerk aufgestellte Tatsachenbehauptung betroffen ist. Die Verpflichtung erstreckt sich auf alle Nebenausgaben des Druckwerkes, in denen die Tatsachenbehauptung erschienen ist.

(2) Die Pflicht zum Abdruck einer Gegendarstellung besteht nicht, wenn die Gegendarstellung ihrem Umfang nach nicht angemessen ist. Überschreitet die Gegendarstellung nicht den Umfang des beanstandeten Textes, so gilt sie als angemessen. Die Gegendarstellung muß sich auf tatsächliche Angaben beschränken und darf keinen strafbaren Inhalt haben. Sie bedarf der Schriftform und muß von dem Betroffenen oder seinem gesetzlichen Vertreter unterzeichnet sein. Der Betroffene oder sein Vertreter kann den Abdruck nur verlangen, wenn er die Gegendarstellung unverzüglich, spätestens innerhalb von drei Monaten nach der Veröffentlichung dem verantwortlichen Redakteur oder Verleger zuleitet.

(3) Die Gegendarstellung muß in der nach Empfang der Einsendung nächstfolgenden, für den Druck nicht abgeschlossenen Nummer in dem gleichen Teil des Druckwerkes und mit gleicher Schrift wie der beanstandete Text ohne Einschaltungen und Weglassungen abgedruckt werden. Der Abdruck ist kostenfrei. Wer sich zu der Gegendarstellung in derselben Nummer äußert, muß sich auf tatsächliche Angaben beschränken. Die Gegendarstellung darf nicht in Form eines Leserbriefes erscheinen.

(4) Für die Durchsetzung des Gegendarstellungsanspruches ist der ordentliche Rechtsweg gegeben. Auf Antrag des Betroffenen kann das Gericht anordnen, daß der verantwortliche Redakteur und der Verleger in der Form des Absatzes 3 eine Gegendarstellung veröffentlichen. Auf dieses Verfahren sind die Vorschriften der Zivilprozeßordnung für das Verfahren auf Erlaß einer einstweiligen Verfügung entsprechend anzuwenden. Eine Gefährdung des Anspruchs braucht nicht glaubhaft gemacht zu werden.

(5) Die Absätze 1 bis 4 gelten nicht für wahrheitsgetreue Berichte über öffentliche Sitzungen der gesetzgebenden oder beschließenden Organe des Bundes, der Länder, der Gemeinden (Gemeindeverbände) und der Gerichte.

Gegendarstellung § 11 LPG

Gesetzesfassung in Niedersachsen:

§ 11 [Gegendarstellungsanspruch]

(1) Der verantwortliche Redakteur und der Verleger eines periodischen Druckwerks sind verpflichtet, eine Gegendarstellung der Person oder Stelle zum Abdruck zu bringen, die durch eine in dem Druckwerk aufgestellte Tatsachenbehauptung betroffen ist. Die Verpflichtung erstreckt sich auf alle Nebenausgaben des Druckwerks, in denen die Tatsachenbehauptung erschienen ist.

(2) Die Pflicht zum Abdruck einer Gegendarstellung besteht nicht, wenn
1. die Gegendarstellung ihrem Umfang nach nicht angemessen ist oder
2. es sich um eine Anzeige handelt, die ausschließlich dem geschäftlichen Verkehr dient.

Überschreitet die Gegendarstellung nicht den Umfang des beanstandeten Textes, so gilt sie als angemessen. Die Gegendarstellung muß sich auf tatsächliche Angaben beschränken und darf keinen strafbaren Inhalt haben. Sie bedarf der Schriftform. Der Betroffene kann den Abdruck nur verlangen, wenn die Gegendarstellung unverzüglich, spätestens drei Monate nach der Veröffentlichung, dem verantwortlichen Redakteur oder dem Verleger zugeht.

(3) Die Gegendarstellung muß in der dem Zugang der Einsendung folgenden, für den Druck nicht abgeschlossenen Nummer in dem gleichen Teil des Druckwerks und mit gleicher Schrift wie der beanstandete Text ohne Einschaltungen und Weglassungen abgedruckt werden; sie darf nicht gegen den Willen des Betroffenen in der Form eines Leserbriefs erscheinen. Der Abdruck ist kostenfrei, es sei denn, daß der beanstandete Text als Anzeige abgedruckt worden ist. Wer sich zu der Gegendarstellung in derselben Nummer äußert, muß sich auf tatsächliche Angaben beschränken.

(4) Ist der Gegendarstellungsanspruch vergeblich geltend gemacht worden, so ist für seine Durchsetzung der ordentliche Rechtsweg gegeben. Auf Antrag des Betroffenen kann das Gericht anordnen, daß der verantwortliche Redakteur und der Verleger in der Form des Absatzes 3 eine Gegendarstellung veröffentlichen. Auf dieses Verfahren sind die Vorschriften der Zivilprozeßordnung über das Verfahren auf Erlaß einer einstweiligen Verfügung entsprechend anzuwenden. Eine Gefährdung des Anspruchs braucht nicht glaubhaft gemacht zu werden. § 926 der Zivilprozeßordnung ist nicht anzuwenden.

(5) Die Absätze 1 bis 4 gelten nicht für wahrheitsgetreue Berichte über öffentliche Sitzungen der gesetzgebenden oder beschließenden Organe des Bundes und der Länder, der Vertretungen der Gebietskörperschaften sowie der Gerichte.

Gesetzesfassung in Nordrhein-Westfalen:

§ 11 [Gegendarstellungsanspruch]

(1) Der verantwortliche Redakteur und der Verleger eines periodischen Druckwerks sind verpflichtet, eine Gegendarstellung der Person oder Stelle zum Abdruck zu bringen, die durch eine in dem Druckwerk aufgestellte Tatsachenbehauptung betroffen ist. Die Verpflichtung erstreckt sich auf alle Neben- oder Unterausgaben des Druckwerks, in denen die Tatsachenbehauptung erschienen ist.

(2) Die Pflicht zum Abdruck einer Gegendarstellung besteht nicht, wenn
a) die betroffene Person oder Stelle kein berechtigtes Interesse an der Veröffentlichung hat oder
b) die Gegendarstellung ihrem Umfange nach nicht angemessen ist oder
c) es sich um eine Anzeige handelt, die ausschließlich dem geschäftlichen Verkehr dient.

LPG § 11 Gegendarstellung

Überschreitet die Gegendarstellung nicht den Umfang des beanstandeten Textes, so gilt sie als angemessen. Die Gegendarstellung muß sich auf tatsächliche Angaben beschränken und darf keinen strafbaren Inhalt haben. Sie bedarf der Schriftform und muß von dem Betroffenen oder seinem gesetzlichen Vertreter unterzeichnet sein. Der Betroffene oder sein Vertreter kann den Abdruck nur verlangen, wenn die Gegendarstellung unverzüglich, spätestens innerhalb von drei Monaten nach der Veröffentlichung, dem verantwortlichen Redakteur oder Verleger zugeht.

(3) Die Gegendarstellung muß in der nach Empfang der Einsendung nächstfolgenden, für den Druck nicht abgeschlossenen Nummer in dem gleichen Teil des Druckwerks und mit gleicher Schrift wie der beanstandete Text ohne Einschaltungen und Weglassungen abgedruckt werden; sie darf nicht in der Form eines Leserbriefs erscheinen. Der Abdruck ist kostenfrei. Wer sich zu der Gegendarstellung in derselben Nummer äußert, muß sich auf tatsächliche Angaben beschränken.

(4) Für die Durchsetzung des vergeblich geltend gemachten Gegendarstellungsanspruchs ist der ordentliche Rechtsweg gegeben. Auf Antrag des Betroffenen kann das Gericht anordnen, daß der verantwortliche Redakteur und der Verleger in der Form des Absatzes 3 eine Gegendarstellung veröffentlichen. Auf dieses Verfahren sind die Vorschriften der Zivilprozeßordnung über das Verfahren auf Erlaß einer einstweiligen Verfügung entsprechend anzuwenden. Eine Gefährdung des Anspruchs braucht nicht glaubhaft gemacht zu werden. Ein Verfahren zur Hauptsache findet nicht statt.

(5) Die Absätze 1 bis 4 gelten nicht für wahrheitsgetreue Berichte über öffentliche Sitzungen der gesetzgebenden Organe des Bundes und der Länder und der Vertretungen der Gemeinden (Gemeindeverbände) sowie der Gerichte.

Gesetzesfassung in Rheinland-Pfalz:

§ 11 [Gegendarstellung]

(1) Die redaktionell verantwortliche Person und die Person, die ein periodisches Druckwerk verlegt, sowie Rundfunkveranstalter sind verpflichtet, unverzüglich eine Gegendarstellung der Person oder Stelle, die durch eine in dem Druckwerk oder der Rundfunksendung aufgestellte Tatsachenbehauptung betroffen ist, ohne Kosten für die Betroffenen zum Abdruck zu bringen, zu verbreiten oder in das Angebot ohne Abrufentgelt aufzunehmen. Für die Wiedergabe einer Gegendarstellung zu einer im Anzeigen- oder Werbeteil verbreiteten Tatsachenbehauptung sind die üblichen Entgelte zu entrichten.

(2) Die Gegendarstellung hat ohne Einschaltungen und Weglassungen in gleicher Aufmachung wie die Tatsachenbehauptung zu erfolgen. Bei Druckwerken muss sie in der nach Empfang der Einsendung nächstfolgenden für den Druck nicht abgeschlossenen Nummer in dem gleichen Teil des Druckwerks und mit gleicher Schrift wie der beanstandete Text abgedruckt werden; sie darf nicht in der Form eines Leserbriefs erscheinen. Eine Erwiderung muss sich auf tatsächliche Angaben beschränken; dies gilt bei periodischen Druckwerken nur, sofern die Erwiderung in derselben Folge oder Nummer erfolgt. Verbreitet ein Unternehmen der in § 3 Abs. 2 Nr. 1 Buchst. b oder c genannten Art eine Gegendarstellung, so ist die Gegendarstellung gleichfalls unverzüglich so weit zu veröffentlichen, wie die behauptete Tatsache übernommen wurde. Im Rundfunk muss die Gegendarstellung unverzüglich innerhalb des gleichen Programms und der gleichen Programmsparte wie die beanstandete Tatsachenbehauptung sowie zur gleichen Tageszeit oder, wenn dies nicht möglich ist, zu einer Sendezeit verbreitet werden, die der Zeit der beanstandeten Sendung gleichwertig ist.

Gegendarstellung § 11 LPG

(3) Eine Verpflichtung zur Aufnahme der Gegendarstellung gemäß Absatz 1 besteht nicht, wenn

1. die betroffene Person oder Stelle kein berechtigtes Interesse an der Gegendarstellung hat,
2. der Umfang der Gegendarstellung unangemessen über den der beanstandeten Tatsachenbehauptung hinausgeht,
3. die Gegendarstellung sich nicht auf tatsächliche Angaben beschränkt oder einen strafbaren Inhalt hat,
4. die Gegendarstellung nicht unverzüglich, spätestens innerhalb von drei Monaten nach der Aufstellung der Tatsachenbehauptung, der nach Absatz 1 Satz 1 verpflichteten Person schriftlich und von der betroffenen Person oder ihrer gesetzlichen Vertreterin oder ihrem gesetzlichen Vertreter unterzeichnet zugeht oder
5. es sich um eine Anzeige in einem periodischen Druckwerk handelt, die ausschließlich dem geschäftlichen Verkehr dient.

(4) Für die Durchsetzung des vergeblich geltend gemachten Gegendarstellungsanspruchs ist der ordentliche Rechtsweg gegeben. Auf dieses Verfahren sind die Vorschriften der Zivilprozessordnung über das Verfahren auf Erlass einer einstweiligen Verfügung entsprechend anzuwenden. Eine Gefährdung des Anspruchs braucht nicht glaubhaft gemacht zu werden. Ein Verfahren zur Hauptsache findet nicht statt.

(5) Eine Verpflichtung zur Gegendarstellung besteht nicht für wahrheitsgetreue Berichte über öffentliche Sitzungen der übernationalen parlamentarischen Organe, der gesetzgebenden oder beschließenden Organe des Bundes, der Länder und der kommunalen Gebietskörperschaften sowie der Gerichte.

Gesetzesfassung im Saarland:

§ 10 Gegendarstellung

(1) Die verantwortliche Redakteurin oder der verantwortliche Redakteur und die Verlegerin oder der Verleger eines periodischen Druckwerks, die Rundfunkveranstalterin oder der Rundfunkveranstalter und die Anbieterin oder der Anbieter von Angeboten nach § 55 Abs. 2 des Rundfunkstaatsvertrages sind verpflichtet, unverzüglich eine Gegendarstellung der Person oder Stelle, die durch eine in dem Druckwerk, der Rundfunksendung oder dem Angebot aufgestellte Tatsachenbehauptung betroffen ist, ohne Kosten für die oder den Betroffenen zum Abdruck zu bringen, zu verbreiten oder in ihr oder sein Angebot ohne Abrufentgelt aufzunehmen.

(2) Die Gegendarstellung ist ohne Einschaltungen und Weglassungen in gleicher Aufmachung wie die Tatsachenbehauptung anzubieten; sie darf nicht in der Form eines Leserbriefs erscheinen. Eine Erwiderung auf die Gegendarstellung darf keinen strafbaren Inhalt haben. Sie muss sich auf tatsächliche Angaben beschränken. Satz 3 gilt bei periodischen Druckwerken nur, sofern die Erwiderung in derselben Nummer erfolgt.

(3) Eine Verpflichtung zur Aufnahme der Gegendarstellung gemäß Absatz 1 besteht nicht, wenn

1. die oder der Betroffene kein berechtigtes Interesse an der Gegendarstellung hat,
2. der Umfang der Gegendarstellung unangemessen über den der beanstandeten Tatsachenbehauptung hinausgeht,
3. die Gegendarstellung sich nicht auf tatsächliche Angaben beschränkt oder einen strafbaren Inhalt hat,
4. die Gegendarstellung nicht unverzüglich, bei periodischen Druckwerken spätestens innerhalb von drei Monaten nach der Aufstellung der Tatsachenbe-

LPG § 11   Gegendarstellung

hauptung, bei Angeboten nach § 55 Abs. 2 des Rundfunkstaatsvertrages spätestens sechs Wochen nach dem letzten Tage des Angebots des beanstandeten Textes, jedenfalls jedoch drei Monate nach der erstmaligen Einstellung des Angebots, beim Rundfunk spätestens innerhalb von sechs Wochen nach der Aufstellung der Tatsachenbehauptung der oder dem in Anspruch Genommenen schriftlich und von der oder dem Betroffenen oder ihrer oder seiner gesetzlichen Vertreterin oder ihrem oder seinem gesetzlichen Vertreter unterzeichnet, zugeht, oder

5. es sich um eine Anzeige in einem periodischen Druckwerk handelt, die ausschließlich dem geschäftlichen Verkehr dient.

(4) Für die Durchsetzung des vergeblich geltend gemachten Gegendarstellungsanspruchs ist der ordentliche Rechtsweg gegeben. Auf dieses Verfahren sind die Vorschriften der Zivilprozeßordnung über das Verfahren auf Erlass einer einstweiligen Verfügung entsprechend anzuwenden. Eine Gefährdung des Anspruchs braucht nicht glaubhaft gemacht zu werden. Ein Verfahren zur Hauptsache findet nicht statt.

(5) Eine Verpflichtung zur Gegendarstellung besteht nicht für wahrheitsgetreue Berichte über öffentliche Sitzungen der übernationalen parlamentarischen Organe, der gesetzgebenden oder beschließenden Organe des Bundes und der Länder, der Gemeinden, der sonstigen kommunalen Körperschaften sowie der Gerichte.

Gesetzesfassung in Sachsen:

§ 10 [Gegendarstellung][1]

(1) Der verantwortliche Redakteur und der Verleger eines periodischen Druckwerks sind verpflichtet, eine Gegendarstellung der Person oder Stelle zum Abdruck zu bringen, die durch eine in dem Druckwerk aufgestellte Tatsachenbehauptung betroffen ist. Die Verpflichtung erstreckt sich auf alle Nebenausgaben des Druckwerks, in denen die Tatsachenbehauptung erschienen ist.

(2) Die Pflicht zum Abdruck einer Gegendarstellung besteht nicht, wenn

1. die Gegendarstellung einen strafbaren Inhalt hat,
2. ihr Inhalt sich nicht auf tatsächliche Angaben beschränkt,
3. der beanstandete Teil zu einer Anzeige gehört, die ausschließlich dem geschäftlichen Verkehr dient,
4. die betroffene Person oder Stelle kein berechtigtes Interesse an der Veröffentlichung hat oder
5. die Gegendarstellung ihrem Umfang nach nicht angemessen ist; sie gilt als angemessen, sofern ihr Umfang den Umfang der beanstandeten Erstmitteilung nicht überschreitet.

(3) Die Gegendarstellung bedarf der Schriftform und muß von dem Betroffenen oder seinem gesetzlichen Vertreter unterzeichnet sein. Der Betroffene kann den Abdruck verlangen, wenn die Gegendarstellung unverzüglich nach Kenntniserlangung, spätestens drei Monate nach der Veröffentlichung der beanstandeten Erstmitteilung dem verantwortlichen Redakteur oder dem Verleger zugeht.

(4) Die Gegendarstellung muß in der dem Zugang der Einsendung folgenden, für den Druck nicht abgeschlossenen Nummer in dem gleichen Teil des Druckwerks und mit gleicher Schrift wie der beanstandete Text ohne Einschaltungen und Weglassungen kostenfrei abgedruckt werden. Sie darf nicht gegen den Willen des Betroffenen in Form eines Leserbriefes erscheinen. Wer sich zu

---

[1] Nach § 1 Abs 4 der Verordnung über Schülerzeitschriften im Freistaat Sachsen vom 10.9.1992 (GVBl S 429) sind diese Vorschriften auch bei Schülerzeitschriften zu beachten.

Gegendarstellung § 11 LPG

der Gegendarstellung in derselben Nummer äußert, muß sich auf tatsächliche Angaben beschränken. Dieselbe Verpflichtung trifft den Verleger oder den verantwortlichen Redakteur eines anderen Unternehmens, das den beanstandeten Text übernommen hat.

(5) Der Anspruch auf Abdruck der Gegendarstellung kann vor den ordentlichen Gerichten auch im Verfahren der einstweiligen Verfügung geltend gemacht werden. Eine Gefährdung des Anspruchs braucht nicht glaubhaft gemacht zu werden.

(6) Die Absätze 1 bis 5 gelten nicht für wahrheitsgetreue Berichte über öffentliche Sitzungen der gesetzgebenden oder beschließenden Organe der Europäischen Gemeinschaft, des Bundes und der Länder, der Vertretungen der Gebietskörperschaften sowie der Gerichte.

Gesetzesfassung in Sachsen-Anhalt:

§ 10 [Gegendarstellungsanspruch]

(1) Der verantwortliche Redakteur und der Verleger eines periodischen Druckwerks sind verpflichtet, eine Gegendarstellung der Person oder Stelle zum Abdruck zu bringen, die durch eine in dem Druckwerk aufgestellte Tatsachenbehauptung betroffen ist. Die Verpflichtung erstreckt sich auch auf alle Nebenausgaben des Druckwerks, in denen die Tatsachenbehauptung erschienen ist.

(2) Die Pflicht zum Abdruck einer Gegendarstellung besteht nicht, wenn
1. die Gegendarstellung ihrem Umfang nach nicht angemessen ist oder
2. es sich um eine Anzeige handelt, die ausschließlich dem geschäftlichen Verkehr dient.

Überschreitet die Gegendarstellung nicht den Umfang des beanstandeten Textes, so gilt sie als angemessen. Die Gegendarstellung muß sich auf tatsächliche Angaben beschränken und darf keinen strafbaren Inhalt haben. Sie bedarf der Schriftform. Der Betroffene kann den Abdruck nur verlangen, wenn die Gegendarstellung unverzüglich, spätestens drei Monate nach der Veröffentlichung, dem verantwortlichen Redakteur oder dem Verleger zugeht.

(3) Die Gegendarstellung muß in der dem Zugang der Einsendung folgenden, für den Druck nicht abgeschlossenen Nummer indem gleichen Teil des Druckwerks und mit gleicher Schrift wie der beanstandete Text ohne Einschaltungen und Weglassungen abgedruckt werden; sie darf nicht gegen den Willen des Betroffenen in der Form eines Leserbriefes erscheinen. Der Abdruck ist kostenfrei, es sie denn, daß der beanstandete Text als Anzeige abgedruckt worden ist. Wer sich zu der Gegendarstellung in derselben Nummer äußert, muß sich auf tatsächliche Angaben beschränken.

(4) Ist der Gegendarstellungsanspruch vergeblich geltend gemacht worden, so ist für seine Durchsetzung der ordentliche Rechtsweg gegeben. Auf Antrag des Betroffenen kann das Gericht anordnen, daß der verantwortliche Redakteur und der Verleger in der Form des Absatzes 3 eine Gegendarstellung veröffentlichen. Auf dieses Verfahren sind die Vorschriften der Zivilprozeßordnung über das Verfahren auf Erlaß einer einstweiligen Verfügung entsprechend anzuwenden. Eine Gefährdung des Anspruchs braucht nicht glaubhaft gemacht zu werden. § 926 der Zivilprozeßordnung ist nicht anzuwenden.

(5) Die Absätze 1 bis 4 gelten nicht für wahrheitsgetreue Berichte über öffentliche Sitzungen der gesetzgebenden oder beschließenden Organe des Bundes und der Länder, der Vertretungen der Gebietskörperschaften sowie der Gerichte.

LPG § 11 Gegendarstellung

Gesetzesfassung in Schleswig-Holstein:

§ 11 [Gegendarstellungsanspruch]

(1) Die verantwortliche Redakteurin oder der verantwortliche Redakteur und die Verlegerin oder der Verleger eines periodischen Druckwerks sind verpflichtet, eine Gegendarstellung der Person oder Stelle zum Abdruck zu bringen, die durch eine in dem Druckwerk aufgestellte Tatsachenbehauptung betroffen ist. Die Verpflichtung erstreckt sich auf alle Nebenausgaben des Druckwerks, in denen die Tatsachenbehauptung erschienen ist.

(2) Die Pflicht zum Abdruck einer Gegendarstellung besteht nicht, wenn die betroffene Person oder Stelle kein berechtigtes Interesse an der Veröffentlichung hat oder wenn die Gegendarstellung ihrem Umfang nach nicht angemessen ist. Überschreitet die Gegendarstellung nicht den Umfang des beanstandeten Textes, so gilt sie als angemessen. Die Gegendarstellung muss sich auf tatsächliche Angaben beschränken und darf keinen strafbaren Inhalt haben. Sie bedarf der Schriftform und muss von der oder dem Betroffenen oder ihrer oder seiner gesetzlichen Vertreterin oder ihren oder seinem gesetzlichen Vertreter unterzeichnet sein. Diese können den Abdruck nur verlangen, wenn die Gegendarstellung der verantwortlichen Redakteurin, dem verantwortlichen Redakteur, der Verlegerin oder dem Verleger unverzüglich, spätestens innerhalb von drei Monaten nach der Veröffentlichung, zugeht.

(3) Die Gegendarstellung muss in der nach Empfang der Einsendung nächstfolgenden, für den Druck nicht abgeschlossenen Nummer in dem gleichen Teil des Druckwerks und mit gleicher Schrift wie der beanstandete Text ohne Einschaltungen und Weglassungen abgedruckt werden. Der Abdruck ist kostenfrei, es sei denn, der beanstandete Text ist als Anzeige abgedruckt worden. Wer sich zu der Gegendarstellung in derselben Nummer äußert, muß sich auf tatsächliche Angaben beschränken. Die Gegendarstellung darf nicht in Form eines Leserbriefes erscheinen.

(4) Wird der frist- und formgerechte Abdruck der Gegendarstellung verweigert, so entscheiden auf Antrag der oder des Betroffenen die ordentlichen Gerichte. Die Vorschriften der Zivilprozessordnung über das Verfahren auf Erlass einer einstweiligen Verfügung gelten entsprechend mit der Maßgabe, dass in diesem Verfahren über den Gegendarstellungsanspruch endgültig entschieden wird. Eine Gefährdung des Anspruchs braucht nicht glaubhaft gemacht zu werden. Ist der Anspruch auf Abdruck der beantragten Gegendarstellung begründet, so ordnet das Gericht an, dass die verantwortliche Redakteurin oder der verantwortliche Redakteur und die Verlegerin oder der Verleger diese in der in Abs. 3 genannten Form und Frist veröffentlichen.

(5) Die Absätze 1 bis 4 gelten nicht für wahrheitsgetreue Berichte über öffentliche Sitzungen der gesetzgebenden oder beschließenden Organe des Bundes, der Länder und der Gemeinden (Gemeindeverbände) sowie der Gerichte.

Gesetzesfassung in Thüringen:

§ 11 [Gegendarstellungsanspruch]

(1) Der verantwortliche Redakteur und der Verleger eines periodischen Druckwerks sind verpflichtet, eine Gegendarstellung der Person oder Stelle zum Abdruck zu bringen, die durch eine in dem Druckwerk aufgestellte Tatsachenbehauptung betroffen ist. Die Verpflichtung erstreckt sich auf alle Nebenausgaben des Druckwerks, in denen die Tatsachenbehauptung erschienen ist.

(2) Die Pflicht zum Abdruck einer Gegendarstellung besteht nicht, wenn und soweit:

Gegendarstellung § 11 LPG

1. die betroffene Person oder Stelle kein berechtigtes Interesse an ihrer Verbreitung hat;
2. die Gegendarstellung ihrem Umfang nach nicht angemessen ist oder
3. es sich um eine Anzeige handelt, die ausschließlich dem geschäftlichen Verkehr dient.

Überschreitet die Gegendarstellung nicht den Umfang des beanstandeten Textes, so gilt sie als angemessen. Die Gegendarstellung muß sich auf tatsächliche Angaben beschränken und darf keinen strafbaren Inhalt haben. Sie bedarf der Schriftform und muß vom betroffenen unterschrieben sein. Der Betroffene kann den Abdruck nur verlangen, wenn die Gegendarstellung unverzüglich, spätestens drei Monate nach der Veröffentlichung, dem verantwortlichen Redakteur oder dem Verleger zugeht.

(3) Die Gegendarstellung muß in der dem Zugang der Einsendung folgenden, für den Druck nicht abgeschlossenen Nummer in dem gleichen Teil des Druckwerks und mit gleicher Schrift wie der beanstandete Text ohne Einschaltungen und Weglassungen abgedruckt werden; sie darf nicht gegen den Willen des Betroffenen in der Form eines Leserbriefs erscheinen. Der Abdruck einer Gegendarstellung ist kostenfrei. Wer sich zu der Gegendarstellung in derselben Nummer äußert, muß sich auf tatsächliche Angaben beschränken.

(4) Für den Gegendarstellungsanspruch ist der ordentliche Rechtsweg gegeben. Auf Antrag des Betroffenen kann das Gericht anordnen, daß der verantwortliche Redakteur und der Verleger in der Form des Absatzes 3 eine Gegendarstellung veröffentlichen. Auf dieses Verfahren sind die Vorschriften der Zivilprozeßordnung über das Verfahren auf Erlaß einer einstweiligen Verfügung entsprechend anzuwenden. Eine Gefährdung des Anspruchs braucht nicht glaubhaft gemacht zu werden. § 926 der Zivilprozeßordnung ist nicht anzuwenden.

(5) Die Absätze 1 bis 4 gelten nicht für wahrheitsgetreue Berichte über öffentliche Sitzungen der gesetzgebenden oder beschließenden Organe der Europäischen Gemeinschaft, des Bundes und der Länder, der Vertretungen der Gebietskörperschaften sowie der Gerichte.

Inhaltsübersicht

		Rn
I.	Geltende Gesetzesfassung	1–19
II.	Bedeutung und Herkunft der Bestimmung	
	1. Bedeutung für die Praxis. Grundgedanken	21
	a) Schutz des Betroffenen	22–26
	b) Das Informationsinteresse der Allgemeinheit	27–29
	2. Herkunft des Rechtsinstitutes und der Bezeichnung „Gegendarstellung"	30–32
III.	Die Rechtsnatur des Gegendarstellungsanspruchs	
	1. Ein spezifisches Rechtsinstitut des Presserechts	33, 34
	2. Die verschiedenen Rechtstheorien	35
	a) Öffentlich-rechtliche Auffassung	36
	b) Unerlaubte Handlung	37
	c) Prinzip von Treu und Glauben	38
	3. Doppelte Rechtsgrundlage	39
	a) Persönlichkeitsrecht	40, 41
	b) Mitwirkung bei der öffentlichen Meinungsbildung	42
	4. Wesen der Gegendarstellung	43
	5. Zivilrechtlicher Anspruch	44
	6. Kein Eingriff in die Pressefreiheit	45
IV.	Die Anspruchsberechtigten	46
	1. Weite Fassung: jede Person oder Stelle	47
	a) Personen	48

LPG § 11   Gegendarstellung

		Rn
	b) Stellen	49
	c) Besondere Problematik des Anspruchs der Stelle	50–52
	d) Mehrere Anspruchsberechtigte	53
	2. Betroffensein	54
	a) Mittelbar – unmittelbar – selbst betroffen	55–57
	b) Individuell betroffen	58
	c) Namentliche Nennung nicht erforderlich	59
V.	**Ausnahmen von der Gegendarstellungspflicht**	60
	1. Fehlen eines berechtigten Interesses	61
	a) Belanglosigkeit	62
	b) Offensichtliche Unwahrheit	63
	c) Irreführender Inhalt	64
	d) Keine abweichende Aussage	65
	e) Widerruf und Gegendarstellung	66
	2. Unangemessen großer Umfang	67
	3. Anzeigen, die ausschließlich dem geschäftlichen Verkehr dienen	68–71
	4. Parlaments- und Gerichtsberichterstattung	72–76
	5. Keine Gegendarstellung zur Gegendarstellung	77
	6. Amtliche und harmlose Schriften	78
	7. Im Ausland erscheinende Druckschriften	79
VI.	**Die Anspruchsverpflichteten**	
	1. Verleger und verantwortlicher Redakteur	80
	a) periodische Druckwerke	81, 82
	b) Nebenausgaben	83
	2. Gesamtschuldnerische Haftung	84
	3. Weigerung des Mithaftenden	85, 86
	4. Wechsel in der Person	87
VII.	**Gegendarstellung nur gegenüber Tatsachenbehauptungen der Presse**	
	1. Tatsachenbehauptung/Meinungsäußerung	88
	a) Tatsachenbegriff	89
	b) Werturteil/Meinungsäußerung	90
	c) Abgrenzungsproblem	91–93
	d) Stellungnahme	94–103
	e) Zukünftige Ereignisse	104
	f) Rechtsbeziehungen	105
	2. Aufstellung einer Tatsachenbehauptung	106
	a) Wiedergabe fremder Tatsachenbehauptungen	107
	b) Berichte über Äußerungen Dritter	108
	c) Neue Tatsachenbehauptung im Redaktionsschwanz	109
	d) Aufstellung durch Verschweigen, verdeckte Behauptungen und Eindrücke	110
	e) Aufstellung durch Bildveröffentlichung	111
	f) Tatsachenbehauptung einer Nachrichtenagentur	112
	3. Irrelevanz der Wahrheit oder Unwahrheit	113
VIII.	**Der Inhalt der Gegendarstellung**	114
	1. Kein strafbarer Inhalt	115–119
	2. Beschränkung auf tatsächliche Angaben	120–125
	3. Bezug zur Erstmitteilung – Entgegnung und Ergänzung	126–130
	4. Bildgegendarstellung	131
	5. Überschrift	132
IX.	**Der Umfang der Gegendarstellung**	
	1. Die Angemessenheit des Umfangs	133
	2. Erstmitteilung als zulässiges Minimum	134
	3. Überschreitung des Umfangs	135
	4. Auswirkung auf die Kosten	136
X.	**Die Form der Gegendarstellung**	
	1. formale Ausgestaltung des Anspruchs	137
	2. Schriftform	138–141
	3. Unterzeichnung	142–145
	4. Stellvertretung	146–148
XI.	**Der Anspruch auf Abdruck**	
	1. „Zugehen" und „Verlangen"	149

		Rn
	2. Gegendarstellung und Abdruckverlangen	150
	3. Zuleitung/Zugehen begründet Anspruch	151–153
	4. Zuleitung per Fax?	154
	5. Unterscheidung von Zuleitung und Abdruckverlangen	155
	6. Formfreiheit und Bedeutung von Zuleitung und Abdruckverlangen	156
	7. Fristwahrung	157–161
XII.	**Die Abdruckpflicht. Form und Inhalt**	
	1. Die Bedeutung der Regelung. Die Pflicht zur Verbreitung	162
	2. Die Regelung in Brandenburg, Bremen, Bayern, Hessen	163
	3. Rechtzeitigkeit des Abdrucks	164–168
	4. Ohne Einschaltungen und Weglassungen	169, 170
	5. Die Glossierungsbeschränkung	171, 172
	6. Gleicher Teil des Druckwerks und gleiche Schrift	173–177
	7. Kein Abdruck als Leserbrief	178
	8. Kostenfreiheit des Abdrucks	179
XIII.	**Ablehnung unzulässiger Gegendarstellungen. Keine Mitwirkungspflicht der Presse bei der Formulierung**	
	1. Ablehnung auch bei teilweiser Unzulässigkeit	180
	2. Mitwirkungs- oder Bekanntgabepflicht?	181
	3. Stellungnahme	182
	4. Folgen unterlassener Bekanntgabe	183
XIV.	**Die Durchsetzung des Gegendarstellungsanspruchs**	
	1. Die Entwicklung von der strafrechtlichen zur zivilrechtlichen Lösung	184, 185
	2. Zivilrechtsweg	
	a) Das besondere Verfahren nach § 11 LPG	186
	b) Bayern, Hessen und Sachsen	187
	c) Keine Glaubhaftmachung der Gefährdung des Anspruchs	188
	d) Keine Verbindung mit anderen Ansprüchen	189
	3. Verfassungsrechtliche Bedenken	190
	4. Sachliche und örtliche Zuständigkeit	191
	a) Sachliche Zuständigkeit	191
	b) Örtliche Zuständigkeit	192
	c) Interlokales Recht	193
	5. Das erfolglose Abdruckverlangen	194
	a) Prozessvoraussetzung?	194
	b) Anlass zur Klagerhebung	195
	c) Erklärungsfrist	196
	6. Einleitung des Verfahrens – Frist	197–199
	7. Besonderheiten	200
	a) Dringlichkeit	201
	b) „Stelle" als Partei	202
	c) Wechsel des Beklagten	203
	d) Rechtsschutzbedürfnis	204
	e) Mündliche Verhandlung	205
	f) Glaubhaftmachung	206
	g) Anordnung der Veröffentlichungsmodalitäten nach § 938 ZPO	207
	8. Änderung der Gegendarstellung im Verfahren	208–221
	9. Vollziehung Vollstreckung Rechtsmittel	222–225
	10. Schadenersatz bei Aufhebung des Urteils?	226
	11. Kosten	227, 228
XV.	**Übersicht: Besonderheiten in einzelnen Pressegesetzen**	229–242
XVI.	**Die Gegendarstellung im Rundfunk**	
	1. Rechtsgrundlagen	243
	a) Öffentlich-rechtliche Rundfunkanstalten	244
	b) Privater Rundfunk	245
	c) Anzuwendendes Recht	246
	2. Voraussetzungen	247–249
	3. Besonderheiten im Rundfunk	250
	a) Berechtigter	251
	b) Unmittelbarer Betroffener	252
	c) Aufgestellte/verbreitete Tatsachenbehauptung	253
	d) Verpflichteter	254–258

	Rn
e) Bezeichnung der Sendung	259
f) Ausschlussfristen	260
g) Parlamentsberichterstattung	261
h) Werbesendungen	262
i) Verbreitung	263
j) Ausstrahlung in Worten	264
k) Erwiderung	265
l) Verfahren	266
4. Abrufdienste	267
5. Aufzeichnungspflicht	268
6. Besonderheiten in den Bundesländern	269–285
7. Bundesweite Regelungen	286
XVII. Die Gegendarstellung im Internet	287

Schrifttum: *Damm,* Der Gegendarstellungsanspruch in der Entwicklung der neuen Rechtsprechung, Festschrift für Martin Löffler, S 25 ff.; *Gerhardt,* Der Gegendarstellungsanspruch nach § 12 des Staatsvertrages über den Norddeutschen Rundfunk (AfP 1980, 294); *Groß,* Die Gegendarstellung im Spiegel von Literatur und Rechtsprechung, AfP 2003, 497; *Gounalakis,* Gegendarstellung bei gemischten Äußerungen?, Festschrift für Apostolos Georgiades, Beck 2006; *Haberstrumpf,* Die Aktualitätsgrenze im bayerischen Presserecht AfP 90, 274; *Löffler,* Das internationale Gegendarstellungsrecht, NJW 1972, 2161; *Löffler/Ricker,* Handbuch des Presserechts 5. Aufl 2005; *Pärn,* Das Honorar des Betroffenen in Gegendarstellungssachen, AfP 1978, 80; *Schmidt,* Die mündliche Verhandlung in Gegendarstellungssachen AfP 92, 31; *Seitz,* Richterliches Plädoyer für mündliche Verhandlung in Gegendarstellungssachen AfP 91, 581; *Seitz, Schmidt,* Der Gegendarstellungsanspruch, 4. Aufl 2010; *Soehring,* Gegendarstellung: Deliktsrecht? AfP 1978, 81; *Soehring-Hoene,* Presserecht 5. Aufl 2013; *Wenzel,* Kürzung und Änderung der Gegendarstellung während des Verfahrens, AfP 1982, 89; *Wenzel,* Das Recht der Wort- und Bildberichterstattung, 5. Aufl 2003; *Mann* in Spindler/Schuster, Recht der elektronischen Medien, 2. Aufl 2011.

I. Geltende Gesetzesfassungen

1 An die Stelle des alten bekannten „Berichtigungsparagraphen", des § 11 Reichspreßgesetz, sind in den modernen Landespressegesetzen Vorschriften mit der sachlich korrekten Bezeichnung „Gegendarstellung" getreten. Für den Bereich des Rundfunks und des Internets bestehen in einer Vielzahl von gesetzlichen und staatsvertraglichen Vorschriften entsprechende Regelungen. Die in den Bundesländern bzw bundesweit geltenden Vorschriften sind nach dem Stand Ende 2002 bei Wenzel 11.312 ff. und nach dem Stand Februar 2010 bei Seitz/Schmidt Anhang III abgedruckt.

2 *Baden-Württemberg:* Presse § 11 LPG s oben; Südwestrundfunk § 10 SWRStV; Privater Rundfunk § 9 LMedienG.

3 *Bayern:* Presse Art. 10 LPG s oben; Bayerischer Rundfunk Art 17 BayRG; Privater Rundfunk Art 18 BayMG.

4 *Berlin:* Presse, § 10 LPG s oben; Sender Freies Berlin – Rundfunk Berlin Brandenburg § 9 SFBStV, Privater Rundfunk § 58 BerlBrandenbStV.

5 *Brandenburg:* Presse § 12 LPG s oben; Sender Freies Berlin – Rundfunk Berlin Brandenburg § 9 SFBStV, Privater Rundfunk § 58 BerlBrandenbStV.

6 *Bremen:* Presse § 11 LPG s oben; Radio Bremen § 24 RBG; Privater Rundfunk § 19 BremLMG.

7 *Hamburg:* Presse § 11 LPG s oben; Norddeutscher Rundfunk § 12 NDRStV; Privater Rundfunk § 10 Staatsvertrag Hamburg Schleswig Holstein.

8 *Hessen:* Presse § 10 LPG s oben; Hessischer Rundfunk § 3 HessRfG; § 10 LPG, Privater Rundfunk § 28 HPRG.

9 *Mecklenburg-Vorpommern:* Presse § 10 LPG s oben; Norddeutscher Rundfunk § 12 NDRStV; Privater Rundfunk § 30 RGMV.

10 *Niedersachsen:* Presse § 11 LPG s oben; Norddeutscher Rundfunk § 12 NDRStV; Privater Rundfunk § 21 NMedienG.

11 *Nordrhein-Westfalen:* Presse § 11 LPG s oben; Westdeutscher Rundfunk § 9 WDRG; Privater Rundfunk § 44 LMG NRW.

12 *Rheinland-Pfalz:* Presse und privater Rundfunk § 11 Rhl-PfMG s oben; Südwestrundfunk § 10 SWRStV.

13 *Saarland:* Presse, Saarländischer Rundfunk und Privater Rundfunk § 10 SMG s oben.

II. Bedeutung und Herkunft der Bestimmung   § 11 LPG

Sachsen: Presse § 10 LPG s oben; Mitteldeutscher Rundfunk § 15 MDRStV; Privater Rundfunk § 19 SächsPRG.

Sachsen-Anhalt: Presse § 10 LPG s oben; Mitteldeutscher Rundfunk § 15 MDRStV; Privater Rundfunk § 26 MedienGSA.

Schleswig-Holstein: Presse § 11 LPG s oben; Norddeutscher Rundfunk § 12 NDRStV; Privater Rundfunk § 10 Staatsvertrag Hamburg Schleswig Holstein.

Thüringen: Presse § 11 LPG s oben; Mitteldeutscher Rundfunk § 15 MDRStV; Privater Rundfunk § 24 LMG.

Bundesweite Regelungen: ARD: Staatsvertrag über den Rundfunk im vereinten Deutschland, Art 2 ARDStV § 8, dazu ARD-Grundsätze IV; ZDF: Staatsvertrag über den Rundfunk im vereinten Deutschland, Art 3 ZDFStV § 9; Deutschlandradio: § 9 DeutschlRStV; Deutsche Welle: § 18 DWG; Internet: Rundfunkstaatsvertrag § 56.

Europaweite Regelung: Richtlinie des Rates zur Koordinierung bestimmter Rechts- und Verwaltungsvorschriften der Mitgliedstaaten über die Ausübung der Fernsehtätigkeit vom 3.10.89 idF v 30.6.97 (RL 97/36 EG) Art 23, in Deutschland umgesetzt durch den 4. RfÄndStV gültig seit 1.4.2000.

§ 34 Abs 2 des Stasi-Unterlagen-Gesetzes (BGBl I 91, 2272) bestimmt, dass Gegendarstellungen den personenbezogenen Unterlagen beizufügen und mit diesen aufzubewahren sind, wenn die Veröffentlichung personenbezogener Informationen durch Rundfunkanstalten des Bundesrechts zu Gegendarstellungen von Personen führen, die in der Veröffentlichung genannt sind.

II. Bedeutung und Herkunft der Bestimmung

Wenn nachfolgend zuweilen verkürzend von § 11 LPG und Presse die Rede ist, dann gelten die Ausführungen auch für § 10 bzw 12 für die Länder, in denen die Gegendarstellung in diesen Vorschriften geregelt ist und, wenn nichts anderes gesagt ist, entsprechend auch für die einschlägigen Vorschriften für den Rundfunk und das Internet.

1. Bedeutung für die Praxis. Grundgedanken

Die Vorschrift, die der Presse die Pflicht zum Abdruck einer Gegendarstellung des „Betroffenen" auferlegt, ist nicht die wichtigste, wohl aber die bekannteste und für die Praxis geläufigste Bestimmung des Presserechts. Auch gehören die hier auftauchenden prinzipiellen wie konkreten Rechtsfragen zu den schwierigsten und umstrittensten Problemen des gesamten Presserechts, wie das kaum noch übersehbare Schrifttum zeigt (vgl die Übersicht bei Seitz/Schmidt, Literaturverzeichnis). Nach der schon in den Vorаufln vertretenen Rechtsauffassung, die sich inzwischen weithin durchgesetzt hat, beruht das Rechtsinstitut der Gegendarstellung im Wesentlichen auf zwei Grundgedanken:

a) Schutz des Betroffenen

Der Anspruch auf Abdruck einer Gegendarstellung bezweckt in erster Linie den Schutz der durch eine Pressepublikation Betroffenen (BVerfG AfP 98, 184).

(1) In diesem Sinne bildet der § 11 LPG ein notwendiges Gegengewicht gegenüber der ständig im Wachsen begriffenen Wirkung der modernen Kommunikationsmittel Presse, Rundfunk, Fernsehen und Internet. Nach der zutreffenden Feststellung des BGH dient der Anspruch auf Abdruck einer Gegendarstellung „einem elementaren Schutzinteresse der durch eine Zeitungsveröffentlichung Betroffenen gegenüber den großen Einflussmöglichkeiten der modernen Presse auf die öffentliche Meinungsbildung" (BGH NJW 65, 1230 – Bamfolin; BGH NJW 63, 151 – Staatskarosse; BGH NJW 63, 1155 – Geisterreigen; vgl OLG München NJW 65, 2161; OLG Karlsruhe ArchPR 77, 47). Das Gegendarstellungsrecht ist ein den Gegebenheiten der modernen Massenkommunikationsmittel angepasstes, für das Sondergebiet des Medienrechts näher ausgestaltetes Mittel zum Schutz des Einzelnen gegen Einwir-

LPG § 11
Gegendarstellung

kung der Medien auf seine Individualsphäre (BVerfG NJW 83, 1179, AfP 83, 334; 86, 314; 98, 184; 98/500). Dem Gesetzgeber obliegt eine aus dem allgemeinen Persönlichkeitsrecht folgende Schutzpflicht, dazu gehört, dass der von einer Darstellung in den Medien Betroffene die rechtlich gesicherte Möglichkeit hat, ihr mit seiner eigenen Darstellung entgegenzutreten (BVerfG 63, 131/142), dieser Schutz kommt zugleich der in Art 5 Abs 1 GG garantierten freien individuellen und öffentlichen Meinungsbildung zugute. § 11 LPG ist allg. Gesetz. (BVerfG AfP 98/184). Es verletzt nicht das Grundrecht der Pressefreiheit, dass der Anspruch auf Gegendarstellung weder Ehrverletzung noch Unwahrheit voraussetzt, offensichtliche Unwahrheit beseitigt das berechtigte Interesse. Eine Gegendarstellung kommt nicht in Betracht, soweit es um Tatsachenbehauptungen geht, die sich nicht in nennenswerter Weise auf das Persönlichkeitsbild des Betroffenen auswirken können (BVerfG aaO).

23 (2) Während der die Pressefreiheit garantierende Artikel 5 GG als zentrale Bestimmung des gesamten Presserechts vor allem das Verhältnis der Presse zum Staat regelt, betrifft das Institut der Gegendarstellung das Verhältnis der Presse zu ihrer Leserschaft, zum Publikum. Die Presse kommt bei ihrer Berichterstattung zwangsläufig mit Personen und Organisationen in Konflikt, zu deren Wirken sie informierend oder kritisierend Stellung nimmt. Hier erwachsen aus der Wirkungskraft der modernen Massenkommunikationsmittel und der Autorität des gedruckten Wortes Gefahren für den von einer Pressemitteilung Betroffenen, denen nur dadurch mit Erfolg begegnet werden kann, dass dem Betroffenen die Möglichkeit gegeben wird, alsbald die Dinge aus seiner Sicht darzustellen.

24 (3) Soll die Gegendarstellung des Betroffenen die erstrebte Wirkung haben, so muss sie in dem gleichen Presseorgan und im gleichen Teil des Druckwerks zum Abdruck kommen, in dem die Erstveröffentlichung erschienen ist. Nur so ist die Gewähr gegeben, dass die nur von einer Seite informierte Leserschaft auch den Standpunkt des Betroffenen erfährt (zutreffend BGH NJW 63, 151, NJW 64, 1134, NJW 65, 1230, OLG München NJW 65, 2161). Nach dem demokratischen Grundgedanken des § 11 LPG hat der durch eine Medienäußerung Betroffene einen rechtlich durchsetzbaren Anspruch darauf, vor demselben öffentlichen Forum zu Wort zu kommen (Näheres Rn 173 ff.).

25 (4) Wesentlich ist weiter der alsbaldige Abdruck der Gegendarstellung. Andernfalls droht die Gefahr, dass sich in der Öffentlichkeit durch Zeitablauf ein einseitiges Bild von der Person oder dem Wirken des Betroffenen festsetzt, das später kaum noch revidiert werden kann. Unter den zahlreichen Einzelbestimmungen, die in § 11 LPG enthalten sind, kommt der Vorschrift besondere Bedeutung zu, wonach die Gegendarstellung in der „nächstfolgenden" Nummer des Presseorgans zu publizieren ist (Näheres Rn 164 ff.).

26 (5) Der Schutz des Betroffenen wird dadurch verstärkt, dass seine Entgegnung vom Nachweis der Wahrheit und Richtigkeit freigestellt wird. Der Einwand der Unwahrheit der Gegendarstellung ist nur dort begründet, wo offensichtlich Unwahres vorgebracht wird. Das Recht der Gegendarstellung dient nicht in erster Linie der Feststellung der materiellen Wahrheit, sondern ist Ausdruck des formalen Prinzips, auch den Betroffenen zu Wort kommen zu lassen (Näheres Rn 44).

b) Das Informationsinteresse der Allgemeinheit

27 Das Rechtsinstitut der Gegendarstellung entspricht – neben dem Schutz des Betroffenen – zugleich auch einem offenbaren Bedürfnis der Allgemeinheit, die ihr Interesse an einer zuverlässigen und umfassenden Unterrichtung durch die Presse am besten dadurch gewahrt sieht, dass neben dem Kritiker auch der Angegriffene vor dem gleichen Forum der Öffentlichkeit zu Wort kommt (vgl BVerfG AfP 98, 184; BGH NJW 63, 151; 1155, NJW 64, 1134; 65, 120, Löffler GRUR 63, 639).

28 (1) Die Presse erfüllt in der modernen Demokratie wichtige öffentliche Aufgaben (§ 3 LPG). Zu einer ihrer wesentlichen Aufgaben gehört die umfassende und zutreffende Information der Staatsbürger. Diese Funktion ist für die Demokratie von fundamentaler Bedeutung (vgl BVerfGE 10, 118, 121; 57, 295, 319). Gibt die Presse auch der anderen Seite das Wort, so erfüllt sie damit unmittelbar eine ihr von der Verfassung übertragene öffentliche Aufgabe.

(2) Ganz abgesehen von der gesetzlich normierten Rechtspflicht zum Abdruck einer ordnungsmäßigen Gegendarstellung sollte es die Presse als ein nobile officium, als eine Anstandspflicht, betrachten, auch dem Angegriffenen in ihren Spalten das Wort zu geben, statt sich manchmal hartnäckig dem Abdruck einer Gegendarstellung zu widersetzen. Der gefürchtete angebliche Verlust des Rufs der Unfehlbarkeit (vgl Koebel NJW 63, 793, s. a. BVerf.G AfP 08, 58 dazu Sedelmeier AfP 12, 451), der bei den unter ständigem Zeitdruck arbeitenden Presseorganen ohnehin illusorisch ist, wird reichlich wettgemacht durch den Gewinn an Ansehen bei fairer und großzügiger, auch andere Sichtweisen zum Abdruck bringender Handhabung des Gegendarstellungsrechts. Die Presse behält mit dem Redaktionsschwanz (vgl Rn 171) ohnehin das letzte Wort (zutreffend BGH NJW 67, 562). Auch gehört es zu den Grundprinzipien der Wahrheitsfindung, beide Parteien anzuhören („audiatur et altera pars", vgl BGH NJW 64, 1134; OLG Karlsruhe, ArchPR 77, 47). 29

2. Herkunft des Rechtsinstitutes und der Bezeichnung „Gegendarstellung"

Es ist von rechtlichem und historischem Interesse, den Entwicklungsweg zu verfolgen, den das Institut der Gegendarstellung seit seiner „Erfindung" im Jahr 1799 genommen hat: 30

a) Die Pflicht der Presse zur Gegendarstellung geht, wie so viele wertvolle Institutionen des modernen Rechtslebens, auf die französische Revolution zurück. Die 1789 proklamierte Pressefreiheit (vgl 2. Aufl Bd I Kap 3 Rn 33) wurde im politischen Meinungskampf missbraucht, wobei die Gefährlichkeit einer unwidersprochen gebliebenen Presseverleumdung offen zutage trat. Es war der Abgeordnete Dulaure, der deshalb im Jahre 1799 den Vorschlag machte, einen gesetzlichen Berichtigungsanspruch „jedermann zu gewähren, dessen Ehre durch eine Pressemitteilung" berührt werde. Ihm gebührt „der Ruhm der juristischen Erfindung" (Kitzinger). Doch fand der Gedanke Dulaures erst im französischen Pressegesetz von 1822 Anerkennung. 31

b) Aus dem französischen Presserecht ging das Institut der Gegendarstellung in Deutschland zuerst in das badische Pressegesetz von 1831 über, das seinerseits für die späteren deutschen Pressegesetze vorbildlich wurde. Im badischen Pressegesetz vereinigte sich das jedermann zustehende Berichtigungsrecht mit dem schon vor 1789 bestehenden behördlichen Zwang, amtliche „Berichtigungen" unentgeltlich aufzunehmen. Während aber der behördliche Berichtigungszwang als staatliches Reservatrecht einen Ausfluss polizeistaatlicher Bevormundung der Presse darstellte, bezweckte das französische Prinzip den Schutz der Einzelpersönlichkeit. Das Reichspreßgesetz von 1874 verwarf das staatliche Reservat des behördlichen Berichtigungszwanges und gestaltete in § 11 das Institut der „Berichtigung" zu einem jedermann, Behörden und Privatpersonen gleichermaßen zustehenden allgemeinen Recht aus. Der wertneutrale Begriff „Gegendarstellung" wurde zuerst in den süddeutschen Landespressegesetzen von 1949 verwendet und hat sich dann in den Pressegesetzen aller Bundesländer durchgesetzt. 32

III. Die Rechtsnatur des Gegendarstellungsanspruchs

1. Ein spezifisches Rechtsinstitut des Presserechts

Beim Recht der Gegendarstellung handelt es sich „um ein spezifisches Rechtsinstitut des Presserechts" (BGH NJW 65, 1230). Die Rechtsnatur dieser Sonderkonstruktion, die weder im zivilen noch im öffentlichen Recht unmittelbar vergleichbare Parallelen besitzt, war bis Mitte der sechziger Jahre heftig umstritten. Dem strittigen Rechtsproblem (vgl die Übersicht bei Greiff NJW 63, 1137, Löffler ArchPR 62 Nr 47, 229, 33

Studienkreis für Presserecht und Pressefreiheit NJW 62, 904) kam vor Inkrafttreten des modernen Landespresserechts besondere praktische Bedeutung deshalb zu, weil bis zu diesem Zeitpunkt nur Bayern und Hessen zur Durchsetzung des Gegendarstellungsanspruchs in ihren Landespressegesetzen den Zivilrechtsweg vorsahen, während § 11 des alten Reichspreßgesetzes, der in der Mehrzahl der Länder noch Geltung besaß, nur den wenig praktischen Appell an den Strafrichter kannte (vgl 1. Auflage § 11 Rn 128). Theorie und Praxis waren deshalb intensiv bemüht, aus der Rechtsnatur des Gegendarstellungsrechts einen klagbaren zivilrechtlichen Erfüllungsanspruch abzuleiten. Der diesen Anspruch bejahende Standpunkt der 1. Auflage hatte sich schon vor 1964 allgemein durchgesetzt (vgl BGHZ 31, 316 und BGH NJW 63, 1155 mit weiteren Nachweisen).

34 Auch heute, seit die modernen Landespressegesetze einheitlich die zivilrechtliche Erfüllungsklage für die Durchsetzung des Gegendarstellungsanspruchs gewähren, ist der Streit um die Rechtsnatur nicht bedeutungslos geworden: von seiner Beantwortung hängt wesentlich die Auslegung der Einzelbestimmungen ab (zutreffend Groß ArchPR 1965, S 521). Außerdem ist es für den Anwendungsbereich des Rechtsinstituts der Gegendarstellung von entscheidender Bedeutung, ob es sich bei der landespresserechtlichen Normierung lediglich um die Fixierung eines allgemein geltenden Rechtsprinzips handelt (so Löffler JZ 1956, S 344 ff., Koebel NJW 1963, S 791, Scholz ArchPR 1962, S 222 ff.) oder ob erst der Landesgesetzgeber die Anspruchsgrundlage geschaffen hat (so Greiff NJW 1963, S 1137). Das Bundesverfassungsgericht (BVerfG NJW 83, 1179, AfP 98, 184) hat die insb von Löffler vertretene Auffassung (allgemeines Rechtsprinzip) bestätigt, allerdings mit der Einschränkung, dass der Anspruch selbst nicht unmittelbar verfassungsrechtlich gewährleistet ist (s u Rn 41).

2. Die verschiedenen Rechtstheorien

35 Die von der Presserechtswissenschaft entwickelten Theorien zur Rechtsnatur der Gegendarstellung sind teils durch die Entwicklung überholt, teils tragen sie dem besonderen Charakter dieses speziellen Rechtsinstituts nicht genügend Rechnung.

a) Öffentlich-rechtliche Auffassung

36 Überholt ist die noch von Haentzschel (S 78/79) vertretene „öffentlich-rechtliche" Auffassung, wonach Schutzobjekt die staatliche Ordnung sei, die durch unzutreffende bzw einseitige Pressedarstellungen erschüttert werde (Näheres s 1. Auflage Rn 7). Dem entsprach auch die im Reichspreßgesetz (§ 19) vorgesehene strafrechtliche Absicherung der Pflicht zum Abdruck einer Gegendarstellung. Auch der BGH (NJW 1963, S 1155) hat diese Auffassung als überholt bezeichnet. In keinem der modernen Landespressegesetze ist die Gegendarstellungspflicht noch strafbewehrt – ausgenommen die bayerische Regelung von 1949. Nur in einigen Ländern (vgl u Rn 171) ist die Veröffentlichung eines unzulässigen Redaktionsschwanzes als Ordnungswidrigkeit mit Strafe bedroht.

b) Unerlaubte Handlung

37 Vielfach hat man versucht, den Anspruch auf Gegendarstellung aus dem Recht der unerlaubten Handlung abzuleiten (BayObLG NJW 1958, S 1825; OLG Köln NJW 1962, S 1340, Uhlitz NJW 1962, S 526). Aber da der Anspruch auf Gegendarstellung auf Seiten des erstmitteilenden Presseorgans weder Verschulden noch auch nur Rechtswidrigkeit voraussetzt, kann der originäre, gegen Verleger und verantwortlichen Redakteur geltend zu machende Gegendarstellungsanspruch weder als Schadensersatzforderung noch als Störungsklage (§ 1004) begründet werden (vgl OLG Frankfurt NJW 1960, S 2059, Studienkreis für Presserecht und Pressefreiheit NJW 1962, S 924, Löffler ArchPR 62 Nr 47, 229 ff., Greiff NJW 1963, S 1137). Teilweise wurde der zivilrechtliche Anspruch auf Abdruck der Gegendarstellung als Schadensersatzanspruch gemäß § 823 Abs 2 BGB begründet, wenn ein zu Recht bestehender

III. Die Rechtsnatur des Gegendarstellungsanspruchs § 11 LPG

Gegendarstellungsanspruch schuldhaft und rechtswidrig verweigert wurde (OLG Frankfurt NJW 60, 2059, Scholz ArchPR 1962, S 224, OLG München AfP 1978, S 27). Es wurde angenommen, dass § 11 LPG als Schutzgesetz im Sinne des § 823 Abs 2 BGB anzusehen sei mit der Folge, dass der Abdruck der Gegendarstellung nunmehr als Schadensersatz geschuldet werde; dagegen mit überzeugender Begründung Soehring AfP 78, 81. Auch mit dieser Auffassung ist jedoch für die Rechtsnatur des ursprünglichen Gegendarstellungsanspruches nichts gewonnen.

c) Prinzip von Treu und Glauben

Neumann-Duesberg (vgl Tagung des Studienkreises für Presserecht und Pressefreiheit NJW 1962, S 904) hat versucht, den Gegendarstellungsanspruch aus § 242 BGB (Treu und Glauben) herzuleiten. Auch dieser Versuch führt nicht weiter. Mit Treu und Glauben können zwar Ansprüche innerhalb eines bereits bestehenden Rechtsverhältnisses ausgestaltet und begründet werden; doch lässt sich ein solches Rechtsverhältnis zwischen der Presse und dem Betroffenen nicht neu konstruieren (Galperin NJW 1962, S 905, Gross ArchPR 1965, S 521). Der Hinweis auf § 242 BGB ist jedoch deshalb wertvoll, weil für die Gestaltung und Auslegung des Gegendarstellungsanspruchs § 242 zum Zug kommt, so zB bei unleserlichen oder offensichtlich unwahren Gegendarstellungen. 38

3. Doppelte Rechtsgrundlage

In Wahrheit erwächst der Gegendarstellungsanspruch aus zwei Wurzeln: dem Persönlichkeitsrecht und dem Recht auf Mitwirkung bei der öffentlichen Meinungsbildung (vgl Löffler GRUR 1963, S 639). 39

a) Persönlichkeitsrecht

Die schon in der 1. Auflage vertretene Ansicht, dass der Gegendarstellungsanspruch in erster Linie aus dem Persönlichkeitsrecht erwachse, haben BGH und Bundesverfassungsgericht bestätigt und in ihm im Einklang mit der hier vertretenen Auffassung einen gesetzlich näher ausgestalteten Rechtsschutz des allgemeinen Persönlichkeitsrechts auf einem Sondergebiet erblickt (BGH NJW 1963, S 151 – Staatskarosse, NJW 63, 1155 – Geisterreigen, BVerfG NJW 83, 1179, AfP 83, 334; 86, 314; 93, 474; 98, 184; 98/500; OLG Köln NJW 1962, S 48, OLG Hamburg JZ 1956, S 344, ebenso Koebel NJW 63, 790, Löffler JZ 1956, S 344, NJW 57, 715, 62, 904, GRUR 63, 639, BB 56, 356 ff., ArchPR 62, 229). 40

Aus dem Persönlichkeitsrecht, dh aus dem Grundrecht der Menschenwürde (Art 1 GG) und dem Grundrecht auf freie Entfaltung der Persönlichkeit erwächst der Anspruch auf Gegendarstellung originär. Das Gegendarstellungsrecht ist ein den Gegebenheiten der modernen Massenkommunikationsmittel angepasstes, für das Sondergebiet des Medienrechts näher ausgestaltetes Mittel zum Schutz des Einzelnen gegen Einwirkungen der Medien auf seine Individualsphäre. Dieser Anspruch ist selbst nicht unmittelbar verfassungsrechtlich gewährleistet. Jedoch dient er dem Schutz der Selbstbestimmung des Einzelnen über die Darstellung der eigenen Person, die von der verfassungsrechtlichen Gewährleistung des allgemeinen Persönlichkeitsrechts umfasst wird. Der von einer Darstellung in den Medien Betroffene muss die rechtlich gesicherte Möglichkeit haben, dieser mit seiner Darstellung entgegenzutreten (BVerfG 63, 131, 142 = AfP 83, 334 = NJW 83, 1179, AfP 98, 184, AfP 98, 500). Um seine Wirkung entfalten zu können, bedarf das Gegendarstellungsrecht einer den sachlichen Erfordernissen entsprechende Ausgestaltung durch Verfahrensrecht, das seinerseits den Geboten eines effektiven Grundrechtsschutzes entsprechen muss (BVerfG AfP 83, 334). Fehlt es an einer solchen gesetzlichen Regelung, liegt ein Verstoß des Gesetzgebers gegen die grundrechtliche Schutzpflicht aus Art 2 Abs 1 GG vor. Dieser kann aber nur durch den Erlass eines entsprechenden Gesetzes geheilt werden. Eine Eingriffsermächtigung ohne gesetzliche Grundlage liefert Art 2 Abs 1 nicht (BVerfG AfP 93, 474). Die gegen die Ableitung des Gegendarstellungsan- 41 spruchs aus dem Persönlichkeitsrecht von Greiff (NJW 1963, S 1137) und Groß (ArchPR 65, 521, AfP 2003, 497/498) erhobenen Einwendungen vermögen nicht zu überzeugen (Näheres dazu s. Vorauflage Rn 42).

b) Mitwirkung bei der öffentlichen Meinungsbildung

42   Die zweite Wurzel des Anspruchs auf Gegendarstellung ist das in Art 5 GG garantierte Recht auf Teilnahme an der öffentlichen Meinungsbildung (BVerfG AfP 98, 184, 186). Wie Arndt („Die öffentliche Meinung", Schriftenreihe der Deutschen Studiengesellschaft für Publizistik 1962 S 17 ff.) in seiner Stellungnahme zum Fernsehurteil des Bundesverfassungsgerichts (BVerfGE 12, 205 ff.) überzeugend dargelegt hat, ist in unserer modernen Industriegesellschaft das Recht der freien Meinungsäußerung zum Leerlauf verurteilt, wenn nicht der Gesetzgeber demjenigen, der sich äußern will, den Zugang zu den die Öffentlichkeit beherrschenden publizistischen Organen ermöglicht. Die Freiheit der Meinungsbildung, die ein Mundtotmachen ausschließt, liegt im öffentlichen Interesse und ist als Wesensmerkmal der Demokratie durch die Verfassung (Art 5) garantiert.

4. Wesen der Gegendarstellung

43   Das Wesen der Gegendarstellung und des auf ihre Veröffentlichung bzw. ihren Abdruck gerichteten Anspruchs.

a) Das Wesen der Gegendarstellung und des Gegendarstellungsanspruchs ist in Literatur und Rechtsprechung seit 1949 nur teilweise und nach und nach erkannt und anerkannt worden. Dabei sind insbesondere in der Anfangszeit viele Missverständnisse entstanden, die weitgehend auf die Ableitung des Anspruchs aus dem Berichtigungszwang nach § 11 des Reichspressgesetzes zurückzuführen waren, der zwar Grundlage des Gegendarstellungsanspruchs war, der sich aber sowohl seiner Rechtsnatur wie seiner Ausgestaltung nach wesentlich von der Gegendarstellung und dem dazugehörigen Anspruch auf Abdruck und Verbreitung nach heutigem Verständnis unterschied. Solche Missverständnisse wirken auch heute noch teilweise nach. Der Berichtigungszwang gewährte keinen zivilrechtlichen Anspruch und hatte seiner Rechtsnatur nach nichts mit dem allgemeinen Persönlichkeitsrecht, das 1874 noch nicht anerkannt war, zu tun. Geschütztes Rechtsgut war vielmehr die staatliche Ordnung, für die Erschütterungen zu befürchten seien, wenn falsche Pressemitteilungen unwidersprochen bleiben. Allerdings gab es schon zum Reichspressgesetz eine privatrechtliche Auffassung, die auf Kitzinger zurück ging (Löffler 1. Auflage § 11 RPG Rn 6) und schon ein Persönlichkeitsrecht in Betracht zog.

Die deutlichsten Spuren des „Berichtigungszwanges" finden sich im Hessischen Pressegesetz, ursprünglich von 1949 heute in der Fassung von 1958, in dem es heißt das Gericht könne im Wege der einstweiligen Verfügung, „auch wenn die Gefahr der Wiederholung nicht begründet ist", eine bestimmte Gegendarstellung anordnen und im Gesetz über den Hessischen Rundfunk von 1948, wonach eine *unwahre* Behauptung auf Verlangen einer beteiligten Behörde oder Privatperson zu *berichtigen* und § 10 des Hessischen Pressegesetzes, der den Gegendarstellungsanspruch regelt, sinngemäß anzuwenden sei. Ein weiteres Missverständnis, das bis heute nicht vollständig ausgeräumt ist, folgt aus der Formulierung des Bayerischen Pressegesetzes, das den Begriff Berichtigung durch Gegendarstellung ersetzt hat aber aus dem Berichtigungszwang die Formulierung übernommen hat, die Gegendarstellung sei „auf Verlangen" abzudrucken.

b) Die Grundlage der Gegendarstellung nach heutigem Verständnis und des auf ihren Abdruck oder ihre Veröffentlichung gerichteten Anspruchs findet sich im Modellentwurf für ein Landespressegesetz vom 10.1.1963. Dieser Modellentwurf stellt erstmals darauf ab, dass der Betroffene oder sein gesetzlicher Vertreter den Abdruck nur verlangen kann, wenn er die Gegendarstellung unverzüglich, spätestens innerhalb von drei Monaten nach der Veröffentlichung dem Verantwortlichen Redakteur oder

III. Die Rechtsnatur des Gegendarstellungsanspruchs § 11 LPG

Verleger zuleitet. Auch in diesem Entwurf finden sich noch Formulierungen, die später Anlass zu Missverständnissen gegeben haben. Den Abdruck, der allein dem Betroffenen zusteht, kann neben dem Betroffenen sein gesetzlicher Vertreter *verlangen*. Er ist auch derjenige, der neben dem Betroffenen die Gegendarstellung *unterzeichnen* darf. Der Hinweis auf den *gesetzlichen* Vertreter und seine Befugnis, die Gegendarstellung zu unterzeichnen und den Abdruck zu verlangen, ohne Anspruchsinhaber zu sein, lässt erkennen, dass die Rechtsnatur der Gegendarstellung und des auf ihren Abdruck gerichteten Anspruchs noch nicht klar erkannt war, die Verfasser offenbar eine Art geschäftsähnlicher Handlung im Blick hatten. Dies hat später zu manchen Fehldeutungen geführt.

c) Das Wesen der Gegendarstellung und das Wesen des auf ihren Abdruck oder ihre Veröffentlichung gerichteten Anspruchs lässt sich am besten erkennen, wenn man klarstellt, was *nichts* mit dem Wesen der Gegendarstellung und des Anspruchs zu tun hat:

Allgemein anerkannt ist, dass der Gegendarstellungsanspruch ein spezifisch presserechtlicher Anspruch sui generis ist. Der Anspruch ist mit keinem anderen Anspruch verwandt.

Allgemein anerkannt und unbestritten ist ebenfalls, dass der Gegendarstellungsanspruch keine rechtswidrige Erstmitteilung, geschweige denn eine rechtswidrig schuldhafte Erstmitteilung ja noch nicht einmal eine objektiv unwahre Behauptung voraussetzt. Dass der Gegendarstellungsanspruch nichts mit einem Unterlassungsanspruch zu tun hat, eine Vorstellung die offenbar dem Hessischen Pressegesetz zugrunde lag, ist offensichtlich. Der Anspruch hat auch nichts mit Beseitigung (Widerruf) oder Schadensersatz zu tun, ungeachtet der Tatsache, dass die Gegendarstellung geeignet sein kann zur Schadensminderung nach einer schuldhaft rechtswidrigen Berichterstattung oder zur Richtigstellung eines rechtswidrigen Berichts beizutragen.

Allgemeingut und unbestritten ist, dass der Gegendarstellungsanspruch Ausfluss des allgemeinen Persönlichkeitsrechts ist. Ungeachtet dessen setzt er aber keine *Verletzung* dieses Rechts voraus, sondern lediglich eine Tatsachenbehauptung, durch die der Berechtigte betroffen ist. Daraus folgt, dass der Gegendarstellungsanspruch kein Abwehranspruch gegen eine vom Verpflichteten vorgenommene Verletzung des allgemeinen Persönlichkeitsrechts ist. Er ist vielmehr ein Anspruch, der seine Wurzel im Recht des Betroffenen auf freie Entfaltung seiner Persönlichkeit hat. Dies wurde schon frühzeitig insofern erkannt, als der Gegendarstellungsanspruch als „audiatur et altera pars" bezeichnet wurde, also als Anspruch „gehört zu werden". Der Anspruch ist nicht Folge eines Angriffs oder gar einer Rechtsverletzung sondern Ausgleich dafür, dass der Betroffene es dulden muss, dass über seine Angelegenheiten berichtet wird, wodurch sein Persönlichkeitsrecht tangiert wird. Das hat auch das Bundesverfassungsgericht anerkannt, das dazu meint, der Anspruch solle den Einzelnen vor Gefahren schützen, die ihm durch die Erörterung seiner persönlichen Angelegenheiten in der Presse drohen. Zum Ausgleich dafür, dass der Einzelne eine Erörterung seiner persönlichen Angelegenheiten dulden muss, obliege dem Gesetzgeber eine Schutzpflicht, den Einzelnen wirksam gegen Einwirkungen der Medien auf seine Individualsphäre zu schützen. Dazu gehöre die rechtlich gesicherte Möglichkeit, einer Berichterstattung über persönliche Angelegenheiten mit einer eigenen Darstellung entgegenzutreten, die zugleich der in Art. 5 GG garantierten freien individuellen und öffentlichen Meinungsbildung zugute komme (BVerfG in AfP 98, 184, 186). Wenn in diesem Zusammenhang das Bundesverfassungsgericht von *Schutzpflicht* spricht oder davon, dass der Anspruch dem Betroffenen vor Gefahren *schütze,* dann darf das nicht dahin missverstanden werden, dass es sich um einen Anspruch auf Schutz *gegen* eine Beeinträchtigung handelt. In Wahrheit schützt der Gegendarstellungsanspruch nicht *vor* einer unwahren Berichterstattung, er schützt den Einzelnen nicht *gegen* Angriffe sondern er schützt, garantiert und gewährleistet dem Betroffenen sein aus Art. 1 und 2 GG folgendes Recht, sich aus gegebenem Anlass selbst zu seinen höchstpersönlichen Angelegenheiten zu äußern.

Sedelmeier

d) Dies macht die Einzigartigkeit des Wesens der Gegendarstellung und des Anspruchs auf ihren Abdruck deutlich, der mit keinem anderen Anspruch verwandt aber am ehesten vielleicht – wie Wenzel schon 1986, 3. Auflage, 11, 4 erkannt hat – mit dem Aufopferungsanspruch Parallelen aufzuweisen hat. Der Anspruch beruht auf keiner Handlung oder Verletzung durch einen Dritten sondern darauf, dass die Verfassung dem Einzelnen das Sonderopfer abverlangt, eine Erörterung seiner persönlichen Angelegenheiten durch eben jenen Dritten zu dulden, auch wenn damit Beeinträchtigungen verbunden sind oder der Betroffene solche empfindet. Entgegen manchen früher und gelegentlich noch heute geäußerten Auffassungen, die häufig auf gewohnte deliktsrechtliche Denkschemata zurückzuführen sein mögen und als Grundlage des Anspruches einen Täter oder eine Tat suchen, entsteht der Anspruch nicht – auch nicht als „verhaltener" oder dem Grunde nach – aus der Erstmitteilung. Schon gar nicht entsteht der Anspruch oder wird dieser als Leistungsanspruch konkretisiert oder fällig dadurch, dass der Abdruck der übersandten Gegendarstellung (ihre Verbreitung) *„verlangt"* wird. Diese Annahme widerspricht der Logik des § 194 I BGB, der den Anspruch als „das Recht, von einem anderen ein Tun oder Unterlassen zu verlangen" definiert und damit zum Ausdruck bringt, dass das Gegenteil richtig ist: nicht der der verlangt gewinnt ein Anspruch sondern verlangen kann nur wer einen Anspruch hat. Die Erstmitteilung definiert durch tatsächliche Behauptungen nur die durch diese Tatsachenbehauptungen betroffenen Personen oder Stellen, also die „Betroffenen", und damit den Kreis der potentiell Berechtigten, die dann, wenn sie sich beeinträchtigt fühlen, – durch eigenes Tun – einen Anspruch auf Abdruck oder Veröffentlichung ihrer Gegenäußerung begründen können (näheres Sedelmeier AfP 12, 345). Die Gegendarstellung ist nichts anderes als eine Wissenserklärung (so auch Wenzel 4. Auflage 1994, 11, 142). Das Besondere des auf ihre Veröffentlichung gerichteten Anspruchs besteht darin, dass er aus gegebenem Anlass vom Anspruchsinhaber selbst durch eigenes Tun erzeugt wird. § 11 der Landespressegesetze (ebenso die entsprechenden Vorschriften) beinhaltet eine gesetzliche Ermächtigung an jeden durch eine Tatsachenbehauptung in den Medien Betroffenen, einen Rechtsanspruch – durch Zuleitung einer dem Gesetz entsprechenden Gegendarstellung – selbst zu erzeugen, der durch den Zugang der formbedürftigen Gegendarstellung konstitutiv entsteht.

e) Die zutreffende Erkenntnis des Wesens der Gegendarstellung und des auf ihre Veröffentlichung gerichteten Anspruchs hat Auswirkungen auf das Entstehen dieses Anspruchs, auf eventuelle spätere Änderungen der Gegendarstellung und nicht zuletzt auch auf ihren zulässigen Inhalt.

(1) **Entstehen:** Der Anspruch wird bewirkt und entsteht originär durch Zuleitung und daraus folgend durch Zugang einer dem Gesetz entsprechenden Gegendarstellung im Original, erst dann kann der Abdruck verlangt werden (dazu Sedelmeier aaO).

(2) **Änderungen:** Spätere Änderungen – auch selbstständige Kürzungen – sind nur erforderlich, wenn die bis dahin verlangte Gegendarstellung fehlerhaft war und damit noch kein Anspruch entstanden ist. Erst durch die Änderung oder selbstständige Kürzungen entsteht in solchen Fällen der Anspruch konstitutiv mit der Folge, dass nur der Betroffene selbst, eventuell für ihn sein gesetzlicher Vertreter, aber keinesfalls eine andere Person – auch nicht ein dazu ermächtigtes Gericht – die Änderung oder selbstständige Kürzungen vornehmen kann.

(3) **Inhalt:** Was die Erstmitteilung anlangt, genügt jede Tatsachenbehauptung, durch die der Berechtigte betroffen ist. Die Gegendarstellung dazu kann auch in Klarstellungen oder Ergänzungen zutreffender Behauptungen bestehen, mit der Folge, dass eine solche weitgehend auch gegenüber den durch die Tatsachenbehauptungen in der Erstmitteilung verdeckten Behauptungen oder erweckten Eindrücken möglich sein muss (anders BVerfG AfP 08, 58, s dazu u Rn 110).

5. Zivilrechtlicher Anspruch

Im Hinblick auf seine wesentlich persönlichkeitsrechtliche Natur hat der Anspruch 44
auf Gegendarstellung von Hause aus zivilrechtlichen Charakter und ermöglicht die
Inanspruchnahme des ordentlichen Rechtswegs vor den Zivilgerichten, wie er in
allen Landespressegesetzen vorgesehen ist. Der Gegendarstellungsanspruch dient nicht
der Erforschung der materiellen Wahrheit. Mit dem Einwand der Unwahrheit der
Gegendarstellung kann die Presse im Regelfalle nicht gehört werden. Der Gegendarstellungsanspruch ist nach Auffassung des BGH stets nichtvermögensrechtlicher Natur
(BGH NJW 63, 151 „Staatskarosse"; 65, 1231 Bamfolin). Diese Auffassung wird von
Wenzel (aaO 11.174) mit beachtlichen Argumenten abgelehnt. Richtet sich der Gegendarstellungsanspruch gegen eine öffentliche Körperschaft oder Behörde (zB als
Herausgeber eines „Staatsanzeiger") so sind doch stets die Zivilgerichte, nicht etwa
die Verwaltungsgerichte zuständig. Infolge des zivilrechtlichen Charakters des Anspruchs auf Gegendarstellung ist zwar nicht für dessen Begründung, wohl aber für
dessen Auslegung der Grundsatz von Treu und Glauben (§ 242 BGB, vgl oben
Rn 38) heranzuziehen: deshalb kann die Presse das Abdruckverlangen des Einsenders
mit dem Einwand der unzulässigen Rechtsausübung zurückweisen, wenn besondere
Umstände vorliegen, die das gestellte Verlangen trotz seiner betont formalen Gestaltung als sittenwidrig erscheinen lassen, so wenn die Gegendarstellung offensichtliche
oder gerichtsbekannte Unwahrheiten enthält (BGH NJW 64, 1134 BVerfG AfP 98,
184).

6. Kein Eingriff in die Pressefreiheit

Dem Anspruch auf Abdruck der Gegendarstellung gegenüber kann sich die Presse 45
nicht auf die Garantie der Pressefreiheit (Art 5 GG, BVerfG AfP 98, 184, s a AfP 08,
58 dazu o. Rn 43, 4e) berufen, Presserecht gehört zu den allgemeinen Gesetzen, die
das Grundrecht der Pressefreiheit einschränken (BVerfG AfP 98, 166, OLG Karlsruhe
AfP 92, 307). Denn der Anspruch des § 11 LPG beruht seinerseits auf den verfassungsrechtlich garantierten Grundrechten der Menschenwürde (Art 1 GG), der freien
Entfaltung der Persönlichkeit (Art 2 GG) und der Freiheit zur Mitwirkung bei der
Meinungsbildung (Art 5 GG). Es ist die Aufgabe des § 11 LPG, bei der Kollision
verschiedener Grundrechte den verfassungskonformen Ausgleich zu finden.

IV. Die Anspruchsberechtigten

Den Anspruch auf Abdruck einer Gegendarstellung hat jede Person oder Stelle, 46
gelegentlich auch Gruppe, die durch eine in der Presse aufgestellte Tatsachenbehauptung betroffen ist. Diese Regelung gilt in allen Ländern, ausgenommen Bayern, wo
der Anspruch jeder „unmittelbar betroffenen Person oder Behörde" zusteht (vgl
Rn 55).

1. Weitere Fassung: jede Person oder Stelle

Der Gesetzgeber wollte den Kreis der Anspruchsberechtigten möglichst weit zie- 47
hen und jedem Betroffenen den Gegendarstellungsanspruch einräumen (Rebmann
§ 11 Rn 1). Dem entspricht die umfassende Formulierung „Person oder Stelle" während der alte § 11 RPG die engere Fassung „öffentliche Behörde oder Privatperson"
verwandte.

a) Personen

Zu den „Personen" gehören sowohl die Privatpersonen wie die juristischen Perso- 48
nen. Das war schon für die alte Fassung des RPG allgemein anerkannt (vgl 1. Auflage
Rn 32). Nicht anspruchsberechtigt sind Verstorbene durch ihre Erben, ebenso wenig

LPG § 11 Gegendarstellung

Rechtsnachfolger aufgelöster Unternehmen (OLG Hamburg AfP 94, 322, OLG Stuttgart NJW-RR 96, 599 LG Hamburg AfP 02, 70, KG Berlin AfP 07, 137), die aber ggf ihrerseits als Betroffene anspruchsberechtigt sein können. Streitig ist, ob die Erben den Abdruck der Gegendarstellung verlangen können, wenn der Anspruch beim Tod bereits bestanden hat und tituliert war, so Nink AfP 07, 97, abl. KG Berlin aaO. Außer juristischen Personen sind „Personen" auch Handelsgesellschaften des HGB, die als solche klagen und verklagt werden können. Zweifelhaft ist, ob nicht rechtsfähige Vereine „Personen" im Sinne des § 11 Abs 1 sind, so Seitz/Schmidt 4, 3, Wenzel 11, 71. Richtigerweise dürften nicht rechtsfähige Vereine, Gesellschaften und Organe, die als solche betroffen sind, wie auch Vorstände, Aufsichts- und Verwaltungsräte und andere Gruppen, die nicht rechts- und/oder parteifähig sind, „Stellen" sein. Der Ortsverein einer politischen Partei ist nach OLG München (AfP 06, 279) Person. Der Betriebsrat ist nach Auffassung des OLG Hamburg AfP 82, 232 nicht Person sondern „betroffene Stelle"(abw. Seitz/Schmidt, Wenzel aaO).

b) Stellen

49   Betroffene „Stellen" sind in erster Linie Behörden, ferner alle Körperschaften, Organisationen, Anstalten, Institute und Verbände, soweit sie nicht unter den Begriff der „Person" fallen (ebenso Rebmann § 11 Rn 1). Betroffene Stellen sind etwa der Verwaltungsrat einer Anstalt des öffentlichen Rechts (OLG Hamburg ArchPR 77, 46), Bürgerinitiativen (OLG Köln AfP 71, 173, OLG München ArchPR 74, 112/113), Ministerien (LG Hamburg NJW 67, 734), Gesetzgebungsorgane und Regierungen (Seitz/Schmidt 4, 4) und kirchliche Stellen (KG ArchPR 71, 92, OLG Karlsruhe AfP 98, 65) ferner der Betriebsrat (OLG Hamburg AfP 82, 232). Entgegen früheren Zweifeln (vgl 2. Auflage, Rn 45) sind auch ausländische „Stellen" anspruchsberechtigt (ebenso Seitz/Schmidt 4, 5).

c) Besondere Problematik des Anspruchs der Stelle

50   Der Gegendarstellungsanspruch einer „Stelle" wirft Probleme auf: eine Stelle ist nicht rechtsfähig und damit nicht fähig, Träger von Rechten und Pflichten zu sein. Zudem ist eine Stelle nicht parteifähig, also nicht in der Lage, Ansprüche vor Gericht durchzusetzen (s. OLG Hamburg AfP 82, 232). Schließlich hat eine „Stelle" keinen gesetzlichen Vertreter. Die meisten Landespressegesetze verlangen aber, dass die Gegendarstellung vom Betroffenen oder seinem gesetzlichen Vertreter unterzeichnet sein muss.

51   (1) Das Landgericht Hamburg (NJW 67, 734) und das OLG Köln (AfP 71, 173 ff.) haben demzufolge verlangt, dass die Gegendarstellung einer „Stelle" vom gesetzlichen Vertreter der Trägerperson unterzeichnet sein muss, bzw beim nicht rechtsfähigen Verein von allen Mitgliedern (s auch Seitz/Schmidt 4, 23). Auch das Kammergericht (ArchPR 71, 92) betont, dass die Anerkennung des Gegendarstellungsanspruches einer „Stelle" keine Rechtsfähigkeit und keine Parteifähigkeit begründet. Verfehlt ist es, wenn das Landgericht Aachen (ArchPR 76, 46) einer Bürgerinitiative partielle Parteifähigkeit zubilligen will (ablehnend auch Seitz/Schmidt/Schoener 3. Aufl Rn 75). Die Auffassung des Kammergerichts (ArchPR 71, 93), die Formulierung „Person oder Stelle" bedeute nur, dass es genüge, dass eine Stelle durch eine Veröffentlichung betroffen sei, um der dahinterstehenden Rechtspersönlichkeit den Anspruch zu geben, die Rechtspersönlichkeit selbst brauche nicht betroffen zu sein, ist abzulehnen. Ist eine „Stelle" einer Rechtspersönlichkeit betroffen, ist auch die Rechtspersönlichkeit selbst betroffen. Wenn der Gesetzgeber dennoch der „Stelle" einen eigenen Anspruch gewährt, hat das seinen Grund darin, dass der unmittelbar am Geschehen Beteiligte das Recht erhalten soll, sich zum tatsächlichen Geschehen zu äußern (die Schule durch ihren Direktor und nicht durch den Schulträger, die Poststelle durch ihren Leiter und nicht durch die Deutsche Post AG).

52   (2) Die Probleme lösen sich von selbst, wenn man den nicht rechtsfähigen Verein und andere nicht rechtsfähige Betroffene als Stellen ansieht, es genügt dann die Un-

IV. Die Anspruchsberechtigten § 11 LPG

terschrift des jeweiligen „Leiters", schon deshalb weil die Gegendarstellung nicht nur vom gesetzlichen Vertreter sondern auch vom Betroffenen selbst unterzeichnet sein kann und der Leiter natürlicherweise derjenige ist, der allein für die betroffene Stelle handeln kann. Da der Gesetzgeber einer „Stelle" das Recht gegeben hat, sich zu äußern und die Gegendarstellung nicht rechtsgeschäftliche Willenserklärung sondern die Bekundung eines tatsächlichen Geschehens ist, wobei die eigenhändige Unterzeichnung den höchstpersönlichen Charakter der Gegendarstellung dokumentieren soll, muss man davon ausgehen, dass die Gegendarstellung von keinem ohnehin nicht vorhandenen gesetzlichen Vertreter sondern von der „Stelle" selbst und damit von ihrem Leiter – von wem sonst? – zu unterzeichnen ist. Soweit das Gesetz die Unterschrift des gesetzlichen Vertreters vorsieht, eine „Stelle" aber keinen gesetzlichen Vertreter hat, liegt ein gesetzgeberisches Missverständnis vor, das dahin zu korrigieren ist, dass auch als gesetzlicher Vertreter derjenige zu unterzeichnen hat, der die Stelle „leitet", also ihr gesetzlicher Vertreter wäre, wenn die Stelle Rechtspersönlichkeit hätte (so auch OLG Karlsruhe AfP 98, 65). Nach der hier (Rn 48) vertretenen Auffassung, dass nicht rechtsfähige Vereinigungen „Stelle" und nicht „Person" sind, genügt die Unterschrift des Vorsitzenden und es bedarf nicht der kaum praktikablen Unterzeichnung durch alle Mitglieder. Entsprechendes gilt für andere nicht rechtsfähige Betroffene. Für die gerichtliche Durchsetzung hingegen kann eine partielle Parteifähigkeit der Stelle und damit eine Vertretungsbefugnis ihres „Vertreters" nicht anerkannt werden, ebenso wenig wie eine partielle Parteifähigkeit einer nicht rechtsfähigen Person. Gerichtlich muss die Gegendarstellung der „Stelle", wie die der nichtrechtsfähigen Person, von der dahinterstehenden Rechtsperson, vertreten durch ihren gesetzlichen Vertreter, geltend gemacht werden (unrichtig LG Aachen ArchPR 76, 46, Betriebsrat). Der Betriebsrat ist Stelle aber nicht parteifähig (OLG Hamburg AfP 82, 212), klagen müssen demzufolge alle Mitglieder, unterzeichnen kann der Vorsitzende. Der Ortsverein einer politischen Partei ist nach Auffassung des OLG München (AfP 06, 279) Person, klagen muss der rechtsfähige Landesverband. Den Gegendarstellungsanspruch einer Burschenschaft kann nicht ihr Sprecher in gewillkürter Prozessstandschaft gerichtlich geltend machen (OLG Koblenz AfP 93, 592). Den Gegendarstellungsanspruch eines als Stelle betroffenen kirchlichen Ordinariats muss die dahinter stehende kirchliche Körperschaft des öffentlichen Rechts gerichtlich durchsetzen OLG Karlsruhe AfP 98, 65).

d) Mehrere Anspruchsberechtigte

Sind mehrere Personen oder Stellen von der gleichen Pressemitteilung betroffen **53** und machen sie ihre Gegendarstellungsansprüche geltend, so könnte theoretisch, da es sich um höchstpersönliche Ansprüche handelt, jeder Einzelne den Abdruck seiner vollen Gegendarstellung verlangen und die Zeitung wäre verpflichtet, mehrere Gegendarstellungen auch zu publizieren, wenn sich deren Inhalt im Wesentlichen wiederholt. Dem kann jedoch das Erfordernis des berechtigten Interesses entgegenstehen, das die Presse vor unliebsamen Wiederholungen schützt (OLG Frankfurt AfP 14, 73). Das Landgericht Hamburg erlässt bei mehreren gleich lautenden Gegendarstellungen die beantragten Abdruckanordnungen gesondert, gestattet aber dem Presseorgan die Gegendarstellung(en) nur einmal anstatt in der Ich-Form in der Wir-Form mit allen Unterschriften abzudrucken (Damm S 28). Das Hanseatische Oberlandesgericht lässt es zu, dass sich mehrere von einer Erstmitteilung Betroffene zu einer gemeinsam formulierten Gegendarstellung vereinen, sofern die gegen sie gerichteten Angriffe in einem unmittelbaren sachlichen und zeitlichen Zusammenhang stehen (ArchPR 67, 55; Damm aaO). Wenzel fordert in diesem Zusammenhang, ggf die Gegendarstellung eines Verbandes für seine Mitglieder zuzulassen (11.59). Eine gemeinsame Gegendarstellung – und damit auch die Beschränkung darauf – setzt voraus, dass die Beteiligten in völlig gleicher Weise beeinträchtigt sind und wortgleich erwidern können (OLG Karlsruhe AfP 06, 372). Auch nach Abdruck der Gegendarstellung des ersten Einsenders liegt ein fortdauerndes rechtliches Interesse vor, wenn die Gegendarstellung des zweiten Einsenders andere Tatsachen in neuer Beleuchtung bringt (im Ergebnis übereinstimmend Häntzschel S 82, Kitzinger S 75, Mannheim S 23, Regensburger S 25). Ein berechtigtes Interesse liegt auch dann vor, wenn der Betroffene im Einzelfall ein besonderes schutzwürdiges Interesse daran hat, dass die Gegendarstellung gerade in seinem Namen abgedruckt und dem Leser zur Kenntnis gebracht wird. Das kann insb der Fall sein, wenn zwei verschiedene Personen durch dieselbe Tatsachenbehauptung der Erstmitteilung betroffen, ihre Interessen und damit auch deren Beeinträchtigung jedoch unterschiedlich gelagert sind (OLG Hamburg AfP 74, 576). Zu weit geht Häntzschel, der bei allen Entgegnungen, die auch nur in einem Punkt neue Tatsachen bringen, den vollständigen Abdruck der gesamten Gegendarstellung verlangt. Richtig ist es, die Abdruckpflicht auf die Teile der Gegendarstellung zu begrenzen, die neue Tatsachen enthalten. Auf sie beschränkt sich auch das rechtlich beachtliche Interesse (zustimmend Rebmann § 11 Rn 1). Die auf die neuen Teile begrenzte Abdruckpflicht hat zur Folge, dass eine Gegendarstellung, die mehr enthält, insgesamt zurückgewiesen werden kann.

2. Betroffensein

54 Nicht immer einfach zu entscheiden ist die Frage, wer im Einzelfall von einer Presseveröffentlichung „betroffen" ist. Hier geht das Gesetz mit Recht von der Interessenlage aus: es wäre für die Presse eine unerträgliche Belastung, wenn jeder Leser das Recht hätte, zu einer seiner Ansicht nach unrichtigen Pressemitteilung das Wort zu ergreifen und eine Gegendarstellung zu verlangen. Das Gesetz hat deshalb bewusst den Kreis der Anspruchsberechtigten auf die von der Veröffentlichung „betroffenen" Personen und Stellen beschränkt. Ein sachlicher Unterschied gegenüber der Fassung des § 11 RPG, der von einer „beteiligten" Person sprach, besteht nicht (Rebmann § 11 Rn 2, Reh-Groß § 10 Anm 3a). Rechtsprechung und Schrifttum haben sich schon unter der Herrschaft des § 11 RPG bemüht, den reichlich unbestimmten Begriff des „Betroffenseins" (Beteiligtseins) schärfer zu erfassen. Bei der in der Praxis unübersehbaren Fülle möglicher Formen des „Betroffenseins" kommt es maßgeblich auf die Umstände des Einzelfalles an. Nach herrschender und richtiger Auffassung ist man im Sinne des § 11 als betroffen anzusehen, wenn die veröffentlichte Tatsachenbehauptung die eigene Interessensphäre unmittelbar oder mittelbar berührt und man zu der mitgeteilten Tatsache in einer individuellen Beziehung steht. Im Einzelnen ist dazu auszuführen:

a) Mittelbar – unmittelbar – selbst betroffen

55 Wenig ergiebig ist die früher heftig geführte Diskussion, ob es für das Betroffensein genügt, wenn die mitgeteilte Tatsache mittelbar die eigene Interessensphäre berührt. Das Bayerische Landespressegesetz räumt in Art 10 nur dem „unmittelbar Betroffenen" einen Anspruch auf Abdruck einer Gegendarstellung ein. Das Erfordernis der unmittelbaren Betroffenheit fehlt in den anderen Landespressegesetzen. Dies hat zu der Frage geführt, ob die Einschränkung durch Art 10 des Bayerischen Landespressegesetzes ungerechtfertigt sei (so die 2. Auflage), oder ob es sinnvoll wäre, ebenso wie in Bayern, auch in den anderen Bundesländern unmittelbare Betroffenheit zu fordern. Diskutiert wurde die Frage, ob die Eltern, der Ehemann oder andere Angehörige, Freunde, Schüler und Parteigänger oder die Erben gegendarstellungsberechtigt sind (vgl 2. Auflage Rn 48 ff.).

56 (1) Zutreffend weist Wenzel (11.77) darauf hin, dass der Anspruchsteller *selbst* betroffen sein muss und dass eine Betroffenheit auch vorliegen kann, wenn die Darstellung der Verhältnisse anderer auf die eigenen ausstrahlt. Ist der Anspruchsteller in diesem Sinne selbst betroffen, dann ist er unmittelbar betroffen. Ist er nur mittelbar betroffen – als Angehöriger oder Erbe, als Dienstherr oder Vorgesetzter –, berührt ihn aber die Tatsachenbehauptung selbst nicht, dann ist er zwar mittelbar interessiert aber nicht selbst betroffen.

IV. Die Anspruchsberechtigten § 11 LPG

(2) Selbst betroffen sind außer demjenigen, über den als Person berichtet wird, in der Regel die Eltern, wenn über minderjährige Kinder berichtigt wird, die im Haushalt leben (ebenso Rebmann § 11 Rn 2 und Wenzel 11.78), nicht die erwachsenen Kinder eines Verstorbenen (OLG Hamburg AfP 94, 322, AfP 02, 70, OLG Stuttgart NJW-RR 96, 699), der Hotelempfangschef bei Behauptungen über das Hotel (OLG Hamburg MDR 73, 1028), der Chefredakteur einer Zeitschrift und zwar auch dann, wenn ein Fall der Nichtberichterstattung vorliegt, dh weder die Zeitschrift noch der Chefredakteur erwähnt werden und dies Anlass zur Gegendarstellung gibt (OLG Hamburg ArchPR 76, 54). Aus dieser Entscheidung folgt, dass Betroffener ggf gerade der sein kann, über den nicht berichtet worden ist (vgl auch OLG Köln AfP 81, 416; zur Betroffenheit des Chefredakteurs ferner OLG Hamburg ArchPR 77, 47 und OLG Karlsruhe ArchPR 77, 47, Kammergericht Berlin AfP 07, 231, OLG Hamburg AfP 08, 314). Betroffen ist bei einem Bericht über Zustände in einem Theater der Theaterintendant (vgl Seitz/Schmidt 4, 13 ff. mit weiteren Beispielen unter Bezugnahme auf zahlreiche nichtveröffentlichte Entscheidungen zB Dienstvorgesetzter bei Bericht über Beamte, Gesellschaft/Geschäftsführer, Krankenhausträger/Krankenhaus, Wahlkreiskandidat/Partei bei lokaler Berichterstattung im Wahlkampf). Betroffen kann schließlich auch derjenige sein, der vom Verfasser der Erstmitteilung nicht gemeint war, auf den die Erstmitteilung aber bezogen werden kann (vgl BayObLG NJW 61, 2075; OLG Hamburg ArchPR 75, 45/46), wenn zB in einer Schlagzeile der Eindruck erweckt wird, er sei gemeint, wobei bloße Namensgleichheit idR nicht genügt (OLG Hamburg AfP 86, 137). Nicht selbst betroffen ist ein Minister, von Tatsachen behauptet werden, aus denen Argumente gegen seine Politik hergeleitet werden können (OLG Köln AfP 85, 227 mit Anm v Damm). Nicht selbst betroffen ist der Betriebsratsvorsitzende von Tatsachenbehauptungen, die sich auf den Hergang der Betriebsversammlung, nicht aber auf sein eigenes Verhalten beziehen (OLG Hamburg AfP 82, 232).

b) Individuell betroffen

Als weitere Voraussetzung des „Betroffenseins" fordern Rechtsprechung und Schrifttum (BayObLG 23, 71, OLG Celle GoldtArch 39, 375, KG GoldtArch 59, 475, Häntzschel S 80, Mannheim S 23, Rebmann § 11 Rn 2, Reh-Groß § 16 Anm 3a) übereinstimmend, dass die Pressemitteilung den Betroffenen nicht bloß generell berühre (zB als Hausbesitzer), sondern individuell (Max Meier in Mannheim). Ältere Entscheidungen (zB RGSt 3, 40) hatten auch ein generelles Interesse für den Gegendarstellungsanspruch genügen lassen. Hierin lag aber die Gefahr einer uferlosen Ausweitung. Zweifellos hat der Kaufmann, dessen Planungen durch einen Pressebericht über die allgemeine Entwicklung der Marktlage gestört werden, an einer Gegendarstellung zu solchen Mitteilungen ein ernstliches Interesse, desgleichen der Angehörige einer politischen Partei bei deren Diffamierung in der Presse. Dieses allgemeine Interesse an der Mitteilung, das der „Betroffene" mit vielen anderen Lesern gemeinsam besitzt, kann aber noch keinen Gegendarstellungsanspruch begründen.

Wo die individuelle Beziehung zu der mitgeteilten Tatsache fehlt, kommt ein Anspruch auf Gegendarstellung nicht in Betracht. Deshalb scheiden alle Interessen genereller Art, insb auf politischem, religiösem, künstlerischem und wirtschaftlichem Gebiet, die der von der Mitteilung „Betroffene" mit einem größeren Personenkreis gemeinsam hat, aus und begründen keinen Gegendarstellungsanspruch (herrschende Meinung, KG GoldtArch 59, 475, Mannheim S 23, Häntzschel S 80, Rebmann § 11 Rn 2). Die Theaterbesucher, deren „Held" eine schlechte Kritik bekommen hat, sind keine Betroffenen im Sinne des § 11 LPG. Nicht individuell betroffen ist das Mitglied einer Aktion aus 20–30 Mitgliedern, wenn über die Aktion berichtet wird (OLG München ArchPR 74, 112) Nicht individuell betroffen ist der Betriebsratsvorsitzende bei einem Bericht über eine Betriebsversammlung (OLG Hamburg AfP 82, 232). Ebenso ist nicht individuell betroffen das Mitglieder einer durch eine Presseveröffentlichung angegriffenen politischen Partei (OLG Hamburg ArchPR 77, 47). Betroffen ist aber deren Wahlkreiskandidat (OLG Karlsruhe AfP 81, 363). Individuelle Betroffenheit fehlt, wenn allgemeine Interessen berührt werden, die der Betroffene mit einem größeren Personenkreis gemein hat (LG Köln AfP 76, 191). Eine kritische Bemerkung über die Haltung einer Zeitung lässt jedoch auch die nicht genannten Redakteure als Betroffene erscheinen (OLG Celle GoltdArch 39, 375): während OLG Celle (aaO) hier auf die wirtschaftliche Verbundenheit des Redakteurs mit der in ihren wirtschaftlichen Interessen bedrohten Zeitung abhebt, bejaht OLG Karlsruhe (JW 26, 1478) den Gegendarstellungsanspruch des Redakteurs für solche Fälle, in denen er das Verhalten seiner Zeitung nach außen moralisch zu vertreten habe. – Behauptet ein Werbungtreibender, der einzige Verkäufer einer Ware in einem bestimmten Gebiet zu sein, so sind auch die nicht genannten Konkurrenten, die diese Ware im fraglichen Gebiet führen, „betroffen" (KG ZV 4, 1276).

c) Namentliche Nennung nicht erforderlich

59 Von der Frage, ob „mittelbares" oder generelles Betroffensein genügt, ist die andere Frage zu trennen, ob der Betroffene in der Pressemitteilung namentlich genannt oder erkennbar bezeichnet sein muss. Nach allgemeiner Meinung ist dies nicht erforderlich (BGH NJW 63, 1155, BayObLG NJW 61, 2075, Reh-Groß § 10 Anm 3a, Rebmann § 11 Rn 3, Löffler BB 56, 357 OLG München AfP 99, 351; OLG Düsseldorf AfP 00, 470). An die Erkennbarkeit = Identifizierbarkeit einer namentlich nicht genannten Person sind strenge Anforderungen zu stellen (OLG München AfP 99, 351). Für die Identifizierung kommt es auf diejenigen Kenntnisse an, die der Artikel selbst vermittelt oder die zumindest bei einer objektiven, wenn auch interessierten Leserschaft vorausgesetzt werden können. In der Regel reicht es nicht aus, wenn ein sachlich interessierter Leser erst durch entsprechende Rückfrage die Person des Angesprochenen ermitteln kann (OLG Düsseldorf AfP 00, 470). Betroffen ist der nicht namentlich genannte Hersteller eines kritisierten Produkts, der eine überragende Marktstellung hat (LG Offenburg ArchPR 70, 80). Weiter sind betroffen die nicht namentlich genannten Architekten eines kritisierten Bauwerkes (OLG Hamburg ArchPR 70, 79) und der leicht ermittelbare Eigentümer eines Misthaufens an einer bestimmten Stelle in einem kleinen Ort (OLG München ArchPR 77, 47). Nicht betroffen ist hingegen der nicht namentlich genannte und auch nicht für einen größeren Kreis identifizierbare Teilnehmer an einer Schlägerei (LG Bremen ArchPR 75, 46). Nicht betroffen ist ferner derjenige, der zwar namentlich genannt ist, auf den eine Behauptung auch rein grammatikalisch bezogen werden kann, der aber ersichtlich nicht gemeint ist und auf den auch der Durchschnittsleser die Aussage nicht bezieht (OLG Hamburg ArchPR 75, 45).

V. Ausnahmen von der Gegendarstellungspflicht

60 Die Verpflichtung aus § 11 LPG ist eine von der Presse naturgemäß ungern getragene Last. Deshalb sind die im Gesetz enthaltenen Ausnahmen vom Zwang zum Abdruck der Gegendarstellung für die Presse von besonderer Bedeutung. Aus der Formulierung des jeweiligen Landespressegesetzes ist zu entnehmen, wer die Beweislast für das Vorliegen eines Ausschlussgrundes (zB Fehlen des berechtigten Interesses) trägt. Nach der Fassung der modernen Landespressegesetze (§ 11 Abs 2 Satz 1) ist es Sache der Presse, einzuwenden und nachzuweisen, dass das berechtigte Interesse für den Abdruck der Gegendarstellung fehlt oder sonstige Ausschlussgründe im Sinne des Abs 2 Satz 1 (unangemessener Umfang, Geschäftsanzeigen) vorliegen (Koebel NJW 64, 1109, Rebmann § 11 Rn 20). Auch in Bayern, dessen Pressegesetz das fehlende berechtigte Interesse nicht ausdrücklich als Ausschlussgrund nennt, trägt die Presse die Beweislast für die Irreführung (OLG München AfP 98, 515; 99, 497). Anders ist die Beweislastregelung in Hessen (§ 10 Abs 2 S. 1).

V. Ausnahmen von der Gegendarstellungspflicht § 11 LPG

Die zahlreichen Ausschlussgründe, die die Presse zur Ablehnung einer Gegendarstellung berechtigen, sind im Folgenden zusammengestellt. Schief formuliert ist die Bestimmung des Bayerischen LPG (Art. 10 Abs 2 Satz 2): der Abdruck dürfe nur wegen eines evtl strafbaren Inhalts der Gegendarstellung abgelehnt werden; er darf auch in Bayern wegen aller sonstigen Ausschlussgründe mit Recht abgelehnt werden (BayObLG v 13.2.1945 in Dt. Rspr II (298) Blatt 14 zu e, OLG München AfP 98, 515; 99, 497).

1. Fehlen eines berechtigten Interesses

Im Vordergrund der möglichen Ausnahmen der Gegendarstellungspflicht steht das Fehlen eines berechtigten Interesses an der Veröffentlichung der Gegendarstellung. Das Vorliegen eines berechtigten Interesses wird in den meisten LPG (Baden-Württemberg, Brandenburg, Berlin, Bremen, Hessen, Nordrhein-Westfalen, Rheinland-Pfalz, Saarland, Sachsen, Thüringen, Schleswig-Holstein) ausdrücklich (§ 11 Abs 2, Berlin, Hessen, Sachsen § 10 Abs 2, Saarland § 10 Abs 3, Brandenburg § 12 Abs 2) gefordert. Wo diese Bestimmung im Gesetz fehlt (Bayern, Hamburg, Mecklenburg-Vorpommern, Niedersachsen, Sachsen-Anhalt) gilt sie als allgemeines Rechtsprinzip ebenfalls (BGH NJW 345, 1231; OLG Hamburg ArchPR 72, 100; OLG München ArchPR 76, 45; AfP 98, 515; 99, 484; 99, 497). Das Erfordernis des berechtigten Interesses ist ein materieller Gesichtspunkt, der den streng formellen Charakter des Gegendarstellungsanspruches mildert (Koebel NJW 64, 1109). Ob das berechtigte Interesse fehlt, ist von den Umständen des Einzelfalles abhängig.

a) Belanglosigkeit

Das berechtigte Interesse kann wegen Belanglosigkeit fehlen, insbesondere bei Tatsachenbehauptungen, die sich nicht in nennenswerter Weise auf das Persönlichkeitsbild des Betroffenen auswirken können, wobei die Relevanz von Tatsachenmitteilungen für das Persönlichkeitsbild jedoch nicht bestimmten Angaben als solchen anhaftet sondern kontextabhängig ist (BVerfG AfP 98, 184; OLG Hamburg ArchPR 70, 81). Behauptungen über strafbares oder moralisch vorwerfbares Verhalten, berufliches oder privates Scheitern, Beteiligung an öffentlichen Aktionen haben regelmäßig Bedeutung für das Bild einer Person in der Öffentlichkeit (BVerfG aaO). Ob eine aufgegriffene Behauptung aus der Erstmitteilung belanglos ist, beurteilt sich aus der Sicht des Durchschnittszuschauers(-lesers) der Erstmitteilung (OLG Köln AfP 89, 565). Der Eigentümer eines Hauses, in dem ein Dachstuhlbrand gelöscht wurde, kann keine Gegendarstellung verlangen, wenn die Höhe seines Hauses fälschlich mit 20 m statt mit 25 m angegeben wurde. Tritt die Zeitung anlässlich der Wiedergabe einer Mitteilung deren Richtigkeit selbst nachdrücklich entgegen (offensichtlich unwahr), wird in der Regel das berechtigte Interesse an einer Gegendarstellung des Betroffenen fehlen (ebenso Kitzinger Seite 71, Rebmann § 11 Rn 17). Das berechtigte Interesse wird aber zu bejahen sein, wenn die Zurückweisung der Behauptung seitens der Presse nicht eindeutig und umfassend erfolgt und wenn bei der exponierten Stellung des Betroffenen (zB hoher Beamter) eine eigene Äußerung desselben erwartet wird. Ein berechtigtes Interesse fehlt ferner, wenn die Gegendarstellung sich von der Erstmitteilung nur unwesentlich unterscheidet oder wenn sie sich auf bloßes Bestreiten beschränkt, die Tatsache des Bestreitens aber bereits in der Erstmitteilung enthalten war (Hamburg ArchPR 70, 83, Wenzel 11.54, LG Düsseldorf AfP 88, 386), ferner wenn dem Betroffenen gar nicht bekannt sein kann, ob die Erstmitteilung falsch ist (vgl Wenzel 2. Auflage 8.41). Das berechtigte Interesse wird in der Regel fehlen, wenn die Stellungnahme des Betroffenen in der Erstmitteilung bereits enthalten oder ausreichend berücksichtigt ist (so auch LG Berlin AfP 06, 381). Es kann aber nicht mit der Begründung verneint werden, der Betroffene habe Gelegenheit zur Stellungnahme gehabt aber nicht genutzt, weil dies auf einen Zwang zur Beantwortung von Presseanfragen hinauslaufen würde (vgl OLG Hamburg Ufita

76/1976, 354 und AfP 12, 57, Löffler BB 80, 1127, Wenzel 11.54). Der Abdruck einer freiwilligen Richtigstellung in einer eingerichteten Korrekturspalte lässt das berechtigte Interesse am Abdruck einer Gegendarstellung nicht entfallen, weil die Entgegnung nicht im gleichen Teil des Druckwerkes wie die Erstmitteilung abgedruckt wurde (OLG Hamburg AfP 10, 580, s a LG Koblent AfP 07, 584 „Pressekodex"). Das berechtigte Interesse am Abdruck von zwei Gegendarstellungen kann entfallen, wenn die Beteiligten in völlig gleicher Weise betroffen sind und wortgleich erwidern können (s o Rn 53). An der Veröffentlichung einer unverständlichen Gegendarstellung besteht kein berechtigtes Interesse (OLG Hamburg ArchPR 73, 110), was jedoch nicht bedeutet, dass der Text einer Gegendarstellung jedermann auf Anhieb verständlich sein muss.

Der Verfassungsgerichtshof Berlin (AfP 08, 583) leitet aus dem Gesichtspunkt des berechtigten Interesses eine unterschiedliche Bewertung von natürlichen Personen und Behörden als Betroffene im Gegendarstellungsrecht ab. Exzessive Inanspruchnahme des Gegendarstellungsrechts staatlicher Stellen könne zu einer Gefahr für eine freie Berichterstattung werden. Behörden hätten Anspruch auf Gegendarstellung nur gegen Tatsachenbehauptungen, die sich auf das Erscheinungsbild in der Öffentlichkeit erheblich auswirken können, namentlich das unerlässliche Vertrauen in die Integrität staatlicher Stellen in Frage stellen oder ihre Funktionsfähigkeit gefährden. Die Gegendarstellung dürfe nicht dazu dienen, sachliche Kritik abzublocken. Auch fehlerhafte oder falsche. Berichterstattung berechtige nicht stets und automatisch zu einer Gegendarstellung. Kritisch dazu zu Recht Lehr AfP 10, 25, dem die Befürchtungen des Gerichts in hohem Maße zweifelhaft erscheinen und der auf die besondere objektive Funktion der Gegendarstellung für den funktionsfähigen öffentlichen Meinungsbildungsprozess (BVerfG AfP 98, 184, 186) hinweist. Die Bezugnahme des Verfassungsgerichtshofs auf BGH AfP 08, 381 (nicht 392) und die Annahme, die Gegendarstellung könne sachliche Kritik abblocken, lässt erkennen, dass das Gericht Gegendarstellungsansprüche als Abwehr- oder Beseitigungsansprüche begreift und sie gleich behandelt sehen will wie Ansprüche auf Richtigstellung und damit den wesensmäßigen Unterschied zwischen deliktischen Ansprüchen und dem Gegendarstellungsanspruch (s o Rn 43) nicht genügend beachtet.

b) Offensichtliche Unwahrheit

63 Ein berechtigtes Interesse ist vor allem zu verneinen, wenn und soweit die Gegendarstellung offensichtlich unwahr ist, Unwahre Gegendarstellungen sind rechtswidrig (Löffler NJW 59, 419; BVerfG AfP 98, 184; OLG München AfP 98, 89; 98, 515; 00, 172; 01, 132; OLG Karlsruhe AfP 98, 65; OLG Dresden AfP 02, 55). Auf Halbwahrheiten darf nicht mit ebensolchen erwidert werden (OLG München AfP 98, 515, AfP 00, 172). Offensichtlich unwahr ist eine Behauptung, wenn ihre Unrichtigkeit allgemein, dh auch für den Durchschnittsleser erkennbar ist (OLG Karlsruhe AfP 98, 65; OLG Dresden AfP 02, 55). Sie ist es aber auch, wenn ihre Unwahrheit dem erkennenden Gericht unzweifelhaft bekannt ist (OLG München AfP 98, 515). Es gelten grundsätzlich dieselben Voraussetzungen, wie sie die ZPO für die Offenkundigkeit einer Tatsache bestimmt (vgl OLG Hamburg ArchPR 74, 110). Es genügt für das Vorliegen einer offensichtlichen Unrichtigkeit, wenn sich aus dem Material, das dem Gericht vorliegt, zB aus einer eigenen eidesstattlichen Versicherung des Betroffenen, ergibt, dass der Antragsteller sich mit seinem eigenen Verhalten in Widerspruch setzt (OLG Hamburg ArchPR 75, 110; OLG München AfP 01, 132). An die offenbare Unrichtigkeit der Gegendarstellung, ggf. an deren Glaubhaftmachung, sind strenge Anforderungen zu stellen (KG ArchPR 74, 110; OLG München AfP 98, 515; OLG Karlsruhe AfP 98, 65; 06, 168). Eine Überprüfung der Wahrheit der in der Gegendarstellung aufgestellten Tatsachenbehauptungen findet niemals in dem Sinne statt, dass das Gericht Beweis erhebt oder Glaubhaftmachungsmittel gegeneinander abwägt. Die Unwahrheit muss in der Regel (vgl Rn 206) so klar auf der Hand liegen, dass sie ohne Glaubhaftmachung und Beweisführung zweifelsfrei feststeht

V. Ausnahmen von der Gegendarstellungspflicht § 11 LPG

(OLG Hamburg AfP 79, 400; vgl auch OLG Karlsruhe AfP 77, 356; 98, 65; OLG München AfP 98, 515).

c) Irreführender Inhalt

Das berechtigte Interesse fehlt auch, wenn die Gegendarstellung irreführend ist 64 (OLG Hamburg ArchPR 74, 109; OLG München AfP 98, 89; 98, 515; 99, 84; 99, 497; 00, 172; OLG Dresden AfP 02, 55). Irreführend ist die Gegendarstellung, wenn die Erstmitteilung offensichtlich wahr ist, wenn aber infolge der Gegendarstellung der Anschein entsteht, die Erstmitteilung sei unwahr (OLG Hamburg ArchPR 76, 45), wenn eine einseitige oder unvollständige Entgegnung oder eine solche, die für den Leser oder Hörer erkennbar im Widerspruch zum tatsächlichen Verhalten des Betroffenen steht, einen unrichtigen Eindruck herbeiführt und dem Leser/Hörer Schlussfolgerungen aufgezwungen werden, die mit der Wahrheit nicht im Einklang stehen (OLG München AfP 92, 171) Irreführend kann insb die einfache Zurückweisung der Erstmitteilung sein, wenn mehrere Möglichkeiten eines abweichenden Sachverhaltes bestehen (s auch unten Rn 127). Die Gefahr einer Irreführung besteht, wenn eine Behauptung, die lediglich der Ergänzung oder Einschränkung bedarf, vollständig negiert wird (OLG Düsseldorf, AfP 05, 368). Wendet sich der Betroffene gegen die Behauptung, er sei wegen einer bestimmten Tat verurteilt worden und ist er wegen einer anderen Tat verurteilt worden, dann muß die Gegendarstellung deutlich machen, wofür er tatsächlich verurteilt worden ist (LG Dresden AfP 05, 190). Nicht ohne weiteres irreführend wird die Gegendarstellung dadurch, dass sie nicht in der Ich-Form abgefasst ist, es darf allerdings nicht der irreführende Eindruck erweckt werden, es handele sich um einen redaktionellen Beitrag (OLG Hamburg ArchPR 77, 52). Formulierungen wie „wir stellen richtig" – „ich stelle richtig" können irreführend sein, wenn sie den Eindruck erwecken, dass es sich um Richtigstellung der Redaktion handelt (OLG Oldenburg AfP 11, 74). Irreführend ist die Gegendarstellung wenn die Wiedergabe der beanstandeten Erstmitteilung deren Sinn verfälscht (OLG Hamburg ArchPR 74, 109, OLG Frankfurt/M AfP 03, 459) nicht aber wenn die Überschrift verkürzt wiedergegeben wird (OLG Hamburg AfP 83, 289). Der Betroffenen hat es auch in der Hand, die Punkte auszuwählen, denen er widersprechen will (OLG Hamburg aaO). Irreführend und nicht abdruckfähig ist die Gegendarstellung, wenn sie sich gegen eine nur verbreitete Behauptung eines Dritten wendet, dies aber nicht hinreichend deutlich erkennbar macht, sondern so formuliert ist, als wende sie sich gegen eine eigene Behauptung der Zeitung. Richtet sich die Gegendarstellung gegen eine nur zitierte Behauptung eines Dritten, muss der Wortlaut dies für den Leser deutlich machen (OLG Hamburg AfP 83, 343, OLG Düsseldorf AfP 76, 194, OLG Karlsruhe AfP 99, 373 und AfP 09, 267, LG Dresden AfP 10, 595). Zur Irreführung vgl auch OLG Hamburg AfP 80, 104, OLG Düsseldorf ArchPR 76, 53 ferner ausführlich Seitz/Schmidt 5, 200 ff. mit zahlreichen Nachweisen aus der Rechtsprechung.

d) Keine abweichende Aussage

Sofern es nicht auf die wörtliche Wiedergabe einer Äußerung des von einer Erst- 65 mitteilung Betroffenen ankommt, widerspricht es Sinn und Zweck der Gegendarstellung, wenn ihr Abdruck verlangt wird, obwohl sie sachlich nichts anderes enthält als die Erstmitteilung. Das berechtigte Interesse am Abdruck ist zu verneinen, wenn bereits in der Erstmitteilung die Stellungnahme des Betroffenen enthalten bzw ausreichend berücksichtigt ist (LG Düsseldorf AfP 92, 315). Da es bei politischen Erklärungen auf Nuancen ankommt, ist in diesem Bereich für die Gegendarstellung schon und auch dann ein Bedürfnis zu bejahen, wenn der von der Erstmitteilung Betroffene nur wegen einer Nuance die Gegendarstellung verlangt (OLG Hamburg ArchPR 77, 46 = AfP 78, 25). Ein berechtigtes Interesse an einer Gegendarstellung ist auch gegeben, wenn die Presse bei der Erwähnung geschützter Industrie- und Handelsmarken (Plexiglas, Perlon, Aspirin etc) den üblichen Hinweis unterlässt, dass es sich hier um eine in Privatbesitz befindliche Marke handelt, so dass infolge der

Sedelmeier

Breitenwirkung der Presse die Entwicklung zum Freizeichen droht (vgl Löffler BB 62, 82 ff.). Ein berechtigtes Interesse besteht allerdings nicht, wenn die Gegendarstellung über die Richtigstellung der Erstmitteilung hinaus der Selbstdarstellung oder der geschäftlichen Reklame dient (Selbstdarstellung eines Anwalts: OLG München AfP 97, 823, sa Seitz/Schmidt 5, 214). Weitere Fälle des fehlenden berechtigten Interesses bei Seitz/Schmidt 5, 187 ff. mit Nachweisen aus der Rechtsprechung.

e) Widerruf und Gegendarstellung

66 Macht der Antragsteller neben dem Antrag auf Veröffentlichung der Gegendarstellung auch Ansprüche auf Unterlassung, Widerruf und Schadensersatz geltend, so entfällt dadurch das berechtigte Interesse am Abdruck der Gegendarstellung nicht. Die Möglichkeit einer Gegendarstellung kann im Gegenteil Schadenersatzansprüche für eine Anzeigenaktion (BGH AfP 86, 47) oder Schmerzensgeld (OLG Celle AfP 97, 819) ausschließen; nicht jedoch Unterlassungs- und Widerrufsansprüche (LG Nürnberg-Fürth AfP 83, 420). Der Betroffene hat nach § 11 ein Recht darauf, mit seinen eigenen Worten und seiner eigenen Darstellung vor dem Forum der Öffentlichkeit zu Wort zu kommen. Diese besondere Möglichkeit gibt ihm nur die Gegendarstellung (BGH, NJW 64, 1132, OLG Nürnberg MDR 56, 165, Löffler JZ 56, 346). Seitz/Schmidt/Schoener (Rn 18, 268 und 499 unter Bezugnahme auf OLG München ArchPR 68, 65) vertreten die Auffassung, dass der Verpflichtete nach Veröffentlichung eines förmlichen Widerrufs bezüglich der beanstandeten Behauptung eine Gegendarstellung über dieselbe Behauptung nicht mehr zu bringen braucht. In dieser Allgemeinheit ist dies nicht richtig, differenzierend dazu Seitz/Schmidt 5, 209/210. Bei Veröffentlichung eine eindeutigen redaktionellen Richtigstellung, die praktisch denselben Aussagegehalt hat wie die Gegendarstellung und in der die Unwahrheit der Erstmitteilung eingestanden wird (LG Berlin AfP 04, 148) oder der freiwilligen Veröffentlichung einer Darstellung, die hinreichend sicher stellt, dass eine durch die Erstmitteilung hervorgerufenen Fehlvorstellung korrigiert wird (Schlesw-Holst. OLG AfP 04, 125) mag das berechtigte Interesse entfallen, nicht aber bei bloßem Widerruf, der zwar die Unwahrheit der Erstmitteilung eingesteht, nicht aber notwendigerweise mitteilt was tatsächlich zutrifft. Im Ergebnis richtig aber nicht zu verallgemeinern LG München AfP 78, 219 mit Anmerkung von Gerhardt.

2. Unangemessen großer Umfang

67 Die Pflicht zum Abdruck der Gegendarstellung entfällt, wenn sie einen unangemessen großen Umfang hat. Das Erfordernis eines angemessenen Umfangs ist in allen Landespressegesetzen (§ 11 bzw 10/12 Abs 2) als Mussvorschrift enthalten, ausgenommen in Bayern, wo eine Sollvorschrift besteht (Art. 10 Abs 2). Die Angemessenheit des Umfangs der Gegendarstellung richtet sich entscheidend nach dem Inhalt, weniger nach dem Umfang der Erstveröffentlichung. Es darf für die Gegendarstellung so viel Raum in Anspruch genommen werden, als zur klaren, konzentrierten Widerlegung der in der Erstmitteilung veröffentlichten, den Betroffenen berührenden Tatsachen erforderlich ist. Das zulässige räumliche Minimum der Gegendarstellung ist in jedem Fall der Umfang des beanstandeten Textes der Erstmitteilung; dies sehen alle Landespressegesetze (abgesehen von Bayern und Hessen) ausdrücklich vor. In der Regel hat die Gegendarstellung dann einen angemessenen Umfang, wenn sie dem Text der Erstmitteilung entspricht, wobei nicht auf den ganzen Artikel sondern auf die Sätze oder Abschnitte abzustellen ist, auf die sich die Gegendarstellung bezieht (OLG Düsseldorf AfP 88, 160). Näheres zur Frage des Umfanges der Gegendarstellung s unten Rn 133 ff.

3. Anzeigen, die ausschließlich dem geschäftlichen Verkehr dienen

68 Nicht allgemein gegendarstellungspflichtig sind Mitteilungen im Anzeigenteil, soweit es sich um Anzeigen handelt, die ausschließlich dem geschäftlichen Verkehr dienen.

V. Ausnahmen von der Gegendarstellungspflicht § 11 LPG

a) Die Frage, ob die Gegendarstellungspflicht sich auf den Anzeigenteil erstreckt **69**
oder nicht, war früher heftig umstritten. Vor Inkrafttreten der Landespressegesetze
wollte die herrschende Meinung den Gegendarstellungsanspruch auf den gesamten
Anzeigenteil erstreckt sehen, während andere den Entgegnungszwang für den Inseratenteil ablehnten. Eine Mittelmeinung vertrat schon vor dem Inkrafttreten der Landespressegesetze die Auffassung, dass der Anzeigenteil dem Entgegnungszwang nicht
unterliegt, soweit es sich um ausschließlich dem geschäftlichen Verkehr dienende
Inserate handelt (Näheres vgl 1. Auflage Rn 42 und 2. Auflage Rn 63). Insoweit
kann mit gutem Grund in Frage gestellt werden, ob es sich bei Behauptungen in
geschäftlichen Anzeigen um solche handelt, die in dem Druckwerk im Sinne des
Regelungszweckes der Norm „aufgestellt" werden. Der Gegendarstellungsanspruch
ist Ausdruck des audiatur et altera pars und Ausfluss des Art 5 GG und soll nicht dem
Zweck dienen, Wettbewerbern eine Diskussion der tatsächlichen Eigenschaften ihrer
Erzeugnisse auf Kosten der Presse zu ermöglichen. Dazu ist der Anzeigenteil der richtige Ort und keine Zeitung wird ohne Grund ein Gegeninserat ablehnen. Bei der
Veröffentlichung von Werbeanzeigen durch Zeitungen oder Zeitschriften handelt es
sich nicht um Nachrichtenübermittlung, sondern für den Leser erkennbar um eine
bloße Dienstleistung des Verlegers gegen Entgelt, um eine Überlassung von Anzeigenraum ohne Rücksicht auf den Inhalt. Demgegenüber steht bei nicht geschäftlichen Anzeigen der Informationszweck im Vordergrund. Auf diesen grundsätzlichen
Unterschied der „wirklichen Inserate" im Verhältnis zu nicht geschäftlichen Anzeigen
hat schon Löffler in der 1. Auflage (Rn 42) zur Begründung der von ihm vertretenen
Auffassung hingewiesen.

b) Dieser Mittelmeinung haben sich die meisten LPG angeschlossen und in § 11 **70**
Abs 2 konkret bestimmt, dass sich die Gegendarstellungspflicht nicht erstreckt auf
„Anzeigen, die ausschließlich dem geschäftlichen Verkehr dienen"; daraus folgt
e contrario, dass im Übrigen der Anzeigenteil dem Gegendarstellungsrecht unterliegt.
Diese Regelung gilt heute in den Ländern Baden-Württemberg, Berlin, Brandenburg, Bremen, Niedersachsen, Nordrhein-Westfalen, Rheinland-Pfalz, im Saarland,
in Sachsen, Sachsen-Anhalt und Thüringen. Eine weitere Einschränkung haben Berlin, Bremen, Niedersachsen, Rheinland-Pfalz und Sachsen-Anhalt vorgenommen:
auch soweit hinsichtlich des Anzeigenteils Entgegnungszwang besteht, weil es sich
nicht um rein geschäftliche Anzeigen handelt, entfällt doch auf jeden Fall die Kostenfreiheit: wer eine Gegendarstellung veröffentlichen will, muss die üblichen Annoncengebühren bezahlen § 11 Abs 3 (s dazu OLG München AfP 99, 72), die er von
seinem Gegner uU als Schadensersatz erstattet verlangen kann.

c) Keine konkrete Regelung hinsichtlich des Entgegnungszwangs beim Inseraten- **71**
teil enthalten die Landespressegesetze von Bayern, Hamburg, Hessen, Mecklenburg-Vorpommern und Schleswig-Holstein. Doch haben hier die Länder Hamburg und
Schleswig-Holstein die Kostenfrage dahin geregelt, dass für Gegendarstellungen, die
den Anzeigenteil betreffen, auf jeden Fall die üblichen Annoncengebühren zu zahlen
sind (§ 11 Abs 3, s Rn 70).

Die in den bisherigen Auflagen vertretene Auffassung, dass in den Ländern Bayern,
Hamburg, Hessen, Mecklenburg-Vorpommern und Schleswig-Holstein die in der
Mehrzahl der Länder getroffene gesetzliche Regelung aufgrund eines allgemeinen
Rechtsgrundsatzes ebenfalls gelte (s o Rn 69 a. E.), wird nicht aufrechterhalten. Die
Einwände von Seitz/Schmidt 5, 230 überzeugen. Die Belastung der Presse mit
Gegendarstellungspflicht für geschäftliche Anzeigen erscheint zwar nach wie vor verfassungsrechtlich bedenklich. Es ist wenig plausibel, den Wettbewerbern von Inseraten aus verfassungsrechtlichen Gründen die Spalten der Presse für kostenlose Erwiderungen auf Anzeigen und damit für kostenlose Werbung zu öffnen, zumal sie die
Wahrheit ihrer tatsächlichen Behauptungen nicht dartun geschweige denn beweisen
müssen und der zum Abdruck Verpflichtete Gefahr läuft, in wettbewerbliche Auseinandersetzungen verwickelt zu werden. Ein dagegen gerichteter allgemeiner Rechtsgrundsatz lässt sich aber aus der Verfassung nicht herleiten. Bestünde ein solcher all-

gemeiner Rechtsgrundsatz, dann müsste er zudem auch für nicht geschäftliche Anzeigen gelten, die unbestritten gegendarstellungspflichtig sind. Dasselbe gilt für die These, dass Tatsachenbehauptungen in Anzeigen nicht von der Presse „aufgestellt" seien, gegendarstellungspflichtig sind nicht *von* sondern *in* der Presse aufgestellte Tatsachenbehauptungen.

Kein allgemeines Prinzip liegt der Kostenfrage zu Grunde: wo eine Abdruckpflicht besteht, hat der Abdruck – auch im Anzeigenteil – kostenfrei zu erfolgen, sofern nicht der Gesetzgeber ausdrücklich etwas anderes bestimmt.

4. Parlaments- und Gerichtsberichterstattung

72   Die Pflicht zum Abdruck einer Gegendarstellung entfällt außerdem bei wahrheitsgetreuen Parlaments- und Gerichtsberichten über öffentliche Sitzungen (§ 11 Abs 5).

73   a) Für den Bundestag und seine Ausschüsse ergibt sich dies unmittelbar aus Art 42 Abs 3 GG („bleiben von jeder Verantwortung frei"). Für die Bundesversammlung und die Gesetzgebungsorgane der Länder wird allgemein eine entsprechende Anwendung des § 37 StGB (früher § 12 StGB) vertreten. Dies dürfte seine Wurzel darin haben, dass früher die Verweigerung des Abdrucks der Gegendarstellung strafbare Handlung war. Ob § 37 StGB heute noch Anwendung findet, soweit die Verweigerung des Abdrucks nur zivilrechtliche Folgen hat, muss zweifelhaft erscheinen. Die Landespressegesetze haben in § 11 Abs 5 LPG (Berlin, Hessen, Saarland und Sachsen-Anhalt § 10 Abs 5, Brandenburg § 12 Abs 5, Sachsen § 10 Abs 6) die Freistellung der Parlamentsberichterstattung von der Gegendarstellungspflicht auch auf die Gemeinden, Gemeindeverbände, Gebietskörperschaften und übernationale parlamentarische Organe (so Rheinland-Pfalz und Saarland), bzw die Europäische Gemeinschaft (Brandenburg, Sachsen und Thüringen) sowie auf öffentliche Gerichtsverhandlungen ausgedehnt. Wo keine landespresserechtliche Regelung vorliegt, wie in Bayern, beschränkt sich der Wegfall der Gegendarstellungspflicht auf den durch Art 42 Abs 3 GG und § 37 StGB begrenzten Bereich. In diesem Rahmen soll nach allgemeiner Ansicht (vgl Marquardsen, S 89) die Freistellung „von jeder Verantwortung" auch die Befreiung von der Pflicht zum Abdruck von Gegendarstellungen bedeuten. Die Anwendung von § 37 in Bayern ist bedenkenfrei, weil in Bayern nach wie vor die Verweigerung des Abdrucks der Gegendarstellung strafbar ist.

74   b) Die Befreiung von der Gegendarstellungspflicht gilt nur für Parlaments- oder Gerichtsberichte. Es kann deshalb im Einzelfall fraglich sein, ob eine Darstellung, die auch andere Vorgänge behandelt, in die die Schilderung eines Vorganges aus Parlament oder Gericht nur eingestreut ist, unter das Privileg fällt. Mit Wenzel (11.61) ist davon auszugehen, dass das Privileg weit auszulegen ist und dass die Privilegierung nicht dadurch entfällt, dass der Bericht in einem anderen Bericht eingebettet ist und dass er nicht vollständig ist, sondern sich auf einen oder einige Punkte beschränkt (vgl OLG Hamburg AfP 77, 240 und AfP 77, 397).

75   c) Liegt ein Parlaments- oder Gerichtsbericht vor, dann gilt das Privileg nur dann, wenn der Bericht „wahrheitsgetreu" ist. Wahrheitsgetreu ist der Bericht, wenn er dasjenige richtig wiedergibt, was in der Sitzung oder der Verhandlung erörtert worden ist. Ob dasjenige, was der einzelne Teilnehmer an der Verhandlung oder der Sitzung von sich gegeben hat, seinerseits wahr ist oder nicht, ist unerheblich (LG Berlin AfP 92, 177). Die Privilegierung soll gerade vermeiden, dass im Wege der Gegendarstellung konträre Sachverhaltsdarstellungen in Parlamentssitzungen oder Gerichtsverhandlungen in der Presse fortgesetzt werden. Wahrheitsgetreu ist nicht wortgetreu (so auch OLG Thüringen AfP 07, 559). Eine abweichende, den Sinn nicht beeinträchtigende Wortfassung gibt keinen Gegendarstellungsanspruch, wohl aber eine entstellte, verzerrte, gefärbte Wiedergabe (vgl OLG Hamburg AfP 79, 361). Bleibt der Wortlaut der abgedruckten Teile der Verhandlung unverändert, werden aber wesentliche Punkte etwa tendenziöserweise weggelassen, so liegt kein objektiver wahrheitsgetreuer Bericht vor. Wahrheitsgetreu ist der Bericht, wenn er von dem Verlauf

V. Ausnahmen von der Gegendarstellungspflicht **§ 11 LPG**

der Verhandlung, der Gegenstand des Berichts ist, ein zutreffendes Gesamtbild gibt (OLG Hamburg AfP 77, 240). Wird der Parlamentsbericht als subjektiver Stimmungsbericht des Berichterstatters oder in Form eines Leitartikels wiedergegeben, so tritt keine Befreiung vom Entgegnungszwang ein (unrichtig deshalb OLG Hamburg AfP 77, 397 mit ablehnender Anmerkung von Schmitt-Osten). Sind dem Berichterstatter Unrichtigkeiten unterlaufen (den Zwischenruf hat ein anderer Abgeordneter gemacht), so fehlt es insoweit an einem wahrheitsgetreuen Bericht und der Gegendarstellungsanspruch ist begründet.

d) Die Tatsache, dass die Freistellung nur für wahrheitsgetreue Berichte gilt, wirft **76** die Frage auf, ob im Gegendarstellungsverfahren, wenn § 11 Abs 5 zur Debatte steht, die materielle Wahrheit ermittelt werden muss. OLG Hamburg (AfP 79, 361, ebenso OLG Thüringen AfP 07, 559) meint, das Gericht stehe anders als sonst im Recht der Gegendarstellung im Rahmen des § 11 Abs 5 LPG vor der Aufgabe der Wahrheitsfindung, wobei allerdings Glaubhaftmachung ausreiche. Diese Auffassung begegnet Bedenken. Wendet sich die Gegendarstellung gegen den Inhalt dessen, was von der Presse zutreffend als Gegenstand der Sitzung oder Verhandlung berichtet wird, dann ist das Gegendarstellungsverlangen unbegründet, gleichgültig ob die Gegendarstellung oder dasjenige wogegen sie sich richtet, wahr ist. Behauptet die Gegendarstellung hingegen, der Bericht sei unwahr oder schief, ein Parlamentarier habe die ihm in den Mund gelegte Äußerung nicht getan, einer anderen Äußerung sei sogleich von mehreren Seiten widersprochen worden (vgl Wenzel 11.63), dann ist die Gegendarstellung wie auch sonst im Gegendarstellungsverfahren ohne Prüfung der Wahrheit der Gegendarstellung oder der Erstmitteilung zulässig, es sei denn, sie sei offenkundig oder gerichtsbekannt unwahr. Es kann nicht angenommen werden, dass § 11 Abs 5 systemwidrig dazu führen soll, dass im Gegendarstellungsverfahren die materielle Wahrheit zu ermitteln ist, zumal dies ohnehin nicht möglich ist, nachdem das Verfahren nur Glaubhaftmachung zulässt. Da Parlaments- und Gerichtsberichte mit der Behauptung, sie seien nicht wahrheitsgetreu, dem Gegendarstellungsverlangen zugänglich sind, erscheint die Entscheidung des OLG Düsseldorf AfP 80, 50: „Auch wenn eine Zeitung mit eigenen Worten über eine Strafgerichtsverhandlung berichtet, ist gegen diesen Bericht eine Gegendarstellung nicht zugelassen, falls es sich insgesamt um einen Bericht über ein Strafurteil handelt" erheblich zu weitgehend.

5. Keine Gegendarstellung zur Gegendarstellung

Die Gegendarstellung ihrerseits unterliegt nicht dem Entgegnungszwang. Neuere **77** rundfunkrechtliche Bestimmungen bestimmen dies ausdrücklich (SWR, Radio Bremen, ZDF, Deutschlandradio, DW, Privates Radio Bad-Württ, Bremen). Fühlt sich ein dritter Leser durch eine Gegendarstellung betroffen, so wäre es für die Presse eine unbillige Härte, wenn dem Dritten wiederum ein Recht auf Gegendarstellung zustünde. Ein solches Verfahren würde folgerichtig einen uferlosen Wortkampf unter den Lesern ermöglichen und widerspräche auch dem Grundgedanken der Bestimmung: nach § 11 LPG ist „Schuldner" des Entgegnungsanspruchs stets die Presse, während bei einem Wortkampf unter den Lesern die beteiligten Parteien andere sind. Bringt die Presse, der Pflicht zur Gegendarstellung folgend, die eingesandte Entgegnung zum Abdruck, dann erfüllt sie eine gesetzliche Verpflichtung und darf insoweit nicht mit einem neuen Entgegnungszwang „bestraft" werden (im Ergebnis übereinstimmend Regensburger S 52, Häntzschel, 86). Die Situation ist nicht vergleichbar mit dem Leserbrief (so jedoch Wenzel 11.68), weil die Presse Leserbriefe und damit die darin enthaltenen Aussagen anders als Gegendarstellungen freiwillig abdruckt und sie damit aufstellt. Seitz/Schmidt/Schoener haben ihre gegenteilige Auffassung (1. Aufl Rn 160, 2. Aufl Rn 282/283) mit der Einschränkung aufgegeben, dass eine Gegendarstellung gegen eine solche möglich sei, wenn ein Dritter durch deren Veröffentlichung schwerwiegend in seinem Persönlichkeitsrecht beeinträchtigt wird (Seitz/Schmidt/Schoener, Rn 288, Fn 301; 289). Dies mag wünschenswert sein, ist aber dogmatisch nicht begründbar (so auch Seitz/Schmidt 5, 233). Die Gegendarstellung dient nicht der Wiedergutmachung geschehenen Unrechts und setzt keine Rechtsverletzung voraus. Deswegen kann nicht danach unterschieden werden, ob das Persönlichkeitsrecht des Betroffenen nur tangiert oder verletzt ist, erst Recht nicht kann auf die Schwere der Beeinträchtigung abgestellt werden. Allein entscheidend ist, ob eine Behauptung in der Presse (freiwillig, ohne gesetzliche Pflicht) „aufgestellt" worden ist. Ist dies nicht der Fall, dann fehlt eine gesetzliche Grundlage für den Anspruch auf Abdruck . Gegenüber dem sogenannten Redaktionsschwanz ist hingegen eine Gegendarstellung zulässig, wenn der Redaktionsschwanz neue Tatsachenbehauptungen enthält (vgl LG Hamburg ArchPR 70, 83). Hier handelt es sich wieder um eine eigene freiwillige Mitteilung der Presse, für die sie voll einzustehen hat.

6. Amtliche und harmlose Schriften

78   Amtliche und harmlose Schriften sind auch, wenn sie periodische sind, von der Gegendarstellungspflicht befreit, da sie nach § 7 Abs 3 LPG nicht den Vorschriften über Druckwerken unterliegen (s Rn 82). Dies gilt nicht in Bayern und Sachsen (s § 7 Rn 57 und 58).

7. Im Ausland erscheinende Druckschriften

79   Solange die angestrebte internationale Regelung der Gegendarstellungspflicht noch aussteht, unterliegen die im Ausland erscheinenden Druckwerke keinem Entgegnungszwang, auch wenn sie im Inland verbreitet werden. Wegen der Zulässigkeit der Verwendung einer fremden Sprache für die Gegendarstellung s Rn 140.

VI. Die Anspruchsverpflichteten

1. Verleger und verantwortlicher Redakteur

80   Anspruchsverpflichtet sind (neben den Rundfunk- und Fernsehanstalten vgl Rn 243 ff. und Internetanbietern) ausschließlich der Verleger und der verantwortliche Redakteur eines periodischen Druckwerkes. Nicht verpflichtet ist der Verfasser einer Meldung, der Herausgeber einer Publikation oder der Chefredakteur, auch nicht bei unklarem Impressum (OLG Celle AfP 96, 274) Die Passivlegitimation des verantwortlichen Redakteurs neben dem Verleger ist historisch zu erklären und erscheint wenig sinnvoll. § 11 RPG gewährte keinen zivilrechtlichen Anspruch auf Abdruck der Gegendarstellung, die Abdruckverpflichtung war nur durch die Androhung einer Übertretungsstrafe gesichert, die sich gegen den verantwortlichen Redakteur richtete. Die Landespressegesetze gewährten den schon vorher geforderten (1. Aufl Rn 138) und von einem Teil der Rechtsprechung anerkannten zivilrechtlichen Anspruch und behielten neben dem Verleger den verantwortlichen Redakteur als Verpflichteten bei. Der Anspruch gegen zwei Verpflichtete, die nebeneinander oder wahlweise in Anspruch genommen werden können, wirft eine Reihe schwieriger Probleme auf: Für die beiden Verpflichteten können verschiedene Gerichtsstände gegeben sein, die möglicherweise in verschiedenen Bundesländern oder sogar im Ausland (§ 9 Rn 65) liegen können, zumal nach hM (s unten Rn 192) der verantwortliche Redakteur nicht am Sitz der Redaktion sondern an seinem privaten Wohnsitz in Anspruch genommen werden muss. Weigert sich einer der Verpflichteten, während der andere zum Abdruck bereit ist, dann stellen sich Fragen der Abberufung von der bzw Niederlegung der verantwortlichen Redaktion und Fragen der Rechtskrafterstreckung (s unten Rn 86). Streitig ist die Frage, ob der Anspruch gegen beide Verpflichteten durch Zuleitung der Gegendarstellung an nur einen entsteht. Schließlich ist die Ermittlung des richtigen verantwortlichen Redakteurs manchmal schwierig. In Anbetracht der daraus im Prozess möglicherweise entstehenden Risiken (mit entsprechenden Kostenfolgen) emp-

VI. Die Anspruchsverpflichteten **§ 11 LPG**

fiehlt es sich deshalb, in der Regel nur einen Verpflichteten – im Zweifel den leicht feststellbaren Verleger – in Anspruch zu nehmen. Sinnvollerweise sehen die neueren rundfunkrechtlichen Vorschriften keinen verantwortlichen Redakteur oder Sendeleiter als Verpflichteten neben der Anstalt oder dem Veranstalter vor.

a) Periodische Druckwerke

a) Der Anspruch auf Abdruck einer Gegendarstellung ist nur gegenüber Veröffent- 81
lichungen in periodischen Druckwerken (in Bayern bei Zeitungen und Zeitschriften) gegeben. Wegen der Begriffe „periodisches Druckwerk", Zeitung und Zeitschrift s § 7 Rn 76. Entgegen früherer Meinung (§ 7 Rn 77) ist die Auffassung im Vordringen, dass Wahlkampfzeitungen periodische Druckschriften und damit gegendarstellungspflichtig seien (Damm S 26, Wenzel 11.36, Seitz/Schmidt 5, 74). Dies gelte jedenfalls dann, wenn die Wahlkampfzeitung innerhalb einer Wahl mehrfach erscheint (Wenzel aaO). Ungeachtet der Tatsache, dass gerade dort ein erhöhtes Bedürfnis nach Gegendarstellungen entstehen kann, ist diese Auffassung mit dem Tatbestandsmerkmal „ständig" in der Definition der periodischen Druckschrift schwer in Einklang zu bringen, „ständig" bedeutet „dauernd" (Duden) und dauernd ist nicht zwei, drei oder vier mal. Anders mag es sich verhalten bei von vornherein geplantem Erscheinen auf die bestimmte „Dauer" von ein oder zwei Jahren. Außerdem entstehen praktische Schwierigkeiten: Was geschieht, wenn die Gegendarstellung erst nach dem Wahltag gerichtlich durchgesetzt ist oder mit dem Gegendarstellungsanspruch gegen eine Erstmitteilung in der letzten Ausgabe vor der Wahl? Diese Fragen zeigen, dass das Merkmal „ständig" in der Begriffsdefinition seinen guten Sinn hat und nicht auf Grund verständlichen Wunschdenkens dahin vergewaltigt werden sollte, dass man vier (oder sogar zwei?) geplante Ausgaben genügen lässt. Erscheine eine Wahlkampfzeitung in mehreren Wahlkämpfen, die mehr als sechs Monate auseinanderliegen, dann liegt insoweit sicher keine Periodizität vor. Die Beschränkung der Gegendarstellung auf periodische Druckwerke ist zweckmäßig. Sie liegt in der Natur der Sache. Die periodische Presse hat die weiteste Verbreitung und Wirkung. Durch die Stetigkeit ihres Erscheinens übt sie die nachhaltigste Wirkung aus. Zu den periodischen Druckwerken gehören auch die Mitteilungen der Nachrichtendienste (§ 7 Abs 2 LPG). Trotz abweichender Regelung in Bayern und Hessen sind auch in Hessen die Agenturen gegendarstellungspflichtig (OLG Frankfurt vom 5.7.1983 in ZV 1983 Heft 30 S 6). Bei allen periodischen Druckwerken besteht an der Möglichkeit alsbaldiger Entgegnung ein gesteigertes Interesse, das bei anderen Druckerzeugnissen, insb bei Büchern, nicht in gleichem Maße vorhanden ist. Hinzu kommt, dass bei nichtperiodischen Druckschriften eine alsbaldige Entgegnung auf fast unüberwindbare Schwierigkeiten stößt. Bis die nächste Auflage eines Buches erscheint, können Jahre vergehen. Hier muss als Ausweg auf § 200 StGB verwiesen werden; danach ist bei Beleidigungen, die durch Verbreitung von Schriften, Darstellungen und Abbildungen erfolgen, dem Beleidigten die Befugnis zuzusprechen, die Verurteilung auf Kosten des Schuldigen öffentlich bekanntzumachen (vgl 2. Aufl Bd I Kap 9 § 200 StGB Rn 15ff.). Auf den Charakter des periodischen Druckwerkes kommt es nicht an. Auch rein wissenschaftliche (zB naturwissenschaftliche) Zeitschriften unterliegen bei Bestehen der sonstigen Voraussetzungen dem Gegendarstellungsrecht. Der BGH (NJW 63, 1155) hat dies beim Streit der Gelehrten um die Einstein'sche Relativitätstheorie ausdrücklich bestätigt (vgl Löffler GRUR 63, 639).

Nicht den Vorschriften über Druckwerke und damit nicht der Verpflichtung, Ge- 82
gendarstellungen zu veröffentlichen, unterliegen die amtlichen Druckwerke, soweit sie ausschließlich amtliche Mitteilungen enthalten (abw Bayern und Sachsen s Rn 78) und die sogenannten „harmlosen", ausschließlich dem häuslichen, geselligen und gewerblichen Leben dienenden Schriften (§ 7 Abs 3 Ziffer 1 und 2 LPG). Dagegen sind amtliche Informationen nicht privilegiert: Ein Presseorgan kann sich dem Anspruch aus § 11 LPG nicht mit dem Einwand widersetzen, seine Veröffentlichung beruhe auf amtlichen Informationen (BGH NJW 67, 562).

b) Nebenausgaben

83   Nach Abs 1 Satz 2 des § 11 erstreckt sich die Pflicht des Verlegers und des verantwortlichen Redakteurs zum Abdruck der Gegendarstellung auf alle Nebenausgaben des periodischen Druckwerks (Zeitung oder Zeitschrift), in denen die fragliche Tatsachenbehauptung erschienen ist. Wer lediglich die Nebenausgabe liest und dort die Erstmitteilung zur Kenntnis nahm, muss auch Gelegenheit bekommen, die Gegendarstellung zu lesen. Unter Nebenausgaben sind alle wirtschaftlich oder rechtlich abhängigen Neben- oder Unterausgaben eines Blattes (sog Kopfblätter, Lokalausgaben, Bezirksausgaben, Tochterzeitungen usw) zu verstehen (Arras in ZV 53, 593). Die Ausdehnung der Abdruckpflicht auf Nebenausgaben, in denen die Erstmitteilung erschienen ist, ergibt sich auch ohne ausdrückliche gesetzliche Anordnung zwangsläufig aus dem Sinn und Zweck der Gegendarstellung. Sie muss demgemäß auch für Bayern gelten, wo eine entsprechende ausdrückliche Bestimmung fehlt (s dazu OLG München AfP 03, 458). Was für Nebenausgaben gilt, findet sinngemäß auch auf die im Zeitungs- und Zeitschriftenwesen üblichen Beilagen Anwendung. Hat die in einer einmaligen Beilage veröffentlichte Mitteilung zur Einsendung einer Gegendarstellung geführt, so hat der Abdruck in der nächstfolgenden Nummer in dem Teil der Zeitung zu erfolgen, der nach seinem Inhalt und Charakter der Beilage am nächsten steht. (Bei einer Beilage, die sich mit dem Wirtschaftsleben des Bezirks beschäftigt, im Wirtschaftsteil s a OLG München aaO.) Aus der Tatsache, dass sich die Pflicht des Verlegers zum Abdruck der Gegendarstellung auf alle Nebenausgaben erstreckt, folgt, dass bei Nebenausgaben allein der Verleger der Hauptzeitung passiv legitimert ist. Der Verleger der Nebenausgabe (zB Kopfblatt) haftet nicht. Eine Besonderheit weisen die Landespressegesetze von Rheinland-Pfalz, Bremen und Sachsen auf (s dazu Ory, Buchbesprechung Recknagel „Das Recht der Gegendarstellung bei Meldungen von Nachrichtenagenturen" AfP 00, 600). Hier sind Verleger und verantwortlicher Redakteur einer Zeitung oder Zeitschrift verpflichtet, Gegendarstellungen zu drucken, die in anderen periodischen Druckwerken (Sachsen) oder vervielfältigten Mitteilungen der Nachrichtenagenturen, in Pressekorrespondenzen und in Materndiensten (Rheinland-Pfalz und Bremen) veröffentlicht worden sind. Die Veröffentlichung hat nach der Regelung in Rheinland-Pfalz in der jeweiligen Zeitung oder Zeitschrift soweit zu erfolgen, wie die Zeitung oder Zeitschrift die behauptete Tatsache in ihrem Textteil übernommen hatte. Die Regelungen sind systemwidrig und daraus ergeben sich Probleme: Es fragt sich, ob die Veröffentlichungspflicht aus der bloßen Tatsache der Vorveröffentlichung in einer Agenturmeldung etc folgt (mit welcher Sanktion?) oder ob der Betroffenen den Anspruch ausdrücklich gelten machen muss (ohne Zuleitung der formgültigen Gegendarstellung?) und ob der Verpflichtete berechtigt ist, die Voraussetzungen für die Abdruckpflicht selbst zu prüfen (auf Einhaltung von Form und Frist gegenüber der Agentur, was er gar nicht kann, auf die Frage Tatsachenbehauptung/Meinungsäußerung oder etwa auf strafbaren Inhalt, was er wohl muss). Was geschieht, wenn die Agentur bewusst freiwillig aus publizistischem Interesse oder in Unkenntnis der Rechtslage eine nach Form und/oder Inhalt nicht dem Gesetz entsprechende Gegendarstellung verbreitet hat? Daraus kann wohl kaum originär ein Anspruch gegen einen Dritten entstehen. Ferner fragt sich, ob bei nur teilweiser Übernahme einer Agenturmeldung ausnahmsweise eine Berechtigung des Verpflichteten besteht, die Gegendarstellung zu kürzen.

2. Gesamtschuldnerische Haftung

84   Dem Anspruchsberechtigten steht es frei, ob er wegen seines Abdruckverlangens den Verleger oder den verantwortlichen Redakteur oder beide als Gesamtschuldner in Anspruch nehmen will (s oben Rn 80). Der presserechtliche Begriff des Verlegers deckt sich nicht mit dem verlagsrechtlichen (s § 8 Rn 49 ff.). Verleger im Sinne des Presserechts ist allein der Inhaber des Verlagsunternehmens, auch wenn neben einer juristischen Person oder Gesellschaft, die Inhaberin des Verlages ist, eine natürliche

VI. Die Anspruchsverpflichteten § 11 LPG

Person als „Verleger" fungiert (OLG Düsseldorf AfP 88, 160). Verleger ist nach Auffassung des OLG Karlsruhe (AfP 92, 373) auch derjenige, der im Impressum als „Verleger" genannt ist, auch wenn außerdem ein Verlagsunternehmen angegeben ist. Dies ist abzulehnen: Eine missverständliche Fassung des Impressums kann keine Passivlegitimation begründen (OLG Celle, AfP 96, 274). Sind bei einer Zeitung oder Zeitschrift für die einzelnen Sparten verschiedene verantwortliche Redakteure benannt (vgl § 8 Rn 80), so trifft die Abdruckpflicht nur den Redakteur, der für den Teil der Druckschrift verantwortlich ist, in dem die beanstandete Mitteilung erschienen ist (allgemeine Meinung). Verantwortlicher Redakteur für den Anzeigenteil einer Zeitung ist der verantwortliche Anzeigenleiter, nicht der Redakteur, der für die in der Anzeige behandelten Themen verantwortlich ist (OLG Karlsruhe AfP 81, 363). Wird die im Impressum vorgenomme Aufteilung der Verantwortlichkeit mehrerer Redakteure in dem Druckwerk nicht klar eingehalten, ist der zum Abdruck der Gegendarstellung verpflichtete verantwortliche Redakteur grundsätzlich nach dem tatsächlichen Verhältnis, nicht nach dem Impressum zu bestimmen (Stellungstheorie vgl OLG München AfP 72, 278). Der Chefredakteur als solcher haftet nicht, auch nicht bei unklarem Impressum (OLG Celle AfP 96, 274). Der Redakteur, der die Funktion des verantwortlichen Redakteurs tatsächlich ausübt, haftet auch dann auf Abdruck, wenn er ausdrücklich ohne die Befugnis, über den Abdruck zu entscheiden, benannt ist (OLG Celle AfP 87, 715). Für den Absender genügt die Adressierung an die betreffende Zeitung oder Zeitschrift (vgl unten Rn 156).

3. Weigerung des Mithaftenden

Den Verleger und den verantwortlichen Redakteur trifft als Gesamtschuldner jeden 85 für sich die volle Haftung für die Erfüllung der Abdruckpflicht. Sie können sich nicht darauf berufen, dass sie selbst zum Abdruck bereit seien, der Mithaftende jedoch nicht. Weigert sich der verantwortliche Redakteur, so muss der abdruckwillige Verleger einen neuen verantwortlichen Redakteur bestellen, was jederzeit möglich ist (vgl § 9 Rn 30, 34). Weigert sich der Verleger, so muss der abdruckwillige verantwortliche Redakteur, wenn er sich der Abdruckpflicht entziehen will, entweder die verantwortliche Redaktion niederlegen oder dem Betroffenen gegenüber den Anspruch unter Verwahrung gegen etwaige Kosten einer Gegendarstellungsklage anerkennen (vgl Rebmann § 11 Rn 7).

Steht die Verpflichtung zum Abdruck einer Gegendarstellung gegenüber einem 86 der Gesamtschuldner rechtskräftig fest oder hat einer der Verpflichteten die Forderung anerkannt, dann muss der andere die Verpflichtung gegen sich gelten lassen. Nach Auffassung des LG Hamburg (ArchPR 68, 62) erstreckt sich die Rechtskraft eines gegen den verantwortlichen Redakteur ergangenen Urteils auch auf den Verleger. Das OLG Hamburg (ArchPR 68, 63) stellt mit besserer Begründung darauf ab, dass der Verleger rechtswidrig in den Verantwortungsbereich des verantwortlichen Redakteurs eingreift, wenn er diesen daran hindert, eine Gegendarstellung abzudrucken, die dieser als berechtigt anerkannt hat oder zu deren Abdruck er rechtskräftig verpflichtet worden ist. Der Anspruchsberechtigte kann von dem gesamtschuldnerisch Verpflichteten verlangen, dass dieser seiner presserechtlichen Verpflichtung gegenüber dem anderen Anspruchsverpflichteten nachkommt. In einem eventuell notwendig werdenden Verfahren gegen den zweiten Gesamtschuldner wird deshalb die presserechtliche Zulässigkeit der Gegendarstellung nicht mehr geprüft (OLG Hamburg ArchPR 68, 63).

4. Wechsel der Person

Schwierige Rechtsfragen tauchen auf, wenn nach dem Erscheinen der beanstandeten 87 Erstmitteilung, aber vor dem Erscheinen der Gegendarstellung, ein Wechsel in der Person des Verlegers oder des verantwortlichen Redakteurs eintritt. Trifft die Abdruckpflicht den früheren oder den jetzigen Verleger (Rechtsnachfolger bei Verkauf) bzw verantwortlichen Redakteur. Mit Recht betrachtet die herrschende Meinung den verantwortlichen Redakteur und den Verleger derjenigen Nummer für abdruckpflichtig, in welcher die Gegendarstellung nach der Vorschrift des Gesetzes zum Abdruck kommen soll (OLG Braunschweig BraunschwZtschr. 56, 122, OLG Celle GoldtArch 63, 155, Klöppel S 242, Häntzschel S 81, Kitzinger S 70, Schmidt-Leonhard-Gast S 183, Rebmann § 11 Rn 6). Wenn Ebner (S 43) auch dem verantwortlichen Redakteur der Nummer, in welchem die zu „berichtigende" Mitteilung enthalten war, eine Mitverpflichtung auferlegen will, so übersieht er, dass dieser Redakteur keine bindenden Anordnungen für die spätere Nummer treffen kann, in welcher der Abdruck erfolgen soll, wenn inzwischen ein anderer verantwortlicher Redakteur an seine Stelle getreten ist. Richtig am Gedanken Ebners ist, dass neben dem verantwortlichen Redakteur der „nächstfolgenden Nummer" auch die Redakteure, die im Zeitpunkt des Erscheinens der beanstandeten Mitteilung bzw bei Eingang der Gegendarstellung verantwortlich zeichneten, zur sachgemäßen Mitwirkung verpflichtet sind: sie haben insb die ihnen zugehende Gegendarstellung an ihren Nachfolger weiterzuleiten, damit dieser seiner Abdruckpflicht genügen kann. Dasselbe gilt sinngemäß bei einem Wechsel in der Person des Verlegers. Wird diese Mitwirkungspflicht versäumt, so können dadurch Schadenersatzansprüche (Prozesskosten) ausgelöst werden (vgl Mannheim S 24, Klöppel S 243, Regensburger S 42, Kitzinger S 70 in Verb mit S 65). Häntzschel (S 81, 82), der entgegen der herrschenden Meinung bei Redakteurwechsel die zurückgetretenen Redakteure von jeder Mitwirkungspflicht freistellen und lediglich auf die Erkundigungspflicht des Nachfolgers abstellen will, lässt dadurch eine Lücke entstehen, denn die mit Recht betonte Erkundigungspflicht des Nachfolgers ist nur Erfolg versprechend, wenn ihr die Orientierungspflicht des Vorgängers entspricht. Tritt während eines anhängigen Gegendarstellungsprozesses ein Personenwechsel auf Seiten der Abdruckverpflichteten (Beklagten) ein, so gelten §§ 265/325 ZPO: der bisherige Beklagte führt den Prozess für seinen Nachfolger in gesetzlicher Prozessstandschaft weiter (BayObLG ArchPR 70, 74).

VII. Gegendarstellung nur gegenüber Tatsachenbehauptungen der Presse

1. Tatsachenbehauptung/Meinungsäußerung

88   Voraussetzung des Anspruches auf Abdruck einer Gegendarstellung ist die den individuellen Interessenkreis berührende Veröffentlichung einer Tatsachenbehauptung. Gegenüber Meinungsäußerungen besteht kein Anspruch auf Gegendarstellung. Durch die Beschränkung des Gegendarstellungsanspruches auf mitgeteilte Tatsachen wollte der Gesetzgeber mit guten Gründen verhindern, dass die in jeder Zeitung oder Zeitschrift ständig vorkommenden künstlerischen, sozialen, politischen und wirtschaftlichen Wertungen einer Gegendarstellung durch den Leser unterliegen. Die publizistisch besonders wertvolle Tätigkeit der sogenannten Meinungspresse (im Gegensatz zum reinen Nachrichtenblatt) wäre ebenso erschwert wie die staatspolitisch wichtige Aufgabe der Presse, am öffentlichen Geschehen Kritik zu üben. Der Gegendarstellungsanspruch beschränkt sich damit auf die Funktion der Presse als Nachrichtenübermittler. Die Einordnung einer Äußerung als Tatsachenbehauptung oder Meinungsäußerung ist im Gegendarstellungsverfahren demzufolge prozessentscheidend. Die Einordnung steht nicht im Interpretationsbelieben des Tatrichters, sie ist eine Rechtsfrage. Die unzutreffende Einordnung einer Meinungsäußerung als Tatsachenbehauptung beinhaltet im Unterlassungs- und Schadenersatzprozess einen Verstoß gegen Art 5 GG (BVerfG NJW 91, 95; 92, 1439). Sachverhaltsfeststellung und Rechtsanwendung sind in diesem Zusammenhang vom Bundesverfassungsgericht in vollem Umfang überprüfbar (BVerfG NJW 92, 2013). Dies gilt auch im Gegendar-

VII. Gegendarstellung nur geg. Tatsachenbehauptungen der Presse § 11 LPG

stellungsverfahren (BVerfG AfP 98, 184; 98, 500; 2014, 433 verneinend noch Bay VerfGH NJW 94, 2944). Über den Begriff Tatsachenbehauptung und seine Abgrenzung vom Begriff der Meinungsäußerung oder, wie herkömmlich gesagt wird, des Werturteils gehen die Ansichten erheblich auseinander.

a) Tatsachenbegriff

Auszugehen ist davon, dass der Tatsachenbegriff des § 11 LPG derselbe ist, wie der in den §§ 186 und 263 StGB bzw derselbe, wie er der zivilrechtlichen Rechtsprechung im Äußerungsrecht, insb zum Widerrufsanspruch, zugrundeliegt (§ 6 Rn 83 ff.). Tatsachen sind danach Sachverhalte, Begebenheiten, Vorgänge, Verhältnisse oder Zustände, die der Vergangenheit oder Gegenwart angehören (vgl RGSt 56, 231). Zum Begriff der „Tatsache" gehören nicht nur die sinnlich wahrnehmbaren sog äußeren Tatsachen (X hat das Bein gebrochen), sondern auch die Vorgänge und Zustände des Seelenlebens, die sog inneren Tatsachen. Eine innere Tatsache ist immer und nur dann anzunehmen, wenn ein innerer Vorgang in Beziehung zu bestimmten äußeren Geschehnissen gesetzt wird, durch die dieser in den Bereich der wahrnehmbaren äußeren Welt getreten ist (OLG Hamburg AfP 83, 289 ÖLG Karlsruhe AfP 08, 315). Gerade die „inneren Tatsachen", die Motive und Absichten des Handelns, sind häufig für die Beurteilung des äußeren Vorgangs entscheidend und müssen einer Gegendarstellung zugänglich sein (so mit Recht KG ZStW 43, 467). Anschaulich ist das von Schwarze (S 74 Anm 18) angeführte Beispiel: Der Bericht der Presse hieß: „X drang in das Haus des abwesenden Y ein, um zu stehlen." Gegendarstellung: „um ausgebrochenes Feuer zu löschen". Hier ist das innere Motiv für die Bewertung des äußeren Vorgangs entscheidend, und eine Entgegnung kann nicht verwehrt werden. Deshalb betrachtet die heute durchaus herrschende Meinung zutreffend auch die sog inneren Tatsachen als Tatsachen im Sinne des Strafrechts und des Presserechts (BGH MDR 51, 404, RGSt 55, 131, BayObLG 11, 367, 12, 245, OLG München 6, 412, Häntzschel S 84, Schwarz Anm 1 zu § 186 StGB, OLG Frankfurt AfP 83, 279, OLG Hamburg AfP 83, 289). 89

b) Werturteil/Meinungsäußerung

Als Gegensatz zur Behauptung einer Tatsache sieht die herrschende Meinung die Äußerung bloßer Meinungen und Wertungen, Äußerungen, die auf ihren Wahrheitsgehalt im Beweisweg objektiv nicht zu überprüfen sind, weil sie nur eine subjektive Meinung, ein wertendes Urteil wiedergeben (vgl BGH AfP 76, 75/78) s § 6 Rn 84 ff.). Meinungen sind im Unterschied zu Tatsachenbehauptungen durch die Elemente der Stellungnahme, des Dafürhaltens oder Meinens geprägt (BVerfG 61, 1/9). Werturteile und Meinungsäußerungen werden als rechtlich gleichwertig angesehen (vgl Wenzel 4.42). Die Betrachtung des „Werturteils" als Gegensatz zur Tatsachenbehauptung nötigt dazu, das nicht gegendarstellungsfähige reine Werturteil von Äußerungen abzugrenzen, die zwar der Sache nach als Werturteil verstanden werden können, die aber dennoch Tatsächliches zum Ausdruck bringen. So wird im Rechtssinne nicht von einem Werturteil ausgegangen, wenn eine Äußerung mit tatsächlichem Gehalt in die Form einer abstrakten Schlussfolgerung, eines allgemeinen Werturteils oder einer Kritik gekleidet ist (vgl 2. Auflage Rn 84 mit Nachweisen). Erfolgt der Hinweis auf konkrete Vorgänge bewusst in der verschleierten Form des allgemeinen Werturteils, ist aber doch der Kern der Äußerung eine Tatsachenbehauptung, dann soll auch gegenüber dem Werturteil ein Gegendarstellungsanspruch gegeben sein (vgl 2. Auflage aaO, BGH NJW 63, 1153). Ein Werturteil kann auch dann nach der herkömmlichen Auffassung Tatsachenbehauptung im Rechtssinne sein, wenn es sich bei der strittigen Äußerung um die beurteilende Zusammenfassung konkreter Fakten handelt. Dann soll kein Werturteil sondern ein Sachurteil vorliegen, das als Tatsachenbehauptung der Gegendarstellung unterliegt. Alle diese Zugeständnisse, die die Befürworter des Werturteils als Gegensatz zur Tatsachenbehauptung machen müssen, um zu brauchbaren Ergebnissen zu kommen, lassen es geboten erscheinen, als 90

Sedelmeier

Gegensatz zur Tatsachenbehauptung nicht das Werturteil sondern einem Vorschlag Wenzels folgend allein die Meinungsäußerung zu sehen (vgl im Einzelnen Wenzel 4.69 ff.). Werturteile können danach im Rechtssinne Tatsachenbehauptungen oder Meinungsäußerungen sein, je nachdem ob ihre Richtigkeit oder Unrichtigkeit objektiv feststellbar ist oder nicht.

c) Abgrenzungsproblem

91 Der entscheidende Maßstab für die Abgrenzung der tatsächlichen Angabe von der Meinungsäußerung ist der schon vom Reichsgericht und vom BGH gegebene Ansatzpunkt, dass Tatsache alles ist, was dem Beweis zugänglich ist (vgl BGH NJW 63, 1153, BGH AfP 75, 804 ‚Brüning'). Als Werturteil oder besser ausgedrückt als Meinungsäußerung werden Äußerungen verstanden, die auf ihren Wahrheitsgehalt im Beweisweg objektiv nicht zu überprüfen sind, weil sie nur eine subjektive Meinung, ein wertendes Urteil wiedergeben (vgl BGH AfP 76, 78 Panorama). Nach der Panorama-Entscheidung liegt eine bloße Wertung vor, wenn eine Aussage zwar richtig oder falsch, nicht aber wahr oder unwahr sein kann. Dagegen mit beachtlichen Argumenten Wenzel 4.79. Neben dem Merkmal der theoretischen Beweiszugänglichkeit wird gelegentlich auf die Klärbarkeit und auf die Geschichtlichkeit abgestellt (vgl Seitz/Schmidt 6, 44).

92 (1) Zu der fast unübersehbaren in der Rechtsprechung entwickelten Kasuistik zur Abgrenzung Tatsachenbehauptung – Meinungsäußerung bzw Werturteil ist zu verweisen auf Wenzel 4.43 ff. und Seitz/Schmidt 6, 74 ff. Die Äußerung, es gäbe Terrortrupps der KPD, welche Terroraktivitäten ausüben, die KPD sei als anarchistisch anzusehen, auch sei so konspirativ wie ein Geheimbund organisiert, sind nach Auffassung des Kammergerichts (ArchPR 74, 109) gegendarstellungsfähige Tatsachenbehauptungen. Die Behauptung „nach Ansicht des italienischen Geheimdienstes hatten auch ausländische Sympathisanten das Attentat von ... unterstützt oder vorbereitet, darunter der ... (Antragsteller)" ist nach Auffassung des OLG München ArchPR 74, 108 gegendarstellungsfähig. Es können in beeinträchtigenden Äußerungen auch Tatsachenbehauptungen und Werturteile verschiedener Art miteinander verbunden sein. Entscheidend soll dann sein, ob der tatsächliche Gehalt der Äußerung so substanzarm ist, dass er gegenüber der subjektiven Wertung in den Hintergrund tritt oder ob das nicht der Fall ist (OLG München aaO). Nach Auffassung des OLG Karlsruhe ArchPR 76, 47 ist der Ausdruck „geringer Teil" für 3% bis 10% der in Betracht kommenden Interessenten ein im Rahmen einer Gegendarstellung nicht zulässiges Werturteil. Die Behauptung „X ist eine unabhängige liberal konservative Zeitung" ist nach Auffassung des OLG Hamburg ArchPR 77, Seite 49 ein Werturteil, das als Meinungsäußerung nicht Gegenstand einer Gegendarstellung sein kann, darüber was eine liberal konservative Zeitung sei, könne verbindlich Beweisbares nicht ausgesagt werden. Die Äußerung, der Kläger habe noch in der September-Nummer des linksradikalen Magazins „Konkret" zu beweisen versucht, dass Ulrike Meinhof in ihrer Zelle ermordet wurde, stellt keine reine Meinungsäußerung, kein bloßes subjektives Werturteil dar, sondern eine Schlussfolgerung aus der Zusammenfassung konkreter Fakten, die einen Tatsachenkern enthält und daher gegendarstellungsfähig ist. Die Behauptung, jemand habe in einem bestimmten Artikel etwas zu beweisen versucht, ist selbst dem Beweis zugänglich (OLG Karlsruhe AfP 77, 356). Die Behauptung, ein Politiker habe die Einwohner einer Gemeinde „verkauft" ist nach Auffassung des OLG Stuttgart AfP 77, 404, bloße Meinungsäußerung. Die Äußerung, eine Publikation werde „gelenkt" ist nach Auffassung des OLG Frankfurt (AfP 09, 163) Meinungsäußerung, dazu kritische Anm. Ladeur aaO. Die Behauptung, die SPD habe 1969 nach den Ratschlägen der italienischen Kommunisten ihren deutschlandpolitischen Kurs im Sinne der Moskauer Langzeitstrategie geändert und die dazu gebrachte Gegendarstellung „Richtig ist, dass die SPD 1969 überhaupt keine Veränderung ihres deutschlandpolitischen Kurses vorgenommen hat" ist nach Auffassung des LG München (AfP 77, 406) keine Angabe tatsächlicher Art sondern Wer-

VII. Gegendarstellung nur geg. Tatsachenbehauptungen der Presse § 11 LPG

tung und damit nicht gegendarstellungsfähig. Das LG München meint dazu „Solche Fragen haben (später¸) Geschichtsschreiber zu beurteilen, die den erforderlichen Abstand und die nötige Übersicht haben, wobei aber sicher auch unter ihnen Einigkeit nicht zu erzielen sein wird". Die Behauptung, der Kläger sei als Autor jenseits der Grenzen unseres Verfassungsstaates anzusiedeln, beinhaltet zwar eine wertende Beurteilung, sie ist jedoch unmittelbar zu bestimmten Vorkommnissen in Beziehung gesetzt. Die Behauptung kann also durch die Anführung von Tatsachen belegt werden und ist daher rechtlich als Tatsachenbehauptung zu qualifizieren, die dem Wahrheitsbeweis zugänglich ist (VG Karlsruhe AfP 78, 152). Die Bezeichnung einer Person als Faschist ist nach Auffassung des OLG Frankfurt (AfP 79, 359) keine gegendarstellungsfähige Tatsachenbehauptung, sondern Meinungsäußerung. Bezeichnung einer Religionsgemeinschaft als Nazisekte ist Meinungsäußerung (OLG Hamburg NJW 92, 2035). Der Begriff „Nazi" lässt verschiedenste Verwendungsweisen zu, die von einer streng historischen Terminologie (Tatsachenbehauptung) bis zum substanzlosen Schimpfwort reichen (BVerfG NJW 92, 2013). Bei Äußerungen, wann ein Beitrag rechtsextrem ist, wann sich ein Denken vom klassisch rechtsradikalen verschwörungstheoretischen Weltbild unterscheidet und wann man es sich gefallen lassen muss, rechtsradikal genannt zu werden, handelt es sich um Meinungsäußerungen (BVerfG AfP 12, 549). Bezeichnung als Stasihelfer ist Tatsachenbehauptung (OLG Hamburg DtZ 92.223). „Gysi hat gespitzelt Erlaubt ist es, Zettel mit der Aufschrift Gysi hat gespitzelt zu verteilen, was der Schülerunion im Berliner Wahlkampf gestattet wurde" ist Tatsachenbehauptung (OLG Dresden AfP 02, 55); Problemfälle sind Schlussfolgerungen und Rechtsbehauptungen, Rühl: „Tatsachenbehauptungen und Wertungen" AfP 00/17 weist darauf hin, dass zwischen der Meinungsäußerung/dem Werturteil und der Tatsachenbehauptung die wissenschaftliche Meinungsäußerung steht, die in Widerrufsverfahren als Werturteil behandelt worden ist. Solche wissenschaftlichen Tatsachenbehauptungen sind nicht widerrufsfähig und auch nicht ohne weiteres unterlassungspflichtig aber ggf gegendarstellungsfähig. Exakt definierten Rechtsbegriffen kann im alltäglichen Sprachgebrauch ein hiervon abweichende Bedeutung zukommen, aus den Umständen muss ermittelt werden ob eine technische oder alltagssprachliche Begriffsverwendung vorliegt. „Plagiatsvorwurf" kann Meinungsäußerung sein, OLG Köln AfP 02, 335; „Mörder- und Verbrecherbande" ist Meinungsäußerung, wobei es bei Mörderbande nicht auf die Erfüllung der Mordqualifikationen des StGB ankommt (KG DtZ 92, 268). Die Behauptung „es habe jemand kurz vor dem Konkurs gestanden" ist überwiegend Meinungsäußerung, OLG München AfP 03, 165; Tierquälerei oder tierquälerisch ist Meinungsäußerung (OLG Nürnberg AfP 02, 328); „eine Vereinbarung bleibt in wesentlichen Punkten hinter der gesetzlichen Haftung zurück", „verkürzt die direkten gesetzlichen Haftungsansprüche", „gelte nicht für bestimmte Personen" sind Äußerungen eines subjektiven Rechtsstandpunktes und damit Meinungsäußerungen (OLG Stuttgart AfP 99, 353). Die Behauptung, der Kl. habe wissentlich grob fehlerhafte Statistiken erstellt, ist Tatsachenbehauptung, nicht hingegen der Vorwurf eines Missbrauchs der Dienstfunktionen und grob unkollegialen Verhaltens und auch nicht die Behauptung, die Kl. hätten von der Möglichkeit schneller Klarstellung keinen Gebrauch gemacht und damit Dritten etwas zugemutet (BGH NJW 92, 1314). Unterschiedlich wissenschaftliche Beurteilung objektiver Befunde ist Meinungsäußerung, nicht Tatsachenbehauptung (OLG Karlsruhe AfP 99, 356). Bezeichnung einer Partei als grampolos ist Werturteil (OLG Karlsruhe AfP 81, 363); Der Hinweis „der zeitweilig in Paris untergetauchte RAF-Anwalt" ist nach Auffassung des OLG Hamburg (AfP 79, 400) eine Tatsachenbehauptung. Die Behauptung, der Antragsteller sei ein „enger Mitarbeiter" des Schriftstellers W. ist nach Auffassung des OLG Hamburg (AfP 80, 106) Tatsachenbehauptung. Formulierungen, die bewusst ein Spott- oder Zerrbild der Wirklichkeit vermitteln, werden vom Leser nicht als reale Wirklichkeit sondern als Ironisierung verstanden und sind insoweit nicht nach ihrem Wortsinne gegendarstellungsfähig (OLG Frankfurt AfP 82, 79). Satire ist nicht gegendarstellungsfähig: „auch dann, wenn eine isolierte Aussage Tatsachenbehauptungen enthält, kann diese aufgrund des gesamten Textes, in dem sie geäußert wird, vom durchschnittlichen Leser als Satire mit der Folge verstanden werden, dass diese nicht gegendarstellungsfähig ist" (KG Berlin AfP 11, 371). „Lüge im System eingebaut" ist Metapher und bildhafte Beschreibung, nicht Behauptung eines tatsächlichen Vorganges (OLG Frankfurt AfP 03, 459). „Treue Gefolgsleute" ist Meinungsäußerung, (OLG Düsseldorf AfP 01, 329); „des Mammons wegen" innere Tatsache, „ließe sich so eine himmlische Rendite einfahren" Tatsachenbehauptung, (OLG Karlsruhe AfP 98, 65), „zu Tränen gerührt" ist Tatsachenbehauptung, der Zusatz „sicherlich" macht diese nicht zu Meinungsäußerung (OLG Karlsruhe AfP 11, 281). Freundschaft und gute Freundschaft sind Tatsachenbehauptungen (OLG Karlsruhe AfP 09, 267). Verdeckte Tatsachenbehauptung: eine gegendarstellungsfähige Tatsachenbehauptung liegt nur dann vor, wenn sie nach dem Verständnis des unbefangenen Durchschnittslesers zumindest schlüssig zwischen den Zeilen mitgeteilt wird bzw. sich aus dem Gesamtzusammenhang des Textes im Wege einer Sinninterpretation ergibt (OLG Karlsruhe AfP 07, 55, Berufungsurteil zu LG Offenburg „innere Anklage" AfP 07, 495). Äußerung in einem Kommentar ist nach Auffassung des KG i Zw Meinungsäußerung (AfP 97, 721); auch in einem Kommentar können Tatsachenbehauptungen enthalten sein (LG Freiburg AfP 98, 528): Erstmitteilung: Der Bürgermeister tut nichts, Gegendarstellung: In Wahrheit bemühe ich mich intensiv. Auch wenn ein Artikel insgesamt als wertender Kommentar zu verstehen ist, schließt dies nicht aus, dass ein einzelner Satz tatsächlichen Gehalt hat (BVerfG AfP 04, 47). Auch im Kommentar ist eine auf die einzelne Aussage bezogene Deutung nicht nur möglich sondern notwendig (BVerfG AfP 04, 48). „Obwohl M genügend Sportanlagen hat, verweigert die Stadt des türkischen Kickern die Nutzung" ist Meinungsäußerung (OLG Karlsruhe AfP 99, 266). Es werde „eine einheimische Firma einfach vor die Tür gesetzt" ist Meinungsäußerung, (OLG Karlsruhe AfP 99, 373). Bürgermeister tut nichts ist Tatsachenbehauptung, Bürgermeister tut zu wenig oder nicht genug ist Meinungsäußerung, Bürgermeister bemüht sich intensiv im Rahmen einer kontextbezogenen Auslegung gegenüber „Nichtstun" Tatsachenbehauptung (BVerfG AfP 04, 48), ersichtlich gemeint gegenüber „zu wenig" Meinungsäußerung. Die Äußerung einer Vermutung kann Tatsachenbehauptung sein, wenn es sich nicht um eine Schlussfolgerung aus ebenfalls mitgeteilten Tatsachen handelt, dann Meinungsäußerung (OLG Karlsruhe AfP 03, 439).

93 (2) Diese und zahlreiche andere Beispiele aus der Rechtsprechung (vgl insb Seitz/Schmidt 6, 72 ff.) zeigen, dass bei der Abgrenzung der Tatsachenbehauptung zur Meinungsäußerung viel Unsicherheit besteht (s. dazu auch Anm. Ladeur zu OLG Frankfurt AfP 09, 163). Für den Anspruchsteller im Gegendarstellungsverfahren wird die Frage gelegentlich zu einem Glücksspiel. Die Frage, ob die SPD 1969 ihren deutschlandpolitischen Kurs geändert hat oder nicht, kann sowohl Tatsachenbehauptung wie Meinungsäußerung sein, ebenso etwa die Bezeichnung einer bestimmten Person als Faschist oder die Adjektive „rechtsextrem" oder „rechtsradikal" für Personen oder Beiträge (dazu BVerfG AfP 12, 549). Nennt jemand Mussolini Faschist, dann liegt sicher eine richtige Tatsachenbehauptung vor. Würde etwa die selbe Behauptung über Ghandi aufgestellt, dann wäre sie sicher falsche Tatsachenbehauptung. Bezogen auf Funktionäre rechter Parteien handelt es sich im Zweifel um Meinungsäußerung. Die Frage, ob die Formulierung „geringer Teil" Tatsachenbehauptung oder Meinungsäußerung ist, beantwortet sich ebenso wie die Frage in dem erstmals bei Wenzel verwendeten „berühmt gewordenen Beispiel" (Rn 96, vgl Seitz/Schmidt 6, 62) vom kalten Kaffee: je nach Sachverhaltsgestaltung kann „geringer Teil" Tatsachenbehauptung oder auch Meinungsäußerung sein, je nach Temperatur kann die Behauptung, der Kaffee sei kalt, wahre oder unwahre Tatsachenbehauptung sein oder Meinungssache. Die Frage, ob eine Zeitung liberal konservativ ist, kann sehr wohl im bejahenden oder verneinenden Sinne dem Beweis zugänglich sein. Ebenso ist die Frage, ob jemand enger Mitarbeiter eines Schriftstellers ist, je nach Sachverhaltsgestaltung ein-

VII. Gegendarstellung nur geg. Tatsachenbehauptungen der Presse **§ 11 LPG**

mal falsche Tatsachenbehauptung, einmal richtige Tatsachenbehauptung und einmal Meinungsäußerung. Die Behauptung, jemand bemühe sich intensiv, ist je nach Kontext Tatsachenbehauptung oder Meinungsäußerung.

d) Stellungnahme

Diese Unsicherheit in der Abgrenzung lässt es angebracht erscheinen, für das Recht der Gegendarstellung methodisch wie folgt vorzugehen: 94

(1) Im Ausgangspunkt ist mit der herrschenden Auffassung davon auszugehen, dass der Tatsachenbegriff in allen Rechtsgebieten derselbe ist und dass Tatsachen, Sachverhalte, Begebenheiten, Vorgänge, Verhältnisse oder Zustände sind, die der Vergangenheit oder Gegenwart angehören. Eine Tatsachenbehauptung liegt demzufolge vor, wenn eine Äußerung theoretisch dem Beweis zugänglich ist. Entsprechend den obigen Ausführungen ist als Gegensatz zur Tatsachenbehauptung richtigerweise die Meinungsäußerung, nicht das Werturteil anzusehen. Sind Gegenstand der Äußerung Begebenheiten oder Vorgänge in der Vergangenheit, dann wird meistens eine Tatsachenbehauptung vorliegen. Begebenheiten und Vorgänge sind als solche entweder geschehen oder nicht geschehen und damit grundsätzlich zumindest theoretisch einer Beweiserhebung zugänglich. Auch hier kann aber eine Gegendarstellung unzulässig sein und zwar dann, wenn sie nicht das Geschehen als solches in Frage stellt sondern die Auswahl der Begriffe, mit denen das Geschehen dargestellt wird. Schwieriger ist die Beurteilung in der Regel, wenn Gegenstand der Äußerung Verhältnisse oder Zustände sind. Zustände können messbar oder objektiv so beschreibbar sein, dass über sie durch Augenschein oder Zeugenaussagen Beweis erhoben werden kann. Ist dies theoretisch möglich, dann wird eine Tatsachenbehauptung anzunehmen sein. Kommt aber als theoretisch mögliche Beweisaufnahme nur der Sachverständigenbeweis in Betracht, dann ist bei der Annahme einer Tatsachenbehauptung Vorsicht geboten. Äußerungen von Sachverständigen können Tatsachencharakter haben, vor allem dann, wenn sie auf unbestreitbaren Feststellungen mit mathematisch naturwissenschaftlichen Methoden beruhen. Sie können aber auch überwiegend wertender Natur sein und damit ihrerseits Meinungscharakter gewinnen. Deshalb werden sie von der Rechtsprechung gelegentlich selbst als Meinungsäußerungen behandelt (s unten Rn 97). Zur wissenschaftlichen Tatsachenbehauptung s Rühl: „Tatsachenbehauptungen und Wertungen" AfP 00/17 (s oben Rn 92). Die Frage etwa, ob ein Unternehmen ordnungsgemäß geführt wird oder ob es dort drunter und drüber geht, die in einer Gegendarstellung einmal eine Rolle gespielt hat, wird man kaum der tatsächlichen Welt zuordnen können, obwohl ein Sachverständiger hierzu zu einem sicheren Urteil kommen kann. 95

(2) Ob eine Tatsache behauptet wird oder eine Meinungsäußerung vorliegt, sieht man einer Äußerung ohne Kenntnis des zugrundeliegenden Sachverhalts häufig nicht an. Zu sog gemischten Äußerungen s Gounalakis, Festschrift S 187 ff., BVerfG AfP 13, 389. Die im Gegendarstellungsverfahren prozessentscheidende Einordnung einer Äußerung als Tatsachenbehauptung oder Meinungsäußerung (Rn 88) erfordert häufig eine Ermittlung des Aussagegehaltes im Wege der Interpretation, die sich nach dem Empfängerhorizont richtet und zum Maßstab das Verständnis des Durchschnittslesers der Publikation, der mit dem Gegenstand des Berichtes nicht speziell vertraut ist, hat. Dabei können auch der Kontext (OLG Frankfurt AfP 03, 459; LG Köln AfP 14, 170; BVerfG AfP 13, 389; 14, 133), der Anlass des Berichtes sowie sein gesellschaftlicher, sozialer und wirtschaftlicher Hintergrund mit zu berücksichtigen sein, ferner können die Art des in Frage stehenden Mediums, die Zusammensetzung des Leserkreises und ein feststellbares Vorverständnis der angesprochen Kreise von Bedeutung sein (Näheres s Steffen Vorauflage § 6 Rn 90/91, Wenzel 4.4, Seitz/Schmidt 6, 23 ff.). Bei verdeckten Behauptungen reicht es aus, wenn jedenfalls ein nicht unerheblicher Anteil der Durchschnittsempfänger der Äußerung auf die nicht ausdrücklich ausgesprochenen Behauptung zu schließen gezwungen wird („S. war nicht der Ideengeber", OLG München AfP 01, 63). Im Zweifel nehmen Bundesverfassungsgericht und der BGH 96

Meinungsäußerung an (Rn 97). Zur Auslegung einer aus Tatsachen- und Meinungselementen bestehenden Äußerung sagt das Bundesverfassungsgericht (AfP 13, 389), dass im Einzelfall eine Trennung von tatsächlichen und wertenden Bestandteilen nur zulässig ist, wenn dadurch ihr Sinn nicht verfälscht wird. Wo dies nicht möglich ist, muss die Äußerung als Meinungsäußerung angesehen werden. Bei verdeckten Aussagen und erweckten Eindrücken geht die Rechtsprechung der Zivilgerichte grundsätzlich davon aus, dass eine im Zusammenspiel der offenen Aussagen enthaltene zusätzliche eigene Aussage nur dann Tatsachenbehauptung ist, wenn sie sich dem Leser als unabweisbare Schlussfolgerung aufdrängt (BVerfG AfP 08, 58 mit Nachweisen). Steht eine Frage zur Debatte, kommt es dem Bundesverfassungsgericht darauf an, ob die Äußerung eine echte Frage darstellt oder nicht. Die Äußerung kann ein Werturteil beinhalten oder eine Tatsachenbehauptung in Form einer rhetorischen Frage oder sie kann mehrdeutig sein. Im Zweifel geht das Bundesverfassungsgericht im Interesse eines wirksamen Grundrechtsschutzes von einem weiten Fragebegriff aus und verneint eine Tatsachenbehauptung (BVerG AfP 14, 433).

Gounalakis regt an, die Zweifelsregel für das Recht der Gegendarstellung zu durchbrechen und sich umgekehrt im Zweifel für die Tatsachenbehauptung zu entscheiden (aaO S 203).

Dem ist vorbehaltslos zuzustimmen. Die von der Rechtsprechung entwickelten Auslegungsgrundsätze führen auf Gegendarstellungsansprüche angewandt zwangsläufig zu einer Verletzung der Schutzpflicht, den Einzelnen wirksam gegen Einwirkungen auf seine Individualsphäre zu schützen (BVerfG 73, 118; 97, 125 = AfP 98, 184). Die Zweifelsregel ist ebenso wie die Auslegungsregeln zu gemischten und zu verdeckten Äußerungen bzw. erweckten Eindrücken ausschließlich in Verfahren entwickelt worden, in denen über Sanktionen für rechtswidrige Behauptungen zu entscheiden war. Für die Beurteilung rechtswidriger Äußerungen und die Verhängung von Sanktionen, insbesondere Strafen, ist die Zweifelsregel bzw. sind die Auslegungsregeln zu gemischten oder verdeckten Äußerungen und erweckten Eindrücken selbstverständlich und richtig. Äußerungen, die zwanglos auch als rechtmäßig ausgelegt werden können, sind rechtmäßig, Sanktionen und insbesondere Strafen kommen nicht in Betracht. Ganz anders verhält es sich bei der Gegendarstellung, bei der weder rechtswidrige Behauptungen in Frage stehen noch Sanktion (oben Rn 43), sondern bei der es ausschließlich um den Schutz des verfassungsrechtlich gewährleisteten Persönlichkeitsrechts des in welcher Form und auf welche Weise auch immer durch eine Tatsachenbehauptung Betroffenen geht, sein Recht, seinerseits Gegentatsachen vorzutragen und geltend zu machen. Voraussetzung für den Gegendarstellungsanspruch sind ausschließlich behauptete Tatsachen in welcher Form und auf welche Weise auch immer über einen Betroffenen. Gerade bei Äußerungen, die **auch** als tatsächliche Behauptungen verstanden werden **können,** gewinnt die Gegendarstellung als einziger Rechtsbehelf des Betroffenen gegen – möglicherweise auch unabsichtlich verursachte – Missverständnisse über seine Person und seine Angelegenheiten gelegentlich besondere Bedeutung. Dies gilt auch uns insbesondere für Fragen: Ob – in Frageform verbreitet – eine Prinzessin schwanger ist oder eine Schauspielerehe vor der Scheidung steht, muss in jedem Falle gegendarstellungsfähig und damit von der oder dem oder den Betroffenen öffentlich beantwortbar sein, gleichgültig, ob es sich um eine echte oder rhetorische Frage handelt; nur damit wird den Anforderungen eines wirksamen Schutzes des Persönlichkeitsrechts (BVerfGE 97, 125 = AfP 98, 184) Genüge getan. Scharfsinnige Abgrenzungen, die bei deliktischen Ansprüchen notwendig sind, sind hier fehl am Platze.

Für Gegendarstellungsansprüche ist deshalb mit Gounalakis im Zweifel von Tatsachenbehauptungen auszugehen. Bei gemischten Aussagen muss gegebenenfalls eine Trennung von tatsächlicher Aussage und Meinungsäußerung erfolgen, sofern die begleitende Meinungsäußerung durch die Tatsachenbehauptung bewirkte Fehlvorstellungen oder Missverständnisse nicht ausschließt. Bei verdeckten Behauptungen reicht es aus, wenn jedenfalls ein nicht unerheblicher Anteil der Durchschnittsemp-

VII. Gegendarstellung nur geg. Tatsachenbehauptungen der Presse § 11 LPG

fänger der Äußerung auf die nicht ausdrücklich ausgesprochenen Behauptung zu schließen gezwungen (oder auch nur veranlasst) wird („S. war nicht der Ideengeber", OLG München AfP 01, 63, abw. BVerfG AfP 08, 58 s dazu Rn 110).
Fragen, die Tatsachen betreffen müssen – ob echt oder rhetorisch – per Gegendarstellung beantwortbar sein. Das KG betrachtet Äußerungen in einem Kommentar im Zweifel als Meinungsäußerungen (KG AfP 97, 721, s a LG Freiburg AfP 98, 528). Ist eine Behauptung auch nur für eine ganz bestimmte Sachverhaltsunterstellung denkbarerweise klärbar im Sinne von wahr oder unwahr, richtig oder falsch, dann kann eine Tatsachenbehauptung vorliegen. Ob tatsächlich eine Tatsachenbehauptung vorliegt oder eine Meinungsäußerung, kann oft erst festgestellt werden, wenn der zugrundeliegende (unstreitige) Sachverhalt ermittelt ist (so auch OLG Frankfurt AfP 85, 288). Decken sich Äußerung und Sachverhalt, dann ist von einer wahren oder richtigen Tatsachenbehauptung auszugehen. Decken sich Äußerung und Sachverhalt nicht, dann liegt eine unwahre oder falsche Tatsachenbehauptung vor. Kann man bei voller Kenntnis des Sachverhalts darüber streiten, ob die Behauptung richtig oder falsch ist, dann handelt es sich um eine Meinungsäußerung, die nicht gegendarstellungsfähig ist und die auch nicht Inhalt einer Gegendarstellung sein kann (vgl dazu Wenzel 4.69 ff.). Dies lässt sich deutlich machen an dem Beispiel vom kalten Kaffee (s oben Rn 93): Hat der Kaffee 18°, dann ist er kalt und jede andere Behauptung ist unwahr. Hat er hingegen 80°, dann ist er heiß, darüber kann man nicht streiten. Hat der Kaffee hingegen 38 oder 42°, dann mag es Meinungssache sein, ob er kalt, heiß oder lau ist.

(3) Daraus folgt, dass es in aller Regel unrichtig ist, die Erstmitteilung auf Grund **97** abstrakter Unterscheidungskriterien deswegen für von vornherein nicht gegendarstellungsfähig zu erklären, weil sie keine Tatsachenbehauptung enthält. Ebenso falsch kann es sein, die Erstmitteilung ohne Kenntnis der Umstände als Tatsachenbehauptung zu qualifizieren und sie damit generell für gegendarstellungsfähig zu erklären. Dasselbe gilt für den Inhalt der Gegendarstellung. Die Prüfung, ob Erstmitteilung und Gegendarstellung Tatsachenbehauptungen sein können oder Meinungsäußerungen ist nur der erste Schritt Die Beurteilung, ob die Erstmitteilung Tatsachenbehauptung oder Meinungsäußerung ist, ist häufig erst möglich, wenn die Sachdarstellung der Erstmitteilung mit der Sachdarstellung der Gegendarstellung verglichen wird. Gelegentlich kann es zusätzlich erforderlich sein, den zwischen den Parteien unstreitigen Sachverhalt in die Überlegung mit einzubeziehen. Erst dann kann ermittelt werden, ob der Verfasser der Erstmitteilung und der Verfasser der Gegendarstellung unterschiedliche Sachverhalte mitteilen oder ob Erstmitteilung und Gegendarstellung sich nicht im Tatsächlichen, sondern in der Beurteilung des tatsächlichen Sachverhalts unterscheiden. Abzustellen ist also bei der Klärung der prozessentscheidenden Frage, ob Tatsachenbehauptungen oder Meinungsäußerungen vorliegen, nicht allein auf die theoretische Frage, ob die Äußerungen in der Erstmitteilung einerseits und in der Gegendarstellung andererseits klärbar oder nicht klärbar, einer Beweiserhebung zugänglich oder nicht zugänglich sind. Diese Frage ist nur der Ausgangspunkt der Prüfung. Einen Tatsachen/Meinungs-Duden aufzustellen ist nicht möglich. Entscheidend ist, wie der Leser oder Hörer bzw Zuschauer die Behauptung in dem Zusammenhang, in dem sie ihm begegnet, versteht (dazu eingehend Steffen Vorauflage § 6, 80 ff.). Sind die Äußerungen dahin zu verstehen, dass die beiden sich Äußernden konkrete Vorgänge voneinander abweichend mitteilen oder Zustände unterschiedlich schildern, von denen sie Tatsachenbehauptungen auszugehen. Sind die Äußerungen hingegen dahin zu verstehen, dass der Betroffenen seine Meinung zum Gegenstand der Erstmitteilung wiedergeben will, dass er also keinen neuen Sachverhalt mitteilen sondern einen solchen lediglich einordnen will, dann liegen Meinungsäußerungen vor. Auf Grund dieser funktionalen Sicht hat der BGH die Schlüsse des graphologischen Sachverständigen (BGH NJW 78, 757) und die Empfehlungen des Warentesters (BGHZ 65, 325) nicht den Tatsachenaussagen zugeordnet. Dabei ist für die Gegendarstellung die Erwägung Rühls (AfP 00, 17 s oben Rn 92) zu beachten, dass zwischen der Tatsachenbehauptung und der Meinungsäußerung die wissenschaftliche

Tatsachenbehauptung steht, die im Gegendarstellungsverfahren möglicherweise zu anderen Beurteilungen führen kann als im Unterlassungs- oder Widerrufsverfahren. Auch im Bereich des politischen Meinungskampfes und der inneren Tatsachen, etwa der Beweggründe, neigt der BGH dazu, Äußerungen als Wertungen zu qualifizieren (BGH NJW 84, 1102 Wahlkampfrede und AfP 78, 33 Halsabschneider). Wo Zweifel bleiben, nehmen sowohl der BGH wie auch das Bundesverfassungsgericht Meinungsäußerungen an (s Vorauflage § 6 Rn 84 ff. u o Rn 96). Für die Gegendarstellung bedeutet das, dass eine abschließende Beurteilung nur durch eine Gegenüberstellung von Erstmitteilung und Gegendarstellung, evtl unter Beachtung des unstreitigen Sachverhaltes, erfolgen kann: Teilen Gegendarstellung und Erstmitteilung nach dem Verständnis des unbefangenen Lesers zum selben Geschehen oder Zustand unterschiedlichen Sachverhalte mit, dann steht Tatsache gegen Tatsache und die Gegendarstellung ist zulässig. Ordnen sie hingegen einen Sachverhalt nur unterschiedlich ein, dann steht Meinung gegen Meinung und die Gegendarstellung ist unzulässig. Die Erstmitteilung und die Gegendarstellung jeweils für sich und ohne Gegenüberstellung auf Tatsachen- oder Meinungsgehalt zu untersuchen ist verfehlt und führt häufig zu Fehlbeurteilungen.

98 (4) Daraus folgt weiter, dass unterschiedliche Anforderungen zwar nicht an dem Begriff der Tatsache aber an dem Begriff der Tatsachenbehauptung in der Erstmitteilung und in der Gegendarstellung zu stellen sind. Der Begriff „Tatsache" unterscheidet sich nicht von dem Tatsachenbegriff in den §§ 824 BGB und 186 StGB. Ob aber eine Tatsache behauptet oder eine Meinung oder Schlussfolgerung geäußert wird, kann bei gleicher Wortwahl für die Erstmitteilung und die Gegendarstellung durchaus unterschiedlich zu beantworten sein. Wenzel und ihm folgend Burkhardt verkennen bei ihrer Kritik (11.38), dass es nicht um den Begriff der Tatsache geht, sondern um den Begriff der Tatsachen*behauptung,* der in der Tat für die Erstmitteilung und die Gegendarstellung unterschiedlich definiert werden kann.

99 aa) Der Verfasser der Erstmitteilung kann Tatsachen mit rein wertenden Formulierungen behaupten, dh er kann die Behauptung in die Form einer abstrakten Schlussfolgerung oder einer Kritik kleiden bzw sie bewusst oder unbewusst in der verschleierten Form des allgemeinen Werturteils aufstellen (vgl OLG München ArchPR 76, 52, ArchPR 74, 108, KG ArchPR 74, 109, VG Karlsruhe AfP 80, 106, OLG Karlsruhe AfP 77, 356). Bei der Beurteilung der Frage, ob Tatsächliches mitgeteilt oder ein Geschehen oder Zustand beurteilt wird, ist auf den Eindruck abzustellen, den ein durchschnittlich aufmerksamer Leser bei der Lektüre der Erstmitteilung gewinnt (OLG München AfP 87, 604, Bay VerfGH AfP 94, 216, OLG Frankfurt AfP 03, 459). Bei Fernsehberichten ist auf die Sicht eines durchschnittlichen Fernsehzuschauers abzustellen (LG Köln AfP 87, 531).

Auch eine Aussage, die sich erst aus dem Gesamtzusammenhang im Wege der Sinninterpretation ergibt, also eine verdeckte Behauptung oder ein erweckter Eindruck, kann gegendarstellungsfähig sein (LG Darmstadt AfP 92, 311, OLG Frankfurt AfP 80, 38, OLG Köln AfP 85, 65, OLG Hamburg AfP 88, 143; AfP 08, 314, OLG Frankfurt AfP 03, 459, OLG Karlsruhe AfP 08, 89, OLG München AfP 10, 402, LG München AfP 12, 402, Seitz/Schmidt 6, 12 ff.). Bei verdeckten Aussagen ist zu unterscheiden zwischen der Mitteilung einzelner Fakten, aus denen der Leser eigene Schlüsse ziehen kann und soll, und der eigentlich verdeckten Aussage, mit der der Autor durch das Zusammenspiel offener Äußerungen eine zusätzliche Sachaussage macht bzw. sie dem Leser als Schlussfolgerung nahelegt. Eine zwischen den Zeilen verdeckt aufgestellte Aussage ist nach der Rechtsprechung für den Bereich deliktischer Ansprüche nur unter engen Voraussetzungen anzunehmen, nämlich dann, wenn sie sich dem Leser als unabweisbare Schlussfolgerung aus dem Zusammenspiel der offenen getätigten Aussagen aufdrängt (OLG Düsseldorf AfP 14, 70 OLG Karlsruhe AfP 14, 76). Diese für deliktische Ansprüche entwickelte einengende Auslegungsregel für verdeckte Behauptungen (oder Eindrücke) ist für die Beurteilung des Begriffs „Tatsachenbehauptung" als Voraussetzung für Gegendarstellungsansprüche ungeeignet. Ansatzpunkt der Gegendarstellung ist nicht allein die verdeckte Behaup-

VII. Gegendarstellung nur geg. Tatsachenbehauptungen der Presse   § 11 LPG

tung selbst, sondern sind die offen behaupteten Fakten, die den verdeckten Eindruck vermitteln (s Rn 111), wenn jedenfalls ein nicht unerheblicher Anteil der Durchschnittsempfänger der Äußerung aus den offen behaupteten Fakten auf die nicht ausdrücklich ausgesprochenen Behauptung zu schließen veranlasst wird (s Rn 96, abw. BVerfG AfP 08, 58, dazu Rn 110/111). Die einzelnen Tatsachenbehauptungen, auf die der Eindruck gestützt wird, sind dann in der Gegendarstellung für Dritte – den Leser/Hörer/Zuschauer, den Verpflichteten und letztlich den Richter – nachvollziehbar zu bezeichnen (Seitz/Schmidt 5, 134, OLG Hamburg AfP 08, 314). Wenn der Betroffene sich gegen einen Eindruck wenden will, muss dies mit einer entsprechenden Formulierung zum Ausdruck kommen (OLG Düsseldorf AfP 08, 83, OLG Hamburg AfP 08, 314), dh er muss nicht nur den Eindruck wiedergeben sondern die Tatsachen nennen, aus denen der Eindruck gewonnen wird. Entsprechendes gilt, wenn sich die Gegendarstellung gegen verdeckte Behauptungen richtet. Es muss durch Behauptungen tatsächlicher Art – verdeckt – der Eindruck eines tatsächlichen Geschehens oder Zustandes vermittelt werden. Grundlage der Gegendarstellung – also die Tatsachenbehauptungen, gegen die sich die Gegendarstellung richtet – sind dabei nicht der Eindruck oder die verdeckten Behauptungen selbst sondern die tatsächlichen Behauptungen, aus denen der Eindruck bzw. die verdeckten Behauptungen gewonnen werden. Der Behauptende muss sich dabei nach bis Dezember 2007 soweit ersichtlich allgemein vertretener Auffassung – anders als bei äußerungsrechtlichen Unterlassungs-, Widerrufs- und Ersatzansprüchen – jede nicht fern liegende Interpretationsmöglichkeit entgegenhalten lassen (Wenzel 11.41 OLG Hamburg ZUM 05, 279). Näheres dazu unten Rn 110.

Das Bundesverfassungsgericht hat dagegen am 19. Dezember 2007 entschieden, dass sich – ebenso wie bei der Überprüfung eines Strafurteils oder von zivilrechtlichen Verurteilungen zum Schadensersatz, zur Entschädigung oder zur Berichtigung – der gegendarstellungsfähige Eindruck dem Leser als unabweisbare Schlussfolgerung aus den offenen Aussagen aufdrängen muss (BVerfG AfP 8, 58, dazu ablehnend Sedelmeier AfP 12, 451 und unten Rn 110).

Eine Tatsachenbehauptung kann in der Erstmitteilung auch durch Verschweigen (Rn 110, Wenzel 11.43) oder durch Veröffentlichung eines Bildes (Rn 111, Wenzel 11.45) aufgestellt werden. Zu satirischen Darstellungen s Wenzel 11.42. Hinter der Äußerung eines Verdachtes oder einer Vermutung kann eine gegendarstellungsfähige Tatsachenbehauptung stecken. Dies gilt nicht, wenn ein Verdacht oder eine Vermutung bloße Bewertung und Schlussfolgerung aus dem gleichzeitig mitgeteilten Sachverhalt ist (LG Düsseldorf AfP 92, 315). Wie in den oben zitierten Entscheidungen zutreffend erkannt wird, kann der Verfasser der Erstmitteilung nicht durch die Einbettung eines Tatsachenkerns in eine verschleiernde Form eines allgemeinen Werturteils verhindern, dass gegenüber seinem Beitrag ein Gegendarstellungsanspruch geltend gemacht wird. Eine Gegendarstellung ist auch zulässig, wenn der Betroffene gar nicht gemeint ist, wenn aber der Eindruck erweckt wird, er sei gemeint, zB in Fällen der Namensgleichheit, die aber allein idR nicht ausreicht (OLG Hamburg AfP 86, 137). Der Betroffene muss die Erstmitteilung so hinnehmen, wie er sie vorfindet. Sagt die Erstmitteilung Tatsächliches aus, in welcher sprachlichen Einkleidung auch immer, dann muss der Betroffene Gelegenheit haben, seinerseits den Sachverhalt, die Begebenheit oder die Vorgänge, Verhältnisse oder Zustände zu schildern. Insoweit – aber auch nur insoweit – ist der verschiedentlich vertretenen These zuzustimmen, der Tatsachenbegriff – besser nicht dieser, sondern die Einordnung einer Äußerung als Tatsachen*behauptung* in der Erstmitteilung – sei weit auszulegen (s dazu Seitz/Schmidt 6, 58/69), ein kleinlicher Maßstab sei fehl am Platze. Dabei ist aber immer zu beachten, dass die Erstmitteilung aus der Sicht des unbefangenen Lesers/Hörers/Zuschauers Tatsächliches aussagen muss – die Tatsachen müssen für Dritte aus der sprachlichen Einkleidung herauszulesen sein – und nicht aus der befangenen Sicht des Betroffenen, der die Zusammenhänge kennt und oft geneigt sein wird, in Meinungsäußerungen Tatsachen hineinzulesen.

Sedelmeier

LPG § 11 — Gegendarstellung

100 bb) Die Formulierung der Gegendarstellung hat der Betroffene hingegen in der Hand. Er kann und muss die Tatsachenbehauptung, die er der Erstmitteilung entgegensetzt, so formulieren, dass unzweifelhaft erkennbar wird, dass die Gegendarstellung im tatsächlichen Bereich etwas anderes aussagt als die Erstmitteilung (s a OLG Frankfurt AfP 03, 459). Für den Betroffenen besteht im Allgemeinen keinerlei Anlass, seine tatsächlichen Aussagen in die Form einer abstrakten Schlussfolgerung, eines allgemeinen Werturteils oder einer Kritik zu kleiden bzw sie zu verschleiern oder seine Gegendarstellung so zu formulieren, dass sie einen bloßen Eindruck erweckt. Es kann doch gar keine Frage sein, dass etwa die Aussage „Ein großer Teil der Befragten hat das Produkt XY als unbrauchbar bezeichnet" in der Erstmitteilung Tatsachenbehauptung sein kann und damit prinzipiell gegendarstellungsfähig ist, hingegen die Erwiderung in der Gegendarstellung „Nur ein geringer Teil der Befragten hat das Produkt als unbrauchbar bezeichnet" als bloße Wertung erscheint. Der Betroffene muss vielmehr auf die Erstmitteilung mit harten Fakten und Zahlen erwidern, um deutlich zu machen, dass er der Erstmitteilung Tatsachenbehauptungen entgegensetzt. Gelegentlich kann es allerdings notwendig sein, um allzu weitschweifige Darstellungen zu vermeiden, zusammenfassende Begriffe mit wertendem Inhalt auch in der Gegendarstellung zu verwenden. Dies darf aber nur dann geschehen, wenn kein Zweifel daran besteht, dass die Gegendarstellung im tatsächlichen Bereich anderes aussagt als die Erstmitteilung. Dadurch, dass der Betroffene möglichst tatsachennah formuliert, kann er am ehesten deutlich machen, dass er Tatsache gegen Tatsache und nicht Meinung gegen Meinung setzt.

101 (5) Die Erstmitteilung kann etwa lauten: „X hat sich an einem der teuersten und mondänsten Plätze am Mittelmeer eine Luxusvilla gebaut und hält sich im eigenen Hafen eine prächtige Yacht. Er lebt dort die meiste Zeit auf Kosten seiner ausgebeuteten Arbeiter."

102 aa) Dieser Erstmitteilung kann der Sachverhalt zugrundeliegen, dass X ein Landhaus in Saint Tropez besitzt mit einem dazugehörigen Hafen, der nicht notwendigerweise in seinem Eigentum stehen muss. In diesem Hafen liegt ein mittelgroßes gut ausgestattetes Segelboot. X hält sich zwei Monate im Jahr dort auf und finanziert alles aus Gewinnen seiner Firma. In diesem Falle wird man davon ausgehen müssen, dass die Erstmitteilung nicht gegendarstellungsfähige Meinungsäußerung ist.

103 bb) Der Sachverhalt kann aber auch so liegen, dass X in einem neuen Feriengebiet am Mittelmeer ein aus einer Erbschaft seiner Frau finanziertes Ein-Zimmer-Appartement hat mit einer kleinen Jolle, wo er einmal im Jahr drei Wochen Urlaub verbringt. Ist dies der Fall, dann ist die Erstmitteilung unwahr, es ist von einer gegendarstellungsfähigen Tatsachenbehauptung auszugehen. Die Gegendarstellung des X muss den Sachverhalt aber so schildern, dass deutlich wird, dass er Tatsachen richtig stellt und nicht anderer Auffassung darüber ist, was unter „teuer", „mondän", „Luxusvilla" und unter „ausgebeuteten Arbeitern" zu verstehen ist. Es sind deshalb in derartigen Fällen notwendigerweise strengere Anforderungen an die Tatsachennähe der Formulierung der Gegendarstellung zu stellen, als bei der Erstmitteilung.

e) Zukünftige Ereignisse

104 Als nicht beweisbare hypothetische Vorgänge unterliegen zukünftige Ereignisse grundsätzlich nicht der Gegendarstellungspflicht. Presseäußerungen darüber, ob und wann ein regulärer Flugverkehr auf den Mond möglich sein wird, sind einer Gegendarstellung nicht zugänglich. Dasselbe gilt für Geschehnisse der Vergangenheit, über die sichere Unterlagen fehlen, zB Vorgänge in prähistorischer Zeit. Auch Glaubens- und Lehrsätze religiöser und weltanschaulicher Art, insb der glaubensbedingte Teil der Religionsgeschichte, unterliegen nicht dem Entgegnungszwang (Häntzschel S 83). Wirken aber zukünftige Ereignisse bereits in die Gegenwart herein: X beabsichtige, die Verfassung umzustürzen, Y wolle seine Schulden nicht bezahlen und werde demnächst ins Ausland gehen – so enthalten diese Äußerungen „gegendarstellungsfähige" Tatsachen (auf konkrete Vorgänge gestützte Angaben über rebellische

VII. Gegendarstellung nur geg. Tatsachenbehauptungen der Presse § 11 LPG

bzw betrügerische Absichten von X und Y). Diese inneren Tatsachen (die böse Absicht) sind schon jetzt gegenwärtig (vgl RGSt 5, 640).

f) Rechtsbeziehungen

Unter den Begriff der Tatsachen fallen auch Beziehungen (Verwandtschaft), Identität und Staatsangehörigkeit einer Person, ihre Vermögensverhältnisse sowie Rechtsbeziehungen (Frank Anm II 1b zu § 263 StGB, s § 6 Rn 88). „Dieses Buch gehört mir", ist zwar eine rechtliche Schlussfolgerung, aber im Kern die konkrete Tatsachenbehauptung meines Eigentums, die presserechtlich der Gegendarstellung unterliegt (Löffler BB 62, 84). Bei Verwendung von Rechtsbegriffen ist zu differenzieren: Der Begriff „Unterschlagung" oder „Betrug" beinhaltet eine Tatsachenbehauptung, wenn nicht zugleich in ausreichendem Maße Tatsachen mitgeteilt werden oder allgemein geläufig sind, die die Bezeichnung als rechtliche Bewertung erscheinen lassen. Bei der Beurteilung der Wahrheit kommt es dabei nicht unbedingt darauf an, ob die strafrechtliche Einordnung richtig ist (OLG Hamburg AfP 92, 364). Das Wort „beschlagnahmen" ist ein Rechtsbegriff. Ihm liegt so, wie anderen Rechtsbegriffen auch, ein tatsächlicher Vorgang wie eine rechtliche Bewertung zu Grunde. Die Aussage kann also im Einzelfall Tatsachenbehauptung oder auch nur Wertung sein (OLG Köln AfP 89, 565), ebenso der Begriff „illegal" (LG Köln AfP 87, 532), der Begriff Plagiatsvorwurf kann Meinungsäußerung sein (OLG Köln AfP 03, 335). Überprüfbarkeit nach objektiven Kriterien ergibt allein noch keine Tatsachenbehauptung, überprüfbar sind bei unstreitigem Sachverhalt auch Einordnungen wie „rechtswidrig" oder „strafbar", beides unzweifelhaft Werturteile (OLG Köln AfP 89, 565). Entscheidend ist, ob der Tatsachenkern überwiegt, dh ob der im Werturteil enthaltene Tatsachenkern nur unbestimmt angedeutet ist oder ob sich das Werturteil als zusammenfassender Ausdruck von Tatsachenbehauptungen darstellt (OLG Köln AfP aaO mit weiteren Hinweisen). Es kommt also wieder darauf an, ob der unbefangene Leser die Äußerung als Mitteilung einer Tatsache versteht oder als Einordnung eines als solchen nicht in Frage gestellten Geschehens. Auch eine „erweislich" falsche Einordnung kann nicht Gegenstand einer Gegendarstellung sein.

2. Aufstellung einer Tatsachenbehauptung

Voraussetzung des Gegendarstellungsanspruchs ist es, dass die Tatsachenbehauptung in dem periodischen Druckwerk aufgestellt worden ist. Die Tatsache muss demnach öffentlich mitgeteilt, dh den Lesern zur Kenntnis gebracht worden sein, wobei es auf die Intensität der Mitteilung nicht ankommt: ob die Angabe als sicher oder nur als wahrscheinlich, mit dem Ausdruck des Zweifels oder der Bestimmtheit wiedergegeben wird, macht keine Unterschied. Auch der übliche Hinweis „Wir geben die Meldung mit allem Vorbehalt wieder" oder die Betonung: „Für die Veröffentlichung übernehmen wir keine redaktionelle Verantwortung" befreit nicht von der Pflicht zur Gegendarstellung (allgemeine Ansicht). Aufgestellte Tatsachenbehauptung kann zB auch eine Behauptung auf der Titelseite in Form einer Schlagzeile sein, die im Innenteil des Heftes revidiert oder mit Tatsachen belegt wird (OLG Karlsruhe AfP 92, 307, 08, 315; LG München AfP 04, 578). Eine auf dem Titelblatt aufgeworfene Frage ist nach BVerfG 14, 433 im Zweifel nicht aufgestellte Tatsachenbehauptung, sondern Meinungsäußerung (dazu o Rn 96). Behauptungen eines Dritten in dessen Angebot, auf die durch einen link auf der eigenen homepage verwiesen wird, werden im eigenen Angebot nicht „aufgestellt" (Mann, Zur äußerungsrechtlichen Verantwortlichkeit für Hyperlinks in Online – Angeboten, AfP 98, 129). Werden in einem Artikel oder in einer Ausgabe eines Blattes mehrere Tatsachenbehauptungen aufgestellt, dann ist der Betroffene grundsätzlich gehalten, seine Gegendarstellungen zu den Einzelbehauptungen zu einer Gegendarstellung – einem Bündel (näheres Wenzel 11.48 ff., s auch OLG Oldenburg AfP 86, 80) – zusammenzufassen, es sei denn, er hat aus Platzierungsgründen ein berechtigtes Interesse am Abdruck mehrerer Gegendarstellungen. Auf mehrere Artikel zum selben Thema in verschiedenen Ausgaben darf der

Betroffene in einer oder mehreren Gegendarstellungen antworten. Verlangt er jedoch nach Erscheinen des letzten Artikels eine Gegendarstellung, die sich thematisch auch mit dem oder den weiteren Artikeln befasst, dann hat er grundsätzlich kein berechtigtes Interesse am Abdruck weiterer Gegendarstellungen.

a) Wiedergabe fremder Tatsachenbehauptungen

107 Gibt die Presse ihre Meldung nicht als eigene, sondern als fremde wieder („gerüchtweise verlautet", „Leserbriefe", „Eingesandt", „wie die Neustädter Zeitung berichtet" usw), so wird dadurch das Gegendarstellungsrecht des Betroffenen nicht berührt (herrschende Meinung, vgl KG GoltdArch 38, 460, Marquardsen S 89, Häntzschel S 86, Regensburger S 51/52, Rebmann § 11 Rn 13, OLG München ArchPR 74, 108, aA v Liszt S 97, Kitzinger S 72, OLG Hamburg GoltdArch 42, 303). Dasselbe gilt für die Wiedergabe von Äußerungen eines Interviewpartners in der Presse und im Rundfunk (OLG Frankfurt AfP 85, 288). Die von Bethge in einem veröffentlichten Gutachten für das ZDF (Die Passivlegitimation für Gegendarstellungsbegehren im öffentlich-rechtlichen Rundfunk 1987 S 77) vertretene Auffassung, Äußerungen Dritter im Rahmen einer Sendung, die nicht als Eigenaussage der Anstalt erscheinen können, seien nicht gegendarstellungspflichtig, ist nicht haltbar. Bethge bezieht sich auf die Panoramaentscheidung des BGH (BGHZ 66, 182) und verkennt dabei, dass der Gegendarstellungsanspruch nicht Ausfluss einer „Störung" oder gar „Schädigung" ist (für die bei Liveäußerungen Dritter in der Tat die Anstalten nicht verantwortlich sind) sondern die Folge der bloßen Aufstellung (so ZDF-StV 1961) bzw Verbreitung (so ZDF-StV 1991 und 2002) einer – auch rechtmäßigen – Tatsachenbehauptung. Mit der Verantwortlichkeit für ehrverletzende oder rufgefährdende Äußerungen hat der Gegendarstellungsanspruch nichts zu tun. Richtet sich die Gegendarstellung gegen eine nur zitierte Behauptung eines Dritten, muss ihr Wortlaut dies für den Leser deutlich machen (OLG Hamburg AfP 83, 343). Wollte man Mitteilungen, die die Zeitung nicht als eigene bringt, vom Entgegnungszwang ausnehmen, so würde das Recht der Gegendarstellung illusorisch, weil es der Presse nicht schwer fiele, kritische Nachrichten in das Gewand fremder Behauptung zu kleiden. Mit Recht kann deshalb der Betroffene, wenn eine Reihe inländischer Zeitungen eine in der Auslandspresse über ihn erschienene Nachricht mit Quellenangabe wiedergeben, von jeder einzelnen inländischen Zeitung eine eigene Gegendarstellung verlangen.

b) Berichte über Äußerungen Dritter

108 Hiervon zu unterscheiden ist der Fall, dass die Presse Äußerungen eines Dritten nicht deshalb wiedergibt, um den Lesern deren Inhalt bekanntzumachen, sondern um den Lesern mitzuteilen, was der Dritte geäußert hat. Hier ist eine Gegendarstellung in doppelter Hinsicht denkbar: Einmal kann dagegen Stellung bezogen werden, dass der Dritte überhaupt die ihm in den Mund gelegte Äußerung gemacht hat, zum anderen kann sich die Gegendarstellung auf den Inhalt der wiedergegebenen Erklärung beziehen (vgl OLG München AfP 72, 278/280). Die Gegendarstellung, dass der Dritte die Äußerung nicht oder nicht so getan hat, ist in diesen Fällen zulässig. Da die Presse den Inhalt der Äußerung des Dritten aber nicht als Tatsachenbehauptung „aufgestellt" hat, kann nicht entgegnet werden, der Zitierte habe seinerseits Falsches behauptet, es sei denn, die Zeitung oder Zeitschrift hätte sich den Inhalt des Zitats zu eigen gemacht (ebenso Wenzel 11.46, zweifelnd OLG München AfP 72, 278/280, abweichend Seitz/Schmidt 5, 162). Das OLG Hamburg (AfP 83, 345) hält die lediglich verbreitete Behauptung eines Dritten für gegendarstellungsfähig. Der Betroffene muss aber zur Vermeidung einer Irreführung (Rn 64) hinreichend erkennbar machen, dass er sich gegen ein Zitat wendet (OLG Hamburg AfP 83, 343, OLG Düsseldorf AfP 76, 194, OLG Karlsruhe AfP 99, 373 und AfP 09, 267, LG Dresden AfP 10, 595).

c) Neue Tatsachenbehauptung im Redaktionsschwanz

109 Aufgestellt werden kann eine Tatsachenbehauptung auch in einem sogenannten Redaktionsschwanz, wenn in ihm eine neue Behauptung enthalten ist, die über den

VII. Gegendarstellung nur geg. Tatsachenbehauptungen der Presse § 11 LPG

Inhalt der Erstmitteilung hinausgeht (LG Hamburg ArchPR 70, 83, OLG München ArchPR 72, 101, LG Oldenburg AfP 86, 80, Seitz/Schmidt 6, 22). Nicht von der Zeitung „aufgestellt" werden hingegen Behauptungen, die in der Gegendarstellung eines Dritten enthalten sind. Sie sind deshalb nicht gegendarstellungspflichtig (ebenso Wenzel 11.68, Seitz/Schmidt 5, 233, mit Einschränkung Seitz/Schmidt/Schoener Rn 288, 289, s oben Rn 77). Nicht gegendarstellungsfähig ist die Bemerkung, die Gegendarstellung sei unabhängig von ihrer Wahrheit abzudrucken (OLG Stuttgart AfP 87, 420).

d) Aufstellung durch Verschweigen, verdeckte Behauptungen und Eindrücke

Verschweigen, verdeckte Behauptungen, Eindrücke: Die Aufstellung von Tatsachenbehauptungen kann auch in der Form des Verschweigens erfolgen, indem eine Presseveröffentlichung durch Weglassen wesentlicher Momente einen irreführenden Eindruck erweckt. Auch hiergegen ist der Anspruch aus § 11 LPG gegeben (Löffler BB 62, 84, OLG Hamburg ArchPR 76, 54, OLG Köln AfP 81, 416, Seitz/Schmidt 6, 22). Ist ein bedeutender Hersteller eines Produkts in einem diesbezüglichen Testbericht nicht aufgeführt, so liegt hierin allein keine gegendarstellungsfähige Tatsachenbehauptung durch Verschweigen. Dies würde nur dann gelten, wenn der Testbericht, und sei es auch nur zwischen den Zeilen, die Behauptung aufgestellt hätte, es seien die wichtigsten oder aber sämtliche Produkte dieser Art getestet worden (LG Köln AfP 81, 416). Solche verdeckte Behauptungen – das sind Behauptungen zwischen den Zeilen (dazu Steffen § 6 Rn 92, OLG Karlsruhe AfP 07, 55; 14, 78, OLG Düsseldorf AfP 14, 70), – und erweckte Eindrücke sind grundsätzlich gegendarstellungsfähig (s o Rn 99). Darüber besteht Einigkeit. Seit es die Gegendarstellung gibt ging die herrschende Auffassung davon aus, dass verdeckte Behauptungen und erweckte Eindrücke gegendarstellungsfähig sein können, wenn die Interpretation bzw. der Eindruck nicht fernliegend ist, anders als bei Unterlassungs- Widerrufs- und Schadenersatzansprüchen, bei denen – ebenso wie im Strafverfahren – eine Verurteilung nur zulässig ist, wenn sie sich im Zusammenspiel der offenen Aussagen dem Leser als unabweisbare Schlussfolgerungen aufdrängen. Wenn der Betroffene sich gegen einen Eindruck oder gegen verdeckte Behauptungen wenden will, muss dies mit einer entsprechenden Formulierung zum Ausdruck kommen (OLG Düsseldorf AfP 8, 83), dh er muss nicht nur den Eindruck oder die verdeckte Behauptung wiedergeben sondern die Tatsachen nennen, aus denen der Eindruck oder die verdeckte Behauptung gewonnen wird, Die einzelnen Tatsachenbehauptungen, sind dann in der Gegendarstellung für Dritte – den Leser/Hörer/Zuschauer, den Verpflichteten und letztlich den Richter – nachvollziehbar zu bezeichnen (Seitz/Schmidt 5, 134). Eine Kammer des Bundesverfassungsgerichts hat am 19. Dezember 2007 anders entschieden und die Grundsätze, die im Strafverfahren und bei Unterlassungs-, Widerrufs- und Schadenersatzansprüchen gelten, auch für die Gegendarstellung angewandt (BVerfG AfP 08, 58, dazu Sedelmeier AfP 12, 451, s a o Rn 43). Unter Bezugnahme hierauf haben zB so entschieden OLG Düsseldorf AfP 08, 83, AfP 08, 208, AfP 08, 523, OLG Hamburg AfP 08, 314, OLG Frankfurt AfP 08, 628, abw. kurz vorher OLG Karlsruhe AfP 08, 89, s a LG München AfP 12, 402. Die Kammer, die die bisher herrschende Auffassung für unzulässig hält, stellt ausschließlich Erwägungen zur Pressefreiheit an. Die Belange und das Persönlichkeitsrecht des Betroffenen (BVerfGE 97, 125 = AfP 98, 184: dem Gesetzgeber obliegt eine ... „Schutzpflicht, den Einzelnen wirksam gegen Einwirkungen auf seine Individualsphäre zu schützen. ... Dazu gehört dass der von einer Darstellung in den Medien Betroffene die rechtlich gesicherte Möglichkeit hat, ihr mit seiner eigenen Darstellung entgegenzutreten. ... Dieser Schutz kommt zugleich der in Art. 5 Abs 1 SGG garantierten Meinungsbildung ... zugute"...) werden nicht erörtert, geschweige denn gegen die Belange der Presse abgewogen. Aus der genannten Entscheidung leitet der Beschluss lediglich den – richtigen – Grundsatz her, dass eine Gegendarstellung einer Berichterstattung, die die beanstandete Tatsachenbehauptungen bereits nicht enthält, die von

110

Art 5 Abs 1 Satz 2 GG gewährleistete Freiheit der Presse verletzt und hält diesen Umstand für gegeben. Dabei übersieht der Beschluss, dass Ansatzpunkt für die Gegendarstellung bei verdeckten Behauptungen und Eindrücken nicht diese selbst sind sondern die offenen Tatsachenbehauptungen, aus denen durch Interpretation die verdeckten Behauptungen bzw. Eindrücke gewonnen werden. Nicht berücksichtigt wird der völlig unbestrittene Grundsatz, dass Gegendarstellungen nicht nur Entgegengesetztes enthalten dürfen sondern auch der Ergänzung, Erläuterung und der Beseitigung von Unklarheiten dienen, was gerade bei verdeckten Behauptungen und erweckten Eindrücken von besonderer Bedeutung ist. Der Beschluss übersieht weiter den fundamentalen Wesensunterschied zwischen Unterlassungs-, Widerrufs- und deliktischen Ansprüchen einerseits und dem Gegendarstellungsanspruch andererseits, der weder der Abwehr noch der Richtigstellung und schon gar nicht dem Schadensausgleich dient sondern ausschließlich das Recht des Betroffenen, sich zu äußern, schützt und beinhaltet (dazu o Rn 43). Der Schutzzweck des Gegendarstellungsanspruches ist damit ein völlig anderer als der der Abwehr- Richtigstellungs- und Schadensersatzansprüche oder gar des Strafrechts. Der Grund für die Beschränkung der deliktischen Ansprüche und der Strafbarkeit auf solche Äußerungen, die sich im Zusammenspiel der offenen Aussagen dem Leser als unabweisbare Schlussfolgerungen aufdrängen, liegt darin, dass Äußerungen die eine rechtmäßige Interpretation zulassen, nicht rechtswidrig sein können. Die Frage der Rechtswidrigkeit ist aber im Recht der Gegendarstellung irrelevant. Dieser Wesensunterschied verbietet es, deliktische Ansprüche und die Strafbarkeit einerseits und den Anspruch auf Gegendarstellung andererseits schematisch von gleichen Voraussetzungen abhängig zu machen. Es bleibt zu hoffen, dass das Bundesverfassungsgericht bald Gelegenheit erhält, seinen Standpunkt zu überprüfen (im Einzelnen dazu Sedelmeier, AfP 12, 451).

e) Aufstellung durch Bildveröffentlichung

111 Eine Tatsachenbehauptung kann ferner durch die Veröffentlichung von Bildern „aufgestellt" werden, wenn die Abbildung eine Tatsachenbehauptung enthält, gegen die die Gegendarstellung sich richtet (ebenso Wenzel 11.45; LG München AfP 2003, 373). Ein Foto muss dabei grundsätzlich so verstanden werden, dass es sich dabei um die Wiedergabe eines tatsächlichen Geschehens handelt, sofern das Foto nicht als Fotomontage gekennzeichnet oder eine solche offensichtlich ist (LG München aaO). Eine Fotomontage kann Grundlage einer Gegendarstellung sein die sich aber nur gegen den Inhalt richten darf, ein Hinweis darauf, dass es sich um eine Montage handelt ist nicht zulässig (OLG Karlsruhe AfP 11, 282). In solchen Fällen sind auch bildliche Darstellungen gegendarstellungsfähig, wobei die Gegendarstellung sich in der Regel auf verbale Darstellung zu beschränken hat, ausnahmsweise kann auch die Veröffentlichung eines „Gegenbildes" gefordert werden (vgl OLG München AfP 73, 483/484, OLG Hamburg ArchPR 76, 55, OLG München AfP 79, 364). Es kann auch erforderlich sein, das Bild aus der Erstmitteilung zu wiederholen (OLG Hamburg ArchPR 76, 55).

f) Tatsachenbehauptung einer Nachrichtenagentur

112 Gegenüber dem Entgegnungsanspruch des Betroffenen kann sich die Presse nicht darauf berufen, dass ihr die Mitteilung von einer als zuverlässig bekannten Nachrichtenagentur zugegangen ist. Im Gegenteil: der Anspruch auf Gegendarstellung erwächst dem Betroffenen in diesem Fall sowohl gegenüber der Zeitung wie gegenüber der Nachrichtenagentur (§ 7 Abs 2 LPG, vgl oben Rn 81). Zur Frage, ob ein Anspruch auf Gegendarstellung auch dann besteht, wenn die Zeitung die strittige Tatsachenbehauptung zwar aufstellt, aber zugleich ihrer Richtigkeit entgegentritt, vgl oben Rn 62, 65.

3. Irrelevanz der Wahrheit oder Unwahrheit

113 Bei dem streng formellen Charakter des Gegendarstellungsanspruchs kommt es nicht darauf an, ob die von der Presse aufgestellte Tatsachenbehauptung der Wahrheit

VIII. Der Inhalt der Gegendarstellung § 11 LPG

entspricht oder unwahr ist. Auch gegenüber wahren Tatsachen ist eine Gegendarstellung zulässig. Wesentlich ist nicht, ob die „tatsächliche" Angabe in Wirklichkeit wahr ist, sondern nur, ob sie als Tatsache mitgeteilt wird oder ob nur ein subjektives Werturteil vorliegt (BGH NJW 67, 562, OLG Frankfurt JW 32, 894, Kitzinger S 72, Häntzschel S 82, vgl oben Rn 44).

VIII. Der Inhalt der Gegendarstellung

In materieller Hinsicht verlangt das Gesetz in § 11 Abs 2, dass die Gegendarstellung keinen strafbaren Inhalt hat und sich auf tatsächliche Angaben beschränkt. 114

1. Kein strafbarer Inhalt

Der Grund für den Ausschluss jeder Gegendarstellung strafbaren Inhalts liegt auf der Hand: da die Presseangehörigen für den Inhalt der Veröffentlichung zivil- und strafrechtlich haften, kann ihnen der Abdruck nicht zugemutet werden, wenn in der Gegendarstellung zB strafbare Verleumdungen Dritter enthalten sind. Da sich weder Redakteur noch Verleger dem verletzten Dritten gegenüber auf ihre Pflicht zum Abdruck einer Gegendarstellung berufen können, gibt ihnen statt dessen das Gesetz das Recht, die Gegendarstellung abzulehnen. Enthält die Gegendarstellung strafbare Beleidigungen gegen die Presseangehörigen selbst, so ist ihnen die Veröffentlichung und Verbreitung nicht zuzumuten (Rn 38, 119). Redakteur und Verleger müssen die Frage des strafbaren Inhalts der Gegendarstellung sorgfältig prüfen, da sie sich sonst entweder dem auf Abdruck klagenden Einsender oder dem verletzten Dritten gegenüber kostenpflichtig bzw schadenersatzpflichtig machen. 115

a) Die Gegendarstellung hat dann einen „strafbaren Inhalt", wenn sie den Tatbestand eines Strafgesetzes erfüllt und rechtswidrig ist (Kohlhaas § 11 RPG Anm 16). Der Inhalt der Gegendarstellung kann auch dann strafbar sein, wenn der Verfasser und Einsender der Gegendarstellung selbst nicht strafbar handelt – etwa, weil bei ihm persönliche Straf- bzw Schuldausschließungsgründe (Unzurechnungsfähigkeit, Immunität, Exterritorialität, Amnestie) vorliegen (Rebmann § 11 Rn 23, Häntzschel S 88, Mannheim S 26). 116

b) Dagegen liegt kein strafbarer Inhalt vor, und die Möglichkeit der Zurückweisung entfällt, wenn sachliche Unrechtsausschließungsgründe gegeben sind. Steht dem Einsender der Schutz des § 193 StGB zur Seite, so entfällt die Rechtswidrigkeit der Gegendarstellung, und sie ist abzudrucken (RGSt 3, 40, BayObLG 4, 241 und 12, 245, Klöppel S 242, Kitzinger S 80, Riss JW 40, 386, OLG Hamburg ArchPR 76, 48). Bei der Prüfung des § 193 ist eine Abwägung der Interessen des Beleidigers gegen die Interessen des Beleidigten erforderlich, dabei reicht es aus, wenn die Interessen des Beleidigers mindestens gleichwertig sind (OLG Hamburg ArchPR 76, 48). Die Verwendung des Wortes „Doppelagent" ist in einer Gegendarstellung nicht strafbar, wenn berechtigte Interessen im Sinne des § 193 StGB in Betracht kommen (OLG Hamburg ArchPR 76, 49). Enthält die Erstmitteilung eine Beleidigung, die dadurch neutralisiert wird, dass sie in Anführungsstriche gesetzt wird („Ostagent") und wird der Begriff in der Gegendarstellung ohne Ausführungzeichen wiedergegeben, hat die Gegendarstellung strafbaren Inhalt (OLG Hamburg ArchPR 74, 111). Einen sachlichen Rechtfertigungsgrund bilden auch wahrheitsgetreue Parlamentsberichte (§ 37 StGB). Verlangt ein Parlamentarier zu einem unzutreffenden Parlamentsbericht der Zeitung eine Gegendarstellung, so ist diese auch dann abzudrucken, wenn sie die in der Sitzung gefallenen Beleidigungen wiedergibt, falls dies wahrheitsgetreu geschieht. 117

c) Verstößt die Gegendarstellung nicht gegen strafrechtlich geschützte Normen und enthält sie auf Seiten des Einsenders nur zivilrechtliches „Unrecht" – der Einsender verstößt durch das Verlangen einer Gegendarstellung gegen gesellschaftsrechtliche 118

Sedelmeier 727

LPG § 11 Gegendarstellung

Bindungen – so bleibt die Abdruckpflicht bestehen (Kitzinger S 80). Zu prüfen ist jedoch, ob der Grundsatz von Treu und Glauben ein Ablehnungsrecht gibt (vgl Rn 38). Dies ist vor allem dann zu bejahen, wenn der Verpflichtete mit dem Abdruck Rechte Dritter verletzen, gegen die Standesgrundsätze der Presse (zB Trennung von Text- und Anzeigenteil) oder gegen die Grundsätze des lauteren Wettbewerbs (Verbot der redaktionellen Werbung s § 10 Rn 50ff., BGH st Rspr, zB WRP 94, 1385 Produktinformation, vgl Löffler BB 62, 85) verstoßen würde. Unzumutbar kann die Veröffentlichung der Gegendarstellung allgemein sein, wenn sie das Persönlichkeitsrecht eines unbeteiligten Dritten ohne dessen Zutun in nicht gerechtfertigter Weise beeinträchtigt (Seitz/Schmidt 5, 178). Zur Wahrung der Persönlichkeitsrechte Dritter hat das LG Oldenburg (NJW 86, 1268) entschieden, der tatverdächtige Betroffene müsse auf die Mitteilung seines in der Erstmitteilung nicht genannten Namens in der Gegendarstellung verzichten, wenn dadurch zwangsläufig die Anonymität eines Mitverdächtigen in einem Ermittlungsverfahren gelüftet würde. Der durch eine Gegendarstellung in seinen Rechten betroffene Dritte kann und muss seine Rechte im Wege der Nebenintervention wahren (OLG Hamburg AfP 83, 475).

119 d) Nicht als strafbare Beleidigung gilt nach allgemeiner Ansicht die häufig in Gegendarstellungen wiederkehrende Wendung: „Die Pressemitteilung ist unwahr", „sie beruht auf Unwahrheit" usw (OLG Celle NJW 53, 1767, OLG Kiel ZV 4, 232, Häntzschel S 83, Kitzinger S 80, Regensburger S 62). Dagegen gilt die Wendung, die Pressemitteilung sei „lügenhaft" oder „verleumderisch" oder „beruhe auf Erfindung" als beleidigend (OLG Celle GoldtArch 41, 72, Meves GoldtArch 45, 338, AG Hamburg ZV 5, 1183). Das Landgericht Berlin (ArchPR 75, 46) hält die Ausdrucksweise „frei erfunden" für zulässig. Ob sich die Beleidigung gegen einen Dritten oder gegen die Zeitung oder gegen den verantwortlichen Redakteur selbst richtet, ist gleichgültig; in jedem Fall ist sie wegen ihres strafbaren Inhalts zurückzuweisen(so bei Beleidigung des verantwortlichen Redakteurs OLG Celle GoldtArch 39, 375).

2. Beschränkung auf tatsächliche Angaben

120 Das weitere materielle Erfordernis des § 11 geht dahin, dass sich die Gegendarstellung auf „tatsächliche Angaben" beschränkt. Wie der Gesetzgeber, um einen Missbrauch des § 11 zu verhindern, von vornherein nur die von der Presse mitgeteilten Tatsachen für gegendarstellungsfähig erklärte (vgl oben Rn 88ff.), so beschränkte er auch die Gegendarstellung des Betroffenen auf tatsächliche Angaben. Die Presse soll nicht zu einem Tummelplatz öffentlicher Polemik werden. Tatsachen gegen Tatsachen, nicht Meinung gegen Meinung, das ist der Sinn des § 11. Der Presse kann wohl eine Gegendarstellung, aber keine Gegenmeinung aufgezwungen werden (so zutreffend Greiff in NJW 50, 242).

121 a) Der Begriff tatsächliche Angabe deckt sich demnach mit dem oben erläuterten Begriff Tatsachenbehauptung (vgl oben Rn 88ff.). Das gesetzliche Erfordernis, dass sich die Gegendarstellung auf tatsächliche Angaben beschränken muss, bedeutet, dass die Gegendarstellung durch die Art ihrer Formulierung erkennen lassen muss, dass sie im tatsächlichen Bereich etwas anderes aussagt, als die Erstmitteilung, wobei der Tatsachenbegriff in Erstmitteilung und Gegendarstellung derselbe ist, an den Begriff der Tatsachen*behauptung* in der Gegendarstellung jedoch höhere Anforderungen zu stellen sind, als in der Erstmitteilung (vgl oben Rn 98ff.).

122 „Tatsächliche" Angaben bedeuten auch hier nicht „wahre" Angaben, sondern stehen im Gegensatz zu Ansichten und Meinungen. Auf die Richtigkeit der Gegendarstellung kommt es angesichts des formalen Charakters des § 11 nicht an. Die Gegendarstellung ist auch dann abzudrucken, wenn die Angaben der Erstmitteilung stimmen, der Inhalt der Gegendarstellung nicht (Kohlhaas § 11 RPG Anm 17, OLG Celle NJW 53, 1767). Nur bei offensichtlicher Unwahrheit oder offensichtlich irreführendem Inhalt der Gegendarstellung entfällt die Abdruckpflicht, weil hier das

VIII. Der Inhalt der Gegendarstellung § 11 LPG

berechtigte Interesse an der Veröffentlichung fehlt (vgl oben Rn 63). Der Begriff „tatsächliche Angabe" umfasst auch innere Tatsachen, Motive und Beweggründe, schließt jedoch Kritiken und Polemiken aus (vgl oben Rn 89). Die Wendung „diese Pressemitteilung ist unwahr" gilt dabei als tatsächliche Angabe (OLG Celle NJW 53, 1767). Unzulässig ist dagegen die Formulierung, dass die angegriffenen Behauptungen der Erstmitteilung den Antragsteller in der Öffentlichkeit herabsetzen (OLG Hamburg ArchPR 74, 111).

b) Aus dem Wortlaut des § 11 (sich auf tatsächliche Angaben beschränkt), will Kitzinger (Seite 79) folgern, dass für die Gegendarstellung hinsichtlich der Beschränkung auf Tatsachen strengere Maßstäbe anzulegen seien, als an die vorausgegangene Erstmitteilung. Die Praxis hat sich der These Kitzingers nicht angeschlossen, sondern neigt umgekehrt dazu, der Gegendarstellung weiten Spielraum zu gewähren (zustimmend Rebmann § 11 Rn 21, LG Hamburg AfP 71, 87). **123**

Was den Tatsachenbegriff anlangt, so kann für die Gegendarstellung kein anderer Begriff gelten, als für die Erstmitteilung. Es ist deshalb weder richtig, für die Gegendarstellung hinsichtlich der Beschränkung auf Tatsachen strengere Maßstäbe anzulegen, noch im Hinblick auf die Beschränkung auf Tatsachen weiten Spielraum zu gewähren. Entscheidend ist, dass die Gegendarstellung tatsächliche Behauptungen enthält, die im inneren Zusammenhang stehen mit tatsächlichen Behauptungen in der Erstmitteilung und dass Gegendarstellung und Erstmitteilung im tatsächlichen Bereich unterschiedliches aussagen (s a OLG Frankfurt AfP 03, 459). Es ist durchaus richtig, dass ein großzügiger Maßstab angelegt werden muss, soweit es sich darum handelt, dass die Gegendarstellung zur Verdeutlichung Passagen aus der Erstmitteilung wiederholt, dass sie mit einer Einleitung, oder stilistischen Einkleidung versehen wird oder dass sie sich eng an die Ausdrucksweise der Erstmitteilung hält (vgl OLG Stuttgart 6 U 28/64 vom 14.7.64, zitiert bei Wenzel 11.118). Andererseits ist aber an die Gegendarstellung insofern ein strengerer Maßstab anzulegen als an die Erstmitteilung, als der Verfasser der Gegendarstellung es in der Hand hat, seine Gegendarstellung so zu formulieren, dass die von ihm behaupteten Tatsachen nicht in die verschleierte Form von Meinungsäußerungen gekleidet werden, mit der Folge, dass der Leser erst nach einem Tatsachenkern suchen muss (s oben Rn 100). Die Gegendarstellung muss durch die Art ihrer Formulierung unzweifelhaft erkennen lassen, dass sie Tatsache gegen Tatsache und nicht Meinung gegen Meinung setzt. Dabei lassen sich selbstverständlich auch in der Gegendarstellung gelegentlich zusammenfassende Wertungen oder Schlussfolgerungen nicht vermeiden, da insb im Hinblick auf die Beschränkung des Umfanges der Gegendarstellung eine kurze und präzise Erwiderung oft nur in dieser Form möglich ist. Im Hinblick darauf, dass der Gegendarstellungsanspruch im Persönlichkeitsrecht wurzelt, wäre Förmelei trotz des formalen Charakters des Anspruches fehl am Platze. Es ist zwar nicht genügend, dass die Gegendarstellung „im Wesentlichen" Tatsachen enthält, bzw dass das Tatsächliche „überwiegt" (vgl 2. Auflage Rn 112). Antwortet aber die Gegendarstellung mit tatsächlichen Angaben auf tatsächliche Behauptungen der Erstmitteilung und wird hinreichend deutlich, dass tatsächliche Aussage gegen tatsächliche Aussage steht, dann ist es unangebracht – und insoweit ist ein großzügiger Maßstab anzulegen – wegen einzelner wertender Begriffe die Gegendarstellung als unzulässige Meinungsäußerung zu qualifizieren. **124**

c) Enthält die Gegendarstellung ein Gemisch von (zulässigen) tatsächlichen Angaben und (unzulässigen) Meinungsäußerungen, so sind der Verleger und der verantwortliche Redakteur weder berechtigt noch verpflichtet, den zulässigen Teil aus dem Gemisch herauszuschälen und abzudrucken. Es kann die ganze Gegendarstellung zurückgewiesen werden: alles oder nichts Prinzip (allgemeine Meinung vgl zB OLG München NJW 54, 92, OLG Celle NJW 53, 1767, OLG Hamburg AfP 77, 247). **125**

Sedelmeier

LPG § 11

3. Bezug zur Erstmitteilung – Entgegnung und Ergänzung

126 a) Der Inhalt der Gegendarstellung muss mit den Tatsachen der beanstandeten Presseveröffentlichung, der Erstmitteilung, in gedanklichem Zusammenhang stehen, er muss auf sie Bezug haben und nehmen (OLG Düsseldorf AfP 88, 160, OLG Hamburg AfP 87, 625). Die Tatsachenbehauptungen in der Gegendarstellung müssen sich auf die Behauptungen beziehen, die in der Bezugnahme als angegriffen gekennzeichnet worden sind (OLG Hamburg AfP 88, 345). Es muss ein Gegensatz zur Erstmitteilung bestehen (LG Köln AfP 92, 310, OLG Frankfurt AfP 03, 459). Diese Erfordernisse sind im Gesetz nicht ausdrücklich erwähnt, ergeben sich aber zweifelsfrei aus dem Sinn des Instituts der Gegendarstellung: das Privileg des öffentlichen Gehörs auf Kosten der Presse steht dem Betroffenen nicht schlechthin zu allen beliebigen Äußerungen tatsächlicher Natur, sondern nur insoweit zu, als seine Äußerungen eine Gegendarstellung zu den Tatsachen der beanstandeten Erstmitteilung enthalten (BGH NJW 64, 1132, OLG München ZV 15, 657, OLG Frankfurt NJW 50, 71). Ein schutzwürdiges Interesse am Abdruck neuer oder ergänzender Tatsachen, die zwar mit der Erstmitteilung im Zusammenhang stehen, aber nichts mit deren vermeintlicher Unrichtigkeit zu tun haben, besteht nicht (Riss JW 40, 387, Meves in GoldtArch 45, 344). Eine über diese Grenze hinausgehende Gegendarstellung kann zurückgewiesen werden (OLG Frankfurt NJW 50, 271, AfP 03, 459, Häntzschel S 89/90, Regensburger S 62/63). Am gedanklichen Zusammenhang fehlt es, wenn jemand eine ihm zugeschriebene Behauptung nicht nur bestreitet sondern sie demjenigen zuschreibt, den der Artikel recherchiert hat (OLG Hamburg AfP 89, 465). – Bayern verlangt ausdrücklich (Art 10 Abs 1 Satz 2), dass in der Gegendarstellung die beanstandeten Stellen der Erstmitteilung bezeichnet werden, andernfalls kann die Gegendarstellung zurückgewiesen werden (OLG München ArchPR 74, 112). Die Erstmitteilung darf nicht irreführend wiedergegeben werden (OLG Hamburg ArchPR 74, 109), nicht irreführende Kürzungen sind unschädlich (OLG Hamburg AfP 83, 289). Richtet sich die Gegendarstellung gegen eine nur zitierte Behauptung eines Dritten, muss ihr Wortlaut dies für den Leser deutlich machen (OLG Hamburg AfP 83, 343).

127 b) Es macht rechtlich keinen Unterschied, ob sich die Gegendarstellung auf einfache Zurückweisung der Erstmitteilung beschränkt („es ist nicht wahr, dass …") oder ob eine summarische oder detaillierte Gegendarstellung („wahr ist vielmehr, dass …") gegeben wird. Beides ist zulässig. (OLG Hamburg AfP 79, 403 und 80, 106). Beschränkt sich allerdings die Gegendarstellung auf einfache Zurückweisung der Erstmitteilung, dann darf sie dadurch nicht irreführen: Die Gefahr einer Irreführung besteht, wenn eine Behauptung, die lediglich der Ergänzung oder Einschränkung bedarf, vollständig negiert wird (OLG Düsseldorf, AfP 05, 368). Die Gegendarstellung „Es ist nicht wahr, dass ich drei Einbrüche begangen habe" ist nur zulässig, wenn kein Einbruch begangen wurde, nicht hingegen, wenn der Betroffene zwei oder vier Einbrüche begangen hat. Wendet sich der Betroffene gegen die Behauptung, er sei wegen einer bestimmten Tat verurteilt worden und ist er wegen einer anderen Tat verurteilt worden, dann muss die Gegendarstellung deutlich machen, wofür er tatsächlich verurteilt worden ist (LG Dresden AfP 05, 190). Bedenken gegen diese Art der Gegendarstellung macht zu Recht Wenzel (11.102 ff.) generell für den Fall geltend, dass mehr als zwei Möglichkeiten bestehen. Seitz/Schmidt (5, 151) weisen darauf hin, dass bloße Negierungen der geradezu klassische Fall irreführender Gegendarstellungen sein können. Diese Fälle kommen in der Praxis häufig vor: mancher Betroffene beschränkt sich auf einfache Zurückweisung, weil er den für ihn abträglichen wahren Sachverhalt nicht offenbaren will. Solche Gegendarstellungen können zurückgewiesen werden.

128 c) Bestritten, aber zu bejahen ist die Frage, ob die Gegendarstellung durch Hinweis auf ein von einem Dritten erstattetes Sachverständigengutachten erfolgen darf (OLG Hamburg ArchPr 74, 109). So war dem verantwortlichen Redakteur, dessen Zeitung

VIII. Der Inhalt der Gegendarstellung § 11 LPG

aus einer gerichtlichen Leichenöffnung bestimmte Schlüsse gezogen hatte, von Seiten der Staatsanwaltschaft eine Gegendarstellung in Form der Mitteilung des Obergutachtens einer medizinischen Fachbehörde zugeleitet worden. Das Kammergericht (Jahrb 5 S 297) bestätigte die Abdruckpflicht. Die Sachverständigenäußerung wurde als tatsächliche Angabe im Sinne des § 11 anerkannt (zustimmend Kitzinger S 79; Regensburger S 62; kritisch Schwarze S 74, Meves in GoltdArch 45, 338, Häntzschel S 89). Auch hier ist richtigerweise darauf abzustellen, ob das Sachverständigengutachten von der Erstmitteilung abweichende tatsächliche Feststellungen trifft oder den als solchen unbestrittenen Sachverhalt lediglich wertend anders einordnet (s oben Rn 97).

d) Nicht erforderlich ist es, dass die Gegendarstellung stets nur Entgegengesetztes **129** enthalten muss. Auch an Ergänzungen (zB OLG Karlsruhe AfP 07, 55 einerseits und 07, 494 andererseits) kann ein beachtliches rechtliches Interesse bestehen, um einem falschen Eindruck (s dazu o Rn 110) entgegenzuwirken: Die Pressemitteilung, die Firma A in B habe auf der Fachausstellung in C keinen Preis erhalten, berechtigt die Firma zur Entgegnung, dass sie in C gar nicht ausgestellt habe. Die Nachricht, eine Beleidigungsangelegenheit sei durch Vergleich erledigt worden, berechtigt zu der Gegendarstellung: der Angeklagte habe seine Behauptung mit dem Ausdruck des Bedauerns zurückgenommen und die gesamten Verfahrenskosten übernommen, da der bloße Hinweis auf den Abschluss eines Vergleichs den Verdacht erweckt, der beleidigende Vorwurf habe sich, mindestens teilweise, als richtig erwiesen (BayObLG 1, 186, 291). Teilt die Presse eine gerichtliche Verurteilung oder den Erlass eines Haftbefehls mit, so ist eine Gegendarstellung dahingehend zulässig, dass das Urteil bzw der Haftbefehl im Zeitpunkt der Presseveröffentlichung durch die Beschwerdeinstanz bereits aufgehoben waren. Wurden sie nachträglich aufgehoben, so darf dies allenfalls als Belegtatsache angeführt werden, zB dafür, dass der Betroffene die Tat nicht begangen hat, da die Erstmitteilung zutreffend war und eine Fortsetzung der Berichterstattung statt einer Gegendarstellung vorliegen würde. Doch kann X auf die Pressemeldung, er sei schon wegen Trunkenheit am Steuer vor Gericht gestanden, die Gegendarstellung bringen, dass er damals wegen erwiesener Unschuld freigesprochen wurde (vgl hierzu Kitzinger S 77). Überall, wo durch die Einseitigkeit der Darstellung oder durch die Unterdrückung von Tatsachen ein schiefes oder falsches Bild entsteht, dürfen in der Gegendarstellung ergänzenderweise auch neue Tatsachen vorgetragen werden, vorausgesetzt, dass der innere Zusammenhang zur vorausgehenden Darstellung gewahrt bleibt (OLG München NJW 65, 2163, OLG Frankfurt NJW 50, 271, LG München AfP 12, 402). Der Berechtigte darf einer nach seiner Auffassung unrichtigen oder missverständlichen Darstellung durch bekräftigende Zusätze entgegenwirken (OLG Köln AfP 85, 65 unter Hinweis auf OLG Hamburg AfP 72, 100 und OLG Frankfurt AfP 73, 279). Es können auch neue Tatsachen vorgebracht werden, die den Schluss zulassen, dass die Erstmitteilung nicht zutrifft (OLG Frankfurt AfP 85, 288), die für den Standpunkt des Betroffenen streiten (OLG Hamburg AfP 82, 34; 85, 53).

Im Wege der Ergänzung kann ein bedeutender Hersteller eines Produktes verlan- **130** gen, genannt zu werden, wenn der Testbericht, und sei es auch nur zwischen den Zeilen, die Behauptung aufgestellt hat, es seien die wichtigsten oder aber sämtliche Produkte dieser Art getestet worden (LG Köln AfP 81, 416). Ebenso kann der nicht genannte Initiator eines Test über Pfusch in Werkstätten verlangen, dass er als Initiator genannt wird (OLG Hamburg ArchPr 76, 54). Gegenüber der zutreffenden Behauptung, über ein Ereignis sei in der 20 Uhr Tagesschau nicht berichtet worden kann entgegnet werden, dass dies in einer späteren Ausgabe geschehen ist (OLG Hamburg AfP 87, 625). Im Wege der Ergänzung kann die Veröffentlichung von zusätzlichen Indiztatsachen verlangt werden, die belegen, dass die Erstmitteilung im Widerspruch zu bestimmten Verhaltensweisen des Antragstellers steht (OLG Hamburg AfP 79, 400). Die Ergänzung muss darauf angelegt sein, einer auf Unvollständigkeit beruhenden Unrichtigkeit der Darstellung eines Sachverhalts entgegenzutreten. Korrekturen

Sedelmeier

an der Erstveröffentlichung anzubringen ist nicht Sinn und Zweck der Gegendarstellung. Der Autor der Erstveröffentlichung darf darüber befinden, ob die genauere oder weniger eingehende Darstellung dieses oder jenes Sachverhalts angezeigt erscheint. Sofern durch Einseitigkeit oder Unvollständigkeit keine falsche Aussage über Tatsachen entsteht, kann der Betroffene nicht mit Ergänzungen entgegnen (OLG Hamburg ArchPR 75, 48). Eine Ergänzung kann gebracht werden, wenn in der Erstmitteilung wesentliche Umstände nicht erwähnt worden sind, sodass eine unzutreffende Darstellung entsteht und die Gegendarstellung darauf angelegt ist, durch die Ergänzung dieser unrichtigen oder unvollständigen Darstellung des Sachverhalts entgegenzutreten. Ein schutzwürdiges Interesse an einer ergänzenden Meldung besteht nicht, wenn die Erstmitteilung keinen unrichtigen Eindruck hinterlässt (OLG Hamburg AfP 77, 247). An Ergänzungen kann ein rechtliches Interesse bestehen, wenn sie geeignet sind, einer einseitigen oder unvollständigen Darstellung und damit einem falschen Eindruck entgegenzuwirken (OLG München ArchPR 74, 107/108, OLG Frankfurt AfP 80, 38, LG München AfP 12, 402 „Glücklich getrennt"). Der Betroffene hat kein berechtigtes Interesse daran, eine Erstveröffentlichung dahin zu ergänzen, dass sie möglicherweise nicht richtig zitiert habe. Es kommt weder in seinem noch im Interesse der Allgemeinheit darauf an, ob ein wiedergegebenes Zitat wörtlich so gefallen ist oder nur möglicherweise (OLG Frankfurt AfP 80, 38). Ist auf der Titelseite eine gegendarstellungsfähige Behauptung enthalten, deren Ergänzung sich im Rahmen des Berichts im Inneren des Heftes findet, so hindert die Ergänzung im Innern des Heftes den Betroffenen nicht daran, gegenüber der Behauptung auf der Titelseite eine ergänzende Gegendarstellung zu fordern (OLG Frankfurt AfP 80, 38).

4. Bildgegendarstellung

131 Die mit der Gegendarstellung zulässige Mitteilung einer Gegentatsache oder Ergänzung kann gegebenenfalls auch im Wege der Bildgegendarstellung erfolgen, wenn die wesentliche Aussage eines Presseartikels in der Ausdeutung gleichzeitig abgedruckter Fotografien bestand (OLG Hamburg ArchPR 76, 55, AfP 84, 115). Dann kann gegebenenfalls die Wiederholung des Bildes oder auch die Veröffentlichung eines Gegenbildes verlangt werden. Ausnahmsweise kommt eine Bildgegendarstellung sogar in Betracht, wenn die Erstmitteilung keine Abbildung enthalten hat, zB wenn es sich bei der Erstmitteilung um die Kritik an einer Abbildung handelte (vgl Wenzel 11.119). Besondere Bedeutung kann die Bildgegendarstellung beim Fernsehen erlangen (Rn 250, 264, vgl Wenzel 11.294; Seitz/Schmidt 7, 62). Ein Anspruch auf Sendung eines Gegenfilmes wird hingegen grundsätzlich zu verneinen sein, da damit der Bereich der tatsächlichen Äußerung in der Regel überschritten sein dürfte (vgl Wenzel aaO, Seitz/Schmidt 7, 65).

5. Überschrift

132 Der Anspruchsberechtigte kann verlangen, dass die Gegendarstellung mit einer Überschrift versehen wird und zwar entweder mit der Überschrift „Gegendarstellung" (ArchPR 74, 107/108) oder mit einer Sachüberschrift, wenn bereits die Überschrift der Erstmitteilung mit einer von ihr aufgestellten Tatsachenbehauptung Gegenstand der Gegendarstellung ist (OLG Hamburg ArchPR 75, 43/44) oder die Sachüberschrift im Zusammenhang mit der Erstmitteilung steht (s unten Rn 175). Eine Gegendarstellung darf jedoch nicht mit einer Überschrift wie zB „ergänzende Darstellung" versehen werden (OLG Hamburg AfP 88, 345). Nach Auffassung des OLG Frankfurt (ArchPR 77, 51) ist die Zeitung nicht verpflichtet, die Gegendarstellung mit dem Wort „Gegendarstellung" zu überschreiben. Es muss allerdings auf jeden Fall irgendeine Überschrift gebracht werden. Wird das Wort „Gegendarstellung" weggelassen, so liegt nach Auffassung des OLG Frankfurt keine Änderung der Gegendarstellung vor, da die Überschrift „Gegendarstellung" nicht zur Gegendarstellung gehöre. Anders

IX. Der Umfang der Gegendarstellung　　　　　　　　　　§ 11 LPG

OLG München (AfP 01, 308), OLG Düsseldorf: im Regelfall muss die Überschrift Gegendarstellung mit abgedruckt werden, dies gilt nicht bei einer Gegendarstellung gegen einen Leserbrief (OLG Düsseldorf AfP 85, 68). Bremen (§ 11 Abs 3) schreibt gleiche Auszeichnung wie der beanstandete Text vor (s unten Rn 177).

IX. Der Umfang der Gegendarstellung

1. Die Angemessenheit des Umfangs

Abweichend vom alten § 11 RPG, der dem räumlichen Umfang der Gegendarstellung keine Grenzen setzte und nur den Raum des kostenfreien Abdrucks auf den Umfang der Erstmitteilung beschränkte, begrenzt das moderne Landespresserecht (§ 11 Abs 2) den Raum der Gegendarstellung auf den „angemessenen Umfang". In sämtlichen Ländern ist dies zwingendes Recht; nur in Bayern enthält § 10 Abs 2 eine bloße Sollvorschrift: „Die Gegendarstellung soll den Umfang des beanstandeten Textes nicht wesentlich überschreiten". Die Nichtbeachtung dieser Sollvorschrift löst in Bayern insoweit Annoncengebühren aus (§ 10 Abs 2 Satz 4). 　133

2. Erstmitteilung als zulässiges Minimum

Was „Angemessenheit" des Umfangs bedeutet, hängt vom Einzelfall, insb von dem Inhalt der Erstmitteilung ab. Als in jedem Fall zulässiges Minimum gilt nach ausdrücklicher Regelung (§ 11 Abs 2) in allen Landespressegesetzen (ausgenommen Bayern und Hessen) der räumliche Umfang des beanstandeten Textes. Dabei ist sinngemäß unter „Text" nicht der ganze Artikel der Erstmitteilung zu verstehen, sondern nur die Sätze und Abschnitte, die den Betroffenen berühren. Auch Hessen geht davon aus, dass die Einhaltung des Umfangs der Erstmitteilung auf jeden Fall angemessen ist: insoweit besteht ausdrücklich Kostenfreiheit (§ 10 Abs 3 Satz 3). Auch bei Überschreitung des Umfangs der Erstmitteilung, ja bei deren erheblicher Überschreitung, kann durchaus noch die Angemessenheit des Umfangs der Gegendarstellung gegeben sein. Erfahrungsgemäß nimmt die Widerlegung einer Unrichtigkeit mehr Raum in Anspruch als ihre Behauptung, zumal in der Gegendarstellung, um sie verständlich zu machen, meist für den Leser die Erstmitteilung wieder ins Gedächtnis zurückgerufen werden muss. Insbesondere in Rundfunkgesetzen und -staatsverträgen ist teilweise die Bezeichnung der beanstandeten Sendung und Tatsachenbehauptung zwingend vorgeschrieben, wodurch allein schon der Umfang der Erstmitteilung erreicht werden kann (s dazu Wenzel 11.140). Der für die Wiedergabe der Erstmitteilung erforderliche Raum muss demzufolge bei der Bemessung des angemessenen Umfanges von vornherein außer Betracht bleiben (OLG Karlsruhe AfP 9, 267). Entscheidend ist, welcher Raum für eine sinnvolle verständliche Entgegnung erforderlich ist, wobei zu berücksichtigen ist, dass das Gelingen einer knappen Darstellung eine besondere Schriftgewandtheit voraussetzt, die nicht jedem gegeben ist. Es ist deswegen ein großzügiger Maßstab anzulegen (vgl Wenzel 11.141, OLG Hamburg NJW 68, 1137, AfP 82, 34, OLG Frankfurt NJW 71, 471, AfP 83, 279, LG Hamburg AfP 71, 87/88). Bei weitschweifigen Gegendarstellungen besteht keine Abdruckpflicht (OLG Hamburg NJW 68, 1337 mit Anmerkung von Sellheim NJW 68, 2382). „Geschwätzige" Gegendarstellungen sind unstatthaft (Seitz/Schmidt 5, 169). Es ist jedoch zulässig, zu verschiedenen Punkten jeweils einzeln Stellung zu nehmen. Der Betroffene braucht die Punkte, die er als unrichtig bezeichnet, nicht zusammenzufassen. Es ist auch zulässig, dass die Gegendarstellung die Erstmitteilung zweimal, einmal in positiver und einmal in negativer Form, wiedergibt. Stilfragen sind im Rahmen des Gegendarstellungsverfahrens nicht zu beurteilen (OLG Hamburg AfP 79, 403). Der Betroffene kann den Raum in Anspruch nehmen, der erforderlich ist, um sich den Lesern mit einer konzentrierten Stellungnahme hinreichend verständlich zu machen (OLG Hamburg AfP 85, 53, OLG Karlsruhe AfP 07, 494). 　134

3. Überschreitung des Umfangs

135 Überschreitet die Gegendarstellung den sachlich angemessenen Umfang, so kann und muss sie – wenn sie nicht abgedruckt wird – als ganze zurückgewiesen werden. Ihrerseits eine Beschränkung auf den angemessenen Umfang vorzunehmen ist der Presse verwehrt, da die Gegendarstellung ohne Weglassungen abgedruckt werden muss und jede Änderung der Gegendarstellung unzulässig ist, alles oder nichts Prinzip (vgl unten Rn 169).

4. Auswirkung auf die Kosten

136 Sofern die Gegendarstellung keinen unangemessenen Umfang hat, muss sie kostenfrei abgedruckt werden, selbst wenn sie die Erstmitteilung raummäßig weit überschreitet, sofern dies sachlich geboten und darum angemessen erscheint. Diese Regelung bedeutet einen Fortschritt gegenüber der Bestimmung des § 11 RPG (die heute sinngemäß nur noch in Hessen gilt), wonach der Kapitalkräftige hinsichtlich des Umfangs der Gegendarstellung bevorzugt ist, weil er die Annoncengebühren bezahlen kann, die bei Überschreitung des Raumes der Erstmitteilung zu vergüten sind (vgl Rebmann § 11 Rn 18). In Bayern werden die Einrückungsgebühren erst dann fällig, wenn der Umfang des beanstandeten Textes wesentlich überschritten wird. Wesentliche Überschreitung liegt vor, wenn der eigentliche Text der Gegendarstellung mehr als doppelt so lang ist wie die Erstmitteilung, also ohne Einzelheiten des Abdruckverlangens und der Veröffentlichungsmodalitäten, die Überschrift Gegendarstellung und die nähere Bezeichnung der Erstmitteilung (OLG München AfP 99, 72). Die üblichen Einrückungsgebühren, die für den kostenpflichtigen Teil der Gegendarstellung in Hessen und Bayern sowie in Hamburg und Schleswig-Holstein (vgl Rn 71) zu zahlen sind, berechnen sich nach dem Tarif des Inseratenteils der abdruckpflichtigen Zeitung. Hat die Zeitschrift keinen Annoncenteil, so gilt der ihrer Auflagenhöhe entsprechende ortsübliche Tarif. Bestritten ist, ob der Verleger vor Abdruck der kostenpflichtigen Gegendarstellung Vorauszahlung der Einrückungsgebühren verlangen kann. Dies ist überall dort zu bejahen, wo die Vorauszahlung ohnehin üblich ist (so auch Seitz/Schmidt 5, 234). Die Annoncenvergütung kann im Verfahren als Vorschuss festgesetzt werden, die genaue Bezifferung erfolgte erforderlichenfalls im ordentlichen Klageverfahren (OLG München AfP 99, 72). Ein Teil der Praxis lehnte früher eine Vorauszahlungspflicht des Einsenders hinsichtlich des kostenpflichtigen Teils der Entgegnung ab (OLG Dresden SächsAnn 16, 391 und in LeipzZ. 23, 414). Diese Rechtsprechung bedeutete bei vermögenslosen Einsendern mit umfangreichen kostenpflichtigen Gegendarstellungen eine unbillige, dem Prinzip der formellen Pressefreiheit widersprechende finanzielle Belastung der Presse.

X. Die Form der Gegendarstellung

1. Formale Ausgestaltung des Anspruchs

137 Der Anspruch auf Abdruck einer Gegendarstellung ist von den Landespressegesetzen stark formal ausgestaltet. Er setzt weder einen rechtswidrigen Angriff voraus, noch dient er der Erforschung der materiellen Wahrheit. Es handelt sich um einen aus dem Persönlichkeitsrecht fließenden Anspruch auf Veröffentlichung einer persönlichen Erklärung des Betroffenen. Als Ausgleich dafür, dass kein rechtswidriger Angriff als Voraussetzung gefordert wird und dass die Wahrheit nicht geprüft wird, ist der Anspruch auf Abdruck der Gegendarstellung an strenge und unverzichtbare Formerfordernisse gebunden. Die Nichtbeachtung der Formvorschriften führt zur Unzulässigkeit der Gegendarstellung und damit zur Berechtigung der Presse, die Veröffentlichung abzulehnen.

X. Die Form der Gegendarstellung § 11 LPG

2. Schriftform

In erster Linie verlangen sämtliche Landespressegesetze (§ 11 Abs 2) als Formerfordernis die Schriftform der Gegendarstellung. 138

a) Die Gegendarstellung kann demnach – im Gegensatz zum Abdruckverlangen – weder mündlich noch fernmündlich vorgebracht werden. Sie muss vielmehr in Druck oder Schrift fixiert sein. Handschriftlichkeit des Gegendarstellungstextes ist nicht erforderlich. Für die Abfassung der Gegendarstellung genügt jede Art von Druck oder Schrift (Schreibmaschine, Telegramm, Fernschreiber usw). Erfolgt die Entgegnung in Form eines Photos oder Bildes (vgl oben Rn 131), so ist damit die Schriftform gewahrt, und es bedarf nur der Unterzeichnung des Fotos oder Bildes durch den Betroffenen (zustimmend Rebmann § 11 Rn 27). Der Ansicht von Kohlhaas (Erbs § 11 RPG Anm 14), dass die Zulassung eines (unterzeichneten) Fotos oder Bildes konsequenterweise zur Zulassung von Schallplatten und Tonbändern führen müsse, hält Rebmann (§ 11 Rn 27) mit Recht entgegen, dass Schallplatten und Tonbänder nicht unterzeichnet werden können (äußerliche Signierung ist keine Unterzeichnung, vgl unten Rn 143).

b) Weder dem meist unter Zeitdruck arbeitenden verantwortlichen Redakteur noch dem viel beschäftigten Verleger kann zugemutet werden, die Gegendarstellung mühevoll zu entziffern. Sie muss ohne besondere Mühe leserlich sein (Kitzinger S 78, Häntzschel S 87, Regensburger S 58, Rebmann § 11 Rn 25). Hier greift der Grundsatz von Treu und Glauben bzw der Zumutbarkeit ein (vgl oben Rn 38). 139

c) Ebenso kann weder vom verantwortlichen Redakteur noch vom Verleger verlangt werden, dass sie unter Zeitaufwand die Gegendarstellung erst in eine druckfertige Form bringen oder sie gar selbst abfassen. Der Redakteur und der Verleger sind nicht verpflichtet, sich aus einem zulässige und unzulässige Abschnitte enthaltenden Schreiben die zur Gegendarstellung geeigneten Teile zusammenzustellen, zumal unklar ist, ob der Einsender einen Abdruck in der geänderten Fassung wünscht (vgl jedoch unten Rn 141 u 180). Diese Folgerung ergibt sich auch aus der in § 11 Abs 3 normierten Verpflichtung der Presse, die Gegendarstellung „ohne Einschaltungen oder Weglassungen" abzudrucken. Die Gegendarstellung muss sonach in druckfertiger Form vorgelegt werden (RGSt 44 S 5, KG in GoldtArch 49 S 339 und 69 S 190, Häntzschel S 87). Naturgemäß dürfen dabei an den Stil keine besonderen Anforderungen gestellt werden (OLG Hamburg AfP 79, 403). – Über die Sprache, in der die Gegendarstellung abzufassen ist, enthält das Presserecht keine Bestimmung. Im Hinblick auf die im Inland erscheinenden fremdsprachigen Zeitungen (zB für Gastarbeiter) ist das Problem praktisch bedeutsam. Das LG Darmstadt (AfP 05, 484) hält eine Gegendarstellung einer türkischen Organisation in einer in türkischer Sprache in Deutschland erscheinenden Zeitung in deutscher Sprache für unzulässig, ebenso Karaahmetoglu AfP 05, 433, s. dazu Sedelmeier AfP 05, 524. Die herrschende Ansicht bejaht die Abdruckpflicht uneingeschränkt für die deutsche Sprache, auch bei einer im Inland erscheinenden fremdsprachigen Druckschrift (vgl Rebmann § 11 Rn 33). Ebenso ist die Abdruckpflicht zu bejahen, wenn die Gegendarstellung in der gleichen Schrift abgefasst ist wie der beanstandete Text bzw in der Sprache der abdruckpflichtigen Zeitung. Im Übrigen besteht für die Presse hinsichtlich der Gegendarstellung keine Übersetzungspflicht (zustimmend Rebmann § 11 Rn 33). 140

d) Dagegen ist dem verantwortlichen Redakteur und dem Verleger zuzumuten, dass sie eine druckfertige und in sich geschlossene Gegendarstellung aus einem zusammenhängenden Schreiben herauslösen, wenn das Abdruckverlangen und die Gegendarstellung selbst in einem Schreiben mit einmaliger Unterzeichnung zusammengefasst sind (zustimmend Rebmann § 11 Rn 25). Voraussetzung ist allerdings, dass die Gegendarstellung einen in sich selbstständigen Teil des Gesamtschreibens bildet, der als solcher durch Einrücken oder in sonstiger Weise klar herausgehoben ist (BayObLG 23, 71, OLG Celle „Deutsche Presse" Nr 7 von 1923, Häntzschel S 87, Ebner S 49, Kitzinger S 78). Die abweichende Ansicht des Kammergerichts (KG GoldtArch 141

42, 305 und 49, 339), das eine solche Verbindung von Abdruckverlangen und Gegendarstellung im nämlichen Schreiben dann für unzulässig erklärt, wenn sich die Unterschrift nicht am Ende der Gegendarstellung selbst, sondern erst am Schluss des Gesamtschreibens befindet, widerspricht in ihrem überspitzten, lebensfremden Formalismus den Bedürfnissen der Praxis und wird deshalb von Häntzschel (S 87) und Regensburger (S 58) mit Recht abgelehnt.

3. Unterzeichnung

142   Als weiteres formelles Erfordernis ist die Unterzeichnung der Gegendarstellung notwendig. Die Unterzeichnung wird von fast allen Landespressegesetzen ausdrücklich gefordert (§ 11 Abs 2). Wo im Gesetzestext lediglich Schriftform verlangt wird und von Unterzeichnung nicht die Rede ist (Berlin, Bremen und Niedersachsen), ergibt sich das Erfordernis der Unterzeichnung aus § 126 Abs 1 BGB: „Ist durch Gesetz schriftliche Form vorgeschrieben, so muss die Urkunde von dem Aussteller eigenhändig durch Namensunterschrift oder mittels gerichtlich oder notariell beglaubigten Handzeichens unterzeichnet werden." Der § 126 bezieht sich auf alle Fälle, in denen das Gesetz Schriftform vorschreibt, somit auch auf das Landespresserecht (Palandt § 126 BGB Anm 1).

143   a) Da das Gesetz Unterzeichnung fordert, muss die Unterschrift die Entgegnung räumlich abschließen. Sie muss sich am Ende der Entgegnung befinden. Der Namenszug auf dem Briefumschlag oder am Rande oder am Kopf des Briefbogens genügt nicht (RGZ 110, 168, KG GoldtArch 42, 305 und 49, 339). Verteilt sich die Gegendarstellung auf verschiedene Einzelblätter, dann müssen die Blätter räumlich zu einer Urkunde zusammengefasst (eventuell zusammengeheftet) sein und die Unterschrift muss die Gesamturkunde räumlich abschließen. Die Unterschrift unter der Haupturkunde deckt auch die dazugehörigen Anlagen, sofern darauf Bezug genommen ist (RGZ 148, 351). Nicht erforderlich ist die eigenhändige Abfassung der Urkunde und die Angabe von Ort und Zeit. Nicht nötig ist die Neuanfertigung der Urkunde: eine früher anderwärts erstellte Urkunde kann benützt werden (RGZ 78, 31). Die Unterschrift muss die Urkunde nur räumlich abschließen, nicht zeitlich: es genügt eine Blankounterschrift, über die später der mit dem Betroffenen abgestimmte Text gesetzt wird (vgl Wenzel 11.150, Seitz/Schmidt 5, 105). Der Gegenbeweis muss offen bleiben, dass der später darübergesetzte Text nicht dem Willen dessen entspricht, der die Blankounterschrift geleistet hat (BGH BB 63, 956).

144   b) Unterzeichnung bedeutet Namensunterschrift, in erster Linie mit dem Familiennamen. Der Zusatz des Vornamens kann zum Nachweis der Person des Einsenders und zur Nachprüfung seines Betroffenheit erforderlich werden. Aus der Unterzeichnung muss sich die Persönlichkeit des Einsenders feststellen lassen (Meves in GoldtArch 45, 337). Die Unterschrift „Schmidt" genügt im Allgemeinen nicht, sofern sich nicht aus den Begleitumständen die erforderliche Klärung ergibt. Auch ein Pseudonym kann ausreichen, wenn die Persönlichkeit weiteren Kreisen, insb der Presse, bekannt ist (Palandt § 126 BGB Anm 5). Ein Kaufmann kann mit seiner Firma zeichnen, wenn sich die beanstandete Äußerung auf sein Handelsunternehmen bezog.

145   c) Lebhaft umstritten war früher die Frage, ob das Erfordernis der Unterzeichnung bedeutet, dass der Unterzeichnende die Unterschrift handschriftlich vollziehen muss. Diese Auffassung vertreten im Hinblick auf den Wortlaut des § 126 Abs 1 BGB („eigenhändig") OLG Königsberg (JW 27, 1001) und Mannheim (S 26). Demgegenüber lehnt die früher herrschende Meinung (Kitzinger S 78, Häntzschel S 87, Regensburger S 58, Ebner S 48, Riss NJW 40, 386, Kohlhaas bei Erbs § 11 RPG Anm 15, Scholz ArchPr 62, 223, Rebmann § 11 Rn 26, Löffler Presserecht 2. Auflage) das Erfordernis der eigenhändigen, handschriftlichen Unterzeichnung bei der presserechtlichen Gegendarstellung als einen durch die ratio legis nicht gedeckten Formalismus ab und lässt Maschinenschrift, Faksimilestempel, Diktatzeichen genügen. Das Prob-

X. Die Form der Gegendarstellung § 11 LPG

lem hat vor allem praktische Bedeutung für die Frage, ob auch ein der Redaktion zugehendes Telegramm oder ein Fernschreiben, das naturgemäß keine eigenhändige Unterschrift trägt, dem Unterschriftserfordernis des § 11 genügt. Im Anschluss an OLG Hamburg AfP 71, 37 geht die heute herrschende Auffassung dahin, dass handschriftliche Unterzeichnung erforderlich ist (vgl Wenzel 11.148, Seitz/Schmidt 5, 98, OLG Hamburg AfP 71, 37, AfP 74, 573/575, ArchPR 70, 82, LG Berlin ArchPR 74, 111). Zutreffend weist das OLG Hamburg darauf hin, dass die Interessenlage bei Rechtsmitteln, die an starre Fristen gebunden sind, eine andere ist und dass die Gegendarstellung eine höchstpersönliche Erklärung ist. Der heute herrschenden Auffassung ist beizupflichten. Wo begründete Zweifel an der Echtheit der Unterschrift bestehen, kann nach Bayerischem Landespresserecht (Art 10, Abs 1, Satz 3) die Presse verlangen, dass die Unterschrift beglaubigt wird.

Bedeutsam ist die Frage insb auch bei Übermittlung der Gegendarstellung per Telefax, dazu unten Rn 154.

4. Stellvertretung

Eine früher gleichfalls lebhaft umstrittene Frage ging dahin, ob bei der Unterzeichnung der Gegendarstellung eine Stellvertretung möglich ist oder ob die Unterzeichnung durch den Betroffenen persönlich erfolgen muss. Die Frage ist streng zu trennen vom Problem der Schriftform und der Frage der Handschriftlichkeit der Unterzeichnung (vgl oben Rn 145). Auch ist unbestritten, dass beim Abdruckverlangen (dem Begleitbrief zur Gegendarstellung) Stellvertretung möglich ist (vgl unten Rn 150). **146**

a) Die meisten Landespressegesetze haben nunmehr die Streitfrage dahin entschieden, dass bei der Unterzeichnung der Gegendarstellung eine gewillkürte Stellvertretung nicht möglich ist. Bayern (Art. 10) sieht nur die Unterzeichnung durch den Einsender vor. Hessen (§ 10 Abs 2) und Thüringen (11 Abs 2) lassen nur die Unterzeichnung durch den Betroffenen selbst zu (vgl Reh-Gross § 10 Anm 5). Die Länder Baden-Württemberg, Brandenburg, Hamburg, Mecklenburg-Vorpommern, Nordrhein-Westfalen, Rheinland-Pfalz, Saarland, Sachsen und Schleswig Holstein lassen bei der Unterzeichnung der Gegendarstellung dem Modellentwurf folgend neben der Unterschrift des Betroffenen die seines gesetzlichen Vertreters gelten. Die Unterzeichnungsbefugnis des gesetzlichen Vertreters ist im Grunde systemwidrig, da es sich bei der Gegendarstellung nicht um eine Willens- sondern um eine Wissenserklärung handelt. Eine gesetzliche Vertretung im Wissen gibt es nicht. Die scheinbare Beschränkung auf den *gesetzlichen* Vertreter ist damit keine solche sondern im Gegenteil eine Erweiterung der Unterzeichnungsbefugnis: Der gesetzliche Vertreter wird gesetzlich ermächtigt, das Wissen des Vertretenen für diesen zu erklären. Für juristische Personen ist die Unterzeichnungsbefugnis des gesetzlichen Vertreters selbstverständlich, weil die juristische Person nur durch ihren gesetzliche Vertreter handeln kann. Für natürliche Personen bedeutet hingegen die gesetzlich vorgesehene Zeichnungsbefugnis des gesetzlichen Vertreters die Zulassung einer zusätzlichen Zeichnungsbefugnis neben der des Betroffenen selbst. Wo im Gesetz der gesetzliche Vertreter als Unterzeichnungsberechtigter nicht genannt ist kann nur der als natürliche Person Betroffene selbst seine Wissenserklärung unterzeichnen. Ob infolge einer analogen Anwendung des § 107 oder 111 BGB zusätzlich (auch!) der gesetzliche Vertreter oder gar entsprechend § 174 BGB ein gewillkürter Vertreter zeichnen kann erscheint höchst fraglich. Die scheinbare Beschränkung der Unterzeichnungsbefugnis auf des gesetzlichen Vertreters, die in Wahrheit eine Erweiterung der Zeichnungsbefugnis ist, bedeutet und stellt damit lediglich klar, dass eine gewillkürte Stellvertretung ausscheidet (vgl Rebmann § 11 Rn 26, OLG München AfP 76, 188, OLG Stuttgart AfP 79, 363, OLG Karlsruhe AfP 81, 363, OLG Hamburg AfP 79, 405, AfP 81, 410, OLG Schleswig AfP 82, 45, OLG Frankfurt AfP 03, 459: Prokurist). Zu weit geht das OLG Hamburg (AfP 81, 410), das eine Gegendarstellung mit einer zusätzlichen Un- **146a** terschrift neben der Unterschrift des gesetzlichen Vertreters für formunwirksam hält. Zur Unterzeichnung der Gegendarstellung (nicht wie falsch formuliert des Gegendarstellungs*verlangens*) einer AG s OLG Düsseldorf AfP 06, 473. Bei der Unterzeichnung der Gegendarstellung durch den gesetzlichen Vertreter einer GmbH & Co. KG genügt für die Unterschrift, dass das Vertretungsverhältnis der unterschreibenden natürlichen Person zur betroffenen KG nur irgendwie zum Ausdruck kommt (OLG Schleswig AfP 82, 45). Die Kritik Soehrings (AfP 82, 46) an dieser Entscheidung verkennt, dass der gesetzliche Vertreter zwar unterzeichnen muss, dass aber das Gesetz nicht fordert, dass das gesetzliche Vertretungsverhältnis ausdrücklich angegeben wird. Es muss lediglich deutlich werden, von wem die Gegendarstellung stammt, von dem Unternehmen oder von der unterzeichnenden natürlichen Person selbst, dies insb deshalb, weil häufig beide betroffen sein können. Besondere Probleme tauchen bei der Gegendarstellung einer „Stelle" auf, die keinen gesetzlichen Vertreter hat. Hier wird man die Unterschrift des „Leiters" der Stelle genügen lassen müssen (vgl oben Rn 52).

147 b) Offen bleibt das Problem in Bayern (wo entsprechend dem alten § 11 RPG Unterzeichnung durch den Einsender gefordert wird), Berlin, Bremen, Niedersachsen und Sachsen-Anhalt, die sich über die Unterzeichnung völlig ausschweigen. Die in der Literatur herrschende Auffassung schließt bei der Gegendarstellung eine Vertretung aus, weil es sich hier nicht um eine rechtsgeschäftliche Willenserklärung handelt, sondern um eine persönliche Aussage, eine Wissenserklärung. Eine Stellvertretung (Unterzeichnung für einen anderen) widerspricht diesem Wesen der Aussage (BayObLG 7, 86, OLG München Bay-RechtspflZtschr 2, 464, AfP 76, 188, OLG Dresden ZV 4, 404, KG JW 29, 1258, OLG Frankfurt NJW 53, 1068, AG Hamburg in Anwaltsblatt 54, 129, Krückemeyer, ZV 13, 1044 Regensburger S 60, Seitz/Schmidt 5, 113 ff.). Diese Ansicht wurde früher von der Gegenmeinung als lebensfremd und formalistisch bekämpft (OLG Frankfurt DJ 26, 1186, Schwarze S 70/71, Ebner S 48, Mannheim S 26, Kitzinger S 60, v Schröder S 33). Die Gegenmeinung stützte sich vor allem auf § 126 BGB, bei dem gewillkürte Stellvertretung allgemein anerkannt ist (RGZ 81, 1) und verkennt dabei, dass Wissen unvertretbar ist: Eine gesetzliche und erst recht eine gewillkürte Vertretung im Wissen gibt es nicht. Das KG lässt für Berlin (NJW 70, 2029), das OLG Bremen für Bremen (AfP 78, 157), das OLG Celle für Niedersachsen (NJW-RR 88, 956), das OLG Naumburg für Sachsen-Anhalt (NJW-RR 00, 475) gewillkürte Stellvertretung ausdrücklich zu.

148 c) Von der stellvertretenden Unterzeichnung „im Namen" des Betroffenen ist die Unterzeichnung „mit dem Namen" des Betroffenen zu unterscheiden (Der Bevollmächtigte Friedrich Schmidt unterschreibt für den abwesenden Kurt Lehmann statt: „Für Kurt Lehmann i. V. Friedrich Schmidt", kurzerhand „Kurt Lehmann"), die das Reichsgericht in ständiger Rechtsprechung bei rechtsgeschäftlichen Erklärungen für zulässig erachtet (RGZ 50, 51; 74, 69; 81, 2). Häntzschel (S 87) und Riss (JW 40, 386) halten eine Stellvertretung bei der Unterzeichnung der Gegendarstellung für erlaubt, lehnen sie aber bei der Unterzeichnung „im Namen" des Bevollmächtigten ab – eine Unterscheidung, die nicht überzeugt. Das Problem liegt nicht darin, ob „im Namen" oder „mit dem Namen" unterzeichnet wird, sondern darin, ob bei einer Aussage eine Stellvertretung überhaupt in Frage kommen kann. Diese Frage wird von der Mehrzahl der Landespressegesetze verneint.

XI. Der Anspruch auf Abdruck

1. „Zugehen und Verlangen"

149 Nach § 11 (10/12) der meisten LPG kann der Betroffene den Abdruck nur verlangen, wenn die Gegendarstellung dem verantwortlichen Redakteur oder dem Verleger unverzüglich, spätestens innerhalb von drei Monaten nach der Veröffentlichung zu-

XI. Der Anspruch auf Abdruck § 11 LPG

geht. Nach Art 10 des Bayerischen LPG sind der verantwortliche Redakteur und der Verleger „auf Verlangen" einer unmittelbar betroffenen Person oder Behörde verpflichtet, eine Gegendarstellung abzudrucken. Nach § 10 des Hessischen Pressegesetzes muss der Abdruck der Gegendarstellung „von dem Betroffenen oder seinem Vertreter ohne schuldhaftes Zögern verlangt werden". Das Reichspreßgesetz von 1874 hatte den Gegendarstellungsanspruch ebenfalls vom „Verlangen einer beteiligten öffentlichen Behörde oder Privatperson" abhängig gemacht. Während also die LPG ab 1964 – dem Modellentwurf folgend – auf das Zugehen der Gegendarstellung abstellen, machten die älteren Gesetze den Anspruch scheinbar davon abhängig, dass der Abdruck der Gegendarstellung „verlangt" wurde.

2. Gegendarstellung und Abdruckverlängerungen

Streng zu unterscheiden sind die formbedürftige Gegendarstellung und das Abdruckverlangen, das an keine Form gebunden ist, das vielmehr mündlich, telefonisch, telegrafisch, schriftlich oder durch schlüssige Handlung geltend gemacht werden kann und das gewillkürte Stellvertretung zulässt. Das Abdruckverlangen wurde nach herkömmliche Auffassung ersichtlich auf Grund der Formulierung in § 11 des Reichsgesetzes über die Presse von 1874 und auf Grund der Formulierung des Bayerischen und Hessischen Pressegesetzes als rechtsgeschäftliche Willenserklärung verstanden, mit der Folge, dass der Bevollmächtigte, der es stellt, im Zweifel seine Bevollmächtigung nachzuweisen hat. Eine Sonderstellung soll Schleswig-Holstein einnehmen, wo nach dem abweichenden Wortlaut des § 11 Abs 2 Satz 5 in Verbindung mit Satz 4 das Abdruckverlangen nur dem Betroffenen selbst oder seinem gesetzlichen Vertreter zustehe (abweichend OLG Schleswig AfP 82, 45). Mit dem rechtzeitigen Zugehen des Abdruckverlangens an die Presse soll der Gegendarstellungsanspruch, der als „verhaltener" oder „dem Grunde nach" schon mit der Erstveröffentlichung erwachsen sei, fällig werden (Wenzel 11.160, Seitz/Schmidt 5, 11) oder als konkreter Leistungsanspruch entstehen (vgl 2. Auflage Rn 121 bis 124). Die herkömmliche Auffassung hat sich zudem eingehend mit der Frage auseinandergesetzt, ob das vergebliche Abdruckverlangen Prozessvoraussetzung sei (so die 2. Auflage Rn 161 und zuletzt OLG Frankfurt AfP 80, 225) oder ob es sich um eine Anspruchsvoraussetzung handelt (so Wenzel 2. Auflage 8.158). Richtigerweise dürfte davon auszugehen sein, dass das Abdruckverlangen keine dieser Funktionen hat: Es ist nichts anderes als die Geltendmachung eines Anspruchs, die bei Fälligkeit zur Folge hat, dass der Schuldner leisten muss, widrigenfalls er Anlass zur Klage gibt. Als konkreter Leistungsanspruch entsteht und fällig wird der Abdruckanspruch durch die Zuleitung und den dadurch bewirkten Zugang der Gegendarstellung (dazu Sedelmeier AfP 12, 345 und o Rn 43).

3. Zuleitung/Zugehen begründet Anspruch

Es ist vornehmlich der Rechtsprechung des Landgerichts und Oberlandesgerichts Hamburg zu verdanken, dass der Gesichtspunkt der Zuleitung der Gegendarstellung, der schon im Modellentwurf 1963 als anspruchsbegründend genannt wird (s o Rn 43), in den Vordergrund der Betrachtung gerückt ist:
Im Zusammenhang mit der Rechtsprechung zur Unverzüglichkeit haben die Gerichte seit 1975 zunehmend nicht mehr auf das Abdruckverlangen, sondern auf die Zuleitung abgestellt (vgl OLG Hamburg ArchPR 75, 48; LG Hamburg ArchPR 75, 48; OLG Hamburg ArchPR 77, 48, zwei Entscheidungen; OLG Hamburg ArchPR 77, 49; OLG Hamburg ArchPR 77, 50, zwei Entscheidungen; OLG Hamburg AfP 78, 155/157; OLG Hamburg AfP 79, 405; OLG Hamburg AfP 81, 408; OLG Hamburg AfP 81, 410; OLG Köln AfP 85, 151; KG Berlin AfP 07, 23) In der Entscheidung vom 17.11.1977, 3 W 182/77 (ArchPR 77, 49) sagt das OLG Hamburg, die Pflicht zum Abdruck einer Gegendarstellung sei für die Presse erst dann begründet, wenn eine nach Form und Inhalt einwandfreie Gegendarstellung zugeleitet und zum anderen das ausdrückliche Verlangen auf Abdruck der Gegendarstellung durch den

Betroffenen oder seinen Vertreter gestellt worden ist. Das Verlangen auf Abdruck einer Gegendarstellung sei eine rechtsgeschäftliche empfangsbedürftige Willenserklärung, „zumindest eine ihr im vorliegenden Zusammenhang gleichzustellende, geschäftsähnliche Handlung". Das folge daraus, dass durch sie die Abdruckverpflichtung der Presse erst zum Entstehen gebracht werde. Richtig sei, dass die Zuleitung der Gegendarstellung und die Stellung des Abdruckverlangens zu unterschiedlichen Zeitpunkten erfolgen könnten, für das Abdruckverlangen gelte § 174 BGB.

Aus der Erkenntnis, dass es wesentlich auf die Zuleitung ankommt und aus dem eindeutigen Wortlaut der Landespressegesetze (mit Ausnahme von Hessen und Bayern) ergibt sich für die Abdruckpflicht Folgendes:

152 a) In jedem Falle muss eine ordnungsgemäße Gegendarstellung vorliegen, dh die Gegendarstellung muss grundsätzlich sowohl inhaltlich wie in ihrer Form den Vorschriften des § 11 LPG entsprechen. In dieser Form muss sie auch zugeleitet werden (OLG Hamburg AfP 89, 746 mit weiteren Hinweisen). Ob die Gegendarstellung voll abdruckfähig sein muss, also formell und inhaltlich absolut mangelfrei sein muss (vgl OLG Hamburg ArchPR 77, 50) ist umstritten (vgl unten Rn 157).

153 b) Die ordnungsgemäße Gegendarstellung muss dem Verlag und/oder dem verantwortlichen Redakteur zugehen, dh ihnen zugeleitet werden. Wenn das Gesetz sagt, dass der Betroffene den Abdruck nur verlangen kann, „wenn die Gegendarstellung dem verantwortlichen Redakteur oder dem Verleger unverzüglich, spätestens innerhalb von drei Monaten nach der Veröffentlichung zugeht", dann ergibt sich hieraus, dass es für die Rechtzeitigkeit nicht auf das Abdruckverlangen, sondern auf das Zugehen der Gegendarstellung ankommt, das seinerseits auf dem Zuleiten beruht. Das Zuleiten der Gegendarstellung ist keine rechtsgeschäftliche Willenserklärung sondern Realhandlung. Es setzt damit weder Geschäftsfähigkeit noch eine Vollmacht voraus. Wird die Gegendarstellung auf Veranlassung des Betroffenen oder seines gesetzlichen Vertreters der Zeitung zugeleitet, dann entsteht mit dem Zugang der konkreten Leistungsanspruch konstitutiv: der Betroffene kann jetzt den Abdruck der Gegendarstellung verlangen (OLG Köln AfP 85, 151; KG Berlin AfP 07, 23). Geht die Gegendarstellung dem Verpflichteten in wesentlichem Umfang verstümmelt zu, dann ist sie nicht zugegangen. Das gilt auch dann, wenn die Verstümmelung auf einen Fehler an dem Faxempfangsgerät des Verpflichteten zurückzuführen ist (KG AfP 93, 748).

4. Zuleitung per Fax?

154 Hier haben die Überlegungen zur Übermittlung der Gegendarstellung per Telefax anzusetzen.

Die zugeleitete Gegendarstellung trägt zwar eine kopierte, ursprünglich handschriftliche Unterschrift, es wird aber nicht das Original sondern lediglich ein elektronischer Impuls zugeleitet, aus dem der Verpflichtete durch Ausdruck eine Fotokopie herstellen kann. Folgerichtig lässt das OLG Hamburg die Zuleitung per Fax nicht genügen (NJW 90, 1613, AfP 11, 72). OLG München (NJW 90, 2895), OLG Saarbrücken (AfP 92, 287) das KG (AfP 93, 748) und LG Köln (AfP 95, 648) und Seitz/ Schmidt 5, 124 vertreten die gegenteilige Auffassung. OLG München meint, eine eigenhändig unterzeichnete Gegendarstellung könne per Fax zugeleitet werden, wenn sie vom Gerät des Berechtigten unmittelbar zum Empfangsgerät des Verpflichteten übermittelt werde. OLG München AfP 99, 72 Birgenair meint, der Zugang der Gegendarstellung per Fax vom Gerät des Prozessbevollmächtigten aus, wahre die Frist. OLG München AfP 01, 126 meint, ein Fax des Betroffenen, der sich auf Reisen befinde, genüge nicht den Anforderungen an die Schriftform. In der Entscheidung AfP 01, 137 lässt das OLG München die Übermittlung vom Gerät des Prozessbevollmächtigten für die Wahrung der Schriftform genügen, die Gegenmeinung könne angesichts der Entscheidung der gemeinsamen Senate der obersten Bundesgerichte NJW 00, 2340 kaum mehr aufrecht erhalten werden. OLG Saarbrücken argu-

XI. Der Anspruch auf Abdruck § 11 LPG

mentiert, die Rechtsprechung müsse auf den jeweiligen Stand der Nachrichtenübermittlungstechnik Rücksicht nehmen, durch die Übermittlung per Fax werde der Sinn und Zweck der Formvorschrift nicht vereitelt oder sonst beeinträchtigt. Das KG verlangt, dass die Gegendarstellung dem Adressaten ohne Zwischenempfänger und unverstümmelt zugeht, wobei der Absender das volle Risiko der Verstümmelung auch durch das Gerät des Empfängers trägt (s o Rn 153). Wenzel/Burkhardt 11.159 lassen die Zuleitung einer Kopie genügen, mit der Erwägung § 126 BGB betreffe nur rechtsgeschäftliche Willenserklärungen.

Diese Auffassungen mögen pragmatisch Wünschenswertes zum Ausdruck bringen, dogmatisch haltbar sind sie nicht (s dazu Sedelmeier AfP 12, 345). Sie wären möglicherweise vertretbar, wenn es nur um die Wahrung der Frist für die Zuleitung ginge (abl OLG Hamburg AfP 11, 72), für das Entstehen des Gegendarstellungsanspruches sind sie abzulehnen:

Sie nehmen nicht zur Kenntnis oder lehnen die These ab, dass der Gegendarstellungsanspruch nicht durch die Erstmitteilung und auch nicht durch das „Verlangen" sondern durch die Zuleitung und den daraus folgenden Zugang der Gegendarstellung entsteht (so zutreffend OLG Köln AfP 85, 151; KG Berlin AfP 07, 23; ablehnend Seitz/Schmidt 5, 13). Vorher gibt es keinen Anspruch, auch keinen „verhaltenen" und keinen solchen „dem Grunde nach" (s Sedelmeier aaO und Rn 43). Das Original kann nicht nicht per Fax übermittelt werden. Per Telefax geht dem Verpflichteten zunächst nur ein elektronischer Impuls zu, aus dem er sich eine Fotokopie herstellen mag (muss er das?), die ihm damit zudem auch nicht zugegangen sondern von ihm selbst hergestellt worden ist. Wollte man die Übermittlung per Fax genügen lassen, dann müsste konsequenterweise auch die Zuleitung einer Fotokopie für das Entstehen des Anspruches ausreichen, eine These die – soweit ersichtlich – nur Wenzel/Burkhardt (11.159) vertreten. Entsteht aber der Anspruch erst mit dem Zugang der Gegendarstellung, dann kann es nicht darauf ankommen, ob irgendwo in einer Schublade eine handschriftlich unterzeichnete Urkunde liegt, von der der Verpflichtete nach Eingang eines elektronischen Impulses eine Kopie herstellen kann, sondern es muss ihm das Original der Gegendarstellung körperlich übermittelt werden, um den Anspruch überhaupt zum Entstehen zu bringen. Ebenso wie bei der Erteilung einer Bürgschaft und dem daraus folgenden Leistungsanspruch, der konstitutiv mit der schriftlichen Erteilung der Bürgschaftsurkunde entsteht, oder auch beim Nachweis der Bevollmächtigung nach § 80 ZPO (dazu Soehrimg 29, 31) kann die Übermittlung einer Kopie, geschweige denn ein chronischer Impuls, für das Entstehen eines Anspruches nicht genügen. Es ist dogmatisch schwer nachvollziehbar, dass ein Rechtsanspruch, der nach ausdrücklicher gesetzlicher Regelung durch Zuleitung einer Urkunde, deren Schriftform gesetzlich vorgeschrieben ist, konstitutiv zum Entstehen gebracht wird, durch elektronische Übermittlung einer Kopie, deren Original irgendwo im Verborgenen ruht, existent werden soll. Eine Fotokopie genügt zudem dem Sinn und Zweck der Formvorschrift in keiner Weise (OLG Köln AfP aaO). Nichts ist leichter als das Einkopieren einer Unterschrift unter einen Text, ohne dass dies auf der Fotokopie oder auf dem Fax erkennbar ist. Schließlich lässt ein Fax nicht erkennen, ob es vom Original oder einer Fotokopie herrührt, ja ob es ein Original überhaupt gibt. Den pragmatischen Bedürfnissen und der fortschreitenden Übermittlungstechnik müsste der Gesetzgeber Rechnung tragen. Die Rechtsprechung kann dadurch helfen, dass sie für die Fristwahrung die Übermittlung einer Telekopie vorab genügen lässt, Rechtswirkungen also wie zB bei der Titelschutzanzeige ins Vorfeld verlagert, evtl Fax auch für die Wirksamkeit der Zuleitung von Kürzungen oder Änderungen – soweit zulässig – genügen lässt. Für das konstitutive Entstehen des Anspruches ist die Zuleitung der Gegendarstellung, dh des Originals, unerlässlich. Das OLG Hamburg (AfP 11, 72) lässt eine Übermittlung per Fax auch nicht zur Fristwahrung genügen, es anerkennt auch keine Heilung durch Zuleitung des Originals nach Fristablauf. Auf die Entscheidung der gemeinsamen Senate der obersten Bundesgerichte NJW 00, 2340 lässt sich die Gegenmeinung schon gar nicht stützen: Diese Entscheidung betrifft nur die Einhaltung von Fristen, nicht das Entstehen von Rechtsansprüchen.

5. Unterscheidung von Zuleitung und Abdruckverlängerungen

155   Nicht nur von der Gegendarstellung, sondern auch von der Zuleitung ist das Abdruckverlangen zu unterscheiden. Nach Auffassung des OLG Hamburg ist das Verlangen auf Abdruck eine rechtsgeschäftliche empfangsbedürftige Willenserklärung, zumindest eine ihr im vorliegenden Zusammenhang gleichzustellende geschäftsähnliche Handlung. Dies soll daraus folgen, dass durch sie (die Willenserklärung oder die Handlung?) die Abdruckverpflichtung der Presse erst zum Entstehen gebracht werde (vgl ArchPR 77, 49). Das OLG Hamburg ist mit dieser Entscheidung auf halbem Wege stehengeblieben. Nach dem klaren Wortlaut der Gesetze nach dem Modellentwurf von 1963 entsteht die Abdruckverpflichtung der Presse nicht durch das Abdruckverlangen sondern durch das Zugehen der Gegendarstellung, das seinerseits auf dem Zuleiten (so schon der Modellentwurf) beruht, das nach eben jener Entscheidung des OLG Hamburg keineswegs mit dem Abdruckverlangen zusammenfallen muss. Das Abdruckverlangen ist damit nichts anderes, als die Geltendmachung eines Anspruches, der gleichzeitig entsteht oder durch vorausgegangenes Zugehen schon vorher entstanden ist. Es ist für das Entstehen des Gegendarstellungsanspruches und auch für die Zulässigkeit der gerichtlichen Geltendmachung ohne Bedeutung. Das Abdruckverlangen ist keine rechtsgeschäftliche empfangsbedürftige Willenserklärung, auch keine geschäftsähnliche Handlung. Das vorgerichtliche Abdruckverlangen hat vielmehr lediglich Bedeutung für die Frage, ob der beklagte Verleger oder verantwortliche Redakteur Anlass zur Klageerhebung gegeben hat (vgl unten Rn 195). Auch in Bayern und in Hessen, wo das Gesetz auf das Verlangen abstellt, wird man davon auszugehen haben, dass es entscheidend darauf ankommt, dass dem Anspruchsverpflichteten eine ordnungsgemäße Gegendarstellung zugeht, so dass auch hier das Abdruckverlangen, das ohnehin in der Regel im Zuleiten zu sehen sein wird, keine andere Bedeutung hat als in den anderen Bundesländern. Wie das OLG Hamburg zutreffend erkannt hat, können Zuleitung und Abdruckverlangen zeitlich auseinanderfallen (OLG Hamburg vom 17.11.1977, ArchPR 77, 49). Dies kann etwa der Fall sein, wenn die Gegendarstellung mit dem ausdrücklichen Bemerken zugeleitet wird, die Veröffentlichung werde im Augenblick noch nicht verlangt, weil zwischen den Parteien Verhandlungen über eine redaktionelle Richtigstellung schweben und der Betroffene vorsorglich zur Fristwahrung eine Gegendarstellung zuleitet. Auf das Abdruckverlangen abzustellen hatte seinen guten Sinn, so lange es um die Frage der Strafbarkeit des Nichtabdruckes ging. Strafbar war die Nichterfüllung einer damals als öffentlich-rechtlich verstandenen Verpflichtung, die in der Tat durch Verlangen entstand. Seit es jedoch um die Frage geht, ob und wann ein zivilrechtlicher Anspruch entsteht widerspricht das Abstellen auf das Abdruckverlangen der Logik: Ein Anspruch entsteht nicht dadurch, dass seine Erfüllung verlangt wird, das Abdruckverlangen als Erfüllungsverlangen setzt vielmehr einen bestehenden Anspruch (der auch gleichzeitig durch Zugang entstehen kann) voraus.

6. Formfreiheit und Bedeutung von Zuleitung und Abdruckverlangen

156   Aus der Erkenntnis, dass es auf das Zuleiten ankommt, ergibt sich, dass die Realhandlung an keine Form gebunden ist und dass die Frage nach der gesetzlichen oder gewillkürten Stellvertretung sich nicht stellt. Insbesondere nimmt auch entgegen früherer Annahme Schleswig-Holstein keine Sonderstellung ein: Auch dort entsteht der Anspruch durch Zugehen (vgl OLG Schleswig AfP 82, 45). Es stellt sich auch nicht die Frage, ob das Abdruckverlangen unter Hinweis auf die fehlende Vollmacht zurückgewiesen werden kann und ob dadurch die Verpflichtung zum Abdruck der Gegendarstellung entfällt (unrichtig OLG Hamburg ArchPR 77, 49, LG München AfP 06, 573, dazu Sedelmeier AfP 07, 19, OLG Düsseldorf AfP 06, 473). Die Zulei-

XI. Der Anspruch auf Abdruck § 11 LPG

tung, der Gegendarstellung durch die der konkreter Leistungsanspruch zum Entstehen gebracht wird, kann vielmehr ebenso wie das Abdruckverlangen von jedem Beauftragten vorgenommen werden. Voraussetzung für das Entstehen des konkreten Leistungsanspruches ist lediglich, dass die vom Betroffenen oder seinem gesetzlichen Vertreter ordnungsgemäß unterzeichnete Gegendarstellung mit dessen Willen und Wissen zugeht. Da das Gesetz auf das Zugehen der Gegendarstellung abstellt, kann § 130 BGB entsprechend angewandt werden. Die Gegendarstellung ist in dem Augenblick zugegangen, in dem sie in den Machtbereich des Empfängers gelangt ist, so dass bei Annahme gewöhnlicher Verhältnisse damit gerechnet werden darf, dass der Empfänger von ihr Kenntnis nehmen konnte (RGZ 50, 104), also wenn sie im Pressehaus in den Briefkasten oder das Postfach oder in die Hände der Personen gelangt ist, die dazu bestimmt sind, Postsendungen für den Empfänger entgegenzunehmen. (OLG Köln NJW 62, 48, Uhlitz NJW 62, 527). Tatsächliche Kenntnisnahme ist nicht erforderlich. Empfänger sind nach § 11 der verantwortliche Redakteur und der Verleger. An sie ist die Zuleitung zu richten, doch ist ihre Nennung als Adressaten nicht erforderlich. Zustellung an die Muttergesellschaft des Verlages genügt nicht (OLG Düsseldorf AfP 08, 523). Es genügt die Anschrift: „An die Redaktion der Neustädter Zeitung" (allgemeine Ansicht, BayObLG in Reger 26 S 295, OLG Celle GoldtArch 63, 155, KG ZV 26 Nr 1, Kohlhaas § 11 RPG Anm 12). Aber auch die an den Verleger oder kurzerhand an die „Altdorfer Nachrichten" adressierte Einsendung ist im Sinne des § 11 zugegangen, wenn sie in den „Machtbereich" des Empfängers gelangt ist. Die hier von Häntzschel (S 86) gemachte Einschränkung, alle Einsendungen, die nicht an den verantwortlichen Redakteur oder die Redaktion adressiert seien, könne man erst dann als zugegangen betrachten, wenn feststehe, dass der verantwortliche Redakteur sie tatsächlich erhalten habe, verkennt das Wesen des Zugehens, die Verpflichtung des verantwortlichen Redakteurs und des Verlegers zur ständigen „Erreichbarkeit" und den Willen des Einsenders, die Zuschrift dem zuzuleiten, „den es angeht". Außerdem enthalten alle Landespressegesetze – außer Bayern und Hessen – die ausdrückliche Bestimmung, dass es genügt, wenn das Abdruckverlangen entweder dem verantwortlichen Redakteur oder dem Verleger zugeht (§ 11 Abs 2). Die abweichende Auffassung von Seitz/Schmidt 5, 24 hierzu beachtet nicht den Unterschied zwischen Zuleitung und Abdruckverlangen: Durch die Zuleitung – und zwar durch eine Zuleitung –, die auch an „die Zeitung" oder „die Redaktion" erfolgen kann, und den dadurch bewirkten Zugang entsteht der Leistungsanspruch, der sich gegen beide Verpflichteten als Gesamtschuldner richtet und demzufolge nur ein einheitlicher sein kann. Die gesetzliche Regelung, dass der Anspruch durch den Zugang entsteht, beruht auf dem Umstand, dass sich der Betroffene durch die Zuleitung auf eine Fassung und Formulierung der Gegendarstellung festlegt und zwar gegenüber beiden Verpflichteten. Wenn für das Entstehen des konkreten Leistungsanspruches die Zuleitung an die Zeitung genügt, entsteht er auch durch die Zuleitung an einen der Verpflichteten. Eine zweite Zuleitung wäre nur erforderlich, wenn es sich um zwei verschiedene Ansprüche handeln würde. Eine andere Frage ist, ob das Abdruckverlangen beiden Verpflichteten zugehen muss, um gegen beide eine Veranlassung zur Klageerhebung zu begründen.

7. Fristwahrung

a) Die Zuleitung ist fristgebunden, – im Gegensatz zum alten § 11 RPG – der **157** hierfür keine Frist vorgesehen hatte. Nach § 11 (10/12) Abs 2 LPG muss in allen Ländern – ausgenommen Bayern, das keine Frist kennt (BayObLG NJW 70, 1927 und OLG München ArchPR 74, 108), und Hessen, das nur auf Unverzüglichkeit abstellt – eine ordnungsmäßige Gegendarstellung dem verantwortlichen Redakteur oder dem Verleger (ein Adressat genügt) unverzüglich, spätestens innerhalb von drei Monaten seit der in Frage stehenden Erstveröffentlichung zugehen. Die Gegendarstellung muss in Bayern innerhalb der Aktualitätsgrenze abdruckreif zugehen, wobei geringfügige Mängel, die das Gericht nach § 138 ZPO korrigieren könnte, unschädlich sind (OLG München AfP 88, 373; AfP 99, 72; AfP 99, 484; AfP 01, 308; AfP 03, 165). Die Frist darf nicht unangemessen kurz sein (BVerfG NJW 83, 1179). Die Frist ist nur gewahrt, wenn eine ordnungsmäßige Gegendarstellung übersandt wird (OLG Hamburg NJW 67, 160). Nach ständiger Rechtsprechung des OLG Hamburg ArchPR 77, 50, AfP 79, 405, AfP 81, 410, muss die Gegendarstellung – um den Anspruch zum Entstehen zu bringen – abdruckfähig sein. Solange der Verpflichtete noch keine unterzeichnete Gegendarstellung erhalten hat, ist der Anspruch auf Abdruck noch nicht existent (OLG Karlsruhe AfP 89, 564). Gegendarstellungen dürfen und müssen nur mit dem Inhalt gedruckt oder gesendet werden, mit dem sie dem Verpflichteten zugeleitet worden sind, alles oder nichts Prinzip (OLG Köln AfP 89, 565). Nach KG (AfP 77, 287) und OLG Frankfurt (AfP 80, 225) lässt auch ein teilweise unzulässiges Gegendarstellungsverlangen den Anspruch entstehen. Auch OLG München (ArchPR 74, 107; st. Rspr. so) geht davon aus, dass der Gegendarstellungsanspruch durch Zuleitung einer nichtabdruckfähigen Gegendarstellung entsteht. Die Frage ist bedeutsam für die spätere Abänderung einer Gegendarstellung im gerichtlichen Verfahren. Richtigerweise wird man davon ausgehen müssen, dass nicht eine abdruckfähige Gegendarstellung Voraussetzung für das Entstehen des konkreten Leistungsanspruches ist, sondern die Zuleitung einer Gegendarstellung, die allen Formerfordernissen genügt und inhaltlich eine abdruckfähige Gegendarstellung enthält, mag sie auch zusätzliche Teile enthalten, die gestrichen werden müssen, um die Abdruckfähigkeit herzustellen (vgl unten Rn 218).

158 b) Nach Auffassung des OLG Frankfurt (AfP 80, 225), des KG (AfP 77, 386) des OLG Köln (AfP 14, 340) und des OLG München (ArchPR 74, 104) kann die unverzüglich zugegangene fehlerhafte Gegendarstellung später geändert werden (vgl dazu Rn 208 ff.). Mit rechtzeitiger Zuleitung der ersten Fassung ist die Frist gewahrt. Nach Auffassung des OLG München AfP 88, 373 ist die Nachbesserung einer ursprünglich unzulässigen Gegendarstellung dann noch zulässig, wenn die erforderlichen Maßnahmen ohne schuldhaftes Zögern ergriffen werden und die erste Fassung der Gegendarstellung unverschuldet fehlerhaft war. Nach ständiger Rechtsprechung des LG und OLG Hamburg wahrt die Zusendung einer nicht abdruckfähigen Gegendarstellung die Frist nicht (vgl OLG Hamburg AfP 81, 408). Wird jedoch nach Zurückweisung einer fehlerhaften Gegendarstellung ohne schuldhaftes Zögern eine neue Fassung übersandt, dann ist die Unverzüglichkeit gewahrt, wenn die fehlerhafte Erstfassung fristgemäß zugegangen ist (OLG Hamburg AfP 11, 72). Eine unzulässige Gegendarstellung wahrt die Frist nicht, wenn der Betroffene keine Frist für den Abdruck gesetzt und über einen unangemessen langen Zeitraum auf den freiwilligen Abdruck gewartet hat (OLG Hamburg AfP 85, 216). Nach OLG Köln (AfP 14, 340) ist einem Betroffenen grundsätzlich die Möglichkeit einzuräumen, sein Gegendarstellungsverlangen zu überarbeiten, sofern **alle** in diesem Zusammenhang erforderlichen Maßnahmen unverzüglich ergriffen werden, insbesondere die jeweils neue Fassung für sich betrachtet unverzüglich nach der Zurückweisung zugeleitet wird. Dies gilt nicht, wenn die Erstfassung inhaltlich an ohne weiteres erkennbaren Mängeln leidet. Auch nach rechtskräftiger Zurückweisung durch ein Gericht ist ein Gegendarstellungsbegehren wiederholbar, sofern eine neue, den gesetzlichen Erfordernissen gerecht werdende Fassung vorgelegt wird (OLG Hamburg ArchPR 77, 48). Dadurch, dass der Betroffene den Mangel hätte erkennen können und müssen, wird nach OLG Hamburg schuldhaftes Zögern nicht begründet (AfP 79, 405). Schuldhaftes Zögern kann auch im Hinblick auf die abgeänderte Fassung nicht damit begründet werden, dass nachträglich betrachtet der Mangel der Erstfassung erkennbar gewesen wäre (OLG Hamburg AfP 81, 410). Die Zeitverzögerung durch notwendige inhaltliche Änderungen ist aber dann nicht unverschuldet, wenn die erste Fassung an groben ohne weiteres erkennbaren Mängeln leidet, zum Beispiel offensichtlich unwahr oder irreführend ist (OLG Stuttgart AfP 06, 252). Das Landgericht Mainz (AfP 07, 499) hält verspätete Zweit- oder Drittfassungen nur dann für unschädlich, wenn richterlicher

XI. Der Anspruch auf Abdruck § 11 LPG

Bewertung Rechnung getragen wird und die Erstfassung nicht unter groben, ohne weiteres erkennbaren Mängeln leidet unter Bezugnahme auf OLG Stuttgart aaO (Seite in AfP falsch mit 400 angegeben). Die rechtzeitige Gegendarstellung des nicht betroffenen Chefredakteurs wahrt nicht die Frist für die spätere gleichlautende Gegendarstellung des betroffenen Verlages (KG Berlin AfP 11, 187). Ändert der Antragsteller in Erkenntnis der Mangelhaftigkeit seine Gegendarstellung inhaltlich oder in ihrer Form, kann ihm grundsätzlich Fristversäumung dann nicht entgegengehalten werden, wenn er alle im Rahmen der Abänderung seiner ursprünglich nicht zulässigen Gegendarstellung erforderlichen Maßnahmen ebenfalls ohne schuldhaftes Zögern, also unverzüglich ergreift. Dazu gehört insb die nochmalige Zuleitung (OLG Hamburg AfP 79, 405). Nach Auffassung des OLG Hamburg (AfP 12, 400 und 13, 66) muss der Betroffene deutlich machen, welche der Fassungen er als Erfüllung betrachtet, andernfalls sei das Verlangen unwirksam. Dagegen sind Zweifel anzumelden. Für das Entstehen eines Anspruchs kann es nicht darauf ankommen was der Verpflichtete subjektiv als Erfüllung betrachtet. Im Zweifel wird der Betroffene beide Fassungen seiner Gegendarstellung für berechtigt halten und wissen, dass er nur eine Fassung durchsetzen kann. Man wird deshalb davon ausgehen müssen, dass nach Ablehnung oder Abweisung einer ersten Fassung mit Zuleitung der Zweitfassung konkludent zum Ausdruck gebracht wird, das mit Abdruck einer Fassung auf den Abdruck der anderen Fassung verzichtet wird. Bei Ablehnung beider Fassungen durch den Verpflichteten muss es dem Betroffenen überlassen bleiben, ob er die Erst- oder Zweitfassung gerichtlich geltend macht oder beide alternativ mit Klagantrag und Hilfsantrag.

Die an sich verspätete Zuleitung der geänderten Fassung wird fiktiv als fristgemäß behandelt, wenn der Betroffene, nachdem er die Unzulässigkeit der ursprünglichen Fassung erkannt hat, alle im Rahmen der Abänderung der Erstfassung erforderlichen Maßnahmen ohne schuldhaftes Zögern ergriffen hat (so Hamburg) oder wenn die Änderung unter Erfüllung aller presserechtlichen Voraussetzungen so rechtzeitig erfolgt ist, dass im Termin zur mündlichen Verhandlung darüber verhandelt werden kann und das Erstgericht auch nach mündlicher Verhandlung noch innerhalb der Aktualitätsgrenze entscheiden kann (so OLG München AfP 98, 86, 01, 126; 01, 132). In diesen Fällen wahrt aber nicht die Zuleitung der unzulässigen Erstfassung die Frist sondern die verspätetet Zuleitung der geänderten Fassung wird so behandelt als sei sie fristgemäß erfolgt.

Einem Abdruckverlangen bezüglich der Zweitfassung steht im Verfahren die Rechtshängigkeit der Erstfassung entgegen. Es stehen dann zwei Gegendarstellungen zur Debatte. Der Kläger muss deshalb entweder seine Klage ändern oder die Zweitfassung mit Hilfsantrag geltend machen.

Stellungnahme (s dazu Sedelmeier AfP 06, 24; dazu auch Flechsig/Karg ZUM 06, 177, s a Rn 215a):

Das Recht der Gegendarstellung ist beherrscht durch das Alles- oder Nichts-Prinzip. Daraus folgt, dass jede Fassung einer Gegendarstellung einen eigenen Streitgegenstand bildet. Dies ergibt sich logisch zwingend aus dem Verbot für den Verpflichteten, irgendetwas an der Gegendarstellung zu ändern. Mehrere Fassungen einer Gegendarstellung stehen zueinander nie im Verhältnis des plus zum minus, weil eine teilweise Erfüllung des Anspruches und damit auch eine teilweise Verurteilung zum Abdruck ausgeschlossen ist, sondern jede neue oder geänderte oder auch nur gekürzte Fassung, mag die Änderung oder Kürzung oder auch Ergänzung noch so geringfügig sein, stellt gegenüber der ursprünglichen ein aliud dar.

Die im Wege der Klageänderung oder des Hilfsantrages beantragte und ggf erwirkte Zuerkennung einer geänderten oder gekürzten Gegendarstellung bedeutet immer einen Eingriff in das Alles- oder Nichts-Prinzip, der nur mit Einwilligung des Betroffenen zulässig ist. Prozessrechtlich ist damit immer eine Änderung des Streitgegenstandes verbunden. Materiellrechtlich ist indes unverkennbar, dass ungeachtet der Tatsache, dass jede Gegendarstellung einen eigenen Streitgegenstand bildet, auch hier mehrere Gegendarstellungen sachlich im Verhältnis des plus zu minus untereinander stehen können. Dies gilt allerdings nur dann, wenn die ursprünglich verlangte Gegendarstellung formal allen Anforderungen entspricht und vom Betroffenen selbst gekürzt wird, ohne dass sich dadurch der Aussagegehalt der Gegendarstellung ändert (s u Rn 220), insbesondere wenn es sich um selbstständige Kürzungen mehrgliedriger Gegendarstellungen handelt, dh wenn einzelne Punkte voneinander derartig unabhängig sind, dass sie aus sich heraus verständlich sind und ihre Streichung das Verständnis der anderen Punkte nicht ändert (Seitz/Schmidt 6, 18, OLG München AfP 98, 523). In solchen Fällen ist die geänderte Gegendarstellung in der ursprünglichen, innerhalb der Frist zugeleiteten Fassung sachlich enthalten und es erscheint sinnvoll, das Verlangen einer solchen Gegendarstellung – im Verfahren – im Wege der Klageänderung oder des Hilfsantrages ohne erneute Zuleitung zuzulassen, woraus sich von selbst ergibt, dass die Unverzüglichkeit durch die Zuleitung der ursprünglich Gegendarstellung immer gewahrt ist (KG Berlin AfP 06, 255).

Anders verhält es sich bei Änderungen, die die Gegendarstellung erst formal zulässig machen oder Änderungen, die nicht durch bloße Streichung oder Kürzung vorgenommen werden und/oder das Verständnis der anderen Punkte oder der ganzen Gegendarstellung ändern, vor allem Änderungen, die neue Behauptungen oder Formulierungen enthalten oder bisherige umformulieren, um sie zulässig zu machen. Solche Änderungen führen dazu, dass die geänderte Fassung nicht mehr in der ursprünglich fristgemäß geforderten Gegendarstellung als sachliche minus enthalten war, mit der Folge, dass man nicht davon ausgehen kann, dass die Unverzüglichkeit durch diese als gewahrt angesehen werden kann. Die so geänderte Gegendarstellung muss selbst alle presserechtlichen Anforderungen erfüllen, insbesondere fristgemäß zugegangen sein, eine erneute Zuleitung ist unverzichtbar. Das gilt entgegen KG aaO auch bei Ergänzungen jeder Art ungeachtet der Tatsache, dass der Verpflichtete natürlich auf die Zuleitung verzichten kann, was er jedoch außer im Falle einer gütlichen Einigung kaum tun wird. Macht die Ergänzung die Gegendarstellung erst zulässig, dann entsteht ein Anspruch erst durch die Ergänzung, was zwingend eine Zuleitung an den Verpflichteten voraussetzt. Auch andere – rechtlich nicht notwendige – Ergänzungen erzeugen eine andere Gegendarstellung, die zugeleitet werden muss.

159 c) Unverzüglich bedeutet nach der Legaldefinition des § 121 Abs 1 BGB „ohne schuldhaftes Zögern". Es bedeutet nicht dasselbe wie sofort. Ein Zögern schadet nicht, sofern es nicht schuldhaft ist. Dem Betroffenen steht eine angemessene Überlegungsfrist zu. Gerade bei Gegendarstellungen bedarf der Entschluss, sich mit der Presse anzulegen, reiflicher Überlegung. Der Betroffene muss ausreichend Zeit zur Ermittlung des Sachverhalts, zur Formulierung seiner Gegendarstellung und zur Einholung fachkundigen Rates haben (vgl Wenzel 11.166 ff.). Vor allem muss der Betroffene auch ausreichend Gelegenheit haben, erst die Auswirkungen der Erstmitteilung einigermaßen zu übersehen, denn davon hängt für ihn die Entscheidung ab, ob es für ihn nicht nur möglich sondern auch zweckmäßig ist, den Gegendarstellungsanspruch geltend zu machen. Bei der Frage der Unverzüglichkeit sind die Interessen beider Parteien zu berücksichtigen. Dem Interesse des Betroffenen an einer ausreichenden Überlegungsfrist steht ein Interesse der Presse an der Aktualität ihres Inhalts entgegen (Koebel NJW 64, 1109, Löffler ArchPR 62, 231, OLG Stuttgart AfP 06, 252). Das OLG Hamburg ging zunächst davon aus, in der Regel sei die Unverzüglichkeit nur bei der Einhaltung einer Frist von 2 Wochen gewahrt (NJW 67, 159/160, LG Hamburg AfP 71, 87). In neueren Entscheidungen ist das OLG Hamburg von der starren 2-Wochen-Frist abgegangen und stellt jetzt verstärkt auf die Umstände des Einzelfalles ab (ArchPR 70, 82; 71, 93/94; AfP 94, 225; AfP 11, 72), ein Monat ist bei einer Zeitung, auch einer Monatspublikation, idR zu viel (OLG Hamburg AfP 89, 746). Die 2-Wochen-Frist ist sinnvoll, wenn sie dahin verstanden wird, dass eine dem Abdruckpflichtigen innerhalb dieser Zeit zugegangene Gegendarstellung auf jeden Fall rechtzeitig ist (vgl Wenzel 11.168). Das LG Frankfurt/Oder beharrt auf der

XI. Der Anspruch auf Abdruck § 11 LPG

2-Wochenfrist (AfP 04, 457). Das Landgericht Dresden (AfP 06, 485) sieht die Unverzüglichkeit nach Ablauf von 14 Tagen regelmäßig schuldhaft verzögert, Gründe für längeres Zögern müssen glaubhaft gemacht werden. KG Berlin (AfP 09, 61): keine starre Frist, 14 Tage abgelehnt, Würdigung aller Umstände des Falles, hier 13 Tage zu lang (s a KG Berlin AfP 11, 187: 11 Tage; OLG Celle AfP 10, 475). Bei Bemessung der Grenze der Unverzüglichkeit ist nicht kleinlich zu verfahren. Entscheidend ist, dass die Gegendarstellung noch ihren Zweck erreicht (OLG Köln AfP 77, 400), 6 Wochen sind bei einer Fernsehsendung (OLG Köln AfP 89, 565) idR zu viel, das LG Köln (AfP 95, 684) hält hingegen gut 5 Wochen noch für unverzüglich. 4 Wochen ist beim WDR unverzüglich, Unverzüglichkeit ist gewahrt, wenn alle weiteren Maßnahmen (Änderungen) ohne schuldhaftes Zögern ergriffen werden (LG Köln AfP 00, 395). Gesendete Darstellungen werden in der Regel schneller inaktuell als solche in gedruckten Medien. Das OLG Stuttgart (AfP 06, 252) geht deshalb bei täglich ausgestrahlten Fernsehsendungen von einer Höchstfrist von 2 Wochen aus. Bei unregelmäßigem Erscheinen in größeren Abständen bleibt die Erstmitteilung längere Zeit im Bewusstsein der Leser, soweit es sich um ein Fachpublikum handelt, das den Meldungen erhöhte Aufmerksamkeit beimisst (LG Frankfurt AfP 81, 414). Das LG Frankfurt meint in diesem Fall, die Aktualitätsgrenze sei bei einer Frist von etwa 7 Wochen noch nicht überschritten. Allerdings muss der Betroffene bei Überschreiten der 2-Wochen-Frist darlegen, warum er länger abgewartet hat (OLG Hamburg AfP 94, 225). Eine ohne solche Darlegung erst nach 4 Wochen zugegangene Gegendarstellung ist nach OLG Celle BB 69, 591 verspätet. Das KG hält eine für verspätet, wenn der Betroffene von der Erstmitteilung am 8. Juli Kenntnis hatte (KG AfP 93, 749). Auch in Bayern, wo keine Frist für die Geltendmachung des Abdruckverlangens im Gesetz vorgesehen ist und das Unverzüglichkeitsgebot nicht gilt (OLG München AfP 03, 165), entfällt das berechtigte Interesse am Abdruck einer Gegendarstellung, wenn die Angelegenheit nicht mehr aktuell ist, weil sie dem Bewusstsein der Leserschaft entschwunden ist (OLG München ArchPR 60, 153 mit Anm von Holstein, OLG München ArchPR 74, 108, Haberstumpf, Die Aktualitätsgrenze im bayerischen Presserecht, AfP 90, 274, OLG München AfP 90, 311; AfP 98, 86). Die Aktualitätsgrenze ist bei wöchentlichem Erscheinen kürzer als bei monatlichem, abzustellen ist auf das Bewusstsein des durchschnittlich, nicht auf das des speziell interessierten Lesers (Verwandte, Freunde). Aktualitätsgrenze bei Focus 4 bis spätestens 6 Wochen (OLG München AfP 98, 86; OLG München AfP 99, 72: 5 Wochen ein Tag). Aktualitätsgrenze bei einem Artikel von durchschnittlichem Gewicht im Magazin einer überregionalen Tageszeitung ca 4 bis spätestens 6 Wochen (OLG München AfP 01, 126; AfP 01, 137; AfP 03, 165; AfP 12, 161 Titelseite). LG München (AfP 04, 578 = AfP 06, 80, abl. Seitz/Schmid 5, 59 unter Hinweis auf OLG München 18 U 5537/054) hält regelmäßig 4 Wochen für unverzüglich und wendet Regelung für den Rundfunk – Ausschlußfrist 2 Monate – auf Druckerzeugnisse entsprechend an. Antrag muß in Bayern bei Gericht so rechtzeitig eingereicht werden, daß das Erstgericht auch nach mündlicher Verhandlung noch innerhalb der Aktualitätsgrenze entscheiden kann (OLG München AfP 98, 86, Klarstellung zu AfP 88, 373; AfP 01, 126). Liegt das erste Verlangen innerhalb der Aktualitätsgrenze, dann darf ein hilfsweises Verlangen nicht wegen Überschreitung zurückgewiesen werden, wenn im Termin auch darüber verhandelt werden kann (OLG München AfP 01, 132). Danach ist eine Nachbesserung nicht mehr möglich (OLG München AfP 03, 165). Überschreiten der Aktualitätsgrenze kann wegen der Dauer des gerichtlichen Verfahrens einschließlich der Verfassungsbeschwerde nicht entgegengehalten werden (BVerfG AfP 98, 500). Aktualitätsgrenze ist obj. Merkmal, auf Verschulden des Kl. kommt es nicht an, Sitz im Ausland und Unkenntnis der Sprache verlängert Aktualitätsgrenze nicht, Überschreitung der Aktualitätsgrenze ist aber im Rahmen des berechtigten Interesses zu prüfen, deshalb können sich im Einzelfall Besonderheiten ergeben (OLG München AfP 99, 72). Geringfügige redaktionelle Änderungen einer Gegendarstellung im Rechtsstreit (Streichung eines Zusatzes zur Überschrift Gegendarstellung) ohne erneute Zuleitung zulässig (OLG München AfP 99, 484), ebenso Behebung kleiner Mängel wie Schreibfehler (OLG München AfP 99, 72) Rechtzeitigkeit ist eine Frage des Einzelfalles. Es ist im Wesentlichen auf die Person des Betroffenen, auf den Inhalt der Meldung, auf das Gewicht der beanstandeten Mitteilung sowie auf die Art und Erscheinungsweise des Druckwerkes abzustellen (OLG München AfP 90, 311). Entscheidend ist das Gedächtnis des Durchschnittslesers, nicht dasjenige bestimmter Personen, etwa der Bekannten des Betroffenen (OLG München AfP 88, 269; AfP 98, 86). Bei der Tageszeitung wird die Aktualitätsgrenze in der Regel nach 3 Monaten (LG München AfP 04, 578: 2 Monaten) überschritten sein (OLG München AfP 88, 269, s a OLG München AfP 88, 373). Versuche einer gütlichen Durchsetzung einer Gegendarstellung ohne Zuleitung schaden der Unverzüglichkeit (OLG Köln AfP 89, 565). Das LG Mainz (AfP 07, 499) sieht schuldhaftes Zögern darin, dass der Betroffene zunächst nur Unterlassungsansprüche geltend gemacht und mit der Zuleitung der Gegendarstellung bis zum letzten Tag im Normalfall gewartet hat. Das OLG Frankfurt (AfP 10, 478) hält Unverzüglichkeit für Änderungen nicht eingehalten, wenn Kürzungsermächtigung erstmals im Termin zur mündlichen Verhandlung vorgelegt wird. Die rechtzeitige Gegendarstellung des nicht betroffenen Chefredakteurs wahrt nicht die Frist für die spätere gleichlautende Gegendarstellung des betroffenen Verlages (KG Berlin AfP 11, 187).

160 d) Für den Beginn der Frist ist nicht der faktische Erstverkaufstag der Zeitung oder Zeitschrift maßgebend, sondern der in dem Druckwerk angegebene Tag des Erscheinens (OLG Hamburg AfP 71, 172). Entscheidender Zeitpunkt für die Beurteilung der unverzüglichen Geltendmachung ist derjenige der tatsächlichen Kenntnisnahme durch den Betroffenen. Darauf, ob der Betroffene hätte Kenntnis nehmen können, kommt es nicht an (OLG Hamburg ArchPR 68, 69, OLG Hamburg ArchPR 71, 95, LG Frankfurt AfP 81, 414). Die Presse kann sich auf das Verstreichen eines längeren Zeitraums nicht berufen, wenn sie selbst die Verzögerung verursacht hat.

161 e) Die Frist gilt nur für die Zuleitung der Gegendarstellung. Für die Zeit nach der Zuleitung der Gegendarstellung gilt das gesetzliche Gebot der Unverzüglichkeit nicht. Gleichwohl besteht für die Rechtsverfolgung in diesem Bereich wie für jede andere Form der Durchsetzung prozessualer Ansprüche die Schranke des Rechtsmissbrauches. Sie kann eine Rechtsverfolgung nach Ablauf unangemessener Zeit unzulässig machen (OLG Hamburg ArchPR 77, 50). Die Ausschöpfung der prozessualen Fristen macht das Gegendarstellungsverlangen jedoch nicht unzulässig (OLG Hamburg ArchPR 77, 52). Lässt sich der Antragsteller indessen nach Ablehnung seiner Gegendarstellung über einen Monat Zeit mit der Einreichung des Antrages nach § 11 LPG und zögert er nach Ablehnung einen Monat mit der Beschwerde und führt dadurch sein Verhalten dazu, dass seit der Kenntniserlangung von der Erstmitteilung im Zeitpunkt der Entscheidung 5 Monate verstrichen sind, dann kann dies zum Verlust des Gegendarstellungsrechts führen (OLG Hamburg ArchPR 77, 50). Wird gegen den ablehnenden Beschluss des Landgerichts erst nach sieben Wochen Beschwerde eingelegt, dann steht dem Antrag der Einwand des Rechtsmissbrauchs entgegen (OLG Hamburg AfP 80, 210). Für die Festsetzung der Aktualitätsgrenze sind die Besonderheiten des Einzelfalles von Bedeutung, Person des Betroffenen, Thema, Umfang, Relevanz der Meldung für den Betroffenen und die Öffentlichkeit, aber auch Art und Erscheinungsweise des Druckwerks. Bei einem monatlich erscheinenden Druckwerk ist gerichtliche Geltendmachung der unverzüglich verlangten Gegendarstellung vier Monate nach Erscheinen nicht verspätet. Der Zeitablauf, der durch das Verfahren durch zwei Instanzen entsteht, geht nicht zu Lasten des Betroffenen (OLG Karlsruhe AfP 92, 373). Zur gerichtlichen Geltendmachung innerhalb der Aktualitätsgrenze in Bayern s o Rn 159.

XII. Die Abdruckpflicht. Form und Inhalt
1. Die Bedeutung der Regelung. Die Pflicht zur Verbreitung

Das Landespresserecht spricht nur von einer Abdruckpflicht der Presse. Nach dem 162
Sinn und Zweck der Bestimmung gehört aber zur Erfüllung des Anspruchs aus § 11
LPG neben dem Abdruck die Verbreitung der Gegendarstellung (BGH NJW 64,
1132, Neumann-Duesberg NJW 62, 905). Auch wäre das dem Betroffenen zustehende Gegendarstellungsrecht praktisch wertlos, wenn die Gegendarstellung erst nach
Wochen in unscheinbarer Aufmachung und an wenig beachteter Stelle der Zeitung
erscheinen würde. Im Interesse der im Gegendarstellungsrecht geltenden Waffengleichheit" bestimmt deshalb § 11 Abs 3, dass der Abdruck in der nach Empfang der
Einsendung nächstfolgenden, für den Druck nicht bereits abgeschlossenen Nummer,
und zwar im gleichen Teil des Druckwerks und in gleicher Schrift wie der beanstandete Text zu erfolgen habe. Zugleich schützt der Gesetzgeber die Gegendarstellung
des Betroffenen vor einer dem abdruckpflichtigen Blatt genehmen „Umarbeitung"
oder der Streichung von Teilen, die der Zeitung ungelegen, dem Einsender aber vielleicht besonders wichtig sind: der verantwortliche Redakteur und der Verleger haben
die Gegendarstellung „ohne Einschaltungen und Weglassungen" abzudrucken. Sie
darf auch nicht in die Spalte „Leserbriefe" abgeschoben werden. Nicht verboten ist
eine kommentierende Stellungnahme der Zeitung, die der abgedruckten Gegendarstellung unmittelbar vorangehen oder folgen kann (sog Redaktionsschwanz). Doch
muss sich dieser Kommentar auf tatsächliche Angaben beschränken. Nur wenn der
Abdruck der Gegendarstellung nach Form und Inhalt den gesetzlichen Erfordernissen
entspricht, stellt er eine ordnungsmäßige Erfüllung des Gegendarstellungsanspruchs
dar und bringt ihn dadurch zum Erlöschen (BGH NJW 1964 S 1132, OLG München AfP 73, 485, LG Stuttgart AfP 75, 921, OLG Hamburg ArchPR 75, 45 und
OLG Hamburg ArchPR 77, 48). So ist es keine Erfüllung des gesetzlichen Anspruchs
aus § 11 LPG, wenn die Gegendarstellung zwar abgedruckt, zugleich aber in unzulässiger Weise (vgl Rn 171) glossiert wird (OLG Frankfurt NJW 65, 2163, OLG Dresden AfP 14, 334). Der Anspruchsberechtigte kann die vollständige einwandfreie
Wiederholung verlangen. Die Geltendmachung des neuerlichen Abdruckverlangens
unterliegt dem Gebot von Treu und Glauben. Das hat zur Folge, dass ein derartiges
Verlangen rechtsmissbräuchlich ist, wenn die Abweichung den Sinn der Gegendarstellung nicht verändert, zB bei leicht erkennbaren Druckfehlern oä Ungenauigkeiten. Ob die Gegendarstellung absichtlich verstümmelt gedruckt worden ist oder
nicht, ist nicht entscheidend. Bei schwerwiegenden Veränderungen des Textes muss
noch einmal abgedruckt werden (OLG Hamburg ArchPR 75, 45). Der Gegendarstellungsanspruch ist nicht erfüllt, wenn die Ausgangsmitteilung durch Schriftbild,
Raum und Fettdruck hervorgehoben, die Erwiderung dagegen klein und in einfacher Schrift erscheint. Bei unterschiedlichen Schriftgestaltungen in der Erstmitteilung
müssen sich jeweils Erstmitteilung und Erwiderung entsprechen. So etwa die Überschrift Gegendarstellung in gleicher Schriftgröße wie die Ausgangsüberschrift (KG
Berlin AfP 07, 231). Keine Erfüllung, auch keine teilweise Erfüllung des Gegendarstellungsanspruchs liegt vor, wenn nur ein Teil der Auflage zur Verbreitung gelangt:
der Betroffene hat ein Recht darauf, in der gesamten Auflage der Zeitung oder Zeitschrift zu Gehör zu kommen (BGH, NJW 64, 1134). Ist die Auflage seit der Erstveröffentlichung gestiegen, dann muss die Gegendarstellung auch in der erhöhten Auflage zum Abdruck kommen. Ist die Auflage seitdem zurückgegangen, dann kann der
Betroffene auf Grund des § 11 LPG in der Regel nicht verlangen, dass die Zeitung
zusätzliche Exemplare druckt und verbreitet (BGH, NJW 64, 1134).

2. Die Regelung in Brandenburg, Bremen, Bayern und Hessen

Diese Regelung gilt in allen Ländern außer Brandenburg und Bremen. Branden- 163
burg verbietet „Zusätze". Ein Redaktionsschwanz ist kein Zusatz, wenn er von dem

LPG § 11 — Gegendarstellung

Text der Gegendarstellung deutlich getrennt als redaktionelle Anmerkung gekennzeichnet ist (OLG Brandenburg NJW-RR 00, 832/833). Sonderbestimmungen, die weitere Einzelheiten hinsichtlich der Platzierung und Aufmachung der Gegendarstellung enthalten, hat Bremen (§ 11 Abs 3 Satz 1). Das Verbot des Abdrucks als „Leserbrief" fehlt in Bayern und Hessen, ergibt sich aber aus allgemeinen Rechtsgrundsätzen (vgl unten Rn 178). Bayern (Art 10 Abs 2 Satz 1) fordert „unverzüglichen" Abdruck, ohne auf eine konkrete (nächstfolgende) Nummer abzustellen.

3. Rechtzeitigkeit des Abdrucks

164 Die Rechtzeitigkeit des Abdrucks der Gegendarstellung ist gewahrt, wenn der Abdruck in der – nach Eingang der Gegendarstellung bei der Presse – nächstfolgenden Nummer der Zeitung oder Zeitschrift erfolgt, die im Augenblick der Einsendung für den Druck noch nicht abgeschlossen war (wegen der Sonderregelung in Bayern s Rn 163). Erscheint die Erstmitteilung in der Wochenendausgabe, dann kann nach OLG München (AfP 92, 158) der Betroffene verlangen, dass auch die Gegendarstellung in der Wochenendausgabe erscheint, aA LG Oldenburg AfP 86, 84. Ist die Erstmitteilung nur in einer nur gelegentlich erscheinenden Teilauflage erschienen, dann braucht der Berechtigte mit dem Abdruck der Gegendarstellung nicht warten bis wieder eine solche Teilauflage erscheint (OLG Hamburg AfP 90, 307).

Bei Einstellung einer Ausgabe einer bundesweit vertriebenen Zeitung ist eine Gegendarstellung in einer anderen Ausgabe der Zeitung (erg. die denselben Leserkreis erreichen kann) an vergleichbarer Stelle abzudrucken (OLG München AfP 03, 458).

165 a) Dem Interesse des Einsenders an alsbaldiger Publizierung seiner Gegendarstellung steht hier das Interesse der Zeitung gegenüber, in ihrem auf Aktualität eingestellten Betrieb durch den Abdruck der Gegendarstellung nicht gehemmt zu werden. Nach der die Interessen beider Seiten abwägenden Bestimmung des § 11 Abs 3 braucht deshalb bei Eingang der Gegendarstellung die Ausgabe einer bereits abgeschlossenen Nummer nicht verzögert zu werden. Diese Nummer kann noch ohne Abdruck der Gegendarstellung expediert werden. Erst in der nächstfolgenden Nummer muss spätestens die Aufnahme erfolgen (Häntzschel § 11 Anm 10b, Rebmann § 11 Rn 31).

166 b) Für den Druck abgeschlossen ist die Nummer nicht etwa schon mit dem Schluss der Redaktion (Stenglein S 373), auch nicht mit Fertigstellung und Korrektur des Satzes, da in diesem Zeitpunkt noch immer Änderungen oder Einschaltungen vorgenommen zu werden pflegen. Maßgebend ist vielmehr bei der Tagespresse der sog Umbruch, dh die Zusammenstellung des Zeitungstextes zu einer „Nummer" und die Verteilung des gesetzten Textes auf die verschiedenen Seiten dieser Nummer einschließlich der Aufmachung (Dovifat Bd 2 S 89 ff.). Ist der Umbruch beendet oder doch so weit fortgeschritten, dass die Entgegnung nicht mehr ohne störende Änderung der bereits festgelegten Reihenfolge und Ordnung des Textes aufgenommen werden kann, so gilt die Nummer im Sinne des § 11 Abs 3 als „bereits abgeschlossen", und die Gegendarstellung muss in dieser Nummer nicht mehr abgedruckt werden (BayObLG 12, 184, OLG Celle in GoltdArch 59, 363, Meves in GoltdArch 45, 332, Kitzinger S 81, Häntzschel S 91, Rebmann § 11 Rn 31; aA Regensburger S 66, der auf das Fertigstellen des Drucksatzes abhebt, womit jedoch die Nummer noch nicht „abgeschlossen" ist). Bei den großen Publikumszeitschriften ist an die Stelle des Umbruchs die Fertigstellung des sog Layouts, dh der Aufmachung getreten, die zeitlich dem Umbruch erheblich vorangeht.

167 c) Es kommt bei der Herstellung der Zeitung häufig vor, dass gewisse in sich geschlossene Teile, wie zB Feuilleton, Reisebeilagen, Sportteil usw schon vor dem Umbruch der ganzen Nummer fertiggestellt werden. Nach § 11 Abs 3 muss die Gegendarstellung in dem Teil abgedruckt werden, in dem die Erstmitteilung erschienen ist. Geht eine Gegendarstellung ein, die im Sportteil abzudrucken wäre und ist dieser schon „umbrochen", die ganze Nummer dagegen noch nicht, so müsste bei buch-

XII. Die Abdruckpflicht. Form und Inhalt　　　　　　　　　　　§ 11 LPG

stabengetreuer Auslegung die Gegendarstellung noch in den Sportteil aufgenommen werden, da ja die Nummer als ganze noch nicht abgeschlossen ist (so Meves Goldt-Arch 45, 345). Dem kann nicht gefolgt werden. Vielmehr entspricht es dem Sinn des Gesetzes, das die berechtigten Interessen der Presse berücksichtigen will, den Begriff „abgeschlossen" nicht nur auf die ganze Nummer, sondern auch auf solche Teile der Zeitung anzuwenden, die üblicherweise innerhalb der Gesamtsumme einen in sich geschlossenen Teil bilden (ebenso Kitzinger S 81, Regensburger S 66). Dies gilt sinngemäß auch für die Beilagen einer Zeitung, die in der Regel für sich fertiggestellt und umbrochen werden. Bei einer monatlich erscheinenden Zeitschrift kann der Entgegnungsberechtigte aber die Veröffentlichung einer Gegendarstellung in der nächstfolgenden Nummer auch dann verlangen, wenn der Teil, in dem der Vortext abgedruckt worden war, bereits abgeschlossen ist. Wenn der Betroffene auf gleiche Platzierung ausdrücklich verzichtet und ein besonderes Interesse an dem Abdruck in der nächstfolgenden Nummer hat, steht der Schutzzweck der Vorschrift einer erweiternden Interpretation des § 11 nicht entgegen. Das Gegendarstellungsbegehren darf allerdings nicht gegen berechtigte Interessen des zur Veröffentlichung verpflichteten Presseorgans verstoßen (OLG Hamburg ArchPR 74, 113).

d) Aus Wortlaut und Zweck des Gesetzes (§ 11 Abs 3) ergibt sich eindeutig, dass **168** der Abdruck einer Entgegnung keinesfalls auf mehrere der folgenden Nummern verteilt werden darf (übereinstimmend OLG Dresden Leipz Z. 9, 164, Schwarze S 71, Regensburger S 72, Kitzinger S 81). Der Abdruck muss in einer Nummer erfolgen, und zwar in allen Exemplaren der „nächstfolgenden" Ausgabe der periodischen Druckschrift (zustimmend Rebmann § 11 Rn 31).

4. Ohne Einschaltungen und Weglassungen

Die Gegendarstellung ist ungeändert und ungekürzt oder, wie das Gesetz in § 11 **169** Abs 3 sagt: „ohne Einschaltungen und Weglassungen" zum Abdruck zu bringen. Es entspricht dem hier herrschenden Grundsatz der „Waffengleichheit", dass die Presse dem Einsender nicht ins Wort fällt oder ihm das Wort abschneidet (Berner S 236).

Da der Einsender ein berechtigtes Interesse daran hat, mit seiner eigenen Darstel- **170** lung beim Leser zu Wort zu kommen, ist das gesetzliche Verbot einer Änderung oder Abkürzung der Gegendarstellung streng auszulegen (Kitzinger S 80, Regensburger, S 72, Rebmann § 11 Rn 34). Unzulässig sind deshalb alle Zwischenbemerkungen der Redaktion wie „na also", „unwahr", desgleichen Fragezeichen oder Ausrufezeichen. Doch ist das Gesetz auch bei strenger Auslegung sinnvoll anzuwenden: offensichtliche orthographische und grammatikalische Fehler dürfen, soweit sie den Sinn der Gegendarstellung nicht berühren, verbessert werden; die Unterlassung der Verbesserung bedeutet unter Umständen eine Bosheit gegen den Einsender, die das Gesetz nicht verlangt (ebenso Kitzinger S 80, während Regensburger S 72 auch orthographische Fehler für tabu erklärt). Zu zulässigen Änderungen s a OLG München AfP 01, 308. Auch die Unterschrift unter der Gegendarstellung muss mit abgedruckt werden, außer wenn die Person des Einsenders in der redaktionellen Einleitung hinreichend gekennzeichnet ist: „Herr XY aus Z schreibt uns ..." (ebenso Häntzschel S 90; aA auch hier Regensburger). Gegen das Verbot der „Einschaltungen und Weglassungen" verstößt die „synoptische" Wiedergabe der Gegendarstellung durch deren Aufteilung in einzelne Sätze und Absätze, wobei jedem Absatz der abweichende Standpunkt der Presse gegenübergesehen wird. Dadurch könnte die Presse den Zweck des Gesetzes vereiteln, dem Betroffenen eine geschlossene und geschlossen wirkende Gegendarstellung vor der Leserschaft zu ermöglichen (BGH NJW 65, 1230 – Bamfolin, Bappert ArchPR 65, 524).

5. Die Glossierungsbeschränkung

Durch die an sich zulässigen abwertenden Vor- und Nachbemerkungen kann die **171** Gegendarstellung in ihrer Wirkung völlig abgeschwächt werden, ja zu einem weiteren Prestigeverlust für den Betroffenen führen. Dies entspricht nicht dem Zweck der gesetzlichen Bestimmung. Schon bei der Schaffung des alten Reichspreßgesetzes von 1874 war deshalb beantragt worden, der Presse nicht nur Einschaltungen, sondern auch Bemerkungen und Zusätze schlechthin zu untersagen. Dieses Glossierungsverbot, das im österreichischen Pressegesetz von 1862 für amtliche „Berichtigungen" angeordnet war, drang im Reichstag nicht durch (StenBer Bd 1 S 414, 420). Im Saarland bestand von 1994 bis 2000 ein Glossierungsverbot. Das Pressegesetz Brandenburgs enthält das Verbot von Zusätzen, die anderen Landespressegesetze zwar kein Glossierungsverbot, wohl aber eine Glossierungsbeschränkung. Nimmt die Presse in derselben Nummer, in der die Gegendarstellung veröffentlicht wird zu dieser durch Vor- und Nachbemerkungen (in Brandenburg als „Zusatz" unzulässig s Rn 163) oder in anderem Zusammenhang, etwa im Leitartikel, Stellung, dann muss sie sich auf „tatsächliche Angaben" beschränken. Werturteile („faustdicke Lüge", „Unverfrorenheit" etc) und jegliches „Räsonieren" sind ausgeschlossen. Zulässig, weil tatsächlicher Art, sind Hinweise, dass „der Abdruck der Gegendarstellung in Erfüllung einer gesetzlichen Verpflichtung oder gerichtlichen Anordnung ohne Rücksicht auf ihren Wahrheitsgehalt erfolgt", ebenso man sei „auch unabhängig von Wahrheitsgehalt zum Abdruck verpflichtet". Nach OLG Dresden (AfP 14, 334) man sei „verpflichtet nicht nur wahre sondern auch unwahre Gegendarstellungen abzudrucken" (gegen die Bedenken bei Seitz/Schmidt Kapitel 7 Rn 38). Diese Glossierungsbeschränkung gilt aber nur für diejenige Nummer, in der der Abdruck der Gegendarstellung erfolgt. In allen weiteren Nummern ist die Presse in ihrer Stellungnahme nicht mehr eingeschränkt. – Diese Regelung gilt heute in allen Ländern, ausgenommen Bayern: hier darf die Gegendarstellung bei ihrem Abdruck ohne Beschränkung auf tatsächliche Angaben glossiert werden. In den Ländern Baden-Württemberg, Berlin, Brandenburg, Mecklenburg-Vorpommern, Niedersachsen, Nordrhein-Westfalen, Saarland, Sachsen, Sachsen-Anhalt und Thüringen wird die Zuwiderhandlung gegen das Glossierungsverbot als Ordnungswidrigkeit mit Geldbuße bedroht. Während die Glossierungsbeschränkung unbestritten zulässig ist, wurden gegen das Glossierungsverbot in derselben Nummer oder am selben Tag und das Verbot von Zusätzen verfassungsrechtliche Bedenken wegen Verstoßes gegen Art 5 GG geltend gemacht. Für den Rundfunk Berlin-Brandenburg lässt das KG Berlin (AfP 07, 492) und der Verfassungsgerichtshof Berlin (AfP 06, 356) unter dem Gesichtspunkt der Waffengleichheit auch ohne gesetzliches Verbot im Staatsvertrag eine Glossierungsverbot aufgrund einer nachvollziehbaren Abwägung zwischen Persönlichkeitsrecht des Betroffenen und dem Grundrecht auf Meinungsfreiheit der Rundfunkanstalt zu. Das Verbot von Zusätzen kann nicht bedeuten, dass positive Zusätze (Herr X hat Recht) verboten sind (Seitz NJW 94, 2923/2924).

172 Soweit die sich auf den Abdruck einer Gegendarstellung beziehenden Glossen der Zeitung tatsächliche Angaben enthalten, geben sie dem Betroffenen ein neues Recht auf Gegendarstellung. Die bloße Erklärung der Zeitung, dass an der bisherigen Behauptung festgehalten werde, ist jedoch nicht mehr gegendarstellungsfähig, da insoweit der Gegendarstellungsanspruch erschöpft ist (im Ergebnis übereinstimmend Klöppel S 240, Kitzinger S 81, Regensburger S 72/73; aA LG Berlin ZV 5, 1144 und Born S 65, die das Recht auf eine Replik ablehnen, jedoch offenbar übersehen, dass die umrahmende Glosse unter Umständen weitergehende Angriffe enthält als die Erstmitteilung). Theoretisch könnte eine solche durch Glossen ausgelöste Debatte beliebig lange fortgesetzt werden. Praktisch sind solche Fälle nicht bekannt geworden.

6. Gleicher Teil des Druckwerks und gleiche Schrift

173 Im gleichen Teil des Druckwerks und mit gleicher Schrift, in Bayern in demselben Teil mit derselben Schrift (dazu OLG München AfP 00, 368), wie dies bei dem beanstandeten Text der Fall war, muss auch der Abdruck der Gegendarstellung erfolgen

XII. Die Abdruckpflicht. Form und Inhalt § 11 LPG

(§ 11 Abs 3). In dieser Bestimmung kommt die Parallelität zwischen Erstmitteilung und Gegendarstellung besonders sichtbar zum Ausdruck. Vor dem Forum der Öffentlichkeit soll Waffengleichheit herrschen. Hat der Leser in großer Aufmachung im politischen Teil der Zeitung den öffentlichen Angriff auf einen bekannten Abgeordneten gelesen, so braucht er dessen Gegendarstellung nicht im Sportteil der Zeitung, im Kleinstdruck zwischen Ringkämpfen versteckt, zu suchen. Die Anordnung der gleichen Schrift und des gleichen Teils des Druckwerks für den Abdruck ist deshalb streng, wenn auch sinnvoll auszulegen (OLG Celle GoltdArch 58, 479, Regensburger S 66/67).

a) Der Begriff des „gleichen Teiles des Druckwerks" bez „demselben Teil", mit **174** dem „gleichen Teil" nicht identisch (OLG München AfP 00, 386) ist eng zu fassen und erstreckt sich keineswegs auf das gesamte Sachgebiet der Zeitung, für das ein besonderer verantwortlicher Redakteur bestellt ist. Dadurch wird am ehesten erreicht, dass die Gegendarstellung dem gleichen Leserkreis vor Augen kommt wie die Erstmitteilung. Auch Unterabteilungen, wie zB die Sparte „Innenpolitik" innerhalb der Abteilung „Politik" sind „Teile des Druckwerks" (h.M., vgl OLG Hamm ZV 10, 330, Regensburger S 67, Häntzschel S 91, Kitzinger S 81). Auch der Teil „Theater" innerhalb des Kulturteiles ist ein eigenes Sachgebiet. In der Süddeutschen Zeitung sind die Rubriken bzw Sparten „Themen des Tages", „Die Seite Drei", „Meinungsseite", „Nachrichten" „Themen aus Deutschland", „Die Berlin Seite", „Themen aus dem Ausland", „Vermischtes" sowie die Titelseite „Teile" (OLG München AfP 00, 386). „Editorial" ist „Teil", Veröffentlichung an anderer Stelle mit Hinweis auf „Editorial" genügt nicht (LG Koblenz AfP 05, 291).

Erscheint die Erstmitteilung in der Wochenendausgabe, dann kann nach OLG München (AfP 92, 158) der Betroffene verlangen, dass auch die Gegendarstellung in der Wochenendausgabe erscheint. Das gilt auch dann, wenn die Wochenendausgabe die Rubrik, in der die Erstmitteilung erschienen ist, normalerweise nicht enthält, aA LG Oldenburg AfP 86, 84. Ist die Sparte in der Ausgabe, in der die Gegendarstellung abgedruckt werden muss, nicht vorgesehen, so muss sie zum Zweck der Veröffentlichung der Gegendarstellung eingerichtet werden (OLG Hamburg AfP 73, 388). „Im gleichen Teil des Druckwerks" bedeutet nicht, „an der gleichen Stelle" wie die Erstmitteilung, zumal eine solche Kongruenz schon rein drucktechnisch kaum durchzuführen wäre. Im „gleichen Teil" des Druckwerkes bedeutet auch nicht auf der „gleichen Seite" (LG Hamburg MDR 66, 58, Reh-Groß § 10 Anm 5, Groß ArchPR 65, 522, Rebmann § 11 Rn 37). Das gilt auch für den Abdruck in „demselben Teil", es darf aber nicht in einem vergleichbaren Teil abgedruckt werden, nur in „demselben" (OLG München AfP 00, 386). Doch kann sich bei der Titelseite oder der Rückseite unter dem Gesichtspunkt der Waffengleichheit je nach den Umständen des Einzelfalles der Anspruch auf Abdruck auf genau der „gleichen" bzw „derselben" Seite ergeben (vgl die entsprechende Regelung in Bremen Rn 177). Bei Zeitungen kann verlangt werden, dass die Gegendarstellung, eventuell auch die Überschrift der Gegendarstellung ohne den übrigen Teil, auf der Titelseite abgedruckt wird, wenn die Erstmitteilung auf der Titelseite veröffentlicht worden ist, insb wenn die Schlagzeile mit einer von ihr aufgestellten Tatsachenbehauptung Gegenstand der Gegendarstellung ist (OLG Hamburg AfP 75, 861, LG Oldenburg AfP 86, 84, LG Hamburg AfP 87, 631: auf der oberen im zusammengefalteten Zustand sichtbaren Hälfte der Titelseite, AfP 93, 778: Abdruck im Bereich oberhalb des Titellogos). Die Anordnung des Abdruckes auf der Titelseite kann gegen Art 5 II 2 GG verstoßen. Dem ist bei der Abwägung mit dem Persönlichkeitsrecht des Betroffenen Rechnung zu tragen (BVerfG AfP 93, 733). Die Verpflichtung zum Abdruck einer Gegendarstellung auf der Titelseite beeinträchtigt die Presse regelmäßig schwerwiegend in ihrem Grundrecht auf Pressefreiheit (BVerfG 14, 433).

Das Grundrecht der Pressefreiheit verlangt jedoch nicht, dass die Titelseite von Gegendarstellungen oder Richtigstellungen freigehalten wird. Es kommt darauf an und die Zivilgerichte müssen sorgfältig unterscheiden, ob die Mitteilung bereits auf der Titelseite zu finden ist oder dort lediglich angekündigt wird(KG Berlin AfP 07, 231, OLG Karlsruhe AfP 08, 315), ferner darauf achten, dass die Titelseite durch die Gegendarstellung nicht die Funktion verliert, (1) eine Identifizierung des Blattes zu ermöglichen, (2) die als besonders wichtig erachteten Mitteilungen aufzunehmen und (3) das Interesse des Publikums zu erregen. Von der konkreten Anordnung darf kein Effekt ausgehen, der die Presse längerfristig vom rechtmäßigen Gebrauch ihrer grundrechtlich geschützten Gestaltungsfreiheit abschrecken könnte (BVerfG AfP 98, 184). Die Anordnung der Gegendarstellung auf der Titelseite ist nur in besonders gelagerten Fällen möglich, die jeweils an den besonderen Umständen des Einzelfalles zu beurteilen sind (Eggert AfP 98, 169 zu BVerfG AfP 98, 184, AfP 14, 433 „Frage" auf der Titelseite). Bei einer Illustrierten kann der Abdruck und auch die Ankündigung der Gegendarstellung auf der Titelseite nicht verlangt werden, wenn die Erstmitteilung auf der Titelseite nur angekündigt war, Tatsachenbehauptungen sich aber nur im Artikel im Inneren des Heftes selbst fanden (OLG Hamburg ArchPR 77, 52). Werden hingegen Tatsachenbehauptungen auf der Titelseite (dazu BVerfG 14, 433) selbst mitgeteilt, dann muss auch die Gegendarstellung dort abgedruckt werden (OLG Karlsruhe AfP 92, 307; 06, 186; 06, 372). Dies gilt jedenfalls dann, wenn sich die Tatsachenbehauptungen nur auf dem Titelblatt finden und durch den Bericht im Inneren des Heftes nicht gedeckt sind. Nach OLG Karlsruhe (AfP 06, 168 und 372; 07, 54) ist bei Anordnung der Veröffentlichung auf der Titelseite (nicht anzuwenden im Heftinneren, AfP 09, 267) die Schriftgröße dergestalt zu reduzieren, dass der Abdruck nicht mehr als 150% des Textteils der Erstmitteilung einnimmt. Dies gilt auch beim Abdruck von zwei Gegendarstellungen, wobei die Wiedergabe der Erstmitteilung auf der Titelseite nicht zweimal erfolgen darf (OLG Karlsruhe aaO 372). Wird ein Bericht im Inneren des Heftes auf dem Titelblatt mit Tatsachenbehauptungen, die denjenigen im Bericht entsprechen, lediglich angekündigt, dann ist die Gegendarstellung im Heft zu veröffentlichen und auf dem Titelblatt – auf entsprechendes Verlangen unter Anführung von Gegenaussagen – anzukündigen (vgl dazu Rehbock NJW 93, 1448 und AfP 93, 446, kontrovers dazu Prinz NJW 93, 3039, Damm, Gegendarstellung als Schlagzeile AfP 94, 270; für „Anreisser" KG Berlin AfP 07, 231, s a OLG Karlsruhe AfP 08, 315: Behauptung über innere Befindlichkeit auf der Titelseite mit Hinweis auf einen Artikel im Heft erweckt den Eindruck, sie würden dort mit Tatsachen belegt, also gegendarstellungsfähig).

175   Um zu verhindern, dass die Gegendarstellung – zumal in einer umfangreichen Zeitung – an versteckter Stelle „untergeht", fordert das Gesetz die gleiche Schrift, in Bayern dieselbe Schrift wie die Erstmitteilung, so dass beiden Darstellungen im äußeren Schriftbild das gleiche Gewicht zukommt. Gemeint ist hier die Verwendung der gleichen Schrifttypen. Dabei kommt es, dem Zweck der Vorschrift entsprechend, nicht so sehr auf den nämlichen Typ der Lettern (Antiqua, Fraktur), als auf die Größe und Klarheit der entsprechenden Schrift an (Meves GoltdArch 45, 345, Reh-Groß § 10 Anm 6, Rebmann § 11 Rn 33). Da die Anordnung der nämlichen Schrift nach dem offenbaren Willen des Gesetzes eine Benachteiligung des Einsenders verhindern soll, bestehen rechtlich keine Bedenken, wenn die Gegendarstellung in größerer Schrift erscheint als die Erstmitteilung (Kitzinger S 81, Regensburger S 68, dagegen Delius S 45). Verwendet die Erstmitteilung, wie heute üblich, drei verschiedene Schriftgrößen (für Überschrift, „Kasten" und Lauftext), so ist der Abdruck der Gegendarstellung nur in der (kleinen) Schriftform des Lauftextes keine ausreichende Erfüllung des Anspruchs aus § 11 LPG.

Aus dem Grundgedanken der Waffengleichheit ergibt sich, dass auch die Gegendarstellung unter einer Überschrift verlangt werden kann, wenn die Erstmitteilung eine entsprechende Überschrift hatte (OLG Stuttgart Urteil vom 1.4.1965 3 U 165/64, OLG Hamburg AfP 75, 861, OLG Hamburg ArchPR 77, 52, OLG Frankfurt ArchPR 77, 51, OLG München ArchPR 74, 107/108). Die Überschrift der Gegendarstellung muss in sachlichem Zusammenhang mit der Erstmitteilung stehen und darf nicht wesentlich länger sein als deren Überschrift, braucht sich aber nicht notwendigerweise auf Tatsachen zu beschränken. Sie darf allerdings keine Gegenwertung zu einer zusammenfassenden Wertung oder Schlussfolgerung in der Überschrift der Erstmitteilung sein (s dazu Seitz/Schmidt 6, 117/118). Sie kann die gleiche Schriftgröße beanspruchen wie die Überschrift der Erstmitteilung (OLG Stuttgart, OLG Hamburg, OLG Frankfurt, OLG München aaO, teilweise abweichend LG Hamburg in MDR 1966 S 58). Wenzel (11,192) weist zu Recht darauf hin, dass dies nicht unbedingt gilt, wenn die Überschrift nur aus dem Wort „Gegendarstellung" besteht, oder wenn die Überschrift nicht aus Tatsachenbehauptungen besteht, mit denen auf Tatsachenbehauptungen in der Überschrift der Erstmitteilung erwidert wird. In diesen Fällen fehlt es an einer Entsprechung in der Erstmitteilung, die die Schriftgröße bestimmt (s dazu auch Damm AfP 94, 270, 275). Das Landespressegesetz von Bremen (§ 11 Abs 3 Satz 1) ordnet für die Gegendarstellung ausdrücklich die gleiche Überschrift („Auszeichnung") an, was nicht bedeuten kann, dass die Überschrift inhaltlich gleich lautend sein, sondern dass sie gleichwertig aufgemacht sein muss (vgl Rn 177). Nach Auffassung des OLG Frankfurt (ArchPR 77, 51) ist die Zeitung nicht verpflichtet, die Gegendarstellung mit dem Wort „Gegendarstellung" zu überschreiben. Wird das Wort weggelassen, so liegt nach Auffassung des OLG Frankfurt keine Änderung der Gegendarstellung vor, da die Überschrift „Gegendarstellung" nicht zur Gegendarstellung gehöre. Es muss allerdings auf jeden Fall irgendeine Überschrift gebracht werden. Anders OLG München AFP 03, 308 und OLG Düsseldorf: im Regelfall muss die Überschrift „Gegendarstellung" mit abgedruckt werden, dies gilt nicht bei einer Gegendarstellung gegen einen Leserbrief (OLG Düsseldorf AfP 85, 68). Die normale Druckanweisung lautet „In dem gleichen Teil der Zeitung, in der der Artikel erschienen ist und mit gleicher Schrift unter Hervorhebung des Wortes „Gegendarstellung" durch drucktechnische Anordnungen oder Schriftgröße, die folgende Gegendarstellung zu veröffentlichen ..." (OLG Hamburg ArchPR 77, 53). Enthält bei einer solchen Druckanweisung die Gegendarstellung eine zusätzliche Überschrift und ist die graphische Hervorhebung nicht ausdrücklich angeordnet, so ist die Zeitung nicht verpflichtet, diese Überschrift drucktechnisch hervorgehoben zu bringen. Will der Antragsteller dies erreichen, so muss er mit seinem Antrag darauf hinwirken (OLG Hamburg aaO). Hat der Betroffenen ausdrücklich die Überschrift „Gegendarstellung" verlangt, dann ist sie Bestandteil der Gegendarstellung selbst, ein Einschub danach ist unzulässig. ebenso den Absatz zwischen Erstmitteilung und Gegendarstellung wegzulassen. (OLG München AfP 01, 308).

c) Hat ein Publikationsmittel den beanstandeten Artikel mit Überschrift oder Themenangabe in seinem Inhaltsverzeichnis angezeigt, so muss es auch entsprechend auf die Gegendarstellung mit einem thematischen Bezug hinweisen, wenn der Betroffene dies verlangt. Der Hinweis ist unter derselben Rubrik wie die Erstmitteilung zu veröffentlichen, auch wenn die Gegendarstellung in einem anderen Teil abgedruckt worden ist. Der Grundsatz der Waffengleichheit fordert, dass für die Leser die Entgegnung ebenso leicht aufzufinden sein muss, wie der Vortext. Ein solcher Hinweis kann vom Gericht ohne ausdrücklichen Antrag angeordnet werden (vgl OLG Hamburg ArchPR 74, 113/114; ArchPR 75, 44; OLG Hamburg AP 10, 580, dort falsch „im Impressum"). Enthält allerdings die Zeitschrift, in der die Erstmitteilung enthalten ist, nicht sämtliche Veröffentlichungen dieser Nummer im Inhaltsverzeichnis, so hat der Betroffene keinen Anspruch darauf, in einem ohnehin begrenzten Inhaltsverzeichnis noch einen Hinweis auf seine Gegendarstellung veröffentlichen zu lassen (vgl OLG München ArchPR 74, 112). OLG München AfP 95, 668 hält eine Ankündigung im Inhaltsverzeichnis nur für geboten, wenn die beanstandete Äußerung selbst dort aufgeführt war. Nach LG Berlin AfP 00/98 muss die Gegendarstellung auf Verlangen (wie im Inhaltsverzeichnis) auch auf der „Händlerschürze" als periodisches Druckwerk angekündigt werden.

d) Um den Grundsatz der „Waffengleichheit" voll zur Geltung zu bringen, hat Bremen (§ 11 Abs 3 Satz 1) die Sonderregelung getroffen, dass der Abdruck der Gegendarstellung nicht nur im gleichen Teil des Druckwerks erfolgen muss, sondern mit gleichwertiger Platzierung, gleicher Schriftgröße und „Auszeichnung". „Gleichwertige" Platzierung ist nicht „gleiche" Platzierung: die Platzierung einer Mitteilung auf der 2. Zeitungsseite in der oberen linken Ecke ist mit der Platzierung der Gegendarstellung auf der 2. Zeitungsseite in der oberen rechten Ecke zwar nicht „gleich", aber „gleichwertig" und damit ausreichend. Nicht gleichwertig ist dagegen die Platzierung der Gegendarstellung auf der Innenseite oder Rückseite des Blattes, wenn die Erstmitteilung auf der Titelseite erfolgte (Seitz NJW 94, 2922). Zur Frage der gleichen Schriftgröße und der gleichen „Auszeichnung" s Rn 175.

7. Kein Abdruck als Leserbrief

178 Schon aus dem allgemeinen Grundsatz der Waffengleichheit ergibt sich, dass die Gegendarstellung nicht in die Rubrik „Leserbriefe" oder „Einsendungen aus unserer Leserschaft" etc abgeschoben werden darf (BGHZ 13, 337). Zum Zweck der Klarstellung haben die meisten Landespressegesetze diese Bestimmung ausdrücklich ins Gesetz genommen (§ 11 Abs 3). Die Formulierung in Niedersachsen, Thüringen, Sachsen und Sachsen-Anhalt: die Gegendarstellung dürfe nicht „gegen den Willen" des Betroffenen als Leserbrief abgedruckt werden, versteht sich von selbst: wenn der Betroffene einverstanden ist kann die Gegendarstellung natürlich auch in der Leserbriefspalte erscheinen. In Bayern und Hessen, wo ein ausdrückliches Verbot fehlt, ergibt es sich aus dem Grundsatz der Waffengleichheit.

8. Kostenfreiheit des Abdrucks

179 Der Abdruck einer ordnungsmäßigen Gegendarstellung hat grundsätzlich kostenfrei zu erfolgen. Es handelt sich um eine der Presse publizistisch und kostenmäßig auferlegte Last. Der Grundsatz der Kostenfreiem der Gegendarstellung ist in allen Landespressegesetzen ausdrücklich festgestellt (§ 11 Abs 3). Einschränkungen dieses Grundsatzes bestehen hinsichtlich des Umfangs der Gegendarstellung in Bayern und Hessen: dort müssen die üblichen Einrückungsgebühren bezahlt werden, soweit der Umfang der Gegendarstellung den Umfang des beanstandeten Textes überschreitet (Hessen) oder wesentlich überschreitet (Bayern s OLG München AfP 99, 72 Birgenair), vgl oben Rn 136. Eine Einschränkung hinsichtlich der Kosten solcher Gegendarstellungen, die den Anzeigenteil betreffen, enthalten die Landespressegesetze von Berlin, Bremen, Hamburg, Niedersachsen, Rheinland-Pfalz und Schleswig-Holstein (vgl oben Rn 70, 71): auch wenn hier Abdruckpflicht besteht, sind die üblichen Einrückungsgebühren (vgl Rn 136) zu entrichten.

XIII. Ablehnung unzulässiger Gegendarstellungen. Keine Mitwirkungspflicht der Presse bei der Formulierung

1. Ablehnung auch bei teilweiser Unzulässigkeit

180 Die Presse ist zur Ablehnung der Gegendarstellung berechtigt, wenn diese in Form oder Inhalt nicht den gesetzlichen Erfordernissen entspricht, weil sie zB strafbare Ausführungen enthält (vgl oben Rn 114 ff.). Widerspricht die Gegendarstellung nur zum Teil den gesetzlichen Erfordernissen, ist sie in anderen Teilen dagegen in Ordnung, so ist die Presse weder berechtigt noch verpflichtet, aus dem „Gemisch" das Unzulässige auszuscheiden und aus dem Zulässigen eine brauchbare Gegendarstellung zusammenzustellen (vgl oben Rn 140). Es sind der Presse nach § 11 Abs 3 eigenmächtige Weglassungen ebenso verboten wie derartige Einschaltungen. Es gilt das alles oder nichts Prinzip (OLG Köln AfP 85, 227 mit Anm v Damm und 89, 565, s auch Rn 215). Zum Abdruck eines Teils der Gegendarstellung ist der Verpflichtete auch dann nicht berechtigt oder gar verpflichtet, wenn der Betroffene eine Untergliederung seiner Gegendarstellung vorgenommen hat, verfehlt OLG Frankfurt AfP 85, 288 und OLG

XIII. Ablehnung unzulässiger Gegendarstellungen § 11 LPG

Stuttgart AfP 87, 420. Will er freiwillig eine zulässige Gegendarstellung zusammenstellen, so muss er zuvor die Einwilligung des Einsenders einholen. Andernfalls kann er wegen eines unzulässigen Teiles stets nur die ganze Gegendarstellung ablehnen (OLG Celle NJW 53, 1767, OLG München NJW 54, 927, LG Mannheim in NJW 56, 384, LG München „Das Recht der Presse" 60 Nr 5, Häntzschel S 89, Kitzinger, S 79, Regensburger S 63, OLG Hamburg ArchPR 77, 247). Dasselbe gilt hinsichtlich des unangemessen großen Umfangs der Gegendarstellung (vgl oben Rn 135). Die Presse ist nicht verpflichtet, dem Betroffenen mitzuteilen, ob sie die Gegendarstellung abdrucken wird oder nicht (AG Berlin-Schöneberg AfP 88, 94). Das KG Berlin (AfP 06, 476) hat in einer Entscheidung vom 27. Juli 2006 die Auffassung vertreten, der zum Abdruck einer Gegendarstellung verpflichtete Verleger könne gehalten sein, auf Verlangen seine Bereitschaft zum Abdruck der geforderten Gegendarstellung zu erklären. Da dies nicht geschehen ist hat das Gericht die Kosten des Verfahrens gegeneinander aufgehoben. Himmelsbach (AfP 06, 430) meint dazu, der zum Abdruck Verpflichtete sei jedenfalls bei einem entsprechenden Verlangen verpflichtet, gegenüber dem Betroffenen zu erklären, ob der Abdruck erfolgt oder nicht. Schweige der Verlag, habe er die Kosten des Verfahrens vollständig zu tragen. Eine Verpflichtung des Betroffenen die Presseveröffentlichungen dahin zu überprüfen, ob seine Gegendarstellung abgedruckt worden ist, gebe es nicht. Er begründet dies mit einer angeblich bestehenden Verkehrssitte. Dazu ablehnend Sedelmeier (AfP 07, 324). Das KG Berlin hat in der Entscheidung vom 27. März 2007 (AfP 07, 245) in Abweichung der Entscheidung AfP 06, 476 erklärt, dass keine Antwortpflicht bestehe, allenfalls bestehe eine Obliegenheit nach Fristablauf und bei längeren Entscheidungsintervallen. Antwortet die Presse trotz Fristsetzung nicht, so kann dies nach Treu und Glauben eine Obliegenheitsverletzung sein, die Kostennachteile im Prozess nach sich ziehen kann. Dies gilt jedoch nur, wenn die nächste Ausgabe nicht alsbald erscheint oder nach Fristablauf oder wenn die die Gegendarstellung außergewöhnlich dringlich ist. Bei Tageszeitungen wird dem Betroffenen in der Regel zuzumuten sein, das Erscheinen der nächsterreichbaren Ausgabe abzuwarten (teilweise strenger die Hamburger Rechtsprechung, vgl Wenzel 11.178 ff.).

2. Mitwirkungs- oder Bekanntgabepflicht

Demgegenüber hat das Oberlandesgericht Frankfurt in zwei Entscheidungen (vgl NJW 50, 270 und NJW 53, 1068, zustimmend Greiff NJW 56, 384) den Standpunkt vertreten, dass für den Publizisten eine presserechtliche Pflicht bestehe, seinerseits bei der Abfassung einer ordnungsmäßigen und einwandfreien Gegendarstellung aktiv mitzuwirken. Eine teilweise fehlerhafte Gegendarstellung habe die Presse umzuarbeiten, gegebenenfalls zu kürzen und sie in bereinigter Form dem Einsender „anzubieten". Auf langwierige schriftliche Auseinandersetzungen mit dem Einsender brauche sich die Presse allerdings nicht einzulassen. Fehler in der eingereichten Gegendarstellung müssten dem Einsender gegenüber alsbald beanstandet werden; geschehe dies nicht, so liege darin ein Verzicht auf die Geltendmachung dieser Fehler, und eine Zurückweisung könne hierauf nicht mehr gestützt werden (so insb die Entscheidung NJW 1953, 1068). In einer weiteren Entscheidung (ArchPR 77, 45) meint das OLG Frankfurt, nach Treu und Glauben müsse der den Abdruck einer Gegendarstellung Verweigernde den ihm bekannten Leistungsverweigerungsgrund – hier mangelnde Unterzeichnung – dem Gläubiger offenbaren; hierin liege keine rechtliche Mitwirkungspflicht der Presse beim Abfassen einer ordnungsgemäßen Gegendarstellung. Es handele sich vielmehr um die Behandlung einer möglicherweise fehlerhaften Gegendarstellung. Die verspätete Berufung auf Ablehnungsgründe verstößt nach Auffassung des OLG Frankfurt zumindest dann gegen Treu und Glauben, wenn diese Gründe behebbar sind. Das OLG Stuttgart (AfP 79, 363) meint, der Gegendarstellungspflichtige sei zwar nicht verpflichtet, dem Betroffenen bei Abfassung seiner Gegendarstellung behilflich zu sein. Habe er jedoch Bedenken gegen die Veröffentlichung, so

181

müsse er den Betroffenen wissen lassen, welcher Art die Bedenken sind. Lasse er den Betroffenen im Unklaren darüber, dann gebe er Anlass zur Klageerhebung und zwar unabhängig davon, ob die ungenannten Gründe seiner Ablehnung berechtigt oder unberechtigt waren.

3. Stellungnahme

182   Dieser These, die eine positive Mitwirkungspflicht des Publizisten sowohl aus der öffentlichen Aufgabe der Presse, wie aus Treu und Glauben herleiten will, kann nicht gefolgt werden. Die Gegendarstellung bezweckt mit ihrem formellen Charakter nicht in erster Linie die Ermittlung der Wahrheit. Weder aus dem Gesetz noch aus dem Grundsatz von Treu und Glauben kann eine Rechtspflicht hergeleitet werden, die Gegenseite bei der Abfassung der Gegendarstellung zu beraten. Der Anspruch auf Abdruck einer Gegendarstellung entsteht noch nicht durch die Veröffentlichung der Erstmitteilung. Erst durch Zugang einer formal und inhaltlich dem Gesetz entsprechenden Gegendarstellung beim Verpflichteten, die nach Auffassung der Hamburger Gerichte „abdruckreif" sein muss, entsteht ein konkreter Leistungsanspruch (vgl o Rn 43 und 153 ff.). Solange die Gegendarstellung Mängel aufweist – seien es formale, seien es inhaltliche – besteht nach einhelliger Auffassung keine Abdruckpflicht, also auch kein Anspruch, folglich auch kein Rechtsverhältnis zwischen den Parteien, aus dem Verpflichtungen nach § 242 BGB hergeleitet werden könnten. Es ist nicht Aufgabe des Verpflichteten, den Betroffenen auf seine Formfehler aufmerksam zu machen (LG Frankfurt/Main AfP 09, 73/74). Von der Presse kann nicht verlangt werden, durch Rechtsberatung des Gegners einen Rechtsanspruch gegen sich selbst erst zu erzeugen. Dem stehen auch praktische Erwägungen entgegen: Häufig wird der verantwortliche Redakteur oder der Verleger die Gegendarstellung deshalb ablehnen, weil er sie für unwahr – vielleicht offensichtlich unwahr – hält. Später bei Prüfung der Gegendarstellung durch einen sachkundigen Rechtsberater stellt sich dann möglicherweise heraus, dass die Gegendarstellung schon deshalb nicht veröffentlicht werden muss, weil sie nicht oder nicht ordnungsgemäß unterzeichnet war, etwa von einem gewillkürten Vertreter. Auf diesen tragenden Grund, der die Ablehnung der Gegendarstellung rechtfertigt, konnte der verantwortliche Redakteur gar nicht hinweisen, wenn er ihn selbst nicht erkannt hat. Ein Hinweis auf die Unwahrheit nützt aber dem Einsender oft nichts, weil bloße Unwahrheit den Anspruch auf Veröffentlichung der Gegendarstellung nicht berührt. Treu und Glauben gebieten es nicht, dass die Presse ihren Gegner rechtlich berät. Vielmehr ist es dessen Sache, seine Gegendarstellung vor Zuleitung oder spätestens vor erneuter Zuleitung nach Ablehnung von fachkundiger Seite rechtlich überprüfen zu lassen (vgl hierzu auch Mathy AfP 81, 375).

4. Folgen unterlassener Bekanntgabe

183   Die in der 2. Auflage (Rn 146) vertretene Auffassung, eine Ausnahme vom Grundsatz der fehlenden Mitwirkungspflicht sei nur insoweit anzuerkennen, als die Presse nach Treu und Glauben verpflichtet sei, in Fällen, in denen nur einer oder wenige Punkte beanstandet werden, dies dem Einsender bekanntzugeben, kann nicht aufrecht erhalten werden. Es ist zwar richtig, dass durch die Bekanntgabe der beanstandeten Punkte dem Einsender loyalerweise die Möglichkeit der Anpassung gegeben wird. Dies kann aber keine Rechtspflicht begründen sondern allenfalls Folgen für die Berufung auf mangelnde Unverzüglichkeit haben: Hat die Presse ihre Bedenken nicht genannt oder auf das Abdruckverlangen gar nicht geantwortet, so geht die daraus resultierende Verzögerung zu ihren Lasten. Im Übrigen kann es im eigenen Interesse der Presse liegen, auf Bedenken hinzuweisen (vgl u Rn 205 aE u 212).

XIV. Die Durchsetzung des Gegendarstellungsanspruches

1. Die Entwicklung von der strafrechtlichen zur zivilrechtlichen Lösung

Das RPG von 1874 kannte nach seinem Wortlaut für die Durchsetzung des Gegendarstellungsanspruches nur einen ungenügenden Strafrechtsschutz. Der Gegendarstellungsanspruch wurde als öffentlich-rechtlicher Anspruch verstanden: Die Frage, ob ein zivilrechtlicher Erfüllungsanspruch auf Abdruck einer Gegendarstellung bestand, war umstritten. Rechtslehre und Rechtsprechung bemühten sich auf verschiedenen Wegen, die zivilrechtliche Durchsetzbarkeit zu begründen (s oben Rn 37).

184

2. Zivilrechtsweg

Die Geschichte des Presserechts kennt verschiedene Systeme von Straf- und Zwangsmitteln, die der Durchsetzung des Gegendarstellungsanspruchs dienen. Das französische Gesetz von 1822 (Art 11) belegte die Nichterfüllung der Pflicht zur Gegendarstellung mit einer einmaligen mäßigen Geldstrafe. Schärfer wirkte das im belgischen Presserecht (Dekret vom 20.7.1831) angewandte Prinzip der Multiplikationsstrafe, wonach für jeden Tag der Verzögerung des Abdrucks eine Geldstrafe verhängt wurde. Besonders einschneidend war die Regelung im alten österreichischen Presserecht: neben der Bestrafung des verantwortlichen Redakteurs mit einer Geldstrafe wegen Übertretung sah § 24 Abs 6 ÖPG für die in Verzug befindliche periodische Druckschrift ein Erscheinungsverbot bis zur Erfüllung ihrer Verpflichtung vor. Die Landespressegesetze haben den Gegendarstellungsanspruch als zivilrechtlichen Anspruch ausgestaltet. Nach allen Landespressegesetzen ist er im Zivilrechtsweg vor den ordentlichen Gerichten durchsetzbar. Als einziges Land sieht Bayern neben der zivilrechtlichen noch eine bußgeldrechtliche Sicherung der Abdruckpflicht vor (Art 13 Bay LPG). Doch richtet sich die Bußgelddrohung nicht nur gegen die eine Gegendarstellung zu Unrecht ablehnende Presse, sondern auch gegen den Betroffenen, sofern er „wider besseres Wissen den Abdruck einer in wesentlichen Punkten unwahren Darstellung oder Gegendarstellung erwirkt" (Art 13 Abs 1d). In beiden Fällen bedarf die Verfolgung eines Antrages, der zurückgenommen werden kann. Auf Verlangen hat das Gericht bei der Verurteilung den Abdruck der Gegendarstellung anzuordnen (Art 13 Abs 1c). Wer einer gerichtlichen Anordnung zum Abdruck der Gegendarstellung nicht unverzüglich nachkommt, wird nach Art 14e bestraft. Hierfür bedarf es keines Strafantrages. Die bußgeldrechtliche Sanktionierung ist verfassungsgemäß (BayObLG AfP 86, 127).

185

a) Das Besondere Verfahren nach § 11 LPG

Der Anspruch auf Veröffentlichung einer Gegendarstellung ist in allen Bundesländern im Zivilrechtsweg vor den ordentlichen Gerichten durchsetzbar. Sämtliche ab Mitte der 60er Jahre in Kraft getretenen Landespressegesetze mit Ausnahme von Sachsen stellen dafür ein eigenes, besonders ausgestaltetes Verfahren auf Anordnung des Abdruckes einer Gegendarstellung zur Verfügung, auf das die Vorschriften der Zivilprozessordnung über das Verfahren auf Erlass einer einstweiligen Verfügung entsprechend anzuwenden sind. Die meisten Gesetze verwenden die Formulierung „auf Antrag des Betroffenen kann das Gericht anordnen ...". Die Formulierung ist irreführend, denn es steht nicht im Ermessen des Gerichts, ob die Veröffentlichung der Gegendarstellung angeordnet wird oder nicht. Der Betroffene hat vielmehr Anspruch auf die in § 11 gewährten Rechtsschutz. Korrekt ist demzufolge die Fassung von Schleswig Holstein ... „so ordnet das Gericht an ...".

186

b) Bayern, Hessen und Sachsen

In Bayern, Hessen und Sachsen ist das besondere Verfahren auf Anordnung der Veröffentlichung einer Gegendarstellung nicht vorgesehen. Die Durchsetzung erfolgt

187

in den von der ZPO zur Verfügung gestellten Verfahren. In Bayern ist neben dem ordentlichen Klageverfahren auch das einstweilige Verfügungsverfahren zulässig (OLG München NJW 65, 2161, OLG München AfP 73, 483 ständige Rechtsprechung). Für Hessen sieht § 10 Abs 4 das einstweilige Verfügungsverfahren ausdrücklich vor. Daneben soll bei vorliegendem Rechtsschutzbedürfnis nach OLG Frankfurt NJW 57, 715 auch das ordentliche Klageverfahren gegeben sein (ablehnend Löffler in der Anmerkung zu dieser Entscheidung und Seitz/Schmidt 9, 86). Sachsen lässt die Geltendmachung des Abdruckanspruchs „auch" im Verfahren der einstweiligen Verfügung zu. Das deutet darauf hin, dass nach dem Willen des Gesetzgebers das ordentliche Klageverfahren wahlweise zur Verfügung stehen soll. Ob für eine Klage im ordentlichen Verfahren neben dem Verfahren auf Erlass einer einstweiligen Verfügung ein Rechtsschutzbedürfnis besteht, erscheint zweifelhaft. Sicher besteht es nicht für die rechtskräftig obsiegende Partei. Der unterlegene Teil – der Antragsgegner über den nicht ausgeschlossenen § 926 ZPO – könnte immerhin beachtlich Gründe für ein Rechtsschutzbedürfnis ins Feld führen, nachdem das Verfügungsurteil nicht in materieller Rechtskraft erwächst. Die Regelung im Freistaat Sachsen erscheint wenig sinnvoll. Die meisten übrigen Landespressegesetze schließen ausdrücklich das ordentliche Klageverfahren aus oder sie erklären § 926 ZPO für unanwendbar. Auch soweit kein ausdrücklicher Ausschluss des Hauptverfahrens gesetzlich vorgesehen ist, ist das Hauptverfahren neben dem besonderen presserechtlichen Verfahren nicht zulässig (OLG Hamburg MDR 72, 333 ff. und NJW 68, 2383). OLG Karlsruhe AfP 86, 67 hält das ordentliche Klageverfahren in Baden-Württemberg zur Durchsetzung des auf Anerkenntnis gestützten Anspruches für gegeben, abl zu Recht Seitz/Schmidt 5, 4, Wenzel 11.360, OLG Köln AfP 87, 699.

c) Keine Glaubhaftmachung der Gefährdung des Anspruchs

188 Einige Pressegesetze, die das besondere Verfahren vorsehen, sagen, dass eine Gefährdung des Anspruches nicht glaubhaft gemacht zu werden braucht. Dies ist eine Selbstverständlichkeit: Da das besondere Verfahren auf Anordnung der Gegendarstellung das einzige zur Verfügung stehende Verfahren ist, kann die Anordnung des Abdruckes nicht von einer besonderen Dringlichkeit abhängig sein (verfehlt LG Mannheim ArchPR 76, 53). Das Hess LPG lässt in § 10 Abs 4 die einstweilige Verfügung zu, „auch wenn die Gefahr der Wiederholung nicht begründet ist". Diese Regelung ist systemwidrig, da der Gegendarstellungsanspruch nicht auf Unterlassung künftiger Veröffentlichungen sondern auf Abdruck einer alsbaldigen Erwiderung des Betroffenen gerichtet ist. Gemeint ist ersichtlich auch in Hessen, dass die Dringlichkeit nicht glaubhaft gemacht werden muss. Nach Auffassung des BGH (GRUR 68, 214 Südkurier) ist die negative Feststellungsklage dahingehend, dass eine Verpflichtung zum Abdruck einer Gegendarstellung nicht besteht, unzulässig. Diese Auffassung begegnet erheblichen Bedenken, da der durch Zuleitung einer zweifelhaften Gegendarstellung scheinbar Verpflichtete keinerlei Möglichkeit hat, von sich aus die Rechtslage klären zu lassen, nachdem es eine einstweilige Verfügung auf Feststellung nicht gibt.

d) Keine Verbindung mit anderen Ansprüchen

189 Der Gegendarstellungsanspruch kann infolge des besonderen Verfahrens, das für die Gegendarstellung vorgesehen ist, in den Ländern, in denen das besondere Verfahren gilt, nicht zusammen mit anderen Ansprüchen im Hauptklagewege geltend gemacht werden (vgl KG NJW 67, 2215). Eine Klage auf Feststellung der Rechtmäßigkeit der Gegendarstellungsverfügung ist nicht zulässig (OLG Hamburg MDR 70, 935, OLG München ArchPR 75, 48/49). Im Verfahren nach § 11 LPG können nicht andere Ansprüche – etwa Unterlassungsansprüche – zusammen mit dem Anspruch auf Abdruck der Gegendarstellung geltend gemacht werden, da das Verfahren nach § 11 LPG kein einstweiliges Verfügungsverfahren ist, sondern ein spezifisches presserechtliches Verfahren, auf das lediglich die Vorschriften über die einstweilige Verfügung entsprechende Anwendung finden. Unrichtig ist daher die Begründung des

XIV. Die Durchsetzung des Gegendarstellungsanspruches § 11 LPG

Beschlusses des OLG Zweibrücken (AfP 80, 209), der offenbar davon ausgeht, dass die Zusammenfassung von Gegendarstellungs- und Unterlassungsansprüchen in einem Verfahren grundsätzlich möglich sei. Eine vereinbarte Veröffentlichung, die Elemente der Gegendarstellung und des Widerrufes enthält, kann im Verfahren nach § 11 LPG ebenfalls nicht durchgesetzt werden (OLG Hamburg ArchPR 75, 47).

3. Verfassungsrechtliche Bedenken

Die Schaffung eines eigenen Verfahrens durch den Landesgesetzgeber erscheint verfassungsrechtlich bedenklich. Nach § 3 EGZPO findet die ZPO auf alle bürgerlichen Rechtsstreitigkeiten Anwendung. Nach Art 31 GG bricht Bundesrecht Landesrecht. Die Regelung des Verfahrens auf Abdruck einer Gegendarstellung durch den Landesgesetzgeber lässt sich demzufolge nur damit rechtfertigen, dass es sich dabei nicht um Prozessrecht sondern um Presserecht handele (so BGH NJW 65, 1230 Bamfolin und BVerfG AfP 75, 800 mit ablehnender Anmerkung von Wenzel). Das BVerfG hat sich über seine eigene Entscheidung (BVerfG 36, 193) mit der die Regelung des Zeugnisverweigerungsrechts dem Prozessrecht und nicht dem Presserecht zugeordnet wurde, ohne Begründung hinweggesetzt (vgl dazu Wenzel 11.220). Die Gewährung eines Verfahrens, auf das die Vorschriften über den Erlass einer einstweiligen Verfügung entsprechend Anwendung finden, ist möglicherweise damit zu rechtfertigen, dass nur deklaratorisch der Anwendbarkeit der Verfügungsvorschriften der ZPO bestätigt und durch den Wegfall des Nachweises der Dringlichkeit erleichtert wird. Der Ausschluss des ordentlichen Klageverfahrens (zB wahlweise neben dem Verfügungsverfahren) ist hingegen verfassungsrechtlich kaum zu rechtfertigen (Art 3 EGZPO in Verbindung mit Art 31 GG). Auch der Ausschluss der negativen Feststellungsklage auf Seiten des Anspruchsverpflichteten ist verfassungsrechtlich bedenklich. Nachdem aber das BVerfG gesprochen hat, dürfte die Frage praktisch der Rechtsprechung der mit Gegendarstellungen befassten Gerichte entzogen sein: Roma locuta causa finita!

4. Sachliche und örtliche Zuständigkeit

Die sachliche und örtliche Zuständigkeit bei Geltendmachung des Gegendarstellungsanspruchs war lebhaft umstritten.

a) Sachliche Zuständigkeit

Hinsichtlich der sachlichen Zuständigkeit hatte Wenzel (JZ 62, 112 ff., 2. Aufl 8.20 u 8.168) die Auffassung vertreten, dass auf den Einzelfall abzustellen sei, ob bei einer Gegendarstellung die immateriellen Interessen im Vordergrund stünden oder die vermögensrechtlichen Interessen. Der letztere Fall sei zB gegeben bei der Gegendarstellung eines Unternehmers gegenüber einer Zeitschrift, die einen negativen Test über seine Erzeugnisse veröffentlicht habe. Der BGH ist dieser Auffassung nicht gefolgt, sondern erblickt im Anspruch auf Abdruck einer Gegendarstellung im Hinblick auf dessen starken persönlichkeitsrechtlichen Charakter in jedem Fall einen nichtvermögensrechtlichen Anspruch (BGH NJW 63, 151, 65, 1231, ebenso OLG Frankfurt NJW 60, 2059, Rebmann vor § 11 Rn 2, Reh-Groß § 10 Anm 7). Der Meinungsstreit ist für die sachliche Zuständigkeit bedeutungslos geworden, seitdem infolge des Vereinheitlichungsgesetzes die Amtsgerichte auch für nicht vermögensrechtliche Streitigkeiten bei Streitwerten bis zu 5000.– EUR zuständig sind. Eine Parteivereinbarung über den Gerichtsstand scheidet aus, weil sie nur bei vermögensrechtlichen Ansprüchen zulässig ist (§ 40 Abs 2 ZPO).

b) Örtliche Zuständigkeit

Bezüglich der örtlichen Zuständigkeit vertritt die herrschende Meinung den Standpunkt, dass die Presse nur am allgemeinen Gerichtsstand, dh am Sitz der Verlagsgesellschaft (§ 17 ZPO), ggf am Sitz der gewerblichen Niederlassung (§ 21 ZPO)

LPG § 11
Gegendarstellung

oder am Wohnsitz des Verlegers bzw des verantwortlichen Redakteurs (§ 13 ZPO) wegen Abdrucks einer Gegendarstellung gerichtlich belangt werden kann (BayObLG NJW 58, 1825, OLG Frankfurt NJW 60, 2059, Löffler BB 62, 85, und in „Die Verwaltungspraxis" 64, 104, Scholz ArchPR 62, 230, Reh-Groß § 10 Anm 9, Rebmann § 11 Rn 6, Koebel NJW 64, 1109). Hat ein Verlag zwei Firmensitze, dann sind beide Gerichtsstand, nicht nur der im Impressum ausgewiesene Erscheinungsort (LG Berlin AfP 04, 148).

Demgegenüber ist früher von Neumann-Duesberg (NJW 62, 905) und Wenzel (JZ 62, 112) die Auffassung vertreten worden, eine örtliche Zuständigkeit sei auch dort gegeben, wo die Zeitung verbreitet wird, jedenfalls dann, wenn dort der Betroffene seinen Wohnsitz habe. Es wurde angenommen, dass insoweit der Gerichtsstand des Erfüllungsortes im Sinne des § 29 ZPO bzw des Deliktsortes im Sinne des § 32 ZPO gegeben sei. Diese Auffassung ist abzulehnen. Der Gerichtsstand des Erfüllungsortes scheidet schon deshalb aus, weil § 29 ZPO nur Erfüllungsansprüche aus schuldrechtlichen Verträgen betrifft, § 11 LPG aber einen gesetzlichen Anspruch begründet. Der Deliktsgerichtsstand, den das OLG München noch 1977 angenommen hat (AfP 78, 27) kommt nicht in Betracht, weil Art 10 BayLPG bzw die entsprechenden Vorschriften der anderen Landespressegesetze keine Schutzgesetze im Sinne des § 823 Abs 2 BGB sind und weil zudem die schlichte Nichterfüllung eines gesetzlichen Anspruches nicht als Verletzung eines Schutzgesetzes angesehen werden kann (vgl Soehring AfP 78, 81 ff.).

Für Zeitungen und Zeitschriften, die Regionalausgaben herausbringen und für Funk- und Fernsehanstalten, die Landesstudios unterhalten, wird die Auffassung vertreten, dass für den Anspruch gegen den Verleger bzw die Funkanstalt der Gerichtsstand der Niederlassung (§ 21 ZPO) gegeben sei und zwar auch für Gegendarstellungen zu Berichten aus der Gesamtausgabe (Seitz/Schmidt 9, 16). Dies ist – für Meldungen im regionalen Teil – sicher richtig, wenn ein Verlag Hauptniederlassungen unterhält, die Verlagsgeschäfte betreiben, dh die Regionalausgaben vervielfältigen und/oder verbreiten. Unterhält ein Verlag aber lediglich außerhalb des Verlagssitzes Regional- oder Lokalredaktionen, dann ist dort der Gerichtsstand des § 21 ZPO nicht gegeben (LG Stuttgart AfP 02/340). Von Redaktionen werden keine Geschäfte geschlossen und Redaktionen sind keine „Scheinniederlassungen". Der Betroffene hat auch keine geschäftlichen Beziehungen zur Regionalredaktion. Eine Zuständigkeit des Gerichtes am Ort der Niederlassung für Berichte aus der Gesamtausgabe ist in jedem Falle ebenso abzulehnen wie eine Zuständigkeit für Fernsehberichte des Senders am Sitz des Landesstudios (LG Düsseldorf AfP 84, 58).

Eine erweiterte Anwendung des § 21 ZPO aus den bei Seitz/Schmidt aaO ins Feld geführten Gründen der Zweckmäßigkeit ist abzulehnen. § 21 ZPO ist eine eng auszulegende Sondervorschrift (vgl Baumbach-Lauterbach-Hartmann § 21 Anm 1). Nachdem der verantwortliche Redakteur an seinem Wohnort in Anspruch genommen werden kann (LG Leipzig AfP 93, 674), ist das praktische Bedürfnis für eine analoge Anwendung des § 21 ZPO für den Anspruch gegen den Verleger nicht so bedeutend wie teilweise angenommen. Dabei ist allerdings zu beachten, dass der Wohnort des verantwortlichen Redakteurs nicht mit dem Sitz der Redaktion zusammenfallen muss, er wird aber in der Regel in der Nähe liegen. Da der verantwortliche Redakteur nicht als Person, sondern als Institution verklagt wird, kommt es nach Auffassung Wenzels in der 3. Auflage (11.173, 4. Auflage s 11.214, 5. Auflage s 11.231), in Löffler 3. Auflage übernommen (Rn 184), nicht auf seinen persönlichen Wohnsitz sondern auf seinen Geschäftssitz an, der regelmäßig mit dem Sitz der Redaktion identisch ist. Dies wird vom OLG Frankfurt (AfP 85, 288), vom OLG München (21 U 3382/89), vom LG Leipzig (AfP 93, 674) und von Seitz/Schmidt (9, 12 „als nettes Angebot zu einer vernünftigen Verständnis des § 13 ZPO") mit beachtlichen Gründen abgelehnt. Die Wohnortzuständigkeit kann jedoch in der Praxis zu Problemen und wenig sinnvollen Ergebnissen führen: der private Wohnsitz ergibt sich nicht aus dem Impressum und darf aus persönlichkeitsrechtlichen Gründen wohl auch

XIV. Die Durchsetzung des Gegendarstellungsanspruches § 11 LPG

nicht ohne Einwilligung im Impressum veröffentlicht werden. Er wird zudem häufig nicht oder nur schwer zu ermitteln sein. Die Gerichtsstände beider Verpflichteten werden oftmals auseinanderfallen, vor allem bei Zuständigkeit des Amtsgerichtes und können in verschiedenen Bundesländern liegen. Der verantwortlich Redakteur kann seinen privaten Wohnsitz sogar im Ausland haben, lediglich sein gewöhnlicher Aufenthalt muss im Inland liegen (s § 9 Rn 64/65). Die Bestimmung eines gemeinsamen Gerichtsstandes ist wenig sinnvoll und praktisch kaum möglich. Da der Anspruch mit der Person des verantwortlichen Redakteurs nichts zu tun hat und möglicherweise eine Person als Institution haftet, die mit der Erstmitteilung nicht befasst war (s oben Rn 87), ist der Redaktionssitzzuständigkeit der Vorzug zu geben, mag sie auch dogmatisch schwer zu begründen sein, wie manches im Recht der Gegendarstellung. Zu empfehlen ist ein Vorgehen allein gegen den Verleger (so auch Seitz/Schmidt aaO).

c) Interlokales Recht

Fallen Erscheinungsort und allgemeiner Gerichtsstand des Verlages und/oder des **193** verantwortlichen Redakteurs auseinander, dann können sich schwierige Fragen des interlokalen Presserechts ergeben. Befindet sich die Redaktion oder der Wohnsitz des verantwortlichen Redakteurs in einem anderen Bundesland als der Verlag oder fallen Verlagsort und Erscheinungsort auseinander (zB Verlagsort Hamburg, Erscheinungsort München), dann besteht Einigkeit darüber, dass das Presserecht des Erscheinungsortes Anwendung findet (vgl OLG Hamburg ArchPR 76, 29, OLG München ArchPR 69, 76, LG Köln ArchPR 67, 57). Das für den Wohn- oder Geschäftssitz des Beklagten zuständige Gericht muss das Landesrecht des Erscheinungsortes anwenden. Die Landespressegesetze regeln das Gegendarstellungsrecht hinsichtlich aller periodischen Druckwerke, die in ihrem Bundesland erscheinen (Reh Groß § 10 Anm 9, Rebmann vor § 11 Rn 6, Koebel – NJW 69, 1109). Da Verleger und verantwortlicher Redakteur für den Abdruck der Gegendarstellung gesamtschuldnerisch haften, kann für das gegen sie gerichtete Verfahren ein gemeinsamer Gerichtsstand bestimmt werden (§ 36 Ziff 3 ZPO), was aber in der Praxis kaum in Betracht kommen dürfte.

5. Das erfolglose Abdruckverlangen

a) Prozessvoraussetzung

Die LPG von Berlin, Brandenburg, Bremen, Niedersachsen, Nordrhein-Westfalen, **194** Saarland und Sachsen-Anhalt eröffnen den Rechtsweg für die Durchsetzung des „vergeblich geltend gemachten" Gegendarstellungsanspruchs. Nach dem LPG Schleswig Holstein entscheiden auf Antrag des Betroffenen die ordentlichen Gerichte, wenn der Abdruck der Gegendarstellung verweigert wird. Daraus hat die früher herrschende Meinung hergeleitet, die erfolglose Geltendmachung des Abdruckverlangens der Presse gegenüber sei Prozessvoraussetzung und zwar auch in den Ländern, in denen das LPG die vergebliche Geltendmachung nicht ausdrücklich erwähnt (so die 2. Auflage Rn 161, ferner OLG Frankfurt NJW 50, 270, OLG Düsseldorf AfP 72, 281, OLG Hamburg AfP 74, 573, Löffler in „Die Verwaltungspraxis" 64, 104, Greif NJW 50, 243, abweichend Rebmann § 11 Rn 44, Wenzel 11.228, Seitz/Schmidt 9, 109ff.). Zutreffend weist Wenzel darauf hin, dass die Zuleitung Anspruchsvoraussetzung ist, das Abdruckverlangen begründet hingegen nicht die Fälligkeit sondern die Veranlassung zur Klagerhebung (s oben Rn 155). Seitz/Schmidt erklären die Gesetzesfassungen in Berlin, Bremen, Niedersachsen, Nordrhein-Westfalen und Schleswig-Holstein damit, dass die Gesetze Selbstverständliches ausdrücken, wodurch verhindert werden soll, dass der Rechtsuchende meint, er könne sein Veröffentlichungsverlangen überhaupt nur im Prozesswege geltend machen.

b) Anlass zur Klageerhebung

Die Auffassung in der 2. Auflage, dass die vergebliche Geltendmachung Prozess- **195** voraussetzung sei, kann nicht aufrechterhalten werden. Richtigerweise ist davon auszugehen, dass die Zuleitung der Gegendarstellung materielle Anspruchsvoraussetzung

LPG § 11 — Gegendarstellung

ist, dh dass mit dem Zugehen der Gegendarstellung der Anspruch exisent wird. Das vorgerichtliche Abdruckverlangen ist weder Prozessvoraussetzung, noch hat es für das Entstehen des Anspruches Bedeutung (vgl oben Rn 153 ff.). Das vorgerichtliche Abdruckverlangen ist nur insoweit bedeutsam, als die ausdrückliche oder stillschweigende Verweigerung des Abdrucks einer ordnungsgemäß zugeleiteten und zugegangenen Gegendarstellung dem Betroffenen Anlass zur Klagerhebung gibt. Ohne vergebliches Abdruckverlangen ist es zudem nicht zulässig, über einen Antrag auf Anordnung der Veröffentlichung einer Gegendarstellung ohne mündliche Verhandlung zu entscheiden (ebenso Seitz/Schmidt 9, 110). Macht der Betroffene die ordnungsgemäß zugeleitete, inhaltlich und formal abdruckfähige Gegendarstellung gerichtlich anhängig, ohne die ausdrückliche oder stillschweigende Verweigerung des Abdruckes abzuwarten, dann hat der Verpflichtete keinen Anlass zur Klagerhebung gegeben. Anerkennt er den Anspruch sofort, dann hat der Betroffene die Kosten des Verfahrens zu tragen.

c) Erklärungsfrist

196 Bei Tageszeitungen wird es außer in Fällen besonderer Dringlichkeit zumutbar sein, das Erscheinen der nächsten Ausgabe abzuwarten (vgl o Rn 180). Um Klarheit darüber zu schaffen, ob der Verpflichtete Anlass zur Klagerhebung gegeben hat oder nicht, ist es bei anderen Zeitungen oder Zeitschriften oder in Fällen besonderer Dringlichkeit zweckmäßig, zusammen mit der Zuleitung ein ausdrückliches Abdruckverlangen zu stellen und dabei dem Abdruckverpflichteten eine Erklärungsfrist zu setzen. Der Betroffene muss nicht das Erscheinen der nächsten Ausgabe abwarten, wenn er dem Verpflichteten eine angemessene Frist gesetzt hat. Ob die Frist angemessen ist, bestimmt sich nach den besonderen Umständen des Einzelfalles (LG Hamburg AfP 72, 232). Eine Frist von $1^{3}/_{4}$ Stunden ist unangemessen, wenn der Betroffene 5 Tage benötigt hat, um dem Verpflichteten die erste inhaltlich zulässige Gegendarstellung zuzuleiten (LG Hamburg AfP 72, 232). Erfolgt die Ankündigung der Gegendarstellung mit ihrem wesentlichen Inhalt per Fernschreiben um 13 Uhr, wird um 16.30 Uhr die formgültige Gegendarstellung zugeleitet und um 18.35 Uhr Erklärungsfrist bis zum nächsten Tage um 10 Uhr gesetzt, dann reicht die Frist nach Auffassung des OLG Hamburg bei einer aktuellen Tageszeitung, deren Geschäftsbetrieb darauf eingerichtet ist, in kurzer Zeit Entscheidungen über den Abdruck von Meldungen oder sonstigen Veröffentlichungen zu treffen, aus. Darauf, dass die Redaktionskonferenz erst am nächsten Tag stattfindet, kann sich die Zeitung nicht berufen, da die Entscheidung über den Abdruck der Gegendarstellung die zuständige Redaktion zu treffen hat (OLG Hamburg AfP 74, 573). Auch nach Auffassung des OLG München (ArchPR 76, 52) ist der Verlag verpflichtet, innerhalb einer vom Betroffenen gesetzten Frist, die ggf sehr kurz sein kann, zu erklären, ob er die Gegendarstellung veröffentlicht oder nicht. Hat es der Betroffene versäumt, dem Verpflichteten eine Frist zu setzen, wird er in der Regel das Erscheinen der nächsten Nummer abwarten müssen (vgl Wenzel 11.229). Die Auffassung des Amtsgerichts Hamburg (AfP 94, 169), der Verpflichtete könne schadensersatzpflichtig sein, wenn er auf das Gegendarstellungsverlangen nicht in angemessener Frist antworte, ist abzulehnen (s u Rn 228). Die Verletzung der Antwortobliegenheit, die nur bei Fristsetzung entsteht, begründet lediglich den Anlass zur Klagerhebung mit möglichen Kostenfolgen nach den §§ 93 und 91a ZPO. Eine Fristsetzung ist auch nachträglich, dh nach Zuleitung noch möglich. Durch die Fristsetzung bindet sich der Betroffene selbst, so dass er vor Fristablauf ohne Änderung der Sachlage und vor Eingang einer Erklärung nicht gerichtlich vorgehen kann, ohne das Kostenrisiko nach § 93 einzugehen (Seitz/Schmidt 9, 102).

6. Einleitung des Verfahrens – Frist

197 a) Für die Einleitung des Verfahrens sehen die Landespressegesetze anders als für die Zuleitung der Gegendarstellung keine Frist vor. Für die Zeit nach der Zuleitung der Gegendarstellung gilt das gesetzliche Gebot der Unverzüglichkeit nicht (vgl OLG

XIV. Die Durchsetzung des Gegendarstellungsanspruches § 11 LPG

Hamburg ArchPR 77, 50). Aus dem Zweck der Gegendarstellung, auf die Erstmitteilung zu erwidern, solange sie aktuell ist, lässt sich aber folgern, dass ein durch rechtzeitiges Übersendung entstandener Anspruch verwirkt wird, wenn der Betroffene mit der Einleitung des Verfahrens zu lange zögert (vgl Wenzel 11.225). Nach Auffassung des OLG Hamburg (ArchPR 70, 81 und ArchPR 77, 50) besteht für die Rechtsverfolgung die Schranke des Rechtsmissbrauches, mit der Folge, dass eine Rechtsverfolgung nach Ablauf unangemessener Zeit unzulässig sei. Es erscheint richtig, mit Wenzel auf die Verwirkung des materiellen Anspruches abzustellen. Wird der Abdruck der Gegendarstellung von der Presse abgelehnt, darf der Betroffene nicht beliebig lange Zeit verstreichen lassen, bis er den Antrag auf Erlass einer einstweiligen Verfügung stellt, ebenso wenn der Betroffene keine Frist setzt und unangemessen lange zuwartet, ob der Verpflichtete nicht freiwillig abdruckt (OLG Hamburg AfP 87, 434). Zuwarten mit dem Antrag auf Erlass einer einstweiligen Verfügung schadet dann nicht, wenn die Verzögerung im Wesentlichen auf späte Antworten des Antragsgegners auf die Veröffentlichungsverlangen zurückzuführen ist (OLG München AfP 90, 53). Wird gegen einen Beschluss des Landgerichts, durch den der Abdruck einer Gegendarstellung abgelehnt wurde, Beschwerde eingelegt, so kann diese daran scheitern, dass sie wegen unangemessener Verzögerung der Beschwerdeeinlegung rechtsmissbräuchlich erscheint (OLG Hamburg AfP 80, 210). Das OLG Hamburg spricht davon, dass das Zögern zum Verlust des Gegendarstellungsrechts führen kann, wobei nicht ganz klar wird, ob der materielle Anspruch berührt wird oder seine prozessuale Durchsetzbarkeit. Die Ausnutzung der Vollziehungsfrist nach Erlass einer einstweiligen Verfügung schadet hingegen nicht (OLG Hamburg AfP aaO). Nach OLG München AfP 98/86 entfällt bei Überschreitung der Aktualitätsgrenze das berechtigte Interesse. Der Antrag muss in Bayern bei Gericht so rechtzeitig eingereicht werden, dass das Erstgericht auch nach mündlicher Verhandlung noch innerhalb der Aktualitätsgrenze entscheiden kann (s o Rn 159).

b) Wie lange die Frist für die Einleitung des Verfahrens zu bemessen ist, lässt sich nicht allgemein sagen. Die Einleitung gerichtlicher Schritte muss umso beschleunigter erfolgen, je mehr Zeit seit der Veröffentlichung der Erstmitteilung bereits verstrichen ist, um die Aktualität zu wahren (so Wenzel 11.226). Führt der Betroffene das Verfahren so, dass die Gegendarstellung erst 9 Monate nach Erscheinen der Erstmitteilung veröffentlicht werden muss, durch Anrufung eines örtlich unzuständigen Gerichts und durch volle Ausschöpfung aller Fristen, dann wird man von Verwirkung ausgehen müssen (anders OLG Köln AfP 77, 400 mit ablehnender Anmerkung von Wenzel, vgl auch Wenzel 11.225). Die Aktualitätsgrenze ist bei wöchentlichem Erscheinen kürzer als bei monatlichem, abzustellen ist auf das Bewusstsein des durchschnittlich, nicht auf das des speziell interessierten Lesers (Verwandte, Freunde). Die Aktualitätsgrenze beträgt bei Focus vier bis spätestens sechs Wochen (OLG München AfP 98, 86), Bei Eingang bei Gericht sechs Wochen und ein Tag nach dem Erstverkaufstag konnte das Gericht noch innerhalb der Aktualitätsgrenze verhandeln (OLG München AfP 99, 72).

c) Unrichtig ist es, wenn das LG Mannheim (ArchPR 76, 53) und ihm folgend Seitz/Schmidt/Schoener Rn 597 (dazu Seitz/Schmidt 9, 94 ff.), die Dringlichkeit und damit den Verfügungsgrund verneinen, wenn sich der Betroffene mit der Einleitung des gerichtlichen Verfahrens oder seiner Durchführung zu viel Zeit lässt. Das gilt jedenfalls für die Länder, in denen keine ordentliche Klage zulässig ist. Da das Verfahren nach § 11 LPG als einziges Verfahren zur Verfügung steht und das ordentliche Klageverfahren ausgeschlossen ist, ist es nicht möglich, die Dringlichkeit zu verneinen, was normalerweise lediglich zur Folge hat, dass der Anspruch nur im ordentlichen Klageverfahren durchgesetzt werden kann. Ist der materielle Anspruch nicht verwirkt – etwa weil die Parteien längere Zeit miteinander verhandelt haben (vgl Wenzel 11.225) – dann kommt eine Verneinung der Dringlichkeit und damit des Verfügungsgrundes nicht in Betracht, wie immer man dies dogmatisch begründen mag.

Sedelmeier

LPG § 11

Gegendarstellung

7. Besonderheiten

200 Auf das Verfahren nach § 11 LPG finden die Vorschriften über das Verfahren auf Erlass einer einstweiligen Verfügung entsprechend Anwendung. Aus dem eigentümlichen Wesen des Gegendarstellungsanspruches und aus dem speziell für die Gegendarstellung gewährten Verfahren ergeben sich eine Reihe von Besonderheiten:

a) Dringlichkeit

201 Die §§ 11 (bzw 10 oder 12) der verschiedenen Landespressegesetze sehen vor, dass eine Gefährdung des Anspruches nicht glaubhaft gemacht werden muss. Da das Verfahren nach § 11 LPG unter Ausschluss des Hauptklageverfahrens das einzige ist, in dem eine Gegendarstellung durchgesetzt werden kann, ist nicht nur die Glaubhaftmachung der Dringlichkeit entbehrlich. Es kann auch nicht mangelnde Dringlichkeit eingewandt oder glaubhaft gemacht werden. Unzutreffend ist die Auffassung des LG Mannheim (ArchPR 76, 53), die Dringlichkeitsvermutung sei – wie im Wettbewerbsverfahren – widerleglich (ebenso Wenzel 11.242).

b) „Stelle" als Partei

202 Bei den Parteien können sich Besonderheiten ergeben, wenn Anspruchsinhaber eine „Stelle" oder nicht rechtsfähige „Person" ist. Im gerichtlichen Verfahren kann dann nicht die Stelle den Anspruch geltend machen, auftreten muss vielmehr die hinter der Stelle stehende Rechtspersönlichkeit (OLG Hamburg AfP 82, 232; s a OLG Koblenz AfP 93, 592, OLG Karlsruhe AfP 98/65 Erzbischöfliches Ordinariat ist betroffene Stelle, unterzeichnen kann deren Leiter, in dessen Abwesenheit sein Vertreter, klagen muss die kirchliche Körperschaft des öffentlichen Rechts, OLG München AfP 06, 279 Ortsverein einer pol. Partei). Die Auffassung des LG Aachen (ArchPR 76, 46) eine nichtrechtsfähige Bürgerinitiative sei im Gegendarstellungsverfahren partiell parteifähig ist abzulehnen (s o Rn 52).

c) Wechsel des Beklagten

203 Im Hinblick auf die Parteien können sich auch Probleme beim Beklagten ergeben, wenn der verantwortliche Redakteur im Laufe des Verfahrens ausscheidet. Dann kann er den Rechtsstreit nach § 265 ZPO nach allgemeiner Meinung für seinen Rechtsnachfolger in gesetzlicher Prozessstandschaft weiterführen (OLG München ArchPR 72, 102). Bei Wechsel nach Beendigung des Verfahrens kann der Titel umgeschrieben werden (BayObLG ArchPR 70, 74, Schultz Justiz 64, 319).

d) Rechtsschutzbedürfnis

204 Keine besonderen Probleme wirft die Frage des Rechtsschutzbedürfnisses auf. Fehlendes berechtigtes Interesse und Rechtsschutzbedürfnis werden gelegentlich in Entscheidungen zum Gegendarstellungsrecht nicht sauber auseinandergehalten. Wenn die Behauptung, auf die sich die Gegendarstellung bezieht, von den zum Abdruck der Gegendarstellung an sich Verpflichteten widerrufen wird (OLG München AfP 78, 219), kann nicht das Rechtsschutzinteresse sondern allenfalls das berechtigte Interesse am Abdruck einer Gegendarstellung entfallen. Ebenso kann nicht das Rechtsschutzinteresse sondern das berechtigte Interesse entfallen, wenn zur Erstmitteilung schon ein Dritter eine inhaltlich gleiche Gegendarstellung durchgesetzt hat (zB OLG Hamburg AfP 74, 576). Nicht das Rechtsschutzinteresse fehlt sondern der Anspruch ist verwirkt, wenn der Berechtigte nach Ablehnung mit der Einleitung des Verfahrens zu lange gezögert hat (vgl o Rn 197).

e) Mündliche Verhandlung

205 Da die Vorschriften über den Erlass einer einstweiligen Verfügung entsprechend anwendbar sind, ist es rechtlich prinzipiell zulässig, eine Anordnung auf Veröffentlichung einer Gegendarstellung ohne mündliche Verhandlung zu erlassen, wenn die besondere Dringlichkeit nach § 937 ZPO gegeben und glaubhaft gemacht ist. Eine routinemäßige Entscheidung ohne mündliche Verhandlung, wie dies bei manchen

XIV. Die Durchsetzung des Gegendarstellungsanspruches § 11 LPG

Gerichten praktiziert wird, erscheint nicht zulässig. (s dazu Seitz „Richterliches Plädoyer für mündliche Verhandlung in Gegendarstellungssachen" AfP 91, 581, OLG München AfP 90, 53, Schmidt „Die mündliche Verhandlung in Gegendarstellungssachen" AfP 92, 31). Eine Gegendarstellung soll so weit irgend möglich nur auf Grund mündlicher Verhandlung angeordnet werden (OLG München AfP 98, 86). Insbesondere ist es nicht generell zulässig, einen Antrag auf Anordnung des Abdruckes einer Gegendarstellung ohne mündliche Verhandlung zurückzuweisen. Grundsätzlich ist dies zwar nach der Änderung des § 937 II ZPO möglich und zwar auch ohne besondere Dringlichkeit. Eine Zurückweisung ohne mündliche Verhandlung ist aber nur zulässig, wenn der Antragsteller einen in allen entscheidenden Punkten lückenlosen Sachverhalt vorgetragen hat und dieser Vortrag den Anspruch nicht deckt. Hat der Antragsteller hingegen einzelne Behauptungen nicht glaubhaft gemacht oder erscheint sein Vorbringen zur schlüssigen Begründung ergänzungsbedürftig und -fähig, dann darf das Gericht nicht ohne mündliche Verhandlung zurückweisen (OLG Köln AfP 84, 243). Generelle Bedenken gegen die Anordnung des Abdruckes einer Gegendarstellung ohne mündliche Verhandlung ergeben sich aus der Vielzahl der möglichen Einwendungen, insb im Bereich des fehlenden berechtigten Interesses, wo es auf die Antragserwiderung und möglicherweise auch auf Glaubhaftmachung ankommen kann (vgl u Rn 206).

Wird der Abdruck einer Gegendarstellung ohne mündliche Verhandlung angeordnet und erhebt der Antragsgegner dagegen Widerspruch, der nicht von vornherein aussichtslos erscheint, wird es in der Regel geboten sein, die Zwangsvollstreckung aus dem ohne mündlichen Verhandlung erlassenen Beschluss einstweilen einzustellen. Ist die Gegendarstellung erst einmal veröffentlicht und ergibt die mündliche Verhandlung, dass der Anspruch nicht begründet war – beispielsweise weil eine gleich lautende Gegendarstellung eines Dritten veröffentlicht worden ist – dann kann der durch die Vollziehung des Beschlusses eingetretene Schaden, soweit er über die Kosten der Veröffentlichung hinausgeht, nicht wiedergutgemacht werden, da die Veröffentlichung nicht rückgängig gemacht werden kann. Unverzichtbare Voraussetzung für den Erlass einer Entscheidung ohne mündliche Verhandlung ist, dass der Antragsteller glaubhaft macht, dass er den Abdruck der Gegendarstellung vergeblich verlangt hat und dass der Verpflichtete ausdrücklich oder stillschweigend abgelehnt hat. Ferner ist Voraussetzung, dass alle klagebegründenden Tatsachen lückenlos glaubhaft gemacht sind, wobei bei einer Ablehnung seitens des Verpflichteten, die einer Begründung versehen ist, die Glaubhaftmachung sich ggf auch darauf zu erstrecken hat, dass die vorgebrachten Ablehnungsgründe nicht berechtigt sind. Für das Beschlussverfahren hat der Antragsteller auch die Tatsachen glaubhaft zu machen, für die er an sich nicht beweispflichtig ist (OLG Köln AfP 84, 243). Dies gilt insb auch für nahe liegende oder in der Vorkorrespondenz geltend gemachte Einwendungen gegen den Anspruch (Sedelmeier in der Anm zu OLG Köln AfP 84, 243). Über Beschwerden ist nach ZPO 2002 stets durch Beschluss zu entscheiden, auch nach mündlicher Verhandlung (OLG München AfP 03, 458).

f) Glaubhaftmachung

Im Gegendarstellungsverfahren kommt es auf die Wahrheit oder Unwahrheit nicht an. Trotzdem ist für verschiedene Tatsachen die im Verfahren auf Erlass einer einstweiligen Verfügung anstelle des Beweis tretende Glaubhaftmachung erforderlich. Der Glaubhaftmachung aller anspruchsbegründenden Tatsachen bedarf es, wenn der Erlass der Entscheidungen ohne mündliche Verhandlung beantragt wird (vgl o Rn 196). Ansonsten bedarf es der Glaubhaftmachung nur, soweit der Antragsgegner die anspruchsbegründenden Tatsachen bestreitet. Glaubhaft zu machen ist ggf die Betroffenheit, die gesetzliche Vertretung des Betroffenen, die Passivlegitimation, die Zuleitung, das Abdruckverlangen und die Ablehnung. Es empfiehlt sich in jedem Falle, die Erstmitteilung im Wortlaut und das Impressum zur Glaubhaftmachung der Passivlegitimation vorzulegen. Nach OLG Hamburg (AfP 79, 361) ist bei Gegendarstellungen gegenüber Gerichtsberichten und Parlamentsberichten auch die Unwahrheit glaubhaft zu machen. Nach der hier vertretenen Auffassung genügt es, dass die Gegendarstellung behauptet, der Gerichtsbericht bzw der Parlamentsbericht selbst sei unwahr. Unzulässig ist nach der hier vertretenen Auffassung eine Gegendarstellung nur mit der Behauptung, dasjenige, was der Gerichts- oder Parlamentsbericht richtig wiedergebe, sei seinerseits unwahr (vgl o Rn 76). Grundsätzlich keiner Glaubhaftmachung bedarf die offensichtliche Unwahrheit (OLG Hamburg ArchPR 74, 110, AfP 79, 400, AfP 80, 104). Gelegentlich kann aber auch die offensichtliche Unwahrheit der Glaubhaftmachung bedürfen, an die die jedoch strenge Anforderungen zu stellen sind (OLG Karlsruhe, AfP 06, 168), so etwa, wenn sie sich aus einem vom Antragsteller selbst verfassten Zeitungsbericht ergibt (vgl OLG Karlsruhe AfP 77, 356 und OLG Hamburg ArchPR 75, 46).

g) Anordnung der Veröffentlichungsmodalitäten nach § 938 ZPO

207 § 938 ZPO findet mit der Maßgabe Anwendung, dass die Veröffentlichungsmodalitäten vom Gericht nach freiem Ermessen angeordnet werden können und zwar auch dann, wenn der Antragsteller dies nicht beantragt hat. Die Abdruckmodalitäten – Platzierung, Größe, Überschrift, Erwähnung im Inhaltsverzeichnis und Ankündigung auf der Titelseite – gehören nicht zur Gegendarstellung und haben keinen Einfluss auf das Entstehen durch Zugang (KG Berlin AfP 07, 23). So kann beispielsweise die Platzierung, die Schriftgröße und Aufmachung, die Art der Gestaltung der Überschrift und die Erwähnung der Gegendarstellung im Inhaltsverzeichnis vom Gericht nach § 938 ZPO bestimmt werden (OLG Hamburg ArchPR 74, 113/114 u 75, 44). Hingegen ist das Gericht grundsätzlich nicht berechtigt, gemäß § 938 ZPO im Gegendarstellungsverfahren den Inhalt der Gegendarstellung zu ändern (vgl OLG Hamburg AfP 81, 408 und ArchPR 77, 51). Es wird zwar teilweise die Auffassung vertreten, dass im Rahmen des § 938 ZPO geringfügige Änderungen zulässig seien, so beispielsweise die Streichung einzelner Wörter, sofern es sich um unerhebliche Füllwörter handelt, deren Weglassung den Gegendarstellungstext inhaltlich nicht verändert (vgl OLG Hamburg ArchPR 77, 51), zB die Korrektur des Wortes „Mangel" in „Mängel" oder die Einfügung des Hinweises „in Pro 7" (OLG München AfP 99, 72; AfP 01, 70). Aber auch solche Änderungen der Gegendarstellung im Rahmen des § 938 sind bedenklich. Der Verpflichtete ist nicht berechtigt, die Gegendarstellung mit „Weglassungen" zu veröffentlichen. Es ist unzulässig, ihn durch Gerichtsurteil zu etwas zu verpflichten, wozu er von sich aus nicht berechtigt ist. Ist ein einzelnes Wort nur ein Füllwort, dessen Weglassung den Gegendarstellungstext inhaltlich nicht verändert, dann ist eine Streichung durch das Gericht nicht erforderlich, da die Gegendarstellung dann auch mit dem Füllwort zulässig ist. Bewirkt hingegen erst die Streichung des Füllwortes, dass aus einer unzulässigen Gegendarstellung eine zulässige wird, dann liegt eine unbedeutende Änderung nicht vor. Änderungen des Inhalts der Gegendarstellung im Rahmen des § 938 kommen demzufolge allenfalls insoweit in Betracht, als grammatikalische Fehler oder Druckfehler richtiggestellt werden. Auch insoweit empfiehlt es sich aber, nicht nach § 938 ZPO zu ändern sondern durch einen entsprechenden Hinweis gem. § 139 ZPO den Antragsteller zur entsprechenden Änderung zu veranlassen (zur Änderungsbefugnis des Antragstellers im gerichtlichen Verfahren vgl u Rn 208 ff.).

8. Änderung der Gegendarstellung im Verfahren

208 Der Umstand, dass die Gegendarstellung eine persönliche Erklärung des Betroffenen ist und die Formenstrenge, die das Gegendarstellungsrecht beherrscht, bringen besonders schwierige Probleme mit sich, wenn die ursprünglich geltend gemachte Gegendarstellung geändert werden muss, weil sie aus formellen oder inhaltlichen Gründen nicht den Anforderungen des Gesetzes entsprochen hat. Über die Frage, ob, inwieweit und unter welchen Voraussetzungen Änderungen der ursprünglich verlangten Gegendarstellung möglich sind, bestehen tiefgreifende Meinungsverschiedenheiten.

XIV. Die Durchsetzung des Gegendarstellungsanspruches   § 11 LPG

a) In der 2. Auflage wurde von Löffler die Auffassung vertreten, § 938 ZPO gebe dem Gericht die Möglichkeit, von sich aus eine einwandfreie Formulierung der Gegendarstellung vorzunehmen, solchen Änderungen seien allerdings Grenzen gezogen, es müsse sich um wenige geringfügige Änderungen oder Kürzungen handeln. Die neue Fassung müsse noch aus dem ursprünglichen Antrag abzuleiten sein. Sinn und Tendenz der beantragten Gegendarstellung dürften nicht verändert werden. Der Antragsteller könne dem Richter im Rahmen des § 938 ZPO die endgültige Formulierung anheimgeben. Der Richter seinerseits könne gem § 139 ZPO auf eine sachgemäße Formulierung hinwirken. Wenn eine Gegendarstellung aus einer Häufung einzelner Punkte bestehe, von denen einzelne unzulässig sind, könne Teilabweisung erfolgen (2. Aufl Rn 160). 209

Wenzel vertritt die Auffassung, das Gericht sei nicht befugt, die Gegendarstellung als solche von sich aus zu ändern, hiervon ausgenommen sei lediglich die Beseitigung grammatikalischer oder orthographischer Fehler (11.240). Eine Kürzung, die er nicht als Änderung betrachtet, hält Wenzel (AfP 82, 89) gem § 938 ZPO für möglich. Eine Gegendarstellung, mit der auf mehrere Behauptungen geantwortet werde, sei in Wahrheit ein Bündel von Gegendarstellungen (Bündelungstheorie). Bei entsprechendem Hilfsantrag könne das Gericht die Gegendarstellung teilweise zusprechen, wenn der Verpflichtete zuvor Gelegenheit gehabt habe, den Hilfsantrag unter Verwahrung gegen die Kosten anzuerkennen (vgl u Rn 221). Seitz/Schmidt 12, 61 ff. sind der Auffassung, dass Korrekturen zulässig sind, wenn es sich nur um ganz geringfügige Änderungen handelt. Es dürfe sich nur um geringfügige, unwesentliche Änderungen in den Grenzen von § 308 I ZPO handeln. Die als zulässig aufgeführten Beispiele betreffen allerdings durchweg Änderungen, die als Einschaltungen oder Weglassungen zu qualifizieren und damit jedenfalls dem Verpflichteten verboten sind. Ausdrücklich abweichend von der 2. Auflage, die in Rn 583 Änderungen der Gegendarstellung durch das Gericht nur in Ausnahmefällen für zulässig hielt, kämen solche in Betracht, wenn es sich um selbstständige Kürzungen handele und das Gericht von dem Betroffenen persönlich dazu ermächtigt sei (aaO Rn 63 „Münchner Schere"). Es liege eine Klageänderung vor, jede – auch die selbstständige – Kürzung führe zu einem anderen Streitgegenstand (aaO Rn 34), Hilfsanträge seien nicht erforderlich, der Verpflichtete müsse aber die Möglichkeit haben, die verkürzte Gegendarstellung unter Verwahrung gegen die Kosten anzuerkennen (aaO 72). Die Bündelungstheorie von Wenzel lehnen sie ab. Änderungen durch den Betroffenen, auch alle unselbstständigen Kürzungen, müssten allen medienrechtlichen (Unterzeichnung, Zuleitung) und prozessualen Anforderungen genügen (Rn 37/39 ff).

b) Das OLG Frankfurt lässt in erheblichem Umfange Änderungen der Gegendarstellung durch das Gericht nach § 938 ZPO zu. Besteht eine Gegendarstellung aus mehreren selbstständigen Punkten, von denen einzelne unzulässig sind, so ist das Gericht nach Auffassung des OLG Frankfurt berechtigt, die unzulässigen Punkte abzulehnen und den Abdruck der übrigen Punkte anzuordnen (OLG Frankfurt AfP 79, 359; 08, 628 ebenso OLG Stuttgart AfP 87, 420). Das OLG Frankfurt (AfP 08, 628) verlangt dafür eine persönliche Ermächtigung des Betroffenen, die nicht durch Hilfsanträge erfolgen kann. Besteht die Gegendarstellung aus einem zusammenhängenden Text, ist das Gericht lediglich berechtigt, einzelne Formulierungen zu ändern oder wegzulassen, wenn dadurch die Gegendarstellung in ihrer Substanz nicht beeinträchtigt wird (OLG Frankfurt AfP 79, 360, ebenso OLG Frankfurt AfP 80, 225u AfP 82, 179). Der Verpflichtete muss in jedem Falle Gelegenheit zur Äußerung und zum Anerkenntnis erhalten (OLG Frankfurt AfP 82, 42 abw f einen besonderen Fall OLG Frankfurt AfP 83, 279). Das LG Frankfurt/Main (AfP 09, 73) lässt Änderungen einer formgültigen Erstfassung der Gegendarstellung zu. Formfehlöer sind nicht heilbar. Die geänderte Gegendarstellung muss dabei den presserechtlichen Anforderungen genügen, d. h. fristgemäß zugestellt sein. 210

c) Grundsätzlich anderer Auffassung ist das OLG Hamburg (AfP 80, 104). Das Gericht darf nach Auffassung des OLG Hamburg weder wesentliche Teile noch gan- 211 ze Punkte aus einer Gegendarstellung herausstreichen. Das OLG Hamburg hält an dieser Rechtsprechung ausdrücklich gegenüber der abweichenden Auffassung des OLG Frankfurt fest. Eine Änderung der Gegendarstellung durch den Betroffenen während des Verfahrens hält das OLG Hamburg für zulässig, allerdings ist die neue Gegendarstellung, die in Form eines geänderten oder eines Hilfsantrages geltend gemacht wird, der Presse noch einmal zuzuleiten (vgl OLG Hamburg AfP 79, 405 und OLG Hamburg AfP 81, 408, OLG Hamburg AfP 84, 155, ebenso das LG Köln AfP 92, 310, das darauf hinweist, dass der Prozessbevollmächtigte die Entgegennahme der Zuleitung ablehnen kann).

212 d) Nach Auffassung des KG braucht eine Gegendarstellung, die nach Ablehnung einer ersten Fassung im gerichtlichen Verfahren in anderer Fassung geltend gemacht wird, aber im Aussagegehalt unverändert ist, nicht noch einmal zugeleitet zu werden. Die inhaltsgleiche, gerichtlich geltend gemachte Gegendarstellung gilt als zugegangen (KG AfP 77, 286 mit ablehnender Anmerkung von Heidenreich).

Das OLG Düsseldorf hält eine Änderung des Wortlautes der Gegendarstellung durch das Gericht nicht für zulässig. Auch eine Anregung zur Änderung gem § 139 ZPO hält OLG Düsseldorf nicht für möglich, wenn der Betroffene einem berechtigten Einwand des Verpflichteten nicht Rechnung getragen und damit zum Ausdruck gebracht hat, dass er die von ihm gewählte Formulierung durchsetzen will (OLG Düsseldorf ArchPR 76, 53). Das OLG Düsseldorf AfP 01/327 meint zum alles oder nichts Prinzip bei mehrgliedrigen Gegendarstellungen, der Betroffene könne jedes Risiko dadurch ausschalten, dass er gesonderte oder hilfsweise gestaffelte Gegendarstellungsersuchen geltend macht. Er sei nicht verpflichtet, mehrere selbstständige Punkte in einer Gegendarstellung vorzutragen. Keine Einschränkung des alles oder nichts Prinzips sei geboten in Fällen, in denen eine mehrgliedrige Gegendarstellung selbstständig Punkte enthält und der Berechtigte wegen Fristablaufes gehindert ist, dem Verpflichteten eine auf die begründeten Punkte beschränkte Gegendarstellung zuzuleiten. Das Gericht begründet dies mit der Erwägung, andernfalls würde sich das Risiko auf den Anspruchsverpflichteten überlagern, der sich nicht mehr darauf beschränken könnte, fehlerhafte Gegendarstellungen einfach zurückzuweisen, sondern er müsste zur Vermeidung einer ihn benachteiligenden Kostenfolge das Gegendarstellungsersuchen selbst korrigieren und auf den Umfang beschränken, der nach seiner Auffassung zulässig ist und der Streit würde sich dann später auf die Frage konzentrieren ob die vom Anspruchsverpflichteten veröffentlichte Gegendarstellung ausreichend ist. Nach Kenntnis der gegen seine Gegendarstellung sprechende Rechtsauffassung des Gerichts müsse der Betroffenen unverzüglich eine gekürzte Gegendarstellung zuleiten oder umgehend erklären, dass er hilfsweise auf dem Abdruck der Gegendarstellung ohne den zweifelhaften Punkt besteht.

Das OLG München meint, es bedürfe weder bei der Änderung der Gegendarstellung durch den Antragsteller noch bei einer Änderung der Gegendarstellung auf Anregung des Gerichts eines erneuten Abdruckverlangens. Der Verpflichtete müsse die Gegendarstellung jetzt unter Verwahrung gegen die Kostenlast anerkennen, wenn sie nunmehr abdruckfähig sei, um eine Verurteilung zu vermeiden (ArchPR 74, 107). Eine Änderung der Gegendarstellung durch das Gericht hält das OLG München noch am 14.11.1997 für unzulässig (AfP 98, 89). Soweit ersichtlich erstmals am 13.3.1998 (AfP 98, 515; AfP 98/523; AfP 00, 172) – im zeitlichen Zusammenhang mit der in der 3. Auflage geänderten Auffassung von Seitz/Schmidt/Schoener Rn 734 ff. (jetzt Seitz/Schmidt 12, 63 ff.) – hält das OLG München Streichungen durch das Gericht in bestimmten Fällen auf Grund einer persönlichen Erklärung des Betroffenen für möglich. Näher erläutert wird dies im Urteil vom 26.6.1998 (AfP 98, 523): Grundsätzlich gilt das alles oder nichts Prinzip. Dieser Grundsatz ist für Fälle selbstständiger Kürzungen einzuschränken, dh für mehrgliedrige Gegendarstellungen, wenn einzelne Punkte voneinander derartig unabhängig sind, dass sie aus sich heraus verständlich sind und ihre Streichung das Verständnis der anderen Punkte nicht ändert. In solchen Fällen kann das Gericht einzelne Punkte abweisen, wenn der Be-

XIV. Die Durchsetzung des Gegendarstellungsanspruches § 11 LPG

troffene das Gericht in einer persönlichen Erklärung ermächtigt hat, die Streichung vorzunehmen und zwar ohne Hilfsanträge. Entsprechende Vollmacht für den Proz.Bev. genügt nicht. Die Ermächtigung 1. Instanz genügt auch für die Berufung (OLG München AfP 03, 70). Die Berufung ist jedoch unzulässig, wenn sie sich nicht mit allen abgewiesenen Punkten befasst, das gilt auch, wenn der Verfügungskläger das Berufungsgericht ermächtigt hat, selbstständige Punkte der Gegendarstellung zu streichen, auch den Punkt, zu dem eine Berufungsbegründung fehlt. Die Ermächtigung zur Kürzung der Erstfassung deckt nicht eine Kürzung der Hilfsfassung (OLG München AfP 01, 132). Das OLG meint (AfP 98, 523), solche Kürzungen belasten das Medium nicht, weil dem Betroffenen weniger zugesprochen wird als beantragt. Sie erleichtertern das Verfahren, mehrfach gestaffelte Hilfsanträge erschweren die Entscheidung und setzten entsprechend gefasste geänderte Gegendarstellungen als Grundlage voraus. Zudem werde oft – „auch hier" – gerade der Punkt auch im Hilfsantrag beibehalten, der nicht der gesetzlichen Regelung entspricht.

Das OLG Karlsruhe (AfP 99, 373) hält das Gericht nicht für berechtigt Gegendarstellung abzuändern (Bestätigung von AfP 99, 74 und 94, 317), der Antrag auf gekürzte Gegendarstellung sei kein minus sondern aliud. Eine Kürzung durch den Prozessbevollmächtigten sei wegen der Unzulässigkeit rechtsgeschäftlicher Vertretung nicht möglich. Bei Geltendmachung einer geänderten Gegendarstellung muss mündliche Verhandlung stattfinden, um dem Verpflichteten Gelegenheit zu geben, zu der neuen Fassung Stellung zu nehmen und sie ggf mit der Kostenfolge des § 93 ZPO anzuerkennen (OLG Karlsruhe AfP 89, 564). Überraschenderweise lässt das OLG Karlsruhe wie die Münchner „Schere" später eine Kürzung der Gegendarstellung aufgrund persönlicher Ermächtigung durch den Betroffenen zu (AfP 03, 439; 09, 267 s u Rn 225).

Köln: Das Gericht kann einen Gegendarstellungsanspruch in einzelnen von mehreren selbstständigen Punkten (nur) abweisen und in anderen Punkten zusprechen, wenn der Betroffene einen auf die begründeten Punkte beschränkten Hilfsantrag gestellt hat und der Verpflichtete Gelegenheit hatte, diese eingeschränkte Fassung sofort anzuerkennen. Die eingeschränkte Fassung muss dem Verpflichteten erneut zugeleitet werden, der Verfahrensbevollmächtigte ist nicht befugt, die abgeänderte Gegendarstellung für den Verpflichteten entgegenzunehmen (OLG Köln AfP 89, 565).

e) Bei der Beurteilung der Frage, ob und in wieweit eine Abänderung der Gegendarstellung entweder durch das Gericht oder durch den Antragsteller, sei es mit oder ohne Anregung durch das Gericht, zulässig ist, ist allein entscheidend, dass die Gegendarstellung eine höchstpersönliche Erklärung des Betroffenen ist, was einmal die unverzichtbare Formenstrenge der Gegendarstellung zur Folge hat, zum zweiten das Verbot an den Verpflichteten, irgendetwas an der Gegendarstellung zu ändern. 213

(1) Aus der Tatsache, dass die Gegendarstellung eine höchstpersönliche Erklärung ist, die vom Betroffenen selbst oder seinem gesetzlichen Vertreter handschriftlich unterzeichnet sein muss, folgt zwingend, dass die gewillkürte Stellvertretung bei Abfassung der Gegendarstellung ausgeschlossen ist, und dass der Gegendarstellungsanspruch durch Zugang der Gegendarstellung an den Verpflichteten in der konkreten Form, in der die Gegendarstellung zugeleitet worden ist entsteht (Rn 153 ff.). Eine weitere Folge der Tatsache, dass es sich um eine höchstpersönliche Erklärung handelt ist, dass der Anspruchsverpflichtete den Abdruck ohne Einschaltungen und Weglassungen vorzunehmen hat, dh weder berechtigt noch verpflichtet ist, irgendetwas an der Gegendarstellung zu ändern (Rn 169 ff.). 214

(2) Aus diesen Grundsätzen, die sich unmittelbar aus der Rechtsnatur der Gegendarstellung ergeben, folgt, dass eine Abänderung durch das Gericht gem § 938 ZPO unter keinen Umständen in Betracht kommt. 215

Wenn der verpflichtete Verleger oder verantwortliche Redakteur an der Gegendarstellung nichts ändern darf, kann es unmöglich zulässig sein, dass das Gericht ihm durch Beschluss oder Urteil etwas auferlegt, was zu tun er nach dem Gesetz nicht berechtigt ist. Außerdem kann es der Betroffene nicht dem Gericht überlassen, die Gegendarstellung unter Anwendung des § 938 ZPO selbst zu formulieren. Dies folgt daraus, dass bei Abfassung der Gegendarstellung gewillkürte Stellvertretung ausgeschlossen ist, weshalb der Betroffene seine persönliche Äußerung keinem Dritten überlassen und Dritte – auch das Gericht – dazu nicht ermächtigen kann. Eine Abänderung durch das Gericht scheidet auch aus, weil der Anspruch erst durch Zuleitung der materiell und formell § 11 LPG entsprechenden Gegendarstellung konkretisiert wird und durch Zugang entsteht (vgl o Rn 154). Entsprach die ursprünglich geforderte Gegendarstellung in ihrer Form oder inhaltlich nicht dem Gesetz, so ist noch gar kein Gegendarstellungsanspruch entstanden, mit der Folge, dass das Gericht auch nichts an einem nicht existenten Anspruch ändern und keinen Abdruck einer wie immer gearteten Gegendarstellung anordnen kann (s jedoch Rn 218). Änderungen durch das Gericht gem § 938 ZPO kommen allenfalls insoweit in Frage, als Druckfehler oder offensichtliche grammatikalische Fehler beseitigt werden, es muss sich um Änderungen handeln, die trotz des Verbots der Weglassungen auch der verantwortliche Redakteur oder Verleger von sich aus vornehmen könnte (vgl o Rn 170). Darunter können niemals Änderungen fallen, die aus einer unzulässigen Gegendarstellung erst eine zulässige machen (LG Düsseldorf AfP 88, 386: auch bloße Streichung durch das Gericht unzulässig). Es gilt das alles oder nichts Prinzip: Ist die Gegendarstellung auch nur in einem Punkt unzulässig, dann muss der Antrag ganz abgewiesen werden. Änderungen durch das Gericht sind generell unzulässig (so auch Seitz/Schmidt/Schoener noch in der 2. Auflage Rn 582, OLG Karlsruhe AfP 94, 317, 318). Pietzko (AfP 85, 22), der Änderungen durch das Gericht weitgehend für zulässig hält, verkennt, dass der Gegendarstellungsanspruch erst durch Zugang entsteht und dass eine Gegendarstellung mit Änderungen – Einschaltungen oder Weglassungen – eine andere Gegendarstellung ist, die vom Betroffenen nie durch Zuleitung beansprucht worden ist. Teilabweisung ist nicht möglich, OLG Hamburg AfP 89, 465, ebenso OLG München AfP 87, 604, OLG Köln AfP 89, 565: Teilverurteilung nur auf Grund eines Hilfsantrages, wenn die gekürzte Fassung dem Verlag – nicht dem Prozessbevollmächtigten – zugeleitet worden ist oder ein Falle der selbstständigen Kürzung vorliegt (s u) und der Verpflichtete Gelegenheit hatte, den Hilfsantrag unter Verwahrung gegen die Kosten anzuerkennen. Zum Abdruck eines Teils der Gegendarstellung ist der Verpflichtete auch dann nicht berechtigt oder gar verpflichtet, wenn der Betroffene eine Untergliederung seiner Gegendarstellung vorgenommen hat, er kann demzufolge hierzu auch nicht verurteilt werden, verfehlt OLG Frankfurt AfP 85, 288 und OLG Stuttgart AfP 87, 420 s dazu Seitz/Schmidt/Schoener 2. Aufl Rn 582.

215a **Stellungnahme** zur neuen Rechtsprechung des OLG München und den Thesen von Seitz/Schmidt/Schoener bzw Seitz/Schmidt („Münchner Schere"):
Dazu ist folgendes anzumerken:
So bestechend die neue Auffassung auf den ersten Blick erscheint und so sehr sie geeignet sein mag, das Verfahren zu erleichtern, so wenig vermag sie aus dogmatischen Gründen – sowohl materiell- wie prozessrechtlich – zu überzeugen:
(a) Der Verpflichtete hat die Gegendarstellung ohne Einschaltungen und Weglassungen abzudrucken. Er ist nicht berechtigt, geschweige denn verpflichtet, aus einer Gegendarstellung – auch aus einer mehrgliedrigen – unzulässige Teile auszuscheiden und kann dann auch selbstverständlich nicht zur Vornahme einer Handlung verurteilt werden, die er nach dem Gesetz nicht vornehmen darf. Eine Teilverurteilung bzw -abweisung ist schon deshalb ausgeschlossen.
(b) Der Betroffene kann eine Gegendarstellung, die unzulässige Teile enthält, kürzen, wobei die Frage, ob und in welchen Fällen er dazu die gegendarstellungsrechtlichen Voraussetzungen erneut erfüllen muss, an dieser Stelle dahinstehen kann. Er kann aber die Kürzungen nur selbst vornehmen, gewillkürte Vertretung bei der Formulierung der Gegendarstellung und damit jede Übertragung der Kürzungsbefugnis auf Dritte, auch eine entsprechende Ermächtigung des Gerichts, ist ausgeschlossen.

XIV. Die Durchsetzung des Gegendarstellungsanspruches § 11 LPG

(c) Jede Gegendarstellung bildet einen eigenen Streitgegenstand (Seitz/Schmidt 12, 7, OLG München AfP 01, 137), Hilfsanträge, die sich auf Teile der ursprünglichen Gegendarstellung beziehen, sind zulässige Klageänderungen (OLG Frankfurt/M AfP 03, 459), ein Antrag auf gekürzte Gegendarstellung beinhaltet kein minus, sondern ein aliud (OLG Karlsruhe AfP 99, 373). Den Streitgegenstand bestimmt allein der Kläger/Antragsteller durch seine Anträge – keinesfalls das Gericht – und ein Antrag, der die Durchsetzung eines zivilrechtlichen Anspruches zum Ziel hat, hat nur einen Streitgegenstand. Weitere Streitgegenstände können nur vom Kläger im Wege der Klageänderung oder mittels Hilfsanträgen in das Verfahren eingeführt werden. Auch beim Übergang von einer Fassung der Gegendarstellung zu einer anderen liegt eine Klageänderung vor (Seitz/Schmidt 12, 34), die der Kläger nicht dem Gericht überlassen kann; dies gilt auch für selbstständige Kürzungen (Seitz/Schmidt aaO). Es ist deshalb ausgeschlossen, einem Gegendarstellungsantrag teilweise stattzugeben. Einem Anspruch kann nur teilweise stattgegeben werden, wenn dem Kläger/Antragsteller ein minus zugesprochen wird und nicht dadurch, dass ohne Klageänderung oder Hilfsantrag einem anderen Streitgegenstand entsprochen, also ein aliud zuerkannt wird.

(d) Seitz/Schmidt meinen, der Betroffene könne auf einen oder mehr konkret benannte Punkte oder jeden beliebigen oder auch auf alle bis auf einen Punkt verzichten (so Seitz/Schmidt/Schoener Rn 739). Dies würde uU bedeuten, dass der eine Antrag, dem angeblich teilweise entsprochen werden kann, nicht weniger als 29 verschiedene Streitgegenstände enthält, wenn nur 5 voneinander unabhängige Punkte in der Gegendarstellung enthalten sind, und dass das Gericht auswählen kann, welchen der 29 Streitgegenstände es durch Urteil entspricht.

(e) Man ist sich darüber einig, dass der Verpflichtete, der an der Gegendarstellung nichts ändern darf, vor Anordnung einer wie auch immer geänderten Gegendarstellung Gelegenheit erhalten muss, die geänderte Fassung unter Verwahrung gegen die Kosten anzuerkennen (Seitz/Schmidt 12, 72). Ein solches Anerkenntnis nach § 307 ZPO bedeutet, dass eine Partei den gegen sie geltend gemachten Anspruch ganz oder zum Teil anerkennt und setzt damit notwendigerweise und zwingend einen konkreten klägerischen Antrag oder Hilfsantrag voraus, der den anzuerkennenden Anspruch enthält. Ehe der Antragsgegner anerkennen kann, muss der Antragsteller den Streitgegenstand durch einen konkreten Antrag bestimmen. Ein Anerkenntnis eines vom Klageantrag abweichenden Streitgegenstandes, eines aliud, das sich der Antragsgegner aus 29 Möglichkeiten im Antrag (so) heraussuchen mag, sieht die ZPO nicht vor. Es ist auch schwer vorstellbar, wie das Gericht entscheiden soll, wenn der Antragsgegner unzulässige Punkte anerkennt, zulässige dagegen nicht oder nur teilweise.

Die Münchner Schere wenden neben dem Oberlandesgericht München die Oberlandesgerichte in Frankfurt und in Karlsruhe an. Die Münchner Schere funktioniert und ist sinnvoll, wenn das Verfahren durch Vergleich beendet wird. Geschieht dies, dann ändert aber nicht das Gericht die Gegendarstellung sondern der Betroffene selbst, der sich aufgrund einer mehr oder weniger dringenden Empfehlung des Gerichts verpflichtet, die gekürzte Gegendarstellung abzudrucken. Geschieht dies, dann bedarf es aber keiner Ermächtigung an das Gericht, weil das Gericht nur empfiehlt aber nicht ändert. „Anerkennt" der Antragsgegner die vom Gericht vorgeschlagene Gegendarstellung nicht im Vergleichswege, dann bestehen zwei Möglichkeiten: der Antragsgegner kann unter Verwahrung gegen die Kostenlast anerkennen oder bei seinem Ablehnungsantrag beharren. Beides setzt zwingend einen (hier geänderten) Klageantrag oder Hilfsantrag voraus, den der Antragsgegner anerkennen oder dessen Abweisung er beantragen kann.

Dass die Münchner Schere (ohne geänderten Haupt- oder Hilfsantrag) nicht funktionieren kann wenn das Verfahren streitig ausgetragen wird, ergibt sich aus § 307 ZPO. Anerkennen kann der Verpflichtete nicht eine Gegendarstellung sondern nur einen Antrag, folglich ist ohne Antrag auf Abdruck einer ganz bestimmten Gegendarstellung ein Anerkenntnisurteil nicht möglich.

Sedelmeier

(f) Auch materiell erscheint es dem Verpflichteten, der ja an der Gegendarstellung bis dahin nichts ändern durfte, unzumutbar, sich aus vielen, vielleicht 29 oder mehr (s o), unterschiedlichen Gegendarstellungen diejenige herauszusuchen und anzuerkennen, die nach seiner Beurteilung dem Pressegesetz entspricht. Dies muss allein Aufgabe und Risiko des Klägers/Antragstellers sein und bleiben. Die Alternative zum Anerkenntnis im Prozess ist die Erfüllung, mit der der Beklagte/Antragsgegner der Klage die Grundlage entziehen kann. Diese Erfüllung durch Abdruck einer gekürzten Gegendarstellung ist aber dem Verpflichteten nicht erlaubt, auch dann nicht, wenn der Antragsteller das Gericht ermächtigt hat, einzelne Punkte oder alle bis auf einen zu streichen. Man wird vom Antragsgegner deshalb nicht verlangen können, den Anspruch auf Abdruck einer Gegendarstellung anzuerkennen, die er nicht ohne ausdrückliche Einwilligung des Betroffenen oder gerichtliches Urteil abdrucken darf.

(g) Schließlich: Die Erwägung des OLG München (AfP 98, 523/524), zudem werde oft – „auch hier" – gerade der Punkt auch im Hilfsantrag beibehalten, der nicht der gesetzlichen Regelung entspricht, die auch Seitz/Schmidt 12, 64 anführen, rechtfertigt keinesfalls eine Teilverurteilung, sie gilt vielmehr auch und im verstärkten Maße umgekehrt: Das Anerkenntnis, das dem Verpflichteten zumutet sich aus vielen Streitgegenständen den richtigen herauszusuchen, wird oft Punkte umfassen, bei denen das Gericht abweichender Auffassung ist. Das daraus folgende Risiko muss beim Antragsteller bleiben und nicht beim Verpflichteten, dem jede Änderung untersagt ist.

Der Auffassung des OLG München und von Seitz/Schmidt ist deshalb zuzustimmen, soweit selbstständige Kürzungen als zulässig betrachtet werden, allerdings nur den Antragsteller – möglicherweise aufgrund einer dringenden Empfehlung des Gerichts – und nicht durch das Gericht. Sie ist indes abzulehnen, soweit sie eine Klageänderung oder einen Hilfsantrag für entbehrlich und das Gericht für änderungsberechtigt hält, insoweit ist den OLGen Hamburg, Düsseldorf, Köln und früher Karlsruhe beizupflichten (s o Rn 212).

216 (3) Änderungen kann nur der Antragsteller selbst vornehmen, indem er entweder von sich aus oder auf Anregung durch das Gericht gem § 139 ZPO eine neue geänderte Gegendarstellung verlangt. Dieses neue Verlangen einer Gegendarstellung muss – wie das OLG Hamburg in ständiger Rechtsprechung zutreffend erkannt hat – den formellen und inhaltlichen Anforderungen des Gesetzes in vollem Umfang entsprechen. Grundsätzlich – dh außer bei selbstständigen Kürzungen (s o Rn 212) und Streichungen, wie sie in Rn 220 umschrieben sind (OLG München AfP 99, 484) – muss deshalb eine geänderte Gegendarstellung dem verantwortlichen Redakteur und/oder dem Verleger in der gesetzlichen Schriftform handschriftlich unterzeichnet noch einmal zugeleitet werden. Diese Zuleitung muss fristgemäß, also noch unverzüglich und in jedem Falle innerhalb der 3-Monats-Frist erfolgen, und die neu zugeleitete Gegendarstellung muss grundsätzlich abdruckfähig sein (vgl OLG Hamburg AfP 81, 410; s a LG Frankfurt/Oder AfP 00, 388). Auf die Unverzüglichkeit kommt es in Bayern nicht an. Nach Ablauf der Aktualitätsgrenze sind Nachbesserungen der Gegendarstellung nur noch rechtzeitig zum ersten Termin zur mündlichen Verhandlung erster Instanz möglich (OLG München AfP 03, 165). Liegt das erste Verlangen innerhalb der Aktualitätsgrenze, dann darf das hilfsweise Verlangen nicht wegen Überschreitung zurückgewiesen werden, wenn im Termin auch darüber verhandelt werden kann (OLG München AfP 01, 132). Die nochmalige Zuleitung einer Gegendarstellung ist nicht im Termin zur mündlichen Verhandlung möglich. Eine Gegendarstellung ist dem Verlag oder dem verantwortlichen Redakteur selbst zuzuleiten. Hierbei geht es um eine außerhalb des Prozesses liegende rechtsgestaltende Handlung. Sie entgegenzunehmen ist der Prozessanwalt im Allgemeinen weder verpflichtet noch rechtlich in der Lage (vgl OLG Hamburg AfP 79, 405/406, OLG Köln AfP 89, 565, LG Lüneburg AfP 06, 83). Dieser Auffassung ist uneingeschränkt zuzustimmen. Bei einer geänderten Gegendarstellung muss der Presse die Möglichkeit gegeben werden, sich nunmehr auf Grund des geänderten Sachverhalts eine

Meinung darüber zu bilden, ob die neue Gegendarstellung abgedruckt werden soll oder nicht. Bei der Prüfung einer neuen Gegendarstellung geht es nicht nur um eine rechtliche sondern auch um eine redaktionelle Prüfung. Es kann durchaus sein, dass die Presse auch eine nicht in jeder Hinsicht rechtlich begründete Gegendarstellung abzudrucken bereit ist, wenn publizistische Gründe dafür sprechen. Im Übrigen kann der Prozessbevollmächtigte ohne Kenntnis der Zusammenhänge die Rechtmäßigkeit oft gar nicht abschließend beurteilen, so insb wenn es um Fragen des berechtigten Interesses, etwa der offensichtlichen Unwahrheit oder Irreführung geht. Die Realhandlung der Zuleitung ist also bei einer geänderten Gegendarstellung ebenso unverzichtbar wie beim erstmaligen Verlangen einer Gegendarstellung (vgl auch Heidenreich AfP 77, 288, Mathy AfP 71, 159).

(4) Das Saarland hat 1994 weitgehende Änderungen einer Gegendarstellung im Prozess zugelassen, die Regelung jedoch 2000 wieder aufgehoben (s Vorauflage Rn 216a–g). Es ist durchaus anzuerkennen, dass die Bemühungen des saarländischen Gesetzgebers und die teilweise der herrschenden Auffassung entgegenstehende Rechtsprechung des OLG Frankfurt, des OLG München und des KG sowie die Thesen von Seitz/Schmidt praktischen Bedürfnissen Rechnung tragen. Das Erfordernis der erneuten Zuleitung einer abdruckfähigen Gegendarstellung an den verantwortlichen Redakteur und/oder Verleger macht in der Praxis erhebliche Schwierigkeiten und führt zu einer prozessökonomisch kaum vertretbaren Verzögerung der Verfahren bzw Häufung von Verfahren. Eine neue Zuleitung wird oft auch aus Fristgründen nicht mehr möglich sein. Diese Bedenken können aber dennoch nicht dazu führen, dass der Verleger bzw verantwortlichen Redakteur durch Beschluss oder Urteil etwas auferlegt wird, was er selbst ohne Urteil nicht tun darf und dass ihm die Vornahme einer Handlung geboten wird, auf die (noch) kein Rechtsanspruch besteht, auch nicht dahin, dass der Rechtsanspruch erst im Gerichtssaal mit Hilfe des Gerichts erzeugt und dann sofort über ihn entschieden wird. **217**

(5) Eine Lösung erscheint nur dadurch möglich, dass man von der strengen Forderung abgeht, die Unverzüglichkeit bzw. die Aktualitätsgrenze werde erst durch Zuleitung einer abdruckfähigen Gegendarstellung gewahrt. Ersetzt man diese Forderung dadurch, dass man für die Wahrung der Unverzüglichkeit bzw. Aktualität – anders als für das Entstehen des Anspruchs auf Abdruck – die Zuleitung einer Gegendarstellung genügen lässt, die in jeder Hinsicht den formellen Anforderungen genügt und inhaltlich neben etwa unzulässigen Teilen eine abdruckfähige Gegendarstellung enthält, so gelangt man zu für die Praxis brauchbaren Ergebnissen: **218**

aa) Die formellen Anforderungen, dh unverzügliche Zuleitung einer schriftlichen Gegendarstellung, die vom Betroffenen oder seinem gesetzlichen Vertreter handschriftlich unterzeichnet ist, sind unverzichtbar. Solange diese Voraussetzungen nicht erfüllt sind, kann – auch durch Streichungen – kein konkreter Gegendarstellungsanspruch entstehen. Da die Zuleitung an den Prozessbevollmächtigten nicht möglich ist, sind Formalien nicht nachholbar, insb nicht fehlende Unterzeichnung, etwa bei Unterzeichnung durch den gewillkürten statt den gesetzlichen Vertreter.

bb) Inhaltliche Änderungen, die die Gegendarstellung zulässig machen und damit den Anspruch entstehen lassen, sind bei der hier für möglich gehaltenen Auffassung nur in beschränktem Umfang zulässig, nämlich insoweit, als Änderungen durch bloße Streichung (durch den Antragsteller selbst, nicht durch das Gericht, vgl Rn 215, 215a, 216, 221) vorgenommen werden können, wodurch der Aussagegehalt der Gegendarstellung sich nicht ändern darf (Beispiel OLG München AfP 99, 484). Dies gilt insbesondere auch und gerade für selbstständige Kürzungen (OLG München AfP 98, 523; AfP 00, 172). Der Prozessbevollmächtigte des Antragstellers darf Streichungen nur in dem Rahmen vornehmen, in dem er von einer Blankounterschrift Gebrauch machen darf (s oben Rn 143), oder wenn gewillkürte Vertretung zulässig ist. Änderungen in Form einer Klageänderung oder eines Hilfsantrages oder auch gestaffelter Hilfsanträge sind insoweit möglich, als dadurch sachlich ein minus entsteht – ungeachtet der Tatsache, dass sich der Streitgegenstand wegen der Besonderheiten im **220**

Recht der Gegendarstellung ändert. Entsteht durch die Änderung – auch durch Streichungen – der Sache nach ein aliud, dann ist die Änderung durch die Zuleitung der ursprünglichen Fassung der Gegendarstellung nicht mehr gedeckt. Eine Änderung ist dann nur noch möglich, wenn eine neue Zuleitung an den Verpflichteten erfolgen kann. Soweit es sich hingegen um bloße Streichungen handelt, die den Aussagegehalt der Gegendarstellung im Übrigen nicht ändern, ist eine erneute Zuleitung an den Verpflichteten nicht notwendig, da eine redaktionelle Prüfung nicht erforderlich ist. Die Frage, ob durch die Streichung die Gegendarstellung rechtlich zulässig geworden ist, kann in der Regel der Prozessbevollmächtigte überprüfen und er kann von sich aus die Entscheidung treffen, ob er nunmehr unter Verwahrung gegen die Kostenlast anerkennen muss und will oder nicht.

221 cc) Diese Auffassung ist auch mit dem vom OLG Hamburg in ständiger Rechtsprechung vertretenen und inzwischen allgemein anerkannten Begriff des Streitgegenstandes im Gegendarstellungsverfahren vereinbar. Jede neue Gegendarstellung bildet einen neuen Streitgegenstand (OLG Hamburg AfP 84, 155, dazu Heidenreich AfP 77, 287 ff., OLG München AfP 01, 137, Seitz/Schmidt/Schoener Rn 615/698), Hilfsanträge, die sich auf Teile der ursprünglichen Gegendarstellung beziehen, sind zulässige Klageänderungen (OLG Frankfurt/M AfP 03, 459), ein Antrag auf gekürzte Gegendarstellung beinhaltete kein minus sondern ein aliud (OLG Karlsruhe AfP 99, 373), mit der Folge, dass bei Rechtshängigkeit einer Fassung eine weitere Fassung gerichtlich geltend gemacht werden kann, ohne dass der Einwand der Rechtshängigkeit durchgreift (OLG Hamburg AfP 93, 591). Wird durch die Streichung einzelner Sätze die Gegendarstellung geändert und im Wege eines geänderten Klagantrages oder eines Hilfsantrages in der Verfahren eingeführt, so ändert sich der Streitgegenstand. Aus der Besonderheit des Gegendarstellungsanspruches – „alles oder nichts Prinzip" – folgt, dass auch bei Beschränkung des Klageantrages auf ein (sachliches) minus entgegen § 264 Ziff 2 ZPO eine Änderung des Streitgegenstandes eintritt. Daraus folgt wiederum, dass das Gericht nicht von sich aus und ohne Antrag einen Teil der Gegendarstellung unter Zurückweisung der Klage im Übrigen zusprechen darf (unrichtig insoweit Wenzel AfP 82, 89/91 s o Rn 215a), was nur bei gleich bleibendem Streitgegenstand möglich wäre. Es folgt daraus aber nicht, dass nicht auf entsprechenden geänderten oder Hilfsantrag ein (sachliches) minus zugesprochen werden kann. In der ursprünglich geforderten Gegendarstellung steckt ein „Bündel von Streitgegenständen" (vgl Wenzel AfP 82, 89), das es dem Betroffenen ermöglicht, bei entsprechenden Bedenken des Gerichts unter von sich aus auf einen Teil seiner bisher verlangten persönlichen Erklärung zu verzichten und unter Änderung des Streitgegenstandes einen entsprechend geänderten oder Hilfsantrag zu stellen, den der Antragsgegner ohne Kostenfolge anerkennen kann. Ändern lässt sich die Gegendarstellung jedoch auf diesem Wege nicht. Sind mehrere Fassungen rechtshängig und erlangt der Antragsteller mehrere Titel, so muss er sich entscheiden: er darf nur den Abdruck einer Fassung durchsetzen (OLG Hamburg AfP 93, 591).

9. Vollziehung, Vollstreckung, Rechtsmittel

222 Vollziehung, Vollstreckung und Rechtsmittel
a) Die durch einstweilige Verfügung oder im Verfahren nach den LPG erlassene Entscheidung bedarf der Vollziehung nach § 929 Abs 2 ZPO, die auf Betreiben des Betroffenen als Parteizustellung erfolgen muss (OLG Hamburg AfP 82, 35, OLG München AfP 88, 269), auch wenn eine Veröffentlichungszusage besteht (OLG Hamburg AfP aaO). Zur Vollziehung einer einstweiligen Verfügung auf Veröffentlichung einer Gegendarstellung ist ein Antrag nach § 888 ZPO zusätzlich zur Parteizustellung nicht erforderlich (OLG München AfP 02, 528; AfP 07, 53 gegen OLG Rostock 2 U 5/02 und OLG Koblenz AfP 09, 59). Für die wirksame Vollziehung einer Urteilsverfügung auf Abdruck einer Gegendarstellung genügt die Telefax Zustellung der Ausfertigung der Sitzungsniederschrift, wenn sie eine Kurzausfertigung

des Urteils enthält (OLG München AfP 07, 53). OLG Celle (AfP 06, 251) meint, eine Zustellung innerhalb der Vollziehungsfrist genüge nicht, wenn die erlassene einstweilige Verfügung – zu Unrecht – nur gegen Sicherheitsleistung vollstreckbar ist und der Kläger keine Sicherheit geleistet hat. Nach Auffassung des OLG Frankfurt (AfP 80, 225) unterbricht eine einstweilige Einstellung der Zwangsvollstreckung die Vollziehungsfrist nach § 929 Abs 2 ZPO (vgl OLG Hamburg AfP 82, 35, OLG München AfP 88, 269) mit der Folge, dass nach Einstellung der Zwangsvollstreckung die Entscheidung, mit der die Gegendarstellung angeordnet worden ist, nicht innerhalb der Monatsfrist nach Erlass der Entscheidung zugestellt werden muss. Bei nicht nur geringfügiger Änderung der Gegendarstellung im Berufungsverfahren beginnt die Vollziehungsfrist neu zu laufen (OLG Karlsruhe AfP 08, 524). Die Vollstreckung des Gegendarstellungstitels erfolgt nach § 888 ZPO. Die gelegentlich vertretene Auffassung (Wenzel 2. Auflage Rn 8.183) die Androhung von Zwangsmitteln solle entsprechend § 890 ZPO bereits im Titel erfolgen, entspricht zwar berechtigten Anforderungen der Praxis, ist aber mit der Tatsache unvereinbar, dass es sich beim Abdruck der Gegendarstellung unzweifelhaft um eine unvertretbare Handlung handelt. Ein Anspruch nach § 890 ZPO käme nur dann in Betracht, wenn der Anspruch dahin ginge, es zu unterlassen, die nächste Ausgabe zu verbreiten, sofern sie nicht die Gegendarstellung enthält. Besteht jedoch Anlass zu der Annahme, dass der Verpflichtete einer Anordnung nicht freiwillig nachkommen wird, dann kann der Antrag nach § 888 ZPO schon mit dem Verfügungsantrag oder im Termin gestellt werden (Wenzel 11.279). Über den Antrag ist nach Anhörung des Schuldners (§ 891 ZPO) durch Beschluss zu entscheiden. Dies kann jedoch nicht zusammen mit dem Urteil geschehen, weil die Zwangsvollstreckung erst nach Zustellung des Titels beginnen darf (§ 750 ZPO). Die Gegendarstellung ist so abzudrucken, wie dies im Tenor angeordnet ist. Enthält der Tenor keine Angaben über Platzierung und Schriftgröße, dann ist der Schuldner in dieser Hinsicht frei, der Tenor ist nicht unmittelbar aus dem Gesetz auszulegen (OLG Frankfurt AfP 87, 717).

b) Eine Einstellung der Zwangsvollstreckung im Berufungsverfahren ist nach OLG Hamburg ArchPR 75, 51 nur in Ausnahmefällen gerechtfertigt. Seitz/Schmidt/Schoener Rn 752 und OLG München 21 W 2271/95 meinen, eine Einstellung der Zwangsvollstreckung sollte angeordnet werden, wenn die Berufung nicht völlig aussichtslos ist, abw OLG Karlsruhe AfP 99, 506: Einstellung der Zwangsvollstreckung nur „wenn ohne weiteres feststeht, dass das angefochtenen Urteil keinen Bestand haben kann". Kammergericht Berlin AfP 06, 255 lässt eine Einstellung der Zwangsvollstreckung nur zu, wenn ohne weiteres feststeht, dass das angefochtene Urteil keinen Bestand haben kann. OLG Düsseldorf AfP 08, 83 meint, eine einstweilige Einstellung der Zwangsvollstreckung komme bei Berufung nur dann in Betracht, wenn die zu vollstreckende Entscheidung offensichtlich falsch sei und die Berufung offensichtlich Erfolg habe unter Bezugnahme auf OLG Karlsruhe (aaO) und Brandenburgisches OLG MDR 2000, 53. Die Frage der Richtigkeit des Titels ist auch im Vollstreckungsverfahren bei der Ermessensentscheidung über die Aussetzung der Vollziehung nach § 572 ZPO zu berücksichtigen, ein Gegendarstellungsanspruch der nach Auffassung des Beschwerdegerichts mit überwiegender Wahrscheinlichkeit nicht besteht, kann nicht nach § 888 ZPO durchgesetzt werden (OLG München AfP 03, 165). Seitz Schmidt (14, 23) weisen zu Recht darauf hin, dass vor Einstellung der Zwangsvollstreckung die Erfolgsaussichten des Rechtsbehelfs (Widerspruch oder Berufung) besonders sorgfältig prüfen sind. Im Gegendarstellungsprozess gehe es kaum je um tatsächliche, meist nur um rechtliche Fragen. Diese müssten und könnten schon vor Erlass des Berufungsurteils entschieden werden. Allein hiervon hänge die Frage ab, ob eingestellt wird. Werde nicht eingestellt, dann sei dies ein deutlicher Hinweis darauf, wie über die Berufung entschieden werden wird. Da eine zu Unrecht abgedruckte Gegendarstellung nicht zurückgenommen werden kann, ist der Auffassung des OLG München und von Seitz Schmidt der Vorzug zu geben. Eine einstweilige Einstellung der Zwangsvollstreckung bewirkt lediglich, dass die Vollstreckbarkeit für die Zukunft und nur bis zur Erledigung des Einstellungsbeschlusses – dort durch Berufungsrücknahme – entfällt, danach ist Ahndung zulässig. Bei Rücknahme der Berufung erledigt sich ein vorher ergangener Einstellungsbeschluss von selbst s (OLG Karlsruhe AfP 07, 368). Zuständig für die Einstellung der Zwangsvollstreckung nach Widerspruch ist unanfechtbar das Gericht, das die Entscheidung erlassen hat (OLG München AfP 08, 309). Nach Auffassung des OLG Frankfurt (AfP 80, 225) unterbricht eine einstweilige Einstellung der Zwangsvollstreckung die Vollziehungsfrist nach § 929 Abs 2 ZPO (s o Rn 222).

224   c) Bei nicht ordnungsgemäßem Abdruck kann die nochmalige Veröffentlichung der Gegendarstellung ggf im Verfahren nach § 888 ZPO verlangt werden (s dazu Rn 162). Kommt es beim Abdruck der Gegendarstellung zu Abweichungen, ist der Gegendarstellungsanspruch in der Regel nicht erfüllt, sodass grundsätzlich der erneute Abdruck gefordert werden kann. Die Geltendmachung des neuerlichen Abdruckes unterliegt aber dem Gebot von Treu und Glauben. Das hat zur Folge, dass ein derartiges Verlangen rechtsmissbräuchlich ist, wenn die Abweichung den Sinn der Gegendarstellung nicht verändert, zB bei leicht erkennbaren Druckfehlern oder ähnlichen Ungenauigkeiten. Ob die Gegendarstellung absichtlich verstümmelt abgedruckt worden ist oder nicht, ist nicht entscheidend. Bei schwerwiegenden Veränderungen des Textes muss noch einmal abgedruckt werden (OLG Hamburg AfP 75, 45; zu). Der Gegendarstellungsanspruch ist nicht erfüllt, wenn die Ausgangsmitteilung durch Schriftbild, Raum und Fettdruck hervorgehoben, die Erwiderung dagegen klein und in einfacher Schrift erscheint. Bei unterschiedlichen Schriftgestaltungen in der Erstmitteilung müssen sich jeweils Erstmitteilung und Erwiderung entsprechen. So etwa die Überschrift Gegendarstellung in gleicher Schriftgröße wie die Ausgangsüberschrift. (KG Berlin AfP 07, 231). Ist die Gegendarstellung mit mangelnder Ausgestaltung der Überschrift vom Landgericht angeordnet und verlangt der Antragsteller den Abdruck, dann kann er nicht den nochmaligen Abdruck verlangen, weil er an sich materiell Anspruch auf eine drucktechnisch hervorgehobene Überschrift hat. Will er die Gegendarstellung mit drucktechnisch hervorgehobener Überschrift erreichen, so muss er vor Durchsetzung der Gegendarstellung eine Änderung des Titels herbeiführen (OLG Hamburg ArchPR 77, 54). Wird die Gegendarstellung im Widerspruchsverfahren zu Gunsten des Antragstellers geändert, so kann ab Verkündung des Urteils der Abdruckanspruch nicht mehr durch Abdruck der zuerst angeordneten Fassung erfüllt werden (OLG Hamburg AfP 92, 278).

225   d) Rechtsmittel: bei Anordnung der Gegendarstellung ohne mündliche Verhandlung Widerspruch. Zuständig für die Einstellung der Zwangsvollstreckung nach Widerspruch ist unanfechtbar das Gericht, das die Entscheidung erlassen hat (OLG München AfP 08, 309). Bei Ablehnung ohne mündliche Verhandlung sofortige Beschwerde. Über die Beschwerde gegen die abweisende Entscheidung (nach OLG Celle AfP 10, 475: Kein Anwaltszwang) ist nach ZPO 2002 stets durch Beschluss zu entscheiden auch nach mündlicher Verhandlung (OLG München AfP 03, 458). Bei Entscheidung über Berufung nach KG Berlin AfP 07, 52 Zurückweisung ebenfalls durch Beschluss, wobei Hilfsanträge wirkungslos sind. Bei Anordnung aufgrund mündlicher Verhandlung Berufung. Die Berufung ist unzulässig, wenn sich die Begründung nicht mit allen abgewiesenen Punkten befasst (OLG München AfP 01, 132).

Wegen des alles oder nichts Prinzips kann eine Berufung – sofern es sich um den Inhalt der Gegendarstellung handelt – nie überwiegend oder teilweise begründet oder unbegründet sein (so jedoch OLG Karlsruhe AfP 09, 267). War die in erster Instanz angeordnete Gegendarstellung nur in einem Punkt unzulässig, dann musste der Antrag zurückgewiesen werden, das erstinstanzliche Urteil war demzufolge fehlerhaft und die Berufung begründet. Das erstinstanzliche Urteil musste aufgehoben werden, für einen (im übrigen regelmäßig verspäteten) Hilfsantrag war kein Raum. War die in erster Instanz zuerkannte Gegendarstellung zulässig, dann ist die Berufung dagegen unbegründet. Eine Gegendarstellung, die in der Berufungsinstanz geändert werden muss, kann in erster Instanz nicht rechtmäßig angeordnet worden sein. Eine persön-

XIV. Die Durchsetzung des Gegendarstellungsanspruches § 11 LPG

liche Ermächtigung des Gerichts durch den Antragsteller, die Gegendarstellung zu kürzen (Münchner Schere, OLG Karlsruhe aaO und schon AfP 03, 439 infolge der geänderten Münchner Rechtsprechung im Gegensatz zu seiner früheren Rechtsprechung s o Rn 212) ist nicht möglich (Rn 215, 215a so noch OLG Karlsruhe AfP 99, 373s o Rn 212), schon gar nicht im Berufungsverfahren (OLG Frankfurt AfP 10, 478). Überwiegend begründet oder unbegründet kann eine Berufung nur sein, sofern es sich nur um die Abdruckmodalitäten handelt, da diese nicht zur Gegendarstellung gehören und damit nicht dem alles oder nichts Prinzip unterworfen sind (KG Berlin AfP 07, 231).

Nach Auffassung des KG (ArchPR 75, 50 und AfP 84, 228) muss der Kläger in der Berufungsinstanz den Rechtsstreit in der Hauptsache für erledigt erklären, wenn die Gegendarstellung auf Grund eines erstinstanzlichen Urteils veröffentlicht worden ist und der Antragsteller seinen Anspruch dadurch als erfüllt ansieht. Beantragt er Zurückweisung der Berufung, dann wird auf die Berufung das Urteil der ersten Instanz aufgehoben, weil infolge Erfüllung der Anspruch nicht mehr besteht. Nach OLG Hamburg stellt die unter dem Druck der Zwangsvollstreckung erbrachte Leistung keine Erfüllung des Klageanspruches dar, sodass ein unter dem Druck der Zwangsvollstreckung erfolgter Abdruck im Gegendarstellungsverfahren keine Erledigung der Hauptsache bewirkt (OLG Hamburg ArchPR 76, 54 und AfP 77, 240 ebenso OLG München AfP 90, 53 und AfP 87, 604 Seitz/Schmidt/Schoener Rn 666, abw. Seitz/Schmidt 10, 65). OLG Karlsruhe AfP 98, 65: Abdruck unter Druck der Zwangsgeldfestsetzung erledigt nicht die Hauptsache, LG Freiburg AfP 98/528 Abdruck unter dem Druck der Zwangsvollstreckung erledigt die Hauptsache – gegen OLG Karlsruhe AfP 98/65, OLG Karlsruhe AfP 99, 288: Erledigung der Hauptsache durch Abdruck unter Druck der ZwV offen gelassen. Eine Erledigung der Hauptsache kommt nur durch beiderseitige Erklärung in Betracht. OLG Frankfurt hält eine Erledigterklärung für zulässig aber nicht geboten (AfP 83, 279), dagegen Seitz/Schmidt/Schoener Rn 666.

10. Schadenersatz bei Aufhebung des Urteils?

Streitig ist die Frage, ob § 945 ZPO mit der Folge Anwendung findet, dass bei Aufhebung des Gegendarstellungstitels der Betroffene schadensersatzpflichtig ist. Das OLG Hamburg (MDR 72, 333) verneint die Frage, da das ordentliche Klageverfahren ausgeschlossen ist und ein Schadensersatzanspruch nach § 945 ZPO die Möglichkeit der Überprüfung der Entscheidung im Verfügungsverfahren im ordentlichen Klageverfahren voraussetzt. Der BGH hat sich jedoch dieser Auffassung nicht angeschlossen (NJW 74, 642), sondern er anerkennt die Schadenersatzpflicht des Antragstellers nach § 945 ZPO. Nach der Entscheidung sind die Anzeigengebühren als Schaden nur zu erstatten, wenn wegen der Veröffentlichung der Gegendarstellung Anzeigenaufträge nicht ausgeführt werden können. Dies wird so gut wie nie der Fall oder gar beweisbar sein. Daraus wird in der Literatur der Grundsatz abgeleitet, dass idR nur Ersatz der eigenen Aufwendungen verlangt werden kann (Seitz/Schmidt 14, 31, Wenzel 11.282 und AfP 74.682), die aber kaum messbar sind (Wenzel aaO). Übersehen wird dabei, dass der Kläger in dem vom BGH entschiedenen Verfahren ausdrücklich entgangenen Gewinn geltend gemacht hat. Hierüber hat der BGH richtig entschieden. Der Schaden kann aber durchaus auch damit begründet werden, dass der Verlag auf Grund der zum Schadensersatz verpflichtenden Handlung eine geldwerte Leistung ohne rechtlichen Grund kostenlos erbracht hat, die bewertbar ist. Einige Pressegesetze sehen für Gegendarstellungen zu geschäftlichen Anzeigen und für zu umfangreiche Gegendarstellungen Anzeigengebühren vor, das Hessische LPG spricht von „üblichen Einrückungsgebühren" (vgl Rn 71 und 136). Kein Gericht würde zögern, etwa eine durch Betrug erschlichene kostenlose Veröffentlichung in dieser Weise zu bewerten und den Wert als Schadensersatz zuzusprechen. Für die Feststellung des Schadens macht es keinen Unterschied auf welcher Grundlage der

Anspruch beruht. Deshalb lässt sich mit gutem Grund die Auffassung vertreten, dass der durch die Erzwingung einer unzulässigen Gegendarstellung im Wege der Zwangsvollstreckung unmittelbar entstehende Schaden der kostenlos dem Antragsteller zugeflossene Wert der Gegendarstellung nach den üblichen Einrückungsgebühren ist. Das Ergebnis einer solchen Auffassung ist nicht notwendigerweise unbillig. Risikobelastet ist nicht etwa die Geltendmachung des Gegendarstellungsanspruches sondern allein die Vollstreckung einer nicht rechtskräftigen Entscheidung, die auch ohne Anhörung des Verpflichteten ergangen sein kann. Dies wird verkannt, wenn die Befürchtung geäußert wird, der Gegendarstellungsanspruch sei infolge der BGH Entscheidung „praktisch tot" (Kreuzer JZ 74, 505). Warum soll die zu unrecht vollzogene Anordnung immer zu Lasten des Verlages gehen? Ist es nicht dem Antragsteller zuzumuten, im Zweifel der Rechtskraft abzuwarten oder das Risiko der Vollstreckung einer nicht rechtskräftigen Entscheidung zu tragen? Zu erwägen, aber soweit ersichtlich bisher nicht diskutiert ist die Frage, ob der Betroffene nicht in Höhe der Anzeigengebühren ungerechtfertigt bereichert ist, wenn er den kostenlosen Abdruck der Gegendarstellung ohne rechtlichen Grund erzwungen hat.

11. Kosten

227   Die Kosten der Durchsetzung der Gegendarstellung richten sich im Verfahren nach den Vorschriften der ZPO, dh der Unterliegende trägt die Kosten des Rechtsstreites. Bei sofortigem Anerkenntnis nach zulässiger Änderung, die die Gegendarstellung erst abdruckfähig macht, trägt die Kosten grundsätzlich der Antragsteller. Eine Teilung der Kosten kommt nur in Betracht, wenn der Antragsgegner nach zulässiger Änderung der Gegendarstellung den Anspruch nicht anerkennt und das Gericht unter Zurückweisung des Hauptantrages dem Hilfsantrag stattgibt.

228   Von den Kosten des Verfahrens sind zu unterscheiden die Kosten, die durch die Formulierung der Gegendarstellung, die Zuleitung und das außergerichtliche Abdruckverlangen entstehen. Diese Kosten sind grundsätzlich nicht erstattungsfähig außer beim Nachweis der Voraussetzungen eines Schadenersatzanspruches nach § 823 BGB (vgl AG Berlin-Tiergarten ArchPR 75, 49, AG Frankfurt ArchPR 75, 49). Bei schuldhaft rechtswidriger Berichterstattung sind die vorprozessualen Anwaltskosten bei Durchsetzung der Gegendarstellung zu erstatten. Dabei sind Unterlassungsansprüche und Gegendarstellung nicht dieselbe Angelegenheit iS des § 7 BRAGO, jetzt § 16 RVG (LG Hamburg AfP 90, 332). Die Kosten des Abdruckverlangens, nicht jedoch die Kosten der Formulierung der Gegendarstellung können auch verlangt werden, wenn der Verpflichtete sich im Verzug befunden hat, dh wenn die Presse rechtswidrig und schuldhaft ihrer Abdruckpflicht hinsichtlich einer ordnungsgemäßen Gegendarstellung nicht nachgekommen ist. Keinen Verzug begründet die Unterlassung der Beantwortung des Abdruckverlangens (AG Berlin-Schöneberg AfP 88, 94, AG Hamburg AfP 94, 169). Entgegen AG Hamburg aaO besteht auch keine Antwortpflicht in angemessener Frist, deren Verletzung Schadensersatzansprüche auslösen könnte. Das AG Hamburg verkennt, dass die von ihm herangezogenen wettbewerbsrechtlichen Aufklärungs- und Antwortpflichten auf Verletzungshandlungen beruhen, der Gegendarstellungsverpflichtete hingegen kein Verletzer ist. Zur Höhe der durch die Formulierung der Gegendarstellung und Geltendmachung des Abdruckverlangens entstehenden Anwaltskosten vgl Pärn AfP 78, 80.

XV. Übersicht: Besonderheiten in einzelnen Pressegesetzen

229   LPG Baden-Württemberg/Nordrhein-Westfalen § 11: Gegendarstellung gegen geschäftliche Anzeigen ausdrücklich ausgeschlossen.

230   LPG Bayern Art 10: Berechtigt ist die unmittelbar betroffene Person oder Behörde. Keine Frist: Aktualitätsgrenze. Gegendarstellung muss die beanstandeten Stellen

XVI. Die Gegendarstellung im Rundfunk § 11 LPG

bezeichnen. Im Zweifelsfalle Beglaubigung der Unterschrift. Kostenpflicht bei wesentlicher Überschreitung des Umfanges der Erstmitteilung. Keine Glossierungsbeschränkung. Verfahren: Wahlweise Klage oder einstweilige Verfügung.
LPG Berlin § 10: Schriftform, Rspr lässt gewillkürte Vertretung zu. Gegendarstellung gegen geschäftliche Anzeigen ausdrücklich ausgeschlossen. Gegendarstellungen zu Anzeigen kostenpflichtig. 231
LPG Brandenburg § 12: Gegendarstellung gegen geschäftliche Anzeigen ausdrücklich ausgeschlossen. Verbot von Zusätzen. Gegendarstellung auch ausgeschlossen bei wahrheitsgetreuer Berichterstattung über öffentliche Sitzungen der gesetzgebenden oder beschließenden Organe der Europäischen Gemeinschaft. 232
LPG Bremen § 11: Schriftform, Rspr lässt gewillkürte Vertretung zu. Abdruck der Gegendarstellung mit gleichwertiger Platzierung, gleicher Schriftgröße und Auszeichnung. Gegendarstellung gegen geschäftliche Anzeigen ausdrücklich ausgeschlossen. Gegendarstellungen zu Anzeigen kostenpflichtig. Gegendarstellungen, die eine Agentur abdruckt, müssen auch von jeder Zeitungen und Zeitschriften so weit veröffentlicht werden, wie sie die behauptete Tatsache in ihren Textteil übernommen hatte. 233
LPG Hamburg § 11: Gegendarstellungen zu Anzeigen kostenpflichtig. 234
LPG Hessen § 10: Keine Ausschlussfrist: Aktualitätsgrenze. Kostenpflicht (übliche Einrückungsgebühren) bei Überschreitung des Umfanges der Erstmitteilung. 235
LPG Niedersachsen § 11: Schriftform, Rspr lässt gewillkürte Vertretung zu. Gegendarstellung gegen geschäftliche Anzeigen ausdrücklich ausgeschlossen. Gegendarstellungen zu Anzeigen kostenpflichtig. 236
LMG Rheinland-Pfalz § 11: Gegendarstellung gegen geschäftliche Anzeigen ausdrücklich ausgeschlossen. Gegendarstellungen im Anzeigenteil iÜ kostenpflichtig. Gegendarstellungen, die eine Agentur verbreitet, müssen auch von jeder Zeitung und Zeitschrift so weit veröffentlicht werden, wie sie die behauptete Tatsache in ihren Textteil übernommen hatte. Gegendarstellung auch ausgeschlossen bei wahrheitsgetreuer Berichterstattung über öffentliche Sitzungen der gesetzgebenden oder beschließenden Organe oder übernationalen parlamentarischen Organe. 237
LPG Saarland § 10: Gemeinsame Vorschrift für Presse Rundfunk und Internet. Gegendarstellung gegen geschäftliche Anzeigen ausdrücklich ausgeschlossen. Gegendarstellung auch ausgeschlossen bei wahrheitsgetreuer Berichterstattung über öffentliche Sitzungen der übernationalen parlamentarischen Organe. 238
LPG Sachsen § 10: Gegendarstellung gegen geschäftliche Anzeigen ausdrücklich ausgeschlossen. Gegendarstellung auch ausgeschlossen bei wahrheitsgetreuer Berichterstattung über öffentliche Sitzungen der gesetzgebenden oder beschließenden Organe der Europäischen Gemeinschaft. Gegendarstellungen müssen auch von einem anderen Unternehmen veröffentlicht werden, das den beanstandeten Text übernommen hat. Verfahren: Wahlweise Klage oder einstweilige Verfügung. 239
LPG Sachsen-Anhalt § 10: Schriftform, Rspr lässt für gleich lautende Regelung in Niedersachsen gewillkürte Vertretung zu. Gegendarstellung gegen geschäftliche Anzeigen ausdrücklich ausgeschlossen. Gegendarstellungen zu Anzeigen kostenpflichtig. 240
LPG Schleswig-Holstein § 11: Gegendarstellungen zu Anzeigen kostenpflichtig. 241
LPG Thüringen § 11: Gegendarstellung gegen geschäftliche Anzeigen ausdrücklich ausgeschlossen. Gegendarstellung auch ausgeschlossen bei wahrheitsgetreuer Berichterstattung über öffentliche Sitzungen der gesetzgebenden oder beschließenden Organe der Europäischen Gemeinschaft. 242

XVI. Die Gegendarstellung im Rundfunk

1. Rechtsgrundlage

Das Recht der Gegendarstellung im Rundfunk war nach der Ablösung des § 11 des Reichspreßgesetzes durch die entsprechenden Vorschriften der Pressegesetze der 243

Länder nur sehr unvollkommen geregelt. Bayern und Hessen haben schon 1949 Rundfunkgesetze erlassen, die Gegendarstellungsansprüche gewährten. 1951 folgten Baden-Württemberg und Rheinland-Pfalz mit dem Staatsvertrag über den Südwestfunk, 1960 der Bund mit dem DW/DLF-Gesetz und 1961 alle alten Bundesländer mit dem ZDF-Staatsvertrag. In den ab 1964 in Kraft getretenen Landespressegesetzen war teilweise eine entsprechende Anwendung der Gegendarstellungsvorschriften für den Rundfunk vorgesehen. Ab 1979 begannen die Bundesländer Landesrundfunkgesetze zu erlassen und für länderübergreifende Anstalten Staatsverträge abzuschließen, die nach dem Muster der Landespressegesetze ab 1964 Gegendarstellungsansprüche vorsehen, zunächst für den öffentlich-rechtlichen Rundfunk, dann auch für den privaten Rundfunk und die sonstigen Neuen Medien.

a) Öffentlich-rechtliche Rundfunkanstalten

244 Der Gegendarstellungsanspruch gegen die öffentlich-rechtlichen Rundfunkanstalten ist in einer nur schwer durchschaubaren Vielzahl von Gesetzen und Staatsverträgen geregelt (s oben Rn 2 ff.). Für den Bereich des Fernsehens in der ARD haben die der ARD angeschlossenen Anstalten 1971 Grundsätze für die Zusammenarbeit vereinbart, die in Ziffer IV. eine einheitliche Handhabung der Gegendarstellung im ARD-Gemeinschaftsprogramm sichern sollen. Diese Grundsätze haben aber keine Gesetzeskraft und begründen demzufolge keine Rechtsansprüche.

b) Privater Rundfunk

245 Der Gegendarstellungsanspruch gegen den privaten Rundfunk und die sonstigen Neuen Medien ist teilweise in Landesmediengesetzen, teilweise in Landesrundfunkgesetzen, teilweise in Privatrundfunkgesetzen und für Brandenburg und Berlin in einem Staatsvertrag geregelt (s oben Rn 2 ff.).

c) Anzuwendendes Recht

246 Die Vielzahl der gesetzlichen und staatsvertraglichen Regelungen wirft die Frage des anzuwendenden Rechts auf. Bei der Presse wird auf das Recht des Erscheinungsortes abgestellt. Beim Rundfunk ist der entsprechende Ort, an dem die Sendung an die Öffentlichkeit gelangt, der Ausstrahlungsort. Rechtsgrundlage für Gegendarstellung im privaten Rundfunk ist jedoch die Regelung, die für die zulassende Medienanstalt gilt, nicht die des Sitzes des Senders (OLG München AfP 98, 89).
Beim ZDF und bei Sendungen der Rundfunkanstalten, die nicht im ARD Gemeinschaftsprogramm ausgestrahlt werden sowie beim privaten Rundfunk und den sonstigen Neuen Medien ergeben sich keine Probleme: es gilt das Recht des Verpflichteten. Bei der ARD können die produzierende bzw anliefernde und die ausstrahlende Anstalt auseinanderfallen. Die Ausstrahlung der Gegendarstellung auf Grund einer Sendung im ARD Gemeinschaftsprogramm konnte bis Ende 2000 von jeder ausstrahlenden Anstalt verlangt werden, wobei das anzuwendende Recht dasjenige Landesrecht war, das für die in Anspruch genommene Anstalt galt (OLG München AfP 92, 304). War die ausstrahlende Anstalt nicht zugleich die produzierende, war sie nach Auffassung des OLG München (AfP 97, 823) zur Ausstrahlung nur in ihrem Sendegebiet verpflichtet. Seit 1.1.2001 ist zur Ausstrahlung einer Gegendarstellung auf Grund einer Sendung im ARD Gemeinschaftsprogramm nur noch die einbringende Anstalt verpflichtet, jede Rundfunkanstalt ist über die einbringende Anstalt auskunftspflichtig und alle beteiligten Rundfunkanstalten müssen eine gegen die einbringende Anstalt erwirkte Gegendarstellung verbreiten.

2. Voraussetzungen

247 Für die Gegendarstellung im Rundfunk gelten im Prinzip dieselben Voraussetzungen wie für den Gegendarstellungsanspruch gegen die Presse.

248 a) Keine grundsätzlichen Besonderheiten bestehen im Hinblick auf den Berechtigten, den Inhalt der Gegendarstellung, ihren Umfang, die Form und die Geltend-

XVI. Die Gegendarstellung im Rundfunk § 11 LPG

machung. Berechtigt ist auch hier nur der selbst Betroffene. Auch für den Rundfunk gilt das Prinzip Tatsache gegen Tatsache, § 7 SWFStV forderte für Gegendarstellungen im Südwestfunk das Vorliegen einer unwahren Tatsachenbehauptung. Hier musste also die Unwahrheit glaubhaft gemacht werden (OLG Karlsruhe AfP 94, 318). Diese Regelung wurde für den SWR, der am 1.1.1998 SDR und SWF ablöste, nicht übernommen. Der Umfang muss angemessen sein (s dazu jedoch unten Rn 259) und die Gegendarstellung muss vom Betroffenen oder seinem gesetzlichen Vertreter (Ausnahme Berlin, das gewillkürte Vertretung zulässt, s Rn 147, 231) unterzeichnet sein. Der Anspruch entsteht auch hier durch Zuleitung einer den gesetzlichen Anforderungen genügenden Gegendarstellung an den Verpflichteten als konkreter Leistungsanspruch. Auch inhaltlich bestehen keine Unterschiede zur Presse. Ein Gegenbild kann nur verlangt werden, wenn die Tatsachenbehauptung in der Erstmitteilung durch Verbreitung eines Bildes aufgestellt worden ist und die Gegendarstellung nur durch Verbreitung eines Bildes die Gegentatsache zum Ausdruck bringen kann. Ein Anspruch auf Ausstrahlung eines Gegenfilms ist abzulehnen, weil sich damit das Prinzip Tatsachenbehauptung gegen Tatsachenbehauptung nicht wahren lässt (so auch Seitz/Schmidt/Schoener Rn 452).

b) Aus der Natur des Mediums ergeben sich hingegen Besonderheiten für die Person des Verpflichteten, für die Art und den Zeitpunkt der Ausstrahlung, für die Zulässigkeit einer Erwiderung und für die Gegendarstellung gegen Werbesendungen. 249

3. Besonderheiten im Rundfunk

Für den Rundfunk allgemein sind folgende Besonderheiten zu beachten: 250

a) Berechtigter

Berechtigt ist teilweise wie bei der Presse die betroffene Person oder Stelle. Als Berechtigte werden von einigen Gesetzen oder Staatsverträgen aber auch Behörden, Personenmehrheiten oder Gruppen genannt. Der Sache nach macht dies keinen Unterschied. Die berechtigten Behörden oder Gruppen, wie zB der vom LG Hamburg genannte Sparkassenverband (NJW 87, 658), sind gleichzeitig entweder Personen oder Stellen. 251

b) Unmittelbarer Betroffener

Nach den meisten Gesetzen genügt es, dass der Anspruchsteller betroffen ist. Einige Gesetze gewähren den Anspruch nur dem unmittelbar Betroffenen. Diese Unterscheidung erscheint praktisch bedeutungslos (s oben Rn 56). 252

c) Aufgestellte/verbreitete Tatsachenbehauptung

In der Regel besteht der Gegendarstellungsanspruch gegen Tatsachenbehauptungen, die in einer Sendung aufgestellt worden sind. Einige Regelungen stellen auf verbreitete Tatsachenbehauptungen ab oder auf verbreitete Tatsachen oder Nachrichten. Der Unterschied kann Bedeutung gewinnen bei der Verbreitung von Äußerungen Dritter (s oben Rn 107). 253

d) Verpflichteter

Verpflichtet ist in der Regel die Rundfunkanstalt, bzw der Veranstalter oder Anbieter einer Sendung, im Bereich des privaten Rundfunks und des sonstigen Neuen Medien. Soweit die Landespressegesetze entsprechend anzuwenden sind, sind nach dem Wortlaut der Verleger bzw verantwortliche Redakteur verpflichtet. 254

(1) Der Begriff des Veranstalters entspricht dem Begriff des Verlegers im Bereich der Printmedien. Die von Löffler und in den Vorauflagen auf Grund der damals entsprechenden Anwendung der Pressegesetze in verschiedenen Bundesländern vertretene Auffassung, Veranstalter sei auch der verantwortliche Sendeleiter, kann infolge der jetzt geltenden Gesetze und Staatsverträge nicht aufrecht erhalten werden (s dazu Seitz/Schmidt/Schoener Rn 102). Veranstalter ist derjenige, der die Sendung in eigener 255

Sedelmeier

LPG § 11 — Gegendarstellung

redaktioneller Verantwortung gestaltet, bearbeitet, anliefert (ARD-Grundsätze IV 2) und/oder verbreitet. Damit ist Veranstalter auch jeder, der eine Sendung übernimmt und ausstrahlt (zum Gemeinschaftsprogramm der ARD s oben Rn 246).

256 (2) Der Begriff des Anbieters unterscheidet sich der Sache nach nicht von dem des Veranstalters, er findet vor allem Verwendung für Sendungen, die auf Abruf bereit gehalten werden.

257 (3) Eine eigenartige Konstruktion bietet Art 18 BayMG: der Anspruch richtet sich gegen den Anbieter. Zuzuleiten ist die Gegendarstellung dem Anbieter oder der Landeszentrale, die über die Verbreitung entscheidet und bei Ablehnung erforderlichenfalls zusammen mit dem Anbieter zu verklagen ist. Der Sache nach geht die Gegendarstellung zu Lasten des Anbieters, der die Kosten der Gegendarstellung zu tragen hat.

258 (4) Nach früherer Auffassung (3. Aufl Rn 250, OLG Hamburg AfP 81, 299) ist infolge der nach wie vor entsprechenden Anwendung des Pressegesetzes in Hessen auch der verantwortliche Sendeleiter verpflichtet. Diese Auffassung wird infolge der Entwicklung der Gesetzgebung nicht aufrecht erhalten (s Seitz/Schmidt/Schoener Rn 103). Die Figur des verantwortlichen Redakteurs in der periodischen Presse ist definiert durch die (formale) Verpflichtung, das Druckwerk von strafbarem Inhalt freizuhalten und Gegendarstellungen zum Abdruck zu bringen. Letzteres ist historisch daraus erklärbar, dass das RPG keinen zivilrechtlichen Anspruch sondern nur eine strafrechtliche Sanktion zur Durchsetzung des Gegendarstellungsanspruches kannte. Eine weitergehende zivil- oder strafrechtliche Verantwortung trifft den verantwortlichen Redakteur nicht. Diese Definition gilt für den verantwortliche Sendeleiter nach den modernen Rundfunkgesetzen nicht, dieser ist materiell insgesamt für den Inhalt des Rundfunkprogramms verantwortlich. Sein Pflichtenbereich ist nicht fixiert auf Freihaltung des Programms vom strafbarem Inhalt und Erfüllung des Gegendarstellungsanspruchs, er entspricht vielmehr demjenigen des Ressortredakteurs, der als solcher für den Gegendarstellungsanspruch nicht passiv legitimiert ist. Die Funktionen sind demnach nicht voll vergleichbar. Die entsprechende Anwendung pressegesetzlicher Vorschriften nötigt demzufolge nicht dazu, den Gegendarstellungsanspruch auch gegenüber dem verantwortlichen Sendeleiter zu gewähren.

e) Bezeichnung der Sendung

259 In der Regel muss der Gegendarstellung die beanstandete Sendung bezeichnen. Manche Regelungen verlangen die Bezeichnung der beanstandeten Sendung und Tatsachenbehauptung oder die Bezeichnung der beanstandeten Stellen. Fehlt die vorgeschriebene Bezeichnung, dann kann die Gegendarstellung zurückgewiesen werden (Seitz/Schmidt/Schoener Rn 202). Auch soweit dies nicht ausdrücklich vorgeschrieben ist empfiehlt sich eine eindeutige Bezeichnung, um die Gegendarstellung aus sich heraus verständlich zu machen. Die vorgeschriebene Bezeichnung der beanstandeten Sendung, Stellen oder Tatsachenbehauptung muss bei der Bemessung des angemessenen Umfanges der Gegendarstellung außer Betracht bleiben (s oben Rn 248).

f) Ausschlussfristen

260 Auch Rundfunkgegendarstellungen müssen unverzüglich bzw innerhalb der Aktualitätsgrenze verlangt werden. Die Aktualitätsfrist beginnt beim ARD Gemeinschaftsprogramm erst mit der Auskunft über die einbringende Anstalt, wenn diese unverzüglich verlangt wurde (Wenzel, 11.310). Die Ausschlussfristen sind beim Rundfunk meist kürzer bemessen als bei der Presse. Sie liegen zwischen einem und drei Monaten.

g) Parlamentsberichterstattung

261 Die meisten Regelungen für den Rundfunk schließen die Gegendarstellung auch gegenüber wahrheitsgetreuen Berichten über öffentliche Sitzungen übernationaler Institutionen aus, wobei unterschiedliche Formulierungen verwendet werden (Europäisches Parlament, gesetzgebende oder beschließende Organe der Europäischen Gemeinschaften, übernationale parlamentarische Organe).

h) *Werbesendungen*

Gegendarstellungen gegen Tatsachenbehauptungen in Werbesendungen werden teilweise ausdrücklich ausgeschlossen (BerlinBrandenbStV § 58), meist sind sie kostenpflichtig. Gegen Tatsachenbehauptungen in anderen entgeltlichen Sendungen (die praktisch kaum Bedeutung haben dürften) ist die Gegendarstellung zulässig. Soweit keine Regelung getroffen ist, besteht nach der hier vertretenen Auffassung (Rn 69) kein Gegendarstellungsanspruch gegen Werbesendungen. 262

i) *Verbreitung*

Die Verbreitung der Gegendarstellung muss unverzüglich, für den gleichen Sendebereich, in gleicher Art und Weise, im gleichen Programm oder -bereich/der gleichen Programmsparte, zur gleichen oder einer gleichwertigen Sendezeit ohne Einschaltungen oder Weglassungen erfolgen. Im Einzelnen differieren die Regelungen geringfügig. 263

j) *Ausstrahlung in Worten*

Die Ausstrahlung der Gegendarstellung erfolgt auch im Fernsehen grundsätzlich in Worten, sie wird in der Regel durch einen Sprecher verlesen. 264

k) *Erwiderung*

Eine Erwiderung auf die Gegendarstellung muss sich auf tatsächliche Behauptungen beschränken, einige Regelungen verbieten jede Erwiderung am selben, teilweise sprachlich verunglückt am gleichen Tage. Einige Vorschriften verbieten eine Erwiderung im unmittelbaren Zusammenhang mit der Gegendarstellung. 265

l) *Verfahren*

Verfahren: Der Anspruch kann im Verfahren der einstweiligen Verfügung oder in einem Verfahren, auf das die Vorschriften über das Verfahren auf Erlass einer einstweiligen Verfügung entsprechend anwendbar sind, geltend gemacht werden. In den Bremer Gesetzen fehlt die Verweisung auf das Verfügungsverfahren mit der Folge, dass dort wahlweise, evtl auch zusätzlich das ordentliche Klageverfahren gegeben ist (vgl o Rn 187). 266

4. Abrufdienste

Für den privaten Rundfunk und die sonstigen Neuen Medien erfolgt nach den meisten Gesetzen eine spezielle Regelung für den Fall, dass die Erstmitteilung in einem Abrufdienst enthalten ist. Hier ist die Gegendarstellung in unmittelbarer Verknüpfung mit dem Abrufdienst anzubieten und zu verbreiten. Endet das Angebot der Sendung, die die Erstmitteilung enthält, dann ist die Gegendarstellung noch eine bestimmte Zeit, längstens einen Monat, gesondert anzubieten. 267

5. Aufzeichnungspflicht

Nach den neuen Rundfunkgesetzen und -staatsverträgen sind die Rundfunkanstalten und die Veranstalter verpflichtet, die Sendungen in Ton und Bild vollständig aufzuzeichnen und aufzubewahren. Die Aufzeichnungen können nach Ablauf unterschiedlicher Fristen gelöscht werden, wenn gegen den Beitrag keine Beanstandungen vorliegen, andernfalls erst wenn die Beanstandungen rechtskräftig oder durch Vergleich oder anderweitig erledigt sind. Die Fristen sind in der Regel, aber nicht immer, auf die Frist für die Geltendmachung des Gegendarstellungsanspruchs abgestimmt, dh gleich lang oder länger. In Schleswig-Holstein zB beträgt die Aufbewahrungspflicht sechs Wochen, die Ausschlussfrist für die Gegendarstellung hingegen 3 Monate. Während der Dauer der Aufbewahrungspflicht besteht ein Anspruch auf Einsicht in die Aufzeichnungen und Filme und Erteilung von Ausfertigungen, Auszügen oder Abschriften auf eigene Kosten dessen, der schriftlich glaubhaft macht, in seinen Rechten berührt zu sein. 268

Sedelmeier

6. Besonderheiten in den Bundesländern

269 Nach Bundesländern und Vorschriften geordnet sind im Einzelnen folgende Besonderheiten erwähnenswert:

270 **Baden-Württemberg**
SWRStV § 10: Voraussetzung: verbreitete Tatsachenbehauptung. Bezeichnung von Sendung und Tatsachenbehauptung. Ausschlussfrist 2 Monate. Gegendarstellungen zu Werbesendungen kostenpflichtig. Keine Gegendarstellung gegen Gegendarstellung. Gegendarstellung ausgeschlossen bei wahrheitsgetreuer Berichterstattung über öffentliche Sitzungen des Europäischen Parlaments.
LMG § 9 wie SWR.

271 **Bayern**
BayRG Art 17: Ausschlussfrist 2 Monate. Ablehnung muss unter Angabe der Gründe unverzüglich schriftlich erfolgen. Ein zweites Verlangen ist zulässig, wenn es den Gründen der Ablehnung Rechnung trägt und dem Bayerischen Rundfunk spätestens innerhalb eines Monats nach Zustellung der ablehnenden Entscheidung zugeht. Bei Ablehnung der zweiten Fassung hat der Intendant über den Vorgang binnen einer Woche dem zuständigen Ausschuss zu berichten.
BayMG Art 18: Ausschlussfrist 2 Monate. Über die Verbreitung entscheidet die Landeszentrale, die Kosten trägt der Anbieter. Gerichtliches Verfahren nur gegen Anbieter und Landeszentrale gemeinsam.

272 **Berlin**
§ 9 StV SFB-RBB: Voraussetzung: verbreitete Tatsachenbehauptung. Bezeichnung von Sendung und Tatsachenbehauptung. Ausschlussfrist 1 Monat. Schriftform; Rspr lässt gewillkürte Vertretung genügen, kein gesetzliches Glossierungsverbot (s jedoch. Verfassungsgerichtshof Berlin AFP 06, 356) Gegendarstellung ausgeschlossen bei wahrheitsgetreuer Berichterstattung über öffentliche Sitzungen des Europäischen Parlaments. Verfahren: Wahlweise Klage oder einstweilige Verfügung.
Medien-StVBerlin-Brandenburg § 52: Bezeichnung von Programm und Sendung. Ausschlussfrist 6 Wochen. Im Zweifelsfalle Beglaubigung der Unterschrift. Keine Gegendarstellung bei Beiträgen, die ausschließlich dem geschäftlichen Verkehr dienen. Erwiderung im unmittelbaren Zusammenhang mit der Gegendarstellung unzulässig.

273 **Brandenburg**
§ 9 StV SFB-RBB: s Berlin
MedienStV Berlin-Brandenburg § 52s Berlin

274 **Bremen**
RBG § 24: Auch eine „Gruppe" ist gegendarstellungsberechtigt. Bezeichnung von Sendung und Tatsachenbehauptung. Ausschlussfrist 2 Monate. Gegendarstellung zu Werbesendungen kostenpflichtig. Gegendarstellung ausgeschlossen bei wahrheitsgetreuer Berichterstattung über öffentliche Sitzungen des Europäischen Parlaments, ferner gegenüber amtlichen Verlautbarungen und Gegendarstellungen. Verfahren: Wahlweise Klage oder einstweilige Verfügung.
BremLMG § 23: Wie RBG s oben.

275 **Hamburg**
NDR-StV § 12: Auch eine „Gruppe" ist gegendarstellungsberechtigt. Bezeichnung von Sendung und Tatsachenbehauptung. Ausschlussfrist 2 Monate. Gegendarstellung ausgeschlossen bei wahrheitsgetreuer Berichterstattung über öffentliche Sitzungen der gesetzgebenden oder beschließenden Organe der Europäischen Gemeinschaft und des Europarates. Gegendarstellung zu Werbesendungen kostenpflichtig.
Medienstaatsvertrag HSH § 10 (gleichlautend Hamb. Mediengesetz § 10): Verpflichtet ist der Veranstalter. Auch eine „Gruppe", zB ein Sparkassenverband (LG Hamburg NJW 87, 658) ist gegendarstellungsberechtigt. Bezeichnung von Sendung und Tatsachenbehauptung. Keine Ausschlussfrist: Aktualitätsgrenze. Erwiderung im unmittelbaren Zusammenhang mit der Gegendarstellung unzulässig.

XVI. Die Gegendarstellung im Rundfunk § 11 LPG

Hessen 276
HessRfG § 3: Verpflichtet sind die dem Verleger entsprechenden Personen, nicht der verantwortliche Sendeleiter (s oben Rn 258). Keine Ausschlussfrist: Aktualitätsgrenze. Berechtigt ist die beteiligte Behörde oder Privatperson. Gegendarstellung nur gegen unwahre Behauptungen. Überschreitung des angemessenen Umfangs kostenpflichtig.
HPRG § 28: Ausschlussfrist 6 Wochen. Gegendarstellung zu Werbesendungen kostenpflichtig. Erwiderung im unmittelbaren Zusammenhang mit der Gegendarstellung unzulässig. Gegendarstellung ausgeschlossen bei wahrheitsgetreuer Berichterstattung über öffentliche Sitzungen des Europäischen Parlaments.

Mecklenburg-Vorpommern 277
NDR-StV § 12: s Hamburg.
RGMV § 29: Auch eine „Gruppe" ist gegendarstellungsberechtigt. Bezeichnung von Sendung und Tatsachenbehauptung. Ausschlussfrist 3 Monate. Berechtigtes Interesse ist Anspruchsvoraussetzung, darlegungs- und glaubhaftmachungspflichtig ist der Betroffene. Gegendarstellung ausgeschlossen bei wahrheitsgetreuer Berichterstattung über öffentliche Sitzungen des Europäischen Parlaments.

Niedersachsen 278
NDR-StV § 12: s Hamburg
NdsMG § 21: Bezeichnung von Sendung und Tatsachenbehauptung. Keine Ausschlussfrist: Aktualitätsgrenze.

Nordrhein-Westfalen 279
WDRG § 9: Voraussetzung: verbreitete Tatsachenbehauptung. Bezeichnung von Sendung und Tatsachenbehauptung. Ausschlussfrist 2 Monate. Gegendarstellungen zu Werbesendungen kostenpflichtig. Gegendarstellung ausgeschlossen bei wahrheitsgetreuer Berichterstattung über öffentliche Sitzungen des Europäischen Parlaments.
LMGNRW § 44: Wie WDRG s oben.

Rheinland-Pfalz 280
SWRStV § 10: s Baden-Württemberg.
Rh-PfMG § 11: Gegendarstellungen im Werbeteil kostenpflichtig. Gegendarstellungen, die eine Agentur verbreitet, müssen unverzüglich so weit veröffentlicht werden, wie die behauptete Tatsache übernommen wurde. Ausschlussfrist 3 Monate. Gegendarstellung auch ausgeschlossen bei wahrheitsgetreuer Berichterstattung über öffentliche Sitzungen der übernationalen parlamentarischen Organe, der gesetzgebenden oder beschließenden Organe des Bundes, der Länder und der kommunalen Gebietskörperschaften sowie der Gerichte.

Saarland 281
SaarlMG § 10: Gemeinsame Vorschrift für Presse, Rundfunk und Mediendienste. Bezeichnung von Sendung und Tatsachenbehauptung. nicht vorgeschrieben. Ausschlussfrist b. Rundfunk 6 Wochen. Gegendarstellung gegen geschäftliche Anzeigen in einem periodischen Druckwerk ausgeschlossen (Geltung für Werbesendungen?), Gegendarstellung ausgeschlossen bei wahrheitsgetreuer Berichterstattung über öffentliche Sitzungen der übernationalen parlamentarischen Organe.

Sachsen 282
MDR-StV § 15: Voraussetzung: verbreitete Tatsachen. Berechtigt ist der unmittelbar Betroffene. Gegendarstellung muss die beanstandeten Stellen bezeichnen. Ausschlussfrist 2 Monate. Erwiderung am gleichen Tage unzulässig. Gegendarstellung ausgeschlossen bei wahrheitsgetreuer Berichterstattung über öffentliche Sitzungen der gesetzgebenden oder beschließenden Organe der Europäischen Gemeinschaft. Verfahren: einstweilige Verfügung, ob Hauptklage ausgeschlossen ist, ist unklar.
SPRG § 19: Voraussetzung: verbreitete Tatsache. Berechtigt ist der unmittelbar Betroffene. Bezeichnung der beanstandeten Stellen der Sendung. Ausschlussfrist: 2 Monate. Erwiderung am selben Tag unzulässig. Gegendarstellung ausgeschlossen bei wahrheitsgetreuer Berichterstattung über öffentliche Sitzungen der gesetzgebenden oder beschließenden Organe der Europäischen Gemeinschaft.

283 Sachsen-Anhalt
MDR-StV § 15: s Sachsen.
LMGSA § 24: Auch eine „Gruppe" ist gegendarstellungsberechtigt. Bezeichnung der beanstandeten Sendung und Tatsachenbehauptung. Keine Ausschlussfrist: Aktualitätsgrenze. Erwiderung im unmittelbaren Zusammenhang mit der Gegendarstellung unzulässig.

284 Schleswig-Holstein
NDR StV § 12: s Hamburg.
Medienstaatsvertrag HSH § 10: s Hamburg.

285 Thüringen
MDR StV § 15: s Sachsen.
LMG § 24: Gegendarstellung zu Werbesendungen kostenpflichtig. Erwiderung im unmittelbaren Zusammenhang mit der Gegendarstellung unzulässig. Ausschlussfrist 2 Monate.

7. Bundesweite Regelungen

286 ARD:
Staatsvertrag über den Rundfunk im vereinten Deutschland, Art 2 ARDStV § 8, dazu ARD-Grundsätze IV (Keine gesetzliche Regelung). Seit 1.1.2001 ist zur Ausstrahlung einer Gegendarstellung auf Grund einer Sendung im ARD Gemeinschaftsprogramm nur noch die einbringende Anstalt verpflichtet, jede Rundfunkanstalt ist über die einbringende Anstalt auskunftspflichtig und alle beteiligten Rundfunkanstalten müssen eine gegen die einbringende Anstalt erwirkte Gegendarstellung verbreiten. Es gilt das Recht der verpflichteten Anstalt.
ZDF:
Staatsvertrag über den Rundfunk im vereinten Deutschland, Art 3 ZDFStV § 9
Voraussetzung: verbreitete Tatsachenbehauptung. Verpflichtet ist das ZDF. Gegendarstellung muss die beanstandete Sendung und Tatsachenbehauptung bezeichnen. Ausschlussfrist: 2 Monate. Gegendarstellung zu Werbesendungen kostenpflichtig. Gegendarstellung ausgeschlossen bei wahrheitsgetreuer Berichterstattung über öffentliche Sitzungen des Europäischen Parlaments.
Deutschlandradio:
StV § 9: Gegendarstellung muss die beanstandete Sendung und Tatsachenbehauptung bezeichnen. Ausschlussfrist: 2 Monate. Gegendarstellung ausgeschlossen bei wahrheitsgetreuer Berichterstattung über öffentliche Sitzungen des Europäischen Parlaments, ferner gegenüber amtlichen Verlautbarungen, Wahlsendungen der Parteien und Gegendarstellungen.
Deutsche Welle:
§ 25 DW; DW/DLFG § 25: Verpflichtet ist der Veranstalter. Berechtigt ist die unmittelbar betroffene Person oder Stelle. Berechtigtes Interesse Anspruchsvoraussetzung. Im Zweifelsfalle Beglaubigung der Unterschrift. Keine Ausschlussfrist: Aktualitätsgrenze. Erwiderung am gleichen Tage unzulässig.
StasiUnterlG § 34 Abs 2: Gegendarstellungen zu personenbezogenen Informationen nach Veröffentlichung durch Rundfunkanstalten des Bundesrechts sind den Informationen beizufügen, mit ihnen aufzubewahren und bei erneuter Veröffentlichung mitzuveröffentlichen. Betrifft nur DW.

XVII. Die Gegendarstellung im Internet

287 Die Gegendarstellung im Internet ist in § 56 Rundfunkstaatsvertrag geregelt und unterscheidet sich in keinem Punkt wesentlich von der Gegendarstellung in Presse und Rundfunk.

287a Die Anspruchsverpflichteten, die Anspruchsberechtigten.

XVII. Die Gegendarstellung im Internet **§ 11 LPG**

Anspruchsverpflichtet sind die Anbieter von Telemedien mit journalistisch redaktionell gestalteten Angeboten, in denen insbesondere vollständig oder teilweise Inhalte periodischer Druckerzeugnisse in Text oder Bild wiedergegeben werden. Anspruchsberechtigt sind jene Personen oder Stellen, die durch eine in dem Angebot aufgestellte Tatsachenbehauptung betroffen sind.

Verwirrung stiftet und Anlass für Missverständnisse bietet das Wort „insbesondere" im zweiten Halbsatz. Dieser zweite Halbsatz kann sich sprachlich auf das Wort „Telemedien" oder auf das Wort „Angebote" beziehen. Soweit ersichtlich wird die Formulierung bisher auf die **Angebote** bezogen, in denen insbesondere vollständig oder teilweise Inhalte periodischer Druckerzeugnisse in Text oder Bild wiedergegeben werden. Ist dieser Bezug richtig, dann sind prinzipiell alle Anbieter von Telemedien für journalistisch-redaktionell gestaltete Angebote gegendarstellungspflichtig, allerdings nur für Tatsachenbehauptungen in ihren Angeboten, also für Angebote in denen insbesondere Inhalte periodischer Druckerzeugnisse wiedergegeben werden.

Mann (§ 56 Rn 13) meint, die Formulierung könne dahin verstanden werden, dass sie einen gewissen Spielraum auch im Hinblick auf nichtperiodische Inhalte veröffentlicht. Unter Hinweis auf die Begründung zum Rundfunkstaatsvertrag, wonach eine inhaltliche Änderung zum Medienstaatsvertrag nicht beabsichtigt gewesen sei, sei grundsätzlich an dem Periodizitätserfordernis festzuhalten. Die Formulierung lasse im Vergleich zu den periodischen Druckerzeugnissen ohnehin nur wesensmäßig ähnlich gelagerte Inhalte zu.

Seitz Schmidt (5.83) halten die Formulierung für etwas problematisch. Sie könne bedeuten, dass es sich wesensmäßig um ähnlich gestaltete Inhalte handeln müsse, es könne aber auch abgestellt sein auf den Schwerpunkt der Inhalte. Entscheidend sei danach, dass vor allem schwerpunktmäßig Inhalte periodische Druckwerke wiedergegeben werden, das „insbesondere" stelle damit klar, dass auch Angebote erfasst werden, in denen Inhalte periodische Druckwerke zum einen nur teilweise und zum anderen aber nicht ausschließlich wiedergegeben werden.

Sinn gewinnt die Formulierung dann, wenn sich der Halbsatz, der mit „insbesondere" eingeleitet wird, nicht auf die „Angebote" bezieht, sondern auf die „Telemedien mit journalistisch- redaktionell gestalteten Angeboten" selbst. Der Satz ist dann wie folgt zu verstehen:

(Nur) Anbieter von Telemedien, in denen insbesondere (aber nicht ausschließlich) vollständig oder teilweise periodische Druckerzeugnisse in Text oder Bild wiedergegeben werden sind gegendarstellungspflichtig, jedoch nur für ihre Angebote, also mit ihren journalistisch-redaktionell gestalteten Mitteilungen (nicht jedoch für sonstigen Inhalte).

Dieses Verständnis entspricht allein dem Wesen der Gegendarstellung als eines Instruments – ausschließlich für Betroffene durch Tatsachenbehauptungen in periodischen Publikationen über ihre Angelegenheiten – zur Gewährleistung des aus dem Persönlichkeitsrecht fließenden Rechts des Betroffenen, sich dazu an gleicher Stelle zu äußern. Sinn der Bestimmung ist offensichtlich, die Gegendarstellung für Tatsachenbehauptungen in Druckerzeugnissen auch dann zu gewährleisten, wenn diese nicht in Papierform sondern über das Internet angeboten werden. Dieses Verständnis entspricht auch allein den Gegendarstellungsanspruch in den Pressegesetzen, nach denen (neben dem verantwortlichen Redakteur) nur Verleger periodische Druckwerke (nicht aber sonstige Verleger, mögen sie sich gelegentlich auch einmal journalistisch äußern) gegendarstellungspflichtig sind. Folgt man diesem Verständnis, dann sind von vornherein verpflichtet und passivlegitimiert ausschließlich Anbieter von Telemedien, die Inhalte periodischer Druckerzeugnisse (periodisch) wiedergeben.

Anspruchsberechtigt sind dann Personen oder Stellen, die durch eine in dem Angebot – also redaktionell journalistisch – aufgestellte Behauptung betroffen sind, also nicht solche Personen oder Stellen, deren Betroffenheit aus sonstigen Inhalten des Telemediums folgt.

Sedelmeier

LPG § 11 Gegendarstellung

287b Die Definition der Anspruchsberechtigten im übrigen, die Ausnahmen von der Gegendarstellungspflicht, die Beschränkung auf Tatsachenbehauptungen, der Inhalt der Gegendarstellung, der Umfang der Gegendarstellung und die Form der Gegendarstellung, (mit besonderen Fristen su), die Ablehnung unzulässiger Gegendarstellungen und die Durchsetzung des Gegendarstellungsanspruchs unterscheiden sich nicht wesentlich von den gesetzlichen Regelungen in den Vorschriften für die Presse und den Rundfunk.

Die Gegendarstellung ist in gleicher Aufmachung wie die Tatsachenbehauptungen anzubieten (s LPG Rheinland-Pfalz, Saarland, sa Rn 163), ferner ohne Kosten für den Betroffenen und ohne zusätzliches Abrufentgelt in das Angebot aufzunehmen. Versteht man die Formulierung so, wie dies in Rn 287a vertreten wird, dann bezieht sich zudem die Gegendarstellungspflicht der Anbieter nur auf die Betroffenheit durch ihr Angebot, also ausnahmsweise nur auf journalistisch-redaktionell gestaltete Angebote, folglich beispielsweise grundsätzlich nicht auf Werbung, möglicherweise jedoch auf journalistisch-redaktionell gestaltete und nach § 10 LPG gekennzeichnete Anzeigen (s dazu im Übrigen Mann Rn 34). Die von Mann (Rn 29) und Seitz Schmidt (5, 251) angesprochene Beweislastumkehr, eher bedeutsam Darlegungslastregelung, bei den Ausnahmen ist von geringer praktischer Bedeutung, da es sich bei den Ausnahmen überwiegend um Rechtsfragen handelt und Beweise (in Form der Glaubhaftmachung) im Gegendarstellungsverfahren in aller Regel nicht in Betracht kommen. Die Freistellung von Berichten über öffentliche Sitzungen von Organen ist unter Verweis auf die jeweiligen Landespressegesetze geregelt. Der Streitwert entspricht einer inhaltsgleichen Printveröffentlichung (OLG Köln AfP 12, 268; Kammergericht Berlin AfP 13, 65).

287c Den Besonderheiten des Mediums trägt die Regelung der Fristen und der Veröffentlichungspflicht Rechnung:

Die Gegendarstellung muss unverzüglich, spätestens sechs Wochen nach dem letzten Tage des Angebots des beanstandeten Textes, jedenfalls jedoch drei Monate nach der erstmaligen Einstellung des Angebots dem in Anspruch genommenen Anbieter zugehen.

Die Gegendarstellung ist so lange wie die Tatsachenbehauptung in unmittelbarer Verknüpfung mit ihr anzubieten. Für das Anbieten der Ausgangsmitteilung genügt es, dass diese über eine online-Recherchedatenbank abrufbar ist (LG Potsdam AfP 09, 165). Das Landgericht Potsdam (aaO) nimmt auch zum Begriff der Verknüpfung Stellung: eine unmittelbare Verknüpfung ist anzunehmen, wenn die aufgestellte Tatsachenbehauptung und die Gegendarstellung zugleich auf dem Bildschirm erscheinen oder der Erstäußerungen ein deutlicher Hinweis auf die Gegendarstellung beigefügt wird, der einen direkten Link zu dieser enthält; die Gegendarstellung muss mit einem Klick erreichbar sein (unter Bezugnahme auf Wenzel 345, falsch, richtig: Wenzel/Burkhartdt 11, 355). Wird die Tatsachenbehauptung nicht mehr angeboten oder endet das Angebot vor Aufnahme der Gegendarstellung, so ist die Gegendarstellung an vergleichbarer Stelle so lange anzubieten, wie die ursprünglich angebotene Tatsachenbehauptung.

Eine Erwiderung, die sich auf tatsächliche Angaben beschränken muss, darf nicht unmittelbar mit der Gegendarstellung verknüpft werden (KG Berlin AfP 12, 474: keine verfassungsrechtlichen Bedenken).

§ 12 LPG
Anwendbarkeit des Bundesdatenschutzgesetzes

Gesetzesfassung in Baden-Württemberg:
§ 12 Anwendbarkeit des Bundesdatenschutzgesetzes

Soweit Unternehmen und Hilfsunternehmen der Presse personenbezogene Daten ausschließlich zu eigenen journalistisch-redaktionellen oder literarischen Zwecken erheben, verarbeiten und nutzen, gelten von den Vorschriften des Bundesdatenschutzgesetzes vom 20. Dezember 1990 (BGBl. I S. 2955), zuletzt geändert durch Artikel 12 des Gesetzes vom 21. August 2002 (BGBl. I S. 3322), in seiner jeweils gültigen Fassung nur die §§ 5, 9 und 38a sowie § 7 mit der Maßgabe, dass nur für Schäden gehaftet wird, die durch eine Verletzung von § 2 oder § 9 des Bundesdatenschutzgesetzes eintreten.

Gesetzesfassung in Bayern:
Art. 10a [Schadenshaftung]

Soweit Unternehmen oder Hilfsunternehmen der Presse personenbezogene Daten ausschließlich zu eigenen journalistisch-redaktionellen oder literarischen Zwecken unter Einsatz von Datenverarbeitungsanlagen oder in oder aus nichtautomatisierten Dateien erheben, verarbeiten oder nutzen, gelten von den Vorschriften des Bundesdatenschutzgesetzes nur die §§ 5, 9 und 38a sowie § 7 mit der Maßgabe, dass für Schäden gehaftet wird, die durch eine Verletzung des Datengeheimnisses im Sinn des § 5 Bundesdatenschutzgesetzes oder durch unzureichende technische oder organisatorische Maßnahmen im Sinn des § 9 des Bundesdatenschutzgesetzes eintreten.

Gesetzesfassung in Berlin:
§ 22a Anwendbarkeit des Bundesdatenschutzgesetzes

[1] Soweit Unternehmen und Hilfsunternehmen der Presse personenbezogene Daten ausschließlich zu eigenen journalistisch-redaktionellen oder literarischen Zwecken erheben, verarbeiten oder nutzen, gelten nur die §§ 5, 9 und 38a des Bundesdatenschutzgesetzes vom 20. Dezember 1990 (BGBl. I S. 2954), das zuletzt durch Artikel 1 des Gesetzes vom 18. Mai 2001 (BGBl. I S. 904) geändert worden ist, entsprechend. [2] § 7 des Bundesdatenschutzgesetzes gilt mit der Maßgabe, dass nur für Schäden gehaftet wird, die durch eine Verletzung des Datengeheimnisses nach § 5 des Bundesdatenschutzgesetzes oder durch unzureichende technische oder organisatorische Maßnahmen im Sinne des § 9 des Bundesdatenschutzgesetzes eintreten.

Gesetzesfassung in Brandenburg:
§ 16a Anwendbarkeit des Bundesdatenschutzgesetzes

Soweit Unternehmen oder Hilfsunternehmen der Presse personenbezogene Daten ausschließlich zu eigenen journalistisch-redaktionellen oder literarischen Zwecken erheben, verarbeiten oder nutzen, gelten von den Vorschriften des Bundesdatenschutzgesetzes nur die §§ 5, 9 und 38a sowie § 7 mit der Maßgabe, dass nur für Schäden gehaftet wird, die durch eine Verletzung des Datengeheimnisses nach § 5 des Bundesdatenschutzgesetzes oder durch unzureichende technische oder organisatorische Maßnahmen im Sinne des § 9 des Bundesdatenschutzgesetzes eintreten.

Gesetzesfassung in Bremen:

§ 5 Datenverarbeitung durch Presseunternehmen

(1) Für die Verarbeitung personenbezogener Daten durch Unternehmen und Hilfsunternehmen der Presse zu eigenen journalistisch-redaktionellen oder literarischen Zwecken gelten die §§ 5, 9 und 38a des Bundesdatenschutzgesetzes entsprechend.

(2) [1] Fügt ein Unternehmen nach Absatz 1 dem Betroffenen durch eine gegen § 5 des Bundesdatenschutzgesetzes verstoßende Verarbeitung oder Nutzung seiner personenbezogenen Daten einen Schaden zu, ist das Unternehmen dem Betroffenen zum Schadensersatz verpflichtet. [2] Die Ersatzpflicht entfällt, soweit das Unternehmen die nach den Umständen des Falles gebotene Sorgfalt beachtet hat.

Gesetzesfassung in Hamburg:

§ 11a Anwendbarkeit des Bundesdatenschutzgesetzes

[1] Soweit Unternehmen oder Hilfsunternehmen der Presse personenbezogene Daten ausschließlich zu eigenen journalistisch-redaktionellen oder literarischen Zwecken erheben, verarbeiten oder nutzen, gelten von den Vorschriften des Bundesdatenschutzgesetzes nur die §§ 5, 9 und 38a sowie § 7 mit der Maßgabe, dass nur für Schäden gehaftet wird, die durch eine Verletzung des Datengeheimnisses nach § 5 des Bundesdatenschutzgesetzes oder durch unzureichende technische oder organisatorische Maßnahmen im Sinne des § 9 des Bundesdatenschutzgesetzes eintreten. [2] Soweit Unternehmen nicht der Selbstregulierung durch den Pressekodex und die Beschwerdeordnung des Deutschen Presserats unterliegen, gelten für sie die Vorschriften von § 41 Absatz 3 und Absatz 4 Satz 1 BDSG entsprechend.

Gesetzesfassung in Hessen:

§ 10 [Bundesdatenschutz]

Soweit Unternehmen oder Hilfsunternehmen der Presse personenbezogene Daten ausschließlich zu eigenen journalistisch-redaktionellen oder literarischen Zwecken erheben, verarbeiten oder nutzen, gelten von den Vorschriften des Bundesdatenschutzgesetzes in der jeweils geltenden Fassung nur die §§ 5, 9 und 38a sowie § 7 mit der Maßgabe, dass nur für Schäden gehaftet wird, die durch eine Verletzung des Datengeheimnisses nach § 5 des Bundesdatenschutzgesetzes oder durch unzureichende technische oder organisatorische Maßnahmen im Sinne des § 9 des Bundesdatenschutzgesetzes eintreten.

Gesetzesfassung in Mecklenburg-Vorpommern:

§ 18a Erhebung, Verarbeitung und Nutzung personenbezogener Daten durch die Presse

[1] Soweit Unternehmen oder Hilfsunternehmen der Presse personenbezogene Daten ausschließlich zu eigenen journalistisch-redaktionellen oder literarischen Zwecken erheben, verarbeiten oder nutzen, gelten von den Vorschriften des Bundesdatenschutzgesetzes nur die §§ 5, 9 und 38a sowie § 7. [2] Es wird allein

für Schäden gehaftet, die durch eine Verletzung des Datengeheimnisses nach § 5 des Bundesdatenschutzgesetzes oder durch unzureichende technische oder organisatorische Maßnahmen i. S. d. § 9 des Bundesdatenschutzgesetzes eintreten.

Gesetzesfassung in Niedersachsen:

§ 19 Anwendbarkeit des Bundesdatenschutzgesetzes

Soweit Unternehmen oder Hilfsunternehmen der Presse personenbezogene Daten ausschließlich zu eigenen journalistisch-redaktionellen oder literarischen Zwecken erheben, verarbeiten oder nutzen, gelten von den Vorschriften des Bundesdatenschutzgesetzes nur die §§ 5, 9 und 38a sowie § 7 mit der Maßgabe, dass nur für Schäden gehaftet wird, die durch eine Verletzung des Datengeheimnisses nach § 5 des Bundesdatenschutzgesetzes oder durch unzureichende technische oder organisatorische Maßnahmen im Sinne des § 9 des Bundesdatenschutzgesetzes eintreten.

Gesetzesfassung in Nordrhein-Westfalen:

§ 12 Datenschutz

Soweit Unternehmen oder Hilfsunternehmen der Presse personenbezogene Daten ausschließlich zu eigenen journalistisch-redaktionellen oder literarischen Zwecken erheben, verarbeiten oder nutzen, gelten von den Vorschriften des Bundesdatenschutzgesetzes nur die §§ 5, 9 und 38a sowie § 7 mit der Maßgabe, dass nur für Schäden gehaftet wird, die durch eine Verletzung des Datengeheimnisses nach § 5 des Bundesdatenschutzgesetzes oder durch unzureichende technische oder organisatorische Maßnahmen im Sinne des § 9 des Bundesdatenschutzgesetzes eintreten.

Gesetzesfassung in Rheinland-Pfalz:

§ 12 Datenschutz

(1) Soweit Unternehmen oder Hilfsunternehmen der Presse oder vergleichbare Anbieter von Telemedien personenbezogene Daten ausschließlich zu eigenen journalistisch-redaktionellen oder literarischen Zwecken erheben, verarbeiten oder nutzen, gelten von den Vorschriften des Bundesdatenschutzgesetzes nur die Bestimmungen über das Datengeheimnis, die technischen und organisatorischen Maßnahmen, die Verhaltensregeln zur Förderung der Durchführung datenschutzrechtlicher Regelungen sowie den Schadensersatz mit der Maßgabe, dass nur für Schäden gehaftet wird, die durch eine Verletzung des Datengeheimnisses oder durch unzureichende technische oder organisatorische Maßnahmen eintreten.

(2) Soweit Rundfunkveranstalter oder ihre Hilfsunternehmen personenbezogene Daten ausschließlich zu eigenen journalistisch-redaktionellen oder literarischen Zwecken erheben, verarbeiten oder nutzen, gelten von den Vorschriften des Bundesdatenschutzgesetzes nur die Bestimmungen über die technischen und organisatorischen Maßnahmen.

(3) Führt die journalistisch-redaktionelle Verwendung personenbezogener Daten im Rundfunk oder bei Telemedien zur Verbreitung von Gegendarstellungen oder zu Verpflichtungserklärungen, Verfügungen oder Urteilen über die Unterlassung der Verbreitung oder über den Widerruf des Inhalts der Daten, so sind diese Gegendarstellungen, Unterlassungserklärungen oder Widerrufe zu den

gespeicherten Daten zu nehmen und dort für dieselbe Zeitdauer aufzubewahren wie die Daten selbst sowie bei einer Übermittlung der Daten gemeinsam mit diesen zu übermitteln.

(4) [1] Werden über Angebote personenbezogene Daten von einem Rundfunkveranstalter oder einem Anbieter von Telemedien ausschließlich zu eigenen journalistisch-redaktionellen Zwecken verarbeitet und werden Betroffene dadurch in ihren schutzwürdigen Interessen beeinträchtigt, können sie Auskunft über die zugrunde liegenden, zu ihrer Person gespeicherten Daten verlangen. [2] Die Auskunft kann nach Abwägung der schutzwürdigen Interessen der Beteiligten verweigert werden, soweit durch die Mitteilung die journalistische Aufgabe des Rundfunkveranstalters oder des Anbieters von Telemedien durch Ausforschung des Informationsbestandes beeinträchtigt würde oder aus den Daten

1. auf Personen, die bei der Vorbereitung, Herstellung oder Verbreitung mitgewirkt haben, oder
2. auf die Person des Einsenders oder Gewährsträgers von Beiträgen, Unterlagen und Mitteilungen für den redaktionellen Teil

geschlossen werden kann. [3] Betroffene können die Berichtigung unrichtiger Daten oder die Hinzufügung einer eigenen Darstellung von angemessenem Umfang verlangen.

Gesetzesfassung im Saarland:

§ 11 Datenschutz

(1) Soweit Unternehmen oder Hilfsunternehmen der Presse personenbezogene Daten ausschließlich zu eigenen journalistisch-redaktionellen oder literarischen Zwecken erheben, verarbeiten oder nutzen, gelten von den Vorschriften des Bundesdatenschutzgesetzes nur die §§ 5, 9 und 38a sowie 7 mit der Maßgabe, dass nur für Schäden gehaftet wird, die durch eine Verletzung des Datengeheimnisses nach § 5 des Bundesdatenschutzgesetzes oder durch unzureichende technische oder organisatorische Maßnahmen im Sinne des § 9 des Bundesdatenschutzgesetzes eintreten.

(2) Soweit personenbezogene Daten von Rundfunkveranstalterinnen oder Rundfunkveranstaltern und ihren Hilfsunternehmen zu journalistisch-redaktionellen oder literarischen Zwecken erhoben, verarbeitet oder genutzt werden, gelten nur die datenschutzrechtlichen Vorschriften über die technischen und organisatorischen Maßnahmen zur Datensicherung.

(3) Für den Datenschutz beim privaten Rundfunk gilt § 47 des Rundfunkstaatsvertrages.

(4) [1] Soweit personenbezogene Daten nicht zu journalistisch-redaktionellen oder literarischen Zwecken verarbeitet werden, finden auf den SR die Vorschriften des Saarländischen Datenschutzgesetzes mit Ausnahme der §§ 23, 25 bis 27 Anwendung. [2] § 7 des Saarländischen Datenschutzgesetzes gilt mit der Maßgabe des Absatzes 6 Satz 2. [3] An die Stelle der oder des behördlichen Datenschutzbeauftragten nach § 8 des Saarländischen Datenschutzgesetzes und der oder des Landesbeauftragten für Datenschutz nach § 5 Abs. 3 des Saarländischen Datenschutzgesetzes treten der oder die Datenschutzbeauftragte des SR.

(5) [1] Der Intendant oder die Intendantin des SR bestellt mit Zustimmung des Rundfunkrates für die Dauer von sechs Jahren eine Datenschutzbeauftragte oder einen Datenschutzbeauftragten des SR. [2] Der oder die Datenschutzbeauftragte des SR ist in der Ausübung seines oder ihres Amtes unabhängig und nur dem Gesetz unterworfen; im Übrigen untersteht er oder sie der Dienstaufsicht der Intendantin oder des Intendanten.

(6) ¹Der oder die Datenschutzbeauftragte des SR überwacht die Einhaltung der Vorschriften über den Datenschutz bei der gesamten Tätigkeit des SR. ²Vor dem erstmaligen Einsatz von automatisierten Verfahren, mit denen personenbezogene Daten verarbeitet werden, sowie bei wesentlichen Änderungen dieser Verfahren ist er oder sie zu hören. ³Er oder sie kann auch weitere Aufgaben innerhalb des SR übernehmen; Absatz 5 Satz 2 findet insoweit keine Anwendung.

(7) ¹Der oder die Datenschutzbeauftragte des SR kann Empfehlungen zur Verbesserung des Datenschutzes geben, insbesondere kann er oder sie den SR in Fragen der Sicherstellung des Datenschutzes beraten. ²Er oder sie ist über Planungen zum Aufbau automatisierter Informationssysteme rechtzeitig zu unterrichten, sofern in den Systemen personenbezogene Daten verarbeitet werden sollen.

(8) ¹Der oder die Datenschutzbeauftragte des SR ist von allen Stellen des SR in Erfüllung ihrer oder seiner Aufgaben zu unterstützen. ²Ihm oder ihr sind alle zur Erfüllung ihrer oder seiner Aufgaben notwendigen Auskünfte zu geben und auf Aufforderung aller Unterlagen über die Verarbeitung personenbezogener Daten zur Einsicht vorzulegen. ³Er oder sie hat in Erfüllung ihrer oder seiner Aufgaben jederzeit – auch unangemeldet – ungehinderten Zutritt zu allen Diensträumen, in den personenbezogene Daten verarbeitet werden. ⁴Er oder sie führt die Verfahrensbeschreibung nach § 9 des Saarländischen Datenschutzgesetzes für den nicht zu journalistisch-redaktionellen oder literarischen Zwecken bestimmten Teil oder Daten. ⁵Der oder die Datenschutzbeauftragte des SR legt gleichzeitig dem Intendanten oder Intendantin, dem Verwaltungsrat und dem Rundfunkrat jeweils zwei Kalenderjahre einen Bericht über ihre oder seine Tätigkeit vor; diesen Bericht übermittelt er oder sie auch dem oder der Landesbeauftragten für Datenschutz.

(9) ¹Der oder die Datenschutzbeauftragte des SR hat festgestellte Verletzungen von Vorschriften über den Datenschutz zu beanstanden und ihre Behebung in angemessener Frist zu fordern. ²Der Intendant oder die Intendantin ist davon zu verständigen. ³Wird die Beanstandung von der zuständigen Stelle nicht behoben, so fordert der oder die Datenschutzbeauftragte des SR vom Intendanten oder von der Intendantin binnen angemessener Frist geeignete Maßnahmen. ⁴Bleibt die Aufforderung nach Ablauf dieser Frist ohne Erfolg, verständigt der oder die Datenschutzbeauftragte des SR den Verwaltungsrat.

(10) ¹Der oder die Datenschutzbeauftragte des SR ist verpflichtet, über die ihm oder ihr amtlich bekanntgewordenen Angelegenheiten Verschwiegenheit zu bewahren. ²Dies gilt nicht für Mitteilungen im dienstlichen Verkehr oder über Tatsachen, die offenkundig sind oder ihrer Bedeutung nach keiner Geheimhaltung nach bedürfen.

Gesetzesfassung in Sachsen:

§ 11a Anwendbarkeit des Bundesdatenschutzgesetzes

¹Soweit Unternehmen oder Hilfsunternehmen der Presse personenbezogene Daten ausschließlich zu eigenen journalistisch-redaktionellen oder literarischen Zwecken erheben, verarbeiten oder nutzen, finden die §§ 5, 9 und 38a des Bundesdatenschutzgesetzes (BDSG) vom 20. Dezember 1990 (BGBl. I S. 2954, 2955), das zuletzt durch Artikel 3 Abs. 3 des Gesetzes vom 26. Juni 2001 (BGBl. I S. 1254, 1260) geändert worden ist, in der jeweils geltenden Fassung Anwendung. ²Weiterhin gilt § 7 BDSG in der jeweils geltenden Fassung mit der Maßgabe, dass nur für Schäden gehaftet wird, die durch eine Verletzung des

Datengeheimnisses nach § 5 BDSG oder durch unzureichende technische oder organisatorische Maßnahmen im Sinne des § 9 BDSG eintreten.

Gesetzesfassung in Sachsen-Anhalt:

§ 10a Anwendbarkeit des Bundesdatenschutzgesetzes

Soweit Unternehmen oder Hilfsunternehmen der Presse personenbezogene Daten ausschließlich zu eigenen journalistisch-redaktionellen oder literarischen Zwecken erheben, verarbeiten oder nutzen, gelten von den Vorschriften des Bundesdatenschutzgesetzes nur die §§ 5, 9 und 38a sowie 7 mit der Maßgabe, dass nur für Schäden gehaftet wird, die durch eine Verletzung des Datengeheimnisses nach § 5 des Bundesdatenschutzgesetzes oder durch unzureichende technische oder organisatorische Maßnahmen im Sinne des § 9 des Bundesdatenschutzgesetzes eintreten.

Gesetzesfassung in Schleswig-Holstein:

§ 10 Anwendbarkeit des Bundesdatenschutzgesetzes

Soweit Unternehmen oder Hilfsunternehmen der Presse personenbezogene Daten ausschließlich zu eigenen journalistisch-redaktionellen oder literarischen Zwecken erheben, verarbeiten oder nutzen, gelten von den Vorschriften des Bundesdatenschutzgesetzes in der Fassung der Bekanntmachung vom 14. Januar 2003 (BGBl. I S. 66) nur die §§ 5, 9 und 38a sowie 7 mit der Maßgabe, dass nur für Schäden gehaftet wird, die durch eine Verletzung des Datengeheimnisses nach § 5 des Bundesdatenschutzgesetzes oder durch unzureichende technische oder organisatorische Maßnahmen im Sinne des § 9 des Bundesdatenschutzgesetzes eintreten.

Gesetzesfassung in Thüringen:

§ 11a Anwendbarkeit des Bundesdatenschutzgesetzes

Soweit Unternehmen oder Hilfsunternehmen der Presse personenbezogene Daten ausschließlich zu eigenen journalistisch-redaktionellen oder literarischen Zwecken erheben, verarbeiten oder nutzen, gelten von den Bestimmungen des Bundesdatenschutzgesetzes (BDSG) nur die §§ 5, 9 und 38a sowie § 7 mit der Maßgabe, dass nur für Schäden gehaftet wird, die durch eine Verletzung des Datengeheimnisses nach § 5 des BDSG oder durch unzureichende technische oder organisatorische Maßnahmen im Sinne des § 9 des BDSG eintreten.

Einige Landesgesetzgeber haben die früher in § 12 LPG enthaltene Regelung über das Pflichtexemplarrecht in eigenständigen Gesetzen geregelt. Häufig findet sich in § 12 LPG nun die Regelung über den Datenschutz. Die Kommentierung der datenschutzrechtlichen Bestimmungen von Wolfgang Schulz und Stefan Heilmann ist im Besonderen Teil dieses Kommentars im Kapitel „Mediendatenschutz" enthalten (S. 1745 ff.).

Anhang § 12 LPG
Pflichtexemplarrecht

I. Landesrecht

Gesetzesfassung in Baden-Württemberg:

Ursprünglicher § 12 aufgehoben durch das Gesetz über die Ablieferung von Pflichtexemplaren an die Badische Landesbibliothek in Karlsruhe und die Württembergische Landesbibliothek in Stuttgart vom 3.3.1976 (GBl S 216), zuletzt geändert durch Gesetz vom 12.2.2007 (GBl S 107). Ergänzend gilt die Verordnung des Wissenschaftsministeriums zur Durchführung des Gesetzes über die Ablieferung von Pflichtexemplaren an die Badische Landesbibliothek in Karlsruhe und die Württembergische Landesbibliothek in Stuttgart vom 26.3.1976 (GBl S 447) zuletzt geändert durch VO vom 1.9.2000 (GBl S 664).

§ 1

(1) Von jedem Druckwerk, das im Geltungsbereich dieses Gesetzes verlegt wird, hat der Verleger der Badischen Landesbibliothek in Karlsruhe und der Württembergischen Landesbibliothek in Stuttgart je ein Stück abzuliefern. Er hat ein Exemplar an die Landesbibliothek, in deren Bezirk das Druckwerk verlegt wird, unentgeltlich und frei von Versendungskosten und das zweite Exemplar an die andere Landesbibliothek auf deren Anforderung gegen Entschädigung in Höhe von 50 v.H. des Ladenpreises frei von Versendungskosten abzuliefern; die Entschädigung wird auf Antrag gewährt.

(2) Als innerhalb des Geltungsbereiches dieses Gesetzes verlegt gelten auch solche Werke, die einen Ort innerhalb des Geltungsbereichs als Verlagsort nur in Verbindung mit einem anderen Ort nennen.

(3) Verleger im Sinne dieses Gesetzes ist auch der als Selbstverleger tätige Verfasser oder Herausgeber eines Druckwerks oder der Kommissions- und Lizenzverleger, sofern er im Werk genannt ist.

(4) Absatz 1 gilt entsprechend für den Drucker, bzw. Hersteller wenn das Druckwerk keinen Verleger hat.

(5) Auch für das erste Exemplar ist auf Antrag eine Entschädigung bis zur Höhe des halben Ladenpreises zu gewähren, wenn die unentgeltliche Ablieferung insbesondere wegen der niedrigen Auflage oder der hohen Kosten des Druckwerks dem Verleger oder Drucker nicht zugemutet werden kann.

(6) Der Bezirk der Badischen Landesbibliothek in Karlsruhe umfaßt die Regierungsbezirke Karlsruhe und Freiburg, der der Württembergischen Landesbibliothek in Stuttgart die Regierungsbezirke Stuttgart und Tübingen.

§ 1a

Für digitale Publikationen gelten die Vorschriften dieses Gesetzes entsprechend. Digitale Publikationen sind Medienwerke in unkörperlicher Form, die in öffentlichen Netzen dargestellt werden.

§ 2

(1) Druckwerke im Sinne dieses Gesetzes sind alle mittels eines Druck- oder sonstigen Vervielfältigungsverfahrens hergestellten und zur Verbreitung bestimm-

ten Schriften, bildlichen Darstellungen mit und ohne Text, Musiknoten, Landkarten, Ortspläne und Atlanten, Publikationen in Mikroform, audiovisuelle Materialien, Tonträger und Bildträger.

(2) Amtliche Druckwerke unterliegen nicht den Bestimmungen dieses Gesetzes.

§ 3

Das Wissenschaftsministerium wird ermächtigt, durch Rechtsverordnung Bestimmungen über die Ausgabe und die Ausstattung der Pflichtexemplare, die Ablieferungsfristen, das Verfahren bei der Ablieferung und Einschränkungen der Ablieferungspflicht für bestimmte Gattungen von Werken zu erlassen, für deren Sammlung, Inventarisierung und bibliographische Verzeichnung kein öffentliches Interesse besteht.

§ 4 (aufgehoben)

§ 5

(1) Dieses Gesetz tritt am 1. Januar 1976 in Kraft.

(2) Gleichzeitig treten die §§ 12 und 22 Abs. 1 Nr. 4 des Gesetzes über die Presse vom 14. Januar 1964 (Ges. Bl. S. 11), zuletzt geändert durch das Gesetz zur Anpassung des Landesrechts an das Erste Gesetz zur Reform des Strafrechts vom 7. April 1970 (Ges. Bl. S. 124) außer Kraft.

Gesetzesfassung in Bayern:

In Bayern gilt das Gesetz über die Ablieferung von Pflichtstücken (Pflichtstückgesetz − PflStG) vom 6.8.1986 (GVBl Bay S 216).

Art. 1 Umfang der Ablieferung

(1) [1] Von allen mittels eines Vervielfältigungsverfahrens hergestellten und zur Verbreitung bestimmten Texten, die in Bayern verlegt werden, sind ohne Rücksicht auf die Art des Textträgers und des Vervielfältigungsverfahrens unaufgefordert innerhalb von zwei Wochen nach Erscheinen unentgeltlich und auf eigene Kosten zwei Stücke in handelsüblicher Form an die Bayerische Staatsbibliothek München abzuliefern (Pflichtstücke). [2] Als Texte im Sinn von Satz 1 gelten auch besprochene Tonträger, Musiknoten und andere graphische Musikaufzeichnungen, Landkarten, Ortspläne und Atlanten sowie bildliche Darstellungen.

(2) Wird ein Text einzeln auf Anforderung verlegt, so gilt als Zeitpunkt seines Erscheinens das allgemeine Angebot, daß von der Vorlage auf Bestellung Einzelstücke hergestellt werden.

(3) Die Ablieferungspflicht umfaßt sämtliche erkennbar zum Hauptwerk gehörenden Beilagen, auch wenn diese für sich allein nicht der Ablieferungspflicht unterliegen, sowie zu Zeitschriften, Lieferungswerken, Losenblattsammlungen und ähnlichen Veröffentlichungen gehörige Einbanddecken, Sammelordner, Titelblätter, Inhaltsverzeichnisse, Register und andere Materialien, die der Vervollständigung des Hauptwerkes dienen.

(4) [1] Erscheinen neben der Normalausgabe gleichzeitig noch andere Ausgaben, wie zum Beispiel Dünndruckausgaben, Studienausgaben oder Luxusausgaben, so ist die Normalausgabe abzuliefern. [2] Erscheint neben einer Papierausgabe gleichzeitig eine Mikroformausgabe, so ist die Papierausgabe abzuliefern. [3] Weichen die anderen Ausgaben inhaltlich von der Normalausgabe ab, so sind

auch hiervon Pflichtstücke abzuliefern. ⁴Neuauflagen sind abzuliefern, sofern sie in Inhalt, Umfang oder Titelfassung einschließlich Jahres- und Verlagsangabe verändert sind.

Art. 2 Ausnahmen von der Ablieferung

(1) Den Bestimmungen dieses Gesetzes unterliegen nicht
1. Texte, die von staatlichen Stellen und Behörden herausgegeben und nach den Bestimmungen über die Abgabe amtlicher Veröffentlichungen abgeliefert werden,
2. bildliche Darstellungen auf Einzelblättern ohne Text (auch Mappen),
3. Texte, die in einer geringeren Auflage als zehn Exemplare erscheinen, sofern es sich nicht um veröffentlichte Hochschul-Prüfungsarbeiten oder um Texte handelt, die einzeln auf Anforderung verlegt werden,
4. Texte, die nur gewerblichen, geschäftlichen oder innerbetrieblichen Zwecken, der Verkehrsabwicklung oder dem häuslichen oder geselligen Leben dienen (Akzidenzdrucksachen), wie zum Beispiel Formulare, Preislisten, Werbedrucksachen, Gebrauchsanweisungen, Familienanzeigen; ferner Flugblätter und Plakate,
5. Geschäfts-, Jahres- und Verwaltungsberichte, soweit sie nur unter Personen verbreitet werden, für die sie nach Gesetz oder Satzung bestimmt sind,
6. Film- und Videoproduktionen,
7. Offenlegungs-, Auslege- und Patentschriften.

(2) Das Staatsministerium für Unterricht und Kultus kann weitere Gattungen von Texten von der Ablieferungspflicht ausnehmen, wenn an deren Sammlung und bibliographischer Aufzeichnung kein öffentliches Interesse besteht.

Art. 3 Ablieferungspflichtige

(1) Ablieferungspflichtig ist ohne Rücksicht auf die tatsächliche Verlegerschaft oder Niederlassung diejenige natürliche oder juristische Person, deren Name oder Firma in dem Werk mit Nennung eines bayerischen Ortes unter Umständen angegeben ist, die auf ihre Verlegereigenschaft schließen lassen; dies gilt auch, wenn ein bayerischer Ort nur in Verbindung mit einem oder mehreren anderen Orten als Verlagsort genannt wird.

(2) ¹Verleger ist auch der Selbstverleger sowie der Kommissions- und Lizenzverleger, der Herausgeber oder Verantwortliche im Sinn des Gesetzes über die Presse. ²Hat ein nach Art. 1 abzuliefernder Text keinen Verleger, so trifft die Verpflichtung diejenige natürliche oder juristische Person, in deren Auftrag der Text vervielfältigt wird.

Art. 4 Entschädigung

(1) Dem Ablieferungspflichtigen wird auf Antrag eine angemessene Entschädigung gewährt, wenn ihn die unentgeltliche Ablieferung wegen der hohen Herstellungskosten und der kleinen Auflage des Werks unzumutbar belastet.

(2) ¹Der Antrag ist spätestens mit Ablieferung des Werks bei der Bayerischen Staatsbibliothek zu stellen. ²Der Antrag ist zu begründen; insbesondere sind dabei Angaben über Herstellungskosten, Auflagenhöhe und Ladenpreis, gegebenenfalls Subskriptions-, Vorzugs- oder Abonnementspreis, zu machen.

Art. 5 Schlußbestimmungen, Inkrafttreten

(1) Dieses Gesetz tritt am 1. September 1986 in Kraft.

(2) Gleichzeitig treten das Gesetz zum Schutze der Urheberrechte an literarischen Erzeugnissen und Werken der Kunst (BayRS 2240-1-K) und die Bekannt-

machung über die Einlieferung von Verlagspflichtstücken vom 29. Januar 1927 (BayBSVK S. 145) außer Kraft.

Gesetzesfassung in Berlin:

§ 11 aufgehoben durch Gesetz über die Ablieferung von Pflichtexemplaren (PflExG) vom 29.11.1994 (GVBl S 488) in der Fassung vom 15.7.2005 (GVBl S 414 ber S 544).

§ 1 Ablieferungspflicht

Von allen mittels eines Vervielfältigungsverfahrens hergestellten und zur Verbreitung bestimmten Texten, die in Berlin verlegt werden, hat der Verleger unaufgefordert und innerhalb von zwei Wochen nach Erscheinen ein Pflichtexemplar unentgeltlich in handelsüblicher Form an die Stiftung Zentral- und Landesbibliothek Berlin abzuliefern.

§ 2 Begriffsbestimmungen

(1) Als Texte im Sinne von § 1 gelten auch Daten- oder Tonträger, bildliche Darstellungen mit und ohne Schrift und Musikalien.

(2) Die Ablieferungspflicht umfaßt sämtliche erkennbar zum Hauptwerk gehörenden Beilagen sowie zu Zeitschriften, Lieferungswerken, Loseblattausgaben und ähnlichen Veröffentlichungen gehörige Einbanddecken, Sammelordner, Titelblätter, Inhaltsverzeichnisse, Register und andere Materialien, die der Vervollständigung des Hauptwerkes dienen.

(3) Als ablieferungspflichtige Verleger im Sinne dieses Gesetzes gelten auch Selbstverleger sowie Kommissions- und Lizenzverleger. Hat ein Werk keinen Verleger, trifft die Ablieferungspflicht den sonstigen Hersteller.

(4) Erscheinen mehrere Einbandarten, ist das Pflichtexemplar in der dauerhaftesten Form abzuliefern. Dies gilt nicht für Vorzugs- oder Luxusausgaben.

§ 3 Ausnahmen von der Ablieferungspflicht

(1) Den Bestimmungen dieses Gesetzes unterliegen nicht:
1. amtliche Druckwerke, soweit sie ausschließlich amtliche Mitteilungen enthalten,
2. Texte, die nur Zwecken des Gewerbes, des Verkehrs, des häuslichen oder des geselligen Lebens dienen, wie Formulare, Preislisten, Werbedrucksachen, Familienanzeigen (Akzidenzdrucksachen),
3. Texte, die in einer geringeren Auflage als zwanzig Exemplare erscheinen, sofern es sich nicht um Texte handelt, die einzeln auf Anforderung verlegt werden,
4. Laufbilder und Fotografien,
5. Dissertationen und andere Hochschulprüfungsarbeiten, sofern sie nicht im Buchhandel erscheinen,
6. Offenlegungs-, Auslege- und Patentschriften.

(2) Die für die Aufsicht über die Stiftung Zentral- und Landesbibliothek Berlin zuständige Senatsverwaltung kann weitere Arten von Texten von der Ablieferungspflicht ausnehmen, wenn an deren Sammlung kein öffentliches Interesse besteht.

§ 4 Verlagsort

Texte sind im Geltungsbereich dieses Gesetzes verlegt, wenn als Verlagsort im Werk Berlin genannt ist. Dies gilt auch, wenn Berlin nur in Verbindung mit anderen Orten als Verlagsort genannt wird.

§ 5 Entschädigung

Dem Ablieferungspflichtigen wird auf schriftlichen Antrag eine angemessene Entschädigung gewährt, wenn die unentgeltliche Abgabe wegen der hohen Herstellungskosten und der kleinen Auflage des Werkes unzumutbar ist. Der Antrag ist zu begründen und mit geeigneten Nachweisen innerhalb eines Monats nach der Ablieferung des Werkes bei der Stiftung Zentral- und Landesbibliothek Berlin zu stellen.

§ 6 Ordnungswidrigkeiten

(1) Ordnungswidrig handelt, wer vorsätzlich oder fahrlässig die Verpflichtung zur Ablieferung von Pflichtexemplaren nach § 1 dieses Gesetzes nicht oder nicht rechtzeitig erfüllt.

(2) Die Ordnungswidrigkeit kann mit einer Geldbuße bis zu 5000 Euro geahndet werden.

(3) Die Verfolgung der Ordnungswidrigkeiten verjährt in sechs Monaten.

(4) Zuständige Verwaltungsbehörde im Sinne des § 36 Abs. 1 Nr. 1 des Gesetzes über Ordnungswidrigkeiten in der Fassung vom 19. Februar 1987 (BGBl. I S. 602), zuletzt geändert durch Artikel 5 des Gesetzes vom 24. August 2004 (BGBl. I S. 2198), ist die Stiftung Zentral- und Landesbibliothek Berlin.

§ 7 Ablieferung amtlicher Druckschriften

(1) Alle Behörden, Dienststellen und Einrichtungen des Landes Berlin sind unbeschadet des § 1 verpflichtet, von allen durch sie herausgegebenen oder in ihrem Auftrag einmalig oder laufend erscheinenden amtlichen Veröffentlichungen unentgeltlich unmittelbar nach ihrem Erscheinen Pflichtexemplare an bestimmte Bibliotheken abzugeben.

(2) Absatz 1 gilt für die landesunmittelbaren Körperschaften, Anstalten und Stiftungen des öffentlichen Rechts entsprechend.

§ 8 Ermächtigung

Das für die Stiftung Zentral- und Landesbibliothek Berlin zuständige Mitglied des Senats hat im Einvernehmen mit der Senatsverwaltung für Finanzen durch Rechtsverordnung
1. Bestimmungen über die Art der nach § 1 abzuliefernden Texte, über die Ausgabe und Ausstattung der Pflichtexemplare, über die Ablieferungsfristen und über das Verfahren bei der Ablieferung und der Entschädigung sowie
2. Bestimmungen über Art und Anzahl der nach § 7 abzuliefernden Pflichtexemplare sowie über die begünstigten Bibliotheken

zu erlassen.

§ 9 Sprachliche Gleichbehandlung

Alle Personen- und Funktionsbezeichnungen, die in diesem Gesetz gebraucht werden, gelten sowohl in der weiblichen als auch in der männlichen Sprachform.

§ 10 Schlussbestimmungen

Dieses Gesetz tritt am Tage nach der Verkündung im Gesetz- und Verordnungsblatt für Berlin in Kraft.

Gesetzesfassung in Brandenburg:

§ 13 [Ablieferungspflicht der Verlegerinnen und Verleger und Druckerinnen und Drucker]

(1) Von jedem Druckwerk, das im Geltungsbereich dieses Gesetzes verlegt wird, haben die Verlegerin oder der Verleger mit Beginn der Verbreitung des Druckwerks ein Stück (Pflichtexemplar) der Stadt- und Landesbibliothek Potsdam anzubieten und ihr auf Verlangen unentgeltlich und auf eigene Kosten abzugeben. Auf Antrag erstattet die Bibliothek der Verlegerin oder dem Verleger die Herstellungskosten des abgegebenen Druckwerks, wenn ihnen die unentgeltliche Abgabe wegen des großen finanziellen Aufwands und der kleinen Auflage nicht zugemutet werden kann.

(2) Absatz 1 gilt entsprechend für die Druckerin oder den Drucker, wenn das Druckwerk keine Verlegerin oder keinen Verleger hat oder außerhalb des Geltungsbereichs dieses Gesetzes verlegt wird.

(3) Für digitale Ausgaben von Werken, die Druckwerken gemäß § 7 gleichstehen und die im Geltungsbereich dieses Gesetzes verlegt oder gedruckt werden, gilt Absatz 1 mit der Maßgabe entsprechend, dass zur Ablieferung verpflichtet ist, wer den entsprechenden Datensatz wie eine Verlegerin oder ein Verleger verbreitet oder berechtigt ist, die digitale Ausgabe öffentlich zugänglich zu machen.

(4) Die Ministerin oder der Minister für Wissenschaft, Forschung und Kultur wird ermächtigt, das Nähere zur Ausführung der Absätze 1 bis 3 durch Rechtsverordnung zu regeln. Für bestimmte Arten von Druckwerken können Ausnahmen zugelassen werden.

Ergänzend gilt die Verordnung des Ministers für Wissenschaft, Forschung und Kultur zur Durchführung des Brandenburgischen Landespressegesetzes über die Anbietung und die Ablieferung von Pflichtexemplaren an die Stadt- und Landesbibliothek Potsdam (Pflichtexemplarverordnung – PflEV) vom 29.9.1994 (GVBl S 912).

Gesetzesfassung in Bremen:

§ 12 [Anbietungspflicht der Verleger und Drucker]

(1) Von jedem Druckwerk, das im Geltungsbereich dieses Gesetzes verlegt wird, hat der Verleger der Staatsbibliothek in Bremen je ein Stück anzubieten und auf Verlangen abzuliefern (Pflichtexemplar). Das gleiche gilt für die Geschäfts-, Jahres- und Verwaltungsberichte, sofern sie nicht unter § 7 Absatz 3 Ziffer 1 fallen.

(2) Absatz 1 gilt entsprechend für den Drucker, wenn das Druckwerk keinen Verleger hat oder außerhalb des Geltungsbereichs dieses Gesetzes verlegt wird.

(3) Verleger und Drucker periodischer Druckwerke genügen ihrer Pflicht nach den Absätzen 1 und 2, wenn sie das von ihnen verlegte oder gedruckte periodische Druckwerk beim erstmaligen Erscheinen und am Beginn jedes Kalenderjahres zum laufenden Bezug anbieten.

(4) Die Senatorin für Bildung, Wissenschaft und Gesundheit wird ermächtigt, im Einvernehmen mit dem Senator für Inneres und Sport durch Rechtsverordnung Bestimmungen über die Ausgabe und die Ausstattung des anzubietenden Druckwerkes, die Meldepflicht der Drucker und die Ablieferungsfristen zu erlassen.

Von der Verordnungsermächtigung nach § 12 Abs 4 wurde bislang kein Gebrauch gemacht.

Pflichtexemplarrecht § 12 LPG Anh

Gesetzesfassung in Hamburg:

In Hamburg gilt das Gesetz über die Ablieferung von Pflichtexemplaren (Pflichtexemplargesetz – PEG) vom 14.9.1988 (GVBl S 180) zuletzt geändert durch Gesetz vom 8.9.2009 (HmbGVBl. S. 330).

§ 1 Ablieferungspflicht

Von jedem Druckwerk, das innerhalb des hamburgischen Staatsgebietes verlegt wird, hat der Verleger ein Stück an die Staats- und Universitätsbibliothek Hamburg Carl von Ossietzky abzuliefern (Pflichtexemplar). Für digitale Publikationen gelten die Vorschriften dieses Gesetzes entsprechend.

§ 2 Begriffsbestimmungen

(1) Druckwerke im Sinne dieses Gesetzes sind alle mittels eines Vervielfältigungsverfahrens hergestellten und zur Verbreitung bestimmten Texte, Landkarten, Ortspläne, Atlanten, Tonwerke und Tonträger sowie Bildwerke, falls sie mit einem erläuternden Text verbunden sind.

(2) Digitale Publikationen sind alle Darstellungen in Schrift, Bild und Ton, die auf Datenträgern oder in unkörperlicher Form in öffentlichen Netzen dargestellt werden. Digitale Publikationen in unkörperlicher Form können nach den Maßgaben der Staats- und Universitätsbibliothek Hamburg Carl von Ossietzky auch zur Abholung bereitgestellt werden.

(3) Als Verleger im Sinne dieses Gesetzes gelten auch der Kommissions-, der Lizenz- und der Selbstverleger. Bei Tonträgern gilt als Verleger der Hersteller.

(4) Als innerhalb des hamburgischen Staatsgebietes verlegt gelten Druckwerke mit Ausnahme von Tonträgern, wenn in ihnen Hamburg als Verlagsort allein oder neben einem anderen Ort bezeichnet wird, Tonträger, wenn der Hersteller seinen Sitz in Hamburg hat.

§ 3 Ablieferungsfrist

Der Verpflichtete hat das Pflichtexemplar ohne besondere Aufforderung innerhalb von zwei Wochen nach Beginn der Verbreitung des Druckwerks abzuliefern. Wird die Ablieferungspflicht nicht fristgerecht erfüllt, ist die Staats- und Universitätsbibliothek Hamburg Carl von Ossietzky nach Mahnung und fruchtlosem Ablauf von weiteren drei Wochen berechtigt, das Pflichtexemplar auf Kosten der Ablieferungspflichtigen anderweitig zu beschaffen. Die Bibliothek regelt das hierzu notwendige Verfahren in Abstimmung mit der zuständigen Behörde.

§ 4 Kostentragung und Entschädigung

(1) Die Ablieferung erfolgt auf eigene Kosten des Verpflichteten sowie grundsätzlich unentgeltlich.

(2) Bei Druckwerken mit niedriger Auflage und hohem Selbstkostenpreis wird dem Verpflichteten auf Antrag eine Entschädigung in Höhe der Selbstkosten gewährt. Der Antrag ist innerhalb einer Ausschlußfrist von zwei Wochen nach Beginn der Verbreitung des Druckwerks bei der Staats- und Universitätsbibliothek Hamburg Carl von Ossietzky einzureichen. Im Antrag sind die Höhe der Auflage, die Selbstkosten sowie die Berechnung der Selbstkosten anzugeben.

§ 5 Ausnahmen von der Ablieferungspflicht

Amtliche Druckwerke der Freien und Hansestadt Hamburg unterliegen nicht der Ablieferungspflicht nach diesem Gesetz. Die Staats- und Universitätsbiblio-

Anh LPG § 12

Pflichtexemplarrecht

thek Hamburg Carl von Ossietzky kann weitere Druckwerke von der Ablieferungspflicht ausnehmen, wenn an deren Sammlung kein öffentliches Interesse besteht.

§ 6 Ordnungswidrigkeiten

(1) Ordnungswidrig handelt, wer vorsätzlich oder fahrlässig die Verpflichtung zur Ablieferung von Pflichtexemplaren nach § 1 nicht oder nicht rechtzeitig erfüllt.

(2) Die Ordnungswidrigkeit kann mit einer Geldbuße geahndet werden.

§ 7 Schlußbestimmungen, Inkrafttreten

(1) Dieses Gesetz tritt am Tag nach seiner Verkündung in Kraft.

(2) Gleichzeitig tritt das Gesetz über die Abgabe von Freistücken der Druckwerke an die Staats- und Universitätsbibliothek in Hamburg vom 8. August 1934 (Sammlung des bereinigten hamburgischen Landesrechts I 221-b) in der geltenden Fassung außer Kraft.

Gesetzesfassung in Hessen:

§ 9 wurde durch das Gesetz zur Neuregelung des Archivwesens und des Pflichtexemplarrechts vom 26.11.2012 (GVBl S 458) aufgehoben. Das Pflichtexemplarrecht ist nun in § 4a des Hessischen Bibliotheksgesetz geregelt.

§ 4a Pflichtexemplarrecht

(1) Medienwerke sind alle Darstellungen in Schrift, Bild und Ton, die in körperlicher Form verbreitet oder in unkörperlicher Form der Öffentlichkeit zugänglich gemacht werden. Medienwerke in körperlicher Form sind alle Darstellungen auf Papier, elektronischen Datenträgern und anderen Trägern. Medienwerke in unkörperlicher Form sind alle Darstellungen in öffentlichen Netzen. Musik- und Filmwerke sowie ausschließlich im Rundfunk gesendete Werke unterliegen nicht den Bestimmungen dieses Gesetzes.

(2) Die Ablieferungspflichtigen haben Medienwerke in körperlicher und unkörperlicher Form in einfacher Ausfertigung nach Abs. 3 abzuliefern. Ablieferungspflichtig ist, wer berechtigt ist, ein Medienwerk zu verbreiten oder erstmals öffentlich zugänglich zu machen und den Sitz, eine Betriebsstätte oder den Hauptwohnsitz in Hessen hat.

(3) Die Ablieferungspflichtigen haben die Medienwerke auf eigene Kosten binnen eines Monats seit Beginn der Verbreitung oder der öffentlichen Zugänglichmachung bei der zuständigen Bibliothek oder der von dieser benannten Stelle abzuliefern. Sie sind vollständig, in einwandfreiem, benutzbarem Zustand und zur dauerhaften Archivierung durch die Bibliothek geeignet unentgeltlich abzuliefern. Ihre Nutzbarkeit muss unbefristet und ohne Einschränkung durch Schutzmechanismen sowie rechtliche und tatsächliche Beschränkungen möglich sein. Medienwerke in unkörperlicher Form können nach den Maßgaben der zuständigen Bibliothek auch zur Abholung bereitgestellt werden. Die Bibliothek trägt dafür Sorge, dass die zur Verfügung gestellten Medienwerke in unkörperlicher Form nicht unzulässig weiterverbreitet werden können. Wird die Ablieferungspflicht nicht binnen eines Monats seit Beginn der Verbreitung oder öffentlichen Zugänglichmachung des Medienwerkes erfüllt, ist die Bibliothek nach Mahnung und fruchtlosem Ablauf von weiteren drei Wochen berechtigt, die Medienwerke auf Kosten der Ablieferungspflichtigen anderweitig zu beschaffen. Frei zugängliche unkörperliche Medienwerke, die der Ablieferungspflicht unterliegen, kann die Bibliothek nach Ablauf der vorstehend genannten

Fristen in ihren Bestand übernehmen und im Rahmen ihres gesetzlichen Auftrages nutzen.

(4) Die Ablieferungspflichtigen haben der zuständigen Bibliothek bei Ablieferung der Medienwerke unentgeltlich die zu ihrer Aufgabenerfüllung notwendigen Auskünfte auf Verlangen zu erteilen. Kommen sie dieser Pflicht nicht nach, ist die Bibliothek nach Ablauf eines Monats seit Beginn der Verbreitung oder öffentlichen Zugänglichmachung berechtigt, die Informationen auf Kosten der Auskunftspflichtigen anderweitig zu beschaffen.

(5) Für Druckwerke gewährt die zuständige Bibliothek den Ablieferungspflichtigen auf Antrag einen Zuschuss zu den Herstellungskosten der abzuliefernden Ausfertigungen, wenn die unentgeltliche Abgabe eine unzumutbare Belastung darstellt.

(6) Zur geordneten Durchführung der Pflichtablieferung und um einen nicht vertretbaren Aufwand der zuständigen Bibliotheken sowie um Unbilligkeiten zu vermeiden, wird die für das Bibliothekswesen zuständige Ministerin oder der hierfür zuständige Minister ermächtigt, durch Rechtsverordnung zu regeln:
1. die Einschränkung der Ablieferungs- oder der Sammelpflicht für bestimmte Gattungen von Medienwerken, wenn für deren Sammlung, Inventarisierung, Erschließung, Sicherung und Nutzbarmachung kein öffentliches Interesse besteht,
2. die Beschaffenheit der ablieferungspflichtigen Medienwerke und die Ablieferung in Fällen, in denen ein Medienwerk in verschiedenen Ausgaben oder Fassungen verbreitet oder öffentlich zugänglich gemacht wird,
3. das Verfahren der Ablieferung der Medienwerke sowie
4. die Voraussetzungen und das Verfahren bei der Gewährung von Zuschüssen.

Die Ablieferung der unkörperlichen Medienwerke erfolgt allein nach Maßgabe der Rechtsverordnung.

Ergänzend gilt die Verordnung über die Abgabe von Druckwerken vom 12.12.1984 (GVBl I S 10) geändert durch Beschluß VGH Kassel vom 1.10.1991 (GVBl I S 366) mit der Maßgabe fort, dass sie bei Ablieferung von körperlichen Medienwerken anzuwenden ist (Art 4 Gesetz zur Neuregelung des Archivwesens und des Pflichtexemplarrechts vom 26.11.2012 (GVBl S 458)).

Gesetzesfassung in Mecklenburg-Vorpommern:

§ 11 [Ablieferungspflicht der Verleger und Drucker]

(1) Von jedem Druckwerk, das in Mecklenburg-Vorpommern verlegt wird oder das als Verlagsort einen Ort innerhalb Mecklenburg-Vorpommerns neben einem anderen Ort nennt, hat der Verleger ein Stück binnen eines Monats nach dem Erscheinen kostenfrei an die von der Kultusministerin zu benennenden Stellen abzuliefern (Pflichtexemplare). Satz 1 gilt entsprechend für den Drucker oder sonstigen Hersteller, wenn das Druckwerk keinen Verleger hat.

(2) Die von der Kultusministerin zu benennenden Stellen können auf die Ablieferung solcher Druckwerke verzichten, an deren Sammlung, Inventarisierung und bibliographischer Aufzeichnung kein öffentliches Interesse besteht.

(3) Ist die Auflage eines Druckwerkes nicht höher als 500 Stück und beträgt der Ladenpreis eines Stücks der Auflage mindestens 200 Deutsche Mark, so ist dem Ablieferungspflichtigen abweichend von Absatz 1 die Hälfte des Ladenpreises zu erstatten. Bei Druckwerken, die aus zwei oder mehreren einzeln verkäuflichen Teilen bestehen, ist eine Vergütung für jeden dieser Teile zu leisten, dessen Ladenpreis den angegebenen Betrag übersteigt. Hat das Druckwerk keinen Ladenpreis, so ist das übliche Entgelt für ein Druckwerk dieser Art maßgebend.

(4) Der Anspruch auf Erstattung besteht nur, wenn er spätestens einen Monat nach Ablieferung der Pflichtexemplare schriftlich bei den jeweils von der Kultusministerin zu benennenden Stellen geltend gemacht wird. Er verjährt in zwei Jahren, beginnend mit dem Schluß des Jahres, in dem das Pflichtexemplar abgeliefert worden ist.

(5) Ein Anspruch auf Erstattung besteht nicht, wenn der Ablieferungspflichtige zur Herstellung des Druckwerkes einen Zuschuß aus öffentlichen Mitteln erhalten hat.

(6) Die zur Ausführung der Absätze 1, 2 und 4 erforderlichen Rechts- und Verwaltungsvorschriften erläßt die Kultusministerin.

Ergänzend gilt die Verordnung über die Ablieferung von Druckwerken (Druckwerkablieferungsverordnung) vom 20. März 1996 (GVOBl M-V S 174)

Gesetzesfassung in Niedersachsen:

§ 12 [Ablieferungspflicht der Verleger und Drucker]

(1) Von jedem Druckwerk, das im Geltungsbereich dieses Gesetzes verlegt wird oder das als Verlagsort einen Ort innerhalb des Geltungsbereiches neben einem anderen Ort nennt, hat der Verleger ein Stück binnen eines Monats nach dem Erscheinen kostenfrei an die Niedersächsische Landesbibliothek in Hannover abzuliefern (Pflichtexemplar). Satz 1 gilt entsprechend für den Drucker oder sonstigen Hersteller, wenn das Druckwerk keinen Verleger hat.

(2) Die Niedersächsische Landesbibliothek kann auf die Ablieferung solcher Druckwerke verzichten, an deren Sammlung, Inventarisierung und bibliographischer Aufzeichnung kein öffentliches Interesse besteht.

(3) Ist die Auflage eines Druckwerkes nicht höher als 500 Stück und beträgt der Ladenpreis eines Stückes der Auflage mindestens 100 Euro, so ist dem Ablieferungspflichtigen abweichend von Absatz 1 die Hälfte des Ladenpreises zu erstatten. Bei Druckwerken, die aus zwei oder mehreren einzeln verkäuflichen Teilen bestehen, ist eine Vergütung für jeden dieser Teile zu leisten, dessen Ladenpreis den angegebenen Betrag übersteigt. Hat das Druckwerk keinen Ladenpreis, so ist das übliche Entgelt für ein Druckwerk dieser Art maßgebend.

(4) Der Anspruch auf Erstattung besteht nur, wenn er spätestens einen Monat nach Ablieferung des Pflichtexemplars schriftlich bei der Niedersächsischen Landesbibliothek geltend gemacht wird. Er verjährt in zwei Jahren, beginnend mit dem Schlusse des Jahres, in dem das Pflichtexemplar abgeliefert worden ist.

(5) Ein Anspruch auf Erstattung besteht nicht, wenn der Ablieferungspflichtige zur Herstellung des Druckwerkes einen Zuschuß aus öffentlichen Mitteln erhalten hat.

Gesetzesfassung in Nordrhein-Westfalen:

Ursprünglicher § 12 LPG aufgehoben durch das Gesetz über die Ablieferung von Pflichtexemplaren (Pflichtexemplargesetz) vom 18.5.1993 (GVBl NW S 265) geändert durch Gesetz vom 25.9.2001 (GV NW S 708), welches durch Fristablauf am 31.12.2011 außer Kraft getreten ist. Seit 7.2.2013 gilt das Gesetz über die Ablieferung von Pflichtexemplaren in Nordrhein-Westfalen (Pflichtexemplargesetz Nordrhein-Westfalen) vom 29.1.2013 (GV. NRW. S. 31).

§ 1 Ablieferungspflicht, Sammelpflicht

(1) Von allen mittels eines Vervielfältigungsverfahrens hergestellten und zur Verbreitung bestimmten Medienwerken, die in Nordrhein-Westfalen verlegt wer-

den, hat unabhängig von der Art des Trägers und des Vervielfältigungsverfahrens der Verleger unaufgefordert innerhalb einer Woche nach Beginn der Verbreitung ein Stück unentgeltlich und auf eigene Kosten an die jeweils zuständige Universitäts- und Landesbibliothek abzuliefern (Pflichtexemplar). Entsprechendes gilt für Medienwerke in unkörperlicher Form, die in öffentlichen Netzen dargestellt werden; bei diesen kann an die Stelle der Ablieferung die Bereitstellung nach den Maßgaben der zuständigen Bibliothek treten.

(2) Die Bibliotheken sind verpflichtet, die Pflichtexemplare zu sammeln. Sie haben die Pflichtexemplare einzuziehen, zu erschließen und für die Benutzung bereitzustellen sowie ihre Erhaltung und Benutzbarkeit dauerhaft zu sichern.

(3) Ein Anspruch auf Aufnahme eines Medienwerks als Pflichtexemplar in die Sammlung besteht nicht.

§ 2 Zuständige Bibliotheken

(1) Die Aufgabe der Sammlung der Pflichtexemplare nehmen die Universitäts- und Landesbibliotheken Bonn, Düsseldorf und Münster gemeinsam wahr. Örtlich zuständig ist
1. für den Regierungsbezirk Köln die Universitäts- und Landesbibliothek Bonn,
2. für den Regierungsbezirk Düsseldorf die Universitäts- und Landesbibliothek Düsseldorf,
3. für die Regierungsbezirke Arnsberg, Detmold und Münster die Universitäts- und Landesbibliothek Münster.

(2) Die Bibliotheken erstellen gemeinsam die Nordrhein-Westfälische Bibliographie. Diese verzeichnet und erschließt die Medienwerke mit inhaltlichem Bezug zu Nordrhein-Westfalen unabhängig davon, ob sie innerhalb oder außerhalb Nordrhein-Westfalens verlegt werden.

(3) Das Hochschulbibliothekszentrum des Landes Nordrhein-Westfalen unterstützt die Pflichtexemplarsammlung der Universitäts- und Landesbibliotheken sowie die Herausgabe der Nordrhein-Westfälischen Bibliographie durch die Entwicklung und den Betrieb von technischen Infrastrukturleistungen.

§ 3 Begriffsbestimmungen

(1) Medienwerke im Sinne dieses Gesetzes sind alle Darstellungen in körperlicher und unkörperlicher Form, die Text enthalten oder mit einem Text verbunden sind, ferner besprochene Tonträger, Notendrucke und sonstige graphische Musikaufzeichnungen, Landkarten, Ortspläne und Atlanten.

(2) Eine Verbreitung im Sinne dieses Gesetzes liegt vor, wenn mindestens ein Exemplar des Medienwerkes einem größeren Personenkreis außerhalb der an der Herstellung Beteiligten zugänglich gemacht wird. Werden die Exemplare eines Medienwerkes einzeln auf Bestellung hergestellt, gilt als Beginn der Verbreitung das allgemeine Angebot zum Erwerb von Exemplaren.

(3) Verleger im Sinne dieses Gesetzes sind auch Kommissions-, Lizenz- und Selbstverleger. Bei Tonträgern gilt als Verleger der Hersteller. Bei Medienwerken in unkörperlicher Form gilt als Verleger, wer das Werk erstmals öffentlich zugänglich macht.

(4) Als in Nordrhein-Westfalen verlegt gilt ein Medienwerk, dessen Verleger seinen Hauptsitz oder Hauptwohnsitz in Nordrhein-Westfalen hat. Bei einer Verlagsgruppe ist der Sitz der einzelnen Verlage maßgeblich. Die Angabe eines nordrhein-westfälischen Ortes als Verlagsort im Medienwerk begründet die Ablieferungspflicht; unter mehreren Orten kommt nur der an erster oder hervorgehobener Stelle genannte Ort in Betracht.

§ 4 Umfang der Ablieferungspflicht

(1) Abzuliefern sind auch alle erkennbar zu einem ablieferungspflichtigen Medienwerk gehörenden Beilagen und Beigaben sowie zu Zeitschriften, Lieferungswerken, Loseblattausgaben und ähnlichen Veröffentlichungen gehörige Einbanddecken, Sammelordner, Titelblätter, Inhaltsverzeichnisse, Register und andere Materialien, die der Vervollständigung des Medienwerkes dienen.

(2) Erscheint ein Medienwerk inhaltlich identisch in verschiedenen Ausgaben, unterliegen alle Ausgaben der Ablieferungspflicht. Mit der Ablieferung der von der Bibliothek bevorzugten Ausgabe gilt die Ablieferungspflicht jedoch als vollständig erfüllt. Soweit möglich, legt die Bibliothek fest, welcher Ausgabeart sie für welche Art von Medienwerken den Vorzug gibt, und teilt dies den Ablieferungspflichtigen mit; die Pflicht zur unaufgeforderten Ablieferung beschränkt sich dann auf die entsprechende Ausgabe. Die Bibliothek kann ihre Entscheidungen hinsichtlich der bevorzugten Ausgabeart für zukünftig abzuliefernde Medienwerke abändern.

(3) Besonders wertvolle oder aufwändige Ausgaben sind nur dann ablieferungspflichtig, wenn keine andere ausreichend dauerhafte Ausgabe erscheint.

(4) Medienwerke in unkörperlicher Form müssen unter Einhaltung der von der Deutschen Nationalbibliothek für Pflichtexemplare festgelegten technischen Standards und Verfahren abgeliefert werden. Abzuliefern sind auch alle Elemente, Software und Werkzeuge, die in ein ablieferungspflichtiges Medienwerk in unkörperlicher Form eingebunden sind oder die zu seiner Darstellung, Speicherung, Benutzung oder Langzeitsicherung benötigt werden, mit Ausnahme von Standardsoftware.

(5) Mit der Ablieferung eines Medienwerkes auf einem elektronischen Datenträger oder eines Medienwerkes in unkörperlicher Form erhält die Bibliothek das Recht, das Werk zu speichern, zu vervielfältigen und zu verändern oder diese Handlungen in ihrem Auftrag vornehmen zu lassen, soweit dies notwendig ist, um das Medienwerk in die Sammlung aufnehmen, erschließen und für die Benutzung bereitstellen zu können sowie seine Erhaltung und Benutzbarkeit dauerhaft zu sichern. Entgegenstehende technische Maßnahmen sind vor der Ablieferung aufzuheben.

(6) Mit der Ablieferung eines Medienwerks in unkörperlicher Form erhält die Bibliothek das Recht, das Werk in ihren Räumen zugänglich zu machen. Sie ist verpflichtet, ausreichende Vorkehrungen gegen eine unzulässige Vervielfältigung, Veränderung oder Verbreitung des Werks zu treffen.

§ 5 Ausnahmen von der Ablieferungspflicht

Den Bestimmungen dieses Gesetzes unterliegen nicht:
1. Medienwerke, die ausschließlich gewerblichen oder geschäftlichen Zwecken wie der Kundeninformation, der Information und Instruktion der Mitarbeiter oder der Verkehrsabwicklung dienen (zum Beispiel Verkaufskataloge, Preislisten, Werbung aller Art, Anleitungen, Anweisungen, Fahrpläne, Veranstaltungshinweise, Formblätter und Vordrucke),
2. Medienwerke, die ausschließlich privaten Zwecken dienen oder die ausschließlich einem privaten Kreis von Nutzern zugänglich gemacht werden,
3. Medienwerke, die nur Personen und Institutionen zugänglich gemacht werden, für die sie nach Gesetz oder Satzung bestimmt sind,
4. Medienwerke, die in einer geringeren Auflage als zehn Exemplare erscheinen, ausgenommen Medienwerke, die einzeln auf Anforderung verlegt werden,
5. Medienwerke mit bis zu vier Druckseiten Umfang, ausgenommen kartographische Werke und Musikalien,

6. Neuauflagen und Nachdrucke, wenn sie inhaltlich unverändert sind und die letzte Ablieferung des Titels weniger als zehn Jahre zurückliegt,
7. Dissertationen und andere Hochschulprüfungsarbeiten, sofern sie nicht im Buchhandel erscheinen,
8. amtliche Veröffentlichungen,
9. Referenten- und Schulungsmaterialien mit Manuskriptcharakter,
10. Pressemitteilungen, Newsletter, Pressespiegel,
11. Vorab- und Demonstrationsversionen,
12. Sonderdrucke aus Zeitungen, Zeitschriften und Sammelwerken, wenn sie kein eigenes Titelblatt haben und
13. Medienwerke, die vorwiegend als Werkzeug oder Plattform genutzt werden (zum Beispiel Betriebssysteme, sachlich neutrale Anwendungen, sachlich und persönlich neutrale Kommunikations-, Diskussions- oder Informationsinstrumente).

§ 6 Berichtspflicht

Zum Ende einer jeden Legislaturperiode legt das für Kultur zuständige Ministerium einen Bericht über die Durchführung des Pflichtexemplargesetzes vor. Dabei sollen auch die Veränderungen der Medienlandschaften und deren Auswirkungen auf die Sammeltätigkeit dargestellt werden.

§ 7 Entschädigung

(1) Der Ablieferungspflichtige hat gegen die Bibliothek einen Anspruch auf Entschädigung in Höhe der Hälfte des Ladenpreises, wenn das abgelieferte Medienwerk in einer Auflage von weniger als 300 Stück hergestellt wird und der Ladenpreis mehr als 200 Euro beträgt. Dies gilt nicht, wenn die Herstellung des Medienwerkes aus öffentlichen Mitteln gefördert wurde.

(2) Die Entschädigung wird auf Antrag gewährt. Der Antrag ist spätestens bei der Ablieferung zu stellen. Die Ablieferungspflicht wird durch die Antragstellung nicht berührt.

§ 8 Ordnungswidrigkeit

(1) Ordnungswidrig handelt, wer vorsätzlich oder fahrlässig die Verpflichtung zur Ablieferung von Pflichtexemplaren nach § 1 nicht oder nicht rechtzeitig erfüllt.

(2) Die Ordnungswidrigkeit kann mit einer Geldbuße bis zu 5000 Euro geahndet werden.

(3) Zuständige Verwaltungsbehörden im Sinne von § 36 Absatz 1 Nummer 1 des Gesetzes über Ordnungswidrigkeiten sind die Bezirksregierungen.

§ 9 Ermächtigung

Das für Kultur zuständige Ministerium wird ermächtigt, durch Rechtsverordnung weitere Bestimmungen über die Art der abzuliefernden Medienwerke, die Ausgabe und Ausstattung der Pflichtexemplare, die Ablieferungsfristen, das Verfahren bei der Ablieferung und die Einschränkung der Ablieferungspflicht für bestimmte Gattungen von Medienwerken zu erlassen.

§ 10 Übergangsregelung

Körperliche Medienwerke, die in der Zeit vom 1. Januar 2012 bis zum Inkrafttreten dieses Gesetzes erschienen sind, sind nach den Bestimmungen dieses

Gesetzes abzuliefern, wenn im Zeitpunkt ihres Erscheinens die Voraussetzungen des § 1 Absatz 1 gegeben waren und ihre Verbreitung bei Inkrafttreten dieses Gesetzes andauert.

§ 11 Außerkrafttreten

Dieses Gesetz tritt mit Ablauf des 31. Dezembers 2022 außer Kraft.

Gesetzesfassung in Rheinland-Pfalz:

§ 14 LMG Pflichtexemplar

(1) Von jedem Druckwerk, das in Rheinland-Pfalz verlegt wird, ist ohne Rücksicht auf die Art des Textträgers und das Vervielfältigungsverfahren von der Person, die das Druckwerk verlegt, unaufgefordert unmittelbar nach Beginn der Verbreitung unentgeltlich und auf eigene Kosten ein Stück (Pflichtexemplar) in marktüblicher Form an die von dem für das wissenschaftliche Bibliothekswesen zuständigen Ministerium bezeichneten Stelle abzuliefern. Satz 1 gilt nicht für

1. Druckwerke, die in einer geringeren Auflage als zehn Exemplare erscheinen, sofern es sich nicht um Druckwerke handelt, die einzeln auf Anforderung verlegt werden,
2. Dissertationen und andere Hochschulprüfungsarbeiten, sofern sie nicht in Buchhandel erscheinen,
3. Referenten- und Schulungsmaterialien mit Manuskriptcharakter.

(2) Die Person, die ein Druckwerk durch Selbst-, Kommissions- oder Lizenzverlag verlegt, ist nach Absatz 1 ablieferungspflichtig, sofern sie im Druckwerk genannt ist.

(3) Absatz 1 gilt entsprechend für diejenige Person, die ein Druckwerk druckt oder in sonstiger Weise herstellt, wenn das Druckwerk von keiner Person verlegt wird. Bei Tonträgern gilt als verlegende Person auch die Person, die den Tonträger herstellt.

(4) Die Ablieferungspflicht umfasst sämtliche erkennbar zum Hauptwerk gehörende Beilagen, auch wenn diese für sich allein nicht der Ablieferungspflicht unterliegen, sowie zu Zeitschriften, Lieferungswerken, Loseblattsammlungen und ähnlichen Veröffentlichungen gehörige Materialien, die der Vervollständigung des Hauptwerks dienen. Bei einem periodischen Druckwerk wird der Ablieferungspflicht genügt, wenn es beim erstmaligen Erscheinen und am Beginn jeden Kalenderjahres der zuständigen Stelle zum laufenden Bezug angeboten wird.

(5) Für das Pflichtexemplar gewährt die zuständige Stelle der oder dem Ablieferungspflichtigen auf Antrag einen Zuschuss zu dessen Herstellungskosten, wenn die entschädigungslose Abgabe eine unzumutbare Belastung darstellen würde. Der begründete Antrag ist bei der Ablieferung zu stellen.

(6) Das für das wissenschaftliche Bibliothekswesen zuständige Ministerium wird ermächtigt, in Bezug auf die Absätze 1 bis 5 im Einvernehmen mit dem für die Angelegenheiten der Medien zuständigen Ministerium das Nähere zur Zuständigkeit der Bibliotheken, zur Durchführung des Verfahrens, zur Ablieferungspflicht und zu Ausnahmen von der Ablieferungspflicht sowie zu Ordnungswidrigkeiten durch Rechtsverordnung zu regeln und die erforderlichen Verwaltungsvorschriften hierzu zu erlassen.

Ergänzend gilt die LandesVO zur Durchführung des § 14 des Landesmediengesetzes vom 30.3.2006 (GVBl S 146).

Pflichtexemplarrecht § 12 LPG Anh

Gesetzesfassung im Saarland:

§ 14 SMG [Anbietungsverpflichtung der Verlegerinnen oder Verleger und der Druckerinnen oder Drucker]

(1) Von jedem Druckwerk, das im Saarland verlegt wird, hat die Verlegerin oder der Verleger den vom Ministerium für Bildung, Kultur und Wissenschaft bezeichneten Stellen ein Stück anzubieten und auf Verlangen gegen angemessene Entschädigung abzuliefern (Pflichtexemplar).

(2) Absatz 1 gilt entsprechend für die Druckerin oder den Drucker, wenn das Druckwerk keine Verlegerin oder keinen Verleger hat oder außerhalb des Saarlandes verlegt wird.

(3) Verlegerinnen oder Verleger und Druckerinnen oder Drucker periodischer Druckwerke genügen ihrer Verpflichtung nach den Absätzen 1 und 2, wenn sie das von ihnen verlegte oder gedruckte periodische Druckwerk beim erstmaligen Erscheinen zum laufenden Bezug anbieten.

(4) Die zur Ausführung der Absätze 1 und 2 erforderlichen Rechts- und Verwaltungsvorschriften erläßt das Ministerium für Bildung, Kultur und Wissenschaft im Einvernehmen mit dem Ministerpräsidenten.

Ergänzend gilt die Verordnung über die Anbietungsverpflichtung der Verlegerinnen oder Verleger und der Druckerinnen oder Drucker nach dem Saarländischen Mediengesetz vom 10.3.2003 (Amtsbl S 597), geändert durch die Verordnung vom 9.12.2005 (Amtsbl S 2060).

Gesetzesfassung in Sachsen:

§ 11 Ablieferungspflicht analoger und digitaler Publikationen

(1) Von jeder Publikation, die im Geltungsbereich dieses Gesetzes verlegt, verbreitet oder auf sonstige Weise öffentlich zugänglich gemacht wird, hat der Ablieferungspflichtige binnen eines Monats seit dem Erscheinen ein Stück unentgeltlich und auf eigene Kosten an die Sächsische Landesbibliothek – Staats- und Universitätsbibliothek Dresden abzuliefern (Pflichtexemplar).

(2) [1] Zur Ablieferung verpflichtet ist, wer Publikationen verlegt, wie ein Verleger verbreitet oder berechtigt ist, die Publikation öffentlich zugänglich zu machen und den Sitz, eine Betriebsstätte oder den Hauptwohnsitz in Sachsen hat. [2] Satz 1 gilt entsprechend für den Drucker im Geltungsbereich dieses Gesetzes, wenn das Druckwerk keinen Verleger hat oder außerhalb des Geltungsbereiches dieses Gesetzes verlegt wird.

(3) Publikationen im Sinne dieses Gesetzes sind sowohl analoge als auch digitale Publikationen.

(4) Analoge Publikationen sind Darstellungen in Schrift, Bild oder Ton, die auf nichtdigitalen Speichermedien, insbesondere als Druckwerke, als Schallplatten oder als Magnetbänder, verbreitet werden.

(5) Digitale Publikationen sind Darstellungen in Schrift, Bild oder Ton, die auf digitalen Datenträgern oder in unkörperlicher Form in öffentlichen Netzen verbreitet werden.

(6) Auf Antrag erstattet die Sächsische Landesbibliothek – Staats- und Universitätsbibliothek Dresden dem Ablieferungspflichtigen einen Betrag bis zur Höhe seiner Herstellungskosten für das abzuliefernde Pflichtexemplar, wenn für ihn die unentgeltliche Abgabe insbesondere wegen der hohen Kosten und der geringen Auflage im Einzelfall unzumutbar ist.

(7) [1] Digitale Publikationen müssen unter Einhaltung der von der Sächsischen Landesbibliothek – Staats- und Universitätsbibliothek Dresden für Pflichtexemp-

lare festgelegten technischen Standards und Verfahren abgeliefert werden. [2] Abzuliefern sind auch alle Elemente, Software und Werkzeuge, die in eine ablieferungspflicht(ig)e digitale Publikation eingebunden sind oder die zu ihrer Darstellung, Speicherung, Benutzung oder Langzeitsicherung benötigt werden, mit Ausnahme von Standardsoftware.

(8) [1] Der Ablieferungspflichtige hat das Pflichtexemplar vollständig, in einwandfreiem unbenutzten Zustand und zur dauerhaften Archivierung geeignet an eine von der Sächsischen Landesbibliothek – Staats- und Universitätsbibliothek Dresden benannte Stelle abzuliefern. [2] Digitale Publikationen in unkörperlicher Form können nach Maßgabe der Sächsischen Landesbibliothek – Staats- und Universitätsbibliothek Dresden auch durch geeignete technische Verfahren zur Abholung bereitgestellt werden.

(9) [1] Mit der Ablieferung des Pflichtexemplars erhält die Sächsische Landesbibliothek – Staats- und Universitätsbibliothek Dresden das Recht, diese zu speichern, zu vervielfältigen und zu verändern oder diese Handlungen in ihrem Auftrag vornehmen zu lassen, soweit dies notwendig ist, um die Publikation in ihren Bestand aufnehmen, erschließen und für die Benutzung bereitstellen zu können sowie ihre Erhaltung und Benutzbarkeit dauerhaft zu sichern. [2] Entgegenstehende technische Maßnahmen sind vor der Ablieferung aufzuheben.

(10) [1] Mit der Ablieferung des Pflichtexemplars erhält die Sächsische Landesbibliothek – Staats- und Universitätsbibliothek Dresden das Recht, diese Publikationen in ihren Räumen zugänglich zu machen. [2] Sie ist verpflichtet, ausreichende Vorkehrungen gegen eine unzulässige Vervielfältigung, Veränderung oder Verbreitung dieser Publikationen zu treffen.

(11) [1] Wird die Ablieferungspflicht nicht binnen eines Monats seit dem Erscheinen der ablieferungspflichtigen Publikationen erfüllt, ist die Sächsische Landesbibliothek – Staats- und Universitätsbibliothek Dresden nach Mahnung und fruchtlosem Ablauf weiterer vier Wochen berechtigt, die Publikation auf Kosten der Ablieferungspflichtigen anderweitig zu beschaffen.

(12) Das Staatsministerium für Wissenschaft und Kunst wird ermächtigt, durch Rechtsverordnung weitere Bestimmungen über die Art der abzuliefernden Publikationen, die Ausgabe und Ausstattung der Pflichtexemplare, das Verfahren bei der Ablieferung und Ausnahmen von der Ablieferungspflicht für bestimmte Gattungen von Publikationen zu erlassen.

Gesetzesfassung in Sachsen-Anhalt:

§ 11 [Ablieferungspflicht der Verleger und Drucker]

(1) Von jedem Druckwerk (§ 6), das im Geltungsbereich dieses Gesetzes verlegt wird oder das als Verlagsort einen Ort innerhalb des Geltungsbereiches neben einem anderen Ort nennt, hat der Verleger ein Stück binnen eines Monats nach dem Erscheinen kostenfrei an die Universitäts- und Landesbibliothek Sachsen-Anhalt in Halle abzuliefern (Pflichtexemplar). Satz 1 gilt entsprechend für den Drucker oder sonstige Hersteller, wenn das Druckwerk keinen Verleger hat.

(2) Das für Bibliotheken zuständige Ministerium wird ermächtigt, durch Verordnung Bestimmungen zu treffen über

1. das Verfahren der Ablieferung,
2. die Ablieferungen in Fällen, in denen ein Druckwerk in verschiedenen Ausgaben hergestellt wird,
3. Einschränkungen der Ablieferungspflicht für solche Druckwerke, an deren Sammlung ein wissenschaftliches oder öffentliches Interesse nicht besteht.

(3) Ist die Auflage eines Druckwerkes nicht höher als 500 Stück und beträgt der Ladenpreis eines Stücks der Auflage mindestens 100 Euro, so ist dem Ablieferungspflichtigen abweichend von Absatz 1 die Hälfte des Ladenpreises zu erstatten. Bei Druckwerken, die aus zwei oder mehreren einzeln verkäuflichen Teilen bestehen, ist eine Vergütung für jeden dieser Teile zu leisten, deren Ladenpreis den angegebenen Betrag übersteigt. Hat das Druckwerk keinen Ladenpreis, so ist das übliche Entgelt für ein Druckwerk dieser Art maßgebend.

(4) Der Anspruch auf Erstattung besteht nur, wenn er spätestens einen Monat nach Ablieferung des Pflichtexemplars schriftlich bei der Universitäts- und Landesbibliothek Sachsen-Anhalt geltend gemacht wird. Er verjährt in zwei Jahren, beginnend mit dem Schluß des Jahres, in dem das Pflichtexemplar abgeliefert worden ist.

(5) Ein Anspruch auf Erstattung besteht nicht, wenn der Ablieferungspflichtige zur Herstellung des Druckwerkes einen Zuschuß aus öffentlichen Mitteln erhalten hat.

(6) Für digitale Publikationen gilt Absatz 1 mit der Maßgabe entsprechend, dass zur Ablieferung verpflichtet ist, wer den betreffenden Datenträger wie ein Verleger oder gleichgestellter Drucker oder sonstiger Hersteller im Sinne von Absatz 1 verbreitet oder berechtigt ist, die betreffende digitale Publikation öffentlich zugänglich zu machen, und den Sitz, eine Betriebsstätte oder den Hauptwohnsitz in Sachsen-Anhalt hat. Die Ablieferung erfolgt nach Maßgabe der Verordnung nach Absatz 2. Die Universitäts- und Landesbibliothek Sachsen-Anhalt legt in Abstimmung mit der Deutschen Nationalbibliothek die bei der Ablieferung zu beachtenden technischen Standards fest.

(7) Artikel 229 § 6 des Einführungsgesetzes zum Bürgerlichen Gesetzbuche ist mit der Maßgabe entsprechend anzuwenden, dass an die Stelle des 1. Januar 2002 der 1. Juni 2010 und an die Stelle des 31. Dezember 2001 der 31. Mai 2010 tritt.

Ergänzend gilt die Verordnung über die Durchführung der Ablieferungspflicht von Druckwerken und digitalen Publikationen vom 17.12.2010 (GVBl. LSA S. 599).

Gesetzesfassung in Schleswig-Holstein:

§ 12 [Anbietungspflicht der Verlegerinnen und Verleger und Druckerinnen und Drucker]

(1) Von jedem Druckwerk, das im Geltungsbereich dieses Gesetzes verlegt wird, hat die Verlegerin oder der Verleger

a) der Universitätsbibliothek in Kiel,
b) der Schleswig-Holsteinischen Landesbibliothek in Kiel,
c) der Stadtbibliothek in Lübeck

je ein Stück anzubieten und auf Verlangen abzuliefern (Pflichtexemplare).

(2) Abs. 1 gilt entsprechend für die Druckerin oder den Drucker, wenn das Druckwerk keinen Verleger hat oder außerhalb des Geltungsbereichs dieses Gesetzes verlegt wird.

(3) Verlegerinnen, Verleger, Druckerinnen und Drucker periodischer Druckwerke genügen ihrer Verpflichtung nach Absätzen 1 und 2, wenn sie das von ihnen verlegte oder gedruckte periodische Druckwerk beim erstmaligen Erscheinen und am Beginn jedes Kalenderjahres zum laufenden Bezug anbieten.

Anh LPG § 12   Pflichtexemplarrecht

Gesetzesfassung in Thüringen:

§ 12 [Ablieferungspflicht der Verleger oder Drucker]

(1) Von jedem Druckwerk, das im Geltungsbereich dieses Gesetzes verlegt wird, hat der Verleger mit Beginn der Verbreitung des Druckwerks ein Stück (Pflichtexemplar) unentgeltlich und auf eigene Kosten an die Thüringer Universitäts- und Landesbibliothek Jena abzugeben. Auf Verlangen erstattet die Bibliothek dem Verleger die Herstellungskosten des abgegebenen Druckwerks, wenn ihm die unentgeltliche Abgabe wegen des großen finanziellen Aufwands und der kleinen Auflage nicht zugemutet werden kann. Der zu begründende Erstattungsantrag ist, ungeachtet der Erfüllung der Abgabepflicht, innerhalb einer Ausschlußfrist von zwei Wochen nach Beginn der Verbreitung des Druckwerks bei der Bibliothek einzureichen.

(2) Das für das Hochschulwesen zuständige Ministerium kann für bestimmte Arten von Druckwerken Ausnahmen zulassen.

(3) Für digitale Publikationen gilt Absatz 1 entsprechend. Digitale Publikationen sind Darstellungen in Schrift, Bild und Ton, die auf Datenträgern oder in unkörperlicher Form in öffentlichen Netzen verbreitet werden. Zur Ablieferung verpflichtet ist, wer den Datenträger wie ein Verleger verbreitet oder berechtigt ist, die unkörperliche digitale Publikation öffentlich zugänglich zu machen und den Sitz, eine Betriebsstätte oder den Hauptwohnsitz in Thüringen hat. Die Ablieferung erfolgt nach Maßgabe einer von dem für das Hochschulwesen zuständigen Ministerium zu erlassenen Rechtsverordnung. Die Landesbibliothek legt in Abstimmung mit der Deutschen Nationalbibliothek die bei der Ablieferung zu beachtenden technischen Standards fest.

Ergänzend gilt die Verordnung über die Ablieferung digitaler Publikationen an die Thüringer Universitäts- und Landesbibliothek vom 8.2.2011 (GVBl S 18).

II. Bundesrecht

Gesetz über die Deutsche Nationalbibliothek

vom 22.6.2006 (BGBl I S 1338), geändert durch Art 15 Abs 62 des G v 5.2.2009 (BGBl I S 160)

– Auszug –

§ 1 Rechtsstellung, Sitz

(1) Die Deutsche Nationalbibliothek (Bibliothek) ist die zentrale Archivbibliothek und das nationalbibliografische Zentrum der Bundesrepublik Deutschland.

(2) Die Bibliothek ist eine rechtsfähige bundesunmittelbare Anstalt des öffentlichen Rechts mit der Deutschen Bücherei in Leipzig, der Deutschen Bibliothek in Frankfurt am Main und dem Deutschen Musikarchiv. Sie hat ihren Sitz in Frankfurt am Main.

§ 2 Aufgaben, Befugnisse

Die Bibliothek hat die Aufgabe,
1.
   a) die ab 1913 in Deutschland veröffentlichten Medienwerke und
   b) die ab 1913 im Ausland veröffentlichten deutschsprachigen Medienwerke, Übersetzungen deutschsprachiger Medienwerke in andere Sprachen und fremdsprachigen Medienwerke über Deutschland
   im Original zu sammeln, zu inventarisieren, zu erschließen und bibliografisch zu verzeichnen, auf Dauer zu sichern und für die Allgemeinheit nutzbar zu

machen sowie zentrale bibliothekarische und nationalbibliografische Dienste zu leisten,
2. das Deutsche Exilarchiv 1933–1945, die Anne-Frank-Shoah-Bibliothek sowie das Deutsche Buch- und Schriftmuseum zu betreiben,
3. mit den Facheinrichtungen Deutschlands und des Auslands zusammenzuarbeiten sowie in nationalen und internationalen Fachorganisationen mitzuwirken.

§ 3 Medienwerke

(1) Medienwerke sind alle Darstellungen in Schrift, Bild und Ton, die in körperlicher Form verbreitet oder in unkörperlicher Form der Öffentlichkeit zugänglich gemacht werden.

(2) Medienwerke in körperlicher Form sind alle Darstellungen auf Papier, elektronischen Datenträgern und anderen Trägern.

(3) Medienwerke in unkörperlicher Form sind alle Darstellungen in öffentlichen Netzen.

(4) Filmwerke, bei denen nicht die Musik im Vordergrund steht, sowie ausschließlich im Rundfunk gesendete Werke unterliegen nicht den Bestimmungen dieses Gesetzes.

§ 14 Ablieferungspflicht

(1) Die Ablieferungspflichtigen haben Medienwerke in körperlicher Form nach § 2 Nr. 1 Buchstabe a in zweifacher Ausfertigung gemäß § 16 Satz 1 abzuliefern. Musiknoten, die lediglich verliehen oder vermietet werden (Miet- oder Leihmateriale), haben die Ablieferungspflichtigen in einfacher Ausfertigung gemäß § 16 Satz 1 abzuliefern.

(2) Die Ablieferungspflichtigen haben Medienwerke nach § 2 Nr. 1 Buchstabe b in einfacher Ausfertigung gemäß § 16 Satz 1 abzuliefern, wenn eine Inhaberin oder ein Inhaber des ursprünglichen Verbreitungsrechts den Sitz, eine Betriebsstätte oder den Hauptwohnsitz in Deutschland hat.

(3) Die Ablieferungspflichtigen haben Medienwerke in unkörperlicher Form nach § 2 Nr. 1 Buchstabe a in einfacher Ausfertigung gemäß § 16 Satz 1 abzuliefern.

(4) Wird die Ablieferungspflicht nicht binnen einer Woche seit Beginn der Verbreitung oder der öffentlichen Zugänglichmachung des Medienwerkes erfüllt, ist die Bibliothek nach Mahnung und fruchtlosem Ablauf von weiteren drei Wochen berechtigt, die Medienwerke auf Kosten der Ablieferungspflichtigen anderweitig zu beschaffen.

§ 15 Ablieferungspflichtige

Ablieferungspflichtig ist, wer berechtigt ist, das Medienwerk zu verbreiten oder öffentlich zugänglich zu machen und den Sitz, eine Betriebsstätte oder den Hauptwohnsitz in Deutschland hat.

§ 16 Ablieferungsverfahren

Die Ablieferungspflichtigen haben die Medienwerke vollständig, in einwandfreiem, nicht befristet benutzbarem Zustand und zur dauerhaften Archivierung durch die Bibliothek geeignet unentgeltlich und auf eigene Kosten binnen einer Woche seit Beginn der Verbreitung oder der öffentlichen Zugänglichmachung an die Bibliothek oder der von dieser benannten Stelle abzuliefern. Medienwerke in unkörperlicher Form können nach den Maßgaben der Bibliothek auch zur Abholung bereitgestellt werden.

Anh LPG § 12

§ 17 Auskunftspflicht

Die Ablieferungspflichtigen haben der Bibliothek bei Ablieferung der Medienwerke unentgeltlich die zu ihrer Aufgabenerfüllung notwendigen Auskünfte auf Verlangen zu erteilen. Kommen sie dieser Pflicht nicht nach, ist die Bibliothek nach Ablauf eines Monats seit Beginn der Verbreitung oder öffentlichen Zugänglichmachung berechtigt, die Informationen auf Kosten der Auskunftspflichtigen anderweitig zu beschaffen.

§ 18 Zuschuss

Für Medienwerke in körperlicher Form gewährt die Bibliothek den Ablieferungspflichtigen auf Antrag einen Zuschuss zu den Herstellungskosten der abzuliefernden Ausfertigungen, wenn die unentgeltliche Abgabe eine unzumutbare Belastung darstellt. Das Nähere regelt eine Rechtsverordnung.

§ 19 Bußgeldvorschriften

(1) Ordnungswidrig handelt, wer

1. entgegen § 14 Abs. 1, 2 oder 3 ein Medienwerk nicht, nicht richtig, nicht vollständig, nicht in der vorgeschriebenen Weise oder nicht rechtzeitig abliefert oder
2. entgegen § 17 Satz 1 eine Auskunft nicht, nicht richtig, nicht vollständig oder nicht rechtzeitig erteilt.

(2) Ordnungswidrig handelt, wer als gewerblich tätige Ablieferungspflichtige oder als gewerblich tätiger Ablieferungspflichtiger eine in Absatz 1 bezeichnete Handlung fahrlässig begeht.

(3) Die Ordnungswidrigkeit kann mit einer Geldbuße bis zu zehntausend Euro geahndet werden.

(4) Verwaltungsbehörde im Sinne des § 36 Abs. 1 Nr. 1 des Gesetzes über Ordnungswidrigkeiten ist die Bibliothek.

§ 20 Verordnungsermächtigung

Zur geordneten Durchführung der Pflichtablieferung und um einen nicht vertretbaren Aufwand der Bibliothek sowie um Unbilligkeiten zu vermeiden, wird das für Kultur und Medien zuständige Mitglied der Bundesregierung ermächtigt, durch Rechtsverordnung zu regeln:

1. die Einschränkung der Ablieferungs- oder der Sammelpflicht für bestimmte Gattungen von Medienwerken, wenn für deren Sammlung, Inventarisierung, Erschließung, Sicherung und Nutzbarmachung kein öffentliches Interesse besteht,
2. die Beschaffenheit der ablieferungspflichtigen Medienwerke und die Ablieferung in Fällen, in denen ein Medienwerk in verschiedenen Ausgaben oder Fassungen verbreitet oder öffentlich zugänglich gemacht wird,
3. das Verfahren der Ablieferung der Medienwerke sowie
4. die Voraussetzungen und das Verfahren bei der Gewährung von Zuschüssen.

§ 21 Landesrechtliche Regelungen

Die landesrechtlichen Regelungen über die Ablieferung von Medienwerken bleiben unberührt.

Verordnung über die Pflichtablieferung von Medienwerken an die Deutsche Nationalbibliothek (Pflichtablieferungsverordnung – PflAV)

vom 17.10.2008 (BGBl. I S. 2013), die durch Artikel 1 der Verordnung vom 29.4.2014 (BGBl. I S. 450) geändert worden ist

Eingangsformel

Auf Grund des § 20 des Gesetzes über die Deutsche Nationalbibliothek vom 22. Juni 2006 (BGBl. I S. 1338) in Verbindung mit dem Organisationserlass vom 27. Oktober 1998 (BGBl. I S. 3288) verordnet die Bundeskanzlerin:

§ 1 Einschränkung der Ablieferungspflicht

(1) Zur Erfüllung der Aufgaben der Deutschen Nationalbibliothek (Bibliothek) sind Medienwerke von den Ablieferungspflichtigen nach den Maßgaben der §§ 14 bis 16 des Gesetzes über die Deutsche Nationalbibliothek an die Bibliothek abzuliefern, soweit sich aus dieser Verordnung nichts anderes ergibt. Unbeschadet der §§ 3, 4, 8 und 9 kann die Bibliothek auf die Ablieferung verzichten, wenn an der Sammlung kein öffentliches Interesse besteht.

(2) Ein Anspruch auf Aufnahme eines Medienwerkes in die Sammlung der Bibliothek besteht nicht.

§ 2 Beschaffenheit körperlicher Medienwerke und Umfang der Ablieferungspflicht

(1) Die Medienwerke sind in unbenutztem Zustand und in marktüblicher Ausführung abzuliefern.

(2) Sind mehrere Ausführungen marktüblich, sind die Medienwerke in der dauerhaftesten abzuliefern; dies gilt nicht für besonders aufwendige Ausfertigungen, wenn eine andere genügend dauerhaft ist.

(3) Medienwerke auf elektronischen Datenträgern sind nach Maßgabe der Bibliothek in einer zur Anfertigung von Archivkopien geeigneten Form abzuliefern. Auf Verlangen der Bibliothek sind technische Schutzmaßnahmen und Zugangsbeschränkungen an der abzuliefernden Ausfertigung aufzuheben oder Mittel zu ihrer Aufhebung zugänglich zu machen.

(4) Die Ablieferungspflicht umfasst auch

1. Sammelordner und dergleichen,
2. Jahrgangstitelblätter, Inhaltsverzeichnisse und Register zu Medienwerken, die fortlaufend erscheinen,
3. alle Teile und Gegenstände, die erkennbar zu einem ablieferungspflichtigen Hauptwerk gehören, auch wenn sie für sich allein nicht der Ablieferungspflicht unterliegen. Dies gilt insbesondere für nicht marktübliche Hilfsmittel und Werkzeuge, die eine Benutzung des Medienwerkes oder die Herstellung einer archivfähigen Version erst ermöglichen und die bei den Ablieferungspflichtigen erschienen sind. Sie sind zusammen mit dem Hauptwerk abzuliefern.

§ 3 Einschränkung der Ablieferungspflicht für körperliche Medienwerke in verschiedenen Ausgaben

(1) Von inhaltlich oder bibliografisch unveränderten Neuauflagen einschließlich höherer Tausender sind keine Ausfertigungen abzuliefern, wenn Ausfertigungen der ursprünglichen Ausgabe abgeliefert worden sind.

(2) Erscheinen Medienwerke gleichzeitig oder nacheinander in mehreren Ausgaben auf verschiedenen Trägermaterialien oder in unterschiedlichen technischen Ausführungen, so kann die Bibliothek auf die Ablieferung einzelner Ausgaben verzichten.

§ 4 Einschränkung der Ablieferungspflicht für bestimmte Gattungen von körperlichen Medienwerken

Nicht abzuliefern sind

1. Medienwerke, die in einer geringeren Auflage als 25 Exemplare erscheinen; diese Einschränkung gilt nicht für Dissertationen und Habilitationsschriften sowie für Medienwerke, die einzeln auf Anforderung verbreitet werden,
2. Dissertationen, Habilitationsschriften und einzeln auf Anforderung hergestellte Medienwerke, die mit weniger als 25 Exemplaren in körperlicher Form verbreitet werden, wenn diese nach Maßgabe der Bibliothek in einer zur Archivierung und Bereitstellung geeigneten unkörperlichen Form abgeliefert wurden,
3. Medienwerke mit bis zu vier Druckseiten Umfang; diese Einschränkung gilt nicht für mehrere durch eine Kennzeichnung als zusammengehörig anzusehende Medienwerke, für kartografische Werke, Anschauungstafeln, Musikalien, Dissertationen und Habilitationsschriften,
4. Sonderdrucke und Vorabdrucke ohne eigene Paginierung und ohne eigenes Titelblatt,
5. Werke der bildenden Kunst und Originalkunst-Mappen ohne Titelblatt oder mit Titelblatt und mit bis zu vier Seiten Text,
6. Offenlegungs-, Auslege- und Patentschriften des Deutschen Patent- und Markenamtes und des Europäischen Patentamtes,
7. Vorab- und Demonstrationsversionen von Medienwerken auf elektronischen Datenträgern,
8. Medienwerke, die nur unter Personen oder Institutionen verteilt werden, für die sie gemäß Gesetz oder Satzung bestimmt sind,
9. Medienwerke, die Verschlusssachen sind,
10. Medienwerke mit ausschließlich amtlichem Inhalt, die von Kreisen, Gemeinden und Gemeindeverbänden veröffentlicht werden,
11. Filmwerke auf fotochemisch beschichteten Trägermaterialien, Tonbildschauen und Einzellichtbilder,
12. Medienwerke, die vorwiegend als Werkzeuge eingesetzt werden, wie Betriebssysteme und nicht sachbezogene Verarbeitungsprogramme,
13. Akzidenzen, die lediglich gewerblichen, geschäftlichen oder innerbetrieblichen Zwecken, der Verkehrsabwicklung oder dem privaten, häuslichen oder geselligen Leben dienen,
14. Spiele,
15. Zeitungen, wenn diese nach Maßgabe der Bibliothek in einer zur Archivierung und Bereitstellung geeigneten unkörperlichen Form abgeliefert wurden.

§ 5 Ablieferungsverfahren für körperliche Medienwerke

(1) Die Ablieferungspflichtigen haben die Medienwerke einschließlich der in § 2 Abs. 4 bezeichneten Teile und Gegenstände unaufgefordert an die Bibliothek abzuliefern. Dies gilt auch für die einzelnen Hefte und Lieferungen von fortlaufend erscheinenden Medienwerken. Unbeschadet des § 4 Nummer 15 sind Tageszeitungen nur auf Anforderung abzuliefern.

(2) Soweit die Benutzung und die dauerhafte Sicherung von Medienwerken auf elektronischen Datenträgern weitere Informationen erfordern, die nicht un-

Pflichtexemplarrecht § 12 LPG Anh

mittelbar den Ausfertigungen selbst zu entnehmen sind, insbesondere Angaben über besondere technische Installationsanforderungen, sind diese Informationen von den Ablieferungspflichtigen in einem von der Bibliothek festzulegenden Verfahren zugänglich zu machen.

§ 6 Zuschuss für körperliche Medienwerke

(1) Ein Zuschuss nach § 18 Satz 1 des Gesetzes über die Deutsche Nationalbibliothek wird gewährt, wenn die Gesamtauflage des Medienwerkes höchstens 300 Exemplare und die Herstellungskosten für die abzuliefernden Ausfertigungen mindestens je 80 Euro betragen. Bei Musikalien gilt Satz 1 mit der Maßgabe, dass die Gesamtauflage des Medienwerkes höchstens 50 Exemplare beträgt. Natürlichen Personen, die nicht gewerbsmäßig oder freiberuflich Medienwerke veröffentlichen, wird ein Zuschuss gewährt, wenn die Herstellungskosten für die abzuliefernden Ausfertigungen mindestens je 20 Euro betragen. Satz 3 gilt auch für Körperschaften, die ausschließlich und unmittelbar gemeinnützige, mildtätige oder kirchliche Zwecke im Sinne des § 51 der Abgabenordnung verfolgen; die Gemeinnützigkeit oder Mildtätigkeit der verfolgten Zwecke muss durch Anerkennungsbescheid des Finanzamtes belegt werden.

(2) Herstellungskosten sind die durch die Herstellung der abzuliefernden Ausfertigungen verursachten Einzelkosten. Dies sind in der Regel die Kosten der Vervielfältigung einschließlich der Kosten für Trägermaterialien, Einband und Behältnisse. Nicht zu den Herstellungskosten gehören die auf der Gesamtauflage ruhenden Kosten wie Satzkosten, Autorenhonorare, Lizenzkosten und Gemeinkosten sowie die Mehrwertsteuer bei Unternehmerinnen und Unternehmern, die zum Vorsteuerabzug berechtigt sind. Bei mehrteiligen Werken, Lieferungswerken und Zeitschriften ist von den Herstellungskosten für den einzelnen Band, für das Teil, für die Lieferung oder für das Heft auszugehen. Zur Herstellung der Auflage eingesetzte öffentliche Mittel sind anteilig von den Herstellungskosten abzusetzen.

(3) Für Dissertationen und Habilitationsschriften wird kein Zuschuss gewährt.

(4) Der Zuschuss wird in Höhe der Herstellungskosten der abzuliefernden Ausfertigungen, höchstens jedoch in Höhe des niedrigsten Abgabepreises der entsprechenden Anzahl von Exemplaren der Gesamtauflage gewährt.

(5) Der Zuschussantrag ist innerhalb eines Monats nach Beginn der Verbreitung des Medienwerkes unter Verwendung des Formulars der Bibliothek bei der Bibliothek zu stellen. Auf Verlangen der Bibliothek sind die Angaben im Antrag nachzuweisen. Die Ablieferungspflicht bleibt unberührt.

§ 7 Beschaffenheit von Netzpublikationen und Umfang der Ablieferungspflicht

(1) Unkörperliche Medienwerke (Netzpublikationen) sind in marktüblicher Ausführung und in mit marktüblichen Hilfsmitteln benutzbarem Zustand abzuliefern. Eine Pflicht zur Ablieferung besteht nicht, wenn die Ablieferungspflichtigen im Rahmen des § 16 Satz 2 des Gesetzes über die Deutsche Nationalbibliothek mit der Bibliothek vereinbaren, die Netzpublikationen zur elektronischen Abholung bereitzustellen. Für die Ablieferung von Netzpublikationen gilt § 2 Abs. 3 entsprechend; für die Bereitstellung zur elektronischen Abholung gilt § 2 Abs. 3 Satz 1 entsprechend.

(2) Die Ablieferungspflicht umfasst auch alle Elemente, Software und Werkzeuge, die in physischer oder in elektronischer Form erkennbar zu den ablieferungspflichtigen Netzpublikationen gehören, auch wenn sie für sich allein nicht der Ablieferungspflicht unterliegen. Dies gilt insbesondere für nicht marktübliche Hilfsmittel, die eine Bereitstellung und Benutzung der Netzpublikationen

erst ermöglichen und bei den Ablieferungspflichtigen erschienen sind. Sie sind zusammen mit den Netzpublikationen abzuliefern oder zur elektronischen Abholung bereitzustellen.

§ 8 Einschränkung der Ablieferungspflicht für Netzpublikationen in verschiedenen Ausgaben und aufgrund technischer Verfahren

(1) Die Bibliothek kann auf die Ablieferung oder elektronische Abholung einzelner Ausgaben von Netzpublikationen verzichten, wenn diese gleichzeitig oder nacheinander in unterschiedlichen technischen Ausführungen erscheinen.

(2) Die Bibliothek kann auf die Ablieferung verzichten, wenn technische Verfahren die Sammlung und Archivierung nicht oder nur mit beträchtlichem Aufwand erlauben. Sie kann nicht sammelpflichtige Netzpublikationen archivieren, wenn zur Sammlung eingesetzte automatisierte Verfahren eine Aussonderung solcher Netzpublikationen nicht oder nur mit beträchtlichem Aufwand erlauben.

(3) Umfang und Häufigkeit der Ablieferung von regelmäßig aktualisierten Netzpublikationen können durch die Bibliothek eingeschränkt werden.

§ 9 Weitere Einschränkungen der Ablieferungspflicht für Netzpublikationen

Nicht abzuliefern sind

1. Netzpublikationen, die den in § 4 Nr. 8, 10, 13 und 14 bezeichneten Medienwerken entsprechen, sowie lediglich privaten Zwecken dienende Websites,
2. zeitlich befristete unkörperliche Vorab- und Demonstrationsversionen zu körperlichen oder unkörperlichen Medienwerken, sofern sie nach Erscheinen der endgültigen Publikation wieder aus dem Netz genommen werden,
3. selbstständig veröffentlichte Betriebssysteme, nicht sachbezogene Anwenderprogramme, die nicht unter § 7 Abs. 2 fallen, sachbezogene Anwendungswerkzeuge zur Nutzung bestimmter Internetdienste, Arbeits- und Verfahrensbeschreibungen,
4. Bestandsverzeichnisse, soweit sie nicht von einem Dritten veröffentlicht werden,
5. Netzpublikationen, die aus Fernseh- und Hörfunkproduktionen abgeleitet werden, soweit sie nicht von einem Dritten veröffentlicht werden,
6. inhaltlich unveränderte Spiegelungen von Netzpublikationen, soweit die ursprüngliche Veröffentlichung abgeliefert wurde,
7. netzbasierte Kommunikations-, Diskussions- oder Informationsinstrumente ohne sachliche oder personenbezogene Zusammenhänge,
8. E-Mail-Newsletter ohne Webarchiv,
9. Netzpublikationen, die nur einer privaten Nutzergruppe zugänglich gemacht sind,
10. selbstständig veröffentlichte Primär-, Forschungs- und Rohdaten.

§ 10 Inkrafttreten, Außerkrafttreten

Diese Verordnung tritt am Tag nach der Verkündung in Kraft.

Inhaltsübersicht

	Rn
I. Herkunft und Bedeutung der Regelung	1–10
II. Inhalt der Regelung	11–30
1. Anbietungs- und Ablieferungspflicht	11–14
2. Die Verpflichteten	15, 16
3. Die Begünstigten	17
4. Betroffene Druckwerke	18–29
5. Vergütungsregelung	30–32
6. Durchsetzung der Verpflichtung	33, 34

III. Überblick über die landes- und bundesrechtlichen Einzelregelungen ... 35–76

1. Baden-Württemberg ... 35–39
2. Bayern ... 40–42
3. Berlin ... 43–45
4. Brandenburg ... 46
5. Bremen ... 47
6. Hamburg ... 48
7. Hessen ... 49–52
8. Mecklenburg-Vorpommern ... 53
9. Niedersachsen ... 54, 55
10. Nordrhein-Westfalen ... 56–59
11. Rheinland-Pfalz ... 60, 61
12. Saarland ... 62
13. Sachsen ... 63–65
14. Sachsen-Anhalt ... 66
15. Schleswig-Holstein ... 67
16. Thüringen ... 68
17. Gesetz über die Deutsche Bibliothek ... 69–76

Schrifttum: *Dittrich*, Bibliotheken mit Pflichtexemplar in Deutschland, 1995; *Flemming*, Das Recht der Pflichtexemplare, 1940; *Jaerecke*, Die Deutsche Bibliothek 1980; *Krause*, Pflichtexemplarrecht und Pflichtexemplarpraxis in der Bundesrepublik Deutschland unter besonderer Berücksichtigung Sachsen-Anhalts, Diplomarbeit, Leipzig, 2001, www.edoc1.bibliothek.uni-halle.de/servlets/DerivateServlet/Derivate-20/dplmtext.pdf; *Lansky/Kesper*, Bibliotheksrechtliche Vorschriften, 4. Auflage 2007 mit 6. ErgLief 2013 (Loseblattwerk, darin auch Sammlung der für das Pflichtexemplar- und die Amtsdrucksachenabgabe geltenden rechtlichen Bestimmungen); *Lohse*, Kulturpolitische Bedeutung und Sammlungsprinzip des regionalen Pflichtexemplarrechts, in: „Zeitschrift für Bibliothekswesen und Bibliographie", 32. Jg 1985, S 478–489; *Picard*, Pflichtexemplarrecht, in: Schiwy/Schütz, Medienrecht, 3. Aufl 1994; *Picard/Walter*, Bedeutung, Stand und Ausbau der nationalen Medienarchivierung und -dokumentation in der Bundesrepublik Deutschland, in: „Zeitschrift für Bibliothekswesen und Bibliographie", 35. Jg 1988, S 327–349; *dies*, Sammelgrenzen, neue Medien und Zeitungssicherung, in: „Zeitschrift für Bibliothekswesen und Bibliographie" 35. Jg 1988, S 327–340; Die Deutsche Bibliothek: Sammelrichtlinien für die Deutsche Bücherei, die Deutsche Bibliothek und das Deutsche Musikarchiv, Leipzig, Frankfurt/M. und Berlin 1992; *Pohley*, Das bayerische Pflichtstückerecht, BayVerwBl 1987, 453; *Raub*, 160 Jahre Pflichtexemplare für Bonn und Münster – Geschichte der Ablieferungspflicht von Druckwerken an Bibliotheken, Köln 1984; *Singowitz*, Fortschritte im deutschen Pflichtexemplarrecht, in: „Bibliotheksforum Bayern", 15. Jg 1987, S 241–268; *Stanek*, Amtsdrucksachriften in der Staatsbibliothek zu Berlin – Tradition und Zukunft, Bibliotheksmagazin der Staatsbibliothek zu Berlin 2006, Heft 3 S 20 ff.; *Will*, Die Abgabe von Druckwerken an öffentliche Bibliotheken, 1955.

I. Herkunft und Bedeutung der Regelung

Eine der historischen Wurzeln des Pflichtexemplarwesens ist die Zensur. Sie betraf insb die periodische Presse, die für besonders „gefährlich" gehalten wurde. Um der Polizei ein sofortiges Eingreifen zu ermöglichen, waren die Verleger periodischer Druckschriften verpflichtet, von jeder Nummer ein Exemplar unentgeltlich abzuliefern. Noch das RPG von 1874 hat eine solche Regelung enthalten. Dort heißt es in § 9 Abs 1: 1

> „Von jeder Nummer (Heft, Stück) einer periodischen Druckschrift muss der Verleger, sobald die Austeilung oder Versendung beginnt, ein Exemplar gegen eine ihm sofort zu erteilende Bescheinigung an die Polizeibehörde des Ausgabeortes unentgeltlich abliefern."

Die zweite Wurzel der Verpflichtung zur Ablieferung von Pflichtexemplaren ist das aus der Zeit des Absolutismus stammende Privilegienwesen. Als Gegenleistung für das dem Drucker bzw dem Verleger gewährte Druckprivileg beanspruchte der Landesherr für seine Hofbibliothek Freiexemplare (vgl *Stois* Zbl. 42, 112). Die Tätigkeit der Zensurbehörden kam übrigens auch ihrerseits der Bibliothek des Landesherrn zugute. Die Zensoren hatten überprüfte Druckwerke der Landesbibliothek zu überlassen (*Kaspers* Börsenblatt 1961, 374). Diese Nutzung der polizeilichen Überwachungstätigkeit zur Ausstattung der fürstlichen Bibliotheken ist zuerst in Frankreich erfolgt (1536). In Leipzig (1615), in München (1763) und in Berlin (1699) wurde dann nach 2 gleichem Muster verfahren. Auch diese Praxis findet noch im RPG ihren Niederschlag. Nach § 30 RPG hat dieses Reichsgesetz das Recht der Landesgesetzgebung, Vorschriften über die Abgabe von Freiexemplaren an Bibliotheken und öffentliche Sammlungen zu erlassen, unberührt gelassen.

3   In der Bundesrepublik gibt es unter der Herrschaft des Grundgesetzes weder eine Zensur noch ein Privilegienwesen. Dennoch besteht das Pflichtexemplarwesen fort. In sämtlichen Bundesländern, auch in den neuen, ist eine Anbietungs- bzw Ablieferungspflicht landesgesetzlich geregelt. Auf Bundesebene folgt eine entsprechende Verpflichtung aus dem Gesetz über die Deutsche Nationalbibliothek. Heute dient aber das Pflichtexemplarwesen einem ganz anderen Zweck, nämlich einem kulturellen. Das hat auch das BVerfG in seiner Grundsatzentscheidung zur Verfassungskonformität des Pflichtexemplarwesens vom 14.7.1981 betont (BVerfGE 58, 137 = NJW 1982, 633). Das BVerfG führt aus.

„Vom Zeitpunkt seiner Publikation an entwickelt jedes Druckwerk ein Eigenleben. Es bleibt nicht nur vermögenswertes Ergebnis verlegerischer Bemühungen, sondern wirkt in das Gesellschaftsleben hinein. Damit wird es zu einem eigenständigen, das kulturelle und geistige Geschehen seiner Zeit mitbestimmenden Faktor ... Es ist, losgelöst von privatrechtlicher Verfügbarkeit, geistiges und kulturelles Allgemeingut. Im Blick auf diese soziale Bedeutung stellt es ein legitimes Anliegen dar, die literarischen Erzeugnisse dem wissenschaftlich und kulturell Interessierten möglichst geschlossen zugänglich zu machen und künftigen Generationen einen umfassenden Eindruck vom geistigen Schaffen früherer Epochen zu vermitteln. Diesem kulturpolitischen Bedürfnis kann durch eine Ablieferungspflicht zugunsten der öffentlichen Bibliotheken sinnvoll Rechnung getragen werden."

4   Angesichts dieser heutigen ganz anderen Grundlage hat das BVerfG die Ablieferungspflicht als grundsätzlich verfassungskonform bezeichnet. Bis zu dieser Entscheidung war die Verfassungskonformität umstritten. Die Ablieferungspflicht wurde als Verstoß gegen die Eigentumsgarantie des Art 14 GG gewertet (so auch die 2. Auflage dieses Kommentars, vgl dort § 12 LPG, Rn 16–20). Beanstandet wurde insbesondere die Pflicht zur ausnahmslos unentgeltlichen Ablieferung von Pflichtstücken. Demgegenüber verweist das BVerfG auf die aus Art 14 Abs 2 GG folgende Sozialbindung des Eigentums. Das Maß und der Umfang der dem Eigentümer von der Verfassung zugemuteten und vom Gesetzgeber zu realisierenden Bindung an das Sozialgebot hänge davon ab, ob und in welchem Ausmaß das Eigentumsobjekt in einem sozialen Bezug und in einer sozialen Funktion steht. Eigentumsbindungen hätten verhältnismäßig zu sein. Sie dürften nicht zu einer übermäßigen Belastung führen und den Eigentümer im vermögensrechtlichen Bereich unzumutbar treffen. Darüber hinaus sei der Gleichheitssatz als allgemeines rechtliches Prinzip zu beachten.

5   Aufgrund dieser von ihm entwickelten Maßstäbe bezeichnet das BVerfG die Pflicht zur unentgeltlichen Ablieferung eines Belegstückes als zulässige Regelung iS des Art 14 Abs 1 Satz 2 GG, sofern die daraus im Einzelfall resultierende Vermögensbelastung des Verlegers nicht wesentlich ins Gewicht falle. Die Ablieferungspflicht sei also keine Enteignung iS des Art 14 Abs 3 GG (dazu *Jarass* NJW 2000, 2841) und dementsprechend nicht in jedem Falle entschädigungspflichtig. Die Abgabepflicht sei eine Naturalleistungspflicht in der Form einer Abgabe. Sie ruhe auf der Gesamtheit der zu einer Auflage gehörenden und im Eigentum des Verlegers stehenden Druckstücke. Dieses Eigentum sei schon bei seiner Entstehung mit der Verpflichtung zur Ablieferung eines Exemplares belastet. Somit sei die Pflichtexemplarregelung eine objektiv-rechtliche Vorschrift, die in allgemeiner Form den Inhalt des Eigentums am Druckwerk als der Gesamtheit aller Druckstücke bestimme.

6   Im Gegensatz zur Verfassungskonformität der Pflichtexemplarregelung als solcher sei es mit der Eigentumsgarantie nicht in Einklang zu bringen, dass die allgemeine Ablieferungspflicht bei unterschiedslosem Ausschluss der Kostenerstattung auch diejenigen Druckwerke erfasse, die mit großem Aufwand und zugleich in nur kleiner Auflage hergestellt werden. Zur Begründung führt das BVerfG an, künstlerisch, wissenschaftlich oder literarisch herausragende Druckwerke hätten häufig nur einen kleinen Abnehmerkreis, was in der niedrigen Auflage seinen Ausdruck finde. Mit der Herstellung eines solchen Werkes gehe der Verleger ein erhöhtes wirtschaftliches

I. Herkunft und Bedeutung der Regelung § 12 LPG Anh

Risiko ein. Erst diese Risikobereitschaft ermöglicht es, künstlerisch, wissenschaftlich oder literarisch exklusives Schaffen der Öffentlichkeit zu erschließen. Den Verleger unter solchen Umständen mit erheblich höheren Kosten als bei der Ablieferung eines Billigexemplars zu belasten, widerspreche dem verfassungsrechtlichen Gebot, die Belange des betroffenen Eigentümers mit denen der Allgemeinheit in einen gerechten Ausgleich zu bringen und einseitige Belastungen zu vermeiden. Bei wertvollen Druckwerken mit niedriger Auflage überschreite folglich die Verpflichtung zu kostenloser Ablieferung die Grenzen verhältnismäßiger und noch zumutbarer inhaltlicher Festlegung des Verlegereigentums. Infolge der erheblich stärkeren Belastung sei die Verpflichtung zur kostenlosen Ablieferung solcher Werke auch mit dem Gleichheitssatz nicht in Einklang zu bringen (so auch BVerfGE 52, 1/29 = NJW 1980, 985).

Den Einwand, der Verleger könne seine durch die Pflichtablieferung entstehenden 7 Mehrkosten auf die Käufer abwälzen (so *Gross* Presserecht Rn 386; *Rehbinder* Presserecht S 41), weist das BVerfG zurück. Bei teuren Druckwerken mit geringer Auflage erscheine die Abwälzungsmöglichkeit schon in tatsächlicher Hinsicht zweifelhaft. Abgesehen davon widerspreche es der Eigentumsgarantie, den Eigentümer darauf zu verweisen, er könne sich für ihm auferlegte Bindungen an anderer Stelle oder auf andere Weise schadlos halten.

In dem vom BVerfG entschiedenen Falle ging es um Bücher wie zB um „Nach- 8 mittag eines Fauns" von Stéphane Mallarmé mit zwölf handsignierten Farbradierungen in einer Auflage von 70 Exemplaren, Ladenpreis DM 650,–, sowie um „Rotschild's Geige" von Anton Tschechow mit drei Farbholzschnitten, Auflage 150, Preis DM 258,–. Die dem Verleger auferlegte Verpflichtung, auch von solchen Auflagen ein Exemplar entschädigungslos abzuliefern, bezeichnet das BVerfG als zu weitgehend und mit der Eigentumsgarantie des Art 14 Abs 1 Satz 1 GG unvereinbar. Aufgrund dieser Entscheidung sehen inzwischen alle Regelungen des Pflichtexemplarrechts mit Ausnahme nur der LPG von Bremen und Schleswig-Holstein eine Entschädigung zumindest im Falle der aus einem „großen Aufwand" und einer „kleinen Auflage" folgenden Unzumutbarkeit einer unentgeltlichen Ablieferung vor. Der VGH Kassel hat diese Merkmale konkretisiert (NJW 1989, 418). Von einem „großen Aufwand" sei im Jahre 1976/77 bei Herstellungskosten von mehr als DM 100,– pro Exemplar auszugehen, von einer „kleinen Auflage" bei nicht mehr als 500 Exemplaren.

Vorbehaltlich einer Entschädigungsregelung für den Fall der Unzumutbarkeit ist 9 also die Verpflichtung zur Ablieferung von Pflichtexemplaren verfassungskonform. Die Materie fällt auch in den Kompetenzbereich der nach Art 70 GG grundsätzlich zuständigen Landesgesetzgeber. Das Pflichtexemplarwesen unterfällt nicht etwa dem Urheber- und Verlagsrecht, für das ausschließlich der Bundesgesetzgeber zuständig ist (Art 73 Abs 1 Nr 9 GG). Auch das Gesetz über die Deutsche Nationalbibliothek, bei dessen Erlass sich der Bundesgesetzgeber auf seine Zuständigkeit zur Regelung der Förderung der wissenschaftlichen Forschung entsprechend Art 74 Abs 1 Nr 13 GG und – soweit die Zuweisung neuer Aufgaben an die Bibliothek in Rede stand – auf Artikel 87 Abs 3 Satz 1 GG berufen hat (BT-Drs 16/322 S 11), ändert an der grundsätzlichen Kompetenz der Landesgesetzgeber nichts, nachdem es im dortigen § 21 heißt, dass die landesrechtlichen Regelungen über die Ablieferung von Pflichtstücken unberührt bleiben (BVerfG NJW 1982, 633 zum Gesetz über die Deutsche Bibliothek).

Verfassungsrechtlich zulässig ist es auch, die Einzelheiten der Anbietungs- und 10 Ablieferungspflicht durch eine Verordnung zu regeln wie das in den meisten Bundesländern und auf Bundesebene durch die das Gesetz über die Deutsche Nationalbibliothek ergänzende Verordnung über die Pflichtablieferung von Medienwerken an die Deutsche Nationalbibliothek (Pflichtablieferungsverordnung – PflAV) vom 17.10.2008 (BGBl I S. 2013), geändert durch Artikel 1 der Verordnung vom 29.4.2014 (BGBl I S. 450), geschehen ist. Nach Art 14 Abs 1 Satz 2 GG werden zwar Inhalt und Schranken des Eigentums „durch die Gesetze bestimmt". Daraus ergibt sich aber

Burkhardt 823

Anh LPG § 12

keine Pflicht des Gesetzgebers, den Inhalt der Rechtsstellung des Eigentümers bis ins letzte selbst zu regeln. Es genügt, dass er die Voraussetzungen, unter denen der Gebrauch des Eigentums beschränkt werden darf, durch eine nach Inhalt, Zweck und Ausmaß hinreichend bestimmte Ermächtigung zum Erlass von Verordnungen selbst festlegt. Dementsprechend hat das BVerfG die in § 9 Abs 2 LPG Hessen enthaltene Ermächtigung des Ministers für Wissenschaft und Kunst, „durch Rechtsverordnung das Nähere, insbesondere die zuständige wissenschaftliche Bibliothek" zu regeln und „für bestimmte Arten von Druckwerke Ausnahmen" zuzulassen, als ausreichend anerkannt (BVerfG NJW 1982, 633/634).

II. Inhalt der Regelung

1. Anbietungs- und Ablieferungspflicht

11 Nach § 9 Reichspressegesetz waren die Verleger zur Ablieferung eines Exemplars verpflichtet. Die Mehrzahl der in den LPG oder in Nebengesetzen getroffenen Regelungen sieht gleichfalls die Verpflichtung zur Ablieferung eines oder mehrerer Pflichtexemplare vor. Auch das Gesetz über die Deutsche Nationalbibliothek verpflichtet die Verleger zur Ablieferung. Demgegenüber haben die Länder Brandenburg, Bremen, Saarland und Schleswig-Holstein eine Anbietungspflicht vorgeschaltet. Aufgrund des Angebotes kann sich die begünstigte Stelle frei entscheiden, ob sie von dem Angebot Gebrauch machen will. In der Regel hat das Anbieten durch eine Mitteilung zu erfolgen. Nimmt die begünstigte Bibliothek das Angebot an, hat der Verleger ein Exemplar zu übersenden.

12 Die Vorschaltung einer Anbietungspflicht erleichtert den Empfängerbibliotheken den Verzicht auf weniger wichtige Werke, was den Bibliotheksaufwand vermindert. Andererseits kann die an sich wünschenswerte lückenlose Erfassung des Schrifttums darunter leiden. Im Ergebnis ist die Pflichtablieferung vorzuziehen.

13 Für das Anbieten sind mit Ausnahme von Bremen und Schleswig-Holstein Fristen vorgesehen. Teilweise hat das Anbieten „mit Beginn der Verbreitung" (Brandenburg) bzw „bei Erscheinen" zu erfolgen (Saarland). Auch für das Abliefern enthalten die Regelungen Unterschiede. Teilweise hat die Ablieferung mit (Thüringen) oder nach Beginn der Verbreitung (Nordrhein-Westfalen, Rheinland-Pfalz), teilweise innerhalb zwei Wochen nach dem Erscheinen (Berlin, Bayern) oder innerhalb von einer (Baden-Württemberg, Nordrhein-Westfalen und Deutsche Nationalbibliothek) bzw zwei Wochen (Hamburg) bzw einen Monat (Hessen) nach dem Beginn der Verbreitung bzw oder einen Monat nach Erscheinen (Mecklenburg-Vorpommern, Niedersachsen, Sachsen, Sachsen-Anhalt).

14 Für periodische Druckschriften gelten in den Bundesländern, in denen der Ablieferungspflicht eine Anbietungspflicht vorgeschaltet ist, Sondervorschriften. Im Saarland braucht der Verleger eine periodische Druckschrift nur beim erstmaligen Erscheinen zum laufenden Bezug anzubieten. In Bremen, Rheinland-Pfalz und Schleswig-Holstein besteht die Anbietungspflicht bei Erscheinen und außerdem zu Beginn jeden Kalenderjahres. Diese Sonderregelungen bei vorgeschalteter Anbietungspflicht sind vernünftig. Jede einzelne Ausgabe eines periodischen Druckwerkes auch anbieten zu müssen, wenn von dem Angebot im Zweifel kein Gebrauch gemacht wird, wäre sinnwidrig.

2. Die Verpflichteten

15 Zum Anbieten bzw Abliefern ist nach allen geltenden Regelungen der Verleger verpflichtet. In einigen Ländern, zB in Baden-Württemberg ist ausdrücklich geregelt, dass als Verleger auch der als Selbstverleger tätige Verfasser oder der Herausgeber eines Druckwerkes anzusehen ist, ebenso der Kommissions- oder Lizenzverleger, sofern er im Werk genannt ist. Ein Kommissionsverleger ist ein Verleger, der die Ver-

II. Inhalt der Regelung

vielfältigung und ggf auch den Vertrieb der Druckschrift auf Rechnung des Verfassers durchführt. Ein Kommissionsverleger ist auch dann zum Anbieten bzw zur Ablieferung verpflichtet, wenn das in dem betreffenden Land nicht ausdrücklich geregelt ist. Das folgt daraus, dass Verleger im presserechtlichen Sinne derjenige ist, der das Erscheinen und Verbreiten von Druckwerken bewirkt (BayObLG NJW 1976, 435; OLG Düsseldorf NJW 1980, 71). Der presserechtliche Verlegerbegriff ist also mit dem verlagsrechtlichen nicht identisch. Der presserechtliche Begriff setzt weder einen Verlagsvertrag im eigentlichen Sinne noch ein Vervielfältigen des Druckwerkes voraus (VG Münster NJW 1990, 2080). Bei gemeinschaftlicher verlegerischer Tätigkeit trifft jeden der Mitverleger die Anbietungs- bzw Ablieferungspflicht (OVG Berlin Urteil vom 23.1.1990 Az 3 B 35.89, bestätigt durch BVerwG Beschluss vom 16.8.1990 Az 7 B 67/90).

Mit Ausnahme von Hamburg, Hessen, Nordrhein-Westfalen und Thüringen sehen die landesrechtlichen Regelungen vor, dass die Verpflichtung den Drucker bzw den Hersteller trifft, wenn das Druckwerk keinen Verleger hat. Drucker ist der Inhaber bzw Mitinhaber oder Pächter einer Druckerei. Gibt der beauftragte Drucker den Auftrag ganz oder teilweise weiter, lässt das seine Anbietungs- bzw Ablieferungspflicht unberührt. Ist diese Verpflichtung in dem betreffenden Bundesland für Drucker nicht vorgesehen kann der Drucker dazu nicht herangezogen werden. Dass die Möglichkeit einer analogen Anwendung entfällt, folgt auch daraus, dass die Nichteinhaltung der Pflicht mit wenigen Ausnahmen als Ordnungswidrigkeit behandelt wird. Dementsprechend greift das strafrechtliche Analogieverbot ein. An die Deutsche Nationalbibliothek ablieferungspflichtig ist, wer berechtigt ist, das Medienwerk zu verbreiten oder öffentlich zugänglich zu machen und den Sitz, eine Betriebsstätte oder den Hauptwohnsitz in Deutschland hat (§ 15 DNBG). **16**

3. Die Begünstigten

In der Bundesrepublik besteht ein regionales und ein zentrales Pflichtexemplarrecht. Das regionale Recht wird von den Bibliotheken wahrgenommen, die in der einschlägigen landesrechtlichen Regelung bezeichnet sind. Teilweise sind die Staats-/Landes-, teilweise Universitäts- oder wissenschaftliche Stadtbibliotheken. In der Regel ist ein Exemplar zu liefern, in Baden-Württemberg und Bayern zwei, in Schleswig-Holstein drei Exemplare. Das zentrale Pflichtexemplarrecht wird von der rechtsfähigen bundesunmittelbaren Anstalt des öffentlich Rechts „Deutsche Nationalbibliothek" wahrgenommen. Diese Bundesanstalt umfasst die Deutsche Bibliothek Frankfurt, die Deutsche Bücherei Leipzig und das Deutsche Musikarchiv. Die Vereinigung der Deutschen Bibliothek und der Deutschen Bücherei beruht auf dem Einigungsvertragsgesetz von 1990. **17**

4. Betroffene Druckwerke

Dem Pflichtexemplarrecht unterliegen grundsätzlich alle Druckwerke, die im Geltungsbereich des betreffenden Landes verlegt werden. Ferner sind digitale Publikationen abzuliefern. In Bayern, Berlin, Bremen, Mecklenburg-Vorpommern, Niedersachsen, Rheinland-Pfalz und Saarland fehlt insoweit eine ausdrückliche gesetzliche Regelung. In Hessen, Nordrhein-Westfalen und nach dem DNBG werden Druckwerke und digitale Publikationen gemeinsam als „Medienwerke" bezeichnet. Sachlich bedeutet dies keinen Unterschied, da dort wiederum zwischen „körperlichen Medienwerken" und „unkörperlichen Medienwerken" unterschieden wird, was der Sache nach den Druckwerken iSd LPG und den neu eingefügten digitalen Publikationen entspricht. Unter einem Druckwerk ist ein Druckwerk iSd jeweiligen LPG zu verstehen, vgl dazu die Erläuterungen zu § 7 LPG. Danach sind Druckwerke alle mittels der Buchdruckerpresse oder eines sonstigen zur Massenherstellung geeigneten Vervielfältigungsverfahrens hergestellten und zur Verbreitung bestimmten Schriften, besprochenen Tonträger, bildlichen Darstellungen mit und ohne Schrift, Bildträger und Musikalien mit Text oder Erläuterungen. Auch Ton- oder Bildtonträger unter- **18**

Anh LPG § 12 Pflichtexemplarrecht

liegen also der Ablieferungspflicht. Das gilt insb für Schallplatten, CD, Videokassetten usw. Digitale Publikationen sind Darstellungen in Schrift, Bild oder Ton, die auf digitalen Datenträgern oder in unkörperlicher Form in öffentlichen Netzen verbreitet werden (vgl § 11 Abs 5 LPG Sachsen). Auch soweit sich die Definitionen in den einzelnen landesrechtlichen Regelungen nach ihrem Wortlaut unterscheiden, zB § 1a S 2 PflichtexemplarG Baden-Württemberg; § 4a Abs 1 S 3 Hess BibliotheksG, besteht in der Sache kein Unterschied. Anderes kann für Brandenburg gelten. Nach § 13 Abs 3 LPG Brandenburg gilt die Ablieferungspflicht nur für digitale Ausgaben von Werken, die Druckwerken gleichstehen. Begrifflich werden damit nicht alle digitalen Publikationen erfasst. Nach dem Sinn und Zweck der Vorschrift ist jedoch auch in Brandenburg eine umfassende Ablieferungspflicht gewollt.

19   Teilweise sind Erweiterungen vorgesehen. So gelten als innerhalb des Geltungsbereiches des baden-württembergischen Pflichtexemplargesetzes verlegt auch solche Werke, die einen Ort innerhalb des Geltungsbereichs als Verlagsort nur in Verbindung mit einem anderen Ort nennen. Ein Verlag ist also in Baden-Württemberg auch ablieferungspflichtig, wenn er als Verlagsorte Berlin, Stuttgart und Wien nennt.

20   Die Ablieferungspflicht umfasst regelmäßig sämtliche erkennbar zum Hauptwerk gehörenden Beilagen, auch wenn sie für sich allein nicht der Ablieferungspflicht unterliegen. Bei Zeitschriften, Lieferungswerken, Loseblattsammlungen und ähnlichen Veröffentlichungen sind auch die dazu gehörigen Einbanddecken, Sammelordner, Titelblätter, Inhaltsverzeichnisse, Register und andere Materialien abzuliefern, die der Vervollständigung des Hauptwerkes dienen.

21   Acht Bundesländer haben darüber hinaus geregelt, welche Ausgabe abzuliefern ist, wenn mehrere erscheinen. Teilweise ist vorgesehen, dass die Normalausgabe (Bayern, Rheinland-Pfalz „marktübliche Form") bzw die für den allgemeinen Vertrieb vorgesehene Ausgabe abzuliefern ist (Saarland). In Baden-Württemberg, Berlin und Hessen ist vorgesehen, dass die Ausgabe mit dem dauerhaftesten Einband bzw in der dauerhaftesten Form (Berlin) abzuliefern ist. In Nordrhein-Westfalen kann die jeweilige Bibliothek festlegen, welche Ausgabe sie bevorzugt. Diese ist abzuliefern.

22   Neuauflagen sind grundsätzlich auch abzuliefern, wenn sie unverändert sind, ebenso „höhere Tausender", sofern sie als solche im Druckwerk unverschlüsselt gekennzeichnet sind (vgl § 1 Abs 4 der PflichtexemplarVO Baden-Württemberg). Die Bibliothek kann aber auf die Ablieferung verzichten.

23   Ausnahmen von der Anbietungs- bzw Ablieferungspflicht sind unterschiedlich geregelt. Teilweise beruhen die Unterschiede auf der Gesetzestechnik. Sofern das Pflichtexemplarrecht innerhalb der LPG geregelt ist, greifen zum einen die Beschränkungen ein, die sich aus den Begriffsbestimmungen ergeben (Brandenburg, Bremen, Mecklenburg-Vorpommern, Niedersachsen, Rheinland-Pfalz, Saarland, Sachsen-Anhalt, Schleswig-Holstein und Thüringen). Danach unterliegen den Bestimmungen über Druckwerke nicht
– amtliche Druckwerke, soweit sie ausschließlich amtliche Mitteilungen enthalten
– Akzidenzdrucksachen, die sog „harmlosen" Druckwerke, also nur zu Zwecken des Gewerbes und Verkehrs, des häuslichen und geselligen Lebens dienenden Druckwerke wie Formulare, Preislisten, Werbedrucksachen, Familienanzeigen, Geschäfts-, Jahres- und Verwaltungsberichte und dergleichen sowie Stimmzettel für Wahlen.

24   § 11 Abs 3 bis 5 LPG Sachsen enthält eigenständige Definitionen der abzuliefernden Publikationen. Diese beziehen sich zwar im Ergebnis auf die Definition des Druckwerks in § 6 Abs 1 LPG Sachsen. Da das LPG Sachsen jedoch die vorstehenden Ausnahmeregelungen nicht enthält, unterliegen auch die amtlichen und harmlosen Druckwerke grundsätzlich der Ablieferungspflicht.

25   Ist des Pflichtexemplarrecht sondergesetzlich geregelt, gelten diese Ausnahmen nicht automatisch. Die sondergesetzlich und im Verordnungswege geregelten Ausnahmen umfassen unterschiedliche Bereiche. Amtliche Druckwerke unterliegen nicht der Ablieferungspflicht (vgl zB § 2 Abs 2 des Pflichtexemplargesetzes Baden-Württemberg).

II. Inhalt der Regelung § 12 LPG Anh

Außerdem sind zB in Baden-Württemberg durch § 4 der Pflichtexemplarverordnung folgende Druckschriften ausgenommen
(1) Offenlegungs-, Auslege- und Patentschriften;
(2) Sonderdrucke aus Zeitschriften, Zeitungen und Sammelwerken soweit die Sonderdrucke kein eigenes Titelblatt haben;
(3) Listen von Ausstellungsstücken ohne weiteren Text;
(4) Referenten- und Schulungsmaterialien mit Manuskriptcharakter;
(5) Vordrucke, Eintragungsbücher, Malbücher ohne Text, Modellbaubogen;
(6) Akzidenzdrucksachen wie Werbeschriften, Prospekte, Preislisten, Verkaufskataloge u ä.

In Bayern, Berlin und in Nordrhein-Westfalen gelten ähnliche, teilweise noch weitergehende Ausnahmen. In Berlin, Hamburg, Hessen, Mecklenburg-Vorpommern, Niedersachsen, Nordrhein-Westfalen, Rheinland-Pfalz und Sachsen ist das zuständige Ministerium bzw die zuständige Bibliothek zur Festlegung von (weiteren) Ausnahmen berechtigt. **26**

Zur Ablieferung ist der Verleger auch verpflichtet, wenn er das Druckwerk nicht (mehr) besitzt. Fehlender Besitz lässt die Leistungspflicht, die ein noch nicht auf ein bestimmtes Exemplar individualisiertes Druckwerks betrifft, nicht entfallen (OVG Berlin Urteil vom 23.1.1990 Az 3 B 35.89, bestätigt durch BVerwG Beschluss vom 16.8.1990 Az 7 B 67/90). **27**

Ein Anspruch auf Aufnahme eines Pflichtexemplars in die jeweilige Sammlung besteht nicht (§ 1 Abs 3 Pflichtexemplargesetz NRW, § 1 Abs 2 PflAV; OVG Koblenz ZUM-RD 2010, 246). **28**

Dass amtliche Druckwerke (Amtsdruckschriften) nach den landesrechtlichen Vorschriften überwiegend nicht unter die Ablieferungspflicht fallen, ist unverständlich. Der Sache nach befreit sich der Staat dadurch von der Pflichtabgabe, die er bei allen nichtamtlichen Druckwerken aus kulturpolitischen Gründen für erforderlich hält. Das lässt sich überzeugend nicht begründen. Allerdings wird die Lücke durch Abgabeerlasse der Bundes- und Länderregierungen teilweise geschlossen. Durch Erlass vom 12.5.1958 (GBMl S 209) mit Ergänzung vom 17.3.1961 (GMBl S 235) hat die Bundesregierung eine Ablieferungspflicht hinsichtlich amtlicher Veröffentlichungen für alle Behörden und Dienststellen des Bundes einschließlich der bundesunmittelbaren Körperschaften, Anstalten und Stiftungen des öffentlichen Rechts angeordnet. Begünstigte Bibliotheken sind die Deutsche Nationalbibliothek (bis 2006 Deutsche Bibliothek), die Bibliothek des Deutschen Bundestages, die Staatsbibliothek zu Berlin Preußischer Kulturbesitz und die Bayerische Staatsbibliothek, München. Ausgenommen von dieser Ablieferungspflicht sind vor allem geheime Amtsdrucksachen (Verschlusssachen), aber auch Formblätter und Vordrucke. Durch einen weiteren Erlass vom 22.7.1958 (GMBl S 339) hat die Bundesregierung die erwähnten Behörden und Körperschaften verpflichtet, auch Schriften des internationalen Schriftentausches abzuliefern, und zwar an die Abteilung „Internationaler Amtlicher Schriftentausch für die Bundesrepublik Deutschland". Die meisten Bundesländer haben entsprechende Regelungen (zB Baden-Württemberg: Anordnung der Landesregierung über die Abgabe amtlicher Veröffentlichungen an Bibliotheken v 9.10.2006, Az 31–700.5/142), teilweise gesetzlich (zB § 7 PflExG Berlin), erlassen (Übersicht bei *Lansky/Kesper* Nr 600 ff. und http://staatsbibliothek-berlin.de/die-staatsbibliothek/abteilungen/bestands-aufbau/amtsdruckschriften/abgabeerlasse/; vgl *Stanek*, Amtsdruckschriften in der Staatsbibliothek zu Berlin – Tradition und Zukunft, Bibliotheksmagazin der Staatsbibliothek zu Berlin 2006, Heft 3 S 20 ff.). **29**

5. Vergütungsregelung

Bis zur Entscheidung des BVerfG vom 14.7.1981 (BVerfGE 58, 137 = NJW 1982, 633) war die Vergütungsfrage in besonderer Weise umstritten. In dieser Entscheidung hat das BVerfG die Auffassung entwickelt, Pflichtexemplare seien auf Grund einer **30**

Naturalleistungspflicht abzuliefern, mit der das Eigentum am Druckwerk schon bei seiner Entstehung belastet sei. Damit hat es die Vergütungsfrage dahin entschieden, dass die Ablieferungspflicht auch verfassungskonform ist, wenn sie ohne Entschädigung zu erfolgen hat. Das gelte allerdings nur für Exemplare von Druckwerken, die mit normalem Kostenaufwand hergestellt worden sind. Wenn die mit großem Aufwand und zugleich in nur kleiner Auflage hergestellten Druckwerke ebenfalls unter Ausschluss einer Kostenerstattung abzuliefern seien, bedeute das eine mit Art 14 Abs 1 GG nicht mehr in Einklang zu bringende Aushöhlung der Eigentumsgarantie und darüber hinaus einen Verstoß gegen den Gleichheitssatz.

31 Aufgrund dieser Entscheidung haben die zuständigen Gesetzgeber den grundsätzlichen Ausschluss einer Kostenerstattung beibehalten bzw in den neuen Bundesländern eingeführt. Die Zahlung einer angemessenen Entschädigung für sämtliche abzuliefernden Exemplare ist lediglich im Saarland vorgesehen. In den übrigen Bundesländern ist die Zahlung einer Vergütung nur im Falle der Unzumutbarkeit einer unentgeltlichen Ablieferung vorgesehen, ebenso nach § 18 des Gesetzes über die Deutsche Nationalbibliothek (DNBG). Eine Besonderheit weist die Regelung in Baden-Württemberg auf. Dort werden auf Antrag 50 % des Ladenverkaufspreises für das erste abzuliefernde Exemplar nur im Falle der Unzumutbarkeit vergütet, für das zweite Exemplar in jedem Falle. In den übrigen Bundesländern werden im Falle der Unzumutbarkeit die Selbstkosten erstattet (Hamburg) bzw Herstellungskosten (Brandenburg, Hessen, Sachsen, Thüringen) oder ein Zuschuss zu diesen (Rheinland-Pfalz) oder es wird eine angemessene Entschädigung gewährt (Bayern, Berlin). In Mecklenburg-Vorpommern, Niedersachsen, Nordrhein-Westfalen und Sachsen-Anhalt werden im Falle der Unzumutbarkeit 50 % des Ladenpreises erstattet, wobei die Grenze der Unzumutbarkeit teilweise, wenngleich unterschiedlich definiert wird. Auch § 18 DNBG iVm § 6 PflAV enthalten differenzierte Zuschussregelungen.

32 Von der Unzumutbarkeit einer entschädigungslosen Ablieferungspflicht ist nach der Entscheidung des BVerfG vom 14.7.1981 auszugehen (NJW 1982, 633), wenn die Unentgeltlichkeit wegen der hohen Herstellungskosten und der niedrigen Auflage eine wesentlich stärkere Belastung des Verlegers bedeutet als im Normalfalle. Diesen Maßstab haben fast alle Landesgesetzgeber übernommen. Lediglich die Regelungen in Bremen und Schleswig-Holstein sehen keine Entschädigung ausdrücklich vor. Voraussetzung für eine Entschädigung ist, dass das Pflichtexemplar von der Bibliothek tatsächlich entgegen genommen wird. Verzichtet die Bibliothek auf die Ablieferung entfällt die Entschädigungspflicht (OVG Koblenz ZUM-RD 2010, 246). Spezielle Regelungen finden sich in Mecklenburg-Vorpommern, Niedersachsen und Sachsen-Anhalt. Dort besteht eine Entschädigungspflicht, wenn die Auflage des Druckwerkes nicht höher als 500 Stück ist und der Ladenpreis eines Stücks der Auflage mindestens 100 Euro beträgt. In Nordrhein-Westfalen liegt die Grenze bei weniger als 300 Exemplaren und einem Ladenpreis von mehr als 200 Euro. § 6 PflAV (Deutsche Nationalbibliothek) bestimmt die Grenze grundsätzlich bei höchstens 300 Exemplaren und Herstellungskosten der abzuliefernden Ausfertigung von mindestens 80 Euro. In ähnlicher Weise hatte zuvor der VGH Kassel (NJW 1989, 418) die Merkmale „großer Aufwand" und „kleine Auflage" näher konkretisiert (vgl Rn 8). Sieht das Gesetz weitere Anspruchsvoraussetzungen für den Erstattungsanspruch nicht vor, darf auch der Verordnungsgeber keine zusätzlichen Schranken für eine Erstattungspflicht aufbauen. Der VGH Kassel (ESVGH 42, 62) hat daher Regelungen in der Hessischen Verordnung über die Abgabe von Druckwerken für nichtig erklärt, die zB die Erstattungspflicht zusätzlich von einem fehlenden Rohgewinn abhängig machten. Nach der Regelung in Baden-Württemberg kann Unzumutbarkeit auch vorliegen, wenn die Herstellungskosten hoch oder die Auflage niedrig ist. Teilweise sind die Voraussetzungen näher umschrieben worden. Nach den in Bayern geltenden Richtlinien ist bei Texten mit einer Auflage bis zu 500 Exemplaren und Herstellungskosten von mehr als 50 Euro pro Exemplar in der Regel auf Antrag eine Entschädigung zu gewähren, die bei einer Auflage bis zu 300 Exemplaren 100 % der Berechnungsgrundlage beträgt, bei einer Auflage von 301–500 Exemplaren 80% der Berechnungsgrundlage, jedoch jeweils höchstens bis zur Hälfte des Laden- bzw Subskriptions-, Vorzugs- oder Abonnementpreises. Liegt ein Vorzugspreis jedoch unter den Herstellungskosten, ist eine starre Grenze der maximalen Entschädigung von höchstens der Hälfte dieses Vorzugspreises ohne Berücksichtigung des Einzelfalles verfassungsrechtlich unzulässig. In solchen Fällen ist unter Vergleich mit den tatsächlichen Herstellungskosten ein gerechter Ausgleich zu suchen (BayVGH Urteil vom 4.11.1992 Az 7 B 90 3264). Berechnungsgrundlage sind die Aufwendungen für Satz, Papier, Druck, Einband und Autorenhonorar zuzüglich 40% als Gemeinkostenpauschale. Beim Selbstverleger sind anstelle der Autorenhonorare die Kosten für die Herstellung des Manuskripts zu berücksichtigen (BayVGH Urteil vom 4.11.1992 Az 7 B 90 3264).

6. Durchsetzung der Verpflichtung

Die Durchsetzung der Anbietungs- bzw Ablieferungspflicht ist auf der Grundlage 33 des jeweils anzuwendenden Verwaltungsvollstreckungsgesetzes (VwVG) möglich. Anzuwenden ist das in dem jeweiligen Lande geltende VwVG. Danach bedarf es zunächst des Erlasses eines Verwaltungsaktes. Sobald er unanfechtbar oder sein sofortiger Vollzug angeordnet ist, steht der Bibliothek die Möglichkeit des Einzugs (Abholung der fraglichen Stücke durch die zuständige Ordnungsbehörde) oder der Ersatzvornahme zur Seite. Die Bibliothek kann das anzubietende bzw abzuliefernde Druckwerk auf Kosten des Pflichtigen also auch anderweitig beschaffen. Ist weder die Abholung noch die anderweitige Beschaffung möglich oder tunlich, kann statt dessen ein Zwangsgeld verhängt oder bei Erfolglosigkeit unmittelbarer Zwang ausgeübt werden. Diese Zwangsmittel müssen grundsätzlich zuvor schriftlich angedroht werden. Sonderregelungen gelten für Hessen (§ 4a Abs 3 BibliotheksG), Sachsen (§ 11 Abs 11 LPG) und die Deutsche Nationalbibliothek (§ 14 Abs 4 DNBG). Die Gesetze sehen vor, dass bei Nichtablieferung trotz Mahnung innerhalb der jeweiligen gesetzlich festgelegten Fristen die Bibliothek das Werk auf Kosten des Ablieferungsverpflichteten anderweitig beschaffen kann. Eines aufwändigen Verwaltungsverfahrens bedarf es insofern nicht. Jedoch gelten für die Beitreibung der Kosten wiederum die jeweiligen verwaltungsrechtlichen Vorschriften.

Unabhängig von der Möglichkeit solcher Zwangsmaßnahmen bedeutet die Nicht- 34 erfüllung oder die nicht ordnungsgemäße Erfüllung der Anbietungs- oder Ablieferungspflicht eine Ordnungswidrigkeit (ausgenommen Baden-Württemberg, Bayern, Bremen, Niedersachsen, Sachsen und Thüringen). Die Obergrenze des verhängbaren Ordnungsgeldes ist unterschiedlich geregelt. In Berlin, Hessen, Nordrhein-Westfalen, Rheinland-Pfalz, Saarland, Sachsen-Anhalt und Schleswig-Holstein beträgt sie 5000 Euro und in Brandenburg DM 50 000 (25 000 Euro) und in Mecklenburg-Vorpommern bis 50 000 Euro. Nach § 19 Abs 3 DNBG beträgt die Geldbuße bis zu 10 000 Euro.

III. Überblick über die landes- und bundesrechtlichen Einzelregelungen

1. Baden-Württemberg

In Baden-Württemberg ist der ursprüngliche § 12 LPG aufgehoben. Es gilt das 35 Gesetz über die Ablieferung von Pflichtexemplaren an die Badische Landesbibliothek in Karlsruhe und die Württembergische Landesbibliothek in Stuttgart vom 3.3.1976 (GBl S 216) zuletzt geändert durch Gesetz vom 12.2.2007 (GBl S 107) sowie die Verordnung des Wissenschaftsministeriums zur Durchführung des Gesetzes über die Ablieferung von Pflichtexemplaren an die Badische Landesbibliothek in Karlsruhe und die Württembergische Landesbibliothek in Stuttgart vom 26.3.1976 (GBl S 447) geändert durch Verordnung vom 1.9.2000 (GBl S 664). Danach gilt im Wesentlichen Folgendes:

36 Verpflichtet sind der Verleger und der Drucker. Es besteht die Verpflichtung zur Ablieferung von je einem Druckwerk an die Badische Landesbibliothek in Karlsruhe und an die Württembergische Landesbibliothek in Stuttgart.

37 Druckwerke sind auch Musiknoten, Landkarten, Ortspläne und Atlanten, Publikationen in Mikroform, audiovisuelle Materialien, Tonträger und Bildträger. Amtliche Druckwerke unterliegen dieser Ablieferungspflicht nicht. Die Vorschriften des Gesetzes gelten entsprechend für digitale Publikationen, also Medienwerke in unkörperlicher Form, die in öffentlichen Netzen dargestellt werden. Die Abgabe amtlicher Drucksachen an öffentliche Bibliotheken ist in der Anordnung der Landesregierung vom 9.10.2006, Az 31–700.5/142 geregelt. Ebensowenig unterliegen Offenlegungs-, Auslege- und Patentschriften der Ablieferungspflicht, ferner Listen von Ausstellungsstücken, Schulungsmaterialien mit Manuskriptcharakter, Vordrucke, Malbücher, Werbeschriften usw.

38 Die Pflichtexemplare müssen vollständig und einwandfrei sein und in der handelsüblichen Einbandart abgeliefert werden, ggf in der dauerhaftesten Einbandart. Veränderte und unveränderte Neuauflagen sowie höhere Tausender sind abzuliefern, sofern sie im Druckwerk als solche unverschlüsselt gekennzeichnet sind (ausgenommen unveränderte Neuauflagen von Schulbücher und Landkarten). Die Ablieferung hat innerhalb einer Woche nach Beginn der Verbreitung zu erfolgen. Es können beide Exemplare an die für den Verleger bzw Drucker örtlich zuständige Bibliothek übersandt werden.

39 Für das erste Exemplar wird im Falle der Unzumutbarkeit auf Antrag eine Entschädigung bis zur Höhe des halben Ladenpreises gewährt. Für das zweite Exemplar wird diese Entschädigung auf Antrag in jedem Falle gewährt.

2. Bayern

40 In Bayern gilt das Gesetz über die Ablieferung von Pflichtstücken (Pflichtstückgesetz – PflStG) vom 6.8.1986 (GVBlBay S 216). Danach sind der Verleger und der Drucker zur Ablieferung von zwei Stücken jedes in Bayern verlegten Textes innerhalb von zwei Wochen nach Erscheinen unentgeltlich und auf eigene Kosten in handelsüblicher Form an die Bayerische Staatsbibliothek München abzuliefern. Als Texte gelten auch besprochene Tonträger, Musiknoten und andere graphische Musikaufzeichnungen, Landkarten, Ortspläne und Atlanten sowie bildliche Darstellungen.

41 Die Ablieferungspflicht umfasst sämtliche zum Hauptwerk gehörenden Beilagen sowie Einbanddecken, Sammelordner, Inhaltsverzeichnisse, Register und andere Materialien, die der Vervollständigung des Hauptwerkes dienen. Abzuliefern ist die Normalausgabe.

42 Der Ablieferungspflicht unterliegen nicht amtliche Druckwerke, bildliche Darstellungen auf Einzelblättern ohne Text, Texte mit einer geringeren Auflage als zehn Exemplare (ausgenommen Hochschul-Prüfungsarbeiten) sowie die sog harmlosen Druck-werke, ferner Film- und Videoproduktionen, Patentschriften usw Im Falle der Unzumutbarkeit erhält der Ablieferungspflichtige auf Antrag eine angemessene Entschädigung (Auflage bis zu 500 Exemplaren und bei Herstellungskosten ab 75,– Euro pro Exemplar, bei einer Auflage bis zu 300 Exemplaren 100% der Berechnungsgrundlage, bei einer Auflage von 301 bis 500 Exemplaren 80% der Berechnungsgrundlage, jedoch jeweils höchstens bis zur Hälfte des Laden- bzw. Subskriptions-, Vorzugs- oder Abonnementspreises. Berechnungsgrundlage für die Entschädigung sind die Herstellkosten, dh Aufwendungen für Satz, Papier, Druck, Einband und Autorenhonorare, zuzüglich 40% hieraus als Gemeinkostenpauschale; s dazu die Richtlinien für die Gewährung von Entschädigungen bei der Ablieferung von Pflichtstücken an die Bayerische Staatsbibliothek nach Art. 4 des Gesetzes über die Ablieferung von Pflichtstücken

III. Überblick ü. d. landes- u. bundesrechtl. Einzelregelungen   § **12 LPG Anh**

vom 6.8.1986 (Pflichtstücke-Entschädigungsrichtlinien – PflStER); vgl ferner Bay-VGH Urteil vom 4.11.1992 Az B 90.3264).

3. Berlin

In Berlin gilt das Gesetz über die Ablieferung von Pflichtexemplaren vom 29.11. 1994 (GVBl S 488) in der Fassung vom 15.7.2005 (GVBl S 414 ber S 544). Danach hat der Verleger jedes im Land Berlin verlegten Druckwerkes ein Pflichtexemplar unentgeltlich und in handelsüblicher Form an die Stiftung Zentral- und Landesbibliothek Berlin abzuliefern. Erscheinen mehrere Einbandarten, ist die dauerhafteste Form abzuliefern. Die Ablieferungspflicht umfasst sämtliche erkennbar zum Hauptwerk gehörenden Beilagen sowie zu Zeitschriften, Lieferungswerken, Loseblattausgaben und ähnlichen Veröffentlichungen gehörige Einbanddecken, Sammelordner, Titelblätter, Inhaltsverzeichnisse, Register und andere Materialien, die der Vervollständigung des Hauptwerkes dienen. Die Ausnahmen von der Ablieferungspflicht sind in § 3 geregelt.

Auf schriftlichen Antrag erhält der Ablieferungspflichtige eine Entschädigung, wenn die unentgeltliche Ablieferung wegen der hohen Herstellungskosten und der kleinen Auflage des Werkes unzumutbar ist.

Die nicht ordnungsgemäße Erfüllung der Verpflichtungen ist eine Ordnungswidrigkeit, die mit einer Geldbuße bis zu 5000 Euro geahndet werden kann.

4. Brandenburg

In Brandenburg ergibt sich die Anbietungs- und Ablieferungspflicht der Verleger und Drucker aus § 13 LPG. Danach ist von jedem in Brandenburg verlegten Druckwerk ein Stück der Stadt- und Landesbibliothek Potsdam anzubieten und auf Verlangen unentgeltlich und auf eigene Kosten abzugeben. Gleiches gilt für digitale Ausgaben von Werken, die Druckwerken gleichstehen. Trotz der begrifflich eher der presserechtlichen Terminologie entsprechenden engeren Fassung, sind auch in Brandenburg im Grunde alle digitalen Publikationen erfasst. Im Falle der Unzumutbarkeit werden auf Antrag die Herstellungskosten des Pflichtexemplars ersetzt. Nach der Verordnung des Ministers für Wissenschaft, Forschung und Kultur zur Durchführung des Brandenburgischen Landespressegesetzes über die Anbietung und Ablieferung von Pflichtexemplaren an die Stadt- und Landesbibliothek Potsdam vom 29.9.1994 (GVBl S 912) ist die handelsübliche Einbandart, ggf die dauerhafteste anzubieten.

5. Bremen

In Bremen ergibt sich die Anbietungspflicht der Verleger und Drucker aus § 12 LPG. Danach haben der Verleger und Drucker von jedem in Bremen verlegten Druckwerk der Staatsbibliothek in Bremen je ein Stück anzubieten und auf Verlangen abzuliefern. Bei periodischen Druckwerken genügt das Angebot zum laufenden Bezug beim erstmaligen Erscheinen und am Beginn jeden Kalenderjahres. Sonstige Regelungen gibt es in Bremen nicht. Von der Verordnungsermächtigung nach § 12 Abs 4 wurde bislang kein Gebrauch gemacht.

6. Hamburg

In Hamburg gilt das Gesetz über die Ablieferung von Pflichtexemplaren (Pflichtexemplargesetz – PEG) vom 14.9.1988 (GVBl S 180) zuletzt geändert durch Gesetz vom 8.9.2009 (HmbGVBl S 330). Danach hat der Verleger von jedem in Hamburg verlegten Druckwerk und jeder digitalen Publikation ein Stück an die Staats- und Universitätsbibliothek Hamburg abzuliefern. Druckwerke sind auch Landkarten, Tonwerke und Tonträger sowie Bildwerke, wenn sie mit erläuterndem Text verbunden sind. Digitale Publikationen sind alle Darstellungen in Schrift, Bild und Ton, die

Anh LPG § 12

auf Datenträgern oder in unkörperlicher Form in öffentlichen Netzen dargestellt werden. Die Ablieferung hat innerhalb von zwei Wochen nach Beginn der Verbreitung zu erfolgen. Digitale Publikationen in unkörperlicher Form können nach den Maßgaben der Staats- und Universitätsbibliothek Hamburg Carl von Ossietzky auch zur Abholung bereitgestellt werden. Bei Unzumutbarkeit wird auf Antrag eine Entschädigung in Höhe der Selbstkosten gewährt. Von der Ablieferungspflicht ausgenommen sind amtliche Druckwerke (vgl aber Rundverfügung des Senatsamtes für den Verwaltungsdienst über die Abgabe amtlicher Druckschriften an öffentliche Bibliotheken vom 24.10.1973 mit Änderungen vom 9.11.1983, Mitt f d Verw 1973, 172 und 1983, 203), Patentschriften usw, Druckwerke mit geringerer Auflage als zehn Exemplare, unveränderte Neuauflagen und die sog harmlosen Druckwerke. Die nicht ordnungsgemäße Erfüllung der Verpflichtungen ist eine Ordnungswidrigkeit, die mit einer Geldbuße geahndet werden kann. Wird die Ablieferungspflicht nicht fristgerecht erfüllt, ist die Staats- und Universitätsbibliothek Hamburg Carl von Ossietzky nach Mahnung und fruchtlosem Ablauf von weiteren drei Wochen ferner berechtigt, das Pflichtexemplar auf Kosten der Ablieferungspflichtigen anderweitig zu beschaffen. Die Bibliothek regelt das hierzu notwendige Verfahren in Abstimmung mit der zuständigen Behörde.

7. Hessen

49 In Hessen ergibt sich die Ablieferungspflicht aus § 4a Hessisches Bibliotheksgesetz. Die bisherige Regelung in § 9 LPG wurde durch das Gesetz zur Neuregelung des Archivwesens und des Pflichtexemplarrechts vom 26.11.2012 (GVBl S 458) aufgehoben. Ergänzend gilt die Verordnung über die Abgabe von Druckwerken vom 12.12.1984 (GVBl 1985 S 10) geändert durch Beschluss VGH Kassel vom 1.10.1991 (GVBl I S 366) mit der Maßgabe fort, dass sie bei Ablieferung von körperlichen Medienwerken anzuwenden ist (Art 4 Gesetz zur Neuregelung des Archivwesens und des Pflichtexemplarrechts vom 26.11.2012 (GVBl S 458)). Abzuliefern sind Medienwerke. Darunter sind alle Darstellungen in Schrift, Bild und Ton, die in körperlicher Form verbreitet oder in unkörperlicher Form der Öffentlichkeit zugänglich gemacht werden. Medienwerke in körperlicher Form sind alle Darstellungen auf Papier, elektronischen Datenträgern und anderen Trägern. Medienwerke in unkörperlicher Form sind alle Darstellungen in öffentlichen Netzen. Musik- und Filmwerke sowie ausschließlich im Rundfunk gesendete Werke unterliegen nicht der Ablieferungspflicht. Medienwerke sind in einfacher Ausfertigung binnen eines Monats seit dem Beginn der Verbreitung auf eigene Kosten an die nach dem Verlagsort zuständige wissenschaftliche Bibliothek abzugeben. Die Zuständigkeit ergibt sich aus § 1 der VO vom 12.12.1984 (Hessische Landes- und Hochschulbibliothek in Darmstadt, Stadt- und Universitätsbibliothek in Frankfurt am Main usw). Die Ablieferung der unkörperlichen Medienwerke erfolgt allein nach Maßgabe einer gemäß § 4a Abs 6 Hessisches Bibliotheksgesetz zu erlassenden Rechtsverordnung. Diese ist für den Vollzug der Ablieferungspflicht unkörperlicher Medienwerke konstitutiv (vgl. Hessischer Landtag, Drs. 18/6531, S. 4), aber noch nicht erlassen.

50 Die Medienwerke sind vollständig, in einwandfreiem, benutzbarem Zustand und zur dauerhaften Archivierung geeignet abzuliefern. Körperliche Medienwerke sind im Einband abzugeben, der für die allgemeine Verbreitung bestimmt ist, ggf die dauerhafteste Einbandart. Auch Neuauflagen und Neudrucke sind abzugeben, ebenso alle Gegenstände, die zu dem abgabepflichtigen Druckwerk gehören wie Einbanddecken usw Von der Abgabepflicht ausgenommen sind amtliche Vordrucke und amtliche Anordnungen für den Inneren Dienst mit Ausnahme der Amtsblätter, ferner die sog harmlosen Druckwerke und Reproduktionen von Bildern ohne Text. Durch die Neuregelung im Bibliotheksgesetz ist die Ausnahmeregelung für amtliche und harmlose Druckwerke (§ 4 Abs 2 LPG) nicht mehr auf Medienwerke anwendbar, so dass diese nun auch der gesetzlichen Ablieferungspflicht unterfallen.

III. Überblick ü. d. landes- u. bundesrechtl. Einzelregelungen § 12 LPG Anh

Im Falle der Unzumutbarkeit wird auf Antrag ein Zuschuss zu den Herstellungskosten gewährt. Die Erfordernisse des Erstattungsantrages sind in § 6 der VO vom 12.12.1984 im Einzelnen geregelt (dazu VGH Kassel ESVGH 42, 62). 51

Wird die Ablieferungspflicht nicht binnen eines Monats seit Beginn der Verbreitung oder der öffentlichen Zugänglichmachung des Medienwerkes erfüllt, ist die zuständige Bibliothek nach Mahnung und fruchtlosem Ablauf von weiteren drei Wochen berechtigt, die Medienwerke auf Kosten der Ablieferungspflichtigen anderweitig zu beschaffen. Frei zugängliche unkörperliche Medienwerke, die der Ablieferungspflicht unterliegen, kann die Bibliothek nach Ablauf der vorstehend genannten Fristen in ihren Bestand übernehmen und im Rahmen ihres gesetzlichen Auftrages nutzen. Die Verletzung der Ablieferungspflicht stellt jedoch keine Ordnungswidrigkeit mehr dar. 52

8. Mecklenburg-Vorpommern

In Mecklenburg-Vorpommern ist die Ablieferungspflicht der Verleger und Drucker in § 11 LPG in Verbindung mit der Verordnung über die Ablieferung von Druckwerken (Druckwerkablieferungsverordnung) vom 20. März 1996 (GVOBl M-V S 174) geregelt. Danach hat der Verleger oder Drucker von jedem Druckwerk ein Stück binnen eines Monats nach dem Erscheinen kostenfrei an die Landesbibliothek Mecklenburg-Vorpommern abzuliefern. Diese kann auf die Ablieferung verzichten, soweit an der Sammlung, Inventarisierung und bibliographischer Aufzeichnung kein öffentliches Interesse besteht. Die Pflichtexemplare müssen vollständig und einwandfrei sein. Sie sind in der handelsüblichen Einbandart abzuliefern; sind mehrere Einbandarten handelsüblich, sind die Pflichtexemplare in der dauerhaftesten Einbandart abzuliefern. Ist die Auflage eines Druckwerkes nicht höher als 500 Stück und beträgt der Ladenpreis eines Stücks der Auflage mindestens € 100, so erhält der Ablieferungspflichtige auf Antrag die Hälfte des Ladenpreises erstattet. Bei Druckwerken, die aus zwei oder mehreren einzeln verkäuflichen Teilen bestehen, ist eine Vergütung für jeden dieser Teile zu leisten, dessen Ladenpreis den angegebenen Betrag übersteigt. Ein Verstoß gegen die Ablieferungspflicht stellt eine Ordnungswidrigkeit dar, die mit Geldbuße bis zu € 50 000 geahndet werden kann. 53

9. Niedersachsen

In Niedersachsen ergibt sich die Ablieferungspflicht der Verleger und Drucker aus § 12 LPG. Danach haben der Verleger oder der Drucker von jedem in Niedersachsen verlegten Druckwerk binnen eines Monats nach dem Erscheinen ein Stück kostenfrei an die Niedersächsische Landesbibliothek in Hannover abzuliefern. Die Landesbibliothek kann auf die Ablieferung verzichten, soweit an der Sammlung, Inventarisierung und bibliographischer Aufzeichnung kein öffentliches Interesse besteht. Ist die Auflage nicht höher als 500 Stück und beträgt der Ladenpreis eines Stücks der Auflage mindestens 100 Euro wird die Hälfte des Ladenpreises erstattet. 54

Die Ablieferungspflicht amtlicher Druckwerke sowie der weiteren amtlichen, auch elektronischen Veröffentlichungen ergibt sich aus dem Gemeinsamen Runderlass des MWK, der Staatskanzlei und der übrigen Ministerien vom 11.12.2012 Az 14 – 55 021 – VORIS 22260. 55

10. Nordrhein-Westfalen

In Nordrhein-Westfalen ist der ursprüngliche § 12 LPG durch das Gesetz über die Ablieferung von Pflichtexemplaren (Pflichtexemplargesetz) vom 18.5.1993 GVBl NW S 265) geändert durch Gesetz vom 25.9.2001 (GV NW S 708) aufgehoben worden. Dieses Pflichtexemplargesetz ist durch Fristablauf am 31.12.2011 außer Kraft getreten. Erst am 7.2.2013 ist das derzeit geltende Gesetz über die Ablieferung von Pflichtexemplaren in Nordrhein-Westfalen (Pflichtexemplargesetz Nordrhein-Westfalen) 56

Anh LPG § 12   Pflichtexemplarrecht

vom 29.1.2013 (GV NRW S 31) in Kraft getreten. § 10 des Pflichtexemplargesetzes sieht daher eine rückwirkende Ablieferungspflicht für körperliche Medienwerke vor, die in der Zeit vom 1.1.2012 bis zum Inkrafttreten des derzeit geltenden Gesetzes erschienen sind, wenn im Zeitpunkt ihres Erscheinens die Voraussetzungen einer Ablieferungspflicht nach § 1 Absatz 1 des neuen Gesetzes gegeben waren und ihre Verbreitung bei Inkrafttreten dieses Gesetzes andauerte.

57   Nach § 1 Abs 1 hat der Verleger von allen mittels eines Vervielfältigungsverfahrens hergestellten und zur Verbreitung bestimmten Medienwerken, die in Nordrhein-Westfalen verlegt werden, unabhängig von der Art des Trägers und des Vervielfältigungsverfahrens unaufgefordert innerhalb einer Woche nach Beginn der Verbreitung ein Stück unentgeltlich und auf eigene Kosten abzuliefern und zwar an die örtlich zuständige Universitäts- und Landesbibliothek Bonn, Düsseldorf oder Münster. Entsprechendes gilt für Medienwerke in unkörperlicher Form, die in öffentlichen Netzen dargestellt werden. Medienwerke sind alle Darstellungen in körperlicher und unkörperlicher Form, die Text enthalten oder mit einem Text verbunden sind, ferner besprochene Tonträger, Notendrucke und sonstige graphische Musikaufzeichnungen, Landkarten, Ortspläne und Atlanten.

58   Die Ablieferungspflicht umfasst sämtliche erkennbar zum Hauptwerk gehörende Beilagen und Beigaben sowie zu Zeitschriften, Lieferungswerken, Loseblattausgaben und ähnlichen Veröffentlichungen gehörige Einbanddecken, Sammelordner, Titelblätter, Inhaltsverzeichnisse, Register und andere Materialien, die der Vervollständigung des Medienwerkes dienen. Erscheint ein Medienwerk inhaltlich identisch in verschiedenen Ausgaben, kann die Bibliothek die von ihr bevorzugte Ausgabe festlegen. Mit deren Ablieferung ist die Ablieferungspflicht vollständig erfüllt. § 5 enthält eine Reihe von Ausnahmen von der Ablieferungspflicht. Nach § 1 Abs 3 besteht umgekehrt kein Anspruch auf Aufnahme eines Pflichtexemplars in die Sammlung.

59   Der Ablieferungspflichtige hat einen Entschädigungsanspruch in Höhe der Hälfte des Ladenpreises, wenn das abgelieferte Medienwerk in einer Auflage von weniger als 300 Stück hergestellt wird und der Ladenpreis mehr als 200 Euro beträgt. Die nicht ordnungsgemäße Erfüllung der Verpflichtungen ist eine Ordnungswidrigkeit, die mit einer Geldbuße bis zu 5000 Euro geahndet werden kann. Für nach § 5 Nr 8 nicht ablieferungspflichtige amtliche Veröffentlichungen gilt der Gemeinsame Runderlass des Innenministeriums – Az 56 – 11.2.01 – und des Ministeriums für Innovation, Wissenschaft, Forschung und Technologie – Az 214-2.06.10.02 – vom 12.6.2008 (MBl. NRW. 2008 S. 324), geändert durch Runderlass vom 14.10.2008 (MBl. NRW. 2008 S. 542).

11. Rheinland-Pfalz

60   In Rheinland-Pfalz folgt die Anbietungsverpflichtung der Verleger und Drucker aus § 14 LMG und der Landesverordnung zur Durchführung des § 14 des Landesmediengesetzes vom 30.3.2006 (GVBl 2006, 146). Danach haben der Verleger oder der Drucker von jedem in Rheinland-Pfalz verlegten Druckwerk unmittelbar nach Beginn der Verbreitung unentgeltlich und auf eigene Kosten ein Stück in marktüblicher Form an die vom zuständigen Ministerium benannte Stelle abzuliefern. Dies ist nach § 1 der Rechtsverordnung nach § 14 Abs 6 LMG in den dort näher bezeichneten Landkreisen und kreisfreien Städten die Stadtbibliothek Mainz, das Landesbibliothekszentrum/Pfälzische Landesbibliothek in Speyer, das Landesbibliothekszentrum Rheinland-Pfalz/Rheinische Landesbibliothek in Koblenz und die Stadtbibliothek Trier. Abzuliefern sind auch Beilagen, die erkennbar zum Hauptwerk gehören, sowie zu Zeitschriften, Lieferungswerken etc gehörende Materialien zur Vervollständigung des Hauptwerks wie etwa Sammelhüllen, Register etc. Von der Ablieferungspflicht ausgenommen sind Druckwerke mit einer Auflage von höchstens 9 Exemplare, sofern diese nicht einzeln auf Anforderung verlegt werden. Jedoch führt die Art der Ver-

III. Überblick ü. d. landes- u. bundesrechtl. Einzelregelungen   § 12 LPG Anh

öffentlichung – herkömmlich oder »on demand« – nicht dazu, dass in dem letzteren Fall die Ablieferungspflicht stets besteht. Das OVG Koblenz (ZUM-RD 2010, 246) geht vielmehr davon aus, dass der Gesetzgeber Werke mit nur geringer Verbreitung von dieser Pflicht grundsätzlich ausnehmen wollte (vgl. LT-Dr. 14/3235, S. 44). Ausgenommen von der Ablieferungspflicht sind ferner Dissertationen und andere Hochschulprüfungsarbeiten, die nicht im Buchhandel erscheinen sowie Referenten- und Schulungsmaterial mit Manuskriptcharakter.

Periodische Druckwerke brauchen nur beim erstmaligen Erscheinen und am Beginn jeden Kalenderjahres zum laufenden Bezug angeboten zu werden. Weitere Ausnahmen von der Anbietungsverpflichtung kann die zuständige Bibliothek gemäß § 4 der Verordnung festlegen. Der Verleger hat kein subjektives Recht darauf, dass die Bibliothek das Pflichtexemplar entgegen nimmt (OVG Koblenz ZUM-RD 2010, 246). Die Rechtsverordnung bestimmt in § 5 auch, dass die nicht ordnungsgemäße Erfüllung der Verpflichtungen eine Ordnungswidrigkeit darstellt, die mit einer Geldbuße bis zu 5000 Euro geahndet werden kann (§ 36 Abs 3 Nr 4 und Abs 4 LMG). Ergänzend gilt die zu deren Ausführung erlassene Verwaltungsvorschrift über die Gewährung von Zuschüssen bei der Ablieferung von Pflichtexemplaren gemäß § 14 des Landesmediengesetzes. 61

12. Saarland

Im Saarland folgt die Anbietungsverpflichtung der Verleger und Drucker aus § 14 SMG in Verbindung mit der Verordnung über die Anbietungsverpflichtung der Verlegerinnen und Verleger und der Druckerinnen und Drucker nach dem Saarländischen Mediengesetz vom 10.3.2003 (ABl Saar S 597) geändert durch die Verordnung vom 9.12.2005 (Amtsbl. Saar S 2060). Danach hat der Verleger bzw Drucker jedes im Saarland verlegten Druckwerkes je ein Exemplar der Universitäts- und Landesbibliothek sowie dem Staatlichen Büchereiamt für das Saarland anzubieten und auf Verlangen gegen angemessene Entschädigung abzuliefern. Anzubietende Druckwerke sind alle in verfilmter oder elektronisch aufgezeichneter Form mittels eines Druck- oder sonstigen Vervielfältigungsverfahrens hergestellten und zur Verbreitung bestimmten Schriften, bildlichen Darstellungen mit und ohne Text, Musiknoten, Landkarten, Ortspläne und Atlanten, Publikationen in Mikroform, audiovisuellen Materialien, besprochenen Tonträger und Bildträger. Die Anbietungspflicht umfasst sämtliche erkennbar zum Hauptwerk gehörenden Beilagen und Materialien, die der Vervollständigung des Hauptwerkes dienen. Ausnahmen von der Anbietungspflicht enthält § 3 Abs 2 der Verordnung. Die angemessene Entschädigung beträgt die Hälfte des Ladenpreises nebst Kosten für die Übersendung. Periodische Druckwerke brauchen nur beim erstmaligen Erscheinen zum laufenden Bezug angeboten zu werden. Druckwerke sind in der für den allgemeinen Vertrieb bestimmten Ausstattung anzubieten und auf Verlangen abzuliefern. Die Nichterfüllung der Verpflichtungen ist eine Ordnungswidrigkeit, die mit einer Geldbuße bis zu 5000 Euro geahndet werden kann (§ 6 der Verordnung iVm § 64 Abs 1 Nr 4 SMG). 62

13. Sachsen

In Sachsen folgt die Ablieferungspflicht aus § 11 LPG, der durch Gesetz vom 17.12.2013 (SächsGVBl S 896) mit Wirkung vom 1.1.2014 vollständig neu gefasst wurde. Danach sind von jeder Publikation, die in Sachsen verlegt, verbreitet oder auf sonstige Weise öffentlich zugänglich gemacht wird, binnen eines Monats seit dem Erscheinen ein Stück unentgeltlich und auf eigene Kosten an die Sächsische Landesbibliothek – Staats- und Universitätsbibliothek Dresden abzuliefern (Pflichtexemplar). Abzuliefern sind sowohl analoge als auch digitale Publikationen. Analoge Publikationen sind Darstellungen in Schrift, Bild oder Ton, die auf nichtdigitalen Speichermedien, insbesondere als Druckwerke, als Schallplatten oder als Magnetbänder, verbreitet 63

Anh LPG § 12   Pflichtexemplarrecht

werden. Digitale Publikationen sind Darstellungen in Schrift, Bild oder Ton, die auf digitalen Datenträgern oder in unkörperlicher Form in öffentlichen Netzen verbreitet werden. Zur Ablieferung verpflichtet ist, wer Publikationen verlegt, wie ein Verleger verbreitet oder berechtigt ist, die Publikation öffentlich zugänglich zu machen und den Sitz, eine Betriebsstätte oder den Hauptwohnsitz in Sachsen hat. Dies gilt entsprechend für den Drucker, wenn das Druckwerk keinen Verleger hat oder außerhalb von Sachsen verlegt wird. Ist die unentgeltliche Ablieferung insbesondere wegen der hohen Herstellungskosten und der geringen Auflage im Einzelfall unzumutbar, wird auf Antrag ein Betrag bis zur Höhe der Herstellungskosten erstattet.

64   Wird die Ablieferungspflicht nicht binnen eines Monats seit dem Erscheinen der ablieferungspflichtigen Publikationen erfüllt, ist die Sächsische Landesbibliothek – Staats- und Universitätsbibliothek Dresden nach Mahnung und fruchtlosem Ablauf weiterer vier Wochen berechtigt, die Publikation auf Kosten der Ablieferungspflichtigen anderweitig zu beschaffen. Ein Verstoß gegen die Ablieferungspflicht ist jedoch keine Ordnungswidrigkeit.

65   Die Sächsische Landesbibliothek – Staats- und Universitätsbibliothek Dresden erhält nicht nur das Eigentum an den Pflichtexemplare. Zusätzlich sieht § 11 Abs 9 vor, dass mit der Ablieferung des Pflichtexemplars die Bibliothek auch das Recht erhält, diese zu speichern, zu vervielfältigen und zu verändern oder diese Handlungen in ihrem Auftrag vornehmen zu lassen, soweit dies notwendig ist, um die Publikation in ihren Bestand aufnehmen, erschließen und für die Benutzung bereitstellen zu können sowie ihre Erhaltung und Benutzbarkeit dauerhaft zu sichern. Dazu sind entgegenstehende technische Maßnahmen vor der Ablieferung aufzuheben. Nach § 11 Abs 10 erhält die Sächsische Landesbibliothek – Staats- und Universitätsbibliothek Dresden ferner das Recht, diese Publikationen in ihren Räumen zugänglich zu machen. Sie ist aber verpflichtet, ausreichende Vorkehrungen gegen eine unzulässige Vervielfältigung, Veränderung oder Verbreitung dieser Publikationen zu treffen. Derartige Bestimmungen finden sich in den anderen landesrechtlichen Vorschriften nicht. Soweit durch diese Bestimmungen urheberrechtliche Befugnisse beschränkt werden, erscheint zweifelhaft, ob der Landesgesetzgeber hierzu über die erforderliche Kompetenz verfügt, auch wenn diese Bestimmungen der Regelung des landesrechtlichen Bibliotheksgebrauchs dienen. Von der Verordnungsermächtigung gemäß § 11 Abs 12 wurde bislang kein Gebrauch gemacht.

14. Sachsen-Anhalt

66   In Sachsen-Anhalt ist das Pflichtexemplarrecht in § 11 LPG in Verbindung mit der Verordnung über die Durchführung der Ablieferungspflicht von Druckwerken und digitalen Publikationen vom 17.12.2010 (GVBl LSA S 599) geregelt. Danach hat der Verleger bzw der Drucker von jedem in Sachsen-Anhalt verlegten Druckwerk binnen eines Monats nach dem Erscheinen ein Stück kostenfrei an die Universitäts- und Landesbibliothek in Halle abzuliefern. Für digitale Publikationen gilt dies mit der Maßgabe entsprechend, dass zur Ablieferung verpflichtet ist, wer den betreffenden Datenträger wie ein Verleger oder gleichgestellter Drucker oder sonstiger Hersteller verbreitet oder berechtigt ist, die betreffende digitale Publikation öffentlich zugänglich zu machen, und den Sitz, eine Betriebsstätte oder den Hauptwohnsitz in Sachsen-Anhalt hat. Die Universitäts- und Landesbibliothek Sachsen-Anhalt legt in Abstimmung mit der Deutschen Nationalbibliothek die bei der Ablieferung zu beachtenden technischen Standards fest. Erscheint ein Druckwerk zugleich als digitale Publikation sind beide Ausgabeformen abzuliefern. Bei Unterschieden in der Ausstattung ist die Normalausgabe geschuldet (§ 3 der VO). Ist die Auflage nicht höher als 500 Stück und beträgt der Ladenpreis eines Stücks der Auflage mindestens 100 Euro wird die Hälfte des Ladenpreises erstattet. Ein Verstoß gegen § 11 Abs 1 LPG ist eine Ordnungswidrigkeit, die mit einer Geldbuße bis zu 5000 Euro geahndet werden kann.

III. Überblick ü. d. landes- u. bundesrechtl. Einzelregelungen § **12 LPG Anh**

15. Schleswig-Holstein

In Schleswig-Holstein folgt das Pflichtexemplarrecht aus § 12 LPG. Danach hat der Verleger bzw der Drucker von jedem in Schleswig-Holstein verlegten Druckwerk je ein Stück der Universitätsbibliothek in Kiel, der Schleswig-Holsteinischen Landesbibliothek in Kiel und der Stadtbibliothek in Lübeck anzubieten und auf Verlangen abzuliefern. Periodische Druckwerke brauchen nur beim erstmaligen Erscheinen und am Beginn jeden Kalenderjahres zum laufenden Bezug angeboten zu werden. Ergänzende Vorschriften sind in Schleswig-Holstein bislang nicht erlassen worden. Für die Abgabe amtlicher Veröffentlichungen an Bibliotheken gilt der Gemeinsame Erlass des Innenministeriums und des Ministeriums für Justiz, Kultur und Europa vom 2. Dezember 1998 (Amtsbl. Schl.-H. S. 999), zuletzt geändert durch Verwaltungsvorschrift vom 19. Juni 2013 (Amtsbl. Schl.-H. S. 999). **67**

16. Thüringen

In Thüringen folgt das Pflichtexemplarrecht aus § 12 LPG. Ergänzend gilt die Verordnung über die Ablieferung digitaler Publikationen an die Thüringer Universitäts- und Landesbibliothek vom 8.2.2011 (GVBl S 18). Der Verleger bzw der Drucker sind verpflichtet, mit Beginn der Verbreitung von jedem in Thüringen verlegten Druckwerk ein Stück unentgeltlich und auf eigene Kosten an die Universitäts- und Landesbibliothek Jena abzugeben. Digitale Publikationen sind vollständig, unentgeltlich und auf eigene Kosten binnen einer Woche nach Beginn der Verbreitung oder der öffentlichen Zugänglichmachung an die Thüringer Universitäts- und Landesbibliothek abzuliefern. Digitale Publikationen sind Darstellungen in Schrift, Bild und Ton, die auf Datenträgern oder in unkörperlicher Form in öffentlichen Netzen verbreitet werden. Zur Ablieferung verpflichtet ist, wer den Datenträger wie ein Verleger verbreitet oder berechtigt ist, die unkörperliche digitale Publikation öffentlich zugänglich zu machen und den Sitz, eine Betriebsstätte oder den Hauptwohnsitz in Thüringen hat. Ist die unentgeltliche Abgabe wegen des großen finanziellen Aufwands und der kleinen Auflage unzumutbar, werden auf Verlangen die Herstellungskosten erstattet. Obgleich die Regelung grundsätzlich auch für digitale Publikationen gilt, dürfte bei diesen ein solcher Fall kaum jemals vorkommen. Der Minister für Wissenschaft und Kunst kann Ausnahmen von der Ablieferungspflicht zulassen. Das ist bislang nur hinsichtlich digitaler Publikationen geschehen. Die Abgabe amtlicher Veröffentlichungen an Bibliotheken und das Hauptstaatsarchiv regelt die Verwaltungsvorschrift des Thüringer Kultusministeriums vom 19.11.2008, 53.1–5689-2 (Abl. TKM 19 (2009), Nr 1, S. 3). **68**

17. Gesetz über die Deutsche Bibliothek

Nach dem Gesetz über die Deutsche Nationalbibliothek (DNBG) vom 22.6.2006 (BGBl I S 1338), geändert durch Gesetz vom 5.2.2009 (BGBl I S 160), obliegt der Deutschen Nationalbibliothek die Sammlung, Inventarisierung und bibliographische Erfassung des gesamten inländischen und ausländischen deutschsprachigen Schrifttums einschließlich ausländischer fremdsprachiger Übersetzungen deutscher Werke sowie ausländischer fremdsprachiger Schriften über Deutschland. Diese umfassende Aufgabenstellung oblag bereits der Vorgängerin, der Deutschen Bibliothek. Schon sie verwirklichte den Gedanken einer deutschen Nationalbibliothek. Bereits die Frankfurter Nationalversammlung von 1848 hatte die Gründung einer Reichsbibliothek beschlossen. Der früher in Leipzig, heute in Frankfurt tätige Börsenverein des Deutschen Buchhandels gründete 1912 die Deutsche Bücherei in Leipzig und 1947 die Deutsche Bibliothek in Frankfurt. Diese Institutionen wurden nach der Wiedervereinigung zu der Anstalt Deutsche Bibliothek zusammengefasst. Durch Gesetz vom 22.6.2006 wurde eine neue Rechtsgrundlage für die nun „Deutsche Nationalbibliothek" genannte rechtsfähige bundesunmittelbare Anstalt des öffentlichen Rechts ge- **69** schaffen. Das ursprünglich in Berlin als eine Abteilung der Deutschen Bibliothek befindliche Deutsche Musikarchiv ist nun am Leipziger Standort der Deutschen Nationalbibliothek angesiedelt. Jedem Standort der Nationalbibliothek sind bestimmte Schwerpunktfunktionen übertragen. Am traditionsreichen Standort Leipzig befinden sich das Deutsche Buch- und Schriftmuseum, das Deutsche Musikarchiv, die Sammlung Exil-Literatur 1933–1945 und die Anne-Frank-Shoah-Bibliothek. Der Frankfurter Standort der Deutschen Nationalbibliothek ist für die Entwicklung der Informations- und Kommunikationstechnik zuständig; dazu gehören auch Aufbau und Führung der zentralen Datenbank. Sie übernimmt Produktion, Marketing und Vertrieb der nationalbibliografischen Dienstleistungen. Außerdem ist in Frankfurt das Deutsche Exilarchiv 1933–1945 angesiedelt. Der Gesamtbestand der Deutschen Nationalbibliothek belief sich Anfang 2014 auf rund 28,7 Millionen Einheiten.

70   Zu den Dienstleistungen der Deutschen Bibliothek gehört die seit 1991 erfolgende Herausgabe einer deutschen Nationalbibliographie der im Ausland erschienen deutschsprachigen Veröffentlichungen. Sie setzt sich aus Allgemein- und Spezialbibliographien zusammen, die in Reihen gegliedert sind und unterschiedliche Berichtszeiträume haben. Die darin enthaltenen Daten werden auf den verschiedensten Informationsträgern vertrieben (Titelkarte, Diskette, Magnetband, CD-Rom, Online-Datenbank). Über die bibliographischen Dienstleistungen informieren Broschüren, die von der Deutschen Bibliothek, Zeppelinallee 4–8, 60325 Frankfurt am Main, oder über das Internet www.dnb.de bezogen werden können.

71   Aus dieser besonderen Funktion, die von keiner anderen Landesbibliothek wahrgenommen wird, lässt sich die Kompetenz des Bundesgesetzgebers für eine Pflichtablieferung herleiten, obwohl diese Materie nach der Entscheidung des BVerfG vom 14.7.1981 (BVerfGE 58, 137) zur Kompetenz der Länder gehört. Die Ablieferungspflicht von Medienwerken ist in §§ 14 ff. DNBG in Verbindung mit der Verordnung über die Pflichtablieferung von Medienwerken an die Deutsche Nationalbibliothek (Pflichtablieferungsverordnung – PflAV) vom 17. Oktober 2008 (BGBl I S. 2013), geändert durch Artikel 1 der Verordnung vom 29. April 2014 (BGBl I S. 450) geregelt.

72   Abzuliefern sind Medienwerke, im Inland veröffentlichte körperliche in zweifacher Ausfertigung, andere nur einfach. Medienwerke sind alle Darstellungen in Schrift, Bild und Ton, die in körperlicher Form verbreitet oder in unkörperlicher Form der Öffentlichkeit zugänglich gemacht werden. Medienwerke in körperlicher Form sind alle Darstellungen auf Papier, elektronischen Datenträgern und anderen Trägern. Medienwerke in unkörperlicher Form sind alle Darstellungen in öffentlichen Netzen. Filmwerke, bei denen nicht die Musik im Vordergrund steht, sowie ausschließlich im Rundfunk gesendete Werke unterliegen nicht der Ablieferungspflicht. Eine „Darstellung" ist der umfassende Oberbegriff für alle Formen der Übermittlung einer bestimmten Vorstellung für das menschliche Gefühl und Verständnis. Der weit gespannte Begriff umfasst auch Mitteilungen ohne gedanklichen Inhalt (RGSt 47, 404). Die Medienwerke sind in einwandfreiem, nicht nur befristet benutzbarem Zustand und zur dauerhaften Archivierung durch die Bibliothek geeignet unentgeltlich und auf eigene Kosten binnen einer Woche seit Beginn der Verbreitung oder der öffentlichen Zugänglichmachung an die Bibliothek oder der von dieser benannten Stelle abzuliefern. Medienwerke in unkörperlicher Form können nach den Maßgaben der Bibliothek auch zur Abholung bereitgestellt werden.

73   Die Ablieferungspflicht obliegt demjenigen, der berechtigt ist, das Medienwerk zu verbreiten oder öffentlich zugänglich zu machen und seinen Sitz, eine Betriebsstätte oder den Hauptwohnsitz in Deutschland hat.

74   Die Pflichtablieferungsverordnung gestaltet die gesetzliche Ablieferungspflicht nach den §§ 14 ff. DNBG näher aus. Sie regelt die Beschaffenheit der einzusendenden körperlicher Medienwerke (§ 2), die Ablieferungspflicht bei unveränderten und veränderten Neuauflagen und -ausgaben (§ 3), Ausnahmen von der Ablieferungspflicht für bestimmte Gattungen von körperlichen Medienwerken (§ 4), das Verfahren bei

der Ablieferung (§ 5) sowie den Zuschuss für körperliche Medienwerke (§ 6) ferner die Beschaffenheit abzuliefernder Netzpublikationen und den Umfang der Ablieferungspflicht (§ 7) sowie deren Einschränkung bei verschiedenen Ausgaben und aufgrund von technischen Verfahren (§ 8) und aus weiteren Gründen (§ 9).

Die Ablieferungspflicht nach dem DNBG und der PflAV erfasst auch amtliche Publikationen, mit wenigen Ausnahmen zB von Verschlusssachen (§ 4 Nr 9 PflAV) oder mit ausschließlich amtlichem Inhalt von Kreise, Gemeinden und Gemeindeverbänden (§ 4 Abs 10 PflAV). Die fortbestehenden Erlasse der Bundesregierung über die Abgabe amtlicher Drucksachen an öffentliche Bibliotheken vom 12. Mai 1958 mit Ergänzung vom 17. März 1961 (GMBl 9 (1958) S. 209–210, 12 (1961) S 235) und über die Abgabe amtlicher Drucksachen des Bundes für Zwecke des internationalen amtlichen Schriftentausches vom 22. Juli 1958 (GMBl 9 (1958) S. 339) sowie des Bundesverteidigungsministeriums über die Abgabe amtlicher Veröffentlichungen im Geschäftsbereich des Bundesministeriums der Verteidigung (BMVg) – Neufassung – vom 21. August 1998 (VMBl 12 (1998) S. 252) haben insoweit lediglich ergänzende Wirkung insbesondere für den internationalen Schriftentausch. 75

Wird die Ablieferungspflicht nicht binnen einer Woche seit Beginn der Verbreitung oder der öffentlichen Zugänglichmachung des Medienwerkes erfüllt, ist die Bibliothek nach Mahnung und fruchtlosem Ablauf von weiteren drei Wochen berechtigt, die Medienwerke auf Kosten der Ablieferungspflichtigen anderweitig zu beschaffen (§ 14 Abs 3 DNBG). Die Verletzung der Ablieferungspflicht ist eine Ordnungswidrigkeit, welche mit einer Geldbuße bis zu 10 000 Euro geahndet werden kann (§ 19 DNBG). 76

§§ 13–19 LPG
Pressebeschlagnahme- und Durchsuchungsrecht

Vorbemerkung

Strafprozessordnung

§ 102 StPO [Durchsuchung beim Verdächtigen]

Bei dem, welcher als Täter oder Teilnehmer einer Straftat oder der Begünstigung, Strafvereitelung oder Hehlerei verdächtig ist, kann eine Durchsuchung der Wohnung und anderer Räume sowie seiner Person und der ihm gehörenden Sachen sowohl zum Zweck seiner Ergreifung als auch dann vorgenommen werden, wenn zu vermuten ist, dass die Durchsuchung zur Auffindung von Beweismitteln führen werde.

§ 103 StPO [Durchsuchung bei anderen Personen]

(1) Bei anderen Personen sind Durchsuchungen nur zur Ergreifung des Beschuldigten oder zur Verfolgung von Spuren einer Straftat oder zur Beschlagnahme bestimmter Gegenstände und nur dann zulässig, wenn Tatsachen vorliegen, aus denen zu schließen ist, dass die gesuchte Person, Spur oder Sache sich in den zu durchsuchenden Räumen befindet. Zum Zwecke der Ergreifung eines Beschuldigten, der dringend verdächtig ist, eine Straftat nach § 89a des Strafgesetzbuchs oder nach § 129a, auch in Verbindung mit § 129b Abs. 1, des Strafgesetzbuches oder eine der in dieser Vorschrift bezeichneten Straftaten begangen zu haben, ist eine Durchsuchung von Wohnungen und anderen Räumen auch zulässig, wenn diese sich in einem Gebäude befinden, von dem auf Grund von Tatsachen anzunehmen ist, dass sich der Beschuldigte in ihm aufhält.

(2) Die Beschränkungen des Absatzes 1 Satz 1 gelten nicht für Räume, in denen der Beschuldigte ergriffen worden ist oder die er während der Verfolgung betreten hat.

§ 105 StPO [Anordnung, Ausführung]

(1) Durchsuchungen dürfen nur durch den Richter, bei Gefahr im Verzug auch durch die Staatsanwaltschaft und ihre Ermittlungspersonen (§ 152 des Gerichtsverfassungsgesetzes) angeordnet werden. Durchsuchungen nach § 103 Abs. 1 Satz 2 ordnet der Richter an; die Staatsanwaltschaft ist hierzu befugt, wenn Gefahr im Verzug ist.

(2) [...]

(3) [...]

§ 108 StPO [Beschlagnahme anderer Gegenstände]

(1) Werden bei Gelegenheit einer Durchsuchung Gegenstände gefunden, die zwar in keiner Beziehung zu der Untersuchung stehen, aber auf die Verübung einer anderen Straftat hindeuten, so sind sie einstweilen in Beschlag zu nehmen. Der Staatsanwaltschaft ist hiervon Kenntnis zu geben. Satz 1 findet keine Anwendung, soweit eine Durchsuchung nach § 103 Abs. 1 Satz 2 stattfindet.

(2) [...]

(3) Werden bei einer in § 53 Abs. 1 Satz 1 Nr. 5 genannten Person Gegenstände im Sinne von Absatz 1 Satz 1 gefunden, auf die sich das Zeugnisverweigerungsrecht der genannten Person erstreckt, ist die Verwertung des Gegenstandes zu Beweiszwecken in einem Strafverfahren nur insoweit zulässig, als Gegenstand dieses Strafverfahrens eine Straftat ist, die im Höchstmaß mit mindestens fünf Jahren Freiheitsstrafe bedroht ist und bei der es sich nicht um eine Straftat nach § 353b des Strafgesetzbuches handelt.

§ 110 StPO [Durchsicht von Papieren]

(1) Die Durchsicht der Papiere des von der Durchsuchung Betroffenen steht der Staatsanwaltschaft und auf deren Anordnung ihren Ermittlungspersonen (§ 152 des Gerichtsverfassungsgerichtsgesetzes) zu.

(2) Im Übrigen sind Beamte zur Durchsicht der aufgefundenen Papiere nur dann befugt, wenn der Inhaber die Durchsicht genehmigt. Andernfalls haben sie die Papiere, deren Durchsicht sie für geboten erachten, in einem Umschlag, der in Gegenwart des Inhabers mit dem Amtssiegel zu verschließen ist, an die Staatsanwaltschaft abzuliefern.

(3) Die Durchsicht eines elektronischen Speichermediums bei dem von der Durchsuchung Betroffenen darf auch auf hiervon räumlich getrennten Speichermedien, soweit auf sie von dem Speichermedium aus zugegriffen werden kann, erstreckt werden, wenn andernfalls der Verlust der gesuchten Daten zu besorgen ist. Daten die für die Untersuchung von Bedeutung sein können, dürfen gesichert werden; § 98 Abs. 2 gilt entsprechend.

§ 111b StPO [Sicherstellung von Gegenständen]

(1) Gegenstände können durch Beschlagnahme nach § 111c sichergestellt werden, wenn Gründe für die Annahme vorhanden sind, dass die Voraussetzungen für ihren Verfall oder ihre Einziehung vorliegen. § 94 Abs. 3 bleibt unberührt.

(2) [...]

(3) Liegen dringende Gründe nicht vor, so hebt das Gericht die in Absatz 1 und Absatz 2 genannten Maßnahmen spätestens nach sechs Monaten auf. Begründen bestimmte Tatsachen den Tatverdacht und reicht die in Satz 1 bezeichnete Frist wegen der besonderen Schwierigkeit oder des besonderen Umfangs der Ermittlungen oder wegen eines anderen wichtigen Grundes nicht aus, so kann das Gericht auf Antrag der Staatsanwaltschaft die Maßnahmen um längstens drei Monate verlängern, wenn die genannten Gründe ihre Fortdauer rechtfertigen. Ohne Vorliegen dringender Gründe darf die Maßnahme über zwölf Monate hinaus nicht aufrechterhalten werden.

(4) Die §§ 102 bis 110 gelten entsprechend.

(5) [...]

§ 111c StPO [Sicherstellung durch Beschlagnahme]

(1) Die Beschlagnahme einer beweglichen Sache wird in den Fällen des § 111b dadurch bewirkt, dass die Sache in Gewahrsam genommen oder die Beschlagnahme durch Siegel oder in anderer Weise kenntlich gemacht wird.

(2) [...]

(3) [...]

(4) [...]

(5) Die Beschlagnahme eines Gegenstandes nach den Absätzen 1 bis 4 hat die Wirkung eines Veräußerungsverbotes im Sinne des § 136 des Bürgerlichen Gesetzbuches; das Verbot umfaßt auch andere Verfügungen als Veräußerungen.

(6) [...]

§ 111e StPO [Anordnungskompetenz]

(1) Zu der Anordnung der Beschlagnahme (§ 111c) und des Arrestes (§ 111d) ist nur das Gericht, bei Gefahr im Verzuge auch die Staatsanwaltschaft befugt. Zur Anordnung der Beschlagnahme einer beweglichen Sache (§ 111c Abs. 1) sind bei Gefahr im Verzuge auch die Ermittlungspersonen der Staatsanwaltschaft (§ 152 des Gerichtsverfassungsgesetzes) befugt.

(2) Hat die Staatsanwaltschaft die Beschlagnahme oder den Arrest angeordnet, so beantragt sie innerhalb einer Woche die gerichtliche Bestätigung der Anordnung. Dies gilt nicht, wenn die Beschlagnahme einer beweglichen Sache angeordnet ist. Der Betroffene kann in allen Fällen jederzeit die Entscheidung des Gerichts beantragen.

(3) Der Vollzug der Beschlagnahme und des Arrestes ist dem durch die Tat Verletzten, soweit er bekannt ist oder im Laufe des Verfahrens bekannt wird, unverzüglich durch die Staatsanwaltschaft mitzuteilen.

(4) [...]

§ 111f StPO [Vollstreckungskompetenz]

(1) Die Durchführung der Beschlagnahme (§ 111c) obliegt der Staatsanwaltschaft, bei beweglichen Sachen (§ 111c Abs. 1) auch deren Ermittlungspersonen. § 98 Abs. 4 gilt entsprechend.

(2)–(5) [...]

§ 111m StPO [Beschlagnahme von Druckwerken oder sonstigen Schriften]

(1) Die Beschlagnahme eines Druckwerks, einer sonstigen Schrift oder eines Gegenstandes im Sinne des § 74d des Strafgesetzbuches darf nach § 111b Abs. 1 nicht angeordnet werden, wenn ihre nachteiligen Folgen, insb. die Gefährdung

des öffentlichen Interesses an unverzögerter Verbreitung offenbar außer Verhältnis zu der Bedeutung der Sache stehen.

(2) Ausscheidbare Teile der Schrift, die nichts Strafbares enthalten, sind von der Beschlagnahme auszuschließen. Die Beschlagnahme kann in der Anordnung weiter beschränkt werden.

(3) In der Anordnung der Beschlagnahme sind die Stellen der Schrift, die zur Beschlagnahme Anlaß geben, zu bezeichnen.

(4) Die Beschlagnahme kann dadurch abgewendet werden, dass der Betroffene den Teil der Schrift, der zur Beschlagnahme Anlaß gibt, von der Vervielfältigung oder der Verbreitung ausschließt.

§ 111n StPO [Anordnung der Beschlagnahme; zeitliche Begrenzung]

(1) Die Beschlagnahme eines periodischen Druckwerks oder eines ihm gleichstehenden Gegenstandes im Sinne des § 74d des Strafgesetzbuches darf nur durch den Richter angeordnet werden. Die Beschlagnahme eines anderen Druckwerks oder eines sonstigen Gegenstandes im Sinne des § 74d des Strafgesetzbuches kann bei Gefahr im Verzug auch durch die Staatsanwaltschaft angeordnet werden. Die Anordnung der Staatsanwaltschaft tritt außer Kraft, wenn sie nicht binnen drei Tagen von dem Richter bestätigt wird.

(2) Die Beschlagnahme ist aufzuheben, wenn nicht binnen zwei Monaten die öffentliche Klage erhoben oder die selbständige Einziehung beantragt ist. Reicht die in Satz 1 bezeichnete Frist wegen des besonderen Umfanges der Ermittlungen nicht aus, so kann das Gericht auf Antrag der Staatsanwaltschaft die Frist um weitere zwei Monate verlängern. Der Antrag kann einmal wiederholt werden.

(3) Solange weder die öffentliche Klage erhoben noch die selbständige Einziehung beantragt worden ist, ist die Beschlagnahme aufzuheben, wenn die Staatsanwaltschaft es beantragt.

Strafgesetzbuch

§ 11 StGB Personen- und Sachbegriffe

(1) [...

(2) [...]

(3) Den Schriften stehen Ton- und Bildträger, Datenspeicher, Abbildungen und andere Darstellungen in denjenigen Vorschriften gleich, die auf diesen Absatz verweisen.

§ 74 StGB Voraussetzungen der Einziehung

(1) Ist eine vorsätzliche Straftat begangen worden, so können Gegenstände, die durch sie hervorgebracht oder zu ihrer Begehung oder Vorbereitung gebraucht worden oder bestimmt gewesen sind, eingezogen werden.

(2) Die Einziehung ist nur zulässig, wenn

1. die Gegenstände zur Zeit der Entscheidung dem Täter oder Teilnehmer gehören oder zustehen oder
2. die Gegenstände nach ihrer Art und den Umständen die Allgemeinheit gefährden oder die Gefahr besteht, dass sie der Begehung rechtswidriger Taten dienen werden.

(3) Unter den Voraussetzungen des Absatzes 2 Nr. 2 ist die Einziehung der Gegenstände auch zulässig, wenn der Täter ohne Schuld gehandelt hat.

(4) Wird die Einziehung durch eine besondere Vorschrift über Absatz 1 hinaus vorgeschrieben oder zugelassen, so gelten die Absätze 2 und 3 entsprechend.

§ 74b StGB Grundsatz der Verhältnismäßigkeit

(1) Ist die Einziehung nicht vorgeschrieben, so darf sie in den Fällen des § 74 Abs. 2 Nr. 1 und des § 74a nicht angeordnet werden, wenn sie zur Bedeutung der begangenen Tat und zum Vorwurf, der den von der Einziehung betroffenen Täter oder Teilnehmer oder in den Fällen des § 74a den Dritten trifft, außer Verhältnis steht.

(2) Das Gericht ordnet in den Fällen der §§ 74 und 74a an, dass die Einziehung vorbehalten bleibt, und trifft eine weniger einschneidende Maßnahme, wenn der Zweck der Einziehung auch durch sie erreicht werden kann. In Betracht kommt namentlich die Anweisung,
1. die Gegenstände unbrauchbar zu machen
2. an den Gegenständen bestimmte Einrichtungen oder Kennzeichen zu beseitigen oder die Gegenstände sonst zu ändern oder
3. über die Gegenstände in bestimmter Weise zu verfügen.

Wird die Anweisung befolgt, so wird der Vorbehalt der Einziehung aufgehoben; andernfalls ordnet das Gericht die Einziehung nachträglich an.

(3) Ist die Einziehung nicht vorgeschrieben, so kann sie auf einen Teil der Gegenstände beschränkt werden.

§ 74d StGB Einziehung von Schriften und Unbrauchbarmachung

(1) Schriften (§ 11 Abs. 3), die einen solchen Inhalt haben, dass jede vorsätzliche Verbreitung in Kenntnis ihres Inhalts den Tatbestand eines Strafgesetzes verwirklichen würde, werden eingezogen, wenn mindestens ein Stück durch eine rechtswidrige Tat verbreitet oder zur Verbreitung bestimmt worden ist. Zugleich wird angeordnet, dass die zur Herstellung der Schriften gebrauchten oder bestimmten Vorrichtungen, wie Platten, Formen, Drucksätze, Druckstöcke, Negative oder Matrizen, unbrauchbar gemacht werden.

(2) Die Einziehung erstreckt sich nur auf die Stücke, die sich im Besitz der bei ihrer Verbreitung oder deren Vorbereitung mitwirkenden Personen befinden oder öffentlich ausgelegt oder beim Verbreiten durch Versenden noch nicht dem Empfänger ausgehändigt worden sind.

(3) Absatz 1 gilt entsprechend bei Schriften (§ 11 Abs. 3), die einen solchen Inhalt haben, dass die vorsätzliche Verbreitung in Kenntnis ihres Inhalts nur bei Hinzutreten weiterer Tatumstände den Tatbestand eines Strafgesetzes verwirklichen würde. Die Einziehung und Unbrauchbarmachung werden jedoch nur angeordnet, soweit
1. die Stücke und die in Absatz 1 Satz 2 bezeichneten Gegenstände sich im Besitz des Täters, Teilnehmers oder eines anderen befinden, für den der Täter oder Teilnehmer gehandelt hat, oder von diesen Personen zur Verbreitung bestimmt sind und
2. die Maßnahmen erforderlich sind, um ein gesetzwidriges Verbreiten durch diese Personen zu verhindern.

(4) Dem Verbreiten im Sinne der Absätze 1 bis 3 steht es gleich, wenn eine Schrift (§ 11 Abs. 3) oder mindestens ein Stück der Schrift durch Ausstellen, Anschlagen, Vorführen oder in anderer Weise öffentlich zugänglich gemacht wird.

(5) § 74b Abs. 2 und 3 gilt entsprechend.

§ 74e StGB Wirkung der Einziehung

(1) Wird ein Gegenstand eingezogen, so geht das Eigentum an der Sache oder das eingezogene Recht mit der Rechtskraft der Entscheidung auf den Staat über.

(2) Rechte Dritter an dem Gegenstand bleiben bestehen. Das Gericht ordnet jedoch das Erlöschen dieser Rechte an, wenn es die Einziehung darauf stützt, dass die Voraussetzungen des § 74 Abs. 2 Nr. 2 vorliegen. Es kann das Erlöschen des Rechtes eines Dritten auch dann anordnen, wenn diesem eine Entschädigung nach § 74f Abs. 2 Nr. 1 oder 2 nicht zu gewähren ist.

(3) [...]

§ 75 StGB Sondervorschriften für Organe und Vertreter

(1) Hat jemand

1. als vertretungsberechtigtes Organ einer juristischen Person oder als Mitglied eines solchen Organs,
2. als Vorstand eines nicht rechtsfähigen Vereins oder als Mitglied eines solchen Vorstandes,
3. als vertretungsberechtigter Gesellschafter einer rechtsfähigen Personengesellschaft oder
4. als Generalbevollmächtigter oder in leitender Stellung als Prokurist oder Handlungsbevollmächtigter einer juristischen Person oder einer in Nummer 2 oder 3 genannten Personenvereinigung oder
5. als sonstige Person, die für die Leitung des Betriebs oder Unternehmens einer juristischen Person oder einer in Nummer 2 oder 3 genannten Personenvereinigung verantwortlich handelt, wozu auch die Überwachung der Geschäftsführung oder die sonstige Ausübung von Kontrollbefugnissen in leitender Stellung gehört,

eine Handlung vorgenommen, die ihm gegenüber unter den übrigen Voraussetzungen der §§ 74 bis 74c und 74f die Einziehung eines Gegenstandes oder des Wertersatzes zulassen oder den Ausschluß der Entschädigung begründen würde, so wird seine Handlung bei Anwendung dieser Vorschriften dem Vertretenen zugerechnet. § 14 Abs. 3 gilt entsprechend.

§ 76a StGB Selbständige Anordnung

(1) Kann wegen der Straftat aus tatsächlichen Gründen keine bestimmte Person verfolgt oder verurteilt werden, so muss oder kann auf Verfall oder Einziehung des Gegenstandes oder des Wertersatzes oder auf Unbrauchbarmachung selbständig erkannt werden, wenn die Voraussetzungen, unter denen die Maßnahme vorgeschrieben oder zugelassen ist, im übrigen vorliegen.

(2) Unter den Voraussetzungen des § 74 Abs. 2 Nr. 2, Abs. 3 und des § 74d ist Absatz 1 auch dann anzuwenden, wenn

1. die Verfolgung der Straftat verjährt ist oder
2. aus rechtlichen Gründen keine bestimmte Person verfolgt werden kann und das Gesetz nichts anderes bestimmt.

Einziehung oder Unbrauchbarmachung dürfen jedoch nicht angeordnet werden, wenn Antrag, Ermächtigung oder Strafverlangen fehlen.

(3) Absatz 1 ist auch anzuwenden, wenn das Gericht von Strafe absieht oder wenn das Verfahren nach einer Vorschrift eingestellt wird, die dies nach dem Ermessen der Staatsanwaltschaft oder des Gerichts oder im Einvernehmen beider zuläßt.

Gesetz über Ordnungswidrigkeiten

§ 123 OWiG Einziehung, Unbrauchbarmachung

(1) Gegenstände, auf die sich eine Ordnungswidrigkeit nach § 119 oder § 120 Abs. 1 Nr. 2 bezieht, können eingezogen werden.

(2) Bei der Einziehung von Schriften, Ton- und Bildträgern, Datenspeichern, Abbildungen und Darstellungen kann in den Fällen des § 119 Abs. 1, 2 und des § 120 Abs. 1 Nr. 2 angeordnet werden, dass
1. sich die Einziehung auf alle Stücke erstreckt und
2. die zur Herstellung gebrauchten oder bestimmten Vorrichtungen, wie Platten, Formen, Drucksätze, Druckstöcke, Negative oder Matrizen, unbrauchbar gemacht werden,

soweit die Stücke und die in Nummer 2 bezeichneten Gegenstände sich im Besitz des Täters oder eines anderen befinden, für den der Täter gehandelt hat, oder von diesen Personen zur Verbreitung bestimmt sind. Eine solche Anordnung wird jedoch nur getroffen, soweit sie erforderlich ist, um Handlungen, die nach § 119 Abs. 1, 2 oder nach § 120 Abs. 1 Nr. 2 mit Geldbuße bedroht sind, zu verhindern. Für die Einziehung gilt § 27 Abs. 2, für die Unbrauchbarmachung gelten die §§ 27 und 28 entsprechend.

(3) In den Fällen des § 119 Abs. 2 gelten die Absätze 1 und 2 nur für das Werbematerial und die zu seiner Herstellung gebrauchten oder bestimmten Vorrichtungen.

Inhaltsübersicht

		Rn
I.	**Zweck und Bedeutung der presserechtlichen Beschlagnahme-Regelung**	
	1. Die besondere Gefährdung der Pressefreiheit durch Beschlagnahmemaßnahmen	1
	2. Notwendigkeit einer Sonderregelung des gesamten Presse-Beschlagnahmerechts	2
II.	**Übersicht über das strafprozessuale Recht der Beschlagnahme im Allgemeinen**	
	1. Die zwei verschiedenen Zwecke der Beschlagnahme:	3
	a) Beweissicherung	4
	b) Einziehungssicherung	5
	2. Zusammentreffen beider Beschlagnahmezwecke	6
III.	**Beschränkungen der strafprozessualen Beschlagnahme zugunsten der Presse**	
	1. Übersicht	7
	2. Beschränkung der beweissichernden Beschlagnahme	8
	3. Beschränkung der vollstreckungssichernden Beschlagnahme (Einziehung der Auflage)	9–12
IV.	**Die geschichtliche Entwicklung des Presse-Beschlagnahmerechts bis heute**	
	1. Bis zum Reichspreßgesetz von 1874	13
	2. Die Regelung im Reichspreßgesetz (§§ 23–28)	14–17
	3. Die Regelung in den Landespressegesetzen von 1949 bis 1966 (§§ 13–19)	18–20
	4. Die bundesrechtliche Regelung von 1975 (§§ 111b, 111m, 111n StPO)	21
	5. Die weitere Gesetzgebung der alten und neuen Bundesländer	22
	6. Die Absenkung der Prognosewahrscheinlichkeit in § 111b Abs 1 StPO im Jahre 1998	23

Achenbach

LPG Vor §§ 13ff.   Pressebeschlagnahme

Rn

V. Die Gesetzgebungskompetenz des Bundes für die Regelung der pressebezogenen Beschlagnahme
1. Verfassungsrechtliche Grundlagen 24
2. Der Streit um die Gültigkeit der bundes- oder der landesrechtlichen Regelung 25–25c
3. Die Kriterien der wesensmäßigen und historischen Zugehörigkeit ... 26
4. Das Kriterium des Bedürfnisses nach Rechtseinheit 27
5. Kompetenz des Bundes zur Abschaffung des Verbreitungs- und Wiederabdruckverbots (§ 15 LPG)? 28
6. Die Kompetenz des Bundesgesetzgebers zur Regelung der Entschädigung für Strafverfolgungsmaßnahmen 29

VI. Die Durchsuchung von Presseräumen und Presseangehörigen (§§ 102 ff., 111b Abs 4 StPO)
1. Die drei Zwecke der Durchsuchung 30
2. Die Regel-Anordnungskompetenz des Richters 31–32
3. Die Form der Durchsuchungsanordnung 33
4. Klarheit und Bestimmtheit der Anordnung 34
5. Die Zulässigkeitsvoraussetzungen bei Verdächtigen und Nicht-Verdächtigen 35
6. Regeln über die Ausführung der Durchsuchung 36
7. Die Behandlung von Zufallsfunden 37–39
8. Die vorläufige Sicherstellung zum Zweck der Durchsicht von Papieren 40
9. Rechtsschutz gegen die Anordnung und den Vollzug der Durchsuchung 41
   a) Beschwerde gegen richterliche Anordnungen, keine „prozessuale Überholung" 42–43
   b) Anrufung des Ermittlungsgerichts gegen nicht-richterliche Anordnungen 44
   c) Überprüfung der Art und Weise des Vollzugs 44

VII. Die „Polizeifestigkeit" der Pressefreiheit 46–47

VIII. Vergleich der §§ 13–19 LPG mit den §§ 111b ff., 111m/n StPO
1. Notwendigkeit einer vergleichenden Betrachtung 48
2. Aufbau der §§ 111m/n StPO 49
3. Gliederung der §§ 13–19 LPG im Vergleich mit den Vorschriften der StPO 50

Schrifttum: Kommentare, Hand- und Lehrbücher (mit Ausnahme der allgemeinen presserechtlichen Literatur): *Alternativkommentar zur StPO* (= Kommentar zur Strafprozessordnung, Reihe Alternativkommentare), Band 1, Neuwied 1988; Band 2 Teilband 1, Neuwied ua 1992; Band 3 Neuwied ua 1996 (zitiert AK-StPO); *Anwaltkommentar StPO*, hrsgg. von Krekeler/Löffelmann, Bonn 2007 (zit AnwK-StPO); *Beulke* Strafprozessrecht, 12. Aufl Heidelberg 2012; *Bonner Kommentar zum Grundgesetz,* hrsgg. von Kahl/Waldhoff/Walter, Heidelberg, Stand Juli 2013; *Göhler* Ordnungswidrigkeitengesetz, Kurzkommentar, 16. Aufl, München 2012; *Dölling/Duttge/Rössner* (Hrsg.), Gesamtes Strafrecht, StGB/StPO/Nebengesetze. Handkommentar, 3. Aufl Baden-Baden 2013 (zit. HK-GS); *Fischer* Strafgesetzbuch und Nebengesetze, Kurzkommentar, 60. Aufl, München 2013; *Gercke/Julius/Temming/Zöller* (Hrsg.), Strafprozssordnung, Heidelberger Kommentar, 5. Aufl, Heidelberg, München, Landsberg, Frechen 2012 (zit HK-StPO); *Graf* (Hrsg.), Beck'scher Online-Kommentar Strafprozessordnung, Edition 17, Stand: 30.9.2013 (zit. Bearbeiter in Graf); *Janssen* Gewinnabschöpfung im Strafverfahren, Heidelberg 2008; *Jescheck/Weigend* Lehrbuch des Strafrechts. Allgemeiner Teil, 5. Aufl, Berlin 1996; *Karlsruher Kommentar zum Gesetz über Ordnungswidrigkeiten* hrsgg. von Senge, 4. Aufl, München 2014 (zitiert KKOWiG); *Karlsruher Kommentar zur Strafprozessordnung* hrsgg. von Hannich, 7. Aufl, München 2013 (zit KKStPO); *Kindhäuser* StGB. Lehr- und Praxiskommentar, 5. Aufl Baden-Baden 2013 (zit. LPK-StGB); *Kindhäuser/Neumann/Paeffgen* (Hrsg.), StGB. NomosKommentar, Band 1, 4. Aufl, Baden-Baden 2013 (zit. NK-StGB); *KMR – StPO* – Kommentar zur Strafprozessordnung, hrsgg von Heintschel-Heinegg/Stöckel – Loseblattwerk – Köln, Stand: 2011 (zit KMR); *Lackner/Kühl* Strafgesetzbuch mit Erläuterungen, 27. Aufl, München 2011; *Leibholz/Rinck* Grundgesetz. Rechtsprechung des Bundesverfassungsgerichts, Loseblatt, Köln, Stand Mai 2013; Strafgesetzbuch, *Leipziger Kommentar* hrsgg. von Laufhütte/Rissing von Saan/Tiedemann, Berlin/New York, 12. Aufl, 3. Band, Berlin 2008 (zit LK); *Löwe/Rosenberg* Die Strafprozessordnung und das Gerichtsverfassungsgesetz, Großkommentar, 26. Aufl, hrsgg. von Erb u. a., Berlin 2008 ff.; *Matt/Renzikowski* (Hrsg.), Strafgesetzbuch. Kommentar, München 2013; *Meyer-Goßner* Strafprozessordnung, Kurzkommentar, 56. Aufl, München 2013; *Mitsch* Medienstrafrecht, Berlin, Heidelberg 2012; *Münchener Kommentar zum StGB*, hrsgg. von Joecks/Miebach, Band 2, 2. Aufl München 2012 (zit. MüKo-StGB); *Pfeiffer* Strafprozessordnung. Kommentar, 5. Aufl, München 2005; *Radtke/Hohmann* Strafprozessordnung. Kommentar, München 2011; *Roxin* Strafrecht

Zweck u. Bedeut. d. presser. Beschlagnahme-Regelung Vor §§ 13ff. LPG

Allgemeiner Teil Bd. II, München 2003; *Roxin/Schünemann* Strafverfahrensrecht. Ein Studienbuch, 27. Aufl, München 2012; *Satzger/Schluckebier/Widmaier* (Hrsg.), Strafgesetzbuch. Kommentar, 2. Aufl, Köln 2014; *Systematischer Kommentar zum Strafgesetzbuch,* – Loseblattwerk – hrsgg. von Wolter, Köln, Stand: Oktober 2014 (zitiert SK-StGB); *SK-StPO.* Systematischer Kommentar zur Strafprozessordnung, *(Loseblattausgabe)* Gesamtredaktion Rudolphi/Wolter, Köln ua Stand Oktober 2009, 4. Aufl, hrsgg. von Wolter, Köln: Bd. II: §§ 94–136a, 2010, Bd. III: §§ 137–197 StPO, 2011, Bd. V: §§ 246a–295, 2012; *Schlüchter* Das Strafverfahren, 2. Aufl, Köln ua 1983; *Eberhard Schmidt* Lehrkommentar zur StPO und zum GVG, Teil I, 2. Aufl, Göttingen 1964; *Schönke/Schröder* Strafgesetzbuch, Kommentar, 29. Aufl, München 2014.

Sonstige Darstellungen: *Achenbach* Verfahrenssichernde und vollstreckungssichernde Beschlagnahme im Strafprozess, NJW 1976, 1068; *ders* Diskrepanzen im Recht der ahndenden Sanktionen gegen Unternehmen, in: Beiträge zur Rechtswissenschaft, FS f W. Stree und J. Wessels, Heidelberg 1993, S 545; *ders* Anfechtbarkeit der erledigten richterlichen Anordnung einer Durchsuchung bei Presse und Rundfunk – BVerfG NJW 1998, 2131, JuS 2000, 27; *ders* Alte und neue Fragen zur Pressebeschlagnahme, NStZ 2000, 123; *ders* Ausweitung des Zugriffs bei den ahndenden Sanktionen gegen Unternehmen, wistra 2002, 141; *Dörr* Durchsuchungen und Beschlagnahmen bei Medienunternehmen, AfP 1995, 378; *Groß* Das Recht der Pressebeschlagnahme, AfP 1976, 14; *ders* Beschlagnahme von Druckwerken, NJW 1976, 170; *ders* Zur Pressebeschlagnahme, DÖV 1988, 867; *ders* Zur Beschlagnahme von Druckwerken, VR 1995, 41; *ders* Sicherstellung von Druckwerken, NStZ 1999, 334; *ders* Zur Schriftenbeschlagnahme, DVP 2000, 19; *Heer-Reißmann* Durchsuchung und Beschlagnahme, in: Schiwy/Schütz/Dörr (Hrsg.), Medienrecht, 4. Aufl Köln/Berlin/München 2006, S 98; *Kunert* Das Gesetz über das Zeugnisverweigerungsrecht der Mitarbeiter von Presse und Rundfunk, MDR 1975, 885; *Löffler* Die Beschlagnahme von Zeitungen und Zeitschriften, NJW 1952, 997; *ders* Lücken und Mängel im neuen Zeugnisverweigerungs- und Beschlagnahmerecht von Presse und Rundfunk, NJW 1978, 1613; *Mitsch* Zeugnisverweigerungsrecht und Beschlagnahmeschutz von Pressemitarbeitern in der strafrechtlichen Hauptverhandlung, AfP 2012, 521; *Nelles* Kompetenzen und Ausnahmekompetenzen in der StPO, Berlin 1980; *Pieroth* Pressefreiheit und Gefahrenabwehr, AfP 2006, 305; *Schoreit* Bestimmtheit einer Durchsuchungsanordnung, NStZ 1999, 173; *von Knobloch* Pressefreiheit und Gefahrenabwehr, AfP 2006, 301.

I. Zweck und Bedeutung der presserechtlichen Beschlagnahme-Regelung

1. Die besondere Gefährdung der Pressefreiheit durch Beschlagnahmemaßnahmen

Zu den schwersten Eingriffen in die Freiheit der Presse gehört von jeher die (vorbereitende) **Durchsuchung** von Presseunternehmen und die (anschließende) **Beschlagnahme** von Redaktionsmaterial und Presseprodukten (vgl BVerfGE **20**, 162/186 [Spiegel] = NJW 1966, 1603; **42**, 212/219 = NJW 1976, 1735; **59**, 95/97; **117**, 244/259 = NJW 2001, 1117 Rn 44). Die Presse, die von der Aktualität lebt, wird von jeder noch so kurzen oder vorübergehenden Beschlagnahme in ihrem wirtschaftlichen Nerv getroffen. Kommt die Produktion der Presse nicht alsbald zum Verkauf, dann wird sie oft schon nach Stunden wertlose Makulatur (vgl *Löffler* NJW 1952, 997 ff.). Darüber hinaus bedeutet die Beschlagnahme bei Druckwerken, wenn die **gesamte Auflage** von ihr ergriffen wird, zugleich eine „Verhaftung des Gedankens" und damit eine „Mundtotmachung gründlichster Art" (*Mannheim* PresseR, 1927, S 84; *Löffler* ZV 1952, 374 ff.). 1

2. Notwendigkeit einer Sonderregelung des gesamten Presse-Beschlagnahmerechts

Wäre die Presse dem allgemeinen Beschlagnahmerecht unterworfen, so wären die Meinungsäußerungs- und Informationsfreiheit wie auch die wirtschaftlichen Grundlagen der Presse erheblich gefährdet. Zum Schutz der Kommunikationsfreiheit haben deshalb der Bund und ein Teil der Länder eine **Sonderregelung** der Beschlagnahme von Druckwerken vorgenommen (§§ 111m und 111n StPO; § 13 ff. LPG). Einerseits kann im Hinblick auf die weittragenden Wirkungen einer Presseveröffentlichung auf die Beschlagnahmemöglichkeit bei Druckwerken nicht verzichtet werden. Andererseits war der Gesetzgeber bemüht, den Belangen der Presse gerecht zu werden und die Erfüllung ihrer öffentlichen Aufgabe (§ 3 LPG) zu gewährleisten. Die polizeiliche (präventive) Beschlagnahme ist der Presse gegenüber daher in vollem Umfang unzu- 2 lässig (vgl u. Rn 46 f.). Vor allem aber wird die strafprozessuale Beschlagnahme im Interesse der Pressefreiheit wesentlich eingeschränkt. Darin liegt eine Konkretisierung des Verfassungsgrundsatzes, dass der Schutz der Grundrechte – hier des Art 5 Abs 1 S 2 GG (Pressefreiheit) – unmittelbar auch ins Verfahrensrecht hineinwirkt, um ihre Sicherung im Rahmen der Gerichtspraxis zu gewährleisten (vgl BVerfGE **7**, 198/205 = NJW 1958, 257; **15**, 225 = NJW 1963, 147; **117**, 244/260 = NJW 2007, 1117 Rn 47, 49).

II. Übersicht über das strafprozessuale Recht der Beschlagnahme im Allgemeinen

1. Die zwei verschiedenen Zwecke der Beschlagnahme:

3   Unter dem Leitbegriff der **„Beschlagnahme"** regelt die StPO in den §§ 94–98 und 111b–111p die **amtliche Sicherstellung von Sachen,** aber auch die Sicherung bestimmter Geldforderungen durch strafprozessualen dinglichen Arrest (Überblick bei *Achenbach* in AK-StPO vor §§ 111b–111n, sowie bei *Roxin/Schünemann* StrafverfahrensR § 34 Rn 1). Von grundsätzlicher Bedeutung ist dabei die Unterscheidung von Verfahrenssicherung und Vollstreckungssicherung (*Achenbach* NJW 1976, 1068 ff. sowie in AK-StPO §§ 111b–111d Rn 1).

a) Beweissicherung

4   Die in § 94 f. StPO geregelte **Sicherstellung von Beweismitteln** dient nach dem Wortlaut des § 94 StPO dem Zweck, „Gegenstände, die als Beweismittel für die Untersuchung von Bedeutung sein können", für das weitere Verfahren zur Verfügung zu halten, mithin der **Sicherung des Verfahrens** durch Gewährleistung der Beweisführung. Die für die Gerichtsentscheidung erforderliche umfassende Aufklärung des Sachverhalts soll auf diese Weise gefördert werden. Veröffentlicht zB eine Zeitung einen gehässigen Angriff auf die in Deutschland lebenden Mitbürger einer bestimmten Nationalität oder Religionszugehörigkeit, so kommt ein Vergehen der Volksverhetzung (§ 130 StGB) in Frage. Zur Sicherung der Beweise für das deswegen geführte Strafverfahren ermächtigt die StPO in § 94 die Strafverfolgungsorgane zur Inbesitznahme von Beweisobjekten, wie redaktionellen Unterlagen einschließlich allenfalls einiger weniger Exemplare der betreffenden Zeitungsausgabe, die durch formlose Sicherstellung gewahrsamsloser oder freiwillig ausgehändigter Gegenstände oder durch förmliche Beschlagnahme bei fehlender Herausgabebereitschaft begründet wird (s näher *Amelung* in AK-StPO § 94 Rn 1 ff., 12 ff.).

b) Einziehungssicherung

5   b) Für die Presse wesentlich gravierender ist die Beschlagnahme, die der Sicherstellung von Presseprodukten zum Zwecke ihrer späteren **Einziehung** bzw der Unbrauchbarmachung ihrer Herstellungsmittel, mithin der **Vollstreckungssicherung** dient. Sie ist in einem Teil der Bundesländer (u Rn 22) in den §§ 13–19 LPG und bundesrechtlich in den §§ 111b–111n StPO geregelt, die jeweils wieder Bezug nehmen auf die §§ 74 ff. StGB. Die Beschlagnahme zum Zweck der späteren Einziehung erfasst bei Druckwerken zwangsläufig die Gesamtauflage. Darin liegt ein besonders schwerer Eingriff in die Pressefreiheit, der existenzgefährdende Folgen haben kann. Da sich die Beschlagnahme der Gesamtauflage eines Druckwerks weder in ihrer Durchführung noch in ihrer praktischen Auswirkung mit der Beschlagnahme anderer Produkte vergleichen lässt, spricht man hier auch von der **pressespezifischen Beschlagnahme.** Sie soll die Verbreitung des für gefährlich erachteten Inhalts des beschlagnahmten Druckwerks verhindern.

Die §§ 111b ff. StPO gelten auch für Gegenstände, die dem **Verfall** (§§ 73 ff. StGB) unterliegen (§ 111b Abs 1, 2 und 5, § 111d StPO). Indes kommt eine Pressebeschlagnahme zur Sicherung des Verfalls praktisch nicht in Betracht (*Schmitt* in Meyer-Goßner § 111m Rn 1). Die Anwendung der §§ 111m/n StPO ist aber insoweit rechtsgrundsätzlich nicht von vornherein ausgeschlossen (*Gercke* in HK-StPO Rn 1, *Huber* in Graf, StPO Rn 1, *Mayer* in KMR Rn 3, *Schmitt* in Meyer-Goßner Rn 1, *Spillecke* in KKStPO Rn 3, ablehnend *Rogall* in SK-StPO, Rn 3, sämtlich zu § 111m).

2. Zusammentreffen beider Beschlagnahmezwecke

In der Praxis kommt es nicht selten vor, dass bei bestimmten Gegenständen eine 6
Beschlagnahme sowohl zu Beweiszwecken wie auch zur Sicherung der späteren Einziehung geboten erscheint (Fall der **Doppelrelevanz**). Da die materiellen und formellen Voraussetzungen einer Beschlagnahme zu Beweiszwecken und einer solchen zum Zweck der Einziehung verschieden sind, erhebt sich die Frage, ob es genügt, wenn in solchen Fällen allein die weniger strengen Erfordernisse der Beschlagnahme zu Beweiszwecken vorliegen. Sie ist zu verneinen. Wenn die Beschlagnahme beiden Sicherungszwecken dienstbar gemacht werden soll, müssen auch die rechtlichen Voraussetzungen beider Beschlagnahmeformen gegeben sein, und es bedarf einer eindeutigen Anordnung, welche die Maßnahme auf die Beweis- und die Einziehungssicherung erstreckt (*Achenbach* NJW 1976, 1070 und in AK-StPO § 111e Rn 19; *Amelung* in AK-StPO § 94 Rn 45; *Joecks* in Radtke/Hohmann § 94 Rn 3; *Greven* in KKStPO § 94 Rn 2; *Rogall* in SK-StPO § 94 Rn 3; *Menges* in Löwe/Rosenberg § 94 Rn 7 f.; nur als Empfehlung: *Schmitt* in Meyer-Goßner § 94 Rn 2).

III. Die Beschränkungen des strafprozessualen Beschlagnahmerechts zugunsten der Presse

1. Übersicht

Die Einschränkungen, die der Gesetzgeber im Blick auf die Gefährdung der Presse- 7
freiheit bei Beschlagnahmen und Durchsuchungen im Pressebereich vorgenommen hat, sind verschieden – je nachdem, ob die Beschlagnahme der Sicherstellung von Beweismitteln oder der Einziehung bzw Unbrauchbarmachung dienen soll. Da es im letzteren Fall um die Beschlagnahme der Gesamtauflage eines Druckwerks geht, wird hier zum Schutz der bedrohten Pressefreiheit die Beschlagnahmemöglichkeit stärker eingeschränkt.

2. Beschränkung der beweissichernden Beschlagnahme

Auch die **Beschlagnahme** von Redaktions-Unterlagen **zu Beweiszwecken,** die 8
nur eines oder wenige Exemplare eines Druckwerks erfasst, bedeutet, insb in Verbindung mit der meist erforderlichen Durchsuchung, als behördliche Zwangsmaßnahme einen erheblichen Eingriff in die freie Tätigkeit der Presse (BVerfGE 20, 162/186 = NJW 1966, 1603/1607). Deshalb beschränkt der Gesetzgeber sie in dem Umfang, in dem den Presseangehörigen vor Gericht ein Zeugnisverweigerungsrecht zusteht. Nachdem das Bundesverfassungsgericht das in § 23 LPG geregelte publizistische Zeugnisverweigerungsrecht von Presse und Rundfunk mangels Gesetzgebungskompetenz der Länder 1973 für nichtig erklärt hatte (u Rn 21), ist dafür jetzt die bundesrechtliche Regelung des § 53 Abs 1 S 1 Nr 5, S 2 und 3, Abs 2 S 2 StPO maßgebend. Gemäß § 97 Abs 5 StPO ist die Beschlagnahme von Schriftstücken, Ton-, Bild- und Datenträgern, Abbildungen und anderen Darstellungen, die sich im Gewahrsam der Zeugnisverweigerungsberechtigten, der Redaktion oÄ befinden, im Prinzip unzulässig. S dazu im Einzelnen die Kommentierung u. zu § 23 Rn 96 ff.

3. Beschränkung der vollstreckungssichernden Beschlagnahme (Einziehung der Auflage)

9 Eine besonders wirksame Einschränkung der Beschlagnahme ist wegen der Existenzbedrohung der Presse dort geboten, wo eine **Einziehung der Gesamtauflage** eines Druckwerks in Frage kommt. Hier besteht die rechtlich ungewöhnliche Situation, dass die gebotene einschränkende Regelung nebeneinander sowohl von den Ländern (§§ 13–19 LPG) wie vom Bund (§§ 111m und 111n StPO) getroffen wurde.

10 a) Nach **Landespresserecht** (§ 13 Abs 1 LPG) ist die Auflagenbeschlagnahme eines Druckwerks dem Richter vorbehalten. Diesen Grundsatz durchbricht jedoch in drei der fünf Bundesländer, deren Landespressegesetze eine Regelung der Pressebeschlagnahme enthalten, § 18 LPG und räumt bei Gefahr im Verzug auch der Staatsanwaltschaft und ihren Ermittlungspersonen (s. § 152 GVG, bis zum 1. JustizmodernisierungsG v 24.8.2004, BGBl I S 2198, bezeichnet als „Hilfsbeamten") bzw der Polizei diese Befugnis ein. Das **Bundesrecht** (§ 111n Abs 1 StPO) enthält dagegen ein striktes gerichtliches Beschlagnahmemonopol bei periodischen Druckwerken (Zeitungen und Zeitschriften) und sonstigen Schriften. Die Beschlagnahme sonstiger Druckwerke und Schriften (Bücher, Flugblätter, Plakate) kann nach der StPO auch die Staatsanwaltschaft, nicht aber die Polizei, anordnen, falls Gefahr im Verzug ist.

11 b) Sowohl das Landespresserecht (§ 13 Abs 2 und 3 LPG) wie auch das Bundesrecht (§ 111m Abs 1 StPO) betonen den für die Pressebeschlagnahme besonders wichtigen **Grundsatz der Verhältnismäßigkeit** im Sinne des Abwägens zwischen den Belangen der Strafverfolgung und der Sicherung der Pressefreiheit. Bundesrecht (§ 111m Abs 2 und 4 StPO) und Landesrecht (§ 14 LPG) beschränken deshalb den Umfang der Beschlagnahme auf die Teile eines Druckwerks oder einer sonstigen Schrift (zB Zeitungsbeilage), deren Inhalt zur Beschlagnahme Anlass gibt. Landesrecht (§ 16 LPG) und Bundesrecht (§ 111n Abs 1 und 2 StPO) setzen im Interesse der Beschleunigung des Verfahrens kurze **Fristen** für eine richterliche Bestätigung der Beschlagnahme bzw die Erhebung der öffentlichen Klage; die Versäumung dieser Fristen führt zur Aufhebung der Beschlagnahme.

12 c) Ein wesentlicher Unterschied zwischen landes- und bundesrechtlicher Regelung besteht darin, dass das in § 15 LPG normierte **Verbreitungs- und Wiederabdruckverbot** beschlagnahmter Druckwerke im Bundesrecht fehlt (s dazu u. Rn 28). Nicht in der StPO, sondern in dem Gesetz über die Entschädigung für Strafverfolgungsmaßnahmen (StrEG) vom 8.3.1971 (BGBl I 157) findet sich im Bundesrecht die landesrechtlich in § 17 LPG normierte **Haftung** der Behörden bei fehlerhafter Beschlagnahme.

IV. Die geschichtliche Entwicklung des Rechts der Pressebeschlagnahme bis heute

1. Bis zum Reichspreßgesetz von 1874

13 **Vor Inkrafttreten des Reichspreßgesetzes von 1874** hatte die Presse neben der Zensur am meisten unter der Beschlagnahme von Druckwerken zu leiden. Hier wirkte sich verhängnisvoll die **polizeiliche Generalermächtigung** (§ 141 Abs 1 PreußPolVerwGes) aus, die der Verwaltung das Recht gab, jederzeit „zur Aufrechterhaltung von Ruhe und Ordnung" Pressebeschlagnahmen anzuordnen. In welchem Umfang hier Missbrauch getrieben wurde, legte Abgeordneter Marquardsen 1873 anlässlich der Beratung des Reichspreßgesetzes im Reichstag dar (StenBer. des Deutschen Reichstags, 2. Legislaturperiode, I. Session Bd 1 S 488): So wurden in Bayern von 1850 bis 1857 insgesamt 2520 polizeiliche Zeitungsbeschlagnahmen vorgenommen, denen nur in 303 Fällen Anklageerhebung und nur in 27 Fällen (1%) Verurtei-

IV. Die geschichtliche Entwicklung bis heute

lung folgte. Der Abgeordnete Dr. Lasker berichtete, der Berliner Polizeipräsident habe der „Vossischen Zeitung" gedroht, er werde sie durch tägliche Beschlagnahme vernichten (StenBer Bd 1 S 497).

2. Die Regelung im Reichspreßgesetz (§§ 23–28)

Demgemäß war bei der Schaffung des **Reichspreßgesetzes von 1874 die Beschlagnahme von Druckwerken** die **am heftigsten umstrittene Frage.** Zeitweise drohte das ganze Gesetz an der gegensätzlichen Haltung von Regierung und Parlament in dieser Frage zu scheitern. 1872 erhoben als erster der 7. Deutsche Journalistentag in München und der 10. Deutsche Juristentag in Frankfurt a. M. die Forderung nach gänzlicher Abschaffung jeder behördlichen Beschlagnahme von Druckwerken, auch der richterlichen. Die 3. Abteilung des 10. Deutschen Juristentages, die sich mit der Beschlagnahmefrage befasste, begründete ihre Haltung mit dem tiefen, meist irreparablen Eingriff in das Privateigentum von Verlegern, Druckern, Inserenten und Abonnenten. Die Beschlagnahmeanordnung sei vorweggenommenes Urteil, sie ergehe zudem ohne mündliche Verhandlung (Verhandlungen des 10. Deutschen Juristentages 1872, 1. Band, S 102/117).

a) Demzufolge sah der erste, 1873 von Abgeordnetenseite eingebrachte Entwurf eines Reichspreßgesetzes die Freistellung der Druckwerke von jeder Beschlagnahme vor, kam aber nicht zur Verhandlung ins Plenum. Statt dessen legte der Reichskanzler Bismarck dem Reichstag am 11.2.1874 seinen Regierungsentwurf vor, der an der strafprozessualen Beschlagnahme, auch der nicht-richterlichen, festhielt. Da dem Richter ein Bereitschaftsdienst zur Nachtzeit nicht zuzumuten sei, könne auf das Beschlagnahmerecht der stets funktionsfähigen Staatsanwaltschaft und Polizei nicht verzichtet werden (StenBer Bd 1 S 189/49, 491, 499 und die Motive Bd 3 S 142).

b) Bei den nun folgenden drei Lesungen des Gesetzes konzentrierte sich der Streit auf das nicht-richterliche Beschlagnahmerecht. Nach dem damaligen Rechtszustand (Übersicht in StenBer. Bd 3 S 137) war in fünf mitteldeutschen Ländern sowie in Hamburg die Beschlagnahmebefugnis der Polizei beseitigt. Aus den anderen Ländern lagen Nachrichten über gröblichen Missbrauch des polizeilichen Beschlagnahmerechts vor. Der Berichterstatter Marquardsen der zuständigen 7. Reichstagskommission trug das Material über die Missstände in Bayern vor (o Rn 13). Er, Lasker, Windthorst, v Kardorff und Sonnemann wiesen auf die Forderungen des 10. Deutschen Juristentags hin. Man argumentierte: Bei der Beschlagnahme von Druckwerken beginne der Prozess mit der Hinrichtung des Angeklagten. Bei Pressedelikten sei der Tatbestand meist nicht so evident wie etwa beim Diebstahl; schon aus diesem Grunde und wegen der rechtlich schwierigen Beurteilung verbiete sich das Beschlagnahmerecht der Polizei (StenBer Bd 1 S 488). Staatsanwaltschaft und Polizei seien im Gegensatz zum unabhängigen Richter politisch weisungsgebunden, was für die Pressefreiheit eine große Gefahr sei. Der beabsichtigte Erfolg der Beschlagnahme – Unterdrückung eines Gedankens oder einer Abbildung – sei zudem häufig zweifelhaft. Oft werde durch Erregung von Neugier gerade das Gegenteil erreicht (StenBer des Deutschen Reichstags, 2. Legislaturperiode, I. Session, Bd 1 S 150, 156, 489, 497).

c) Vor der 3. Reichstagslesung des Gesetzes intervenierten die im Bundesrat vertretenen Regierungen im Sinne der Beibehaltung der polizeilichen Beschlagnahme. Das **Ergebnis** war ein **Kompromiss:** Man einigte sich auf wenige, in § 23 RPG erschöpfend aufgeführte Ausnahmefälle nicht-richterlicher Beschlagnahme, die zum einen Teil der Natur der Sache nach keine Gefahr für die Pressefreiheit bedeuteten (Fehlen des Impressums, verbotswidriges Verbreiten einer im Ausland erscheinenden periodischen Druckschrift), zum anderen Teil von der Regierung aus Gründen der öffentlichen Sicherheit für „unverzichtbar" erachtet wurden (Verrat militärischer Geheimnisse, Majestätsbeleidigung, öffentliche Aufforderung zum Hochverrat und zu einer strafbaren Handlung, Anreizung zum Klassenkampf und Verbreitung unzüchtiger Darstellungen).

LPG Vor §§ 13 ff. Pressebeschlagnahme

3. Die Regelung in den Landespressegesetzen von 1949 bis 1966 (§§ 13–19)

18 Die Beschlagnahmeregelung des Reichspreßgesetzes von 1874 (§§ 23–28 RPG, vgl 1. Auflage S 287–434) überdauerte das Kaiserreich (1871–1918), die Weimarer Republik (1919–1933) und den NS-Staat (1933–1945). Nach 1945 ging die **Gesetzgebungskompetenz** für das Presserecht auf die **Länder** über; das **Reichspreßgesetz** von 1874 galt als **partielles Landesrecht** weiter (BVerfGE 7, 29 = NJW 1957, 1355) und konnte von den Ländern ganz oder teilweise durch eigene Regelungen ersetzt und geändert werden. S. dazu genauer u. Rn 24.

19 a) Von ihrer Kompetenz machten zuerst die **süddeutschen Länder** Gebrauch und gaben sich 1949 eigene Landespressegesetze (vgl dazu näher *Löffler* hier in der 2. Aufl, Bd I S 55). Dabei beseitigten Baden-Württemberg (Geltungsbereich Nordbaden und Nordwürttemberg) sowie Hessen das nicht-richterliche Beschlagnahmerecht der Staatsanwaltschaft und Polizei vollständig und ließen die Beschlagnahme von Druckwerken nur durch den Richter zu (§ 3 Abs 1 LPG Baden-Württemberg, § 15 Abs 1 LPG Hessen). Auch Bayern (§ 16 LPG) bestätigte bei Zeitungen und Zeitschriften das ausschließliche richterliche Beschlagnahmerecht. Während Bayern diese Regelung bis heute beibehielt (heute Art 15 LPG), beschränkte Hessen 1958 die richterliche Beschlagnahmebefugnis auf wenige in § 13 LPG erschöpfend aufgeführte Straftatbestände, während bei allen übrigen Delikten die richterliche wie die nicht-richterliche Beschlagnahme unzulässig wurde.

20 b) In den **bis 1966 verabschiedeten Landespressegesetzen** schafften die Länder Berlin, Hamburg und Rheinland-Pfalz die nicht von einem Richter angeordnete Beschlagnahme gleichfalls ab. Von den Ländern, welche die nicht-richterliche Beschlagnahme (vorläufige Sicherstellung von Druckwerken durch Staatsanwaltschaft und Polizei) beibehielten, stellten Bremen, Niedersachsen und Nordrhein-Westfalen wenigstens die Tagespresse (Bremen und Niedersachsen teilweise auch Zeitschriften) davon frei. Dagegen unterwarfen die Länder Baden-Württemberg und Saarland als einzige die Tagespresse in erheblichem Umfang der vorläufigen Sicherstellung durch Staatsanwaltschaft und Polizei (vgl *Groß* AfP 1964, 456 ff.). Besonders auffällig war der Rückschritt in Baden-Württemberg, das im 19. Jahrhundert im Kampf um die Pressefreiheit führend war und das in seinem nördlichen Teil von 1949 bis 1964 die ausschließlich richterliche Beschlagnahme von Druckwerken mit Erfolg praktiziert hatte; das Land führte aus kaum verständlichen Gründen die nicht-richterliche vorläufige Sicherstellung durch Staatsanwaltschaft und Polizei für alle Druckwerke, auch für die Tagespresse, wieder ein, und zwar in weiterem Umfang als jedes andere bundesdeutsche Land und in weit größerem Umfang als das Reichspreßgesetz der Kaiserzeit.

Der bedauerliche Rückschritt in den Ländern Baden-Württemberg und Saarland hinsichtlich des nicht-richterlichen Beschlagnahmerechts wurde dadurch einigermaßen ausgeglichen, dass auf anderen Gebieten der Pressebeschlagnahme **wesentliche Verbesserungen** erreicht werden konnten: Von besonderer Wichtigkeit war die Entschädigungspflicht des Fiskus bei fehlerhafter Beschlagnahme oder fehlerhafter vorläufiger Sicherstellung (§§ 17 und 18 LPG). Bei der richterlichen Beschlagnahme musste der Grundsatz der Verhältnismäßigkeit streng beachtet werden (§ 13 Abs 3 LPG). Der Umfang der Beschlagnahme wurde in § 14 LPG so geregelt, dass die Belange der Presse weitgehend Berücksichtigung fanden. Die Beschlagnahme war nicht ausdehnbar auf Druckereieinrichtungsgegenstände, sofern es sich nicht um Vervielfältigungsmittel handelte, die den gedanklichen Inhalt der Veröffentlichung tragen, wie zB Matrizen.

4. Die bundesrechtliche Regelung von 1975 (§§ 111b, 111m, 111n StPO)

21 In den Jahren 1973 und 1974 stellte das **Bundesverfassungsgericht** in mehreren Entscheidungen (BVerfGE 36, 193 = NJW 1974, 356 und BVerfGE 36, 314 = NJW 1974, 743; ferner BVerfGE 38, 103) fest, dass das in § 23 LPG (konkret § 22 des

IV. Die geschichtliche Entwicklung bis heute   Vor §§ 13ff. LPG

Hamburgischen und § 22 des Hessischen Pressegesetzes) geregelte strafprozessuale Zeugnisverweigerungsrecht der Presseangehörigen nicht zur „Materie Presserecht" iS des früheren Art 75 Abs 1 S 1 Nr 2 GG (u Rn 24), sondern zu dem der **Kompetenz des Bundesgesetzgebers** unterliegenden Verfahrensrecht (Art 74 Nr 1, heute Abs 1 Nr 1 GG) gehöre. Der § 23 LPG wurde damit mangels Kompetenz des Landesgesetzgebers ungültig. Daraufhin normierte der Bundesgesetzgeber in dem Gesetz über das Zeugnisverweigerungsrecht der Mitarbeiter von Presse und Rundfunk vom 25. Juli 1975 (BGBl I S 1973) das publizistische Zeugnisverweigerungsrecht neu. Im Rahmen dieses Gesetzes nahm der Bund aber zugleich eine eigene Regelung der pressebezogenen Auflagenbeschlagnahme vor.

5. Die weitere Gesetzgebung der alten und neuen Bundesländer

Obwohl die vom Bund dafür in Anspruch genommene Parallelität der kompetenziellen Erwägungen umstritten blieb (s den RegE, BT-Drs 7/2536 S 9, und weiter u Rn 24 ff.), hoben im Zusammenhang mit der bundesrechtlichen Neuregelung mehrere **Bundesländer** die Beschlagnahmevorschriften ihrer Pressegesetze auf (Schleswig-Holstein 1974 – mit Ausnahme des § 15 –, Hamburg 1980, Niedersachsen 1983, Nordrhein-Westfalen 1987). Die Pressegesetze der Neuen Bundesländer enthalten überwiegend von vornherein keine Bestimmungen über die Pressebeschlagnahme (Brandenburg 1993, Sachsen 1992, Sachsen-Anhalt 1991, Thüringen 1991). Eine Ausnahme macht indes Mecklenburg-Vorpommern, dessen Pressegesetz von 1993 in seinen §§ 12–18 eine Regelung der Materie trifft. Die dafür maßgebenden Überlegungen formuliert der dem Gesetz zugrunde liegende Entwurf der CDU-Landtagsfraktion folgendermaßen (LT-Drs 1/774, S 23):

„Es ist in der Praxis nicht auszuschließen, dass in einem Rechtsstreit etwa in Hamburg oder Niedersachsen das Gericht zu dem Ergebnis kommt, dass die Beschlagnahme der gesamten Auflage eines Druckwerkes unzulässig war, da nach Bundesrecht keine Regelungsbefugnis gegeben ist und das Landesrecht eine entsprechende Regelung nicht mehr enthält. Um dem vorzubeugen, ist es schon aus Gründen der Rechtssicherheit geboten, die Pressebeschlagnahme landesrechtlich zu regeln".

Im Jahre 2001 hob auch das Land Hessen die §§ 13–20 des HPresseG auf (Gesetz v 16.5.2001, GVBl S 250). Der Gesetzgeber verzichtete in der endgültigen Fassung des Gesetzes ebenso auf die ursprünglich erwogene Aufrechterhaltung des Verbreitungs- und Wiederabdruckverbots gemäß § 15 aF wie auf die Einführung eines vorläufigen Wegnahmerechts der Polizei (s dazu *Barton* AfP 2001, 363/368 f. mwN). Das Saarländische Mediengesetz (SMG) vom 22.7.2002 (ABl. S 498, 754) setzte ab 14.3.2002 das Saarländische Pressegesetz vollständig außer Kraft (§ 71 Abs 1); die Vorschriften seines Teils 3 über die Presse (§§ 13, 14) enthalten keine Regelung der Pressebeschlagnahme oder verwandter Materien mehr. Zuletzt hob das Landesmediengesetz (LMG) des Landes Rheinland-Pfalz v 4.2.2005 (GVBl S 23) mit dem bisherigen LPG auch dessen Regelungen über die Pressebeschlagnahme ersatzlos auf (§ 55 Abs 2 Nr 1), behielt jedoch als § 15 LMG ein Verbreitungs- und Wiederabdruckverbot für beschlagnahmte Druckwerke bei, dessen Missachtung durch § 35 Abs 1 Nr 4 LMG mit Freiheitsstrafe bis zu einem Jahr oder Geldstrafe bedroht wird.

6. Die Absenkung der Prognosewahrscheinlichkeit in § 111b Abs 1 StPO im Jahre 1998

Eine wesentliche Änderung des § 111b Abs 1 StPO hat das „Gesetz zur Verbesserung der Bekämpfung der Organisierten Kriminalität" vom 4.5.1998 mit sich gebracht (BGBl I, S 845): Art 2 Nr 6 des Gesetzes **ersetzte** in § 111b StPO das bisherige **Erfordernis „dringender Gründe"** für die Annahme, dass die Voraussetzungen für den Verfall oder die Einziehung der zu beschlagnahmenden Gegenstände gegeben sind, **durch** nicht notwendig dringende **bloße „Gründe".** Damit treten die landesrechtliche Regelung in § 13 Abs 2 LPG und die bundesrechtlich vorgesehenen Voraussetzungen in § 111b StPO in diesem für die Pressebeschlagnahme zentralen Punkt auseinander (zu den Konsequenzen s § 13 LPG Rn 75 ff., insb 81 ff.).

V. Die Gesetzgebungskompetenz des Bundes für die Regelung der pressebezogenen Beschlagnahme

1. Verfassungsrechtliche Grundlagen

24   Wie schon angedeutet, ist die Gesetzgebungskompetenz für die auflagenbezogene Pressebeschlagnahme umstritten. Ihre **verfassungsrechtlichen Grundlagen** haben zudem eine Wandlung erfahren. Seit 1949 verlieh Art 75 Abs 1 S 1 Nr 2 GG dem Bund die Kompetenz zur Rahmengesetzgebung für die Regelung der allgemeinen Rechtsverhältnisse der Presse. Die legislatorischen Initiativen zur Schaffung eines Presserechts-Rahmengesetzes des Bundes hatten jedoch zu keinem Ergebnis geführt. Deshalb waren die Bundesländer gemäß dem Grundsatz des Art 70 Abs 1 GG für die gesetzlichen Regelungen auf dem Gebiet des Pressewesens zuständig (BVerfGE 7, 29/40 = NJW 1957, 1355; BVerfGE 36, 193/201 ff. = NJW 1974, 356; BVerwG AfP 2013, 535 Rn 20). Seit der Aufhebung des Art 75 GG im Rahmen der Föderalismusreform durch das Ges zur Änderung des GG vom 28.8.2006 (BGBl I S 2034) steht die Zuständigkeit zur gesetzlichen Regelung der Materie Presserecht konkurrenzlos den Bundesländern zu. Sie findet allerdings ihre sachlichen Grenzen in vorrangigen anderweitigen Kompetenzen, hier konkret in der konkurrierenden Gesetzgebungskompetenz des Bundes für das gerichtliche Verfahren gemäß Art 74 Abs 1 Nr 1 GG. Eine „Doppelzuständigkeit", auf deren Grundlage Bund und Länder ein und denselben Gegenstand in unterschiedlicher Weise regeln könnten, ist nach der Rechtsprechung des BVerfG dem System der verfassungsrechtlichen Kompetenznormen fremd und mit Art 70 Abs 2 GG nicht vereinbar (BVerfGE **36**, 193/202 f. = NJW 1974, 356/357; **61**, 149/204 = NJW 1983, 25/31; ebenso BVerwG AfP 2013, 535 Rn 20). Auf dieser Basis ruht die Rspr des BVerfG, der zufolge das **Zeugnisverweigerungsrecht** der Presseangehörigen als Teil des gerichtlichen Verfahrens in die konkurrierende Bundeskompetenz gemäß Art 74 Abs 1 Nr 1 GG fällt (o Rn 21). Da der Bund in StPO, GVG, JGG ua umfassend von dieser Kompetenz Gebrauch gemacht hat, kommt den Ländern gemäß Art 72 Abs 1 GG insoweit keine Befugnis zur Gesetzgebung mehr zu.

2. Der Streit um die Gültigkeit der bundes- oder der landesrechtlichen Regelung

25   Dagegen hat das BVerfG über die **Gesetzgebungskompetenz für die** auflagenbezogene **Pressebeschlagnahme** bisher nicht entschieden (der Beschluss des Zweiten Senats in BVerfGE 48, 367 = NJW 1978, 1911 betrifft nicht die Beschlagnahme, sondern die weitere Beschwerde in pressebezogenen Beschlagnahmeverfahren). Sie ist noch immer **umstritten**.

25a   a) Die heute **weit vorherrschende Auffassung** sieht die §§ 111m und 111n iVm §§ 111b ff. StPO als die verfassungsrechtlich gültige Regelung der Materie an. Sie liegt der Gesetzgebung derjenigen Länder zugrunde, welche existierende Normen über die einziehungssichernde Beschlagnahme in ihren Pressegesetzen aufgehoben (Hamburg, Hessen, Niedersachsen, Nordrhein-Westfalen, Schleswig-Holstein), in ihre Landesmediengesetze nicht übernommen (Rheinland-Pfalz, Saarland) oder derartige Normen gar nicht erst geschaffen haben (Brandenburg, Sachsen, Sachsen-Anhalt, Thüringen). Der gleichen Auffassung ist nicht nur, soweit sie überhaupt darauf eingeht, ausnahmslos die strafprozessuale Literatur (*Achenbach* in AK-StPO vor §§ 111m/n Rn 3; *Gercke* in HKStPO Rn 2; *Hartmann* in HK-GS § 111m Rn 1; *Huber* in Graf § 111m Rn 1; *Spillecke* in KKStPO § 111b Rn 4; *Pfeiffer* § 111m Rn 1; *Roxin/Schünemann* StrafverfahrensR § 34 Rn 35; *Rogall* in SK-StPO § 111m Rn 4; *Johann* in

V. Die Gesetzgebungskompetenz des Bundes   Vor §§ 13ff. LPG

Löwe/Rosenberg § 111m Rn 4; *Schmitt* in Meyer-Goßner § 111m Rn 2), sondern auch sonst die große Mehrheit der Autoren (*Heer-Reißmann* in Schiwy/Schütz/Dörr S 100; *Liesching* in Paschke/Berlit/Meyer Hamburger Komm Ges MedienR, 2. Aufl Baden-Baden 2012, 92. Abschnitt Rn 28; *Mitsch* MedienstrafR § 7 Rn 43; *Pieroth* AfP 2006, 305, 306 f.; *Ricker/Weberling* 31. Kap Rn 7, 9; *Soehring* in Soehring/Hoene, PresseR § 27 Rn 3 – offen gelassen bei *Paschke* MedienR Rn 1080).

b) **Löffler** hat freilich zeit seines Lebens die Gegenposition eingenommen: Die Regelung in der StPO sei mangels einer bundesrechtlichen Kompetenz für die Beschlagnahme von Druckwerken ungültig und das Landesrecht weiterhin dort ausschließlich maßgebend, wo eine landesrechtliche Regelung der Pressebeschlagnahme getroffen werde; dagegen hielt *Löffler* das Bundesrecht insofern für in vollem Umfang gültig, als es sich auf sonstige Schriften bezieht (s nur NJW 1978, 917 f. und hier in der 3. Aufl, Bd I, Einl Rn 91 ff., Vorbem §§ 13–19 Rn 11 ff. und § 13 LPG Rn 91 f.; für Ungültigkeit der §§ 111m/n ohne Einschränkungen *Jarass* NJW 1981, 193, 197; kritisch auch *Bullinger* hier in der 5. Aufl, Einl Rn 74).   **25b**

c) Eine vermittelnde Ansicht vertritt **Groß**; er nimmt eine Konkurrenz der bundesrechtlichen Beschlagnahmemöglichkeit nach §§ 111m/n StPO mit der eigentlichen Pressebeschlagnahme nach den LPG an (PresseR Rn 544 ff. u ö; AfP 1976, 14/16; NJW 1976, 170/172; DÖV 1988, 867/869; VR 1995, 41/43 f.; NStZ 1999, 334; DVP 2000, 19 f.). Dafür ist die Überlegung maßgeblich, dass nur das Beschlagnahmerecht der LPG ein Verbreitungs- und Wiederabdruckverbot enthält (§ 15 LPG), so dass die landesrechtliche Beschlagnahme als spezifisch presserechtliche Regelung durch die §§ 111m/n StPO nicht habe aufgehoben werden können. *Groß* sieht in den beiden Regelungsmodellen zwei wesensverschiedene Typen der Beschlagnahme, die miteinander kombiniert werden können. Das widerspricht jedoch nicht nur der Rechtsprechung des BVerfG von der Unzulässigkeit einer gesetzgeberischen Doppelzuständigkeit (o Rn 24); es erscheint auch sonst nicht beifallswürdig (*Achenbach* NStZ 2000, 123/125 f.). Abgesehen von dem Verbot aus § 15 LPG handelt es sich sowohl bei §§ 111m/n StPO als auch bei der pressebezogenen Beschlagnahme nach § 13 LPG um eine vollstreckungssichernde Maßnahme mit dem Ziel, die Einziehung der gesamten Auflage zu gewährleisten. Man konnte aber die detaillierten Vorschriften über die einziehungssichernde Beschlagnahme in den §§ 111b ff. iVm §§ 111m/n StPO auch nicht als Regelung der allgemeinen Rechtsverhältnisse der Presse iS des früheren Art 75 Abs 1 S 1 Nr 2 GG deuten, auf den *Groß* die Kompetenz der Länder für die Pressebeschlagnahme gestützt hat. Jedenfalls die einziehungssichernde Pressebeschlagnahme als solche kann ihre Grundlage nur entweder im Bundesrecht der StPO oder im Landesrecht der LPG finden (zu § 15 LPG s unten. Rn 28).   **25c**

3. Die Kriterien der wesensmäßigen und historischen Zugehörigkeit

Die Argumente, die *Löffler, Bullinger* und *Groß* für die Zuordnung der Pressebeschlagnahme zu der in die Gesetzgebungskompetenz der Länder fallenden Materie Presserecht vortragen, haben Gewicht. So undialektisch, wie die heute vorherrschende Meinung zumeist annimmt, ist die Frage nicht zu beantworten (vgl auch *Achenbach* in AK-StPO vor §§ 111m/n Rn 3 sowie in NStZ 2000, 123, 126). Das BVerfG stellt für die Zuordnung einer Regelung zur Materie Presserecht oder Verfahrensrecht maßgeblich ab auf ihre wesensmäßige und historische Zugehörigkeit (BVerfGE **7**, 29/40 = NJW 1957, 1355; **36**, 193/203 = NJW 1974, 356; **36**, 314/319; **48**, 367/373 = NJW 1978, 1911). Ihrem **Wesen** nach gehören die Normen über die vollstreckungssichernde Beschlagnahme (§§ 111b ff. StPO) als Maßnahme der Vollstreckungs- und Urteilssicherung (vgl *Peters* Strafprozeß § 48 B II) in das Verfahrensrecht der StPO (abw *Bullinger* hier in der 5. Aufl, Einl Rn 74). Der Sachzusammenhang mit dem Verfall und der Einziehung anderer straftatverstrickter Gegenstände und die Geltung der §§ 111b ff., 111m/n StPO für Schriften iS des § 11 Abs 3 StGB,   **26** die nicht unter den presserechtlichen Begriff des Druckwerks fallen (s dazu u § 13 Rn 15), sprechen dafür. Nicht entscheidend soll es demgegenüber nach der Rechtsprechung des BVerfG (vgl BVerfGE 36, 193/205 = NJW 1974, 356/358 zum Zeugnisverweigerungsrecht der Presseangehörigen) für die kompetenzrechtliche Einordnung sein, dass die restriktive Regelung der pressebezogenen Auflagenbeschlagnahme nach ihrem Sinn und Zweck der Institution der freien Presse zu dienen bestimmt und insoweit mit der besonderen Stellung der Presse in der modernen Demokratie verknüpft ist.

Schwieriger aber ist die Sachlage bei Betrachtung des Kriteriums der **herkömmlichen Zuordnung** in der Gesetzgebung. Wie vorstehend dargestellt, wurde die einziehungssichernde Auflagenbeschlagnahme als „pressespezifische Beschlagnahme" aufgefasst und seit dem Reichspreßgesetz von 1874 bis zu den Landespressegesetzen der sechziger Jahre dieses Jahrhunderts als Kernstück der Pressegesetzgebung angesehen. Mit diesem Herkommen haben allerdings diejenigen Länder gebrochen, welche die Auflagenbeschlagnahme seither aus ihren Pressegesetzen gestrichen, in ihre Landesmediengesetze nicht übernommen oder sie gar nicht erst geregelt haben. Gleichwohl bestand bei Schaffung der §§ 111m/n StPO im Jahre 1975 ein hundertjähriges Herkommen, das für die Zuordnung zur Materie Presserecht sprach.

4. Das Kriterium des Bedürfnisses nach Rechtseinheit

27 Angesichts der in sich widersprüchlichen Ergebnisse bei Anwendung der Formel von der „wesensmäßigen und historischen Zuordnung" kommt einem weiteren Kriterium entscheidende Bedeutung zu, welches das BVerfG erstmals in seiner Entscheidung zum Zeugnisverweigerungsrecht der Presseangehörigen verwandt hatte: dem **Bedürfnis nach Rechtseinheit**. Das BVerfG hatte dazu ausgeführt, es „widerspräche dem Gebot sachgemäßer und funktionsgerechter Auslegung der Kompetenzvorschriften [...], eine Materie [...] aus dem Zusammenhang des Prozessrechts herauszulösen, den Ländern zu überantworten und damit die Gefahr einer partiellen Zersplitterung des Verfahrensrechts heraufzubeschwören, die seit dem Erlass der Reichsjustizgesetze von 1877 überwunden schien" (BVerfGE 36, 193/209 = NJW 1974, 356). Dieser Gedanke, der dort allerdings zusätzlich auf die historische Einordnung des Zeugnisverweigerungsrechts gestützt wird, beansprucht Geltung auch und gerade für die Beschlagnahme ganzer Auflagen von Presseerzeugnissen (so auch der Gesetzgeber des Gesetzes vom 25.7.1975, s den RegE, BT-Drs 7/2539 S 9f.). Angesichts der erheblichen Unterschiede bei der generellen Anerkennung und ggf der Ausgestaltung einer unterrichterlichen Kompetenz zur Anordnung einer Pressebeschlagnahme im Recht der 16 Bundesländer (s näher u § 18 Rn 2) würden sich ganz unterschiedliche sachliche Zuständigkeiten ergeben, zumal eine Beschlagnahmeanordnung an jedem Ort möglich ist, wo Exemplare der inkriminierten Publikation aufgefunden werden (dazu näher u § 13 Rn 24; § 18 Rn 6). Das widerspricht in eklatanter Weise dem bei Auslegung der verfassungsrechtlichen Kompetenzvorschriften auch vom BVerfG beachteten Kodifikationsprinzip in § 6 Abs 1 des zu den Reichsjustizgesetzen gehörenden EGStPO (s dazu *Achenbach* in AK-StPO Bd 3 § 6 EGStPO Rn 1). Im Verein mit der wesensgemäßen Zugehörigkeit der vollstreckungssichernden Beschlagnahme zum Strafverfahrensrecht gibt dieser Gesichtspunkt den Ausschlag zugunsten einer auf Art 74 Abs 1 Nr 1 GG gestützten bundesrechtlichen Kompetenz zur Regelung der Pressebeschlagnahme. Spätestens mit dem Inkrafttreten des Gesetzes über das Zeugnisverweigerungsrecht der Mitarbeiter von Presse und Rundfunk vom 25.7.1975 sind daher die §§ 13 ff. LPG insoweit außer Kraft getreten, als sie die einziehungssichernde Beschlagnahme selbst betreffen. Freilich ist nicht zu verkennen, dass die Streichung des Erfordernisses dringender Gründe im Jahre 1998 mit unbedachten Auswirkungen auch auf die pressebezogene Auflagenbeschlagnahme (o Rn 23) neue Probleme aufgeworfen hat; doch lassen sich diese mittels einer verfassungskonformen Interpretation lösen (u § 13 Rn 80 ff.).

Vor §§ 13ff. LPG

5. Kompetenz des Bundes zur Abschaffung des Verbreitungs- und Wiederabdruckverbots (§ 15 LPG)?

Nach Ansicht der Bundesregierung, wie sie aus der Begründung zum Entwurf des Gesetzes vom 25.7.1975 ersichtlich ist (BT-Drs 7/2539 S 13), steht dem Bund auch die Kompetenz zur Entscheidung über die Frage zu, ob aus der einziehungssichernden Beschlagnahme ein strafbewehrtes **Verbreitungs- und Wiederabdruckverbot** folgen soll oder nicht; der Bundesgesetzgeber hat sie in verneinendem Sinne beantwortet. Das KG (JR 1984, 249, 250) und die vorherrschende Meinung in der strafprozessualen Literatur stimmen dieser Auffassung zu (*Gercke* in HKStPO Rn 2, *Hartmann* in HK-GS Rn 1, *Rogall* in SK-StPO Rn 4, *Johann* in Löwe/Rosenberg Rn 6, *Schmitt* in Meyer-Goßner Rn 2, jeweils zu § 111m; ebenso *Ricker/Weberling* 31. Kap. Rn 37; s auch *Barton* AfP 2001, 363/368). Sie erscheint indes zweifelhaft. Denn anders als die einziehungssichernde Beschlagnahme können diese Verbote weder ihrem Wesen noch der herkömmlichen Zuordnung nach dem Verfahrensrecht zugerechnet werden (krit hierzu *Pieroth* AfP 2006, 305, 307, weil das Verbreitungs- und Wiederabdruckverbot kein allgemeines Gesetz sei). Das bloße Bedürfnis nach bundeseinheitlicher Regelung allein kann aber der Zuordnung zum Landesrecht nicht entgegenstehen, wenn denn die Befugnis der Länder zur Gesetzgebung überhaupt eine Bedeutung haben soll. Mangels bundesrechtlicher Kompetenz konnte daher das Gesetz vom 25.7.1975 die Regelung des § 15 LPG und die korrespondierenden Anordnung des Außerkrafttretens der genannten Verbote gemäß § 16 Abs 3 S 2 LPG nicht beseitigen (*Achenbach* in AK-StPO vor §§ 111m/n Rn 4 sowie in NStZ 2000, 123/126; wie hier auch der Gesetzgeber des rheinland-pfälzischen Landesmediengesetzes v 4.2.2005 (RegE, LT-Drs 14/3235 S 44 zu § 15 LMG – s schon o Rn 22). 28

6. Die Kompetenz des Bundesgesetzgebers zur Regelung der Entschädigung für Strafverfolgungsmaßnahmen

Eine gesonderte Betrachtung verlangt schließlich die Frage nach der Kompetenz des Bundesgesetzgebers für die Regelung der **pressebezogenen Entschädigung** bei fehlerhafter Beschlagnahme, die seit 1958 von allen alten Bundesländern mit Ausnahme von Bayern in § 17 LPG (bzw den entsprechenden Paragraphen anderer Zählung) angeordnet worden war. Im Ergebnis wird man hier wiederum die bundesrechtliche Regelung durch das Gesetz über die Entschädigung für Strafverfolgungsmaßnahmen (StrEG) für gültig halten müssen (s dazu eingehend u § 17 Rn 3 ff., 7 ff.). 29

VI. Die Durchsuchung von Presseräumen und Presseangehörigen

1. Die drei Zwecke der Durchsuchung

Zu den die Beschlagnahme vorbereitenden bzw ergänzenden behördlichen Eingriffsmaßnahmen gehört die **Durchsuchung** von Räumen sowie von Personen und deren Sachen (§§ 102–110, § 111b Abs 4 StPO). Je nach dem Zweck der Durchsuchung unterscheidet man verschiedene Fallkonstellationen (s § 102 StPO): 30
– Die **Ergreifungsdurchsuchung** dient dem Auffinden und Ergreifen eines Verdächtigen.
– Die **Ermittlungsdurchsuchung** bezweckt das Auffinden von Beweismitteln, um das für die Durchführung eines Strafprozesses erforderliche Beweismaterial sicherzustellen.
– Schließlich kennt die StPO die **vollstreckungssichernde Durchsuchung** zur Auffindung von Gegenständen des Verfalls und der Einziehung (§ 111b Abs 4 iVm §§ 102–110 StPO). Sie ist für die Presse von besonderer Bedeutung, denn sie betrifft die Fälle der einziehungssichernden Beschlagnahme der gesamten Auflage eines Druckwerks (o Rn 5f.).

2. Die Regel-Anordnungskompetenz des Richters

31 Die Durchsuchung bedarf einer ausdrücklichen **Anordnung** durch das Gericht iSv § 162 StPO, dh idR durch den Ermittlungsrichter (u § 13 Rn 22), bzw bei Gefahr im Verzug durch die Staatsanwaltschaft oder ihre Ermittlungspersonen (§ 105 StPO). Nach dem grundlegenden, der zuvor üblichen laxen Handhabung einen Riegel vorschiebenden Urteil BVerfGE **103**, 142 = NJW 2001, 1121 ist der Begriff der Gefahr im Verzug eng auszulegen (ebenso BbgVerfG NJW 2003, 2305/2306). Die **gerichtliche Anordnung** ist die **Regel** (BVerfGE **103**, 142/153, 158 = NJW 2001, 1121; BVerfG 3. Kammer des 2. Senats NJW 2005, 1637/1638). Der Richtervorbehalt zielt auf eine vorbeugende Kontrolle der Maßnahme durch eine unabhängige und neutrale Instanz; der Richter muss die beabsichtigte Maßnahme eigenverantwortlich prüfen (BVerfGE **103**, 142/151 = NJW 2001, 1121; **115**, 166 = NJW 2006, 976, Rn 115; BVerfG 3. Kammer des 2. Senats NJW 2005, 1707, NJW 2008, 1937). Die richterliche Durchsuchungsanordnung ist keine bloße Formsache (BVerfG 3. Kammer des 2. Senats NJW 2005, 1707).

31a **Gefahr im Verzug** ist anzunehmen, wenn die vorherige Einholung der richterlichen Anordnung den Erfolg der Durchsuchung gefährden würde (BVerfGE **51**, 97/111 = NJW 1979, 1539; **103**, 142/154 = NJW 2001, 1121; *Schmitt* in Meyer-Goßner § 105 Rn 2 iVm § 98 Rn 6). Die Auslegung und Anwendung des Begriffes der Gefahr im Verzug unterliegen einer unbeschränkten richterlichen Kontrolle (ebenso BVerfGE 103, 142/158 = NJW 2001, 1121; BVerfG 3. Kammer des 2. Senats NJW 2003, 2303/2304), bei der allerdings die Gerichte gehalten sind, der besonderen Entscheidungssituation der nicht-richterlichen Organe mit ihren situationsbedingten Grenzen von Erkenntnismöglichkeiten Rechnung zu tragen. Nach Ansicht des BVerfG haben die Gerichte und Strafverfolgungsbehörden im Rahmen des Möglichen rechtliche und tatsächliche **Vorkehrungen** zu treffen, damit diese normative Regelzuständigkeit auch in der Masse der Alltagsfälle gewahrt bleibt (BVerfGE 103, 142/152, 156 = NJW 2001, 1121; BVerfG 3. Kammer des 2. Senats NJW 2005, 1637/1638). Die daraus zu ziehenden Konsequenzen sind in der Literatur strittig (*Schmitt* in Meyer-Goßner § 105 Rn 2 mwN). Klärend BVerfG 3. Kammer des 2. Senats NJW 2004, 1442: Danach sind die Länder verpflichtet, bei Tage sowohl innerhalb als auch außerhalb der üblichen Dienstzeiten für die Erreichbarkeit des Ermittlungsrichters zu sorgen; ein nächtlicher Bereitschaftsdienst ist dagegen nur dann von Verfassungs wegen gefordert, wenn hierfür ein praktischer Bedarf besteht, der über den Ausnahmefall hinausgeht.

32 Die Pressefreiheit genießt auch hier besonderen Schutz: Handelt es sich um die Durchsuchung von **Räumen einer Redaktion,** eines Verlages, einer Druckerei oder einer Rundfunkanstalt zum Zweck der Sicherstellung von Redaktionsmaterial zu Beweiszwecken iSv § 97 Abs 5 StPO, so darf diese Zwangsmaßnahme auch bei Gefahr im Verzug analog § 98 Abs 1 S 2 nur **durch das Gericht angeordnet** werden (BGH – Ermittlungsrichter – NJW 1999, 2051; *Gercke* in HK-StPO § 105 Rn 1; *Kunert* MDR 1975, 885, 891; *Ladiges* in Radtke/Hohmann § 105 Rn 4; *Bruns* in KKStPO § 105 Rn 1; *Pfeiffer* § 105 Rn 1; *Ricker/Weberling* 32. Kap Rn 56; *Roxin/Schünemann* StrafverfahrensR § 35 Rn 8; *Schmitt* in Meyer-Goßner § 105 Rn 2). Der Richtervorbehalt gilt auch für die Anordnung der Durchsuchung zur Gewährleistung der einziehungssichernden Beschlagnahme von periodischen Schriften (§ 111n Abs 1 S 1 StPO analog; ebenso *Bruns* in KKStPO § 105 Rn 1) sowie für die Durchsuchung der zuvor genannten Presseräumlichkeiten nach einzuziehenden tatverstrickten Gegenständen (§ 111b Abs 4 iVm § 105 und § 98 Abs 1 S 2 StPO analog).

3. Die Form der Durchsuchungsanordnung

33 Die nötige **Form** der Durchsuchungsanordnung ist umstritten. Die **richterliche Anordnung** ergeht **im Regelfall schriftlich** (so schon BGHSt 26, 57/59 = NJW

1978, 1815 und die die Entscheidung tragende Auffassung in BVerfGE **20**, 162/227 = NJW 1966, 1603; jetzt auch BVerfGE **103**, 142/154 = NJW 2001, 1121); nur in Eilfällen reicht eine mündliche, auch fernmündliche oder durch Telefax übermittelte Anordnung (BbgVerfG NJW 2003, 2305/2306; BGH NStZ 2005, 392/393; LG Saarbrücken StV 2003, 434/436; *Meyer-Goßner* § 105 Rn 3; *Bruns* in KKStPO § 105 Rn 3; *Rengier* NStZ 1981, 372/374). Einen schriftlichen Beschluss, der dann auch telefonisch, durch Fax oder E-Mail übermittelt werden kann, fordern dagegen *Gercke* in HK-StPO § 105 Rn 43; *Tsambikakis* in Löwe/Rosenberg § 105 Rn 34; *Wohlers* in SK-StPO § 105 Rn 11 sowie *Harms* DRiZ 2004, 25, 29 und *Höfling* JR 2003, 408, 410, die einen Fall der Gefahr im Verzug bejahen, wenn eine schriftliche richterliche Entscheidung nicht rechtzeitig zu erlangen wäre.

Sowohl die vom Richter **mündlich erlassene Anordnung** als auch die eines nicht-richterlichen Strafverfolgungsorgans ist in jedem Fall vor oder unmittelbar nach der Durchsuchung **in den Akten zu dokumentieren;** dabei hat der handelnde Amtsträger seine für den Eingriff bedeutsamen Erkenntnisse und Annahmen, der nicht richterliche Beamte insbesondere auch die Umstände darzulegen, auf die er die Gefahr des Beweismittelsverlusts stützt (BVerfGE 103, 142/160 = NJW 2001, 1121; BVerfG 3. Kammer des 2. Senats NJW 2005, 1638; im Prinzip auch BGH NStZ 2005, 392/93; *Amelung* in AK-StPO § 105 Rn 13, 17; *Schmitt* in Meyer-Goßner § 105 Rn 3). Es ist zulässig und üblich, die Anordnung der Durchsuchung und der Beschlagnahme miteinander zu verbinden (*Bruns* in KKStPO Rn 2 – untunlich –, *Schmitt* in Meyer-Goßner Rn 7, zu § 105). Allerdings ist stets eine ausdrückliche eigene Durchsuchungsanordnung erforderlich (vgl *Spillecke* in KKStPO § 111b Rn 15). Nach BVerfGE 96, 44 = NJW 1997, 2165 verliert ein richterlicher Durchsuchungsbeschluss spätestens nach einem halben Jahr seine rechtfertigende Kraft (zur Konkretisierung LG Berlin StV 1999, 520, LG Zweibrücken NJW 2003, 156).

4. Klarheit und Bestimmtheit der Anordnung

Inhaltlich muss die Durchsuchungsanordnung so **klar und bestimmt** wie möglich sein. Das gilt generell, hat aber für die Presse wegen der besonderen Anforderungen, die sich aus dem Grundrecht der Informationsfreiheit ergeben, eine erhöhte Bedeutung (BVerfGE **20**, 162/224 = NJW 1966, 1603; vgl auch BVerfGE **117**, 244/259 f. = NJW 2007, 1117, Rn 44, 45). Nach der st Rspr des BVerfG greift die Durchsuchung, zumal bei beruflich genutzten Räumen, schon ihrer Natur nach besonders tief in die geschützte Lebenssphäre des Betroffenen ein (s. auch BVerfGE **20**, 162/186 f. = NJW 1966, 1603; **96**, 27/40 = NJW 1997, 2163; **96**, 44/51= NJW 1997, 2165; **103**, 142/150 f. = NJW 2001, 1121; BVerfG 3. Kammer des 2. Senats NJW 2008, 2422/2423, NJW 2008, 1937, NJW 2009 281). Diesem erheblichen Eingriff entspricht ein besonderes Rechtfertigungsbedürfnis nach dem Grundsatz der Verhältnismäßigkeit (BVerfG 3. Kammer des 2. Senats NStZ-RR 2006, 110, NJW 2008, 1937, NJW 2009, 281, ebenso die 1. Kammer des 2. Senats NJW 2009, 2518 Rn 63). Der Richter hat bei der Anordnung der Durchsuchung von vornherein für eine angemessene Begrenzung Sorge zu tragen; er ist verpflichtet, durch eine geeignete Formulierung des Durchsuchungsbeschlusses im Rahmen des Möglichen und Zumutbaren sicherzustellen, dass der Eingriff in die Grundrechte messbar und kontrollierbar bleibt. Deshalb ist ein Durchsuchungsbefehl, der keinerlei tatsächliche Angaben über den Inhalt des Tatvorwurfs enthält und weder die Art noch den denkbaren Inhalt der zu suchenden Gegenstände erkennen lässt, ferner die zu durchsuchenden Räume nicht klar abgrenzbar umschreibt, mit den verfassungsrechtlichen Anforderungen aus Art 13 Abs 1, Art 2 Abs 1 GG und dem verfassungsrechtlichen Rechtsstaatsprinzip nicht zu vereinbaren (BVerfGE **42**, 212/220 f. = NJW 1976, 1735; **44**, 353/371 = NJW 1977, 1489; **56**, 247 = NJW 1981, 971; **96**, 44/51 f. = NJW 1997, 2165; **115**, 166 = NJW 2006, 976, Rn 115; BVerfG – Kammerbeschlüsse – NJW 1994, 3281, NStZ 2000, 601 m. zust. Anm *Park,* NJW 2002, 1941/

34

42, NJW 2003, 2669, NJW 2004, 1517, wistra 2004, 295; NStZ-RR 2005, 203/204, NJW 2009, 2516 Rn 22; s. ferner etwa LG Bochum StV 2001, 503; LG Bielefeld wistra 1999, 155; LG Freiburg StV 2000, 13/14; LG Nürnberg-Fürth StV 1999, 521). Eine bloße Wiederholung des Gesetzeswortlauts ist völlig unzureichend. Der Richter hat vielmehr den Lebenssachverhalt und die Straftatbestände anzugeben, deretwegen der Beschuldigte verfolgt wird, den Zweck der Maßnahme, die sicherzustellenden Gegenstände, die zu durchsuchenden „anderen Räume" iSv § 102 StPO und die Tatsachen, die nach § 103 StPO die Auffindungsvermutung begründen (*Amelung* in AK-StPO § 105 Rn 16; *Bruns* in KKStPO § 102 Rn 6 und § 103 Rn 6; *Ladiges* in Radtke/Hohmann § 105 Rn 9; *Schmitt* in Meyer-Goßner § 105 Rn 5; *Wohlers* in SK-StPO, § 105 Rn 21 ff.; LG Krefeld wistra 1993, 316 f. und NJW 1994, 2036). Allerdings dürfen die Anforderungen nicht überzogen werden (davor warnt auch *Schoreit* NStZ 1999, 173); die „situationsbedingten Grenzen von Erkenntnismöglichkeiten" in der Entscheidungssituation sind zu berücksichtigen (BVerfGE 103, 142 Ls 3 = NJW 2001, 1121). So genügt für die Umschreibung des Tatverdachts eine gewisse Konkretisierung in tatsächlicher und rechtlicher Hinsicht durch die Angabe knapper, aber aussagekräftiger Tatsachenangaben (BVerfG NStZ-RR 2002, 172 f., NStZ 2002, 212; BGH wistra 2003, 382 f.). Jedoch muss die Anordnung über eine floskelhafte Beschreibung des Vorwurfs hinausgehen und eine Tatsachengrundlage haben, aus der sich die Möglichkeit der Tatbegehung durch den Beschuldigten ergibt (BVerfG – Kammerbeschlüsse – NStZ-RR 2002, 172, NJW 2003, 2669/2670, NStZ-RR 2004, 143; VerfGH Berlin StV 1999, 296/297; LG Berlin wistra 2003, 319/320; LG Detmold StV 2001, 503). Sofern eine genaue Bezeichnung der Gegenstände, auf die sich die Durchsuchung richtet, nicht möglich ist, muss wenigstens annäherungsweise in Form beispielhafter Angaben beschrieben werden, auf was sich die Durchsuchung erstrecken soll; eine eingegrenzte gattungsmäßige Bestimmung der gesuchten Gegenstände soll dafür – auch im Fall von § 103 StPO (u Rn 35) – ausreichen (BVerfG NJW 2003, 2669/2670; BGH NStZ 2000, 154/155, NStZ 2002, 215 f.). Zu der Frage, ob ein diesen Anforderungen nicht gerecht werdender Beschluss von vornherein unwirksam ist, s u § 13 Rn 30 f.

5. Die Zulässigkeitsvoraussetzungen bei Verdächtigen und Nicht-Verdächtigen

35 Bezüglich der **Zulässigkeit der Durchsuchung** differenziert das Gesetz zwischen Verdächtigen und Nicht-Verdächtigen. Bei einem als Täter oder Teilnehmer einer Straftat (zB Verbreitung pornographischer Schriften gemäß §§ 184–184c StGB) **Verdächtigen** genügt bereits die Vermutung, dass die Durchsuchung zur Ergreifung des Gesuchten oder aber zur Auffindung von Beweismitteln bzw von Gegenständen des Verfalls oder der Einziehung führen werde (§§ 102, 111b Abs 4 StPO). Eine Durchsuchung bei **Nicht-Verdächtigen** ist nach § 103 Abs 1 S 1 StPO dagegen nur zulässig zur Ergreifung des Beschuldigten, zur Verfolgung von Tatspuren oder zur Beschlagnahme bestimmter Gegenstände sowie nur dann, wenn konkrete Tatsachen vorliegen, aus denen zu schließen ist, dass sich die gesuchte Person, Spur oder Sache auch wirklich in den zu durchsuchenden Räumen befindet (s dazu auch BGHSt 28, 57/59 = NJW 1978, 1815). Auch müssen im Fall der vollstreckungssichernden Beschlagnahme (o Rn 5) schon bei Anordnung der Durchsuchung konkrete Gründe für die Annahme vorhanden sein, dass es zur späteren Einziehung dieser Gegenstände kommen wird (vgl § 111b Abs 1 StPO; s u § 13 Rn 80 ff.). Die Durchsuchung bei einer nicht verdächtigen Person, die durch ihr Verhalten auch aus Sicht der Ermittlungsbehörden in keiner Weise Anlass zu den Ermittlungsmaßnahmen gegeben hat, stellt besondere Anforderungen an die Prüfung der Verhältnismäßigkeit (BVerfGE **20**, 162/214 = NJW 1966, 1603; BVerfGE **59**, 95/97; BVerfG – Kammerbeschlüsse – NJW 2007, 1804/1805, NJW 2009, 281/282, NJW 2009, 2518 Rn 65; näher u § 13 Rn 91 ff.).

6. Regeln über die Ausführung der Durchsuchung

Der **Inhaber** der zu durchsuchenden Räume oder Gegenstände hat das **Recht, der Durchsuchung beizuwohnen.** Ist er abwesend, so ist gemäß § 106 StPO, wenn möglich, sein Vertreter oder ein Angehöriger, Hausgenosse oder Nachbar zuzuziehen, und zwar in dieser Reihenfolge (*Bruns* in KKStPO Rn 2, *Gercke* in HK-StPO Rn 9, *Schmitt* in Meyer-Goßner Rn 4, *Wohlers* in SK-StPO Rn 13, sämtlich zu § 106). Bei einer Haussuchung ohne Beisein eines Richters oder Staatsanwalts verlangt § 105 Abs 2 StPO als wesentliche Förmlichkeit die Zuziehung eines Gemeindebeamten oder von zwei Gemeindemitgliedern, die nicht Polizeibeamte oder Ermittlungspersonen der Staatsanwaltschaft sind, als **Durchsuchungszeugen,** wenn dies möglich ist (vgl dazu näher *Schmitt* in Meyer-Goßner § 105 Rn 10–12 mwN). 36

Zur **Nachtzeit** dürfen die Wohnung, die Geschäftsräume und das „befriedete Besitztum" nur durchsucht werden, wenn Gefahr im Verzug ist (§ 104 Abs 1 StPO), wenn also ein Aufschub bis zum Tagesanbruch ihren Erfolg wahrscheinlich gefährden würde (*Amelung* in AK-StPO Rn 7; *Schmitt* in Meyer-Goßner Rn 4, *Wohlers* in SK-StPO Rn 9, zu § 104). Diese Beschränkung gilt nicht für allgemein zugängliche und für bestimmte nach Ansicht des Gesetzgebers typischerweise delinquenzgefährdete Räume (§ 104 Abs 2 StPO). Zur Umgrenzung der Nachtzeit s § 104 Abs 3 StPO.

7. Die Behandlung von Zufallsfunden

Werden bei Gelegenheit einer Durchsuchung sog **Zufallsfunde** gemacht, dh Gegenstände gefunden, die auf die Verübung einer anderen Straftat hinweisen, so ermächtigt § 108 Abs 1 S 1 StPO generell den durchsuchenden Beamten, diese einstweilen in Beschlag zu nehmen. Für eine solche einstweilige Beschlagnahme braucht weder Gefahr im Verzug vorzuliegen (BGHSt 19, 374/376) noch braucht der Beamte im Prinzip die Anforderungen zu erfüllen, die § 98 StPO an die Zuständigkeit für die reguläre Beschlagnahmeanordnung stellt (*Amelung* in AK-StPO § 108 Rn 5; *Tsambikakis* in Löwe/Rosenberg § 108 Rn 11). Jedoch dürfen Zufallsfunde nicht in Beschlag genommen werden, soweit ein gesetzliches Beschlagnahmeverbot besteht (*Gercke* in HK-StPO Rn 12, *Tsambikakis* in Löwe/Rosenberg Rn 10, *Schmitt* in Meyer-Goßner Rn 4, *Wohlers* in SK-StPO Rn 12, jeweils zu § 108; vgl u § 23 Rn 96). Der Durchsuchungsbeamte hat die einstweilige Beschlagnahme aktenkundig zu machen und der Staatsanwaltschaft, soweit möglich unter Vorlage der beschlagnahmten Sache, unverzüglich von ihr Kenntnis zu geben (§§ 108 Abs 1 S 2, 163 Abs 2 StPO; *Wohlers* in SK-StPO § 108 Rn 14). Die Staatsanwaltschaft hat dann in angemessener Frist (BGHSt 19, 374/376; 28, 349/350 = NJW 1979, 1418) darüber zu entscheiden, ob ein neues Strafverfahren zu eröffnen und für dieses die endgültige Beschlagnahme zu beantragen ist, für deren Anordnung mangels einer Gefahr im Verzug stets das Gericht (idR also der Ermittlungsrichter iSv §§ 162 oder 169 StPO) zuständig ist. Eine gezielte systematische Suche nach „Zufallsfunden" wird von § 108 StPO nicht gedeckt; die Gerichte machen in derartigen Fällen ein Beweisverwertungsverbot von einer Abwägung aller Umstände abhängig (KG StV 1985, 404; LG Berlin StV 2004, 198; LG Bonn NJW 1981, 292; LG Bremen StV 1984, 505; LG Wiesbaden StV 1988, 292; ebenso *Bruns* in KKStPO § 108 Rn 1; für ein unbedingtes Verwertungsverbot wegen Verletzung des fair-trial-Grundsatzes *Gercke* in HK-StPO § 108 Rn 4; *Krekeler* NStZ 1993, 263/267; *Ladiges* in Radtke/Hohmann § 108 Rn 8; *Wohlers* in SK-StPO § 105 Rn 78). 37

Abweichend von dem Modell des § 108 StPO muss auch für **Zufallsfunde bei** der **pressebezogenen Durchsuchung** in den Räumen einer Redaktion, eines Verlages, einer Druckerei oder einer Rundfunkanstalt der **Richtervorbehalt** des § 98 Abs 1 S 2 StPO für die Beschlagnahme von straftatverstrickten Gegenständen iSv § 97 Abs 5 S 2 gelten (ebenso *Amelung* in AK-StPO § 108 Rn 5 und in der Sache auch 38

LPG Vor §§ 13ff. Pressebeschlagnahme

Bruns in KKStPO § 108 Rn 3). Die Gegenmeinung (*Gercke* in HK-StPO Rn 14, *Ladiges* in Radtke/Hohmann Rn 4, *Löffelmann* in AnwK-StPO Rn 2, *Tsambikakis* in Löwe/Rosenberg Rn 11, *Wohlers* in SK-StPO Rn 13 sämtlich zu § 108; einschränkend *Schmitt* in Meyer-Goßner § 108 Rn 6 – auch der Staatsanwalt), verkennt, dass der Grund für die ausschließliche Zuständigkeit des Richters in der Schwierigkeit einer Beurteilung der diffizilen Tatbestandsvoraussetzungen der Presseinhaltsdelikte liegt (zB § 86 Abs 3 StGB und dazu LG München I AfP 2009, 279/281 f.), die dafür spricht, auch die Entscheidung über die einstweilige Beschlagnahme von Zufallsfunden in die Hand des unabhängigen Richters zu legen (*Amelung* aaO).

39 Der durch das Gesetz zur Neuregelung der Telekommunikationsüberwachung und anderer verdeckter Ermittlungsmaßnahmen etc. vom 21.12.2007 (BGBl. I S 3198) eingefügte **§ 108 Abs 3 StPO beschränkt** im Interesse des Informantenschutzes (dazu eingehend u LPG § 23 Rn 1, 44 ff.) die **Verwertung** eines bei einem gemäß § 53 Abs 1 S 1 Nr 5 StPO zeugnisverweigerungsberechtigten Medienangehörigen gemachten Zufallsfundes iSv § 108 Abs 1 S 1 StPO zu Beweiszwecken in einem Strafverfahren (*Gercke* in HK-StPO Rn 18, *Ladiges* in Radtke/Hohmann Rn 15, *Schmitt* in Meyer-Goßner Rn 10, *Spillecke* in KKStPO Rn 13, *Wohlers* in SK-StPO Rn 19, zu § 108): Sie ist nur insoweit zulässig, als Gegenstand des Strafverfahrens eine Straftat ist, die im Höchstmaß mit mindestens 5 Jahren Freiheitsstrafe bedroht ist und bei der es sich nicht um die Verletzung des Dienstgeheimnisses oder einer besonderen Geheimhaltungspflicht nach § 353b StGB handelt (vgl dazu auch u § 23 Rn 119).

8. Die vorläufige Sicherstellung zum Zweck der Durchsicht von Papieren

40 Finden sich im Gewahrsam des von der Durchsuchung Betroffenen **Papiere** (dazu zählen auch die Druckfahnen einer Tageszeitung, ebenso *Gercke* in HK-StPO Rn 6, *Schmitt* in Meyer-Goßner Rn 6, zu § 110), so lässt § 110 StPO eine **vorläufige Sicherstellung zum Zwecke der Durchsicht** zu. Diese dient der Klärung, ob sie als Beweismittel (§ 94 StPO) oder als Gegenstände des Verfalls oder der Einziehung (§ 111b Abs 4 StPO) zu beschlagnahmen sind. Wird erkennbar, dass die Papiere einem Beschlagnahmeverbot unterliegen (§ 97 Abs 5 StPO, so sind sie umgehend ungelesen freizugeben (so zu § 110 *Bruns* in KKStPO Rn 4, *Gercke* in HK-StPO Rn 9, *Tsambikakis* in Löwe/Rosenberg Rn 1, *Schmitt* in Meyer-Goßner Rn 2). Die Durchsicht steht der Staatsanwaltschaft und seit dem 1. JustizmodernisierungsG vom 24.8.2004 (BGBl I, 2198, berichtigt 2300) auf deren Anordnung auch ihren Ermittlungspersonen iSv § 152 GVG zu; jedoch wird der bis 1974 hier allein genannte Richter trotz der engen Formulierung nicht davon ausgeschlossen, wenn er die Durchsuchung leitet oder wenn er sich die Durchsicht vorbehält (*Bruns* in KKStPO Rn 1, *Gercke* in HK-StPO Rn 3; *Löffelmann* in AnwK/StPO Rn 2, *Tsambikakis* in Löwe/Rosenberg Rn 11, *Schmitt* in Meyer-Goßner Rn 3, sämtlich zu § 110); nach Anklageerhebung hält das OLG Jena NJW 2001, 1290/1293 sogar allein das Gericht für zuständig (s heute § 162 Abs 3 StPO). Andere Beamte sind nur mit Genehmigung des Inhabers der Papiere zu ihrer Durchsicht befugt (§ 110 Abs 2 S 1 StPO). Die Vorschrift erfasst alle Gegenstände, die wegen ihres Gedankeninhalts Bedeutung haben, namentlich alles private und berufliche Schriftgut, aber auch Mitteilungen und Aufzeichnungen aller Art, gleichgültig in welchem Informationsmedium sie festgehalten sind, und damit, wie jetzt § 110 Abs 3 StPO bestätigt, auch alle elektronischen Datenträger und -speicher (BVerfGE **113**, 29 = NJW 2005, 1917; **115**, 166/192 ff. = NJW 2006, 976, BGH NStZ 2003, 670 f.; BGH – Ermittlungsrichter – CR 1999, 292/293; OLG Jena NJW 2001, 1290/1293; *Bruns* in KKStPO Rn 2, *Gercke* in HK-StPO Rn 6, *Tsambikakis* in Löwe/Rosenberg Rn 7, *Schmitt* in Meyer-Goßner Rn 1, *Wohlers* in SK-StPO Rn 9 f., sämtlich zu § 110), aber selbst die Farbbänder einer Schreibmaschine (LG Berlin StV 1987, 97; *Gercke* in HK-StPO § 110 Rn 6; *Schmitt* in Meyer-Goßner § 110 Rn 1). Der Begriff deckt sich nicht mit dem

VI. Durchsuch. v. Presseräumen u. Presseangeh.   Vor §§ 13ff. LPG

der Druckwerke im Sinne von § 7 Abs 1 LPG. Wegen der Einzelheiten des Verfahrens s § 110 Abs 2 S 2, Abs 3 StPO.

9. Rechtsschutz gegen die Anordnung und den Vollzug der Durchsuchung

Bezüglich des **Rechtsschutzes** ist zu differenzieren: 41

a) Beschwerde gegen richterliche Anordnungen, keine „prozessuale Überholung"
Die **gerichtliche Anordnung** einer Durchsuchung kann mittels **Beschwerde** 42 angefochten werden. Beschwerdegericht ist bei einer Anordnung des Ermittlungsrichters beim Amtsgericht (§ 162 StPO) das LG (§ 304 Abs 1 StPO, § 73 Abs 1 GVG), bei einer Anordnung durch den Ermittlungsrichter des OLG in Staatsschutzsachen uä (§ 169 StPO iVm § 120 Abs 1 GVG) der zuständige Senat des OLG (§ 304 Abs 5 StPO, § 120 Abs 3 S 2 GVG) und bei einer Anordnung durch den Ermittlungsrichter des BGH in Sachen, in denen der Generalbundesanwalt die Ermittlungen führt (§ 169 Abs 1 S 2 StPO, § 142a iVm § 120 Abs 1 GVG), der zuständige Senat des BGH (§ 304 Abs 5 StPO, § 135 Abs 2 StPO). Anfechtbar (bei dem nächsthöheren Gericht) sind zudem Durchsuchungsanordnungen des erkennenden Gerichts analog § 305 S 2 StPO (*Gercke* in HK-StPO Rn 82, *Pfeiffer* Rn 6, *Schmitt* in Meyer-Goßner Rn 15, *Wohlers* in SK-StPO Rn 72, sämtlich zu § 105).
Die Beschwerdebefugnis **entfällt** nach der neueren Rechtsprechung **nicht da-** 43 **durch,** dass die **Durchsuchung vollständig abgeschlossen** ist (solange die Durchsicht nach § 110 StPO nicht beendet ist, dauert die Durchsuchung allerdings noch an, *Bruns* in KKStPO § 105 Rn 17, 20; *Schmitt* in Meyer-Goßner § 105 Rn 15). Die frühere Doktrin von der „prozessualen Überholung" erledigter Anordnung hat die Rechtsprechung seit BVerfGE 96, 27 = NJW 1997, 3499 aufgegeben. Das BVerfG erkennt seither an, dass die für das Rechtsschutzbedürfnis konstitutive Beschwer neben der Wiederholungsgefahr und fortwirkenden Beeinträchtigungen auch in Fällen tiefgreifender Grundrechtseingriffe, zu denen im Hinblick auf Art 13 Abs 2 GG die Durchsuchung gehört, schon durch das Gewicht des Grundrechtseingriffes selbst begründet ist, „wenn die direkte Belastung durch den angegriffenen Hoheitsakt sich nach dem typischen Verfahrensablauf auf eine Zeitspanne beschränkt, in welcher der Betroffene die gerichtliche Entscheidung in der von der Prozessordnung gegebenen Instanz kaum erlangen kann" (BVerfGE **96,** 27 Ls 2a/40 = NJW 1997, 3499; **107,** 299/337 f. = NJW 2003, 1787; **115,** 166 = NJW 2006, 976, Rn 59; **117,** 244/268 f. = NJW 2007, 1117, Rn 69/70; BVerfG 1. Kammer des 1. Senats NJW 1998, 2131/2132 m Bespr *Achenbach* JuS 2000, 27/30 f.; 3. Kammer des 2. Senats NStZ-RR 2005, 203/204, NJW 2005, 1637/1639; ebenso BGHSt 44, 265/268 = NJW 1999, 730; LG Berlin AfP 2011, 500; *Pfeiffer* § 105 Rn 6; *Schmitt* in Meyer-Goßner Vor § 296 Rn 18a, § 105 Rn 15).

b) Anrufung des Ermittlungsgerichts gegen nicht-richterliche Anordnungen

Eine **nicht-richterliche Durchsuchungsanordnung** der Staatsanwaltschaft oder 44 einer ihrer Ermittlungspersonen unterliegt nach heutiger Rechtsprechung der Anfechtung durch Anrufung des Ermittlungsgerichts analog § 98 Abs 2 S 2 StPO (oder bezüglich der Suche nach Einziehungsgegenständen im Sinne von § 111b Abs 1 und 4 StPO, §§ 74 ff., 74d StGB genauer: analog § 111e Abs 2 S 3 StPO); in diesem Sinne BGHSt 28, 57/58 = NJW 1978, 1815; BGHSt 28, 206/209 = NJW 1979, 882. Das gilt nach der Wende in BVerfGE 96, 27 (o Rn 42) auch für bereits erledigte nicht-richterliche Anordnungen, für deren Überprüfung ebenfalls die vom BVerfG vorgenommene Erweiterung des Rechtsschutzinteresses gilt (BGHSt 44, 265/268 = NJW 1999, 730; vgl schon BGHSt 44, 171/173 f. = NJW 1998, 3653; ebenso *Gercke* in HK-StPO § 98 Rn 83; *Schmitt* in Meyer-Goßner § 105 Rn 15; *Wohlers* in SK-StPO § 105 Rn 73). Speziell zur Überprüfung der Gefahr im Verzug s u § 18 Rn 13.

Achenbach

c) Überprüfung der Art und Weise des Vollzugs

45 Soll nicht die Anordnung selbst, sondern die **Art und Weise des Vollzuges** überprüft werden, so ist, wiederum auch nach Abschluss der Maßnahme, im Falle einer nicht-richterlichen Anordnung dafür nicht der Rechtsweg nach §§ 23 ff. EGGVG zum OLG, sondern ebenfalls der Antrag auf Entscheidung des Ermittlungsgerichts analog § 98 Abs 2 S 2 (§ 111e Abs 2 S 3) StPO statthaft (BVerfG 1. Kammer des 1 Senats NJW 2011, 1863; BGHSt 44, 265 = NJW 1999, 730; *Bruns* in KKStPO Rn 18 iVm § 98 Rn 26; *Ladiges* in Radtke/Hohmann Rn 37, *Pfeiffer* § 105 Rn 6, *Schmitt* in Meyer-Goßner Rn 17, *Wohlers* Rn 73, jeweils zu § 105). Das soll nach BGHSt 45, 183 = NJW 1999, 3499 auch für die Überprüfung des Vollzugs einer richterlich angeordneten abgeschlossenen Durchsuchung jedenfalls dann gelten, wenn die beanstandete Art und Weise des Vollzugs nicht ausdrücklicher und evidenter Bestandteil der richterlichen Anordnung war.

VII. Die „Polizeifestigkeit" des Presserechts

46 Behindernde **Eingriffe der Verwaltung** in die Tätigkeit der Presse auf der Grundlage der Polizeigesetze der Länder sind **unzulässig**, wenn sie sich auf den **Inhalt der Publikation** beziehen (VGH München NJW 1983, 1339/1340; OVG Brandenburg NJW 1997, 1387m zust Bespr *Gornig* JuS 1999, 1167; krit *Schwabe* JuS 2000, 623; ergänzend s *Degenhart* in BK-GG, Art 5 Abs 1 und 2 Rn 502–506; *Götz* Allg Polizei- u OrdnungsR, 15. Aufl, München 2012, § 8 Rn 62, § 11 Rn 19; *Pieroth/Schlink/Kniesel*, Polizei- und OrdnungsR, 7. Aufl München 2012, § 5 Rn 25; *Pieroth* AfP 2006, 305, 307 f., *Schenke* Polizei- und OrdnungsR, 7. Aufl Heidelberg 2011, Rn 347, jeweils mwN; aA *Kemper* Pressefreiheit und Polizei, 1964, S 69 ff.). Die Anerkennung dieses Prinzips, das man herkömmlich mit dem – heute eher skeptisch betrachteten – Begriff der **Polizeifestigkeit** der Pressefreiheit umschrieb, entsprach bereits im Bismarck'schen Kaiserreich gefestigter Rechtsprechung (vgl PrOVGE 23, 274/279; 30, 418/420 f.; 34, 429/431; 40, 295/298; 47, 335/337; 52, 286/289; 83, 208/210 f.). Es ergibt sich heute aus Art 5 Abs 1 und 2 GG sowie aus Art 10 Abs 2 EMRK (zustimmend *Degenhart* in BK-GG Art 5 Abs 1 und 2 Rn 502) und Art 19 Abs 3 des Menschenrechtspaktes der Vereinten Nationen (Internationaler Pakt über bürgerliche und politische Rechte, BGBl 1973 II 1534). Soweit die Landespressegesetze von Baden-Württemberg und Bremen eine Kompetenz der Ermittlungspersonen („Hilfsbeamten") der Staatsanwaltschaft für die vorläufige Sicherstellung zu anderen Zwecken als der Beweissicherung einräumen, werden die auslösenden Straftatbestände genau aufgelistet. Art 15 Abs 2 BayPrG gestattet zwar die vorläufige Wegnahme sämtlicher „Druckwerke strafbaren Inhalts", nimmt aber Zeitungen und Zeitschriften generell davon aus und zieht besondere prozedurale Begrenzungen ein. Daraus ergibt sich der Wille des Gesetzgebers, eine polizeiliche Generalermächtigung für generelle Fälle der Gefahrenabwehr gerade nicht zuzulassen (insoweit zutreffend *Groß* PresseR Rn 578).

47 Für die **einziehungssichernde Beschlagnahme** als solche besteht wegen ihrer wesensgemäßen Zugehörigkeit zum Strafverfahrensrecht überhaupt **keine durch Gesichtspunkte der Gefahrenabwehr begründete Zuständigkeit der Polizei.** Nicht gebilligt werden kann deshalb die Ansicht von *Groß* (PresseR Rn 579), dort, wo die Bestimmungen über die Pressebeschlagnahme aufgehoben wurden, sei ein Zugriff auf Grund des Polizeirechts wieder möglich. Auch der Auffassung von *Groß* (PresseR Rn 582), die polizeiliche Wegnahme von Presseerzeugnissen sei zulässig, wenn durch deren Inhalt die freiheitlich-demokratische Grundordnung angegriffen werde, steht die Sperrwirkung des § 1 Abs 2 LPG entgegen. Soweit die Pressegesetze von Baden-Württemberg (§ 1 V), Hamburg (§ 1 V) und Sachsen (§ 1 I 2) anordnen, Gesetzen, die für jedermann gelten, sei auch die Presse unterworfen, kann das angesichts der verfassungsrechtlichen Grundlagen des Verbots einer präventivpolizeilichen Inhaltskontrolle der Presse insoweit nicht die Anwendung der Polizeigesetze begründen.

VIII. Vergleich der §§ 13–19 LPG mit den §§ 111b ff., 111m/n StPO

1. Notwendigkeit einer vergleichenden Betrachtung

Nach der hier in Übereinstimmung mit der heute weit vorherrschenden Meinung vertretenen Auffassung findet die typischerweise die ganze Auflage erfassende einziehungssichernde Beschlagnahme von Druckwerken und sonstigen Schriften ihre gültige Regelung in den §§ 111m und 111n iVm §§ 111b ff. StPO (o Rn 27). Das **Bundesverfassungsgericht** freilich hat die Frage **noch nicht entschieden**. Im Hinblick auf die daraus für die Praxis resultierende Ungewissheit ist der Blick stets auch auf die entsprechende Regelung in denjenigen Landespressegesetzen zu richten, die überhaupt (noch) Normen über die Pressebeschlagnahme enthalten. Da dieser Kommentar sich primär an den LPG orientiert, scheint eine kurze vergleichende Übersicht über die Aufteilung der Materien innerhalb der beiden Regelungsmodelle sinnvoll. Dieser Vergleich wird dadurch erschwert, dass die beiden Rechtsordnungen die erfassten Materien ganz unterschiedlich gliedern: 48

2. Aufbau der §§ 111m/n StPO

Die **StPO** statuiert in den §§ 111m/n nur diejenigen Abweichungen von den in §§ 111b ff. getroffenen generellen Bestimmungen über die Vollstreckungssicherung, welche zur Gewährleistung einer effektiven Freiheit der Presse dem Gesetzgeber erforderlich schienen (*Achenbach* in AK-StPO vor §§ 111m/n Rn 1). Dabei formuliert § **111m** StPO die materiellen Einschränkungen, die namentlich der Wahrung der Verhältnismäßigkeit zwischen dem öffentlichen Interesse an ungehinderter und unverzögerter Verbreitung von Presseerzeugnissen und der Bedeutung der (Straf-)Sache dienen sollen. § **111n** StPO dagegen enthält die Verfahrensregeln für die Pressebeschlagnahme, von der zwischen Gericht und Staatsanwaltschaft primär nach dem Kriterium der periodischen oder nicht-periodischen Erscheinungsweise geteilten Anordnungskompetenz über eine Befristung mit Aufhebungspflicht bis hin zur Verschränkung der Kompetenzen von Richter und Staatsanwalt im Ermittlungsverfahren. 49

3. Gliederung der §§ 13–19 LPG im Vergleich mit den Vorschriften der StPO

Die **Landespressegesetze** folgen einem abweichenden Aufbau. § **13 LPG** enthält den Grundsatz der ausschließlich richterlichen Anordnungskompetenz (vgl aber § 18 LPG) sowie positive und negative Voraussetzungen der Anordnung, also Regelungen, die sich im Bundesrecht auf §§ 111b, 111m und 111n StPO verteilen. § **14 LPG** stellt weitere einschränkende materielle Voraussetzungen der Beschlagnahme auf, wie sie sich, allerdings nicht sämtlich, in § 111n StPO finden. § **15 LPG** ordnet das Verbreitungs- und Wiederabdruckverbot an. § **16 LPG** betrifft die Pflicht zur Aufhebung der Beschlagnahme, verbunden mit der auflösenden Bedingung der Klageerhebung oder Einziehungsanordnung binnen, freilich mehrfach verlängerbarer, Monatsfrist, also mit einigen Unterschieden Gegenstände des § 111n StPO. § **17 LPG** statuiert die Entschädigungspflicht, welche das Bundesrecht im StrEG anordnet (o Rn 29). § **18 LPG** sieht, freilich nur in drei Bundesländern, eine vorläufige Beschlagnahme durch die Staatsanwaltschaft oder ihre Ermittlungspersonen bzw die Polizei vor, trifft also eine Regelung der Anordnungskompetenz, die von dem Modell des § 111n StPO abweicht, und regelt deren Bestätigung und Außerkrafttreten bin- 50 nen kurzer Fristen, wie es ähnlich auch § 111n Abs 1 StPO tut. § 19 LPG schließlich weist in einigen Ländern ausdrücklich auf die Unanwendbarkeit der landesrechtlichen Beschlagnahmevorschriften für die Beweissicherung hin.

§ 13 LPG
Anordnung der Beschlagnahme

I. Landesrecht

Gesetzesfassung in Baden-Württemberg:

§ 13 Anordnung der Beschlagnahme

(1) Die Beschlagnahme eines Druckwerks kann nur der Richter anordnen.

(2) Die Beschlagnahme darf nur angeordnet werden, wenn

1. dringende Gründe für die Annahme vorliegen, daß das Druckwerk eingezogen oder seine Einziehung vorbehalten (§ 74b Abs. 2 des Strafgesetzbuches) wird und
2. in den Fällen, in denen die Einziehung einen Antrag oder eine Ermächtigung voraussetzt, dringende Gründe für die Annahme vorliegen, daß der Antrag gestellt oder die Ermächtigung erteilt wird.

(3) Die Beschlagnahme darf nicht angeordnet werden, wenn

1. der mit ihr verfolgte und erreichbare Rechtsschutz offensichtlich geringer wiegt als ein durch die Beschlagnahme gefährdetes öffentliches Interesse an unverzögerter Unterrichtung durch das Druckwerk oder
2. ohne weiteres feststeht, daß die nachteiligen Folgen der Beschlagnahme außer Verhältnis zu der Bedeutung der Sache stehen.

Gesetzesfassung in Bayern:

Art. 15 Anordnung der Beschlagnahme

(1) Die Anordnung der Beschlagnahme von Druckwerken steht abweichend von § 98 der Strafprozeßordnung nur dem Richter zu.

(2) Die Polizei ist berechtigt, gegen Art. 7 verstoßende Druckwerke und Druckwerke strafbaren Inhalts mit Ausnahme von Zeitungen und Zeitschriften dem Verbreiter vorläufig wegzunehmen. Sie hat dieselben unverzüglich dem Richter vorzulegen, der innerhalb von 24 Stunden eine Entscheidung zu treffen hat.

Gesetzesfassung in Berlin:

§ 12 Anordnung der Beschlagnahme

(1) Die Beschlagnahme eines Druckwerks kann nur der Richter anordnen.

(2) Die Beschlagnahme darf nur angeordnet werden, wenn

1. dringende Gründe für die Annahme vorliegen, daß das Druckwerk eingezogen oder die Einziehung vorbehalten wird und
2. in den Fällen, in denen die Entscheidung über die Einziehung einen Antrag oder eine Ermächtigung voraussetzt, dringende Gründe für die Annahme vorliegen, daß der Antrag gestellt oder die Ermächtigung erteilt wird.

Anordnung der Beschlagnahme § 13 LPG

(3) Die Beschlagnahme darf nicht angeordnet werden, wenn
1. der mit ihr verfolgte und erreichbare Rechtsschutz offensichtlich geringer wiegt als ein durch die Beschlagnahme gefährdetes öffentliches Interesse an unverzögerter Unterrichtung durch das Druckwerk oder
2. ohne weiteres feststeht, daß die nachteiligen Folgen der Beschlagnahme außer Verhältnis zu der Bedeutung der Sache stehen.

Brandenburg: Eine entsprechende Regelung ist nicht getroffen worden.

Gesetzesfassung in Bremen:

§ 13 Anordnung und Beschlagnahme

(1) Die Beschlagnahme eines Druckwerks kann nur der Richter anordnen.

(2) Die Beschlagnahme darf nur angeordnet werden, wenn
1. dringende Gründe für die Annahme vorliegen, daß die Einziehung des Druckwerks angeordnet oder vorbehalten wird und
2. in den Fällen, in denen die Einziehung einen Antrag oder eine Ermächtigung voraussetzt, dringende Gründe für die Annahme vorliegen, daß der Antrag gestellt oder die Ermächtigung erteilt wird.

(3) Die Beschlagnahme darf nicht angeordnet werden, wenn
1. der mit ihr verfolgte und erreichbare Rechtsschutz offensichtlich geringer wiegt als ein durch die Beschlagnahme gefährdetes öffentliches Interesse an unverzögerter Unterrichtung durch das Druckwerk oder
2. ohne weiteres feststeht, daß die nachteiligen Folgen der Beschlagnahme außer Verhältnis zu der Bedeutung der Sache stehen.

Hamburg: § 12 aufgehoben durch Ges. vom 1.12.1980 (GVBl. S. 361)

Hessen: §§ 13 und 16 aufgehoben durch Ges. vom 16.5.2001 (GVBl. S. 250)

Gesetzesfassung in Mecklenburg-Vorpommern:

§ 12 Anordnung der Beschlagnahme

Die Beschlagnahme kann nur der Richter anordnen, unbeschädigt der Bestimmungen der Strafprozeßordnung. Polizei und andere Behörden dürfen ein Druckwerk nur aufgrund einer solchen Anordnung beschlagnahmen. Bei der Beschlagnahme sind die die Beschlagnahme veranlassenden Stellen des Druckwerkes unter Anführung der verletzten Gesetze zu bezeichnen.

§ 13 Voraussetzungen der Beschlagnahme

(1) Die Beschlagnahme eines Druckwerks darf nur angeordnet werden, wenn
1. seine Herstellung oder Verbreitung als Friedensverrat (§§ 80, 80a), Hochverrat (§§ 81, 82, 83), Gefährdung des demokratischen Rechtsstaates (§§ 86 bis 90b), Landesverrat und Gefährdung der äußeren Sicherheit (§§ 94 bis 97a, 100a), als Beleidigung (§§ 185 und 187a, 189) oder nach § 30, § 103, § 184 des Strafgesetzbuches mit Strafe bedroht ist und im Falle des § 184 des Strafgesetzbuches sein Inhalt auch das Schamgefühl offensichtlich grob verletzt,
2. dringende Gründe für die Annahme vorliegen, daß das Druckwerk eingezogen oder seine Einziehung vorbehalten (§ 74b Abs. 2 des Strafgesetzbuches) werden wird und
3. in den Fällen, in denen dies zur Strafverfolgung erforderlich ist, der Strafantrag oder die Ermächtigung vorliegen.

(2) **Die Beschlagnahme darf nicht angeordnet werden, wenn**
1. **der mit ihr verfolgte und erreichbare Rechtsschutz deutlich geringer wiegt als ein durch die Beschlagnahme gefährdetes öffentliches Interesse an unverzögerter Unterrichtung durch das Druckwerk oder**
2. **ohne weiteres ersichtlich ist, daß die nachteiligen Folgen der Beschlagnahme außer Verhältnis zu der Bedeutung der Sache stehen.**

Niedersachsen: § 13 aufgehoben durch Ges. vom 5.12.1983 (GVBl. S. 281)

Nordrhein-Westfalen: § 13 aufgehoben durch Ges. vom 6.10.1987 (GV.NW. S. 342)

Rheinland-Pfalz: Das LandesmedienG v. 4.2.2005 (GVBl. S. 23) hat das Landespressegesetz aufgehoben (§ 55 Abs. 2 Nr. 1); es enthält in den §§ 13–15 keine entsprechende Regelung.

Saarland: Das Saarländische MedienG idF v 27.2.2002 (ABl. S. 498, 754) hat das Saarländische Pressegesetz außer Kraft gesetzt (§ 71 Abs 1); es enthält in den §§ 13–19 keine entsprechende Regelung.

Sachsen: Eine entsprechende Regelung ist nicht getroffen worden.

Sachsen-Anhalt: Eine entsprechende Regelung ist nicht getroffen worden.

Schleswig-Holstein: § 13 aufgehoben durch Ges. vom 9.12.1974 (GVOBl. S. 453)

Thüringen: Eine entsprechende Regelung ist nicht getroffen worden.

II. Bundesrecht

S bei den Vorbemerkungen zu §§ 13–19 LPG.

Schrifttum zum Presse-Beschlagnahmerecht s Vor §§ 13–19 LPG.

Inhaltsübersicht

	Rn
I. Überblick über die vollstreckungssichernde Beschlagnahme im Allgemeinen	
1. Funktion und Entwicklung der §§ 111b ff. StPO	1
2. Überblick über die §§ 111b–111p StPO	2
3. Voraussetzungen und Folgen der vollstreckungssichernden Beschlagnahme	3
4. Die Anordnungskompetenz	4–6
5. Bekanntgabe des Zwecks der Beschlagnahme	7
6. Die Vollstreckungskompetenz	8
II. Inhalt und Funktion des § 13 LPG. Vergleich mit §§ 111b/c, 111m/n StPO	
1. Der Grundsatz der richterlichen Anordnungskompetenz	9
2. Das Erfordernis dringender Gründe	10
3. Besonderer Einfluss des Grundsatzes der Verhältnismäßigkeit	11
III. Das Monopol der richterlichen Beschlagnahmeanordnung bei periodischen Schriften (§ 111n Abs 1 S 1 und 2 StPO)	
1. Druckwerk, Schrift und Herstellungsmittel. Ausdehnung der Anordnungskompetenz auf alle Schriften iSv § 11 Abs 3 StGB ...	12–16
2. Form der Entscheidung. Inhaltliche Anforderungen	17–19
3. Keine notwendige Anhörung, aber rechtzeitige Information des Betroffenen	20
4. Sachleitungsbefugnis und Initiativrecht der Staatsanwaltschaft im Ermittlungsverfahren	21

		Rn
	5. Sachliche Zuständigkeit	22
	6. Örtliche Zuständigkeit	23
	a) Das Fortleben des „fliegenden Gerichtsstands der Presse" für die Beschlagnahmeanordnung	24
	b) Vollstreckbarkeit an jedem Auffindeort	25
	7. Gesamtauflage als „dasselbe" Druckwerk	26
	8. Vollstreckungskompetenz der Staatsanwaltschaft	27
	9. Bundesweite Wirkung	28
	10. Zeitliche Geltungskraft der richterlichen Anordnung	29
	11. Unwirksamkeit fehlerhafter Beschlagnahme als Ausnahme, (bloße) Anfechtbarkeit als Regelfall	30, 31
	12. Rechtsbehelfe	32, 33
IV.	**Die materiellrechtlichen Voraussetzungen: Einziehung und Unbrauchbarmachung als Gegenstand der Vollstreckungssicherung durch Pressebeschlagnahme**	34
	1. Das Erfordernis einer vorsätzlich begangenen Straftat	35
	2. Der Mischcharakter der Einziehung	36
	3. Generelle und spezielle Einziehung	37, 38
	4. Die generelle Einziehungsregelung (§ 74 StGB)	39
	a) Anwendungsbereich	40
	b) Richterliches Ermessen	41, 42
	c) Produkte und Instrumente sowie Beziehungsgegenstände der Straftat	43–45
	d) Eigentumsverhältnisse bei eingezogenen Gegenständen	46, 47
	e) Anordnung milderer Maßnahmen. Einbeziehungsvorbehalt. Unbrauchbarmachung. Teileinziehung	48–51
	5. Die spezielle Regelung der Einziehung bei Presseinhaltsdelikten (§ 74d StGB)	52
	a) Erweiterter Begriff des Inhaltsdelikts	53
	b) „Schriften" in einem umfassenden Sinn als Gegenstand des § 74d StGB	54
	c) Erstreckung auf die Unbrauchbarmachung der Herstellungsmittel	55
	d) Verbreitung bzw Bestimmung zur Verbreitung	56
	e) Öffentliches Zugänglichmachen	57
	f) Die beiden Fallgruppen des § 74d StGB. Zweck der unterschiedlichen Regelung	58
	g) Erfassung der gesamten Auflage. Schutz des Leserpublikums	63
	h) Einziehungsvorbehalt und Verzicht auf die Einziehung	64
	6. Gemeinsame Vorschriften für die generelle und spezielle Einziehung	65
	a) Selbstständige Anordnung der Einziehung und Unbrauchbarmachung. Subjektives und objektives Verfahren	66–69
	b) Einziehungsurteil und Einziehungsverfahren	70–72
	7. Einziehung und Unbrauchbarmachung nach dem Ordnungswidrigkeitengesetz	73
V.	**Die prozessrechtlichen Voraussetzungen: Die Problematik des Grades der Wahrscheinlichkeit für die Annahme der späteren Einziehungsanordnung und das Erfordernis eines Sicherstellungsbedürfnisses**	
	1. Die Divergenz zwischen § 111b StPO und § 13 Abs 2 LPG seit 1998	
	a) Die Folgen der Pressebeschlagnahme und das Erfordernis dringender Gründe im Landespresserecht	74
	b) Die Absenkung der Prognosewahrscheinlichkeit in § 111b Abs 1 StPO im Jahre 1998	75
	2. Die herkömmliche Interpretation des Erfordernisses dringender Gründe	76
	a) Das Erfordernis eines dringenden Tatverdachts	77
	b) Hohe Wahrscheinlichkeit für das Vorliegen der weiteren Voraussetzungen der Einziehung	78
	c) Hohe Wahrscheinlichkeit der tatsächlichen Einziehungsanordnung durch das Gericht	79
	3. Interpretation von § 111b Abs 1 StPO im Lichte von Art 5 Abs 1 GG	80–84
	4. Strafantrag und Ermächtigung als Teil der (dringenden) Gründe	85
	a) Der Strafantrag	86
	b) Die Ermächtigung	87

	Rn
c) Rücknahme von Strafantrag und Ermächtigung	88
d) Unzulässigkeit der Beschlagnahmeanordnung ohne konkrete Anhaltspunkte für die Wahrscheinlichkeit eines Strafantrages oder einer Ermächtigung	89
5. Das Erfordernis eines Sicherstellungsbedürfnisses als Voraussetzung der Beschlagnahmeanordnung	90

VI. Der Grundsatz der Verhältnismäßigkeit und seine Umsetzung in § 111m Abs 1 StPO, § 13 Abs 3 LPG

1. Grundlagen	
a) Bedeutung des verfassungsrechtlichen Übermaßverbots	91
b) Eignung, Erforderlichkeit und Proportionalität	92
c) Geltung für Gesetzgeber und Richter	93
d) Niederschlag des Prinzips in der Gesetzgebung	94
e) Besondere Auswirkung des Prinzips im Pressebeschlagnahmerecht	95
2. Die Regelung in § 111m Abs 1 StPO und § 13 Abs 3 LPG	
a) Verhältnis der Formulierungen in § 111m Abs 1 StPO und § 13 Abs 3 LPG	96
b) Die Gefährdung des Interesses an unverzögerter Verbreitung	97–102
c) Berücksichtigung privater Interessen: wirtschaftliche Folgen und Beeinträchtigung des Ansehens	103–105
d) Bedeutung der Sache	106
e) Offenbare Unverhältnismäßigkeit	110

VII. Abweichendes Landesrecht ... 115

I. Überblick über die vollstreckungssichernde Beschlagnahme im Allgemeinen

1. Funktion und Entwicklung der §§ 111b ff. StPO

1 Die §§ 111m/n StPO wie auch die §§ 13ff. LPG enthalten einzig die für die Pressebeschlagnahme geltenden Sonderregeln, setzen also übereinstimmend die **allgemeinen Regeln** der StPO für die **einziehungssichernde Beschlagnahme** voraus (ebenso *Gercke* in HK-StPO § 111m Rn 1, *Janssen* Gewinnabschöpfung Rn 122, *Spillecke* in KKStPO § 111m Rn 2). Diese bis 1974 von § 94 StPO umfaßte Form der Beschlagnahme hat durch das EGStGB vom 2.3.1974 (BGBl I S 469) eine völlige Neuregelung in den §§ 111b–111l StPO erfahren, welche 1975 in Kraft getreten ist (genauer dazu *Achenbach* NJW 1976, 1068). Die §§ 111m und 111n StPO wurden dann durch das Gesetz über das Zeugnisverweigerungsrecht der Mitarbeiter von Presse und Rundfunk vom 25.7.1975 hinzugefügt (o Vor § 13ff. Rn 22). Eine Neuformulierung erfuhr der § 111b StPO durch das Gesetz zur Änderung des Außenwirtschaftsgesetzes, des Strafgesetzbuches und anderer Gesetze vom 28.2.1992 (BGBl I S 372). Das Gesetz zur Verbesserung der Bekämpfung der Organisierten Kriminalität vom 4.5.1998 (BGBl I S 845) schließlich beseitigte das bisherige Erfordernis „dringender Gründe" für die Annahme, dass die Voraussetzungen für den Verfall oder die Einziehung der sicherzustellenden Gegenstände gegeben sind, und ersetzte es durch schlichte „Gründe" (§ 111b Abs 1 StPO), die nicht dringend zu sein brauchen; liegen solche dringenden Gründe nicht vor, so hebt der Richter die Sicherstellungsmaßnahmen spätestens nach sechs Monaten auf, doch gibt es noch gewisse Verlängerungsmöglichkeiten (§ 111b Abs 3 StPO).

2. Überblick über die §§ 111b–111p StPO

2 Die einziehungssichernde Beschlagnahme ist nur ein Ausschnitt aus einem komplexeren Zusammenhang. Sie gehört zu den Regeln über **vollstreckungssichernde Maßnahmen** gemäß §§ 111b–111p, die von der amtlichen Sicherstellung zum Zwecke der Beweissicherung gemäß §§ 94–98 StPO zu unterscheiden sind (o Vor

I. Überblick über die vollstreckungssichernde Beschlagnahme § 13 LPG

§§ 13 ff., Rn 3 ff.). Die §§ 111b ff. StPO ihrerseits betreffen über die Sicherstellung zur Gewährleistung der Einziehung hinaus auch die Beschlagnahme zur Sicherung des Verfalls des aus einer Straftat Erlangten gemäß §§ 73 ff. StGB und die Anordnung eines strafprozessualen (dh vom Strafgericht angeordneten) dinglichen Arrests zur Sicherung einer Reihe von Geldforderungen, die durch die Straftat und das deswegen geführte Strafverfahren begründet erscheinen; zudem verbindet das Gesetz damit noch das Ziel einer „Zurückgewinnungshilfe" zugunsten des durch die Tat Verletzten (zum Ganzen näher *Achenbach* in AK-StPO vor §§ 111b–111n, Rn 2 ff., 6 ff., sowie dort die Kommentierung zu §§ 111b–111d). Die 1992 eingeführten §§ 111o und 111p StPO schließlich sollten der Verwirklichung der Vermögensstrafe nach § 43a StGB dienen; seit deren Nichtigerklärung durch BVerfGE 105, 135 = NJW 2002, 1779 sind sie gegenstandslos.

3. Voraussetzungen und Folgen der vollstreckungssichernden Beschlagnahme

Speziell die **vollstreckungssichernde Beschlagnahme** von Gegenständen ist 3 gemäß § 111b Abs 1 StPO nur zulässig, wenn „Gründe für die Annahme vorhanden sind, dass die Voraussetzungen für [...] ihre Einziehung vorliegen". Die StPO verweist damit weiter auf die materiellrechtlichen Vorschriften über die Einziehung in §§ 74–75 StGB, die uU noch durch spezielle Regelungen in anderen Gesetzen ergänzt werden (näher u Rn 36 ff.). Bei beweglichen Sachen wird die Sicherstellung gemäß § 111c Abs 1 StPO durch Beschlagnahme ieS bewirkt, dh dadurch, dass „die Sache in Gewahrsam genommen oder die Beschlagnahme durch Siegel oder in anderer Weise kenntlich gemacht wird". Die Beschlagnahme nach §§ 111b Abs 1, 111c Abs 1 StPO hat im Unterschied zu der beweissichernden Beschlagnahme nach § 94 Abs 1 und 2 StPO die Wirkung eines relativen Veräußerungs- und Verfügungsverbots (§ 111c Abs 5 StPO).

4. Die Anordnungskompetenz

Die **Kompetenz zur Anordnung der Beschlagnahme beweglicher Sachen** 4 regelt § 111e Abs 1 S 1 u 2 StPO für Nicht-Pressesachen anders als § 111n StPO für die Pressebeschlagnahme. Zuständig ist dafür generell im Regelfall der Richter, bei Gefahr im Verzug ferner sowohl die Staatsanwaltschaft als auch ihre Ermittlungspersonen iSv § 152 GVG (bis zum 1. Justizmodernisierungsgesetz vom 24.8.2004 bezeichnet als „Hilfsbeamte der Staatsanwaltschaft") in Verbindung mit den einschlägigen landesrechtlichen Verordnungen (Nachw bei *Meyer-Goßner* § 152 GVG Rn 6).

Zu den **Ermittlungspersonen der Staatsanwaltschaft** gehören fast alle Polizei- 5 beamten mit Ausnahme des untersten Dienstgrades sowie der leitenden Beamten, aber auch weitere Gruppen von Amtsträgern bei der Bundesfinanzverwaltung, bei einigen für die Pressebeschlagnahme nicht relevanten anderen Verwaltungen und bei der Staatsanwaltschaft. Da es nicht nur um Polizeibeamte geht, sollte der irreführende Begriff der „forensischen Polizei" vermieden werden. Die als Ermittlungspersonen der Staatsanwaltschaft tätigen Polizeibeamten gehören zwar organisatorisch zur Polizei, nicht zur Justiz. Sie sind der Staatsanwaltschaft aber funktionell zugeordnet und deren Weisungen unterworfen (§ 152 Abs 1 GVG).

Eine richterliche **Bestätigung** ist nach § 111e Abs 2 S 2 StPO für die ausschließ- 6 lich einziehungssichernde Beschlagnahme beweglicher Sachen – anders als bei der Pressebeschlagnahme gemäß § 111n Abs 1 S 3 – generell nicht erforderlich, und zwar auch dann nicht, wenn die Anordnung von einer Ermittlungsperson der StA getroffen wurde (BGH NStZ 1985, 262; *Rogall* in SKStPO Rn 15, *Johann* in Löwe/Rosenberg Rn 9, *Schmitt* in Meyer-Goßner Rn 6, zu § 111e); doch ist es der Staatsanwaltschaft nicht verwehrt, auch dann die richterliche Bestätigung zu beantragen (BGH NStZ 1985, 262, *Lohse* in AnwK-StPO Rn 2, *Pfeiffer* Rn 4, *Rogall* in SK-

StPO Rn 15, *Spillecke* in KKStPO Rn 4, zu § 111e). Der von der Maßnahme Betroffene hat in allen Fällen die Möglichkeit, jederzeit die richterliche Entscheidung zu beantragen (§ 111e Abs 2 S 3 StPO).

5. Bekanntgabe des Zwecks der Beschlagnahme

7   Im Hinblick auf die besonderen Folgen der vollstreckungssichernden Beschlagnahme (§ 111c Abs 5 StPO) muss ihre Anordnung die **ausdrückliche Erklärung** umfassen, dass sie dem **Zweck** dient, die Vollstreckung einer späteren gerichtlichen Einziehungsanordnung zu gewährleisten (*Achenbach* in AK-StPO Rn 9, *Gercke* in HK-StPO Rn 3, *Huber* in Graf Rn 2, *Rogall* in SK-StPO Rn 13, *Spillecke* in KKStPO Rn 3, zu § 111e). Der BGH hat davon eine Ausnahme zugelassen, wenn der Sicherungszweck „auf der Hand liegt" (NStZ 1985, 262; ebenso *Kiethe* in Radtke/Hohmann Rn 2, *Johann* in Löwe/Rosenberg Rn 5, *Schmitt* in Meyer-Goßner Rn 4, zu § 111e), was aber nur bei engster Interpretation hingenommen werden kann. In jedem Fall denkbarer Zweifel ist daher eine ausdrückliche Klarstellung erforderlich (im Interesse der Rechtssicherheit rät auch *Pfeiffer* § 111e Rn 2 der Praxis von dieser Ausnahmemöglichkeit ab).

Ergeht die Beschlagnahmeanordnung nicht in der **Form** eines richterlichen Beschlusses, so ist sie im Interesse einer Klarstellung ihres Umfanges und des verfolgten Zweckes sowohl von der Staatsanwaltschaft als auch von ihren Ermittlungspersonen **aktenkundig** zu machen (vgl schon o Vor §§ 13 ff. Rn 33).

6. Die Vollstreckungskompetenz

8   **Vollstreckt** wird die Beschlagnahme beweglicher Sachen in jedem Fall, dh auch bei gerichtlicher Anordnung, von der Staatsanwaltschaft (§ 111f Abs 1 S 1 StPO, dazu näher u Rn 28). In jedem Fall ist der von der Maßnahme Betroffene analog § 98 Abs 2 S 5 StPO über sein Recht zu einem Antrag auf richterliche Entscheidung iSv § 111e Abs 2 S 3 StPO zu **belehren** (*Achenbach* NJW 1982, 2809, *Gercke* in HK-StPO Rn 7, *Hartmann* in HK-GS Rn 6, *Rogall* in SKStPO Rn 13, *Johann* in Löwe/Rosenberg Rn 11, *Schmitt* in Meyer-Goßner Rn 8, *Spillecke* in KKStPO Rn 9, jeweils zu § 111e). Eine Belehrung über das Veräußerungs- und Verfügungsverbot gemäß § 111c Abs 5 StPO sieht das Gesetz nicht vor (*Schmitt* in Meyer-Goßner § 111e Rn 4); sie sollte gleichwohl erteilt werden (ebenso zu § 111e *Gercke* in HK-StPO Rn 3, *Hartmann* in HK-GS Rn 3, ähnlich *Rogall* in SK-StPO Rn 13 – vielfach zweckmäßig).

II. Inhalt und Bedeutung des § 13 LPG. Vergleich mit §§ 111b/c, 111m/n StPO

1. Der Grundsatz der richterlichen Anordnungskompetenz

9   Der Kernsatz des **§ 13 Abs 1 LPG** besagt, dass die Beschlagnahme von Druckwerken nur von dem unabhängigen **Richter,** nicht aber von der (weisungsgebundenen) Staatsanwaltschaft oder ihren Ermittlungspersonen angeordnet werden darf. Dies entspricht einer Hauptforderung der auf Sicherung der publizistischen Freiheit bedachten Presse, um die sie seit nahezu einem Jahrhundert mit Nachdruck und Zähigkeit gerungen hat (vgl Vor §§ 13 ff. Rn 13 ff.). Obwohl heute alle Landespressegesetze, die überhaupt eine Regelung der pressebezogenen Beschlagnahme enthalten (näher o Vor §§ 13 ff. Rn 22), den Grundsatz der ausschließlich richterlichen Pressebeschlagnahme formulieren, wird er nur in den Pressegesetzen von Berlin und Mecklenburg-Vorpommern rein verwirklicht. Dagegen lassen Baden-Württemberg, Bayern und Bremen eine „vorläufige Sicherstellung" von Presseerzeugnissen ausdrücklich zu (vgl u § 18).

III. Das Monopol der richterlichen Beschlagnahmeanordnung   § 13 LPG

§ 111n Abs 1 S 1 und 2 StPO weicht von beiden Modellen ab: Für die Anordnung der Beschlagnahme bei periodischen Druckwerken, sonstigen Schriften iSv § 11 Abs 3 StGB (u Rn 15) und ihren Herstellungsmitteln ist ausschließlich der Richter, für ihre Anordnung im Übrigen bei Gefahr im Verzug auch, aber auch nur, die Staatsanwaltschaft zuständig. Das – nach der hier Vor §§ 13 ff. Rn 27 vertretenen Auffassung allein maßgebende – Bundesrecht erlaubt also insoweit eine polizeiliche Beschlagnahmeanordnung zum Zwecke der Vollstreckungssicherung überhaupt nicht.

2. Das Erfordernis dringender Gründe

Anders als seit 1998 nach § 111b Abs 1 StPO (s. dazu u Rn 75) ist gemäß § 13 **10** Abs 2 Nr 1 LPG eine Beschlagnahme nur zulässig, wenn **dringende Gründe** für die endgültige Einziehung in dem späteren Gerichtsurteil sprechen. Diese Bestimmungen sollen verhindern, dass „auf Verdacht" zunächst einmal beschlagnahmt wird, auch wenn mit der Einleitung des gerichtlichen Verfahrens wegen der durch die Publikation vermeintlich begangenen Straftat ernstlich nicht zu rechnen ist. Die Regelung geht zurück auf das ReichspreßG, welches damit massiven behördlichen Missbräuchen begegnen wollte (Vor §§ 13 ff. Rn 13, 16 f.).

3. Besonderer Einfluss des Grundsatzes der Verhältnismäßigkeit

Schließlich enthält § 13 Abs 3 LPG eine Konkretisierung des rechtsstaatlichen **11** **Grundsatzes der Verhältnismäßigkeit** für das Pressebeschlagnahmerecht: Die Beschlagnahme von Presse-Erzeugnissen ist nicht zulässig, wenn der dadurch erreichbare Erfolg nicht in einem vertretbaren Verhältnis steht zu dem beeinträchtigten Informationsinteresse der Öffentlichkeit oder zu dem Schaden, den der Betroffene erleidet. § 111m Abs 1 StPO formuliert den gleichen Gedanken etwas allgemeiner.

III. Das Monopol der richterlichen Beschlagnahmeanordnung bei periodischen Schriften (§ 111n Abs 1 S 1 und 2 StPO)

1. Druckwerk, Schrift und Herstellungsmittel. Ausdehnung der Anordnungskompetenz auf alle Schriften iSv § 11 Abs 3 StGB

Hinsichtlich der **Kompetenz zur Anordnung der Beschlagnahme differen- 12 ziert** die StPO in § 111n Abs 1 S 1 und 2 StPO zwischen verschiedenen **Objekten der Pressebeschlagnahme,** und zwar nach dem Charakter als Druckwerk, sonstige Schrift oder druckwerksgleicher Einziehungsgegenstand und den Parametern der Periodizität und Nicht-Periodizität.

a) Die Beschlagnahme eines **periodischen Druckwerks** oder eines ihm gleich- **13** stehenden Gegenstandes iSv § 74d StGB darf **ausschließlich durch den Richter** angeordnet werden, Den Begriff des **Druckwerks** hat § 111n StPO aus § 7 LPG übernommen; er ist in beiden Vorschriften im gleichen Sinne zu interpretieren (ebenso *Achenbach* in AK-StPO § 111n Rn 1, *Huber* in Graf Rn 1, *Kiethe* in Radtke/Hohmann Rn 2, *Mayer* in KMR Rn 2, *Johann* in Löwe/Rosenberg Rn 5, *Schmitt* in Meyer-Goßner Rn 2 iVm § 53 Rn 29, zu § 111n). Druckwerke sind also alle mittels eines zur Massenherstellung geeigneten Vervielfältigungsverfahrens hergestellten und zur Verbreitung bestimmten Schriften, bildlichen Darstellungen mit oder ohne Schrift, Datenträger, besprochenen Tonträger, Bildträger und Musikalien mit Text oder Erläuterungen (im Einzelnen o zu § 7).

Auch der Teilbegriff des **periodischen Druckwerks** ist aus § 7 Abs 4 LPG in den **14** § 111n Abs 1 S 1 StPO übernommen worden. Es handelt sich dabei also um Zeitungen, Zeitschriften und andere Druckwerke, die in ständiger, wenn auch unregelmäßiger Folge und im Abstand von nicht mehr als sechs Monaten erscheinen. Mit der

LPG § 13 Anordnung der Beschlagnahme

Formulierung von der Zulässigkeit der Beschlagnahme eines dem periodischen Druckwerk „gleichstehenden Gegenstandes im Sinne des § 74d StGB" verweist § 111n Abs 1 S 1 StPO vorrangig (s u Rn 15) auf die zu seiner Herstellung gebrauchten und bestimmten Vorrichtungen wie Platten, Formen, Drucksätze, Druckstöcke, Negative oder Matrizen (§ 74d Abs 1 S 2 StGB).

15 Abweichend von der hier bis zur 5. Auflage im Anschluss an die ursprüngliche Kommentierung durch *Löffler* vertretenen Auffassung muss die **richterliche Anordnungskompetenz** gemäß § 111n Abs 1 S 1 StPO erstreckt werden auf alle sonst **periodisch erscheinenden Schriften** (im gleichen Sinne *Janssen* Gewinnabschöpfung Rn 131 und zu § 111n: *Gercke* in HK-StPO Rn 2, *Mayer* in KMR Rn 1, 2, *Rogall* in SK-StPO Rn 3, *Spillecke* in KKStPO Rn 3; wohl auch *Lohse* in AnwK-StPO Rn 1, unklar *Huber* in Graf Rn 1; allein auf Druckwerke abstellend *Hartmann* in HK-GS Rn 1, 2, *Kiethe* in Radtke/Hohmann Rn 2, *Schmitt* in Meyer-Goßner Rn 2, 3). Allerdings lässt sich der Begriff des Druckwerks nicht einfach mit dem der Schrift gleichsetzen. Nach Auffassung des BGH ist eine Schrift „eine Gedankenäußerung durch Buchstaben, Bilder oder Zeichen [...], die zur Vervielfältigung oder anderweitigen Verbreitung bestimmt ist" (BGHSt 13, 375/376 = NJW 1960, 492). Das Strafrecht verwendet in bestimmten Vorschriften kraft Verweisung auf die Legaldefinition in § 11 Abs 3 StGB einen fiktiv erweiterten Schriftenbegriff, der „Ton- und Bildträger, Datenspeicher, Abbildungen und andere Darstellungen" den Schriften gleichstellt. Von diesem Begriff der Schrift unterscheidet sich der des Druckwerks gemäß § 7 Abs 1 LPG allein dadurch, dass es stets einem zur Massenherstellung geeigneten Vervielfältigungsverfahren entstammen muss. Andererseits verlangt auch der Schriftbegriff nach bisherigem Verständnis die Bestimmung zur Vervielfältigung oder anderweitigen Verbreitung (BGHSt 13, 375/376 = NJW 1960, 492; ebenso zu § 11 StGB *Hilgendorf* in LK Rn 116, *Saliger* in NK-StGB Rn 75, *Sinner* in Matt/Renzikowski* Rn 57, **aA** *Fischer* Rn 34, *Hölscher* in HK-GS Rn 12); wenn der Weg zur technischen Vervielfältigung freigegeben ist, sind nach der Rechtsprechung insb Manuskripte zwar als Schriften (BGHSt 32, 1 ff. = NJW 1983, 2270), nicht aber als Druckwerke anzusehen.

§ 111n Abs 1 S 1 StPO bezieht indes in die richterliche Anordnungskompetenz auch die Beschlagnahme eines dem periodischen Druckwerk gleichstehenden Gegenstandes iSv **§ 74d StGB** ein. Für § 74d StGB ist aber der Schriftbegriff von zentraler Bedeutung (s. Abs 1, 3 und 5). Die Bezugnahme auf diese Norm erfasst daher bei einer die Entstehungsgeschichte des § 111n Abs 1 S 1 StPO einbeziehenden Interpretation nicht nur die in § 74d Abs 1 S 2 StGB genannten Herstellungs- und Vervielfältigungsmittel, sondern auch die in Abs 1 S 1 genannten Schriften iSv § 11 Abs 3 StGB (ebenso *Rogall* in SK-StPO § 111n Rn 3 ff.). Der Beschlussantrag des Rechtsausschusses zu dem Gesetz über das Zeugnisverweigerungsrecht der Mitarbeiter von Presse und Rundfunk vom 25.7.1975 (BT-Drs 7/3118, S 9) hatte im Anschluss an die Stellungnahme des Bundesrates (BT-Drs 7/2539, S 17 li o) die „sonstige Schrift" in § 111n Abs 1 S 2 StPO noch ausdrücklich genannt. Wenn der schließlich verwirklichte Vorschlag des Vermittlungsausschusses (BT-Drs 7/3777, S 2) entsprechend dem Vermittlungsbegehren des Bundesrates (BT-Drs 7/3374, S 2) diese Formulierung nicht mehr enthielt, so kann dies nur als Redaktionsversehen gewertet werden. Sofern eine Schrift iSv § 11 Abs 3 StGB, die nicht einem zur Massenherstellung geeigneten Verfahren entstammt, ebenfalls periodisch erscheint, unterliegt die Anordnung ihrer einziehungssichernden Beschlagnahme mithin dem Richtervorbehalt des § 111n Abs 1 S 1 StPO.

16 b) Die **Beschlagnahme eines nicht-periodischen,** „anderen" **Druckwerks** oder seiner Herstellungs- und Vervielfältigungsmittel iSd § 74d StGB, aber auch der **sonstiger Schriften** wie der in den Gang der technischen Vervielfältigung gegebenen Manuskripte kann bei **Gefahr im Verzug** auch von der **Staatsanwaltschaft,** dagegen nicht von ihren Ermittlungspersonen oder nicht dazu gehörenden Polizeibeamten angeordnet werden (§ 111n Abs 1 S 2 StPO).

III. Das Monopol der richterlichen Beschlagnahmeanordnung § 13 LPG

2. Form der Entscheidung. Inhaltliche Anforderungen

Die danach zur Anordnung der einziehungssichernden Beschlagnahme von Druck- 17
werken, sonstigen Schriften und ihren Herstellungsvorrichtungen erforderliche richterliche Entscheidung ergeht in der **Form** eines **Beschlusses,** der in der Regel
– außer bei Erlass in der Hauptverhandlung – schriftlich abzufassen und mit Gründen
zu versehen ist (§§ 34, 35 StPO). In Eilfällen kann die Entscheidung mündlich oder
telefonisch der Staatsanwaltschaft (u Rn 21) bekanntgegeben werden, sie ist jedoch
dann nachträglich zu den Akten zu bringen (*Pfeiffer* § 111n Rn 3; *Johann* in
Löwe/Rosenberg § 111e Rn 4; *Schmitt* in Meyer-Goßner § 111e Rn 4 iVm § 98
Rn 8; *Spillecke* in KKStPO § 111e Rn 3; *Wohlers* in SKStPO § 111e Rn 13; s dazu
aber auch Vor §§ 13 ff. Rn 32).

Inhaltlich gelten für die Beschlagnahmeanordnung ebenso **strenge Anforderun-** 18
gen wie für die Anordnung einer Durchsuchung (o Vor §§ 13 ff. Rn 34); in der Praxis sind beide meist miteinander verbunden. Zwar kann nicht verlangt werden, dass
jedes einzelne Schriftstück im Vorhinein detailliert benannt wird (OLG Oldenburg
wistra 1987, 38; LG Stuttgart StV 1986, 471). Jedoch sind die der Beschlagnahme
unterworfenen Gegenstände so genau zu bezeichnen, dass kein Zweifel bestehen
kann, ob sie von der Beschlagnahme erfasst werden oder nicht (BVerfG – Kammerbeschlüsse – NJW 1992, 551/552, NStZ-RR 2002, 172; OLG Oldenburg StV 1994,
178/179; LG Lüneburg JZ 1984, 343; *Rogall* in SKStPO § 111e Rn 12 iVm § 98
Rn 18; *Schmitt* in Meyer-Goßner § 111e Rn 4 iVm § 98 Rn 9; s auch LG Berlin
StV 2002, 67). Völlig unzulässig ist es daher, durch rein pauschale Beschreibungen der
sicherzustellenden Gegenstände die Auswahl dem Ermessen der ausführenden Polizeibeamten zu überlassen (OLG Düsseldorf StV 1982, 513; LG Bad Kreuznach StV
1994, 177 f.). Missbräuchen wird für die vollstreckungssichernde Pressebeschlagnahme schon dadurch vorgebeugt, dass die zu der Maßnahme Anlass gebenden Textstellen in der Beschlagnahmeanordnung im Einzelnen zu bezeichnen sind (§ 111m
Abs 3 StPO; § 14 Abs 2 S 1 LPG; s dazu näher u § 14 Rn 44 ff.). Die Anordnung
muss außerdem klarstellen, ob die Beschlagnahme der Beweissicherung oder der Vollstreckungssicherung oder beiden Zwecken dienen soll (vgl Vor §§ 13 ff. Rn 6,
o Rn 7). Für die Anforderungen an die Beschreibung des Lebenssachverhalts und die
Nennung der verwirklichten Straftatbestände gelten die gleichen Grundsätze wie im
Fall der Durchsuchungsanordnung (s o Vor §§ 13 ff. Rn 33). Zu der Frage, unter
welchen Voraussetzungen eine Beschlagnahmeanordnung unwirksam ist, s u Rn 30 f.

Die richterliche Beschlagnahmeanordnung gilt als **„erlassen"** und wird wirksam 19
in dem Zeitpunkt, in dem sie zum Zweck der Bekanntmachung den Gerichtsbereich
verlässt, da sie bis dahin noch abgeändert werden könnte (s BayObLG MDR 1981,
956 = NJW 1981, 2589; OLG Celle MDR 1976, 508 f.; OLG Hamburg NJW 1970,
1616/1617; OLG Düsseldorf AnwBl 1981, 288; *Meyer-Goßner* Vor § 33 Rn 9; *Maul*
in KKStPO § 33 Rn 4; *Schlüchter* Strafverfahren Rn 161; auf die Eingabe in den Geschäftsgang durch den Richter stellen ab: *Paulus* in KMR Vor § 33 Rn 28 iVm § 25;
BayObLG NJW 1970, 623; OLG Köln JR 1976, 514 f.). Die abweichende Ansicht,
dass es auf den Zeitpunkt der Kundgabe an eine Person außerhalb des Gerichts ankomme (*Wendisch* in Löwe/Rosenberg § 33 Rn 12; OLG Bremen NJW 1956, 435;
OLG Hamburg NJW 1963, 874) versagt, wenn die Entscheidung niemandem bekannt gegeben werden kann.

3. Keine notwendige Anhörung, aber rechtzeitige Information des Betroffenen

Eine **Anhörung des Betroffenen** vor Anordnung der Beschlagnahme kann un- 20
terbleiben, wenn dadurch der Zweck der Anordnung gefährdet würde (§ 33 Abs 4
StPO), jedoch sind daran strenge Anforderungen zu stellen (BayVerfGH JR 1963,
477). Die Nichtanhörung des Betroffenen vor der Beschlagnahme ist keine Verletzung des Grundrechts des rechtlichen Gehörs (Art 103 Abs 1 GG), dem Betroffenen

muss aber Gelegenheit zu einer nachträglichen Anhörung gegeben werden (BVerfGE **9**, 98/99 = NJW 1959, 427; **49**, 329, 342 = NJW 1979, 154; *Johann* in Löwe/ Rosenberg § 111e Rn 1 iVm § 98 Rn 17). Der Beschluss mit der Beschlagnahmeanordnung braucht dem durch diese Maßnahme Betroffenen **nicht zugestellt** zu werden (anders *Ricker/Weberling* Hdb 31. Kap Rn 11a). Eine förmliche Zustellung ist gemäß § 35 Abs 2 S 2 StPO schon deshalb entbehrlich, weil die Anordnung nur mit der – gemäß § 306 StPO, § 311 Abs 2 StPO e contrario unbefristeten – einfachen Beschwerde angefochten werden kann (§§ 304, 305 StPO).

Im Übrigen ist der Beschluss gemäß § 36 Abs 2 StPO von der Staatsanwaltschaft zu vollstrecken, die den Vollzug ihren Ermittlungspersonen oder auch nicht dazu gehörenden Polizeibeamten übertragen kann (u Rn 27). Eine **Bekanntgabe** der Entscheidung an den Betroffenen durch die mit ihrem Vollzug betrauten Amtsträger bei Beginn der Maßnahme oder bei Gefährdung ihres Zwecks sogar erst im Nachhinein soll nach vorherrschender Meinung deshalb genügen (*Huber* in Graf § 111e Rn 2; *Pfeiffer* § 111e Rn 3; *Schmitt* in Meyer-Goßner § 111e Rn 4 iVm § 98 Rn 10; *Spillecke* in KKStPO § 111e Rn 9). Damit werden jedoch die berechtigten Interessen des Betroffenen, insb bei einer so weit reichenden Maßnahme wie der Pressebeschlagnahme, zu gering geachtet. Es ist deshalb zu fordern, dass die Staatsanwaltschaft, wo es ohne Gefährdung des Zwecks der Maßnahme möglich ist, die formlose Mitteilung an den Betroffenen gemäß § 35 Abs 2 S 2 StPO vor Beginn der Beschlagnahme veranlasst. Das ist insb im Hinblick auf die Abwendungsbefugnisse des Betroffenen gemäß § 111m Abs 4 StPO bzw § 13 Abs 3 LPG (u § 14 Rn 34 ff.) von Bedeutung, die durch einen Überraschungszugriff vereitelt zu werden drohen.

4. Sachleitungsbefugnis und Initiativrecht der Staatsanwaltschaft im Ermittlungsverfahren

21 Das Monopol der richterlichen Beschlagnahmeanordnung bedeutet nicht, dass **vor Erhebung der öffentlichen Klage** (näher u § 16 Rn 7) der Ermittlungsrichter (u Rn 22) auf eigene Initiative tätig werden dürfte. Im Gegensatz zur endgültigen Einziehungsentscheidung (§§ 74 ff. StGB; §§ 430 ff. StPO) ist die Beschlagnahme in diesem Stadium eine vorläufige Maßnahme des Ermittlungsverfahrens, das unter der Sachleitung und in der rechtlichen Verantwortung der Staatsanwaltschaft steht (§ 160 Abs 1 bis 3 StPO). Die richterliche Beschlagnahmeanordnung setzt deshalb gemäß § 162 Abs 1 S 1 StPO einen entsprechenden **Antrag der Staatsanwaltschaft** voraus (s näher *Achenbach* in AK-StPO Rn 2 f., 5, 7, *Erb* in Löwe/Rosenberg Rn 3, *Schmitt* in Meyer-Goßner Rn 1, 5, sämtlich zu § 162). Nur bei Gefahr im Verzug und wenn ein Staatsanwalt der zuständigen Staatsanwaltschaft nicht zu erreichen ist, darf der Ermittlungsrichter als „Notstaatsanwalt" auch ohne Antrag die Beschlagnahmeanordnung treffen (§ 165 StPO; LG Frankfurt/M. NJW 1968, 118). Gefahr im Verzug bedeutet dabei die Gefahr, dass die erfolgreiche Ausführung der Maßnahme vereitelt zu werden droht, wenn eine staatsanwaltliche Entscheidung abgewartet würde; im Übrigen hat der Richter nur die Frage zu prüfen, ob die zuständige Staatsanwaltschaft einen Antrag auf Erlass der Beschlagnahmeanordnung stellen würde (*Achenbach* in AK-StPO § 165 Rn 2, 9 f.).

In den Fällen, in denen die Beschlagnahme erst **nach Erhebung der öffentlichen Klage** in Betracht kommt, kann das dann zuständige Gericht (u Rn 22) eine Beschlagnahme von Amts wegen anordnen. Gemäß § 33 Abs 2 StPO hat es vor seiner Entscheidung die Staatsanwaltschaft zu hören.

5. Sachliche Zuständigkeit

22 **Sachlich zuständig** zum Erlass der Beschlagnahmeanordnung ist im Ermittlungsverfahren gemäß § 162 Abs 1 S 1 StPO das Amtsgericht als Ermittlungsgericht (*Schmitt* in Meyer-Goßner § 162 Rn 7), dh konkret der für die Vornahme derartiger richterlicher „Untersuchungshandlungen" zuständige Richter am Amtsgericht als

III. Das Monopol der richterlichen Beschlagnahmeanordnung § **13 LPG**

Ermittlungsrichter (§ 21e Abs 1 S 1 GVG). Im erstinstanzlichen Verfahren in Staatsschutzsachen vor dem OLG kann auch ein Ermittlungsrichter des BGH oder des OLG eingeschaltet werden (§ 169 StPO; näher zu dieser Vorschrift und ihrer Problematik *Achenbach* in AK-StPO § 169 Rn 2 ff.). Mit Erhebung der öffentlichen Klage geht die Zuständigkeit auf das mit der Sache befasste Gericht über (§ 162 Abs 3 S 1 StPO). Während des Revisionsverfahrens ist das Gericht zuständig, dessen Urteil angefochten ist (§ 162 Abs 3 S 2 StPO).

6. Örtliche Zuständigkeit

Örtlich zuständig für die Anordnung der Beschlagnahme ist im Ermittlungsverfahren das Amtsgericht, in dessen Bezirk die Staatsanwaltschaft oder ihre den Antrag stellende Zweigstelle ihren Sitz hat (§ 162 Abs 1 S 1 StPO). 23

a) Das Fortleben des „fliegenden Gerichtsstands der Presse" für die Beschlagnahmeanordnung

Insoweit gilt der viel kritisierte sog **„fliegende Gerichtsstand der Presse"** noch immer fort: Zwar ist seit 1902 für Presseinhaltsdelikte nicht mehr der allgemeine Gerichtsstand des Tatorts (§ 7 Abs 1 StPO) maßgebend, der eine örtliche Gerichtszuständigkeit an jedem Ort begründen würde, an dem auch nur ein Exemplar eines Presseerzeugnisses verbreitet wurde; vielmehr besteht gemäß § 7 Abs 2 StPO eine alleinige örtliche Zuständigkeit des Gerichts, in dessen Bezirk die Druckschrift erschienen ist (Gerichtsstand des Erscheinungsorts, *Mitsch* MedienstrafR § 7 Rn 35, sowie in AfP 2011, 544/545 f.). Doch kommt diese Beschränkung nur den verfolgten Personen zugute, lässt aber die sonstigen Zuständigkeitsregelungen für die StPO und das GVG und damit auch den Gerichtsstand des Tatorts nach § 7 Abs 1 StPO für die Anordnung einer Beschlagnahme unberührt (vgl *Löffler* NJW 1952, 998; *Ricker/Weberling* Kap 32 Rn 3, 4). Da die örtliche Zuständigkeit der Beamten der Staatsanwaltschaft sich nach der örtlichen Zuständigkeit des Gerichts bestimmt, für das sie bestellt sind (§ 143 Abs 1 GVG), kann deshalb die Staatsanwaltschaft überall dort die einziehungssichernde Beschlagnahme einer Schrift beantragen, wo sich beschlagnahmefähige Exemplare davon befinden. Bei weit verbreiteten Zeitungen oder Zeitschriften besteht angesichts dieser Regelung die **Gefahr widersprechender Entscheidungen** verschiedener Gerichte, die mit Anträgen auf die Anordnung der einziehungssichernden Beschlagnahme aller Exemplare einer und derselben Druckschrift befasst werden. Die Vielzahl der Exemplare darf indes nicht darüber hinwegtäuschen, dass es sich praktisch um einen einheitlichen Prozessgegenstand, nämlich die strittige Auflage, handelt. § 7 Abs 1 StPO erlaubt die Beschlagnahme einer Schrift auch dann, wenn in anderen Gerichtsbezirken ein diesbezüglicher Antrag abgewiesen wurde. Dies bedeutet, dass sich bei unterschiedlicher richterlicher Beurteilung eines Falles stets diejenige Ansicht in der Praxis durchsetzt, die für die Belange der Presse am wenigsten aufgeschlossen ist. 24

Es ist zu bedauern, dass dieser Missstand bisher nicht beseitigt wurde. Ein 1954 von der SPD im Bundestag eingebrachter Entwurf zur Reform des Beschlagnahmerechts empfahl, den fliegenden Gerichtsstand der Presse durch die ausschließliche Zuständigkeit des für den Verlagsort zuständigen AG zu ersetzen. Bei periodischen Druckwerken (Zeitungen und Zeitschriften) scheint dies die beste Lösung zu sein. Bei Druckwerken, bei denen die Angabe des Verlagsortes fehlt (zB Flugblätter), wird man auf den Gerichtsstand des Verbreitungsortes nicht verzichten können. Doch sollte in solchen Fällen die Wirkung der Beschlagnahme auf den Bezirk des beschlagnahmenden Gerichts beschränkt werden, um zu verhindern, dass sich widersprechende Entscheidungen überschneiden (vgl Studienkreis für Presserecht und Pressefreiheit NJW 1957, 293).

b) Vollstreckbarkeit an jedem Auffindeort

Da gemäß § 160 GVG die Beschlagnahmeanordnung eines AG **in ganz Deutschland vollstreckt** werden darf (u Rn 29), kann die Beschlagnahme, wenn sie denn 25 einmal angeordnet worden ist, überall dort vorgenommen werden, wo sich einzelne zur Verbreitung oder Vervielfältigung bestimmte oder sonst beschlagnahmefähige Schriften oder dazugehörige Herstellungsmittel befinden (so zu § 111n StPO *Gercke* in HK-StPO Rn 5, *Rogall* in SKStPO Rn 13, *Johann* in Löwe/Rosenberg Rn 8, *Schmitt* in Meyer-Goßner Rn 5).

7. Gesamtauflage als „dasselbe" Druckwerk

26 Erfasst von der richterlichen Beschlagnahmeanordnung gemäß §§ 111b, 111n StPO werden – sofern nicht der Richter gemäß § 111m Abs 2 S 2 StPO (bzw § 14 Abs 1 LPG) eine Einschränkung vornimmt – **alle beschlagnahmefähigen Exemplare derselben Schrift.** Dazu gehören alle Druckstücke der gleichen Auflage, **nicht** dagegen die Druckstücke einer **Neuauflage,** auch wenn diese unverändert erscheint (ebenso AG Weinheim NStZ 1996, 203/204; allg M, s etwa *Gercke* in HK-StPO Rn 4, *Rogall* in SK-StPO Rn 13, *Johann* in Löwe/Rosenberg Rn 16, *Schmitt* in Meyer-Goßner Rn 5, *Spillecke* in KKStPO Rn 3, jeweils zu § 111n). Hier greift in den Ländern, welche diese Norm nicht aufgehoben haben, § 15 LPG/LMG ein, der den Wiederabdruck des beanstandeten Textes und seine Verbreitung für die Dauer der Beschlagnahmeanordnung verbietet und iVm § 21 LPG bzw. in Rheinland-Pfalz § 35 Abs 1 Nr 4 LMG unter Strafe stellt (zur Gültigkeit dieser Vorschriften neben §§ 111m/n StPO o Vor §§ 13ff. Rn 28). Die Identität der von der Beschlagnahme betroffenen Schrift wird durch die Verschiedenheit der Ausführungsform (gebundenes, geheftetes, broschiertes Druckstück) nicht berührt. Dagegen besteht keine Identität zwischen einer Buchauflage und einer den gleichen kritischen Artikel enthaltenden Tageszeitung desselben Verlags. Bei sog Kopfzeitungen bzw -blättern (vgl o zu § 8) ist die Identität mit der Mutterzeitung zu verneinen, es sei denn, dass – vom Titelkopf abgesehen – völlige inhaltliche Übereinstimmung besteht und beide Blätter denselben Herstellungsort besitzen (*Hartmann* in HK-GS Rn 4, *Kiethe* in Radtke/Hohmann Rn 5, *Schmitt* in Meyer-Goßner Rn 5, zu § 111n).

8. Vollstreckungskompetenz der Staatsanwaltschaft

27 Für die **Vollstreckung** eines Beschlagnahmebeschlusses ist die Staatsanwaltschaft zuständig (§ 36 Abs 2, § 111f Abs 1 StPO, *Mayer* in KMR Rn 1, *Rogall* in SK-StPO Rn 14 zu § 111n). Die in § 111f Abs 1 S 1 StPO vorgesehene Zuständigkeit der Ermittlungspersonen der StA ist im Falle der Pressebeschlagnahme gegenstandslos; denn sie bezieht sich auf die generelle Notkompetenz bei Gefahr im Verzug für die Beschlagnahme beweglicher Sachen gemäß § 111e Abs 1 S 1 StPO, die aber für die Pressebeschlagnahme durch § 111n Abs 1 StPO aufgehoben wird.

Den **Vollzug** der Beschlagnahme überträgt die Staatsanwaltschaft idR ihren Ermittlungspersonen, sie kann aber auch nicht dazu gehörende sonstige Polizeibeamte dazu heranziehen (*Johann* in Löwe/Rosenberg § 111f Rn 2; *Schmitt* in Meyer-Goßner § 111f Rn 2). Die Staatsanwaltschaft wird aber selbst tätig, wenn es sich um einen schwierigen oder Aufsehen erregenden Fall handelt, wie er bei einer Pressebeschlagnahme häufig vorliegen kann. **Bewirkt** wird die Beschlagnahme regelmäßig durch Wegnahme der Schriften oder Herstellungsmittel und ihre Überführung in amtliche Verwahrung (§ 111c Abs 1 StPO). Die Vorschrift erlaubt es allerdings auch, sie durch Siegel oder in anderer Weise bloß kenntlich zu machen; doch sollte dieser Notbehelf auf die Fälle beschränkt werden, in denen wegen der Natur des Beschlagnahmeobjekts die amtliche Inverwahrnahme nicht möglich ist (in diesem Sinne *Spillecke* in KKStPO Rn 2, *Schmitt* in Meyer-Goßner Rn 5, zu § 111c).

9. Bundesweite Wirkung

28 Die räumliche Wirkung einer richterlichen Beschlagnahmeanordnung erstreckt sich, sofern nicht eine örtlich begrenzte Beschlagnahme angeordnet ist, auf das **ge-**

III. Das Monopol der richterlichen Beschlagnahmeanordnung § 13 LPG

samte **Bundesgebiet,** auch wenn der Beschluss auf Landesrecht beruht. Diese bundesweite Wirkung ergibt sich aus dem Grundsatz des einheitlichen Rechtspflegegebiets (§ 160 GVG; vgl OLG Düsseldorf MDR 1951, 489; OLG Karlsruhe NJW 1969, 1546; *Gercke* in HK-StPO Rn 1, *Huber* in Graf Rn 1, *Rogall* in SK-StPO Rn 14, *Johann* in Löwe/Rosenberg Rn 16, *Schmitt* in Meyer-Goßner Rn 5, jeweils zu § 111n; *Rebmann* vor § 13 Rn 9). Die Vollzugsbehörden der Justiz haben deshalb richterliche Beschlagnahmeanordnungen, die in einem anderen Bundesland ergangen sind, auch dann in ihrem Land zu vollstrecken, wenn ein Amtshilfeersuchen nicht vorliegt (*Meyer-Goßner* § 160 GVG, Rn 3). Die Gültigkeit der richterlichen Anordnung darf nicht im Blick auf etwa abweichendes eigenes Landesrecht überprüft werden.

10. Zeitliche Geltungskraft der richterlichen Anordnung

Nach verbreiteter Ansicht **verliert** die richterliche Sicherstellungsanordnung generell nach Ablauf von sechs Monaten seit Ergehen **ihre Geltungskraft** und darf nicht mehr vollzogen werden; die zu § 105 StPO ergangene einschlägige Rechtsprechung (vor allem BVerfGE 96, 44 = NJW 1997, 2165) ist auf die Beschlagnahmeanordnung zu übertragen (so zu § 98 *Gercke* in HK-StPO Rn 20, *Löffelmann* in AnwK-StPO Rn 2 iVm § 105 Rn 9, *Schmitt* in Meyer-Goßner Rn 30a). Diese Regel wird indes überlagert von der speziellen Normierung in § 16 LPG und § 111n Abs 2 StPO; danach bedarf die Beschlagnahmeanordnung nach einem bzw. zwei Monaten (mit Verlängerungsmöglichkeit) der gerichtlichen Bestätigung, wenn nicht in dieser Frist die öffentliche Klage erhoben ist. S. näher u zu § 16 LPG. **29**

11. Unwirksamkeit fehlerhafter Beschlagnahme als Ausnahme, (bloße) Anfechtbarkeit als Regelfall

Nicht in dieser Allgemeinheit kann die von *Löffler* vertretene Auffassung aufrecht erhalten werden, eine richterliche Beschlagnahmeanordnung, die nicht alle zum Schutz der Pressefreiheit vorgesehenen formellen und materiellen Voraussetzungen erfülle, sei **unwirksam** (so hier in der 3. Aufl § 13 Rn 29a und 57, § 14 Rn 52). Generell ist eine Unbeachtlichkeit gerichtlicher Entscheidungen nur in ganz seltenen Ausnahmefällen anzunehmen (vgl dazu nur etwa *Eberhard Schmidt* Lehrkommentar Teil I, 2. Aufl, Rn 251 f.; *Geppert* GA 1972, 165/167 ff.; ebenso zur Unbeachtlichkeit von Urteilen etwa *Roxin/Schünemann* StrafverfahrensR § 52 Rn 24 ff. mwN). Nach dem für Verwaltungsakte geltenden Maßstab der § 43 Abs 3, § 44 Abs 1 des Verwaltungsverfahrensgesetzes ist ein autoritativer staatlicher Akt nichtig und deshalb unwirksam, „soweit er an einem besonders schwerwiegenden Fehler leidet und dies bei verständiger Würdigung aller in Betracht kommenden Umstände offenkundig ist" (weitere Konkretisierungen in Abs 2–4). Nach diesem Rechtsgedanken führt also die Fehlerhaftigkeit der Beschlagnahmeanordnung keineswegs notwendig zu ihrer Unwirksamkeit, sondern begründet in der Regel nur ihre Anfechtbarkeit, die gegenüber dem richterlichen Beschlagnahmebeschluss durch Beschwerde, gegenüber nichtrichterlicher Anordnung durch Anrufung des Gerichts geltend zu machen ist (u Rn 32 f.). **30**

Die Gerichte halten allerdings eine Beschlagnahmeanordnung dann für unwirksam, wenn sie nur eine so **pauschale Kennzeichnung** der sicherzustellenden Objekte enthält, dass sie letztlich die Auswahl in das Ermessen der mit dem Vollzug der Maßnahme betrauten Beamten stellt (OLG Düsseldorf StV 1982, 513; LG Lüneburg JZ 1984, 343 f.; LG Bad Kreuznach StV 1994, 177 f.; vgl auch BVerfG NJW 1992, 551/552). Dem ist zuzustimmen; denn die vom Gesetz mit der Entscheidung betraute Instanz hat hier in Wahrheit diese Entscheidung gar nicht selbst getroffen, sondern auf die Ausführungsinstanz delegiert, was sowohl die StPO als auch die Landespressegesetze mit Rücksicht auf die besondere Schutzwürdigkeit der Presse aus Art 5 Abs 1 S 2 und Art 14 GG gerade verbieten. Darüber hinaus erscheint aber **31**

LPG § 13 — Anordnung der Beschlagnahme

die Unwirksamkeit einer Beschlagnahmeanordnung nicht begründet, auch nicht in dem Fall, dass die Pflicht zu Bezeichnung der die Beschlagnahme auslösenden Stellen der Schrift gemäß §§ 111m Abs 3 StPO bzw § 14 Abs 2 S 1 LPG missachtet worden ist.

12. Rechtsbehelfe

32 Gegen die **richterliche Beschlagnahmeanordnung** im Ermittlungsverfahren ist nach § 304 Abs 1 StPO, selbst wenn sie inzwischen vollständig ausgeführt wurde (o Vor §§ 13 ff). Rn 42, u Rn 43), das Rechtsmittel der (einfachen) **Beschwerde** gegeben (allg M, s etwa, jeweils zu § 111n: *Gercke* in HK-StPO Rn 11, *Huber* in Graf Rn 10, *Kiethe* in Radtke/Hohmann Rn 12, *Rogall* in SK-StPO Rn 21, *Schmitt* in Meyer-Goßner Rn 15, ebenso *Spillecke* in KKStPO § 111n Rn 12 iVm § 111e Rn 20). Das gilt auch, wenn die Anordnung von dem Ermittlungsrichter des OLG oder des BGH getroffen wurde (§ 304 Abs 5 StPO) sowie für Beschwerden gegen Beschlüsse und Verfügungen des OLG, welche eine Beschlagnahme zum Gegenstand haben (§ 304 Abs 4 S 2 Nr 1 StPO). Die Beschwerde ist bei dem Gericht, von dem die Entscheidung erlassen ist, zu Protokoll der Geschäftsstelle oder schriftlich einzulegen (§ 306 Abs 1 StPO); sie ist an keine Frist gebunden (§ 311 StPO e contrario).

33 Gegen die **nicht-richterliche Beschlagnahmeanordnung** bei Gefahr im Verzug kann der Betroffene gemäß § 111e Abs 2 S 3 StPO jederzeit die **gerichtliche Entscheidung** beantragen (ebenso *Rogall* SK-StPO § 111n Rn 22), auch nach Erledigung etwa durch Außerkrafttreten bei Ablauf der Dreitagefrist gemäß § 111n Abs 1 S 3 StPO und auch zur Überprüfung der Art und Weise der Sicherstellung (§ 111e Abs 2 S 3 StPO analog: *Rogall* in SK-StPO § 111n Rn 22; *Spillecke* in KKStPO § 111n Rn 13 iVm § 111e Rn 16 f.; auf eine Analogie zu § 98 Abs 2 S 2 StPO stützen dieses Ergebnis *Gercke* in HK-StPO § 111n Rn 11, *Kiethe* in Radtke/Hohmann § 111n Rn 12, *Schmitt* in Meyer-Goßner § 111n Rn 15 iVm § 100 Rn 12; auf eine Analogie zu § 111f Abs 5 StPO *Hartmann* in HK-GS § 111n Rn 11; gänzlich ablehnend unter Verweis auf § 111n Abs 1 S 3 *Huber* in Graf § 111n Rn 10). Ein das Rechtsschutzinteresse begründender tiefgreifender Grundrechtseingriff (vgl o Vor §§ 13 ff. Rn 42) ist wegen der Bedeutung der Pressefreiheit in aller Regel gegeben (so *Gercke*, ähnlich *Hartmann*, wie zuvor). Zuständig ist analog § 98 Abs 2 S 3 StPO dasjenige Gericht, dem die reguläre Kompetenz zur Beschlagnahmeanordnung zugekommen wäre (iE übereinstimmend *Schmitt* in Meyer-Goßner § 111e Rn 9). Im Übrigen gelten die gleichen Regeln wie für die gerichtliche Bestätigung nach § 111n Abs 1 S 3 StPO bzw § 18 Abs 2 LPG (u § 18 Rn 34 ff.).

IV. Die materiellrechtlichen Voraussetzungen: Einziehung und Unbrauchbarmachung als Gegenstand der Vollstreckungssicherung durch Pressebeschlagnahme

34 Die Anordnung der pressespezifischen Beschlagnahme setzt nach § 13 Abs 2 Nr 1 LPG dringende Gründe für die Annahme voraus, dass das Druckwerk eingezogen oder seine Einziehung iSv § 74b StGB vorbehalten wird; § 111b Abs 1 StPO verlangt Gründe für die Annahme, dass die Voraussetzungen für die Einziehung von Gegenständen vorliegen. Unabhängig von der noch zu behandelnden Differenz zwischen dringenden und schlichten Gründen nehmen also beide Normen Bezug auf die Regelung der Einziehung in den §§ 74 ff. StGB. Als weniger einschneidende Maßnahme lässt § 74b Abs 2 Satz 2 Nr 1 die Anweisung zu, die an sich der Einziehung unterliegenden Gegenstände unbrauchbar zu machen. Bei jeder Beschlagnahmeanordnung müssen danach stets **zwei Erfordernisse** gegeben sein: sowohl die rechtlichen Voraussetzungen der Einziehung eines Druckwerks (u Rn 35 ff.) als auch die (hohe) Wahrscheinlichkeit, dass es gerade im konkreten Fall zur Einziehung der Gesamtauflage des Druckwerks oder eines Teils davon bzw zur Unbrauchbarmachung

IV. Die materiellrechtlichen Voraussetzungen **§ 13 LPG**

von Vervielfältigungsmitteln kommen werde (u Rn 74 ff.). Im Folgenden sollen **zunächst** die **materiellrechtlichen Voraussetzungen** der zu sichernden Maßnahmen behandelt werden.

1. Das Erfordernis einer vorsätzlich begangenen Straftat

Die **Einziehung** eines Gegenstandes bedeutet dessen zwangsweise, durch Gerichtsurteil verfügten Übergang in Staatseigentum (§ 74e StGB). Über eingezogene Gegenstände kann der Staat frei verfügen und sie gegebenenfalls zu seinen Gunsten verwerten. **Grundsätzlich** müssen die Gegenstände, sollen sie der Einziehung unterliegen, in eine **vorsätzlich begangene Tat** verstrickt sein (§§ 74 Abs 1, 74d Abs 1 StGB). Die Einziehung von Gegenständen bei lediglich fahrlässigem Verhalten des Täters ist nach Sonderbestimmungen zulässig (§ 74 Abs 4 StGB), zB nach § 101a iVm § 97 StGB bei fahrlässiger Gefährdung der äußeren Sicherheit durch die vorsätzliche oder uU auch nur durch die leichtfertige Preisgabe von Staatsgeheimnissen. Als **Mindestvoraussetzung** muss in allen Fällen der Einziehung eine **rechtswidrige Tat** (§ 11 Abs 1 Nr 5 StGB) vorliegen. Der Begriff der rechtswidrigen Tat bezeichnet ein straftatbestandsmäßiges und rechtswidriges, aber nicht notwendig schuldhaftes Verhalten (*Achenbach* MDR 1975, 19/20; *Eser/Hecker* in Schönke/Schröder § 11 Rn 42; *Fischer* § 11 Rn 27). Deshalb entfällt die Einziehungsmöglichkeit bei gerechtfertigtem Verhalten (zB Wahrnehmung berechtigter Interessen, § 193 StGB), ferner bei strafloser Vorbereitung oder straflosem Versuch; sie bleibt aber bestehen bei strafbarem Beteiligungsversuch oder Vorstufen der Beteiligung an Verbrechen gemäß § 30 StGB (BGHSt 13, 311/313 = NJW 1960, 107 f., zu § 49a StGB aF). 35

2. Der Mischcharakter der Einziehung

Die **Rechtsnatur** der Einziehung, die von § 11 Abs 1 Nr 8 StGB unter den farblosen Begriff der „Maßnahme" subsumiert wird, ist im StGB **nicht einheitlich** ausgestaltet und in der Literatur zudem strittig (s nur *Eser* in Schönke/Schröder Vorbem § 73 Rn 12 ff.; *Fischer* § 74 Rn 2; *Horn/Wolters* in SK-StGB § 74 Rn 2–4; *Joecks* in MüKo-StGB § 74 Rn 2–4; *Kindhäuser* in LPK-StGB Vor §§ 73–76a Rn 10 ff.; *Schmidt* in LK § 74 Rn 4 ff.). Als Strafe oder *strafähnliche Maßnahme* ist sie in § 74 Abs 1 iVm Abs 2 Nr 1 StGB vorgesehen, wo sie gegenüber dem Täter oder Teilnehmer einer schuldhaft verwirklichten vorsätzlichen „Straftat" verhängt wird. Dagegen ist die Einziehung überall dort eine *Sicherungsmaßnahme* – aber nicht Maßregel der Besserung und Sicherung iSv § 61 StGB –, wo sie im Hinblick auf die Gefährdung der Allgemeinheit ohne Rücksicht darauf, ob der Gegenstand einem als Täter oder Teilnehmer an der Tat Beteiligten oder einem unbeteiligten Dritten gehört, und sogar bei schuldlosem Handeln verhängt werden kann (sog unterschiedslose Einziehung, vgl § 74 Abs 2 Nr 2, Abs 3 StGB, § 74a StGB). 36

3. Generelle und spezielle Einziehung

Wegen der besonderen Eigenart von Schriften, die ihre Wirkung in der Regel durch ihren geistigen Inhalt entfalten, hat der Gesetzgeber für ihre Einziehung in § 74d StGB eine **Sonderregelung** getroffen, die jedoch auf **Presseinhaltsdelikte** (u Rn 53) beschränkt ist. Soweit es sich um sonstige Delikte handelt, gilt das allgemeine Einziehungsrecht (§§ 74, 74a, 74b und 74c StGB; u Rn 39 ff.). 37

Um die komplizierte **Regelung der Einziehung** besser zu verstehen, empfiehlt sich zunächst ein Überblick über die generellen Einziehungsbestimmungen (u Rn 39). Da die Einziehung bei Presseinhaltsdelikten praktisch ganz im Vordergrund steht, wird diese Regelung (§ 74d StGB) ausführlicher erörtert (u Rn 52 ff.). Schließlich sind die für beide Einziehungsarten gemeinsamen Vorschriften zu besprechen (u Rn 65 ff.). 38

4. Die generelle Einziehungsregelung

39 Die **generellen Einziehungsbestimmungen** der §§ 74 ff. StGB gelten für alle Einziehungsfälle einschließlich derjenigen Pressedelikte, die nicht als Presseinhaltsdelikte unter die Sonderregelung des § 74d StGB fallen (u Rn 52 ff.).

a) Anwendungsbereich

40 Von den generellen Einziehungsbestimmungen erfasst werden vor allem die **Presseordnungsdelikte** (vgl Einl Rn 58), wie zB die Bestellung eines verantwortlichen Redakteurs, der nicht die gesetzlichen Voraussetzungen erfüllt (§ 21 LPG iVm § 9 LPG). Zu den generellen Pressedelikten gehören ferner Verstöße gegen das **Urheberrecht** (zB unerlaubter Nachdruck einer inhaltlich nicht zu beanstandenden Schrift, vgl § 110 UrhG) und gegen das **Markenrecht** (Kennzeichenverletzung, Verletzung einer Gemeinschaftsmarke und strafbare Benutzung geographischer Herkunftsangaben in Druckwerken gemäß §§ 143–144 MarkenG). Auch **allgemeine Delikte** im Pressewesen wie Betrug und Erpressung fallen unter die generellen Einziehungsbestimmungen (vgl *Rebmann* Vorbem § 13 Rn 2).

b) Richterliches Ermessen

41 Eine wesentliche Bestimmung des generellen Einziehungsrechts ist das hier maßgebende **richterliche Ermessen** (§ 74 Abs 1 StGB). Während bei der Sonderregelung für Presseinhaltsdelikte die Einziehung bzw Unbrauchbarmachung zwingend vorgeschrieben ist (§ 74d Abs 1 StGB), hat das Gericht im generellen Einziehungsrecht nach pflichtgemäßem Ermessen unter Beachtung des § 74b StGB und des allgemein-rechtsstaatlichen Übermaßverbots (u Rn 48 ff.) zu entscheiden, ob die Maßnahme zu verhängen, ob auf sie ganz zu verzichten ist oder ob mildere Maßnahmen zu treffen sind (näher *Eser* in Schönke/Schröder § 74 Rn 38 ff.; *Horn/Wolters* in SK-StGB § 74 Rn 18, 24).

c) Produkte und Instrumente sowie Beziehungsgegenstände der Straftat

42 Der generellen Einziehung **unterliegen** nach § 74 Abs 1 StGB nur Gegenstände (Sachen und Rechte), die durch eine vorsätzliche Straftat hervorgebracht oder zu deren Begehung oder Vorbereitung gebraucht wurden bzw bestimmt waren.

43 aa) **Durch die Straftat hervorgebracht** (sog *producta sceleris* = Tatprodukte) sind zB Schriften, bei denen schon die Herstellung als solche unter Strafe gestellt ist, wie etwa die pornographischer Schriften in § 184 Abs 1 Nr 8 StGB. Durch die Straftat hervorgebracht sind allerdings nur die unmittelbar produzierten Gegenstände selbst, nicht mittelbar erlangte Tatvorteile, wie etwa der aus dem Vertrieb der Schriften erzielte Erlös (RGSt 54, 223 f.; s weiter *Eser* in Schönke/Schröder Rn 8, *Fischer* Rn 5, *Joecks* in MüKo-StGB Rn 11, *Lackner/Kühl* Rn 4, jeweils zu § 74). Nicht durch die Straftat hervorgebracht sind Gegenstände, bei denen die strafbare Handlung – wie bei den Presseordnungsdelikten – im Erscheinenlassen der Schrift besteht (zB Druckwerke, die entgegen dem Wiederabdruckverbot des § 15 LPG publiziert werden).

44 bb) Der generellen Einziehung nach § 74 Abs 1 StGB unterliegen außerdem die zur Begehung oder Vorbereitung der Straftat gebrauchten oder bestimmten Gegenstände (sog *instrumenta sceleris* = Tatwerkzeuge). **Zur Begehung der Straftat gebraucht** werden zB Schriften, mit deren Hilfe ein Kapitalanlagebetrug gemäß § 264a StGB ausgeführt wird, aber auch die technischen Herstellungsmittel wie Platten, Formen usw. Kraft ausdrücklicher gesetzlicher Anordnung ist auch die Einziehung solcher Gegenstände zulässig, deren sich der Täter nicht zur Begehung, sondern nur zur **Vorbereitung der Straftat** bedient (vgl BGHSt 8, 205/212 = NJW 1956, 149; BGHSt 13, 311 ff. = NJW 1960, 107). Voraussetzung ist jedoch, dass es in der vorbereiteten Weise zu einer Straftat kommt (§ 74 Abs 1 StGB). Ist die Vorbereitung als solche mit Strafe bedroht, wie etwa die der Fälschung von Geld- und Wertzeichen, von Zahlungskarten, Schecks oder Wechseln oder von Zahlungskarten mit Garantie-

IV. Die materiellrechtlichen Voraussetzungen § 13 LPG

funktion etc in §§ 149, 152, 152a Abs 5, 152b Abs 5 StGB, so werden die der Vorbereitung einer solchen Tat dienenden Mittel bereits zur Begehung dieses selbstständigen Delikts gebraucht. Gegenstände, die „auf Vorrat" angefertigt werden, also ganz allgemein für eine künftige, jedoch noch nicht konkretisierte Straftat vorgesehen sind, unterliegen der Einziehung nicht (BGHSt 8, 213 f. = NJW 1956, 151). Auch die der Vorbereitung der Straftat dienenden Druckerei-Einrichtungsgegenstände müssen also zur Begehung einer konkreten Tat bestimmt sein.

Nach § 74 Abs 1 StGB genügt für die Einziehungsmöglichkeit schon die **Bestimmung** der Gegenstände **zu einer konkreten Straftat** (vgl RGSt 59, 250, 251). Nicht erforderlich ist, dass die Gegenstände (Schriften) auch tatsächlich zur Begehung der Tat gebraucht wurden, für die sie bestimmt waren. Doch muss es wenigstens zum strafbaren Versuch dieser Tat (BGH MDR 1955, 395) gekommen sein, da das Vorliegen einer vorsätzlichen Straftat Einziehungsvoraussetzung ist (BGHSt 13, 311/313 f. = NJW 1960, 107).

cc) Nur bei besonderer gesetzlicher Anordnung unterliegen solche Sachen der Einziehung, die nicht Instrument zur Begehung der Tat, sondern unmittelbar selbst Gegenstand der Tat sind (sog **Beziehungsgegenstände;** s dazu etwa BGHSt 10, 28 ff. = NJW 1957, 351; *Eser* in Schönke/Schröder Rn 33; *Fischer* Rn 10, 19, *Herzog/ Saliger* in NK-StGB Rn 11, zu § 74). Solche Vorschriften enthalten im StGB beispielsweise die §§ 92b, 101a, 109k, darüber hinaus zahlreiche Vorschriften des Nebenstrafrechts. 45

d) Eigentumsverhältnisse bei eingezogenen Gegenständen

Die **strafähnliche Einziehung** iSv § 74 Abs 1 iVm Abs 2 Nr 1 StGB ist nur zulässig, wenn die strafverstrickten Gegenstände dem Täter oder Teilnehmer zu **Eigentum** gehören oder zustehen. Hehler oder Begünstiger iSv §§ 259, 257 StGB stehen außerhalb des hier in Frage kommenden Täter- bzw Teilnehmerkreises (BGHSt 19, 27/28 = NJW 1963, 1630). Maßgebend für die Eigentumsverhältnisse ist der Zeitpunkt des Einziehungsurteils, nicht der Augenblick der strafbaren Handlung (§ 74 Abs 2 Nr 1 StGB). Gehören die Gegenstände einem **Personenverband** bestimmter Art, nämlich einer juristischen Person, einem nicht rechtsfähigen Verein (zB Gewerkschaft) oder einer rechtsfähigen Personengesellschaft (§ 14 Abs 2 BGB), und nahm der Täter als für die Leitung des Betriebes oder Unternehmens verantwortlich handelnde Person eine Handlung vor, die ihm gegenüber die Einziehung zulassen würde etc, so ist nach § 75 StGB idF von 2002 (s dazu *Achenbach* wistra 2002, 441/443 f.) auch die Einziehung solcher Gegenstände möglich. Da der Verband durch diese Personen handelt, wird deren Handeln als sein eigenes angesehen (vgl *Achenbach* in Stree/ Wessels-FS, 1993, S 545/549 f. sowie in Kempf/Lüderssen/Volk, Unternehmensstrafrecht, 2012, S 271, 272 f.). 46

Gehören die Gegenstände im maßgeblichen Zeitpunkt **dritten Personen,** so können sie nur eingezogen werden, wenn sie die Allgemeinheit gefährden (§ 74 Abs 2 Nr 2 StGB) oder wenn diese Personen ihrerseits im Hinblick auf die Straftat oder den Erwerb des Gegenstands **verwerflich gehandelt** haben (s näher § 74a StGB). Hatte der Täter oder Teilnehmer den der Einziehung unterliegenden Gegenstand inzwischen weiterveräußert, so kommt die **Einziehung des Wertersatzes** in Betracht (§ 74c StGB). Dasselbe gilt, wenn der Täter oder Teilnehmer den ihm zur Zeit der Tat gehörenden Gegenstand nach der Tat (aber vor der gerichtlichen Entscheidung) mit dem Recht eines Dritten belastet oder hieran Miteigentum begründet hat (§ 74c Abs 2 StGB). Die Entschädigung dritter Personen, deren Eigentum (Sachen oder Rechte) eingezogen wird, ohne dass sie ein Vorwurf trifft, regelt § 74f StGB. 47

e) Anordnung milderer Maßnahmen. Einbeziehungsvorbehalt. Unbrauchbarmachung. Teileinziehung

Da es sich bei den Zwangsmaßnahmen der Einziehung und Unbrauchbarmachung um besonders schwere Eingriffe in fremde Rechte handelt, kommt hier dem verfas- 48 sungsrechtlichen **Übermaßverbot** (Grundsatz der Verhältnismäßigkeit) besondere Bedeutung zu. Ihm trägt § 74b StGB im Bereich des Einziehungsrechts unmittelbar Rechnung. Das Gesetz stellt dabei allein auf die Fälle der § 74 Abs 2 Nr 1 und § 74a StGB ab; es ist jedoch allgemein anerkannt, dass darin nur eine exemplarische Hervorhebung des auch ohne ausdrückliche Umsetzung im StGB geltenden Verfassungsgrundsatzes zu sehen ist (*Achenbach* JR 1993, 516/518 mwN; *Eser* in Schönke/Schröder Rn 2, 4, *Fischer* Rn 3, *Herzog/Saliger* in NK-StGB Rn 2 ff., *Schmidt* in LK Rn 2, 5, zu § 74b).

49   aa) Nach § 74b Abs 1 StGB darf das Gericht – abweichend von der ihm grundsätzlich zustehenden Ermessensentscheidung – eine Einziehung nicht anordnen, wenn diese Maßnahme zur Bedeutung der begangenen Tat und zum Vorwurf, der die Tatbeteiligten trifft, „**außer Verhältnis steht**". Dieses **Einziehungsverbot** entfällt, soweit die Einziehung – wie bei Schriften (§ 74d StGB) – zwingend angeordnet ist (u Rn 52).

50   bb) Nach § 74b Abs 2 und 3 StGB kann das Gericht vorläufig von der Einziehung absehen und sich deren Anordnung für eine spätere Zeit vorbehalten (sog **Einziehungsvorbehalt**). An ihrer Stelle hat das Gericht mildere Maßnahmen anzuordnen. Erfüllt der Betroffene die ihm gemachten Auflagen, dann wird der Einziehungsvorbehalt aufgehoben, anderenfalls ordnet das Gericht die Einziehung nachträglich an (§ 74b Abs 2 StGB).

51   cc) Als **mildere Maßnahme** zählt § 74b Abs 2 S 2 Nr 1 StGB beispielhaft die Unbrauchbarmachung von Gegenständen auf, die an sich der Einziehung unterliegen. Anders als bei der Einziehung behält hier der Betroffene das Eigentum an dem Gegenstand und kann ihn uU später wieder verwenden. Auch kann sich das Gericht darauf beschränken, an den betreffenden Gegenständen „bestimmte Einrichtungen oder Kennzeichen zu beseitigen oder die Gegenstände sonst zu ändern" (§ 74b Abs 2 S 2 Nr 2 StGB). Schließlich kann die Einziehung auf einen Teil des Gegenstands beschränkt werden, sofern sie nicht obligatorisch ist (§ 74b Abs 3 StGB). Dies gilt insb für abtrennbare Teile (zB Beilagen) von Druckwerken (vgl § 74d Abs 5 StGB; u § 14 Rn 31).

5. Die spezielle Regelung der Einziehung bei Presseinhaltsdelikten (§ 74d StGB)

52   Eine von der generellen Einziehungsregelung des § 74 StGB (o Rn 39 ff.) **wesentlich abweichende Sonderregelung** trifft § **74d StGB** für die sog **Presseinhaltsdelikte**. Der maßgebliche Unterschied zur generellen Einziehung besteht darin, dass § 74d StGB bei Presseinhaltsdelikten die Einziehung bzw Unbrauchbarmachung nicht dem richterlichen Ermessen überlässt, sondern zwingend vorschreibt. Im Blick auf den „gefährlichen" geistigen Inhalt der Schrift herrscht hier der Sicherungsgedanke vor. Deshalb erfasst die Einziehung gemäß § 74d StGB in der Regel die gesamte Auflage einer Schrift (vgl u Rn 63).

a) Erweiterter Begriff des Inhaltsdelikts

53   Bei den **Presseinhaltsdelikten** beruht die Strafbarkeit auf dem Inhalt der Druckschrift, wie etwa in den Vorschriften des politischen Strafrechts (§§ 80 ff. StGB), den Ehren- und Kreditschutztatbeständen (§§ 185 ff. StGB), den Tatbeständen der Volksverhetzung, Aufstachelung zum Rassenhass und Gewaltverherrlichung (§§ 130, 131 StGB), der Verbreitung pornographischer Schriften in den Fällen des § 184 StGB, des Anbietens usw jugendgefährdender Trägermedien nach § 27 Abs 1–3 JuSchG. § 74d StGB knüpft nur an solche Tatbestände an, welche die vorsätzliche Verbreitung in Kenntnis des Inhalts der Schriften mit Strafe bedrohen, begnügt sich aber als Voraussetzung der Einziehung mit einer bloßen „rechtswidrigen Tat" (dazu näher u Rn 56). Da die meisten Presserechtsverletzungen zur Gruppe der Presseinhaltsdelikte gehören und damit unter die Sonderbestimmung des § 74d StGB fallen, enthält diese Norm

IV. Die materiellrechtlichen Voraussetzungen § 13 LPG

die zentrale Regelung für die pressebezogene Einziehung. Dabei **erweitert** § 74d StGB den Begriff der von ihm erfassten „Inhaltsdelikte" über den begrifflichen Rahmen der Presseinhaltsdelikte hinaus: Während ein solches nur vorliegt, wenn die Ausführungshandlung der Verbreitung gegeben ist, genügt es für die Anwendung des § 74d, wenn die Schrift zur **Verbreitung** lediglich **bestimmt** ist (§ 74d Abs 1 StGB; vgl o Rn 44 aE).

b) „Schriften" in einem umfassenden Sinn als Gegenstand des § 74d StGB
Für die Reichweite der Spezialregelung des § 74d StGB gilt der umfassende Begriff der **„Schrift"** isv § 11 Abs 3 StGB (vgl o Rn 15). Schriften sind Zeichen oder Verbindungen von Zeichen, die einen geistigen Sinngehalt verkörpern und dazu bestimmt und geeignet sind, ihn dem menschlichen Verständnis zu vermitteln. Jedoch gilt für § 74d StGB zusätzlich das Erfordernis einer Bestimmung zur Vervielfältigung oder anderweitigen Verbreitung (BGHSt **13**, 375/376 = NJW 1960, 492; **32**, 1 ff. = NJW 1983, 2270 ff.; vgl auch o Rn 15). Im Übrigen stellt § 74d StGB in Verbindung mit § 11 Abs 3 StGB Ton- und Bildträger, Datenspeicher, Abbildungen und andere Darstellungen den Schriften gleich. **„Darstellung"** als Oberbegriff erfasst alle Formen der Übermittlung von Vorstellungen für das menschliche Verständnis. Dazu gehören neben Druckwerken auch Filme und Fotos sowie Bilder mit und ohne Schrift. 54

c) Erstreckung auf die Unbrauchbarmachung der Herstellungsmittel
§ 74d StGB erfasst neben Schriften und Darstellungen auch die **zu ihrer Herstellung „gebrauchten oder bestimmten Vorrichtungen**, wie Platten, Formen, Drucksätze, Druckstöcke, Negative oder Matrizen" (Abs 1 S 2). Die Aufzählung ist nicht erschöpfend, zumal sich die technische Entwicklung in ständigem Fluss befindet. Doch muss es sich um vergleichbare und funktionsentsprechende Herstellungsmittel handeln, weil sonst ein Verstoß gegen das Übermaßverbot vorliegen würde (u Rn 91 f.). Im Übrigen unterfallen dem § 74d StGB nur die speziellen Herstellungsmittel der Schrift als solcher, nicht aber die allgemeinen Einrichtungsgegenstände der Setzerei und Druckerei wie Computer und Rotationsmaschinen (s näher u Rn 114). Zu weiteren Möglichkeiten einer Abmilderung des obligatorischen Charakters der Norm s u Rn 64. 55

d) Verbreitung bzw Bestimmung zur Verbreitung
Eine unverzichtbare Voraussetzung jeder Einziehung von Druckwerken und Schriften im Rahmen der Sonderregelung des § 74d StGB ist es, dass mindestens ein Exemplar davon „durch eine rechtswidrige Tat **verbreitet** oder **zur Verbreitung bestimmt** worden ist" (§ 74d Abs 1 S 1 StGB). Zum Begriff der rechtswidrigen Tat o Rn 35. § 74d StGB erfasst zwar nur Schriften, „die einen solchen Inhalt haben, dass jede vorsätzliche Verbreitung in Kenntnis ihres Inhalts den Tatbestand eines Strafgesetzes verwirklichen würde"; wegen des Sicherungscharakters der Norm ist aber für die Anordnung der Einziehung oder Unbrauchbarmachung, wie der Konjunktiv verdeutlicht, im konkreten Fall der Nachweis vorsätzlichen Verhaltens nicht erforderlich (BayObLG MDR 1987, 870; *Eser* in Schönke/Schröder § 74d Rn 7, *Lackner/ Kühl* § 74d Rn 4). Da ein schuldhaftes Handeln des Täters nicht vorausgesetzt wird, kann auch die Verbreitung pornographischer Schriften durch ein schuldunfähiges Kind (unter 14 Jahren, vgl § 19 StGB) oder durch ein nicht gemäß § 3 des Jugendgerichtsgesetzes schuldhaft handelnden Jugendlichen (14- bis 17-jährigen jungen Menschen, s § 1 Abs 2 JGG) ausreichen, die Einziehung auszulösen.
Dabei gilt für die Einziehung von Druckwerken und sonstigen Schriften der **presserechtliche Verbreitungsbegriff**. Das bedeutet, dass die Schrift bzw das Druckwerk einem größeren Personenkreis körperlich, dh durch Aushändigung eines Exemplars, zugänglich gemacht werden muss (BGHSt **13**, 257/258 = NJW 1959, 2125; **18**, 63 ff. = NJW 1963, 60; BayObLG NJW 2000, 2911; *Fischer* § 74d Rn 4, 56

Achenbach 885

Lackner/Kühl § 74d Rn 5; jeweils mwN). Die Verbreitung des bloßen Inhalts einer Schrift, etwa durch Vorlesen im Vortragssaal oder im Rahmen einer Rundfunksendung, genügt dafür nicht.

e) Öffentliches Zugänglichmachen

57   Nach der ausdrücklichen Vorschrift des § 74d Abs 4 StGB steht es der Verbreitung einer Schrift im Sinn der Absätze 1–3 gleich, wenn mindestens ein Exemplar „durch Ausstellen, Anschlagen, Vorführen oder in anderer Weise **öffentlich zugänglich gemacht** wird" (Näheres zum vielschichtigen Begriff des öffentlichen Zugänglichmachens s Einl Rn 37 ff.).

f) Die beiden Fallgruppen des § 74d StGB. Zweck der unterschiedlichen Regelung

58   Bei der Einziehung von Presseprodukten und Herstellungsmitteln iSv § 74d StGB dominiert der Sicherungsgedanke. Deshalb erfasst die Einziehung in diesem Bereich auch **Gegenstände, die unbeteiligten Dritten gehören.** Um hier nicht mit der Verfassungsgarantie des Eigentums in Kollision zu geraten, hat der Gesetzgeber in § 74d StGB zwei Fallgruppen unterschiedlich geregelt (*Fischer* Rn 7 ff., *Hölscher* in HK-GS Rn 1 ff., *Horn/Wolters* in SK-StGB Rn 3, 7 ff., *Schmidt* in LK Rn 3 ff., zu § 74d StGB).

59   aa) Die **1. Fallgruppe** (§ 74d Abs 1 und 2 StGB) bilden Schriften, deren **Inhalt** im Falle ihrer vorsätzlichen Verbreitung den **Tatbestand eines Delikts unmittelbar erfüllt.** Der Tatbestand braucht allerdings das Tatbestandsmerkmal des Verbreitens nicht explizit zu enthalten (BGHSt 36, 51, 58 = NJW 1989, 989). Darunter fallen etwa iSv §§ 86, 90, 90a Abs 1, 90b StGB rechtsstaatsgefährdende, gemäß §§ 130, 131 StGB volksverhetzende und Gewalt verherrlichende sowie gemäß §§ 184a und 184b StGB qualifiziert pornographische Schriften, aber auch solche, die Beleidigungsdelikte iSv §§ 185–187 und 189 StGB verwirklichen (*Lackner/Kühl* StGB § 74d Rn 7). In dieser Fallgruppe erstreckt sich die (vorgeschriebene) Einziehung auf sämtliche Exemplare, die sich im Besitz der bei ihrer Verbreitung oder deren Vorbereitung mitwirkenden Personen befinden, wie zB bei Verfassern, Redakteuren, Druckern, Verlegern und Buchhändlern. Dabei genügt Mitbesitz bzw mittelbarer Besitz (BGHSt 19, 63/77 f. = NJW 1963, 2034). Doch werden Exemplare, die sich im Privatbesitz der Mitwirkenden befinden, nicht erfasst, da die Einziehung nur die berufliche Sphäre der Presseangehörigen betrifft (*Eser* in Schönke/Schröder Rn 9, *Herzog/Saliger* in NK-StGB Rn 10, *Joecks* in MüKo-StGB Rn 16, *Lackner/Kühl* § 74d Rn 8; *Schmidt* in LK Rn 12, zu § 74d – offen gelassen von BGH bei *Holtz* MDR 1990, 103 = NStE Nr 2 zu § 74d StGB). Dagegen unterliegen in der 1. Fallgruppe der Einziehung nach § 74d Abs 2 StGB auch die Exemplare, die **öffentlich ausgelegt** worden sind oder die sich noch auf dem **Versandweg** befinden. Der Versandweg endet, wenn die Schrift in den Gewahrsam (zB Postfach) des Empfängers gelangt.

60   bb) Die **2. Fallgruppe** (§ 74d Abs 3 StGB) bilden die Presseinhaltsdelikte, bei denen zur Erfüllung des Tatbestandes der Verbreitung bzw Bestimmung zur Verbreitung noch **weitere Tatumstände hinzutreten** müssen. Das gilt etwa für § 184 Abs 1 StGB und § 27 Abs 1 bis 3 JuSchG, die nicht die Herstellung, Lieferung, Überlassung und weitere Handlungsweisen bezüglich schlicht pornographischer bzw jugendgefährdender Schriften an sich, sondern nur unter tatbestandlich im Einzelnen bestimmten besonderen Anforderungen an die Tathandlung und das Alter des Opfers mit Strafe bedrohen; ferner fallen darunter Tatbestände, die besondere Anforderungen an Kenntnisse und Absichten des Täters stellen, wie etwa die §§ 90c, 109d, 130a Abs 2 StGB (näher *Eser* in Schönke/Schröder Rn 12, *Fischer* Rn 10, *Schmidt* in LK Rn 19, zu § 74d StGB).

61   Von der ersten unterscheidet sich die zweite Fallgruppe vor allem in der Auswirkung; Einziehung und Unbrauchbarmachung sind hier nur in beschränktem Umfang zulässig. Sie erstrecken sich nur auf die zur Verbreitung bestimmten **Exemplare oder**

IV. Die materiellrechtlichen Voraussetzungen § 13 LPG

Herstellungsmittel, die sich im mittelbaren oder unmittelbaren **Besitz eines Tatbeteiligten** oder seines **Auftraggebers** befinden. Auch werden bei der 2. Fallgruppe solche Exemplare von der Einziehung nicht erfasst, die den Herrschaftsbereich der Tatbeteiligten schon verlassen haben und sich zB auf dem Postweg befinden (ebenso *Eser* in Schönke/Schröder § 74d Rn 14; abweichend die vhM, s *Fischer* Rn 12, *Horn/Wolters* in SK-StGB Rn 17, *Joecks* in MüKo-StGB Rn 23, *Schmidt* in LK Rn 21, sämtlich zu § 74d, die nur die bereits zu einem unbeteiligten Empfänger gelangten Stücke ausschließen wollen).

Einziehung und Unbrauchbarmachung setzen in der 2. Fallgruppe weiter voraus, 62 dass diese Maßnahmen **erforderlich** sind, um ein gesetzwidriges Verbreiten durch die Tatbeteiligten zu verhindern. Es muss sonach eine **konkrete Verbreitungsgefahr** vorliegen (vgl § 74d Abs 3 Nr 2 StGB; ebenso *Fischer* Rn 13, *Horn/Wolters* in SK-StGB Rn 18, *Schmidt* in LK Rn 22, zu § 74d). Verkauft zB ein Kioskbesitzer jugendgefährdende Schriften an Jugendliche, so unterliegen zwar die in seinem Kiosk vorhandenen Exemplare der Einziehung, nicht jedoch die Exemplare im Besitz des Verlages, sofern der Verleger von dem rechtswidrigen Vorgang nichts weiß.

g) Erfassung der gesamten Auflage. Schutz des Leserpublikums

Während die generelle, in das richterliche Ermessen gestellte Einziehung des § 74 63 StGB nur die mit der konkreten Straftat unmittelbar zusammenhängenden Gegenstände (Instrumente und Produkte der vorsätzlichen Straftat) erfasst, erstreckt sich die bei Presseinhaltsdelikten nach § 74d StGB vorgeschriebene Einziehung von Druckwerken und sonstigen Schriften wegen ihrer potentiellen Gefährlichkeit grundsätzlich auf die **gesamte Auflage** (vgl jedoch die Ausnahmeregelung des § 74d Abs 3 Nr 2 StGB, o Rn 62). Soweit die Schriften bzw Druckwerke bereits in die Hände des **Leserpublikums** gelangt sind, werden sie von der Einziehung **nicht erfasst;** diese Maßnahme beschränkt sich auf die im Besitz der Tatbeteiligten befindlichen Exemplare (§ 74d Abs 2 und 3 StGB; o Rn 59, 60).

h) Einziehungsvorbehalt und Verzicht auf die Einziehung

Dem Wortlaut des Gesetzes zufolge ist die Einziehung von Druckwerken und 64 sonstigen Schriften iSv § 74d StGB grundsätzlich zwingend vorgeschrieben. Nach der wichtigen Verweisungsbestimmung des § 74d Abs 5 StGB iVm § 74b Abs 2 und 3 StGB kommt für Herstellungsmittel neben der milderen Form der Unbrauchbarmachung (§ 74d Abs 1 Satz 2 StGB) aber auch der Ausspruch des **Einziehungsvorbehalts** unter gleichzeitiger Verhängung **milderer Maßnahmen** in Frage wie zB Änderung der Gegenstände, Beschränkung auf einen Teil des einzuziehenden Gegenstandes usw (vgl dazu o Rn 50). Auf die **Einziehung** und Unbrauchbarmachung **ganz zu verzichten,** lässt § 74d Abs 5 iVm § 74b Abs 2 und 3 StGB allerdings bei Druckwerken usw. nicht zu. Diese Möglichkeit kann sich jedoch für den Richter über den Gesetzeswortlaut hinaus unmittelbar aus dem Verfassungsgrundsatz der Verhältnismäßigkeit und der Rückwirkung der Pressefreiheit auf die Auslegung der allgemeinen Gesetze ergeben (BGHSt 23, 208/210 = NJW 1970, 437; BGHSt 23, 267/269 = NJW 1970, 1963; BGH JZ 1970, 513 mit Anm *Willms;* BGH NJW 1965, 983; vgl ferner OLG Celle NJW 1964, 1381; *Eser* in Schönke/Schröder § 74b Rn 2, § 74d Rn 17; *Lackner/Kühl* § 74b Rn 1; *W. Schmidt* in LK § 74b Rn 2).

6. Gemeinsame Vorschriften für die generelle und die spezielle Einziehung

Trotz der Wesensverschiedenheit zwischen der generellen Einziehungsregelung des 65 § 74 StGB und der Spezialregelung für Presseinhaltsdelikte gemäß § 74d StGB gibt es über die Verweisungsvorschrift des § 74d Abs 5 StGB hinaus eine Reihe für beide Einziehungsarten **gemeinsam geltender Vorschriften:**

a) Selbstständige Anordnung der Einziehung und Unbrauchbarmachung. Subjektives und objektives Verfahren

66 Von allgemeiner Bedeutung ist die **selbstständige Anordnung** der Einziehung bzw Unbrauchbarmachung strafverstrickter Gegenstände in dem Fall, dass wegen der Anlasstat keine bestimmte Person verfolgt oder verurteilt werden kann (§ 76a StGB). Sie wird in der Regel im **objektiven Verfahren** gemäß §§ 440 f. StPO ausgesprochen werden, jedoch ist sie auch im subjektiven, ursprünglich gegen einen bestimmten Beschuldigten geführten Verfahren möglich (näher *Eser* in Schönke/Schröder § 76a Rn 12; *Fischer* § 76a Rn 2a, *Joecks* in MüKo-StGB § 76a Rn 1, *Schmidt* in LK § 76a Rn 18–20 sowie in KKStPO § 440 Rn 16). Die selbstständige Anordnung ist stets zulässig, wenn das Gericht von Strafe absieht oder wenn das Verfahren nach einer Vorschrift eingestellt wird, die dies nach dem Ermessen der Staatsanwaltschaft oder des Gerichts oder im Einvernehmen beider zulässt (§ 76a Abs 3 StGB), also vor allem nach §§ 153 ff. StPO. Darüber hinaus ist ihre Zulässigkeit je nach der Art des Hindernisses unterschiedlich geregelt:

67 – Ist die persönliche Verfolgung oder Verurteilung des als Täter Verdächtigen aus **tatsächlichen Gründen** unmöglich (der Beschuldigte ist flüchtig, im Ausland unerreichbar usw), so kann, wenn sämtliche Voraussetzungen der Einziehung und ihrer Verfolgbarkeit im Übrigen gegeben sind, in allen Fällen von §§ 74, 74a und 74d StGB die Einziehung selbstständig angeordnet werden (§ 76a Abs 1 StGB; *Horn/Wolters* in SK-StGB § 76a Rn 3, 4, 6, 7; *Lackner/Kühl* § 76a Rn 1, 2).

68 – Ist die Verfolgung einer bestimmten Person aus **rechtlichen Gründen** unmöglich, dann kann nur die Sicherungseinziehung nach § 74 Abs 2 Nr 2, Abs 3 sowie kraft Weiterverweisung über § 74 Abs 4 StGB, aber auch nach § 74d StGB (o Rn 58) selbstständig angeordnet werden, wenn ihre weiteren Voraussetzungen gegeben sind (§ 76a Abs 2 StGB); die strafähnliche Einziehung nach § 74 Abs 1 iVm Abs 2 Nr 1 und die nach § 74a StGB sind davon in diesen Fällen ausgeschlossen. Zu den rechtlichen Hinderungsgründen gehören die Schuldunfähigkeit des Täters oder persönliche Strafausschließungsgründe wie die Immunität, aber auch eine Amnestie oder der Tod des Täters (*Eser* in Schönke/Schröder Rn 8; *Horn/Wolters* in SK-StGB Rn 8, *Schmidt* in LK Rn 11, jeweils zu § 76a; BGHSt 23, 64 = NJW 1969, 1970). Dass auch die Verjährung die selbstständige Anordnung der Sicherungseinziehung nicht ausschließen soll, hat das 21. StrÄndG vom 13.6.1985 (BGBl I S 965) durch Einfügung der Nr 1 in § 76a Abs 2 S 1 und des § 78 Abs 1 S 2 StGB klargestellt.

Die Anordnung der Einziehung ist jedoch **unzulässig**, wenn ein gesetzlich notwendiger Strafantrag oder die bei politischen Delikten vom Gesetz verschiedentlich geforderten Verfolgungsvoraussetzungen der Ermächtigung zur Strafverfolgung oder des Strafverlangens (s etwa §§ 90, 90b, 97, 104a, 194 Abs 4 StGB) fehlen (§ 76a Abs 2 S 2 StGB) oder wenn die selbstständige Anordnung der Einziehung gesetzlich ausgeschlossen ist (§ 76a Abs 2 S 1 Nr 2 aE StGB), wie etwa durch die Exemtion des diplomatischen und konsularischen Personals von der deutschen Gerichtsbarkeit kraft Exterritorialität gemäß §§ 18, 19 GVG.

69 Die Einleitung des **objektiven Verfahrens** zur selbstständigen Anordnung der Einziehung liegt nach § 440 Abs 1 StPO auch dann im Ermessen der Staatsanwaltschaft, wenn das materielle Recht die Einziehung zwingend vorschreibt (BGHSt 7, 356/357 f. = NJW 1955, 1160; *Schmidt* in KKStPO Rn 4, *Gössel* in Löwe/Rosenberg Rn 23 f., *Meyer-Goßner* Rn 3, jeweils zu § 440 StPO). Für die gerichtliche Entscheidung ist dagegen auch bei der selbstständigen Anordnung der Einziehung maßgeblich, ob das Gesetz die Entscheidung nach pflichtgemäßem Ermessen erlaubt (Fall des § 74 StGB) oder die Einziehung bzw Unbrauchbarmachung zwingend vorschreibt (Fall der presserechtlichen Sonderregelung, § 74d StGB).

IV. Die materiellrechtlichen Voraussetzungen § 13 LPG

b) Einziehungsurteil und Einziehungsverfahren
Angeordnet wird die Einziehung bzw Unbrauchbarmachung in der **Gerichts-** 70
entscheidung, die im Strafprozess gegen die Tatbeteiligten oder im selbstständigen
Verfahren ergeht.
   aa) Die Anordnung ist in den **Urteilstenor** aufzunehmen (*Fischer* Rn 15; *Herzog/* 71
Saliger in NK-StGB Rn 17, *Horn/Wolters* in SK-StGB § 74d Rn 21, *Joecks* in MüKo-
StGB Rn 27, zu § 74d). Dabei sind die einzuziehenden Sachen im Tenor selbst oder
– bei besonders umfangreichen Anordnungen – in einer Anlage dazu so genau zu
kennzeichnen, dass sie für die Vollstreckung zweifelsfrei identifiziert werden können
(BGHSt 8, 205/211 f. = NJW 1956, 149); der BGH lässt allerdings äußerstenfalls
auch eine solche Kennzeichnung in den Urteilsgründen genügen (BGHSt 9, 88/89 =
NJW 1956, 799; BGH bei *Pfeiffer* NStZ 1981, 295). Eine Bezugnahme auf die Anklageschrift ist nicht ausreichend, da sich der genaue Inhalt des Urteils aus diesem
selbst ergeben muss (BGH NJW 1962, 2012/2019; BGH bei *Pfeiffer* NStZ 1981, 295;
BGH StV 1981, 396; *Meyer-Goßner* Rn 39, *Schoreit* in KKStPO Rn 43, *Stuckenberg* in
Löwe/Rosenberg Rn 107, zu § 260 StPO). Bei Einziehung einer Schrift, namentlich
der Einziehung der Gesamtauflage eines Druckwerks nach § 74d StGB, ist die genaue
Angabe des vollen Titels und bei Zeitungen und Zeitschriften des Impressums erforderlich (*Gollwitzer* in Löwe/Rosenberg Rn 86, *Meyer-Goßner* Rn 39, zu § 260 StPO;
W. Schmidt in LK § 74d Rn 29). Die ISBN bzw ISSN sollte, soweit bekannt, hinzugesetzt werden. Kommt die Teileinziehung einer Schrift in Betracht (§ 74b Abs 3,
§ 74d Abs 5 StGB), so ist der Umfang der Einziehung im Urteilstenor genau anzugeben. Die Beschränkung der Einziehung gemäß § 74d Abs 2 StGB (o Rn 59) und
vollends ihre Einschränkung auf die im Besitz der Tatbeteiligten oder ihrer Auftraggeber befindlichen Stücke der Schriften und Herstellungsmittel gemäß § 74d Abs 3
S 2 Nr 1 StGB (o Rn 61 f.) ist unter Benennung des Personenkreises bzw bei Abs 3
unter konkreter Angabe der betreffenden Personen in den Urteilstenor aufzunehmen.
Dass die Stücke, die sich schon im Besitz des Leserpublikums befinden, von der Einziehung nicht erfasst werden (§ 74d Abs 2 StGB; o Rn 59 f., 63), braucht im Tenor
dagegen nicht ausdrücklich ausgeführt zu werden (RGSt 17, 311/314). Ist neben der
Einziehung von Schriften die Unbrauchbarmachung von Herstellungsmitteln auszusprechen, so können beide Anordnungen, und zwar auch im objektiven Verfahren,
im Urteil nebeneinander ergehen (§ 74d Abs 1 S 2 StGB; *Eser* in Schönke/Schröder
§ 76a Rn 13).
   bb) Das **Einziehungsverfahren** selbst ist im Einzelnen in den §§ 430–442 StPO 72
geregelt. Als **Einziehungsbeteiligte** sind daran diejenigen Personen zu beteiligen,
die einen rechtlichen Anspruch auf den Gegenstand der Einziehung haben – etwa
wenn der Gegenstand einem anderen als dem Täter oder Teilnehmer gehört oder ein
anderer ein sonstiges Recht an dem einzuziehenden Gegenstand besitzt (§ 74f StGB;
§§ 431, 440 Abs 3 StPO; vgl auch BGH NJW 1958, 992 f.). Ein bloßes „Interesse"
an dem einzuziehenden Gegenstand, wie das des Empfängers einer Sendung, genügt
nicht (RGSt 56, 379). Der Anspruch des Einziehungsberechtigten muss nach § 431
Abs 1 S 1 StPO „glaubhaft" sein, was das Gericht von Amts wegen zu prüfen hat
(*Schmidt* in KKStPO § 431 Rn 11, 12). Die Einziehungsbeteiligten haben im Prozess
die weitgehenden Verteidigungsrechte eines Angeklagten (§ 433 Abs 1 StPO). Sie
können sich vor Gericht durch einen Rechtsanwalt oder sonstigen Verteidiger vertreten lassen (§ 434 Abs 1 StPO). Die Einziehungsbeteiligten können gegen ein sie be-
schwerendes Urteil selbstständig ein Rechtsmittel einlegen (§ 437 StPO; OLG Celle
NJW 1963, 1369; BGHR StGB § 74 Abs 2 Nr 2 Beteiligter). Ergibt sich, dass der
Anspruch eines einziehungsbeteiligten Dritten wegen vorwerfbaren Verhaltens (§ 74f
Abs 2 StGB) unbegründet ist, so hat der Strafrichter diese Feststellung im Strafurteil zu treffen. Ist jedoch der Entschädigungsanspruch des Dritten begründet, so
entscheidet grundsätzlich das Zivilgericht über die Höhe (KG NJW 1978, 2406/
2407; BayObLG VRS 46/1974, 271/275; *Gössel* in Löwe/Rosenberg Rn 15, *Meyer-*

LPG § 13 Anordnung der Beschlagnahme

Goßner Rn 11, *Schmidt* in KKStPO Rn 5, jeweils Vor § 430); eine Ausnahme enthält § 436 Abs 3 S 2 StPO.

7. Einziehung und Unbrauchbarmachung nach dem Ordnungswidrigkeitengesetz

73 Vorschriften über die Einziehung von Gegenständen, einschließlich einer speziell für die Einziehung von Druckwerken und sonstigen Schriften sowie die Unbrauchbarmachung von Herstellungsmitteln geltenden Norm enthält auch das **Ordnungswidrigkeitenrecht** in §§ 22 ff., 123 OWiG. Nach § 22 Abs 1 OWiG ist die Einziehung als Nebenfolge einer Ordnungswidrigkeit nur zulässig, soweit sie das Gesetz ausdrücklich zulässt. Ist dies der Fall, dann können Einziehung und Unbrauchbarmachung auch im objektiven Verfahren selbstständig angeordnet werden (§ 27 OWiG). Das Gesetz ermöglicht allerdings eine Einziehung bzw Unbrauchbarmachung von Druckwerken, sonstigen Schriften und Herstellungsmitteln in § 123 OWiG nur begrenzt auf grob anstößige Publikationen und die Werbung für Prostitution (§§ 119 und 120 OWiG). Die §§ 22 ff., 123 OWiG lehnen sich eng an §§ 74 ff. StGB an. Abweichend von § 74d StGB ist die Anordnung von Einziehung und Unbrauchbarmachung nicht obligatorisch, sondern in allen Fällen eine Ermessensentscheidung, wobei auch hier dem Grundsatz der Verhältnismäßigkeit (vgl u Rn 87 ff.) vom Gesetz besondere Beachtung geschenkt wird (§§ 24, 123 Abs 2 S 2 OWiG).

V. Die prozessrechtlichen Voraussetzungen: Die Problematik des Grades der Wahrscheinlichkeit für die Annahme der späteren Einziehungsanordnung und das Erfordernis eines Sicherstellungsbedürfnisses

1. Die Divergenz zwischen § 111b StPO und § 13 Abs 2 LPG seit 1998

a) Die Folgen der Pressebeschlagnahme und das Erfordernis dringender Gründe im Landespresserecht

74 Obwohl es sich bei der **Pressebeschlagnahme** um eine nur vorläufige Maßnahme handelt, kann sie insb bei der auf Aktualität angewiesenen periodischen Presse bereits zu nicht wieder gut zu machender **endgültiger Schädigung,** ja zur **Existenzvernichtung** führen. Anlässlich der Beratung des Reichspreßgesetzes von 1874 brachten die Verfechter einer liberalen Beschlagnahme-Regelung diese Gefahr im Reichstag anschaulich zum Ausdruck: Bei der Pressebeschlagnahme beginne der Prozess mit der Hinrichtung des Angeklagten; der Abgeordnete Marquardsen wies warnend auf die Tatsache hin, dass in Bayern zwischen 1850 und 1857 insgesamt 2520 polizeiliche Zeitungsbeschlagnahmen stattfanden, denen nur in 27 Fällen (1%) eine die vorläufige Beschlagnahme bestätigende richterliche Verurteilung folgte (s näher Vor §§ 13 ff. Rn 13–16).

b) Die Absenkung der Prognosewahrscheinlichkeit in § 111b Abs 1 StPO im Jahre 1998

75 Zum Schutz der Pressefreiheit gegenüber voreiligen oder leichtfertigen Beschlagnahmemaßnahmen bestimmt deshalb **§ 13 Abs 2 LPG,** die Beschlagnahme von Druckwerken dürfe nur angeordnet werden, wenn **„dringende Gründe"** für die Annahme vorliegen, dass am Schluss des Strafverfahrens das Gericht die (endgültige) Einziehung des Druckwerks aussprechen wird. Die nach der hier vertretenen Auffassung allein maßgebliche bundesrechtliche Regelung (Vor §§ 13 ff. Rn 24 ff., 27) stellte in der ursprünglichen, seit 1975 geltenden Fassung des **§ 111b Abs 1 StPO** für die Sicherstellung zwecks Vollstreckungssicherung generell die gleiche Voraussetzung auf. Seit dem Gesetz zur Verbesserung der Bekämpfung der Organisierten Kriminalität vom 4.5.1998 (BGBl I S 845) ist die Verdachtsschwelle jedoch herabgesetzt:

V. Die prozessrechtlichen Voraussetzungen   § 13 LPG

Nach § 111b Abs 1 StPO brauchen jetzt nur noch **schlichte „Gründe"** für die
Annahme vorhanden zu sein, dass die Voraussetzungen für die Einziehung von Gegenständen vorliegen. Erst die Verlängerung der Beschlagnahme nach Ablauf von
sechs Monaten setzt im Prinzip dringende Gründe voraus (§ 111b Abs 3 Satz 1
StPO), jedoch kann der Richter sie uU noch einmal bis zu sechs Monate verlängern,
auch wenn die Gründe weiterhin nicht dringender Natur sind. Zumindest für die auf
Aktualität besonders angewiesene periodische Presse ist diese nachträgliche Anhebung
der Prognosewahrscheinlichkeit aber ohnehin nicht ernstlich von Bedeutung.

2. Die herkömmliche Interpretation des Erfordernisses dringender Gründe

Die **„dringenden Gründe" iS der ursprünglichen Fassung** von § 111b Abs 1   76
StPO und des § 13 Abs 2 LPG waren bzw. sind im Detail aufzulösen in drei Erfordernisse (*Achenbach* in AK-StPO §§ 111b–d Rn 4; *Pegel* in Radtke/Hohmann § 111b
Rn 4; *Johann* in Löwe/Rosenberg § 111b Rn 39):

a) Das Erfordernis eines dringenden Tatverdachts   77

Es muss ein **dringender Tatverdacht,** dh die nach gegenwärtigem Erkenntnisstand begründete hohe Wahrscheinlichkeit, dafür gegeben sein, dass die Anlasstat in
der vom Gesetz geforderten Weise – dh bei § 74d StGB als straftatbestandsmäßigrechtswidriges Verhalten – begangen worden ist und dass keine Verfolgungshindernisse bestehen (weiter u Rn 85 ff.); wegen der Möglichkeit der selbständigen Einziehungsanordnung (o Rn 66 ff.) braucht dieser Tatverdacht sich aber nicht notwendig
gegen eine bestimmte beschuldigte Person zu richten (*Achenbach* NJW 1976, 1068
sowie in AK-StPO §§ 111b–111d Rn 4; AG Bremerhaven StV 1991, 411/412).

b) Hohe Wahrscheinlichkeit für das Vorliegen der weiteren Voraussetzungen der Einziehung

Es muss die durch bestimmte Tatsachen begründete **hohe Wahrscheinlichkeit**   78
gegeben sein, dass die Sache in diese Tat verstrickt ist und dass die weiteren **Voraussetzungen der Einziehung** gegeben sind. Schon in diesem Rahmen ist zu berücksichtigen, ob nicht die Prüfung der Verhältnismäßigkeit der Maßnahme gemäß § 74b
StGB bzw. in unmittelbarer Anwendung des verfassungsrechtlichen Übermaßverbots
den Grad der Wahrscheinlichkeit mindert (dazu näher o Rn 48 ff.).

c) Hohe Wahrscheinlichkeit der tatsächlichen Einziehungsanordnung durch das Gericht

Schließlich muss die gleiche **hohe Wahrscheinlichkeit** auch dafür sprechen, dass   79
das **Gericht tatsächlich die Einziehung anordnen wird.** Da § 74d, auch in Verbindung mit § 76a StGB (dazu o Rn 66 ff.), die Einziehung und Unbrauchbarmachung zwingend vorschreibt, wird dies bei dringendem Tatverdacht und hoher Wahrscheinlichkeit der Einziehungsvoraussetzungen der Regelfall sein, es sei denn, es fehlt
an den in § 76a StGB genannten Erfordernissen und auch an der Erwartung einer
Entscheidung der Staatsanwaltschaft für einen Antrag auf Einleitung des objektiven
Verfahrens nach § 440 StPO (s dazu o Rn 69). Dieses Erfordernis muss darüber hinaus, wie aus der Nennung „eines Gegenstandes im Sinne des § 74d StGB" in § 111m
Abs 1 StPO zu ersehen ist, auch für die Unbrauchbarmachung der Herstellungsmittel gemäß § 74d Abs 1 S 2 StGB gelten (*Achenbach* in AK-StPO §§ 111b–111d Rn 4;
insoweit zustimmend *Rogall* in SKStPO Rn 13, *Schmitt* in Meyer-Goßner Rn 4,
Spillecke in KKStPO Rn 2, sämtlich zu § 111b; BT-Drs 7/2539, S 12 iVm 15).

3. Interpretation von § 111b Abs 1 StPO im Lichte von Art 5 Abs 1 GG

Nach der **Streichung des Erfordernisses „dringender" Gründe** als Vorausset-   80
zung der Anordnung einer einziehungssichernden Beschlagnahme stellt sich die
Frage nach den pressestrafverfahrensrechtlichen Konsequenzen für die Anordnung der einziehungssichernden Beschlagnahme der gesamten Auflage einer
Schrift. Sie ist bisher von der Doktrin nicht in ihrer Problematik erkannt worden
(anders *Achenbach* NStZ 2000, 123/126 f.). Die Presserechtler haben schon die Ände-

rung als solche bisher überwiegend nicht zu Kenntnis genommen (*Groß* PresseR Rn 626; *ders* NStZ 1999, 334/338 und DVP 2000, 19/24; *Ricker/Weberling* Hdb 31. Kap Rn 14; *Paschke* MedienR Rn 1081; *Soehring* in Soehring/Hoene, PresseR § 27 Rn 4; anders aber *Heer-Reißmann* in Schiwy/Schütz/Dörr S 101); die Strafprozessualisten ignorieren die innere Verknüpfung zwischen der Änderung des § 111b und den §§ 111m/n StPO. Der Gesetzgeber des Gesetzes zur Verbesserung der Bekämpfung der Organisierten Kriminalität von 1998 (o Rn 75) wollte eine Absenkung der Prognosewahrscheinlichkeit auf das Niveau des einfachen Tatverdachts und eine Gleichstellung mit dem Anfangsverdacht des § 152 Abs 2 StPO (BT-Drucks 13/8651 S 15 zu Nr 6). Gewiss gibt es Fälle eines deutlich fehlenden Anfangsverdachts (s etwa LG München I AfP 2009, 279/280 ff.). Übertrüge man diese niedrige Verdachtsstufe indes generell ohne Einschränkungen auf die pressespezifische Beschlagnahme, so könnten die Konsequenzen durchaus dramatisch sein. Die „Hinrichtung des Angeklagten" zu Beginn des Verfahrens (o Rn 74) scheint damit wieder näher gerückt.

81 Indes **kann dies im Staat des Grundgesetzes nicht ernstlich die Konsequenz der Gesetzesänderung von 1998 sein.** Sie lag nicht in der Absicht des historischen Gesetzgebers. Diesem, genauer den Fraktionen der CDU/CSU, SPD und FDP, ging es ausweislich der Gesetzesbegründung darum zu gewährleisten, dass Beschuldigte nicht in der Zeit bis zur Entscheidung des Gerichts durch Beiseiteschaffen von Gegenständen oder Vermögenswerten deren Verfall oder deren Einziehung verhindern; damit wollten die Entwurfsverfasser das rechtliche Instrumentarium für die Bekämpfung der Organisierten Kriminalität verbessern und zugleich dem Umstand Rechnung tragen, dass im Bereich der Ermittlungsverfahren wegen Geldwäsche bisher nur verhältnismäßig geringe Beträge beschlagnahmt werden konnten (BT-Drucks 13/8651, S 15 iVm S 9). Dass so zugleich eine bedeutsame Hürde für die pressespezifische Auflagenbeschlagnahme eingerissen wurde, war den gesetzgebenden Instanzen schlicht nicht gegenwärtig. Diese Konsequenz verbietet aber vor allem die Bedeutung des **Grundrechts der Meinungs- und Pressefreiheit** (Art 5 Abs 1 GG) für die Auslegung und Anwendung des Strafverfahrensrechts als Teil der allgemeinen Gesetze (Art 5 Abs 2 GG). Seit dem Lüth-Urteil des BVerfG ist eine Wechselwirkung zwischen dem Grundrecht und den schrankensetzenden allgemeinen Gesetzen anerkannt: „die allgemeinen Gesetze müssen in ihrer das Grundrecht beschränkenden Wirkung ihrerseits im Lichte der Bedeutung dieses Grundrechts gesehen und so interpretiert werden, dass der besondere Wertgehalt dieses Rechts [...] auf jeden Fall erhalten bleibt" (BVerfGE **7,** 198/208 f. = NJW 1958, 257). Und speziell im Hinblick auf das Grundrecht der Pressefreiheit hat das BVerfG formuliert, es bedürfe „bei jeder strafprozessualen Maßnahme, die in den durch das Grundrecht geschützten Bereich der Presse eingreift, einer Abwägung zwischen den Erfordernissen der freien Presse und denen der Strafverfolgung (BVerfGE **15,** 77/78 f. = NJW 1962, 2243; sachlich ähnlich BVerfGE **59,** 231/265 = NJW 1982, 1447; **64,** 108/115 = NJW 1084, 1101; **71,** 200/214; **77,** 65/75 = NJW 1988, 329; **111,** 147/155 = NJW 2004, 2814; **117,** 244/260 = NJW 2007, 1117 Rn 47).

82 Schließlich ist der Einfluss des verfassungsrechtlichen Grundsatzes der **Verhältnismäßigkeit** zu beachten, der neben der Erforderlichkeit und Eignung der jeweiligen Maßnahme auch verlangt, dass sie in einem angemessenen Verhältnis zu ihrem Anlass stehen muss (näher u Rn 93). Dabei darf nicht vergessen werden, dass schon die **materiellrechtlichen Voraussetzungen der Einziehung** in mehrfacher Hinsicht den Gedanken der Verhältnismäßigkeit aufnehmen. Das gilt namentlich für § 74b StGB (o Rn 48–51) sowie für § 74d Abs 5 StGB (o Rn 64); unabhängig davon betont die Rechtsprechung ganz allgemein, dass die Einziehung und die zu ihrer Sicherung dienenden Maßnahmen unter den begrenzenden Anforderungen des Übermaßverbots stehen (Nachw o Rn 64). Auch enthalten die **§§ 111m und 111n StPO** (und die §§ 13, 14 LPG) prozedurale Konkretisierungen des Verhältnismäßigkeitsgrundsatzes (u Rn 93 ff.).

V. Die prozessrechtlichen Voraussetzungen   § 13 LPG

Angesichts der schwerwiegenden Folgen, die für die Presse mit der Anordnung der 83
Beschlagnahme sämtlicher Exemplare einer Zeitung oder Zeitschrift, aber uU auch
der einer sonstigen Schrift regelmäßig verbunden sind, muss sich der Schutz der Pressefreiheit darüber hinaus auf den **Grad der Wahrscheinlichkeit** sowohl für die Voraussetzungen einer Anlasstat der §§ 74 ff. StGB und der Verfolgungsvoraussetzungen als auch für die Aussicht auf die tatsächliche spätere Anordnung durch das Gericht beziehen (ohne Begründung ablehnend *Rogall* in SK-StPO § 111m Rn 2 Fn 4). Aus diesen Überlegungen kann der bloße Anfangsverdacht einer Anlasstat für die Einziehung iS einer zwar durch Tatsachen gestützten, aber in der Sache doch ungesicherten bloßen Möglichkeit, es könnte nach kriminalistischer Erfahrung eine verfolgbare Straftat vorliegen, – wofür auch entfernte Indizien ausreichen sollen – (s dazu nur etwa *Krehl* in HK-StPO Rn 7 f., *Schmitt* in Meyer-Goßner Rn 4, *Schoreit* in KKStPO Rn 28 f., zu § 152) allein eine solche Anordnung noch nicht begründen. Es ist vielmehr eine stärkere Konkretisierung der Indizien erforderlich, die einen **an der Schwere der Folgen eine Beschlagnahmeanordnung orientierten höheren Grad** des Tatverdachts begründen müssen (ähnlich *Heer-Reißmann* in Schiwy/Schütz/Dörr S 101, die eine „sorgfältige Verdachtsprüfung" fordert und darauf hinweist, dass § 111b Abs 1 StPO zwingend im Lichte des Grundrechts auszulegen und anzuwenden ist). In gleicher Weise sind die Anforderungen an die Wahrscheinlichkeit im Hinblick auf die Voraussetzungen der Einziehung und auf die Aussichten, dass es zu einer Einziehung oder Unbrauchbarmachung der beschlagnahmten Gegenstände tatsächlich kommen wird, zu konkretisieren (vgl o Rn 78 f.). Da eine Korrelation zwischen Wahrscheinlichkeitsgraden und Folgenabschätzung den Ausschlag gibt, ist das Ergebnis der damit notwendigen Abwägung nicht so präjudiziert wie es wäre, wenn man allein den Maßstab dringender Gründe in dem o Rn 77–79 konkretisierten Verständnis anlegte; doch bewegt es sich insgesamt auf der Linie der bisherigen Regelung. Bemerkenswert erscheint, dass *Lesch* StraFo 2003, 6 f. für den ebenfalls durch eine erhöhte Eingriffsintensität gekennzeichneten strafprozessualen dinglichen Arrest gemäß §§ 111b Abs 2, 111d StPO im Wege einer verfassungskonformen Interpretation einen dringenden oder jedenfalls einen hinreichenden Tatverdacht fordert und dass er sich dafür – jedenfalls auch – auf den Gesichtspunkt der Verhältnismäßigkeit stützt.

Es wäre gewiss wünschenswert, wenn die Gesetzgebung **de lege ferenda** bemüht 84
wäre, die damit in der Praxis aufgerissenen Ungewissheiten für die Pressefreiheit durch eine stärker generalisierende Regelung wieder auszuschließen. Dafür empfiehlt sich eine ergänzende Neufassung des § 111m Abs 1 StPO, wie sie der *Verf* schon in NStZ 2000, 123/127 vorgeschlagen hatte:

„(1) Die Beschlagnahme eines Druckwerks, einer sonstigen Schrift oder eines Gegenstandes im Sinne des § 74d des Strafgesetzbuches ist nur zulässig, wenn dringende Gründe für die Annahme vorhanden sind, dass die Voraussetzungen für ihre Einziehung vorliegen. Sie darf nicht angeordnet werden, wenn ihre nachteiligen Folgen, insbesondere die Gefährdung des öffentlichen Interesses an unverzögerter Verbreitung, offenbar außer Verhältnis zu der Bedeutung der Sache stehen."

4. Strafantrag und Ermächtigung als Teil der (dringenden) Gründe

Die (dringenden) Gründe für die Annahme der späteren Anordnung der Einzie- 85
hung oder Unbrauchbarmachung iSv § 111b Abs 1 umfassen auch die Prozessvoraussetzungen des **Strafantrages** bzw **Strafverlangens** und einer **Ermächtigung** bei den Delikten, die Derartiges voraussetzen. Liegt also ein erforderlicher Strafantrag etc. bei der Beschlagnahmeanordnung noch nicht vor, so müssen also auch insoweit bestimmte tatsächliche Anhaltspunkte die Verwirklichung dieser Verfolgungsvoraussetzungen erwarten lassen (BT-Drs 7/2539, S 12 iVm 15; *Rogall* in SKStPO § 111b Rn 14; *Schmitt* in Meyer-Goßner § 111b Rn 10). Das bestimmt § 13 Abs 2 Nr 2 LPG (in Gestalt „dringender Gründe") ausdrücklich.

a) Der Strafantrag

Ein **Strafantrag** im Sinne des § 77 StGB bildet insb für die Beleidigungsdelikte 86
der §§ 185 ff. StGB in der Regel die Voraussetzung der Verfolgung und Verurteilung

LPG § 13 Anordnung der Beschlagnahme

(§ 194 StGB). Der Strafantrag ist nach § 158 Abs 2 StPO bei Staatsanwaltschaft oder Gericht schriftlich oder zu Protokoll der Geschäftsstelle, bei einer anderen Behörde schriftlich anzubringen. Die Frist zur Stellung des Strafantrags dauert drei Monate, beginnend mit dem Tag, an dem der Antragsberechtigte sowohl von der Tat wie von der Person des Täters Kenntnis erlangt hat (§ 77b StGB). Ist die Antragsfrist verstrichen, so ist die Beschlagnahme nicht mehr möglich. Dasselbe muss gelten, wenn der Strafantrag wirksam zurückgenommen wird (vgl u Rn 88).

b) Die Ermächtigung

87 Eine **Ermächtigung** kommt vor allem in Betracht, wenn durch die Tat Belange von Staatsorganen verletzt werden, wie zB bei Verunglimpfung des Bundespräsidenten (§ 90 Abs 4 StGB). Weitere Fälle der Ermächtigung sind in den §§ 97 Abs 3, 104a und 106b StGB aufgeführt. Handelt es sich um eine Straftat gegen ausländische Staaten iSv §§ 102–104 StGB, so setzt § 104a StGB zusätzlich zu einer Ermächtigung durch die Bundesregierung ein **Strafverlangen** der ausländischen Regierung voraus. Im Gegensatz zum Strafantrag sind Ermächtigung und Strafverlangen weder an eine bestimmte Frist noch an eine bestimmte Form gebunden (§ 77e verweist nicht auf § 77b StGB, die StPO schweigt).

c) Rücknahme von Strafantrag und Ermächtigung

88 Strafantrag und Ermächtigung können auch noch im Strafverfahren selbst bis zu dessen rechtskräftigem Abschluss **zurückgenommen** werden; nach einmal erklärter Zurücknahme ist die nochmalige Stellung von Strafantrag oder Ermächtigung nicht mehr zulässig (§ 77e iVm § 77d StGB). Das Strafverfahren ist danach einzustellen (§§ 206a, 260 Abs 3 StPO).

d) Unzulässigkeit der Beschlagnahmeanordnung ohne konkrete Anhaltspunkte für die Wahrscheinlichkeit eines Strafantrages oder einer Ermächtigung

89 Eine Beschlagnahmeanordnung in Antrags- und Ermächtigungsfällen ist mithin **unzulässig**, wenn Strafantrag oder Ermächtigung nicht bereits vorliegen oder mit hoher Wahrscheinlichkeit zu erwarten sind. Dafür sind konkrete Anhaltspunkte erforderlich. Ein solcher konkreter Anhaltspunkt ist der ausdrücklich oder durch konkludentes Handeln bekundete Wille des Berechtigten, den Strafantrag stellen bzw die Ermächtigung erteilen zu wollen, was beides in seinem freien Belieben liegt.

5. Das Erfordernis eines Sicherstellungsbedürfnisses als Voraussetzung der Beschlagnahmeanordnung

90 Nach § 111b Abs 1 S 1 StPO „können" Gegenstände unter den zuvor erörterten Voraussetzungen durch Beschlagnahme sichergestellt werden, nach § 13 Abs 1 LPG „kann" nur der Richter die Beschlagnahme einer Schrift anordnen. Das jeweilige Gesetz spricht damit die **Zulässigkeit** der Maßnahme aus, stellt sie jedoch keineswegs in das Belieben der Entscheidungsinstanz. Nach dem verfassungsrechtlichen Übermaßverbot (u Rn 91 ff.) darf ein staatliches Organ die Anordnung vielmehr nur dann treffen, wenn diese erforderlich ist. Das ist allein der Fall, wenn ein **Sicherstellungsbedürfnis** besteht, dh wenn ohne die Beschlagnahme die Vollstreckung der Einziehung oder Unbrauchbarmachung gefährdet wäre (*Gercke* in HK-StPO Rn 11, *Hartmann* in HK-GS Rn 6, *Huber* in Graf Rn 14, *Joecks* in Radtke/Hohmann Rn 10, *Rogall* in SK-StPO Rn 16, *Johann* in Löwe/Rosenberg Rn 24, *Schmitt* in Meyer-Goßner Rn 13, jeweils zu § 111b). Andererseits steht aber die Anordnung dann nicht mehr im Ermessen der für die Entscheidung zuständigen Instanz, wenn das Sicherstellungsbedürfnis zu bejahen ist; denn bei konkreten Gründen für die spätere Einziehung ist es auch die Pflicht der Strafverfolgungsorgane, deren Vollstreckung sicherzustellen (*Achenbach* in AK-StPO §§ 111b–111d Rn 6 unter Aufgabe der in NJW 1976, 1072 vertretenen Auffassung; ebenso *Lohse* AnwBl 2006, 603, 604; *Rogall* in SKStPO Rn 20, *Schmitt* in Meyer-Goßner Rn 13, *Spillecke* in KKStPO Rn 13, sämtlich zu

VI. Grundsatz der Verhältnismäßigkeit § 13 LPG

§ 111b; s auch LG Aachen NJW 1978, 385/386; LG Berlin NStZ 1991, 437/438; LG Kiel m Anm *Wulf* wistra 1998, 363).

VI. Der Grundsatz der Verhältnismäßigkeit und seine Umsetzung in § 111m Abs 1 StPO, § 13 Abs 3 LPG

1. Grundlagen

a) Bedeutung des verfassungsrechtlichen Übermaßverbots

Die Beschlagnahme und Einziehung von Druckwerken sowie die Durchsuchung von Presseverlagen bedeuten neben dem Eingriff in die Eigentumsgarantie des Art 14 GG (vgl BVerfGE 1, 264/277 f.) und in die Unverletzlichkeit der Wohnung (Art 13 GG) vor allem eine schwerwiegende Beeinträchtigung des Grundrechts der Pressefreiheit (Art 5 Abs 1 Satz 2 GG). Dem Schutz dieser Grundrechte dient das **verfassungsrechtliche Übermaßverbot**, der Verfassungsgrundsatz der **Verhältnismäßigkeit**, der als Kernsatz des öffentlichen Rechts bei allen behördlichen Maßnahmen, die Grundrechte beeinträchtigen, streng zu beachten ist (BVerfGE 20, 162/186 f. = NJW 1966, 1603; BVerfGE 59, 95/97; BVerwGE 5, 50/51 f. = NJW 1957, 1648; weitere Nachw. bei *Leibholz/Rinck* GG Art 20 Rn 776 ff.). 91

b) Eignung, Erforderlichkeit und Proportionalität

Aus dem Grundsatz der Verhältnismäßigkeit ergeben sich für die Zulässigkeit eines Eingriffs in ein Grundrecht drei Folgerungen (BVerfGE **20**, 162/186 f. = NJW 1966, 1603; **96**, 44/51 = NJW 1997, 2165; **113**, 29/53 = NJW 2005, 1917; BVerfG Kammerbeschlüsse NJW 2008, 1937; NJW 2009, 2518 Rn 63; *Leibholz/Rinck* GG Art 20 Rn 776 mwN): Die Maßnahme muss geeignet sein, ihren Zweck zu erfüllen **(Eignung)**. Sie muss das schonendste Mittel sein **(Erforderlichkeit)**. Vor allem aber muss die Bedeutung der Sache zu der Schwere und den Folgen des Eingriffs in einem vertretbaren Verhältnis stehen (Angemessenheit oder **Proportionalität**). 92

c) Geltung für Gesetzgeber und Richter

Der Grundsatz der Verhältnismäßigkeit ist sowohl vom Gesetzgeber wie vom Richter zu berücksichtigen. Der **Richter** darf sich nicht mit der Meinung begnügen, der Gesetzgeber habe die erforderliche Abwägung der zu berücksichtigenden Belange (Strafverfolgungsinteresse und Sicherung der Pressefreiheit) bereits endgültig vorgenommen; dem Richter obliegt die Berücksichtigung des Grundsatzes der Verhältnismäßigkeit im Blick auf die konkreten **Umstände des Einzelfalles** (BVerfGE 16, 194/201 f. = NJW 1963, 1597). 93

d) Niederschlag des Prinzips in der Gesetzgebung

Der **Gesetzgeber** hat den Verfassungsgrundsatz der Verhältnismäßigkeit schon in der Regelung der **generellen Einziehung und Beschlagnahme** verwirklicht. Im materiellen Recht ist hier zu verweisen auf die §§ 74 Abs 2, 74b und 74f StGB sowie auf § 22 Abs 2, 24 und 28 OWiG (o Rn 41, 48 ff., 73). Im Verfahrensrecht findet das Verhältnismäßigkeitsprinzip seinen Niederschlag in der generellen Regelung des § 111b Abs 1 StPO (vgl o Rn 35), die über § 46 OWiG auch für das Verfahren wegen Ordnungswidrigkeiten gilt (*Seitz* in *Göhler* OWiG Vor § 59 Rn 71; *Lutz* in KKOWiG Vor § 53 Rn 99). 94

e) Besondere Auswirkung des Prinzips im Pressebeschlagnahmerecht

In besonderem Maße hat der Gesetzgeber im Blick auf das Grundrecht der Pressefreiheit den Gedanken der Verhältnismäßigkeit in die Regelung der Einziehung und der vollstreckungssichernden Beschlagnahme von **Schriften und ihren Herstellungsmitteln** eingearbeitet. 95

LPG § 13 Anordnung der Beschlagnahme

Im **Bundesrecht** schlägt sich dies sowohl in den materiellrechtlichen Vorschriften des § 74d iVm § 74b Abs 2 und 3 StGB und des § 123 OWiG als auch in den Verfahrensvorschriften der §§ 111m und 111n StPO nieder (vgl o Rn 64, 73), die wiederum über die Verweisungsnorm des § 46 OWiG auch im Bußgeldverfahren sinngemäß gelten (*Seitz* in *Göhler* OWiG Vor § 59 Rn 72; *Lutz* in KKOWiG Vor § 53 Rn 102, 106). Die – nach der hier o Vor §§ 13 ff. Rn 24 ff., 27 vertretenen Auffassung nicht (mehr) gültige – **landesrechtliche Regelung** enthält § 13 Abs 3 LPG. Danach darf die Beschlagnahme eines Druckwerks nicht angeordnet werden, wenn das öffentliche Informationsinteresse stärker ins Gewicht fällt als der mit der Beschlagnahme verfolgte Rechtsschutz (§ 13 Abs 3 Nr 1 LPG). Das Gleiche gilt, wenn „ohne weiteres feststeht, dass die nachteiligen Folgen der Beschlagnahme außer Verhältnis zu der Bedeutung der Sache stehen" (§ 13 Abs 3 Nr 2 LPG).

2. Die Regelung in § 111m Abs 1 StPO und § 13 Abs 3 LPG

96 *a) Die Regelung in § 111m Abs 1 StPO und § 13 Abs 3 LPG*

§ **111m Abs 1 StPO** hebt generell darauf ab, dass die **nachteiligen Folgen** der Beschlagnahme „**offenbar außer Verhältnis zu der Bedeutung der Sache** stehen". Die Norm enthält eine knappere Formulierung der Verhältnismäßigkeitsklausel als § 13 Abs 3 LPG, soll damit nach dem Willen des Gesetzgebers aber keine inhaltliche Verkürzung gegenüber dem Sachgehalt der landesrechtlichen Normierung mit sich bringen (s dazu den RegE des Gesetzes über das Zeugnisverweigerungsrecht der Mitarbeiter von Presse und Rundfunk vom 25.7.1975, BT-Drs 7/2539, S 15 iVm 12: „Die Bestimmung folgt in sprachlich vereinfachter Form den entsprechenden Vorschriften der Landespressegesetze"). Auch für das Bundesrecht ist also die Differenzierung in § 13 Abs 3 LPG weiterhin wertvoll.

b) Die Gefährdung des Interesses an unverzögerter Verbreitung

97 b) Als besonders bedeutenden Gesichtspunkt hebt § 111m Abs 1 StPO „insbesondere die Gefährdung des **öffentlichen Interesses an unverzögerter Verbreitung**" des Druckwerks bzw der sonstigen Schrift eigens hervor. Die StPO nimmt damit den Kern des § 13 Abs 3 Nr 2 LPG in die allgemeiner formulierte Abwägungsklausel des § 111m auf, übernimmt jedoch den Maßstab eines offensichtlichen Überwiegens des Informationsinteresses nicht, sondern stellt insgesamt auf die Unverhältnismäßigkeit der nachteiligen Folge ab. Auch unterscheidet sich § 111m Abs 1 StPO insoweit in der Formulierung von § 13 Abs 3 Nr 1 LPG, als die StPO die unverzögerte „Verbreitung" herausstellt, während in § 13 LPG von dem öffentlichen Interesse an unverzögerter „Unterrichtung durch das Druckwerk" die Rede ist. Da aber § 111m Abs 1 StPO dem § 13 Abs 3 LPG „folgt", ohne den Sachgehalt verändern zu sollen (o Rn 96), ist die Verbreitung doch nur als Basis der eigentlich gemeinten Information zu verstehen.

98 aa) Das geschützte Informationsinteresse bezieht sich dabei auf den **gesamten Inhalt des** von der Beschlagnahme bedrohten **Druckwerks,** nicht nur auf den die Beschlagnahme etwa veranlassenden Textteil (allg M, s etwa *Gercke* in HK-StPO Rn 4, *Kiethe* in Radtke/Hohmann Rn 5, *Rogall* in SK-StPO Rn 11, *Schmitt* in Meyer-Goßner Rn 5, jeweils zu § 111m; *Liesching* in Paschke/Berlit/Meyer Hamburger Kommentar Gesamtes MedienR, 2. Aufl 2012, 29. Abschn. Rn 29). Ist im Lokalteil einer Zeitung eine öffentliche Beleidigung enthalten, dann hat der Richter bei seiner Abwägung zu berücksichtigen, inwieweit ein öffentliches Interesse an unverzögerter Verbreitung der sonstigen Teile der Zeitung (politischer Teil, Handelsteil, Annoncenteil etc) besteht.

99 bb) Das öffentliche Interesse an unverzögerter Unterrichtung ist das **Interesse der Öffentlichkeit,** das sich auch auf die Unterrichtung über wichtige Vorgänge des Privatlebens und des lokalen Bereichs erstreckt, insb auf die Unterrichtung durch

VI. Grundsatz der Verhältnismäßigkeit § 13 LPG

Familienanzeigen (Todesfälle, Geburten, Eheschließungen). Jedoch muss nach § 111m Abs 1 StPO das Interesse an **unverzögerter Information** gefährdet sein. Das ist besonders der Fall, wenn es um aktuelle Ereignisse geht; eine solche ins Gewicht fallende Gefährdung kann dagegen entfallen, wenn bei der periodischen Presse (zB einer Kunstzeitschrift oder historischen Zeitschrift) der Inhalt eines Druckwerks der Aktualität entbehrt, so dass er auch noch in der nächstfolgenden Nummer lesenswert ist (in diesem Sinne auch *Gercke* in HK-StPO Rn 4, *Huber* in Graf Rn 3, *Kiethe* in Radtke/Hohmann Rn 12, *Lohse* in AnwK-StPO Rn 2, *Rogall* in SKStPO Rn 12, *Schmitt* in Meyer-Goßner Rn 5, *Spillecke* in KKStPO Rn 5, jeweils zu § 111m; *Liesching* in Paschke/Berlit/Meyer Hamburger Komm Ges MedienR, 92. Abschn. Rn 29). Wenn *Reh/Groß* (§ 13 Anm 2) als Beispiel für das gefährdete öffentliche Interesse an unverzögerter Information die Aufklärung der Leserschaft durch die einzige Tageszeitung am Ort über eine dort akut drohende Gefahr anführen, so handelt es sich bei diesem Beispiel um einen extremen Fall, der für die geschützten Verbreitungs- und Informationsinteressen nicht symptomatisch ist. Jede Nachricht, die auf eine breiter gestreute Aufmerksamkeit rechnen kann, unterfällt grundsätzlich dem von § 111m Abs 1 StPO gemeinten öffentlichen Interesse, gleich ob sie regionale, innerstaatliche oder internationale Vorgänge betrifft. Nach dem gesamten Nachrichtenstoff pflegt die Öffentlichkeit ihr Urteil zu bilden und ihre Dispositionen zu treffen. Auch der **Anzeigenteil** der Tagespresse hat einen hohen Informationswert (BVerfGE **21**, 271/278 f. = NJW 1967, 976; **95**, 28/35 f. = NJW 1997, 386; *Starck* in v. Mangoldt/Klein/Starck, GG, 6. Aufl München 2010, Art 5 Abs 1, 2 Rn 61 mwN; *Ricker,* Anzeigenwesen und Pressefreiheit, 1973, S 16 ff.). Man denke nur an den Stellenmarkt und die Wohnungsanzeigen.

cc) Abzulehnen ist die früher vertretene Ansicht (*Rebmann* § 13 Rn 15; *Reh/Groß* § 13 Anm 2), an einer Gefährdung des öffentlichen Informationsinteresses fehle es, solange sich die Öffentlichkeit bei Beschlagnahme eines Druckwerks (Tageszeitung) aus **anderen Informationsquellen** (Konkurrenzzeitung, Hörfunk, Fernsehen) unterrichten könne (wie hier die heute allgM, s etwa *Gercke* in HK-StPO Rn 4, *Huber* in Graf Rn 3, *Mayer* in KMR Rn 11, *Rogall* in SKStPO Rn 11, *Schmitt* in Meyer-Goßner Rn 5, *Spillecke* in KKStPO Rn 5, alle zu § 111m). Dass die Nutzer eines Informationsmediums automatisch und unverzüglich bei dessen Wegfall zu einem anderen solchen Medium übergingen, ist nicht zu erwarten. Auch füllt kein Konkurrenzmedium inhaltlich genau die Informationslücke aus, die durch den Wegfall des gewohnten Mediums entsteht. Bei der für die Information der Bevölkerung besonders wichtigen Lokalpresse fehlen heute infolge des Konzentrationsprozesses der vergangenen Jahrzehnte ohnehin in aller Regel Konkurrenzprodukte, die in die Bresche springen könnten. Hörfunk und Fernsehen sind kein Ersatz für lokale und regionale Informationen und Anzeigen. **100**

dd) Es kann auch **nicht** darauf ankommen, ob das **Informationsinteresse** der Öffentlichkeit ein „legitimes" ist oder nur auf „Neugier" beruht (so aber *Rebmann* § 13 Rn 14). Das BVerfG vertritt zu Art 5 Abs 1 Satz 2 GG in st Rspr einen „formalen" Pressebegriff und betont, die Pressefreiheit sei für alle Presseveröffentlichungen ohne Rücksicht auf deren Art und Wert gewährleistet, lässt es allerdings zu, solche Gesichtspunkte bei der Abwägung im Einzelfall zu berücksichtigen (BVerfGE **25**, 296/307 = NJW 1969, 1019; **34**, 269/283 = NJW 1973, 1221; **50**, 234/240 = NJW 1979, 1400; **66**, 116/134 = NJW 1984, 1741; **101**, 361/389 = NJW 2000, 1021). Ein öffentliches Interesse an der Verbreitung der Unterhaltungs- und Boulevardpresse kann daher nicht von vornherein verneint werden (ebenfalls heute allg M, s nur *Gercke* in HK-StPO Rn 3, *Hartmann* in HK-GS Rn 3, *Kiethe* in Radtke/Hohmann Rn 5, *Mayer* in KMR Rn 11, *Rogall* in SKStPO Rn 11, *Schmitt* in Meyer-Goßner Rn 5, zu § 111m). **101**

ee) Während § 111m Abs 1 StPO abstellt auf die Gefährdung des öffentlichen Interesses an unverzögerter „Verbreitung", spricht § **13 Abs 3 Nr 1 LPG** nur von dem Interesse an unverzögerter **„Unterrichtung durch das Druckwerk".** Im Lichte **102**

LPG § 13   Anordnung der Beschlagnahme

des Grundrechts der Pressefreiheit muss auch diese Formulierung verfassungskonform so interpretiert werden, dass sie nicht auf das reine Informationsinteresse beschränkt wird, sondern wie § 111m StPO **auch** die Gesichtspunkte der **Erbauung** und der **Unterhaltung** umfasst.

c) Berücksichtigung privater Interessen: wirtschaftliche Folgen und Beeinträchtigung des Ansehens

103   Die „nachteiligen Folgen" der Beschlagnahme umfassen aber auch **private Interessen**. § 111m StPO lässt diese Interpretation ebenso zu wie § 13 Abs 3 Nr 2 LPG.

104   aa) Da auch die privatwirtschaftliche Organisation des Presse- und Verlagswesens in den Schutzbereich des Art 5 Abs 1 S 2 GG fällt (BVerfGE **20**, 162/175 = NJW 1966, 1603; **77**, 346/354), sind wesentlich auch **nachteilige wirtschaftliche Folgen** in die Abwägung einzubeziehen. Erhebliches Gewicht beansprucht daher der drohende Vermögensschaden, der sich zB beim Ausfall einer Massen-Illustrierten in einem Millionenverlust auswirken kann, ja bei wirtschaftlich schwachen Verlagen uU die Existenzgefährdung bedeutet. Ins Gewicht fallen aber auch wirtschaftliche Nachteile, die nicht dem Herausgeber oder dem Verleger, sondern dem Druckbetrieb, den Händlern, den Inserenten, Abonnenten und anderen Beteiligten drohen (ebenso *Gercke* in HK-StPO Rn 4, *Huber* in Graf Rn 3, *Kiethe* in Radtke/Hohmann Rn 5, *Mayer* in KMR Rn 11, *Pfeiffer* Rn 2, *Rogall* in SK-StPO Rn 11, *Schmitt* in Meyer-Goßner Rn 5, jeweils zu § 111m). Der Argumentation von *Rebmann* (§ 13 Rn 18), bei Ermittlung der Höhe des Vermögensschadens dürfe der dem Täter oder Teilnehmer (Drucker oder Verleger) erwachsende Schaden nicht voll berücksichtigt werden, weil die Täter ihr Eigentum „verwirkt" hätten, kann nicht gefolgt werden. Die Abwägungsklausel des § 13 Abs 3 Nr 2 LPG stellt nicht auf das subjektive Verschulden der Beteiligten, sondern nur auf den objektiven Umfang der nachteiligen Beschlagnahmefolgen ab.

105   bb) Nachteilige Folgen im Sinne von § 111m Abs 1 StPO, § 13 Abs 3 Nr 2 LPG sind schließlich auch die **Beeinträchtigung des Ansehens** des betroffenen Verlages und der negative Eindruck, den eine Pressebeschlagnahme im In- und Ausland zwangsläufig hervorruft. Zu den nachteiligen Folgen gehört auch die Behinderung der Presse in der Erfüllung ihrer öffentlichen Aufgabe (§ 3 LPG).

d) Bedeutung der Sache

106   Der Rechtsanwender hat die drohenden Nachteile der Beschlagnahme abzuwägen mit der **Bedeutung der Sache,** dh der Art und dem Gewicht der verfolgten Tat und der im Falle der Verbreitung drohenden Gefährdung der Öffentlichkeit oder eines individuellen Tatopfers.

107   aa) Geht es um die Tatbestände des **Landesverrats** oder des **Hochverrats,** so liegt die besondere Bedeutung der Angelegenheit auf der Hand. Bei einem gewerbeschädigenden Werturteil oder einer öffentlichen **Beleidigung** ist die Bedeutung in der Regel geringer, doch kann auch in solchen Fällen der drohende Ruin eines Unternehmens oder die nachhaltige Diffamierung einer Persönlichkeit zu einer anderen Gewichtung führen (ähnlich mit Unterschieden im Einzelnen *Gercke* in HK-StPO Rn 5, *Kiethe* in Radtke/Hohmann Rn 4, *Mayer* in KMR Rn 6, *Johann* in Löwe/Rosenberg Rn 19, zu § 111m; nach *Schmitt* in Meyer-Goßner § 111m Rn 4 rechtfertigen Delikte gegen Einzelpersonen die Auflagenbeschlagnahme idR nicht).

Wird zB ein führender Politiker fälschlicherweise mit einem Sittenskandal in Verbindung gebracht, so ist ein solcher Schaden kaum je wieder gutzumachen, weil es in den Augen der Öffentlichkeit bereits diffamierend wirkt, dass man der betreffenden Persönlichkeit diese Verbindung überhaupt zugetraut hat (vgl auch LG Hamburg AfP 1971, 168). Dabei stehen sich das Rechtsgut der Ehre und das Informationsinteresse der Öffentlichkeit nicht im Sinne der Über- oder Unterordnung gegenüber, sondern unterliegen einer Abwägung miteinander anhand der Umstände des konkreten Falles

VI. Grundsatz der Verhältnismäßigkeit **§ 13 LPG**

(BVerfGE 35, 202/225 = NJW 1973, 1226; BGH NJW 1982, 1805; BGHZ 57, 325/330f. = NJW 1972, 431).

bb) Anders als in § 13 Abs 3 Nr 1 LPG wird der mit der Beschlagnahme „**verfolgte und erreichbare Rechtsschutz**" durch § 111m Abs 1 StPO nicht ausdrücklich in die Abwägung einbezogen. Andererseits wollte aber der Bundesgesetzgeber mit den §§ 111m/n StPO „in sprachlich vereinfachter Form" den Landespressegesetzen folgen (o Rn 96). Der scheinbare Widerspruch lässt sich dadurch auflösen, dass der reale Rechtsschutz als Faktor in die Gewichtung der „Bedeutung der Sache" eingebracht wird. Mit der Beschlagnahme **verfolgt** wird der Schutz für die konkreten Rechtsgüter, deren Verletzung durch die dem Täter vorgeworfenen Straftatbestände sanktioniert wird, also die persönliche Ehre (§§ 185 ff. StGB), die Integrität und äußere Sicherheit des Staates (§§ 81 ff., 93 ff. StGB), der Jugendschutz (§ 27 JuSchG) usw, nicht dagegen der abstrakte Schutz des staatlichen Strafanspruches als solchen (in diesem Sinne aber *Rebmann* § 13 Rn 13; anders jedoch *Reh/Groß* § 13 Anm 2). 108

Im Anschluss an § 13 Abs 3 Nr 1 LPG ist auch für § 111m Abs 1 StPO nicht nur auf den mit der Beschlagnahme verfolgten, sondern auf den damit „**erreichbaren**" **Rechtsschutz** abzustellen (Grundsatz der Eignung, vgl o Rn 92). Soll eine Zeitschrift wegen des dringenden Verdachts des publizistischen Landesverrats beschlagnahmt werden, steht aber fest, dass ein erheblicher Teil der Auflage **schon ins Publikum gelangt** ist, so ist der mit der Beschlagnahme beabsichtigte Rechtsschutz der Geheimhaltung nicht mehr realisierbar und sie darf nicht angeordnet werden (vgl *Rebmann* § 13 Rn 13; *Reh/Groß* § 13 Anm 2; zu § 111m ebenso *Achenbach* in AK-StPO Rn 4, aA *Mayer* in KMR Rn 12, *Johann* in Löwe/Rosenberg Rn 20). Anders kann es freilich sein, wenn bisher nur ein kleiner Teil der Auflage in einem eng umgrenzten Gebiet verbreitet worden war. 109

e) Offenbare Unverhältnismäßigkeit

Als **Maßstab der Abwägung** fordert § 111m Abs 1 StPO, dass die nachteiligen Folgen der Beschlagnahme in dem zuvor präzisierten Sinne „**offenbar außer Verhältnis zu der Bedeutung der Sache**" stehen". Ist das der Fall, so darf die Beschlagnahme nicht angeordnet werden. 110

aa) Nach § 111m Abs 1 StPO kommt es primär auf die offenbare **Unverhältnismäßigkeit** der nachteiligen Folgen im Vergleich zu der Bedeutung der Sache an. Demgegenüber unterscheiden die Nrn 1 und 2 des § 13 Abs 3 LPG zwischen dem offensichtlichen Überwiegen des durch die Beschlagnahme gefährdeten öffentlichen Informationsinteresses und dem Außer-Verhältnis-Stehen der nachteiligen Folgen als zwei gleichrangigen Kriterien. Der Gesetzgeber des § 111m StPO hat darin indes keinen scharfen Gegensatz gesehen, da er den Sachgehalt beider Nrn des § 13 Abs 3 LPG in § 111m Abs 1 StPO aufnehmen wollte (o Rn 96). Man darf daher die Anforderungen an die Unverhältnismäßigkeit der Beschlagnahmefolgen nicht überziehen. 111

Zwischen den nachteiligen Folgen der Beschlagnahme für die Information der Öffentlichkeit, die ökonomischen Verhältnisse und den guten Ruf der an der Publikation Beteiligten und der Bedeutung der Anlasstat unter Berücksichtigung des noch erreichbaren Rechtsschutzes hat der Richter **sorgfältig abzuwägen,** und zwar nach den konkreten Gegebenheiten des zur Entscheidung anstehenden Falles. Dabei ist nochmals daran zu erinnern, dass schon bei der Prüfung des generellen Erfordernisses konkreter Gründe für die Annahme der späteren endgültigen Einziehung gemäß § 111b Abs 1 StPO die materiellrechtliche Bedeutung des Verhältnismäßigkeitsgrundsatzes in die Erwägungen aufgenommen werden muss (o Rn 82), die in §§ 74b Abs 2 und 3, 74d Abs 5 StGB nur einen beispielhaften, fragmentarischen Niederschlag gefunden hat (vgl o Rn 48). Insofern trifft es völlig zu, wenn in der Literatur von einer **doppelten Prüfung der Verhältnismäßigkeit** die Rede ist: zuerst die Verhältnismäßigkeit der Maßnahme, deren Vollstreckung ja durch die Beschlagnahme nur gesichert werden soll, und erst dann die Verhältnismäßigkeit der Sicherungsmaß-

LPG § 13 Anordnung der Beschlagnahme

nahme als solcher (*Johann* in Löwe/Rosenberg § 111m Rn 14; ferner *Achenbach* in AK-StPO § 111m Rn 3, 4).

112 bb) **Offenbar** ist die Unverhältnismäßigkeit – oder isv § 13 Abs 3 Nr 2 LPG steht diese „ohne weiteres" fest –, wenn die Folgen für jeden lebenserfahrenen und vernünftigen Menschen offenkundig sind, ohne dass es besonderer Erhebungen oder Ermittlungen bedarf (ebenso *Hartmann* in HK-GS Rn 2, *Mayer* in KMR Rn 10, *Rogall* in SKStPO Rn 10, *Schmitt* in Meyer-Goßner Rn 4, *Spillecke* in KKStPO Rn 5, sämtlich zu § 111m; *Ricker/Weberling* Hdb 31. Kap Rn 29). Es kommt darauf an, ob bei einer überschlägigen Schätzung die drohenden Nachteile in einem deutlichen Missverhältnis zur Bedeutung der Sache stehen, das indes nicht krass zu sein braucht (*Achenbach* in AK-StPO § 111m Rn 6; *Spillecke, Rogall, Schmitt* wie vorstehend). Eine mit der gebotenen Eile mögliche Aufklärung wird dadurch nicht verboten.

113 cc) Dass die Bedeutung der Sache und die Folgen des Eingriffs außer Verhältnis zueinander stehen, drängt sich vor allem in den Fällen auf, in denen lediglich eine **Ordnungswidrigkeit** vorliegt (ebenso *Seitz* in *Göhler* OWiG Vor § 59 Rn 67; *Lutz* in KKOWiG Vor § 53 Rn 102; vgl BayObLGSt 1963, 107). Hier kann nur eine offensichtliche erhebliche Gefährdung der Allgemeinheit den Eingriff in die Grundrechte aus Art 5 Abs 1 S 2 und Art 14 GG rechtfertigen (OLG Hamm NJW 1962, 828).

114 dd) Eine derartige Unverhältnismäßigkeit der Eingriffsfolgen liegt auch in den Fällen nahe, in denen es sich um die Beschlagnahme der sog **Herstellungsmittel** handelt, die naturgemäß für den täglichen Pressebetrieb dringend benötigt werden (vgl o Rn 55). Es wäre eine völlig unverhältnismäßige Beeinträchtigung der Pressefreiheit, wenn die gesamte Druckereieinrichtung eines Presseverlages oder wesentliche Teile davon (Rotationsmaschine) im Wege der Einziehung dem Staat verfielen. Hier greift die Spezialvorschrift des **§ 74d Abs 1 S 2 StGB** ein, wonach sich bei Druckschriften die Unbrauchbarmachung zwar auch auf Herstellungsmittel erstreckt, jedoch beschränkt auf diejenigen Mittel, die **speziell zur Herstellung** der Texte mit strafbarem Inhalt **verwendet** wurden oder werden sollten, wie Platten und Formen und ähnliche Gegenstände, nicht aber auf die allgemein bei der Vervielfältigung benutzten Maschinen und Geräte (*W. Schmidt* in LK § 74d Rn 17). Vgl auch § 63 Abs 3 der Strafvollstreckungsordnung, einer bundeseinheitlich geltenden Justizverwaltungsanordnung der Länder (StVollstrO idF v 1.4.2001, wiedergegeben bei *Piller/Herrmann* Justizverwaltungsvorschriften, Loseblatt, Nr 2b), wonach die Gegenstände, deren Unbrauchbarmachung gerichtlich angeordnet ist, in der Regel dem Berechtigten zurückzugeben sind, nachdem sie ihrer gefährdenden Form entkleidet und unschädlich gemacht worden sind.

Dass § 111m Abs 1 StPO von vornherein nur von der Beschlagnahme eines „Gegenstandes im Sinne des § 74d StGB" handelt, soll nicht etwa die Beschlagnahme der nicht von § 74d StGB erfassten allgemeinen Herstellungsmittel erleichtern, indem sie von den Restriktionen der strafprozessualen Pressebeschlagnahme ausgenommen wird. Vielmehr setzt § 111m StPO voraus, dass sich die Beschlagnahme der Herstellungsmittel nach § 74d StGB **von vornherein nicht** auf das Eigentum an der **Grundeinrichtung des Druckbetriebes** erstrecken soll. Diese Auslegung findet ihre Bestätigung darin, dass § 14 Abs 1 LPG – dessen Sachgehalt ja in §§ 111m/n StPO aufgenommen ist (o Rn 96) – die in das Ermessen des Gerichts gestellte Beschlagnahme auf die Einbeziehung von Druckformen, Platten und Matrizen „oder entsprechende, den gedanklichen Inhalt der Veröffentlichung tragende Vervielfältigungsmittel" beschränkt.

VII. Abweichendes Landesrecht

115 In **Bayern** (Art 15 LPG) fehlt eine ausdrückliche Gesetzesbestimmung, welche die Beschlagnahme nur dann zulässt, wenn der Grundsatz der Verhältnismäßigkeit ge-

wahrt ist und wenn eine hohe Wahrscheinlichkeit gegeben ist, dass das Strafverfahren im Sinne der Anklage erfolgreich durchgeführt werden wird. Doch die Bindung aller staatlicher Machtausübung an das Übermaßverbot ist ein allgemeiner rechtsstaatlicher Grundsatz, und schon die von den Landespressegesetzen vorausgesetzte Norm des § 111b Abs 1 verlangt konkrete Gründe für die Annahme, dass die Voraussetzungen für die Einziehung vorliegen (o Rn 81 ff.). Die Rechtslage in Bayern unterscheidet sich daher auch dann nicht von der in den übrigen Bundesländern, wenn man die Regelung der Pressebeschlagnahme in den Landespressegesetzen für weiterhin gültig hält.

§ 14 LPG
Umfang der Beschlagnahme

Gesetzesfassung in Baden-Württemberg und Berlin:

§ 14/§ 13 Umfang der Beschlagnahme

(1) Die Anordnung der Beschlagnahme erfaßt nur die Stücke eines Druckwerks, die sich im Besitz des Verfassers, Verlegers, Herausgebers, Redakteurs, Druckers, Händlers oder anderer bei der Herstellung, Veröffentlichung oder Verbreitung mitwirkender Personen befinden, sowie die öffentlich ausgelegten oder öffentlich angebotenen oder sonst zur Verbreitung oder Vervielfältigung bestimmten Druckstücke; die Beschlagnahme kann in der Anordnung noch weiter beschränkt werden. Die Beschlagnahme kann auf Druckformen, Platten und Matrizen oder entsprechende, den gedanklichen Inhalt der Veröffentlichung tragende Vervielfältigungsmittel ausgedehnt werden.

(2) In der Beschlagnahmeanordnung sind die die Beschlagnahme veranlassenden Stellen des Druckwerks unter Anführung der verletzten Gesetze zu bezeichnen. Ausscheidbare Teile, die nichts Strafbares enthalten, sind von der Beschlagnahme auszuschließen.

(3) Die Beschlagnahme kann dadurch abgewendet werden, daß der Betroffene den die Beschlagnahme veranlassenden Teil des Druckwerks von der Vervielfältigung oder der Verbreitung unverzüglich ausschließt.

Gesetzesfassung in Bayern:

Art. 16 [Umfang der Beschlagnahme]

(1) Die Beschlagnahme eines Druckwerks umfaßt alle Stücke, die sich im Besitz des Verlegers, Herausgebers, Redakteurs, Verfassers, Druckers oder Händlers befinden sowie die öffentlich ausgelegten oder öffentlich angebotenen Stücke.

(2) Die Beschlagnahme eines Druckwerks kann auf das zu seiner Herstellung verwandte Material (Drucksatz, Druckform, Platten, Klischees) erstreckt werden.

(3) Trennbare Teile des Druckwerks, welches nichts Strafbares enthalten, sind von der Beschlagnahme auszuschließen.

Brandenburg: Eine entsprechende Regelung wurde nicht getroffen.

Gesetzesfassung in Bremen:

§ 14 Umfang der Beschlagnahme

(1) Die Anordnung der Beschlagnahme erfaßt nur die Stücke eines Druckwerks, die sich im Besitz des Verfassers, Verlegers, Herausgebers, Redakteurs,

LPG § 14 — Umfang der Beschlagnahme

Druckers, Händlers oder anderer bei der Herstellung, Veröffentlichung oder Verbreitung mitwirkender Personen befinden, sowie die öffentlich ausgelegten oder öffentlich angebotenen oder sonst zur Verbreitung oder Vervielfältigung bestimmten Druckstücke; die Beschlagnahme kann in der Anordnung noch weiter beschränkt werden. Die Beschlagnahme kann auf Druckformen, Platten und Matrizen oder entsprechende, den gedanklichen Inhalt der Veröffentlichung tragende Vervielfältigungsmittel ausgedehnt werden.

(2) In der Beschlagnahmeanordnung sind die Stellen des Druckwerkes unter Anführung der verletzten Gesetze zu bezeichnen, die zur Beschlagnahme Anlaß geben. Ausscheidbare Teile, die nichts Strafbares enthalten, sind von der Beschlagnahme auszuschließen.

(3) Die Beschlagnahme kann dadurch abgewendet werden, daß der Betroffene den Teil des Druckwerkes, der zur Beschlagnahme Anlaß gegeben hat, von der Vervielfältigung oder der Verbreitung unverzüglich ausschließt.

Hamburg: § 13 aufgehoben durch Ges. vom 1.12.1980 (GVBl. S. 361)

Hessen: § 14 aufgehoben durch Ges. vom 16.5.2001 (GVBl. S. 250)

Gesetzesfassung in Mecklenburg-Vorpommern: Revision § 14 LPG

§ 14 Umfang der Beschlagnahme

(1) Der Beschlagnahme unterliegen nur die zur Verteilung bestimmten Druckstücke; die Beschlagnahme kann in der Anordnung noch weiter beschränkt werden. Sie kann auf Druckformen, Platten und Matrizen oder entsprechende, den gedanklichen Inhalt der Veröffentlichung tragende Vervielfältigungsmittel ausgedehnt werden. Trennbare Teile, die nichts Strafbares enthalten, sind von der Beschlagnahme auszuschließen.

(2) Die Beschlagnahme kann dadurch abgewendet werden, daß der Betroffene den die Beschlagnahme veranlassenden Teil des Druckwerkes von der Vervielfältigung oder der Verbreitung unverzüglich ausschließt.

Niedersachsen: § 14 aufgehoben durch Ges. vom 5.12.1983 (GVBl. S. 281)

Nordrhein-Westfalen: § 14 aufgehoben durch Ges. vom 6.10.1987 (GV.NW.S. 342)

Rheinland-Pfalz: Das LandesmedienG v. 4.2.2005 (GVBl. S. 23) hat das Landespressegesetz aufgehoben (§ 55 Abs. 2 Nr. 1); es enthält in den §§ 13–15 keine entsprechende Regelung.

Saarland: Das Saarländische MedienG idF v 27.2.2002 (ABl. S. 498, 754) hat das Saarländische Pressegesetz außer Kraft gesetzt (§ 71 Abs 1); es enthält in den §§ 13–19 keine entsprechende Regelung.

Sachsen: Eine entsprechende Regelung wurde nicht getroffen.

Sachsen-Anhalt: Eine entsprechende Regelung wurde nicht getroffen.

Schleswig-Holstein: § 14 aufgehoben durch Ges. vom 9.12.1974 (GVOBl. S. 453)

Thüringen: Eine entsprechende Regelung wurde nicht getroffen.

II. Bundesrecht

S bei den Vorbemerkungen zu §§ 13–19 LPG.

I. Inhalt und Bedeutung der Regelung im Überblick § 14 LPG

Inhaltsübersicht

		Rn
I.	**Inhalt und Bedeutung der Regelung im Überblick**	1–9
	1. Gesetzliche Umsetzung des Grundsatzes der Verhältnismäßigkeit	1
	2. Inhalt des § 14 LPG	2–5
	3. Beschlagnahme der Herstellungsmittel	7
	4. Bezeichnung der beanstandeten Stellen	8
	5. Geltung für jede Anordnungsinstanz	9
II.	**Beschränkung der Beschlagnahme auf zur Verbreitung bestimmte Schriften. Der Schutz der Leserschaft**	
	1. Begrenzung durch den Sicherungszweck: „Verhaftung" des gefährlichen Presseinhalts	10
	2. Begrenzung auf die im Besitz der Presseangehörigen befindlichen Druckwerke	11
	3. Der „verbreitungs-verdächtige" Personenkreis	12–19
	4. Ausnahmen von dem Besitzerfordernis	20–24
	5. Weitere Einschränkung durch Bezugnahme auf § 74d Abs 3 S 1 StGB	25
	6. Schutz der Leserschaft	26
	7. Wesentliche Veränderungen der Sachlage vor und nach dem Erlass der Beschlagnahmeanordnung	27, 28
III.	**Weitergehende Beschlagnahmebeschränkung**	
	1. Umsetzung des Übermaßverbots durch die Anordnungsinstanz	29
	2. Beschränkung auf den Antrag der Staatsanwaltschaft	30
IV.	**Keine Beschlagnahme von unbeanstandeten, ausscheidbaren Teilen der Schrift**	
	1. Beschränkung der Beschlagnahme auf den „strafbaren Teil" der Schrift	31
	2. Rücksicht auf das Interesse des Betroffenen	32
	3. Bezeichnungspflicht der Anordnungsinstanz	33
V.	**Das Abwendungsrecht des Betroffenen**	
	1. Eigenaktivität des Betroffenen	34
	2. Begriff des Betroffenen	35
	3. Keine Unverzüglichkeit erforderlich nach Bundesrecht	36
	4. Geltendmachung vor und nach Beschlagnahme möglich	37
	5. Antrag des Betroffenen oder Hinweis von Amts wegen	38
VI.	**Ausdehnung der Beschlagnahme auf die Herstellungsmittel (Platten, Druckformen usw)**	
	1. Vergleich von § 111b StPO und § 14 LPG	39
	2. Unterscheidung von speziellen und allgemeinen Herstellungsmitteln	40
	3. Erforderlichkeit dringender Gründe und eines Sicherstellungsbedürfnisses	41
	4. Notwendigkeit der Ausdehnung in der Beschlagnahmeanordnung selbst	42
	5. Auch hier Abwendungsrecht des Betroffenen	43
VII.	**Bezeichnung der beanstandeten Textstellen und der verletzten Gesetze**	
	1. Bedeutung der Bestimmung	44
	2. Detailgenauigkeit des Hinweises	45
	3. Folgen eines Formverstoßes	46
	4. Rückwirkung auf § 15 LPG	47
VIII.	**Abweichendes Landesrecht**	48

Schrifttum: S Vor §§ 13–19.

I. Inhalt und Bedeutung der Regelung im Überblick. Das Verhältnis von § 14 LPG und §§ 111b, 111m StPO

1. Gesetzliche Umsetzung des Grundsatzes der Verhältnismäßigkeit

Wie Vor §§ 13ff. Rn 24, 27 näher dargelegt, findet sich die **verfassungsrechtlich** **1**
gültige Regelung der Pressebeschlagnahme seit dem Gesetz über das Zeugnisver-

weigerungsrecht der Mitarbeiter von Presse und Rundfunk vom 25.7.1975 nach weit vorherrschender, auch hier geteilter Auffassung in den **Vorschriften der StPO** über die Vollstreckungssicherung durch Beschlagnahme (§§ 111bff., insb §§ 111m/n) und den dort in Bezug genommenen Regelungen des materiellen Strafrechts. Gleichwohl ist der Vergleich mit den §§ 13ff. LPG weiterhin nicht nur fruchtbar, sondern im Hinblick darauf, dass eine Entscheidung des BVerfG über den Kompetenzstreit bisher noch nicht ergangen ist, auch von nicht ausschließbarer Bedeutung. Bezogen auf § 14 LPG lässt sich eine **weitgehende Übereinstimmung** schon des Wortlauts der einschlägigen Normierungen und vollends ihres durch Auslegung zu erschließenden Sachgehalts feststellen. Es geht im Bundes- wie im Landesrecht darum, wie sich der **Grundsatz der Verhältnismäßigkeit** (o § 13 Rn 91ff.) auf den Umfang der Auflagenbeschlagnahme einer Schrift bzw eines Druckwerks auswirkt. Sie soll im Hinblick auf ihre einschneidende Wirkung keinesfalls weiter ausgedehnt werden, als dies nach ihrem Zweck („Verhaftung des gefährlichen Gedankens") unerlässlich ist.

Die Feststellung, dass die Beschlagnahme eines Druckwerks alle Druckstücke derselben Auflage umfasst (vgl o § 13 Rn 26), erfährt deshalb in § 14 LPG eine Reihe von ausdrücklich formulierten Ausnahmen. Dabei würde sich freilich der Sachgehalt des § 14 Abs 1 auch schon aus der allgemeinen Regelung in § 13 Abs 2 LPG ergeben, welche die Anordnung der Beschlagnahme davon abhängig macht, dass die endgültige Einziehung mit hoher Wahrscheinlichkeit zu erwarten ist. Denn damit wird für die Pressebeschlagnahme auf die Voraussetzungen des § 74d StGB verwiesen, die in § 14 Abs 1 LPG noch einmal ausdrücklich dem Landesrecht inkorporiert und nur zum Teil erweitert werden. Soweit diese Übernahme die Restriktionen des § 74d StGB nicht vollständig erfasst, ist sie ohnehin durch § 13 Abs 2 LPG bzw § 111b Abs 1 S 1 StPO iVm § 74d Abs 3 StGB zu ergänzen (u Rn 25).

2. Inhalt des § 14 LPG

2 § 14 LPG statuiert **im Einzelnen** die folgenden Einschränkungen:

3 a) Die Beschlagnahme erstreckt sich nur auf diejenigen Exemplare, bei denen die **Gefahr der Weiterverbreitung** besteht. Soweit sich Druckstücke im Besitz von Presseangehörigen (Verfasser, Verleger, Drucker, Händler usw) befinden oder soweit es sich um öffentlich ausgestellte Druckstücke handelt, wird diese Gefahr unwiderleglich vermutet; dagegen werden die bereits im Besitz der Letztverbraucher (Leser) befindlichen Druckstücke von der Beschlagnahme freigestellt (§ 14 Abs 3 S 1 Halbs. 1 LPG). Das Gleiche ergibt sich im Bundesrecht aus § 111b Abs 1 S 1 StPO iVm § 74d Abs 2 StGB.

4 b) Die Mehrheit der Landespressegesetze sieht ausdrücklich vor, dass die Anordnungsinstanz den Umfang der Beschlagnahme von sich aus noch **weiter beschränken** kann, etwa auf ein bestimmtes Gebiet oder einen eng begrenzten Personenkreis (§ 14 Abs 1 S 1 Halbs 2). Die gleiche Möglichkeit gibt im Bundesrecht § 111m Abs 2 S 2 StPO.

5 c) § 14 Abs 2 S 2 LPG begrenzt die Beschlagnahme auf den strafbaren Teil des Druckwerks und bestimmt, dass **abtrennbare Teile** des Druckwerks, die nichts Strafbares enthalten (zB eine strafrechtlich unbedenkliche Lokalbeilage), von der Beschlagnahme auszuschließen sind. Damit stimmt § 111m Abs 2 S 1 StPO überein.

6 d) Dem von einer bevorstehenden oder bereits erlassenen Beschlagnahmeanordnung Betroffenen räumt § 14 Abs 3 LPG das Recht ein, die Beschlagnahme seinerseits dadurch **abzuwenden,** dass er den beanstandeten Teil des Druckwerks von der Vervielfältigung bzw Verbreitung unverzüglich ausschließt. Dieses Abwendungsrecht regelt im Bundesrecht § 111m Abs 4 StPO.

3. Beschlagnahme der Herstellungsmittel

7 § 14 Abs 1 S 2 LPG erlaubt daneben auch die Beschlagnahme der **speziellen Herstellungs-** bzw **Vervielfältigungsmittel** wie Druckformen, Platten und Matri-

II. Beschränkung der Beschlagnahme § 14 LPG

zen (vgl dazu schon o § 13 Rn 55, 114). Während die Einziehung bzw Unbrauchbarmachung der Vervielfältigungsmittel grundsätzlich zwingend vorgeschrieben ist (vgl § 74d Abs 1 StGB), hängt die Anordnung der Beschlagnahme davon ab, ob ein Sicherstellungsbedürfnis besteht (o § 13 Rn 90).

4. Bezeichnung der beanstandeten Stellen

Von positiver Bedeutung für die Presse ist auch die Bestimmung des § 14 Abs 2 S 1 LPG bzw § 111m Abs 3 StPO. Sie verlangt für jede Beschlagnahmeanordnung als unabdingbares Formerfordernis die genaue **Bezeichnung der beanstandeten Stellen** des Druckwerks oder einer sonstigen Schrift, das Landesrecht ausdrücklich darüber hinaus auch die der verletzten Gesetze (vgl genauer u Rn 44 ff.). Diese Anordnung zwingt nicht nur zu sorgfältiger Prüfung der Beschlagnahmevoraussetzungen. Sie wirkt sich mittelbar auch auf den Umfang der Beschlagnahme aus. Denn durch die genaue Bezeichnung der beanstandeten Stellen wird deutlich, welche Teile eventuell von der Beschlagnahme auszuschließen sind und inwieweit dem Betroffenen ein Abwendungsrecht zusteht. 8

5. Geltung für jede Anordnungsinstanz

Diese Konkretisierungen des Verhältnismäßigkeitsgedankens gelten für **jede Instanz**, die eine **Beschlagnahme anordnet**, also auch für die staatsanwaltliche Anordnung nach § 111n Abs 1 S 2 StPO. Demgemäß wird dem § 14 LPG auch für die vorläufige Sicherstellung nach § 18 LPG, soweit sie überhaupt gesetzlich vorgesehen ist, Geltung zugesprochen (*Rebmann* § 18 Rn 9). 9

II. Beschränkung der Beschlagnahme auf zur Verbreitung bestimmte Schriften. Der Schutz der Leserschaft

1. Begrenzung durch den Sicherungszweck: „Verhaftung" des gefährlichen Presseinhalts

Bei der Auflagenbeschlagnahme von Schriften steht der **Sicherungsgedanke** im Vordergrund: Die **Weiterverbreitung** des in der Schrift verkörperten „gefährlichen" Gedankens soll **verhindert werden**. Demgemäß bestimmte schon § 27 S 1 des Reichspreßgesetzes von 1874: „Die Beschlagnahme von Druckschriften trifft die Exemplare nur da, wo dergleichen zum Zwecke der Verbreitung sich befinden". Hier war das bestimmende Prinzip – die Verhinderung der Weiterverbreitung des gefährlichen Gedankens – klar in den Vordergrund gestellt worden. Vor allem diente die Vorschrift dem **Schutz der Leser:** Da die Beschlagnahme grundsätzlich jedes Exemplar der Auflage ergreift, wären die Polizeibeamten als Vollzugsorgane ohne eine entsprechende Einschränkung berechtigt und verpflichtet gewesen, die Privatwohnungen der Leser nach den beanstandeten Druckstücken zu durchsuchen und die einzelnen Leser wegzunehmen. Das wäre heute zudem nicht mit Art 2 Abs 1 und Art 13 GG in Einklang zu bringen. Von diesen Grundgedanken ausgehend beschränkt § 74d Abs 2 StGB schon die Einziehung auf „alle jene Stücke [...], bei denen die konkrete Gefahr, nicht bloß die abstrakte Möglichkeit der Weiterverbreitung besteht" (BGHSt 19, 63/76 = NJW 1963, 2034, zu § 41 Abs 2 StGB aF), dh die im Besitz der Presseangehörigen befindlichen Schriften, indem bei diesen Exemplaren der Wille der Weiterverbreitung unterstellt wird (vgl *Rebmann* § 14 Rn 10). Diese Beschränkung schlägt über § 111b Abs 1 S 1 StPO bzw § 14 Abs 1 S 1 Halbs 1 LPG auf die Beschlagnahme durch. 10

2. Begrenzung auf die im Besitz der Presseangehörigen befindlichen Druckwerke

11   Nach §§ 111b Abs 1 S 1 StPO, 74d Abs 2 StGB erfasst die Beschlagnahme von Schriften iSv § 11 Abs 3 StGB in der **ersten Fallgruppe der Einziehung bei Presseinhaltsdelikten** gemäß § 74d StGB (s dazu o § 13 Rn 58 f.) alle Stücke, die sich „**im Besitz** der bei ihrer Verbreitung oder deren Vorbereitung **mitwirkenden Personen**" befinden; § 14 Abs 1 LPG spricht von den „bei der Herstellung, Veröffentlichung oder Verbreitung" mitwirkenden Personen. Nach dem Sinn dieser Bestimmungen kann es sich aber hier nur um solche Exemplare handeln, welche die betreffenden Personen gerade in ihrer Eigenschaft als Presseangehörige besitzen; nicht beschlagnahmefähig sind diejenigen Stücke, welche die Presseangehörigen als Privatleute besitzen – beispielsweise die Tageszeitung, die ohnehin in der Familie des Redakteurs gelesen wird. Dasselbe muss für private Archivstücke gelten, die etwa der Chefredakteur aus nahe liegenden persönlichen Gründen sammelt (vgl *Rebmann* § 14 Rn 19; o § 13 Rn 59).

3. Der „verbreitungs-verdächtige" Personenkreis

12   Zu dem „**verbreitungsverdächtigen**" **Personenkreis** gehören nach der beispielhaften Aufzählung des § 14 Abs 1 Halbs 1 LPG Verfasser, Verleger, Herausgeber, Redakteur, Drucker, Händler und andere bei der Herstellung, Veröffentlichung oder Verbreitung mitwirkende Personen. § 74d Abs 2 StGB, auf den § 111b Abs 1 mit der Formulierung von dem Vorliegen der Voraussetzungen für die Einziehung Bezug nimmt, nennt hier die bei der Verbreitung oder deren Vorbereitung mitwirkenden Personen als Besitzer der zu beschlagnahmenden Stücke (u Rn 17).

13   a) **Verfasser** ist der Autor der Schrift (Näheres s o zu § 8). Keine Schwierigkeiten ergeben sich bei einem Druckwerk (Buch) mit nur einem einzigen Verfasser. Schwierig wird die Auslegung bei Zeitungen oder Zeitschriften, die als Sammelwerke viele Verfasser haben. Erfasst hier die Beschlagnahmeanordnung nur solche Druckstücke, die sich im Besitz desjenigen Verfassers befinden, der den beanstandeten Text geschrieben hat, oder sind alle betroffen, die irgend einen Teil des beschlagnahmten Druckwerks verfasst haben? Nach der Absicht des Gesetzgebers verdient die letzte Deutung den Vorzug, da eine Vermutung dafür spricht, dass jeder, der an dem (beschlagnahmten) Druckwerk als Verfasser mitgewirkt hat, einige Exemplare dieses Druckwerks an Freunde versenden will, wodurch der gefährliche Gedanke zwangsläufig weiterverbreitet würde (iE übereinstimmend *Rebmann* § 14 Rn 2).

14   b) Zu den Begriffen des **Verlegers, Herausgebers** und **Redakteurs** s die Erläuterungen o in der Einl und zu § 8. Dabei gilt das oben Rn 11 und 12 Ausgeführte entsprechend. Ein Redakteur der Zeitung oder Zeitschrift, gegen die sich die Beschlagnahmeanordnung richtet, ist auch dann hinsichtlich der in seinem Besitz befindlichen Druckstücke betroffen, wenn die beanstandete Stelle sein Ressort nicht berührt (ebenso *Rebmann* § 14 Rn 5).

15   c) Haben **mehrere Drucker** (zum Begriff s o zu § 8) zusammengewirkt, um das beanstandete Druckwerk herzustellen, so wird sinngemäß derjenige Drucker von der Beschlagnahmeanordnung nicht berührt, der einen ausscheidbaren Teil (zB eine Sonntagsbeilage) hergestellt hat, in dem sich nichts Strafbares befindet (Grundsatz der § 111m Abs 2 S 2 StPO, § 14 Abs 2 S 2 LPG). Anders ist es, wenn der Drucker zugleich als Versender des gesamten Druckwerks tätig werden soll.

16   d) **Händler** sind Personen, die ein Druckwerk gewerbsmäßig verbreiten, auch wenn die Druckwerke nicht zu den Hauptartikeln gehören (Warenhaus, Tabakwarengeschäft). Gleichgültig ist, ob der Händler Grossist oder Detaillist (Sortimenter) ist; auf die Art des Vertriebs kommt es nicht an. Zu den Händlern gehören auch Kioske, Straßenhändler und Hausierer, nicht aber die Zeitungsausträger (s jedoch sogleich u Rn 17).

II. Beschränkung der Beschlagnahme § 14 LPG

e) Mit dem **Sammelbegriff** der bei der Verbreitung oder deren Vorbereitung bzw 17
bei der Herstellung, Veröffentlichung oder Verbreitung einer Schrift „**mitwirkenden
Personen**" erfassen § 111b Abs 1 S 1 StPO iVm § 74d Abs 2 StGB und § 14 LPG
das gesamte Personal der Presseverlage, sofern sich seine Mitwirkung auf das beanstandete Druckwerk selbst bezogen hat, gleichgültig, ob es sich um feste, freie oder
gelegentliche Mitarbeiter handelt. Eine gewerbsmäßige oder berufsbedingte Mitwirkung ist nicht erforderlich. Zu dem davon umfassten Personenkreis gehören auch
(selbstständige) Zulieferer und Unternehmer, die auf Basis von Werkverträgen mitwirken (Buchbinderei). Doch gilt dies nicht, wenn sich ihre Mitwirkung auf einen
ausscheidbaren Teil bezieht, der nichts Strafbares enthält (Grundsatz der § 111m
Abs 2 S 2 StPO, § 14 Abs 2 S 2 LPG). Unter den Sammelbegriff fallen auch die Zeitungsausträger sowie alle anderen, die bei der Verbreitung des Druckwerks mitwirken, wie zB die Lesezirkelbesitzer.

f) Die beanstandeten Schriften sind jedoch nur dann beschlagnahmefähig, wenn sie 18
sich „**im Besitz**" einer dieser Personen befinden. Dabei genügt es, wenn diese Personen mittelbaren Besitz im Sinne des § 868 BGB haben (BGHSt 19, 63/77 f. =
NJW 1963, 2034; *Eser* in Schönke/Schröder § 74d Rn 9; *W. Schmidt* in LK § 74d
Rn 13). Soweit das Personal nur Besitzdiener ist (§ 855 BGB), steht der Besitz rechtlich dem Unternehmer (Verleger, Drucker, Buchbinder usw) unmittelbar zu, und der
Beschlagnahme stehen insoweit rechtliche Hindernisse nicht entgegen (*Eser* und
Schmidt wie vorstehend). Beschlagnahmefähig sind die Druckstücke beim Buchhändler auch dann, wenn er sie vom Verlag nur in Kommission erhalten hat.

g) Bei dem genannten Personenkreis braucht die **Verbreitungsabsicht** nicht 19
nachgewiesen zu werden. Sie wird vom Gesetz **in widerlegbarer Weise vermutet.**
Diese Personen können zB mit dem Einwand gehört werden, es handle sich um ihr
privates Leseexemplar oder ein Exemplar für ihr Privatarchiv (vgl o Rn 11). Hier
entfällt die Beschlagnahmemöglichkeit, selbst wenn diese Schriften in den Geschäftsräumen des Verlags aufgefunden werden. Soweit die genannten Personen verbreitungsbestimmte Stücke besitzen, unterliegen diese andererseits der Beschlagnahme
auch dann, wenn sie sich in ihrer Privatwohnung befinden (der Verleger verwahrt zB
einen Teil der Auflage zu Hause, um ihn später zu verteilen). Die konkrete Verbreitungsabsicht wird dagegen grundsätzlich nicht beim Leser vermutet (o Rn 10 f.).

4. Ausnahmen von dem Besitzerfordernis

Von diesem **allgemeinen Besitzerfordernis** machen sowohl das Bundesrecht als 20
auch die Landespressegesetze zwei **Ausnahmen,** und zwar insoweit mit gewissen
Unterschieden:

a) § 111b Abs 1 S 1 StPO und § 74d Abs 2 StGB erstrecken die Einziehung und 21
demgemäß auch die der Sicherung ihrer Vollstreckung dienende Beschlagnahme über
Stücke im Besitz der bei Herstellung und Verbreitung mitwirkenden Personen hinaus
auf die Stücke, die **öffentlich ausgelegt** worden sind. Dagegen entfällt das Besitzerfordernis nach § 14 Abs 1 Halbs. 1 LPG bei den öffentlich ausgelegten oder „**öffentlich angebotenen**" Druckstücken. In beiden Fällen kommt es allein auf die Verwendungsart an: Bei öffentlichem Auslegen oder Anbieten ist die Verbreitungsabsicht
evident.

Das Merkmal des **öffentlichen Auslegens** bedeutet, dass der geistige Inhalt der 22
Schrift einem individuell nicht abgeschlossenen Personenkreis zur Kenntnisnahme
zugänglich gemacht wird (*Eser* in Schönke/Schröder Rn 10, *Fischer* Rn 8, *W. Schmidt* in
LK Rn 14, *Wolters/Horn* in SKStGB Rn 11, zu § 74d StGB; *Rebmann* § 14 Rn 11). Das
ist der Fall, wenn sie in einer Gastwirtschaft, einem Lesesaal, beim Friseur oder im Wartezimmer des Arztes zur Lektüre bereit liegt. Von einem „öffentlichen" Auslegen kann
jedoch nicht gesprochen werden, wenn nur eine vertrauliche Kenntnisnahme ermöglicht wird, wie beim Aufliegen im Lesekabinett einer geschlossenen Gesellschaft oder
eines Klubs (in diesem Sinne auch *W. Schmidt* in LK § 74d Rn 14).

LPG § 14 Umfang der Beschlagnahme

23 „**Öffentlich angeboten**" iSv § 14 LPG werden öffentlich verteilte Prospekte und Flugblätter; hierzu gehören auch die von einer öffentlichen Bibliothek einem – individuell nicht abgeschlossenen – Lesekreis angebotenen Druckwerke. Als öffentlich angebotene Druckwerke gelten nach Auffassung des BGH (4 StR 227/55, bei *Wagner* MDR 1961, 93/96) auch solche Schriften, die – etwa zum Zwecke der politischen Werbung – zwar als Einzelbriefe, aber doch in solchem Umfang zur Post gegeben werden, dass der Kreis der Empfänger nicht mehr überschaubar ist (zw).

24 b) Manifestere Unterschiede bestehen bei der **zweiten Gruppe der Ausnahmen** von dem allgemeinen Besitzerfordernis gemäß § 74d Abs 2 StGB iVm § 111b Abs 1 S 1 StPO bzw § 14 Abs 1 S 1 LPG. Das **Bundesrecht** dehnt die besitzunabhängige Einziehung hier nur auf die Stücke aus, die „beim Verbreiten durch Versenden noch nicht dem Empfänger ausgehändigt worden sind" (§ 74d Abs 2 StGB). Weitergehend erlaubt **§ 14 LPG** die Beschlagnahme der „sonst zur Verbreitung oder Vervielfältigung bestimmten Druckstücke"; bei den letzteren ist allerdings im Einzelfall der Nachweis der Verbreitungs- bzw Vervielfältigungsabsicht erforderlich. Dazu gehören auch Schallplatten und Filme, CDs und DVDs, deren Weiterveräußerung oder Vorführung beabsichtigt ist. Eine Vermutung der Verbreitung wie bei den im Besitz der Presseangehörigen befindlichen Druckstücke (o Rn 19) besteht hier nicht.

5. Weitere Einschränkung durch Bezugnahme auf § 74d Abs 3 S 1 StGB

25 Sowohl das Bundesrecht in § 111b Abs 1 S 1 StPO als auch das Landesrecht in der allgemeinen Vorschrift des § 13 Abs 2 LPG transportieren mit der Verweisung auf die materiellrechtlichen Voraussetzungen der Einziehung eine **weitere Einschränkung** in das Recht der einziehungssichernden Beschlagnahme von Schriften, die § 14 LPG so nicht formuliert, nämlich die **restriktiven Erfordernisse der zweiten Fallgruppe in § 74d StGB:** Bei Schriften, deren „vorsätzliche Verbreitung in Kenntnis ihres Inhalts nur bei Hinzutreten weiterer Tatumstände den Tatbestand eines Strafgesetzes erfüllen würde" (§ 74d Abs 3 S 1 StGB, Beispiele s o § 13 Rn 60), ist die Einziehung und folglich auch die vollstreckungssichernde Beschlagnahme begrenzt auf die zur Verbreitung bestimmten Stücke im Besitz eines Tatbeteiligten oder seines Auftraggebers, und das auch nur im Falle einer konkreten Verbreitungsgefahr (näher s o § 13 Rn 61 f.).

6. Schutz der Leserschaft

26 Im Katalog der in § 74d Abs 2 StGB (iVm § 111b Abs 1 StPO) bzw in § 14 Abs 1 S 1 LPG aufgeführten nicht geschützten Personengruppen fehlt der Letztverbraucher der Schriften, **der Leser.** Wie die Entstehungsgeschichte der Bestimmung (vgl 1. Aufl § 27 RPG Rn 7) ergibt, soll hier vor allem die Leserschaft und deren Privatwohnung vor polizeilichem Zugriff geschützt werden. Wenn eine Vermutung dafür spricht, dass die im Besitz der Presseangehörigen befindlichen Druckstücke zur Verbreitung dienen sollen, so muss umgekehrt zugunsten des Letztverbrauchers, dh des Lesers, die Vermutung gelten, dass bei ihm keine Absicht der weiteren Verbreitung besteht. Anders wäre es, wenn jemand eine Reihe von Druckstücken aufkaufen wollte, um sie weiterzuverbreiten. Dann wäre er nicht mehr bloß Leser, sondern „Mitwirkender bei der Verbreitung des Druckwerks" und sonach nicht mehr geschützt (vgl o Rn 18).

7. Wesentliche Veränderungen der Sachlage vor und nach dem Erlass der Beschlagnahmeanordnung

27 Ob die abstrakte (o Rn 11 ff.) oder konkrete Verbreitungsgefahr (o Rn 24) gegeben ist, beurteilt sich nach der Sachlage **bei Inkrafttreten der Anordnung,** dh in dem Zeitpunkt, da diese aus dem Geschäftsbereich der Anordnungsinstanz herausgegeben wird (o § 13 Rn 19). Waren Druckstücke ursprünglich zur Verbreitung be-

III. Weitergehende Beschlagnahmebeschränkung

stimmt, sollen sie aber nach einem vor Inkrafttreten der Beschlagnahmeanordnung gefassten verlegerischen Entschluss nunmehr eingestampft werden, so sind sie unter dem Gesichtspunkt der „zur Verbreitung bestimmten Druckstücke" jetzt nicht mehr beschlagnahmefähig.

Auch **Veränderungen nach dem Erlass der Anordnung** sind zu berücksichtigen. Wesentliche Änderungen der für den Erlass der Anordnung bestimmenden Umstände machen deren Vollzug unzulässig (so zur Durchsuchungsanordnung *Amelung* in AK-StPO § 105 Rn 18; *Tsambikakis* in Löwe/Rosenberg § 105 Rn 113; LG Osnabrück NStZ 1987, 522 m zust Anm *Kronisch*; krit aber *Weyand* BB 1988, 1726/1728 f.). Gibt der Verleger die Verbreitungsabsicht später auf, so hat die Staatsanwaltschaft als Vollstreckungsbehörde (§ 111f Abs 1 StPO) die andauernde Vollziehbarkeit der Anordnung unter diesem Aspekt neu zu prüfen, zumal schon darin die Ausübung des Abwendungsrechts gemäß § 111m Abs 4 StPO bzw § 14 Abs 3 LPG liegen dürfte. Auch ein Eigentums- oder Besitzwechsel oder das Ausscheiden aus der Position des Redakteurs können die Voraussetzungen der Beschlagnahme nachträglich entfallen lassen. Zu der generell auf sechs Monate befristeten Geltungsdauer einer gerichtlichen Beschlagnahmeanordnung s o § 13 Rn 29.

28

III. Weitergehende Beschlagnahmebeschränkung

1. Umsetzung des Übermaßverbots durch die Anordnungsinstanz

§ 111m Abs 2 S 2 StPO gestattet in Übereinstimmung mit § 14 Abs 1 S 1 Halbs. 2 LPG der **anordnenden Instanz,** den schon nach dem Vorstehenden begrenzten **Kreis beschlagnahmefähiger Schriften weiter einzuschränken.** Formale Voraussetzung hier ist nur, dass diese weitergehende Einschränkung schon in der Anordnung selbst klar zum Ausdruck kommt. Das Gesetz gibt so die Möglichkeit, den Grundsatz der Verhältnismäßigkeit über die generellen Regeln der §§ 74d, 74b StGB sowie des § 111m Abs 1 StPO bzw § 13 LPG hinaus (vgl o § 13 Rn 94f., 96ff.) sinnvoll auf die konkreten Besonderheiten des Einzelfalles zu erstrecken und den für den Betroffenen sehr belastenden Eingriff der Beschlagnahme mit tunlichster Schonung vorzunehmen. Es geht dabei nicht um ein nach Belieben handhabbares Ermessen, sondern um die Umsetzung der Detailkriterien des Übermaßverbots, namentlich der Gesichtspunkte der Erforderlichkeit und Proportionalität (vgl o § 13 Rn 92). Die in § 111m Abs 2 S 2 StPO enthaltene Ermächtigung zu weitergehenden Beschränkungen der Beschlagnahme kann also durchaus zur Pflicht erstarken (*Achenbach* in AK-StPO § 111m Rn 8).

29

So kann der Richter – oder ggf der Staatsanwalt – zB bei Personengruppen, die nach § 111b Abs 1 S 1 StPO, § 74d Abs 2 StGB bzw nach § 14 Abs 1 S 1 keinen Schutz genießen, wie bei Händlern oder Redakteuren, die Beschlagnahmemöglichkeit etwa für Archiv- oder Belegexemplare ausschließen (allgM, s etwa *Huber* in Graf Rn 6, *Gercke* in HK-StPO Rn 8, *Johann* in Löwe/Rosenberg Rn 24, *Schmitt* in Meyer-Goßner Rn 8, *Spillecke* in KKStPO Rn 6, zu § 111m). Dasselbe kann in lokaler Hinsicht geschehen, indem zB bei Beleidigung eines allein regional bekannten Politikers der Teil der Auflage von der Beschlagnahme ausgenommen wird, der nicht in dessen Wahlbezirk verteilt werden soll (*Johann* in Löwe/Rosenberg § 111m Rn 24).

2. Beschränkung auf den Antrag der Staatsanwaltschaft

Im Regelfall der richterlichen Beschlagnahmeanordnung ist die **Bindung des Ermittlungsgerichts an den Antrag der Staatsanwaltschaft** im Ermittlungsverfahren gemäß § 162 StPO zu beachten (dazu näher o § 13 Rn 21). Demgemäß darf das Gericht nicht zu Lasten des Betroffenen über den Antrag der Staatsanwaltschaft

30

IV. Keine Beschlagnahme von unbeanstandeten, ausscheidbaren Teilen der Schrift

1. Beschränkung der Beschlagnahme auf den „strafbaren Teil" der Schrift

31   Als Konkretisierung des Erforderlichkeitskriteriums schreibt § 111m Abs 2 S 1 StPO bzw § 14 Abs 2 S 2 zugunsten der Presse eine weitere Beschränkung des Umfanges der Beschlagnahme zwingend vor: Die Beschlagnahme ist auf den **strafbaren Teil** der Schrift **zu beschränken,** sofern sich der Teil, der nichts Strafbares enthält, ohne Mitwirkung des Betroffenen technisch abtrennen bzw ausscheiden lässt (*Lohse* in AnwK-StPO Rn 3, *Rogall* in SK-StPO Rn 14, *Johann* in Löwe/Rosenberg Rn 22, zu § 111m sowie die im Folgenden Zitierten). Das gilt besonders für Loseblattausgaben oder gesonderte Beilagen (*Huber* in Graf Rn 5, *Gercke* in HK-StPO Rn 7, *Schmitt* in Meyer-Goßner Rn 7, *Spillecke* in KKStPO Rn 6, zu § 111m). Ist die Trennung nur unter Mitwirkung des Betroffenen möglich (großer technischer Betrieb), so ist ihm nach dem Verhältnismäßigkeitsgrundsatz in der Beschlagnahmeanordnung oder wenigstens bei ihrer Ausführung diese Möglichkeit einzuräumen (*Achenbach* in AK-StPO Rn 9, *Mayer* in KMR Rn 13, *Spillecke* in KKStPO Rn 6, zu § 111m). Bei elektronischer Speicherung sind die entsprechenden Teile der betroffenen Datei(en) so zu löschen, dass sie dem Datenzugriff entzogen sind (ähnlich *Mayer* in KMR Rn 16, *Rogall* in SK-StPO Rn 14, *Spillecke* in KKStPO Rn 6, zu § 111m). Vgl weiter u Rn 34.

2. Rücksicht auf das Interesse des Betroffenen

32   Da die Norm den Betroffenen begünstigen will, darf sie nur dort angewendet werden, wo sie eine Erleichterung, nicht eine Verschlechterung bedeutet. Maßgebend ist hier das **Interesse des Betroffenen,** dem die Bestimmung zugute kommen soll. Nicht erforderlich ist es, dass nach erfolgter Trennung und Teilbeschlagnahme der verbleibende Rest noch eine in sich geschlossene, selbstständige Schrift bildet, doch darf die Trennung nicht zu einer Entwertung der gesamten Publikation führen (allgM, s etwa *Gercke* in HK-StPO Rn 7, *Kiethe* in Radtke/Hohmann Rn 6, *Mayer* in KMR Rn 13, *Johann* in Löwe/Rosenberg Rn 23, *Schmitt* in Meyer-Goßner Rn 7, *Spillecke* in KKStPO Rn 6, zu § 111m). Dem Betroffenen kann der gänzliche Ausfall eines Druckwerks erträglicher sein als eine lückenhafte Ausgabe. Unzulässig wäre es deshalb, aus einem beschlagnahmten Buch die nicht beanstandeten Seiten herauszureißen und dem Betroffenen zu belassen, denn das Werk wäre auch im Fall der späteren Freigabe endgültig entwertet. Zulässig dagegen ist die Trennung und teilweise Beschlagnahme bei Loseblattsammlungen oder Zeitungsbeilagen. Ausscheidbar sind auch einzelne Seiten einer Zeitung. Ist der Sinn der Vorschrift erkannt, die den Bedürfnissen der Praxis Rechnung tragen will, dann lässt sich auch im Einzelfall – uU durch Rückfrage bei Fachverbänden – eine Lösung finden, die Härten vermeidet.

3. Bezeichnungspflicht der Anordnungsinstanz

33   In der Beschlagnahmeanordnung sind die von der Beschlagnahme ausgeschlossenen **ausscheidbaren Teile genau zu bezeichnen** (*Hartmann* in HK-GS Rn 4, *Kiethe* in Radtke/Hohmann Rn 6, *Johann* in Löwe/Rosenberg Rn 23, *Schmitt* in Meyer-Goßner Rn 7, zu § 111m). Keinesfalls darf diese Maßnahme der Entscheidung des Beamten überlassen bleiben, der mit dem Vollzug der Beschlagnahme beauftragt ist.

V. Das Abwendungsrecht des Betroffenen

1. Eigenaktivität des Betroffenen

Der **Betroffene** kann sowohl nach Bundesrecht gemäß § 111m Abs 4 StPO als auch nach Landesrecht gemäß § 14 Abs 3 LPG (zu Bayern s u Rn 48) die Beschlagnahme selbst dadurch abwenden, dass er den **beanstandeten Teil** der Schrift bzw. des Druckwerks von der Vervielfältigung oder der Verbreitung **ausschließt**. Bei Publikationen im Internet sind die Daten dabei für den Zugriff zu sperren (*Spillecke* in KKStPO § 111m Rn 9, s auch o Rn 31). Ob er von dieser Abwendungsbefugnis Gebrauch machen will, stellen beide Vorschriften allerdings ganz in sein eigenes (verlegerisches) Ermessen. 34

Dabei bleibt es ganz der Initiative des Betroffenen überlassen, auf welche Art er die beanstandeten Stellen von der Vervielfältigung oder Verbreitung ausschließt. Er kann zur Schere greifen oder die betreffende Stelle schwärzen oder durch Überkleben unleserlich machen. Nicht erforderlich ist, dass sich bei auszumerzende Partie einen technisch ausscheidbaren Teil iSv § 111m Abs 2 S 1 StPO bzw von § 14 Abs 2 S 2 LPG bildet. Auszuscheiden ist der Teil der Publikation, der zu der Beschlagnahme Anlass gibt, wobei es sich um eine Zeichnung, eine Überschrift oder einen größeren Artikel, einzelne Worte oder Teile eines Buches handeln kann. Die Kosten der Selbstabwendung gehen zu Lasten des Betroffenen.

2. Begriff des Betroffenen

Als **„Betroffener"** gilt jede von der Beschlagnahme unmittelbar in ihren Rechten beeinträchtigte Person, dh jeder, der die beanstandete Schrift im Eigentum oder Besitz hat und durch die Beschlagnahme Besitzverlust erlitten hat oder befürchten muss (*Johann* in Löwe/Rosenberg Rn 29, *Schmitt* in Meyer-Goßner Rn 10; *Rogall* in SK-StPO Rn 17 Fn 48 mwN, jeweils zu § 111m). § 111m Abs 4 StPO bzw § 14 Abs 3 LPG setzt also die Herrschaftsmacht über die zu beschlagnahmenden Publikationen voraus und erweitert diese nicht (*Mayer* in KMR Rn 17, *Rogall* in SK-StPO Rn 17 Fn 48, *Spillecke* in KKStPO Rn 9, zu § 111m). So können insb die in § 14 Abs 1 S 1 im Einzelnen aufgeführten Personengruppen (Redakteure, Drucker, Händler ua) die Beschlagnahme dadurch abwenden, dass sie hinsichtlich der in ihrem Besitz befindlichen Stücke ihr Abwendungsrecht geltend machen. 35

3. Keine Unverzüglichkeit erforderlich nach Bundesrecht

Einen sachlichen Unterschied machen beide Rechtsordnungen nur bezüglich des **Zeitpunkts**, zu dem diese Abwendungsbefugnis auszuüben ist. Die *Landespressegesetze* verlangen, dass der Betroffene dies „unverzüglich" tut, also ohne schuldhaftes Zögern (§ 121 BGB); die Frist beginnt mit der Bekanntgabe der Beschlagnahmeanordnung an den Betroffenen bzw mit dem Zeitpunkt, in dem der Betroffene zuverlässig erfährt, dass die Beschlagnahme des Druckwerks droht. Der *Bundesgesetzgeber* dagegen hat diese Einschränkung bewusst nicht in § 111m StPO übernommen. In der Begründung zum Regierungsentwurf des Gesetzes über das Zeugnisverweigerungsrecht der Mitarbeiter von Presse und Rundfunk vom 25.7.1975 heißt es dazu (BT-Drs 7/2539, S 13): 36

„Auch wenn der Betroffene nach einiger Zeit der Beschlagnahme den Teil des Druckwerks von der Verbreitung ausschließt, der zur Beschlagnahme Anlass gegeben hat, ist kein Grund mehr vorhanden, die Beschlagnahme weiterhin aufrecht zu erhalten".

4. Geltendmachung vor und nach Beschlagnahme möglich

Die Abwendungsbefugnis steht dem Betroffenen sowohl hinsichtlich einer ihm erst drohenden wie auch hinsichtlich einer bereits gegen ihn ergangenen Beschlagnahme- 37

LPG § 14 Umfang der Beschlagnahme

anordnung zu (*Lohse* in AnwK-StPO Rn 5, *Rogall* in SK-StPO Rn 17, *Johann* in Löwe/Rosenberg Rn 28, *Schmitt* in Meyer-Goßner Rn 10, sämtlich zu § 111m; *Rebmann* § 14 Rn 21).

- Eine **drohende Anordnung** vermag der Betroffene nur dadurch abzuwenden, dass er bei allen Exemplaren der Schrift die beanstandeten Stellen von der Vervielfältigung oder der Verbreitung unverzüglich ausschließt und der Staatsanwaltschaft bzw dem Gericht die Wirksamkeit dieser Maßnahme darlegt.
- Ist die **Beschlagnahmeanordnung bereits ergangen,** so ist zu unterscheiden: Für die noch in seinem Besitz befindlichen Stücke kann der Betroffene die Vollziehung der Beschlagnahmeanordnung abwenden, indem er die inkriminierten Stellen von der Vervielfältigung bzw der Verbreitung ausschließt. Die bereits im Verkehr befindlichen Stücke unterliegen jedoch der Beschlagnahme solange, als nicht die Händler oder sonstigen Verbreiter ihrerseits von ihrem Abwendungsrecht Gebrauch machen.

5. Antrag des Betroffenen oder Hinweis von Amts wegen

38 Nach vorherrschender Auffassung muss der Betroffene zur Wahrnehmung seiner Abwendungsbefugnis einen **Antrag** stellen (so hier die 3. Aufl Rn 44; *Ricker/Weberling* 31. Kap. Rn 36; ferner etwa *Gercke* in HK-StPO Rn 8, *Kiethe* in Radtke/Hohmann Rn 9, *Mayer* in KMR Rn 16, *Rogall* in SKStPO Rn 17, *Schmitt* in Meyer-Goßner Rn 10, zu § 111m, *Janssen* Gewinnabschöpfung Rn 130). Bei genauer Betrachtung ergibt sich diese Forderung jedoch weder aus § 111m StPO (ebenso *Johann* in Löwe/Rosenberg § 111m Rn 32; *Pfeiffer* § 111m Rn 5) noch aus § 14 LPG. Da der Betroffene ohnehin auf die Abwendungsbefugnis richtiger Ansicht nach von der **Anordnungsinstanz** hingewiesen werden muss, kann diese, wie o Rn 31 dargelegt wurde, auch ihrerseits eine Ausschließung der beanstandeten Teile durch den Betroffenen **von sich aus anregen.** Tut sie dies nicht, wird freilich dieser seinerseits initiativ werden müssen.

Ist die Vervielfältigung oder Verbreitung der beanstandeten Stellen durch die Abwendungsmaßnahmen sicher ausgeschlossen, so ist die **Anordnung** der Beschlagnahme **aufzuheben** (*Gercke* in HK-StPO Rn 11, *Hartmann* in HK-GS Rn 7, *Kiethe* in Radtke/Hohmann Rn 9, *Mayer* in KMR Rn 17, *Pfeiffer* Rn 5, *Schmitt* in Meyer-Goßner Rn 10, *Spillecke* in KKStPO Rn 9, zu § 111m; einen vorherigen Nachweis durch den Betroffenen verlangt *Rogall* in SKStPO § 111m Rn 17). Zur Entscheidung darüber, ob diese Voraussetzung vorliegt, ist die anordnende Instanz berufen, dh im Regelfall das Gericht, bei einer Eilentscheidung auch die Staatsanwaltschaft (näher u § 18 Rn 27 ff.), niemals aber der mit der Vollstreckung beauftragte Beamte.

VI. Ausdehnung der Beschlagnahme auf die Herstellungsmittel (Platten, Druckformen usw)

1. Vergleich von § 111b StPO und § 14 LPG

39 Gemäß § 111b Abs 1 S 1 StPO iVm § 74d Abs 1 S 2 StGB können auch die der Unbrauchbarmachung unterliegenden **speziellen Herstellungsmittel** einer Schrift bei (dringenden) Gründen für die Erwartung ihrer endgültigen Anordnung zur Vollstreckungssicherung beschlagnahmt werden (o § 13 Rn 55, 110, u Rn 39). Das Landespresserecht ordnet in § 14 Abs 1 S 2 LPG diese Ausdehnung der Beschlagnahme in einer sprachlich präziseren Formulierung an. Danach kann sich die Beschlagnahme „auf Druckformen, Platten und Matrizen oder entsprechende, den gedanklichen Inhalt der Veröffentlichung tragende Vervielfältigungsmittel" erstrecken. Im Ergebnis unterscheiden sich beide Regelungen nicht.

VI. Ausdehnung der Beschlagnahme auf die Vervielfältigungsmittel § **14 LPG**

2. Unterscheidung von speziellen und allgemeinen Herstellungsmitteln

Wie zu § 13 Rn 110 näher dargelegt wurde, erfasst § 111m Abs 1 StPO iVm 40
§ 74d Abs 1 S 2 StGB **nicht diejenigen Herstellungsmittel,** welche nicht speziell zur Produktion der Texte strafbaren Inhalts eingesetzt wurden, sondern **nur allgemein der Vervielfältigung dienen;** das stimmt überein mit der ausdrücklichen Beschränkung der Pressebeschlagnahme in § 14 Abs 1 S 2 LPG auf die „den Inhalt der Veröffentlichung tragenden" Vervielfältigungsmittel. Damit scheidet die Masse der Druckerei-Einrichtungsgegenstände als nicht beschlagnahmefähig aus; ausgenommen von der Einziehung oder Unbrauchbarmachung wie von der Beschlagnahme sind namentlich Satzcomputer und Druckmaschinen. Als die „zur Herstellung der Schriften gebrauchten oder bestimmten Vorrichtungen" iSv § 74d Abs 1 S 2 StGB bzw als „Vervielfältigungsmittel" iSv § 14 Abs 1 S 2 LPG sind somit **allein die Medien** anzusehen, die **den Gedankeninhalt vermitteln,** wie Druckplatten, Druckzylinder, Stereoplatten, Klischees, Matrizen, Matern und Folien, aber auch Disketten, CDs, Festplatten, Magnetspeicherbänder, Audio- und Video-Masterbänder usw. Dazu gehören ferner auch solche Gegenstände, die nur der Herstellung von Zwischenerzeugnissen dienen (zutreffend *Rebmann* § 14 Rn 13).

3. Erforderlichkeit dringender Gründe und eines Sicherstellungsbedürfnisses

Auch die **Anordnung** der Beschlagnahme von Vervielfältigungsmitteln ist **abhän-** 41
gig von den allgemeinen Erfordernissen konkreter Gründe für die Annahme der Einziehungsvoraussetzungen (o § 13 Rn 75 ff.) sowie eines Sicherstellungsbedürfnisses (o § 13 Rn 90). Da die Unbrauchbarmachung der Herstellungsmittel einer inkriminierten Schrift in § 74d Abs 1 S 2 StGB zwingend vorgeschrieben wird und die Notwendigkeit der Beschlagnahme im Hinblick auf die Vollstreckung der im Urteil zu erwartenden Maßnahme zu beurteilen ist, kann für die Entscheidung über die Anordnung nicht maßgeblich sein, ob in der Zeit vor dem gerichtlichen Urteil ein verbotener Wiederabdruck droht oder nicht (so aber die 3. Aufl in Rn 46).

4. Notwendigkeit der Ausdehnung in der Beschlagnahmeanordnung selbst

Die Ausdehnung der Beschlagnahme auf etwaige Herstellungsmittel kann nach 42
§ 111n Abs 1 S 1 und 2 StPO bzw § 14 Abs 1 S 2 LPG **nur in der Beschlagnahmeanordnung** selbst ausgesprochen, nicht aber ohne eine solche Anordnung beim Vollzug der Anordnung vorgenommen werden. Vollends unzulässig wäre angesichts der „Polizeifestigkeit" der Pressefreiheit (Vor §§ 13 ff. Rn 46 f.) eine präventivpolizeiliche Maßnahme zur Verhinderung der Verbreitung „unerwünschter" Veröffentlichungen.

5. Auch hier Abwendungsrecht des Betroffenen

Die Ausdehnung der Beschlagnahmemöglichkeit auf Druckformen und andere 43
Vervielfältigungsmittel erfährt eine Milderung dadurch, dass dem Betroffenen auch hinsichtlich der von der Beschlagnahme bedrohten oder erfassten Vervielfältigungsmittel ein **Abwendungsrecht** entsprechend § 111m Abs 4 StPO bzw § 14 Abs 3 LPG zusteht (ebenso *Mayer* in KMR Rn 16, *Rogall* in SK-StPO Rn 18, *Spillecke* in KKStPO Rn 9, zu § 111m; *Rebmann* § 14 Rn 20; generell dazu näher o Rn 34 ff.). Ein solches Abwendungsrecht hinsichtlich Druckformen und Platten hatte schon § 27 Abs 1 S 2 RPG vorgesehen: danach konnte auf Antrag des Betroffenen statt der Beschlagnahme des Drucksatzes dessen Auseinandernehmen und Ablegen (in die Setzkästen) erfolgen.

Im Übrigen gilt das in § 111m Abs 2 S 2 StPO bzw § 14 Abs 2 S 2 LPG normierte Gebot, nicht strafbare ausscheidbare Teile der Schrift von der Beschlagnahme auszuschließen, in vollem Umfang auch für die Druckformen, Platten und sonstigen Vervielfältigungsmittel (vgl *Rebmann* § 14 Rn 16).

VII. Bezeichnung der beanstandeten Textstellen und der verletzten Gesetze

1. Bedeutung der Bestimmung

44 Eine für die Presse wichtige ergänzende Vorschrift, die unmittelbar mit dem Umfang der Beschlagnahme nichts zu tun hat, enthält § 111m Abs 3 StPO bzw (mit Ausnahme von Bayern) § 14 Abs 2 S 1 LPG. Danach sind in der schriftlichen Beschlagnahmeanordnung ausdrücklich die **die Beschlagnahme veranlassenden Textstellen zu bezeichnen**. Die Landespressegesetze ergänzen diese Vorschrift noch ausdrücklich um das Gebot, auch die verletzten Gesetze (also die **Straftatbestände,** für deren Verwirklichung ein Tatverdacht besteht) anzuführen. Doch auch nach Bundesrecht kann auf deren präzise Benennung nicht verzichtet werden (ebenso *Gercke* in HK-StPO Rn 10, *Huber* in Graf Rn 7, *Pfeiffer* Rn 4, *Rogall* in SKStPO Rn 16, *Johann* in Löwe/Rosenberg Rn 25, *Schmitt* in Meyer-Goßner Rn 9, *Spillecke* in KKStPO Rn 8, zu § 111m; *Janssen* Gewinnabschöpfung Rn 129; vgl o § 13 Rn 18).

Diese schon in § 27 Abs 2 S 1 RPG enthaltene Bestimmung dient dem Schutz des von der Beschlagnahme Betroffenen. Sie hält die anordnende Instanz zu sorgfältiger Überprüfung ihrer Maßnahmen an und erleichtert dem Betroffenen die Möglichkeit einer eventuellen Beschwerde. Auch das eine Beschlagnahmeanordnung der Staatsanwaltschaft überprüfende Gericht erhält auf diese Weise einen in tatsächlicher und rechtlicher Hinsicht klargestellten Sachverhalt vorgelegt, was der Beschleunigung des Verfahrens dient. Indem der Richter verpflichtet ist, die beanstandeten Stellen der Schrift genau zu bezeichnen, wird ihm die Feststellung erleichtert, welche Teile als „nicht strafbare" Teile von der Beschlagnahme auszuschließen sind. Schließlich ist die genaue Bezeichnung der beanstandeten Textstellen die Voraussetzung dafür, dass der Betroffene von seinem Abwendungsrecht nach § 111m Abs 4 StPO bzw § 14 Abs 3 LPG Gebrauch machen kann, indem er selbst eben diese Stellen von der Vervielfältigung oder Verbreitung ausschließt (vgl o Rn 34 ff.).

2. Detailgenauigkeit des Hinweises

45 Bei der Anführung der beanstandeten Textstelle genügt es keineswegs, wenn pauschal auf einen bestimmten Beitrag oder eine Abhandlung hingewiesen wird. Es müssen vielmehr die Wörter oder Sätze, die beanstandet werden, und zwar unter Hinweis auf die Fundstelle (zB Heft 5 Seite 18 Spalte 2), so zitiert werden, dass jeder **Zweifel ausgeschlossen** ist (*Gercke* in HK-StPO Rn 10; *Huber* in Graf Rn 7, *Kiethe* in Radtke/Hohmann Rn 8, *Rogall* in SKStPO Rn 16, *Schmitt* in Meyer-Goßner Rn 9, *Spillecke* in KKStPO Rn 8, sämtlich zu § 111m; *Rebmann* § 14 Rn 14; *Scheer* § 14 Anm B I 1), bei kürzeren Stellen also als wörtliches Zitat (so generell *Johann* in Löwe/Rosenberg § 111m Rn 26; ähnlich *Hartmann* in HK-GS Rn 5, *Lohse* in AnwK-StPO Rn 7, *Mayer* in KMR Rn 15, zu § 111m: „jedenfalls im Kern"). Was die Pflicht zur Angabe des verletzten Gesetzes betrifft, so genügt nicht die bloße Bezeichnung: StGB, UWG oder JuSchG, vielmehr sind jeweils die einzelnen Paragraphen aufzuführen.

3. Folgen eines Formverstoßes

46 Zu der Frage, ob eine **fehlerhafte Beschlagnahmeanordnung** wirksam ist, s oben § 13 Rn 30 f.

4. Rückwirkung auf § 15 LPG

47 Wird die Pflicht zur Angabe der einschlägigen Stellen des Druckwerks und der verletzten Gesetze gemäß § 14 Abs 2 S 1 LPG nicht beachtet, so hat dies nach Landespresserecht die Folge, dass das **Wiederabdruckverbot** des § 15 LPG nicht in

Kraft treten kann, da in § 15 LPG die genaue Kenntnis der beanstandeten Textstellen vorausgesetzt wird (ebenso *Häntzschel* § 28 Anm 3 B; *Rebmann* § 14 Rn 15). Nach umstrittener, aber zutreffender Meinung tritt auch das **Verbreitungsverbot** des § 15 LPG nicht in Kraft, solange keine korrekte, den § 14 Abs 2 S 1 berücksichtigende Beschlagnahmeanordnung vorliegt. Anderenfalls würde der Betroffene sein wichtiges Abwendungsrecht im Sinne des § 14 Abs 3 verlieren, da er ja nicht wissen kann, welche Textstellen beanstandet werden und demzufolge von ihm selbst auszuschließen sind. Auch erscheint es in sich widerspruchsvoll, dem von einer fehlerhaften Beschlagnahmeanordnung Betroffenen zwar den Wiederabdruck zu gestatten, nicht dagegen die Verbreitung des ursprünglichen Druckwerks. Die Beschlagnahmeanordnung ist in einem solchen Fall nicht vollziehbar (*Rebmann* § 14 Rn 15).

VIII. Abweichendes Landesrecht

Das Presserecht von **Bayern** hat nicht alle sämtliche Bestimmungen des § 14 LPG übernommen. In Art 16 BayPrG fehlt die zugunsten des Betroffenen wirkende wichtige Bestimmung, dass der Richter die Beschlagnahme in seiner schriftlichen Anordnung noch weiter beschränken kann (§ 14 Abs 1 S 1 Halbs. 2 LPG), ferner die dem Schutz des Betroffenen dienende Bestimmung, dass die beanstandeten Textstellen und die verletzten Gesetzesstellen in der schriftlichen Beschlagnahmeanordnung ausdrücklich und genau aufzuführen sind (§ 14 Abs 2 S 1 LPG); schließlich fehlt auf Seite des Betroffenen das Recht der Selbstabwendung der Beschlagnahme (§ 14 Abs 3 LPG). Hält man mit der vorherrschenden, auch hier vertretenen Meinung allein die Regelung des Bundesrechts für maßgeblich, so können diese Unterschiede auf sich beruhen. Sonst muss aber eine am Grundsatz der Verhältnismäßigkeit orientierte verfassungskonforme Auslegung der in Bayern geltenden Beschlagnahmeregelung zu einer rechtlichen Gleichstellung der dort betroffenen Verlage mit den Presseunternehmen in den anderen Bundesländern führen.

48

§ 15
Verbreitungsverbot für beschlagnahmte Druckwerke

I. Landesrecht

Gesetzesfassung in Baden-Württemberg, Berlin und Schleswig-Holstein:

§ 15 / § 14 / § 13 Verbreitungsverbot für beschlagnahmte Druckwerke
Während der Dauer einer Beschlagnahme ist die Verbreitung des von ihr betroffenen Druckwerks oder der Wiederabdruck des die Beschlagnahme veranlassenden Teiles dieses Druckwerks verboten.

Gesetzesfassung in Bayern:

Art 13 [Strafbare Verletzung der Presseordnung]
Mit Freiheitsstrafe bis zu einem Jahr oder mit Geldstrafe wird bestraft,
1. [...]
2. [...]
3. **wer ein beschlagnahmtes Druckwerk in Kenntnis der Beschlagnahme verbreitet;**
[...]

LPG § 15 Verbreitungsverbot für beschlagnahmte Druckwerke

Gesetzesfassung in Bremen:

§ 15 Verbreitungsverbot für beschlagnahmte Druckwerke

Während der Dauer einer Beschlagnahme ist die Verbreitung des von ihr betroffenen Druckwerkes oder der Wiederdruck des Teiles, der zur Beschlagnahme Anlaß gegeben hat, verboten.

Gesetzesfassung in Mecklenburg-Vorpommern:

§ 15 Verbreitungsverbot für beschlagnahmte Druckwerke

Während der Dauer einer Beschlagnahme ist die Verbreitung des von ihr betroffenen Druckwerkes oder der Wiederabdruck des die Beschlagnahme veranlassenden Teiles dieses Druckwerks verboten.

Brandenburg: Eine entsprechende Regelung ist nicht getroffen worden.

Hamburg: § 15 aufgehoben durch Ges. vom 1.12.1980 (GVBl. S 361)

Hessen: § 15 aufgehoben durch Ges. vom 16.5.2001 (GVBl. S 250)

Niedersachsen: § 15 aufgehoben durch Ges. vom 5.12.1983 (GVBl. S 281)

Nordrhein-Westfalen: § 15 aufgehoben durch Ges. vom 6.10.1987 (GV.NW. S 342)

Rheinland-Pfalz: Fassung des Landesmediengesetzes – LMG – v. 4.2.2005 (GVBl. S. 23):

§ 15 Verbreitungsverbot für beschlagnahmte Druckwerke

Während der Dauer einer Beschlagnahme sind die Verbreitung des von ihr betroffenen Druckwerks und der Wiederabdruck des die Beschlagnahme veranlassenden Teils dieses Druckwerkes verboten.

Saarland: Das Saarländische MedienG idF v 27.2.2002 (ABl. S. 498, 754) hat das Saarländische Pressegesetz außer Kraft gesetzt (§ 71 Abs 1); es enthält in den §§ 13–19 keine entsprechende Regelung.

Sachsen, Sachsen-Anhalt, und Thüringen: Eine entsprechende Regelung ist nicht getroffen worden.

II. Bundesrecht

§ 133 StGB Verwahrungsbruch

(1) Wer Schriftstücke oder andere bewegliche Sachen, die sich in dienstlicher Verwahrung befinden oder ihm oder einem anderen dienstlich in Verwahrung gegeben worden sind, zerstört, beschädigt, unbrauchbar macht oder der dienstlichen Verfügung entzieht, wird mit Freiheitsstrafe bis zu zwei Jahren oder mit Geldstrafe bestraft.

(2) Dasselbe gilt für Schriftstücke oder andere bewegliche Sachen, die sich in amtlicher Verwahrung einer Kirche oder anderen Religionsgesellschaft des öffentlichen Rechts befinden oder von dieser dem Täter oder einem anderen amtlich in Verwahrung gegeben worden sind.

(3) Wer die Tat an einer Sache begeht, die ihm als Amtsträger oder für den öffentlichen Dienst besonders Verpflichteten anvertraut worden oder zugänglich gemacht worden ist, wird mit Freiheitsstrafe bis zu fünf Jahren oder mit Geldstrafe bestraft.

I. Geltung der Norm § 15 LPG

§ 136 StGB Verstrickungsbruch

(1) Wer eine Sache, die gepfändet oder sonst dienstlich in Beschlag genommen ist, zerstört, beschädigt, unbrauchbar macht oder in anderer Weise ganz oder zum Teil der Verstrickung entzieht, wird mit Freiheitsstrafe bis zu einem Jahr oder mit Geldstrafe bestraft.

(2) Ebenso wird bestraft, wer ein dienstliches Siegel beschädigt, ablöst oder unkenntlich macht, das angelegt ist, um Sachen in Beschlag zu nehmen, dienstlich zu verschließen oder zu bezeichnen, oder wer den durch ein solches Siegel bewirkten Verschluß ganz oder zum Teil unwirksam macht.

(3) Die Tat ist nach den Absätzen 1 und 2 strafbar, wenn die Pfändung, die Beschlagnahme oder die Anlegung des Siegels nicht durch eine rechtmäßige Diensthandlung vorgenommen ist. Die gilt auch dann, wenn der Täter irrig annimmt, die Diensthandlung sei rechtmäßig.

(4) § 113 Abs. 4 gilt sinngemäß.

Inhaltsübersicht

		Rn
I.	Geltung der Norm	1, 2
II.	Bedeutung der Bestimmung	
	1. „Verhaftung" des gefährlichen Gedankens	3
	2. Strafsanktionen	4
	3. Geltung für jedermann	5
III.	Anwendungsgebiet	
	1. Vollstreckungssichernde Beschlagnahme iS von §§ 111b ff. StPO	6
	2. Ausschließlich die richterliche Anordnung als Auslöser	7
IV.	Die verbotenen Handlungen	
	1. Verbreitungsverbot	8
	2. Wiederabdruckverbot	9
	3. Anwendungsprobleme des Wiederabdruckmerkmals	10
	4. Umfang des Verbots: Gedanken, Informationen, Bilder und sonstige Darstellungen	11
	5. Erfordernisse der Rechtswirksamkeit des Verbots	12
V.	Dauer des Verbots	
	1. Inkrafttreten mit Bekanntgabe	13, 14
	2. Ende des Verbots	15
VI.	Strafrechtliche Folgen von Handlungen gegen die Beschlagnahme im Bundesrecht	
	1. Strafbarkeit der Verbreitung nach allgemeinen Tatbeständen	16
	2. Verwahrungs- und Verstrickungsbruch (§§ 133, 136 StGB)	17–22
VII.	Strafrechtliche Folgen einer Zuwiderhandlung gegen § 15 LPG im Landespresserecht	
	1. Pressedelikt (§§ 21 Nr 4, 22 Abs 2 LPG)	23
	2. Keine vorläufige Sicherstellung wegen bloßer Verletzung des § 15 LPG	24
	3. Konkurrenzfragen	25–27
VIII.	Abweichendes Landesrecht	
	1. Bayern	28
	2. Schleswig-Holstein	29
	3. Mecklenburg-Vorpommern	30
	4. Die Rechtslage in den sieben Bundesländern ohne eine dem § 15 LPG entsprechende Regelung	31

I. Geltung der Norm

1. Wie die vorstehende Übersicht über die Landespressegesetze zeigt, existieren Bestimmungen über ein **presserechtliches Verbreitungs- und Wiederabdruck-**

LPG § 15   Verbreitungsverbot für beschlagnahmte Druckwerke

verbot für beschlagnahmte Druckwerke nur in einem **kleineren Teil der Bundesländer,** nämlich in Baden-Württemberg, Berlin, Bremen, Mecklenburg-Vorpommern, Rheinland-Pfalz und Schleswig-Holstein. Bayern ordnet allein die Strafbarkeit der Verbreitung an; Mecklenburg-Vorpommern hat abweichend von den übrigen Ländern keine Straf- und Bußgeldbewehrung des Verbots geschaffen. Das Recht der übrigen Bundesländer enthält derartige Normen ebenso wenig wie das Bundesrecht.

§ 15 LPG/LMG (im Folgenden nur zitiert als LPG) entspricht inhaltlich dem früheren § 28 Reichspreßgesetz, dessen Absatz 1 lautete:

„Während der Dauer der Beschlagnahme ist die Verbreitung der von derselben betroffenen Druckschrift oder der Wiederabdruck der die Beschlagnahme veranlassenden Stellen unstatthaft."

Die heute in den meisten Ländern geltende Fassung des § 15 LPG entspricht der Formulierung des inzwischen aufgehobenen § 15 im hessischen Landespressegesetz von 1949 bzw 1958.

2   2. Nach der o Vor §§ 13 ff. Rn 28 vertretenen Auffassung handelt es sich hier um **genuines Presserecht,** das zwar die einziehungssichernde Beschlagnahme voraussetzt, dennoch aber seinerseits nicht als verfahrensrechtliche Regelung angesehen werden kann. Da es auch nicht um die allgemeinen Rechtsverhältnisse der Presse geht, kam dem Bund weder kraft der konkurrierenden Gesetzgebungszuständigkeit aus Art 74 Abs 1 Nr 1 GG noch kraft der bis 2006 geltenden Rahmenkompetenz aus Art 75 Abs 1 S 1 Nr 2 GG die Befugnis zu, diesen Gegenstand in dem Gesetz über das Zeugnisverweigerungsrecht der Mitarbeiter von Presse und Rundfunk vom 25.7.1975 positiv oder negativ zu regeln. Die entgegenstehende Auffassung des Bundesgesetzgebers über seine Regelungsmacht und sein Wille, kein Verbreitungs- und Wiederabdruckverbot zuzulassen (BT-Drs 7/2539, S 13), konnte ihm diese Kompetenz nicht verschaffen. Entgegen der sonst vertretenen Auffassung (Nachw Vor §§ 13 ff. Rn 28) ist daher der § 15 LPG dort, wo eine entsprechende Regelung existiert, als weiterhin gültig anzusehen. Dementsprechend muss auch die Strafbewehrung von Zuwiderhandlungen gegen das Verbot des § 15 LPG in § 21 Nr 4 LPG (§ 35 Abs 1 Nr 4 LMG Rheinland-Pfalz) nicht als gegenstandslos, sondern als gültig angesehen werden (abweichend *Kühl* u § 21 Rn 52). Von dieser Rechtsauffassung ist offenbar auch der schleswig-holsteinische Gesetzgeber ausgegangen, als er 1974 die Beschlagnahmevorschriften des LPG aufhob, den § 15 aber davon ausnahm (u Rn 29). Der Gesetzgeber des rheinland-pfälzischen Landesmediengesetzes (LMG) v 4.2.2005 hat sich jetzt ausdrücklich den hier vertretenen Rechtsstandpunkt zu Eigen gemacht; er sieht zudem die Bedeutung des weiter aufrecht erhaltenen Verbreitungs- und Wiederabdruckverbots gerade darin, „dass die Beschlagnahme als solches strafrechtlichen Schutz erhält" (RegE LT-Drs 14/3235 S 44 zu § 15 E-LMG; die Strafbewehrung enthält § 35 Abs 1 Nr 4 LMG).

II. Bedeutung der Bestimmung

1. „Verhaftung" des gefährlichen Gedankens

3   In Abweichung von der strafprozessualen Regelung der Vollstreckungssicherung in §§ 111b–111n StPO, die sich auf die Sicherstellung von Gegenständen beschränkt, geht § 15 LPG einen wesentlichen Schritt weiter und ordnet zusätzlich die **„Verhaftung"** des in dem beschlagnahmten Druckwerk verkörperten **„gefährlichen" Gedankens** an: Seine Weiterverbreitung durch die Presse soll während der ganzen Dauer der Beschlagnahme verhindert werden. Zu diesem Zweck verbietet § 15 LPG für diesen Zeitraum nicht nur die Verbreitung des von der Beschlagnahme betroffenen Druckwerks, sondern auch den – möglicherweise aus Notizen oder aus dem Gedächtnis rekonstruierten – Wiederabdruck des Inhalts eines Druckwerks, soweit er zur Beschlagnahme Anlass gab.

III. Anwendungsgebiet   § 15 LPG

2. Strafsanktionen

Seinen eigentlichen Sinn erhält § 15 LPG allerdings erst aus der auf ihm aufbauen- 4
den **Strafsanktion.** Zwar wird eine behördliche Beschlagnahme strafrechtlich durch
die Tatbestände des Verwahrungs- und Verstrickungsbruchs flankiert (§§ 133, 136
StGB). Diese greifen aber nur dort ein, wo durch Beschlagnahme ein behördlicher
Gewahrsam oder mindestens ein öffentlich-rechtliches Gewaltverhältnis über die betroffenen Gegenstände bereits begründet worden ist (vgl unten Rn 17 ff.). Sie bleiben
daher bei der Beschlagnahme von Druckwerken unanwendbar gegenüber allen Exemplaren, die infolge ihrer weiteren Verbreitung oder aus anderen Gründen bisher
von der Behörde bei Vollziehung der Beschlagnahmeanordnung nicht ergriffen wurden.

Hier setzt die landesrechtliche Strafnorm des **§ 21 Nr 4 LPG** (§ 35 Abs 1 Nr 4
LMG Rheinland-Pfalz) ein, welche die Verbreitung oder den Wiederabdruck eines
Druckwerks entgegen dem Verbot des § 15 bei vorsätzlichem Handeln mit Freiheitsstrafe bis zu einem Jahr oder Geldstrafe bedroht; denn § 15 LPG verbietet die Weiterverbreitung der beschlagnahmten Druckwerke schlechthin, gleichgültig, ob die einzelnen Exemplare durch Vollziehung der Beschlagnahmeanordnung bereits in amtliche
Verwahrung genommen wurden oder nicht. Die Palette der Sanktionen wird ergänzt
durch die Androhung einer Geldbuße für die fahrlässige Verwirklichung dieses Tatbestandes in § 22 Abs 2 LPG (nicht im rheinland-pfälzischen LMG). Von den Ländern,
deren Landespressegesetze heute noch ein Verbreitungs- und Wiederabdruckverbot
enthalten, hat allerdings Mecklenburg-Vorpommern diese Straf- und Bußgeldbewehrung nicht eingeführt. Dagegen hält das rheinland-pfälzische Landesmediengesetz das
Verbot gerade im Hinblick auf den strafrechtlichen Schutz der Beschlagnahme aufrecht
(o Rn 2 aE).

3. Geltung für jedermann

Wesentlich für die nachhaltige Wirkung des Beschlagnahmeverbots ist es, dass sich 5
§ 15 LPG mit der ausdrücklichen Untersagung der Weiterverbreitung und des Wiederabdrucks an **jedermann** wendet und nicht nur an den von der Beschlagnahmeanordnung unmittelbar Betroffenen oder an die Mitarbeiter des betreffenden Presseunternehmens (*Rebmann* § 15 Rn 1).

III. Anwendungsgebiet

1. Vollstreckungssichernde Beschlagnahme iS von §§ 111b ff. StPO

Wenn in § 15 LPG von „einer Beschlagnahme" die Rede ist, so ist damit im Zu- 6
sammenhang der Landespressegesetze nur die **vollstreckungssichernde Beschlagnahme** iSv §§ 111b ff., 111m/n StPO bzw § 13 LPG gemeint (s dazu näher o Vor
§§ 13 ff. Rn 3 ff.; § 13 Rn 1 ff., 34 ff.). Die Einziehung wegen einer Ordnungswidrigkeit gemäß §§ 22, 123 iVm 119 f. OWiG dürfte kaum jemals ein Verbreitungsund Wiederabdruckverbot nach sich ziehen (§ 13 Rn 73, 113). Die Anwendung des
§ 15 LPG entfällt überall dort, wo es sich nicht um die Inhaftierung des gefährlichen
Gedankens handelt wie zB bei gewerbe- oder gesundheitspolizeilichen Maßnahmen
(vgl *Reh/Groß* § 15 Anm 3).

2. Ausschließlich die richterliche Anordnung als Auslöser

Die weitreichende und einschneidende Wirkung des § 15 LPG wird nur durch die 7
gerichtliche Beschlagnahmeanordnung ausgelöst, nicht durch die vorläufige
Sicherstellung auf Anordnung der Staatsanwaltschaft oder der Polizei. § 18 LPG, der
die nicht-richterliche Beschlagnahme regelt, sieht in Abs 1 Satz 2 eine entsprechende
Anwendung des § 15 LPG gerade nicht vor.

Achenbach 919

IV. Die verbotenen Handlungen

1. Verbreitungsverbot

8 Verboten ist in erster Linie die **Verbreitung** des von der Beschlagnahmeanordnung betroffenen Druckwerks, auch die unentgeltliche, nicht gewerbsmäßige oder nicht öffentliche (*Rebmann* § 15 Rn 2). Das Verbot gilt auch für die Exemplare, die noch nicht vom Vollzug der Beschlagnahme erfasst wurden (o Rn 4). Von der Beschlagnahme betroffen sind alle beschlagnahmefähigen Exemplare desselben Druckwerks (näher o § 13 Rn 27). Ist die beanstandete Äußerung ursprünglich in zwei verschiedenen Druckwerken (zB zwei verschiedenen Tageszeitungen) publiziert worden und wird nur ein Druckwerk beschlagnahmt, so richtet sich das Verbreitungsverbot des § 15 LPG nicht gegen das andere Druckwerk (*Rebmann* § 15 Rn 3). Die von der Beschlagnahme ausgeschlossenen einwandfreien Teile (vgl § 14 Rn 31 ff.) dürfen ebenso weiterverbreitet werden wie Neuauflagen des beschlagnahmten Druckwerks, in denen die beanstandeten Stellen fehlen. Zu der auch von § 15 LPG vorausgesetzten Wirksamkeit der Beschlagnahmeanordnung s o § 13 Rn 30 f.

2. Wiederabdruckverbot

9 Außer der weiteren Verbreitung des beschlagnahmten Druckwerks verbietet § 15 LPG auch den **Wiederabdruck** des die Beschlagnahme veranlassenden Teils dieses Druckwerks. Nach *Rebmann* (§ 15 Rn 3) soll sich dieses Verbot nicht gegen den Wiederabdruck selbst richten, sondern nur gegen die Verbreitung nachgedruckter Exemplare mit dem gleichen beanstandeten Inhalt. Diese enge Auffassung verkennt, dass es für den Verleger, der von der Aufhebung der Beschlagnahme im Rechtsweg überzeugt ist, wichtig sein kann, einen Neudruck bereits vorzubereiten (zutreffend *Scheer* § 15 Anm IV 1). Richtig ist die Ansicht *Rebmanns* insoweit, als ein gesetzliches Verbot, das bereits den Wiederabdruck bestimmter Stellen eines Druckwerks unter Strafe stellt, erst recht eine Verbreitung des verbotenerweise Nachgedruckten anstrebt.

3. Anwendungsprobleme des Wiederabdruckmerkmals

10 In der **Praxis** ist es oft **schwierig zu entscheiden,** ob der Nachdruck einzelner Teile der beanstandeten Stellen mit und ohne Änderungen, Auszügen oder Abkürzungen als ein dem Verbreitungsverbot unterliegender Wiederabdruck im Sinne des § 15 LPG anzusehen ist. Auf die äußere Form kommt es hierbei nicht an. Ein Wiederabdruck kann zB auch als Zitat der beanstandeten Stelle in einem Zeitungsbericht über die Beschlagnahme erfolgen (Bayerischer Kassationshof GoltdArch 26, 1878, 229/230; *Häntzschel* S 241; *Rebmann* § 15 Rn 3). Stets muss es sich aber um einen „**Wieder-**Abdruck" handeln. Ein solcher liegt nicht vor, wenn der beanstandete Gedanke – unabhängig von der Erstveröffentlichung – in einem anderen Druckwerk als originäre publizistische Veröffentlichung erscheint (*Rebmann* § 15 Rn 3). Aus der Verwendung der Bezeichnung „Wieder-**Abdruck**" folgt, dass nur die Veröffentlichung in einem Druckwerk untersagt ist, nicht aber eine solche im Rundfunk (zutreffend *Rebmann* § 15 Rn 3). Nicht notwendig ist es, dass der beanstandete Text dem beschlagnahmten Druckwerk entnommen wird. Er kann auch aus dem Gedächtnis reproduziert werden und fällt unter das Verbot, sofern es sich nicht um eine neue und originäre Formulierung des beanstandeten Gedankens handelt.

4. Umfang des Verbots: Gedanken, Informationen, Bilder und sonstige Darstellungen

11 Zu beachten ist, dass das Gesetz selbst (§ 15 LPG) nicht von der Verhaftung des „Gedankens" spricht. Das Verbot des § 15 LPG richtet sich nach seinem Wortlaut nicht gegen den Inhalt des Druckwerks, sondern – bewusst formal – nur gegen den

die Beschlagnahme veranlassenden **Teil des Druckwerks**. Daraus folgt, dass es sich bei dem beanstandeten Teil des Druckwerks, der sistiert werden soll, statt eines „Gedankens" auch um eine reine Nachricht, eine Karikatur oder eine sonstige Darstellung iSv § 11 Abs 3 StGB (§ 13 Rn 54) handeln kann.

5. Erfordernisse der Rechtswirksamkeit des Verbots

Für die Rechtswirksamkeit des Wiederabdruckverbots ist Voraussetzung, dass in der Beschlagnahmeanordnung die unabdingbare Formvorschrift des § 111m Abs 3 StPO bzw des § 14 Abs 2 Satz 1 LPG (genaue **Bezeichnung der die Beschlagnahme veranlassenden Stellen** der Druckschrift) beachtet wurde. Fehlt der vorgeschriebene Hinweis, so tritt das Wiederabdruckverbot nicht in Kraft. Denn in diesem Fall bleibt unklar, welches der gefährliche Gedanke ist, der sistiert werden soll, und der Presse wäre die Möglichkeit entzogen, sich dieser Situation anzupassen. Wird der gesamte Inhalt beanstandet, so muss dies in der Beschlagnahmeanordnung deutlich ausgesprochen werden. Fehlt dem Verbot des § 15 LPG die Rechtswirksamkeit, so kommt nur die allgemeine Strafbarkeit nach §§ 133, 136 StGB in Betracht (o Rn 4, u Rn 17 ff.). 12

V. Dauer des Verbots

1. Inkrafttreten mit Bekanntgabe

Das Verbot des § 15 LPG gilt für die ganze Dauer der richterlichen Beschlagnahme. Über deren **Beginn** und damit das Inkrafttreten des Verbreitungs- und Wiederabdruckverbots gehen die Ansichten auseinander. Die Ansicht *Kitzingers* (S 199) und *Rebmanns* (§ 15 Rn 4), dass schon die interne richterliche Beschlagnahmeanordnung – unabhängig von der Kenntnisnahme der Betroffenen – die Strafsanktion des §§ 15, 21 Nr 4 LPG automatisch in Kraft treten lasse, kann im Interesse der Rechtssicherheit nicht gebilligt werden (wie hier *Häntzschel* § 28 RPG Anm 5). Auch das Abstellen auf den Zeitpunkt, in dem die Beschlagnahmeanordnung den Gerichtsbereich verlässt (o § 13 Rn 19), wird der besonderen, durch § 15 LPG gegebenen Situation nicht gerecht. Maßgebend ist vielmehr hier der Zeitpunkt der **Bekanntgabe** der Beschlagnahmeanordnung an den Betroffenen (zustimmend *Reh/Groß* § 15 Anm 2 und *Scheer* § 15 Anm II). 13

Einigkeit besteht darüber, dass die **Vollziehung** der Beschlagnahme **nicht** die Voraussetzung bildet für das Inkrafttreten des Verbots des § 15 LPG: Die Strafsanktion der §§ 21 Nr 4 LPG/35 Abs 1 Nr 4 LMG soll ja gerade die Exemplare erfassen, bei denen der Vollzug der Beschlagnahme noch aussteht, da hier die Strafbarkeit nach §§ 133, 136 StGB nicht ausreicht (vgl o Rn 4). 14

2. Ende des Verbots

Das Verbot des § 15 LPG **endet** mit der Aufhebung und dem Erlöschen der Beschlagnahmeanordnung (RGSt 37, 254, 255), spätestens aber mit der Rechtskraft des die Einziehung bzw die Unbrauchbarmachung aussprechenden oder ablehnenden Urteils oder einer sonstigen Entscheidung des Gerichts, die das Verfahren beendet. Nach der ausdrücklichen Bestimmung des § 16 Abs 3 Satz 2 LPG tritt das Verbot des § 15 schon dann außer Kraft, wenn die Staatsanwaltschaft beim Richter den Antrag stellt, die Beschlagnahmeanordnung aufzuheben. 15

VI. Strafrechtliche Folgen von Handlungen gegen die Beschlagnahme im Bundesrecht

1. Strafbarkeit der Verbreitung nach allgemeinen Tatbeständen

Das Strafgesetzbuch enthält keinen allgemeinen Weiterverbreitungs- und Wiederabdrucktatbestand. Jedoch erfassen naturgemäß diejenigen **Strafvorschriften** des 16

LPG § 15   Verbreitungsverbot für beschlagnahmte Druckwerke

Bundesrechts, deren Tatbestand die **Verbreitung von Schriften bestimmten Inhalts** umgreift, auch die Weiterverbreitung und den Wiederabdruck dieses Inhalts nach einer Beschlagnahme der Schrift. Das gilt für alle Strafnormen, die das spezielle Tatbestandsmerkmal des Verbreitens von Schriften enthalten, wie etwa die §§ 86, 86a Abs 1 Nr 1, 90 Abs 1, 90a Abs 1, 90b Abs 1, 111 Abs 1, 130a, 131 Abs 1 Nr 1, 184 Abs 3, 186–188 StGB, § 27 Abs 1 bis 3 JuSchG. Die Strafbarkeit des Weiterverbreitens strafbarer Inhalte ist aber von der ausdrücklichen Nennung dieses Tatbestandsmerkmals nicht notwendig abhängig, wenn nur der Sachgehalt des Verhaltens von dem jeweiligen Deliktstatbestand erfasst wird; so kann zB die nicht unter §§ 186 f., sondern unter § 185 StGB fallende Beleidigung durch Äußerung eines ehrverletzenden Werturteils – wenn die Schranken der Verhältnismäßigkeit im Einzelfall der Beschlagnahme nicht entgegenstehen – durch den Wiederabdruck eines sichergestellten Flugblatts wiederholt und damit erneut verwirklicht werden.

2. Verwahrungs- und Verstrickungsbruch (§§ 133, 136 StGB)

17   Ein andersartiges Verhalten erfassen die Tatbestände der **§§ 133 und 136 StGB**.

18   a) Beide Bestimmungen stellen es unter Strafe, dass der Täter Schriftstücke oder andere bewegliche Sachen zerstört, beschädigt, unbrauchbar macht oder der dienstlichen Verfügung entzieht. Sie unterscheiden sich darin, dass beim **Verwahrungsbruch** (§ 133 StGB) die Schriftstücke sich im amtlichen Besitz, dh in dienstlicher Verwahrung befinden müssen (BGHSt 18, 312/313 = NJW 1963, 1259; *Lackner/Kühl* § 133 Rn 3, *Fischer* § 133 Rn 4, je mwN). Dagegen ist beim **Verstrickungsbruch** (§ 136 StGB) amtlicher Besitz nicht begriffsnotwendig, wenn auch häufig gegeben; entscheidend ist vielmehr die Begründung eines öffentlich-rechtlichen Gewaltverhältnisses (*Sternberg-Lieben* in Schönke/Schröder § 136 Rn 3; *Geppert* Jura 1987, 35).

19   b) In welcher Weise die **staatliche Herrschaftsgewalt begründet** werden muss, ergibt sich aus den jeweils maßgeblichen Gesetzen (BGHSt 15, 149/150 = NJW 1960, 2300; *Lackner/Kühl* StGB § 133 Rn 3). Für die Pressebeschlagnahme sind dies § 111b Abs 1 iVm § 111c Abs 1 StPO bzw die §§ 13 ff. LPG, die aber die generelle Regelung der vollstreckungssichernden Beschlagnahme in §§ 111b ff. StPO voraussetzen. Danach ist stets eine förmliche Beschlagnahme erforderlich und die schlichte Inverwahrnahme der betroffenen Sache(n) nicht ausreichend (*Achenbach* NJW 1982, 2809 und in AK-StPO §§ 111b–111d Rn 7; *Schmitt* in Meyer-Goßner § 111b Rn 11; *Spillecke* in KKStPO § 111b Rn 14); bewirkt wird die Beschlagnahme nach § 111c Abs 1 StPO dadurch, dass die betroffene bewegliche Sache entweder in Gewahrsam genommen „oder die betroffene Sache durch Siegel oder in anderer Weise kenntlich gemacht wird". Bei der Beschlagnahme von Druckwerken werden daher diejenigen Exemplare nicht von der Strafbarkeit nach §§ 133, 136 StGB erfasst, die infolge ihrer Weiterverbreitung oder aus anderen Gründen bei Vollstreckung der Beschlagnahmeanordnung noch nicht ergriffen wurden (o Rn 4).

20   c) Der **dienstlichen Verfügung entzogen** iSv § 133 StGB wird die Sache „wenn dem Verfügungsberechtigten die Möglichkeit der jederzeitigen Verfügung [...], wenn auch nur vorübergehend, genommen wird"; das maßgebliche Abgrenzungskriterium liegt in der vom Täter verursachten Erschwernis des Auffindens (BGHSt 35, 340/341 f. = NStZ 1988, 552, zu § 133; s dazu und zu den weiteren Tathandlungsmodalitäten näher *Sternberg-Lieben* in Schönke/Schröder § 133 Rn 14 f., § 136 Rn 10 ff.; *Lackner/Kühl* § 133 Rn 6; *Rudolphi/Stein* in SKStGB § 133 Rn 11–11b, § 136 Rn 10 ff.; *Fischer* § 133 Rn 9–11, § 136 Rn 6).

21   d) Die Strafbarkeit der Tat erfordert **Vorsatz;** bedingter Vorsatz genügt. Der Vorsatz erfordert das Bewusstsein, dass das Druckwerk oder die Formen und Platten behördlich beschlagnahmt sind und dass sich die Gegenstände in amtlicher Verwahrung befinden (RGSt 19, 287; 23, 282).

Nimmt der Täter eines **Verstrickungsbruchs irrigerweise** an, die Beschlagnahme sei nicht rechtmäßig, so kann das Gericht in der Regel die Strafe mildern oder

VII. Strafrechtl. Folgen e. Zuwiderhandlung gegen § 15 LPG § 15 LPG

von einer Bestrafung ganz absehen (s näher § 136 Abs 4 iVm § 113 Abs 4 StGB); hält er eine rechtswidrige Beschlagnahme irrig für rechtmäßig, so ist er straflos (§ 136 Abs 3 Satz 2 StGB).

e) Verwirklicht der Täter durch eine Handlung die Tatbestände der §§ 133 und 136 StGB nebeneinander (die beschlagnahmten Exemplare eines Buches werden aus der Asservatenkammer entfernt), so stehen beide in **Idealkonkurrenz** (Tateinheit, § 52 StGB), werden also beide im Tenor des Strafurteils genannt. Nach dem Absorptionsprinzip des § 52 Abs 2 StGB wird die Strafe aus dem Strafrahmen des § 133 StGB entnommen, der eine Höchstfreiheitsstrafe von zwei Jahren androht, während § 136 StGB nur eine Freiheitsstrafe bis zu einem Jahr (jeweils: oder Geldstrafe) vorsieht. 22

VII. Strafrechtliche Folgen einer Zuwiderhandlung gegen § 15 LPG im Landespresserecht

1. Pressedelikt (§§ 21 Nr 4, 22 Abs 2 LPG)

Wie o Rn 4 ausgeführt, statuieren die einschlägigen Gesetze der Länder, die überhaupt ein Verbreitungs- und Wiederabdruckverbot enthalten, mit Ausnahme von Mecklenburg-Vorpommern auch eine Strafsanktion für Zuwiderhandlungen gegen dieses Verbot. Nach **§ 21 Nr 4 LPG** wird mit Freiheitsstrafe bis zu einem Jahr oder mit Geldstrafe bestraft, wer vorsätzlich „entgegen dem Verbot des § 15 ein beschlagnahmtes Druckwerk verbreitet oder wieder abdruckt" (ähnlich § 35 Abs 1 Nr 4 LMG Rheinland-Pfalz, wo zudem ausdrücklich die Kenntnis der Beschlagnahme gefordert wird; zu Bayern s u Rn 28). In einem fahrlässigen Verstoß gegen das Verbot des § 15 LPG liegt nach § 22 Abs 2 LPG (nicht in Rheinland-Pfalz) eine Ordnungswidrigkeit, die mit einer Geldbuße geahndet werden kann (§ 22 Abs 3 LPG). 23

Diese Strafandrohung im Landespresserecht bedeutet eine Strafverschärfung gegenüber der früheren Regelung im Reichspreßgesetz; der entsprechende § 28 RPG hatte (neben der Geldstrafe) lediglich Gefängnis bis zu 6 Monaten vorgesehen. Außerdem verlangte das RPG (§ 28 Abs 2) eine vorsätzliche Zuwiderhandlung bei Kenntnis der verfügten Beschlagnahme (ebenso jetzt wieder § 35 Abs 1 Nr 4 LMG Rheinland-Pfalz sowie Art. 13 Nr 3 BayPrG). In den übrigen LPG reicht dagegen bedingter Vorsatz (dolus eventualis) des Täters aus.

2. Keine vorläufige Sicherstellung wegen bloßer Verletzung des § 15 LPG

Die Zuwiderhandlung gemäß § 21 Nr 4 iVm § 15 LPG gehört nach § 18 Abs 1 S 2 LPG nicht zu den gravierenden Delikten, die eine **nicht-richterliche Beschlagnahmeanordnung** rechtfertigen. Wegen eines solchen Verstoßes ist sonach eine vorläufige Sicherstellung nicht möglich. Anders liegt es nur, wenn die verbotene Weiterverbreitung zugleich einen der in § 18 LPG aufgeführten Straftatbestände des StGB verwirklicht. 24

3. Konkurrenzfragen

Zwischen den Strafnormen des StGB und § 21 Nr 4 iVm § 15 LPG gelten folgende **Konkurrenzverhältnisse:** 25

a) Verwirklicht der Verstoß gegen § 15 LPG zugleich **allgemeine Tatbestände des Strafrechts,** die ihrerseits die Verbreitung des Inhalts einer inkriminierten Schrift betreffen, so stehen beide Tatbestände in Tateinheit gemäß § 52 StGB. 26

b) §§ 21 Nr 4 LPG geht weiter als §§ **133, 136 StGB** und erfasst auch solche Druckwerke, gegen die sich die behördliche Beschlagnahme richtet, die aber noch nicht im Vollzug ergriffen wurden (o Rn 4). Sind dagegen die Druckwerke auf Grund einer Beschlagnahmeanordnung bereits in amtliche Verwahrung genommen 27 worden und werden sie nunmehr unter Bruch der amtlichen Verwahrung weiterverbreitet, so verwirklicht der Täter sowohl § 133 StGB wie den Tatbestand des § 21 Nr 4 iVm § 15 LPG. Da aber Verwahrungsbruch und Weiterverbreitung verschiedene selbstständige Handlungen darstellen, liegt Realkonkurrenz (Tatmehrheit, § 53 StGB) vor; hier wird dann nach Maßgabe des § 54 StGB eine Gesamtstrafe gebildet. Dasselbe gilt im Falle des Verstrickungsbruchs (§ 136 StGB).

VIII. Abweichendes Landesrecht

1. Bayern

28 In **Bayern** ist das Verbreitungsverbot für beschlagnahmte Druckwerke etwas abweichend geregelt. Art 13 Nr 3 BayPrG bedroht denjenigen mit Freiheitsstrafe bis zu einem Jahr und Geldstrafe oder mit einer dieser beiden Strafen, der „ein beschlagnahmtes Druckwerk in Kenntnis der Beschlagnahme verbreitet". Der Unterschied zur presserechtlichen Regelung in anderen Bundesländern besteht einmal darin, dass die Handlung „in Kenntnis" der erfolgten Beschlagnahme erfolgen muss. Lediglich bedingter Vorsatz oder Fahrlässigkeit auf Seiten des Täters reichen sonach für die Strafbarkeit der Handlung nicht aus. Auf der anderen Seite ist in Bayern nur die weitere Verbreitung, nicht aber der Wiederabdruck oder Nachdruck verboten.

2. Schleswig-Holstein

29 In **Schleswig-Holstein** sind durch Gesetz vom 9.12.1974 zwar die eine Auflagen-Beschlagnahme einschränkenden landesrechtlichen Bestimmungen der §§ 13 und 14 sowie 16 bis 19 LPG aufgehoben worden. Aufrecht erhalten blieb jedoch das Verbreitungs- und Wiederabdruckverbot in § 15 LPG. **Rheinland-Pfalz** hat 2005 trotz des Wegfalls aller übrigen Regelungen seines bisherigen LPG ein solches Verbot sogar in seinem Landesmediengesetz verankert (o Rn 2, 4). Soweit in den §§ 13, 14 und 16 LPG Normen des Landespresserechts entfallen sind, welche den § 15 ergänzen, sind dafür die für die vollstreckungssichernde Beschlagnahme geltenden Normen des Bundesrechts (§§ 111b ff., 111m/n StPO) heranzuziehen.

3. Mecklenburg-Vorpommern

30 **Mecklenburg-Vorpommern** hat in sein 1993 geschaffenes LPG wegen der verfassungsrechtlich bisher nicht durch einen Spruch des BVerfG geklärten Situation auch Regeln über die Pressebeschlagnahme aufgenommen (o Vor §§ 13 ff. Rn 23); zu ihnen gehört auch ein Verbreitungs- und Wiederabdruckverbot. Dagegen umfasst die Strafvorschrift des Gesetzes keine Strafsanktion für die Verletzung dieses Verbots.

4. Die Rechtslage in den sieben Bundesländern ohne eine dem § 15 LPG entsprechende Regelung

31 Die Pressegesetze der Bundesländer **Brandenburg, Hamburg, Niedersachsen, Nordrhein-Westfalen, Saarland, Sachsen, Sachsen-Anhalt** und **Thüringen** enthalten kein Verbreitungs- und Wiederabdruckverbot und folglich auch keinen den §§ 21 Nr 4, 22 Abs 2 LPG entsprechenden Straf- oder Bußgeldtatbestand. Wohl gelten in diesen Ländern die Tatbestände des Verwahrungs- und Verstrickungsbruchs (§§ 133, 136 StGB). Da diese jedoch voraussetzen, dass die Beschlagnahme wenigstens kenntlich gemacht worden ist (§ 111c Abs 1 StPO; o § 13 Rn 28), können sie alle diejenigen Exemplare der inkriminierten Schrift nicht erfassen, die sich zB auf dem Versand- und Vertriebsweg befinden oder sonst dem behördlichen Zugriff noch nicht unterworfen wurden. Diese können straflos weiterverbreitet werden; auch der Nachdruck bzw Wiederabdruck an anderen Orten ist zulässig. Insofern bleibt der „gefährliche" Gedanke frei. Auch ein Veräußerungs- und Verfügungsverbot iS von

§§ 135, 136 BGB entsteht erst bei Vollstreckung der Beschlagnahme (§ 111c Abs 5 StPO).

...

§ 16 LPG
Aufhebung der Beschlagnahme

I. Landesrecht

Gesetzesfassung in Baden-Württemberg:

§ 16 Aufhebung der Beschlagnahme

(1) Die Beschlagnahmeanordnung ist aufzuheben, wenn nicht binnen eines Monats die öffentliche Klage erhoben oder die selbständige Einziehung oder der Vorbehalt der Einziehung (§ 74b Abs. 2 des Strafgesetzbuches) beantragt ist.

(2) Reicht die in Absatz 1 bezeichnete Frist wegen des Umfangs des Verfahrens oder infolge erheblicher Beweisschwierigkeiten nicht aus, so kann die Staatsanwaltschaft bei dem Gericht beantragen, die Frist um einen Monat zu verlängern. Der Antrag kann wiederholt werden.

(3) Solange weder die öffentliche Klage erhoben noch ein Antrag auf selbständige Einziehung oder Vorbehalt der Einziehung (§ 74b Abs. 2 des Strafgesetzbuches) gestellt ist, ist die Beschlagnahmeanordnung aufzuheben, wenn die Staatsanwaltschaft dies beantragt. Gleichzeitig mit dem Antrag tritt das Verbot nach § 15 außer Kraft. Die Staatsanwaltschaft hat die Betroffenen von der Antragstellung zu unterrichten.

Bayern: Die Art 15, 16 BayPrG enthalten keine derartige Regelung.

Gesetzesfassung in Berlin:

§ 15 Aufhebung der Beschlagnahme

(1) Die Beschlagnahmeanordnung ist aufzuheben, wenn nicht binnen eines Monats die öffentliche Klage erhoben oder die selbständige Einziehung oder Unbrauchbarmachung beantragt ist.

(2) Reicht die in Absatz 1 bezeichnete Frist wegen des Umfanges des Verfahrens oder infolge erheblicher Beweisschwierigkeiten nicht aus, so kann der Staatsanwalt bei dem Gericht beantragen, die Frist um höchstens sechs Monate zu verlängern.

(3) Solange weder die öffentliche Klage erhoben noch ein Antrag auf selbständige Einziehung oder Unbrauchbarmachung gestellt ist, ist die Beschlagnahmeanordnung aufzuheben, wenn der Staatsanwalt dies beantragt. Gleichzeitig mit dem Antrag tritt das Verbot nach § 14 außer Kraft. Der Staatsanwalt hat die Betroffenen von der Antragstellung zu unterrichten.

Brandenburg: Eine entsprechende Regelung wurde nicht getroffen.

Gesetzesfassung in Bremen:

§ 16 Aufhebung der Beschlagnahme

(1) Die Beschlagnahmeanordnung ist aufzuheben, wenn nicht binnen eines Monats die öffentliche Klage erhoben oder die selbständige Einziehung beantragt ist.

(2) Reicht die in Absatz 1 bezeichnete Frist wegen des Umfangs des Verfahrens oder infolge erheblicher Beweisschwierigkeiten nicht aus, so kann das Gericht auf Antrag der Staatsanwaltschaft die Frist verlängern. Der Antrag kann einmal wiederholt werden.

(3) Solange weder die öffentliche Klage erhoben noch ein Antrag auf selbständige Einziehung gestellt ist, ist die Beschlagnahmeanordnung aufzuheben, wenn die Staatsanwaltschaft dies beantragt. Gleichzeitig mit dem Antrag tritt das Verbot nach § 15 außer Kraft. Die Staatsanwaltschaft hat die Betroffenen von der Antragstellung zu unterrichten.

Hamburg: § 16 aufgehoben durch Ges. vom 1.12.1980 (GVBl. S 361)

Hessen: § 18 aufgehoben durch Ges. vom 16.5.2001 (GVBl. S 250)

Gesetzesfassung in Mecklenburg-Vorpommern:

§ 16 Aufhebung der Beschlagnahmeanordnung

(1) Die Beschlagnahmeanordnung ist aufzuheben, wenn nicht binnen eines Monats die öffentliche Klage erhoben oder die selbständige Einziehung beantragt ist.

(2) Reicht die in Absatz 1 bezeichnete Frist wegen des Umfangs des Verfahrens oder infolge erheblicher Beweisschwierigkeiten nicht aus, so kann der Staatsanwalt bei dem Gericht beantragen, die Frist um einen Monat zu verlängern. Der Antrag kann einmal wiederholt werden.

(3) Solange weder die öffentliche Klage erhoben noch ein Antrag auf selbständige Einziehung gestellt ist, ist die Beschlagnahmeanordnung aufzuheben, wenn der Staatsanwalt dies beantragt. Gleichzeitig mit dem Antrag tritt das Verbot nach § 15 außer Kraft. Der Staatsanwalt hat die Betroffenen von der Antragstellung zu unterrichten.

Niedersachsen: § 16 aufgehoben durch Ges. vom 5.12.1983 (GVBl. S 281)

Rheinland-Pfalz: Das LandesmedienG v. 4.2.2005 (GVBl. S. 23) hat das Landespressegesetz aufgehoben (§ 55 Abs. 2 Nr. 1); es enthält in den §§ 13–15 keine entsprechende Regelung.

Saarland: Das Saarländische MedienG idF v 27.2.2002 (ABl. S. 498, 754) hat das Saarländische Pressegesetz außer Kraft gesetzt (§ 71 Abs 1); es enthält in den §§ 13, 14 keine entsprechende Regelung.

Sachsen: Eine entsprechende Regelung wurde nicht getroffen.

Sachsen-Anhalt: Eine entsprechende Regelung wurde nicht getroffen.

Schleswig-Holstein: § 16 aufgehoben durch Ges. vom 9.12.1974 (GVOBl. S 453)

Thüringen: Eine entsprechende Regelung wurde nicht getroffen.

II. Bundesrecht

Text des § 111n StPO Abs 2 und 3 bei den Vorbem zu §§ 13–19 LPG.

I. Bedeutung der Bestimmung § 16 LPG

Inhaltsübersicht

Rn

I. **Bedeutung der Bestimmung. Unterschiede zwischen § 111n StPO und § 16 LPG**
   1. Zweck: Verfahrensbeschleunigung 1
   2. Unterschiede von § 111n Abs 2 und § 16 Abs 1 und 2 LPG 2
   3. Bedeutung reduziert durch Möglichkeit der Fristverlängerung 3
   4. Strengere Regelung im Reichspreßgesetz 4

II. **Dauer der Ausschlussfrist**
   1. Unterschiede zwischen Bundes- und Landesrecht 5
   2. Berechnung des Fristlaufes 6

III. **Erhebung der öffentlichen Klage**
   1. Formen der Klageerhebung 7
   2. Einzelheiten der Fristwahrung 8–16

IV. **Die Möglichkeit wiederholter Fristverlängerung**
   1. Zersplitterung der Regelungsmodelle in Bund und Ländern 17, 18
   2. Sachgründe der Fristverlängerung 19–21

V. **Aufhebung der Beschlagnahme**
   1. Fristversäumung 22
   2. Richterliche Kompetenz 23
   3. Wiederholung der Beschlagnahme nur bei neuen Tatsachen 24

VI. **Verfügungsbefugnis der Staatsanwaltschaft im Vorverfahren (§ 111n Abs 3 StPO, § 16 Abs 3 LPG)**
   1. Aufhebungsrecht der Staatsanwaltschaft im Ermittlungsverfahren und gerichtliche Aufhebung auf deren Antrag 25
   2. Übergang in die gerichtliche Zuständigkeit mit Klageerhebung ... 26

VII. **Automatischer Wegfall des Verbreitungs- und Wiederabdruckverbots (§ 16 Abs 3 Satz 2 LPG)**
   1. Maßgeblichkeit der Antragstellung durch die Staatsanwaltschaft ... 27
   2. Pflicht der Staatsanwaltschaft zur Unterrichtung des Betroffenen ... 28
   3. Auswirkungen der Aufhebung des Verbots 29

VIII. **Abweichendes Landesrecht**
   1. Die Regelung in Bayern 30
   2. Unterschiede bei der Verlängerung der Höchstfrist 31

Schrifttum: S Vor §§ 13–19.

I. Bedeutung der Bestimmung. Unterschiede zwischen § 111n StPO und § 16 LPG

1. Zweck: Verfahrensbeschleunigung

Die Beschlagnahme der Gesamtauflage einer Schrift zur Sicherung ihrer möglichen 1 späteren Einziehung bedeutet nicht nur einen schweren, uU **existenzgefährdenden Eingriff** in ein Verlagsunternehmen. Sie schränkt zugleich die verfassungsrechtlich garantierte **Informationsfreiheit** der Staatsbürger (Art 5 Abs 1 S 1 GG) durch behördliche Vorenthaltung von Nachrichten und Meinungen ein. Je länger eine Beschlagnahme dauert, desto nachteiliger wirkt sie sich für die Betroffenen aus. § 111n Abs 2 StPO bzw § 16 LPG setzen daher **feste Fristen** für die Erhebung der öffentlichen Klage oder den Antrag auf selbstständige Anordnung der Einziehung iSv § 76a StGB, § 440 StPO (o § 13 Rn 66ff.), bei deren Ablauf die Beschlagnahme **aufzuheben** ist. Diese Fristen können unter gesetzlich bestimmten sachlichen Voraussetzungen in gewissen Grenzen verlängert werden. Diese Befristung „soll der Prozeßbeschleunigung und damit dem Schutz der Presse vor den Folgen eines zu langsamen Verfahrens dienen" (so der RegE des Gesetzes über das Zeugnisverweigerungsrecht der Mitarbeiter von Presse und Rundfunk vom 25.7.1975, BT-Drs 7/2539, S 13).

LPG § 16 Aufhebung der Beschlagnahme

Ohne diese Vorschrift könnte die Staatsanwaltschaft sich darauf beschränken, eine richterliche Beschlagnahmeanordnung herbeizuführen oder für eine von ihr selbst gemäß § 111n Abs 1 S 2 StPO bzw § 18 LPG angeordnete Beschlagnahme die richterliche Bestätigung zu erwirken; sie könnte dann das Verfahren auf sich beruhen lassen, nachdem sie ihr Ziel, die Verbreitung der gefährlich erscheinenden Publikation zu unterbinden, bereits mit der Beschlagnahme als solcher voll erreicht hat.

§ 111n Abs 2 StPO und § 16 Abs 1 und 2 LPG lassen also die Absicht des jeweiligen Gesetzgebers erkennen, zu **verhindern,** dass die Beschlagnahme als rasche und wirkungsvolle **vorweggezogene Sanktion ohne Urteil** eingesetzt wird (*Achenbach* in AK-StPO § 111n Rn 4; ähnlich *Schmitt* in Meyer-Goßner § 111n Rn 8). Mehr die Beschleunigung und den Schutz vor einschneidenden Folgen stellen *Gercke* in HK-StPO Rn 7, *Rogall* in SK-StPO Rn 15 und *Johann* in Löwe/Rosenberg Rn 21, *Spillecke* in KKStPO Rn 5, zu § 111n, sowie *Janssen* Gewinnabschöpfung Rn 135 als Zweck der Regelung heraus.

2. Unterschiede von § 111n Abs 2 und § 16 Abs 1 und 2 LPG

2   Die – nach der hier der Vor §§ 13 ff. Rn 27 vertretenen Auffassung allein gültige – bundesrechtliche Vorschrift des **§ 111n Abs 2 StPO weicht in mehrfacher Hinsicht ab** von dem Modell des § 16 Abs 1 und 2 LPG:
– Die Frist beträgt nach der StPO zwei Monate, nach den Landespressegesetzen dagegen nur einen Monat.
– Die StPO und eine Reihe von Landespressegesetzen erlauben es der Staatsanwaltschaft, eine Fristverlängerung um den gleichen Zeitraum bei dem Gericht zu beantragen. Dieser Antrag kann nach der StPO einmal wiederholt werden, im Landespresserecht ist die Wiederholung sehr unterschiedlich geregelt (näher u Rn 18).
– Die Fristverlängerung ist nach § 111n Abs 2 StPO wegen des „besonderen Umfanges der Ermittlungen" möglich; die Landespressegesetze dagegen stellen ab auf die Sachgründe „des besonderen Umfangs des Verfahrens oder [...] erheblicher Beweisschwierigkeiten" (s dazu aber u Rn 19 f.).
– Schließlich enthält § 16 Abs 3 S 2 und 3 LPG noch eine Regelung, die sich auf das allein im Landespresserecht enthaltene Verbreitungs- und Wiederabdruckverbot bezieht und deshalb im Bundesrecht keine Entsprechung hat.

3. Bedeutung reduziert durch Möglichkeit der Fristverlängerung

3   Die Bedeutung der Befristung **darf nicht überschätzt werden.** Die hier der Presse theoretisch gewährte Hilfe ist praktisch sehr bescheiden. Bei der heutigen Schnelligkeit der Nachrichtenübermittlung genügen wenige Stunden, um eine Zeitung zu Makulatur werden zu lassen. Zu dem durch Aktualität geprägten Wesen jedenfalls der periodischen Presse steht die Fristenregelung des § 16 Abs 1 LPG in offensichtlichem Widerspruch. Die hier der Staatsanwaltschaft gesetzte Zweimonatsbzw Monatsfrist zur Erhebung der öffentlichen Klage usw ist an sich schon reichlich lang. Zudem steht sie praktisch nur auf dem Papier, da sie auf Antrag der Staatsanwaltschaft nach Bundesrecht bis auf sechs Monate, nach Landesrecht zT sogar unbegrenzt verlängert werden kann (näher s unten Rn 18). Auch gilt die Befristung nur für die Einleitung des gerichtlichen Verfahrens, nicht aber für dessen Durchführung und Beendigung. Das Verfahren selbst kann bis zur Rechtskraft noch sehr lange dauern. Während dieser Zeit bleibt die Beschlagnahmeanordnung bestehen, ohne dass das Gericht seinerseits an irgendwelche formellen Fristen gebunden wäre. Eine wirkliche Hilfe für die Presse kann daher nur in einer weitgehenden Beschränkung der Möglichkeit der Beschlagnahme von Presseerzeugnissen selbst liegen.

4. Strengere Regelung im Reichspreßgesetz

4   Schon unter der Herrschaft des **Reichspreßgesetzes** war bezweifelt worden, ob die gesetzliche Fristsetzung in der Praxis wirklich einer Beschleunigung des Verfah-

II. Dauer der Ausschlussfrist § 16 LPG

rens diente (vgl *Kitzinger* S 191; *Häntzschel* S 231; *Löffler,* hier in der 1. Auflage, § 28 RPG Rn 1, 2). Die entsprechende Bestimmung des § 26 RPG lautete:

„Die vom Gericht bestätigte, vorläufige Beschlagnahme ist wieder aufzuheben, wenn nicht binnen zwei Wochen nach der Bestätigung die Strafverfolgung in der Hauptsache eingeleitet worden ist."

Obwohl sich seit dem Inkrafttreten des RPG (1874) die Aktualität der Presse ganz wesentlich gesteigert hat und die Konkurrenz von Hörfunk, Fernsehen und neuen Medien hinzugekommen ist, wurde die schon früher als zu lang empfundene Befristung verlängert von zwei Wochen auf einen Monat, im Bundesrecht dann sogar auf zwei Monate. So dient die Bestimmung im Wesentlichen dazu, einem offenbaren Missbrauch des Beschlagnahmeverfahrens durch bewusstes „Hängenlassen" auf Seiten der Staatsanwaltschaft entgegenzuwirken, ohne dass damit für die Presse selbst ein wesentlicher praktischer Vorteil verbunden wäre.

II. Dauer der Ausschlussfrist

1. Unterschiede zwischen Bundes- und Landesrecht

Nach § 111n Abs 2 StPO beträgt die Ausschlussfrist, bei deren Versäumung die 5
Beschlagnahmeanordnung aufzuheben ist, **zwei Monate.** Die **Pressegesetze** von Baden-Württemberg, Berlin, Bremen, Mecklenburg-Vorpommern und des Saarlandes setzen dagegen eine **einmonatige Frist;** in Bayern fehlt eine entsprechende Regelung ganz. Nach *Rebmann* (§ 16 Rn 2) sind die Landesgesetzgeber bei Festsetzung der Einmonatsfrist davon ausgegangen, dass die eine öffentliche Klage vorbereitenden Ermittlungen der Staatsanwaltschaft im Regelfall innerhalb eines Monats abgeschlossen sind. Die längere Frist in § 111n Abs 2 StPO hat dagegen der RegE des Gesetzes über das Zeugnisverweigerungsrecht der Mitarbeiter von Presse und Rundfunk vom 25.7.1975 damit begründet, die Praxis sei „insb wegen der häufig auftretenden Notwendigkeit, in Pressesachen Sachverständige hinzuzuziehen, mit den bisherigen Fristen oft nicht ausgekommen" (BT-Drs 7/2539 S 13). Indes musste die Staatsanwaltschaft während der 90-jährigen Geltung des Reichspreßgesetzes von 1874 (§ 26) ihre Ermittlungen innerhalb kürzester Zeit so weit fördern, dass binnen zwei Wochen die Strafverfolgung in der Hauptsache bereits „eingeleitet" war. Werden Sachverständige beauftragt, so liegt darin ein legitimer Grund, über die Regelfrist hinauszugehen – nicht aber dafür, diese selbst generell zu verlängern.

2. Berechnung des Fristlaufes

Die **Frist** ist nach § 43 StPO zu **berechnen** (allgM, s. etwa *Gercke* in HK-StPO 6
Rn 7, *Huber* in Graf Rn 4, *Rogall* in SKStPO Rn 5, *Schmitt* in Meyer-Goßner Rn 9, *Spillecke* in KKStPO Rn 5, zu § 111n). Sie dauert bis zum Ablauf des Tages, der durch seine Benennung oder Zahl dem Tag entspricht, an dem die Frist begonnen hat (§ 43 Abs 1 StPO). Dabei tritt an die Stelle eines Sonntags, eines allgemeinen Feiertags oder eines Sonnabends (Samstags) der nächste Werktag (§ 43 Abs 2 StPO). Die Anwendung dieser Norm lehnt *Mayer* in KMR § 111n Rn 4 iVm 3 ab; jedoch können die auch hier u § 18 Rn 41 geteilten Gründe für die Unanwendbarkeit des § 43 Abs 2 auf die unter § 42 StPO fallende Dreitagesfrist des § 111n Abs 1 S 3 StPO angesichts der ausdrücklichen Regelung des § 43 Abs 2 StPO nicht auf Wochen- und Monatsfristen durchschlagen. Die Frist beginnt an dem Tag, an dem die Beschlagnahme angeordnet wird (ebenso *Hartmann* in HK-GS Rn 6, *Huber* in Graf Rn 4, *Lohse* AnwK-StPO Rn 6, *Pfeiffer* Rn 4; *Johann* in Löwe/Rosenberg Rn 23, *Schmitt* in Meyer-Goßner Rn 9, *Spillecke* in KKStPO Rn 5, zu § 111n; erst am Tag nach der Anordnung: *Rogall* in SK-StPO § 111n Rn 15), nicht erst mit dem Eingang der Beschlagnahmeanordnung bei der ausführenden Behörde (so aber *Mayer* in KMR § 111n Rn 4) oder ihrer Bekanntgabe an den Betroffenen.

III. Erhebung der öffentlichen Klage

1. Formen der Klageerhebung

7 Nach § 111n Abs 2 StPO bzw § 16 Abs 1 LPG wird die gesetzliche Ausschlussfrist (o Rn 5) durch **Erhebung der öffentlichen Klage** gewahrt. Regelfall der Klageerhebung ist die Einreichung einer Anklageschrift bei dem zuständigen Gericht (§ 170 Abs 1 StPO), jedoch umfasst der Begriff der öffentlichen Klage auch den Antrag auf Einleitung des beschleunigten Verfahrens gemäß § 417 StPO, den Strafbefehlsantrag nach § 407 StPO und die Nachtragsanklage in einer laufenden Hauptverhandlung gemäß § 266 StPO (so, jeweils zu § 170 StPO *Achenbach* in AK-StPO Rn 3, *Grahlmann-Scheerer* in Löwe/Rosenberg Rn 18, *Schmid* in KKStPO Rn 1, *Wohlers* in SKStPO Rn 5, *Zöller* in HKStPO Rn 4). In den Fällen, in denen die Anklage einer bestimmten Person nicht möglich ist (zB bei anonymen Schriften), tritt an die Stelle der im subjektiven Verfahren erhobenen öffentlichen Klage der Antrag der Staatsanwaltschaft an das zuständige Gericht auf **selbstständige Anordnung der Einziehung** im objektiven Verfahren (§§ 440 f. StPO iVm § 76a StGB; o § 13 Rn 66 ff.). Das Gesetz hebt diese Möglichkeit wegen ihrer praktischen Bedeutung für die Pressebeschlagnahme ausdrücklich hervor, obwohl auch der Antrag auf Einleitung des objektiven Verfahrens eine Erscheinungsform der Erhebung einer öffentlichen Klage bildet.

2. Einzelheiten der Fristwahrung

8 Für die **Wahrung der Frist** ist der Tag maßgebend, an dem die Klage oder der Antrag der Staatsanwaltschaft **bei Gericht eingegangen** ist (*Gercke* in HK-StPO Rn 7, *Huber* in Graf Rn 4, *Rogall* in SK-StPO Rn 15, *Johann* in Löwe/Rosenberg Rn 24, *Schmitt* in Meyer-Goßner Rn 9, *Spillecke* in KKStPO Rn 6, zu § 111n). Mit dem rechtzeitigen Eingang wird die Ausschlussfrist – abgesehen von den sogleich zu erörternden Ausnahmen – gegenstandslos (*Huber* in Graf Rn 4, *Lohse* in AnwK-StPO Rn 6, *Spillecke* in KKStPO Rn 6, zu § 111n); die Beschlagnahme bleibt wirksam, solange nicht andere Aufhebungsgründe eingreifen.

9 a) Geht die Klage bzw der Antrag der Staatsanwaltschaft **verspätet** ein, so kommt es nicht darauf an, ob die Erklärung zum Zeitpunkt der Entscheidung über die Aufhebung der Beschlagnahme inzwischen vorliegt. Denn § 111n Abs 2 StPO und § 16 Abs 1 LPG fordern, dass **innerhalb** der Frist Klage erhoben oder die selbstständige Einziehung beantragt wird. Deshalb begründet jede Fristüberschreitung durch die Staatsanwaltschaft die Pflicht des Gerichts zur Aufhebung der Beschlagnahme (ebenso zu § 16 LPG *Rebmann* Rn 5; zu § 111n StPO: *Gercke* in HK-StPO Rn 7, *Mayer* in KMR Rn 4, *Pfeiffer* Rn 4, *Johann* in Löwe/Rosenberg Rn 26, *Schmitt* in Meyer-Goßner Rn 10, *Spillecke* in KKStPO Rn 10; in der Sache auch AG Weinheim NStZ 1996, 203/204). Die Ausschlussfrist für die Beschlagnahme erst mit der Entscheidung des Gerichts statt mit dem staatsanwaltschaftlichen Antrag enden zu lassen, wäre verbotene Analogie.

10 b) Erklärt sich das **Gericht** für **unzuständig**, so soll nach einer verbreiteten Auffassung die Frist weiterlaufen, ohne dass zwischen sachlicher und örtlicher Unzuständigkeit unterschieden würde (so *Gercke* in HK-StPO Rn 7, *Huber* in Graf Rn 4, *Kiethe* in Radtke/Hohmann Rn 7, *Lohse* in AnwK-StPO Rn 6, zu § 111n). Richtiger Ansicht nach ist indes zu **differenzieren:**

11 (1) Bei der Annahme **sachlicher Unzuständigkeit** hat das angerufene Gericht gemäß §§ 209, 209a, 441 Abs 1 S 1 StPO entweder vor dem seiner Ansicht nach zuständigen Gericht niedrigerer Ordnung das Verfahren zu eröffnen oder aber die Sache dem für zuständig gehaltenen Gericht höherer Ordnung zur Entscheidung vorzulegen; im Hinblick darauf bleibt auch bei Anrufung des sachlich unzuständigen

III. Erhebung der öffentlichen Klage § 16 LPG

Gerichts wegen Erledigung der Frist die Beschlagnahme wirksam (ebenso zu § 111n: *Hartmann* in HK-GS Rn 6, *Rogall* in SKStPO Rn 15, *Schmitt* in Meyer-Goßner Rn 9; für Weiterlauf der Frist dagegen *Mayer* in KMR Rn 4, *Johann* in Löwe/Rosenberg Rn 22, *Spillecke* in KKStPO Rn 6; *Löffler* hier in der 3. Aufl Rn 17).

(2) Hält sich das angerufene Gericht für **örtlich unzuständig,** so sieht dagegen **12** die StPO eine derartige Verweisung oder Vorlage nicht vor (so BGHSt 23, 79/82 = NJW 1969, 1820; zu § 16 StPO: *Erb* in Löwe/Rosenberg Rn 9, 10, *Fischer* in KKStPO Rn 5, *Meyer-Goßner* Rn 5). Unabhängig von der Antwort auf die strittige Frage, ob mit der Verneinung der Zuständigkeit zugleich die Ablehnung der Eröffnung des Hauptverfahrens (bzw des objektiven Verfahrens) verbunden ist, geht somit in diesem Fall das Verfahren nicht weiter. Die Klageerhebung oder der Antrag nach § 440 StPO bei einem Gericht, das seine örtliche Zuständigkeit verneint, führt also nicht zu einer materiellen Erledigung des Begehrens und macht daher auch die Ausschlussfrist nach § 111n Abs 2 S 1 StPO bzw § 16 Abs 1 LPG nicht gegenstandslos. In diesem Fall läuft die Frist folglich weiter, und die Beschlagnahme bleibt nur aufrechterhalten, wenn die Staatsanwaltschaft vor ihrem Ablauf den Antrag bei dem örtlich zuständigen Gericht stellt (iE übereinstimmend *Johann, Rogall, Schmitt* in Meyer-Goßner und *Spillecke,* wie o Rn 11 zitiert).

c) **Nimmt die Staatsanwaltschaft** die **Klage** gemäß § 156 StPO vor Eröffnung **13** des Hauptverfahrens oder des objektiven Verfahrens wieder **zurück,** so kommt es darauf an, weshalb:

(1) **Fehlt** es aus ihrer jetzigen Sicht **an der ausreichenden Wahrscheinlichkeit 14 einer späteren Einziehungsanordnung** (o § 13 Rn 75 ff., 80 ff.), so ist mit den Voraussetzungen der §§ 111b Abs 1 StPO, 13 Abs 2 LPG die Zulässigkeit der Beschlagnahme entfallen, und die Staatsanwaltschaft ist verpflichtet, die Aufhebung der Beschlagnahme zu bewirken.

– Hat die **Staatsanwaltschaft selbst** die **Beschlagnahmeanordnung** gemäß § 111n Abs 1 S 2 StPO bzw § 18 LPG **getroffen,** so hebt sie diese von sich aus wieder auf; daran ändert die gerichtliche Bestätigung gemäß § 111n Abs 1 S 3 StPO nichts (*Rogall* in SKStPO § 111e Rn 22; *Schmitt* in Meyer-Goßner § 111e Rn 19 iVm § 98 Rn 30; *Spillecke* in KKStPO § 111e Rn 17 iVm § 98 Rn 33; abweichend *Johann* in Löwe/Rosenberg § 111n Rn 20 iVm *Menges* § 98 Rn 61: bei richterlicher Entscheidung Aufhebung nur durch das Gericht).

– Hat der **Ermittlungsrichter** die **Beschlagnahmeanordnung getroffen,** so hat er sie nach vorherrschender Auffassung auf – deklaratorischen – Aufhebungsantrag der Staatsanwaltschaft gemäß § 111n Abs 3 StPO bzw § 16 Abs 3 LPG ohne Sachprüfung durch Beschluss aufzuheben (*Gercke* in HK-StPO Rn 10, *Huber* in Graf Rn 9, *Kiethe* in Radtke/Hohmann Rn 11, *Lohse* in AnwK-StPO Rn 8, *Rogall* in SK-StPO Rn 20, *Schmitt* in Meyer-Goßner Rn 14, jeweils zu § 111n; *Spillecke* in KKStPO § 111n Rn 13 iVm § 111e Rn 17 und § 98 Rn 33). Die Staatsanwaltschaft ist danach analog § 120 Abs 3 S 2 StPO berechtigt, die beschlagnahmten Gegenstände wieder freigeben (so zu § 111n: *Gercke* in HK-StPO Rn 10, *Hartmann* in HK-GS Rn 10, *Kiethe* in Radtke/Hohmann Rn 11, *Mayer* in KMR Rn 7, *Rogall* in SKStPO Rn 8, *Schmitt* in Meyer-Goßner Rn 14). Stellt die Staatsanwaltschaft den Antrag nicht von sich aus, so kann der Betroffene entsprechend § 111e Abs 2 S 3 StPO die Entscheidung des Ermittlungsrichters herbeiführen. **Richtiger Ansicht nach** zwingt jedoch auch § 111n Abs 3 StPO bzw § 16 Abs 3 LPG nicht zu diesem komplizierten Weg. Denn angesichts der rechtlichen Verantwortung und Sachleitungsbefugnis der Staatsanwaltschaft im Ermittlungsverfahren liegt in der richterlichen Beschlagnahmeanordnung nur eine Erlaubnis zur Inbesitznahme, nicht aber eine bindende Anordnung; die **Staatsanwaltschaft selbst** kann deshalb kraft ihrer eigenen Lenkungsmacht in diesem Verfahrensabschnitt die **Beendigung der Beschlagnahme anordnen,** ohne dass notwendig die gerichtliche Erlaubnis beseitigt werden müsste (LG Hildesheim NStZ 1989, 192 f.; *Amelung* in AK-StPO § 94 Rn 31). § 111n Abs 3 StPO ergänzt diesen Normzusammenhang nur um die Pflicht des Ermittlungsrichters zur deklaratorischen Aufhebung seines Anordnungsbeschlusses, wenn die Staatsanwaltschaft diese für sinnvoll hält.

15 (2) Beruht die Rücknahme der Klage dagegen auf anderen **Gründen,** welche die **Voraussetzungen der Beschlagnahme nicht beseitigen** (etwa Übergang vom subjektiven auf das objektive Verfahren), so läuft die Ausschlussfrist gemäß § 111n Abs 2 StPO bzw § 16 Abs 1 LPG weiter. Die Staatsanwaltschaft kann die Aufhebung der Beschlagnahme also nur vermeiden, wenn sie noch vor Ablauf der ursprünglichen Frist eine neue Klage oder den Antrag nach § 440 StPO einreicht (*Gercke* in HK-StPO Rn 7, *Schmitt* in Meyer-Goßner Rn 9, *Spillecke* in KKStPO Rn 6, jeweils zu § 111n).

16 d) Der **Erfolg der Fristwahrung** hängt nicht davon ab, ob sich die erhobene öffentliche Klage bzw der Antrag auf Einleitung des objektiven Verfahrens als begründet erweisen (OLG Frankfurt/M. NJW 1971, 1226). Doch ist es für die Fristwahrung erforderlich, dass die öffentliche Klage bzw der Antrag auf Durchführung des objektiven Verfahrens sich gerade auf den Vorgang beziehen, der zur Beschlagnahme der Publikation geführt hat (so zu § 16 LPG *Rebmann* Rn 3; zu § 111n StPO: *Gercke* in HK-StPO Rn 7, *Huber* in Graf Rn 4, *Kiethe* in Radtke/Hohmann Rn 7, *Rogall* in SKStPO Rn 15, *Johann* in Löwe/Rosenberg Rn 22, *Schmitt* in Meyer-Goßner Rn 8). Gleichgültig ist es, ob dieser identische Sachverhalt in rechtlicher Hinsicht in der Anklageschrift ebenso beurteilt wird wie in der Beschlagnahmeanordnung.

IV. Die Möglichkeit wiederholter Fristverlängerung

1. Zersplitterung der Regelungsmodelle in Bund und Ländern

17 Die mit den Bestimmungen der § 111n Abs 2 StPO bzw § 16 Abs 1 LPG angestrebte **Verfahrensbeschleunigung** wird dadurch wieder **in Frage gestellt,** dass auf Antrag der Staatsanwaltschaft die an sich schon reichlich bemessene Frist zur Erhebung der öffentlichen Klage nach § 111n Abs 2 S 2 und 3 StPO und § 16 Abs 2 LPG noch verlängert werden kann.

18 Das **Bundesrecht** ermöglicht eine zweimalige Ausdehnung der Frist um je zwei Monate. Demgegenüber zeigen diejenigen **Landespressegesetze,** die noch eine Regelung der Pressebeschlagnahme enthalten, ein bunt schillerndes Bild: Für die Presse besonders misslich ist die Lage in Baden-Württemberg, wo der Verlängerungsantrag beliebig oft wiederholt werden kann. Auch Bremen setzt der Fristverlängerung, die hier nur einmal wiederholt werden kann, keine zeitlichen Grenzen. Berlin kennt keine Wiederholung der Verlängerungsfrist, gibt aber für diese selbst einen Zeitraum bis zu sechs Monaten. Mecklenburg-Vorpommern lässt zweimal die Verlängerung um einen Monat zu. Bayern schließlich sieht eine Verlängerung überhaupt nicht vor.

2. Sachgründe der Fristverlängerung

19 Bundes- wie Landesrecht lassen eine Verlängerung der Frist zur Klageerhebung nicht beliebig zu, sondern begrenzen sie auf **bestimmte Sachgründe.** § 111n Abs 2 S 2 StPO erlaubt die Fristverlängerung, wenn zwei Monate „wegen des besonderen Umfanges der Ermittlungen" nicht ausreichen; nach § 16 Abs 2 LPG setzt sie voraus, dass die in § 16 Abs 1 LPG vorgesehene Frist „wegen des Umfangs des Verfahrens oder infolge erheblicher Beweisschwierigkeiten" nicht ausreicht. Der RegE eines Gesetzes über das Zeugnisverweigerungsrecht der Mitarbeiter von Presse und Rundfunk (BT-Drs 7/2539, S 4, 13) hatte einen § 98b E-StPO vorgeschlagen, der vor Inkrafttreten der Strafrechtsreform ursprünglich bis Ende 1974 gelten und dann durch § 111n StPO abgelöst werden sollte. Warum § 111n Abs 2 S 2 StPO abweichend von dieser – nicht verwirklichten – Vorläufernorm, abweichend aber auch den Landespressegesetzen nicht auch eine Fristverlängerung „wegen der

V. Aufhebung der Beschlagnahme § 16 LPG

besonderen Schwierigkeiten [...] der Ermittlungen" ausdrücklich vorsieht, ist aus den Materialien des Gesetzes nicht ersichtlich (s BT-Drs 7/2539, S 4 und 13 – zu § 98b Abs 2 StPO – im Vergleich mit S 6 und 15 – zu § 111n Abs 2 StPO). Es handelt sich insoweit offensichtlich um ein Redaktionsversehen. Der Begriff des „besonderen Umfanges der Ermittlungen" lässt aber ohnehin eine Auslegung in dem Sinne zu, dass damit ein ungewöhnlicher Umfang sowohl des Verfahrensgegenstandes als auch der notwendigen Ermittlungsmaßnahmen gemeint ist, und erlaubt daher auch die Rücksichtnahme auf besondere Schwierigkeiten der Ermittlungen (im gleichen Sinne *Johann* in Löwe/Rosenberg Rn 27; aA *Gercke* in HK-StPO Rn 8, *Mayer* in KMR Rn 5, *Rogall* in SK-StPO Rn 16, sämtlich zu § 111n).

a) Eine Fristverlängerung ist somit nach Bundes- wie Landesrecht zweifelsohne begründet bei einem **umfangreichen Verfahrensgegenstand,** wie etwa einer großen Zahl von tatsächlichen und rechtlichen Vorwürfen, bei einer Vielzahl von Tätern und Teilnehmern oder einer großen Menge von Beweismitteln (insoweit zustimmend zu § 111n StPO *Gercke* in HK-StPO Rn 8, *Rogall* in SK-StPO Rn 16, *Johann* in Löwe/Rosenberg Rn 27, *Schmitt* in Meyer-Goßner Rn 10). Einen besonderen Umfang können jedoch Ermittlungen auch dann annehmen, wenn die Aufklärungen **besondere tatsächliche Schwierigkeiten** aufweisen, insb wenn zeitlich aufwändige Ermittlungen notwendig sind wie bei Vernehmungen im Ausland oder der Beauftragung eines Sachverständigen (so zu § 111n: *Huber* in Graf Rn 6, *Kiethe* in Radtke/Hohmann Rn 8, *Lohse* in AnwK-StPO Rn 7, *Spillecke* in KKStPO Rn 8; aA *Schmitt* in Meyer-Goßner Rn 10). Der RegE des Gesetzes über das Zeugnisverweigerungsrecht von Presse und Rundfunk (BT-Drs 7/2539, S 13) hatte die im Vergleich mit den Landespressegesetzen längeren Fristen der StPO gerade mit der „Notwendigkeit, in Pressesachen Sachverständige heranzuziehen", begründet. Die üblichen Beweisschwierigkeiten des Verfahrens genügen nicht; es muss sich nach § 16 Abs 2 LPG um „erhebliche" Schwierigkeiten handeln, was auch durch das Erfordernis des „besonderen" Umfanges der Ermittlungen in § 111n Abs 2 StPO bestätigt wird. **Kein zureichender Grund** für eine Fristverlängerung liegt dagegen in rein rechtlichen Schwierigkeiten des Falles oder in einer Überlastung der zuständigen Staatsanwaltschaft oder gar des einzelnen Dezernenten (*Gercke* in HK-StPO Rn 8, *Huber* in Graf Rn 6, *Lohse* in AnwK-StPO Rn 7, *Rogall* in SK-StPO Rn 16, *Schmitt* in Meyer-Goßner Rn 10, zu § 111n). 20

b) Ob diese Voraussetzungen vorliegen und dem Verlängerungsantrag stattzugeben ist, hat der **Richter** in **eigener Kompetenz** zu prüfen und zu entscheiden. Er kann die gesetzliche Verlängerungsfrist auch unterschreiten (*Gercke* in HK-StPO Rn 7, *Rogall* in SKStPO Rn 17, *Spillecke* in KKStPO Rn 7, zu § 111n) und muss dies tun, wenn die Höchstdauer nicht erforderlich erscheint. Zuständig ist im Ermittlungsverfahren der Ermittlungsrichter (§§ 162 Abs 1, 169 StPO, o § 13 Rn 22) bzw. nach Erhebung der öffentlichen Klage das sachlich zuständige Gericht (§ 162 Abs 3 StPO), gleichgültig, von welchem Gericht die Beschlagnahmeanordnung ursprünglich getroffen oder bestätigt worden war. Wird dem Antrag auf Verlängerung stattgegeben, so beginnt diese mit dem Ablauf der vorangehenden Frist, unabhängig davon, ob der die Verlängerung bewilligende Gerichtsbeschluss vor oder nach Fristablauf ergeht (*Mayer* in KMR Rn 5, *Spillecke* in KKStPO Rn 7, zu § 111n). 21

V. Aufhebung der Beschlagnahme

1. Fristversäumung

Die **Ausschlussfrist** des § 111n Abs 2 StPO bzw § 16 Abs 1 LPG wird **versäumt,** wenn vor ihrem Ablauf weder die öffentliche Klage erhoben noch der Antrag auf Durchführung des objektiven Verfahrens noch ein begründeter Verlängerungsantrag bei Gericht gestellt wird (näher o Rn 7 ff.). Jedoch endet die **Beschlagnahme** 22 bei Fristversäumung nicht automatisch. Vielmehr ist das **Gericht** verpflichtet, sie durch **förmlichen Beschluss** alsbald **aufzuheben** (*Gercke* in HK-StPO Rn 8, *Kiethe* in Radtke/Hohmann Rn 9, *Rogall* in SK-StPO Rn 17, *Schmitt* in Meyer-Goßner Rn 11, zu § 111n). Zuständig für den Aufhebungsbeschluss ist dasjenige Gericht, dem im Augenblick der Fristversäumung für die beantragte Anordnung der Beschlagnahme die Zuständigkeit zukam (*Kiethe* in Radtke/Hohmann Rn 10, *Rogall* in SK-StPO Rn 18, *Schmitt* in Meyer-Goßner Rn 12, *Spillecke* in KKStPO Rn 10, zu § 111n).

2. Richterliche Kompetenz

23   Ergeht der Aufhebungsbeschluss, so ist die **Staatsanwaltschaft** zur unverzüglichen **Freigabe** der beschlagnahmten Schriften und zur entsprechenden Benachrichtigung der von der Beschlagnahme Betroffenen verpflichtet. Legt sie gegen den Aufhebungsbeschluss Beschwerde ein, so wird dadurch dessen Vollzug prinzipiell nicht gehemmt (§ 307 Abs 1 StPO). Jedoch können gemäß § 307 Abs 2 StPO sowohl das Ermittlungsgericht bzw. das sachlich zuständige Gericht (o Rn 22) als auch das Beschwerdegericht anordnen, dass die Vollziehung des Aufhebungsbeschlusses auszusetzen ist (*Johann* in Löwe/Rosenberg § 111n Rn 25; *Spillecke* in KKStPO § 111n Rn 10).

3. Wiederholung der Beschlagnahme nur bei neuen Tatsachen

24   Ist die Frist des § 111n Abs 2 StPO bzw des § 16 Abs 1 LPG ohne entsprechende Antragstellung verstrichen, so kann die nunmehr notwendige Aufhebung der Beschlagnahme nicht dadurch im Ergebnis verhindert werden, dass die Schrift kurzerhand **erneut beschlagnahmt** wird. Eine neue Beschlagnahme derselben Schrift ist allerdings dann, aber auch nur dann zulässig, wenn dafür **neue Tatsachen** vorliegen, die in der ursprünglichen Beschlagnahmeanordnung nicht hatten berücksichtigt werden können (so AG Weinheim NStZ 1996, 203/204; ebenso zu § 111n die allgM, s etwa *Pfeiffer* Rn 5, *Rogall* in SKStPO Rn 17, *Johann* in Löwe/Rosenberg Rn 25, *Schmitt* in Meyer-Goßner Rn 13, *Spillecke* in KKStPO Rn 11; gegen jede wiederholte Beschlagnahme aber *Löffler* hier in der 3. Aufl Rn 20; *Rebmann* § 16 Rn 5). Eine unzulässige Gesetzesumgehung wäre es, ein anderes, bisher mit der Sache nicht befasstes Gericht zur erneuten Beschlagnahme derselben Gegenstände aus denselben Gründen zu veranlassen (sachlich übereinstimmend *Johann* in Löwe/Rosenberg § 111n Rn 25).

VI. Verfügungsbefugnis der Staatsanwaltschaft im Vorverfahren (§ 111n Abs 3 StPO, § 16 Abs 3 LPG)

1. Aufhebungsrecht der Staatsanwaltschaft im Ermittlungsverfahren und gerichtliche Aufhebung auf deren Antrag

25   Wie bereits o Rn 14 näher ausgeführt wurde, ist die **Staatsanwaltschaft** kraft ihrer Sachleitungsbefugnis im **Ermittlungsverfahren** – dh vor Erhebung der öffentlichen Klage oder des Antrags auf Durchführung des objektiven Verfahrens gemäß § 440 StPO – befugt, eine vom Ermittlungsrichter angeordnete oder bestätigte **Beschlagnahme von sich aus aufzuheben,** wenn nach ihrer Beurteilung deren Voraussetzungen nicht mehr gegeben sind. § 111n Abs 3 StPO und § 16 Abs 3 S 1 LPG verleihen ihr aber **auch** die Befugnis zur **Herbeiführung eines deklaratorischen Aufhebungsbeschlusses** durch einen entsprechenden Antrag an das Gericht. Das Bundes- wie das Landesrecht ziehen damit eine Parallele zu § 120 Abs 3 S 1 StPO, und zwar mit der ausdrücklichen Zielsetzung, der Stellung der Staatsanwaltschaft als Herrin des strafprozessualen Vorverfahrens Rechnung zu tragen (BT-

VII. Automat. Wegfall des Verbreitungs- u. Wiederabdruckverbots **§ 16 LPG**

Drs 7/2539, S 14 li o). Zuständig und zur Aufhebung der Beschlagnahmeanordnung verpflichtet ist das Gericht, das die Anordnung erlassen hat. Allgemeiner Ansicht nach kann und muss die Staatsanwaltschaft analog § 120 Abs 3 S 2 StPO schon gleichzeitig mit dem Antrag die beschlagnahmten Gegenstände freigeben (o Rn 14).

2. Übergang in die gerichtliche Zuständigkeit mit Klageerhebung

Das Vorverfahren und damit die Verfügungsbefugnis der Staatsanwaltschaft endet, 26 wenn diese die **öffentliche Klage erhoben** (vgl näher o Rn 7) oder den Antrag auf Einleitung des objektiven Verfahren gemäß § 440 StPO gestellt hat. Von diesem Zeitpunkt an **entscheidet das Gericht selbstständig** über einen Aufhebungsantrag der Staatsanwaltschaft, ohne an ihn gebunden zu sein. Das Gericht muss von sich aus oder auf Antrag des Betroffenen die Beschlagnahme aufheben, wenn dies nach der Sach- und Rechtslage geboten erscheint. Auch die Staatsanwaltschaft ist verpflichtet, den Aufhebungsantrag zu stellen, wenn ihre Ermittlungen ergeben, dass die Voraussetzungen für die Anordnung der Beschlagnahme nicht oder nicht mehr vorliegen.

VII. Automatischer Wegfall des Verbreitungs- und Wiederabdruckverbots (§ 16 Abs 3 Satz 2 LPG)

1. Maßgeblichkeit der Antragstellung durch die Staatsanwaltschaft

Wie oben (§ 15 Rn 12 ff.) dargelegt, führt die pressespezifische Auflagenbeschlag- 27 nahme auf Grund des in Baden-Württemberg, Berlin, Bremen, Mecklenburg-Vorpommern, Rheinland-Pfalz und Schleswig-Holstein in § 15 LPG/LMG normierten Verbreitungs- und Wiederabdruckverbots zu einer unmittelbaren „Verhaftung" des (gefährlichen) Gedankens. Ein so schwerwiegender Eingriff in die Presse- und Informationsfreiheit darf nach dem Grundsatz der Verhältnismäßigkeit (vgl § 13 Rn 91 f.) nicht länger als unbedingt erforderlich aufrecht erhalten bleiben. Deshalb bestimmen die einschlägigen Gesetze der genannten Länder mit Ausnahme von Rheinland-Pfalz und Schleswig-Holstein in § 16 Abs 3 Satz 2 LPG, dass das **Verbreitungs- und Wiederabdruckverbot** des § 15 LPG **automatisch mit dem Antrag** der Staatsanwaltschaft auf Aufhebung der Beschlagnahmeanordnung **außer Kraft** tritt. Die richterliche Aufhebungsverfügung braucht demgemäß nicht abgewartet werden. Diese Regelung gilt jedoch nur im Ermittlungsverfahren, in welchem der Staatsanwaltschaft die Sachleitungsbefugnis zukommt und das Gericht dem Aufhebungsantrag stattgeben muss (o Rn 25 f.). Wenn § 15 LPG neben der bundesrechtlichen Normierung der §§ 111m/n StPO als gültig angesehen wird (o Vor §§ 13 ff. Rn 28), so muss dies auch für § 16 Abs 3 S 2 LPG gelten.

2. Pflicht der Staatsanwaltschaft zur Unterrichtung des Betroffenen

Gemäß § 16 Abs 3 Satz 2 LPG hat die Staatsanwaltschaft die **Betroffenen** von 28 ihrem Antrag auf Aufhebung der Beschlagnahme **zu unterrichten**. Diese Unterrichtung muss unverzüglich erfolgen und den Hinweis enthalten, dass bereits mit dem Antrag das Verbot des § 15 LPG entfallen ist. Zu informieren sind diejenigen, gegen die sich die Beschlagnahmeordnung unmittelbar richtete, sowie die letzten Gewahrsamsinhaber der beschlagnahmten Druckwerke. Das Gesetz spricht zwar umfassend von der Unterrichtung der „Betroffenen" (§ 16 Abs 3 Satz 3 LPG). Da jedoch durch das Verbreitungsverbot des § 15 LPG ein kaum übersehbarer Kreis von Personen betroffen ist (bei einer Massenillustrierten zB auch die Grossisten, Wiederverkäufer, Lesezirkel, Kioske usw), muss das Unterrichtungsgebot seinem Zweck entsprechend begrenzt werden (vgl *Rebmann* 16 Rn 17). Die Verletzung der Unterrichtungspflicht kann Schadensersatzansprüche aus Amtshaftung gemäß § 839 BGB, Art 34 GG auslösen (s dazu u § 17 Rn 63 ff.).

3. Auswirkungen der Aufhebung des Verbots

29   Über die amtlich sichergestellten Druckwerke darf erst nach **förmlicher behördlicher Freigabe** verfügt werden (RGSt 26, 308/309). Gericht und Staatsanwaltschaft sind verpflichtet, bei Wegfall der Beschlagnahmeanordnung die beschlagnahmten Exemplare **herauszugeben** und zwar an den letzten Gewahrsamsinhaber, bei dem sie beschlagnahmt wurden (BGHZ 72, 302/304 = NJW 1979, 425; OLG Düsseldorf NStZ 1984, 567; LG Mainz MDR 1983, 954); die von diesem Grundsatz abweichende Regelung des § 111k StPO, der zufolge nach § 111c StPO beschlagnahmte Sachen an den Verletzten herausgegeben werden sollen, dürfte für die Pressebeschlagnahme nicht einschlägig sein. Die Freigabepflicht entfällt nur dort, wo hinsichtlich der beschlagnahmten Druckwerke noch Beschlagnahmeanordnungen anderer Gerichte in Kraft sind.

VIII. Abweichendes Landesrecht

1. Die Regelung in Bayern

30   In **Bayern** fehlt eine dem § 16 LPG entsprechende Bestimmung. Doch ist die Gefahr eines Verfahrensmissbrauchs hier kaum gegeben, weil in Bayern nur dem Richter, nicht aber der Staatsanwaltschaft das Recht zur Beschlagnahme von Zeitungen und Zeitschriften zusteht (Art 15 BayPrG). Auch lassen sich die einzelnen Bestimmungen des § 16 LPG (Verhinderung einer Verfahrensverschleppung nach der Beschlagnahme, alsbaldige Information der Betroffenen bei Wegfall des Verbreitungsverbots usw) unmittelbar aus dem das gesamte Beschlagnahmerecht beherrschenden Grundprinzip der Verhältnismäßigkeit (vgl § 13 Rn 91 ff.) herleiten.

2. Unterschiede bei der Verlängerung der Höchstfrist

31   Zu den landesrechtlichen Unterschieden hinsichtlich einer **Verlängerung der Höchstfrist** für die Aufrechterhaltung der Beschlagnahme s o Rn 18.

§ 17 LPG
Entschädigung für fehlerhafte Beschlagnahme

I. Landesrecht

Gesetzesfassung in Baden-Württemberg:

§ 17 Entschädigung für fehlerhafte Beschlagnahme

(1) War die Beschlagnahme unzulässig oder erweist sich ihre Anordnung als offensichtlich ungerechtfertigt, so ist dem durch die Beschlagnahme unmittelbar Betroffenen auf Antrag eine angemessene Entschädigung in Geld zu gewähren. Dies gilt auch, wenn die Beschlagnahmeanordnung fortbesteht, obwohl sie nach § 16 Abs. 1 aufzuheben war.

(2) Der Anspruch kann nur geltend gemacht werden, wenn die Beschlagnahme aufgehoben oder wenn weder im Hauptverfahren noch im Einziehungsverfahren (§§ 440, 441 Abs. 1 bis 3 der Strafprozeßordnung) die Einziehung des Druckwerkes angeordnet oder vorbehalten (§ 74b Abs. 2 des Strafgesetzbuches) worden ist. Der Anspruch entfällt, wenn die Bestrafung oder die Entscheidung

Entschädigung für fehlerhafte Beschlagnahme § 17 LPG

über die Einziehung nur deshalb unterblieben ist, weil kein Antrag gestellt oder keine Ermächtigung erteilt worden ist.

(3) Die Entschädigung wird für den durch die Beschlagnahme verursachten Vermögensschaden geleistet. Entschädigungspflichtig ist das Land.

(4) Der Antrag nach Absatz 1 ist binnen drei Monaten nach der Bekanntmachung der im Absatz 2 genannten Entscheidung bei der Staatsanwaltschaft des Landgerichts zu stellen, in dessen Bezirk die Entscheidung ergangen ist. Über den Antrag entscheidet das Justizministerium. Gegen seinen Bescheid ist binnen einer Ausschlußfrist von sechs Monaten nach Zustellung die Klage zulässig. Das Landgericht ist ohne Rücksicht auf den Wert des Streitgegenstandes ausschließlich zuständig.

Bayern: Eine entsprechende Regelung ist nicht getroffen worden.

Gesetzesfassung in Berlin:

§ 16 Entschädigung für fehlerhafte Beschlagnahme

(1) War die Beschlagnahme unzulässig oder erweist sich ihre Anordnung als ungerechtfertigt, so ist dem durch die Beschlagnahme unmittelbar Betroffenen auf Antrag eine angemessene Entschädigung in Geld zu gewähren. Dies gilt auch, wenn die Anordnung der Beschlagnahme fortbesteht, obwohl sie nach § 15 Abs. 1 aufzuheben war.

(2) Der Anspruch kann nur geltend gemacht werden, wenn die Beschlagnahme aufgehoben oder wenn weder im Hauptverfahren noch im Einziehungsverfahren (§§ 440, 441 Abs. 1 bis 3 der Strafprozeßordnung) die Einziehung des Druckwerks angeordnet oder vorbehalten (§ 74b Abs. 2 des Strafgesetzbuches) ist. Der Anspruch entfällt, wenn die Bestrafung oder die Entscheidung über die Einziehung nur deshalb unterblieben ist, weil kein Antrag gestellt oder keine Ermächtigung erteilt worden ist (§ 12 Abs. 2 Nr. 2).

(3) Die Entschädigung wird für den durch die Beschlagnahme verursachten Vermögensschaden geleistet.

(4) Der Antrag nach Absatz 1 ist frühestens nach der Bekanntmachung der in Absatz 2 genannten Entscheidung, jedoch binnen eines Jahres, bei der Staatsanwaltschaft bei dem Landgericht zu stellen. Über den Antrag entscheidet der Senator für Justiz. Gegen den Bescheid ist binnen einer Ausschlußfrist von sechs Monaten nach Zustellung die Klage zulässig. Das Landgericht ist ohne Rücksicht auf den Wert des Streitgegenstandes ausschließlich zuständig.

Brandenburg: Eine entsprechende Regelung ist nicht getroffen worden.

Gesetzesfassung in Bremen:

§ 17 Entschädigung für fehlerhafte Beschlagnahme

(1) War die Beschlagnahme unzulässig oder erweist sich ihre Anordnung als nicht begründet, so ist dem durch die Beschlagnahme unmittelbar Betroffenen auf Antrag eine angemessene Entschädigung in Geld zu gewähren. Dies gilt auch, wenn die Beschlagnahmeanordnung fortbesteht, obwohl sie nach § 16 Absatz 1 aufzuheben war.

(2) Der Anspruch kann nur geltend gemacht werden, wenn die Beschlagnahme aufgehoben oder wenn weder im Hauptverfahren noch im Einziehungsverfahren (§§ 440, 441 Abs. 1 bis 3 der Strafprozeßordnung) die Einziehung des Druckwerkes angeordnet oder vorbehalten (§ 74b Abs. 2 des Strafgesetzbuches) worden ist. Der Anspruch entfällt, wenn die Bestrafung oder die Entscheidung

über die Einziehung nur deshalb unterblieben ist, weil kein Antrag gestellt oder keine Ermächtigung erteilt worden ist.

(3) Die Entschädigung wird für den durch die Beschlagnahme verursachten Vermögensschaden geleistet. Entschädigungspflichtig ist das Land.

(4) Der Antrag nach Absatz 1 ist binnen drei Monaten nach der Bekanntmachung der in Absatz 2 genannten Entscheidung bei der Staatsanwaltschaft des Landgerichts zu stellen. Über den Antrag entscheidet der Senator für Rechtspflege und Strafvollzug. Gegen diesen Bescheid ist binnen einer Ausschlußfrist von sechs Monaten nach Zustellung die Klage zulässig. Das Landgericht ist ohne Rücksicht auf den Wert des Streitgegenstandes ausschließlich zuständig.

Hamburg: § 17 aufgehoben durch Ges. vom 1.12.1980 (GVBl. S. 361)

Hessen: § 19 aufgehoben durch Ges. vom 16.5.2001 (GVBl. S. 250)

Gesetzesfassung in Mecklenburg-Vorpommern:

§ 17 Entschädigung für fehlerhafte Beschlagnahme

(1) War die Beschlagnahme unzulässig oder erweist sich ihre Anordnung als ungerechtfertigt, so ist dem durch die Beschlagnahme unmittelbar Betroffenen auf Antrag eine angemessene Entschädigung in Geld zu gewähren. Dies gilt auch, wenn die Beschlagnahmeanordnung fortbesteht, obwohl sie nach § 16 Absatz 1 aufzuheben war.

(2) Der Anspruch kann nur geltend gemacht werden, wenn die Beschlagnahme aufgehoben oder wenn weder im Hauptverfahren noch im Einziehungsverfahren (§§ 440, 441 Abs. 1 bis 3 der Strafprozeßordnung) die Einziehung des Druckwerks angeordnet oder vorbehalten (§ 74b Abs. 2 des Strafgesetzbuches) worden ist.

(3) Die Entschädigung wird für den durch die Beschlagnahme verursachten Vermögensschaden geleistet. Entschädigungspflichtig ist das Land.

(4) Der Antrag nach Absatz 1 ist binnen drei Monaten nach der Bekanntmachung der in Absatz 2 genannten Entscheidung bei der Staatsanwaltschaft des Landgerichts zu stellen, in dessen Bezirk die Entscheidung ergangen ist. Über den Antrag entscheidet der Minister für Justiz, Bundes- und Europaangelegenheiten. Gegen diesen Bescheid ist binnen einer Ausschlußfrist von sechs Monaten nach Zustellung die Klage zulässig. Das Landgericht ist ohne Rücksicht auf den Wert des Streitgegenstandes ausschließlich zuständig.

Niedersachsen: § 17 aufgehoben durch Ges. vom 5.12.1983 (GVBl. S. 281)

Nordrhein-Westfalen: § 18 aufgehoben durch Ges. vom 6.10.1987 (GV.NW. S. 342)

Rheinland-Pfalz: Das LandesmedienG v. 4.2.2005 (GVBl. S. 23) hat das Landespressegesetz aufgehoben (§ 55 Abs. 2 Nr. 1); es enthält in den §§ 13–15 keine entsprechende Regelung.

Saarland: Das Saarländische MedienG idF v 27.2.2002 (ABl. S. 498, 754) hat das Saarländische Pressegesetz außer Kraft gesetzt (§ 71 Abs 1); es enthält in den §§ 13–19 keine entsprechende Regelung.

Sachsen: Eine entsprechende Regelung ist nicht getroffen worden.

Sachsen-Anhalt: Eine entsprechende Regelung ist nicht getroffen worden.

Schleswig-Holstein: § 17 aufgehoben durch Ges. vom 9.12.1974 (GVOBl. S. 453)

Thüringen: Eine entsprechende Regelung ist nicht getroffen worden.

Entschädigung für fehlerhafte Beschlagnahme § 17 LPG

II. Bundesrecht

Gesetz über die Entschädigung für Strafverfolgungsmaßnahmen (StrEG) vom 8. März 1971 (BGBl I S 157)

§ 2 StrEG Entschädigung für andere Strafverfolgungsmaßnahmen

(1) Wer durch den Vollzug der Untersuchungshaft oder einer anderen Strafverfolgungsmaßnahme einen Schaden erlitten hat, wird aus der Staatskasse entschädigt, soweit er freigesprochen oder das Verfahren gegen ihn eingestellt wird oder soweit das Gericht die Eröffnung des Hauptverfahrens gegen ihn ablehnt.

(2) Andere Strafverfolgungsmaßnahmen sind
[...]
4. die Sicherstellung, die Beschlagnahme, der Arrest nach den §§ 111d und 111o der Strafprozeßordnung sowie die Vermögensbeschlagnahme nach § 111p der Strafprozeßordnung und die Durchsuchung, soweit die Entschädigung nicht in anderen Gesetzen geregelt ist,
[...]

§ 3 StrEG Entschädigung bei Einstellung nach Ermessensvorschrift

Wird das Verfahren nach einer Vorschrift eingestellt, die dies nach dem Ermessen des Gerichts oder der Staatsanwaltschaft zuläßt, so kann für die in § 2 genannten Strafverfolgungsmaßnahmen eine Entschädigung gewährt werden, soweit dies nach den Umständen des Falles der Billigkeit entspricht.

§ 4 StrEG Entschädigung nach Billigkeit

(1) Für die in § 2 genannten Strafverfolgungsmaßnahmen kann eine Entschädigung gewährt werden, soweit dies nach den Umständen des Falles der Billigkeit entspricht,
1. wenn das Gericht von Strafe abgesehen hat,
2. soweit die in der strafgerichtlichen Verurteilung angeordneten Rechtsfolgen geringer sind als die darauf gerichteten Strafverfolgungsmaßnahmen.

(2) Der strafgerichtlichen Verurteilung im Sinne des Absatzes 1 Nr. 2 steht es gleich, wenn die Tat nach Einleitung des Strafverfahrens nur unter dem rechtlichen Gesichtspunkt einer Ordnungswidrigkeit geahndet wird.

§ 5 StrEG Ausschluß der Entschädigung

(1) Die Entschädigung ist ausgeschlossen
[...]
4. für die Beschlagnahme und den Arrest (§§ 111b–111d der Strafprozeßordnung), wenn der Verfall oder die Einziehung einer Sache angeordnet oder von einer solchen Anordnung nur abgesehen worden ist, weil durch den Verfall die Erfüllung eines Anspruchs beseitigt oder gemindert worden wäre, der dem Verletzten aus der Tat erwachsen ist.

(2) Die Entschädigung ist auch ausgeschlossen, wenn und soweit der Beschuldigte die Strafverfolgungsmaßnahme vorsätzlich oder grob fahrlässig verursacht hat. Die Entschädigung wird nicht dadurch ausgeschlossen, daß der Beschuldigte sich darauf beschränkt hat, nicht zur Sache auszusagen, oder daß er unterlassen hat, ein Rechtsmittel einzulegen.

(3) [...]

§ 7 StrEG Umfang des Entschädigungsanspruchs

(1) Gegenstand der Entschädigung ist der durch die Strafverfolgungsmaßnahme verursachte Vermögensschaden, im Falle der Freiheitsentziehung auf Grund gerichtlicher Entscheidung auch der Schaden, der nicht Vermögensschaden ist.

(2) Entschädigung für Vermögensschaden wird nur geleistet, wenn der nachgewiesene Schaden den Betrag von fünfundzwanzig Euro übersteigt.

(3) [...]

(4) Für einen Schaden, der auch ohne die Strafverfolgungsmaßnahmen eingetreten wäre, wird keine Entschädigung geleistet.

§ 8 StrEG Entscheidung des Strafgerichts

(1) Über die Verpflichtung zur Entschädigung entscheidet das Gericht in dem Urteil oder in dem Beschluß, der das Verfahren abschließt. Ist die Entscheidung in der Hauptverhandlung nicht möglich, so entscheidet das Gericht nach Anhörung der Beteiligten außerhalb der Hauptverhandlung durch Beschluß.

(2) Die Entscheidung muß die Art und gegebenenfalls den Zeitraum der Strafverfolgungsmaßnahme bezeichnen, für die Entschädigung zugesprochen wird.

(3) Gegen die Entscheidung über die Entschädigungspflicht ist auch im Falle der Unanfechtbarkeit der das Verfahren abschließenden Entscheidung die sofortige Beschwerde nach den Vorschriften der Strafprozeßordnung zulässig. § 464 Abs. 3 Satz 2 der Strafprozeßordnung ist entsprechend anzuwenden.

§ 9 StrEG Verfahren nach Einstellung durch die Staatsanwaltschaft

(1) Hat die Staatsanwaltschaft das Verfahren eingestellt, so entscheidet das Amtsgericht am Sitz der Staatsanwaltschaft über die Entschädigungspflicht. An die Stelle des Amtsgerichts tritt das Gericht, das für die Eröffnung des Hauptverfahrens zuständig gewesen wäre, wenn

1. die Staatsanwaltschaft das Verfahren eingestellt hat, nachdem sie die öffentliche Klage zurückgenommen hat,
2. der Generalbundesanwalt oder die Staatsanwaltschaft bei dem Oberlandesgericht das Verfahren in einer Strafsache eingestellt hat, für die das Oberlandesgericht im ersten Rechtszug zuständig ist.

Die Entscheidung ergeht auf Antrag des Beschuldigten. Der Antrag ist innerhalb einer Frist von einem Monat nach Zustellung der Mitteilung über die Einstellung des Verfahrens zu stellen. In der Mitteilung ist der Beschuldigte über sein Antragsrecht, die Frist und das zuständige Gericht zu belehren. Die Vorschriften der §§ 44–46 der Strafprozeßordnung gelten entsprechend.

(2) Gegen die Entscheidung des Gerichts ist die sofortige Beschwerde nach den Vorschriften der Strafprozeßordnung zulässig.

[...]

§ 10 StrEG Anmeldung des Anspruchs; Frist

(1) Ist die Entschädigungspflicht der Staatskasse rechtskräftig festgestellt, so ist der Anspruch auf Entschädigung innerhalb von sechs Monaten bei der Staatsanwaltschaft geltend zu machen, welche die Ermittlungen im ersten Rechtszug geführt hat. Der Anspruch ist ausgeschlossen, wenn der Berechtigte es schuldhaft versäumt hat, ihn innerhalb der Frist zu stellen. Die Staatsanwaltschaft hat den Berechtigten über sein Antragsrecht und die Frist zu belehren. Die Frist beginnt mit der Zustellung der Belehrung.

(2) Über den Antrag entscheidet die Landesjustizverwaltung. Eine Ausfertigung der Entscheidung ist dem Antragsteller nach den Vorschriften der Zivilprozeßordnung zuzustellen.

§ 11 StrEG Ersatzanspruch des kraft Gesetzes Unterhaltsberechtigten

(1) Außer demjenigen, zu dessen Gunsten die Entschädigungspflicht der Staatskasse ausgesprochen worden ist, haben die Personen, denen er kraft Gesetzes unterhaltspflichtig war, Anspruch auf Entschädigung. Ihnen ist insoweit Ersatz zu leisten, als ihnen durch die Strafverfolgungsmaßnahme der Unterhalt entzogen worden ist.

[...]

§ 12 StrEG Ausschluß der Geltendmachung der Entschädigung

Der Anspruch auf Entschädigung kann nicht mehr geltend gemacht werden, wenn seit dem Ablauf des Tages, an dem die Entschädigungspflicht rechtskräftig festgestellt ist, ein Jahr verstrichen ist, ohne daß ein Antrag nach § 10 Abs. 1 gestellt worden ist.

§ 13 StrEG Rechtsweg; Beschränkung der Übertragbarkeit

(1) Gegen die Entscheidung über den Entschädigungsanspruch ist der Rechtsweg gegeben. Die Klage ist innerhalb von drei Monaten nach Zustellung der Entscheidung zu erheben. Für die Ansprüche auf Entschädigung sind die Zivilkammern der Landgerichte ohne Rücksicht auf den Wert des Streitgegenstandes zuständig.

(2) Bis zur rechtskräftigen Entscheidung über den Antrag ist der Anspruch nicht übertragbar.

§ 15 StrEG Ersatzpflichtige Kasse

(1) Ersatzpflichtig ist das Land, bei dessen Gericht das Strafverfahren im ersten Rechtszug anhängig war oder, wenn das Verfahren bei Gericht noch nicht anhängig war, dessen Gericht nach § 9 Abs. 1 über die Entschädigungspflicht entschieden hat.

(2) Bis zu dem Betrag der geleisteten Entschädigung gehen die Ansprüche auf die Staatskasse über, welche dem Entschädigten gegen Dritte zustehen, weil durch deren rechtswidrige Handlungen die Strafverfolgungsmaßnahme herbeigeführt worden war. Der Übergang kann nicht zum Nachteil des Berechtigten geltend gemacht werden.

Bürgerliches Gesetzbuch

§ 839 BGB [Haftung bei Amtspflichtverletzung]

(1) Verletzt ein Beamter vorsätzlich oder fahrlässig die ihm einem Dritten gegenüber obliegende Amtspflicht, so hat er dem Dritten den daraus entstehenden Schaden zu ersetzen. Fällt dem Beamten nur Fahrlässigkeit zur Last, so kann er nur dann in Anspruch genommen werden, wenn der Verletzte nicht auf andere Weise Ersatz zu erlangen vermag.

(2) Verletzt ein Beamter bei dem Urteil in einer Rechtssache seine Amtspflicht, so ist er für den daraus entstehenden Schaden nur dann verantwortlich, wenn die Pflichtverletzung in einer Straftat besteht. Auf eine pflichtwidrige Verweigerung oder Verzögerung der Ausübung des Amtes findet diese Vorschrift keine Anwendung.

(3) Die Ersatzpflicht tritt nicht ein, wenn der Verletzte vorsätzlich oder fahrlässig unterlassen hat, den Schaden durch Gebrauch eines Rechtsmittels abzuwenden.

Grundgesetz für die Bundesrepublik Deutschland

§ 34 GG [Haftung bei Amtspflichtverletzung]

Verletzt jemand in Ausübung eines im anvertrauten öffentlichen Amtes die ihm einem Dritten gegenüber obliegende Amtspflicht, so trifft die Verantwortlichkeit grundsätzlich den Staat oder die Körperschaft, in deren Dienst er steht. Bei Vorsatz oder grober Fahrlässigkeit bleibt der Rückgriff vorbehalten. Für den Anspruch auf Schadensersatz und für den Rückgriff darf der ordentliche Rechtsweg nicht ausgeschlossen werden.

Inhaltsübersicht

	Rn
I. Gültigkeit der Norm. Anwendbarkeit des StrEG	
1. Einbettung des § 17 LPG in den Normzusammenhang der pressebezogenen Beschlagnahme	1
2. Geltung des StrEG, soweit keine landesrechtliche Regelung der Entschädigung getroffen wurde	2
3. Der Streit um die Gültigkeit des § 17 LPG	3
a) Die Ansicht von Groß	4
b) Die Ansicht von Löffler	5
c) Der Sachzusammenhang von pressebezogener Beschlagnahme und Entschädigung	6
d) Argumente für die konkurrierende Bundeskompetenz zur Regelung der Entschädigung für Pressebeschlagnahmen	7–10
e) Offenheit der verfassungsrechtlichen Lage	11
II. Übersicht über die Regelung des StrEG im Vergleich mit § 17 LPG	
1. Das StrEG als Konkretisierung des Gedankens der Aufopferung und des enteignenden Eingriffs	12
2. Die Verfahrensabschnitte nach dem StrEG	13
3. Die sachlichen Voraussetzungen der Entschädigung nach dem StrEG	14
4. Das Regelungsmodell des § 17 LPG	15
III. Die positiven Voraussetzungen der Entschädigung nach dem StrEG	
1. Die obligatorische Entschädigung (§ 2 StrEG)	16
a) Entstehung eines Vermögensschadens	17
b) Vornahme einer Beschlagnahme	18
c) Kausalität zwischen Beschlagnahme und Schaden	19, 20
d) Verfahrensbeendigung ohne Bestätigung des Verdachts	21–23
2. Fakultative Entschädigung nach Billigkeit (§§ 3, 4 StrEG)	24
a) Verfahrenseinstellung nach Ermessen (§ 3 StrEG)	25
b) Absehen von Strafe und überschießende Strafverfolgungsmaßnahme	26
c) Entschädigung nach Billigkeit (§ 4 StrEG)	27
IV. Die Gründe für den Ausschluss oder die Versagung der Entschädigung nach dem StrEG	
1. Überblick	28
2. Zwingender Ausschluss der Entschädigung (§ 5 StrEG)	29
a) Selbstständige Anordnung der Einziehung	29
b) Vorsätzliche oder grob fahrlässige Verursachung der Strafverfolgungsmaßnahme	30
3. Fakultative Versagung der Entschädigung (§ 6 StrEG)	31
V. Der Umfang der Entschädigung nach dem StrEG	
1. Beschränkung auf Vermögensschäden. Bagatellgrenze	32
2. Entgangener Gewinn	33
3. Notwendige Auslagen, insb Verteidigerkosten	34
4. Haftungsausfüllende Kausalität und Mitverschulden	35

I. Gültigkeit der Norm. Anwendbarkeit des StrEG § 17 LPG

Rn

VI. **Entschädigungsberechtigung und Entschädigungspflicht nach dem StrEG**
1. Alleinige Entschädigungsberechtigung des Beschuldigten (s § 2 StrEG) Akzessorischer Anspruch der Unterhaltungsberechtigten (§ 11 StrEG) 36
2. Ausschluss Dritter von der Entschädigungsberechtigung 37
3. Entschädigungspflichtigkeit des Landes 38

VII. **Das Entschädigungsverfahren nach dem StrEG**
1. Das Grundverfahren 39
   a) Generell Entscheidung des Strafgerichts von Amts wegen (§ 8 StREG) 39–41
   b) Die Sonderregelung bei Einstellung durch die Staatsanwaltschaft (§ 9 StrEG) 42
   c) Der Inhalt der Entscheidung (§ 8 Abs 2 StrEG) 43
   d) Sofortige Beschwerde (§ 8 Abs 3, § 9 Abs 2 StrEG) 44
2. Das Betragsverfahren 45
   a) Entscheidung der Landesjustizverwaltung auf Antrag (§ 10 StrEG) 45
   b) Rechtsweg zur Zivilgerichtsbarkeit. Zuständigkeit der Zivilkammer des Landgerichts (§ 13 StrEG) 46
   c) Absolute Ausschlussfrist (§ 12 StrEG) 47

VIII. **Grundlinien der Entschädigung nach § 17 LPG** 48
1. Formelle Voraussetzung: Negativer Verfahrensausgang 49–51
2. Materielle Voraussetzung: Objektive Fehlerhaftigkeit 52–55
3. Beschränkung des Anspruchs auf den unmittelbar Betroffenen ... 56, 57
4. Umfang der Entschädigung 58
5. Entschädigungspflichtigkeit des Landes 59
6. Entschädigungsverfahren 60
   a) Entscheidung des Justizministeriums auf Antrag des Betroffenen .. 61
   b) Rechtsweg zur Ziviljustiz 62

IX. **Sonstige Entschädigungs- und Schadensersatzansprüche**
1. Amtshaftung (§ 839 BGB, Art 34 GG) 63–65
2. Öffentlich-rechtliche Verwahrung 66
3. Verjährung und Verfahren 67
4. Ansprüche Dritter 68

Schrifttum: *Galke* Die Entschädigung nach dem StrEG – ein Fall verschuldensunabhängiger Staatshaftung, DVBl 1990, 145; *Kröner*, Zur Entschädigung nach dem Gesetz über die Entschädigung für Strafverfolgungsmaßnahmen, in: FS f J. Baumann, Bielefeld 1992, S 407; *Ricker/Weberling*, Hdb d PresseR, 31. Kap IX: Entschädigung in Geld für fehlerhafte Beschlagnahme, Rn 43–53; *Maurer*, Allgemeines Verwaltungsrecht, 18. Aufl, München 2011, §§ 25–27; *Dieter Meyer* Strafrechtsentschädigung, 8. Aufl, Köln 2011; *Meyer-Goßner* StPO 56. Aufl, München 2013, Anhang A 5: Gesetz über die Entschädigung für Strafverfolgungsmaßnahmen (StrEG) mit Kommentierung; *Ossenbühl/Cornils* Staatshaftungsrecht, 6. Aufl, München 2013; *Roxin/Schünemann* Strafverfahrensrecht 27. Aufl, München 2012, § 60 A; *Schätzler/Kunz* Gesetz über die Entschädigung für Strafverfolgungsmaßnahmen (StrEG), Kommentar, 3. Aufl, München 2003; *H. Schmidt*, Der Kostenerstattungsanspruch nach dem Strafhaftentschädigungsgesetz, NJW 1973, 1167; *Thiele*, Der Regierungsentwurf eines Niedersächsischen Pressegesetzes, DVBl 1963, 907; *Thode* Amtshaftung für Akte der Strafjustiz, DRiZ 2002, 417.
Im Übrigen s die Nachw Vor §§ 13–19 LPG.

I. Gültigkeit der Norm. Anwendbarkeit des StrEG

1. Einbettung des § 17 LPG in den Normzusammenhang der pressebezogenen Beschlagnahme

§ 17 LPG gibt bei **sachlich ungerechtfertigter Pressebeschlagnahme** den davon unmittelbar Betroffenen einen vom Verschulden des Amtswalters unabhängigen Entschädigungsanspruch gegenüber dem Fiskus. Die Norm setzt damit eine presserechtliche Regelung der einziehungssichernden Auflagenbeschlagnahme und ggf der die Unbrauchbarmachung sichernden Beschlagnahme von Vervielfältigungsmitteln voraus, auf die sie sich bezieht. Demgemäß haben diejenigen **Länder,** welche die Bestimmungen über die Pressebeschlagnahme aus ihren Pressegesetzen gestrichen haben – einschließlich Schleswig-Holstein –, die Entschädigungsregelung des § 17

1

LPG § 17 — Entschädigung für fehlerhafte Beschlagnahme

LPG in die Aufhebung mit einbezogen. Die Pressegesetze der Neuen Bundesländer mit Ausnahme von Mecklenburg-Vorpommern, welche Normen über die Pressebeschlagnahme erst gar nicht in ihre Landespressegesetze aufgenommen haben (s Vor §§ 13 ff. Rn 23), umfassen ebenso wenig eine derartige Bestimmung. Auch das rheinland-pfälzische Landesmediengesetz v 4.2.2005 hat eine dem § 17 LPG entsprechende Regelung nicht aufrechterhalten. Das bayerische Presserecht schließlich hat eine Entschädigungsregelung nicht geschaffen, obwohl es generell Bestimmungen über die Beschlagnahme enthält.

2. Geltung des StrEG, soweit keine landesrechtliche Regelung der Entschädigung getroffen wurde

2 Soweit die Landespressegesetze eine Entschädigung für fehlerhafte Beschlagnahme nicht vorsehen, gilt unstrittig die **bundesrechtliche Regelung** in § 2 Abs 1 Nr 4 des Gesetzes über die Entschädigung für Strafverfolgungsmaßnahmen vom 8. März 1971 (BGBl I S 157 – StrEG), die einen Ersatzanspruch statuiert, der an die Verfahrensbeendigung ohne Verurteilung geknüpft ist.

3. Der Streit um die Gültigkeit des § 17 LPG

3 Problematisch ist die Bestimmung der **gültigen Rechtsvorschrift** in denjenigen Ländern, deren Pressegesetze eine Bestimmung über die presserechtliche Entschädigung enthalten. In der Literatur werden dazu drei Standpunkte eingenommen:

a) Die Ansicht von Groß

4 **Groß** (PresseR Rn 614) hält die „Pressebeschlagnahme", die er als die mit einem Verbreitungs- und Wiederabdruckverbot verbundene Form der vollstreckungssichernden Beschlagnahme von Druckwerken versteht (o Vor §§ 13 ff. Rn 25), für Presserecht iS des früheren Art 75 Abs 1 S 1 Nr 2 GG und rechnet deshalb auch die Regelung der Entschädigung für unberechtigte Beschlagnahme entweder unmittelbar oder als Annex seinem Regelungsbereich zu. Danach soll für die Pressebeschlagnahme nicht das StrEG, sondern der § 17 LPG gelten, dessen Vorrang das StrEG durch die in seinem § 2 Abs 1 Nr 4 enthaltene Subsidiaritätsklausel („soweit die Entschädigung nicht in anderen Gesetzen geregelt ist") auch problemlos anerkennen kann. Neben der „Pressebeschlagnahme" in diesem speziellen Verständnis erkennt *Groß* indes auch die „strafprozessuale Beschlagnahme" von Presseerzeugnissen an, die eine kumulative Anwendung finden soll (PresseR Rn 625); insofern soll indes – trotz wesentlicher Unterschiede zu § 17 LPG – das StrEG anwendbar sein (*Groß* PresseR Rn 641). Hier zeigt sich besonders deutlich, dass die These von einem Nebeneinander zweier Beschlagnahmemodelle auch praktisch nicht ausführbar ist (s. dazu weiter *Achenbach* NStZ 2000, 123, 125).

b) Die Ansicht von Löffler

5 **Löffler** (hier in der 3. Aufl § 17 Rn 14a und 42) folgerte aus dem Urteil des BVerfG zur Verfassungswidrigkeit des Staatshaftungsgesetzes des Bundes (BVerfGE 61, 149 ff. = NJW 1983, 25 ff.) die unbeschränkte Kompetenz des Landesgesetzgebers zur Regelung einer verschuldensunabhängigen Haftung des Fiskus für fehlerhafte behördliche Maßnahmen. Danach ist die presserechtliche Entschädigungsregelung, wo es sie gibt, allein gültig.

c) Der Sachzusammenhang von pressebezogener Beschlagnahme und Entschädigung

6 Spricht man demgegenüber mit der o Vor §§ 13 ff. Rn 27 vertretenen Auffassung dem **Bundesgesetzgeber** kraft seiner konkurrierenden Gesetzgebungskompetenz für das gerichtliche Verfahren nach Art 74 Abs 1 Nr 1 GG auch die Befugnis zur Regelung der vollstreckungssichernden Beschlagnahme von Druckwerken, sonstigen Schriften und deren jeweiligen Herstellungsmitteln zu, so umfasst diese keineswegs

I. Gültigkeit der Norm. Anwendbarkeit des StrEG § 17 LPG

selbstverständlich von vornherein auch die Materie der Entschädigung für sachlich nicht gerechtfertigte Verfolgungsmaßnahmen. Die Regelungskompetenz ist indes, soweit es um freiheitsentziehende Strafverfolgungsmaßnahmen ging, seit den beiden Reichsgesetzen betreffend die Entschädigung der im Wiederaufnahmeverfahren freigesprochenen Personen vom 20.5.1898 (RGBl S 345) und betreffend die Entschädigung für unschuldig erlittene Untersuchungshaft vom 14.7.1904 (RGBl S 321) ohne jede Problematisierung dem Reichs- bzw Bundesgesetzgeber zugestanden worden (vgl dazu *D. Meyer* Strafrechtsentschädigung Einl Rn 15 ff.). Dabei nahm man offenbar allgemein eine Annexkompetenz kraft Sachzusammenhanges an. Demgemäß heißt es auch im Regierungsentwurf des viel umfassenderen StrEG (BT-Drs VI/460, S 5):

„Die Entschädigungsregelung hängt so eng mit dem Strafprozess zusammen, dass ihre Eingliederung in die Strafprozeßordnung zu erwägen war. [...] Die Bundesregierung ist jedoch mit den Landesjustizverwaltungen der Auffassung, dass die [...] Reform der Entschädigungsbestimmungen nicht erst im Gesamtrahmen der Neugestaltung des Strafprozeßrechts vollzogen, sondern vorweg durchgeführt werden sollte".

Dem entsprechend gilt die Entschädigung für sachlich unberechtigte Strafverfolgungsmaßnahmen – mit Ausnahme der Regeln über die Festsetzung der Entschädigungshöhe im Betragsverfahren – heute weithin als Materie strafverfahrensrechtlicher Natur und das StrEG als ein allgemeines Gesetz über das Strafverfahren (*D. Meyer* Strafrechtsentschädigung Einl Rn 34; *Roxin/Schünemann* StrafverfahrensR § 3 Rn 4; *Schätzler/Kunz* Einl Rn 29, 32).

d) *Argumente für die konkurrierende Bundeskompetenz zur Regelung der Entschädigung für Pressebeschlagnahmen*

Nach der Rechtsprechung des **BVerfG** kommt es für die Zuordnung einer Regelung zur Materie Presserecht oder Verfahrensrecht maßgeblich an auf ihre „wesensmäßige und historische Zugehörigkeit" (s o Vor §§ 13 ff. Rn 26 m Nachw). **7**

Historisch gesehen ist die Aufnahme einer Entschädigungsregelung in die Landespressegesetze eine neue Entwicklung. Das Reichspreßgesetz hatte sie nicht enthalten. Als erstes Land hatte Hessen in § 19 der Pressegesetznovelle von 1958 (GVBl S 183) der Presse den Entschädigungsanspruch zuerkannt; alle übrigen Länder bis auf Bayern hatten sich angeschlossen. Bereits 1974 strich aber Schleswig-Holstein die Regelung wieder aus seinem LPG. Die Länder Hamburg, Niedersachsen und Nordrhein-Westfalen sind bis 1978 seinem Beispiel gefolgt, von den Neuen Bundesländern hat allein Mecklenburg-Vorpommern eine Entschädigungsregelung geschaffen; Hessen, Rheinland-Pfalz und das Saarland haben mit der gesamten Normierung der Pressebeschlagnahme auch die Entschädigungsregelung beseitigt (s Vor §§ 13 ff. Rn 22). Demgegenüber bestand im Reichsrecht in den beiden o in Rn 6 genannten Gesetzen von 1898 und 1904 schon seit Jahrzehnten eine Regelung der Entschädigung für fehlerhafte Strafverfolgung, mochte diese auch auf freiheitsentziehende Maßnahmen beschränkt sein. **8**

Ob der finanzielle Ausgleich für sachlich ungerechtfertigte behördliche Maßnahmen seinem **Wesen** nach zu der jeweiligen Materie gehört, auf deren Gebiet die Maßnahme getroffen wurde, lässt sich bezweifeln. Ebensowenig gehört allerdings die Entschädigung für die Auflagenbeschlagnahme von Druckwerken ihrem Wesen nach zwingend zum Presserecht. Unbestreitbar ist dagegen der enge Sachzusammenhang der Entschädigung mit dem die Entschädigungspflicht begründenden Ereignis. Dieser **stärkere Sachzusammenhang** gibt zusammen mit der historischen Entwicklung der Materie den Ausschlag für die Zuordnung der Entschädigung für unberechtigte Strafverfolgungsmaßnahmen zum Verfahrensrecht (allgemein zur Zuständigkeit kraft Sachzusammenhangs *Kloepfer* VerfassungsR Bd I, München 2011, § 21 Rn 150; *v Münch/Mager* Staatsrecht I, 7. Aufl Stuttgart ua 2009, Rn 392; *Stein/Frank* Staatsrecht, 20. Aufl, Tübingen 2007, § 14 II 4; *Umbach/Clemens* in dies [Hrsg], GG – Mitarbeiterkommentar und Hdb, Bd II, Heidelberg 2002, Art 70 Rn 19 f.; *Zippelius/Würtenberger* **9**

Deutsches Staatsrecht, 32. Aufl, München 2008, § 45 Rn 41). Dass das BVerfG in seinem Urteil zum Staatshaftungsgesetz die vom Bund dafür in Anspruch genommene Kompetenz für das bürgerliche Recht verneint hat (BVerfGE 61, 149 ff. = NJW 1983, 25), schließt diese Betrachtungsweise nicht aus. Dem Bund stand somit die konkurrierende Gesetzgebungskompetenz für die Schaffung des StrEG zu.

10 Allerdings war im Jahre 1971 in den für die Beschlagnahme geltenden § 2 Abs 2 Nr 4 StrEG eine **Subsidiaritätsklausel** aufgenommen worden, der zufolge § 2 Abs 1 des Gesetzes nur gilt, „soweit die Entschädigung nicht in anderen Gesetzen geregelt ist"; dies geschah ausdrücklich im Hinblick auf die landesrechtlichen Pressegesetze (BT-Drs VI/460 S 7; BGHZ 72, 302/306 = NJW 1979, 425; *Schätzler/Kunz* § 2 Rn 58). Diesem Vorbehalt ist aber durch die Schaffung einer bundesrechtlichen Regelung der vollstreckungssichernden Auflagenbeschlagnahme in den §§ 111m/n StPO im Jahre 1975 die Substanz entzogen worden; denn nunmehr muss kraft des Sachzusammenhanges von Entschädigung und entschädigungsbegründendem Ereignis (o Rn 9) doch wieder eine Kompetenz des Bundes für die Entschädigung wegen sachlich unberechtigter Pressebeschlagnahme angenommen werden. Die Schaffung der §§ 111m/n iVm §§ 111b/c/e StPO hat daher seit dem Inkrafttreten des Gesetzes über das Zeugnisverweigerungsrecht der Mitarbeiter von Presse und Rundfunk vom 25.7.1975 die gesamte landesrechtliche Regelung der Pressebeschlagnahme einschließlich der presserechtlichen Entschädigung außer Kraft treten lassen (ebenso *Ricker/Weberling* 31. Kap Rn 43).

e) Offenheit der verfassungsrechtlichen Lage

11 Da jedoch ein Spruch des BVerfG zur Gültigkeit oder Ungültigkeit der landesrechtlichen Entschädigungsbestimmung oder der bundesrechtlichen Regelung der Pressebeschlagnahme mitsamt der Ergänzung durch § 2 Abs 1 Nr 4 StrEG bisher nicht ergangen ist, sollen im Folgenden **beide Regelungsmodelle** einer näheren Betrachtung unterzogen werden.

II. Übersicht über die Regelung des StrEG im Vergleich mit § 17 LPG

1. Das StrEG als Konkretisierung des Gedankens der Aufopferung und des enteignenden Eingriffs

12 Die Entschädigung für Strafverfolgungsmaßnahmen nach dem StrEG konkretisiert für bestimmte Fälle den Gedanken der Entschädigung bei **Aufopferung** bzw für **enteignende Eingriffe** (*Galke* DVBl 1990, 145/146). Der BGH hat die Konzeption des Gesetzes folgendermaßen zusammengefasst (BGHZ 72, 302/305 = NJW 1972, 425/426):

> „Dem Beschuldigten, der einer durch das Verfahrensergebnis nicht gedeckten Strafverfolgungsmaßnahme (vgl §§ 1 Abs 1, 2 Abs 1 StrEG) ausgesetzt ist, wird im Allgemeininteresse, nämlich aus Gründen der Strafrechtspflege, ein Sonderopfer auferlegt [...]. Dem Ausgleich der hierdurch verursachten Schäden (§ 7 StrEG) dient die in dem Gesetz [...] normierte (verschuldensunabhängige) Staatshaftung, die auf dem Gesichtspunkt der Aufopferung bzw des enteignenden Eingriffs beruht".

Zustimmend unter Beschränkung auf den Gesichtspunkt der Aufopferung *Kröner* Baumann-FS S 407; *Maurer* Allg. VerwR § 28 Rn 5; *D. Meyer* Strafrechtsentschädigung Einl Rn 12; *Schätzler/Kunz* Einl Rn 31, jeweils mwN.

2. Die Verfahrensabschnitte nach dem StrEG

13 Das **StrEG** teilt das Verfahren zur Festsetzung einer Entschädigung auf in zwei voneinander deutlich geschiedene Abschnitte:
Im **Grundverfahren** (§§ 8 f. StrEG) geht es darum, ob überhaupt eine Entschädigung gewährt werden muss oder soll. Darüber entscheidet von Amts wegen das mit

III. Die pos. Voraussetzungen d. Entschädigung nach d. StrEG   § 17 LPG

der Sache befasste Strafgericht in der verfahrensabschließenden Entscheidung, bei Einstellung durch die Staatsanwaltschaft grundsätzlich das Amtsgericht an deren Sitz. Im **Betragsverfahren** (§§ 10 ff. StrEG) wird die Höhe der konkreten Entschädigungsleistung festgesetzt. Darüber entscheidet auf Antrag des Berechtigten die Justizverwaltung, gegen deren Spruch stets und nur die Zivilkammer des Landgerichts angerufen werden kann.

3. Die sachlichen Voraussetzungen der Entschädigung nach dem StrEG

Die **sachlichen Voraussetzungen** gliedert das StrEG in positive und negative. 14
Eine **Entschädigungspflicht** besteht nur gegenüber dem Beschuldigten. Sie setzt voraus, dass kausal bedingt durch die Beschlagnahme ein Schaden entstanden ist und dass bezüglich des Vorwurfs, dessentwegen die Maßnahme angeordnet worden war, „der Beschuldigte freigesprochen oder das Verfahren gegen ihn eingestellt wird oder [...] das Gericht die Eröffnung des Hauptverfahrens gegen ihn ablehnt" (§ 2 Abs 1 S 1 iVm Abs 2 Nr 4 StrEG). In einigen Fällen wird die Bewilligung und Höhe der Entschädigung von einer Prüfung der Billigkeit abhängig gemacht (§§ 3, 4 StrEG). Die Entschädigung wegen einer Beschlagnahme beschränkt sich auf den Ersatz des Vermögensschadens (§ 7 Abs 1 StrEG).

Zwingend **ausgeschlossen** ist die Entschädigung, soweit der Beschuldigte die Beschlagnahme vorsätzlich oder grob fahrlässig verursacht hat, sowie dann, wenn, unabhängig von einer für den Beschuldigten als Person günstigen Entscheidung, gemäß § 76a StGB die selbstständige Anordnung der Einziehung getroffen worden ist. In bestimmten Fällen kann auch darüber hinaus eine Entschädigung ganz oder teilweise versagt werden (§ 6 StrEG).

4. Das Regelungsmodell des § 17 LPG

Das Modell der **Landespressegesetze** in § 17 LPG weicht erheblich von dem des 15
StrEG ab:
Entschädigungsberechtigt ist nicht nur der Beschuldigte, sondern jeder, der durch die Beschlagnahme unmittelbar betroffen wird. Sachlich setzt der Anspruch auf Entschädigung neben einem negativen Verfahrensausgang voraus, dass sich die Beschlagnahme als unzulässig oder ungerechtfertigt erwiesen hat. Entschieden wird über den Anspruch auf Entschädigung in einem einheitlichen Verfahren ohne Unterscheidung nach Grund und Höhe, und zwar in jedem Fall nur auf Antrag des Betroffenen. Die Entscheidung trifft das Justizministerium; dagegen ist auch nach § 17 LPG die Zivilrechtsklage zum Landgericht gegeben.

**III. Die positiven Voraussetzungen der Entschädigung
nach dem StrEG**

1. Die obligatorische Entschädigung (§ 2 StrEG)

Das StrEG unterscheidet zwischen der obligatorischen, von dem entscheidenden 16
Gericht zwingend auszusprechenden Entschädigung (§ 2) und einer Entschädigung nach Billigkeit (§§ 3, 4). Die **Entschädigungspflicht** knüpft § 2 an vier **sachliche Erfordernisse**:

a) Entstehung eines Vermögensschadens

Dem Beschuldigten (u Rn 36) muss überhaupt ein **Schaden** entstanden sein (§ 2 17
Abs 1 StrEG), und zwar, da im Falle der Beschlagnahme immaterielle Schäden nicht Gegenstand der Entschädigung sind (§ 7 StrEG), ein Vermögensschaden. Im Betragsverfahren ergeht der Ausspruch der Entschädigungspflicht freilich unter dem Vorbehalt, dass überhaupt ein Schaden entstanden ist (BGHZ 103, 113/115 = NJW 1988, 1141; BGHZ 106, 313/315; *Kröner* Baumann-FS S 414).

Achenbach 947

b) Vornahme einer Beschlagnahme

18   Dieser Schaden muss auf einer **Beschlagnahme** beruhen. § 2 Abs 2 Nr 4 StrEG ordnet in einer nicht ganz klaren Terminologie die „Sicherstellung" der „Beschlagnahme" gleich. Auch wenn man anerkennt, dass die Beschlagnahme nur eine der möglichen Formen der amtlichen Sicherstellung bildet (*Achenbach* in AK-StPO vor §§ 111b–111n Rn 1), so stellt die Norm doch klar: Nicht nur die vollstreckungssichernde Auflagenbeschlagnahme gemäß §§ 111b/c/e, 111m/n StPO, also die eigentliche „Pressebeschlagnahme", sondern ebenso die verfahrenssichernde Beschlagnahme von Beweismitteln gemäß §§ 94ff. StPO (s zu diesem Funktionsunterschied o Vor §§ 13ff. Rn 3ff.) gehören zu den generell entschädigungsfähigen vorläufigen Strafverfolgungsmaßnahmen (ebenso etwa *Meyer-Goßner* Rn 7, *D. Meyer* Strafrechtsentschädigung Rn 52, beide zu § 2 StrEG).

c) Kausalität zwischen Beschlagnahme und Schaden

19   Zwischen der Beschlagnahme und dem Eintritt des Vermögensschadens muss **Kausalität** bestehen; der Beschuldigte muss den Schaden „durch" den Vollzug der Strafverfolgungsmaßnahme erlitten haben (§ 2 Abs 1 StrEG). Dagegen ist der Entschädigungsanspruch nach dem StrEG unabhängig davon, ob die Maßnahme auf eine schuldhaft – dh nach dem hier maßgeblichen schadensrechtlichen Verständnis: vorsätzlich oder fahrlässig – unrichtige Anordnung zurückgeht oder ob ein Verschulden der beteiligten Amtswalter bei ihrem Vollzug mitgewirkt hat. An der erforderlichen Kausalität fehlt es etwa, wenn Kosten für die Inanspruchnahme eines Rechtsanwalts zur Abwehr einer Beschlagnahme erst entstanden sind, nachdem deren Anordnung bereits wieder aufgehoben war (*D. Meyer* Strafrechtsentschädigung § 2 Rn 37). Dagegen wird der Entschädigungsanspruch nicht dadurch ausgeschlossen, dass der Beschuldigte der Beschlagnahme nicht widersprochen oder nicht die richterliche Entscheidung gemäß § 111e Abs 2 S 3 (§ 98 Abs 2 S 2) StPO beantragt hat (LG Memmingen NJW 1977, 347; *Meyer-Goßner* § 2 StrEG Rn 7; vgl § 5 Abs 2 S 2 StrEG). Auch die Herausgabe einer sicherzustellenden Sache oder gar der gesamten Auflage eines Druckwerks unter dem Eindruck einer Beschlagnahmeanordnung kann niemals als uneingeschränkt freiwillig angesehen werden; es liegt vielmehr ein Fall der bloß eingriffsmildernden Freiwilligkeit vor, welche die Rechtsfolgen einer zwangsweise bewirkten Grundrechtsbeeinträchtigung nicht ausschließen kann (s dazu näher *Amelung*, Die Einwilligung in die Beeinträchtigung eines Grundrechtsgutes, Berlin 1981, S 105ff., 108). Deshalb kann auch der restriktiven Auffassung des LG Flensburg GoltdArch 1978, 341f. und von *D. Meyer* Strafrechtsentschädigung § 2 Rn 20 insoweit nicht zugestimmt werden, als sie in Fällen einer Mitwirkung des Betroffenen allein dann die Kausalität der Beschlagnahme für den Schaden bejahen wollen, wenn der Vollzug der vorläufigen Maßnahme ohnehin im konkreten Fall „unausweichlich" war (dagegen auch die vh M; s dazu in der folgenden Rn).

20   Kausal muss aber gerade der **Vollzug** der Beschlagnahme sein (§ 2 Abs 1 iVm Abs 2 Nr 4 StrEG); die bloße Anordnung, zu deren Verwirklichung es nicht gekommen ist, reicht dafür nicht aus (BGH MDR 1979, 562; OLG Hamburg MDR 1982, 519; LG Flensburg DAR 1999, 279; *D. Meyer* Strafrechtsentschädigung Rn 18, 56, *Meyer-Goßner* Rn 1, *Schätzler/Kunz* Rn 15, zu § 2 StrEG). In dem Fall, dass der Beschuldigte die Druckwerke usw von sich aus herausgegeben hat, um der bevorstehenden autoritativen Wegnahme – uU im Zusammenhang mit einer Durchsuchung – zuvorzukommen, bejaht die überwiegende Auffassung dieses Erfordernis im Ergebnis zu Recht (BGH NJW 1975, 347/348 mwN; *Meyer-Goßner* § 2 StrEG Rn 7; *Ricker/Weberling* 31. Kap Rn 45; *Schätzler/Kunz* § 2 Rn 53). Soll die Maßnahme der Vollstreckungssicherung gemäß §§ 111bff. StPO dienen – dh für die Presse: der Sicherstellung der gesamten Auflage –, so schreibt das Gesetz auch bei Herausgabe durch den Gewahrsamsinhaber zwingend eine förmliche Beschlagnahme vor (§ 111b Abs 1 StPO; vgl dazu *Achenbach* NJW 1982, 2809f.). Dient die Maßnahme dagegen der Beweissicherung nach §§ 94ff. StPO, so ist die nicht erzwungene und in diesem

III. Die pos. Voraussetzungen d. Entschädigung nach d. StrEG   § 17 LPG

Sinne „freiwillige" Herausgabe – etwa eines Films mit Fotos einer gewalttätigen Demonstration – zwar keine Beschlagnahme, aber ebenfalls eine Form der amtlichen Sicherstellung (§ 94 Abs 1 iVm Abs 2 StPO; *Amelung* in AK-StPO § 94 Rn 12 ff.) und fällt deshalb unter § 2 Abs 2 Nr 4 StrEG. Wendet der Beschuldigte die Beschlagnahme gemäß § 111m Abs 4 StPO dadurch ab, dass er den inkriminierten Teil der Schrift von der Vervielfältigung oder Verbreitung ausschließt (s dazu o § 14 Rn 34 ff.), so kommt es zwar nicht mehr zu einer Wegnahme der nunmehr beanstandungsfreien Exemplare; gleichwohl ist aber die Beschlagnahme auch nicht im Stadium der bloßen Anordnung stecken geblieben. Die Abwendung beruht vielmehr darauf, dass damit begonnen wurde, die Anordnung zu verwirklichen; mithin hat auch in diesem Falle der Beschuldigte ggf einen Schaden durch den Vollzug der Beschlagnahme erlitten (iE übereinstimmend *Ricker/Weberling* 31. Kap Rn 45).

d) Verfahrensbeendigung ohne Bestätigung des Verdachts

Schließlich setzt der Entschädigungsanspruch nach § 2 Abs 1 StrEG voraus, dass **21** die vorläufige Strafverfolgungsmaßnahme **durch das Verfahrensergebnis nicht bestätigt** wird.

Als Maßnahme der Verfahrensbeendigung nennt § 2 Abs 1 StrEG als erstes den **22** **Freispruch.** Ihm stellt die Vorschrift die **Einstellung des Verfahrens** gleich. Jedoch gilt das, wie sich aus § 3 ergibt (s u Rn 25), nur dann, wenn sie auf einer Vorschrift beruht, die kein Ermessen zulässt, wie §§ 170 Abs 2, 206a/b und 260 Abs 3 StPO; zudem muss die Einstellung endgültig sein (LG Hamburg NJW 1974, 373 f.; *D. Meyer* Strafrechtsentschädigung Rn 21 f., *Meyer-Goßner* Rn 1, *Schätzler/Kunz* Rn 24, zu § 2 StrEG). Weiter nennt das Gesetz die **Ablehnung der Eröffnung des Hauptverfahrens** gemäß § 204 StPO, die gemäß § 419 Abs 3 StPO auch im beschleunigten Verfahren ausgesprochen werden kann. Ihr steht nach ausdrücklicher Gesetzesvorschrift die Ablehnung des Erlasses eines Strafbefehls wegen fehlenden hinreichenden Tatverdachts gemäß § 408 Abs 2 StPO gleich. Ferner ist § 204 StPO auch im Sicherungsverfahren zur Verhängung einer Maßregel der Besserung und Sicherung gegen einen Schuld- oder Verhandlungsunfähigen gemäß § 414 Abs 1 StPO entsprechend anwendbar.

Mit dieser Aufzählung stellt § 2 Abs 1 StrEG primär auf eine Verfahrensbeen- **23** digung durch das **Gericht** ab. Jedoch ist das im Falle der Verfahrenseinstellung nicht zwingend; vielmehr zeigt § 9 StrEG, dass auch Maßnahmen der **Staatsanwaltschaft** mit dem Charakter der Endgültigkeit die Entschädigung begründen können, wie es namentlich bei der Einstellung des Ermittlungsverfahrens mangels genügenden Anlasses zur Erhebung der öffentlichen Klage gemäß § 170 Abs 2 der Fall ist. Zum Verfahren s unten Rn 41 f.

2. Fakultative Entschädigung nach Billigkeit (§§ 3, 4 StrEG)

Neben die obligatorische Entschädigung nach § 2 stellt das StrEG in den §§ 3 **24** und 4 die Möglichkeit einer **fakultativen Entschädigung nach Billigkeit.** Auch diese beschränkt sich auf die in § 2 genannten Strafverfolgungsmaßnahmen, ist also im Falle der Beschlagnahme anwendbar. Sie kommt in Betracht in zwei Fallgruppen: bei einer Verfahrenseinstellung nach einer Ermessensvorschrift und in den Fällen einer Unverhältnismäßigkeit zwischen einer Verurteilung und der vorangehenden vorläufigen Strafverfolgungsmaßnahme.

a) Verfahrenseinstellung nach Ermessen (§ 3 StrEG)

Wird das **Verfahren** nach einer Vorschrift **eingestellt,** die dies nach dem **Ermessen** **25** des Gerichts oder der Staatsanwaltschaft zulässt, so ist die Entschädigung in Abweichung von § 2 StrEG nicht obligatorisch (§ 3 StrEG). Auch hier wird eine endgültige Verfahrensbeendigung vorausgesetzt (*D. Meyer* Strafrechtsentschädigung Rn 12, 16, *Schätzler/ Kunz* Rn 14, zu § 3 StrEG). Es handelt sich primär um die Fälle des Absehens von Strafverfolgung nach dem sog Opportunitätsprinzip gemäß §§ 153 ff. StPO. Die einzelnen Anwendungsfälle sind jedoch strittig (s dazu näher *D. Meyer* Strafrechtsentschädigung Rn 17 ff., *Meyer-Goßner* Rn 1, *Schätzler/Kunz* Rn 12 ff., zu § 3 StrEG, je mwN).

b) Absehen von Strafe und überschießende Strafverfolgungsmaßnahme

26 § 4 StrEG erweitert die Möglichkeit der Entschädigung über den Anwendungsbereich des § 2 hinaus auf bestimmte **Verfahren, die mit einer Verurteilung enden.**

Es sind dies einmal Verfahren, in denen das Gericht **von Strafe abgesehen** hat (§ 4 Nr 1 StrEG); für die Pressebeschlagnahme erheblich sind hier etwa die §§ 86 Abs 4, 86a Abs 3 StGB.

Es sind dies ferner die Fälle der **überschießenden Strafverfolgungsmaßnahmen,** dh Verfahren, in denen „die in der strafgerichtlichen Verurteilung angeordneten Rechtsfolgen geringer sind als die darauf gerichteten Strafverfolgungsmaßnahmen" (§ 4 Abs 1 Nr 2 StrEG). Das ist denkbar bei existenzbedrohenden Folgen einer Auflagenbeschlagnahme, der nur eine letztlich verhängte unverhältnismäßig geringe Geldstrafe gegenübersteht, obwohl in den vorhergehenden Prozessstadien die Verhältnismäßigkeit der Folgen der Beschlagnahme zur Bedeutung der Sache (§ 111m Abs 1 StPO; vgl o § 13 Rn 91 ff.) bejaht worden war.

§ 4 Abs 2 StrEG bezieht hier schließlich Verfahren ein, die nicht zu der eigentlich erwarteten Verurteilung zu Strafe, sondern nur zur **Verhängung einer Geldbuße** wegen einer Ordnungswidrigkeit geführt haben.

c) Entschädigung nach Billigkeit (§ 4 StrEG)

27 In allen diesen Fällen „kann eine Entschädigung gewährt werden, soweit dies nach den Umständen des Falles der Billigkeit entspricht" (§§ 3 und 4 Abs 1 StrEG). Das Gesetz macht die Gewährung der Entschädigung also inhaltlich von dem Maßstab der **Billigkeit** abhängig und stellt sie zusätzlich in das **Ermessen** des Gerichts. Zu den dafür maßgeblichen Kriterien s näher *D. Meyer* Strafrechtsentschädigung § 3 StrEG Rn 32 ff., § 4 StrEG Rn 14 ff., 36 ff., 52 ff.; *Schätzler/Kunz* § 3 StrEG Rn 29 ff., § 4 StrEG Rn 24 ff., 42.

IV. Die Gründe für den Ausschluss oder die Versagung der Entschädigung nach dem StrEG

1. Überblick

28 Sind die zuvor entwickelten positiven Voraussetzungen der Entschädigung gegeben, so steht damit allein die Entschädigungspflicht noch nicht fest. Denn das StrEG enthält in den §§ 5 und 6 zwei Gruppen von negativen, also **anspruchshindernden Tatbestandsmerkmalen:** die Fallgruppen für einen zwingenden Ausschluss der Entschädigung in § 5 und die Gründe für ihre fakultative Versagung in § 6.

2. Zwingender Ausschluss der Entschädigung (§ 5 StrEG)

a) Selbstständige Anordnung der Einziehung

29 Die Entschädigung für eine einziehungssichernde Beschlagnahme (o Vor §§ 13 ff. Rn 5) ist gemäß § 5 Abs 1 Nr 4 StrEG **zwingend ausgeschlossen,** wenn die **Einziehung** der beschlagnahmten Sache(n) – in der Regel im objektiven Verfahren nach §§ 440 ff. StPO – gemäß § 76a StGB **selbstständig angeordnet** worden ist (vgl dazu näher o § 13 Rn 66 ff.). Der Einziehung der Beschlagnahmeobjekte sollen bestimmte Surrogate gleichstehen (*D. Meyer* Strafrechtsentschädigung Rn 28, *Schätzler/ Kunz* Rn 32, zu § 5 StrEG), nämlich die Unbrauchbarmachung (s § 74d Abs 1 S 2 StGB; o § 13 Rn 55), die Maßnahmen unter Einziehungsvorbehalt (§§ 74b Abs 2, 74d Abs 5 StGB; o § 13 Rn 50, 64) und die Wertersatzeinziehung (§ 74c iVm § 76a StGB).

V. Der Umfang der Entschädigung nach dem StrEG § 17 LPG

b) Vorsätzliche oder grob fahrlässige Verursachung der Strafverfolgungsmaßnahme

Die Entschädigung ist nach der Generalklausel des § 5 Abs 2 S 1 StrEG ferner 30 zwingend ausgeschlossen, „wenn und soweit der Beschuldigte **die Strafverfolgungsmaßnahme vorsätzlich oder grob fahrlässig verursacht** hat". Das Gesetz will damit den Gedanken des Mitverschuldens (§ 254 BGB) konkretisieren (BT-Drs IV/1512 S 3). Dementsprechend sind die Kategorien der Vorsätzlichkeit und der groben Fahrlässigkeit im zivilrechtlichen Sinne der §§ 276, 277 BGB zu interpretieren (*D. Meyer* Strafrechtsentschädigung Rn 44 ff., *Schätzler/Kunz* Rn 66 ff., zu § 5 StrEG). Ausgenommen von der Ausschlusswirkung des § 5 Abs 2 werden durch dessen Satz 2 zwei Fälle prozessual zulässigen Verhaltens: die bloße Wahrnehmung des Aussageverweigerungsrechts des Beschuldigten und die unterlassene Einlegung von Rechtsmitteln. Wegen der Einzelheiten der Auslegung von § 5 Abs 2 S 1 StrEG s *D. Meyer* Strafrechtsentschädigung Rn 34, *Meyer-Goßner* Rn 6 ff., *Schätzler/Kunz* Rn 38 ff., zu § 5 StrEG.

3. Fakultative Versagung der Entschädigung (§ 6 StrEG)

Gründe für eine **fakultative Versagung** der Entschädigung enthält § 6 StrEG. Es 31 handelt sich dabei um die Fälle widersprüchlicher Einlassungen des Beschuldigten (§ 6 Abs 1 Nr 1) und der Verfahrensbeendigung wegen Schuldunfähigkeit oder wegen eines Verfahrenshindernisses (§ 6 Abs 1 Nr 2). Abs 2 ist für die Beschlagnahme nicht einschlägig. In welchem Verhältnis § 6 zu § 5, insb dessen Abs 2, steht, ist strittig. Wegen aller Einzelheiten wird hier verwiesen auf die Kommentierung bei *D. Meyer,* Strafrechtsentschädigung, *Meyer-Goßner,* und *Schätzler/Kunz* zu § 6 StrEG.

**V. Der Umfang der
Entschädigung nach dem StrEG**

1. Beschränkung auf Vermögensschäden. Bagatellgrenze

Gegenstand der Entschädigung ist gemäß § 7 Abs 1 StrEG der „durch die 32 Strafverfolgungsmaßnahme verursachte **Vermögensschaden**". Damit nimmt das Gesetz Bezug auf die Regeln des bürgerlichen Rechts, namentlich die §§ 249 ff. BGB (BGHZ 65, 170/173 = NJW 1975, 2341; *D. Meyer* Strafrechtsentschädigung, Rn 11, *Meyer-Goßner* Rn 1, zu § 7 StrEG), jedoch mit einer wesentlichen Modifikation: Der Entschädigungsanspruch umfasst keinen Ausgleich für erlittenen immateriellen Schaden; diesen gewährt § 7 Abs 1 StrEG nur im Falle der Freiheitsentziehung. Abs 2 der Norm schließt Schäden, welche einen Betrag von 25 Euro nicht übersteigen, von der Entschädigungspflicht aus; eine Begrenzung nach oben hat das StrEG dagegen nicht angeordnet. Soweit durch die Beschlagnahme die Verkaufsmöglichkeit der Auflage reduziert wurde, ist die Wertminderung voll auszugleichen. Da die Auflage der Tagespresse schon nach kürzester Frist wertlos wird, ist in solchen Fällen der gesamte Wert der Auflage zu erstatten. Zu dem durch die Beschlagnahme verursachten Vermögensschaden gehört auch der Schaden, welcher dem Beschuldigten durch ein Verbreitungs- und Wiederabdruckverbot gemäß § 15 LPG erwachsen ist (zur Gültigkeit dieser Regelung neben §§ 111m/n StPO s o Vor §§ 13 ff. Rn 28).

2. Entgangener Gewinn

Der Vermögensschaden umfasst auch den **entgangenen Gewinn** (§ 252 BGB). 33 Zum entgangenen Gewinn gehört bei der Tagespresse wesentlich der Ausfall an Inserateneinnahmen, die einen wesentlichen Teil der von der Presse erzielten Einnahmen ausmachen (ähnlich *Rebmann* § 17 Rn 12).

LPG § 17 — Entschädigung für fehlerhafte Beschlagnahme

3. Notwendige Auslagen, insb Verteidigerkosten

34   Zu ersetzen sind auch die für die Beseitigung der Strafverfolgungsmaßnahme **notwendigen Auslagen**, soweit sie nicht unter die Bestimmungen über den Ersatz der Kosten im Strafverfahren gemäß §§ 464 ff. StPO fallen (BGHZ 65, 170/179 ff. = NJW 1975, 2341; BGHSt 30, 152/157 f. = NJW 1981, 2651; *Meyer-Goßner* Rn 5, *Schätzler/Kunz* Rn 9, 24 ff., zu § 7 StrEG). Das gilt vor allem in Fällen einer Einstellung des Verfahrens durch die Staatsanwaltschaft vor Klageerhebung, in denen ein Kostenerstattungsanspruch nicht schon nach § 467a StPO begründet ist. In diesem Fall fallen die Kosten der Verteidigung nach Maßgabe der gesetzlichen Gebührenordnung insoweit unter den entschädigungsfähigen Vermögensschaden iSv § 7 StrEG, als sie für die Abwehr der Strafverfolgungsmaßnahme erforderlich waren (BGHZ 68, 86/87 ff. = NJW 1977, 957; *Galke* DVBl 1990, 145/149; *H. Schmidt* NJW 1973, 1167/1168), bei mangelnder Trennbarkeit von der allgemeinen Verteidigung des Beschuldigten gegen den erhobenen Vorwurf also uU in voller Höhe (s näher *D. Meyer* Strafrechtsentschädigung Rn 17 „Anwaltskosten", *Meyer-Goßner* Rn 5, *Schätzler/Kunz* Rn 26 ff., zu § 7).

4. Haftungsausfüllende Kausalität und Mitverschulden

35   Ersetzt wird der Vermögensschaden nur insoweit, als er durch die Beschlagnahme **verursacht** worden ist. § 7 Abs 4 hebt den Ausschluss der Entschädigung im Falle der überholenden Kausalität besonders hervor: Für einen Schaden, der auch ohne die Strafverfolgungsmaßnahme eingetreten wäre, wird keine Entschädigung geleistet. Aber auch sonst ist der Gedanke des Mitverschuldens, den die §§ 5 und 6 StrEG im Rahmen der haftungsbegründenden Kausalität konkretisieren (s oben Rn 28 ff.), auch im Rahmen der haftungsausfüllenden Kausalität, dh bei der Bemessung der konkreten Entschädigungshöhe, zu berücksichtigen (BT-Drs VI/1512 S 4; BGHZ 63, 209/214 = NJW 1975, 350; *D. Meyer* Strafrechtsentschädigung Rn 51, *Schätzler/Kunz* Rn 89 f., zu § 7 StrEG; anders *Löffler* hier in der 3. Aufl Rn 32 zu § 17 LPG).

VI. Entschädigungsberechtigung und Entschädigungspflicht nach dem StrEG

1. Alleinige Entschädigungsberechtigung des Beschuldigten (s § 2 StrEG). Akzessorischer Anspruch der Unterhaltungsberechtigten (§ 11 StrEG)

36   **Entschädigungsberechtigtes Subjekt** ist nach dem StrEG der **Beschuldigte** (*D. Meyer* Strafrechtsentschädigung § 2 Rn 15, 17; *Roxin/Schünemann* StrafverfahrensR § 60 Rn 7; *Schätzler/Kunz* Einl Rn 37). Das folgt für die Beschlagnahme aus § 2 des Gesetzes, der die Entschädigung daran knüpft, dass der Geschädigte freigesprochen, dass das gegen ihn geführte Verfahren eingestellt oder dass die Eröffnung des Hauptverfahrens gegen ihn abgelehnt wird. Nach § 157 StPO wird der Beschuldigte im gerichtlichen Zwischenverfahren vor der Entscheidung über die Eröffnung des Hauptverfahrens als „Angeschuldigter" und im Hauptverfahren als „Angeklagter" bezeichnet. Eine einzige Erweiterung des Kreises entschädigungsfähiger Subjekte gilt gemäß § 11 StrEG im Betragsverfahren nach Feststellung der Entschädigungspflicht: Hier haben auch die gegenüber dem Beschuldigten gesetzlich **Unterhaltsberechtigten** einen eigenen akzessorischen Anspruch gegen die Staatskasse, soweit ihnen durch die Strafverfolgungsmaßnahme der Unterhalt entzogen worden ist.

2. Ausschluss Dritter von der Entschädigungsberechtigung

37   **Sonstige Dritte** haben dagegen **keinen Anspruch** auf Entschädigung **nach dem StrEG**. Insoweit sind daher die allgemeinen Vorschriften des § 839 BGB iVm Art 34 GG bzw spezielle Normen einschlägig (vgl BGHSt 36, 236/239 f.). Das gilt nament-

VII. Das Entschädigungsverfahren nach dem StrEG § 17 LPG

lich für den Einziehungsbeteiligten iSv §§ 430 ff. StPO; dabei handelt es sich gemäß § 431 Abs 1 S 1 StPO um eine Person, die an dem Gegenstand, um dessen Einziehung es geht, eigene Rechte geltend macht (vgl dazu o § 13 Rn 72). Obwohl die StPO seine Rechtsposition der des Angeschuldigten annähert, gibt sie ihm diese Rechte doch nur als „einem anderen als dem Angeschuldigten" (§ 431 Abs 1 S 1 Nr 1 StPO). Der Einziehungsbeteiligte hat deshalb keinen Anspruch auf Entschädigung nach § 2 StrEG (KG NJW 1978, 2406 f.; OLG Celle NdsRpfl 1986, 38/40; LG Freiburg NJW 1990, 399/400; *D. Meyer* Strafrechtsentschädigung § 2 Rn 16, *Meyer-Goßner* Vor § 1 StrEG Rn 2; *Schätzler/Kunz* Einl Rn 40, 42 f.). Einen materiellrechtlich begründeten Entschädigungsanspruch gibt dagegen § 74f StGB Dritten in den dort genannten Fällen.

3. Entschädigungspflichtigkeit des Landes

Entschädigungspflichtig ist das Bundesland, bei dessen Gericht das Strafverfahren in erster Instanz anhängig war bzw dessen Amtsgericht nach Verfahrenseinstellung durch die Staatsanwaltschaft gemäß § 9 StrEG entschieden hat (§ 15 Abs 1 StrEG). Weitere Einzelheiten bei *D. Meyer* Strafrechtsentschädigung zu § 15. 38

VII. Das Entschädigungsverfahren nach dem StrEG

1. Das Grundverfahren

a) Generell Entscheidung des Strafgerichts von Amts wegen (§ 8 StrEG)

Im **Grundverfahren** entscheidet das **Strafgericht,** bei dem die Sache anhängig ist, zugleich über die Verpflichtung zur Entschädigung, und zwar in dem verfahrensabschließenden Urteil oder Beschluss (§ 8 Abs 1 S 1 StrEG). Dabei handelt es sich um einen „unselbstständigen Annex zur Sachentscheidung" (BGHSt 26, 250/252 = NJW 1976, 523; *D. Meyer* Strafrechtsentschädigung Vorbem §§ 8–9 Rn 8; *Meyer-Goßner* § 8 StrEG Rn 4; *Schätzler/Kunz* § 8 Rn 5). Ist die Sache bis ins Hauptverfahren gelangt, so besteht die Möglichkeit einer isolierten Entscheidung durch Beschluss in einem Nachverfahren außerhalb der Hauptverhandlung, wenn die Entscheidung in der Verhandlung nicht möglich ist (§ 8 Abs 1 S 2 StrEG; zu den einschlägigen Fällen s *D. Meyer* Strafrechtsentschädigung Rn 18 ff., *Meyer-Goßner* Rn 7, *Schätzler/Kunz* Rn 23 ff., zu § 8 StrEG, je mwN). Zur Zuständigkeit, insb in der Berufungs- und Revisionsinstanz, s *D. Meyer* Strafrechtsentschädigung Rn 35 ff., *Meyer-Goßner* Rn 13 ff., zu § 8 StrEG. 39

Das Gericht entscheidet **von Amts wegen,** ein Antrag des Beschuldigten ist daher nicht erforderlich, aber als Anregung an das Gericht möglich (*D. Meyer* Strafrechtsentschädigung Rn 3, *Meyer-Goßner* Rn 3, *Schätzler/Kunz* Rn 13, zu § 8 StrEG). Der Beschuldigte und sein Verteidiger sind jedoch, wenn die Entscheidung im Laufe der Hauptverhandlung ergeht, stets (§ 33 Abs 1 StPO), sonst jedenfalls dann zu hören, wenn zum Nachteil des Beschuldigten Tatsachen oder Beweisergebnisse verwertet werden, zu denen er noch nicht gehört worden ist (§ 33 Abs 3 StPO; s dazu auch *D. Meyer* Strafrechtsentschädigung § 8 Rn 4). 40

b) Die Sonderregelung bei Einstellung durch die Staatsanwaltschaft (§ 9 StrEG)

Eine Sonderregelung trifft § 9 StrEG für die Verfahren, die **von der Staatsanwaltschaft eingestellt worden** sind. Hier entscheidet im Prinzip das Amtsgericht am Sitz der Staatsanwaltschaft über die Entschädigungspflicht (§ 9 Abs 1 S 1 StrEG), und zwar der durch den Geschäftsverteilungsplan dafür als zuständig ausgewiesene Richter (s § 21e Abs 1 GVG). An Stelle des Amtsgerichts entscheidet in den Fällen des § 9 Abs 1 S 2 StrEG (Einstellung nach Klagerücknahme durch die Staatsanwaltschaft, Einstellung in erstinstanzlichen Sachen beim OLG) das Gericht, das für die Eröffnung des Hauptverfahrens zuständig gewesen wäre, durch den für diese nach der Geschäftsverteilung bestimmten Spruchkörper. 41

42 Die Entscheidung nach § 9 StrEG ergeht nicht von Amts wegen, sondern nur auf **Antrag des Beschuldigten,** der binnen eines Monats nach Zustellung der Mitteilung über die Einstellung des Verfahrens zu stellen ist (§ 9 Abs 1 S 3 StrEG iVm § 35 StPO). Die Staatsanwaltschaft hat nicht das Recht zu einer Antragstellung zugunsten des Beschuldigten (*D. Meyer* Strafrechtsentschädigung § 9 Rn 22). In der Mitteilung über die Einstellung des Verfahrens ist der Beschuldigte über sein Antragsrecht, die Frist und das zuständige Gericht zu belehren (§ 9 Abs 1 S 4 StrEG). Bei unverschuldeter Fristversäumung hat er die Möglichkeit der Wiedereinsetzung in den vorigen Stand (§ 9 Abs 1 S 5 StrEG iVm §§ 44 ff. StPO). Nähere Einzelheiten regelt die Anlage C zu den Richtlinien für das Straf- und Bußgeldverfahren (RiStBV, abgedruckt bei *Meyer-Goßner* als Anhang 15) in Teil I unter A.

c) Der Inhalt der Entscheidung (§ 8 Abs 2 StrEG)

43 **Inhaltlich** hat die Entscheidung nicht nur die Entschädigungspflicht an sich festzustellen, sondern nach der ausdrücklichen Vorschrift des § 8 Abs 2 StrEG auch „die Art und gegebenenfalls den Zeitraum der Strafverfolgungsmaßnahme zu bezeichnen, für die Entschädigung zugesprochen wird". Die Angabe der zu entschädigenden Dauer ist für die Beschlagnahme unverzichtbar (OLG Düsseldorf JMBlNW 1987, 198; *D. Meyer* Strafrechtsentschädigung Rn 42, *Meyer-Goßner* Rn 11, *Schätzler/Kunz* Rn 40, zu § 8 StrEG).

d) Sofortige Beschwerde (§ 8 Abs 3, § 9 Abs 2 StrEG)

44 Als **Rechtsbehelf** ist sowohl gegen die Annexentscheidung des mit der Sache befassten Gerichts gemäß § 8 Abs 3 StrEG als auch gegen die Entscheidung des Amtsgerichts oder des fiktiven Eröffnungsgerichts nach staatsanwaltlicher Verfahrenseinstellung gemäß § 9 Abs 2 StrEG die **sofortige Beschwerde** „nach den Vorschriften der StPO" zulässig, und zwar selbst im Falle der Unanfechtbarkeit der verfahrensabschließende Entscheidung als solcher (das gilt auch für § 9, s *D. Meyer* Strafrechtsentschädigung Rn 31 zu § 9 StrEG). Dafür gilt vor allem die Frist von einer Woche nach Bekanntmachung der Entscheidung gemäß § 311 Abs 2 StPO. Gegen Entscheidungen des Oberlandesgerichts im ersten Rechtszug und des BGH ist die sofortige Beschwerde, auch soweit es um die Entschädigung für eine Sicherstellungsmaßnahme geht, gemäß § 304 Abs 4 StPO unzulässig (so bezüglich § 9 Abs 2 StrEG BGHSt 26, 250 ff. = NJW 1976, 523; *D. Meyer* Strafrechtsentschädigung § 8 Rn 49; *Meyer-Goßner* Rn 19 zu § 8 und Rn 10 zu § 9 StrEG; *Schätzler/Kunz* § 8 Rn 32). Die Frage, ob die Wertgrenze von 200 Euro gemäß § 304 Abs 3 StPO auf die Entschädigungsbeschwerde angewendet werden kann, ist strittig, für das Grundverfahren aber richtiger Ansicht nach zu verneinen (*Meyer-Goßner* § 8 StrEG Rn 20; *Schätzler/Kunz* § 8 Rn 54; differenzierend *D. Meyer* Strafrechtsentschädigung § 8 StrEG Rn 50, jeweils mwN). Im Falle des Verfahrensabschlusses durch das mit der Sache befasste Gericht nach § 8 StrEG ordnet dessen Abs 3 S 2 iVm § 464 Abs 3 S 2 StPO die Bindung des Beschwerdegerichts an die tatsächlichen Feststellungen der angefochtenen Entscheidung an (näher *D. Meyer* Strafrechtsentschädigung Rn 54 ff., *Meyer-Goßner* Rn 21, jeweils zu § 8 StrEG; für Maßgeblichkeit auch der rechtlichen Wertung *Schätzler/Kunz* § 8 Rn 59; aA insoweit jedoch OLG Karlsruhe NStZ 1981, 228).

2. Das Betragsverfahren

a) Entscheidung der Landesjustizverwaltung auf Antrag (§ 10 StrEG)

45 Im **Betragsverfahren** entscheidet gemäß § 10 Abs 2 StrEG über die konkrete Bemessung der Entschädigung auf Antrag des Beschuldigten die **Landesjustizverwaltung.** Welche Instanz damit im Einzelnen als Prüfungsstelle betraut wird, ist je nach Bundesland unterschiedlich geregelt; es handelt sich dabei entweder um den Leiter der Staatsanwaltschaft bei dem Landgericht oder bei dem Oberlandesgericht (*D. Meyer* Strafrechtsentschädigung § 10 Rn 18; *Schätzler/Kunz* § 10 Rn 15). Die Prüfungsstelle im Betragsverfahren ist an die im Grundverfahren getroffene gerichtliche Feststellung der Entschädigungspflicht gebunden (näher *Galke* DVBl 1990, 145/146; *D. Meyer* Strafrechtsentschädigung Vorbem. §§ 10–13 Rn 5 ff.; *Schätzler/Kunz* § 10 Rn 17 ff.). Der **Antrag** muss Art und Umfang der Schäden konkret bezeichnen und Beweismittel angeben (*Galke* DVBl 1990, 145/147; *Kröner* Baumann-FS S 414 f.; *D. Meyer* Strafrechtsentschädigung § 10 Rn 13; *Schätzler/Kunz* § 10 Rn 8a). Er ist binnen sechs Monaten nach rechtskräftiger Anerkennung der staatlichen Entschädigungspflicht bei der Staatsanwaltschaft zu stellen, welche die Ermittlungen in erster Instanz zuletzt geführt hat (§ 10 Abs 1 S 1 StrEG). Diese Staatsanwaltschaft hat den Berechtigten – den Beschuldigten, uU seine Erben, oder den Unterhaltsberechtigten gemäß § 11 StrEG – über sein Antragsrecht und die Frist zu belehren (§ 10 Abs 1 S 3 StrEG). Der Lauf der Frist beginnt mit der Zustellung der Belehrung (§ 10 Abs 1 S 4 StrEG). Versäumt der Berechtigte es schuldhaft, den Antrag innerhalb der Frist zu stellen, so ist der Anspruch ausgeschlossen (§ 10 Abs 1 S 3 StrEG). Ein Verschulden seines Bevollmächtigten muss sich der Berechtigte nach dem Grundsatz des § 85 Abs 2 ZPO zurechnen lassen (BGHZ 66, 122/123 ff. = NJW 1976, 1218; *D. Meyer* Strafrechtsentschädigung Rn 14, *Meyer-Goßner* Rn 5, *Schätzler/Kunz* Rn 10, zu § 10 StrEG). Bei unverschuldeter Fristversäumung hat der Betroffene auch hier die Möglichkeit der Wiedereinsetzung in den vorigen Stand (*Kröner* Baumann-FS S 416; *D. Meyer* Strafrechtsentschädigung § 10 Rn 14). Weitere Regeln über dieses Justizverwaltungsverfahren (*Kröner* S 414; *D. Meyer* Strafrechtsentschädigung § 10 StrEG Rn 1) enthalten die RiStBV Anl C (s oben Rn 42) in Teil I Abschnitt B und Teil II.

b) Rechtsweg zur Zivilgerichtsbarkeit. Zuständigkeit der Zivilkammer des Landgerichts (§ 13 StrEG)

Gegen die Entscheidung über den Entschädigungsanspruch im Justizverwaltungsverfahren gemäß § 10 StrEG ist der **Rechtsweg** zu den Zivilgerichten gegeben. Ohne Rücksicht auf den Wert des Streitgegenstandes ist die **Zivilkammer des Landgerichts** für die Klage ausschließlich zuständig (§ 13 Abs 1 StrEG). Diese ist binnen drei Monaten nach Zustellung der von der zuständigen Stelle der Landesjustizverwaltung getroffenen Entscheidung zu erheben (§ 13 Abs 1 S 2 StrEG); bei dieser Frist handelt es sich um eine Ausschlussfrist, gegen deren Versäumung die Wiedereinsetzung in den vorigen Stand nicht gegeben ist (LG Flensburg SchlHA 1992, 12/13; *D. Meyer* Strafrechtsentschädigung Rn 8, *Meyer-Goßner* Rn 1, *Schätzler/Kunz* Rn 2, zu § 13 StrEG). Die Klage ist gegen das nach § 15 StrEG ersatzpflichtige Land zu richten, das durch die entscheidende Stelle vertreten wird (*Meyer-Goßner* Rn 1 zu § 13 StrEG). Darüber ist der Berechtigte von dieser zu belehren, wenn sein Antrag ganz oder teilweise abgelehnt wird (RiStBV Anl C Teil I B III 2). Gegen die Entscheidung der Zivilkammer sind die Rechtsmittel nach der ZPO gegeben.

c) Absolute Ausschlussfrist (§ 12 StrEG)

Für das Betragsverfahren gilt nach § 12 StrEG eine **absolute Ausschlussfrist:** Der Anspruch auf Entschädigung kann nicht mehr geltend gemacht werden, wenn seit dem Ablauf des Tages, an dem die Entschädigungspflicht rechtskräftig festgestellt ist, **ein Jahr** verstrichen ist, ohne dass ein Antrag nach § 10 Abs 1 gestellt wurde. Dafür ist es gleichgültig, ob der Berechtigte ordnungsgemäß belehrt worden war oder nicht; auch eine Wiedereinsetzung in den vorigen Stand ist nicht möglich (BGHZ 108, 14/16 f. = NJW 1989, 2619; *D. Meyer* Strafrechtsentschädigung Rn 2, *Meyer-Goßner* Rn 1, *Schätzler/Kunz* Rn 2, zu § 12 StrEG; *Kröner* Baumann-FS S 415). Allerdings kommt ein Anspruch aus Amtshaftung in Betracht, wenn die Belehrung unterlassen worden war (*D. Meyer* Strafrechtsentschädigung § 12 Rn 4; dazu u Rn 63 ff.).

VIII. Grundlinien der Entschädigung nach § 17 LPG

§ 17 LPG kann nach der hier o Rn 10 f. vertretenen Auffassung nur dann noch eine **Bedeutung** zukommen, wenn – abweichend von der heute weit überwiegen-

LPG § 17 Entschädigung für fehlerhafte Beschlagnahme

den Literaturmeinung – das Bundesverfassungsgericht die Regelung der pressebezogenen Beschlagnahme nicht dem Verfahrensrecht, sondern der Materie Presserecht zuordnen und die bundesrechtlichen Normen der StPO insoweit für ungültig erklären sollte. Für diesen Fall ist hier auch das Modell des § 17 LPG einer näheren Betrachtung zu unterziehen.

1. Formelle Voraussetzung: Negativer Verfahrensausgang

49 a) Als wichtigste **formelle Voraussetzung** nennt § 17 Abs 2 LPG den vorherigen negativen Ausgang des wegen des beanstandeten Druckwerks eingeleiteten Verfahrens. Dies ist zum einen der Fall, sobald die **Beschlagnahmeanordnung vom Gericht aufgehoben** worden ist (§ 17 Abs 2 Satz 1 LPG). Dabei ist es gleichgültig, aus welchem Rechtsgrund die Beschlagnahme aufgehoben wurde – sei es, dass sie sich in materieller oder formeller Hinsicht als fehlerhaft erwies, sei es, dass sie wegen nicht fristgemäßer Erhebung der öffentlichen Klage nach zwingender Gesetzesvorschrift aufgehoben werden musste (o § 16 Rn 22). Gleichgültig ist auch, auf wessen Veranlassung die Aufhebung zurückging.

50 b) Der Aufhebung der Beschlagnahme steht es nach § 17 Abs 2 S 1 LPG gleich, wenn das strafprozessuale Hauptverfahren oder das ihm entsprechende objektive Verfahren gemäß §§ 440 ff. StPO **nicht zur Einziehung** des Druckwerkes bzw zum Vorbehalt der Einziehung (§ 74b Abs 2 StGB, s oben § 13 Rn 50, 64) **geführt** hat. Ist dagegen die Einziehung bzw der Vorbehalt der Einziehung im Hauptverfahren oder im objektiven Verfahren rechtskräftig ausgesprochen worden, so entfällt damit der Entschädigungsanspruch. Ist die endgültige Einziehung nur bei einem Teil des beschlagnahmten Druckwerks angeordnet worden (zB nur bei der Stadtausgabe der Zeitung, nicht aber bei der Landausgabe), so ist nur für diesen Teil der Weg für die Geltendmachung des Entschädigungsanspruchs verschlossen.

51 c) Eine Besonderheit besteht bei den **Antrags- bzw Ermächtigungsdelikten**, bei denen eine Beschlagnahme uU zulässig ist, bevor der förmliche Strafantrag (etwa des beleidigten Oberbürgermeisters) oder die Ermächtigung (zB des Bundespräsidenten) vorliegt (o § 13 Rn 85 ff.). Wird in der Folge die Ermächtigung dann doch nicht erteilt oder der Strafantrag nicht gestellt oder wird der bereits gestellte Strafantrag zurückgenommen, so muss das Verfahren eingestellt und die Beschlagnahme aufgehoben werden. Obwohl damit der Weg für die Geltendmachung des Entschädigungsanspruchs frei wäre, schließen die meisten Landespressegesetze den Entschädigungsanspruch aus (§ 17 Abs 2 S 2 LPG). Kritisch dazu *Löffler* hier in der 3. Aufl § 17 Rn 18.

2. Materielle Voraussetzung: Objektive Fehlerhaftigkeit

52 In **materieller Hinsicht** setzt der Entschädigungsanspruch voraus, dass die Beschlagnahme selbst fehlerhaft war. Dafür genügt jedoch die **objektive Fehlerhaftigkeit**. Auch § 17 LPG fordert als Voraussetzung der Entschädigung kein Verschulden der mit der Angelegenheit befassten Behörden.

53 a) § 17 Abs 1 LPG nennt in erster Linie die **Unzulässigkeit** der Beschlagnahme. Diese Voraussetzung ist stets dann gegeben, wenn bei der Anordnung oder dem Vollzug der Maßnahme gesetzlich vorgeschriebenen formellen Voraussetzungen nicht beachtet wurden, so zB wenn die Beschlagnahmeanordnung entgegen § 13 Abs 1 LPG nicht von einem zuständigen Gericht getroffen wurde oder unter Missachtung des § 14 Abs 1 LPG Druckwerke beschlagnahmt wurden, die sich bereits in den Händen der Leser befanden.

54 b) Fehlerhaft ist nach § 17 Abs 1 LPG auch eine **Beschlagnahme**, die sich als **ungerechtfertigt** (in Bremen „als nicht begründet") erweist. Nicht gerechtfertigt bzw nicht begründet ist die Beschlagnahmeanordnung, wenn zwar die Formalitäten beachtet wurden, jedoch die tatsächlichen oder rechtlichen Voraussetzungen für eine Be-

schlagnahme von Anfang an fehlten oder später weggefallen sind, ohne dass alsbald die Beschlagnahme aufgehoben wurde. Dieser Fall ist insb dann gegeben, wenn das die Beschlagnahme anordnende Gericht in unzutreffender Würdigung der Sach- oder Rechtslage die Voraussetzungen der Beschlagnahme zu Unrecht bejaht hat, so dass sie in der Folge aufgehoben werden musste, etwa weil festgestellt wurde, dass ihre nachteiligen Folgen zur Bedeutung der Sache selbst außer Verhältnis standen (§ 13 Abs 2 Nr 2 LPG). Ungerechtfertigt ist die Beschlagnahme auch dann, wenn der Staatsanwaltschaft oder bei der vorläufigen Sicherstellung der Polizei (s dazu unten LPG § 18) Ermessensfehler (Ermessensüberschreitung, Ermessensmissbrauch) unterlaufen sind.

§ 17 Abs 1 LPG Baden-Württemberg verlangt sogar, dass sich die Beschlagnahme als **offensichtlich** unbegründet erweist (berechtigte Kritik daran üben *Groß* PresseR Rn 620 und *Löffler* hier in der 3. Aufl § 17 Rn 23).

c) Nach ausdrücklicher Gesetzesbestimmung (§ 17 Abs 1 Satz 2 LPG) gilt es als 55 eine fehlerhafte, den Entschädigungsanspruch auslösende Maßnahme, wenn die Beschlagnahmeanordnung **aufrechterhalten** bleibt, obwohl sie infolge **Fristablaufs** (wegen nicht rechtzeitiger Erhebung der öffentlichen Klage) gemäß § 16 Abs 1 LPG zwangsläufig **hätte aufgehoben werden müssen**. Dasselbe gilt sinngemäß auch bei Ablauf der gemäß § 16 Abs 2 LPG verlängerten Frist wie auch dann, wenn die beschlagnahmten Druckwerke nach Aufhebung der Beschlagnahme nicht unverzüglich an den Betroffenen zurückgegeben werden (vgl BGHZ 72, 302 ff. = NJW 1979, 425) oder die Staatsanwaltschaft die nach § 16 Abs 3 Satz 3 vorgeschriebene Benachrichtigung der Betroffenen unterlässt.

3. Beschränkung des Anspruchs auf den unmittelbar Betroffenen

Zu den sachlichen Voraussetzungen der Entschädigung zählt es nach § 17 Abs 1 56 S 1 LPG ferner, dass der Schaden dem „durch die Beschlagnahme **unmittelbar Betroffenen**" entstanden ist. Nach den allgemeinen Aufopferungsgedanken sind als unmittelbar Betroffene die Eigentümer und Besitzer der beschlagnahmten Druckwerke anzusehen, aber ebenso auch die Grossisten, Buch- und Zeitschriftenhändler, Kioskinhaber und Lesezirkelbesitzer sowie alle, bei denen sie beschlagnahmt wurden (vgl hierzu *Rebmann* § 17 Rn 9). Den Einziehungsbeteiligten iSv § 431 StPO steht danach der Entschädigungsanspruch dann zu, wenn es um ihr Eigentum geht.

Als nur **mittelbar Betroffene** sind die Inserenten und Abonnenten, die Zeitungs- 57 austräger sowie die Verfasser von Beiträgen zu der beschlagnahmten Nummer zu betrachten; ihnen versagt § 17 LPG den Anspruch auf Entschädigung (vgl *Reh/Groß* § 17 Anm 1; *Thiele* DVBl 1963, 906/909). Ob und inwieweit sie beim Verleger oder beim Fiskus Schadensersatzansprüche geltend zu machen vermögen, entscheidet sich nach allgemeinen Rechtsgrundsätzen. Die Verlage pflegen sich gegen mögliche Regressansprüche durch entsprechende Vertragsklauseln in ihren Abmachungen mit Inserenten und Abonnenten zu sichern.

4. Umfang der Entschädigung

Der Betroffene hat nach § 17 Abs 1 S 1 und Abs 3 S 2 LPG Anspruch auf eine an- 58 gemessene Entschädigung für den durch die Beschlagnahme verursachten Vermögensschaden. Für den **Umfang der Entschädigung** nach § 17 LPG gelten daher die gleichen Grundsätze wie nach dem StrEG (o Rn 32 ff.).

5. Entschädigungspflichtigkeit des Landes

Entschädigungspflichtig ist nach § 17 Abs 3 S 2 LPG das Land. Das Berliner 59 LPG ordnet dies in § 16 Abs 3 allerdings nicht ausdrücklich an; gleichwohl kann diese landesrechtliche Vorschrift nicht anders verstanden werden, zumal nach Abs 4 des Gesetzes über die Entschädigungspflicht der Senator für Justiz entscheidet. Das jeweilige Bundesland haftet indes nur, soweit der Schaden auf fehlerhaften Beschlagnahmemaßnahmen der eigenen Landesbehörden beruht (*Rebmann* § 17 Rn 13). Da-

LPG § 17 Entschädigung für fehlerhafte Beschlagnahme

gegen spielt es für die Haftung des Landes keine Rolle, ob der durch eine fehlerhafte Beschlagnahme der Landesbehörden verursachte Schaden innerhalb oder außerhalb des Landes eintritt.

6. Entschädigungsverfahren

60 Abweichend von der Regelung des StrEG kennt § 17 LPG nur ein **einheitliches Verfahren** zur Entscheidung über Grund und Höhe der Entschädigung.

a) Entscheidung des Justizministeriums auf Antrag des Betroffenen

61 Ein Vorgehen von Amts wegen ist nicht vorgesehen. § 17 Abs 1 S 1 LPG verlangt vielmehr einen **Antrag des Betroffenen** bei der Staatsanwaltschaft des Landgerichts, in dessen Bezirk die den Entschädigungsweg freigebende gerichtliche Entscheidung gemäß § 17 Abs 2 LPG ergangen ist. Für den Antrag gilt in den meisten Ländern eine Ausschlussfrist von drei Monaten nach Bekanntmachung dieser Entscheidung (§ 17 Abs 4 LPG); allein Berlin hat hier eine Jahresfrist vorgesehen (§ 16 Abs 4 S 1 LPG). Bei Fristversäumnis ist eine Wiedereinsetzung in den vorigen Stand nicht möglich. Die Frist wird durch rechtzeitige Einreichung des Entschädigungsantrags bei der zuständigen Staatsanwaltschaft gewahrt.

b) Rechtsweg zur Ziviljustiz

62 Die **Entscheidung** über Grund und Höhe des geltend gemachten Entschädigungsanspruchs trifft das Justizministerium (der Senator für Justiz). Der Bescheid darüber wird dem Betroffenen, der den Entschädigungsantrag eingereicht hat, förmlich zugestellt. Soweit der Antragsteller mit der ergangenen Entscheidung hinsichtlich des Grundes oder der Höhe nicht einverstanden ist, kann er innerhalb einer Ausschlussfrist von sechs Monaten nach Zustellung des Bescheids **Zivilrechtsklage** beim ordentlichen Gericht erheben. Wie nach § 13 StrEG ist für diese Klage ohne Rücksicht auf die Höhe des Streitwerts ausschließlich das Landgericht sachlich zuständig. Da die Sechsmonatsfrist eine Ausschlussfrist ist, kommt auch hier im Fall der Fristversäumung eine Wiedereinsetzung in den vorigen Stand nicht in Betracht. Die Fristen selbst werden nach §§ 186 BGB, 222 ZPO berechnet.

IX. Sonstige Entschädigungs- und Schadensersatzansprüche

1. Amtshaftung (§ 839 BGB, Art 34 GG)

63 Die Entschädigung des Beschuldigten nach dem StrEG und die in § 17 LPG geregelte Entschädigung des Betroffenen setzen übereinstimmend lediglich eine nicht durch das Verfahrensergebnis gerechtfertigte, fehlerhafte Pressebeschlagnahme voraus und sind unabhängig von einem Verschulden der Strafverfolgungsinstanzen. Dem Betroffenen ist es deshalb unbenommen, bei Nachweis einer im zivilrechtlichen Sinne schuldhaften (vorsätzlichen oder fahrlässigen) und rechtswidrigen Amtspflichtverletzung der Behörde den Anspruch aus **Amtshaftung** gemäß § 839 BGB iVm Art 34 GG auf vollen Ersatz seiner materiellen und immateriellen Schäden geltend zu machen (dazu eingehend *Morlok* in Hoffmann-Riem/Schmidt-Aßmann/Voßkuhle (Hrsg.), Grundlagen des Verwaltungsrechts, Bd III, München 2009, § 54 Rn 41 ff.; *Ossenbühl/Cornils* Staatshaftungsrecht, S. 14 ff.; *Thode* DRiZ 2002, 417 ff.). Die Ansprüche auf Entschädigung nach dem StrEG (bzw nach § 17 LPG) und aus § 839 BGB decken sich nicht und können selbstständig nebeneinander geltend gemacht werden (BGHZ 13, 88/91 ff. = NJW 1954, 993; BT-Drs VI/460 S 6; *Galke* DVBl 1990, 145/146; *Groß* PresseR Rn 617; *D. Meyer* Strafrechtsentschädigung Einl Rn 54; *Schätzler/Kunz* Einl Rn 62). Fällt dem Beamten allein Fahrlässigkeit zur Last, so kann er nur dann in Anspruch genommen werden, wenn der Verletzte nicht auf andere Weise Schadensersatz zu erlangen vermag (§ 839 Abs 1 S 2 BGB).

IX. Sonstige Entschädigungs- und Schadensersatzansprüche § 17 LPG

Die **Haftung des Amtsträgers** gegenüber dem Geschädigten ist in § 839 BGB ge- 64
regelt. Soweit der Amtsträger in Ausübung seines Amtes handelte (zB als Richter
oder Staatsanwalt), **haftet** an seiner Stelle der **Staat,** in dessen Dienst er tätig ist
(Art 34 GG). Bei Richtern, Staatsanwälten und der Polizei haftet das betreffende Land
als Dienstherr im Sinne des Art 34 GG (BGHZ 13, 88 = NJW 1954, 953; s schon
RGZ 140, 126).

Die **Beschränkung der richterlichen Haftung** hinsichtlich ihrer urteilenden 65
Tätigkeit auf die Fälle einer mit Kriminalstrafe bedrohten Pflichtverletzung (§ 839
Abs 2 Satz 1 BGB, Spruchrichterprivileg) **greift** in Fällen der Pressebeschlagnahme
nicht ein, weil die Anordnung der Beschlagnahme kein prozessabschließendes Urteil
in einer Rechtssache ist (zu diesem Erfordernis BGHZ 10, 55/60 = NJW 1953,
1298; BGHZ 13, 142/144 = NJW 1954, 1283; BGH NJW 1957, 1277; *Groß* PresseR
Rn 618; *Papier* in Münchener Kommentar zum BGB, Bd 5, 6. Aufl, München 2013,
§ 839 Rn 325).

2. Öffentlich-rechtliche Verwahrung

Neben den Ansprüchen aus dem StrEG (bzw § 17 LPG) und gemäß Art 34 GG, 66
§ 839 BGB kommen für den Betroffenen auch Schadensersatzansprüche aus **öffentlich-rechtlicher Verwahrung** in Betracht (§§ 688 ff. BGB analog; s dazu *Groß* PresseR
Rn 619; *Ossenbühl/Cornils* Staatshaftungsrecht, S 406 ff.). Ein öffentlich-rechtliches
Verwahrungsverhältnis entsteht immer dann, wenn eine Behörde in Erfüllung ihrer
hoheitlichen Aufgaben Gegenstände in Gewahrsam nimmt. Während der öffentlich-
rechtlichen Verwahrung hat die Behörde die beschlagnahmte Schrift oder ihre Herstellungsmittel vor Verlust, Entwertung oder Beschädigung zu schützen (RiStBV
Nr 74); die schuldhafte Verletzung dieser Sorgfaltspflicht begründet einen Schadensersatzanspruch aus § 280 Abs 1 BGB (*Gurlit*, in Erichsen/Ehlers [Hrsg], Allg VerwaltungsR, 14. Aufl, Berlin/New York 2010, § 35 Rn 4 ff.; *Henssler* in Münchener
Kommentar zum BGB, Bd 4, 6. Aufl, München 2012, § 688 Rn 59, 64; *Papier,* Die
Forderungsverletzung im öffentlichen Recht, Berlin 1970, S 42 – § 280 BGB bezieht
seit dem Schuldrechtsmodernisierungs G v 29.11.2001, BGBl I S 3138, die positive
Forderungsverletzung in die gesetzliche Regelung ein, s nur *Ernst* in MünchKomm
BGB, Bd 2, 6. Aufl, München 2012, § 280 Rn 9). Ein solcher Schadensersatzanspruch aus öffentlich-rechtlicher Verwahrung dürfte aber bei der Pressebeschlagnahme gleichwohl eher selten sein. Denn der eintretende Schaden beruht hier in der
Regel auf der Unmöglichkeit, das Presseerzeugnis zu verbreiten. Denkbar ist aber ein
Schadensersatzanspruch aus mangelhafter Verwahrung bezüglich der beschlagnahmefähigen Herstellungsmittel einer inkriminierten Schrift.

3. Verjährung und Verfahren

Nicht anzuwenden auf die zivilrechtlichen Schadensersatzansprüche aus öffent- 67
lich-rechtlichem Verwahrungsverhältnis und aus Amtshaftung sind die **besonderen
Verfahrensvorschriften** für die Entschädigung bei fehlerhafter Pressebeschlagnahme,
insb die Ausschlussfristen der §§ 12 und 13 Abs 1 StrEG (bzw § 17 Abs 4 LPG). Es
gilt die normale Verjährungsfrist von drei Jahren (§ 195 BGB); beide Ansprüche sind
nach Grund und Höhe vor den ordentlichen Gerichten geltend zu machen (Art 34
GG S 3, § 40 Abs 2 S 1 VwGO).

4. Ansprüche Dritter

Ansprüche **Dritter,** in deren Rechte die Beschlagnahme eingreift, denen aber keine 68
Entschädigung nach dem StrEG bzw nach § 17 LPG zusteht – andere Personen als
der Beschuldigte bzw mittelbar von der Beschlagnahme Betroffene (o Rn 37, 57) –
können sich gegebenenfalls wiederum aus Amtshaftung bzw aus öffentlich-rechtlicher
Verwahrung ergeben. Daneben ist aber auch an einen Entschädigungsanspruch aus

enteignendem Eingriff zu denken, wenn im Zusammenhang mit einer durch das Verfahrensergebnis nicht gedeckten Beschlagnahme eine Beeinträchtigung des Eigentums eintritt; denn wenn diese Maßnahme schon dem Beschuldigten ein Sonderopfer auferlegt, gegen den doch immerhin nach § 111b Abs 1 StPO ein Tatverdacht bestehen muss, dann muss dies erst recht gegenüber dem unverdächtigen Einziehungsbeteiligten gelten (vgl *Amelung* StV 1988, 326/327). Zur Geltung und den Voraussetzungen dieses Entschädigungstatbestandes s nur etwa *Maurer* Allg VerwR § 27 Rn 107 ff.; *Ossenbühl/Cornils* StaatshaftungsR S. 325 ff.

§ 18 LPG
Vorläufige Sicherstellung

I. Landesrecht

Gesetzesfassung in Baden-Württemberg:

§ 18 Vorläufige Sicherstellung

(1) Die Staatsanwaltschaft oder ihre Hilfsbeamten dürfen ein Druckwerk ohne richterliche Beschlagnahme zu anderen Zwecken als zur Beweissicherung vorläufig sicherstellen, wenn seine Herstellung oder Verbreitung eine rechtswidrige Tat ist, die den Tatbestand

1. des Friedensverrats, des Hochverrats, der Gefährdung des demokratischen Rechtsstaates, des Landesverrats, der Gefährdung der äußeren Sicherheit oder
2. der §§ 109d, 109g, 111, 129, 130, 131, 184 des Strafgesetzbuches oder der Anstiftung zum Ungehorsam (§ 19 in Verbindung mit § 1 Abs. 3 des Wehrstrafgesetzes) oder
3. des § 21 Abs. 1 bis 3 des Gesetzes über die Verbreitung jugendgefährdender Schriften

verwirklicht und wenn eine richterliche Anordnung der Beschlagnahme nicht rechtzeitig herbeigeführt werden kann. § 13 Abs. 2 und 3 sowie §§ 14 und 17 sind auf die vorläufige Sicherstellung entsprechend anzuwenden.

(2) Über die Bestätigung oder Aufhebung der vorläufigen Sicherstellung entscheidet das zuständige Gericht. Die Staatsanwaltschaft hat die Entscheidung binnen 24 Stunden nach der Sicherstellung zu beantragen. Das Gericht hat binnen 24 Stunden nach Eingang des Antrags zu entscheiden.

(3) Ist die vorläufige Sicherstellung von einem Hilfsbeamten der Staatsanwaltschaft angeordnet worden, so muß er die Verhandlungen spätestens innerhalb von zwölf Stunden der Staatsanwaltschaft vorlegen.

(4) Die Anordnung der vorläufigen Sicherstellung wird unwirksam, wenn nicht binnen fünf Tagen seit ihrem Erlaß der bestätigende Gerichtsbeschluß der Behörde zugegangen ist, die die Sicherstellung angeordnet hat; die vorläufig sichergestellten Stücke sind unverzüglich freizugeben.

(5) Der Beschluß des Gerichts, der die vorläufige Sicherstellung aufhebt, ist unanfechtbar.

Gesetzesfassung in Bayern:

Art. 15 [Beschlagnahme]

(1) Die Anordnung der Beschlagnahme von Druckwerken steht abweichend von § 98 der Strafprozessordnung nur dem Richter zu.

Vorläufige Sicherstellung   § 18 LPG

(2) Die Polizei ist berechtigt, gegen Art. 7 verstoßende Druckwerke und Druckwerke strafbaren Inhalts mit Ausnahme von Zeitungen und Zeitschriften dem Verbreiter vorläufig wegzunehmen. Sie hat dieselben unverzüglich dem Richter vorzulegen, der innerhalb von 24 Stunden eine Entscheidung zu treffen hat.

Berlin: Eine entsprechende Regelung wurde nicht getroffen.

Brandenburg: Eine entsprechende Regelung wurde nicht getroffen.

Gesetzesfassung in Bremen:

§ 18 Vorläufige Sicherstellung

(1) Die Staatsanwaltschaft oder ihre Hilfsbeamten dürfen ein Druckwerk ohne richterliche Beschlagnahme zu anderen Zwecken als zur Beweissicherung vorläufig sicherstellen, wenn seine Herstellung oder Verbreitung eine rechtswidrige Tat darstellt, die den Tatbestand

1. des Friedensverrats, des Hochverrats, der Gefährdung des demokratischen Rechtsstaates, des Landesverrats, der Gefährdung der äußeren Sicherheit oder
2. der §§ 90a, 90b, 109g, 111, 129, 130, 131, 184 des Strafgesetzbuches

verwirklicht, und wenn eine richterliche Anordnung der Beschlagnahme nicht rechtzeitig herbeigeführt werden kann.

(2) Die vorläufige Sicherstellung ist unzulässig bei Tageszeitungen und bei solchen periodisch erscheinenden Zeitungen und Zeitschriften, die auf dem bei Zeitungen und Zeitschriften üblichen Wege verbreitet werden.

(3) Über die Bestätigung oder Aufhebung der vorläufigen Sicherstellung entscheidet das zuständige Gericht. Die Staatsanwaltschaft hat die Entscheidung binnen 24 Stunden nach der Sicherstellung zu beantragen. Das Gericht hat binnen 24 Stunden nach Eingang des Antrages zu entscheiden.

(4) Ist die vorläufige Sicherstellung von einem Hilfsbeamten der Staatsanwaltschaft angeordnet worden, so muß er die Vorgänge spätestens innerhalb 12 Stunden der Staatsanwaltschaft vorlegen.

(5) Die vorläufige Sicherstellung wird unwirksam, wenn nicht binnen 5 Tagen seit ihrer Anordnung der Beschlagnahmebeschluß der Behörde mitgeteilt ist, die die Sicherstellung angeordnet hat; die vorläufig sichergestellten Stücke des Druckwerkes sind unverzüglich freizugeben.

(6) Der Beschluß des Gerichts, der die vorläufige Sicherstellung aufhebt, ist unanfechtbar.

(7) Im übrigen finden die Vorschriften des § 13 Absätze 2 und 3, des § 14 und des § 17 auf die vorläufige Sicherstellung entsprechende Anwendung.

Hamburg: Die durch Ges. vom 1.12.1980 (GVBl. S. 361) aufgehobene Regelung der Pressebeschlagnahme hatte eine entsprechende Bestimmung nicht enthalten.

Hessen: Die durch Ges. v. 16.5.2001 (GVBl. S. 250) aufgehobene Regelung der Pressebeschlagnahme hatte eine entsprechende Bestimmung nicht enthalten.

Mecklenburg-Vorpommern: Eine entsprechende Regelung wurde nicht getroffen.

Niedersachsen: § 18 aufgehoben durch Ges. vom 5.12.1983 (GVBl. S. 281)

Nordrhein-Westfalen: § 19 aufgehoben durch Ges. vom 6.10.1987 (GV.NW. S. 342)

Rheinland-Pfalz: Die durch das Landesmediengesetz v. 4.2.2005 (GVBl. S. 23) aufgehobene Regelung der Pressebeschlagnahme hatte eine entsprechende Bestimmung nicht enthalten.

LPG § 18   Vorläufige Sicherstellung

Saarland: Das Saarländische MedienG idF v 27.2.2002 (ABl. S. 498, 754) hat das Saarländische Pressegesetz außer Kraft gesetzt (§ 71 Abs 1); es enthält in den §§ 13–19 keine entsprechende Regelung.

Sachsen: Eine entsprechende Regelung wurde nicht getroffen.

Sachsen-Anhalt: Eine entsprechende Regelung wurde nicht getroffen.

Schleswig-Holstein: § 18 aufgehoben durch Ges. vom 9.12.1974 (GVOBl. S. 453)

Thüringen: Eine entsprechende Regelung wurde nicht getroffen.

II. Bundesrecht

Text der §§ 111e und 111n StPO s Vor §§ 13 ff. LPG.

Inhaltsübersicht

		Rn
I.	**Verhältnis zwischen § 18 LPG und § 111n Abs 1 StPO. Bedeutung der Bestimmung**	
	1. Die vorläufige Sicherstellung als Möglichkeit einer nicht-richterlichen Beschlagnahmeanordnung im Presserecht von drei Bundesländern	1
	2. Zersplitterung der Rechtslage nach Landespresserecht	2
	3. Der Streit um die Notwendigkeit der nicht-richterlichen Presse-Beschlagnahme	3
	4. Einschränkende Bestimmungen	4
II.	**Anordnung und Vollstreckung**	
	1. Beschränkung der nicht-richterlichen Anordnungs- und Vollstreckungskompetenz auf die Staatsanwaltschaft im Bundesrecht	5
	a) Zuständigkeit	6
	b) Form der Anordnung	7
	c) Vollstreckung	8
	2. Unterschiede im Landesrecht	9
	a) Vorläufige Sicherstellung als Anordnungskompetenz im Landesrecht	10
	b) Mehrdeutigkeit des Wortlauts der einschlägigen Regelungen	11
	c) Unverzügliche Vorlage an Staatsanwaltschaft oder Richter	12
III.	**Vorliegen der generellen Beschlagnahmevoraussetzungen**	13–16
IV.	**Die Voraussetzung einer Gefahr im Verzug**	
	1. Geltung des Merkmals	17, 18
	2. Begriff der Gefahr im Verzug	19, 20
	3. Überprüfbarkeit der Klausel als Rechtsbegriff	21
	4. Praktische Bedeutung	22
V.	**Differenzierung der Anordnungskompetenz nach dem Typus der Publikation**	
	1. Periodische und nicht-periodische Druckwerke und Schriften im Bundesrecht (§ 111n Abs 1 StPO)	23, 24
	2. Ausgrenzung von Zeitschriften und Zeitungen im Landesrecht	25, 26
VI.	**Landesrechtliche Beschränkungen der nicht-richterlichen Anordnungskompetenz nach der Art der verfolgten Straftat**	
	1. Irrelevanz des Kriteriums im Bundesrecht	27
	2. Unterschiede der Regelungen in Bayern, Baden-Württemberg und Bremen	28, 29
VII.	**Ausdehnung der nicht-richterlichen Beschlagnahmeanordnung auf Herstellungsmittel?**	
	1. Erstreckung auf die speziellen Herstellungsmittel im Bundesrecht	30
	2. Die landesrechtliche Regelung	31, 32
	3. Geltung der für richterliche Anordnungen vorgesehenen Beschränkungen	33

I. Verhältnis zwischen § 18 LPG und § 111n Abs 1 StPO § 18 LPG

Rn

VIII. Die richterliche Bestätigung und die dafür einzuhaltenden Fristen
1. Erfordernis der richterlichen Bestätigung 34–37
2. Bedeutung der kurzen Fristen 38
3. Antragspflicht der Staatsanwaltschaft und Initiative des Betroffenen .. 39
4. Berechnung der Fristen 40, 41
5. Folgen der Fristversäumung 42–45
6. Bestätigung und Aufhebung der nicht-richterlichen Beschlagnahmeanordnung 46–53
7. Unzulässigkeit einer wiederholten Anordnung nach gerichtlicher Ablehnung 54
8. Aufhebung der Anordnung durch die Staatsanwaltschaft oder im Ausnahmefall durch die Polizei 55

IX. Unzulässigkeit einer Pressebeschlagnahme nach Polizeirecht ... 56

X. Schadensersatzansprüche bei fehlerhafter vorläufiger Sicherstellung
1. Haftung für Amtspflichtverletzung 57
2. Verschuldensunabhängige Entschädigungsregelungen 58
   a) Die Regelung des StrEG im Bundesrecht 59
   b) Die Regelung im Landespresserecht 60

Schrifttum: S Vor §§ 13–19.

I. Verhältnis zwischen § 18 LPG und § 111n Abs 1 StPO.
Bedeutung der Bestimmung

1. Die vorläufige Sicherstellung als Möglichkeit einer nicht-richterlichen Beschlagnahmeanordnung im Presserecht von drei Bundesländern

Eine vorläufige, dh nicht auf richterlicher Anordnung beruhende, Sicherstellung 1 von Druckwerken bei Gefahr im Verzug kennen heute nur noch die Pressegesetze von **drei Bundesländern**: Baden-Württemberg, Bayern und Bremen. Die anderen Bundesländer, deren Pressegesetze generell Bestimmungen über die Pressebeschlagnahme enthalten, haben die entsprechende Vorschrift entweder gestrichen oder – im Fall von Mecklenburg-Vorpommern – gar nicht erst geschaffen. Da auch die richterliche Beschlagnahme sachlich eine vorläufige Sicherstellung enthält (vgl o § 13 Rn 2), bedeutet der Begriff der „vorläufigen Sicherstellung" im Landespresserecht von Baden-Württemberg und Bremen nichts anderes als die nicht-richterliche Anordnung der Beschlagnahme von Druckwerken durch Staatsanwaltschaft und Polizei, wie sie in § 23 RPG geregelt war (vgl 1. Aufl § 23 RPG Rn 1).

Das **Bundesrecht** gestattet in § 111n Abs 1 S 2 StPO eine nicht vom Richter angeordnete Beschlagnahme bei Gefahr im Verzug nur für nicht-periodische Schriften und ihre Herstellungsmittel und nur kraft staatsanwaltlicher Anordnung.

2. Zersplitterung der Rechtslage nach Landespresserecht

Nach der hier (Vor §§ 13 ff. Rn 27) vertretenen Auffassung ist allein die Regelung 2 der **StPO** bundeseinheitlich **gültig**. Vom Standpunkt der **Gegenauffassung** würde sich ein **zersplittertes Bild** ergeben:
– In 13 Bundesländern mit Ausnahme von Baden-Württemberg, Bayern und Bremen gilt die Differenzierung zwischen der ausschließlich richterlichen Anordnungskompetenz bei periodischen Druckwerken und sonstigen Schriften samt Herstellungsmitteln und einer ergänzenden Notkompetenz allein der Staatsanwaltschaft bei nicht-periodischen Druckwerken usw gemäß § 111n Abs 1 StPO.
– Eine ausschließliche Anordnungskompetenz des Richters für die Beschlagnahme von Druckwerken und ihren Vervielfältigungsmitteln kennen die Landespressegesetze der Länder Berlin und Mecklenburg-Vorpommern.

LPG § 18   Vorläufige Sicherstellung

- Die vorläufige Sicherstellung durch die Staatsanwaltschaft und ihre „Hilfsbeamten" (seit dem 1. JustizmodernisierungsG v 24.8.2004: Ermittlungspersonen) sehen die Länder Baden-Württemberg und Bremen unter divergierenden Voraussetzungen vor. Davon nimmt das bremische Recht aber den größten Teil der periodischen Presse aus.
- Eine vorläufige Wegnahme durch die Polizei ohne Einschaltung der Staatsanwaltschaft erlaubt das bayerische Pressegesetz, allerdings nur mit Ausnahme von Zeitungen und Zeitschriften.

3. Der Streit um die Notwendigkeit der nicht-richterlichen Presse-Beschlagnahme

3   Die **Notwendigkeit** einer nicht vom Richter angeordneten Beschlagnahme von Presseerzeugnissen ist **umstritten.** Sie wird von ihren Befürwortern im Allgemeinen damit begründet, dass die Sicherstellung von Schriften mit strafbarem Inhalt schnell geschehen müsse, um die weitere Verbreitung zu verhindern. So hatte der Bundesrat im Gesetzgebungsverfahren zu dem Gesetz über das Zeugnisverweigerungsrecht der Mitarbeiter von Presse und Rundfunk vom 25.7.1975 die von ihm geforderte Ausdehnung der Notkompetenz zur Anordnung der Beschlagnahme von nicht-periodischen Druckwerken mit dem Hinweis auf verfassungsfeindliche, gewaltverherrlichende und pornographische Schriften und auf öffentlich verteilte Flugblätter begründet und ein besonders dringendes Bedürfnis zur Beschlagnahme von Schriften ohne das vorgeschriebene Impressum geltend gemacht; eine wirksame Beschlagnahmemöglichkeit für solche Schriften sei bei Gefahr im Verzug nur dann gegeben, wenn dafür auch die Hilfsbeamten der Staatsanwaltschaft zuständig seien (s die Stellungnahme des Bundesrats in BT-Drs 7/2539, S 17 sowie die Begründung der Anrufung des Vermittlungsausschusses in BT-Drs 7/3374, S 3).

Die These, dass zu raschem Handeln nur Staatsanwaltschaft und Polizei, nicht aber die Richter in der Lage seien, kann im Zeitalter der elektronischen Nachrichtenübermittlung und angesichts des richterlichen Bereitschaftsdienstes nicht überzeugen. Zudem muss die **hohe Schwierigkeit der Rechtslage** berücksichtigt werden, die sich aus den zumeist recht komplexen Voraussetzungen der Presseinhaltsdelikte (vgl etwa §§ 86 Abs 3, 90a, 130, 130a, 131, 184, 185 ff. StGB), den zusätzlichen Problemen der §§ 74 ff., 75 StGB (vgl o § 13 Rn 35 ff.) und der weiteren Problematik einer verfassungskonformen restriktiven Interpretation von § 111b Abs 1 StPO idF von 1998 (dazu s oben § 13 Rn 75 ff., 80 ff.) ergeben (in diesem Sinne schon die Gegenäußerung der Bundesregierung in BT-Drs 7/2539, S 19 f.). Dass solch vielschichtige Abwägungen bei weisungsabhängigen Verfolgungsorganen nicht immer in ihrer ganzen Komplexität erfasst zu werden drohen und namentlich die im Polizeidienst stehenden Ermittlungspersonen der Staatsanwaltschaft auch gelegentlich überfordern können, liegt auf der Hand.

Die Bedenken gegen die nicht-richterliche Pressebeschlagnahme sind umso mehr begründet, als der **Kreis der Delikte,** bei denen sie für zulässig erklärt wird, im Lauf der Jahre wesentlich erweitert wurde. Während das Bismarck'sche Reichspreßgesetz von 1874 in § 23 RPG lediglich neun als gravierend eingeschätzte Deliktstatbestände aufführte, zu deren Verfolgung eine nicht vom Richter angeordnete Pressebeschlagnahme gestattet war, sind es heute bei den Ländern, die eine vorläufige Sicherstellung vorsehen, mehr als 30 solcher Straftatbestände, wenn nicht gar, wie im bayerischen Recht und in § 111n Abs 1 S 2 StPO, auf eine derartige Begrenzung ganz verzichtet wird.

4. Einschränkende Bestimmungen

4   Doch enthalten das Bundes- wie das Landesrecht auch wichtige **Einschränkungen der nicht-richterlichen Pressebeschlagnahme,** die der Verfassungsgarantie der Pressefreiheit (Art 5 Abs 1 S 2 GG) Rechnung tragen sollen. § 111n Abs 1 S 2

II. Anordnung und Vollstreckung § 18 LPG

StPO schließt jede polizeiliche Anordnung der Beschlagnahme von Druckwerken usw. schlechthin aus und ermächtigt dazu neben dem Richter bei Gefahr im Verzug nur die Staatsanwaltschaft. Auch nimmt die Rechtsordnung Rücksicht auf die besondere Gefährdung, die jede Auflagenbeschlagnahme für die auf Aktualität angewiesene periodische Presse (Zeitungen und Zeitschriften) mit sich bringt: In Übereinstimmung mit § 111n Abs 1 Satz 1 StPO unterwerfen auch die Länder Bayern und Bremen die Beschlagnahme periodisch erscheinender Druckwerke allein richterlicher Anordnung.

II. Anordnung und Vollstreckung

1. Beschränkung der nicht-richterlichen Anordnungs- und Vollstreckungskompetenz auf die Staatsanwaltschaft im Bundesrecht

Das **Bundesrecht** unterscheidet an der Sicherstellung nach §§ 111b ff. StPO präzise die Anordnung (§ 111e StPO) und deren Durchführung – oder besser: Vollstreckung – (§ 111f StPO). Demgemäß handelt auch § 111n Abs 1 StPO von der Anordnung der einziehungssichernden Pressebeschlagnahme. 5

a) Zuständigkeit

Die **Anordnung der Beschlagnahme einer nicht-periodischen Schrift** oder ihrer **Herstellungsmittel** kann nach der StPO bei Gefahr im Verzug anstelle eines richterlichen Beschlusses **nur** durch Verfügung eines Beamten der **zuständigen Staatsanwaltschaft,** nicht aber durch ihre Ermittlungspersonen oder sonstige Polizeibeamte getroffen werden (§ 111n Abs 1 S 2 StPO). Da nach § 9 Abs 1 StGB eine Tat sowohl dort begangen ist, wo der Täter gehandelt hat, als auch dort, wo der Erfolg eingetreten ist, gilt auch für die staatsanwaltliche Notkompetenz nicht nur der für die Verfolgung des Täters nach § 7 Abs 2 StPO maßgebliche Erscheinungsort als Anknüpfungspunkt der örtlichen Zuständigkeit. Vielmehr ist jeder Verbreitungsort als Tatort (§ 7 Abs 1 StPO) anzusehen; auch insoweit besteht mithin der „fliegende Gerichtsstand der Presse" fort (s dazu o § 13 Rn 24). Nr 250 Abs 1 der Richtlinien für das Straf- und Bußgeldverfahren (RiStBV) – einer in allen Bundesländern in einheitlicher Fassung geltenden Verwaltungsanordnung (Wortlaut s *Meyer-Goßner* Anhang 12) – schreibt jedoch eine **Zuständigkeitskonzentration** vor: Strafsachen, welche dieselbe Veröffentlichung betreffen, sind möglichst einheitlich zu bearbeiten. Leitet der Staatsanwalt wegen der Veröffentlichung einer nicht in seinem Bezirk erschienenen Druckschrift ein Verfahren ein, so hat er dies dem Staatsanwalt des Erscheinungsorts unverzüglich mitzuteilen. Dieser prüft, ob ein Verfahren einzuleiten oder das bei der anderen Staatsanwaltschaft geführte Verfahren zu übernehmen ist. Immerhin lässt Nr 250 Abs 2 RiStBV die Führung getrennter Verfahren zu, was aber nur als Ausnahmefall gewertet werden kann; dann „unterrichten sich die beteiligten Staatsanwälte gegenseitig." 6

b) Form der Anordnung

Die **Form** der staatsanwaltlichen Beschlagnahmeanordnung ist gesetzlich nicht geregelt (vgl zur Durchsuchungsanordnung o Vor §§ 13 ff. Rn 33 mwN). Wo möglich, sollte sie als schriftliche Verfügung ergehen. Wenn sich dies aus Zeitnot nicht verwirklichen lässt, kann die Anordnung auch mündlich, telefonisch oder durch Telefax getroffen werden; sie ist dann jedoch in unmittelbarem zeitlichem Zusammenhang in den Akten zu dokumentieren (so zur Durchsuchungsanordnung BVerfGE 103, 142 Ls 3b/160 = NJW 2001, 1121, näher u Rn 21; wie hier OLG Karlsruhe Justiz 1981, 482; *Amelung* in AK-StPO § 98 Rn 17; *Rogall* in SK-StPO § 111e Rn 13; *Johann* in Löwe/Rosenberg § 111e Rn 4; *Schmitt* in Meyer-Goßner § 111e Rn 4 iVm § 98 Rn 8). Die wenigstens nachträglich hergestellte Aktenkundigkeit ist schon deshalb erforderlich, weil nur die eindeutig zur Vollstreckungssicherung angeordnete Beschlag- 7 nahme das Verfügungs- und Veräußerungsverbot gemäß § 111c Abs 5 StPO nach sich zieht (*Achenbach* NJW 1976, 1071 und NJW 1982, 2809 f.; *Rogall* in SK-StPO § 111e Rn 13; o § 13 Rn 7). Die Verfügung oder der Vermerk sollte auch klarstellen, dass die Voraussetzungen der Verhältnismäßigkeit geprüft worden sind.

c) Vollstreckung

8   Die **Vollstreckung** der Beschlagnahme ist ebenfalls von der Staatsanwaltschaft zu veranlassen (§ 111n Abs 1 S 2 iVm § 111f Abs 1 StPO). Sie kann damit ihre Ermittlungspersonen oder auch nicht dazu gehörende Polizeibeamte beauftragen (o § 13 Rn 8, 28).

2. Unterschiede im Landesrecht

9   Die wenigen noch einschlägigen **landesrechtlichen Regelungen** weisen Unterschiede auf.

a) Vorläufige Sicherstellung als Anordnungskompetenz im Landesrecht

10   Nach § 18 LPG Baden-Württemberg und Bremen dürfen die **Staatsanwaltschaft** und ihre Hilfsbeamten (also **Ermittlungspersonen,** o Rn 2) ein Druckwerk zu anderen Zwecken als der Beweissicherung „vorläufig sicherstellen". Aus dem gesamten Zusammenhang der Norm ist zu ersehen, dass damit die **Anordnung** der Beschlagnahme gemeint ist. Nach bayerischem Presserecht (Art 15 Abs 2 S 1 BayPrG) ist die **Polizei** berechtigt, bestimmte Druckwerke (o Rn 2) dem Verbreiter „vorläufig wegzunehmen". Da Art 15 Abs 2 Satz 2 eine unverzügliche Vorlage bei dem Richter vorschreibt, ist unklar, ob mit der Wegnahme konkludent eine Anordnung der Beschlagnahme verbunden sein soll, wofür der Zusammenhang mit Abs 1 sprechen könnte. Eine dem Grundsatz der Normenklarheit und damit dem Vorbehalt des Gesetzes gerecht werdende Formulierung fehlt insoweit.

b) Mehrdeutigkeit des Wortlauts der einschlägigen Regelungen

11   Die **örtliche Zuständigkeit** und die **Form** der Anordnung einer Beschlagnahme durch die **Ermittlungspersonen** der Staatsanwaltschaft folgen den Regeln, die auch für die Staatsanwaltschaft selbst gelten (o Rn 6 f.). Insbesondere kann für die vollstreckungssichernde Beschlagnahme nicht anerkannt werden, dass deren Anordnung konkludent mit ihrem Vollzug soll zusammenfallen können, da § 111b Abs 1 im Gegensatz zu § 94 Abs 1 StPO insoweit eine schlichte Inverwahrnahme nicht zulässt (*Achenbach* NJW 1982, 2809 sowie in AK-StPO § 111e Rn 11; *Schmitt* in Meyer-Goßner § 111c Rn 1; *Spillecke* in KKStPO § 111b Rn 14). Die Ermittlungspersonen müssen vielmehr klarstellen, dass die Beschlagnahme der Vollstreckungssicherung dient (so, jeweils zu § 111e: *Gercke* in HK-StPO Rn 3, *Kiethe* in Graf Rn 2, *Lohse* in AnwK-StPO Rn 1, *Rogall* in SK-StPO Rn 13, *Schmitt* in Meyer-Goßner Rn 4; ebenso *Spillecke* in KKStPO § 111b Rn 20, § 111e Rn 3). Im Übrigen sind die Belehrungen über den Zweck der Maßnahme, über die Möglichkeit des Antrages auf richterliche Entscheidung gemäß § 111e Abs 2 S 3 StPO und auch über das Verfügungs- und Veräußerungsverbot gemäß § 111c Abs 5 StPO zu erteilen (o § 13 Rn 7 f. mwN).

c) Unverzügliche Vorlage an Staatsanwaltschaft oder Richter

12   Ist die vorläufige Sicherstellung von einer Ermittlungsperson der Staatsanwaltschaft angeordnet worden, so hat diese nach § 18 Abs 3/4 LPG Baden-Württemberg und Bremen die Vorgänge spätestens innerhalb 12 Stunden der Staatsanwaltschaft vorlegen. Die damit angeordnete **unverzügliche Vorlage** der Polizeiakten an die Staatsanwaltschaft umfasst sämtliche der vorläufigen Sicherstellung zugrunde liegenden Aktenvorgänge einschließlich eines Exemplars des beanstandeten Druckwerks. Die Staatsanwaltschaft hat zu entscheiden, wie mit etwaigen weiteren sichergestellten Exemplaren zu verfahren ist. Nach bayerischem Recht hat die Polizei die weg-

IV. Die Voraussetzung einer Gefahr im Verzug   § 18 LPG

genommenen Druckwerke unverzüglich dem Richter vorzulegen, der innerhalb von 24 Stunden eine Entscheidung zu treffen hat (Art 15 Abs 2 S 2 BayPrG). Damit bejaht das bayerische Landesrecht im Sinne von § 163 Abs 2 S 2 StPO die Erforderlichkeit einer schleunigen Vornahme dieser richterlichen Untersuchungshandlung. Zuständig ist nach § 162 Abs 1 StPO der Ermittlungsrichter an dem Amtsgericht, das für den Sitz der lokalen Staatsanwaltschaft zuständig wäre, nach Erhebung der öffentlichen Klage das mit der Sache befasste Gericht (§ 162 Abs 3 StPO).

III. Vorliegen der generellen Beschlagnahmevoraussetzungen

Die nicht von einem Richter getroffene Beschlagnahmeanordnung bedeutet eine **13** **Ausnahme von dem regulären Modell** der vollstreckungssichernden Beschlagnahme von Druckwerken oder Schriften und ihren Herstellungsmitteln. Sie ist sachlich deshalb von den **gleichen Erfordernissen** abhängig wie jene: § 111n setzt den § 111m und damit die §§ 111b/c/e StPO voraus, § 18 LPG die § 13 Abs 2 und 3 sowie § 14 LPG, was in Baden-Württemberg deklaratorisch klargestellt wird.

1. So dürfen die Staatsanwaltschaft – oder nach Landespresserecht ggf ihre Ermitt- **14** lungspersonen bzw nur die Polizei – eine Beschlagnahmeanordnung nur treffen, wenn **konkrete Gründe** dafür vorliegen, dass es im Strafverfahren oder im objektiven Verfahren (§ 440 StPO, § 76a StGB) zur endgültigen Einziehung der Schrift bzw des Druckwerks oder der Unbrauchbarmachung der Herstellungsmittel kommen wird (eingehend dazu o § 13 Rn 75 ff., 80 ff.). Dass damit auch Anhaltspunkte für den fristgerechten Eingang eines erforderlichen Strafantrages oder einer erforderlichen Ermächtigung vorausgesetzt werden, formuliert § 13 Abs 2 Nr 2 LPG ausdrücklich, es gilt aber unabhängig davon (o § 13 Rn 85 ff.). Zudem muss ein **Sicherstellungsbedürfnis** gegeben sein, also die Gefahr bestehen, dass ohne die Beschlagnahme die spätere Vollstreckung der Einziehung oder Unbrauchbarmachung nicht realisierbar wäre (o § 13 Rn 90).

2. Die nicht-richterliche Beschlagnahmeanordnung setzt voraus, dass sämtliche **15** Schutzvorschriften des materiellen und prozessualen Rechts zur Konkretisierung des **Grundsatzes der Verhältnismäßigkeit** beachtet werden, wie sie die §§ 74, 74b, 74d StGB sowie §§ 111m und 111n StPO bzw § 13 Abs 3, 14 LPG statuieren (eingehend dazu die Kommentierung o § 13 Rn 91 ff. sowie zu § 14).

3. Die Staatsanwaltschaft und ggf ihre Ermittlungspersonen dürfen gemäß § 111b **16** Abs 1 S 1 StPO iVm § 74d Abs 2 StGB bzw §§ 18 iVm 14 Abs 1 S 1 Halbs 1 LPG keine Schriften beschlagnahmen, die sich **bereits im Besitz der Leserschaft** befinden; auch in Bayern ermächtigt Art 15 Abs 2 LPG die Polizei nicht dazu, die beschlagnahmefähigen Druckstücke „dem Verbreiter" wegzunehmen (dazu eingehend o § 14 Rn 2, 9 ff.). Darüber hinaus führt aber die Anwendung des § 74d StGB iVm § 111b Abs 1 S 1 StPO bzw des § 13 Abs 2 LPG zu weiteren Beschränkungen des Kreises derjenigen Personen, aus deren Besitz Schriften und ihre Herstellungsmittel beschlagnahmt werden dürfen (näher dazu o § 14 Rn 26).

IV. Die Voraussetzung einer Gefahr im Verzug

1. Geltung des Merkmals

Die nicht-richterliche Anordnung der Pressebeschlagnahme setzt nach § 111n **17** Abs 1 S 2 StPO wie auch nach § 18 Abs 1 S 1 LPG Baden-Württemberg und Bremen übereinstimmend **Gefahr im Verzug** voraus.

Die vorläufige Wegnahme durch die Polizei nach **bayerischem Recht**, die inner- **18** halb von 24 Stunden der richterlichen Bestätigung bedarf, wird allerdings in Art 15 Abs 2 S 1 BayPrG nicht ausdrücklich von einer solchen Bedingung abhängig gemacht. Indes ist zu berücksichtigen, dass die Landespressegesetze die generelle Regelung der einziehungssichernden Beschlagnahme in der StPO voraussetzen und allein diejenigen Modifikationen bestimmen, die dem Landesgesetzgeber im Interesse der Presse notwendig erschienen. Schon die allgemeinen Normen über die Vollstreckungssicherung in §§ 111b ff. StPO sehen aber vor, dass die Beschlagnahme beweglicher Sachen durch die Ermittlungspersonen der Staatsanwaltschaft nur bei Gefahr im Verzug angeordnet werden darf (§ 111e Abs 1, Satz 2 StPO – sachlich ebenso der vor 1975 für alle Arten der Beschlagnahme geltende § 98 Abs 1 StPO). Diese Sicherungsklausel des allgemeinen Strafprozessrechts gilt in vollem Umfang auch im Pressebeschlagnahmerecht. Denn dessen besondere Schutzbestimmungen sollen die Pressefreiheit zusätzlich sichern. Die Voraussetzung einer Gefahr im Verzug muss aus diesem Grunde für sämtliche Polizeibeamten gelten, einschließlich jener, die nicht Ermittlungspersonen der Staatsanwaltschaft sind (vgl dazu o § 13 Rn 5).

2. Begriff der Gefahr im Verzug

19 Gemeint ist in allen Fällen, dass – wie es die Landespressegesetze von Baden-Württemberg und Bremen präzise formulieren – „eine richterliche Anordnung der Beschlagnahme nicht rechtzeitig herbeigeführt werden kann", dh die **Verzögerungsgefahr**. Sie liegt nur dann vor, wenn Tatsachen die nahe liegende Möglichkeit begründen, dass der durch die Anrufung des Richters bedingte Zeitverlust den mit der Beschlagnahme verfolgten Zweck einer Sicherstellung der späteren Einziehung oder Unbrauchbarmachung vereiteln könnte (BVerfGE 51, 97/111 = NJW 1979, 1539; BVerfGE 103, 142/154 = NJW 2001, 1121; BGH JZ 1962, 609/610; KG NJW 1972, 169/171; ebenso etwa *Rogall* in SKStPO § 111n Rn 10 iVm *Wohlers* § 98 Rn 34; *Johann* in Löwe/Rosenberg § 111n Rn 11; *Schmitt* in Meyer-Goßner § 111n Rn 3 iVm § 98 Rn 6; *Spillecke* in KKStPO § 111e Rn 2 iVm § 98 Rn 13). Die Notfallkompetenz der Ermittlungspersonen der Staatsanwaltschaft setzt voraus, dass nicht nur der Richter, sondern auch der Staatsanwalt von ihnen nicht rechtzeitig erreicht werden kann (so *Gercke* in HK-StPO § 98 Rn 11; *Greven* in KKStPO § 98 Rn 11; *Löffelmann* in AnwK-StPO § 105 Rn 6; *Müller/Trurnit* StraFo 2008, 144, 147; *Schmitt* in Meyer-Goßner § 98 Rn 6; *Wohlers* in SK-StPO § 98 Rn 31; für einen Nachrang der Ermittlungspersonen auch BVerfG 1. Kammer des 2. Senats NJW 2007, 1345 Rn 17; unentschieden *Joecks* in Radtke/Hohmann § 98 Rn 6, *Ritzert* in Graf § 98 Rn 2).

20 Auch soweit das baden-württembergische und bremische Recht die Beschlagnahme durch die **Ermittlungspersonen** („Hilfsbeamten") **der Staatsanwaltschaft** zulässt, stellen die Landespressegesetze doch nur darauf ab, dass die „**richterliche Anordnung**" der Beschlagnahme **nicht rechtzeitig herbeigeführt werden kann**. Es kommt also nicht auf die im Strafverfahrensrecht umstrittene Frage an, ob die Notkompetenz der Ermittlungspersonen auch die Unerreichbarkeit des Staatsanwalts vor möglicher Vereitelung des Sicherstellungserfolges voraussetzt (s dazu die o Rn 19 zitierten StPO-Kommentarstellen). Nach § 18 Abs 3 LPG Baden-Württemberg und Bremen muss ein „Hilfsbeamter" (heute: eine Ermittlungsperson) der Staatsanwaltschaft, der/die eine vorläufige Sicherstellung angeordnet hat, die Vorgänge in jedem Fall spätestens innerhalb von 12 Stunden dem Staatsanwalt vorlegen. Nur nach bayerischem Landespresserecht hat die Polizei die „vorläufig weggenommenen" Druckwerke sogleich dem Richter vorzulegen (Art 15 Abs 2 S 2 BayPrG).

3. Überprüfbarkeit der Klausel als Rechtsbegriff

21 Das BVerfG stellt in seiner neuesten Rechtsprechung strenge Anforderungen an die Feststellung und Kontrolle der **Gefahr im Verzug** (BVerfGE 103, 142 = NJW 2001, 1121; BVerfG 3. Kammer des 2. Senats NJW 2003, 2303). Obwohl die Entscheidungen zur Durchsuchung (Art 13 Abs 2 GG) ergangen sind, müssen doch, zumal im Bereich der Pressefreiheit (Art 5 Abs 1 S 2 GG), die darin formulierten

V. Differenzierung der Anordnungskompetenz **§ 18 LPG**

Grundsätze auch auf die zumeist ohnehin damit verbundene Beschlagnahme angewandt werden (s dazu auch BVerfG 1. Kammer des 1. Senats NJW 1998, 2131/ 2132 m zust Bespr *Achenbach* JuS 2000, 27/31; sachlich zu § 98 ebenso *Gercke* in HK-StPO Rn 20, *Kiethe* in Graf Rn 7, *Löffelmann* in AnwK-StPO Rn 2 iVm § 105 Rn 9, *Schmitt* in Meyer-Goßner Rn 30a, *Wohlers* in SK-StPO Rn 35 f.). Danach muss die Gefahr im Verzug mit Tatsachen belegt werden, die auf den Einzelfall bezogen sind; reine Spekulationen, hypothetische Erwägungen oder lediglich auf kriminalistische Alltagserfahrung gestützte fallunabhängige Vermutungen reichen dafür nicht aus (BVerfGE 103, 142 Ls 1b/155). Bei Beurteilung der Frage, ob die vorherige Einholung der richterlichen Zustimmung den Erfolg der Beschlagnahme gefährden würde, kommt der Staatsanwaltschaft und ihren Ermittlungspersonen weder ein Ermessen noch ein Beurteilungsspielraum zu. Die Auslegung und Anwendung des Begriffs der Gefahr im Verzug **unterliegen** vielmehr einer **unbeschränkten gerichtlichen Kontrolle,** bei der die Gerichte allerdings gehalten sind, der besonderen Entscheidungssituation der nichtrichterlichen Organe mit ihren situationsbedingten Grenzen der Erkenntnismöglichkeiten Rechnung zu tragen (BVerfGE 103, 142 LS 3a/157 f.; *Löffelmann* in AnwK-StPO § 105 Rn 6; *Menges* in Löwe/Rosenberg § 98 Rn 37; *Wohlers* in SK-StPO § 98 Rn 35). Aus Art 19 Abs 4 GG folgen dabei für die Strafverfolgungsbehörden **Dokumentations- und Begründungspflichten:** Der handelnde Amtsträger muss vor oder unmittelbar nach der Maßnahme seine für den Eingriff bedeutsamen Erkenntnisse und Annahmen in den Ermittlungsakten dokumentieren (BVerfGE 103, 142/160), wozu neben dem Tatverdacht und den Umständen, auf die er die Gefahr der Vereitelung des Beschlagnahmezwecks stützt, auch die konkreten Gründe für die Annahme der späteren Einziehungsanordnung gehören (s dazu o § 13 Rn 80 ff.). Der Richter kann so auch überprüfen, ob die Ermittlungspersonen unzulässigerweise (BVerfGE 103, 142/155) so lange zugewartet haben, bis die Vereitelungsgefahr tatsächlich eingetreten ist, und damit die Regelzuständigkeit des Richters unterlaufen haben.

4. Praktische Bedeutung

In seiner neuen Rechtsprechung verlangt das BVerfG sowohl von den Strafverfolgungsbehörden als auch von den Ermittlungsrichtern und der Gerichtsorganisation **Vorkehrungen,** um sicherzustellen, dass auch in der Masse der Alltagsfälle die Regelzuständigkeit des Richters gewahrt bleibt (BVerfGE 103, 142 Ls 2/155 = NJW 2001, 1121; BVerfG 3. Kammer des 2. Senats NJW 2005, 1637/38). Nach dem Kammerbeschluss BVerfG NJW 2004, 1442 ist zwar ein nächtlicher Bereitschaftsdienst nur dort gefordert, wo ein praktischer Bedarf besteht, der über den Ausnahmefall hinausgeht; bei Tage muss durch eine entsprechende Organisation und Ausstattung der Gerichts aber gewährleistet sein, dass der Ermittlungsrichter innerhalb wie außerhalb der üblichen Dienstzeiten erreichbar ist. 22

V. Differenzierung der Anordnungskompetenz nach dem Typus der Publikation

1. Periodische und nicht-periodische Druckwerke und Schriften im Bundesrecht (§ 111n Abs 1 StPO)

Das **Bundesrecht** differenziert die Anordnungskompetenz für die vollstreckungssichernde Pressebeschlagnahme in § 111n Abs 1 StPO nach dem Kriterium der Periodizität: Die Anordnung der Beschlagnahme einer periodischen Druckwerks sowie seiner Herstellungsmittel ist dem (Ermittlungs-)Richter vorbehalten; die der Beschlagnahme eines **nicht-periodischen Druckwerks** oder eines sonstigen Gegenstandes iSd § 74d StGB kann bei Gefahr im Verzug anstelle des Gerichts auch, aber auch nur die Staatsanwaltschaft treffen. „Sonstige Gegenstände" sind vor allem gemäß 23

§ 74d Abs 1 S 2 StGB die „zur Herstellung [...] gebrauchten oder bestimmten Vorrichtungen wie Platten, Formen, Drucksätze, Druckstöcke, Negative oder Matrizen" (dazu u Rn 23 ff.).

24 Wie oben zu § 13 Rn 15 dargelegt, lässt aber die Verweisung auf § 74d StGB in § 111n Abs 1 S 1 und 2 StPO die weitergehende Auslegung zu, dass davon auch **sonstige** periodisch wie nicht-periodisch erscheinende **Schriften** iSv § 11 Abs 3 StGB erfasst werden. Darunter fallen namentlich die Manuskripte der Zeitungs- und Zeitschriften-Journalisten. Eine Beschlagnahmeanordnung durch Ermittlungspersonen der Staatsanwaltschaft bei Gefahr im Verzug ist also auch insoweit ausgeschlossen.

2. Ausgrenzung von Zeitschriften und Zeitungen im Landesrecht

25 Die **Landespressegesetze** von Bayern und Bremen haben, um der Forderung nach Beseitigung der nicht-richterlichen Beschlagnahmeanordnung wenigstens im Bereich der aktuellen Presse Rechnung zu tragen, Zeitungen bzw Zeitschriften von der vorläufigen Sicherstellung freigestellt:

26 Nach Art 15 Abs 2 S 1 LPG **Bayern** sind von der nicht-richterlichen Beschlagnahme alle Zeitungen und Zeitschriften vorbehaltlos ausgenommen. Gemäß § 18 Abs 2 LPG **Bremen** ist die nicht-richterliche Beschlagnahme unzulässig „bei Tageszeitungen und bei solchen periodisch erscheinenden Zeitungen und Zeitschriften, die auf dem bei Zeitungen und Zeitschriften üblichen Weg verbreitet werden". Als übliche Verbreitungswege kommen in Frage der Postversand (Postzeitungsdienst) einschließlich Streifbandversand sowie die Beförderung mit eigenem Kraftwagen und die Zustellung durch Zeitungsausträger. Nach § 7 Abs 2 LPG Bremen erscheinen Zeitungen und Zeitschriften dann „periodisch" wenn sie „in ständiger, wenn auch unregelmäßiger Folge und im Abstand von nicht mehr als sechs Monaten erscheinen".

VI. Landesrechtliche Beschränkungen der nicht-richterlichen Anordnungskompetenz nach der Art der verfolgten Straftat

1. Irrelevanz des Kriteriums im Bundesrecht

27 Das **Bundesrecht** begnügt sich in § 111n StPO mit der Differenzierung von periodischen und nicht-periodischen Schriften und macht die Kompetenz der Staatsanwaltschaft zur Anordnung der vollstreckungssichernden Beschlagnahme nicht abhängig davon, welcher Tatbestand im Einzelnen durch die Publikation verwirklicht worden sein soll.

2. Unterschiede der Regelungen in Bayern, Baden-Württemberg und Bremen

28 **Bayern** ermöglicht die vorläufige Wegnahme von Druckwerken durch die Polizei in zwei Fallgruppen: für Druckwerke, die entgegen Art 7 BayPrG nicht ein Impressum mit den dort genannten Angaben enthalten, darüber hinaus aber auch für sonstige „Druckwerke strafbaren Inhalts". MaW ermöglicht das bayerische Recht ein polizeiliches Einschreiten nicht nur wegen Impressumverstößen (so aber *Löffler* hier in der 3. Aufl Rn 19a), sondern darüber hinaus wegen jedes Presseinhaltsdelikts (ebenso *Groß* PresseR Rn 567). Es nimmt aber die Zeitungen und Zeitschriften generell davon aus und verlangt eine unverzügliche Vorlage bei dem Richter, der binnen 24 Stunden zu entscheiden hat (Art 15 Abs 2 BayPrG).

29 Nach § 18 Abs 1 der Landespressegesetze von **Baden-Württemberg** und **Bremen** ist die vorläufige Sicherstellung beschränkt auf die Strafverfolgung wegen einer Reihe von gesetzlich im Einzelnen aufgezählten Deliktstatbeständen. Dabei handelt es sich mit gewissen Unterschieden im Einzelnen um politische Delikte, Verhaltensweisen,

VII. Ausdehnung der nicht-richterlichen Beschlagnahmeanordnung § 18 LPG

die andere Straftaten fördern, wie die §§ 111 und 129 StGB, die Tatbestände der §§ 130 und 131 StGB sowie die Verbreitung pornographischer Schriften (§ 184 StGB); zT führen die LPG noch Delikte gegen die Bundeswehr und Verstöße gegen das Gesetz über die Verbreitung jugendgefährdender Schriften (GjS) auf. Die jüngere legislatorische Entwicklung (Neufassung der Pornographietatbestände und insb Einfügung der §§ 184a-d StGB durch das Gesetz zur Änderung der Vorschriften über die Straftaten die sexuelle Selbstbestimmung etc v 27.12.2003, BGBl. I S 160; Ersetzung des § 21 GjS durch § 27 des Jugendschutzgesetzes – JuSchG – v 23.7.2002, BGBl. I S 2730 m späteren Änderungen) findet darin keinen Niederschlag; die genannten neuen Tatbestände können deshalb eine vorläufige Sicherstellung nicht auslösen.

VII. Ausdehnung der nicht-richterlichen Beschlagnahmeanordnung auf Herstellungsmittel?

1. Erstreckung auf die speziellen Herstellungsmittel im Bundesrecht

Die Möglichkeit einer Beschlagnahmeanordnung der Staatsanwaltschaft nach der **bundesrechtlichen** Vorschrift des § 111n Abs 1 StPO erstreckt sich nicht nur auf Druckwerke und sonstige Schriften (o Rn 15 f.), sondern erfasst auch die Sicherstellung „eines sonstigen Gegenstandes im Sinne des § 74d StGB". Das gilt vor allem für die zur Herstellung der Schrift gebrauchten oder bestimmten Vorrichtungen, als deren Beispiele § 74d Abs 1 S 2 StGB „Platten, Formen, Drucksätze, Druckstöcke, Negative oder Matrizen" aufzählt. Wie o § 13 Rn 55, 110 näher entwickelt wurde, erlaubt schon § 74d Abs 1 S 2 StGB nur die Einziehung der den gedanklichen Inhalt tragenden **speziellen Herstellungsmittel** der inkriminierten Schrift, nicht aber der allgemeinen Einrichtung der Setzerei oder Druckerei mit den Satzcomputern und Rotationsmaschinen. 30

2. Die landesrechtliche Regelung

Inhaltlich enthalten die gleiche Regelung auch die Landespressegesetze, welche eine vorläufige Beschlagnahme zulassen. § 18 Abs 1 Satz 2 LPG **Baden-Württemberg** und § 18 Abs 6 LPG **Bremen** ordnen ausdrücklich an, dass § 14 LPG auch bei der nicht-richterlichen Beschlagnahme von Druckwerken entsprechende Anwendung findet. Nach § 14 Abs 1 S 2 LPG kann aber der Richter die Anordnung der Beschlagnahme auf Druckformen, Platten und Matrizen sowie entsprechende Vervielfältigungsmittel ausdehnen, soweit sie Träger des gedanklichen Inhalts der beanstandeten Veröffentlichung sind. Dies ergibt sich auch aus dem Sicherungsgedanken, dem § 18 LPG dient. Es wäre wenig sinnvoll, wenn der Staatsanwalt und seine Ermittlungspersonen zwar befugt wären, einem Drucker etwaige bereits fertiggestellte Exemplare einer hochverräterischen Schrift wegzunehmen, ihm aber zB Matrizen mit hochverräterischem Inhalt belassen müssten – trotz der erkennbaren Absicht des Druckers, die Herstellung der Schrift mit anschließender Verbreitung fortzusetzen. 31

Nach **bayerischem Presserecht** ist nicht die Polizei, sondern allein der Richter zur Beschlagnahmeanordnung bezüglich der Herstellungsmittel eines Druckwerks befugt. Da Art 15 Abs 2 des bayerischen LPG der Polizei nur das Recht verleiht, Druckwerke dem Verbreiter „vorläufig wegzunehmen", Art 16 Abs 2 aber allein die „Beschlagnahme" eines Druckwerks auf das Herstellungsmaterial erstreckt, deren Anordnung Art 15 Abs 1 gerade dem Richter vorbehält, lässt sich der Normenbestand des bayerischen LPG nicht so interpretieren, dass hier auch die Polizei die Beschlagnahme des Herstellungsmaterials anordnen dürfte. 32

3. Geltung der für richterliche Anordnungen vorgesehenen Beschränkungen

Für die nicht-richterliche Beschlagnahme von **Herstellungsmitteln** gelten nicht nur die speziellen Voraussetzungen dieser Notkompetenz (o Rn 9 ff., 15 ff., 20 ff.), 33

LPG § 18   Vorläufige Sicherstellung

sondern auch die Beschränkungen, denen die richterliche Beschlagnahme der Tatwerkzeuge unterworfen ist. So müssen die Herstellungsmittel insoweit von der Beschlagnahme ausgeschlossen bleiben, als sie sich allein auf ausscheidbare Teile der Schrift beziehen, die nichts Strafbares enthalten (§ 111m Abs 2 S 2 StPO, § 14 Abs 2 S 2 LPG); dem Betroffenen steht außerdem auch für die Vervielfältigungsmittel das Abwendungsrecht gemäß § 111m Abs 4 StPO bzw § 14 Abs 3 LPG zu (o § 14 Rn 43).

VIII. Die richterliche Bestätigung und die dafür einzuhaltenden Fristen

1. Erfordernis der richterlichen Bestätigung

34   Die vom Staatsanwalt getroffene Anordnung der Beschlagnahme von Schriften und ihren Herstellungsmitteln nach § 111n Abs 1 S 2 StPO ebenso wie die vorläufige Sicherstellung von Druckwerken gemäß § 18 Abs 1 LPG bedürfen – abweichend von der allgemeinen Regelung bei der vollstreckungssichernden Beschlagnahme in § 111e StPO – der **richterlichen Bestätigung** binnen **kurzer Frist;** ohne sie tritt die Beschlagnahmeanordnung außer Kraft. Bundes- und Landesrecht unterscheiden sich im Einzelnen allerdings deutlich:

35   a) Das **Bundesrecht** kennt nur eine einzige Frist für die Bestätigung der staatsanwaltlichen Beschlagnahmeanordnung: Die Anordnung der Staatsanwaltschaft tritt gemäß § 111n Abs 1 S 3 StPO außer Kraft, wenn sie nicht **binnen drei Tagen** von dem Richter bestätigt wird. Zur Berechnung der Dreitagefrist s u Rn 41. Zu der Zweimonats- bzw Monatsfrist für die Bestätigung der Beschlagnahmeanordnung bei noch nicht erhobener öffentlicher Klage gemäß § 111n Abs 2 StPO oder § 16 LPG s o § 16 Rn 1 f., 5 f.

36   b) Diejenigen **Landespressegesetze,** welche eine eigene Regelung der Pressebeschlagnahme enthalten, **differenzieren** dagegen stärker:
- Binnen 24 Stunden nach der Sicherstellung muss die Staatsanwaltschaft die gerichtliche Bestätigung beantragen (§ 18 Abs 2 LPG Baden-Württemberg bzw § 18 Abs 3 LPG Bremen); mit der „Sicherstellung" ist dabei, wie sich aus dem Vergleich mit § 18 Abs 3 bzw Abs 4 ergibt, ihre Anordnung, nicht der Vollzug, gemeint. Nach bayerischem Recht hat die Polizei „unverzüglich" die weggenommenen Druckwerke unmittelbar dem Richter vorzulegen (Art 15 Abs 2 S 2 BayPrG).
- Binnen weiterer 24 Stunden muss das Gericht über die Bestätigung oder Aufhebung der vorläufigen Sicherstellung (= Beschlagnahmeanordnung) entscheiden (§ 18 Abs 2 LPG Baden-Württemberg, Art 15 Abs 2 S 2 LPG Bayern, § 18 Abs 3 LPG Bremen).
- Von sich aus unwirksam wird die nicht-richterliche Beschlagnahmeanordnung dagegen erst, wenn nicht binnen fünf Tagen seit ihrem Erlass der bestätigende Gerichtsbeschluss (§ 18 Abs 4 LPG Baden-Württemberg) bzw eine gerichtliche Mitteilung darüber (§ 18 Abs 5 LPG Bremen) der Behörde zugegangen ist, welche die Anordnung getroffen hatte. Eine entsprechende Regelung fehlt im bayerischen LPG.

37   Die der **Staatsanwaltschaft zustehende Frist** von 24 Stunden zur Einholung der gerichtlichen Bestätigung gemäß § 18 Abs 2 LPG **verlängert sich** in den Fällen, in denen die Polizei oder andere Ermittlungspersonen der Staatsanwaltschaft selbstständig vorgingen, **nicht.** Legt die Polizei ihre Akten 12 Stunden nach der Anordnung vor, so verbleiben der Staatsanwaltschaft noch weitere 12 Stunden, innerhalb derer sie entweder die vorläufige Sicherstellung von sich aus aufheben kann oder die gerichtliche Bestätigung beantragen muss (zustimmend *Rebmann* § 18 Rn 15).

2. Bedeutung der kurzen Fristen

38   Die **Fristen** des § 18 LPG sind im richterlichen Bestätigungsverfahren sorgfältig zu beachten, denn sie **dienen** dem **Schutz der auf Aktualität angewiesenen Presse.**

VIII. Die richterl. Bestätigung u. die dafür einzuhaltenden Fristen §18 LPG

Aber auch Staatsanwaltschaft und Polizei werden durch die Kürze der Fristen gezwungen, sich auf eindeutige Fälle zu beschränken, da die Zeit nicht ausreicht, Ermittlungen und längere Überlegungen anzustellen. Dennoch dürfen die Fristen des § 18 LPG in ihrer Wirkung nicht überschätzt werden. Für die Tagespresse jedenfalls, die nach § 18 LPG Baden-Württemberg von der vorläufigen Sicherstellung nicht ausgenommen ist, sind sie nur von geringem Wert, denn mit Recht stellte der Abgeordnete Brandes am 9.3.1965 im niedersächsischen Landtag fest, dass eine Tageszeitung, die auch nur einen Tag sichergestellt werde, schon am nächsten Tag „maßlos uninteressant" geworden ist (zit bei *Scheer* § 18 Anm B I).

3. Antragspflicht der Staatsanwaltschaft und Initiative des Betroffenen

Die gerichtliche Bestätigung zu beantragen ist die **Pflicht der Staatsanwaltschaft;** jedoch kann **auch der Betroffene** selbst das Gericht gemäß § 111e Abs 2 S 3 StPO anrufen (*Johann* in Löwe/Rosenberg § 111n Rn 12; *Schmitt* in Meyer-Goßner § 111n Rn 4). 39

4. Berechnung der Fristen

Für die **Berechnung der Fristen** werden die **Stundenfristen** des § 18 Abs 2 und 3 LPG von Stunde zu Stunde gerechnet. Wenn § 18 Abs 2 LPG verlangt, dass die Staatsanwaltschaft die gerichtliche Bestätigung binnen 24 Stunden beantragt, so ist die Frist nur gewahrt, wenn der Antrag bis zur gleichen Stunde des Folgetages bei Gericht eingegangen ist (*Rebmann* § 18 Rn 14). Innerhalb weiterer 24 Stunden muss das Gericht über diesen Antrag nach § 18 Abs 2 LPG entschieden haben. Zur Fristwahrung ist hier erforderlich, dass die rechtliche Entscheidung innerhalb der 24 Stunden wirksam wird, dh zum Zweck der Bekanntmachung den Gerichtsbereich verlässt (o § 13 Rn 19). 40

Zur Berechnung der für die richterliche Bestätigung gesetzten **Dreitagefrist** des § 111n Abs 1 S 3 StPO bzw der **Fünftagefrist** nach § 18 Abs 4 oder Abs 5 LPG wird gemäß § 42 StPO der Tag, an dem die Anordnung ergangen ist, nicht mitgerechnet (vh M, s zu § 111n *Gercke* in HK-StPO Rn 4, *Huber* in Graf Rn 2, *Kiethe* in Radtke/Hohmann Rn 4, *Rogall* in SK-StPO Rn 11, *Spillecke* in KKStPO Rn 4, *Schmitt* in Meyer-Goßner Rn 4 iVm § 100 Rn 7; aA *Mayer* in KMR Rn 3). § 43 Abs 2 StPO ist dagegen auf diese Tagesfrist – abweichend von der allgemeinen Regel (*Maul* in KKStPO § 43 Rn 22; *Meyer-Goßner* § 43 Rn 2) – im Interesse eines effektiven Schutzes der Pressefreiheit und der damit verbundenen wirtschaftlichen Interessen nicht anwendbar (ebenso *Mayer* in KMR § 111n Rn 3; **aA** hier die 3. Aufl und die vh M, s zu § 111n: *Rogall* in SKStPO Rn 11, *Johann* in Löwe/Rosenberg Rn 13, *Spillecke* in KKStPO Rn 5, *Schmitt* in Meyer-Goßner Rn 4 iVm § 100 Rn 7). Wird also eine nicht-richterliche Beschlagnahmeanordnung an einem Mittwoch getroffen, so tritt sie nach Bundesrecht (§ 111n Abs 1 S 3 StPO) ohne richterliche Bestätigung nicht erst am darauf folgenden Montag, sondern schon am Samstag um 24 Uhr außer Kraft. 41

Sachlich begnügt sich die StPO mit der **formlosen,** auch telefonisch oder durch E-Mail übermittelten, **Bekanntgabe der gerichtlichen Bestätigung** an die Staatsanwaltschaft – nur im Falle eines Antrages gemäß § 111e Abs 2 S 3 StPO auch an den Betroffenen (*Schmitt* in Meyer-Goßner § 111n Rn 4). Wo das Landespresserecht – wie früher § 24 RPG – vom Zugehen des Beschlusses spricht (§ 18 Abs 4 LPG Baden-Württemberg), kommt es auf den fristgemäßen Zugang einer ordnungsgemäßen Beschlussausfertigung an (vgl *Rebmann* § 18 Rn 17). Nach bremischem Recht, in dem nur von einer Mitteilung des Beschlusses die Rede ist (§ 18 Abs 4 LPG), wird die formlose Mitteilung des Gerichts genügen, der Beschluss sei wirksam ergangen.

5. Folgen der Fristversäumung

Die Folgen einer **Versäumung der Fristen** sind im Bundes- und Landesrecht unterschiedlich ausgestaltet: 42

LPG § 18 — Vorläufige Sicherstellung

43   a) **§ 111n Abs 1 S 2 StPO** setzt der Staatsanwaltschaft keine formale Frist für den Antrag auf richterliche Bestätigung, sondern statuiert allein für deren Ergehen eine Dreitagesfrist. Nach fruchtlosem Fristablauf tritt die staatsanwaltschaftliche Beschlagnahmeanordnung ohne weiteres außer Kraft, ohne dass nach den Gründen differenziert wird. Eine Entscheidung des Gerichts, die ausdrücklich die Aufhebung ausspräche, ist deswegen nicht erforderlich. Ergeht ein rechtzeitig beantragter gerichtlicher Beschluss mit der Bestätigung verspätet, so liegt darin eine (wegen des Außerkrafttretens der staatsanwaltlichen Verfügung erstmalige) richterliche Beschlagnahmeanordnung (allgM, s etwa zu § 111n StPO *Kiethe* in Radtke/Hohmann Rn 4, *Mayer* in KMR Rn 3, *Rogall* in SKStPO Rn 12, *Schmitt* in Meyer-Goßner Rn 4). Wird die richterliche Bestätigung nicht beantragt oder nicht erteilt, so sind alle dem Vollzug der Anordnung dienenden Maßnahme rückgängig zu machen; alle Schriften und Herstellungsmittel sind unverzüglich zurückzugeben (*Johann* in Löwe/Rosenberg § 111n Rn 12; *Schmitt* in Meyer-Goßner § 111n Rn 4).

44   b) Im **Landespresserecht** knüpft das Gesetz nur an die **Versäumung der Fünftagefrist** des § 18 Abs 4/5 LPG die Rechtsfolge des automatischen Erlöschens der vorläufigen Sicherstellung. Die vorläufig sichergestellten Druckstücke sind danach „unverzüglich" (ohne schuldhaftes Zögern, § 121 BGB) freizugeben. Die Freigabepflicht gilt auch für etwa sichergestellte Druckformen, Platten und Matrizen.

45   Werden dagegen die **24-Stunden-Fristen** des § 18 Abs 2 und 3 zum Nachteil der Presse nicht eingehalten, so schweigt das Gesetz über die Rechtsfolgen der Fristversäumung. Doch ergibt sich aus § 18 Abs 4 bzw. 5 LPG, dass die vorläufige Sicherstellung mit Versäumung der Stundenfristen noch nicht unwirksam wird, sondern erst mit Versäumung der Fünftagefrist. Es ist aber nicht anzunehmen, dass die Stundenfristen allein innerdienstliche Bedeutung hätten, um die Einhaltung der Fünftagefrist auf den jeden Fall zu sichern (vgl 1. Aufl § 24 RPG Rn 7). Vielmehr ist davon auszugehen, dass sie selbstständige Bedeutung haben (zur Schadensersatzpflicht s unten Rn 60 ff., insb 65).

6. Bestätigung und Aufhebung der nicht-richterlichen Beschlagnahmeanordnung

46   Über die **Bestätigung oder Aufhebung** der nicht-richterlichen Beschlagnahmeanordnung entscheidet das – sachlich und örtlich – zuständige Gericht (§ 111n Abs 1 S 3 StPO; § 18 Abs 2 LPG). Das Gericht kann sie auch teilweise bestätigen und teilweise aufheben. Es kann aber auch eine selbstständige gerichtliche Beschlagnahmeanordnung erlassen. Im Einzelnen ergibt sich:

47   a) **Zuständig** ist im Ermittlungsverfahren (vor Erhebung der öffentlichen Klage) der Ermittlungsrichter des Amtsgerichts, in dessen Bezirk die Staatsanwaltschaft oder ihre den Antrag stellende Zweigstelle ihren Sitz hat (§ 162 Abs 1 StPO), in Verfahren wegen Staatsschutzdelikten iSv § 120 Abs 1 und 2 GVG auch ein Ermittlungsrichter des OLG oder des BGH (§ 169 StPO). Nach Erhebung der öffentlichen Klage (o § 16 Rn 7) im subjektiven oder im objektiven Verfahren (§§ 440, 441 StPO) ist das mit der Hauptsache befasste Gericht zuständig (§ 162 Abs 3 StPO).

48   b) Umstritten ist der für die richterliche Beurteilung maßgebliche **Zeitpunkt**: Nach vorherrschender Auffassung in der Strafverfahrensrechtsdoktrin trifft der Richter mit der Bestätigung gemäß § 111n Abs 1 S 3 StPO eine eigene Entscheidung allein über die Frage, ob die Voraussetzungen der Beschlagnahme zur Zeit seiner Entscheidung (ex nunc) vorliegen (so etwa *Huber* in Graf § 111n Rn 2; *Kiethe* in Radtke/Hohmann § 111n Rn 4; *Pfeiffer* § 111n Rn 2; *Rogall* in SK-StPO § 111n Rn 11; *Johann* in Löwe/Rosenberg § 111n Rn 14; *Schmitt* in Meyer-Goßner § 111n Rn 4 iVm § 98 Rn 17; *Schnarr* NStZ 1991, 209/213 f.; *Spillecke* in KKStPO § 111n Rn 4 iVm § 100 Rn 5). Damit wird jedoch nicht nur der Wortsinn der gesetzlichen Formulierung ignoriert, s die ursprüngliche Anordnung „bestätigt" werden muss; diese Ansicht verkennt vor allem die legitimen Rechtsschutzinteressen des Betroffe-

VIII. Die richterl. Bestätigung u. die dafür einzuhaltenden Fristen § 18 LPG

nen, denen der Richtervorbehalt in §§ 111e Abs 1 und 111n Abs 1 StPO bzw in § 13 Abs 1 LPG dienen soll (vgl dazu o § 13 Rn 9). Wenn das Gesetz in den Fällen, in denen die eigentlich vorgesehene richterliche Präventivkontrolle wegen Gefahr im Verzug nicht eingreifen konnte, eine nachträgliche richterliche Bestätigung verlangt, so soll diese im Interesse des Grundrechtsschutzes zu einer vollständigen Prüfung der Rechtmäßigkeit der Beschlagnahmeanordnung von Anfang an führen; nur so kann Missbräuchen der Notkompetenz begegnet werden, die im Falle der vollstreckungssichernden – im Gegensatz zu der beweissichernden – Beschlagnahme nicht durch ein Beweisverwertungsverbot prozessual sanktioniert werden können.

In Übereinstimmung mit einer im Presserecht schon immer vertretenen Auffassung (RGSt 30, 323; *Häntzschel* S 222/23; *Kitzinger* S 186; *Löffler* hier in der 3. Aufl Rn 43; *Rebmann* § 18 Rn 11) ist daher zu **differenzieren** (ebenso *Amelung* Rechtsschutz gegen strafprozessuale Grundrechtseingriffe, Berlin 1976 S 29 f.; ders in AK-StPO § 98 Rn 30; *Fezer* Jura 1982, 127 ff.; *Nelles* Kompetenzen S 78 Fn 66):

– Die nicht-richterliche Beschlagnahmeanordnung ist vom Richter aufzuheben, wenn die Nachprüfung ergibt, dass ihre gesetzlichen Voraussetzungen von Anfang an (ex tunc) fehlten oder aber inzwischen weggefallen sind.
– Lagen dagegen zwar die Voraussetzungen für die richterliche Beschlagnahme vor, nicht aber eine die Notkompetenz der Staatsanwaltschaft (etc) begründende Gefahr im Verzug, so muss die rechtswidrige ursprüngliche Beschlagnahmeanordnung aufgehoben werden; der Richter hat bei Fortbestehen der Beschlagnahmevoraussetzungen dann aber eine selbstständige richterliche Beschlagnahmeanordnung zu treffen.

c) Im Landespresserecht stellt sich dieses Problem noch aus einem anderen Blickwinkel: Da § 18 Abs 1 S 2 LPG **Baden-Württemberg** bzw § 18 Abs 7 LPG **Bremen** den § 15 ausdrücklich von der dort angeordneten entsprechenden Geltung bestimmter pressegesetzlicher Normen ausnehmen, knüpfen die Pressegesetze dieser Länder an die **vorläufige Sicherstellung nicht** die **Folge eines Verbreitungs- und Wiederabdruckverbots** gemäß § 15 LPG. Bestätigt nun das Gericht gemäß § 18 Abs 2 bzw Abs 3 LPG die vorläufige Sicherstellung, so kann darin noch keine eigene richterliche Beschlagnahmeanordnung iSv § 13 Abs LPG mit der Sperrwirkung des § 15 LPG gesehen werden. Das widerspräche der im Gesetz betonten strengen Unterscheidung zwischen richterlicher Beschlagnahme und nicht-richterlicher vorläufiger Sicherstellung. 49

Auch im Landespresserecht ist aber die **gerichtliche Bestätigungsentscheidung** zu interpretieren als eigene **Entscheidung** über die Anordnung der Beschlagnahme mit allen daran geknüpften Folgen **einschließlich des Verbreitungs- und Wiederabdruckverbots** gemäß § 15 LPG, wo dieses vorgesehen ist. Dafür spricht der Normzusammenhang. Denn die eingangs zitierten Verweisungsvorschriften schließen die Anwendung des § 15 LPG nur aus für die vorläufige Sicherstellung als solche, von der § 18 LPG aber die gerichtliche Entscheidung über Bestätigung oder Aufhebung eben der vorläufigen Sicherstellung deutlich abhebt. Auch der Gesichtspunkt der Verfahrensökonomie spricht gegen die von *Löffler* hier in der 3. Aufl in Rn 42 favorisierte Differenzierung zwischen der bloßen Bestätigung der vorläufigen Sicherstellung, die zu keinem Verbreitungs- und Wiederabdruckverbot führe, und der eigenen richterlichen Entscheidung über die Beschlagnahmeanordnung mit der Sperrwirkung des § 15 LPG. 50

d) Unterschiede zwischen Bundesrecht und Landespresserecht finden sich bei dem **Rechtsschutz** gegen die richterliche Entscheidung: 51

Nach **§ 304 Abs 1 StPO** ist gegen die Entscheidung über die Bestätigung der ursprünglichen Beschlagnahmeanordnung wie auch gegen die eigene Beschlagnahmeanordnung des Richters die **Beschwerde** gegeben (so, jeweils zu § 111n: *Gercke* in HK-StPO Rn 11, *Pfeiffer* Rn 6, *Johann* in Löwe/Rosenberg Rn 34, *Schmitt* in Meyer-Goßner Rn 15, *Spillecke* in KKStPO Rn 12), und zwar nach § 304 Abs 5 StPO auch dann, wenn sie vom Ermittlungsrichter des OLG oder des BGH getroffen 52

LPG § 18 Vorläufige Sicherstellung

worden sind. Einschränkungen je nach dem Ergebnis der Entscheidung sieht die StPO nicht vor. Die Möglichkeit der weiteren Beschwerde besteht nicht (§ 310 StPO).

53 Im **Landespresserecht** ist dagegen der richterliche Beschluss, der die vorläufige Sicherstellung **aufhebt,** nach ausdrücklicher Gesetzesvorschrift (§ 18 Abs 5 bzw. 6 LPG Baden-Württemberg und Bremen) nicht anfechtbar. Während der Staatsanwaltschaft hier das Beschwerderecht entzogen wird, bleibt das Beschwerderecht des Betroffenen gegen einen die vorläufige Sicherstellung **bestätigenden** Beschluss unberührt. Der Ausschluss der Beschwerdemöglichkeit zum Nachteil der Staatsanwaltschaft soll der Beschleunigung des Verfahrens dienen (*Löffler* hier in der 1. Aufl § 25 RPG Rn 1). Hat der unabhängige Richter die Zulässigkeit der vorläufigen Sicherstellung verneint, dann liegt kein Anlass mehr vor, die nicht-richterliche Sistierung von Presseerzeugnissen länger aufrechtzuerhalten. Der Ausschluss des staatsanwaltschaftlichen Beschwerderechts hat zur Folge, dass mit Erlass des die vorläufige Sicherstellung aufhebenden Gerichtsbeschlusses dieser sofort rechtskräftig wird, so dass die sichergestellten Exemplare alsbald freizugeben sind. Die Sonderregelung des § 18 Abs 5/6 LPG betrifft allerdings nur die richterliche Nachprüfung der vorläufigen Sicherstellung. Bei einer selbstständigen richterlichen Entscheidung gemäß § 13 LPG gilt das Beschwerderecht für die Beteiligten nach § 304 StPO uneingeschränkt.

7. Unzulässigkeit einer wiederholten Anordnung nach gerichtlicher Ablehnung

54 Wird die nicht vom Richter angeordnete Beschlagnahme durch Fristablauf (§ 111n Abs 1 S 3 StPO; § 18 Abs 5 LPG) oder durch richterliche Aufhebung unwirksam, so ist eine **Wiederholung** der Anordnung **unzulässig** (*Johann* in Löwe/Rosenberg § 111n Rn 14; *Rebmann* § 18 Rn 18). Dies gilt nicht nur für die Verbreitungsakte desselben Täters oder Teilnehmers, sondern auch hinsichtlich mehrerer selbstständiger Verbreitungsakte bzw Straftaten (Verkauf der Broschüre durch andere Buchhändler). Anders wäre es nur, wenn neue strafbegründende Momente hinzukämen.

8. Aufhebung der Anordnung durch die Staatsanwaltschaft oder im Ausnahmefall durch die Polizei

55 Bis zur Erhebung der öffentlichen Klage kann die **Staatsanwaltschaft** die von ihr verfügte Beschlagnahmeanordnung jederzeit **selbst aufheben,** da ihr die Sachleitungsbefugnis zukommt. Dagegen ist die Polizei auch nach Landespresserecht nicht Herrin des vorläufigen Sicherstellungsverfahrens (anders *Löffler* hier in der 3. Aufl Rn 46 im Anschluss an *Kitzinger* S 185). Schon vor Übergabe der Sache an die Staatsanwaltschaft gemäß § 18 Abs 3 LPG üben nicht nur die zu den Ermittlungspersonen der Staatsanwaltschaft zählenden, sondern alle Polizeibeamten die Kompetenzen der Staatsanwaltschaft kraft eines gesetzlichen Mandats für diese aus (s nur *Erb* in Löwe/Rosenberg § 163 Rn 3, 3a mwN in Fn 4). Sie haben daher, wenn irgend möglich, deren Entscheidung einzuholen. Nur wenn dies innerhalb der allenfalls zur Verfügung stehenden 12 Stunden nicht möglich ist, dennoch aber die Gründe der vorläufigen Sicherstellung (etwa durch Abwendungsmaßnahmen des Betroffenen) bereits wieder entfallen sind, gebietet es der Grundsatz der Erforderlichkeit, die Beschlagnahme ohne Konsultation der Staatsanwaltschaft aufzuheben, die aber unverzüglich von dem Vorgang zu unterrichten ist.

IX. Unzulässigkeit einer Pressebeschlagnahme nach Polizeirecht

56 Wie schon o Vor §§ 13 ff. Rn 46 f. näher dargelegt wurde, ist es nach ganz vorherrschender Meinung unzulässig, Eingriffe in die Tätigkeit der Presse, die sich auf

X. Schadensersatzansprüche bei fehlerhafter vorl. Sicherstellung   § 18 LPG

den Inhalt von Publikationen beziehen, auf die Polizeigesetze der Länder, insb die Ermächtigung zur Gefahrenabwehr in der sog polizeilichen Generalklausel, zu stützen (sog **Polizeifestigkeit der Pressefreiheit**). Das gilt unabhängig davon, ob das Pressegesetz des betreffenden Landes eine Regelung der Pressebeschlagnahme enthält oder nicht (str, s Vor §§ 13 ff. Rn 47).

X. Schadensersatzansprüche bei fehlerhafter vorläufiger Sicherstellung

1. Haftung für Amtspflichtverletzung

Der auf Aktualität angewiesenen Presse drohen selbst bei einer verhältnismäßig 57 kurzen Auflagen-Beschlagnahme **beträchtliche Schadensfolgen.** Deshalb gehört es zur besonderen Pflicht der Justiz, auf strenge Einhaltung solcher Presse-Beschlagnahmebestimmungen zu achten, die dem Schutz der Presse vor einer übermäßigen Beeinträchtigung dienen. Soweit diese Bestimmungen – wie zB die Pflicht zur unverzüglichen Freigabe der vorläufig sichergestellten Stücke gemäß § 18 Abs 4 LPG – von deren Amtswaltern **schuldhaft** (vorsätzlich oder fahrlässig) nicht eingehalten werden, erwachsen den Betroffenen Schadensersatzansprüche aus **Amtshaftung** (§ 839 BGB; Art 34 GG; dazu o § 17 Rn 63 ff.).

2. Verschuldensunabhängige Entschädigungsregelungen

Neben diesem auf ein Verschulden des Amtswalters gestützten Anspruch gewährt 58 die Rechtsordnung aber auch eine **verschuldensunabhängige Entschädigungsmöglichkeit:**

a) Die Regelung des StrEG im Bundesrecht

Wie o § 17 Rn 6 ff. näher ausgeführt, richtet sich die Entschädigung für objektiv 59 fehlerhafte, durch das Verfahrensergebnis nicht gedeckte Strafverfolgungsmaßnahmen nach der **bundesrechtlichen Regelung** im Bundesgesetz über die Entschädigung für Strafverfolgungsmaßnahmen **(StrEG),** und zwar kraft einer Annexkompetenz zu der hier für allein maßgeblich gehaltenen bundesrechtlichen Regelung der vollstreckungssichernden Beschlagnahme gemäß §§ 111b ff., 111m/n StPO. Folgt man dieser – heute weit vorherrschenden – Auffassung, so ist die Entschädigungsbestimmung des § 17 LPG ebenso gegenstandslos wie die gesamte Regelung der vollstreckungssichernden Pressebeschlagnahme. Zu den Einzelheiten des StrEG s oben § 17 Rn 16 ff.

b) Die Regelung im Landespresserecht

Hält man demgegenüber das **Landespresserecht** für einschlägig, so kommt es 60 zunächst darauf an, ob die Landespressegesetze überhaupt noch die Pressebeschlagnahme regeln (Übersicht Vor §§ 13 ff. Rn 22). Soweit das nicht der Fall ist, gilt wiederum Bundesrecht. Soweit aber das Landespresserecht noch Regelungen der Pressebeschlagnahme und in diesem Rahmen auch der vorläufigen Sicherstellung enthält, ist die Situation uneinheitlich: Das **bayerische** LPG enthält schon keine eigene Regelung der Entschädigung. Die Pressegesetze von **Baden-Württemberg** (§ 18 Abs 1 S 2) und **Bremen** (§ 18 Abs 7) erklären dagegen die Sonderbestimmung über die Schadenshaftung des Fiskus für fehlerhafte Pressebeschlagnahme (§ 17 LPG) auch bei fehlerhafter vorläufiger Sicherstellung von Presseerzeugnissen für entsprechend anwendbar. Dazu s o § 17 Rn 48 ff.

§ 19 LPG
Beschlagnahme zur Beweissicherung

I. Landesrecht

Gesetzesfassung in Baden-Württemberg und im Saarland:

§ 19 Beschlagnahme zur Beweissicherung

Auf die Beschlagnahme einzelner Stücke eines Druckwerks zur Sicherung des Beweises finden die §§ 13 bis 18 keine Anwendung.

Bayern: Eine entsprechende Regelung wurde nicht getroffen.

Gesetzesfassung in Berlin:

§ 17 Beschlagnahme zur Beweissicherung

Auf die Beschlagnahme einzelner Stücke eines Druckwerks zur Sicherung des Beweises finden die §§ 12 bis 16 keine Anwendung.

Brandenburg: Eine entsprechende Regelung wurde nicht getroffen.

Gesetzesfassung in Bremen:

§ 19 Beschlagnahme zur Beweissicherung

Auf die Beschlagnahme einzelner Stücke eines Druckwerks zur Sicherung des Beweises sind die §§ 13 bis 18 nicht anzuwenden.

Hamburg: § 18 aufgehoben durch Ges. vom 1.12.1980 (GVBl. S. 361)

Hessen: § 20 aufgehoben durch Ges. vom 16.5.2001 (GVBl. S. 250)

Gesetzesfassung in Mecklenburg-Vorpommern

§ 18 Beschlagnahme zur Beweissicherung

Auf die Beschlagnahme einzelner Stücke eines Druckwerkes zur Sicherung des Beweises finden die §§ 12 bis 17 keine Anwendung.

Niedersachsen: § 19 aufgehoben durch Ges. vom 5.12.1983 (GVBl. S. 281)

Nordrhein-Westfalen: § 20 aufgehoben durch Ges. vom 6.10.1987 (GV.NW. S. 342)

Rheinland-Pfalz: Das LandesmedienG v. 4.2.2005 (GVBl. S. 23) hat das Landespressegesetz aufgehoben (§ 55 Abs. 2 Nr. 1); es enthält in den §§ 13–15 keine entsprechende Regelung.

Saarland: Das Saarländische MedienG idF v 27.2.2002 (ABl. S. 498, 754) hat das Saarländische Pressegesetz außer Kraft gesetzt (§ 71 Abs 1); es enthält in den §§ 13–19 keine entsprechende Regelung.

Sachsen: Eine entsprechende Regelung wurde nicht getroffen.

Sachsen-Anhalt: Eine entsprechende Regelung wurde nicht getroffen.

Beschlagnahme zur Beweissicherung § 19 LPG

Schleswig-Holstein: § 19 aufgehoben durch Ges. vom 9.12.1974 (GVOBl. S. 453)

Thüringen: Eine entsprechende Regelung wurde nicht getroffen.

II. Bundesrecht

Text der §§ 94, 97, 98 StPO u bei § 23 LPG

Inhaltsübersicht

	Rn
I. Bedeutung der Bestimmung	
1. Beweissichernde und vollstreckungssichernde Beschlagnahme	1
2. Entwicklung der Gesetzgebung	2
3. Zusammentreffen beider Beschlagnahmezwecke	3
II. Wegfall des presserechtlichen Sicherungssystems der §§ 13 ff. LPG	4
1. Beschlagnahme zur Beweissicherung (§§ 13 ff. LPG)	5
2. Beschränkung auf einzelne Exemplare	6, 7
III. Beschlagnahme von Druckformen, Platten und Matrizen	8
IV. Abweichende Regelungsmodelle	
1. Die Rechtslage nach bayerischem Presserecht	9
2. Die Rechtslage nach Bundesrecht	10

Schrifttum: S Vor §§ 13–19.

I. Bedeutung der Bestimmung

1. Beweissichernde und vollstreckungssichernde Beschlagnahme

Wie o Vor §§ 13 ff. Rn 3 ff. näher dargelegt, unterscheidet das Strafverfahrensrecht grundlegend die Sicherstellung von Beweismitteln gemäß §§ 94 ff. StPO von der Vollstreckungssicherung gemäß §§ 111b ff. StPO und dementsprechend die **beweissichernde** von der **vollstreckungssichernden Beschlagnahme**. § 19 LPG übernimmt diese – schon vor 1975 in §§ 94 ff. StPO aF hineingelesene – Unterscheidung in das Landespresserecht und stellt ausdrücklich klar, dass nur die vollstreckungssichernde Auflagenbeschlagnahme bzw Beschlagnahme von Vervielfältigungsmitteln unter die landesrechtlichen Regeln der Pressebeschlagnahme fallen soll.

Zwischen der in §§ 13 bis 18 LPG behandelten pressespezifischen Beschlagnahme der gesamten Auflage eines Druckwerks zum Zweck späterer Einziehung bzw Unbrauchbarmachung und der Beschlagnahme einzelner Exemplare einer Schrift zu Beweiszwecken besteht ein **wesentlicher Unterschied**. Anders als die Auflagenbeschlagnahme bedeutet die behördliche Wegnahme von einzelnen Exemplaren keinen auch nur annähernd so schwerwiegenden Eingriff in die freie Betätigung der Presse. Zur Gewährleistung eines umfassenden Schutzsystems, wie es die §§ 13 bis 18 LPG für die Auflagenbeschlagnahme darstellen, sah daher der Landesgesetzgeber für die beweissichernde Beschlagnahme keinen Anlass.

2. Entwicklung der Gesetzgebung

Die Frage, ob bei der Beschlagnahme einzelner Schriftstücke oder Zeitungsexemplare die presserechtliche Sonderregelung oder die normale Beschlagnahmeregelung der Strafprozessordnung (§§ 94 ff.) gelten solle, war unter der Herrschaft des **Reichspreßgesetzes** von 1874, in dem eine dem § 19 LPG entsprechende Bestimmung fehlte, umstritten (vgl 1. Aufl Vorbem zu §§ 23/29 RPG Rn 13; § 23 Rn 4). Die Streitfrage ist nun sowohl vom Landes- wie vom Bundesgesetzgeber im Sinne einer klaren rechtlichen Trennung entschieden worden. Dem § 19 LPG entspricht die durch das EGStGB von 1974 eingeführte Trennung der §§ 94ff. und der §§ 111b ff. StPO voneinander (näher dazu *Achenbach* NJW 1976, 1068 ff.).

3. Zusammentreffen beider Beschlagnahmezwecke

3   Die Beschlagnahme der ganzen Auflage einer Schrift als eine „Verhaftung von Gedanken" und die Sicherstellung einzelner Stücke zu Beweiszwecken dienen **verschiedenen Zielen**. Beide Zwecke können zugleich verfolgt werden. In diesem Fall müssen sämtliche rechtlichen Voraussetzungen beider Beschlagnahmeformen gegeben sein und die strengeren Verfahrensvorschriften der §§ 111m/n StPO bzw §§ 13 ff. LPG eingehalten werden (o Vor §§ 13 ff. Rn 6).

II. Wegfall des presserechtlichen Sicherungssystems der §§ 13 ff. LPG

4   Nach § 19 LPG finden die §§ 13 bis 18 keine Anwendung „auf die Beschlagnahme einzelner Stücke eines Druckwerks zur Sicherung des Beweises". Der Wegfall des speziellen Sicherungssystems gemäß §§ 13 ff. LPG tritt danach nur ein, wenn zwei Voraussetzungen gegeben sind: Es muss sich um eine beweissichernde Beschlagnahme handeln, und es dürfen von ihr nur einzelne Stücke eines Druckwerks erfasst werden.

1. Beschlagnahme zur Beweissicherung (§§ 13 ff. LPG)

5   Eine Beschlagnahme zwecks **Beweissicherung** liegt nach § 94 StPO dann vor, wenn „Gegenstände, die als Beweismittel für die Untersuchung von Bedeutung sein können", amtlich sichergestellt werden. Die Bestimmung ist außerordentlich weit gefasst: Schon die bloße Möglichkeit, dass ein Gegenstand im Verfahren als Beweismittel Verwendung finden könnte (dh die potentielle Beweiseignung), reicht für seine Beschlagnahme aus. Doch sind auch im Verfahren zu Beweiszwecken alle Beschränkungen zu beachten, die im normalen Beschlagnahmeverfahren dem Schutz des Betroffenen dienen, namentlich der Grundsatz der Verhältnismäßigkeit (s zu § 94 StPO *Amelung* in AK-StPO Rn 25 ff., *Gercke* in HK-StPO Rn 48 ff., *Huber* in Graf Rn 11 ff., *Joecks* in *Radtke/Hohmann* Rn 21 ff., *Ritzert* in Graf Rn 11.1, *Menges* in Löwe/Rosenberg Rn 51 ff., 71 f., *Schmitt* in Meyer-Goßner Rn 18 f., *Wohlers* in SKStPO Rn 34 ff.). Zudem enthält § 97 StPO Beschlagnahmeverbote, die eine Umgehung von Zeugnisverweigerungsrechten verhindern sollen, darunter das Verbot der Beschlagnahme im Zusammenhang mit dem Zeugnisverweigerungsrecht der Mitarbeiter von Presse und Rundfunk gemäß § 97 Abs 5 iVm § 53 Abs 1 S 1 Nr 5, S 2, 3 StPO (dazu eingehend u § 23 Rn 91 ff.).

2. Beschränkung auf einzelne Exemplare

6   Das presserechtliche Beschlagnahmeprivileg entfällt nur, wenn sich die zu Beweiszwecken ausgesprochene Beschlagnahmeanordnung auf **einzelne Stücke** des Druckwerks beschränkt (s. weiter u. Rn 7). Diese Beschränkung folgt für die beweissichernde Beschlagnahme nach §§ 94 ff. StPO aus dem Grundsatz der Erforderlichkeit (ebenso, jeweils zu § 94 StPO: *Gercke* in HK-StPO Rn 49, *Greven* in KKStPO Rn 14, *Schmitt* in Meyer-Goßner Rn 19, allg *Löffler* in AnwK/StPO Rn 5). Nicht mit dem Übermaßverbot und der Garantie der Pressefreiheit kann es vereinbar sein, zu Beweiszwecken ausnahmsweise die gesamte Auflage oder einen erheblichen Teil davon zu beschlagnahmen, um etwa die Höhe der Auflage oder textliche Veränderungen während des Druckvorgangs festzustellen (das hielt *Löffler* hier in der 3. Aufl Rn 16 für möglich; ähnlich *Schlüchter* Strafverfahren Rn 317.2). Zum Beweis dieser Tatsachen erscheinen allemal mildere Mittel denkbar, die jedenfalls verfassungsrecht-

lich zwingend geboten sind (in diesem Sinne auch *Menges* in Löwe/Rosenberg § 94 Rn 72). Der von *Löffler* aaO favorisierten – sehr problematischen – Anwendung der §§ 13ff. LPG auf eine solche beweissichernde Auflagenbeschlagnahme bedarf es daher nicht.

„**Einzelne**" **Stücke** eines Druckwerks bedeuten in der Regel „einige wenige" 7 Exemplare, wobei zwei Stücke prinzipiell genügen sollen (so OLG Frankfurt/M. in NJW 1973, 2074; nach der StPO lässt sich die Beschlagnahme von mehr als einem Exemplar zu Beweiszwecken nicht einleuchtend begründen, *Achenbach* NJW 1976, 1069; *Schlüchter* Strafverfahren Rn 317.2; *Menges* in Löwe/Rosenberg § 94 Rn 72; *Seetzen* NJW 1976, 499; aA *Greven* in KKStPO § 94 Rn 14 für den Nachweis des Verbreitens). Doch hat es der Landesgesetzgeber vermieden, eine Höchstzahl anzugeben. Es kommt an auf den Einzelfall und auf die Beachtung der ratio legis: Die Beschlagnahme soll nicht zu einer Beeinträchtigung der Informationsfreiheit führen. In keinem Fall erscheint es erforderlich, von einer in 50 verschiedenen Orten jeweils in größerer Anzahl verteilten Zeitungsauflage an jedem Verbreitungsort 1 bis 2 Exemplare zu beschlagnahmen (auch das hielt *Löffler* hier in der 3. Aufl Rn 16 für denkbar).

III. Beschlagnahme von Druckformen, Platten und Matrizen

Ein charakteristischer Fall für eine **doppelrelevante Beschlagnahmeanordnung** 8 (o Rn 3) liegt vor, wenn die Herstellungsmittel eines Druckwerks oder einer sonstigen Schrift sichergestellt werden sollen. Denn auch wenn die Beschlagnahme primär die Platten, Formen usw als Beweismittel sichern soll, ist doch zu berücksichtigen, dass die Herstellungsmittel gemäß § 74d StGB der obligatorischen Unbrauchbarmachung unterliegen und die Strafverfolgungsorgane daher gehalten sind, deren Vollstreckung auch zu gewährleisten, sofern nicht im Einzelfall ein Sicherstellungsbedürfnis entfällt (vgl o § 13 Rn 90). Es besteht daher kein Wahlrecht in dem Sinne, dass auf die besonderen Sicherungen der §§ 111b Abs 1, 111m/n StPO bzw §§ 13ff. LPG verzichtet werden könnte. Fehlt es an der für § 111b erforderlichen Prognosewahrscheinlichkeit für eine spätere Verurteilung des Täters oder für die selbstständige Anordnung der Unbrauchbarmachung (o § 13 Rn 75ff., 80ff.), so ist zu prüfen, ob die allein beweissichernde Beschlagnahme von Herstellungsmitteln, die § 94 StPO dann nur erlaubt, überhaupt erforderlich und mit Art 5 GG vereinbar ist (für eine Beschränkung auf §§ 13ff. LPG in diesem Fall dagegen *Löffler* hier in der 3. Aufl Rn 17; *Rebmann* § 19 Rn 3; *Scheer* § 19 Anm II 3).

IV. Abweichende Regelungsmodelle

1. Die Rechtslage nach bayerischem Presserecht

Das **bayerische Pressegesetz** enthält zwar eine Regelung der pressebezogenen 9 Beschlagnahme, trifft aber keine dem § 19 LPG entsprechende Anordnung. Da die landesrechtlichen Bestimmungen über die Beschlagnahme von Druckwerken aber die strafprozessuale Sicherstellung voraussetzen und nur Modifikationen und Ergänzungen dazu normieren (o § 13 Rn 1), kann die bayerische Regelung der Pressebeschlagnahme ihren inneren Zusammenhängen nach ebenfalls nur die vollstreckungssichernde Beschlagnahme betreffen. Dafür sprechen insb Art 16 Abs 1 BayPrG, der die Auflagenbeschlagnahme nach den Regeln des § 14 LPG anordnet, und der dem § 14 Abs 2 S 2 LPG entsprechende Art 16 Abs 3 BayPrG, der nur für eine vollstreckungssichernde Beschlagnahme Sinn gibt. Auch nach bayerischem Landespresserecht gelten daher für die beweissichernde Beschlagnahme gegenüber der Presse die §§ 94ff. StPO.

2. Die Rechtslage nach Bundesrecht

10 Diejenigen Länder, deren Pressegesetze keine Normen über die Pressebeschlagnahme enthalten, verweisen für das gesamte Recht der strafprozessualen Sicherstellung auf die **StPO**. Somit gilt dort problemlos der Dualismus der §§ 94 ff. und 111b ff. StPO (o Rn 1).

§§ 20–22 LPG
Das pressespezifische Straf- und Ordnungswidrigkeiten-Recht

Vorbemerkung

Inhaltsübersicht

Rn

I. **Begriff und Bedeutung des pressespezifischen Straf- und Ordnungswidrigkeiten-Rechts**
  1. Auch für die Presse gelten die allgemeinen Bestimmungen des Strafrechts
     a) Die Schutzrechte (Privilegien) der Presse im Strafrecht ... 1
     b) Für die Presse relevante Bestimmungen ... 2
  2. Der Begriff des pressespezifischen Straf- und Ordnungswidrigkeiten-Rechts ... 3, 4
  3. Der Inhalt des Sonderrechts ... 5–11
     a) Die sog Presse-Inhaltsdelikte ... 6–8
     b) Die sog Presse-Ordnungsverstöße ... 9–11

II. **Kompetenz des Landesgesetzgebers**
  1. Das Rechtsproblem ... 12
  2. Herkömmliche Einteilung und innerer Zusammenhang bestätigen die „Materie Presserecht" ... 13

III. **Der Gerichtsstand bei Pressedelikten**
  1. Grundsätzlich der Tatort (§ 9 StGB) ... 14
  2. Beseitigung des „fliegenden" Gerichtsstands der Presse bei Presse-Inhaltsdelikten (§ 7 Abs 2 StPO) ... 15
  3. Die Lösung: der Erscheinungsort ... 16
  4. Der Gerichtsstand bei Hörfunk und Fernsehen ... 17
  5. Gerichtsstand bei Presse-Ordnungsverstößen ... 18

IV. **Das interlokale Kollisionsrecht**
  1. Besondere Bedeutung bei elf divergierenden Landespresse-Gesetzen ... 19
  2. Tatort-Prinzip ... 20
  3. Bei mehreren Tatorten: strengstes Recht ... 21
  4. Auswirkung auf die Verjährung ... 22
  5. Im Ordnungswidrigkeiten-Recht ... 23

V. **Das internationale Kollisionsrecht**
  1. Bedeutung für die Presse ... 24
  2. Das Territorialitäts-Prinzip (§ 3 StGB) ... 25, 26
     a) Das (abgelöste) Nationalitätsprinzip ... 25
     b) Der Begriff des „Inlands" ... 26
  3. Ausnahmsweise Bestrafung von Auslands-Straftaten ... 27, 28
     a) Verletzung inländischer Rechtsgüter ... 27
     b) Verletzung international geschützter Rechtsgüter (sog Weltrechtsprinzip) ... 28

Schrifttum: S bei § 20 LPG vor Rn 1.

I. Begriff und Bedeutung des pressespezifischen Straf- und Ordnungswidrigkeiten-Rechts

1. Auch für die Presse gelten die allgemeinen Bestimmungen des trafrechts 1

Grundsätzlich unterliegen die Presse-Angehörigen den **gleichen strafrechtlichen Bestimmungen**, die für alle Staatsbürger gelten.

a) Die Schutzrechte (Privilegien) der Presse im Strafrecht

Doch stehen der Presse auch im Bereich des Strafrechts gewisse wichtige Schutzrechte (Privilegien) zu, die ihr die Erfüllung ihrer öffentlichen Aufgabe der Information, Kontrolle und Kritik sichern (vgl *Groß* JR 1995, 485; *Wache* S 715; *Mitsch*, Medienstrafrecht, § 7 Rn 9). Dazu gehört neben der unmittelbaren Berufung auf das Grundrecht der **Pressefreiheit** (Art 5 Abs 1 Satz 2 GG) der Schutz der **Wahrnehmung berechtigter Interessen** im Sinne des § 193 StGB, der sich freilich ausschließlich auf dem Gebiet des Beleidigungsrechts zugunsten der Presse auswirkt (*Lackner/Kühl* § 193 StGB Rn 2; vgl unten Rn 106 und *Steffen* § 6 LPG Rn 99). Sonderrechte stehen der Presse auch auf dem Gebiet der **Beschlagnahme und Durchsuchung** zu (vgl *Achenbach* vor §§ 13 ff. LPG Rn 7–12 und 30–44). Zum Schutz des Redaktionsgeheimnisses besitzen die Presse-Angehörigen ein weitgehendes **Zeugnisverweigerungsrecht** (§ 53 Abs 1 Ziffer 5 StPO; vgl § 23 LPG). Vor allem kommt der Presse die **kurze Verjährung** des § 24 LPG bei Presse-Delikten und Presse-Ordnungswidrigkeiten zugute (vgl *Kühl* § 24 LPG Rn 17 ff.). Zugunsten der Presse wurde außerdem im strafprozessualen Bereich der – im Blick auf die zahlreichen Verbreitungsorte von Druckschriften besonders nachteilige – „fliegende Gerichtsstand" beseitigt und grundsätzlich auf den Gerichtsstand des Erscheinungsortes abgestellt (§ 7 Abs 2 StPO; vgl Rn 15, 16).

b) Für die Presse relevante Bestimmungen

Der Schwerpunkt der für die Presse bedeutsamen Strafbestimmungen liegt im 2
Strafgesetzbuch vom 15. 5. 1871 (RGBl S 127) in der Fassung der Bekanntmachung vom 13. 11. 1998 (BGBl I S 3322), zuletzt geändert durch das 47. Strafrechtsänderungsgesetz – § 226a StGB Genitalverstümmelung – vom 24.9.2013 (BGBl I S 3671). Wichtige verfahrensrechtliche Regelungen hinsichtlich von Pressestrafsachen enthält die Strafprozessordnung vom 1. 2. 1877 (RGBl I S 253) in der Fassung der Bekanntmachung vom 7. 4. 1987 (BGBl I S 1074, 1319), geltend ab dem 1.4.1987, zuletzt geändert durch das Gesetz vom 28.1.2013 (BGBl I S 89).
Wichtige, die Presse betreffende Strafvorschriften finden sich auch außerhalb des Strafgesetzbuchs, so im Jugendschutzgesetz (JuSchG), in der **Gewerbe-Ordnung**, im **Wettbewerbsrecht**, im **Kartellrecht** und in anderen Gesetzen. Das Strafrecht wird ergänzt durch das Recht der **Ordnungswidrigkeiten:** nach dem „Gesetz über Ordnungswidrigkeiten" werden leichtere Verstöße gegen gesetzliche Ordnungsvorschriften als bloßes Verwaltungs-Unrecht und Ordnungsunrecht (zur Problematik der Abgrenzung von Straftat und Ordnungswidrigkeit vgl *Bohnert* KK-OWiG Einl Rn 50–111) lediglich mit einer Geldbuße geahndet (vgl Rn 10). Die Abgrenzung wird also rein formal nach der Bewertung des Gesetzgebers durchgeführt (*Göhler/ Gürtler/Seitz* Einl Rn 2).

2. Der Begriff des pressespezifischen Straf- und Ordnungswidrigkeiten-Rechts

Von diesem in Ziffer 1 angeführten **allgemeinen** Straf- und Ordnungswidrigkei- 3
ten-Recht, mit dem Presse-Angehörige (zu dessen privilegierender Behandlung *Mitsch*, Medienstrafrecht, § 7 Rn 11) privat und beruflich in Kollision geraten können, ist das **pressespezifische** Straf- und Ordnungswidrigkeiten-Recht zu unter-

LPG Vor §§ 20ff. Straf- u. Ordnungswidrigkeiten-Recht

scheiden, das in den §§ 20, 21, 22 und 24 LPG vom jeweiligen Landesgesetzgeber geregelt worden ist.

a) Es betrifft nur solche Rechtsverstöße, die sich unmittelbar aus der publizistischen **Eigenart** der Presse ergeben. Dazu gehören einerseits die sog **Presse-Inhaltsdelikte,** dh Verstöße, bei denen die strafbare Handlung gerade durch den geistigen Inhalt der Druckschrift verwirklicht wird wie etwa bei der Verbreitung pornografischer Schriften (vgl Rn 5–8). Zum pressespezifischen Straf- und Ordnungswidrigkeiten-Recht gehören außerdem alle Verstöße gegen das in den Landespressegesetzen normierte Presse-Ordnungsrecht wie zB betr das Impressum (§ 8 LPG), die sog **Presse-Ordnungsverstöße** (*Wache* S 718). Im Einzelnen folgt daraus:

4   b) Nicht alle Verstöße, die mit dem **Betrieb eines Presse-Unternehmens** zusammenfallen, gehören zum pressespezifischen Straf- und Ordnungswidrigkeiten-Recht, das in den §§ 20ff. LPG landesrechtlich geregelt ist. Das gilt zB für eine Beschäftigung Jugendlicher im Verlagsbetrieb, die gegen die arbeitsrechtlichen Schutzbestimmungen verstößt. Hier gelten die bundesrechtlichen Strafbestimmungen und ergänzend (hinsichtlich Teilnahme, Versuch, Verjährung etc) die allgemeinen Bestimmungen des StGB. Denn die gesetzwidrige Beschäftigung Jugendlicher berührt weder den geistigen Inhalt des Druckwerks noch kollidiert sie mit den Ordnungsvorschriften der Landespressegesetze.

Dasselbe gilt für Verstöße, die zwar **mittels eines Druckwerks** begangen werden, bei denen es jedoch nicht um dessen geistigen Inhalt geht: Wer einem anderen durch den Schlag mit einem schweren Buch eine Körperverletzung zufügt, begeht kein Presse-Inhaltsdelikt und somit keine pressespezifische Straftat (zust *Heinrich* in Festschrift für Wolter, 2013, S 603, 620: das Buch gelangt gar nicht in seiner Funktion als Kommunikationsmittel zum Einsatz). Ebenso sind die Fälle zu beurteilen, bei denen die Organisation einer verbotenen Vereinigung oder Partei durch Bezug einer gemeinsamen (nicht verbotenen) Zeitschrift rechtswidrig aufrechterhalten wird (§§ 84, 85 StGB) sowie Fälle, in denen durch Plakate dem vereinsrechtlichen Betätigungsverbot des § 20 Abs 1 Nr 4 Vereinsgesetz zuwidergehandelt wird (BGH NJW 1996, 1905; OLG Düsseldorf NStZ-RR 1997, 59 = AfP 1998, 69; *Ricker/Weberling,* Kap 17 Rn 7; näher *Kühl* § 20 LPG Rn 38 a). Hier gelten die allgemeinen Bestimmungen des Strafrechts. Das wird man auch noch für „körperlose" Internet-Verbreitungen annehmen müssen, da eine dem § 11 Abs 3 StGB entsprechende Gleichstellungsvorschrift in den Landespressegesetzen fehlt (vgl BGH NJW 2001, 625; *Heghmanns,* in: *Achenbach/Ransiek* [Hrsg], Handbuch Wirtschaftsstrafrecht, 3. Aufl 2012, 6. Teil 2 Rn 47; vgl auch *Schreiner,* Pressestrafrecht und elektronische Publikationen 1998, S 147ff.); dennoch wird insbesondere die Anwendung der kurzen presserechtlichen Verjährung auf sog Internet-Inhaltsdelikte diskutiert (vgl § 24 LPG Rn 21, 22, 29 und 31). Zunehmend wird auch ein alle Medien übergreifendes Medienstrafrecht mit Medieninhaltsdelikten propagiert (so von *Heinrich* in Festschrift für Wolter, 2013, S 603ff.); für diese Entwicklung sprechen Lehrbücher, wie das von *Mitsch,* Medienstrafrecht, 2012, und *Eisele,* Computer- und Medienstrafrecht, 2013.

3. Der Inhalt des Sonderrechts

5   Aus dem oben Ausgeführten folgt, dass sich das pressespezifische Straf- und Ordnungswidrigkeiten-Recht („Presse-Sonderstrafrecht") im Sinne der §§ 20ff. der Landespressegesetze auf folgende Kategorien von Rechtsverstößen beschränkt:

a) Die sog Presse-Inhaltsdelikte

6   Die sog **Presse-Inhaltsdelikte:**
Bei ihnen wird die strafbare Handlung gerade durch den geistigen Inhalt des Druckwerks verwirklicht (Näheres s bei *Kühl* § 20 LPG Rn 17ff.; s auch *Mitsch* in MK § 78 StGB Rn 18 und in Medienstrafrecht, § 7 Rn 15). Zu den sog Rundfunk-Inhaltsdelikten vgl unten Rn 17 sowie *Kühl* § 20 LPG Rn 20 und § 24 LPG Rn 29;

II. Kompetenz des Landesgesetzgebers

zu ihrer gesetzlichen Regelung vgl § 25 LPG; inzwischen sehen etliche Landespressegesetze die entsprechende (zB § 23 LPG Berlin, § 25 LPG Niedersachsen, § 26 LPG Nordrhein-Westfalen, § 25 LPG Schleswig-Holstein) oder sinngemäße (zB § 17 LPG Brandenburg) Anwendung der Straf- und Verjährungsvorschriften auf Rundfunksendungen vor; für die presserechtliche Verjährung auch § 18a Bayerisches Rundfunkgesetz idF vom 22.10.2003 (GVBl S 792); das saarländische Mediengesetz bezieht auch Mediendienste ein (§ 66 SMG); Näher zu diesen Regelungen *Burkhardt* § 25 LPG Rn 1–4: „ein buntes Bild"; vgl auch *Mitsch,* Medienstrafrecht, § 7 Rn 26.

(1) Für Presse-Inhaltsdelikte gelten nach der **Generalverweisung des § 20 Abs 1 LPG** die allgemeinen Strafgesetze (zu deren doppelter Funktion *Krech* in Schiwy/Schütz/Dörr, S 417). Sie können sowohl als Verbrechen (Hochverrat nach §§ 81, 82 StGB) wie als Vergehen (Beleidigung nach § 185 StGB) begangen werden (Näheres s bei *Kühl* § 20 LPG Rn 20ff.).   7

(2) Auf Presse-Inhaltsdelikte bezieht sich auch das **Sonderdelikt des § 20 Abs 2 LPG**: wegen der potentiellen Gefährlichkeit des Massenmediums Presse legt der Landesgesetzgeber hier dem verantwortlichen Redakteur und Verleger eine erweiterte strafrechtliche Haftung auf (Näheres s bei *Kühl* § 20 LPG Rn 112 ff.).   8

b) Die sog Presse-Ordnungsverstöße

Die sog Presse-Ordnungsverstöße: 9
Hier handelt es sich um Zuwiderhandlungen gegen die in den Landespressegesetzen normierten Ordnungsvorschriften wie etwa das Zeichnen als verantwortlicher Redakteur, obwohl die Voraussetzungen des § 9 LPG nicht erfüllt sind (vgl § 21 Nr 2 LPG; vgl *Kloepfer,* Informationsrecht, 2002, § 7 Rn 77). Je nach der **Schwere der Tat** zerfallen die Presse-Ordnungsverstöße in zwei Gruppen:

(1) Die schweren Verstöße gegen die Presse-Ordnung werden als Presse-Ordnungsdelikte mit der Strafe geahndet; hierzu gehört zB die Bestellung eines verantwortlichen Redakteurs, der nicht die vom Gesetz vorgeschriebenen Voraussetzungen erfüllt (vgl § 21 Nr 1 LPG).

(2) Die leichteren Ordnungsverstöße fallen nicht in den Bereich des Strafrechts,   10
sondern gehören als **Ordnungswidrigkeiten** zum sog „Verwaltungsunrecht", das nach dem „Gesetz über Ordnungswidrigkeiten" in der Fassung vom 19. 2. 1987 (BGBl I S 602) lediglich mit einer Geldbuße geahndet wird (Näheres s bei *Kühl* § 22 LPG Rn 17 ff.). Eine solche Ordnungswidrigkeit ist zB der Verstoß gegen das in § 10 LPG enthaltene Gebot der strengen Trennung von Text- und Anzeigenteil (vgl § 22 Abs 1 Nr 2 LPG).

(3) Die vom Presserecht, der Rechtsprechung und der Rechtswissenschaft üblicherweise gemachte Unterscheidung zwischen Presse-Inhaltsdelikten und Presse-Ordnungsverstößen lässt sich nicht überall streng durchführen. Es sind **Überschneidungen** möglich. So ist zB die vorsätzliche Weiterverbreitung beschlagnahmter Druckwerke entgegen § 15 LPG sowohl Presse-Inhaltsdelikt wie Presse-Ordnungsdelikt (vgl *Achenbach* § 15 Rn 24); zur umstrittenen Fortgeltung der Sanktionsnorm des § 21 Nr 4 LPG vgl *Kühl* § 21 Rn 52.   11

II. Kompetenz des Landesgesetzgebers

1. Das Rechtsproblem

Für das pressespezifische Straf- und Ordnungswidrigkeiten-Recht der §§ 20, 21, 22   12
und 24 LPG ist der **Landesgesetzgeber** zuständig (BVerfGE 7, 29 = NJW 1957, 1355; vgl *Mitsch,* Medienstrafrecht, § 7 Rn 4; *Ricker/Weberling,* Kap 17 Rn 6; *Rebmann* vor § 20 LPG Rn 1; *Groß,* Presserecht Rn 646 und in NStZ 1994, 312). Zwar steht dem **Bund** nach Art 74 Abs 1 Nr 1 GG die (konkurrierende) Gesetzgebungsbefugnis auf dem Gebiet des **Strafrechts** zu, und diese Kompetenz umfaßt

auch das Recht der Ordnungswidrigkeiten (BVerfGE 27, 18, 32 = NJW 1969, 1619). Diese für das **allgemeine** Strafrecht gültige Kompetenzregelung kommt jedoch dort nicht zum Zug, wo es sich um Strafrecht handelt, das kraft inneren Zusammenhangs zu einer Materie gehört, für die der Bund nicht zuständig ist. So steht für die „**Materie Presserecht**" grundsätzlich den **Ländern** die Gesetzgebungsbefugnis zu (Art 70 Abs 1 GG; BVerfGE 7, 29 ff.; 36, 193).

2. Herkömmliche Einteilung und innerer Zusammenhang bestätigen die „Materie Presserecht"

13   Hat eine gesetzliche Regelung, wie dies bei §§ 20–24 LPG der Fall ist, zu zwei verschiedenen Rechtsmaterien (Strafrecht und Presserecht) Beziehungen, so scheidet dennoch eine Doppelzuständigkeit nach der Struktur unserer Verfassung aus (BVerfGE 36, 202 ff.). Maßgeblich für die Zugehörigkeit zu einer der beiden in Frage kommenden Materien ist nach gefestigter Rechtsprechung des Bundesverfassungsgerichts der innere Zusammenhang und die herkömmliche Einteilung. **Herkömmlich** war das pressespezifische Straf- und Ordnungswidrigkeiten-Recht seit 1874 in den §§ 18–22 des Reichspreßgesetzes geregelt. Es beruht auf der besonderen Eigenart der Presse: es beschränkt sich auf Verstöße gegen die Presse-Ordnung selbst sowie auf die nur im publizistischen Bereich vorkommende Straftat des Presse-Inhaltsdelikts. Die Länderkompetenz ist demzufolge begründet. Die Rahmen-Gesetzgebungskompetenz des Bundes auf dem Gebiet des Presserechts (Art 75 Abs 1 Nr 2 GG aF) wurde durch die Föderalismusreform zum 1.9.2006 abgeschafft (G v 28.8.2006, BGBl I 2034; *Stöckel*, in Erbs/Kohlhaas P 190 Vorbem. 7); der Bund hatte ohnehin von diesem Recht keinen Gebrauch gemacht.

III. Der Gerichtsstand bei Pressedelikten

1. Grundsätzlich der Tatort (§ 9 StGB)

14   Die Frage, welches Gericht im Einzelfall zur Aburteilung eines konkreten Pressedelikts zuständig ist, hat erhebliche praktische Bedeutung, da nicht alle Gerichte der Tätigkeit der Presse mit dem gleichen Verständnis begegnen. Maßgebend ist nach allgemeinem Strafverfahrensrecht der § 7 Abs 1 StPO. Danach ist ein **Gerichtsstand** örtlich bei jedem Gericht begründet, in dessen Bezirk die strafbare Handlung **begangen** wurde. Begangen ist eine Tat (sog Tatort) nach § 9 StGB an jedem Ort,

> „an dem der Täter gehandelt hat oder im Falle des Unterlassens hätte handeln müssen oder an dem der zum Tatbestand gehörende Erfolg eingetreten ist oder nach der Vorstellung des Täters eintreten sollte."

2. Beseitigung des „fliegenden" Gerichtsstands der Presse bei Presse-Inhaltsdelikten (§ 7 Abs 2 StPO)

15   Diese Gerichtsstandsregelung wirkte sich bis zu der 1902 erfolgten Gesetzesänderung für die Presse, soweit es sich um **Presse-Inhaltsdelikte** (vgl Rn 6) handelte, ungünstig aus. Da bei Presse-Inhaltsdelikten die Ausführungshandlung in der Verbreitung besteht (vgl *Kühl* § 20 LPG Rn 39 ff.), waren Presse-Inhaltsdelikte überall dort begangen, wo Verbreitungsakte vorgenommen wurden und wo infolge der Verbreitung die Straftat zur Vollendung gelangte, also zB bei einer Beleidigung dort, wo ein Leser das Druckwerk zur Kenntnis genommen hatte (RGSt 23 S 155). Der Redakteur einer Münchener Zeitung konnte sonach jederzeit in Kiel zur Verantwortung gezogen werden und umgekehrt. Die heftigen und begründeten Angriffe der Presse gegen ihre Benachteiligung durch einen solchen „**fliegenden Gerichtsstand**" führten zur Strafprozessnovelle vom 13. 6. 1902 (RGBl S 227). Durch Einfügung eines Absatzes 2 des § 7 StPO wurde für Presse-Inhaltsdelikte der fliegende

III. Der Gerichtsstand bei Pressedelikten   Vor §§ 20ff. LPG

Gerichtsstand teilweise, nämlich für die haftenden **Personen** beseitigt (vgl *Löffler* NJW 1952, 998; *Groß* AfP 1998, 364; *Krech* in Schiwy/Schütz/Dörr, S 420).

3. Die Lösung: der Erscheinungsort

Das Presse-Privileg des § 7 Abs 2 StPO kommt nur bei Presse-Inhaltsdelikten zum Zug (ebenso *Mitsch*, Medienstrafrecht, § 7 Rn 35; betr. Presse-Ordnungsdelikte s Rn 18). In allen Fällen von Presse-Inhaltsdelikten – ausgenommen Ehrverletzungen (*Krech* in Schiwy/Schütz/Dörr, S 420; vgl *Steffen* § 6 LPG Rn 74–105) – ist der Staatsanwalt gehalten, Anklage beim Gericht des **Erscheinungsortes** des beanstandeten Druckwerks zu erheben (*Heinrich*, Medienstrafrecht, Rn 52; kritisch *Mitsch* aaO). Das ist in der Regel der Verlagsort (*Ricker/Weberling*, Kap 48 Rn 7; nach *Heinrich*, Medienstrafrecht, Rn 52: Geschäftssitz des Verlegers bzw des verantwortlichen Redakteurs). Ein Druckwerk „erscheint" an dem Ort, an dem die öffentliche Verbreitung beginnt (vgl BGH NJW 1958, 229 f.). Die Zuständigkeit des Gerichts des Erscheinungsorts setzt allerdings voraus, daß auch am Erscheinungsort selbst eine nach dortigem Landesrecht strafbare Handlung (Presse-Inhaltsdelikt) begangen wurde, was bei der materiellen Verschiedenheit der einzelnen Landespressegesetze keineswegs selbstverständlich ist (RGSt 37, 19; *Rebmann* vor § 20 LPG Rn 3). Ist der Erscheinungsort der Druckschrift – zB wegen fehlendem oder falschem Impressum – nicht festzustellen, so gilt der allgemeine Gerichtsstand des Tatortes (§ 7 Abs 1 StPO) mit der Folge, dass jedes Gericht örtlich zuständig ist, in dessen Bezirk das Presseinhaltsdelikt – zB durch Verbreiten – begangen wurde (BGHSt 43, 122 = NJW 1997, 2828; *Meyer-Goßner* § 7 StPO Rn 7).

16

4. Der Gerichtsstand bei Hörfunk und Fernsehen

Die durch § 7 Abs 2 StPO erfolgte Beseitigung des fliegenden Gerichtsstandes der Presse gilt entsprechend auch für solche Ausstrahlungen des **Hörfunks und des Fernsehens**, bei denen der Straftatbestand gerade durch den geistigen Inhalt der Sendung verwirklicht wird (LG Arnsberg NJW 1964, 1972; *Dose* NJW 1971, 2212 f.; AG Würzburg NStZ 1990, 199 f. mit zustimmender Anmerkung *Kusch* NStZ 1990, 200; LG Landshut NStZ-RR 1999, 367; *Krech* in Schiwy/Schütz/Dörr, S 420; *Heinrich*, Medienstrafrecht, Rn 53; *Mitsch*, Medienstrafrecht, § 7 Rn 35). § 7 Abs 2 StPO dient dem Schutz der Medien und erleichtert ihnen die Erfüllung ihrer öffentlichen Aufgabe der Information, der Kontrolle und Kritik. Bei Inkrafttreten der Schutzbestimmung des § 7 Abs 2 StPO (13.6.1902) war das Medium „Rundfunk" noch unbekannt, sonst wäre es vom Gesetzgeber angesichts der **gleichen Interessenlage** in diese Schutznorm einbezogen worden. Bei den zahlreichen Novellierungen der StPO hat der Gesetzgeber die Notwendigkeit einer Erstreckung von § 7 Abs 2 auf die neuen Medien offensichtlich nicht erkannt. Die Gegenmeinung (*Meyer-Goßner,* § 7 StPO Rn 7; *Wendisch* in Löwe/Rosenberg, Strafprozeßordnung, Bd 1, 25. Aufl 1999, § 7 StPO Rn 12 f.) kann nicht überzeugen: gewiss gibt es zwischen einer Druckwerkverbreitung und einer Rundfunksendung faktische Unterschiede. Sie berühren aber nicht den Kern der Schutznorm des § 7 Abs 2 StPO: Beseitigung der offenbaren Benachteiligung, die darin besteht, dass Inhaltsdelikte der Medien an unbegrenzt vielen „Tatorten" des Inlands angeklagt werden könnten (vgl die eingehende Begründung des AG Würzburg aaO). – Anstelle des Erscheinungsortes tritt beim Rundfunk der **Ausstrahlungsort** (ebenso *Heinrich* aaO). Wird eine Sendung an mehreren Orten ausgestrahlt, ist Ausstrahlungsort der Sitz der Verwaltung der sendenden Rundfunkanstalt (AG Würzburg aaO, im Anschluss an *Löffler* in der 3. Aufl § 25 LPG Rn 204 aE).

17

5. Gerichtsstand bei Presse-Ordnungsverstößen

Für **Presse-Ordnungsverstöße** gilt das Privileg des § 7 Abs 2 Satz 1 StPO nicht. Hier verbleibt es bei der Regelung des § 7 Abs 1 StPO (jeder „Begehungsort"). Eine

18

Kühl 987

Benachteiligung der Presse tritt jedoch dadurch nicht ein. Soweit es sich um reine Presse-Ordnungsvergehen handelt (§ 21 LPG Nr 1 und 2), kommt als Begehungsort nur der Erscheinungsort in Betracht. Soweit die Presse-Ordnungsvergehen zugleich Presse-Inhaltsdelikte sind (vgl oben Rn 11), kommt ihnen die Vergünstigung des § 7 Abs 2 Satz 1 StPO (statt Begehungsort nur der Erscheinungsort) zugute.

IV. Das interlokale Kollisionsrecht

1. Besondere Bedeutung bei elf divergierenden Landespresse-Gesetzen

19 Da auf dem Gebiet der Bundesrepublik sechzehn verschiedene Landespressegesetze Anwendung finden, spielt das interlokale Kollisionsrecht für die bundesdeutsche Presse, deren Produkte in aller Regel die Ländergrenzen überschreiten, eine wichtige Rolle. Hier handelt es sich nicht um die Frage, welches örtliche Gericht für die Aburteilung eines Pressedelikts zuständig ist (Problem des Gerichtsstands, vgl Rn 14 ff.). Vielmehr ist im Rahmen des Kollisionsrechts zu klären, welches **materielle** Landespresserecht vom örtlichen Gericht **angewendet** werden soll, wenn im Einzelfall mehrere Landespressegesetze mit verschiedenem Inhalt in Betracht kommen. Nach welchem Recht ist zu entscheiden, wenn das Recht am Gerichtsort (zB Hamburg) abweicht vom Recht am Tatort (zB Stuttgart) oder wenn die Tat (zB Weiterverbreitung eines beschlagnahmten Druckwerks) im Geltungsbereich verschiedener (abweichender) Strafrechtsregelungen begangen wurde? Im Gegensatz zum internationalen Strafrecht ist das interlokale Strafrecht bisher gesetzlich noch nicht geregelt (vgl BGHSt 7, 53, 55 = NJW 1955, 271; *Endemann* NJW 1966, 2381; s auch *Mitsch*, Medienstrafrecht, § 7 Rn 19). Maßgebend sind auch hier die allgemeinen strafrechtlichen Grundsätze. Dabei hat das interlokale Kollisionsrecht seine eigenen Regeln entwickelt (BGH NJW 1960, 3959). Die hochentwickelten Normen des internationalen Kollisionsrechts (vgl Rn 24 ff.) sind hier allerdings weder direkt noch indirekt anwendbar (BGHSt 7, 53, 55 = NJW 1955, 271).

2. Tatort-Prinzip

20 Nach den durch Gewohnheitsrecht und Judikatur entwickelten Regeln des interlokalen Kollisionsrechts gilt das **Tatortprinzip**: das örtlich zuständige Gericht (vgl Rn 16) hat das am Tatort (§ 9 StGB, vgl Rn 14) geltende Landespresserecht anzuwenden, auch wenn am Gerichtsort ein anderes materielles Recht oder Straflosigkeit gilt (BGHSt 4, 396, 399; 7, 53, 55 = NJW 1955, 271; 27, 5, 7; LG Augsburg wistra 2004, 75; *Weisser* AfP 2013, 98, 100; *Napoli*, 2008, S 161; *Rebmann* Vorbem vor § 20 LPG Rn 4; *Ambos* in MK vor §§ 3–7 Rn 89; *Eser* in Schönke/Schröder Vorbem §§ 3–9 StGB Rn 70 f. mwN).

3. Bei mehreren Tatorten: strengstes Recht

21 Da Pressedelikte häufig durch Verbreitung begangen werden, kommen gerade im Pressebereich **mehrere Tatorte** mit jeweils verschiedenem Landesrecht in Frage. Dies ist zB der Fall, wenn beschlagnahmte Druckwerke entgegen dem Verbreitungsverbot des § 15 LPG (zur umstrittenen Fortgeltung der Sanktionsnorm des § 21 Nr 4 LPG vgl *Kühl* § 21 Rn 52) in mehreren Bundesländern verbreitet werden. Um den Täter nicht strafrechtlich zu begünstigen, wenn er dem Gesetz in mehreren Bundesländern – auch solchen mit milderem Recht – zuwidergehandelt hat, soll nach herrschender Rechtsauffassung die **strengste** dieser Rechtsordnungen zum Zuge kommen (RGSt 75, 385; BGH NJW 1975, 1610; KG JR 1981, 38; *Ambos* in MK vor §§ 3–7 Rn 90; *Fischer* Rn 26 vor §§ 3 bis 7 StGB; *Lackner/Kühl* 3 StGB Rn 9; *Eser* in Schönke/Schröder Vorbem §§ 3–9 StGB Rn 71; *Rebmann* vor § 20 LPG Rn 4, 5).

V. Das internationale Kollisionsrecht Vor §§ 20ff. LPG

Diese Auffassung ist nicht unbedenklich (vgl *Jedamzik,* Das rundfunkrechtliche Sonderdelikt als Anwendungsfall interlokalrechtlicher Grundsätze, 1979, S 32 ff.; *Oehler* Rn 41). Zwar hat der Täter auch gegen das „strengere" Strafgesetz verstoßen, doch sollte das „mildere" Strafgesetz zumindest dann berücksichtigt werden, wenn sich in seinem (Landes-)Geltungsbereich das strafbare **Verhalten** (Tun oder Unterlassen) maßgeblich abgespielt hat (vgl RGSt 75, 104, 107: „Tatort im engsten Sinne"; aM *Ricker/Weberling,* Kap 33 Rn 3).

Darauf, ob das fragliche Presse-Delikt am **Gerichtsort** strafbar ist, kommt es nicht an (vgl Rn 20). Es kommt lediglich darauf an, dass am Aburteilungsort der Gerichtsstand für den konkreten Pressefall gegeben ist. Soweit es um Landesrecht geht, soll aber das mildere Recht des Gerichtsortes maßgebend sein (so *Fischer* Rn 25 vor §§ 3 bis 7 StGB [zw]; *Ricker/Weberling,* Kap 33 Rn 3; vgl auch *Mitsch,* Medienstrafrecht, § 7 Rn 21).

4. Auswirkung auf die Verjährung

4. Eine Besonderheit gilt hinsichtlich der **Verjährung** von Presse-Straftaten (§ 24 LPG), die landesrechtlich gleichfalls verschieden geregelt ist. Wenn es sich bei der strafrechtlichen Verjährung um ein Verfahrenshindernis handelt, kommt nur das am Sitz des Gerichts geltende Verjährungsrecht zum Zug (vgl § 24 LPG Rn 36, 38). Folgt man jedoch der durch § 78 Abs 1 nahegelegten („die Ahndung der Tat") sog gemischten Theorie (vgl *Lackner/Kühl* § 78 StGB Rn 1), wonach durch den Zeitablauf auch die materielle Strafberechtigung schwindet, so ist auch das Recht des Tatortes zu berücksichtigen (*Fischer* Rn 27 vor §§ 3 bis 7 StGB; *Ricker/Weberling,* Kap 33 Rn 3; *Mitsch,* Medienstrafrecht, § 7 Rn 12). 22

5. Im Ordnungswidrigkeiten-Recht

Für das Recht der **Ordnungswidrigkeiten** gelten die Grundsätze des interlokalen Kollisionsrechts (oben Rn 19 ff.) entsprechend. Auch hier kommt das Tatortprinzip zum Zug (vgl oben Rn 20). Das am Tatort geltende Ordnungswidrigkeitenrecht kann auch vom Gericht eines anderen Landes geahndet werden (*Göhler/Gürtler* § 5 OWiG Rn 13). 23

V. Das internationale Kollisionsrecht

1. Bedeutung für die Presse

Für die bundesdeutsche Presse ist das in §§ 3–7 StGB geregelte internationale Kollisionsrecht von besonderer Bedeutung: der sich auf **In- und Ausland** erstreckende unbehinderte Informationsfluss (free flow of information) entspricht dem Wesen der freien Pressetätigkeit. Das internationale Kollisionsrecht bemüht sich um die Klärung der Frage, welches nationale Recht zur Anwendung kommt, wenn im Einzelfall das Recht des Tatorts (zB Zürich) und des Gerichtsortes (zB München) auseinanderfallen. 24

2. Das Territorialitäts-Prinzip (§ 3 StGB)

Im bundesdeutschen Strafrecht gilt nach der seit 1975 in Kraft befindlichen Fassung des § 3 StGB grundsätzlich das sich auf das eigene Staatsgebiet beschränkende sog **Territorialitätsprinzip** bzw der sog **Gebietsgrundsatz** (*Lackner/Kühl* § 3 StGB Rn 1). Dieser Grundsatz kommt in dem lapidaren Satz zum Ausdruck: „Das deutsche Strafrecht gilt für Taten, die im Inland begangen werden" (§ 3 StGB). 25

a) Das (abgelöste) Nationalitätsprinzip

Dieser Kernsatz des § 3 StGB bedeutet, daß die Bundesrepublik Deutschland grundsätzlich nur bei den **im Inland begangenen** Delikten die hoheitliche Strafbefugnis für sich in Anspruch nimmt, ohne Rücksicht darauf, ob es sich bei den Tätern um In- oder Ausländer handelt. Durch die Anknüpfung des Strafrechts an das eigene Staatsgebiet und damit an Taten, die innerhalb des der staatlichen Souveränität unterliegenden Raumes begangen werden (*Lackner/Kühl* Vor § 3 StGB Rn 2; s auch *Mitsch,* Medienstrafrecht, § 7 Rn 14), gab die Bundesrepublik mit gutem Grund das 1940 eingeführte sog **Nationalitätsprinzip** auf. Dieses – der expansiven Idee des Nationalsozialismus entsprechende – System dehnte die Strafbefugnis auf alle **deutschen Staatsangehörigen** aus, auch wenn die Straftat im Ausland begangen wurde (vgl 1. Aufl S 440 f.; vgl jedoch auch *Baumann/Weber/Mitsch* AT § 7 Rn 3, nach denen dieses auch sog aktive Personalitätsprinzip trotz seiner Einführung im Jahre 1940 nicht typisch nationalsozialistisch war).

b) Der Begriff des „Inlands"

26   Für den Begriff des Inlands, den § 3 StGB verwendet, war vor der Wiedervereinigung zwischen dem „staats- und völkerrechtlichen" und dem „funktionellen" Inlandsbegriff umstritten, ob auf dem Gebiet der ehemaligen DDR begangene Taten als Inlandstaten behandelt werden konnten. Mit dem Wirksamwerden des Beitritts der DDR aufgrund Art 1 Abs 1 Einigungsvertrag am 3. 10. 1990 decken sich der staatsrechtliche und der funktionelle Inlandsbegriff. Umfasst sind jetzt alle in der Präambel des Grundgesetzes genannten Länder (s *Lackner/Kühl* Vor §§ 3–7 StGB Rn 4). Die gelegentlich vom Gesetzgeber verwendete Formulierung „räumliches Geltungsgebiet dieses Gesetzes" (vgl etwa §§ 5, 66, 84 ff. StGB) deckt sich seit dem Beitritt der DDR grundsätzlich mit dem Inlandsbegriff (s *Lackner/Kühl* Vor §§ 3–7 StGB Rn 5). Zu beachten ist jedoch, daß es nur einen räumlichen Geltungsbereich der einzelnen Regelungen, die zT nur in einem Teilgebiet gelten (zB § 66 StGB), und damit keinen einheitlichen räumlichen Geltungsbereich für alle Vorschriften gibt. – Sollten Internet-Inhaltsdelikte anerkannt werden (dagegen oben Rn 4), so wäre die Rechtsprechung des BGH in Strafsachen zu beachten, wonach – zu weitgehend – ein deutscher Tatort anzunehmen ist, wenn eine im Ausland vorgenommene Handlung durch Datenübertragung (zB im Internet) im Inland verfügbar gemacht wird (BGHSt 46, 212, 220 ff.; *Ricker/Weberling* Kap 49 Rn 1 a; vgl dazu mit Hinweisen auf überwiegend kritische Besprechungen *Lackner/Kühl* § 9 StGB Rn 5; krit auch *Schreiner,* Pressestrafrecht und elektronische Publikationen, 1998, S 154; *Körber,* Rechtsradikale Propaganda im Internet – der Fall Többen, 2003, S 144).

3. Ausnahmsweise Bestrafung von Auslands-Straftaten

27   Das heute herrschende Territorialitätsprinzip (vgl oben Rn 25 ff.) kennt zwei wichtige **Ausnahme-Bereiche,** bei denen sich die bundesdeutsche Strafgewalt auch auf **Auslandstaten** erstreckt: einerseits das Schutzprinzip zugunsten wertvoller inländischer Rechtsgüter (§ 5 StGB), zum anderen die Berücksichtigung des sog Weltrechtsprinzips (§ 6 StGB). Im Einzelnen ergibt sich hier:

a) Verletzung inländischer Rechtsgüter

Das deutsche Strafrecht erstreckt sich nach § 5 StGB auch auf solche im Ausland begangenen Straftaten, bei denen wichtige **inländische Rechtsgüter** verletzt werden. Dazu gehören ua die Landesverratsdelikte einschließlich des – für die Presse in Frage kommenden – Delikts des Offenbarens von Staatsgeheimnissen (§ 95 iVm § 5 Nr 4 StGB), ferner des Friedens- und Hochverrat (§§ 80–83 iVm § 5 Nr 1 und 2 StGB), die Gefährdung des demokratischen Rechtsstaats (§§ 89 ff. iVm § 5 Nr 3 StGB), aber auch die Verletzung von Betriebs- und Geschäftsgeheimnissen (§ 5 Nr 7 StGB; zu den einschlägigen Delikten aus dem StGB, aber auch aus dem UWG vgl *Lackner/Kühl* § 5 StGB Rn 3) und die politische Verdächtigung eines Deutschen, sofern er im Inland seinen Wohnsitz oder gewöhnlichen Aufenthalt hat (§ 241a iVm § 5 Nr 6 StGB; die Vorschrift gilt auch im Beitrittsgebiet [*Lackner/Kühl* § 5 StGB Rn 3; zu den sog DDR-Alttaten vgl *Lackner/Kühl* § 2 StGB Rn 25]).

Strafrechtliche Verantwortlichkeit § 20 LPG

b) Verletzung international geschützter Rechtsgüter (sog Weltrechtsprinzp)

Eine weitere Ausnahme vom Territorialitätsbegriff enthält § 6 StGB, der im Interesse international geschützter Rechtsgüter das sog **Weltrechtsprinzip** statuiert. Hier gilt das deutsche Strafrecht unabhängig vom Recht des Tatorts für Taten, die im Ausland begangen werden (vgl *Lackner/Kühl* § 6 StGB Rn 1). Unter diese – auch Universalitätsprinzip genannte – Regelung fällt ua die Verbreitung **pornographischer Schriften** im Sinne des §§ 184a, 184b Abs 1–3 StGB und § 184c Abs 1–3 (sog „harte" Pornographie), ferner der **Subventionsbetrug** (§ 264 StGB) und der Menschenhandel (iS der §§ 232–233a StGB). 28

§ 20 LPG
Strafrechtliche Verantwortlichkeit.
Presse – Inhaltsdelikte

Gesetzesfassung in Baden-Württemberg:

§ 20 Strafrechtliche Verantwortung

(1) Die Verantwortlichkeit für Straftaten, die mittels eines Druckwerks begangen werden, bestimmt sich nach den allgemeinen Strafgesetzen.

(2) Ist mittels eines Druckwerkes eine rechtswidrige Tat begangen worden, die einen Straftatbestand verwirklicht, so wird, soweit er nicht wegen dieser Handlung schon nach Absatz 1 als Täter oder Teilnehmer strafbar ist, mit Freiheitsstrafe bis zu einem Jahr oder mit Geldstrafe bestraft

1. bei periodischen Druckwerken der verantwortliche Redakteur, wenn er vorsätzlich oder fahrlässig seine Verpflichtung verletzt hat, Druckwerke von strafbarem Inhalt freizuhalten,

2. bei sonstigen Druckwerken der Verleger, wenn er vorsätzlich oder fahrlässig seine Aufsichtspflicht verletzt hat und die rechtswidrige Tat hierauf beruht.

Gesetzesfassung in Bayern:

Art. 11 [Strafrechtliche Verantwortlichkeit]

(1) Die Verantwortlichkeit für strafbare Handlungen, die mittels eines Druckwerks begangen werden, bestimmt sich nach den allgemeinen Strafgesetzen.

(2) Zu Lasten des verantwortlichen Redakteurs eines periodischen Druckwerks wird vermutet, daß er den Inhalt eines unter seiner Verantwortung erschienenen Textes gekannt und den Abdruck gebilligt hat.

(3) Wer als verantwortlicher Redakteur, Verleger, Drucker oder Verbreiter am Erscheinen eines Druckwerkes strafbaren Inhalts mitgewirkt hat, wird, wenn er nicht schon nach Absatz 1 als Täter oder Teilnehmer zu bestrafen ist, wegen fahrlässiger Veröffentlichung mit Freiheitsstrafe bis zu einem Jahr oder mit Geldstrafe bestraft, sofern er nicht die pflichtgemäße Sorgfalt angewandt hat. Die Bestrafung des Vormanns schließt die des Nachmanns aus.

Gesetzesfassung in Berlin:

§ 19 Strafrechtliche Verantwortung

(1) Die Verantwortlichkeit für Straftaten, die mittels eines Druckwerks begangen werden, bestimmt sich nach den allgemeinen Gesetzen.

LPG § 20   Strafrechtliche Verantwortlichkeit

(2) Ist mittels eines Druckwerks eine rechtswidrige Tat begangen worden, die den Tatbestand eines Strafgesetzes verwirklicht, so wird, soweit er nicht wegen dieser Handlung schon nach Absatz 1 als Täter oder Teilnehmer strafbar ist,

1. bei periodischen Druckwerken der verantwortliche Redakteur, wenn er seine Verpflichtung verletzt hat, Druckwerke von strafbarem Inhalt freizuhalten,
2. bei sonstigen Druckwerken der Verleger, wenn er seine Aufsichtspflicht verletzt hat und die rechtswidrige Tat hierauf beruht,

mit Freiheitsstrafe bis zu einem Jahr oder mit Geldstrafe bestraft. Wird die rechtswidrige Tat nur auf Antrag oder mit Ermächtigung verfolgt, so ist eine Strafverfolgung nach den Nummern 1 und 2 nur auf Antrag oder mit Ermächtigung zulässig.

Gesetzesfassung in Brandenburg:

§ 14 Strafrechtliche Verantwortung

(1) Die Verantwortlichkeit für Straftaten, die mittels eines Druckwerks begangen werden, bestimmt sich nach den allgemeinen Gesetzen.

(2) Ist durch ein Druckwerk der Tatbestand eines Strafgesetzes verwirklicht worden und hat
1. bei periodischen Druckwerken die verantwortliche Redakteurin oder der verantwortliche Redakteur oder
2. bei sonstigen Druckwerken die Verlegerin oder der Verleger

vorsätzlich oder fahrlässig ihre oder seine Verpflichtung verletzt, Druckwerke von strafbarem Inhalt freizuhalten, so kann eine Freiheitsstrafe bis zu einem Jahr oder eine Geldstrafe verhängt werden, soweit sie oder er sich nicht wegen dieser Handlung sich nach Absatz 1 als Täterin oder Täter beziehungsweise als Teilnehmerin oder Teilnehmer strafbar gemacht hat.

Gesetzesfassung in Bremen:

§ 20 Strafrechtliche Verantwortung

Ist mittels eines Druckwerkes eine rechtswidrige Tat begangen worden, die den Tatbestand eines Strafgesetzes verwirklicht, und hat
1. bei periodischen Druckwerken der verantwortliche Redakteur oder
2. bei sonstigen Druckwerken der Verleger

vorsätzlich oder fahrlässig seine Verpflichtung verletzt, Druckwerke von strafbarem Inhalt freizuhalten, so wird er mit Freiheitsstrafe bis zu einem Jahr oder mit Geldstrafe bestraft, wenn er nicht wegen der Tat schon nach den allgemeinen Strafgesetzen als Täter oder Teilnehmer bestraft werden kann.

Gesetzesfassung in Hamburg:

§ 19 Strafrechtliche Verantwortung

(1) Die Verantwortlichkeit für Straftaten, die mittels eines Druckwerkes begangen werden, bestimmt sich nach den allgemeinen Strafgesetzen.

(2) Ist mittels eines Druckwerkes eine rechtswidrige Tat begangen worden, die den Tatbestand eines Strafgesetzes verwirklicht, so wird, soweit er nicht wegen dieser Tat schon nach Absatz 1 als Täter oder Teilnehmer strafbar ist, mit Freiheitsstrafe bis zu einem Jahr oder mit Geldstrafe bestraft
1. bei periodischen Druckwerken der verantwortliche Redakteur, wenn er vorsätzlich oder fahrlässig seine Verpflichtung verletzt hat, Druckwerke von strafbarem Inhalt freizuhalten, und die rechtswidrige Tat hierauf beruht,

Strafrechtliche Verantwortlichkeit   § 20 LPG

2. bei sonstigen Druckwerken der Verleger, wenn er vorsätzlich oder fahrlässig seine Aufsichtspflicht verletzt hat und die rechtswidrige Tat hierauf beruht.

Gesetzesfassung in Hessen:

§ 11 Druckwerke mit strafbarem Inhalt

(1) Von dem verantwortlichen Redakteur eines periodischen Druckwerks wird vermutet, dass er die Veröffentlichung eines Druckwerks, dessen Inhalt eine mit Strafe bedrohte Handlung begründet, als eigene Äußerung gewollt hat. Die Vermutung ist widerlegbar.

(2) Haben der Verleger oder der Drucker das Druckwerk gegen den schriftlichen Widerspruch des verantwortlichen Redakteurs veröffentlicht, so gilt ihnen gegenüber die gleiche Vermutung.

Gesetzesfassung in Mecklenburg-Vorpommern:

§ 19 Strafrechtliche Verantwortung

(1) Die Verantwortlichkeit für strafbare Handlungen, die mittels eines Druckwerkes begangen werden, bestimmt sich nach den allgemeinen Strafgesetzen.

(2) Ist durch ein Druckwerk der Tatbestand einer mit Strafe bedrohten Handlung verwirklicht worden, so wird, soweit er nicht wegen dieser Handlung schon nach Absatz 1 als Täter oder Teilnehmer strafbar ist, mit Freiheitsstrafe bis zu einem Jahr oder mit Geldstrafe bestraft

1. bei periodischen Druckwerken der verantwortliche Redakteur, wenn er vorsätzlich oder fahrlässig seine Verpflichtung verletzt hat, Druckwerke von strafbarem Inhalt freizuhalten und die rechtswidrige Tat hierauf beruht,
2. bei sonstigen Druckwerken der Verleger, wenn er vorsätzlich oder fahrlässig seine Aufsichtspflicht verletzt hat und die Verwirklichung des Tatbestandes einer mit Strafe bedrohten Handlung hierauf beruht.

Gesetzesfassung in Niedersachsen:

§ 20 Strafrechtliche Verantwortung

Ist durch ein Druckwerk eine rechtswidrige Tat begangen worden, die den Tatbestand eines Strafgesetzes verwirklicht und hat

1. bei periodischen Druckwerken der verantwortliche Redakteur oder
2. bei sonstigen Druckwerken der Verleger

vorsätzlich oder fahrlässig seine Verpflichtung verletzt, Druckwerke von strafbarem Inhalt freizuhalten, so wird er mit Freiheitsstrafe bis zu einem Jahr oder mit Geldstrafe bestraft, soweit er nicht wegen der Tat schon nach den allgemeinen Strafgesetzen als Täter oder Teilnehmer strafbar ist.

Gesetzesfassung in Nordrhein-Westfalen:

§ 21 Strafrechtliche Verantwortung

(1) Die Verantwortlichkeit für Straftaten, die mittels eines Druckwerks begangen werden, bestimmt sich nach den allgemeinen Strafgesetzen.

(2) Ist durch ein Druckwerk der Tatbestand eines Strafgesetzes verwirklicht worden und hat

1. bei periodischen Druckwerken der verantwortliche Redakteur oder
2. bei sonstigen Druckwerken der Verleger

vorsätzlich oder leichtfertig seine Verpflichtung verletzt, Druckwerke von strafbarem Inhalt freizuhalten, so wird er mit Freiheitsstrafe bis zu einem Jahr oder mit Geldstrafe bestraft, soweit er nicht wegen dieser Handlung schon nach Absatz 1 als Täter oder Teilnehmer strafbar ist. Kann die durch das Druckwerk begangene rechtswidrige Tat, die den Tatbestand eines Strafgesetzes verwirklicht, nur auf Antrag oder mit Ermächtigung verfolgt werden, so setzt die Verfolgung des Vergehens nach Satz 1 voraus, daß der Antrag gestellt oder die Ermächtigung erteilt ist.

Gesetzesfassung in Rheinland-Pfalz:

keine Regelung

Gesetzesfassung im Saarland:

§ 12 Verantwortlichkeit

(1) Die Veranstalterin oder der Veranstalter eines Rundfunkprogramms haftet im Rahmen der Bestimmungen des bürgerlichen Rechts für Schäden, die Dritten durch Inhalt oder Gestaltung von Sendungen entstehen.

(2) Die Verantwortlichkeit für Straftaten, die mittels eines Druckwerks oder durch Sendungen im Rundfunk begangen werden, richtet sich nach den allgemeinen Strafgesetzen.

§ 63 Strafbare Verletzung der Presse- und Rundfunkordnung

(1) Ist durch ein Druckwerk der Tatbestand eines Strafgesetzes verwirklicht worden, so wird, soweit sie oder er nicht wegen dieser Handlung schon nach § 12 Absatz 2 als Täterin oder Täter oder Teilnehmerin oder Teilnehmer strafbar ist, mit Freiheitsstrafe bis zu einem Jahr oder mit Geldstrafe bestraft,
1. bei periodischen Druckwerken die verantwortliche Redakteurin oder der verantwortliche Redakteur, wenn sie oder er vorsätzlich oder fahrlässig ihre oder seine Verpflichtung verletzt hat, Druckwerke von strafbarem Inhalt freizuhalten,
2. bei sonstigen Druckwerken die Verlegerin oder der Verleger, wenn sie oder er vorsätzlich oder fahrlässig ihre oder seine Aufsichtspflicht verletzt hat und die Verwirklichung des Tatbestandes einer mit Strafe bedrohten Handlung hierauf beruht.

(2) Mit Freiheitsstrafe bis zu einem Jahr oder mit Geldstrafe wird bestraft, wer
1. als Verlegerin oder Verleger eine Person zur verantwortlichen Redakteurin oder zum verantwortlichen Redakteur bestellt, die nicht den Anforderungen des § 9 Abs. 1 entspricht,
2. als verantwortliche Redakteurin oder verantwortlicher Redakteur zeichnet, obwohl sie oder er die Voraussetzungen des § 9 Abs. 1 nicht erfüllt,
3. als verantwortliche Redakteurin oder verantwortlicher Redakteur oder Verlegerin oder Verleger – beim Selbstverlag als Verfasserin oder Verfasser oder Herausgeberin oder Herausgeber – bei einem Druckwerk strafbaren Inhalts den Vorschriften über das Impressum (§ 8 Abs. 1) zuwiderhandelt.

(3) Absatz 1 Nr. 1 und Absatz 2 gelten für den Rundfunk entsprechend.

Gesetzesfassung in Sachsen:

§ 12 Strafrechtliche Verantwortung

(1) Die Verantwortlichkeit für Straftaten, die mittels eines Druckwerks begangen werden, bestimmt sich nach den allgemeinen Strafgesetzen.

(2) Ist mittels eines Druckwerks eine rechtswidrige Tat begangen worden, die den Tatbestand eines Strafgesetzes verwirklicht, und hat

Strafrechtliche Verantwortlichkeit **§ 20 LPG**

1. bei periodischen Druckwerken der verantwortliche Redakteur oder der Verantwortliche im Sinn des § 6 Abs. 2 Satz 5,
2. bei sonstigen Druckwerken der Verleger, Herausgeber oder Verfasser

vorsätzlich oder fahrlässig seine Verpflichtung verletzt, Druckwerke von strafbarem Inhalt freizuhalten, so wird er mit Freiheitsstrafe bis zu einem Jahr oder mit Geldstrafe bestraft, soweit er nicht wegen der Tat schon nach den allgemeinen Strafgesetzen als Täter oder Teilnehmer bestraft werden kann. § 14 Strafgesetzbuch bleibt unberührt.

Gesetzesfassung in Sachsen-Anhalt:

§ 12 Strafrechtliche Verantwortung

Ist durch ein Druckwerk eine rechtswidrige Tat begangen worden, die den Tatbestand eines Strafgesetzes verwirklicht, und hat

1. bei periodischen Druckwerken der verantwortliche Redakteur oder
2. bei sonstigen Druckwerken der Verleger

vorsätzlich oder fahrlässig seine Verpflichtung verletzt, Druckwerke von strafbarem Inhalt freizuhalten, so wird er mit Freiheitsstrafe bis zu einem Jahr oder mit Geldstrafe bestraft, soweit er nicht wegen der Tat schon nach den allgemeinen Strafgesetzen als Täter oder Teilnehmer strafbar ist.

Gesetzesfassung in Schleswig-Holstein:

§ 14 Strafrechtliche Verantwortung

(1) Die Verantwortlichkeit für Straftaten, die mittels eines Druckwerks begangen werden, bestimmt sich nach den allgemeinen Strafgesetzen.

(2) Ist mittels eines Druckwerks eine rechtswidrige Tat begangen worden, die den Tatbestand eines Strafgesetzes verwirklicht, so wird, soweit sie oder er nicht wegen dieser Handlung schon nach Absatz 1 als Täterin, Täter, Teilnehmerin oder Teilnehmer strafbar ist, mit Freiheitsstrafe bis zu einem Jahr oder mit Geldstrafe bestraft

1. bei periodischen Druckwerken die verantwortliche Redakteurin oder der verantwortliche Redakteur, wenn sie oder er vorsätzlich oder fahrlässig ihre oder seine Verpflichtung verletzt hat, Druckwerke von strafbarem Inhalt freizuhalten,
2. bei sonstigen Druckwerken die Verlegerin oder der Verleger, wenn sie oder er vorsätzlich oder fahrlässig ihre oder seine Aufsichtspflicht verletzt hat und die rechtswidrige Tat hierauf beruht.

Gesetzesfassung in Thüringen:

keine Regelung

Inhaltsübersicht

	Rn
I. Geltende Gesetzesfassung	1–16
II. Bedeutung der Bestimmung	
1. Der unterschiedliche Inhalt des § 20 LPG	17
2. Die Generalverweisung des § 20 Abs 1 LPG	18
3. Die strafrechtliche Sonderhaftung des verantwortlichen Redakteurs und des Verlegers (§ 20 Abs 2 LPG)	19
III. Das Presse-Inhaltsdelikt	
1. Allgemeines	20–25
2. Bildung des Begriffs durch die Rechtslehre. Die Definition des Reichsgerichts	26–28

LPG § 20　　　　　　　　　　　　　　　Strafrechtliche Verantwortlichkeit

	Rn
3. Sinn und Zweck der rechtlichen Sonderstellung von Presse-Inhaltsdelikten	29–31
4. Die drei wesentlichen Begriffselemente	32
5. Der (strafbare) Inhalt des Druckwerks	33–38
6. Verbreitung des Druckwerks als Ausführungshandlung	39–49
7. Begründung der Strafbarkeit gerade durch den Inhalt des Druckwerks	50–52
8. Übersicht über die Presse-Inhaltsdelikte	53–60
a) Beleidigungsdelikte	53
b) Aufforderungsdelikte	54
c) Verbreitungs- und Veröffentlichungsdelikte	55
d) Ankündigungs- und Anpreisungsdelikte	56
e) Verschwiegenheitsdelikte	57
f) Friedensverrat, Hochverrat ua	58
g) Betrug, Erpressung, Nötigung	59
h) Tötungs- und Körperverletzungsdelikte	60

IV. Absatz 1 des § 20 LPG (Generalverweisung auf die allgemeinen Strafgesetze)

1. Der Sinn der Generalverweisung	61
2. Die Problematik der Anwendung der allgemeinen Strafgesetze auf Presse-Inhaltsdelikte. Übersicht	62–69
3. Tateinheit. Tatmehrheit. Fortgesetzte Handlung	70–80
a) Beginn der Verbreitung. Die einzelnen Stadien der Verbreitung. Fortgesetzte Handlung	70–75
b) Mehrere Presse-Inhaltsdelikte im gleichen Druckwerk	76–80
4. Täterschaft und Teilnahme beim Presse-Inhaltsdelikt	81–98
a) Unmittelbare und mittelbare Täterschaft	81
b) Mittäterschaft	82
c) Die einzelnen Beteiligten	83–98
5. Vorbereitung, Versuch, Vollendung und Beendigung beim Presse-Inhaltsdelikt	99–105
a) Vorbereitung	99
b) Vollendung	100, 101
c) Versuch	102–105
6. Rechtswidrigkeit der Handlung	106
7. Vorsatz und Fahrlässigkeit; Schuld	107–108
8. Strafen und andere Rechtsfolgen der Tat	109
9. Sonstige Rechtsprobleme des Presse-Inhaltsdelikts	110, 111

V. Absatz 2 des § 20 LPG (Strafrechtliche Sonderhaftung des verantwortlichen Redakteurs und des Verlegers)

1. Bedeutung des § 20 Abs 2 LPG	112–115
2. Die geschichtlichen Grundlagen des § 20 Abs 2 LPG	116–120
3. Die Träger der strafrechtlichen Sonderhaftung. Allgemeines	121, 122
4. Die Sonderhaftung des verantwortlichen Redakteurs	123–130
5. Die Sonderhaftung des Verlegers	131–136
6. Vorsätzliche und fahrlässige Verletzung der Sorgfaltspflicht des § 20 Abs 2 LPG	137–143
7. Vorliegen einer mittels eines Druckwerks verwirklichten strafbaren Handlung als objektive Bedingung der Strafbarkeit	144–149
8. Der subsidiäre Charakter des § 20 Abs 2 LPG	150, 151
9. Die für das Sonderdelikt des § 20 Abs 2 LPG angedrohten Strafen	152–157
10. Verfassungswidrigkeit des § 20 Abs 2 LPG?	158

VI. Abweichendes Landesrecht

Allgemeines	159
1. Bayern	160–163
2. Berlin	164
3. Bremen	165
4. Hessen	166
5. Niedersachsen	167
6. Nordrhein-Westfalen	168
6a. Rheinland-Pfalz	168a
7. Sachsen	169
8. Saarland	170
9. Sachsen-Anhalt	171
10. Thüringen	172

I. Geltende Gesetzesfassung § 20 LPG

Schrifttum: *Baumann/Weber/Mitsch,* Strafrecht Allgemeiner Teil, 11. Aufl, 2003; *Fischer,* Strafgesetzbuch, 61. Aufl, 2014; *Gabriel,* Strafrechtliche Verantwortlichkeit für fremde Texte 2003; *Göhler,* Ordnungswidrigkeitengesetz, 16. Aufl, 2012; *Groß,* Presserecht, 3. Aufl, 1999; *B. Heinrich* in Praxishandbuch Medienrecht, 2. Aufl, 2011, Band 5 Kapitel 5 (= Medienstrafrecht); *Jescheck/Weigend,* Lehrbuch des Strafrechts Allgemeiner Teil, 5. Aufl, 1996; *Karlsruher Kommentar* zum Gesetz über Ordnungswidrigkeiten, 3. Aufl, 2006; *Karlsruher Kommentar* zur Strafprozeßordnung und zum Gerichtsverfassungsgesetz, 6. Aufl, 2008; *Kloepfer,* Informationsrecht, 2002; *Kühl,* Strafrecht Allgemeiner Teil, 7. Aufl, 2012; *Lackner/Kühl,* Strafgesetzbuch, 27. Aufl, 2011; Leipziger Kommentar (= LK), Strafgesetzbuch, 12. Aufl, 2006 ff.; *Meyer-Großner,* Strafprozeßordnung, 56. Aufl, 2013; *Mitsch,* Recht der Ordnungswidrigkeiten (= RdO), 2. Aufl, 2005, 26. Aufl ab 2006 ff.; *Napoli,* Aspekte der Strafbarkeit der Presse..., 2008; Nomos-Kommentar (= NK), Strafgesetzbuch, 4. Aufl, 2013; *Paschke,* Medienrecht, 3. Aufl, 2009; *Rebmann/Ott/Storz,* Das baden-württembergische Gesetz über die Presse, 1964; *Rehbinder,* Presserecht, 1967; *Krech* in Schiwy-Schütz/Dörr, Medienrecht, 5. Aufl, 2012, S 416 ff.; *Liesching* in Paschke/Berlit/Meyer (Hrsg), Hamburger Kommentar – Gesamtes Medienrecht, 2. Aufl 2012; *Schönke/Schröder,* Strafgesetzbuch, 28. Aufl, 2010; *Stöckel* in Erbs/Kohlhaas, Strafrechtliche Nebengesetze, 3. Band, 166. Ergänzungslieferung, 2007, P 190; Systematischer Kommentar (= SK), Strafgesetzbuch, Stand: März 2005; *Uebbert,* Die strafrechtliche Haftung des verantwortlichen Redakteurs bei der Veröffentlichung strafbarer Inhalte, insbesondere nach § 21 Abs 2 Satz 2 Ziffer 1 LPG NW, Diss Münster 1995; *Wache,* Presserecht, strafbare Verletzung der Presseordnung, in Ulsamer (Hrsg), Lexikon des Rechts – Strafrecht/Strafverfahrensrecht, 2. Aufl, 1996, S. 713 ff.; *Will,* Die strafrechtliche Verantwortlichkeit für die Verletzung von Aufsichtspflichten, 1998.

I. Geltende Gesetzesfassungen

Baden-Württemberg: § 20 LPG s oben. 1
Die jetzige Fassung beruht auf dem Gesetz vom 26.11.1974 (GBl S 508).

Bayern: Art 11 BayPrG s oben. 2
Art 11 beruht auf dem Gesetz vom 19.4.2000 (GVBl S 340); letztes Änderungsgesetz vom 24.12.2002 (GVBl S 340).

Berlin: § 19 Berliner PresseG s oben. 3
Der § 19 wurde geändert durch Gesetz vom 6.3.1970 (GVBl S 474) und vom 26.11.1974 (GVBl S 2746).

Brandenburg: § 14 BbgPG s oben. 4
Die Fassung beruht auf dem Gesetz vom 13.5.1993 (GVBl S 162); § 14 Abs. 2 neu gef. mWv 26.6.2012 durch G v 21.6.2012 (GVBl Nr 27).

Bremen: § 20 LPG s oben. 5
Der § 20 wurde geändert durch das Gesetz vom 18.12.1974 (GBl S 351).

Hamburg: § 19 Hamburgisches PresseG s oben. 6
Der § 19 wurde geändert durch Gesetz vom 1.12.1969 (GVBl S 233) und vom 9.12.1974 (GVBl S 381).

Hessen: § 11 HPresseG s oben. 7
Die Fassung beruht auf dem Gesetz vom 12.12.2003 (GVBl I 2004 S 2); bis 5.12.2012 inhaltsgleich als § 12, Verschiebung durch G v 26.11.2012 (GVBl S 458)

Mecklenburg-Vorpommern: § 19 LPrG M-V s oben. 8
Die Fassung beruht auf dem Gesetz vom 6.6.1993 (GVBl S 541).

Niedersachsen: § 20 Niedersächsisches PresseG s oben. 9
Die jetzige Fassung des § 20 LPG Niedersachsen beruht auf den Gesetzen vom 24.6.1970 (GVBl S 237) und vom 2.12.1974 (GVBl S 535).

Nordrhein-Westfalen: § 21 LPG s oben. 10
Der § 21 wurde geändert durch Gesetz vom 16.12.1969 (GVBl S 22) und vom 3.12.1974 (GVBl S 1504).

Rheinland-Pfalz: 11
Das neue Landesmediengesetz vom 4.2.2005 (GVBl S 23) enthält keine entsprechende Regelung.

Saarland: §§ 12, 63 Abs 1 SMG s oben. 12
Die §§ 12, 63 Abs 1 SMG wurden geändert durch Gesetz vom 19.2.2003 (ABl S 534); § 12 Abs 3 aufgeh mWv 29.8.2008 durch G v. 20.8.2008 (ABl S 1362).

Sachsen: § 12 Sächs PresseG s oben. 13
Die Fassung beruht auf dem Gesetz vom 3.4.1992 (GVBl S 125).

Sachsen-Anhalt: § 12 PresseG LSA s oben. 14
Die Fassung beruht auf dem Gesetz vom 14.8.1991 (GVBl S 261); zuletzt geändert durch Gesetz vom 18.11.2004 (GVBl S 778); ohne inhaltliche Änderung neu bekannt gemacht am 26.4.2010).

15 *Schleswig-Holstein:* § 14 LPG s oben.
§ 14 beruht auf der Fassung der Neubekanntmachung vom 31.1.2005 (GVOBl S 105).

16 *Thüringen:*
Das Gesetz vom 31.7.1991 (GVBl S 271) enthält keine entsprechende Regelung.

II. Bedeutung der Bestimmung

1. Der unterschiedliche Inhalt des § 20 LPG

17 Der § 20 LPG befasst sich mit den sog **Presse-Inhaltsdelikten,** dh Rechtsverstößen, bei denen die strafbare Handlung (zB öffentliche Beleidigung oder Volksverhetzung) gerade durch den **geistigen Inhalt** der Druckschrift verwirklicht wird (vgl unten Rn 20 ff.). Zu dieser Gruppe gehören die meisten Pressedelikte. Die weit geringe Zahl bilden die sog **Presse-Ordnungsverstöße** (Verletzung der in den Landespressegesetzen normierten Presse-Ordnung); sie werden vom Gesetz in §§ 21 und 22 LPG unter Strafe gestellt bzw mit Geldbuße bedroht.

2. Die Generalverweisung des § 20 Abs 1 LPG

18 Der **§ 20 LPG** enthält in seinen beiden Absätzen jeweils sachlich Verschiedenes. Der **Absatz 1** bringt für die in §§ 20, 21, 22 und 24 LPG landesrechtlich geregelten Presse-Inhaltsdelikte eine wichtige **Generalverweisung** auf die allgemeinen Strafgesetze des Bundesrechts (*Heinrich,* Pressestrafrecht, Rn 337; vgl unten Rn 61–111).

3. Die strafrechtliche Sonderhaftung des verantwortlichen Redakteurs und des Verlegers (§ 20 Abs 2 LPG)

19 In **§ 20 Abs 2 LPG** hat der Gesetzgeber den **verantwortlichen Redakteur** (hinsichtlich periodischer Druckwerke) und den **Verleger** (bezüglich sonstiger Druckwerke) einer **verschärften strafrechtlichen Sonderhaftung** unterworfen, sofern sie ihre Aufsichtspflicht bzw die Pflicht verletzen, „Druckwerk von strafbarem Inhalt freizuhalten". – Die Sonderhaftung des § 20 Abs 2 LPG gilt in fast allen Bundesländern, ausgenommen in **Bayern** und **Hessen:** dort wirkt die frühere Haftungsregelung der §§ 20, 21 des Reichspreßgesetzes nach (Näheres s unten Rn 160, 166). Zu Rheinland-Pfalz s unten Rn 168a; zu Thüringen s unten Rn 172.

Da sowohl Abs 1 wie Abs 2 des § 20 LPG das **Presse-Inhaltsdelikt** betreffen, ist vorweg dieser presserechtliche Begriff zu klären.

III. Das Presse-Inhaltsdelikt

1. Allgemeines

20 Der § 20 LPG spricht in Abs 1 (Generalverweisung) von den „mittels eines Druckwerks" (in Niedersachsen und Sachsen-Anhalt: „Durch ein Druckwerk") begangenen strafbaren Handlungen und in Abs 2 Ziffer 1 (Berufspflichtverletzung) von der Freihaltung der Druckwerke von strafbarem Inhalt. Der § 20 LPG behandelt somit die sog **Presse-Inhaltsdelikte** (vgl Vorbem vor §§ 20–22 LPG Rn 6–8), die im Pressestrafrecht eine beherrschende Rolle spielen. Zum sog Internet-Inhaltsdelikt vgl § 24 LPG Rn 20, 21, 29 und 31; zum sog Rundfunk-Inhaltsdelikt vgl § 24 LPG Rn 29; für eine Ausdehnung auf Medieninhaltsdelikte *Heinrich* in Festschrift für Wolter, 2013, S 603, 624: Schlüsselkategorie des Medienstrafrechts. Den Presse-Inhaltsdelikten kommt auch außerhalb des § 20 LPG besondere Bedeutung zu, denn mit diesem von der Rechtswissenschaft entwickelten und vom Gesetzgeber übernommenen Begriff („Druckwerke strafbaren Inhalts") kann gerade die typische und als ge-

III. Das Presse-Inhaltsdelikt   § 20 LPG

fährlich angesehene, aber andererseits auch verfassungsrechtlich geschützte Massenwirkung der anonymen Presse erfasst werden. Der Begriff des Presse-Inhaltsdelikts wird außer in § 20 LPG verwendet:
a) bei der **Verjährung** von Pressedelikten (§ 24 Abs 1 Nr 1 LPG, vgl § 24 LPG Rn 29 ff.),   20a
b) bei der Privilegierung der Presse hinsichtlich der Beseitigung des „fliegenden"   21 **Gerichtsstands** (§ 7 Abs 2 Satz 1 StPO, vgl Vorbem vor §§ 20–22 LPG Rn 15),
c) beim **Zeugnisverweigerungsrecht** der Presse (§ 53 Abs 1 Nr 5 StPO),   22
d) beim vorsätzlichen **Presse-Ordnungsvergehen** des § 21 Nr 3 LPG (vgl § 21   23 LPG Rn 40),
e) bei der **Sorgfaltspflicht** der Presse (§ 6 Satz 2 LPG, vgl *Steffen* § 6 LPG Rn 10),   24
f) bei der **Einziehung und Unbrauchbarmachung** von Schriften (§ 74d StGB;   25 vgl *Achenbach* § 13 LPG Rn 36–73).

2. Bildung des Begriffs durch die Rechtslehre. Die Definition des Reichsgerichts

Die eindeutige Bestimmung des Begriffs „Presse-Inhaltsdelikt" ist schwierig. Bei   26 der großen **praktischen** Bedeutung dieses Begriffs (vgl Rn 17) ist ein näheres Eingehen auf die hier zu klärenden Probleme unerlässlich.

a) Noch heute maßgebend ist die vom **Reichsgericht** (RGSt 66, 145, 147) erarbeite **Definition:**

„Ein Presse-Inhaltsdelikt liegt vor, wenn eine Straftat durch die Verbreitung eines Druckwerks begangen wird, dessen geistig wirksamer Inhalt die Erklärung enthält, die für den betreffenden Straftatbestand erforderlich ist, wobei es genügt, wenn diejenigen Umstände, von denen die Strafbarkeit sonst noch abhängt, außerhalb der durch die Presse verbreiteten Erklärung gegeben sind."

Diese der näheren Erläuterung bedürftige Begriffsbestimmung hat sich in der Rechtsprechung allgemein durchgesetzt und gilt auch in der Literatur als herrschend (BGHSt 26, 40, 44 = NJW 1975, 1039; BGHSt 27, 353 = NJW 1978, 1171; BGHSt 40, 385, 387 = NJW 1995, 892; BGHSt 44, 209, 215 = NJW 1999, 508; BGH wistra 2004, 339; BGH NJW 1996, 1905 und 2585; OLG Hamburg NJW 1965, 2168; OLG Oldenburg NJW 1960, 305; OLG Koblenz NStZ 1991, 45; *Groß* NStZ 1994, 313; *Krech* in Schiwy/Schütz/Dörr S 417; *Liesching* in Paschke ua 90. Abschnitt B I; *Will*, 1998, S 104; *Gabriel*, 2003, S 57; *Stöckel* in Erbs/Kohlhaas P 190 § 21 Rn 3; *Fischer* § 78 StGB Rn 9; *Mitsch*, Medienstrafrecht, § 7 Rn 16; *Saliger* in NK § 78 StGB Rn 22; *Sternberg-Lieben/Bosch* in Schönke/Schröder § 78 StGB Rn 9; als Ausgangspunkt für ein Medieninhaltsdelikt nimmt diese Definition *Heinrich* in Festschrift für Wolter 2013, S 603, 624).

b) Das Reichspreßgesetz kannte den Begriff des Presse-Inhaltsdelikts nicht. Er ist   27 von der Rechtslehre entwickelt worden und geht von der Tatsache aus, dass sich in den einschlägigen Gesetzen (LPG, StGB und StPO, vgl oben Rn 15 ff.) eine Reihe von Vorschriften finden, die darin übereinstimmen, dass bei ihnen die Strafbarkeit der Handlung „durch den **Inhalt** eines Druckwerks" begründet wird (ebenso *Mitsch*, Medienstrafrecht, § 7 Rn 16). Die Rechtslehre und das Reichsgericht waren sich darin einig, dass diesen Sondervorschriften angesichts eines im wesentlichen übereinstimmenden Gesetzeswortlauts ein einheitlicher Begriff des Presse-Inhaltsdelikts zugrunde liegen müsse (krit *Uebbert* S 115).

c) Der von Theorie und Praxis verwendete Begriff des Presse-Inhaltsdelikts darf   28 nicht zu der irrigen Ansicht verleiten, als ob es sich hier um eine den Straftaten im Amt der §§ 331 ff. StGB entsprechende **Sondergattung** von Straftaten handle (ähnlich *Mitsch*, Medienstrafrecht, § 7 Rn 18). Der Begriff „Presse-Inhaltsdelikt" kennzeichnet nur eine bestimmte **Begehungsform** (ebenso *Krech* in Schiwy/Schütz/ Dörr, S 418), nämlich die Verübung einer Straftat mittels des **Inhalts** eines Druckwerks (zustimmend *Schroth*, Unternehmen als Normadressaten und Sanktionssubjekte, 1993, S 79 und *Wache* S 717). Auf diese dem Pressewesen eigenartige Begehungsform finden gewisse presserechtliche Sondervorschriften (insb die Haftungsvorschriften der §§ 20, 21, 22 LPG und die kurze Verjährung des § 24 LPG) Anwendung.

3. Sinn und Zweck der rechtlichen Sonderstellung von Presse-Inhaltsdelikten

29 Um den Begriff des Presse-Inhaltsdelikts näherzukommen, muss zunächst festgestellt werden, welche **Zwecke** der Gesetzgeber mit der besonderen rechtlichen Behandlung von „Druckwerken strafbaren Inhalts" verfolgt. Hier ist vor allem zu berücksichtigen:
a) Die moderne Presse entfaltet eine gewaltige **geistige Wirkungskraft.** Im Gegensatz zum gesprochenen Wort ist das geschriebene Wort stofflich gebunden und hat dadurch stärkere Dauerwirkung. Es liegt „schwarz auf weiß" fest. Die Verbreitung des Druckwerks in Tausenden, ja in Millionen von Exemplaren begründet die Breitenwirkung der Presse. Der Einfluss der Presse auf die öffentliche Meinung wird nicht zuletzt durch die Anonymität der meisten periodischen Druckwerke entscheidend verstärkt.

30 b) Bei der Beurteilung der gesetzlichen Sondervorschriften über Presse-Inhaltsdelikte ist zu beachten: Auf der einen Seite muss die geistige Macht der modernen Presse unter einer gewissen gesetzlichen Kontrolle stehen, damit ein **Missbrauch** der Macht verhindert wird. Auf der anderen Seite ist die geistige Wirkungskraft der freien Presse als Trägerin der öffentlichen Meinung für ein intaktes **demokratisches Gemeinwesen** unentbehrlich. Außerdem hat der Gesetzgeber das strafrechtliche Charakteristikum aller durch die Presse begangenen strafbaren Handlungen, **ihre Offenkundigkeit,** zu berücksichtigen. Auf diesen gesetzespolitischen Erwägungen beruhen die Sondervorschriften für die Presse-Inhaltsdelikte.

31 c) Der Gesichtspunkt, die geistige Wirkungskraft der Presse wegen ihrer potentiellen **Gefährlichkeit** unter eine gewisse gesetzliche Regelung zu bringen, war maßgebend für die erweiterten **Haftungsbestimmungen** der §§ 20 Abs 2 LPG und 21 Ziffer 4 LPG, mit denen nicht zuletzt der Anonymität der Pressetätigkeit entgegengewirkt werden sollte (ebenso *Gabriel*, 2003, S 255 und *Paschke*, Medienrecht, Rn 1291). Hierher gehört ferner die Vorschrift, Druckwerke strafbaren Inhalts **einzuziehen** bzw **unbrauchbar zu machen** (§ 74d StGB).

4. Die drei wesentlichen Begriffselemente

32 Nach Klärung der Frage, welche Zwecke der Gesetzgeber bei den Sonderbestimmungen für Presse-Inhaltsdelikte verfolgt, ist weiter zu untersuchen, was das **Besondere und Gemeinsame** an den Gesetzesbestimmungen ist, die den Begriff des Presse-Inhaltsdelikts verwenden, ohne ihn zu definieren. Drei Elemente sind hier wesentlich (ebenso *Gabriel*, 2003, S 58–61): einmal der **Inhalt** des Druckwerks, zum anderen die **Verbreitung** eines Druckwerks strafbaren Inhalts und zum dritten die **Begründung** der Strafbarkeit gerade durch diesen Inhalt (ähnlich *Krech* in Schiwy/Schütz/Dörr, S 417 f.). Hierzu ist im Einzelnen festzustellen:

5. Der (strafbare) Inhalt des Druckwerks

33 Was den **Inhalt des Druckwerks** anlangt, so erhebt sich die Frage: genügt ein lediglich räumliches „Enthaltensein im Druckwerk" oder muss der Inhalt eine gewisse innere geistige Beschaffenheit aufweisen? Da als Hauptgrund für die gesetzliche Sonderregelung die außerordentliche geistige Wirkungskraft der Presse festgestellt wurde (vgl oben Rn 29 f.), ist die Frage eindeutig dahin zu beantworten: nur soweit der Inhalt eines Druckwerks einen **geistigen** Gehalt und dadurch eine geistige Wirkungskraft besitzt, wird er durch die Sonderregelung erfasst. Daraus ergibt sich:

III. Das Presse-Inhaltsdelikt § 20 LPG

a) **Presse-Ordnungsvergehen,** die zu einem zwar vom Gesetz missbilligten, aber **geistige Wirkungskraft nicht ausströmenden** Inhalt des Druckwerks führen, können nicht als Presse-Inhaltsdelikte begangen werden. Hierher gehören vor allem die Impressumdelikte mit unzutreffenden und unzulässigen Impressumangaben (Verstöße gegen §§ 8 und 9 LPG). Zeichnet ein Verlagsangestellter als verantwortlicher Redakteur, obwohl er die Voraussetzungen des § 9 LPG nicht erfüllt, so führt dies zwar zu einem vom Gesetz nicht gewünschten und verbotenen „Inhalt des Druckwerks" (nämlich des Impressums), doch zeitigt diese unrichtige Impressumangabe keine gefährliche geistige Wirkung auf die Masse der Leser.

b) **Presse-Ordnungsvergehen,** deren Strafbarkeit darauf beruht, dass ein bestimmter 34 Inhalt **nicht** in das Druckwerk aufgenommen wurde, also gerade **kein Inhalt** geschaffen wurde, können schon begrifflich nicht als Presse-*Inhalts*delikte begangen werden. Ein Druckwerk, bei dem ein bestimmter Inhalt fehlt, kann jedenfalls insoweit nicht als Druckwerk mit strafbarem Inhalt angesehen werden. Hierher gehören die Zuwiderhandlungen gegen § 8 LPG, soweit sie in einem Weglassen der Impressum-Angaben bestehen, sowie Verstöße im Sinne des § 21 Nr 1 LPG, da die Bestellung eines verantwortlichen Redakteurs ohne die gesetzlich vorgeschriebenen Eigenschaften keinen Ausdruck im Inhalt des Druckwerks findet (im Ergebnis einhellige Meinung, vgl *Häntzschel* S 133 und *Mannheim* S 33). Es geht hier um den „Aspekt eines reibungslosen, verwerfungsfreien Funktionierens des Medienwesens" (*Heinrich* in Festschrift für Wolter, 2013, S 603, 623).

c) Für das Merkmal des geistigen „Inhalts" eines Druckwerks kommt es nicht auf 35 den **materiellen Unrechtsgehalt,** sondern allein auf die geistige publizistische Wirkungskraft des Inhalts an. Es ist nicht erforderlich, dass der „strafbare Inhalt der Druckschrift" kriminelles Unrecht enthält. Es genügt, dass der Inhalt des Druckwerks wegen seiner geistigen Wirkungskraft vom Gesetzgeber unter Androhung von Sanktionen (Strafen und Bußgelder) verboten wird. Es können demzufolge auch **Ordnungswidrigkeiten** des § 22 LPG und anderer Gesetze wie zB des GWB (BGHSt 28, 53 = NJW 1978, 1985; ebenso BayObLG AfP 1995, 653 für die Ordnungswidrigkeit des § 15 Abs 1 Nr 7 HWG) als Presse-Inhaltsdelikt begangen werden, obwohl das Gesetz nur von einem strafbaren, nicht von einem ordnungswidrigen Inhalt spricht. Jedenfalls für den Bereich der Presseverjährung ist die Einbeziehung von Presse-Inhalts-Ordnungswidrigkeiten allgemein anerkannt (vgl *Kühl* 24 LPG Rn 34 mit Nachweisen).

d) Eine weitere Gruppe von Pressedelikten bezieht ihre Strafwürdigkeit daraus, dass 36 Druckwerke entgegen einem **behördlichen Verbot** verbreitet werden. Dies ist zB der Fall bei § 21 Nr 4 LPG (Weiterverbreitung eines beschlagnahmten Druckwerks entgegen § 15 LPG; zur umstrittenen Fortgeltung der Strafnorm des § 21 Nr 4 LPG *Kühl* vgl § 21 Rn 52). Im Einzelnen gilt hier:

(1) Bei der Weiterverbreitung beschlagnahmter Druckschriften entgegen dem Verbot des § 15 LPG ist in rechtlicher Hinsicht zu beachten: Einerseits liegt ein eindeutiger Verstoß gegen eine klare behördliche Maßnahme vor. Andererseits wird dieses Verbreitungsverbot gerade wegen des strafbaren Inhalts ausgesprochen, dessen Verbreitung im Publikum unterbunden werden soll. Sonach liegt auch bei dem Verstoß gegen § 15 LPG sowohl ein Presse-Ordnungsdelikt wie ein Presse-Inhaltsdelikt vor (vgl Vorbem vor §§ 20 ff. LPG Rn 11; zur umstrittenen Fortgeltung und zum Wegfall der entsprechenden Strafvorschrift des § 21 Nr 4 LPG in mehreren LPG s *Kühl* § 21 Rn 52).

(2) Besondere Fragen werfen die Verstöße gegen die Verbreitungsverbote des 37 Jugendschutzgesetzes (JuSchG; früher im Gesetz über die **Verbreitung jugendgefährdender Schriften** enthalten) auf, denn dieses Gesetz enthält **Delikte mit speziellen Verbreitungsverboten.** Zwar betreffen diese Delikte Druckwerke, deren Inhalt Anlass für die gesetzlichen Vorschriften gegeben hat und uU auch nach allgemeinem Strafrecht strafbar ist (§ 15 Abs 2 Nr 1 JuSchG – pornographische Schriften iS der §§ 184–184b StGB), aber – im Gegensatz zu den generellen Verbreitungsdelikten – ergibt sich die Strafbarkeit nicht schon aus der Verbreitung des Druckwerks als solcher. Resultiert die Strafbarkeit jedoch nicht primär aus dem In-

LPG § 20 Strafrechtliche Verantwortlichkeit

halt, sondern aus einem Verstoß gegen Regelungen über das Wie, Wann und Wo der Verbreitung, liegt ein bloßes **Vertriebsdelikt** und damit kein Presse-Inhaltsdelikt vor (vgl *Stöckel* in Erbs/Kohlhaas P 190, § 21 Rn 4 aF; speziell zu § 184 StGB *Schreibauer,* Das Pornografieverbot des § 184 StGB, 1999, S 63).

In den Fällen spezieller Verbreitungsverbote ergibt sich zudem häufig ein besonderer Ermittlungsbedarf hinsichtlich der strafrechtlich relevanten Verbreitungsmodalitäten, womit auch ein im Zusammenhang mit der Privilegierung von Presse-Inhaltsdelikten genanntes Argument entfällt (s *Franke* GA 1982, 412). Nicht zu den Presse-Inhaltsdelikten zählen daher: §§ 15 Abs 1, 2 Nr 1 (pornographische Schriften), Abs 2 Nr 2–5, 27 JuSchG (BGHSt 26, 40 = NJW 1975, 1039 zu § 6 Nr 2, 3 und §§ 3, 21 GjS aF; zust *Schmid* in LK § 78 StGB Rn 15, auch *Saliger* in LNR § 78 StGB Rn 22), die nur die „Verbreitung an einen bestimmten Abnehmerkreis" (BGHSt 27, 353 = NJW 1978, 1171) erfassen und § 184 Abs 1 Nr 3 (Verbreitung pornographischer Schriften im Versandhandel – OLG Düsseldorf NStE 1987 Nr 1 zu § 25 PresseG NRW; vgl auch *Groß* NStZ 1994, 313 und *Krech* in Schiwy/Schütz/Dörr, S 419). Zur Begehbarkeit der §§ 184–184b StGB als Presse-Inhaltsdelikt vgl unten Rn 55 mit Nachweisen aus der Rspr.

38 e) Keine Presse-Inhaltsdelikte sind auch solche Vergehen, bei denen die Veröffentlichung eines an sich harmlosen Inhalts nur deshalb bestraft wird, weil sie durch **unbefugte Personen** erfolgt. Hierunter fallen insb strafbare Verletzungen des **Urheberrechts,** wie zB das Plagiat (RG GA Bd 38 [1891] S 436; *Kastner* NJW 1983, 1151; zum gleichen Ergebnis kommen RGSt 20, 181 und 430). Weiter gehören hierher die Vergehen gegen das **Markengesetz** (RGSt 40, 270 zum alten Warenzeichengesetz), desgleichen die **Fälschungsdelikte** der Falschmünzerei (§§ 146 ff. StGB) und die Vorbereitung der Fälschung von amtlichen Ausweisen (§ 275 StGB). Bei allen diesen Delikten beruht die Strafwürdigkeit nicht auf der Gefährlichkeit der geistigen Wirkungskraft des Inhalts, sondern auf der verbotenen Verwendung durch unbefugte Personen (*Rebmann* § 20 LPG Rn 2).

38a f) Der Inhalt des Druckwerks muss der eigentliche Strafgrund sein (s schon oben Vorbem vor §§ 20 ff. LPG Rn 4). Daran fehlt es, wenn es – wie bei Zuwiderhandlungen gegen ein vereinsrechtliches Betätigungsverbot nach § 20 Abs 1 Nr 4 Vereinsgesetz – in erster Linie darauf ankommt, ob der Inhalt des Druckwerks (zB eines Plakats) für den Vereinszweck förderlich ist (OLG Düsseldorf NStZ-RR 1997, 59); unter diesem Gesichtspunkt – Förderung verbotener Vereinstätigkeit – ist der Inhalt der Plakate austauschbar (BGH NJW 1996, 1905; offengelassen von BGH NStZ-RR 1997, 282; zust BGH NStZ-RR 1999, 10, der aber für die Verunglimpfung des Staates nach § 90a Abs 1 Nr 1 StGB anders entscheidet).

6. Verbreitung des Druckwerks als Ausführungshandlung

39 Die **Verbreitung** des Druckwerks ist die notwendige Ausführungshandlung jedes Presse-Inhaltsdelikts (herrschende Meinung, RGSt 5, 354, 356; 32, 69, 71; 40 S 270f.; BGHSt 33, 271 = NJW 1986, 331; BGHSt 36, 51 = NJW 1989, 989; BayObLG NJW 1987, 1711; KG StV 1990, 208; BayObLG NStZ 2004, 702). Erst die Verbreitung begründet die besondere Gefährlichkeit der durch die Presse begangenen strafbaren Handlungen und ist der Anlass für die Schaffung der Sondervorschriften für die Presse-Inhaltsdelikte gewesen. Ein Presse-Inhaltsdelikt liegt nur vor, wenn die Ausführungshandlung in der Verbreitung einer Druckschrift als Mittlerin geistigen Inhalts besteht; *Paschke,* Medienrecht, Rn 1291; der Begriff wird auch im StGB, zB in § 86 StGB verwendet, hat aber dort eine andere Bedeutung (vgl *Franke* GA 1984, 452, 456 und in NStZ 1984, 126; *Laufhütte/Kuschel* in LK § 86 StGB Rn 19; *Paeffgen* in NK § 86 StGB Rn 25).

a) Wird die Straftat zwar mittels des Druckwerks, aber nicht durch dessen **Verbreitung** begangen (der Täter benutzt ein schweres Buch als Waffe), so liegt kein Presse-Inhaltsdelikt vor.

III. Das Presse-Inhaltsdelikt § 20 LPG

b) Stets muss es sich um die Verbreitung des **Druckwerks** selbst handeln. Wird 40
nicht das Druckwerk, sondern nur der geistige Inhalt losgelöst vom Körper des
Druckwerks verbreitet, zB durch Vorlesen des Druckwerks, so liegt kein Presse-Inhaltsdelikt vor (BGHSt 18, 63 = NJW 1963, 60; BGH bei *Holtz* MDR 1977, 809;
OLG Hamburg NJW 1983, 1439; OLG München MDR 1989, 181; OLG Köln
NStZ 1990, 241 f.; OLG Koblenz NStZ 1991, 45 [für Videokasetten bejahend];
Ricker/Weberling, Kap 17 Rn 8; *Krech* in Schiwy/Schütz/Dörr, S 418; *Stöckel* in Erbs/
Kohlhaas P 190, § 21 Rn 2; *Schmid* in LK § 78 StGB Rn 16; *Paschke*, Medienrecht,
Rn 1291). Der Wortlaut des § 24 LPG erfordert eindeutig die Verbreitung eines
Druckwerks strafbaren Inhalts, nicht die Verbreitung des strafbaren Inhalts eines
Druckwerks.

c) Da die **Verbreitung** die notwendige Ausführungshandlung jedes Presse-Inhalts- 41
delikts ist, folgt daraus:

(1) Kein Presse-Inhaltsdelikt liegt vor, soweit **die der Verbreitung vorangehende Handlung** als selbstständige Straftat vom Gesetz unter Strafe gestellt wird
(kritisch *Schmid* in LK Vor § 78 StGB Rn 6). So bedroht § 83 StGB schon die **Vorbereitung** des Hochverrats als selbstständiges Delikt mit Freiheitsstrafe. Die Vorbereitung des Hochverrats oder anderer Staatsschutz-Delikte kann auch durch das Herstellen und Vorrätighalten von Schriften zwecks späterer gezielter Verbreitung erfolgen.
In rechtlicher Hinsicht ist zu unterscheiden:

aa) Stellt jemand solche Schriften her, bezieht oder führt er dieselben ein, hält 42
sie vorrätig oder kündigt oder preist er sie an und **verbreitet er anschließend** diese
Druckwerke selbst, so ist sein gesamtes Verhalten als eine einzige strafbare Handlung,
und zwar unter dem Gesichtspunkt der Verbreitung, zu würdigen. Auf der Verbreitung liegt in diesem Fall das Schwergewicht; denn allein um der drohenden Verbreitung und der damit verbundenen Gefährlichkeit willen hat der Gesetzgeber die betreffenden Vorbereitungshandlungen unter Strafe gestellt (BGHSt 8, 245 = NJW
1956, 230; BayObLG bei *Wagner* GA 1961, 15). Nach dem Grundsatz der **Subsidiarität** tritt eine Bestrafung nur wegen der Verbreitung ein, die ihrerseits ein Presse-Inhaltsdelikt darstellt, was im Schrifttum vielfach übersehen wird. Dieser Grundsatz
gilt auch für die Teilnahme an der Handlung: der Teilnehmer, der sich nur an der
Vorbereitungshandlung beteiligt, wird als Teilnehmer am späteren Presse-Inhaltsdelikt
haftbar gemacht, sofern sich sein Vorsatz hierauf erstreckt. Zu der sich daraus ergebenden Verjährungsproblematik vgl § 24 Rn 32.

bb) Kommt es nicht zur Verbreitung und verbleibt es bei der selbständig strafbaren 43
Vorbereitungshandlung (sog steckengebliebene Vorbereitungshandlung), so gilt der
Grundsatz, dass ohne die Ausführungshandlung der Verbreitung jedenfalls ein Presse-Inhaltsdelikt nicht gegeben ist (BGHSt 8, 245 = NJW 1956, 230; BayObLG bei
Wagner GA 1961, 159; *Schmid* in LK § 78 StGB Rn 16).

(2) Kein Presse-Inhaltsdelikt liegt vor, wenn die Verbreitung des Druckwerks ihrer- 44
seits nur Vorbereitungshandlung, Anstiftung oder Beihilfe zu einer **anderen Straftat**
darstellt, die nicht durch den Inhalt des Druckwerks begründet wird (RGSt 26,
225 f.; *Häntzschel* S 135). Bringt zB eine in Gaunerkreisen gelesene Zeitschrift die
Anzeige: „Mehrere kräftige Männer zu größerer Unternehmung gesucht", und diese
Männer führen nachher gemeinsam einen Einbruch durch, so ist die Anzeige als
bloße Vorbereitungshandlung nicht strafbar. Der nachfolgende Einbruch ist keineswegs durch Verbreitung eines Druckwerks strafbaren Inhalts begangen. Auch wenn in
dem Druckwerk selbst eine strafbare Anstiftung enthalten wäre, käme ein Presse-Inhaltsdelikt nicht in Frage. Angestiftet werden können nach allgemeinen strafrechtlichen Grundsätzen immer nur eine oder mehrere individuell bestimmte Personen
(BGHSt 6, 359, 361 = NJW 1954, 1896). Die Verbreitung als Ausführungshandlung
muss jedoch gerade auf einen individuell nicht abgegrenzten Personenkreis einwirken. Deshalb ist die Anstiftung durch die Presse kein Presse-Inhaltsdelikt.

(3) Stellt die Verbreitung des Druckwerks im Unterschied zur **bloßen** Vorberei- 45
tungshandlung zwar den **Anfang** der Ausführungshandlung einer Straftat dar, müssen

LPG § 20 — Strafrechtliche Verantwortlichkeit

aber zur Vollendung noch andere **entscheidende** Handlungen des Täters hinzutreten, so liegt ebenfalls kein Presse-Inhaltsdelikt vor. Das gilt zB für die durch die Presse erfolgte Ankündigung einer nach § 286 StGB strafbaren Lotterie, wenn als weitere Ausführungshandlungen die Losziehung und Gewinnverteilung nachfolgen (RGSt 26, 225 f.; 35, 44; 63, 322, 325). Das gleiche gilt, wenn bei Betrug oder Erpressung (RGSt 33, 230 f.) die Täuschungshandlung und Bedrohung zwar schon in dem die Tat vorzubereitenden Druckwerk begonnen wurde, aber in nachfolgenden mündlichen Verhandlungen erst entscheidend zu Ende geführt werden (vgl *Schmid* in LK § 78 StGB Rn 15; *Saliger* in NK § 7 StGB Rn 24: Straftat nur teilweise durch Verbreiten eines Druckwerks begangen).

Stellt jedoch die Verbreitung des Druckwerks einen wesentlichen Teil der Ausführungshandlung dar (der Täter bedroht die Allgemeinheit durch einen Zeitungsartikel mit einem Verbrechen, um die dadurch hervorgerufene Einschüchterung zu einer nachher fortgesetzten Erpressung auszunutzen), so liegt eine als Presse-Inhaltsdelikt begangene **Erpressung** vor.

46 d) Die Straftat muss durch die Verbreitung des Druckwerks in dessen typischer Eigenschaft als **Einwirkungsmittel auf eine unbestimmte Vielheit** von Lesern begangen werden. Gerade die auf der geistigen Breitenwirkung beruhende Gefährlichkeit des Druckwerks hat dazu geführt, die Verbreitung als notwendiges Element des Begriffs „Presse-Inhaltsdelikt" anzusehen. Das verbreitete Druckwerk darf also nicht nur im Verhältnis zu bestimmten einzelnen Personen einen strafbaren Inhalt haben; vielmehr muss mit der Verbreitung das Zustandekommen des Straftatbestandes gegenüber einer unbestimmten Vielheit von Lesern möglich sein (herrschende Meinung; BGHSt 36, 57 = NJW 1989, 989; OLG Frankfurt StV 1990, 209; *Ricker/Weberling*, Kap 17 Rn 8; *Stöckel* in Erbs/Kohlhaas P 190, § 21 Rn 2; *Paschke*, Medienrecht, Rn 1291). Im Einzelnen bedeutet dies:

47 (1) Delikte, die schon in ihrem Tatbestand **auf bestimmte Personen bezogen** sind, können nicht als Presse-Inhaltsdelikte begangen werden. Hierzu gehören in der Regel die Fälle der **Erpressung**, in denen nur eine oder wenige bestimmte Personen durch die fragliche Pressemitteilung erpresst werden sollen. Hier liegt kein Presse-Inhaltsdelikt vor (RGSt 33, 230 f.; ebenso bei einer Erpressungszwecken dienenden Zeitungsanzeige, *Schmid* in LK § 78 StGB Rn 15 [mit RGSt 33, 230], vgl Rn 45). Das gleiche gilt für Bedrohung oder Betrug gegenüber bestimmten Einzelpersonen.

48 (2) Ist der strafbare Inhalt des Druckwerks nur wenigen bestimmten Personen aufgrund ihres besonderen Wissens verständlich, weil die Pressemitteilung zB in einer Geheimschrift oder in einer sonstigen Verschlüsselung abgefasst ist, so liegt ebenfalls kein Presse-Inhaltsdelikt vor.

49 (3) Umstritten ist die Frage, ob eine **Körperverletzung** oder **Tötung** als Presse-Inhaltsdelikt begangen werden kann. Dies ist zu bejahen für die seltenen Fälle, in denen der strafbare Inhalt des Druckwerks geeignet ist, die Gesundheit einer unbestimmten Vielzahl von Lesern zu schädigen. Man denke an falsche Alarmnachrichten, die eine allgemeine Panik auslösen (Landung von Marsmenschen, Kriegsausbruch). Wird während des Grassierens einer Epidemie in der Presse vorsätzlich oder fahrlässig ein falsches Heilmittel angepriesen, das nachweisbar zu einer weiteren Ausbreitung der Epidemie bzw zu Todesfällen führt, so liegt ein Presse-Inhaltsdelikt vor. Ist dagegen die Pressemitteilung von vornherein nur geeignet, auf individuell bestimmte Personen einzuwirken, so stellt die Körperverletzung kein Presse-Inhaltsdelikt dar (vgl Rn 47). Dies gilt für den vielbesprochenen Fall, in dem eine Zeitung gegen einen Beamten öffentlich Vorwürfe erhob, worauf dieser einen Schlaganfall erlitt. Das OLG Hamm hat hier in einem Urteil vom 16.2.1909 das Vorliegen eines Presse-Inhaltsdelikts verneint (vgl dazu die Besprechungen von *Rudorff* DJZ 14 [1909] Sp 374 und von *Schweitzer* GA 60 [1913] 405; aA *Mannheim* S 36).

III. Das Presse-Inhaltsdelikt   § 20 LPG

7. Begründung der Strafbarkeit gerade durch den Inhalt des Druckwerks

Das dritte Begriffs-Element eines Presse-Inhaltsdelikts ist – neben dem Inhalt des 50
Druckwerks (vgl Rn 33 ff.) und seiner Verbreitung (Rn 39 ff.) – die **Begründung
der Strafbarkeit** gerade **durch den Inhalt** des Druckwerks. An diesem dritten
Element hat sich der eigentliche Theorienstreit auf dem Gebiet des Presse-Inhaltsdelikts entzündet.

Hier standen sich im wesentlichen drei Auffassungen gegenüber:
a) Nach der Lehre vom **engen Begriff** des Presse-Inhaltsdelikts (vgl *v Liszt* S 141; *Löning* S 102; *Napoli*, 2008, S 9) heißt „Begründung der Strafbarkeit durch den Inhalt", dass die in dem Druckwerk verkörperte Gedankenäußerung die **Normwidrigkeit in ihrem vollen objektiven Tatbestand** selbst enthalten müsse. Von irgendwelchen außerhalb des Druckwerks liegenden Tatbestandsmomenten, wie einem besonderen Erfolg oder besonderen Absichten des Täters, dürfe die Strafbarkeit nicht abhängen, weil sie dann nicht mehr „durch den Inhalt des Druckwerks" begründet sei. Diese Meinung führt jedoch bei konsequenter Durchführung zu **unmöglichen Folgerungen**. Keine Presse-Inhaltsdelikte wären nach dieser Theorie sämtliche Vergehen, die zusätzlich zur Verbreitung des Druckwerks einen weiteren Erfolg voraussetzen, wie zB die Störung des öffentlichen Friedens beim Delikt des § 166 StGB (Beschimpfung von Bekenntnissen, Religionsgesellschaften und Weltanschauungsvereinigungen) oder die Vornahme einer Handlung seitens der unter Druck gesetzten Person im Falle der Nötigung (§ 240 StGB) oder die Vornahme einer Vermögensverfügung durch den Geschädigten im Falle des Betrugs oder der Erpressung (§§ 253, 263 StGB; vgl *Mannheim* S 34; *Kitzinger* S 112).

Auch die nur beim Vorliegen bestimmter Eigenschaften des Täters strafbaren Äußerungen würden ohne Grund aus dem Kreis der Presse-Inhaltsdelikte ausscheiden. Denn aus dem Druckwerk allein ergeben sich diese besonderen Qualifikationen nicht mit solcher Sicherheit, dass die Strafbarkeit allein durch den Inhalt begründet werden könnte. Schreibt ein Beamter einen Artikel, der eine Verletzung des Dienstgeheimnisses (§ 353b StGB) darstellt, so kann die Amtsträgereigenschaft in der Regel nur durch außerhalb des Druckwerks liegende Momente einwandfrei nachgewiesen werden.

b) Demgegenüber vertritt die in Rechtsprechung und Schrifttum herrschende 51
Lehre (vgl Rn 26) den **weiten Begriff** des Presse-Inhaltsdelikts (*Napoli*, 2008, S 8).
Danach genügt es für die „Begründung der Strafbarkeit durch den Inhalt des Druckwerks", wenn darin die für den jeweils maßgeblichen Tatbestand erforderliche Erklärung (zB Preisgabe eines Dienstgeheimnisses) enthalten ist. Diejenigen Umstände, von denen die Strafbarkeit der Erklärung nach dem in Betracht kommenden Tatbestand sonst noch abhängig ist (zB Amtsträgereigenschaft), können außerhalb des Inhalts des Druckwerks gegeben sein (RGSt 66, 145 f.; BGHSt 26, 40, 44 = NJW 1975, 1039; BGHSt 44, 209, 215 = NJW 1999, 508; BayObLGSt 1953, 168 ff.; OLG Hamburg NJW 1965, 2168; *Groß* NStZ 1994, 313; *Stöckel* in Erbs/Kohlhaas P 190, § 21 Rn 3; *Wache* S 717; *Gabriel*, 2003, S. 60; *Krech* in Schiwy/Schütz/Dörr, S 418; *Mitsch*, Medienstrafrecht, § 7 Rn 16; *Saliger* in NK § 78 StGB Rn 22). Auch die „sonstigen" Tatbestandsmerkmale wie der bei den sog Erfolgsdelikten geforderte „Erfolg" der Tat (RGSt 30, 194) oder objektive Strafbarkeitsbedingungen wie die Nichterweislichkeit der Behauptung (§ 186 StGB; *Lackner/Kühl* § 186 StGB Rn 7; *Saliger* aaO Fn 69) oder subjektive Merkmale wie Absicht oder Vorsatz brauchen aus dem Inhalt des Druckwerks nicht hervorzugehen. Es genügt nach der herrschenden Ansicht, wenn sie außerhalb des Druckwerks gegeben sind.

c) Gegen die herrschende Lehre sind von seiten *Häntzschels* (ZStW 47 [1927], 52
417 ff.) sowie *Möhls* (S 64 ff.) und in der 1. Auflage (Vorbem vor §§ 20/21 RPG
Rn 38 ff.) eine Reihe von Einwendungen geltend gemacht worden. Die sich aus
diesen Einwendungen ergebende dritte, sog „vermittelnde" Auffassung hat sich nicht
durchgesetzt, weil sie den Bedürfnissen des Presserechts nicht genügend Rechnung
trägt (vgl *Groß* NJW 1966, 638 f. und in NStZ 1994, 313). Als **Ergebnis** ist sonach

festzustellen, dass die reichsgerichtliche Definition des Presse-Inhaltsdelikts (vgl oben Rn 21) unter der Herrschaft des modernen Landespresserechts keinen Bedenken mehr begegnet, so dass sie als gesicherter Ausgangspunkt für die Definition des Presse-Inhaltsdelikts gelten kann (zur Weiterentwicklung der Rechtsprechung im Anschluss an RGSt 66, 145, 147 vgl OLG Hamburg NJW 1965, 2168 ff. und BGHSt 26, 40, 44 = NJW 1975, 1039 f.).

8. Übersicht über die Presse-Inhaltsdelikte

53 Nach der ausführlichen Erörterung der Begriffsmerkmale des Presse-Inhaltsdelikts empfiehlt sich eine kurze **Zusammenfassung der wichtigsten Straftatbestände**, die als **Presse-Inhaltsdelikt** begangen werden können, dh der Tatbestände, auf die beim Vorliegen der oben (Rn 21 ff.) festgestellten Erfordernisse die Sondervorschriften der §§ 20, 21, 22, 24 LPG, § 74d StGB, § 7 Abs 2 und § 53 Abs 1 Nr 5 StPO anzuwenden sind (noch knapper, aber sachlich übereinstimmend *Heinrich* in Festschrift für Wolter, 2013, S 603, 624).

a) Beleidigungsdelikte

Hauptanwendungsfall des Presse-Inhaltsdelikts ist in der Praxis die **Beleidigung** in allen ihren Erscheinungsformen (§§ 185 ff. StGB; vgl KG StV 1990, 208 zu § 185 StGB; vgl auch BGH NJW 1996, 2585, wo ua für § 185 StGB ein Presseinhaltsdelikt wegen der Distanzierung in der körperlichen Verbreitung verneint wurde; zust *Krech* in Schiwy/Schütz/Dörr, S 419). Zu § 187 StGB vgl BGHSt 44, 209 ff. = NJW 1999, 508. Zu beachten ist, dass für den subjektiven Tatbestand der Beleidigung **bedingter Vorsatz** genügt (vgl *Lackner/Kühl* § 185 StGB Rn 10). Hierher gehört sachlich auch der Fall der Staatsverleumdung (§§ 90, 90a und 90b StGB; vgl BGH NStZ-RR 1999, 10 zu § 90a Abs 1 Nr 1 durch eine Plakataktion; vgl auch BayObLG NJW 1987, 1711 zu § 90a Abs 1 Nr 2 StGB als PresseInhaltsdelikt begangen durch den Vertrieb von Aufklebern, welche die Farben Schwarz-Rot-Gold verunglimpften; anders für die Verunglimpfung des Staates nach § 90a Abs 1 Nr 1 BayObLG NStZ-RR 1996, 135 f.), das Verbreiten von Propagandamitteln iSd § 86 StGB (dazu *Stegbauer*, Rechtsextremistische Propaganda im Lichte des Strafrechts, 2000, S 82; *Laufhütte/Kuschel* in LK § 86 StGB Rn 44; zur Bedeutung von § 86 Abs 3 StGB, der das mögliche Presse-Inhaltsdelikt ausschließt, *Rahe*, Die Sozialadäquanz-Klausel des § 86 Abs 3 StGB, 2002, S 277) sowie die Beschimpfung von Religionsgesellschaften, Bekenntnissen und Weltanschauungsvereinigungen (§ 166 StGB; dazu *Dippel* in LK § 166 StGB Rn 109).

b) Aufforderungsdelikte

54 Auch die sog **Aufforderungsdelikte** sind als Presse-Inhaltsdelikte begehbar. Hierzu gehören insb die öffentliche Aufforderung zu strafbaren Handlungen nach § 111 StGB (OLG Frankfurt StV 1990, 209; *Rosenau* in LK § 111 StGB Rn 27 und 79) und die sog Volksverhetzung nach § 130 StGB (OLG Celle NStZ 1997, 495 zu § 130 Abs 2 Nr 1d StGB; *Fischer* § 130 StGB Rn 49; vgl auch BGH NJW 1996, 2585, wo ua für § 130 StGB aF ein Presseinhaltsdelikt wegen der Distanzierung in der körperlichen Verbreitung verneint wurde; für eine Volksverhetzung nach § 130 StGB durch das Internet wurde ein Presse-Inhaltsdelikt verneint von BGHSt 46 S 212, 215 [vgl dazu *Kühl* § 24 LPG Rn 31]; zu § 130 StGB als Presse-Inhaltsdelikt s auch *Stegbauer* aaO S 220).

c) Verbreitungs- und Veröffentlichungsdelikte

55 Weiter sind als Presse-Inhaltsdelikte begehbar die typischen **Verbreitungs- und Veröffentlichungsdelikte** wie zB die Verbreitung pornographischer Schriften nach §§ 184–184c StGB (BGH NJW 1977, 1695 und 1990, 3026; BayObLG MDR 1980, 73; OLG Koblenz NStZ 1991, 45 jeweils zu § 184 StGB aF; s auch zusf BGHSt 45, 41, 43 = NJW 1999, 1979; zu § 184 Abs 1 Nr 3 StGB vgl jedoch oben Rn 37; zu § 184 Abs 1 Nr 5 Alt 2 als einzigem Presseinhaltsdelikt des § 184 StGB: *Eschelbach* in

III. Das Presse-Inhaltsdelikt § 20 LPG

Matt/Renzikowski, 2013, § 184 StGB Rn 50 und 90; *Laufhütte/Roggenbuck* in LK § 184 StGB Rn 34; *Perron/Eisele* in Schönke/Schröder § 184 StGB Rn 63; *Fischer* § 184 Rn 16); das gilt insb für § 184a Nr 1 und 2 (*Perron/Eisele* in Schönke/Schröder § 184a StGB Rn 9; für Nr 2 *Laufhütte/Kuschel* in LK § 184a StGB Rn 18) und § 184b Abs 1 Nr 1 und 2 StGB (*Schreibauer* aaO Rn 37; *Eschelbach* aaO § 184b StGB Rn 40). Kein Presse-Inhaltsdelikt stellt dabei jedoch § 184b Abs 4 StGB dar, da die Strafbarkeit an den „Besitz" anknüpft und somit von der Verbreitung unabhängig ist (ebenso *Eschelbach* aaO § 184b StGB Rn 40 und *Fischer* § 184b StGB Rn 23; die presserechtlichen Regelungen einer kürzeren Verjährung gelten damit nicht (BT-Drs. 12/3001 S 6). Darüber hinaus haben einzelne Landespressegesetze § 184 aF bzw einzelne Absätze dieser Regelung (jetzt §§ 184–184c StGB) von der kurzen presserechtlichen Verjährung ausgenommen (siehe § 24 Rn 87 ff.). Ebenfalls **kein Presse-Inhaltsdelikt** ist die verbotswidrige Verbreitung jugendgefährdender Schriften (§ 27 JuSchG), da sich die Strafbarkeit hier nicht in erster Linie aus dem Inhalt selbst, sondern aus der Form der Verbreitung, nämlich unter Kindern und Jugendlichen, ergibt (BGHSt 26, 40, 47 = NJW 1975, 1039 f.; BayObLG NStZ 2000, 264, jeweils zu § 21 GjS aF; *Schmid* in LK § 78 StGB Rn 15; ebenso BGHSt 27, 353 = NJW 1978, 1171, hinsichtlich verfassungsfeindlicher publizistischer Einwirkung auf die Bundeswehr, § 89 StGB; zust *Lackner/Kühl* § 89 StGB Rn 6; *Laufhütte/Kuschel*, in LK § 89 StGB Rn 18; *Paeffgen* in NK § 89 StGB Rn 23; *Schmid* in LK § 78 StGB Rn 15; *Stree/Sternberg-Lieben* in Schönke/Schröder § 89 StGB Rn 15; *Fischer* § 89 StGB Rn 3). In Betracht kommen auch Mitteilungen über Gerichtsverhandlungen, die entgegen dem Verbot des § 353d StGB öffentlich verbreitet werden, und die Verbreitung von Gewaltdarstellungen iSv § 131 StGB (vgl OLG Koblenz NStZ 1991, 45 für Videokassetten, die einem größeren Personenkreis körperlich zugänglich gemacht werden; vgl *Krauß* in LK § 131 StGB Rn 39). Ein Presse-Inhaltsdelikt ist auch die Veröffentlichung von Rechtsausführungen durch die Presse, wenn diese Tätigkeit gegen das sog Rechtsdienstleistungsgesetz (v 12.12.2007, BGBl I 2840) verstößt (zum früheren Rechtsberatungsgesetz [RBerG] vgl OLG Hamm MDR 1952, 58 ff.); dies gilt allerdings nur, wenn man auch Ordnungswidrigkeiten als Presse-Inhaltsdelikte anerkennt (so oben Rn 35), denn § 20 RDG (bzw § 8 RBerG aF) enthält nur eine Bußgeldbestimmung. Bei den Veröffentlichungsdelikten wie §§ 185 ff., 184a ff., 130 StGB geht es nach inhaltlichen Kategorien des Medienstrafrechts um „Fälle, bei denen die Strafbarkeit an den Output der Massenmedien anknüpft" (*Heinrich* in Festschrift für Wolter, 2013, S 603, 623).

d) Ankündigungs- und Anpreisungsdelikte

Zu den Presse-Inhaltsdelikten sind auch die sog **Ankündigungs- und Anpreisungsdelikte** zu rechnen, sofern der Inhalt des Druckwerks ankündigenden oder anpreisenden Charakter trägt. Hierher gehört zB die Ankündigung von Schriften mit dem Hinweis, dass gegen diese ein Verfahren nach dem Jugendschutzgesetz anhängig sei (§ 15 Abs 5 JuSchG; vgl BGHSt 26, 40, 46 = NJW 1975, 1039 f.; OLG Hamburg NJW 1965, 2168 jeweils zu § 5 GjS aF). Hierher gehören auch die im Wege der Publikation begangenen Verstöße gegen das Wettbewerbsrecht, so etwa „publizistische" Kartellrechtsverstöße (BGHSt 28, 53 = NJW 1978, 1985, wo es um eine Kartellordnungswidrigkeit ging, für die der BGH die entsprechende Anwendung der presserechtlichen Verjährungsvorschriften verneint hat; vgl § 24 Rn 34), Werbeinserate in Zeitungen, die gegen die Strafvorschrift des § 4 UWG verstoßen (BGHSt 27, 18 = NJW 1977, 305), sowie Verstöße gegen das Gesetz über die Werbung auf dem Gebiete des Heilwesens (vgl BayObLG AfP 1995, 653 zur Ordnungswidrigkeit des § 15 Abs 1 Nr 7 HWG; vgl auch BGH NStZ 1988, 552: irreführende Werbung für Heilverfahren mittels Verbreitung von drei Handzetteln). 56

e) Verschwiegenheitsdelikte

Eine weitere Gruppe der als Presse-Inhaltsdelikte begehbaren Straftatbestände kann unter der Bezeichnung **Verschwiegenheitsdelikte** zusammengefasst werden. Hier- 57 her gehören die durch die Presse-Veröffentlichung begangene Verletzung von Privatgeheimnissen nach § 203 StGB, des Dienstgeheimnisses nach § 353b StGB und des Post- und Fernmeldegeheimnisses nach § 206 StGB.

f) Friedensverrat, Hochverrat ua

58 Weiter können als Presse-Inhaltsdelikte durch die Verbreitung von Schriften begangen werden der **Friedensverrat** bzw die Aufstachelung zum Angriffskrieg (§§ 80, 80a StGB), der **Hochverrat** (§§ 81 ff. StGB), die Gefährdung des **demokratischen Rechtsstaats** (§§ 84 ff. StGB; für § 89 StGB beachte oben Rn 55), der **Landesverrat** (§§ 93 ff. StGB; vgl *Paeffgen* in NK § 94 StGB Rn 33) und die **Werbung für eine terroristische Vereinigung** (§ 129a StGB; vgl BGHSt 43, 122 = NJW 1997, 2828 f.; OLG Düsseldorf NStZ 1990, 145; vgl auch *Krauß* in LK § 129a StGB Rn 105), nicht aber Zuwiderhandlungen gegen ein vereinsrechtliches Betätigungsverbot nach § 20 Abs 1 Nr 4 Vereinsgesetz (s oben Rn 38a mwN).

g) Betrug, Erpressung, Nötigung

59 Von den eigentlichen **Vermögensdelikten** sind als Presse-Inhaltsdelikte begehbar der **Betrug** nach § 263 StGB und die **Erpressung** nach § 253 StGB (ebenso *Mitsch*, Medienstrafrecht, § 7 Rn 16; vgl oben Rn 45, 47). Auch der nicht nur das Vermögen der Anleger schützende **Kapitalanlagebetrug** nach § 264a StGB (zum mitgeschützten Allgemeininteresse an der Funktionsfähigkeit des Kapitalmarktes vgl *Lackner/Kühl* § 264a StGB Rn 1) kann als Presse-Inhaltsdelikt begangen werden, zB dann, wenn er durch Verbreitung gedruckter Prospekte („Prospekttäuschung") mit unrichtigen Angaben verwirklicht wird (BGHSt 40, 385, 387 = NJW 1995, 892 f.; OLG Köln NJW 2000, 598; LG Augsburg wistra 2004, 75; zu dessen Verjährung s *Kühl* § 24 LPG Rn 28a); kein Presse-Inhaltsdelikt ist der Betrug durch Prospekttäuschung nach § 263 StGB, wenn die Vermögensverfügung erst nach Verbreitung des Prospekts erfolgt (vgl BGH wistra 2004, 339). Hierher gehört auch die **Nötigung** nach § 240 StGB, obwohl sie kein Vermögensdelikt ist.

h) Tötungs- und Körperverletzungsdelikte

60 **Tötungs-** und **Körperverletzungsdelikte** können als Presse-Inhaltsdelikte nur in sehr engen Grenzen begangen werden (vgl oben Rn 49).

IV. Absatz 1 des § 20 LPG (Generalverweisung auf die allgemeinen Strafgesetze)

1. Der Sinn der Generalverweisung

61 Nach § 20 Abs 1 LPG bestimmt sich „die Verantwortlichkeit für Straftaten, die mittels eines Druckwerks begangen werden", nach den allgemeinen Strafgesetzen (*Kloepfer*, Informationsrecht, 2002, § 7 Rn 76; *Krech* in Schiwy/Schütz/Dörr, S 417). Da die Presse-Angehörigen – wie alle Staatsbürger – den generellen Bestimmungen des Straf- und Zivilrechts ohnehin unterworfen sind (vgl *Kühl* Vorbem vor §§ 20 ff. LPG Rn 1, 2), erscheint § 20 Abs 1 LPG auf den ersten Blick überflüssig. Die Generalverweisung fehlt deshalb auch in den Landespressegesetzen von Bremen, Hessen, Niedersachsen, Rheinland-Pfalz, Sachsen-Anhalt und Thüringen – im Gegensatz zu allen übrigen Ländern. Mit Recht weist jedoch *Groß* (Presserecht Rn 644 f. und in NStZ 1994, 312 sowie in AfP 1998, 358) darauf hin, dass die Regelung des pressespezifischen Straf- und Ordnungswidrigkeitenrechts in den §§ 20, 21, 22 und 24 LPG auf **landesrechtlicher** Grundlage erfolgt, und zwar als Teil der zur Länderkompetenz gehörigen „Materie Presserecht" (vgl *Kühl* Vorbem vor §§ 20 ff. LPG Rn 12, 13). Bei dieser Rechtslage ergibt sich die volle Anwendung der allgemeinen Strafgesetze einschließlich des Ordnungswidrigkeitenrechts des Bundes auf die §§ 20 ff. LPG weder von selbst noch aufgrund von Art 1 Abs 2 EGStGB bzw § 20 OWiG. Der in der

IV. Generalverweisung auf die allgemeinen Strafgesetze **§ 20 LPG**

1. und 2. Auflage erhobene Einwand, die Generalverweisung des § 20 Abs 1 LPG sei überflüssig (so aber *Schroth*, Unternehmen als Normadressaten und Sanktionssubjekte, 1993, S 78 Fn 4), wird nicht aufrechterhalten.

2. Die Problematik der Anwendung der allgemeinen Strafgesetze auf Presse-Inhaltsdelikte. Übersicht

Die Anwendung der allgemeinen Strafgesetze gerade auf die **Presse-Inhaltsdelikte**, wie dies § 20 Abs 1 LPG vorschreibt, ist rechtlich nicht einfach gelagert: Einerseits sind an der Herstellung und Verbreitung eines Presseprodukts meist mehrere Personen beteiligt. Zum anderen vollzieht sich die Publikation einer Schrift in der Regel in ganz verschiedenen Phasen, häufig wie folgt: 62

(1) Der Verfasser einer beleidigenden Broschüre legt das Manuskript dem Verleger vor, der es liest. 63

(2) Nachdem der Verleger sich entschlossen hat, die Broschüre zu verlegen, gibt er das Manuskript an den Drucker, der es ebenfalls liest. 64

(3) Der Drucker druckt die Broschüre und sendet die Exemplare dem Verleger zu. 65

(4) Der Verleger verschickt die Exemplare an mehrere große Kommissionsbuchhändler, die die Broschüre ebenfalls lesen. 66

(5) Die Kommissionsbuchhändler versenden die Exemplare an eine Vielzahl von Sortimentsbuchhändlern, die auch von der Broschüre Kenntnis nehmen. 67

(6) Die Sortimenter verkaufen mehrere Exemplare an Kunden, einen Teil übergeben sie an ihre Kolporteure zum Weiterverkauf, die sie ebenfalls lesen. 68

(7) Die Kolporteure verkaufen mehrere Exemplare. 69

Aus diesem Handlungs-Ablauf ergibt sich, dass bei der Anwendung der **allgemeinen** Bestimmungen des Strafrechts auf Presse-Inhaltsdelikte insb folgende Probleme zu klären sind: die Begehung des Presse-Inhaltsdelikts als fortgesetzte Handlung (vgl Rn 70 ff.), das Problem von Täterschaft und Teilnahme (vgl Rn 81 ff.), die Abgrenzung von Vorbereitung, Versuch und Vollendung (vgl Rn 99 ff.), die Frage von Tateinheit und Tatmehrheit (vgl Rn 70 ff.), die vorsätzliche oder fahrlässige Begehung (vgl Rn 107), die Rechtswidrigkeit (vgl Rn 106) und die Schuld bei Presse-Inhaltsdelikten (vgl Rn 108). Schließlich sind auch noch die Strafen und sonstige Unrechtsfolgen zu erörtern (vgl Rn 109).

3. Tateinheit. Tatmehrheit. Fortgesetzte Handlung

Die Frage, ob der Publikationsprozess mit seinen mehreren Beteiligten und seinen verschiedenen Stadien eine Mehrheit von strafbaren Handlungen **(Tatmehrheit)** oder eine natürliche Handlungseinheit **(Tateinheit)** oder eine rechtliche Handlungseinheit **(tatbestandliche Handlungseinheit; fortgesetzte Handlung)** darstellt, ist für den Schuldspruch, die Strafe, die Verjährung und andere Rechtsfolgen von großer Bedeutung. Die Rechtsprechung ist seit längerem vom Rechtsinstitut der fortgesetzten Handlung nach und nach abgerückt, zunächst für bestimmte Delikte wie Sexualstraftaten nach §§ 173, 174 und 176 StGB, Betrug nach § 263 StGB (so der Große Senat für Strafsachen im Beschluss vom 3.5.1994 BGHSt 40, 138 = NJW 1994, 1663 ff.; vgl dazu *Hamm* NJW 1994, 1636 ff.: „Das Ende der fortgesetzten Handlung"; zur praktischen Handhabung der fortgesetzten Handlung nach diesem Beschluss vgl *Zschockelt* NStZ 1994, 361 ff.), aber auch für die Steuerhinterziehung (BGH NJW 1994, 2368 f.) sowie für die Besorgung der Rechtsangelegenheiten verschiedener Personen (BayObLG NJW 1994, 2303) ab, inzwischen auch für §§ 177, 225, 266, 267, 283 Abs 1 Nr 5, 332, 334 StGB (vgl dazu mit Nachweisen *Rissing-van Saan* in LK Vor § 52 StGB Rn 49), so dass man inzwischen von einem grundsätzlichen Verzicht auf dieses Rechtsinstitut durch die höchstrichterliche Rechtsprechung ausgehen kann (*Lackner/Kühl* Vor § 52 StGB Rn 13). Für den Bereich der Presse-Inhaltsdelikte hat der BGH schon 1976 (BGHSt 27, 18 ff. = NJW 1977, 305 f.) entschieden, dass bei der praktisch wichtigen Frage des Beginns der Verfolgungsverjäh- 70 rung für jedes Druckwerk gesondert auf dessen ersten Verbreitungsakt abzustellen ist. Auf diese „Einzelfalllösung" zur Vermeidung von Wertungswidersprüchen weist der Große Senat in seiner neuen Entscheidung ausdrücklich hin (BGHSt 40, 138, 154 = NJW 1994, 1663, 1666). Da zu erwarten ist, dass das Ende der fortgesetzten Tat nicht vor den Presse-Inhaltsdelikten halt machen wird (und zwar nicht nur, was die Verjährungsproblematik betrifft), stehen die folgenden Rn 71–75, die aus der 3. Auflage (dort Rn 66–70) übernommen sind, unter dem Vorbehalt ihrer möglichen Ungültigkeit. Hinsichtlich einzelner Presse Inhaltsdelikte kann die fortgesetzte Handlung aber auch möglicherweise weiterhin Geltung beanspruchen, freilich nur dann, wenn dies zur sachgerechten Erfassung des verwirklichten Unrechts und der Schuld unumgänglich ist; ob dies (ausnahmsweise) der Fall ist, muss am jeweiligen Straftatbestand gemessen werden (BGHSt 40, 138 = NJW 1994, 1663). In Betracht kommen nach der Literatur sog **tatbestandliche Handlungseinheiten** bei §§ 98, 99 (mehrere Aktionen im Rahmen der landesverräterischen Agententätigkeit; BGHSt 28, 169 = NJW 1979, 54; vgl *Lackner/Kühl* Vor § 52 StGB Rn 10 und 16; für § 94 StGB ebenso *Paeffgen* in NK § 94 StGB Rn 33 und *Schmid* in LK § 94 Rn 22); auch natürliche Handlungseinheiten sind nach der insoweit weiten Rspr möglich (vgl kritisch *Lackner/Kühl* Vor § 52 StGB Rn 4–7).

70a Für Presse-Inhaltsdelikte, die durch sukzessive Verbreitung begangen werden, ist das AG Weinheim (NStZ 1996, 203) allgemein dem BGH gefolgt: „Entgegen der früheren Rechtslage ... sind die einzelnen Versande einer Druckauflage und -ausgabe einer Schrift nicht infolge Vorliegens einer sog fortgesetzten Tat jeweils rechtlich als eine Handlung anzusehen ..."; vielmehr seien die einzelnen Versande der Schriften „rechtlich als selbständige Handlungen" zu werten, „welche zueinander im Verhältnis der Tatmehrheit (§ 53 StGB) stehen." Dieser allgemeinen Aufgabe des Rechtsinstituts der fortgesetzten Tat für die Presse-Inhaltsdelikte widerspricht *Wilhelm* (NStZ 1996, 204) mit beachtlichen Gründen. Sein Ausgangspunkt ist die besondere Situation eines auf mengenmäßige Verbreitung abzielenden Druckmediums. Schon Zweckmäßigkeitsgesichtspunkte sprächen bei einer Vielzahl von Verbreitungsakten einer Schrift für eine rechtliche Zusammenfassung der mehreren Verbreitungsakte zu einer Handlung bzw zu einer Tat. Entscheidend aber hebt *Wilhelm* auf die Sachgerechtigkeit einer zusammenfassenden Unrechts- und Schuldbewertung ab: die Tathandlung sei eine im wesentlichen identische, die nicht nur dieselben Rechtsgüter, sondern auch dieselben Rechtsguts- und Handlungsobjekte verletze; der Vielzahl der Verbreitungsakte komme nur „eine Bedeutung für die Intensität der Rechtsgutbeeinträchtigung zu." Die so begründete rechtliche Zusammenfassung mehrerer Verbreitungsakte will *Wilhelm* nach wie vor mit dem Rechtsinstitut der fortgesetzten Tat erfassen, weil die denkbaren Alternativen – die tatbestandliche Handlungseinheit bzw die natürliche Handlungseinheit (vgl aber LG Mannheim NJW 1994, 2494, 2498) – nicht so recht passen. Erstere nicht, weil das Verbreiten bei Presse-Inhaltsdelikten kein Tatbestandsmerkmal zur Umschreibung des deliktischen Tatbildes ist; letztere nicht, weil das Vorliegen eines unmittelbaren, dh engen räumlichen und zeitlichen Zusammenhanges im Einzelfall festgestellt werden müsste.

Seit der Vorauflage (1997) zeichnet sich in der Rechtsprechung keine Beibehaltung der fortgesetzten Tat für Presseinhaltsdelikte ab; in der Literatur wird sie aber erwogen (vgl *Wilhelm* NStZ 1996, 204; s auch *Fischer* Rn 29 vor § 52 StGB).

a) Beginn der Verbreitung. Die einzelnen Stadien der Verbreitung. Fortgesetzte Handlung

71 Gelangen dieselben Exemplare eines Druckwerks, durch das ein Presse-Inhaltsdelikt begangen wird (zB eine beleidigende Broschüre), über den Kommissionsbuchhändler, Sortimenter und Kolporteur zum Leser, so ergibt sich das Folgende:

72 (1) Der früheste Zeitpunkt des Vorliegens eines Presse-Inhaltsdelikts richtet sich nach dem **Beginn der Verbreitung.** Dieser liegt nicht schon in der Versendung der Exemplare an die Kommissionsbuchhändler, denn diese werden noch zum engeren Kreis der Herstellungsbeteiligten gerechnet. Die Verbreitung beginnt vielmehr erst

IV. Generalverweisung auf die allgemeinen Strafgesetze § 20 LPG

mit der Versendung des Druckwerks seitens der Kommissionsbuchhändler an die Sortimentsbuchhändler. Damit beginnt zugleich das durch Verbreitung begangene Presse-Inhaltsdelikt (vgl Einl Rn 35).

(2) Da mit der Kenntnisnahme des beleidigenden Inhalts der Broschüre durch die Sortimenter das Presse-Inhaltsdelikt (Beleidigung) bereits vollendet ist, erhebt sich die Frage, ob der Verkauf der Broschüre bzw die Weitergabe seitens der Sortimenter an die Kolporteure und wiederum der Verkauf durch die Kolporteure an die Leser neue, durch die Sortimenter bzw Kolporteure selbständig begangene Presse-Inhaltsdelikte darstellen oder ob diese weiteren Verbreitungsakte mit dem früheren Handeln der Kommissionsbuchhändler in Verbindung zu bringen sind. 73

Die Annahme neuer weiterer Presse-Inhaltsdelikte wird in der Mehrzahl der Fälle daran scheitern, dass die Sortimenter bzw Kolporteure im Blick auf die Tat, dh die Beleidigung, nicht mit Tätervorsatz handeln (vgl hierzu unten Rn 82 und 107). Eine strafbare Tat ohne Täter gibt es nicht. Außerdem steht die Annahme allein durch die Sortimenter bzw Kolporteure begangener Presse-Inhaltsdelikte im Widerspruch zu den noch fortwirkenden Tatbeiträgen des Verfassers, Verlegers, Druckers und Kommissionsbuchhändlers (vgl unten Rn 74). Die Täter bzw Teilnehmer des ersten, gegenüber den Sortimentern begangenen Presse-Inhaltsdelikts (Verfasser, Verleger, Drucker und Kommissionsbuchhändler) bekunden nämlich dadurch, dass sie das Druckwerk zur Verbreitung bestimmt und weiterversandt haben, auch bezüglich der weiteren, durch die Sortimenter bzw Kolporteure ausgeführten Verbreitungsakte ihren strafrechtlichen Täter – bzw Gehilfenwillen (darauf stellen ab *Baumann/Weber/Mitsch* AT § 29 Rn 59ff.), der auch bei Zugrundelegung der Tatherrschaftslehre (vgl unten Rn 81ff.) von Bedeutung ist. Sie sind an diesen späteren Verbreitungsakten im gleichen strafrechtlichen Verhältnis beteiligt wie an dem ersten Presse-Inhaltsdelikt. In der Regel werden der Verfasser bzw der Verleger auch Täter jedes weiteren, durch die Verbreitung des Druckwerks begangenen Presse-Inhaltsdeliktes sein. An diesen weiteren Delikten nehmen die Sortimenter bzw Kolporteure, die die eigentliche Ausführungshandlung bewirken, je nach ihrer vorhandenen oder fehlenden Tatherrschaft als Täter oder Gehilfen teil. Jeder in der Verbreiterreihe Stehende nimmt sowohl an dem durch ihn selbst ausgeführten Presse-Inhaltsdelikt wie auch an allen aufgrund seines Verbreitungsaktes ermöglichten weiteren Presse-Inhaltsdelikten teil.

(3) Da beim Verfasser, Verleger, Drucker und Kommissionsbuchhändler von vornherein der Wille zu allen weiteren Verbreitungsakten vorhanden ist, sind die in der Verbreitungsreihe nachfolgenden Presse-Inhaltsdelikte nicht als selbständige Straftaten, sondern nur als Teilakte **eines fortgesetzten Presse-Inhaltsdelikts** anzusehen (vgl BGHSt 21, 319; BGH NJW 1978, 600) bzw (nach der möglichen Aufgabe dieses Rechtsinstituts auch im vorliegenden Bereich) möglicherweise Teile einer **tatbestandlichen Handlungseinheit**. 74

(4) Eine besondere rechtliche Beurteilung erfordert der im Pressewesen häufig vorkommende Sachverhalt, dass die Verbreitung der Auflage eines Druckwerks nicht auf einmal, sondern **schubweise** erfolgt. Der Verleger bringt die Auflage entsprechend der Absatzfähigkeit erst nach und nach auf den Markt. Enthält die Broschüre zB eine Beleidigung, so erhebt sich die Frage, ob auch bei diesen zeitlich auseinanderliegenden Verbreitungsakten ein **Fortsetzungszusammenhang** und damit ein fortgesetztes Presse-Inhaltsdelikt bejaht werden kann (vorbehaltlich der möglichen Aufgabe dieses Rechtsinstituts; vgl oben Rn 70). Hierfür ist rechtliches Haupterfordernis der sog **Gesamtvorsatz**: Der Täter muss von vornherein den durch die verschiedenen Teilakte verwirklichten Gesamterfolg wollen (vgl BGHSt 4, 219 = NJW 1953, 1357, wo richtigerweise der Fortsetzungszusammenhang auch für den Fall bejaht wird, dass zwar ein neuer Entschluss gefasst, jedoch ein räumlicher und zeitlicher Zusammenhang gegeben ist). Weitere Erfordernisse des Fortsetzungszusammenhangs sind **Gleichartigkeit** des verletzten **Rechtsguts** sowie gleichartige **Begehungsform** der Straftat (BGHSt 8, 34, 35). 75

Kühl 1011

LPG § 20   Strafrechtliche Verantwortlichkeit

Prüft man unter diesen Voraussetzungen die schubweise Ausgabe eines Druckwerks strafbaren Inhalts, so gelangt man im Regelfall zur Annahme einer fortgesetzten Handlung (ebenso *Häntzschel* S 150). Dagegen ist ein Fortsetzungszusammenhang zu verneinen in den Fällen, in denen die Ausgabe der Druckschrift an sich abgeschlossen ist, der Verleger jedoch nach Jahren aus seinem restlichen Lagerbestand, mit dessen Verkäuflichkeit er nicht mehr rechnete, eine Nachbestellung erledigt. Hier ist **Tatmehrheit** (sog Realkonkurrenz, § 53 StGB) gegeben.

Eine Tatmehrheit ist auch beim Neudruck bzw bei der Neuauflage eines Druckwerks gegeben. Entschließen sich Verleger und Verfasser zu einer **Neuauflage** des vergriffenen strafbaren Druckwerks, so besteht in der Regel mit der durch Verbreitung der ersten Auflage begangenen Tat kein Fortsetzungszusammenhang. Die Neuauflage beruht auf einem neuen Entschluss, der die rechtliche Einheit des Vorgangs sprengt.

b) Mehrere Presse-Inhaltsdelikte im gleichen Druckwerk

76 Besondere Schwierigkeiten bereitet die Abgrenzung von Tateinheit und Tatmehrheit bei Presse-Inhaltsdelikten in solchen Fällen, in denen ein in sich abgeschlossenes Druckwerk **mehrere Straftaten,** zB Beleidigungen mehrerer Personen oder eine Beleidigung und ein Impressumdelikt enthält. Dabei ist zu unterscheiden, ob es sich um den gleichen oder um verschiedene Täter handelt.

77 (1) Werden in ein und demselben Druckwerk vom **gleichen Täter** mehrere Rechtsverletzungen begangen (zB mehrere Beleidigungen verschiedener Personen in der gleichen Broschüre), so vertrat die frühere herrschende Lehre den Standpunkt, dass hier stets nur **eine** Handlung vorliege (vgl *Frank* § 73 StGB Anm III 3). Aber diese Lehre von der **„natürlichen Handlungseinheit",** von der die Rechtsprechung des Bundesgerichtshofes in Anlehnung an das Reichsgericht ausgeht, bedarf der Modifikation, wie sie der BGH selbst vorgenommen hat. Offenbar unter dem Einfluss der sog „finalen Handlungslehre" von *Welzel* (Das neue Bild des Strafrechtssystems, Berlin 1961) stellt der BGH (BGHSt 10, 129 = NJW 1957, 595; BGH NJW 1983, 1568) auf die **Einheitlichkeit des Täterwillens** ab. Die Einzelakte müssen auf einem einheitlichen Willen im Sinne derselben Willensrichtung, nicht notwendig auf demselben Entschluss beruhen (*Lackner/Kühl* Vor § 52 StGB Rn 5 mit Nachweisen aus der uneinheitlichen Rechtsprechung). Somit werden durch die äußere Einheit des Druckwerks die verschiedenen, in ihm enthaltenen Rechtsverletzungen nur dann zu einer einheitlichen Handlung verbunden, wenn die Rechtsverstöße untereinander in einem **sinnhaften Zusammenhang** stehen und auf einem einheitlichen Entschluss des Täters beruhen (BGHSt 10, 129 = NJW 1957, 595; einen „materiellen Zusammenhang" verlangt *Stree* in Schönke/Schröder, 26. Aufl 2001 Vor §§ 52ff. StGB Rn 29; anders jetzt *Stree/Sternberg-Lieben* in Schönke/Schröder Vor §§ 52ff. StGB Rn 29: sachlich-sinnvoller Zusammenhang). Enthält die Darstellung eines bestimmten öffentlichen Geschehnisses die Beleidigung einer politischen Persönlichkeit und zugleich eine Staatsverunglimpfung im Sinne der §§ 90ff. StGB, so liegt die Annahme eines einzigen Willensentschlusses des Verfassers und deshalb **Tateinheit** (Idealkonkurrenz) im Sinne des § 52 StGB nahe. Dagegen liegt strafrechtlich kein einheitlicher Vorgang vor, wenn der Verfasser in derselben Zeitungsnummer in zwei Artikeln zwei verschiedene Vorgänge des öffentlichen Lebens, die nicht in innerem Zusammenhang stehen, kritisch beleuchtet und in jedem Artikel eine andere Persönlichkeit beleidigt. Maßgeblich sind stets die konkreten Verhältnisse des Einzelfalles (RGSt 66, 1, 4). Im ganzen kommt es darauf an, wie die Lebensauffassung das äußere Tatbild beurteilt (*Lackner/Kühl* aaO).

78 (2) Sind im gleichen Druckwerk (Zeitungsnummer) mehrere strafbare Artikel **verschiedener Verfasser enthalten,** so ist die Frage der Tateinheit oder Tatmehrheit unter Berücksichtigung der oben (vgl Rn 77) Ausgeführten auch hier nach den Umständen des Einzelfalls zu entscheiden.

Der **verantwortliche Redakteur,** der mehrere strafbare Artikel in das periodische Druckwerk aufnimmt, begeht im Regelfall mehrere Straftaten. Er kann nicht

IV. Generalverweisung auf die allgemeinen Strafgesetze § 20 LPG

anders behandelt werden als der Verfasser, der im gleichen Druckwerk verschiedene, nicht im inneren Sinnzusammenhang stehende Rechtsverletzungen begeht. Das gleiche gilt für den Herausgeber eines Sammelwerkes mit strafbaren Aufsätzen verschiedener Verfasser.

Demgegenüber ist davon auszugehen, dass sich der **Verbreiter** eines strafbaren Druckwerks in jedem Fall nur **einmal** zu dessen Weitergabe entschließt. Bei ihm ist deshalb ein natürlicher, auf einheitlichem Entschluss beruhender Handlungsvorgang gegeben (BGHSt 10, 129 = NJW 1957, 595; vgl Rn 77), wobei es keine Rolle spielt, ob in dem verbreiteten Exemplar des Druckwerks eine oder mehrere Rechtsverletzungen enthalten sind. Es liegt deshalb Tateinheit (§ 52 StGB) vor. Dies kann zu der eigenartigen Konsequenz führen: Zwischen dem mit Tätervorsatz handelnden Sortimenter und dem mit Tätervorsatz handelnden Herausgeber eines Sammelwerkes kann Mittäterschaft bestehen (vgl unten Rn 88, aber auch Rn 94, wo der Verbreiter als Gehilfe eingeordnet wird). Während aber der Herausgeber eines Sammelwerks im Normalfall für eine Mehrheit von Handlungen einstehen muss, begeht der Sortimenter des Sammelwerkes nur eine Handlung.

Trifft im gleichen Druckwerk ein **Presse-Inhaltsdelikt** (zB Beleidigung) mit einem **Presse-Ordnungsdelikt** (Impressumsverstoß) zusammen, so kommt es auch hier auf die Frage, ob **eine** Handlung (Tateinheit) vorliegt, auf den inneren Sinnzusammenhang der Rechtsverletzung und die Einheitlichkeit des Entschlusses an (BGHSt 10, 129 = NJW 1957, 595; vgl Rn 77). Ein solcher Fall ist gegeben, wenn zusätzlich zur Beleidigung falsche Impressumangaben gemacht werden, um die Verfolgung des für die Beleidigung verantwortlichen Redakteurs zu erschweren. 79

(4) Soweit bei einem Presse-Inhaltsdelikt **Anstiftung oder Beihilfe** vorliegen (vgl unten Rn 85 f.), gilt hier hinsichtlich der Frage: Tateinheit oder Tatmehrheit – Folgendes: Für die rechtliche Beurteilung der Handlung des Teilnehmers (Anstifter oder Gehilfen) kommt es nicht darauf an, ob die Haupttat in Tateinheit oder Tatmehrheit begangen wurde. Vielmehr kommt es allein darauf an, ob der konkrete **Tatbeitrag des Teilnehmers** (Anstifters oder Gehilfen) seinerseits als Tateinheit oder Tatmehrheit zu beurteilen ist (RGSt 70, 26, 31; BGH NStZ 1993, 584; *Stree/Sternberg-Lieben* in Schönke/Schröder, § 52 StGB Rn 20, 21). Löst zB die **Anstiftungshandlung** des Verfassers bei dem angestifteten Redakteur mehrere strafbare Handlungen aus (der Redakteur ändert den vom Verfasser eingesandten, verschiedene Personen verletzenden Artikel und sprengt damit zugleich dessen inneren Sinnzusammenhang), so liegt auf seiten des anstiftenden Verfassers nur **eine** Handlung im Sinne des § 52 StGB vor, obwohl der verantwortliche Redakteur wegen mehrerer Handlungen nach § 53 StGB zu bestrafen ist (RGSt 70, 344, 349). Das gleiche gilt für die **Beihilfe** (vgl *Lackner/Kühl* Vor § 52 StGB Rn 22 mit Nachweisen zur neueren Rechtsprechung). 80

4. Täterschaft und Teilnahme beim Presse-Inhaltsdelikt

Da bei der Publikation eines Druckwerks stets zahlreiche Personen (Verfasser, Verleger, Drucker, Verbreiter ua) mitwirken, kommt dem Problem der **Täterschaft und Teilnahme** beim Presse-Inhaltsdelikt besondere Bedeutung zu; es gelten die allgemeinen strafrechtlichen Vorschriften über Täterschaft und Teilnahme (*Kloepfer*, Informationsrecht, 2002, § 7 Rn 76). 81

a) Unmittelbare und mittelbare Täterschaft

Der § 25 Abs 1 StGB legt den Täterbegriff des Strafrechts verbindlich wie folgt fest: „Als **Täter** wird bestraft, wer die Straftat selbst oder durch einen anderen begeht." Daraus ergibt sich, dass der Täter nicht selbst die einzelnen Tatbestandsmerkmale verwirklichen muss. Er kann sich dazu eines andern, des sog Tatmittlers, bedienen, durch den er die Straftat ausführen lässt. In diesem Fall spricht man von **mittelbarer Täterschaft**. So kann der Verfasser einer beleidigenden Schrift Täter des Presse-Inhaltsdelikts Beleidigung (§ 185 StGB) sein, auch wenn er an deren Veröffentlichung überhaupt nicht beteiligt ist; dies setzt jedoch voraus, dass er sich eines anderen, der den Sinn der beleidigenden Äußerung nicht versteht (= vorsatzlos handelndes Werkzeug) zu deren Übermittlung bedient (*Hilgendorf* in LK § 185 StGB Rn 40; *Fischer* § 185 StGB Rn 13; aM *Zaczyk* in NK § 185 StGB Rn 19; zur weitgehend ungeklärten Frage der „Tatherrschaft bei der Weiterleitung fremder Willenserklärungen", zB bei einer Beleidigung nach § 185 StGB *Krack* in Festschrift für Achenbach, 2011, S 219 ff.). Mittelbare Täterschaft setzt in den typischen Fällen einen Defekt des Tatmittlers voraus (zB fehlender Vorsatz), der dessen Täterschaft ausschließt. Inzwischen sind aber auch von der Rechtssprechung Fälle des sog Täters hinter dem Täter anerkannt (vgl *Kühl* AT § 20 Rn 72–81a mit Nachweisen aus der Rspr).

b) Mittäterschaft

82 Der Begriff der **Mittäterschaft** wird in § 25 Abs 2 StGB wie folgt bestimmt: „Begehen mehrere eine Straftat gemeinschaftlich, so wird jeder als Täter bestraft (Mittäter)." Die Mittäterschaft setzt vorsätzliches Handeln voraus. Bei fahrlässigem Handeln scheidet Mittäterschaft nach der Rspr und hM aus (BGH NJW 1958, 349; zur neuerdings diskutierten Möglichkeit einer fahrlässigen Mittäterschaft vgl *Lackner/Kühl* § 25 StGB Rn 13; *Schünemann* in LK § 25 StGB Rn 216). Jeder Mittäter ist zugleich Täter, indem er aufgrund eines gemeinsamen Entschlusses vorsätzlich mit einem oder mehreren anderen Tätern zusammen die Tat ausführt. Zu den einzelnen Voraussetzungen der Mittäterschaft – dem gemeinschaftlichen Entschluss (vgl OLG Köln JR 1980, 422) und dem objektiven Tatbeitrag – sowie zu den (geringer werdenden) Unterschieden zwischen der in der Literatur überwiegend vertretenen sog Tatherrschaftslehre und der im Ausgangspunkt subjektiven Theorie, die die Rechtsprechung praktiziert, vgl *Baumann/Weber/Mitsch* AT § 29 Rn 27–72; *Kühl* AT § 20 Rn 103–116 sowie schon 25 ff.; *Lackner/Kühl* § 25 StGB Rn 9–19 sowie Vor § 25 StGB Rn 4–6; *Schünemann* in LK § 25 StGB Rn 3–31 und 156. Nach der neueren Rechtsprechung des Bundesgerichtshofes sind wesentliche Anhaltspunkte für eine Mittäterschaft: der Grad des eigenen Interesses am Erfolg der Tat, der Umfang der Tatbeteiligung und die Tatherrschaft oder wenigstens der Wille zur Tatherrschaft; dass der Beteiligte die durch andere verwirklichten Tatumstände kennt, sie billigt und durch eigenes Einschreiten verhindern könnte, spricht dagegen für Beihilfe (BGHSt 36, 361, 367 = NJW 1990, 2828, zur Beteiligung an Presse-Inhaltsdelikten). Die formale Übernahme der Stellung als „presserechtlich Verantwortlicher" reicht für die (mit-)täterschaftliche Zurechnung noch nicht aus (BGHSt 43, 41, 50); der Mittäter muss den strafbaren Inhalt als eigene Meinungsäußerung bewusst mitgetragen und arbeitsteilig bei der jeweiligen „Tatausgabe" mitgewirkt haben (BGH aaO).

c) Die einzelnen Beteiligten

83 Was die rechtliche Beurteilung der einzelnen Tatbeiträge der verschiedenen an einer Presseveröffentlichung beteiligten Personen anlangt, so ergibt sich hier Folgendes:

(1) Verfasser und Einsender

aa) Verfasser und Einsender einer strafbaren Presse-Veröffentlichung sind in der Regel **Täter**. Sie formulieren bzw reichen den verletzenden Beitrag ein und begehen die Ehrverletzung mittels der Presse (RGSt 65, 67, 70; *Häntzschel* S 145). Die mit ihrem Willen geschehene Namenszeichnung des Artikels spricht für die Annahme ihrer Täterschaft. Das Verhältnis des Verfassers bzw Einsenders zum verantwortlichen Redakteur eines periodischen Druckwerks oder zum Herausgeber bzw Verleger eines nichtperiodischen Druckwerks wird in der Regel das der Mittäterschaft sein (vgl unten Rn 87). Soweit die Presse-Angehörigen (Drucker, Redakteure) den rechtswidrigen Charakter der Einsendung nicht erkennen bzw nicht erkennen können, werden der Drucker und der Verbreiter vom Verfasser bzw Einsender als „unvorsätzlich handelnde Werkzeuge" benutzt. Verfasser bzw Einsender ihrerseits sind dann mittelbare Täter kraft überlegenen Wissens (vgl *Kühl* AT § 20 Rn 52 mwN).

IV. Generalverweisung auf die allgemeinen Strafgesetze **§ 20 LPG**

bb) Dass der Verleger bzw der verantwortliche Redakteur im Verhältnis zum 84
Verfasser oder Einsender **unfrei** handelt, führt nur in den praktisch seltenen Fällen echter strafrechtlicher Willensunfreiheit wie beim Notstand (§ 35 StGB) zur mittelbaren Täterschaft kraft sog Nötigungsherrschaft (vgl *Kühl* AT § 20 Rn 63 mwN).
Gibt der Einsender eine betrügerische Anzeige auf, so fehlt dem verantwortlichen Redakteur, auch wenn er den betrügerischen Charakter der Annonce erkennt, doch möglicherweise die zum Tatbestand des § 263 StGB erforderliche Bereicherungsabsicht; es reicht allerdings bei § 263 StGB Drittbereicherungsabsicht (vgl *Lackner/ Kühl* § 263 StGB Rn 58). Da der verantwortliche Redakteur trotz Kenntnis der Strafbarkeit mitgewirkt hat, ist er zwar nicht als Mittäter, wohl aber als Gehilfe strafbar (zur umstrittenen Konstruktion des sog absichtslos dolosen Werkzeugs vgl *Kühl* AT § 20 Rn 54–56).
Der Fall der mittelbaren Täterschaft mit Hilfe eines sog **qualifikationslosen** Werkzeugs (vgl dazu näher *Schünemann* in LK § 25 StGB Rn 133–137 mwN), liegt dann vor, wenn zB der Verfasser Amtsträger im Sinne des § 353b StGB ist, während dem verantwortlichen Redakteur diese Eigenschaft fehlt. Auch hier wird der verantwortliche Redakteur in der Regel als Gehilfe strafbar sein.

cc) Nur in Ausnahmefällen wird der Verfasser bzw Einsender statt Täter lediglich 85
Anstifter sein. So ist es denkbar, dass einem Bürger Missstände in der öffentlichen Verwaltung bekannt werden; er scheut sich aber, durch eine mit seinem Namen gezeichnete Veröffentlichung selbst in das Wespennest zu stechen. Er schreibt deshalb an eine Zeitschrift anonym mit der Anregung, die Sache von dort aus aufzugreifen. Druckt der verantwortliche Redakteur den eingesandten Brief unverändert ab, dann ist der Redakteur Täter, der Verfasser Anstifter. Denn der Verfasser wollte die Publikation nicht ausführen, vielmehr nur in einem anderen den Entschluss dazu wecken. Das gleiche gilt in den Fällen, in denen der Verfasser seinen Artikel der Redaktion als Material zur Verfügung stellt, worauf der verantwortliche Redakteur den Artikel nach eigener Entschließung abändert und verarbeitet. War der verantwortliche Redakteur schon vor Einsendung des Artikels zu einer entsprechenden Veröffentlichung entschlossen (sog omnimodo facturus; vgl *Kühl* AT § 20 Rn 177) und verwendet er den Artikel als Material, dann kann der Verfasser unter Umständen (bei Bestärkung des Tatentschlusses; vgl *Kühl* AT § 20 Rn 226) **Gehilfe** sein.

(2) Der verantwortliche Redakteur

aa) Der verantwortliche Redakteur (vgl § 9 Rn 17–35) eines periodischen Druck- 86
werks ist in der Regel **Täter** des Presse-Inhaltsdelikts. Das bedarf keiner weiteren Begründung, wenn er den Artikel selbst verfasst hat. Aber auch wenn er nicht selbst Verfasser ist, wird man ihn grundsätzlich als Täter anzusehen haben (zur Problematik der Tatherrschaft s oben Rn 81 *Krack*). Denn es ist seine besondere Aufgabe, Veröffentlichungen strafbaren Inhalts zu verhindern (§ 20 Abs 2 Nr 1 LPG; *Rosenau* in LK § 111 StGB Rn 27). Eine Rechtsvermutung des Täterwillens zuungunsten des verantwortlichen Redakteurs besteht jedoch nicht (vgl aber unten Rn 163 betr. Art 11 Abs 2 LPG Bayern sowie BGHSt 43, 41, 50). Tauchen Zweifel an der Täterschaft des verantwortlichen Redakteurs auf, und gelangt das Gericht nicht zur positiven Überzeugung der Täterschaft, so ist nach dem Grundsatz „in dubio pro reo" Beihilfe (bei Vorliegen von deren Voraussetzungen) anzunehmen oder gegebenenfalls freizusprechen. Doch greift bei Fahrlässigkeit des verantwortlichen Redakteurs die Sonderstrafvorschrift des § 20 Abs 2 LPG ein (vgl unten Rn 114).

bb) Ist neben dem verantwortlichen Redakteur auch der Verfasser Täter, so kann 87
zwischen beiden das Verhältnis der **Mittäterschaft** bestehen (RGSt 9, 186; LG Göttingen NJW 1979, 1558, 1561; *Ricker/Weberling*, Kap 49 Rn 17; *Hilgendorf* in LK § 185 StGB Rn 40; *Zaczyk* in NK § 185 StGB Rn 19; aM *Gabriel*, 2003, S 269: wegen unterschiedlicher Zurechnung – Pflichtverletzung des Redakteurs und Jedermannsverletzung des Verfassers – Nebentäterschaft). Die ausdrückliche **Benennung**

des Verfassers schließt die Täterschaft des verantwortlichen Redakteurs nicht aus (RG in GA 56 [1909] S 351).

88   cc) Was für den verantwortlichen Redakteur gilt (vgl Rn 86, 87), findet auf den „**Verantwortlichen für den Anzeigenteil**" (§ 8 Abs 2 LPG) entsprechende Anwendung. Presse-Inhaltsdelikte können sowohl im publizistischen Bereich (Wahlaufrufe) wie im Rahmen des Wettbewerbsrechts (wettbewerbswidrige Herabsetzung der Konkurrenz) in Form von Zeitungs- und Zeitschriften-Anzeigen begangen werden.

(3) Verleger und Herausgeber

89   Für die rechtliche Beurteilung des Tatbeitrages des **Verlegers** ist zu unterscheiden zwischen dem Verleger eines periodischen und dem eines nichtperiodischen Druckwerks.

aa) Der Verleger eines **periodischen** Druckwerks kommt, sofern er überhaupt Kenntnis von der strafbaren Veröffentlichung erhält, neben dem Verfasser und dem verantwortlichen Redakteur, die in der Regel als Mittäter haften (vgl oben Rn 84, 87) normalerweise nur als **Gehilfe** in Betracht (RGSt 65, 67, 70; RG GA 60 [1913] S 266; *Ricker/Weberling*, Kap 49 Rn 18). Hat jedoch der Verleger die Aufnahme des Artikels nicht nur geduldet, sondern aufgrund seiner persönlichen Beziehungen zum Verfasser selbst angeordnet, so ist er Täter (Mittäter). Wer duldet, dass die Herstellungs- und Vertriebskosten einer periodischen Druckschrift über seine Konten abgewickelt werden und im Impressum als Herausgeber genannt wird, kann sich wegen Beihilfe strafbar machen; Täterschaft kommt nur dann in Betracht, wenn er den Inhalt mit tragen wollte und auf die Redakteure, Herausgeber oder Verleger Einfluss genommen oder bei der Herstellung oder dem Vertrieb der jeweiligen Ausgabe maßgeblich mitgewirkt hat (BGHSt 36, 363 = NJW 1990, 2828).

90   bb) Dagegen ist der Verleger eines **nichtperiodischen** Druckwerks, der dieses in Kenntnis seines strafbaren Inhalts verlegt, grundsätzlich **Täter,** und zwar mit dem Verfasser zusammen in der Regel Mittäter (RGSt 23, 391). Verletzt der Verleger fahrlässig seine Aufsichtspflicht, dann haftet er nach der Sonderstrafbestimmung des § 20 Abs 2 Ziffer 2 LPG (vgl unten Rn 131).

91   cc) Ist bei einem nichtperiodischen Druckwerk (Sammelwerk) ein **Herausgeber** vorhanden, so pflegt dieser regelmäßig die dem verantwortlichen Redakteur eines periodischen Druckwerks zukommende Rolle zu übernehmen. Verfasser und Herausgeber sind hier in der Regel Mittäter, der Verleger nur Gehilfe.

(4) Drucker

92   Der Drucker wird, wenn er den Inhalt des Druckwerks überhaupt kennt, im Regelfall nur als Gehilfe in Betracht kommen (BGHSt 29, 258, 263 = NJW 1981, 61; RGSt 65, 67, 70). Nur bei Vorliegen besonderer Umstände wäre er als Täter anzusehen. Bei der Beurteilung des Tatbeitrags des Druckers ist regelmäßig davon auszugehen, dass er den strafbaren Inhalt des Druckwerks **nicht kennt.** Es widerspräche der Lebenserfahrung, beim Drucker anzunehmen, er würde alle in seinem Betrieb gedruckten bzw vertriebenen Druckwerke lesen (zur Berücksichtigung der begrenzten Aufmerksamkeit des Druckers gegenüber dem Inhalt der Druckschrift bei der Prüfung der subjektiven Beihilfe-Voraussetzungen vgl *Krauß* in LK § 129 StGB Rn 152). Anders liegt der Fall dort, wo es sich um den Druck einer offensichtlich strafrechtlich brisanten Schrift handelt. So hat der BGH (St 29, 258, 263 = NJW 1981, 61) vier Berliner Drucker wegen **Beihilfe** zum Delikt der Bildung einer terroristischen Vereinigung (§ 129a StGB) verurteilt; dabei komme es nicht darauf an – so der BGH –, ob sich die Drucker als Gehilfen mit dem Inhalt der Schrift identifiziert hätten oder nicht (vgl *Krauß* in LK § 129 StGB Rn 152 mwN). – Bedingter Vorsatz (dolus eventualis) scheidet auf seiten des Druckers normalerweise aus, da sich der Vorsatz auf einen bestimmten strafrechtlichen Erfolg beziehen muss, nicht nur auf die Strafbarkeit irgendeines Druckwerks im allgemeinen.

IV. Generalverweisung auf die allgemeinen Strafgesetze § 20 LPG

(5) Verbreiter

aa) Die Verbreitung des Druckwerks **beginnt** nach der hier vertretenen Auffas- 93
sung nicht schon mit der Versendung der Druckstücke seitens des Verlegers an die
Kommissionsbuchhändler (vgl Rn 72), denn diese werden noch zum engeren Kreis
der Herstellungsberechtigten gezählt. Erst mit der Versendung des Druckwerks
an die Sortimenter beginnt die Verbreitung und damit zugleich das Presse-Inhaltsdelikt.

bb) Die Verbreiter werden, sofern sie den Inhalt des Druckwerks überhaupt ken- 94
nen, in der Regel nur als **Gehilfen** handeln (OLG Köln AfP 1979, 358). Nur in besonderen Ausnahmefällen wäre die Annahme berechtigt, dass sie als Täter (Mittäter)
in Frage kommen (vgl oben Rn 83). Es widerspräche der Lebenserfahrung, vom
Verbreiter anzunehmen, er würde die von ihm verbreiteten zahlreichen Druckwerke
zuvor lesen. Bedingter Vorsatz scheidet in der Regel aus (vgl oben Rn 92). Nur wo
das Gesetz (wie zB in § 27 Abs 3 JuSchG) die fahrlässige Verbreitung einer jugendgefährdenden Schrift unter Strafe stellt, trifft den Verbreiter eine besondere Prüfungspflicht.

cc) Bei der Beurteilung des Tatbeitrags der Verbreiter (Sortimenter und Kolporteu- 95
re) ergeben sich dadurch rechtliche Schwierigkeiten, dass ihre Beteiligung eine losere
ist und ihr Tatbeitrag erst einsetzt, nachdem das Presse-Inhaltsdelikt (zB Beleidigung durch eine Broschüre) schon durch Versendung seitens der Kommissionsbuchhändler an die Sortimenter vollendet wurde (sog **sukzessive Beteiligung,** vgl oben
Rn 93).

Die sukzessive Beteiligung an einer Straftat kann nach der Rechtsprechung sowohl
in der Form der Beihilfe als auch in der Form der Mittäterschaft begangen werden
(zur Kritik dieser sukzessiven Beteiligung nach der Vollendung der Tat durch den
Haupttäter oder die anderen Mittäter vgl *Kühl* AT § 20 Rn 126–129 und 233–240).
Für die **Beihilfe** genügt die einseitige Beziehung des Gehilfen zur Tat. Auch wenn
der Haupttäter von der Existenz des Gehilfen nichts weiß, ist dieser doch wegen Beihilfe strafbar, vorausgesetzt, dass er einen für den konkreten Erfolg ursächlichen und
diesen Erfolg fördernden Tatbeitrag mit Gehilfenvorsatz leistet (zu diesen objektiven
Voraussetzungen der Beihilfe sowie zu dem Streit, wie hoch diese zu schrauben sind,
vgl *Kühl* AT § 20 Rn 214–222).

dd) Für die **Mittäterschaft** beim Verbreitungsdelikt ist nach § 25 Abs 2 StGB das 96
„gemeinschaftliche Begehen" der Straftat wesentlich. Sonach genügt auf Seiten des
Sortimenters nicht der strafrechtliche Tätervorsatz mit dem Bewusstsein, gemeinsam
mit anderen Personen, insb dem Verfasser oder Verleger, die Straftat zu begehen; es
muss auch ein wesentlicher objektiver Tatbeitrag hinzukommen.
Verfasser oder Verleger können zu Mittätern des Sortimenters, der die weiteren
Verbreitungsakte vornimmt, werden, wenn sie mit diesen einen gemeinschaftlichen
Entschluss fassen, der dieses arbeitsteilige Vorgehen vorsieht.

ee) Die Hauptfrage bei der sukzessiven Beteiligung geht dahin, ob dem erst später 97
eingreifenden Beteiligten die **ganze Tat,** also auch die vor seinem Eingreifen erfolgten Handlungen, **zuzurechnen** ist. Die Frage ist jedenfalls für die Mittäterschaft
dann zu verneinen, wenn man der Tatherrschaftslehre folgt, da Zurückliegendes nicht
mitbeherrscht werden kann (*Lackner/Kühl* § 25 StGB Rn 12). Jedem Sortimenter
sind vielmehr nur die Teilakte zuzurechnen, die er selbst oder die von ihm beauftragten Kolporteure begangen haben, nicht dagegen die von den anderen Sortimentern und deren Kolporteuren begangenen Verbreitungsakte. Jeder Beteiligte haftet
somit nur in vertikaler Richtung für die von ihm begonnenen Reihe der Verbreitungsakte, nicht dagegen in horizontaler Richtung.

(6) Angestellte und sonstige Mitarbeiter des Verlags

Von den in einem arbeitsrechtlichen Abhängigkeitsverhältnis stehenden **Angestell-** 98
ten des Verlegers, Druckers und Verbreiters kann grundsätzlich nicht angenommen werden, dass sie den Inhalt der in ihrem Betrieb hergestellten und vertrie-

benen Druckwerke kennen. Auch die **Setzer** und **Korrektoren** erfassen häufig nur den Wort- oder Satzsinn, ohne jedoch die Bedeutung des Inhalts des Druckwerks zu erkennen. Solche Angestellten sind deshalb in der Regel unvorsätzlich handelnde Werkzeuge (vgl Rn 81, 83). Hat der Angestellte den strafbaren Inhalt des Druckwerks seiner Bedeutung nach ausnahmsweise gekannt, so kommt normalerweise nur **Beihilfe** in Betracht. Der Einwand des Angestellten, er habe aufgrund seines Anstellungsverhältnisses der Weisung des Verlegers, Druckers oder Verbreiters Folge leisten müssen, befreit ihn nicht, da eine derartige Weisung nach § 134 BGB nichtig ist (RGSt 56, 168, 171, wo ein schuldausschließender Irrtum hinsichtlich der Verpflichtung erwogen wird).

5. Vorbereitung, Versuch, Vollendung und Beendigung beim Presse-Inhaltsdelikt

99 Auch für die Abgrenzung der **Vorbereitungshandlungen** vom **Versuch** und für die Frage der **Vollendung** und der **Beendigung** gelten für Presse-Inhaltsdelikte die allgemeinen strafrechtlichen Grundsätze (einführend zu diesen Deliktsstufen *Kühl* AT § 14 Rn 1–29). Aus der Natur des Presse-Inhaltsdelikts als einer „durch Verbreitung begangenen" Straftat ergeben sich jedoch eine Reihe von Rechtsfragen.

a) Vorbereitung

Die **Vorbereitungshandlung** beim Presse-Inhaltsdelikt bedarf besonderer Prüfung. Notwendige Ausführungshandlung jedes Presse-Inhaltsdelikts ist die Verbreitung (vgl Rn 39 ff.). Alle der Verbreitung vorangehenden Tätigkeiten stellen sonach – unter dem Gesichtspunkt des Presse-Inhaltsdelikts betrachtet – **straflose Vorbereitungshandlungen** dar (herrschende Meinung RGSt 35, 375, 376; vgl Einl Rn 35). Das strafbare Presse-Inhaltsdelikt tritt erst mit dem Beginn der Verbreitung ins Leben, also in der Regel mit der Versendung des Druckwerks an den Sortimenter (vgl oben Rn 72). Das schließt nicht aus, dass die lediglich im Vorbereitungsstadium tätig gewordenen Personen auch wegen der nachfolgenden Verbreitung bestraft werden können, wenn sie die Verbreitung durch andere ausführen lassen (§ 25 Abs 1 Alt. 2 StGB) oder von anderen aufgrund gemeinschaftlichen Entschlusses ausführen lassen (§ 25 Abs 2 StGB; ob solche Beiträge im Vorbereitungsstadium Mittäterschaft begründen können, ist umstr, bei gewichtigen Beiträgen jedoch zu bejahen, vgl *Kühl* AT § 20 Rn 110–114 mit Nachweisen auch zu Gegenauffassungen, die einen Tatbeitrag im Ausführungsstadium der Tat verlangen).

b) Vollendung

100 Die **Vollendung bzw Beendigung** des Presse-Inhaltsdelikts richtet sich nach dem besonderen Straftatbestand, der im Einzelfall als Presse-Inhaltsdelikt verwirklicht wird.

(1) **Vollendet** ist der Presse-Inhaltsdelikt, wenn der Straftatbestand in allen seinen Voraussetzungen erfüllt ist (*Kühl* JuS 1982, 110 und JuS 2002, 729). Bei denjenigen Delikten, die einen besonderen **Erfolg** erfordern, wie die Kenntnisnahme der Beleidigung (§§ 185 ff. StGB; vgl *Lenckner/Eisele* in Schönke/Schröder § 185 Rn 16), ist der Tatbestand erst mit dem Eintritt dieses Erfolgs erfüllt. Diese Feststellung geht von der richtigen Auffassung aus, dass das Presse-Inhaltsdelikt kein eigenartiges Sonderdelikt, sondern nur eine bestimmte Begehungsform von Delikten darstellt.

Bei den Delikten, bei denen die **Verbreitung** als Ausführungshandlung selbst das Tatbestandsmerkmal darstellt, ohne dass ein weiterer strafrechtlicher Erfolg gefordert wird, ist das Presse-Inhaltsdelikt bereits mit dem Beginn der Verbreitung vollendet; es genügt das Auf-den-Weg-Bringen, also die Verbreitungstätigkeit (vgl *Lenckner/Perron* in Schönke/Schröder, 26. Aufl 2001, § 184 StGB Rn 57). Solche Delikte sind zB das Verbreiten von Propagandamitteln verfassungswidriger Organisationen nach § 86 StGB sowie die Verbreitung pornographischer Schriften nach § 184 StGB.

IV. Generalverweisung auf die allgemeinen Strafgesetze § 20 LPG

(2) Von der formellen Vollendung des Presse-Inhaltsdelikts ist die materielle **Beendigung** der Tat zu unterscheiden. Der Begriff der Beendigung spielt insb bei Dauerdelikten und bei in mehreren Einzelakten begangenen Delikten eine Rolle (vgl zu weiteren, umstrittenen Anwendungsbereichen des Beendigungsbegriffs *Kühl* AT § 14 Rn 17 f. und *Lackner/Kühl* Vor § 22 StGB Rn 2; speziell bei den Eigentums- und Vermögensdelikten *Kühl* JuS 2002, 729 ff.). Hier ist das Delikt zwar schon mit der Schaffung des rechtswidrigen Dauerzustandes bzw mit dem ersten Teilakt vollendet, aber materiell erst beendigt, wenn der rechtswidrige Dauerzustand aufgehoben ist bzw alle Teilakte verwirklicht sind. Den Hauptfall des zwar vollendeten, aber noch nicht beendeten Presse-Inhaltsdelikts bildete die (inzwischen praktisch von der Rechtsprechung aufgegebene [vgl oben Rn 70]) **fortgesetzte** Handlung. Eine solche liegt in der Regel vor, wenn dieselben Exemplare des Druckwerks in verschiedenen Akten in einer Verbreitungsreihe verbreitet werden (Kommissionsbuchhändler – Sortimenter – Kolporteure – Publikum, vgl oben Rn 74), aber auch dann, wenn bei schubweiser Verbreitung einer Auflage die Voraussetzungen des Fortsetzungszusammenhangs gegeben sind (vgl oben Rn 75).

101

c) Versuch

Was den **Versuch** beim Presse-Inhaltsdelikt betrifft, so ist hier Folgendes von Bedeutung:

(1) Es wird vielfach die Auffassung vertreten, dass ein Versuch des Presse-Inhaltsdelikts begrifflich unmöglich sei, weil ja der Beginn der Verbreitung bereits die formelle Vollendung des Delikts bedeutet (vgl BayObLG NJW 1987, 1711). Dabei wird übersehen, dass es hier nicht darum geht, ob der „Versuch der Verbreitung" möglich ist, sondern nur darum, ob ein Straftatbestand im Stadium des Versuchs als Presse-Inhaltsdelikt überhaupt begangen werden kann. Dies ist zu bejahen (vgl unten Rn 103 aE). Darüber hinaus erscheint auch der „Versuch der Verbreitung" eines Druckwerks durchaus möglich. Versteht man unter Verbreitung das Zugänglichmachen der Schrift für den Empfänger, dann lässt sich sehr wohl der Beginn der Verbreitung von ihrer Vollendung unterscheiden und damit auch die Möglichkeit eines Versuchs der Verbreitung bejahen. Doch spielt die Frage praktisch keine große Rolle, weil nur wenige als Presse-Inhaltsdelikte begehbare Straftaten im Stadium des Versuchs überhaupt strafbar sind. So ist insb der Hauptfall des Presse-Inhaltsdelikts, die Beleidigung (§§ 185 ff. StGB), im Versuchsstadium nicht mit Strafe bedroht. Als versuchte Taten sind dagegen ua strafbar der Hochverrat (§§ 81 ff. StGB), die Gefährdung des demokratischen Rechtsstaats (§§ 84 ff. StGB), der Landesverrat (§§ 93 ff. StGB), die Nötigung (§ 240 StGB) und die Erpressung (§ 253 StGB), da es sich entweder um Verbrechen handelt oder die Versuchsstrafbarkeit (bei Vergehen) ausdrücklich beim jeweiligen Delikt angeordnet ist (zur Strafbarkeit des Versuchs vgl § 23 Abs 1 StGB iVm § 12 StGB). Strafbar ist seit dem 6. Strafrechtsreformgesetz vom 26.1.1998 (BGBl I S 164, ber S 704) auch der Versuch der Körperverletzung (§ 223 Abs 2 StGB) und der Freiheitsberaubung (§ 239 Abs 2 StGB), nicht jedoch der der Untreue nach § 266 StGB und der Aussetzung nach § 221 Abs 1 (wohl aber der nach § 221 Abs 2 = Verbrechen).

102

(2) Auch bei der Frage des Versuchs eines Presse-Inhaltsdelikts ist zu unterscheiden zwischen solchen Straftatbeständen, die einen besonderen **Erfolg** und solchen, die nur die „Verbreitung" erfordern.

Erfolgsdelikte, die im Versuchsstadium strafbar sind und als Presse-Inhaltsdelikte begangen werden können, sind zB die Nötigung (§ 240 StGB), die Erpressung (§ 253 StGB) und der Betrug (§ 263 StGB). Sie setzen zur Erfüllung des Tatbestands den Eintritt eines besonderen Erfolgs, wie zB den Eintritt eines Vermögensnachteils bzw -schadens im Sinne der §§ 253, 263 StGB, voraus.

103

(3) Erscheint in der Zeitung eine betrügerische Anzeige, auf die die Leser jedoch nicht hereinfallen, dann liegt mangels eines „Erfolgs" nur ein als Presse-Inhaltsdelikt begangener strafbarer Betrugsversuch vor. Dieser Versuch ist ein **beendigter:** der Täter glaubt, nach seinen Verbrechensplan alles Erforderliche zur Herbeiführung des

104

strafrechtlichen Erfolgs getan zu haben (BGHSt 4, 180 = NJW 1953, 1231; zu dieser Sonderform des Versuchs vgl *Lackner/Kühl* § 22 StGB Rn 8). Ob der strafrechtliche Erfolg aufgrund des Erscheinens der Anzeige wirklich eintritt, hängt nicht mehr vom Täter ab. Deshalb gibt es hier einen strafbefreienden Rücktritt nur in der Form der sogenannten tätigen Reue (§ 24 Abs 1 Satz 1 Alt. 2 StGB; zu den Voraussetzungen dieses Rücktritts vgl *Lackner/Kühl* § 24 StGB Rn 19–21). Zu beachten ist, dass der Rücktritt ein persönlicher Strafaufhebungsgrund ist, also bei Mittäterschaft oder Teilnahme nur für den zurücktretenden Mittäter oder Teilnehmer strafbefreiend wirkt (§ 24 Abs 2 StGB; vgl näher *Lackner/Kühl* § 24 StGB Rn 24–28).

Von einem **unbeendigten** Versuch spricht man, wenn der Täter glaubt, noch nicht alles zur Herbeiführung des strafrechtlichen Erfolgs Erforderliche getan zu haben. Hier erfolgt der strafbefreiende Rücktritt durch freiwilliges Aufgeben der weiteren Ausführung der Tat (§ 24 Abs 1 Satz 1 Alt. 1 StGB; zu den Voraussetzungen dieses Rücktritts vgl *Lackner/Kühl* § 24 StGB Rn 7–18). Soweit man im Beginn der Verbreitung eines Druckwerks zugleich auch die Vollendung erblickt (vgl oben Rn 100), so muss folgerichtig die Möglichkeit des unbedingten Versuchs eines als Presse-Inhaltsdelikt begangenen Erfolgsdelikts verneint werden (RGSt 16, 245, 246). Versteht man dagegen unter Verbreitung nicht nur die Tätigkeit, sondern auch den „Erfolg" des Zugänglichmachens, so ist ein unbeendigter Versuch des Presse-Inhaltsdelikts wohl denkbar (vgl oben Rn 102).

105 (4) Bei den Delikten, die außer der Verbreitung einen weiteren Erfolg nicht erfordern, spielt die Frage des Versuchs eine wichtige Rolle, weil es sich großenteils um Verbrechen handelt, deren versuchte Begehung nach § 23 Abs 1 StGB strafbar ist (so beim Hochverrat §§ 81 ff. StGB und beim Landesverrat §§ 93 ff. StGB). Auch hier muss für die Unterscheidung des beendigten vom unbeendigten Versuch darauf abgestellt werden, ob der Täter nach seinem Verbrechensplan alles für die Zugänglichmachung der Schrift Erforderliche getan hat. Will der Sortimenter seinem Kunden eine hochverräterische Schrift zuleiten, und hat er sie zur Post gegeben, so liegt ein beendigter Versuch vor. Besinnt er sich auf dem Wege zum Postamt eines anderen, und schickt er die hochverräterische Broschüre wegen ihres Inhalts nicht ab, dann liegt ein unbeendigter Versuch vor, von dem der Sortimenter mit der (freiwilligen) Abstandnahme von der Versendung zurückgetreten ist.

6. Rechtswidrigkeit der Handlung

106 Auch für die Beurteilung der **Rechtswidrigkeit** von Presse-Inhaltsdelikten gelten die allgemeinen strafrechtlichen Grundsätze. Ist ein Handeln strafrechtlich „tatbestandsmäßig", so ist es im Regelfall auch rechtswidrig, sofern nicht besondere Rechtfertigungsgründe vorliegen. Entfällt die Rechtswidrigkeit der Handlung, so kommt dies auch dem Teilnehmer an der Tat zugute, da es dann an der von §§ 26, 27 StGB vorausgesetzten rechtswidrigen Haupttat (= nach § 11 Abs 1 Nr 5 StGB: „nur eine solche, die den Tatbestand eines Strafgesetzes verwirklicht") fehlt.

Für die durch die Presse begangene Straftat spielt der Rechtfertigungsgrund der **Wahrnehmung berechtigter Interessen** (§ 193 StGB) eine besondere Rolle. Diese Bestimmung enthält einen speziellen Rechtfertigungsgrund für das Vergehen der Beleidigung als Hauptfall des Presse-Inhaltsdelikts (vgl eingehend § 6 Rn 99; vgl aus der strafrechtlichen Literatur zur Bedeutung von § 193 StGB für die Presse *Lackner/Kühl* § 193 StGB Rn 11 sowie *Lenckner/Eisele* in Schönke/Schröder § 193 StGB Rn 15).

Eine weitere für die Presse wichtige Bestimmung stellt der gesetzlich verankerte Grundsatz der Straffreiheit **wahrheitsgetreuer Parlamentsberichte** (Art 42 Abs 3 GG; § 37 StGB) dar. Dieses Privileg kommt sowohl beim Bundestag und seinen Ausschüssen wie auch bei den Länderparlamenten und ihren Ausschüssen zum Zug. Die Einordnung dieses Privilegs als Rechtfertigungsgrund (so zB *Kühl* AT § 9 Rn 116) ist nicht unumstritten; es wird auch als sachlicher Strafausschließungsgrund verstanden

IV. Generalverweisung auf die allgemeinen Strafgesetze **§ 20 LPG**

(so *Baumann/Weber/Mitsch* AT § 7 Rn 29), wodurch ebenfalls jede strafbare Teilnahme ausgeschlossen ist (*Lackner/Kühl* § 37 StGB Rn 1).

7. Vorsatz und Fahrlässigkeit; Schuld

a) Strafbar ist grundsätzlich nur vorsätzliches Handeln, auch wenn dieses Vorsatz- 107
Erfordernis im Tatbestand des jeweiligen Delikts nicht ausdrücklich genannt wird (vgl § 15 StGB; *Mitsch*, Medienstrafrecht, § 7 Rn 23). Fahrlässiges Handeln ist dagegen nur dann strafbar, wenn es als solches vom Gesetz (dh dem jeweiligen Deliktstatbestand) ausdrücklich mit Strafe bedroht ist. Ob im Einzelfall das Presse-Inhaltsdelikt nur bei vorsätzlicher oder auch bei **fahrlässiger** Begehung strafbar ist, richtet sich nach dem besonderen, als Presse-Inhaltsdelikt verwirklichten Straftatbestand. Straftatbestände, die als Presse-Inhaltsdelikte fahrlässig begangen werden können, sind selten. Hierher gehört in erster Linie die fahrlässige Berufspflichtverletzung des § 20 Abs 2 LPG (vgl Rn 112ff.), aber auch Verstöße gegen die §§ 15, 27 Abs 3 JuSchG.

Das StGB kennt weder eine Definition des Begriffes Vorsatz noch eine Definition des Begriffes Fahrlässigkeit. Unter **Vorsatz** versteht man nach einer unpräzisen Kurzformel das Wissen und Wollen der Tatbestandsverwirklichung (vgl *Lackner/Kühl* § 15 StGB Rn 3). Die das Unrecht begründende Tatbestandsverwirklichung fordert also außer der Verwirklichung der objektiven Tatumstände auch das Vorliegen eines subjektiven Tatbestands- bzw Unrechtsmerkmals, nämlich das Vorliegen des Vorsatzes (vgl *Kühl* AT § 5 Rn 1–5). Vorsatzformen sind der direkte und der indirekte Vorsatz. Der direkte Vorsatz umfasst die **Absicht**, bei der es dem Täter auf die Tatbestandsverwirklichung als Ziel seines Handelns unbedingt ankommt, und die **Wissentlichkeit,** bei der der Täter die Tatbestandsverwirklichung sicher voraussieht (vgl zu beiden Formen des direkten Vorsatzes näher *Lackner/Kühl* § 15 StGB Rn 20–22 mwN). Der indirekte Vorsatz wird auch als bedingter Vorsatz oder als **Eventualvorsatz** bezeichnet. Er liegt vor, wenn sich der Täter für die Ausführung einer Handlung entscheidet, obwohl er die von dieser Handlung ausgehende Gefahr für das geschützte Rechtsgut eines anderen erkennt, ernst genommen und sich mit ihr abgefunden hat (*Kühl* AT § 5 Rn 85). Dieser Vorsatz ist von der bewussten Fahrlässigkeit abzugrenzen. Bewusste Fahrlässigkeit liegt vor, wenn der Täter beim Entschluss zur Tat ernsthaft darauf vertraut, dass es nicht zur Rechtsgutsverletzung kommen werde, in bestimmten Fällen auch, wenn er ernsthafte Vermeidungsbemühungen betätigt (*Kühl* AT § 5 Rn 85). – Die das Unrecht begründende Verwirklichung des Tatbestandes eines **Fahrlässigkeits**deliktes verlangt eine objektive Sorgfaltspflichtverletzung und die objektive Voraussehbarkeit (Erkennbarkeit) der Tatbestandsverwirklichung (vgl näher *Lackner/Kühl* § 15 StGB Rn 36–47; zu diesen sowie weiteren Voraussetzungen des Fahrlässigkeitstatbestandes vgl *Kühl* AT § 17 Rn 11–76). – Nicht vorsätzlich handelt, wer bei Begehung der Tat einen Umstand nicht kennt, der zum gesetzlichen Tatbestand gehört (§ 16 Abs 1 Satz 1 StGB; sog Tatumstandsirrtum [so *Kühl* AT § 13 Rn 2] oder sog Tatbestandsirrtum [*Lackner/Kühl* § 16 StGB Rn 1]). Die Strafbarkeit wegen eines Fahrlässigkeitsdelikts bleibt aber in diesem Fall möglich (vgl § 16 Abs 1 Satz 2 StGB).

b) Die **Schuld** setzt außer der Schuldfähigkeit (§ 20 StGB) als selbständiges Schul- 108
delement das Unrechtsbewusstsein voraus (vgl *Lackner/Kühl* § 15 StGB Rn 2). Der Täter handelt deshalb auch dann ohne Schuld, wenn ihm bei Begehung der Tat die Einsicht fehlt, Unrecht zu tun; allerdings nur dann, wenn er diesen Irrtum, den sog Verbotsirrtum (vgl *Lackner/Kühl* § 15 StGB Rn 1), nicht vermeiden konnte (§ 17 Satz 1 StGB). Die Regelung des § 17 StGB über den Verbotsirrtum ist auch einschlägig, wenn der Täter irrig zu seinen Gunsten einen so nicht existierenden Rechtfertigungsgrund annimmt: sog **Erlaubnisirrtum** (*Kühl* AT § 13 Rn 53). Davon zu unterscheiden ist der im StGB nicht geregelte sog **Erlaubnistatumstandsirrtum** bzw Erlaubnistatbestandsirrtum (*Kühl* AT § 13 Rn 67), der nach der Rechtsprechung und der herrschenden Lehre die Strafbarkeit wegen eines Vorsatzdelikts ausschließt

(vgl *Lackner/Kühl* § 17 StGB Rn 11–15 mit weiteren Nachweisen). Ein solcher Irrtum liegt vor, wenn der Täter über Umstände irrt, die, wenn sie tatsächlich vorgelegen hätten, sein Verhalten nach einem anerkannten Rechtfertigungsgrund gerechtfertigt hätten (zB sog Putativnotwehr; vgl *Kühl* AT § 13 Rn 68).

Diese Differenzierung ist auch bei dem für die Presse wichtigen Rechtfertigungsgrund der Wahrnehmung berechtigter Interessen nach **§ 193 StGB** zu beachten. Eine Strafbarkeit aus einem Vorsatzdelikt wie zB der üblen Nachrede nach § 186 StGB kommt nicht in Betracht, wenn der Täter sich irrig einen Sachverhalt vorstellt, der – würde er tatsächlich vorliegen – ihn bei nach Maßgabe von § 193 StGB korrekter Abwägung rechtfertigen würde (*Geppert* Jura 1985, 25, 31; so zB bei einem Irrtum über die Geeignetheit der Äußerung zur Interessenwahrung (*Lenckner/Eisele* in Schönke/Schröder § 193 StGB Rn 24). Dagegen liegt „nur" ein nach § 17 StGB zu beurteilender Erlaubnisirrtum vor, wenn der Täter die ihm an sich bekannte Sachlage falsch beurteilt und irrigerweise annimmt, sie rechtfertige seine Äußerung (*Geppert* Jura 1985, 25, 31), so etwa, wenn er irrig glaubt, sich im Rahmen der Wahrnehmung berechtigter Interessen zu bewegen, diesen Rahmen aber zB wegen einer zu seinen Gunsten zu weiten Auslegung des Begriffes des „berechtigten" Interesses in Wahrheit überschreitet. – Die **Grenzlinie** zwischen dem Erlaubnistatumstandsirrtum und dem Erlaubnisirrtum wird freilich von der Rechtsprechung und der in der Literatur vorherrschenden Meinung gerade beim Rechtfertigungsgrund des § 193 StGB dadurch „verschoben", dass die für den Täter günstigere Annahme eines Erlaubnistatumstandsirrtums von der Erfüllung einer für § 193 StGB postulierten **Prüfungs-** und **Informationspflicht** abhängig gemacht wird: ist der Täter dem Irrtum aufgrund einer leichtfertigen Verletzung seiner Prüfungs- und Informationspflicht erlegen, so soll allenfalls ein Erlaubnisirrtum in Betracht kommen (aM jetzt auch *Fischer* § 193 StGB Rn 42 mit weiteren Nachweisen zur gegenteiligen Rechtsprechung). Diese Einschränkung erweckt vor allem bei denen Bedenken, die eine sorgfältige Prüfung bei § 193 StGB nicht als Rechtfertigungsvoraussetzung anerkennen (*Rudolphi* in Festschrift für Horst Schröder, 1978, S 73, 89f.). Doch wird man eine solche Informationspflicht über den Wahrheitsgehalt einer Äußerung, die eine Tatsachenbehauptung enthält, im Rahmen der Zumutbarkeit bei der Abwägung der widerstreitenden Interessen anerkennen müssen (*Lackner/Kühl* § 193 StGB Rn 10; *Rudolphi/Rogall* in SK § 193 StGB Rn 30; zur näheren Begründung vgl *Geppert* Jura 1985, 25, 31), vor allem bei Äußerungen in der Presse, die für die Betroffenen besondere und empfindliche Nachteile bewirken. **Entschuldigt** ist der Täter, wenn sein tatbestandsmäßiges und rechtswidriges Verhalten einem Entschuldigungsgrund wie zB dem entschuldigenden Notstand nach § 35 StGB unterfällt (vgl zu diesem sowie zu anderen Entschuldigungsgründen *Kühl* AT § 12 Rn 13–58).

8. Strafen und andere Rechtsfolgen der Tat

109 Die im Einzelfall verwirkten **Strafen und sonstigen Rechtsfolgen der Tat** richten sich nach dem besonderen Straftatbestand, der als Presse-Inhaltsdelikt verwirklicht wurde. Handelt es sich bei der Gesetzesverletzung um eine Ordnungswidrigkeit im Sinne des „Gesetzes über Ordnungswidrigkeiten", so ist die verwirkte Sanktion keine Geld- oder Freiheitsstrafe, sondern eine Geldbuße (vgl § 22 LPG Rn 17ff. sowie schon Vorbem §§ 20ff. LPG Rn 2 und 10). Für die Art der Strafen, ihre Höchst- und Mindestgrenzen und für die Frage einer Strafumwandlung gelten mangels besonderer Vorschriften die allgemeinen Regeln (§§ 38ff. StGB).

Von den sonstigen Rechtsfolgen der Tat sind für die Presse-Inhaltsdelikte besonders wichtig die Sicherungsmaßnahme der **Einziehung von Schriften und Unbrauchbarmachung** (§ 74d StGB; s oben Rn 25). Die §§ 74–76ff. StGB enthalten die materiellen Bestimmungen über die Einziehung und die Unbrauchbarmachung, während § 76a StGB eine Verfahrensregelung (sog objektives Verfahren; vgl *Lackner/*

V. Verantwortlicher Redakteur und Verleger § 20 LPG

Kühl § 76a StGB Rn 5 mwN) darstellt, die durch die §§ 430 ff. StPO ergänzt wird. Von den materiellen Bestimmungen ist der § 74d StGB besonders wichtig, da er speziell auf Presse-Inhaltsdelikte Anwendung findet.

9. Sonstige Rechtsprobleme des Presse-Inhaltsdelikts

a) Bei der sich in verschiedenen Stadien vollziehenden Publikation eines Druck- 110 werks können vorausgegangene Einzelhandlungen in dem nachfolgenden Presse-Inhaltsdelikt aufgehen (Subsidiarität; s oben Rn 42); auch wenn die vorausgehenden Handlungen als „selbstständige" Handlungen zu betrachten wären, so würden sie doch von dem nachfolgenden Presse-Inhaltsdelikt miterfasst (sog mitbestrafte Vortaten). Sendet der Verfasser ein Manuskript mit beleidigendem Inhalt dem Verleger zu, so liegt bereits mit dieser Handlung eine vom Verfasser begangene Beleidigung vor. Was das Verhältnis derartiger **vor** dem Beginn der Verbreitung begangener Einzelbeleidigungen zu dem späteren durch Verbreitung begangenen Presse-Inhaltsdelikt betrifft, so werden nach herrschender Meinung die vorausgegangenen Einzelhandlungen durch das nachfolgende Presse-Inhaltsdelikt miterfasst (Subsidiarität; vgl RGSt 24, 269; 45, 158). Diese Aufzehrung der vorangegangenen Einzelbeleidigungen durch das Presse-Inhaltsdelikt hat insb Bedeutung für die **Verjährung:** auch für den Verfasser gilt die kurze Verjährungsfrist des § 24 LPG, beginnend mit dem ersten vollendeten Verbreitungsakt (vgl § 24 LPG Rn 55 ff.).

Kommt es jedoch nicht zu der beabsichtigten Verbreitung der Broschüre, weil zB der verantwortliche Redakteur oder der Verleger gerade wegen der Strafbarkeit die Veröffentlichung ablehnt, dann stellt die Tat des Verfassers eine normale Beleidigung dar, auf welche die allgemeine Verjährungsfrist des § 78 Abs 3 Nr 5 StGB Anwendung findet (vgl § 24 LPG Rn 32).

b) Die Auffassung des Presse-Inhaltsdelikts als **einer,** je nach der Verbreitungsreihe 111 **vertikal aufgespaltenen fortgesetzten Handlung** (zur praktisch allgemeinen Aufgabe dieses Rechtsinstituts durch die neuste Rspr des BGH s oben Rn 70), an der die verschiedenen Beteiligten **sukzessive** teilnehmen, würde hinsichtlich der Verjährung zu unerwünschter Folgerungen führen, wenn hier die Bestimmungen des allgemeinen Strafrechts (§ 78 StGB) maßgebend wären. Da es sich um eine fortgesetzte Tat handelt, könnte der Lauf der Verjährung erst mit Vollendung des letzten Verbreitungsakts eines Mittäters beginnen. Hier greift die Sonderregelung des § 24 LPG ein. Danach beginnt die Verjährung für alle an dem fortgesetzten Presse-Inhaltsdelikt beteiligten Personen grundsätzlich bereits mit dem ersten Verbreitungsakt zu laufen (Näheres s § 24 LPG Rn 59).

V. Absatz 2 des § 20 LPG (Strafrechtliche Sonderhaftung des verantwortlichen Redakteurs und des Verlegers)

1. Bedeutung des § 20 Abs 2 LPG

a) Der § 20 Abs 2 LPG begründet zu Lasten der für die Herstellung und die Veröf- 112 fentlichung von Druckwerken besonders Verantwortlichen, nämlich des verantwortlichen Redakteurs und des Verlegers, eine **materielle strafrechtliche Sonderhaftung** (ebenso *Ricker/Weberling,* Kap 17 Rn 11; *Heinrich,* Medienstrafrecht, Rn 339; *Mitsch,* Medienstrafrecht, § 7 Rn 18; „presserechtlicher Sonderstraftatbestand"; *Paschke,* Medienrecht, Rn 1291). Anlass für die Einführung dieses Ausnahmestrafrechts für die Presse war die potentielle Gefährlichkeit der durch die Presse begangenen Straftaten. Der Gesetzgeber wollte mit Hilfe dieser Sonderhaftung die strafrechtliche Ahndung solcher Straftaten auch in den Fällen sicherstellen, in denen wegen der Anonymität der Presse und wegen des Zusammenwirkens vieler Kräfte beim Zustandekommen eines Druckwerks ein Täter nicht zu ermitteln ist (BGH NJW 1980, 67 und BGHSt 36, 363, 366 = NJW 1990, 2828, 2830; *Ricker/Weberling,* Kap 17 Rn 10;

LPG § 20 Strafrechtliche Verantwortlichkeit

Mathy S 71; *Wache* S 717; *Will,* 1998, S 79 f.; *Gabriel,* 2003, S 255; *Liesching* in Paschke ua 90. Abschnitt B I; *Mitsch* aaO; kritisch im Hinblick auf die Grenzen individueller Zurechnung *Alwart* ZStW 105 (1993), 752, 760). Dieser Zweck des § 20 Abs 2 LPG, letzte Sicherung zur strafrechtlichen Ahndung von Gesetzesverstößen der Presse zu sein, erklärt die **subsidiäre** Natur der Bestimmung (vgl unten Rn 150 sowie *Gabriel,* 2003, S 264). Der § 20 Abs 2 LPG ist umfassend und gilt für periodische und für **nichtperiodische** Druckwerke.

113   b) Nach seiner Rechtsnatur handelt es sich bei § 20 Abs 2 LPG um ein **selbständiges, dem Pressegewerbe eigentümliches Sonderdelikt.** Diese Auffassung hatte sich schon für § 21 RPG, den Vorläufer des § 20 Abs 2 LPG, durchgesetzt (vgl RGSt 23, 151, 154). Der Begriff **Sonderdelikt** wird von der herrschenden Lehre als ein Delikt eigener Art (delictum sui generis) verstanden, doch sollte diese Bezeichnung Delikten vorbehalten werden, die zwar auf einer schon anderweit geregelten Deliktsart fußen, aber formell als selbständige Neubildung auftreten (*Lackner/Kühl* Vor § 13 StGB Rn 33). Da ein Verstoß gegen § 20 Abs 2 LPG nur von bestimmten Personen, nämlich dem Verleger bzw dem verantwortlichen Redakteur, begangen werden kann, trifft die Bezeichnung als Sonderdelikt hier zu (vgl *Mitsch,* Medienstrafrecht, § 7 Rn 19: begrenzter Kreis der Personen, die täterschaftlich den Tatbestand erfüllen können).

114   c) Das Vergehen des § 20 Abs 2 LPG betrifft eine unter Strafe gestellte spezielle **Berufspflichtverletzung** seitens des verantwortlichen Redakteurs oder Verlegers (ebenso *Will,* 1998, S 79 und 253 sowie *Gabriel,* 2003, S 57 und 247). Der Unrechtsgehalt dieses Sonderdelikts liegt nicht in dem durch das Presse-Inhaltsdelikt herbeigeführten strafrechtlichen Erfolg (zB Beleidigung), sondern darin, dass die in § 20 Abs 2 LPG genannten Personen ihre Verpflichtung, für die **strafrechtliche Reinheit** des Druckwerks zu sorgen, vorsätzlich oder fahrlässig verletzt haben. Diese Verletzung der pressespezifischen Sorgfaltspflicht ermöglicht erst ein Presse-Inhaltsdelikt (zB Volksverhetzung nach § 130 StGB; vgl Rn 54). Beide Delikte sind rechtlich streng zu trennen. Da sich die Sorgfaltspflicht des § 20 Abs 2 LPG generell auf die Freihaltung des Druckwerks von strafbarem Inhalt bzw auf die Verhinderung einer strafbaren Handlung mittels des Druckwerks bezieht, liegt ein unechtes Unterlassungsdelikt vor (vgl unten Rn 128). Neben dieser besonderen presserechtlichen Bestimmung über die Verletzung der Aufsichtspflicht findet auch § 130 OWiG Anwendung (BGH AfP 1986, 124), der die Verletzung der Aufsichtspflicht in Betrieben und Unternehmen bußgeldbewehrt (kritisch auch zu dieser Vorschrift *Alwart,* oben Rn 112).

115   d) Für die **Verwirklichung** des Sonderdelikts des § 20 Abs 2 LPG ist dem Verleger bzw dem verantwortlichen Redakteur **Vorsatz oder Fahrlässigkeit** hinsichtlich der Wahrnehmung der Sorgfaltspflicht nachzuweisen. Außerdem setzt § 20 Abs 2 LPG das Vorliegen einer durch ein Druckwerk begangenen strafbaren Handlung (Hauptfall: Presse-Inhaltsdelikt) voraus. Auf diesen strafrechtlichen „Erfolg" braucht sich jedoch Vorsatz oder Fahrlässigkeit der beteiligten nicht zu erstrecken. Der strafrechtliche Erfolg des infolge der Berufspflichtverletzung eingetretenen Pressedelikts ist für die Anwendung des § 20 Abs 2 LPG lediglich die **„objektive Bedingung der Strafbarkeit"** (s unten Rn 144 ff.; ebenso *Will,* 1998, S 80 und 82: strafeinschränkendes Kriterium; ähnlich der Fall der vorsätzlichen oder fahrlässigen Rauschtat des § 323a StGB; vgl *Lackner/Kühl* § 323a StGB Rn 5 mit Nachweisen auch zu abweichenden Einordnungen der Rauschtat).

2. Die geschichtlichen Grundlagen des § 20 Absatz 2 LPG

116   a) Der § 20 Abs 2 LPG ist ein Überrest der presserechtlichen sog **Garantenhaftung,** die heute noch in **Bayern** (Art 11 LPG) in Geltung ist (vgl unten Rn 160–163). Wegen der Einzelheiten muss auf die ausführliche Darstellung in der 1. Auflage (§ 21 RPG Rn 2 ff.) verwiesen werden.

b) Das System der **Fahrlässigkeitshaftung** wurde in **Preußen** durch das Pressegesetz vom 12.5.1851 eingeführt. Danach wurden für den Fall, dass das Presse-Inhaltsdelikt nicht durch Bestrafung eines vorsätzlich handelnden Täters oder Teilnehmers geahndet werden kann, bestimmte an der Veröffentlichung beteiligte Personen wegen Fahrlässigkeit mit einer geringen Strafe belegt. Das System beruhte auf der Erwägung, dass diese Beteiligten schon kraft ihres Berufes verpflichtet sind, für die strafrechtliche Reinheit des Druckwerks zu sorgen.

Auf diesen Grundgedanken geht § 20 Abs 2 LPG zurück.

c) Das System der Verantwortlichkeit nach den **allgemeinen Strafgesetzen** wird gemeinhin als ein besonderes System angeführt, obwohl es eigentlich gerade kein System der Sonderhaftung für Presse-Inhaltsdelikte ist. Es wurde nach 1848 in verschiedenen deutschen Einzelstaaten wie Bayern und Lübeck eingeführt. Seine Grundlage ist der rechtsstaatlich begrüßenswerte Gedanke, dass für Presse-Inhaltsdelikte kein Ausnahmerecht geschaffen werden dürfe. Praktisch reicht jedoch nach herrschender Meinung diese Regelung nicht aus, um bei den „gefährlichen" Presse-Inhaltsdelikten dem staatlichen Strafanspruch die notwendige Durchsetzbarkeit zu verleihen. Die Sonderhaftung des § 20 Abs 2 LPG wurde und wird für unverzichtbar gehalten (*Gabriel*, 2003, S 256).

d) Die Regelung der §§ 20, 21 des **Reichspreßgesetzes** war eine **Kombination** verschiedener Haftungssysteme. Der § 20 Abs 1 RPG enthielt eine **Generalverweisung** auf die allgemeinen Strafgesetze auch für Presse-Inhaltsdelikte. In § 20 Abs 2 RPG wurde zu Lasten des verantwortlichen Redakteurs eine auf dem Gedanken der **Garantenhaftung** beruhende Veröffentlichungsvermutung statuiert. Außerdem wurde in § 21 RPG für den verantwortlichen Redakteur, den Verleger, den Drucker und den Verbreiter eine sukzessive Stufenhaftung mit Vormannbenennung eingeführt.

e) Die **modernen Landespressegesetze** haben überwiegend in § 20 Abs 1 LPG an der **Generalverweisung** auf die allgemeinen Strafgesetze festgehalten. Das System der Stufenhaftung und Vormannbenennung wurde ersatzlos gestrichen. Als Überrest der Garantenhaftung verblieb in § 20 Abs 2 LPG die subsidiäre Haftung des Verlegers und des verantwortlichen Redakteurs in Form des **Sonderdelikts** der vorsätzlichen oder fahrlässigen Verletzung der **beruflichen Sorgfaltspflicht**.

3. Die Träger der strafrechtlichen Sonderhaftung. Allgemeines

a) Der **Personenkreis** der nach § 20 Abs 2 LPG haftenden Personen ist auf den Verleger und den verantwortlichen Redakteur beschränkt. Die früher nach § 21 RPG außerdem noch haftenden Drucker und Verbreiter werden in § 20 Abs 2 LPG nicht mehr einbezogen (s jedoch Art 11 Abs 3 LPG Bayern; vgl Rn 161). Das Gesetz beschränkt sich auf die Hauptverantwortlichen. Verfasser, Einsender, Herausgeber, Chefredakteure und andere mit der Presse beruflich verbundene Personen werden von der Sonderhaftung gleichfalls nicht betroffen (ebenso *Gabriel*, 2003, S 256).

b) Eine Ausdehnung der Gesetzesbestimmung im Wege der Auslegung auf andere Personen als den Verleger und den verantwortlichen Redakteur ist im Hinblick auf das im Strafrecht geltende, sich aus Art 103 Abs 2 GG bzw § 1 StGB ergebende Verbot der Analogie zur Begründung der Strafbarkeit nicht möglich. Dagegen ist strafrechtliche Teilnahme (Anstiftung und Beihilfe) bei vorsätzlichen Vergehen gegen § 20 Abs 2 LPG auch seitens solcher Personen möglich, die nicht Verleger oder verantwortlicher Redakteur sind. Soweit ein Chefredakteur zugleich Verleger ist, trifft ihn in seiner Eigenschaft als Verleger die Sonderhaftung.

4. Die Sonderhaftung des verantwortlichen Redakteurs

a) Der **verantwortliche Redakteur** eines periodischen Druckwerks hat die gesetzliche Pflicht, den gesamten Inhalt des Druckwerks, soweit es seiner verantwortlichen Redaktion untersteht, auf seine Strafbarkeit zu prüfen und den strafbaren Inhalt vor der Veröffentlichung oder Verbreitung auszuscheiden (RGSt 59, 181; vgl *Löhner* § 9 LPG Rn 36 ff.). Ihn trifft, wie § 20 Abs 2 Nr 1 LPG formuliert: die „Verpflichtung ..., Druckwerke von strafbarem Inhalt freizuhalten". Diese berufliche Pflichtenstellung steht in Verbindung mit § 6 LPG, demzufolge alle Nachrichten vor ihrer Verbreitung sorgfältig auf Inhalt, Herkunft und Wahrheit zu prüfen sind (Näheres bei *Stöckel* in Erbs/Kohlhaas P 190, § 21 Rn 11). Die Pflicht bezieht sich nicht nur auf den redaktionell bearbeiteten Teil, sondern etwa auch auf Leserbriefe und Anzeigen (*Kloepfer*, Informationsrecht, 2002, § 7 Rn 76).

124 b) Als verantwortlicher Redakteur haftet nach § 8 Abs 2 in Verbindung mit § 20 Abs 2 Nr 1 LPG, wer diese Stellung mit dem Willen des Verlegers tatsächlich bekleidet und kraft dieser Stellung darüber verfügen kann, ob ein Beitrag veröffentlicht wird oder wegen seines strafbaren Inhalts zurückzuweisen ist (OLG Hamm AfP 1974, 724; KG NJW 1998, 1420; *Gabriel*, 2003, S 246 f.; vgl *Löhner* § 9 LPG Rn 37). Diese Sonderhaftung des Redakteurs ist auch nicht dadurch ausgeschlossen, dass ein namentlich genannter Verfasser die alleinige Verantwortung übernommen hat (LG Berlin AfP 1992, 86; *Ricker/Weberling*, Kap 17 Rn 11).

125 c) Bei der Sonderhaftung des verantwortlichen Redakteurs nach § 20 Abs 2 LPG kommt es auf die faktische Ausübung dieser Funktion an, nicht auf die bloße formale Benennung im Impressum (KG NJW 1998, 1420; vgl auch BGHSt 43, 41, 50; Kritik bei *Napoli*, 2008, S 99); die tatsächliche Beauftragung wird auch als „Bestellung" bezeichnet (*Mitsch*, Medienstrafrecht, § 7 Rn 20, unter Berufung auf *Groß* NStZ 1994, 312, 314 und AfP 1998, 358, 360; zur Bestellung s auch § 21 Rn 25 ff.). Ebenso scheidet ein „Schein- oder Sitzredakteur" aus dem Kreis der nach § 20 Abs 2 LPG haftbaren Personen aus (ebenso *Groß* NStZ 1994, 314 und in AfP 1998, 360). Übt der Verleger selbst faktisch die Funktion eines verantwortlichen Redakteurs aus, so trifft ihn die volle Haftung aus § 20 Abs 2 Nr 1 LPG. Ist nur **ein** verantwortlicher Redakteur bestellt, so erstreckt sich dessen Haftung auf den gesamten Inhalt des Druckwerks. Sind mehrere verantwortliche Redakteure für ein größeres Druckwerk (zB FAZ, Die Welt) bestellt, dann haftet jeder einzelne für die Reinheit des Teils des Druckwerks, für den er verantwortlich ist.

126 d) Strittig ist die Frage, ob eine Person auch dann aufgrund des § 20 Abs 2 Nr 1 LPG als verantwortlicher Redakteur haftet, wenn sie als Redakteur bestellt wurde und die Funktion ausübt, ohne die gesetzlichen Erfordernisse des § 9 LPG zu erfüllen. Hier ist zu unterscheiden: (1) Bei der Mehrzahl der Landespressegesetze ist festgelegt, dass eine Person, der eines der gesetzlichen Erfordernisse des § 9 LPG fehlt, nicht als verantwortlicher Redakteur tätig sein „**kann**" (so zB § 9 Abs 1 LPG Hamburg; zu § 10 Abs 1 Nr 3, 4 BbgPG *Mitsch*, Medienstrafrecht, § 7 Rn 20). Aus dieser Formulierung ergibt sich, dass der trotzdem zum verantwortlichen Redakteur Bestellte nicht dessen rechtliche Stellung erlangt und somit auch kein tauglicher Täter des Sonderdelikts des § 20 Abs 2 Nr 1 LPG sein kann (zutreffend OLG Hamm AfP 1974, 724; vgl *Löhner* § 9 LPG Rn 109).

127 (2) In den Ländern dagegen, in denen das Verbot der Bestellung eines nicht adäquaten verantwortlichen Redakteurs in der mildere Form einer bloßen Soll-Vorschrift („**darf** nicht tätig sein") gekleidet ist (so in Baden-Württemberg, Bayern, Brandenburg, Niedersachsen, Saarland, Sachsen, Sachsen-Anhalt und Thüringen), erfolgt die Bestellung in rechtswirksamer Form mit der Folge, dass der Bestellte Täter des Sonderdelikts des § 20 Abs 1 Nr 1 LPG sein kann (OLG Hamm AfP 1974, 724, 726; OLG Köln MDR 1980, 339; *Franke* NStZ 1983, 114 ff.; anders jedoch BGH NJW 1980, 67 für § 9 Abs 1 Nr 3 LPG Rheinland-Pfalz).

128 e) Verletzt der verantwortliche Redakteur seine Pflicht, das Druckwerk von „strafbarem" Inhalt freizuhalten, so liegt ein Unterlassungsdelikt vor, das dadurch gekennzeichnet ist, dass der verantwortliche Redakteur den Eintritt eines Erfolgs (Verbreitung eines Druckwerks mit strafbarem Inhalt) nicht verhindert, obwohl er gesetzlich

dazu verpflichtet ist (*Heinrich* ZIS 2011, 416, 429; *Mitsch*, Medienstrafrecht, § 7 Rn 22). Gerade aus der **Garantenstellung** des verantwortlichen Redakteurs ergibt sich seine Rechtspflicht, eine bestimmte Gefahrenquelle zu überwachen (ebenso *Will*, 1998, S 134; eingehend zu dieser aus der Berufspflicht abgeleiteten Garantenstellung *Gabriel*, 2003, S 248 ff.: „Garantenstellung qua außerrechtlicher Pflichtenposition" [S 249] und „Garantenstellung qua institutioneller Zuständigkeit" [S 257]; zu weiteren sog Überwachungsgaranten mit Sicherungspflichten s *Kühl* AT § 18 Rn 91–121). Verletzt er seine Überwachungspflicht und tritt der rechtlich missbilligte Erfolg ein, zu dessen Verhinderung der Garant bestellt ist, so ist der Tatbestand des § 20 Abs 2 Nr 1 LPG erfüllt. Es liegt hier ein sog **unechtes Unterlassungsdelikt** vor, weil der Tatbestand nicht damit erfüllt ist, dass der Täter eine Handlungspflicht versäumt (zB Nichtanzeige eines bevorstehenden Verbrechens, § 138 StGB, sog echtes Unterlassungsdelikt), sondern weil der Täter den Eintritt eines Erfolgs (Verbreitung eines Druckwerks mit strafbarem Inhalt) entgegen seiner Garantenpflicht schuldhaft nicht verhindert (aA *Rebmann* vgl § 20 LPG Rn 16, der hier ein echtes Unterlassungsdelikt annimmt; ebenso *Will*, 1998, S 80 und 82, der aber der Einordnung als „Erfolgsdelikt durch Unterlassen" zustimmt; wie hier *Gabriel*, 2003, S 247).

f) Weil es sich bei § 20 Abs 2 Nr 1 LPG um ein **Erfolgsdelikt** durch Unterlassen handelt, reicht für den Tatbestand die bloße Pflichtverletzung des verantwortlichen Redakteurs nicht aus. Vielmehr muss infolge der Pflichtverletzung der missbilligte Erfolg der Verbreitung eines Druckwerks mit strafbarem Inhalt eingetreten sein. Dies ergibt sich aus der Fassung des § 20 Abs 2 Nr 1 LPG eindeutig. Es muss somit dem verantwortlichen Redakteur der **Kausalzusammenhang** zwischen der Verletzung seiner Sorgfaltspflicht durch Unterlassen und dem eingetretenen rechtlich missbilligten Erfolg nachgewiesen werden. Der Nachweis der sog „Quasikausalität" beim Unterlassungsdelikt (vgl *Lackner/Kühl* Vor § 13 StGB Rn 12) ist nicht einfach zu führen: er ist nur dann gegeben, wenn die unterlassene Handlung (Wahrnehmung der Sorgfaltspflicht) zum Sachverhalt nicht „hinzugedacht" werden kann, ohne dass mit einer an Sicherheit grenzenden Wahrscheinlichkeit der missbilligte Erfolg entfiele (BGHSt 6, 1, 2 = NJW 1954, 931; BGH NJW 1987, 2940). Mit anderen Worten: nur wenn mit an Sicherheit grenzender Wahrscheinlichkeit feststeht, dass die Veröffentlichung des Druckwerks mit dem strafbaren Inhalt auf jedem Fall dann unterblieben wäre, wenn der verantwortliche Redakteur seiner Sorgfaltspflicht nachgekommen wäre, ist der Kausalzusammenhang erwiesen. Bleibt die Möglichkeit offen, dass der missbilligte Erfolg trotz der Wachsamkeit des verantwortlichen Redakteurs eingetreten wäre, dann fehlt es am Kausalzusammenhang, und er kann für diesen Erfolg aufgrund des § 20 Abs 2 Nr 1 LPG nicht haftbar gemacht werden.

g) Das Presserecht (§ 8 Abs 2 LPG) kennt das Rechtsinstitut des verantwortlichen Redakteurs nur im Bereich der **periodischen Presse** (*Ricker/Weberling*, Kap 17 Rn 11; *Heinrich*, Medienstrafrecht, Rn 339; *Mitsch*, Medienstrafrecht, § 7 Rn 21). Der Begriff des periodischen Druckwerks, für dessen Reinhaltung der verantwortliche Redakteur haftet, ergibt sich aus § 7 Abs 4 LPG: es sind Zeitungen und Zeitschriften, die in Zwischenräumen von höchstens sechs Monaten in ständiger, wenn auch unregelmäßiger Folge erscheinen (Näheres § 7 LPG Rn 65–82).

5. Die Sonderhaftung des Verlegers

a) Auch den Verleger (vgl zu diesem Begriff Einl Rn 49) trifft die strafrechtliche Sonderhaftung des § 20 Abs 2 LPG, doch unterscheidet sie sich in wesentlichen Punkten von der nur bei der periodischen Presse zum Zuge kommenden Sonderhaftung des verantwortlichen Redakteurs. Bei Zeitungen und regelmäßig erscheinenden Zeitschriften, der sog periodischen Presse, kann dem Verleger nicht zugemutet werden, den gesamten Inhalt jeweils vor Erscheinen zu prüfen. Dementsprechend beschränkt sich seine Sonderhaftung im Sinne des § 20 Abs 2 LPG auf die **nichtperiodische Presse** (*Groß* NStZ 1994, 314 und in AfP 1998, 909; *Gabriel*, 2003,

LPG § 20 Strafrechtliche Verantwortlichkeit

S 246; *Heinrich,* Medienstrafrecht, Rn 339). Dazu gehören in erster Linie Bücher, aber auch Plakate, Flugblätter, Prospekte sowie Zeitschriften mit größerem Erscheinungsabstand als sechs Monate (vgl § 7 Abs 4 LPG).

132 b) Zwar ist der Verleger zur Prüfung aller von ihm veröffentlichten und verbreiteten nichtperiodischen Druckwerke nach § 20 Abs 2 Ziff 2 LPG gesetzlich verpflichtet. Er muss jedoch, anders als der verantwortliche Redakteur, diese Rechtspflicht **nicht persönlich** wahrnehmen. Das wäre ihm bei großen Verlagen auch schon rein praktisch gar nicht möglich. Er darf sich bei Erfüllung seiner Aufsichtspflicht seiner Angestellten bedienen (ebenso RGSt 23, 274, 276; *Gabriel,* 2003, S 247; *Rebmann* § 20 LPG Rn 21). Doch haftet der Verleger in diesem Fall für die sorgfältige Auswahl und die laufende Überwachung seiner Hilfspersonen (*Ricker/Weberling,* Kap 17 Rn 11; *Rebmann* § 20 LPG Rn 21; *Will,* 1998, S 80 f.). Der Verleger haftet insb für Organisationsmängel innerhalb seines Betriebs, falls infolge solcher Mängel strafbare Tatbestände mittels eines von ihm verlegten Druckwerks verwirklicht werden (vgl *Löffler* NJW 1965, 942 ff.).

133 c) Da es sich bei der Sonderhaftung nach § 20 Abs 2 LPG um das strafrechtliche Einstehen für ein rechtswidriges, schuldhaftes Verhalten handelt, kommt als haftender Verleger nur eine **natürliche Person** in Frage. Befindet sich der Verlag im Eigentum einer juristischen Person, zB einer AG oder GmbH, so haftet als Verleger nur der mit der **selbständigen Oberleitung** des Verlagsbetriebes betraute Betriebsleiter oder Direktor (*Mitsch,* Medienstrafrecht, § 7 Rn 21; kritisch zu dieser sog wirtschaftlichen Betrachtungsweise *Schroth,* Unternehmen als Normadressaten und Sanktionssubjekte, 1993, S 84 Fn 30: es werde der „gesetzlich geregelte Organ- und Vertreterhaftung übersehen"). Aber auch wenn der Verlag einer natürlichen Person gehört, setzt die Haftung nach § 20 Abs 2 Nr 1 LPG voraus, dass sie selbst die Oberleitung im Betrieb innehat. Kümmert sich der Eigentümer nicht um den Betrieb, und hat er dessen Leitung einem selbständigen Betriebsleiter übertragen, so ist nur der Betriebsleiter „Verleger" iS des § 20 Abs 2. Der bloße Besitz des Verlagsrechts kann die strafrechtliche Verantwortlichkeit nach § 20 Abs 2 nicht begründen (RGSt 5, 354, 358; 19, 357, 358).

134 d) **Verlagsangestellte** sind nur dann „Verleger" iS des § 20 Abs 2 LPG, wenn sie die selbständige Verlagsleitung innehaben. Im Übrigen haften die Verlagsangestellten aus § 20 Abs 2 LPG nicht, da es sich um ein Sonderdelikt handelt, das also nur die besonders aufgeführten Personen „Täter" sein können. Doch ist Teilnahme (Anstiftung, Beihilfe) am Sonderdelikt des § 20 Abs 2 LPG bei vorsätzlicher Begehung möglich (vgl oben Rn 122), nicht aber bei fahrlässiger Verletzung der Aufsichtspflicht (RGSt 23, 110, 112).

135 e) Bei einem **Wechsel** in der Person des Verlegers kommt es darauf an, wer im Zeitpunkt der Verlagstätigkeit Verleger war. Die durch § 20 Abs 2 LPG erfasste Verlagstätigkeit umfasst Herstellung (Drucklegung) und Ausgabe des Druckwerks. Setzt der Nachfolger nach Übernahme des Verlags oder der Verlagsleitung die Ausgabe der noch vorhandenen Exemplare des Druckwerks fort, so haftet er neben dem Vorgänger nach § 20 Abs 2 LPG. Der Nachfolger hat somit die Pflicht, den Inhalt der seither verlegten Werke, deren Ausgabe er fortsetzt, zu überprüfen (RGSt 19, 357, 359 f.).

136 f) Die in § 20 Abs 2 Nr 2 normierte **Haftung des Verlegers** deckt sich insoweit mit der des verantwortlichen Redakteurs, als der Verleger eine rechtliche Sonderstellung innehat mit dem Zweck, einen rechtlich missbilligten Erfolg zu verhindern. Verletzt er seine gesetzliche Aufsichtspflicht und tritt infolge dieses Verhaltens der missbilligte Erfolg ein, dann ist der Tatbestand des § 20 Abs 2 Nr 2 LPG erfüllt. Es liegt sonach ein Erfolgsdelikt durch Unterlassen (sog **unechtes Unterlassungsdelikt**) vor (ebenso *Gabriel,* 2003, S 247). Es gilt das oben Rn 128 Ausgeführte. Wie aus dem Wortlaut des § 20 Abs 2 Nr 2 LPG hervorgeht, tritt die Haftung des Verlegers nur ein, wenn der **Kausalzusammenhang** zwischen seiner Pflichtwidrigkeit durch Unterlassen und dem missbilligten Erfolg (Verwirklichung einer strafbaren Handlung durch das Druckwerk) feststeht (ebenso *Will,* 1998, S 42). Es gilt in die-

6. Vorsätzliche und fahrlässige Verletzung der Sorgfaltspflicht des § 20 Abs 2 LPG

a) Verleger und verantwortlicher Redakteur haften nach § 20 Abs 2 LPG für **vor-** **137** **sätzliche oder fahrlässige** Verletzung ihrer presserechtlichen Sorgfaltspflicht (*Mitsch*, Medienstrafrecht, § 7 Rn 23). Vorsatz und Fahrlässigkeit im Sinne des § 20 Abs 2 LPG unterscheiden sich im Wesen nicht von Vorsatz und Fahrlässigkeit gemäß § 15 StGB (vgl *Kühl* § 21 LPG Rn 21 und schon oben Rn 107). Im Rahmen ihrer eigenen Haftung aus § 20 Abs 2 LPG sollen sich Verleger und verantwortlicher Redakteur gegenüber dem Vorwurf der Berufspflichtverletzung auch stets auf die Wahrnehmung berechtigter Interessen berufen können, weil der Rechtfertigungsgrund des § 193 StGB ein die gesamte Rechtsordnung durchziehendes Grundprinzip sei (BGHZ 3, 270, 281; OLG Hamburg NJW 1954, 1297; berechtigte Zweifel an dieser Rechtfertigungsmöglichkeit äußert *Stöckel* in Erbs/Kohlhaas P 190, § 21 Rn 12). Nach der ganz überwiegenden Meinung im Strafrecht gilt § 193 StGB jedoch nur für die Ehrverletzungsdelikte der §§ 185 ff. StGB (vgl *Lackner/Kühl* § 193 StGB Rn 2 mit Nachweisen auch zu Minderheitsauffassungen).

b) **Vorsätzlich** handelt, wer wissentlich und absichtlich den Tatbestand einer straf- **138** baren Handlung verwirklicht (sog direkter Vorsatz; s oben Rn 107) oder die Verwirklichung zwar nur für möglich hält, sich aber mit ihr abfindet (sog bedingter Vorsatz; s oben Rn 107). Vorsätzliche Verletzung der Sorgfaltspflicht liegt vor, wenn ein pflichtgemäßes Eingreifen oder die pflichtgemäße Überwachung bzw Wahrnehmung der Aufsichtspflicht wissentlich und absichtlich unterlassen wurde; sie ist aber auch schon dann gegeben (bedingter Vorsatz), wenn Verleger oder verantwortlicher Redakteur mit der Möglichkeit rechnen und sich damit abfinden, dass infolge ihres pflichtwidrigen Verhaltens ein Druckwerk mit strafbarem Inhalt zur Verbreitung gelangt. So verletzt ein Verleger pflichtwidrig vorsätzlich seine Aufsichtspflicht, wenn er wissentlich einen verantwortlichen Redakteur bestellt oder im Amt belässt, von dem er weiß, dass er strafbare Veröffentlichungen nicht verhindern kann oder will (so *Rebmann* § 20 LPG Rn 25).

c) **Fahrlässigkeit** ist die Außerachtlassung der Sorgfalt (vgl § 276 Abs 2 BGB), zu **139** der der Täter nach den Umständen und nach seinen persönlichen Verhältnissen fähig und verpflichtet ist (s oben Rn 107).

(1) An jedes fahrlässige Handeln ist ein doppelter Maßstab anzulegen: ein **140** objektiver (genereller) und ein subjektiver (individueller), vgl *Lackner/Kühl* § 15 StGB Rn 37 f.; zur Begründung des Schuldvorwurfs beim Fahrlässigkeitsdelikt vgl *Lackner/Kühl* § 15 StGB Rn 49–52.

Bei der Prüfung der **subjektiven, individuellen** Seite der Sorgfaltspflichtverletzung kommt es entscheidend auf die Umstände des Einzelfalles an (RGSt 39 S 317). Dabei sind insb die persönlichen Fähigkeiten und Kenntnisse sowie die Allgemeinbildung des betreffenden verantwortlichen Redakteurs, Verlegers usw gebührend zu berücksichtigen. Unter Umständen liegt schon darin eine Fahrlässigkeit, dass jemand eine Tätigkeit übernommen hat, der er nach seinen Kenntnissen und Fähigkeiten voraussichtlich nicht gewachsen ist (RG GA 41 [1893] S 395; vgl allgemein zur Übernahme-Fahrlässigkeit *Lackner/Kühl* § 15 StGB Rn 40). Auch die Art und Organisation des Betriebs sowie der Charakter des fraglichen Druckwerks spielen eine beachtenswerte Rolle. Bei Arbeitsüberhäufung muss der verantwortliche Redakteur für seine Arbeitsentlastung sorgen (RG JW 1931, 1928; *Will*, 1998, S 118).

Der **objektive, generelle Maßstab** der Sorgfaltspflicht ist je nach dem Beruf der einzelnen Haftungspersonen ein verschiedener. Denn die generelle Sorgfaltspflicht ist identisch mit der **Berufspflicht** des verantwortlichen Redakteurs und des Verlegers (vgl Rn 123 ff.).

LPG § 20   Strafrechtliche Verantwortlichkeit

141 (2) Die Fahrlässigkeit kann als bewusste oder unbewusste Fahrlässigkeit auftreten. Unbewusste Fahrlässigkeit liegt vor, wenn der Täter infolge seiner Pflichtvergessenheit (zB Gleichgültigkeit) die Verwirklichung des strafbaren Tatbestands gar nicht voraussieht, sie aber hätte voraussehen können (insb den möglichen Erfolg). Bei der bewussten Fahrlässigkeit (s oben Rn 107) sieht er sie zwar voraus, vertraut aber darauf, dass sie nicht eintrete. („Es wird schon nichts passieren, wenn ich einmal 8 Tage nicht nach dem Betrieb sehe"). Die Fahrlässigkeit muss dem Täter nachgewiesen werden. Dies gilt trotz der missverständlichen Fassung auch für die entsprechende Bestimmung des Art 11 Abs 3 LPG Bayern (vgl Rn 161; Bayerischer Verfassungsgerichtshof FuR 1982, 271).

142 (3) Für die Fahrlässigkeitsdelikte ist die Feststellung wichtig, dass hier ihrer Natur nach eine strafbare Teilnahme (Anstiftung oder Beihilfe) nicht denkbar ist: §§ 26, 27 verlangen eine vorsätzliche Haupttat für Anstiftung und Beihilfe. Dagegen soll der Rechtfertigungsgrund des § 193 StGB (Wahrnehmung berechtigter Interessen) auch bei Fahrlässigkeitsdelikten zum Zug kommen (OLG Hamburg NJW 1954, 1297; vgl jedoch Rn 137).

143 d) Zum selbständigen Schuldelement des Unrechtsbewusstseins sowie zum Handeln ohne Schuld beim Vorliegen eines nicht vermeidbaren Verbotsirrtums nach § 17 StGB s oben Rn 108.

7. Vorliegen einer mittels eines Druckwerks verwirklichten strafbaren Handlung als objektive Bedingung der Strafbarkeit

144 a) Die Haftung des § 20 Abs 2 LPG greift zu Lasten des verantwortlichen Redakteurs und des Verlegers nur ein, wenn durch deren pflichtwidriges Verhalten kausal der rechtlich missbilligte Erfolg in der Weise eingetreten ist, dass durch das Druckwerk der Tatbestand einer strafbaren Handlung verwirklicht worden ist (§ 20 Abs 2 Nr 2 LPG). Das Vorliegen einer solchen strafbaren Handlung ist somit die **objektive Bedingung** der Strafbarkeit nach § 20 Abs 2 LPG (*Rebmann* § 20 LPG Rn 14, 24; *Wache* S 717; *Will*, 1998, S 80 und 82; *Gabriel*, 2003, S 57; *Mitsch*, Medienstrafrecht, § 7 Rn 23; krit *Uebbert* S 144 ff.). Daraus folgt: Es genügt, dass das – durch Pflichtverletzung nicht verhinderte – Pressedelikt als **objektive** Strafbarkeitsbedingung vorliegt. Das Verschulden der nach § 20 Abs 2 Verantwortlichen (Verleger oder verantwortlicher Redakteur) muss sich nur auf ihre eigene Pflichtverletzung erstrecken, für die sie haften; nicht dagegen braucht sich ihr Vorsatz oder ihre Fahrlässigkeit darüber hinaus auch auf das durch ihr Verschulden eingetretene Pressedelikt zu erstrecken: wenn ein nichtverantwortlicher Redakteur die Unaufmerksamkeit des verantwortlichen Redakteurs ausnützt, um gegen den Kultusminister einen beleidigenden Artikel in das Blatt zu lancieren, so braucht sich das Verschulden des verantwortlichen Redakteurs nicht auch auf dieses Beleidigungsdelikt zu erstrecken (BayObLG AfP 1983, 275).

145 b) Durch die Fassung des § 20 Abs 2 LPG (Verwirklichung des Tatbestands einer mit Strafe bedrohten Handlung mittels eines Druckwerks) bringt der Gesetzgeber deutlich zum Ausdruck, dass es genügt, wenn dieses – durch das Versagen des Verlegers bzw des verantwortlichen Redakteurs ermöglichte – Pressedelikt **tatbestandsmäßig und rechtswidrig** vorliegt, dass es aber nicht notwendigerweise auch schuldhaft begangen sein muss (*Mitsch*, Medienstrafrecht, § 7 Rn 24). Für § 21 RPG war diese Frage umstritten gewesen; der Landesgesetzgeber hat die Streitfrage im Sinne der herrschenden Meinung entschieden (vgl 1. Auflage § 21 RPG Rn 25). Die Haftung des Verlegers und des verantwortlichen Redakteurs aus § 20 Abs 2 LPG greift demzufolge auch dann ein, wenn den Täter des Pressedelikts kein Verschulden trifft, etwa weil er unzurechnungsfähig ist oder weil ihm ein Entschuldigungsgrund zur Seite steht.

146 c) Der für § 20 Abs 2 LPG erforderliche objektive Tatbestand des Pressedelikts muss in seinem **gesamten** Umfang vorliegen. Soweit das Strafgesetz neben der Ver-

V. Verantwortlicher Redakteur und Verleger § 20 LPG

breitung des Druckwerks als Ausführungshandlung den Eintritt eines besonderen **Erfolgs** bzw einen besonders gearteten **Vorsatz** erfordert, muss auch dieser gegeben sein (herrschende Meinung, vgl RGSt 23 S 151, 153). So muss zB bei beleidigendem Inhalt des Druckwerks die Kenntnisnahme durch dritte Personen hinzukommen. Der objektive Tatbestand des Pressedelikts ist schon dann gegeben, wenn er sich im Stadium des strafbaren **Versuchs** befindet; denn tritt das Delikt in das Stadium des strafbaren Versuchs ein, so liegt der „für die Strafbarkeit erforderliche Erfolg" vor (herrschende Meinung, vgl *Rebmann* § 20 LPG Rn 10; zum Versuch des Presse-Inhaltsdelikts vgl oben Rn 102, 103).

d) Das durch die Pflichtwidrigkeit der nach § 20 Abs 2 LPG Verantwortlichen ermöglichte Pressedelikt muss **rechtswidrig** begangen worden sein. Greift hier ein Rechtfertigungsgrund ein (zB § 193 StGB, Wahrnehmung berechtigter Interessen; s jedoch oben Rn 137), so kommt dieser Rechtfertigungsgrund auch dem verantwortlichen Redakteur und dem Verleger zugute. Der öffentliche Angriff auf den Kultusminister ist zwar durch die Nachlässigkeit des verantwortlichen Redakteurs ermöglicht worden, doch erweist sich der Angriff als durch § 193 StGB gedeckt: keine Haftung aus § 20 Abs 2 LPG. Denn im Ergebnis fehlt es bei Vorliegen eines Rechtfertigungsgrundes an einer rechtswidrigen und damit strafbaren Handlung überhaupt (ebenso *Rebmann* vgl § 20 LPG Rn 12). **147**

e) Der **volle äußere und innere Tatbestand** des Pressedelikts muss erfüllt sein, um die Haftung aus § 20 Abs 2 LPG auszulösen. Soweit für das Pressedelikt neben dem Vorsatz vom Gesetz eine besondere **Absicht** gefordert wird (zB Absicht, sich Einsetzens für Bestrebungen gegen Verfassungsgrundsätze bei der Verunglimpfung von Verfassungsorganen gemäß § 90b StGB), hindert das Fehlen dieser Absicht im konkreten Fall die Bestrafung aus § 20 Abs 2 LPG (ebenso *Rebmann* § 20 LPG Rn 11 im Hinblick auf die gerade in der verfolgten Absicht liegende Gefährlichkeit, und *Will*, 1998 S 105 f.; anders noch *Löffler* in der 3. Aufl). **148**

f) Das Gesetz spricht in § 20 Abs 2 LPG von einer rechtswidrigen Tat, „die einen **Straftatbestand** verwirklicht". Da es sich beim Recht der **Ordnungswidrigkeiten** nicht um kriminelles Strafrecht, sondern um sog **Verwaltungsunrecht** handelt (Vorbem vor §§ 20–22 LPG Rn 10), so ergibt sich aus der Formulierung des § 20 Abs 2, dass Ordnungswidrigkeiten, die infolge der Pflichtwidrigkeit des Verlegers oder des verantwortlichen Redakteurs bei der Veröffentlichung des Druckwerks unterlaufen, keine Bestrafung aus § 20 Abs 2 LPG zur Folge haben (zutreffend *Rebmann* § 20 Rn 13). **149**

8. Der subsidiäre Charakter des § 20 Abs 2 LPG

a) Der verantwortliche Redakteur und der Verleger haften nach § 20 Abs 2 LPG nur **subsidiär,** dh sie werden aufgrund des Sonderdelikts der Berufspflichtverletzung nur dann bestraft, wenn sie nicht schon nach den allgemeinen Strafgesetzen (§ 20 Abs 1 LPG) als **Täter** oder **Teilnehmer** zu bestrafen sind (ebenso *Rehbinder* JA 1977, 471, 475; *Will*, 1998, S 40; *Gabriel*, 2003, S 247; *Heinrich* ZIS 2011, 416, 428; *Mitsch*, Medienstrafrecht, § 7 Rn 24). In dieser „Einschränkung" des § 20 Abs 2 LPG kommt die hilfsweise, subsidiäre Natur der Bestimmung unmittelbar zum Ausdruck. Der subsidiäre Charakter der Vorschrift muss streng berücksichtigt werden. Schon die **Möglichkeit,** dass der verantwortliche Redakteur oder der Verleger unmittelbar als Täter oder Teilnehmer des durch ihr Verhalten ermöglichten Pressedelikts bestraft werden können, schließt den subsidiären Auffangtatbestand des § 20 Abs 2 LPG aus (vgl BGH in LM zu § 20 RPG Nr 1; BGH AfP 1978, 397; OLG Hamm AfP 1974, 724; *Rebmann* § 20 LPG Rn 28; *Stöckel* in Erbs/Kohlhaas P 190, § 21 Rn 10). **150**

b) Eine subsidiäre Haftung gemäß § 20 Abs 2 LPG erfordert jedoch nicht die vorausgehende **rechtliche Feststellung,** dass der Verleger bzw der verantwortliche Redakteur an dem zugrundeliegenden Delikt unbeteiligt ist. Sie können auch dann nach § 20 Abs 2 LPG bestraft werden, wenn ihre Beteiligung an dem Haupt-Delikt **151**

LPG § 20   Strafrechtliche Verantwortlichkeit

ungeklärt ist. Demnach bedeutet die subsidiäre Natur des § 20 Abs 2 LPG nicht, dass die Staatsanwaltschaft ihre Anklage zunächst auf die allgemeinen Strafgesetze stützen müsste, und dass das Gericht erst nach Verneinung der Anwendbarkeit der allgemeinen Strafgesetze auf die Sonderhaftung des § 20 Abs 2 zurückgreifen könnte. Anklage und Verfahren können sich vielmehr von Anfang an auf § 20 Abs 2 LPG stützen.

9. Die für das Sonderdelikt des § 20 Abs 2 LPG angedrohten Strafen

152   a) Der § 20 Abs 2 LPG sieht als **Strafe** bei Verletzung der presserechtlichen Sorgfaltspflicht entweder **Freiheitsstrafe** bis zu einem Jahr oder **Geldstrafe** vor (vgl §§ 38 ff. StGB). Die Geldstrafe wird vom Gericht in Tagessätzen verhängt. Ein Tagessatz kann von „mindestens einem oder höchstens fünftausend Euro festgesetzt werden" (§ 40 Abs 2 Satz 3 StGB). Das Sonderdelikt des § 20 Abs 2 LPG ist wegen seiner Strafandrohung nach § 12 StGB stets ein **Vergehen**. Dies gilt selbst dann, wenn die zugrunde liegende Tat lediglich eine Ordnungswidrigkeit darstellt. Die angedrohten Strafen stehen wahlweise nebeneinander. Eine Kumulierung (zB Freiheitsstrafe zuzüglich Geldstrafe) ist ausgeschlossen. Kumulative Geldstrafe neben Freiheitsstrafe ist in den Strafdrohungen beseitigt (Art 12 Abs 3 EGStGB) und nur unter den Voraussetzungen des § 41 StGB allgemein zugelassen (*Lackner/Kühl* § 40 StGB Rn 2).

153   b) Aus der subsidiären Natur des § 20 Abs 2 LPG folgt, dass das Gericht grundsätzlich **keine schwerere Strafe** für die Zuwiderhandlung gegen § 20 Abs 2 verhängen darf, als wenn die Haftungsperson nach den allgemeinen Strafgesetzen verurteilt worden wäre (ebenso *Stöckel* in Erbs/Kohlhaas P 190, § 21 Rn 15). Trotz der Eigenständigkeit des Sonderdelikts des § 20 Abs 2 lässt sich nicht bestreiten, dass ohne das zugrunde liegende Pressedelikt eine Bestrafung aus § 20 Abs 2 LPG nicht möglich ist.

154   c) Dagegen können die **Nebenstrafen und Nebenfolgen,** die bei dem zugrunde liegenden Pressedelikt angedroht sind, nicht bei der Bestrafung wegen des Sonderdelikts der Berufspflichtverletzung des § 20 Abs 2 LPG Anwendung finden. So ist zB für den Fall, dass das zugrunde liegende Pressedelikt eine Beleidigung darstellt, bei einer Bestrafung aus § 20 Abs 2 LPG **keine Urteilsveröffentlichung** nach § 200 StGB zu Lasten des Verlegers oder des verantwortlichen Redakteurs möglich (herrschende Meinung, RGSt 13, 319, 320; *Rebmann* § 20 LPG Rn 31).

Knüpfen sich jedoch bestimmte Unrechtsfolgen unmittelbar an das Delikt des § 20 Abs 2 LPG an, so greifen sie bei einer Verurteilung aus § 20 Abs 2 Platz; dies gilt zB für die Eintragung ins **Bundeszentralregister** (vgl § 3 des Bundeszentralregister-Gesetzes vom 18.3.1971 – BGBl I S 243 – in der Fassung der Bekanntmachung vom 21.9.1984 – BGBl I S 1229; zuletzt geändert durch Gesetz vom 26.1.2005 (BGBl I S 162).

155   d) Aus der subsidiären Natur des § 20 Abs 2 LPG ergibt sich weiter: Handelt es sich bei dem zugrunde liegenden Pressedelikt um eine Straftat, die nur auf **Antrag** verfolgt wird, wie zB die Beleidigung (§ 194 Abs 1 StGB), so bedarf es auch zur Verfolgung der Zuwiderhandlung gegen § 20 Abs 2 LPG eines **Strafantrags des Verletzten**. Das Gleiche muss in den Fällen gelten, in denen ein Delikt nur mit **Ermächtigung,** zB der beleidigten politischen Körperschaft im Sinne des § 194 Abs 4 StGB verfolgt werden kann (herrschende Meinung, vgl RGSt 41, 49, 53 f. für § 21 RPG; *Stöckel* in Erbs/Kohlhaas P 190, § 21 Rn 14; *Wache* S 717). Näheres s 1. Aufl § 21 RPG Rn 64.

Ist das zugrunde liegende Pressedelikt ein **Privatklagedelikt,** so erhebt sich die Frage, ob auch der Verstoß gegen § 20 Abs 2 LPG vom Privatkläger im Wege der Privatklage verfolgt werden kann. Die Frage ist besonders aktuell bei dem wohl häufigsten Fall des Presse-Inhaltsdelikts, der Beleidigung. Privatklagedelikte sind Delikte, die das Interesse des Einzelnen in besonders starkem Maße berühren und deren Verfolgung der Gesetzgeber deshalb **auch** in die private Initiative des Verletzten gestellt hat. Demgegenüber geht das öffentliche Interesse an der Regelung des § 20 Abs 2 LPG dahin, bei der Verfolgung der durch die Presse begangenen Straftaten gewisse

Beweisschwierigkeiten auszuräumen. Die mit diesen Beweisschwierigkeiten nicht zusammenhängende Berücksichtigung der privaten Interessen des Verletzten (Antragsrecht und Privatklagemöglichkeit) wollte § 20 Abs 2 LPG nicht berühren. Aus diesem Grunde ist anzunehmen, dass die Zuwiderhandlung gegen § 20 Abs 2 LPG stets dann im Wege der Privatklage verfolgt werden kann, wenn das zugrunde liegende Pressedelikt ein Privatklagedelikt ist (ebenso *Rebmann* § 20 Rn 29; aA BayObLG AfP 1983, 275; *Stöckel* in Erbs/Kohlhaas P 190, § 21 Rn 14; *Meyer-Goßner* § 374 StPO Rn 2; zweifelhaft).

e) Aus der subsidiären Natur des § 20 Abs 2 LPG folgt weiter, dass die Zuwiderhandlung gegen § 20 Abs 2 LPG dann nicht mehr verfolgt werden kann, wenn die Verfolgung des zugrunde liegenden Pressedelikts durch **Verjährung** ausgeschlossen ist (aA RGSt 59, 181, 183 f.). Zur Begründung kann auf das oben Rn 155 Ausgeführte verwiesen werden.

Was die „eigene" Verjährungsfrist der vom Verleger bzw verantwortlichen Redakteur begangenen Verletzung der beruflichen Sorgfaltspflicht im Sinne des § 20 Abs 2 LPG betrifft, so stellt diese ein **Vergehen** dar, dessen Verjährung sich nach § 24 LPG richtet. Die privilegierte Presseverjährung des § 24 LPG beschränkt sich auf solche Vergehen, welche „durch die **Verbreitung** von Druckwerken strafbaren Inhalts" begangen werden. Hier taucht eine rechtliche Schwierigkeit auf: die Zuwiderhandlung gegen § 20 Abs 2 LPG besteht streng genommen lediglich in der Herbeiführung eines strafrechtlich gefährlichen Inhalts des Druckwerks. Die für § 20 Abs 2 geforderte Ausführungshandlung umfasst also die **Verbreitung** nicht mehr. Da aber die Bestrafung aus § 20 Abs 2 LPG nur wegen der Verbreitung des Druckwerks erfolgt, wird man zum Ergebnis kommen müssen, dass die Straftat des § 20 Abs 2 LPG doch „durch Verbreitung" begangen wird. Die Zuwiderhandlung gegen § 20 Abs 2 LPG ist sonach als Presse-Inhaltsdelikt zu betrachten, auf dessen Verjährung § 24 LPG Anwendung findet.

f) Eine weitere Streitfrage berührt das Problem der **Rechtskraft** und geht dahin, ob ein rechtskräftig wegen fahrlässiger Verletzung der presserechtlichen Sorgfaltspflicht verurteilter Verleger oder verantwortlicher Redakteur den Einwand der Rechtskraft erheben kann, wenn nunmehr gegen ihn – wegen seiner inzwischen festgestellten vorsätzlichen Teilnahme am zugrunde liegenden Pressedelikt – eine neue Anklage erhoben wird. Hier greift der Einwand der Rechtskraft durch. Denn nach § 264 StPO ist Gegenstand der strafprozessualen Rechtskraft „die in der Anklage bezeichnete Tat". Dabei bedeutet „Tat" den geschichtlichen Hergang des Verhaltens des Angeklagten. Der historische Vorgang ist aber sowohl für die Zuwiderhandlung gegen § 20 Abs 2 LPG als auch für das zugrunde liegende Pressedelikt der gleiche. Die Rechtskraftwirkung ist deshalb zu bejahen (hM). Dies bedeutet, dass die Anklage aus § 20 Abs 2 LPG auch das zugrunde liegende Pressedelikt umfasst, und dass deshalb in der Hauptverhandlung von dem einen zum anderen Delikt übergegangen werden kann. Auf diese „Veränderung des rechtlichen Gesichtspunktes" (§ 265 StPO) muss der Angeklagte hingewiesen werden.

10. Verfassungswidrigkeit des § 20 Abs 2 LPG?

Die Rechtsgültigkeit des § 20 Abs 2 LPG ist zu Unrecht in Zweifel gezogen worden, weil es sich hier um ein **Sonderstrafrecht** für die Presse handle (vgl ZV 1965, 764, 902). Richtig ist, dass nach § 1 Abs 3 LPG „Sondermaßnahmen jeder Art, die die Pressefreiheit beeinträchtigen", verboten sind. Zu den „Sondermaßnahmen" im Sinn des § 1 Abs 3 gehören auch Sondergesetze (vgl § 1 LPG Rn 180). Ohnehin kann die in Art 5 Abs 1 Satz 2 GG garantierte Pressefreiheit nur aufgrund eines **allgemeinen Gesetzes** eingeschränkt werden (Art 5 Abs 2 GG). Doch sind die Landespressegesetze, soweit sie im Rahmen der „allgemeinen Rechtsordnung den Lebensbereich Pressewesen" in sachgemäßer, nicht gegen die Pressefreiheit gerichteter Weise regeln, als **allgemeine Gesetze** im Sinne des Art 5 Abs 2 GG anzusehen. Es erscheint sachgemäß und kann dem Gesetzgeber nicht verwehrt werden, die Einhaltung der Presse-Ordnung durch entsprechende Strafbestimmungen zu sichern, wie dies durch § 20 Abs 2 LPG, § 21 LPG (Presse-Ordnungsvergehen) und § 22 LPG (Ordnungswidrigkeiten) geschehen ist.

VI. Abweichendes Landesrecht

159 Die oben (Rn 17–158) geschilderte Rechtslage gibt die presserechtliche Situation in den Ländern **Baden-Württemberg, Brandenburg, Hamburg, Mecklenburg-Vorpommern, Saarland** und **Schleswig-Holstein** wieder. Abweichungen gibt es auch bei den „Rundfunkinhaltsdelikten" (dazu *Mitsch*, Medienstrafrecht, § 7 Rn 26; zu diesen Delikten und ihrer Verjährung vgl oben Vor § 20 Rn 6 und unter § 24 Rn 29; Überblick über die LPG-Regelungen, die auf den Rundfunk anwendbar sind, bei *Burkhardt* § 25 LPG Rn 1). In den anderen Landespressegesetzen finden sich mehr oder weniger weitgehende Abweichungen:

1. Bayern

160 a) Im Bereich des neu nummerierten Art 11 LPG (strafrechtliche Verantwortlichkeit) ist die Abweichung von der Regelung der anderen Landespressegesetze in Bayern am stärksten. Doch trifft auch die bayerische LPG in Art 11 Abs 1 die wichtige Feststellung, dass auf die (landesrechtlich geregelten) Presse-Inhaltsdelikte die allgemeinen Strafgesetze Anwendung finden. Die obigen Ausführungen zu § 20 Abs 1 LPG (vgl Rn 61–111) gelten somit auch für das bayerische Pressestrafrecht. – Ergänzt wird das bayerische Pressestrafrecht durch das bayerische Rundfunkgesetz, das in Art 18 Regelungen enthält, die § 11 LPG entsprechen (*Mitsch*, Medienstrafrecht, § 7 Rn 26).

161 b) Dagegen fehlt im bayerischen LPG die in § 20 Abs 2 LPG normierte strafrechtliche Sonderhaftung des verantwortlichen Redakteurs und des Verlegers für die vorsätzliche oder fahrlässige Verletzung ihrer beruflichen Verpflichtung. Statt dessen statuiert Art 11 Abs 3 LPG Bayern eine auf § 21 RPG zurückgehende subsidiäre Haftung für **fahrlässige Mitwirkung** bei der Veröffentlichung von Druckwerken strafbaren Inhalts.

(1) Die Haftung nach Art 11 Abs 3 LPG Bayern trifft sowohl den verantwortlichen Redakteur und den Verleger wie auch den **Drucker** und **Verbreiter,** sofern einer von ihnen am Erschienen des beanstandeten Druckwerks mitgewirkt hat (*Mitsch*, Medienstrafrecht, § 7 Rn 19). Die in Bayern für dieses pressespezifische Fahrlässigkeitsdelikt angedrohten Strafen sind inzwischen den Regelungen der anderen Länder angeglichen. Die Träger der Fahrlässigkeitshaftung haben die Möglichkeit der Entlastung, indem sie „die Anwendung pflichtgemäßer Sorgfalt" nachweisen. Entgegen dem Wortlaut des Art 11 Abs 3 LPG Bayern liegt hier keine (widerlegbare) Rechtsvermutung zu Lasten der Presse-Angehörigen vor. Das Reichsgericht (RGSt 26, 45, 46 f.; 59, 181, 182) hatte schon bei der Anwendung des dem Art 11 Abs 3 LPG Bayern zugrunde liegenden § 21 RPG nachdrücklich betont, dass die Fahrlässigkeit dem Betroffenen zu voller Überzeugung des Gerichts nachgewiesen werden müsse (vgl Näheres 1. Auflage § 21 RPG Rn 36 mit Nachweisen). Diese Auslegung des Art 11 Abs 3 LPG Bayern hat der Bayerische Verfassungsgerichtshof ausdrücklich bestätigt (vgl FuR 1982, 271; vgl Rn 141).

162 (2) Im Rahmen der Fahrlässigkeitshaftung des Art 11 Abs 3 gilt in Bayern als einzigem Bundesland noch das aus Belgien stammende System der sog **Stufenhaftung** (vgl BGH NJW 1989, 990; *Ricker/Weberling*, Kap 17 Rn 12; *Stöckel* in Erbs/Kohlhaas P 190, § 21 Rn 17; *Wache* S 718). Die Beteiligten an der Herstellung und Verbreitung eines Druckwerks strafbaren Inhalts haften nicht gemeinsam, sondern „stufenweise hintereinander" in der üblichen Reihenfolge: Verfasser, Redakteur, Verleger,

VI. Abweichendes Landesrecht § 20 LPG

Drucker, Verbreiter. Wer seinen strafrechtlich haftenden Vormann benennt (zB der Redakteur den Verfasser des beleidigenden Artikels), wird mit Straffreiheit belohnt. Dementsprechend lautet der Art 11 Abs 3 Satz 2 LPG Bayern: „Die Bestrafung des Vormanns schließt die des Nachmanns aus." – Wegen weiterer Einzelheiten zur Stufenhaftung s 1. Auflage § 21 RPG Rn 37–52.

c) Eine weitere Besonderheit des bayerischen LPG ist die in Art 11 Abs 2 normierte Vermutung **zu Lasten des verantwortlichen Redakteurs** eines periodischen Druckwerks dahingehend, „dass er den Inhalt eines unter seiner Verantwortung erschienenen Textes gekannt und den Abdruck gebilligt hat". Die Formulierung des Art 11 Abs 2 ist klarer als die zugrunde liegende missglückte Fassung des § 20 Abs 2 RPG. Sie macht von vornherein deutlich, dass nicht eine strafbare Täterhandlung vermutet wird, vielmehr nur – in widerlegbarer Weise – davon auszugehen ist, dass der verantwortliche Redakteur den Inhalt eines unter seiner Verantwortung erschienen Textes gelesen und den Abdruck gebilligt hat. Es liegt also keine Täterschaftsvermutung vor, sondern nur eine Veröffentlichungsvermutung (*Stöckel* in Erbs/Kohlhaas P 190, § 21 Rn 16; *Rosenau* in LK § 111 StGB Rn 27; kritisch dennoch *Will*, 1998, S 40 und 218 ff., der eine Verletzung der Unschuldsvermutung annimmt). Der verantwortliche Redakteur kann jederzeit den Gegenbeweis erbringen, etwa dahin, dass er für die fragliche Nummer des Druckwerks nicht die Funktion des verantwortlichen Redakteurs bekleidete. Im Übrigen bürdet Art 11 Abs 2 LPG Bayern nach herrschender Meinung (vgl 1. Aufl § 20 RPG Rn 87) dem verantwortlichen Redakteur keinen Entlastungsbeweis auf. Das Gericht hat vielmehr – wie immer im Strafprozess – von amtswegen die materielle Wahrheit nach allen Richtungen zu erforschen (BGHSt 43, 41, 50). Erst wenn das Gericht nach Erschöpfung aller Beweismittel zu keiner eindeutigen Überzeugung gelangt, greift die Beweisregel des § 11 Abs 2 LPG Bayern zu Lasten des verantwortlichen Redakteurs ein (RG in Recht 18 Beilage Nr 1209). Wegen weiterer Einzelheiten hinsichtlich der Veröffentlichungsvermutung zu Lasten des verantwortlichen Redakteurs s 1. Auflage § 20 RPG Rn 73–99.

2. Berlin

Der § 19 LPG weist zwei Besonderheiten auf: die pressespezifische strafrechtliche Sonderhaftung des verantwortlichen Redakteurs bzw des Verlegers kommt nur bei **vorsätzlicher** Pflichtverletzung zum Zug (vgl § 15 StGB iVm Art 1 Abs 2 EGStGB; vgl auch BGH NJW 1990, 2830; LG Berlin AfP 1992, 86; *Groß* AfP 1998, 360; *Mitsch*, Medienstrafrecht, § 7 Rn 23). – Ferner stellt § 19 Abs 2 Satz 2 in Übereinstimmung mit der oben vertretenen Auffassung (vgl Rn 155) ausdrücklich klar, dass dort, wo das zugrundeliegende Pressedelikt einen Strafantrag oder eine Ermächtigung erfordert, auch für die Verfolgung des Delikts der presserechtlichen Sorgfaltsverletzung der Strafantrag und die Ermächtigung vorliegen müssen.

3. Bremen

In Bremen fehlt im einschlägigen § 20 LPG die ausdrückliche Verweisung auf die allgemeinen Strafgesetze. Da jedoch das LPG Bremen keine eigenen landespresserechtlichen Bestimmungen auf dem Gebiet des allgemeinen Strafrechts (Täterschaft und Teilnahme, Tatmehrheit, Versuch usw, vgl Rn 70–108) erlassen hat, ist es als Wille des Landesgesetzgebers zu unterstellen, dass insoweit auch in Bremen die allgemeinen Bestimmungen des Bundes-Strafrechts zum Zuge kommen. Diese Unterstellung liegt auch deshalb nahe, weil in § 20 LPG-Bremen auf die allgemeinen Strafgesetze Bezug genommen wird.

Verleger und verantwortlicher Redakteur werden in Bremen insoweit gleichgestellt, als bei beiden von der beruflichen Pflicht ausgegangen wird, „Druckwerke von strafbarem Inhalt freizuhalten". Da dieses Ziel zugleich Inhalt der in den anderen Landespressegesetzen angeführten verlegerischen **Aufsichtspflicht** ist, ergibt sich hier kein sachlicher Unterschied.

4. Hessen

166 Das hessische Pressegesetz kennt kein Sonderdelikt des Verlegers oder verantwortlichen Redakteurs wegen Verletzung der beruflichen Sorgfaltspflicht (*Groß* JR 1995, 488). Dagegen enthält § 11 Abs 1 LPG eine in Satz 2 ausdrücklich als widerlegbar bezeichnete **Veröffentlichungsvermutung** zu Lasten des verantwortlichen Redakteurs eines periodischen Druckwerks (*Heinrich,* Medienstrafrecht, Rn 339; *Rosenau* in LK § 111 StGB Rn 27; kritisch *Will,* 1998, S 41 und 221 f., der eine Verletzung der Unschuldsvermutung annimmt); die bisherige Überschrift des § 11 LPG aF – „Veröffentlichkeits-Vermutung" – ist im neuen § 11 LPG durch „Druckwerke mit strafbarem Inhalt" ersetzt worden, der Wortlaut der Absätze 1 und 2 ist aber unverändert geblieben. Die Fassung stellt klar, dass keine Täterschaftsvermutung vorliegt. Es wird nur vermutet, dass er die Äußerung „als eigene" gewollt hat (so auch *Groß* NStZ 1994, 314 und in AfP 1998, 361). Die Veröffentlichungsvermutung kann der Redakteur widerlegen, zB indem er nachweist, dass er im maßgeblichen Zeitpunkt in Urlaub oder erkrankt war (so *Groß* aaO und in: Presserecht Rn 661; vgl auch *Wache* S 717).

In Absatz 2 des § 11 hat der hessische Gesetzgeber eine im sonstigen Presserecht nicht enthaltene interessante Bestimmung aufgenommen: In den Fällen, in denen die strittige Veröffentlichung durch den Verleger oder Drucker gegen den **schriftlichen Widerspruch** des verantwortlichen Redakteurs vorgenommen wird, kommt die Veröffentlichungsvermutung nur noch dem Verleger und Drucker gegenüber zum Zug. Durch schriftlichen Widerspruch kann somit der verantwortliche Redakteur die belastende Vermutung auf den Drucker und Verleger **abwälzen** (vgl *Groß* NStZ 1994, 314). Damit hat Hessen auf eindeutige Weise die Frage gelöst, wie der verantwortliche Redakteur die gegen ihn gerichtete Vermutung des § 11 Abs 1 in den Fällen widerlegen kann, in denen die Veröffentlichung gegen seinen Willen vom Verleger oder Drucker vorgenommen wurde.

5. Niedersachsen

167 Der § 20 LPG Niedersachsen entspricht inhaltlich dem § 20 LPG Bremen. Es gilt das zu Rn 165 Ausgeführte.

6. Nordrhein-Westfalen

168 Der § 21 LPG Nordrhein-Westfalen weist gegenüber den anderen Landespressegesetzen drei Abweichungen auf. Verantwortlicher Redakteur und Verleger sind hinsichtlich ihrer besonderen Berufspflicht gleichgestellt: Freihaltung der Druckwerke von strafbarem Inhalt (vgl Rn 165). Außerdem müssen bei Antrags- und Ermächtigungsdelikten Antrag und Ermächtigung auch für das Verfahren wegen Verletzung der Sorgfaltspflicht gegeben sein (vgl oben Rn 164). – Während in den sonstigen Landespressegesetzen schon eine leichte Fahrlässigkeit genügt, um den Tatbestand der presserechtlichen Sorgfaltsverletzung zu erfüllen, muss in Nordrhein-Westfalen dem Verleger oder verantwortlichen Redakteur eine **grobe Fahrlässigkeit** nachgewiesen werden, da sonst der Tatbestand des § 21 LPG nicht erfüllt ist. Dies ergibt sich aus dem Erfordernis der „Leichtfertigkeit" (§ 21 Abs 2 LPG; *Uebbert* S 174; *Wache* S 717; vgl BGHSt 14, 255; 33, 66; *Mitsch,* Medienstrafrecht, § 7 Rn 23; *Lackner/Kühl* § 15 StGB Rn 55 mwN).

6a. Rheinland-Pfalz

168a Das neue Landesmediengesetz enthält keine Regelung der strafrechtlichen Verantwortung mehr (*Mitsch,* Medienstrafrecht, § 7 Rn 26). Immerhin bestimmt § 7 Abs 1 LMG, dass „die Vorschriften der allgemeinen Gesetze und die gesetzlichen Bestimmungen zum Schutz der Jugend und des Rechts der persönlichen Ehre" einzuhalten sind.

7. Sachsen

§ 12 Abs 2 Nr 2 LPG Sachsen bestimmt, dass bei sonstigen, dh nichtperiodischen 169
Druckwerken die Sonderhaftung nicht nur den Verleger, sondern auch den Herausgeber oder den Verfasser trifft. Zudem enthält § 12 Abs 2 LPG Sachsen in Satz 2 den ausdrücklichen Hinweis, dass die Bestimmung des § 14 StGB (Handeln für einen anderen) unberührt bleiben.

8. Saarland

§ 20 LPG Saarland aF ist durch das neue saarländische Mediengesetz (SMG) in 170
zwei Vorschriften aufgeteilt worden. § 20 Abs 1 LPG aF ist jetzt in § 12 Abs 2 SMG enthalten; dort werden erstmals „Straftaten, die mittels eines Druckwerks" begangen werden um „Straftaten, die ... durch Sendungen im Rundfunk" begangen werden, ergänzt (*Mitsch,* Medienstrafrecht, § 7 Rn 26). § 20 Abs 2 LPG aF ist jetzt in § 63 Abs 1 SMG enthalten; dabei sind nur technische Änderungen bei der Verweisung auf § 12 Abs 2 SMG und durch Gleichstellung weiblicher Täterinnen, Teilnehmerinnen, Redakteurinnen und Verlegerinnen mit Tätern, Teilnehmern, Redakteuren und Verlegern vorgenommen worden.

9. Sachsen-Anhalt

§ 12 LPG Sachsen-Anhalt entspricht inhaltlich der Regelung des § 20 LPG Bremen 171
und des § 20 LPG Niedersachsen. Es kann somit auf die Ausführungen zu Rn 165 verwiesen werden.

10. Thüringen

Das LPG enthält keine Regelung der strafrechtlichen Verantwortung. Der Thürin- 172
ger Landtag hat bewusst auf entsprechende Strafvorschriften verzichtet. Zur Begründung dieses Verzichts wurde inhaltlich wenig aussagekräftig darauf verwiesen, dass die Strafandrohung nicht vertretbar und der „weiteren Entwicklung der Thüringer Presselandschaft nicht förderlich" sei (s LT-Dr 1/219 S 9 und Plenarprotokoll zur 17. Sitzung der 1. Wahlperiode, S 770 f.). Im LPG Thüringen ist daher nur eine Ahndung als Ordnungswidrigkeit vorgesehen, wobei dort vorsätzliche und fahrlässige Verstöße gegen Presseordnungsrecht erfasst werden (§ 13 LPG Thüringen).

§ 21 LPG
Presse-Ordnungsdelikte

Gesetzesfassung in Baden-Württemberg:

§ 21 Strafbare Verletzung der Presseordnung

Mit Freiheitsstrafe bis zu einem Jahr oder mit Geldstrafe wird bestraft, wer

1. als Verleger eine Person zum verantwortlichen Redakteur bestellt, die nicht den Anforderungen des § 9 entspricht,
2. als verantwortlicher Redakteur zeichnet, obwohl er die Voraussetzungen des § 9 nicht erfüllt,
3. als verantwortlicher Redakteur oder Verleger – beim Selbstverlag als Verfasser oder Herausgeber – bei einem Druckwerk strafbaren Inhalts den Vorschriften über das Impressum (§ 8) zuwiderhandelt,
4. entgegen dem Verbot des § 15 ein beschlagnahmtes Druckwerk verbreitet oder wieder abdruckt.

LPG § 21

Gesetzesfassung in Bayern:

Art. 13 [Strafvorschriften]

Mit Freiheitsstrafe bis zu einem Jahr oder mit Geldstrafe wird bestraft,

1. wer als Verleger eine Person zum verantwortlichen Redakteur bestellt, die nicht den Bestimmungen des Art. 5 Abs. 2 entspricht;
2. wer als verantwortlicher Redakteur zeichnet, obwohl ihm das nach Art. 5 Abs. 2 und 3 untersagt ist;
3. wer ein beschlagnahmtes Druckwerk in Kenntnis der Beschlagnahme verbreitet;
4. wer in Kenntnis des strafbaren Inhalts einer Druckschrift den Vorschriften der Art. 7 und 8 zuwiderhandelt;
5. wer über die Inhaber- und Beteiligungsverhältnisse (Art. 8 Abs. 3) wissentlich falsche Angaben macht.

Gesetzesfassung in Berlin:

§ 20 Strafbare Verletzung der Presseordnung

Mit Freiheitsstrafe bis zu sechs Monaten oder mit Geldstrafe bis zu einhundertachtzig Tagessätzen wird bestraft, wer

1. als Verleger eine Person zum verantwortlichen Redakteur oder Verantwortlichen (§ 7 Abs. 2 und § 8 Abs. 3) bestellt, die nicht den Anforderungen des § 8 entspricht,
2. als verantwortlicher Redakteur zeichnet, obwohl er die Voraussetzungen des § 8 nicht erfüllt,
3. als verantwortlicher Redakteur oder Verleger – beim Selbstverlag als Verfasser oder Herausgeber – bei einem Druckwerk strafbaren Inhalts den Vorschriften über das Impressum (§ 7) zuwiderhandelt,
4. entgegen dem Verbot des § 14 ein beschlagnahmtes Druckwerk verbreitet oder wieder abdruckt.

Gesetzesfassung in Brandenburg:

Keine entsprechende Regelung

Gesetzesfassung in Bremen:

§ 21 Strafbare Verletzung der Presseordnung

Mit Freiheitsstrafe bis zu einem Jahr oder mit Geldstrafe wird bestraft, wer

1. als Verleger eine Person zum verantwortlichen Redakteur bestellt, die nicht den Anforderungen des § 9 entspricht,
2. als verantwortlicher Redakteur zeichnet, obwohl er die Voraussetzungen des § 9 nicht erfüllt,
3. als verantwortlicher Redakteur oder Verleger – beim Selbstverlage als Verfasser oder Herausgeber – bei einem Druckwerk strafbaren Inhalts den Vorschriften über das Impressum (§ 8) zuwiderhandelt,
4. entgegen dem Verbot des § 15 ein beschlagnahmtes Druckwerk verbreitet oder wieder abdruckt.

Gesetzesfassung in Hamburg:

§ 20 Strafbare Verletzung der Presseordnung

Mit Freiheitsstrafe bis zu einem Jahr oder mit Geldstrafe wird bestraft, wer

1. als Verleger eine Person zum verantwortlichen Redakteur bestellt, die nicht den Anforderungen des § 9 entspricht,

Presse-Ordnungsdelikte § 21 LPG

2. als verantwortlicher Redakteur zeichnet, obwohl er die Voraussetzungen des § 9 nicht erfüllt,
3. als verantwortlicher Redakteur oder Verleger – beim Selbstverlag als Verfasser oder Herausgeber – bei einem Druckwerk strafbaren Inhalts den Vorschriften über das Impressum (§ 8) zuwiderhandelt.

Gesetzesfassung in Hessen:

§ 13 Straftaten

(1) Mit Freiheitsstrafe bis zu zwei Jahren oder mit Geldstrafe wird bestraft, wer bei Offenlegung nach § 5 Abs. 2 bis 5 oder 7 über die Inhaber- oder Beteiligungsverhältnisse wissentlich falsche Angaben macht.

(2) Mit Freiheitsstrafe bis zu sechs Monaten oder Geldstrafe bis zu einhundertachtzig Tagessätzen wird bestraft, wer als verantwortlicher Redakteur oder Verleger – beim Selbstvertrieb als Verfasser oder Herausgeber – bei einem Druckwerk strafbaren Inhalts den Vorschriften über das Impressum (§ 6 und § 7 Abs. 1) zuwiderhandelt. Auf die gleiche Strafe ist zu erkennen, wenn die Zuwiderhandlung durch falsche Angaben in Kenntnis ihrer Unrichtigkeit begangen oder geduldet worden ist.

Gesetzesfassung in Mecklenburg-Vorpommern:

§ 20 Strafbare Verletzung der Presseordnung

Mit Freiheitsstrafe bis zu einem Jahr oder mit Geldstrafe wird bestraft, wer vorsätzlich
1. als Verleger eine Person zum verantwortlichen Redakteur bestellt, die nicht den Anforderungen des § 8 entspricht,
2. als verantwortlicher Redakteur zeichnet, obwohl er die Voraussetzungen des § 8 nicht erfüllt,
3. als verantwortlicher Redakteur oder Verleger – beim Selbstverlag als Verfasser oder Herausgeber – bei einem Druckwerk strafbaren Inhalts den Vorschriften über das Impressum (§ 7) zuwiderhandelt.

Gesetzesfassung in Niedersachsen:

§ 21 Strafbare Verletzung der Presseordnung

Mit Freiheitsstrafe bis zu einem Jahr oder mit Geldstrafe wird bestraft, wer
1. als Verleger eine Person zum verantwortlichen Redakteur bestellt, die nicht den Anforderungen des § 9 entspricht,
2. als verantwortlicher Redakteur zeichnet, obwohl er die Voraussetzungen des § 9 nicht erfüllt,
3. als verantwortlicher Redakteur oder Verleger – beim Selbstverlag als Verfasser oder Herausgeber – bei einem Druckwerk strafbaren Inhalts den Vorschriften über das Impressum (§ 8) zuwiderhandelt.

Gesetzesfassung in Nordrhein-Westfalen:

§ 22 Strafbare Verletzung der Presseordnung

Mit Freiheitsstrafe bis zu einem Jahr oder mit Geldstrafe wird bestraft, wer
1. als Verleger eine Person zum verantwortlichen Redakteur bestellt, die nicht den Anforderungen des § 9 entspricht,
2. als verantwortlicher Redakteur zeichnet, obwohl er die Voraussetzungen des § 9 nicht erfüllt,

LPG § 21   Presse-Ordnungsdelikte

3. als verantwortlicher Redakteur oder Verleger – beim Selbstverlag als Verfasser oder Herausgeber – bei einem Druckwerk strafbaren Inhalts den Vorschriften über das Impressum (§ 8) zuwiderhandelt.

Gesetzesfassung in Rheinland-Pfalz:

§ 35 Strafbestimmungen

(1) Mit Freiheitsstrafe bis zu einem Jahr oder mit Geldstrafe wird bestraft, wer

1. als Person, die Druckwerke verlegt, privaten Rundfunk veranstaltet oder entsprechende Telemedien anbietet oder die die Geschäfte eines Rundfunkveranstalters oder eines Anbieters entsprechender Telemedien führt, eine Person, die nicht den Anforderungen des § 10 entspricht, als verantwortliche Person im Sinne des § 10 benennt,
2. als verantwortliche Person im Sinne des § 10 zeichnet, obwohl sie die Voraussetzungen des § 10 nicht erfüllt,
3. als Person, die das Druckwerk verlegt, beim Selbstverlag das Werk verfasst oder herausgegeben hat, oder als redaktionell verantwortliche Person in Kenntnis eines strafbaren Inhalts des Druckwerks den Vorschriften über das Impressum nach § 9 Abs. 1 bis 5 zuwiderhandelt, oder
4. entgegen dem Verbot des § 15 ein beschlagnahmtes Druckwerk in Kenntnis seiner Beschlagnahme verbreitet oder wieder abdruckt.

(2) Unberührt bleiben die nach § 1 Abs. 2 Satz 1 geltenden Strafbestimmungen.

Gesetzesfassung in Saarland:

§ 63 Strafbare Verletzung der Presse- und Rundfunkordnung

(1) *(S oben bei LPG § 20, Gesetzesfassung im Saarland)*

(2) Mit Freiheitsstrafe bis zu einem Jahr oder mit Geldstrafe wird bestraft, wer

1. als Verlegerin oder Verleger eine Person zur verantwortlichen Redakteurin oder zum verantwortlichen Redakteur bestellt, die nicht den Anforderungen des § 9 Abs. 1 entspricht,
2. als verantwortliche Redakteurin oder verantwortlicher Redakteur zeichnet, obwohl sie oder er die Voraussetzungen des § 9 Abs. 1 nicht erfüllt,
3. als verantwortliche Redakteurin oder verantwortlicher Redakteur oder Verlegerin oder Verleger – beim Selbstverlag als Verfasserin oder Verfasser oder Herausgeberin oder Herausgeber – bei einem Druckwerk strafbaren Inhalts den Vorschriften über das Impressum (§ 8 Abs. 1) zuwiderhandelt,

(3) Absatz 1 Nr. 1 und Absatz 2 gelten für den Rundfunk entsprechend.

Gesetzesfassung in Sachsen:

Keine entsprechende Regelung

Gesetzesfassung in Sachsen-Anhalt:

§ 13 Strafbare Verletzung der Presseordnung

Mit Freiheitsstrafe bis zu einem Jahr oder mit Geldstrafe wird bestraft, wer

1. als Verleger eine Person zum verantwortlichen Redakteur bestellt, die nicht den Anforderungen des § 8 entspricht,
2. als verantwortlicher Redakteur zeichnet, obwohl er die Voraussetzungen des § 8 nicht erfüllt,

3. als verantwortlicher Redakteur oder Verleger – beim Selbstverlag als Verfasser oder Herausgeber – bei einem Druckwerk strafbaren Inhalts den Vorschriften über das Impressum (§ 7) zuwiderhandelt.

Gesetzesfassung in Schleswig-Holstein:

§ 15 Strafbare Verletzung der Presseordnung

Mit Freiheitsstrafe bis zu einem Jahr oder mit Geldstrafe wird bestraft, wer
1. als Verlegerin oder Verleger eine Person zur verantwortlichen Redakteurin oder zum verantwortlichen Redakteur bestellt, die nicht den Anforderungen des § 8 entspricht,
2. als verantwortliche Redakteurin oder verantwortlicher Redakteur zeichnet, obwohl sie oder er die Voraussetzungen des § 8 nicht erfüllt,
3. als verantwortliche Redakteurin, verantwortlicher Redakteur, Verlegerin oder Verleger – beim Selbstverlag als Verfasserin, Verfasser, Herausgeberin oder Herausgeber – bei einem Druckwerk strafbaren Inhalts den Vorschriften über das Impressum (§ 7) zuwiderhandelt,
4. entgegen dem Verbot des § 13 ein beschlagnahmtes Druckwerk verbreitet oder wieder abdruckt.

Gesetzesfassung in Thüringen:

Keine entsprechende Regelung

Inhaltsübersicht

	Rn
I. Geltende Gesetzesfassung	1–16
II. Bedeutung der Bestimmung. Allgemeines	
1. Presse-Ordnungsverstöße	17
2. Verstöße gegen formales und materielles Recht	18
3. Überschneidungen zwischen Presse-Ordnungsverstößen und Presse-Inhaltsdelikten	19
4. Anwendung der allgemeinen Strafgesetze auch bei Presse-Ordnungsverstößen	20–23
a) Täter. Teilnehmer. Sonderdelikt	20
b) Verschulden. Vorsatz. Bedingter Vorsatz. Fahrlässigkeit	21
c) Bewusstsein der Rechtswidrigkeit	22
d) Verjährung	23
III. Das Delikt des § 21 Nr 1 LPG	
(Bestellung eines verantwortlichen Redakteurs trotz Fehlens der Anforderungen des § 9 LPG)	
1. Allgemeines	24
2. Der äußere Tatbestand des § 21 Nr 1 LPG	25–27
3. Vorsatz. Schuld	28
4. Der Verleger als Täter des Sonderdelikts	29
5. Versuch des Delikts nicht strafbar	30
6. Freiheitsstrafe oder Geldstrafe möglich	31
IV. Das Delikt des § 21 Nr 2 LPG	
(Zeichnung als verantwortlicher Redakteur trotz Fehlens der Anforderungen des § 9 LPG)	
1. „Zeichnen" bedeutet faktisches Ausüben der Funktion	32
2. Der Täter des Sonderdelikts	33
3. Vorsatz. Verbotsirrtum	34
4. Strafandrohung. Verjährungsfrist	35
V. Das Delikt des § 21 Nr 3 LPG	
(Vorsätzlicher Impressumverstoß bei Druckwerken mit strafbarem Inhalt)	
1. Der Inhalt der Impressum-Pflicht. Die Voraussetzungen eines Impressum-Vergehens	36, 37

LPG § 21 Presse-Ordnungsdelikte

Rn

    2. Falsche und unvollständige Impressum-Angaben. Fehlen des
Impressums. Benennung eines Sitzredakteurs 38, 39
    3. Vorliegen eines Druckwerks mit strafbarem Inhalt als objektive
Bedingung der Strafbarkeit 40
    4. Vollendung des Delikts mit dem Erscheinen des Druckwerks 41
    5. Vorsatz. Bedingter Vorsatz. Irrtum. Bewusstsein der
Rechtswidrigkeit 42
    6. Verstoß gegen § 21 Nr 3 LPG als Sonderdelikt. Täterschaft und
Teilnahme 43–51
        a) Verletzung der Impressumpflicht durch positives Tun 43
        b) Verletzung der Impressumpflicht durch Unterlassen.
Die Rechtspflicht zur Einhaltung der Impressum-Vorschriften 44–49
        c) Tateinheit. Tatmehrheit 50
        d) Strafandrohung. Einziehung. Unbrauchbarmachung 51

VI. Das Delikt des § 21 Nr 4 LPG
(Weiterverbreitung bzw Wiederabdruck eines beschlagnahmten
Druckwerks entgegen § 15 LPG)
Gegenstandslosigkeit der Nr 4 52
Kommentierung der Vorschrift für den Fall ihrer Fortgeltung 52a

VII. Abweichendes Landesrecht
Übersicht 53
    1. Bayern 54–60
    2. Berlin 61, 62
    3. Brandenburg 63
    4. Hamburg 64
    5. Hessen 65–71
    6. Mecklenburg-Vorpommern 72
    7. Niedersachsen und Nordrhein-Westfalen 73
    8. Rheinland-Pfalz 74, 75
    9. Saarland 76
  10. Sachsen 77
  11. Sachsen-Anhalt 78
  12. Thüringen 79

Schrifttum: siehe bei § 20 LPG vor Rn 1.

I. Geltende Gesetzesfassungen

1 *Baden-Württemberg:* § 21 LPG s oben.
Die geltende Fassung beruht auf der Gesetzesänderung vom 26.11.1974 (GBl S 508).

2 *Bayern:* Art 13 BayPrG s oben.
Die geltende Fassung beruht auf dem Gesetz vom 19.4.2000 (GVBl S 340), letztes Änderungsgesetz vom 24.12.2002 (GVBl S 340).

3 *Berlin:* Berliner PresseG s oben.
Die geltende Fassung beruht auf den Gesetzesänderungen vom 6.3.1970 (GVBl S 474) und vom 26.11.1974 (GVBl S 2746).

4 *Brandenburg:*
Das Gesetz vom 13.5.1993 (GVBl S 162) enthält keine entsprechende Regelung.

5 *Bremen:* § 21 LPG s oben.
Die geltende Fassung beruht auf dem Bremer Gesetz vom 18.12.1974 (GVBl S 351).

6 *Hamburg:* § 20 Hamburgisches PresseG s oben.
Der § 20 beruht auf den Gesetzesänderungen vom 1.12.1969 (GVBl S 233), vom 9.12.1974 (GVBl S 381) und vom 5.2.1985 (GVBl S 62).

7 *Hessen:* § 13 HPresseG s oben.
Die geltende Fassung des § 14 beruht auf dem Gesetz vom 12.12.2003 (GVBl I 2004 S 2); bis 5.12.2012 inhaltsgleich als § 14, Verschiebung durch Gesetz vom 26.11.2012 (GVBl S 458).

8 *Mecklenburg-Vorpommern:* § 20 LPrG M-V s oben.
Die Fassung beruht auf dem Gesetz vom 6.6.1993 (GVBl S 541).

II. Bedeutung der Bestimmung. Allgemeines § 21 LPG

Niedersachsen: § 21 Niedersächsisches PresseG s oben. 9
Die geltende Fassung beruht auf den Gesetzesänderungen vom 24.6.1970 (GVBl S 237) und vom 2.12.1974 (GVBl S 535). § 21 Nr 4 gestrichen durch Gesetz vom 5.12.1983 (GVBl S 281).

Nordrhein-Westfalen: § 22 LPG NRW s oben. 10
Die geltende Fassung beruht auf den Gesetzesänderungen vom 16.12.1969 (GVBl 1970 S 22), vom 3.12.1974 (GVBl S 1504) und vom 6.10.1987 (GVBl S 342).

Rheinland-Pfalz: § 35 LMG s oben. 11
Die geltende Fassung beruht auf dem Landesmediengesetz vom 4.2.2005 (GVBl S 23), Abs. 1 Nr. 1 geändert durch Gesetz vom 19.12.2006 (GVBl S 412).

Saarland: § 63 Abs 2 und 3 SMG s oben. 12
§ 63 Abs 4 aufgehoben durch Gesetz vom 19.2.2003 (ABl S 534).

Sachsen: 13
Das Gesetz vom 3.4.1992 (GVBl S 125) enthält keine entsprechende Regelung.

Sachsen-Anhalt: § 13 PresseG LSA s oben. 14
Die Fassung beruht auf dem Gesetz vom 14.8.1991 (GVBl S 261; zuletzt geändert durch Gesetz vom 18.11.2004 (GVBl S 778), ohne inhaltliche Änderung neu bekannt gemacht am 2.5.2013 (GVBl 198).

Schleswig-Holstein: § 15 LPG s oben. 15
Die geltende Fassung beruht auf der Fassung der Neubekanntmachung vom 31.1.2005 (GVOBl S 105).

Thüringen: 16
Das Gesetz vom 31.7.1991 (GVBl S 271) enthält keine entsprechende Regelung.

II. Bedeutung der Bestimmung. Allgemeines

1. Presse-Ordnungsverstöße

Das in den Landespressegesetzen geregelte pressespezifische Straf- und Ordnungs- 17
widrigkeiten-Recht umfasst, wie oben (*Kühl* Vorbem vor §§ 20–22 LPG Rn 5–11) dargelegt wurde, sowohl die Presse-Inhaltsdelikte des § 20 LPG wie auch die in §§ 21 und 22 LPG behandelten **Presse-Ordnungsverstöße.** Bei diesen handelt es sich um Zuwiderhandlungen gegen die in den Landespressegesetzen festgelegte Presse-Ordnung, zB die Vorschriften über das Impressum (*Mitsch*, Medienstrafrecht, § 7 Rn 27; *Ricker/Weberling*, Kap 17 Rn 5 und 16; *Krech* in Schiwy/Schütz/Dörr, S 421). Je nach der Schwere der Tat zerfallen die Presse-Ordnungsverstöße in 2 Gruppen: die schwereren Verstöße werden nach § 21 LPG als **Presse-Ordnungsvergehen** geahndet. Die leichteren Ordnungsverstöße gelten nicht als kriminelles Unrecht, sondern lediglich als sog Ordnungswidrigkeiten (§ 22 LPG, vgl *Kühl* Vorbem vor §§ 20–22 ff. LPG Rn 9–11). Die Einteilung der Presse-Ordnungsverstöße in 2 Gruppen – je nach der Schwere der Tat – lag schon der Systematik des RPG zugrunde: die schweren Verstöße wurden nach § 18 RPG als Vergehen, die leichteren Zuwiderhandlungen nach § 19 LPG als Übertretungen geahndet.

2. Verstöße gegen formales und materielles Recht

Vielfach hat man die **Presse-Ordnungsverstöße** als Zuwiderhandlungen bezeich- 18
net, die sich gegen die **äußere Ordnung** der Presse richten (*Kitzinger* S 96). Das ist insofern richtig, als die Presse-Ordnungsverstöße formale Zuwiderhandlungen gegen die in den Landespressegesetzen enthaltenen Ordnungsvorschriften darstellen. So handelt es sich zB bei den Presse-Ordnungsverstößen um Zuwiderhandlungen gegen die Impressumvorschriften (§ 21 Nr 3 und § 22 Abs 1 Nr 1 LPG). Doch gehören zu den Presse-Ordnungsverstößen nicht nur formale Zuwiderhandlungen gegen die Presse-Ordnung. Ein Delikt mit materiellem Strafrechtscharakter ist die Weiterverbreitung beschlagnahmter Druckwerke entgegen dem Verbot des § 15 LPG (vgl § 21 Nr 4 LPG; zur umstrittenen Fortgeltung und zum entsprechenden Wegfall dieser Vorschrift in mehreren LPG s unten Rn 52).

Kühl 1043

3. Überschneidungen zwischen Presse-Ordnungsverstößen und Presse-Inhaltsdelikten

19 Die Rechtslehre stellt den Presse-Ordnungsverstößen die **Presse-Inhaltsdelikte** gegenüber (vgl § 20 LPG Rn 20 ff.). Das Gesetz kennt diese Einteilung nicht. Sie ist mit Vorbehalt zu verwenden, da sie leicht zu rechtlich verfehlten Schlussfolgerungen führt. Doch bietet sie den Vorteil, mit dem Begriff „Presse-Inhaltsdelikte" die Zuwiderhandlungen zusammenzufassen, bei denen um ihrer eigentümlichen **Begehungsform** willen (Zuwiderhandlungen durch den „gefährlichen" Inhalt des Druckwerks) gewisse strafrechtliche Sondernormen des Presserechts, so zB die besondere Haftung des § 20 Abs 2 LPG und die verkürzte Verjährung des § 24 LPG, zur Anwendung kommen. Doch ist die Unterscheidung von Presse-Ordnungsverstößen und Presse-Inhaltsdelikten im Presserecht nicht streng durchgeführt. Überschneidungen sind möglich (vgl *Kühl* Vorbem vor §§ 20–22 ff. LPG Rn 11). So ist insb die Weiterverbreitung eines beschlagnahmten Druckwerks entgegen dem Verbot des § 15 LPG sowohl ein Presse-Ordnungsdelikt (vgl § 21 Nr 4 LPG) wie ein Presse-Inhaltsdelikt (zur umstrittenen Fortgeltung von § 21 Nr 4 LPG s unten Rn 52).

4. Anwendung der allgemeinen Strafgesetze auch bei Presse-Ordnungsverstößen

20 Auf die **Presse-Ordnungsdelikte** des § 21 LPG, bei denen nur die objektiven Tatbestandsmerkmale im LPG beschrieben sind (*Mitsch,* Medienstrafrecht, § 7 Rn 27), finden die **allgemeinen Strafgesetze** Anwendung (*Mitsch* aaO). Das Gesetz (§ 20 Abs 1 LPG) trifft diese Feststellung zwar nur für die Presse-Inhaltsdelikte; sie gilt aber ebenso für die Presse-Ordnungsvergehen des § 21 LPG (s auch *Stöckel* in Erbs/Kohlhaas P 190, § 21 Rn 5 und § 22 Rn 2). Daraus folgt:

a) Täter. Teilnehmer. Sonderdelikt

Täter oder Teilnehmer eines Presse-Ordnungsdeliktes kann grundsätzlich jeder sein. Er braucht nicht zum engen Kreis der Hersteller, Herausgeber oder Verbreiter des Druckwerks zu gehören (RGSt 40, 360). Gewisse Presse-Ordnungsdelikte sind allerdings insoweit Sonderdelikte, als sich das Verbot nur gegen bestimmte Personen richtet. So richtet sich das Verbot des § 21 Nr 1 LPG nur gegen den Verleger, das Verbot des § 21 Nr 2 LPG nur gegen den verantwortlichen Redakteur. Wie bei den Straftaten im Amt des StGB (§§ 331–358 StGB) kann hier Täter – auch mittelbarer Täter – nur die bestimmte, besonders qualifizierte Person sein, in den genannten Fällen somit nur der Verleger oder der verantwortliche Redakteur. Andere Personen kommen hier nur als Teilnehmer (Anstifter oder Gehilfen) in Frage (vgl RGSt 71, 330, 332).

Soweit die Presse-Ordnungsdelikte zugleich als Presse-Inhaltsdelikte begangen werden können (§ 21 Nr 4, vgl Rn 19), kommen die Sondervorschriften über Presse-Inhaltsdelikte zum Zug (vgl *Kühl* § 20 LPG Rn 35).

b) Verschulden. Vorsatz. Bedingter Vorsatz. Fahrlässigkeit

21 Auch die allgemeinen Bestimmungen des Strafrechts über Vorsatz und Fahrlässigkeit sowie über die Schuld (s oben § 20 Rn 107 f.) finden auf die Presse-Ordnungsdelikte des § 21 LPG Anwendung. Nach der Einteilungsregel des § 12 Abs 2 StGB sind die Ordnungsverstöße des § 21 LPG **Vergehen**, denn die Strafdrohung ist bei § 21 LPG Freiheitsstrafe bis zu einem Jahr oder Geldstrafe (§ 40 StGB). Bei Vergehen muss die Tat, sofern das Gesetz nichts anderes vorschreibt, **vorsätzlich** begangen werden. Dies stellt § 15 StGB ausdrücklich klar. **Vorsätzlich** handelt, wer bewusst und gewollt den Tatbestand einer strafbaren Handlung verwirklicht (s § 20 Rn 107). Doch genügt auch sog „bedingter" Vorsatz. Dieser liegt vor, wenn der Täter die Verwirklichung des Tatbestands einer strafbaren Handlung zwar nur für möglich hält, sich aber doch mit ihr abfindet (vgl die Formel von *Kühl* in Rn 107 zu § 20 LPG).

III. Verantwortl. Redakteur trotz Fehlens d. Anforderungen § 21 LPG

Dieser Fall wäre zB gegeben, wenn der Verleger zwar nicht sicher weiß, aber doch mit der Möglichkeit rechnet, dass der von ihm vorgesehene verantwortliche Redakteur nicht den Anforderungen des § 9 LPG entspricht, er ihn aber doch im Bewusstsein des Risikos „auf jeden Fall" mit dieser Funktion beauftragt. Dagegen werden die lediglich **fahrlässig** begangenen Presse-Verstöße in der Regel als bloße **Ordnungswidrigkeiten** geahndet (vgl *Kühl* § 22 LPG Rn 17 ff.). Unbewusste **Fahrlässigkeit** liegt vor, wenn der Täter die Sorgfalt, zu der er nach den Umständen des Falles sowie nach seinen Fähigkeiten und Kenntnissen verpflichtet und imstande ist, außer acht lässt und dadurch den vom Gesetz missbilligten Tatbestand verwirklicht (BGHSt 10, 369). Bei der **bewussten** Fahrlässigkeit will der Täter den missbilligten Tatbestand nicht erfüllen und nimmt ihn auch nicht billigend in Kauf, sondern vertraut ernsthaft darauf, dass es nicht zur Tatbestandsverwirklichung kommen werde (s oben *Kühl* § 20 Rn 107).

c) Bewusstsein der Rechtswidrigkeit

Zur Schuld des Täters gehört auch bei den Presse-Ordnungsdelikten als unverzichtbares Element das **Bewusstsein der Rechtswidrigkeit** (vgl die grundsätzliche Entscheidung GrStS BGHSt 2, 194 ff.; *Kühl* § 20 LPG Rn 108, 143). Der Täter muss gewusst haben, dass sein Tun rechtswidrig war. Nur bei nicht vermeidbarem Verbotsirrtum (= fehlendes Unrechtsbewusstsein) handelt der Täter ohne Schuld (§ 17 Satz 1 StGB). War der **Verbotsirrtum** dagegen vermeidbar, so kann die Strafe nach § 49 Abs 1 gemildert werden (§ 17 Satz 2 StGB). Von den Presseangehörigen muss allerdings erwartet werden, dass ihnen die einschlägigen Bestimmungen des Pressestrafrechts bekannt sind. Fälle des fehlenden Bewusstseins der Rechtswidrigkeit bzw des unvermeidbaren Verbotsirrtums werden deshalb vor allem in Betracht kommen, wenn der Täter irrtümlich das Vorliegen eines Rechtfertigungsgrundes annimmt, wonach ihm sein Handeln rechtmäßig erscheint. Er befindet sich damit im sog **Erlaubnisirrtum** (vgl *Kühl* § 20 LPG Rn 107 sowie *Kühl* AT § 13 Rn 53), der wie der Verbotsirrtum nach § 17 StGB zu behandeln ist.

22

d) Verjährung

Was die **Verjährung** der Strafverfolgung von Presse-Ordnungsdelikten betrifft, so verkürzt § 24 Abs 1 Nr 2 LPG für die Vergehen des § 21 LPG die normale Verjährungszeit des § 78 Abs 3 StGB von drei Jahren auf sechs Monate. Näheres über die Verjährung s die Erläuterungen von *Kühl* zu § 24 LPG, bes Rn 33).

23

III. Das Delikt des § 21 Nr 1 LPG
(Bestellung eines verantwortlichen Redakteurs trotz Fehlens der Anforderungen des § 9 LPG)

1. Allgemeines

Nach § 9 Abs 1 LPG darf als verantwortlicher Redakteur nur bestellt bzw beschäftigt werden, wer folgende **fünf Voraussetzungen** erfüllt: ständiger Aufenthalt im Inland (§ 9 Abs 1 Nr 1); Besitz der sog bürgerlichen Ehrenrechte (Nr 2); Vollendung des 21. Lebensjahres (Nr 3); unbeschränkte Geschäftsfähigkeit (Nr 4) und unbeschränkte strafrechtliche Verfolgbarkeit (Nr 5; daran fehlt es bei Exterritorialität [§§ 18–20 GVG] und Immunität [Art 46 GG, § 152 StPO]). Bestellt ein Verleger eine Person zum verantwortlichen Redakteur, die nicht den Anforderungen des § 9 LPG entspricht, so ist der Verleger nach § 21 Nr 1 LPG strafbar (zu Ausnahmen zB bei Schülerzeitungen vgl *Stöckel* in Erbs/Kohlhaas P 190, § 22 Rn 4; zu weiteren Ausnahmen s *Ricker/Weberling*, Kap 13 Rn 28–33a). Übt ein verantwortlicher Redakteur seine Tätigkeit aus, ohne dass die gesetzlichen Voraussetzungen des § 9 vorliegen, so haftet er als Täter nach § 21 Nr 2 LPG.

24

2. Der äußere Tatbestand des § 21 Nr 1 LPG

25 Die Zuwiderhandlung besteht bei § 21 Nr 1 LPG in der **Bestellung** eines die Anforderungen des § 9 nicht erfüllenden verantwortlichen Redakteurs durch den Verleger (*Heinrich,* Medienstrafrecht, Rn 340).

a) Was für den verantwortlichen Redakteur gilt, gilt auch für den sog „Verantwortlichen" für den Anzeigenteil (§ 8 Abs 2 LPG). Dabei genügt es für die Erfüllung des Tatbestandes des § 21 Nr 1 LPG, wenn auch nur eines der fünf unerlässlichen Erfordernisse des § 9 Abs 1 LPG fehlt. Die Bestellung zum verantwortlichen Redakteur ist mit dem Abschluss des arbeitsrechtlichen Anstellungsvertrags noch nicht erfolgt. Wesentlich für den Akt der Bestellung ist vielmehr die tatsächliche Einräumung der Prüfungs- und Entscheidungsbefugnis seitens des Verlegers an den verantwortlichen Redakteur (vgl BGHSt 36, 363, 367 = NJW 1990, 2828, 2830; *Ricker/Weberling,* Kap 17 Rn 18; *Stöckel* in Erbs/Kohlhaas P 190, § 22 Rn 4; *Liesching* in Paschke ua 90. Abschnitt B II. – Zu abweichendem Landesrecht s unten Rn 53 ff.). Die „Bestellung" ist eine dem Auftragsverhältnis (§§ 662 ff. BGB) entsprechende Betrauung mit der Funktion des verantwortlichen Redakteurs. Sie kann ausdrücklich oder durch konkludente Handlung erfolgen.

26 b) Dem strafbaren Akt der verbotswidrigen Bestellung einer den Anforderungen des § 9 LPG nicht entsprechenden Person steht es gleich, wenn der Verleger eine Person in der Funktion des verantwortlichen Redakteurs **weiterbeschäftigt**, obwohl er weiß, dass bei dieser eines der Erfordernisse des § 9 LPG (zB ständiger Inlandsaufenthalt) weggefallen ist, oder wenn der Verleger nachträglich erfährt, dass ein solches Erfordernis von Anfang an fehlte (*Rebmann* § 21 LPG Rn 6).

27 c) Bereits mit der Bestellung durch den Verleger ist der strafbare Tatbestand des § 21 Nr 1 LPG erfüllt; darauf, ob der zu Unrecht Bestellte die Funktion eines verantwortlichen Redakteurs ausübt, kommt es nicht an. Erst mit der Beseitigung des rechtswidrigen Zustands ist das Vergehen des § 21 Nr 1 LPG materiell beendet. Es liegt ein sog Dauerdelikt vor, was für die Frage der Verjährung (vgl *Kühl* § 24 LPG Rn 76) wichtig ist.

3. Vorsatz. Schuld

28 Für den subjektiven Tatbestand ist auch hier nach ausdrücklicher Gesetzesbestimmung (vgl § 15 StGB) **Vorsatz** erforderlich (vgl *Mitsch,* Medienstrafrecht, § 7 Rn 28). Dabei genügt bedingter Vorsatz (vgl Rn 21). Der Verleger, der zwar nicht sicher weiß, ob die von ihm vorgesehene Person die bürgerlichen Ehrenrechte besitzt, sie aber trotzdem zum verantwortlichen Redakteur bestellt, macht sich nach § 21 Nr 1 LPG strafbar. Zur Schuld muss das Bewusstsein der Rechtswidrigkeit hinzukommen (vgl Rn 22); bei dessen Fehlen liegt ein Verbotsirrtum vor, der nach § 17 StGB zu behandeln ist. Man ist geneigt, vom Verleger anzunehmen, dass ihm die Vorschriften des für sein Presseorgan geltenden Landespressegesetzes bekannt sind.

4. Der Verleger als Täter des Sonderdelikts

29 Täter des Vergehens des § 21 Nr 1 LPG kann nur der **Verleger** sein. Es liegt demzufolge ein Sonderdelikt vor (ebenso *Mitsch,* Medienstrafrecht, § 7 Rn 28). Befindet sich der Verlag im Eigentum einer juristischen Person, so haftet als Verleger der mit der selbständigen Oberleitung des Verlagsbetriebs betraute Verlagsleiter oder Verlagsdirektor (vgl *Kühl* § 20 LPG Rn 133; vgl auch § 1 des Gesetzes über das Verlagsrecht vom 19.6.1901, RGBl S 217). Andere Presse-Angehörige oder Dritte können nur Teilnehmer (Anstifter oder Gehilfen) des Vergehens nach § 21 Nr 1 LPG sein. Der verantwortliche Redakteur, der sich zu dieser Funktion trotz Fehlens der Erfordernisse des § 9 LPG bestellen lässt, verstößt gegen die ihn betreffende Strafbestimmung des § 21 Nr 2 LPG. Diese Spezialbestimmung schließt seine strafrechtliche Haftung im Rahmen des § 21 Nr 1 LPG auch dann aus, wenn er etwa den Verleger zu seiner

IV. Zeichnung als verantwortlicher Redakteur § 21 LPG

Bestellung angestiftet hat (aA *Rebmann* § 21 LPG Rn 7, der hier nicht überzeugend eine zusätzliche Anstiftung zum Delikt des § 21 Nr 1 LPG annimmt).

5. Versuch des Delikts nicht strafbar

Da es sich bei den Delikten des § 21 LPG um Vergehen handelt (§ 12 Abs 2 StGB), bleibt der **Versuch** dieser Delikte straflos: Nach § 23 Abs 1 StGB wird der Versuch eines Vergehens nur dann bestraft, wenn dies im Gesetz ausdrücklich bestimmt ist. Eine solche Bestimmung fehlt jedoch in § 21 LPG. **30**

6. Freiheitsstrafe oder Geldstrafe möglich

Die **angedrohte Strafe** ist Freiheitsstrafe bis zu einem Jahr oder Geldstrafe. Die **Geldstrafe** wird nach § 40 StGB in Tagessätzen bis zu höchstens dreihundertsechzig vollen Tagessätzen verhängt. Ein Tagessatz wird auf mindestens einen und höchstens fünftausend Euro festgesetzt (§ 40 Abs 2 Satz 3 StGB). Das Gericht hat dabei in der Regel von dem Netto-Einkommen auszugehen, das der Täter durchschnittlich an einem Tag verdient oder verdienen könnte, wobei die persönlichen und wirtschaftlichen Verhältnisse des Täters zu berücksichtigen sind (vgl § 40 Abs 2 S 1 und 2 StGB; dazu näher *Lackner/Kühl* § 40 StGB Rn 6–15). Es kann nur Freiheitsstrafe **oder** Geldstrafe verhängt werden. Eine Kumulierung ist nicht möglich (oben *Kühl* § 20 LPG Rn 152). **31**

IV. Das Delikt des § 21 Nr 2 LPG
(Zeichnung als verantwortlicher Redakteur
trotz Fehlens der Anforderungen des § 9 LPG)

1. „Zeichnen" bedeutet faktisches Ausüben der Funktion

Der Tatbestand des § 21 Nr 2 LPG ist gegeben, wenn eine Person, die den Erfordernissen des § 9 LPG auch nur in **einem** Punkt nicht entspricht, die Funktion des verantwortlichen Redakteurs **bekleidet und ausübt**. Der von § 21 Nr 2 LPG verwendete Ausdruck „wer ... als verantwortlicher Redakteur **zeichnet**" ist irreführend (ebenso *Mitsch*, Medienstrafrecht, § 7 Rn 29). Es kommt bei der Frage, wer als verantwortlicher Redakteur anzusehen ist, gerade nicht auf dessen formale „Zeichnung", sei es im Geschäftsverkehr oder als Verantwortlicher im Impressum, an, weil eine solche formale Betrachtung das vom LPG bekämpfte Unwesen der Strohmänner und sog Sitzredakteure begünstigen würde (vgl *Löffner* § 9 LPG Rn 20, 26). Es wäre für keinen Verlag schwierig, gegen geringe Vergütung einen **Strohmann** zu engagieren, der – mit sämtlichen Erfordernissen des § 9 LPG ausgestattet – formell als verantwortlicher Redakteur zeichnen würde. Mit Recht stellen deshalb Rechtsprechung und Rechtslehre darauf ab, welche Person die Stellung eines verantwortlichen Redakteurs mit dem Willen des Verlegers tatsächlich bekleidet (BayObLGSt 1957 S 171; OLG Hamm AfP 1974, 724; vgl auch BGHSt 36, 363, 366 = NJW 1989, 2828, 2830; *Mitsch*, Medienstrafrecht, § 7 Rn 29; *Rebmann* § 21 LPG Rn 9; *Ricker/ Weberling*, Kap 17 Rn 19; *Stöckel* in Erbs/Kohlhaas P 190, § 22 Rn 5). **32**

2. Der Täter des Sonderdelikts

Täter des Presse-Ordnungsdelikts nach § 21 Nr 2 kann nur die Person sein, welche die Funktion eines **verantwortlichen Redakteurs** faktisch ausübt, obwohl sie nicht sämtliche Erfordernisse des § 9 LPG erfüllt (vgl dazu *Kühl* § 20 LPG Rn 125– 127; ebenso OLG Hamm AfP 1974, 724; *Franke* NStZ 1983, 115; *Mitsch*, Medienstrafrecht, § 7 Rn 29). Dritte können allenfalls Teilnehmer (Anstifter oder Gehilfen) des Delikts nach § 21 Nr 2 LPG sein. Der **Verleger** selbst macht sich bei Bestellung eines nicht adäquaten verantwortlichen Redakteurs lediglich nach der für ihn gelten- **33**

LPG § 21   Presse-Ordnungsdelikte

den Sonderbestimmung des § 21 Nr 1 LPG strafbar, kann aber nicht Täter oder Teilnehmer des Delikts nach § 21 Nr 2 LPG sein (vgl oben Rn 29; aA auch hier mit nicht überzeugenden Gründen *Rebmann* § 21 LPG Rn 10 und *Stöckel* in Erbs/Kohlhaas P 190, § 22 Rn 5).

3. Vorsatz. Verbotsirrtum

34   Hinsichtlich des subjektiven Tatbestandes ist beim Vergehen des § 21 Abs 2 LPG **Vorsatz** erforderlich (vgl § 15 StGB; *Mitsch,* Medienstrafrecht, § 7 Rn 29). Bedingter Vorsatz genügt (vgl Rn 21). Der Freispruch eines 18-jährigen Lehrlings, der in Nordrhein-Westfalen für eine Erwachsenen-Zeitschrift entgegen dem Verbot des § 9 Abs 1 Nr 3 LPG Nordrhein-Westfalen (Mindestalter 21 Jahre) als verantwortlicher Redakteur gezeichnet hatte, wurde wegen eines unvermeidbaren Verbotsirrtums vom OLG Hamm bestätigt (vgl AfP 1977, 415). Dem Lehrling seien die einschlägigen presserechtlichen Vorschriften unbekannt gewesen. Er habe sich in einem seine Schuld aufhebenden unvermeidbaren **Verbotsirrtum** im Sinne des § 17 Satz 1 StGB befunden.

4. Strafandrohung. Verjährungsfrist

35   Zu der in § 21 S 1 LPG angedrohten **Strafe** vgl oben Rn 31. Druckwerke, die der entgegen § 9 LPG tätige „verantwortliche Redakteur" redigiert hat, unterliegen weder der Einziehung noch der Unbrauchbarmachung, da die Voraussetzungen des § 74d StGB nicht gegeben sind. Nach § 24 Abs 1 Nr 2 LPG greift jedoch hier die kurze **Presseverjährung** Platz. Da es sich um ein **Dauerdelikt** handelt (*Franke* NStZ 1983, 114, 115; *Mitsch,* Medienstrafrecht, § 7 Rn 29), beginnt die Verjährungsfrist erst mit der Beseitigung des rechtswidrigen Zustands (vgl § 24 LPG Rn 76).

V. Das Delikt des § 21 Nr 3 LPG (Vorsätzlicher Impressumverstoß bei Druckwerken mit strafbarem Inhalt)

1. Der Inhalt der Impressum-Pflicht. Die Voraussetzungen eines Impressum-Vergehens

36   Zu den wichtigsten Vorschriften des Presse-Ordnungsrechts gehört der **Impressumzwang** des § 8 LPG: die hier vorgeschriebene Herkunftsangabe soll es bei Druckwerken strafbaren Inhalts ermöglichen, den oder die Täter haftbar zu machen (vgl *Löhner* § 8 LPG Rn 2; vgl auch *Stöckel* in Erbs/Kohlhaas P 190, § 22 Rn 7). Im Einzelnen ergibt sich hier:

a) Die Impressumpflicht bedeutet, dass in jedem Druckwerk Namen und Adresse des Druckers und des Verlegers aufgeführt werden müssen (§ 8 Abs 1 LPG), in periodischen Druckwerken außerdem Name und Adresse des verantwortlichen Redakteurs (§ 8 Abs 2). Bei Zeitungsteilen, die von dritter Seite übernommen werden (Anschluss-Zeitungen), müssen für den übernommenen Teil der Verleger und der verantwortliche Redakteur benannt werden; sog Kopfzeitungen müssen den Titel der Hauptzeitung angeben.

37   b) Das LPG bestraft Impressumverstöße je nach ihrer Schwere entweder als Vergehen nach § 21 Nr 3 LPG oder als Ordnungswidrigkeiten nach § 22 Abs 1 Nr 1 LPG. Als bloße Ordnungswidrigkeiten gelten die lediglich fahrlässigen Impressumverstöße und solche vorsätzlichen Impressumverstöße, bei denen im Übrigen der Inhalt des Druckwerks nichts Strafbares enthält (*Mitsch,* Medienstrafrecht, § 7 Rn 20; vgl zu diesen Ordnungswidrigkeiten *Groß* NStZ 1994, 314). Als Vergehen nach § 21 Nr 3 LPG werden Impressumverstöße dann bestraft, wenn eine **doppelte Erschwernis** zusammentrifft: es muss sich einerseits um einen **vorsätzlichen** Verstoß handeln (*Mitch* aaO), und es muss sich dabei zugleich um ein Druckwerk **strafbaren Inhalts**

V. Vorsätzlicher Impressumverstoß bei strafbarem Inhalt § 21 LPG

handeln (vgl zu diesen Straftaten *Ricker/Weberling,,* Kap 17 Rn 20). Hier tritt die gesetzgeberische Absicht der Impressumvorschriften deutlich in Erscheinung, die Haftung der Verantwortlichen trotz der Anonymität der Presse sicherzustellen (vgl Rn 36). Wo diesem Gesetzeszweck bewusst entgegengehandelt wird, liegt nach § 21 Ziffer 3 LPG ein Vergehen, nicht nur eine Ordnungswidrigkeit vor.

2. Falsche und unvollständige Impressum-Angaben. Fehlen des Impressums. Benennung eines Sitzredakteurs

Die dem § 21 Nr 3 LPG entsprechende Vorschrift des § 18 Abs 1 Nr 2 RPG sprach von Impressumverstößen „durch falsche Angaben". Demgegenüber ist die Bestimmung des § 21 Nr 3 LPG umfassender, indem hier global von Zuwiderhandlungen gegen die Impressumvorschriften des § 8 LPG die Rede ist. 38

a) Damit erfasst § 21 Nr 3 LPG nicht nur die **Falschangaben,** sondern auch **unvollständige** Angaben sowie das **Fehlen** des Impressums. Das Impressum muss also richtige und vollständige Angaben aufweisen (*Liesching* in Paschke ua 90. Abschnitt B II; *Schroth,* Unternehmen als Normadressaten und Sanktionssubjekte, 1993, S 84). Falschangaben liegen vor, wenn durch das Impressum ein falscher Eindruck erweckt wird. Sind zB mehrere Drucker vorhanden und wird nur einer angegeben, um den Eindruck zu erwecken, der Angegebene sei der alleinige Drucker, so liegt eine falsche Angabe vor (RGSt 21, 364). Das gleiche muss gelten, wenn von mehreren verantwortlichen Redakteuren nur einer angegeben wird. Sind mehrere Drucker in der Weise mit dem Druck beschäftigt, dass jeder nur einen bestimmten Teil zu drucken hat, so ist ihre Benennung für andere als die tatsächlich von ihnen gedruckten Teile eine Falschangabe (*Weisser* AfP 2013, 98, 100 f.). Das gleiche gilt bei mehreren verantwortlichen Redakteuren, die nur für bestimmte Teilgebiete bestellt sind.

b) Der Hauptfall der vorsätzlich falschen Impressumangabe ist die Benennung eines sog **Sitzredakteurs:** eine Person wird formell als verantwortlicher Redakteur im Impressum angegeben, obwohl diese Person mit der eigentlichen Tätigkeit des verantwortlichen Redakteurs, nämlich der Entscheidung, was inhaltlich in das Druckwerk aufgenommen wird, nichts zu tun hat (vgl § 9 LPG Rn 20, 24). Der Sitzredakteur soll die strafrechtliche Haftung von dem „wirklichen" verantwortlichen Redakteur abwenden („für ihn sitzen"). Die Angabe eines solchen Sitzredakteurs ist eine falsche Angabe im Sinne des § 21 Nr 3 LPG (herrschende Meinung: RGSt 21, 23 ff.; 27, 246, 252; *Ricker/Webering,* Kap 17 Rn 21; *Stöckel* in Erbs/Kohlhaas P 190, § 22 Rn 8; vgl auch *Weisser* AfP 2013, 98, 100). – Auch die falsche Darstellung des **Erscheinungsortes** kommt vor (*Weisser* AfP 2013, 98, 100 f., mit dem Beispiel, dass überregionale erscheinende Zeitungen regionale Abschnitte aufweisen und die genaue Bezeichnung als Bundes- und Regionalausgabe auf einzelnen Seiten nicht der Wirklichkeit entspricht). 39

3. Vorliegen eines Druckwerks mit strafbarem Inhalt als objektive Bedingung der Strafbarkeit

Die Voraussetzung der Strafbarkeit eines vorsätzlichen Impressumverstoßes als (erschwertes) Vergehen ist nach § 21 Nr 3 LPG nur dann gegeben, wenn es sich bei dem fraglichen Druckwerk zugleich um ein **Druckwerk strafbaren Inhalts** handelt (*Weisser* AfP 2013, 99, 100, mit Beispielen aus dem KunstUrhG und dem UrhG). Das Vorliegen eines Presse-Inhaltsdelikts ist demnach die sog **objektive Bedingung der Strafbarkeit** (vgl *Mitsch,* Medienstrafrecht, § 7 Rn 30 und *Stöckel* in Erbs/Kohlhaas P 190, § 22 Rn 9; s *Kühl* § 20 LPG Rn 144 ff.). Der Vorsatz des gegen die Impressumvorschriften wissentlich verstoßenden Täters braucht sich nicht auf das dem Druckwerk zugrundeliegende Presse-Inhaltsdelikt zu erstrecken. Es muss der volle äußere und innere Tatbestand sowie die Rechtswidrigkeit des Presse-Inhaltsdelikts gegeben sein, um die Haftung aus § 21 Nr 3 LPG auszulösen (vgl *Kühl* § 20 LPG Rn 148). 40

LPG § 21

4. Vollendung des Delikts mit dem Erscheinen des Druckwerks

41 Die strafbare Handlung ist **vollendet** mit dem **Erscheinen** eines dem § 8 LPG nicht Rechnung tragenden Druckwerks. Dies ergibt sich daraus, dass § 8 LPG auf das Erscheinen des Druckwerks abstellt (RGSt 24, 350f.). Das Erscheinen des Druckwerks entspricht dem Beginn der Verbreitung (*Kühl* § 24 LPG Rn 58). Die strafbare Handlung ist mit dem ersten Verbreitungsakt auch **beendet**. Die weitere Verbreitung bereits ausgegebener Stücke durch den Zeitungs- oder Buchhändler ist deshalb nicht mehr strafbar (hM, RGSt 24, 350f.; OLG Köln NJW 1953, 1765; *Häntzschel* S 109), weil es sich nicht um ein Dauerdelikt handelt. Da die strafbare Handlung bereits mit dem Erscheinen des Druckwerks beendet ist, kommt als Tatort nur der Erscheinungsort, nicht der Verbreitungsort, in Frage (*Rebmann* § 21 LPG Rn 14). Da der Begriff des Erscheinens den Beginn des Verbreitens erfasst, muss die Druckschrift über den Kreis der an der Herstellung beteiligten Personen einer größeren Adressatengruppe zugänglich gemacht werden (BGHSt 36, 51, 56 = NJW 1989, 989, 990); das Zugänglichmachen an bestimmten Personen reicht nicht aus (OLG Frankfurt StV 1990, 209; zustimmend *Ricker/Weberling*, Kap 17 Rn 21). Wird die Auflage eines Druckwerks **schubweise** ausgegeben, so ist sie schon mit der Ausgabe des ersten Schubs im Sinne des § 8 LPG erschienen. Die spätere Ausgabe weiterer Stücke ist nicht mehr strafbar. Die Verjährung beginnt deshalb mit dem ersten Verbreitungsakt zu laufen (vgl *Kühl* § 24 LPG Rn 58). Werden dagegen innerhalb der gleichen Auflage die späteren Stücke mit verändertem Inhalt ausgegeben, so liegt hierin eine Neuerscheinung, die bei fortdauerndem Impressumverstoß erneut strafbar ist. Das gleiche gilt vom Neudruck alter Auflagen.

5. Vorsatz. Bedingter Vorsatz. Irrtum. Bewusstsein der Rechtswidrigkeit

42 Für den subjektiven Tatbestand ist aufgrund des § 15 StGB **Vorsatz** erforderlich (vgl Rn 21; „problematisch" nach *Weisser* AfP 2013, 98, 100, wegen Nachweisschwierigkeiten). Bedingter Vorsatz genügt (RGSt 37, 254, 256). Der Vorsatz muss die Tatbestandsmerkmale des § 21 Nr 3 LPG umfassen. Nicht zu den Tatbestandsmerkmalen gehört nach der hier vertretenen Auffassung das Vorliegen eines Presse-Inhaltsdelikts. Es ist lediglich objektive Bedingung der Strafbarkeit (vgl Rn 40). Demgegenüber vertritt *Rebmann* (§ 21 LPG Rn 20) die Ansicht, dass der besondere Unrechtsgehalt des § 21 Nr 3 LPG in der bewussten Verschleierung der Verantwortung für ein Presse-Inhaltsdelikt zu erblicken sei, weshalb der Vorsatz, wenn auch nur ganz allgemein, auf die strafrechtliche „Unreinheit" des Druckwerks gerichtet sein müsse.

Bei der Abfassung des Impressums kommen nicht selten Irrtümer vor. Ist zB im Impressum als „Drucker" ein im bloßen Angestelltenverhältnis tätiger Meister des Druckereibetriebes angegeben, und glaubte der Täter irrtümlich, dieser Meister sei „Drucker" im Sinne des § 8 LPG, dann befindet er sich in einem zu beachtenden Tatbestandsirrtum, der den Vorsatz ausschließt (vgl § 16 Abs 1 Satz 1 StGB). Eine Bestrafung aufgrund der Vorsatztat des § 21 Nr 3 LPG ist hier nicht möglich, wohl aber eine Bestrafung aus § 22 Abs 1 Nr 1 LPG, wenn der Irrtum des Täters auf Fahrlässigkeit beruht (§ 16 Abs 1 Satz 2 StGB). Zur Frage des **Verbotsirrtums** (§ 17 StGB) s die Entscheidung des OLG Hamm in AfP 1977, 415 und die des LG Berlin AfP 1992, 86f. (vgl oben Rn 28 und 34).

Zur Schuld gehört das Bewusstsein der Rechtswidrigkeit (vgl *Kühl* § 20 LPG Rn 108 und 143 und § 21 LPG Rn 22). Da als Täter oder Teilnehmer der Zuwiderhandlung gegen § 8 LPG in der Regel nur presseberuflich Tätige in Frage kommen, wird ein Verbotsirrtum nach § 17 StGB selten vorliegen; sollte er dennoch einmal vorliegen, so wird er regelmäßig vermeidbar sein.

6. Verstoß gegen § 21 Nr 3 LPG als Sonderdelikt. Täterschaft und Teilnahme

43 Der § 21 Nr 3 LPG bezeichnet ein Sonderdelikt. Nach seinem Wortlaut kommen als **Täter** nur die dort genannten Personen in Betracht: verantwortlicher Redakteur

V. Vorsätzlicher Impressumverstoß bei strafbarem Inhalt § 21 LPG

und Verleger (vgl KG NJW 1998, 1421 zu § 20 Nr 3 LPG Berlin), und beim Selbstverlag auch Verfasser oder Herausgeber (vgl auch *Stöckel* in Erbs/Kohlhaas P 190, § 22 Rn 6). Die Möglichkeit der Täterschaft gilt für alle in § 8 LPG geforderten Impressumangaben. Andere Personen können **Teilnehmer** sein, so zB der Druckereiangestellte, der eigenmächtig und in Kenntnis der Unrichtigkeit falsche Impressumangaben druckt.

a) Verletzung der Impressumpflicht durch positives Tun

Der Tatbeitrag kann sowohl durch positives Tun (zB bewusstes Veranlassen der falschen Angabe durch den Drucker) als auch – unter den Voraussetzungen des § 13 StGB – durch sog Unterlassen (zB Nichteingreifen des Verlegers, der von den vom Drucker vorgenommenen falschen Angaben weiß) bestehen. Der Hauptfall der vorsätzlichen Falschangabe durch positives Tun ist die Benennung eines sog Sitzredakteurs (vgl oben Rn 39). Der Sitzredakteur selbst macht sich wegen Beihilfe zum Delikt des Impressumvergehens nach § 21 Nr 3 LPG strafbar, wenn er bei den ihn betreffenden Falschangaben positiv mitwirkt (zB durch ausdrückliches Einverständnis). Doch macht er sich durch bloßes Dulden nicht strafbar (vgl unten Rn 47).

b) Verletzung der Impressumpflicht durch Unterlassen. Die Rechtspflicht zur Einhaltung der Impressum-Vorschriften

Häufiger sind in der Praxis die Fälle, in denen Impressumverstöße durch **Unterlas-** 44 **sen** begangen werden. Zwar fällt hier die Masse der Zuwiderhandlungen erfahrungsgemäß unter die fahrlässigen Ordnungswidrigkeiten des § 22 LPG. Doch gibt es auch zahlreiche Fälle, in denen bei Impressum-Verstößen durch Unterlassen auf Seiten des Täters Vorsatz bzw bedingter Vorsatz gegeben ist. Es liegt hier ein **unechtes Unterlassungsdelikt** (§ 13 StGB) vor, weil der Täter durch sein Unterlassen den Eintritt eines rechtlich missbilligten Erfolgs (Erscheinen eines Druckwerks ohne ordnungsmäßiges Impressum) vorsätzlich und schuldhaft nicht verhindert (vgl *Kühl* § 20 LPG Rn 136).

Für das Begehen durch Unterlassen gilt nach § 13 StGB, dass nur derjenige sich durch Unterlassen strafbar machen kann, für den eine Rechtspflicht zur Abwendung des strafrechtlichen Erfolgs – hier das Erscheinen des Druckwerks ohne Impressum oder mit unrichtigem Impressum – besteht (BGHSt 2, 150, 153 = BGH NJW 1952 S 552, 553). Erst die Verletzung dieser Rechtspflicht (sog Garantenpflicht) macht das Unterlassen als bloßes Nichtstun tatbestandsmäßig und damit in der Regel auch rechtswidrig. Eine solche Rechtspflicht zur Verhinderung falscher oder unvollständiger Impressumangaben obliegt nach § 21 Nr 3 LPG dem verantwortlichen Redakteur und dem Verleger, beim Selbstverlag auch dem Verfasser und Herausgeber.

(1) Für den **Verleger** ist das Bestehen einer solchen Rechtspflicht schon immer 45 bejaht worden (vgl RGSt 27, 246, 256). Der Verleger bewirkt verantwortlich das Erscheinen des Druckwerks. Wenn die Ordnungsvorschrift des § 8 LPG ihren Zweck erreichen soll, gilt jedenfalls für den Verleger aufgrund seines besonderen Verhältnisses zu dem von ihm verlegten Druckwerk die Verpflichtung, das Impressum zu überprüfen und gegebenenfalls dessen Richtigstellung zu veranlassen. Seine Rechtspflicht hinsichtlich der Ordnungsmäßigkeit des Druckwerks ist umfassend (*Rebmann* § 21 LPG Rn 16).

Keinesfalls darf übersehen werden, dass § 21 Nr 3 LPG nur die **vorsätzliche** Zuwiderhandlung unter Strafe stellt. Der Verleger muss positiv wissen, dass falsche Impressumangaben gemacht werden, zB wissentlich ein Sitzredakteur benannt wird (RGSt 35, 274). Hat der Verleger infolge fahrlässiger Verletzung seiner Überprüfungspflicht keine Kenntnis von den falschen Impressumangaben, so kann er nur wegen einer Ordnungswidrigkeit nach § 22 LPG bestraft werden.

(2) Den **verantwortlichen Redakteur** trifft nach § 21 Nr 3 LPG ebenfalls eine 46 Rechtspflicht zur Überprüfung und Richtigstellung der Impressumangaben (KG NJW 1998, 1420), doch beschränkt sich seine Haftung nach herrschender Ansicht

Kühl 1051

auf die Richtigkeit und Vollständigkeit der die verantwortliche Redaktion betreffenden Angaben, wie zB Name und Wohnort des verantwortlichen Redakteurs, Angabe sämtlicher verantwortlichen Mitredakteure usw (RGSt 6, 366 ff.; 35, 271, 273; 39 S 105 f.). Die Überprüfungspflicht des verantwortlichen Redakteurs ergibt sich aus der tatsächlichen Übernahme der verantwortlichen Redaktion (zu dieser Garantenstellung wegen tatsächlicher Übernahme vgl *Kühl* AT § 18 Rn 68 ff. und 119 ff.). Sie bezieht sich auf die Angaben bezüglich seiner eigenen Person wie auf die der Redaktion überhaupt.

Auch hier ist im Rahmen des § 21 Nr 3 LPG für die Strafbarkeit durch Unterlassen Vorsatz erforderlich. Der verantwortliche Redakteur muss also wissen, dass der Wohnort seiner Kollegen oder die Aufteilung der Redaktion falsch angegeben ist. Entgeht ihm die Unrichtigkeit der Angabe infolge Nachlässigkeit, so ist er wegen einer Ordnungswidrigkeit gemäß § 22 LPG zu bestrafen. Die Haftung des verantwortlichen Redakteurs wird durch eine Anweisung des Verlegers nicht ausgeschlossen (RG in Recht 11 S 1548 Nr 3898).

47 (3) Der bloß formal im Impressum benannte sog **Sitzredakteur**, der die Funktion des verantwortlichen Redakteurs faktisch nicht ausübt, ist im Rechtssinn nicht der verantwortliche Redakteur (vgl Rn 39, 43). Der Sitzredakteur als bloß vorgeschobene Haftungsperson ist am Werdegang des Druckwerks nicht verantwortlich beteiligt. Der Sitzredakteur ist somit nicht verpflichtet, die Angaben über die als verantwortliche Mitredakteure genannten Personen zu prüfen und richtigzustellen. Fraglich kann nur sein, ob er sich durch bloße Duldung seiner eigenen Benennung strafbar macht. Hat er eine Rechtspflicht, seine Benennung zu verhindern? Die Frage ist grundsätzlich zu verneinen (ebenso *Rebmann* § 21 LPG Rn 17; aA RGSt 58, 244, 246 für einen allerdings besonders gelagerten Fall – Mitgliedschaft in einer politischen Partei, die die Pflicht zur Benennung in der Parteizeitung mit sich brachte). Es ist kein Rechtsgrund ersichtlich, aus dem eine Pflicht des Sitzredakteurs zur Verhinderung seiner Benennung abgeleitet werden könnte. Der Sitzredakteur kann sich also durch bloßes Unterlassen nicht strafbar machen. Dass er durch positives Tun zum Teilnehmer des Delikts des § 21 Nr 3 LPG werden kann, ist oben in Rn 43 dargelegt worden.

48 (4) Bei anderen Personen als dem im Rechtssinn verantwortlichen Redakteur bzw dem Verleger besteht keine Rechtspflicht zur Verhinderung unzutreffender oder unvollständiger Impressumangaben. Dem Verleger ist beim *Selbstverlag* der Verfasser oder Herausgeber gleichgestellt, da hier die Verlegerfunktion durch den **Verfasser** oder **Herausgeber** wahrgenommen wird (vgl § 21 Nr 3 LPG).

Keine eigene Rechtspflicht hinsichtlich der Prüfung der Ordnungsmäßigkeit des Impressums trifft den **Drucker**, denn er gehört nicht zum Kreis der in § 21 Nr 3 LPG genannten Personen (anders unter der Herrschaft des § 18 RPG, vgl 1. Aufl § 18 RPG Rn 34 ff.). Doch kommt für ihn die Haftung als Teilnehmer (Anstifter oder Gehilfe) beim Impressumdelikt des Verlegers oder verantwortlichen Redakteurs in Frage. Dieselbe Rechtslage wie beim Drucker besteht bei den **Druckerei- und Verlagsangestellten**. Es trifft sie keine eigene Rechtspflicht hinsichtlich der Ordnungsmäßigkeit des Impressums, soweit es sich nicht um Verlagsangestellte in leitender Stellung handelt, die faktisch die Funktion des Verlegers ausüben und in dieser Stellung die verlegerische Verantwortung tragen (vgl Rn 49). Soweit Druckerei- und Verlagsangestellte als Teilnehmer des Impressumdelikts des § 21 Nr 3 LPG zur Verantwortung gezogen werden, können sie sich nicht auf eine Anweisung des Arbeitgebers berufen, denn diese ist im Falle eines Gesetzesverstoßes ohnehin nach § 134 BGB ungültig (vgl RG GA 51 [1904] S 354).

49 (5) Viel erörtert ist die praktisch wichtige Frage, ob der Verleger die ihm obliegende strafrechtliche Haftung durch Bestellung eines verantwortlichen leitenden Angestellten auf diesen **abwälzen** kann. Hierzu gehört auch das Problem, ob mehrere Mitinhaber eines Verlags ihre Haftung dadurch beschränken können, dass sie durch gegenseitige Übereinkunft die persönliche Wahrnehmung der Geschäfte unter sich

VI. Weiterverbr. bzw. Wiederabdruck eines beschlagn. Druckw.   § 21 LPG

nach Sparten aufteilen. Diese Fragen brauchen jedoch hier nicht entschieden zu werden. Denn im Rahmen des § 21 Nr 3 LPG wird Vorsatz gefordert. Ein Verleger, der vorsätzlich die falschen Impressumangaben veranlasst oder in Kenntnis falscher Angaben die Richtigstellung unterlässt, kann sich nicht darauf berufen, dass er einen verantwortlichen Verlagsleiter bestellt habe, oder dass er für diese Sparte nicht zuständig sei. Für Vorsatz muss jeder einstehen (RGSt 16, 144, 146). Erst bei fahrlässiger Zuwiderhandlung gegen § 8 LPG werden die aufgeworfenen Fragen akut (vgl *Kühl* § 22 LPG Rn 40 ff.).

Ist Inhaber des Verlags eine juristische Person, zB eine Aktiengesellschaft oder eine GmbH, so taucht die Rechtsfrage auf, wer hier die strafrechtliche Verantwortung für die Ordnungsmäßigkeit des Impressums zu tragen hat. Es gilt der Grundsatz, dass die den verschiedenen Beteiligten (Verleger, verantwortlicher Redakteur) obliegende Erfolgsabwendungspflicht immer nur einer **natürlichen Person** auferlegt werden kann. Hier wird nach den Umständen des Einzelfalles, insb nach der Organisation des betr. Betriebs, der verantwortliche Betriebsleiter oder Direktor als verantwortlich anzusehen sein (vgl *Kühl* § 20 LPG Rn 133; kritisch dazu *Schroth* S 84, s oben Rn 38). Diesen verantwortlichen Betriebsleiter des Verlags trifft die Pflicht zur Abwendung des gesetzlich missbilligten Erfolgs. Für den verantwortlichen Redakteur besteht dieses Problem nicht, da nach § 9 Abs 1 LPG nur eine natürliche Person verantwortlicher Redakteur sein kann.

c) Tateinheit. Tatmehrheit

Tateinheit (§ 52 StGB) ist denkbar zwischen einem Verstoß gegen § 21 Nr 3 LPG   50
einerseits und einem im gleichen Druckwerk begangenen Presse-Inhaltsdelikt andererseits, so zB wenn der verantwortliche Redakteur falsche Impressumangaben macht, um seine Strafverfolgung wegen eines im gleichen Druckwerk begangenen Presse-Inhaltsdelikts zu erschweren. In diesem Fall wird die Zuwiderhandlung gegen § 8 LPG und das Presse-Inhaltsdelikt durch ein und dieselbe Handlung begangen. Fehlt dagegen ein solcher innerer Zusammenhang zwischen der unrichtigen Impressumangabe und dem Presse-Inhaltsdelikt, so liegen mehrere Handlungen vor, die zueinander im Verhältnis der Tatmehrheit stehen (§ 53 StGB). Tateinheit ist auch möglich zwischen dem Delikt des Impressumverstoßes nach § 21 Nr 3 LPG und dem Sonderdelikt des § 20 Abs 2 LPG (presserechtliche Sorgfaltsverletzung hinsichtlich der Freihaltung des Druckwerks von strafbarem Inhalt, vgl *Rebmann* § 21 LPG Rn 21). Gegenüber der Ordnungswidrigkeit des § 22 Abs 1 Nr 1 ist das Vergehen des § 21 Nr 3 LPG das Spezialdelikt, das allein Anwendung findet und die Ordnungswidrigkeit ausschließt (vgl § 21 OWiG). Tateinheit zwischen falscher Impressumangabe und Personenstandsfälschung (§ 169 StGB) ist nicht möglich, da die Angabe eines falschen Namens oder Wohnorts im Impressum keine Veränderung des Personenstandes als „des familienrechtlichen Verhältnisses einer Person zu einer anderen" (RGSt 25, 188, 189) bewirkt.

d) Strafandrohung. Einziehung. Unbrauchbarmachung

Hinsichtlich der angedrohten **Strafe** s Rn 31. Da im Fall des § 21 Nr 3 LPG stets   51
zugleich auch ein Presse-Inhaltsdelikt vorliegen muss (vgl Rn 40), kommt hier der § 74d StGB zum Zug, der die Einziehung von Druckwerken und die Unbrauchbarmachung von Vorrichtungen vorsieht (vgl *Achenbach,* s oben § 20 Rn 25).

VI. Das Delikt des § 21 Nr 4 LPG (Weiterverbreitung bzw Wiederabdruck eines beschlagnahmten Druckwerks entgegen § 15 LPG)

Die Beschlagnahme eines Druckwerks oder einer sonstigen Schrift ist inzwischen   52
durch den Bundesgesetzgeber in §§ 111m, 111n StPO iVm §§ 111b ff. StPO geregelt

worden. Ob damit die in den Landespressegesetzen (§§ 13 ff. LPG) enthaltenen Vorschriften über die einziehungssichernde Beschlagnahme von Druckwerken und ein Verbreitungs- und Wiederabdruckverbot unwirksam sind, oder ob sie nach wie vor gültig und die §§ 111m und 111n StPO nichtig sind, ist umstritten (vgl zB *Meyer-Goßner/Schmitt* § 111m StPO Rn 2; siehe vor allem *Achenbach* Vor §§ 13 ff. LPG Rn 24 ff. sowie *Groß* NStZ 1999, 334, der von der Gültigkeit beider Regelungen ausgeht). Die Beantwortung dieser Frage hängt davon ab, ob die landespresserechtlichen Regelungen der Materie Presserecht oder der Materie Verfahrensrecht zuzuordnen sind, ob also insoweit dem Landes- oder dem Bundesgesetzgeber die Regelungskompetenz zusteht (vgl *Achenbach* Vor §§ 13 ff. LPG Rn 27). Unabhängig von diesem Streit ist in jedem Fall die auf § 15 LPG bezogene Strafvorschrift des § 21 Nr 4 LPG gegenstandslos geworden. Aufgrund der konkurrierenden Gesetzgebungsbefugnis des Bundes für das Strafrecht gemäß Art 74 Nr 1 GG konnte § 21 Nr 4 LPG durch den Bundesgesetzgeber außer Kraft gesetzt werden. Im Rahmen der Begründung des Entwurfs des „Gesetzes über das Zeugnisverweigerungsrecht der Mitarbeiter von Presse und Rundfunk" vom 25.7.1975, mit dem die §§ 111m und 111n in die StPO eingefügt wurden, wurde ausdrücklich darauf hingewiesen, dass eine entsprechende Strafvorschrift nicht in das Gesetz aufgenommen werden sollte. Dieser Verzicht wurde damit begründet, dass die Verbreitung eines beschlagnahmten Druckwerks ohnehin in der Regel gegen ein Strafgesetz verstoße und daher ein strafbewehrtes Verbot allenfalls dann zum Zuge komme, wenn sich nachträglich herausstelle, dass das beschlagnahmte Druckwerk nicht der Einziehung unterliege und die Beschlagnahme wieder aufzuheben sei. In diesen Fällen sei es jedoch bedenklich, eine unter Verletzung der Beschlagnahme erfolgte Verbreitung des Druckwerks unter Strafe zu stellen (BT-Drs. 7/2539 S 13). Da somit § 21 Nr 4 LPG gegenstandslos wurde (siehe *Ricker/Weberling,* Kap 17 Rn 22; aM *Mitsch,* Medienstrafrecht, § 7 Rn 31: keine konkurrierende Gesetzgebungszuständigkeit des Bundes nach Art 74 Abs 1 Nr 1 GG), haben einige Bundesländer (Hamburg, Niedersachsen und Nordrhein-Westfalen) diese Strafvorschrift aufgehoben, und die fünf neuen Bundesländer haben eine solche Strafbestimmung gar nicht erst in ihre Landespressegesetze aufgenommen.

Auch diese Auffassung von der Gegenstandslosigkeit des § 21 Nr 4 LPG ist freilich nicht unbestritten, auch nicht in diesem Kommentar, in dem *Achenbach* die Gegenposition von der Weitergeltung des § 15 LPG und des ihn strafbewehrenden § 21 Nr 4 LPG vertritt (vgl zur Begründung *Achenbach* Vor §§ 13 ff. LPG Rn 28 sowie § 15 LPG Rn 2, 4 und 23). Folgt man dieser Auffassung, so ist von der Anwendbarkeit dieser Vorschriften in den Ländern, die solche Bestimmungen im jeweiligen Landespressegesetz kennen, auszugehen. In Hessen ist § 21 Abs 3 LPG aF nicht in den neuen § 14 HPresseG übernommen worden (s unten Rn 70); auch die Landespressegesetze Mecklenburg-Vorpommern, Niedersachsen, Nordrhein-Westfalen, Saarland und Sachsen-Anhalt enthalten keine solche Vorschrift. Auch das neue Landesmediengesetz Rheinland-Pfalz hat die Vorschriften über die Pressebeschlagnahme gestrichen, aber in § 15 ein Weiterverbreitungs- und Wiederabdruckverbot aufgenommen und in § 35 Abs 1 Nr 4 strafbewehrt. Um die Anwendung der Strafvorschrift des § 21 Nr 4 LPG zu erleichtern, soll hier ihre Kommentierung durch *Löffler* in der 3. Auflage von 1983 (damals Rn 43–45 zu § 21 LPG) wiedergegeben werden, wobei die Verweise auf die vorliegende 4. Auflage umgestellt sind:

„**VI. Das Delikt des § 21 Nr 4 LPG**
(Weiterverbreitung bzw Wiederabdruck eines
beschlagnahmten Druckwerks entgegen § 15 LPG)"

52a 1. Der Inhalt des Verbots des § 15 LPG und die einzelnen Tatbestandsmerkmale ergeben sich aus der Erläuterung des § 15 LPG (vgl § 15 LPG Rn 3 ff.). Nach herrschender Auffassung ist das Presse-Ordnungsdelikt des § 21 Nr 4 LPG zugleich ein

VII. Abweichendes Landesrecht　　　　　　　　　　　　　　　§ 21 LPG

Presse-Inhaltsdelikt, auf das die Sonderbestimmung für Presse-Inhaltsdelikte, insb die Haftungsbestimmungen des § 20 Abs 2 LPG Anwendung finden (vgl *Rebmann* § 21 LPG Rn 22; s oben Rn 19 und Vorbem vor §§ 20–22 LPG Rn 11).

Die *Ausführungshandlung* besteht bei § 21 Nr 4 LPG in der *Verbreitung* von Exemplaren desselben Druckwerks, das von der Beschlagnahme erfasst worden ist, wie auch in der Verbreitung nachgedruckter Exemplare mit dem gleichen zu beanstandenden Inhalt (vgl § 15 LPG Rn 9). Auf die Frage, ob das Druckwerk materiell zu Recht beschlagnahmt wurde, kommt es dabei nicht an, wohl aber darauf, dass bei der Beschlagnahme-Anordnung die unabdingbaren Formvorschriften eingehalten wurden (§ 15 LPG Rn 7, 12).

2. Abweichend von § 21 LPG Nr 1, 2 und 3 ist bei Nr 4 der Kreis der möglichen *Täter* nicht auf Presse-Angehörige beschränkt. Es liegt kein Sonderdelikt vor. Täter kann jedermann sein, der den Tatbestand vorsätzlich und mit Täterwillen verwirklicht.

Nur der *vorsätzliche* Verstoß gegen § 15 LPG wird nach § 21 Nr 4 LPG als Vergehen bestraft. Liegt Fahrlässigkeit vor, dann begeht der Täter lediglich eine Ordnungswidrigkeit nach § 22 Abs 2 LPG. Abweichend von der früheren Regelung in § 28 Abs 2 RPG reicht jetzt hinsichtlich der Schuldseite bei § 21 Nr 4 LPG bedingter Vorsatz aus (vgl § 15 LPG Rn 23). Für das Vorliegen des Vorsatzes genügt die allgemeine Kenntnis von der Tatsache der erfolgten Beschlagnahme des Druckwerks; die Kenntnis des Wortlauts der Beschlagnahme-Anordnung oder ihrer Begründung bzw Berechtigung ist nicht erforderlich. Dagegen muss der Täter bei der unter Strafe gestellten Verbreitung nachgedruckter Stellen (sog Wiederabdruck) wissen, dass gerade die von ihm nachgedruckten und weiterverbreiteten Stellen des Druckwerks den Anlass zur Beschlagnahme gegeben hatten (vgl RGSt 37, 254).

3. Wegen der *Strafdrohung* s oben Rn 31. Da ein Presse-Inhaltsdelikt gegeben ist, kommt Einziehung bzw Unbrauchbarmachung nach § 74d StGB in Frage (vgl § 13 LPG Rn 35–73). Ist die verbotswidrige Weiterverbreitung des Druckwerks während der Dauer der Beschlagnahme zugleich eine nach allgemeinen Strafrechtsbestimmungen strafbare Handlung (zB Weiterverbreitung beschlagnahmter hochverräterischer Schriften, vgl § 81 StGB), so liegt Tateinheit zwischen beiden Vergehen vor (vgl § 15 LPG Rn 26). Im Verhältnis zu den verwandten Delikten der §§ 133 (Verwahrungsbruch) und 136 (Verstrickungsbruch) besteht Realkonkurrenz im Sinne der Tatmehrheit (§ 53 StGB; vgl § 15 LPG Rn 27)."

VII. Abweichendes Landesrecht

Die oben (Rn 17–52) geschilderte Rechtslage betr. die einschlägigen Presse-Ordnungsdelikte gibt die presserechtliche Situation in den vier Ländern Baden-Württemberg, Bremen, Saarland und Schleswig-Holstein wieder. In den zwölf Ländern Bayern, Berlin, Brandenburg, Hamburg, Hessen, Mecklenburg-Vorpommern, Niedersachsen, Nordrhein-Westfalen, Rheinland-Pfalz, Sachsen, Sachsen-Anhalt und Thüringen gelten abweichende Bestimmungen bzw wurden keine entsprechenden Regelungen geschaffen. 53

1. Bayern

Das BayPrG bringt in der einschlägigen Bestimmung des Art 13 einige Abweichungen: 54

a) Die Zuwiderhandlung gegen die Impressumvorschriften bei einem Druckwerk strafbaren Inhalts (vgl Rn 36 ff.) muss in Bayern nach Art 13 Nr 4 LPG „in Kenntnis des strafbaren Inhalts einer Druckschrift" geschehen. Hier ist demzufolge das Vorliegen eines Presse-Inhaltsdelikts nicht nur objektive Bedingung der Strafbarkeit (vgl Rn 40). Es handelt sich vielmehr bei Art 13 Nr 4 LPG Bayern um ein subjektives 55

Tatbestandsmerkmal (ebenso *Mitsch,* Medienstrafrecht, § 7 Rn 30; *Ricker/Weberling,* Kap 17 Rn 24). Nach der hier vertretenen Auffassung bedeutet „in Kenntnis" die positive Kenntnis; bedingter Vorsatz reicht demzufolge nicht aus (aA RGSt 37, 254, 255 f.). Außerdem kann nach Art 13 Nr 4 LPG das Delikt von jedermann begangen werden, während in der Mehrzahl der Länder der Täterkreis auf den Verleger und den verantwortlichen Redakteur begrenzt ist (vgl Rn 43).

56 b) Auch für die Weiterverbreitung eines beschlagnahmten Druckwerks erfordert der Tatbestand des Art 13 Nr 3 LPG Bayern, dass dies „in **Kenntnis** der Beschlagnahme" geschieht. Lediglich **bedingter Vorsatz** ist sonach zur Erfüllung des Straftatbestandes nicht ausreichend (vgl Rn 55). – Zur umstrittenen Fortgeltung dieser Vorschrift s Rn 52.

57 c) Nach Art 13 Nr 5 LPG Bayern gilt es als Pressevergehen, wenn hinsichtlich der vorgeschriebenen Meldungen über die **Inhaber- und Beteiligungsverhältnisse** an Zeitungs- und Zeitschriftenverlagen wissentlich falsche Angaben gemacht werden (vgl *Ricker/Weberling,* Kap 17 Rn 25; *Stöckel* in Erbs/Kohlhaas P 190, § 22 Rn 16). Eine derartige Bestimmung (Art 8 Abs 3 LPG Bayern) kennt nur noch Hessen (§ 5 LPG Hessen, vgl unten Rn 71; s auch *Mitsch,* Medienstrafrecht, § 7 Rn 32).

58–60 d) Eine rechtliche Sonderstellung nahm Bayern auf dem Gebiet des **Gegendarstellungs-Rechts** ein, weil es durch § 14e LPG aF das Strafrecht einschaltete, wenn einer gerichtlichen Anordnung zum Abdruck der Gegendarstellung nicht unverzüglich nachgekommen wurde. Diese Strafvorschrift stieß auf ernsthafte verfassungsrechtliche Bedenken, insbesondere wegen Verletzung des Übermaßverbots angesichts zivilrechtlicher Verfahren zur Durchsetzung eines begründeten Gegendarstellungsanspruchs (vgl § 11 LPG Rn 162 ff.). Der bayerische Landesgesetzgeber hat deshalb im neuen Art 13 BayPrG vom 19.4.2000 (GVBl S 340) keine Strafvorschrift wegen Verletzung des Gegendarstellungsrechts aufgenommen. Dies kann nur begrüßt werden.

2. Berlin

61 a) Das LPG **Berlin** führt in § 20 Nr 1 hinsichtlich des Verbots, einen verantwortlichen Redakteur ohne die gesetzlichen Erfordernisse zu bestellen, neben diesem ausdrücklich auch den sog „Verantwortlichen" für den Anzeigenteil auf. Da aber der für den Anzeigenteil „Verantwortliche" in rechtlicher Hinsicht ohnehin dem verantwortlichen Redakteur gleichsteht (vgl § 7 Abs 2 LPG Berlin), ergibt die Bestimmung sachlich keine Abweichung gegenüber den anderen Landespressegesetzen (ebenso *Ricker/Weberling,* Kap 17 Rn 26).

62 b) Ein sachlicher Unterschied besteht hinsichtlich der **Strafandrohung.** Sie ist in Berlin erheblich reduziert und umfasst Freiheitsstrafe nur bis zu 6 Monaten (in der Mehrzahl der anderen Länder 1 Jahr) oder Geldstrafe bis zu 180 Tagessätzen (in der Mehrzahl der anderen Länder 360 Tagessätze, vgl Rn 31).

3. Brandenburg

63 Das LPG Brandenburg enthält keine strafbaren Ordnungsvergehen, sondern mit § 15 nur eine Regelung von Verstößen gegen Presseordnungsrecht als Ordnungswidrigkeiten.

4. Hamburg

64 Aufgrund der Einführung der §§ 111m und 111n StPO wurde § 20 Nr 4 LPG Hamburg aufgehoben (vgl Rn 52).

5. Hessen

65 Erhebliche Abweichungen liegen in Hessen vor, wo der § 14 HPresseG sämtliche Straftatbestände des hessischen Presserechts zusammenfasst. Im Einzelnen ergibt sich hier:

VII. Abweichendes Landesrecht § 21 LPG

a) Die Bestellung einer Person zum verantwortlichen Redakteur ohne Vorliegen der gesetzlichen Erfordernisse wird nach § 15 Abs 1 Nr 4 HPresseG – gleichgültig, ob die Zuwiderhandlung vorsätzlich oder fahrlässig erfolgt – nur als Ordnungswidrigkeit geahndet (vgl *Ricker/Weberling*, Kap 17 Rn 29). Täter kann jedermann sein, nicht nur der Verleger. 66

b) Auch die „Zeichnung" als verantwortlicher Redakteur ohne Erfüllung der gesetzlichen Erfordernisse wird nach § 15 Abs 1 Nr 5 HPresseG – gleichgültig, ob die Zuwiderhandlung vorsätzlich oder fahrlässig erfolgt – nur als Ordnungswidrigkeit geahndet. 67

c) Handelt es sich beim vorsätzlichen Verstoß gegen die **Impressumvorschriften** um ein Druckwerk **strafbaren Inhalts**, so liegt nach § 14 Abs 2 Satz 1 HPresseG ein Pressevergehen vor. Die Strafandrohung ist – wie in Berlin (vgl Rn 62) – auf Freiheitsstrafe bis zu sechs Monaten oder Geldstrafe bis zu 180 Tagessätzen reduziert (vgl Rn 31). 68

d) Auch wenn es sich nicht um ein Druckwerk strafbaren Inhalts handelt (vgl Rn 68), liegt nach § 14 Abs 2 Satz 2 HPresseG ein Pressevergehen vor, sofern der Täter den Impressumverstoß „durch falsche Angaben in Kenntnis ihrer Unrichtigkeit" begangen oder geduldet hat (*Stöckel* in Erbs/Kohlhaas P 190, § 22 Rn 15). In diesem letzteren Fall genügt bedingter Vorsatz nicht: die Falschangaben müssen wissentlich geschehen sein. Die Strafandrohung ist auch hier reduziert (vgl Rn 68). 69

e) Das Verbreitungs- bzw Wiederabdruckverbot bei beschlagnahmten Druckwerken war nach § 21 Abs 3 hessisches LPG aF gleichfalls als Pressevergehen geahndet. Diese umstrittene Vorschrift (vgl Vorauflage Rn 52 und 70 zu § 21 LPG) ist im neuen § 14 HPresseG nicht mehr enthalten (diese Aufhebung geht zurück auf das Gutachten *Barton* AfP 2001, 363, 368 f.). 70

f) Wie Bayern (Art 8 Abs 3 LPG, vgl oben Rn 57) sieht auch Hessen in § 5 Abs 2 HPresseG die Offenlegung der wirtschaftlichen Beteiligungsverhältnisse bei der periodischen Presse vor (vgl näher *Stöckel* in Erbs/Kohlhaas P 190, § 22 Rn 16). Vorsätzliche Zuwiderhandlung gegen diese Vorschrift wird nach § 14 Abs 1 HPresseG mit Freiheitsstrafe bis zu zwei Jahren oder mit Geldstrafe bis zu 360 Tagessätzen (vgl § 40 StGB) bestraft. Der subjektive Tatbestand erfordert, dass der Täter „bei Offenlegung … über die Inhaberverhältnisse wissentlich falsche Angaben macht". **Bedingter Vorsatz** reicht demnach für die Bestrafung als Pressevergehen nach § 14 Abs 1 HPresseG nicht aus. 71

6. Mecklenburg-Vorpommern

Im Hinblick auf die §§ 111m und 111n StPO wurde in § 20 LPG Mecklenburg-Vorpommern auf ein Verbot der Weiterverbreitung bzw des Wiederabdrucks eines beschlagnahmten Druckwerks (§ 21 Nr 4 LPG) verzichtet (vgl Rn 52). 72

7. Niedersachsen und Nordrhein-Westfalen

Wie in Hamburg (vgl Rn 64) wurden auch § 21 Nr 4 LPG Niedersachsen und § 22 Nr 4 LPG Nordrhein-Westfalen im Hinblick auf §§ 111m und 111n StPO aufgehoben (vgl Rn 52). 73

8. Rheinland-Pfalz

Auch das LMG von Rheinland-Pfalz enthält in der einschlägigen Bestimmung (§ 35) eine gewisse Abweichung, die aber vor allem sprachlicher Natur sind: 74

a) Bei Impressumverstößen in Fällen, in denen ein Druckwerk strafbaren Inhalts vorliegt, stellt die Fassung des § 35 Abs 1 Nr 3 LPG von Rheinland-Pfalz klar, dass der Vorsatz des Täters auch den strafbaren Inhalt des Druckwerks umfassen muss (ebenso *Ricker/Weberling*, Kap 17 Rn 33) und dass hier bedingter Vorsatz nicht genügt („in Kenntnis des strafbaren Inhalts eines Druckwerks", vgl oben Rn 55).

75 b) In gleicher Weise lässt § 35 Abs 1 Nr 4 LPG Rheinland-Pfalz bei der verbotswidrigen Weiterverbreitung beschlagnahmter Druckwerke den bedingten Vorsatz nicht genügen, sondern verlangt beim Täter unbedingten Vorsatz („in Kenntnis seiner Beschlagnahme"). Zur umstrittenen Fortgeltung dieser Vorschrift s Rn 52.

c) Der Anwendungsbereich wird wegen der wachsenden Bedeutung der Verbreitung von Presse auf elektronischen Vertriebswegen auf entsprechende Angebote im Rundfunk und bei der elektronischen Presse erweitert (LT-Drs 14/3235 S 53). Abs 2 verweist über § 1 Abs 2 Satz 1 auf die Strafbestimmung des Jugendmedienschutz-Staatsvertrags, die Anwendung findet (LT-Drs aaO).

9. Saarland

76 Der neue § 63 Abs 2 SMG übernimmt ohne inhaltliche Veränderung den alten § 21 Abs 1–3 LPG; auf die Übernahme des § 21 Abs 4 LPG aF – Verbreitung oder Wiederabdruck eines beschlagnahmten Druckwerks entgegen § 15 LPG aF – wurde verzichtet; technische Änderung durch Gleichstellung von Verlegerin/Redakteurin mit Verleger und Redakteur. Der neue Abs 3 des § 63 SMG erweitert die Geltung von Abs 1 Nr 1 und von Abs 2 auf den „Rundfunk entsprechend".

10. Sachsen

77 Wie in Brandenburg (vgl Rn 63) sieht das LPG Sachsen lediglich Ordnungswidrigkeiten für Verstöße gegen Presseordnungsrecht vor.

11. Sachsen-Anhalt

78 § 13 LPG Sachsen-Anhalt entspricht der Regelung von § 20 LPG Mecklenburg-Vorpommern. Auch hier wurde im Hinblick auf §§ 111m und 111n StPO auf ein Verbot der Weiterverbreitung bzw des Wiederabdrucks eines beschlagnahmten Druckwerks (§ 21 Nr 4 LPG) verzichtet (vgl Rn 52, 72).

12. Thüringen

79 Wie das LPG Brandenburg (vgl Rn 63) und das LPG Sachsen (vgl Rn 76) enthält auch das LPG Thüringen nur Ordnungswidrigkeiten für Verstöße gegen Presseordnungsrecht.

§ 22 LPG
Presse-Ordnungswidrigkeiten

Gesetzesfassung in Baden-Württemberg:

§ 22 Ordnungswidrigkeiten

(1) Ordnungswidrig handelt, wer vorsätzlich oder fahrlässig
1. als verantwortlicher Redakteur oder Verleger – beim Selbstverlag als Verfasser oder Herausgeber – den Vorschriften über das Impressum (§ 8) zuwiderhandelt oder als Unternehmer Druckwerke verbreitet, in denen die nach § 8 vorgeschriebenen Angaben (Impressum) ganz oder teilweise fehlen,
2. als Verleger oder als Verantwortlicher (§ 8 Abs. 2 Satz 4) eine Veröffentlichung gegen Entgelt nicht als Anzeige kenntlich macht oder kenntlich machen läßt (§ 10),
3. gegen die Verpflichtung aus § 11 Abs. 3 Satz 3 verstößt.

Presse-Ordnungswidrigkeiten § 22 LPG

(2) Ordnungswidrig handelt auch, wer fahrlässig eine der in § 21 bezeichneten Handlungen begeht.

(3) Die Ordnungswidrigkeit kann mit einer Geldbuße bis zu 5000 Euro geahndet werden.

(4) Verwaltungsbehörde im Sinne des § 36 Abs. 1 Nr. 1 des Gesetzes über Ordnungswidrigkeiten ist das Regierungspräsidium Karlsruhe.

Gesetzesfassung in Bayern:

Art. 12 [Ordnungswidrigkeiten]

(1) Mit Geldbuße kann belegt werden, soweit die Tat nicht nach anderen Vorschriften mit Strafe bedroht ist:
1. wer den in den Art. 7, 8 und 9 enthaltenen Vorschriften zuwiderhandelt;
2. wer als Unternehmer Druckwerke vertreibt, in denen die in Art. 7 vorgeschriebenen Angaben fehlen;
3. wer als verantwortlicher Redakteur oder Verleger einer Zeitung oder Zeitschrift den Abdruck einer Gegendarstellung (Art. 10) verweigert. Die Verfolgung tritt nur auf Antrag der betroffenen Person oder Behörde ein. Die Zurücknahme des Antrags ist zulässig. Bei der Ahndung ist der Abdruck der Gegendarstellung anzuordnen, wenn dies von dem Antragsberechtigten verlangt wird;
4. wer wider besseres Wissen den Abdruck einer in wesentlichen Punkten unwahren Darstellung oder Gegendarstellung erwirkt. Die Verfolgung tritt nur auf Antrag des Betroffenen, des Redakteurs oder des Verlegers ein. Die Zurücknahme des Antrags ist zulässig;
5. wer einer gerichtlichen Anordnung zum Abdruck der Gegendarstellung nicht unverzüglich nachkommt.

(2) In den Fällen des Absatzes 1 Nrn. 1 und 2 kann auf Einziehung der Druckwerke und des zu ihrer Herstellung verwendeten Materials erkannt werden. § 23 des Gesetzes über Ordnungswidrigkeiten ist anzuwenden.

Gesetzesfassung in Berlin:

§ 21 Ordnungswidrigkeiten

(1) Ordnungswidrig handelt, wer vorsätzlich oder fahrlässig
1. als verantwortlicher Redakteur oder Verleger – beim Selbstverlag als Verfasser oder Herausgeber – den Vorschriften über das Impressum (§ 7) zuwiderhandelt oder als Unternehmer Druckwerke verbreitet, in denen die nach § 7 vorgeschriebenen Angaben (Impressum) ganz oder teilweise fehlen,
2. gegen die Verpflichtung aus § 7a verstößt,
3. als Verleger oder als Verantwortlicher (§ 7 Abs. 2 Satz 4) eine Veröffentlichung gegen Entgelt nicht als Anzeige kenntlich macht oder kenntlich machen läßt (§ 9),
4. gegen die Verpflichtung aus § 10 Abs. 3 Satz 3 verstößt.

(2) Ordnungswidrig handelt auch, wer fahrlässig eine der in § 19 Abs. 2 oder § 20 bezeichneten Handlungen begeht.

(3) Die Ordnungswidrigkeit kann mit einer Geldbuße bis zu 5000 Euro geahndet werden.

(4) Verwaltungsbehörde im Sinne des § 36 Abs. 1 Nr. 1 des Gesetzes über Ordnungswidrigkeiten ist der Polizeipräsident.

LPG § 22 Presse-Ordnungswidrigkeiten

Gesetzesfassung in Brandenburg

§ 15 Ordnungswidrigkeiten

(1) Ordnungswidrig handelt, wer vorsätzlich oder fahrlässig
1. als Verlegerin oder Verleger eine Person zur verantwortlichen Redakteurin oder zum verantwortlichen Redakteur bestellt, die nicht den Anforderungen des § 10 entspricht,
2. als verantwortliche Redakteurin oder verantwortlicher Redakteur zeichnet, obwohl die persönlichen Voraussetzungen des § 10 nicht erfüllt sind,
3. als verantwortliche Redakteurin oder verantwortlicher Redakteur oder Verlegerin oder Verleger – beim Selbstverlag als Verfasserin oder Verfasser oder Herausgeberin oder Herausgeber – den Vorschriften über das Impressum (§ 8) oder über die Offenlegung der Beteiligungsverhältnisse (§ 9) zuwiderhandelt oder als Unternehmerin oder Unternehmer Druckwerke verbreitet, in denen diese Angaben ganz oder teilweise fehlen,
4. als Verlegerin oder Verleger oder verantwortliche Person (§ 8 Absatz 2 Satz 4) eine Veröffentlichung gegen Entgelt nicht als Anzeige kenntlich macht oder kenntlich machen läßt (§ 11),
5. gegen die Verpflichtung aus § 12 Abs. 3 Satz 3 verstößt,
6. der Anbietungs- und/oder Ablieferungspflicht nach § 13 nicht rechtzeitig nachkommt.

(2) Die Ordnungswidrigkeit kann mit einer Geldbuße bis zu fünfundzwanzigtausend Euro geahndet werden.

(3) Verwaltungsbehörde im Sinne des § 36 Abs. 1 Nr. 1 des Gesetzes über Ordnungswidrigkeiten sind die Landrätinnen und Landräte und die Oberbürgermeisterinnen und Oberbürgermeister der kreisfreien Städte als Kreisordnungsbehörden.

Gesetzesfassung in Bremen:

§ 22 Ordnungswidrigkeiten

(1) Ordnungswidrig handelt, wer vorsätzlich oder fahrlässig
1. als verantwortlicher Redakteur oder Verleger – beim Selbstverlag als Verfasser oder Herausgeber – den Vorschriften über das Impressum (§ 8) zuwiderhandelt oder als Unternehmer Druckwerke verbreitet, in denen die nach § 8 vorgeschriebenen Angaben (Impressum) ganz oder teilweise fehlen,
2. als Verleger oder als Verantwortlicher (§ 8 Absatz 2 Satz 4) eine Veröffentlichung gegen Entgelt nicht als Anzeige kenntlich macht oder kenntlich machen läßt (§ 10).

(2) Ordnungswidrig handelt auch, wer fahrlässig eine der in § 21 bezeichneten Handlungen begeht.

(3) Die Ordnungswidrigkeit kann mit einer Geldbuße bis zu 5000 Euro geahndet werden.

(4) Sachlich zuständige Verwaltungsbehörde für die Verfolgung und Ahndung der Ordnungswidrigkeit ist die Ortspolizeibehörde.

Gesetzesfassung in Hamburg:

§ 21 Ordnungswidrigkeiten

(1) Ordnungswidrig handelt, wer vorsätzlich oder fahrlässig
1. als verantwortlicher Redakteur oder Verleger – beim Selbstverlag als Verfasser oder Herausgeber – den Vorschriften über das Impressum (§ 8) zuwiderhan-

Presse-Ordnungswidrigkeiten § 22 LPG

delt oder als Unternehmer Druckwerke verbreitet, in denen das Impressum ganz oder teilweise fehlt,
2. als Verleger oder als Verantwortlicher für den Anzeigenteil (§ 8 Absatz 2 Satz 4) eine Veröffentlichung gegen Entgelt nicht als Anzeige kenntlich macht oder kenntlich machen läßt (§ 10).

(2) Ordnungswidrig handelt, wer fahrlässig einen der in § 20 genannten Tatbestände verwirklicht.

(3) Die Ordnungswidrigkeit kann, wenn sie vorsätzlich begangen worden ist, mit einer Geldbuße bis zu 5000 Euro, wenn sie fahrlässig begangen worden ist, mit einer Geldbuße bis zu 2500 Euro geahndet werden.

Gesetzesfassung in Hessen:

§ 15 [Ordnungswidrigkeiten]

(1) Ordnungswidrig handelt, wer vorsätzlich oder fahrlässig
1. der Offenlegungspflicht des § 5 Absatz 2 bis 5 oder 7 zuwiderhandelt;
1 a. der Mitteilungspflicht nach § 5 Absatz 5 zuwiderhandelt;
2. als verantwortlicher Redakteur oder Verleger – beim Selbstvertrieb als Verfasser oder Herausgeber – den Vorschriften über das Impressum (§ 6 und § 7 Abs. 1 und 2) zuwiderhandelt;
3. als Verleger entgegen § 8 eine Veröffentlichung gegen Entgelt nicht als Anzeige kenntlich macht oder kenntlich machen lässt;
4. jemanden zum verantwortlichen Redakteur oder Verantwortlichen für den Anzeigenteil bestellt, der nicht den Anforderungen des § 7 Abs. 3 entspricht;
5. als verantwortlicher Redakteur oder Verantwortlicher für den Anzeigenteil zeichnet, obwohl er die Voraussetzungen des § 7 Abs. 3 nicht erfüllt.

(2) Ordnungswidrig handelt auch, wer eine der in § 13 bezeichnete Taten fahrlässig begeht.

(3) Ordnungswidrigkeiten nach Abs. 1 Nr. 1 und Nr. 1a können mit einer Geldbuße bis zu fünfzigtausend Euro geahndet werden. Ordnungswidrigkeiten nach Abs. 1 Nr. 2 bis 5 und Abs. 2 können mit einer Geldbuße bis zu fünftausend Euro geahndet werden.

(4) Bei Ordnungswidrigkeiten nach Abs. 1 Nr. 1 und 3 kann auf Einziehung der Druckwerke und des zu ihrer Herstellung verwendeten Materials erkannt werden. § 23 des Gesetzes über Ordnungswidrigkeiten ist anzuwenden.

(5) Die Verfolgung der in Abs. 1 und Abs. 2 aufgeführten Ordnungswidrigkeiten verjährt in drei Monaten.

(6) Verwaltungsbehörde im Sinne des § 36 Abs. 1 Nr. 1 des Gesetzes über Ordnungswidrigkeiten ist das Regierungspräsidium.

Gesetzesfassung in Mecklenburg-Vorpommern:

§ 21 Ordnungswidrigkeiten

(1) Ordnungswidrig handelt, wer vorsätzlich oder fahrlässig
1. als verantwortlicher Redakteur oder Verleger – beim Selbstverlag als Verfasser oder Herausgeber – den Vorschriften über das Impressum (§ 7) zuwiderhandelt oder als Unternehmer Druckwerke verbreitet, in denen das Impressum ganz oder teilweise fehlt,
2. als Verleger oder als Verantwortlicher für den Anzeigenteil eine Veröffentlichung gegen Entgelt nicht als Anzeige kenntlich macht oder kenntlich machen läßt (§ 9),
3. gegen die Verpflichtung aus § 10 Abs. 3 Satz 3 verstößt,

Kühl

LPG § 22

4. gegen die Verpflichtungen aus § 11 Abs. 1 oder die aufgrund des § 11 Abs. 6 erlassenen Rechtsvorschriften, sofern auf § 21 dieses Gesetzes verwiesen ist, verstößt.

(2) Ordnungswidrig handelt, wer fahrlässig einen der in § 20 genannten Tatbestände verwirklicht.

(3) Die Ordnungswidrigkeit kann mit einer Geldbuße bis zu 50 000 Euro geahndet werden.

(4) Verwaltungsbehörde im Sinne des § 36 Abs. 1 Nr. 1 des Gesetzes über Ordnungswidrigkeiten ist in den Kreisen der Landrat, in den kreisfreien Städten der Oberbürgermeister als Ordnungsbehörde. Sie entscheiden auch über die Abänderung und Aufhebung eines rechtskräftigen, gerichtlich nicht nachgeprüften Bußgeldbescheides (§ 66 Abs. 2 dieses Gesetzes).

(5) Den Verwaltungsbehörden werden die Aufgaben zur Erfüllung nach Weisung übertragen. Die Fachaufsicht wird vom Innenminister ausgeübt.

Gesetzesfassung in Niedersachsen:

§ 22 Ordnungswidrigkeiten

(1) Ordnungswidrig handelt, wer vorsätzlich oder fahrlässig

1. als verantwortlicher Redakteur oder Verleger – beim Selbstverlag als Verfasser oder Herausgeber – den Vorschriften über das Impressum (§ 8) zuwiderhandelt oder als Unternehmer Druckwerke verbreitet, in denen das Impressum ganz oder teilweise fehlt,
2. als Verleger oder als Verantwortlicher (§ 8 Abs. 2 Satz 4) eine Veröffentlichung gegen Entgelt nicht als Anzeige kenntlich macht oder kenntlich machen läßt (§ 10),
3. gegen die Verpflichtung aus § 11 Abs. 3 Satz 3 verstößt.

(2) Ordnungswidrig handelt ferner, wer fahrlässig einen der in § 21 genannten Tatbestände verwirklicht.

(3) Die Ordnungswidrigkeit kann mit einer Geldbuße bis zu 5000 Euro geahndet werden.

Gesetzesfassung in Nordrhein-Westfalen:

§ 23 Bußgeldvorschriften

(1) Ordnungswidrig handelt, wer vorsätzlich oder fahrlässig

1. als verantwortlicher Redakteur oder Verleger – beim Selbstverlag als Verfasser oder Herausgeber – einer Vorschrift des § 8 über das Impressum zuwiderhandelt oder als Unternehmer Druckwerke verbreitet, in denen die nach § 8 vorgeschriebenen Angaben (Impressum) ganz oder teilweise fehlen,
2. als Verleger oder Verantwortlicher (§ 8 Abs. 2 Satz 4) entgegen § 10 eine Veröffentlichung gegen Entgelt nicht als Anzeige kenntlich macht oder kenntlich machen läßt,
3. gegen die Verpflichtung aus § 11 Abs. 3 Satz 3 verstößt.

(2) Die Ordnungswidrigkeit kann mit einer Geldbuße bis zu zehntausend Deutsche Mark geahndet werden.

(3) Verwaltungsbehörde im Sinne des § 36 Abs. 1 Nr. 1 des Gesetzes über Ordnungswidrigkeiten ist die Kreisordnungsbehörde.

Presse-Ordnungswidrigkeiten § 22 LPG

Gesetzesfassung in Rheinland-Pfalz:

§ 36 Abs 3, 4 und 6 Ordnungswidrigkeiten

(3) Ordnungswidrig handelt, wer

1. vorsätzlich oder fahrlässig als Person, die das Druckwerk verlegt oder druckt – beim Selbstverlag das Werk verfasst hat oder herausgibt –, oder als redaktionell verantwortliche Person den Vorschriften über das Impressum nach § 9 Abs. 1 bis 5 zuwiderhandelt,
2. vorsätzlich oder fahrlässig als Unternehmerin oder Unternehmer Druckwerke verbreitet, in denen das Impressum ganz oder teilweise fehlt,
3. vorsätzlich oder fahrlässig als Person, die ein periodisches Druckwerk verlegt oder für den Anzeigenteil verantwortlich ist, entgegen § 13 eine Veröffentlichung gegen Entgelt nicht als Anzeige kenntlich macht oder kenntlich machen lässt,
4. vorsätzlich einer Rechtsverordnung nach § 14 Abs. 6 zuwiderhandelt, soweit die Rechtsverordnung für einen bestimmten Tatbestand auf diese Bußgeldvorschrift verweist, oder
5. fahrlässig einen der in § 35 Abs. 1 genannten Tatbestände verwirklicht.

(4) Die Ordnungswidrigkeit kann mit einer Geldbuße bis zu fünfhunderttausend Euro, in den Fällen des Absatzes 3 bis zu fünftausend Euro, geahndet werden.

(6) Verwaltungsbehörde im Sinne des § 36 Abs. 1 Nr. 1 des Gesetzes über Ordnungswidrigkeiten ist (...) in Fällen des Absatzes 3 die Aufsichts- und Dienstleistungsdirektion (...).

Gesetzesfassung im Saarland:

§ 64 Ordnungswidrigkeiten im Bereich der Presse

(1) Ordnungswidrig handelt, wer vorsätzlich oder fahrlässig

1. als verantwortliche Redakteurin oder verantwortlicher Redakteur oder Verlegerin oder Verleger – beim Selbstverlag als Verfasserin oder Verfasser oder Herausgeberin oder Herausgeber – den Vorschriften über das Impressum (§ 8 Abs. 1) zuwiderhandelt oder als Unternehmerin oder Unternehmer Druckwerke verbreitet, in denen die nach § 8 Abs. 1 vorgeschriebenen Angaben (Impressum) ganz oder teilweise fehlen,
2. als Verlegerin oder Verleger oder als Verantwortliche oder Verantwortlicher (§ 8 Abs. 1 Satz 5) eine Veröffentlichung gegen Entgelt nicht als Anzeige kenntlich macht oder kenntlich machen lässt (§ 13),
3. gegen die Verpflichtung aus § 10 Abs. 2 Satz 3 verstößt,
4. gegen die Verpflichtung aus § 14 Abs. 1 bis 3 oder die auf Grund des § 14 Abs. 4 erlassenen Rechtsvorschriften, sofern auf § 64 dieses Gesetzes verwiesen ist, verstößt.

(2) Ordnungswidrig handelt ferner, wer fahrlässig einen der in § 63 genannten Tatbestände verwirklicht.

(3) Die Ordnungswidrigkeit kann mit einer Geldbuße bis zu 5000 Euro geahndet werden.

(4) Verwaltungsbehörde im Sinne des § 36 Abs. 1 Nr. 1 des Gesetzes über Ordnungswidrigkeiten sind die Landkreise, der Regionalverband Saarbrücken, die Landeshauptstadt Saarbrücken und die kreisfreien Städte. Die Fachaufsicht wird vom Ministerpräsidenten ausgeübt.

(5) Absatz 1 Nr. 3 und Absatz 2 bis 4 gelten für den Rundfunk entsprechend.

§ 65 regelt Ordnungswidrigkeiten im Bereich des Rundfunks und der Mediendienste.

LPG § 22

Gesetzesfassung in Sachsen:

§ 13 Ordnungswidrigkeiten

(1) Ordnungswidrig handelt, wer vorsätzlich oder fahrlässig

1. als Verleger eine Person zum verantwortlichen Redakteur bestellt, die nicht den Anforderungen des § 7 entspricht,
2. als verantwortlicher Redakteur zeichnet, obwohl er den Anforderungen des § 7 nicht entspricht,
3. als Verleger oder verantwortlicher Redakteur, beim Selbstverlag als Herausgeber oder Verfasser den Vorschriften über das Impressum (§ 6) zuwiderhandelt oder als Unternehmer Druckwerke verbreitet, in denen die nach § 6 vorgeschriebenen Angaben ganz oder teilweise fehlen,
4. gegen die Offenlegungspflicht (§ 8) verstößt,
5. als Verleger oder als Verantwortlicher im Sinn des § 6 Abs. 2 Satz 5 eine Veröffentlichung gegen Entgelt nicht als Anzeige kenntlich macht oder kenntlich machen läßt (§ 9) oder
6. gegen die Verpflichtung aus § 10 Abs. 4 Satz 3 verstößt.

§ 9 des Gesetzes über Ordnungswidrigkeiten (OWiG) in der Fassung der Bekanntmachung vom 19. Februar 1987 (BGBl. I S. 602), geändert durch das Gesetz vom 17. Mai 1988 (BGBl. I S. 606) sowie durch das Erste Gesetz zur Änderung des Jugendgerichtsgesetzes (1. JGGÄndG) vom 30. August 1990 (BGBl. I S. 1853), bleibt unberührt.

(2) Die Ordnungswidrigkeit kann mit einer Geldbuße bis zu 50 000 Euro geahndet werden.

(3) Verwaltungsbehörden im Sinne des § 36 Abs. 1 Nr. 1 OWiG sind die Landkreise und die Kreisfreien Städte.

Gesetzesfassung in Sachsen-Anhalt:

§ 14 Ordnungswidrigkeiten

(1) Ordnungswidrig handelt, wer vorsätzlich oder fahrlässig

1. als verantwortlicher Redakteur oder Verleger – beim Selbstverlag als Verfasser oder Herausgeber – den Vorschriften über das Impressum (§ 7) zuwiderhandelt oder als Unternehmer Druckwerke verbreitet, in denen das Impressum ganz oder teilweise fehlt,
2. als Verleger oder als Verantwortlicher (§ 7 Abs. 2 Satz 4) eine Veröffentlichung gegen Entgelt nicht als Anzeige kenntlich macht oder kenntlich machen läßt (§ 9),
3. als verantwortlicher Redakteur oder Verleger – beim Selbstverlag als Verfasser oder Herausgeber – den Vorschriften über die Offenlegungspflicht nach § 7a zuwiderhandelt oder als Unternehmer Druckwerke verbreitet, in denen die erforderlichen Angaben ganz oder teilweise fehlen,
4. gegen die Verpflichtung aus § 10 Abs. 3 Satz 3 verstößt,
5. gegen § 11 Abs. 1 verstößt.

(2) Ordnungswidrig handelt ferner, wer fahrlässig einen der in § 13 genannten Tatbestände verwirklicht.

(3) Die Ordnungswidrigkeit kann mit einer Geldbuße bis zu fünfzigtausend Euro geahndet werden.

(4) Verwaltungsbehörde im Sinne des § 36 Abs. 1 Nr. 1 des Gesetzes über Ordnungswidrigkeiten ist das Landesverwaltungsamt.

Presse-Ordnungswidrigkeiten § 22 LPG

Gesetzesfassung in Schleswig-Holstein:

§ 16 Ordnungswidrigkeiten

(1) Ordnungswidrig handelt, wer vorsätzlich oder fahrlässig
1. als verantwortliche Redakteurin, verantwortlicher Redakteur, Verlegerin oder Verleger – beim Selbstverlag als Verfasserin, Verfasser, Herausgeberin oder Herausgeber – den Vorschriften über das Impressum (§ 7) zuwiderhandelt oder als Unternehmerin oder Unternehmer Druckwerke verbreitet, in denen die nach § 7 vorgeschriebenen Angaben (Impressum) ganz oder teilweise fehlen,
2. als Verlegerin, Verleger, Verantwortliche oder Verantwortlicher (§ 7 Abs. 2 Satz 4) eine Veröffentlichung gegen Entgelt nicht als Anzeige kenntlich macht oder kenntlich machen lässt (§ 9),
3. gegen die Verpflichtungen aus § 12 verstößt.

(2) Ordnungswidrig handelt auch, wer fahrlässig eine der in § 15 bezeichneten Handlungen begeht.

(3) Die Ordnungswidrigkeit kann mit einer Geldbuße bis zu 5000 Euro geahndet werden.

(4) Zuständige Verwaltungsbehörde nach § 36 Abs. 1 Nr. 1 des Gesetzes über Ordnungswidrigkeiten sind die Landrätinnen und Landräte und die Bürgermeisterinnen und Bürgermeister der kreisfreien Städte.

Gesetzesfassung in Thüringen:

§ 13 Ordnungswidrigkeiten

(1) Ordnungswidrig handelt, wer vorsätzlich oder fahrlässig:
1. als Verleger eine Person zum verantwortlichen Redakteur bestellt, die nicht den Anforderungen des § 9 entspricht;
2. als verantwortlicher Redakteur zeichnet, obwohl er die Voraussetzungen des § 9 nicht erfüllt;
3. als verantwortlicher Redakteur oder Verleger – beim Selbstverlag als Verfasser oder Herausgeber – den Vorschriften über das Impressum (§ 7) zuwiderhandelt oder als Unternehmer Druckwerke verbreitet, in denen das Impressum ganz oder teilweise fehlt;
4. als Verleger oder Verantwortlicher (§ 7 Abs. 2 Satz 4) eine Veröffentlichung gegen Entgelt nicht als Anzeige kenntlich macht oder kenntlich machen läßt (§ 10);
5. gegen die Verpflichtung aus § 11 Abs. 3 Satz 3 verstößt;
6. gegen die Offenlegungspflicht (§ 8) verstößt.

(2) Die Ordnungswidrigkeit kann mit einer Geldbuße bis fünfzigtausend Euro geahndet werden.

(3) Verwaltungsbehörde im Sinne des § 36 Abs. 1 Nr. 1 des Gesetzes über Ordnungswidrigkeiten ist das Landesverwaltungsamt.

Inhaltsübersicht

		Rn
I.	Geltende Gesetzesfassung	1–16
II.	Bedeutung der Bestimmung. Das Recht der Ordnungswidrigkeiten	
	1. Trennung des Verwaltungsunrechts vom Kriminal-Strafrecht	17
	2. Das „Gesetz über Ordnungswidrigkeiten"	18
	3. Geldbuße statt Strafe	19
	4. Vorsatz. Fahrlässigkeit. Schuld. Irrtum	20–22

LPG § 22

Presse-Ordnungswidrigkeiten

	Rn
5. Tateinheit. Tatmehrheit	23
6. Höhe der Geldbuße. Erzwingungshaft. Einziehung von Druckwerken	24–27
7. Beschlagnahme von Druckwerken zu Beweiszwecken. Auflagen-Beschlagnahme	28
8. Verjährung von Ordnungswidrigkeiten	29
9. Täterschaft und Teilnahme	30
10. Das Opportunitätsprinzip	31
11. Das Verfahren bei Ordnungswidrigkeiten	32

III. Die einzelnen Ordnungswidrigkeiten der Landespressegesetze. Übersicht

1. Ahndung des „Verwaltungsunrechts" als Ordnungswidrigkeit ... 33
2. Die einzelnen Ordnungswidrigkeiten der Landespressegesetze (Übersicht) ... 34–38
3. Besondere Fälle von Ordnungswidrigkeiten nach den Landespressegesetzen von Bayern, Brandenburg, Hessen, Niedersachsen und Sachsen ... 39

IV. Impressumverstöße leichterer Art als Ordnungswidrigkeiten

Allgemeines ... 40
1. Der (vorsätzliche oder fahrlässige) Impressumverstoß bei einem Druckwerk nichtstrafbaren Inhalts (§ 22 Abs 1 Nr 1 LPG – erster Tatbestand) ... 41–48
2. Der fahrlässige Impressumverstoß bei einem Druckwerk strafbaren Inhalts (§ 22 Abs 2 LPG) ... 49
3. Verbreitung eines Druckwerks trotz fehlendem Impressum durch einen Unternehmer (§ 22 Abs 1 Nr 1 LPG – zweiter Tatbestand) ... 50–62

V. Redaktionelle Werbung entgegen dem Verbot des § 10 LPG (§ 22 Abs 1 Nr 2 LPG)

1. Die Pflicht zur Trennung von Text- und Anzeigenteil ... 63
2. Der Verstoß als (echtes) Unterlassungsdelikt ... 64
3. Berufsverstoß des Verlegers bzw des Verantwortlichen für den Anzeigenteil ... 65
4. Vorsatz. Fahrlässigkeit ... 66

VI. Verstoß gegen die Glossierungsbeschränkung im Gegendarstellungsrecht (§ 22 Abs 1 Nr 3 LPG)

1. Die Glossierungsbeschränkung des § 11 Abs 3 S 3 LPG ... 67
2. Der Tatbestand der Glossierung ... 68
3. Jedermannsdelikt ... 69

VII. Verstoß gegen die Anbietungs- und Ablieferungspflicht von Bibliotheksexemplaren (§ 22 Abs 1 Nr 4 LPG)

1. Die Anbietungs- bzw Ablieferungspflicht ... 70
2. Der Verstoß als (echtes) Unterlassungsdelikt ... 71
3. Vorsatz. Fahrlässigkeit ... 72
4. Verleger oder Drucker ... 73

VIII. Die fahrlässige Begehung der in § 21 LPG aufgeführten Pressedelikte (§ 22 Abs 2 LPG)

1. Die vier Verstöße des § 21 LPG ... 74–77
2. Fahrlässigkeit. Unrechtsbewusstsein ... 78

IX. Abweichendes Landesrecht

1. Baden-Württemberg ... 79
2. Bayern
   a) Keine erhöhte Geldbuße bei Presse-Ordnungswidrigkeiten ... 80
   b) Ahndung nur bei vorsätzlichen Ordnungswidrigkeiten ... 81
   c) Verstoß gegen die Pflicht zur korrekten Publizierung der Inhaber- und Beteiligungsverhältnisse am Verlag. Möglichkeit der Einziehung der Druckwerke ... 82
   d) Verweigerung des Abdrucks einer Gegendarstellung. Erwirkung einer unwahren Gegendarstellung. Verfassungsrechtliche Bedenken ... 83
3. Berlin ... 84
4. Brandenburg ... 85
5. Bremen ... 86

I. Geltende Gesetzesfassungen § 22 LPG

Rn

6. Hessen
   a) Verletzung der Pflicht zur Offenlegung der Inhaber- und Beteiligungsverhältnisse am Verlag. Möglichkeit der Einziehung der Druckwerke 87
   b) Bestellung und Tätigkeit eines nicht den gesetzlichen Erfordernissen entsprechenden verantwortlichen Redakteurs 88
7. Nordrhein-Westfalen 89
7a. Rheinland-Pfalz 89a
8. Saarland 90
9. Sachsen 91
10. Thüringen 92

Schrifttum: siehe bei § 20 LPG vor Rn 1.

I. Geltende Gesetzesfassungen

Baden-Württemberg: § 22 LPG s oben. **1**
Die geltende Gesetzesfassung beruht auf den gesetzlichen Regelungen vom 6.4.1970 (GBl S 111), vom 26.11.1974 (GBl S 508) und vom 3.3.1976 (GBl S 216), Abs 3 geändert durch Gesetz vom 20.11.2001 (GVBl S 605) und Abs 4 durch Gesetz vom 29.7.2014 (GVBl S. 381).

Bayern: Art 12 BayPrG s oben. **2**
Der Art 12 beruht in seiner geltenden Fassung auf dem Gesetz vom 19.4.2000 (GVBl S 340); letztes Änderungsgesetz vom 24.12.2002 (GVBl S 340).

Berlin: § 21 LPG s oben. **3**
Die geltende Fassung beruht auf den Gesetzesänderungen vom 17.7.1969 (GVBl S 1030), vom 26.11.1974 (GVBl S 2746) und vom 29.11.1994 (GVBl S 488), Abs 3 geändert durch Gesetz vom 16.7.2001 (GVBl S 260), Abs 1 Nr 2 eingefügt durch Gesetz vom 4.12.2002 (GVBl S 356).

Brandenburg: § 15 BbgPG s oben. **4**
Die Fassung beruht auf dem Gesetz vom 13.5.1993 (GVBl S 162); § 15 Abs. 1 Nr. 1 geänd., Nr. 2, 3 und 4 neu gef., Abs. 2 und 3 geänd. mWv 26.6.2012 durch G v. 21.6.2012 (GVBl Nr. 27).

Bremen: § 22 LPG s oben. **5**
Die geltende Fassung beruht auf den Gesetzesänderungen vom 8.9.1970 (GVBl S 94) und 18.12.1974 (GVBl S 351), Abs 3 geändert durch Gesetz vom 4.12.2001 (GVBl S 393).

Hamburg: § 21 Hamburgisches PresseG s oben. **6**
Die geltende Fassung beruht auf dem Gesetz vom 29.1.1965 (GVBl S 15), Abs 3 geändert durch Gesetz vom 18.7.2001 (GVBl S 251).

Hessen: § 14 HPresseG s oben. **7**
Die geltende Fassung beruht auf dem Gesetz vom 12.12.2003 (GVBl S 2); Abs. 1 Nr. 1 geänd. mWv 1.3.2006 durch G. v. 14.12.2005 (GVBl S 838); Abs. 1 Nr. 1 geänd., Nr. 1a eingef., Abs. 3 Satz 1 und Abs. 5 geänd. mWv 1.3.2011 durch G v. 16.12.2010 (GVBl S 610); bish. § 15 wird § 14, Abs. 1 Nr. 5 geänd., Nr. 6 aufgeh., Abs. 2 und Abs. 3 Satz 2 geänd. mWv 6.12.2012 durch G. v. 26.11.2012 (GVBl. S. 458).

Mecklenburg-Vorpommern: § 21 LPrG M-V s oben. **8**
Die Fassung beruht auf dem Gesetz vom 6.6.1993 (GVBl S 541), Abs 3 geändert durch Gesetz vom 22.11.2001 (GVBl S 438).

Niedersachsen: § 22 LPG s oben. **9**
Die geltende Fassung beruht auf der Gesetzesänderung vom 24.6.1970 (GVBl S 237). § 22 Abs 1 Nr 4 und 5 gestrichen durch Gesetz vom 5.12.1983 (GVBl S 281), Abs 4 gestrichen durch Gesetz vom 22.3.1990 (GVBl S 101), Abs 3 geändert durch Gesetz vom 20.11.2001 (GVBl S 701).

Nordrhein-Westfalen: § 23 LPG NRW s oben. **10**
Die geltende Fassung beruht auf der Gesetzesänderung vom 16.12.1969 (GVBl 1970 S 22), vom 6.11.1984 (GVBl S 663) und vom 18.5.1993 (GVBl S 265).

Rheinland-Pfalz: § 36 LMG s oben. **11**
Die geltende Fassung beruht auf dem Landesmediengesetz vom 4.2.2005 (GVBl S 23).

Saarland: § 64 SMG s oben. **12**
Die geltende Fassung beruht auf dem Gesetz vom 27.2.2002 (ABl S 498, ber 754); Abs 4 Satz 1 geänd. mWv 1.1.2008 durch G. v. 21.11.2007 (ABl S 2393).

Sachsen: § 13 Sächs LPG s oben. **13**
Die Fassung beruht auf dem Gesetz vom 3.4.1992 (GVBl S 125), Abs 2 geändert durch Gesetz vom 28.6.2001 (GVBl S 426), Abs 3 eingefügt durch Gesetz vom 21.3.2003 (GVBl S 38).

Kühl 1067

14 *Sachsen-Anhalt:* § 14 LPG s oben.
Die Fassung beruht auf dem Gesetz vom 14.8.1991 (GVBl S 261), Abs 3 geändert durch Gesetz vom 7.12.2001 (GVBl S 540), Abs. 1 Nr. 3 eingef., bish. Nr. 3 und 4 werden Nr. 4 und 5, Abs. 3 geänd. mWv 6.4.2013 (GVBl S 156).

15 *Schleswig-Holstein:* § 16 LPG s oben.
Die geltende Fassung beruht auf der Fassung der Neubekanntmachung vom 31.1.2005 (GVOBl S 105).

16 *Thüringen:* § 13 LPG s oben.
Die geltende Fassung beruht auf dem Gesetz vom 31.7.1991 (GVBl S 271) und der Änderung durch Gesetz vom 17.5.1994 (GVBl S 499), Abs 2 geändert durch Gesetz vom 24.10.2001 (GVBl S 265).

II. Bedeutung der Bestimmung. Das Recht der Ordnungswidrigkeiten

1. Trennung des Verwaltungsunrechts vom Kriminal-Strafrecht

17 Das bundesdeutsche Strafrecht ging 1968 im Wege des **„Gesetzes über Ordnungswidrigkeiten"** (OWiG vom 24.5.1968, BGBl I S 481; in der Fassung vom 19.2.1987, BGBl I S 602; letztes Änderungsgesetz vom 29.7.2011, BGBl I S 2353) grundsätzlich dazu über, das Kriminal-Strafrecht vom bloßen sog Verwaltungsunrecht (vgl *Kühl* Vorbem vor §§ 20–22 LPG Rn 10 und *Paschke*, Medienrecht, Rn 1295) zu trennen. Diese begründete Unterscheidung hatte schon das ursprüngliche Ordnungswidrigkeitengesetz vom 25.3.1952 (BGBl I S 177, 190) vorgenommen, jedoch beschränkt auf das Wirtschaftsstrafrecht. Nachdem sich die **Entkriminalisierung** des bloßen Verwaltungsunrechts auf dem Wirtschaftssektor bewährt hatte, wurde sie durch das OWiG 1968 allgemein durchgeführt (zur historischen Entwicklung vgl *Jescheck/Wiegend* AT § 7 V 1 und *Mitsch* RdO, Teil I § 4).

2. Das „Gesetz über Ordnungswidrigkeiten"

18 Indem alle Landespressegesetze die Fälle der leichteren Presseverstöße ausdrücklich dem Recht der Ordnungswidrigkeiten unterworfen haben, hat das **„Gesetz über Ordnungswidrigkeiten"** (vgl oben Rn 17) für die Presse große praktische Bedeutung gewonnen (so auch die Einschätzung von *Ricker/Weberling*, Kap 17 Rn 35 und *Krech* in Schiwy/Schütz/Dörr, S 421). Grundsätzlich findet das OWiG nach § 2 auf Ordnungswidrigkeiten nach Bundes- und Landesrecht Anwendung. Auch steht es den Ländern frei, in den Bereichen ihrer eigenen Zuständigkeit („Materie Presserecht", vgl *Kühl* Vorbem vor §§ 20–22 LPG Rn 13; ebenso *Krech* aaO) auf das Ordnungswidrigkeitengesetz zu verweisen und dieses moderne Gesetz unmittelbar zur Anwendung zu bringen. Gleichzeitig können die Länder die Bestimmungen des Ordnungswidrigkeitengesetzes in ihrem Kompetenzbereich durch entsprechende Änderungen den eigenen Gegebenheiten anpassen. In dieser Weise haben alle Landespressegesetze das Ordnungswidrigkeitengesetz in ihr Landespresserecht eingeführt. Lücken des Ordnungswidrigkeitengesetzes (OWiG) werden mit Hilfe der StPO ausgefüllt; neben der StPO kommt mittelbar auch das GVG und das JGG zur Anwendung (vgl zB §§ 46 Abs 1 und 79 Abs 3 OWiG; s auch *Ricker/Weberling*, Kap 17 Rn 36). Die Bestimmungen des StGB sind demgegenüber nicht anwendbar (*Göhler/Gürtler* OWiG § 1 Rn 3; *Ricker/Weberling*, aaO). Auch haben sich die Länder für bestimme Verfahren eigene Landes-Ordnungswidrigkeiten-Gesetze gegeben (vgl *Göhler/Gürtler*, OWiG § 2 Rn 9 und § 5 Rn 13). Das OWiG enthält materielles Recht (vgl unten Rn 19 ff.) und Verfahrensrecht (vgl unten Rn 31).

3. Geldbuße statt Strafe

19 Die **Ordnungswidrigkeit** ist nach der sog qualitativen (Abgrenzungs-)Theorie (vgl dazu *Bohnert* KK-OWiG Einl Rn 82 ff.) ihrem Wesen nach eine Zuwiderhandlung ohne ethisches Unrecht, ein nichtkrimineller Verstoß gegen eine Verwaltungsvorschrift; sie ist gegenüber der Straftat nicht nur ein „minus", sondern ein „aliud". Nach der Einteilungsregel des § 1 OWiG liegt eine Ordnungswidrigkeit nur dann vor, wenn eine Handlung ausschließlich mit **Geldbuße** bedroht ist. Dies ist in sämtlichen Landespressegesetzen der Fall. Eine Geldbuße darf jedoch nur verhängt werden, wenn der Täter den objektiven und subjektiven **Tatbestand** der Ordnungswidrigkeit erfüllt hat, sein Verhalten nicht gerechtfertigt ist und er auch schuldhaft gehandelt hat.

4. Vorsatz. Fahrlässigkeit. Schuld. Irrtum

Zum subjektiven Tatbestand gehört auch bei den Ordnungswidrigkeiten, die nicht fahrlässige Verstöße erfassen, der Vorsatz, wobei grundsätzlich bedingter Vorsatz genügt (vgl *Stöckel* in Erbs/Kohlhaas P 190, § 23 Rn 3). Zum Tatbestand der fahrlässigen Ordnungswidrigkeiten gehört eine objektive Sorgfaltspflichtverletzung und die objektive Voraussehbarkeit (Erkennbarkeit) der Tatbestandsverwirklichung (vgl *Lackner/Kühl* § 15 StGB Rn 36; nach *Mitsch*, RdO, Teil II § 8 Rn 23–27 handelt es sich nur um zwei Bezeichnungen für ein und dasselbe Merkmal). Bewusste und unbewusste Fahrlässigkeit reichen gleichermaßen für die Tatbestandsverwirklichung (vgl *Mitsch*, RdO, Teil II § 8 Rn 20, 21; *Stöckel* aaO). Die Schuld des Täters setzt seine Verantwortlichkeit voraus (§ 12 OWiG, der den §§ 19, 20 StGB entspricht). Das Unrechtsbewußtsein fehlt auch bei Ordnungswidrigkeiten im Falle eines unvermeidbaren Verbotsirrtums (§ 11 Abs 2 OWiG, der § 17 StGB entspricht). Zur Begründung des Schuldvorwurfs bei fahrlässigen Ordnungswidrigkeiten vgl *Mitsch*, RdO, Teil II § 10 Rn 23–25; *Rengier* KK-OWiG § 10 Rn 40–45). 20

a) Die Bestrafung wegen einer Ordnungswidrigkeit setzt nach § 10 OWiG prinzipiell **vorsätzliches Handeln** voraus, sofern nicht das Gesetz ausdrücklich auch **fahrlässiges** Handeln mit Geldbuße bedroht. Sämtliche Landespressegesetze – außer Bayern – stellen ausdrücklich fest, dass Presse-Ordnungswidrigkeiten auch fahrlässig begangen werden können. Dagegen wird in **Bayern** (vgl unten Rn 81) nur die vorsätzlich bzw bedingt vorsätzliche Presse-Ordnungswidrigkeit geahndet. Zum Begriff des Vorsatzes bzw des bedingten Vorsatzes und der Fahrlässigkeit s Näheres bei *Kühl* § 20 LPG Rn 107 und § 21 LPG Rn 21.

b) Die Unterscheidung von vorsätzlichem und fahrlässigem Handeln spielt im Pressestrafrecht eine erhebliche Rolle. Eine Reihe von Presse-Ordnungsverstößen (so zB die Weiterverbreitung eines beschlagnahmten Druckwerks entgegen dem Verbot des § 15 LPG) gilt bei vorsätzlicher Begehung als schwerer Verstoß und damit als kriminelles Vergehen im Sinne des § 21 Nr 4 LPG (zu dessen umstrittener Fortgeltung vgl *Kühl* § 21 LPG Rn 52), bei fahrlässiger Begehung dagegen als reine Ordnungswidrigkeit. Dies gilt auch für die sonstigen Tatbestände des § 21 LPG (vgl § 22 LPG Abs 2). 21

c) Die Grundsätze des Strafrechts über den **Irrtum** (§§ 16, 17 StGB) finden ihre Parallele im Ordnungswidrigkeitenrecht. Bei einem Irrtum über **Tatumstände** entfällt der Vorsatz, doch kann hier Ahndung wegen fahrlässigem Verhalten in Frage kommen (§ 11 Abs 1 OWiG; vgl näher *Mitsch*, RdO, Teil II § 8 Rn 12). Bei unvermeidbarem **Verbotsirrtum** entfällt jede Schuld (§ 11 Abs 2 OWiG): wer in unvermeidbarem Irrtum über das Bestehen einer Rechtsvorschrift sein Verhalten für nicht rechtswidrig (*Mitsch*, RdO, Teil II § 10 Rn 17) oder infolge einer irrtümlichen Annahme eines so nicht existierenden Rechtfertigungsgrundes für erlaubt hält (sog Erlaubnisirrtum, der auch ein Verbotsirrtum ist, vgl *Mitsch*, RdO, Teil II § 10 Rn 18; *Rengier* KK-OWiG § 11 Rn 108), kann nicht mit einer Geldbuße belegt werden. 22

5. Tateinheit. Tatmehrheit

Liegt **Tateinheit** zwischen mehreren Ordnungswidrigkeiten vor, dh werden durch die gleiche Handlung mehrere Ordnungswidrigkeiten begangen, so kommt nur die- 23 jenige Gesetzesbestimmung zur Anwendung, die die höhere Geldbuße androht (§ 19 OWiG; näher *Mitsch,* RdO, Teil III § 20 Rn 13–16). Enthält dieselbe Handlung sowohl eine Ordnungswidrigkeit wie eine (kriminelle) Straftat, so kommt nur das **Strafgesetz** als die prinzipiell schwerwiegende Bestimmung zur Anwendung (§ 21 Abs 1 Satz 1 OWiG; näher *Mitsch,* RdO, Teil III § 20 Rn 23). Dies gilt selbst dann, wenn die im Strafgesetz angedrohte Strafe niedriger ist als die mögliche Geldbuße (OLG Köln NJW 1954, 245, 246; vgl auch BVerfGE 22, 49).

6. Höhe der Geldbuße. Erzwingungshaft. Einziehung von Druckwerken

24 Die **Höhe der Geldbuße** beträgt nach § 17 OWiG mindestens fünf Euro und höchstens eintausend Euro, sofern das Gesetz nichts anderes bestimmt.

a) Von dieser Möglichkeit einer **Erhöhung** der Geldbuße haben alle Länder – ausgenommen Bayern (vgl Rn 80) – Gebrauch gemacht, wobei die Mehrzahl der Länder die angedrohte Geldbuße für Presse-Ordnungswidrigkeiten im Blick auf die wirtschaftliche Situation der Presseverlage auf maximal fünftausend Euro festgesetzt hat. Nach einzelnen Landespressegesetzen sind noch höhere Geldbußen möglich. Eine Bußgeldandrohung bis 50 000 DM sieht § 15 Abs 2 LPG Brandenburg für alle in § 15 Abs 1 LPG genannten Ordnungsverstöße vor. Das LPG Thüringen sah in § 13 Abs 2 für alle in Abs 1 aufgeführten Ordnungswidrigkeiten seit dem 17.5.1994 (GVBl S 499) sogar ein Bußgeld bis zu 100 000 DM vor; jetzt 50 000 Euro. Bei einem Verstoß gegen die Offenlegungspflicht hinsichtlich der Beteiligungsverhältnisse sieht § 15 Abs 3 Satz 1 LPG Hessen (vgl Rn 86) ebenfalls ein Bußgeld bis zu 50 000 Euro vor, bei den anderen Ordnungswidrigkeiten des § 15 Abs 1 Nr 2–6 und Abs 2 ist die Obergrenze fünftausend Euro. Solch hohe Bußgeldandrohungen enthalten auch § 21 Abs 3 LPG Mecklenburg-Vorpommern und § 13 Abs 2 LPG Sachsen für die jeweils genannten Ordnungsverstöße.

25 b) Als einziges Land droht **Hamburg** (§ 21 Abs 3) eine differenzierte Geldbuße an: bei Fahrlässigkeit kann sie bis zu 2500 Euro betragen, bei Vorsatz bis zu 5000 Euro. Doch gilt diese Regel grundsätzlich auch in den anderen Ländern: unterscheidet der Gesetzgeber hinsichtlich des Höchstmaßes die Geldbuße nicht selbst zwischen Vorsatz und Fahrlässigkeit, so greift der § 17 Abs 2 OWiG ein; für fahrlässiges Handeln gilt als Höchstmaß automatisch die Hälfte des Höchstmaßes, das für vorsätzliches Handeln angedroht ist. Das Höchstmaß bei fahrlässigen Presse-Ordnungswidrigkeiten beträgt demnach 2500 Euro.

26 c) Bei Nichtbezahlung der Geldbuße kann das Gericht die **Erzwingungshaft** anordnen (§ 96 OWiG). Bei einer einzelnen Geldbuße ist die **Höchstdauer** 6 Wochen, bei mehreren in einer Bußgeldentscheidung festgesetzten Geldbußen drei Monate. Wegen desselben Buß-Betrages darf die Erzwingungshaft nicht wiederholt werden, wohl aber kann zwecks Beitreibung der Geldbuße die Zwangsvollstreckung durchgeführt werden.

27 d) Als **Nebenfolge** einer Ordnungswidrigkeit kann nach § 22 OWiG die **Einziehung** von Gegenständen angeordnet werden. Auf **Bundesebene** ist dies bei Druckwerken nur im begrenzten Rahmen des § 23 OWiG bei anstößigen Publikationen und bei Werbung auf sexuellem Gebiet möglich (vgl § 13 LPG Rn 73). Im Bereich des **Landesrechts** haben Bayern und Hessen entsprechende Regelungen getroffen (vgl *Ricker/Weberling,* Kap 17 Rn 38). Nach Art 12 Abs 2 LPG **Bayern** kann bei vorsätzlichem Verstoß gegen die Vorschriften der Art 7, 8 und 9 LPG Bayern auf **Einziehung** der Druckwerke und des zu ihrer Herstellung verwendeten Materials erkannt werden (vgl Rn 37). Einziehung in gleichem Umfang (von Druckwerken und Herstellungsmaterial) sieht § 21a Abs 4 LPG **Hessen** dort vor, wo bei der Offenlegung der Beteiligungsverhältnisse am Verlag falsche Angaben gemacht werden oder wo die Trennung von Text- und Anzeigenteil nicht korrekt durchgeführt wird (vgl Rn 86).

II. Bedeutung der Bestimmung § 22 LPG

7. Beschlagnahme von Druckwerken zu Beweiszwecken. Auflagen-Beschlagnahme

Auch im Ordnungswidrigkeitenrecht ist grundsätzlich eine **Beschlagnahme** von 28
Druckwerken möglich (vgl *Ricker/Weberling*, Kap 17 Rn 38). Doch verweist § 46
OWiG insoweit auf die allgemeinen gesetzlichen Bestimmungen (vgl *Göhler/Gürtler*
vor § 59 OWiG Rn 72). Handelt es sich um die Sicherstellung von einigen wenigen
Druckwerken zu **Beweiszwecken** im anhängigen oder bevorstehenden Verfahren, so
kommt das Presseprivileg des § 97 Abs 5 Satz 1 StPO zum Zug, wonach die Beschlagnahme von Schriftstücken insoweit unzulässig ist, als das Zeugnisverweigerungsrecht der Presse-Angehörigen reicht. Geht es im konkreten Fall um die Beschlagnahme einer **ganzen Auflage**, so greifen die Schutzbestimmungen der §§ 13 bis 18
LPG ein. In der Regel wird eine Auflagenbeschlagnahme im Bereich der Ordnungswidrigkeiten daran scheitern, dass die nachteiligen Folgen der Beschlagnahme **außer
Verhältnis** zur Bedeutung der Sache (Ordnungswidrigkeit) stehen (§ 13 Abs 3 Nr 2
LPG; so auch *Ricker/Weberling*, aaO).

8. Verjährung von Ordnungswidrigkeiten

Nach § 24 Abs 2 LPG **verjährt** die **Strafverfolgung** von Presse-Ordnungs- 29
widrigkeiten bereits in **drei Monaten,** während die normale Verjährungsfrist nach
§ 31 Abs 2 Nr 4 OWiG sechs Monate beträgt. Die normale **Verjährungsfrist** des
OWiG **verlängert** sich allerdings je nach dem angedrohten Höchstmaß der Geldbuße, und zwar bei einer Buße von mehr als eintausend bis zu zweitausendfünfhundert Euro auf 1 Jahr, bei einem Bußgeld von mehr als zweitausendfünfhundert bis zu
fünfzehntausend Euro auf 2 Jahre und bei einem angedrohten Bußgeld von mehr als
fünfzehntausend Euro auf 3 Jahre (§ 31 Abs 2 Nr 1–3 OWiG). Da die maximale
Geldbuße in allen Landespressegesetzen (außer Bayern) mindestens fünftausend Euro
beträgt (zB § 22 Abs 3 LPG Baden-Württemberg oder § 21 Abs 3 Berliner LPG),
würden Presse-Ordnungswidrigkeiten nach § 31 OWiG erst in 2 Jahren verjähren,
wenn der Presse nicht das Dreimonats-Privileg des § 24 Abs 2 LPG zustünde (vgl
BGHSt 28, 53, 56). – Hinsichtlich der **Vollstreckungsverjährung** verbleibt es bei
den in § 34 Abs 2 OWiG vorgesehenen Fristen von drei Jahren bei einer Geldbuße
bis zu eintausend Euro und von fünf Jahren bei einem höheren Betrag (Näheres zur
Verjährung von Ordnungswidrigkeiten bei *Kühl* § 24 LPG Rn 50 ff.).

9. Täterschaft und Teilnahme

Die Rechtsfrage der **Beteiligung** an einer Ordnungswidrigkeit regelt § 14 OWiG 30
anders als das StGB (§§ 25 ff. StGB; vgl *Kühl* 20 LPG Rn 81–98). Während das
StGB zwischen Täterschaft (Alleintäter, mittelbarer Täter und Mittäter; § 25 StGB)
und Teilnahme (Anstiftung und Beihilfe, §§ 26, 27 StGB) differenziert, geht das
OWiG von einem **einheitlichen Täterbegriff** aus: nach § 14 OWiG handelt jeder,
der sich in irgendeiner Form an einer Ordnungswidrigkeit beteiligt, „ordnungswidrig", ohne dass es auf Unterscheidungen wie Täter, Anstifter, Gehilfe im einzelnen
ankäme (vgl *Göhler/Gürtler* § 14 OWiG Rn 1; *Mitsch*, RdO, Teil II § 13). Für alle
Beteiligten kommt somit prinzipiell der gleiche Bußgeldrahmen in Betracht. Rechtliche Voraussetzung für die Beteiligung ist allerdings, dass der Beteiligte an der Ordnungswidrigkeit **bewusst und gewollt** (evtl auch durch Unterlassen; vgl *Mitsch*,
RdO, Teil II § 13 Rn 39) mitgewirkt hat (BGHSt 31, 309 = NJW 1983, 2272; OLG
Köln GewArch 1993, 168; BayObLG MDR 1989, 1022; OLG Düsseldorf NStZ
1984, 29; OLG Köln NJW 1979, 826; Kammergericht NJW 1976, 1465, 1467). Die
Beteiligung erfordert demnach einen vorsätzlichen Tatbeitrag (hM; vgl *Göhler/Gürtler*
§ 14 OWiG Rn 3 mit umfassenden Nachweisen zur Rspr; krit zu dieser einschränkenden Voraussetzung *Mitsch*, RdO, Teil II § 13 Rn 52, 57; dagegen *Rengier* KK-OWiG § 14 Rn 6). Bei fahrlässigem Handeln kommt nur **fahrlässige Nebentäter**-

schaft in Frage, falls das Gesetz auch die fahrlässige Ordnungswidrigkeit mit Geldbuße bedroht (vgl *Göhler/Gürtler* § 14 OWiG Rn 4). Doch setzt die rechtswidrige Beteiligung an der Ordnungswidrigkeit eines anderen voraus, dass der andere vorsätzlich und nicht nur fahrlässig handelt (vgl *Göhler/Gürtler* § 14 OWiG Rn 5b).

10. Das Opportunitätsprinzip

31 Anders als im Strafrecht, wo der sog Legalitätsgrundsatz herrscht, gilt bei der Verfolgung von Ordnungswidrigkeiten das sog **Opportunitätsprinzip**: Die Festsetzung einer Geldbuße steht je nach der Schwere des Verstoßes im pflichtgemäßen **Ermessen** der Verfolgungsbehörde (§ 47 Abs 1 OWiG). Auch das Gericht kann mit Zustimmung der Verfolgungsbehörde (Staatsanwaltschaft) das Verfahren in jeder Lage einstellen (§ 47 Abs 2). Bei geringfügigen Ordnungswidrigkeiten kann die Verwaltungsbehörde statt einer Geldbuße ein bloßes Verwarnungsgeld erheben (§ 56 OWiG). Sämtliche Landespressegesetze, die auf das OWiG verweisen, bringen die Anwendung des Opportunitätsgrundsatzes klar zum Ausdruck: „die Ordnungswidrigkeit **kann** mit einer Geldbuße ... geahndet werden".

11. Das Opportunitätsprinzip

32 Das **Verfahren** liegt bei Ordnungswidrigkeiten in den Händen der Verwaltungsbehörden. Abgesehen von Bayern, Hamburg und Niedersachsen (dort wurde eine entsprechende Regelung gestrichen) haben alle anderen Landespressegesetze die für Presse-Ordnungswidrigkeiten zuständige Verwaltungsbehörde konkret bestimmt. In Baden-Württemberg und Hessen ist es der Regierungspräsident/Regierungspräsidium, in Rheinland-Pfalz die Aufsichts- und Dienstleistungsdirektion und in Sachsen-Anhalt die Bezirksregierung. In Berlin ist der Polizeipräsident zuständig, in Mecklenburg-Vorpommern in den Kreisen der Landrat und in den Städten der Oberbürgermeister als Ordnungsbehörde, wobei die Behörden unter die Fachaufsicht des Innenministers gestellt sind. In Schleswig-Holstein der Landrat bzw die Bürgermeister der kreisfreien Städte, in Nordrhein-Westfalen die Kreisordnungsbehörde, in Brandenburg die Landräte und die Oberbürgermeister der kreisfreien Städte als Kreisordnungsbehörden und in Thüringen das Landesverwaltungsamt. Die unteren Verwaltungsbehörden sind in Bremen (Ortspolizeibehörden), im Saarland (die Landkreise, der Stadtverband Saarbrücken und die Landeshauptstadt Saarbrücken der kreisfreien Städte) und in Sachsen (Landkreise und die kreisfreien Städte) berufen, wobei im Saarland zugleich die Fachaufsicht des Ministerpräsidenten vorgesehen ist. Die Tendenz geht offenbar dahin, der Presse gegenüber eine höhere Verwaltungsinstanz tätig werden zu lassen, bei der im allgemeinen größere Objektivität und Unbefangenheit als auf lokaler Ebene erwartet werden kann (vgl *Rebmann* § 22 LPG Rn 26).

III. Die einzelnen Ordnungswidrigkeiten der Landespressegesetze. Übersicht

1. Ahndung des „Verwaltungsunrechts" als Ordnungswidrigkeit

33 Alle Landespressegesetze gehen von einer **Zweiteilung** der Presserechts-Verstöße aus: Die gravierenden Zuwiderhandlungen gegen die Presseordnung wie auch die sog Presse-Inhaltsdelikte (vgl § 20 LPG) werden als kriminelles Unrecht (Presse-Vergehen) mit Freiheitsstrafe oder mit Geldstrafe bestraft (§§ 20, 21 LPG). Dagegen werden die leichteren Verstöße gegen die Ordnungsvorschriften der Landespressegesetze als nichtkriminelles Verwaltungsunrecht (sog **Ordnungswidrigkeiten**) mit einer Geldbuße geahndet (§ 22 LPG; vgl oben Rn 24). – Diese Zweiteilung der Presserechts-Verstöße entspricht der Einteilung im früheren Reichspreßgesetz: in § 18

III. Die einzelnen Ordnungswidrigkeiten der LPG. Übersicht   § 22 LPG

RPG waren die schwereren Verstöße gleichfalls als Vergehen behandelt worden, während die leichteren Zuwiderhandlungen nach § 19 RPG als Übertretungen geahndet wurden. Eine Verbesserung ist nunmehr dadurch eingetreten, dass die leichten Verstöße des § 22 LPG heute als sog Ordnungswidrigkeiten kein kriminelles Unrecht mehr darstellen, was bei den Übertretungen des § 19 RPG noch der Fall war.

2. Die einzelnen Ordnungswidrigkeiten der Landespressegesetze (Übersicht)

Ein **Überblick** über die verschiedenen Gruppen von Presseverstößen, die in den Landespressegesetzen wegen ihrer Geringfügigkeit prinzipiell als **Ordnungswidrigkeiten** geahndet werden (*Heinrich*, Medienstrafrecht, Rn 342), ergibt Folgendes: 34

a) Im Vordergrund stehen die **leichten** Verstöße gegen die **Impressumpflicht** des § 8 LPG. Sie werden in allen Landespressegesetzen mit einer Geldbuße geahndet. Es sind die Fälle, in denen der Täter nur **fahrlässig** handelt oder wo es sich um ein Druckwerk **nicht-strafbaren Inhalts** handelt, mag nun auf Seiten des Täters Vorsatz oder Fahrlässigkeit vorliegen (Näheres s unten Rn 41–49). – Dagegen liegt ein gravierender Impressumverstoß im Sinne einer Straftat des § 21 Nr 3 LPG vor, wenn der Täter vorsätzlich dort gegen die Pflicht der korrekten und vollständigen Impressumangabe verstößt, wo es um ein Druckwerk strafbaren Inhalts geht; denn gerade hier ist die zutreffende Impressumangabe wesentlich (vgl *Kühl* § 21 LPG Rn 36–51).

b) Alle Landespressegesetze enthalten ein **Verbot** der sog **redaktionellen Werbung** und sehen im Interesse der wirtschaftlichen Unabhängigkeit der Presseverlage eine strenge Trennung von Text- und Anzeigenteil vor. Eine vorsätzliche oder fahrlässige Verletzung dieser Bestimmung wird in allen Landespressegesetzen als Ordnungswidrigkeit geahndet, wobei Bayern (Art 12 Abs 1 Nr 1 in Verbindung mit Art 9) nur die vorsätzliche Zuwiderhandlung mit einer Geldbuße bedroht. Näheres s unten Rn 63–66. 35

c) Beim Recht der **Gegendarstellung** schreibt § 11 Abs 3 S 3 LPG vor, dass sich das betroffene Presse-Organ beim Abdruck einer Gegendarstellung, falls dazu alsbald Stellung genommen wird, auf tatsächliche Angaben zu beschränken hat. Eine Verletzung dieser Bestimmung wird bei der Mehrheit der Länder als Ordnungswidrigkeit geahndet (Näheres s unten Rn 67 ff.). 36

d) In allen Ländern ist die Presse mit der „Naturalleistung" belastet, an Bibliotheken des Landes und/oder an die Deutsche Bibliothek in Frankfurt aM sog **Pflichtexemplare** abzuliefern (vgl *Sedelmeier/Burkhardt* § 12 LPG Rn 11–25). Mehrere Länder (ausgenommen Baden-Württemberg, Bayern, Berlin, Bremen, Niedersachsen, Nordrhein-Westfalen, Sachsen und Thüringen) ahnden die Verletzung der Ablieferungspflicht als Ordnungswidrigkeit. Näheres s unten Rn 70 ff. 37

e) Besonders deutlich zeigt sich der Charakter der Ordnungswidrigkeit als Verstoß geringeren Grades in der Bestimmung, dass die wegen **vorsätzlichen** Handelns als Pressevergehen bestraften Delikte des § 21 LPG im Falle **fahrlässigen** Begehens nur als Ordnungswidrigkeiten geahndet werden (vgl § 22 Abs 2 LPG). Diese Differenzierung entfällt in Bayern, wo nach Art 12 nur vorsätzliche Ordnungswidrigkeiten geahndet werden (vgl Rn 81). 38

Zu den in § 21 LPG angeführten Verstößen, die bei lediglich **fahrlässiger** Begehung nur als Ordnungswidrigkeiten geahndet werden, gehören die Bestellung und die Tätigkeit eines **verantwortlichen Redakteurs**, der nicht die gesetzlichen Erfordernisse des § 9 LPG erfüllt (vgl Rn 75, 76).

3. Besondere Fälle von Ordnungswidrigkeiten nach den Landespressegesetzen von Bayern, Brandenburg, Hessen, Niedersachsen und Sachsen

Einzelne Landespressegesetze kennen noch weitere Fälle von Presse-Ordnungswidrigkeiten. So ahnden **Bayern** (Art 12 Abs 1 Nr 1), **Brandenburg** (§ 15 Abs 1 Nr 3), **Hessen** (§ 15 Abs 1 Nr 1 und Abs 2) und **Sachsen** (§ 13 Abs 1 Nr 4) die Verletzung der Pflicht zur Angabe der **Inhaber- und Beteiligungsverhältnisse** am Verlag je 39 nach der Schwere der Tat teils als kriminelles Delikt, teils als Ordnungswidrigkeit (vgl Rn 82, 83, 86 und 89).

IV. Impressumverstöße leichterer Art als Ordnungswidrigkeiten

Allgemeines

40 Impressumverstöße gelten im allgemein als leichtere Presseverstöße, bei denen die Ahndung als Ordnungswidrigkeit ausreicht. Sie werden nur dann als gravierende Zuwiderhandlungen im Sinne eines kriminellen Vergehens bestraft, wenn der Tatbestand eine doppelte Erschwernis aufweist: es muss einmal eine **vorsätzliche** Zuwiderhandlung vorliegen, und es muss sich gleichzeitig um ein Druckwerk **strafbaren Inhalts** handeln (vgl *Kühl* § 21 LPG Rn 36–51; zum strafbaren Inhalt als Voraussetzung *Weisser* AfP 2013, 98, 100, mit Beispielen aus dem KunstUrhG und dem UrhG). Demgegenüber werden in § 22 LPG **drei leichtere Tatbestände** des Impressumverstoßes als Ordnungswidrigkeiten behandelt: 1. der (vorsätzliche oder fahrlässige) Impressumverstoß bei einem Druckwerk nichtstrafbaren Inhalts (§ 22 Abs 1 Nr 1 LPG vgl Rn 41–48; dazu *Weisser* AfP 2013, 98, 100); 2. der fahrlässige Impressumverstoß bei einem Druckwerk strafbaren Inhalts (§ 22 Abs 2 LPG, vgl Rn 49); 3. die vorsätzliche oder fahrlässige Verbreitung von Druckwerken bei ganz oder teilweise fehlendem Impressum (§ 22 Abs 1 Nr 1 LPG, vgl Rn 50–62; s auch *Mitsch*, Medienstrafrecht, § 7 Rn 30). Diese Tatbestände sind wie folgt zu unterscheiden:

1. Der (vorsätzliche oder fahrlässige) Impressumverstoß bei einem Druckwerk nichtstrafbaren Inhalts (§ 22 Abs 1 Nr 1 LPG – Erster Tatbestand)

41 Ein derartiger Impressumverstoß leichterer Art wird nach § 22 Abs 1 Nr 1 LPG als bloße Ordnungswidrigkeit geahndet.

a) Der Tatbestand des Impressumverstoßes ergibt sich aus den Erläuterungen zu § 8 LPG. Mit dem umfassenden Ausdruck „Zuwiderhandlung gegen die Impressumvorschriften des § 8 LPG" werden sowohl die Falschangaben wie die unvollständigen Angaben wie auch das gänzliche Fehlen des Impressums erfasst (vgl *Kühl* § 21 LPG Rn 38, 39). Zu den Hauptfällen der Falschangabe gehört die Angabe eines sog Schein- oder Sitzredakteurs, der die strafrechtliche Haftung von dem eigentlichen verantwortlichen Redakteur ablenken soll (vgl *Kühl* § 21 LPG Rn 39, 43, 47). Die Ordnungswidrigkeit ist vollendet mit dem Erscheinen eines den Erfordernissen des § 8 LPG auch nur in einem Punkt nicht entsprechenden Impressums.

42 b) Der § 22 Abs 1 Nr 1 LPG ist ein „Berufsverstoß": als **Täter** kommen nur die dort genannten Personen in Betracht (KG NJW 1998, 1420, 1422). Andere Personen können nur Beteiligte der Ordnungswidrigkeit sein (vgl § 14 Abs 1 Satz 2 OWiG; vgl *Mitsch*, RdO, Teil II § 13 Rn 46). Damit handelt es sich um ein echtes **Sonderdelikt** (zu den im Bereich des Ordnungswidrigkeitenrechts häufigen Sonderdelikten vgl *Mitsch*, RdO, Teil II § 7 Rn 20). Die Zuwiderhandlung kann durch **positives Tun** (vorsätzliche Falschangaben), häufiger aber durch **Unterlassen** begangen werden. Es liegt ein sog unechtes Unterlassungsdelikt (vgl § 13 StGB) vor, weil der Täter durch sein Unterlassen den Eintritt des rechtlich missbilligten Erfolgs (Erscheinen eines Druckwerks ohne Impressum oder mit einem dem § 8 nicht entsprechenden Impressum) nicht verhindert (vgl *Kühl* § 21 LPG Rn 44). Für die in § 22 aufgeführten Personen besteht eine Rechtspflicht, einen Impressumverstoß zu verhindern (*Kühl* § 21 LPG Rn 44ff.). Sie dürfen ihre Haftung nicht auf andere abwälzen (vgl *Kühl* § 21 LPG Rn 49).

43 c) Sofern es sich beim Impressumverstoß gegen § 8 LPG um ein Druckwerk **nichtstrafbaren Inhalts** handelt, bleibt es für den Charakter der Tat als bloße Ordnungswidrigkeit im Sinn des § 22 Abs 1 Nr 1 LPG gleichgültig, ob auf seiten des

IV. Impressumverstöße leichterer Art   § 22 LPG

Täters Vorsatz oder Fahrlässigkeit vorliegt. Dieser Unterschied spielt jedoch eine Rolle für die Ahndung der Tat: bei einer lediglich fahrlässigen Tat kann nach dem oben (Rn 31) Festgestellten von Geldbuße ganz abgesehen werden. Auch kommt statt der Geldbuße eine gebührenpflichtige Verwarnung in Betracht. Ein vorsätzlicher Impressumverstoß fällt nur dann in die Kategorie der bloßen Ordnungswidrigkeit, wenn es sich um ein Druckwerk nichtstrafbaren Inhalts handelt; bei Druckwerken strafbaren Inhalts werden vorsätzliche Impressumverstöße als Pressevergehen bestraft (§ 21 Nr 3 LPG).

d) **Fahrlässige** Impressumverstöße sind stets bloße Ordnungswidrigkeiten, und zwar ergibt sich dies aus § 22 Abs 1 Nr 1 LPG, falls ein Druckwerk straflosen Inhalts vorliegt, dagegen aus § 22 Abs 2 LPG, wenn es sich um ein Druckwerk strafbaren Inhalts handelt.   44

(1) Wegen des Begriffs der Fahrlässigkeit s *Kühl* § 21 LPG Rn 21 und schon § 20 LPG Rn 107.

Die allgemeine **Sorgfaltspflicht,** nicht durch positives Tun fahrlässig eine Gesetzesverletzung zu begehen, ist rechtlich verschieden von der speziellen „Erfolgsabwendungspflicht", wie sie in § 22 Abs 1 Nr 1 LPG dem verantwortlichen Redakteur und Verleger (bzw Verfasser und Herausgeber beim Selbstverlag) auferlegt ist. Die allgemeine Sorgfaltspflicht obliegt grundsätzlich jedem strafrechtlich verantwortlichen Menschen. Dagegen kann ein Unterlassungsverstoß fahrlässig nur von solchen Personen begangen werden, denen eine besondere Erfolgsabwendungspflicht obliegt, zB das Erscheinen von Druckwerken mit strafbarem Inhalt zu verhindern.

(2) Den **verantwortlichen Redakteur** trifft in erster Linie die Rechtspflicht zur Überprüfung der Impressumangaben. Doch beschränkt sich seine Erfolgsabwendungspflicht auf die Impressumangaben, die sich auf die Redaktion beziehen (vgl *Paschke,* Medienrecht, Rn 1295: redaktionsspezifische Angaben). Er haftet nicht, wenn er übersieht, dass die Anschrift des Druckers nicht stimmt. Den Sitzredakteur, der im Rechtssinn kein verantwortlicher Redakteur ist, trifft keine Erfolgsabwendungspflicht. Eine Pflicht des abgelösten Redakteurs, eine Änderung des Impressums sicherzustellen, besteht nicht, weil sie zu einer unklaren Überschneidung von Verantwortungsbereichen zwischen dem abgelösten und dem aktuellen verantwortlichen Redakteur führen würde (KG NJW 1998, 1420, 1422).   45

(3) Den **Verleger** (beim Selbstverlag den Verfasser oder Herausgeber) trifft neben dem verantwortlichen Redakteur eine unbeschränkte Pflicht zur Überprüfung des Impressums und zur Verhinderung des Erscheinens eines Druckwerks, das nicht dem § 8 LPG entspricht. Die Prüfungspflicht des Verlegers erstreckt sich auf das gesamte Impressum, während der verantwortliche Redakteur nur die Angaben zu überprüfen hat, die die Redaktion betreffen (vgl OLG Düsseldorf AfP 1988, 48; OLG München ZUM 1990, 308; *Ricker/Weberling,* Kap 17 Rn 39). Daher kann der Verleger seine umfassende Haftung auch nicht auf den „beschränkt haftenden" verantwortlichen Redakteur abwälzen (RGSt 20 S 430). Doch kann der Verleger grundsätzlich seine persönliche Fahrlässigkeitshaftung durch Bestellung eines verantwortlichen Betriebsleiters auf diesen **abwälzen** (*Paschke,* Medienrecht, Rn 1295; *Stöckel* in Erbs/Kohlhaas P 190, § 23 Rn 5) oder durch Aufteilung des Betriebs in selbständige Abteilungen die Haftung auf die von ihm selbst geleitete Abteilung hinsichtlich des Impressums beschränken (vgl *Kühl* § 21 LPG Rn 49). Es ist dem Inhaber eines großen Verlages nicht zuzumuten, täglich jedes Impressum seiner zahlreichen Druckwerke persönlich zu überprüfen (vgl OLG Hamm BB 1957, 61; *Rebmann* § 22 LPG Rn 6). Voraussetzung der Haftungsbefreiung ist stets, dass der Unternehmer bei der Auswahl und Beaufsichtigung seiner Hilfspersonen sorgfältig verfährt und dass ihm auch sonst kein sog betrieblicher Organisationsmangel angelastet werden kann (vgl BGH NJW 1978, 2395; *Löffler* NJW 1965, 942ff.; *Ricker/Weberling,* Kap 17 Rn 39). Ein solcher die Fahrlässigkeitshaftung auslösender Organisationsmangel wird immer dann gegeben sein, wenn von verlegerischer Seite überhaupt keine oder unzureichende Vorkehrungen getroffen worden sind, um einen Impressumverstoß zu verhindern.   46

Verletzt der Verleger seine Aufsichtspflicht, so begeht er eine Ordnungswidrigkeit nach § 130 OWiG, der auch auf die Presse Anwendung findet (BGH NStZ 1986, 367 = AfP 1986, 124; *Ricker/Weberling,* aaO; *Paschke* aaO).

47   (4) Von der Möglichkeit der Abwälzung der Fahrlässigkeitshaftung können nicht nur selbständige Verleger, sondern auch **Organe einer Gesellschaft** oder juristischen Person Gebrauch machen. Doch ist hier die Haftung für Organisationsmängel zu beachten, die vor allem bei größeren Kapitalgesellschaften von Bedeutung ist.

48   (5) Befindet sich ein Verlag in gemeinschaftlichem Besitz, so können die Mitinhaber durch gegenseitige Übereinkunft ihre Fahrlässigkeitshaftung auf die ihnen zugeteilte Abteilung oder Sparte beschränken. Bei einer solchen **Aufteilung der Verantwortlichkeit** trifft einen Mitinhaber gegenüber den anderen Teilhabern keine Beaufsichtigungspflicht, so dass insoweit eine Fahrlässigkeitshaftung ausscheidet. Ist ein Mitinhaber an der Geschäftsführung nicht beteiligt, so entfällt damit in der Regel seine Fahrlässigkeitshaftung.

2. Der fahrlässige Impressumverstoß bei einem Druckwerk strafbaren Inhalts (§ 22 Abs 2 LPG)

49   Der **fahrlässige Impressumverstoß** bei einem **Druckwerk strafbaren Inhalts** seitens eines verantwortlichen Redakteurs oder Verlegers ist nach § 22 Abs 2 LPG eine bloße Ordnungswidrigkeit. Diese Handlung fällt nicht unter § 22 Abs 1 Nr 1, weil dort Druckwerke nichtstrafbaren Inhalts vorausgesetzt werden, wie der Vergleich mit § 21 Nr 3 LPG zwingend ergibt. Nach der hier vertretenen Auffassung ist das Vorliegen eines Druckwerks strafbaren Inhalts lediglich eine objektive Bedingung der Strafbarkeit (vgl *Kühl* § 21 LPG Rn 40). Es ist deshalb nicht erforderlich, dem Täter auch hinsichtlich des strafbaren Inhalts des Druckwerks Fahrlässigkeit nachzuweisen. Es genügt, wenn ihn hinsichtlich der Nichteinhaltung der Impressumvorschriften Fahrlässigkeit trifft. Im Übrigen gilt das oben zu Rn 41 ff. Ausgeführte entsprechend. Zum Begriff „Fahrlässigkeit" vgl *Kühl* § 21 LPG Rn 21 und schon § 20 LPG Rn 107.

3. Verbreitung eines Druckwerks trotz fehlendem Impressum durch einen Unternehmer (§ 22 Abs 1 Nr 1 LPG – Zweiter Tatbestand)

50   a) Eine Ordnungswidrigkeit besonderer Art wird nach § 22 Abs 1 Nr 1 LPG – zweiter Tatbestand – geahndet: Die Verbreitung von Druckwerken trotz fehlendem Impressum durch einen Unternehmer. Hier ist ein weiterer, selbständiger Tatbestand normiert worden, bei dem anstelle des Verlegers bzw des verantwortlichen Redakteurs (vgl Rn 42, 45 und 49) den sog **Unternehmer** eine besondere Haftung trifft. Unternehmer ist, wer eine gewerbliche oder berufliche Tätigkeit **selbständig** ausübt, sei es als Einzelkaufmann, Handelsgesellschaft oder als juristische Person (so die Legaldefinition in § 2 Umsatzsteuergesetz vom 26.11.1979, BGBl I S 1953; nach *Schroth,* Unternehmen als Normadressaten und Sanktionssubjekte, 1993, 80 f., ist diese Bezeichnung als Unternehmer rechtsformübergreifend zu verstehen; vgl BVerfGE 31 S 314, 315; *Stöckel* in Erbs/Kohlhaas P 190, § 23 Rn 5). Auch gehört zum Begriff des Unternehmers, dass er seine Tätigkeit **gewerbsmäßig** ausübt (vgl Rn 60, 61). Als Unternehmer im Sinne des Verbreitungsdelikts des § 22 Abs 1 Nr 1 LPG kommen insb **Buchhändler** sowie Zeitungs- und Zeitschriftenhändler in Frage. Die Zuwiderhandlung gegen das Verbreitungsverbot des § 22 LPG wird als Ordnungswidrigkeit geahndet, gleichgültig, ob der Unternehmer vorsätzlich oder fahrlässig gehandelt hat.

51   b) Die **Ausführungshandlung** ist das Verbreiten von Druckwerken, in denen die nach § 8 LPG vorgeschriebenen Impressum-Angaben **ganz oder teilweise fehlen.**
(1) Das **Verbreiten** eines Druckwerks ist der rechtliche Oberbegriff und umfasst alle Arten der Verbreitung wie Verkaufen, Verteilen, Vertreiben, Feilhalten, öffentliches Ausstellen oder Anschlagen (vgl Einleitung Rn 24–46). Der Rechtsbegriff des

IV. Impressumverstöße leichterer Art § 22 LPG

Verbreitens erfordert, dass das Druckwerk aus dem engen Kreis der Herstellungsbeteiligten hinaustritt und einem größeren Personenkreis zugänglich gemacht wird (BGHSt 5, 381, 385 = NJW 1954, 847; 2013, 257 = NJW 1959, 2125; vgl *Kühl* § 20 Rn 46 ff. und § 21 Rn 41). Ob die Verbreitung „offen" erfolgt oder vertraulich, ist dabei ohne rechtliche Bedeutung. Doch muss es sich beim Empfänger um einen „größeren Personenkreis" handeln. Die Weitergabe des Druckwerks an einzelne Personen genügt nicht (vgl *Kühl* § 21 Rn 41 mwN).

(2) Zum Verbreiten gehört als erster Akt das **„Erscheinenlassen"** des Druck- 52 werks. Es ist der Beginn der Verbreitung (vgl *Kühl* § 24 LPG Rn 58 und § 21 LPG Rn 41). Das „Erscheinenlassen" eines gegen die Impressumvorschriften verstoßenden Druckwerks ist aber ein **Sonderdelikt** (vgl oben Rn 42), dessen Täter nach § 21 Nr 3 und § 22 Abs 1 Nr 1 LPG (erster Tatbestand) nur der verantwortliche Redakteur oder der Verleger (beim Selbstverlag auch der Verfasser oder Herausgeber) sein können, nicht jedoch der „Unternehmer" im Sinne des § 22 Abs 1 Nr 1 LPG (zweiter Tatbestand). Beim verbotswidrigen „Erscheinenlassen" eines Druckwerks kann der Unternehmer allenfalls Beteiligter (vgl § 14 Abs 1 Satz 2 OWiG) sein. Täter kann er nur hinsichtlich eines Druckwerks sein, das bereits erschienen ist und das er nunmehr verbreitet. Während die Tat des „Erscheinenlassens" mit der Weitergabe des Druckwerks an einen größeren Personenkreis zugleich vollendet und beendet ist, ist die Tat des Verbreitens durch den Unternehmer mit dem ersten Verbreitungsakt (der nicht das Erscheinen des Druckwerks sein darf) zwar vollendet, aber nicht beendet; das Verbreiten im Sinne des § 22 Abs 1 Nr 1 LPG (zweiter Tatbestand) umfasst jede spätere Weiterverbreitung durch den Unternehmer.

c) Der Verbreitungsverstoß nach § 22 Abs 1 Nr 1 LPG (zweiter Tatbestand) ist nur 53 beim gänzlichen oder teilweisen **Fehlen** des ordnungsmäßigen Impressums gegeben, nicht aber dann, wenn das Impressum unrichtige Angaben enthält (vgl *Ricker/ Weberling*, Kap 17 Rn 40; *Stöckel* in Erbs/Kohlhaas P 190, § 23 Rn 5; s auch *Paschke*, Medienrecht, Rn 1295). Der Grund für diese Beschränkung liegt auf der Hand: Ob das Impressum in allen Einzelheiten zutrifft (ob zB bei einer Illustrierten die Anschrift des Druckers richtig angegeben ist), kann der die Verbreitung durchführende Unternehmer nicht wissen, und eine diesbezügliche Prüfungspflicht kann ihm nicht zugemutet werden. Dagegen muss jeder Unternehmer, der sich beruflich mit der Verbreitung von Druckwerken befasst, wissen, welche Erfordernisse nach § 8 LPG an ein Impressum hinsichtlich seiner Vollständigkeit gestellt werden. Ob das Impressum ganz fehlt oder ob nur einzelne Angaben, die § 8 LPG fordert, im Druckwerk nicht gemacht wurden, lässt sich vom Unternehmer jederzeit unschwer – wenn auch bei einem umfangreichen Grossistenbetrieb mitunter mühevoll – feststellen.

Im Hinblick auf den Gesetzeszweck wird man von einem „Fehlen" der Impressumangaben nur dort sprechen können, wo eine Lücke vorliegt. Die keine Lücke aufweisende Veröffentlichung unzutreffender oder ungenauer Impressumangaben als „Fehlen" der vorgeschriebenen Impressumangaben aufzufassen, würde dem Sinn des Gesetzes widersprechen und praktisch zu unhaltbaren Resultaten führen; auch der Wortlaut des § 22 Abs 1 Nr 1 LPG – „ganz oder teilweise fehlen" steht einer solchen Auffassung entgegen.

d) Die Ordnungswidrigkeit der Verbreitung von Druckwerken trotz fehlendem 54 Impressum (§ 22 Abs 1 Nr 1 LPG – zweiter Tatbestand) kann **vorsätzlich oder fahrlässig** begangen werden.

(1) **Vorsätzlich** handelt der Unternehmer, der weiß, dass die vorgeschriebenen Impressumangaben ganz oder teilweise fehlen, und der trotzdem die Verbreitung des Druckwerks vornimmt (sog direkter Vorsatz in der Form der Wissentlichkeit; vgl *Lackner/Kühl* § 15 StGB Rn 21). Darauf, ob das betreffende Druckwerk außerdem noch einen strafbaren Inhalt hat und ob dem Unternehmer dies bekannt ist, kommt es für den Verbreitungs-Verstoß des § 22 Abs 1 Nr 1 LPG nicht an. Weiß der Unternehmer nicht genau, ob das Impressum vollständig ist, und rechnet er mit der Möglichkeit der Unvollständigkeit, findet sich damit aber – zB aus Gleichgültigkeit (vgl

LPG § 22

Lackner/Kühl § 15 StGB Rn 25) – ab, und verbreitet er das Druckwerk mit unvollständigem Impressum, dann liegt **bedingter Vorsatz** vor, der ausreicht. Zum Begriff Vorsatz, bedingter Vorsatz, Fahrlässigkeit s *Kühl* § 21 LPG Rn 21 und schon § 20 LPG Rn 107.

55 (2) **Fahrlässigkeit** auf seiten des Unternehmers liegt vor, wenn er infolge Vernachlässigung der ihm obliegenden Sorgfaltspflicht sich nicht um die Vollständigkeit des Impressums des von ihm verbreiteten Druckwerks kümmert, so dass er die Möglichkeit der Verwirklichung einer Ordnungswidrigkeit gar nicht voraussieht (unbewußte Fahrlässigkeit) oder sie doch als möglich voraussieht, aber ernsthaft darauf vertraut, es werde doch alles „seine Richtigkeit haben" (bewusste Fahrlässigkeit, vgl *Kühl* § 21 LPG Rn 21).

56 (3) Dabei darf jedoch die Sorgfaltspflicht des Unternehmers nicht **überspannt** werden. Man denke zB an ein umfangreiches Grossisten-Unternehmen mit zahlreichen täglich neu erscheinenden Tageszeitungen und vielen wöchentlich neu erscheinenden Zeitschriften. Hier hat der BGH (BGHSt 8, 80 f. = NJW 1955, 1287) im Bereich der Verbreitung jugendgefährdender Schriften anerkannt, dass die Prüfungspflicht des Händlers dort entfällt, wo sich der Händler auf den anerkannten Ruf eines seriösen Verlages verlassen kann. Dieser Gesichtspunkt muss erst recht gelten bei der Ordnungswidrigkeit des § 22 Abs 1 Nr 1 LPG – zweiter Tatbestand. Wo der Unternehmer weiß, dass es sich um das Druckwerk aus einem seriösen Verlag handelt oder wo der Verlag erfahrungsgemäß ein vollständiges Impressum veröffentlicht, entfällt für den Unternehmer eine konkrete Prüfungspflicht in jedem Einzelfall.

57 (4) Bezüglich der **Abwälzung** der Haftung des Unternehmers auf Verlagsangestellte, insb bei größeren Betrieben, Gesellschaften und juristischen Personen, s *Kühl* oben Rn 46, 47 und § 21 LPG Rn 49. Auch für den Unternehmer kommt eine Ordnungswidrigkeit nach § 130 OWiG in Betracht (vgl BGH NStZ 1986, 367 = AfP 1986, 124; *Ricker/Weberling*, Kap 17 Rn 40). Bei vorsätzlichem Handeln scheidet eine Abwälzung der Natur der Sache nach aus (vgl *Kühl* § 21 LPG Rn 49).

58 e) Bei dem Verbreitungsverstoß des § 22 Abs 1 Nr 1 LPG (zweiter Tatbestand) handelte es sich um einen „Berufsverstoß" (Sonderverstoß = echtes Sonderdelikt), bei dem als Täter nur der **Unternehmer** in Frage kommt (vgl oben Rn 42).

(1) Kein Unternehmer im Sinne des § 22 Abs 1 Nr 1 LPG ist der Verleger oder der Herausgeber der fraglichen Druckwerke (aM *Schroth*, Unternehmen als Normadressaten und Sanktionssubjekte, 1993, S 85, nach dem auch Verleger und Herausgeber unter die weit gefasste Normadressatenbezeichnung fallen können), denn bei ihnen wird eine spezielle Verbreitungsform: das Erscheinenlassen des Druckwerks zu Beginn der Verbreitung, als besonderer Impressumsverstoß teils als Vergehen (§ 21 LPG Nr 3), teils als Ordnungswidrigkeit (§ 22 Abs 1 Nr 1 LPG – erster Tatbestand) geahndet (nach *Schroth* aaO ist keine Überschneidung zu den Impessumdelikten gegeben, weil das Verbreiten erst nach dem Erscheinenlassen beginnt).

59 (2) Keine „Unternehmer" sind die Angestellten von Gewerbebetrieben, die sich mit dem Vertrieb von Druckwerken befassen. Der „Unternehmer" ist seiner Natur nach selbständiger Gewerbetreibender (vgl Rn 50). Eine Haftung der Angestellten eines Vertriebsunternehmens kommt nur dort in Betracht, wo der Inhaber des Unternehmens seine persönliche Haftung für Fahrlässigkeit erfolgreich auf Hilfspersonen abwälzen kann (vgl *Kühl* § 21 Rn 49).

60 (3) Die Beschränkung des Täterkreises auf diejenigen Verbreiter, die Druckwerke „als Unternehmer" verbreiten, besagt, dass eine gelegentliche oder aus ideellen Gründen erfolgende Verteilung von Druckwerken (zB von Schriften einer politischen Partei oder von Traktaten der Heilsarmee) hier nicht gemeint ist (zum Unternehmerbegriff s Rn 50). Aus der Fassung „als Unternehmer" ist vielmehr zu schließen, dass hier nur die **gewerbsmäßige** Verbreitung von Druckwerken betroffen ist. Gewerbsmäßig geschieht die Verbreitung, wenn sie zum Zweck fortgesetzter Gewinnerzielung betrieben wird (BGHSt 1, 383 = NJW 1952, 113). Die gewerbsmäßige Verbreitung von Druckwerken kann ausnahmsweise auch unentgeltlich erfolgen, so zB bei

V. Red. Werbung entgegen dem Verbot des § 10 LPG § 22 LPG

Verbreitung von Werbeprospekten. Nicht erforderlich ist, dass der Unternehmer sich ausschließlich oder auch nur überwiegend dem Vertrieb von Druckwerken widmet. Ein Warenhaus, das neben Hunderten von anderen Artikeln auch Bücher und Zeitschriften verkauft, ist ein nach § 22 Abs 1 Nr 1 LPG (zweiter Tatbestand) haftendes Unternehmen.

(4) Wenn auch die Verbreitung von Druckwerken nicht die hauptsächliche Erwerbsquelle des Unternehmers zu sein braucht, so liegt doch eine gewerbsmäßige Verbreitung von Druckwerken nur dort vor, wo der Unternehmer die **Absicht** verfolgt, sich gerade aus dieser Tätigkeit eine **ständige Einnahmequelle** zu verschaffen (BGHSt 1, 383 = NJW 1952, 113). An dieser Absicht fehlt es in all den zahlreichen Fällen, in denen Druckwerke nicht zur unmittelbaren Einnahme-Erzielung, sondern zu anderen Zwecken, vielfach als sog „Service" verbreitet werden. Keine Verbreitung im Sinne des § 22 Abs 1 Nr 1 LPG (zweiter Tatbestand) liegt demzufolge vor, wenn Zeitschriften bei Anwälten und Ärzten, in Gaststätten und bei Friseuren aufgelegt und damit, rechtlich gesehen, verbreitet werden. 61

Dagegen liegt eine gewerbsmäßige, unter § 22 Abs 1 Nr 1 LPG fallende Verbreitung vor bei Grossisten, Kiosk-Inhabern, Buchhändlern, Kolporteuren, Mietbüchereien und Lesezirkeln etc.

f) Der Verbreitungsverstoß gegen § 22 Abs 1 Nr 1 LPG (zweiter Tatbestand) ist kein Presse-Inhaltsdelikt. Es geht hier um die Ordnungsvorschrift, nicht um die geistige Wirksamkeit des Inhalts des Druckwerks (vgl *Kühl* 20 LPG Rn 29, 33); wohl aber kann die Ordnungswidrigkeit des § 22 Abs 1 Nr 1 LPG in Tateinheit mit einem Presse-Inhaltsdelikt begangen werden, zB bei der Verbreitung pornographischer Schriften (§ 184 StGB) bei fehlendem Impressum. Die Bestrafung erfolgt in diesem Fall nur aus dem Strafgesetz (§ 21 Abs 1 Satz 1 OWiG; vgl oben Rn 23). 62

V. Redaktionelle Werbung entgegen dem Verbot des § 10 LPG (§ 22 Abs 1 Nr 2 LPG)

1. Die Pflicht zur Trennung von Text- und Anzeigenteil

Nach § 10 LPG, der dem Grundsatz der klaren Trennung von Text- und Anzeigenteil im Pressewesen dient, ist der Verleger eines periodischen Druckwerks verpflichtet, eine bei ihm aufgegebene Annonce deutlich als „Anzeige" kenntlich zu machen. Nur auf diese Weise erhält der Leser einer Zeitung oder Zeitschrift Klarheit darüber, ob er es mit einer bezahlten Veröffentlichung zu tun hat oder mit der eigenen Ansicht der Redaktion. Der Sicherung dieser Vorschrift dient § 22 Abs 1 Nr 2 LPG. 63

2. Der Verstoß als (echtes) Unterlassungsdelikt

Die Ordnungswidrigkeit besteht im Unterlassen der gesetzlich vorgeschriebenen Kennzeichnung von Anzeigen, Annoncen etc. Es handelt sich um ein **echtes** Unterlassungsdelikt (zu den Folgen dieser Einordnung bei der Verjährung s *Kühl* 24 LPG Rn 69 und 80). Die einzelnen Tatbestandsmerkmale ergeben sich aus der Erläuterung zu § 10 LPG. Die Zuwiderhandlung ist vollendet mit dem Erscheinen des Druckwerks, bei dem die Anzeige nicht als solche gekennzeichnet ist. „Erscheinen" ist der Beginn der Verbreitung (*Kühl* § 21 Rn 41). Die Kennzeichnungspflicht besteht nur bei den Anzeigen, für die der Verleger ein Entgelt erhalten oder gefordert hat oder sich hat versprechen lassen (vgl § 10 LPG Rn 17–22). Unter Entgelt ist nach § 11 Abs 1 Nr 9 StGB „jede in einem Vermögensvorteil bestehende Gegenleistung" zu verstehen. Die Kennzeichnungspflicht entfällt bei entgeltlichen Veröffentlichungen nur dort, wo Inserate infolge ihrer äußeren Anordnung und Bestellung ohnehin bereits allgemein als Anzeigen zu erkennen sind. 64

LPG § 22   Presse-Ordnungswidrigkeiten

3. Berufsverstoß des Verlegers bzw des Verantwortlichen für den Anzeigenteil

65   Die Ordnungswidrigkeit des § 22 Abs 1 Nr 2 LPG ist ein **Berufsverstoß**, den nicht jedermann begehen kann. Als **Täter** kommen vielmehr nur der **Verleger** oder der Verantwortliche für den Anzeigenteil (§ 8 Abs 2 Satz 4 LPG) in Frage. Die Mithaftung des **Verantwortlichen für den Anzeigenteil** ist zwar in der zugrundeliegenden Bestimmung des § 10 LPG in den Ländern Baden-Württemberg, Berlin, Brandenburg, Hamburg, Mecklenburg-Vorpommern, Niedersachsen, Nordrhein-Westfalen, Rheinland-Pfalz [§ 13 LMG], Saarland, Sachsen, Sachsen-Anhalt und Thüringen ausdrücklich vorgesehen. Aber auch die anderen modernen Landespressegesetze haben bei der Regelung der Ordnungswidrigkeit des § 22 Abs 1 Nr 2 LPG ausdrücklich die Mithaftung des für den Anzeigenteil Verantwortlichen angeordnet (in Art 12 Abs 1 Nr 1 LPG Bayern durch die Formulierung: „wer"; in § 15 Abs 1 Nr 3 LPG Hessen durch den Zusatz: „oder kenntlich machen lässt"; ebenso § 36 Abs 3 Nr 3 iVm § 13 LMG Rheinland-Pfalz). Andere Personen wie Verlagsangestellte, der Drucker oder der zahlende Inserent können Beteiligte iS des § 14 OWiG sein (vgl *Stöckel* in Erbs/Kohlhaas P 190, § 23 Rn 6 sowie oben Rn 42).

4. Vorsatz. Fahrlässigkeit

66   Der Verstoß gegen die Kennzeichnungspflicht kann vorsätzlich oder fahrlässig begangen werden. Zum **Vorsatzbegriff** s *Kühl* § 21 LPG Rn 21 und schon § 20 LPG Rn 107. Bedingter Vorsatz genügt. Vorsatz und Fahrlässigkeit sind für den Verleger und den Verantwortlichen für den Anzeigenteil stets gesondert zu prüfen. In der Praxis wird der Inserent, der sein Inserat (Eröffnung einer neuen Filiale im Zentrum der Stadt) gern als „redaktionelle Mitteilung" tarnen möchte, entweder mit dem Verleger oder mit dem für den Anzeigenteil Verantwortlichen verhandeln, kaum aber mit beiden zugleich. Verhandelt der Inserent nur mit dem Verantwortlichen für den Anzeigenteil und läßt sich dieser für die Anzeige ein Entgelt versprechen, so hängt die Mithaftung des Verlegers davon ab, inwieweit der Verleger von diesen Verhandlungen Kenntnis hatte, bejahendenfalls handelt auch er bei Unterlassung der Kennzeichnung vorsätzlich. Erhielt der Verleger keine Kenntnis von den Verhandlungen, dann kommt bei ihm Fahrlässigkeitshaftung in Frage, falls ihm eine Verletzung seiner Sorgfaltspflicht, insb seiner Überwachungs- und Organisationspflicht, trifft (vgl oben Rn 46, 47). Dasselbe gilt sinngemäß für die Mithaftung des Verantwortlichen für den Anzeigenteil, wenn der Inserent seine Verhandlungen einseitig nur mit dem Verleger führt. Da der Verantwortliche für den Anzeigenteil die besondere Aufgabe hat, für die „rechtliche Reinheit" des Anzeigenteils zu sorgen, wird man bei ihm von einer weitgehenden Überprüfungs- und Erkundigungspflicht ausgehen müssen. Wegen der Möglichkeit für den Verleger, seine Fahrlässigkeitshaftung auf Hilfspersonen abwälzen zu können, s *Kühl* § 21 LPG Rn 49; wegen der Haftungsverhältnisse bei Gesellschaften und juristischen Personen vgl oben Rn 47. Nach *Stöckel* (in Erbs/Kohlhaas P 190, § 23 Rn 6) ist im gegenwärtigen Zusammenhang auch an Verstöße gegen das Wettbewerbsrecht zu denken.

VI. Verstoß gegen die Glossierungsbeschränkung im Gegendarstellungsrecht (§ 22 Abs 1 Nr 3 LPG)

1. Die Glossierungsbeschränkung des § 11 Abs 3 S 3 LPG

67   Das Recht der Gegendarstellung war unter der Herrschaft des Reichspreßgesetzes dadurch entwertet worden, dass die Presse auch bei Abdruck der Gegendarstellung stets das letzte Wort behielt und den Abdruck der Gegendarstellung vielfach mit diffamierenden Glossen versah. Heute sehen alle Länder (ausgenommen Bayern) zwar

VII. Verstoß gegen die Anbietungs- und Ablieferungspflicht § 22 LPG

kein völliges Verbot der Glossierung vor, wohl aber eine Glossierungsbeschränkung: nimmt die Presse in derselben Nummer, in der sie die Gegendarstellung abdruckt, zu dieser Stellung, so muss sie auf Werturteile verzichten und hat sich auf tatsächliche Angaben zu beschränken (vgl § 11 LPG Abs 3 Satz 3). In den zehn Ländern Baden-Württemberg, Berlin, Brandenburg, Mecklenburg-Vorpommern, Niedersachsen, Nordrhein-Westfalen, Saarland (§ 64 Abs 1 Nr 3 SMG in Verbindung mit § 10 Abs 2 Satz 3 SMG; zu der davor bestehenden Rechtslage, bei der die Bußgeldvorschrift des § 22 Abs 1 Nr 3 LPG aF „leerlief" vgl BVerfG NJW 1998, 1385: Verstoß gegen das Analogieverbot), Sachsen, Sachsen-Anhalt und Thüringen wird der Verstoß gegen dieses Verbot als Ordnungswidrigkeit geahndet.

2. Der Tatbestand der Glossierung

Die **Zuwiderhandlung** besteht in der – nicht auf tatsächliche Angaben beschränkten – Glossierung der zum Abdruck gebrachten Gegendarstellung in der gleichen Nummer des Druckwerks. Ein solcher Verstoß liegt vor allem vor, wenn Werturteile gebraucht werden wie „faustdicke Lüge" (zust *Stöckel* in Erbs/Kohlhaas P 190, § 23 Rn 7). Die Tat ist mit dem Erscheinen des gegen die Glossierungsbeschränkung verstoßenden Druckwerks vollendet (vgl *Kühl* § 24 LPG Rn 74 ff.). 68

3. Jedermannsdelikt

Während die Pflicht zum Abdruck der Gegendarstellung nur dem Verleger und dem verantwortlichen Redakteur obliegt, richtet sich das Glossierungsverbot gegen jedermann. § 22 Abs 1 Nr 3 LPG kann demnach auch durch einen beliebigen Redakteur (Lokalberichterstatter, Sportjournalist) oder einen Dritten, der sich zu der Gegendarstellung äußert, begangen werden. Es ist nicht erforderlich, dass sich der Beteiligte selbst äußert; veranlasst zB der Verleger, dass als Glosse zu der Gegendarstellung eine den Betroffenen diffamierende Zuschrift von dritter Seite veröffentlicht wird, so begeht der Verleger die Ordnungswidrigkeit. – Der Tatbestand wird von *Stöckel* (in Erbs/Kohlhaas P 190, § 23 Rn 7) als „zu eng gefasst" angesehen, um wirksam sein zu können: erfahrungsgemäß werde „die unmittelbare Entgegnung zu tatsächlichen Angaben benutzt, die den Leser vom Kern der Dinge ablenken und den Betroffenen in ein schiefes Licht setzen sollen." 69

VII. Verstoß gegen die Anbietungs- und Ablieferungspflicht von Bibliotheksexemplaren (§ 22 Abs 1 Nr 4 LPG)

1. Die Anbietungs- bzw Ablieferungspflicht

Der § 12 LPG legt dem Verleger und dem Drucker (letzterem nur, sofern das Druckwerk keinen Verleger hat) die Verpflichtung auf, gewisse „Pflichtexemplare" den im Gesetz (oder in der dazu ergangenen Ausführungsverordnung) bezeichneten Bibliotheken oder sonstigen Instituten unentgeltlich anzubieten und auf Verlangen abzuliefern. Der § 22 Abs 1 Nr 4 LPG (so zB im Saarland nach § 64 Abs 1 Nr 4 SMG; vgl oben Rn 37) sichert die Einhaltung dieser Bestimmung, indem er die Unterlassung der unentgeltlichen Anbietung bzw Ablieferung als Ordnungswidrigkeit ahndet. Wegen der einzelnen Tatbestandsmerkmale des Verstoßes wird auf die Erläuterungen zu § 12 LPG verwiesen. In etlichen Ländern ist § 22 Abs 1 Nr 4 LPG aufgehoben, so etwa in Baden-Württemberg (s unten Rn 79). 70

2. Der Verstoß als (echtes) Unterlassungsdelikt

Das Gesetz spricht in § 22 Abs 1 LPG vom „**Verstoß**" gegen die Verpflichtung aus § 12 LPG bzw der aufgrund des § 12 erlassenen Ausführungsvorschriften. Der Verstoß besteht in der Unterlassung der Anbietung des Druckwerks bzw der Unter- 71

LPG § 22 Presse-Ordnungswidrigkeiten

lassung der unentgeltichen Ablieferung trotz Verlangens der begünstigten Stelle. Es handelt sich um ein **echtes** Unterlassungsdelikt (zu den Folgen dieser Einordnung bei der Verjährung s § 24 LPG Rn 69 und 80). Der Verstoß ist mit dem (ergebnislosen) Ablauf der Anbietungs- bzw Ablieferungspflicht vollendet.

3. Vorsatz. Fahrlässigkeit

72   Die Zuwiderhandlung gegen die Anbietungs- und Ablieferungspflicht wird in den meisten Landespressegesetzen schon bei Fahrlässigkeit geahndet, so jetzt auch in Hamburg (§ 6 Abs 1 Pflichtexemplargesetz vom 14.9.1988 – GVBl S 180), in Rheinland-Pfalz (§ 36 Abs 3 Nr 4 LMG iVm § 5 der DurchführungsVO zu § 12 LPG vom 13.6.1966 – GVBl S 190, mit Änderungen vom 1.7.1972 – GVBl S 255 und vom 10.7.1992 – GVBl S 230; vgl hierzu § 55 Abs 4 LMG) nur bei vorsätzlichem Handeln. Bremen beschränkt sich auf den Weg des Verwaltungszwangs. Zum Vorsatz und zur Fahrlässigkeit s § 21 LPG Rn 21. Der Verleger und der Drucker können ihre Verantwortung für fahrlässige Zuwiderhandlung auf Hilfspersonen abwälzen (vgl Rn 46, 47 und *Kühl* § 21 Rn 49). Wegen der Haftungsverhältnisse bei Gesellschaften und juristischen Personen s oben Rn 47.

4. Verleger oder Drucker

73   Bei § 22 Abs 1 Nr 4 LPG handelt es sich um einen „Berufsverstoß" (Sonderverstoß = echtes Sonderdelikt; vgl *Schroth,* Unternehmen als Normadressaten und Sanktionssubjekte, 1993, S 85: alleinige Normadressaten seien Verlags- bzw Druckunternehmen; vgl ergänzend oben Rn 42). Zur unentgeltlichen Anbietung bzw Ablieferung sind nur der Verleger und (gegebenenfalls) der Drucker verpflichtet. Andere Personen (zB Verlagsangestellte) kommen als Beteiligte iSd § 14 OWiG in Betracht.

VIII. Die fahrlässige Begehung der in § 21 LPG aufgeführten Presse-Delikte (§ 22 Abs 2 LPG)

1. Die vier Verstöße des § 21 LPG

74   In § 21 LPG hat der Gesetzgeber vier **Tatbestände** als Vergehen (Presse-Delikte) unter Strafe gestellt, sofern sie vorsätzlich begangen werden. Nach § 22 Abs 2 LPG sind diese Tatbestände, sofern sie **fahrlässig** begangen werden, als bloße Ordnungswidrigkeiten zu ahnden. Es handelt sich um folgende Verstöße:

74a   a) die fahrlässige **Bestellung** eines den gesetzlichen Erfordernissen nicht entsprechenden **verantwortlichen Redakteurs** durch einen Verleger (§ 21 Nr 1 LPG, Näheres bei *Kühl* § 21 LPG Rn 24–31);

75   b) die fahrlässige **Betätigung als verantwortlicher Redakteur** ohne Erfüllung der gesetzlichen Erfordernisse (§ 21 Nr 2 LPG, Näheres bei *Kühl* § 21 Rn 32–35);

76   c) der fahrlässige Impressumverstoß bei einem Druckwerk strafbaren Inhalts seitens eines verantwortlichen Redakteurs oder Verlegers (§ 21 Nr 3 LPG; Näheres bei *Kühl* § 21 LPG Rn 36–51);

77   d) in Hessen: fahrlässige Falschangaben über die Inhaber- und Beteiligungsverhältnisse nach § 15 Abs 2 LPG (zur entsprechenden Strafvorschrift bei vorsätzlichem Handeln nach § 14 Abs 1 LPG Hessen vgl oben *Kühl* § 21 LPG Rn 71).

2. Fahrlässigkeit. Unrechtsbewusstsein

78   Zum Begriff der Fahrlässigkeit, zum Bewusstsein der Rechtswidrigkeit, zur Abwälzung der Fahrlässigkeitshaftung auf Hilfspersonen und zur Rechtslage bei Gesellschaften und juristischen Personen s *Kühl* § 21 LPG Rn 21, 22 und § 22 LPG Rn 46, 47.

IX. Abweichendes Landesrecht § 22 LPG

IX. Abweichendes Landesrecht

Teilweise abweichendes Landesrecht auf dem Gebiet der Ordnungswidrigkeiten gilt in Baden-Württemberg, Bayern, Brandenburg, Bremen, Hessen, Nordrhein-Westfalen, Sachsen und Thüringen:

1. Baden-Württemberg

§ 22 Abs 1 Nr 4 LPG Baden-Württemberg ist aufgehoben; der Verstoß gegen die 79
Anbietungs- und Ablieferungspflicht von Bibliotheksexemplaren (s oben Rn 70–73)
ist demnach keine Ordnungswidrigkeit.

2. Bayern

a) Keine erhöhte Geldbuße bei Presse-Ordnungswidrigkeiten

Bayern hat als einziges Land bei Ordnungswidrigkeiten im Pressebereich von der 80
Androhung einer erhöhten Geldbuße abgesehen. Es gilt nach Art 12 LPG Bayern der
gesetzliche **Normalsatz** (§ 17 Abs 1 OWiG), der von mindestens fünf Euro bis
höchstens eintausend Euro reicht; einem solchen Bußgeldbetrag kommt im Zeitungs-
und Zeitschriftenbereich kaum eine abschreckende Wirkung zu. Andererseits sieht
Bayern in bestimmten Fällen von Ordnungswidrigkeiten die **Einziehung** der
Druckwerke und der Herstellungsmittel vor (Näheres s Rn 27); der Verweis in § 13
Abs 2 S 2 aF auf § 19 OWiG war überholt, da die gemeinte Vorschrift jetzt in § 23
OWiG enthalten ist; inzwischen verweist Art 12 Abs 2 Satz 2 LPG Bayern zutreffend
auf § 23 OWiG.

b) Ahndung nur bei vorsätzlichen Ordnungswidrigkeiten

Abweichend von den anderen Ländern ahndet Bayern nur **vorsätzliche** Presse- 81
Ordnungswidrigkeiten. Bei Fahrlässigkeit entfällt die Androhung einer Geldbuße.

*c) Verstoß gegen die Pflicht zur korrekten Publizierung der Inhaber- und
Beteiligungsverhältnisse am Verlag. Möglichkeit der Einziehung der Druckwerke*

In Bayern haben die Verleger von Zeit zu Zeit über die **Inhaber- und Beteili-** 82
gungsverhältnisse an ihrem Verlag bestimmte Angaben zu publizieren (Art 8 Abs 3
LPG Bayern). Wer dabei „wissentlich falsche Angaben macht", begeht nach Art 13
Nr 5 LPG Bayern eine Kriminal-Straftat. Handelt der Täter nicht „wissentlich" (dh
mit unbedingtem Vorsatz), sondern nur mit **bedingtem Vorsatz** (vgl Kühl § 21
LPG Rn 21), dann liegt lediglich eine Ordnungswidrigkeit vor (Art 12 Abs 1 Nr 1
LPG Bayern), bei der jedoch auf **Einziehung** der Druckwerke und des zu ihrer Her-
stellung verwendeten Materials erkannt werden kann (Art 12 Abs 2 LPG Bayern).

*d) Verweigerung des Abdrucks einer Gegendarstellung. Erwirkung einer unwahren
Gegendarstellung. Verfassungsrechtliche Bedenken*

Auch auf dem Gebiet des **Gegendarstellungsrechts** weicht Bayern von der 83
Regelung in den anderen Ländern erheblich ab: während dort der Verstoß gegen das
Glossierungsverbot des § 11 Abs 3 Satz 3 LPG als Ordnungswidrigkeit geahndet wird
(vgl Rn 67 ff.), kennt Bayern ein Glossierungsverbot nicht. Statt dessen sind es zwei
andere Tatbestände, die im Gegendarstellungsrecht Bayerns (Art 10 LPG) auf Antrag
mit Geldbuße geahndet werden: die Verweigerung des Abdrucks einer Gegendarstellung (Art 12 Abs 1 Nr 3) und der wider besseres Wissen erwirkte Abdruck einer „in
wesentlichen Punkten unwahren Darstellung oder Gegendarstellung" (Art 12 Abs 1
Nr 4). Neu ist die Nr 5 des Art 12 LPG Bayern, von der erfasst wird, wer einer gerichtlichen Anordnung zum Abdruck der Gegendarstellung nicht unverzüglich nachkommt. Die Verletzung dieses Gebots war bisher in § 14e) LPG Bayern aF strafbewehrt, ist aber in der neuen Strafvorschrift des Art 13 LPG Bayern nicht mehr

enthalten (s oben *Kühl* § 21 LPG Rn 58–60); dafür ist die Verletzung des Abdruckgebots jetzt bußgeldbewehrt (Art 12 Abs 1 Nr 5 LPG Bayern).

Gegen die **Gültigkeit** der bayerischen Regelung des Gegendarstellungsrechts bestehen im Blick auf Art 3 und 5 GG ernsthafte **verfassungsrechtliche Bedenken:** Die neben dem voll ausreichenden Zivilrechtsweg (Art 10 Abs 3 LPG Bayern) der Presse zusätzlich angedrohten Geldbußen (Art 12 LPG Bayern) verstoßen gegen das **Übermaßverbot** der Verfassung und verletzen zu Lasten dessen, dem der Presse gegenüber ein Anspruch auf Widerruf zusteht, den **Gleichheitsgrundsatz** des Art 3 GG (Näheres bei *Kühl* § 21 LPG Rn 59, 60).

3. Berlin

84 § 21 Abs 1 Nr 4 LPG Berlin wurde aufgehoben durch § 8 des G über die Ablieferung von Pflichtexemplaren vom 29.11.1994 (GVBl S 488). § 21 Abs 1 Nr 2 wurde neu eingefügt durch Gesetz vom 4.12.2002 (GVBl S 356), das die bisherigen Nummern 2 und 3 zu Nummern 3 und 4 umnummerierte. Die neue Nr 2 erfasst Verstöße gegen die Verpflichtung des § 7a LPG Berlin, der die Offenlegung der Inhaber- und Beteiligungsverhältnisse verlangt.

4. Brandenburg

85 In § 15 Abs 1 Nr 3 LPG Brandenburg wird zusätzlich der vorsätzliche oder fahrlässige Verstoß gegen die Offenlegungspflicht der Inhaber- und Beteiligungsverhältnisse als Ordnungswidrigkeit erfasst.

Fahrlässige Verstöße gegen die Presseordnung (§ 22 Abs 2 LPG) werden demgegenüber in Brandenburg nicht als Ordnungswidrigkeit erfasst.

5. Bremen

86 § 22 LPG Bremen enthält weder eine Bestimmung hinsichtlich einer Glossierungsbeschränkung im Gegendarstellungsrecht (§ 22 Abs 1 Nr 3 LPG), noch wird in Bremen ein Verstoß gegen die Anbietungs- und Ablieferungspflicht von Bibliotheksexemplaren als Ordnungswidrigkeit erfasst.

6. Hessen

a) Verletzung der Pflicht zur Offenlegung der Inhaber- und Beteiligungsverhältnisse am Verlag. Möglichkeit der Einziehung der Druckwerke

87 Wie Bayern (vgl oben Rn 82) legt auch Hessen einem Verleger eines periodischen Druckwerks die Pflicht auf, in seinem Blatt in regelmäßigen Zeitabschnitten offenzulegen, „wer an der **Finanzierung des Unternehmens** wirtschaftlich beteiligt ist" (§ 5 Abs 2 LPG). Der Verleger, der bei dieser Offenlegung „**wissentlich** falsche Angaben macht", wird wegen eines kriminellen Pressedelikts mit Freiheitsstrafe bis zu zwei Jahren oder mit Geldstrafe bestraft (§ 14 Abs 1 LPG Hessen). Bedingter Vorsatz scheidet hier aus (vgl § 21 LPG Rn 55, 56). Verletzt der Verleger **fahrlässig oder mit bedingtem Vorsatz** seine Offenlegungspflicht, so liegt nach § 15 Abs 1 Nr 1 LPG Hessen eine **Ordnungswidrigkeit** vor, die mit einer Geldbuße bis zu 50 000 Euro (das Hundertfache des LPG Bayern, vgl Rn 80) geahndet wird (§ 15 Abs 1 LPG Hessen). Auch hier ist, wie in Bayern, neben oder statt der Verhängung einer Geldbuße die **Einziehung** der Druckwerke und des zu ihrer Herstellung verwendeten Materials zulässig (§ 15 Abs 4 LPG Hessen; vgl oben Rn 27).

b) Bestellung und Tätigkeit eines nicht den gesetzlichen Erfordernissen entsprechenden verantwortlichen Redakteurs

88 Eine weitere Besonderheit des LPG Hessen besteht darin, dass sowohl die vorsätzliche wie die fahrlässige Bestellung bzw das Tätigwerden eines **verantwortlichen**

IX. Abweichendes Landesrecht   § 22 LPG

Redakteurs bzw eines Verantwortlichen für den Anzeigenteil, der nicht den gesetzlichen Anforderungen entspricht, einheitlich als bloße **Ordnungswidrigkeit** geahndet wird (§ 15 Abs 1 Nr 4 und 5 LPG Hessen). In den anderen alten Bundesländern wird demgegenüber diese Zuwiderhandlung bei **Vorsatz** als kriminelles Pressedelikt bestraft (§ 21 Nr 1 und 2 LPG, vgl *Kühl* § 21 Rn 24 ff.; 32 ff.) und nur bei **Fahrlässigkeit** als Ordnungswidrigkeit geahndet (§ 22 Abs 2 LPG, vgl oben Rn 75, 76). Auch ist in Hessen die Bestellung eines nicht den gesetzlichen Erfordernissen entsprechenden verantwortlichen Redakteurs bzw eines Verantwortlichen für den Anzeigenteil kein beruflicher Sonderverstoß des Verlegers (vgl oben *Kühl* Rn 42 und § 21 LPG Rn 20), sondern eine Zuwiderhandlung, die von jedermann begangen werden kann (§ 15 Abs 1 Nr 4 LPG Hessen).

7. Nordrhein-Westfalen

Das LPG Nordrhein-Westfalen sieht eine Ahndung von fahrlässigen Verstößen gegen die Presseordnung als Ordnungswidrigkeit nicht vor (§ 22 Abs 2 LPG). § 23 Abs 1 Nr 4 LPG Nordrhein-Westfalen wurde aufgehoben durch § 9 des G über die Ablieferung von Pflichtexemplaren vom 18.5.1993 (GVBl S 266). 89

7a. Rheinland-Pfalz

Das neue Landesmediengesetz (LMG) enthält in § 36 einen riesigen Katalog von Ordnungswidrigkeiten. Die bisher von § 21 LPG erfassten Ordnungswidrigkeiten finden sich in sprachlicher Umgestaltung und Erweiterung in § 36 Abs 3 LMG (zur Erweiterung auf elektronisch vertriebene Angebote s LT-Drs 14/3235 S 53). Die Höhe des Bußgelds ist jetzt in Absatz 4, die zuständige Verwaltungsbehörde in Absatz 6 geregelt. 89a

8. Saarland

Das neue saarländische Mediengesetz (SMG) hat in § 64 SMG den bisherigen § 22 LPG aF unter geringfügigen, meist technischen Änderungen übernommen; diese Änderungen betreffen Verweisung und die Gleichstellung des weiblichen Geschlechts; zur Zuständigkeit beim Verfahren vgl oben Rn 32; zur entsprechenden Anwendung auf den Rundfunk vgl Abs 5. 90

9. Sachsen

Wie in Brandenburg (vgl Rn 85), Hessen (vgl Rn 87) und in Thüringen (vgl Rn 91) wird ein vorsätzlicher oder fahrlässiger Verstoß gegen die Offenlegungspflicht als Ordnungswidrigkeit erfasst (§ 13 Abs 1 Nr 4 LPG Sachsen). Nicht erfasst sind in § 13 LPG Sachsen hingegen Verstöße gegen Ablieferungs- und Anbietungspflichten für Bibliotheksexemplare (§ 22 Abs 1 Nr 4 LPG) und fahrlässige Verletzungen der Presseordnung (§ 22 Abs 2 LPG). 91

10. Thüringen

In Thüringen sind wie in Sachsen (vgl Rn 90) sowohl Verstöße gegen die Ablieferungs- und Anbietungspflichten (§ 22 Abs 1 Nr 4 LPG) als auch fahrlässige Verletzungen der Presseordnung (§ 22 Abs 2 LPG) nicht erfasst. Wie in Brandenburg (vgl Rn 85), Hessen (vgl Rn 87) und Sachsen (vgl Rn 90) werden jedoch seit dem 17.5.1994 (GVBl S 499) vorsätzliche oder fahrlässige Verstöße gegen die Offenlegungspflicht als Ordnungswidrigkeit erfasst (§ 13 Abs 1 Nr 6 LPG). Mit dieser Gesetzesänderung wurden auch bisherige redaktionelle Fehlverweisungen berichtigt. 92

§ 23 LPG
Zeugnisverweigerungsrecht der Mitarbeiter von Presse und Rundfunk. Beschlagnahme- und Durchsuchungsverbot

I. Bundesrecht

Strafprozessordnung (StPO)

§ 53 [Zeugnisverweigerungsrecht aus beruflichen Gründen]

(1) Zur Verweigerung des Zeugnisses sind ferner berechtigt:
1. Geistliche über das, was ihnen in ihrer Eigenschaft als Seelsorger anvertraut worden oder bekannt geworden ist;
2. Verteidiger des Beschuldigten über das, was ihnen in dieser Eigenschaft anvertraut worden oder bekannt geworden ist;
3. Rechtsanwälte, Patentanwälte, Notare, Wirtschaftsprüfer, vereidigte Buchprüfer, Steuerberater und Steuerbevollmächtigte, Ärzte, Zahnärzte, Psychologische Psychotherapeuten, Kinder- und Jugendlichenpsychotherapeuten, Apotheker und Hebammen über das, was ihnen in dieser Eigenschaft anvertraut worden oder bekannt geworden ist;
3 a. [...]
3 b. [...]
4. Mitglieder des Deutschen Bundestages, der Bundesversammlung, des Europäischen Parlaments aus der Bundesrepublik Deutschland oder eines Landtages über Personen, die ihnen in ihrer Eigenschaft als Mitglieder dieser Organe oder denen sie in dieser Eigenschaft Tatsachen anvertraut haben sowie über diese Tatsachen selbst;
5. Personen, die bei der Vorbereitung, Herstellung oder Verbreitung von Druckwerken, Rundfunksendungen, Filmberichten oder der Unterrichtung oder Meinungsbildung dienenden Informations- und Kommunikationsdiensten berufsmäßig mitwirken oder mitgewirkt haben.

Die in Satz 1 Nr. 5 genannten Personen dürfen das Zeugnis verweigern über die Person des Verfassers oder Einsenders von Beiträgen und Unterlagen oder des sonstigen Informanten sowie über die ihnen im Hinblick auf ihre Tätigkeit gemachten Mitteilungen, über deren Inhalt sowie über den Inhalt selbst erarbeiteter Materialien und den Gegenstand berufsbezogener Wahrnehmungen. Dies gilt nur, soweit es sich um Beiträge, Unterlagen, Mitteilungen und Materialien für den redaktionellen Teil oder redaktionell aufbereitete Informations- und Kommunikationsdienste handelt.

(2) Die in Absatz 1 Satz 1 Nr. 1 bis 3 Genannten dürfen das Zeugnis nicht verweigern, wenn sie von der Verpflichtung zur Verschwiegenheit entbunden sind. Die Berechtigung zur Zeugnisverweigerung der in Absatz 1 Satz 1 Nr. 5 Genannten über den Inhalt selbst erarbeiteter Materialien und den Gegenstand entsprechender Wahrnehmungen entfällt, wenn die Aussage zur Aufklärung eines Verbrechens beitragen soll oder wenn Gegenstand der Untersuchung
1. eine Straftat des Friedensverrats und der Gefährdung des demokratischen Rechtsstaats oder des Landesverrats und der Gefährdung der äußeren Sicherheit (§§ 80a, 85, 87, 88, 95, auch in Verbindung mit § 97b, §§ 97a, 98 bis 100a des Strafgesetzbuches),

Zeugnisverweigerungsrecht § 23 LPG

2. eine Straftat gegen die sexuelle Selbstbestimmung nach den §§ 174 bis 176, 179 des Strafgesetzbuches oder

3. eine Geldwäsche, eine Verschleierung unrechtmäßig erlangter Vermögenswerte nach § 261 Abs. 1 bis 4 des Strafgesetzbuches

ist und die Erforschung des Sachverhalts oder die Ermittlung des Aufenthaltsortes des Beschuldigten auf andere Weise aussichtslos oder wesentlich erschwert wäre. Der Zeuge kann jedoch auch in diesen Fällen die Aussage verweigern, soweit sie zur Offenbarung der Person des Verfassers oder Einsenders von Beiträgen und Unterlagen oder des sonstigen Informanten oder der ihm im Hinblick auf seine Tätigkeit nach Absatz 1 Satz 1 Nr. 5 gemachten Mitteilungen oder deren Inhalts führen würde.

§ 55 StPO [Auskunftsverweigerungsrecht]

(1) Jeder Zeuge kann die Auskunft auf solche Fragen verweigern, deren Beantwortung ihm selbst oder einem der in § 52 Abs. 1 bezeichneten Angehörigen die Gefahr zuziehen würde, wegen einer Straftat oder einer Ordnungswidrigkeit verfolgt zu werden.

(2) Der Zeuge ist über sein Recht zur Verweigerung der Auskunft zu belehren.

§ 56 StPO [Glaubhaftmachung des Verweigerungsgrundes]

Die Tatsache, auf die der Zeuge die Verweigerung des Zeugnisses in den Fällen der §§ 52, 53 und 55 stützt, ist auf Verlangen glaubhaft zu machen. Es genügt die eidliche Versicherung des Zeugen.

§ 70 StPO [Zeugniszwang bei unberechtigter Aussageverweigerung]

(1) Wird das Zeugnis oder die Eidesleistung ohne gesetzlichen Grund verweigert, so werden dem Zeugen die durch die Weigerung verursachten Kosten auferlegt. Zugleich wird gegen ihn ein Ordnungsgeld und für den Fall, daß dieses nicht beigetrieben werden kann, Ordnungshaft festgesetzt.

(2) Auch kann zur Erzwingung des Zeugnisses die Haft angeordnet werden, jedoch nicht über die Zeit der Beendigung des Verfahrens in dem Rechtszug, auch nicht über die Zeit von sechs Monaten hinaus.

(3) Die Befugnis zu diesen Maßregeln steht auch dem Richter im Vorverfahren sowie dem beauftragten und ersuchten Richter zu.

(4) Sind die Maßregeln erschöpft, so können sie in demselben oder in einem anderen Verfahren, das dieselbe Tat zum Gegenstand hat, nicht wiederholt werden.

§ 94 StPO [Gegenstände der Beschlagnahme]

(1) Gegenstände, die als Beweismittel für die Untersuchung von Bedeutung sein können, sind in Verwahrung zu nehmen oder in anderer Weise sicherzustellen.

(2) Befinden sich die Gegenstände in dem Gewahrsam einer Person und werden sie nicht freiwillig herausgegeben, so bedarf es der Beschlagnahme.

(3) [...]

§ 97 StPO [Beschlagnahmefreie Gegenstände]

(1) Der Beschlagnahme unterliegen nicht
[...]

LPG § 23

(2) [...] Satz 3: Die Beschränkungen der Beschlagnahme gelten nicht, wenn bestimmte Tatsachen den Verdacht begründen, dass die zeugnisverweigerungsberechtigte Person an der Tat oder an einer Begünstigung, Strafvereitelung oder Hehlerei beteiligt ist, oder wenn es sich um Gegenstände handelt, die durch eine Straftat hervorgebracht oder zur Begehung einer Straftat gebraucht oder bestimmt sind oder die aus einer Straftat herrühren.

(3) [...]

(4) [...]

(5) Soweit das Zeugnisverweigerungsrecht der in § 53 Abs. 1 Satz 1 Nr. 5 genannten Personen reicht, ist die Beschlagnahme von Schriftstücken, Ton-, Bild- und Datenträgern, Abbildungen und anderen Darstellungen, die sich im Gewahrsam dieser Personen oder der Redaktion, des Verlages, der Druckerei oder der Rundfunkanstalt befinden, unzulässig. Absatz 2 Satz 3 und § 160a Abs. 4 Satz 2 gelten entsprechend, die Beteiligungsregelung in Absatz 2 Satz 3 jedoch nur dann, wenn die bestimmten Tatsachen einen dringenden Verdacht der Beteiligung begründen; die Beschlagnahme ist jedoch auch in diesen Fällen nur zulässig, wenn sie unter Berücksichtigung der Grundrechte aus Artikel 5 Abs. 1 Satz 2 des Grundgesetzes nicht außer Verhältnis zur Bedeutung der Sache steht und die Erforschung des Sachverhaltes oder die Ermittlung des Aufenthaltsortes des Täters auf andere Weise aussichtslos oder wesentlich erschwert wäre.

§ 98 StPO [Anordnung der Beschlagnahme]

(1) Beschlagnahmen dürfen nur durch das Gericht, bei Gefahr im Verzug auch durch die Staatsanwaltschaft und ihre Ermittlungspersonen (§ 152 des Gerichtsverfassungsgesetzes) angeordnet werden. Die Beschlagnahme nach § 97 Abs. 5 Satz 2 in den Räumen einer Redaktion, eines Verlages, einer Druckerei oder einer Rundfunkanstalt darf nur durch das Gericht angeordnet werden.

(2)–(4) [...]

§ 160a StPO [Schutz zeugnisverweigerungsberechtigter Berufsgeheimnisträger]

(1) [...]

(2) Soweit durch eine Ermittlungsmaßnahme eine in § 53 Abs. 1 Satz 1 Nr. 3 bis 3b oder Nr. 5 genannte Person betroffen wäre und dadurch voraussichtlich Erkenntnisse erlangt würden, über die diese Person das Zeugnis verweigern dürfte, ist dies im Rahmen der Prüfung der Verhältnismäßigkeit besonders zu berücksichtigen; betrifft das Verfahren keine Straftat von erheblicher Bedeutung, ist in der Regel nicht von einem Überwiegen des Strafverfolgungsinteresses auszugehen. Soweit geboten, ist die Maßnahme zu unterlassen oder, soweit dies nach Art der Maßnahme möglich ist, zu beschränken. Für die Verwertung von Erkenntnissen zu Beweiszwecken gilt Satz 1 entsprechend. [...]

(3) [...]

(4) Die Absätze 1 bis 3 sind nicht anzuwenden, wenn bestimmte Tatsachen den Verdacht begründen, dass die zeugnisverweigerungsberechtigte Person an der Tat oder an einer Begünstigung, Strafvereitelung oder Hehlerei beteiligt ist. Ist die Tat nur auf Antrag oder mit Ermächtigung verfolgbar, ist Satz 1 in den Fällen des § 53 Abs. 1 Satz 1 Nr. 5 anzuwenden, sobald und soweit der Strafantrag gestellt oder die Ermächtigung erteilt ist.

(5) Die §§ 97 und 100c Abs. 6 bleiben unberührt.

§ 161a StPO [Zeugen und Sachverständige vor der Staatsanwaltschaft]

(1) Zeugen und Sachverständige sind verpflichtet, auf Ladung vor der Staatsanwaltschaft zu erscheinen und zur Sache auszusagen oder ihr Gutachten zu erstatten. Soweit nichts anderes bestimmt ist, gelten die Vorschriften des sechsten und siebenten Abschnitts des ersten Buches über Zeugen und Sachverständige entsprechend. Die eidliche Vernehmung bleibt dem Richter vorbehalten.

(2) Bei unberechtigtem Ausbleiben oder unberechtigter Weigerung eines Zeugen oder Sachverständigen steht die Befugnis zu den in den §§ 51, 70 und 77 vorgesehenen Maßregeln der Staatsanwaltschaft zu. [...]

(3) Gegen die Entscheidung der Staatsanwaltschaft nach Absatz 2 Satz 1 kann gerichtliche Entscheidung durch das nach § 162 zuständige Gericht beantragt werden. [...]

(4) [...]

§ 162 StPO [Ermittlungsgericht]

(1) Erachtet die Staatsanwaltschaft die Vornahme einer richterlichen Untersuchungshandlung für erforderlich, so stellt sie ihre Anträge vor Erhebung der öffentlichen Klage bei dem Amtsgericht, in dessen Bezirk sie oder ihre den Antrag stellende Zweigstelle ihren Sitz hat. [...]

(2) Das Gericht hat zu prüfen, ob die beantragte Handlung nach den Umständen des Falles gesetzlich zulässig ist.

(3) Nach Erhebung der öffentlichen Klage ist das Gericht zuständig, das mit der Sache befasst ist. Während des Revisionsverfahrens ist das Gericht zuständig, dessen Urteil angefochten ist. [...]

Gesetz über Ordnungswidrigkeiten (OWiG):

§ 46 OWiG Anwendung der Vorschriften über das Strafverfahren

(1) Für das Bußgeldverfahren gelten, soweit dieses Gesetz nichts anderes bestimmt, sinngemäß die Vorschriften der allgemeinen Gesetze über das Strafverfahren, namentlich der Strafprozessordnung, des Gerichtsverfassungsgesetzes und des Jugendgerichtsgesetzes.

(2) bis (7) [...]

Verfahren vor parlamentarischen Ausschüssen des Bundestags:

Art 44 GG [Parlamentarische Untersuchungsausschüsse]

(1) Der Bundestag hat das Recht und auf Antrag eines Viertels seiner Mitglieder die Pflicht, einen Untersuchungsausschuß einzusetzen, der in öffentlicher Verhandlung die erforderlichen Beweise erhebt [...]

(2) Auf Beweiserhebungen finden die Vorschriften über den Strafprozeß sinngemäß Anwendung[...]

(3), (4) [...]

Art 47 GG [Zeugnisverweigerungsrecht der Abgeordneten]

Die Abgeordneten sind berechtigt, über Personen, die ihnen in ihrer Eigenschaft als Abgeordnete oder denen sie in dieser Eigenschaft Tatsachen anvertraut haben, sowie über diese Tatsachen selbst das Zeugnis zu verweigern Soweit dieses Zeugnisverweigerungsrecht reicht, ist die Beschlagnahme von Schriftstücken unzulässig.

Verfahren nach dem Bundesdisziplinargesetz:

§ 25 BDG [Beweiserhebung]

(1) Zeugen sind zur Aussage und Sachverständige zur Erstattung von Gutachten verpflichtet. Die Bestimmungen der Strafprozessordnung über die Pflicht, als Zeuge auszusagen oder als Sachverständiger ein Gutachten zu erstatten, über die Ablehnung von Sachverständigen sowie über die Vernehmung von Angehörigen des öffentlichen Dienstes als Zeugen oder Sachverständige gelten entsprechend.

(2) Verweigern Zeugen oder Sachverständige ohne Vorliegen eines der in den §§ 52 bis 55 und 76 der Strafprozessordnung bezeichneten Gründe die Aussage oder die Erstattung des Gutachtens, kann das Gericht um die Vernehmung ersucht werden. [...] Das Gericht entscheidet über die Rechtmäßigkeit der Verweigerung der Aussage oder der Erstattung des Gutachtens.

(3) [...]

Ehrengerichtliches Verfahren nach der Bundesrechtsanwaltsordnung:

§ 116 BRAO Vorschriften für das Verfahren und den Rechtsschutz bei überlangen Gerichtsverfahren

(1) Für das anwaltsgerichtliche Verfahren gelten die nachstehenden Vorschriften. Ergänzend sind das Gerichtsverfassungsgesetz und die Strafprozeßordnung sinngemäß anzuwenden.

(2) [...]

Zivilprozessordnung (ZPO):

§ 383 ZPO [Zeugnisverweigerung aus persönlichen Gründen]

(1) Zur Verweigerung des Zeugnisses sind berechtigt
1. [...]
2. [...]
3. [...]
4. [...]
5. Personen, die bei der Vorbereitung, Herstellung oder Verbreitung von periodischen Druckwerken oder Rundfunksendungen berufsmäßig mitwirken oder mitgewirkt haben, über die Person des Verfassers, Einsenders oder Gewährsmanns von Beiträgen und Unterlagen sowie über die ihnen im Hinblick auf ihre Tätigkeit gemachten Mitteilungen, soweit es sich um Beiträge, Unterlagen und Mitteilungen für den redaktionellen Teil handelt;
6. Personen, denen kraft ihres Amtes, Standes oder Gewerbes Tatsachen anvertraut sind, deren Geheimhaltung durch ihre Natur oder durch gesetzliche Vorschrift geboten ist, in betreff der Tatsachen, auf welche die Verpflichtung zur Verschwiegenheit sich bezieht

(2) Die unter Nummern 1 bis 3 bezeichneten Personen sind vor der Vernehmung über ihr Recht zur Verweigerung des Zeugnisses zu belehren.

(3) Die Vernehmung der unter Nummern 4 bis 6 bezeichneten Personen ist, auch wenn das Zeugnis nicht verweigert wird, auf Tatsachen nicht zu richten, in Ansehung welcher erhellt, dass ohne Verletzung der Verpflichtung zur Verschwiegenheit ein Zeugnis nicht abgelegt werden kann.

Zeugnisverweigerungsrecht § 23 LPG

§ 384 ZPO [Zeugnisverweigerung aus sachlichen Gründen]

Das Zeugnis kann verweigert werden:
1. über Fragen, deren Beantwortung dem Zeugen oder einer Person, zu der er in einem der im § 383 Nr. 1 bis 3 bezeichneten Verhältnisse steht, einen unmittelbaren vermögensrechtlichen Schaden verursachen würde;
2. über Fragen, deren Beantwortung dem Zeugen oder einem seiner im § 383 Nr. 1 bis 3 bezeichneten Angehörigen zur Unehre gereichen oder die Gefahr zuziehen würde, wegen einer Straftat oder einer Ordnungswidrigkeit verfolgt zu werden;
3. über Fragen, die der Zeuge nicht würde beantworten können, ohne ein Kunst- oder Gewerbegeheimnis zu offenbaren.

§ 386 ZPO [Zeugnisverweigerung. Erklärung]

(1) Der Zeuge, der das Zeugnis verweigert, hat vor dem zu seiner Vernehmung bestimmten Termin schriftlich oder zum Protokoll der Geschäftsstelle oder in diesem Termin die Tatsachen, auf die er die Weigerung gründet, anzugeben und glaubhaft zu machen.

(2) Zur Glaubhaftmachung genügt in den Fällen des § 383 Nr. 4, 6 die mit Berufung auf einen geleisteten Diensteid abgegebene Versicherung.

(3) Hat der Zeuge seine Weigerung schriftlich oder zum Protokoll der Geschäftsstelle erklärt, so ist er nicht verpflichtet, in dem zu seiner Vernehmung bestimmten Termin zu erscheinen.

(4) [...]

§ 390 ZPO [Zeugniszwang]

(1) Wird das Zeugnis oder die Eidesleistung ohne Angabe eines Grundes oder aus einem rechtskräftig für unerheblich erklärten Grund verweigert, so werden dem Zeugen, ohne dass es eines Antrages bedarf, die durch die Weigerung verursachten Kosten auferlegt. Zugleich wird gegen ihn ein Ordnungsgeld und, für den Fall, daß dieses nicht beigetrieben werden kann, Ordnungshaft festgesetzt.

(2) Im Falle wiederholter Weigerung ist auf Antrag zur Erzwingung des Zeugnisses die Haft anzuordnen, jedoch nicht über den Zeitpunkt der Beendigung des Prozesses in dem Rechtszuge hinaus. Die Vorschriften über die Haft im Zwangsvollstreckungsverfahren gelten entsprechend.

(3) Gegen die Beschlüsse findet die Beschwerde statt.

Anmerkung: § 495 ZPO verweist hinsichtlich des Verfahrens vor den Amtsgerichten auf die Vorschriften des landgerichtlichen Verfahrens (§§ 253 bis 494 ZPO), soweit nicht Abweichendes bestimmt ist.

Verfahren nach dem Gesetz über das Verfahren in Familiensachen und in den Angelegenheiten der freiwilligen Gerichtsbarkeit (FamFG):

§ 29 FamFG [Beweiserhebung]

(1) [...]

(2) Die Vorschriften der Zivilprozessordnung über die Vernehmung bei Amtsverschwiegenheit und das Recht zur Zeugnisverweigerung gelten für die Befragung von Auskunftspersonen entsprechend.

(3) [...]

LPG § 23 Zeugnisverweigerungsrecht

Verfahren nach der Verwaltungsgerichtsordnung (VerwGO):

§ 98 VerwGO [Beweisaufnahme]

Soweit dieses Gesetz nicht abweichende Vorschriften enthält, sind auf die Beweisaufnahme §§ 358 bis 444 und 450 bis 494 der Zivilprozeßordnung entsprechend anzuwenden.

Verfahren nach dem Arbeitsgerichtsgesetz (ArbGG):

§ 46 ArbGG Verfahrensvorschriften

(1) [...]

(2) Für das Urteilsverfahren des ersten Rechtszugs gelten die Vorschriften der Zivilprozeßordnung über das Verfahren vor den Amtsgerichten entsprechend, soweit dieses Gesetz nichts anderes bestimmt. [...]

Verfahren nach dem Sozialgerichtsgesetz (SGG):

§ 118 SGG [Verfahrensvorschriften]

(1) Soweit dieses Gesetz nichts anderes bestimmt, sind auf die Beweisaufnahme die §§ 358 bis 363, 365 bis 378, 380 bis 386, 387 Abs. 1 und 2, §§ 388 bis 390, 392 bis 444, 478 bis 484 der Zivilprozeßordnung entsprechend anzuwenden. Die Entscheidung über die Rechtmäßigkeit der Weigerung nach § 387 der Zivilprozeßordnung ergeht durch Beschluß.

(2) [...]

(3) [...]

Verfahren nach der Finanzgerichtsordnung (FGO):

§ 84 FGO [Zeugnisverweigerungsrecht]

(1) Für das Recht zur Verweigerung des Zeugnisses und die Pflicht zur Belehrung über das Zeugnisverweigerungsrecht gelten die §§ 101 bis 103 der Abgabenordnung sinngemäß.

(2) [...]

Besteuerungsverfahren nach der Abgabenordnung (AO)

§ 102 AO Auskunftsverweigerungsrecht zum Schutz bestimmter Berufsgeheimnisse

(1) Die Auskunft können ferner verweigern:
[...]
4. Personen, die bei der Vorbereitung, Herstellung oder Verbreitung von periodischen Druckwerken oder Rundfunksendungen berufsmäßig mitwirken oder mitgewirkt haben, über die Person des Verfassers, Einsenders oder Gewährsmanns von Beiträgen und Unterlagen sowie über die ihnen im Hinblick auf ihre Tätigkeit gemachten Mitteilungen, soweit es sich um Beiträge, Unterlagen und Mitteilungen für den redaktionellen Teil handelt; § 160 bleibt unberührt.

(2) [...]

II. Landesrecht (Landespressegesetze)

Gesetzesfassung in Baden-Württemberg

§ 23 Zeugnisverweigerungsrecht und Beschlagnahmeverbot

(1) Redakteure, Journalisten, Verleger, Herausgeber, Drucker und andere, die bei der Herstellung oder Veröffentlichung eines periodischen Druckwerks berufsmäßig mitgewirkt haben, können über die Person des Verfassers, des Einsenders oder des Gewährsmanns einer Veröffentlichung dieses Druckwerks sowie über die ihnen anvertrauten, dieser Veröffentlichung zu Grunde liegenden Tatsachen das Zeugnis verweigern.

(2) Das Zeugnis darf nicht verweigert werden
1. bei einer Veröffentlichung strafbaren Inhalts, es sei denn, daß ein Redakteur oder ein anderer hauptberuflicher und ständiger journalistischer Mitarbeiter wegen dieser Veröffentlichung bestraft ist oder seiner Bestrafung keine tatsächlichen und keine rechtlichen Hindernisse entgegenstehen, oder
2. wenn auf Grund bestimmter Tatsachen anzunehmen ist, daß die einer Veröffentlichung zugrunde liegenden Schriftstücke, Unterlagen oder Mitteilungen unter Verletzung eines Strafgesetzes, das eine Freiheitsstrafe im Höchstbetrag von nicht weniger als einem Jahr androht, erlangt oder durch andere verschafft worden sind, oder
3. wenn nach dem Inhalt der Veröffentlichung auf Grund bestimmter Tatsachen anzunehmen ist, daß der Verfasser, der Einsender oder der Gewährsmann eine mit lebenslanger Freiheitsstrafe oder mit Freiheitsstrafe bis zu fünfzehn Jahren bedrohte Handlung begangen hat.

(3) Eine Bestrafung des verantwortlichen Redakteurs nach § 20 Abs. 2 Nr. 1 berechtigt nicht zur Verweigerung des Zeugnisses nach Absatz 2 Nr. 1.

(4) Zu dem Zweck, die Person des Verfassers, des Einsenders oder des Gewährsmanns einer Veröffentlichung in einem periodischen Druckwerk zu ermitteln, ist die Beschlagnahme von Schriftstücken und Unterlagen, die sich im Gewahrsam der nach den Absätzen 1 bis 3 zur Verweigerung des Zeugnisses Berechtigten befinden, nicht zulässig; das gleiche gilt, wenn die Beschlagnahme zu dem Zweck erfolgen soll, die den nach den Absätzen 1 bis 3 zur Verweigerung des Zeugnisses Berechtigten anvertrauten, dieser Veröffentlichung zugrunde liegenden Tatsachen festzustellen, nachzuweisen oder zu ermitteln. Für die Durchsuchung gilt Satz 1 entsprechend.

(5) Zu den in Absatz 4 genannten Zwecken ist die Beschlagnahme von Schriftstücken und Unterlagen in den Räumen einer Redaktion, eines Verlags oder einer Druckerei nur zulässig, wenn die Voraussetzungen des Absatzes 2 Nr. 2 oder 3 vorliegen oder wenn durch die Veröffentlichung eine rechtswidrige Tat begangen worden ist, den Tatbestand eines Verbrechens oder eines Vergehens nach den §§ 80a, 86, 89, 95, 97 oder 100a des Strafgesetzbuches verwirklicht; das gleiche gilt, wenn eine rechtswidrige Tat begangen worden ist, die nach Art. 7 des Vierten Strafrechtsänderungsgesetzes vom 11. Juni 1957 (BGBl. I S. 597) in der Fassung des Art. 147 des Einführungsgesetzes zum Strafgesetzbuch vom 2. März 1974 (BGBl. I S. 469) den Tatbestand eines Verbrechens oder in Verbindung mit den §§ 89, 95 oder 97 des Strafgesetzbuches den Tatbestand eines Vergehens verwirklicht. Für die Durchsuchung gilt Satz 1 entsprechend.

Bayern: Das Bayerische Pressegesetz idF des Gesetzes zur Änderung des BayPrG vom 10.4.2007 (GVBl. S. 281) enthält keine entsprechende Regelung.

LPG § 23

Zeugnisverweigerungsrecht

Gesetzesfassung in Berlin:

§ 18 Zeugnisverweigerungsrecht für Angehörige von Presse und Rundfunk

(1) Wer bei der Herstellung, Veröffentlichung oder Verbreitung eines periodischen Druckwerks oder als Angehöriger eines Rundfunks bei der Herstellung oder Verbreitung von Nachrichten, Tatsachenberichten oder Kommentaren in Wort, Ton und Bild mitwirkt oder mitgewirkt hat, kann über die Person des Verfassers, Einsenders oder Gewährsmannes von Beiträgen und Unterlagen sowie über die ihm anvertrauten Tatsachen das Zeugnis verweigern.

(2) Die Beschlagnahme von Schriftstücken und Unterlagen, die sich im Gewahrsam der nach Absatz 1 zur Verweigerung des Zeugnisses berechtigten Personen oder der Redaktion, des Verlages, der Druckerei, der Rundfunkanstalt, der sie angehören, befinden, ist nicht zulässig, wenn sie zu dem Zweck erfolgt,

1. die Person des Verfassers, Einsenders oder Gewährsmannes von Beiträgen oder Unterlagen zu ermitteln oder
2. Tatsachen zu ermitteln, die den zur Verweigerung des Zeugnisses berechtigten Personen anvertraut sind.

(3) Für Durchsuchungen gilt Absatz 2 entsprechend.

Brandenburg: Eine entsprechende Regelung ist nicht geschaffen worden.

Bremen: § 23 LPG aufgehoben durch Art. 69 Nr. 9 des Gesetzes vom 18.12.1974 (Brem. GBl. S. 351).

Hamburg: § 22 LPG aufgehoben durch Art. 1 Nr. 56 des Gesetzes vom 1.12.1980 (GVBl. S. 363).

Hessen: §§ 22, 23 LPG aufgehoben durch Gesetz vom 14.6.1982 (GVBl. S. 138).

Mecklenburg-Vorpommern: Eine entsprechende Regelung ist nicht geschaffen worden.

Niedersachsen: § 23 LPG aufgehoben durch Art. 35 Nr. 6 des Gesetzes vom 2.12.1974 (Nds.GVBl. S. 535).

Nordrhein-Westfalen: § 24 LPG aufgehoben durch Gesetz vom 6.10.1987 (GV.NW. S. 342).

Rheinland-Pfalz: Das LandesmedienG v. 4.2.2005 (GVBl. S. 23) hat das Landespressegesetz aufgehoben (§ 55 Abs. 2 Nr. 1); es enthält in den §§ 13–15 keine entsprechende Regelung.

Saarland: Das Saarländische MedienG idF v 27.2.2002 (ABl. S. 498, 754) hat das Saarländische Pressegesetz außer Kraft gesetzt (§ 71 Abs 1); es enthält in den §§ 13, 14 keine entsprechende Regelung.

Sachsen: Eine entsprechende Regelung ist nicht geschaffen worden.

Sachsen-Anhalt: Eine entsprechende Regelung ist nicht geschaffen worden.

Schleswig-Holstein: § 23 LPG aufgehoben durch Art. 38 Nr. 4 des Gesetzes vom 9.12.1974 (GVOBl. S. 71).

Thüringen: Eine entsprechende Regelung ist nicht geschaffen worden.

Inhaltsübersicht

Rn

I. Bedeutung der Bestimmung
1. Der unerlässliche Schutz des Redaktionsgeheimnisses 1
2. Gefährdung des Redaktionsgeheimnisses 2
   a) Zeugniszwang 3
   b) Beschlagnahme und Durchsuchung in Presseverlagen 4

II. Maßgeblichkeit des Bundesrechts – Geltung des § 23 LPG allein für landesrechtlich geregelte nicht-strafrechtliche Verfahren
1. Erschöpfende Ausübung der Bundeskompetenz nach Art 74 Abs. 1 Nr 1 GG 5
2. Nichtigkeit des § 23 LPG im Strafprozess; Unanwendbarkeit auf die Verfolgung landesrechtlich geregelter Straftaten 6
3. Maßgeblichkeit des § 23 LPG für landesrechtliche Verfahren außerhalb der Strafverfolgung 7

III. Die historische Entwicklung des Zeugnisverweigerungsrechts von Presse und Rundfunk. Aktuelle Reformbestrebungen
1. Frühe Bemühungen des Staates, die Anonymität der Presseprodukte zu durchbrechen 8
2. Das liberale Zeugnisverweigerungsrecht der Presse in Baden und Württemberg (1868). Die Ablehnung im Kaiserreich 9
3. Die begrenzte Zubilligung in der Weimarer Republik (1926) 10
4. Auskunftspflicht statt Anonymität 1933–1945 11
5. Die Fassung in Bayern und Hessen (1949) 12
6. Die bundesrechtliche Regelung von 1953. Die Einbeziehung des Rundfunks 13
7. Die länderrechtliche Regelung 1964/1966 (§ 23 LPG) 14
8. Die umstrittene Gesetzgebungskompetenz. Die Nichtigerklärung der Länderregelung bei Verfahren nach Bundesrecht durch das Bundesverfassungsgericht 15–17
9. Die bundesrechtliche Neuregelung von 1975
   a) Entstehungsgeschichte 18
   b) Stärkere Berücksichtigung der Pressefreiheit.
      Neue Beschränkungen 19–21
10. Durchsuchungs- und Beschlagnahmeaktionen 22
11. Die Neuregelung durch das StPO-Änderungsgesetz von 2002
    a) Entstehung 23
    b) Ergänzungen der §§ 53 und 97 StPO 24

IV. Das publizistische Zeugnisverweigerungsrecht als Ausprägung der Informationsfreiheit des Art 5 GG
1. Schutz der Informationsbeschaffung und der Pressefreiheit als Institution 25
2. Informantenschutz und Schutz des Redaktionsgeheimnisses 26

V. Der zur Zeugnisverweigerung berechtigte Personenkreis
1. Generalisierende Umschreibung des berechtigten Personenkreises 27
2. Der Begriff „Mitwirkung". Die Hilfspersonen. Die Dauer des Schutzes 28–30
3. Der Umfang der geschützten Pressetätigkeit
   a) Die Tätigkeit der Vorbereitung 31
   b) Informanten 32
   c) Presseredaktionelle Hilfsunternehmen 33
   d) Pressearchiv 34
4. Mitwirkung bei der Herstellung 35
5. Mitwirkung bei der Verbreitung 36
6. Das Erfordernis der Berufsmäßigkeit 37–39
7. Geltung für die periodische und die nicht-periodische Presse 40
8. Einbeziehung der Filmberichterstattung 41
9. Einbeziehung der Informations- und Kommunikationsdienste 42

VI. Der Inhalt des Zeugnisverweigerungsrechts
1. Das Schweigerecht umfasst die Person des Informanten und den Inhalt seiner Mitteilung 43
2. Das Zeugnisverweigerungsrecht über die Person des Informanten 44
   a) Alle zur Enttarnung des Informanten geeigneten Angaben 45

LPG § 23 — Zeugnisverweigerungsrecht

	Rn
b) Zeugnisverweigerungsrecht trotz Preisgabe der Anonymität durch die Presse selbst?	46, 47
c) Verfasser von Beiträgen	48
d) Einsender von Beiträgen und Unterlagen	49
e) Sonstiger Informant	50
3. Der Inhalt der den Presseangehörigen gemachten Mitteilungen als Gegenstand des Zeugnisverweigerungsrechts	51
a) Mitteilungen	52–54
b) Bezug auf die publizistische Tätigkeit	55–57
c) Schutz des Hintergrundmaterials	58
4. Das selbst erarbeitete Material und der Gegenstand berufsbezogener Wahrnehmungen	59
a) Die Neuregelung von 2002 und ihr Zusammenhang mit der Beschlagnahmefreiheit	60, 61
b) Gegenstand des Zeugnisverweigerungsrechts	62
c) Entfallen des Zeugnisverweigerungsrechts	65
d) Einzelfallbezogene Erweiterung zulässiger Zeugnisverweigerung und Beschlagnahmefreiheit nach der Rspr des BVerfG	71–74
5. Die Begrenzung des Zeugnisverweigerungsrechts auf den redaktionellen Teil	75
a) Ausgrenzung von Anzeigenteil und Anzeigenblättern. Ihre Problematik	76, 77
b) Erstreckung des Zeugnisverweigerungsrechts auf den Anzeigenteil kraft unmittelbarer Anwendung von Grundrechten	78
VII. Die Zeugnisverweigerung als rechtlich freie Ermessensentscheidung der Presse. Zeugnisverweigerung als Standespflicht	
1. Keine Rechtspflicht der Presse zur Zeugnisverweigerung	79
a) Keine Schweigepflicht der Presseangehörigen. Möglichkeit partiellen Schweigens	80
b) Kein Anspruch der Informanten auf Verschwiegenheit	81
c) Schweigerecht auch bei „Entbindung" von der Schweigepflicht	82
d) Widerruflichkeit der Aussagebereitschaft	83
2. Zeugnisverweigerung als Standespflicht	84–86
VIII. Trotz Zeugnisverweigerungsrecht Pflicht zum Erscheinen vor der Vernehmungsinstanz und zur Anzeige geplanter Verbrechen	
1. Pflicht zum Erscheinen	87
2. Pflicht zur Anzeige geplanter Verbrechen (§ 138 StGB)	88
IX. Weitere Verfahrensfragen, insb der Zeugniszwang	
1. Keine prinzipielle richterliche Belehrungspflicht	89
2. Der staatliche Zeugniszwang	90
a) Begriff der Zeugnisverweigerung	91
b) Fehlender gesetzlicher Grund	92
c) Kostenersatz und Ordnungsmittel	93
d) Fakultative Anordnung der Beugehaft	94
e) Wiederholbarkeit der Ordnungsmittel?	90
X. Ergänzendes Beschlagnahme- und Durchsuchungsverbot	
1. Zweck: Verhinderung der Umgehung des Schweigerechts	96
2. Durchsuchungsverbot	97
3. Beschlagnahmeverbot bei beweissichernder Beschlagnahme (§ 97 Abs 5 StPO) und bei vollstreckungssichernder Beschlagnahme	98
4. Verbot der formlosen Sicherstellung und des Herausgabeverlangens	99
5. Beschlagnahmeverbot zugleich Beweisverwertungsverbot; Unanwendbarkeit von § 160a StPO	100, 100a
6. Erhöhte Abwägungspflicht bei Beschlagnahme gegenüber Presse und Rundfunk. Grundsatz der Verhältnismäßigkeit	101, 102
7. Die geschützten Gegenstände (Schriftstücke, Abbildungen, Darstellungen usw)	103, 104
8. Das Erfordernis des Gewahrsams	105
a) Begriff des Gewahrsams	106
b) Probleme des Mitgewahrsams	107, 108
c) Freiwilliger und unfreiwilliger Verlust des Gewahrsams	109, 110

Zeugnisverweigerungsrecht § 23 LPG

Rn

9. Erstreckung des Beschlagnahmeverbots auf die Räume von Presse und Rundfunk
   a) Das Prinzip 111
   b) Das Gewahrsamserfordernis 112
   c) Weiter Begriff der Geschäftsräume 113

XI. **Wegfall des Beschlagnahmeverbots bei Verdacht der Strafverstrickung oder der eigenen Täterschaft**
   1. Inhalt der Regelung in § 97 Abs 5 S 2 StPO 114
   2. Legislatorische Entwicklung des § 97 Abs 5 S 2 iVm Abs 2 S 3 StPO 115
      a) Schaffung der bundesrechtlichen Regelung 1975 116
      b) Einfügung der Verhältnismäßigkeits- und Subsidiaritätsklausel 2002 117
      c) Änderungen durch das TKÜG 2007 118
      d) Einführung des Erfordernisses eines dringenden Tatverdachts 2012 119
   3. Personale Strafverstrickung bei tatverdächtigen Zeugen 120
      a) Dringender Tatverdacht und bestimmte Tatsachen 121
      b) Beteiligung an der Tat 122
      c) Begünstigung, Strafvereitelung und Hehlerei 123
      d) Wegfall und Wiederaufleben des Beweisverwertungsverbots 124
   4. Gegenständliche Strafverstrickung (Produkte und Instrumente der Straftat) 125–128
   5. Die Verhältnismäßigkeits- und Subsidiaritätsklausel (§ 97 Abs 5 S 2 StPO) 129
   6. Wegfall des Beschlagnahmeprivilegs bei selbst beschuldigten Medienmitarbeitern; andauernde Bedeutung des Art 5 Abs 1 S 2 GG 130, 131
   7. Richtervorbehalt für die Beschlagnahmeanordnung in Redaktionsräumen 132, 133
   8. Beschlagnahme terroristischer Rechtfertigungsschreiben? 134

XII. **Schutzvorschriften zugunsten der nicht zeugnisverweigerungsberechtigten Presseangehörigen**
   1. Das Aussageverweigerungsrecht des Beschuldigten 135
   2. Das Auskunftsverweigerungsrecht des Zeugen gemäß § 55 StPO 136
   3. Die Erfordernisse der beweissichernden Beschlagnahme im allgemeinen 137

XIII. **Das zivilprozessuale Zeugnisverweigerungsrecht von Presse und Rundfunk (§§ 383 ff. ZPO)**
   1. Beibehaltung der alten Fassung des Zeugnisverweigerungsrechts gemäß § 383 Abs 1 Nr 5 ZPO im Jahre 2002. Größere Reichweite des Schweigerechts im Zivilprozess 138, 139
   2. Die besondere Schutzbestimmung des § 383 Abs 1 Nr 6 ZPO (kraft Gewerbes anvertraute Tatsachen) 140
   3. Die Vernehmungsbeschränkung des § 383 Abs 3 ZPO 141
   4. Die Schutzbestimmungen des § 384 Nr 1, 2, 3 ZPO 142
      a) Unmittelbarer vermögensrechtlicher Schaden 134
      b) Besorgnis der Selbstbelastung 144
      c) Wahrung eines Gewerbegeheimnisses 145
   5. Entbindung von der Schweigepflicht 146
   6. Keine Erscheinenspflicht. Der Zeugniszwang 147, 148

Schrifttum: Kommentare, Hand- und Lehrbücher (mit Ausnahme der allgemeinen presserechtlichen Literatur): *Baumbach/Lauterbach/Albers/Hartmann* Zivilprozessordnung etc, Kommentar, 71. Aufl, München 2013; *Münchener Kommentar zur Zivilprozessordnung [...]* hrsgg von Rauscher, Wax und Wenzel, 3. Aufl, Bd 1, München 2008; *Stein/Jonas* Kommentar zur Zivilprozessordnung, 22. Aufl, 5. Band, bearbeitet von Berger ua, Tübingen 2006; *Thomas/Putzo* Zivilprozessordnung [...], 33. Aufl, München 2012; *Wieczorek/Schütze* (Hrsg), Zivilprozessordnung und Nebengesetze, 3. Aufl, 2. Band 3. Teilband 2. Teil, Berlin, New York 2010; *Zöller* Zivilprozessordnung [...], bearbeitet von Geimer, Greger ua, 29. Aufl, Köln 2012.
Kommentare, Hand- und Lehrbücher zum OWiG, zum StGB und zur StPO s Vor §§ 13–19 LPG.

Sonstige Darstellungen: *Badewitz* Der Zeugniszwang gegen die Presse, München 1952; *Baier* Strafprozessuale Zeugnisverweigerungsrechte außerhalb der Strafprozessordnung als Ergänzung der §§ 52 ff. StPO, Frankfurt/M. ua 1996; *Bott* Die Medienprivilegien im Strafprozess, Frankfurt/M. 2009;

Achenbach 1097

LPG § 23   Zeugnisverweigerungsrecht

Dunkhase Das Pressegeheimnis, Berlin 1998; *Erkel/Appel/Theisen/Peters* Strafrechtlicher Schutz der Informationsquellen in Presse und Rundfunk, München 1975; *Hennemann* Pressefreiheit und Zeugnisverweigerungsrecht, Berlin 1978; *Himmelsbach* Der Schutz des Medieninformanten im Zivilprozeß, München 1998; *Holtmeier* Presse- und Rundfunkfreiheit: Zeugnisverweigerungsrecht, Beschlagnahme- und Durchsuchungsfreiheit bei selbstrecherchiertem Material? Frankfurt/M. ua 1992; *Klug* Presseschutz im Strafprozeß, Berlin/Neuwied 1965; *Liehl* Der Umfang der Zeugenpflicht der Presse und der Zeugniszwang gegen die Presse im Straf- und Disziplinarverfahren, Diss. Freiburg 1908; *Löffler* Der Verfassungsauftrag der Presse, Karlsruhe 1963; *Möhl* Zeugnisverweigerungsrecht der Presse im Straf- und Disziplinarverfahren, Bonn-Bad Godesberg 1963; *Mensching* Das Zeugnisverweigerungsrecht der Medien, Diss. iur. Bonn 2000; *Ollendorf* Der Schutz der Recherche im strafprozessualen Zeugnisverweigerungsrecht der Medienschaffenden in der Bundesrepublik Deutschland, Frankfurt/M. ua 1990; *Pauli* Der Schutz von Presse und Rundfunk vor dem Zugriff staatlicher Verfolgungsorgane, München 1988; *Rengier* Die Zeugnisverweigerungsrechte im geltenden und künftigen Strafverfahrensrecht, Paderborn ua 1979, insb S 37 ff., 215 ff.; *Rose* Grenzen der journalistischen Recherche im Strafrecht und Strafverfahrensrecht, Frankfurt/M. 2001; *Rotsch* Der Schutz der journalistischen Recherche im Strafprozessrecht, Frankfurt/M. 2000; *Schlegel* Das Zeugnisverweigerungsrecht der Presse in der Geschichte der Strafprozessordnung, Diss. iur. Köln 1957; *R. Schmidt* Die Ausnahme vom Beschlagnahmeverbot gemäß § 97 Abs 2 Satz 3 1. Hs. StPO, Frankfurt/M. ua 1989; *P Schmitt* Die Berücksichtigung des Zeugnisverweigerungsrechte nach §§ 52, 53 StPO bei den auf Beweisgewinnung gerichteten Zwangsmaßnahmen, Berlin 1993; *Schuldt* Geheimnisverrat. Die Beteiligung von Journalisten an der Verletzung von Dienstgeheimnissen, Berlin 2011; *Verhandlungen des 62. Deutschen Juristentages Bremen 1998* Abteilung Strafrecht: Empfehlen sich gesetzliche Änderungen, um Zeugen und andere nicht beschuldigte Personen im Strafprozeß besser vor Nachteilen zu bewahren?, 1998, Bd I Teil C: Gutachten von *Weigend*, Bd. II/1 Teil L; *Wolter/Schenke* (Hrsg.), Zeugnisverweigerungsrechte bei (verdeckten) Ermittlungsmaßnahmen. Forschungsbericht des Arbeitskreises Strafprozessrecht und Polizeirecht (ASP), Berlin 2002.

Achenbach Verfahrenssichernde und vollstreckungssichernde Beschlagnahme im Strafprozess, NJW 1976, 1068; *ders.,* Anfechtbarkeit der erledigten richterlichen Anordnung einer Durchsuchung bei Presse und Rundfunk – BVerfG, NJW 1998, 2131, JuS 2000, 27; *ders* Im Abwägungsschungel. Beschlagnahme und Durchsuchungsverbot für die Medien und ihre Mitarbeiter, in FS f. Werner Beulke, 2015; *Baumann ua* Alternativ-Entwurf Zeugnisverweigerungsrecht und Beschlagnahmefreiheit (AE-ZVR), München 1996; *Delitz* Zweifelsfragen zum neuen strafprozessualen Zeugnisverweigerungsrecht der Presse, AfP 1976, 106; *Dörr* Durchsuchungen und Beschlagnahmen bei Medienunternehmen, AfP 1995, 378; *Gerhardt* Zum neuen Zeugnisverweigerungsrecht der Publizisten, AfP 1975, 843; *ders* Zur Unbeschränktheit des Zeugnisverweigerungsrechts der Mitarbeiter von Presse und Rundfunk, MDR 1976, 461 f.; *ders* Einschränkung des Zeugnisverweigerungsrechts des Publizisten durch die Rechtsprechung, AfP 1979, 234; *ders* Zeugnisverweigerungsrecht – verfassungswidrig? AfP 1979, 330; *Groß* Neuregelung des journalistischen Zeugnisverweigerungsrechts, NJW 1975, 1763; *ders* Zum Zeugnisverweigerungsrecht der Mitarbeiter von Presse und Rundfunk, in: FS f. Gerhard Schiedermair, München 1976, S 223; *ders* Zum journalistischen Zeugnisverweigerungsrecht, ZUM 1994, 214; *ders* Zeugnisverweigerungsrecht der Medienmitarbeiter, DVP 1997, 364; *ders* Verteidiger, Abgeordnete und Journalisten als verbotene unfreiwillige Medien zur strafprozessualen Aufklärung, StV 1996, 559; *Hamm* Vom Grundrecht der Medien auf das Fischen im Trüben, NJW 2001, 269; *Jarass* Grenzen des Zugriffs der Strafverfolgungsbehörden auf Presse- und Rundfunkmaterial, AfP 1977, 214; *Jung* Durchsuchung und Beschlagnahme in Medienangelegenheiten, AfP 1995, 375; *Kohlhaas* Das Zeugnisverweigerungsrecht des Journalisten, in: FS f Martin Löffler, München 1980, S 143; *Kunert* Das Gesetz über das Zeugnisverweigerungsrecht der Mitarbeiter von Presse und Rundfunk, MDR 1975, 885; *ders* Recht, Presse und Politik – von einer unglücklichen Dreiecksbeziehung in Bremen, DRiZ 1997, 325; *ders* Erweitertes Zeugnisverweigerungsrecht der Medienmitarbeiter, NStZ 2002, 169; *Liesching* 92. Abschnitt: Beweisgewinnung und -verwertung, in: Paschke/Berlit/Meyer (Hrsg) Hamburger Kommentar Gesamtes Medienrecht, 2. Aufl Baden-Baden 2012; *Lisken* Pressefreiheit und Strafprozeß, NJW 1988, 193; *Löffler* Der Zeugniszwang gegen Presse und Rundfunk, NJW 1958, 1215; *ders* Lücken und Mängel im neuen Zeugnisverweigerungs- und Beschlagnahmerecht von Presse und Rundfunk, NJW 1978, 913; *Löffler/Faut* Pressefreiheit und Chiffregeheimnis, BB 1974, 193; *Mitsch* Zeugnisverweigerungsrecht und Beschlagnahmeschutz von Pressemitarbeitern in der strafgerichtlichen Hauptverhandlung, AfP 2012, 521; *Pöppelmann* Zeugnisverweigerungsrecht, in: Schiwy/Schütz/Dörr (Hrsg), Medienrecht, 4. Aufl, Köln/Berlin/München 2006, S 657; *Pöppelmann/Jehmlich* Zum Schutz der beruflichen Kommunikation von Journalisten, AfP 2003, 218; *Rebmann* Beschlagnahme von terroristischen „Bekennerschreiben" bei Presseunternehmen, in: FS f Gerd Pfeiffer, Köln ua 1988, S 225; *Rengier* Die Reichweite des § 53 Abs 1 Nr 5 StPO zum Schutze des namentlich preisgegebenen, aber unauffindbaren Informanten, JZ 1979, 797; *Rogall* Artenschutz für Medienmitarbeiter? Das neue Zeugnisverweigerungsrecht der Presse, in FS f E.-J. Lampe, Berlin 2003, S 805; *Schork* Das Gesetz zur Stärkung der Pressefreiheit im Straf- und Strafprozessrecht – Vorstellung und Kritik, NJW 2012, 2964; *Schulz/Korte* Die offene Flanke der Medienprivilegien, AfP 2000, 530; *ders* Medienprivilegien in der Informationsgesellschaft, KritV 2000, 113; *Stefanopoulou* Das Spannungsverhältnis zwischen Pressefreiheit und effektiver Strafverfolgung, JR 2012, 63; *Tsambikakis* Das neue Zeugnisverweigerungsrecht für Medienmitarbeiter, StraFo 2002, 145.

I. Bedeutung der Bestimmung

1. Der unerlässliche Schutz des Redaktionsgeheimnisses

Die Presse kann die ihr nach Art 5 Abs 1 S 2 GG und den Landespressegesetzen (§ 3 LPG) obliegende öffentliche Aufgabe der Information des Publikums sowie der Kontrolle und Kritik des staatlichen und wirtschaftlichen Geschehens wirksam nur erfüllen, wenn sie den Schutz des **Redaktionsgeheimnisses** genießt, dem verfassungsrechtlich eigenständige Bedeutung zukommt (BVerfGE **66**, 116/133 ff. = NJW 1984, 1741; **77**, 65/74 f. = NJW 1988, 329; **107**, 299/331 = NJW 2003, 1787; **117**, 244/259 f. = NJW 2007, 1117, Rn 44; BVerfG 1. Kammer des 1. Senats NJW 2011, 1859 Rn 12). Dazu gehört vor allem die Wahrung der **Vertraulichkeit ihrer Informationsquellen.** Jedermann wird es sich reiflich überlegen, der Presse von Missständen im öffentlichen Leben Kenntnis zu geben, wenn er damit rechnen muss, dass sein Name infolge mangelnden Schutzes des Redaktionsgeheimnisses bekannt wird, so dass er von staatlichen und privaten Mächten zur Rechenschaft gezogen werden kann, weil er „aus der Schule geplaudert hat". Schon im Spiegel-Urteil vom 5.8.1966 (BVerfGE 20, 162/187 = NJW 1966, 1603) stellte das Bundesverfassungsgericht fest:

> „Da das Vertrauensverhältnis zwischen der Presse und ihren Mitarbeitern und Informanten eine wesentliche Voraussetzung für die Funktionsfähigkeit eines Presseorgans bildet und eine Gefährdung dieses Vertrauensverhältnisses geeignet sein kann, über den vorliegenden Einzelfall hinaus nachteilige Auswirkungen auf andere Presseorgane und damit für die Pressefreiheit überhaupt nach sich zu ziehen, besteht hier zwangsläufig ein Konflikt zwischen dem Interesse an der Strafverfolgung und dem Schutz der Pressefreiheit [...]".

Zum Schutzbereich des Art 5 Abs 1 S 2 GG zusammenfassend u Rn 25.

2. Gefährdung des Redaktionsgeheimnisses

Das Redaktionsgeheimnis der Presse ist unmittelbar durch zwei staatliche Zwangsmaßnahmen gefährdet: einerseits durch den Zwang, vor Gericht als Zeuge über interne und vertrauliche Dinge auszusagen, und andererseits durch flankierende Beschlagnahme- und Durchsuchungsmaßnahmen in Presseverlagen.

a) Zeugniszwang

Zeugniszwang übte der Obrigkeitsstaat in massiver Form schon bald nach dem Aufkommen der „gefährlichen" Massenvervielfältigung anonymer Schriften im 16. Jhdt. aus (näher u Rn 8). Später gab das im Pressewesen übliche Lizenz- und Konzessions-System der Staatsgewalt die Möglichkeit, die Verfasser einer Publikation und deren Informanten ausfindig zu machen. Seit das Konzessionssystem um die Mitte des 19. Jahrhunderts der allgemeinen Anerkennung der Pressefreiheit weichen musste, ist der gerichtliche Zeugniszwang das dem Staat verbliebene Instrument, die als Zeugen geladenen Presseangehörigen durch Androhung empfindlicher, im Gesetz (§ 70 StPO) vorgesehener Ordnungsmittel zu zwingen, die Namen ihrer Mitarbeiter und Informanten preiszugeben.

b) Beschlagnahme und Durchsuchung in Presseverlagen

Der für die Presse „unabdingbare" Schutz ihres Redaktionsgeheimnisses (vgl BVerfGE 36, 193/204 = NJW 1974, 356) wird nicht nur durch den Zeugniszwang, sondern in gleichem Maße auch durch „flankierende" **Beschlagnahme- und Durchsuchungsmaßnahmen** in Presseverlagen bedroht. Hier hofft man zu finden, was die Zeugen verschweigen. Die Bedeutung des Zeugnisverweigerungsrechts der Presse ergibt sich auch daraus, dass grundsätzlich dem gleichen Umfang, in dem der Presse das Zeugnisverweigerungsrecht zusteht, sowohl die Beschlagnahme von Unterlagen wie eine Durchsuchung der Presseverlage unzulässig sind (§ 97 Abs 5

LPG § 23 Zeugnisverweigerungsrecht

StPO; vgl u Rn 96ff.). Ein Zeugnisverweigerungsrecht ohne ein ergänzendes Beschlagnahme- und Durchsuchungsverbot wäre wirkungslos.

II. Maßgeblichkeit des Bundesrechts – Geltung des § 23 LPG allein für landesrechtlich geregelte nicht-strafrechtliche Verfahren

1. Erschöpfende Ausübung der Bundeskompetenz nach Art 74 Abs. 1 Nr 1 GG

5   Nach der gefestigten Rechtsprechung des Bundesverfassungsgerichts gehört das publizistische **Zeugnisverweigerungsrecht von Presse und Rundfunk** seinem Wesen nach zum **Verfahrensrecht** und nicht zu der Materie Presse- bzw Rundfunkrecht (BVerfGE **36**, 193ff. = NJW 1974, 356; **36**, 314ff. = NJW 1974, 743 [Ls.]; **38**, 103ff.; **48**, 367/372ff = NJW 1978, 1911). Der **Bundesgesetzgeber** hat von der ihm nach Art 74 Abs 1 Nr 1 GG zustehenden konkurrierenden Gesetzgebungsbefugnis im Recht des gerichtlichen Verfahrens **umfassend Gebrauch gemacht**:
Die geltende Fassung des **strafprozessualen Zeugnisverweigerungsrechts** von Presse und Rundfunk (§ 53 Abs 1 S 1 Nr 5, S 2 , § 97 Abs 2 S 3 und 5 sowie § 98 Abs 1 S 2 StPO) geht zurück auf Art 1 des Gesetzes über das Zeugnisverweigerungsrecht der Mitarbeiter von Presse und Rundfunk vom 25.7.1975 (BGBl I, S 1973), modifiziert durch das Gesetz zur Änderung der StPO vom 15.2.2002 (BGBl I, S 682, u Rn 23), das Gesetz zur Neuregelung der Telekommunikationsüberwachung und anderer verdeckter Ermittlungsmaßnahmen etc vom 21.12.2007 (BGBl I, S 3198) sowie das Gesetz zur Stärkung der Pressefreiheit im Straf- und Strafprozessrecht vom 25.6.2012 (BGBl I, S 1374). Das strafprozessuale Zeugnisverweigerungsrecht von Presse und Rundfunk findet entsprechende Anwendung im Bußgeldverfahren (§ 46 OWiG), im Verfahren vor den parlamentarischen Ausschüssen des Bundestags (Art 44, 47 GG), im Verfahren nach dem Bundesdisziplinargesetz (§ 25) sowie im ehrengerichtlichen Verfahren nach der Bundesrechtsanwaltsordnung (§ 116 BRAO).
Die geltende Fassung des **zivilprozessualen Zeugnisverweigerungsrechts** von Presse und Rundfunk (§ 383 Abs 1 Nr 5 ZPO) beruht auf Art 2 des Gesetzes vom 25.7.1975. Das zivilprozessuale Zeugnisverweigerungsrecht von Presse und Rundfunk findet entsprechende Anwendung im Verfahren der Freiwilligen Gerichtsbarkeit (§ 29 FamFG), im Verfahren nach der Verwaltungsgerichtsordnung (§ 98 VerwGO), vor den Arbeitsgerichten (§ 46 ArbGG) und den Sozialgerichten (§ 118 SGG). Das Zeugnisverweigerungsrecht von Presse und Rundfunk im Besteuerungsverfahren und im Verfahren nach der Finanzgerichtsordnung (§§ 102 AO, 84 FGO) beruht auf Art 3 und 4 des Gesetzes vom 25.7.1975. Das Gesetz zur Änderung der StPO von 2002 hat das Zeugnisverweigerungsrecht in diesen Verfahrensordnungen nicht verändert (so der RegE des Gesetzes, BT-Drs 14/5166 S 2), ebensowenig die genannten späteren Gesetze.

2. Nichtigkeit des § 23 LPG im Strafprozess; Unanwendbarkeit auf die Verfolgung landesrechtlich geregelter Straftaten

6   Die wenigen **Landespressegesetze,** die heute überhaupt noch eine Regelung des publizistischen Zeugnisverweigerungsrechts enthalten, sind insoweit **mangels Kompetenz nichtig,** als sie sich auf **bundesrechtliche Verfahrensregelungen** beziehen. In den meisten Bundesländern hat der Landesgesetzgeber daraus die Konsequenzen gezogen und die entsprechenden Vorschriften aufgehoben; die Pressegesetze der Neuen Bundesländer haben Normen dieses Inhalts gar nicht erst geschaffen.
Die Vorschriften des Landespresserechts über das publizistische Zeugnisverweigerungsrecht sind **auch insoweit unanwendbar,** als es um die **Verfolgung landesrechtlich geregelter Straftaten** geht, also auch in Verfahren wegen §§ 20, 21 LPG.

III. Historische Entwicklung. Reformbestrebungen § 23 LPG

Nach § 3 Abs 1 EGStPO iVm § 13 GVG findet die StPO Anwendung auf sämtliche Strafsachen. § 3 Abs 3 EGStPO erlaubt verfahrensrechtliche Besonderheiten nach Landesrecht allein in Forst- und Feldrügesachen. Die Kodifikationsklausel des § 6 EGStPO verleiht dem Strafverfahrensrecht der StPO im übrigen eine Sperrwirkung gegenüber dem Landesrecht mit der Folge, dass eine landesrechtliche Gesetzgebungskompetenz für das Strafverfahrensrecht ausgeschlossen ist (*Achenbach* in AK-StPO, § 6 EGStPO Rn 1; *Hilger* in Löwe/Rosenberg § 6 EGStPO Rn 1; *Rogall* GA 1985, 1, 7; die Ausnahmen des § 6 Abs 2 EGStPO sind nicht einschlägig).

3. Maßgeblichkeit des § 23 LPG für landesrechtliche Verfahren außerhalb der Strafverfolgung

Bedeutung kann danach dem § 23 LPG allein für **nicht-strafrechtliche Verfahren** zukommen, die sich **nach Landesrecht** richten (*Groß* PresseR Rn 706, 743; *Mensching* S 82; *Soehring* in Soehring/Hoene, PresseR § 8 Rn 5). Für die von diesen Autoren genannten Verfahren vor den Landesverfassungsgerichten, vor Untersuchungsausschüssen der Landesparlamente oder landesrechtlich geregelte Disziplinar- und Berufsgerichtsverfahren kann dies allerdings nur dort gelten, wo die einschlägigen Rechtsnormen nicht ihrerseits wieder auf das Strafverfahrensrecht des Bundes verweisen.   7

III. Die historische Entwicklung des Zeugnisverweigerungsrechts von Presse und Rundfunk. Aktuelle Reformbestrebungen

1. Frühe Bemühungen des Staates, die Anonymität der Presseprodukte zu durchbrechen

In dem jahrhundertelangen Kampf zwischen dem Staat und der Presse als Verfechterin neuer, freiheitlicher Ideen sah die Obrigkeit die besondere Gefährlichkeit der Gazetten in ihrer **Anonymität**, die die Feststellung der Informanten, Verfasser, Drucker und Verbreiter unerwünschter Publikationen erheblich erschwerte. Neben der Verpflichtung zur Impressumangabe war es vor allem der **Zeugniszwang**, mit dessen Hilfe der Staat versuchte, den Schutzwall der publizistischen Anonymität zu durchbrechen. Schon bald nach dem Aufkommen des Gutenbergschen Buchdruckverfahrens und der dadurch möglich gewordenen Massenverbreitung von Schriften gestattete die Reichspolizeiordnung von 1548 die „peinliche Befragung" der Besitzer solcher Schriften nach deren Herkunft, dh den Einsatz der Folter. Daneben wurden zur Erzwingung der Auskunft Geld- und Freiheitsstrafen in unbegrenzter Höhe verhängt. Nachdem die Aufklärung die Beseitigung der Folter gebracht hatte, ging der moderne Staat dazu über, zur Feststellung des Verfassers oder Gewährsmanns einer Veröffentlichung ein Strafverfahren gegen „Unbekannt" einzuleiten. Der als Zeuge geladene Presseangehörige setzte sich empfindlichen Ordnungs- und Beugestrafen (Geld- und Haftstrafen) aus, wenn er seinen Gewährsmann verschwieg.   8

Lange bevor der Gedanke des notwendigen Schutzes des Redaktionsgeheimnisses in Deutschland Eingang fand, setzte er sich in **England**, dem klassischen Land der Pressefreiheit, durch. Dort hatte man frühzeitig erkannt, dass die Presse ihre staatspolitische Funktion der Information, Kontrolle und Kritik nur erfüllen könne, wenn sie ihre Informationsquellen geheimhalten dürfe – auch vor Gericht. Man beruft sich in England zum Beweis für die Unentbehrlichkeit des Zeugnisverweigerungsrechts der Presse mit Vorliebe auf das historische Beispiel der aufsehenerregenden „Juniusbriefe", die Sir Philipp Francis, ein hoher englischer Beamter, im Jahr 1769 unter dem Namen „Junius" veröffentlichte. Der Schutz des Pseudonyms ermöglichte es Sir Francis, gegen schwere, in der Verwaltung aufgetretene und ihm infolge seiner hohen Stellung bekannte Missstände wirkungsvoll vorzugehen (vgl *Löffler* NJW 1958, 1215).

Achenbach 1101

2. Das liberale Zeugnisverweigerungsrecht der Presse in Baden und Württemberg (1868). Die Ablehnung im Kaiserreich

9   In **Deutschland** wurde ein erster Erfolg schon in den sechziger Jahren des 19. Jahrhunderts im traditionell liberalen Südwesten des Landes erzielt: Das **Badische** Pressegesetz vom 2.4.1868 bestimmte in § 14, dass Verleger, Herausgeber und Drucker einer Schrift als Zeugen nicht gezwungen werden dürften, deren Verfasser anzugeben (*Liehl* S 7/8). Nach der **Württembergischen** Strafprozessordnung vom 17.4.1868 stand Druckern, Verlegern und Redakteuren das Recht zu, das Zeugnis hinsichtlich der Person des Verfassers, Einsenders oder Herausgebers von Presseveröffentlichungen zu verweigern, vorausgesetzt, dass es Presseangehörige gab, die nach außen die Verantwortung trugen (*Hahn/Stegemann*, Die gesamten Materialien zu den Reichs-Justizgesetzen, Bd 3 Abt. 1, 2. Aufl, Berlin 1885, S 101). Doch scheiterten alle Versuche der Presse, ein – im Vergleich zum geschützten Berufsgeheimnis der klassischen Berufe der Geistlichen, Ärzte, Anwälte usw – bescheidenes Zeugnisverweigerungsrecht im Reichspreßgesetz von 1874 bzw in der Reichsstrafprozessordnung zu verankern, an dem kompromisslosen Widerstand des Bundesrats, des Verfassungsorgans der Landesfürsten (vgl *Badewitz* S 19).

Als Folge dieser engstirnigen Haltung kam es im Bismarckschen Kaiserreich zu zahlreichen, meist unerquicklichen und für den Staat letztlich fruchtlosen Fällen der Bestrafung von Presseangehörigen wegen Zeugnisverweigerung. Denn es gehörte schon in der Kaiserzeit zur gefestigten **Standespflicht der Presse,** das Redaktionsgeheimnis strikt zu wahren. Besonderes Aufsehen erregte ein gerichtliches Massenzwangsverfahren, das 1875 gegen die Redakteure der **Frankfurter Zeitung** durchgeführt wurde. Ihr Verleger **Leopold Sonnemann** und vier seiner Redakteure verbrachten damals insgesamt siebeneinhalb Monate im Gefängnis (Zwangshaft), weil sie ihre Informanten nicht preisgaben (vgl *Badewitz* S 20; *Löffler* NJW 1958, 1219). Von 1871 bis 1879 mussten die Redakteure der Frankfurter Zeitung eine Gesamtzeit von drei Jahren und vier Monaten unter zum Teil schikanösen Bedingungen im Gefängnis in Zeugnis-Zwangshaft verbringen. Vergebens machte die Zeitung geltend, daß ihre Redakteure, insb der verantwortliche Redakteur, die volle strafrechtliche Haftung für sämtliche Veröffentlichungen übernähmen (vgl die Garantiehaftung u Rn 20). Es war der preußischen Regierung gerade in den Fällen, in denen die Zeitung Missstände in der öffentlichen Verwaltung zutreffend geschildert hatte, darum zu tun, die Informanten zur Rechenschaft zu ziehen, die nicht „dicht gehalten" hatten. Erst das Ende der Monarchie machte den Weg für ein liberaleres Presserecht frei.

3. Die begrenzte Zubilligung in der Weimarer Republik (1926)

10   In der **Weimarer Republik** fand zunächst das Zeugnisverweigerungsrecht der **Abgeordneten** des Reichstags und der Landtage eine rechtliche Anerkennung (Art 38 Weimarer Verfassung). Der Obrigkeitsstaat war den Parlamentariern mit dem gleichen Misstrauen begegnet wie den Publizisten und hatte beiden Gruppen die prozessuale Gleichstellung mit den „klassischen" Berufen der Geistlichen, Ärzte usw strikt verweigert. Erstmals durch die Novelle zu § 53 StPO vom 27.12.1926 (RGBl I S 527) erhielt ein Teil der Presseangehörigen ein begrenztes Zeugnisverweigerungsrecht. § 53 StPO in der Fassung von 1926 lautete:

§ 53

„Zur Verweigerung des Zeugnisses sind ferner berechtigt
1. Geistliche [...]
2. Verteidiger [...]
3. Rechtsanwälte und Ärzte [...]
4. Redakteure, Verleger und Drucker einer periodischen Druckschrift sowie die bei der technischen Herstellung oder Vertreibung der Druckschrift beschäftigten Personen über die Person des Verfassers oder Einsenders einer Veröffentlichung strafbaren Inhalts, wenn ein Redakteur der Druckschrift als Täter bestraft ist oder seiner Bestrafung kein rechtliches Hindernis entgegensteht."

III. Historische Entwicklung. Reformbestrebungen § 23 LPG

Zwar brachte die Novelle von 1926 der Presse keine Gleichstellung mit den klassischen Berufen, bedeutete aber eine **grundsätzliche Anerkennung** des Redaktionsgeheimnisses der Presse.

4. Auskunftspflicht statt Anonymität 1933–1945

Der **Nationalsozialismus** hob zwar in den Jahren von 1933 bis 1945 den § 53 **11** Abs 1 Nr 4 StPO formell nicht auf. Doch konnte unter der Herrschaft des Schriftleitergesetzes, das in § 20 Abs 3c eine besondere Auskunftspflicht des Hauptschriftleiters vorsah, von einem Recht der Presse auf Wahrung ihrer Anonymität keine Rede sein (vgl *Möhl* S 36/37).

5. Die Fassung in Bayern und Hessen (1949)

Nach dem Zusammenbruch des NS-Staates bemühten sich die Länder **Bayern 12** und **Hessen** alsbald um ein modernes Zeugnisverweigerungsrecht der Presse. So fand insb der § 12 des bayerischen Landespressegesetzes vom 3.10.1949 eine klare, knappe und für die damalige Zeit fortschrittliche Fassung des publizistischen Zeugnisverweigerungsrechts.

6. Die bundesrechtliche Regelung von 1953. Die Einbeziehung des Rundfunks

Wegen der ständig wachsenden Bedeutung des **Rundfunks** erwies es sich als not- **13** wendig, auch seinen Mitarbeitern ein (beschränktes) publizistisches Zeugnisverweigerungsrecht einzuräumen. Dies geschah im Rahmen des 3. Strafrechtsänderungsgesetzes vom 4.8.1953 (BGBl I S 753) durch eine Neufassung des § 53 StPO, die Presse und Rundfunk betraf:

§ 53 StPO [Wahrung des Berufsgeheimnisses]
(1) Zur Verweigerung des Zeugnisses sind ferner berechtigt:
1. Geistliche [...]
2. Verteidiger [...]
3. Rechtsanwälte [...]
4. Mitglieder des Bundestages [...]
5. Redakteure, Verleger, Herausgeber, Drucker und andere, die bei der Herstellung oder Veröffentlichung einer periodischen Druckschrift mitgewirkt haben, über die Person des Verfassers, Einsenders oder Gewährsmanns einer Veröffentlichung strafbaren Inhalts, wenn ein Redakteur der Druckschrift wegen dieser Veröffentlichung bestraft ist oder seiner Bestrafung keine Hindernisse entgegenstehen;
6. Intendanten, Sendeleiter und andere, die bei der Vorbereitung oder Durchführung von Rundfunksendungen mitgewirkt haben, über die Person des Verfassers, Einsenders oder Gewährsmanns einer Rundfunksendung strafbaren Inhalts, wenn ein für die Sendung Verantwortlicher wegen dieser Sendung bestraft ist oder seiner Bestrafung keine Hindernisse entgegenstehen; über die Person des Verfassers, Einsenders oder Gewährsmanns, die selbst im Rundfunk spricht, darf das Zeugnis nicht verweigert werden.

Außer einer geringfügigen Erweiterung des zur Zeugnisverweigerung berechtigten Personenkreises (Herausgeber, Gewährsmann) brachte die Neufassung von 1953 keine Verbesserung der weithin als unzureichend empfundenen Problemlösung. Mit Recht beanstandeten Presse und Rundfunk als Hauptmangel der damaligen Regelung ein kaum erträgliches **„privilegium miserabile"**: Das publizistische Zeugnisverweigerungsrecht griff nur dann ein, wenn es sich um eine „Veröffentlichung strafbaren Inhalts" handelte. Das führte im geltenden Bundesrecht zu einer höchst befremdlichen Ungereimtheit: Erwies sich im Prozess, dass die Presse über einen Vorgang – zB Missstände in der städtischen Verwaltung – wahrheitsgemäß und in Wahrnehmung ihrer publizistischen Pflicht (§ 193 StGB) berichtet hatte, so lag keine Veröffentlichung strafbaren Inhalts vor; die solcherart loyal handelnde Presse stand demzufolge nicht unter dem Schutz des Berufsgeheimnisses, und der Gewährsmann, der sich als zuverlässig erwiesen hatte, musste preisgegeben werden. Diese – auch rechtsethisch – bedenkliche Regelung ließ sich nur erklären aus dem Interesse der Bürokratie, den

LPG § 23 Zeugnisverweigerungsrecht

Informanten gerade in den Fällen zur Rechenschaft zu ziehen, wo er zutreffend öffentliche Missstände aufgedeckt und damit die Verwaltung bloßgestellt hatte (vgl *Kohlhaas* NJW 1958, 41 ff.; *Löffler* NJW 1958, 1217 und ZV 1964, 614).

7. Die länderrechtliche Regelung 1964/1966 (§ 23 LPG)

14 Vergeblich bemühte sich die Presse in den folgenden Jahren um eine Verbesserung der unbefriedigenden bundesgesetzlichen Regelung von 1953. Auf ihr Drängen ergriffen deshalb die **Länder** die Initiative und regelten in den landesrechtlichen Kodifikationen der Jahre 1964, 1965 und 1966 das publizistische Zeugnisverweigerungsrecht der Presse neu, wobei insb das „privilegium miserabile" beseitigt wurde.

8. Die umstrittene Gesetzgebungskompetenz. Die Nichtigerklärung der Länderregelung bei Verfahren nach Bundesrecht durch das Bundesverfassungsgericht

15 Der **landesgesetzlichen Regelung** war jedoch nur eine **kurze Dauer** von kaum 10 Jahren beschieden.

16 a) Von Anfang an war es zweifelhaft gewesen, ob den Ländern oder dem Bund die **Gesetzgebungskompetenz** für das publizistische Zeugnisverweigerungsrecht zustünde. Denn nach Art 74 Nr 1 GG aF = Art 74 Abs 1 Nr 1 GG kam und kommt dem Bund auf dem Gebiet des „gerichtlichen Verfahrens" die konkurrierende Gesetzgebungskompetenz zu, und der Bundesgesetzgeber hatte dementsprechend das strafprozessuale Zeugnisverweigerungsrecht der Angehörigen von Presse und Rundfunk in § 53 StPO bereits erschöpfend geregelt. Demgegenüber beriefen sich die Länder darauf, dass das publizistische Zeugnisverweigerungsrecht schwerpunktmäßig zur „Materie Presserecht" und damit nach Art 70 Abs 1, Art 75 Nr 2 GG aF zur Kompetenz des Landesgesetzgebers gehöre.

17 b) Mit Beschluss vom 28.11.1973 (BVerfGE 36, 193 = NJW 1974, 356) entschied das **Bundesverfassungsgericht** den Kompetenzstreit zugunsten des Bundes – mit folgendem Leitsatz:

> „Vorschriften über die Befugnisse zur Zeugnisverweigerung sind ihrem Wesen nach Bestandteile des Beweiserhebungsrechts der Verfahrensordnungen. Das strafprozessuale Aussageverweigerungsrecht von Angehörigen der Presse gehört deshalb kompetenzrechtlich zum Bereich des gerichtlichen Verfahrens (Art 74 Nr 1 GG)."

Dieser Beschluss betraf den § 22 des hessischen LPG und erklärte das dort normierte Zeugnisverweigerungsrecht, soweit es sich auf das Strafverfahren bezog, mangels Kompetenz des Landesgesetzgebers für nichtig. Er wurde bestätigt durch den Beschluss desselben (2.) Senats vom 13.2.1974 (BVerfGE 36, 314 = NJW 1974, 743), der die Nichtigkeit des § 22 LPG Hamburg feststellte, soweit sich die Bestimmung auf den Strafprozess bezog. Spätere Beschlüsse des 2. Senats vom 8.10.1974 (BVerfGE 38, 103) und 14.6.1978 (BVerfGE 48, 367/372 ff. = NJW 1978, 1911) bekräftigten die zugunsten der Bundeskompetenz ergangene Entscheidung.

9. Die bundesrechtliche Neuregelung von 1975

18 *a) Entstehungsgeschichte*

Der **Bundesgesetzgeber** unterzog den Komplex einer völligen Neuordnung durch das „Gesetz über das Zeugnisverweigerungsrecht der Mitarbeiter von Presse und Rundfunk" vom 25.7.1975 (BGBl I S 1973), welches am 1.8.1975 in Kraft trat (Näheres zur Entstehungsgeschichte s *Groß* Presserecht Rn 716 ff. und ZUM 1994, 219 ff.; *Kunert* MDR 1975, 885 ff.). Die bisherigen Nummern 5 (Presse) und 6 (Rundfunk) des § 53 Abs 1 StPO wurden dabei in Nr 5 zu einer einheitlichen Vorschrift zusammengefasst. Zugleich wurde die das Zeugnisverweigerungsrecht ergänzende Beschlagnahme- und Durchsuchungsbeschränkung in § 97 Abs 2 Satz 3 und

III. Historische Entwicklung. Reformbestrebungen § 23 LPG

Abs 5 sowie § 98 Abs 1 StPO der Neuregelung angepasst. Im Interesse der Rechtseinheit regelte das Gesetz vom 25.7.1975 das publizistische Zeugnisverweigerungsrecht im Zivilprozess sowie im steuerlichen und finanzgerichtlichen Verfahren wörtlich übereinstimmend mit der strafprozessualen Bestimmung des § 53 Abs 1 Nr 5 StPO. Diese Norm lautete danach folgendermaßen:

„(1) Zur Verweigerung des Zeugnisses sind berechtigt
[...]
5. Personen, die bei der Vorbereitung, Herstellung oder Verbreitung von periodischen Druckwerken oder Rundfunksendungen berufsmäßig mitwirken oder mitgewirkt haben, über die Person des Verfassers, Einsenders oder Gewährsmanns von Beiträgen und Unterlagen sowie über die ihnen im Hinblick auf ihre Tätigkeit gemachten Mitteilungen, soweit es sich um Beiträge, Unterlagen und Mitteilungen für den redaktionellen Teil handelt."

b) Stärkere Berücksichtigung der Pressefreiheit. Neue Beschränkungen

Die Neuregelung von 1975 zeigt die typische Unausgewogenheit eines **politischen** 19 **Kompromisses**. Sie blieb dementsprechend umstritten. Zwar bedeutete sie einen Fortschritt gegenüber der veralteten bundesrechtlichen Gesetzesfassung von 1953 (o Rn 13), blieb aber hinter der liberalen Regelung, die das publizistische Zeugnisverweigerungsrecht in den Landespressegesetzen von 1964 bis 1966 gefunden hatte, erheblich zurück. S dazu einerseits die Kritik von *Gerhardt* AfP 1975, 843/844 f., *Delitz* AfP 1976, 106 f. und *Löffler* NJW 1978, 913 ff. sowie hier in der 3. Aufl Rn 32 ff. − andererseits die antikritischen oder doch moderateren Stellungnahmen von *Kunert* MDR 1975, 885 ff., *Rehbinder* FuR 1980, 115 ff. sowie Oehler-FS S 411 ff., *Erhard* und *Gössel* in Oehler ua Medienfreiheit und Strafverfolgung S 5 ff. und 49 ff.; s ferner *Pauli* S 73 ff.; *Rose* S 121 ff.; *Rotsch* S 51 ff.

aa) Zu den wesentlichen Fortschritten im Interesse einer **stärkeren Berücksichti-** 20 **gung der Pressefreiheit** gehörte die endliche Beseitigung des sinnwidrigen „privilegium miserabile", wonach das publizistische Zeugnisverweigerungsrecht bei korrekten Veröffentlichungen den Presseangehörigen verwehrt und nur bei strafbaren Publikationen gewährt wurde (o Rn 13). Eine weitere Modernisierung des Zeugnisverweigerungsrechts brachte der Fortfall der sog Garantenhaftung (vgl zum Folgenden *Löffler* NJW 1978, 914). Nach diesem aus dem französischem Recht stammenden Haftungsprinzip hatte das Zeugnisverweigerungsrecht des § 53 Abs 1 Nr 5 StPO in der Fassung von 1953 vorausgesetzt, dass „ein Redakteur der Druckschrift wegen dieser Veröffentlichung bestraft ist oder seiner Bestrafung keine Hindernisse entgegenstehen". Zugleich brachte die Neufassung eine wesentliche sachliche Erweiterung des Zeugnisverweigerungsrechts mit sich: Das Recht der Presseangehörigen, das Zeugnis hinsichtlich der Person des Verfassers oder Gewährsmanns zu verweigern, wurde nun auch auf den Inhalt der ihnen gemachten Mitteilungen erstreckt. Schließlich erhielt die das Zeugnisverweigerungsrecht ergänzende Beschränkung der Beschlagnahme und Durchsuchung im Pressebereich eine für Presse und Rundfunk günstigere, generalisierende Fassung (§ 97 Abs 5 StPO). Gegenüber der vor 1975 geltenden Regelung gewährt die heutige Fassung des § 97 Abs 5 StPO nicht nur der Person des Presseangehörigen Beschlagnahmeschutz, sondern erstreckt diesen auch auf die Räume von Redaktion, Verlag und Druckerei. Die Anordnung der Beschlagnahme in solchen Räumen bei Strafverstrickung wurde dem Gericht vorbehalten (§ 98 Abs 1 Satz 2 StPO).

bb) Auf der anderen Seite versuchte die Novelle von 1975 auch die berechtigten 21 Interessen einer funktionstüchtigen Rechtspflege zu verwirklichen (BT-Drs 7/2539 S 8). Sie brachte deshalb in wichtigen Punkten **neue Beschränkungen,** die den früheren bundesrechtlichen Regelungen von 1926 und 1953 unbekannt waren (s dazu näher hier in der 4. Aufl Rn 21a–21f). Ob diese Begrenzung des Zeugnisverweigerungsrechts und der daraus folgenden Beschlagnahmeprivilegien eine sachgerechte Abwägung bedeutet oder aber allemal beklagenswerte Mängel und Lücken enthält, war weiter strittig geblieben (s die Nachweise o Rn 19 aE).

10. Durchsuchungs- und Beschlagnahmeaktionen

22 Die Beschränkungen des Zeugnisverweigerungsrechts von Presse und Rundfunk in der Fassung von 1975 haben in der Folge zu problematischen Entscheidungen und zu einer Reihe von **Durchsuchungs- und Beschlagnahmeaktionen** in bundesdeutschen Rundfunk- und Verlagshäusern geführt. Dabei fällt auf, dass es nur selten um die Verweigerung des Zeugnisses selbst geht (s dazu BGHSt 28, 240 = NJW 1979, 1212; BGHSt 36, 298 = NJW 1990, 525). In aller Regel betrafen die konkreten Vorgänge die damit verknüpfte Frage nach der Zulässigkeit einer Beschlagnahme (§ 97 Abs 5 StPO) und einer zu deren Ermöglichung dienenden Durchsuchung (Darstellung des älteren Fallmaterials hier in der 4. Aufl Rn 23 sowie bei *Dörr* AfP 1995, 378 ff., *Ollendorf* S 181 ff., *Pöppelmann* AfP 1997, 485/489, s auch *Schuldt* S 37 ff. sowie die Hinweise in BT-Drs 14/6576 S 4 f.); aus neuerer Zeit ist hinzuweisen auf die vom BVerfG entschiedenen Fälle in BVerfGE 117, 244 = NJW 2007, 1117 „Cicero", BVerfG 1. Kammer des 1. Senats NJW 2005, 965 „max", NJW 2011, 1859 und 1863 „Freies Sender Kombinat".

11. Die Neuregelung durch das StPO-Änderungsgesetz von 2002

23 *a) Entstehung*

In der 11. bis 13. Legislaturperiode des Deutschen Bundestages waren eine Reihe von parlamentarischen Initiativen zu einer Revision der Regelungen von 1975 erfolglos geblieben. In der 14. Wahlperiode wurde dann aber das **„Gesetz zur Änderung der Strafprozessordnung"** vom 15.2.2002 (BGBl I, S 682) verabschiedet, das am 23.2.2002 in Kraft getreten ist (zum Gesetzgebungsverfahren näher hier die 5. Aufl Rn 23 sowie BT-Drs 14/6576 S 4–6; *Kunert* NStZ 2002, 169 und *Rogall* Lampe-FS S 805/819 sowie in SKStPO § 53 Rn 49).

b) Ergänzungen der §§ 53 und 97 StPO

24 Dieses Gesetz brachte **folgende Ergänzungen** der §§ 53 und 97 StPO:
- Der *Kreis der zeugnisverweigerungsberechtigten Personen* wurde in § 53 Abs 1 S 1 Nr 5 StPO über die Mitarbeiter der periodischen Presse hinaus *ausgedehnt* auf die bei der Vorbereitung, Herstellung und Verbreitung auch nicht-periodischer Druckwerke mitwirkenden Personen, ferner auf die Mitwirkenden bei Filmberichten und bei „der Unterrichtung oder Meinungsbildung dienenden Informations- und Kommunikationsdiensten". Nicht beseitigt wurde dagegen die Begrenzung auf die berufsmäßige Mitwirkung.
- Der *Gegenstand des Zeugnisverweigerungsrechts* wurde über die Person des Informanten und die im Hinblick auf ihre Tätigkeit gemachten Mitteilungen hinaus *erweitert* um den Inhalt *selbst erarbeiteter Materialien* und den Gegenstand berufsbezogener Wahrnehmungen (§ 53 Abs 1 S 2 StPO). Dagegen blieb es bei der Beschränkung auf Informationen etc. für den redaktionellen Teil, die für Informations- und Kommunikationsdienste zu dem neu formulierten Erfordernis der redaktionellen Aufbereitung führte. Dieses Recht wurde jedoch wieder ausgeschlossen bei Verbrechen und bei bestimmten Vergehen im Rahmen einer im Umfang ihrer Geltung unklaren Subsidiaritätsklausel (§ 53 Abs 5 S 2 StPO), indes gilt eine Gegenausnahme, dh das Zeugnisverweigerungsrecht bleibt erhalten, soweit die Aussage „zur Offenbarung der Person des Verfassers oder Einsenders von Beiträgen und Unterlagen oder des sonstigen Informanten oder der ihm im Hinblick auf seine Tätigkeit nach Abs 1 S 1 Nr 5 gemachten Mitteilungen oder deren Inhalts führen würde" (§ 53 Abs 1 S 3 StPO).
- Die Zulässigkeit der *beweissichernden Beschlagnahme* im Falle der Tatbeteiligung des zeugnisberechtigten Medienmitarbeiters bzw der Tatverstrickung der betroffenen Gegenstände wird ausdrücklich an eine *Verhältnismäßigkeits- und Subsidiaritätsklausel* geknüpft (§ 97 Abs 5 S 2, Halbs 1 StPO).

IV. Das publizistische Zeugnisverweigerungsrecht als Ausprägung § 23 LPG

Nicht verändert wurden demgegenüber die Zeugnisverweigerungsrechte in den **übrigen Verfahrensordnungen** (s BT-Drs 14/5166, S 2). Hier bleibt es also bei der Fassung durch das Gesetz vom 25.7.1975 (o Rn 18). Zur Entwicklung von § 97 StPO s ergänzend u Rn 115–119.

IV. Das publizistische Zeugnisverweigerungsrecht als Ausprägung der Informationsfreiheit des Art 5 Abs 1 S 2 GG

1. Schutz der Informationsbeschaffung und der Pressefreiheit als Institution

Das publizistische Zeugnisverweigerungsrecht ist die praktische Ausprägung des **Grundrechts der Presse- und Rundfunkfreiheit** gemäß Art 5 Abs 1 S 2 GG im Bereich des gerichtlichen Beweisverfahrens. Nach st Rspr des BVerfG ist die Freiheit der Medien konstituierend für die freiheitlich demokratische Grundordnung (grundlegend BVerfGE **7**, 198, 208 = NJW 1958, 257; s ferner etwa BVerfGE **77**, 65, 74 = NJW 1988, 329; **117**, 244 = NJW 2007, 1117 Rn 42). Die Pressefreiheit schützt alle im Pressewesen tätigen Personen sowie die institutionelle Eigenständigkeit der Presse von der Beschaffung der Information bis zur Verbreitung der Nachricht und der Meinung (BVerfGE **10**, 118, 121 = NJW 1960, 29; **12**, 205, 260 = NJW 1961, 552; **20**, 162, 175 f. = NJW 1966, 1603; **66**, 116, 133 = NJW 1984, 1741; **107**, 299, 329 = NJW 2003, 1787; **117**, 244/259 = NJW 2007, 1117, Rn 43; BVerfG 1. Kammer des 1. Senats NJW 2005, 965; zur Rundfunkfreiheit im gleichen Sinne BVerfGE **77**, 65/74 f. = NJW 1988, 329; BVerfG 1. Kammer des 1. Senats NJW 2011, 1859 Rn 14 und 1863 Rn 23).

Den **Schutzbereich des Grundrechts** fasst der Erste Senat des BVerfG in seinem „Cicero"-Urteil vom 27.2.2007 so zusammen (BVerfGE 117, 244/258 f. = NJW 2007, 1117 Rn 42):

„Dementsprechend gewährleistet Art 5 Abs 1 S 2 GG den im Bereich von Presse und Rundfunk tätigen Personen und Organisationen Freiheitsrechte und schützt darüber hinaus in seiner objektivrechtlichen Bedeutung auch die institutionelle Eigenständigkeit der Presse und des Rundfunks [...]. Die Gewährleistungsbereiche der Presse- und Rundfunkfreiheit schließen diejenigen Voraussetzungen und Hilfstätigkeiten ein, ohne welche die Medien ihre Funktion nicht in angemessener Weise erfüllen können. Geschützt sind namentlich die Geheimhaltung der Informationsquellen und das Vertrauensverhältnis zwischen Presse bzw. Rundfunk und den Informanten [...]. Dieser Schutz ist unentbehrlich, weil die Presse auf private Mitteilungen nicht verzichten kann, diese Informationsquelle aber nur ergiebig fließt, wenn sich der Informant grundsätzlich auf die Wahrung des Redaktionsgeheimnisses verlassen kann [...]."

Zu der Ansicht von *Hennemann*, Pressefreiheit und Zeugnisverweigerungsrecht, Berlin 1978, insb S 119 ff., das einfache Recht verstoße gerade dadurch gegen die Art 3 Abs 1, 19 Abs 4 und 20 Abs 3 GG, dass es überhaupt ein publizistisches Zeugnisverweigerungsrecht einräumt s die berechtigt scharfe Kritik bei *Gehrhardt* AfP 1979, 330.

2. Informantenschutz und Schutz des Redaktionsgeheimnisses

Die StPO-Novelle von 2002 (o Rn 23) hat den 1975 auf den Informantenschutz verengten einfachrechtlichen **Schutzzweck** des publizistischen Zeugnisverweigerungsrechts wieder **ausgeweitet:** Weiterhin will § 53 Abs 1 S 1 Nr 5, S 2, 3 StPO der Gewährleistung der Anonymität des **Informanten** und seines Vertrauensverhältnisses zur Presse dienen. Daneben ist aber mit der Neuregelung als weiteres Ziel der Schutz des **Redaktionsgeheimnisses** getreten. *Rogall* spricht hier treffend von der „bipolaren Struktur" des Gesetzes (SKStPO § 53 Rn 149; ähnlich *Senge* in KKStPO § 53 Rn 27).

V. Der zur Zeugnisverweigerung berechtigte Personenkreis

1. Generalisierende Umschreibung des berechtigten Personenkreises

27 Im Gegensatz zu der früheren Regelung von 1926 und 1953, welche die Inhaber bestimmter Funktionen in Presse und Rundfunk (Verleger, Herausgeber, Redakteure, Intendanten, Sendeleiter usw) im Gesetz als zeugnisverweigerungsberechtigt einzeln aufführte, erfährt der Adressatenkreis des Zeugnisverweigerungsrechts heute eine **generalisierende Umschreibung:** Privilegiert sind alle Personen, „die bei der Vorbereitung, Herstellung oder Verbreitung von Druckwerken, Rundfunksendungen, Filmberichten oder der Unterrichtung oder Meinungsbildung dienenden Informations- und Kommunikationsdiensten berufsmäßig mitwirken oder mitgewirkt haben".

2. Der Begriff „Mitwirkung". Die Hilfspersonen. Die Dauer des Schutzes

28 Aus der Fassung des § 53 Abs 1 S 1 Nr 5 StPO und dem Titel der Novelle vom 25.7.1975 als „Gesetz über das Zeugnisverweigerungsrecht der Mitarbeiter von Presse und Rundfunk" ergibt sich der Wille des Gesetzgebers, den **Kreis** der privilegierten Personen **weit zu ziehen,** wie dies dem umfassenden Begriff „Mitarbeiter" entspricht (ebenso *Liesching* in Paschke/Berlit/Meyer 92. Abschn. Rn 23; *Paschke* MedienR Rn 1063; *Pöppelmann* in Schiwy/Schütz/Dörr S 658 f.). **Mitwirken** ist jede Tätigkeit, die der Vorbereitung, Herstellung oder Verbreitung von Druckwerken dient. Dabei kommt es nicht darauf an, ob der Pressemitarbeiter gerade an der strittigen Presseveröffentlichung in irgendeiner Weise beteiligt war. Alle Personen, die kraft ihrer beruflichen Stellung bei der Herstellung oder Verbreitung eines Druckwerks von der Person eines Einsenders, Verfassers oder sonstigen Informanten oder von dem Inhalt von Mitteilungen Kenntnis erhalten können, sind Mitwirkende in diesem Sinne, gleich ob sie zur Redaktion, zum kaufmännischen oder zum technischen Personal gehören (so zu § 53 *Ignor/Bertheau* in Löwe-Rosenberg Rn 46, 50–52, *Rogall* in SKStPO Rn 153, *Schmitt* in Meyer-Goßner Rn 31, *Senge* in KKStPO Rn 32, *Trüg* in HK-GS Rn 16, zu § 53; *Pöppelmann* in Schiwy/Schütz/Dörr S 658 f.). Dazu zählt auch der Verlagsjustitiar, und zwar nicht nur als Mitverfasser (so aber *Senge* in KKStPO § 53 Rn 32), sondern immer dann, wenn von ihm eine Auskunft über die in § 53 Abs 1 S 2 StPO genannten Gegenstände verlangt wird (LG Hamburg AfP 1984, 172; im gleichen Sinne *Huber* in Graf Rn 26, *Otte* in Radtke/Hohmann Rn 29, *Schmitt* in Meyer-Goßner Rn 31, zu § 53; *Soehring* in Soehring/Hoene, PresseR § 8 Rn 8).

29 Der globale Begriff „Mitwirkung" umfasst zugleich **alle Hilfspersonen** der in den verschiedenen Sparten eines Presseunternehmens tätigen Personen (allgM, s etwa *Ignor/Bertheau* in Löwe-Rosenberg Rn 54, *Otte* in Radtke/Hohmann Rn 29, *Schmitt* in Meyer-Goßner Rn 31, zu § 53; *Eisenberg* BeweisR Rn 1249; *Liesching* in Paschke/ Berlit/Meyer 92. Abschn. Rn 23; *Paschke* MedienR Rn 1063). Anderenfalls könnte das Zeugnisverweigerungsrecht der Redakteure, Verlagsgeschäftsführer usw jederzeit dadurch umgangen werden, dass ihre Gehilfen zur Aussage gezwungen würden. Für die in § 53 Abs 1 S 1 Nr 1 bis 4 StPO aufgeführten Tätigkeitsgruppen (Geistliche, Ärzte, Anwälte, Steuerberater, Parlamentarier usw) dehnt deshalb § 53a StPO das Zeugnisverweigerungsrecht ausdrücklich auch auf deren „Berufshelfer" aus, was sich bei Presse und Rundfunk durch den Sammelbegriff des „Mitwirkens" in § 53 Abs 1 S 1 Nr 5 StPO erübrigt. Dafür genügt schon gelegentliche Mithilfe (LG Frankfurt NJW 1959, 589 f.). Zu den Mitarbeitern der Presse gehören also auch Telefonisten, Stenotypisten, Korrektoren, ferner Redaktionsassistenten, Volontäre, Praktikanten und Auszubildende (ebenso *Ignor/Bertheau* in Löwe-Rosenberg Rn 54, *Rogall* in SKStPO Rn 153, *Schmitt* in Meyer-Goßner Rn 31, zu § 53; *Soehring* in Soehring/ Hoene PresseR § 8 Rn 8).

30 Mit der Formulierung „mitwirken oder **mitgewirkt haben**" bringt das Gesetz zum Ausdruck, dass das Zeugnisverweigerungsrecht (und damit auch das Beschlag-

V. Der zur Zeugnisverweigerung berechtigte Personenkreis § 23 LPG

nahme- und Durchsuchungsverbot, u Rn 96 ff.) mit der Beendigung der Presse-Mitarbeit nicht erlischt, sondern ohne zeitliche Begrenzung fortdauert (*Ignor/Bertheau* in Löwe-Rosenberg Rn 53, *Rogall* in SKStPO Rn 154, *Schmitt* in Meyer-Goßner Rn 31, *Senge* in KKStPO Rn 32, zu § 53; *Paschke* MedienR Rn 1069; vgl auch RGSt 71, 22; LG Düsseldorf NJW 1958, 1152).

3. Der Umfang der geschützten Pressetätigkeit

a) Die Tätigkeit der Vorbereitung

Entsprechend dem Schutzbereich des Grundrechts der Medienfreiheit (o Rn 25) **31** stellt § 53 Abs 1 S 1 Nr 5 StPO zum **Umfang der Pressetätigkeit** ausdrücklich klar, dass bereits die Mitwirkung an der **Vorbereitung** von Druckwerken das Zeugnisverweigerungsrecht begründet. Gerade auch die in der Phase der Beschaffung der Information Mitwirkenden wie etwa Rechercheure genießen den Schutz des Berufsgeheimnisses der Presse (OLG Bremen JZ 1977, 442/444; *Ignor/Bertheau* in Löwe-Rosenberg Rn 56, *Rogall* in SKStPO 155, *Schmitt* in Meyer-Goßner Rn 32, *Senge* in KKStPO Rn 33, zu § 53). Auf eine spätere Veröffentlichung kommt es danach nicht an (ebenso *Ignor/Bertheau* in Löwe-Rosenberg wie zuvor).

b) Informanten

Zu den zeugnisverweigerungsberechtigten Mitarbeitern der Presse im Stadium der **32** Vorbereitung gehören insb die **Informanten,** soweit sie in dieser Funktion (wenigstens neben)beruflich tätig sind. Sie wirken bei der für die Pressetätigkeit besonders wichtigen Nachrichtenbeschaffung maßgeblich mit. Deshalb können sie die Angaben über ihre eigenen Informationsquellen ebenso verweigern, wie dem von ihnen belieferten Redakteur das Recht zusteht, ihren Namen und den Inhalt ihrer Mitteilungen zu verschweigen (sachlich übereinstimmend *Senge* in KKStPO Rn 33, *Trüg* in HK-GS Rn 17, *von Schließen* in AnwK-StPO Rn 15, zu § 53).

c) Presseredaktionelle Hilfsunternehmen

Eine wesentliche Mitwirkung bei der Informationsbeschaffung erbringen auch die **33** sog **presseredaktionellen Hilfsunternehmen** wie Presseagenturen, Korrespondenzbüros, usw (vgl o zu § 7 LPG; ebenso *Pöppelmann* in Schiwy/Schütz/Dörr S 658 f.). Teils stellen sie selbst Druckwerke her und genießen dann hinsichtlich ihrer eigenen Druckwerke den Schutz des Berufsgeheimnisses; teils wirken sie bei der Vorbereitung von Druckwerken mit, und es steht ihnen in dieser Eigenschaft das Recht zu, ihre Informationsquellen zu verschweigen.

d) Pressearchiv

Zur vorbereitenden Tätigkeit bei der Herstellung von Presseprodukten gehört auch **34** die Arbeit der Angehörigen des **Pressearchivs,** welche die Redaktion mit allem wissenswerten Material versorgen; auch ihnen steht daher das Zeugnisverweigerungsrecht aus § 53 Abs 1 S 1 Nr 5 StPO zu (allgM, s etwa *Ignor/Bertheau* in Löwe-Rosenberg Rn 54, *Rogall* in SKStPO Rn 153, *Senge* in KKStPO Rn 32, jeweils zu § 53; *Pöppelmann* in Schiwy/Schütz/Dörr S 658). Ohne ein gut geleitetes Pressearchiv kann ein Presseorgan seine öffentliche Aufgabe der Information, Kontrolle und Kritik sachgemäß nicht erfüllen. Dabei darf das Zeugnisverweigerungsrecht der Archivare nicht davon abhängig gemacht werden, ob in dem strittigen Fall das Archiv tatsächlich eingeschaltet wurde. Die Hauptarbeit der Archivare besteht darin, für die speziellen Bedürfnisse ihres Verlagshauses ein leistungsfähiges, auf neuestem Stand befindliches Archiv für die Redaktion zur Verfügung zu halten. Soweit jedoch die Mitarbeiter des Pressearchivs im Auftrag der Redakteure damit beschäftigt sind, deren Ausarbeitungen zu „verifizieren" und die Richtigkeit der Fakten zu überprüfen, wirken sie unmittelbar bei der Herstellung von Druckwerken mit.

4. Mitwirkung bei der Herstellung

35 Die Mitwirkung bei der **Herstellung** eines Druckwerks umfasst die Tätigkeit aller redaktionellen, kaufmännischen und technischen Mitarbeiter. Sie erstreckt sich auf den gesamten Inhalt des Presseprodukts. Doch sind die mit der Herstellung des Anzeigenteils beschäftigten Presseangehörigen nach § 53 StPO, § 383 ZPO, §§ 84 FGO, 102 Abs 1 Nr 4 AO nur insoweit zur Zeugnisverweigerung berechtigt, als es sich um Beiträge zum redaktionellen Teil handelt (s aber BVerfGE 64, 108 und dazu u Rn 77). Die Besonderheit jedes Druckwerks beruht auf dem gleichwertigen Zusammenwirken geistiger, kaufmännisch-organisatorischer und technischer Kräfte; sie alle genießen den Schutz des publizistischen Berufsgeheimnisses (*Ignor/Bertheau* in Löwe-Rosenberg § 53 Rn 57; *Senge* in KKStPO § 53 Rn 33).

5. Mitwirkung bei der Verbreitung

36 Als dritte geschützte Pressetätigkeit nennt § 53 Abs 1 S 1 Nr 5 StPO neben Vorbereitung und Herstellung die **Verbreitung** eines Druckwerks. Hierfür gilt der presserechtliche Verbreitungsbegriff, welcher erfordert, dass das Druckwerk einem „größeren Personenkreis körperlich zugänglich gemacht wird" (BGHSt **13**, 257/258 = NJW 1959, 2125; **18**, 63ff. = NJW 1963, 60; o § 13 Rn 56). Zu Digital-Abonnements (e-paper) s u Rn 42. Sowohl die früheren Fassungen des § 53 StPO von 1926 und 1953 wie auch die Landespressegesetze sprachen nur von der „Veröffentlichung" eines Druckwerks. Seit 1975 erfasst die Norm dagegen neben dem öffentlichen auch das nichtöffentliche Verbreiten, zB von Vereinsmitteilungen (so ausdrücklich der RegE des Ges über das Zeugnisverweigerungsrecht der Mitarbeiter von Presse und Rundfunk, BT-Drs 7/2539 S 10; ebenso etwa *Ignor/Bertheau* in Löwe-Rosenberg Rn 58, *Schmitt* in Meyer-Goßner Rn 32, *Senge* in KKStPO Rn 33, zu § 53). **Mitwirkende bei der Verbreitungstätigkeit** sind vor allem die Angehörigen der Expeditionsabteilung des Presseorgans, aber auch die Zeitungsausträger, die Inhaber der Kioske, Buchhandlungen und sonstiger Vertriebsstellen einschließlich der Inhaber von Lesezirkeln und Mietbüchereien (vgl auch o § 1 Rn 94ff.).

6. Das Erfordernis der Berufsmäßigkeit

37 Eine Einschränkung des Kreises der zeugnisverweigerungsberechtigten Personen bedeutet das Erfordernis der **berufsmäßigen** Mitwirkung bei Presse oder Rundfunk (vgl zum Folgenden die kritischen Ausführungen von *Löffler* in NJW 1978, 913 sowie hier in der 3. Aufl, Rn 33a und 46, 47, aber auch die Antikritik von *Rehbinder* in der Oehler-FS S 411, 412ff. und von *Gössel* in Oehler ua Medienfreiheit S 57).

38 a) **Berufsmäßig** vollzieht sich eine Tätigkeit dann, wenn sie in der Absicht geschieht, daraus durch wiederholte Ausübung eine dauernde oder doch wiederkehrende Beschäftigung zu machen, ohne dass es auf die Entgeltlichkeit der Tätigkeit ankommt (BT-Drucks 7/2539 S 10; *Huber* in Graf Rn 27; *Ignor/Bertheau* in Löwe-Rosenberg Rn 55, *Neubeck* in KMR Rn 27, *Otte* in Radtke/Hohmann Rn 29, *Rogall* in SKStPO Rn 152, *Schmitt* in Meyer-Goßner Rn 31, *Senge* in KKStPO Rn 31, zu § 53; *Paschke* MedienR Rn 1069; *Soehring* in Soehring/Hoene, PresseR § 8 Rn 9). Die Berufsmäßigkeit der Mitwirkung bei Presse oder Rundfunk erfordert ebensowenig, dass sie gewerbsmäßig, dh mit der Absicht der Gewinnerzielung, ausgeübt wird in der vorstehend Zitierten). Erforderlich ist allerdings die Absicht der Wiederholung; ist sie indes gegeben, so kann schon eine einzige Handlung im konkreten Fall für das Erfordernis der Berufsmäßigkeit genügen (BGHSt 7, 129/130 = NJW 1955, 471, sowie die zitierten Literaturstimmen). Ob der Mitarbeiter als freier Journalist (BGH NJW 1999, 2051/2052) oder als angestellter Redakteur, ob er haupt- oder nebenberuflich tätig wird, ist für die Zubilligung des Zeugnisverweigerungsrechts gleichfalls ohne rechtliche Bedeutung (ebenso *Schmitt* in Meyer-Goßner § 53 Rn 31; *Liesching* in Paschke/Berlit/Meyer 92. Abschn. Rn 23; *Soehring* in Soehring/Hoene, PresseR § 8 Rn 9).

VI. Der Inhalt des Zeugnisverweigerungsrechts § 23 LPG

b) Die von *Löffler* hier in der 3. Aufl Rn 47 geübte scharfe **Kritik** an dem Erfor- 39
dernis der Berufsmäßigkeit kann nicht aufrecht erhalten werden (s dazu auch BT-
Drs 14/5166 S 8 li o; ferner *Rotsch* S 47 ff.). Wohl trifft es zu, dass das Recht auf Verschweigen der Informationsquellen zwar einem Redaktionsvolontär zusteht, jedoch
einem sich in der Presse äußernden Staatsmann vorenthalten bleibt – wenn dieser
nicht ausnahmsweise unter den zuvor beschriebenen Voraussetzungen der Berufsmäßigkeit, dh in der Absicht der Begründung einer wiederkehrenden Beschäftigung,
handelt, wie etwa bei einer ständigen Kolumne. Doch folgt dies aus dem Charakter
der Pressefreiheit als institutioneller Garantie (o Rn 25), die entgegen *Löffler* nicht als
Recht interpretiert werden kann, das jedermann auch ohne Einbindung in den organisatorischen Zusammenhang der Medien die Verweigerung des Zeugnisses gestattet
(*Gössel* in Medienfreiheit und Strafverfolgung S 57; *Menschin* S 88 f.; *Rehbinder*
Oehler-FS S 413; *Rotsch* S 48). Deshalb besteht auch kein Anlass, insoweit ein Zeugnisverweigerungsrecht unmittelbar aus Art 5 Abs 1 S 2 GG herzuleiten (dazu generell
u Rn 71 ff.).

7. Geltung für die periodische und die nicht-periodische Presse

Aufgegeben hat die StPO-Novelle von 2002 (o Rn 23) die frühere Begrenzung 40
des Zeugnisverweigerungsprivilegs auf die Angehörigen der periodischen Presse (zustimmend *Kunert* NStZ 2002, 169/171). Zur Zeugnisverweigerung berechtigt sind
jetzt **auch** die Mitwirkenden an **nicht-periodischen Druckwerken** (allgM). Erfasst
sind daher auch der Buchverleger und seine Mitarbeiter, aber auch der berufsmäßige
Produzent von Flugblättern oder Plakaten. Ob diese undifferenzierte Ausweitung
nicht doch zu weit geht, bleibt freilich angesichts der Weite der Definition berufsmäßigen Handelns (o Rn 38) fraglich (ähnlich *Bott* S 95 f.; *Hamm* NJW 2001, 269/
270; *Rogall* Lampe-FS S 805/828; s auch *Gössel* in Medienfreiheit und Strafverfolgung S 57; *Rehbinder* Oehler-FS S 414; *Schulz/Korte* AfP 2000, 530/531; optimis-
tischer noch hier die 4. Aufl; ebenso *Rotsch* S 50).

8. Einbeziehung der Filmberichterstattung

Einbezogen in das Zeugnisverweigerungsprivileg ist seit 2002 auch die **Film-** 41
berichterstattung. Es kommt also jetzt nicht mehr darauf an, ob die Filmaufnahmen
in der Absicht gemacht werden, sie später im Fernsehen oder im Internet der Öffentlichkeit vorzuführen.

9. Einbeziehung der Informations- und Kommunikationsdienste

§ 53 Abs 1 S 1 Nr 5, S 3 StPO erstreckt das Zeugnisverweigerungsrecht auf die 42
Mitwirkenden **redaktionell aufbereiteter Informations- und Kommunikationsdienste,** die der **Unterrichtung oder Meinungsbildung** dienen. Darunter
fallen etwa der Bildschirmtext und die Online-Dienste von Zeitungen oder Rundfunkanstalten und -unternehmen sowie die im Digital-Abonnement vertriebenen
elektronischen Ausgaben von Zeitungen (e-paper), dagegen mangels redaktioneller
Aufbereitung nicht Dienste der Individualkommunikation wie Telebanking oder
Dienste, die dem Anzeigenteil einer Zeitung ohne meinungsbildende Inhalte vergleichbar sind (ähnlich *Ignor/Bertheau* in Löwe-Rosenberg Rn 52, *Trüg* in HK-GS
Rn 15, *von Schlieffen* in AnwK-StPO Rn 16, jeweils zu § 53; ferner *Pöppelmann* in
Schiwy/Schütz/Dörr S 659).

VI. Der Inhalt des Zeugnisverweigerungsrechts

**1. Das Schweigerecht umfasst die Person des Informanten und den Inhalt
seiner Mitteilung**

Nach der vor 1975 geltenden bundesrechtlichen Regelung des publizistischen 43
Zeugnisverweigerungsrechts beschränkte sich das Presseprivileg auf die Befugnis, das

Zeugnis über die **Person** des Informanten zu verweigern. Die 1964 bis 1966 erlassenen Landespressegesetze dehnten – mit Ausnahme Bayerns – das Zeugnisverweigerungsrecht auf den Inhalt der den Medien Presse und Rundfunk gemachten **Mitteilungen** aus. Diese Regelung hatte die bundesrechtliche Gesetzesfassung von 1975 übernommen (s jetzt § 53 Abs 1 S 2 StPO).

2. Das Zeugnisverweigerungsrecht über die Person des Informanten

44 Im Vordergrund des Medienprivilegs steht das Recht der Angehörigen von Presse und Rundfunk, das Zeugnis über die **Person des** Verfassers, Einsenders oder sonstigen **Informanten** von Beiträgen und Unterlagen, zu verweigern (§ 53 Abs 1 S 2 StPO). Im Gegensatz zu dem Zeugnisverweigerungsrecht über Eigenrecherchen (u Rn 59 ff., insb 65 ff.) ist das über Informanten und von ihnen erlangte Informationen uneinschränkbar, dh nicht von den Begrenzungen in § 53 Abs 2 S 2 und 3 StPO betroffen (*Eisenberg* BeweisR Rn 1247). Damit ist die Nachforschung der durch eine Pressemitteilung Betroffenen oder einer Behörde nach der Person, die „aus der Schule geplaudert hat", im Interesse der Informationsfreiheit wesentlich erschwert. Das Zeugnisverweigerungsrecht besteht aber auch dann, wenn die mitgeteilte Information unwahr oder sogar völlig erdacht ist (so zu Recht OLG Hamburg ZUM 1995, 213 zu dem sachlich übereinstimmenden § 383 Abs 1 Nr 5 ZPO, vgl dazu u Rn 138).

a) Alle zur Enttarnung des Informanten geeigneten Angaben

45 Das Zeugnisverweigerungsrecht umfasst hinsichtlich des Schweigerechts „**zur Person**" nicht nur die Namensangabe selbst, sondern auch alle sonstigen Angaben, die als Indiz mittelbar zur Enttarnung des unbekannten Informanten führen könnten (allgM, s etwa *Ignor/Bertheau* in Löwe-Rosenberg Rn 61, *Neudeck* in KMR Rn 29, *Pfeiffer* Rn 3, *Schmitt* in Meyer-Goßner Rn 34, *Senge* in KKStPO Rn 35, zu § 53; *Liesching* in Paschke/Berlit/Meyer 92. Abschn. Rn 24; *Soehring* in Soehring/Hoene, PresseR § 8 Rn 13; ebenso der Ermittlungsrichter des BGH im Fall Stern/IRA, BGHSt 36, 298/303 ff. = NJW 1990, 525 m krit Anm *J. Meyer* JR 1990, 433). Die generell nicht von § 53 Abs 1 S 2 StPO erfasste Antwort auf die Frage nach der Zahlung eines Honorars oder nach dessen Höhe kann ebenfalls dann verweigert werden, wenn aus ihr Schlüsse auf die Person oder den Aufenthalt des Informanten bzw für etwaige Fahndungsmaßnahmen gezogen werden könnten (BGHSt 28, 240/255 f. = NJW 1979, 1212; BGHSt 36, 298/304 f. = NJW 1990, 526; *Huber* in Graf Rn 30, *Otte* in Radtke/Hohmann Rn 32, *Rogall* in SKStPO Rn 169, *Schmitt* in Meyer-Goßner Rn 34, *Senge* in KKStPO Rn 44, *von Schlieffen* in AnwK-StPO Rn 19, zu § 53; *Menschig* S 95; *Soehring* in Soehring/Hoene, PresseR § 8 Rn 21).

b) Zeugnisverweigerungsrecht trotz Preisgabe der Anonymität durch die Presse selbst?

46 Der Bundesgerichtshof und ein Dreierausschuss des Bundesverfassungsgerichts haben die Auffassung vertreten, das Zeugnisverweigerungsrecht der Presse hinsichtlich der Person des Informanten entfalle regelmäßig, wenn **die Presse** von sich aus die Art der **Informationsquelle nenne** und der vernehmenden Instanz Einblick in das erhaltene Nachrichtenmaterial gewähre (BVerfG AfP 1982, 100 f. = NStZ 1982, 253 f.; BGHSt 28, 240/246 ff. = NJW 1979, 1212 – Fall Klein; BGH NJW 1999, 2051/2052; ebenso KG AfP 1983, 352 = NJW 1984, 1133 sowie die vorherrschende Literatur, s *Neubeck* in KMR Rn 29, *Otte* in Radtke/Hohmann Rn 32, *Schmitt* in Meyer-Goßner Rn 34, *Senge* in KKStPO Rn 35, *Trüg* in HK-GS Rn 19, zu § 53; *Eisenberg* Rn 1251; *Pöppelmann* in Schiwy/Schütz/Dörr S. 660 f.; *Rebmann* AfP 1982, 190; *Soehring* in Soehring/Hoene, PresseR § 8 Rn 14). Nach Ansicht des 3. Strafsenats des BGH erlaubt § 53 Abs 1 Nr 5 StPO aF (jetzt S 2) „im Regelfall" nicht die Verweigerung des Zeugnisses über Umstände, die der Auffindung eines Informanten dienen können, dessen Identität die Presse selbst preisgegeben hat; der BGH will allerdings davon eine Ausnahme zulassen in Fällen deutlichen Überwiegens des Interesses an der öffentlichen Erörterung eines Vorganges über Strafverfolgungsinteressen

VI. Der Inhalt des Zeugnisverweigerungsrechts § 23 LPG

geringen Gewichts und in „seltenen Ausnahmefällen eines ganz besonderen, außerordentlichen Publizitätsinteresses" (BGHSt 28, 240 Ls 1 und 2; selbst diese Ausnahmen ablehnend *Schmitt* in Meyer-Goßner § 53 Rn 34). Ein Dreierausschuss des BVerfG verneinte 1982 in dem Fall der Stuttgarter dpa-Redaktion, die den Strafverfolgungsbehörden den Inhalt von Selbstbezichtigungsanrufen mitgeteilt hatte, ein fortbestehendes schutzwürdiges Vertrauensverhältnis zwischen Presse und Informant, dem das Zeugnisverweigerungsrecht diene, und erklärte deshalb die Anordnung einer Beschlagnahme der Originaltonbandaufzeichnungen der Anrufe für verfassungsrechtlich unangreifbar (AfP 1981, 100f. = NStZ 1981, 253). Dagegen hat das OLG Dresden NStZ-RR 1997, 238 f. das Zeugnisverweigerungsrecht eines Redakteurs als fortbestehend angesehen, als dieser bei einem – vom OLG offenbar als überrumpelnd eingeschätzten – unangekündigten Anruf eines Staatsanwalts diesem gegenüber die Identität eines Informanten offenbart hatte.

Zur Beschlagnahme terroristischer Rechtfertigungsschreiben s unten Rn 132.

Diese höchstrichterliche Rechtsprechung hat berechtigte **Kritik** erfahren (*Ignor/ Bertheau* in Löwe-Rosenberg § 53 Rn 61; *Roxin/Schünemann* StrafverfahrensR § 26 Rn 25; *Rogall* in SK-StPO § 53 Rn 171; *von Schlieffen* in AnwK-StPO § 53 Rn 19; *Bott* S 146 ff.; *Dunkhase* S 88 f.; *Gehrhardt* AfP 1979, 234; *Gössel* in Oehler ua Medienfreiheit S 59 ff.; *Kühl* JA 1980, 683 f.; *Mensching* S 124 f.; *Ollendorf* S 52 ff.; *Pauli* S 113 ff.; *Rengier* JZ 1979, 797 f.; *Rotsch* S 57 ff.; *Scherer* EuGRZ 1979, 417 ff.; *P. Schmitt* S 190 f. – Antikritik bei *Rose* S 130 ff.). Sowohl der Weg zur Herleitung dieser Begrenzung des Zeugnisverweigerungsrechts durch den BGH aus dem bis 1975 geltenden Rechtszustand als auch die Richtigkeit dieser schematisierenden Lösung als solcher sind zu bestreiten. Sie verkennt, dass die Presse von ihrem Zeugnisverweigerungsrecht auch teilweise Gebrauch machen und den Verzicht auf das Zeugnisverweigerungsrecht auch widerrufen kann (vgl u Rn 80, 83); zudem ist Schutzobjekt des publizistischen Zeugnisverweigerungsrechts primär die Pressefreiheit und nicht das Vertrauensverhältnis zu dem Informanten (o Rn 25). Auch entspricht die Presse, wenn sie sich mit der Behörde zwecks Verifizierung der ihr zugegangenen Mitteilung ins Benehmen setzt, nur ihrer gesetzlichen Pflicht, alle Nachrichten vor ihrer Veröffentlichung auf Wahrheit und Herkunft zu prüfen (§ 6 LPG). Bemerkenswert einschränkende Interpretationen der restriktiven Rechtsprechung der Obergerichte finden sich in den Beschlüssen des LG Hamburg AfP 1984, 172 f. und des LG Heilbronn AfP 1984, 119 ff.

47

c) Verfasser von Beiträgen

Als **Verfasser** von Beiträgen oder Unterlagen, dessen Namen verschwiegen werden darf, gilt der geistige Urheber eines Pressebeitrages (*Gercke* in HK-StPO Rn 29, *Ignor/Bertheau* in Löwe-Rosenberg Rn 63, *Otte* in Radtke/Hohmann Rn 33, *Schmitt* in Meyer-Goßner Rn 35, zu § 53). Dabei bleibt es gleich, ob er diese Äußerung selbst niedergeschrieben oder von einem Dritten nach Weisung oder Diktat hat schreiben lassen. Haben mehrere bei der Abfassung eines Pressebeitrages zusammengewirkt, so ist jeder Mitverfasser zur Zeugnisverweigerung berechtigt. Auch wer den Beitrag redigiert, ist Mitverfasser. Ist der befragte Redakteur selbst der Verfasser, so braucht er auch diesen Umstand nicht zu offenbaren (LG Hamburg AfP 1984, 172 f.; LG Heilbronn AfP 1984, 119 ff.; *Schmitt* in Meyer-Goßner § 53 Rn 35; *Soehring* in Soehring/ Hoene PresseR § 8 Rn 12). Soweit der anonyme Verfasser eines Beitrags bei der Presse haupt- oder nebenberuflich mitwirkt, steht ihm selbst hinsichtlich seiner Informanten ein Zeugnisverweigerungsrecht zu.

48

d) Einsender von Beiträgen und Unterlagen

Auch über die Person eines **Einsenders** darf die Presse das Zeugnis verweigern. Schon das Reichspreßgesetz von 1874 (§ 21 Abs 2) hatte neben dem Verfasser den Einsender besonders erwähnt. Daraus ist zu schließen, dass dem Begriff „Einsender" insofern eine selbständige Bedeutung zukommt, als darunter eine Person zu verstehen ist, die nicht eigene, sondern fremde, nicht von ihr verfasste Beiträge, zB Briefe, hin-

49

Achenbach 1113

LPG § 23   Zeugnisverweigerungsrecht

terlassene Schriften oder sonstige Äußerungen und Stellungnahmen Dritter, zur Veröffentlichung einsendet (zutreffend *Kitzinger* S 166, *Rebmann* § 23 Rn 13; ebenso zum geltenden Recht die heute allg M, s etwa *Ignor/Bertheau* in Löwe-Rosenberg Rn 64, *Schmitt* in Meyer-Goßner Rn 36, *Senge* in KKStPO Rn 38, sämtlich zu § 53; *Eisenberg* Rn 1251; *Pöppelmann* in Schiwy/Schütz/Dörr S 660).

e) Sonstiger Informant

50   Als dritten Rollenträger, über dessen Person die Medienangehörigen das Zeugnis verweigern dürfen, nennt § 53 Abs 1 S 2 StPO den **sonstigen Informanten**. Der Begriff ist an die Stelle desjenigen des „Gewährsmanns" getreten (nach dem RegE der StPO-Novelle vom 15.2.2002 wird der Wortlaut damit zeitgemäßer gefasst, BT-Drs 14/5166 S 8). Gemeint ist damit der „Materiallieferant", der der Presse aus seinem Beobachtungsbereich Informationen zukommen lässt. Das Material kann schriftlich, mündlich (telefonisch) oder elektronisch vermittelt in Wort und Bild geliefert werden. Im Gegensatz zum Verfasser und Einsender liefert der sonstige Informant keinen gestalteten Bericht, sondern nur das Nachrichten-Rohmaterial, das dann von der Redaktion bearbeitet wird (ebenso *Rogall* in SKStPO § 53 Rn 168, *Schmitt* in Meyer-Goßner Rn 37, *Senge* in KKStPO § 53 Rn 39; *Eisenberg* BeweisR Rn 1280; *Pöppelmann* in Schiwy/Schütz/Dörr S 660; *Paschke* MedienR Rn 1068; *Soehring* in Soehring/Hoene, PresseR § 8 Rn 15). Dazu gehören auch Gegenstände wie Fotografien, Bild- oder Tondatenträger.

3. Der Inhalt der den Presseangehörigen gemachten Mitteilungen als Gegenstand des Zeugnisverweigerungsrechts

51   In Angleichung an das Zeugnisverweigerungsrecht der in § 53 Abs 1 S 1 Nr 1 bis 4 StPO aufgeführten „klassischen" Berufsgruppen erstreckt § 53 Abs 1 S 2 StPO das Zeugnisverweigerungsrecht der Medienangehörigen nicht nur auf die Person des Informanten, sondern auch auf den **Inhalt** der ihnen **gemachten Mitteilungen**, soweit es sich um Beiträge, Unterlagen und Mitteilungen für den redaktionellen Teil handelt.

a) Mitteilungen

52   Das Wort **Mitteilung** ist entsprechend dem Zweck der Bestimmung (Schutz des Grundrechts der Informationsfreiheit) weit auszulegen und umfasst auch etwaige zu den Informationen als solchen gehörige Unterlagen sowie sonstiges beigefügtes Material (ebenso *Pöppelmann* in Schiwy/Schütz/Dörr S 661; *Rogall* in SKStPO § 53 Rn 173). Schon die Frage, ob überhaupt derartige Mitteilungen gemacht worden sind, ist vom Zeugniszwang ausgenommen (BGHSt 28, 240/251 = NJW 1979, 1212; *Huber* in Graf Rn 31, *Ignor/Bertheau* in Löwe-Rosenberg Rn 66, *Schmitt* in Meyer-Goßner Rn 38, *Trüg* in HK-GS Rn 20, zu § 53). Fallen Eigenrecherchen des Journalisten zusammen mit Mitteilungen eines Dritten, so erstreckt sich das Zeugnisverweigerungsrecht nach der Neufassung von 2002 jedenfalls insoweit auch auf sie, als die Aussage zur Offenbarung der Person des Informanten oder der dem Medienmitarbeiter im Hinblick auf seine Tätigkeit (u Rn 56) gemachten Mitteilungen oder ihres Inhalts führen würde (§ 53 Abs 2 S 3 StPO; darauf verweist auch *Rogall* in SKStPO § 53 Rn 173 aE). Nach der früheren Fassung des § 53 Abs 1 Nr 5 StPO hatte BGHSt 36, 298/302 f. = NJW 1990, 525 diese Konstellation einbezogen in das Recht zur Zeugnisverweigerung über die gemachten Mitteilungen eines „Gewährsmannes". Die **Unterscheidung von Eigen- und Fremdmaterial** ist seit der Neuregelung von 2002 wichtig im Hinblick auf § 53 Abs 2 S 2 StPO (*Rogall* Lampe-FS S 805/826; *Senge* in KKStPO § 53 Rn 40), weil danach die Berechtigung zur Zeugnisverweigerung im Hinblick auf Eigenmaterial, dh den Inhalt selbst erarbeiteter Materialien und den Gegenstand entsprechender Wahrnehmungen, unter bestimmten Umständen entfallen kann, während es bei Mitteilungen von Informanten auf diese Einschränkungen und die materielle Prüfung der Offenbarungsgefahr nach Abs 2 S 3

VI. Der Inhalt des Zeugnisverweigerungsrechts § 23 LPG

nicht ankommt. Um **Fremdmaterial** in diesem Verständnis handelt es sich weiterhin in den folgenden Fallgruppen (vgl zum alten Recht auch *Ollendorf* S 90 ff.; *Rose* S 138 ff.):

(1) Gibt jemand durch **gezielte Hinweise** dem Pressemitarbeiter Gelegenheit, 53 eigene Wahrnehmungen zu machen, und ermöglicht er dadurch eigene Beobachtungen des Presseangehörigen zu einem bestimmten Thema, so liegt darin eine Mitteilung im Sinne von § 53 Abs 1 S 2 StPO (BGHSt 28, 240/255 = NJW 1979, 1212; LG Heilbronn AfP 1984, 119/120; *Huber* in Graf Rn 31, *Otte* in Radtke/Hohmann Rn 34, *Rogall* in SKStPO Rn 173, *Schmitt* in Meyer-Goßner Rn 38, zu § 53). Der Inhalt dadurch veranlasster *eigener* Recherchen unterfällt dagegen heute den möglichen Einschränkungen des § 53 Abs 2 S 2 und 3 StPO (ebenso *Rogall* in SKStPO § 53 Rn 173; s dazu u Rn 65 ff.).

(2) Die Mitteilungen müssen dem Presseangehörigen nicht aus eigener Initiative 54 gemacht werden; auch das, was einem Journalisten **auf dessen Fragen hin** im persönlichen Gespräch **eröffnet** wird, fällt unter das Zeugnisverweigerungsrecht (BGHSt 28, 240/251 = NJW 1979, 1212; *Senge* in KKStPO § 53 Rn 41; *Pöppelmann* in Schiwy/Schütz/Dörr S 661). Nicht mehr davon erfasst werden aber die vorangegangenen eigenen Recherchen des Journalisten, welche ihn überhaupt erst zu seinen Fragen befähigen; auch insoweit handelt es sich um Eigenmaterial mit der Folge der Anwendbarkeit von § 53 Abs 2 S 2 und 3 StPO (ebenso *Rogall* in SKStPO § 53 Rn 173).

b) Bezug auf die publizistische Tätigkeit

Der Inhaltsschutz beschränkt sich nach dem Wortlaut des Gesetzes auf die Mittei- 55 lungen, die den Angehörigen von Presse und Rundfunk „im Hinblick auf ihre Tätigkeit" gemacht werden. Dieses Erfordernis ist in doppelter Hinsicht wichtig:

(1) Nicht geschützt sind danach Mitteilungen, die den Mitarbeitern von Presse und 56 Rundfunk ohne **Bezug auf ihre publizistische Tätigkeit** gemacht werden – etwa weil der Mitteilende gar nicht weiß, dass der Mitteilungsempfänger bei der Presse tätig ist (ebenso etwa *Rogall* in SKStPO Rn 175, *Schmitt* in Meyer-Goßner Rn 38, zu § 53). Die hier vorgenommene Anpassung des publizistischen Zeugnisverweigerungsrechts an die Schweigepflicht der klassischen Berufe wirkt sich insoweit für Presse und Rundfunk negativ aus. Richtig ist, dass dem Geistlichen, dem Arzt, dem Anwalt usw gerade im Hinblick auf ihre Tätigkeit etwas anvertraut wird, so dass hier die Klausel sinnvoll erscheint. Demgegenüber hängt der Erfolg des Reporters häufig davon ab, dass er seine Informationen überall und unauffällig sammelt. Solche berufstypischen Ermittlungen des Journalisten unterliegen dennoch nicht dem gesetzlichen Informantenschutz.

(2) Dagegen entspricht es der Sachlage, wenn das Gesetz nicht – wie bei den klassi- 57 schen Berufen – von anvertrauten Tatsachen, sondern lediglich von **gemachten Mitteilungen** spricht. Den Medienangehörigen wird etwas „mitgeteilt", damit sie es in geeigneter Form bei ihren Veröffentlichungen verwerten – dem Geistlichen, dem Anwalt, dem Arzt wird etwas „anvertraut", damit er es verschweigt. Wer Anvertrautes verbreitet, macht sich nach § 203 StGB strafbar. Demgegenüber steht es den Presseangehörigen frei, ob sie das ihnen Mitgeteilte veröffentlichen, soweit nicht ausdrückliche vertragliche Vereinbarungen oder Standespflichten entgegenstehen (vgl u Rn 79 ff.).

c) Schutz des Hintergrundmaterials

Für den vom publizistischen Zeugnisverweigerungsrecht umfassten Inhaltsschutz ist 58 es **rechtlich ohne Bedeutung**, ob die bei Presse und Rundfunk eingehenden Mitteilungen zur **Veröffentlichung** verarbeitet oder nur zur internen Information verwendet werden (BGHSt 28, 240/251 = NJW 1979, 1212; OLG Bremen JZ 1977, 442/444; LG Heilbronn AfP 1984, 120; allgM s etwa *Gercke* in HK-StPO Rn 30, *Ignor/Bertheau* in Löwe-Rosenberg Rn 66, *Neubeck* in KMR Rn 31, *Schmitt* in Meyer-

Goßner Rn 38, zu § 53 mwN). § 53 Abs 1 S 2 StPO spricht neben Mitteilungen, die der Presse zugehen, ausdrücklich auch von „Unterlagen". Das für die Publizistik wichtige Archiv- und **Hintergrundmaterial** (Schreibtischmaterial) genießt danach den vollen Inhaltsschutz des Zeugnisverweigerungsrechts (BGHSt 28, 240/251 = NJW 1979, 1212; *Gercke* in HK-StPO Rn 30, *Huber* in Graf Rn 31, *Ignor/Bertheau* in Löwe-Rosenberg Rn 66, *Schmitt* in Meyer-Goßner Rn 38, *Senge* in KKStPO Rn 43, zu § 53; *Eisenberg* BeweisR Rn 1252). So können der Presse Mitteilungen zugehen, deren Veröffentlichung aus Gründen des Persönlichkeitsschutzes nicht in Frage kommt, die aber zum Verständnis wichtiger politischer Vorgänge (zB Verfeindung von Politikern) von großer Bedeutung sein können. Informationen sind auch dann durch § 53 Abs 1 S 2 StPO geschützt, wenn ihr Inhalt strafbar ist (*Groß* NJW 1975, 1763/1764; *Ignor/Bertheau* in Löwe-Rosenberg Rn 66; *Kunert* MDR 1975, 885).

4. Das selbst erarbeitete Material und der Gegenstand berufsbezogener Wahrnehmungen

59   Abweichend von dem früheren Rechtszustand (s dazu hier die 4. Aufl Rn 59 ff.) hat das Gesetz zur Änderung der StPO vom 15.2.2002 (BGBl I S 682) das **Zeugnisverweigerungsrecht** der Medienmitarbeiter **ausgeweitet** auf **Eigenrecherchen,** nämlich „den Inhalt selbst erarbeiteter Materialien und den Gegenstand berufsbezogener Wahrnehmungen" (§ 53 Abs 1 S 2 StPO). Allerdings enthält § 53 Abs 2 S 2 iVm S 3 für diese Zeugnisinhalte Einschränkungen.

a) Die Neuregelung von 2002 und ihr Zusammenhang mit der Beschlagnahmefreiheit

60   Nach Einschätzung der Bundesregierung konnte die Arbeit der Medien unter dem **vorherigen Rechtszustand** „durch die Beschlagnahme selbstrecherchierten Materials Beeinträchtigungen ausgesetzt werden, die im Hinblick auf die grundlegende Bedeutung der Presse- und Rundfunkfreiheit nicht länger hingenommen werden sollten" (BT-Drs 14/5166 S 1; ebenso der Rechtsausschussbericht, BT-Drs 14/6576 S 1). Es ging also bei der Reform weniger um das eigentliche Zeugnisverweigerungsrecht der Medienmitarbeiter als vielmehr um die Verweisung in § 97 Abs 5 S 1 StPO, wo die **Beschlagnahmefreiheit** und damit auch das Verbot darauf abzielender Durchsuchungen (u Rn 98) für Schriftstücke und andere Darstellungen statuiert wird, die diesem Zeugnisverweigerungsrecht unterliegen (s dazu die o Rn 22 zitierten Berichte über Beschlagnahme- und Durchsuchungsaktionen bei den Medien). Die politische Gestaltungsmehrheit griff damit eine Debatte auf, die insbesondere nach dem ZDF-Brokdorf-Beschluss BVerfGE 77, 65 = NJW 1978, 329 intensiv geführt worden war (Nachw s 4. Aufl Rn 60). Der hier in der 4. Aufl Rn 66 vorgeschlagene Weg einer Abkopplung zwischen dem Umfang des Zeugnisverweigerungsrechts aus § 53 Abs 1 Nr 5 StPO aF und der Zulässigkeit von Beschlagnahme- und Durchsuchungsaktionen in Redaktionen und Verlagen wurde im Gesetzgebungsverfahren leider nicht auf seine Gangbarkeit geprüft; die dynamische Verweisung in § 97 Abs 5 S 1 auf § 53 Abs 1 S 1 Nr 5 StPO findet sich auch im geltenden Recht (BT-Drs 14/5166 S 10 li o).

61   Die Bundesregierung hatte mit dem **Gesetzentwurf** der StPO-Novelle vor allem das **Ziel** verfolgt, aus Gründen der Rechtsklarheit und Rechtssicherheit für die von Medienangehörigen selbst erarbeiteten Materialien und zuvor nicht geschützte berufsbezogene Wahrnehmungen konkret zu bestimmen, in welchen Fällen dem Geheimhaltungsinteresse der Medien Vorrang vor den Erfordernissen der Strafrechtspflege gebührt; damit wollte sie die nach BVerfGE 77, 65, 77 = NJW 1978, 329 in erster Linie dem Gesetzgeber obliegende Aufgabe einer Abwägung zwischen der Presse-, Rundfunk- und Filmfreiheit (Art 5 Abs 1 S 2 GG) und den unabweisbaren Bedürfnissen einer wirksamen Strafverfolgung übernehmen (BT-Drs 14/5166 S 6; grundsätzlich kritisch dazu *Kunert* NStZ 2002, 169/171 f.). Der im RegE (BT-Drs 14/5166 S 5, 8) gemachte und vom Rechtsausschuss (BT-Drs 14/6575 S 2, 3)

VI. Der Inhalt des Zeugnisverweigerungsrechts § 23 LPG

mehrheitlich befürwortete Vorschlag, das Zeugnisverweigerungsrecht und damit die Beschlagnahmefreiheit im Prinzip allein bei der Verfolgung von Verbrechen entfallen zu lassen, fand jedoch nicht die Billigung des Bundesrats (s schon dessen Stellungnahme in BT-Drs 14/5166 S 11 sowie dann die Begründung der Anrufung des Vermittlungsausschusses in BR-Drs 688/01 [Beschluss] = BT-Drs 14/7015). Im **Vermittlungsausschuss** setzte sich dann die jetzt gesetzlich verankerte Lösung durch, nach der das Zeugnisverweigerungsrecht im Rahmen einer problematischen Subsidiaritätsklausel auch bei bestimmten Vergehen entfällt (BT-Drs 14/7776). Schon der RegE hatte die heute in § 53 Abs 2 S 3 StPO verwirklichte Gegenausnahme für den Fall einer drohenden Offenbarung der Person des Informanten oder der von diesem gemachten Mitteilungen enthalten, sogar noch verstärkt um eine im Gesetz hier nicht mehr enthaltene Verhältnismäßigkeitsklausel. Insgesamt ist so ein komplexes Hin und Her von Befreiung, deren Einschränkung und Gegenausnahme entstanden, das dem Anspruch einer klaren gesetzlichen Lösung nicht gerecht wird. Zu den hinzutretenden Abwägungen bei der Beschlagnahme gemäß § 97 Abs 5 iVm Abs 2 S 3 StPO s u Rn 129.

b) Gegenstand des Zeugnisverweigerungsrechts

Den **Gegenstand des Zeugnisverweigerungsrechts** bei Eigenrecherchen bilden gemäß § 53 Abs 1 S 2 StPO der Inhalt selbst erarbeiteter Materialien und der Gegenstand berufsbezogener Wahrnehmungen. **62**

(1) Als Beispiele für den **Inhalt selbst erarbeiteter Materialien** nennt der RegE der StPO-Novelle von 2002 konkretisierend „Notizen, Negative, Fotos etc" (BT-Drs 14/5166 S 8 li o; ebenso *Schmitt* in Meyer-Goßner § 53 Rn 39). Es handelt sich also um in irgendeiner Weise verkörperte Informationen, d h Ton-, Bild- und Datenträger, Urkunden und Augenscheinsobjekte (*Gercke* in HK-StPO Rn 31, *Huber* in Graf Rn 32, *Otte* in Radtke/Hohmann Rn 36, *Rogall* in SKStPO Rn 176, zu § 53, *Pöppelmann* in Schiwy/Schütz/Dörr S 661). Dieses Materialisierungskriterium erweist besonders sichtbar den schon o Rn 60 aufgewiesenen Zusammenhang mit der Beschlagnahme und darauf abzielenden Durchsuchungen. Damit steht es dem Medienmitarbeiter anscheinend frei, das, was er nur im Kopf hat, dem Zeugnisverweigerungsrecht zu unterwerfen, indem er es in irgendeiner Form stofflich fixiert (das rügt *Kunert* NStZ 2002, 169/172; ähnlich *Rogall* Lampe-FS S 805/829; *Senge* in KKStPO § 53 Rn 44a). Darin freilich eine beklagenswerte Manipulationsmöglichkeit von Gewicht zu sehen (*Kunert* aaO: „Zeugnisverweigerungsrecht zum Selbermachen"), dürfte aber doch eine Überinterpretation bedeuten. Denn zum einen sind ohnehin alle berufsbezogenen Wahrnehmungen dem Zeugnisverweigerungsrecht unterworfen; die Beobachtung eines Verkehrsunfalls, einer Geiselnahme oder eines Mordes, wie sie *Kunert* als Beispiele nennt, durch einen Journalisten ist aber per se berufsbezogen, weil der Beobachtende unabhängig von seinem redaktionellen Ressort stets bemüht sein wird, das derart Beobachtete in die Arbeit seiner Redaktion einfließen zu lassen (s weiter u Rn 64). Zum anderen ist die Fixierung in einem Medium, sei es in herkömmlicher Manier durch Schriftzeichen auf Papier, sei es in der heute üblichen elektronisch vermittelten Gestalt, die typische Arbeitsweise der beruflich für den redaktionellen Teil tätigen Personen, auf das sich das Zeugnisverweigerungsrecht beschränkt. Die verbleibenden Randfälle können aber kaum eine Generalkritik an dem Kriterium des selbst recherchierten Materials tragen. Auch der von einigen Autoren in Zweifelsfällen verlangten Glaubhaftmachung i S von § 56 StPO (*Gercke* in HK-StPO § 53 Rn 32, *Ignor/Bertheau* in Löwe-Rosenberg § 53 Rn 67; *Rogall* in Lampe-FS S 805/829) kann danach mE keine wirkliche praktische Bedeutung zukommen. **63**

(2) Das Zeugnisverweigerungsrecht erstreckt sich ferner auf den **Gegenstand berufsbezogener Wahrnehmungen**. Die Gesetzesmaterialien erläutern das Kriterium des Bezogenseins auf das Berufliche nicht näher. Jedenfalls schöpft es den Wortsinn nicht aus, wenn formuliert wird, berufsbezogen seien Wahrnehmungen, die der **64**

Medienmitarbeiter in beruflicher Eigenschaft gemacht hat (*Gercke* in HK-StPO § 53 Rn 32; *Rogall* in SKStPO § 53 Rn 177) oder die im Zusammenhang mit der Tätigkeit als Medienmitarbeiter gemacht wurden (*Ignor/Bertheau* in Löwe-Rosenberg Rn 67, *Otte* in Radtke/Hohmann Rn 36, *Senge* in KKStPO § 53 Rn 44a; *Trüg* in HK-GS Rn 21, zu § 53; *Liesching* in Paschke/Berlit/Meyer 92. Abschn. Rn 24; *Pöppelmann* in Schiwy/Schütz/Dörr S 661). Abzustellen ist vielmehr auf den **Inhalt des Wahrgenommenen**. Hat dieser einen Bezug zu der beruflich-redaktionellen Sphäre des Zeugen, so unterliegt die Wahrnehmung dem Zeugnisverweigerungsrecht. Dass Journalisten den Spürsinn für verwertbare Phänomene auch im Privatleben nicht ausschalten können, weiß jeder, der mit ihnen zu tun hat. Dafür muss man also nicht das ohnehin in seine Grenzen unklare Leitbild des investigativen Journalismus bemühen.

c) Entfallen des Zeugnisverweigerungsrechts

65   Das **Zeugnisverweigerungsrecht** bezüglich Eigenrecherchen in dem soeben erörterten Sinn **entfällt** unter den Bedingungen einer Subsidiaritäts- und einer Zwangsläufigkeitsklausel bei der **Verfolgung bestimmter Delikte** (§ 53 Abs 2 S 2 und 3 StPO).

66   aa) (1) Das ist zum einen der Fall, wenn die Aussage zur Aufklärung eines **Verbrechens** beitragen soll (§ 53 Abs 2 S 2 StPO). Der Begriff des Verbrechens ist hier in dem technischen Sinne des § 12 Abs 1 StGB zu verstehen (BT-Drs 14/5166 S 8 re o). Es muss also um die Aufklärung einer Tat im prozessualen Sinne gehen, die zumindest auch einen Straftatbestand erfüllt, der im Mindestmaß mit einer Freiheitsstrafe von einem Jahr oder mehr bedroht ist. Zur Aufklärung beitragen soll die Aussage auch dann, wenn sie nicht das unmittelbare Tatgeschehen betrifft, sondern sonst für die Entscheidung von Bedeutung ist, also etwa für eine Strafzumessungstatsache (so BT-Drs 14/5166 S 8 re o) oder für eine Indiztatsache. Schließlich verlangt die Formulierung von dem potentiellen Beitrag der Aussage zur Aufklärung, dass die Zeugenaussage jedenfalls nicht ausschließbar beweiserheblich sein muss (*Rogall* in SKStPO § 53 Rn 181). Diese Voraussetzungen in der „Situation des Verdachts" mit der nötigen Sicherheit festzustellen, dürfte – gerade zu Beginn der Ermittlungen – nicht immer möglich sein (noch skeptischer *Hamm* NJW 2001, 269/270). Nach der Vorrangregel „Im Zweifel für die Pressefreiheit" (BT-Drs 14/5166 S 9; BGHSt **28**, 240/247 f. = NJW 1979, 1212; **36**, 298/301, 303 = NJW 1990, 525) ist in solchen Fällen vom Fortbestand des Zeugnisverweigerungsrechts auszugehen.

67   (2) Die Berechtigung zur Zeugnisverweigerung über Eigenrecherchen entfällt ferner, wenn Gegenstand der Untersuchung bestimmte **Vergehen** sind. Der Vermittlungsausschuss hat den vom Bundesrat ursprünglich vorgelegten Katalog einschlägiger Delikte (BT-Drs 14/5166 S 11 sowie BT-Drs 14/7015) erheblich reduziert (BT-Drs 14/7776 S 2). **Katalogtaten** sind danach:
– bestimmte politische Delikte, nämlich Friedensverrat, Gefährdung des demokratischen Rechtsstaats, Landesverrat, Gefährdung der äußeren Sicherheit (§§ 80a, 85, 87, 88, 95, auch in Verbindung mit § 97b, §§ 97a, 98 bis 100a StGB),
– ein Teil der Straftaten gegen die sexuelle Selbstbestimmung, nämlich sexueller Missbrauch von Schutzbefohlenen, von Gefangenen, behördlich Verwahrten oder an Kranken und Hilfsbedürftigen in Einrichtungen, unter Ausnutzung einer Amtsstellung oder unter Ausnutzung eines Beratungs-, Behandlungs- oder Betreuungsverhältnisses (§§ 174, 174a, 174b, 174c StGB), sexueller Missbrauch von Kindern (§ 176 StGB) und sexueller Missbrauch widerstandsunfähiger Personen (§ 179 StGB),
– Geldwäsche oder Verschleierung unrechtmäßig erlangter Vermögenswerte (§ 261 StGB).

Ob die Wendung von dem „Gegenstand der Untersuchung" einen von der anders formulierten Klausel bei Verbrechen („wenn die Aussage zu Aufklärung [...] beitragen soll") abweichenden Sachgehalt haben soll, lässt sich aus den Gesetzesmaterialien

VI. Der Inhalt des Zeugnisverweigerungsrechts   § 23 LPG

nicht ersehen. In der Sache würde eine solche Differenzierung freilich nicht einleuchten (ebenso *Ignor/Bertheau* in Löwe-Rosenberg § 53 Rn 68). Es gelten daher die o Rn 66 entwickelten Aussagen auch hier.

bb) In ihrem Geltungsbereich unklar ist die in § 53 Abs 2 S 2 StPO formulierte **68 Subsidiaritätsklausel.** Danach entfällt das Zeugnisverweigerungsrecht bei Eigenrecherchen nur dann, „wenn die **Erforschung des Sachverhalts** oder die Ermittlung des Aufenthaltsorts des Beschuldigten auf andere Weise **aussichtslos** oder **wesentlich erschwert** wäre". Aus dieser Formulierung folgt zugleich, dass die Aussage des Zeugen einen substantiellen Fortschritt in der Aufklärung der Katalogtat versprechen muss. Umstritten ist, ob diese Klausel auch für Verbrechen gelten soll (so *Gercke* in HK-StPO Rn 34, *von Schlieffen* in AnwK-StPO Rn 22, zu § 53; *Trüg* in HK-StPO Rn 22; *Kunert* NStZ 2002, 169/172; *Tsambikakis* StraFo 2002, 145). Für die Beschränkung der Klausel auf die Aufklärung der Katalog-Vergehen spricht aber die Wortfolge „wenn [...] oder wenn [...] und" (ohne „wenn"). Sie muss letztlich den Ausschlag geben. Die Subsidiaritätsklausel gilt somit also nicht bei Verbrechen (ebenso die vh M, s etwa *Neubeck* in KMR Rn 33, *Rogall* in SKStPO Rn 182, *Schmitt* in Meyer-Goßner Rn 39a; *Senge* in KKStPO Rn 44b, zu § 53; *Liesching* in Paschke/Berlit/Meyer 92. Abschn. Rn 25).

Diese Regelung ist im Zusammenhang mit einem Zeugnisverweigerungsrecht sehr **69 problematisch** (ebenso *Neubeck* in KMR § 53 Rn 33; *Otte* in Radtke/Hohmann Rn 37, *Rogall* in SKStPO Rn 184; *Schmitt* in Meyer-Goßner Rn 39b; *Senge* in KKStPO § 53 Rn 44b, zu § 53; *Kunert* NStZ 2002, 169/172; *Tsambikakis* StraFo 2002, 145 f.). Wie schon der RegE prophylaktisch ausgeführt hatte, zwingt sie das Gericht ständig zu Zwischenbeweiswürdigungen und zu unzulässigen Beweisantizipationen (BT-Drs 14/5166 S 9; ebenso *Senge* in KKStPO § 53 Rn 44b; eine Chance für die Verteidigung sieht darin *Tsambikakis* StraFo 2002, 145). Mehr noch bringt sie aber den Zeugen in Bedrängnis, der weder den Verdachtsgrad noch die Voraussetzungen der Subsidiarität einschätzen kann und dem deshalb sachlich unberechtigte Pressionen mit der Ankündigung oder gar der Anwendung des Zeugniszwanges nach § 70 StPO drohen, ohne dass er dagegen substantiierte Gegenvorstellungen erheben könnte (so schon BT-Drs 14/5166 S 9; ebenso *Kunert* NStZ 2002, 169/172; *Senge* in KKStPO § 53 Rn 44b).

cc) Eine **Gegenausnahme** zur Subsidiaritätsklausel enthält § 53 Abs 2 S **70** StPO (von *Rogall* in SKStPO § 53 Rn 185 prägnant als **„Zwangsläufigkeitsklausel"** bezeichnet). Danach kann der Zeuge auch bei sonst drohender Aussichtslosigkeit oder wesentlicher Erschwerung der Ermittlungen etc die Aussage verweigern, „soweit sie zur Offenbarung der Person des Verfassers oder Einsenders von Beiträgen und Unterlagen oder der sonstigen Informanten oder der ihm im Hinblick auf seine Tätigkeit nach Absatz 1 Satz 1 Nr 5 gemachten Mitteilungen oder deren" (korrekt: ihres) „Inhalts führen würde". Soweit dies nicht der Fall ist, bleibt der Zeuge gemäß § 53 Abs 2 S 2 StPO zur Aussage verpflichtet (*Ignor/Bertheau* in Löwe-Rosenberg § 53 Rn 69). Das Gesetz verwirklicht hier die Grundsätze einer möglichst pressefreundlichen Entscheidungspraxis bei einer solchen Verquickung („Gemengelage") von Mitteilung und Recherche iSv BGHSt 36, 298/303 = NJW 1990, 525 (ebenso BT-Drs 14/5166 S 9 re; *Neubeck* in KMR Rn 34, *Rogall* in SKStPO Rn 185; *Schmitt* in Meyer-Goßner Rn 39c, zu § 53). Da auch insoweit der BGH ausdrücklich im Zweifel für die Pressefreiheit entscheiden wollte, ist diese Voraussetzung schon gegeben, wenn sich die Offenbarungsgefahr nicht ausschließen lässt (BGHSt 36, 298/303; BT-Drs 14/5166 S 9 re; *Gercke* in HK-StPO § 53 Rn 35; *Rogall* in SKStPO § 53 Rn 185). Damit wird nun freilich wiederum die über das Zeugnisverweigerungsrecht entscheidende Instanz in eine Zwangslage gebracht, weil sie selten in der Lage sein wird, die Behauptung einer derartigen Gemengelage zu widerlegen, die zudem durch eine entsprechende Dokumentationspraxis der Medienmitarbeiter verstärkt werden kann (kritisch deshalb *Kunert* NStZ 2002, 169/173; *Rogall* Lampe-FS S 805/831; *Senge* in KKStPO § 53 Rn 44c, der de lege ferenda eine den §§ 148,

148a StPO entsprechende Pflicht des Zeugen zur Glaubhaftmachung vor einer neutralen Instanz befürwortet; s ferner *Tsambikakis* StraFo 2002, 145/146). Die Einschränkungen des § 53 Abs 2 S 2 StPO dürften deshalb häufig leerlaufen.

d) Einzelfallbezogene Erweiterung zulässiger Zeugnisverweigerung und Beschlagnahmefreiheit nach der Rspr des BVerfG

71 Die Bewertung des neu geregelten Zeugnisverweigerungsrechts der Medienangehörigen schwankt in der Literatur zwischen den Polen rein symbolischer Gesetzgebung (*Kunert* NStZ 2002, 169/174) und der Einschätzung als die weitreichendste Privilegierung der Presse im Strafverfahren, für die es weltweit kein Vorbild gebe (*Rogall* Lampe-FS S 805/828; ähnlich *Hamm* NJW 2001, 269/271). Als wenig praktikabel gilt insbesondere § 53 Abs 2 S 2 und 3 StPO (*Neubeck* in KMR Rn 33, *Otte* in Radtke/Hohmann Rn 37, *Schmitt* in Meyer-Goßner Rn 39b, zu § 53, s auch u Rn 69). Deshalb wird weiterhin der **Rechtsprechung des Bundesverfassungsgerichts** Bedeutung zukommen, der zufolge in dreifacher Hinsicht eine **einzelfallbezogene Begrenzung** des Aussagezwanges und der Beschlagnahme **kraft unmittelbarer Anwendung von Verfassungsrechtssätzen** möglich ist (ebenso *Bott* S 120 f.). Zu der literarischen Kritik an dieser Rspr s näher hier die 4. Aufl Rn 63 m umfassenden Nachw pro und contra (zusammenfassend *Baier* S 197 ff., *Ollendorf* S 106 ff.). Dieser Kritik ist indes die Bindungswirkung der Rechtsprechung des BVerfG gemäß § 31 BVerfGG entgegenzuhalten (zustimmend *Rogall* in SKStPO § 53 Rn 179; *Soehring* in Soehring/Hoene, PresseR § 8 Rn 6).

72 (1) Das BVerfG leitet eine solche Erweiterung der zulässigen Zeugnisverweigerung und Beschlagnahmefreiheit vor allem her aus einer unmittelbaren Anwendung von **Art 5 Abs 1 S 2 GG** (BVerfGE **36**, 193/211 = NJW 1974, 356; **64**, 108/116 = NJW 1984, 1101; **77**, 65/81 f. = NJW 1988, 329; s ferner BVerfGE **107**, 299/334 = NJW 2003, 1787; BVerfG NStZ-RR 2004, 83/84; 1. Kammer des 1. Senats NJW 2011, 1859/1860 f. Rn 17). § 53 Abs 1 Nr 5 StPO treffe nur eine generalisierende Bestimmung darüber, in welchen Fällen typischerweise dem Geheimhaltungsinteresse der Presse gegenüber den Erfordernissen einer funktionstüchtigen Rechtspflege der Vorrang gebührt. Der 1. wie der 2. Senat des Gerichts hielten daher § 53 Abs 1 Nr 5 StPO aF nicht für eine abschließende Umschreibung der gesetzlichen Gründe einer Zeugnisverweigerung im Sinne von § 70 StPO (u Rn 90), sondern haben es zugelassen, in fallbezogener Abwägung der widerstreitenden Interessen direkt aus Art 5 Abs 1 Satz 2 GG Erweiterungen herzuleiten. Allerdings betont das BVerfG auch, solche Abweichungen vom geschriebenen Strafprozessrecht seien wegen des kollidierenden öffentlichen Interesses an einer möglichst umfassenden Wahrheitsermittlung im Strafverfahren mit Behutsamkeit vorzunehmen (BVerfG NStZ-RR 2004, 83/84 unter Verweis auf BVerfGE 77, 65/76 mwN).

73 (2) Eine Begrenzung des Zeugniszwanges kann sich nach der Rechtsprechung des BVerfG zudem ergeben aus dem **allgemeinen Persönlichkeitsrecht** gemäß Art 2 Abs 1 iVm Art 1 Abs 1 GG (BVerfGE 33, 367/374 = NJW 1972, 2214; vgl auch BVerfG NJW 1977, 1489/1490; ebenso BayObLG NJW 1979, 2624/2625). Freilich sind die Voraussetzungen dieser Fallgruppe recht eng und ihr Anwendungsbereich entsprechend klein (*Ollendorf* S 112 ff.).

74 (3) Schließlich können Einschränkungen für den Zeugniszwang und die Zulässigkeit von Beschlagnahmen und Durchsuchungen über das einfache Recht hinaus auch hergeleitet werden aus dem allgemein-rechtsstaatlichen **Übermaßverbot,** dh dem Grundsatz der Verhältnismäßigkeit (BVerfGE **56**, 247/248 f. = NJW 1981, 971; in dem gleichen Sinne LG Berlin AfP 1981, 417/420; LG Trier AfP 1988, 86/87 f.; LG Bremen NJW 1997, 1168/1169 f. und NStZ-RR 2000, 174/175 f.; s ferner BVerfGE **113**, 29, 53 = NJW 2005, 1917; **115**, 166 = NJW 2006, 976, Rn 116; BVerfG 1. Kammer des 1. Senats NJW 2005, 965, NJW 2011, 1859 Rn 19, NJW 2011, 1863 Rn 30). Zu den Einzelkomponenten der Eignung, Erforderlichkeit und Angemessenheit (Proportionalität) s o § 13 LPG Rn 92.

VI. Der Inhalt des Zeugnisverweigerungsrechts § 23 LPG

5. Die Begrenzung des Zeugnisverweigerungsrechts auf den redaktionellen Teil

Das Zeugnisverweigerungsrecht bezieht sich seit dem Gesetz über das Zeugnisverweigerungsrecht der Mitarbeiter von Presse und Rundfunk vom 25.7.1975 ausdrücklich allein auf Beiträge, Unterlagen und Mitteilungen „für den **redaktionellen Teil**". Die Neuregelung von 2002 hat daran festgehalten, allerdings die „redaktionell aufbereiteten" Informations- und Kommunikationsdienste hinzugefügt (§ 53 Abs 1 S 3 StPO). Zum redaktionellen Teil der Presse gehören auch die ihr zugehenden Leserbriefe, auch anonyme (KG AfP 1983, 352 = NJW 1984, 1133; LG Augsburg NStZ 2013, 480/481; allgM, s etwa *Neubeck* in KMR Rn 32, *Otte* in Radtke/Hohmann Rn 35, *Rogall* in SKStPO Rn 178, *Schmitt* in Meyer-Goßner Rn 40, *von Schließen* in AnwK-StPO Rn 21, zu § 53; *Soehring* in Soehring/Hoene, PresseR § 8 Rn 25a). Nicht dagegen zählen dazu Beiträge in einem Internet-Diskussionsforum oder einem Internetdienst zur Bewertung von Kliniken, wenn diese redaktionell nicht betreut werden (LG Augsburg NStZ 2013, 480 f.; LG Duisburg NStZ-RR 2013, 215 f.; *Schmitt* in Meyer-Goßner § 53 Rn 40; ähnlich *Senge* in KKStPO § 53 Rn 34). 75

a) Ausgrenzung von Anzeigenteil und Anzeigenblättern. Ihre Problematik

Die Formulierung des Gesetzes schließt den **Anzeigenteil** oder reine Anzeigenblätter und damit das Chiffregeheimnis ebenso wie Werbefunk und Werbefernsehen von dem gesetzlichen Schutz des Zeugnisverweigerungsrechts aus. Nach der o in Rn 72 dargestellten Rechtsprechung des BVerfG kann sich aber eine über § 53 Abs 1 S 1 Nr 5 StPO hinausgehende Begrenzung des Aussagezwanges nach fallbezogener Abwägung der widerstreitenden Interessen ausnahmsweise aus Art 5 Abs 1 Satz 2 GG ergeben, wenn in Sonderfällen einzelne Anzeigen an der Kontroll- und meinungsbildenden Funktion der Presse teilhaben; danach ist ein Zeugniszwang gegen Pressemitarbeiter (u Rn 90 ff.) zur Ermittlung des Auftraggebers einer Chiffre-Anzeige nicht in jedem Fall möglich (BVerfGE 64, 108/116 = NJW 1984, 1101; im gleichen Sinne *Ignor/Bertheau* in Löwe-Rosenberg Rn 70, *Neubeck* in KMR Rn 32, *Rogall* in SKStPO Rn 178, *Senge* in KKStPO § 53 Rn 34, *von Schließen* in AnwK-StPO Rn 21, zu § 53; *Soehring* in Soehring/Hoene, PresseR § 8 Rn 22a). Nach § 97 Abs 5 StPO muss eine solche Erweiterung des Zeugnisverweigerungsrechts auch die Unzulässigkeit einer beweissichernden Beschlagnahme zu Folge haben (ebenso *Menges* in Löwe/Rosenberg § 97 Rn 12; *Eisenberg* BeweisR Rn 2370). Sie muss ferner auch im Besteuerungsverfahren bei Auslegung des mit § 53 Abs 1 Nr 5 StPO aF übereinstimmenden § 102 Abs 1 Nr 4 AO beachtet werden (bedenklich daher insoweit BFHE 131, 187, 192 f. und FG Baden-Württemberg AfP 1986, 261 f.). 76

Die Ausgrenzung werblicher Medien und Medienanteile ist **problematisch** (s dazu eingehend hier die 4. Aufl Rn 68–71m ausführl Nachw). Die Landespressegesetze gewährten vor 1975 in ihrer Mehrzahl (Baden-Württemberg, Berlin, Hamburg, Hessen, Rheinland-Pfalz und das Saarland) der Presse das Zeugnisverweigerungsrecht für den gesamten Inhalt des Druckwerks. Auch die früheren Fassungen des § 53 StPO von 1926 und 1953 machten zwischen dem redaktionellen Teil und dem Anzeigenteil der Presse keinen Unterschied. Erst die Neufassung des § 53 Abs 1 Nr 5 StPO von 1975 beschränkte das Zeugnisverweigerungsrecht der Presseangehörigen auf den redaktionellen Teil von Zeitungen oder Zeitschriften. Wie jedoch das Bundesverfassungsgericht im Südkurier-Urteil (BVerfGE 21, 271/278 ff. = NJW 1967, 976; s ferner BVerfGE 64, 108/114 = NJW 1984, 1101) überzeugend darlegte, hat gerade der Anzeigenteil der Presse einen hohen Informationswert; Anzeigen sind Nachrichten, insb auf dem Gebiet der Wirtschaft (Grundstücksmarkt, Kapitalmarkt, Stellenmarkt usw), aber auch im Privatbereich (Wohnungsmarkt, Familienanzeigen). Der Anzeigenteil der Presse ist für die Information des Bürgers wichtig; zudem gehört er zu den wirtschaftlichen Grundlagen einer freien, unabhängigen Presse. Auch insoweit spielt das Vertrauensverhältnis zwischen der Presse und ihren Inserenten eine 77 wichtige Rolle. Dem Redaktionsgeheimnis entspricht insoweit das Chiffregeheimnis, auf das die Inserenten insb im Kapital-, Heirats- und Stellenmarkt begründeten Wert legen.

Der RegE der StPO-Novelle von 2002 hatte die Beibehaltung der Beschränkung und ihre Ausdehnung auf Informations- und Kommunikationsdienste mit der Notwendigkeit einer Kontrolle der häufig anonymen Verbreitung insbesondere kinderpornographischer sowie rassistischer oder sonst extremer Inhalte ohne Kenntnis oder Einfluss des Diensteanbieters begründet (BT-Drs 14/5166 S 8). Insofern wäre dann aber eher an eine bereichsspezifische Lösung zu denken. Angesichts der zunehmenden Vermengung weiblicher und kommunikativer Inhalte anderer Natur erscheint die holzschnittartige Beschränkung des Zeugnisverweigerungsrechts auf redaktionelle Inhalte zu formalistisch (so zutreffend *Schulz/Korte* AfP 2000, 530/531 f.). De lege lata könnte hier dem Korrektiv einer fallbezogenen Erweiterung iSv BVerfGE 64, 108/115 ff. eine zunehmende Bedeutung zukommen.

b) Erstreckung des Zeugnisverweigerungsrechts auf den Anzeigenteil kraft unmittelbarer Anwendung von Grundrechten

78 „Beiträge, Unterlagen, Mitteilungen und Materialien für den redaktionellen Teil" sind solche, die für einen Beitrag bestimmt sind, welcher **im redaktionellen Teil publiziert** worden ist oder werden soll (übereinstimmend *Gercke* in HK-StPO Rn 33, *Rogall* in SKStPO § 53 Rn 178; *von Schlieffen* in AnwK-StPO Rn 21, zu § 53). Ein Teil der Literatur folgert dagegen aus dem Wortlaut, es komme beim Zeugnisverweigerungsrecht allein darauf an, für welche Sparte der Zeitung die Einsendung oder Information *bestimmt* war (*Neubeck* in KMR Rn 32, *Otte* in Radtke/Hohmann Rn 35, *Schmitt* in Meyer-Goßner Rn 40, *Senge* in KKStPO Rn 34, zu § 53). Doch das verdient keinen Beifall:

Das Presserecht schreibt in § 10 LPG die strenge Trennung von Text- und Anzeigenteil vor. Für die Einhaltung dieser Bestimmung ist der Verleger bzw der Verantwortliche für den Anzeigenteil haftbar. Auf den Wunsch des Einsenders kommt es deshalb für die Platzierung des Textes und das davon abhängige Zeugnisverweigerungsrecht nicht an. Für dieses Ergebnis spricht auch die historische Interpretation des § 53 Abs 1 Nr 5 StPO aF. Denn für dessen restriktive Fassung trug der RegE des Gesetzes über das Zeugnisverweigerungsrecht der Mitarbeiter von Presse und Rundfunk als wesentliche Begründung vor, die Presse übe ihre Kontrollfunktion nicht mit „Veröffentlichungen im Anzeigenteil" aus (BT-Drs 7/2539 S 9); auch der Rechtsausschussbericht hob insoweit maßgeblich ab auf die Kontrollfunktion der Presse und ihren Beitrag zur Meinungsbildung (BT-Drs 7/3118 S 4).

VII. Die Zeugnisverweigerung als freie Ermessensentscheidung der Presse. Zeugnisverweigerung als Standespflicht

1. Keine Rechtspflicht der Presse zur Zeugnisverweigerung

79 Während es von jeher zu den obersten Standespflichten der Presse gehörte, den Informanten vor Gericht nicht preiszugeben, kennt die Rechtsordnung eine solche **Rechtspflicht** der Presseangehörigen nicht.

a) Keine Schweigepflicht der Presseangehörigen. Möglichkeit partiellen Schweigens

80 Im Gegensatz zu den unter die strafbewehrte Schweigepflicht (§ 203 StGB) fallenden Berufen der Ärzte, Anwälte, Notare, Steuerberater usw besteht für die Mitarbeiter von **Presse** und der sonstigen Medien hinsichtlich des Schutzes ihrer Informanten zwar ein Schweigerecht, aber **keine Schweigepflicht**. Generell steht es dem Zeugen frei, ob er sich auf das Zeugnisverweigerungsrecht berufen will oder nicht (*Ignor/Bertheau* in Löwe-Rosenberg Rn 7, *Neubeck* in KMR Rn 6, *von Schlieffen* in AnwK-StPO Rn 4, *Trüg* in HK-GS Rn 3, zu § 53; speziell zur Presse BVerfG AfP

VII. Zeugnisverweigerung als freie Ermessensentscheidung   § 23 LPG

1982, 100 = NStZ 1982, 253; *Pfeiffer* § 53 Rn 3; *Rebmann* Vor § 23 Rn 5; *P. Schmitt* S 195 f.; *Soehring* in Soehring/Hoene, PresseR § 8 Rn 23). Auch ist der Zeuge befugt, von seinem Zeugnisverweigerungsrecht nur teilweise Gebrauch zu machen, im Übrigen aber auszusagen (*Huber* in Graf Rn 36, *Ignor/Bertheau* in Löwe-Rosenberg Rn 72, *Schmitt* in Meyer-Goßner Rn 41, *Senge* in KKStPO Rn 7, *von Schlieffen* in AnwK-StPO Rn 25, zu § 53; *Eisenberg* BeweisR Rn 1255).

b) Kein Anspruch der Informanten auf Verschwiegenheit

Die **Informanten** der Presse und des Rundfunks haben **keinen verfahrens-** 81 **rechtlichen Anspruch** darauf, dass die Medienangehörigen von ihrem Zeugnisverweigerungsrecht Gebrauch machen (*Ignor/Bertheau* in Löwe-Rosenberg Rn 71, *Neubeck* in KMR Rn 35, *Otte* in Radtke/Hohmann Rn 38, zu § 53; *Eisenberg* BeweisR Rn 1251). Allerdings kann die Ausübung des Zeugnisverweigerungsrechts vertraglich vereinbart werden (*Paschke* MedienR Rn 1069).

c) Schweigerecht auch bei „Entbindung" von der Schweigepflicht

Das **Zeugnisverweigerungsrecht** der Medienangehörigen **bleibt** auch dann **er-** 82 **halten**, wenn der betroffene Informant sie **von der Verpflichtung zur Verschwiegenheit entbunden** hat. Während die klassischen Berufe der Ärzte, Anwälte, Steuerberater in diesem Fall ihr Zeugnisverweigerungsrecht verlieren, ist die Position der Medienangehörigen günstiger (s § 53 Abs 2 S 1 StPO): Auch im Falle der Entbindung steht es ganz in ihrem Ermessen, ob sie vor Gericht aussagen oder – ganz oder zum Teil – schweigen wollen (ebenso *Soehring* in Soehring/Hoene, PresseR § 8 Rn 23). § 53 Abs 2 S 1 StPO beschränkt die Aussagepflicht nach Entbindung von der Schweigepflicht ausdrücklich auf die in Nr 2 bis 3b Genannten, nimmt also die Medienmitarbeiter (Nr. 5) davon aus; die Entbindung kann allenfalls Einfluss auf die Aussagebereitschaft der zeugnisverweigerungsberechtigten Person haben (allgM, s etwa *Gercke* in HK-StPO Rn 37, *Ignor/Bertheau* in Löwe-Rosenberg Rn 77, *Schmitt* in Meyer-Goßner Rn 45, *Senge* in KKStPO Rn 45, zu § 53; *Eisenberg* BeweisR Rn 1256; *Mitsch* AfP 2012, 521/522; *Soehring* in Soehring/Hoene, PresseR § 8 Rn 23; eine Pflicht zur Berücksichtigung der Entbindung nimmt *Huber* in Graf § 53 Rn 39 an).

d) Widerruflichkeit der Aussagebereitschaft

Zum Wesen des Zeugnisverweigerungsrechts gehört es, dass die zum Schweigen 83 berechtigten Zeugen eine zunächst erklärte **Aussagebereitschaft** jederzeit, auch während der Vernehmung, gemäß oder analog § 52 Abs 3 Satz 2 StPO **widerrufen** können (*Huber* in Graf Rn 37, *Ignor/Bertheau* in Löwe-Rosenberg Rn 73, *Otte* in Radtke/Hohmann Rn 38, *Rogall* in SKStPO Rn 190, *Schmitt* in Meyer-Goßner Rn 42, *Senge* in KKStPO Rn 6, zu § 53). Die Vernehmung des Zeugen darf in diesem Fall nicht fortgesetzt werden. Nach vh M ist die bereits gemachte Aussage allerdings verwertbar, der Zeuge soll aber nicht beeidet werden dürfen (dagegen halten *Ignor/Bertheau* in Löwe-Rosenberg § 53 Rn 73 die Aussage für unverwertbar; s im Übrigen die zuvor Zitierten). In jedem Fall ist die Verwertbarkeit ausgeschlossen, sofern die Aussagebereitschaft vor Beginn der Hauptverhandlung widerrufen wird und der Zeuge sich in der Hauptverhandlung auf das Zeugnisverweigerungsrecht beruft (§ 252 StPO; s dazu näher OLG Dresden NStZ-RR 1997, 238; *Sander/Cirener* in Löwe/Rosenberg Rn 4, *Schmitt* in Meyer-Goßner Rn 3, *Velten* in SK-StPO Rn 8, zu § 252; *Mitsch* AfP 2012, 521/524).

2. Zeugnisverweigerung als Standespflicht

Dagegen steht es den Presseangehörigen nach gefestigtem **Standesrecht** nicht frei, 84 auf ihr Zeugnisverweigerungsrecht vor Gericht zu verzichten (ebenso *Soehring* in Soehring/Hoene, PresseR § 8 Rn 23).

85 a) Im Interesse des Ansehens und der Vertrauenswürdigkeit des Presseberufs dürfen die Informanten der Presse nach Standesrecht keinesfalls preisgegeben werden. Nur wenn ihr Vertrauensschutz der gewahrt bleibt, besteht die Gewähr, dass die unentbehrlichen Informationsquellen weiterhin fließen. Deshalb war es seit jeher für die Mitarbeiter der Presse eine Ehrensache, eher die sog Beugehaft auf sich zu nehmen, als den Gewährsmann zu verraten (vgl *Löffler* NJW 1958, 1219). Immer wieder sind Presseangehörige dem Vorbild gefolgt, das der standhafte Verleger der „Frankfurter Zeitung", Leopold Sonnemann, gab, als er 1875 mit vier seiner Mitarbeiter auf Monate in die Zeugniszwangshaft ging (o Rn 9).

86 b) In den von dem Deutschen Presserat aufgestellten „Publizistischen Grundsätzen", dem sog **Pressekodex** idF vom 13.3.2013 (www.presserat.info/inhalt/der-pressekodex/pressekodex.html) bestimmt demgemäß die **Ziffer 5 – Berufsgeheimnis:**

> „Die Presse wahrt das Berufsgeheimnis, macht vom Zeugnisverweigerungsrecht Gebrauch und gibt Informanten ohne deren ausdrückliche Zustimmung nicht preis. Die vereinbarte Vertraulichkeit ist grundsätzlich zu wahren."

VIII. Trotz Zeugnisverweigerungsrecht Pflicht zum Erscheinen vor der Vernehmungsinstanz und zur Anzeige geplanter Verbrechen

1. Pflicht zum Erscheinen

87 Auch wenn der als Zeuge geladene Mitarbeiter der Medien ein Zeugnisverweigerungsrecht besitzt, ist er doch nach §§ 51, 161a Abs 1 StPO **verpflichtet,** einer Vorladung zu folgen und vor Gericht oder der Staatsanwaltschaft **zu erscheinen,** sofern er nicht aufgrund seines rechtzeitigen schriftlichen Vorbringens bereits ausdrücklich von dieser Pflicht entbunden wurde. Um einen „Hintermann" ausfindig zu machen, leitet die Behörde uU ein Verfahren „gegen Unbekannt" ein, zu dem Presseangehörige als Zeugen geladen werden. Will der Zeuge von seinem Zeugnisverweigerungsrecht Gebrauch machen, so hat er die Tatsachen anzugeben, auf denen sein Schweigerecht beruht, und sie glaubhaft zu machen, wenn es der Richter oder Staatsanwalt verlangt; die Gründe für die Zeugnisverweigerung braucht er dagegen nicht anzugeben (*Ignor/Bertheau* in Löwe-Rosenberg Rn 71, *Otte* in Radtke/Hohmann Rn 38, *Schmitt* in Meyer-Goßner Rn 41, zu § 53). Allerdings hat die Staatsanwaltschaft kein Recht, die eidliche Versicherung gemäß § 56 S 2 StPO zu fordern (§ 161a Abs 1 S 3 StPO, *Erb* in Löwe-Rosenberg § 161a Rn 10; *Senge* in KKStPO § 56 Rn 1). Eine Erscheinenspflicht vor der Polizei besteht nach nach der Revision des § 163 StPO durch das StrafverfahrensänderungsG 1999 v 2.8.2000 (BGBl I S 1253) dagegen nicht; leistet der Zeuge einer Ladung durch die Polizei keine Folge, so kann sie sein Erscheinen nicht erzwingen (§ 161a StPO e contrario, allgM, s nur *Erb* in Löwe-Rosenberg § 163 Rn 33 sowie zu § 163a: *Griesbaum* in KKStPO Rn 24; *Wohlers* in SK-StPO Rn 25; *Schmitt* in Meyer-Goßner Rn 17; *Zöller* in HK-StPO Rn 20).

2. Pflicht zur Anzeige geplanter Verbrechen (§ 138 StGB)

88 Das Zeugnisverweigerungsrecht enthebt die Mitarbeiter der Medien nicht der mit Strafe bewehrten Rechtspflicht, bei einer ihnen bekannt werdenden **Straftat** bestimmter Art rechtzeitig der Behörde oder dem Bedrohten **Anzeige** zu machen (§ 138 StGB). Von dieser Warnpflicht sind bei den zeugnisverweigerungsberechtigten Berufen nur die Geistlichen und – in begrenztem Umfang – Ärzte und Rechtsanwälte befreit (§ 139 Abs 2 und 3 StGB). Die anzeigepflichtigen Straftatbestände werden in § 138 Abs 1 und 2 StGB enumerativ aufgezählt; sie reichen von politischen Straftaten über die Fälschungsdelikte der §§ 146, 151 ff. StGB, schweren Menschenhandel, Tötungs- und bestimmte Freiheitsdelikte, Raub und räuberische Erpressung

IX. Verfahrensfragen, insb. der Zeugniszwang   § 23 LPG

bis zu einer Reihe von gemeingefährlichen Straftaten und der Unterstützung oder Bildung einer inländischen terroristischen oder ausländischen kriminellen oder terroristischen Vereinigung (§§ 129a, 129b StGB). Die Warnpflicht setzt voraus, dass der Pressemitarbeiter glaubhaft von dem Vorhaben oder der Ausführung einer derartigen Tat zu einer Zeit erfährt, da die Ausführung oder der Erfolg noch abgewendet werden kann.

IX. Weitere Verfahrensfragen, insb der Zeugniszwang

1. Keine prinzipielle richterliche Belehrungspflicht

Im Gegensatz zu den Zeugnisverweigerungsrechten aus persönlichen Gründen gemäß § 52 StPO ist bei den berufsbezogenen Zeugnisverweigerungsrechten nach § 53 StPO weder der Richter noch der Staatsanwalt prinzipiell verpflichtet, den Zeugen über ein ihm etwa zustehendes Schweigerecht zu **belehren** (BGH MDR 1958, 12/14; GA 1969, 92; VRS 41/1971, 93/94; NJW 1991, 2844/2846). Es gehört jedoch zur prozessualen Fürsorgepflicht der vernehmenden Person, den Zeugen darüber zu informieren, wenn ihm offenbar das Zeugnisverweigerungsrecht unbekannt ist (ebenso BGH bei Holtz MDR 1980, 815; OLG Dresden NStZ-RR 1997, 238; *Gercke* in HK-StPO Rn 36, *Ignor/Bertheau* in Löwe-Rosenberg Rn 76, *Schmitt* in Meyer-Goßner Rn 44, *Senge* in KKStPO Rn 6, *Trüg* in HK-GS Rn 3, *von Schlieffen* in AnwK-StPO Rn 24, 25, zu § 53). Eine solche Fürsorge ist insb bei Verlagsangestellten sowie bei jüngeren und wenig erfahrenen Personen geboten. Keinesfalls dürfen die vernehmenden Personen (Richter, Staatsanwälte, Polizeibeamte) einen Zeugen, der von seinem Recht der Aussageverweigerung Gebrauch macht, bedrängen, auf dieses Recht zu verzichten (*Ignor/Bertheau* in Löwe-Rosenberg Rn 7, *Neubeck* in KMR Rn 6, *Senge* in KKStPO Rn 8, *Trüg* in HK-GS Rn 3, zu § 53). Aus der Geltendmachung des prozessualen Schweigerechts dürfen in der Sache selbst keine negativen Schlüsse gezogen werden (*Ignor/Bertheau* in Löwe-Rosenberg Rn 75, *Schmitt* in Meyer-Goßner Rn 43, *Senge* in KKStPO Rn 10, zu § 53). 89

2. Der staatliche Zeugniszwang

Wenn das Zeugnis **ohne gesetzlichen Grund** verweigert wird, so ermöglicht § 70 StPO Maßnahmen des **Zeugniszwangs**. 90

a) Begriff der Zeugnisverweigerung

Eine **Zeugnisverweigerung** im Sinne von § 70 StPO liegt vor, wenn der Zeuge die Antwort auf alle oder auf einzelne Fragen verweigert oder jegliches Wissen in offensichtlich wahrheitswidriger Weise abstreitet; sagt der Zeuge dagegen aus, spricht er dabei aber die Unwahrheit oder beantwortet die Fragen nur lückenhaft, so fehlt es an einer Verweigerung des Zeugnisses, und es kommt statt des Zeugniszwanges nur eine strafrechtliche Ahndung nach §§ 153, 154 StGB in Betracht (RGSt 73, 31/33; BGHSt 9, 362ff. = NJW 1956, 1807; *Gercke* in HK-StPO Rn 4, *Ignor/Bertheau* in Löwe-Rosenberg Rn 4, *Neubeck* in KMR Rn 1, 4, *Otte* in Radtke/Hohmann Rn 2, 4, *Schmitt* in Meyer-Goßner Rn 5, *Senge* in KKStPO Rn 3, zu § 70; *Krehl* NStZ 1991, 416/417f.). 91

b) Fehlender gesetzlicher Grund

Ohne gesetzlichen Grund wird das Zeugnis verweigert, wenn dem Zeugen kein Zeugnisverweigerungsrecht zur Seite steht (allgM, s zu § 53 etwa *Gercke* in HK-StPO Rn 3, *Ignor/Bertheau* in Löwe-Rosenberg Rn 7, *Schmitt* in Meyer-Goßner Rn 6, *Senge* in KKStPO Rn 2). Entscheidend ist im Falle des Zeugnisverweigerungsrechts der Medienmitarbeiter also das objektive Abwägungsergebnis der in § 53 Abs 1 S 1 Nr 5 und Abs 2 S 2 und 3 StPO vorgesehenen Prüfungsschritte. Ein gesetzlicher 92

LPG § 23

Grund iSv § 70 StPO liegt nach der Rechtsprechung des BVerfG auch in den Fällen vor, in denen eine weitergehende einzelfallbezogene Begrenzung des Aussagezwanges unmittelbar aus Art 5 Abs 1 S 2 GG hergeleitet werden kann (BVerfGE 64, 108/116 = NJW 1084, 1101 mwN, s näher dazu o Rn 71–74).

c) Kostenersatz und Ordnungsmittel

93 Im Falle einer unberechtigten Zeugnisverweigerung werden dem Zeugen die durch die Weigerung entstandenen **Verfahrenskosten** auferlegt. Außerdem ist gegen ihn obligatorisch ein **Ordnungsgeld** von 5 bis 1000 Euro (Art 6 Abs 1 EGStGB) und für den Fall, dass dieses nicht beigetrieben werden kann, **Ordnungshaft** von einem Tag bis sechs Wochen (Art 6 Abs 2 S 1 EGStGB) festzusetzen (§ 70 Abs 1 StPO). Ordnungsgeld und -haft sind Sanktionen für die Weigerung und setzen daher ein schuldhaftes Verhalten des Zeugen voraus (BGHSt 28, 240/259 = NJW 1979, 1212; vgl auch BVerfGE 20, 323/333 = NJW 1967, 195; *Ignor/Bertheau* in Löwe-Rosenberg Rn 8, *Neubeck* in KMR Rn 7, *Otte* in Radtke/Hohmann Rn 3, *Schmitt* in Meyer-Goßner Rn 3, *Senge* in KKStPO Rn 4, *v. Schlieffen* in AnwK-StPO Rn 5, zu § 70). Verkennt der Zeuge die komplizierten Voraussetzungen des Zeugnisverweigerungsrechts der Medienangehörigen, so befindet er sich, da es auf die objektiven Abwägungsergebnisse ankommen muss (o Rn 92), in einem **Irrtum** über die sachlichen Voraussetzungen des Zeugnisverweigerungsrechts und damit des Ordnungsmittels. Der BGH hat in BGHSt 28, 240/259 = NJW 1979, 1212 die Ansicht vertreten, es könne einem Zeugen nicht als Verschulden vorgeworfen werden, dass er die für den Umfang seiner Zeugenpflicht maßgebenden Abgrenzungen nicht erkannt habe. Aber selbst wenn man den Irrtum des Zeugen wie einen Verbotsirrtum behandelt (so etwa *Ignor/Bertheau* in Löwe-Rosenberg Rn 7; *Neubeck* in KMR Rn 7, *Schmitt* in Meyer-Goßner Rn 4, zu § 70), so bleibt angesichts der Kompliziertheit der gesetzlichen Regelung und des erheblichen Beurteilungsspielraums zweifelhaft, ob dieser wirklich als vermeidbar angesehen werden kann; der bloße Hinweis auf die Rechtslage hilft hier nicht wirklich weiter (str.).

d) Fakultative Anordnung der Beugehaft

94 Hält der Zeuge an einer unberechtigten Aussageverweigerung fest, so kann das Gericht zur Erzwingung des Zeugnisses die sog **Beugehaft** anordnen (§ 70 Abs 2 StPO). Anders als die Festsetzung von Ordnungsgeld und -haft steht diese Maßnahme in seinem Ermessen (BGH NJW 1966, 211; BGH GA 1968, 305/307; allgM, etwa *Gercke* in HK-StPO Rn 9, *Ignor/Bertheau* in Löwe-Rosenberg Rn 15, *Schmitt* in Meyer-Goßner Rn 13, *Senge* in KKStPO Rn 5, zu § 70). Bei dessen Ausübung ist der gerichtlichen Aufklärungspflicht das verfassungsrechtliche Übermaßverbot, aber auch die Bedeutung der Pressefreiheit gegenüberzustellen (BVerfGE 15, 223/225 = NJW 1963, 147). Die Höchstdauer der Beugehaft beträgt sechs Monate, jedoch darf die Maßnahme nicht über die Beendigung der jeweiligen Instanz hinaus angeordnet werden (§ 70 Abs 2 StPO).

e) Wiederholbarkeit der Ordnungsmittel?

95 Eine **Wiederholung der Ordnungsmittel** (Ordnungsgeld und Ordnungshaft) im gleichen Verfahren oder in verschiedenen Verfahren wegen derselben Tat ist nach § 70 Abs 4 StPO unzulässig, da diese Ungehorsamsfolgen schon mit einmaliger Verhängung das Unrecht der Weigerung aus einem bestimmten Grunde erschöpfen (allgM, etwa *Ignor/Bertheau* in Löwe-Rosenberg Rn 20, *Monka* in Graf Rn 11, *Neubeck* in KMR Rn 15, *Otte* in Radtke/Hohmann Rn 13, *Schmitt* in Meyer-Goßner Rn 16, *Senge* in KKStPO Rn 12, zu § 70). Für jeden einzelnen Fall gemäß § 70 Abs 1 S 1 StPO vorgeschrieben ist dagegen die wiederholte Auferlegung von Verfahrenskosten, die durch mehrfache Weigerung entstehen (*Ignor/Bertheau* in Löwe-Rosenberg Rn 9, *Monka* in Graf Rn 6, *Neubeck* in KMR Rn 15, *Otte* in Radtke/Hohmann Rn 13, *Schmitt* in Meyer-Goßner Rn 8, *v Schlieffen* in AnwK-StPO Rn 6, zu § 70). Die

X. Ergänzendes Beschlagnahme- und Durchsuchungsverbot § 23 LPG

Beugehaft kann unstrittig in kleineren Zeiträumen mehrmals verhängt werden, aber insgesamt nur bis zur Erreichung der Höchstdauer von 6 Monaten (*Ignor/Bertheau* in Löwe-Rosenberg Rn 21, *Neubeck* in KMR Rn 16, *Otte* in Radtke/Hohmann Rn 13, *Schmitt* in Meyer-Goßner Rn 16, *Senge* in KKStPO Rn 13, zu § 70). Gegen die Entscheidung des Richters ist die unbefristete Beschwerde zulässig (§ 304 StPO). Sie hat keine aufschiebende Wirkung (§ 307 StPO). Die weitere Beschwerde ist nicht gegeben (§ 310 StPO).

X. Ergänzendes Beschlagnahme- und Durchsuchungsverbot

1. Zweck: Verhinderung der Umgehung des Schweigerechts

Der Schutz des Redaktionsgeheimnisses gemäß § 53 Abs 1 S 1 Nr 5, S 2 und 3, Abs 2 StPO könnte ohne ein flankierendes Beschlagnahme- und Durchsuchungsverbot jederzeit **umgangen** werden. Die Strafverfolgungsbehörde könnte sich die gewünschten Informationen über die Person des Gewährsmanns und den Inhalt seiner Mitteilungen bei Zeugnisverweigerung der Medienangehörigen im Wege der **Durchsuchung** von Redaktionsräumen und durch **Beschlagnahme** des vorgefundenen Redaktionsmaterials unschwer beschaffen. Seit der Spiegel-Affäre von 1962 (s dazu BVerfGE 20, 162 = NJW 1962, 1603; *Löffler* Verfassungsauftrag S 59ff.) ist es mehrfach zu weiteren derartigen Durchsuchungsaktionen bei Presse und Rundfunk gekommen.

Um einer Umgehung des Redaktionsgeheimnisses vorzubeugen und eine Aushöhlung des Zeugnisverweigerungsrechts zu verhindern, **verbietet** § 97 Abs 5 S 1 StPO die **Beschlagnahme** von Schriftstücken, Ton-, Bild- und Datenträgern, Abbildungen und anderen Darstellungen, die sich im Gewahrsam der nach § 53 Abs 1 S 1 Nr 5 StPO zeugnisverweigerungsberechtigten Personen befinden, soweit deren Zeugnisverweigerungsrecht im konkreten Fall reicht (ebenfalls den Gedanken des Umgehungsverbots betonend BVerfGE **20,** 162/188 = NJW 1962, 1603; **32,** 373/385 = NJW 1972, 1113; BGHSt 38, 144/145f. = NJW 1992, 763 sowie die allgM, s etwa *Greven* in KKStPO Rn 1, *Menges* in Löwe/Rosenberg Rn 2, *Schmitt* in Meyer-Goßner Rn 1, *Wohlers* in SK-StPO Rn 1, zu § 97; *Eisenberg* BeweisR Rn 2342; *Soehring* in Soehring/Hoene, PresseR § 8 Rn 24). Das Beschlagnahmeverbot gilt nach § 97 Abs 5 S 1 StPO auch für die im Gewahrsam der Redaktion, des Verlages, der Druckerei oder der Rundfunkanstalt befindlichen Darstellungen solcher Art.

96

2. Durchsuchungsverbot

Soweit nach § 97 Abs 5 S 1 iVm § 53 Abs 1 S 1 Nr 5 StPO ein Beschlagnahmeverbot besteht, ist auch eine **Durchsuchung unzulässig** (BT-Drs. 7/2539 S 12; BGH NJW 1973, 2035; KG NJW 1984, 1133; LG Fulda StV 2000, 548/549; *Amelung* in AK-StPO § 97 Rn 32 und § 102 Rn 14; *Gercke* in HK-StPO § 97 Rn 87; *Löffelmann* in AnwK-StPO § 97 Rn 1; *Ritzert* in Graf § 97 Rn 2; *Roxin/Schünemann* StrafverfahrensR § 35 Rn 7; *Menges* in Löwe/Rosenberg § 97 Rn 140; *Schmitt* in Meyer-Goßner § 97 Rn 1; *Schuldt* S 61). Wie das Beschlagnahmeverbot gilt auch das Durchsuchungsverbot nur gegenüber Ermittlungen hinsichtlich der Person des Informanten und des Inhalts der Information. Eine Durchsuchung zu anderen Zwecken ist zulässig, sofern die sonstigen strafprozessualen Voraussetzungen gegeben sind (vgl dazu o Vor §§ 13ff. Rn 30ff.). Werden bei dieser Gelegenheit Unterlagen beschlagnahmt, hinsichtlich derer das Beschlagnahmeverbot durchgreift, so hat sie der Staatsanwalt nach Durchsicht (§ 110 StPO) sofort zurückzugeben.

97

3. Beschlagnahmeverbot bei beweissichernder Beschlagnahme (§ 97 Abs 5 StPO) und bei vollstreckungssichernder Beschlagnahme

98 Wie schon o Vor §§ 13 ff. Rn 3 ff. näher entwickelt wurde, unterscheidet die StPO in §§ 94 ff. und §§ 111 b ff. grundlegend zwischen der beweissichernden und der vollstreckungssichernden Beschlagnahme. Die Durchsuchung kann sich gleichermaßen auf Gegenstände mit potentieller Beweisbedeutung (§§ 102, 103 StPO) wie auf Gegenstände des Verfalls oder der Einziehung erstrecken (§ 111b Abs 4 StPO). Das **Beschlagnahmeverbot** gemäß **§ 97 Abs 5 StPO** gilt **allein** für die **beweissichernde Beschlagnahme** (*Gercke* in HK-StPO Rn 8, *Greven* in KKStPO Rn 1, *Joecks* in Radtke/Hohmann Rn 2, *Löffelmann* in AnwK-StPO Rn 1, *Pfeiffer* Rn 1, *Menges* in Löwe/Rosenberg Rn 19, *Schmitt* in Meyer-Goßner Rn 3, *Wohlers* in SKStPO Rn 4, zu § 97). Für die Vollstreckungssicherung ergibt sich ein Verbot der Beschlagnahme nur mittelbar, nämlich dann, wenn deren komplexe Voraussetzungen nicht gegeben sind (s dazu o § 13 Rn 34 ff., 74 ff., § 14 Rn 9 ff., 39 ff.); der Verwertbarkeit zieht insoweit das Abwägungsgebot des § 160a Abs 2 Grenzen (so *Joecks* in Radtke/Hohmann § 97 Rn 2, *Schmitt* in Meyer-Goßner § 97 Rn 3).

4. Verbot der formlosen Sicherstellung und des Herausgabeverlangens

99 § 97 Abs 5 S 1 StPO spricht nur davon, dass im inhaltlichen Umfang des Zeugnisverweigerungsrechts gemäß § 53 Abs 1 S 1 Nr 5 StPO auch „die Beschlagnahme" von Schriftstücken und Darstellungen unzulässig sei. Das Verbot gilt damit schon für die Beschlagnahmeanordnung (*Greven* in KKStPO Rn 2, *Schmitt* in Meyer-Goßner Rn 1, zu § 97; *Eisenberg* BeweisR Rn 2342). Im übrigen ist die Formulierung nicht im technischen Sinne des § 94 Abs 2 StPO, sondern in dem umfassenden Sinne zu verstehen, in dem die StPO den Begriff der Beschlagnahme in der Überschrift zum Achten Abschnitt des Ersten Buches verwendet (vgl dazu *Achenbach* NJW 1976, 1068 Fn 1). Deshalb verbietet § 97 Abs 5 StPO ebenso die **formlose Sicherstellung** nach § 94 Abs 1 StPO wie ein **Herausgabeverlangen** gemäß § 95 Abs 1 StPO (*Amelung* in AK-StPO § 95 Rn 2, § 97 Rn 4; *Eisenberg* BeweisR Rn 2342; *Wohlers* in SKStPO § 95 Rn 6, § 97 Rn 3; *Menges* in Löwe/Rosenberg § 97 Rn 4).

Nach vh M soll dagegen in der (auch spontanen) **freiwilligen Herausgabe** des geschützten Gegenstands ein wirksamer Verzicht auf das Beschlagnahme- und Verwertungsverbot liegen, wenn die zeugnisverweigerungsberechtigte Person darüber belehrt worden war, dass der Gegenstand nicht zwangsweise, sondern nur mit Einwilligung in amtliche Verwahrung genommen werden darf (BGHSt 18, 227/230 = NJW 1963, 870; *Greven* in KKStPO Rn 3, *Ritzert* in Graf Rn 24, 24b, *Schmitt* in Meyer-Goßner Rn 5, 6, zu § 97; *Eisenberg* BeweisR Rn 2347; für Belehrung nur bei Anzeichen für Unkenntnis des Zeugnisverweigerungsrechts *Hartmann* in HK-GS § 97 Rn 9, *Löffelmann* in AnwK-StPO § 97 Rn 4).

5. Beschlagnahmeverbot zugleich Beweisverwertungsverbot; Unanwendbarkeit von § 160a StPO

100 Nach früher anerkannter Ansicht sollte das Beschlagnahmeverbot ein **Beweisverwertungsverbot** zur Folge haben: Material, das entgegen § 97 Abs 5 StPO beschlagnahmt wurde, darf danach als Beweismittel nicht verwertet werden (RGSt **20**, 91/92; **47**, 195/196; BGHSt **18**, 227/228 = NJW 1963, 870; **44**, 46/51 = NJW 1998, 1963; *Amelung* in AK-StPO Rn 34, *Pfeiffer* Rn 11, ebenso *Menges* in Löwe/Rosenberg Rn 141 ff., zu § 97). Selbst wenn der Gegenstand zulässigerweise sichergestellt wurde, darf er **nicht** als Beweis für eine **andere Tat** verwendet werden, hinsichtlich derer er nicht hätte beschlagnahmt werden dürfen (*Greven* in KKStPO § 97 Rn 9, *Schmitt* in Meyer-Goßner § 97 Rn 49, zu § 97). Dies gilt auch dann, wenn die verschiedenen Taten in demselben Verfahren verfolgt werden (BGHSt 18, 227/228f. = NJW 1963, 870). Entfällt nach einer ursprünglich unzulässigen Beschlagnahme das bisherige Beschlagnahmeverbot, so entfällt damit auch das Verwertungsverbot (BGHSt 25, 168/170f. = NJW 1973, 1289). Zur Frage der Verwertbarkeit einer auf § 97 Abs 2 S 3 StPO gestützten Beschlagnahme bei nachträglichem Wegfall des Beteiligungsverdachts s u Rn 124.

Heute wird unter Berufung auf eine Äußerung im RegE des TKÜG (BT-Drucks 16/5846, S 38 zu Abs 5 des § 53b E-StPO, des späteren § 160a StPO) vielfach die Auffassung vertreten, für die „Berufsgeheimnisträger" des § 53 StPO bestehe kein unbedingtes Verwertungsverbot, sondern es sei die **Abwägungsregel des § 160a Abs 2 S 1 StPO** anwendbar (so zu § 97 *Hartmann* in HK-GS Rn 26, *Joecks* in Radtke/ Hohmann Rn 43, *Ritzert* in Graf Rn 25; ob dies auch für § 53 Abs 1 S 1 Nr 5 StPO gelten soll, bleibt unklar bei *Gercke* in HK-StPO Rn 100 und *Schmitt* in Meyer-Goßner Rn 50, die diese Aussage nur auf Nr 1–3 beziehen). Nach § 160a Abs 2 S 1 StPO ist das Bestehen des Zeugnisverweigerungsrechts gemäß § 53 Abs 1 S 1 Nr 5 StPO allein im Rahmen einer Prüfung der Verhältnismäßigkeit „besonders zu berücksichtigen" und bei Straftaten von erheblicher Bedeutung in der Regel als nachrangig zu bewerten; nur bei einem Überwiegen des Schutzinteresses des Zeugen kommt es insoweit noch zu einem Verwertungs- oder gar einem Verwendungsverbot.

Doch diese neuere Ansicht **überzeugt nicht.** Gemäß § 160a Abs 5 StPO soll § 97 unberührt bleiben; § 160a, insbes dessen Abs 2, soll also die Beschlagnahmeverbote des § 97 nicht relativieren. Es würde aber eine nicht gerechtfertigte Entwertung und Relativierung des Beschlagnahmeverbots bedeuten, wenn unter Verstoß gegen § 97 Abs 5 StPO beschlagnahmte Darstellungen u U doch verwertet werden dürften (*Wohlers* in SK-StPO § 97 Rn 95). Dass für die in § 97 StPO nicht ausdrücklich geregelte (Un)Verwertbarkeit von beschlagnahmefreien Gegenständen der § 160a StPO ergänzend anzuwenden sein soll, ergibt dessen Wortlaut nicht (so zutreffend *Wolters* in SK-StPO § 160a Rn 48). Entgegen der heute vh M ist deshalb weiterhin von einem nicht durch unklare Abwägungen nach Maßgabe des unbestimmten und unangemessen weiten § 160a StPO (s *Wolter* in SK-StPO § 160a Rn 2) relativierten, sondern unbeschränkten Beweisverwertungsverbot bei Verstoß gegen § 97 Abs 5 StPO auszugehen, der in S 2 ja seinerseits eine Abwägungsregel enthält (iE übereinstimmend *Greven* in KKStPO § 97 Rn 9; *Mitsch* AfP 2012, 521/ 525; *Wohlers* in SK-StPO § 97 Rn 95).

6. Erhöhte Abwägungspflicht bei Beschlagnahme gegenüber Presse und Rundfunk. Grundsatz der Verhältnismäßigkeit

Durchsuchungen und Beschlagnahmen stellen schon für sich genommen **erhebliche Eingriffe** in die Rechte des Betroffenen dar (vgl Vor § 13 ff. Rn 34 mwN). Nr 73a S 1 der Richtlinien für das Straf- und Bußgeldverfahren **(RiStBV,** Text bei *Meyer-Goßner* Anh 15), hebt dies für die Praxis der Staatsanwaltschaft und ihrer Ermittlungspersonen ausdrücklich hervor und verlangt schon generell im Hinblick auf den Verhältnismäßigkeitsgrundsatz eine sorgfältige Abwägung. Bei der Prüfung, ob bei einem Zeugnisverweigerungsberechtigten die Voraussetzungen des § 97 Abs 2 S 3, Abs 5 S 2 StPO für eine solche Maßnahme vorliegen (s näher u Rn 114ff.), ist nach S 2 der Vorschrift „ein strenger Maßstab anzulegen."

Bei den Medien ist in diese Abwägung das **Grundrecht auf Rundfunk- und Pressefreiheit** gemäß Art 5 Abs 1 S 2 GG und seine konstitutive Bedeutung für das demokratische Gemeinwesen mit einzubringen (s schon o Rn 25). In seinem Urteil zur Durchsuchung der Redaktion der Zeitschrift „Cicero" hat das BVerfG 2007 dazu grundsätzlich Folgendes ausgeführt (BVerfGE 117, 244/259 = NJW 2007, 1117, Rn 44):

„Eine Durchsuchung in Presseräumen stellt wegen der damit verbundenen Störung der redaktionellen Arbeit und der Möglichkeit einer einschüchternden Wirkung eine Beeinträchtigung der Pressefreiheit dar [...]. Auch können potentielle Informanten durch die begründete Befürchtung, bei einer Durchsuchung könnte ihre Identität festgestellt werden, davon abgehalten werden, Informationen zu liefern, die sie nur im Vertrauen auf die Wahrung ihrer Anonymität herauszugeben bereit sind. Über-

LPG § 23   Zeugnisverweigerungsrecht

dies liegt in der Verschaffung staatlichen Wissens über die im Bereich journalistischer Recherche hergestellten Kontakte ein Eingriff in das Redaktionsgeheimnis, dem neben dem Vertrauensverhältnis der Medien zu ihren Informanten eigenständige Bedeutung zu kommt [...]."

Im gleichen Sinne, auch zur Rundfunkfreiheit, BVerfG 1. Kammer des 1. Senats NJW 2005, 965, NJW 2011, 1859 Rn 15, NJW 2011, 1863 Rn 25, wo ebenfalls nachhaltig die einschüchternde Wirkung derartiger staatlicher Maßnahmen betont wird.

Der Grundsatz der Verhältnismäßigkeit ist hier streng zu beachten (BVerfGE **20**, 162/186 f. = NJW 1966, 1603; **44**, 353/373 = NJW 1977, 1489; **56**, 247/248 f. = NJW 1981, 971; **59**, 97; **77**, 65, 82 f. = NJW 1988, 329; BVerfG 1. Kammer des 1. Senats NJW 2005, NJW 2011, 1859 Rn 29, NJW 2011, 1863 Rn 30; LG Bremen NStZ-RR 2000, 174). Die Bestimmungen der StPO, die iSv Art 5 Abs 2 GG als allgemeine Gesetze dem Grundrecht Schranken setzen, sind unter Berücksichtigung der Pressefreiheit etc. auszulegen und anzuwenden (BVerfGE 117, 244/261 = NJW 2007, 1117 Rn 49; BVerfG 1. Kammer des 1. Senats NJW 2011, 1859 Rn 17). Durchsuchungen und Beschlagnahmen in einem Ermittlungsverfahren gegen Medienangehörige sind unzulässig, wenn sie ausschließlich oder vorwiegend dem Zweck dienen, die Person des Informanten zu ermitteln (BVerfGE **20**, 162/191f, 217 = NJW 1966, 1603; **117**, 244/265 = NJW 2007, 1117 Ls 1, Rn 61). Die Vertraulichkeit der Redaktionsarbeit verwehrt es staatlichen Stellen grundsätzlich, sich einen Einblick in Vorgänge zu verschaffen, die zur Entstehung von Nachrichten oder Beiträgen führen, die in der Presse gedruckt oder im Rundfunk gesendet werden. Dementsprechend fallen nicht nur Unterlagen der journalistischen Recherche und redaktionelles Datenmaterial einschließlich der dabei hergestellten Kontakte, sondern auch organisationsbezogene Unterlagen eines Presse- oder Rundfunkunternehmens, aus denen sich Arbeitsabläufe, redaktionelle Projekte oder auch die Identität der Mitarbeiter einer Redaktion ergeben, unter das Redaktionsgeheimnis (BVerfG 1. Kammer des 1. Senats NJW 2005, 965, NJW 2011, 1859 Rn 14, NJW 2011, 1863 Rn 23). Auch die Sicherstellung und Beschlagnahme solcher Unterlagen und die Anfertigung von Ablichtungen hiervon für Zwecke des Strafverfahrens enthalten einen Eingriff in Art 5 Abs 1 S 2 GG, da auf diese Weise an sich der Einsicht des Staates entzogene Unterlagen jederzeit und dauerhaft für diesen einsehbar werden (BVerfG 1. Kammer des 1. Senats NJW 2011, 1863 Rn 23, 24).

7. Die geschützten Gegenstände (Schriftstücke, Abbildungen, Darstellungen usw)

103   Als **geschützte Gegenstände** führt § 97 Abs 5 S 1 StPO „Schriftstücke, Ton-, Bild- und Datenträger, Abbildungen und andere Darstellungen" an. Die Zusammenstellung deckt sich sachlich mit dem Schriftenbegriff des § 11 Abs 3 StGB (o § 13 Rn 15); der Begriff des Datenträgers in § 97 Abs 5 S 1 StPO entspricht dem des Datenspeichers gemäß § 11 Abs 3 StGB (ebenso *Gercke* in HK-StPO Rn 60). Wie der Wortlaut („und andere") ergibt, ist die Aufzählung beispielhaft und nicht erschöpfend. Entsprechend dem Schutzzweck des § 97 Abs 5 StPO erstreckt sich das Beschlagnahmeverbot auf alle Schriftstücke und Unterlagen, aus denen sich Schlüsse auf die Person des Informanten oder auf den Inhalt seiner Information ziehen lassen (*Joecks* in Radtke/Hohmann Rn 40, *Ritzert* in Graf Rn 15, *Menges* in Löwe/Rosenberg Rn 132; *Wohlers* in SK-StPO Rn 68, der Sache nach auch *Hartmann* in HK-GS Rn 16, sämtlich zu § 97; s BVerfGE 25, 296 = NJW 1969, 1019: Buchhaltungsunterlagen).

104   Die Bezeichnung **Darstellungen** gibt den umfassenden Oberbegriff wieder. Es muss sich um eine zwei- oder dreidimensionale stoffliche Verkörperung handeln, die sinnlich wahrnehmbar ist und einen Vorgang oder geistigen Sinngehalt andeutet. Unter **Schriften** sind stoffliche Zeichen oder Verbindungen solcher Zeichen zu verstehen, die einen geistigen Sinngehalt verkörpern. Der Begriff ist umfassender als

X. **Ergänzendes Beschlagnahme- und Durchsuchungsverbot** § 23 LPG

derjenige der Druckwerke und Druckschriften, weil er nicht nur die durch den Buchdruck produzierten Massenvervielfältigungen erfasst, sondern alle schriftlichen Zeichen wie Briefe, Notizen, Tagebücher, Schreibmaschinen-Durchschläge usw. (*Eisenberg* BeweisR Rn 2357 und *Schmitt* in Meyer-Goßner § 97 Rn 31 wollen Druckschriften und insb Bücher davon ausnehmen). Zum geschützten Redaktionsmaterial gehören auch die der Presse zugehenden Leserbriefe (o Rn 75). **Ton-, Bild- und Datenträger** bedürfen zur Vermittlung des Verständnisses des Inhalts besonderer Wiedergabegeräte. Den Begriff der **Abbildung** verwendet das Gesetz für alle Zeichen, die durch das Auge wahrgenommen werden. Zu den Abbildungen gehören auch die in § 97 Abs 5 StPO besonders erwähnten Bildträger sowie Dias, Fotoabzüge, Filme, Gemälde, Zeichnungen usw.

8. **Das Erfordernis des Gewahrsams**

Das Beschlagnahme- und Durchsuchungsverbot gilt nur für solche Darstellungen, 105 Schriftstücken usw, die sich im **Gewahrsam** der zeugnisverweigerungsberechtigten Pressemitarbeiter oder im Gewahrsam der Redaktion, des Verlags oder der Druckerei befinden, der diese zugehören. Der presserechtliche Beschlagnahmeschutz gilt grundsätzlich für freie journalistische Mitarbeiter im gleichen Umfang wie für Redaktionsmitglieder (BGH – Ermittlungsrichter – NJW 1999, 2051/2052).

a) Begriff des Gewahrsams

Gewahrsam bedeutet wie in § 242 StGB die **faktische Herrschaft über eine** 106 **Sache,** die dann gegeben ist, wenn deren Inhaber den Willen zur Sachherrschaft hat und der Durchsetzung dieses Herrschaftswillens in sozialer Betrachtung keine Hindernisse entgegenstehen (grundlegend zu § 242 StGB BGHSt 16, 271/273 = NJW 1961, 2266; ebenso zu § 97 StPO etwa *Amelung* in AK-StPO Rn 28, *Menges* in Löwe/Rosenberg Rn 28, *Schmitt* in Meyer-Goßner Rn 11, *Wohlers* in SK-StPO Rn 16 und zum Folgenden Rn 69). Gewahrsam hat der Journalist an Schriftstücken, die er bei sich führt, zB in seiner Aktentasche, aber auch im geparkten Kraftwagen. Gewahrsam im Sinne dieser faktischen Sachherrschaft besteht aber auch an Schriftstücken und Unterlagen, die ein Journalist in seinem im Pressehaus befindlichen Schreibtisch verschlossen verwahrt. Der Journalist behält den Gewahrsam an Schriftstücken, die er seiner Sekretärin zur Bearbeitung übergibt. Ein Verlag hat Gewahrsam an den Druckwerken, die in verlagseigenen Lieferwagen expediert werden. Der Wohnungsinhaber (Verleger, Journalist) behält auch auf Reisen den Gewahrsam an seiner Wohnung und den darin befindlichen Sachen. An Schriftstücken und sonstigen Darstellungen, die sich auf dem Postweg befinden, hat weder der Absender noch der Adressat Gewahrsam. Für die Beschlagnahme von Postsendungen stellt die StPO mit Rücksicht auf das Grundrecht aus Art 10 GG in §§ 99, 100 besondere Regeln auf.

b) Probleme des Mitgewahrsams

Das Beschlagnahmeverbot greift auch dann ein, wenn der Journalist nur **Mit-** 107 **gewahrsam** besitzt (BGHSt 19, 374; *Eisenberg* BeweisR Rn 2344; *Gercke* in HK-StPO § 97 Rn 62; *Menges* in Löwe/Rosenberg § 97 Rn 29; *Schmidt* wistra 1991, 247f. mwN). Deshalb sind durch das Beschlagnahmeverbot auch Schriftstücke geschützt, die der Journalist in einem Bankschließfach verwahrt, das nur gemeinsam mit der Bank geöffnet werden kann (*Menges* in Löwe/Rosenberg § 97 Rn 28; *Wohlers* in SK-StPO § 97 Rn 17). An Schriftstücken im verschlossenen Schreibtischfach eines Journalisten, zu dem er und seine Sekretärin einen Schlüssel besitzen, besteht Mitgewahrsam, dh der Journalist und seine Sekretärin haben beide schutzwürdigen Gewahrsam.

Besteht der **Mitgewahrsam** zwischen einer zeugnisverweigerungsberechtigten 108 Person und dem **Beschuldigten,** so lässt die vorherrschende Meinung das Beschlagnahmeverbot entfallen (BGHSt 19, 374f.; KG JR 1967, 192; *Hartmann* in HK-GS Rn 5, *Joecks* in Radtke/Hohmann Rn 13, *Greven* in KKStPO Rn 8, *Schmitt* in Meyer-

Goßner Rn 12, zu § 97; *Bott* S 161 f.). Die 1. Kammer des 1. Senats des BVerfG hat keine durchgreifenden Bedenken gegen diese Auslegung gesehen, weil Art 5 Abs 1 S 2 GG auch dann von Bedeutung bleibe, wenn kein Beschlagnahmeverbot eingreift (NJW 2011, 1859 Rn 22; s dazu weiter u Rn 131). Ein bloßer Anspruch eines Tatverdächtigen auf jederzeitige Herausgabe beseitigt aber in jedem Fall noch nicht den faktischen Alleingewahrsam eines Zeugnisverweigerungsberechtigten (LG Fulda StV 2000, 548 Ls 4/551; *Amelung* in AK-StPO Rn 10, *Gercke* in HK-StPO Rn 36, *Greven* in KKStPO Rn 8, *Ritzert* in Graf Rn 6, *Menges* in Löwe/Rosenberg Rn 30, *Wohlers* in SK-StPO Rn 17, sämtlich zu § 97; auf die primäre Dispositionsbefugnis abstellend *Schmidt* wistra 1991, 249 f.; in der Sache a. A. LG Aachen MDR 1981, 603 und NJW 1985, 338).

c) Freiwilliger und unfreiwilliger Verlust des Gewahrsams

109 Mit der **freiwilligen Aufgabe des Gewahrsams** durch den Zeugnisverweigerungsberechtigten (er verschenkt oder verleiht das kritische Manuskript) endet regelmäßig auch der Schutz des Beschlagnahmeverbots (BGHSt 18, 227/230 = NJW 1963, 870; *Gercke* in HK-StPO Rn 37, *Greven* in KKStPO Rn 8, *Schmitt* in Meyer-Goßner Rn 13, mit Einschränkungen auch *Wohlers* in SK-StPO Rn 23, zu § 97). Anerkannt ist, dass das Verlegen und der Verlust einer Sache innerhalb der eigenen Räume den Gewahrsam und damit das Beschlagnahmeverbot nicht beendet. Hier liegt nur eine „Lockerung", aber keine Beendigung des Gewahrsams vor. Auch bei Reisen eines Journalisten einschließlich Auslandsreisen ist nur von einer rechtlich unschädlichen Gewahrsamslockerung auszugehen.

110 Wenn der Zeugnisverweigerungsberechtigte den Gewahrsam **unfreiwillig** verliert, so zB wenn ihm das Schriftstück gestohlen wird, muss das Beschlagnahmeverbot weiter gelten, da ja auch der Herrschaftswille des Gewahrsamsinhabers andauert, der die verlorene Sache wiederbekommen will. Es darf rechtlich nicht darauf ankommen, ob der Zeugnisberechtigte den Gewahrsam rascher wiedererlangt, als die Behörde die Beschlagnahme durchführt (*Rebmann* § 23 Rn 43; vgl auch *Beulke*, Der Verteidiger im Strafverfahren, München 1980, S 210 und in Lüderssen-FS 2002 S 639/715). Die vorherrschende Gegenmeinung (BGH 15.12.1976, 3 StR 432/76 zit bei *Schmitt* in Meyer-Goßner § 97 Rn 13; *Amelung* in AK-StPO Rn 12, *Greven* in KKStPO Rn 8, *Löffelmann* in AnwK-StPO Rn 7, *Ritzert* in Graf Rn 6b, *Menges* in Löwe/Rosenberg Rn 33, zu § 97; *Bott* S 163 f.) würde zu der höchst unbefriedigenden Lösung führen, dass die Strafverfolgungsbehörde durch Vernehmung des Diebes von dem Vergehen des Diebstahls profitieren könnte, wenn dem Journalisten wichtige vertrauliche Schriftstücke gestohlen werden (wie hier *Gercke* in HK-StPO § 97 Rn 37, *R. Schmidt* S 49 ff.; krit. auch *Joecks* in Radtke/Hohmann § 97 Rn 11).

9. Erstreckung des Beschlagnahmeverbots auf die Räume von Presse und Rundfunk

a) Das Prinzip

111 Gegenüber der vor 1975 geltenden Regelung gewährt die heutige Fassung des § 97 Abs 5 S 1 StPO Presse und Rundfunk einen erweiterten Beschlagnahmeschutz, indem sich das Durchsuchungs- und Beschlagnahmeverbot nicht nur auf die Person des zeugnisverweigerungsberechtigten Presseangehörigen erstreckt, sondern auch den Gewahrsam in **Räumen** (und auch Fahrzeugen, *Schmitt* in Meyer-Goßner § 97 Rn 16, *Wohlers* in SK-StPO § 97 Rn 68) **von Redaktion, Verlag und Druckerei** umfasst, in denen sich die gesuchten Schriftstücke und Unterlagen befinden (zum Begriff der Redaktionsräume s BGH NJW 1999, 2051/2053; *Greven* in KKStPO § 97 Rn 34). Das gilt auch für eine Presseagentur (BGH NJW 1999, 2051/2053: *Löffelmann* in AnwK-StPO § 97 Rn 17). Der Grund für diese erweiterte Sicherung des Redaktionsgeheimnisses ist die außerordentliche Beeinträchtigung des Gesamtbetriebs, die eine Durchsuchung oder Beschlagnahme in Presse- und Rundfunkhäu-

XI. Wegfall des Beschlagnahmeverbots § 23 LPG

sern erfahrungsgemäß mit sich bringt (BVerfGE **20,** 162/223 = NJW 1966, 1603; **117,** 244/259 = NJW 2007, 1117 Rn 44). Nach Ansicht des BGH - Ermittlungsrichter – zählt dazu nicht das eigene, von der Redaktion räumlich und sachlich (?) getrennte Büro eines freien Mitarbeiters, der einer Zeitung durch einzelne Beiträge zuarbeitet (ebenso *Gercke* in HK-StPO § 97 Rn 62, *Löffelmann* in AnwK-StPO § 97 Rn 17, *Menges* in Löwe/Rosenberg § 97 Rn 136, § 98 Rn 7). Es ist aber zu beachten, dass freie Mitarbeiter, die berufsmäßig tätig sind, ein eigenes Zeugnisverweigerungsrecht gemäß § 53 Abs. 1 S 1 Nr 5 StPO haben, das zu einem Beschlagnahmeverbot gemäß § 97 Abs. 5 StPO führt (o Rn 38; darauf weist auch *Menges* in Löwe/Rosenberg § 97 Rn 136 Fn 359 hin).

b) Das Gewahrsamserfordernis

Auch bezogen auf die geschützten Räumlichkeiten setzt das Beschlagnahmeverbot **112** neben dem Zeugnisverweigerungsrecht des Pressemitarbeiters den **Gewahrsam der Redaktion, des Verlages, der Druckerei** etc. voraus (§ 97 Abs 5 S 1 StPO). Entsprechend dem faktischen Ansatz des Gewahrsamsbegriffes kommt es dafür nicht maßgeblich auf rechtliche Strukturen, sondern auf die tatsächliche Herrschaft nach sozialer Betrachtung an, zu der auch berufliche Usancen und dergleichen zählen. Gewahrsam in einem Verlag oder einer Druckerei hat deshalb nach Maßgabe ihrer tatsächlichen Einflussmöglichkeiten die Person oder Personengruppe, die das Unternehmen beherrscht (ähnlich BGHSt 19, 374; *Amelung* in AK-StPO Rn 10, *Gercke* in HK-StPO Rn 35, zu § 97); ist dieses eine juristische Person, so sind dies die Organe oder Organmitglieder. Wenn die Leitungsebene nicht mit dem Vorgang befasst ist, kommt Mitgewahrsam oder gar Alleingewahrsam des jeweils befugt oder mit deren Duldung für den Verlag, die Druckerei oder die Redaktion handelnden Mitarbeiters in Betracht (ähnlich *Schmitt* in Meyer-Goßner § 97 Rn 16, *Menges* in Löwe/Rosenberg Rn 136, zu § 97). Auch beim Tod eines Redakteurs verbleibt der Gewahrsam an seinem in den Verlagsräumen befindlichen Redaktionsmaterial dem Verlag bzw der Redaktion. Grundsätzlich steht in allen Fällen, in denen die Presseangehörigen ihre Unterlagen nicht selbst in Besitz haben, der Gewahrsam dem Presseunternehmen zu, soweit sich die Unterlagen in den Räumen des Pressehauses befinden.

c) Weiter Begriff der Geschäftsräume

Bei den Räumen, die den erweiterten Beschlagnahmeschutz genießen, handelt es **113** sich um die **Geschäftsräume** der Presse, die ständig oder für eine begrenzte Zeit zum Betrieb von Geschäften der Redaktion, des Verlags oder der Druckerei bestimmt sind (vgl RGSt 32, 371 f.). Zu den Geschäftsräumen gehören auch die Räume des Archivs und der Buchhaltung, die Maschinenräume, die Telefon- und Fernschreibzentrale, die Verpackungsräume und die Garagen sowie die Lagerräume für Papier, Metall etc. Ob sich die Geschäftsräume im Hauptgebäude des Presseverlags befinden oder an Außenstellen, ist rechtlich ohne Belang. Nicht zu den Geschäftsräumen gehört die Privatwohnung des Verlegers, Redakteurs oder eines sonstigen Pressemitarbeiters, auch wenn sich die Wohnung im Pressegebäude selbst befindet (Hausmeisterwohnung). Doch genießt auch die Privatwohnung insoweit den Schutz der Geschäftsräume, als sie dem Redakteur oder sonstigen Presseangehörigen zugleich als Arbeitsstätte dient.

XI. Wegfall des Beschlagnahmeverbots bei Verdacht der Strafverstrickung oder der eigenen Täterschaft

1. Inhalt der Regelung in § 97 Abs 5 S 2 StPO

Eine **Begrenzung** erfährt das Verbot der Beschlagnahme bei Presse und Rund- **114** funk in Fällen der sog **Strafverstrickung**. § 97 Abs 5 S 2, Halbs 1 StPO ordnet grundsätzlich die entsprechende Geltung von Abs 2 Satz 3 des § 97 an; nach dieser

Bezugsnorm entfällt das Durchsuchungs- und Beschlagnahmeverbot, „wenn bestimmte Tatsachen den Verdacht begründen, dass die zeugnisverweigerungsberechtigte Person an der Tat oder an einer Begünstigung, Strafvereitelung oder Hehlerei beteiligt ist, oder wenn es sich um Gegenstände handelt, die durch eine Straftat hervorgebracht oder zur Begehung einer Straftat gebraucht oder bestimmt sind oder die aus einer Straftat herrühren". In der geltenden Fassung beschränkt § 97 Abs 5 S 2 Halbs 1 StPO die entsprechende Geltung der Beteiligungsregelung gemäß Abs 2 S 3 StPO wiederum, soweit das Zeugnisverweigerungsrecht der in § 53 Abs 1 S 1 Nr 5 genannten Personen reicht; die Begrenzung der Beschlagnahmefreiheit gilt danach „nur dann, wenn die bestimmten Tatsachen einen dringenden Verdacht der Beteiligung begründen". Zu der richterlichen Anordnungskompetenz für die Anordnung der Beschlagnahme und Durchsuchung in den Räumen einer Redaktion, eines Verlags, einer Druckerei oder einer Rundfunkanstalt in solchen Fällen (§ 98 Abs 1 S 2 StPO) s u Rn 133 f.

2. Legislatorische Entwicklung des § 97 Abs 5 S 2 iVm Abs 2 S 3 StPO

115   Die heutige Regelung in § 97 Abs 5 StPO ist das Ergebnis einer wechselvollen **gesetzgeberischen Entwicklung**.

a) Schaffung der bundesrechtlichen Regelung 1975

116   Der **Wegfall der Beschlagnahmefreiheit** bei Verdacht der Strafverstrickung wurde **eingeführt** durch das **Gesetz** über das Zeugnisverweigerungsrecht der Mitarbeiter von Presse und Rundfunk **vom 25.7.1975** (BGBl I, S 1973). Die zuvor geltende bundesgesetzliche und landespresserechtliche Regelung des Zeugnisverweigerungsrechts hatte die Angehörigen von Presse und Rundfunk ausdrücklich davon ausgenommen (vgl *Groß* Rn 733; *Löffler* NJW 1978, 916 Fn 35). Anders als bei den Medienangehörigen war bei den „klassischen" Berufen der Ärzte, Anwälte, Steuerberater usw der Gesichtspunkt des Wegfalls des Beschlagnahmeverbots bei Strafverstrickung von jeher sinnvoll und geboten, denn ein solcher Verdacht lag nicht in der Natur ihres Berufes, war ungewöhnlich und bedurfte im Einzelfall konkreter Anhaltspunkte. Vergebens hatte der Vertreter Hessens bei der Beratung des Gesetzes darauf hingewiesen, dass bei den der öffentlichen Aufgabe der Presse nahe stehenden Parlamentariern das Beschlagnahmeverbot auch bei einem Verdacht der Verstrickung bestehenbleibe (vgl § 97 Abs 3 StPO; *Groß* PresseR Rn 731). Presse und Rundfunk hatten damit die 1953 erreichte Gleichstellung mit den Parlamentariern wieder verloren.

b) Einfügung der Verhältnismäßigkeits- und Subsidiaritätsklausel 2002

117   Das **Gesetz** zur Änderung der Strafprozessordnung **vom 15.2.2002** (BGBl I, S 682) hat mit der Erweiterung des Zeugnisverweigerungsrechts der Medienangehörigen namentlich auf das Ergebnis von **Eigenrecherchen** zugleich auch den Anwendungsbereich dieses Beschlagnahmeverbots ausgedehnt (o Rn 60). Zudem erklärte es in dem neu eingefügten § 97 Abs 5 S 2, Halbs 2 StPO die Beschlagnahme auch bei Strafverstrickung iSv Abs 2 S 3 nur für zulässig als Ergebnis einer **Abwägung** anhand einer Verhältnismäßigkeitsklausel, genauer anhand des Kriteriums der Unverhältnismäßigkeit. Zusätzlich wird die Zulässigkeit einer Beschlagnahme abhängig gemacht von einer Subsidiaritätsklausel, nämlich davon, dass die Sachverhaltserforschung oder die Ermittlung des Aufenthaltsortes des vermutlichen Täters auf andere Weise aussichtslos oder jedenfalls wesentlich erschwert wäre (näher zum Ganzen u Rn 129).

c) Änderungen durch das TKÜG 2007

118   Die Fassung des § 97 Abs 2 S 3 StPO von 1975 hatte keine Anforderungen an die Gewinnung des Beteiligungsverdachts formuliert. Erst das „Gesetz zur Neuregelung der Telekommunikationsüberwachung und anderer verdeckter Ermittlungsmaßnah-

XI. Wegfall des Beschlagnahmeverbots § 23 LPG

men sowie zur Umsetzung der Richtlinie 2006/24/EG" (**TKÜG**) vom 21.12.2007 (BGBl. I S 3198) hat das Erfordernis in die Norm eingefügt, dass der Verdacht auf **bestimmten Tatsachen** beruhen müsse. Ferner hat das TKÜG in § 97 Abs 5 S 2 StPO die entsprechende Anwendung von § 160a Abs 4 S 2 StPO angeordnet; danach ist im Fall von Antrags- oder Ermächtigungsdelikten die Ausnahme von dem Beschlagnahmeverbot bei Tatverstrickung iSv § 97 Abs 5 S 2, Halbs 1 iVm Abs 2 S 3 StPO nur anzuwenden, sobald und soweit der Strafantrag gestellt oder die **Ermächtigung erteilt** ist.

d) Einführung des Erfordernisses eines dringenden Tatverdachts 2012

Die jüngsten Veränderungen hat das **Gesetz zur Stärkung der Pressefreiheit** 119 **im Straf- und Strafprozessrecht** (PrStG) vom 25.6.2012 gebracht (BGBl I, S 1374).

Journalisten können, wenn sie ihrer öffentlichen Aufgabe gemäß das ihnen von ihren Informanten zugeleitete, oft kritische Material publizieren, leicht in den Verdacht der Teilnahme an einem eventuellen Vergehen ihrer Gewährsleute geraten. Das galt bis zu dem PrStG besonders für den Vorwurf einer **Beihilfe zur Verletzung von Dienstgeheimnissen** (§§ 27, 353b StGB) durch deren Veröffentlichung in der Presse oder im Rundfunk, wo die tatbestandlich erforderliche Gefährdung wichtiger öffentlicher Interessen von der Judikatur schon in einer mittelbaren Gefährdung iS einer Erschütterung des Vertrauens der Bevölkerung in die Integrität der öffentlichen Verwaltung durch das bloße Bekanntwerden des Geheimnisses gesehen und eine Tatförderung im Stadium zwischen Vollendung und Beendigung angenommen wurde (BGHSt 11, 401/404 = NJW 1958, 1403; BGH NStZ 2000, 597/598; BayObLG NStZ 1999, 568/569 mwN; zu einem konkreten Fall auch BVerfG NJW 1998, 2131 = AfP 1998, 204 m Bespr *Achenbach* JuS 2000, 27; ferner LG Bremen NJW 1998, 1168 und NStZ-RR 2000, 174). Besonderes Aufsehen hatte in der letzten Zeit die Durchsuchung der Redaktionsräumen und Beschlagnahme von Redaktionsmaterial bei der Zeitschrift CICERO wegen des Vorwurfs der Beihilfe zu § 353b StGB erregt (*Brüning* NStZ 2006, 253; *Kugelmann* ZRP 2005, 260). Das BVerfG hatte der dagegen gerichteten Verfassungsbeschwerde des Chefredakteurs der Zeitschrift stattgegeben und entschieden, die bloße Veröffentlichung eines Dienstgeheimnisses iSd § 353b StGB durch einen Journalisten reiche im Hinblick auf Art 5 Abs 1 S 2 GG nicht aus, um einen den strafprozessualen Ermächtigungen zur Durchsuchung und Beschlagnahme genügenden Verdacht der Beihilfe des Journalisten zum Geheimnisverrat zu begründen (BVerfGE 117, 244/263–266 = NJW 2007, 1117, Ls 1, Rn 57–62; s dazu *Brüning* wistra 2007, 333; *Gaede* AfP 2007, 410; *Schmidt-De Caluwe* NVwZ 2007, 640; *Schuldt* S 64–66, *Starke* AfP 2007, 91).

Das PrStG hat daraufhin in den **§ 353b StGB** einen neuen **Abs 3a** eingefügt. Danach sind Beihilfehandlungen einer in § 53 Abs 1 S 1 Nr 5 StPO genannten Person nicht rechtswidrig, wenn sie sich auf die Entgegennahme, Auswertung oder Veröffentlichung des Geheimnisses oder des Gegenstandes oder der Nachricht, zu deren Geheimhaltung eine besondere Verpflichtung besteht, beschränken. Auf der prozessrechtlichen Ebene hat das Gesetz bezogen auf die Beteiligungsregelung in § 97 Abs 2 S 3 StPO das Erfordernis des **dringenden Tatverdachts** aufgestellt (§ 97 Abs 5 S 2 StPO, s u Rn 121). Die Neuregelung ist umstritten geblieben (s dazu *Ignor/Sättele* ZRP 2011, 69; *Schork* NJW 2012, 2964; *Stefanopoulou* JR 2012, 63; u Rn 121).

3. Personale Strafverstrickung bei tatverdächtigen Zeugen

Die **Strafverstrickung** iSv § 97 Abs 5 Satz 2 iVm Abs 2 Satz 3 StPO kann zu- 120 nächst **personaler Natur** sein.

a) Dringender Tatverdacht und bestimmte Tatsachen

Eine personale Strafverstrickung liegt vor, wenn bestimmte Tatsachen gegenüber 121 dem zeugnisverweigerungsberechtigten Presse- oder Rundfunkangehörigen den dringenden **Verdacht der Beteiligung** an der im konkreten Fall verfolgten Tat oder an einer Begünstigung, Strafvereitelung oder Hehlerei begründen. Er muss also tatverdächtiger Zeuge iSv § 60 Nr 2 StPO und darf nicht selbst Beschuldigter sein (u Rn 130). Damit wird eine mögliche zukünftige Beschuldigtenposition des Zeugen antizipiert (*Mitsch* AfP 2012, 521, 523; *Schmitt* in Meyer-Goßner § 97 Rn 18). Ist die Tat nur auf Antrag (zB Beleidigung §§ 185, 194 Abs 1 S 1 StGB) oder mit Ermächtigung (zB Verletzung des Dienstgeheimnisses etc, § 353b Abs 4) verfolgbar, so tritt die Ausnahme von dem Beschlagnahmeverbot erst ein, sobald und soweit der Strafantrag gestellt oder die Ermächtigung erteilt ist (§ 97 Abs 5 S 2 Halbs 1 iVm § 160a Abs 4 S 2 StPO).

Das Erfordernis **bestimmter Tatsachen** verlangt die Benennung konkreter Tatsachen in der Beschlagnahme- und Durchsuchungsanordnung; bloße Vermutungen scheiden als Begründung aus (allgM, s zB *Gercke* in HK-StPO Rn 77, *Joecks* in Radtke/Hohmann Rn 21, *Wohlers* in SK-StPO Rn 37, zu § 97). Je gravierender sich die Beschlagnahme (und Durchsuchung) auf den Betroffenen auswirkt, desto höhere Anforderungen sind an die Konkretisierung des Verdachts zu stellen (*Greven* in KKStPO § 97 Rn 35; *Schmitt* in Meyer-Goßner § 97 Rn 20). Mit dem seit 2012 vorausgesetzten **dringenden Tatverdacht** will das Gesetz dem RegE des PrStG (o Rn 119) zufolge in besonderer Weise sicherstellen, „dass zeugnisverweigerungsberechtigte Medienangehörige in strafprozessuale Beschlagnahmemaßnahmen nur auf der Basis einer bereits sehr gesicherten Tatsachengrundlage einbezogen werden dürfen" (BT-Drucks 17/3355, S 7 re Sp). Sachlich muss dafür ein hoher Grad von Wahrscheinlichkeit bestehen, dass der Zeuge an der den Gegenstand des Verfahrens bildenden Tat oder an einer der genannten Anschlussdelikte beteiligt war, ohne dass er deswegen (schon, o Rn 121) zum Beschuldigten gemacht würde (vgl. zum dringenden Tatverdacht gegenüber dem Beschuldigten etwa iSv § 112 StPO *Roxin/Schünemann* § 36 Rn 5 und § 39 Rn 16; *Schmitt* in Meyer-Goßner § 112 Rn 5). Die damit aufgestellte Hürde wird zT als systemwidrig und unangemessen hoch bewertet (so die Stellungnahme der *Bundesrechtsanwaltskammer* und des *Deutschen Anwaltvereins* von 2011 zum E-PrStG S 8 f.; *Ritzert* in Graf § 97 Rn 20; *Stefanopoulou* JR 2012, 63/66; *Schork* NJW 2012, 2694/2696; iS der Neuregelung aber *Schuldt* S 235).

b) Beteiligung an der Tat

122 Sachlich kommt in erster Linie der Verdacht in Frage, dass die zeugnisverweigerungsberechtigte Person **an der Tat „beteiligt"** ist (vgl § 28 Abs 2 StGB). Diese Formulierung ersetzt den früher verwendeten unklaren Begriff der „Teilnahme"; deshalb beseitigt jetzt unzweifelhaft neben dem Verdacht der Teilnahme im technischen Sinne, also der Anstiftung und Beihilfe (s § 28 Abs 1 StGB), auch der Verdacht der täterschaftlichen Mitwirkung, also der Mittäterschaft oder mittelbaren Täterschaft (s § 25 Abs 1 und 2 StGB), das Beschlagnahmeverbot (in der Sache ebenso *Menges* in Löwe/Rosenberg Rn 38, *Wohlers* in SK-StPO Rn 38, zu § 97); dagegen reicht der Verdacht einer bloßen notwendigen Teilnahme oder Nebentäterschaft nicht aus (*Eisenberg* BeweisR Rn 2353; *Wohlers* in SK-StPO § 97 Rn 38 bzgl. Nebentäterschaft). Die Beteiligung muss sich auf die Tat im prozessualen Sinne eines einheitlichen historischen Geschehens beziehen, deretwegen gegen den Beschuldigten konkret ermittelt wird (BGHSt 18, 227/229 = NJW 1963, 870; ebenso *Gercke* in HK-StPO Rn 76, *Greven* in KKStPO Rn 9, *Löffelmann* in AnwK-StPO Rn 35, *Menges* in Löwe/Rosenberg Rn 38, *Schmitt* in Meyer-Goßner Rn 19, *Wohlers* in SK-StPO Rn 39, zu § 97). Die objektive Tatverstrickung genügt aber nicht; erforderlich ist mindestens der Verdacht einer rechtswidrigen Tat iSv § 11 Abs 1 Nr 5 StGB (ebenso *Gercke* in HK-StPO Rn 76, *Greven* in KKStPO Rn 41, *Hartmann* in HK-GS Rn 10, *Joecks* in Radtke/Hohmann Rn 23, *Schmitt* in Meyer-Goßner Rn 19, *Wohlers* in SK-StPO Rn 38, zu § 97; *Eisenberg* BeweisR Rn 2353), dh eines tatbestandsmäßigen und rechtswidrigen, aber nicht notwendig schuldhaften Verhaltens. Das setzt auch den Verdacht vorsätzlichen Handelns voraus, wo dieses allein die Strafbarkeit begründet

XI. Wegfall des Beschlagnahmeverbots § 23 LPG

(missverständlich BGHSt 25, 168/169 = NJW 1973, 1289); dies gilt vor allem für Anstiftung und Beihilfe (s §§ 26, 27 StGB), aber wegen des notwendigen gemeinsamen Tatentschlusses auch für die Mittäterschaft (*Fischer* § 25 Rn 24; *Lackner/Kühl* § 25 Rn 13; die Möglichkeit einer fahrlässigen Mittäterschaft ist indes str., s etwa *Murmann* in Satzger/Schmitt/Widmaier § 25 Rn 33f.; *Roxin* StrafR AT-II § 25 Rn 239–242). Der Tatverdacht muss bereits bei Anordnung der Beschlagnahme bestehen (*Gercke* in HK-StPO Rn 77, *Greven* in KKStPO Rn 41; *Schmitt* in Meyer-Goßner Rn 20, *Wohlers* in SK-StPO Rn 37, zu § 97).

c) Begünstigung, Strafvereitelung und Hehlerei

123 Neben dem Verdacht der Beteiligung an dem verfolgten Delikt führt § 97 Abs 2 S 3 StPO als weiteren Fall der personalen Strafverstrickung den der Beteiligung an einem der **Anschlussdelikte** der §§ 257 – 259 StGB an. Darunter fällt die Begünstigung, dh die Hilfe, die dem Täter nach Begehung eines Delikts in der Absicht geleistet wird, ihm die Vorteile der Tat zu sichern (§ 257 StGB). Das Beschlagnahmeverbot zugunsten der Presse entfällt ferner dann, wenn ihr Mitarbeiter in Verdacht gerät, sich an einer Strafvereitelung (§ 258 StGB) oder einer Hehlerei (§ 259 StGB) beteiligt zu haben. Weil es allein auf die rechtswidrige Tat ankommt, schließt das Angehörigenprivileg des § 258 Abs 6 StGB als bloßer persönlicher Strafausschließungsgrund die Beschlagnahme nicht aus (*Menges* in Löwe/Rosenberg Rn 38, *Schmitt* in Meyer-Goßner Rn 19, *Wohlers* in SK-StPO Rn 38, zu § 97; ebenso schon BGHSt 25, 168 Ls 1, 169 = NJW 1973, 1289 zu § 257 Abs 2 StGB aF). Bei der Hehlerei handelt es sich idR darum, dem Täter beim Absatz einer gestohlenen Sache behilflich zu sein; deshalb muss es sich hier um ungewöhnliche Pressefälle handeln (vgl den Fall in ZV 1981, 94 – Vampir).

d) Wegfall und Wiederaufleben des Beweisverwertungsverbots

124 Mit dem Verdacht der Tatbeteiligung im vorstehenden Sinne **endet** nicht nur das Beschlagnahmeverbot sondern auch das damit verbundene **Verwertungsverbot**. Indes **lebt** das Verwertungsverbot **wieder auf**, wenn der Verdacht seinerseits nachträglich wiederum entfällt (ebenso *Amelung* in AK-StPO § 97 Rn 35, *Fezer* JuS 1978, 768; *Gercke* in HK-StPO § 97 Rn 86; *Mitsch* AfP 2012, 521/525; *Schlüchter* Strafverfahren Rn 308; *R. Schmidt* S 71; *Schmitt* in Meyer-Goßner § 160a Rn 15; *Wohlers* in SK-StPO § 97 Rn 47). Nach der (früher vorherrschenden) Gegenauffassung soll dagegen das durch die Beschlagnahme bei sich zeugnisverweigerungsberechtigten Presseangehörigen erlangte Beweismittel weiter verwertbar bleiben (BGH NStZ 1983, 85; *Greven* in KKStPO § 97 Rn 10, *Menges* in Löwe/Rosenberg § 97 Rn 147). Damit wird jedoch die Bedeutung des Informantenschutzes für die Pressefreiheit, dessen Schutzwürdigkeit durch den Wegfall des Verdachts wieder objektiv feststeht, zu gering geachtet und ein Anreiz geschaffen, ohne die gebotene strenge Prüfung der Verdachtsschwelle möglichst frühzeitig die Mitarbeiter der Presse als Beschuldigte in Strafverfahren zu verstricken, um dem lästigen Beschlagnahme- und Verwertungsverbot zu entgehen. Die Abwägungsregel des § 160a Abs 2 StPO ist in diesem Fall nicht anwendbar (*Mitsch* AfP 2012, 521/525; *Schmitt* in Meyer-Goßner § 160a Rn 15; s dazu generell o Rn 100a).

4. Gegenständliche Strafverstrickung (Produkte und Instrumente der Straftat)

125 Eine **gegenständliche Tatverstrickung**, die nach § 97 Abs 5 S 2, Halbs 1 iVm Abs 2 S 3 StPO gleichfalls zum Wegfall des Beschlagnahmeverbots führt, liegt nach dem Gesetz dann vor, wenn es sich um Gegenstände handelt, „die durch eine Straftat hervorgebracht oder zur Begehung einer Straftat gebraucht oder bestimmt sind oder die aus einer Straftat herrühren". Diese Begrenzung trifft nur in begrenztem Umfang auf das Redaktionsmaterial zu, um das es hier geht (vgl o § 13 Rn 43ff.; u Rn 127). Das Problem dieser dem § 74 StGB entnommenen Zusammenfassung der „**Instru-**

mente und Produkte einer Straftat" liegt darin, dass sie eine Formulierung des materiellen Rechts in das Prozessrecht überträgt, ohne die Situation des Verdachts zu spiegeln, in der die Entscheidung über die Anordnung einer Beschlagnahme und Durchsuchung fällt. Ob eine „Straftat" gegeben ist und ob die zu beschlagnahmenden und zu suchenden Gegenstände überhaupt durch sie „hervorgebracht" oder für sie „gebraucht oder bestimmt" sind etc., soll ja erst noch geklärt und bewiesen werden. Welcher **Grad von Verdacht** dafür vorausgesetzt werden soll, lässt das Gesetz offen. Aus dieser (unreflektierten) Sicht der StPO ist es zu erklären, dass § 97 Abs 5 S 2 StPO idF des PrStG von 2012 (o Rn 119) das Merkmal des dringenden Tatverdachts nicht auf die „Straftat" in § 97 Abs 2 S 3 StPO erstreckt, sondern sie allein auf „die Beteiligungsregel" des § 97 Abs 2 S 3 bezieht. Aus dem Zusammenhang mit §§ 94, 102, 103 S 1 StPO könnte man schließen, dass für die Tatverstrickung der einfache Tatverdacht maßgeblich sein müsste, doch hat sich insoweit durch das PrStG die Lage verändert. Der in der Gesetzesbegründung bekundete Wille, zeugnisverweigerungsberechtigte Medienangehörige „nur auf der Basis einer bereits sehr gesicherten Tatsachengrundlage" in strafprozessuale Beschlagnahmemaßnahmen einzubeziehen (BT-Drucks 17/3355, S 7), lässt vielmehr darauf schließen, dass auch insoweit in analoger Anwendung von § 97 Abs 5 S 2 Halbs 1 StPO der dringende Tatverdacht maßgeblich sein muss. Auch für die gegenständliche Tatverstrickung gilt, dass das Beschlagnahmeverbot bei Antrags- und Ermächtigungsdelikten erst beseitigt ist, sobald und soweit der Strafantrag gestellt oder die Ermächtigung erteilt ist (§ 97 Abs 5 S 2, Halbs 1 iVm § 160a Abs 4 S 2 StPO).

126 a) In diesem Sinne **durch eine Straftat hervorgebracht** sind nur Gegenstände, die unmittelbar aus einer Produktion hervorgehen oder durch die Tat verändert werden (*Wohlers* in SK-StPO § 97 Rn 41), dagegen nicht der mittelbare Erlös, der aus dem Vertrieb eines verbotenen Druckwerks erzielt wird (RGSt 54, 223 f.). Nicht hierunter fallen Druckwerke dagegen dann, wenn die strafbare Handlung im bloßen Verbreiten besteht. Nur wenn ausnahmsweise schon die Herstellung einer Druckschrift unter Strafe gestellt ist (zB bei pornographischen Schriften iSv §§ 184 Abs 1 Nr 8, 184a/b/c Abs 3 StGB), kann die Schrift als „durch die Straftat" hervorgebracht gelten.

127 b) Zu den Gegenständen, die „zur **Begehung** einer Straftat **gebraucht und bestimmt sind**", gehören Schriftstücke und andere Unterlagen, deren Veröffentlichung und Verbreitung unter Strafe gestellt ist, wie zB im Fall der Verleumdung (§ 187 StGB) oder Volksverhetzung (§ 130 StGB). Doch muss der Gegenstand (verleumderische Information) zur Begehung einer konkreten Straftat bestimmt sein (RGSt 59, 250/251; BGHSt 8, 205/213 = NJW 1956, 149). Es genügt die bloße Bestimmung zur Straftat; nicht erforderlich ist, dass es zur Tat gekommen ist.

Die bloße Vorbereitung einer noch nicht ins Versuchsstadium eingetretenen Tat ist keine Straftat, weil sie keinen Straftatbestand verwirklicht (s *Achenbach* MDR 1975, 19, 20). Abweichend von § 74 StGB erfasst deshalb § 97 Abs 2 S 3 StPO **nicht** die zur **Vorbereitung der Straftat** gebrauchten und bestimmten Gegenstände (LG Stuttgart NJW 1976, 2030; *Amelung* in AK-StPO § 97 Rn 23; *Eisenberg* BeweisR Rn 2354; einen inneren Zusammenhang bzw. eine spezifische Beziehung zu der aufzuklärenden Tat verlangen *Gercke* in HK-StPO § 97 Rn 82, *Wohlers* in SK-StPO § 97 Rn 42). Soweit also Unterlagen, die bei den Recherchen für einen Presseartikel verwendet wurden, nicht ihrerseits aus einer Straftat herrühren (u Rn 128), dürfen sie auch nach § 97 Abs 5 S 2 iVm Abs 2 S 3 StPO aus dem Gewahrsam des zeugnisverweigerungsberechtigten Journalisten, der Redaktion etc nicht beschlagnahmt werden. Die Gegenmeinung (OLG Hamburg MDR 1981, 603; *Hartmann* in HK-GS Rn 11, *Joecks* in Radtke/Hohmann Rn 24, *Ritzert* in Graf Rn 21, *Schmitt* in Meyer-Goßner Rn 22, zu § 97) setzt sich über den Wortlaut der Vorschrift hinweg, die mit der Begehung einer „Straftat" wegen des immanenten Begriffsmerkmals der Tatbestandsmäßigkeit nur die Phase vom Versuchsbeginn bis zu deren Beendigung erfassen kann (vgl auch § 74 Abs 1 StGB), und gründet die in die Grundrechte auf Eigentum

XI. Wegfall des Beschlagnahmeverbots § 23 LPG

und der Pressefreiheit eingreifende Beschlagnahme unzulässigerweise auf eine Analogie.

c) Für die Presse von besonderer Bedeutung sind Gegenstände, die „aus einer Straftat **herrühren**" (Informationsberichte, Darstellungen, Unterlagen, Schriftstücke, Bilder, Fotos usw). Damit entfällt das Durchsuchungs- und Beschlagnahmeverbot überall dort, wo die Informationen auf illegale Weise, insb unter Verletzung gesetzlicher Geheimhaltungsvorschriften beschafft wurden (Studienkreis für Presserecht und Pressefreiheit NJW 1976, 1079). Zum Grad des erforderlichen Tatverdachts s o Rn 125. **128**

5. Die Verhältnismäßigkeits- und Subsidiaritätsklausel (§ 97 Abs 5 S 2 StPO)

Auch wenn bestimmte Tatsachen einen dringenden Verdacht der Beteiligung an der Tat oder an Anschlussdelikten iSv §§ 257–259 StGB begründen oder wenn es um die Beschlagnahme von Tatinstrumenten und -produkten geht („in diesen Fällen"), macht § 97 Abs 5 S 2, 2. Halbs StPO die Beschlagnahme von einer **Verhältnismäßigkeitsprüfung** abhängig; die Maßnahme ist selbst dann nur zulässig, „wenn sie unter Berücksichtigung der Grundrechte aus Artikel 5 Abs 1 Satz 2 des Grundgesetzes nicht außer Verhältnis zur Bedeutung der Sache steht". In Verhältnis zueinander zu setzen sind die Schwere des Eingriffs in die Tätigkeit des betroffenen Presse-Unternehmens und der betroffenen Medienmitarbeiter, die Bedeutung der aufzuklärenden Straftat (der „Sache" iSd Gesetzes) und die Aussichten, durch die Beschlagnahmeaktion die Aufklärung dieser Sache tatsächlich nennenswert fördern zu können, dh der Beschlagnahme-Erfolg (zT ähnlich *Kunert* NStZ 2002, 169/173). **129**

Zusätzlich wird die Zulässigkeit einer Beschlagnahme abhängig gemacht von einer **Subsidiaritätsklausel**. Die Erforschung des Sachverhalts oder die Ermittlung des Aufenthaltsortes des „Täters" (gemeint sein kann vor rechtskräftiger Verurteilung nur die der Täterschaft beschuldigte Person, s Art 6 Abs 2 EMRK) muss auf andere Weise, also ohne die Beschlagnahme, aussichtslos oder jedenfalls wesentlich erschwert sein. Nach der Begründung der RegE der StPO-Novelle 2002 können die Medien erfahrungsgemäß für die Strafverfolgungsbehörden von besonderem Interesse sein, weil gerade sie häufig über besonders brisante Unterlagen verfügen; mit der Subsidiaritätsklausel soll daher bereits auf der Ebene des einfachen Verfahrensrechts der Gefahr einer Überbetonung des Strafverfolgungsinteresses wirksam begegnet werden können (BT-Drs 14/5166 S 10 re). Damit will das Gesetz mittelbar zugleich auch die Voraussetzungen für eine Durchsuchung anheben (so der RegE aaO). Freilich bleibt die Anwendung ebenso schwierig wie im Fall des § 53 Abs 2 S 2 StPO (s dazu Rn 69; ebenso *Kunert* NStZ 2002, 169/173). Im Übrigen betont die Bundesregierung in ihrer Gegenäußerung zur Bundesrats-Stellungnahme, dass die Verfolgung von Medienangehörigen, die selbst als Beschuldigte der Begehung einer Straftat verdächtig sind, mitsamt der gegen diese gerichteten Zwangsmaßnahmen von dieser Ergänzung unberührt bleibe (BT-Drs 14/5166 S 13 re u; dazu näher sogleich u Rn 130).

6. Wegfall des Beschlagnahmeprivilegs bei selbst beschuldigten Medienmitarbeitern; andauernde Bedeutung des Art 5 Abs 1 S 2 GG

a) Steht der grundsätzlich zeugnisverweigerungsberechtigte Pressemitarbeiter nicht nur unter dem Verdacht der Strafverstrickung, sondern ist er **selbst Beschuldigter**, so **entfällt das Durchsuchungs- und Beschlagnahmeverbot** des § 97 Abs 5 StPO (*Amelung* in AK-StPO Rn 35; *Gercke* in HK-StPO Rn 9, 11, *Greven* in KKStPO Rn 8, *Menges* in Löwe/Rosenberg Rn 25, *Schmitt* in Meyer-Goßner Rn 4, zu § 97; *Kunert* MDR 1975, 885/889; *Roxin/Schünemann* StrafverfahrensR § 34 Rn 23). Das gilt auch für den Mitbeschuldigten (*Wohlers* in SK-StPO § 97 Rn 13). Allerdings darf der beschlagnahmte Gegenstand dann nur in dem Verfahren als Beweismittel verwertet werden, das wegen der Tat im prozessualen Sinne geführt wird, deren der Presse- **130** mitarbeiter beschuldigt wird, da ihm bezüglich anderer Vorgänge wiederum der Schutz des § 97 Abs 5 S 1 StPO zur Seite steht (*Menges* in Löwe/Rosenberg § 97 Rn 149, *Schmitt* in Meyer-Goßner § 97 Rn 4). Zum Schweigerecht des Beschuldigten s unten Rn 135. Die Rechtsstellung als Beschuldigter wird begründet, wenn eine Strafverfolgungsinstanz gegen eine Person eine Maßnahme trifft, die erkennbar darauf abzielt, gegen sie wegen einer Straftat strafrechtlich vorzugehen (§ 397 Abs 1 AO analog, s nur etwa BGH NStZ 1997, 398 m Anm *Rogall;* BGH NJW 2003, 3142, 3143; BGHSt 51, 150 Rn 23; ferner *Achenbach* in AK-StPO § 163a Rn 20; *Beulke* StrafprozessR Rn 112; *Rogall* in SKStPO Vor § 133 Rn 31 f.; *Roxin/Schünemann* StrafverfahrensR § 25 Rn 11). Mit dem Beschlagnahmeprivileg entfällt auch der Schutz der Redaktionsräume im Sinn des § 97 Abs 5 StPO, und zwar nach vh M schon dann, wenn der Redaktion nur ein Beschuldigter angehört (*Kunert* MDR 1975, 885/890; *Menges* in Löwe/Rosenberg § 97 Rn 137a).

131 b) Das **Bundesverfassungsgericht** hat diese Auslegung in seiner jüngeren Rechtsprechung für verfassungsrechtlich unbedenklich erklärt, betont jedoch die **andauernde Bedeutung** des Grundrechts **der Presse- und Rundfunkfreiheit.** Auch wenn ein Beschlagnahmeverbot nicht greift, bleibt Art 5 Abs 1 S 2 GG für die Auslegung und Anwendung der strafprozessualen Normen über Durchsuchung und Beschlagnahme, die in Redaktionen und bei Journalisten durchgeführt werden, von Bedeutung (BVerfGE **117,** 244/265 = NJW 2007, 1117 Rn 53; BVerfG 1. Kammer des 1. Senats NJW 2005, 965/966, NJW 2011, 1859 Rn 22, NJW 2011, 1863 Rn 30). Auch wenn die Medienangehörigen selbst Beschuldigte sind, dürfen Durchsuchungen und Beschlagnahmen zwar zur Aufklärung der ihnen zur Last gelegten Straftat angeordnet werden, nicht aber zu dem vorrangigen oder ausschließlichen Ziel, Verdachtsgründe insbesondere gegen den Informanten zu finden (BVerfGE 117, 244/265 = NJW 2007, 1117, Rn 61).

7. Richtervorbehalt für die Beschlagnahmeanordnung in Redaktionsräumen

132 Auch wenn das Beschlagnahmeverbot wegen **Beteiligungsverdachts** gemäß § 97 Abs 5 S 2 iVm Abs 2 S 3 StPO weggefallen ist, errichtet doch die StPO in § 98 Abs 1 S 2 eine besondere prozedurale Hürde: In diesem Fall darf die **Beschlagnahme in den Räumen einer Redaktion,** eines Verlages, einer Druckerei oder einer Rundfunkanstalt **nur durch das Gericht (§ 162 StPO)** angeordnet werden. Außerhalb der Geschäftsräume gilt dagegen die allgemeine Regelung des § 98 Abs 1 S 1 StPO, der zufolge bei Gefahr im Verzug (o Vor § 13 ff. Rn 31) eine Beschlagnahme auch von der Staatsanwaltschaft und ihren Ermittlungspersonen angeordnet werden kann (*Gerhardt* AfP 1975, 845; *Löffelmann* in AnwK-StPO Rn 4, *Menges* in Löwe/Rosenberg Rn 7, *Schmitt* in Meyer-Goßner Rn 4, *Wohlers* in SK-StPO Rn 4, zu § 98). Diese Regeln müssen analog auch für die **Anordnung der Durchsuchung** solcher Räume gelten (*Gercke* in HK-StPO Rn 1, KMR Rn 2; *Bruns* in KKStPO Rn 1, *Schmitt* in Meyer-Goßner Rn 2, zu § 105; *Kunert* MDR 1975, 885/891; *Bott* S 177; *Mensching* S 155; *Schuldt* S 66; *Soehring* in Soehring/Hoene, PresseR § 8 Rn 26).

133 Darüber hinaus muss dieses Richterprivileg heute **auch** auf die Anordnung der Beschlagnahme und Durchsuchung in den o Rn 132 genannten Räumen gegenüber dem **selbst beschuldigten Pressemitarbeiter** ausgedehnt werden. Zwar legt die Fassung des Gesetzes einen Umkehrschluss nahe (in diesem Sinne auch *Achenbach* NJW 1976, 1069 Fn 16; ebenso die vh M, s etwa *Amelung* in AK-StPO Rn 7, *Greven* in KKStPO Rn 9, *Menges* in Löwe/Rosenberg Rn 7, *Schmitt* in Meyer-Goßner Rn 4, *Wohlers* in SK-StPO Rn 4, zu § 98; *Bott* S 221; *Groß* NJW 1975, 1763 f.; *Kunert* MDR 1975, 889/891). Indes betont das BVerfG wie gezeigt (o Rn 131) in seiner neueren Rechtsprechung die fortdauernde Bedeutung des Art 5 Abs 1 S 2 GG für die Auslegung und Anwendung der strafprozessualen Normen über Durchsuchungen und Beschlagnahmen bei dem selbst beschuldigten Medienmitarbeiter.

XII. Schutzvorschriften zugunsten Presseangehöriger § 23 LPG

Einfachrechtlich ist der Umkehrschluss zu § 98 Abs 1 S 2 StPO zudem mit der Erweiterung des Zeugnisverweigerungsrechts der Medienangehörigen und des daran anknüpfenden Beschlagnahmeverbots von dem Gedanken des Informantenschutzes auf den Schutz des Redaktionsgeheimnisses durch die Novelle von 2002 (o Rn 26) porös geworden; auch die bewusste Entscheidung des Gesetzgebers von 1975 gegen ein weiter gehendes Richterprivileg (BT-Drs 7/2539 S 11 f.) hat dadurch ihre Grundlage verloren. § 98 Abs 1 S 2 StPO ist deshalb heute analog auf die Anordnung aller Beschlagnahme- und Durchsuchungsaktionen in den Räumen einer Redaktion etc. auszudehnen (dafür auch *Dunkhase* S 181).

8. Beschlagnahme terroristischer Rechtfertigungsschreiben?

Besondere Probleme werfen **terroristische Rechtfertigungsschreiben** (Selbstbezichtigungsschreiben) auf, wie sie nach spektakulären Aktionen in aller Regel der Presse zugeleitet werden (die verbreitete Bezeichnung als „Bekennerschreiben" überspielt sachwidrig den pseudonymen Charakter derartiger Texte). *Rebmann* (Pfeiffer-FS S 225, 234 f.) will das Zeugnisverweigerungsrecht und Beschlagnahmeverbot aus § 53 Abs 1 S 1 Nr 5 und § 97 Abs 5 StPO in solchen Fällen kraft einer Abwägung des Gebots einer funktionstüchtigen Rechtspflege mit dem Grundrecht der Pressefreiheit restriktiv auslegen, also entgegen dem Gesetzeswortlaut beide Privilegien versagen. Indes bedarf es solcher Konstruktionen gar nicht. Denn ein Rechtfertigungsschreiben im Zusammenhang mit einem Anschlag, den der Verdacht der Täterschaft einer terroristischen Vereinigung begründet, kommt sowohl als Gegenstand in Betracht, der aus einer Straftat der Beteiligung an einer terroristischen Vereinigung (§ 129a Abs 1 StGB) herrührt (insofern für einen Einzelfall zustimmend BGHSt 41, 361/366 = NJW 1996, 532), als auch als Gegenstand, der als Mittel dieser Straftat gebraucht worden ist (*Gercke* in HK-StPO Rn 82, *Greven* in KKStPO Rn 40, 32 *Hartmann* in HK-GS Rn 11 –, jedenfalls bei Katalogtaten des § 53 Abs 2 S 2 –, *Schmitt* in Meyer-Goßner Rn 23, zu § 97; *Rebmann* Pfeiffer-FS S 236 iVm S 227 f.). Die generelle Richtigkeit dieser Interpretation haben der BGH (BGHSt 41, 363/366; NJW 1999, 2051/2052) und das BVerfG (NStZ 1982, 253 und NJW 2001, 508/509) aber bisher offen gelassen.

XII. Schutzvorschriften zugunsten der nicht zeugnisverweigerungsberechtigten Presseangehörigen

1. Das Aussageverweigerungsrecht des Beschuldigten

Ist ein Presseangehöriger selbst **Beschuldigter,** so ist er nach § 136 Abs 1 StPO berechtigt, jede **Aussage,** insb Angaben über die Person seiner Gewährsleute und den Inhalt der ihm gemachten Mitteilungen, zu **verweigern.** Dieses Schweigerecht, das in der Achtung der Menschenwürde gründet, ist notwendiger Bestandteil eines fairen Verfahrens und hat Verfassungsrang (BVerfGE **38,** 105/113 = NJW 1975, 103; **56,** 37/49 = NJW 1981, 1431; **66,** 313/318 = NJW 1984, 2403; BGHSt **25,** 325/330 = NJW 1974, 1570; **36,** 44/48 = NJW 1989, 1228; **38,** 214/220 f. = NJW 1992, 1463). Es besteht auch bei einer Vernehmung durch die Staatsanwaltschaft oder die Polizei (§ 163a Abs 3 S 2, Abs 4 S 2 StPO; *Achenbach* in AK-StPO § 163a Rn 15, 39; *Griesbaum* in KKStPO § 163a Rn 15, 27).

Über das Aussageverweigerungsrecht des Beschuldigte, schon von der Polizei (§ 163a Abs 3 S 2 StPO) sowie von der Staatsanwaltschaft (§ 163a Abs 2 S 2 StPO) und auch noch als Angeklagter in der Hauptverhandlung (§ 243 Abs 4 S 1 StPO), zu **belehren.** Unterbleibt diese Belehrung, so unterliegt die daraufhin gemachte Aussage einem **Beweisverwertungsverbot** (grundlegend für die neuere Rechtsprechung BGHSt 38, 214 = NJW 1992, 1463 mwN; aus der Lit zu § 163a StPO etwa *Erb* in Löwe-Rosenberg Rn 119, *Griesbaum* in KKStPO Rn 38, *Schmitt* in Meyer-Goßner

134

135

Rn 20f., *Wohlers* in SK-StPO Rn 73). Nach Ansicht des BGH gilt dies allerdings dann nicht, wenn feststeht, dass der Beschuldigte sein Schweigerecht ohne Belehrung gekannt hat, oder wenn der verteidigte Angeklagte in der Hauptverhandlung ausdrücklich der Verwertung zugestimmt hat; dem stellt der BGH den Fall gleich, dass der vom Vorsitzenden insoweit unterrichtete Angeklagte der Verwertung spätestens in der Erklärung nicht widersprochen hat, die abzugeben er gemäß § 257 StPO nach der Beweiserhebung über seine ohne Belehrung gemachte Aussage Gelegenheit hat (BGHSt 38, 214/224 ff.).

2. Das Auskunftsverweigerungsrecht des Zeugen gemäß § 55 StPO

136 Ist der Presseangehörige **Zeuge**, steht ihm aber das Zeugnisverweigerungsrecht aus § 53 Abs 1 S 1 Nr 5 StPO nicht zu – sei es, dass er nicht berufsmäßig tätig, sei es, dass ein Verdacht der Strafverstrickung gegeben ist –, so bleibt ihm doch das **Auskunftsverweigerungsrecht** nach § 55 StPO. Es gilt für Vernehmungsfragen, deren Beantwortung den Zeugen selbst oder einen nahen Angehörigen im Sinn des § 52 Abs 1 StPO der Gefahr aussetzen würde, wegen einer Straftat oder Ordnungswidrigkeit verfolgt zu werden – also keineswegs nur für Fragen nach dem Verfasser bzw dem Inhalt der Information. Die ganze Aussage schlechthin kann verweigert werden, wenn ihr gesamter Inhalt die Voraussetzungen des § 55 StPO erfüllt (allgM, s etwa *Ignor/Bertheau* in Löwe-Rosenberg Rn 6, *Otte* in Radtke/Hohmann Rn 2, *Schmitt* in Meyer-Goßner Rn 2, *Senge* in KKStPO Rn 2, zu § 55). Gerade bei der Presse ist in den Fällen der Informationsbeschaffung im Hinblick auf Geheimnisschutzbestimmungen die Gefahr der strafrechtlichen Verfolgung häufig gegeben. Hier kommt dem § 55 StPO deshalb besondere Bedeutung zu, wenn es sich um die illegale Beschaffung von Informationen handelt (Studienkreis NJW 1976, 1079). Der Gefahr eines Missbrauchs begegnet die Vorschrift des § 56 StPO, der zufolge der Zeuge die Tatsachen, auf die er sein Auskunftsverweigerungsrecht stützt, auf Verlangen glaubhaft machen muss.

Wie das Schweigerecht des Beschuldigten nach § 136 Abs 1 StPO beruht auch das Schweigerecht des Zeugen nach § 55 StPO auf dem allgemeinen rechtsstaatlichen Grundsatz, dass niemand gezwungen werden darf, sich selbst zu belasten (nemo tenetur se ipsum accusare, BVerfGE 38, 105/113 = NJW 1975, 103; BGHSt 11, 213/216 = NJW 1958, 557; *Gercke* in HK-StPO Rn 1, *Ignor/Bertheau* in Löwe-Rosenberg Rn 1, *Senge* in KKStPO Rn 1, zu § 55). Über dieses Auskunftsverweigerungsrecht muss jeder Zeuge von der Vernehmungsperson, auch von Staatsanwaltschaft und Polizei, belehrt werden (§ 55 Abs 2, §§ 161a Abs 1 S 2, 163a Abs 5 StPO). Ist die Belehrung unterblieben, so ist nach vorherrschender Auffassung weder die Revisibilität noch ein Verwertungsverbot begründet (BGHSt 11, 213/218 = NJW 1956, 557; *Neubeck* in KMR Rn 14, *Schmitt* in Meyer-Goßner Rn 17, *Senge* in KKStPO Rn 19 zu § 55; dafür aber etwa *Peters* Strafprozess § 42 III 2c, cc; für eine Beweiswürdigungslösung *Roxin/Schünemann* StrafverfahrensR § 24 Rn 48 iVm 30, 39; differenzierend *Gercke* in HK-StPO § 55 Rn 18, *Ignor/Bertheau* in Löwe-Rosenberg § 55 Rn 41, zu § 55). Unverwertbar ist die Aussage aber in einem späteren Strafverfahren gegen den nicht belehrten Zeugen, wenn ihrer Verwertung bis zum Abschluss der Beweiserhebung darüber (§ 257 Abs 1 StPO) widersprochen worden ist (*Gercke* in HK-StPO Rn 18, *Huber* in Graf Rn 13, *Otte* in Radtke/Hohmann Rn 19, *Schmitt* in Meyer-Goßner Rn 17, zu § 55).

3. Die Erfordernisse der beweissichernden Beschlagnahme im allgemeinen

137 Im Falle der beweissichernden **Beschlagnahme**, auf die sich die publizistische Zeugnisverweigerung allein beziehen kann, müssen stets die **generellen Voraussetzungen** der §§ 94 ff. StPO gegeben sein. Nach § 94 StPO dürfen zum Zweck der Beweissicherung nur solche Schriftstücke und Unterlagen ermittelt und beschlagnahmt werden, denen wirklich eine **potentielle Beweisbedeutung** für die Unter-

suchung wegen einer verfolgbaren Straftat zukommt (näher dazu *Amelung* in AK-StPO Rn 5ff., *Gercke* in HK-StPO Rn 6ff., *Greven* in KKStPO Rn 7, *Otte* in Radtke/Hohmann Rn 5ff., *Menges* in Löwe/Rosenberg Rn 18ff., *Schmitt* in Meyer-Goßner Rn 6, *Wohlers* in SK-StPO Rn 28ff., zu § 94). Außerdem muss bei Anordnung der Beschlagnahme bereits ein **Anfangsverdacht** bestehen, müssen also zureichende tatsächliche Anhaltspunkte für diese Straftat gegeben sein (§ 152 Abs 2 StPO); unzulässig sind deshalb Ermittlungen ins Blaue hinein, welche diese Voraussetzung erst schaffen sollen (*Amelung* in AK-StPO Rn 9, *Gercke* in HK-StPO Rn 31, *Greven* in KKStPO Rn 8 – Tatsachengrundlage –, *Menges* in Löwe/Rosenberg Rn 20, *Schmitt* in Meyer-Goßner Rn 8, *Wohlers* in SKStPO Rn 15, zu § 94). Im Übrigen ist auch in solchen Fällen stets die **Verhältnismäßigkeit** im Lichte der wertsetzenden Bedeutung des Grundrechts der Pressefreiheit zu prüfen. Bei der Beschlagnahme zu Beweiszwecken wird in der Regel die Sicherstellung von einem oder zwei Exemplaren des gleichen Druckwerks, Schriftstücks usw genügen (vgl näher o § 19 Rn 6f.). Einer Beschlagnahme kann der Gewahrsamsinhaber der Unterlagen durch deren Herausgabe zuvorkommen (§ 94 Abs 2 StPO).

XIII. Das zivilprozessuale Zeugnisverweigerungsrecht von Presse und Rundfunk (§§ 383 ff. ZPO)

1. Beibehaltung der alten Fassung des Zeugnisverweigerungsrechts gemäß § 383 Abs 1 Nr 5 ZPO im Jahre 2002. Größere Reichweite des Schweigerechts im Zivilprozess

Artikel 2 des Gesetzes über das Zeugnisverweigerungsrecht der Mitarbeiter von Presse und Rundfunk vom 25.7.1975 hatte im Interesse der Rechtseinheitlichkeit deren zivilprozessualem Zeugnisverweigerungsrecht in **§ 383 Abs 1 Nr 5 ZPO** die gleiche Fassung gegeben wie in § 53 Abs 1 Nr 5 StPO aF (o Rn 18). Dagegen hat das StPO-ÄnderungsG vom 15.2.2002 (BGBl I S 682) zwar das Zeugnisverweigerungsrecht der Medienangehörigen im Strafprozess erweitert, aber die Regelungen in den anderen Prozessordnungen unverändert gelassen (so der RegE BT-Drs 14/5166 S 2). Sehr kritisch äußert sich *Soehring* in Soehring/Hoene, PresseR § 8 Rn 10a und 16a) zu den unterschiedlichen Standards für die Beschränkungen des Zeugnisverweigerungsrechts zwischen dem 2002 reformierten Strafverfahrensrecht und dem auf dem Stand von 1975 stehen gebliebenen Zivilprozessrecht und den auf dieses verweisenden Verfahrensordnungen insb bezüglich der nicht-periodischen Medien und des selbst recherchierten Materials; er hält es für geboten, die erforderliche Angleichung im Wege einer verfassungskonformen Auslegung herbeizuführen (§ 8 Rn 10a). S aber die Ausführungen u Rn 139–145.

Bezüglich derjenigen Elemente der strafprozessualen Regelung, die heute noch mit derjenigen in § 383 Abs 1 Nr 5 ZPO übereinstimmen, kann nach oben verwiesen werden; das betrifft den zeugnisverweigerungsberechtigten Personenkreis (o Rn 27–39), allerdings mit Ausnahme der Mitwirkenden nicht-periodischer Druckwerke und der Filmberichterstattung sowie der Informations- und Kommunikationsdienste (o Rn 40–42, s aber auch u Rn 139), ferner alle Regelungen im Interesse des Informantenschutzes (o Rn 43–58), die Begrenzung auf den redaktionellen Teil (o Rn 75–78) und die standesrechtliche Verpflichtung zur Wahrung des Zeugnisverweigerungsrechts (o Rn 79–86; s zum Ganzen auch *Himmelsbach* S 16ff). Insbesondere gilt auch für § 383 Abs 1 Nr 5 ZPO das Gebot, die Norm im Zweifel freiheitlich auszulegen; deshalb verbietet sich eine restriktive Interpretation, welche Äußerungen in einer Pressekonferenz dem Zeugnisverweigerungsrecht entziehen würde (OLG München AfP 1989, 567ff. = NJW 1989, 1226). Dagegen hat es die 1. Kammer des 1. Senats des BVerfG (NJW 2002, 592) für verfassungsrechtlich unbedenklich erklärt, den Schutzbereich des § 383 Abs 1 Nr 5 ZPO nicht auf einen Journalisten auszudehnen,

138

der in einem namentlich gekennzeichneten Artikel seinen Informanten mit wörtlichen Zitaten selbst offenbart hatte (vgl o Rn 46 f.).

139 Das **zivilprozessuale Zeugnisverweigerungsrecht** der Mitarbeiter der Medien reicht aber **in anderer Hinsicht weiter**. Denn die ZPO enthält eine Reihe genereller Zeugnisverweigerungsbestimmungen (§ 383 Abs 1 Nr 6 sowie § 384 Nr 1, 2 und 3; s ferner § 383 Abs 3), auf die sich auch die Medienangehörigen berufen können (ebenso *Ricker/Weberling* Kap 30 Rn 40; *Mensching* S 158 ff.). Danach erstreckt sich das Zeugnisverweigerungsrecht auch im Zivilprozess auf das von der Presse selbst erarbeitete Material, ferner auf die Angehörigen der Buchpresse (nicht-periodische Presse), auf den Anzeigenteil der Presse, auf die Filmberichterstattung und den Werbefunk. Es gilt auch für Persönlichkeiten, die in der Publizistik das Wort ergreifen, ohne ihr berufsmäßig anzugehören. Die im Vergleich zur StPO wesentlich liberalere Regelung des zivilprozessualen Zeugnisverweigerungsrechts ergibt sich aus dem Wesen des Zivilprozesses als eines privatrechtlichen Streits rechtlich gleichgestellter Parteien (s auch *Himmelsbach* S 16 ff.); demgegenüber führt im Strafprozess das öffentliche Interesse an einer wirksamen Strafverfolgung zu einer stärkeren Einschränkung des kollidierenden publizistischen Zeugnisverweigerungsrechts.

2. Die besondere Schutzbestimmung des § 383 Abs 1 Nr 6 ZPO (kraft Gewerbes anvertraute Tatsachen)

140 Nach § **383 Abs 1 Nr 6 ZPO** sind zur Zeugnisverweigerung berechtigt

„Personen, denen kraft ihres [...] Gewerbes Tatsachen anvertraut sind, deren Geheimhaltung durch ihre Natur [...] geboten ist, in Betreff der Tatsachen, auf welche die Verpflichtung zur Verschwiegenheit sich bezieht".

Diese Bestimmung trifft auch auf die Pressemitarbeiter zu, denen die Informanten ihre Informationen einschließlich ihres Namens anvertrauen (*Greger* in Zöller § 383 Rn 12; *Mensching* S 160–163; aA *Himmelsbach* S 48 f.). Zu verweisen ist auf die Entscheidung des OLG Hamburg (OLGRspr 17, 329), in der es heißt: „Der Name des Gewährsmanns ist eine den Redakteuren kraft ihres Gewerbes anvertraute Tatsache, deren Geheimhaltung durch ihre Natur geboten ist [...]". Anerkannte Geheimnisträger sind der Verleger (OLG Dresden SächsArch 7 [1897] 110 f.), aber auch die Hilfspersonen, also das Personal (RGZ 54, 360/361 f.; OLG Bamberg OLGRspr 17, 160/161; OLG Dresden OLGRspr 23, 180; *Hartmann* in Baumbach ua § 383 Rn 6). Die geheim zu haltenden Tatsachen müssen der Vertrauensperson nicht unmittelbar anvertraut worden sein; es genügt, wenn die Kenntnis davon aufgrund der Zugehörigkeit zum Kreis der Geheimnisträger irgendwie erlangt wurde (RGZ 54, 360/361; BGHZ **40**, 288/293 = NJW 1964, 449; **91**, 392/397 = NJW 1984, 2893; *Damrau* in MüKo-ZPO Rn 33, *Hartmann* in Baumbach ua Rn 10, zu § 383). Zu den anvertrauten Tatsachen gehören auch die eigenen Wahrnehmungen des Zeugen, die er in diesem Zusammenhang macht (OLG Naumburg OLGRspr 9, 137; OLG Hamburg OLGRspr 19, 109; KG OLGRspr 20, 323 f.; OLG Colmar OLGRspr 20, 324; OLG Düsseldorf MDR 1951, 681/682; *Berger* in Stein/Jonas § 383 Rn 61).

3. Die Vernehmungsbeschränkung des § 383 Abs 3 ZPO

141 Sowohl in Bezug auf das spezielle publizistische Zeugnisverweigerungsrecht des § 383 Abs 1 Nr 5 ZPO wie auch in Bezug auf das generelle Schweigerecht des § 383 Abs 1 Nr 6 ZPO gibt § **383 Abs 3 ZPO** zur Sicherung des Zeugnisverweigerungsrechts der Geheimnisträger eine wichtige Anweisung: Danach darf die Vernehmung – auch wenn das Zeugnis nicht verweigert wird – auf solche Tatsachen nicht gerichtet werden, „in Ansehung welcher erhellt, dass ohne Verletzung der Verpflichtung zur Verschwiegenheit ein Zeugnis nicht abgelegt werden kann". Diese Anweisung an die Vernehmungspersonen ist eindeutig und weit reichend.

XIII. Das zivilprozessuale Zeugnisverweigerungsrecht § 23 LPG

4. Die Schutzbestimmungen des § 384 Nr 1, 2, 3 ZPO

Drei weitere Befreiungen vom Zeugniszwang enthält § 384 ZPO, die sämtlich für 142
die Angehörigen der Medien in Frage kommen:

a) Unmittelbarer vermögensrechtlicher Schaden

Nach § **384 Nr 1 ZPO** kann das Zeugnis verweigert werden über Fragen, deren 143
Beantwortung dem Zeugen „einen **unmittelbaren vermögensrechtlichen Schaden** verursachen würde". Die Antwort müsste Tatsachen preisgeben, die die Grundlage für einen Schadensersatzanspruch bilden könnten oder dessen Durchsetzung erleichtern würden (OLG Celle NJW 1953, 426; OLG Stuttgart NJW 1971, 945; OLG Karlsruhe NJW 1990, 2758; *Berger* in Stein/Jonas § 384 Rn 3; *Thomas/Putzo* § 384 Rn 2). Zu denken wäre zB an die von einem Presse-Geschädigten verlangte Preisgabe des Namens eines als unseriös bekannten Informanten, auf dessen Mitteilung sich die Zeitung ohne sorgfältige eigene Recherchen nicht hätte verlassen dürfen (ebenso *Mensching* S 163 f.) oder bei einer vertraglichen Verschwiegenheitszusicherung (*Himmelsbach* S 51).

b) Besorgnis der Selbstbelastung

Nach § **384 Nr 2 ZPO** besteht kein Zeugniszwang bei Fragen, deren Beantwor- 144
tung dem Zeugen oder einem nahen Angehörigen (im Sinn des § 383 Nr 1 bis 3) „zur **Unehre** gereichen oder die **Gefahr** zuziehen würde, wegen einer **Straftat** oder Ordnungswidrigkeit **verfolgt zu werden**". Hier greift der schon oben (Rn 135) erörterte prozessuale Grundsatz durch, dass niemand gezwungen werden darf, sich selbst zu belasten. Der Zeuge braucht sich zu einer kritischen Frage auch dann nicht zu äußern, wenn er sie in günstigem Sinn beantworten könnte (BGHZ 26, 391/400 = NJW 1958, 826; *Damrau* in MüKo-ZPO Rn 4, *Greger* in Zöller Rn 2, *Thomas/Putzo* Rn 1, zu § 384; aA *Ahrens* in Wieczorek/Schütze ZPO § 384 Rn 2 ff.). Der Zeuge muss den Weigerungsgrund nicht angeben, da er anderenfalls zu offenbaren hätte, was er verschweigen darf (*Greger* in Zöller Rn 2, *Berger* in Stein/Jonas Rn 19, zu § 384).

c) Wahrung eines Gewerbegeheimnisses

Wichtig für die Medien ist vor allem das Zeugnisverweigerungsrecht des § **384** 145
Nr 3 ZPO „über Fragen, die der Zeuge nicht würde beantworten können, ohne ein Kunst- oder **Gewerbegeheimnis** zu offenbaren". Dieses hier gewährte Schweigerecht deckt sich weithin mit dem Sachverhalt des § 383 Abs 1 Nr 6 ZPO (o Rn 140), ist jedoch umfassender. Das Gewerbegeheimnis erstreckt sich nicht nur auf die anvertrauten „Tatsachen" des § 383 Abs 1 Nr 6 ZPO, sondern auch auf Pläne, Gedanken, Vermutungen und Absichten. Außerdem erfasst es sowohl anvertraute Geheimnisse Dritter wie auch eigene Geheimnisse (*Damrau* in MüKo-ZPO Rn 13, *Greger* in Zöller Rn 7; *Thomas/Putzo* Rn 5, aA *Berger* in Stein/Jonas Rn 17 ff., jeweils zu § 384). Dass das Zeugnisverweigerungsrecht zum Schutz des Gewerbegeheimnisses gerade auch den Presseangehörigen zukommt, ist anerkannt (*Greger* in Zöller Rn 7, *Berger* in Stein/Jonas Rn 16, zu § 384; *Himmelsbach* S 51; *Mensching* S 167).

5. Entbindung von der Schweigepflicht

Entbindet der Informant die Angehörigen von Presse und Rundfunk im Zivil- 146
prozess **von** ihrer **Schweigepflicht,** so ist zu differenzieren: Wenn sich der Zeuge auf die speziell für Presse und Rundfunk geltende Bestimmung des § 383 Abs 1 Nr 5 ZPO stützt, so besteht für ihn – wie im Strafprozess (o Rn 82) – kein Zeugniszwang; ob er aussagen will, steht in seinem freien Ermessen (vgl OLG München NJW 1989, 1226). Dagegen unterliegt der Zeuge im Fall des § 383 Abs 1 Nr 6 ZPO (o Rn 140) dem Zeugniszwang, falls er von seiner Schweigepflicht entbunden wird (§ 385 Abs 2

Achenbach 1145

ZPO). Hat der Pressevertreter als Zeuge in Kenntnis seines Zeugnisverweigerungsrechts in öffentlicher Sitzung umfassend zur Person eines Informanten und zu den mit ihm geführten Gesprächen ausgesagt, so darf er in einem nachfolgenden Rechtsstreit nach Ansicht des BGH regelmäßig die Zeugenaussage zu den gleichen Beweisfragen nicht unter Berufung auf das Zeugnisverweigerungsrecht verweigern (BGH AfP 2013, 137).

6. Keine Erscheinenspflicht. Der Zeugniszwang

147 Steht dem Zeugen im Zivilprozess ein Zeugnisverweigerungsrecht zu und will er davon Gebrauch machen, so braucht er – anders als im Strafprozess (o Rn 87) – **nicht** zum Termin zu **erscheinen** (§ 386 Abs 3 ZPO). Er hat dann aber vor dem Vernehmungstermin schriftlich oder zu Protokoll der Geschäftsstelle die Tatsachen, auf die er die Weigerung gründet, anzugeben und **glaubhaft zu machen** (§ 386 Abs 1 ZPO), evtl durch eidesstattliche Versicherung („Hiermit versichere ich an Eides Statt, dass mich der ungenannte Verfasser des fraglichen Artikels von meiner Schweigepflicht nicht entbindet"). Diese Erklärungen können allerdings auch erst in dem Termin selbst abgegeben werden.

148 Verweigert der Zeuge nach Ansicht des Gerichts unberechtigt seine Aussage, so ist er – wie nach § 70 StPO – zur **Kostentragung** und zu einem **Ordnungsgeld** zu verurteilen (§ 390 Abs 1 ZPO). Für die Höhe der Ersatz-Ordnungshaft und das Wiederholungsverbot gilt das oben (Rn 93, 95) Ausgeführte. Anders als im Strafprozess ist die Anordnung der **Beugehaft** im Zivilprozess auf Antrag obligatorisch, jedoch erst bei wiederholter Weigerung. Sie ist auch hier begrenzt bis zur Beendigung der Instanz, höchstens aber auf sechs Monate (§§ 390 Abs 2, 913 ZPO). Gegen den Beschluss ist die einfache, unbefristete Beschwerde zulässig (§ 390 Abs 3 ZPO), die aufschiebende Wirkung besitzt (§ 572 Abs 1 ZPO).

§ 24 LPG
Verjährung von Presse-Verstößen

Gesetzesfassung in Baden-Württemberg:

§ 24 Verjährung

(1) Die Verfolgung von Straftaten,

1. die durch die Veröffentlichung oder Verbreitung von Druckwerken strafbaren Inhalts begangen werden oder
2. die sonst den Tatbestand einer Strafbestimmung dieses Gesetzes verwirklichen,

verjährt bei Verbrechen in einem Jahr, bei Vergehen in sechs Monaten. Die Vorschrift findet keine Anwendung auf die in § 18 Abs. 1 bezeichneten Verbrechen und auf die in § 130 Abs. 2 bis 4, § 131 sowie §§ 184a bis 184c des Strafgesetzbuches genannten Vergehen.

(2) Die Verfolgung der in § 22 genannten Ordnungswidrigkeiten verjährt in drei Monaten.

(3) Die Verjährung beginnt mit der Veröffentlichung oder Verbreitung des Druckwerks. Wird das Druckwerk in Teilen veröffentlicht oder verbreitet oder wird es neu aufgelegt, so beginnt die Verjährung erneut mit der Veröffentlichung oder Verbreitung der weiteren Teile oder Auflagen.

Verjährung von Presse-Verstößen § 24 LPG

Gesetzesfassung in Bayern:

Art. 14 [Verjährung der Strafverfolgung]

(1) Die Verfolgung der in diesem Gesetz mit Strafe bedrohten Handlungen und derjenigen Taten, welche durch Verbreitung von Druckwerken strafbaren Inhalts begangen werden, verjährt in sechs Monaten. Dies gilt nicht für Taten
1. nach §§ 130, 131, §§ 184a und 184b des Strafgesetzbuchs,
2. nach §§ 86, 86a, § 129a Abs. 5 des Strafgesetzbuchs und § 20 des Vereinsgesetzes, die mittels eines nichtperiodischen Druckwerks begangen werden und
3. nach § 264a des Strafgesetzbuchs, § 38 des Wertpapierhandelsgesetzes und § 399 des Aktiengesetzes.

(2) Die Verfolgung der in Art. 12 genannten Ordnungswidrigkeiten verjährt in drei Monaten.

(3) Der Lauf der Frist beginnt mit dem Erscheinen des Druckwerks. Mit dem Erscheinen einer neuen Auflage des Druckwerks beginnt die Frist von neuem.

Gesetzesfassung in Berlin:

§ 22 Verjährung

(1) Die Verfolgung von Straftaten nach diesem Gesetz oder von Straftaten, die mittels eines Druckwerks begangen werden, verjährt bei Verbrechen in einem Jahr, bei Vergehen in sechs Monaten.

(2) Die Verfolgung der in § 21 genannten Ordnungswidrigkeiten verjährt in drei Monaten.

(3) Die Verjährung beginnt mit der Veröffentlichung oder Verbreitung des Druckwerks. Wird das Druckwerk in Teilen veröffentlicht oder verbreitet oder wird es neu aufgelegt, so beginnt die Verjährung erneut mit der Veröffentlichung oder Verbreitung der weiteren Teile oder Auflagen.

(4) Bei Vergehen nach den §§ 86, 86a und 129a Abs. 3, auch in Verbindung mit § 129b Abs. 1, sowie nach den §§ 130, 131 und 184 Abs. 3 und 4 des Strafgesetzbuches gelten die Vorschriften des Strafgesetzbuches über die Verfolgungsverjährung.

Gesetzesfassung in Brandenburg:

§ 16 Verjährung

(1) Die Verfolgung von Straftaten,
1. die durch die Veröffentlichung oder Verbreitung von Druckwerken strafbaren Inhalts begangen werden oder
2. die den Tatbestand des § 14 verwirklichen,
verjährt bei Verbrechen in einem Jahr, bei Vergehen in sechs Monaten. Ausgenommen hiervon sind Vergehen nach den §§ 86, 86a, 130, 131 sowie §§ 184a, 184b und § 184c StGB, für welche die Verjährungsfristen nach § 78 Abs. 3 StGB gelten.

(2) Die Verfolgung der im § 15 genannten Ordnungswidrigkeiten verjährt in drei Monaten.

(3) Die Verjährungsfrist beginnt mit der Veröffentlichung oder Verbreitung des Druckwerks. Wird das Druckwerk in Teilen veröffentlicht oder verbreitet oder wird es neu aufgelegt, so beginnt die Verjährung erneut mit der Veröffentlichung oder Verbreitung der weiteren Teile oder Auflagen.

LPG § 24

Gesetzesfassung in Bremen:

§ 24 Verjährung

(1) Die Verfolgung von Straftaten,

1. die durch die Veröffentlichung oder Verbreitung von Druckwerken strafbaren Inhalts begangen werden oder
2. die sonst den Tatbestand einer Strafbestimmung dieses Gesetzes verwirklichen,

verjährt bei Verbrechen in einem Jahr, bei Vergehen in sechs Monaten. Bei Vergehen nach § 131 Abs. 1 und § 184 Abs. 3 und 4 des Strafgesetzbuches gelten die Vorschriften des Strafgesetzbuchs über die Verfolgungsverjährung.

(2) Die Verfolgung der in § 22 genannten Ordnungswidrigkeiten verjährt in drei Monaten.

(3) Die Verjährung beginnt mit der Veröffentlichung oder Verbreitung des Druckwerks. Wird das Druckwerk in Teilen veröffentlicht oder verbreitet oder wird es neu aufgelegt, so beginnt die Verjährung erneut mit der Veröffentlichung oder Verbreitung der weiteren Teile oder Auflagen.

Gesetzesfassung in Hamburg:

§ 23 Verjährung

(1) Die Verfolgung von Straftaten nach diesem Gesetz oder von Straftaten, die mittels eines Druckwerks begangen werden, verjährt bei Verbrechen in einem Jahr, bei Vergehen in sechs Monaten. Bei Vergehen nach §§ 86, 86a, § 130 Absätze 2 und 5, § 131 sowie nach § 184a, § 184b Absätze 1 bis 3, jeweils auch in Verbindung mit § 184c des Strafgesetzbuches gelten insoweit die Vorschriften des Strafgesetzbuches über die Verfolgungsverjährung.

(2) Die Verfolgung der in § 21 genannten Ordnungswidrigkeiten verjährt in drei Monaten.

(3) Die Verjährung beginnt mit der Veröffentlichung oder Verbreitung des Druckwerks. Wird das Druckwerk in Teilen veröffentlicht oder verbreitet oder wird es neu aufgelegt, so beginnt die Verjährung erneut mit der Veröffentlichung oder Verbreitung der weiteren Teile oder Auflagen.

(4) Absätze 1 und 3 gelten für Hörfunk und Fernsehen entsprechend.

Gesetzesfassung in Hessen:

§ 12 [Verjährung von Straftaten]

(1) Die Strafverfolgung der in diesem Gesetz mit Strafe bedrohten Vergehen und derjenigen Vergehen und Verbrechen, welche durch die Veröffentlichung oder Verbreitung von Druckwerken strafbaren Inhalts begangen werden, verjährt in sechs Monaten. Bei Vergehen nach §§ 86, 86a, 129a Abs. 3, §§ 130, 131 Abs. 1, §§ 184a, 184b Abs. 1 bis 3 und § 184c Abs. 1 bis 3 des Strafgesetzbuches und § 20 des Vereinsgesetzes gelten die Vorschriften des Strafgesetzbuches über die Verfolgungsverjährung.

(2) Die Verjährung beginnt mit der Veröffentlichung oder Verbreitung des Druckwerks.

(3) Für nicht periodische Druckwerke gilt Abs. 1 Satz 1 nur, wenn sie den Anforderungen über das Impressum nach den §§ 6 und 7 Abs. 1 und 2 genügen.

§ 14 [Ordnungswidrigkeiten]

(1) ...

Verjährung von Presse-Verstößen   § 24 LPG

(2) ...
(3) ...
(4) ...
(5) Die Verfolgung der in Abs. 1 und Abs. 2 aufgeführten Ordnungswidrigkeiten verjährt in drei Monaten.
(6) ...

Gesetzesfassung in Mecklenburg-Vorpommern:

§ 22 Verjährung

(1) Die Verfolgung von strafbaren Handlungen,
1. die durch die Veröffentlichung oder Verbreitung von Druckwerken strafbaren Inhalts begangen werden oder
2. die in diesem Gesetz sonst mit Strafe bedroht sind,
verjährt bei Verbrechen in einem Jahr, bei Vergehen in sechs Monaten. Bei Vergehen nach §§ 86, 86a, 130, § 131 sowie § 184 Abs. 3 des Strafgesetzbuches gelten die Vorschriften des Strafgesetzbuches über die Verfolgungsverjährung.

(2) Die Verfolgung der in § 21 genannten Ordnungswidrigkeiten verjährt in drei Monaten.

(3) Die Verjährung beginnt mit der Veröffentlichung oder Verbreitung des Druckwerkes. Wird das Druckwerk in Teilen veröffentlicht oder verbreitet oder wird es neu aufgelegt, so beginnt die Verjährung erneut mit der Veröffentlichung oder Verbreitung der weiteren Teile oder Auflagen.

Gesetzesfassung in Niedersachsen:

§ 24 Verjährung

(1) Die Verfolgung von Straftaten, die
1. durch die Veröffentlichung oder Verbreitung von Druckwerken strafbaren Inhalts begangen werden oder
2. in diesem Gesetz sonst mit Strafe bedroht sind,
verjährt bei Verbrechen in einem Jahr, bei Vergehen in sechs Monaten. Satz 1 ist bei Vergehen nach den §§ 86, 86a, 130 Abs. 2, auch in Verbindung mit Abs. 5, den §§ 131, 184a, 184b Abs. 1 und 3 sowie § 184c Abs. 1 und 3 des Strafgesetzbuchs nicht anzuwenden; insoweit verbleibt es bei § 78 Abs. 3 des Strafgesetzbuchs.

(2) Die Verfolgung der in § 22 genannten Ordnungswidrigkeiten verjährt in drei Monaten.

(3) Die Verjährung beginnt mit der Veröffentlichung oder Verbreitung des Druckwerks. Wird das Druckwerk in Teilen veröffentlicht oder verbreitet oder wird es neu aufgelegt, so beginnt die Verjährung erneut mit der Veröffentlichung oder Verbreitung der weiteren Teile oder Auflagen. Bei den in Absatz 1 Satz 2 genannten Vergehen richtet sich der Beginn der Verjährung nach § 78a des Strafgesetzbuchs.

Gesetzesfassung in Nordrhein-Westfalen:

§ 25 Verjährung

(1) Die Verfolgung von Straftaten,
1. die durch die Veröffentlichung oder Verbreitung von Druckwerken strafbaren Inhalts begangen werden, oder

2. die sonst den Tatbestand einer Strafbestimmung dieses Gesetzes verwirklichen,

verjährt bei Verbrechen in einem Jahr, bei Vergehen in sechs Monaten. Bei Vergehen nach §§ 86, 86a und 129a Abs. 3, auch in Verbindung mit § 129b Abs. 1, sowie nach §§ 130 Abs. 2 und 4, 131 und 184 Abs. 2 bis 4 des Strafgesetzbuches gelten insoweit die Vorschriften des Strafgesetzbuches über die Verfolgungsverjährung.

(2) Die Verfolgung der in § 23 genannten Ordnungswidrigkeiten verjährt in drei Monaten.

(3) Die Verjährung beginnt mit der Veröffentlichung oder Verbreitung des Druckwerks. Wird das Druckwerk in Teilen veröffentlicht oder verbreitet oder wird es neu aufgelegt, so beginnt die Verjährung erneut mit der Veröffentlichung oder Verbreitung der weiteren Teile oder Auflagen.

Gesetzesfassung in Rheinland-Pfalz:

§ 37 Verjährung

(1) Die Verfolgung von Straftaten nach diesem Gesetz oder von Straftaten, die mittels eines Druckwerkes oder durch die Verbreitung von Sendungen oder Angeboten strafbaren Inhalts begangen werden, verjährt bei Verbrechen in einem Jahr, bei Vergehen in sechs Monaten. Satz 1 ist bei Vergehen nach §§ 86, 86a, 130 und 131 Abs. 1, den §§ 184a und 184b Abs. 1 bis 3 und § 184c Abs. 1 bis 3 des Strafgesetzbuches nicht anzuwenden.

(2) Die Verfolgung der in § 36 genannten Ordnungswidrigkeiten verjährt in sechs Monaten.

(3) Die Verjährung beginnt mit der Veröffentlichung oder Verbreitung. Werden Teile veröffentlicht oder verbreitet oder erfolgt eine vollständige oder teilweise neue Veröffentlichung oder Verbreitung, so beginnt die Verjährung erneut mit der jeweiligen Veröffentlichung oder Verbreitung. Bei den in Absatz 1 Satz 2 genannten Vergehen richtet sich der Beginn der Verjährung nach § 78a des Strafgesetzbuches.

(4) Für Druckwerke gelten Absatz 1 Satz 1, Absatz 2 und Absatz 3 Satz 1 und 2 nur, wenn sie den Anforderungen über das Impressum nach § 9 genügen.

Gesetzesfassung im Saarland:

§ 66 Verjährung

(1) Die Verfolgung von Straftaten nach diesem Gesetz oder von Straftaten, die mittels eines Druckwerks oder durch die Verbreitung von Sendungen oder Angeboten strafbaren Inhalts begangen werden, verjährt bei Verbrechen in einem Jahr, bei Vergehen in sechs Monaten. Bei Vergehen nach §§ 86, 86a, 130 Abs. 2 und 5, § 131 sowie §§ 184a, 184b Abs. 1 bis 3 und § 184c Abs. 1 bis 3 des Strafgesetzbuches gelten die Vorschriften des Strafgesetzbuches über die Verfolgungsverjährung.

(2) Die Verfolgung der in § 64 genannten Ordnungswidrigkeiten verjährt in drei Monaten. Die Verfolgung der in § 65 genannten Ordnungswidrigkeiten verjährt in sechs Monaten.

(3) Die Verjährung der in § 63 Abs. 1 und 2 genannten Straftaten und der in § 64 genannten Ordnungswidrigkeiten beginnt mit der Veröffentlichung oder Verbreitung des Druckwerks. Wird das Druckwerk in Teilen veröffentlicht oder verbreitet oder wird es neu aufgelegt, so beginnt die Verjährung erneut mit der Veröffentlichung oder Verbreitung der weiteren Teile oder Auflagen.

(4) Soweit der Tatbestand einer Straf- oder Bußgeldvorschrift durch eine Rundfunksendung verwirklicht wird, beginnt die Verjährung mit der Verbreitung der Sendung. Bei Mediendiensten beginnt die Verjährung an dem Tag, an dem der Dienst erstmals angeboten worden ist.

Gesetzesfassung im Sachsen:

§ 14 Verjährung

(1) Die Verfolgung von Straftaten nach § 12 Abs. 2 verjährt in sechs Monaten. § 78 Strafgesetzbuch bleibt unberührt.

(2) Die Verfolgung der in § 13 genannten Ordnungswidrigkeiten verjährt in drei Monaten.

(3) Die Verjährung beginnt mit der Veröffentlichung oder Verbreitung der Publikation. Wird die Publikation in Teilen veröffentlicht oder verbreitet oder wird sie neu aufgelegt, so beginnt die Verjährung erneut mit der Veröffentlichung oder Verbreitung der weiteren Teile oder Auflagen.

Gesetzesfassung in Sachsen-Anhalt:

§ 15 Verjährung

(1) Die Verfolgung von Straftaten, die
1. durch die Veröffentlichung oder Verbreitung von Druckwerken strafbaren Inhalts begangen werden oder
2. in diesem Gesetz sonst mit Strafe bedroht sind,

verjährt bei Verbrechen in einem Jahr, bei Vergehen in sechs Monaten. Bei Vergehen nach den §§ 86, 86a, 111, 129, 129a Abs. 3, den §§ 130, 131, 184a, 184b Abs. 1 bis 3 und § 184c Abs. 1 bis 3 des Strafgesetzbuches und § 20 Abs. 1 des Vereinsgesetzes gelten die Vorschriften des Strafgesetzbuches über die Verfolgungsverjährung.

(2) Die Verfolgung der in § 14 genannten Ordnungswidrigkeiten verjährt in drei Monaten.

(3) Die Verjährungsfrist beginnt mit der Veröffentlichung oder Verbreitung des Druckwerks. Wird das Druckwerk in Teilen veröffentlicht oder verbreitet oder wird es neu aufgelegt, so beginnt die Verjährungsfrist erneut mit der Veröffentlichung oder Verbreitung der weiteren Teile oder Auflagen.

Gesetzesfassung in Schleswig-Holstein:

§ 17 Verjährung

(1) Die Verfolgung von Straftaten,
1. die durch die Veröffentlichung oder Verbreitung von Druckwerken strafbaren Inhalts begangen werden oder
2. die sonst den Tatbestand einer Strafbestimmung dieses Gesetzes verwirklichen,

verjährt bei Verbrechen in einem Jahr, bei Vergehen in sechs Monaten. Bei Vergehen nach §§ 86, 86a, 130 Abs. 2 und 5, § 131 Abs. 1 und §§ 184a, 184b Abs. 1 bis 3 und § 184c Abs. 1 bis 3 des Strafgesetzbuches sowie nach § 20 Abs. 1 Nr. 5 des Vereinsgesetzes vom 5. August 1964 (BGBl. I S. 593), zuletzt geändert durch Artikel 5 Abs. 2 des Gesetzes vom 22. August 2002 (BGBl. I S. 3390), gelten abweichend von Satz 1 die Vorschriften des Strafgesetzbuches über die Verfolgungsverjährung.

(2) Die Verfolgung der in § 16 genannten Ordnungswidrigkeiten verjährt in drei Monaten.

LPG § 24 Verjährung von Presse-Verstößen

(3) Die Verjährung beginnt mit der Veröffentlichung oder Verbreitung des Druckwerks. Wird das Druckwerk in Teilen veröffentlicht oder verbreitet oder wird es neu aufgelegt, so beginnt die Verjährung erneut mit der Veröffentlichung oder Verbreitung der weiteren Teile oder Auflagen.

(4) Für die Verfolgung von Straftaten, die durch die Veröffentlichung oder Verbreitung von Druckwerken begangen werden, die
1. nicht das nach § 7 erforderliche Impressum enthalten oder
2. nicht zu den periodischen Druckwerken zählen,

gelten entgegen Absatz 1 Satz 1 und Absatz 3 die Vorschriften des Strafgesetzbuches über die Frist und den Beginn der Verfolgungsverjährung.

Gesetzesfassung in Thüringen:

§ 14 Verjährung

(1) Die Verfolgung der in § 13 genannten Ordnungswidrigkeiten verjährt in drei Monaten.

(2) Die Verfolgung von Straftaten, die mittels eines Druckwerks begangen werden, verjährt bei Verbrechen in einem Jahr, bei Vergehen in sechs Monaten. Dies gilt nicht für Straftaten, die den Tatbestand der §§ 84, 85, 86, 86a, 87, 88, 89, 109d, 109g, 111, 129, 129a, 130, 131, 184 des Strafgesetzbuchs verwirklichen.

(3) Die Verjährung beginnt mit der Veröffentlichung oder Verbreitung des Druckwerks. Wird das Druckwerk in Teilen veröffentlicht oder verbreitet oder wird es neu aufgelegt, so beginnt die Verjährung erneut mit der Veröffentlichung oder Verbreitung der weiteren Teile oder Auflagen.

Inhaltsübersicht

		Rn
I.	Geltende Gesetzesfassung	1–16
II.	Bedeutung und Herkunft der Bestimmung. Die Berechtigung der kurzen Presse-Verjährungsfrist	
	1. Der § 24 LPG als wichtiges Presseprivileg	17
	a) Die Verjährungsfristen des allgemeinen Strafrechts (§ 78 StGB)	17
	b) Die Fristverkürzung bei Presseverstößen einschließlich Ordnungswidrigkeiten (§ 24 Abs 1 und 2)	18
	c) Das zusätzliche Privileg des (vorgezogenen) Beginns der Verjährung (§ 24 Abs 3 LPG)	19
	2. Das Presseprivileg als notwendige Folge der Eigenart der Presse-Verbreitung	20
	a) Offenkundigkeit der Pressetätigkeit	20
	b) Lange Dauer der Druckwerkverbreitung	21
	c) Flüchtigkeit der Presseprodukte	22
	3. Herkunft der Bestimmung	23–26
	4. Leserbrief	27
III.	Sachliches Anwendungsgebiet der kurzen Presse-Verjährungsfrist	
	1. Umfassende Geltung für Presse-Inhaltsdelikte, Presse-Ordnungsdelikte und Presse-Ordnungswidrigkeiten	28
	a) Geltung auch für Presse-Verbrechen und -verstöße im Bereich der nichtperiodischen Presse	28
	b) Nichtprivilegierte Presse-Verstöße	28a
	2. Verjährung von Presse-Inhaltsdelikten	29
	a) Begriff des Presse-Inhaltsdelikts	29
	b) Veröffentlichung bzw Verbreitung als Ausführungshandlung. „Steckengebliebene" Vorbereitungshandlungen	30–32a
	3. Verjährung von Presse-Ordnungsdelikten	33
	4. Kurze Presse-Verjährungsfrist auch bei Presse-Ordnungswidrigkeiten	34
	5. Keine Fristverkürzung bei Vollstreckungsverjährung und bei Strafantragsfristen	35

§ 24 LPG

Rn

IV. Wirkung und rechtliche Natur der Presse-Verjährung
1. Die Verjährung als formales Verfahrenshindernis mit Sperrwirkung ... 36
2. Das Presseprivileg umfasst auch Versuchs- und Vorbereitungshandlungen. Besonderheit bei Presse-Inhaltsdelikten ... 37
3. Maßgebend das Verjährungsrecht am Sitz des Prozessgerichts. Verjährung des Sonderdelikts des § 20 Abs 2 LPG ... 38, 39

V. Die Berechnung der Verjährungsfrist. Ruhen bzw Unterbrechung der Verjährung
1. Die Straftat als zeitliches Ereignis für die Fristberechnung maßgebend ... 40
2. Ruhen der Verjährung ... 41, 43
3. Unterbrechung der Verjährung
   a) Der Katalog der Unterbrechungshandlungen (§ 78c Abs 1 StGB) ... 44
   b) Persönliche Wirkung der Unterbrechung ... 45
   c) Sachliche Wirkung der Unterbrechung ... 46
   d) Einzelfragen der Unterbrechung ... 47
   e) Beseitigungswirkung der Unterbrechung. Endgültige Verjährung bei Unterbrechung (§ 78c Abs 3 StGB) ... 48, 49
4. Entsprechende Regelung bei Presse-Ordnungswidrigkeiten ... 50, 51

VI. Der Beginn der Verjährung
1. Das Privileg des frühen Beginns der Presse-Verjährung ... 52
2. Der Theorienstreit zur Zeit des Reichspreßgesetzes ... 53
   a) Strafrechtliche Verjährungstheorie ... 54
   b) Presserechtliche Verjährungstheorie ... 55
   c) Einwand der Verjährungserschleichung ... 56
3. Durchsetzung der presserechtlichen Verjährungstheorie ... 57, 58
4. Veröffentlichung eines Druckwerks in Teilen und mit Neu-Auflagen ... 59–62
5. Beteiligung Mehrerer an einem Presseverstoß ... 63–68
6. Beginn der Verbreitung bei Unterlassungsdelikten ... 69, 70
7. Beginn der Verjährung bei primärem Auslandsabsatz des Druckwerks ... 71–73
8. Beginn der Verjährung bei Presse-Ordnungsdelikten ... 74–77
9. Verjährungsbeginn bei Ordnungswidrigkeiten ... 78–81

VII. Verjährung von Nebenfolgen der Straftat und von zulässigen „Maßnahmen". Einziehung und Unbrauchbarmachung von Druckwerken trotz Verjährung der Straftat?
1. Mögliche Nebenfolgen und „Maßnahmen" ... 82
2. Die bis 1974 geltende Regelung und Rechtsauffassung ... 83
3. Die Neuregelung der Nebenfolgen. Die Erstreckung der Verjährung auf die „Maßnahmen" (§ 78 Abs 1 StGB) ... 84
4. Der Meinungsstreit über die Zulässigkeit der Einziehung bzw Unbrauchbarmachung von Druckwerken im sog objektiven Verfahren (§ 76a StGB) ... 85

VIII. Die Kompetenz des Landesgesetzgebers zur Regelung der Presseverjährung ... 86

IX. Abweichendes Landesrecht
1. Baden-Württemberg ... 87
2. Bayern ... 88–90
3. Berlin ... 91
4. Hessen ... 92–94
5. Niedersachsen ... 95
6. Nordrhein-Westfalen ... 96
7. Rheinland-Pfalz ... 97, 98
8. Saarland ... 99
9. Sachsen ... 100
10. Sachsen-Anhalt ... 101
11. Schleswig-Holstein ... 102
12. Thüringen ... 103

Schrifttum: *Eisele,* Computer- und Medienstrafrecht, 2013; *Fischer,* Strafgesetzbuch, 61. Aufl, 2014; *Göhler,* Ordnungswidrigkeitengesetz, 16. Aufl, 2012, Erläuterungen zu §§ 31–34 OWiG; *Groß,* Presserecht, 3. Aufl, 1999, S 230 ff.; *B. Heinrich,* in Praxishandbuch Medienrecht, 2. Aufl, 2001, Band 5 Kapitel 5 (= Medienstrafrecht); *Jakobs,* Strafrecht Allgemeiner Teil, 2. Aufl, 1991; *Jescheck/*

LPG § 24 Verjährung von Presse-Verstößen

Weigend, Lehrbuch des Strafrechts Allgemeiner Teil, 5. Aufl, 1996; *Krech* in Schiwy/Schütz/Dörr, Medienrecht, 5. Aufl, 2010, S 315 f.; *Lackner/Kühl,* Strafgesetzbuch, 27. Aufl, 2011, Erläuterungen zu §§ 78–79b StGB; Leipziger Kommentar (= LK), Strafgesetzbuch, 12. Aufl 2006 ff.; *Mitsch,* Recht der Ordnungswidrigkeiten, 2. Aufl, 2005; Münchener Kommentar (= MK) zum Strafgesetzbuch, 2. Aufl, 2011 ff.; *Napoli,* Aspekte der Strafbarkeit der Presse ..., 2008; Nomos-Kommentar (= NK), Strafgesetzbuch, 4. Aufl, 2013; *Rebmann/Ott/Storz,* Das baden-württembergische Gesetz über die Presse, 1964, S 238 ff.; *Reh-Groß,* Hessisches Pressegesetz, 1968; *Ricker/Weberling,* Handbuch des Presserechts, 6. Aufl, 2012; *Schönke/Schröder,* Strafgesetzbuch, 28. Aufl, 2010; Satzger/Schmitt/Widmaier (= S/S/W), StGB Kommentar, 2009; *Stöckel* in Erbs/Kohlhaas, Strafrechtliche Nebengesetze, 3. Band, 133. Ergänzungslieferung, 1999, P 190; *Rudolphi/Wolter* in Systematischer Kommentar (= SK), Strafgesetzbuch, Bd 1 (Stand: Februar 2005), Erläuterungen zu §§ 78–79b StGB.

I. Geltende Gesetzesfassungen

1 *Baden-Württemberg:* § 24 LPG s oben.
Die geltende Fassung beruht auf den Gesetzesänderungen vom 6.4.1970 (GBl S 111), 26.11.1974 (GBl S 508), vom 24.11.1997 (GBl S 483) und vom 29.7.2014 (GBl S. 378).

2 *Bayern:* Art 14 BayPrG s oben.
Die geltende Fassung beruht auf Gesetz vom 19.4.2000 (GVBl S 340), letztes Änderungsgesetz vom 10.4.2007 (GVBl S 281).

3 *Berlin:* § 22 Berliner LPG s oben.
Die geltende Fassung beruht auf den Gesetzesänderungen vom 26.11.1974 (GVBl S 2746) und vom 6.4.1995 (GVBl S 240), Abs 4 geändert durch Gesetz vom 3.7.2003 (GVBl S 252).

4 *Brandenburg:* § 16 BbgPG s oben.
Die geltende Fassung beruht auf dem Gesetz vom 13.5.1993 (GVBl S 162), Abs 1 Satz 2 geändert durch Gesetz vom 21.6.2012 (GVBl I Nr 27).

5 *Bremen:* § 24 LPG s oben.
Die geltende Fassung beruht auf dem Gesetz vom 18.12.1974 (GVBl S 351) und vom 16.12.1997 (GVBl S 630).

6 *Hamburg:* § 23 Hamburgisches PresseG s oben.
Der § 23 gilt in der Fassung des Gesetzes vom 9.12.1974 (GVBl S 381) und vom 28.5.1997 (GVBl S 155); nach § 2 dieses Gesetzes gelten für Straftaten nach § 131 sowie nach § 184 Absätze 3 und 4 des StGB, die vor Inkrafttreten dieses Gesetzes begangen worden sind, die Vorschriften des StGB über die Verfolgungsverjährung nur dann, wenn diese Straftaten nicht schon nach § 23 des Hamburgischen PresseG in der bis zum Inkrafttreten dieses Gesetzes geltenden Fassung verjährt waren. Abs 4 eingefügt durch Gesetz vom 28.5.1997 (GVBl S 155), Abs 1 Satz 2 zuletzt geändert durch Gesetz vom 30.10.2007 (GVBl S 385).

7 *Hessen:* § 12 HPresseG s oben.
Die geltende Fassung des § 12 beruht auf dem Gesetz vom 26.11.2012 (GVBl S 458).

8 *Mecklenburg-Vorpommern:* § 22 LPrG M-V s oben.
Die Fassung beruht auf dem Gesetz vom 6.6.1993 (GVBl S 541), Abs 1 geändert durch Gesetz vom 28.3.2002 (GVBl S 154).

9 *Niedersachsen:* § 24 Niedersächsisches PresseG s oben.
Der § 24 beruht auf der Fassung des Gesetzes vom 2.12.1974 (GVBl S 535) und den Ergänzungen durch Gesetz vom 3.7.1994 (GVBl S 276), Abs 1 Satz 2 geändert durch Gesetz 11.10.2010 (GVBl S 480).

10 *Nordrhein-Westfalen:* § 25 LPG NRW s oben.
Die geltende Fassung beruht auf den Gesetzesänderungen vom 3.12.1974 (GVBl S 1504) und vom 7.2.1995 (GVBl S 88), Abs 1 Satz 2 neugefasst durch Gesetz vom 29.4.2003 (GVBl S 252).

11 *Rheinland-Pfalz:* § 37 LMG s oben.
Die geltende Fassung beruht auf dem Landesmediengesetz vom 4.2.2005 (GVBl S 23).

12 *Saarland:* § 66 SMG s oben.
Die geltende Fassung beruht auf dem Gesetz vom 27.2.2002 (ABl S 498, ber 754), Abs 1 Satz 2 zuletzt geändert durch Gesetz vom 10.2.2010 (ABl S 10).

13 *Sachsen:* § 14 Sächs LPG s oben.
Die Fassung beruht auf dem Gesetz vom 7.12.2013 (GVBl 896) (Sächs GVBl S 125).

14 *Sachsen-Anhalt:* § 15 LPG s oben.
Die Fassung beruht auf dem Gesetz vom 14.8.1991 (GVBl S 261); zuletzt geändert durch Gesetz 26.3.2013 (GVBl S 156).

II. Berechtigung der kurzen Presse-Verjährungsfrist   § 24 LPG

Schleswig-Holstein: § 17 LPG s oben.   15
Die Fassung beruht auf dem Gesetz vom 31.1.2005 (GVOBl S 105; Abs. 1 Satz 2 geändert durch
Gesetz vom 25.1.2012 (GVOBl S 266).

Thüringen: § 14 LPG s oben.   16
Die Fassung beruht auf dem Gesetz vom 31.7.1991 (GVBl S 271) und der Gesetzesänderung vom
17.5.1994 (GVBl S 499), Abs 2 eingefügt durch Gesetz vom 21.6.2002 (GVBl S 279).

II. Bedeutung und Herkunft der Bestimmung.
Die Berechtigung der kurzen Presse-Verjährungsfrist

1. Der § 24 LPG als wichtiges Presseprivileg

Zu den wichtigsten Schutzrechten (Privilegien) der Presse gehört die im § 24 LPG   17
normierte verkürzte **Verjährung** von Presse-Verstößen (vgl *Kühl* Vorbem vor §§ 20–
22 LPG Rn 1).

a) Die Verjährungsfristen des allgemeinen Strafrechts (§ 78 StGB)
Die reguläre strafrechtliche Verjährungsfrist richtet sich gemäß § 78 StGB nach der
Schwere der Tat, dh nach der für den betreffende Straftatbestand **angedrohten** (nicht
verwirkten) **Strafe**. Ist lebenslange Freiheitsstrafe angedroht, so beträgt die Verjährungsfrist 30 Jahre. Die Frist vermindert sich je nach der angedrohten geringeren Freiheitsstrafe – auf 20, 10 und 5 Jahre (vgl im Einzelnen § 78 Abs 3 Nr 1–4 StGB). Bei allen übrigen (leichteren) Straftaten, bei denen als Höchstmaß nur Freiheitsstrafe bis zu 1 Jahr angedroht ist (so zB bei der einfachen Beleidigung des § 185 Alt 1 StGB) beträgt die reguläre Verjährungsfrist 3 Jahre (§ 78 Abs 3 Nr 5 StGB).

*b) Die Fristverkürzung bei Presseverstößen einschließlich Ordnungswidrigkeiten
(§ 24 Abs 1 und 2)*
Gegenüber diesen Verjährungsfristen des allgemeinen Strafrechts von drei bis   18
30 Jahren bedeutet die Reduzierung dieser Fristen bei Presse-Vergehen auf 6 Monate
und bei Presse-Verbrechen auf 1 Jahr eine beachtliche Begünstigung (*Mitsch* in MK
§ 78 Rn 19 zu dem teilweise abweichenden Recht in den Ländern Bayern, Hessen
und Sachsen s Rn 87 ff.). Das Verjährungsprivileg kommt der Presse auch bei **Ordnungswidrigkeiten** zugute (BGH NJW 1978, 1985 f.; *Ricker/Weberling,* Kap 49
Rn 35). Diese verjähren regulär gemäß § 31 Abs 2 Nr 1–4 OWiG – je nach der
Höhe der für den Verstoß angedrohten Geldbuße – mit einer Frist von 6 Monaten bis
zu drei Jahren. Demgegenüber beträgt bei Presse-Ordnungswidrigkeiten die Frist
gemäß § 24 Abs 2 LPG einheitlich nur 3 Monate (abweichendes Landesrecht s unten
Rn 87 ff.).

c) Das zusätzliche Privileg des (vorgezogenen) Beginns der Verjährung (§ 24 Abs 3 LPG)
Zum Privileg der kurzen Presseverjährung des § 24 Abs 1 und 2 LPG kommt die   19
weitere Vergünstigung des § 24 Abs 3 LPG hinzu, wonach der **Beginn** der (verkürzten) Verjährung bereits mit dem ersten Akt der Veröffentlichung bzw Verbreitung
einer Druckschrift einsetzt (*Mitsch* in MK § 78 Rn 18), während die Verjährung nach
allgemeinem Strafrecht (§ 78a StGB) erst beginnt, wenn die Straftat beendet ist.
Näheres zum (vorgezogenen) **Beginn** der Verjährung s unten Rn 52 ff.

2. Das Presseprivileg als notwendige Folge der Eigenart der Presse-Verbreitung

Die kurze Verjährungsfrist ist sachlich durchaus berechtigt, ja notwendig (vgl *Krech* 20
in Schiwy/Schütz/Dörr, S 419 f.; für die Abschaffung aber *Wüstenberg* AfP 2007,
423 ff.), wenn sie auch die Strafverfolgung faktisch verhindern kann. Ihre grundsätzliche Berechtigung ergibt sich aus der **Eigenart** der Veröffentlichung und Verbreitung

von Druckwerken (BGHSt 25, 347, 353f. = NJW 1974, 347). Die Presse wäre erheblich benachteiligt, wenn ihr gegenüber die regulären Verjährungsfristen des Strafrechts zur Anwendung kämen (vgl BVerfGE 7, 29 ff.; OLG München MDR 1989, 181; *Löffler* NJW 1960, 2349; *Mitsch,* Medienstrafrecht, § 7 Rn 37; *Ricker/Weberling,* Kap 17 Rn 50; *Napoli,* 2008, S 108). Zwei Gesichtspunkte sind hier besonders zu berücksichtigen:

a) Offenkundigkeit der Pressetätigkeit

Presseverstöße treten mit dem Erscheinen des Druckwerks in Hunderten und Tausenden von Exemplaren **offen zutage** (BGHSt 33, 271, 274 = NJW 1986, 331; *Mitsch* in MK § 78 Rn 18; *Saliger* in NK § 78 StGB Rn 20), so dass sie für jedermann erkennbar sind. Zur Zweckmäßigkeit einer raschen Aburteilung der augenblicksbedingten Pressedelikte kommt die durch ihre Offenkundigkeit gegebene strafprozessuale Verfolgungsmöglichkeit (vgl RGSt 24, 269, 273; 33, 230; *v Liszt* S 204; *Lampe* JR 1999, 519, 521; *Mitsch,* Medienstrafrecht, § 7 Rn 37; *Ricker/Weberling,* Kap 49 Rn 34; *Stöckel* in Erbs/Kohlhaas P 190, § 25 Rn 3; *Wache* S 718; kritisch *Wüstenberg* AfP 2007, 423, 425). Infolge ihrer Offenkundigkeit können sie von den Behörden unverzüglich verfolgt werden. Die von einer Pressepublikation (Pressebeleidigung) Betroffenen können alsbald gegen die Verantwortlichen vorgehen. An der raschen Klärung weitverbreiteter Pressebehauptungen besteht häufig ein öffentliches Interesse (*Krech* in Schiwy/Schütz/Dörr, S 419; *Mitsch* in MK § 78 Rn 18 und in Medienstrafrecht, § 7 Rn 37; *Saliger* in NK § 78 StGB Rn 20). Alle diese Erwägungen rechtfertigen eine kurze Verjährungsfrist (BGHSt 27, 18 = NJW 1977, 305; RGSt 24, 269, 273; 33, 230; *v Liszt* S 204 und *Franke* GA 1982, 404, 412 mwN). Diese Erwägungen treffen auch auf sog Internet-Inhaltsdelikte (vgl aber unten Rn 31) zu, da bei diesen die strafbaren Inhalte mittels Internet – wenn nicht das Kapazitätsproblem bestünde – aufgespürt werden können (*Körber,* Rechtsradikale Propaganda im Internet, 2003, S 126 f.).

b) Lange Dauer der Druckwerkverbreitung

21 Ein weiteres wichtiges Argument für die kurze presserechtliche Verjährung ist darin begründet, dass bei Pressedelikten der Zeitpunkt ihrer Vollendung bzw **Beendigung** häufig sehr spät eintritt und vielfach nur **schwer festzustellen** ist (*Mitsch,* Medienstrafrecht, § 7 Rn 39). Die Anwendung der allgemeinen Verjährungsfristen würde hier zu großen Härten führen. So begann nach den Grundsätzen der generellen Strafverfolgungsverjährung (§§ 78 ff. StGB) die Verjährung bei **fortgesetzter Handlung,** solange diese Rechtsfigur noch anerkannt wurde (zu ihrer grundsätzlichen Aufgabe durch die neueste Rspr vgl *Kühl* § 20 LPG Rn 70), erst mit Beendigung des **letzten Aktes** der gesamten Handlung. Nun erfolgt die die Verbreitung von Presseerzeugnissen in der Regel über einen längeren Zeitraum gestreckt: Der Verleger handelt in der Absicht, die gesamte Auflage eines Buches oder einer Zeitschrift nach und nach bis zum letzten Exemplar abzusetzen. Die Verbreitungstätigkeit kann sich sonach über Jahre und Jahrzehnte erstrecken (so auch *Ricker/Weberling,* Kap 17 Rn 50 und Kap 49 Rn 34; vgl außerdem *Franke* GA 1982, 404, 412 mwN). Auch bei einer Zeitung werden noch nach Jahren einzelne Nummern auf Nachbestellung ausgeliefert. Erst nach Expedierung des letzten Exemplars würde hier die allgemeine Verjährung beginnen können, so dass die Pressedelikte infolge ihrer Eigenart gegenüber allen anderen Deliktsarten empfindlich benachteiligt wären. Das „Privileg" der kurzen Presseverjährung, insb die Vorverlegung des Beginns der Verjährung vom letzten auf den ersten Akt der Verbreitungstat bedeutet also in Wirklichkeit nur die Verhinderung einer der Presse von der Eigentümlichkeit ihrer Tätigkeit her drohenden Benachteiligung. Diese Erwägung gilt auch für sog Internet-Inhaltsdelikte (vgl aber unten Rn 31), deren Verjährung bei Anwendung der allgemeinen Regeln erst mit der Entfernung der Inhalte aus dem Internet und damit sehr spät begänne (*Körber* aaO Rn 21, S 127).

II. Berechtigung der kurzen Presse-Verjährungsfrist § 24 LPG

c) Flüchtigkeit der Presseprodukte
Nicht selten wird die innere Berechtigung der kurzen presserechtlichen Verjährung 22
auch damit begründet, dass die Erzeugnisse der Tagespresse typische „Kinder des
Augenblicks" seien. Was heute in der Presse als wichtig und aktuell gelte und die
Schlagzeilen fülle, sei morgen schon vergessen. Der Grundgedanke der Verjährung
überhaupt: das allmähliche, durch den Zeitablauf bedingte Erlöschen des Interesses an
der Verfolgung der Angelegenheit, sei für die Tätigkeit der Presse charakteristisch. Ein
Delikt müsse aus der Zeit heraus, in der es begangen wurde, beurteilt werden
(*Schwarz* S 73; vgl auch *Franke* GA 1982, 404, 412 mwN). Dieser Gesichtspunkt der
Flüchtigkeit und Zeitbedingtheit von Presse-Verstößen wurde vor allem von der
französischen Pressegesetzgebung in den Vordergrund gestellt (vgl die Motive des
Gesetzes von 1881 bei *Barbier* „Code expliqué de la presse" 1911 Bd 2 S 437). Nicht
mit Unrecht wandte jedoch *Kitzinger* (S 171) ein, dass auch die in der Erregung
erfolgten Tätlichkeiten Augenblicksäußerungen seien, die man nur aus der Stimmung
zur Zeit der Tat heraus gerecht beurteilen könne. Diese „Stimmung" sei meist rasch
verflogen, ohne dass eine Abkürzung der Verjährungsfrist eintrete.

3. Herkunft der Bestimmung

Dass die Anwendung der regulären strafrechtlichen Verjährungsbestimmungen bei 23
Pressedelikten zu unbilligen Ergebnissen führen müsste, ist früh erkannt worden. Die
Abkürzung der presserechtlichen Verjährungsfristen entspricht einer mehr als hundertjährigen Tradition.

a) Schon im **französischen Pressegesetz** vom 26.6.1819 (Art 29) hatte der Gedanke der verkürzten Presseverjährungsfrist seinen Niederschlag gefunden. Zur Begründung der Notwendigkeit dieser „Begünstigung" der Presse gebrauchte damals
Benjamin Constant den anschaulichen Vergleich: Bringe man bei der Presse die reguläre Verjährungsfrist zur Anwendung, so werde eine Buchhandlung zu einem Arsenal
gefährlicher Waffen, die gegen den Buchhändler selbst gerichtet seien: dieser habe
noch nach vielen Jahren beim Verkauf älterer, bei ihm lagernder Bücher mit strafrechtlicher Verfolgung zu rechnen (s *Berner* aaO S 296).

b) Von Frankreich aus fand die kurze Presse-Verjährung Eingang in fast alle mo- 24
dernen Pressegesetze, insb auch in die der deutschen Einzelstaaten. Die Motive zum
Reichspreßgesetz begnügten sich damit, die Übernahme des Prinzips der kurzen
Verjährung mit dem Hinweis auf die geschichtliche Entwicklung und die „Natur der
Preßdelikte" zu rechtfertigen (Motive Bd 3 S 142). Die kurze Verjährungsfrist des
RPG für Verbrechen und Vergehen betrug sechs Monate. Der § 22 RPG in der
Fassung von 1874 lautete:

> „Die Strafverfolgung derjenigen Verbrechen und Vergehen, welche durch die Verbreitung von
> Druckschriften strafbaren Inhalts begangen werden, sowie derjenigen sonstigen Vergehen, welche in
> diesem Gesetze mit Strafe bedroht sind, verjährt in sechs Monaten."

c) Unter der Herrschaft des **Nationalsozialismus** wurde die presserechtliche Ver- 25
jährungsbestimmung zum Nachteil der Presse erheblich verschlechtert. Die Strafgesetznovelle von 1935 (Gesetz vom 28.6.1935 Art 13, RGBl I S 839) beseitigte bei
Verbrechen das Privileg der verkürzten Presseverjährung schlechthin und verdoppelte
bei Vergehen die Verjährungsdauer von sechs Monaten auf ein Jahr. Es war deshalb
die Frage aufgetaucht, ob die Bestimmung von 1935 nicht als nationalsozialistisches
Gedankengut nichtig sei (vgl 1. Aufl § 22 RPG Rn 1). Das Bundesverfassungsgericht
(E 7, 29 ff. = NJW 1957, 1355) hat sich jedoch dieser Auffassung nicht angeschlossen.

d) **Bayern** und **Hessen** sind in ihren Landespressegesetzen von 1949 zu der 26
ursprünglichen Regelung des Reichspreßgesetzes von 1874 (Verjährungsfrist bei Presseverbrechen und Pressevergehen 6 Monate) zurückgekehrt und sind dabei geblieben
(vgl unten Rn 88, 93). **Baden-Württemberg** hat als einziges Land an der presse-

LPG § 24

ungünstigen Regelung von 1935 (vgl Rn 25) teilweise festgehalten und die Presseverbrechen in dem weiten Umfang des § 18 Abs 1 LPG Baden-Württemberg von dem Privileg der Presseverjährung ausgeschlossen (vgl unten Rn 87, s auch *Schwarz* S 71). Noch enger sind die Verjährungsregelungen in **Sachsen,** nach § 14 Abs 1 LPG Sachsen ist die kürzere Verjährungsfrist von 6 Monaten nur für die Fälle des § 12 Abs 2 LPG Sachsen (Verletzung der Garantenpflicht) vorgesehen (vgl Rn 99); im Übrigen gilt § 78 StGB. **Alle anderen Länder** gewähren das Privileg der kurzen Presseverjährung – wie Bayern und Hessen – sowohl bei Verbrechen wie bei Vergehen, jedoch mit dem Unterschied, dass die Verjährungsfrist bei Verbrechen ein Jahr, bei Vergehen sechs Monate beträgt (so jetzt auch § 37 Abs 1 Satz 1 LMG Rheinland-Pfalz.

4. Leserbrief

27 Da das Privileg der kürzeren Verjährungsfristen in den Landespressegesetzen ohne jede Beschränkung auf einen bestimmten, im Bereich der Presse tätigen Personenkreis gilt, kommen auch durch **Leserbriefe** begangene Presse-Inhaltsdelikte (vgl *Stöckel* in Erbs/Kohlhaas P 190, § 21 Rn 3) in den Genuss einer schnellen Strafverfolgungsverjährung (vgl VGH Mannheim NVwZ-RR 1995, 203, 204). Dies kann zu dem unbefriedigenden Ergebnis führen, dass die von Lesern durch Leserbriefe begangenen Straftaten (zB Beleidigung, Volksverhetzung), die durch den Abdruck eine große Verbreitung erfahren, einer erheblich kürzeren Verjährung unterliegen als lediglich im „kleinen Rahmen" begangene Taten. Der klare Gesetzeswortlaut des § 24 LPG erlaubt aber keinen Zweifel. Trotz gewisser Bedenken stützen auch in diesen Fällen die oben unter Rn 20 ff. genannten Argumente die Anwendung der kürzeren Verjährungsfrist.

III. Sachliches Anwendungsgebiet der kurzen Presse-Verjährungsfrist

1. Umfassende Geltung für Presse-Inhaltsdelikte, Presse-Ordnungsdelikte und Presse-Ordnungswidrigkeiten

28 Nach Sinn und Wortlaut des § 24 Abs 1 und 2 LPG gilt die kurze Presse-Verjährungsfrist sowohl für alle sog **Presse-Inhaltsdelikte** (vgl unten Rn 29; *Heinrich,* Medienstrafrecht, Rn 93) wie auch für die in den Landespressegesetzen normierten **Presse-Ordnungsdelikte** (§ 21 LPG; *Mitsch* in MK § 78 Rn 18 und in Medienstrafrecht, § 7 Rn 38) und **Presse-Ordnungswidrigkeiten** (§ 22 LPG; vgl unten Rn 33, 34). Die Verjährungsregelung gilt ausdrücklich nur für **Druckwerke,** wozu Kassetten, Disketten, Video-Kassetten, CDs, DVDs, Speicherkarten, USB-Sticks, Cloud-Computing o ä. nicht zählen sollen (zu Videokasetten mit beachtlichen Gründen abweichend OLG Koblenz NStZ 1991, 45; ebenso für deren Einbeziehung *Schmid* in LK § 78 StGB Rn 14; *Saliger* in NK § 78 StGB Rn 23 und *Heinrich* in Festschrift für Wolter, 2013, S 603, 614; dagegen BayObLG MDR 1988, 254, zu § 6 BayPrG). Deren Verbreitung unterliegt den allgemeinen Bestimmungen (BayObLGSt 1987, 98; *Stöckel* in Erbs/Kohlhaas P 190, § 25 Rn 3; *Rudolphi/Wolter* in SK § 78 StGB Rn 12; vgl auch *Fischer* § 78 StGB Rn 7a mwN; speziell zu § 86 StGB *Stegbauer,* Rechtsextremistische Propaganda im Lichte des Strafrechts, 2000, S 80 f.), soweit der Landesgesetzgeber nicht eine **Gleichstellung** vorgesehen hat (vgl etwa § 8 Abs 1 LPG Nordrhein-Westfalen, wo besprochene Tonträger gleichgestellt sind; siehe auch OLG Koblenz NStZ 1991, 45); dem sind inzwischen die meisten Landespressegesetze gefolgt, anders aber Bayern (vgl BayObLGSt 1987, 98 und BayObLG wistra 2004, 316). Die Einstellung von Presseartikeln in ein Online-Archiv wird von den presserechtlichen Verjährungsvorschriften nicht erfasst (*Schlachetzki,* AfP 2006, 237, 238; *Krech* in Schiwy/Schütz/Dörr, S 426, der selbst eine analoge Anwendung der presserechtlichen Verjährungsbestimmungen ablehnt; *Mitsch,* Medienstrafrecht, § 7 Rn 38).

III. Sachl. Anwendg. d. kurzen Verjährungsfrist § 24 LPG

a) *Geltung auch für Presse-Verbrechen und -verstöße im Bereich der nichtperiodischen Presse*
Das Privileg der kurzen Presseverjährung kommt in fast allen Ländern (s jedoch oben Rn 26) sowohl bei **Pressevergehen** wie bei **Presseverbrechen** zum Zug (*Groß* AfP 1998, 362). Es gilt für die periodische wie für die nichtperiodische Presse. Die kurze Presseverjährung gilt jedoch nur für die Verjährung der **Strafverfolgung** (§ 78 StGB), nicht für die Vollstreckungsverjährung (§ 79 StGB, vgl unten Rn 35). Im Übrigen beschränkt sich der § 24 LPG auf die Regelung der Dauer der Presse-Verjährung und ihren (schwierig festzustellenden) Beginn. In jeder anderen Beziehung (Unterbrechung und Ruhen der Verjährung, Berechnung der Fristen usw) gelten die Bestimmungen des allgemeinen Strafrechts.

b) *Nichtprivilegierte Presse-Verstöße*
Nicht privilegiert sind solche strafbaren Handlungen, bei denen weder ein Presse- **28a** Inhaltsdelikt noch ein Presse-Ordnungsvergehen (§ 21 LPG) oder eine Ordnungswidrigkeit im Sinne des § 22 LPG vorliegt. Dies ist zB der Fall, wenn ein Druckwerk, das an sich keinen strafbaren Inhalt hat, dazu dient, eine für verfassungswidrig erklärte Partei fortzuführen (vgl § 84 StGB; *Reh-Groß* § 12 LPG Anm 3; vgl auch BGH NJW 1996, 1905 zum vereinsrechtlichen Betätigungsverbot des § 20 Abs 1 Nr 4 Vereinsgesetz). Ebenfalls nicht privilegiert sind solche Druckerzeugnisse, die nach § 7 Abs 3 Nr 2 LPG von dem Begriff des Druckwerkes ausgenommen sind, da sie „nur Zwecken des Gewerbes und Verkehrs, des häuslichen und geselligen Lebens" dienen (vgl § 7 LPG Rn 59 und 61). Aus diesem Grund unterliegt ein Kapitalanlagebetrug gem § 264a StGB, der durch unrichtige oder unvollständige Angaben in gedruckten Prospekten („Prospekttäuschung") zum Vertrieb von Anteilen an einem Immobilienfonds begangen wurde, nicht der kurzen presserechtlichen Verjährung (so BGHSt 40, 385 = NJW 1995, 892 [bestätigt von 1 StR 187/04 v 27.5.2004 in BGHR-PresseG-Bay § 15 – Verjährung 1], mit zustimmender Anmerkung *Cramer* WiB 1995, 305; zust auch *Saliger* in NK § 78 StGB Rn 23; *Hellmann* in NK § 264a StGB Rn 87; *Fischer*, § 78 StGB Rn 9 und in § 264a StGB Rn 23; *Schmid* in LK § 78 StGB Rn 14; *Tiedemann/Vogel* in LK § 264a StGB Rn 126; *Eisele* CuM § 5 Rn 30 als Bsp; vgl auch *Joecks,* in Achenbach/Ransiek [Hrsg], Handbuch Wirtschaftsstrafrecht, 3. Aufl 2012, 10. Teil 1 Rn 100–104; dies gilt nicht nur – wie vom BGH aaO entschieden – für das LPG Hessen, sondern auch – wie vom OLG Köln NJW 2000, 598, 599 entschieden – für das LPG Nordrhein-Westfalen. Selbst für das LPG Bayern, das keine Regelung enthält, die Druckwerke zu Zwecken des Gewerbes ausnimmt, soll die kurze presserechtliche Verjährungsfrist nach „Sinn und Zweck" nicht gelten; vielmehr sei auf die entsprechenden Einschränkungen der übrigen Landespressegesetze zurückzugreifen (LG Augsburg wistra 2004, 75 mit kritischer Anm *Pananis/Frings* wistra 2004, 238, für sog ad-hoc-Mitteilungen; dazu auch *Joecks* aaO Rn 103; kritisch *Joecks* aaO Rn 91 und *Tiedemann/Vogel* aaO). Entsprechendes gilt für pornographische Schriften zu gewerblichen Zwecken (vgl BGHR PresseG-NW § 7 vom 24.3.1999 zu § 184 Abs 4, Abs 3 Nr 3 StGB aF).

2. Verjährung von Presse-Inhaltsdelikten

Die kurze Presseverjährung gilt in erster Linie für die durch Veröffentlichung oder **29** Verbreitung von Druckwerken begangenen **Presse-Inhaltsdelikte** (*Eisele* CuM § 5 Rn 30). Sie gilt außerdem für sog **Rundfunk-Inhaltsdelikte** (beachte *Kühl* Rn 6 vor § 20 LPG; *Mitsch* in MK Vor § 78 StGB Rn 4 und in Medienstrafrecht, § 7 Rn 26 und 38) wie zB ehrkränkende Äußerungen in einer Fernseh-Talkshow (BGHSt 44, 209, 215 mit Anm *Lampe* JR 1999, 519; zust *Saliger* in NK § 78 StGB Rn 27; *Rosenau* in S/S/W § 78 StGB Rn 16; *Rudolphi/Wolter* in SK § 78 StGB Rn 12; *Fischer* § 78 StGB Rn 8; *Heghmanns,* in Achenbach/Ransiek [Hrsg], Handbuch Wirtschaftsstrafrecht, 3. Aufl 2012, 6. Teil 2 Rn 47; diff *Schmid* in LK § 78 StGB Rn 17). Auch für sog Internet-Inhaltsdelikte ist sie zu erwägen (s oben Rn 20, 21 und sogleich in Rn 31; aM *Heghmanns* aaO; für Medieninhaltsdelikte ebenso *Heinrich* in Festschrift für Wolter, 2013, S 603, 624).

a) Begriff des Presse-Inhaltsdelikts

Ein Presse-Inhaltsdelikt liegt vor, wenn eine Straftat (zB Presse-Beleidigung; zB KG JR 1990, 124, 125) durch die auf eine unbestimmte Vielzahl von Lesern einwirkende Verbreitung eines Druckwerks begangen wird, wobei die Strafbarkeit gerade durch den Inhalt des Druckwerks begründet wird (BGHSt 26, 40 = NJW 1975, 1039 = AfP 1975, 810; BGH wistra 2004, 339; OLG Koblenz NStZ 1991, 45; vgl *Kühl* § 20 LPG Rn 20–52; *Heghmanns* aaO Rn 48; *Mitsch* in MK § 78 Rn 18). Daran fehlt es, wenn sich die Strafbarkeit nicht aus dem Inhalt selbst, sondern aus der Form der Verbreitung ergibt, wie zB bei § 89 StGB, der eine „Einwirkung auf Bundeswehr und öffentliche Sicherheitsorgane" verlangt (s oben *Kühl* § 20 LPG Rn 55 mwN). Daran fehlt es auch, wenn der Inhalt nicht der eigentliche Strafgrund ist (so etwa Zuwiderhandlungen gegen ein vereinsrechtliches Betätigungsverbot nach § 20 Abs 1 Nr 4 Vereinsgesetz [s oben *Kühl* § 20 LPG Rn 38a] oder die Verbreitung nur gegenüber bestimmten Altersgruppen erfolgt, zB § 184 Abs 1 StGB; dazu *Heghmanns* aaO Rn 40; zu § 184 Abs 1 auch *Hilgendorf/Valerius,* Computer- und Internetstrafrecht, 2. Aufl 2012, Rn 321 mit KG ZUM 2004, 571), sondern das Unrecht auf der Art der Verbreitung oder sonstigen inhaltsneutralen Umständen beruht (so treffend *Mitsch* in MK § 78 Rn 18, der dafür BGHSt 26, 40, 44 und 27, 353, 354 anführt; ebenso *Eisele* CuM § 5 Rn 30; dazu s oben § 20 Rn 37, 55, 56).

b) Veröffentlichung bzw Verbreitung als Ausführungshandlung. „Steckengebliebene" Vorbereitungshandlungen

30 Bei Presse-Inhaltsdelikten greift die kurze Presseverjährung entsprechend dem Wortlaut des § 24 Abs 1 Nr 1 LPG nur Platz, wenn die Straftat durch **Veröffentlichung oder Verbreitung** des Druckwerks strafbaren Inhalts begangen wurde. Die Verbreitung bzw Veröffentlichung ist die notwendige Ausführungshandlung eines Presse-Inhaltsdelikts.

31 (1) Der Rechtsbegriff des **Verbreitens** von Druckwerken bezeichnet diejenige Tätigkeit, durch welche das Druckwerk aus dem engen Kreis der an ihrer Herstellung Beteiligten heraustritt, um einem größeren (individuell bestimmten oder unbestimmten) Personenkreis körperlich zugänglich zu werden (vgl OLG Köln NJW 1953, 1765). Der Rechtsbegriff der „Verbreitung" ist der Oberbegriff und umfasst die nichtöffentliche (vertrauliche) und die öffentliche Verbreitung eines Druckwerks. Das Gesetz nennt die öffentliche Verbreitung eines Druckwerks **„Veröffentlichung".** Während die Veröffentlichung nur ein Zugänglichmachen für die Öffentlichkeit erfordert, setzt das Verbreiten zusätzlich eine Gewahrsamsübertragung voraus, dh das Druckwerk muss körperlich weitergegeben werden (vgl OLG Frankfurt NJW 1984, 1128; *Groß* NStZ 1994, 312, 315; *Mitsch,* Medienstrafrecht, § 7 Rn 31; *Schmid* in LK § 78 StGB Rn 40; speziell zu § 86 StGB *Stegbauer* aaO Rn 28 S 81 und *Paeffgen* in NK § 86 StGB Rn 25). Daran fehlt es etwa im Falle des Anbringens eines beleidigenden Aufklebers am eigenen Pkw (OLG Hamburg NStZ 1983, 127; OLG Frankfurt NJW 1984, 1128; OLG Hamm NStZ 1989, 578; zustimmend *Rudolphi/Wolter* in SK § 78 StGB Rn 8; *Schmid* aaO und *Fischer* § 78 StGB Rn 8, alle mwN zur nicht einheitlichen Rspr [vgl KG JR 1990, 124, 125: für beleidigenden Aufkleber]; für einen zum Rassenhass iS des § 130 Abs 2 StGB aufstachelnden Aufkleber/Plakat vgl *Krauß* in LK § 130 StGB Rn 80; nach *Franke* NStZ 1984, 126, 127, fehlt es an der pressespezifischen Art und Weise des Veröffentlichens; s auch *Laufhütte/Kuschel* in LK § 86 StGB Rn 26; *Sternberg-Lieben/Bosch* in Schönke/Schröder § 78 StGB Rn 9 verneinen ein Verbreiten, bejahen aber ein Veröffentlichen beim Führen eines Aufklebers). Noch nicht geklärt ist die Frage, ob sog Internet-Inhaltsdelikte an dem Erfordernis der Verkörperung scheitern (dagegen *Körber* aaO Rn 20 S 128f.); dies ist insbesondere wegen des Fehlens einer § 11 Abs 3 StGB entsprechenden Gleichstel-

III. Sachl. Anwendg. d. kurzen Verjährungsfrist **§ 24 LPG**

lungsvorschrift (noch) anzunehmen (s oben §§ 20ff. Vorbem Rn 4); der Bundesgerichtshof hat jedenfalls das Privileg der presserechtlichen Verjährung im Fall einer Volksverhetzung nach § 130 StGB mittels des Internet versagt, weil kein Presseinhaltsdelikt vorliege (BGHSt 46, 212, 215 = NJW 2001, 624). Keine Verbreitung von Druckwerken soll auch bei der Einstellung von Texten in eine Webseite vorliegen (so BayObLG NStZ 2004, 702; *Saliger* in NK § 78 StGB Rn 23).

(2) Daraus folgt, dass die kurze Presseverjährung bei Presse-Inhaltsdelikten dann **32** nicht Platz greift, wenn es nicht zu einer Veröffentlichung oder Verbreitung des Druckwerks kommt, etwa weil die Redaktion den beleidigenden Artikel nicht veröffentlicht oder wenn der körperliche Weitergabe der Darstellung der Äußerung im Film wegen der in ihr vorgenommenen kritischen Distanzierung für den Hersteller und Verbreiter keinen Straftatbestand darstellt (BGH NJW 1996, 2585; zust *Stegbauer,* Rechtsextremistische Propaganda im Lichte des Strafrechts, 2000, S 220). Nach herrschender Meinung (RGSt 63, 322, 325; *Rebmann* § 24 Rn 4) gelten hier die allgemeinen Verjährungsfristen (§ 78 StGB), da die Anwendung des § 24 Abs 1 Nr 1 LPG die Verbreitung des Druckwerks fordert (BGHSt 8, 245ff. = NJW 1955, 230; *Saliger* in NK § 78 StGB Rn 26). Diese Auslegung führt zwar zu dem unbefriedigenden Ergebnis, dass für „steckengebliebene" Versuchs- und Vorbereitungshandlungen, soweit sie selbständig strafbar sind (wie zB das Vorrätighalten hochverräterischer Schriften als Vorbereitung eines hochverräterischen Unternehmens gem § 83 StGB), eine wesentlich längere Strafverfolgungszeit gilt als für das vollendete, durch Verbreitung begangene Pressedelikt (zu Recht kritisch *Lemke* in NK, 2. Aufl 2005, vor § 78 Rn 11; vgl aber *Stegbauer* aaO Rn 28, S 82). Demgegenüber macht *Häntzschel* (S 200) geltend, dass das Privileg der kurzen Verjährung vor allem auf der Offenkundigkeit der Verbreitung beruhe, die im Vorbereitungsstadium fehle (vgl unten Rn 37).

(3) Mit Ausnahme von Sachsen haben alle anderen Länder in ihren Pressegesetzen **bestimmte Straftatbestände** des StGB – meist §§ 86, 86a, 129a Abs 3, 130, 131 und 184 StGB (vgl *Heinrich,* Medienstrafrecht, Rn 94) – von der kurzen presserechtlichen Verjährung **ausgeschlossen** (zu §§ 194ff. StGB *Hilgendorf/Valerius,* Computer- und Internetstrafrecht, 2. Aufl 2012, Rn 321, dort und Rn 404 auch zu § 130 StGB; zu § 184b *Eschelbach,* in Matt/Renzikowski, StGB, 2013, § 184 StGB Rn 40), Bayern, Hessen, Sachsen-Anhalt und Schleswig-Holstein auch § 20 Vereinsgesetz (s dazu näher unten IX Abweichendes Landesrecht, unten Rn 87–103, insb zu Hessen in Rn 94, sowie – falls dort nicht angesprochen – in den obigen Gesetzestexten, zB für Brandenburg, Bremen, Hamburg und Mecklenburg-Vorpommern); die Verweisungen auf § 184 Abs 3 und 4 StGB aF müssen nach der Änderung des StGB noch auf §§ 184a und b StGB umgestellt werden (so zB in § 24 LPG Baden-Württemberg, s unten Rn 87; vgl *Mitsch,* Medienstrafrecht, § 7 Rn 38); dies ist bisher nur in § 66 saarländisches Mediengesetz geschehen (s unten Rn 99), in § 37 Abs 1 Satz 2 des neuen Landesmediengesetzes Rheinland-Pfalz aber übersehen worden (s unten Rn 98). Bis zur Umstellung kommt eine analoge Anwendung von § 24 LPG auf diese umnummerierten und umgestalteten StGB-Vorschriften in Betracht. **32a**

3. Verjährung von Presse-Ordnungsdelikten

Die kurze Presse-Verjährung gilt nach § 24 Abs 1 Nr 2 LPG ausdrücklich auch für **33** die **im LPG „sonst mit Strafe bedrohten" Delikte**, soweit sie nicht schon als Presse-Inhaltsdelikte privilegiert sind. Hier handelt es sich um die sog **Presse-Ordnungsdelikte** (vgl *Mitsch* in MK § 78 StGB Rn 18), dh um Verstöße gegen die in den Landespressegesetzen enthaltenen Ordnungs-Vorschriften wie zB die Verletzung der Impressumpflicht des § 8 LPG (die einzelnen Presse-Ordnungsdelikte sind aufgeführt bei *Kühl* § 21 LPG Rn 24–52).

LPG § 24   Verjährung von Presse-Verstößen

4. Kurze Presse-Verjährungsfrist auch bei Presse-Ordnungswidrigkeiten

34   Nach der ausdrücklichen Bestimmung des § 24 Abs 2 LPG kommt die kurze Presse-Verjährungsfrist auch bei **Presse-Ordnungswidrigkeiten** (vgl oben Rn 18) zum Zug. Nach § 31 Abs 2 Nr 4 OWiG beträgt die reguläre Verjährungsfrist sechs Monate (vgl ergänzend *Mitsch,* RdO, Teil IV § 24 Rn 31), die durch § 24 Abs 2 LPG bei Presse-Ordnungswidrigkeiten auf drei Monate verkürzt wird. Nach dem **Wortlaut** des § 24 Abs 2 LPG kommt diese Privilegierung nur den in § 22 LPG aufgeführten Ordnungswidrigkeiten zugute. Daraus hat das OLG Köln (AfP 1979, 358) den Umkehrschluss gezogen, dass sich die Privilegierung nicht auf **Presse-Inhalts-Ordnungswidrigkeiten** erstrecke; bei diesen verbleibe es bei der regulären Verjährungsfrist von sechs Monaten. Dem kann nicht zugestimmt werden. Wie oben (Rn 20, 21) ausgeführt wurde, hat gerade die Unbilligkeit der regulären Verjährungsfrist bei Presse-Inhaltsdelikten zum Privileg der verkürzten Presseverjährung geführt. Es widerspräche gröblich dem Sinn und Zweck des Verjährungsprivilegs der Presse, wenn im Bereich des Ordnungswidrigkeitenrechts zwar die Ordnungsverstöße des § 22 LPG privilegiert wären, nicht aber die Inhaltsverstöße. Eine solche am Wortlaut haftende Auslegung käme außerdem zu dem unbilligen Ergebnis, dass für bloße Presse-Inhalts-Ordnungswidrigkeiten die gleiche Verjährungsfrist gelten würde wie für Presse-Vergehen, ja – so in Bayern und Hessen – für Presse-Verbrechen (vgl Rn 26; vgl dazu *Stöckel* in Erbs/Kohlhaas P 190, § 25 Rn 5: wegen der größeren „inneren Nähe" der Ordnungswidrigkeiten zu den Vergehen sei auf die für diese Deliktsgruppe vorgesehenen Verjährungsfristen abzustellen). Mit Recht hat deshalb der BGH (St 28, 53 = NJW 1978, 1985) die **analoge** Anwendung des Verjährungsprivilegs der Presse auf Ordnungswidrigkeiten generell bejaht (ebenso OLG Düsseldorf NJW 1982, 2614 f.; BayObLG AfP 1995, 653; LG Kiel NJW 1999, 1346; *Groß* NStZ 1994, 310, 315). In jedem Fall ist die Verjährungsfrist der Pressegesetze für Straftaten die Obergrenze für die Verjährung von Presseinhalts-Ordnungswidrigkeiten und Presseordnungs-Ordnungswidrigkeiten (so *Groß* und *Stöckel,* jeweils aaO). Für Kartellordnungswidrigkeiten, die durch Verbreiten von Druckschriften begangen werden, gelten nach § 81 Abs 5 GWB die allgemeinen Verjährungsfristen des OWiG (zur Vorläufervorschrift des § 38 Abs 5 GWB vgl BGH NJW 1987, 266 f.; *Groß* NStZ 1994, 310, 315 *Ricker/ Weberling,* Kap 17 Rn 51; *Rudophi/Wolter* in SK § 78 StGB Rn 8).

5. Keine Fristverkürzung bei Vollstreckungsverjährung und bei Strafantragsfristen

35   Die kurze Presseverjährung gilt **nur für die Strafverfolgung** (§ 78 StGB); für die Verjährung der **Vollstreckung** rechtskräftig erkannter Strafen gelten auch bei Pressedelikten die Fristen des allgemeinen Strafrechts (§ 79 StGB) bzw des Rechts der Ordnungswidrigkeiten (§ 34 OWiG). Ebenso wenig berührt § 24 LPG die dreimonatige Frist zur Stellung des **Strafantrags** (§ 77b StGB) bei Antragsdelikten (zB Beleidigung durch die Presse). Die Strafverfolgung bei einem durch die Presse begangenen Antragsdelikt (zB Beleidigung in einer Zeitschrift), ist nur dann möglich, wenn sowohl die dreimonatige Antragsfrist des § 77b StGB wie die sechsmonatige Frist des § 24 LPG gewahrt werden.

IV. Wirkung und rechtliche Natur der Presse-Verjährung

1. Die Verjährung als formales Verfahrenshindernis mit Sperrwirkung

36   Mit Eintritt der Verjährung ist die weitere **Strafverfolgung** wegen des verjährten Delikts **ausgeschlossen** (§ 78 Abs 1 StGB). Dies gilt jedoch nicht für das Verbrechen des **Mords** (§ 211 StGB), bei dem es gemäß § 78 Abs 2 StGB keine Verjährung gibt; dasselbe gilt für die Verbrechen nach dem Völkerstrafgesetzbuch vom 26.6.2002 –

IV. Wirkung und rechtliche Natur der Presse-Verjährung   § 24 LPG

BGBl I S 2254 (§ 5 Völkerstrafgesetzbuch). Bei allen anderen Delikten darf seit Eintritt der Verjährung ein noch nicht begonnenes Strafverfahren nicht mehr eingeleitet, ein bereits begonnenes nicht mehr durchgeführt werden. Das Presseprivileg kommt auch dem Anstifter und Gehilfen des Täters zugute (BGH MDR 1981, 1032; *Fischer* § 78 StGB Rn 7, für „Beihilfehandlungen"). Ob das Urteil bei verjährten Delikten auf Einstellung oder Freispruch lauten muss, hängt von der **rechtlichen Natur der Verjährung** ab (Überblick bei *Napoli,* 2008, S 120–193). Man sah in ihr ursprünglich einen materiellrechtlichen Strafaufhebungsgrund (RGSt 12, 434; *v Liszt-Schmidt,* Lehrbuch des deutschen Strafrechts, 26. Aufl 1932, S 451). Nach heute verbreiteter Meinung ist die Verjährung nur ein **formales Prozesshindernis** (BVerfGE 25, 269, 287; BGHSt 4, 379, 385; 8, 269, 270 = NJW 1956, 110; 11, 393, 395 = NJW 1958, 1307; 50, 138, 139 = NJW 2005, 2566; *Ricker/Weberling,* Kap 17 Rn 52; *Mitsch* in MK § 78 StGB Rn 1; *Schmid* in LK Vor § 78 StGB Rn 9; *Lorenz,* Die Verjährung in der deutschen Strafgesetzgebung, 1955, S 49 ff. mit Übersicht über die Verjährungstheorien). Die Verjährung führt danach zur **Einstellung** des Verfahrens, und zwar innerhalb der Hauptverhandlung durch Urteil (§ 260 Abs 3 StPO), sonst durch Beschluss (§ 206a StPO); sie ist von Amts wegen zu beachten. Diese Rechtsfolge ergibt sich auch nach der vorzugswürdigen sog gemischten Theorie, die auch das Schwinden der materiellen Strafberechtigung berücksichtigt (vgl *Jakobs* AT 10. Abschnitt Rn 22; *Jescheck/Weigend* AT § 86 I 1; *Lackner/Kühl* § 78 StGB Rn 1; *Stöckel* in Erbs/Kohlhaas P 190, § 25 Rn 2); denn danach ist die Verjährung mindestens auch prozessualer Natur, so dass wegen des Vorrangs der Prozessvoraussetzungen die Einstellung dem Freispruch vorgeht (vgl *Lackner/Kühl* aaO; für eine Kombination materieller und prozessualer Gesichtspunkte *Rosenau* in S/S/W § 78 StGB Rn 4).

2. Das Presseprivileg umfasst auch Versuchs- und Vorbereitungshandlungen. Besonderheit bei Presse-Inhaltsdelikten

Das Privileg der kurzen Presse-Verjährung greift nicht nur bei vollendeten Presse-Verstößen Platz, sondern kommt auch allen **Versuchs- und Vorbereitungshandlungen** zugute, soweit diese selbständig strafbare Akte darstellen und es auch tatsächlich zu dem Pressedelikt kommt (vgl *Schmid* in LK § 78 StGB Rn 16). Demzufolge schließt die Verjährung der vollendeten Tat (zB Verbreitung einer pornographischen Schrift) die Verfolgbarkeit einer der Verbreitung vorangehenden, selbständig strafbaren Tätigkeit (Herstellen bzw Vorrätighalten der pornographischen Schrift gemäß § 184a Nr 3 StGB) auch dann aus, wenn die Vorbereitungstat noch nicht verjährt ist. Die presserechtliche Spezialnorm geht der allgemeinen strafrechtlichen Verjährungsnorm vor (vgl BGH MDR 1981, 1032 f.; OLG Karlsruhe AfP 1982, 233; OLG Celle JR 1998, 79 mit Anm *Popp;* RGSt 24, 269, 273; 45, 158 f.; *Rebmann* § 24 LPG Rn 4).

Bei **Presse-Inhaltsdelikten** ist in diesem Zusammenhang zu beachten, dass hier die kurze Verjährungsfrist nur Platz greift, wenn es bei einem Druckwerk strafbaren Inhalts zur Ausführungshandlung der Verbreitung kommt (vgl § 24 Abs 1 Nr 1 LPG). Ist dies nicht der Fall, so gilt für die „**steckengebliebene**" Vorbereitungshandlung, sofern sie selbständig strafbar ist, die reguläre Verjährungsfrist des Strafrechts (vgl dazu das oben in Rn 32 Ausgeführte) – ein unbefriedigendes Ergebnis.

3. Maßgebend das Verjährungsrecht am Sitz des Prozessgerichts. Verjährung des Sonderdelikts des § 20 Abs 2 LPG

Aus der Rechtsnatur der Presse-Verjährung ergeben sich noch weitere Folgen:
a) Wenn die Verjährung ein bloßes Verfahrenshindernis ist (vgl oben Rn 36), kommen nicht die am Tatort, sondern die am **Sitz des Prozessgerichts** geltenden Verjährungsbestimmungen zum Zug (BGHSt 2, 300, 305; BGH NJW 1995, 893; BayObLG AfP 1995, 653; *Ricker/Weberling,* Kap 17 Rn 52; *Rebmann* § 24 LPG Rn 1; *Schmid* in LK Vor § 78 StGB Rn 5). Danach kann ein hessisches Gericht ein nach

37

38

Kühl 1163

§ 12 des hessischen LPG bereits verjährtes Presse-Inhaltsdelikt auch dann nicht mehr aburteilen, wenn die Verjährung nach dem Recht des Tatorts (zB Baden-Württemberg) noch nicht verjährt ist (*Reh-Groß* § 12 LPG Rn 5). Nach der vorzugswürdigen gemischten Theorie ist auch das Tatortrecht zu berücksichtigen (*Fischer* Rn 27 vor §§ 3 bis 7 StGB).

39 b) Umstritten ist das Problem, ob sich die kurze Verjährung der Haupttat (zB Presse-Beleidigung) auch auf das damit verbundene **Sonderdelikt der presserechtlichen Sorgfaltsverletzung** (§ 20 Abs 2 LPG) auswirkt. Bei Verjährung der Haupttat wäre die Verfolgbarkeit des hier haftenden Verlegers bzw des verantwortlichen Redakteurs ausgeschlossen. Diese Auswirkung ist im Blick auf die enge Zusammengehörigkeit der beiden Straftaten zu bejahen (vgl unten Rn 47).

V. Die Berechnung der Verjährungsfrist. Ruhen bzw Unterbrechung der Verjährung

40 Die **Berechnung** der kurzen Verjährungsfrist wie auch das Ruhen und die Unterbrechung der Verjährung folgen den allgemeinen Grundsätzen des StGB und OWiG, da die presserechtliche Sonderregelung des § 24 LPG sich auf die **Dauer** und den **Beginn** der Verjährung beschränkt (RGSt 65, 82, 85; *Groß* Presserecht Rn 684; *Schmid* in LK § 78 StGB Rn 14; *Mitsch* in MK Vor § 78 StGB Rn 4).

1. Die Straftat als zeitliches Ereignis für die Fristberechnung maßgebend

Nach § 78a StGB **beginnt** die Verjährung, „sobald die Tat beendet ist". Damit ist nicht die der Vollendung nachfolgende Beendigung der Tat gemeint, sondern die Beendigung des tatbestandsmäßigen Verhaltens (*Kühl* JZ 1978, 549, 551; *Otto*, Festschrift für Lackner, 1987, S 715; *Lackner/Kühl* § 78a StGB Rn 1; *Fischer* § 78a StGB Rn 3; aM *Rudolphi/Wolter* in SK § 78a StGB Rn 3, 3a). Gehört zum strafbaren Tatbestand ein bestimmter „**Erfolg**" (zB beim Betrug nach § 263 StGB der Eintritt eines Vermögensschadens), so beginnt die Verjährung mit dem Eintritt des Erfolgs. Da das Gesetz entsprechend dem Wortlaut des § 78a StGB auf ein bestimmtes **Ereignis** (Tathandlung bzw Erfolgseintritt) und nicht auf das Datum des betreffenden Tages abstellt, ergibt sich daraus nach allgemeinen Rechtsnormen, dass der Begehungstag in die Verjährungsfrist voll eingerechnet werden muss. Ist die Tat (Beleidigung) am 9. August abends 20 Uhr begangen worden, so fängt die Verjährungsfrist bereits mit Beginn des 9. August morgens 0.00 Uhr (somit vor Begehung) zu laufen an. Dementsprechend endet die sechsmonatige Verjährungsfrist des § 24 LPG mit dem Ablauf des Tages, der dem entsprechenden Kalendertag vorangeht, sonach am 8. Februar des nächsten Jahres um 24 Uhr (RGSt 65, 287, 290; *Fischer* § 78a StGB Rn 6; *Mitsch* in MK § 78 Rn 20).

2. Ruhen der Verjährung

41 Das **Ruhen** der Verjährung richtet sich gleichfalls nach allgemeinem Strafrecht (*Mitsch*, Medienstrafrecht, § 7 Rn 38).

a) Nach § 78b Abs 1 Nr 2 Halbsatz 1 StGB **ruht** der Ablauf der Verjährungsfrist, solange aufgrund gesetzlicher Vorschrift die Strafverfolgung nicht beginnen oder keine Fortsetzung finden kann. Es sind dies vor allem die Fälle des sog Stillstands der Rechtspflege, wie er zB 1945 aufgrund des Zusammenbruchs des Deutschen Reiches eintrat (vgl MilRegG Nr 2 Art I; BGHSt 1, 84; 2, 54 = NJW 1952, 431). In Betracht kommt hier auch das Bundesgesetz vom 13.4.1965 (BGBl I S 315), das für schwere Verbrechen der Hitlerzeit das Ruhen der Verjährung für die Zeit vom 8.5.1945 bis 31.12.1949 bestimmte. Ein Hauptfall des Ruhens der Verjährung ist die Nichtverfolgbarkeit eines Abgeordneten aufgrund seiner Immunität (vgl § 78b Abs 1 Nr 2 Halbsatz 1 StGB; § 9 LPG Rn 94; RGSt 58, 263f.; BGH NJW 1965, 1971;

V. Berechnung d. Verjährungsfrist. Ruhen d. Verjährung usw.   § 24 LPG

Lackner/Kühl § 78b StGB Rn 3). Ist der Beginn oder die Fortsetzung der Strafverfolgung von einer in einem anderen Verfahren zu klärenden Vorfrage abhängig (zB bei falscher Anschuldigung), so ruht der Ablauf der Verjährung für die dafür benötigte Zeit (BGHSt 24, 6 = NJW 1971, 202; *Fischer* § 78b StGB Rn 4a).

b) Sonstige Behinderungen der Strafverfolgung wie zB Abwesenheit oder Geisteskrankheit des Täters oder Fehlen des Strafantrags hemmen den Ablauf der Verjährungsfrist nicht (§ 78b Abs 1 Nr 2 Halbsatz 2 StGB). Für das Ruhen des Verfahrens ist es grundsätzlich bedeutungslos, ob die Strafverfolgung deshalb nicht begonnen oder fortgesetzt werden kann, weil die Straftat der Staatsanwaltschaft noch unbekannt ist. 42

c) Nach Beendigung des Ruhens (Beseitigung des Hindernisses) läuft die Verjährungsfrist weiter. Die bis zum Eintritt des Ruhens bereits verstrichene Zeit zählt mit; die Verjährungsfrist beginnt im Gegensatz zur Unterbrechung nicht von neuem. 43

3. Unterbrechung der Verjährung

Auch für die **Unterbrechung** der Verjährung gelten die allgemeinen strafrechtlichen Bestimmungen (vgl § 78c StGB; RGSt 65, 82, 85; BGH NStZ-RR 1997, 282; *Mitsch,* Medienstrafrecht, § 7 Rn 38). 44

a) Der Katalog der Unterbrechungshandlungen (§ 78c Abs 1 StGB)

Die Unterbrechung der Verjährung erfolgt durch die im Katalog des § 78c Abs 1 StGB **abschließend** aufgeführten Maßnahmen des **Richters** bzw des **Staatsanwalts** (BGHSt 25, 6, 8; *Sternberg-Lieben/Bosch* in Schönke/Schröder § 78c StGB Rn 3). Soweit als Unterbrechungshandlung die **erste Vernehmung** des Beschuldigten in Betracht kommt (§ 78c Abs 1 Nr 1 StGB), hat auch eine Vernehmung durch die **Polizei** Unterbrechungswirkung.

b) Persönliche Wirkung der Unterbrechung

Die Unterbrechung wirkt nur gegenüber dem oder den Tätern, auf die sich die Unterbrechungshandlung des § 78c Abs 1 StGB bezieht (§ 78c Abs 4 StGB; sog **persönliche** Wirkung). Die Unterbrechungs-Handlung muss demzufolge gegen einen oder mehrere **bestimmte** Personen gerichtet sein (BGHSt 7, 202, 204; *Fischer* § 78c StGB Rn 4 und *Lackner/Kühl* § 78c StGB Rn 22, jeweils mwN aus der Rspr). Ein Verfahren gegen „Unbekannt" unterbricht die Verjährung nicht (RG JW 1929, 1032 für den Fall des § 21 RPG; *Fischer* aaO). 45

Enthält das gleiche Druckwerk mehrere Beleidigungen verschiedener Personen, so unterbricht die wegen der einen Beleidigung erfolgte richterliche Handlung nicht den Verjährungsablauf der anderen Beleidigungen. Auch das sog **objektive Verfahren** (§ 13 LPG Rn 66, 69) unterbricht die Verjährung nicht, weil es sich nicht gegen einen bestimmten Täter, sondern gegen das Druckwerk als solches richtet (ebenso *Häntzschel* S 200).

c) Sachliche Wirkung der Unterbrechung

Die Unterbrechung kommt nur bei **den Straftaten** zum Zug, auf die sich die Unterbrechungshandlung im Sinn des § 78c Abs 1 StGB bezieht (sog **sachliche Wirkung,** vgl BGHSt 22, 375, 385 = NJW 1969, 1181, 1183). Dabei ist der Begriff „Straftat" nicht im Sinn der rechtlichen Qualifikation des Delikts zu verstehen. Gemeint ist vielmehr der konkrete Gesamtvorgang, der den Verdacht der Strafbarkeit hervorruft (OLG Hamm NJW 1981, 2425). 46

d) Einzelfragen der Unterbrechung

Ob die richterliche Handlung im Rahmen des § 78c Abs 1 StGB zugunsten oder zuungunsten des Täters oder unter dem richtigen rechtlichen Gesichtspunkt erfolgt, beeinträchtigt die Wirkung der Unterbrechung nicht. Wird durch Vernehmung des Beschuldigten die Verjährung des pressespezifischen Sonderdelikts des § 20 Abs 2 LPG (vorsätzliche oder fahrlässige berufliche Sorgfaltspflicht-Verletzung) unterbro- 47

Kühl

chen, so wird dadurch auch die Verjährung des zugrundeliegenden Delikts (zB der Presse-Beleidigung) unterbrochen (vgl oben Rn 39; *Kitzinger* S 174 f.).

e) Beseitigungswirkung der Unterbrechung. Endgültige Verjährung bei Unterbrechung (§ 78c Abs 3 StGB)

48 Im Gegensatz zum Ruhen der Verjährung (vgl Rn 41–43), wo die bereits verstrichene Verjährungsfrist bei Berechnung der Gesamtfrist mitgezählt wird (wenn das Verfahren seinen Fortgang nimmt), führt die **Unterbrechung** der Verjährung zur **Beseitigung** der bis dahin verstrichenen Verjährungsfrist.

(1) Als Folge der Unterbrechung beginnt die gesamte Verjährungsfrist vom Zeitpunkt der Unterbrechung an **neu zu laufen**. Da eine Unterbrechung beliebig oft erfolgen kann (RGSt 23, 184), waren Gericht und Staatsanwaltschaft bis 1974 in der Lage, die Verjährung eines Pressedelikts auf Dauer zu verhindern.

49 (2) Diese Möglichkeit wurde durch das Einführungsgesetz zum Strafgesetzbuch (EGStGB vom 2.3.1974, BGBl I S 469) beseitigt: nach dem neuen Abs 3 des § 78c StGB verjährt ein Delikt – trotz etwaiger an sich wirksamer Unterbrechungshandlungen – spätestens dann, wenn seit Verjährungsbeginn das Doppelte der gesetzlichen Verjährungsfrist, mindestens aber eine Frist von 3 Jahren, verstrichen ist. Die dreijährige Mindestfrist des § 78c Abs 3 Satz 2 StGB gilt, wie der Wortlaut eindeutig ergibt, auch für **Pressedelikte** mit ihren wesentlich kürzeren Verjährungsfristen (*Sternberg-Lieben/Bosch* in Schönke/Schröder § 78c StGB Rn 22). Erst nach Ablauf der Dreijahresfrist kann ein wirksam unterbrochenes Pressedelikt endgültig verjähren.

4. Entsprechende Regelung bei Presse-Ordnungswidrigkeiten

50 Für die Verjährung von **Presse-Ordnungswidrigkeiten** gilt Folgendes:
a) Wie bei den Pressevergehen, so beschränkt sich auch bei den Presse-Ordnungswidrigkeiten das der Presse eingeräumte Privileg auf die verkürzte Verjährungsfrist und den vorgezogenen Beginn der Verjährung (§ 24 LPG; vgl unten Rn 52). Da die Landespressegesetze hinsichtlich der **Berechnung** der Verjährungsfrist, des **Ruhens** und der **Unterbrechung** der Verjährung auch im Bereich der Presse-Ordnungswidrigkeiten keine die Presse begünstigenden Bestimmungen enthalten, finden hier die generellen Bestimmungen des Ordnungswidrigkeitenrechts Anwendung (zutreffend *Groß* Presserecht Rn 684).

51 b) Nach § 31 Abs 3 Satz 1 OWiG beginnt die reguläre Verjährung, „sobald die Handlung beendet ist". Da das Gesetz nicht auf den Tag der rechtswidrigen Handlung abstellt, sondern auf die Tat selbst – bei Erfolgsdelikten also auf den Eintritt des tatbestandsmäßigen Erfolgs – gelten für die **Berechnung der Verjährungsfrist** die oben (Rn 40) zur Frage der Verjährung von Pressedelikten getroffenen Feststellungen entsprechend (vgl *Göhler/Gürtler* § 31 OWiG Rn 8; *Mitsch*, RdO, Teil IV § 24 Rn 34; *Stöckel* in Erbs/Kohlhaas P 190, § 25 Rn 7). Das **Ruhen** der Verjährung regelt § 32 OWiG in gleicher Weise wie § 78b Abs 1 StGB bei Pressedelikten (vgl Rn 41–43). Der Katalog der wirksamen **Unterbrechungshandlungen** ist in § 33 Abs 1 OWiG gegenüber den zwölf richterlichen und nichtrichterlichen Handlungen des § 78c Abs 1 StGB (vgl Rn 44) auf insgesamt fünfzehn Unterbrechungshandlungen erweitert worden. Für die **Wirkung** der Unterbrechung gilt das oben (Rn 45–48) Ausgeführte entsprechend. Trotz – an sich wirksamer – Unterbrechungshandlungen verjährt eine Presseordnungswidrigkeit nach ausdrücklicher Gesetzesbestimmung (§ 33 Abs 3 Satz 2 OWiG) spätestens nach 2 Jahren.

VI. Der Beginn der Verjährung

1. Das Privileg des frühen Beginns der Presse-Verjährung

52 Das **Privileg** der Presse im Bereich des Verjährungsrechts erschöpft sich nicht in einer wesentlichen **Verkürzung** der Verjährungsfristen bei Pressedelikten (Verbre-

VI. Der Beginn der Verjährung   § 24 LPG

chen und Vergehen) und Ordnungswidrigkeiten. Eine weitere wichtige Begünstigung der Presse ist in der Bestimmung der Landespressegesetze (§ 24 Abs 3 Satz 1 LPG) enthalten: „Die Verjährung **beginnt** mit der Veröffentlichung oder Verbreitung des Druckwerks." Diese in ihrer Auswirkung pressegünstige Feststellung gilt sowohl für Pressedelikte (§ 24 Abs 1 LPG) wie für Presse-Ordnungswidrigkeiten (§ 24 Abs 2 LPG, vgl oben Rn 50). Nicht behebbare Zweifel bei der Frage nach dem Beginn der Verjährungsfrist wirken sich zugunsten des Angeklagten aus (KG JR 1990, 124, 126, mit Bezug auf BGHSt 18, 274; zu dieser BGH-Entscheidung eingehend *Meyer-Goßner* in Festschrift für Heike Jung, 2007, S. 543 ff.).

Wie schon oben (Rn 21) festgestellt wurde, wäre es für die Presse eine erhebliche Benachteiligung, wenn hier das allgemeine Strafrecht zur Anwendung käme, das hinsichtlich des Beginns der Verjährung auf die **Beendigung** der Tat abstellt (§ 78a StGB; vgl jedoch oben Rn 40). Erfahrungsgemäß zieht sich die Verbreitung eines Druckwerks oft über Jahre hin. Indem der § 24 Abs 3 LPG den Beginn der Verjährung vom letzten auf den ersten Verbreitungsakt vorverlegt, wird eine Benachteiligung der auf langwährende Verbreitung angewiesenen Presse vermieden (*Mitsch*, Medienstrafrecht, § 7 Rn 39; kritisch zu dieser Argumentation *Lampe* JR 1999, 519, 521).

2. Der Theorienstreit zur Zeit des Reichspreßgesetzes

Die jetzt durch § 24 Abs 3 LPG zugunsten der Presse entschiedene Frage des Beginns der Verjährung war unter der Herrschaft des **Reichspreßgesetzes** (1874–1966; vgl *Ricker/Weberling*, Kap 4 Rn 31) lebhaft umstritten. Denn der damals die Presseverjährung regelnde § 22 RPG hatte sich über den Beginn der Verjährung ausgeschwiegen. Es standen sich im wesentlichen zwei Theorien gegenüber (vgl zum folgenden 1. Auflage § 22 RPG Rn 16 ff.): 53

a) Strafrechtliche Verjährungstheorie

Die teilweise vom RG (RGSt 32, 69, 71) und zuletzt vom BGH (BGHSt 14, 258 = NJW 1960, 2349) unter Billigung von *Neumann-Duesberg* (JZ 1960, 678) vertretene **strafrechtliche Verjährungstheorie** wandte auf den Verjährungsbeginn bei Pressedelikten die allgemeine strafrechtliche Regelung an: nach § 78a StGB (früher § 67 Abs 4) beginnt die Verjährung erst mit Beendigung der Tat. Der Nachteil dieser Rechtsauffassung gerade für die Presse, deren Schriftenverkauf sich oft über Jahre hinzieht, liegt auf der Hand (vgl Rn 21, 52). 54

b) Presserechtliche Verjährungstheorie

Das unbefriedigende Ergebnis der strafrechtlichen Theorie suchte die **presserechtliche Verjährungstheorie** (*Berner* S 299; *Häntzschel* S 193 ff.; *v Liszt* S 206; *Löffler* NJW 1960, 2349 f.) zu vermeiden. Aus dem Zweck der kurzen Verjährungsfrist und aus der Eigenart der Pressedelikte folgert *Häntzschel* (S 193 ff.), dass bei ihnen der Lauf der Verjährungsfrist mit der erfolgten **Verbreitung des ersten Stückes der Auflage** eines Druckwerks strafbaren Inhalts beginne. Die presserechtliche Verjährungstheorie führte zu rechtlich und praktisch befriedigenden Ergebnissen und fand auch die Zustimmung des Reichsgerichts (RGSt 4, 216 f.; 24, 269, 272 f.). In dem Pressedelikt aufgehende vorherige Handlungen (zB Übergabe des Manuskripts) lösen damit auch keine selbständige und nach anderen rechtlichen Grundsätzen zu behandelnde Verjährung aus (RGSt 24, 269, 272; 45, 158 f.). 55

c) Einwand der Verjährungserschleichung

Der **Haupteinwand** gegen die presserechtliche Verjährungstheorie: nach ihr beginne unter Umständen die Verjährung zu laufen, ehe die Straftat ihre Vollendung oder gar ihre Beendigung gefunden habe, ist nicht durchschlagend. Ein solches Ergebnis ist weder unbillig noch ungewöhnlich. Auch der zunächst bestechende Einwurf Mannheims (S 83), die presserechtliche Verjährungstheorie ermögliche den Be- 56 teiligten, sich dadurch der Bestrafung zu entziehen, dass sie raffinierterweise zunächst nur wenige Exemplare heimlich vertrieben und erst nach Ablauf der Verjährungsfrist die ganze Auflage offen auf den Markt brächten, verfängt nicht. Abgesehen von der verlagstechnischen Unwahrscheinlichkeit dieses konstruierten Beispiels versagt die Judikatur einer solchen **Verjährungserschleichung** – auch sog „Scheinveröffentlichung" (*Heinrich*, Medienstrafrecht, Rn 56) – mit Recht die Verjährungswirkung (BGHSt 25, 347, 355 = NJW 1974, 2140, 2142; ebenso *Ricker/Weberling*, Kap 49 Rn 38; s auch *Fischer* § 78 StGB Rn 7a; vgl unten Rn 73).

3. Durchsetzung der presserechtlichen Verjährungstheorie

57 Unter der Geltung der modernen Landespressegesetze hat sich die presserechtliche Verjährungstheorie allgemein **durchgesetzt**.

a) Sie wird sowohl von der **Rechtslehre** (*Fischer* § 78 StGB Rn 7a; *Groß* Presserecht Rn 678, 682; *Saliger* in NK § 78 StGB Rn 18 und 57; *Löffler* NJW 1960, 2349; *Ricker/Weberling*, Kap 17 Rn 53; *Rebmann* § 24 LPG Rn 15; *Krech* in Schiwy/Schütz/Dörr, S 419; *Sternberg-Lieben/Bosch* in Schönke/Schröder § 78a StGB Rn 16), wie auch von der **Judikatur** (BGHSt 25, 347 = NJW 1974, 2140; BGHSt 27, 18 = NJW 1977, 305; OLG Celle NJW 1968, 715; OLG Stuttgart NJW 1974, 1149; BayObLG NJW 1987, 1711; KG StV 1990, 209; OLG Koblenz NStZ 1991, 45) nahezu einheitlich gebilligt. Die oben aufgeführten Gründe (vgl oben Rn 54–56) werden als stichhaltig anerkannt.

58 b) Die Landespressegesetze selbst haben in der Fassung des einschlägigen § 24 Abs 3 LPG die Anerkennung der presserechtlichen Verjährungstheorie klar zum Ausdruck gebracht, wenn es dort heißt: „Die Verjährung beginnt mit der Veröffentlichung oder Verbreitung des Druckwerks." Hätte sich der Gesetzgeber für die strafrechtliche Verjährungstheorie entschieden, dann hätte § 24 Abs 3 Satz 1 LPG lauten müssen: „Die Verjährung beginnt mit dem Abschluss der Veröffentlichung oder Verbreitung." Beginnt jedoch die Verjährung „mit der Veröffentlichung bzw Verbreitung", so wird nach Wortlaut und Sinn auf den **ersten Akt der Verbreitung bzw Veröffentlichung** abgestellt (ebenso *Mitsch* in MK § 78a Rn 2; *Saliger* in NK § 78 StGB Rn 19; zum Veröffentlichen KG JR 1990, 124, 125; zu § 86 *Laufhütte/Kuschel* in LK § 86 StGB Rn 44; zu diesen Begriffen s *Kühl* oben Rn 31).

4. Veröffentlichung eines Druckwerks in Teilen und mit Neu-Auflagen

59 Mit der Anerkennung der presserechtlichen Verjährungstheorie in den modernen Landespressegesetzen ist zwar ein Hauptproblem des Verjährungsrechts gelöst. Doch gibt es gerade hinsichtlich der Frage, **wann** im Einzelfall die Verjährungsfrist **beginnt,** noch eine Reihe von Fragen zu klären. Hier steht im Vordergrund das Problem des Verjährungsbeginns in Fällen, in denen ein Druckwerk **in Teilen veröffentlicht oder neu aufgelegt wird.**

a) Es würde nahe liegen, hier einen **Fortsetzungszusammenhang** (zur allgemeinen Aufgabe dieses Rechtsinstituts durch die Rspr vgl *Kühl* § 20 LPG Rn 70) anzunehmen, so dass eine **einzige** Verbreitungshandlung vorläge, die die Verbreitung des Druckwerks in Teilen und die Veranstaltung von Neuauflagen einschließen würde. Denn die typischen Merkmale der fortgesetzten Handlung – stückweise Verwirklichung eines einheitlichen Vorsatzes – sind beim Verbreiter (Verleger) von vornherein gegeben (BGHSt 19, 323 = NJW 1964, 1810). Nach der Aufgabe dieses Rechtsinstituts wäre an eine natürliche oder tatbestandliche Handlungseinheit zu denken (vgl *Paeffgen* in NK § 94 StGB Rn 30 und *Kühl* AT § 21 Rn 27–32). Für Fälle des Fortsetzungszusammenhangs, der natürlichen Handlungseinheit oder tatbestandlichen Bewertungseinheit läuft die Verjährungsfrist ab dem ersten Veröffentlichungs- oder Verbreitungsakt (*Saliger* in NK § 78 StGB Rn 25; *Schmid* in LK § 94 StGB Rn 22).

60 b) Die Mehrzahl der Landespressegesetze trifft jedoch in § 24 Abs 3 Satz 2 LPG eine andere Regelung, die den Fortsetzungszusammenhang schon vor seiner allge-

VI. Der Beginn der Verjährung § 24 LPG

meinen Aufgabe durch die neuere Rspr (vgl oben Rn 59) für den Bereich der Verjährung von Pressedelikten gesprengt hat.

(1) **Neuauflagen oder Neudrucke** gelten als verschiedene Druckwerke mit der Folge, dass bei jeder Neuauflage und bei jedem Neudruck die Verjährungsfrist erneut beginnt (zur Neuauflage ebenso *Krech* in Schiwy/Schütz/Dörr, S 420 und *Mitsch* in MK § 78a StGB Rn 2, auch zu sukzessiver Veröffentlichung *Mitsch*, Medienstrafrecht, § 7 Rn 39; *Saliger* in NK § 78 StGB Rn 19 und 25; s auch *Heinrich*, Medienstrafrecht, Rn 96). Dies war schon unter der Herrschaft des RPG anerkannt (vgl 1. Aufl § 22 RPG Rn 31). Der § 24 Abs 3 Satz 2 LPG bestätigt diese Rechtslage. Dasselbe muss für einen **Abdruck** gelten: Wird der strafbare Inhalt eines Druckwerks in ein anderes Druckwerk im Wege des **Abdrucks** übernommen, so stellt auch der Abdruck eine selbständige strafbare Handlung dar, deren Verjährung mit der Verbreitung der den Abdruck enthaltenden Publikation gesondert beginnt.

(2) Kommt das **Druckwerk** in Teilen zur Veröffentlichung, wie dies vor allem bei 61 wissenschaftlichen Werken, die in Teillieferungen erscheinen, häufig der Fall ist, so beginnt auch hier die Verjährung für jeden Teil des Druckwerks mit dem Beginn seiner Veröffentlichung gesondert zu laufen (*Krech* in Schiwy/Schütz/Dörr, S 420; *Saliger* in NK § 78 StGB Rn 19). Dies stellt § 24 Abs 3 Satz 2 LPG ausdrücklich fest. Nicht beigepflichtet werden kann *Rebmann* (§ 24 LPG Rn 16), der eine „Verbreitung des Druckwerks in Teilen" kurzerhand einer Verbreitung des Druckwerks in zeitlichen Abständen gleichsetzen will und eine **Nachbestellung** „nach längerer Zeit" als eine Verbreitung eines Teils des Druckwerks betrachtet, der eine neue Verjährungsfrist in Gang setzt. Gegen *Rebmanns* These spricht zunächst der Wortlaut: Die Veröffentlichung eines Druckwerks „in Teilen" ist nach der Verkehrssprache und der Verkehrsauffassung etwas anderes als der übliche allmähliche Vertrieb eines Druckwerks.

Niemand spricht bei einer Nachbestellung von einer Veröffentlichung eines Druckwerks „in Teilen". Beim „Teil" eines Druckwerks denkt man an eine stoffliche Aufteilung und nicht an einen zeitlichen Abstand. Das Gesetz selbst benutzt an anderer Stelle für den zeitlichen Ablauf den klaren Ausdruck: „im Abstand von ... erscheinende Druckwerke" (§ 7 Abs 4 LPG). Die konsequente Anwendung der Auslegungstheorie *Rebmanns* hätte im Ergebnis die Wiedereinführung der strafrechtlichen Verjährungstheorie zu Folge, die von § 24 Abs 3 LPG, wie *Rebmann* anerkennt, grundsätzlich ausgeschaltet wird (wie hier auch *Ricker/Weberling*, Kap 18 Rn 54; *Stöckel* in Erbs/Kohlhaas P 190, § 25 Rn 6; *Fischer* § 78 StGB Rn 7a; s auch BGHSt 27, 18 = NJW 1977, 305; anders noch BayObLGSt 1974, 177; nach BGHSt 33, 271 = NJW 1986, 331 soll jedoch eine „bloße Nachbestellung" dann nicht mehr vorliegen, wenn der Verbreiter einen neuen, strafrechtlich erheblichen Vorrat anlegt und einen neuen Verbreitungsvorsatz fasst; zustimmend *Bottke* JR 1987, 167 f.; *Rudolphi/Wolter* in SK § 78 StGB Rn 10; *Schmid* in LK § 78 StGB Rn 17 und *Saliger* in NK § 78 StGB Rn 25).

c) Um **verschiedene Druckwerke,** die gesonderte Verjährungsfristen auslösen, 62 handelt es sich auch bei solchen Veröffentlichungen, die zwar gleichen Inhalt haben (Inserate, Theaterkritiken, Buchbesprechungen), aber in verschiedenen Druckwerken zu verschiedener Zeit, auch möglicherweise im gleichen Presseorgan (laufendes Inserat) erscheinen. Auch hier beginnt, da rechtlich selbständige Handlungen vorliegen, die Verjährungsfrist für jede Veröffentlichung selbständig (*Groß* AfP 1998, 363).

5. Beteiligung Mehrerer an einem Presseverstoß

Zu den schwierigen Problemen des Verjährungsbeginns bei Presse-Verstößen gehört auch die Frage, ob bei einer **Beteiligung mehrerer Personen** an einem Pressedelikt (Verfasser, Verleger, Redakteur) für jeden von ihnen hinsichtlich seines 63

Kühl 1169

LPG § 24
Verjährung von Presse-Verstößen

Tatbeitrags die Verjährungsfrist gesondert verläuft (dafür KG JR 1990, 124, 125 [im Anschluss an BGHSt 33, 273 = NJW 1986, 331] für jedermann als Täter). Hier ergibt sich Folgendes:

64 a) Die vom Reichsgericht (in „Deutsche Justiz" 1936, 1125 f.) und in der Praxis vertretene **Akzessorietätstheorie** will die Begehungszeit für alle Beteiligten (Anstifter und Gehilfen) nach der Begehungszeit der **Haupttat** bestimmen. Dabei ergibt sich jedoch auf dem Gebiet des Pressewesens die Schwierigkeit, dass nicht ohne weiteres feststeht, was als Haupttat anzusehen ist: die Tätigkeit des Verfassers, Verlegers, Herausgebers, verantwortlichen Redakteurs? Betrachtet man als Haupttat die Abfassung des beleidigenden Manuskripts, und wird dieses erst längere Zeit nach seiner Fertigstellung und Drucklegung vertrieben, so wären möglicherweise die Haupttat und zugleich die Zuwiderhandlungen der Beteiligten vor Beginn der Verbreitung verjährt.

65 b) Ähnlichen Schwierigkeiten begegnet die These einer **für jeden Beteiligten gesonderten** Fristberechnung (RGSt 32, 71). Auch hier könnte die Straftat unter Umständen bereits verjährt sein, ehe das Druckwerk zur Verbreitung gelangt und damit die Strafverfolgung praktisch möglich wird.

66 c) Einen Ausweg aus dem Dilemma bringt die herrschende und zutreffende Ansicht, dass die kurze Verjährung für keinen der Beteiligten vor der Verbreitung des Druckwerks zu laufen beginnt (BGHSt 25, 347, 354 = NJW 1974, 2140, 2142; *Fischer* § 78 StGB Rn 7a; *Rebmann* § 24 LPG Rn 19; *Stöckel* in Erbs/Kohlhaas P 190, § 25 Rn 6).

67 d) Eine Besonderheit ergibt sich bei der **Teilnahme an einem Dauerdelikt**, dh einer Straftat, bei der durch die Handlung des Täters ein anhaltender rechtswidriger Zustand geschaffen wird, den der Täter willentlich aufrechterhält (BGHSt 18, 29 = NJW 1962, 2310; RGSt 58, 13; vgl *Kühl* AT § 20 Rn 126 und 235). Dieser Sachverhalt wäre zB im Pressebereich bei anhaltender Tätigkeit eines nicht den gesetzlichen Erfordernissen entsprechenden verantwortlichen Redakteurs gegeben (vgl § 21 Nr 2 LPG). Während im Allgemeinen die Teilnahmehandlungen nicht früher als die Haupttat verjähren, können Haupttat und Teilnahme beim Dauerdelikt auseinanderfallen. Handelt der Haupttäter auch nach Vollendung (aber vor Beendigung) des Dauerdelikts weiterhin strafbar, hat aber der Teilnehmer mit seiner Beihilfe aufgehört, so läuft für den Gehilfen eine selbstständige Verjährungsfrist, sofern ein rechtlich abtrennbarer Teilakt vorliegt (RGSt 65, 361 f.; OLG Stuttgart NJW 1962, 2311 f.).

68 e) Zu klären bleibt die Frage, wie der Beginn der kurzen Verjährungsfrist zu bestimmen ist, wenn die an der Verbreitung beteiligten Personen (zB die Buchhändler in verschiedenen Städten) **zu verschiedenen Zeiten** mit der Verbreitung des Druckwerks **beginnen.** Die herrschende Ansicht neigt dazu, die Verjährungsfrist für jeden Beteiligten gesondert laufen zu lassen (BGHSt 25, 347, 354 = NJW 1974, 2140; RGSt 59, 181; *Fischer* § 78 StGB Rn 7a; *Saliger* in NK § 78 StGB Rn 26; *Schmid* in LK § 78 StGB Rn 17 und § 94 StGB Rn 22; *Laufhütte/Kuschel* in LK § 86 StGB Rn 44). Dieses Ergebnis befriedigt nicht. Es erscheint unbillig, wenn bei einem im gesamten Bundesgebiet längst ausgegebenen und von zahlreichen Buchhändlern anstandslos verkauften Druckwerk nach Jahr und Tag durch die Auslieferung seitens eines Provinzbuchhändlers die Verjährungsfrist bei diesem erneut in Gang käme. Eine vermittelnde Ansicht vertritt *Rebmann* (§ 24 LPG Rn 19): auch nach ihm beginnt die Verjährung bei mehreren Beteiligten keineswegs vor Beginn der Verbreitung. Für spätere Tatbeiträge (zB Verbreitung durch den Buchhändler) stellt er darauf ab, ob dieser Tatbeitrag aufgrund eines von Anfang an einheitlichen, auf Wiederholung gerichteten Gesamtvorsatzes erfolgte. In diesem Fall soll der erste Verbreitungsakt allen am Gesamtvorsatz Beteiligten als Beginn der kurzen Verjährung zugute kommen. Erfolgt jedoch die Tatbeteiligung erst aufgrund eines späteren selbstständigen Entschlusses, dann läuft für diesen Beteiligten – von seiner ersten Verbreitungshandlung an gerechnet – eine gesonderte Verjährungsfrist.

VI. Der Beginn der Verjährung   § 24 LPG

6. Beginn der Verbreitung bei Unterlassungsdelikten

Das Privileg des (vorgezogenen) Beginns der Verjährung kommt auch dort zum 69
Zug, wo es sich bei einem Presseverstoß um ein **Unterlassungsdelikt** handelt.

a) **Echte** Unterlassungsverstöße sind zB die Ordnungswidrigkeiten gemäß § 22 Abs 1 Nr 2 LPG (Unterlassung der Kennzeichnung einer bezahlten Veröffentlichung als Anzeige, § 10 LPG; s *Kühl* § 22 LPG Rn 64) und gemäß § 15 Abs 1 Nr 6 des LPG Hessen (Nichtablieferung von Bibliotheks-Exemplaren; s *Kühl* § 22 LPG Rn 71). Die Verjährung beginnt hier im ersten Fall mit der Verbreitung der „pflichtwidrigen Nummer", im zweiten Fall mit der Verbreitung eines ablieferungspflichtigen Druckwerks bei gleichzeitiger Unterlassung der vorgeschriebenen Anbietung an die Bibliotheken.

b) Auch bei den sog **unechten** Unterlassungsdelikten (möglich bei Zuwiderhand- 70
lungen, die sowohl durch positives Tun wie durch Unterlassen begangen werden können) löst der erste Akt der Verbreitung einer „pflichtwidrigen" Nummer die Verjährungsfrist aus. Dies ist der Fall, wenn die nach § 21 Nr 3 bzw § 22 Abs 1 Nr 1 LPG Baden-Württemberg Verpflichteten die Veröffentlichung der vorgeschriebenen Impressumangaben unterlassen. Unechte Unterlassungsdelikte liegen auch vor bei der vorsätzlichen oder fahrlässigen Verletzung der Pflicht, Druckwerke von strafbarem Inhalt freizuhalten (§ 20 Abs 2 LPG Baden-Württemberg).

7. Beginn der Verjährung bei primärem Auslandsabsatz des Druckwerks

Wird ein gegen das bundesdeutsche Strafrecht oder Presserecht verstoßendes 71
Druckwerk **zunächst im Ausland** verbreitet, so beginnt die Verjährungsfrist grundsätzlich erst mit der Verbreitung der Schrift im **Inland**. Dies ergibt sich aus dem Territorialitätsprinzip des § 3 StGB, wonach sich das deutsche Strafrecht nur auf Taten erstreckt, die im Inland begangen werden.

a) Vom Territorialitätsprinzip des § 3 StGB ergeben sich jedoch nach §§ 4 bis 7 StGB umfangreiche **Ausnahmen** für solche Straftaten, die trotz Begehung im Ausland unter Inlandsstrafrecht fallen. Zu den Ausnahmetatbeständen der §§ 4 bis 7 StGB gehören solche Auslandstaten, die sich gegen **inländische** oder **international geschützte Rechtsgüter** richten, wie zB die politische Verdächtigung des § 241a StGB oder die Verbreitung pornographischer Schriften gemäß §§ 184a, 184b Abs 1–3, 184c Abs 1–3 StGB, durch Rundfunk § 184d StGB. Daneben gibt es noch weitere Tatbestände, bei denen deutsches Inlandstrafrecht auf Auslandstaten Anwendung findet, so insb dann, wenn ein Deutscher an der Auslandstat beteiligt ist (§ 7 Abs 2 StGB).

b) Wo nach den obigen Grundsätzen (§§ 3–7 StGB) eine Auslandstat unter das 72
Inlandsstrafrecht fällt, ging die frühere höchstrichterliche Rechtsprechung davon aus, dass die kurze Presse- Verjährungsfrist schon beim ersten Verbreitungsakt eines Druckwerks im **Ausland** zu laufen beginne, so dass das Pressedelikt verjährt sein könne, wenn mit der Verbreitung der Schrift im Inland begonnen werde (RGSt 61 S 19, 21). Demgegenüber ist einzuwenden, dass gerade bei Auslandsveröffentlichungen eines der gewichtigen Motive der kurzen Presseverjährung entfällt: die sofortige leichte Verfolgbarkeit (vgl oben Rn 20). Auch *Tröndle/Fischer* (52. Aufl § 78 StGB Rn 7; ab der 53. Aufl nicht mehr enthalten) lehnen die kurze Presseverjährung jedenfalls bei solchen Auslandstaten ab, die sich gegen spezifische inländische Rechtsgüter wenden. Dies müsste jedoch konsequenterweise auch dann gelten, wenn **international** geschützte Rechtsgüter durch Auslandstaten verletzt werden.

c) Erfolgt die primäre Auslandsverbreitung des Druckwerks in der Absicht der **Ver-** 73
jährungserschleichung, so kommt ihr nach höchstrichterlicher Rechtsprechung zu Recht keine Verjährungswirkung zu (BGHSt 25, 347, 355 = NJW 1974, 2140; vgl oben Rn 56).

Kühl   1171

8. Beginn der Verjährung bei Presse-Ordnungsdelikten

74 Auch für die sog **Presse-Ordnungsdelikte** (Zuwiderhandlungen gegen die in den Landespressegesetzen enthaltenen Ordnungsbestimmungen) gilt nach § 24 Abs 1 Nr 2 LPG die kurze Presse-Verjährung. Was die Frage des **Beginns** der Verjährung betrifft, so muss unterschieden werden:
a) Soweit es sich zugleich um Presse-Inhaltsdelikte handelt, finden die oben Rn 57 ff. entwickelten Grundsätze entsprechende Anwendung.

75 b) Bei § 21 Nr 3 LPG (**Zuwiderhandlung gegen die Impressumvorschriften** des § 8 LPG) handelt es sich um ein unechtes Unterlassungsdelikt (vgl oben Rn 70). Es haften hier der Verleger und der verantwortliche Redakteur, beim Selbstverlag auch der Verfasser oder Herausgeber. Ein Presse-Ordnungsvergehen im Sinne des § 21 LPG liegt nur vor, wenn es sich bei der Veröffentlichung um ein Druckwerk strafbaren Inhalts handelt und hierbei die Impressumvorschriften (§ 8 LPG) missachtet werden. Fehlt der strafbare Inhalt, so stellt der Impressumverstoß nur eine Ordnungswidrigkeit dar (§ 22 Abs 1 Nr 1 LPG). Die Verjährungsfrist beginnt hier mit dem ersten Akt der Verbreitung des nicht dem § 8 LPG entsprechenden Druckwerks zu laufen. Die spätere Ausgabe weiterer Stücke des Druckwerks und die Verbreitung bereits ausgegebener Stücke durch den Zeitungs- oder Buchhändler ist nicht mehr strafbar (RGSt 16, 409 ff.; 24, 350 f.; KG GA 35 [1887] S 67; OLG Köln NJW 1953, 1765).

76 c) Anders ist jedoch die Rechtslage bei den Presse-Ordnungsvergehen des § 21 Nr 1 LPG (**Bestellung eines nicht den Erfordernissen** des § 9 LPG **entsprechenden verantwortlichen Redakteurs** durch den Verleger). Die Zuwiderhandlung besteht hier nicht in dem Erscheinenlassen eines von dem „gesetzwidrigen" verantwortlichen Redakteur redigierten Druckwerks, sondern in seiner **Bestellung**. Mit dem Akt der Bestellung seitens des Verlegers ist zwar die Zuwiderhandlung strafrechtlich **vollendet**, jedoch erst dann **beendet**, wenn die gesetzwidrige Tätigkeit aufhört **(Dauerdelikt)**. Da es sich um ein Dauerdelikt handelt, beginnt die Verjährung erst mit Beendigung der gesetzwidrigen Tätigkeit (ebenso *Rebmann* § 24 LPG Rn 21; allgemein zum Verjährungsbeginn bei Dauerdelikten *Lackner/Kühl* § 78a StGB Rn 7).

77 d) Auch bei dem Presse-Ordnungsvergehen des § 21 Nr 2 LPG (**Zeichnung als verantwortlicher Redakteur ohne die Voraussetzungen des § 9 LPG**) handelt es sich um ein Dauerdelikt. Es gilt das zu Rn 76 Ausgeführte. Die Verjährungsfrist beginnt erst mit Beendigung der gesetzwidrigen Tätigkeit zu laufen (ebenso *Rebmann* § 24 LPG Rn 21).

9. Verjährungsbeginn bei Ordnungswidrigkeiten

78 Für die **Ordnungswidrigkeiten** des § 22 LPG gilt nach ausdrücklicher Gesetzesvorschrift (§ 24 Abs 2 LPG) die kurze Verjährungsfrist von drei Monaten. Was den **Beginn** der **Verjährungsfrist** anlangt, so ist hier zu unterscheiden:
a) Bei der Zuwiderhandlung gegen die Impressumvorschrift des § 8 LPG gilt hinsichtlich des Beginns der Verjährung bei Druckwerken ohne strafbaren Inhalt das gleiche wie bei Druckwerken mit strafbarem Inhalt (§ 22 Abs 1 Nr 1 und § 21 Nr 3 LPG; vgl oben Rn 75). Die Verjährung beginnt mit dem ersten Akt der Verbreitung des nicht dem § 8 LPG entsprechenden Druckwerks.

79 b) Bei der Ordnungswidrigkeit des § 22 Abs 1 Nr 2 LPG (**Nichtkenntlichmachung einer bezahlten Anzeige** entgegen § 10 LPG) handelt es sich um einen echten Unterlassungsverstoß (vgl oben Rn 69 und *Kühl* § 22 LPG Rn 64). Die Verjährung beginnt mit dem ersten Akt der Verbreitung des „pflichtwidrigen" Druckwerks.

80 c) Verschiedene Landespressegesetze (so zB Berlin in § 21 Abs 1 Nr 4 LPG) ahnden als Ordnungswidrigkeit die **Verletzung der Anbietungspflicht** an **Bibliotheken** (§ 12 LPG). Hier liegt gleichfalls ein echter Unterlassungsverstoß vor (s *Kühl*

§ 22 LPG Rn 71), bei dem die Verjährung mit dem ersten Akt der Verbreitung des Druckwerks bei gleichzeitiger Unterlassung der vorgeschriebenen Anbietung beginnt (aA *Rebmann*, der hier die allgemeinen strafrechtlichen Verjährungsgrundsätze anwenden will; vgl *Rebmann* § 24 LPG Rn 23).

d) Nach § 22 Abs 2 LPG stellt die **fahrlässige Begehung der Presse-Ordnungsdelikte** des § 21 LPG eine Ordnungswidrigkeit dar. Hier gilt für den Beginn der Verjährung das bei den vorsätzlichen Presse-Ordnungsdelikten des § 21 LPG Festgestellte (vgl oben Rn 74–77) entsprechend. 81

VII. Verjährung von Nebenfolgen der Straftat und von zulässigen „Maßnahmen". Einziehung und Unbrauchbarmachung von Druckwerken trotz Verjährung der Straftat?

1. Mögliche Nebenfolgen und „Maßnahmen"

1. Neben der Verurteilung zu einer **Hauptstrafe** (Geld- oder Freiheitsstrafe) kann das Gericht auch **Nebenfolgen** aussprechen oder gewisse Sicherungsmaßnahmen anordnen (vgl *Stree/Kinzig* in Schönke/Schröder, Vorbem §§ 38 ff. StGB Rn 28 ff.). Zu den Nebenfolgen gehört etwa die öffentliche **Bekanntmachung einer Verurteilung** wegen einer durch Verbreitung von Schriften begangenen Beleidigung oder politischen Verdächtigung (§§ 165, 200 StGB; *Stree/Kinzig* in Schönke/Schröder, Vorbem §§ 38 ff. StGB Rn 32; vgl *Lackner/Kühl* § 200 StGB Rn 1: strafähnliche Nebenfolge). 82

Sicherungsmaßnahmen, die das Gericht anordnen kann, sind zB die Einziehung und Unbrauchbarmachung von Druckwerken (§§ 74–76a StGB; vgl *Achenbach* § 13 LPG Rn 36–73).

2. Die bis 1974 geltende Regelung und Rechtsauffassung

Lebhaft umstritten ist die Frage, wie sich die Verjährung der Strafverfolgung auf die im Gesetz angedrohten Nebenfolgen und die sichernden Maßnahmen auswirkt. Bis zu der 1974 erfolgten Neuordnung des Systems der Nebenstrafen bzw Nebenfolgen ging die herrschende Meinung dahin, dass die Verjährung der Strafverfolgung solche Nebenfolgen (Nebenstrafen) einschließe, bei denen der **Strafcharakter** überwiege wie zB das Berufsverbot des § 70 StGB (BGHSt 25, 347, 354 f. = NJW 1974, 2140, 2142; RGSt 63, 379, 380). 83

Dagegen wurde trotz eingetretener Verjährung die Anordnung solcher Maßnahmen für zulässig erachtet, die der **Sicherung der Allgemeinheit** vor künftiger Gefährdung dienten. So wurde auch die **Einziehung von Druckwerken** und die **Unbrauchbarmachung** der Herstellungsmittel im sog objektiven Verfahren (§ 76a StGB; vgl *Achenbach* § 13 LPG Rn 66, 69) trotz eingetretener Verjährung für zulässig erachtet (BGHSt 25, 347, 354 = NJW 1974, 2140, 2142). Diese Auffassung ist heute durch die inzwischen erfolgte Strukturänderung des Strafrechts überholt (vgl unten Rn 84, 85; s auch *Fischer* § 78 LPG Rn 2).

3. Die Neuregelung der Nebenfolgen. Die Erstreckung der Verjährung auf die „Maßnahmen" (§ 78 Abs 1 StGB)

Im Zuge der Neuordnung des Strafrechts wurde auch das Recht der **Nebenstrafen** bzw **Nebenfolgen** geändert. Als Nebenstrafe kennt das StGB nur noch die Verhängung des Fahrverbots (§ 44 StGB). Statt dessen können **„Maßnahmen"** angeordnet werden; darunter fällt nach § 11 Abs 1 Nr 8 StGB: „jede Maßregel der Besserung und Sicherung, der Verfall, die Einziehung und die Unbrauchbarmachung". Die Frage der **Auswirkung der Verjährung** der Strafverfolgung auf die Nebenfolgen wurde durch die Neufassung des § 78 Abs 1 Satz 1 StGB (Einführungs- 84 gesetz zum Strafgesetzbuch vom 2.3.1974, BGBl I S 469) wie folgt geklärt: „Die Verjährung schließt die Ahndung der Tat und die **Anordnung von Maßnahmen** (§ 11 Abs 1 Nr 8) aus."

4. Der Meinungsstreit über die Zulässigkeit der Einziehung bzw Unbrauchbarmachung von Druckwerken im sog objektiven Verfahren (§ 76a StGB)

85   Trotz der Eindeutigkeit der Fassung des § 78 Abs 1 Satz 1 StGB herrschte über die Auswirkung der Verjährung auf die Nebenfolgen der Straftat weiterhin **Streit**. Während OLG München (NJW 1982, 2785) und OLG Hamm (MDR 1980, 1039) entsprechend dem Wortlaut der Neuregelung nach Eintritt der Verjährung jegliche weiteren „Maßnahmen" für unzulässig erachten (so auch *Ricker/Weberling,* Kap 17 Rn 54), vertraten OLG Frankfurt (NJW 1983, 1208) und OLG Stuttgart (MDR 1975, 681) unter Berufung auf die Spezialregelung des § 76a StGB den entgegengesetzten Standpunkt. Die letztgenannte Auffassung hat inzwischen auch der BGH (St 31, 226 = NJW 1983, 1205 = AfP 1983, 342) bestätigt und festgestellt, dass die Verjährung der Strafverfolgung die zu Sicherungszwecken erfolgende Einziehung von Schriften bzw deren Unbrauchbarmachung im sog objektiven Verfahren nicht ausschließe. Für dieses Ergebnis – die Einziehung von Schriften bleibt trotz Verjährung der Pressestraftat möglich – sprach zwar ein dringendes kriminalpolitisches Bedürfnis an der Sicherungseinziehung von Schriften strafbaren Inhalts (so *Lackner,* Festschrift der juristischen Fakultät zur 600-Jahr-Feier der Ruprecht-Karls-Universität Heidelberg, 1986, S 39, 46), doch ließ es sich nur unter unzutreffender Würdigung der Entstehungsgeschichte der eindeutig gegen dieses Ergebnis sprechenden damaligen §§ 76 Abs 2 Satz 1, 78 Abs 1 StGB erzielen (vgl *Lackner* aaO S 46; *Lenzen* JR 1983, 292). Inzwischen ist die Gesetzeslage durch das 21. Strafrechtsänderungsgesetz vom 13.6.1985 (BGBl I S 965) so geändert worden, dass sich das vom BGH erzielte Ergebnis aus dem StGB ergibt. Nach § 78 Abs 1 Satz 1 StGB schließt die Verjährung zwar die Anordnung von Maßnahmen im Sinne des § 11 Abs 1 Nr 8 StGB, also auch die Anordnung der Einziehung, aus, doch bestimmt § 78 Abs 1 Satz 2 StGB nunmehr, dass § 76a Abs 2 Satz 1 Nr 1 StGB unberührt bleibt. Danach ist ua die (Sicherungs-)Einziehung von Schriften nach § 74d StGB (zur Rechtsnatur dieser Einziehung als Sicherungsmaßnahme vgl *Jescheck/Weigend* AT § 76 II 6) auch dann möglich oder vorgeschrieben, wenn die Verfolgung der (mittels dieser Schriften begangenen) Straftat verjährt ist (ebenso *Fischer* § 76a StGB Rn 8; *Jescheck/Weigend* AT § 76 II 6; *Stöckel* in Erbs/Kohlhaas P 190, § 25 Rn 6; ebenso *Achenbach* § 13 LPG Rn 68; anders aber *Ricker/Weberling,* Kap 17 Rn 54). Die heutige Rechtslage hat damit das obengenannte kriminalpolitische Bedürfnis nach Einziehung von Schriften strafbaren Inhalts trotz Eintritts der kurzen presserechtlichen Verjährung der (Presse-)Straftat befriedigt.

VIII. Die Kompetenz des Landesgesetzgebers zur Regelung der Presse-Verjährung

86   Nach der am 4.6.1957 ergangenen Grundsatzentscheidung des Bundesverfassungsgerichts (E 7, 29 ff. = NJW 1957, 1355) gehört die Presseverjährung nach ihrer Eigenart und der geschichtlichen Entwicklung des Presserechts weder zum Strafrecht noch zum Verfahrensrecht, für die gem. Art 74 Abs 1 Nr 1 GG der Bund zuständig ist, sondern zu den „allgemeinen Rechtsverhältnissen der Presse". Zur Regelung der **„Materie Presserecht"** sind aber im Rahmen der Verfassung die Länder befugt (Art 70 Abs 1 GG; vgl *Napoli,* 2008, S 109). Durch die Föderalismusreform I wurde die Befugnis der Rahmenkompetenz (Art 75 Abs 1 Nr 2 GG aF), von der der Bund keinen Gebrauch gemacht hatte, abgeschafft. Die oben erwähnte Grundsatzentschei-

IX. Abweichendes Landesrecht   § 24 LPG

dung von 1957 wurde vom BVerfG im Beschluss vom 28.11.1973 (Bd 36, 193, 203 = NJW 1974, 356) ausdrücklich bestätigt (vgl auch *Eser/Hecker* in Schönke/Schröder vor § 1 StGB Rn 48; *Rudolphi/Wolter* in SK § 78 StGB Rn 8; *Groß* Presserecht Rn 665; *Ricker/Weberling,* Kap 17 Rn 51 und Kap 49 Rn 36; *Stöckel* in Erbs/Kohlhaas P 190, § 25 Rn 2; kritisch *Schöne* NJW 1975; *Schmid* in LK Vor § 78 StGB Rn 4).

IX. Abweichendes Landesrecht

Teilweise abweichendes Landesrecht gilt auf dem Gebiet der Presse-Verjährung in den Ländern Baden-Württemberg, Bayern, Berlin, Hessen, Niedersachsen, Nordrhein-Westfalen, Rheinland-Pfalz, Saarland, Sachsen, Sachsen-Anhalt, Schleswig-Holstein und Thüringen.

1. Baden-Württemberg

Baden-Württemberg hat als einziges Land in § 24 Abs 1 Satz 2 LPG die presse- 87 ungünstige Regelung von 1935 (vgl oben Rn 25, 26) dadurch fortgesetzt, dass hier für einen großen Kreis von Verbrechenstatbeständen, vor allem auf dem Gebiet des Friedensverrats, des Hochverrats, der Gefährdung des demokratischen Rechtsstaates und des Landesverrats, die kurze presserechtliche Verjährung zugunsten der langfristigen Verjährungsbestimmungen des Strafrechts (§ 78 Abs 3 StGB) ausgeschlossen wurde. Der Ausschluss der kurzen Presseverjährung gilt für alle in § 18 Abs 1 LPG Baden-Württemberg aufgeführten Verbrechenstatbestände. Diese einschränkende Regelung ist sachlich nicht begründet, da bei der Offenkundigkeit der Presse-Delikte die in allen anderen modernen Landespressegesetzen vorgesehene Verjährungsfrist von einem Jahr bei Verbrechen durchaus genügt. Neuerdings sind durch § 18 Abs 1 LPG auch die Straftatbestände der §§ 130 Abs 2 bis 4, 131 sowie § 184a bis 184c StGB von der kurzen Verjährung ausgeschlossen.

2. Bayern

a) **Bayern** hat in Art 14 Abs 1 LPG die Presseverjährung für Verbrechen und Ver- 88 gehen einheitlich auf sechs Monate begrenzt. Die Verjährungsfrist beginnt mit dem „Erscheinen" des Druckwerks (Art 14 Abs 3 Satz 1 LPG). Das „Erscheinen" des Druckwerks entspricht rechtlich dem Beginn der Verbreitung (vgl *Kühl* oben Rn 31, 58; BGHSt 36, 51, 56 = NJW 1989, 989, 900; BayObLG NJW 1987, 1711; OLG Köln NJW 1953, 1765).

b) Abweichend von der Regelung fast aller Landespressegesetze, die für **Ord-** 89 **nungswidrigkeiten** eine kurze Verjährungsfrist von 3 Monaten vorsehen (§ 24 Abs 2 LPG), fehlte in Bayern eine entsprechende Bestimmung; dies ist jetzt durch Art 14 Abs 2 LPG „korrigiert", der die dreimonatige Verjährungsfrist für Ordnungswidrigkeiten anordnet.

c) Im Unterschied zu fast allen anderen Landespressegesetzen fehlt in Bayern nach 90 wie vor die Bestimmung, dass bei einem **in Teilen veröffentlichen** Druckwerk die Verjährung bei jeder weiteren Teilveröffentlichung neu zu laufen beginnt (§ 22 Abs 3 LPG; vgl oben Rn 59–62). Der Art 14 Abs 3 Satz 2 LPG Bayern beschränkt sich vielmehr auf die Feststellung, dass mit jeder **Neuauflage** eines Druckwerks die Verjährungsfrist neu beginnt (so auch § 22 Abs 3 LPG; vgl oben Rn 60). Doch ergibt sich hier für Bayern keine andere, von den übrigen Landespressegesetzen abweichende Rechtslage: Es entspricht den allgemeinen Grundsätzen des Verjährungsrechts, dass beim Erscheinen eines **Druckwerks in Teilen,** wie dies insb bei wissenschaftlichen Werken der Fall ist, die Verjährungsfrist neu beginnt. Diese Folgerung ergibt sich aus dem Sinn und Zweck der kurzen Presseverjährung wie auch aus der Eigenart der Druckwerk-Verbreitung generell (vgl oben Rn 61).

90a d) Das Fehlen einer Vorschrift, die wie § 7 Abs 3 Nr 2 LPG **gewerbliche Druckwerke** von den Druckwerken ausnimmt, bedeutet nicht, dass solche Druckwerke wie zB sog ad-hoc-Mitteilungen der kurzen presserechtlichen Verjährung unterliegen (s oben Rn 28a mwN).

90b e) Von der kurzen Presseverjährung für Straftaten sind bestimmte Delikte des StGB und § 20 Vereinsgesetz ausgenommen (vgl Art 14 Abs 1 Nr 1 und 2 LPG; zum Teil nur, wenn sie mittels eines nichtperiodischen Druckwerks begangen werden, s Nr 2).

3. Berlin

91 Mit Gesetz vom 6.4.1995 (GVBl S 240) wurden für § 131 und § 184 Abs 3, 4 StGB aF (jetzt § 184a und b StGB, Umstellung noch nicht erfolgt) die Verjährungsfristen ausgeweitet, inzwischen auch für §§ 86, 86a, 129a Abs 3 (auch in Verbindung mit § 129b Abs 1) und § 130. Für diese Delikte gilt nun nicht mehr die kurze presserechtliche Verjährung, sondern es sind die allgemeinen strafrechtlichen Verjährungsregelungen des Strafgesetzbuches anzuwenden.

4. Hessen

92 a) Wie in Bayern, so gilt auch in **Hessen** (vgl § 13 LPG) für **Presse-Verbrechen und -Vergehen** die kurze Verjährungsfrist von sechs Monaten. Bei **Ordnungswidrigkeiten** beträgt die Presseverjährungsfrist gemäß § 15 Abs 5 LPG Hessen 3 Monate.

93 b) In Hessen fehlt die in fast allen anderen Landespressegesetzen enthaltene Bestimmung des § 24 Abs 3 LPG, wonach die Verjährungsfrist neu zu laufen beginnt, wenn es zu einer **Neuauflage** des Druckwerks kommt oder wenn dieses **in Teilen** erscheint. Doch ergibt sich diese Folgerung auch ohne ausdrückliche Anordnung aus dem Zweck der kurzen Presseverjährung und der Eigenart der Druckwerk-Verbreitung (vgl oben Rn 61, 90).

94 c) Mit Gesetz vom 21.9.1994 (GVBl S 424) wurden für § 129a Abs 3, § 131 Abs 1 und § 184 Abs 3 u 4 StGB (die durch die Änderung des § 184 StGB erforderliche Umstellung von § 184 Abs 3 u 4 StGB aF auf §§ 184a, 184b StGB ist noch nicht erfolgt) die Verjährungsfristen ausgeweitet (§ 13 Abs 1 Satz 2 LPG Hessen). Für diese Delikte gilt nun nicht mehr die kurze presserechtliche Verjährungsfrist, sondern es sind die allgemeinen strafrechtlichen Verjährungsregelungen des Strafgesetzbuches anzuwenden. Dies gilt inzwischen nach § 13 Abs 1 Satz 2 LPG Hessen auch für die Straftatbestände der §§ 86, 86a und 130 StGB sowie – wie in Bayern – für § 20 Vereinsgesetz. Zur Begründung dieser Ausweitung der Verjährung wird darauf hingewiesen, dass sich die kurze Verjährungsfrist als eigentliches Hindernis einer effektiven Strafverfolgung erwiesen habe. Der Beschuldigte habe lediglich darauf hinweisen müssen, dass der erste Verbreitungsakt länger als sechs Monate zurückliege. In diesen Fällen wäre dann nur noch das objektive Einziehungsverfahren möglich gewesen (Hessischer Landtag, Drucksache 13/6233, S 5). Obwohl der Bundesgesetzgeber vor der Föderalismusreform I kein entsprechendes die Verjährung regelndes Rahmengesetz erlassen hatte, haben Berlin (Rn 91), Niedersachsen (Rn 95), Nordrhein-Westfalen (Rn 96), Rheinland-Pfalz (Rn 97) und Sachsen-Anhalt (Rn 100) in letzter Zeit ganz ähnliche Regelungen eingeführt, wobei jedoch im Einzelnen immer noch Unterschiede bestehen, welche Taten der allgemeinen strafrechtlichen Verjährung unterliegen sollen. Damit ergibt sich das Problem, dass die gleichen Delikte in den genannten Bundesländern einer deutlich unterschiedlichen Verjährung unterliegen.

5. Niedersachsen

95 Mit Gesetz vom 3.7.1994 (GVBl S 276) wurde wie in Hessen (vgl Rn 94) für bestimmte Delikte die presserechtliche Privilegierung durch kurze Verjährungsfristen beseitigt. Abweichend zu der Regelung in Hessen werden in § 24 Abs 1 Satz 2 LPG Niedersachsen jedoch für § 131 und § 184 Abs 2–4 StGB aF (Umstellung auf §§ 184,

IX. Abweichendes Landesrecht § 24 LPG

184a, 184b muss noch erfolgen) die allgemeinen strafrechtlichen Verjährungsvorschriften für anwendbar erklärt (zu § 184 zust *Schreibauer,* Das Pornographieverbot des § 184 StGB, 1999, S 63), inzwischen auch §§ 86, 86a und 130 Abs 2. In Satz 3 wird dabei ausdrücklich bestimmt, dass sich auch der Beginn der Verjährung in diesen Fällen nach den allgemeinen Bestimmungen (§ 78a StGB) richtet.

6. Nordrhein-Westfalen

Mit Gesetz vom 7.2.1995 (GVBl S 88) wurden für § 130 Abs 2 bis 4, § 131 sowie § 184 Abs 2 bis 4 StGB aF (Umstellung auf §§ 184, 184a, 184b muss noch erfolgen) die Verjährungsfristen ausgeweitet, inzwischen auch für §§ 86, 86a, 129a Abs 3 (auch in Verbindung mit § 129b Abs 1). Für diese Delikte gilt nun nicht mehr die kurze presserechtliche Verjährung, sondern es sind die allgemeinen strafrechtlichen Verjährungsregelungen des Strafgesetzbuches anzuwenden. 96

7. Rheinland-Pfalz

Im neuen § 37 Abs 1 Satz 1 LMG sind neben Druckwerken auch „Sendungen und Angebote" einbezogen (s unten Rn 99 zu § 66 SMG Saarland). Als einziges Land neben Bayern (vgl Rn 88) kennt **Rheinland-Pfalz** bei Presse-Ordnungswidrigkeiten statt der sonst üblichen 3-Monats-Frist (§ 24 Abs 2 LPG) eine Verjährungsfrist von 6 Monaten (zur differenzierenden Lösung des § 66 Abs 2 SMG s unten Rn 99). Während sich diese verhältnismäßig lange Verjährungsfrist in Bayern aus dem Fehlen einer entsprechenden pressespezifischen Regelung ergibt (vgl oben Rn 88), ist die 6-Monats-Frist in § 37 Abs 1 LMG Rheinland-Pfalz ausdrücklich festgesetzt. 97

Von der kurzen presserechtlichen Verjährungsfrist nimmt der durch das neue Landesmediengesetz vom 4.2.2005 geschaffene § 37 Abs 1 Satz 2 LMG Rheinland-Pfalz ähnlich wie das LPG Hessen (vgl Rn 94), das LPG Niedersachsen (vgl Rn 95) und das LPG Sachsen-Anhalt (vgl Rn 100) Vergehen nach §§ 130, 131 Abs 1 und § 184 Abs 3 und 4 StGB aF, jetzt §§ 184a, 184b StGB, aus; die Umnummerierung des § 184 wurde übersehen; hinzugekommen sind die §§ 86, 86a (zur Begründung LT-Dr 14/3235 S 53). Für diese Vergehen bestimmt der ebenfalls neue § 37 Abs 3 Satz 3 LPG Rheinland-Pfalz ausdrücklich, dass sich der Verjährungsbeginn nach § 78a StGB richtet. 98

Nach dem neu aufgenommenen Absatz 4 unterfallen Druckwerke dann nicht der Sonderregelung des § 37, wenn sie den Bestimmungen über das Impressum in § 9 nicht genügen; dies wird damit gerechtfertigt, dass nur bei entsprechenden Angaben im Impressum die Ermittlungen wegen möglicher Verstöße zügig eingeleitet werden können (LT-Drs 14/3235 S 53).

8. Saarland

Das saarländische Mediengesetz (SMG) ist auch hinsichtlich der Verjährung auf neuestem Stand. Das gilt zum einen für die Einbeziehung der „Verbreitung von Sendungen und Angeboten" durch § 66 Abs 1 Satz 1 SMG; damit unterwirft das Saarland als (bisher: 2004) einziges Bundesland auch entsprechende **Mediendienste** den kurzen Verjährungsfristen (*Heghmanns,* in Achenbach/Ransiek [Hrsg], Handbuch Wirtschaftsstrafrecht, 3. Aufl 2012, 6. Teil 2 Rn 47). Zum anderen ist schon die Änderung des Strafgesetzbuchs durch das Gesetz zur Änderung der Vorschriften über die Straftaten gegen die sexuelle Selbstbestimmung und zur Änderung anderer Vorschriften vom 27.12.2003 (BGBl I 3007) berücksichtigt, wenn in § 66 Abs 1 Satz 2 nicht mehr wie in anderen Landespressegesetzen auf § 184 Abs 3 und 4 StGB aF, sondern auf § 184a Abs 3 und § 184b Abs 1 verwiesen wird; diese Änderung stammt vom 31.3.2004 (ABl S 938); von der kurzen Verjährungsfrist ausgeschlossen waren schon davor die Straftatbestände der §§ 86, 86a, 130 Abs 2 und 4, 131 StGB. Außerdem wird für Rundfunksendungen in § 66 Abs 4 Satz 1 SMG und für Mediendienste in 99

Kühl 1177

LPG § 25 Geltung für den Rundfunk

§ 66 Abs 4 Satz 2 SMG der Verjährungsbeginn ausdrücklich festgelegt. Hinsichtlich der Verjährungsfrist differenziert § 66 Abs 2 SMG zwischen Ordnungswidrigkeiten nach § 64 (drei Monate) und solchen nach § 65 (sechs Monate).

9. Sachsen

100 In § 14 LPG Sachsen ist eine besondere Verjährungsfrist nur für die Fälle des § 12 Abs 2 LPG (Verletzung der Garantenpflicht) vorgesehen. Es wird ausdrücklich auf § 78 StGB verwiesen (vgl Rn 26).

10. Sachsen-Anhalt

101 Wie Hessen (vgl Rn 94), Rheinland-Pfalz (Rn 98) und Niedersachsen (vgl Rn 95) hat **Sachsen-Anhalt** für bestimmte Vergehen (§§ 86, 86a, 131 und 184 StGB; seit 2004 auch §§ 111, 129, 129a Abs 3, 130 Abs 2 und 4 StGB sowie § 20 Abs 1 Vereinsgesetz) die allgemeinen strafrechtlichen Verjährungsvorschriften für anwendbar erklärt (§ 15 Abs 1 Satz 2 LPG Sachsen-Anhalt; eingefügt durch Gesetz vom 19.1.1994 – GVBl S 24; Gesetz vom 18.11.2004 – GVBl S 778).

11. Schleswig-Holstein

102 Mit Gesetz vom 19.12.1994 (GVBl S 6) wurde dem § 24 LPG aF, jetzt § 17, ein Absatz 4 angefügt, der die Verjährungsfristen für dort näher bezeichnete Pressestraftaten ausweitet (*Ricker/Weberling*, Kap 49 Rn 33); zur ähnlichen Regelung in § 37 Abs 4 LMG Rheinland-Pfalz s oben Rn 98. § 17 Abs 1 Satz 2 enthält jetzt auch eine Aufzählung von Vorschriften, bei denen die kurze Verjährung des § 17 Abs 1 Satz 1 nicht gilt; § 184 Abs 3 und 4 müssen noch umgestellt werden.

12. Thüringen

103 **Thüringen** verzichtete bisher gänzlich auf besondere Verjährungsfristen für Straftaten, die mittels Druckwerken begangen sind (vgl Rn 26). Es galt demnach auch hier § 78 StGB. Dies ist jetzt durch Gesetz vom 21.6.2002 (GVBl S 279) geändert worden; nach dem neuen § 14 Abs 2 LPG Thüringen verjähren Verbrechen, die mittels eines Druckwerks begangen werden, in einem Jahr, Vergehen in sechs Monaten. Ausgenommen ist eine im Vergleich zu anderen Landespressegesetzen größere Anzahl (15!) von Straftatbeständen des StGB (vgl die Auflistung in § 14 Abs 2 LPG Thüringen).

§ 25 LPG
Geltung für den Rundfunk

Die LPG von Bayern, Hamburg, Hessen, Mecklenburg-Vorpommern, Niedersachsen, Sachsen, Schleswig-Holstein und Thüringen enthalten keine allgemeine rundfunkrechtliche Regelung. Im Saarland gilt das SMG, in Rheinland-Pfalz das LMG, die beide sowohl die presserechtlichen als auch die rundfunkrechtlichen Bestimmungen enthalten.

Gesetzesfassung in Baden-Württemberg:

§ 25 [Landesrundfunkanstalten]

Für die Veranstaltung von Rundfunk durch die Landesrundfunkanstalten gelten die §§ 1, 3, 20 Abs. 1 und 2 Nr. 1 sowie §§ 23, 24 Abs. 1 und 3 entsprechend. § 23 gilt mit folgender Maßgabe:

Geltung für den Rundfunk § 25 LPG

1. Zur Verweigerung des Zeugnisses sind berechtigt Intendanten, Programm- und Landessenderdirektoren, Redakteure und andere, die bei der Vorbereitung oder Durchführung einer Rundfunksendung berufsmäßig mitgewirkt haben;
2. Wenn der Verfasser, der Einsender oder der Gewährsmann selbst im Rundfunk spricht, darf das Zeugnis über seine Person nicht verweigert werden.

Staatsvertragliche und sonstige rundfunkrechtliche Regelungen bleiben unberührt.

Gesetzesfassung in Berlin:

§ 23 Geltung für den Rundfunk

(1) Für den Rundfunk (Hörfunk und Fernsehen) gelten die §§ 1, 3 bis 5, 8, 12 bis 17, 19 Abs. 1 und 2 Nr. 1, 20 Nrn. 1 bis 3 und 5, 21 Abs. 1 Nr. 4 und Abs. 2 bis 4, §§ 22 und 22a entsprechend.

(2) Der Staatsvertrag über die Errichtung der Anstalt des öffentlichen Rechts „Zweites Deutsches Fernsehen" vom 6. Juni 1961 (GVBl. S. 1841)[1] bleibt unberührt.

Gesetzesfassung in Brandenburg:

§ 17 Geltung für den Rundfunk

Die §§ 5, 14 und 16 finden für den Rundfunk sinngemäße Anwendung.

Gesetzesfassung in Bremen:

§ 25 Geltung für den Rundfunk

(1) Die Grundsätze der Freiheit der Presse (§ 1), der öffentlichen Aufgabe der Presse (§ 3), der Sorgfaltspflicht der Presse (§ 6) gelten auch für den Rundfunk.

(2) Die Strafvorschrift des § 20 gilt auch für den Rundfunk. An die Stelle des Verlegers tritt der Intendant, der Veranstalter oder der Verantwortliche.

(3) Das Radio-Bremen-Gesetz, der ZDF-Staatsvertrag und das Bremische Landesmediengesetz in der jeweils geltenden Fassung bleiben unberührt.

Gesetzesfassung in Nordrhein-Westfalen:

§ 26 Geltung für Rundfunk

(1) Für den Rundfunk gelten die §§ 4, 9 und 25 entsprechend.

(2) Der ZDF-Staatsvertrag (Art. 3 des Staatsvertrages über den Rundfunk im vereinten Deutschland vom 31. August 1991 – GV. NW. S. 408 –) bleibt unberührt.

Gesetzesfassung in Sachsen-Anhalt:

§ 16 Rundfunk

(1) Für Hörfunk und Fernsehen gelten die § 8 Abs. 1, § 13 Nrn. 1 und 2 und § 15 Abs. 3 entsprechend.

(2) Ist durch eine Sendung des Hörfunks oder des Fernsehens eine rechtswidrige Tat begangen worden, die den Tatbestand eines Strafgesetzes verwirklicht, und hat der Intendant, der Programmdirektor oder derjenige, der für die Sendung sonst verantwortlich ist, vorsätzlich oder fahrlässig seine Verpflichtung verletzt, Sendungen von strafbarem Inhalt freizuhalten, so wird er mit Freiheitsstrafe bis zu einem Jahr oder mit Geldstrafe bestraft, soweit er nicht wegen der Tat schon nach den allgemeinen Strafgesetzen als Täter oder Teilnehmer strafbar ist.

---

[1] Vorschrift aufgehoben durch Gesetz v 19.12.1991 (GVBl S 309).

LPG § 25

Geltung für den Rundfunk

Inhaltsübersicht

	Rn
I. Inhalt der Regelungen in den LPG	1–4
II. Rechtsgrundlagen des Rundfunks	5–29
1. Rundfunkbegriff	5
2. Der Rundfunk bis 1945	6
3. Entwicklung des Rundfunkrechts seit 1945	7–9
4. Leitgrundsätze des BVerfG	10
5. Europarechtliche Regelungen	11
6. Staatsvertrag über den Rundfunk im Vereinten Deutschland	12
a) Staatsvertrag für Rundfunk und Telemedien (Rundfunkstaatsvertrag)	13–20
b) ARD-Staatsvertrag	21
c) ZDF-Staatsvertrag	22
d) Rundfunkbeitragsstaatsvertrag	23
e) Rundfunkfinanzierungsstaatsvertrag	24
f) Deutschlandradio-Staatsvertrag	25
g) Jugendmedienschutz-Staatsvertrag	26
7. Grundlagen öffentlich-rechtlicher Rundfunkanstalten	28, 29
8. Rechtsgrundlagen des privaten Rundfunks	30–32
9. Zulassung zum Privatfunk	33–35

Schrifttum: *Dörr*, Die Entwicklung des Medienrechts, NJW 1999, 1925; NJW 2001, 2387; *Flechsig*, SWR-Staatsvertrag, Kommentar, 1997; *Hahn/Vesting*, Beck'scher Kommentar zum Rundfunkrecht, 3. Auflage 2012; *Hartstein/Ring/Kreile/Dörr/Stettner*, Rundfunkstaatsvertrag, Kommentar, Loseblattsammlung; *Herrmann/Lausen*, Rundfunkrecht, 2. Auflage, 2004; *Hesse*, Rundfunkrecht, 3. Auflage, 2003; *Ricker/Schiwy*, Rundfunkverfassungsrecht, 1997.

I. Inhalt der Regelungen in den LPG

1 Die LPG von Baden-Württemberg, Berlin, Brandenburg, Bremen, Nordrhein-Westfalen und Sachsen-Anhalt erklären einige der darin enthaltenen Bestimmungen auf den Rundfunk für entsprechend anwendbar. Keine solche Regelungen enthalten die LPG von Bayern, Hamburg, Hessen, Mecklenburg-Vorpommern, Sachsen und Thüringen. Bislang in Niedersachsen und Schleswig-Holstein bestehende Regelungen wurden aufgehoben (Gesetz vom 11.10.2010 Nds GVBl S 480 bzw Gesetz vom 25.1.2012 GVOBl SH S 266). Im Saarland gilt das SMG, das sowohl die presserechtlichen als auch die rundfunkrechtlichen Bestimmungen enthält. Ebenso verfügt Rheinland-Pfalz seit dem 1. April 2005 über ein entsprechendes einheitliches Landesmediengesetz. Ferner sehen die LPG Hamburg und Sachsen in § 4 vor, dass der Auskunftsanspruch auch den Vertretern des Rundfunks zusteht (zum Auskunftsanspruch vgl § 4 Rn 38 ff.). Dies obgleich § 9a RStV nun einen Informationsanspruch zugunsten des Rundfunkveranstalters, der durch den 9. Rundfunkänderungsstaatsvertrag, der am 1. März 2007 in Kraft getreten ist, eingefügt wurde (vgl. Bad.-Württ. Gesetz zum 9. RÄndRStV und zur Änderung medienrechtlicher Vorschriften vom 14.2.2007, GBl. 2007, S. 108). Insoweit bestehen also erhebliche Unterschiede. Aber auch soweit Teile des Presserechts auf den Rundfunk für entsprechend anwendbar erklärt werden, unterscheiden sich die Regelungen in den Einzelheiten sehr erheblich. Eine klare Linie ist nicht feststellbar.

Auf den Rundfunk anwendbar sind folgende Regelungen:

Baden-Württemberg   Gilt nur für Landesrundfunkanstalten; die Vorschriften für den privaten Rundfunk finden sich im Landesmediengesetz:
Freiheit der Presse (§ 1),
öffentliche Aufgabe (§ 3),

I. Inhalt der Regelungen in den LPG § 25 LPG

Berlin	strafrechtliche Verantwortung (§ 20 Abs 1, Abs 2 Nr 1), Beschlagnahmeverbot (§ 23), strafrechtliche Verantwortung (§ 24 Abs 1 und 3) Freiheit der Presse (§ 1), öffentliche Aufgabe (§ 3), Informationsanspruch (§ 4), persönliche Anforderungen an den verantwortlichen Redakteur (§ 8), Beschlagnahmeregelung (§§ 12–17), strafrechtliche Verantwortung (§ 19 Abs 1 und 2 Nr 1), Presseordnungsdelikte (§ 20 Nr 1–3), Ordnungswidrigkeitenrecht (§ 21 Abs 1 Nr 4 und Abs 2–4), Presserechtliche Verjährung (§ 22) Anwendbarkeit des Bundesdatenschutzgesetzes (§ 22a) Zeugnisverweigerungsrecht (§ 18 ist direkt anwendbar)
Brandenburg	Informationsanspruch (§ 5), strafrechtliche Verantwortung (§ 14), presserechtliche Verjährung (§ 16)
Bremen	Freiheit der Presse (§ 1), öffentliche Aufgabe (§ 3), Sorgfaltspflicht (§ 6), strafrechtliche Verantwortung (§ 20)
Hamburg	Informationsrecht (§ 4 enthält direkten Anspruch der Rundfunkvertreter)
Nordrhein-Westfalen	Informationsanspruch (§ 4), persönliche Anforderung an den verantwortlichen Redakteur (§ 9), presserechtliche Verjährung (§ 25)
Sachsen	Informationsrecht (§ 4 enthält direkten Anspruch der Rundfunkvertreter)
Sachsen-Anhalt	persönliche Anforderungen an den verantwortlichen Redakteur (§ 8 Abs 1), Presseordnungsdelikte (§ 13 Nr 1 und 2), Beginn der presserechtlichen Verjährung, nicht auch deren Dauer (§ 15 Abs 3)

Die Regelungen bieten also ein buntes Bild. Dass ihnen nicht immer allzu viel 2 Aufmerksamkeit gewidmet worden zu sein scheint, erweist die Tatsache, dass in einigen Fällen Regelungen für entsprechend anwendbar erklärt werden, die mittlerweile aufgehoben worden sind. So wird in Berlin § 5 LPG auf den Rundfunk für entsprechend anwendbar erklärt, obschon er sich nicht mehr in Kraft befindet. In Berlin soll ferner § 20 Nummern 1 bis 3 und 5 auf den Rundfunk entsprechend angewendet werden. § 20 enthält aber nicht 5, sondern nur 4 Nummern. Unverständlich ist auch, aus welchem Grunde in Berlin § 20 Nr 3 LPG, der Impressumsverstöße betrifft, für den Rundfunk gelten soll, obschon eine Impressumspflicht für den Rundfunk nicht vorgesehen ist.

Zu der teilweise vorgeschriebenen entsprechenden Anwendbarkeit des Zeugnis- 3 verweigerungsrechtes und des Beschlagnahmeverbotes ist anzumerken, dass das BVerfG mehrfach entschieden hat, das Zeugnisverweigerungsrecht gehöre nicht zur Materie „Presserecht". Es sei eine verfahrensrechtliche Vorschrift und unterfalle damit

LPG § 25

der aus Art 74 Ziffer 1 GG folgenden konkurrierenden Gesetzgebungskompetenz des Bundes (BVerfGE 36, 193; 36, 314; 38, 103). Da der Bundesgesetzgeber mit § 53 StPO eine Vollregelung getroffen habe, bleibe für eine landesrechtliche Regelung des Zeugnisverweigerungsrechtes kein Raum. Die landesrechtliche Regelung sei also verfassungswidrig. Wird das für das Zeugnisverweigerungsrecht anerkannt, kann für die Regelung des Beschlagnahmerechtes nichts Abweichendes gelten, nachdem der Bundesgesetzgeber mit den §§ 111m und 111n StPO auch insoweit eine abschließende Regelung getroffen hat. Dass landesrechtliche Beschlagnahmeregelungen seit dem Inkrafttreten der §§ 111m und 111n StPO ebenso gegenstandslos sind wie landesrechtliche Regelungen zum Zeugnisverweigerungsrecht, entspricht der inzwischen ganz herrschenden Meinung (Näheres §§ 13ff.). Dementsprechend haben die Landesgesetzgeber in Hamburg, Hessen, Niedersachsen, Nordrhein-Westfalen und Schleswig-Holstein die in ihren LPG enthaltenen Beschlagnahmeregelungen aufgehoben. In Brandenburg, Sachsen, Sachsen-Anhalt und Thüringen sind solche Regelungen erst gar nicht in die dortigen LPG aufgenommen worden (anders Mecklenburg-Vorpommern §§ 12ff.), ebensowenig in das neue Saarländische Mediengesetz und das neue rheinland-pfälzische Landesmediengesetz.

4   Angesichts dieses diffusen Bildes wäre es empfehlenswert, wenn die betroffenen Landesgesetzgeber die Anwendbarkeit des Presserechts auf den Rundfunk reformieren würden. Am zweckmäßigsten wäre es wahrscheinlich, in den einschlägigen rundfunkrechtlichen Vorschriften eine Vollregelung zu treffen, so dass sich die entsprechende Anwendbarkeit des Presserechts erübrigt. Dieser Anregung sind zwischenzeitlich die Länder Niedersachsen (Gesetz vom 11.10.2010 Nds GVBl S 480) und Schleswig-Holstein (Gesetz vom 25.1.2012 GVOBl S 266) gefolgt und haben die Vorschriften über die Anwendung einzelner presserechtlicher Regelungen auf den Rundfunk vollständig aufgehoben.

II. Rechtsgrundlagen des Rundfunks

1. Rundfunkbegriff

5   Rundfunk ist ein linearer Informations- und Kommunikationsdienst; er ist die für die Allgemeinheit und zum zeitgleichen Empfang bestimmte Veranstaltung und Verbreitung von Angeboten in Bewegtbild oder Ton entlang eines Sendeplans unter Benutzung elektromagnetischer Schwingungen (§ 2 Abs 1 Satz 1 RStV). Dieser inzwischen nicht mehr unumstrittene Begriff schließt Darbietungen ein, die verschlüsselt verbreitet werden oder gegen besonderes Entgelt empfangbar sind (§ 2 Abs 1 Satz 2 RStV). Seit das Recht anerkannt ist, den heute in diesem Sinne verstandenen Rundfunk zur Ergänzung des öffentlich-rechtlichen Systems auch privat zu betreiben und es seit den 80er Jahren das sog duale System gibt, hat sich das Rundfunkrecht stürmisch entwickelt. Angesichts seines nunmehrigen Umfanges können anders als in der 3. Auflage neben einem historischen Abriss nur noch einige wesentliche Rechtsgrundlagen aufgezeigt werden.

2. Der Rundfunk bis 1945

6   Nach der Entdeckung der drahtlosen Verbreitung elektromagnetischer Schwingungen durch Heinrichs Hertz im Jahre 1887 sind – auch infolge des Ersten Weltkrieges – mehr als 30 Jahre vergangen, bis dieses Phänomen im Jahre 1923 in Berlin zur Veranstaltung eines täglichen Rundfunkprogrammdienstes genutzt wurde. Es folgte die Gründung weiterer Programmgesellschaften in allen Teilen des damaligen Reiches sowie der Reichsrundfunkgesellschaft mbH als Dachorganisation. 1932 gingen die Anteile der Regionalgesellschaften auf das Reich und die Länder über. Während der

II. Rechtsgrundlagen des Rundfunks § 25 LPG

Nazizeit befand sich der Hörfunk, ebenso der im März 1935 in Berlin entstandene Fernsehfunk organisatorisch in der Hand des Reichspropagandaministers Goebbels.

3. Entwicklung des Rundfunkrechts seit 1945

Nach dem 8. Mai 1945 war den Deutschen jede Sendetätigkeit zunächst untersagt. **7** Es gab lediglich Soldatensender und einen von den Militärregierungen beherrschten Rundfunk. Dass ein künftiger deutscher Rundfunk staatsunabhängig sein musste, war in den westlichen Besatzungszonen klar. Zumal ein privater Rundfunk anders als insbesondere in den USA nicht realisierbar war, entschied man sich für die Rechtsfigur der Anstalt des öffentlichen Rechts. 1948 wurde in der britischen Besatzungszone der NWDR gegründet (heute NDR und WDR), in der französischen Zone der SWF. In der amerikanischen Zone entstanden vier Anstalten, nämlich BR, HR, RB und SDR. 1950 wurde die ARD gegründet. Seit dem 1.11.1952 strahlt sie ein bundesweites Fernsehprogramm aus.

Im Anfangsstadium der Bundesrepublik zeigte die Bundesregierung am Rundfunk **8** starkes Interesse. Nachdem ein Bundesrundfunkgesetz gescheitert und die Einführung eines bundeseigenen Fernsehens per Gesetz nicht mehr durchsetzbar war, ließ der damalige Bundeskanzler Adenauer am 25.7.1960 die Gründung der Deutschland Fernsehen GmbH mit einem Stammkapital von 23 000 DM beurkunden. Davon sollte jedes Land 1000 DM, der Bund 12 000 DM erhalten. Gegen diese Gründung erhoben vier SPD-regierte Länder Verfassungsklage. Sie führte zum ersten Rundfunkurteil, dem sog Fernsehurteil vom 28.2.1961 (BVerfGE 12, 205 = NJW 1961, 547), das die Rundfunkkompetenz allein der Länder feststellt. Das „Adenauer-Fernsehen" konnte also nicht auf Sendung gehen. Am 6.6.1961 haben die Länder auf (anfänglich umstrittener) staatenbündischer Ebene den ZDF-Staatsvertrag geschlossen. Das ZDF sendet seit dem 1.4.1963.

Dem ersten Rundfunkurteil sind weitere Entscheidungen gefolgt, nämlich ua **9**
(2) Urteil vom 27.7.1971 BVerfGE 31, 314 = NJW 1971, 139 = *Mehrwertsteuer-Urteil*
(3) Urteil vom 16.6.1981 BVerfGE 57, 295 = NJW 1981, 1774 – *FRAG-Urteil*
(4) Urteil vom 4.11.1986 BVerfGE 73, 118 = NJW 1987, 239 – *Niedersachsen-Urteil*
(5) Beschluss vom 24.3.1987 BVerfGE 74, 297 = NJW 1987, 2987 – *SDR/SWF*
(6) Urteil vom 5.2.1991 BVerfGE 83, 238 = NJW 1991, 899 – *WDR-Gesetz, Rundfunkgesetz NRW*
(7) Urteil vom 22.2.1994 BVerfGE 90, 60 = NJW 1994, 1942 – *Rundfunkgebühr*
(8) Urteil vom 17.2.1998 BVerfGE 97, 228 = NJW 1998, 1627 – *Kurzberichterstattung*
(9) Urteil vom 11.9.2007 BVerfGE 119, 181 = AfP 2007, 457 – *Rundfunkgebühr II*
(10) Urteil vom 12.3.2008 BVerfGE 121, 30 = AfP 2008, 174 – *Beteiligung politischer Parteien an privaten Rundfunksendern*
(11) Urteil vom 25.3.2014 ZUM 2014, 501 – *Zusammensetzung Aufsichtsgremien*.

4. Leitgrundsätze des BVerfG

Obschon das Grundgesetz den Rundfunk allein in Art 5 Abs 1 Satz 2 GG erwähnt **10** und dort nur gesagt wird, dass die Freiheit der Berichterstattung durch Rundfunk und Film gewährleistet werden, hat das BVerfG durch seine Rundfunkentscheidungen die Grundlagen des deutschen Rundfunkrechts in detaillierter Weise festgeschrieben. Die in den Rundfunkentscheidungen entwickelten Grundsätze lassen sich wie folgt zusammenfassen:
1. Rundfunk ist eine öffentliche Aufgabe. Er ist nur auf der Grundlage eines Landesgesetzes oder eines Staatsvertrages der Länder zulässig. Allein der sendetechnische Bereich unter Ausschluss der Studiotechnik unterfällt dem Postwesen und der Telekommunikation, für das nach Art 73 Abs 1 Nr 7 GG der Bund zuständig ist.

LPG § 25

2. Die Tätigkeit des öffentlich-rechtlichen Rundfunks ist nicht gewerblicher Art, weswegen die Rundfunkanstalten nicht zur Mehrwertsteuer herangezogen werden dürfen.
3. Für die Veranstalter privater Rundfunksendungen fordert Art 5 Abs 1 Satz 2 GG eine gesetzliche Regelung, in der Vorkehrungen zur Gewährleistung der Freiheit des Rundfunks zu treffen sind. Diese Notwendigkeit besteht auch, wenn die durch Knappheit der Sendefrequenzen und den hohen finanziellen Aufwand bedingte Sondersituation des Rundfunks entfallen sollte.
4. Zu den Fragen, die der Gesetzgeber neben der Freiheit des Rundfunks zu regeln hat, gehört die Entscheidung über die Grundlinien der Rundfunkordnung. Der Gesetzgeber hat sicherzustellen, dass das Gesamtangebot der inländischen Programme der bestehenden Meinungsvielfalt im wesentlichen entspricht. Ferner hat er Leitgrundsätze verbindlich zu machen, die ein Mindestmaß an inhaltlicher Ausgewogenheit, Sachlichkeit und gegenseitiger Achtung gewährleisten. Er muss eine begrenzte Staatsaufsicht vorsehen und den Zugang zur Veranstaltung privater Rundfunksendungen regeln.
5. Die unerlässliche Grundversorgung ist Sache der öffentlich-rechtlichen Anstalten. Sie umfasst die essentiellen Funktionen des Rundfunks für die demokratische Ordnung ebenso wie für das kulturelle Leben in der Bundesrepublik. Diese Aufgaben machen es notwendig, die technischen, organisatorischen, personellen und finanziellen Vorbedingungen ihrer Erfüllung sicherzustellen.
6. Solange die Grundversorgung durch den öffentlich-rechtlichen Rundfunk gesichert ist, brauchen an die Breite des Programmangebotes und die Sicherung gleichgewichtiger Vielfalt im privaten Rundfunk nicht gleich hohe Anforderungen gestellt zu werden. Aufgabe des Gesetzgebers bleibt es aber, einen Grundstandard sicherzustellen, der die wesentlichen Voraussetzungen von Meinungsvielfalt umfasst, wozu insb der Ausschluss einseitiger, in hohem Maße ungleichgewichtiger Einflusses einzelner Veranstalter oder Programme auf die Bildung der öffentlichen Meinung gehört, speziell die Verhinderung des Entstehens vorherrschender Meinungsmacht.
7. Die Sorge für die Einhaltung der für den privaten Rundfunk geltenden Ordnung ist einem vom Staat unabhängigen Organ zu übertragen, das unter dem Einfluss der maßgeblichen gesellschaftlichen Kräfte und Richtungen steht und geeignet ist, die Rundfunkfreiheit zu wahren.
8. Dem Gesetzgeber ist es verwehrt, die Veranstaltung bestimmter Rundfunkprogramme und rundfunkähnlicher Kommunikationsdienste zu untersagen oder andere Maßnahmen zu treffen, die die Möglichkeit verkürzen, Beiträge zur Meinungsbildung durch Rundfunk zu verbreiten. Dem Gesetzgeber ist es ebenso versagt, die Veranstaltung solcher Programme und Dienste ausschließlich privaten Anbietern vorzubehalten, insb regionale und lokale Rundfunkprogramme.
9. Öffentlich-rechtliche und private Rundfunkveranstalter brauchen nicht strikt voneinander getrennt zu werden. Das GG fordert keine „Modellkonsistenz". Die Entscheidung über das Rundfunkmodell muss aber der Gesetzgeber selbst treffen. Es muss sicherstellen, dass der öffentlich-rechtliche Rundfunk imstande bleibt, seinen Grundversorgungsauftrag ungeschmälert zu erfüllen.
10. Die dem nordrhein-westfälischen „Zwei-Säulen-Modell" des lokalen Rundfunks zugrunde liegenden Ziele sind verfassungsrechtlich nicht zu beanstanden.
11. Bei einer binnenpluralistischen Organisation des privaten Rundfunks muss der Gesetzgeber festlegen, welche gesellschaftlichen Kräfte und Gruppen sich an der Veranstaltung von Rundfunk beteiligen dürfen. Die Auswahl muss im Sinne der Gewährleistung gleichgewichtiger Vielfalt sachgerecht sein.
12. Die Festsetzung der Rundfunkgebühr durch Staatsvertrag der Länder ist zulässig. Die Gebühr muss gewährleisten, dass der öffentlich-rechtliche Rundfunk seine Aufgaben erfüllen kann und vor Einflussnahmen auf das Programm gesichert bleibt.

II. Rechtsgrundlagen des Rundfunks § 25 LPG

13. Politischen Parteien kann durch den Gesetzgeber untersagt werden, sich an privaten Rundfunkunternehmen dergestalt zu beteiligen, dass sie dadurch einen bestimmenden Einfluß auf die Programmgestaltung erhalten.
14. Die Organisation des öffentlich-rechtlichen Rundfunks muss als Ausdruck des Gebots der Vielfaltsicherung dem Gebot der Staatsferne genügen. Danach ist der Einfluss der staatlichen und staatsnahen Mitglieder konsequent zu begrenzen.

5. Europarechtliche Regelungen

Dieses nationale Verfassungsrecht, das die Basis aller gesetzlichen und staatsvertraglichen Regelungen bildet, wird zunehmend durch das Europarecht ergänzt und überlagert. Zu erwähnen sind 11
- Piratensender-Abkommen 1965 (BGBl 1969 II S 1939), Änderung BGBl 1974 I S 469/623). Es betrifft die Verhütung von Rundfunksendungen, die von Sendestellen außerhalb der staatlichen Hoheitsgebiete gesendet werden
- Europäisches Übereinkommen über das grenzüberschreitende Fernsehen des Europarats vom 5.5.1989, geändert durch Protokoll des Europarats vom 9.9.1998, in Kraft getreten am 1.3.2002. Danach müssen Programme die Menschenwürde und die Grundrechte anderer achten, sie dürfen nicht unsittlich sein, Gewalt darf nicht unangemessen herausgestellt werden, sie dürfen nicht geeignet sein, zum Rassenhass aufzustacheln oder jugendliche zu gefährden. Nachrichtensendungen müssen die Tatsachen und Ereignisse sachgerecht darstellen und die freie Meinungsbildung fördern. Das Gegendarstellungsrecht ist sicherzustellen. Der Hauptteil der Sendezeit soll europäischen Werken vorbehalten werden. Darüber hinaus enthält die Fernsehkonvention Regeln für die Werbung.
- EG-Fernsehrichtlinie 89/552/EWG vom 3.10.1989 geändert durch Richtlinie 2007/65/EG des Europäischen Parlaments und des Rates über audiovisuelle Mediendienste vom 11.12.2007 (sog AVM-Richtlinie, Amtsbl L 332/27).
- Bedeutung erlangt haben auch die Grünbücher „Fernsehen ohne Grenzen – Grünbuch über die Errichtung des Gemeinsamen Marktes für den Rundfunk, insb über Kabel und Satellit" vom 14.6.1984, „Grünbuch über Urheberrecht und technologische Herausforderung – Urheberrechtsfragen, die sofortiges Handeln erfordern" vom 23.8.1988 und „Grünbuch über die Entwicklung des Gemeinsamen Marktes für Telekommunikationsdienstleistungen und Telekommunikationsgeräte" (vgl dazu *Schwarz* ZUM 1989, 381 und 1991, 155), sowie das „Grünbuch zur Konvergenz der Branchen Telekommunikation, Medien und Informationstechnologie und ihren ordnungspolitischen Auswirkungen" vom 3. Dezember 1997 (KOM-(97)623) und ferner das Grünbuch über die Vorbereitung auf die vollständige Konvergenz der audiovisuellen Welt: Wachstum, Schöpfung, Werte vom 24.4.2013 (COM(2013) 231).

6. Staatsvertrag über den Rundfunk im Vereinten Deutschland

Auf der Grundlage der Rechtsprechung des BVerfG und des Europarechts basiert 12 der Staatsvertrag für den Rundfunk im Vereinten Deutschland vom 31.8.1991, der heutigen „Magna Charta" des Rundfunkrechts. Er ist ein Artikel-Staatsvertrag, der folgende Einzelstaatsverträge in der Fassung des Fünfzehnten Staatsvertrags zur Änderung rundfunkrechtlicher Staatsverträge enthält:
Art 1 Staatsvertrag für Rundfunk und Telemedien (Rundfunkstaatsvertrag)
Art 2 ARD-Staatsvertrag
Art 3 ZDF-Staatsvertrag
Art 4 Rundfunkbeitragsstaatsvertrag
Art 5 Rundfunkfinanzierungsstaatsvertrag
Art 6 Deutschlandradio-Staatsvertrag
Art 7 Übergangsbestimmungen, Kündigung, In-Kraft-Treten

LPG § 25   Geltung für den Rundfunk

a) Staatsvertrag für Rundfunk und Telemedien (Rundfunkstaatsvertrag)

13   Der **Staatsvertrag für Rundfunk und Telemedien (Rundfunkstaatsvertrag)** enthält grundlegende Regelungen für den öffentlich-rechtlichen und den privaten Rundfunk in einem dualen Rundfunksystem der Länder des Vereinten Deutschlands. Nach seiner Präambel sind beide Rundfunksysteme der freien individuellen und öffentlichen Meinungsbildung sowie der Meinungsvielfalt verpflichtet. Sie müssen in der Lage sein, den Anforderungen des nationalen und des internationalen Wettbewerbs zu entsprechen. Für den öffentlich-rechtlichen Rundfunk sind Bestand und Entwicklung zu gewährleisten. Dazu gehört seine Teilhabe an allen neuen technischen Möglichkeiten. Seine finanziellen Grundlagen sind zu erhalten und zu sichern. Den privaten Veranstaltern werden Ausbau und Fortentwicklung ermöglicht. Dazu sollen ihnen ausreichende Sendekapazitäten zur Verfügung gestellt und angemessene Einnahmequellen erschlossen werden. Dementsprechend erklären die Länder ihre Absicht, festgestellte Doppel- und Mehrfachversorgungen abzubauen, um zusätzliche Übertragungsmöglichkeiten für private Veranstalter zu gewinnen. Den Landesmedienanstalten obliegt es, unter dem Gesichtspunkt der Gleichbehandlung privater Veranstalter und der besseren Durchsetzbarkeit von Entscheidungen verstärkt zusammenzuarbeiten.

14   Der erste Abschnitt des Rundfunk-Staatsvertrages enthält allgemeine Vorschriften, die sowohl für den öffentlich-rechtlichen wie auch den privaten Rundfunk gelten. So etwa Regelungen über die Übertragung von Großereignissen, die Kurzberichterstattung, Werbung, Sponsoring, Gewinnspiele, Informationsanspruch etc.

15   Der zweite Abschnitt enthält Vorschriften für den öffentlich-rechtlichen Rundfunk, insbesondere betreffend Programme, Finanzierung, Werbung und kommerzielle Betätigung der Landesrundfunkanstalten und des ZDF.

16   Der dritte Abschnitt ist Vorschriften für den privaten Rundfunk gewidmet. Geregelt ist die Zulassung, die Meinungsvielfalt einschließlich der regionalen Fenster, Programmgrundsätze (verfassungsmäßige Ordnung, Menschenwürde, Unabhängigkeit und Sachlichkeit), Sendezeiten für Kirchen und Parteien, Finanzierung, Werbung, Datenschutz, Finanzierung, Aufsicht durch Landesmedienanstalten.

17   Der vierte Abschnitt regelt die Revisionsmöglichkeit zum Bundesverwaltungsgericht und enthält Ordnungswidrigkeitsvorschriften.

18   Der fünfte Abschnitt enthält Regelungen für Plattformen, die Zuordnung und Nutzung der Übertragungskapazitäten.

19   Der sechste Abschnitt enthält die Vorschriften für Telemedien. Diese ersetzen seit dem 1.3.2007 die früher im Mediendienste-Staatsvertrag enthaltenen Regelungen.

20   Abschnitt sieben enthält schließlich die Übergangs- und Schlussvorschriften.

b) ARD-Staatsvertrag

21   Der **ARD-Staatsvertrag** enthält lediglich einige Bestimmungen für das von den ARD-Landesrundfunkanstalten veranstaltete „Erste Deutsche Fernsehen". Hervorzuheben ist die Regelung über Gegendarstellungsansprüche zu Sendungen in den ARD-Fernseh-Gemeinschaftsprogrammen (§ 8). Verantwortlich ist allein die einbringende Landesrundfunkanstalt. Der Anspruch richtet sich nach dem für diese geltenden Gegendarstellungsrecht.

c) ZDF-Staatsvertrag

22   Der **ZDF-Staatsvertrag** tritt an die Stelle des ursprünglichen ZDF-Staatsvertrags vom 6.6.1961 (vgl oben Rn 8). Er enthält eine Konkretisierung der allgemeinen rundfunkrechtlichen Anforderungen sowie die Regelung der Organisation, der Finanzierung und des Haushaltes des ZDF.

d) Rundfunkbeitragsstaatsvertrag

23   Der **Rundfunkbeitragsstaatsvertrag** ersetzt mit Wirkung vom 1.1.2013 den bisherigen Rundfunkgebührenstaatsvertrag. An die Stelle der bisherigen gerätebezogenen Gebühr tritt ein wohnungsbezogener Beitrag.

II. Rechtsgrundlagen des Rundfunks   § 25 LPG

e) Rundfunkfinanzierungsstaatsvertrag
Der **Rundfunkfinanzierungsstaatsvertrag** enthält das Verfahren zur Festlegung   24
der Höhe der Rundfunkgebühren und die Aufteilung der Mittel. Außerdem regelt er
den Finanzausgleich zwischen den einzelnen Rundfunkanstalten.

f) Deutschlandradio-Staatsvertrag
Der Staatsvertrag über die Körperschaft des öffentlichen Rechts „**Deutschlandra-**   25
dio" (DLR StV) enthält die für die beiden veranstalteten Hörfunkprogramme sowie
die Organisation, Finanzierung und den Datenschutz maßgeblichen Regelungen.

g) Jugendmedienschutz-Staatsvertrag
Der Jugendmedienschutz ist seit 2003 in einem eigenen **Jugendmedienschutz-**   26
Staatsvertrag geregelt und enthält die für Rundfunk und Telemedien geltenden
Jugendschutzbestimmungen.
Die in den Staatsverträgen getroffenen Regelungen gehen den landesrechtlichen   27
Vorschriften über den öffentlich-rechtlichen und den privaten Rundfunk vor. Dementsprechend haben sie eine Reihe von Änderungen erforderlich gemacht. An der
Weitergeltung im Übrigen haben sie nichts geändert.

7. Grundlagen öffentlich-rechtlicher Rundfunkanstalten

Die Gesetze und Staatsverträge betreffend die **öffentlich-rechtlichen Rundfunk-**   28
anstalten regeln deren Programmgrundsätze und ihre Organisation. ZB ist im NDR-
StV vorgesehen, dass die vom NDR unterhaltenen Landesfunkhäuser jeweils ein ganztägiges Hörfunkprogramm und ein Fernsehregionalprogramm gestalten (§ 3). Der
NDR hat einen objektiven und umfassenden Überblick über das internationale, nationale und länderbezogene Geschehen in allen wesentlichen Lebensbereichen zu geben.
Sein Programm soll der Information und Bildung sowie der Beratung und Unterhaltung dienen (§ 5). Die Programme haben die Menschenwürde und die Meinung anderer zu achten (§ 7). Er ist zur Wahrheit verpflichtet (§ 8). Auch für den NDR gelten
die Bestimmungen der Jugendmedienschutz-Staatsvertrag (§ 9). Den Regierungen ist
für amtliche Verlautbarungen angemessene Sendezeit einzuräumen (§ 11). Das Gegendarstellungsrecht ist geregelt (§ 12). Jedermann hat das Recht zu Eingaben (§ 13). Die
Sendungen sind zu Beweiszwecken aufzuzeichnen und mindestens drei Monate aufzubewahren, Betroffene können Einsicht fordern (§ 14). Wahlwerbespots müssen gesendet werden, den Kirchen ist angemessene Sendezeit zu gewähren (§ 15).
Organe des NDR sind der Rundfunkrat (höchstens 58 Mitglieder), der Verwal-   29
tungsrat (12 Mitglieder), der Intendant und die Landesrundfunkräte (§ 16); zur staatsfernen Ausgestaltung und Zusammensetzung der Aufsichtsgremien öffentlichrechtlicher Rundfunkanstalten s BVerfG ZUM 2014, 501 – ZDF. Der Intendant wird
vom Rundfunkrat für sechs Jahre gewählt (§ 28). Die Rechnungshöfe der beteiligten Länder prüfen die Wirtschaftsführung des NDR (§ 34). Das Bundespersonalvertretungsgesetz findet Anwendung (§ 39). Der Datenschutz ist besonders geregelt
(§§ 41, 42), ebenso das Kündigungsrecht (§ 44).

8. Rechtsgrundlagen des privaten Rundfunks

Die landesrechtlichen Regelungen über den **privaten Rundfunk** stimmen darin   30
überein, dass Zulassung und Kontrolle den Landesmedienanstalten obliegt. Im Übrigen unterscheiden sich die Regelungen erheblich. ZB darf nach Art 111a der Bayerischen Verfassung in deren Geltungsbereich Rundfunk nur in öffentlich-rechtlicher
Trägerschaft betrieben werden. Deswegen ist nach dem Bayerischen Mediengesetz
vom idF der Bekanntmachung vom 22.10.2003 (GVBl S 799; zuletzt geändert durch
Gesetz vom 27.11.2012 GVBl S 578) die Bayerische Landeszentrale für neue Medien
Trägerin der von privaten Rundfunkanbietern gestalteten Programme. Sie trägt dafür
die Verantwortung. Für Gegendarstellungsforderungen und Ansprüche aufgrund von

Burkhardt   1187

LPG § 26 Schlussbestimmungen

Rechtsverletzungen ist sie gemeinsam mit dem Anbieter der Anspruchsgegner (Art 18 Abs 4 MedienG BY).

31 In NRW ist das Recht des lokalen Hörfunks durch die Besonderheit des sog „Zwei-Säulen-Modells" gekennzeichnet: Die Zulassung erhalten nur Veranstaltergemeinschaften, die von mindestens acht von gesellschaftlich relevanten Gruppen bestimmten natürlichen Personen gegründet worden sein müssen (§ 62 MedienG NRW). Öffentlich-rechtliche Rundfunkanstalten dürfen sich an den Kapital- und Stimmrechtsanteilen der Veranstaltergemeinschaft bis zu einem Drittel beteiligen (§ 5 Abs 3 MedienG NRW). Die Zulassung darf nur erteilt werden, wenn die Veranstaltergemeinschaft eine für die beantragte Dauer verbindliche vertragliche Vereinbarung mit einer Betriebsgesellschaft nachweist, derer sie sich zur Durchführung ihrer gesetzlichen Aufgaben bedient (§ 58a MedienG NRW). Die Betriebsgesellschaft hat die erforderlichen technischen Einrichtungen zu beschaffen und für die Finanzierung zu sorgen. Werbeeinnahmen stehen allein ihr zu.

32 Im übrigen unterscheiden sich die Regelungen auch in sonstigen Punkten. ZB sieht § 12 des Hessischen Privatrundfunkgesetzes ein landesweites Hörfunkvollprogramm vor. Demgegenüber war das LMedienG Baden-Württemberg mehr auf die Zulassung zahlreicher Veranstalter angelegt. Nachdem sich gezeigt hat, dass sie nur teilweise lebensfähig sind, ist auch in Baden-Württemberg die Schaffung größerer Einheiten ermöglicht worden. Eine Besonderheit des Niedersächsischen MedienG ist die Forderung der Professionalität des Veranstalters (§ 5). Im Übrigen besteht jedenfalls hinsichtlich der Grundzüge weitgehende Übereinstimmung.

9. Zulassung zum Privatfunk

33 Bei der Zulassung als privater Rundfunkveranstalter ist zwischen den personellen und den sachlichen Voraussetzungen zu unterscheiden. Die Zulassung können unbeschränkt geschäftsfähige natürliche Personen mit Sitz in der Bundesrepublik erhalten, wenn sie die Gewähr für eine ordnungsgemäßen Programmgestaltung bieten und die Voraussetzungen des Rundfunk-Staatsvertrages erfüllt sind (vgl Rn 16). Entsprechendes gilt für juristische Personen und nicht rechtsfähige Personenvereinigungen. Nicht erteilt werden darf die Zulassung an

– Gebietskörperschaften und juristische Personen des öffentlichen Rechts (ausgenommen Kirchen und Hochschulen)
– Unternehmen, Vereinigungen und Personen, die an die öffentliche Hand gebunden sind, ebenso politische Parteien

34 In sachlicher Hinsicht wird gefordert
– die Vorlage eines Programmschemas
– Unterlagen, die erwarten lassen, dass der Bewerber organisatorisch und finanziell in der Lage ist, ein Programm regelmäßig zu veranstalten.

35 Der Zulassungsantrag ist bei der Landesmedienanstalt schriftlich zu stellen. Können nicht alle Bewerber berücksichtigt werden, sind die jeweils vorgesehenen Auswahlkriterien zu beachten. Von der Möglichkeit eines Frequenzsplitting wird nur noch selten Gebrauch gemacht, weil es sich in der Praxis nicht bewährt hat.

§ 26
Schlussbestimmungen

Gesetzesfassung in Baden-Württemberg:

§ 26 [Schlußbestimmungen]

(1) Dieses Gesetz tritt am 1. Februar 1964 in Kraft.

(2) Gleichzeitig treten alle Rechtsvorschriften, die diesem Gesetz entsprechen oder widersprechen, außer Kraft, insbesondere

Schlussbestimmungen § 26 LPG

a) das Reichsgesetz über die Presse vom 7. Mai 1874 (RGBl. S. 65),
b) das württ.-bad. Gesetz Nr. 1032 über die Freiheit der Presse vom 1. April 1949 (RegBl. S. 59),
c) das württ. Gesetz, betreffend Ausführungsbestimmungen zu dem Reichsgesetz über die Presse vom 27. Juni 1874 (RegBl. S. 181), zuletzt geändert durch das Gesetz betreffend Abänderung des Ausführungsgesetzes zu dem Reichsgesetz über die Presse vom 24. Januar 1900 (RGBl. S. 111),
d) die Verfügung der württ. Ministerien der Justiz und des Inneren zum Vollzug des Gesetzes vom 24. Januar 1900, betreffend Abänderung des Ausführungsgesetzes zu dem Reichsgesetz über die Presse vom 9. Februar 1900 (RegBl. S. 112),
e) die Verordnung des württ. Kultusministeriums über die Abgabe von Schriften an die Landesbibliothek in Stuttgart vom 24. Juni 1931 (RegBl. S. 322),
f) das badische Gesetz, die Einführung des Reichspressegesetzes betreffend, vom 20. Juni 1874 (GVBl. S. 279), geändert durch § 147 Ziff. 3 des badischen Gesetzes, die Einführung der Reichsjustizgesetze im Großherzogtum Baden betreffend, vom 3. März 1879 (GVBl. S. 91),
g) die badische Verordnung zum Vollzug des Reichsgesetzes über die Presse vom 18. Mai 1937 (GVBl. S. 238),
h) das badische Gesetz über die Abgabe von Freistücken der im Land Baden erscheinenden oder daselbst zum Druck gelangten Druckwerke an die badische Landesbibliothek vom 27. Februar 1936 (GVBl. S. 49), für Südbaden geändert durch das Landesgesetz über die Abgabe von Freistücken der im Land Baden erscheinenden oder daselbst zum Druck gelangten Druckwerke vom 6. August 1948 (GVBl. S. 141),
i) die badische Verordnung zur Durchführung des Gesetzes vom 27. Februar 1936 über die Abgabe von Freistücken der im Land Baden erscheinenden oder daselbst zum Druck gelangten Druckwerke an die badische Landesbibliothek vom 24. Juli 1939 (GVBl. S. 152),
k) die südbadische Anordnung des badischen Ministeriums des Innern zur Überwachung von Druckschriften vom 10. April 1946 (Amtsblatt der Landesverwaltung Baden, S. 7), geändert durch Anordnung vom 6. Dezember 1946 (Amtsblatt der Landesverwaltung Baden, S. 149),
l) § 6 des preußischen Gesetzes über die Presse vom 12. Mai 1851 (GS S. 273).

Gesetzesfassung in Bayern:

Art. 18 [In-Kraft-Treten]

(1) Dieses Gesetz ist dringlich. Es tritt am 1. Juli 1949 in Kraft.

(2) Das Staatsministerium des Innern erlässt durch Rechtsverordnung die näheren Bestimmungen über die Bekanntgabe der Inhaber- und Beteiligungsverhältnisse (Art. 8 Abs. 3) sowie die zur Durchführung dieses Gesetzes erforderlichen Verwaltungsvorschriften. Verwaltungsvorschriften, die nur den Geschäftsbereich eines anderen Staatsministeriums betreffen, erlässt dieses Staatsministerium im Einvernehmen mit dem Staatsministerium des Innern.

Gesetzesfassung in Berlin:

§ 24 [Schlußbestimmungen]

(1) Dieses Gesetz tritt am 1. August 1965 in Kraft.

(2) Gleichzeitig tritt außer Kraft das Reichsgesetz über die Presse vom 7. Mai 1874 (RGBl. S. 65) in der Fassung der Änderungsgesetze vom 1. Juli 1883 (RGBl. S. 159), vom 3. Juni 1914 (RGBl. S. 195), vom 4. März 1931 (RGBl. I S. 29), vom 28. Juni 1935 (RGBl. I S. 839) und vom 4. August 1953 (BGBl. I S. 735).

LPG § 26 — Schlussbestimmungen

Gesetzesfassung in Brandenburg:

§ 18 [Inkrafttreten; Außerkrafttreten]

(1) Dieses Gesetz tritt am Tage nach der Verkündung in Kraft.

(2) Mit Inkrafttreten dieses Gesetzes treten folgende Rechtsvorschriften, soweit sie gemäß Artikel 9 Abs. 1 des Einigungsvertrages vom 31. August 1990 (BGBl. 1990 II S. 885) als Landesrecht fortgelten, außer Kraft:

1. der Beschluß der Volkskammer über die Gewährleistung der Meinungs-, Informations- und Medienfreiheit vom 5. Februar 1990 (GBl. I Nr. 7 S. 39),
2. die Verordnung über die Registrierung von Presseerzeugnissen vom 15. Februar 1990 (GBl. I Nr. 9 S. 73),
3. die Verordnung über den Vertrieb von Presseerzeugnissen in der DDR vom 2. Mai 1990 (GBl. I Nr. 26 S. 245).

Gesetzesfassung in Bremen:

§ 26 [Schlußbestimmungen]

(1) Dieses Gesetz tritt am Tage nach der Verkündung in Kraft.

(2) Gleichzeitig treten außer Kraft

a) § 6 des preußischen Gesetzes über die Presse vom 12. Mai 1851 (GS S. 273),
b) das Reichsgesetz über die Presse vom 7. Mai 1874 (RGBl. S. 65), zuletzt geändert durch das Gesetz zur Änderung des Strafgesetzbuches vom 28. Juni 1935 (RGBl. I S. 839),
c) das Gesetz zum Schutz der Freiheit der Presse vom 20. Dezember 1948 (SaBremR 225-a-1),
d) das Gesetz über die Abgabe von Freistücken der Druckwerke an die Staatsbibliothek vom 25. Juli 1935 (SaBremR 221-b-1).

Gesetzesfassung in Hamburg:

§ 24 [Inkrafttreten]

(1) Dieses Gesetz tritt mit Ausnahme des § 23 am 1. April 1965 in Kraft. § 23 tritt am 1. Oktober 1965 in Kraft.

(2) Gleichzeitig tritt das Reichsgesetz über die Presse vom 7. Mai 1874 (Reichsgesetzblatt S. 65) außer Kraft.

(3) Das Gesetz, betreffend den Staatsvertrag über den Norddeutschen Rundfunk, vom 10. Juni 1955 (Hamburgisches Gesetz- und Verordnungsblatt Seite 197) bleibt unberührt.

Gesetzesfassung in Hessen:

§ 15 [Inkrafttreten]

Dieses Gesetz tritt mit seiner Verkündung in Kraft.

Gesetzesfassung in Mecklenburg-Vorpommern:

§ 23 [Schlußbestimmungen]

Dieses Gesetz tritt am Tage nach seiner Verkündung in Kraft. Das vorstehende Gesetz wird hiermit verkündet.

Gesetzesfassung in Niedersachsen:

§ 26 [Schlußbestimmungen]

(1) Dieses Gesetz tritt am 1. Mai 1965 in Kraft.

Schlussbestimmungen § 26 LPG

(2) Gleichzeitig treten außer Kraft

1. die Bekanntmachung wegen der an die Königlichen Bibliotheken zu Hannover und Göttingen abzuliefernden Exemplare von allen im Königreiche Hannover verlegt oder gedruckt werdenden Büchern vom 19. März 1828 (Samml. der Gesetze, Verordnungen und Ausschreibungen für das Königreich Hannover, I. Abt. S. 19),
2. § 6 des preußischen Gesetzes über die Presse vom 12. Mai 1851 (Preuß. Gesetzsamml. S. 273),
3. das Reichsgesetz über die Presse vom 7. Mai 1874 (Reichsgesetzblatt S. 65) in der Fassung des Gesetzes vom 28. Juni 1935 (Reichsgesetzblatt I S. 839),
4. das Gesetz für den Freistaat Oldenburg über die Abgabe von Freistücken der Druckwerke an die Landesbibliothek vom 22. September 1933 (Nieders. GVBl. Sb. II S. 415).

(3) Die Befugnisse, die die zuständigen Behörden im Verfahren auf Grund des Gesetzes zur Überwachung strafrechtlicher und anderer Verbringungsverbote vom 24. Mai 1961 (Bundesgesetzbl. I S. 607) haben, bleiben unberührt; § 18 Abs. 2 bis 5 ist in diesem Verfahren nicht anzuwenden.

Gesetzesfassung in Nordrhein-Westfalen:

§ 27 Schlußbestimmungen

(1) Dieses Gesetz tritt am 1. Juli 1966 in Kraft.

(2) Gleichzeitig treten außer Kraft

1. das Reichsgesetz über die Presse vom 7. Mai 1874 (RGBl. S. 65), zuletzt geändert durch Gesetz vom 28. Juni 1935 (RGBl. I, S. 839),
2. das Gesetz über die Berufsausübung von Verlegern, Verlagsleitern und Redakteuren vom 17. November 1949 (GS NW S. 444) und die Durchführungsverordnung vom 5. Dezember 1949 (GS NW S. 444).

(3) *aufgehoben*

Gesetzesfassung in Rheinland-Pfalz:

§ 55 In-Kraft-Treten und Übergangsbestimmungen

(1) Dieses Gesetz tritt am 1. April 2005 in Kraft.

(2) Gleichzeitig treten außer Kraft:

1. das Landespressegesetz vom 14. Juni 1965 (GVBl. S 107), zuletzt geändert durch Artikel 7 des Gesetzes vom 8. Mai 2002 (GVBl. S. 177), BS 225-1,
2. das Landesrundfunkgesetz vom 28. Juli 1992 (GVBl. S. 247), zuletzt geändert durch § 2 des Gesetzes vom 2. März 2004 (GVBl. S. 191), BS 225-13.

(3) Für die bei In-Kraft-Treten des § 51 anhängigen verwaltungsgerichtlichen Verfahren in Angelegenheiten der Mediendienste sowie im Hinblick auf den Jugendmedienschutz der Telemedien verbleibt es bei der bisherigen Zuständigkeit.

(4) Rechtsverordnungen, die zur Durchführung des in Absatz 2 Nr. 1 genannten Gesetzes ergangen sind, bleiben in Kraft. Das für das wissenschaftliche Bibliothekswesen zuständige Ministerium wird ermächtigt, im Einvernehmen mit dem für die Angelegenheiten der Medien zuständigen Ministerium die nach Satz 1 fort geltenden Vorschriften durch Rechtsverordnung aufzuheben.

LPG § 26

Schlussbestimmungen

Gesetzesfassung im Saarland:

§ 71 In-Kraft-Treten, Außer-Kraft-Treten

(1) Dieses Gesetz tritt am Tag nach der Verkündung in Kraft. Gleichzeitig treten das Rundfunkgesetz für das Saarland (Landesrundfunkgesetz – LRG) in der Fassung der Bekanntmachung vom 18. Dezember 1998 (Amtsbl. 1999 S. 32), zuletzt geändert durch Gesetz vom 13. Dezember 2001 (Amtsbl. 2002 S. 2), mit Ausnahme seines § 81 und das Saarländische Pressegesetz (SPresseG) in der Fassung der Bekanntmachung vom 22. September 2000 (Amtsbl. S. 1622) außer Kraft.

(2) § 81 Landesrundfunkgesetz tritt zum 31. Dezember 2002 außer Kraft.

§§ 67–69 enthalten weitere rundfunkrechtliche Schlussvorschriften.

Gesetzesfassung in Sachsen:

§ 16 Außerkrafttreten

Mit Inkrafttreten dieses Gesetzes tritt entgegenstehendes Recht der DDR außer Kraft, insbesondere der Beschluß der Volkskammer vom 5. Februar 1990 über die Gewährleistung der Meinungs-, Informations- und Medienfreiheit (GBl. I S. 39) und die Verordnung über den Vertrieb von Presseerzeugnissen in der DDR vom 2. Mai 1990 (GBl. I S. 245).

§ 17 Inkrafttreten
Dieses Gesetz tritt am 1. Mai 1992 in Kraft.

Gesetzesfassung in Sachsen-Anhalt:

§ 17 Inkrafttreten

Dieses Gesetz tritt am Tage nach seiner Verkündung in Kraft.

Gesetzesfassung in Schleswig-Holstein:

§ 19 Schlußbestimmungen

Die geltende Fassung des LPG vom 31.1.2005 GVBl SH S 105 enthält die nachfolgenden Bestimmungen nicht mehr.

(1) Dieses Gesetz tritt am 1. August 1964 in Kraft.

(2) Gleichzeitig treten außer Kraft

1. § 6 des preußischen Gesetzes über die Presse vom 12. Mai 1851 (GS S. 273),
2. das Reichsgesetz über die Presse vom 7. Mai 1874 (Reichsgesetzbl. I S. 65) als Landesrecht,
3. das Gesetz zur vorläufigen Regelung des Pressewesens vom 27. September 1949 (GVOBl. SH S. 199),
4. das vorläufige Gesetz über den Presseausschuß vom 29. November 1949 (GVOBl. SH S. 225).

Gesetzesfassung in Thüringen:

§ 16 Schlußbestimmungen

(1) Dieses Gesetz tritt am Tage nach der Verkündung in Kraft.

1   Mit dem Inkrafttreten des Grundgesetzes am 24.5.1949 ist die Gesetzgebungszuständigkeit für die Materie Presserecht in der alten Bundesrepublik Deutschland auf die Länder übergegangen. Das folgt daraus, dass das Recht der Gesetzgebung nach

Schlussbestimmungen § 26 LPG

Art 70 GG grundsätzlich den Ländern zusteht. Dem Bund steht die Gesetzgebungskompetenz nur zu, soweit das GG sie ihm verleiht. Für die Materie Presserecht verleiht das GG dem Bund seit der Föderalismusreform keinerlei Gesetzgebungskompetenz mehr. Von der zuvor bestehenden Rahmengesetzgebungskompetenz hatte der Bund trotz einiger Ansätze keinen Gebrauch gemacht.

Die seit dem 24.5.1949 vorhandene Gesetzgebungskompetenz der Länder der alten 2 Bundesrepublik hat nicht etwa das Außerkrafttreten des Reichspressgesetzes von 1874 zur Folge gehabt. Nach Auffassung des BVerfG hat es in den alten Bundesländern als Landesrecht fortgegolten (BVerfGE 7, 38). Dort haben die Landesgesetzgeber bei Einführung der LPG das RPG und andere dem neuen Recht entgegenstehende Bestimmungen konsequenterweise aufgehoben. In den neuen Bundesländern haben lediglich die Gesetzgeber in Brandenburg und in Sachsen das Außerkrafttreten früheren Rechts geregelt, allerdings nur des früheren DDR-Rechts.

Die LPG von Mecklenburg-Vorpommern, Sachsen-Anhalt und Thüringen enthal- 3 ten keine Aufhebungsvorschriften. Nach Auskunft der in diesen Ländern zuständigen Ministerien ist durch die Einführung der neuen LPG das frühere DDR-Recht „konkludent" aufgehoben worden. Soweit es um das RPG von 1874 geht, scheint die Vorstellung, es könne in der DDR fortgegolten haben, trotz seiner offenbar fehlenden ausdrücklichen Aufhebung nirgends vorhanden zu sein, vgl hierzu den „Fundstellennachweis zum Recht der ehemaligen Deutschen Demokratischen Republik am 2.10.1990" des Bundesministeriums der Justiz (Beilage zum Bundesanzeiger).

Eine Übergangsregelung, etwa für einen Rechtsstreit wegen einer Gegendarstel- 4 lungsforderung ist in keinem Bundesland getroffen worden. In einem während der Zeit der Gesetzesänderung bei ihm anhängigen Gegendarstellungsverfahren hat der BGH auf prozessökonomische Erwägungen bzw darauf abgestellt, was ein „vernünftiger Gesetzgeber" im Zweifel gewollt habe (BGH NJW 1964, 1133).

Besonderer Teil
Standesrecht der Presse, Presse-Selbstkontrolle, Deutscher Presserat

Schrifttum: *Deutscher Presserat (Hrsg),* Jahrbuch 1993 ff.; *ders,* Bericht zum Redaktionsdatenschutz, 2004 ff.; *ders,* Chronik des Deutschen Presserats 1956 bis 2013, 2013; *Dietrich,* Der Deutsche Presserat, 2002; *Hauss,* Presse-Selbstkontrolle – Aufgaben und Grenzen –, AfP 1980, 178; *Kriele,* Plädoyer für eine Journalistenkammer, ZRP 1990, 109; *M. Löffler,* Das Standesrecht der Massenmedien in weltweiter Sicht, AfP 1971, 16; *ders,* Rechtliche Grenzen der Presse-Selbstkontrolle, NJW 1981, 908; *M. Löffler/Hébarre,* Form und Funktion der Presse-Selbstkontrolle in weltweiter Sicht, 1968; *v Mauchenheim,* Der Deutsche Presserat – Organisation und Tätigkeit, Festschrift f. Martin Löffler, 1980, 253; *Münch,* Der Schutz des Einzelnen vor Presseveröffentlichungen durch den Deutschen Presserat und die britische Press Complaints Commission, Diss. iur. Konstanz 2001; *Ory,* Plädoyer: Keine Journalistenkammer, ZRP 1990, 289; *Peters,* Die Bestimmung der publizistischen Sorgfalt, NJW 1997, 1134; *Ricker,* Kein Standeszwang im Pressewesen, ZRP 1976, 113; *ders,* Rechte und Pflichten der Medien unter Berücksichtigung des Rechtsschutzes des einzelnen, NJW 1990, 2097; *Schweizer,* Selbstkontrolle der Printmedien, in FS für Günter Herrmann, 2002; *Stürner,* Empfiehlt es sich, die Rechte und Pflichten der Medien präziser zu regeln und dabei den Rechtsschutz des einzelnen zu verbessern?, Gutachten für den 58. DJT, 1990, A 9; *Suhr,* Europäische Presse-Selbstkontrolle, 1998; *Tillmanns,* Persönlichkeitsrecht und Pressekodex, in Götting/Schertz/Seitz, Handbuch des Persönlichkeitsrechts, 2008, § 5; *ders,* Gesonderte Sanktionen bei Verletzung des Pressekodex, in Götting/Schertz/Seitz, Handbuch des Persönlichkeitsrechts, 2008, § 54; *ders,* Der Pressekodex sollte für alle Medien gelten, ZRP 2004, 277; *Zentralverband der Werbewirtschaft (ZAW),* Werbung in Deutschland, 2004.

Inhaltsübersicht

	Rn
I. Begriff des Standesrechts der Presse	1
II. Journalistenkammer vs freiwillige Selbstkontrolle	2–4
III. Der Deutsche Presserat	5–21
1. Geschichte und Struktur	5–8
2. Aufgaben des Deutschen Presserats	9, 10
3. Pressekodex und Richtlinien für die publizistische Arbeit	11–13
4. Beschwerdeausschuss und Beschwerdeverfahren	14–23
5. Beschwerden gegen Werbung – Deutscher Werberat	24
IV. Internationale Standsregeln und europäische Rechtsentwicklung	25, 26
V. Materielles Standesrecht der Presse	27, 28
VI. Rechtliche Bedeutung der Standesregeln	29–32
1. Standesregeln und Sorgfaltspflichten der Presse	30
2. Presserechtliche Standesregeln und Wettbewerbsrecht	31, 32
Anhang	
Pressekodex	1206

I. Begriff des Standesrechts der Presse

In unserer Rechtsordnung existieren zahlreiche gesetzliche Vorschriften zur Regelung der Berufs- und Gewerbeausübung. Im Bereich der Printmedien sind dabei neben übergreifenden bundesgesetzlichen Regelungen, wie zB dem UWG oder dem GWB, vor allem die Landespressegesetze der einzelnen Bundesländer von besonderer Bedeutung, die zahlreiche Regelungen zur Berufsausübung der Presseangehörigen enthalten (vgl zB §§ 6, 8, 9, 10 LPG Baden-Württemberg). Für viele der Berufe und Branchen haben sich darüber hinaus geschriebene und ungeschriebene **Standesregeln** ohne Gesetzeskraft entwickelt, die eine „natürliche Ergänzung der Rechtsordnung" bilden, weil sie nicht nur festlegen, was „rechtens" ist, sondern darüber hinaus ein berufsethisches Verhalten fordern, das dem Ansehen des Berufsstandes in 1

BT StandesR

der Öffentlichkeit und damit auch seinen beruflichen, wirtschaftlichen und sonstigen Interessen dient (vgl *Tillmanns* in Götting/Schertz/Seitz, Handbuch des Persönlichkeitsrechts, § 5 Rn. 9). Gemeinsam mit den erwähnten gesetzlichen Regelungen der Berufausübung (insbesondere den Landespressegesetzen) bilden sie das Standesrecht der Presse im weiteren Sinne (*M. Löffler* AfP 1971, 16/17). Zum **Standesrecht der Presse im engeren Sinne** gehören alle geschriebenen und ungeschriebenen Regeln ohne Gesetzkraft, zu deren Beachtung sich die Angehörigen der Publizistik übereinstimmend bekennen. Nach einer von *Martin Löffler* (AfP 1971, 16/17) geprägten Formulierung sind diese beruflichen Standesregeln weder Rechtsnormen im Sinne der staatlichen Rechtsordnung noch rein ethische Prinzipien ohne Geltungsanspruch. Sie stehen vielmehr als Teil der unser soziales Leben regulierenden Sittenordnung „zwischen Recht und Moral".

II. Journalistenkammer vs freiwillige Selbstkontrolle

2   Pressebezogene Standesregeln ohne Gesetzeskraft werfen per se die Frage auf, wer den Inhalt dieser Regeln definiert, ihre Einhaltung überwacht und ggf auch durchsetzt. Im Bereich der traditionellen freien Berufe sind dies vor allem berufsständische Kammern und ähnliche Organisationen, die durch Zwangsmitgliedschaften und hoheitliche Eingriffsbefugnisse gekennzeichnet sind (vgl dazu *Hatje/Terhechte* NJW 2002, 1849 ff.; zur Pflichtmitgliedschaft in einer IHK BVerfG NVwZ 2002, 335). Die Landespressegesetze verbieten nahezu übereinstimmend „Berufsorganisationen der Presse mit Zwangsmitgliedschaft" (Ausnahme: Hessen) und eine „mit hoheitlicher Gewalt ausgestattete Standesgerichtsbarkeit" (§ 1 Abs 4 der meisten Landespressegesetze; insoweit übereinstimmend § 2 Abs 3 hessLPG). Damit soll eine staatlich verordnete und überwachte Kontrolle der Presse in Form einer öffentlich-rechtlichen Zwangskörperschaft („Pressekammer" oder „Journalistenkammer") grundsätzlich ausgeschlossen werden (dazu eingehend *Löffler/Bullinger*, 5. Aufl, § 1 LPG Rn 183 ff.).

3   Ob der Bundes- oder Landesgesetzgeber auch **de lege ferenda** gehindert wäre, Pressekammern mit Zwangsmitgliedschaft und Berufsgerichtsbarkeit einzuführen, ist umstritten (dazu eingehend *Löffler/Bullinger*, 5. Aufl, § 1 LPG Rn 185 ff.). Bestrebungen in diese Richtung hat es jedenfalls immer wieder gegeben. Der sog Lüders-Entwurf des Bundesinnenministeriums aus dem Jahre 1952, der eine paritätisch aus Journalisten und Verlegern zusammengesetzte Körperschaft des öffentlichen Rechts mit Disziplinierungsbefugnissen vorsah, scheiterte am fast einhelligen Widerstand der Presse (dazu *Hauss* AfP 1980, 178/179; *v Mauchenheim,* FS Löffler, S 253/254). Auch in der jüngeren Vergangenheit haben tatsächliche oder vermeintliche Mängel in der Berichterstattung der Medien hin und wieder den Ruf nach einer „Journalistenkammer" laut werden lassen, die angeblich eine effektivere Selbstkontrolle gewährleisten soll, als dies bisher der Fall ist (vgl nur *Kriele* ZRP 1990, 109 ff.; *Lahusen* ZRP 1976, 111 ff.). Die rechtlichen und praktischen Konsequenzen dieser Vorschläge waren indessen zumeist nur wenig durchdacht (zutr *Ory* ZRP 1990, 289; *Ricker* ZRP 1976, 113 ff.; *Stürner,* Gutachten für den 58. DJT. A A36 f.): Eindeutig verfassungswidrig wäre jedenfalls auch de lege ferenda die Einführung einer Pressekammer mit Zwangsmitgliedschaft und Berufsgerichtsbarkeit, denn die institutionelle Garantie der Presse durch die Verfassung kann nicht ihrerseits die Ermächtigungsgrundlage für Beschränkungen des Abwehrgrundrechts aus Art 5 Abs 1 Satz 2 GG liefern (*Ricker* ZRP 1976, 113/115). Das Grundrecht der Pressefreiheit lässt weder die selbstdisziplinierende Zulassung durch eine öffentlich-rechtliche Berufskörperschaft noch laufende korrigierende Aufsicht staatlicher Behörden über die Gesetzmäßigkeit des Inhalts von Presseerzeugnissen zu (dazu eingehend *Löffler/Bullinger*, 5. Aufl, § 1 LPG Rn 185 ff.).

4   Berufsorganisationen, die auf freiwilliger Basis gebildet werden, sind nach einhelliger Auffassung hingegen bereits de lege lata zulässig, und zwar auch soweit sie Auf-

gaben der **Presse-Selbstkontrolle** wahrnehmen (OLG Hamburg ArchPR 1960, 151; OLG Frankfurt NJW 1963, 112 *Ricker/Weberling* Kap 40 Rn 5). Das Element der Selbstkontrolle setzt dabei eine gewisse Identität von Kontrollierendem und Kontrolliertem voraus. Jede Kontrolle der Medien kann im Prinzip ihre Freiheit gefährden. Die Selbstkontrolle durch die Presseangehörigen stellt sich aber als milderes Eingriffsmittel dar und kann auf Grund ihrer größeren Flexibilität und Sachnähe eine bessere Balance zwischen den widerstreitenden Interessen erzielen, als dies eine „Journalistenkammer" mit Eingriffsbefugnissen könnte. Aufgrund der Freiwilligkeit des Zusammenschlusses ist eine höhere Akzeptanz bei den publizistisch Tätigen zu erwarten, die sich auch auf moralisch-ethische – und damit rechtlich kaum fassbare – Bereiche erstreckt (vgl *Münch,* Der Schutz des Einzelnen vor Presseveröffentlichungen, S 148 ff.). Im Printmedienbereich nimmt der **Deutsche Presserat** als standesübergreifende Organisation von Presseangehörigen die Aufgabe der Presse-Selbstkontrolle wahr. Daneben existieren weitere Selbstkontrolleinrichtungen für andere Medien (Überblick bei *Münch,* Der Schutz des Einzelnen vor Presseveröffentlichungen, S 146 Fn 971), deren bekannteste zweifellos die „Freiwillige Selbstkontrolle der Filmwirtschaft (FSK)" ist.

III. Der Deutsche Presserat

1. Geschichte und Struktur

Der Deutsche Presserat wurde am 20.11.1956 in Bonn nach dem Vorbild des damaligen britischen „General Council of the Press" (heute: Press Complaints Commission) ins Leben gerufen und blickt auf eine durchaus wechselvolle Geschichte zurück (Näheres *Münch,* Der Schutz des Einzelnen vor Presseveröffentlichungen, S 150 ff.; *Hauss* AfP 1980, 178/179 ff.; *Mauchenheim* FS *Löffler* S 253 ff.). Die Presse-Selbstkontrolle in Deutschland durch den Deutschen Presserat hat sich zwischenzeitlich stabilisiert und auch etabliert. Der Deutsche Presserat genießt zu Recht allseits große Akzeptanz und hohes Ansehen (vgl *Münch,* Der Schutz des Einzelnen vor Presseveröffentlichungen, S 150 ff.).

Der Deutsche Presserat ist ein besonderes **Gremium des „Trägervereins des Deutschen Presserats"** (§ 7 Abs 1 der Satzung für den Trägerverein des Deutschen Presserats e. V.). Der „Trägerverein des Deutschen Presserats e. V." selbst hat nur acht Mitglieder, nämlich den Bundesverband Deutscher Zeitungsverleger e. V. (BDZV), den Verband Deutscher Zeitschriftenverleger e. V. (VDZ), den Deutschen Journalistenverband e. V. (DJV) und die Deutsche Journalistinnen- und Journalisten-Union (dju) in ver.di (früher IG Medien) sowie je eine von den aufgeführten Organisationen benannte natürliche Person (§ 2 Abs 1 der Satzung für den Trägerverein des Deutschen Presserats e. V.). Der Trägerverein des Deutschen Presserats verfolgt nach § 1 seiner Satzung den Zweck, „für die Pressefreiheit in der Bundesrepublik Deutschland einzutreten und das Ansehen der deutschen Presse zu wahren". Zur Wahrnehmung dieser Aufgabe wird der Deutsche Presserat als Gremium des Trägervereins gebildet. Die seit dem Jahr 2004 von 20 auf 28 erweiterten ehrenamtlichen **Mitglieder des Deutschen Presserats** werden je zur Hälfte von den Trägerorganisationen BDZV und VDZ einerseits und vom DJV und der dju in Ver.di andererseits benannt (§ 7 der Satzung für den Trägerverein). Die Dauer der Mitgliedschaft im Plenum des Presserats beträgt jeweils zwei Jahre, eine mehrmalige Entsendung ist zulässig. Gegenüber der Öffentlichkeit wird der Deutsche Presserat durch einen gewählten Sprecher repräsentiert, der abwechselnd aus den Reihen der Verleger- und Journalisten-Trägerorganisationen für zwei Jahre berufen wird (§ 8 Abs 1 der Satzung für den Trägerverein).

Ferner bildet der Deutsche Presserat **zwei gleichberechtigte Beschwerdeausschüsse** mit je acht Mitgliedern (§ 11 Abs 1 der Satzung des Trägervereins). Seit

1.1.2002 übernimmt der Presserat zusätzlich auch die Organisation der Selbstregulierung des Redaktionsdatenschutzes in der Presse. Zu diesem Zweck wurde ein weiterer **eigenständiger Beschwerdeausschuss Redaktionsdatenschutz** eingesetzt, der aus sechs Mitgliedern besteht (§ 11 Abs 2 der Satzung für den Trägerverein).

8 Die laufenden Geschäfte des Trägervereins und des Deutschen Presserats werden von der **Geschäftsstelle** erledigt, die ihren Sitz in Berlin hat (Fritschestr. 27/28, 10585 Berlin, Internetadresse: www.presserat.de). Die relativ komplexe Struktur des Deutschen Presserats lässt sich am besten durch das nachfolgende Schaubild verdeutlichen:

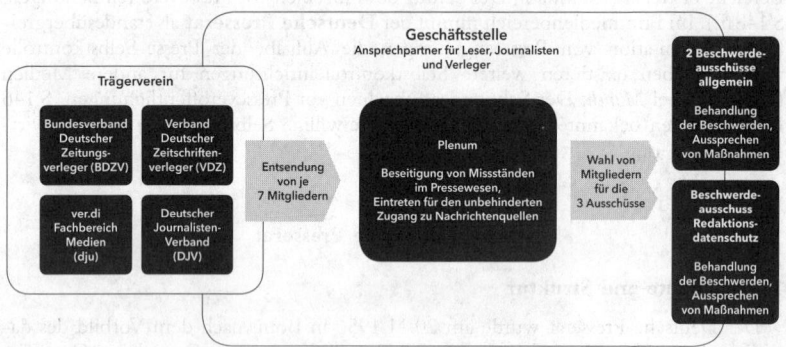

Abdruckgenehmigung und Quelle: Deutscher Presserat,
http://www.presserat.info/inhalt/der-presserat/organisation.html

2. Aufgaben des Deutschen Presserats

9 Der Deutsche Presserat hat im Rahmen des Vereinszwecks, „für die Pressefreiheit in der Bundesrepublik Deutschland einzutreten und das Ansehen der deutschen Presse zu wahren", die folgenden satzungsmäßigen **Aufgaben** (§ 9 der Satzung für den Trägerverein des Deutschen Presserats e. V.):
1. Missstände im Pressewesen festzustellen und auf deren Beseitigung hinzuwirken,
2. Beschwerden über einzelne Zeitungen, Zeitschriften oder Pressedienste und journalistisch-redaktionelle Telemedien der Presse sowie sonstige Telemedien mit journalistisch-redaktionellen Inhalten außerhalb des Rundfunks zu prüfen und in begründeten Fällen Hinweise, Missbilligungen und Rügen gemäß § 12 Abs. 5 der BO auszusprechen.,
3. Empfehlungen und Richtlinien für die publizistische Arbeit zu geben,
4. für den unbehinderten Zugang zu den Nachrichtenquellen einzutreten,
5. im Einvernehmen mit den Trägerorganisationen Entwicklungen entgegenzutreten, die die freie Information und Meinungsbildung des Bürgers gefährden könnten (Anm: Der Deutsche Presserat wird nicht mit der Verhandlung und Entscheidung von Tarifkonflikten belastet),
6. die Selbstregulierung im Bereich des Redaktionsdatenschutzes einschließlich des präventiven Datenschutzes sowie der Anlassaufsicht zu organisieren.

10 Von besonderer praktischer Bedeutung sind dabei die unter Ziff 2 und 3 genannten Aufgaben des Deutschen Presserats. Die große Bedeutung und das hohe Ansehen des Deutschen Presserats kommen auch darin zum Ausdruck, dass der Bund sich auf Grund eines echten Sondergesetzes zugunsten der Presse („Gesetz zur Gewährleistung der Unabhängigkeit des vom Deutschen Presserat eingesetzten Beschwerde-Ausschusses" vom 18.8.1976, BGBl I S 2215) entschlossen hat, die Arbeit des Beschwerdeausschusses durch einen finanziellen Zuschuss zu unterstützen.

3. Pressekodex und Richtlinien für die publizistische Arbeit

Die Pflicht zur Aufstellung von Empfehlungen und Richtlinien für die publizistische **11** Arbeit nach § 9 Ziff 2 der Satzung hat vor allem im 1973 erstmals vorgelegten **Pressekodex** (derzeit in der Fassung vom 13.3.2013, Anhang A.) und den ergänzenden **Richtlinien für die publizistische Arbeit** (aktuell unter: www.presserat.de) ihren Niederschlag gefunden. Neben den Erfahrungen aus der praktischen Arbeit des Deutschen Presserats seit seiner Gründung sind in den Pressekodex auch ausländische Vorbilder mit eingeflossen, insbes die Deklaration der Internationalen Journalisten-Föderation auf Ihrem 2. Weltkongress 1954 in Bordeaux (vgl *v Mauchenheim*, FS Löffler, S 253/262). Im Mai 2000 haben die Gremien des Deutschen Presserats „Journalistische Verhaltensgrundsätze des Deutschen Presserats zu Insider- und anderen Informationen mit potentiellen Auswirkungen auf Wertpapierkurse" verabschiedet. In diesen Verhaltensgrundsätzen werden die im Wertpapierhandelsgesetz enthaltenen Verbote für die Nutzung von **Insiderinformationen** konkretisiert und journalistische Schranken nach den Publizistischen Grundsätzen des Pressekodex formuliert (vgl Deutscher Presserat, Pressemitteilung vom 24.6.2004). Im November 2000 wurden der Pressekodex und die Richtlinien um zahlreiche Regelungen zum **Redaktionsdatenschutz** ergänzt (vgl *Deutscher Presserat,* Jahrbuch 2001, S 42 ff.). In der Einleitung zum Pressekodex wird ausdrücklich die Pflicht der Presse betont, bei ihrer gesamten Tätigkeit, das Privatleben, die Intimsphäre und auch das Recht auf informationelle Selbstbestimmung des Menschen zu achten. Seit 1.1.2009 ist der Deutsche Presserat auch für die Bearbeitung von Beschwerden über Telemedien mit journalistisch-redaktionellem Inhalt zuständig, soweit diese nicht Rundfunk sind (§ 1 Abs 1 der Beschwerdeordnung des Deutschen Presserats). 2013 wurden die Regeln zum Schutz der Persönlichkeit grundlegend überarbeitet (vgl Deutscher Presserat, Chronik 1956 bis 2013, S 32):

Die im Pressekodex enthaltenen publizistischen Grundsätze stellen eine **Konkreti- 12 sierung der Berufsethik der Presse** dar (vgl Präambel zum Pressekodex, Anhang A.). Sie umfasst die Verpflichtung, im Rahmen der Verfassung und der verfassungskonformen Gesetze das Ansehen der Presse zu wahren und für die Freiheit der Presse einzustehen. Diese Berufsethik schließt auch das Recht ein, sich über die Presse beim Deutschen Presserat zu beschweren. Beschwerden sind begründet, wenn die Berufsethik verletzt wird. Der Pressekodex hat sich als **„Werte- und Normensystem für die publizistischen Akteure"** fest etabliert und ist, wie *Tillmanns* (in Götting/Schertz/Seitz, Handbuch des Persönlichkeitsrechts, § 5 Rn 28) treffend formuliert hat, „als permanenter Lernprozess angelegt, der durch die Spruchpraxis immer wieder hinterfragt, aktualisiert und verbessert werden muss". Inhaber aller **Nutzungsrechte** am Pressekodex ist der Deutsche Presserat, dem die ausschließlichen Rechte zu seiner Vervielfältigung und Verbreitung zu stehen (Näheres *Tillmanns* in Götting/Schertz/Seitz, Handbuch des Persönlichkeitsrechts, § 5 Rn 43).

Die **Achtung vor der Wahrheit,** die **Wahrung der Menschenwürde** und die **13 wahrhaftige Unterrichtung** der Öffentlichkeit werden in Ziff 1 Pressekodex ausdrücklich als oberste Gebote der Presse herausgestellt. Ziff 2 konkretisiert die **Sorgfaltspflichten der Presse** bei der Berichterstattung. Die ergänzenden Richtlinien enthalten beispielsweise Grundsätze für Interviews (Richtlinie 2.4) und Leserbriefe (Richtlinie 2.6). Ziff 3 verlangt die unverzügliche Richtigstellung von Meldungen, die sich nachträglich als falsch erwiesen haben. Die Ziff 4, 5, 6 und 15 stellen einzelne **Verhaltensgebote für die Presseangehörigen** auf. So ist zB die Annahme von Einladungen und Geschenken, die die Entscheidungsfreiheit von Verlag und Redaktion beeinträchtigen können, unvereinbar mit dem Ansehen, der Unabhängigkeit und der Aufgabe der Presse (Richtlinie 15.1). Ferner dürfen bei der Beschaffung von Nachrichten, Informationsmaterial und Bildern **keine unlauteren Methoden** angewandt werden. Besondere Zurückhaltung ist bei der Recherche gegenüber schutzbedürftigen Personen (zB Kindern, Jugendlichen, Menschen in Extremsituationen etc) geboten (Richtlinie 4.2). Die Ziff 8, 9 und 13 dienen dem **Schutz des Persönlichkeitsbereichs** vor Eingriffen durch die Presse. Die Presse ist insb verpflichtet, das Privatleben und die Intimsphäre des Menschen zu achten. Auch die Achtung des **Rechts auf informationelle Selbstbestimmung** und die Gewährleistung des redaktionellen Datenschutzes gehört nach Ziff 8 Pressekodex nunmehr ausdrücklich zu den Aufgaben der Presse. Die Nennung von Namen und die Abbildung von Opfern und Tätern in der Berichterstattung Straftaten, Gerichtsverfahren, Unglücksfälle etc ist daher in der Regel nicht gerechtfertigt (Richtlinie 8.1). Ziff 7 enthält den wichtigen **Trennungsgrundsatz:** Verlag und Redaktion haben auf eine klare Trennung zwischen redaktionellem Text und Veröffentlichungen zu werblichen Zwecken zu achten (dazu eingehend § 10 LPG Rn 2 ff.). Die Bedeutung gerade des Trennungsgrundsatzes für die journalistische Berufsethik und das Ansehen der Presse in der Öffentlichkeit hat der Deutsche Presserat immer wieder zu Recht besonders betont (*Deutscher Presserat*, Jahrbuch 2004 S 15 ff.). Weitere wichtige Regelungsbereiche des Pressekodex sind der Schutz des sittlichen oder religiösen Empfindens (Ziff 10), der Verzicht auf eine **unangemessen sensationelle Darstellung** von Gewalt und Brutalität (Ziff 11) sowie das **Verbot der Diskriminierung** (Ziff 12). Letzteres hat in seiner konkreten Ausgestaltung durch Ziff 12.1 der Richtlinien auch berechtigte Kritik von Presseangehörigen erfahren müssen, weil die Vorschrift im Ergebnis dazu führt, dass dem Leser ganz bewusst Informationen vorenthalten werden, über deren Relevanz er im Hinblick auf sein Grundrecht aus Art 5 Abs 1 S 1 GG selbst entscheiden sollte (vgl *Deutscher Presserat*, Jahrbuch 2004, S 10, 28). Die Art. 14 und 15 Pressekodex regeln die Medizin-Berichterstattung und die Annahme von Vergünstigungen durch Presse- und Verlagangehörige. Eine weitere zentrale Vorschrift des Pressekodex ist der Art. 16 (**Rügenveröffentlichung**)**,** wonach es fairer Berichterstattung entspricht, die vom Deutschen Presserat öffentlich ausgesprochenen Rügen in den betroffenen Publikationsorganen bzw Telemedien abzudrucken bzw zu veröffentlichen.

4. Beschwerdeausschuss und Beschwerdeverfahren

14   Einen zentralen Schwerpunkt der praktischen Arbeit des Deutschen Presserats bildet die Tätigkeit der **Beschwerdeausschüsse**. Das Beschwerdeaufkommen ist seit der Vorauflage stark gestiegen, was insbes auf die Erweiterung der Zuständigkeit des Presserats für Telemedien mit journalistisch-redaktionellen Inhalten und auf die Einrichtung einer Online-Beschwerdemöglichkeit zurückzuführen ist (vgl auch *Ricker/Weberling* Kap 40 Rn 19). Im Jahr 2013 sind insgesamt 1347 Beschwerden beim Deutschen Presserat eingegangen (zum Vergleich: 2004 der Voraufl waren es nur 672, im bisherigen Rekordjahr 2010 sogar 1661 Beschwerden). 2013 richteten sich bereits 59 % aller Beschwerden gegen Online-Veröffentlichungen, nur 36 % betrafen Print-Veröffentlichungen und 5 % kombinierte Print-Online-Veröffentlichungen. Der Deutsche Presserat übernimmt also zusehends auch die Funktion eines „Deutschen Onlinerats" für Telemedien mit journalistisch-redaktionellen Inhalten. Die Zahl der Beschwerden im Bereich des Redaktionsdatenschutzes lag in den Jahren 2008 bis 2010 hingegen jeweils nur im einstelligen Bereich (Deutscher Presserat, Bericht zum Redaktionsdatenschutz, 2010, S 67).

15   Nach § 1 der Beschwerdeordnung des Deutschen Presserats ist „jeder" berechtigt, „sich beim Deutschen Presserat allgemein über Veröffentlichungen oder Vorgänge von Presseunternehmen, die periodische Druckwerke herausgeben und/oder Telemedien mit journalistisch-redaktionellen Inhalten betreiben sowie von sonstigen Anbietern von Telemedien mit journalistisch-redaktionellen Inhalten, die nicht Rundfunk sind, zu beschweren". Es handelt sich somit um eine **Popularbeschwerde**, die keine Verletzung in eigenen Rechten im prozessualen Sinne voraussetzt (Näheres *Tillmanns* in Götting/Schertz/Seitz, Handbuch des Persönlichkeitsrechts, § 54 Rn 3). Ferner kann der Deutsche Presserat nach § 1 Abs 2 Beschwerdeordnung auch von

sich aus ein Beschwerdeverfahren einleiten, was aber nur selten geschieht. Mit Vorgängen, die **Werbung** betreffen, beschäftigt sich der Deutsche Presserat grundsätzlich nicht. In einer Entschließung aus dem Jahre 1978 hatte es der Presserat auch noch generell abgelehnt, sich mit Vorgängen aus dem Bereich der **Anzeigenblätter** zu beschäftigen. (Entschließung vom 4./5.10.1978). Für den Bereich des Redaktionsdatenschutzes gilt aber schon seit 2001 eine Ausnahme: Der Bundesverband Deutscher Anzeigenblätter (BVDA) beteiligt sich unter dem Dach des Deutschen Presserates an der Freiwilligen Selbstkontrolle Redaktionsdatenschutz. Beschwerden zum Redaktionsdatenschutz im Bereich der Anzeigenblätter werden daher vom Beschwerdeausschuss Redaktionsdatenschutz behandelt (Näheres *Deutscher Presserat,* Bericht zum Redaktionsdatenschutz 2004, S 58f.). Seit einigen Jahren ist der Presserat dazu übergegangen, auch allgemeine Beschwerden gegen Anzeigenblätter im Rahmen der Vorprüfung, aber ohne förmliches Beschwerdeverfahren zu behandeln. Werden hierbei gravierende Verstöße gegen den Pressekodex festgestellt, leitet die Geschäftsstelle des Deutschen Presserats die Beschwerde an das betroffene Anzeigenblatt weiter mit der Bitte, der Beschwerde dort auf geeignete Weise abzuhelfen. Der Presserat vermittelt aber anders als bei sonstigen Medien nicht zwischen den Beteiligten (vgl Anhang zur Beschwerdeordnung des Deutschen Presserats).

Die Beschwerde kann in Schriftform per Post oder E-Mail eingereicht werden (§ 2 **16** Abs 1 Beschwerdeordnung). Auf der Internetseite des Deutschen Presserats wird ferner die Möglichkeit eröffnet, eine Beschwerde auch direkt über ein Online-Portal einzureichen. Die Beschwerde muss einen Beschwerdegrund angeben und kann einen Antrag enthalten. Beschwerden über Printbeiträge soll die Veröffentlichung im Original oder in Kopie, Beschwerden über Online-Veröffentlichungen soll ein Screenshot bzw Ausdruck oder ein Link (inklusive Datum und Uhrzeit der Veröffentlichung) beigefügt werden. Anonyme oder offensichtlich missbräuchliche Beschwerden werden nicht behandelt (§ 2 Abs 2 Beschwerdeordnung). Nach Eingang der Beschwerde findet eine **Vorprüfung** durch die Geschäftsführung des Presserats statt (Näheres *Tillmanns* in Götting/Schertz/Seitz, Handbuch des Persönlichkeitsrechts, § 54 Rn 15). Ist der Presserat nicht zuständig, wird der Beschwerdeführer davon unterrichtet. Unschlüssige oder offensichtlich unbegründete Beschwerden werden vom Presserat in einem vereinfachten Verfahren zurückgewiesen (§ 5 Abs 2 der Beschwerdeordnung iVm § 9 Abs 2 Geschäftsordnung). Hiergegen kann der Beschwerdeführer innerhalb von zwei Wochen Einspruch einlegen, über den der Beschwerdeausschuss entscheidet (§ 5 Abs 3 Beschwerdeordnung).

Beschwerden, die nicht unschlüssig oder offensichtlich unbegründet sind, werden **17** dem Beschwerdegegner zur fristgebundenen **Stellungnahme** übersandt. Der Presserat kann den Versuch unternehmen, zwischen den Beteiligten zu vermitteln (§ 6 Abs 1 und 2 Beschwerdeordnung). Die Behandlung der Beschwerde wird während dieses **Vermittlungsverfahrens** ausgesetzt. Ferner kann der Beschwerdegegner Verstöße gegen den Pressekodex (von sich aus oder ggf nach Hinweis durch den Presserat) auch selbst „in Ordnung bringen", was in der Regel eine erneute Veröffentlichung über den zur Beschwerde gebrachten Vorgang voraussetzt (vgl § 6 Abs 2 und 3 Beschwerdeordnung). Bei bestimmten Verstößen, zB gravierenden Eingriffen in Persönlichkeitsrechte des Betroffenen, scheidet eine solche „Wiedergutmachung" allerdings schon kraft Natur der Sache aus, weil eine wiederholte Veröffentlichung die Interessen des Betroffenen erneut verletzten würde. Ein erheblicher Teil der Eingaben wird bereits im Vorverfahren durch Wiedergutmachung, Rücknahme der Beschwerde etc erledigt. Besteht auf Grund konkreter Anhaltspunkte die Gefahr, dass die Entscheidung des Deutschen Presserats den Ausgang eines anhängigen Ermittlungs- oder Gerichtsverfahrens beeinflussen könnte, kann das Verfahren vor dem Presserat nach einer umfassenden Interessenabwägung ausgesetzt werden (§ 12 Abs 6 Beschwerdeordnung). Der Deutsche Presserat ist an die Anträge des Beschwerdeführers inhaltlich nicht gebunden und kann auch bei Zurücknahme der Beschwerde von sich aus geeignete Maßnahmen ergreifen.

18   Das Plenum des Deutschen Presserats ist für alle Beschwerden von grundsätzlicher Bedeutung zuständig und entscheidet ferner, wenn zwei Mitglieder eines Beschwerdeausschusses dies verlangen (§ 4 Abs 1 und 2 und § 3 Abs 3 Beschwerdeordnung). Beschlüsse im Plenum des Deutschen Presserats werden mit Zweidrittelmehrheit gefasst, die Beschwerdeausschüsse entscheiden hingegen mit einfacher Mehrheit (§ 4 Abs 2 bzw § 12 Abs 2 der Geschäftsordnung des Deutschen Presserats und seiner Beschwerdeausschüsse). Die Ausschüsse bzw. das Plenum entscheiden aufgrund nichtöffentlicher mündlicher Beratung (§§ 8, 10 Beschwerdeordnung). Die Entscheidung erfolgt dabei in **zwei Stufen** (Näheres *Tillmanns* in Götting/Schertz/Seitz, Handbuch des Persönlichkeitsrechts, § 54 Rn 30). Zunächst wird über die Begründetheit der Beschwerde entschieden. Die Entscheidung über mögliche Maßnahmen erfolgt in einem gesonderten Beschluss. Die abschließende Entscheidung ist schriftlich zu begründen, vom Vorsitzenden zu unterschreiben und soll den Beteiligten spätestens drei Wochen nach Ende der mündlichen Beratung zugesandt werden (§ 12 Abs 7 Beschwerdeordnung).

19   Bei begründeten Beschwerden kann der Deutsche Presserat einen **Hinweis,** eine **Missbilligung** oder eine **Rüge** aussprechen (§ 12 Abs 5 der Beschwerdeordnung). Der **redaktionelle Hinweis** stellt dabei die schwächste Sektionsmöglichkeit des Presserats dar, er muss weder abgedruckt noch veröffentlicht werden (*Tillmanns* in Götting/Schertz/Seitz, Handbuch des Persönlichkeitsrechts, § 54 Rn 36). Die **Missbilligung** als nächst stärkere Sanktionen muss ebenfalls nicht veröffentlicht werden. Der Presserat empfiehlt den Betroffenen Medien jedoch eine redaktionelle Veröffentlichung über die ausgesprochene Missbilligung (*Tillmanns* in Götting/Schertz/Seitz, Handbuch des Persönlichkeitsrechts, § 54 Rn 37). Die **Rüge** als stärkste Sanktion kann öffentlich oder nicht öffentlich ausgesprochen werden (Übersicht der vom Presserat seit 1987 ausgesprochenen Rügen *Deutscher Presserat,* Jahrbuch 2010, S 209 ff.). Der Deutsche Presserat sieht es als verlegerische Standespflicht an, öffentliche ausgesprochene Rügen abzudrucken, und zwar insbes in den betroffenen Publikationsorganen selbst (Ziff 16 Pressekodex, § 15 Beschwerdeordnung). Eine gerichtlich durchsetzbare rechtliche **Verpflichtung zum Abdruck** besteht allerdings nicht. Ein Publikationsorgan, das den Pressekodex beharrlich missachtet, kann den Abdruck vom Presserat ausgesprochener Rügen rechtlich folgenlos verweigern. Allerdings ist damit stets ein nicht unerheblicher Ansehensverlust verbunden, denn der Presserat benennt die gerügten Medien in seinen Pressemitteilungen namentlich und andere Medien berichten regelmäßig über die vom Presserat ausgesprochenen Rügen. Der durch den Nichtabdruck eintretende Imageschaden wird von manchen Pressemedien durchaus in Kauf genommen, weil er primär die Fachwelt und die Leserschaft betrifft (vgl *Schweizer*, FS Herrmann, S 152: „Presserat – ein Papiertiger?"). Zahlreiche Verlagshäuser in Deutschland haben eine Erklärung unterzeichnet, in der sie sich verbindlich zum Abdruck vom Presserat ausgesprochener Rügen verpflichten (*Tillmanns* in Götting/Schertz/Seitz, Handbuch des Persönlichkeitsrechts, § 54 Rn 40). Nach § 15 Satz 2 Beschwerdeordnung kann der Presserat auf die Verpflichtung zum Abdruck einer Rüge verzichten, wenn der Schutz eines Betroffenen dies erfordert, insbesondere wenn durch die Veröffentlichung der Rüge die Persönlichkeitsrechtsverletzung noch intensiviert würde.

20   Der 58. DJT 1990 (A 18.) hatte daher empfohlen, eine Verpflichtung zum Abdruck von Rügen des Deutschen Presserats in den Landespressegesetzen zu verankern. Der Deutsche Presserat hat dies aber in seiner Stellungnahme zu den Beschlüssen des DJT zu Recht abgelehnt (AfP 1990, 292). Eine derartige Verquickung der freiwilligen Selbstkontrolle mit gesetzlichen Verpflichtungen wäre ein Eingriff in die Pressefreiheit und daher ein Verstoß gegen Art 5 Abs 1 S 2 GG. Die Einführung einer gesetzlichen Verpflichtung zum Abdruck von Rügen des Deutschen Presserats wäre im Übrigen der erste (und nach Sachlage wahrscheinlich auch nicht der letzte) Schritt zu Einführung einer staatlichen Einflüssen unterliegenden Berufsgerichtsbarkeit für Journalisten. Dass der Presserat ein „Papiertiger" oder ein „Missionar ohne Einfluss"

sei, lässt sich empirisch ohnehin nicht belegen (vgl *Schweizer,* FS Herrmann, S 152 f.). Im Gegenteil: Nicht zuletzt die stark steigende Zahl der Beschwerden belegt, dass die Arbeit des Deutschen Presserats von der Gesellschaft wahrgenommen und auch in ihrer Bedeutung zutreffend eingeordnet wird (vgl *Deutscher Presserat,* Jahrbuch 2002, S 13; *Schweizer,* FS Herrmann, S 154).

Von den 1347 Beschwerden (Quelle für diese und alle folgenden Angaben: *Deutscher Presserat,* Jahresbericht 2012/2013, S 6 ff.), die 2013 beim Deutschen Presserat eingegangen sind, waren 129 sog Sammelbeschwerden, die aus der Sicht des Presserats dann vorliegen, wenn sich mindestens fünf Leserinnen und Leser gegen die gleiche Veröffentlichung wenden (Deutscher Presserat, Jahrbuch 2013, S. 6). Diese Sammelbeschwerden werden nur einfach gezählt. Von den somit noch 1228 „zählenden" Eingaben wurden 318 im oben dargestellten vereinfachten Verfahren entschieden. Meistens handelte es sich dabei um Beschwerden, für die eine Zuständigkeit des Presserats von vornherein nicht gegeben war (beispielsweise gegen Werbung oder Rundfunkbeiträge etc). Die übrigen 910 Beschwerden wurden anhand des Pressekodex geprüft. Hiervon wurden 445 Eingaben als offensichtlich unbegründet zurückgewiesen, weil es keine Anhaltspunkte für einen Verstoß gab. 465 Beschwerden gelangten an die Beschwerdeausschüsse. Davon wurden 239 Beschwerden als unbegründet zurückgewiesen, in 226 Fällen wurden Sanktionen verhängt. Tatsächlich wurden aber nur 191 Sanktionen ausgesprochen, weil bei Beschwerden mehrerer Leser gegen eine Veröffentlichung jeweils nur eine Sanktion verhängt wurde. 2013 hat der Deutsche Presserat 28 öffentliche und (mit Rücksicht auf besonders schützenswerten Interessen der Betroffenen) drei nicht-öffentliche Rügen ausgesprochen. Ferner wurden 51 Missbilligungen ausgesprochen und 77 Hinweise erteilt. In 32 Fällen war die Beschwerde zwar begründet, der Presserat hat aber auf eine Sanktion verzichtet, weil die Redaktion von sich aus angemessen auf den Verstoß reagiert hatte.

Ein **Rechtsmittel** gegen die Entscheidungen des Presserats bzw der Beschwerdeausschüsse und insbesondere gegen die verhängten Sanktionen ist nicht vorgesehen. Allerdings ist unter engen Voraussetzungen, insbes bei neuen Tatsachen nach § 16 Beschwerdeordnung eine **Wiederaufnahme** möglich (Näheres *Tillmanns* in Götting/Schertz/Seitz, Handbuch des Persönlichkeitsrechts, § 54 Rn 28).

Unterlassungsansprüche betroffener Medien gegen den Deutschen Presserat müssen regelmäßig schon daran scheitern, dass es sich bei den vom Presserat verhängten Sanktionen nicht um Tatsachenbehauptungen, sondern um von Art 5 Abs 1 GG gedeckte Meinungsäußerungen mit wertendem Charakter handelt. Die in einer Sanktion des Presserats geäußerte Ansicht, eine Zeitung oder ein Telemedium habe gegen die im Pressekodex niedergelegte journalistische Sorgfaltspflicht verstoßen, ist regelmäßig ein Werturteil ohne Tatsachenkern (OLG Köln ZUM 2006, 929; OLG Frankfurt AfP 2008, 413). Im (praktisch kaum denkbaren) Ausnahmefall kann eine offensichtlich unberechtigte Äußerung des Presserats sich als unerlaubte Handlung iSd §§ 823 ff. BGB darstellen (vgl *Ricker/Weberling* Kap 40 Rn 20). Im Regelfall werden aber die in § 823 Abs 1 BGB geschützten Rechte der betroffenen Publikationsorgane bei der im Rahmen dieser Vorschrift vorzunehmenden Interessenabwägung hinter der Meinungsfreiheit zurücktreten müssen (*Tillmanns* in Götting/Schertz/Seitz, Handbuch des Persönlichkeitsrechts, § 54 Rn 50).

5. Beschwerden gegen Werbung – Deutscher Werberat

Beschwerden, die sich gegen die Werbung eines Unternehmens richten, werden vom Deutschen Presserat nicht behandelt, sondern zuständigkeitshalber an den Deutschen Werberat abgegeben. Mit dem **Deutschen Werberat** hat auch der Zentralverband der Werbewirtschaft (ZAW) im Jahre 1972 ein in seiner Funktion dem Deutschen Presserat durchaus vergleichbares Gremium eingesetzt, das erfolgreich die wichtige Aufgabe der Werbeselbstkontrolle wahrnimmt (dazu *Köhler* in Köhler/Bornkamm UWG Einl Rn 2.37). Auch die Anzeige enthält eine **Nachricht,** dh sie vermittelt dem

Leser Informationen im Sinne einer kommunikativen Botschaft. Insoweit besteht also kein grundlegender Unterschied zwischen dem redaktionellen Teil und dem Anzeigenteil. Ferner offenbart der Anzeigenteil die Anliegen der Inserenten und lässt dadurch Rückschlüsse auf die kulturelle, politische und wirtschaftliche Lage zu (BVerfGE 21, 271/279 – *Südkurier;* OLG München AfP 2002, 513/514). Der Anzeigenteil leistet somit einen wichtigen Beitrag zur Erfüllung der Kommunikationsaufgabe der Presse (BVerfGE 64, 108/114). Die Überlegungen zur Notwendigkeit einer Selbstkontrolle gelten daher auch im Bereich der Werbung in Printmedien.

IV. Internationale Standesregeln und europäische Rechtsentwicklung

25 Ein Vergleich der Standesrechtskodifikation des Deutschen Presserats mit der Standesauffassung der Presse anderer Länder zeigt, dass die beruflichen Normen trotz sprachlicher und geografischer Unterschiede weltweit im Wesentlichen gleich sind. Bemühungen um eine internationale Kodifizierung des publizistischen Standesrechts sind aber bisher weitgehend erfolglos geblieben (vgl *M. Löffler* AfP 1971, 16 ff.).

26 Auch auf europäischer Ebene existiert bislang weder eine länderübergreifende Organisation der Presse-Selbstkontrolle, noch wurde ein einheitlicher Verhaltenskodex beschlossen. Die europäischen Gemeinschaften haben ihre Rechtssetzungsaktivitäten bisher auf den Bereich der elektronischen Medien konzentriert. Erste Ansätze für eine europäische Presse-Selbstkontrolle enthielt eine von der Parlamentarischen Versammlung des Europarats bereits am 1.7.1993 verabschiedete Resolution über die Ethik des Journalismus (1003, ERES 1003. WP; dazu auch *Löffler/Bullinger,* 5. Aufl, § 1 LPG Rn 192). Ferner hat das Europäische Parlament in einer Entschließung vom 16.9.1992 die Kommission aufgefordert, Maßnahmen zur Erarbeitung eines Medienkodex zur Wahrung der Berufsethik zu ergreifen – und diese Forderung in einer Entschließung vom 20.1.1994 wiederholt (Näheres *Münch,* Der Schutz des Einzelnen vor Presseveröffentlichungen, S 281 ff.). Wie *Münch* (Der Schutz des Einzelnen vor Presseveröffentlichungen, S 284 ff.) dargelegt hat, sind entsprechenden Bestrebungen auf europäischer Ebene enge kompetenzrechtliche Grenzen gesetzt. Eine Förderung der internationalen Presse-Selbstkontrolle auf europäischer Ebene, zB durch finanzielle Förderung der Aus- und Weiterbildung von Journalisten, verstärkten Erfahrungsaustausch, Entwicklung gemeinsamer ethischer Standards, wird aber auch vom Deutschen Presserat ausdrücklich begrüßt (*Tillmanns,* Rede auf der Londoner Konferenz „Promoting Press Self-Regulation at the local level" v 10.6.1999). Am 22.1.2013 hat eine als „High Level Group on Media Freedom and Pluralism (HLG)" bezeichnete Beratergruppe, der EU ihren Bericht zur Förderung und Wahrung freier und pluralistischer Medien veröffentlicht und darin die **Einrichtung unabhängiger Medienräte** vorgeschlagen, die politisch, sozial und kulturell ausgewogen besetzt werden sollen. Diese Medienräte sollen mit der Kompetenz zur Behandlung von Beschwerden, zur Einleitung von Ermittlungen, wie auch zur Verhängung von Bußgeldern, bis hin zum Zulassungsentzug ausgestattet werden (vgl *Raab* MMR-Aktuell 2013, 342105). Der Deutsche Presserat hat in einer kritischen Stellungnahme hierzu auf die funktionierende Presse-Selbstkontrolle in Deutschland hingewiesen und sieht in der Einrichtung von Medienräten zu Recht eine Einschränkung der Pressefreiheit (*Deutscher Presserat,* Jahresbericht 2012/2013, S 15).

V. Materielles Standesrecht der Presse

27 Zum **Standesrecht der Presse** im materiellen Sinne gehören neben dem **Pressekodex**, den ergänzenden **Richtlinien** für die publizistische Arbeit vor allem die vom Zentralverband der Werbewirtschaft (ZAW) herausgegebenen **Richtlinien** und **Wett-**

VI. Rechtliche Bedeutung der Standesregeln

bewerbsregeln (zur Entstehungsgeschichte und zur Struktur des ZAW eingehend *Köhler* in Köhler/Bornkamm UWG Einl UWG Rn 2.37). Von besonderer praktischer Bedeutung für die Presse sind die vom ZAW bzw unter seiner Mitwirkung erarbeiteten „Richtlinien für redaktionell gestaltete Anzeigen" (2003) und die „Richtlinien Geheimhaltungs-Pflicht bei Anzeigenaufträgen" (1998). Allgemein akzeptiertes Standesrecht der Presse sind ferner die verschiedenen Richtlinien der Informationsgemeinschaft zur Feststellung der Verbreitung von Werbeträgern (IVW), insbesondere die verschiedenen Richtlinien für die IVW-Auflagenkontrolle (dazu BT Anz Rn 308 ff.).

Ungeschriebene Standesregeln im Bereich der Presse sind vor allem der Grundsatz der Preislistentreue (dazu BT Anz Rn 132 ff.) und das Provisionsweitergabeverbot (dazu BT Anz Rn 273 ff.) sowie das Verbot der Veröffentlichung unbestellter Füllanzeigen (dazu BT Anz Rn 85). Auch wenn die erwähnten Standesregeln nicht kodifiziert sind, so stellen sie doch die in vielen Jahrzehnten gewachsene und allgemein beachtete Standesauffassung der Verlage dar (vgl *ZAW,* Jahrbuch Werbung in Deutschland 1994, S 195 ff.; Mitteilung des VDZ v 23.11.2000; w&v 2002, 58/59; Einzelheiten *Rath-Glawatz* AfP 2001, 169/172). Auch die Rspr hat diese ungeschriebenen Normen der Berufsethik wiederholt anerkannt (zu Füllanzeigen: KG WRP 1978, 819; OLG Hamm GRUR 1979, 312; Köln WRP 1982, 111; Frankfurt NJW-RR 1989, 237; München AfP 1992, 286; zur Preislistentreue: BGH NJW 1953, 579; OLG München AfP 1992, 367; KG NJWE-WettbR 2000, 153; LG Essen AfP 1975, 922; zum Verbot der Provisionsweitergabe: BGH NJW 1970, 1317/1319 – *Context).* Der Grundsatz der Preislistentreue und das Provisionsweitergabeverbot sind allerdings in den vergangenen Jahren durch aktuelle Entwicklungen erheblich relativiert worden (dazu BT Anz Rn 132 ff. und 273 ff.).

28

VI. Rechtliche Bedeutung der Standesregeln

Verstöße gegen Standesregeln erlangen rechtliche Bedeutung zum einen für die Frage der **Sorgfaltspflichten** bei der Pressehaftung und zum anderen bei der Beurteilung der **Unlauterkeit** im Rahmen des § 3 UWG.

29

1. Standesregeln und Sorgfaltspflichten der Presse

Standesregeln sind keine Rechtsnormen. Auch in der Einleitung zum Pressekodex wird ausdrücklich betont, dass die publizistischen Grundsätze (nur) der Wahrung der Berufsethik dienen und keine „rechtlichen Haftungsgründe" darstellen. Die allgemeine Standesauffassung der publizistisch Tätigen, die im Pressekodex und in den Richtlinien für die publizistische Arbeit des Deutschen Presserats zum Ausdruck kommt, hat zwar keine Rechtsnormqualität, wird aber dennoch zu Recht bei der Bestimmung der Sorgfaltspflichten der Medien als Auslegungsmaxime oder Auslegungshilfe herangezogen (BGH NJW 1979, 1041 – *Ex-Direktor;* OLG Köln 1987, 2682/2684; OLG München NJW-RR 2004, 767/769; *Tillmanns* in Götting/Schertz/Seitz, Handbuch des Persönlichkeitsrechts, § 5 Rn 72 ff.; *Schweizer,* FS Herrmann, S 139; *Hauss* AfP 1980, 178/180; Peters NJW 1997, 1334/1335; einschränkend *Löffler/ Steffen* § 6 LPG Rn 20; *Suhr,* Europäische Presse-Selbstkontrolle, S 43 ff.). Die Vorstellungen der Presseangehörigen von „handwerklichen Regeln" (so zutr *Prinz/ Peters* Rn 276 Fn 25) ihres eigenen Berufsstandes können bei der Beurteilung der „den Umständen nach erforderlichen Sorgfalt" iSd § 6 LPG aber nicht außer Acht gelassen werden. Mit *Münch* (Der Schutz des Einzelnen vor Presseveröffentlichungen, S 161) ist zu hoffen, dass sich die publizistischen Grundsätze des Deutschen Presserats presseübergreifend als „allgemein anerkannten Sorgfaltsmaßstab etablieren" und eine normative Wirkung entfalten, die auch von den Gerichten nicht (mehr) ignoriert werden darf (ähnlich *Tillmanns* in Götting/Schertz/Seitz, Handbuch des Persönlich-

30

keitsrechts, § 5 Rn 75). Allzu häufig wird der von den Presseangehörigen anzuwendende Sorgfaltsmaßstab von den Gerichten nämlich fernab der Pressewirklichkeit bestimmt (vgl nur *Schweizer*, FS Herrmann, S 139). Richter sind aber nicht die „besseren Journalisten", auch wenn sie das letzte Wort über den Umfang journalistischer Sorgfaltspflichten haben.

2. Presserechtliche Standesregeln im Wettbewerbsrecht

31   Nach früherer Rspr konnte der Verstoß gegen Standes- und Wettbewerbsregeln per se die Sittenwidrigkeit iSd § 1 UWG aF (Vorsprung durch Rechtsbruch) begründen, soweit es sich um Regelungen mit unmittelbarem Wettbewerbsbezug handelte (BGH GRUR 1969, 474/476 – *Bierbezug;* 1977, 257/259 – *Schaufensteraktion*. 1982, 311/313 – *Heilpraktikerberufsordnung;* OLG Hamm GRUR 1986, 172/173). Die neuere Rspr (GRUR 1991, 462/463 – *Wettbewerbsrichtlinie der Privatwirtschaft;* vgl ferner 2003, 973 – *Satzungsregeln;* OLG Hamburg GRUR 2003, 811/813 – *Zeitschriften-Test-Abo; Köhler* GRUR 2004, 381) hatte diese Auffassung aber bereits vor der UWG-Reform 2004 relativiert, weil dadurch derartige Verhaltensregeln „an die Stelle des Gesetzes treten würden". In der erwähnten Entscheidung hat der BGH eine Verletzung der nach § 29 Abs 1 GWB ordnungsgemäß angemeldeten und freigestellten Wettbewerbsrichtlinien der Versicherungswirtschaft nicht (mehr) per se als Verstoß gegen § 1 UWG aF eingeordnet. Gleiches wird auch für Wettbewerbsregeln angenommen, die nach § 24 GWB bei der zuständigen Kartellbehörde angemeldet und anerkannt wurden (*Köhler* GRUR 2004, 381/383).

32   Im Rahmen der UWG-Reform 2004 wurde die Fallgruppe „Vorsprung durch Rechtsbruch" zwar in § 4 Nr 11 UWG als Regelbeispiel übernommen, sie erfasst aber nur noch „Verstöße gegen gesetzliche Vorschriften", worunter Standes- und Wettbewerbsregeln sicher nicht subsumiert werden können (*Köhler* in Köhler/Bornkamm UWG § 4 Rn 11.32). Geschriebene und ungeschriebene Standesregeln, Wettbewerbsregeln, Wettbewerbsrichtlinien etc sind aber dennoch immer ein **Indiz** dafür, welches Wettbewerbsverhalten nach der überwiegenden Auffassung der beteiligten Verkehrskreise als unlauter iSd § 3 UWG anzusehen ist (BGH GRUR 1991, 462/463 – *Wettbewerbsrichtlinie der Privatwirtschaft;* 1999, 827/828 – *Werbeverbot für Heilpraktiker;* OLG Hamburg NJW-RR 2004, 1270/1274 f. – *Babes und Zicken;* LG Konstanz AfP 2002, 449; *Köhler* in Köhler/Bornkamm UWG § 4 Rn 11.32). Im Übrigen kann hier nur der bereits historische Appell von *Hefermehl* (in *Baumbach/Hefermehl* UWG aF Einl Rn 34) an die Gerichte wiederholt werden, derartige Verhaltensregeln, auch wenn sie keine unmittelbare rechtliche Bindungswirkung entfalten, nicht mit leichter Hand beiseite zu schieben, weil sie die Ansicht der maßgeblichen Verkehrskreise wiedergeben und die Realität im Pressewesen widerspiegeln (vgl aber BVerfGE 76, 171/186 ff.).

Anhang

Publizistische Grundsätze (Pressekodex)

Vom Deutschen Presserat in Zusammenarbeit mit den Presseverbänden beschlossen und Bundespräsident Gustav W. Heinemann am 12. Dezember 1973 in Bonn überreicht in der Fassung vom 13.3.2013

PRÄAMBEL
Die im Grundgesetz der Bundesrepublik verbürgte Pressefreiheit schließt die Unabhängigkeit und Freiheit der Information, der Meinungsäußerung und der Kritik ein. Verleger, Herausgeber und Journalisten müssen sich bei ihrer Arbeit der Verant-

wortung gegenüber der Öffentlichkeit und ihrer Verpflichtung für das Ansehen der Presse bewusst sein. Sie nehmen ihre publizistische Aufgabe fair, nach bestem Wissen und Gewissen, unbeeinflusst von persönlichen Interessen und sachfremden Beweggründen wahr.

Die publizistischen Grundsätze konkretisieren die Berufsethik der Presse. Sie umfasst die Pflicht, im Rahmen der Verfassung und der verfassungskonformen Gesetze das Ansehen der Presse zu wahren und für die Freiheit der Presse einzustehen.

Die Regelungen zum Redaktionsdatenschutz gelten für die Presse, soweit sie personenbezogene Daten zu journalistisch-redaktionellen Zwecken erhebt, verarbeitet oder nutzt. Von der Recherche über Redaktion, Veröffentlichung, Dokumentation bis hin zur Archivierung dieser Daten achtet die Presse das Privatleben, die Intimsphäre und das Recht auf informationelle Selbstbestimmung des Menschen.

Die Berufsethik räumt jedem das Recht ein, sich über die Presse zu beschweren. Beschwerden sind begründet, wenn die Berufsethik verletzt wird.

Diese Präambel ist Bestandteil der ethischen Normen.

Ziffer 1 WAHRHAFTIGKEIT UND ACHTUNG DER MENSCHENWÜRDE
Die Achtung vor der Wahrheit, die Wahrung der Menschenwürde und die wahrhaftige Unterrichtung der Öffentlichkeit sind oberste Gebote der Presse. Jede in der Presse tätige Person wahrt auf dieser Grundlage das Ansehen und die Glaubwürdigkeit der Medien.

Ziffer 2 SORGFALT
Recherche ist unverzichtbares Instrument journalistischer Sorgfalt. Zur Veröffentlichung bestimmte Informationen in Wort, Bild und Grafik sind mit der nach den Umständen gebotenen Sorgfalt auf ihren Wahrheitsgehalt zu prüfen und wahrheitstreu wiederzugeben. Ihr Sinn darf durch Bearbeitung, Überschrift oder Bildbeschriftung weder entstellt noch verfälscht werden. Unbestätigte Meldungen, Gerüchte und Vermutungen sind als solche erkennbar zu machen.
Symbolfotos müssen als solche kenntlich sein oder erkennbar gemacht werden.

Ziffer 3 RICHTIGSTELLUNG
Veröffentlichte Nachrichten oder Behauptungen, insbesondere personenbezogener Art, die sich nachträglich als falsch erweisen, hat das Publikationsorgan, das sie gebracht hat, unverzüglich von sich aus in angemessener Weise richtigzustellen.

Ziffer 4 GRENZEN DER RECHERCHE
Bei der Beschaffung von personenbezogenen Daten, Nachrichten, Informationsmaterial und Bildern dürfen keine unlauteren Methoden angewandt werden.

Ziffer 5 BERUFSGEHEIMNIS
Die Presse wahrt das Berufsgeheimnis, macht vom Zeugnisverweigerungsrecht Gebrauch und gibt Informanten ohne deren ausdrückliche Zustimmung nicht preis. Die vereinbarte Vertraulichkeit ist grundsätzlich zu wahren.

Ziffer 6 TRENNUNG VON TÄTIGKEITEN
Journalisten und Verleger üben keine Tätigkeiten aus, die die Glaubwürdigkeit der Presse in Frage stellen könnten.

Ziffer 7 TRENNUNG VON WERBUNG UND REDAKTION
Die Verantwortung der Presse gegenüber der Öffentlichkeit gebietet, dass redaktionelle Veröffentlichungen nicht durch private oder geschäftliche Interessen Dritter oder durch persönliche wirtschaftliche Interessen der Journalistinnen und Journalisten beeinflusst werden. Verleger und Redakteure wehren derartige Versuche ab und achten auf eine klare Trennung zwischen redaktionellem Text und Veröffentlichungen zu

werblichen Zwecken. Bei Veröffentlichungen, die ein Eigeninteresse des Verlages betreffen, muss dieses erkennbar sein.

Ziffer 8 SCHUTZ DER PERSÖNLICHKEIT
Die Presse achtet das Privatleben des Menschen und seine informationelle Selbstbestimmung. Ist aber sein Verhalten von öffentlichem Interesse, so kann es in der Presse erörtert werden. Bei einer identifizierenden Berichterstattung muss das Informationsinteresse der Öffentlichkeit die schutzwürdigen Interessen von Betroffenen überwiegen; bloße Sensationsinteressen rechtfertigen keine identifizierende Berichterstattung. Soweit eine Anonymisierung geboten ist, muss sie wirksam sein.
Die Presse gewährleistet den redaktionellen Datenschutz.

Ziffer 9 SCHUTZ DER EHRE
Es widerspricht journalistischer Ethik, mit unangemessenen Darstellungen in Wort und Bild Menschen in ihrer Ehre zu verletzen.

Ziffer 10 RELIGION, WELTANSCHAUUNG, SITTE
Die Presse verzichtet darauf, religiöse, weltanschauliche oder sittliche Überzeugungen zu schmähen.

Ziffer 11 SENSATIONSBERICHTERSTATTUNG, JUGENDSCHUTZ
Die Presse verzichtet auf eine unangemessen sensationelle Darstellung von Gewalt, Brutalität und Leid. Die Presse beachtet den Jugendschutz.

Ziffer 12 DISKRIMINIERUNGEN
Niemand darf wegen seines Geschlechts, einer Behinderung oder seiner Zugehörigkeit zu einer ethnischen, religiösen, sozialen oder nationalen Gruppe diskriminiert werden.

Ziffer 13 UNSCHULDSVERMUTUNG
Die Berichterstattung über Ermittlungsverfahren, Strafverfahren und sonstige förmliche Verfahren muss frei von Vorurteilen erfolgen. Der Grundsatz der Unschuldsvermutung gilt auch für die Presse.

Ziffer 14 MEDIZINBERICHTERSTATTUNG
Bei Berichten über medizinische Themen ist eine unangemessen sensationelle Darstellung zu vermeiden, die unbegründete Befürchtungen oder Hoffnungen beim Leser erwecken könnte. Forschungsergebnisse, die sich in einem frühen Stadium befinden, sollten nicht als abgeschlossen oder nahezu abgeschlossen dargestellt werden.

Ziffer 15 VERGÜNSTIGUNGEN
Die Annahme von Vorteilen jeder Art, die geeignet sein könnten, die Entscheidungsfreiheit von Verlag und Redaktion zu beeinträchtigen, ist mit dem Ansehen, der Unabhängigkeit und der Aufgabe der Presse unver-einbar. Wer sich für die Verbreitung oder Unterdrückung von Nachrichten bestechen lässt, handelt unehrenhaft und berufswidrig.

Ziffer 16 RÜGENVERÖFFENTLICHUNG
Es entspricht fairer Berichterstattung, vom Deutschen Presserat öffentlich ausgesprochene Rügen zu veröffentlichen, insbesondere in den betroffenen Publikationsorganen bzw. Telemedien.

Recht der Anzeige

Schrifttum: *Ahrens,* Irreführende Werbung mit Werbeträgerdaten, AfP 1973, 468; *ders,* Beteiligung der Presse an Wettbewerbsverstößen von Anzeigekunden, Festschrift f. Fritz Traub, 1994, 11; *ders,* Werbung mit IVW-Verbreitungsdaten AfP 2000, 417; *Bechtold,* GWB, 3. Aufl, 2002; *Assmann/Brinkmann,* Die Gratisverteilung anzeigenfinanzierter Fachzeitschriften, NJW 1982, 312; *Behm,* Zur Wirksamkeit von Rechtsgeschäften über „Telefonsex", NJW 1990, 1822; *Biedermann,* Der Kontrahierungszwang im Anzeigenwesen der Zeitungen, 1987; *Böddeker,* 20 Millionen täglich, 1967; *Bodendorf/Nill,* Das Prinzip der Preislistentreue, AfP 2005, 251; *Bülow,* Vertragshaftung der Werbeagentur für wettbewerbswidrige Werbung, GRUR 1978, 676; *Dovifat,* (Hrsg), Handbuch der Publizistik, Bd 3, 1969; *Dovifat/Wilke* Zeitungslehre, 6. Aufl, 1976; *Droste/Schmidt,* Preislistentreue und Rückvergütungsverbot in der Werbewirtschaft, GRUR 1972, 1; *Ensthaler/Heinemann,* Die Fortentwicklung der Providerhaftung durch die Rechtsprechung, GRUR 2012, 433; *Ernst,* Vertragsgestaltung im Internet, 2003; *Fikentscher/Sandberger,* Preislistentreue der Werbeagenturen, WRP 1970, 1; *Freytag,* Möglichkeiten und Grenzen humorvoller Werbevergleiche – „Gib mal Zeitung!", GRUR-Prax 2009, 1; *Gabriel-Bräutigam,* Wahlkampf im Rundfunk, ZUM 1991, 466; *Gaertner,* Die Haftung der Verlage für den wettbewerbswidrigen Inhalt von Anzeigen, AfP 1990, 269; *Gounalakis* (Hrsg), Rechtshandbuch Electronic Business, 2003; *Hädicke,* Die Haftung für mittelbare Urheber- und Wettbewerbsrechtsverletzungen – Zugleich eine Besprechung von BGH v 15.10.1998 – Möbelklassiker, GRUR 1999, 397; *Hecker,* Die Haftung des Verlages für die Veröffentlichung fehlerhafter Anzeigen, AfP 1993, 717; *Henning-Bodewig,* Die wettbewerbsrechtliche Haftung von Massenmedien, GRUR 1981, 867; *dies,* Das „Presseprivileg" in § 13 Abs 2 Nr 1 UWG, GRUR 1985, 258; *Hoebel,* Neue Anzeigenpraxis, 1996; *Hörle,* Allgemeine Geschäftsbedingungen für das Anzeigenwesen nach dem neuen AGB-Gesetz, AfP 1977, 266; *Immenga/Mestmäcker* (Hrsg), GWB, 4. Aufl, 2007; *Klosterfelde,* Anzeigen-Praxis, 2. Aufl, 1980; *Jergolla,* Das Ende der wettbewerbsrechtlichen Störerhaftung? WRP 2004, 655; *Köhler,* Die Haftung des Betriebsinhabers für Wettbewerbsverstöße seiner Angestellten und Beauftragten (§ 13 IV UWG), GRUR 1991, 344; *ders,* Der Rechtsbruchtatbestand im neuen UWG, GRUR 2004, 381; *ders,* „Täter" und „Störer" im Wettbewerbs- und Markenrecht – Zur BGH-Entscheidung „Jugendgefährdende Medien bei eBay", GRUR 2008, 1; *ders,* „Gib mal Zeitung" – oder „Scherz und Ernst in der Jurisprudenz" von heute, WRP 2010, 571; *Koschnick,* Focus-Lexikon Werbeplanung, Mediaplanung, Marktforschung, Kommunikationsforschung, Mediaforschung, 3. Aufl, 2003; *Kreifels/Breuer/Maidl,* Die Werbeagentur in Recht und Praxis, 2000; *Kübler,* Pressefreiheit als Entscheidungsfreiheit des Lesers, FS für Martin Löffler, 1980, 169; *ders,* Zur Wettbewerbswidrigkeit von Offertenblättern, AfP 1988, 309; *Kull,* Wahlanzeigen und Pressefreiheit, AfP 1974, 684; *Lambsdorff,* Hauseigene Werbeagenturen und Werbungsmittler, WRP 1974, 311; *Lambsdorff/Skora,* Handbuch des Werbeagenturrechts, 1975; *Lange,* Wahlinserate und Chancengleichheit der Parteien, AfP 1973, 507; *ders,* Ist die Ablehnung der Wahlanzeigen einzelner politischer Parteien durch Zeitungsverleger verfassungsgemäß?, DÖV 1973, 476; *Lange/Spätgens,* Rabatte und Zugaben im Wettbewerb, 2001; *Lehmant,* Neuordnung der Täter- und Störerhaftung, WRP 2012, 149; *Leible/Sosnitza,* Neues zur Störerhaftung von Internet-Auktionshäusern, NJW 2004, 3225; *Lindacher,* Zur wettbewerbsrechtlichen Unterlassungshaftung der Presse im Anzeigengeschäft, WRP 1987, 585; *M. Löffler,* Kollision zwischen werblicher und publizistischer Aussage bei Presse und Rundfunk, BB 1978, 921; *ders,* Lücken und Mängel im neuen Zeugnisverweigerungs- und Beschlagnahmerecht von Presse und Rundfunk, NJW 1978, 913; *Löhr,* Zur Haftung der Presse für irreführende Werbung, WRP 1974, 524; *Lunk/Nebendahl,* Zur Unterlassungshaftung des Inserenten für wettbewerbswidrige Zeitungsanzeigen, GRUR 1991, 656; *Martinek,* Mediaagenturen und Mediarabatte, 2008; *Mayer,* Irreführende Verwendung von IVW-Zahlen bei der Bewerbung von Pressemedien, WRP 2010, 984; *Meinking,* Kontrahierungszwang für private Fernsehveranstalter, 1996; *Nennen,* Vertragspflichten und Störerhaftung der Werbeagenturen, GRUR 2005, 214; *Nickel,* Der Einfluß der Medien auf der Werbung, 1994; *Ochs,* Die Werbung mit Reichweiten, WRP 1976, 11; *Rath-Glawatz,* Haftung des Anzeigenkunden für Fehler im Presseunternehmen, AfP 1982, 5; *ders,* Rechtsfragen zur digitalen Anzeigenübermittlung AfP 1999, 325; *ders,* Auswirkungen der Aufhebung von RabattG und ZugabeVO auf das Anzeigengeschäft AfP 2001, 169; *ders,* Allgemeine Gleichbehandlungsgesetz (AGG) und das Anzeigengeschäft der Verlage, AfP 2006, 424; *Rath-Glawatz/Dietrich,* Zur Anwendbarkeit des Fernabsatzgesetzes auf das Anzeigengeschäft, AfP 2000, 505; *Rath-Glawatz/Engels/Dietrich,* Das Recht der Anzeige, 3. Aufl, 2005; *Reichelsdorfer,* Schadenersatzhaftung von Angestellte und Beauftragte nach § 13 Abs 4 UWG? WRP 2004, 828; *Ricker,* Anzeigenwesen und Pressefreiheit, 1973; *ders,* Diskriminierungsverbot und Kontrahierungszwang im Anzeigenwesen, AfP 1980, 6; *ders,* Das kommunale Amtsblatt aus verfassungsrechtlicher Sicht, Festschrift f. Martin Löffler 1980, 287; *Schmid,* Zur wettbewerbsrechtlichen Beurteilung der unentgeltlichen Verteilung anzeigenfinanzierter Zeitungen, WRP 2000, 991; *Schmittmann,* Bannerwerbung, MMR 2001, 792; *Schneider,* Allgemeine Geschäftsbedingungen für Anzeigen und Fremdbeilagen in Zeitungen und Zeitschriften, WRP 1977, 382; *Schotthöfer,* Die Werbegemeinschaft in Form der BGB-Gesellschaft, ZUM 1990, 19; *Schuster* (Hrsg), Vertragshandbuch Telemedia, 2001; *Teplitzky,* Zur Frage der wettbewerbsrechtlichen Zulässigkeit des (ständigen) Gratisvertriebs einer ausschließlich durch Anzeigen finanzierten Zeitung, GRUR 1999, 108; *Waldenberger,* Teledienste, Mediendienste und die „Verantwortlichkeit" ihrer An-

BT Anz Recht der Anzeige

bieter MMR 1998, 124; v *Wallenberg*, Kartellrechtliche Beurteilung der Gratisverteilung von Tageszeitungen; MMR 2001, 512; *Wenzel*, Kostenlose private Kleinanzeigen, AfP 1992, 44; v *Westphalen*, Die Allgemeinen Geschäftsbedingungen für Anzeigen in Zeitungen im Licht des neuen AGB-Gesetzes, BB 1977, 423; *Wiedemann* (Hrsg), Handbuch des Kartellrechts, 1999; *Wissel*, Wettbewerbsrechtliche Probleme der Werbung mit Werbeträgeranalysen, WRP 1979, 690; *Wollemann*, Werbung mit Auflagenzahlen, WRP 1980, 529; *Wronka*, AGB Anzeigenwesen, 2. Aufl, 1995; ZAW-Jahrbuch, Werbung in Deutschland, 1994 ff.; *Zapf*, Zur Haftung bei der Veredelung von Online-Anzeigen durch den Verlag AfP 2003, 489; *Zentralverband der Werbewirtschaft (ZAW)*, ZAW-Rahmenschema für Werbeträgeranalysen, 8. Aufl, 1994; Jahrbuch Werbung in Deutschland, 2013.

Inhaltsübersicht

		Rn
I.	**Begriff und Bedeutung der Anzeige**	1–9
	1. Presserechtlicher Begriff der Anzeige	1–3
	2. Geschichte der Zeitungsanzeige	4
	3. Wirtschaftliche Bedeutung der Anzeige	5–9
II.	**Anzeigenteil und Pressefreiheit**	10–13
III.	**Rechtliche Einordnung des Anzeigenvertrages**	14–19
	1. Anzeigenvertrag als Werkvertrag	14–16
	2. Anzeigenauftrag und Anzeigenabschluss	17
	3. Verpachtung des Anzeigenteils	18–19
IV.	**Abschluss des Anzeigenvertrages**	20–30
	1. Vertragsschluss	20–21
	2. Angebot und Annahme	22–23
	3. Ablehnung der Anzeigenbestellung durch den Verlag	24
	4. Vertragsschluss durch Vertreter, insbesondere durch Werbeagenturen	25
	5. Vertragsschluss durch Vertreter ohne Vertretungsmacht	26
	6. Anzeigenvertrag als Fernabsatzvertrag, Widerrufsrecht des Inserenten	27–30
V.	**Kontrahierungszwang im Anzeigengeschäft**	31–66
	1. Kontrahierungszwang im Pressewesen und Verfassungsrecht	31–36
	a) Verhältnis von Vertragsfreiheit und Pressefreiheit	31–34
	b) Kontrahierungszwang und allgemeines Gesetz im Sinne des Art 5 Abs 2 GG	35–36
	2. Allgemeiner Kontrahierungszwang	37–40
	3. Kartellrechtlicher Kontrahierungszwang	41–53
	a) Anwendungsbereich und Normzweck	41–42
	b) Normadressaten	43–46
	c) Geschäftsverkehr der gleichartigen Unternehmen üblicherweise zugänglich ist	47–48
	d) Unbillige Behinderung	49–52
	e) Sachlich nicht gerechtfertigte Diskriminierung	53
	4. Einzelne Gründe für die berechtigte Ablehnung einer Anzeigenbestellung	54–60
	a) Rechtliche Bedenken	55–56
	b) Publizistische Motive	57
	c) Technische Gründe	58
	d) Beeinträchtigung berechtigter wirtschaftlicher Interessen des Verlages	59–60
	5. Anzeigen politischer Parteien und Gruppierungen	61–63
	6. Kontrahierungszwang nach dem ZAW-AGB	64–65
	7. Prozessuale Fragen des Kontrahierungszwanges	66
VI.	**Inhalt des Anzeigenvertrages**	67–95
	1. Hauptpflichten der Vertragsparteien	67
	2. Die „Allgemeinen Geschäftsbedingungen für Anzeigen und Fremdbeilagen in Zeitungen und Zeitschriften" (ZAW-AGB)	68–70
	3. Einbeziehung der AGB in den Anzeigenvertrag	71–79
	a) Einbeziehung bei schriftlichen Anzeigenbestellungen	72–73
	b) Telefonische Anzeigenbestellungen, Anzeigenaufgabe über das Internet	74–75
	c) Vertragsschluss im Geschäftslokal	76
	d) Einbeziehung von AGB im kaufmännischen Geschäftsverkehr	77–78

	Rn
e) Einbeziehung von AGB nach Abschluss des Anzeigenvertrages	79
4. Unwirksamkeit des Anzeigenvertrages (insb. Werbeverbote)	80–95

VII. Pflichten des Verlegers 96–122
1. Hauptpflichten des Verlegers 96–105
   - a) Pflicht zur Herstellung der Anzeige 97–103
   - b) Pflicht zur Verbreitung 104–105
2. Nebenpflichten des Verlegers 106–112
   - a) Druckunterlagen 107
   - b) Wohlwollenspflicht gegenüber Inserenten? 108
   - c) Probeabzug, Korrekturabzug 109–110
   - d) Anzeigenbeleg 111–112
3. Besondere Verlegerpflichten beim Chiffre-Anzeigenvertrag 113–122
   - a) Bedeutung und rechtliche Einordnung 113
   - b) Verschwiegenheitspflicht 114–115
   - c) Chiffregeheimnis und Zeugnisverweigerungsrecht der Presse 116–118
   - d) Wettbewerbswidrige Ausnutzung des Chiffredienstes 119–122

VIII. Pflichten des Anzeigenbestellers (Inserenten) 123–128
1. Vergütungspflicht des Inserenten, Fälligkeit der Vergütung 123–125
2. Nebenpflichten des Inserenten 126–128

IX. Anzeigenpreise, kostenlose Anzeigen 129–162
1. Höhe der Vergütung, Anzeigenpreislisten 130–131
2. Grundsatz der Preislistentreue 132–133
3. Preislistentreue und Preisgestaltung im Anzeigenwesen nach Aufhebung des RabattG und der ZugabeVO 134–138
4. Einzelfälle wettbewerbswidriger Preisgestaltung und Preisankündigung im Anzeigenwesen 139–149
5. Kostenlose Veröffentlichung von Anzeigen 150–162
   - a) Geschichte des kostenlosen Abdrucks von Anzeigen: Offertenblätter, Internet-Anzeigen 150
   - b) Grundsätze der wettbewerbsrechtlichen Beurteilung kostenloser Anzeigen 151
   - c) Ausnahme: Wettbewerbswidrigkeit kostenloser Anzeigen 152–162
     - aa) Verlockung (Wertreklame) 153
     - bb) Kostenlose Veröffentlichung von Anzeigen als allgemeine Marktbehinderung 154–159
     - cc) Wettbewerbsverstoß wegen unzutreffender Kennzeichnung als Anzeige? 160–162

X. Füllanzeigen, Übernahme fremder Anzeigen, Eigenanzeigen 163–172
1. Füllanzeigen (Scheinanzeigen) 163
2. Übernahme fremder Anzeigen 164–170
3. Eigenanzeigen 171–172

XI. Typische Leistungsstörungen beim Anzeigenvertrag 173–199
1. Verzug des Verlages 174–179
   - a) Voraussetzungen des Verzugs 174–175
   - b) Rechte des Inserenten bei Verzug des Verlags 176
   - c) Entbehrlichkeit der Fristsetzung 177
   - d) Anzeigenvertrag als absolutes Fixgeschäft 178–179
2. Unmöglichkeit 180–181
3. Haftungsbeschränkung durch die ZAW-AGB 182–183
4. Mangelnde Leistung des Verlages 184–196
   - a) Begriff des Sachmangels beim Anzeigenvertrag 184–188
   - b) Rechte des Inserenten bei Sachmängeln 189–196
5. Vom Inserenten zu verantwortende Leistungsstörungen 197–199
   - a) Zahlungsverzug 197
   - b) Verletzung von Mitwirkungspflichten 198–199

XII. Haftung der Presse für Anzeigen 200–259
1. Grundregeln der Haftung für den Anzeigenteil 200–216
   - a) Primäre Verantwortlichkeit des Inserenten 200–201
   - b) Zivilrechtliche Verantwortung der Presse für den Anzeigenteil 202–203
   - c) Verfassungskonforme Beschränkung der Pressehaftung 204–206

		Rn
	d) Beschränkung der Pressehaftung bei Unterlassungs- und Beseitigungsansprüchen	207–211
	e) Grobe und offensichtliche Verstöße – erweiterte Prüfungspflichten	212–216
2.	Besonderheiten der wettbewerbsrechtlichen Haftung für den Anzeigenteil	217–235
	a) Reichweite der wettbewerbsrechtlichen Verantwortung des Verlages	217
	b) Vorliegen einer Wettbewerbshandlung	218–219
	c) Einschränkung der wettbewerbsrechtlichen Pressehaftung durch begrenzte Prüfungspflichten und das Presseprivileg	220
	d) Prüfungspflicht	221–235
	aa) Umfang der Prüfungspflicht: grobe und offensichtliche Verstöße	221–227
	bb) Erweiterte Prüfungspflicht auf Grund besonderer Umstände	228–230
	cc) Hinweisbezogene Prüfungspflichten und Erstbegehungsgefahr	231–235
3.	Das Presseprivileg nach § 9 S 2 UWG (§ 13 Abs 6 Nr 1 Satz 2 UWG aF)	236–239
4.	Unterlassungsansprüche vor Verbreitung der Druckschrift	240
5.	Gegendarstellungsanspruch bei Anzeigenveröffentlichungen	241
6.	Haftung der Verlage für Eigenwerbung	242
7.	Haftung des Inserenten für Fehler im Presseunternehmen	243–253
8.	Haftung der einzelnen Presseangehörigen	254–257
9.	Strafrechtliche Verantwortung der Presse für Anzeigenveröffentlichungen	258–259

XIII.	Änderung und Kündigung des Anzeigenvertrages	260–264
1.	Kündigung	260–261
2.	Vergütungsanspruch bei Kündigung	262
3.	Änderung des Anzeigenvertrages und Kündigung	263–264

XIV.	„Anzeigenvermittlung" durch Werbeagenturen und andere Werbungsmittler	265–278
1.	Funktion der Werbungsmittler im Anzeigengeschäft	265
2.	Rechtliche Einordnung	266
3.	Rechtliche Beziehungen zwischen Verlagen, Werbungsmittlern und Werbungstreibenden	267–268
4.	AE-Provision	269–276
	a) Begriff und Bedeutung der AE-Provision	269–270
	b) Anspruch der Agentur auf die AE-Provision	271–272
	c) Verbot der Provisionsweitergabe	273
	d) Kartellrechtliche Beurteilung des Provisionsweitergabeverbots	274–275
	e) Wettbewerbswidrigkeit der Provisionsweitergabe	276
5.	Störerhaftung der Werbeagentur	277–278

XV.	Anzeigenblätter	279–298
1.	Begriff und wirtschaftliche Bedeutung der Anzeigenblätter	279–280
2.	Anzeigenblätter und Pressefreiheit	281–282
3.	Wettbewerbsrechtliche Beurteilung der Anzeigenblätter	283–297
	a) Anzeigenblätter mit wesentlichem redaktionellem Teil	283–289
	b) Anzeigenblätter ohne wesentlichen redaktionellen Teil	290
	c) Herausgabe von Anzeigenblättern durch Presseverlage	291–293
	d) Preisunterbietung durch Anzeigenblätter	294–297
4.	Bezeichnung (Titel) von Anzeigenblättern	298

XVI.	Anzeigen-Eigenwerbung der Verlage	299–352
1.	Rechtliche Einordnung und wirtschaftliche Bedeutung der Eigenwerbung der Medien	299–301
2.	Begriff und Ermittlung der Auflage, Auflagenkontrolle	302–311
	a) Auflagekategorien	302–307
	b) Auflagenkontrolle	308–311
3.	Werbung mit der Höhe der Auflage, Auflagenvergleiche	312–327
4.	Werbung mit Leserzahlen, der Struktur der Leserschaft, Werbeträgeranalysen	328–346
	a) Leserzahlen	328
	b) Werbeträgeranalysen (Mediaanalysen), ZAW-Rahmenschema	329–333

I. Begriff und Bedeutung

Rn

    c) Vergleichende Werbung unter Verwendung von
Werbeträgeranalysen 334–335
    d) Voraussetzungen für vergleichende Werbung unter
Verwendung von Werbeträgeranalysen 336–345
    e) Alleinstellungswerbung mit der Reichweite oder Struktur der
Leserschaft 346
  5. Sonstige Eigenwerbung der Presse (Anzeigenpreisvergleiche,
Tausenderpreise, Tausenderkontaktpreis etc) 347–350
  6. Auflagenschwindel 351–352

XVII. Besonderheiten von Internet-Anzeigen 353–372
  1. Grundlagen 353–355
  2. Rechtliche Einordnung und besondere Erscheinungsformen des
Internet-Anzeigenvertrages 356–357
  3. Abschluss und Inhalte des Internet-Anzeigenvertrages 358–360
  4. Typische Pflichten der Vertragsparteien 361–362
  5. Leistungsstörungen 363–364
  6. Haftung beim Internet-Anzeigenvertrag 365–376
  7. Gegendarstellung bei Internet-Anzeigen 377, 378
  8. Trennungsgebot bei Internet-Anzeigen 379

Anhang   Seite

A. Allgemeine Geschäftsbedingungen für Anzeigen und Fremdbeilagen in
Zeitungen und Zeitschriften (ZAW-AGB) (Fassung 1998) 1330
B. Richtlinien für die werbliche Kommunikation mit IVW-Hinweisen ... 1333

I. Begriff und Bedeutung der Anzeige

1. Presserechtlicher Begriff der Anzeige

Gegenstand dieses Kapitels sind primär Anzeigen in Printmedien jeglicher Art. Ab **1**
BT Anz Rn 352 ff. werden aber auch Anzeigen im Internet wegen ihrer vergleichbaren wirtschaftlichen und kommunikativen Funktion in ihren wesentlichen Grundzügen dargestellt. Eine Legaldefinition des presserechtlichen Begriffs „Anzeige" (Inserat, Annonce) existiert nicht. Die Landespressegesetze begnügen sich damit, die Trennung des redaktionellen Teils vom Anzeigenteil vorzuschreiben und eine Kennzeichnung entgeltlicher Veröffentlichungen mit dem Wort „Anzeige" zu verlangen, soweit sie nicht schon durch Anordnung oder Gestaltung allgemein als Anzeigen zu erkennen sind (vgl beispielhaft § 10 LPG Baden-Württemberg). Diese Kennzeichnungspflicht verstößt nicht gegen europäisches Recht (EuGH 17.10.2013 – C-391/12 GRUR 2013, 1245 Rn 47 ff. – 600D NEWS). Einige Landespressegesetze verwenden dabei die Begriffe „Anzeige" und „entgeltliche Veröffentlichung" synonym. Der Begründer des vorliegenden Kommentars, *Martin Löffler,* hat die Anzeige als „regelmäßig gegen Entgelt erfolgende, nicht von der Redaktion ausgehende (nicht redaktionelle) Veröffentlichung in einer Druckschrift, durch die sich der Mitteilende an die Leser der Druckschrift wendet" charakterisiert (vgl *Klosterfelde,* Anzeigen-Praxis, S 10).

Dieses inzwischen historisch gewordene Verständnis des Begriffs „Anzeige" bedarf **2**
vor dem Hintergrund neuer Entwicklungen verschiedener behutsamer Korrekturen: Einige Printmedien (insb die sog **Offertenblätter,** dazu eingehend BT Anz Rn 150 ff.) sind dazu übergegangen, Anzeigen (vor allem sog Kleinanzeigen) in großer Zahl unentgeltlich abzudrucken. Auch im Internet ist die kostenlose Verbreitung von Inseraten, die ähnliche Zielgruppen ansprechen wie die Printmedien, weithin üblich geworden. Ferner drucken auch herkömmliche Zeitungen und Zeitschriften in besonderen Fällen Inserate unentgeltlich ab (zB als kostenlose Wiederholungsanzeige oder im Rahmen der Einführungswerbung bei neuen Publikationen). Die fehlende Entgeltlichkeit der Veröffentlichung ändert aber nichts daran, dass es sich bei den erwähnten Erscheinungsformen zweifellos um „Anzeigen" han-

delt. Bei Anzeigen im Internet ist die Unentgeltlichkeit fast der Regelfall. Die **Entgeltlichkeit** ist somit kein notwendiges Merkmal der Anzeige im presserechtlichen Sinne (vgl. auch *Rath-Glawatz* RdAnzeige Rn P 47). Fremdbestimmte Veröffentlichungen, insb auch sog **redaktionell gestaltete Anzeigen,** deren Anzeigecharakter nicht bereits aus Anordnung und Gestaltung des Inserats ersichtlich ist, sind auch dann als „Anzeige" zu kennzeichnen, wenn sie ausnahmsweise einmal unentgeltlich erfolgen (BGH GRUR 1994, 441/442 – *Kosmetikstudio;* OLG Hamm NJW-RR 1991, 681; vgl aber § 10 LPG Rn 54). Allerdings kann eine redaktionell gestaltete (und entsprechend gekennzeichnete) Anzeige, die unentgeltlich veröffentlich wird, auch gegen das Gebot der Trennung von redaktionellem Teil und Anzeigenteil verstoßen und aus diesem Grunde nach den §§ 3, 4 Nr 3 UWG unlauter sein (vgl OLG Hamm NJW-RR 1990, 1196; § 10 LPG Rn 54). Redaktionell gestaltete Anzeigen und das Gebot der Trennung von redaktionellem Teil und Anzeigenteil werden im Rahmen der Kommentierung des § 10 LPG im Einzelnen dargestellt (§ 10 LPG Rn 13 ff.).

3 Die Anzeige lässt sich auf Grund dieser Erkenntnisse als Veröffentlichung in Printmedien kennzeichnen, die erkennbar der werblichen Kommunikation im Interesse eines Auftraggebers dient **(Fremdbestimmtheit)** und im Regelfall entgeltlich erfolgt. Aufgrund dieser Definition kann auch die Eigenwerbung der Printmedien, bei der die Verlage praktisch als Inserenten im eigenen Blatt in Erscheinung treten, indem sie zB Personal für ihre Druckerei suchen oder durch Freundschaftswerbung neue Abonnenten gewinnen wollen, dem Anzeigenwesen zugeordnet werden (sog **Eigenanzeige,** dazu BT Anz Rn 171). Entgeltliche Veröffentlichungen, deren Werbecharakter für einen unbefangenen Durchschnittsleser nicht ersichtlich ist (sog **redaktionelle Werbung,** dazu eingehend § 10 LPG Rn 13 ff.), sind dagegen keine Anzeigen im presserechtlichen Sinne. Gerade weil die Fremdbestimmtheit dieser Veröffentlichungen sonst nicht erkennbar wäre, schreiben die meisten Landespressegesetze die Kennzeichnung als „Anzeige" vor. Nur so wird der „Wolf im Schafspelz" für die Leser erkennbar.

2. Geschichte der Zeitungsanzeige

4 Die Zeitungsanzeige in ihrer heutigen Form ist nach den vorliegenden Erkenntnissen eine „Erfindung" des französischen Arztes und Soziologen *Theophraste Renaudot,* der 1633 seinem Nachrichtenblatt „Gazette" erstmals einen Annoncenteil beifügte (so die historische Sicht von *Löffler,* 2. A., Bd I, Kap 3 Rn 28). Das älteste bekannte „Inserat" ist demnach der auf Papyros geschriebene Steckbrief eines entlaufenen ägyptischen Sklaven aus dem Jahre 1100 v. Chr. In den frühen Druckwerken des 15. und 16. Jahrhunderts wurden als „Seitenfüller" Heilmittel, Toilettenartikel und sonstige Konsumgüter der damaligen Zeit angeboten. Einen entscheidenden Impuls erhielt das Anzeigenwesen im 17. und 18. Jahrhundert durch das sogenannte „Intelligenzwesen". In den „Intelligenzblättern" herrschte Insertionszwang, während den Tageszeitungen die Veröffentlichung von Anzeigen verboten war. Gleichzeitig waren bestimmte Berufsgruppen zum gebührenpflichtigen Abonnement dieser Druckwerke verpflichtet. In einem „Intelligenzblatt", den „Frankfurter Wöchentlichen Frag- und Anzeigungsnachrichten" erschien am 9. Juli 1732 die Erste uns bekannte Heiratsanzeige in deutscher Sprache. Der „Intelligenzzwang" konnte das Erscheinen von Anzeigen in den Tageszeitungen allerdings nicht lange verhindern. Gleichwohl blieb das große Anzeigenreservoir der Tagespresse zunächst vorenthalten. Die Aufhebung des staatlichen Anzeigenmonopols erfolgte erst Mitte des 19. Jahrhunderts (in Preußen zum 1.1.1850). Mit Beginn des Industriezeitalters und dem Aufkommen der Markenartikelwerbung erlangte die Anzeige schnell große volkswirtschaftliche Bedeutung (vgl zur Geschichte des Anzeigenwesens *Dovifat/Wilke* Bd II S 179 ff.; *Heuer* in *Dovifat* (Hrsg), Handbuch der Publizistik, Bd 3, S 261 ff.). In jüngster Zeit haben sich verschiedene Sonderformen der Anzeige (zB shadow-Anzeigen, ad-cover-An-

zeigen etc.) entwickelt, die vor allem im Hinblick auf die nach den Landespressegesetzen notwendige Kennzeichnung entgeltlicher Veröffentlichungen rechtliche Probleme aufwerfen (dazu eingehend *Rath-Glawatz* RdAnzeige Rn P 267 ff.; § 10 LPG Rn 1 ff.).

3. Wirtschaftliche Bedeutung der Anzeige

Der **Marktanteil der klassischen Printwerbung** an den Netto-Werbeeinnahmen in Deutschland lag im Jahr 2013 bei ca 43% (Quelle für diese und alle folgenden Zahlenangaben: ZAW-Jahrbuch Werbung in Deutschland 2013, S 9 ff., 201 ff.). Hörfunk und Fernsehen erreichten gemeinsam einen Anteil von ca 26%, die Online-Medien sind bereits bei 5% angelangt. Der Rest der Werbeeinnahmen verteilt sich auf die Direktwerbung per Post, Verzeichnis-Medien, Außenwerbung und Filmtheater. In der Vorauflage, deren Erscheinen weniger als 10 Jahre zurückliegt, hatte die Printwerbung noch einen Anteil von 54%, Hörfunk und Fernsehen lagen damals gemeinsam bei 18%. Der seit mehreren Jahrzehnten zu beobachtende Erosionsprozess der Anzeigenwerbung zugunsten anderer Werbemedien hat sich also weiter fortgesetzt und vor allem für die Tageszeitungen teilweise existenzgefährdende Ausmaße angenommen (vgl. DER SPIEGEL 32/2013, S. 56). 5

Die Tageszeitungen erzielten im Jahr 2012 Netto-Werbeeinnahmen von 3232,80 Mio EURO (Quelle für diese und alle folgenden Zahlenangaben: *ZAW*, Werbung in Deutschland 2013, S 15 f.) Sie haben ihre historische Rolle als wichtigster Werbeträger bereits 2009 eingebüßt und liegen mit einem Marktanteil von 18% hinter dem Fernsehen nur noch an zweiter Stelle, Die Publikumszeitschriften erzielten Werbeeinnahmen von 1281,00 Mio EURO (Marktanteil: 7%), die Fachzeitschriften von 858,00 Mio EURO (Marktanteil: 5%) und die Anzeigenblätter 2001,00 Mio EURO (Marktanteil: 11%). Werbeeinnahmen in Höhe von 199,30 Mio EURO entfielen auf die Wochen- und Sonntagszeitschriften und das Beilagengeschäft in Höhe vom 81,90 Mio EURO. Im langjährigen Vergleich haben die Tageszeitungen kontinuierlich Marktanteile verloren, vor allem zugunsten der Online-Angebote, der Direktwerbung und des Fernsehens, während die Anzeigenblätter ihren Marktanteil sogar noch leicht ausbauen konnten. Die Werbeeinnahmen (Anzeigen- und Beilagengeschäft) machten 1992 bei den Tageszeitungen noch 64,2% der Gesamterlöse aus. Im Jahr 2011 lag dieser Anteil auf Grund der gesunkenen Werbeausgaben und der Verschiebungen zwischen den einzelnen Medien deutlich niedriger. Der Vertrieb machte 2011 bei den Abonnementszeitungen 52,8%, das Anzeigengeschäft 40,1% und die Fremdbeilagen 7,1% der Gesamterlöse aus (Quelle: www.bdzv.de/markttrends-und-daten/wirtschaftlichelage/schaubilder/). 6

Der Anteil der Printwerbung am Gesamtumfang von Tageszeitungen ist seit der Vorauflage kontinuierlich weiter gesunken. Der eine oder andere Leser mag diese Entwicklung sogar erfreulich finden, weil er weniger durch Werbung abgelenkt wird, für die Printmedien ist sie existenzgefährdend. Ohne die Erlöse aus dem Anzeigengeschäft können Zeitungen und Zeitschriften nicht existieren (*Deutscher Presserat*, Jahrbuch 2004, S 17). Das Anzeigengeschäft ist richtiger Ansicht nach der **wirtschaftliche Grundstein der Pressefreiheit** (*Henning-Bodewig* GRUR 1981, 258/259: „wirtschaftliches Rückgrat der Pressefreiheit"). *Günter Böddeker* (ehemals stellvertretender Chefredakteur der „Welt am Sonntag") hat die Bedeutung des Anzeigensens zutreffend wie folgt beschrieben: „Die Zeitung lebt von ihren Anzeigen, und sie stirbt, wenn sie ausbleiben. Verleger widmen ihren Anzeigenabteilungen die gleiche (wenn nicht größere) Aufmerksamkeit wie den Redaktionen. Erfolgreiche Anzeigenaquisiteure werden besser bezahlt als Starjournalisten" (*Böddeker*, 20 Millionen täglich, S 51). 7

Vielfach wird im Anzeigengeschäft auch eine **Gefahr für die Presse** gesehen (vgl etwa *Herzog* in *Maunz/Dürig* GG Art 5 Rn 166 f.; *Ricker*, Anzeigenwesen und Pressefreiheit, S 44 ff.; eingehend aus der Sicht der Werbebranche *Nickel*, Der Einfluss der 8

Werbung auf die Medien, S 1 ff.). Zum einen wird befürchtet, die wirtschaftliche Abhängigkeit von wichtigen Inserenten könne Presseunternehmen dazu veranlassen, auch im redaktionellen Teil auf deren Interessen Rücksicht zu nehmen. Es hat zwar in der Geschichte immer wieder Fälle gegeben, in denen missliebige Veröffentlichungen von verärgerten Inserenten mit **Anzeigensperren** beantwortet wurden. Ein konkreter Einfluss der werbungtreibenden Wirtschaft auf die redaktionelle Linie eines Anzeigenmediums lässt sich aber nicht belegen. Ähnliches gilt für die Befürchtung, der von der Auflagenhöhe abhängige Anzeigenerlös führe zu einer zu starken Orientierung an der Publikumswirkung und damit zu einer Beeinträchtigung der inhaltlichen Qualität (vgl *Ricker,* Anzeigenwesen und Pressefreiheit, S 44 ff.). Ein feststellbarer Einfluss der berühmten „Quote" auf die redaktionellen Inhalte ist weit eher ein Kennzeichen des Mediums Rundfunk, während sich die Presse mit ihrer ausgeprägten Marktsegementierung sehr viel unabhängiger von derartigen Einflüssen zeigt.

Eine bemerkenswerte Ausnahme in Bezug auf die wirtschaftliche Abhängigkeit vom Anzeigengeschäft stellt die von der Stiftung Warentest herausgegebene Zeitschrift „test" dar, in die die von der Stiftung durchgeführten Warentests veröffentlicht werden. Hier soll die Anzeigenfreiheit den Eindruck vermeiden, die Stiftung sei von den Herstellern der getesteten Produkte und Dienstleistungen, soweit diese gleichzeitig als Anzeigenkunden auftreten, abhängig. Es ist daher wettbewerbsrechtlich nicht zu beanstanden, wenn die Zeitschrift „test" mit dem Prädikat „anzeigenfrei" wirbt (OLG Düsseldorf GRUR 1977, 164).

9 *(vorläufig leer)*

II. Anzeigenteil und Pressefreiheit

10 Auch die Anzeige enthält eine **Nachricht,** dh sie vermittelt dem Leser Informationen im Sinne einer kommunikativen Botschaft. Die Beschaffung von Informationen und die Verbreitung von Nachrichten und Meinungen ist aber die typische Aufgabe der gesamten Presse. Dass die Presse im Regelfall keine eigene Meinung zu den von ihr verbreiteten Fremdanzeigen äußert, ist dabei ohne Bedeutung. Auch in ihrem redaktionellen Teil begnügt sich die Presse nämlich in weitem Umfang damit, Nachrichten (zB von Agenturen, Behörden, Untenehmen, Verbänden, anderen Publikationen) ohne eigene Stellungnahme wiederzugeben (vgl BVerfGE 21, 271/278 f. – *Südkurier).* Insoweit besteht also kein grundlegender Unterschied zwischen dem redaktionellen und dem Anzeigenteil. Ferner offenbart der Anzeigenteil die Anliegen der Inserenten und lässt dadurch Rückschlüsse auf die kulturelle, politische und wirtschaftliche Lage zu (BVerfGE 21, 271/279 – *Südkurier;* OLG München AfP 2002, 513/514). Der Anzeigenteil leistet somit einen wichtigen Beitrag zur Erfüllung der Kommunikationsaufgabe der Presse (BVerfGE 64, 108/114; dazu im Einzelnen *Ricker,* Anzeigenwesen und Pressefreiheit, S 22 ff.). Das **Grundrecht der Pressefreiheit umfasst folgerichtig auch den Anzeigenteil** (BVerfGE 21, 271/278 – *Südkurier;* 64, 108/114 ff.; NJW 1990, 701/702; 2001, 591 – *Benetton Werbung;* vgl ferner *Löffler/ Bullinger,* 5. Aufl, § 1 LPG Rn 71).

11 Art 5 Abs 1 Satz 2 GG enthält nicht nur die Verbürgung eines Individualgrundrechts, sondern darüber hinaus eine **Garantie für das Institut „freie Presse"** (BVerfGE 10, 118/121 ff.; 20, 162/175 f.). Auch hierbei kann die wirtschaftliche Bedeutung des Anzeigenteils für die Funktionsfähigkeit der Presse (BT Anz Rn 5 f.) nicht unberücksichtigt bleiben (vgl BVerfGE 64, 108/114). Ohne eine ausreichende Zahl von Inseraten und die daraus resultierenden Erlöse kann eine freie Presse nicht existieren. Anzeigenwesen und Pressefreiheit sind daher untrennbar miteinander verbunden. Das Anzeigengeschäft wird aber nicht um seiner selbst willen in den Schutzbereich der institutionellen Garantie der Presse einbezogen, sondern wegen seiner Notwendigkeit für die freiheitliche Struktur und die Unabhängigkeit der Presse insgesamt (eingehend *Ricker,* Anzeigenwesen und Pressefreiheit S 42 ff.).

III. Rechtliche Einordnung des Anzeigenvertrages

Das Grundrecht der Pressefreiheit umfasst die **gesamte Tätigkeit der Presse** von 12
der Beschaffung der Information bis zur Verbreitung der Nachricht oder Meinung
einschließlich der dazugehörigen Hilfstätigkeiten (BVerfGE 10, 118/121; dazu eingehend *Löffler/Bullinger,* 5. Aufl, § 1 Rn 72 ff.). Geschützt werden nicht nur die spezifisch pressebezogenen Tätigkeiten, sondern auch neutrale Aktivitäten, soweit sie auf
Grund ihrer organisatorischen Verbindung zu einem Presseunternehmen oder aus
sonstigen Gründen zu Hilfstätigkeiten für die Presse werden (*Herzog* in *Maunz/Dürig*
GG Art 5 Rn 135 ff.). Die Einbeziehung des Anzeigenteils in den Schutzbereich des
Art 5 Abs 1 Satz 2 GG hat erhebliche Konsequenzen für verschiedene Einzelfragen
des Rechts der Anzeige. Dies gilt insb für den Kontrahierungszwang (dazu BT Anz
Rn 31 ff.) sowie die Haftung der Presse für Anzeigenveröffentlichungen (dazu BT
Anz Rn 200 ff.).
(vorläufig leer) 13

III. Rechtliche Einordnung des Anzeigenvertrages

1. Anzeigenvertrag als Werkvertrag

Die Publizistik hat in ihren Anfängen sehr bildhaft davon gesprochen, die Annon- 14
centätigkeit der Presse bestehe darin, dass sie an den Werbungtreibenden „Anzeigenraum als Ware verkaufe" (vgl noch *Dovifat/Wilke;* HdB der Publizistik, II S 182).
Auch das Reichsgericht hat in einer früheren Entscheidung (JW 1926, 119) das
Kennzeichen des Anzeigenvertrages noch in der „Hergabe des entsprechenden Zeitungsraumes" erblicken wollen (ähnlich *Rath-Glawatz* AfP 2000, 505/506). Die
Rechtsprechung ist von dieser „räumlichen" Betrachtungsweise, die den Anzeigenvertrag als Kaufvertrag über Zeitungsraum einordnete, jedoch mit Recht abgekommen. Der Raum als solcher nützt dem Werbungtreibenden nichts. Ihm kommt es
vielmehr darauf an, dass die Anzeige im jeweiligen Pressemedium korrekt gedruckt,
im Publikum verbreitet und zur Kenntnis genommen wird. Gegenstand des Anzeigenvertrages ist also ein vom Verleger durch seine druck- und vertriebstechnische Leistung herbeizuführender Erfolg.

Der Anzeigenvertrag ist daher als **Werkvertrag** im Sinne der §§ 631 ff. BGB ein- 15
zuordnen (heute ganz hM: BGH NJW 1970, 1317/1318; 1984, 2406; 1992,
1450/1451; 2557/2559; OLG Düsseldorf MDR 1972, 688; OLG Hamm NJW-RR
1988, 944; OLG München AfP 1985, 132/133; Thüringer OLG OLG-NL 2004,
121; AG Berlin-Köpenick NJW 1996, 1005; *Ricker/Weberling* Kap 47 Rn 7; *Busche* in
Münchener Kommentar BGB § 631 Rn 236 ff.; *M. Löffler* BB 1978, 921). Einen
konkreten Werbeerfolg der abgedruckten Anzeige schuldet der Verlag nicht. Seine
Pflichten beschränken sich vielmehr auf die Herstellung und das Erscheinen der Anzeige im jeweiligen Printmedium (dazu im Einzelnen *M. Löffler* BB 1978, 921 ff. sowie unten BT Anz Rn 96 ff.).

Im Einzelfall kann der Anzeigenvertrag auch Elemente der Geschäftsbesorgung 16
enthalten. Dies gilt zB für den **Chiffre-Anzeigenvertrag** (Näheres BT Anz Rn 55 ff.).
Hier ist Gegenstand des Anzeigenvertrages eine Chiffreanzeige (Kennzifferanzeige),
die ohne Nennung von Namen, Adresse, Telefonnummer etc der Inserenten erscheint. Dabei übernimmt der Verlag zusätzlich zum Abdruck der Anzeige die
vertragliche Nebenpflicht, eingehende Zuschriften an den Anzeigenkunden weiterzuleiten. Auch der Chiffre-Anzeigenvertrag ist kein Werkvertrag. Er enthält aber Elemente der entgeltlichen Geschäftsbesorgung iSv § 675 BGB (BGH NJW 1992,
1450). Übernimmt der Verlag zusätzlich zum Abdruck auch die graphische oder
inhaltliche Gestaltung der Anzeige, so sind auch dies typische werkvertragliche Elemente, die an der rechtlichen Einordnung des Anzeigenvertrages nichts ändern (vgl
BGH NJW 1984, 2406; aM *Rath-Glawatz* RdAnzeige Rn P 99, wonach auf diesen
Fall die Regelungen der Geschäftsbesorgung Anwendung finden sollen).

2. Anzeigenauftrag und Anzeigenabschluss

17   In der Verlagspraxis ist häufig vom „Anzeigenauftrag" die Rede. Auch die ZAW-AGB haben diese Terminologie übernommen. Damit ist aber nicht etwa der „Auftrag" im Sinne des § 662 BGB gemeint. Es handelt sich vielmehr um die rechtstechnisch wenig glückliche, aber dem allgemeinen Sprachgebrauch entsprechende Verwendung des Begriffes „Anzeigenauftrag" als Synonym für einen Vertrag über die Veröffentlichung einer oder mehrerer Anzeigen (so auch die Definition in Ziff 1 ZAW-AGB, Anhang A.). Um Missverständnisse zu vermeiden, sollte daher in Übereinstimmung mit der werkvertraglichen Terminologie besser von Anzeigenbestellung bzw Anzeigenvertrag gesprochen werden. Erstreckt sich ein Anzeigenvertrag auf die Veröffentlichung mehrerer Anzeigen, wird dies in der Verlagspraxis auch als „Anzeigenabschluss" bezeichnet (Näheres *Wronka* Ziff 1 ZAW-AGB Rn 10).

3. Verpachtung des Anzeigenteils

18   Wenn ein Verleger den Anzeigenteil eines Printmediums **als Ganzes** an einen Unternehmer, meist eine Annoncenagentur/Anzeigenvermittlung, verpachtet, liegt darin kein Werkvertrag, sondern ein Pachtvertrag über einen Teil eines gewerblichen Unternehmens (RGZ 70, 20/22 ff.; BGH NJW-RR 1994, 558; 1999, 845). Die Verpflichtung des Verlegers, die ihm vom Pächter übergebenen Anzeigen zu drucken und zu verbreiten, stellt hier nur eine werkvertragliche Nebenleistung dar, die an der Einordnung dieses Rechtsverhältnisses als (Unternehmens-)Pachtvertrag nichts ändert. Bei dieser rechtlichen Einordnung der Verpachtung des Anzeigenteils kommt ein Ausgleichsanspruch des Anzeigenvermittlers (direkt oder analog) § 89b HGB von vornherein nicht in Betracht, weil kein Handelsvertreterverhältnis vorliegt (so zutreffend BGH NJW-RR 2003, 894/895).

19   *(vorläufig leer)*

IV. Abschluss des Anzeigenvertrages

1. Vertragsschluss

20   Der Anzeigenvertrag kommt nach den allgemeinen Regeln der §§ 145 ff. BGB zustande, dh durch übereinstimmende Willenserklärungen von Verlag und Anzeigenbesteller. Der Vertragsschluss bedarf keiner besonderen Form. Insbesondere private Kleinanzeigen werden häufig telefonisch aufgegeben. Im Einzelfall können erhebliche Zweifel auftreten, ob bereits ein verbindlicher Antrag, dh ein Angebot zum Abschluss eines Anzeigenvertrages, vorliegt: Die Einsendung eines Anzeigenmanuskripts an den Verlag (ob per Post oder per Mail) stellt regelmäßig einen im Sinne des § 145 BGB bindenden Antrag des Inserenten zum Abschluss eines Anzeigenvertrages dar. Umgekehrt beinhaltet die **Versendung von Mediaunterlagen und Preislisten** an potentielle Inserenten aber noch kein bindendes Angebot des Verlages (LG Braunschweig NJW 1975, 782/783; *Wronka* ZAW-AGB Ziff 1 Rn 2). Es handelt sich dabei vielmehr um die bloße Aufforderung zur Abgabe eines Angebots (sog invitatio ad offerendum), da sich der Verlag im Hinblick auf seine Verantwortung für den Anzeigenteil (Näheres BT Anz Rn 200 ff.) vorbehalten muss, die Annahme einer Anzeige zumindest dann abzulehnen, wenn sie es den gesetzlichen Bestimmungen widerspricht. Nur die Annahme einer invitatio ad offerendum belässt hier dem Verlag die auch im Hinblick auf Art 5 Abs 1 Satz 2 GG notwendige Freiheit, das Angebot des Inserenten abzulehnen und ggf selbst einen neuen Antrag zum Abdruck der Anzeige zu geänderten Bedingungen zu unterbreiten (§ 150 Abs 2 BGB). Regelmäßig geht also das Angebot zum Abschluss eines Anzeigenvertrages vom Inserenten aus, der auf Grund der vom Verlag übermittelten Informationen eine Anzeige bestellt.

IV. Abschluss des Anzeigenvertrages

Einige Instanzgerichte haben die Auffassung vertreten, ein Angebot zum Abschluss 21 eines Anzeigenvertrages sei nur dann wirksam, wenn es Angaben zum Erscheinungsdatum, zur Auflage, bzw zur Verbreitung des Werbeträgers enthält (LG Mainz NJW-RR 1998, 631 f.; LG Bad Kreuznach NJW-RR 2002, 130; AG Bad Homburg NJW-RR 1998, 632; AG Köpenick NJW 1996, 1005/1006). Daran ist richtig, dass beim Werkvertrag – wie bei jedem anderen Vertrag auch – die Leistung der Vertragsparteien hinreichend bestimmt oder zumindest bestimmbar im Sinne des § 315 Abs 1 BGB sein muss. Was das Erscheinungsdatum angeht, kann der erwähnten Rspr k,im Grundsatz gefolgt werden, soweit sich das Erscheinungsfatum nicht bereits aus den Umständen des Vertragsschlusses zwanglos ergibt. Angaben zur Auflage bzw zur Verbreitung eines Werbeträgers lassen sich regelmäßig den Mediaunterlagen der Verlage entnehmen bzw werden von diesen mitgeteilt, wenn der Anzeigenkunde dies wünscht. Die Verlage dürfen daher davon ausgehen, dass ein Kunde, der eine Anzeige aufgeben will, sich vorher darüber informiert hat, welche Verbreitung und damit Werbewirkung mit der Veröffentlichung bei diesem Vertragspartner zu erzielen ist. Es kann nicht Aufgabe der Verlage sein, die Anzeigenbesteller beim Vertragsschluss über Umstände aus deren eigener Interessensphäre aufzuklären. Insoweit sind einige Gerichte in ihrem verständlichen Bemühen, die Vergütungsansprüche einiger weniger unseriöser Anzeigenblätter einzudämmen, zu weit gegangen (vgl LG Mönchengladbach BeckRS 2006, 08568).

2. Angebot und Annahme

Der Verlag kann den Antrag zum Abdruck einer Anzeige ausdrücklich dadurch 22 annehmen, dass er eine entsprechende **Auftragsbestätigung** an den Anzeigenbesteller verschickt. In der Praxis wird davon aber aus Zeitmangel und auch aus Kostengründen regelmäßig abgesehen. Bloßes Schweigen des Verlages auf eine Anzeigenofferte stellt schon nach allgemeinen bürgerlich-rechtlichen Grundsätzen noch keine Annahme dar. Auch die Regelung des § 362 Abs 1 Satz 1 HGB, wonach Schweigen im kaufmännischen Verkehr unter bestimmten Voraussetzungen ausnahmsweise als Annahme gilt, ist im Anzeigengeschäft nicht anwendbar. Der Abdruck von Anzeigen auf Grund eines Werkvertrages ist keine „Geschäftsbesorgung für andere" im Sinne dieser Vorschrift. Gemäß § 151 BGB ist eine ausdrückliche Annahmeerklärung entbehrlich, wenn eine solche Erklärung nach der Verkehrssitte nicht zu erwarten ist oder der Antragende auf sie verzichtet hat.

Der **Verzicht auf die ausdrückliche Erklärung der Annahme** gegenüber dem 23 Anzeigenbesteller entspricht im Pressebereich der Verkehrssitte (RG JW 1936, 556; LG Nürnberg-Fürth AfP 1984, 174/175; LG Düsseldorf AfP 1999, 520; *Rath-Glawatz* RdAnzeige Rn P 94; *Wronka* ZAW-AGB Ziff 1 Rn 2). Entbehrlich ist nach § 151 Satz 1 BGB aber nur die Erklärung der Annahme gegenüber dem Anzeigenbesteller, **nicht** jedoch die Annahme als solche (vgl BGHZ 74, 352/356; BGH NJW 1990, 1656/1657; 1999, 2179). Der Verlag muss also auch im Anzeigengeschäft durch eine nach außen hervortretende Betätigung seines Annahmewillens eindeutig zum Ausdruck bringen, dass er zum Abdruck der bestellten Anzeige bereit ist (vgl BGH NJW 2001, 2324). Am einfachsten geschieht dies naturgemäß durch den schlichten Abdruck der Anzeige selbst oder durch eine schriftliche Auftragsbestätigung (in der Praxis eher unüblich). Aus der rein tatsächlichen Entgegennahme einer Anzeigenbestellung durch den Verlag alleine (zB schriftlich am Anzeigenschalter, durch die telefonisch durch einen Anrufbeantworter oder über ein Formular im Internet) kann deshalb noch nicht auf das Zustandekommen eines Anzeigenvertrages geschlossen werden (LG Braunschweig NJW 1975, 782/783; LG Nürnberg-Fürth AfP 1984, 174/175). Dies gilt schon deshalb, weil die Verlage im Hinblick auf ihre eigene rechtliche Verantwortung der Entgegennahme von Anzeigenaufträgen prüfen müssen, ob die Veröffentlichung der Anzeige gegen gesetzliche Vorschriften verstößt (dazu BT Anz Rn 200 ff.). Dies erfordert einiges an Zeit. Angesichts der

BT Anz Recht der Anzeige

Vielzahl täglich eingehender Anzeigenbestellungen ist den Verlagen aber zunächst nur eine vorläufige Registrierung möglich – erst recht bei telefonisch aufgegebenen Anzeigen, da hier eine inhaltliche Prüfung naturgemäß erst zu einem späteren Zeitpunkt stattfinden kann (LG Braunschweig NJW 1975, 782/783). Äußert sich der Verlag auf eine verspätet – also nach dem sog **Anzeigenschlusstermin** (BT Anz Rn 127) – eingegangene Anzeigenbestellung nicht, ist kein Anzeigenvertrag zustande gekommen. Der Verlag ist verpflichtet, den Inserenten auf den verspäteten Eingang seiner Bestellung hinzuweisen. Tut er dies nicht, kommt ein Schadensersatzanspruch des Inserenten aus Verletzung vorvertraglicher Pflichten nach den §§ 311 Abs 2, 280 Abs 1 BGB in Betracht (Näheres BT Anz Rn 24).

3. Ablehnung der Anzeigenbestellung durch den Verlag

24 Sendet der Verlag ein Anzeigenmanuskript zurück oder verlangt er vom Anzeigenbesteller Änderungen, dann liegt darin die Ablehnung der Anzeigenbestellung (ggf verbunden mit einem neuen Antrag des Verlages, vgl § 150 Abs 2 BGB). Ein Anzeigenvertrag ist daher zunächst nicht zustande gekommen. Mit der tatsächlichen Entgegennahme der Anzeigenbestellung entsteht aber bereits ein **vorvertragliches Schuldverhältnis** zwischen Verlag und Anzeigenbesteller (§ 311 Abs 2 BGB). Der Inserent vertraut nämlich auf Grund der im Pressebereich geltenden Verkehrssitte, wonach eine Erklärung der Annahme der Anzeigenbestellung überflüssig ist, zu Recht auf den korrekten Abdruck der aufgegebenen Anzeige, soweit er vom Verlag keine gegenteilige Nachricht erhält. Der Verlag ist deshalb verpflichtet, eingehende Anzeigenbestellungen unverzüglich, dh ohne schuldhaftes Zögern, zu prüfen und dem Anzeigenbesteller eine eventuelle Ablehnung ebenso unverzüglich mitzuteilen (vgl auch Ziff 8 Abs 3 ZAW-AGB, Anhang A.). Verletzt der Verlag schuldhaft diese Pflicht, macht er sich – bei Vorliegen aller weiteren Anspruchsvoraussetzungen – wegen Verletzung vorvertraglicher Verhaltenspflichten nach den §§ 311 Abs 2, 280 Abs 1 BGB schadensersatzpflichtig.

4. Vertragsschluss durch Vertreter, insbesondere durch Werbeagenturen

25 Vertragsparteien des Anzeigenvertrages sind auf der einen Seite der Verleger als Unternehmer, auf der anderen Seite der Inserent als Besteller im Sinne der Terminologie des § 631 BGB. Die Frage, wer Inserent und damit Partei des Anzeigenvertrages ist, kann im Einzelfall durchaus zweifelhaft sein, insb wenn der Vertragsschluss durch einen Vertreter oder Beauftragten des Anzeigenbestellers erfolgt. Nach § 164 Abs 2 BGB muss der Wille, beim Abschluss eines Vertrages im Namen eines anderen zu handeln, **erkennbar** hervortreten. Eine ausdrückliche Erklärung, im fremden Namen zu handeln, ist dafür allerdings nicht unbedingt erforderlich; es genügt vielmehr, wenn sich ein entsprechender Wille aus den Umständen (Interessenlage, typische Verhaltensweisen, sonstige Erklärungen) ergibt. In der arbeitsteiligen Wirtschaft treten in immer stärkerem Ausmaß die von den Werbungtreibenden beauftragten **Werbe- oder Mediaagenturen** als Besteller von Anzeigen in Erscheinung. Nach der Branchenübung werden Anzeigenverträge von den Agenturen grundsätzlich im eigenen Namen abgeschlossen (OLG Frankfurt ArchPR 1976, 88; 1977, 81; OLG Hamburg OLG Report 1998, 370; OLG München AfP 1985, 132/133; OLG Saarbrücken OLG Report 2004, 35; Stuttgart AfP 1970, 974; LG Saarbrücken AfP 2000, 398; *Kreifels/Breuer/Maidl*, Die Werbeagentur in Recht und Praxis, Rn 278 f.; *Lambsdorff/ Skora* Werbeagenturrecht Rn 130; *Wronka* ZAW-AGB Ziff 1 Fn 7; *Fikentscher/ Sandberger* WRP 1970, 1/2). Dies entspricht der besonderen Interessenlage der Beteiligten, denn nur dann hat die Werbeagentur Anspruch auf die sog AE-Provision (dazu BT Anz Rn 269 f.). Soweit die Werbeagentur ausnahmsweise nicht selbst Vertragspartei werden will, muss sie bei Abschluss des Anzeigenvertrages ausdrücklich klarstellen, dass sie für den Inserenten handelt (OLG Hamburg OLG Report 1998, 370; OLG München AfP 1985, 132/133; OLG Saarbrücken OLG Report 2004, 35). Es reicht

IV. Abschluss des Anzeigenvertrages   Anz BT

nicht aus, dass die Werbeagentur bei der Auftragserteilung den Namen des Kunden angibt, weil dadurch zwar zum Ausdruck gebracht wird, dass der Werbemittler für fremde Rechnung handelt, aber nicht, dass er auch den Anzeigenvertrag in fremdem Namen abschließt (OLG Hamburg OLGReport 1998, 370; OLG Saarbrücken OLG Report 2004, 35).

5. Vertragsschluss durch Vertreter ohne Vertretungsmacht

In der Praxis begegnen die Verlage gelegentlich dem Einwand eines (angeblichen) 26 „Inserenten", ein anderer (zumeist ein unbekannter Dritter) habe den Anzeigenvertrag ohne entsprechende Vollmacht „unter" bzw in fremdem Namen abgeschlossen. Der Verlag ist für die Identität seines Vertragspartners beweispflichtig (vgl BGH NJW 1986, 1675; 1991, 295). Gelingt dieser Beweis nicht, ist die Wirksamkeit eines derartigen Vertrages von der Genehmigung des (angeblich) Vertretenen abhängig (§ 177 Abs 1 BGB), der diese Genehmigung regelmäßig verweigern wird. Hier haftet zwar der (unbekannte) vollmachtlose Vertreter nach § 179 Abs 1 BGB wahlweise auf Erfüllung oder Schadensersatz, ist aber regelmäßig nicht greifbar. Eine Inanspruchnahme des scheinbaren Inserenten ist allenfalls dann möglich, wenn zu seinen Lasten die bürgerlich-rechtlichen Grundsätze über die Duldungs- bzw Anscheinsvollmacht eingreifen. Dies setzt zumindest voraus, dass der angebliche Inserent das Vertreterhandeln entweder geduldet oder in zurechenbarer Weise veranlasst hat (Näheres *Schramm* in Münchener Kommentar BGB § 167 Rn 46 ff.; Beispiel für einen derartigen Fall: AG Bückeburg ArchPR 1977, 82). Greift eine solche „Scheinanzeige" in die Rechte des Inserenten oder Dritter ein (zB in das allgemeine Persönlichkeitsrecht oder das Recht am Gewerbebetrieb), haftet der Verlag (zB nach §§ 823, 824, 1004 BGB), soweit er seine Prüfungspflicht, die in problematischen Fällen auch die Identität des Auftraggebers umfassen kann, verletzt hat (Näheres BT Anz Rn 212 f.).

6. Anzeigenvertrag mit Verbrauchern als Fernabsatzvertrag, Widerrufsrecht des Inserenten

Häufig erfolgt der Abschluss des Anzeigenvertrages nicht persönlich in der Anzeigen- 27 aufnahme des Verlages oder bei einer Anzeigenvermittlung, sondern telefonisch, per Telefax oder zunehmend auch via E-Mail bzw über ein Online-Bestellformular im Internet. Ist der Inserent **Verbraucher** iSd § 13 BGB stellt sich die Frage nach der Anwendbarkeit der Vorschriften über Fernabsatzverträge (§§ 312b ff. BGB): Soweit die Verlage die Möglichkeiten zum Abschluss von Anzeigenverträgen durch Fernkommunikationsmittel nicht nur im Ausnahmefall („gelegentlich"), sondern planmäßig anbieten, liegt eindeutig ein Fernabsatzvertrag iSd Gesetzes vor.

Aus der Einordnung eines Anzeigenvertrages als Fernabsatzvertrag resultieren **um-** 28 **fassende Informationspflichten** des Verlages nach § 312d BGB und Art 246a EGBGB, deren tatsächliche Erfüllung vor allem bei telefonischen Anzeigenbestellungen sehr problematisch ist (Einzelheiten *Rath-Glawatz* AfP 2000, 505/507 ff.). Die wichtigsten Informationen sind aber regelmäßig im Impressum und den Mediaunterlagen bzw der Anzeigenpreisliste enthalten. Bei Anzeigenverträgen, die im elektronischen Geschäftsverkehr abgeschlossen werden, gelten zusätzlich die besonderen Pflichten nach § 312i und § 312j BGB. Bei ordnungsgemäßer Erfüllung all dieser Pflichten wird der Inserent mit einer Vielzahl von Informationen „erschlagen", an denen er in der Regel nicht wirklich interessiert ist. Die Erfüllung der Informationspflichten ist dennoch unerlässlich, weil sonst (von möglichen Konsequenzen nach dem UnterlassungsklagenG abgesehen) die Widerrufsfrist nach § 356 Abs 3 BGB nicht zu laufen beginnt.

Nach § 312g Abs 1 BGB steht dem Verbraucher bei Fernabsatzverträgen ein 29 **Widerrufsrecht** gemäß § 355 BGB zu. Die Widerrufsfrist beträgt zwei Wochen (§ 355 Abs 2 BGB), beginnt aber nur zu laufen, wenn der Verlag die Informationspflichten nach § 312g und Art 246a EGBGB erfüllt und der Verbraucher ordnungs-

Löffler   1221

gemäß über sein Widerrufsrecht belehrt wurde. Die damit scheinbar eröffnete Möglichkeit zum Widerruf des Anzeigenvertrages auch noch nach Abdruck der Anzeige hätte für die Medien katastrophale Konsequenzen.

30 Nach der Neufassung der Vorschriften über das Widerrufsrecht bei Fernabsatzverträgen aufgrund des Gesetzes zur Umsetzung der Verbraucherrechterichtlinie und zur Änderung des Gesetzes zur Regelung der Wohnungsvermittlung vom 20.9.2013 (BGBl I S 3642) ist davon auszugehen, dass bei Anzeigenverträgen mit Verbrauchern das Widerrufsrecht regelmäßig nach § 312g Abs 2 Nr 1 BGB ausgeschlossen ist. Anzeigen sind „Waren" im Sinne dieser Vorschrift (ähnlich zur früheren Rechtslage *Rath-Glawatz/Dietrich* AfP 2000, 505 ff.), die auf „individueller Auswahl oder Bestimmung" beruhen und auch „eindeutig auf die persönlichen Bedürfnisse des Verbrauchers" zugeschnitten sind. Dies lässt sich am Beispiel eines Stellengesuchs, einer Traueranzeige oder auch nur eines Gebrauchtwagenangebots problemlos nachvollziehen. Würde man entgegen der hier vertretenen Auffassung einen Ausschluss des Widerrufsrechts nach verneinen, so bleibt den Verlagen im Falle des Widerrufs nach Veröffentlichung der Anzeige (nur) ein Anspruch auf Wertersatz nach § 357 Abs 8 BGB. Auch dieser Anspruch auf Wertersatz dürfte aber auf das reguläre Entgelt nach der gültigen Anzeigenpreisliste gerichtet sein.

V. Kontrahierungszwang im Anzeigengeschäft

1. Kontrahierungszwang im Pressewesen und Verfassungsrecht

a) Verhältnis von Vertragsfreiheit und Pressefreiheit

31 Die Frage, ob ein Verlag berechtigt ist, eine ihm (aus welchen Gründen auch immer) unerwünschte Anzeige abzulehnen, muss zunächst vor dem Hintergrund der wirtschaftlichen Entwicklung im Pressewesen gesehen werden: Einige lokale und regionale Tageszeitungen sowie verschiedene Fachzeitschriften mit genau definierten Zielgruppen hatten in der Vergangenheit eine marktbeherrschende oder gar monopolartige Stellung auf ihren jeweiligen Anzeigenmärkten erreicht (Näheres *Biedermann*, Der Kontrahierungszwang im Anzeigenwesen der Zeitungen, S 101 ff.). Das hat sich in den vergangenen beiden Jahrzehnten durch das Aufkommen der Anzeigenblätter und auch durch die zunehmende Verbreitung von Anzeigen und anderen Informationen über das Internet nachhaltig zu Ungunsten der Verlage geändert.

32 Im Übrigen kann auch aus einer tatsächlich gegebenen **Monopolstellung** oder **Marktbeherrschung** eines Presseunternehmens allein oder in Verbindung mit der „öffentlichen Aufgabe der Presse" (vgl § 3 LPG) noch nicht ohne weiteres ein Kontrahierungszwang für Anzeigenbestellungen abgeleitet werden, wie dies hin und wieder versucht worden ist (bedenklich insb OLG Schleswig NJW 1977, 1886; *Scheer* S 258, vgl auch LG Braunschweig NJW 1975, 782/783; *Schulte* NJW 1976, 1210). Die Presse erfüllt zwar eine **„öffentliche Aufgabe"**, sie tut dies aber, wie auch das Bundesverfassungsgericht in der SPIEGEL-Entscheidung zu Recht betont hat, nach „privatwirtschaftlichen Grundsätzen" und in privatrechtlichen Organisationsformen" (BVerfGE 20, 164/175). Auch für den Anzeigenvertrag gilt der **Grundsatz der Vertragsfreiheit**. Die Vertragsfreiheit umfasst dabei sowohl die Abschlussfreiheit, dh die Auswahl des Vertragspartners, als auch die Freiheit zur inhaltlichen Gestaltung des Vertrages. Die Vertragsfreiheit ist eine der wichtigsten Erscheinungsformen der Privatautonomie und als Teil des Rechts auf freie Entfaltung der Persönlichkeit durch Art 2 Abs 1 GG verfassungsrechtlich gewährleistet (BVerfGE 8, 274/327 ff.; 12, 341/347; 21, 87/91; 60, 329/339; BVerwGE 1, 312/323). Ferner wird nach der Rechtsprechung des Bundesverfassungsgerichts (BVerfGE 21, 271/278 ff. – *Südkurier;* 64, 108/114 f.; NJW 1990, 701/702; 2001, 591/592 – *Benetton-Werbung*) auch der Anzeigenteil einer Zeitung durch das Grundrecht der Pressefreiheit nach Art 5 Abs 1 Satz 2 GG geschützt (vgl dazu BT Anz Rn 10).

V. Kontrahierungszwang im Anzeigengeschäft **Anz BT**

Die verfassungsrechtliche Garantie bezieht sich nicht nur auf die Anzeige selbst, **33** sondern auf alle damit im Zusammenhang stehenden kaufmännischen und technischen Aktivitäten, selbst wenn es sich um bloße **Hilfstätigkeiten** (wie zB die Anzeigenakquise, den Druck, die Rabattgewährung oder die Beilagenverteilung etc) handelt (*Herzog* in *Maunz/Dürig* Art 5 Rn 140 ff.; eingehend *Ricker* AfP 1980, 6 ff.). Zutreffend hat das Bundesverfassungsgericht deshalb auch den **Vertrieb von Presseerzeugnissen** ausdrücklich unter den Schutz des Art 5 Abs 1 Satz 2 GG gestellt (BVerfGE 10, 118/121; *Löffler/Bullinger*, 5. Aufl, § 1 LPG Rn 72 ff.). Für die Freiheit zum Abschluss von Anzeigenverträgen kann nichts anderes gelten, zumal ein Kontrahierungszwang im Anzeigenbereich dem Inserenten die Einflussnahme auf den Inhalt der Druckschrift und damit auf den Kernbereich der verfassungsrechtlich garantierten Freiheit der Presse eröffnen würde. Bei der Auswahl von Nachrichten, zu denen auch die Anzeige gehört, ist die Presse grundsätzlich frei (BVerfG NJW 1976, 1627 – *Montabaur*). Die Abschlussfreiheit im Anzeigenwesen wird daher unmittelbar durch Art 5 Abs 1 Satz 2 GG garantiert (Einzelheiten bei *Ricker,* Anzeigenwesen und Pressefreiheit, S 54 ff.). Auch das Bundesverfassungsgericht hat wiederholt betont, „dass es im freien Belieben des Verlages steht, die Aufnahme gewisser, ihm nicht genehmer Anzeigen abzulehnen" (BVerfGE 21, 271/278; vgl auch BVerfG NJW 1976, 1627). Die **Abschlussfreiheit im Anzeigenwesen** ist nach alledem eine **unabweisbare Konsequenz der Pressefreiheit** (vgl LG Passau AfP 1982, 118/119).

Da Art 2 Abs 1 GG nach der ständiger Rspr des Bundesverfassungsgerichts den **34** Charakter eines „Auffanggrundrechts" aufweist, das nur eingreift, wenn andere „speziellere" Grundrechte nicht betroffen sind (vgl BVerfGE 9, 334/343; 10, 55/58; 19, 206/215; 23, 50/55 f.), ist für die verfassungsrechtliche Beurteilung des Kontrahierungszwanges im Anzeigenwesen in erster Linie von Art 5 GG auszugehen (*Ricker* AfP 1980, 6 ff.). Das Gleiche gilt im Verhältnis zum Grundrecht der Berufsfreiheit nach Art 12 GG, das durch die Annahme eines Kontrahierungszwanges für Anzeigenverträge ebenfalls tangiert wird. Auch hier geht Art 5 Abs 1 Satz 2 GG als das speziellere Grundrecht vor, weil die Pressefreiheit die gesamte Tätigkeit der Presse „von der Information bis zur Verbreitung der Nachricht und der Meinung" umfasst (BVerfGE 10, 118/121) und sich insoweit als pressespezifische Konkretisierung der Gewährleistung aus Art 12 GG darstellt (*Ricker* AfP 1980, 6/7).

b) Kontrahierungszwang und allgemeines Gesetz im Sinne des Art 5 Abs 2 GG

Mit dem Hinweis auf die **besondere Bedeutung des Grundrechts der Presse- 35 freiheit für die Abschlussfreiheit bei Anzeigenverträgen** ist keine generelle Absage an einen Kontrahierungszwang für Anzeigenbestellungen verbunden. Damit ist aber klargestellt, dass ein Abschlusszwang nicht etwa schon wegen der „öffentlichen Aufgabe der Presse", sondern nur dann in Betracht kommt, wenn auf Grund eines „allgemeinen Gesetzes" im Sinne des Art 5 Abs 2 GG ein rechtlicher Anspruch des abgelehnten Inserenten auf den Abdruck der Anzeige in der von ihm gewünschten Form und mit dem von ihm gewünschten Inhalt gegeben ist. Ein Kontrahierungszwang im Anzeigengeschäft kann sich in der Praxis insbes aus folgenden Vorschriften ergeben:

1. Für alle Inserenten (Privatpersonen, Unternehmen, Vereine, Parteien, Verbände, Bürgerinitiativen etc), kann sich ein Anspruch auf den Abdruck einer bestimmten Anzeige aus dem Verbot vorsätzlicher sittenwidriger Schädigung nach den §§ 826, 249 BGB ergeben (sog **allgemeiner Kontrahierungszwang**). Anzeigenverträge, insbes über sog. Kleinanzeigen, gehören zu den sog Massengeschäften iSd § 19 Abs 1 Nr 1 AGG und fallen somit grds in den Anwendungsbereich der Diskriminierungsverbote des Allgemeinen Gleichbehandlungsgesetzes (AGG). (eingehend *Rath-Glawatz* AfP 2006, 424 ff.). Nach inzwischen wohl hM kann sich ein Kontrahierungszwang auch aus einer Verletzung des AGG im Rahmen der Folgenbeseitigung nach § 21 Abs 1 AGG ergeben (vgl nur *Thüsing* in Münchener Kommentar BGB § 21 AGG Rn 22 mwN; aM noch *Palandt/Grüneberg* § 21 AGG Rn 7).

Löffler 1223

2. Speziell für Unternehmen als Inserenten kann ein Kontrahierungszwang aus dem kartellrechtlichen **Diskriminierungsverbot** bzw dem **Verbot unbilliger Behinderung** nach den §§ 20 Abs 1 und 2, 33 GWB, 249 BGB hergeleitet werden **(kartellrechtlicher Kontrahierungszwang)**. Ein kartellrechtlicher Kontrahierungszwang kann seit der 6. GWB-Novelle (1998) ferner nach den §§ 19, 33 GWB, 249 BGB gegeben sein, denn das Behinderungs- und Diskriminierungsverbot nach § 20 GWB ist nur ein konkretisierender Unterfall des allgemeinen Missbrauchstatbestandes gemäß § 19 GWB. Beide Vorschriften können grds nebeneinander angewendet werden (*Wiedemann/Wiedemann*, HdB des Kartellrechts, § 23 Rn 84).

36 Sowohl beim allgemeinen als auch beim kartellrechtlichen Kontrahierungszwang ist aber zu berücksichtigen, dass die Beziehung zwischen dem Grundrecht der Pressefreiheit und dem „allgemeinen Gesetz" im Sinne des Art 5 Abs 2 GG nach ständiger Rechtsprechung des Bundesverfassungsgerichts keineswegs im Sinne einer einseitigen Beschränkung des Grundrechts durch das allgemeine Gesetz interpretiert werden darf. Vielmehr findet eine **Wechselwirkung** in dem Sinne statt, „dass die allgemeinen Gesetze zwar dem Wortlaut nach dem Grundrecht Schranken setzen, ihrerseits aber aus der Erkenntnis der wertsetzenden Bedeutung dieses Grundrechts im freiheitlich demokratischen Staat ausgelegt und so in ihrer das Grundrecht begrenzenden Wirkung selbst wieder eingeschränkt werden müssen" (grundlegend BVerfGE 7, 198/208 f. – *Lüth*; vgl für das Grundrecht der Pressefreiheit ferner BVerfGE 20, 162/176 ff.; 64, 108/115). Die Ausstrahlungswirkung des Grundrechts der Pressefreiheit ist insb dort zu beachten, wo die „allgemeinen Gesetze" offene Wertungen zulassen. Dies ist sowohl bei den §§ 19, 20 GWB (Merkmale „Missbrauch" einer marktbeherrschenden Stellung, „Unbilligkeit" der Behinderung bzw fehlende „sachliche Rechtfertigung" der Diskriminierung) als auch bei § 826 BGB („Sittenwidrigkeit") der Fall.

2. Allgemeiner Kontrahierungszwang

37 Ein Anspruch auf den Abdruck einer Anzeige kann sich zunächst aus den §§ 826, 249 BGB ergeben. Die Voraussetzungen für den bürgerlich-rechtlichen Abschlusszwang, der sich in Begründung und Inhalt zunehmend von § 826 BGB löst (vgl dazu BGH NJW 1990, 761/762 f.), werden im Allgemeinen wie folgt umschrieben: „Ein Unternehmer, der lebenswichtige Güter öffentlich anbietet, darf den Vertragsschluss nur aus sachlichen Gründen ablehnen, sofern für den Kunden keine zumutbaren Ausweichmöglichkeiten bestehen" (vgl nur *Palandt/Ellenberger* Einf v § 145 Rn 10 mwN). Ob ein Abschlusszwang nur für Unternehmen mit Monopolstellung oder auch für solche, die lediglich eine erhebliche wirtschaftliche und soziale Machtstellung besitzen, in Betracht kommt, ist dabei ebenso umstritten wie die Frage, ob es sich um lebensnotwendige oder nur um lebenswichtige Leistungen handeln muss (dazu unter Darstellung des Streitstandes BGH NJW 1990, 761/762 f.). Ein Abschlusszwang gegenüber Privatkunden ist von vornherein nur für Presseunternehmen mit Monopolstellung in Betracht zu ziehen (LG Braunschweig NJW 1975, 782, 784; AG Rendsburg NJW-RR 1996, 1004; *Schulte* NJW 1976, 1210). Die an der Wettbewerbsfreiheit orientierten Erwägungen, die eine Ausweitung des Behinderungs- und Diskriminierungsverbots durch § 20 Abs 2 GWB auch auf Unternehmen mit nur relativer Marktmacht rechtfertigen, können auf Privatpersonen, Verbände, Vereine etc nicht übertragen werden.

38 In jedem Falle kommt der **Prüfung zumutbarer Ausweichmöglichkeiten** ganz besonderer Bedeutung zu (OLG München AfP 2002, 513/514). So ist niemand darauf angewiesen, eine Kleinanzeige in der regionalen Tageszeitung zu veröffentlichen. Ein Ausweichen auf die regionalen Anzeigenblätter ist ihm regelmäßig zuzumuten (vgl LG Karlsruhe AfP 1986, 81; AG Konstanz ArchPR 1969, 94). Bei einer Familienanzeige, die vom Verlag abgelehnt wurde, kann der Inserent seine familiäre Botschaft auch auf dem Postwege übermitteln, da dies bei einem begrenzten Adressatenkreis

idR keine unzumutbaren Kosten und Mühen verursacht. Das **Internet** hat zusätzliche und für Inserenten regelmäßig zumutbare Ausweichmöglichkeiten eröffnet, und zwar insbesondere für gewerbliche und private Kontaktanzeigen, Stellenangebote und Stellengesuche, Inserate über den Ankauf und Verkauf von Kfz, Immobilien, gebrauchte Gegenstände etc. (vgl LG Potsdam AfP 2010, 297). Ein Kontrahierungszwang für Anzeigen Privater wird heutzutage regelmäßig bereits daran scheitern, dass hinreichende Ausweichmöglichkeiten bestehen. Veröffentlichte Rechtsprechung zu diesem Thema ist daher seit der Vorauflage auch erheblich seltener geworden.

Auch soweit zumutbare Ausweichmöglichkeiten für den abgelehnten Inserenten 39 nicht bestehen, folgt daraus noch nicht ohne weiteres ein Kontrahierungszwang. Vielmehr ist zusätzlich eine umfassende **Interessenabwägung** erforderlich, bei der das Grundrecht der Pressefreiheit eine entscheidende Rolle spielt. Diese führt wegen der besonderen Bedeutung dieses Grundrechts im Ergebnis regelmäßig zum Vorrang der Pressefreiheit (BVerfG NJW 1976, 1627 – *Montabaur;* BVerfGE 21, 271/278; OLG München ZUM-RD 2002, 367; *Ricker/Weberling* Kap 47 Rn 20 ff.; vgl auch Studienkreis für Presserecht und Pressefreiheit NJW 1975, 296). Ein **Kontrahierungszwang nach den §§ 826, 249 BGB** besteht letztlich nur dann, wenn die Ablehnung grundlos oder willkürlich erfolgt (zB auf Grund persönlicher Aversion des Verlegers oder in rechtlich zu missbilligender diskriminierender Absicht). Es ist von daher kein Zufall, dass ein Kontrahierungszwang für Anzeigen Privater von der Rechtsprechung bisher praktisch ausnahmslos verneint wurde (OLG Karlsruhe NJW 1976, 1209; OLG München ZUM-RD 2002, 367; LG Braunschweig NJW 1975, 782; LG Karlsruhe AfP 1986, 81; LG Nürnberg-Fürth AfP 1984, 174; LG Passau AfP 1982, 118; AG Rendsburg NJW 1996, 1004; vgl ferner die bei *Rath-Glawatz* WRP 1982, 630 ff. zitierte, unveröffentlichte Rechtsprechung).

Auch das Grundrecht der Meinungsfreiheit gibt einem Anzeigenbesteller keinen 40 Anspruch darauf, die eigene Meinung unter **Zuhilfenahme der wirtschaftlichen Leistungsfähigkeit anderer** – zB einer regionalen oder lokalen Tageszeitung mit Monopolstellung – zu verbreiten. Eine Tageszeitung kann daher zB den Abdruck eines Nachrufs mit politischem Inhalt unter Berufung auf ihre publizistische Tendenz ablehnen (LG Braunschweig NJW 1975, 782). Sie ist auch nicht gezwungen, eine Anzeige mit „regionalspezifischer Gesellschaftskritik" oder einen Aufruf zum Boykott der Volkszählung zu veröffentlichen (LG Nürnberg-Fürth AfP 1982, 118/119; 1984, 174), wenn dies nicht in die von ihr definierte publizistische Linie passt. Auch die Einmischung in private Auseinandersetzungen darf ein Verlag ablehnen, wenn er es nicht sogar wegen des persönlichkeitsrechtsverletzenden Inhalts der Anzeige muss (AG Rendsburg NJW-RR 1996, 1004). Ebenso wenig besteht ein Anspruch auf den Abdruck einer Geburtsanzeige in Versform, wenn dies den nachvollziehbar begründeten publizistischen Regeln des Verlages widerspricht (LG Karlsruhe AfP 1986, 81). Ein Presseunternehmen kann die Veröffentlichung einer Privatanzeige insbesondere aus nachvollziehbaren rechtlichen, technischen, wirtschaftlichen, publizistischen und sonstigen Gründen ablehnen. Legitime Gründe für die Ablehnung eines Anzeigenauftrags werden (zugleich auch für den kartellrechtlichen Kontrahierungszwang) unter BT Anz Rn 54 ff. im Zusammenhang dargestellt.

3. Kartellrechtlicher Kontrahierungszwang

a) Anwendungsbereich und Normzweck

Ein kartellrechtlicher Kontrahierungszwang kann zunächst über § 20 Abs 1 und 2 41 (= früher § 26 Abs 2) GWB begründet werden. Ein Anspruch auf den Abschluss eines Anzeigenvertrages kann sich nunmehr aber auch aus § 19 Abs 2 Nr 1 GWB (jeweils iVm den §§ 33 GWB, 249 BGB) ergeben, denn diese Vorschrift, die bisher nur Ermächtigungsgrundlage für Missbrauchsverfügungen der Kartellbehörden war, wurde durch die 6. GWB-Novelle (1998) in einen echten Verbotstatbestand umgestaltet. Auch wenn beide Vorschriften nach hM nebeneinander anwendbar sind

BT Anz

Recht der Anzeige

(*Wiedemann/Wiedemann*, HdB des Kartellrechts, § 23 Rn 84 mwN), orientiert sich die nachfolgende Kommentierung primär an § 20 GWB: Bei § 20 Abs 1 GWB handelt es sich um einen konkretisierenden Unterfall des Behinderungsmissbrauchs nach § 19 Abs 2 Nr 1 GWB und bisher ist nicht ersichtlich, dass für § 19 Abs 2 Nr 1 GWB im Bereich des Kontrahierungszwangs im Pressewesen ein eigenständiger Anwendungsbereich verbleibt. Die von der Europäischen Kommission entwickelte sog „essential facilities-doctrine" über den Zugang zu Netzen und anderen Infrastruktureinrichtungen, die nunmehr in § 19 Abs 2 Nr 4 GWB ihren Niederschlag gefunden hat, kann aber im gedanklichen Ausgangspunkt auch auf Zeitungszustellungs- und sonstige Vertriebsnetze Anwendung finden (Näheres *Möschel* in Immenga/Mestmäcker GWB § 19 Rn 196 f.; zur Frage eines Kontrahierungszwangs nach (dem damaligen) Art 85 EGV iVm den §§ 823 Abs 2, 249 BGB vgl BGH NJW-RR 1999, 189 – *Depotkosmetik*).

42 § 20 Abs 1 GWB verbietet die **unbillige Behinderung** oder **ungerechtfertigte Diskriminierung von Unternehmen** durch andere Unternehmen oder Vereinigungen von Unternehmen in einem Geschäftsverkehr, der gleichartigen Unternehmen üblicherweise zugänglich ist (vgl zum Unternehmensbegriff BGH NJW 1985, 60 – *Kundenboykott;* 1985, 62 – *Copy-Charge*). Ein Kontrahierungszwang für Anzeigen Privater oder für Inserate von Parteien, Wählervereinigungen, Bürgerinitiativen, nicht wirtschaftlichen Vereinen etc kann daher über § 20 GWB von vornherein nicht begründet werden. Das kartellrechtliche Behinderungs- und Diskriminierungsverbot richtet sich gegen die Ausnutzung vom Wettbewerb nicht hinreichend kontrollierter Handlungsspielräume marktmächtiger Unternehmen zu Lasten Dritter und die damit verbundenen Störungen des Marktgeschehens und schränkt insoweit die Handlungs- und Vertragsfreiheit der Normadressaten ein. Im Unterschied zu § 19 GWB ist dieser generelle Schutzzweck jedoch auf die Fälle der unbilligen Behinderung und ungerechtfertigt unterschiedlichen Behandlung (Diskriminierung) anderer Unternehmen im Geschäftsverkehr begrenzt (Näheres *Markert* in Immenga/Mestmäcker GWB § 20 Rn 17). Es handelt sich also um eine Norm, die nicht die Einschränkung des Grundrechts aus Art 5 Abs 1 GG zum Ziel hat, sondern dem Schutz anderer wichtiger Rechtsgüter, nämlich der Freiheit des Wettbewerbs, dient. § 20 GWB ist daher ein allgemeines Gesetz im Sinne des Art 5 Abs 2 GG (vgl *Ricker* AfP 1980, 6/7).

b) Normadressaten

43 Normadressaten sind zunächst **marktbeherrschende Unternehmen,** legalisierte Kartelle sowie preisbindende Unternehmen (§ 20 Abs 1 GWB). Presseunternehmen sind aber nicht schon deswegen Normadressaten, weil Verlagserzeugnisse der Preisbindung unterliegen (können). Auf dem Anzeigenmarkt, um den es hier geht, sind die Preise der Verlage nämlich nicht gebunden. Das Verbot des § 20 Abs 1 GWB findet keine Anwendung, soweit das preisbindende Unternehmen neben gebundenen Waren oder Leistungen auch andere Waren oder Leistungen anbietet, die der Preisbindung nicht unterliegen (BGHZ 49, 90/93 – *Jägermeister; Markert* in Immenga/ Mestmäcker GWB § 20 Rn 34).

44 Nach der Legaldefinition in § 18 Abs 1 GWB ist ein Unternehmen marktbeherrschend, wenn es als Anbieter einer bestimmten Art von Waren oder gewerblichen Leistungen ohne Wettbewerber ist, keinem wesentlichen Wettbewerb ausgesetzt ist oder eine im Verhältnis zu seinen Wettbewerbern überragende Marktstellung hat. Das Behinderungs- und Diskriminierungsverbot gilt nach § 20 Abs 1 GWB aber auch für Unternehmen mit nur „relativer Marktmacht", soweit von ihnen kleine oder mittlere Unternehmen als Anbieter oder Nachfrager einer bestimmten Art von Waren oder gewerblichen Leistungen in der Weise **abhängig** sind, dass ausreichende oder zumutbare Möglichkeiten, auf andere Unternehmen auszuweichen, nicht bestehen.

45 Für die Abgrenzung des relevanten (Anzeigen-)Marktes ist vom sog **Bedarfsmarktkonzept** auszugehen, dh von der funktionellen Austauschbarkeit der angebotenen Ware oder Leistung aus der Sicht eines verständigen Nachfragers bzw Inseren-

ten (Einzelheiten *Möschel* in Immenga/Mestmäcker GWB § 19 Rn 24 ff., insb Rn 31; zu den Einzelheiten der Marktabgrenzung bei Presseunternehmen *Biedermann*, Der Kontrahierungszwang im Anzeigenwesen der Zeitungen, S 101 ff.). Während früher viele, insb regionale oder lokale, Tageszeitungen als marktbeherrschende Unternehmen in ihrem jeweiligen Verbreitungsgebiet dem Behinderungs- und Diskriminierungsverbot unterlagen, hat auch hier die große Verbreitung von Anzeigen über das Internet die Verhältnisse wesentlich geändert. Im Hinblick darauf, dass § 20 Abs 1 GWB ausdrücklich auf das **Fehlen zumutbarer Ausweichmöglichkeiten** für den abgelehnten Inserenten abstellt, ist fast regelmäßig davon auszugehen, dass auch Unternehmen als Inserenten nicht darauf angewiesen sind, ihre Anzeige in einer bestimmten Zeitung oder Zeitschrift veröffentlichen zu können. Existieren beispielsweise im Zielgebiet der abgelehnten Anzeige mehrere konkurrierende Tageszeitungen mit vergleichbarem Wirkungsgrad, setzt die Verneinung zumutbarer Ausweichmöglichkeiten grundsätzlich voraus, dass die fragliche Anzeige von den anderen Zeitungen ebenfalls abgelehnt wurde (vgl BGH BB 1985, 543/544 – *Technics*). Auch bei Fachzeitschriften können zumutbare Ausweichmöglichkeiten fehlen, soweit sie ein bestimmtes Marktsegment, eine bestimmte Zielgruppe exklusiv bedienen. Ein gewerblicher Inserent hat aber keinen Anspruch darauf, seine Anzeige in einer bestimmten, besonders attraktiven Fachzeitschrift zu platzieren, wenn weitere Publikationsorgane existieren, die den gleichen Markt und die gleiche Zielgruppe ansprechen, auch wenn deren Reichweite geringer ist (zu ungenau OLG Stuttgart NJWE-WettbR 1997, 48). Ferner ist stets zu prüfen, ob dem abgelehnten Inserenten ein Ausweichen auf andere Werbeträger, zB Anzeigenblätter, Werbeprospekte, Werbetafeln, überregionale Tageszeitungen, Fachzeitschriften, Internet etc, zugemutet werden kann. Hierbei kommt es entscheidend auf den Inhalt der abgelehnten Anzeige und deren Zielgruppe an (BGH NJW 1983, 2261).

Einzelfälle: Der BGH hat noch 1981 für ein Unternehmen, das ein Stellenangebot für Druckereipersonal in der Einzigen regionalen Tageszeitung veröffentlichen wollte und abgelehnt wurde, die Anzeigenblätter nicht als zumutbare Ausweichmöglichkeit angesehen (BB 1981, 381 – *Neue Osnabrücker Zeitung*). Die Begründung des BGH, (Druckerei-)Fachkräfte, die sich über das regionale Angebot an offenen Stellen informieren wollten, sähen die Anzeigenblätter „nicht als geeignete Informationsquelle an", ist in dieser Allgemeinheit heute sicher nicht (mehr) haltbar (zutr LG Potsdam AfP 2010, 297; bedenklich LG Nürnberg-Fürth NJW 1981, 2421). Zu Recht wurde jedenfalls einer Partnervermittlung, die Heiratsanzeigen mit wenig seriösem Inhalt in einer regionalen Tageszeitung veröffentlichen wollte, ein Ausweichen auf die im Verbreitungsgebiet verteilten kostenlosen Anzeigenblätter zugemutet (OLG Stuttgart AfP 1986, 50/51). Heute wäre für derartige Anzeigen auch das Internet eine ohne weiteres zumutbare Alternative. Auch eine private Schule mit angeschlossenem Internat ist für ihre Inserate nicht auf das „Deutsche Ärzteblatt" angewiesen, weil es an einem fachlichen Bezug zwischen der angebotenen gewerblichen Leistung und dem Arztberuf fehlt. Es mag zwar sein, dass die Ärzteschaft insoweit eine besonders interessante Kundengruppe darstellt, weil sie häufig über die notwendigen finanziellen Mittel verfügt, um Kinder auf Internate zu schicken. Der Verzicht auf derartige **Zielgruppenwerbung** ist dem abgelehnten Inserenten grundsätzlich zumutbar, wenn sich die angezeigten Adressaten auch über andere Medien erreichen lassen, zB über Tages- und Publikumszeitschriften etc (BGH NJW 1983, 2261/2262; ähnlich OLG Stuttgart WuW/E OLG 2497/2499). Dass dabei möglicherweise höhere **Streuverluste** auftreten als bei der Werbung in einschlägigen Fachzeitschriften, muss der Inserent in Kauf nehmen (BGH NJW 1983, 2261/2262). Es gibt keinen (verfassungs-)rechtlichen Anspruch auf optimale Zielgruppenansprache. Zu Unrecht hat das OLG Stuttgart (NJWE-WettbR 1997, 48) einem Versandt-Uhrenhändler einen Anspruch auf den Abdruck einer Anzeige in einem der vier führenden Uhrenmagazine nur deshalb zugestanden, weil diese Fachzeitschrift den größten und attraktivsten Anzeigenteil der konkurrierenden Printmedien aufwies.

BT Anz Recht der Anzeige

Die von dieser Rspr ausgehende Sogwirkung zugunsten des jeweiligen Marktführers ist auch wettbewerbspolitisch äußerst unerwünscht.

c) Geschäftsverkehr der gleichartigen Unternehmen üblicherweise zugänglich ist

47 Ein Kontrahierungszwang nach § 20 Abs 1 GWB aF setzte ferner voraus, dass die Behinderung oder Diskriminierung in einem Geschäftsverkehr erfolgt, „der gleichartigen Unternehmen üblicherweise zugänglich ist." Nach ständiger Rechtsprechung des BGH sollte dieses Merkmal nur eine „verhältnismäßig grobe Sichtung" ermöglichen, während eine den Besonderheiten des Einzelfalles Rechnung tragende Differenzierung dann der unerlässlichen Interessenabwägung vorbehalten ist (vgl zuletzt BGH NJW-RR 1998, 1730; Einzelheiten bei *Markert* in Immenga/Mestmäcker GWB § 20 Rn 92 ff.). Durch das 8. Gesetz zur Änderung des GWB v 26.6.2013 (BGBl I, S 1738) wurde § 20 Abs 1 GWB aufgehoben.

48 Eine Zeitschrift, die sich aus moralischen Gründen entschlossen hat, generell keine Werbung für alkoholische Getränke abzudrucken, kann sich gegenüber einem Inserenten, der eine Werbeanzeige für Likör aufgeben will, nicht darauf berufen, es liege insoweit kein Geschäftsverkehr vor, „der anderen Unternehmen üblicherweise zugänglich ist", wenn vergleichbare Verlage regelmäßig derartige Annoncen veröffentlichen (vgl BGH BB 1981, 383/384 – *Neue Osnabrücker Zeitung*). Damit ist aber noch nicht gesagt, dass ein Kontrahierungszwang auch im Ergebnis tatsächlich gegeben ist. Auch wenn die genannten Voraussetzungen vorliegen, besteht ein Abschlusszwang nämlich nur dann, wenn sich die Ablehnung der Veröffentlichung zusätzlich als unbillige Behinderung oder als sachlich nicht gerechtfertigte Ungleichbehandlung gegenüber gleichartigen Unternehmen darstellt. Behinderung und Diskriminierung lassen sich dabei in der Praxis nicht immer so klar trennen, wie dies theoretisch wünschenswert wäre. Die Unterscheidung zwischen Behinderung und Diskriminierung ist dennoch von erheblicher praktischer Bedeutung, weil die sachliche Rechtfertigung einer unterschiedlichen Behandlung gleichartiger Unternehmen vom Diskriminierenden bewiesen werden muss. Umgekehrt trägt der abgelehnte Inserent die **Beweislast** für die Unbilligkeit der Behinderung (BGH AfP 1992, 65/68 – *Amtsanzeiger;* eingehend *Markert* in Immenga/Mestmäcker GWB § 20 Rn 236 mwN).

d) Unbillige Behinderung

49 Eine **Behinderung** liegt vor, wenn das beanstandete Marktverhalten – hier also die Ablehnung der Veröffentlichung einer Anzeige – nachteilige Auswirkungen auf die wirtschaftlichen Betätigungsmöglichkeiten des betroffenen Unternehmens hat. Der Begriff der Behinderung wird also „wertneutral" aufgefasst (*Markert* in Immenga/Mestmäcker GWB § 20 Rn 116 mwN). Soweit es sich bei dem abgelehnten Inserat um die Werbeanzeige eines Wirtschaftsunternehmens handelt, ist das Vorliegen einer Behinderung daher regelmäßig zu bejahen. Die Behinderung durch ein Unternehmen, das zu den Normadressaten der §§ 19, 20 GWB gehört, ist aber kartellrechtlich nur dann verboten, wenn sie darüber hinaus auch **unbillig** ist. Dies kann nach ständiger Rechtsprechung nur durch eine „Gesamtwürdigung und Abwägung der Interessen aller Beteiligter unter Berücksichtigung der auf die Freiheit des Wettbewerbs gerichteten Zielsetzung des GWB" ermittelt werden (vgl nur BGH BB 1981, 383/384 – *Neue Osnabrücker Zeitung;* NJW-RR 1999, 189/191; *Markert* in Immenga/Mestmäcker GWB § 20 Rn 129 mwN).

50 Im Rahmen dieser **Interessenabwägung** spielt das Grundrecht der **Pressefreiheit** auf Seiten des ablehnenden Verlages eine besonders wichtige Rolle, die von den Gerichten und auch der kartellrechtlichen Literatur im Rahmen einer rein wirtschaftlichen Betrachtungsweise nicht immer ausreichend berücksichtigt wird. Häufig werden Anzeigensperren ausschließlich an den Maßstäben der Wettbewerbsfreiheit gemessen, ohne dass die **Wechselwirkung** zwischen Art 5 Abs 1 Satz 2 GG und den §§ 19, 20 GWB ausreichend einbezogen wird (vgl insbesondere BGH BB 1981, 383 ff. – *Neue Osnabrücker Zeitung;* OLG Schleswig NJW 1977, 1886; *Markert* in

V. Kontrahierungszwang im Anzeigengeschäft

Immenga/Mestmäcker GWB § 20 Rn 162; positives Beispiel für eine gelungene Interessenabwägung: KG AfP 1982, 237/239). Die für den Verkehr mit Gütern und Dienstleistungen entwickelten Grundsätze können auf das Anzeigenwesen nicht übertragen werden (OLG Stuttgart WuW/E OLG 2497/2498). Wer meint, Art 5 Abs 1 Satz 2 GG werde durch einen Kontrahierungszwang für Werbeanzeigen im wirtschaftlichen Bereich überhaupt nicht tangiert (so zu Unrecht *Markert* in Immenga/ Mestmäcker GWB § 20 Rn 163), verkennt, dass eine Einflussnahme auf den Inhalt eines Presseorgans und damit ein Eingriff in den Kernbereich der Pressefreiheit vorliegt.

Die **publizistische Tendenz** eines Medienunternehmens kann auch darin ihren Ausdruck finden, dass Werbeanzeigen aus bestimmten Bereichen grundsätzlich nicht veröffentlicht werden (zB für Militaria, alkoholische Getränke, umweltschädliche Produkte etc) oder geschmacklose und diskriminierende Werbung (Stichwort: *Benetton*-Werbung, dazu BVerfG NJW 2001, 591/592) grds nicht veröffentlicht wird. Anzeigenteil und redaktioneller Teil bilden aus Sicht der Leser eine publizistische Einheit. Wer hier die Wettbewerbsfreiheit zu Lasten der Pressefreiheit erweitert, interpretiert die §§ 19, 20 GWB ausschließlich im Sinne einer Einschränkung des Grundrechts durch das allgemeine Gesetz. Dies ist mit der Rechtsprechung des Bundesverfassungsgerichts zur Wechselwirkung zwischen Grundrecht und allgemeinem Gesetz, die gerade bei der Auslegung von Generalklauseln und offenen Wertungen besondere Bedeutung hat, nicht vereinbar (vgl BVerfGE 7, 198/208 f.; 20, 162/176 f.; 24, 278, 282). Aus Art 5 Abs 1 Satz 2 GG folgt vielmehr für die im Rahmen des § 20 GWB gebotene Interessenabwägung, dass die Ablehnung einer Anzeigenbestellung grundsätzlich keine unbillige Behinderung darstellt, es sei denn, sie wird durch kein rechtlich anerkennenswertes Interesse des Presseunternehmens gerechtfertigt. § 20 GWB reduziert sich daher im Bereich des Presserechts auf ein **Willkürverbot** (aM *Markert* in Immenga/Mestmäcker § 20 Rn 163).

(vorläufig leer)

e) Sachlich nicht gerechtfertigte Diskriminierung

Kartellrechtlich untersagt ist nicht schlechthin jede Art der Diskriminierung von Unternehmen in einem üblicherweise zugänglichen Geschäftsverkehrs, sondern nur die sachlich nicht gerechtfertigte unterschiedliche Behandlung gegenüber **gleichartigen** Unternehmen. An dieser Gleichartigkeit fehlt es zB, wenn ein Verlag Unternehmen, die zum gleichen Konzern gehören, bei der Vergabe von Anzeigenraum bevorzugt, weil die Konzernunternehmen eine wettbewerbliche Einheit bilden (BGH WRP 1987, 612/615; NJW 1993, 1827/1828; insoweit bedenklich LG Dortmund NJW 1973, 2212; LG Nürnberg-Fürth NJW 1981, 2421). Im Übrigen setzt die Feststellung einer Diskriminierung wie die Annahme einer unbilligen Behinderung eine umfassende **Abwägung der beiderseitigen Interessen** unter besonderer Berücksichtigung des Grundrechts der **Pressefreiheit** voraus (vgl *Markert* in Immenga/Mestmäcker GWB § 20 Rn 129 und 163). Eine unterschiedliche Behandlung ist dann nicht gerechtfertigt, wenn sie ohne jeden sachlichen Grund erfolgt. Generell kann gesagt werden, dass der Spielraum der Verlage bei der Ungleichbehandlung etwas enger ist als bei der Behinderung. Wer seinen Anzeigenteil einem Unternehmen öffnet, kann dessen unmittelbare Konkurrenten nicht ohne nachvollziehbaren Grund ablehnen (vgl. OLG Düsseldorf BeckRS 2005 30349722). Ein Presseunternehmen darf nicht von einem Anzeigenkunden (der sich in der Vergangenheit wegen eines Druckfehlers beschwert hatte) reproreife Druckvorlagen verlangen, wenn es die Anzeigen gleichartiger Unternehmen auch weiterhin ohne diese Voraussetzung abdruckt (vgl OLG Koblenz NJW-RR 1987, 292/293, dort wird zu Unrecht auf den Gesichtspunkt der unbilligen Behinderung abgestellt). Eine Anzeige in einem örtlichen Telefonbuch, die von einer Werbeagentur für einen Kunden aufgegeben wird, darf nicht mit der Begründung abgelehnt werden, dass der Verlag den eigenen Vertrieb bevorzugt (OLG Dresden GRUR-RR 2003, 226/228). Ein Werbungtreibender kann aus § 20 GWB keinen Anspruch auf eine bestimmte, für ihn werblich besonders günstige Plazierung seiner Anzeigen herleiten (OLG München AfP 1979, 252). Die Gestaltung des zur Verfügung stehenden Anzeigenraums – also das Layout eines Blattes – ist ausschließlich Sache des Verlags, der dabei seine legitimen Interessen in den Vordergrund stellen darf.

4. Einzelne Gründe für die berechtigte Ablehnung einer Anzeigenbestellung

54 Ein Verleger kann die Veröffentlichung einer Anzeige insbesondere aus den nachfolgend dargestellten rechtlichen, wirtschaftlichen, publizistischen oder technischen Gründen ablehnen, die auch für den allgemeinen Kontrahierungszwang gelten.

a) Rechtliche Bedenken

55 Legitime rechtliche Bedenken können sich in der Verlagspraxis zB aus den §§ 184 Abs 1 Nr 5 StGB (strafbare Verbreitung pornographischer Schriften), 120 Abs 1 Nr 2 OWiG (Prostitutionswerbung) oder auch aus den Vorschriften des Wettbewerbsrechts ergeben. Für die berechtigte Ablehnung einer Anzeige durch den Verlag genügen bereits **begründete Zweifel** an der Rechtmäßigkeit der Veröffentlichung, die Rechtswidrigkeit muss nicht feststehen (OLG Hamburg ArchPR 1966, 67; WuW/E OLG 2704; LG Oldenburg AfP 1985, 69; AG Konstanz ArchPR 1969, 94). Bestehen nachvollziehbare Zweifel an der Rechtmäßigkeit einer Anzeige kann dem Verlag eine Veröffentlichung schon im Hinblick auf die Eigenhaftung der Presse für derartige Anzeigenveröffentlichungen nicht zugemutet werden (dazu BT Anz Rn 200 ff.).

56 Eine Anzeige kann ferner abgelehnt werden, wenn auf Grund ihres Inhalts oder der Umstände des Erscheinens zu erwarten ist, dass sie einen **Gegendarstellungsanspruch** auslöst. Ein Gegendarstellungsanspruch kommt nach den Landespressegesetzen grundsätzlich nicht nur bei redaktionellen Beiträgen, sondern auch bei Anzeigenveröffentlichungen in Betracht, in einigen Bundesländern allerdings nicht bei Anzeigen, die ausschließlich dem geschäftlichen Verkehr dienen (dazu eingehend § 11 LPG Rn 68 ff.). Im Hinblick auf die mit dem Abdruck der Gegendarstellung für den Verlag verbundenen Aufwendungen und Probleme rechtfertigt bereits die durch konkrete Umstände begründete Gefahr, dass die Veröffentlichung der Anzeige einen Gegendarstellungsanspruch auslösen kann, die Ablehnung der Veröffentlichung. Dies gilt auch für jene Bundesländer, in denen der Abdruck der Gegendarstellung bei Anzeigenveröffentlichungen kostenpflichtig ist, weil die Prüfung und Bearbeitung des Gegendarstellungsanspruchs dem Verlag auch in diesem Fall erheblichen zusätzlichen Aufwand verursacht (dazu § 11 LPG Rn 70 ff.).

b) Publizistische Motive

57 Der Verlag kann ferner die Veröffentlichung von Anzeigen ablehnen, die gegen seine **verlegerische Grundhaltung** (die sog Tendenz) verstoßen. Dieses Recht gehört zum traditionellen **Kernbereich der Pressefreiheit**. Es bleibt einer Zeitung oder Zeitschrift somit unbenommen, aus gesellschaftlicher Verantwortung generell keine Werbung für alkoholische Getränke abzudrucken. Gleiches gilt für die Ablehnung von Anzeigenbestellungen, in denen sexuelle Kontakte angeboten werden, soweit deren Veröffentlichung nicht ohnehin gegen § 120 Abs 1 Nr 2 OWiG verstößt und deshalb schon aus rechtlichen Gründen abgelehnt werden kann (LG Oldenburg AfP 1985, 70; weitere Beispiele bei *Wronka* Ziff 8 ZAW-AGB Rn 7). Dabei können durchaus moralische, ethische, politische oder religiöse Überzeugungen eines Verlages zum Tragen kommen, denn darin spiegelt sich der publizistische Tendenz wider (weitere Beispiele bei *Biedermann*, Der Kontrahierungszwang im Anzeigenwesen der Zeitungen, S 181 f.). Kein Presseunternehmen kann daher gezwungen werden, Anzeigen für Militaria, gewerblichen Titelhandel, die Vermittlung von Adoptionen oder „heiratswilliger" Damen aus der dritten Welt zu veröffentlichen, wenn dies der verlegerischen Tendenz widerspricht (so zutreffend OLG Stuttgart AfP 1986, 50/51; LG

Oldenburg AfP 1985, 70; AG Düsseldorf AfP 1995, 692). Ein Verlag kann auch nicht gezwungen werden, sich durch den Abdruck einer Anzeige in private Auseinandersetzungen zwischen Dritten einzumischen (AG Rendsburg NJW-RR 1996, 1004). Auch die Nichtbeachtung von Standesrichtlinien (zB der vom ZAW aufgestellten Verhaltensrichtlinien, der Wettbewerbsregeln des Markenverbandes etc) rechtfertigt grundsätzlich die Ablehnung einer Anzeigenveröffentlichung (*Wronka* Ziff 8 ZAW-AGB Rn 5). Wie oben (BT Anz Rn 35) dargestellt, kann sich ein Kontrahierungszwang bei Kleinanzeigenverträgen („Massengeschäft") auch aus einer nach § 19 Abs 1 AGG verbotenen Benachteiligung ergeben. Allerdings ist bei der Prüfung der sachlichen Rechtfertigung einer Benachteiligung im Rahmen des § 20 AGG die Ausstrahlungswirkung des Grundrechts der Pressefreiheit aus Art 5 Abs 1 GG ebenfalls zu beachten. Ein evangelisches Gemeindeblatt beispielsweise kann daher auch über das AGG nicht gezwungen werden, Anzeigen über Versammlungen anderer Religionsgemeinschaften zu veröffentlichen. Ebenso wenig muss ein Magazin für homosexuelle Männer Partnerschaftsgesuche heterosexueller Frauen abdrucken (Einzelheiten *Rath-Glawatz* AfP 2006, 424 ff.).

c) Technische Gründe

Ist der zur Verfügung stehende Anzeigenraum in der bestellten Ausgabe bereits erschöpft, kann eine Veröffentlichung abgelehnt werden. Das Gleiche gilt, wenn die betreffende Anzeige in der vorgesehenen Form technisch nicht realisierbar ist (zB Veröffentlichung einer vierfarbigen Anzeige in einer Zeitung, die nur schwarz/weiß gedruckt wird) oder gegen vom Verlag aufgestellte und beachtete Grundsätze für die äußere Gestaltung von Anzeigen verstößt. Ein Verleger kann daher den Abdruck einer gereimten Familienanzeige verweigern, wenn er solche Anzeigen auch sonst nicht abdruckt (vgl LG Karlsruhe AfP 1986, 82), negativ zu druckende Anzeigen können abgelehnt werden, wenn dadurch die typographische Gesamtgestaltung der Zeitung (ihr Gesamtbild) beeinträchtigt wird (LG Hamburg ArchPR 1977, 80 f.). Ein Verlag, der Anzeigen auch (oder ausschließlich) in digitaler Form entgegennimmt, kann hierfür selbstverständlich entsprechende technische Voraussetzungen definieren (Medium, Dateityp, maximale Dateigröße, Auflösung, Übermittlung etc).

d) Beeinträchtigung berechtigter wirtschaftlicher Interessen des Verlages

Eine Veröffentlichung kann auch dann abgelehnt werden, wenn sie die berechtigten wirtschaftlichen Interessen des Verlages beeinträchtigt. Hier ist insoweit Zurückhaltung geboten, als auch Art 5 Abs 1 Satz 2 GG der Presse kein „Reservat im Wettbewerb" garantiert (so pointiert noch *Baumbach/Hefermehl,* UWG, 18. Aufl, § 1 UWG aF Rn 859). Kein Gewerbetreibender hat Anspruch auf Erhalt seines Kundenstammes – auch die Presse nicht (BGH AfP 1989, 737/738 – *Annoncen Avis*). Eine marktbeherrschende Zeitung darf die Anzeige eines Inserenten, der sich in der Vergangenheit als säumiger Zahler erwiesen hat, nicht generell ablehnen. Sie kann die Veröffentlichung aber davon abhängig machen, dass der Anzeigenbesteller Vorauskasse leistet (vgl OLG Schleswig NJW 1977, 1886 mit teilweise bedenklicher Begründung). Eine Anzeigensperre, die auf zurückliegendes Verhalten des Inserenten gestützt wird, ist nur zulässig, wenn eine Fortsetzung dieses Verhaltens auch bei künftiger Zusammenarbeit zu erwarten ist (OLG Frankfurt WuW/E 3638/3639). Eine Anzeige, die kritische Bemerkungen über die Zeitung enthält, in der sie veröffentlicht werden soll, kann zurückgewiesen werden (LG Passau AfP 1982, 118/119; OLG München ZUM-RD 2002, 367). Auch eine Anzeige, in der ein Einzelhandelsunternehmen anderen Gewerbetreibende zu einer „Werbepause" aufruft, muss nicht abgedruckt werden (LG Dortmund AfP 1982, 120). Es ist schon höchst fraglich, ob die Presse gegen sie Boykottaufrufe, mit denen wirtschaftliche Zwecke verfolgt werden, überhaupt hinnehmen muss (vgl BGH NJW 1985, 62 – *Copy Charge*), selbst verbreiten muss sie derartige Boykottaufrufe keinesfalls. Ferner ist eine Zeitung oder Zeitschrift nicht verpflichtet, Konkurrenten ihren Anzeigenraum für deren Werbezwecke zur Verfügung zu stellen und damit deren Wettbewerb unmittelbar zu fördern (KG AfP 1982, 237/239; LG Hamburg AfP 1986, 264).

60 Ein Ablehnungsrecht besteht nur, soweit **pressebezogene** wirtschaftliche Interessen des Verlages betroffen sind. Ein Verleger, der gleichzeitig ein Reisebüro betreibt, kann daher den Abdruck von Anzeigen konkurrierender Reisebüros nicht wegen Beeinträchtigung seiner wirtschaftlichen Interessen ablehnen (LG Dortmund NJW 1973, 2212; vgl auch LG Nürnberg-Fürth NJW 1981, 2421). Eine regionale Tageszeitung kann die Veröffentlichung einer Stellenanzeige für Druckereipersonal nicht deshalb verweigern, weil sie die Abwanderung bzw Abwerbung von eigenem Personal befürchtet (BGH BB 1981, 383 – *Neue Osnabrücker Zeitung*). Dies würde im wirtschaftlichen Ergebnis auf eine nach § 75f HGB und Art 12 GG missbilligte Sperrabrede unter Arbeitgebern hinauslaufen. Eine verbandsnahe Fachzeitschrift darf den Abdruck einer Werbeanzeige nicht deshalb ablehnen, weil sie Außenseiter, die nicht Verbandsmitglieder sind, vom Markt fernhalten will (LG München WRP 1971, 63). Ein Verlag darf den Abdruck einer Anzeige nicht mit dem Ziel verweigern, das von einer Schwestergesellschaft betriebene Messegeschäft zu fördern (OLG Düsseldorf BeckRS 2005 30349722). Eine Ablehnung ist aber gerechtfertigt, wenn Nachteile für die Verbandsmitglieder zu befürchten sind, weil sich der Inserent in der Vergangenheit als unzulässiger Geschäftspartner erwiesen hat (OLG Stuttgart WuW/E OLG 2497/2500).

5. Anzeigen politischer Parteien und Gruppierungen

61 Für Anzeigen politischer Parteien und sonstiger politischer Gruppierungen (Wählervereinigungen, Bürgerinitiativen etc) besteht grds **kein erweiterter Kontrahierungszwang** (BVerfG NJW 1976, 1627; OLG Karlsruhe NJW 1976, 1209/1210, *Ricker/Weberling* Kap 47 Rn 21; *Kull* AfP 1974, 684; *Ricker* AfP 1980, 6/11ff.; aM *Herdemerten* AfP 1968, 768; *Lange* AfP 1973, 507/508ff.; ders DÖV 1973, 476; *Gabriel-Bräutigam* ZUM 1991, 466/474ff.). Nach der Rechtsprechung des Bundesverfassungsgerichts (NJW 1976, 1627 – *Montabaur*) sind die privaten Presseunternehmen anders als die öffentlich-rechtlichen Rundfunk- und Fernsehanstalten „nicht zur Neutralität im Wahlwettbewerb der politischen Parteien verpflichtet". Dass ein Kontrahierungszwang für Anzeigen politischer Parteien einen Eingriff in das Grundrecht der Pressefreiheit darstellen würde, wird auch von dessen Befürwortern letztlich nicht bestritten (vgl *Lange* AfP 1973, 507/509). Die Berufung auf den verfassungsrechtlichen Grundsatz der Chancengleichheit der Parteien (vgl dazu BVerfGE 44, 125/145f.) vermag diesen Eingriff nicht zu relativieren.

62 Der Grundsatz der Chancengleichheit gewährt keinen Anspruch darauf, die wirtschaftlichen Ressourcen privater Unternehmen oder gar des politischen Gegners für die eigenen politischen Ziele in Dienst nehmen zu können (vgl *Kull* AfP 1974, 684/686). Auch das BVerfG (E 14, 121/134) betont: „Der Grundsatz der Chancengleichheit verlangt nicht, dass die sich aus der unterschiedlichen Größe, Leistungsfähigkeit und Zielsetzung der Parteien ergebenden Unterschiede durch einen hoheitlichen Eingriff ausgeglichen werden". Die Glaubwürdigkeit der Presse insgesamt würde erheblichen Schaden nehmen, wenn ein Presseorgan auf Grund des Kontrahierungszwanges dulden müsste, dass die eigene publizistische Linie im Anzeigenteil konterkariert wird (*Kull* AfP 1974, 684/686; *Ricker* AfP 1980, 6/11f.). Die gegenteilige Behauptung, ein Verleger werde mit dem Inhalt des Inseratenteils „regelmäßig nicht identifiziert" (so *Lange* AfP 1973, 507/510), geht an der Pressewirklichkeit vorbei. Redaktioneller Teil und Anzeigenteil werden vom Leser als publizistische Einheit empfunden, wie zahlreiche an die Verlage gerichtete Beschwerden von Lesern über geschmacklose, diskriminierende oder sonst anstößige Anzeigen beweisen. Anders als beim Rundfunk gibt es bei den Printmedien keinen „Frequenzmangel", keinen „Anspruch auf Grundversorgung", keine Verpflichtung zur „Meinungsvielfalt", zu „inhaltlicher Ausgewogenheit" etc (vgl zu diesen Termini BVerfGE 57, 295ff.; 73,

V. Kontrahierungszwang im Anzeigengeschäft

118 ff.; 74, 297 ff.; 83, 238 ff.), die eine Einschränkung der Pressefreiheit, wie sie ein erweiterter Kontrahierungszwang für Anzeigen politischer Parteien mit sich bringen würde, rechtfertigen könnten. Man hat sich zwar nolens volens daran gewöhnt, dass Rundfunkanstalten dazu verpflichtet sind, unter Berücksichtigung des Grundsatzes der Chancengleichheit allen Parteien Sendezeit zur Verfügung zu stellen (vgl dazu nur BVerfGE 67, 149/152; 69, 257/268; BVerwG NJW 1991, 938/939; OLG Celle, NJW 1994, 2237; LG Hannover NJW 1994, 2236; *Gabriel-Bräutigam* ZUM 1991, 466 ff.; *Gounalakis* NJW 1990, 2532), auch wenn in den gesendeten Werbespots die eigene redaktionelle Linie völlig ad absurdum geführt wird. Für die freie Presse, deren Tätigkeit sich nach „privatwirtschaftlichen Grundsätzen und in privatrechtlichen Organisationsformen" vollzieht (BVerfGE 20, 164/175), ist dieser Zustand aber weder verfassungsrechtlich haltbar noch rechtspolitisch wünschenswert. Auch die wenig konturierte und inhaltlich umstrittene „öffentliche Aufgabe der Presse" kann einen derartigen Eingriff in den Kernbereich der Pressefreiheit nicht rechtfertigen (ähnlich *Ricker* AfP 1980, 6/11 ff.). Ein Presseorgan kann nach alledem den Abdruck einer politischen Anzeige selbst dann unter Berufung auf die eigene Tendenz ablehnen, wenn zugleich entgegenstehenden politischen Meinungen (Anzeigen-)Raum zugestanden wird (BVerfG NJW 1976, 1627; eingehend *Ricker* AfP 1980, 6/11 ff.).

Im Übrigen bestehen gerade für die politische (Wahl-)Werbung besonders vielfältige und auch zumutbare **Ausweichmöglichkeiten** in Form von Plakaten, Flugblattaktionen, Versammlungen, Wahlzeitungen, Twitter-Botschaften, Weblogs etc, so dass ein Kontrahierungszwang häufig schon hieran scheitern muss. Selbst eine regionale oder lokale Tageszeitung mit Monopolstellung unterliegt daher grundsätzlich keinem Kontrahierungszwang für Anzeigen politischer Parteien und sonstiger Gruppierungen (so im Ergebnis auch *Ricker* AfP 1980, 6/12). Entgegen *Häberle/Scheuing* (JuS 1970, 524/528) ist auch für sog **Hinweisanzeigen** (Veranstaltungskalender) politischer Parteien kein erweiterter Kontrahierungszwang gerechtfertigt (wie hier *Kull* AfP 1974, 684/688). Der Hinweis auf die Wahlveranstaltung einer Partei kann die Tendenz eines Presseorgans in gleichem Ausmaß beeinträchtigen wie die Veröffentlichung einer Werbeanzeige. Von ihrem Ablehnungsrecht machen die Verlage im Übrigen mit großem Augenmaß Gebrauch. Dies zeigt sich darin, dass es bisher kaum zu Rechtsstreitigkeiten über den Abdruck von Anzeigen gekommen ist, die von Parteien, Bürgerinitiativen, Verbänden etc aufgegeben wurden (vgl aber AG Göppingen ArchPR 1969, 94 – Anzeige der NPD).

6. Kontrahierungszwang nach den ZAW-AGB

Nach Ziff 8 ZAW-AGB (Anhang A.) können „Anzeigenaufträge" abgelehnt werden, wenn „deren Inhalt gegen Gesetze verstößt oder deren Veröffentlichung für den Verlag unzumutbar ist". Die ZAW-AGB kommen den Interessen der Anzeigenkunden also über das nach obigen Ausführungen rechtlich notwendige Ausmaß entgegen (dies missversteht *v Westphalen* BB 1977, 423/424; dagegen zutreffend *Schneider* WRP 1977, 382/382). Von großer praktischer Bedeutung ist das freilich nicht, weil bei Ablehnung der Anzeigenbestellung kein Anzeigenvertrag zustande kommt und die ZAW-AGB damit naturgemäß auch noch keine rechtliche Wirkung entfalten können. *Klosterfelde* (Anzeigen-Praxis, S 47) spricht daher zutreffend von einem „moralischen Kontrahierungszwang".

Ziff 8 Abs 1 ZAW-AGB ist aber insoweit von erheblicher praktischer Bedeutung, als dem Verleger auch bei bereits geschlossenem Anzeigenvertrag ein vertragliches **Rücktrittsrecht** eingeräumt wird, wenn ihm die Veröffentlichung der Anzeige aus den oben genannten Gründen nicht (mehr) zugemutet werden kann (vgl *Wronka* Ziff 8 ZAW-AGB Rn 3 ff.; AG Düsseldorf AfP 1995, 692). Dieses Rücktrittsrecht trägt den besonderen Gegebenheiten des Anzeigenwesens Rechnung, die eine eingehende rechtliche Prüfung der Anzeige im Regelfall erst nach deren Annahme bzw Entgegennahme durch den Verlag ermöglichen. Ziff 8 Abs 1 der ZAW-AGB verstößt daher nicht gegen § 310 Nr 3 BGB (AG Düsseldorf AfP 1995, 692 zu § 10 AGBG aF). Ziff 8 Abs 1 ZAW-AGB verpflichtet die Verlage, bei der Ablehnung von Anzeigenbestellungen „nach einheitlichen, sachlich gerechtfertigten Grundsätzen" zu handeln, wiederholt also im Grunde nur das kartellrechtliche Diskriminierungsverbot. Es bleibt dem Verlag im Übrigen unbenommen, seine Grundsätze für die Ablehnung von Anzeigenbestellungen mit Wirkung für die Zukunft wieder zu ändern (OLG Stuttgart AfP 1991, 541; LG Karlsruhe AfP 1986, 81; *Wronka* Ziff 8 ZAW-AGB Rn 8). Auch hierbei ist das Willkürverbot zu beachten. Einem freiwillig begründeten Kontrahierungszwang unterwerfen sich die Verlage bei sog Anzeigenabschlüssen, dh Verträgen über mehrere Anzeigenschaltungen (Näheres Rn 8). Hier hat der Anzeigenbesteller gemäß Ziff 3 ZAW-AGB das vertragliche Recht, innerhalb des vereinbarten Abnahmezeitraumes auch zusätzliche Anzeigenschaltungen zu verlangen. Dies spielt insb für die Rabattgewährung eine erhebliche Rolle. Das Rücktrittsrecht nach Ziff 8 Abs 1 ZAW-AGB besteht auch in diesem Falle.

7. Prozessuale Fragen des Kontrahierungszwanges

66   Ein Anspruch auf Abdruck von Anzeigen – sei es aus den §§ 19, 20, 33 GWB, 249 BGB oder aus den §§ 826, 249 BGB – kann grundsätzlich nicht im Wege der **einstweiligen Verfügung** geltend gemacht werden. Dies würde eine unzulässige Vorwegnahme der Hauptsache durch die Erfüllung des klägerischen Anspruchs bedeuten, die auch, wenn der Verlag in der Hauptsache obsiegt, nicht mehr rückgängig gemacht werden kann (KG AfP 1991, 442; LG Braunschweig NJW 1975, 782/783; LG Passau AfP 1982, 118/120). Im Ausnahmefall wurde eine auf den Abdruck einer Anzeige gerichtete einstweilige Verfügung dann zugelassen, wenn dem Antragsteller im Falle des Nichtabdrucks schwerste Nachteile drohen („außergewöhnliche Notlage", KG AfP 1991, 442), die im Hauptsacheverfahren nicht mehr befriedigend ausgeglichen werden können (zB kurzfristige öffentliche Ankündigung einer Messe oder einer Sportveranstaltung, die bis zu einer eventuellen Entscheidung in der Hauptsache durch Zeitablauf erledigt wäre). Vorab ist aber auch in derartigen „außergewöhnlichen Notlagen" zu prüfen, ob zumutbare Ausweichmöglichkeiten (zB das Ausweichen auf Plakatwerbung) bestehen. Im summarischen Verfahren kann ein Anspruch auf den Abdruck einer Anzeige jedenfalls nur bei offensichtlicher („greifbarer") Rechtswidrigkeit der Ablehnung zugebilligt werden.

VI. Inhalt des Anzeigenvertrages

1. Hauptpflichten der Vertragsparteien

67   Die Pflichten der Vertragsparteien ergeben sich, weil der Anzeigenvertrag ein Werkvertrag ist, grundsätzlich aus den §§ 631 ff. BGB. Das vom Verleger geschuldete Werk besteht in der technischen Herstellung (Druck) und Verbreitung der Anzeige. Hauptpflicht des Anzeigenbestellers ist die Bezahlung der vereinbarten Vergütung. Für den Inhalt des Anzeigenvertrages gilt der Grundsatz der Vertragsfreiheit.

2. Die „Allgemeinen Geschäftsbedingungen für Anzeigen und Fremdbeilagen in Zeitungen und Zeitschriften" (ZAW-AGB)

68   Eine wichtige Rolle für den Inhalt des Anzeigenvertrages spielen in der Praxis noch immer die „Allgemeinen Geschäftsbedingungen für Anzeigen und Fremdbeilagen in Zeitungen und Zeitschriften" (ZAW-AGB), die die vom Zentralverband der Werbewirtschaft e.V. (ZAW) herausgegeben und empfohlen wurden. Es handelte sich dabei ursprünglich um eine nach damaligem Recht zulässige **Konditionenempfehlung** nach § 22 Abs 3 Nr 2 GWB aF, die am 14.2.1979 beim Bundeskartellamt angemeldet wurde. Die Veröffentlichung im Bundesanzeiger erfolgte am 4.4.1979

VI. Inhalt des Anzeigenvertrages

(BAnz 1979/Nr 66). Konditionempfehlungen sind zwar für die Empfehlungsempfänger – hier die Verlage – grundsätzlich unverbindlich, die meisten Zeitungs- und Zeitschriftenverlage haben in der Vergangenheit die ZAW-AGB verwendet oder sich zumindest eng an die empfohlenen Geschäftsbedingungen angelehnt (vgl *Wronka* Einleitung ZAW-AGB Rn 16 ff.). Einige Verlage verwendeten ergänzend noch „Besondere Geschäftsbedingungen" mit zusätzlichen Regelungen (vgl *Wronka* Einleitung ZAW-AGB Rn 16 ff.). Die ZAW-AGB enthielten eine umfassende und im Wesentlichen auch interessengerechte Regelung der wichtigsten Haupt- und Nebenpflichten des Anzeigenvertrages (eingehend zur Entstehungsgeschichte ZAW-AGB: *Hörle* AfP 1977, 266; *v Westphalen* BB 1977, 423).

Eine **Neufassung und Aktualisierung der ZAW-AGB** im Hinblick auf die Schuldrechtsreform und andere Änderungen der Rechtslage war zwar seit langem beabsichtigt, ist aber bis heute nicht erfolgt, weil sich die beteiligten Verbände über verschiedene inhaltliche Punkte nicht einigen konnten. Viele Verlage orientieren sich auch heute noch an den ZAW-AGB. Die ZAW-AGB für Anzeigen in ihrer letzten Fassung von 1998 sind daher im **Anhang A.** nochmals abgedruckt, obwohl einige Bestimmungen aus heutiger Sicht bedenklich sind. Hierauf wird jeweils im Sachzusammenhang näher eingegangen. 69

(vorläufig leer) 70

3. Einbeziehung von AGB in den Anzeigenvertrag

Allgemeine Geschäftsbedingungen gelten nur, wenn sie wirksam in den Vertrag einbezogen wurden. § 305 Abs 2 BGB stellt insoweit für die Verlagspraxis erhebliche Hindernisse auf (Näheres *Wronka* Einleitung ZAW-AGB Rn 11 ff.). Dies gilt jedenfalls im Geschäftsverkehr mit Privatkunden, insbesondere also bei Kleinanzeigen, denn hier setzt die wirksame Einbeziehung nach § 303 Abs 2 Nr 1 BGB voraus, dass der Anzeigenbesteller bei Vertragsschluss ausdrücklich auf die AGB hingewiesen wurde, die Möglichkeit hatte, in zumutbarer Weise von ihrem Inhalt Kenntnis zu nehmen und mit ihrer Geltung einverstanden ist. Der Hinweis auf die AGB kann schriftlich oder mündlich erfolgen (BGH NJW 1983, 816/817). 71

a) Einbeziehung bei schriftlichen Anzeigenbestellungen

Erfolgt die Anzeigenbestellung durch den Inserenten schriftlich oder in Textform (auch per Telefax oder E-Mail), dann kann der Verlag zwar in einer eventuellen „Auftragsbestätigung", (die rechtlich erst die Annahmeerklärung darstellt) ausdrücklich auf seine AGB hinweisen und diese entweder beifügen oder auf der Rückseite abdrucken. Rechtlich liegt in dieser Vorgehensweise eine Annahme des Kundenangebots unter Änderungen, die nach § 150 Abs 2 BGB als neues Angebot des Verlages an den Anzeigenkunden gewertet wird (BGH JZ 1977, 602/603; NJW 1988, 2106/2108). Das bloße **Schweigen des Inserenten** auf dieses an ihn gerichtete neue Angebot des Verlags stellt keine Annahme und damit keine wirksame Einbeziehung der AGB dar (BGHZ 18, 212/217; 61, 282/287; WM 1986, 1194/1196). Druckt der Verlag die bestellte Anzeige auftragsgemäß ab, obwohl der Kunde auf das (neue) Angebot des Verlages zum Vertragsschluss unter Einbeziehung seiner AGB (noch) nicht reagiert hat, ist nach dem in § 306 Abs 1 BGB enthaltenen Rechtsgedanken zwar ein wirksamer Anzeigenvertrag zustande gekommen. Die AGB des Verlages sind dabei aber nicht Vertragsbestandteil geworden. 72

Auch **nach Vertragsschluss** können AGB durch Änderungsvereinbarung noch nachträglich in den Anzeigenvertrag einbezogen werden. An das dafür notwendige Einverständnis des Kunden stellt die Rspr relativ hohe Anforderungen. Bloßes Schweigen auf die nachträglich (zB mit der Rechnung oder den Druckunterlagen) zugänglich gemachten AGB des Verlages genügt keinesfalls (BGH NJW 1984, 112; KG NJW-RR 1994, 1265). Druckt der Verlag eine kurzfristig bestellte Anzeige nicht ab, weil er ohne seine AGB nicht abschließen will, ist der Inserent zumeist verärgert, denn im Zweifel hätte er die Geltung der Verlags-AGB in Kauf genommen, um die- 73 ses völlig unwirtschaftliche und nicht interessengerechte Ergebnis zu vermeiden. Die geschilderte Situation ist für Inserenten und Verlage gleichermaßen unbefriedigend.

Die erwähnten Probleme lassen sich teilweise vermeiden, wenn die Anzeigenbestellung auf einem Formular des Verlages erfolgt, das einen deutlichen Hinweis auf die Verlags-AGB enthält und dem Kunden gleichzeitig die Möglichkeit zu zumutbarer Kenntnisnahme vom Inhalt der AGB verschafft. Solche Formulare können zB mit der Zeitung oder Zeitschrift verbreitet oder in den Anzeigenannahmestellen bereit gehalten werden. Der in einer derartigen Anzeigenbestellung enthaltene „Selbsthinweis" des Inserenten genügt für die Einbeziehung der AGB. Ein nochmaliger Hinweis durch den Verwender ist dann nicht erforderlich (vgl BGH NJW-RR 1987, 112/113; NJW 1988, 2106/2108).

b) Telefonische Anzeigenbestellungen, Anzeigenaufgabe über das Internet

74   Ein großes praktisches Problem ist die Einbeziehung von AGB bei telefonischen Anzeigenbestellungen. Um hier den Anforderungen des § 305 Abs 2 Nr 2 BGB zu genügen und dem Anzeigenkunden die Möglichkeit zu verschaffen, in zumutbarer Weise vom Inhalt der AGB Kenntnis zu nehmen, müssten sie ihm schon am Telefon vollständig vorgelesen werden! Das ist angesichts der tatsächlichen Gegebenheiten des Anzeigengeschäfts völlig unrealistisch und auch von niemand (am wenigsten von den Anzeigenkunden) wirklich erwünscht. Eine großzügige Auslegung der Bestimmung des § 305 Abs 2 Nr 2 BGB ist daher auch im Interesse der Anzeigenkunden geboten, die ja von der Möglichkeit eines telefonischen Vertragsschlusses erhebliche Zeit- und Kostenvorteile haben (LG Braunschweig NJW-RR 1986, 639; *Eckert* DB 1994, 717/720; aM *v Westphalen* BB 1977, 423/425). Der Kunde kann durch Individualvereinbarung, die nicht formbedürftig ist, auf die Einhaltung von § 305 Abs 2 Nr 2 BGB verzichten (*Basedow* in Münchener Kommentar BGB § 305 Rn 67; *Palandt/ Grüneberg* BGB § 305 Rn 35; aM AG Krefeld NJW-RR 1997, 245). Dieser Verzicht kann ausdrücklich oder durch schlüssiges Verhalten, nicht aber formulärmäßig erklärt werden, weil dies eine unzulässig Umgehung von § 305 Abs 2 Nr 2 BGB wäre. Bei fernmündlichem Vertragsschluss reicht es somit für die Einbeziehung der Verlags-AGB aus, wenn der Kunde bei Vertragsschluss deutlich auf die AGB hingewiesen wird und der Verlag ausdrücklich anbietet, die AGB noch vor Vertragsschluss entweder zuzusenden oder fernmündlich zu übermitteln. Macht der Kunde ausdrücklich oder durch schlüssiges Verhalten deutlich, dass er von diesem Angebot des Verlages keinen Gebrauch machen will, sind die AGB Vertragsbestandteil geworden (*Wronka* Einleitung ZAW-AGB Rn 14; *Hörle* AfP 1988, 266, 269f.). Diese Grundsätze gelten auch, wenn der Verlag Anzeigenbestellungen durch automatische Anrufbeantworter entgegennimmt (eingehend *Eckert* DB 1994, 717/720). Ergänzend sind die Informations- und Unterrichtungspflichten nach den §§ 312c ff. BGB zu beachten (zum Widerrufsrecht bei Fernabsatzgeschäften BT Anz Rn 27 ff.).

75   Erfolgt die Anzeigenbestellung über das **Internet,** bereitet die Einbeziehung der AGB noch die vergleichsweise geringsten Probleme: Hier kann die vorherige Darstellung der AGB am Bildschirm des Kunden (mit der Möglichkeit zum Ausdruck der AGB) ohne weiteres so in den Geschäftsprozess eingebaut werden, dass die verbindliche Aufgabe der Anzeige erst dann möglich ist, wenn der Kunde vorher durch bestätigenden Mausklick oder eine andere eindeutige Willensbetätigung die Kenntnisnahme der AGB und Einverständnis mit ihrer Geltung unmissverständlich und nachweisbar dokumentiert hat (vgl LG Essen NJW-RR 2003, 1207). Allerdings müssen über die Verlage bei Anzeigenbestellungen über das Internet die strengen Voraussetzungen der §§ 312b ff. BGB sowie die Anforderungen nach § 312d BGB iVm Art 246a EGBGB (dazu BT Anz Rn 27 ff.).

c) Vertragsschluss im Geschäftslokal

76   Sucht der Anzeigenbesteller persönlich die Verlagsräume oder eine Anzeigenannahmestelle auf, kann den Anforderungen des § 305 Abs 2 BGB noch am ehesten

VI. Inhalt des Anzeigenvertrages

Genüge getan werden. Der sicherste Weg ist der Abdruck der AGB auf dem Formular für die Anzeigenbestellung verbunden mit einem deutlichen Hinweis auf der Vorderseite. Nach § 305 Abs 2 Nr 1 BGB genügt insbesondere bei Massengeschäften des täglichen Lebens (wozu die Aufgabe von Anzeigen zweifellos gehört) auch ein deutlich sichtbarer Aushang im Geschäftslokal, der auf die Geltung der AGB hinweist (vgl BGH NJW 1985, 850). Die AGB selbst müssen nicht unbedingt ausgehängt werden, aber zu zumutbarer Kenntnisnahme bereitliegen (*Basedow* in Münchener Kommentar BGB § 305 Rn 66).

d) Einbeziehung von AGB im kaufmännischen Geschäftsverkehr

Die in der Verlagspraxis so problematischen Voraussetzungen des § 305 Abs 2 BGB finden keine Anwendung, wenn der Inserent ein Unternehmer iSd § 14 BGB ist (§ 310 Abs 1 BGB). Es bedarf in diesem Falle also weder eines ausdrücklichen Hinweises noch der Möglichkeit zumutbarer Kenntnisnahme der AGB durch den Anzeigenkunden. Auch im Anzeigengeschäft mit Unternehmenskunden gelten AGB aber nur dann, wen sie ausdrücklich oder stillschweigend in den Anzeigenvertrag einbezogen wurden (vgl BGH NJW 1985, 1838/1839; 1992, 1232). Eine Einbeziehung durch schlüssiges Verhalten setzt zumindest voraus, dass der Verlag erkennbar auf seine AGB verweist und der Anzeigenkunde nicht widersprochen hat (BGH NJW 1992, 1232). Im Verkehr mit Unternehmen können AGB aber auch dann Vertragsbestandteil werden, wenn der Hinweis des Verlages unterblieben ist und der Kunde wusste oder wissen musste, dass der Verlag seinen Geschäften regelmäßig AGB zugrunde zu legen pflegt und gleichwohl ihre Anwendung nicht ausgeschlossen hat (BGH NJW 1985, 2411/241; *Basedow* in Münchener Kommentar BGB § 305 Rn 96). Dieses Wissen ist insbesondere bei **Werbeagenturen,** die in der Verlagspraxis zu den wichtigsten Anzeigenkunden gehören, grundsätzlich zu unterstellen (BGH NJW 1970, 1317/1318; OLG München AfP 1985, 132/134). Gewerbliche Anzeigenbestellungen erfolgen regelmäßig auf der Basis von **Mediaunterlagen und Anzeigenpreislisten,** die zumeist einen ausdrücklichen Hinweis darauf enthalten, dass der Verlag zum Vertragsschluss nur unter Zugrundelegung seiner AGB bereit ist. Auch hier kann sich der Anzeigenbesteller nicht darauf berufen, er habe von den AGB keine Kenntnis genommen.

Soweit die dargestellten Voraussetzungen nicht vorliegen, ist davon auszugehen, dass die Verwendung der (abgewandelten) ZAW-AGB bei Anzeigenverträgen im gewerblichen Bereich **branchenüblich** ist (*Wronka* Einleitung ZAW-AGB Rn 10). Die ZAW-AGB werden von den meisten Verlagen in einheitlicher Form verwendet (ggf ergänzt um zusätzliche Bedingungen) und haben einen so hohen Verbreitungsgrad erlangt, dass die Feststellung der Branchenüblichkeit gerechtfertigt ist, auch wenn noch keine einschlägige höchstrichterliche Entscheidung vorliegt (wie hier *Rath-Glawatz* RdAnzeige Rn P 7, 10). Wenn ein gewerblicher Anzeigenkunde (Unternehmer) bei Abschluss des Anzeigenvertrages nicht ausdrücklich widerspricht, werden die ZAW-AGB daher auch ohne ausdrücklichen Hinweis des Verlages Vertragsbestandteil (vgl BGH NJW 1971, 2126/2127; NJW 1985, 2411/2412). Ergänzend ist noch darauf hinzuweisen, dass die stillschweigende Einbeziehung der AGB auch aus einer laufenden Geschäftsbeziehung – wie sie gerade bei gewerblichen Anzeigenverträgen häufig ist – ergeben kann, wenn bei bisherigen Geschäften regelmäßig die AGB des Verlages vereinbart wurden (zu den Grenzen BGH NJW 1992, 1232). Schließlich kann die Einbeziehung von AGB bei Kaufleuten iSd HGB auch durch echtes **kaufmännisches Bestätigungsschreiben** erfolgen (vgl BGH NJW 1982, 1751), was allerdings im Verlagswesen eher selten vorkommt.

e) Einbeziehung von AGB nach Abschluss des Anzeigenvertrages

Die Verlags-AGB können grundsätzlich auch noch nach erfolgtem Vertragsschluss durch **Änderungsvereinbarung** wirksam in den Vertrag einbezogen werden. Die Anforderungen des § 305 Abs 2 BGB gelten dabei sinngemäß (BGH NJW 1983,

816/817; 1984, 1112). Werden die AGB dem Inserenten erst nach Abschluss des Anzeigenvertrages zugänglich gemacht, kann in seinem Schweigen kein Einverständnis mit ihrer Geltung gesehen werden (LG Frankfurt NJW 1991, 2842). Vielmehr ist notwendig, dass sich der Inserent mit der Vertragsänderung, die in der nachträglichen Einbeziehung der AGB liegt, ausdrücklich einverstanden erklärt (BGH NJW 1984, 1112; KG NJW-RR 1994, 1265; *Basedow* in Münchener Kommentar BGB § 305 Rn 82). Im kaufmännischen Verkehr kann eine nachträgliche Einbeziehung der AGB auch durch Schweigen des Inserenten auf ein echtes kaufmännisches Bestätigungsschreiben erfolgen (oben Rn 78).

4. Unwirksamkeit des Anzeigenvertrages (insb gesetzliche Werbeverbote)

80 Auch für den Anzeigenvertrag gelten zunächst die allgemeinen Unwirksamkeits- bzw Nichtigkeitsgründe des BGB (Überblick der wichtigsten Nichtigkeitsgründe bei *Palandt/Ellenberger* BGB Überbl v § 104 Rn 26 ff.). Beispielsweise ist Wirksamkeit der Anzeigenbestellung eines Minderjährigen von der Genehmigung des gesetzlichen Vertreters abhängig (§ 108 Abs 1 BGB). Der Vertragsschluss durch einen Vertreter ohne Vertretungsmacht (dazu gehört auch der Fall, dass jemand eine Anzeige unter fremdem Namen aufgibt), ist bis zur Zustimmung des Vertretenen schwebend unwirksam (BT Anz Rn 26).

81 Der Anzeigenvertrag ist nichtig, wenn er gegen ein gesetzliches Verbot oder gegen die guten Sitten verstößt (§§ 134, 138 BGB). Dies ist in der Verlagspraxis deshalb wichtig, weil zahlreiche gesetzliche **Werbeverbote** oder **Werbebeschränkungen** existieren, die in Verbindung mit § 134 BGB (und im Einzelfall auch iVm § 138 BGB) zur Unwirksamkeit des Anzeigenvertrages führen können:

82 – Nach § 184 Abs 1 Nr 5 StGB macht sich strafbar, wer pornographische Schriften (§ 11 Abs 3 StGB) „durch Verbreiten von Schriften außerhalb des Geschäftsverkehrs mit dem einschlägigen Handel anbietet, ankündigt oder anpreist".

83 – Ordnungswidrig handelt gemäß § 120 Abs 1 Nr 2 OWiG, wer durch „Verbreiten von Schriften, Ton- oder Bildträgern, Abbildungen oder Darstellungen Gelegenheit zu entgeltlichen sexuellen Handlungen anbietet, ankündigt, anpreist oder Erklärungen solchen Inhalts bekannt gibt".

84 – Verboten und mit Strafe bedroht ist auch die Werbung für Schriften, Ton- und Bildträger etc, die von der Bundesprüfstelle in die Liste jugendgefährdender Medien aufgenommen („indiziert") wurden (§§ 15, 24 JuSchG; Näheres BT Jugendschutz Rn 1 ff.).

85 – Die Werbung für Zigaretten und andere Tabakerzeugnisse unterliegt inzwischen auch in Printmedien einem generellen Verbot (vgl. § 21a ff. VTabakG). Dieses Werbeverbot gilt auch für Anzeigen, in denen sich ein Zigarettenhersteller unter Bezugnahme auf seine Produkte als gesellschaftspolitisch verantwortungsbewusstes Unternehmen darstellt, ohne direkt für den Absatz seiner Produkte zu werben (BGH GRUR 2011, 631 – *Unser wichtigstes Cigarettenpapier*).

86 – Für die freien Berufe existieren trotz der durch die jüngere Rspr des BVerfG (vgl BVerfGE 76, 171/187 f.; 196/205; NJW 1992, 2341; 1996, 3067; 2000, 3195) bewirkten Liberalisierung noch immer zahlreiche berufsrechtliche Werbeverbote und -beschränkungen (Näheres *Lorz* NJW 2002, 169).

87 – Für die Verlagspraxis wichtige Werbebeschränkungen enthalten ferner auch das Heilmittelwerbegesetz und andere wettbewerbsrechtliche Nebengesetze.

88 Ob der Verstoß gegen derartige Werbebeschränkungen, mag er nun strafbar, ordnungswidrig oder „nur" wettbewerbswidrig sein, zur **Nichtigkeit des Anzeigenvertrages gemäß § 134 BGB** führt, ist nach Rspr jeweils nach Sinn und Zweck der einzelnen Verbotsvorschrift zu entscheiden (zuletzt BGH NJW 1992, 2557/2558 mwN), kann also nicht verallgemeinert werden. Richtet sich das gesetzliche Verbot gegen beide Vertragspartner, gibt dies einen gewichtigen Hinweis darauf, dass die Rechtsordnung verbotswidrigen Verträgen die Wirksamkeit versagen will.

VI. Inhalt des Anzeigenvertrages

Richtet sich ein gesetzliches Verbot hingegen nur an einen Vertragspartner, tritt Nichtigkeit nur ausnahmsweise ein (BGH NJW 1984, 230/231; 1992, 2557/2558 jeweils mwN).

Die zivilgerichtliche Rspr hatte sich insb mit der Frage auseinanderzusetzen, ob ein Verstoß gegen das **Verbot der Prostitutionswerbung** nach § 120 Abs 1 Nr 2 OWiG auch zur Nichtigkeit des zugrundeliegenden Anzeigenvertrages führt. Der BGH hat hierbei einen denkbar restriktiven Standpunkt eingenommen: Auch Anzeigenverträge über sog neutrale Kontaktanzeigen, die selbst keinen Hinweis auf entgeltliche sexuelle Handlungen enthalten, aber vom angesprochenen Publikum mit Prostitution oder anderen kommerziellen erotischen Dienstleistungen in Verbindung gebracht werden, sollen gemäß § 134 BGB iVm § 120 Abs 1 Nr 2 OWiG ohne weiteres nichtig sein (BGH NJW 1992, 2557/2258 mwN; OLG Schleswig, DÖV 1977, 543; OLG Karlsruhe, NJW 1978, 61; OLG Koblenz, GewArch 1979, 149; BayObLG, JZ 1981, 637; OLG Stuttgart, NStZ 1982, 77; *Ricker/Weberling* Kap 47 Rn 16; **aM** OLG Frankfurt NJW-RR 1991, 244; OLG Düsseldorf AfP 1978, 102; LG Frankfurt NJW 1985, 1639; AG Heidelberg NJW 1997, 260; AG Berlin-Köpenick NJW 2002, 1885; AG Berlin-Köpenick NJW-RR 2004, 58). Soweit die betreffende Anzeige bereits veröffentlicht wurde, hat der BGH den Verlagen auch einen Wertersatzanspruch aus ungerechtfertigter Bereicherung unter Hinweis auf § 817 S 2 BGB versagt (BGH NJW 1992, 2557/2560).

Die Rspr des BGH überzeugt nicht: Sie ist bereits im Ausgangspunkt rechtspolitisch bedenklich, weil eine Praxis zu Lasten der Verlage zivilrechtlich sanktioniert wird, die von den Verwaltungsbehörden, in deren Zuständigkeit die Verfolgung von Verstößen gegen das Verbot der Prostitutionswerbung liegen würde, jahrzehntelang geduldet wurde und auch weiterhin geduldet wird (vgl *Engels* AfP 1985, 101 f.; *Rath-Glawatz* RdAnzeige Rn P 440). Wer die dargestellte Rspr zur Unwirksamkeit von Verträgen über Prostitutionswerbung mit der Pressewirklichkeit vergleicht (und dazu genügt ein Blick in eine beliebige regionale oder überregionale Tageszeitung), kann sich des Eindrucks nicht erwehren, dass die Zivilgerichte hier die Rechts- und Sittenordnung auf reichlich verlorenem Posten verteidigen. Ferner entstehen kaum hinnehmbare Wertungswidersprüche: Zum einen weil der BGH die **Werbung für pornographische Filme** nur dann als strafbar im Sinne des § 184 Abs 1 Nr 5 StGB einordnet, wenn sich aus der Anzeige selbst entnehmen lässt, dass für Pornographie geworben wird (vgl BGH NJW 1989, 409). Zum anderen, weil durch das Gesetz zur Regelung der Rechtsverhältnisse der Prostituierten (Prostitutionsgesetz – ProstG) v 20.12.2001 (BGBl. I S 3983) dem gesellschaftlichen Wertewandel (den auch BGH NJW 2002, 361 ausdrücklich einräumt) dadurch Rechnung getragen wurde, dass nunmehr Prostituierte gegen ihre Kunden eine rechtswirksame Forderung erwerben (§ 1 ProstG). Diese **Neuregelung** muss im Hinblick auf die Einheit der Rechtsordnung dazu führen, dass jedenfalls Verträge über neutrale Prostitutionswerbung seit Inkrafttreten des ProstG nach Sinn und Zweck der Verbotsnorm nicht mehr als nach § 134 BGB nichtig eingestuft werden können (vgl BGH NJW 2002, 361/362). Letztlich wäre es konsequent, dem Verstoß gegen das Prostitutionswerbeverbot des § 120 Abs 1 Nr 2 OWiG generell nicht mehr die Unwirksamkeit des Anzeigenvertrages gemäß § 134 BGB zu entnehmen (AG Berlin-Köpenick NJW-RR 2004, 58; *Rath-Glawatz* RdAnzeige Rn P 440), weil der Gesetzgebern auf die zivilrechtliche Sanktionierung der Prostitutionsausübung bewusst verzichten will. Es nicht nachvollziehbar, warum eine Prostituierte nunmehr ihre Vergütung vom Kunden einklagen kann, die Anzeigen, in denen sie für diese Dienste geworben hat, aber nicht bezahlen muss. Ergänzend ist noch darauf hinzuweisen, dass der Presse auch im Hinblick auf die Ausstrahlungswirkung des Grundrechts aus Art 5 Abs 1 Satz 2 GG keine Prüfungspflichten auferlegt werden dürfen, die sie auf Grund der besonderen Gegebenheiten des Anzeigenwesens (Zeitnot, große Zahl von unterschiedlichen Anzeigen, primäre Verantwortlichkeit des Inserenten für den Inhalt der Anzeige) rein tatsächlich gar nicht erfüllen kann. Diese Gefahr besteht aber zumindest dann, wenn auch neutrale

BT Anz   Recht der Anzeige

Kontaktanzeigen, die nur mit erheblichem Aufwand als Prostitutionswerbung identifiziert werden können, als Verstoß gegen das Verbot der Prostitutionswerbung und die dazu geschlossenen Verträge nach § 134 BGB als nichtig angesehen werden. Auf der hier vertretenen Linie hat der I. Zivilsenat des BGH nunmehr des Verbot der Prostitutionswerbung auf Fälle beschränkt, „in denen durch die Werbung eine konkrete Beeinträchtigung von Rechtsgütern der Allgemeinheit, insbesondere des Jugendschutzes, eintritt" (NJW 2006, 3490/3491). Sog neutrale Kontaktanzeigen, die selbst keinen Hinweis auf entgeltliche sexuelle Handlungen enthalten, verstoßen daher nicht gegen das Verbot der Prostitutionswerbung nach § 120 Abs 1 Nr 2 OWiG.

91   **Rechtsgeschäfte über Telefongespräche mit sexualbezogenem Inhalt** (sog Telefonsex) hat der BGH als sittenwidrig eingeordnet und die Unwirksamkeitsfolge des § 138 BGB auch auf Verträge über die Vermarktung und den Vertrieb von speziellen Telefonkarten für die Inanspruchnahme derartiger Leistungen erstreckt (BGH NJW 1998, 2895/2896 mwN). Ob das Gleiche für Anzeigenverträge gilt, in denen „nur" für Telefonsex geworben wird, ist höchstrichterlich nicht abschließend entschieden, richtiger Ansicht nach aber zu verneinen (OLG Stuttgart AfP 1989, 705; OLG Hamm NJW 1995, 2797; AG Berlin-Köpenick NJW-RR 2004, 58; *Ricker/ Weberling* Kap 47 Rn 16; eingehend *Behm* NJW 1990, 1822; aM LG Bonn NJW 1989, 2544). Dies gilt selbst dann, wenn man mit BGH NJW 1998, 2895/2896 das eigentliche Rechtsgeschäft über die entgeltliche Führung eines Telefongesprächs mit sexuellem Inhalt als sittenwidrig einordnet (die angeregte Diskussion über diese Frage ist allerdings auch nach BGH NJW 1998, 2895 keineswegs verstummt, vgl LG Frankfurt NJW-RR 2002, 994; LG Konstanz ebd). Das Unwerturteil über entgeltliche telefonische Dienstleistungen mit sexuellem Inhalt fällt beim sog Telefonsex sehr viel schwächer aus als bei der entgeltlichen Prostitution (zutr AG Berlin-Köpenick NJW-RR 2004, 58). Die (unterstellte) Sittenwidrigkeit des Rechtsgeschäfts über Telefonsex erfasst jedenfalls nicht den vorgeschalteten und völlig wertneutralen Anzeigenvertrag, in dem zumeist nur die Kontaktdaten (Telefonnummer) mitgeteilt werden (OLG Stuttgart AfP 1989, 750; OLG Hamm NJW 1995, 2797; AG Berlin-Köpenick NJW-RR 2004, 58; vgl auch BGH NJW 2002, 361/362). Eine auf Werbung für Telefonsex gerichtete Anzeige verstößt auch nicht gegen das Verbot der Prostitutionswerbung nach § 120 Abs 1 Nr 2 OWiG. Das in dieser Vorschrift enthaltene Verbot der Werbung für sexuelle Handlungen betrifft nach allgemeiner Auffassung nur solche Handlungen, die den Einsatz des eigenen oder fremden Körpers erfordern, nicht aber das schlichte akustische Vermitteln sexueller Reize durch sog Telefonsex (vgl. BGH NJW 1998, 2895/2896).

92   Verträge über Anzeigen oder redaktionelle Werbung, die gegen die (europarechtlich unbedenkliche, vgl EuGH 17.10.2013 – C-391/12) **Pflicht zur Kennzeichnung entgeltlicher Veröffentlichungen** (vgl § 10 LPG) verstoßen, sind nach § 134 BGB nichtig (BGH BB 1962, 502; OLG Düsseldorf NJW 1975, OLG Köln MDR 1970, 673; 2018; OLG München AfP 1992, 306; LG Hannover NJW-RR 2006, 910; Einzelheiten siehe § 10 LPG Rn 38). Es entspricht Sinn und Zweck der einschlägigen Verbotsnormen in den Landespressegesetzen, die zivilrechtlichen Nichtigkeitsfolgen hier auch die Presse treffen zu lassen, denn neben der Unabhängigkeit der Presse dient die Pflicht zur Kennzeichnung entgeltlicher Veröffentlichungen auch dem Schutz des lauteren Wettbewerbs. Die in den Landespressegesetzen enthaltene Kennzeichnungspflicht für entgeltliche Veröffentlichungen, die als solche nicht ohne weiteres erkennbar sind, verstößt nicht gegen europäisches Recht, insbes die sog UGP-Richtlinie (EuGH, 17.10.2013 – C-391/12).

93   Verstößt der Inhalt eines Inserats gegen das **UWG** oder gegen **wettbewerbsrechtliche Nebengesetze,** kann dies zwar im Einzelfall (neben der Haftung des Inserenten) auch eine wettbewerbsrechtliche Verantwortlichkeit der Presse selbst begründen (Näheres BT Anz Rn 200ff.), führt aber ohne Hinzutreten besonderer Umstände noch nicht zur Unwirksamkeit des zugrundeliegenden Anzeigenvertrages. Nur dann, wenn der rechtsgeschäftlichen Verpflichtung zur Veröffentlichung des Inserats aus-

nahmsweise selbst die Wettbewerbswidrigkeit des Verhaltens innewohnt, hat dies die Nichtigkeit des Anzeigenvertrages nach § 134 BGB zur Folge (BGH NJW 1991, 287/291; 1993, 3329/3330; 1999, 2266/2267). Dies gilt zB bei einem Verstoß gegen das Werbeverbot des §§ 21a ff. VTabakG (vgl BGH NJW 1994, 731). Ansonsten erstreckt sich der Verstoß gegen wettbewerbsrechtliche Normen nicht auf den vorgeschalteten und wertneutralen Anzeigenvertrag.

Standesrechtliche Werbeverbote binden grundsätzlich nur die Angehörigen der 94 jeweiligen Berufsgruppe, nicht jedoch die Presse (BGH GRUR 1990, 373/374 – *Schönheits-Chirurgie*). Verträge über Inserate, die gegen ein derartiges Werbeverbot verstoßen, sind daher zivilrechtlich wirksam (*Rath-Glawatz* RdAnzeige Rn P 420). *(vorläufig leer)* 95

VII. Pflichten des Verlegers

1. Hauptpflichten des Verlegers

Das vom Verlag geschuldete „Werk" im Sinne des § 631 Abs 1 BGB besteht in der 96 **Herstellung** (Abdruck) und **Verbreitung** der vom Besteller geschalteten Anzeige (OLG Hamm NJW-RR 1988, 944).

a) Pflicht zur Herstellung der Anzeige

Herstellung bedeutet Abdruck der bestellten Anzeige im vereinbarten Printmedi- 97 um, und zwar in der vereinbarten Aufmachung, Abdruckhöhe, Platzierung etc zum verabredeten oder üblichen Zeitpunkt. Die Bereitstellung der dafür notwendigen **Druckunterlagen** (Textmanuskripte, digitale Druckdaten, Druckvorlagen, Lithos, Filme, Fotos, Graphiken etc) gehört nicht zu den Pflichten des Verlegers, sie obliegt dem Anzeigenbesteller, der auch für ihre rechtzeitige Lieferung verantwortlich ist (*Wronka* Ziff 16 ZAW-AGB Rn 1). Diese Aufgabenverteilung ist werkvertragstypisch: Der „Stoff", aus dem das Werk hergestellt wird, ist beim Werkvertrag regelmäßig vom Besteller zur Verfügung zu stellen. In der Verlagspraxis ist an die Stelle der guten alten Matern aus Pappe zumindest bei gewerblichen Anzeigen längst der digitalisierte Anzeigen-Datensatz getreten, der auf Datenträger oder via Internet übermittelt wird (Einzelheiten *Rath-Glawatz* AfP 1999, 325). Die vom VDZ initiierte Entwicklung eines integrierten papierlosen Buchungssystems (Online Booking System, OBS) für Printanzeigen erfolgte bereits 2004 (VDZ-Pressemitteilung vom 28.5.2004; eingehend zur digitalen Anzeigenübermittlung *Rath-Glawatz* RdAnzeige Rn P 147 ff.). Bei privaten und gewerblichen Kleinanzeigen erfolgt die Veröffentlichung vielfach in standardisierter Größe und Aufmachung in den dafür vorgesehenen **Rubriken** (Automarkt, Mietgesuche, Immobilien, Stellengesuche etc). Hier genügt es, wenn der Besteller lediglich den Anzeigentext liefert. Gewerbliche Anzeigenbesteller und Agenturen stellen häufig druckreife Anzeigenmanuskripte einschließlich aller notwendigen Druckunterlagen zur Verfügung. Dies gilt insbesondere, wenn es sich um professionell (zB durch eine Werbeagentur oder eine hauseigene Werbeabteilung) gestaltete Werbeanzeigen handelt.

Übernimmt der Verlag im Auftrag des Anzeigenkunden zusätzlich die inhaltliche 98 oder graphische **Gestaltung der Anzeige** und/oder die **Herstellung der notwendigen Druckunterlagen**, dann sind auch insoweit die §§ 631 ff. BGB anzuwenden. Der Vertrag über die Gestaltung eines konkreten Werbemittels – hier einer Anzeige – ist grundsätzlich ein Werkvertrag (BGH NJW 1984, 2406; aM *Rath-Glawatz* RdAnzeige Rn P 99). Ziff 16 ZAW-AGB (Anhang A.) stellt klar, dass der Anzeigenkunde die durch besondere Gestaltungswünsche entstehenden zusätzlichen Kosten zu tragen hat.

Platzierungswünsche des Inserenten, den Abdruck in einer bestimmten 99 Nummer, einer bestimmten Ausgabe oder an einem bestimmten Platz in der Druckschrift wünscht, spielen, nicht in der Verlagspraxis eine wichtige Rolle. Der Verlag kann solche Wünsche sowieso nur dann beachten, wenn sie ihm rechtzeitig vor dem Anzeigenschlusstermin bekannt werden (vgl Ziff 6 ZAW-AGB). Auch für Plazierungswünsche gilt im Übrigen der Grundsatz der Vertragsfreiheit: kein Inserent hat daher Anspruch auf eine für ihn werblich besonders günstige Platzierung, wenn der Verlag aus nachvollziehbaren Gründen anderweitig disponieren will (OLG München AfP 1979, 152). Häufig sagen die Verlage aber von sich aus oder auf Verlangen des Inserenten eine bestimmte, werblich besonders günstige Plazierung der Anzeige zu. Die Aussage des Verlags, eine Anzeige „bestmöglich" platzieren zu wollen, bezieht sich auf die vorhandenen Platzierungsmöglichkeiten im Publikationsobjekt insgesamt und nicht auf den bestmöglichen Abdruck einer gewünschten Platzierung zB auf einer bestimmten Seite (LG Düsseldorf AfP 1999, 520/521).

100 Die Platzierung von Anzeigen in einem günstigen redaktionellen Umfeld, zB im Rahmen sog Verlagssonderveröffentlichungen zu bestimmten Themen, Anlässen etc ist im Anzeigengeschäft allgemein üblich und wird von den Inserenten auch erwartet, so dass der Verkehr darin regelmäßig keine zusätzliche Nebenleistung sieht (BGH GRUR 1992, 463/465 – *Anzeigenplazierung*). Dies gilt jedenfalls, solange der Beitrag allgemein und objektiv gehalten ist und nicht auf die Produkte der Anzeige oder die Inserenten Bezug nimmt (BGH GRUR 1994, 441/443 – *Kosmetikstudio*). Eine verbotene **redaktionelle Zugabe** liegt demgegenüber vor, wenn sich ein redaktioneller Beitrag gezielt mit den im Umfeld platzierten Anzeigen bzw. deren Produkten/ Inserenten befasst, weil der Verkehr hier zu der Auffassung gelangen muss, der Verlag gewähre die redaktionelle Berichterstattung dem inserierenden Unternehmen als eine zusätzliche besondere Nebenleistung (BGH GRUR 1994, 441/443 – *Kosmetikstudio*; 1998; 471/475 – *Modenschau im Salvatorkeller*; 489/493 – *unbestimmter Unterlassungsantrag III*). Zwar wurde die ZugabeVO durch Gesetz vom 23.7.2001 (BGBl I S 1663) aufgehoben. Dies ändert aber nichts daran, dass die beschriebenen Praktiken als Schleichwerbung (Verletzung des Gebots der Trennung von redaktionellem und Anzeigenteil) gegen die §§ 3, 4 Nr 3 UWG verstoßen (Einzelheiten beim Fragenkreis redaktionelle Werbung § 10 LPG Rn 50ff.).

101 Rubrizierte Anzeigen (Automarkt, Vermietungen, Stellengesuche, Tauschgesuche etc) werden auch ohne Plazierungsvereinbarung grundsätzlich in der entsprechenden Rubrik abgedruckt (vgl Ziff 6 ZAW-AGB). Bestellt der Inserent ausdrücklich eine Anzeige in der „Gesamtausgabe" einer Druckschrift, so sind darunter sämtliche verlagseigenen Zeitungen zu verstehen, die unter dem angegebenen Titel erscheinen. Dies gilt selbst dann, wenn der in der Bestellung angegebene Titel bei einigen dieser Zeitungen nur als Untertitel Verwendung findet (AG Ulm AfP 1985, 71).

102 Soweit der Inserent keine Größenvorschriften für seine Anzeige vorgibt, obliegt die Bestimmung der **Abdruckhöhe** dem Verlag (vgl § 315 BGB). Nach Ziff 12 ZAW-AGB (Anhang A.) erfolgt der Druck in diesem Fall in der für Anzeigen dieser Art üblichen Abdruckhöhe. Dies wird insb bei standardisierten und rubrizierten Kleinanzeigen in Betracht kommen. Hier orientiert sich auch der Anzeigenpreis häufig direkt am Umfang des Textes (Zahl der Zeichen, Abdruckhöhe in mm etc). Der Verlag ist ferner berechtigt, für Anzeigen eine bestimmte **Mindestabdruckhöhe** vorzuschreiben (dazu im Einzelnen *Wronka* Ziff 12 ZAW-AGB Rn 3). Dadurch sollen nicht kostendeckende Kleinstanzeigen vermieden werde. Auf dieses berechtigte Interesse des Verlegers muss sich ein Inserent billigerweise einlassen.

103 Eine Klausel, die bei sog Anzeigen-Wiederholungsaufträgen eine automatische Vertragsverlängerung um ein Jahr vorsieht, wenn der Vertrag nicht rechtzeitig gekündigt wird, soll nach Ansicht des BGH (AfP 1989, 662 = NJW 1989, 2255 noch zu § 3 AGBG) überraschend iSd § 305c Abs 1 BGB und wird daher nicht Vertragsbestandteil werden. Heute setzt sich aber zunehmend die Auffassung durch, dass Verlängerungsklauseln in AGB (ungeachtet des § 309 Nr 9b BGB) nicht zu beanstanden sind, wenn sie in einem angemessenen Verhältnis zur ursprünglichen Vertragsdauer stehen (vgl nur *Wurmnest* in Münchener Kommentar BGB § 309 Nr 9 Rn 12ff.).

VII. Pflichten des Verlegers

b) Pflicht zur Verbreitung

Der Begriff der „Verbreitung" des hergestellten und vervielfältigten Druckwerks **104** hat eine durchaus umstrittene presserechtliche Bedeutung (Einzelheiten Einleitung Rn 24 ff.). Diese Diskussion ist für die Frage, unter welchen Voraussetzungen der Verlag seine Verbreitungspflicht aus dem Anzeigenvertrag erfüllt hat, aber nur in begrenztem Maße fruchtbar. Hier ist vielmehr **ein eigenständiger Begriff der Verbreitung** zugrunde zu legen, der sich aus der Interessenlage und dem Vertragszweck des Anzeigenvertrages ergibt. Der Verlag erfüllt die Verpflichtung zur Verbreitung der Anzeige dann, wenn das Druckwerk seinem bestimmungsgemäßen Adressatenkreis zugänglich gemacht wird, eine Kenntnisnahme durch den Empfänger ist hingegen nicht erforderlich (vgl *Wronka* Ziff 1 ZAW-AGB Rn 29 f.). Abonnementszeitungen müssen also durch die Post bzw durch Boten zugestellt werden, Straßenverkaufszeitungen in den Zeitungshandel gelangen. Ob sie auch tatsächlich gekauft und gelesen werden ist für die ordnungsgemäße Erfüllung des Anzeigenvertrages unerheblich. Von einer „Verbreitung" kann aber dort nicht mehr die Rede sein, wo kein nennenswerter Personenkreis die Zeitschrift zur Kenntnis nehmen kann, weil die Verteilung durch die Behörden verhindert wird (vgl LG München I NJW-RR 1994, 308 – mit zT zweifelhafter Begründung).

Ob der vom Inserenten mit der Anzeige bezweckte **Werbeerfolg** tatsächlich ein- **105** tritt, liegt nicht mehr in der Sphäre des Verlags. Einzelne Gerichte haben die Auffassung vertreten, Angaben zum Erscheinungsdatum, zur **Auflage,** bzw zur Verbreitung des Werbeträgers seien als sog **essentialia negotii** Voraussetzung für die Wirksamkeit des Anzeigenvertrages schlechthin (LG Mainz NJW-RR 1998, 631 f.; LG Bad Kreuznach NJW-RR 2002, 130; AG Bad Homburg NJW-RR 1998, 632; AG Köpenick NJW 1996, 1005/1006). Daran ist zwar im Ausgangspunkt richtig, dass beim Werkvertrag – wie bei jedem anderen Vertrag auch – die Leistung der Vertragsparteien hinreichend bestimmt oder zumindest bestimmbar im Sinne des § 315 Abs 1 BGB sein muss (vgl nur LG Mönchengladbach BeckRS 2006, 08568; *Voit* in *Bamberger/Roth* § 631 Rn 32). Die erwähnten notwendigen Angaben lassen sich aber regelmäßig den Mediaunterlagen der Verlage entnehmen bzw werden von diesen mitgeteilt, wenn der Anzeigenkunde dies wünscht. Die Verlage dürfen davon ausgehen, dass ein Kunde, der explizit eine Anzeige in einem ihrer Publikationsmedien aufgeben will, sich vorher darüber informiert hat, welche Verbreitung und Werbewirkung mit der Veröffentlichung in diesem Publikationsobjekt zu erzielen ist. Es liegt allein im Verantwortungsbereich des Inserenten, auf Grund der verfügbaren Informationen ein für den erstrebten Werbeerfolg geeignetes Publikationsmedium auszuwählen. Informationsquellen für diesen Zweck stehen ausreichend zur Verfügung. Einen konkreten Werbeerfolg für die ordnungsgemäß abgedruckten und verbreiteten Anzeige schuldet der Verlag grundsätzlich nicht (BGH JZ 1965, 680/682; eingehend *M. Löffler* BB 1978, 921 ff.; aM LG Tübingen NJW-RR 1993, 1075; vgl hierzu ferner BFH AfP 1974, 710/711 mit Anm *Wronka*). Der Verlag ist auch nicht verpflichtet, zusätzliche Eigenwerbung zu betreiben, um die verbreitete Auflage des Druckwerks zu erhöhen, es sei denn dies wurde vertraglich ausdrücklich vereinbart, was bei Neuerscheinungen manchmal vorkommt (vgl BFH AfP 1974, 710/711; *Wronka* Ziff 1 ZAW-AGB Rn 8).

2. Nebenpflichten des Verlegers

Außer den beiden Hauptpflichten Herstellung und Verbreitung begründet der An- **106** zeigenvertrag verschiedene vertragliche **Nebenpflichten** für den Verlag:

a) Druckunterlagen

Physische **Druckunterlagen** (Matern, Lithos, Filme, Folien, Disketten, CDs **107** etc) die vom Inserenten zur Verfügung gestellt werden, bleiben grds sein Eigentum (zur **digitalen Anzeigenübermittlung** eingehend *Rath-Glawatz* RdAnzeige

Rn P 138 ff.). Die Verlage sind verpflichtet, diese Druckunterlagen nach Abwicklung des Anzeigenauftrages zurückzugeben. Ziff 19 Satz 1 ZAW-AGB (Anhang A.) bestimmt, dass die Rücksendung von sog Matern „nur auf besondere Anforderung" des Inserenten erfolgt. Dies hat seine Ursache darin, dass nur wenige Anzeigenbesteller Wert auf die Rückgabe legen und die Verwaltung und Rücksendung der Matern für die Verlage einen erheblichen und völlig überflüssigen Verwaltungs- und Kostenaufwand bedeuten würde (vgl *Klosterfelde,* Anzeigen-Praxis, S 83 f.). Gemäß Ziff 19 Satz 2 ZAW-AGB endet die Pflicht des Verlages zur Aufbewahrung der Druckunterlagen drei Monate nach Ablauf des Auftrages. Der Verlag kann anschließend mit den Matern nach Belieben verfahren. Das Schweigen des Inserenten führt also letztlich zum Eigentumsverlust an den (wertlosen?) Matern. Dies begegnet jedenfalls bei Privatkunden Bedenken im Hinblick auf § 308 Nr 5 BGB, denn der Anzeigenkunde wird durch die Verlage auf die Bedeutung seines Schweigens regelmäßig nicht besonders hingewiesen, wie das diese Vorschrift verlangt (vgl OLG Köln NJW-RR 1989, 1274). Die praktische Bedeutung von Ziff 19 Satz 1 ZAW-AGB ist indessen relativ gering (geworden), weil Matern heute kaum noch gebräuchlich sind. Die erwähnte Vorschrift der ZAW-AGB, die ausdrücklich nur von „Matern" spricht, ohne weiteres auch auf andere Druckvorlagen, zB auf Filme, Lithos, Textvorlagen, CDs, digitale Anzeigensätze etc., zu beziehen, wäre zwar naheliegend, kommt aber im Hinblick auf die Unklarheitenregel des § 305c Abs 2 BGB nicht in Betracht (aM *Rath-Glawatz* RdAnzeige Rn P 169). Im Hinblick auf die eindeutige Gesetzeslage ist auch keine im Wege der Vertragsauslegung auszufüllende Regelungslücke gegeben. Hier bleibt es daher bei der **Herausgabepflicht** des Verlags. Soweit der Verlag die Druckunterlagen für die Anzeige selbst erstellt hat, kann der Inserent ihre Herausgabe nicht verlangen, denn die Druckunterlagen sind bei dieser Gestaltung des Anzeigenvertrags Eigentum des Verlags. Etwas anderes gilt nur, wenn die Herstellung der Druckunterlagen dem Anzeigenkunden gesondert in Rechnung gestellt wird (vgl insoweit Ziff 16 ZAW-AGB; Anhang A.). In diesem Falle hat er nach Abwicklung des Anzeigenvertrages auch Anspruch auf Herausgabe der von ihm bezahlten Druckunterlagen auf Grund von § 651 Abs 1 BGB (OLG Hamm NJW-RR 1995, 1265; OLG Düsseldorf NJW-RR 1997, 757/758). Soweit man in derartigen Gestaltungen eine entgeltliche Geschäftsbesorgung sieht *Rath-Glawatz* RdAnzeige Rn P 99), folgt dieser Anspruch aus den §§ 675, 667 BGB. Eine frühere Fassung von Ziff 9 ZAW-AGB, die diesen Herausgabeanspruch ausschloss, wurde vom BGH wegen ihrer wettbewerbsbeschränkenden Wirkungen bei Folgeaufträgen für unwirksam erklärt (BGH AfP 1984, 30).

b) Wohlwollenspflicht gegenüber Inserenten?

108   Durch **kritische Berichte** über einen Inserenten im redaktionellen Teil der Zeitung oder Zeitschrift verletzt der Verlag keine vertraglichen Nebenpflichten (BGH JZ 1965, 680/682; OLG Köln AfP 1977, 354/355 mit Anmerkung *von Holstein; M. Löffler* BB 1978, 921). Die Freiheit der redaktionellen Berichterstattung wird durch den Anzeigenvertrag nicht eingeschränkt. Es besteht also keine Rechtspflicht des Verlages, die gewerblichen Leistungen eines Inserenten „schonend" oder gar „zuvorkommend" zu beurteilen (so zutreffend *M. Löffler* BB 1978, 921 ff.). Die durch die Landespressegesetze ausdrücklich anerkannte „öffentliche Aufgabe der Presse" (Einzelheiten § 3 LPG Rn 19 ff.) geht insoweit der Leistungstreuepflicht des Verlages vor. Der Verlag ist auf Grund des Anzeigenvertrages auch nicht verpflichtet, neue Werbung von Konkurrenten des Inserenten aufzunehmen, obwohl dadurch der Werbeeffekt der geschalteten Anzeige beeinträchtigt werden könnte (aM *Rath-Glawatz* RdAnzeige Rn P 107). Zu Unrecht hat daher das OLG Hamm (NJW-RR 1986, 1091/1092) die Veröffentlichung gezielter **Gegenanzeigen** eines Konkurrenten ohne weiteres als Mangel der vom Verlag zu erbringenden Werkleistung eingestuft: „Divergierende Meinungen und Aussagen gehören zum Wesen des publizistischen Forums einer offenen Gesellschaft", hat schon *Martin Löffler* (BB 1978,

921/924) hierzu zutreffend bemerkt. Diese Aussage gilt uneingeschränkt auch für den Anzeigenteil der Presse. Kein Inserent kann erwarten, dass der Verlag ihm zuliebe die Anzeigen der Konkurrenz ablehnt. In der Veröffentlichung von gezielter Gegenwerbung liegt daher regelmäßig keine iSd §§ 3, 4 Nr 10 UWG unlautere Behinderung (*Köhler* in Köhler/Bornkamm § 4 Rn 10.75; aM OLG Bamberg NJW-RR 1993, 50).

c) Probeabzug, Korrekturabzug

Eine generelle Nebenpflicht, dem Inserenten vor dem Abdruck der Anzeige einen **Probeabzug** zur Korrektur zu übersenden, besteht nicht. Aus Zeitmangel wäre dies in der Praxis häufig auch gar nicht möglich. Zudem übernimmt der Verlag die Verantwortung für den korrekten Abdruck der Anzeige nach den Vorgaben und Wünschen des Bestellers. Nach Ziff 11 Satz 1 ZAW-AGB (Anhang A.) werden Probeabzüge vom Verlag nur auf ausdrücklichen Wunsch des Inserenten geliefert. 109

Hat der Inserent einen Probeabzug verlangt und auch erhalten, ist der Verlag verpflichtet, die vorgenommenen Fehlerkorrekturen im Rahmen seiner technischen und wirtschaftlichen Möglichkeiten zu berücksichtigen. Durch die Rücksendung des Korrekturabzuges genehmigt der Inserent Form und Inhalt der Anzeige – sog **Imprimatur** (zur Irrtumsanfechtung durch den Inserenten, wenn der vermeintliche Korrekturabzug ein neues Angebot war AG Leonberg NJW-RR 2002, 855). Der Inserent trägt daher auch die alleinige Verantwortung für die Richtigkeit der zurückgesandten Probeabzüge (vgl Ziff 11 Satz 2 ZAW-AGB). Entspricht der spätere Abdruck in wesentlichen Teilen nicht dem vom Verlag übersandten Korrekturabzug, liegt darin ein Mangel iSd § 633 BGB (OLG Düsseldorf NJW-RR 1992, 822; AG Dresden NJW-RR 1999, 562). Häufig wird dem Inserenten von den Verlagen eine (Ausschluss-)Frist für die Rücksendung der Probeabzüge gesetzt. Äußert sich der Inserent nicht rechtzeitig, wird die Anzeige wie im Korrekturabzug vorgesehen gedruckt. Das bloße Schweigen des Inserenten kann zwar weder als Genehmigung des Probeabzuges noch als Verzicht auf eventuelle Gewährleistungsansprüche gesehen werden. Auch eine Analogie zu § 20 VerlG kommt mangels Vergleichbarkeit der zugrunde liegenden Sachverhalte nicht in Betracht. Im Unterlassen der möglichen und zumutbaren Korrektur des Probeabzugs liegt aber ein erhebliches Mitverschulden des Inserenten (§ 254 BGB), das bei eventuellen Schadensersatzansprüchen wegen fehlerhaft abgedruckten Anzeige anspruchsmindernd zu berücksichtigen wäre. 110

d) Anzeigenbeleg

Ein Nachweis über den Abdruck – ein sog: Anzeigenbeleg – wird vom Verlag nur zur Verfügung gestellt, wenn der Inserent dies ausdrücklich verlangt (Ziff 15 Satz 1 ZAW-AGB; Anhang A.). Diese Regelung beruht auf der Erfahrung, dass die meisten Anzeigenbesteller keinen Wert auf einen derartigen Nachweis legen, weil sie den korrekten Abdruck ihrer Anzeige ohnehin selbst kontrollieren (zB weil sie Bezieher der Tageszeitung sind). Verlangt der Inserent einen Anzeigenbeleg, werden je nach Art Umfang des Anzeigenvertrags Anzeigenausschnitte, Belegseiten oder vollständige Belegnummern geliefert (Ziff 15 Satz 2 ZAW-AGB). Ist ein Belegexemplar nicht mehr verfügbar, genügt nach Ziff 15 Satz 3 ZAW-AGB eine „rechtsverbindliche Bescheinigung" des Verlages über den Abdruck der Anzeige. Dem Verlag wird hier zulässigerweise eine vertragliche Ersetzungsbefugnis eingeräumt (eingehend *Wronka* Ziff 15 ZAW-AGB Rn 6). 111

(vorläufig leer) 112

3. Besondere Verlegerpflichten beim Chiffre-Anzeigenvertrag

a) Bedeutung und rechtliche Einordnung

Ein Inserent, der in der Anzeige – aus welchen Gründen auch immer – seine Identität nicht zu erkennen geben will, kann dieses Ziel durch eine **Chiffreanzeige** 113

(Kennzifferanzeige) erreichen. Der Verlag druckt anstelle des Namens, der Adresse oder der Telefonnummer des Inserenten eine Chiffrenummer ab und leitet die eingehenden Zuschriften an den Inserenten weiter. Es handelt sich um zusätzliche Dienstleistung der Verlage, für den regelmäßig ein Aufschlag auf den normalen Anzeigenpreis verlangt wird („Chiffregebühr"). Der Anzeigenkunde hat in vielen Fällen ein berechtigtes Interesse an einer derartigen Anonymität. Ihm soll erspart bleiben, durch unerbetene Anrufe oder persönliche Besuche belästigt zu werden. Dies trifft keineswegs nur für Kontakt- oder Heiratsanzeigen zu. Auch bei privaten Gelegenheitsanzeigen (Vermietungen, Verkaufsangebote für wertvolle Antiquitäten, Immobilien etc) und gewerblichen Stellenangeboten sind Chiffreanzeigen häufig. Sie ermöglichen es dem Inserenten, die eingehenden Zuschriften in Ruhe zu sichten und sich nur mit ausgewählten Interessenten in Verbindung zu setzen (dazu eingehend *Hoebel,* Neue Anzeigenpraxis, S 202 ff.). Der Chiffre-Anzeigenvertrag ist anders als der normale Anzeigenvertrag kein reiner Werkvertrag, sondern er enthält **Elemente entgeltlicher Geschäftsbesorgung** auf dienstvertraglicher Basis (BGH AfP 1992, 137/ 138). Die Pflicht des Verlages, eingehende Zuschriften an den Inserenten weiterzuleiten, folgt aus den §§ 675, 667 BGB (zur Weiterleitung von Werbezuschriften BT Anz Rn 120). In Ziff 18 Satz 3 ZAW-AGB wird die Weiterleitung von Sendungen, die das zulässige Format überschreiten von der Übernahme der zusätzlichen Kosten durch den Inserenten abhängig gemacht. Dies entspricht der gesetzlichen Regelung durch die §§ 675, 670 BGB und verstößt daher nicht gegen § 307 BGB.

b) Verschwiegenheitspflicht, Sperrvermerke von Inserenten

114 Durch den Abschluss eines Anzeigenvertrages für eine Chiffreanzeige übernimmt der Verlag die vertragliche Nebenpflicht, Namen und Adresse des Inserenten Dritten nicht ohne rechtfertigenden Grund bekannt zu geben (OLG Koblenz AfP 1980, 40/41; Oldenburg AfP 1988, 544/545). Verletzt der Verlag diese Verschwiegenheitspflicht, macht er sich dem Anzeigenkunden gegenüber nach § 280 Abs 1 BGB schadensersatzpflichtig. Die Veröffentlichung einer Chiffreanzeige begründet aber keine vertraglichen oder vorvertraglichen Beziehungen zwischen dem Verlag und Einsendern, die sich auf die Anzeige melden. Einsender, die sich zB auf ein als Chiffreanzeige veröffentlichtes Stellenangebot beworben haben, können daher die Bekanntgabe des Namen und der Adresse eines Inserenten auch nicht mit der Begründung verlangen, sie hätten die eingesandten Dokumente abredewidrig nicht zurück erhalten.

115 Der Verlag ist aus den gleichen Gründen rechtlich nicht verpflichtet, von den Einsendern einseitig erklärte **Sperrvermerke** zu beachten („Bitte nicht an Firma X weiterleiten"). Etwas anderes gilt, wenn sich der Verlag auf Wunsch eines Inserenten ausnahmsweise verpflichtet hat, derartige Sperrvermerke zu beachten und dies in der Anzeige auch zum Ausdruck gebracht wurde („Sperrvermerke werden beachtet"). Der Anzeigenvertrag entfaltet hier eine Schutzwirkung zugunsten der Einsender, die um Beachtung ihres Sperrvermerks gebeten haben (aM *Rath-Glawatz* RdAnzeige Rn P 132). Missachtet der Verlag den Sperrvermerk, hat der Einsender gegen den Verlag einen Anspruch auf Grund der auch nach der Schuldrechtsreform noch aktuellen Rechtsfigur des Vertrages mit Schutzwirkung zugunsten Dritter (BGH NJW 1987, 1758/1760; 1998, 1059/1062). Parallel können Ansprüche zukünftig auch unmittelbar auf die §§ 311 Abs 2 Nr 2 und Nr 3, 280 Abs 1 BGB gestützt werden (vgl *Eckeberecht* MDR 2002, 425). Der Inserent hat bei vielen Chiffreanzeigen (zB einem Stellenangebot für eine Führungskraft) ein ganz erhebliches eigenes Interesse an der zuverlässigen Beachtung von Sperrvermerken durch den Verlag, weil er ohne entsprechende Zusage damit rechnen muss, dass potentielle Bewerber durch die Gefahr einer Fehlbewerbung beim eigenen Unternehmen abgeschreckt werden. Trifft ein Sperrvermerk zu, darf der Verlag die Zuschrift allerdings nicht sofort an den Interessenten zurücksenden, weil dieser sonst unerwünschte Rückschlüsse auf den Inserenten der Chiffreanzeige ziehen könnte (OLG Koblenz AfP 1980, 40/41). Der

VII. Pflichten des Verlegers

Verlag muss die Zuschrift vielmehr eine angemessene Zeit aufbewahren und in neutraler Form an den Einsender zurückschicken.

c) Chiffregeheimnis und Zeugnisverweigerungsrecht der Presse

Gelegentlich werden die Verlage mit Auskunftsersuchen der Finanzbehörden konfrontiert, die sich auf die Inserenten von Chiffreanzeigen beziehen. Dabei geht es in der Praxis vor allem um zwei Gruppen von Anzeigen, nämlich um Kauf- und Verkaufsangebote für besonders wertvolle Luxusgüter und Immobilien, die bei den Finanzbehörden den Verdacht verschleierter Einnahmen erwecken, sowie um Anzeigen, in denen für Buchführungsarbeiten geworben wird. Die zuletzt genannte Problematik hat bereits durch die Rechtsprechung des Bundesverfassungsgerichts zur Zulässigkeit derartiger Hilfstätigkeiten in Buchführungsangelegenheiten (BVerfG DB 1980, 2222) und die dadurch ausgelösten Gesetzesänderungen ihre praktische Bedeutung weitgehend verloren. Für die Auskunftspflicht gegenüber den Finanzbehörden bei Chiffreanzeigen gilt folgendes: Das **Zeugnis- und Auskunftsverweigerungsrecht der Presse erstreckt sich grundsätzlich nicht auf den Anzeigenteil** (vgl §§ 53 Abs 1 Nr 5 und Satz 3, 97 Abs 5 StPO, 383 Abs 1 Nr 5 ZPO, 102 Abs 1 Nr 4 AO; Einzelheiten § 23 LPG Rn 75 ff.).

So sehr es aus rechtspolitischer Sicht auch zu bedauern sein mag, dass der Anzeigenteil nicht in das Zeugnisverweigerungsrecht der Presse einbezogen wurde (dazu eingehend *M. Löffler* NJW 1978, 915 ff.), folgt daraus doch, dass die Verlage de lege lata ein Auskunftsersuchen der Finanzbehörden nicht unter Berufung auf das **Chiffregeheimnis** ablehnen können (BFH NJW 1974, 1157; BStBl II 1980, 699; kritisch zu dieser Rspr *M. Löffler/Faut* BB 1974, 193 ff.). Lediglich im Einzelfall kann sich unmittelbar aus Art 5 Abs 1 Satz 2 GG auf Grund einer fallbezogenen Abwägung der widerstreitenden Interessen ein Zeugnisverweigerungsrecht der Presse auch in Bezug auf den Anzeigenteil ergeben (BVerfG NJW 1984, 1101/1102; NJW 1990, 701/702; *Greven* in Karlsruher Kommentar StPO § 97 Rn 32). Insoweit kommt es wesentlich darauf an, ob die betreffende Anzeige „ebenso wie ein redaktioneller Beitrag geeignet und bestimmt ist, der kontroll- und meinungsbildenden Funktion der Presse zu dienen" (BVerfG NJW 1990, 701/702). Auch bei der Verfolgung bloßer Bagatelldelikte oder Ordnungswidrigkeiten kommt ein Zeugnis- und Auskunftsverweigerungsrecht für den Anzeigenteil aus Gründen der Verhältnismäßigkeit ausnahmsweise in Betracht (BVerfG aaO). Die Ausdehnung des Zeugnis- und Auskunftsverweigerungsrechts auf den Anzeigenteil, insb auf das Chiffregeheimnis, wie sie bereits *Martin Löffler* (NJW 1978, 915 ff.) befürwortet hat, würde der Bedeutung des Anzeigenteils für das Institut der freien Presse erheblich besser gerecht.

§ 7 SchwarzArbG verpflichtet denjenigen, der eine anonyme Chiffreanzeige veröffentlicht hat, der Zollverwaltung Namen und Anschrift des Auftraggebers der Chiffreanzeige unentgeltlich mitzuteilen, soweit sich aus der Anzeige Anhaltspunkte für **Schwarzarbeit** nach § 1 SchwarzArbG ergeben (Näheres *Kossens*, Beil BB 35/2004, 5).

d) Wettbewerbswidrige Ausnutzung des Chiffredienstes

Chiffreanzeigen gewerblicher Anzeigenkunden verstoßen gegen die §§ 3, 4 Nr 1 und 3 (Kundenfang, Schleichwerbung) und 5 UWG, soweit der geschäftliche Charakter der Anzeige für einen durchschnittlichen Leser nicht ohne weiteres erkennbar ist (LG Stuttgart NJW 1969, 1257; *Bornkamm* in Köhler/Bornkamm UWG § 5 Rn 7141; vgl OLG München WRP 1977, 278; OLG Frankfurt WRP 1979, 468). Ein nicht unwesentlicher Teil des Publikums erwartet in diesem Fall nämlich eine besonders günstige Gelegenheit aus Privathand und nicht ein gewerbliches Angebot. Gewerbliche Anzeigenkunden müssen daher den geschäftlichen Charakter in der Chiffreanzeige offenbaren, was entweder durch ausdrücklichen Hinweis oder eine entsprechende Aufmachung der Anzeige geschehen kann (zB Abdruck eines auf die Mitgliedschaft in einem Berufs- oder Wirtschaftsverband hinweisenden Verbandszeichens). Der klein gedruckte **Zusatz „gew."** reicht zur Klarstellung des gewerblichen Charakters nicht aus, wenn das Inserat ansonsten nach Größe, Schrift, Format und Gestaltung den Eindruck einer Privatanzeige erweckt (OLG Stuttgart WRP 1990, 847). Entsprechendes gilt für die Werbung unter Angabe einer Fernsprech- oder Telefaxnummer (OLG München WRP 1977, 278; OLG Frankfurt WRP 1979, 468/ 469). Es ist jedoch nicht irreführend, wenn ein gewerblicher Inserent in einer Chiffreanzeige Privatbesitz (provisionsfrei) zum Verkauf stellt, ohne dabei auf seine berufliche Stellung und Tätigkeit als Makler hinzuweisen (BGH GRUR 1993, 761/762 – *Makler-Privatangebot*).

120 Umstritten ist die **geschäftliche Ausnutzung privater Chiffreanzeigen** durch Zuschriften gewerblicher Anbieter: Wer zB heutzutage eine hochwertige Immobilie in guter Lage durch eine Chiffreanzeige verkaufen will, muss damit rechnen, dass er statt der erhofften Kaufinteressenten auch zahlreiche Zuschriften von Immobilienmaklern, Kapitalanlagevermittlern, Vermögensberatern, aber auch Wellness-Anbietern, Reiseveranstaltern etc. unter den vom Verlag weitergeleiteten Einsendungen vorfindet. Aus Sicht der Verlage ist das schon deswegen höchst misslich, weil ihnen durch die Weiterleitung unerwünschter gewerblicher Zuschriften erheblicher Aufwand entsteht. Der Inserent wird nicht nur durch das Aussortieren überflüssiger und unerwünschter Zuschriften belästigt, er muss am Ende auch noch für deren Weiterleitung bezahlen, denn den Verlagen bleibt nichts anderes übrig, als diese Kosten im Rahmen ihrer Kalkulation auf die Inserenten abzuwälzen. Richtiger Ansicht nach liegt jedenfalls in der Zusendung allgemein gehaltener geschäftlicher Anpreisungen, die keinen Bezug zur veröffentlichten Anzeige aufweisen, eine nach den §§ 3, 7 Nr 1 UWG wettbewerbswidrige Belästigung der Inserenten (OLG München NJW-RR 1987, 611). Ein Immobilienmakler, der auf eine Chiffreanzeige der oben genannten Art antwortet und seine Dienste anpreist, handelt hingegen nach zutreffender Ansicht des BGH (NJW 1990, 185/186 – *Maklerzuschrift auf Chiffreanzeige*) nicht wettbewerbswidrig, weil auch solche Zuschriften jedenfalls mittelbar der Verwirklichung der von den Inserenten angezeigten Vorhaben dienen können.

121 In Ziff 18 Abs 3 ZAW-AGB (aF) hatten sich die Verlage das Recht vorbehalten, 1. eingehende Angebote „zur Ausschaltung von Missbrauch des Zifferndienstes zu Prüfzwecken" zu öffnen und 2. geschäftliche Anpreisungen nicht an den Inserenten weiterzuleiten (zur Begründung dieser Regelungen *Wronka* Ziff 18 ZAW-AGB Rn 9f.). Der BGH (AfP 1992, 137) hat sowohl die **Öffnungsklausel** als auch die **Weiterleitungsklausel** nach § 9 Abs 1 bzw § 9 Abs 2 Nr 1 AGBG (heute § 307 BGB) für unwirksam erklärt. So unerwünscht und lästig der gewerbliche Missbrauch des Chiffredienstes auch sein mag, so rechtfertigt er doch nicht die massive Verletzung des Persönlichkeitsrechts von Einsendern und Inserenten, die in der Öffnung der Zuschriften bzw. Nichtweiterleitung durch die Verlage liegt. Insoweit ist dem BGH (AfP 1992, 137) daher zuzustimmen. Seit 17.12.1992 liegt eine Neufassung des ZAW-AGB vor, wonach der Inserent dem Verlag einzelvertraglich das Recht einräumen kann, eingehende Zuschriften als Vertreter zu öffnen.

122 Allerdings verstößt die geschäftliche Ausnutzung des Chiffredienstes durch gewerbliche Zuschriften, die keinerlei Bezug zum Inhalt des Inserats aufweisen, wie bereits bei Rn 120 angedeutet, gegen die §§ 3, 7 Abs 1 UWG (OLG München NJW-RR 1987, 611, *Rath-Glawatz* RdAnzeige Rn P 135). Die Auftraggeber einer Chiffreanzeige haben ein berechtigtes und vom allgemeinen Persönlichkeitsrecht umfasstes Interesse daran, von derartigen Zuschriften nicht belästigt zu werden (vgl BGH GRUR 1989, 225/226 – *Handzettel-Wurfsendung;* 1992, 617/618 – *Briefkastenwerbung*). Dass die Inserenten keine gewerblichen Angebote ohne Bezug zum Inhalt des Inserats wünschen, ergibt sich dabei bereits aus der Tatsache, dass sie sich für eine Chiffre-Anzeige entschieden haben. Man kann von den Inserenten nicht erwarten, dass sie auf eigene Kosten einen Zusatz in den Anzeigentext aufnehmen, dass gewerbliche Zuschriften ausdrücklich unerwünscht sind. Vielmehr erfolgt dies bereits aus den Besonderheiten der Chiffre-Anzeige (wie hier auch *Rath-Glawatz* RdAnzeige Rn P 195.

VIII. Pflichten des Anzeigenbestellers (Inserenten)

1. Vergütungspflicht des Inserenten, Fälligkeit der Vergütung

Hauptpflicht des Inserenten aus dem Anzeigenvertrag ist die Zahlung der vereinbarten Vergütung (§ 631 Abs 1 BGB). Wird im Anzeigenvertrag selbst kein Preis genannt, ist nach § 632 Abs 2 BGB „die übliche Vergütung" als vereinbart anzusehen, deren Höhe sich im Anzeigenwesen nach der Verkehrssitte aus den von den Verlagen regelmäßig verwendeten **Anzeigenpreislisten** ergibt (*Rath-Glawatz* RdAnzeige Rn P 102). Einzelheiten zur Bestimmung des Anzeigenpreises, möglichen Preisnachlässen und Sonderpreisen werden bei BT Anz Rn 130 ff. dargestellt. 123

Beim Werkvertrag tritt **Fälligkeit** der Vergütung nach § 641 Abs 1 BGB grundsätzlich mit der Abnahme des Werkes ein, es sei denn eine Abnahme ist nach der Beschaffenheit des Werkes ausgeschlossen. Dann tritt an die Stelle der Abnahme die Vollendung des Werkes (§ 646 BGB). Beim Anzeigenvertrag besteht das vom Verlag zu erbringende „Werk" im Abdruck des Inserats im gewählten Publikationsmedium **und** in dessen vertragsgemäßer Verbreitung und ist damit als solches naturgemäß nicht abnahmefähig (zutr LG Hannover NJW-RR 1989, 1525; AG Cottbus NJW-RR 1994, 949; AG Königstein NJW-RR 1999, 1355; AG Rheda-Wiedenbrück NJW-RR 2002, 846; *Rath-Glawatz* RdAnzeige Rn P 102). Soweit demgegenüber vereinzelt darauf abgestellt wird, statt des abgedruckten und verbreiteten Inserats könne der Inserent ja den „Entwurf der Anzeige" (gemeint ist wohl der Probe- bzw. Korrekturabzug) abnehmen (so AG Dresden NJW-RR 1999, 562/563; *Voit* in Bamberger/Roth § 646 Rn 2), geht dies nicht nur an den praktischen Realitäten des Pressewesens vorbei: Probeabzüge werden nämlich nur auf ausdrücklichen Wunsch des Inserenten erstellt und sind gerade im Privat- und gewerblichen Kleinanzeigengeschäft aus Zeit- und Kostengründen gar nicht üblich (vgl Ziff 11 ZAW-AGB). Es wird dabei aber auch völlig verkannt, dass die Hauptpflicht des Verlages eben nicht nur im Abdruck der Anzeige, sondern in erster Linie in deren Verbreitung besteht, die als unkörperliches, an Dritten (den Beziehern bzw. Käufern und Lesern der Zeitung oder Zeitschrift) zu erbringendes Werk einer Abnahme definitiv unzugänglich ist. 124

Soweit vertraglich nichts anderes bestimmt ist, ist die Vergütung für den Anzeigenauftrag daher nach den §§ 646, 641 Abs 1 BGB mit dem Abdruck der Anzeige und der Verbreitung der Zeitung oder Zeitschrift fällig (LG Hannover NJW-RR 1989, 1525; AG Cottbus NJW-RR 1994, 949; AG Rheda-Wiedenbrück NJW-RR 2002, 846; *Rath-Glawatz* RdAnzeige Rn P 102). Die Erteilung einer Rechnung ist im Werkvertragsrecht nicht Voraussetzung für die Fälligkeit der Vergütung (Näheres *Grimme* NJW 1987, 468 ff.). Es liegt aber in der Natur der Sache, dass der Inserent den Anzeigenpreis nicht selbst ausrechnen und von sich aus bezahlen kann. Nach Ziff 13 Abs 1 ZAW-AGB (Anhang A.) ist eine Rechnung vom Verlag „sofort, möglichst aber 14 Tage nach Veröffentlichung der Anzeige zu übersenden." Bei bestimmten Anzeigen (Kontaktanzeigen, Familienanzeigen, Vereinsanzeigen, sog. Sperrmüllanzeigen, sonstige Kleinanzeigen etc) arbeiten viele Verlage ausschließlich gegen Vorkasse. Die Vereinbarung einer **Vorleistungspflicht** durch AGB hält einer Inhaltskontrolle nach den §§ 307, 309 Nr 2 BGB nur dann stand, wenn sie „durch einen sachlichen Grund gerechtfertigt ist, der auch bei der Abwägung mit den hierdurch für den Käufer entstehenden Nachteilen Bestand hat" (BGH NJW 1999, 2180/2182; 2002, 140/141). Angesichts des besonders niedrigen Preises von Klein- und Rubrikanzeigen, deren automatisierte Annahme und Bearbeitung auch im Interesse der Inserenten liegt, ist die sachliche Rechtfertigung einer Vorleistungspflicht für private und gewerbliche Kleinanzeigen regelmäßig zu bejahen. 125

2. Nebenpflichten des Inserenten

126 Der Anzeigenbesteller ist verpflichtet, dem Verlag den Anzeigentext und die Druckunterlagen rechtzeitig und in geeigneter Form zur Verfügung zu stellen (vgl auch Ziff 9 ZAW-AGB). Ohne diese **notwendige Mitwirkungshandlung** des Inserenten kann der Verlag seine Leistung nicht erbringen (§ 642 BGB). Beim typischen Werkvertrag ist die Mitwirkung des Bestellers im Regelfall keine Schuldnerverpflichtung, sondern „nur" eine sog Gläubigerobliegenheit, auch wenn sie zur Vertragsdurchführung notwendig ist (BGHZ 11, 80/83; 50, 175/176). Bei Nichterfüllung bzw. nicht rechtzeitiger Erfüllung derartiger Gläubigerobliegenheiten gerät der Besteller „nur" in Annahmeverzug nach den §§ 293 ff. BGB, nicht in Schuldnerverzug nach den §§ 286, 280 BGB.

127 Ob die Hypothese einer bloßen Gläubigerobliegenheit auch für den Anzeigenvertrag gelten kann (*Rath-Glawatz* RdAnzeige Rn P 103; *Wronka* Ziff 9 ZAW-AGB Rn 1), ist fraglich. Die zentrale Bedeutung der Druckunterlagen für die Durchführung des Anzeigenvertrages legt die Annahme nahe, dass es sich insoweit grundsätzlich um eine echte vertragliche Mitwirkungsverpflichtung des Inserenten und nicht nur um eine Obliegenheit handelt (zu den Rechtsfolgen BT Anz Rn 198). Wird im Anzeigenvertrag ausdrücklich festgehalten, dass der Anzeigenbesteller verpflichtet ist, die Druckunterlagen zu einem bestimmten Termin zur Verfügung zu stellen, ist in jedem Falle nicht mehr von einer Gläubigerobliegenheit, sondern von einer echten Mitwirkungsverpflichtung des Inserenten auszugehen, die im Gegenseitigkeitsverhältnis steht (vgl BGH NJW 1972, 99). Wurde über den Zeitpunkt der Ablieferung der Druckunterlagen keine besondere Vereinbarung getroffen, ist nach der Verkehrssitte der sog **Anzeigenschlusstermin** maßgeblich, der zumeist in den Mediaunterlagen der Verlage oder im Impressum angegeben wird (regelmäßig in Abhängigkeit vom Erscheinungstermin). Der Anzeigenschlusstermin ist der späteste Zeitpunkt, zu dem der Inserent die Druckunterlagen liefern kann, ohne das rechtzeitige Erscheinen der Anzeige zu gefährden. Einige Verlage geben auch gesonderte Termine für die digitale Aufgabe des Inserats und die Ablieferung der zugehörigen Druckunterlagen an.

128 *(vorläufig leer)*

IX. Anzeigenpreise, kostenlose Anzeigen

129 Hauptpflicht des Inserenten aus dem Anzeigenvertrag ist die Zahlung der vereinbarten Vergütung (§ 631 Abs 1 BGB).

1. Höhe der Vergütung, Anzeigenpreislisten

130 Wird im Anzeigenvertrag selbst kein Preis genannt, ist nach § 632 Abs 2 BGB „die übliche Vergütung" als vereinbart anzusehen. Die Höhe dieser „üblichen Vergütung" ergibt sich im Anzeigenwesen aus den von nahezu allen Verlagen verwendeten **Anzeigenpreislisten**. Das Anzeigenwesen ist ein ausgesprochenes Massengeschäft. Jeden Tag werden in Deutschland viele Tausend Anzeigen geschaltet. Ein individuelles Aushandeln der Preise wäre unter diesen Umständen unmöglich. Anzeigenpreislisten stellen daher eine erhebliche Erleichterung des Geschäftsverkehrs dar. Sie dienen den Interessen der Verlage und der Inserenten gleichermaßen. Die branchenüblichen Anzeigenpreislisten orientieren sich für die Berechnung der Vergütung regelmäßig an leicht nachprüfbaren und messbaren Kriterien wie Abdruckhöhe („Millimeterpreis"), Spaltenzahl, Erscheinungstag, Ausgabe, Verbreitungsgebiet, Platzierung etc.

131 Für die äußere und inhaltliche Gestaltung von Anzeigenpreislisten existiert ein von den Verlagern und Verlegerorganisationen in Zusammenarbeit mit dem ZAW entwickeltes Muster, das den werbetreibenden Unternehmen die Mediaplanung erleichtern soll (*Hoebel*, Neue Anzeigenpraxis, S 139). Anzeigenpreislisten werden in der Praxis meistens fortlaufend nummeriert und datiert („Anzeigenpreisliste Nr 43, gültig ab 1. Oktober 2013"). Die jeweils gültige Anzeigenpreisliste wird regelmäßig im Impressum der Druckschrift genannt und regelmäßig auch im Internet veröffentlicht. Ein potentieller Anzeigenkunde kann daher ohne weiteres feststellen, ob er im Besitz der aktuellen Anzeigenpreisliste ist bzw diese mit den Mediaunterlagen des Verlages anfordern oder sie (was in der Praxis immer häufiger wird) im Internet abrufen. Soweit über die Höhe der Vergütung keine besondere Vereinbarung getroffen wurde, gilt die Vergütung nach der jeweils gültigen Anzeigenpreisliste auf Grund ihrer umfassenden Verkehrsgeltung als „übliche Vergütung" im Sinne des § 632 Abs 2 BGB (so auch *Rath-Glawatz* RdAnzeige Rn P 102). Dafür ist nicht erforderlich, dass dem Inserenten die Existenz einer Anzeigenpreisliste oder deren rechtliche Bedeutung überhaupt bekannt war (vgl BGH NJW 1970, 699).

2. Grundsatz der Preislistentreue

Anzeigenpreislisten können auch für die Verlage selbst rechtliche Bindungswirkung 132 entfalten. Im Anzeigengeschäft gehört der **Grundsatz der Preislistentreue** zu den seit vielen Jahrzehnten anerkannten Standesregeln (vgl noch ZAW-Jahrbuch Werbung in Deutschland 1994, S 195 f.; eingehend zur Preislistentreue *Klosterfelde,* Anzeigen-Praxis, S 18 f.; *Hoebel,* Neue Anzeigenpraxis, S 159 f.). Der Grundsatz der Preislistentreue verpflichtet die Verlage, sich an die von ihnen selbst aufgestellten Anzeigenpreislisten auch tatsächlich zu halten und nicht ohne rechtfertigenden Grund von ihnen abzuweichen. Die Bindung an den Grundsatz der Preislistentreue entsprach zumindest bis zur Aufhebung des Rabattgesetzes durch Gesetz vom 23.7.2001 (BGBl I S 1663) der ganz hM (BGH NJW 1953, 579; OLG München AfP 1992, 367; KG NJWE-WettbR 2000, 153; LG Essen AfP 1975, 922; *Rath-Glawatz* RdAnzeige Rn P 84 ff.). Die jeweils gültige Anzeigenpreisliste enthielt den angekündigten oder allgemein geforderten Normalpreis im Sinne des (aufgehoben) Rabattgesetzes. Eine Abweichung von der Anzeigenpreisliste war nur in engen Grenzen zulässig, willkürlich Abweichungen verstießen gegen § 1 UWF aF (Einzelheiten 4. Aufl Rn 65 ff.).

Der Grundsatz der Preislistentreue ist durch die Aufhebung des RabattG zwar er- 133 heblich abgeschwächt und relativiert, aber keineswegs völlig obsolet geworden (*Rath-Glawatz* AfP 2001, 169/172; *Rath-Glawatz* RdAnzeige Rn P 84). Die Verlagswirtschaft hält auch nach der Aufhebung des RabattG grds an der Preislistentreue fest, die ihrer Auffassung nach den Charakter einer anerkannten Standesregel beibehalten hat (vgl Mitteilung des VDZ v 23.11.2000; w&v 2002, 58/59; Einzelheiten *Rath-Glawatz* AfP 2001, 169/172; *Bodendorf/Nill* AfP 2005, 251). Es ist jedoch möglich, dass sich für bestimmte Märkte oder auch Mediengattungen in der Praxis Abweichungen von dieser Standesregel ergeben haben (so zutreffend *Rath-Glawatz* Rd Anzeige Rn P 84). Die Abweichung von der Anzeigenpreisliste ist daher nicht mehr stets ein Verstoß gegen anerkannte Standesregeln.

3. Preislistentreue und Preisgestaltung im Anzeigenwesen nach Aufhebung des RabattG und der ZugabeVO

Bereits vor der Aufhebung des RabattG und der ZugabeVO hat der Grundsatz der 134 Preislistentreue die **freie Preisgestaltung der Verlage** als solche nicht eingeschränkt (vgl dazu BGHZ 27, 369/371 – *Elektrogeräte).* Es blieb den Verlagen zB unbenommen, in ihren Anzeigenpreislisten unterschiedliche Tarife für Anzeigenkollektive, Beilagen, Sammelanzeigen, amtliche Bekanntmachungen, Sonderveröffentlichungen, Kleinanzeigen, Familienanzeigen, Kontaktanzeigen etc vorzusehen oder die gültige Preisliste jederzeit mit Wirkung für die Zukunft zu ändern. Soweit die vom Verlag vorgenommene Preisdifferenzierung auf sachbezogenen Angebotsunterschieden (zB qualitativer, quantitativer, räumlicher oder zeitlicher Natur) beruhte, waren besondere Tarife für unterschiedliche Leistungen auch unter der Geltung des RabattG keine Preisnachlässe oder Sonderpreise, sondern vielmehr zulässige und damit zulässige

Normalpreise (sog „unechte Sonderpreise"; BGH WRP 1992, 482; OLG München AfP 1990, 212; OLG Karlsruhe AfP 1991, 423; LG Oldenburg AfP 1984, 248). Dieses völlig unübersichtliche „Dickicht" der Sonderpreise, zusätzlichen Normalpreise und Preisnachlässe, der verbotenen und erlaubten Rabatte ist durch die Aufhebung des RabattG (endlich) gelichtet worden. Die Freiheit der Preisgestaltung und vor allem der Preisankündigung ist – auch unter Berücksichtigung der Fortgeltung des Grundsatzes der Preislistentreue – durch die Aufhebung des RabattG ganz wesentlich erweitert worden (Einzelheiten *Rath-Glawatz* AfP 2001, 169 ff.). Auch Preisnachlässe und Sonderpreise, die wegen der Zugehörigkeit zu bestimmten Verbänden, Branchen, Verbraucherkreisen, Berufen, Vereinen oder Gesellschaften eingeräumt werden, sind nicht mehr nur unter den engen Voraussetzungen der §§ 2 ff. (des aufgehobenen) RabattG, sondern generell zulässig. Das (frühere) Regel-Ausnahmeverhältnis, wonach die Abweichung von der Anzeigenpreisliste regelmäßig einen Verstoß gegen das RabattG und die §§ 1, 3 UWG aF begründete, hat sich durch die Aufhebung des RabattG umgekehrt: **Rabatte** sind nunmehr auch im Anzeigenwesen **grundsätzlich zulässig**, nur im Ausnahmefall können sie noch gegen die Vorschriften des Wettbewerbsrechts verstoßen.

135 **Einzelfälle:** Die in der Verlagspraxis besonders wichtigen **Mengenrabatte**, die üblicherweise nach **Malstaffeln** (für Wiederholungsanzeigen) oder **Mengenstaffeln** (für die Zahl der Anzeigenmillimeter) berechnet werden, waren schon nach den §§ 7 und 8 RabattG zulässig, wenn die gewerblichen Leistungen in einem einheitlichen Vertrag übernommen wurden (weitere Einzelheiten *Rath-Glawatz* AfP 2001, 169 ff.). Ein rückwirkender Nachlass für spätere Anzeigenbestellungen war aber ebenso unzulässig wie die Addition verschiedener Anzeigenabnahmen innerhalb eines Jahreszeitraumes (LG Oldenburg AfP 1984, 248). Auch eine Mengenstaffel, die bei Buchung von vier Anzeigen nur die Bezahlung von drei Anzeigen vorsah, konnte als verbotener Rabatt aufgefasst werden (LG Hamburg AfP 1997, 652). Durch die Aufhebung des RabattG ist diese Problematik entschärft worden. Heute sind derartige Vorgehensweisen grundsätzlich zulässig (*Rath-Glawatz* AfP 2001, 169/170). Allerdings können Gesamtumsatzrabattsysteme wegen ihre wettbewerbsbeschränkenden Folgewirkungen im Einzelfall gegen die §§ 19, 20 GWB verstoßen (dazu BT Anz Rn 147).

136 Auch für Inserate in **Beilagen, Supplements und Sonderveröffentlichungen** konnte bereits nach dem RabattG in der Anzeigenpreisliste oder an ihr vorbei ein weiterer Normalpreis gebildet werden, weil die unterschiedliche Preisgestaltung insoweit auf einer sachbezogenen Angebotsdifferenzierung beruhte (OLG Karlsruhe AfP 1991, 423/424). Dagegen ist heute noch weniger einzuwenden. Zulässig (befürwortend bereits früher *Wronka* Ziff 3 ZAW-AGB Rn 2 ff.) ist nunmehr regelmäßig auch die Rabattierung ursprünglich nicht vorgesehener zusätzlicher Anzeigenveröffentlichungen bei Verträgen über die Veröffentlichung mehrerer Anzeigen, die in der Verlagspraxis gemeinhin als „Anzeigenabschluss" bezeichnet werden (vgl Ziff 1 und 3 ZAW-AGB). Umgekehrt behalten sich die Verlage in Ziff 4 der ZAW-AGB aber auch das Recht vor, bereits gewährte Nachlässe zurückzufordern, wenn die tatsächliche Anzeigenabnahme aus Gründen, die der Verlag nicht zu vertreten hat, hinter der vertraglich vereinbarten zurückbleibt (Einzelheiten *Wronka* Ziff 4 ZAW-AGB Rn 1 ff.).

137 Die verbreiteten **Konzernrabatte** für Anzeigenabnahmen verbundener Unternehmen waren früher rabattrechtlich durchaus problematisch (Einzelheiten Vorauflage Rn 71). Ein Konzernrabatt durfte beispielsweise nur gewährt werden, wenn die verbundenen Unternehmen nachweislich unter einheitlicher Leitung iSd § 18 Abs 1 AktG zusammengefasst waren (*Wronka* Ziff 1 ZAW-AGB S 34 ff.). Ebenso durfte **Anzeigenkollektiven**, die zB aus Anlass von Sonderveröffentlichungen als oder von gewerblichen Inserenten gebildet werden, kein Mengenrabatt eingeräumt werden, weil die Zusammenfassung von Einzelbestellungen in einer Sammelliste nach der Rspr noch lange keinen einheitlichen Schuldgrund darstellte (LG Landshut AfP 1984, 246). Auch **Mengenrabatte** und **Treuerabatte** für die wiederholte Anzeigen-

IX. Anzeigenpreise, kostenlose Anzeigen

schaltung wurden von der Rspr (BGH WRP 1992, 482, 484; OLG Hamm ArchPR 1969, LG Landshut AfP 1984, 246; LG München ArchPR 1975, 81/82) früher als unzulässiger Preisnachlass eingeordnet. Diese Rabattformen sind heute **allesamt grundsätzlich zulässig.** Günstigere Tarife für im Verbreitungsgebiet ansässige gewerbliche Anzeigenkunden (sog **Ortspreise**) waren richtiger Ansicht nach auch schon unter dem RabattG zulässig (BGH WRP 1992, 482; vgl auch OLG Stuttgart AfP 1970, 974; aM OLG München AfP 1990, 212/213). Die darin liegende Preisspaltung kann sich aber unter besonderen Umständen als Missbrauch einer marktbeherrschenden Stellung im Sinne der §§ 19, 20 GWB darstellen (dazu BT Anz Rn 147). Auch **Treuerabatte, Jahresumsatzrabatte** etc marktbeherrschender Verlagsunternehmen können im Einzelfall gegen deutsches oder europäisches Kartellrecht verstoßen (Einzelheiten *Lange/Spätgens*, Rabatte und Zugaben im Wettbewerb, Rn 191 ff.).

Einführungsrabatte waren früher prinzipiell unzulässig, weil nach dem RabattG 138 nicht ausdrücklich erlaubt. Es blieb einem Verlag aber unbenommen, zB bei Einführung eines neuen Zeitschriftentitels oder bei einem Verlagswechsel, zunächst einen niedrigeren Normalpreis zu verlangen, um bestehende Marktzutrittsschranken zu überwinden oder die eigene Marktstellung zu verbessern (OLG Hamburg AfP 1989, 549). Ein zeitlich befristeter „Einführungspreis" für Anzeigen in einem neu erschienenen Anzeigenblatt wurde daher nach Ansicht des BGH (AfP 1994, 39 – *Anzeigen-Einführungspreis*) vom Verkehr nicht als Rabatt, sondern als zeitlich befristetes Sonderangebot und damit als befristeter Normalpreis aufgefasst. Eindrucksvoller als durch die Gegenüberstellung von zulässigem Einführungspreis und unzulässigem Einführungsrabatt ließ sich die völlige Sinnlosigkeit des RabattG kaum demonstrieren. Es ist nachhaltig zu begrüßen, dass all diese hybriden Konstruktionen heute überflüssig geworden sind, weil Rabatte und Zugaben grundsätzlich erlaubt sind, und zwar unabhängig davon ob sie nun als „Einführungspreise" oder „Einführungsrabatte" angekündigt werden.

4. Einzelfälle wettbewerbswidriger Preisgestaltung und Preisankündigung im Anzeigenwesen

Auch nach Aufhebung des RabattG sind im Anzeigengeschäft mit letzten Verbrau- 139 chern die Beschränkungen der **Preisangabenverordnung** (PAngV) zu beachten. Insbesondere müssen die Endpreise angegeben werden, die einschließlich der Umsatzsteuer und sonstiger Preisbestandteile unabhängig von der Rabattgewährung zu zahlen sind (§ 1 Abs 1 PAngV). Die Bedeutung der Verpflichtung zur Angabe der Endpreise wird allerdings dadurch etwas relativiert, dass die Verlage nicht mehr daran gehindert sind, auf diese Endpreise nahezu beliebige Rabatte einzuräumen. Diese Wechselwirkung zwischen der Aufhebung des RabattG und der PAngV hat der Gesetzgeber zumindest nicht hinreichend berücksichtigt (so zutreffend *Lange/Spätgens*, Rabatte und Zugaben im Wettbewerb, Rn 179 f.). Im Geschäft mit privaten Endverbrauchern ist die Bereitschaft der Verlage zur Rabattgewährung indessen gering, so dass hier in der Anzeigenpreisliste genannte „Endpreis" auch der tatsächlich zu entrichtenden Vergütung entspricht. Die Anzeigenpreisliste muss ferner der allgemeinen Verkehrsauffassung und den Grundsätzen von Preisklarheit und Preiswahrheit entsprechen (§ 1 Abs 6 PAngV). Der Verstoß gegen die PAngV ist als solcher noch nicht zwingend irreführend iSd § 5 UWG, kann aber unter dem Gesichtspunkt des Vorsprungs durch Rechtsbruch nach den §§ 3, 4 Nr 11 UWG wettbewerbswidrig sein (vgl BGH GRUR 1994, 311/312 f. – *Finanzkaufpreis ohne Mehrkosten*).

Von den allgemein anerkannten Fallgruppen des § 1 UWG aF waren für die 140 Preisgestaltung und Preisankündigung im Anzeigengeschäft insbesondere die unterschiedlichen Aspekte der **Wertreklame** und das **übertriebene Anlocken** relevant (Näheres *Lange/Spätgens*, Rabatte und Zugaben im Wettbewerb, Rn 125 ff.). Dabei ist zu beachten, dass die Wertreklame und die Verlockung nach der Aufhebung von

RabattG und ZugabeVO nur noch bei Hinzutreten besonderer Umstände wettbewerbswidrig sein können. Im Hinblick auf das gewandelte Verbraucherleitbild und die Auswirkungen der europäischen Harmonisierung auf das Lauterkeitsrecht hat der Gesetzgeber ein generelles Zugabeverbot nicht mehr für erforderlich gehalten (vgl. die Begr des Gesetzesentwurfs BT-Dr 14/5594, S 8). Der gesetzgeberische Wille, der zur Aufhebung des RabattG und der ZugabeVO geführt hat, muss sich nach zutr Ansicht des BGH auch darin niederschlagen, „was im Rahmen des § 1 UWG (Anm: aF) als sittenwidrig anzusehen ist, kann nicht dadurch unterlaufen werden, dass Sachverhalte, die in der Vergangenheit unter die Zugabeverordnung fielen, unverändert – nunmehr als Wettbewerbsverstöße nach § 1 UWG (Anm: aF) – verfolgt werden können" (BGH GRUR 2002, 976/979 – *Koppelungsangebot I;* GRUR 2002, 979/981 *Koppelungsangebot II;* am *Köhler/Piper* § 1 Rn 270).

141 Eine nach den §§ 3, 4 Nr 1 UWG wettbewerbswidrige Verlockung ist daher erst dann anzunehmen, wenn das vermeintliche „Geschenk" auch bei einem verständigen Verbraucher zum die Rationalität verdeckenden alleinigen Motiv („blind für die mit dem Geschäft möglicherweise verbundenen wirtschaftlichen Belastungen", so BGH aaO) des Vertragsschlusses werden kann (BGH GRUR 2002, 976/979 – *Koppelungsangebot I;* GRUR 2002, 979/981 – *Koppelungsangebot II; Nordemann* Rn 732). Diese Voraussetzungen, die im Anzeigengeschäft nur höchst selten vorliegen werden, hat das KG (bereits vor der Aufhebung des RabattG) zB für den **kostenlosen Doppelabdruck** einer (Immobilien-)Anzeige nicht nur in der gebuchten Samstags-, sondern zusätzlich auch in der Sonntagsausgabe zu Recht verneint (NJWE-WettbR 2000, 153). Weist ein Verlag für **Kombinationsanzeigen** in mehreren von ihm herausgegebenen Druckschriften besondere Preise aus, dann handelte es sich auch unter der Geltung des RabattG bereits um verschiedene und damit zulässige Normalpreise (BGH GRUR 1979, 409/410 mit Anm *Utescher;* OLG Frankfurt NJW-RR 1989, 237; OLG Karlsruhe AfP 1991, 423; LG Düsseldorf AfP 1979, 369 m. Anm *von Falck*). Ein preisermäßigtes **Wiederholungsangebot** für eine Zeitungsanzeige war schon früher keine unentgeltliche und damit unerlaubte Zugabe, heute ist sie erst recht zulässig (OLG Stuttgart NJWE-WettbR 1997, 246). Erlaubt waren nach der Rspr auch Kombinationstarife für Anzeigen in Zeitungen und Anzeigenblättern (OLG Frankfurt NJW-RR 1989, 327) sowie echte **Verbundwerbung,** bei der mehrere Unternehmen für ihre unterschiedlichen Waren oder Leistungen gemeinsame Anzeigen schalten (OLG Hamm GRUR 1991, 857). Die erwähnten Erscheinungsformen der Preisgestaltung und Preisankündigung, die bereits während der Geltung von RabattG und der ZugabeVO erlaubt waren, sind nach deren Aufhebung die erst recht als zulässig zu betrachten. Auch die Ankündigung: „Drei Anzeigen schalten, zwei bezahlen!", die vom LG Hamburg (AfP 1995, 690/691) noch als Rabattverstoß eingeordnet wurde, ist heute ohne weiteres zulässig.

142 Die **Abweichung von der Anzeigenpreisliste** kann – ungeachtet der Aufhebung des RabattG – im Ausnahmefall noch immer wettbewerbswidrig nach den §§ 3, und 5 Abs 1 Nr 2 UWG sein: Preislisten im Verlagswesen haben historisch eine besondere Bedeutung entwickelt. Der Verkehr vertraut auf die Richtigkeit und Gültigkeit der von den Verlagen veröffentlichten Preislisten in ganz anderem Ausmaß als dies bei Preislisten in der gewerblichen Wirtschaft sonst der Fall ist. Ein Inserent, der eine Anzeige zum in der veröffentlichten Anzeigenpreisliste genannten Preis aufgibt, tut dies noch immer in der selbstverständlichen Erwartung, dass der Verlag sich auch anderen Inserenten gegenüber jedenfalls in der Regel an die von ihm selbst für verbindlich erklärte Preisliste hält. Unterbietet ein Verlag ständig und systematisch seine eigene veröffentlichte Preisliste, um damit den jeweiligen Inserenten eine besondere Bevorzugung vorzutäuschen, obwohl er dieselben Nachlässe auch zahlreichen anderen Inserenten gewährt, verstößt dies gegen die §§ 3, 5 Abs 1 Nr 2 UWG (OLG München AfP 1992, 367/369; OLG Frankfurt NJW-RR 1989, 237; OLG Karlsruhe OLGR 1998, 279; KG NJWE-WettbR 2000, 153/154; *Weidert* in Harte/Henning UWG § 5 Abs 1 Nr 2 Rn 32; *Helm* in *Gloy/Loschelder/Erdmann* § 59 Rn 369; *Rath-*

IX. Anzeigenpreise, kostenlose Anzeigen   **Anz BT**

Glawatz RdAnzeige Rn P 84ff.; *Bodendorf/Nill* AfP 2005, 251/252; sehr restriktiv *Bornkamm* in Köhler/Bornkamm UWG § 5 Rn 7.61).

Die sog **Preislistentäuschung** in ihren unterschiedlichen Spielarten wird daher in 143 Zukunft der Hauptanwendungsfall des Gebots der Preislistentreue sein. Daneben bleiben altbekannte irreführende Praktiken wie Preisschaukelei, Gegenüberstellung von Mondpreisen, Täuschung über Herstellerpreisempfehlungen oder Lockvogelangebote etc auch nach der Aufhebung des RabattG weiterhin verboten (vgl BGH GRUR 2004, 437/438 – *Irreführende Werbung mit Herstellerpreisempfehlung;* Einzelheiten *Lange/Spätgens,* Rabatte und Zugaben im Wettbewerb, Rn 45ff.). Im Anzeigenwesen spielen diese Erscheinungsformen aber nur eine relativ geringe praktische Rolle. Zu Unrecht hat jedenfalls das OLG Hamburg im Versprechen einer kostenlosen Anzeigenseite, falls sich das Erscheinen der bestellten und auch zu bezahlenden Anzeigen in einem neuen Nachrichtenmagazin verzögert, neben einem (heute irrelevanten) Zugabeverstoß ein übertriebenes Anlocken isd §§ 3, 4 Nr 1 UWG gesehen (OLG Hamburg NJWE-WettbR 1996, 173 zu § 1 UWG aF).

Wie dargestellt wurde (BT Anz Rn 132), ist das Gebot der Preislistentreue auch 144 nach Aufhebung des RabattG und der ZugabeVO im Anzeigenwesen noch immer eine weithin anerkannte und praktizierte Standesregel. Ob die **Abweichung von der Preisliste ohne zusätzliche Unlauterkeitsmerkmale** ausreicht, um einen Wettbewerbsverstoß zu begründen, war bereits für § 1 UWG aF umstritten (bejahend OLG München AfP 1992, 367/369; *Rath-Glawatz* RdAnzeige Rn P 107u 314). Die Verletzung von Handelsbräuchen, Berufsanschauungen und allgemeinen Übungen, die nach dem Anstandsgefühl der beteiligten Berufskreise unerlässlich sind, um eine redliche Berufsausübung zu gewährleisten, konnte nach früherer Rspr durchaus als alleinige Grundlage für die Sittenwidrigkeit nach § 1 UWG aF ausreichen, und zwar unter dem Gesichtspunkt des durch solchen Rechtsbruch erlangten Vorsprungs des Verlegers gegenüber den das Standesrecht befolgenden Konkurrenten (BGH GRUR 1969, 474/476 – *Bierbezug;* 1982, 311/313 – *Heilpraktikerberufsordnung;* OLG Hamm GRUR 1986, 172/173).

Der BGH (GRUR 1991, 462/463 – *Wettbewerbsrichtlinie der Privatwirtschaft;* 1999, 145 827/828 – *Werbeverbot für Heilpraktiker;* vgl ferner 2003, 973 – *Satzungsregeln;* OLG Hamburg GRUR 2003, 811/813 – *Zeitschriften-Test-Abo; Köhler* GRUR 2004, 381) hat diese Auffassung später relativiert, weil dadurch derartige Verhaltensregeln „an die Stelle des Gesetzes treten würden". In der erwähnten Entscheidung hat der BGH eine Verletzung der nach § 29 Abs 1 GWB aF (inzwischen aufgehoben) ordnungsgemäß angemeldeten und freigestellten Wettbewerbsrichtlinien der Versicherungswirtschaft nicht (mehr) per se als Verstoß gegen § 1 UWG aF (Vorsprung durch Rechtsbruch) eingeordnet. Gleiches wird für Wettbewerbsregeln angenommen, auch wenn sie nach § 24 GWB bei der zuständigen Kartellbehörde angemeldet und anerkannt wurden (*Köhler* GRUR 2004, 381/383). Es liegt der Schluss nahe, dass auch die Verletzung des nicht näher präzisierten und ungeschriebenen standesrechtlichen Gebots der Preislistentreue per se daher keinen Wettbewerbsverstoß mehr begründen kann. Standesregeln sind keine gesetzlichen Vorschriften isd § 4 Nr 11 UWG (vgl nur *Köhler* in Köhler/Bornkamm UWG § 4 Rn 11.32 mwN). Ein generelles Verbot der Abweichung von der Anzeigenpreisliste, als jahrzehntelang Gültigkeit hatte, ist unter diesen Umständen heute nicht mehr zu rechtfertigen.

Handelsbräuche, Standesregeln, Wettbewerbsrichtlinien etc sind allenfalls ein Indiz 146 dafür, welches Wettbewerbsverhalten nach der Auffassung der beteiligten Verkehrskreise als unlauter anzusehen ist (BGH GRUR 1991, 462/463 – *Wettbewerbsrichtlinie der Privatwirtschaft;* 1999, 827/828 – *Werbeverbot für Heilpraktiker;* OLG Hamburg NJW-RR 2004, 1270/1274f. – *Babes und Zicken;* LG Konstanz AfP 2002, 449; *Köhler* in Köhler/Bornkamm UWG § 4 Rn 11.32). Ein Verstoß gegen § 3 UWG (und regelmäßig damit auch § 5 Abs 1 Nr 2) kann daher allenfalls noch angenommen werden, wenn ein Verlag Kunden die Gültigkeit der eigenen Preisliste bewusst wahrheitswidrig vorspiegelt (Beispiel: „Sie sind der erste und einzige Kunde,

Löffler   1255

BT Anz Recht der Anzeige

der hier einen Nachlass erhält"), jedoch in der Praxis ständig und systematisch von der eigenen Preisliste abweicht (KG NJWE-WettbR 2002, 153/154; *Rath-Glawatz* RdAnzeige Rn P 84). Dieses Vorgehen ist ein Unterfall der sog **Preislistentäuschung** (vgl *Bornkamm* in Köhler/Bornkamm UWG § 5 Rn 7.61b).

147 Die Abweichung von der Anzeigenpreisliste bzw die Gewährung von Rabatten kann sich ferner im Einzelfall als Missbrauch einer marktbeherrschenden Stellung, unbillige Behinderung oder sachlich nicht gerechtfertigte Diskriminierung nach den §§ 19, 20 GWB darstellen (Einzelheiten *Lange/Spätgens,* Rabatte und Zugaben im Wettbewerb, Rn 181 ff.). Dieser Gesichtspunkt wurde früher insbesondere für die sog **Ortspreise** diskutiert. Es handelt sich dabei um einen generell niedrigeren Anzeigenpreis, den nach vielen Anzeigenpreislisten (vor allem von Tageszeitungen) solche gewerblichen Kunden beanspruchen können, die im Verbreitungsgebiet des jeweiligen Printmediums ansässig sind. Unter der Geltung des RabattG ging die Rspr von einem zulässigen Normalpreis aus und hat schon deshalb einen Rabattverstoß verneint ((BGH WRP 1992, 482/484 – *Ortspreis;* vgl OLG Stuttgart AfP 1970, 974). Ortspreise gelten idR nur für direkt (also ohne Zwischenschaltung einer Werbeagentur) aufgegebene Anzeigen gewerblicher Kunden im Verbreitungsgebiet. Die Verlage sparen sich insoweit die sog AE-Provision (Näheres BT Anz Rn 269 ff.) Dieser Umstand rechtfertigt ohne weiteres eine besondere Preisgestaltung im Ortsgeschäft, so dass in dieser **Preisspaltung** weder der Missbrauch einer marktbeherrschenden Stellung noch eine sachlich nicht gerechtfertigte Diskriminierung liegt (vgl OLG Stuttgart AfP 1970, 974).

148 Durch die Aufhebung des RabattG und der ZugabeVO haben sich auch die in der 4. Aufl (Rn 65 ff.) noch ausführlich dargestellten Probleme der Rabattierung im Verhältnis zu Werbeagenturen erledigt. Hier ging es zunächst um die Frage, ob das RabattG im Verhältnis zwischen Verlag und Werbeagentur überhaupt Anwendung finden konnte (zu Recht verneinend OLG Stuttgart DB 1972, 2057; BKartA BB 1962, 500/501; *Fikentscher/Sandberger* WRP 1970, 1/6). Die gängigen Anzeigenpreislisten stellen für die Rabattgewährung ohnehin auf den Werbungtreibenden und dessen Anzeigenvolumen ab. Auch nach Ziff 1 der ZAW-AGB (Anhang A.) ist das Anzeigenvolumen des „Werbungtreibenden" – und nicht etwa der von ihm beauftragten Agentur – für die Preisgestaltung der Verlage maßgebend. Nach Ansicht der Verleger verstieß eine rabattmäßige Mengenzurechnung an Vermittler-Agenturen auch gegen den Grundsatz der Preislistentreue und sollte aus diesem Grund wettbewerbswidrig sein(VDZ-Nachrichten Nr 2 v 18.2.1994). Auch diese Ansicht dürfte heute nicht mehr zu halten sein (dazu eingehend BT Anz Rn 269 ff.).

149 *(vorläufig leer)*

5. Kostenlose Veröffentlichung von Anzeigen

a) Geschichte des kostenlosen Abdrucks von Anzeigen: Offertenblätter, Internet-Anzeigen

150 In Deutschland sind (neben kostenlos verteilten **Anzeigenblättern,** die zumindest einen rudimentären redaktionellen Teil enthalten, dazu ausführlich BT Anz Rn 279 ff.) auch zahlreiche sog **Offertenblätter** entstanden, die (fast) ausschließlich aus Anzeigen bestehen (zur Unterscheidung zwischen Anzeigenblättern und Offertenblättern *Ricker/Weberling* Kap 47 Rn 23). Die Geschichte der Offertenblätter reicht zurück bis zu den sog Intelligenzblättern des 17. und 18. Jahrhunderts (dazu 2. Aufl Bd I Kap 3 Rn 28). Viele Offertenblätter, die ausschließlich Anzeigen enthalten, wurden von Einzelhandelsketten herausgegeben. Seit etwa 1980 sind einige Offertenblätter (auch als Annoncenblätter oder Kauf-Anzeigenblätter bezeichnet) dazu übergegangen, Anzeigen, vor allem private Kleinanzeigen kostenlos abzudrucken (zur Entstehungsgeschichte der Offertenblätter *Kübler* AfP 1988, 309). In der Regel werden diese Offertenblätter gegen Entgelt vertrieben, um den Verlust der Einnahmen aus dem Anzeigengeschäft auszugleichen. Daneben enthalten die Offertenblätter in vielen

IX. Anzeigenpreise, kostenlose Anzeigen　　　　　　　　　　　　Anz BT

Fällen auch bezahlte gewerbliche oder private Anzeigen. Kostenlose private Kleinanzeigen werden ferner auch von unentgeltlich vertriebenen Anzeigenblättern, von Stadtmagazinen, Vereins- und Clubzeitschriften sowie nunmehr vor allem im Internet veröffentlicht. Auch Tageszeitungen und Fachzeitschriften haben als Reaktion auf die Entstehung der Offertenblätter damit begonnen, private Kleinanzeigen kostenlos oder gegen ein geringes (Schein-)Entgelt abzudrucken. Zum Eldorado für kostenlose Anzeigen hat sich mittlerweile das **Internet** entwickelt. Portale mit kostenlosen Annoncen (zB für Pkws, Möbel, Computer und Zubehör, Antiquitäten, Gebrauchsgegenstände, Kontakte, Dienstleistungen, Vermittlung von Au pairs etc) gehören zu den erfolgreichsten Internet-Angeboten überhaupt. Auch das Geschäftskonzept des weltweit erfolgreich agierenden Internet-Auktionshauses *eBay* und anderer erfolgreicher Unternehmen des sog Web 2.0 beruht im Ausgangspunkt auf der Publikation von ganz oder nahezu kostenlosen Offerten für Güter und Dienstleitungen aller Art (zu Internet-Anzeigen BT Anz Rn 353 ff.). Die erwähnten Internet-Angebote haben inzwischen den wirtschaftlichen Niedergang zahlreicher herkömmlicher Offertenblätter verursacht.

b) Grundsätze der wettbewerbsrechtlichen Beurteilung kostenloser Anzeigen

Die kostenlose Veröffentlichung von Anzeigen durch sog Offertenblätter ist **151** **grundsätzlich zulässig** (BGH AfP 1989, 737 – *Annoncen-Avis;* OLG Köln AfP 1984, 45; OLG Düsseldorf NJW-RR 1986, 294; 1987, 620; OLG Karlsruhe WRP 1988, 383; *Wenzel* AfP 1992, 44). Auch die unentgeltliche Aufnahme von Kleinanzeigen in ein Anzeigenblatt (OLG Dresden WRP 1993, 814; OLG Düsseldorf NJW-RR 1987, 620) oder in das kostenlos verteilte Offertenblatt eines Verbrauchermarktes ist wettbewerbsrechtlich nicht zu beanstanden (OLG Celle AfP 1988, 250). Der kostenlose Abdruck von Inseraten kann aber im Ausnahmefall wettbewerbswidrig sein, wenn konkrete Umstände vorliegen, welche die Unentgeltlichkeit einer Leistung im Anzeigengewerbe als unlauter iSd § 3 UWG erscheinen lassen (BGH AfP 1991, 528/529 – *Motorboot-Fachzeitschrift;* OLG München NJWE-WettbR 1999, 199; Hamburg GRUR 2001, 361; Stuttgart NJWE-WettbR 1998, 217). Dieser Rspr, die der kostenlosen Veröffentlichung von Anzeigen weite Spielräume eröffnet, ist entgegen der Kritik von *Rath-Glawatz* RdAnzeige Rn P 310 ff. und *Kübler* AfP 1988, 309/310 ff. grundsätzlich zuzustimmen. Auch Art 5 Abs 1 Satz 2 GG eröffnet der Presse kein unantastbares „Reservat im Wettbewerb" (so besonders pointiert noch *Baumbach/Hefermehl*, 18. Aufl, § 1 UWG aF Rn 859), das sie vor neuen Entwicklungen des Leistungswettbewerbs schützen könnte, selbst wenn dadurch herkömmliche Marktstrukturen verändert werden (*Kübler* AfP 1988, 309/310 spricht etwas übertrieben von „Zersetzung"). Kein Gewerbetreibender hat einen Rechtsanspruch auf den Erhalt seines Kundenstammes – auch die Presse nicht (vgl BGH AfP 1989, 737/738 – *Annoncen-Avis*). Dass die herkömmliche Presse durch die kostenlose Veröffentlichung von Anzeigen in Offertenblättern oder sonst wo (möglicherweise) geschäftliche Einbußen hinnehmen muss, führt nicht dazu, dass der kostenlose Abdruck von Anzeigen generell als unlauter im Sinne der Generalklausel nach § 3 UWG gebrandmarkt werden kann (aM *Rath-Glawatz* RdAnzeige Rn P 313 ff.; *Kübler* AfP 1988, 309/310 ff.). Es müssen vielmehr im Einzelfall **besondere Umstände** vorliegen, den die unentgeltlichen Abdruck von Anzeigen ausnahmsweise als unzulässig erscheinen lassen.

c) Ausnahme: Wettbewerbswidrigkeit kostenloser Anzeigen

Als besondere Umstände, die im Einzelfall zur Wettbewerbswidrigkeit der kosten- **152** losen Veröffentlichung von Anzeigen führen können, kommen insbesondere folgende Gesichtspunkte in Betracht:
1. Verlockung, Wertreklame (§§ 3, 4 Nr 1 UWG),
2. allgemeine Marktbehinderung, Marktstörung (§ 3 UWG),
3. Verstoß gegen die Pflicht zur Kennzeichnung entgeltlicher Anzeigen (§§ 3, 4 Nr 3 UWG, 10 LPG).

BT Anz   Recht der Anzeige

Kostenlose Anzeigenveröffentlichungen im Zusammenhang mit entgeltlichen Anzeigenverträgen waren früher auch unter zugaberechtlichen Aspekten fragwürdig (vgl OLG Hamburg GRUR 2001, 361). Diese Problematik wurde durch die Aufhebung der ZugabeVO entschärft bzw obsolet.

aa) Verlockung (Wertreklame)

153   Die kostenlose Veröffentlichung von Anzeigen wurde von der Rspr unter dem Gesichtspunkt der Verlockung sittenwidrig im Sinne des § 1 UWG aF eingeordnet, wenn sie geeignet war, die Inserenten der in unsachlicher Weise zum Abschluss weiterer, entgeltlicher Verträge mit dem Offertenblatt veranlassen (vgl dazu BGH AfP 1989, 737/738 − *Annoncen-Avis;* AfP 1991, 528/529 − *Motorboot-Fachzeitschrift;* OLG Celle AfP 1988, 250; OLG Hamburg AfP 1991, 432/433). Beim kostenlosen Abdruck von Anzeigen ist eine solche Verlockung zum einen im Hinblick auf den Kauf der Zeitschrift selbst, zum anderen hinsichtlich entgeltlicher Folgeanzeigen denkbar. Dass sich der Besteller einer Anzeige allein aus Dankbarkeit zum Kauf der Zeitschrift entschließt, kann schon wegen der Anonymität der Anzeigenbestellung im Regelfall ausgeschlossen werden (BGH AfP 1991, 528/529 − *Motorboot-Fachzeitschrift;* OLG Celle AfP 1988, 250 f.). Auch hinreichende Anhaltspunkte dafür, dass sich der Besteller einer kostenlosen Kleinanzeige eher als ein gegen Entgelt inserierender Kunde veranlasst sehen könnte, zur Kontrolle des Abdrucks die Zeitschrift käuflich zu erwerben, sind nicht ersichtlich (BGH AfP 1991, 528/529 − *Motorboot-Fachzeitschrift*). Selbst wenn dem aber so wäre, so würde darin kaum eine wettbewerbswidrige Verlockung oder gar ein übertriebenes Anlocken zu sehen. Eine Verleitung des Inserenten zur Aufgabe entgeltlicher Folgeanzeigen ist bei reinen Offertenblättern, die ausschließlich unentgeltliche Anzeigen veröffentlichen, schon kraft Natur der Sache ausgeschlossen. Auch bei anderen Zeitungen und Zeitschriften oder bei Anzeigenforen im Internet gibt es keine nachvollziehbaren Gründe für eine derartige Annahme. Nach alledem ist die Annahme einer wettbewerbswidrigen Verlockung durch die kostenlose Veröffentlichung von Anzeigen (entgegen *Rath-Glawatz* Rd Anzeige Rn P 309 aE) heute nicht mehr haltbar.

bb) Kostenlose Veröffentlichung von Anzeigen als allgemeine Marktbehinderung

154   Die kostenlose Veröffentlichung von Anzeigen kann als allgemeine Marktbehinderung wettbewerbswidrig im Sinne des § 3 UWG (§ 1 UWG aF) sein, wenn von ihr eine ernsthafte **Gefahr für den Bestand des Leistungswettbewerbs** im Anzeigenmarkt erwächst oder die verfassungsrechtlich geschützte Institution der berichterstattenden Presse als solche gefährdet wird (BGH AfP 1989, 737/738 − *Annoncen-Avis;* 1991, 528/529 − *Motorboot-Fachzeitschrift;* GRUR 2001, 80/81 − *ad-hoc-Meldung;* OLG München NJWE-WettbR 1999,199). Dabei ist auch zu prüfen, ob der kostenlose Abdruck von Anzeigen geeignet ist, die entgeltliche Leistung der Mitbewerber zu ersetzen oder/und einen wettbewerbspolitisch unerwünschten Nachahmungseffekt der Konkurrenten auslösen kann (BGH AfP 1989, 737/738 − *Annoncen-Avis;* AfP 1991, 528/529 − *Motorboot-Fachzeitschrift;* vgl BGHZ 91, 291/295 − *Bäckerfachzeitschrift*). Wer die Offertenblätter und auch die Anzeigenbörsen im Internet kennt, der wird zunächst einräumen müssen, dass sie zu einem nicht unwesentlichen Teil Anzeigen enthalten, die gegen übliches Entgelt wohl niemals veröffentlicht worden wären (zutreffend OLG Celle AfP 1987, 250/251; aM *Kübler* AfP 1988, 309/310, der den Verlust der „Seriositätsgarantie" des Anzeigenentgelts beklagt). Dies gilt insb für Freizeit-, Gruß-, Kontakt- und Bekanntschaftsanzeigen, Angebote von Mitfahr- und Mitwohngelegenheiten sowie für Warenangebote (Kauf, Tausch, Schenkung), die sich auf geringwertige Güter beziehen (ein wirtschaftlich lange Zeit erfolgreiches Offertenblatt nannte sich bezeichnenderweise „Sperrmüll").

155   Die Offertenblätter und das Internet schließen insoweit eine **Marktlücke** (vgl BGHZ 51, 236/244 − *Stuttgarter Wochenblatt I*), ohne dadurch das Anzeigenvolumen

IX. Anzeigenpreise, kostenlose Anzeigen **Anz BT**

der Tageszeitungspresse merklich zu schmälern. Für andere Bereiche (zB Automarkt, Vermietungen, Mietgesuche, Stellenangebote, Immobilien etc) stellen kostenlose Anzeigen in Offertenblättern hingegen durchaus eine Konkurrenz zur herkömmlichen Zeitungs- und Zeitschriftenpresse dar. Eine konkrete Gefährdung für den Bestand der Presse oder des Wettbewerbs auf dem Anzeigenmarkt ist dabei aber nicht zu erkennen. Vor allem ist diese Gefährdung durch die kostenlose Veröffentlichung von Anzeigen im Internet weitaus größer als bei den Offertenblättern. Die erwähnten Medien werden von Lesern und Inserenten als zusätzliches Informations- und Werbemedium, und nicht als echter Ersatz für herkömmliche Zeitungen und Zeitschriften angesehen. Die Besorgnis (*Rath-Glawatz* RdAnzeige Rn P 311), gewerbliche Inserenten könnten auf Grund der Sogwirkung kostenloser Kleinanzeigen in großer Zahl zu den Offertenblättern abwandern hat sich bisher nicht bestätigt. Kostenlose Anzeigen in Offertenblättern stellen derzeit weder auf dem Anzeigen- noch auf dem Lesermarkt eine ernsthafte Gefahr für die freie Presse dar (*Wenzel* AfP 1992, 44; aM *Rath-Glawatz* RdAnzeige Rn P 311). Die weitaus größere Gefahr für das Anzeigengeschäft der Presse geht heute vom Internet aus. Dass den Verlagen durch die Veröffentlichung kostenloser Anzeigen in Offertenblättern, Anzeigenblättern oder im Internet Einnahmen entgehen, müssen sie als Konsequenz des Wettbewerbs und des technischen Fortaschritts hinnehmen. Auch die Presse hat keinen Anspruch auf eine Schutzzone im Wettbewerb. Dient der kostenlose Abdruck von Anzeigen aber der gezielten und bewussten Verdrängung eines bestimmten Mitbewerbers, können besondere Unlauterkeitsmomente vorliegen, die einen Verstoß gegen die §§ 3, 4 Nr 10 UWG begründen (OLG Stuttgart NJWE-WettbR 1997, 103 zu § 1 UWG aF).

Bei der Veröffentlichung von kostenlosen Anzeigen in herkömmlichen Zeitungen **156** und Zeitschriften mit redaktionellem Teil hat die Rechtsprechung teilweise erheblich **strengere Maßstäbe** angelegt als bei Offertenblättern (BGH AfP 1991, 528/529 f. – *Motorboot-Fachzeitschrift;* OLG Stuttgart NJWE-WetttbR 1998, 217; vgl aber OLG Hamburg AfP 1991, 432). In geschlossenen Märkten, wie sie bei einigen Tageszeitungen und Fachzeitschriften anzutreffen sind, sei mit einem erheblichen **Nachahmungseffekt** zu rechnen, wenn einer der Konkurrenten zum kostenlosen Abdruck von Kleinanzeigen übergeht. In diesem Fall seien die anderen Wettbewerber zum Mitziehen gezwungen, wenn sie ihre Marktstellung nicht gefährden wollten, denn das Abwandern der privaten Inserenten führe auch zum Verlust der Leser. Und wenn erst die Leser abwandern, folgen die gewerblichen Inserenten, von denen die wirtschaftliche Existenz der Verlage abhängt, sehr schnell nach. Hier gilt tatsächlich der schöne Satz: „Wo Schwalben sind, fliegen Schwalben zu" (vgl OLG Köln NJW-RR 1987, 622/623). Im wirtschaftlichen Ergebnis kann der kostenlose Abdruck von Kleinanzeigen durch einen Wettbewerber im Einzelfall dazu führen, dass auch alle anderen Konkurrenten auf mittlere Sicht die Erlöse aus dem Geschäft mit privaten Kleinanzeigen verlieren. Dieses von der Rechtsprechung heraufbeschworene Schreckens-Szenario (BGH AfP 1991, 528/529 – *Motorboot-Fachzeitschrift*), ist zwar vorstellbar, hat sich aber so tatsächlich noch nicht ereignet. Die bloße Befürchtung kann den kostenlosen Abdruck von Anzeigen nicht generell wettbewerbswidrig machen.

Wenig überzeugend ist es auch, wenn die Wettbewerbswidrigkeit des kostenlosen **157** Abdrucks von privaten Kleinanzeigen mit der zunehmenden wirtschaftlichen Abhängigkeit von gewerblichen Inserenten und deren angeblich drohender Einflussnahme auf den redaktionellen Teil begründet wird (BGH AfP 1991, 528/529 – *Motorboot-Fachzeitschrift*). Das hypothetische Verhalten Dritter kann kein Unlauterkeitsurteil für den kostenlosen Abdruck privater Kleinanzeigen durch die Verlage rechtfertigen (*Wenzel* AfP 1992, 44/45).

Der kostenlose Abdruck von privaten Kleinanzeigen ist nach alledem auch bei her- **158** kömmlichen Zeitungen und Zeitschriften wettbewerbsrechtlich **nicht zu beanstanden.** Es ist daher nicht wettbewerbswidrig, wenn eine Tageszeitung private Kleinanzeigen kostenlos abdruckt, zumal wenn dies nur an bestimmten Tagen geschieht (OLG Hamburg AfP 1991, 432). Dem Versuch der Rechtsprechung, den kostenlosen

Löffler

Abdruck von privaten Kleinanzeigen mit wettbewerbsrechtlichen Mitteln einzudämmen, wird ebenso wenig Erfolg beschieden sein wie in der Vergangenheit den Bemühungen, die Gratisverteilung von Anzeigenblättern zu verhindern. Über all diese Anstrengungen, bestehende Wettbewerbsstrukturen zu zementieren, ist die Pressewirklichkeit längst hinweggegangen, ohne dass herkömmliche Tageszeitungen und Zeitschriften dadurch nennenswerten Schaden erlitten hätten. Die wirklichen Gefahren für die freie Presse liegen ganz woanders, zB in der zunehmenden Konkurrenz der privaten und der öffentlich-rechtlichen Rundfunksender um Werbeinvestitionen (dazu ZAW, Werbung in Deutschland 1995, S 12 ff.). Nicht anders als die kostenlose Veröffentlichung von Inseraten ist auch der Abdruck von Anzeigen gegen ein nur **scheinbares („symbolisches") Entgelt** einzuordnen, zu dem einige Tageszeitungen übergegangen sind. Auch dies ist grundsätzlich zulässig, solange daraus keine konkrete Gefahr für den Bestand der Presse resultiert.

159 Der Preiswettbewerb um **gewerbliche Anzeigen** hat sich in den vergangenen Jahrzehnten insb durch das Erscheinen zahlreicher neuer Publikationen und die Konkurrenz der privaten Rundfunkveranstalter ganz erheblich verschärft (vgl FAZ v 3.9.1994, S 12). Das Geschäft mit gewerblichen Anzeigen bildet das Rückgrat der Pressefinanzierung. Der kostenlose Abdruck von Anzeigen für die gewerbliche Wirtschaft ist daher viel eher geeignet, den Wettbewerb auf dem Anzeigenmarkt und den Bestand der freien Presse zu gefährden als die unentgeltliche Veröffentlichung von privaten Kleinanzeigen. Soweit eine konkrete Gefährdung für die Existenz der herkömmlichen Tagespresse nachgewiesen werden kann, ist der kostenlose Abdruck von gewerblichen Anzeigen wettbewerbswidrig (vgl Einzelheiten *Rath-Glawatz* AfP 2001, 169/171). So hat das OLG Stuttgart (NJWE-WettbR 1998, 217) im kostenlosen Abdruck von *gewerblichen* Kleinanzeigen durch eine Druckereifachzeitschrift erhebliche Gefahren für die Wettbewerber in diesem engen Marktsegment gesehen. In der Praxis spielt der kostenlose Abdruck gewerblicher Anzeigen aber so gut wie keine Rolle. Kein Presseunternehmen setzt leichtfertig die eigene Existenz aufs Spiel, indem es gewerbliche Anzeigen regelmäßig kostenlos abdruckt.

cc) Wettbewerbsverstoß wegen unzutreffender Kennzeichnung als Anzeigen?

160 *Kübler* (AfP 1988, 309/313) versucht die Wettbewerbswidrigkeit der Offertenblätter (auch) daraus herzuleiten, dass eine besondere Kennzeichnung der unentgeltlich abgedruckten Anzeigen entgegen den Vorschriften des Landespressegesetze unterbleibt (vgl § 10 LPG). Dieser Ansatz überzeugt nicht: Das Vertriebskonzept der üblichen Offertenblätter (kostenloser Abdruck von privaten Kleinanzeigen – Vertrieb der Druckschrift gegen Entgelt) ist nicht nur den Inserenten, sondern auch den Erwerbern (Lesern) bekannt. Ob eine Anzeige entgeltlich oder unentgeltlich abgedruckt wird, ist dabei für die Leser nur von geringer Bedeutung (OLG Hamburg AfP 1991, 432/433). Für sie vielmehr entscheidend, ob hinter den in einem Anzeigen- oder Offertenblatt veröffentlichten Inseraten auch tatsächlich ein **Anzeigenauftrag** und damit ein ernsthaftes Angebot steht, damit ihnen durch die Reaktion auf eine **Schein- oder Füllanzeige** (BT Anz Rn 163) keine überflüssigen Mühen und Kosten entstehen.

161 Nicht gänzlich auszuschließen ist aber eine unter § 5 UWG zu subsumierende Täuschung der in einem Offertenblatt entgeltlich inserierenden gewerblichen Anzeigenkunden: Ein gewerblicher Inserent schließt nämlich aus Zahl und Aufmachung der entgeltlichen Anzeigen regelmäßig auf die Werbekraft des Pressemediums (diesen Gesichtspunkt übersieht OLG Hamburg AfP 1991, 432). Offertenblätter, die überwiegend kostenlose Anzeigen abdrucken, müssen daher die entgeltlichen Anzeigen besonders kennzeichnen. Damit ist Übereinstimmung zu der in den Landespressegesetzen enthaltenen Wertung des Gesetzgebers hergestellt, wonach entgeltliche Veröffentlichungen grundsätzlich auch als solche zu kennzeichnen sind (Näheres § 10 Rn 13 ff.). Dies gilt auch für die Offertenblätter.

162 *(vorläufig leer)*

X. Füllanzeigen, Übernahme fremder Anzeigen, Eigenanzeigen

1. Füllanzeigen (Scheinanzeigen)

Grundsätzlich wettbewerbswidrig ist die Veröffentlichung sog **Füll- oder Schein-** 163
anzeigen, die vom Verlag ohne entsprechenden Auftrag eines Inserenten kostenlos eingerückt oder unentgeltlich wiederholt werden. Sie erwecken beim Leser und vor allem bei (potentiellen) Inserenten einen unzutreffenden Eindruck von der Resonanz und Werbekraft des Printmediums. Von den oben dargestellten kostenlos veröffentlichen Anzeigen unterscheidet Füllanzeigen das Fehlen eines Anzeigenauftrages. Die Veröffentlichung von unbestellten Füllanzeigen stellt einen **Verstoß gegen** § 5 **Abs 1 Nr 1 UWG** dar (BGH v 16.11.73 – I ZR 129/72; GRUR 1997, 380; KG WRP 1978, 819; OLG Hamm GRUR 1979, 312; Köln WRP 1982, 111; Frankfurt NJW-RR 1989, 237; München AfP 1992, 286; *Rath-Glawatz* RdAnzeige Rn P 209; *Ricker/Weberling* Kap 76 Rn 8; *Kübler* AfP 1988, 309/311). Dies gilt (entgegen OLG Düsseldorf NJW-RR 1988, 755) nicht nur, wenn die Füllanzeigen „einen ins Gewicht fallenden Prozentsatz aller abgedruckten Anzeigen erreichen", sondern bereits bei Veröffentlichung einzelner Füllanzeigen (wie hier auch *Rath-Glawatz* RdAnzeige Rn P 211). Eine gewerbliche Füllanzeige ist prinzipiell geeignet, die Konkurrenten des Inserenten ihrerseits zur Aufgabe von Anzeigen zu veranlassen, um Wettbewerbsnachteile zu vermeiden. Zu Recht hat der BGH (GRUR 1997, 380/381 – *Füllanzeigen*) allerdings beim versehentlichen Abdruck von drei unauffälligen Anzeigen eines Kleingewerbetreibenden durch eine Tageszeitung innerhalb eines Vierteljahreszeitraumes eine relevante Eignung zur Irreführung angesichts der besonderen Umstände des Einzelfalles verneint. In der unbestellten Veröffentlichung einer unbestellten Werbeanzeige kann ferner ein Eingriff in den eingerichteten und ausgeübten Gewerbebetrieb des angeblichen Inserenten iSv § 823 Abs 1 BGB liegen. Kein Gewerbetreibender muss es hinnehmen, dass er ohne seine Zustimmung in einer Zeitung oder Zeitschrift als Inserent genannt wird, obwohl er keine Anzeige aufgegeben hat. Die Veröffentlichung amtlicher Bekanntmachungen, standesamtlicher Nachrichten etc, ohne dass eine entgeltliche Anzeigenbestellung vorliegt, verstößt hingegen nicht gegen § 5 **Abs 1 Nr 1** UWG. Leser und Inserenten rechnen ohnehin mit dem (verkehrsüblichen) kostenlosen Abdruck dieser Informationen und sehen darin keinen Hinweis auf die besondere Werbekraft eines Printmediums.

2. Übernahme fremder Anzeigen

Hier müssen zwei Problemkreise unterschieden werden, nämlich zum einen die 164
Übernahme fremder Anzeigen ohne entsprechenden Anzeigenauftrag und zum anderen der schlichte Nachdruck von Dritten gestalteter Anzeigen, der auf Grund eines Anzeigenvertrages mit dem Auftraggeber der Erstanzeige erfolgt.

Die **Übernahme fremder Anzeigen ohne Anzeigenauftrag** findet in der Praxis 165
zumeist aus ähnlichen Motiven statt wie die Veröffentlichung von Schein- und Füllanzeigen. Mit den übernommenen Fremdanzeigen soll den Lesern, vor allem aber potentiellen Inserenten ein positiver Eindruck der Leistungsfähigkeit, Resonanz und Werbekraft des Printmediums vermittelt werden. Darin liegt, wie im Zusammenhang mit der Problematik sog Füllanzeigen bereits dargestellt wurde (BT Anz Rn 163), eine verbotene Irreführung über die geschäftlichen Verhältnisse im Sinne des § 5 **Abs 1 Nr 1** UWG. Ferner kann ein Eingriff in den eingerichteten und ausgeübten Gewerbebetrieb des Inserenten iSv § 823 Abs 1 BGB vorliegen, wenn dieser ohne sein Einverständnis als Auftraggeber einer ihm nicht bestellten Anzeige genannt wird. Hinzu kommt aber – und dies unterscheidet die hier erörterte Problematik von der oben diskutierten Füllanzeige – die parallel vorliegende Beeinträchtigung der Interessen des erstveröffentlichenden Mediums.

Löffler

166 Die Übernahme bzw der **schlichte Nachdruck fremder Anzeigen** stellt eine Urheberrechtsverletzung dar, wenn die übernommene Anzeige eine „persönliche geistige Schöpfung" im Sinne des § 2 Abs 1 URG ist. Viele Textanzeigen erreichen die dafür notwendige Schöpfungshöhe nicht, weil es sich um schlichte Mitteilungen beschreibender Art handelt, die über den Unterrichtungszweck nicht hinausgehen und auch keine schöpferische Individualität aufweisen (zutreffend OLG Hamm AfP 1993, 656). Anders ist die Situation bei graphisch gestalteten Anzeigen, für die regelmäßig Urheberrechtschutz und damit eine **Urheberrechtsverletzung** durch den Übernehmenden gegeben sein wird. Hier löst die unerlaubte Übernahme der Anzeige durch Dritte urheberrechtliche Ansprüche nach den §§ 97 ff. URG aus.

167 Schließlich kann die Übernahme fremder Anzeigen eine **unlautere Ausbeutung fremder Leistung** nach den §§ 3, 4 Nr 9 UWG darstellen. Dies setzt zunächst voraus, dass den übernommenen Anzeigen selbst oder ihrer Aufbereitung, Ordnung, Rubrifizierung etc durch den Verlag **wettbewerbliche Eigenart** zukommt. Dieses Erfordernis ist erfüllt, wenn die konkrete Ausgestaltung oder bestimmte Merkmale des Erzeugnisses oder Angebots geeignet sind, die interessierten Verkehrskreise auf seine betriebliche Herkunft oder seine Besonderheiten hinzuweisen (st Rspr; vgl BGH GRUR 2002, 629/632 – *Nachahmung einer Straßenleuchte*). Wettbewerbliche Eigenart in diesem weiten Sinne kann selbst rein sachbezogenen Anzeigentexten zugebilligt werden, soweit ihr Inhalt nicht vorgegeben ist (OLG Hamm AfP 1993, 656/ 657; Köln GRUR 2000, 1096). Gestaltung und Formulierung selbst einfacher gewerblicher Anzeigen können Herkunftsvorstellungen bei den Verbrauchern auslösen (OLG Köln NJW-RR 2000, 1096). Die typische private Kleinanzeige (zB für den Verkauf eines gebrauchten Kfz) ist aber mangels inhaltlicher und grafischer Gestaltungselemente regelmäßig nicht wettbewerblich eigenartig.

168 Die bewusste und unmittelbare Übernahme fremder Leistung und die Aneignung fremder Arbeitsergebnisse, für die kein Sonderrechtsschutz besteht, ist auch bei Bejahung der wettbewerblichen Eigenart der übernommenen Anzeige noch nicht schlechthin unlauter. Es müssen vielmehr zusätzlich **besondere Unlauterkeitsmerkmale** vorliegen, zB Rufausbeutung, Herkunftstäuschung oder die planmäßige Nachahmung (st Rspr; vgl zuletzt BGH GRUR 1988, 308/309 – *Informationsdienst*; GRUR 1999, 923 – *Tele-Info-CD*). Bei einer nahezu identischen oder fast identischen Übernahme ist an das Vorliegen der unlauterkeitsbegründenden Merkmale geringere Anforderungen zu stellen als bei Einhaltung eines erwähnenswerten Abstandes zu dem übernommenen Gegenstand (st Rspr; vgl zuletzt BGH GRUR 1988, 308 – *Informationsdienst*).

169 **Einzelfälle:** Wettbewerbswidrig ist daher beispielsweise der (gekürzte) Nachdruck von Stellenanzeigen für Führungskräfte, die bereits in anderen Zeitschriften veröffentlicht wurden, in der Beilage eines Wirtschaftsmagazins (OLG Köln NJW-RR 1987, 622). An der Unlauterkeit der Übernahme ändert auch die zusätzliche redaktionelle Bearbeitung der übernommenen Stellenanzeigen (Auswahl, Aufbereitung und Rubrifizierung der Positionen) durch den Nachahmer nichts. Der Übernehmende erspart sich Werbeaktivitäten, intensive und aufwändige Akquisitionsanstrengungen für Anzeigenaufträge sowie den personellen und finanziellen Aufwand, der mit der Verwaltung eines umfangreichen Stellenmarktes verbunden ist, und verschafft sich dadurch als Konkurrent der Erstveröffentlichung auch noch einen zusätzlichen Wettbewerbsvorteil. Daneben liegt hier aber ein (vom OLG Köln nicht weiter beachteter) Verstoß gegen § 5 Abs 1 Nr 1 UWG vor, weil für Dritte nicht erkennbar ist, dass es sich um übernommene Fremdanzeigen handelt, denen kein Anzeigenvertrag zugrunde liegt. Potentielle Inserenten gewinnen durch die übernommenen Anzeigen einen falschen Eindruck von der Werbekraft und Resonanz der übernehmenden Pressemediums und können dadurch zum Abschluss von Anzeigenverträgen veranlasst werden. Unlauter ist auch die planmäßige und systematische unmittelbar Übernahme fremder Stellenanzeigen in ein Internetangebot (KG GRUR-RR 2001, 102/103; OLG München GRUR-RR 2001, 228). Die dadurch eröffnete (kostenlose) Zugriffsmög-

lichkeit erspart potentiellen Bewerbern den Kauf der Zeitung, in der die Erstveröffentlichung der Anzeige erfolgt ist, und kann daher bei den betroffenen Printmedien unmittelbar zu Einnahmeverlusten führen (KG GRUR-RR 2001, 102/103). Wettbewerbswidrig isd §§ 3, 4 Nr 9, 5 UWG handelt auch ein Gewerbetreibender, der eine Kleinanzeige, die nach Gestaltung und Inhalt mit dem Inserat eines Konkurrenten nahezu identisch ist und deshalb Verwechslungsgefahr begründet, in die gleiche Rubrik einrücken lässt, in dem der andere bereits wirbt (OLG Köln NJW-RR 2000, 1096).

Der **zweite Problemkreis bei der Übernahme fremder Anzeigen** ist dadurch 170 gekennzeichnet, dass der Inserent einer Erstveröffentlichung, die vom Verlag gestaltet wurde, die identische Anzeige ohne Einverständnis des Verlages bei einem weiteren Printmedium oder im Internet plaziert. Hier ist zunächst offensichtlich, dass anders als in den oben geschilderten Fällen eine Irreführung isd § 5 UWG nicht gegeben ist, weil ein Anzeigenauftrag tatsächlich vorliegt und eine Irreführung von Lesern und Inserenten über Resonanz und Werbewirkung des Mediums nicht stattfindet. Soweit die Anzeige einem Sonderrechtsschutz, insbesondere einem Urheberschutz, unterliegt, stellt sich die Frage, wem die Nutzungsrechte an der vom Verlag im Auftrag des Inserenten gestalteten Anzeige zustehen. Diese Frage ist, soweit eine ausdrückliche Vereinbarung darüber nicht existiert, nach der Zweckübertragungslehre des § 31 Abs 5 URG zu beantworten (dazu BT Urheberrecht Rn 181). In den praktisch sehr viel häufigeren Fällen, in denen ein Sonderrechtsschutz nicht gegeben ist, kommt eine unlautere Ausbeutung fremder Leistung isd §§ 3, 4 Nr 9 UWG zwar theoretisch in Betracht. Jedoch werden auch bei einer unmittelbaren Übernahme der Erstveröffentlichung besondere Unlauterkeitsmomente regelmäßig nicht vorliegen, weil die Gestaltung der Anzeige durch den Verlag im Auftrag des Inserenten erfolgt ist und von ihm bezahlt wurde (eingehend *Rath-Glawatz* RdAnzeige Rn P 398ff.; vgl aber OLG Köln AfP 1993, 656/657).

3. Eigenanzeigen

Bei sog Eigenanzeigen tritt der Verlag praktisch als Inserent im eigenen Blatt in Er- 171 scheinung, indem er zB per Stellenangebot Personal für seine Druckerei sucht oder durch Werbeanzeigen neue Abonnenten gewinnen will. Die praktische Bedeutung von Eigenwerbung der Massenmedien ist beträchtlich. Verlage für Printmedien sind nicht nur die wichtigsten Werbeträger, sie tätigen seit vielen Jahren auch selbst die mit höchsten Werbeaufwendungen aller Branchen (Näheres BT Anz Rn 299). In der Eigenwerbung der Verlage in den von ihnen publizierten Medien liegt – anders als im Abdruck von Scheinanzeigen oder der Anzeigenübernahme – weder eine Täuschung der Inserenten oder Leser über Resonanz und Werbekraft noch ein Verstoß gegen die Standesauffassung der Verleger. Schwierig zu beantworten ist die Frage, ob derartige Eigenanzeigen als Anzeige gekennzeichnet werden müssen, soweit sie nicht bereits ohne weiteres als solche erkennbar sind (vgl auch *Rath-Glawatz* RdAnzeige Rn P 172). Die meisten Landespressegesetze schreiben eine Kennzeichnung als „Anzeige" nur für „entgeltliche Veröffentlichungen" vor, die nicht bereits durch Anordnung und Gestaltung als „Anzeigen" zu erkennen sind. Die fehlende Entgeltlichkeit der Eigenwerbung kann andererseits nicht dazu führen, dass ein Verlag, der zB in Gewinnerzielungsabsicht Reisen für seine Leser veranstaltet oder Konzertkarten vermittelt, dafür in Form redaktioneller Beiträge werben darf (OLG Düsseldorf AfP 1988, 354). Darin würde jedenfalls eine nach den §§ 3, 4 Nr 3 UWG unlautere Tarnung von Werbung liegen (vgl nur BGH WRP 1981, 642/643 – *Getarnte Werbung I;* zur wettbewerbsrechtlichen Haftung für Eigenanzeigen BT Anz Rn 242). Richtigerweise sind die Kennzeichnungsvorschriften der Landespressegesetze auf die Eigenwerbung der Verlage entsprechend anzuwenden, obwohl die Veröffentlichung nicht entgeltlich erfolgt. Die Entgeltlichkeit ist, wie an anderer Stelle bereits dargelegt wurde (BT Anz Rn 2), kein notwendiges Merkmal der Anzeige. Die Presse unterliegt damit bei der Eigenwerbung grundsätzlich den gleichen Beschränkungen wie jeder andere Gewerbetreibende auch (Art 5 Abs 2 GG).

172 *(vorläufig leer)*

XI. Typische Leistungsstörungen beim Anzeigenvertrag

173 Das Spektrum möglicher Leistungsstörungen in der **Sphäre des Verlages** ist breit. Hier sollen nur die praktisch wichtigsten Fallgruppen erörtert werden:

1. Verzug des Verlages

a) Voraussetzungen des Verzugs

174 Dass sich ein Verlag trotz Mahnung weigert, die vertraglich zugesagte Anzeige eines zahlungswilligen und zahlungsfähigen Inserenten abzudrucken, ist in der Praxis kaum denkbar, zumal Ziff 8 Abs 1 der ZAW-AGB dem Verlag ein vertragliches Rücktrittsrecht einräumt, soweit nach Abschluss des Anzeigenvertrages berechtigte Bedenken gegen die Veröffentlichung bekannt werden. **Schuldnerverzug des Verlages** tritt daher vor allem in der Form in Erscheinung, dass ein vertraglich fest vereinbarter Erscheinungstermin für die Anzeige – aus welchen Gründen auch immer – nicht eingehalten wird (vgl *Rath-Glawatz* RdAnzeige Rn P 203 ff.). Soweit der Termin für den Abdruck der Anzeige kalendermäßig bestimmt war (zB „14.7." oder „kommende Samstagsausgabe"), gerät der Verlag gemäß § 286 Abs 2 Nr 1 BGB auch ohne Mahnung in Verzug.

175 Weitere Voraussetzung für den Eintritt des Verzuges ist allerdings, dass der Verlag die Verzögerung der Leistung **zu vertreten** hat (§ 286 Abs 4 BGB). Daran fehlt es zB, wenn der Inserent die Druckunterlagen nicht rechtzeitig zur Verfügung gestellt oder einen Korrekturabzug verspätet übermittelt hat (Ziff 9 ZAW-AGB; vgl BGH VersR 1983, 61). Nicht zu vertreten hat der Verlag ferner Betriebsstörungen durch Naturereignisse oder sonstige höhere Gewalt (Brand des Verlagsgebäudes, Überschwemmung, Schneechaos, Transportbehinderung etc). Auch für Streiks seiner eigenen Arbeitnehmer oder der Mitarbeiter seines Papierlieferanten muss der Verleger grundsätzlich nicht einstehen (dazu eingehend *Richardi* JuS 1984, 825 ff.). Wird die Auslieferung der Zeitung und damit die rechtzeitige Verbreitung der Anzeige durch eine behördlich angeordnete Beschlagnahme verhindert, fällt dies ebenfalls grundsätzlich nicht in die Risikosphäre des Verlages (vgl aber BGH NJW 2002, 1568). Ein typischer Fall einer vom Verlag zu vertretenden Leistungsverzögerung liegt etwa dann vor, wenn ein Angestellter der Anzeigenabteilung vergisst, die vom Besteller rechtzeitig abgelieferten **Druckunterlagen** an die Herstellung weiterzuleiten. Nach § 278 BGB hat der Verlag das Verschulden seiner Erfüllungsgehilfen, insb seiner Mitarbeiter und Lieferanten, zu vertreten. Die Darlegungs- und Beweislast für das fehlende Vertretenmüssen des Verzugs liegt nach § 286 Abs 4 BGB beim Verlag (vgl BGH NJW 1981, 1729/1731).

b) Rechte des Inserenten bei Verzug des Verlags

176 Liegt Verzug vor, ist der Verlag nach § 280 Abs 1 BGB zum Ersatz des Verzögerungsschadens verpflichtet, der dem Inserenten entstanden ist. Dazu gehört gemäß § 252 BGB auch der **entgangene Gewinn,** soweit er auf den nicht rechtzeitigen Abdruck der Anzeige zurückzuführen ist (zB Einnahmeverluste bei einem nicht ausreichend angekündigten Konzert). In der Praxis ist der Nachweis des Verzögerungsschadens regelmäßig schwierig zu führen. Neben diesem Schadensersatzanspruch bleiben die ursprünglichen Hauptleistungspflichten bestehen: Der Verlag bleibt also weiterhin zum Abdruck der Anzeige, der Inserent zur Entrichtung der vereinbarten Vergütung verpflichtet. Erst unter den zusätzlichen Voraussetzungen des § 323 Abs 1 BGB (Ablauf einer angemessenen Nachfrist) kann der Inserent bei Verzug des Verlages vom Vertrag zurücktreten. Anders als vor der Schuldrechtsreform muss die Nachfristsetzung nicht mehr mit einer Ablehnungsandrohung verbunden werden (vgl § 326 Abs 1 BGB aF). Der Rücktritt des Inserenten lässt sein Recht unberührt, vom Verlag Schadensersatz zu verlangen (§§ 325, 280 Abs 2 und 3, 281 ff. BGB). Der Inserent kann also Rücktritt und Schadensersatz miteinander kombinieren.

c) Entbehrlichkeit der Fristsetzung

Eine Fristsetzung vor dem Rücktritt ist zunächst entbehrlich, wenn der Verlag den 177 Abdruck der Anzeige ernsthaft und endgültig verweigert (§ 323 Abs 2 Nr 1 BGB). Eine Fristsetzung ist nach § 323 Abs 2 Nr 2 BGB ferner obsolet, wenn es sich um ein sog relatives **Fixgeschäft** handelt, bei dem der Gläubiger den Fortbestand seines Leistungsinteresses an die zeitgerechte Leistung des Schuldner gebunden hat. Dafür genügt aber nicht allein der Umstand, dass der Termin für den Abdruck der Anzeige kalendermäßig bestimmt war. Vielmehr muss die Einhaltung des Erscheinungstermins nach dem übereinstimmenden Parteiwillen derart wesentlich sein, „dass mit der zeitgerechten Leistung das Geschäft stehen und fallen soll" (vgl BGH NJW 1990, 2065/2067; OLG Hamm NJW-RR 1996, 40; OLG Karlsruhe BeckRS 2009, 18005). Bei Warenumsatzgeschäften wird dies zumeist durch Handelsklauseln wie „fix", „prompt", „genau" „spätestens" etc zum Ausdruck gebracht. Die besondere Bedeutung der Leistungszeit muss sich eindeutig aus dem Anzeigenvertrag ergeben. Auf eine Fristsetzung kann ferner verzichtet werden, wenn besondere Umstände vorliegen, die unter Abwägung der beiderseitigen Interessen den sofortigen Rücktritt des Inserenten rechtfertigen (§ 323 Abs 2 Nr 3 BGB). Dies kann zB bei der Ankündigung von Saisonware der Fall sein, die beim nächsten Erscheinungstermin bereits abverkauft sein muss. Unter den gleichen Voraussetzungen kann der Inserent gemäß §§ 280 Abs 3, 281 BGB auch Schadensersatz statt der Leistung (also dem vertraglich geschuldeten Abdruck der Anzeige) verlangen.

d) Anzeigenvertrag als absolutes Fixgeschäft

In manchen Fällen kann der Abdruck einer Anzeige, die nicht zum vereinbarten 178 Termin oder in der verabredeten Ausgabe einer Zeitung oder Zeitschrift erscheinen ist, aus tatsächlichen Gründen nicht mehr nachgeholt werden. Dies ist beispielsweise der Fall, wenn die durch Anzeige anzukündigende Kultur- oder Sportveranstaltung bereits stattgefunden hat, bevor die Anzeige erschienen ist. Auch eine Wahlkampfanzeige ist für die inserierende Partei oder politische Gruppe naturgemäß sinnlos, wenn sie auf Grund einer vom Verlag zu verantwortenden Verzögerung erst nach der Wahl erscheint. In derartigen Fällen kann ein Anzeigenvertrag als sog **absolutes Fixgeschäft** vorliegen, bei dem mit Zeitablauf ohne weiteres (insbesondere ohne Mahnung oder Fristsetzung) Unmöglichkeit der Leistung iSv § 275 Abs 1 BGB eintritt. Voraussetzung dafür ist, dass im Anzeigenvertrag vereinbarte Erscheinungstermin so wesentlich ist, dass die Verfehlung dieses Zeitpunkts die Leistung ohne weiteres dauernd unmöglich macht. Ferner müssen sich die Vertragsparteien darüber einig gewesen sein, dass der Vertrag mit der Einhaltung der Nichteinhaltung der Leistungszeit stehen oder fallen soll (st Rspr; vgl zuletzt BGH NJW 2001, 2878 – *Musikproduktionsvertrag*). Ob die Parteien der vereinbarten Leistungszeit so weit reichende Bedeutung beimessen wollten, ist – wenn der Anzeigenvertrag keine ausdrückliche Regelung enthält – unter Berücksichtigung aller Umstände durch Auslegung zu ermitteln, wobei sich jeder Zweifel gegen die Annahme eines Fixgeschäfts auswirkt (BGH aaO).

Das Anzeigengeschäft ist ein ausgesprochenes Massengeschäft. Die Verlage sind da- 179 her gar nicht in der Lage, die Bedeutung des Veröffentlichungstermins für den Inserenten selbst zu erkennen. Von einem (absoluten oder relativen) Fixgeschäft kann deshalb nur ausgegangen werden, wenn der Inserent bei Vertragsschluss **ausdrücklich** auf die ganz besondere Bedeutung des Erscheinungstermins hinweist und der

Verlag den fristgerechten Abdruck der Anzeige in Kenntnis dieser Tatsache zusagt (vgl *Hörle* AfP 1977, 266/267). Es genügt also nicht, dass der Verlag die Bedeutung des Erscheinungstermins aus dem Anzeigentext entnehmen konnte (zB bei einer Glückwunschanzeige zu Neujahr oder einem einmalig an einem bestimmten Datum stattfindenden Konzert). Der Verlag ist nicht verpflichtet, sich mit dem Inhalt einer bei ihm aufgegebenen Anzeige näher zu befassen. Inhalt und Erscheinungstermin liegen im Verantwortungsbereich des Inserenten. Es ist daher Aufgabe des Inserenten, den Verlag klar und deutlich darauf hinzuweisen, dass der vorgesehene Erscheinungstermin besondere Bedeutung hat und unbedingt einzuhalten ist. Voraussetzung für die ordnungsgemäße Abwicklung eines als Fixgeschäfts einzuordnenden Anzeigenvertrages ist, dass die Druckunterlagen dem Verlag rechtzeitig zum vereinbarten Zeitpunkt – jedenfalls aber vor dem Anzeigenschlusstermin vorliegen (vgl Ziff 6 ZAW-AGB; zur Bedeutung des Anzeigenschlusstermins im Einzelnen *Rath-Glawatz* Rd Anzeige Rn P 88ff.). Gerade beim Fixgeschäft ist die rechtzeitige **Ablieferung der Druckunterlagen** nicht nur bloße Gläubigerobliegenheit, sondern Hauptpflicht des Anzeigenbestellers. Kommt der Inserent dieser Verpflichtung nicht nach, hat er selbst die Unmöglichkeit der Leistungserbringung durch den Verlag zu vertreten und dessen Vergütungsanspruch bleibt gemäß § 326 Abs 2 BGB bestehen (vgl BGH NJW 2002, 505).

2. Unmöglichkeit

180 Vom oben dargestellten absoluten Fixgeschäft abgesehen, ist die Unmöglichkeit der Leistung (§§ 275, 326 BGB) beim Anzeigenvertrag vergleichsweise selten. Denkbar ist zB der Fall, dass die in nur in einem Exemplar vorhandenen und nicht mehr reproduzierbaren Druckunterlagen im Verlag verlorengehen oder dass die durch Anzeigenvertrag zum Abdruck verpflichtete Publikation ihr Erscheinen vor dem Abdruck der Anzeige endgültig einstellt (vgl zu diesem seltenen Fall OLG Hamburg NJWE-WettbR 2000, 36 – ZEIT-Magazin). Viele der in der presserechtlichen Literatur unter dem Gesichtspunkt der Unmöglichkeit erörterten Leistungsstörungen sind in Wahrheit dem Verzug zuzuordnen, weil die Leistung des Verlages bei genauer Betrachtung noch nachgeholt werden kann, mag sie für den Inserenten auch uninteressant geworden sein (vgl etwa *Rath-Glawatz* RdAnzeige Rn P 197ff. und die dort genannten Beispiele).

181 Kann die bestellte Anzeige tatsächlich gar nicht mehr oder nicht wie vorgesehen abgedruckt werden, sind die in den §§ 644, 645 BGB enthaltenen werkvertragsrechtlichen Sonderregelungen der Vergütungsgefahr zu beachten. Wenn die Ursache der Leistungsstörung in der **Sphäre des Bestellers** liegt, insb auf seinen Anweisungen oder den von ihm zur Verfügung gestellten Druckunterlagen beruht, behält der Verlag seinen Vergütungsanspruch zumindest teilweise (vgl BGH NJW 1980, 2189/2190; 2002, 505). Er kann dann nach § 645 Abs 1 BGB einen der geleisteten Arbeit entsprechenden Teil seiner Vergütung und Ersatz seiner Auslagen verlangen. Hat der Inserent oder seine Erfüllungsgehilfen (§ 278 BGB) die Unmöglichkeit im Sinne der §§ 276ff. BGB schuldhaft zu vertreten, behält der Verlag nach § 326 Abs 2 BGB seinen Vergütungsanspruch in voller Höhe (vgl *Voit* in *Bamberger/Roth* § 645 Rn 35 zum umstrittenen Konkurrenzverhältnis beider Normen. Beispiel: Der Inserent ist für die rechtzeitige Übermittlung der Druckunterlagen verantwortlich. Gehen die Druckunterlagen für eine Wahlkampfanzeige, die am letzten Tag vor der Wahl erscheinen soll, nicht rechtzeitig beim Verlag ein, weil der damit beauftragte Bote einen unverschuldeten Wegeunfall erleidet, liegt ein Fall des § 645 Abs 1 BGB vor. Der Verlag kann also allenfalls eine Teilvergütung verlangen. Bringt der Inserent die Druckunterlagen wegen selbst verschuldeter Organisationsmängel nicht rechtzeitig auf den Weg, steht dem Verlag nach § 326 Abs 2 BGB die Vergütung in voller Höhe zu.

3. Haftungsbeschränkung durch die ZAW-AGB

Ziff 10 Abs 2 der ZAW-AGB (Anhang A.) schränkt die Rechte des Anzeigenbestel- **182** lers im Falle des Verzuges oder der Unmöglichkeit ein. Schadensersatzansprüche des Inserenten sind demnach bei **Verbraucherverträgen** zum einen auf den Ersatz des vorhersehbaren (anzeigenvertragstypischen) Schadens und zum anderen auf das für die betreffende Anzeige oder Beilage zu zahlende Entgelt beschränkt. Diese Beschränkung der Haftung gilt allerdings nicht bei Vorsatz oder grober Fahrlässigkeit des Verlages und seiner Erfüllungsgehilfen (§ 10 Abs 2 S 2 ZAW-AGB). Diese doppelte Haftungsbeschränkung sollte nach hM (*Rath-Glawatz*, 2. Aufl, Rn 31; *Wronka* Ziff 10 ZAW-AGB Rn 19; vgl aber auch BGH NJW 1985, 3016/3018) mit § 11 Nr 7 und 8 AGBG **aF** vereinbar sein. Dieser Ansatz begegnet durchgreifenden Bedenken, da es sich bei Ziff 10 Abs 2 ZAW-AGB um eine nach § 307 Abs 2 Nr 2 BGB unzulässige Einschränkung der Haftung des Schuldners bei der Verletzung von vertraglichen Kardinalpflichten handelt (st Rspr; vgl nur BGH NJW 2001, 292/302; NJW-RR 2001, 342; *Palandt/Grüneberg* § 307 Rn 37 und § 309 Rn 48 mwN). § 10 Abs 2 ZAW-AGB war bereits vor der Schuldrechtsreform dringend überarbeitungsbedürftig. Die Verwendung dieser Klausel in unveränderter Form ist nicht mehr ratsam.

Im **Geschäftsverkehr zwischen Unternehmen** soll die Haftung der Verlage **183** durch Ziff 10 Abs 3 ZAW-AGB noch weiter eingeschränkt werden: Zum einen wird hier die Haftung auch für grobe Fahrlässigkeit sog einfacher Erfüllungsgehilfen generell ausgeschlossen. Zum anderen wird die Haftung für grobe Fahrlässigkeit (des Verlegers und „qualifizierter" Erfüllungsgehilfen) dem Umfang nach auf den voraussehbaren Schaden bis zur Höhe des betreffenden Anzeigenentgelts beschränkt. Eine derart umfassende Freizeichnungsklausel ist nach der Rspr aber auch im unternehmerischen Geschäftsverkehr unwirksam, soweit sie sich auf sog **Kardinalpflichten,** dh vertragswesentliche Pflichten, bezieht (BGH NJW 1984, 1350/1351; 1985, 914/915; 1985, 2258/2261; 1993, 335; NJW-RR 1998, 1426). Ziff 10 Abs 3 ZAW-AGB, der unterschiedslos jede Verletzung vertraglicher Pflichten durch den Verlag erfasst, ist daher **unwirksam** (aM *Rath-Glawatz* RdAnzeige Rn P 260; *Wronka* Ziff 10 ZAW-AGB Rn 23). Die Unwirksamkeitsfolge ist erst recht unausweichlich, soweit die Verlage die ZAW-AGB in einer zu ihren Gunsten modifizierten Fassung verwenden, die eine Haftung für grobe Fahrlässigkeit von Erfüllungsgehilfen generell ausschließt und damit auch sog qualifizierte Erfüllungsgehilfen erfasst (OLG Hamm NJW-RR 1988, 945/946). Eine vom ZAW beabsichtigte Neufassung der unwirksamen Klausel ist bisher an unterschiedlichen Standpunkten der Verlegerorganisationen gescheitert.

4. Mangelhafte Leistung des Verlages

a) Begriff des Sachmangels beim Anzeigenvertrag

Nach § 633 Abs 1 BGB ist der Verlag verpflichtet, seine Leistung frei von Sach- **184** und Rechtsmängeln zu erbringen. Rechtsmängel (also entgegenstehende Rechte Dritter) haben beim Anzeigenvertrag wenig praktische Bedeutung. Ein Sachmangel liegt nach § 632 Abs 2 Satz 1 BGB auch vor, wenn das Inserat nicht die „vereinbarte Beschaffenheit" aufweist. **Beschaffenheitsvereinbarung** ist dabei jede ausdrückliche oder stillschweigende Beschreibung der vertragsgegenständlichen Leistung − hier also des Abdrucks der Anzeige −, eine Erklärung mit besonderem Einstandswillen (vgl BGH NJW 1986, 711) ist nach der Schuldrechtsreform nicht mehr erforderlich. Die Vereinbarung einer bestimmten Beschaffenheit ist im Streitfall vom Inserenten zu beweisen. Soweit eine bestimmte Beschaffenheit nicht vertraglich vereinbart wurde oder jedenfalls nicht nachgewiesen werden kann, hat der Verlag die Anzeige so abzudrucken, dass sie sich für 1. die „nach dem Vertrag vorausgesetzte" oder 2. „gewöhnliche Verwendung eignet und eine Beschaffenheit aufweist, die bei Werken dieser Art üblich ist und die der Besteller nach Art des Werkes erwarten kann" (§ 632 Abs 2 Nr 1 und Nr 2 BGB). Entscheidend ist also der vom Inserenten beabsichtigte **und** dem Verlag auch bekannte Zweck der Anzeige (vgl nur *Voit* in *Bamberger/Roth* § 633 Rn 7). Den Inserenten trifft insoweit eine **Hinweispflicht** (vgl OLG Düsseldorf NJW-RR 1999, 1731), denn der Verlag kann schließlich nicht erraten, welche Umstände dem Inserenten wichtig sind.

185 Beispiele: Ein Sachmangel liegt vor, wenn die Anzeige ganz oder teilweise **unleserlich** (zB geschwärzt oder farbversetzt) abgedruckt wird (vgl dazu auch *Rath-Glawatz* RdAnzeige Rn P 197). Dass die bestellte Anzeige lesbar ist (dh dass sie von einem durchschnittlichen Leser entziffert werden kann), gehört in jedem Fall zur vertraglich vorausgesetzten Beschaffenheit, auch wenn dies nicht ausdrücklich vereinbart wurde. Beruht der unleserliche Abdruck auf Anweisungen des Bestellers oder den von ihm gelieferten Druckunterlagen, fällt dies aber grundsätzlich nicht in den Verantwortungsbereich des Verlages und löst daher auch keine Gewährleistungsansprüche aus des Inserenten (vgl BGH NJW 1984, 1676/1677; OLG Frankfurt NJW 1983, 456). Sind die vom Inserenten zur Verfügung gestellten **Druckunterlagen ungeeignet,** ist der Verlag verpflichtet, ihn hierauf unverzüglich hinzuweisen (vgl BGH NJW 1983, 875/876; 1987, 643). Ziff 9 Abs 1 Satz 2 ZAW-AGB (Anhang A.) wiederholt lediglich die entsprechende vertragliche Nebenpflicht des Verlages. Ist ein solcher Hinweis, zB aus Zeitgründen, nicht möglich, geht dies nicht zu Lasten des Verlages. Die Anforderungen an die Prüfungs- und Hinweispflicht des Verlages und seiner Mitarbeiter dürfen dabei nicht überspannt werden. Bei der Masse der täglich eingehenden Anzeigen und der regelmäßig gegebenen Eilbedürftigkeit kann dem Verlag allenfalls eine flüchtige Prüfung vom Besteller eingereichter Druckunterlagen zugemutet werden (*Wronka* Ziff 9 ZAW-AGB Rn 4). Fehler, die nicht ohne weiteres erkennbar sind, gehen zu Lasten des Inserenten.

186 Ein Sachmangel im Sinne des § 633 Abs 2 BGB liegt ferner vor, wenn die Anzeige inhaltlich **unrichtig** oder **unvollständig** abgedruckt wird (vgl OLG Düsseldorf NJW-RR 1992, 822; AG Cottbus NJW-RR 1994, 949; AG Trier ArchPR 1964, 62). Beispiele: **Druckfehler,** falsche Angaben, Farbabweichungen, Größenabweichungen, orthographische Fehler, Weglassung von Textteilen, Adressen, Telefonnummern etc. Ein Sachmangel ist auch dann gegeben, wenn die vertraglich vereinbarte oder übliche **Plazierung nicht eingehalten** wird (dazu auch *Rath-Glawatz* RdAnzeige Rn 316), zB ein Mietgesuch versehentlich unter der Rubrik Stellenangebote abgedruckt wird (LG München I ArchPR 1964, 62). Eine Coupon-Anzeige, die vom Verlag so ungünstig plaziert wird, dass die angesprochenen Leserkreise vom beabsichtigten Ausschneiden des Coupons absehen, um ein wertvolles Sammelbild auf der Rückseite des Inserats nicht zu zerstören, ist ebenfalls mangelhaft iSd § 633 Abs 2 BGB (OLG Bremen ArchPR 1976, 93). Mängel des vom Anzeigenbesteller gelieferten Anzeigentextes oder der von ihm übermittelten Druckunterlagen fallen nicht in den Verantwortungsbereich des Verlages. Die inhaltliche Prüfung des vom Besteller gelieferten Anzeigentextes ist nicht Aufgabe des Verlages. Der Anzeigenbesteller kann ggf von seinem Recht Gebrauch machen, einen Probeabzug anzufordern, wenn er der eigenen Vorlage misstraut (vgl Ziff 11 ZAW-AGB).

187 Die **Auflagenhöhe** eines Pressemediums ist neben seinem Ansehen, der Struktur und Kaufkraft der Leserschaft und der Aufmachung des Inserats sicher das wichtigste Kriterium für die Werbekraft einer Anzeige (OLG Frankfurt AfP 1978, 224; LG Köln NJOZ 2001, 897). Vor allem bei gewerblichen Inserenten ist die Auflage oder Reichweite häufig bestimmendes Motiv für die Schaltung der Anzeige in einem bestimmten Printmedium (Näheres BT Anz Rn 301). Wird die bei Abschluss des Anzeigenvertrages vereinbarte Auflagenhöhe nicht erreicht, kann darin ein Sachmangel der vom Verlag zu erbringenden Werkleistung liegen. Voraussetzung für die Annahme eines Mangels ist, dass eine bestimmte Auflagenhöhe auch tatsächlich Vertragsinhalt wurde. Werbende Angaben der Verlage über die Auflagenhöhe, Reichweite, Struktur der Leserschaft etc, wie sie zB in Anzeigenpreislisten, Mediaunterlagen und der Inserentenwerbung verwendet werden, und ähnliche öffentliche Aussagen gehören nicht ohne weiteres zur vertraglich vereinbarten Beschaffenheit iSv § 632 Abs 2 S 1 BGB.

XI. Typische Leistungsstörungen beim Anzeigenvertrag

Eine § 434 Abs 1 S 3 BGB (Haftung der Verkäufers für Werbeaussagen) entsprechende Regelung hat der Gesetzgeber in das Werkvertragsrecht bewusst nicht aufgenommen (vgl aber *Voit* in *Bamberger/Roth* BGB § 633 Rn 7).

Schwankungen der Auflage sind schon aus saisonalen Gründen (Schulferien, **188** Feiertage etc) unvermeidbar, was auch die Inserenten wissen (OLG München AfP 1985, 132/134, *Klosterfelde,* Anzeigen-Praxis, S 75 f.). Kein Verlag kann für einzelne zukünftige Ausgaben seines Druckwerkes eine bestimmte Verbreitung garantieren, geschuldet wird daher grundsätzlich nur die Verbreitung in der jeweiligen Auflagenhöhe (LG Tübingen NJW-RR 1993, 1075/1076). Ebenso wenig, wie eine Steigerung der Auflage den Verlag zu Nachforderungen berechtigt, führt daher das Absinken der Auflage zu einer Minderung des Anzeigenpreises (OLG München AfP 1985, 132/134). Von einem Sachmangel im Sinne des § 633 Abs 2 BGB kann nur dann gesprochen werden, wenn die tatsächliche Auflage die bei Vertragsschluss vorausgesetzte Auflagenhöhe **wesentlich unterschreitet** (vgl OLG München AfP 1985, 132/134; OLG Frankfurt NJW-RR 1986, 945/946). Legt der Inserent auf eine bestimmte (Mindest-)Auflagenhöhe besonderen Wert, muss dies ausdrücklich oder stillschweigend als vertragliche Beschaffenheit vereinbart werden. Ziff 17 der ZAW-AGB (Anhang A.) trifft eine Sonderregelung, wonach der Inserent bei **Mehrfachanzeigen** (Anzeigenabschlüssen) eine Minderung des Anzeigenpreises nur verlangen kann, wenn die Auflage bestimmte Toleranzen (beginnend bei 5 vH) unterschreitet. Die Klausel unterscheidet dabei zwischen Auflage (gedruckte Exemplare abzüglich Makulatur), verkaufter Auflage (tatsächlich abgesetzte Exemplare) und verbreiteter Auflage (verkaufte Auflage zuzüglich Frei- und Werbestücke). Eine relevante Auflagenminderung liegt erst vor, wenn der Gesamtdurchschnitt einer Jahresauflage geringer ist als der entsprechende Gesamtdurchschnitt der Vorjahresauflage (dazu eingehend *Wronka* Ziff 17 ZAW-AGB Rn 3).

b) Rechte des Inserenten bei Sachmängeln

Liegt ein Sachmangel vor, hat der Inserent primär Anspruch auf **Nacherfüllung 189** (§§ 634 Nr 1, 635 BGB). Nach werkvertraglicher Systematik kann der Unternehmer (also der Verlag) nach eigener Wahl den Mangel beseitigen oder ein neues Werk herstellen (§ 635 Abs 1 BGB). Der Besteller hat keinen Anspruch auf eine bestimmte Art und Weise der Mangelbeseitigung (BGH NJW-RR 1997, 1106). Fehler in der bereits erschienenen und verbreiteten Anzeige können im strengen Sinne nicht mehr beseitigt werden. Möglich ist aber der Abdruck einer Berichtigung durch den Verlag (beispielsweise die Korrektur einer fehlerhaft gedruckten Telefonnummer), soweit dadurch der Vertragszweck erreicht werden kann. Nur dann wenn eine Berichtigung zur Erreichung des Vertragszwecks nicht ausreicht, konkretisiert sich der Anspruch auf Nacherfüllung in der Veröffentlichung einer fehlerfreien und mit den vertraglich vereinbarten Eigenschaften versehenen **Ersatzanzeige** durch den Verlag (*Rath-Glawatz* RdAnzeige Rn P 198; vgl BGH NJW 1986, 711/712; NJW-RR 1997, 1106). Soweit die vom Inserenten geschaltete Anzeige nicht mehr im gebuchten Medium erscheinen kann, weil dieses inzwischen eingestellt wurde, darf der Verlag als Nacherfüllung auch eine gleich- oder höherwertige Ersatzanzeige in einem anderen Medium anbieten (OLG Hamburg NJWE-WettbR 2002, 36 – ZEIT-Magazin).

Der Verlag kann nach den §§ 635 Abs 3, 275 Abs 2 BGB die Nacherfüllung **ver- 190 weigern,** wenn sie nur völlig unverhältnismäßigen Aufwand bzw unverhältnismäßige Kosten möglich ist. Das ist etwa bei ganz unbedeutenden Druckfehlern anzunehmen, die für die Aussage der Anzeige den Werbeerfolg völlig unerheblich sind (zB fehlerhafte Interpunktion). Bis zur Erfüllung des Nacherfüllungsanspruchs kann der Besteller die Bezahlung der vereinbarten Vergütung verweigern (§ 320 Abs 1 BGB). Die in den §§ 634 Nr 2, 637 BGB vorgesehene Selbstbeseitigung des Mangels durch den Inserenten setzt regelmäßig den erfolglosen Ablauf einer Nachfrist voraus und ist bei Anzeigenverträgen in der Praxis kaum denkbar. Insbesondere ist der Inserent nicht berechtigt, auf Kosten des Verlags eine Anzeige in einem Konkurrenzblatt aufzugeben, wenn der Verlag die Berichtigung bzw Ersatzanzeige nicht oder nicht rechtzeitig abdruckt. Dies wäre keine Nacherfüllung, sondern ein aliud.

191 **Rücktritt, Minderung** oder **Schadensersatz statt der Leistung** kann der Inserent nach den §§ 634 Nr 3 und 4, 636 BGB erst wählen, wenn er dem Verlag erfolglos eine angemessene Frist zur Nacherfüllung (Berichtigung oder Abdruck der Ersatzanzeige) gesetzt hat. Die Fristsetzung ist ausnahmsweise entbehrlich, wenn der Verlag sich weigert, eine Ersatzanzeige zu drucken oder dies für den Inserenten unzumutbar ist (§§ 636, 281 Abs 2, 323 Abs 2 BGB). Eine Nachfrist ist insbesondere überflüssig, wenn das Interesse des Inserenten an der Anzeige durch den verspäteten oder fehlerhaften Abdruck weggefallen ist. Beispiel: Die in einer Anzeige mit gravierenden Druckfehlern angekündigte Sportveranstaltung hat bereits stattgefunden, ein Werbeeffekt wäre deshalb durch eine Ersatzanzeige nicht mehr zu erzielen. Hier ist eine Fristsetzung vor dem Rücktritt gemäß § 323 Abs 2 Nr 3 BGB entbehrlich (vgl BGH NJW 2001, 2879). Ein Rücktritt des Inserenten ist ausgeschlossen, wenn der Mangel der Anzeige nicht erheblich ist (vgl § 323 Abs 5 BGB). Beispiel: Der Vorname eines Arztes, der in einem Inserat seine bevorstehende Urlaubsabwesenheit ankündigt, wurde vom Verlag eigenmächtig abgekürzt, ohne dass dadurch der Zweck der Anzeige auch nur im Mindesten beeinträchtigt wird (vgl auch *Wronka* Ziff 10 ZAW-AGB Rn 7).

192 Im Fall des Rücktritts muss sich der Inserent den Wert der bereits veröffentlichten (fehlerhaften) Anzeige nach Maßgabe des § 346 Abs 2 BGB anrechnen lassen, weil die Rückgewähr des Inserats an den Verlag naturgemäß nicht möglich ist (vgl BGH NJW 1992, 1039/1042; AG Cottbus NJW-RR 1994, 949, *Busche* in Münchener Kommentar BGB§ 634 Rn 28 ff.). Im praktischen Ergebnis bedeutet dies dass der Inserent das Anzeigenentgelt für die fehlerhafte Anzeige zumindest teilweise bezahlen muss, kommt also im wirtschaftlichen Ergebnis einer **Minderung** nach den §§ 634 Nr 3, 638 BGB gleich, die dem Inserenten als weitere Wahlmöglichkeit (wiederum regelmäßig nach erfolgloser Nachfristsetzung) ohnehin offen steht. War die Anzeige für den Inserenten völlig wertlos, zB schlicht nicht lesbar, kann die Vergütung des Verlages im Einzelfall auch auf null gemindert werden (BGH NJW 1992, 1039/1042). Die ZAW-AGB (vgl Ziff 10 Abs 1) räumen dem Auftraggeber bei Mängeln der Anzeige das Recht ein, wahlweise den Abdruck einer einwandfreien Ersatzanzeige oder Zahlungsminderung zu verlangen, allerdings „nur in dem Ausmaß, in dem der Zweck der Anzeige beeinträchtigt wurde". Ist die Ersatzanzeige wiederum fehlerhaft oder wird sie vom Verlag nicht innerhalb einer angemessenen Frist abgedruckt, kann der Inserent nach Ziff 10 Abs 1 Satz 2 ZAW-AGB „Rückgängigmachung des Auftrags" oder Minderung verlangen, was wirtschaftlich auf dasselbe hinausläuft. Ziff 10 Abs 1 ZAW-AGB dürfte von seinem Regelungsgehalt her mit § 308 Nr 8 BGB vereinbar sein (kritisch *v* Westphalen BB 1977, 423/424), bedarf aber schon wegen der nicht mehr mit dem reformierten Schuldrecht übereinstimmenden Terminologie dringender Überarbeitung.

193 Neben der Nacherfüllung, der Minderung oder dem Rücktritt kann der Inserent **Schadensersatz** oder **Ersatz vergeblicher Aufwendungen** verlangen (§§ 634 Nr 4, 280, 281, 283, 284, 311a BGB). Ein Schadensersatzanspruch ist ferner bei Verzögerung der Nacherfüllung gegeben (§§ 280 Abs 2, 286 BGB). Zusätzliche Voraussetzung für den Schadensersatzanspruch ist, dass der Verlag die Pflichtverletzung zu vertreten hat (§§ 280 ff. BGB). Der Verlag muss sich das Verschulden seiner Erfüllungsgehilfen, also insb seiner Mitarbeiter, gemäß § 278 BGB zurechnen lassen. Der Anspruch aus § 634 Nr 4 und § 280 Abs 1 BGB umfasst sowohl den Mangelschaden ieS (vgl BGH NJW 1986, 2307) als auch den sog Mangelfolgeschaden, der vor der Schuldrechtsreform aus positiver Forderungsverletzung zu ersetzen war. Beispiel: Wird durch Verschulden des Verlages in einer Anzeige ein Konzert unter einem falschen Datum angekündigt, umfasst der Anspruch den entgangenen Gewinn des Veranstalters, wenn die Besucher infolge des Irrtums ausbleiben. Das OLG Frankfurt (AfP 1975, 865 mit kritischer Anmerkung *Ohnesorge*) hat einen Schadensersatzanspruch auch in einem Fall bejaht, in dem eine Namensverwechslung in einer Anzeige

XI. Typische Leistungsstörungen beim Anzeigenvertrag **Anz BT**

zu einem psychischen Schock und einem daraus resultierenden Verdienstausfall der Inserentin führte. Ferner haftet der Verlag, wenn er eine wettbewerbswidrige Anzeige auftragswidrig erneut abdruckt und der Inserent deshalb die einem Dritten versprochene Vertragsstrafe zahlen muss (OLG Düsseldorf AfP 1991, 620/622; OLG Hamm WRP 1997, 327).

Kritische Berichte über einen Inserenten im redaktionellen Teil stellen keinen Sachmangel der von ihm geschalteten Anzeigen dar (BGH JZ 1965, 680, 682; OLG Köln AfP 1977, 354, 355 mit Anmerkung *v Holstein; Rath-Glawatz* RdAnzeige Rn P 107; *Ricker/Weberling* Kap 47 Rn 14; *M. Löffler* BB 1978, 921). „Divergierende Meinungen und Aussagen gehören zum Wesen des publizistischen Forums einer offenen Gesellschaft", hat bereits *Martin Löffler* (BB 1978, 921/924) hierzu zutreffend ausgeführt. Ebenso muss der Inserent hinnehmen, dass der Verlag auch Werbeanzeigen von Konkurrenten abdruckt, selbst wenn es sich um gezielte **Gegenanzeigen,** die den Werbeeffekt der geschalteten Anzeige mindern. Kein Inserent darf erwarten, dass der Verlag ihm zuliebe die Anzeigen der Konkurrenz ablehnt. Ein Sachmangel der vom Verlag zu erbringenden Leistung kann ausnahmsweise dann vorliegen, wenn die gleichzeitig veröffentlichten **Gegenanzeigen** offenkundig grob wettbewerbswidrig und/oder geschäftsschädigend sind (vgl OLG Hamm NJW-RR 1986, 1091/1092; *Rath-Glawatz* RdAnzeige Rn P 107). 194

Nach Ziff 10 Abs 2 ZAW-AGB sind **Schadenersatzansprüche des Inserenten** aus „positiver Forderungsverletzung, Verschulden bei Vertragsschluss und unerlaubter Handlung" generell ausgeschlossen, soweit sie nicht auf Vorsatz oder grober Fahrlässigkeit des Verlegers und seiner Erfüllungsgehilfen beruhen. Dieser Haftungsausschluss ist nach st Rspr schon deshalb unwirksam, weil er die Erfüllung vertragswesentlicher Pflichten (sog Kardinalpflichten) betrifft (BGH NJW 1984, 1350/1351; 1985, 914/915; 1985, 2258/2261). Eine Neufassung der Klausel war vom ZAW schon vor der Schuldrechtreform beabsichtigt und ist somit längst überfällig. Nach Ziff 10 Abs 4 ZAW-AGB müssen Reklamationen bei offensichtlichen Mängeln der Anzeige innerhalb von **vier Wochen** nach Eingang von Rechnung und Beleg geltend gemacht werden. Diese Regelung ist wirksam (vgl § 309 Nr 8b) ee) BGB). Offensichtlich sind dabei solche Mängel, die ohne weiteres ins Auge fallen, weil sie den Gebrauchswert und die bestimmungsgemäße Verwendung der Anzeige beeinträchtigen. 195

Die „Zusätzlichen Geschäftsbedingungen" vieler Verlage enthalten Klauseln, wonach der Verlag für telefonisch aufgegebene Anzeigen generell keine Haftung übernimmt. Derartige Bestimmungen sind unwirksam, denn die §§ 307 ff. BGB differenzieren insoweit nicht zwischen schriftlich und fernmündlich geschlossenen Verträgen (eingehend *Wronka* Einleitung ZAW-AGB Rn 19). Allerdings trägt das **Übermittlungsrisiko** bei telefonisch aufgegeben Anzeigen nach allgemeinen Grundsätzen der Rechtsgeschäftslehre ohnehin der Inserent (vgl nur *Einsele* in Münchener Kommentar BGB § 130 Rn 28). Er muss sich ggf den telefonisch aufgenommenen Anzeigentext nochmals vorlesen lassen oder vor der Veröffentlichung einen Korrekturabzug verlangen, wenn er das Risiko, falsch verstanden zu werden, ausschließen will. Dies gilt auch dann, wenn die Anzeigenbestellung von einem automatischen Anrufbeantworter aufgezeichnet wurde. Den Zugang einer Erklärung hat grundsätzlich derjenige zu beweisen, der sich auf ihren Inhalt berufen will (BGH NJW 1995, 665/666). Wenn der Inserent Abweichungen der abgedruckten Anzeige vom telefonisch oder auch schriftlich aufgegeben Anzeigentext geltend machen will, liegt die **Beweislast** somit bei ihm. 196

5. Vom Inserenten zu verantwortende Leistungsstörungen

a) Zahlungsverzug

Bei den Leistungsstörungen, die ihre Ursache in der Sphäre des Inserenten haben, spielt in der Verlagspraxis der **Zahlungsverzug** die wichtigste Rolle. Auf den Verzug 197 des Auftraggebers soll hier nur eingegangen werden, soweit pressespezifische Besonderheiten bestehen: Nach Ziff 14 Abs 1 ZAW-AGB kann der Verlag bei Zahlungsverzug des Inserenten die weitere Ausführung eines laufenden Auftrages bis zur Bezahlung zurückstellen und für die restlichen Anzeigen Vorauszahlung verlangen. Da sich die Klausel ausschließlich auf Verträge über die Schaltung mehrerer Anzeigen (sog Anzeigenabschlüsse) und damit auf Sukzessivlieferungsverträge bezieht, ist es schon im Hinblick auf die dem Verlag zustehenden gesetzlichen Rechte aus den §§ 320 ff. BGB nicht zu beanstanden, dass bei Verzug des Inserenten der Abdruck weiterer Anzeigen von der Bezahlung der aufgelaufenen Rückstände abhängig gemacht wird (OLG Düsseldorf NJW-RR 1993, 126).

b) Verletzung von Mitwirkungspflichten

198 Verletzt der Anzeigenbesteller vertragliche Mitwirkungspflichten, stellt er insbesondere die Druckunterlagen nicht oder nicht rechtzeitig zur Verfügung, und kann die Anzeige deshalb nicht wie vereinbart abgedruckt werden, ist der Verlag nach § 642 Abs 1 BGB berechtigt, eine „angemessene Entschädigung" für seine Leistungsbereitschaft zu verlangen. Diese **Entschädigung** umfasst alle Nachteile, die dem Verlag durch die Bereithaltung seiner Ressourcen entstehen, richtet sich also in der Regel auf den vollen Anzeigenpreis abzüglich ersparter Aufwendungen, wenn keine Ersatzanzeige eines anderen Inserenten akquiriert werden kann. Der Entschädigungsanspruch nach § 642 Abs 1 BGB setzt ein Vertretenmüssen des Inserenten grundsätzlich nicht voraus (BGH NJW 2000, 1336). Darüber hinaus kommt ein Schadensersatzanspruch des Verlages nach § 280 Abs 1 BGB in Betracht, soweit die Mitwirkungspflichten des Inserenten nicht nur als bloße Gläubigerobliegenheit, sondern als echte vertragliche Nebenpflicht ausgestaltet sind (dazu BT Anz Rn 127; vgl ferner BGHZ 11, 80/83; 50, 175/179; *Busche* in Münchener Kommentar BGB § 642 Rn 24). Der Verlag kann dem Inserenten ferner nach § 643 S 1 BGB eine Frist zur Durchführung der notwendigen Mitwirkungshandlung (also insb die Überlassung der Druckunterlagen) setzen und für deren fruchtlosen Ablauf die Kündigung des Anzeigenvertrages androhen. Mit Ablauf der Frist gilt der Anzeigenvertrag nach § 643 S 2 BGB als „aufgehoben". Der Vergütungsanspruch des Verlages bemisst sich in diesem Falle nach hM gemäß § 649 BGB, richtet sich also auf die **volle Vergütung abzüglich ersparter Aufwendungen** (vgl BGH NJW 2000, 1257; *Voit* in *Bamberger/Roth* BGB § 642 Rn 7 f. und § 643 Rn 7; *Rath-Glawatz* RdAnzeige Rn P 168).

199 Wurde die Verpflichtung des Anzeigenbestellers, die Druckunterlagen bis zu einem bestimmten Termin zur Verfügung zu stellen, ausdrücklich im Anzeigenvertrag festgehalten, ist in jedem Fall nicht mehr von einer Gläubigerobliegenheit, sondern von einer echten vertraglichen Mitwirkungspflicht des Auftraggebers auszugehen (dazu BT Anz Rn 127). Erfüllt der Inserent unter diesen Umständen seine Verpflichtung nicht oder nicht rechtzeitig, hat der Verlag zusätzlich zu den erwähnten Befugnissen auch die allgemeinen Rechte nach den §§ 280 ff., 323 ff. BGB, kann also ggf vom Vertrag zurücktreten oder Schadensersatz statt der Leistung verlangen. Auch die grundlose Weigerung des Anzeigenbestellers, an der Durchführung des Anzeigenvertrages überhaupt mitzuwirken, stellt eine wesentliche Vertragsverletzung nach § 280 Abs 1 BGB (BGH NJW 1996, 3270/3271). Hieraus kann sich neben einem Schadensersatzanspruch auch das Recht des Verlages ergeben, den Anzeigenvertrag aus wichtigem Grund zu kündigen (§ 314 Abs 1 BGB). Dies hat insb bei Anzeigenabschlüssen, dh Verträgen über wiederholte Anzeigenschaltungen, praktische Bedeutung weil es dem Verlag auf diese Weise ermöglicht wird, sich vom Vertrag insgesamt (als auch für theoretisch noch mögliche zukünftige Anzeigenschaltungen) zu lösen.

XII. Haftung der Presse für Anzeigenveröffentlichungen

1. Grundregeln der Verantwortung für den Anzeigenteil

a) Primäre Verantwortlichkeit des Inserenten

Verletzt eine Fremdanzeige die Rechte Dritter (zB das allgemeine Persönlichkeitsrecht, das Recht am eingerichteten und ausgeübten Gewerbebetrieb, fremde Markenoder Urheberrechte) oder hat sie einen gesetzwidrigen (zB wettbewerbswidrigen oder strafbaren) Inhalt, trägt dafür primär der **Inserent** als „Urheber des Inserats" (sic BGH GRUR 2011, 340 Tz 27 – *Irische Butter*) und „Verletzer" im Sinne der wettbewerbsrechtlichen Terminologie die uneingeschränkte rechtliche Verantwortung (BGH GRUR 2001, 529/530 – *Herz-Kreislauf-Studie; Rath-Glawatz* Rd Anzeige Rn P 228; *Ricker/Weberling* Kap 78 Rn 4 ff.; *Lindacher* WRP 1987, 585). Der Auftraggeber der Anzeige haftet nach den allgemeinen Vorschriften selbst **als Verletzer bzw Täter** im Rechtssinne, weil er die eingetretene Rechtsverletzung adäquat kausal verursacht hat (vgl BGH GRUR 2002, 618/619 – *Meißner Dekor;* GRUR 2008, 186 Tz 21; GRUR 2008, 530 Tz 21 – *Nachlass bei Selbstbeteiligung,* GRUR 2011, 340 Tz 27 – *Irische Butter,* Grenzfall: OLG Köln AfP 2002, 145). Verletzer im Rechtssinne ist dabei auch, wer sich der Kenntnis der haftungsbegründenden Umstände bewusst entzieht (BGH GRUR 1995, 693/695 – *Indizienkette*). 200

Ferner stellt sich die Frage, ob neben dem Inserenten auch die **Presse** und deren Verantwortliche für Anzeigenveröffentlichungen, die in Rechte Dritter eingreifen, verantwortlich gemacht werden können. Die Presse bzw die Presseangehörigen können dabei zunächst **Täter, Mittäter, Anstifter oder Gehilfe** der Verletzungshandlung im deliktsrechtlichen Sinne sein. Ferner können die Presse und die Presseangehörigen als sonstige Verursacher (insb bei Unterlassungs- und Beseitigungsansprüchen) **Störer bzw Mitstörer** sein (vgl zur Abgrenzung BGH GRUR 1997, 313 – *Architektenwettbewerb;* 2002, 618/619 – *Meißner Dekor;* 2003, 969970 – *Ausschreibung von Vermessungsleistungen*). In der jüngeren Rspr (vgl BGH GRUR 1997, 313/315 – *Architektenwettbewerb*) deutet sich eine Differenzierung zwischen Verhaltensunrecht (wie es zB bei Wettbewerbsverstößen gegeben sein muss) und der Verletzung absoluter Rechte Dritter (zB Verletzung von Marken-, Persönlichkeitsrechten) an (BGH GRUR 2004, 860/864 – *Internet-Versteigerung*). Ob die Störerhaftung im Bereich des Verhaltensunrechts möglicherweise auf die deliktsrechtlichen Kategorien der Täterschaft und Teilnahme einzuschränken ist, hat der BGH (GRUR 2004, 860/864 – *Internet-Versteigerung*) zunächst noch offen gelassen (dazu BT Anz Rn 217). Neuerdings begründet die Rechtsprechung die Haftung von (Mit-)Verursachern, die nicht schon als Täter oder Mittäter einer Rechtsverletzung haften, mit der **Verletzung von Verkehrspflichten,** ohne die eingeführte Rechtsfigur der Störerhaftung aber ausdrücklich aufzugeben (BGH GRUR 2007, 890 Tz 38 – *Jugendgefährdende Medien bei eBay; Nordemann,* Wettbewerbsrecht Markenrecht, Rn 893; vgl noch BGH GRUR 2006, 429 Tz 13 – *Schlank-Kapseln*). *Köhler* (GRUR 2008, 1/6 f.) hat zu Recht darauf hingewiesen, dass es sich bei der Frage, ob der auf Grund einer Verkehrspflichtverletzung verantwortliche mittelbare Verursacher als „Täter" oder als „Störer" bezeichnet wird, „nicht um ein sachliches, sondern nur um ein terminologisches Problem handelt". Aus dieser Sicht ist der Begriff des „Störers" „in Wahrheit nichts anderes als eine spezifische Bezeichnung des Täters, der auf Unterlassung oder Beseitigung in Anspruch genommen wird". Für den Bereich der Verletzung absoluter Rechte hält der BGH zudem in neueren Entscheidungen an der Störerhaftung als eigenständiger Kategorie ausdrücklich fest (BGH GRUR 2011, 1038 Tz 20 – *Stiftparfüm;* GRUR 2011, 1018 Tz 25 – *Automobil-Onlinebörse;* GRUR 2012, 304 Tz 49 ff. – *Basler-Haar-Kosmetik*) während sie für den Bereich des Verhaltensunrechts (wozu eben auch Wettbewerbsverstöße gehören) für obsolet erklärt (BGH GRUR 2011, 152 Tz 48 – *Kinderhochstühle im Internet*). Ob eine Differenzierung zwischen Verhaltensunrecht 201 und Verletzung absoluter Rechte in diesem Bereich dann überhaupt sinnvoll ist und welche Unterschiede daraus in der Praxis im Einzelfall resultieren, ist höchst str. (vgl nur *Lehment* WRP 2012, 149 ff.; *Ensthaler/Heinemann* GRUR 2012, 433 ff.).

b) Zivilrechtliche Verantwortung der Presse für den Anzeigenteil

202 Die Haftung der Presse für redaktionelle Beiträge, Nachrichten, Leserbriefe, Interviews etc wird bei der Kommentierung des § 6 LPG (dort Rn 230 ff.) eingehend dargestellt. Hier werden ausschließlich die **Besonderheiten der Haftung für den Anzeigenteil** erläutert.

203 Auszugehen ist dabei von dem **Grundsatz**, dass der Verleger die zivilrechtliche **Verantwortung für den gesamten Inhalt der Druckschrift** trägt – also auch für den Anzeigenteil und die darin verbreiteten Fremdanzeigen (vgl nur BGH GRUR 1972, 722/723 – *Geschäftsaufgabe;* GRUR 1973, 203/204 – *Badische Rundschau;* 1990, 1012/1014 – *Pressehaftung I;* GRUR 2006, 429 Tz 13 – *Schlank-Kapseln;* OLG Saarbrücken NJW 1978, 2395 – *Verlobungsanzeige).* Der Anzeigenteil einer Zeitung findet die gleiche Verbreitung wie der redaktionelle und auch er birgt erhebliche Gefahren für die Persönlichkeit und den wirtschaftlichen Ruf der Betroffenen. Der Verlag muss durch geeignete Maßnahmen (Anweisungen, Betriebsorganisation, Überwachung etc) sicherstellen, dass Anzeigenveröffentlichungen nicht in Rechte Dritter eingreifen und der Abdruck von Anzeigen mit gesetzwidrigem, insbesondere wettbewerbswidrigem Inhalt unterbleibt (grundlegend BGH GRUR 1972, 722/723 – *Geschäftsaufgabe;* GRUR 1995, 751/752). Die rechtliche Verantwortung des Verlegers für die von Dritten veröffentlichten Anzeigen ergibt sich daraus, dass er seinen Anzeigenteil dem Inseranten öffnet und damit die abstrakte Gefahr von Rechtsverletzungen und Gesetzesverstößen herbeiführt. Daraus resultiert eine entsprechende Verkehrspflicht des Verlegers, die sich als Prüfungspflicht konkretisiert (vgl jetzt BGH GRUR 2007, 890 Tz 38 – *Jugendgefährdende Medien bei eBay).* Für Anzeigenveröffentlichungen, die in geschützte Rechtsgüter Dritter eingreifen, haftet die Presse daher nach den allgemeinen Vorschriften, also insb nach den §§ 823, 824, 826, 1004 BGB oder den Vorschriften des UWG, MarkenG und URG. Auch für **Beilagen, Prospekte, Sonderveröffentlichungen** etc ist die Presse grundsätzlich in gleichem Maße verantwortlich wie für den Anzeigenteil ieS (vgl BGHZ 14, 163/174 – *Constanze II).*

c) Verfassungskonforme Beschränkung der Pressehaftung

204 An die **Sorgfaltspflicht der Presse** bei der Verbreitung von Fremdanzeigen dürfen aber nicht die gleichen Anforderungen gestellt werden wie bei Veröffentlichungen im redaktionellen Teil (grundlegend BGH AfP 1972, 319/320 – *Geschäftsaufgabe;* GRUR 1973, 203/204 – *Badische Rundschau).* Wer – wie die Presse – bei Verbreitung einer Fremdanzeige nur durch Einsatz organisatorischer oder technischer Mittel an der vom Inserenten verantwortlich vorgenommenen Verletzungshandlung beteiligt war, muss, wenn er als Mitverursacher in Anspruch genommen wird, „einwenden können, dass er im konkreten Fall nicht gegen eine Pflicht zur Prüfung auf mögliche Rechtsverletzungen verstoßen hat" (BGH GRUR 1997, 313/316 – *Architektenwettbewerb;* 1997, 909/911 – *Branchenbuch-Nomenklatur;* 1999, 418/420 – *Möbelklassiker;* NJW 2004, 2158/2159 – *Schöner Wetten;* GRUR 2006, 429 Tz 13 ff. – *Schlank-Kapseln).* Die Presse wäre restlos überfordert, wenn sie alle eingehenden Werbeanzeigen inhaltlich auf Richtigkeit, auf Wettbewerbsverstöße, Urheber-, Marken- und sonstige Rechtsverletzungen überprüfen müsste (BVerfG NJW 2001, 591/592 – *Benetton-Schockwerbung).* Dann müssten die Zeitungen tatsächlich wegen unwägbarer rechtlicher Risiken „den Anzeigenteil abschaffen" (so pointiert noch *Baumbach/Hefermehl* § 13 UWG aF Rn 58) und diese wichtige Form der Kommunikation würde unserer Gesellschaft verloren gehen. Weil das Anzeigenwesen das „wirtschaftliche Rückgrat" der Presse darstellt (Näheres BT Anz Rn 5; *Henning-Bodewig* GRUR 1981, 258/259), würde eine derart umfassende Haftung für Anzeigenveröffentlichungen auch die Funktionsfähigkeit der freien Presse als solche im Kern gefährden und

XII. Haftung der Presse für Anzeigen **Anz BT**

damit letztlich die institutionelle Garantie aus Art 5 Abs 1 Satz 2 GG in Frage stellen (BVerfG NJW 2001, 591/592 – *Benetton-Werbung*; BGH NJW 1992, 2765 – *Pressehaftung II*; GRUR 2006, 429 Tz 13 ff. – *Schlank-Kapseln*).

Unter Berücksichtigung der **besonderen Gegebenheiten des Anzeigenwesens** 205 (Zeitdruck, große Zahl von unterschiedlichen Anzeigen, Veröffentlichung im Fremdinteresse, primäre Verantwortlichkeit des Inserenten für den Inhalt der Anzeige etc) und der **Ausstrahlungswirkung des Grundrechts der Pressefreiheit** aus Art 5 Abs 1 Satz 2 GG muss die Pressehaftung für Anzeigenveröffentlichungen verfassungskonform eingeschränkt werden (BVerfG NJW 2001, 591/592 – *Benetton- Schockwerbung*). Daher ist in der Rspr seit langem anerkannt, dass sich die Prüfungspflicht der Presse bei Fremdanzeigen auf **grobe und unschwer zu erkennende Verstöße bzw Rechtsverletzungen** beschränkt (BVerfG NJW 2001, 591/592 – *Benetton-Schockwerbung*; BGH GRUR 1972, 722/723 – *Geschäftsaufgabe*; 1973, 203/204 – *Badische Rundschau*; 1990, 1012/1014 – *Pressehaftung I*; 1992, 1993, 53/54 – *Ausländischer Inserent*; NJW 1992, 2765- *Pressehaftung II*; NJW 1994, 2827/2828 – *Suchwort*; WRP 1995, 302/303 – *Schlussverkaufswerbung II*; NJW 1995, 2490/2491 – *Kinderarbeit*; 1995, 2492/2493 – *HIV-Positive*; GRUR 2001, 529/532 – *Herz-Kreislauf-Studie*; 2002, 360/366 – *HIV Positive II*; GRUR 2006, 429 Tz 13 ff. – *Schlank-Kapseln*; GRUR 2006, 957/958 – *Stadt Geldern*; OLG Hamm AfP 1984; 160; 1986, 52/54; KG NJW-RR 1987, 624/625; 1989, 620, AfP 1990, 40; OLG Frankfurt AfP 1987, 424/425; OLG Hamburg AfP 1990, 318/319).

Zu **eigenen Ermittlungen** ist die Presse grundsätzlich **nicht verpflichtet**. Die 206 Presse kann unmöglich in jedem Einzelfall überprüfen, ob die in einer Fremdanzeige enthaltene Nachricht (zB Geburt eines Kindes, Eheschließung, Tod, Geschäftsgründung, Räumungsverkauf, Produktinnovation, Konzert, Sonderangebot, Vermietung etc.) richtig ist und dem Auftraggeber als Inserenten zugeordnet werden kann. Grundsätzlich darf die Presse eingehende Anzeigenaufträge abdrucken, ohne die Identität des Anzeigenbestellers und den Wahrheitsgehalt des Anzeigentextes oder die mögliche Verletzung Rechte Dritter zu überprüfen (vgl nur BVerfG NJW 2001, 591/592 – *Benetton- Schockwerbung*). Auch für **Urheberrechts- und Markenrechtsverletzungen** in Fremdanzeigen haftet der Verlag nur, wenn sich dabei um grobe, unschwer zu erkennende Verstöße handelt (BGH NJW 1994, 2827/2829 – *Suchwort*; GRUR 1999, 418/420 – *Möbelklassiker*; OLG Köln GRUR-RR 2002, 117). Die Beschränkung der Pressehaftung bei der Verbreitung von Fremdanzeigen erstreckt sich ferner auf Ansprüche nach dem **Produkthaftungsgesetz** (vgl *Ricker/Müller-Malm* AfP 1989, 505 ff.; *Berger-Delhey* BB 1990, 1501 ff.). Es ist allerdings in der Praxis kaum denkbar, dass eine Anzeige in einer Druckschrift kausal zur Verletzung der in § 1 Abs 1 ProdHaftG genannten Rechtsgüter führt.

d) Beschränkung der Pressehaftung bei Unterlassungs- und Beseitigungsansprüchen

Die dargestellte grundlegende Beschränkung der Pressehaftung auf grobe und un- 207 schwer zu erkennende Verstöße betrifft auch Unterlassungs- und Beseitigungsansprüche. Dagegen ist eingewendet worden, dass die Prüfungspflicht primär der Missachtung der im Verkehr erforderlichen Sorgfalt und damit dem Merkmal des Verschuldens zuzuordnen sei (*Henning-Bodewig* GRUR 1981, 867/870; 1985, 258; neuerdings auch *Jergolla* WRP 2004, 655). Das ist im Ansatz zutreffend, denn das Verschulden des Störers ist beim Abwehranspruch nicht erforderlich, es genügt die Rechtswidrigkeit der (künftigen) Verletzungshandlung (vgl nur *Goldmann/Bergmann/Seitz* in Harte/Henning UWG § 8 Rn 4 f.).

Wer – wie ein Presseunternehmen – bei der Verbreitung einer Fremdanzeige nur 208 als **Mitverursacher** an einer vom Inserenten eigenverantwortlich vorgenommenen Verletzungshandlung beteiligt war, muss einstehen können, dass im konkreten Fall nicht gegen die Pflicht zur Prüfung der Anzeige auf mögliche Rechtsverletzungen verstoßen hat (BGH GRUR 1997, 313/316 – *Architektenwettbewerb*; 1997, 909/911 – *Branchenbuch-Nomenklatur*; 1999, 418/420 – *Möbelklassiker*; NJW 2004,

Löffler 1275

2158/2159 – *Schöner Wetten;* GRUR 2004, 860/864 – *Internetversteigerung,* GRUR 2006, 429 Tz 13 ff. – *Schlank-Kapseln).* Hat die Presse die ihr obliegende Sorgfalts- und Prüfungspflicht erfüllt, ist eine Anzeigenveröffentlichung auch dann nicht als rechtswidriges Handeln zu qualifizieren, wenn das Inserat sich (nachträglich) als Verletzung fremder Rechte erweist (BGH GRUR 1973, 203/205 – *Badische Rundschau; Lindacher* WRP 1987, 585/586; *Löhr* WRP 1974, 524/525; *Hädicke* GRUR 1999, 397 ff.). Insoweit ist das sachliche Unwerturteil über das Verhalten des Inserenten als des Urhebers der Anzeige vom Unwerturteil über das Verhalten der Presse, die das Inserat lediglich verbreitet hat, zu unterscheiden (*Lindacher* WRP 1987, 585/586; *Hädicke* GRUR 1999, 397 ff.). Wer alle den Umständen nach zumutbaren Sorgfaltspflichten erfüllt hat, dem kann weder rechtswidriges noch unlauteres Verhalten vorgeworfen werden.

209 Die Rechtsprechung hat daher (auch) **Unterlassungsansprüche** gegen die Presse und andere Medien stets von einer **Verletzung der Prüfungspflicht** abhängig gemacht und diese auf grobe und unschwer zu erkennende Verstöße beschränkt (BVerfG NJW 2001, 591/592 – *Benetton-Schockwerbung;* grundlegend BGH GRUR 1973, 203/204 – *Badische Rundschau;* NJW 1992, 2765 – *Pressehaftung II;* GRUR 1993, 53/54 – *Ausländischer Inserent;* NJW 1994, 2827/2828 – *Suchwort;* WRP 1995, 302/303 – *Schlussverkaufswerbung II;* NJW 1995, 2490/2491 – *Kinderarbeit;* NJW 1995, 2492/2493 – *HIV-Positive;* NJW 2004, 2158/2159 – *Schöner Wetten;* GRUR 2006, 429 Tz 13 ff. – *Schlank-Kapseln;* OLG Frankfurt AfP 1987, 424/425; OLG Hamburg AfP 1990, 318/319; OLG Hamm AfP 1984, 160; KG AfP 1987, 619/620; 1990, 40; NJW-RR 1986, 624/625; 1989, 620).

210 Für **Beseitigungsansprüche,** die kein rechtswidriges Handeln des Störers, sondern lediglich das Fortdauern der Beeinträchtigung voraussetzen, ist eine verfassungskonforme Einschränkung der Pressehaftung in gleicher Weise wie bei Unterlassungsansprüchen geboten (vgl *Seitz* in Harte/Henning UWG § 8 Rn 189; *Henning-Bodewig* GRUR 1981, 867/872 f.).

211 Auf die eingeschränkte Haftung für den Anzeigenteil kann sich die Presse nicht berufen, wenn sie selbst aktiv den Inhalt der Anzeige mitgestaltet hat. Die Beschränkung der Pressehaftung gilt daher nicht für die **Eigenwerbung der Medien,** bei der diese praktisch als Inserenten im eigenen Blatt in Erscheinung treten (*Rath-Glawatz* Rd Anzeige Rn P 171; vgl *Begr zum RegE* BT-Ds 15/1487, S 23 zum Presseprivileg nach § 9 UWG). Hier unterliegen die Medien vielmehr der gleichen Verantwortlichkeit wie alle anderen Inserenten auch. Unabhängig von einer Verletzung der Prüfungspflicht und der daraus resultierenden Haftung als Mitstörer haftet die Presse, wenn ihr ein **eigener Tatbeitrag** an der Verletzung der Rechte Dritter zur Last fällt. Beispiele: Der Verlag druckt in einer Werbeanzeige auf Grund eines Satzfehlers eine falsche Telefonnummer und der (unbeteiligte) Anschlussinhaber wird deshalb von zahllosen Anrufern belästigt (LG Berlin ArchPR 1974, 140). Auch für eine fatale Namensverwechslung, die im Verantwortungsbereich des Verlages vorgekommen ist, haftet die Presse nach den allgemeinen Vorschriften selbst als Verletzer, ohne dass es hierbei auf eine Verletzung der Prüfungspflicht ankommt (OLG Frankfurt AfP 1975, 865). In diesen Fällen hat der Verlag nicht nur als Mitstörer für fremdes Verhalten einzustehen, sondern eine eigene Ursache für die Verletzung fremder Rechte gesetzt und haftet daher selbst als Täter bzw Verletzer.

e) Grobe und offensichtliche Verstöße – erweiterte Prüfungspflichten

212 **Erweiterte Prüfungspflichten** der Presse bestehen, wenn ein **besonderer Anlass** vorliegt (BGH GRUR 1972, 722/723 – *Geschäftsaufgabe;* LG Trier BB 1964, 193; AG Bremerhaven ArchPR 1974, 141). Das ist der Fall, wenn die Anzeige **erkennbar geschützte Rechtsgüter Dritter verletzt,** zB einen offensichtlich beleidigenden oder den wirtschaftlichen Ruf eines Dritten schädigenden Inhalt hat. Gleiches gilt, wenn die Anzeige besonders einschneidende und für den Betroffenen sehr weitreichende Umstände offenbart und die ernsthafte Möglichkeit besteht, dass sie

von Dritten in schädigender Absicht aufgegeben wurde (BGH GRUR 1972, 722/ 723 – *Geschäftsaufgabe*). Beispiel: Durch eine telefonisch und noch dazu anonym aufgegebene Anzeige in einer regionalen Tageszeitung wird (wahrheitswidrig) bekannt gegeben, dass ein ortsansässiges mittelständisches Bauunternehmen seine Geschäftstätigkeit aufgibt und den gesamten Maschinenpark verkaufen will. Hier muss der Verlag wegen der einschneidenden Folgen für den geschäftlichen Ruf des betroffenen Unternehmens die Identität des Inserenten durch geeignete Maßnahmen (zB telefonischer Rückruf, schriftliche Bestätigung etc) jedenfalls dann überprüfen, wenn der Anrufer noch nicht einmal seine Identität preisgibt (BGH GRUR 1972, 722/723 – *Geschäftsaufgabe*). Einen besonderen Anlass für eine nähere Prüfung hat das OLG Saarbrücken (NJW 1978, 2395 – *Verlobungsanzeige*) auch bei privaten Anzeigen mit offensichtlich völlig **ungewöhnlichem Inhalt** bejaht. Dabei ging es um eine von unbekannten Dritten fingierte Verlobungsanzeige unter bei derartigen Inseraten sehr unüblicher Berufsangabe beider Beteiligter (Rechtsanwalt und Verkäuferin bei einer bekannten Einzelhandelskette). Auch hier erschien eine Prüfung der Identität des Inserenten für den Verlag ausnahmsweise zumutbar, weil die höchst ungewöhnliche Anzeige auch einem wenig aufmerksamen Verlagsmitarbeiter geradezu ins Auge springen musste.

Für **Kontaktanzeigen, Heiratsanzeigen** etc besteht keine generell erweiterte 213 Prüfungspflicht, auch wenn sie unter Angabe einer Telefonnummer und/oder unter Verwendung eines Lichtbildes erfolgen (KG MMR 2004, 673 ff. – *Kontaktanzeige im Internet*; aM LG Berlin NJW-RR 1992, 1247). Die Aufgabe derartiger Inserate unter Angabe einer Telefonnummer (Handy) bzw unter Veröffentlichung eines Lichtbildes hat in den vergangenen Jahren sprunghaft zugenommen. Die Medien sind angesichts der besonderen Gegebenheiten des Anzeigengeschäfts nicht in der Lage, Identität und Berechtigung jedes einzelnen Auftraggebers derartiger Inserate zu überprüfen (vgl *Hoth* GRUR 1972, 723/724).

Die **Verwendung eines bekannten Markennamens** oder eines bekannten Fir- 214 menlogos in einer gewerblichen Händleranzeige ist keinesfalls ungewöhnlich und daher auch kein besonderer Anlass für die Presse, die Berechtigung des Inserenten zur Zeichenbenutzung näher zu überprüfen (BGH NJW 1994, 2827/2829 – *Suchwort*; OLG Köln GRUR-RR 2002, 117). Auch die Tatsache, dass bei einem Luxusartikel (Uhren) häufig Fälschungen angeboten werden, führt allein noch nicht zur Annahme erweiterter Prüfungspflichten (vgl aber BGH GRUR 2004, 860 = MMR 2004, 668/671 – *Internetversteigerung* m Anm *Hoeren*). Anzeigen, die für den „Zuschnitt" eines Presseerzeugnisses ungewöhnlich sind, können aber auch in derartigen Fällen zu gesteigerten Sorgfaltspflichten führen (OLG Frankfurt AfP 1987, 424/425: Anzeige für gefälschte Luxusuhren in einem Anzeigenblatt, das sich primär an „Bauchladenverkäufer" (sic!) wendet).

Eine erweiterte Prüfungspflicht besteht ferner, wenn die Presse vor der Veröffentli- 215 chung konkret auf die (drohende) Rechtsverletzung hingewiesen wurde. Der in einer **Abmahnung** enthaltene Hinweis, ein Inserent biete „durchweg nur Plagiate bekannter bis berühmter Möbelmodelle des 20. Jahrhunderts an", reicht aber nicht aus, um eine erhöhte Prüfungspflicht der Medien zu begründen, denn dadurch würde die notwendige Einschränkung der Pressehaftung bedenklich relativiert (BGH GRUR 1999, 418/420 – *Möbelklassiker*). Erst recht genügt der allgemeine Hinweis eines Markenherstellers, dass bei einem bestimmten Luxusartikel in der Vergangenheit häufig Fälschungen vorgekommen sind, nicht für die Annahme erweiterter Prüfungspflichten. Das vom BGH (GRUR 2004, 860/864 – *Internetversteigerung*) bei Internetversteigerungen derartiger Luxusartikel verlangte „vorgezogene Filterverfahren" mit Hilfe geeigneter Software steht der Presse nicht zu Gebote. Auch der auffällig niedrige Preis eines teuren Luxusartikels ist für sich allein noch kein geeigneter Anlass für eine erweiterte Prüfungspflicht der Presse, es sei denn, man wollte von den Mitarbeitern der Anzeigenabteilungen genaue Kenntnisse des Marktes für Luxusuhren oder ähnlicher Güter verlangen. Enthält die Anzeige aber selbst den ausdrücklichen Hin-

BT Anz Recht der Anzeige

weis, dass es sich bei dem angebotenen Gut um eine gefälschte Markenware handelt („Nachbildung", „Fälschung", „Replik"), liegt eine grobe und offensichtliche Rechtsverletzung vor, die von den Medien erkannt werden muss. Eigene Nachforschungen und Ermittlungen können von einem Medienunternehmen regelmäßig nicht erwartet werden, und zwar auch dann nicht, wenn sie von dritter Seite auf eine angebliche Urheberrechtsverletzung hingewiesen wurde (KG NJOZ 2005, 1094/ 1096 f.).

216 Eine grobe und unschwer zu erkennende Rechtsverletzung liegt aber vor, wenn ein privater Auskunftsdienst in Anzeigen unbefugt den Namen einer öffentlich-rechtlichen Körperschaft („Stadt Geldern") verwendet, weil ein Hoheitsträger üblicherweise über seinen Geschäftsbereich selbst Auskunft erteilt und nicht einen privaten Auskunftsdienst einschaltet (BGH GRUR 2006, 957 Tz 20 – *Stadt Geldern*). Die hier vorliegende offensichtliche Rechtsverletzung hätte der Verlag nach Ansicht des BGH selbst erkennen können oder bzw nachfragen müssen.

2. Besonderheiten der wettbewerbsrechtlichen Haftung für den Anzeigenteil

a) Reichweite der wettbewerbsrechtlichen Verantwortung des Verlages

217 Auszugehen ist auch hier von dem unter BT Anz Rn 203 dargestellten Grundsatz, dass der Verlag die Verantwortung für den gesamten Inhalt der Druckschrift trägt, also auch für den Anzeigenteil, für Beilagen und Prospekte etc (BGH GRUR 1973, 203/204 – *Badische Rundschau;* 1990, 1012/1014 – *Pressehaftung I;* OLG Hamm AfP 1984, 160; KG AfP 1990, 40). Die Vorschriften des Wettbewerbsrechts binden als „allgemeine Gesetze" im Sinne des Art 5 Abs 2 GG grundsätzlich auch die Presse (BVerfG NJW 2001, 591 – *Benetton-Schockwerbung*). Weil potentielle Kläger häufig versuchen, sich an den Verlag als den vermeintlich kapitalkräftigsten Beteiligten zu halten oder die Veröffentlichung weiterer wettbewerbswidriger Anzeigen durch ein gegen den Verlag gerichtetes Verbot möglichst effektiv zu unterbinden (vgl BGH GRUR 2001, 529/530 – *Herz-Kreislauf-Studie*), ist die Haftung der Presse für Anzeigenveröffentlichungen gerade im Bereich des Wettbewerbsrechts von besonderer praktischer Bedeutung.

b) Vorliegen einer geschäftlichen Handlung

218 Das Anzeigengeschäft der Presse dient objektiv – neben der Förderung des eigenen Wettbewerbs – regelmäßig auch dem Zweck, den Wettbewerb des Anzeigenkunden zu unterstützen (BGH GRUR 1990, 1012/1014 – *Pressehaftung I;* GRUR 1993, 53/54 – *Ausländischer Inserent*). Soweit Wettbewerbsverstöße das Vorliegen einer **geschäftlichen Handlung** iSd § 2 Abs 1 Nr 1 UWG voraussetzen, ist dies bei der Veröffentlichung von Anzeigen durch die Medien grds gegeben. Das Anzeigengeschäft der Verlage ist „eine typisch wettbewerbsfördernde Maßnahme, die außerhalb des meinungsbildenden und informierenden Aufgabenbereichs liegt" (so zutreffend *Köhler* in Köhler/Bornkamm UWG § 2 Rn 68; *Ricker/Weberling* Kap 73 Rn 5). Schon früher ging die Rechtsprechung davon aus, dass für die (seit Umsetzung der UGP-Richtlinie 2008 nicht mehr erforderliche) Wettbewerbsabsicht der Medien im Anzeigengeschäft eine tatsächliche Vermutung sprach (BGH GRUR 1990, 1012/ 1014 – *Pressehaftung I;* GRUR 1993, 53/54 – *Ausländischer Inserent;* NJW 1994, 2827/ 2828 – *Suchwort;* NJW 1995, 2490/2491 – *Kinderarbeit;* GRUR 2002, 360/365 – *HIV-Positive II;* OLG Hamm AfP 1986, 52/53; OLG Frankfurt AfP 1987, 424/ 425).

219 Das vorliegen einer geschäftlichen Handlung der Presse ist aber bei privaten **Kleinanzeigen** sowie bei Inseraten für soziale, ökologische, religiöse und politische Zwecke etc zu verneinen (zutreffend *Rath-Glawatz* RdAnzeige Rn P 237). Hier liegt schon keine geschäftliche Handlung der Inserenten und damit erst recht keine der Presse vor.

XII. Haftung der Presse für Anzeigen   Anz BT

c) *Einschränkung der wettbewerbsrechtlichen Pressehaftung durch begrenzte Prüfungspflichten und das Presseprivileg*

Die wettbewerbsrechtliche Verantwortung der Presse für den Anzeigenteil unterliegt **zwei gewichtigen Einschränkungen:**   220

1. Der Verlag haftet bereits im Ausgangspunkt nur dann für Wettbewerbsverstöße der Inserenten, wenn er seine **Prüfungspflicht** verletzt hat. Die Prüfungspflicht ist auf **grobe und offensichtliche Verstöße** beschränkt (nachfolgend unter d).

2. Ferner kommt der Presse ergänzend das **Presseprivileg** nach § 9 S 2 UWG (§ 13 Abs 6 Nr 1 S 2 UWG aF) zugute, das Schadensersatzansprüche gegen verantwortliche Personen von periodischen Druckschriften wegen Verletzung des § 3 UWG auf vorsätzliche Zuwiderhandlungen beschränkt (nachfolgend unter 3., Rn 237 ff.).

d) *Prüfungspflicht*

aa) Umfang der Prüfungspflicht: grobe und offensichtliche Verstöße

Die Prüfungspflicht der Presse ist generell beschränkt auf **grobe und offensichtliche Wettbewerbsverstöße,** bei denen die Wettbewerbswidrigkeit auch für Nicht-Juristen unschwer zu erkennen ist (BVerfG NJW 2001, 591/592 – *Benetton-Schockwerbung;* BGH GRUR 1973, 203/204 – *Badische Rundschau;* GRUR 1990, 1012/1014 – *Pressehaftung I;* NJW 1992, 2765 – *Pressehaftung II;* GRUR 1993, 53/54 – *Ausländischer Inserent;* NJW-RR 1994, 874 – *Schlankheitswerbung;* NJW 1994, 2827/2828 – *Suchwort* WRP 1995, 302/303 – *Schlussverkaufswerbung II;* NJW 1995, 2490/2491 – *Kinderarbeit;* NJW 1995, 2492/2493 – *HIV-Positive;* GRUR 2001, 529/ 530 – *Herz-Kreislauf-Studie;* GRUR 2002, 360/366 – *HIV-Positive II;* NJW 2004, 2158/2159 – *Schöner Wetten;* GRUR 2006, 429 Tz 13 ff. – *Schlank-Kapseln;* OLG Hamm AfP 1984, 160; 1986, 52/54; KG NJW-RR 1987, 624/625; 1989, 620, AfP 1990, 40; OLG Frankfurt AfP 1987, 424/425; OLG Hamburg AfP 1990, 318/319; *Gaertner* AfP 1990, 269 ff.; *Hecker* AfP 1993, 717 ff.). Grob und offensichtlich sind solche Verstöße, bei denen sich schon auf Grund flüchtiger Lektüre der Anzeige einem durchschnittlichen **Verlagsmitarbeiter,** der juristischer Laie ist, deren Gesetzwidrigkeit geradezu aufdrängt (vgl OLG Koblenz NJW-RR 1988, 753/754). Da der **Umfang der Prüfungspflicht** sich an der **Zumutbarkeit für die Presse** orientiert, kann eine eingehende Prüfung bei **Kleinanzeigen** kaum je, ganzseitigen und darüber hinaus auch noch redaktionell gestalteten Anzeigen schon eher erwartet werden (vgl BGH GRUR 2001, 529/530 – *Herz-Kreislauf-Studie).*   221

Die Wettbewerbswidrigkeit muss sich aus der Anzeige selbst ergeben, es genügt   222
nicht, dass sie aus den Begleitumständen oder zusätzlichen Hintergrundinformationen resultiert. Zu **eigenen Ermittlungen** ist die Presse angesichts der tatsächlichen Gegebenheiten des Anzeigengeschäfts **nicht verpflichtet** (OLG Bamberg AfP 2002, 239; Näheres BT Anz Rn 206). Die Sorgfaltspflichten der Presse werden daher überspannt, wenn von einem Verleger von Telefonbüchern erwartet wird, die firmenmäßige Berechtigung jedes einzelnen Inserenten zu überprüfen, auch wenn der dafür zu entfaltende Aufwand im Einzelfall nicht sonderlich hoch sein mag (BGH NJW 1994, 2827/2828 – *Suchwort).* Zu verneinen ist die Offenkundigkeit des Wettbewerbsverstoßes auch bei gewerblichen Kleinanzeigen, die wettbewerbswidrig nur unter einer Telefonnummer aufgegeben werden, denn die Gewerblichkeit wäre für den Verlag nur durch eine nicht zumutbare und auch nicht durchführbare inhaltliche Prüfung jeder Anzeige und eigene Ermittlungen feststellbar (OLG Hamm AfP 1984, 160).

Die **Notwendigkeit eines offensichtlichen Verstoßes** betrifft keineswegs nur   223
die leichte Subsumierbarkeit eines Wettbewerbsverstoßes unter die Verbotsnorm, sondern bereits die schlichte **Kenntnis der einschlägigen Gesetzesbestimmungen.** Detailliertes rechtliches, insbesondere wettbewerbsrechtliches Wissen kann weder vom Verleger noch von den Mitarbeitern der Anzeigenabteilung erwartet werden (BGH NJW 1992, 2765/2766 – *Pressehaftung II;* GRUR 1993, 53/54 – *Ausländischer*

Inserent). Vorausgesetzt werden darf bei den Verlagen und ihren Mitarbeitern allenfalls die Kenntnis wettbewerbsrechtlicher Grundnormen, wie zB des Irreführungsverbots nach § 5 UWG (BGH WRP 1995, 302/304 – *Schlussverkaufswerbung II* zu § 3 UWG aF). Aber auch hier kann nur Basiswissen verlangt werden. Eine irreführende und daher nach § 5 UWG verbotene Blickfangwerbung ist kein grober und eindeutiger Wettbewerbsverstoß, der vom Verleger oder den Mitarbeitern der Anzeigenabteilung erkannt werden müsste (BGH NJW 1992, 2765 – *Pressehaftung II;* GRUR 1993, 53/54 – *Ausländischer Inserent*). Ebenso wenig musste die Ankündigung einer nach § 7 Abs 1 UWG aF unzulässigen Sonderveranstaltung gesehen werden, denn es handelte sich um eine Vorschrift, von der die Presse als Wettbewerber selbst nicht betroffen war (BGH WRP 1995, 302/304 – *Schlussverkaufswerbung II;* vgl auch OLG Koblenz NJW-RR 1988, 753/754). Auch Kenntnisse des Standesrechts der freien Berufe, zB der für Ärzte, Anwälte, Steuerberater etc geltenden **Werbeverbote,** können bei den Anzeigenabteilungen nicht als „Grundwissen" vorausgesetzt werden (OLG München NJW-RR 2001, 1716/1719).

224 Auf **anwaltlichen Rat,** der die Unbedenklichkeit einer Anzeige bestätigt, darf sich die Presse in der Regel verlassen, auch wenn er sich im Nachhinein als unrichtig erweist (BGH NJW-RR 1994, 874 – *Schlankheitswerbung*).

225 Ein grober und eindeutiger Wettbewerbsverstoß liegt zB bei erkennbar geschäftsschädigenden Anzeigen vor, die zudem noch durch einen ungewöhnlichen Inhalt und eine auffällige Aufmachung gekennzeichnet sind (BGH GRUR 1990, 1012/1014 – *Pressehaftung I;* OLG Düsseldorf AfP 1988, 259/261 (Vorinstanz); OLG Hamm AfP 1986, 52/54). Auch die Kenntnis von der Wettbewerbswidrigkeit **getarnter Werbung** durch Anzeigen, die als solche nicht zu erkennen sind (Schleichwerbung), darf bei den Verantwortlichen eines Presseunternehmens vorausgesetzt werden (OLG Hamburg AfP 1987, 245/246, dort wurde die Problematik der Prüfungspflicht allerdings gar nicht gesehen). Gleiches gilt für die Pflicht zur Kennzeichnung entgeltlicher Veröffentlichungen (§ 10 LPG) und das Gebot zur **Trennung von redaktioneller Berichterstattung und Werbung,** (Ziff 7 Pressekodex, BT StandesR, Anhang A.) zumal es sich insoweit auch um eine anerkannte Standesregel im Pressewesen handelt (OLG Frankfurt AfP 1984, 240; OLG Karlsruhe AfP 1989, 462).

226 Einen groben und offensichtlichen Wettbewerbsverstoß hatte der BGH (NJW 1995, 2492/2493 – *HIV-Positive;* GRUR 2002, 360/366 – *HIV-Positive II*) auch in der bekannten **Image-Werbung** des Textilunternehmens *Benetton* mit einem nackten menschlichen Körper und dem Stempelaufdruck „HIV-Positive" sowie in anderen Motiven dieser Werbekampagne gesehen. Das BVerfG ist dieser Ansicht des BGH bekanntlich bereits in den rechtlichen Ausgangspunkt, nämlich ob ein Verstoß gegen § 1 UWG aF vorlag, dezidiert entgegengetreten (BVerfG NJW 2001, 591/592 ff. – *Benetton-Schockwerbung;* GRUR 2003, 442 – *Benetton-Werbung II*). Unabhängig von der wettbewerbsrechtlichen Beurteilung derartiger Emotions- und Schockwerbung kann der Ansicht des BGH, hier habe ein grober und offensichtlicher Wettbewerbsverstoß vorgelegen (BGH NJW 1995, 2492/2493 – *HIV-Positive;* GRUR 2002, 360/366 – *HIV-Positive II*), nicht gefolgt werden. Die entscheidungserheblichen Rechtsfragen waren bei Erscheinen der Anzeigenkampagne überaus umstritten, und zwar in einer für juristische Laien – wie die Mitarbeiter der Anzeigenabteilungen – kaum zu durchschauenden Weise (vgl zum damaligen Diskussionsstand *Henning-Bodewig* WRP 1992, 605; *C. Löffler,* AfP 1993, 536; *Sevecke,* AfP 1994, 196; *Sosnitza,* GRUR 1993, 540; *Teichmann/van Krüchten,* WRP 1994, 704; l im Rückblick: *Hartwig* WRP 2003, 582). Auch im Hinblick auf die durch ein Unterlassen der Veröffentlichung tangierten Grundrechte aus Art 5 Abs 1 S 1 *und* S 2 GG muss man der Presse das Recht zugestehen, rechtlich umstrittene Anzeigen – wie die bekannten *Benetton*-Inserate – abzudrucken. Eine Verletzung der Prüfungspflicht liegt nur vor, wenn die Rechtswidrigkeit eines Referats „greifbar" ist. Bei **unklarer Rechtslage**

XII. Haftung der Presse für Anzeigen **Anz BT**

darf die Presse den Abdruck des Inserats riskieren, ohne ihre Prüfungspflicht zu verletzten, auch wenn die Gerichte die verbreitete Anzeige im Nachhinein als rechtsoder wettbewerbswidrig einordnen sollten (vgl BGH NJW 1995, 2490/2492 – *Kinderarbeit*).

(vorläufig leer) 227

bb) Erweiterte Prüfungspflicht auf Grund besonderer Umstände

Besondere Umstände können zu einer erweiterten Prüfungspflicht führen, die 228 eine eingehende tatsächliche und/oder rechtliche Überprüfung der Anzeigenveröffentlichung erforderlich macht. Eine verschärfte Prüfungspflicht besteht nach der Rspr für **Anzeigen im Ausland ansässiger gewerblicher Inserenten,** wenn der Auftraggeber in der Anzeige nur mit einer ausländischen Postfachanschrift genannt wird und dadurch ein gesteigertes Anonymitätsbedürfnis erkennen lässt (OLG Düsseldorf GRUR 1982, 622/626; KG NJW-RR 1987, 624/625; vgl aber OLG Bamberg AfP 2002, 239). Allein die Tatsache, dass der Inserent ein ausländisches Unternehmen ist, rechtfertigt die Annahme einer verschärften Prüfungspflicht der Presse jedoch nicht (so jetzt auch BGH GRUR 1993, 53/55 – *Ausländischer Inserent;* OLG Bamberg AfP 2002, 239/240; aM KG AfP 1987, 619/620 mit kritischer Anmerkung *Hecker/Mayer* AfP 1990, 40/41). Anzeigen, die für den „Zuschnitt" eines Presseerzeugnisses höchst ungewöhnlich sind, können im Einzelfall zu gesteigerten Prüfungspflichten führen (OLG Frankfurt AfP 1987, 424/425: Anzeige für (gefälschte) Luxusuhren in einem Anzeigenblatt, das sich primär an „Bauchladenverkäufer" (sic!) wendet; vgl aber LG Heilbronn AfP 2003, 80).

Dass eine Anzeige im weitesten Sinne den Bereich der **Volksgesundheit** tangiert, 229 begründet für sich alleine noch keine verschärfte Prüfungspflicht (BGH NJW-RR 1994, 874 – *Schlankheitswerbung;* OLG Bamberg AfP 2002, 239; LG Heilbronn AfP 2003, 80; *Ahrens,* FS Traub, 11/20; aM OLG Düsseldorf GRUR 1982, 622/626; AfP 1987, 619/620). Die Ansicht des OLG Köln (LMRR 2012, 12 = WRP 2012, 1127), dem Verleger oder Anzeigenredakteur eines wöchentlich erscheinenden Printmediums „sei in der Regel schon im Voraus eine manuelle Kontrolle der in Auftrag gegebenen Anzeigen möglich und zumutbar", ist unrealistisch und letztlich weltfremd. Es kann Presseunternehmen und deren Mitarbeitern nicht zugemutet werden, sich mit der besonders diffizilen Rechtslage im Bereich der Heilmittelwerbung im Einzelnen auseinander zu setzen. Dies ist primär die Aufgabe der Inserenten. Ein grober und unschwer zu erkennender Verstoß liegt aber beispielsweise vor, wenn für ein Schlankheitsmittel blickfangmäßig und offensichtlich irreführend mit dem Slogan geworben wird: „Die Pille, die das Fett aufsaugt!" (OLG Hamburg AfP 2003, 435). Hier ist auch für einen juristischen Laien die Wettbewerbswidrigkeit auf den ersten Blick greifbar.

Die Tatsache, dass es sich um eine ganzseitige oder sonst **besonders aufwändige** 230 **Anzeige** handelt, rechtfertigt für sich alleine nicht die Annahme erweiterter Prüfungspflichten, denn ganz- und mehrseitige Anzeigen sind weit verbreitete Werbemittel (zutreffend OLG München NJW-RR 2001, 1716/1718; insoweit bedenklich BGH GRUR 2001, 529/530 – *Herz-Kreislauf-Studie;* OLG Köln (LMRR 2012, 12 = WRP 2012, 1127). Da es für die Frage, ob ein grober und offensichtlicher Verstoß vorliegt, auf den Horizont der mit der Entgegennahme von Anzeigen befassten Mitarbeiter in der Anzeigenabteilung ankommt, führt auch die Tatsache, dass der Verlag über eine eigene **Rechtsabteilung** verfügt nicht zu erweiterten Prüfungspflichten (OLG München NJW-RR 2001, 1716/1718). Die zeit- und kostenaufwändige Einschaltung der Rechtsabteilung kann von den Mitarbeitern der Anzeigenabteilung nur in seltenen Ausnahmefällen erwartet werden.

cc) Hinweisbezogene Prüfungspflichten und Erstbegehungsgefahr

Erweiterte Prüfungspflichten können sich ferner daraus ergeben, dass die Presse 231 vor dem Abdruck einer Anzeige auf deren Wettbewerbswidrigkeit klar und eindeutig hingewiesen wurde. *Lindacher* (WRP 1987, 585/586) spricht insoweit zutreffend von „hinweisinduzierten Prüfungspflichten". Wenn ein Presseunternehmen die auf diese Weise erlangte Kenntnis von der möglichen Wettbewerbswidrigkeit einer Anzeige ohne weitere Prüfung einfach ignoriert, besteht zu einer Beschränkung der Pressehaftung keine Veranlassung. **Abmahnungen** oder sonstige Hinweise von dritter Seite (sog. „**notice-and-takedown-letter**", vgl dazu *Ohly* in Piper/Ohly/Sosnitza UWG § 8 Rn 127), insbesondere von Konkurrenten, Abmahnvereinen etc, begründen aber nicht ohne weiteres verschärften Prüfungspflichten (BGH GRUR 1999, 418/420 – *Möbelklassiker;* 2001, 1174/1175 f. – *Berühmungsaufgabe;* GRUR 2001, 1038/1040 – *ambiente;* GRUR 2012, 651 Tz 24 – *regierung-oberfranken.de;* OLG Koblenz NJW-RR 1988, 753; *Decker* MMR 1999, 282; aM OLG Oldenburg WRP 1976, 398; vgl auch BGH NJW 1991, 2765/2766 – *Pressehaftung II;* GRUR 1993, 53/55 – *Ausländischer Inserent,* wo zur Begründung der Erstbegehungsgefahr stets nur auf die bereits ergangenen gerichtlichen Entscheidungen und nicht auf die vorprozessualen Abmahnungen verwiesen wird). Es ist einem Presseunternehmen nicht zuzumuten, sich mit den regelmäßig subjektiv gefärbten Tatsachen- und Rechtsansichten von Abmahnern, Konkurrenten oder sonstigen Hinweisgebern auseinanderzusetzen oder gar bei jeder von dritter Seite beanstandeten Anzeigenschaltung rechtlichen Rat einzuholen. Dadurch würde die mit der Prüfungspflicht beabsichtigte, verfassungsrechtlich gebotene Einschränkung der Pressehaftung unterlaufen, denn Abmahner und Hinweisgeber sind in der Medienpraxis überreichlich vorhanden (BGH GRUR 1999, 418/420 – *Möbelklassiker;* 2001, 1174/1175 – *Berühmungsaufgabe; Bornkamm* in Köhler/Bornkamm UWG § 8 Rn 1.18 ff.; vgl aber *Lindacher* WRP 1987, 585/586). Auch bei Hinweisen Dritter, dass eine Fremd-Anzeige in fremde Rechte eingreift oder wettbewerbswidrig ist, bleibt die Prüfungspflicht der Presse daher auf offenkundige und für die Sachbearbeiter im Verlag ohne weiteres feststellbare Verstöße und Verletzungen beschränkt (so zur durchaus vergleichbaren Prüfungspflicht der DENIC bei der Registrierung von Domains: BGH GRUR 2001, 1038/1040 – *ambiente;* GRUR 2011, 1038 Rn 27 ff. – *Stiftparfüm;* GRUR 2012, 651 Tz 24 – *regierung-oberfranken.de*). Handelt es sich aber um einen für die Presse leicht nachvollziehbaren, einfach gelagerten Sachverhalt kann ein substantiierter Hinweis von dritter Seite genügen, um eine erweiterte Prüfungspflicht zu begründen (vgl *Lindacher* WRP 1987, 585/586). In **Zweifelsfällen** ist eine erweiterte Prüfungspflicht wegen der Ausstrahlungswirkung des Grundsrechts aus Art 5 Abs 1 GG zu verneinen. In jedem Fall unzumutbar wäre es, die Auslieferung einer bereits gedruckten Zeitung oder Zeitschrift wegen der Wettbewerbswidrigkeit einzelner Anzeigen unterlassen zu müssen (Näheres BT Anz Rn 240).

232 Verteidigt ein Presseunternehmen eine wettbewerbswidrige Anzeige, deren Erstveröffentlichung mangels Verletzung der Prüfungspflicht zunächst nicht rechtswidrig war und daher auch keinen Unterlassungs- oder Beseitigungsanspruch auslöst, in einem gerichtlichen Verfahren als materiell rechtmäßig, kann dieses Prozessverhalten als sog **Berühmung** die **Erstbegehungsgefahr** für einen vorbeugenden Unterlassungsanspruch in Bezug auf den künftigen Abdruck des wettbewerbswidrigen Inserats begründen (vgl nur BVerfG NJW 2001, 591/592 – *Benetton-Schockwerbung;* BGH GRUR 1973, 203/205 – *Badische Rundschau;* NJW 1992, 2765/2766 – *Pressehaftung II;* GRUR 1993, 53/55 – *Ausländischer Inserent;* WRP 1995, 392/304 – *Schlussverkaufswerbung II;* NJW 1995, 2490/2492 – *Kinderarbeit;* GRUR 2002, 360/366 – *HIV-Positive II; Lindacher* WRP 1987, 585/587). Künftige Veröffentlichungen wären nämlich im Hinblick auf die im laufenden Verfahren erlangte **Kenntnis des Verlages** von der Wettbewerbswidrigkeit der Anzeige rechtswidrig. Allein die Tatsache, dass sich ein Presseunternehmen gegen eine Klage oder einen Verfügungsantrag verteidigt und dabei die Auffassung vertritt, es sei zu dem beanstandeten Verhalten berechtigt, habe jedenfalls aber keine Prüfungspflichten verletzt, ist jedoch nicht als Berühmung zu werten, die eine Erstbegehungsgefahr begründet (vgl BGH GRUR 1999, 418/420 – *Möbelklassiker*). Dies gilt erst recht, wenn das beklagte Presseunternehmen im Prozess zusätzlich klarstellt, dass es ihm nur um die Rechtsverteidigung im konkreten Verfahren geht und keine zukünftigen Rechtsverletzungen durch den erneuten Abdruck der Anzeige zu besorgen sind (BGH GRUR 2001, 1174/1175 – *Berühmungsaufgabe; Bornkamm* in Köhler/Bornkamm UWG § 8 Rn 1.18 ff. insbes 1.20).

Eine die Erstbegehungsgefahr begründende Berühmung liegt jedoch vor, wenn sich aus dem Prozessverhalten des beklagten Medienunternehmens konkrete Anhaltspunkte dafür ergeben, dass ein erneuter Abdruck der beanstandeten Anzeige beabsichtigt ist (BGH GRUR 2001, 1174/1175 – *Berühmungsaufgabe*).

Nach der Rspr (BGH NJW 1995, 2490/2492 – *Kinderarbeit;* GRUR 2002, 360/ **233** 366 – *HIV-POSITIVE II*) kann eine Erstbegehungsgefahr ferner daraus resultieren, dass eine Anzeige im gerichtlichen Verfahren vorbehaltlos als nicht wettbewerbswidrig verteidigt wird, obwohl bereits eine (ober-)gerichtliche **Verbotsentscheidung** gegen die betreffende Werbung ergangen ist. Dafür soll auch eine OLG-Entscheidung im Verfahren der einstweiligen Verfügung genügen können (BGH NJW 1992, 2765/ 2766 – *Pressehaftung II;* GRUR 2002, 360/366 – *HIV POSITIVE II*); *Köhler* in Köhler/Bornkamm UWG § 9 Rn 2.3). Nach einer derartigen (Vor-)Entscheidung kann sich ein Presseunternehmen im Hauptsacheverfahren nicht mehr ausschließlich damit verteidigen, dass es bei der Veröffentlichung von Anzeigen nur eine eingeschränkte Prüfungspflicht habe und die Anzeige nach diesen Maßstäben nicht wettbewerbswidrig sei. In diesen Fällen ist vielmehr eine **ausdrückliche Klarstellung** notwendig, aber auch hinreichend, dass die Berufung auf die fehlende Wettbewerbswidrigkeit der Anzeige **nur der Rechtsverteidigung im gerichtlichen Verfahren** und nicht der zukünftigen Fortsetzung des angegriffenen Verhaltens dient (vgl BGH GRUR 2001, 1174/1175 – *Berühmungsaufgabe; Bornkamm* in Köhler/Bornkamm UWG § 8 Rn 1.20). Entscheidend ist der Kenntnisstand des beklagten Presseunternehmens im Zeitpunkt der Letzten mündlichen Verhandlung (BGH GRUR 1993, 53/55 – *Ausländischer Inserent;* 2001, 1174/1175 – *Berühmungsaufgabe;* OLG Frankfurt AfP 1984, 241/242). Der Kenntniserlangung im laufenden Verfahren kann das durch einen Vorprozess erlangte Wissen von der Wettbewerbswidrigkeit einer Anzeige nur ganz ausnahmsweise gleichgestellt werden, wenn die Sachverhalte auch für einen juristischen Laien offensichtlich identisch sind (zu weitgehend daher KG NJW-RR 1989, 620/ 621).

Wird ein Presseunternehmen wegen einer von ihm abgedruckten, angeblich wett- **234** bewerbswidrigen Anzeige abgemahnt, kann es sich in der Praxis zunächst auf die fehlende Verletzung seiner Prüfungspflicht berufen und den Abmahner auf ein Vorgehen gegen den Inserenten als primär Verantwortlichen verweisen (vgl BGH NJW 1992, 2765/2766 – *Pressehaftung II* sub 4.; aM *Löhr* WRP 1974, 524/526). Die **Erstbegehungsgefahr** ist (ähnlich wie die Wiederholungsgefahr beim Verletzungsunterlassungsanspruch) Tatbestandsvoraussetzung eines vorbeugenden Unterlassungsanspruches (vgl nur BGH GRUR 1973, 208/209 – *Badische Rundschau; Beckedorf* in Harte/Henning UWG § 8 Rn 25). Zur Abgabe einer **strafbewehrten Unterlassungserklärung** ist der Verlag schon deshalb **nicht verpflichtet,** weil er bis zu diesem Zeitpunkt keinesfalls einen rechtswidrigen Wettbewerbsverstoß begangen hat (BGH GRUR 1993, 53/55 – *Ausländischer Inserent; Lindacher* WRP 1987, 585/587). Wird im gerichtlichen Verfahren die Wettbewerbswidrigkeit der Anzeige für den Verlag offenbar (zB durch Aufklärung über den zugrundeliegenden Sachverhalt, nachteilige OLG-Entscheidung), genügt bereits die ernsthafte und unmissverständliche Erklärung des Presseunternehmens, ein derartiges Inserat in Zukunft nicht mehr veröffentlichen zu wollen, um die Erstbegehungsgefahr auszuräumen (vgl BGH GRUR 2001, 1174/1175 – *Berühmungsaufgabe;* GRUR 2008, 940 Tz 31 – *Metrosex;* GRUR 2009, 912 Tz 23 – *Cyberski;* Einzelheiten *Bornkamm* in Köhler/Bornkamm UWG § 8 Rn 1.26 ff.). Für die Beseitigung der Erstbegehungsgefahr genügt nach neuerer Rspr des BGH bereits ein „**actus contrarius**", „also der Begründungshandlung entgegengesetztes Verhalten, das allerdings unmissverständlich und ernst gemeint sein muss" (BGH GRUR 2009, 912 Tz 23 – *Cyberski*). Eine strafbewehrte Unterlassungserklärung ist auch jetzt nicht erforderlich (vgl BGH GRUR 1993, 53/55 – *Ausländischer*

BT Anz Recht der Anzeige

Inserent; WRP 1995, 302/304 – *Schlussverkaufswerbung II;* GRUR 2001, 1174/1175 – *Berührungsaufgabe).*
235 *(vorläufig leer)*

3. Das Presseprivileg nach § 9 S 2 UWG (§ 13 Abs 6 Nr 1 Satz 2 UWG aF)

236 Die zweite gewichtige Einschränkung der wettbewerbsrechtlichen Pressehaftung (neben der abgemilderten Prüfungspflicht) für Fremdanzeigen stellt das **Presseprivileg** nach § 9 S 2 UWG dar (§ 13 Abs 6 Nr 1 Satz 2 UWG aF). Redakteure, Verleger, Drucker, Verbreiter oder andere Verantwortliche von periodischen Druckschriften haften wegen Wettbewerbsverstößen nur dann nach den §§ 9 S 1, 3 UWG auf Schadensersatz, wenn ihnen **vorsätzliches Handeln** zur Last fällt. Ratio legis für diese **pressespezifische Haftungsbeschränkung** sind die bereits an anderer Stelle (BT Anz Rn 205 ff.) ausführlich dargestellten besonderen Gegebenheiten des Anzeigenwesens vor dem Hintergrund seiner wirtschaftlichen Bedeutung für die institutionelle Garantie der freien Presse (Einzelheiten *Henning-Bodewig* GRUR 1985, 258/259 ff.; *Goldmann* in Harte/Henning UWG § 9 Rn 209).

237 Zunächst war das Presseprivileg auf Verstöße gegen das Irreführungsverbot nach § 3 UWG aF beschränkt, was sich aus der Entstehungsgeschichte der Vorschrift erklärte (vgl BGH GRUR 1990, 1012/1014 – *Pressehaftung I; Henning-Bodewig* GRUR 1985, 258/259 ff.). Diese auch vom Gesetzgeber als sinnwidrig erkannte Beschränkung des Presseprivilegs wurde bei der UWG-Reform 2004 zu Recht beseitigt (vgl *Begr zum RegE* BT-Ds 15/1487, S 23). Es erfasst nunmehr alle wettbewerbsrechtlichen Schadensersatzansprüche, die aus einer Zuwiderhandlung gegen § 3 UWG und die in den §§ 4, 5, 6 Abs 2 oder 7 UWG enthaltenen Beispielskataloge resultieren (Einzelheiten *Goldmann* in Harte/Henning § 9 Rn 208). Ob eine Ausdehnung des Presseprivilegs nach § 9 S 2 UWG auch auf andere Haftungstatbestände außerhalb des Wettbewerbsrechts in Betracht kommt, war bereits vor der UWG-Reform umstritten. In der Vorauflage wurde mit dem BGH (GRUR 1990, 1012/1014 – *Pressehaftung I; Knöpfle* JZ 1990, 1085/1086) noch davon ausgegangen, dass es insoweit an einer planwidrigen Regelungslücke als Voraussetzung für eine Analogie fehlte.

238 Nachdem der Gesetzgeber die sinnwidrige Beschränkung des Presseprivilegs auf die Fälle der Irreführung im Wettbewerbsrecht beseitigt hat, erscheint die **Ausdehnung der Privilegierung auf andere Haftungstatbestände,** insbesondere auf die §§ 823, 824 BGB, 97 URG, 14, 15 MarkenG, nicht nur begründbar, sondern verfassungsrechtlich sogar geboten, um schwerwiegende Wertungswidersprüche zu vermeiden (vgl *Henning-Bodewig* GRUR 1981, 867/873 ff.; 1985, 258/261). Es gibt keinen nachvollziehbaren Grund, die Presse beispielsweise für Marken- oder Urheberrechtsverletzungen in Fremdanzeigen strenger haften zu lassen als für Wettbewerbsverstöße (vgl BGH GRUR 1999, 418/420 – *Möbelklassiker;* OLG Köln NJW-RR 2001, 1196). Dabei ist auch zu berücksichtigen, dass nunmehr die §§ 8 ff. TMG die Verantwortlichkeit von Diensteanbietern im Internet erheblich einschränken, ohne aber wie § 9 S 2 UWG auf wettbewerbsrechtliche Ansprüche begrenzt zu sein (vgl für markenrechtliche Ansprüche OLG Düsseldorf MMR 2004, 315 m Anm *Leupold*). Es muss vermieden werden, dass eine Zeitung für Fremdanzeigen, die in ihrer Print-Ausgabe erscheinen, einer strengeren Haftung unterliegt, als wenn die gleichen Inserate in der Online-Ausgabe publiziert werden (vgl BGH NJW 2004, 2158 – *Schöner Wetten*). Das Presseprivileg des § 9 S 2 UWG wird allerdings durch die dargestellte verfassungskonforme Beschränkung der Pressehaftung auf grobe und offensichtliche Verstöße gegen die Prüfungspflicht erheblich in seiner praktischen Bedeutung relativiert, weil viele Schadensersatzansprüche schon an diesem vorgelagerten Filter scheitern (vgl *Ahrens* FS *Traub,* 11/14). Das Entscheidungsmaterial zum Presseprivileg ist daher sehr dürftig (vgl BGH GRUR 1990, 1012/1014 – *Pressehaftung I,* auch hier wurde die Anwendung im Ergebnis abgelehnt).

239 *(vorläufig leer)*

4. Unterlassungsansprüche vor Verbreitung der Druckschrift

Ein Sonderproblem stellt sich, wenn ein Presseunternehmen nach Drucklegung, 240
aber vor Verbreitung der Ausgabe, in der die wettbewerbswidrige Anzeige erscheinen soll, mit dem Unterlassungsbegehren eines Konkurrenten oder anderen Klageberechtigten konfrontiert wird. Dieses in der Literatur intensiv diskutierte Problem (vgl *Löhr* WRP 1974, 526/527, *Henning-Bodewig* GRUR 1981, 867/872, *Lindacher* WRP 1987, 585/587 f.) verliert viel von seiner praktischen Bedeutung, wenn die Prüfungspflicht und das Erfordernis der Erstbegehungsgefahr in der hier befürworteten Weise (BT Anz Rn 221 ff.) gehandhabt werden. In vielen Fällen ist ein Unterlassungsanspruch gegen die Presse vor Drucklegung dann mangels Erstbegehungsgefahr ohnehin nicht gegeben. Liegt jedoch ein grober und offensichtlicher Wettbewerbsverstoß vor oder hat die Presse im Einzelfall bestehende erweiterte Prüfungspflichten nicht erfüllt, hat das Gericht vor Erlass einer Verbotsverfügung eine **Abwägung der betroffenen Interessen** vorzunehmen. Regelmäßig werden dabei das Informationsgrundrecht der Leser und das Grundrecht der Pressefreiheit aus Art 5 GG die durch die unlautere Werbung tangierten Interessen der Allgemeinheit, der Verbraucher und der Mitbewerber überwiegen. Die erste Verbreitung der betroffenen Zeitung oder Zeitschrift darf dann also nicht untersagt werden, auch wenn in ihr eine wettbewerbswidrige Anzeige enthalten ist. Der Unterlassungsanspruch des Gläubigers erfährt dadurch lediglich eine zeitlich-gegenständliche Beschränkung hinsichtlich der ersten Ausgabe, in der die inkriminierte Anzeige erscheint (*Lindacher* WRP 1987, 585/587). Für zukünftige Anzeigen bleibt der Unterlassungsanspruch unberührt und durchsetzbar.

5. Gegendarstellungsanspruch bei Anzeigenveröffentlichungen

Auch bei Anzeigenveröffentlichungen kommt grundsätzlich ein **Gegendarstel-** 241
lungsanspruch nach den Landespressegesetzen in Betracht (Einzelheiten bei
§ 11 LPG Rn 68 ff.). In einer Reihe von Bundesländern besteht ein solcher Anspruch allerdings nicht bei rein geschäftlichen Anzeigen (verfassungsrechtliche Bedenken dagegen noch bei *Löffler/Ricker,* 5. Aufl, Kap 25 Rn 7; vgl jetzt aber *Ricker/ Weberling* Kap 25 Rn 6). In einigen Bundesländern (Berlin, Bremen, Niedersachsen, Rheinland-Pfalz, Sachsen-Anhalt) ist die Gegendarstellung im Anzeigenteil für den Anspruchsberechtigten **kostenpflichtig.** In anderen Bundesländern (Baden-Württemberg, Nordrhein-Westfalen, Saarland, Thüringen, Brandenburg) muss der Abdruck der Gegendarstellungsanzeige für den Anspruchsberechtigten kostenfrei erfolgen, dh die Kosten fallen dem Verlag zur Last. Die AGB (zumeist die „Zusätzlichen Geschäftsbedingungen", die die ZAW-AGB ergänzen) vieler Verlage enthalten daher Regelungen, wonach der Inserent verpflichtet ist, die Kosten einer Gegendarstellung zu tragen, die durch eine von ihm in Auftrag gegebene Anzeige ausgelöst wurde. Beispiel: „Dem Auftraggeber obliegt es, den Verlag von Ansprüchen Dritter freizustellen, die diesen aus der Ausführung des Auftrages, auch wenn er sistiert sein sollte, gegen den Verlag erwachsen." Derartige Freistellungserklärungen stellen keine unangemessene Benachteiligung des Auftraggebers iSd § 307 BGB dar und sind auch nicht überraschend iSd § 305c Abs 1 BGB (*Rath-Glawatz* RdAnzeige Rn P 216). Sie konkretisieren lediglich den gesetzlichen **Aufwendungsersatzanspruch des Verlages,** der mit dem Abdruck der Gegendarstellung ein (auch) fremdes Geschäft des Inserenten führt (§§ 677, 683 BGB).

6. Haftung der Verlage für Eigenwerbung

Für sog **Eigenanzeigen,** bei denen der Verlag praktisch als Inserent im eigenen 242
Blatt auftritt, trifft ihn die uneingeschränkte zivil- und wettbewerbsrechtliche Verantwortung. Auf die eingeschränkte Haftung der Presse für den Anzeigenteil kann sich

nicht berufen, wer selbst aktiv den Inhalt der Anzeige mitgestaltet hat. Eine Sonderstellung der Presse ist hier weder verfassungsrechtlich geboten, noch sachlich gerechtfertigt. Die Verlage unterliegen bei der Eigenwerbung den gleichen Beschränkungen wie jeder andere Gewerbetreibende auch (Art 5 Abs 2 GG). Sie können sich deshalb hier auch nicht darauf berufen, ihre Prüfungspflicht sei auf grobe und offensichtliche Verstöße beschränkt. Auch das Presseprivileg des § 9 S 2 UWG gilt nicht für die Eigenwerbung der Verlage, bei der diese praktisch als Inserenten im eigenen Blatt in Erscheinung treten (*Amtl Begr* zum RegE BT-Ds 15/1487, S 23). Aus dem Gesetzeswortlaut ergibt sich das freilich nicht. Es handelt sich um eine sachlich gebotene teleologische Reduktion des neugefaßten Presseprivilegs. Bei der Eigenwerbung unterliegen die Verlage vielmehr der gleichen Verantwortlichkeit wie alle anderen Störer und Verletzer auch (*Köhler* in Köhler/Bornkamm UWG § 9 Rn 2.15; *Rath-Glawatz* RdAnzeige Rn P 171 ff.).

7. Haftung des Inserenten für Fehler im Presseunternehmen

243 Zum Problemkreis der Pressehaftung im Bereich von Fremdanzeigen gehört auch die Frage, ob der Inserent seinerseits zivil- und wettbewerbsrechtlich für Fehler, die dem Verlag bei der Durchführung des Anzeigenvertrages unterlaufen, etwa nach den §§ 8 Abs 2 UWG, 31, 278, 831 BGB (mit oder ohne Entlastungsmöglichkeit) einzustehen hat. Beispiele aus der Praxis: Durch einen Satzfehler beim Verlag wird die ursprünglich zutreffende Angabe über die Beschaffenheit einer Ware in einer Anzeige („5-Gang-Getriebe" statt „4-Gang-Getriebe") verfälscht (dazu OLG Köln AfP 1981, 407). Der Verlag ergänzt das Inserat eigenmächtig um einen redaktionellen Hinweis, der eine (nach früherem Recht) unzulässige Sonderveranstaltung ankündigt (dazu BGH GRUR 1990, 1039/1040 – *Anzeigenauftrag;* OLG Oldenburg AfP 1986, 128; weitere Beispiele bei *Rath-Glawatz* AfP 1982, 5/6).

244 Hier ist zunächst fraglich, ob der Inserent selbst als Täter bzw Störer in Anspruch genommen werden kann: Hat der Inserent ein wettbewerbsrechtlich einwandfreies Manuskript abgeliefert und erscheint die Anzeige auf Grund eines Fehlers im Verlag in gesetzwidriger Form, liegt kein eigener Wettbewerbsverstoß des Inserenten vor. Der Auftraggeber hat nicht adäquat kausal an der Herbeiführung einer wettbewerbswidrigen Beeinträchtigung mitgewirkt und kann daher auch nicht als Störer in Anspruch genommen werden (BGH GRUR 1990, 1039/1040 – *Anzeigenauftrag;* GRUR 1998, 418/420 – *Möbelklassiker;* OLG Frankfurt NJW-RR 1989, 236/237; *Schünemann* WRP 1998, 120 ff.; *Hädicke* GRUR 1999, 397 ff.). Der Inserent ist auch nicht verpflichtet, den ordnungsgemäßen Abdruck der korrekt aufgegebenen Anzeige durch den Verlag, zB durch Anforderung eines Probeabzuges, zu überprüfen (OLG Oldenburg AfP 1986, 128/129). Dies würde den praktischen Gegebenheiten des Anzeigenwesens widersprechen und die Durchführung des Anzeigenvertrages für beide Seiten unzumutbar erschweren, zumal Wettbewerbsverstöße auch dadurch nicht völlig vermieden werden können (eingehend *Rath-Glawatz* AfP 1982, 5/9). Bei handschriftlich oder mündlich aufgegebenen Inseraten, die wettbewerbsrechtlich relevante Fehler geradezu herausfordern, mögen im Einzelfall strengere Anforderungen gelten (bedenklich verallgemeinernd KG AfP 1980, 222; OLG Köln AfP 1981, 407).

245 Nach § 8 Abs 2 UWG richtet sich der Unterlassungsanspruch wegen aller in einem Unternehmen von dessen **Angestellten oder Beauftragten** begangenen wettbewerbswidrigen Handlungen auch gegen den Inhaber des Unternehmens (vgl BGH GRUR 2000, 907/909 – *Filialleiterfehler*). Es stellt sich daher die Frage, ob der Verlag „Beauftragter" des Inserenten iSd § 8 Abs 2 UWG (= § 13 Abs 4 UWG aF) ist. Beim Anzeigenvertrag ist der Verlag weder in die betriebliche Organisation des Anzeigenkunden eingebunden noch kann der Inserent ihm gegenüber seinen Willen durchsetzen oder die Einzelheiten der Auftragsabwicklung beeinflussen (vgl *Köhler/Piper* § 13 Rn 46). Der Verleger einer Zeitung oder Zeitschrift hat daher beim typischen Anzei-

genvertrag **nicht die Stellung eines Beauftragten** isv § 8 Abs 2 UWG (= § 13 Abs 4 UWG aF), dessen Verhalten sich der Inserent ohne jede Entlastungsmöglichkeit zurechnen lassen müsste (BGH GRUR 1990, 1039/1040 – *Anzeigenauftrag;* OLG Frankfurt NJW-RR 1989, 236/237; AfP 1994, 234/235, OLG Düsseldorf AfP 1994, 234/235; OLG Oldenburg WRP 1972, 153; AfP 1986, 128/129; OLG Stuttgart WRP 1982, 432; *Ricker/Weberling* Kap 78 Rn 6; *Rath-Glawatz* AfP 1982, 5 ff.; *Heyer* AfP 1988, 133; aM KG AfP 1980, 222; OLG Köln AfP 1981, 407; OLG Oldenburg GRUR 1991, 780; *Köhler* GRUR 1991, 344/351).

Etwas anderes kann im Einzelfall gelten, wenn das Presseunternehmen bei einem 246 atypischen Anzeigenvertrag „auch Funktionen übernimmt, die dem werbenden Unternehmen im Regelfall selbst obliegen" (BGH GRUR 1990, 1039/1040 – *Anzeigenauftrag*). Dies ist etwa anzunehmen, wenn der Verlag über Inhalt, Zeitpunkt und Umfang der Anzeigenwerbung und die Verteilung auf die verschiedenen Medien des Unternehmens entscheidet oder die Anzeige im Auftrag des Inserenten gestaltet (zu weitgehend jedoch KG AfP 1991, 618/619). Auch wenn der Verlag sich gegenüber einem Inserenten verpflichtet, einen Fehler des Inserenten, der zur Wettbewerbswidrigkeit einer bereits veröffentlichten ersten Anzeige geführt hatte, bei zukünftigen Wiederholungsanzeigen selbst zu beseitigen, kann dies dazu führen, dass der Verlag Beauftragter iSd § 8 Abs 2 UWG wird (OLG Düsseldorf AfP 1994, 234/235).

§ 8 Abs 2 UWG findet **auf Schadensersatzansprüche keine Anwendung** 247 (BGH GRUR 2001, 81/83 – *Neu in Bielefeld; Köhler* in Köhler/Bornkamm UWG § 8 Rn 2.36). Hier kommt eine Zurechnung des Verlagsverschuldens beim Inserenten daher nur unter den wesentlich engeren Voraussetzungen der §§ 31, 831, 278 BGB in Betracht. Da zwischen dem Inserenten und dem Verletzten regelmäßig keine vertraglichen oder vorvertraglichen Beziehungen bestehen und dieser auch nicht die Voraussetzungen eines Verrichtungsgehilfen erfüllt, ist eine Zurechnung im Ergebnis fast immer ausgeschlossen.

Hat der Inserent auf Grund einer wettbewerbswidrigen Anzeigenveröffentlichung 248 bereits eine **strafbewehrte Unterlassungserklärung** gegenüber einem Dritten abgegeben, ändert sich die Situation grundlegend: Jetzt bestehen zum Empfänger der Unterlassungserklärung vertragliche Beziehungen und der Inserent muss sich nachfolgendes Fehlverhalten des Verlages im Rahmen des durch die Unterlassungserklärung begründeten Schuldverhältnisses gemäß § 278 BGB und damit ohne Entlastungsmöglichkeit zurechnen lassen (BGH GRUR 1988, 561/562 – *Verlagsverschulden;* 1998, 963/964 f. – *Verlagsverschulden II;* aA *Rath-Glawatz* RdAnzeige Rn P 248). Der Verlag ist bei dieser Gestaltung – ähnlich wie eine Werbeagentur – **Erfüllungsgehilfe** des Anzeigenkunden, soweit es um die Erfüllung des von diesem übernommenen Vertragsstrafeversprechens geht (BGH GRUR 1988, 561/562 – *Verlagsverschulden*).

Die Haftung des Inserenten für Verlagsverschulden erstreckt sich nach der Rspr 249 auch auf Personen, deren sich der Erfüllungsgehilfe mit Wissen und Billigung des Schuldners seinerseits zur Erfüllung der ihm obliegenden Pflichten bedient, insb die Mitarbeiter des Verlages oder der Agentur (BGH GRUR 1988, 561/562 – *Verlagsverschulden* mwN). Druckt der Verlag durch ein Mitarbeiterversehen eine wettbewerbswidrige **Wiederholungsanzeige** ab, wird die vereinbarte Vertragsstrafe fällig, auch wenn die Veröffentlichung gegen den ausdrücklich erklärten Willen des Inserenten erfolgte. Das Verschulden der Verlagsmitarbeiter wird dem Inserenten nach § 278 BGB wie eigenes Verschulden ohne Entlastungsmöglichkeit zugerechnet (BGHZ 31, 358/366; BGH GRUR 1988, 561/562 – *Verlagsverschulden;* GRUR 1998, 963/964 f. – *Verlagsverschulden II;* OLG Düsseldorf GRUR 1985, 81; OLG Köln GRUR 1985, 195). Der Schuldner einer strafbewehrten Unterlassungserklärung muss alle ihm zu Gebote stehenden Möglichkeiten ausschöpfen, um ein erneutes Erscheinen von ihm bereits geschalteter wettbewerbswidriger Anzeigen zu verhindern (OLG Düsseldorf GRUR 1995, 81). Die Sorgfaltspflichten dürfen im Hinblick auf die besonderen Gegebenheiten des Massengeschäfts Anzeigenwesen (BT Anz Rn 205; *Rath-Glawatz*

RdAnzeige Rn P 248 ff.) allerdings nicht überspannt werden. Ein Verschulden ist zu verneinen, wenn der Unterlassungsschuldner über einen langen Zeitraum die Pflichten aus der Unterlassungserklärung erfüllt hat und der in Frage stehende, einmalige Verstoß sich als offensichtlicher „Ausreißer" darstellt (OLG Frankfurt NJWE-WettbR 1996, 156). Die Beweislast für fehlendes Verschulden liegt allerdings beim Inserenten (BGH GRUR 1982, 688/691 – *Senioren-Pass*).

250 Häufig versucht der Auftraggeber der Anzeige, beim Verlag **Regress** zu nehmen, wenn er auf Grund eines Verlagsverschuldens vom Empfänger (Gläubiger) eines Vertragsstrafeversprechens auf Zahlung der Vertragsstrafe in Anspruch genommen wird. Geht es um eine wettbewerbswidrige Wiederholungsanzeige muss der Inserent darlegen und ggf auch beweisen, dass er den Verlag rechtzeitig und eindeutig angewiesen hat, diese Anzeige nicht mehr abzudrucken. Erfolgt die wettbewerbswidrige Wiederholungsanzeige gegen den nachweisbar erklärten Willen des Inserenten, ist der Verlag nach § 280 Abs 1 BGB schadensersatzpflichtig, weil er gegen die ihn insoweit bindenden Anweisungen des Auftraggebers verstoßen hat (dazu ausf *Rath-Glawatz* RdAnzeige Rn P 250; *Heyer* AfP 1988, 134). Die in den ZAW-AGB zugunsten der Verlage vorgesehenen Haftungsbegrenzungen bei Schadensersatzansprüchen greifen im Ergebnis nicht mehr, weil sie nach den §§ 307 ff. BGB unwirksam sind (Näheres BT Anz Rn 182 f.).

251 Allerdings kann der Inserent im Vertragsstrafeversprechen die **Haftung für das Verschulden von Erfüllungsgehilfen ausschließen** und damit eine Haftung für das Verschulden des Verlages und seiner Mitarbeiter vermeiden (BGH GRUR 1985, 1065/1066 – *Erfüllungsgehilfe*; 1987, 648/649 – *Anwalts-Eilbrief*). Ob durch eine derart eingeschränkte Unterlassungserklärung die Wiederholungsgefahr ausgeräumt wird, ist zunehmend umstritten (vgl nur OLG Frankfurt GRUR-RR 2003, 198 – *Erlassvertrag*; *Bornkamm* in Köhler/Bornkamm UWG § 12 Rn 1.156 mwN). Entgegen der Vorauflage (Rn 125) kann aber nicht mehr davon ausgegangen werden, dass den Inserenten ein Mitverschulden an der Entstehung des Schadens trifft, wenn er einen derartigen Haftungsausschluss unterlässt.

252 Liegt gegen den Auftraggeber wegen der wettbewerbswidrigen Erstanzeige ein gerichtlicher **Unterlassungstitel** vor, richtet sich die Frage, ob wegen vom Verlag verschuldeter wettbewerbswidriger Wiederholungsanzeigen gegen den Inserenten Ordnungsmittel verhängt werden können, nach den zu § 890 ZPO entwickelten Grundsätzen (BGH GRUR 1987, 648/649 – *Anwaltseilbrief*; *Köhler* in Köhler/Bornkamm UWG § 12 Rn 6.6 ff.). Die Zurechnung von Verlagsverschulden ohne jede Entlastungsmöglichkeit gemäß § 8 Abs 2 UWG oder § 278 BGB findet im Rahmen des § 890 ZPO jedenfalls keine Anwendung. Hier haftet der Inserent für Fehler im Presseunternehmen nur, wenn ihm ein **eigenes Verschulden** bezüglich des (erneuten) Wettbewerbsverstoßes zur Last fällt (BVerfGE 20, 323/335; BGH GRUR 1973, 208/209 – *Neues aus der Medizin*; 1985, 1065/1066 – *Erfüllungsgehilfe*; 1987, 648/649 – *Anwaltseilbrief*). An die Sorgfaltspflicht des Inserenten im Rahmen des § 890 ZPO werden von der Rspr allerdings relativ strenge Anforderungen gestellt (OLG Köln GRUR 1986, 195; AfP 1987, 523; Näheres *Köhler* in Köhler/Bornkamm UWG § 12 Rn 6.7 mwN). Der Inserent muss alle zumutbaren Vorkehrungen treffen und Anstrengungen unternehmen, um die Einhaltung der Unterlassungsverpflichtung sicherzustellen (OLG Köln GRUR 1986, 195; AfP 1987, 523). Ein Anzeigenkunde muss das Presseunternehmen bzw der Werbeagentur insbesondere schriftlich anweisen, die wettbewerbswidrige Anzeige nicht mehr abzudrucken oder sich eine entsprechende telefonische Anweisung vom Verlag schriftlich bestätigen lassen (OLG Köln GRUR 1986, 195; AfP 1987, 523). Nach der Rspr muss der Inserent die Einhaltung seiner Anweisungen im Rahmen der Zumutbarkeit überwachen (vgl OLG Zweibrücken GRUR 2000, 921; OLG Köln GRUR-RR 2001, 24; *Köhler* in Köhler/Bornkamm UWG § 12 Rn 6.7).

253 Im praktischen Ergebnis ist die Haftung für Verlagsverschulden im Rahmen des § 890 ZPO dennoch weniger streng als die Verantwortlichkeit nach § 8 Abs 2 UWG

oder § 278 BGB. Deswegen kann es im Einzelfall für den Verletzer trotz der höheren Kosten sinnvoll sein, keine strafgesicherte Unterlassungserklärung abzugeben und stattdessen eine gerichtliche Unterlassungsentscheidung ergehen zu lassen, bei der nur für eigenes Verschulden gehaftet wird (vgl *Bornkamm* in Köhler/Bornkamm UWG § 12 Rn 1.156).

8. Haftung der einzelnen Presseangehörigen

Die Einzelheiten zur Haftung der Presseangehörigen werden bei der Kommentierung zu § 6 LPG (Rn 276ff.) ausf dargestellt. An dieser Stelle wird daher nur auf die Besonderheiten der Haftung im Rahmen des Anzeigengeschäfts eingegangen:

Soweit es um Schadensersatzansprüche oder Unterlassungsansprüche auf Grund rechtswidriger und schuldhafter Anzeigenveröffentlichungen geht, interessiert in erster Linie die **Haftung des Verlegers,** weil der Geschädigte wahrscheinlich versuchen wird, sich an den Verlag als vermeintlich kapitalkräftigsten und auch einflussreichsten Störer zu halten (*Löffler* NJW 1957, 1149). Die Prüfung von Fremdanzeigen, auch wenn im Einzelfall erweiterte Prüfungspflichten bestehen, muss grundsätzlich nicht durch den Verleger oder die Organe des Verlages (§§ 30, 31 BGB) persönlich erfolgen (BGH GRUR 1972, 722/723 – *Geschäftsaufgabe*). Der Verleger kann die zivilrechtliche Verantwortung für den Anzeigenteil vielmehr delegieren, zB auf den nach § 8 Abs 2 LPG zu bestellenden „Verantwortlichen für den Anzeigenteil". Dies führt allerdings nicht dazu, dass dem Verleger für schuldhaftes Handeln des oder der verantwortlichen Mitarbeiter die Exkulpationsmöglichkeit nach § 831 Abs 1 Satz 2 BGB offen steht, indem er sorgfältige Auswahl, Anleitung und Überwachung seiner Verrichtungsgehilfen nachweist.

Soweit besonders gravierende Eingriffe in Rechte Dritter in Frage stehen (BGH NJW 1980, 2810/2811 – *Medizin-Syndikat II* – spricht im Zusammenhang mit redaktionellen Veröffentlichungen von „heißen Eisen"), muss der Verleger die Prüfung entweder selbst vornehmen oder dem damit beauftragten Mitarbeiter oder Dritten eine Organstellung im Sinne der §§ 30, 31 BGB verschaffen, so dass der Verlag für sein Verschulden ohne Entlastungsmöglichkeit einzustehen hat (vgl BGH NJW 1980, 2810/2811 – *Medizin-Syndikat II*). Andernfalls greift eine fiktive Organhaftung ein, dh der Verlag muss sich auf Grund der Verletzung von **Organisationspflichten** so behandeln lassen, als ob der verantwortliche Mitarbeiter eine Organstellung iSd §§ 30, 31 BGB innegehabt hätte (Einzelheiten bei § 6 LPG Rn 166, 277). Im Bereich des Anzeigenwesens kommt eine solche Haftung insb für Inserate in Betracht, die erkennbar erheblich in Rechte Dritter eingreifen oder auf Grund ihres Inhalts eine erhöhte Gefahr von Rechtsverletzungen bergen (zB für Kontaktanzeigen mit Namens- und Adressenangabe). Neben dem Verleger haftet auch der verantwortliche **Anzeigenredakteur,** sofern ihm eine schuldhafte Mitwirkung an der rechtswidrigen Anzeigenveröffentlichung zur Last gelegt werden kann (KG AfP 1991, 639; Einzelheiten *Henning-Bodewig* GRUR 1981, 867/874). Das Verschulden des Verantwortlichen für den Anzeigenteil kann insb in einer Verletzung der ihm auf Grund seiner Stellung im Betrieb obliegenden Prüfungspflicht liegen. Herausgeber, Chefredakteure etc sind für den Inhalt des Anzeigenteils und die darin verbreiteten Fremdanzeigen regelmäßig nicht verantwortlich, soweit nach § 8 LPG ein **Verantwortlicher für den Anzeigenteil** ordnungsgemäß bestellt wurde.

Auch für **Unterlassungs- und Beseitigungsansprüche** ist in erster Linie der Verlag als „**Herr der Zeitung"** passivlegitimiert (vgl hierzu nur BGH NJW-RR 1994, 872, 873 – *Kosmetikstudio*). Dass er mit der Prüfung und Abwicklung von Anzeigenveröffentlichungen fachkundige Mitarbeiter beauftragt hat, vermag den Verlag grundsätzlich nicht zu entlasten, indem erweiterte Prüfungsmöglichkeiten haben nur für den Bereich der Verschuldenshaftung Bedeutung (Einzelheiten § 6 LPG Rn 277). Passivlegitimiert für Unterlassungsansprüche ist daneben aber auch der zuständige **Anzeigenredakteur** (BGH NJW-RR 1994, 872/873 – *Kosmetikstudio*). Seine Störereigenschaft ergibt sich daraus, dass er die Entscheidung über die Anzeigenveröffentlichung getroffen hat (*Henning-Bodewig* GRUR 1981, 867/870). Störer ist ferner ein gewerblicher **Anzeigenvermittler,** der ein für ihn erkennbar wettbewerbswidriges Inserat an die Redaktion weiterleitet (BGH NJW-RR 1994, 872/873 – *Kosmetikstudio*). Hingegen ist die Störereigenschaft für den **Drucker** oder Setzer einer Druckschrift grundsätzlich zu verneinen (offengelassen von BGH WRP 1995, 302/303 – *Schlankheitswerbung II;* aM *Bornkamm* in Köhler/Bornkamm UWG § 9 Rn 2.2; *Wenzel/Burkhardt* Rn 10.2221). Ihn treffen keine inhaltlichen Überprüfungspflichten hinsichtlich der von ihm zu bearbeitenden Anzeigen, denn zu Korrekturen ist er weder tatsächlich noch rechtlich in der Lage. Zu Recht hat der BGH (GRUR 2011, 340 Tz 27 – *Irische Butter*) eine Verantwortung von Personen, „die zwar rein tatsächlich an einer Verletzung oder einem Verstoß mitwirken, aber – wie etwa Plakatkleber oder Prospektverteiler – nicht entscheidungsbefugt und in völlig untergeordneter Stellung ohne eigenen Entscheidungsspielraum tätig sind", abgelehnt, wenn diese Beteiligten nicht vorsätzlich handeln (vgl *Bornkamm* in Köhler/Bornkamm UWG § 8 Rn 2.15b).

9. Strafrechtliche Verantwortung der Presse für Anzeigenveröffentlichungen

258 Auch für ordnungswidrige oder strafbare Anzeigenveröffentlichungen ist primär der Inserent selbst verantwortlich. Eine strafrechtliche Verantwortung der Presse und ihrer Mitarbeiter für den Abdruck von Fremdanzeigen kommt aber dann in Betracht, wenn die Presse die ihr auch insoweit obliegenden **Prüfungspflichten** verletzt hat. Der nach § 8 Abs 2 LPG zu bestellende „Verantwortliche für den Anzeigenteil" hat die besondere Aufgabe Anzeigenveröffentlichungen mit strafbarem Inhalt zu verhindern. Die Einzelheiten zu strafrechtlichen Verantwortung der einzelnen Presseangehörigen (auch für Fremdanzeigen) werden bei der Kommentierung von § 20 LPG dargestellt (vgl ferner *Rath-Glawatz* RdAnzeige Rn P 224).

259 *(vorläufig leer)*

XIII. Änderung und Kündigung des Anzeigenvertrages

1. Kündigung

260 Nach § 649 Satz 1 BGB kann der Anzeigenkunde „bis zur Vollendung des Werkes", also bis zur Verbreitung der Druckschrift, den Anzeigenvertrag **jederzeit** ohne Angabe von Gründen kündigen (zum Widerrufsrecht bei Fernabsatzverträgen BT Anz Rn 29). Die Kündigung erfolgt durch einseitige empfangsbedürftige Willenserklärung. Sie ist grundsätzlich formlos und auch durch schlüssiges Verhalten des Inserenten möglich (OLG Hamm NJW-RR 1992, 889). Die Kündigung des Werkvertrages wirkt sich für die Presse nachteiliger aus als für andere Gewerbezweige, weil durch die Kündigung angesichts des Zeitdrucks im Anzeigengeschäft Einnahmeausfälle und Lücken im Anzeigenteil entstehen, die letztlich nur durch Eigenwerbung oder zusätzliche kostentreibende redaktionelle Beiträge geschlossen werden können.

261 Die AGB vieler Verlage enthalten deshalb besondere **Anzeigenschlusstermine,** die gleichbedeutend mit der letzten Kündigungsmöglichkeit für den Inserenten sind. Beispiel einer derartigen Klausel: „Nach Anzeigen- bzw Druckunterlagenschluss kann der Auftrag nicht mehr storniert werden." Ist der Anzeigenschlusstermin verstrichen, kann der Verlag den Abdruck und die Verbreitung der Anzeige aus technischen und organisatorischen Gründen nicht mehr verhindern. Besondere Kündigungs- und Rücktrittsmöglichkeiten ergeben sich für den Besteller ferner aus § 636 BGB, für den Verleger aus den §§ 643, 645 BGB und aus Ziff 8 ZAW-AGB (dazu oben BT Anz Rn 191). Daneben besteht für Verlag und Auftraggeber nach § 314

XIII. Änderung und Kündigung des Anzeigenvertrages **Anz BT**

BGB zusätzlich auch ein **Kündigungsrecht aus wichtigem Grund,** das vor allem bei Anzeigenabschlüssen (also Verträgen über die Schaltung mehrerer Anzeigen, Anzeigenserien) eine praktische Rolle spielt. Das Kündigungsrecht nach § 649 BGB kann zwar individualvertraglich ausgeschlossen werden, aber nicht durch AGB (BGH NJW 1974, 973; 1999, 3261). Soweit die Verlage eine Kündigung des Anzeigenvertrages nach Ablauf des Anzeigenschlusstermins in ihren AGB ausschließen, verstößt dies angesichts der oben dargestellten besonderen Gegebenheiten des Anzeigengeschäfts nicht gegen § 307 Abs 2 Nr 1 BGB.

2. Vergütungsanspruch bei Kündigung

Der Verlag ist im Falle der Kündigung durch den Anzeigenkunden berechtigt, die 262 vereinbarte **Vergütung in voller Höhe** zu verlangen, muss sich jedoch nach § 649 S 2 BGB die ersparten Aufwendungen oder zusätzlich akquirierte Ersatzanzeigen Dritter anrechnen lassen (Einzelheiten bei *Rath-Glawatz* RdAnzeige Rn P 364 ff.). Entstehen durch die Akquisition einer Ersatzanzeige besondere Aufwendungen für den Verlag (Provisionen, Satzkosten, Werbeaufwendungen etc), gehen diese zu Lasten des vorzeitig kündigenden Inserenten. In der Regel wird es dem Verlag aber schon aus Zeitgründen nicht möglich sein, nach der Kündigung des Inserenten eine Ersatzanzeige zu akquirieren. In diesem Fall bleibt es beim vollen Vergütungsanspruch. Der Inserent trägt die Beweislast für ersparte Aufwendungen, mögliche Ersatzanzeigen oder die schuldhaft unterlassene anderweitige Verwendung der Verlagsressourcen (BGH NJW-RR 2001, 385). Der Verlag muss aber darlegen, welche Aufwendungen er sich ggf anrechnen lassen will, weil der Inserent hierzu regelmäßig nicht in der Lage ist (BGH NJW 1996, 1282). Vom Verlag vor der Kündigung bereits erbrachte (Teil-)Leistungen (zB bei mehreren Anzeigenschaltungen wurden die ersten Anzeigen bereits abgedruckt) sind auch im Falle der Kündigung regulär nach § 632 BGB abzurechnen (BGH NJW-RR 2000, 309). In der Praxis sehen viele Verlage aus Kulanzgründen davon ab, die ihnen bei Stornierung des Anzeigenvertrages zustehende Vergütung gemäß § 649 S 2 BGB geltend zu machen. Bei einer **Kündigung aus wichtigem Grund** ist § 649 S 2 BGB nicht anwendbar. Der Vergütungsanspruch des Verlages beschränkt sich in diesem Fall auf die bis zur Kündigung mangelfrei erbrachten Leistungen (*Palandt/Sprau* § 649 Rn 15).

3. Änderung des Anzeigenvertrages und Kündigung

Änderungswünsche des Inserenten (zB abweichendes Erscheinungsdatum, anderes 263 Schriftbild, andere Größe etc) können wegen der dadurch ausgelösten nachteiligen Rechts- und Kostenfolgen nicht ohne weiteres als Kündigung des ursprünglichen Anzeigenvertrages, verbunden mit dem Angebot zum Abschluss eines neuen Anzeigenvertrages, aufgefasst werden. Vielmehr will der Inserent regelmäßig keine Kündigung, sondern eine einvernehmliche Inhaltsänderung des Schuldverhältnisses unter Wahrung der Identität des ursprünglich geschlossenen Anzeigenvertrages. Ein derartiger **Abänderungsvertrag** setzt aber die Zustimmung des Verlages voraus. Obwohl der Grundsatz der Vertragsfreiheit auch insoweit gilt, ist der Verlag nach Treu und Glauben verpflichtet, das Änderungsangebot des Inserenten anzunehmen, soweit ihm dies zumutbar ist (§ 242 BGB). Der Verlag kann die Änderung von der Übernahme dadurch entstehender Zusatzkosten abhängig machen (*Rath-Glawatz* RdAnzeige Rn P 366).

Liegen dem Vertrag die ZAW-AGB zugrunde, folgt die entsprechende Verpflich- 264 tung der Verlage aus deren Ziff 16 ZAW-AGB (Einzelheiten bei *Wronka* Ziff 16 ZAW-AGB Rn 3 ff.). Der Inserent hat danach nur die Kosten für von ihm gewünschte oder zu vertretende **erhebliche** Änderungen der ursprünglich vereinbarten Ausführung zu tragen. Darin liegt zugleich die verbindliche Erklärung des Verlages, auf zumutbare Änderungswünsche des Inserenten einzugehen.

XIV. „Anzeigenvermittlung" durch Werbeagenturen und andere Werbungsmittler

1. Funktion der Werbungsmittler im Anzeigengeschäft

265   Dem Verlag tritt als Verhandlungs- und Vertragspartner vielfach nicht der Werbungtreibende selbst (um Missverständnisse über den Vertragspartner des Anzeigenvertrages zu vermeiden, sollte man in diesem Zusammenhang besser nicht vom „Inserenten" sprechen), sondern eine von diesem beauftragte **Werbeagentur, Mediaagentur** oder ein sonstiger Werbungsmittler gegenüber. Die zunächst stark spezialisierten Werbungsmittler haben sich dabei mit der Zeit zu sog Full-Service-Agenturen weiter entwickelt, deren Aufgabe es ist, Planung, Durchführung und Kontrolle von Werbemaßnahmen als zusammengefasste Dienstleistung für die werbungtreibende Wirtschaft anzubieten (Einzelheiten: *Nennen* GRUR 2005, 214). In jüngerer Zeit ist wieder eine stärkere Differenzierung in Kommunikations-, Marken-, Direktmarketing und Media-Agenturen (früher auch „Schaltagenturen" genannt) zu beobachten, wobei das Anzeigengeschäft von letzteren zwar spezialisiert, aber keineswegs exklusiv betrieben wird (vgl *Martinek*, Mediaagenturen und Medienrabatte, S 2 ff.).

2. Rechtliche Einordnung

266   Werbeagenturen üben eine selbstständige wirtschaftliche Tätigkeit aus, wobei sie die wirtschaftlichen Interessen ihrer Kunden wahrnehmen. Im Verhältnis zwischen der Werbeagentur und dem Werbungtreibenden liegt typischerweise ein entgeltlicher **Geschäftsbesorgungsvertrag** iSd § 675 BGB vor, dessen Basis je nach Gestaltung und Aufgabenschwerpunkt im Einzelfall ein Dienstvertrag oder ein Werkvertrag sein kann (BGH NJW 1970, 1317/1318; GRUR 1994, 527/528 – *Werbeagent*; OLG Düsseldorf NJW-RR 1991, 120; OLG München NJW-RR 1996, 626; NJOZ 2010, 1621; *Rath-Glawatz* RdAnzeige Rn P 429; eingehend *Bülow* GRUR 1978, 676 ff.). Liegt ein **Gesamtauftrag** vor, der auf eine Vielzahl von zunächst nicht absehbaren Beratungen und Maßnahmen der Agentur gerichtet ist, findet das Recht des Dienstvertrages Anwendung (BGH WM 1972, 947/948; *Lambsdorff/Skora* Werbeagenturrecht Rn 86 ff.). Erschöpft sich der Vertragsgegenstand in der Erstellung oder Durchführung einzelner konkreter Werbemaßnahmen (zB Erstellung einer Präsentation, Gestaltung einer Anzeige, Schaltung eines Inserats etc), so liegt je nach Ausgestaltung im Einzelfall ein Werkvertrag mit Geschäftsbesorgungscharakter oder auch ein reiner Werkvertrag vor, wenn die Erbringung einer bestimmten Leistung und nicht die Wahrnehmung fremder Vermögensinteressen im Vordergrund steht (vgl OLG Frankfurt NJW-RR 1988, 945: Verteilung von Anzeigenblättern; OLG Düsseldorf NJW-RR 1991, 120: Entwurf eines Firmenlogos). Die rechtliche Einordnung als Geschäftsbesorgungsvertrag gilt grds auch für moderne **Mediaagenturverträge** (*Martinek*, Mediaagenturen und Medienrabatte, S 27).

3. Rechtliche Beziehungen zwischen Verlagen, Werbungsmittlern und Werbungtreibenden

267   Es entspricht der Branchenübung, dass Werbe- und Mediaagenturen beim Abschluss von Anzeigenverträgen nicht als Stellvertreter des Werbungtreibenden, sondern **im eigenen Namen** handeln (*Kolonko* in Paschke/Berlit/Meyer Medienrecht 56. Abschnitt Rn 29; *Martinek*, Mediaagenturen und Medienrabatte, S 3). Will die Werbeagentur ausnahmsweise nicht selbst Vertragspartner werden, muss sie dies ausdrücklich klarstellen. Dafür genügt nicht, dass die Werbeagentur bei der Anzeigenschaltung den Namen des Kunden nennt, wie diese gelegentlich in den AGB der Medien vorgesehen ist, weil dadurch lediglich zum Ausdruck gebracht wird, dass der Werbemittler in fremdem Interesse handelt (OLG München AfP 1985, 132/133; Hamburg OLG-

XIV. „Anzeigenvermittlung" durch Werbeagenturen **Anz BT**

Report 1998, 370; Saarbrücken OLGReport 2004, 35; LG Saarbrücken AfP 2000, 398; *Rath-Glawatz* RdAnzeige Rn P 432; *Kreifels/Breuer/Maidl,* Die Werbeagentur in Recht und Praxis, Rn 278 f.; *Lambsdorff/Skora* Werbeagenturrecht Rn 130). Manche Verlage weigern sich sogar in ihren „Zusätzlichen Geschäftsbedingungen" ausdrücklich, Anzeigenschaltungen von Werbeagenturen zu akzeptieren, die namens und im Auftrag des Werbungtreibenden aufgegeben werden. Auch nach § 3 Abs 2 der ZAW-AGB für das Werbegeschäft in Online-Medien „kommt der Vertrag im Zweifel mit der Werbeagentur zustande". Das Kontrahieren mit einem Stellvertreter bringt erhebliche rechtliche Risiken für die Verlage mit sich, die diese naturgemäß vermeiden wollen. Vertragspartner wird also auch bei der „Anzeigenvermittlung" regelmäßig die Werbeagentur und nicht etwa deren Auftraggeber, der Werbungtreibende.

Soweit die Agenturen (und dies ist wie dargestellt der Regelfall) Anzeigenverträge 268 mit den Verlagen im eigenen Namen abschließen, bestehen zwischen den Verlagen und den Werbungtreibenden keine vertraglichen Beziehungen. Es entsteht vielmehr ein **Stufenverhältnis** von Verträgen: Werbungtreibender – Werbeagentur einerseits und Werbeagentur – Verlag andererseits. Daraus folgt, dass Gewährleistungansprüche wegen mangelhafter Erfüllung des Anzeigenvertrages durch den Verlag nicht dem Werbungtreibenden, sondern ausschließlich der von ihm beauftragten Agentur zustehen (OLG München AfP 1985, 132/133). Der Verlag ist dabei Erfüllungsgehilfe der Werbeagentur im Verhältnis zum Werbungtreibenden (OLG Düsseldorf AfP 1972, 127). Für Fehler des Verlages (zB nicht rechtzeitiger oder fehlerhafter Abdruck der Anzeige) haftet daher die Werbeagentur nach den §§ 633 ff. BGB oder aus § 280 Abs 1 BGB, weil sie sich das Verschulden des Verlages nach § 278 BGB zurechnen lassen muss. Die Agentur kann aber beim Verlag nach den Gewährleistungsvorschriften des Werkvertragsrechts Rückgriff nehmen. In der Praxis liquidieren die Agenturen häufig den Schaden des Werbungtreibenden direkt bei den Verlagen (Einzelheiten bei *Lambsdorff/Skora* Werbeagenturrecht Rn 443 ff.).

4. Vergütungssystem (AE-Provision)

a) Begriff und Bedeutung der AE-Provision

Für die Vergütung der Anzeigenschaltung hat sich in Deutschland ein historisch 269 gewachsenes System entwickelt (das allerdings in den vergangenen Jahren in Bewegung geraten ist): Die meisten Medien und nahezu alle Print-Verlage arbeiten auf der Grundlage von Anzeigenpreislisten. Die Medienverlage gewähren den Werbemittlern (Werbeagenturen, Mediaagenturen etc.) für die von ihnen getätigten Anzeigeneinschaltungen eine Provision – die sog **AE-Provision** (ursprünglich: Anzeigen- oder Annoncen-Expeditions-Provision) –, die im Regelfall 15% des vom Werbungtreibenden nach der jeweils gültigen Anzeigenpreisliste zu zahlenden Nettopreises beträgt (Näheres *Klosterfelde,* Anzeigen-Praxis, S 173; *Höbel,* Neue Anzeigen-Praxis, S 324; *Martinek,* Mediaagenturen und Medienrabatte, S 6 ff.; *ZAW,* Werbung in Deutschland 1994, S 196 f.). Der Werbungtreibende zahlt an seine Agentur die volle Vergütung nach der für ihn gültigen Anzeigenpreisliste des Verlages, während der Verlag an die Agentur nur einen um die AE-Provision verminderten Anzeigenpreis berechnet. Wirtschaftlich betrachtet wird die Vergütung der Werbeagenturen im Anzeigengeschäft also von den Verlagen getragen, obwohl sie nach § 675 BGB eigentlich vom Werbungtreibenden geschuldet würde (so zutreffend BGH NJW 1970, 1317/1319; zur rechtlichen Konstruktion als „Schuldmitübernahme" *Lambsdorff/Skora* Werbeagenturrecht Rn 177 ff.).

Dies erscheint auf den ersten Blick widersinnig, weil die Agenturen bei Anzeigen- 270 bestellungen im eigenen Namen und auch auf eigene Rechnung tätig werden. Diese auch heute noch weit verbreitete Provisionspraxis erklärt sich aber aus der besonderen Interessenlage der Beteiligten: Die Werbeagenturen kanalisieren die Werbeströme und vermindern damit die Zahl der Verhandlungs- und Vertragspartner der Presseunternehmen. Zudem erleichtern die Fachkenntnisse der Agenturen die technische Abwicklung des Anzeigenvertrages und das Niveau der von professionellen Agenturen gestalteten Anzeigen ist in der Regel höher. Dies wirkt sich positiv auf die Informations- und Werbekraft des Pressemediums insgesamt aus. Die sachkundige Beratung durch die Werbeagenturen erhöht auch die Bereitschaft der Wirtschaft, überhaupt Werbung zu treiben und fördert dadurch mittelbar das Anzeigengeschäft der Verlage. Ähnlich wie Handelsvertreter und Kommissionäre entfalten die Agenturen also eine **Absatzhilfetätigkeit** für die Verlage, die von diesen über die AE-Provision honoriert wird (BGH NJW 1970, 1317 ff.; *Fikentscher/Sandberger* WRP 1970, 1 ff.). Dennoch ist nicht zu übersehen, dass die AE-Provision die Vergütung der Verlage im Anzeigengeschäft mindert. Das Interesse der Verlage am **Direktgeschäft mit Inserenten,** die die volle Vergütung nach der Anzeigenpreisliste bezahlen, ist daher evident. Dazu wäre aber kein Anzeigenkunde bereit, wenn er eine Anzeige über eine Werbeagentur wesentlich günstiger erhalten könnte. Deshalb verbieten die Verlage den Agenturen vertraglich die Weitergabe der AE-Provision, um zu verhindern, dass ihre Anzeigenpreise im Direktgeschäft von den Agenturen unterboten werden. Das Verbot der Provisionsweitergabe flankiert auf diese Weise den Grundsatz der Preislistentreue (dazu BT Anz Rn 132 ff.). Diese besonderen wirtschaftlichen Zusammenhänge sind insb bei der kartellrechtlichen Beurteilung des Weitergabeverbots zu beachten (dazu BT Anz Rn 274).

In der Verlagspraxis sind heute **neue Vergütungssysteme** und Abrechnungsverfahren für die Anzeigenschaltung zu beobachten. Ein Beispiel ist das das sog Service-Fee-System, bei dem die Agentur zunächst alle Provisionen an den Werbungtreibenden als Kunden weiter gibt und von diesem über eine Pauschalvergütung honoriert wird (vgl dazu OLG München NJOZ 2010, 1621). Die historische Bezeichnung „AE-Provision" ist modernen Begriffen wie „Mediaprovision" gewichen. In einer Zeit, in der die werbungtreibenden Unternehmen „jeden Euro suchen", gerät auch das seit Jahrzehnten eingeführte System der Vergütung von Anzeigenschaltungen durch Werbungsmittler zunehmend unter Druck. Einige kleine und mittlere Verlage haben die AE-Provision ganz gestrichen und teilweise auf die Anzeigenpreise aufgeschlagen. Dennoch ist die Gewährung einer Agenturvergütung auf der dargestellten Basis in der Medienpraxis noch immer weit verbreitet, mag sie heute auch häufig anders genannt werden (zutreffend *Kolonko* in Paschke/Berlit/Meyer Medienrecht 56. Abschnitt Rn 55; vgl *Martinek,* Mediaagenturen und Medienrabatte, S 45 ff.).

b) Anspruch der Agentur auf die AE-Provision

271 Obwohl die Gewährung von Provisionen durch die Medienverlage auch heute noch branchenüblich ist (davon geht auch *Martinek,* Mediaagenturen und Medienrabatte, S 50 ff. aus), erwirbt die Agentur einen Rechtsanspruch auf die Provision nur, wenn dies im Anzeigenvertrag (auch durch AGB) vereinbart wurde oder der Verlag sich zur Zahlung der Provision allgemein bereit erklärt hat (dazu im Einzelnen *Lambsdorff/Skora* Werbeagenturrecht Rn 178). Es gibt Zeitungen und Zeitschriften, die eine Zahlung der AE-Provision entweder generell oder für bestimmte Geschäftsarten ablehnen. Viele Verlage schließen in ihren AGB eine Zahlung der Mittlerprovision insb für das sog **Ortsgeschäft** mit den im Hauptverbreitungsgebiet ansässigen Gewerbetreibenden aus. Dies geschieht aus der Überlegung, dass ortsansässige Gewerbetreibende für die Schaltung von Anzeigen nicht auf die Hilfe einer Agentur angewiesen sind und von den Anzeigenabteilungen der Verlage direkt betreut werden können (vgl *Klosterfelde,* Anzeigen-Praxis, S 123). Die Ablehnung der Mittlerprovision im sog Ortsgeschäft verstößt daher auch bei Vorliegen einer marktbeherrschenden Stellung nicht gegen die §§ 19, 20 GWB (OLG Stuttgart AfP 1970, 974 mit Anm *Löhr; Lambsdorff/Skora* Werbeagenturrecht Rn 203 ff. noch zu § 26 Abs 2 GWB aF). Fehlt eine Vereinbarung über die Mittlerprovision ist auch die Werbeagentur zur Zahlung der nach der Anzeigenpreisliste berechneten „üblichen Vergütung" iSd § 632 Abs 2 BGB verpflichtet.

XIV. "Anzeigenvermittlung" durch Werbeagenturen   **Anz BT**

Anspruch auf die AE-Provision haben nach der Rspr auch sog **Hausagenturen,** 272
soweit sie rechtlich verselbstständigt sind. Darunter versteht man Werbeagenturen, die
rechtlich oder wirtschaftlich eng mit einem Werbungtreibenden verbunden sind. Die
Inhalte des Begriffs „Hausagentur" sind tatsächlich viel zu unbestimmt, um die Versagung der AE-Provision zu rechtfertigen (BGH AfP 1974, 622 mit Anmerkung *Löhr;*
Näheres *Lambsdorff* WRP 1974, 311 ff.; *Lambsdorff/Skora* Werbeagenturrecht Rn 285
und 308 ff.). Andererseits kann nicht übersehen werden, dass die Gründung einer
rechtlich verselbstständigten Hausagentur zu dem Zweck, das Verbot der Provisionsweitergabe zu umgehen, einen Missbrauch des geltenden und eingeführten Abrechnungssystems darstellt. Es wäre daher kein Verstoß gegen die §§ 19, 20 GWB in diesem Falle die Zahlung der AE-Provision zu verweigern. Allerdings dürfte dem Verlag
der Nachweis der Umgehungsabsicht nur selten gelingen. Viele Zeitungen und Zeitschriften knüpfen die Berechtigung zur Inanspruchnahme des AE-Provision rein
formal an den im Handelsregister eingetragenen Gegenstand des Unternehmens, so
dass zumindest Hausagenturen in Form rechtlich verselbstständigter Tochtergesellschaften ohne weiteres provisionsberechtigt sind.

c) Verbot der Provisionsweitergabe

Das dargestellte historisch gewachsene Vergütungssystem funktioniert nur dann rei- 273
bungslos, wenn die Werbungsmittler (Agenturen) die von den Verlagen vergütete
AE-Provision nicht an die Werbungtreibenden (Anzeigenkunden) weitergeben. Das
würde nämlich dazu führen, dass die Agenturen die Anzeigenpreise der Verlage im
Direktgeschäft unterbieten und damit die Preislistentreue der Verlage selbst in Frage
stellen, indem sie zu ihnen in Wettbewerb treten. Deshalb haben früher praktisch alle
Verlage den Werbungsmittlern die Weitergabe der Provision (häufig in ihren AGB)
vertraglich untersagt. Es wurde sogar davon ausgegangen, dass das Verbot der Provisionsweitergabe entweder als vertragliche Nebenpflicht der Werbeagenturen unmittelbar aus deren Leistungstreuepflicht resultiert oder gewohnheitsrechtliche Geltung
besitzt (*Fikentscher/Sandberger* WRP 1970, 1/5; *Lambsdorff/Skora* Werbeagenturrecht
Rn 178 f. und 269).

Inzwischen verzichten einige Verlage darauf, den Agenturen die Provisionsweitergabe ausdrücklich zu untersagen (vgl die *Kolonko* in Paschke/Berlit/Meyer Medienrecht 56. Abschnitt Rn 60 ff.). Von einer gewohnheitsrechtlichen oder vertragsimmanenten Geltung des Verbots kann daher heute wohl nicht mehr ausgegangen werden
(anders noch die Vorauflage), obwohl noch immer viele wichtige Verlage die Weitergabe der Provision verbieten. Beispiel für eine entsprechenden Klausel: „Die vom
Verlag gewährte Mittlungsvergütung darf an die Auftraggeber weder ganz noch teilweise weitergegeben werden" (vgl AGB für Anzeigen und andere Werbemittel in
Zeitungen und Zeitschriften der BURDA NEWS GROUP, Abruf am 11.11.2013
unter www.medialine.de/deutsch/media-daten/print/agb). Andere Verlage verpflichten die Werbungsmittler und Werbeagenturen, „sich in ihren an die Werbungtreibenden gerichteten Angeboten, Verträgen und Rechnungen an die Preisliste des Verlages
zu halten", was im wirtschaftlichen Ergebnis ein indirektes Verbot der Provisionsweitergabe beinhaltet.

Anzeigenkunden verlangen von ihren Agenturen heute zunehmend volle **Transparenz** hinsichtlich der von den Verlagen gewährten Provisionen und sonstigen Vergütungen (*Kolonko* in Paschke/Berlit/Meyer Medienrecht 56. Abschnitt Rn 92 ff.). Es
wird sogar diskutiert, ob Werbungsmittler nicht nur berechtigt, sondern nach den
§§ 675, 667 BGB sogar verpflichtet sind, die erhaltenen Provisionen für Anzeigenschaltungen an ihre Kunden weiterzugeben (vgl OLG München NJOZ 2010, 1621).
Richtiger Ansicht nach ist dies aber zu verneinen, da die AE-Provision von den Verlagen als echtes Entgelt für die ihnen gegenüber erbrachte Kanalisierungs- und Vermittlungsleistung der Agenturen bezahlt wird (*Kolonko* in Paschke/Berlit/Meyer Medienrecht 56. Abschnitt Rn 73; im Ergebnis auch *Martinek,* Mediaagenturen und
Medienrabatte, S 84 f.). Sind die Beteiligten Kaufleute, ist nach hM auf Grund der

jahrzehntelang gewachsenen und allgemein beachteten Verkehrssitte im Anzeigenwesen davon auszugehen, dass der Werbeagentur die Weitergabe der Provision auch durch Handelsbrauch (§ 346 HGB) untersagt ist (OLG Stuttgart AfP 1970, 974; *Droste/Schmidt* GRUR 1972, 176). Neuere Erkenntnisse über die Gültigkeit dieses Handelsbrauchs liegen nicht vor.

d) Kartellrechtliche Beurteilung der Provisionsweitergabeverbots

274 Das Verbot der Provisionsweitergabe verstößt nach bislang hM nicht gegen das früher in den aufgehobenen §§ 14 bzw 15 GWB aF enthaltene und nunmehr von § 1 GWB mit umfasste Verbot vertikaler Wettbewerbsbeschränkungen. Grund dafür ist die besonderer Interessenverknüpfung zwischen Verlagen und Werbeagenturen (zu § 15 GWB aF: BGH NJW 1970, 1317/1319 – *Context; Bechtold* § 14 Rn 14; *Fikentscher/Sandberger* WRP 1970, 1/6 ff.; *Droste/Schmidt* GRUR 1972, 1/6). Allerdings ist zu fragen, ob das presserechtliche Verbot der Provisionsweitergabe mit Art 101 Abs 1 AEUV vereinbar ist (dagegen *Ricker/Weberling* Kap 47 Rn 31). Auch dies hängt letztlich davon ab, ob das Verbot der Provisionsweitergabe bereits unmittelbar aus der Interessenwahrungspflicht der Werbeagentur folgt, wie hier angenommen wird (vgl *Wiedemann/Kirchhoff* KartellR § 10 Rn 29 ff.; *Bechtold/Bosch/Brinkner,* EU-Kartellrecht, Art 101 AEUV Rn 61, 63; Vertikalleitlinien, ABl 2010, C 130/1 Rn 49). Für die Einzelheiten der kartellrechtlichen Beurteilung, auf die hier aus Aktualitätsgründen nicht mehr eingegangen werden soll, wird auf die Vorauflage (Rn 274) verwiesen. Zumindest bei kleinen und mittleren Verlagen wird es auch an der von Art 101 Abs 1 AEUV vorausgesetzten Eignung zur Beeinträchtigung des Handels zwischen den Mitgliedstaaten fehlen.

e) Wettbewerbswidrigkeit der Provisionsweitergabe

276 Werbungsmittler, die trotz eines vertraglich vereinbarten Weitergabeverbots, die AE-Provision systematisch ganz oder teilweise an Werbungtreibende weitergeben, handelten nach früher hM wettbewerbswidrig iSd § 1 UWG aF, indem sie sich einen unlauteren **Vorsprung durch Rechtsbruch** verschafften (*Lambsdorff/Skora* Werbeagenturrecht Rn 291 ff.). Seit der UWG-Reform 2004 ist für die Anwendung des neuen Rechtsbruch-Regelbeispiels auf die vertragswidrige Provisionsweitergabe aber kein Raum mehr (vgl *Köhler* in Köhler/Bornkamm UWG § 4 Rn 11.32). Der Bruch privater Verträge ist keine Zuwiderhandlung gegen „gesetzliche Vorschriften" iSd § 4 Nr 11 UWG. Es kann aber im Einzelfall ein Verstoß gegen die die 3, 4 Nr 1 UWG vorliegen, wenn Anzeigenkunden auf Werbeagenturen wirtschaftlichen Druck ausüben, um sie zur vertragswidrigen Weitergabe der von den Medien gezahlten AE-Provisionen zu veranlassen.

5. Die Werbeagentur als „Störer" oder „Täter"

277 Wurde eine wettbewerbswidrige Anzeige von einer Werbeagentur gestaltet oder zumindest mitgestaltet (und nicht lediglich vermittelt!), muss sich der Inserent den von der Agentur verursachten Wettbewerbsverstoß ohne Entlastungsmöglichkeit zurechnen lassen, weil die Agentur „Beauftragte" iSd § 8 Abs 2 UWG ist (BGH GRUR 1973, 208/209 – *Neues aus der Medizin* GRUR 1991, 772/774 – *Anzeigenrubrik I* noch zu § 13 UWG aF). Es bleibt also auch bei Zwischenschaltung einer Agentur bei der **primären Haftung des Inserenten** für wettbewerbswidrige Anzeigen. Daneben haftet aber auch die Werbeagentur als „Täter" oder „Störer", und zwar selbst dann, wenn gegen den Inserenten bereits ein Unterlassungstitel ergangen ist (BGH GRUR 1973, 208/209 – *Neues aus der Medizin* zu § 13 UWG aF). Die Überprüfung, ob eine von ihr gestaltete Anzeige mit dem Wettbewerbsrecht vereinbar ist, gehört auch dem Auftraggeber gegenüber zu den vertraglichen Pflichten der Agentur (BGH GRUR 1974, 286/287 – *Bastelwettbewerb II;* OLG Frankfurt GRUR-RR 2002, 77; *Nennen* GRUR 2005, 214/216 ff.). Eine Werbeagentur, die im Auftrag eines Inserenten eine Anzeige gestaltet, hat auch wenn die letzte Entscheidung über

XV. Anzeigenblätter Anz BT

die Veröffentlichung beim Auftraggeber liegt, genügend Entscheidungsspielräume, um selbst als „Täter" zu haften, wenn der Inhalt der Anzeige wettbewerbswidrig ist (vgl. BGH (GRUR 2011, 340 Tz 27 – *Irische Butter; Köhler* in Köhler/Bornkamm UWG § 8 Rn 2.13b; *v. Petersdorff-Campten* in Paschke/Berlit/Meyer Medienrecht Abschn. 31 Rn 61).

Soweit Werbeagenturen Anzeigen nicht inhaltlich gestalten, sondern lediglich an die Verlage weitervermitteln, sind sie – ähnlich wie die Verlage und ihre Mitarbeiter – unter dem Gesichtspunkt der Störerhaftung gehalten, die von ihnen im Auftrag der Inserenten geschaltete Werbung zu überprüfen. Nach den von der Rspr entwickelten Grundsätzen müssen die Agenturen bei der Anzeigenvermittlung aber „einwenden können, dass sie im konkreten Fall nicht gegen eine Pflicht zur Prüfung auf mögliche Rechtsverletzungen verstoßen haben" (BGH GRUR 1997, 313/316 – *Architektenwettbewerb;* 1997, 909/911 – *Branchenbuch-Nomenklatur;* NJW 2004, 2158/2159 – *Schöner Wetten*). Die im Anzeigenvermittlungsgeschäft tätigen Media-Agenturen wären ebenso wie die Presse überfordert, wenn sie alle über sie geschalteten Werbeanzeigen inhaltlich auf Wettbewerbsverstöße, Urheber-, Marken- und sonstige Rechtsverletzungen überprüfen müssten. Auch eine Agentur, die eine Fremdanzeige nur vermittelt (nicht gestaltet oder mitgestaltet!) hat, ist ähnlich wie die Presse letztlich nur durch Einsatz organisatorischer oder technischer Mittel an der vom Inserenten als dem Urheber der Anzeige eigenverantwortlich vorgenommenen Verletzungshandlung beteiligt. Ihre Prüfungspflicht beschränkt sich daher auf unter zumutbaren Anstrengungen erkennbare Verstöße. Auf die tatsächlichen Angaben ihres Auftraggebers, die der rechtlichen Überprüfung zugrunde zu legen sind, darf sich die Agentur in jedem Fall verlassen, auch wenn die Anzeige von ihr selbst gestaltet wird (OLG Frankfurt GRUR-RR 2002, 77; *Nennen* GRUR 2005, 214/218). 278

XV. Anzeigenblätter

1. Begriff und wirtschaftliche Bedeutung der Anzeigenblätter

Anzeigenblätter sind nach einer aus der einschlägigen Rspr (vgl BGH GRUR 1985, 881/882 – *Bliestal-Spiegel*) abgeleiteten Definition „periodisch erscheinende Druckwerke, die in erster Linie gewerbliche und private Anzeigen, aber auch redaktionelle Beiträge von meist lokalem Interesse enthalten und unentgeltlich und unbestellt den Haushaltungen eines in der Regel lokal begrenzten Gebietes zugestellt werden". Kennzeichnende Merkmale der Anzeigenblätter sind somit ihre **unentgeltliche Verbreitung** und dass sie **überwiegend aus Anzeigen** bestehen. Das **Vorhandensein eines redaktionellen Teils**, auch wenn er nur rudimentär ist, unterscheidet die **Anzeigenblätter** dennoch von den **reinen Offertenblättern** ohne redaktionellen Inhalt (vgl zur Begriffsbildung zutr *Rath-Glawatz* RdAnzeige Rn P 65, 307 ff.), die ausschließlich Anzeigen enthalten (Näheres BT Anz Rn 155 ff.). Viele Offertenblätter, vor allem reine Supermarkt-Kundenzeitschriften ohne redaktionellen Teil, werden wie die Anzeigenblätter unentgeltlich vertrieben. Daneben gibt es aber auch wirtschaftlich erfolgreiche Offertenblätter, die am Kiosk verkauft werden. Zumeist haben sich sich auf kostenlose private Kleinanzeigen spezialisiert. Vielfach werden in Rspr und Lit auch reine Offertenblätter pauschal als „Anzeigenblätter" bezeichnet, ohne von diesen durch das völlige Fehlen eines redaktionellen Teils unterscheiden. Umgekehrt wird aber auch dann noch immer von Anzeigenblättern gesprochen, wenn es sich um kostenlos vertriebene Publikationen handelt, die sich zwar ausschließlich über Anzeigen finanzieren, aber ausschließlich aus redaktionellen Inhalten bestehen und damit als Ersatz für herkömmliche Zeitungen und Zeitschriften dienen können (vgl BGH GRUR 2004, 602/603 – *20 Minuten Köln*). Die nicht immer gegebene terminologische Trennschärfe des Begriffs „Anzeigenblatt" muss daher bei der wissenschaftlichen Auseinandersetzung mit dem Thema stets im Auge behalten werden. 279

280 Die Anzeigenblätter sind Anfang der Fünfziger Jahre entstanden und haben erhebliche wirtschaftliche Bedeutung erlangt. Sie erzielten im Jahr 2012 Netto-Werbeeinnahmen von ca 2001,00 Mio EURO. Ihr Anteil am gesamten Werbemarkt lag damit bei ca 11%. Die Gesamtauflage der 1411 Anzeigenblätter betrug im Jahr 2012 ca 94,0 Mio Exemplare (ZAW-Jahrbuch Werbung in Deutschland 2013, Rn 280ff.). Auch die Anzeigenblätter haben wie die übrigen Printmedien mit schrumpfenden Erlösen im Anzeigengeschäft zu kämpfen, konnten ihren Marktanteil aber in den vergangenen Jahren vor allem auf Kosten der Zeitungen und Zeitschriften leicht ausbauen. Die Anzeigenblätter wurden von den herkömmlichen Zeitungen und Zeitschriften zunächst heftig bekämpft (ua mit wettbewerbsrechtlichen Mitteln). Zwischenzeitlich sind viele Verleger aber selbst dazu übergegangen, eigene Anzeigenblätter herausgegeben bzw vorhandene Anzeigenblätter aufzukaufen. Dieser wirtschaftliche Hintergrund der Entwicklung der Anzeigenblätter muss gesehen werden, wenn wieder einmal das holzschnittartige Bild von den Anzeigenblättern als „erheblicher Gefahr für die Existenz der freien Presse" beschworen wird. Die kostenlos verteilten Anzeigenblätter haben sich in den vergangenen 40 Jahren durchaus zu Recht einen eigenen und keineswegs unwichtigen Platz in der deutschen Presselandschaft erobert, ohne dass es aus diesem Grund zu dem immer wieder befürchteten großen Zeitungssterben gekommen wäre (vgl OLG Karlsruhe NJWE-WettbR 1996, 81). Eine für die herkömmliche Presse sehr viel gefährlichere Konkurrenz als die Anzeigen- und Offertenblätter stellen die sich stark ausbreitenden (Klein-)Anzeigenmärkte im Internet dar (vgl zB Handelsblatt 10.2.2006, S 13; Einzelheiten zu Internet-Anzeigen BT Anz Rn 353ff.). Diese neuen medialen Angebote haben bereits zahlreiche Print-Anzeigen- und Offertenblätter vom Markt verdrängt (vgl ZAW-Jahrbuch, Werbung in Deutschland 2005, S 203).

2. Anzeigenblätter und Pressefreiheit

281 Auch Anzeigen stellen nach der Rechtsprechung des Bundesverfassungsgerichts **Nachrichten** im presserechtlichen Sinne dar, weil sie dem Leser Informationen vermitteln (BVerfG 21, 271/278ff. – *Südkurier;* 64, 108/114f.). Die Verbreitung von Informationen ist aber die typische Aufgabe der Presse. Daraus folgt, dass auch die Anzeigenblätter und Offertenblätter, ohne dass es auf den Umfang und die Gestaltung des redaktionellen Teils im Einzelnen ankäme, am Schutz des Grundrechts nach Art 5 Abs 1 S 2 GG und der darin enthaltenen Garantie der Presse als Institution teilnehmen (BGHZ 51, 236/246 – *Stuttgarter Wochenblatt I;* AfP 1992, 65/67 – *Amtsanzeiger;* GRUR 2004, 602/603 – *20 Minuten Köln*). Allerdings entspricht das Interesse der Allgemeinheit am Bestand von Anzeigenblättern ohne nennenswerten redaktionellen Teil nicht demjenigen an der Existenz der berichtenden Tagespresse. Wem es bei der Gratisverteilung seines Blattes weniger um die Bildung der öffentlichen Meinung als vielmehr vorwiegend um die Gewinnerzielung auf dem Anzeigenmarkt geht, der kann sich nur in geringerem Maße auf die Pressefreiheit berufen als zB eine herkömmliche Tageszeitung (vgl BGHZ 51, 236/249 – *Stuttgarter Wochenblatt I;* BGH AfP 1992, 65/67 – *Amtsanzeiger*). Art 5 Abs 1 S 2 GG enthält bekanntlich nicht nur die Verbürgung eines Individualgrundrechts, sondern darüber hinaus eine Garantie für das Institut „freie Presse", die auch den Erhalt funktionierender wettbewerblicher Strukturen auf dem Pressemarkt umfasst (BVerfGE 10, 118/121ff.; 20, 162/175f.).

282 Auch Art 5 Abs 1 S 2 GG eröffnet der Presse aber **kein Reservat im Wettbewerb**, aus dem eine Bestandsgarantie für einzelne Presseunternehmen abgeleitet werden könnte (*Köhler* in Großkommentar zum UWG § 1 Rn D51). Kein Gewerbetreibender hat Anspruch auf den Erhalt seines Kundenstammes, auch die Verleger herkömmlicher Zeitungen und Zeitschriften nicht (BGH AfP 1989, 737/738 – *Annoncen-Avis*). Die Presseverlage müssen daher die Verluste im Anzeigengeschäft oder auch im Zeitungsvertrieb, die sie durch die Anzeigenblätter erleiden, auch unter Be-

rücksichtigung von Art 5 Abs 1 S 2 GG und der darin enthaltenen institutionellen Garantie grundsätzlich hinnehmen (BGH GRUR 2004, 602/603 – *20 Minuten Köln*). Ebenso gut könnten sich die Werbungtreibenden auf Grund des attraktiveren Angebots zB für eine Verstärkung ihrer Direktmarketing-Aktivitäten oder für ein Mehr an Rundfunkwerbung entscheiden, ohne dass dadurch der Schutzbereich des Art 5 Abs 1 S 2 GG tangiert würde. Es ist auch unter verfassungsrechtlichen Aspekten nicht Aufgabe des Wettbewerbsrechts, einen **Strukturwandel im Pressewesen** zugunsten der alteingesessenen Verleger zu verhindern oder auch nur in eine (von wem?) für wünschenswert gehaltene Richtung zu steuern (BGH GRUR 2004, 602/604 f. – *20 Minuten Köln*; OLG Karlsruhe NJWE-WettbR 1996, 81/82; *Köhler* in Großkommentar zum UWG § 1 Rn D 55; *Gesellensetter* GRUR 2001, 707 ff.). Allzu leicht kann die Fürsorge der Rspr für den Erhalt höherwertiger Presseerzeugnisse in Meinungskontrolle umschlagen (zutr *Köhler* in Köhler/Bornkamm UWG § 4 Rn 12.22). Der Leser soll selbst entscheiden, was und wie viel er liest und ob und wie viel er dafür bezahlt.

3. Wettbewerbsrechtliche Beurteilung der Anzeigenblätter

a) Anzeigenblätter mit wesentlichem redaktionellem Teil

Erstes und wichtigstes Kriterium für die wettbewerbsrechtliche Einordnung ist, ob das Anzeigenblatt nach Inhalt und Aufmachung, insb der **Gestaltung des redaktionellen Teils,** von den Lesern als **Ersatz für eine Tageszeitung** oder jedenfalls als wesentliche Informationsquelle nach Art der Tagespresse angesehen wird (grundlegend BGHZ 51, 236/239 – *Stuttgarter Wochenblatt I;* GRUR 1971, 477/478 – *Stuttgarter Wochenblatt II*). Die Rspr bejaht diese Voraussetzung in der Regel dann, wenn der redaktionelle Teil eines wöchentlich verteilten Anzeigenblattes wesentlich mehr als ¹/₃ **des Gesamtumfangs** ausmacht, wobei sich eine schematische Betrachtungsweise allerdings von vornherein verbietet (vgl OLG Hamm AfP 1984, 164/165; Nürnberg AfP 1984, 166/167; LG Münster AfP 1984, 170; LG Berlin AfP 1991, 657). Maßgeblich ist nicht nur der quantitative Umfang, sondern vor allem auch die inhaltliche Qualität des redaktionellen Teils. Bei zahlreichen Anzeigenblättern besteht der sog redaktionelle Teil nämlich aus nichts sagenden und wenig wertvollen Informationen ohne aktuellen Bezug (Haushaltstipps, Kochrezepte, Schminktipps, Horoskope, veraltete Beiträge von Presse-Agenturen etc). Derartige Anzeigenblätter stellen von vornherein keinen Ersatz für herkömmliche Presseerzeugnisse dar und sind – wie die reinen Offertenblätter – wettbewerbsrechtlich unbedenklich.

Konkurriert ein Anzeigenblatt oder ein anderes gratis verteiltes Presseerzeugnis aber durch einen umfangreichen und qualitativ anspruchsvollen redaktionellen Teil mit den herkömmlichen Zeitungen oder Zeitschriften nicht nur auf dem Anzeigenmarkt, sondern auch auf dem **Lesermarkt,** so hat die **frühere Rspr** die wettbewerbsrechtliche Zulässigkeit nach relativ strengen Maßstäben beurteilt: Die ständige Gratisverteilung eines Anzeigenblattes mit wesentlichem redaktionellem Teil, das seinem Informationsgehalt nach für einen nicht unerheblichen Teil der Leser eine Tageszeitung ersetzen konnte, wurde per se als Marktstörung bzw allgemeine Marktbehinderung und damit als Verstoß gegen § 1 UWG aF eingeordnet (BGHZ 19, 392/399 – *Freiburger Wochenbericht;* 51, 236/238; BGH GRUR 1971, 477 – *Stuttgarter Wochenblatt II;* NJW 1985, 1624/1625 – *Bliestal-Spiegel;* AfP 1992, 65/67 – *Amtsanzeiger;* vgl aber OLG Karlsruhe NJWE-WettbR 1998, 81; KG NJW-RR 2000, 1140/1141). Der Nachweis einer konkreten Beeinträchtigung der herkömmlichen Presse war dabei nicht erforderlich. Die **abstrakte Gefährdung der Tagespresse,** die sich auch aus der drohenden Nachahmung der Gratisverteilung durch andere Mitbewerber ergeben konnte, sollte für das Unlauterkeitsurteil genügen (BGHZ 51, 236/240 – *Stuttgarter Wochenblatt I*). Den Höhe- und wohl auch Schlusspunkt dieser restriktiven Linie der Rspr zur Gratisverteilung von Presseerzeugnissen stellte die Entscheidung des BGH zu ungesetzlichen Verkaufshilfen für entgeltlich vertriebene

Sonntagszeitungen dar (GRUR 1996, 778 – *Stumme Verkäufer*). Allein die Tatsache, dass ein nicht unerheblicher Teil der Leser der Versuchung nicht widerstehen konnte, die Sonntagszeitung ohne Bezahlung aus den ungesicherten Verkaufshilfen zu entnehmen, wurde unter dem Gesichtspunkt der Wertreklame („übertriebenes Anlocken") als Verstoß gegen § 1 UWG aF eingeordnet (BGH GRUR 1996, 778/780 – *Stumme Verkäufer;* zu Recht anders jetzt BGH GRUR 2010, 455 – *Stumme Verkäufer II*). Der Gesichtspunkt der Wertreklame scheidet allerdings aus, wenn ein Presseerzeugnis ausschließlich gratis vertrieben wird, weil hier eine auf den Erwerb einer entgeltlichen Leistung gerichtete unsachliche Beeinflussung des Empfängers nicht in Betracht kommt (BGH GRUR 2004, 602/603 – *20 Minuten Köln*).

285 Die strengen Maßstäbe der Rspr für Anzeigenblätter, die als Ersatz für herkömmliche Tageszeitungen dienen können, wurden auf **andere Presseerzeugnisse** – also Anzeigenblätter, die mit Wochenzeitschriften, Fachzeitschriften, Verbandszeitschriften, Stadtmagazinen etc auf dem Lesermarkt konkurrieren – nur abgemildert übertragen (strenger aber noch BGH GRUR 1977, 260 – *Feld und Wald II*). Die kostenlose Abgabe von derartigen Anzeigenblättern wurde nur dann als Verstoß gegen § 1 UWG aF eingeordnet, wenn **besondere Umstände** vorlagen, aus denen sich eine **konkrete Gefährdung** für den Bestand des Pressewettbewerbs insgesamt ergab (BGH GRUR 1982, 53/55 – *Bäckereifachzeitschrift;* NJW 1985, 881/882 – *Bliestal-Spiegel;* KG NJWE-WettbR 1997, 84/85; NJW-RR 2000, 1140; OLG Karlsruhe NJWE-WettbR 1998, 81; NJW-RR 1998, 912/913; vgl auch BGH GRUR 1990, 44 – *Annoncen Avis* zum kostenlosen Abdruck von Anzeigen). Eine großzügige Beurteilung von Anzeigenblättern hielt die ansonsten sehr restriktive Rspr dann für angebracht, wenn durch das kostenlos verteilte Anzeigenblatt mit wesentlichem redaktionellem Teil eine **Marktlücke** geschlossen wurde, weil bisher überhaupt keine Publikation mit vergleichbarem Inhalt (Zeitung oder Zeitschrift) am relevanten Markt existierte (vgl BGHZ 51, 236/244 – *Stuttgarter Wochenblatt I*).

286 Auch vor der UWG-Reform waren bereits **Auflösungstendenzen der strengen Grundsätze** zur Gratisverteilung von Presseerzeugnissen bereits erkennbar. So haben mehrere Instanzgerichte (KG NJW-RR 2000, 1120/1121; LG Heilbronn AfP 2000, 304; LG Karlsruhe AfP 2000, 306) die ständige Gratisverteilung einer anzeigenfinanzierten „echten" Tageszeitung nicht mehr per se als wettbewerbswidrig eingeordnet, solange keine konkrete Gefahr für den Bestand der Tagespresse nachgewiesen werden konnte. Auch der kostenlose Vertrieb einer ausschließlich anzeigenfinanzierten Sonntagszeitung wurde mangels Nachweis einer konkreten Gefährdung der konkurrierenden Sonntagszeitungen zugelassen (OLG Bremen WRP 1999, 1024; OLG Karlsruhe NJW-RR 1998, 912; dazu *Schmid* WRP 2000, 991 ff.; krit *Teplitzky* GRUR 1999, 108 ff.; vgl auch OLG Karlsruhe NJWE-WettbR 1996, 81). In den erwähnten Fällen handelte es sich wohlgemerkt um anzeigenfinanzierte Presseerzeugnisse mit überwiegend redaktionellen Inhalten, die durchaus als Ersatz für herkömmliche entgeltlich vertriebene Zeitungen und Zeitschriften auf dem Lesermarkt dienen konnten. Auch der BGH (GRUR 2004, 602 – *20 Minuten Köln*) hat nunmehr die **Abkehr von der restriktiven Beurteilung anzeigenfinanzierter Presseerzeugnisse** vollzogen. Die Gratisverteilung einer anzeigenfinanzierten Tageszeitung ist nur noch dann als allgemeine Marktbehinderung oder Marktstörung unlauter im Sinne der wettbewerbsrechtlichen Generalklausel, wenn ausnahmsweise **besondere Umstände** vorliegen, aus denen sich die konkrete Gefahr für die Tagespresse in ihrem verfassungsrechtlich gesicherten Bestand ergibt. Eine nur abstrakte Gefährdung – das „arbeitshypothetische Endstadium" (so *Teplitzky* GRUR 1999, 108/112) einer angeblich zu befürchtenden Entwicklung auf dem Pressemarkt – reicht dafür nicht aus (BGH GRUR 2004, 602/605 – *20 Minuten Köln;* zumindest teilw aM wohl *Ricker/Weberling* Kap 47 Rn 32).

287 Ob die dargestellten, im Wesentlichen noch zu § 1 UWG aF entwickelten Grundsätze ohne Änderung auch für die wettbewerbsrechtliche Beurteilung **nach der UWG-Reform** übernommen werden können, ist schon vor dem Hintergrund der dargestellten Entwicklung der Rspr zweifelhaft. Für die Fallgruppe „Marktstörung"

XV. Anzeigenblätter   **Anz BT**

bzw. „allgemeine Marktbehinderung" hat der Gesetzgeber anders als für die übrigen allgemein anerkannten Fallgruppen des früheren § 1 UWG im neuen § 4 UWG keinen eigenständigen Beispielstatbestand geschaffen. Immerhin kann ein Verstoß gegen die neue Generalklausel des § 3 UWG auch dann gegeben sein, wenn durch das fragliche Verhalten eine Vielzahl von Mitbewerbern betroffen wird oder eine nicht unerhebliche Nachahmungsgefahr besteht und dadurch eine nicht unwesentliche Beeinträchtigung des Wettbewerbs zu erwarten ist (*Amtl Begründung* zum RegE, BT-Drs 15/1487 S 17; *Köhler* in Köhler/Bornkamm UWG § 4 Rn 12.22). Diese Kriterien übernehmen wesentliche Elemente der Argumentation der Rspr zur allgemeinen Marktbehinderung durch Gratisverteilung von Presseerzeugnissen, die somit auch nach der UWG-Reform noch anwendbar sind.

Der **kostenlose Vertrieb von anzeigenfinanzierten Presseerzeugnissen**, die 288 auf Grund des Umfangs und der Qualität des redaktionellen Teils einen echten Ersatz für herkömmliche Tageszeitungen darstellen, kann daher auch nach § 3 UWG neuer Fassung ausnahmsweise noch immer wettbewerbswidrig sein (*Köhler* in Köhler/Bornkamm UWG § 4 Rn 12.1, 12.20 ff.). Allerdings setzt das Unlauterkeitsurteil voraus, dass auf Grund besonderer Umstände eine konkrete Gefahr für den Bestand des Wettbewerbs nachweisbar ist (BGH GRUR 2004, 602/605 – *20 Minuten Köln*; KG NJW-RR 2000, 1140/1141). Die Tatsache, dass es einen dauerhaften kostenlosen Vertrieb von Tageszeitungen bisher nicht gegeben hat, kann für sich allein jedenfalls das Unlauterkeitsurteil nicht begründen (OLG Karlsruhe NJW-RR 1998, 912/913). Ebenso wenig genügt es, dass die herkömmliche Presse durch die Gratisverteilung von Presseerzeugnissen Umsatzeinbußen erleidet (BGH GRUR 2004, 602/604 – *20 Minuten Köln*). Es ist nicht Aufgabe des Wettbewerbsrechts, überkommene Markt- und Wirtschaftsstrukturen zu zementieren und die ohnehin sehr hohen Marktzutrittsschranken zugunsten der alteingesessenen Verlage noch weiter zu erhöhen (BGH GRUR 2004, 602/604 f. – *20 Minuten Köln*). Der Gratisvertrieb eines Stadtmagazins, das zum überwiegenden Teil Veranstaltungshinweise zum Gegenstand hat und nicht das allgemeine tagespolitische Informationsbedürfnis befriedigt, ist daher zulässig, auch wenn er die entgeltlich vertriebene Konkurrenz möglicherweise existentiell bedroht (KG NJWE-WettbR 1997, 84). Dass ein neu gegründetes und kostenlos verteiltes Anzeigenblatt die Existenz einer alteingesessenen kommunalen Wochenzeitung konkret gefährdet, genügt nicht, um eine wettbewerbswidrige allgemeine Marktbehinderung bzw Markstörung anzunehmen, wenn die Informationsaufgabe der betroffenen Wochenzeitung ohne weiteres auch von einem Anzeigenblatt wahrgenommen werden kann (OLG Karlsruhe NJWE-WettbR 1996, 81/82). Bei der institutionellen Garantie des Art 5 Abs 1 S 2 GG geht es nicht darum, den Bestand eines Presseorgans gegen den Wettbewerb durch ein anderes Presseorgan zu schützen (BGH GRUR 2004, 602/604 – *20 Minuten Köln*).

Auch eine nach den §§ 3, 4 Nr 10 UWG wettbewerbswidrige **individuelle Be‑** 289 **hinderung** der betroffenen Mitbewerber liegt in der Gratisverteilung anzeigenfinanzierte Presseerzeugnisse grundsätzlich nicht (OLG Köln ZUM-RD 2000, 377). Dass die Mitbewerber durch den Markteintritt anzeigenfinanzierter Presseerzeugnisse Umsatzeinbußen hinnehmen müssen, ist ein wesentliches Merkmal gesunden Leistungswettbewerbs (vgl *Wallenberg* MMR 2001, 512). Eine andere Beurteilung kann ausnahmsweise unter dem Gesichtspunkt der Kampfpreisunterbietung gerechtfertigt sein, wenn der Gratisvertrieb in der Absicht erfolgt, die Mitbewerber zu vernichten oder vom Markt zu drängen (vgl *Omsels* in Harte/Henning UWG § 4 Nr 10 Rn 264).

b) Anzeigenblätter ohne wesentlichen redaktionellen Teil

Stellt das Anzeigenblatt keine Alternative zum Bezug einer Tageszeitung dar – und 290 dies gilt in der Praxis für die weitaus meisten Anzeigenblätter –, ist die **kostenlose Verteilung zulässig**, weil sich der Wettbewerb mit den Tageszeitungen und Zeitschriften auf den Anzeigenmarkt beschränkt und insoweit von den Presseverlagen als wettbewerbskonforme Verhaltensweise hingenommen werden muss (BGHZ 19, 392/399 –

BT Anz　　　　　　　　　　　　　　　　　　　　　　　　Recht der Anzeige

Freiburger Wochenbericht; 51, 236; GRUR 1971, 477 *Stuttgarter Wochenblatt I* und *II;* NJW 1985, 1624/1625 – *Bliestal-Spiegel;* AfP 1992, 65/67). Dies gilt auch dann, wenn der redaktionelle Teil, zB durch Berichte über lokale Ereignisse, Sportveranstaltungen, kulturelle Veranstaltungen oder die Aufnahme des städtischen Amtsanzeigers, einen gewissen Eigenwert aufweist (BGH NJW 1985, 1624/1625 – *Bliestal-Spiegel;* GRUR 1992, 191/193 – *Amtsanzeiger*). Die Gratisverteilung derartiger Anzeigenblätter kann ausnahmsweise unzulässig sein, wenn sie zu einer gemeinschaftsschädlichen Störung der Wirtschaftsordnung führt, zB indem der Wettbewerb auf dem Anzeigenmarkt der Fachzeitschriften insgesamt **konkret gefährdet** wird (vgl BGHZ 19, 392/397 – *Freiburger Wochenbericht;* 51, 236/239; GRUR 1971, 477/478 – *Stuttgarter Wochenblatt I* und *II;* GRUR 1985, 881/882 – *Bliestal-Spiegel*). Dieser Nachweis ist freilich schwierig zu führen – und in den bisher entschiedenen Fällen ist er auch stets misslungen (vgl *Köhler/ Hefermehl/Köhler* § 4 Rn 12.22). Kostenlose Anzeigenblätter ohne wesentlichen redaktionellen Teil sind also praktisch ausnahmslos zulässig.

c) Herausgabe von Anzeigenblättern durch Presseverlage

291　Nicht zuletzt deshalb, weil der Versuch misslungen ist, die Anzeigenblätter mit wettbewerbsrechtlichen Mitteln zu bekämpfen, haben viele Presseverlage eigene Anzeigenblätter gegründet oder am Markt existierende Anzeigenblätter aufgekauft. Die Verlage unternehmen damit den wettbewerbskonformen und völlig legitimen Versuch, die aus ihrer Sicht unerbetene Konkurrenz mit ihren eigenen Waffen zu schlagen. Dadurch sind die Anzeigenblätter aber auch zu einem Instrument des Wettbewerbs der Tageszeitungen untereinander geworden. Dagegen ist wettbewerbsrechtlich grundsätzlich nichts einzuwenden (BGH GRUR 1977, 668/669 f. – *WAZ-Anzeiger*).

292　Die Wettbewerbswidrigkeit eines verlagsgebundenen Anzeigenblattes kann sich im Ausnahmefall aber daraus ergeben, dass es als Werbemittel für eine Tageszeitung eingesetzt wird und insoweit zu einer Behinderung konkurrierender Tageszeitungen und einer **Verfremdung des Leistungswettbewerbs der Tageszeitungen untereinander** führt. Der BGH (GRUR 1977, 668/670 – *WAZ-Anzeiger*) hat eine solche Verfremdung des Leistungswettbewerbs im Falle des von der WAZ herausgegebenen Anzeigenblattes „WAZ-Anzeiger für Castrop-Rauxel" bejaht. Dafür waren folgende Gesichtspunkte kumulativ ausschlaggebend: redaktionelle Betreuung des Anzeigenblatts durch die Redaktion der Tageszeitung, Betrieb gemeinsamer Anzeigenannahmestellen, besonders günstiger Kombinationstarif für Anzeigen in beiden Blättern, wobei es bei privaten Kleinanzeigen für den Preis unerheblich war, ob die Anzeigen im WAZ-Anzeiger oder zugleich auch in der WAZ erschienen, und vor allem aber die massive Eigenwerbung der Tageszeitung im Anzeigenblatt (vgl dazu auch *v Falck* AfP 1979, 370). Nur angesichts der seltenen Kumulation dieser Merkmale ist der BGH von einer groben Verfälschung des Leistungswettbewerbs zwischen den Tageszeitungen und damit von einem Verstoß gegen § 1 UWG aF ausgegangen (BGH GRUR 1977, 668/670 – *WAZ-Anzeiger;* vgl auch BGH AfP 1990, 207/209 – *Anzeigenpreis I*). Ob auch die Verfremdung des Wettbewerbs unter den Anzeigenblättern dazu führen kann, dass die Verknüpfung von Anzeigenblatt und Tageszeitung als unzulässig anzusehen ist, wurde im WAZ-Urteil offen gelassen (verneinend LG Düsseldorf AfP 1979, 369 mit kritischer Anmerkung *v Falck*). Da auch die Anzeigenblätter den Schutz des Grundrechts aus Art 5 Abs 1 Satz 2 GG genießen, ist dies zu bejahen. Voraussetzung ist, dass eine Verfremdung des Wettbewerbs ähnlich wie im Falle des WAZ-Anzeigers rein tatsächlich festgestellt werden kann, was aber nur höchst selten der Fall sein wird (vgl OLG Karlsruhe NJWE-WettbR 1998, 81).

293　Die Aufnahme des städtischen **Amtsanzeigers** in ein Anzeigenblatt ist grundsätzlich zulässig und stellt weder eine unbillige Behinderung konkurrierender Anzeigenblätter iSd §§ 19, 20 GWB noch einen Verstoß gegen § 3 UWG dar (vgl BGH AfP GRUR 1992, 19 – *Amtsanzeiger* zu § 1 UWG aF). Eine Gemeinde darf ein solches Amts- oder Informationsblatt auch selbst herausgeben und darin entgeltliche Anzeigen veröffentlichen (BGH GRUR 1973, 530/531 – *Crailsheimer Stadtblatt; Ricker*

XV. Anzeigenblätter **Anz BT**

FS Löffler, 287 ff.). Sie kann statt dessen aber auch einen Dritten als „beliehenen Unternehmer" mit der Herausgabe und Verbreitung beauftragen (OLG Naumburg WRP 1995, 61/62). Einige Bundesländer haben für die Herausgabe derartiger Amtsblätter durch Städte und Gemeinden besondere gesetzliche Regelungen erlassen. Die direkte Subventionierung eines privaten Anzeigenblattes durch eine Gemeinde ist hingegen wegen der daraus resultierenden Gefahren für die Freiheit und Unabhängigkeit der Presse grundsätzlich unlauter isd §§ 3, 4 Nr 10 UWG (zutr OLG Frankfurt WRP 1993, 403).

d) Preisunterbietung durch Anzeigenblätter

Das **Unterbieten der Anzeigenpreise** von konkurrierenden Presseunternehmen 294 (zB Tageszeitungen) durch ein Anzeigenblatt stellt für sich genommen keine unbillige Behinderung dar, sondern ist ein wesentliches Element gesunden Wettbewerbs (BGH GRUR 1986, 397/399 – *Abwehrblatt II;* NJW 1990, 2469/2470 – *Anzeigenpreis II; Köhler* in Köhler/Bornkamm UWG § 4 Rn 10.185 ff. mwN). Es ist wettbewerbsrechtlich auch nicht zu beanstanden, wenn im Preiswettbewerb vorübergehend einzelne Waren oder Leistungen unter dem sog Einstandspreis abgegeben werden (BGH GRUR 1985, 883/885 – *Abwehrblatt I;* 1990, 685/686 – *Anzeigenpreis I;* GRUR 1995, 690/695 – *Hitlisten-Platten).*

Der Preiswettbewerb im Rahmen des Leistungswettbewerbs findet seine **Grenze** 295 aber in der betriebswirtschaftlich vernünftigen, nach kaufmännischen Grundsätzen vertretbaren Kalkulation (BGH GRUR 1986, 397/400 – *Abwehrblatt II;* 1990, 685/ 686 – *Anzeigenpreis I;* 1990, 687/689 – *Anzeigenpreis II).* Die Preisunterbietung durch ein Anzeigenblatt ist nach der Rspr eine **unlautere Behinderung** isd §§ 3, 4 Nr 10 UWG, wenn sie darauf gerichtet ist, Konkurrenten unter Missachtung kaufmännischer Grundsätze vom Markt zu drängen und ihre Existenz zu vernichten (BGH GRUR 1986, 397/400 – *Abwehrblatt II;* 1990, 685/686 – *Anzeigenpreis I;* 1990, 687/689 – *Anzeigenpreis II).* Gründen mehrere Zeitungsverlage gemeinsam ein Anzeigenblatt, das in der Anlaufphase mit nicht kostendeckenden Anzeigenpreisen arbeitet, um ein bereits eingeführtes, kostenlos verteiltes Anzeigenblatt zu bekämpfen, so liegt darin folgerichtig noch keine gemäß §§ 3, 4 Nr 10 UWG (früher: § 1 UWG aF) unbillige Behinderung der Wettbewerber (BGH GRUR 1985, 883/885 – *Abwehrblatt I* m Anm *Kroitzsch).* Wenn die Preisunterbietung aber von einem marktbeherrschenden Unternehmen oder wie im Fall der Entscheidungen *Abwehrblatt I* und *II* von einem marktbeherrschenden Oligopol ausgeht und die gezielte Verdrängung und Vernichtung des Mitbewerbers durch Einsatz nicht leistungsgerechter Kampfpreise bezweckt, verstößt sie nicht nur gegen § 3, 4 Nr 10 UWG, sondern darüber hinaus auch gegen die §§ 19, 20 GWB (BGH GRUR 1986, 387 – *Abwehrblatt II* zu § 26 Abs 2 GWB aF).

Die **kartellrechtliche Beurteilung der Preisunterbietung** auf dem Anzeigen- 296 markt nach den §§ 19, 20 GWB und Art 101, 102 AEUV unterliegt nicht den gleichen Maßstäben wie die wettbewerbsrechtliche (Näheres *Köhler* in Köhler/Bornkamm UWG § 4 Rn 10.205 ff.): Zum einen können im Rahmen der §§ 3, 4 Nr 10 UWG zusätzliche Umstände und Erwägungen außerhalb der auf die Freiheit des Wettbewerbs gerichteten Zielsetzung des GWB berücksichtigt werden. Zum anderen kann unter den zusätzlichen Marktmachtvoraussetzungen des § 19 GWB auch ein wettbewerbsrechtlich zulässiger Verkauf unter Einstandspreis kartellrechtlich untersagt sein (BGH GRUR 1995, 690/692 – *Hitlisten-Platten* zu § 26 Abs 4 GWB aF; vgl aber 1990, 685/686 – *Anzeigenpreis I;* 1986, 397/400 – *Abwehrblatt I).* Auch im Rahmen des § 26 Abs 4 GWB aF, der kleine und mittlere Unternehmen vor der Behinderung durch Unternehmen mit überlegener Marktmacht schützen sollte, hat die Rspr den systematischen Verkauf unter Einstandspreis allein noch nicht für die Annahme einer unbilligen Behinderung ausreichen lassen, sondern zusätzlich besondere Umstände verlangt, durch die eine Gefahr für den Wettbewerb begründet wird (BGH GRUR 1995, 690/692 – *Hitlisten-Platten).*

297 Die dargestellte restriktive Rspr zur Kampfpreisunterbietung war einer der Gründe, warum der Gesetzgeber mit der 6. GWB-Novelle den damaligen § 20 Abs 4 GWB (= § 26 Abs 4 GWB aF) um ein **Regelbeispiel** ergänzt hat, wonach grundsätzlich eine **unbillige Behinderung kleiner und mittlerer Unternehmen** durch Unternehmen mit überlegener Marktmacht vorliegt, wenn Waren oder gewerbliche Leistungen „nicht nur gelegentlich" unter Einstandspreis angeboten werden, es sei denn dies ist „sachlich gerechtfertigt" (durch G v. 26.6.2013 (BGBl. I S. 1738) wurde aus § 20 Abs 4 GWB mit Wirkung v 30.06.2013 der neue § 20 Abs 3 GWB). Eine „Verdrängungsabsicht" oder „Gefährdung des Wettbewerbsbestands" ist im Rahmen des § 20 Abs 3 GWB heute nicht mehr erforderlich, um eine unbillige Behinderung anzunehmen. Die zitierte Rspr (insbesondere die Entscheidung BGH GRUR 1995, 690/692 – Hitlisten-Platten) ist daher überholt, soweit der Verkauf unter Einstandspreis durch Unternehmen mit „überlegener Marktmacht" erfolgt und kleine und mittlere Unternehmen in ihren Wettbewerbsmöglichkeiten beeinträchtigt. Als Gründe, die das nicht nur gelegentliche Anbieten von Anzeigen unter Einstandspreis iSd § 20 Abs 3 Nr 2 GWB sachlich rechtfertigen können, kommen beispielsweise in Betracht: Überwindung einer Anlaufphase, Markteintritt, Anpassung an vorgefundene Wettbewerberanzeigenpreise, Einführung neuer Technologien, Jubiläumsrabatte (vgl *Markert* in Immenga/Mestmäcker GWB § 20 Rn 306 ff.). Will ein marktmächtiges Unternehmen durch eine Untereinstandspreisstrategie, die rechtswidrigen Praktiken anderer Wettbewerbern abzuwehren, stellt dies keinen sachlich gerechtfertigten Grund iSd § 20 Abs 3 GWB dar, weil hierdurch zu Lasten der geschützten kleinen und mittleren Unternehmen die schädlichen Auswirkungen des verbotenen Verhaltens noch verstärkt werden (BGH GRUR 2003, 363 – *Wal Mart* m Anm *Rehbinder* LMK 2003, 67). Die **Beweislast** für die sachliche Rechtfertigung liegt gemäß § 20 Abs 4 GWB beim unter Einstandspreis verkaufenden Unternehmen, darin liegt die Hauptfunktion des neu eingeführten Regelbeispiels (vgl BGH GRUR 2003, 363 – *Wal Mart*). Der Anwendbarkeit des § 20 Abs 3 steht nicht entgegen, dass das betroffene Unternehmen zugleich auch die Normadressatenvoraussetzungen des Abs 1 oder 2 erfüllt (*Markert* in Immenga/Mestmäcker GWB § 20 Rn 327). Wird die Marktmachtschwelle des § 20 Abs 3 GWB nicht erreicht (Beispiele: Verkauf unter Einstandspreis durch Newcomer ohne Marktmacht, Wettbewerb ausschließlich zwischen Großunternehmen oder zwischen kleinen und mittleren Unternehmen), finden bei der Beurteilung nach den §§ 3, 4 Nr 10 UWG die oben dargestellten Grundsätze zur Kampfpreisunterbietung weiterhin Anwendung.

4. Bezeichnung (Titel) von Anzeigenblättern

298 Ob sich Anzeigenblätter mit nicht unerheblichem redaktionellem Teil auch als „Zeitung" bezeichnen dürfen, ist umstritten: Das OLG Köln hat die werbliche Verwendung der Begriffe „Die Zeitung im Netz" und/oder „Die erfrischend andere Tageszeitung" in der Internet-Homepage eines Anzeigenblatts zur Bezeichnung von Internetpublikationen dieses Anzeigenblatts nicht als Verstoß gegen das wettbewerbsrechtliche Irreführungsverbot eingeordnet (OLG Köln MMR 2001, 538). Wenige Jahre zuvor hatte das OLG Köln in der Verwendung des Begriffs „Zeitung" auf der Titelseite eines Anzeigenblattes, das im typischen Zeitungsformat erschien, noch eine relevante Irreführung nach § 1 UWG aF erblickt (NJWE-WettbR 1999, 126/127; ähnlich OLG Frankfurt WRP 1979, 44). Entscheidendes Kennzeichen einer Zeitung ist nach presserechtliche Verständnis die tagebuchartige, aktuelle Berichterstattung über das Zeitgeschehen (Näheres Einl Rn 15). Die Kompetenz hierzu wird man auch den Anzeigenblättern nicht von vornherein absprechen können. Der Begriff „Zeitung" deckt auch bei herkömmlichen Tageszeitungen eine große Bandbreite des medialen Angebots ab und wird vom Verkehr auch so ausgefasst (vgl OLG Hamm WRP 1979, 148). Die Frage nach dem jeweiligen Niveau der Berichterstattung sollte man deshalb besser gar nicht erst stellen, denn es ist nicht die Aufgabe des Wettbe-

werbsrechts, die inhaltliche Qualität von Presseerzeugnissen zu garantieren. Auch Anzeigenblätter mit nicht unerheblichem redaktionellem Teil und Internet-Publikationen dürfen daher als Titelbestandteil den Begriff „Zeitung" verwenden (so jetzt auch OLG Köln GRUR-RR 2013, 334; vgl OLG Hamm GRUR-RR 2011, 469; *Rath-Glawatz* RdAnzeige Rn P 66).

XVI. Anzeigen-Eigenwerbung der Verlage

1. Rechtliche Einordnung und wirtschaftliche Bedeutung der Eigenwerbung der Medien

Die Massen-Medien als Hauptverbreiter fremder Werbung sind gleichzeitig auch die wichtigsten Werbungtreibenden. Die Ausgaben der Zeitungen für die Eigenwerbung beliefen sich 2013 auf rd 1424,7 Mio EURO, die der Publikums-Zeitschriften auf rd 965,7 Mio EURO die der sonstigen/Medien/Verlage auf rd 675,6 Mio EURO. Zusammen gerechnet standen die Medien damit in der Rangfolge der Werbevestitionen an erster Stelle noch vor den Handelsorganisationen und der Automobilindustrie (Quelle: *ZAW,* Werbung in Deutschland 2013, Rn 25). 299

Die Presse unterliegt bei der Eigenwerbung den gleichen rechtlichen Beschränkungen wie jeder andere Gewerbetreibende auch (wie hier *Rath-Glawatz* RdAnzeige Rn P 171). Eine Beschränkung der Prüfungspflicht der Verlage ist hier – anders als bei Fremdanzeigen (dazu BT Anz Rn 200 ff.) – nicht gerechtfertigt. Auch das **Haftungsprivileg** der Presse nach § 9 S 2 UWG findet **keine Anwendung,** wenn die Verlage selbst als Inserenten auftreten (*Amtl Begr* zum RegE BT-Ds 15/1487, S 23). Die Presse trifft daher für Eigenwerbung die uneingeschränkte rechtliche Verantwortung, und zwar unabhängig davon, ob sie im eigenen Blatt (sog Eigenanzeigen, dazu BT Anz Rn 242) oder in anderen Medien erfolgt. 300

Bei der Eigenwerbung der Verlage zur Akquisition von Anzeigen stehen fast immer zwei Aspekte im Vordergrund: Die Höhe der **Auflage** bzw die Zahl der Leser und die Struktur der Leserschaft, insb die sog **Reichweite,** die besagt, wie viele Angehörige einer bestimmten Bevölkerungsgruppe (Werbezielgruppe) von einem Werbeträger erreicht werden (Näheres *Ahrens* WRP 1976, 637). Angaben über die Auflagenhöhe und die Reichweite enthalten die Mediaunterlagen der Zeitungen und Zeitschriften und sie werden auch in Eigenanzeigen der Presse fast immer werblich herausgestellt. Der spezielle Komplex **Leser- und Abonnentenwerbung, Gewinnspiele, Wertreklame,** der sich vornehmlich an Leser von Printmedien richtet, wird in einem gesonderten Kapitel behandelt (BTGewinnSp). Bei den nachfolgenden Ausführungen steht die Eigenwerbung für Anzeigen im Vordergrund. 301

2. Begriff und Ermittlung der Auflage, Auflagenkontrolle

a) Auflagenkategorien

Die **Auflage** eines Pressemediums ist neben seinem Image, der Struktur der Leserschaft (Reichweite) und der Aufmachung des Inserats das wichtigste Kriterium für die Werbekraft einer Anzeige (BGH GRUR 1968, 433/436 – *Westfalen-Blatt II;* OLG Frankfurt AfP 1978, 224; *Klosterfelde,* Anzeigen-Praxis, S 145). Je höher die Auflage, desto größer ist das Interesse der Inserenten und Käufer an einer Zeitung oder Zeitschrift, umso mehr wachsen damit auch die Einnahmen aus Anzeigen- und Vertriebserlösen (OLG München GRUR 1955, 595). Die Auflage ist deshalb eine **zentrale Kennziffer für den Erfolg einer Druckschrift** am Markt (*Rath-Glawatz* RdAnzeige Rn P 186). Informationen über die Höhe der Auflage sind Angaben geschäftlicher Art, falsche Angaben somit irreführend im Sinne des § 5 Abs 1 UWG. Eine wettbewerbswidrige Irreführung kann aber nicht nur bei unwahren Angaben vorliegen, sondern auch dann, wenn die Angaben zur Auflagenhöhe zwar richtig sind, aber 302 von den angesprochenen Verkehrskreisen in einem unzutreffenden Sinne verstanden werden (KG AfP 1992, 546/548). Dabei spielt eine wichtige Rolle, dass der Begriff der „Auflage" bei näherer Betrachtung nicht so eindeutig ist, wie es zunächst scheint (vgl OLG Stuttgart WRP 1964, 54/56; Düsseldorf BB 1968, 439/440; Hamburg GRUR-RR 2001. 33/35; Ricker/Weberling Kap 76 Rn 15). Druckauflage, verkaufte Auflage, Einzelverkaufsauflage, verbreitete Auflage, um nur die wichtigsten in der Verlagswerbung verwendeten Auflagenbegriffe zu nennen, weichen ganz erheblich voneinander ab. Die wichtigsten Auflagenarten werden in den „Richtlinien für die IVW-Auflagenkontrolle", (Vorauflage Anhang B.; vgl jetzt www.ivw.eu/Richtlinien, derzeit Fassung vom 23.5.2012) für die Auflagenmeldung an die IVW und damit für die Verlagspraxis verbindlich definiert (zur Funktion der IVW und zur Bedeutung der Richtlinien BT Anz Rn 310). Namentlich müssen für die rechtliche Beurteilung der Verlagseigenwerbung folgende Auflagenarten unterschieden werden (vgl *Hoebel*, Neue Anzeigenpraxis, S 220 ff.; *Rath-Glawatz* RdAnzeige Rn P 187 ff.):

303 Die **Druckauflage** oder **gedruckte Auflage** umfasst die tatsächlich gedruckten Exemplare einer Publikation abzüglich der Makulatur (Ziff 13 der IVW-Richtlinien). Die Höhe der Druckauflage wird also allein vom Verlag bestimmt und sagt letztlich nichts darüber aus, wie viele Exemplare der Zeitung oder Zeitschrift tatsächlich irgendwelche Leser erreichen.

304 Die **Verkaufsauflage** oder **verkaufte Auflage** (Ziff 15 der IVW-Richtlinien) wird definiert als die Summe der für den Einzelverkauf gelieferten Exemplare zuzüglich der abonnierten Exemplare, der Bordexemplare, der Lesezirkelstücke sowie der als Sonstiger Verkauf ausgewiesenen Exemplare abzüglich der im Berichtszeitraum eingegangenen Remittenden (dh der vom Handel als nicht abgesetzt gemeldeten Exemplare, für die der Verlag Gutschriften erteilt hat). Nach Ansicht des OLG Hamburg (NJWE-WettbR 1997, 49/50) ist die verkaufte Auflage „einer der wichtigsten Maßstäbe, wenn nicht der wichtigste überhaupt" für die Werbekraft einer Tageszeitung. Nur die verkaufte Auflage biete eine einigermaßen verlässliche objektive Grundlage, um die Wertschätzung der Leser zu messen. Der Einschätzung des OLG Hamburg kann in dieser pauschalen Form nicht zugestimmt werden (vgl auch BGH GRUR 1998, 951/952 – *Die große deutsche Tages- und Wirtschaftszeitung*). In der Werbe- und Verlagspraxis spielen die Einzelverkaufsauflage (dazu BT Anz Rn 306), die Reichweite und die Leserzahl eine ähnlich wichtige Rolle wie die verkaufte Auflage.

305 Eine Teilmenge der verkauften Auflage ist die **Abonnementsauflage** (abonnierte Exemplare, Ziff 16 der IVW-Richtlinien), die alle an feste Abonnenten und Lesezirkel gelieferten Exemplare umfasst. Zu den abonnierten Exemplaren zählen nur solche, die der Verlag oder ein Wiederverkäufer (BMD – Bundesverband der Medien- und Dienstleistungshändler e. V.; ehemals WBZ und Buchhändler) zum regulären Abonnementpreis verkauft und an feste Einzelbezieher liefert. Den abonnierten Exemplaren werden auch die Personalstücke (also Lieferungen an Mitarbeiter, auch wenn sie kostenlos erfolgen), Mitgliederstücke (Mitgliederzeitungen und -zeitschriften) sowie Mehrfachlieferungen von Zeitschriften gegen Mengennachlass von nicht mehr als 25 % zugerechnet (zumeist an Großbezieher). Ob Personal- und Mitgliederstücke tatsächlich im gleichen Ausmaß genutzt werden wie Einzelverkaufsexemplare, sei hier dahingestellt. Das KG (AfP 1996, 283) hat dies zumindest für Mitgliederstücke bejaht und demzufolge eine Pflicht, die Mitgliederstücke gesondert anzugeben, konsequent verneint (zur Alleinstellungswerbung mit der Aussage „größte Abonnement-Zeitung": KG AfP 2000, 519/520).

306 Die zweite und praktisch wichtigere Teilmenge der Verkaufsauflage ist die **Einzelverkaufsauflage** („EV-Lieferungen", die „alle regelmäßigen Lieferungen preisgebundener Exemplare mit Remissionsrecht an Wiederverkäufer (Presse-Großhändler, Einzelhändler, Bahnhofsbuchhändler, Importeure und Exporteure) gegen Rechnung zu handelsüblichen Konditionen im In- und Ausland" umfasst (Ziff 21 IVW-Richtlinien). Hinzugerechnet werden Verkäufe von einzelnen Exemplaren an den Endverbraucher zum Einzelverkaufspreis, abgezogen werden wie bei der verkauften

XVI. Anzeigenwerbung der Verlage **Anz BT**

Auflage die Remittenden (Ziff 21, 22 Richtlinien für die IVW-Auflagenkontrolle). Zwischen der verkauften Auflage und der Einzelverkaufsauflage besteht ein erheblicher **qualitativer Unterschied:** Die verkaufte Auflage umfasst beispielsweise auch Bordexemplare an Luftverkehrsgesellschaften und sonstige Verkäufe zu regelmäßig stark reduzierten Preisen. Ferner gehören zur Verkaufsauflage auch die Lesezirkelexemplare, die versch Untersuchungen zufolge bei der Leserschaft eine geringere Anzeigenbeachtung **(weniger Response)** finden. Die Einzelverkaufsauflage lässt also am ehesten eine Aussage über den „harten Kern" der Leserschaft zu und sie wird deshalb von den Verlagen in der Werbung häufig und zu Recht besonders hervorgehoben (vgl OLG Hamburg GRUR 2001, 33).

Die **tatsächlich verbreitete Auflage** (Ziff 14 der IVW-Richtlinien) enthält die 307 verkaufte Auflage zuzüglich der Frei- und Werbestücke, die je nach Vertriebspolitik des Verlages einen erheblichen Umfang erreichen können. Durch die Angabe dieser Auflagenart wird dem Umstand Rechnung getragen, dass Zeitungen und Zeitschriften in erheblichem Umfang oder ausschließlich unentgeltlich vertrieben werden. Die „verbreitete" Auflage spielt daher in der Praxis insb bei kostenlos verteilten Anzeigenblättern und auch bei Fachzeitschriften eine wichtige Rolle. Andererseits ermöglicht die Einbeziehung der Freistücke den entgeltlich vertreibenden Verlagen auch das „Schönen" ihrer Auflagenzahlen. Die „verbreitete" Auflage hat nur beschränkte Aussagekraft für die Werbekraft eines Printmediums, denn bei dem Personenkreis, dem eine Zeitung oder Zeitschrift kostenlos zugeht, kann nicht die gleiche Bezieher-Blatt-Bindung unterstellt werden, von der bei einem kostenpflichtigen Einzelkäufer oder Abonnenten auszugehen ist. M. a. W.: Bei kostenlos verteilten Exemplaren einer Zeitung, Zeitschrift oder eines Anzeigenblattes kann anders als bei entgeltlich erworbenen nicht ohne weiteres davon ausgegangen werden, dass sie auch tatsächlich gelesen werden (OLG Düsseldorf BB 1968, 439).

b) Auflagenkontrolle

Um die Auflagenwahrheit (zur Auflagenbeurkundung durch Notare *Wollemann* 308 WRP 1979, 102 ff.) in der Bundesrepublik Deutschland bemüht sich die **„Informationsgemeinschaft zur Feststellung der Verbreitung von Werbeträgern e. V. (IVW)"**, die 1949 zunächst als Unterorganisation des Zentralverbandes (damals: Zentralausschuss) der deutschen Werbewirtschaft (ZAW) gegründet und 1955 als Verein rechtlich verselbstständigt wurde (Adresse der IVW: Am Weidendamm 1A, 10117 Berlin; Internetadresse: www.ivw.eu). Die IVW verfolgt laut Satzung den Zweck, „zur Förderung der Wahrheit und Klarheit der Werbung und damit zur Sicherung eines echten Leistungswettbewerbs vergleichbare und objektiv ermittelte Unterlagen über die Verbreitung von Werbeträgern zu beschaffen und bereitzustellen." Ursprünglich als Einrichtung zur Auflagenkontrolle von Printmedien geschaffen, wurde der Tätigkeitsbereich der IVW im Laufe der Jahrzehnte auf weitere Medien ausgedehnt, nämlich auf Plakatanschlag und Verkehrsmittelwerbung, Filmtheater, Funkmedien, periodische elektronische Datenträger und Online-Medien, für die jeweils spezielle Richtlinien gelten.

Die IVW hat (Stand 1.3.2013, lt IVW-Geschäftsbericht 2012/2013, S 8) 2236 Ein- 309 zelmitglieder, darunter 1205 Verlage und 896 Online-Anbieter. Nahezu alle wichtigen Verlage in Deutschland unterwerfen ihre Publikationen der **Auflagenkontrolle** durch die IVW. Am 1.3.2013 waren der IVW-Auflagenkontrolle 364 Tages- und 20 Wochenzeitungen, 882 Publikums-Zeitschriften, 1.137 Fachzeitschriften und auch 1160 Online-Angebote angeschlossen (IVW-Geschäftsbericht 2012/2013, S 8). Für die Anzeigenblätter ist der Bundesverband Deutscher Anzeigenblätter e.V. (BVDA, Postfach 580 630, 10415 Berlin, Internet-Adresse: www.bvda.de) Träger der **eigenständigen Auflagenkontrolle der Anzeigen**blätter (ADA).

Die Mitgliedsverlage verpflichten sich durch ihren Beitritt zur IVW, ihre (Durch- 310 schnitts-)Auflagenzahlen regelmäßig nach Abschluss eines Quartals der IVW korrekt zu melden. Maßgeblich sind dabei die Durchschnittszahlen des zurückliegenden

Quartals. Dadurch soll vermieden werden, dass Verlage die Höhe ihrer Auflage „schönen", indem sie bei der Meldung die Spitzenauflage einzelner Nummern verwenden. Mit Zahlen, die nur für eine Nummer oder für einige Nummern der Druckschrift erreicht werden, darf nicht mit dem Prädikat „IVW-gemeldet" oder „IVW-geprüft" geworben werden. Ferner muss die Einmaligkeit bzw Kurzfristigkeit der Auflagensteigerung durch entsprechende Hinweise klargestellt werden (nunmehr I.6.4 der „Richtlinien für die werbliche Kommunikation mit IVW-Hinweisen" idF v 23.5.2012, früher: „IVW-Richtlinien für die Werbung mit Auflagenzahlen", damals abgedr als Anhang C. der Vorauflage). Die Mitgliedsverlage der IVW sind nach Maßgabe der „Satzung für das IVW-Zeichen" (idF vom 22.5.2007, gültig ab 1.7.2007) berechtigt, das **IVW-Zeichen** – ein Dreieck, in dem die Buchstaben „ivw" senkrecht untereinander angeordnet sind – zu führen. Die Berechtigung bezieht sich aber nur auf die Verlagsobjekte, für die sich der Verlag der Auflagenprüfung unterwirft sowie auf Drucksachen und Werbemittel, die sich auf solche Verlagsobjekte beziehen (§ 4 Abs 1 der Satzung für das IVW-Zeichen).

311 Die **Führung des IVW-Zeichens für nicht IVW-kontrollierte Druckschriften** ist irreführend im Sinne des § 5 Abs 1 S 2 Nr 1 UWG, und zwar auch dann, wenn der betreffende Verlag sich für andere Publikationen der Auflagenkontrolle durch die IVW unterwirft. Wirbt eine Anzeigenillustrierte, die aus einem bundesweit vertriebenen einheitlichen Teil und einem Regionalteil besteht, mit der Angabe „mit nationalem Teil und IVW-geprüft", obwohl der Regionalteil nicht vollständig IVW-geprüft ist, um neue Anzeigenkunden, liegt darin eine nach § 5 Abs 1 S 2 Nr 1 UWG wettbewerbswidrige Irreführung (OLG München AfP 1994, 316/317). Werden die IVW-Auflagenmeldungen eines Presseorgans im Prozess hinreichend substantiiert bestritten, muss der Verlag beweisen, dass die von ihm abgegebenen Meldungen den Tatsachen entsprochen haben (LG Berlin AfP 1992, 391/392; vgl auch OLG Köln NJWE-WettbR 2000, 301 zur Werbung mit Mediadaten). Grundsätzlich darf nur mit **aktuellen Auflagenzahlen** geworben werden. Auch wenn das veraltete Erhebungsdatum in der Werbung ausdr genannt wird, unterstellen die Umworbenen nämlich, dass die Druckschrift noch immer mindestens die gleiche Auflagenhöhe erreicht. Ist dies nicht der Fall, liegt eine irreführende Werbung iSd § 5 Abs 1 UWG vor.

3. Werbung mit der Höhe der Auflage, Auflagenvergleiche

312 Die Auflage ist eine Beschaffenheitsangabe iSd § 5 Abs 1 S 2 Nr 1 UWG (vgl *Mayer* WRP 2010, 984). Wie oben (BT Anz Rn 302 ff.) dargestellt wurde, hat der Begriff „Auflage" in der Verlagswerbung aber keine einheitliche Bedeutung und kann die verkaufte Auflage, die gedruckte Auflage, die tatsächlich verbreitete Auflage oder auch etwas ganz anderes bedeuten (*Ahrens* AfP 2000, 417/418). Bei **fehlender Nennung der Auflagenkategorie** ging die Rspr zunächst davon aus, dass die Werbung mit der Höhe der nicht näher bezeichneten Auflage vom angesprochenen Publikum stets im Sinne der tatsächlich verbreiteten Auflage verstanden werde (so noch BGH GRUR 1963, 34/36 – *Werkstatt und Betrieb;* OLG Stuttgart WRP 1964, 54/57; OLG Düsseldorf BB 1969, 439/440). Die tatsächlich verbreitete Auflage hat aber nur sehr beschränkte Aussagekraft für die Werbewirkung eines Printmediums, denn bei dem Personenkreis, dem eine Zeitung oder Zeitschrift kostenlos zugeht, kann nicht die gleiche Bezieher-Blatt-Bindung unterstellt werden wie bei einem kostenpflichtigen Einzelbezieher oder Abonnenten (OLG Düsseldorf BB 1968, 439). Mit anderen Worten: Bei kostenlos verteilten Exemplaren kann anders als bei entgeltlich erworbenen nämlich nicht ohne weiteres davon ausgegangen werden, dass sie überhaupt oder mit gleicher Aufmerksamkeit gelesen werden (OLG Düsseldorf BB 1968, 439). Heute neigt die Rspr dazu, auflagenbezogene Werbeaussagen primär auf die verkaufte Auflage zu beziehen (BGH GRUR 2004, 244/245 – *Marktführerschaft;* OLG Hamburg NJWE-WettbR 1997, 49/50). Auch dies ist unzutreffend. Der Begriff „**Auf-**

lage" im Pressewesen **ist objektiv mehrdeutig** und wird daher vom Verkehr auch nicht einheitlich aufgefasst (OLG Köln NJOZ 2007, 1638/1639; *Ahrens* AfP 2000, 417/418; vgl *Rath-Glawatz* RdAnzeige Rn P 186; *Ricker/Weberling* Kap 77 Rn 15).

Eine objektiv mehrdeutige Aussage wie die **Werbung mit der nicht näher be-** 313 **zeichneten Auflage** ist nur dann nicht irreführend im Sinne des § 5 Abs 1 S 2 Nr 1 UWG, wenn sie hinsichtlich aller naheliegenden und ihr vom Publikum unterlegten Bedeutungsinhalte wahr ist (BGH GRUR 1963, 539/541 – *echt Skai*; 1982, 563/564 – *Betonklinker*; OLG Hamm AfP 1982, 175/176 m Anm *Borck*, WRP 1991, 328/329; OLG Hamburg BeckRS 2004, 04096; Stuttgart NJWE-WettbR 1999, 273/274; vgl *Doepner* GRUR 1996, 915). Entscheidend sind dabei auf Grund des gewandelten Verbraucherleitbilds die möglichen Bedeutungen, die ein durchschnittlich informierter, aufmerksamer und verständiger Leser der Anzeige beimisst (BGH GRUR 2004, 244/245 – *Marktführerschaft*; vgl auch BGH GRUR 2003, 361/362 – *Sparvorwahl*; 2003, 626 – *Umgekehrte Versteigerung II*).

Beispiele: Die Eigenwerbung einer Tageszeitung mit der nicht näher erläuterten 314 Angabe „Auflage: 29 996 Exemplare" ist irreführend iSd § 5 Abs 1 S 2 Nr 1 UWG, weil ein erheblicher Teil der Werbeadressaten sie im Sinne der „verkauften" Auflage versteht, während sich die Aussage tatsächlich aber auf die um etwa 5% höhere und wenig aussagekräftige „verbreitete" Auflage bezieht (OLG Hamm WRP 1991, 328/329; vgl *Ahrens* AfP 1973, 468/469). Gleiches gilt für die Werbung „Gesamtauflage über 80 000 Exemplare", die zumindest von einem Teil der angesprochenen Verkehrskreise im Sinne der „verbreiteten" oder „verkauften" Auflage verstanden wird, obwohl sie sich auf die wesentlich höhere „gedruckte" Auflage bezieht (OLG Hamm AfP 1982, 175/176 m. Anm *Borck*). Die Werbung mit der Höhe der Auflage **ohne Angabe der jeweiligen Auflagenkategorie** ist grundsätzlich irreführend iSd § 5 Abs 1 S 2 Nr 1 UWG, weil sie selbst in Fachkreisen Missverständnisse provoziert *Ricker/Weberling* Kap 77 Rn 15). Ferner ist die **Quelle** der in der Werbung genannten Auflagenzahlen anzugeben, um dem Verkehr eine Überprüfung zu ermöglichen (zutr *Rath-Glawatz* RdAnzeige Rn P 186; aM OLG Köln NJOZ 2007, 1638/1639).

Die „Richtlinien für die werbliche Kommunikation mit IVW-Hinweisen" (früher: 315 IVW-Richtlinien für die Werbung mit Auflagenzahlen), schreiben in Ziff II.2.1 zutreffend die **Angabe der Auflagenkategorie** vor. Es darf ferner nur mit den aktuellen, an die IVW gemeldeten Zahlen für das zurückliegende Kalendervierteljahr geworben werden. Das Quartal ist dabei in der Werbung zu benennen (Ziff II.1.1 und II.2.1 der Richtlinien für die werbliche Kommunikation mit IVW-Hinweisen).

Wirbt ein Presseunternehmen mit den gebräuchlichen und in den Richtlinien für 316 die IVW-Auflagenkontrolle (Ziff 21, 22) auch eindeutig definierten Auflagenkategorie **„Einzelverkaufsauflage"** bzw „EV-Lieferungen", kann von den durch die Werbung angesprochenen gewerblichen Anzeigenkunden erwartet werden, dass sie diesen Begriff richtig auffassen und einen Vergleich mit konkurrierenden Printmedien auch nur im Hinblick auf diese definierte Bezugsgröße anstellen (OLG Hamburg GRUR-RR 2001, 33/35).

Die Werbung mit den Begriffen **„Gesamtausgabe"** und **„Gesamtauflage"** ist 317 irreführend im Sinne des § 5 Abs 1 S 2 UWG, wenn die zusammengefassten und genannten Zeitungen zwar zu einem Konzern gehören, die jeweiligen Verlage aber rechtlich selbstständig sind und es den verschiedenen Blättern an inhaltlichen Gemeinsamkeiten fehlt, zB an einem gemeinsamen redaktionellen Mantel, einem gemeinsamen Anzeigenteil etc (OLG Hamm AfP 1992, 288/289; LG Ellwangen ArchPR 1976, 109). Sie vermittelt den Werbeadressaten durch die Zusammenfassung einen unzutreffenden Eindruck von der Werbekraft der einzelnen Druckschrift. Erst recht unzulässig ist die Werbung mit dem Begriff „Gesamtauflage", wenn dafür die Auflagenziffern einer Tageszeitung und eines kostenlos verteilten Anzeigenblattes, die eine Anzeigengemeinschaft unterhalten, zusammengerechnet werden (LG Düsseldorf BB 1968, 439/440). Grund dafür ist die völlig unterschiedliche Leser-Blatt-Bindung von Tageszeitungen und Anzeigenblättern. Hingegen darf eine Tageszeitung mit mehreren (zum Teil rechtlich selbstständigen) Ortsausgaben unter Hinweis auf die Höhe der Gesamtauflage werben, wenn der überörtliche Teil der zusammengefassten Zeitungen identisch ist (BGH GRUR 1968, 433/435 ff. – *Westfalen-Blatt II*). Die Werbung „unsere Gesamtauflage ist in 8 Jahren um mehr als 30 000 Exemplare gestiegen" ist irreführend, wenn dem Publikum verschwiegen wird, dass die Steigerung der Auflage zu einem wesentlichen Teil auf dem Zukauf einer bis dahin selbstständigen Lokalzeitung beruht (OLG Hamm BB 1968, 440).

318 Irreführend im Sinne des § 5 Abs 1 S 2 Nr 1 UWG ist auch die **Werbung mit sog Spitzenauflagen,** die nur für eine willkürlich herausgegriffene Nummer oder einige wenige Nummern einer Druckschrift erreicht werden (OLG Hamburg GRUR 1990, 136 – *GOLF-SPORT; Bornkamm* in Köhler/Bornkamm UWG § 5 Rn 4.138; *Ricker/Weberling* Kap 77 Rn 17). Die Werbung mit der **Auflagensteigerung** in einem mehrjährigen Zeitraum ist irreführend, wenn dabei der Eindruck erweckt wird, der gewählte Zeitraum stehe für eine ständige Aufwärtstendenz, obwohl die Steigerung in Wahrheit nur im ersten Berichtsjahr zustandekam und die Aufage seitdem stagniert oder sogar rückläufig ist (OLG Frankfurt WRP 1978, 552; *Bornkamm* in Köhler/Bornkamm UWG § 5 Rn 4.138; *Rath-Glawatz* RdAnzeige Rn P 189).

319 **Alleinstellungswerbung** mit der Höhe der Auflage ist nach der Rspr zulässig, wenn sie wahr ist, der betreffende Werbeträger einen deutlichen Vorsprung gegenüber seinen Mitbewerbern erreicht hat und dieser Vorsprung die Aussicht auf eine gewisse Stetigkeit bietet (vgl nur BGH GRUR 1961, 85 – *Pfiffikus-Dose;* GRUR 1991, 850/851 – *Spielzeug-Autorennbahn;* 1996, 910/911 – *Der meistverkaufte Europas;* 1998, 951/952 – *Die große deutsche Tages- und Wirtschaftszeitung*). Die Werbebehauptung, eine Zeitung oder Zeitschrift sei in einem bestimmten Verbreitungsgebiet die „größte" oder der „Marktführer" wird vom Verkehr nicht als bloße Anpreisung, sondern als nachprüfbare Tatsachenbehauptung verstanden und – mangels anderer Anhaltspunkte – auf die (verkaufte) Auflage bezogen (BGH GRUR 1957, 600 – *Westfalenblatt I;* GRUR 1963, 34 – *Werkstatt und Betrieb;* 2004, 244/246 – *Marktführerschaft;* OLG Hamm GRUR 1990, 135; LG München GRUR 1955, 594/595). Sie muss also wahr sein. Nur dann ist sie zulässig.

320 **Entscheidendes Kriterium für die wirtschaftliche Leistungsfähigkeit einer Druckschrift** ist dabei regelmäßig ihre verkaufte Auflage, erst danach kommen andere Kriterien wie die Zahl der Leser, die Reichweite etc zur Geltung (BGH GRUR 1963, 34/35 – *Werkstatt und Betrieb,* OLG Hamm GRUR 1990, 135). Die Werbung mit der Aussage „auflagenstärkster Werbeträger" ist nur zulässig, wenn sie hinsichtlich aller relevanten Auflagenarten (also verkaufte und tatsächlich verbreitete) wahr ist (OLG München AfP 1979, 263/264). Die Werbeaussage „Größte Zeitung in der Region" wird, von dem angesprochenen Publikum als Alleinstellungsbehauptung zumindest in Bezug auf die Auflagenstärke verstanden (OLG Hamm GRUR 1990, 135). Die Werbeaussage „die große deutsche Tages- und Wirtschaftszeitung" wird vom Verkehr hingegen nicht zwingend als Inanspruchnahme einer Alleinstellung hinsichtlich der Auflage interpretiert. Sie kann vielmehr auch dahin verstanden werden, dass der Werbeträger – neben anderen – eine der großen deutschen Zeitungen sei (BGH GRUR 1998, 951/952 – *Die große deutsche Tages- und Wirtschaftszeitung*). Das OLG Hamburg als Vorinstanz hatte die Aussage noch als auf die verkaufte Auflage bezogene Spitzenstellungsberührung aufgefasst (NJWE-WettbR 1997, 49/50). Die Werbung einer Tageszeitung mit dem Slogan „die Stimme Berlins" wurde vom KG (GRUR-RR 2001, 60/61) ebenfalls nicht als Alleinstellungswerbung aufgefasst, solange der Akzent der Aussage nicht auf dem bestimmten Artikel „die" liegt. Auch in der Bewerbung des Immobilienteils einer Zeitung mit dem Slogan „Beste Auswahl, beste Lage, beste Übersicht" liegt keine Alleinstellungsbehauptung, sondern nur der Hinweis auf die sehr gute Qualität dieser Zeitungsrubrik (KG 1999, 1021/1022). Irreführend ist hingegen die Aussage „Überall Westfalen-Blatt", wenn die Auflage der beworbenen Zeitung weit unter der des einzigen regionalen Konkur-

renzblattes liegt (BGH AfP 1983, 393/394 – *Überall Westfalenblatt*). Die Alleinstellungswerbung mit der Aussage „größte Abonnement-Zeitung" wird vom Verkehr zutreffend auf die Zahl der Abonnenten und nicht auf die verkaufte Auflage bezogen (KG AfP 2000, 519/520). Enthält die Alleinstellungswerbung im Einzelfall eine **Bezugnahme auf bestimmte erkennbare Konkurrenten,** unterliegt sie den durch § 6 UWG gezogenen Grenzen vergleichender Werbung (vgl OLG Hamm GRUR 1990, 135; OLG Hamburg GRUR-RR 2001, 84; Näheres *Bornkamm* in Köhler/Bornkamm UWG § 5 Rn 2.156 und § 6 Rn 18).

Häufig wird mit der Behauptung geworben, eine Zeitung oder Zeitschrift sei „führend". Dies setzt einen qualitativen und quantitativen Vorsprung des betreffenden Presseorgans voraus. Ein Nachrichtenmagazin, das ausdrücklich die „Marktführerschaft" für sich in Anspruch nimmt, darf nicht nur in der Leserzahl einen Vorsprung vor dem einzigen unmittelbaren Konkurrenten haben, sondern muss gleichzeitig auch zumindest in der verkauften Auflage die Spitzenstellung einnehmen (BGH GRUR 2004, 244/246 – *Marktführerschaft*). Wer sich als „Informationsquelle Nr 1" für eine bestimmte Zielgruppe rühmt, muss nicht nur den höchsten Bekanntheitsgrad aufweisen, sondern auch in der Nutzungsintensität einen deutlichen Vorsprung vor seinen Konkurrenten erreicht haben (OLG Hamburg WRP 1976, 704/707). In der Werbeaussage „… und schon spielen wir ganz oben mit – auf der Dachterrasse im Segment der Wohnzeitschriften" kommt zwar keine Alleinstellung, wohl aber eine **Spitzengruppenstellung** zum Ausdruck. Diese ist nicht gerechtfertigt und damit irreführend iSd § 5 Abs 1 UWG, wenn die Zeitschrift zwar gemessen an der verkauften Auflage einen Platz am Ende des oberen Drittels dieses Marktsegments einnimmt, zu den vor ihr liegenden Zeitschriften aber einen ganz erheblichen Abstand aufweist (OLG Hamburg OLGR 2000, 084). Auch die Werbeaussage, ein Printmedium sei „seit Jahrzehnten das führende deutsche Fachmagazin für den Lebensmittelhandel", ist irreführend, wenn eine andere „Fachzeitung" eine höhere Auflage aufweist (OLG Köln GRUR-RR 2005, 324).

Auflagenvergleiche mit Konkurrenzblättern stellen einen Fall **vergleichender Werbung** dar, wenn die Mitbewerber oder deren Leistungen erkennbar sind. Der Gesetzgeber hat in § 6 UWG (= § 2 UWG aF) die vergleichende Werbung auf eine völlig neue rechtliche Grundlage gestellt und damit die Richtlinie 97/55 EG vom 6.10.1997 (ABl EG Nr L 190, S 18) umgesetzt. Bereits zuvor hatte der BGH (GRUR 1998, 824/826 – *Testpreis-Angebot*) seine Rspr der erwähnten Richtlinie angepasst. Das generelle Verbot vergleichender Werbung ist somit entfallen. Allerdings war auch in der Vorauflage schon davon ausgegangen worden, dass der damals noch erforderliche hinreichende Anlass für eine vergleichende Werbung mit korrekten Auflagenzahlen grundsätzlich zu bejahen sei, weil Auflagenvergleiche einem berechtigten Informationsinteresse der Anzeigenkunden und Leser dienen, das auf andere Weise nicht gestillt werden kann (vgl zur früheren Rechtslage bei Auflagenvergleichen KG NJWE-WettbR 1997, 193; OLG Hamm BB 1970, 1274/1275; OLG München GRUR 1990, 287; *Wollemann* WRP 1980, 529/531). Heute genügt an dieser Stelle die lapidare Feststellung: **Vergleichende Werbung mit Auflagenzahlen ist grundsätzlich zulässig.** Die verschiedenen Auflagenkategorien (dazu BT Anz Rn 302 ff.) sind objektive, relevante, typische und vor allem nachprüfbare Eigenschaften von Printmedien iSd § 6 Abs 2 Nr 2 UWG, die zulässigerweise miteinander verglichen werden dürfen (vgl OLG Hamburg NJWE-WettbR 1999, 276/277; OLG München MMR 2003, 533; vgl auch BGH GRUR 2004, 607/612 – *Genealogie der Düfte*).

Ein Auflagenvergleich ist nach § 6 Abs 2 Nr 1 UWG nur zulässig, wenn er sich auf Waren oder Dienstleistungen für den gleichen Bedarf oder dieselbe Zweckbestimmung bezieht. Die Rspr ist teilweise davon ausgegangen, ein **Auflagenvergleich zwischen unterschiedlichen Werbeträgern,** insbesondere zwischen einem Anzeigenblatt und einer gegen Entgelt vertriebenen Zeitung oder Zeitschrift, sei mangels Vergleichbarkeit der Werbeträger und wegen der damit verbundenen Irreführungsgefahr grundsätzlich unzulässig (OLG Düsseldorf BB 1968, 439; Frankfurt ArchPR 1969, 122; KG NJWE-WettbR 1997, 193; München GRUR 1990, 287; LG Bayreuth AfP 1981, 469/470; LG Bonn ArchPR 1976, 116; ähnlich auch noch die Vorauflage Rn 149). Im Ansatz zutreffend wurde dabei argumentiert, dass Anzeigenblätter von den Empfängern in vielen Fällen entweder überhaupt nicht und wenn, dann mit geringerer Aufmerksamkeit gelesen werden als entgeltlich erworbene Zeitungen oder Zeitschriften (OLG Düsseldorf BB 1968, 439). Die tatsächlich verbreitete Auflage eines Anzeigenblatts hat also eine andere Bedeutung und Wertigkeit als die entsprechende Auflagenziffer einer entgeltlich vertriebenen Tageszeitung. Entscheidend ist aber letzten Endes, an wen sich die betreffende Werbung richtet: Zumindest bei einer Werbung, die sich an gewerbliche Anzeigenkunden, Werbe- und Mediaagenturen, gewerbliche Anzeigenvermittler etc wendet, also an ein Fachpublikum, kann davon ausgegangen werden, dass den Adressaten die unterschiedlichen Vertriebsstrukturen und Nutzungsgewohnheiten der Leser von Anzeigenblättern und anderen Printmedien bewusst sind (OLG Hamburg AfP 1996, 385/386). Bei einem Zeitschriftenvergleich, der sich (auch) an die allgemeine Leserschaft richtet, hat der BGH (GRUR 2004, 244/245 – *Marktführerschaft*) demgegenüber zu Recht strengere Maßstäbe angelegt.

324 Solange sich die vergleichende Auflagenwerbung auf die sachliche Information durch die Gegenüberstellung der Auflagenzahlen von Anzeigenblättern und anderen Printmedien beschränkt und an ein **Fachpublikum** richtet, kann eine Irreführungsgefahr nur bei Hinzutreten besonderer Umstände bejaht werden, zB wenn aus dem Auflagenvergleich sachlich nicht gerechtfertigte Schlussfolgerungen gezogen oder die Unterschiede der verglichenen Werbeträger bewusst durch eine unübersichtliche Darstellung verschleiert werden (OLG Düsseldorf WRP 1981, 394; OLG Hamburg AfP 1996, 385/386, OLG Hamm GRUR 1980, 1077: *Rath-Glawatz* RdAnzeige Rn P 190). Ein Anzeigenblatt, das in seinem Verbreitungsgebiet die höchste tatsächlich verbreitete Auflage hat, darf deshalb aber noch lange nicht die Alleinstellungsbehauptung: „auflagenstärkster Werbeträger im Landkreis X" verwenden. Damit wird unzutreffend ein entsprechender Vorsprung hinsichtlich aller relevanten Auflagenarten (also auch im Hinblick auf die verkaufte Auflage, die bei einem Anzeigenblatt aber naturgemäß gegen Null geht) in Anspruch genommen (OLG Hamm GRUR 1980, 1077; LG Bayreuth AfP 1981, 469, wo der Wettbewerbsverstoß zusätzlich auf andere Gesichtspunkte gestützt wurde).

325 Unzulässig ist ein Auflagenvergleich nach § 6 Abs 2 Nr 1 UWG ferner, wenn die verglichenen Objekte **unterschiedliche Verbreitungsgebiete** abdecken und daher aus Sicht der Anzeigenkunden nicht austauschbar sind (LG Memmingen ArchPR 1977, 95/96). Andererseits darf nicht übersehen werden, dass insbesondere bei konkurrierenden regionalen Tageszeitungen und Anzeigenblättern die Verbreitungsgebiete kaum je völlig identisch sein werden (OLG Hamburg NJWE-WettbR 1999, 276/277). Entscheidend ist daher die Substituierbarkeit aus Sicht des Werbeadressaten, die auch bei einer nur teilweisen Überschneidung der Verbreitungsgebiete noch gegeben sein kann (vgl BGH GRUR 1999, 501/503 – *Vergleichen Sie; Ahrens* AfP 2000, 417/419). Der schlagwortartige Werbevergleich „Wir bieten mehr" im Wettbewerb identifizierbarer konkurrierender Tageszeitungen verstieß nach Ansicht des BGH (GRUR 1968, 433/437 – *Westfalen-Blatt II*) bereits mangels hinreichender Veranlassung des Werbevergleichs gegen den damaligen § 1 UWG aF. Im Rahmen des nunmehr geltenden § 6 UWG käme allenfalls ein Verstoß gegen das Gebot der Sachlichkeit nach Abs 2 Nr 5 UWG in Betracht. Das OLG Karlsruhe (GRUR-RR 2002, 193) hat in der Aussage „einfach mehr Werbung für ihr Geld" zu Recht aber nur eine abstrakte Abgrenzung des Leistungsangebots ohne zusätzliche Herabsetzung oder Verunglimpfung der Konkurrenten gesehen (vgl auch BGH GRUR 1999, 501/503 – *Vergleichen Sie*).

326 Die Einhaltung der IVW-Richtlinien und der IVW-Satzung ist anerkannte und einheitlich praktizierte Standesregel der Verleger und vertragliche Verpflichtung der

Mitglieder. Dennoch sind die IVW-Richtlinien und die IVW-Satzung keine „gesetzlichen Vorschriften" isD § 4 Nr 11 UWG, so dass eine Verletzung der IVW-Regeln (allein) keinen Wettbewerbsverstoß nach dieser Vorschrift begründen kann (so auch *Mayer* WRP 2010, 984).

Verstöße gegen die IVW-Satzung und die IVW-Richtlinien sind aber ein **Indiz** für das Vorliegen einer unlauteren Wettbewerbshandlung iSd § 3 Abs 1 UWG (vgl BGH GRUR 1991, 462/463 – *Wettbewerbsrichtlinie der Privatwirtschaft;* 1999, 827/828 – *Werbeverbot für Heilpraktiker;* OLG Hamburg NJW-RR 2004, 1270/1274 f. – *Babes und Zicken;* KG WRP 1992, 649/651; OLG Hamm GRUR 1986, 172). Ein Rückgriff auf § 3 Abs 1 UWG kommt nach der Rspr allerdings nur dann in Betracht, wenn das betreffende regelwidrige Verhalten von seinem Unlauterkeitsgehalt her den in den Beispielsfällen der §§ 4 ff. geregelten Verhaltensweisen entspricht (BGH GRUR 2009, 1080 Tz 13 – *Auskunft der IHK;* GRUR 2011, 431 Tz 11 – *FSA-Kodex I*). Dies ist bei Verletzung der IVW-Regeln stets im Einzelfall zu prüfen. Ihre eigentliche Bedeutung erlangen Verstöße gegen die IVW-Richtlinien aber im Rahmen der Prüfung einer **Irreführung nach § 5 Abs 1 Nr 1 UWG**. Der Verkehr darf darauf vertrauen, dass Angaben über die Auflagenhöhe unter Verwendung des IVW-Zeichens auch unter Beachtung der IVW-Richtlinien erfolgen (*Mayer*, WRP 2010, 984 ff.). 327

4. Werbung mit Leserzahlen, der Struktur der Leserschaft, Werbeträgeranalysen

a) Leserzahlen

Häufig werden die einzelnen Ausgaben von Zeitungen und Zeitschriften von mehr als einer Person gelesen (Beispiele: Mitleser in der Familie, Lesezirkel, Wartezimmer-Exemplare, Bord-Exemplare etc). Für die Verlage liegt es daher nahe, anstatt mit der Höhe der Auflage mit den zum Teil wesentlich höheren Leserzahlen zu werben. Die **Werbung mit Leserzahlen ist grundsätzlich zulässig** (OLG Hamm AfP 1988, 151; LG Bonn AfP 1992, 173/174). Jedoch darf die Zahl der Leser nicht geschätzt werden, sie muss vielmehr auf einer Untersuchung beruhen, die den wissenschaftlich anerkannten Methoden der Marktforschung entspricht (LG Düsseldorf WRP 1971, 82). Die Zahl der Mitleser einer Publikation darf also insb nicht durch Hörensagen ermittelt werden, indem lediglich die Empfänger nach der Zahl der mitlesenden Personen befragt werden. Vielmehr müssen die Mitleser selbst befragt werden, – was naturgemäß erheblich mehr Aufwand verursacht (vgl ZAW Rahmenschema Werbeträgeranalysen S 51). Wurde auf Grund einer anerkannten Regeln der Marktforschung entsprechenden Untersuchung, die aber bereits viele Jahre zurückliegt, ein Multiplikator für die Zahl der Mitleser pro Ausgabe ermittelt, will das LG Bonn (AfP 1992, 173/174) eine rechnerische Fortschreibung der Leserzahl allein auf Grund der weiteren Auflagenentwicklung zulassen. Dabei wird nicht hinreichend berücksichtigt, dass sich nicht nur die Auflage, sondern auch die Struktur der Leserschaft innerhalb weniger Jahre erheblich ändern kann. Die Werbung mit Leserzahlen, die auf einer veralteten Untersuchung beruhen, ist daher irreführend im Sinne des § 5 Abs 1 UWG. 328

b) Werbeträgeranalysen (Mediaanalysen), ZAW-Rahmenschema

Werbung wird heutzutage zunehmend oder sogar ausschließlich zielgruppenorientiert betrieben, um die ohnehin hohen Streuverluste beim Werbemitteleinsatz zu begrenzen (eingehend *Ochs* WRP 1976, 11 ff.). Es liegt daher auf der Hand, dass die Frage, ob eine Zeitschrift überwiegend von Teenagern weiblichen Geschlechts oder aber von Führungskräften aus der Wirtschaft gelesen wird, für die Anzeigenkunden eine ganz entscheidende Rolle bei der Vergabe von Anzeigenaufträgen spielt. Auch die höchste Auflage eines Printmediums ist völlig nutzlos, wenn die dort geschaltete Anzeige die falsche Zielgruppe erreicht. **Werbeträgeranalysen (Mediaanalysen)** 329

BT Anz

Recht der Anzeige

verfolgen das Ziel, die werbungtreibende Wirtschaft über Größe und Art der Empfängergruppen, über Art und Ausmaß der Kontakte dieser Gruppen mit den Medien und damit über den Werbewert der Medien zu informieren (Vorbemerkung der ZAW-Richtlinien für die Werbung mit Zeitungs- und Zeitschriftenanalysen vom 20.11.1970, abgedr bei *Baumbach/Hefermehl* § 3 UWG aF Anhang X.2). Zu den bekanntesten kontinuierlichen Werbeträgeranalysen in der Bundesrepublik gehören (ohne Anspruch auf Vollständigkeit): die *Media-Analyse (MA)* der *Arbeitsgemeinschaft Media-Analyse (AG.MA)*, die *Allensbacher Markt- und Werbeträger-Analyse (AWA)*, die *Verbraucher-Analyse (VA)* und die *Typologie der Wünsche (TdW)*.

330 Um die Aussagekraft und Vergleichbarkeit von Mediaanalysen zu erhöhen, hat der Zentralausschuss der deutschen Werbewirtschaft e. V. (ZAW) 1982 erstmals das **ZAW-Rahmenschema für Werbeträgeranalysen** erarbeitet (8. Auflage, 1994, Überarbeitung ist im Gange). Das Schema bezieht sich auf den Inhalt, die methodische Anlage, die technische Durchführung und die Form der Berichterstattung und die Dokumentation von Werbeträgeranalysen. Es soll den Umgang mit Werbeträgeranalysen erleichtern und dem Anwender eine Information über die „Qualität" einer Werbeträgeranalyse geben (ZAW-Rahmenschema, S 9). Nur Mediaanalysen, die dem ZAW-Rahmenschema in vollem Umfang entsprechen dürfen dies durch einen entsprechenden Vermerk herausstellen (ZAW-Rahmenschema, S 9). Die letzte Überarbeitung des ZAW-Rahmenschemas (1994) liegt zwar lange zurück und nicht zuletzt deshalb hat das ZAW-Rahmenschema inzwischen viel von seiner praktischer Bedeutung eingebüßt. Normativen Charakter hatte es ohnehin nie. Die in das ZAW-Rahmenschema eingeflossenen wissenschaftlichen Erkenntnisse über die richtige methodische Vorgehensweise bei Werbeträgeranalysen sind aber nach wie vor gültig und aktuell. Eine Neuauflage des Rahmenschemas ist laut Auskunft des ZAW (09/2013) geplant.

Innerhalb der Werbeträgeranalysen ist grds zu unterscheiden zwischen Reichweiten- und Strukturanalysen:

331 Von besonderer praktischer Bedeutung sind **Reichweitenanalysen** (ZAW-Rahmenschema für Werbeträgeranalysen, S 56 ff.; die teilweise in der Lit verwendete Bezeichnung „Leseranalysen" ist wissenschaftlich unpräzise). Sie erheben Informationen darüber, inwieweit die Zielgruppen der Werbungtreibenden durch einzelne Werbeträger oder Werbeträgerkombinationen erreicht werden können und liefern damit eine wichtige Grundlage für die Werbeplanung. Reichweitenuntersuchungen beziehen sich entweder auf die Gesamtbevölkerung oder auf abgegrenzte Teilgruppen der Gesamtbevölkerung (zB Ärzte, Führungskräfte, Handwerker, Hausfrauen, weibliche Jugendliche, Einwohner der Stadt X etc). Die Reichweite wird bei Printmedien zumeist in Lesern pro Ausgabe (LpA) oder Lesern pro Seite (LpS) angegeben und prozentual oder in hochgerechneten absoluten Zahlen auf die Gesamtbevölkerung bzw die in Aussicht genommene Zielgruppe bezogen. Der LpA-Wert bezeichnet die durchschnittliche Zahl der Leser pro Ausgabe. Er wird im Unterschied zum Leser pro Nummer (LpN), der direkt empirisch ermittelt wird, durch Berechnung der Lesewahrscheinlichkeit erzeugt (Einzelheiten *Koschnick*, FOCUS-Lexikon Werbeplanung, Stichwort: Tausenderpreis). Um die Werbekosten in verschiedenen Werbeträgern miteinander vergleichbar zu machen, wird in der Praxis vor allem der sog **Tausenderkontaktpreis** (TKP) verwendet (Einzelheiten BT Anz Rn 347). Die Reichweite ist die wichtigste Kennzahl im Medienvergleich überhaupt (Näheres *Hoebel*, Neue Anzeigenpraxis, S 230).

332 Im Gegensatz zu Reichweitenanalysen dienen bei **Strukturanalysen** nur die eigenen Empfänger bzw Nutzer (Leser) des betreffenden Werbeträgers als Ausgangsbasis. Reichweitenuntersuchungen und Strukturanalysen beziehen sich also auf völlig unterschiedliche Grundgesamtheiten (*Ahrens* WRP 1976, 637; *Wissel* WRP 1979, 690/693). Ihre Aussagekraft ist daher auch nicht miteinander vergleichbar. Wer ausschließlich seine eigenen Bezieher oder Nutzer (Leser) befragt, wie dies bei einer Strukturanalyse der Fall ist, wird dabei naturgemäß immer bessere Ergebnisse erzielen als die Konkurrenten.

XVI. Anzeigenwerbung der Verlage

Der ZAW hatte bereits am 20.11.1970 **Richtlinien für die Werbung mit Zei-** 333
tungs- und Zeitschriftenanalysen verabschiedet (zuletzt abgedruckt *Baumbach/ Hefermehl* § 3 UWG aF Anhang X.2), um „Wahrheit und Klarheit in der Werbung mit den Ergebnissen von Zeitungs- und Zeitschriftenanalysen zu fördern und unlauteren Wettbewerb zu verhindern." Die ZAW-Richtlinien für die Werbung mit Zeitungs- und Zeitschriftenanalysen gaben insoweit die damals verbindliche Standesauffassung der Verleger wieder (vgl KG AfP 1989, 546/548). Die Richtlinien für die Werbung mit Zeitungs- und Zeitschriftenanalysen wurden zwar nicht formell aufgehoben, werden aber durch das später herausgegebene ZAW-Rahmenschema für Werbeträgeranalysen (8. Aufl, 1994) ergänzt und weitgehend auch ersetzt.

c) Vergleichende Werbung unter Verwendung von Werbeträgeranalysen

Werbeträgeranalysen dienen nicht nur der Information der Werbungtreibenden 334
und Agenturen, sie spielen auch im Wettbewerb der Medien untereinander eine außerordentlich wichtige Rolle. Wirkliche Aussagekraft gewinnen die durch Werbeträgeranalysen ermittelten Daten nämlich erst dann, wenn sie mit denen von Konkurrenten verglichen werden (eingehend *Wissel* WRP 1979, 690/693). Die Veröffentlichung von Werbeträgeranalysen unter Einbeziehung konkurrierender Medien ist **ein Fall vergleichender Werbung** (BGH GRUR 1981, 748/749 – *Leserstrukturanalyse;* OLG Frankfurt WRP 1979, 720/721 mwN). Nachdem das generelle Verbot vergleichender Werbung durch die differenzierte Regelung des § 6 UWG abgelöst wurde, ist auch hier (ähnlich wie bei Auflagenvergleichen) im Ausgangspunkt festzuhalten: Vergleichende Werbung unter Verwendung von Werbeträgeranalysen ist grundsätzlich zulässig. Die im Rahmen einer Werbeträgeranalyse auf empirischer Basis ermittelten Merkmale und Nutzergewohnheiten sind vergleichbare Eigenschaften von Printmedien iSd § 6 Abs 2 Nr 2 UWG (OLG München MMR 2003, 533; vgl auch BGH GRUR 2004, 607/612 – *Genealogie der Düfte*), die prinzipiell miteinander verglichen werden dürfen.

Bereits die frühere Rspr hatte einen hinreichenden Anlass für die vergleichende 335
Werbung mit Reichweitenuntersuchungen im Hinblick auf das berechtigte Interesse der Werbungtreibenden an einer sachgerechten Information über die tatsächliche Werbekraft der einzelnen Medien im Grundsatz bejaht (BGH GRUR 1981, 748/ 749 – *Leserstrukturanalyse;* OLG Frankfurt WRP 1974, 559; WRP 1979, 720/721; Hans. OLG Hamburg WRP 1976, 704; KG WRP 1978, 214/215; eingehend *Ochs* WRP 1976, 11 ff.; *Wissel* WRP 1979, 690/693 ff.). Die Zulässigkeit vergleichender Werbung mit Werbeträgeranalysen wurde von der damaligen Rspr aber an eine Reihe zusätzlicher Voraussetzungen geknüpft, die sich inhaltlich heute überwiegend in § 6 Abs 2 UWG wiederfinden.

d) Voraussetzungen für vergleichende Werbung unter Verwendung von Werbeträgeranalysen

Im Einzelnen ist die Zulässigkeit vergleichender Werbung mit Reichweitenunter- 336
suchungen aber von folgenden **Voraussetzungen** abhängig:
Strukturanalysen und Reichweitenanalysen beziehen sich auf völlig unterschied- 337
liche Grundgesamtheiten (dazu oben BT Anz Rn 336 f.). Wer ausschließlich seine eigenen Bezieher oder Nutzer (Leser) befragt, wie dies bei einer Strukturanalyse der Fall ist, wird dabei naturgemäß immer bessere Ergebnisse erzielen als die Konkurrenten (*Ricker/Weberling* Kap 75 Rn 32). Werbevergleiche auf Grund von Strukturanalysen besitzen deshalb keinen wirklichen wissenschaftlichen Informationsgehalt und sind nicht repräsentativ und damit auch nicht objektiv (zu den möglichen Ausnahmen OLG Frankfurt WRP 1979, 720/721). Ein Vergleich mit den Leistungen der konkurrierenden Blätter auf Grund einer Strukturanalyse bezieht sich deshalb auch nicht „objektiv auf wesentliche, relevante, nachprüfbare und typische Eigenschaften" iSd § 6 Abs 2 Nr 2 UWG und ist daher unzulässig (vgl dazu BGH GRUR 2004, 607/ 612 – *Genealogie der Düfte*).

338 Vergleichende Werbung mit Strukturanalysen ist somit grundsätzlich **wettbewerbswidrig** im Sinne der §§ 6 Abs 2 und 3 UWG (vgl BGH GRUR 1981, 748/749 – *Leserstrukturanalyse;* OLG Frankfurt WRP 1979, 720/721; KG WRP 1978, 214/215; *Ricker/Weberling* Kap 75 Rn 32; aM *Wissel* WRP 1979, 690/694). Selbstverständlich darf ein Verlag isoliert mit der Struktur seiner eigenen Leserschaft/Nutzer werben, auch wenn dies ohne den Vergleich mit Konkurrenzblättern nur wenig Überzeugungskraft bei den Anzeigenkunden besitzen dürfte. Die Strukturanalyse muss aber auch in diesem Fall eindeutig als solche gekennzeichnet werden (ZAW-Rahmenschema S 53). Die „ZAW-Richtlinien für die Werbung mit Zeitungs- und Zeitschriftenanalysen" vom 20.11.1970 schrieben insoweit in Ziff 6 die (umständliche) Bezeichnung „Leserschafts-Strukturanalyse" vor (vgl dazu OLG München WRP 1977, 430). Die erwähnten Richtlinien sind aber zumindest in diesem Punkt durch das zeitjüngere ZAW-Rahmenschema überholt, obwohl der ZAW sie nicht ausdrücklich für gegenstandslos erklärt hat und dies auch nicht beabsichtigt. Das ZAW-Rahmenschema verlangt lediglich einen eindeutigen Hinweis auf die Erhebungsform der Analyse, ohne dessen Inhalt im Einzelnen vorzugeben (S 51). Zur Beschreibung von Ergebnissen einer Strukturanalyse darf der Begriff „Reichweite" nicht verwendet werden (Ziff 6 der ZAW-Richtlinien für die Werbung mit Zeitungs- und Zeitschriftenanalysen). Verbotene Irreführung im Sinne des § 5 Abs 1 S 2 Nr 1 UWG liegt vor, wenn eine „Empfängeranalyse" als „Leseranalyse" bezeichnet wird, weil damit eine in Wahrheit nicht vorhandene Repräsentativität in der Werbeträgeranalyse Anspruch genommen wird. Dies gilt erst recht bei kostenlos verteilten Fachzeitschriften und Anzeigenblättern, weil hier nicht davon ausgegangen werden kann, dass jeder theoretische Empfänger das Blatt auch tatsächlich liest (LG Düsseldorf WRP 1971, 83/84; vgl *Ahrens* AfP 2000, 417/419).

339 Die zur Werbung verwendete Untersuchung muss die statistischen und erhebungstechnischen Anforderungen im Hinblick auf eine **wissenschaftliche exakte Verfahrensweise** erfüllen (LG Frankfurt WRP 1976, 639/644). Nur dann handelt es sich um einen iSd § 6 Abs 2 Nr 2 UWG objektiven Werbevergleich. Das ZAW-Rahmenschema für Werbeträgeranalysen stellt wissenschaftliche Mindestanforderungen für Werbeträgeranalysen auf. So ist es zB unzulässig, Daten über die Nutzung einer Zeitung oder Zeitschrift vom Hörensagen zu erheben, dh aus den Antworten der befragten Personen dürfen keine Schlüsse auf die Zahl der Mitleser gezogen werden (ZAW Rahmenschema S 51). Vielmehr müssen die Mitleser selbst befragt werden, um die für Zeitungen und Zeitschriften besonders wichtigen **Leserzahlen** (Leser pro Exemplar, Leser pro Nummer etc; dazu ZAW-Rahmenschema S 32 f.; OLG Hamm AfP 1988, 15) zu ermitteln. Verstöße gegen das ZAW Rahmenschema sind regelmäßig zugleich Verstöße gegen die anerkannten Regeln der Marktforschung. Allerdings kann es nicht Aufgabe des Rahmenschemas sein, den Stand des methodischen Wissens festzuschreiben und dadurch den wissenschaftlichen Fortschritt zu behindern (so explizit ZAW-Rahmenschema S 8). Abweichungen vom Rahmenschema müssen also möglich bleiben, soweit sie wissenschaftlich begründet sind, was der Abweichende freilich darlegen und beweisen muss. Umgekehrt bedeutet die Beachtung des ZAW-Rahmenschemas allein noch nicht, dass eine Untersuchung den anerkannten Regeln der Marktforschung entspricht, denn das Rahmenschema stellt lediglich Mindestanforderungen auf. Vergleichende Werbung mit einer methodisch fehlerhaften Untersuchung ist unlauter im Sinne der §§ 6 Abs 2, 3 UWG (*Ahrens* WRP 1976, 737/639; vgl aber LG Bonn AfP 1992, 173/174). Ferner kann auch ein Verstoß gegen § 5 UWG vorliegen, wenn die angesprochenen Verkehrskreise durch fehlerhaft erhobene Daten über die Werbekraft einer Zeitung oder Zeitschrift irregeführt werden. Die **Darlegungs- und Beweislast** dafür, dass eine in der Werbung verwendete Mediaanalyse einer wissenschaftlich exakten Verfahrensweise entspricht, trägt grundsätzlich der Werbende (vgl OLG Köln NJWE-WettbR 2000, 301). In den Interessenbereich von Konkurrenten darf nur durch nachweisbar richtige vergleichende Angaben eingegriffen werden (vgl BGH GRUR 1969, 283/285 – *Schornsteinauskleidung;* vgl OLG Frankfurt WRP 1974, 559).

In den Werbevergleich dürfen nach § 6 Abs 2 Nr 1 UWG nur Waren oder Dienstleistungen für den gleichen Bedarf oder dieselbe Zweckbestimmung einbezogen werden. Ein Vergleich der Reichweiten kostenpflichtiger Tageszeitungen mit denen unentgeltlich verteilter Anzeigenblätter wird teilweise generell als irreführend eingeordnet (LG Bonn WRP 1976, 635/636 mit krit Anm *Ahrens*). Der sog **Intermediavergleich** ist aber Voraussetzung für eine sinnvolle Mediaselektion und befriedigt ein wichtiges Informationsbedürfnis der (gewerblichen) Anzeigenkunden. Vergleiche unterschiedlicher Werbeträger ermöglichen den Werbungtreibenden und deren Agenturen eine sachgerechte Entscheidung, mit welchem Werbeträger die angestrebte Zielgruppe am besten und kostengünstigsten erreicht werden kann. Derartigen Vergleichen kann daher die Berechtigung nicht a limine abgesprochen werden (OLG Hamburg NJWE-WettbR 1999, 276 zu einem Mediavergleich, bei dem zwei Verbreitungsgebiete zusammengefasst wurden). Die Darstellung der Ergebnisse muss beim Vergleich unterschiedlicher Werbeträger aber so erfolgen, dass eine Irreführung der Werbeadressaten über die verglichenen Werbeträger und ihre wettbewerbliche Eigenart ausgeschlossen ist.

Bei der Werbung mit Reichweitenuntersuchungen müssen **alle Titel**, die ernsthaft miteinander in Wettbewerb stehen, sowohl in die Erhebung als auch in die Darstellung der Ergebnisse einbezogen werden. Wird ein bedeutender Titel dort nicht aufgeführt, entsteht nämlich der Eindruck, er habe bei der Untersuchung keine nennenswerte Reichweite erzielt und komme daher als Werbeträger nicht in Betracht (LG Frankfurt WRP 1976, 639/646 ff.; LG Köln GRUR 1990, 296/298 f.; ZAW-Rahmenschema S 57). Beispielsweise erwartet der Leser bei einem Vergleich der Reichweiten von Wirtschaftsmagazinen die **vollständige** Wiedergabe der Daten aller Zeitschriften, die er dem Begriff des „Wirtschaftsmagazins" zuordnet (LG Köln GRUR 1990, 296/299). Wird auch nur ein wichtiges Wirtschaftsmagazin in der Untersuchung nicht erhoben bzw aufgeführt, besteht bereits die Gefahr einer Irreführung der Werbeadressaten. Eine zur Irreführung der Werbeadressaten geeignete Darstellung der Ergebnisse einer Werbeträgeranalyse führt stets dazu, dass die vergleichende Werbung als unlauter einzustufen ist (§ 5 Abs 1 S 2 Nr 1 UWG; OLG Hamburg WRP 1976, 704/707).

Die **vergleichende Werbung mit Reichweitenuntersuchungen** muss sich nach Art und Umfang in den Grenzen des Erforderlichen halten, insb muss das Gebot der Sachlichkeit nach § 6 Abs 2 Nr 5 UWG beachtet werden. Die Konkurrenten und deren Leistungen dürfen durch die Darstellung und Wertung der Ergebnisse nicht unnötig herabgesetzt oder verunglimpft werden (vgl nur BGH GRUR 1962, 45/48 – *Betonzusatzmittel*). Dies ist zB dann der Fall, wenn sich eine Zeitschrift auf Grund einer (zudem methodisch fragwürdigen) Untersuchung als „Magazin für die Info-Elite" rühmt und dabei in herabsetzender Weise auf den einzigen namhaften Konkurrenten Bezug nimmt (OLG Hamburg GRUR 1995, 130/131). Auch dürfen den Vorteilen des einen Werbeträgers nicht nur die Nachteile des anderen gegenübergestellt hingegen werden (LG Siegen ArchPR 1975, 99). Das Gebot der Sachlichkeit ist ferner verletzt, wenn eine Zeitschrift sich auf Grund einer Reichweitenuntersuchung als „Informationsquelle Nr 1" rühmt, die Ergebnisse der Analyse diese Berühmung aber nicht rechtfertigen (Hans OLG Hamburg WRP 1976, 704/707 f.). Die Aussage „einfach mehr Werbung für Ihr Geld" stellt keine Herabsetzung oder Verunglimpfung der Mitbewerber dar (OLG Karlsruhe GRUR-RR 2002, 193/194). Ein Reichweitenvergleich von Wochenmagazinen in der Weise, dass, den verglichenen Wochenmagazinen – gängige Diagrammdarstellungen humorvoll persiflierend – Bilddarstellungen von Hunden zugeordnet werden, deren Größenverhältnisse mit den betreffenden Reichweitenzahlen nicht korrelieren, ist nur geeignet, die angesprochenen Verkehrskreise irrezuführen, wenn die zutreffenden Reichweitenzahlen, die den abgebildeten Hunden zugeordnet sind, hinreichend deutlich lesbar sind. Eine derartige Darstellung ist auch keine Herabsetzung isd § 2 Abs 2 Nr 5 UWG aF zu Lasten des Mitbewerbers, dem der „kleinere Hund" zugeordnet worden ist, wenn die angesprochenen Verkehrskreise die Ironie in der Bilddarstellung erkennen, die die sachlich zutreffende Information zu den Reichweitenzahlen ersichtlich nicht maßstabsgetreu umsetzt (OLG München GRUR-RR 2003, 189).

343 Wird mit Werbeträgeranalysen geworben, die von einem Dritten durchgeführt wurden, muss das Institut ausgewiesen werden, das die Untersuchung angestellt hat. Nur dann ist die gemäß § 6 Abs 2 Nr 2 UWG erforderliche **Nachprüfbarkeit** gegeben (OLG Hamburg GRUR 1995, 130/131; Einzelheiten: ZAW Rahmenschema S 60 ff.). Ferner sind Angaben über das Erhebungsverfahren erforderlich, damit der Werbungtreibende die Aussagekraft der Untersuchung beurteilen kann. Hat der Werbende die Untersuchung selbst in Auftrag gegeben und bezahlt, muss er auch hierauf hinweisen. Er darf nicht den unzutreffenden Eindruck erwecken, es habe sich um eine vom betreffenden Institut auf Grund eigener Initiative durchgeführte Untersuchung gehandelt (OLG Hamburg GRUR 1995, 130/131).

344 Für ein **Supplement** oder einen als selbstständigen Werbeträger dienenden redaktionellen Bestandteil einer Zeitung darf nicht mit Reichweitendaten geworben werden, die für die Zeitung selbst erhoben wurden (Hans. OLG Hamburg WRP 1990, 350/352; LG Hamburg AfP 1997, 935). Es ist nämlich nicht gesagt, dass die Beilage in gleichem Ausmaß tatsächlich genutzt wird, wie die Zeitung oder Zeitschrift, mit der sie verbreitet wird. Leserschaftsdaten, mit denen geworben wird, müssen **aktuell** sein. Das LG Bonn (AfP 1992, 173/174) hat eine Werbung mit veralteten Leserschaftsdaten (hier: Multiplikator zur Ermittlung der Leserzahl pro Exemplar) zu Unrecht für unbedenklich gehalten. Die Struktur der Leserschaft einer Zeitung oder Zeitschrift kann sich auch innerhalb relativ kurzer Zeit stark verändern. Nach dem ZAW-Rahmenschema (S 30) ist die Gültigkeit, Aktualität und Planungsbedeutsamkeit einer Analyse schon dann nicht mehr gewährleistet, wenn sich die physische Verbreitung (Auflage) und/oder Nutzer- oder Empfängerstruktur und/oder Größe der Grundgesamtheit um mehr als 15 % verändert hat.

345 Einen **Sonderfall vergleichender Werbung mit der Struktur der Leserschaft** betraf die zu einiger Berühmtheit gelangte Entscheidung des BGH im Fall „Gib mal Zeitung" (GRUR 2010, 161). Hier wurde die vermeintlich typische Leserschaft der „Bild-Zeitung" in humorvoll-ironischer, aber zweifellos herabsetzender Weise mit der Leserschaft der „taz" verglichen – ohne dass in der Werbung allerdings der Eindruck erweckt wurde, dies beruhe auf einer fundierten wissenschaftlichen Analyse der beiden Grundgesamtheiten. Nach Ansicht des BGH überschritt diese Werbung dennoch nicht die Grenzen des § 6 Abs 2 Nr 2, 4 und 5 UWG. Zwar kann dem BGH vielleicht noch darin gefolgt werden,, dass eine anzüglich-humorvolle Herabsetzung im Wettbewerb von Tageszeitungen hingenommen werden muss. Allerdings bezog sich der Vergleich in keiner Weise auf objektive und nachprüfbare Eigenschaften, sondern beruhte schlicht auf subjektiven Wertungen und persönlichen Vorurteilen, so dass ein Verstoß gegen § 6 Abs 2 Nr 2 UWG gegeben war (kritisch auch *Köhler* WRP 2010, 571/573; *Freytag* GRUR-Prax 2009, 1/3).

e) Alleinstellungswerbung mit der Reichweite oder Struktur der Leserschaft

346 Alleinstellungswerbung mit der Struktur der Leserschaft ist grundsätzlich zulässig, wenn sie wahr ist. Wer sich als „führende" Zeitung oder Zeitschrift für eine bestimmte Grundgesamtheit (Bevölkerungsgruppe) rühmt, muss qualitativ und quantitativ einen erheblichen Vorsprung vor den Konkurrenten erreicht haben, der eine gewisse Stetigkeit erwarten lässt (BGH GRUR 1961, 85 – *Pfiffikus-Dose;* GRUR 1991, 850/851 – *Spielzeug-Autorennbahn;* 1996, 910/911 – *Der meistverkaufte Europas;* 1998, 951/952 – *Die große deutsche Tages- und Wirtschaftszeitung).* Die Werbebehauptung, eine Zeitung oder Zeitschrift sei in einem bestimmten Verbreitungsgebiet die „größte" oder der „Marktführer" wird vom Verkehr nicht als bloße Anpreisung, sondern als nachprüfbare Tatsachenbehauptung verstanden und auf die (verkaufte) Auf-

lage bezogen (BGH GRUR 1957, 600 – *Westfalenblatt I;* GRUR 1963, 34 – *Werkstatt und Betrieb;* 2004, 244/246 – *Marktführerschaft;* OLG Hamm GRUR 1990, 135; LG München GRUR 1955, 594/595). Es genügt daher nicht, wenn die in Anspruch genommene „Marktführerschaft" nur hinsichtlich der Reichweite, nicht aber hinsichtlich der verkauften Auflage gegeben ist (BGH GRUR 2004, 244/246 – *Marktführerschaft*). Behauptet eine regionale Tageszeitung, sie sei für eine bestimmte Region „die Zeitung", liegt darin die Inanspruchnahme einer Alleinstellung in qualitativer und quantitativer Hinsicht (OLG Hamm AfP 1990, 137). Gleiches gilt für die Behauptung einer Zeitschrift, sie sei in einem bestimmten Bereich die „Informationsquelle Nr 1". Darin liegt nicht nur eine Aussage über den Bekanntheitsgrad des Werbeträgers, sondern auch über die Intensität der Nutzung durch die Leser, die, soweit entsprechende Daten gar nicht erhoben wurden, irreführend im Sinne des § 5 UWG ist (Hans. OLG Hamburg WRP 1976, 704/707). Die Werbeaussage „70 von 100 Lesern lokaler Tageszeitungen der Stadt A. lesen das A. Kreisblatt" hat das OLG Hamm (AfP 1988, 151) zu Unrecht als nicht irreführend eingeordnet. Durch diese Werbeaussage wird bei einem nicht unerheblichen Teil der Werbeadressaten der unzutreffende Eindruck erweckt, für die konkurrierenden Tageszeitungen bleibe nur noch eine Reichweite von 30% übrig, obwohl deren tatsächlicher Marktanteil auf Grund der Tatsache, dass viele Leser mehrere Zeitungen lesen, erheblich höher liegt. Enthält eine Alleinstellungswerbung eine erkennbare Bezugnahme auf bestimmte Mitbewerber unterliegt sie den engeren Schranken vergleichender Werbung nach § 6 UWG (vgl OLG Hamm GRUR 1990, 135).

5. Sonstige Eigenwerbung der Presse (Anzeigenpreisvergleiche, Tausenderpreise, Tausenderkontaktpreise. Aktualität etc)

In der Eigenwerbung der Verlage werden häufig nicht nur die Reichweiten, sondern auch die Anzeigenpreise und andere für die Mediaplanung wichtige Kennzahlen miteinander verglichen. Üblicherweise erfolgt der **Anzeigenpreisvergleich** dabei auf der Basis sog **„Tausenderpreise"** (vgl *Rath-Glawatz* RdAnzeige Rn P 192; *Ricker/Weberling* Kap 75 Rn 33). Der Konstruktion von Tausenderpreisen beruht auf der Erkenntnis, dass für die Werbungtreibenden der absolute Preis eines Werbemittels (also beispielsweise die Kosten für eine Anzeige in einer überregionalen Tageszeitung) allein nicht sehr aussagekräftig ist, sondern dass er in Beziehung zu seinem Ertrag für den Werbungtreibenden gesehen werden muss (*Koschnick,* FOCUS-Lexikon Werbeplanung, Stichwort: Tausenderpreis). MaW: Durch Tausenderpreise wird versucht, die Leistung eines Werbeträgers numerisch auszudrücken und dadurch mit der Leistung anderer Werbeträger vergleichbar zu machen. Tausenderpreise gewinnen ihre eigentliche Bedeutung erst, indem sie untereinander verglichen werden (können).

Die **Bezugsgröße für Tausenderpreise** kann unterschiedlich sein: Die einfachste Variante ist der sog **unqualifizierte Tausenderpreis:** Darunter versteht man den Anzeigenpreis für eine ganze Seite × 1000 geteilt durch die (verkaufte der verbreitete) Auflage der Publikation (Einzelheiten bei *Klosterfelde,* Anzeigen-Praxis, S 158; *Koschnick,* FOCUS-Lexikon Werbeplanung, Stichwort: Tausenderpreis). Je nach dem Vergleichsobjekt wird anstelle einer Anzeigenseite auch der Preis für eine Anzeige in bestimmter Größe und Farbigkeit oder der für eine Millimeterzeile zugrunde gelegt. Da die Höhe der Auflage eines Printmediums aber nur wenig über die effektive Reichweite des betreffenden Mediums aussagt, sinde die Fachkreise zunehmend dazu übergegangen, den Anzeigenpreis zur Zahl der damit erreichten Leser oder Nutzer in Beziehung zu setzen. Auf diese Weise wird der sog **Tausenderkontaktpreis** ermittelt. Stark vereinfacht ausgedrückt ist der Tausenderkontaktpreis bei Printmedien also das Entgelt, das ein Werbungtreibender entrichten muss, um mit seiner Anzeige 1000 Leser eines Printmediums zu erreichen. Der Tausenderkontaktpreis kann durch zielgruppenspezifische Korrekturfaktoren noch weiter verfeinert werden, aber das Prinzip bleibt dabei dasselbe. Ihre eigentliche Bedeutung gewinnen Tausenderpreise

BT Anz   Recht der Anzeige

aber erst durch den Vergleich untereinander, und zwar keineswegs nur zwischen unmittelbar konkurrierenden Medien der gleichen Gattung. Tausenderpreise ermöglichen auch Vergleiche zB zwischen Anzeigenwerbung in einer regionalen Tageszeitung, einem Radiospot in einem Regionalsender und einer Plakatwerbung. Sie sind daher ein **unentbehrliches Instrument der Mediaplanung** und der Mediaselektion. Berechnungen, Ranglisten, Vergleiche etc stehen daher auch in großer Zahl zur Verfügung und werden von den Medien in der Werbung verwendet und herausgestellt.

349   Die Rechtsprechung hat sich gegenüber **vergleichender Werbung auf der Basis von Tausenderpreisen** bereits in der Vergangenheit relativ großzügig gezeigt, weil sie ein anerkennenswertes Informationsinteresse der werbenden Wirtschaft befriedigt (OLG Hamm AfP 1988, 149; Oldenburg WRP 1980, 99f.). Zu Unrecht hat aber das OLG Düsseldorf (WRP 1981, 394) die lediglich auf die tatsächlich verbreitete Auflage gestützte Werbung eines Anzeigenblattes „1000 Kontakte kosten nur 1,11 Pf." für zulässig erachtet. Ein Kontakt liegt nur dort vor, wo ein Leser mit dem Werbeträger auch tatsächlich in Berührung gekommen ist, indem er zB eine Zeitung gelesen oder wenigstens flüchtig durchgeblättert hat (ZAW-Rahmenschema S 34). Ein nicht geringer Teil der kostenlos verbreiteten Anzeigenblätter wandert aber ungelesen in den Papierkorb. Die Zahl der Werbeträgerkontakte kann daher bei Anzeigenblättern nicht einfach aus der Auflagenhöhe abgeleitet werden, sondern muss durch eine den wissenschaftlichen Regeln der Marktforschung entsprechende Leseranalyse ermittelt werden. Bei der Allensbacher Werbeträgeranalyse (AWA) beispielsweise werden auch die Reichweiten von Anzeigenblättern empirisch ermittelt. Eine isolierte, dh nicht vergleichende Werbung mit dem unqualifizierten Tausenderpreis einer Anzeige ist aber auch für Anzeigenblätter in der Regel zulässig (OLG Oldenburg WRP 1980, 99/100). Der Werbungtreibende hat es dann selbst in der Hand, welche Objekte er in den Anzeigenpreisvergleich einbezieht und wie er die unterschiedliche Datenerhebung gewichtet. Auch im Übrigen steht und fällt die Zulässigkeit vergleichender Werbung auf der Basis von Tausenderpreisen mit der Ermittlung der Datenbasis. Die Leser oder Nutzer einer Zeitung oder Zeitschrift dürfen nicht einfach geschätzt, sondern sie müssen durch eine wissenschaftlich fundierte Reichweitenanalyse (dazu BT Anz Rn 339) ermittelt werden. Ansonsten verstößt der Vergleich der Tausenderpreise gegen die Grundsätze der Objektivität und Nachprüfbarkeit nach § 6 Abs 2 Nr 2 UWG.

350   Die Ausrichtung eines Werbeträgers auf bestimmte **Zielgruppen**, die **Konsumententypen** etc ist eine objektiv wesentliche, relevante und nachprüfbare Eigenschaft iSd § 6 Abs 2 Nr 2 UWG. Setzt ein Verlag eine Studie, bei der verschiedene Männerzeitschriften auf Grund des von ihnen vermittelten „projektiven Männerbildes" miteinander verglichen werden, in der Anzeigenwerbung ein, kann darin auch dann ein Fall zulässiger vergleichender Werbung iSd § 6 UWG (= § 2 UWG aF) liegen, wenn die Studie drastische oder ironisierende, aber tatsächlich charakterisierende Aussagen enthält (OLG Hamburg NJW-RR 2004, 1270/1273f. – *Babes und Zicken*). Wirbt ein Verlag mit der Aussage, sein Blatt sei die „**Schnellste Tageszeitung in der Region**", so versteht dies der verständige Zeitungsleser in dem Sinne dass der werbende Zeitungstitel Informationen der Region zeitlich früher veröffentlicht als irgend ein anderer Mitbewerber und damit als Alleinstellungswerbung. Diese wird nicht irreführend im Sinne des § 5 UWG sein, weil die Frage, welche Themen von einer Zeitung aufgegriffen werden, zunächst eine Frage der redaktionellen Gestaltung und nicht eine der Schnelligkeit ist (LG Saarbrücken AfP 2008, 547).

6. Auflagenschwindel

351   Der sog Auflagenschwindel (vgl dazu auch *Ricker/Weberling* Kap 77 Rn 15), bei dem Lesern und Inserenten von den Verlagen bewusst wahrheitswidrig eine höhere Auflage vorgegaukelt wird, um höhere Einnahmen zu erzielen, kann ein Vergehen

des Betruges gemäß § 263 StGB darstellen. Soweit ein Presseunternehmen falsche IVW-Auflagenmeldungen abgibt und mit den unrichtig gemeldeten Auflagenziffern wirbt (Fälle aus der Praxis: vgl *Financial Times Deutschland* v 26.10.2001; *DIE ZEIT* 45/2001; FOCUS 39/2004 S 204), liegt darin ein Verstoß gegen die §§ 3 und 5 UWG, der Schadensersatzansprüche der getäuschten Inserenten nach § 9 S 1 UWG begründet. Die Anzeigenkunden, die wegen der falschen Angaben ein überhöhtes Entgelt bezahlt haben, können ferner Gewährleistungsansprüche (Nacherfüllung, Minderung) nach Maßgabe der §§ 633 ff. BGB geltend machen, weil ein Mangel der vom Verlag zu erbringenden Leistung vorliegt: Der Inserent darf die Verbreitung der Anzeige in der Auflage erwarten, die bei Abschluss des Anzeigenvertrages auf Grundlage der (unrichtigen) Mediaunterlagen zugrunde gelegt wurde. Ferner kommt eine Anfechtung des Anzeigenvertrages wegen arglistiger Täuschung (§§ 123, 124 BGB) in Betracht. Der Verlag muss sich die von seinen Verantwortlichen durch falsche IVW-Meldungen verübte Täuschung auch dann zurechnen lassen, auch wenn der Verlagsmitarbeiter beim Abschluss des konkreten Anzeigenvertrages mit dem getäuschten Inserenten davon nichts wusste (vgl BGH NJW 1996, 451; 2001, 358/359). In Fachkreisen werden die von der IVW erhobenen Auflagenzahlen als „**harte Währung**" **des Anzeigengeschäfts** bezeichnet (*DIE ZEIT* 45/2001). Das sollte unbedingt auch so bleiben.

(vorläufig leer) 352

XVII. Besonderheiten von Internet-Anzeigen

1. Grundlagen

Auch wenn der Fokus des vorliegenden Kommentars traditionell auf den Printme- 353 dien liegt, ist eine knappe Darstellung der Besonderheiten des Rechts der Internet-Anzeigen aus (mindestens) zwei Gründen notwendig:

1. Obwohl sich im Bereich der Online-Werbung noch immer nicht alle überschäu- 354 menden Erwartungen erfüllt haben, die mit dem neuen Medium Internet verknüpft wurden (die Online-Medien erreichten 2012 gerade einmal 5% der Netto-Werbeeinnahmen, vgl ZAW-Jahrbuch Werbung in Deutschland 2013, S 9 ff.), hat im Anzeigenwesen eine revolutionär zu nennende Veränderung stattgefunden: Das Internet hat sich zum Eldorado für sog Rubriken-Anzeigen, vor allem für Kleinanzeigen entwickelt: Inserate für gebrauchte Kfz, private Kontakte, Hausrat, Möbel, Antiquitäten, Bücher, Diplomarbeiten, Immobilien, Last-Minute-Reisen, Ferienhäuser, Praktikantenstellen, Studentenjobs, Horoskope und Dienstleistungen jeglicher Art etc werden heute in unübersehbarer Zahl in einschlägigen Web-Portalen und Anzeigen-Börsen weltweit publiziert. Damit wurden teils völlig neue Anzeigenmärkte erschlossen (bei denen sich der kritische Betrachter durchaus fragen darf, ob die **Filterfunktion des Kleinanzeigenpreises** in herkömmlichen Printmedien nicht auch ihr Gutes hatte), teils werden aber auch unzweifelhaft **Anzeigen substituiert**, die bisher in Zeitungen und Zeitschriften erschienen sind (vgl *Zapf* AfP 2003, 489). Die Kfz-Märkte, Immobilien- und Stellenbörsen im Internet beispielsweise haben unbestreitbar zu erheblichen und teilweise existenzgefährdenden Einnahmeausfällen bei den klassischen Printmedien geführt. Folgerichtig sind die viele Zeitungs- und Zeitschriftenverlage dazu übergegangen, Kleinanzeigen nicht nur in ihren Blättern abzudrucken, sondern sie zusätzlich auch in ihr Online-Angebot aufzunehmen – sei es als kostenlose Leistung oder (selten) gegen zusätzliches Entgelt.

2. Viele Internet-Anzeigen, zB für gebrauchte Kfz, Antiquitäten, Stellenangebote 355 etc, sind letzten Endes dazu bestimmt, von den Interessenten am PC in Papierform ausgedruckt zu werden. Wer schreibt schon gerne Preise, Telefonnummern, Adressen oder technische Daten vom Bildschirm ab? Nahezu alle Internet-Portale für Anzei-

gen bieten deshalb bewusst recht komfortable Ausdrucksmöglichkeiten an Mit dem Ausdruck werden elektronische Anzeigen, Offerten etc. aber zu klassischen Druckwerken im presserechtlichen Sinne. Die **Funktion von Internet-Anzeigen** liegt daher letzten Endes viel näher bei den Printmedien als beim Rundfunk, auch wenn man das aus technischen Gründen vielleicht anders vermuten sollte (vgl *Frank* in Harte/Henning UWG Einl H Rn 35 ff.; *Müller* in Schuster, Vertragshandbuch Telemedia, Kap 17 Rn 95).

2. Rechtliche Einordnung und besondere Erscheinungsformen des Internet-Anzeigenvertrages

356 Der Vertrag über die Publikation einer Anzeige im Internet ist wie der klassische Anzeigenvertrag (vgl dazu BGH NJW 1970, 1317/1318; 1984, 2406; 1992, 1450/1451; 2557/2559; OLG Düsseldorf MDR 1972, 688; OLG Hamm NJW-RR 1988, 944; OLG München AfP 1985, 132/133; Thüringer OLG OLG-NL 2004, 121; AG Berlin-Köpenick NJW 1996, 1005; *M. Löffler* BB 1978, 921) im Ausgangspunkt als **Werkvertrag** isd §§ 631 ff. BGB einzuordnen (zutr *Müller* in Schuster, Vertragshandbuch Telemedia, Kap 17 Rn 101; *Redeker* in Hoeren/Sieber Multimedia-Recht T 12 Rn 349 ff.). Versuche, den Internet-Anzeigenvertrag als Kauf- oder Mietvertrag („Anmietung von Webspace") einzuordnen, haben sich so wenig durchgesetzt wie seinerzeit zu Beginn des vergangenen Jahrhunderts die Bestrebungen, den klassischen Anzeigenvertrag als „Kauf von Anzeigenraum" aufzufassen. Ein wesentlicher Unterschied des Internet-Anzeigenvertrags zum klassischen Anzeigenvertrag liegt aber darin, dass der Abdruck einer Anzeige in einem Printmedium grundsätzlich eine einmalige Angelegenheit ist. Auch bei Anzeigenaufträgen, also wiederholten Anzeigenschaltungen, ist der Abdruck auf die vertraglich vereinbarte Zahl der Schaltungen beschränkt. Beim Internet-Anzeigenvertrag hingegen erbringt der Unternehmer seine Leistung – Veröffentlichung der Anzeige – dauerhaft über den gesamten gebuchten Zeitraum (vgl *Ernst*, Vertragsgestaltung im Internet, Rn 648). Der Internet-Anzeigenvertrag ist somit regelmäßig ein **Dauerschuldverhältnis** (so auch *Redeker* in Hoeren/Sieber Multimedia –Recht T 12 Rn 354).

357 Viele Offerten in den großen Verkaufs- und Auktions-Plattformen im Internet (*eBay, AutoScout24, Immobilienscout24, audio-markt* etc, um nur einige zu nennen) entsprechen in Inhalt, Erscheinungsbild und Funktion typischen **Kleinanzeigen**, wie sie früher ausschließlich in Zeitungen, Zeitschriften und Offertenblättern erschienen sind. Für viele Inserate in Partnerschafts- und Kontaktplattformen, Stellenbörsen etc gilt nichts anderes. Allerdings unterscheiden sich die Bezahlmodelle von denen der klassischen Printmedien. Häufig ist die eigentliche Anzeige im Internet ganz oder nahezu kostenlos, erst bei einem Verkauf oder einer Kontaktaufnahme wird eine Provision oder ein sonstiges Entgelt fällig. Neben typischen Anzeigen finden sich im Internet auch andere Werbeformen, die nach Erscheinungsbild, Technik und Funktion näher an Rundfunkspots liegen als am klassischen Anzeigenvertrag. Die gilt insbesondere für die sog **Pop-Up-Werbung**, die sich beim Aufruf einer Website auf Grund eines (vereinfacht ausgedrückt) kleinen Programms öffnet – zumeist gegen den Willen des Internet-Nutzers. Die Pop-Up-Werbung erinnert an die Werbeunterbrechungen im privaten Rundfunk. Bei sog **Interstitials** erscheint anstelle der aufgerufenen Website zunächst eine andere, die Werbung enthält oder der vom Nutzer gewünschte Videoclip beginnt mit einer Werbesequenz, so dass bis zum Erscheinen der eigentlichen gewählten Seite oder Inhalte eine gewisse Zeitspanne abgewartet werden muss (dazu LG Berlin GRUR-RR 2011, 332 *Birk/Löffler*, Marketing- und Vertriebsrecht, S 252). Die weit verbreitete **Banner-Werbung** (Näheres *Egermann* in Kilian/Heussen Computerrecht T 300 Rn 13) hingegen, bei der ein Werbebanner die kommunikative Botschaft des Inserenten in die vom Anzeigenverleger bereit gehaltenen Inhalte einrückt, weist besonders viele inhaltliche Gemeinsamkeiten mit klassischen Print-Anzeigen auf, obwohl die technische Realisierung an einen Werbe-

spot im Rundfunk erinnern mag. Im Prinzip ist die Bannerwerbung kaum etwas anderes als eine klassische „Inselanzeige" in Printmedien. Auch Werbebannerverträge sind daher als Werkverträge einzuordnen (*Redeker* in Hoeren/Sieber Multimedia – Recht T 12 Rn 350; *Müller* in Schuster, Vertragshandbuch Telemedia, Kap 17 Rn 101; *Schmittmann* MMR 2001, 792/793). Auch die wirtschaftlich so erfolgreichen sog **AdWords** des Suchmaschinenanbieters *Google* entsprechen in ihrer wirtschaftlichen Funktion klassischen Inseraten in Printmedien, obwohl sie an technische Gegebenheiten in Form von Nutzereingaben bei der Suche anknüpfen. Bei den sog **Affiliate-Programmen** (zB das *AdSense*-Programm von *Google*) erhält der Betreiber einer Webseite für jeden Klick auf eine Werbeanzeige (von einem Werbepartner von *Google*) auf seiner Webseite oder für einen darüber zustande gekommenen Kontakt („Lead") oder Verkauf einen bestimmten Betrag als Provision gut geschrieben (*Näheres Frank* in Harte/Henning UWG Einl H Rn 34 ff.; *Egermann* in Kilian/Heussen Computerrecht T 300 Rn 18). Mögen diesen Erscheinungsformen auch auf den ersten Blick neu sein, so lassen sie sich doch problemlos in längst bekannte (medien-)rechtliche Kategorien einordnen.

3. Abschluss und Inhalt des Internet-Anzeigevertrages

Der Abschluss eines Anzeigenvertrages im Internet erfolgt nach den allgemeinen **358** Regeln. Die sichere Identifikation des Vertragspartners ist bei Anzeigen, die über das Internet aufgegeben werden, zumeist ein noch größeres Problem als im normalen Anzeigengeschäft. Da die elektronische Signatur nach dem SiG aus technischen und wirtschaftlichen Gründen bisher keine nennenswerte Bedeutung erlangt hat, behilft sich die Anzeigenpraxis überwiegend, indem für Internet-Anzeigen Vorkasse per Kreditkarte oder durch Erteilung einer einmaligen Einzugsermächtigung verlangt wird (soweit die Verbreitung der Anzeige nicht ohnehin unentgeltlich erfolgt). Wird der Internet-Anzeigenvertrag für den Inserenten durch eine Werbe- oder Mediaagentur geschlossen, wird die Agentur wie bei Print-Anzeigen im Zweifel selbst Vertragspartner (vgl OLG Hamburg OLGReport 1998, 370; OLG Saarbrücken OLGReport 2004, 35; LG Saarbrücken AfP 2000, 398; Näheres BT Anzeige Rn 267).

Da es sich beim Internet-Anzeigenvertrag regelmäßig um ein Fernabsatzgeschäft **359** iSd § 312c Abs 1 BGB handeln dürfte, sind die besonderen Informations-, Belehrungs- und Widerrufsvorschriften bei derartigen Verträgen zu beachten (eingehend *Dietrich* RdAnzeige O Rn 128 ff.).

Was den Inhalt typischer Internet-Anzeigenverträge angeht, bestätigt die im Inter- **359** net vorzufindende Vertragspraxis die Einordnung als Werkvertrag. Formularverträge, AGB etc sind ganz eindeutig vom klassischen Anzeigenvertrag abgeleitet. Auch die vom ZAW empfohlenen AGB für die Werbung in Online-Medien orientieren sich an den ZAW-AGB für den klassischen Anzeigenvertrag und weisen daher ganz überwiegend **werkvertragliche Gestaltungselemente** auf. Unterschiede zum normalen Anzeigenvertrag bestehen allerdings insoweit, als der Inserent bei Internet-Anzeigen fast regelmäßig nur die notwendigen Daten für die Anzeige liefert, während die graphische Gestaltung und technische Integration dem Anzeigenverleger überlassen bleibt. Der Internet-Anzeigenvertrag enthält daher besonders häufig Elemente entgeltlicher Geschäftsbesorgung, weil der Internetanbieter mehr der Gestaltung der Anzeige ein Geschäft des Inserenten übernimmt.

Die bereits erwähnten, vom ZAW erarbeiteten und empfohlenen AGB für die **360** Werbung in Online-Medien haben weit über die klassischen Verlage hinaus praktische Bedeutung erlangt. Zahlreiche Online-Angebote aus allen Bereichen lehnen sich zwischenzeitlich an die ZAW-AGB an. In Ziff 8 (1) der ZAW-AGB für das Werbegeschäft in Online-Medien behalten sich die Anbieter das Recht vor, Werbeaufträge abzulehnen oder zu sperren, wenn deren Inhalt gegen Gesetze oder behördliche Bestimmungen verstößt, deren Inhalt vom Deutschen Werberat in einem Beschwerdeverfahren beanstandet wurde oder deren Veröffentlichung für den Anbieter wegen des

BT Anz
Recht der Anzeige

Inhalts, der Herkunft oder der technischen Form unzumutbar ist. Wie bereits für Printanzeigen dargelegt wurde (BT Anz Rn 27 ff.), besteht für Anzeigenaufträge grundsätzlich **kein Kontrahierungszwang** zumal bei Online-Anbietern kaum je eine marktbeherrschende oder gar Monopolstellung eines Anbieters vorliegen wird.

4. Typische Pflichten der Vertragsparteien

361 Liegt die Hauptpflicht des Verlegers beim klassischen Anzeigenvertrag im Abdruck und der Verbreitung des Inserats in einer bestimmten Ausgabe des Printmediums, dominieren beim Internet-Anzeigenvertrag die technische Integration in das Angebot des Verlages und Bereithaltung zum Abruf für den vertraglich vereinbarten Zeitraum. Ob der vom Inserenten mit der Internet-Anzeige bezweckte **Werbeerfolg** tatsächlich eintritt, liegt nicht mehr in der Sphäre des Verlags. Für die Integration in das Angebot des Internet-Anzeigenverlegers können entsprechende technische Parameter vereinbart werden (Auflösung, farbliche Gestaltung, Dateityp etc). An die Stelle der für die Werbewirkung einer Printanzeige entscheidenden **Auflagenhöhe** treten bei Internet-Anzeigen regelmäßig **Zugriffszahlen,** die vor allem in den Einheiten **Page Impressions** (Anzahl der Sichtkontakte beliebiger Benutzer mit einer potentiell Werbung führenden HTML-Seite) und **Visits** (Zahl einzelner Besucher, auch wenn sie mehrere Seiten eines Angebots abrufen) gemessen werden (vgl *Schmittmann* MMR 2001, 792/793). Die Page Impressions entsprechen dabei von ihrer Funktion her noch am ehesten der Auflagenhöhe bei Druckschriften. Das Verhältnis der Page Impressions zu den Visits lässt eine Aussage über die inhaltliche Attraktivität eines Onlineangebots zu („Intensität der Nutzung durch tatsächliche Besucher"). Die Ermittlung und Auswertung der Zugriffszahlen orientiert sich in der Praxis häufig an den **IVW-Richtlinien für Online-Angebote** (www.ivw.eu/Dokumente) und den von der IVW dazu bereitgestellten Messverfahren. Die technische Messung der Nutzung von Online-Angeboten erfolgt bei der IVW über das sog „Skalierbare Zentrale Messverfahren (SZM)", das in der „Anlage 1 zu den IVW-Richtlinien für Online-Angebote" definiert wird. Dazu wird als Zählmarkierung der SZM-Tag („IVW-Pixel") in die Seiten des Angebots eingebaut. Der Kontrolle durch die IVW können auch Online-Angebote unterstellt werden, die Werbung Dritter aufnehmen (Werbeträger). Die Befugnis zur Führung des IHW Zeichens für Online-Angebote richtet sich dabei nach der „Satzung für das IVW-Zeichen" und die Werbung mit IVW-Hinweisen nach den „Richtlinien für die werbliche Kommunikation mit IVW-Hinweisen" (vgl dazu BTAnz Rn 311).

362 Hauptpflicht des Inserenten ist die Zahlung der vereinbarten Vergütung. Außer festen Vergütungen wie beim klassischen Anzeigenvertrag kommen bei Internet-Anzeigenverträgen auch erfolgsabhängige Vergütungsformen (zB Abrechnung nach der Zahl der Page Impressions oder Visits) in Betracht. Dies macht aber nur Sinn, wenn zugleich ein bestimmtes und möglichst unabhängiges Messverfahren, wie zB der „IVW-Pixel" bzw die „IVW-Box", vertraglich vereinbart wird. Weitere Hauptpflichten des Inserenten sind die Übergabe bzw Überlassung der Daten (regelmäßig in digitaler Form) und die Einräumung der für die Vertragsdurchführung erforderlichen Nutzungsrechte, zB an Bildern, Grafiken, Texten etc. An die Stelle der **Abnahme** durch den Auftraggeber tritt beim Internet-Anzeigenvertrag gemäß § 646 BGB die Vollendung des Werkes, dh die technische Umsetzung und Bereithaltung des Inserats zum Abruf über das Internet für den vorgesehenen Zeitraum. Die Verbreitung eines Inserats über das Internet ist als solche naturgemäß nicht abnahmefähig (vgl LG Hannover NJW-RR 1989, 1525; AG Cottbus NJW-RR 1994, 949; AG Königstein NJW-RR 1999, 1355; AG Rheda-Wiedenbrück NJW-RR 2002, 846; aM *Ernst,* Vertragsgestaltung im Internet, Rn 698; *Müller* in Schuster, Vertragshandbuch Telemedia, Kap 17 Rn 110). Die Vergütung des Verlages wird daher nach den §§ 646, 641 BGB mit der Schaltung der Anzeige im Internet fällig.

5. Leistungsstörungen beim Internet-Anzeigenvertrag

Bei Mängeln der vertraglich vereinbarten Leistung des Internet-Anzeigenverlegers (zB fehlerhafte technische oder graphische Umsetzung der Anzeige, vorübergehender Ausfall des Servers, Weglassen wesentlicher Inhalte, Druckfehler etc) hat der Inserent nach den §§ 634, 635 BGB primär einen Anspruch auf **Nacherfüllung**. Im Hinblick darauf, dass es sich bei Internet-Anzeigenverträgen meist um Dauerschuldverhältnisse handelt, ist eine Nacherfüllung für die Vergangenheit naturgemäß nicht möglich. Für den bis zur mangelfreien Verbreitung des Inserats abgelaufenen Zeitraum kann der Inserent daher die vereinbarte Vergütung nach den §§ 636, 638 BGB mindern (vgl *Redeker* in Hoeren/Sieber Multimedia-Recht T 12 Rn 360). Ziff 11 (2) der ZAW-AGB für das Werbegeschäft in Online-Medien räumen dem Auftraggeber bei ungenügender Wiedergabequalität ein Wahlrecht zwischen Minderung der Vergütung und Schaltung einer einwandfreien Ersatzwerbung ein. Ferner kann der Auftraggeber nach § 649 S 1 BGB den Internet-Anzeigenvertrag bis zu dessen vollständiger Erfüllung jederzeit kündigen. Der Verlag kann in diesem Fall nach § 649 S 2 BGB zwar die vereinbarte Vergütung verlangen, muss sich aber ersparte Aufwendungen anrechnen lassen. Ferner kann der Inserent, da es sich beim Internet-Anzeigenvertrag um ein Dauerschuldverhältnis handelt, gemäß § 314 Abs 1 BGB aus wichtigem Grund kündigen. Der Vergütungsanspruch des Verlages beschränkt sich in diesem Fall auf die bis zur Kündigung mangelfrei erbrachten Leistungen (*Palandt/Sprau* BGB § 649 Rn 15).

363

Verletzt der Inserent vertragliche **Mitwirkungspflichten**, stellt er insbesondere die für die Realisierung der Anzeige erforderlichen Informationen, Unterlagen, Dateien nicht rechtzeitig oder nicht in geeigneter Form zur Verfügung, ist der Verlag nach § 642 Abs 1 BGB berechtigt, eine „angemessene Entschädigung" für seine Leistungsbereitschaft zu verlangen (Einzelheiten BT Anz Rn 198). Der Verlag kann dem Auftraggeber ferner nach § 643 S 1 BGB eine Frist zur Durchführung der notwendigen Mitwirkungshandlung (also insb die Überlassung der Daten in geeigneter Form) setzen und für deren fruchtlosen Ablauf die Kündigung des Internet-Anzeigenvertrages androhen. Mit Ablauf der Frist gilt der Internet-Anzeigenvertrag nach § 643 S 2 BGB als „aufgehoben". Der Vergütungsanspruch des Verlages bemisst sich in diesem Falle nach § 649 BGB, richtet sich also auf die volle Vergütung abzüglich ersparter Aufwendungen (vgl BGH NJW 2000, 1257; *Voit* in Bamberger/Roth BGB § 642 Rn 7f. und § 643 Rn 7).

364

6. Haftung beim Internet-Anzeigenvertrag

Soweit eine Internet-Anzeige Rechte Dritter verletzt (zB Persönlichkeits-, Marken- oder Urheberrechte) oder gegen gesetzliche, insbesondere wettbewerbsrechtliche, Vorschriften verstößt, stellt sich die Frage nach der Haftung des Verlages als Internet-Diensteanbieter in analoger Weise wie bei klassischen Printanzeigen. Dabei können an dieser Stelle schon aus Platzgründen nicht alle Rechtsfragen erörtert werden, die mit der Haftung von Diensteanbietern für eigene und fremde Inhalte im Internet zusammenhängen. Die Betrachtung konzentriert sich vielmehr auf den besonderen Zielsetzung dieses Kommentars entsprechend auf (Presse-)Verlage, die Anzeigen nicht nur in gedruckten Medien, sondern zusätzlich oder ausschließlich auch im Internet publizieren.

365

Auszugehen ist von dem für „normale" Fremdanzeigen in Printmedien anerkannten und bereits gefestigten Grundsatz, dass primär der **Inserent** als „Urheber des Inserats" (so BGH GRUR 2011, 340 Tz 27 – *Irische Butter*) und „Verletzer" die uneingeschränkte rechtliche Verantwortung auch für Internet-Anzeigen trägt (BGH GRUR 2001, 529/530 – *Herz-Kreislauf-Studie*; dazu Rn 200 mwN). Der Auftraggeber der Anzeige haftet nach den allgemeinen Vorschriften als **Verletzer bzw Täter** im Rechtssinne, wenn er die eingetretene Rechtsverletzung adäquat kausal verursacht

366

BT Anz
Recht der Anzeige

hat (vgl BGH GRUR 2002, 618/619 – *Meißner Dekor;* GRUR 2008, 186 Tz 21; GRUR 2008, 530 Tz 21 – *Nachlass bei Selbstbeteiligung;* GRUR 2011, 340 Tz 27 – *Irische Butter;* Grenzfall: OLG Köln AfP 2002, 145).

367 Daneben kommt aber auch eine Haftung des Verlages, der die betreffende Internet-Anzeige in seinem Online-Angebot veröffentlicht hat, als Täter, Mittäter oder Gehilfe bzw. als Störer in Betracht. Neuerdings begründet die Rechtsprechung die Haftung von (Mit-)Verursachern, die nicht schon als (vorsätzliche) Täter oder Mittäter einer Rechtsverletzung haften (beispielsweise Printmedien, die wettbewerbswidrige Anzeigen Dritter in ihrem Internetangebot veröffentlichen), mit der **Verletzung von Verkehrspflichten**, ohne die eingeführte Rechtsfigur der Störerhaftung dafür aber ausdrücklich ganz aufzugeben (BGH GRUR 2007, 890 Tz 38 – *Jugendgefährdende Medien bei eBay; Nordemann,* Wettbewerbsrecht Markenrecht, Rn 893; vgl noch BGH GRUR 2006, 429 Tz 13 – *Schlank-Kapseln*). *Köhler* (GRUR 2008, 1/6 f.) hat zu Recht darauf hingewiesen, dass es sich bei der Frage, ob der auf Grund einer Verkehrspflichtverletzung verantwortliche mittelbare Verursacher als „Täter" oder als „Störer" bezeichnet wird, „nicht um ein sachliches, sondern nur um ein terminologisches Problem handelt". Aus dieser Sicht ist der Begriff des „Störers" „in Wahrheit nichts anderes als eine spezifische Bezeichnung eines Täters, der „nur" auf Unterlassung oder Beseitigung in Anspruch genommen wird". Für den Bereich der Verletzung absoluter Rechte hält der BGH in neueren Entscheidungen an der Störerhaftung als eigenständiger Kategorie ausdrücklich fest (BGH GRUR 2011, 1038 Tz 20 – *Stiftparfüm;* GRUR 2011, 1018 Tz 25 – *Automobil-Onlinebörse;* GRUR 2012, 304 Tz 49 ff. – *Basler-Haar-Kosmetik*) während er sie für den Bereich des Verhaltensunrechts (wozu auch Wettbewerbsverstöße gehören) für obsolet erklärt (BGH GRUR 2011, 152 Tz 48 – *Kinderhochstühle im Internet*). Ob eine Differenzierung zwischen Verhaltensunrecht und Verletzung absoluter Rechte in diesem Bereich überhaupt sinnvoll ist und welche Unterschiede daraus in der Praxis im Einzelfall resultieren, ist höchst str. (vgl nur *Lehment* WRP 2012, 149 ff.; *Ensthaler/Heinemann* GRUR 2012, 433 ff.).

368 Presseverlage, die Internet-Anzeigen veröffentlichen oder Internet-Plattformen betreiben, werden in dieser Funktion zu „Diensteanbietern" iSd § 2 Nr 1 TMG. Für sie gelten somit die Vorschriften des TMG, insbes auch die Haftungsbeschränkungen der §§ 7 ff. TMG. Soweit die Verlage nicht nur Internet-Anzeigen publizieren, sondern (was regelmäßig der Fall sein wird) darüber hinaus schon realistisch-redaktionell gestaltete Angebote, in denen vollständig oder teilweise Inhalte periodischer Druckerzeugnisse in Text oder Bild wiedergegeben werden, gelten für ihre Online-Angebote darüber hinaus ergänzend die Bestimmungen der §§ 54 ff. RStV. Die früher notwendige Unterscheidung zwischen Telediensten und Mediendiensten (dazu noch Vorauflage Rn 366) ist seit Inkrafttreten des TMG praktisch obsolet geworden (vgl *Hartmann* in Wandtke/Medienrecht Bd 5 Kap 1 Rn 43 ff.).

369 Das TMG unterscheidet grds zwischen eigenen Informationen und fremden Informationen. Für **eigene Informationen**, die sie zur Nutzung bereithalten, sind Diensteanbieter nach § 7 Abs 1 TMG nach den allgemeinen Gesetzen selbst verantwortlich. Eigene Informationen sind beispielsweise selbst gestaltete redaktionelle Inhalte oder auch Eigenanzeigen des Verlags, in denen er Mitarbeiter sucht oder für eine Sonderveröffentlichung wirbt (*Koos* in Fezer UWG § 9 Rn 4; *Köhler* in Köhler/Bornkamm UWG § 8 Rn 2.27).

Die Verantwortlichkeit von Diensteanbietern für **fremde Informationen**, also insbesondere für die hier im Mittelpunkt stehenden Internet-Anzeigen, aber auch für Gästebucheinträge, Forenbeiträge, Kundenrezensionen etc, (str, vgl nur *Brockmann* in Büscher/Dittmer/Schiwy, Gewerblicher Rechtsschutz, Kap 14 Rn 492 ff.). wird hingegen durch die §§ 7 Abs 2, 8 bis 10 TMG eingeschränkt. Nach § 7 Abs 2 TMG sind (Dienste-)Anbieter von fremden Informationen nicht verpflichtet, „die von ihnen übermittelten oder gespeicherten Informationen zu überwachen oder nach Umständen zu forschen, die auf eine rechtswidrige Tätigkeit hinweisen".

XVII. Besonderheiten von Internet-Anzeigen   Anz BT

Eigene Informationen können nach der neuesten Rspr des EuGH aber auch dann vorliegen, wenn ein Diensteanbieter (beispielsweise eine Internet-Plattform) seine Neutralität aufgibt, indem er die von ihm gespeicherten fremden Informationen, optimiert oder aktiv bewirbt (EuGH GRUR 2011 1025 Rn 116, 123 – *L'Orèal/ eBay*). Welches Ausmaß die aktive Mitwirkung des Diensteanbieters annehmen muss, damit die Haftungsprivilegierung für fremde Informationen verloren geht, ist dabei weit gehend ungeklärt. Es kann nicht genügen, dass ein Verlag als Diensteanbieter beispielsweise die veröffentlichten Fremdanzeigen an sein Layout anpasst oder diese auf Druckfehler überprüft. Der Diensteanbieter verlässt seine neutrale Stellung aber und verliert das Haftungsprivileg, wenn er Fremdanzeigen selbst aktiv bewirbt oder den Inserenten sonstige Hilfestellung beim Vertrieb leistet (BGH GRUR 2011, 1135 Rn 23 – *Stiftparfüm*).

Die **Haftungsprivilegien** für fremde Informationen nach den §§ 8 und 9 TMG dürften im Bereich der Internet-Anzeigen keine nennenswerte praktische Rolle spielen. Presseeinschlägig ist aber insbes § 10 S 1 TMG: Diensteanbieter sind demnach „für fremde Informationen, die sie für einen Nutzer speichern, nicht verantwortlich, sofern 1. sie keine Kenntnis von der rechtswidrigen Handlung oder der Information haben und ihnen im Falle von Schadensersatzansprüchen auch keine Tatsachen oder Umstände bekannt sind, aus denen die rechtswidrige Handlung oder die Information offensichtlich wird, oder 2. sie unverzüglich tätig geworden sind, um die Information zu entfernen oder den Zugang zu ihr zu sperren, sobald sie diese Kenntnis erlangt haben." Dies gilt nicht, sofern der Nutzer dem Diensteanbieter untersteht oder von ihm beaufsichtigt wird. Unternehmen haften daher beispielsweise auch für die unternehmensbezogenen Beiträge ihrer Mitarbeiter in unternehmenseigenen Foren oder Weblogs.

Die dargestellten Haftungsprivilegierungen für Diensteanbieter bleiben in wesentlichen Punkten hinter der verfassungskonformen Beschränkung der Pressehaftung für Fremdanzeigen in gedruckter Form zurück: (1) Das Haftungsprivileg § 10 TMG bezieht sich nach der Rspr (BGH GRUR 2004, 860/862 = MMR 2004, 668/670 – *Internetversteigerung*: m Anm *Hoeren* noch zu § 11 TDG) grundsätzlich nicht auf Unterlassungsansprüche. (2) Bei Schadensersatzansprüchen entfällt das Haftungsprivileg bereits dann, wenn dem Anbieter „Tatsachen oder Umstände bekannt sind, aus denen die rechtswidrige Handlung oder Information offensichtlich wird". Demgegenüber kann nach § 9 S 2 UWG ein Schadensersatzanspruch gegen verantwortliche Personen von periodischen Druckschriften „nur bei einer vorsätzlichen Zuwiderhandlung geltend gemacht werden" (ähnlich *v Petersdorff-Campen* in Paschke/Berlit/Meyer Medienrecht Abschn 32 Rn 23).

Es ist schon im Hinblick auf Art 5 Abs 1 S 2 GG nicht begründbar, die Presse bei der Verbreitung von Informationen (einschließlich der Fremdanzeigen) über das Internet einer strengeren Haftung zu unterwerfen als bei der Verbreitung derselben Informationen in herkömmlicher gedruckter Form (vgl BGH NJW 2004, 2158/2159 – *Schöner Wetten*). Die internetspezifischen Haftungsprivilegierungen für Diensteanbieter können daher im Bereich der Presse nur eine **Vorfilterfunktion** erfüllen. Soweit diese Haftungsbeschränkungen nicht eingreifen, finden die unter BT Anz Rn 200 ff. dargestellten Grundsätze zur generellen Beschränkung der Pressehaftung bei der Verbreitung von Fremdanzeigen auch im Internet Anwendung" (ähnlich *v. Petersdorff-Campen* in Paschke/Berlit/Meyer Medienrecht Abschn 32 Rn 23: Vorrang von § 9 S 2 UWG gegenüber § 10 S 1 TMG). Jedenfalls für das gesetzliche Haftungsprivileg des § 9 S 2 UWG bei Schadensersatzansprüchen gegen die Presse, das dem Wortlaut nach nur auf „periodische Druckschriften" anwendbar ist, wird eine analoge Anwendung auf Rundfunk, Internet und andere vergleichbare Medien überwiegend befürwortet (*Ohly* in Piper/Ohly/Sosnitza UWG § 9 Rn 29; *Koos* in Fezer UWG § 9 Rn 39 mwN).

Presseunternehmen haften daher auch bei der Verbreitung von Anzeigen über das Internet nur dann auf Unterlassung, Beseitigung oder Schadensersatz, wenn sie ihre

370

371

372

Prüfungspflicht verletzt haben (vgl BGH GRUR 2004, 860/864 – *Internet-Versteigerung*). Die Prüfungspflicht der Presse beschränkt sich dabei auf **grobe und offensichtliche Verstöße bzw Rechtsverletzungen** (vgl nur BVerfG NJW 2001, 591/592 – *Benetton-Schockwerbung;* BGH GRUR 1973, 203/204 – *Badische Rundschau;* GRUR 1990, 1012/1014 – *Pressehaftung I;* 1992, 1993, 53/54 – *Ausländischer Inserent;* NJW 1992, 2765- *Pressehaftung II;* NJW 1994, 2827/2828 – *Suchwort;* WRP 1995, 302/303 – *Schlussverkaufswerbung II;* NJW 1995, 2490/2491 – *Kinderarbeit;* NJW 1995, 2492/2493 – *HIV-Positive;* GRUR 2001, 529/532 – *Herz-Kreislauf-Studie;* GRUR 2002, 360/366 – *HIV Positive II;* GRUR 2006, 429 Tz 13 ff. – *Schlank-Kapseln;* GRUR 2006, 957/958 – *Stadt Geldern*).

373 Auch bei Internet-Anzeigen können besondere Umstände zu einer **erweiterten Prüfungspflicht** von Presseunternehmen als Verbreiter von Fremdanzeigen führen (Einzelheiten BT Anz Rn 212 ff., 228 ff.). Partizipiert der Betreiber eines Internet-Marktplatzes für Verkaufsanzeigen wirtschaftlich an den „vermittelten" Geschäften, weil er eine Verkaufsprovision erhält, so ist ihm eine besondere Prüfung bereits dann zumutbar, wenn es konkrete Hinweise auf Verletzungen absoluter Rechte in bestimmten Bereichen gibt (hier: gefälschte Luxusuhren). Ggf muss der Diensteanbieter nach Ansicht des BGH (GRUR 2004, 860/864 – *Internet-Versteigerung;* dazu *Leible/ Sosnitza* NJW 2004, 3225/3227) mit den zur Verfügung stehenden technischen Möglichkeiten ein besonderes **Vorfilterverfahren** installieren.

374 Im Übrigen bleibt es aber dabei, dass der Verlag als Verbreiter von Internet-Anzeigen Dritter nach § 7 Abs 2 S 1 TMG nicht verpflichtet ist, die veröffentlichten Fremdanzeigen zu „überwachen oder nach Umständen zu forschen, die auf eine rechtswidrige Tätigkeit hinweisen". Die vom BGH früher vertretene Auffassung, das Haftungsprivileg nach § 10 1 S 1 TMG sei auf Unterlassungs- und Beseitigungsansprüche nicht anwendbar (vgl nur GRUR 2004, 860/862 – *Internet-Versteigerung I;* GRUR 2007, 708 Rn 19 – *Internet-Versteigerung II;* GRUR 2007, 890 Rn 20 – *Jugendgefährdende Medien bei eBay*) dürfte durch die neuere Rspr des EuGH (GRUR 2011 1025 – *L'Oréal/eBay*) überholt sein und wird inzwischen wohl auch vom BGH nicht mehr aufrechterhalten (BGH GRUR 2011, 1609 Rn 20 – *Stiftparfüm*). Der Umfang der Prüfungspflicht von Verlagen bei der Verbreitung von Internetanzeigen hängt von den Umständen des Einzelfalles ab. Insoweit gelten die Ausführungen zur Pressehaftung bei BTAnz Rn 204 ff.) entsprechend,

375 Wird der Verlag durch eine Abmahnung oder durch ein sog notice-and-takedown-letter konkret darauf hingewiesen, dass eine von ihm veröffentlichte Anzeige absolute Rechte Dritter verletzt oder einen Wettbewerbsverstoß enthält, so entstehen daraus Prüfungs- und ggf auch Handlungspflichten. Der Verlag muss im Rahmen der Zumutbarkeit prüfen, ob die behauptete Rechtsverletzung oder der Wettbewerbsverstoß tatsächlich vorliegt. Das Ausmaß der durch Hinweise Dritter begründen Prüfungspflichten hängt dabei nach Ansicht des BGH (GRUR 2011, 1038 Rn 28 – *Stiftparfüm*) „von den Umständen des Einzelfalls ab, insbesondere vom Gewicht der angezeigten Rechtsverletzungen auf der einen und den Erkenntnismöglichkeiten des Betreibers auf der anderen Seite ab".

Dabei ist zwischen dem für die Entstehung einer Prüfungspflicht erforderlichen Hinweis auf eine klare Rechtsverletzung (Abmahnschreiben, notice-and-takedown-letter, sonstiger Hinweis) einerseits und dem Beleg oder Beweis der in diesem Hinweis mitgeteilten Umstände andererseits zu unterscheiden. Ein solcher Beleg oder Beweis des Absenders für den Hinweis ist nach der Rspr nur erforderlich, „wenn schutzwürdige Interessen Diensteanbieters dies rechtfertigen" (BGH GRUR 2011, 1038 Rn 23 – *Stiftparfüm*). Zur Recherchen über das Bestehen und den Umfang von gewerblichen Schutzrechten oder sonstigen Ermittlungen sind Verlage bei der Verbreitung von Fremdanzeigen über das Internet jedenfalls dann nicht verpflichtet, wenn Sie von Dritten auf (angebliche) Rechtsverletzungen hingewiesen werden. Ggf muss der Hinweisgeber auf Bitte des Diensteanbieters Belege für die von ihm im Hinweis behaupteten Rechtsverletzung zur Verfügung stellen (BGH GRUR 2011,

XVII. Besonderheiten von Internet-Anzeigen **Anz BT**

1038 Rn 33 – *Stiftparfüm*). Kommt der hinweisgebende Dritte dieser Aufforderung nicht nach, fällt dem Verlag keine Verletzung seiner Prüfungspflicht zur Last, so dass es für Schadensersatzansprüche bereits an der Pflichtverletzung und für Unterlassungsansprüche an der Erstbegehungs- bzw. Wiederholungsgefahr fehlt.

Die oben wiedergegebene neue Rechtsprechung des EuGH (GRUR 2011, 1025 – *L'Oréal/eBay*) dürfte im Ergebnis zu einer erheblichen Ausweitung der Haftung von Diensteanbietern im Internet führen. In vielen Fällen werden Dienstanbieter sich nicht auf die Haftungsprivilegierungen nach den §§ 7 ff. TMG berufen können, weil sie eine aktive Rolle bei der Verbreitung der Inhalte Dritter (Fremdanzeigen) eingenommen haben. Inwieweit die Verlage davon betroffen sind, haben sie aber durch die Ausgestaltung ihrer Geschäftsprozesse im Anzeigenwesen ein ganzes Stück weit selbst in der Hand.

Für **Hyperlinks** auf andere Internetangebote (Beispiel: Das Werbebanner eines 376 Unternehmens enthält einen Hyperlink auf dessen Firmenhomepage), gelten die Haftungsprivilegierungen der §§ 7 ff. TMG nach hM generell nicht (BGH NJW 2004, 2158/2159 – *Schöner Wetten*; *Köhler* in Köhler/Bornkamm UWG § 8 Rn 2.25 mwN; aM *Hartmann* in Wandtke Medienrecht Bd 5 Kap 1 Rn 318 ff.). Auch insoweit greift aber die allgemeine Beschränkung der Pressehaftung bei der Verbreitung von Fremdanzeigen. Die Presse haftet für Hyperlinks nur, soweit eine Verletzung der auf grobe und offensichtliche Verstöße beschränkten Prüfungspflicht vorliegt (BGH NJW 2004, 2158/2159 – *Schöner Wetten*; *Hoeren* MMR 2004, 643/645 f.). Enthält ein Inserat einen Hyperlink hat das Presseunternehmen ohne Vorliegen besonderer Umstände keinerlei Veranlassung, die verlinkten Inhalte selbst zu überprüfen. Hinweise Dritter (Abmahnungen, notice-and-take-down-letter, Medienberichte etc) können auch hier verschärfte Prüfungspflichten begründen. Für rechtswidrige Inhalte trifft den Verlag daher keine Verantwortung, es sei denn es liegen besondere Umstände vor, aus denen sich ergibt, dass der Verlag sich die verlinkten Inhalte ausnahmsweise **zu Eigen gemacht** hat (vgl LG Lübeck MMR 1999, 686; *Spindler* MMR 2002, 495). Enthält die Internet-Anzeige einen Hyperlink auf eine vom Berechtigten öffentlich zugänglich gemachte Webseite mit urheberrechtlich geschützten Inhalten, liegt darin keine urheberrechtliche Nutzungshandlung und daher auch keine Urheberrechtsverletzung (BGH GRUR 2003, 958/962 – *Paperboy*).

7. Gegendarstellung bei Internet-Anzeigen

Das TMG sieht einen Gegendarstellungsanspruch für „normale" Mediendienste 377 nicht vor. Für „Anbieter von Telemedien mit journalistisch-redaktionell gestalteten Angeboten, in denen insbesondere vollständig oder teilweise Inhalte periodischer Druckerzeugnisse in Text oder Bild wiedergegeben werden," ist ein Anspruch auf Gegendarstellung aber in § 56 RStV geregelt. Soweit Presseverlage auch Internet-Anzeigen veröffentlichen, werden diese regelmäßig Teil ihres journalistisch-redaktionellen Gesamtangebots. Damit ist aber noch nicht gesagt, dass ein Anspruch auf Gegendarstellung auch gegenüber Anzeigen gegeben ist. Bei Printmedien wird ein solcher Anspruch von den meisten Landespressegesetzen zumindest bei rein geschäftlichen Anzeigen generell ausgeschlossen (BTAnz Rn 241; Überblick über die Regelungen in den einzelnen Ländern bei *Rath-Glawatz* RdAnzeige Rn P 212 ff.). Zutreffender Ansicht nach (Löffler/*Sedelmeier* § 11 LPG Rn 71; aM *Ricker/Weberling* Kap 25 Rn 7) ist der Ausschluss des Gegendarstellungsanspruchs bei rein geschäftlichen Anzeigen Ausdruck eines allgemeinen Rechtsprinzips, das auch im Rahmen des § 56 RStV Anwendung findet. Somit kommt ein Gegendarstellungsanspruch allenfalls bei Internet-Anzeigen in Betracht, die nicht rein geschäftlicher Natur sind.

Bei Anzeigen politischer Parteien, Bürgerinitiativen, kultureller Vereinigungen etc 378 ist ein Anspruch auf Gegendarstellung in der Praxis somit durchaus denkbar. Gegendarstellungspflichtig sind aber auch journalistisch-redaktionelle Angebote von Unternehmen. Das OLG Bremen (NJW 2011, 1611) hat zu Recht einen Gegendarstel-

BT Anz   Recht der Anzeige

lungsanspruch für die Homepage einer Anwaltskanzlei bejaht, deren Inhalt sich nicht in Eigenwerbung erschöpfte, sondern regelmäßig selbst bearbeitete Neuigkeiten und von der Kanzlei herausgegeben Pressemitteilungen über aktuelle Fälle enthielt. Nach § 56 Abs 1 RStV sind Diensteanbieter verpflichtet, eine Gegendarstellung desjenigen, der durch eine in ihrem Angebot aufgestellte Tatsachenbehauptung betroffen ist, ohne Kosten für den Betroffenen und ohne zusätzliches Abrufentgelt in ihr Angebot aufzunehmen. Die Gegendarstellung ist dabei ohne Einschaltungen und Werkleistungen in gleicher Aufmachung wie die Tatsachenbehauptung einzustellen und muss so lange wie die ursprüngliche Tatsachenbehauptung in unmittelbarer Verknüpfung mit ihr angeboten werden. Eine Gegendarstellung kann insbesondere abgelehnt werden, wenn sie sich nicht auf Tatsachenbehauptungen bezieht, einen unangemessenen oder strafbaren Inhalt hat oder das Gegendarstellungsverlangen nicht rechtzeitig zugeht (vgl § 56 Abs 2 RStV).

8. Trennungsgebot bei Internet-Anzeigen

379   Ein Gebot zur Trennung von redaktionellen Inhalten und Werbung ist im TMG nicht enthalten (vgl früher § 13 Abs 2 MDStV). Insoweit bestimmt aber § 58 Abs 1 RStV für alle Telemedien (und nicht nur für solche mit journalistisch-redaktionell gestalteten Inhalten), dass Werbung als solche klar erkennbar und vom übrigen Inhalt der Angebote eindeutig getrennt sein muss. Der wichtige medienrechtliche **Trennungsgrundsatz** (vgl dazu § 10 LPG; BVerfG NJW 2006, 3201) gilt somit auch bei Internet-Anzeigen.

Anhang

A. Allgemeine Geschäftsbedingungen für Anzeigen und Fremdbeilagen in Zeitungen und Zeitschriften (ZAW-AGB) (Fassung von 1998)

Die sog ZAW-AGB wurden letztmals 1998 überarbeitet und sind daher schon aufgrund der zwischenzeitlich in Kraft getretenen Schuldrechtsreform nicht mehr aktuell. Einige Klauseln haben sich auch als rechtlich bedenklich erwiesen und sollten deswegen nicht (mehr) verwendet werden. Hierauf wird jeweils im Text der Kommentierung näher eingegangen. Da eine Neufassung der ZAW-AGB bis heute nicht erfolgt ist, sie in dieser Form aber noch immer die Grundlage für das Anzeigengeschäft vieler deutscher Verlage darstellen, werden die ZAW-AGB hier in der Fassung von 1998 informativ abgedruckt.

Ziffer 1
„Anzeigenauftrag" im Sinn der nachfolgenden Allgemeinen Geschäftsbedingungen ist der Vertrag über die Veröffentlichung einer oder mehrerer Anzeigen eines Werbungtreibenden oder sonstigen Inserenten in einer Druckschrift zum Zweck der Verbreitung.

Ziffer 2
Anzeigen sind im Zweifel zur Veröffentlichung innerhalb eines Jahres nach Vertragsabschluss abzurufen. Ist im Rahmen eines Abschlusses das Recht zum Abruf einzelner Anzeigen eingeräumt, so ist der Auftrag innerhalb eines Jahres seit Erscheinen der ersten Anzeige abzuwickeln, sofern die erste Anzeige innerhalb der in Satz 1 genannten Frist abgerufen und veröffentlicht wird.

Ziffer 3
Bei Abschlüssen ist der Auftraggeber berechtigt, innerhalb der vereinbarten bzw. der in Ziffer 2 genannten Frist auch über die im Auftrag genannte Anzeigenmenge hinaus weitere Anzeigen abzurufen.

Anhang A. Allgemeine Geschäftsbedingungen usw. **Anz BT**

Ziffer 4

Wird ein Auftrag aus Umständen nicht erfüllt, die der Verlag nicht zu vertreten hat, so hat der Auftraggeber, unbeschadet etwaiger weiterer Rechtspflichten, den Unterschied zwischen dem gewährten und dem der tatsächlichen Abnahme entsprechenden Nachlass dem Verlag zu erstatten.

Die Erstattung entfällt, wenn die Nichterfüllung auf höherer Gewalt im Risikobereich des Verlages beruht.

Ziffer 5

Bei der Errechnung der Abnahmemengen werden Text-Millimeterzeilen dem Preis entsprechend in Anzeigen-Millimeter umgerechnet.

Ziffer 6

Aufträge für Anzeigen und Fremdbeilagen, die erklärtermaßen ausschließlich in bestimmten Nummern, bestimmten Ausgaben oder an bestimmten Plätzen der Druckschrift veröffentlicht werden sollen, müssen so rechtzeitig beim Verlag eingehen, dass dem Auftraggeber noch vor Anzeigenschluss mitgeteilt werden kann, wenn der Auftrag auf diese Weise nicht auszuführen ist. Rubrizierte Anzeigen werden in der jeweiligen Rubrik abgedruckt, ohne dass dies der ausdrücklichen Vereinbarung bedarf.

Ziffer 7

Textteil-Anzeigen sind Anzeigen, die mit mindestens drei Seiten an den Text und nicht an andere Anzeigen angrenzen.

Anzeigen, die auf Grund ihrer redaktionellen Gestaltung nicht als Anzeigen erkennbar sind, werden als solche vom Verlag mit dem Wort „Anzeige" deutlich kenntlich gemacht.

Ziffer 8

Der Verlag behält sich vor, Anzeigenaufträge – auch einzelne Abrufe im Rahmen eines Abschlusses – und Beilagenaufträge wegen des Inhalts, der Herkunft oder der technischen Form nach einheitlichen, sachlich gerechtfertigten Grundsätzen des Verlages abzulehnen, wenn deren Inhalt gegen Gesetze oder behördliche Bestimmungen verstößt oder deren Veröffentlichung für den Verlag unzumutbar ist. Dies gilt auch für Aufträge, die bei Geschäftsstellen, Annahmestellen oder Vertretern aufgegeben werden.

Beilagenaufträge sind für den Verlag erst nach Vorlage eines Musters der Beilage und deren Billigung bindend. Beilagen, die durch Format oder Aufmachung beim Leser den Eindruck eines Bestandteils der Zeitung oder Zeitschrift erwecken oder Fremdanzeigen enthalten, werden nicht angenommen.

Die Ablehnung eines Auftrages wird dem Auftraggeber unverzüglich mitgeteilt.

Ziffer 9

Für die rechtzeitige Lieferung des Anzeigentextes und einwandfreier Druckunterlagen oder der Beilagen ist der Auftraggeber verantwortlich. Für erkennbar ungeeignete oder beschädigte Druckunterlagen fordert der Verlag unverzüglich Ersatz an.

Der Verlag gewährleistet die für den belegten Titel übliche Druckqualität im Rahmen der durch die Druckunterlagen gegebenen Möglichkeiten.

Ziffer 10

Der Auftraggeber hat bei ganz oder teilweise unleserlichem, unrichtigem oder bei unvollständigem Abdruck der Anzeige Anspruch auf Zahlungsminderung oder eine einwandfreie Ersatzanzeige, aber nur in dem Ausmaß, in dem der Zweck der Anzeige beeinträchtigt wurde. Lässt der Verlag eine ihm hierfür gestellte angemessene Frist verstreichen oder ist die Ersatzanzeige erneut nicht einwandfrei, so hat der Auftraggeber ein Recht auf Zahlungsminderung oder Rückgängigmachung des Auftrages.

Schadensersatzansprüche aus positiver Forderungsverletzung, Verschulden bei Vertragsschluss und unerlaubter Handlung sind – auch bei telefonischer Auftragserteilung – ausgeschlossen; Schadensersatzansprüche aus Unmöglichkeit der Leistung und Verzug sind beschränkt auf Ersatz des vorhersehbaren Schadens und auf das für die betreffende Anzeige oder Beilage zu zahlende Entgelt. Dies gilt nicht für Vorsatz und grobe Fahrlässigkeit des Verlegers, seines gesetzlichen Vertreters und seines Erfüllungsgehilfen. Eine Haftung des Verlages für Schäden wegen des Fehlens zugesicherter Eigenschaften bleibt unberührt.

Im kaufmännischen Geschäftsverkehr haftet der Verlag darüber hinaus auch nicht für grobe Fahrlässigkeit von Erfüllungsgehilfen; in den übrigen Fällen ist gegenüber Kaufleuten die Haftung für grobe Fahrlässigkeit dem Umfang nach auf den voraussehbaren Schaden bis zur Höhe des betreffenden Anzeigenentgelts beschränkt.

Reklamationen müssen – außer bei nicht offensichtlichen Mängeln – innerhalb von vier Wochen nach Eingang von Rechnung und Beleg geltend gemacht werden.

Ziffer 11

Probeabzüge werden nur auf ausdrücklichen Wunsch geliefert. Der Auftraggeber trägt die Verantwortung für die Richtigkeit der zurückgesandten Probeabzüge. Der Verlag berücksichtigt alle Fehler-

BT Anz Recht der Anzeige

korrekturen, die ihm innerhalb der bei der Übersendung des Probeabzuges gesetzten Frist mitgeteilt werden.

Ziffer 12

Sind keine besonderen Größenvorschriften gegeben, so wird die nach Art der Anzeige übliche, tatsächliche Abdruckhöhe der Berechnung zugrunde gelegt.

Ziffer 13

Falls der Auftraggeber nicht Vorauszahlung leistet, wird die Rechnung sofort, möglichst aber 14 Tage nach Veröffentlichung der Anzeige übersandt.

Die Rechnung ist innerhalb der aus der Preisliste ersichtlichen vom Empfang der Rechnung an laufenden Frist zu bezahlen, sofern nicht im einzelnen Fall eine andere Zahlungsfrist oder Vorauszahlung vereinbart ist. Etwaige Nachlässe für vorzeitige Zahlung werden nach der Preisliste gewährt.

Ziffer 14

Bei Zahlungsverzug oder Stundung werden Zinsen sowie die Einziehungskosten berechnet. Der Verlag kann bei Zahlungsverzug die weitere Ausführung des laufenden Auftrages bis zur Bezahlung zurückstellen und für die restlichen Anzeigen Vorauszahlung verlangen.

Bei Vorliegen begründeter Zweifel an der Zahlungsfähigkeit des Auftraggebers ist der Verlag berechtigt, auch während der Laufzeit eines Anzeigenabschlusses das Erscheinen weiterer Anzeigen ohne Rücksicht auf ein ursprünglich vereinbartes Zahlungsziel von der Vorauszahlung des Betrages und von dem Ausgleich offen stehender Rechnungsbeträge abhängig zu machen.

Ziffer 15

Der Verlag liefert mit der Rechnung auf Wusch einen Anzeigenbeleg. Je nach Art und Umfang des Anzeigenauftrages werden Anzeigenausschnitte, Belegseiten oder vollständige Belegnummern geliefert. Kann ein Beleg nicht mehr beschafft werden, so tritt an seine Stelle eine rechtsverbindliche Bescheinigung des Verlages über die Veröffentlichung und Verbreitung der Anzeige.

Ziffer 16

Kosten für die Anfertigung bestellter Druckstöcke, Matern und Zeichnungen sowie für vom Auftraggeber gewünschte oder zu vertretende erhebliche Änderungen ursprünglich vereinbarter Ausführungen hat der Auftraggeber zu tragen.

Ziffer 17

Aus einer Auflagenminderung kann bei einem Abschluss über mehrere Anzeigen ein Anspruch auf Preisminderung hergeleitet werden, wenn im Gesamtdurchschnitt des mit der ersten Anzeige beginnenden Insertionsjahres die in der Preisliste oder auf andere Weise genannte durchschnittliche Auflage oder wenn eine Auflage nicht genannt ist – die durchschnittlich verkaufte (bei Fachzeitschriften gegebenenfalls die durchschnittlich tatsächlich verbreitete) Auflage des vergangenen Kalenderjahres unterschritten wird. Eine Auflagenminderung ist nur dann ein zur Preisminderung berechtigter Mangel, wenn sie
bei einer Auflage bis zu 50 000 Exemplaren 20 vH,
bei einer Auflage bis zu 100 000 Exemplaren 15 vH,
bei einer Auflage bis zu 500 000 Exemplaren 10 vH,
bei einer Auflage über 500 000 Exemplaren 5 vH
beträgt.

Darüber hinaus sind bei Abschlüssen Preisminderungsansprüche ausgeschlossen, wenn der Verlag dem Auftraggeber von dem Absinken der Auflage so rechtzeitig Kenntnis gegeben hat, dass dieser vor Erscheinen der Anzeige vom Vertrag zurücktreten konnte.

Ziffer 18

Bei Ziffernanzeigen wendet der Verlag für die Verwahrung und rechtzeitige Weitergabe der Angebote die Sorgfalt eines ordentlichen Kaufmanns an. Einschreibebriefe und Eilbriefe auf Ziffernanzeigen werden nur auf dem normalen Postweg weitergeleitet. Die Eingänge auf Ziffernanzeigen werden vier Wochen aufbewahrt. Zuschriften, die in dieser Frist nicht abgeholt sind, werden vernichtet. Wertvolle Unterlagen sendet der Verlag zurück, ohne dazu verpflichtet zu sein.

„Dem Verlag kann einzelvertraglich als Vertreter das Recht eingeräumt werden, die eingehenden Angebote anstelle und im erklärten Interesse des Auftraggebers zu öffnen. Briefe, die das zulässige Format DIN A 4 (Gewicht ... g) überschreiten, sowie Waren, Bücher-, Katalogsendungen und Päckchen und der Weiterleitung ausgeschlossen und werden nicht entgegengenommen. Eine Entgegennahme und Weiterleitung kann jedoch ausnahmsweise für den Fall vereinbart werden, dass der Auftraggeber die dabei entstehenden Gebühren/Kosten übernimmt."

Ziffer 19

Matern werden nur auf besonderer Anforderung an den Auftraggeber zurückgesandt. Die Pflicht zur Aufbewahrung endet drei Monate nach Ablauf des Auftrages.

Anhang B. Richtlinien für die werbliche Kommunikation **Anz BT**

Ziffer 20

Erfüllungsort ist der Sitz des Verlages.

Im Geschäftsverkehr mit Kaufleuten, juristischen Personen des öffentlichen Rechts oder bei öffentlich-rechtlichen Sondervermögen ist bei Klagen Gerichtsstand der Sitz des Verlages. Soweit Ansprüche des Verlages nicht im Mahnverfahren geltend gemacht werden, bestimmt sich der Gerichtsstand bei Nicht-Kaufleuten nach deren Wohnsitz.

Ist der Wohnsitz oder gewöhnliche Aufenthalt des Auftraggebers, auch bei Nicht-Kaufleuten, im Zeitpunkt der Klageerhebung unbekannt oder hat der Auftraggeber nach Vertragsschluss seinen Wohnsitz oder gewöhnlichen Aufenthalt aus dem Geltungsbereich des Gesetzes verlegt, ist als Gerichtsstand der Sitz des Verlages vereinbart.

Ziffer 21

(Sondervorschrift bei Auflagenminderungen von Titeln mit weniger als zweimal wöchentlichem Erscheinen, die heftbezogene Auflagendaten veröffentlichen)

Abweichend von Nummer 17 berechtigt eine Auflagenminderung bei Titeln, die heftbezogene Auflagendaten veröffentlichen, nur dann zu einer Preisminderung, wenn und soweit sie bei einer Auflage („Garantieauflage") von bis zu 500 000 Exemplaren 10 vH und bei einer Auflage („Garantieauflage") von über 500 000 Exemplaren 5 vH überschreitet.

Die der Garantie zugrundeliegende Auflage ist die gesamte verkaufte Auflage im Sinne der Definition der IVW. Sie errechnet sich für das Insertionsjahr aus dem Auflagendurchschnitt der vier Quartale vor dem Insertionsjahr, soweit nicht vom Verlag eine absolute Auflagenzahl als Garantie in der jeweiligen Preisliste angegeben wurde.

Voraussetzung für einen Anspruch auf Preisminderung ist ein rabattfähiger Abschluss auf Basis der Mengenstaffel für mindestens drei Ausgaben.

Grundlage für die Berechnung der Preisminderung ist der Auftrag pro Unternehmen, soweit nicht bei Auftragserteilung eine Abrechnung nach Marken, die bei Auftragserteilung zu definieren sind, vereinbart wurde.

Die mögliche Auflagenminderung errechnet sich als Saldo der Auflagenüber- und Auflagenunterschreitungen der belegten Ausgaben innerhalb des Insertionsjahres.

Die Rückvergütung erfolgt am Kampagnenende auf Basis des Kundennettos unter Berücksichtigung der bereits gewährten Agenturvergütung als Naturalgutschrift oder wenn dies nicht mehr möglich ist als Entgelt. Ein Anspruch auf Rückvergütung besteht nur, wenn die Rückvergütungssumme mindestens 5000,00 DM beträgt.

Diese Allgemeinen Geschäftsbedingungen werden zur Anwendung im Anzeigen- und Fremdbeilagengeschäft unverbindlich empfohlen. Es bleibt den Vertragsparteien unbenommen, abweichende Vereinbarungen zu treffen.

B. Richtlinien für die werbliche Kommunikation mit IVW-Hinweisen

(Fassung auf der Grundlage des Verwaltungsratsbeschlusses vom 23. Mai 2012)

Präambel

Als Einrichtung der wirtschaftlichen Selbstverwaltung hat die IVW den Zweck, die Wahrheit und Klarheit im Werbewesen zu fördern. Dabei verfolgt die IVW insbesondere zwei Zielrichtungen: Zum einen stellt sie dem Markt objektiv ermittelte Verbreitungsdaten der Werbeträger zur Verfügung und gibt den Werbekunden bei ihren Werbeaufträgen Sicherheit über die Leistungsdaten der Medien. Zum anderen ermöglicht die Arbeit der IVW den fairen Leistungswettbewerb der Medien untereinander.

Um diese Ziele zu erreichen, hat die IVW die folgenden, auf ihrer Satzung beruhenden Richtlinien für die werbliche Kommunikation mit IVW-Hinweisen entwickelt, die für alle Mitglieder der IVW bindend sind:

I. Allgemeiner Teil/Gattungsübergreifende Regelungen

1. Werbliche Kommunikation
1.1 Im Sinne dieser Richtlinien umfasst werbliche Kommunikation alle Kommunikationsmaßnahmen und -instrumente durch die Wirtschaft, wenn damit primär die Förderung des Absatzes bzw. die Vermarktung von Werbeträgern verfolgt wird. Darunter fallen insbesondere Maßnahmen der Werbung; nicht erfasst sind unabhängige, redaktionelle Medieninhalte.
1.2 Wird ein allgemeiner IVW-Hinweis (im Sinne von Ziffer I.5.) in Mediadaten verwendet, ist davon auszugehen, dass sich dieser Hinweis auf alle Informationen in den Mediadaten bezieht, die der IVW zugeordnet werden könnten, sofern sich nicht offensichtlich und unmittelbar aus
– dem Hinweis,
– der Art und Weise seiner Verwendung oder
– aus den Mediadaten selbst
etwas anderes ergibt.

2. Verwendung von IVW-Hinweisen
2.1 Die Mitgliedsunternehmen sind berechtigt, in der werblichen Kommunikation
– auf ihre Mitgliedschaft in der IVW hinzuweisen,
– Zahlen zu ihren Werbeträgern aus den IVW-Veröffentlichungen zu verwenden,
– auf die Prüfung ihrer Werbeträger durch die IVW hinzuweisen.
2.2 IVW-Hinweise dürfen nur in Bezug auf einen Werbeträger verwendet werden, der dem IVW-Verfahren unterstellt ist.
3. Verwendung des IVW-Zeichens
Die Verwendung des IVW-Zeichens ist geregelt durch die Satzung für das IVW- Zeichen in der jeweils gültigen Fassung.
4. Verwendung von IVW-Hinweisen bei Aufnahme neuer Werbeträger
4.1 Hat ein Mitgliedsunternehmen bereits einen oder mehrere Werbeträger dem IVW-Verfahren unterstellt und meldet einen neuen Werbeträger zur Aufnahme an, so kann nach Vorliegen des vollständigen Aufnahmeantrags in der Geschäftsstelle mit Zustimmung der IVW in Bezug auf den Werbeträger der Hinweis „IVW-Prüfung beantragt" in der werblichen Kommunikation verwendet werden.
Anderslautende IVW-Hinweise sind in Bezug auf den aufzunehmenden Werbeträger während des Aufnahmevorgangs nicht statthaft. Vor Beginn des Aufnahmevorgangs sind keinerlei IVW-Hinweise in Bezug auf den aufzunehmenden Werbeträger statthaft.
4.2 Die IVW-Geschäftsstelle kann aus wichtigen Gründen die Zustimmung zur Verwendung dieses IVW-Hinweises widerrufen, insbesondere wenn das Aufnahmeverfahren nicht erfolgreich durchgeführt werden kann.
4.3 Ein Verstoß gegen Ziffer I.4.1 führt zur Ablehnung des Aufnahmenantrags gemäß der Voraussetzungen der Ziffer III.3. der IVW-Richtlinien für Online-Angebote bzw Ziffer VI.1.d) der Aufnahme-Richtlinien Presse.
5. IVW-Hinweise
IVW-Hinweise können
– Auflagenzahlen,
– Werte aus der IVW-Verbreitungsanalyse Tageszeitungen (VA),
– Strukturdaten zur Verbreitung von Fachmedien (EDA),
– Nutzungszahlen von Online-Angeboten gemäß Ziffer III.
enthalten und/oder
– in allgemeiner Form auf die Einbindung des Unternehmens in die IVW Bezug nehmen (zB „Mitglied der IVW", „IVW-angeschlossen", „Gelistet bei der IVW", „Ausweisung bei der IVW", „IVW- geprüft").
6. Pflichten der Mitglieder
6.1 Die Mitgliedsunternehmen sind verpflichtet, bei der werblichen Kommunikation mit IVW-Hinweisen die verwendeten Informationen regelmäßig zu überprüfen und ggf. zu aktualisieren.
Bei Printobjekten ist die Aktualisierung nach jedem Quartal bzw. nach erfolgter Korrektur vorzunehmen, bei Online-Angeboten jeden Monat. Ziffer 6.1 findet keine Anwendung bei IVW-Hinweisen, die in eindeutiger Weise dauerhaft mit einem bestimmten Datum versehen sind.
6.2 Ausgenommen von dieser Regel sind gedruckte Mediadaten und Mediadaten im PDF-Format. Bei diesen können die zum Zeitpunkt der Herstellung der Mediadaten aktuellen Zahlen bis zum Erscheinen der nächsten Ausgabe der Mediadaten verwendet werden.
6.3 Die Verantwortung für die Richtigkeit der mittelbar in Verbindung mit IVW-Hinweisen genannten Auflagenzahlen bzw. Nutzungsdaten, die sich nicht auf Meldezeiträume der IVW erstrecken, liegt ausschließlich bei dem Mitgliedsunternehmen.
6.4 Werden Auflagenzahlen oder Nutzungsdaten verwendet, die von den unter Ziffer II.1. und II.2. sowie III.1. und III.2. genannten Vorgaben abweichen, muss eindeutig klargestellt werden, auf welchen Zeitraum und ggf auf welche Kategorie sich die Zahlen beziehen. Die Zahlen dürfen keinen IVW-Bezug aufweisen. Sie müssen optisch klar und eindeutig von den IVW-geprüften Zahlen zu unterscheiden sein und sind zusätzlich als „Verlagsangabe" bzw. „Eigenangabe" zu bezeichnen. Die erforderliche optische Differenzierung zwischen IVW-Hinweisen und eigenen Angaben kann durch eine deutlich abweichende Gestaltung (zB Kursivdruck, Schriftart) oder durch die Anordnung der Angabe im Gesamtbild (zB Trennlinie) kenntlich gemacht werden.
7. Verfolgung von Verstößen
Die IVW übernimmt es, Verletzungen dieser Richtlinien zu verfolgen und bei einem festgestellten Verstoß Maßnahmen einzuleiten. § 23 der IVW-Satzung bzw. § 8 der Satzung für das IVW-Zeichen bleiben unberührt.
Sofern gattungsspezifische Richtlinien besondere Regelungen für die Verwendung von IVW-Hinweisen vorsehen, bleiben diese unberührt.

II. Werbliche Kommunikation mit Auflagenzahlen

1.1 Bei der Verwendung von Auflagenzahlen für einen Auflagenhinweis sind immer die zum Zeitpunkt der Verwendung aktuellen Durchschnittszahlen zu veröffentlichen.

Anhang B. Richtlinien für die werbliche Kommunikation **Anz BT**

1.2 Zulässig ist
– der Hinweis auf die der IVW im unmittelbar zurückliegenden Quartal gemeldeten und veröffentlichten Durchschnittszahlen,
– der Hinweis auf die in die nächstfolgende Auflagenmeldung aufgenommenen Durchschnittszahlen.
1.3 Auf- oder Abrundungen sind nicht zulässig. Ziffer II.2. ist zu beachten.
1.4 Werden – zum Beispiel für Auflagenvergleiche über mehrere zurückliegende Quartale – zusätzlich Zahlen aus zurückliegenden Quartalen verwendet, ist auch insoweit nach Ziffer II.2. zu verfahren.
2.1 Den Auflagenzahlen ist hinzuzufügen
– das Kalendervierteljahr, in dem die genannte Auflage erreicht wurde oder erreicht wird (zB 4. Quartal 2011 oder IV/2011)
sowie
– die jeweilige Auflagenkategorie, wie sie in den IVW-Veröffentlichungen geführt wird und auf die sich die genannte Auflagenzahl bezieht (zB verbreitete Auflage, verkaufte Auflage, Abonnement-Auflage etc., nicht lediglich „Auflage").
2.2 Neben den Auflagenzahlen, die sich auf ein Quartal beziehen, können auch heftbezogene Auflagenzahlen mit Bezug auf die jeweilige Auflagenkategorie und die jeweilige Ausgabennummer verwendet werden, sofern diese dem zusätzlichen Verfahren der heftbezogenen Auflagenmeldungen angeschlossen sind.
3. Werden bei neu in die IVW aufgenommenen Verlagen bzw. Titeln, die noch keine Quartalsmeldung abgegeben haben, im Rahmen der Aufnahmeprüfung Quartalsdurchschnittszahlen oder Auflagen einzelner Ausgaben geprüft und bestätigt, so können diese unter Berücksichtigung der Ziffern II.1. bis II.2. verwendet werden. Den Zahlen ist der Hinweis „laut IVW-Aufnahmeprüfung" hinzuzufügen.

III. Werbliche Kommunikation mit Nutzungszahlen von Online-Angeboten

1.1 Für ihre kommerzielle Kommunikation dürfen die Angebote unter den Voraussetzungen der Ziffern 1.2 bis 5. die monatlichen Zahlen der
– Visits
– PageImpressions
– Kategorienvisits
ihres Angebots verwenden.
1.2 Die Verwendung von gerundeten Zahlen in IVW-Hinweisen ist nur unter den folgenden Voraussetzungen zulässig:
– bei Darstellung als Hunderttausender: kaufmännisches Runden auf der dritten Stelle,
– bei Darstellung als Mio.: kaufmännisches Runden auf der zweiten Nachkommastelle und Streichung der letzten vier Stellen,
– bei Darstellung als Milliarde bzw. Mrd.: kaufmännisches Runden auf der dritten Nachkommastelle und Streichung der letzten sechs Stellen.
1.2.2 Bei der Verwendung von gerundeten Zahlen ist in unmittelbarem räumlichen Zusammenhang mit der Zahl auf die Rundung und die Website der IVW als Quelle für die exakte(n) Zahl(en) hinzuweisen (zB durch einen Sternchenhinweis).
1.3 Werden Zahlen zu den Kategorienvisits verwendet, dürfen keinerlei Summen aus den Kategorienvisits unterschiedlicher Kategorien gebildet werden. Zulässig ist lediglich die Summierung der Kategorienvisits einer bestimmten, einzelnen Kategorie über einen bestimmten Zeitraum; Ziffer III.3. ist dabei einzuhalten.
2.1 Wird in der werblichen Kommunikation auf die aktuellen Nutzungsdaten hingewiesen, sind immer die Zahlen des Ausweisungsmonats zu verwenden, der zum Zeitpunkt der Veröffentlichung des Hinweises unmittelbar zurückliegt. Ziffer III.3. ist zu beachten.
2.2 Werden – zum Beispiel für Vergleiche mit den aktuellen Nutzungsdaten – zusätzlich Zahlen aus zurückliegenden Monaten verwendet, ist auch insoweit nach Ziffer III.3. zu verfahren.
3.1 Den in einem IVW-Hinweis verwendeten Zahlen ist immer der Monat, in dem die genannte Zahl erreicht wurde, hinzuzufügen sowie ggf. die jeweilige Kategorie, die in der IVW-Ausweisung für Online-Medien geführt wird und auf die sich die Zahl bezieht (zB Visits im Mai 2011, PageImpressions im Mai 2011 oder der Kategorie E-Commerce etc.)
3.2 Es wird empfohlen, die verwendete Zahl (ergänzend zu dem jeweiligen Leistungsbegriff) als „Onlinenutzung", „Nutzungszahl", „Nutzung des Angebots" zu bezeichnen.
4. Nicht zulässig ist die Verwendung der monatlichen Zahlen eines Multi-Angebots (Ziffer A 1.2 der Anlage 1 zu den IVW-Richtlinien für Online-Angebote) durch in der Angebotsbestandteilsliste eingetragenen Fremd-Domains.
5. Ein Angebot, dessen Nutzungsdaten von der IVW nicht veröffentlicht werden (Ziffer V.2. der IVW-Richtlinien für Online-Angebote), darf diese Nutzungsdaten in keinerlei Zusammenhang mit einem Hinweis auf die IVW verwenden.
6. Die Regelungen in Teil I. und Teil III. dieser Richtlinie sind auf Netzwerke (Ziffer A 3 der „Definitionen und technischen Erläuterungen", Anlage 1 zu den IVW-Richtlinien für Online-Angebote) und Vermarktungsgemeinschaften (Ziffer A4 der „Definitionen und technischen Erläuterungen", Anlage 1 zu den IVW-Richtlinien für Online-Angebote) entsprechend anzuwenden.

Löffler

Abonnementwerbung

Schrifttum: *Köhler/Bornkamm,* Gesetz gegen den unlauteren Wettbewerb, 32. Aufl 2014; *Ricker/ Weberling,* Handbuch des Presserechts, 6. Auflage 2012; *Büscher/Dittmer/Schiwy,* Gewerblicher Rechtsschutz, Urheberrecht, Medienrecht, 2. Auflage 2011; *Fezer,* UWG Lauterkeitsrecht, 2. Auflage 2010; *Bechtold,* Probeabonnement, Anmerkung zum Urteil des BGH vom 7.2.2006 – Probeabonnemt, WRP 2006, 1162; *Bechtold,* GWB, 7. Auflage 2013; *Frytag/Gerlinger,* Kombinationsangebot im Pressemarkt, WRP 2004, 537; *Gaertner,* zur Zulässigkeit von Prämien im Einzelverkauf und Direktvertrieb, AfP 2006, 413; *Lahusen,* Die wettbewerbs- und verfassungsrechtliche Beurteilung des Gratisvertriebs meinungsbildender Tagespresse-Anmerkung zum Urteil des BGH „20 Minuten Köln", GRUR 2005, 221; *Loewenheim/Meessen/Riesenkampff,* Kartellrecht 2. Auflage 2009; *v Jagow/Meinberg,* VDZ-Wettbewerbsregeln für den Vertrieb abonnierbarer Publikumszeitschriften, AfP 2003, 242; *Mann,* Werbung im Pressevertrieb nach Aufhebung von RabattG und ZugabeVO, AfP 2001, 174; *Ohly/Sosnitza,* Gesetz gegen den unlauteren Wettbewerb, 6. Auflage 2014; *Sack,* Lauterer und leistungsgerechter Wettbewerb durch Wettbewerbsregeln von Verbänden, §§ 24ff. GWB, WRP 2001, 595; *Kröner,* Probeabonnements im Pressevertrieb: Ein Preisbindungsmissbrauch? WRP 2003, 1149; *von Zimmermann,* Die Einwilligung im Internet 2014.

Inhaltsübersicht

	Rn
I. Wettbewerbsregeln und Wettbewerbsrichtlinien	
1. Überblick	1
2. Wettbewerbsregeln	2–4
3. Wettbewerbsrichtlinien	5
4. Verhaltenscodices	6, 7
5. Wettbewerbsregeln und -richtlinien im Verhältnis zum UWG	8
a) § 3 UWG	8–12
b) § 4 Nr 11 UWG	13
c) Irreführende Werbung mit Verhaltenscodices	14–17
II. Unlautere Praktiken der Bezieherwerbung	
1. Zusenden unbestellter Ware	18–36
2. Briefkastenwerbung	37–44
3. Mailings	45–50
4. Gefühlsbetonte Werbung	51–58
5. Haustürwerbung	59, 60
6. Ansprechen in der Öffentlichkeit	61
7. Werbung mittels Telefon, Telefax und elektronischer Post	62
a) Werbung	62
b) Werbung per Telefon, Telefax, elektronischer Post	65, 66
aa) Telefonwerbung	67
bb) Werbung unter Verwendung einer automatischen Anrufmaschine	68
cc) Telefax-Werbung	69
dd) Werbung durch elektronische Post	70–72
c) Die Einwilligung	73
aa Vorherige Einwilligung	74, 75
bb Konkludente und mutmaßliche Einwilligung bei sonstigen Marktteilnehmern	76–78
cc) Wer muss einwilligen?	79
dd) Beweislast	80, 81
ee) Lauterkeitsrechtliche Anforderungen an die Wirksamkeit der Einwilligung	82–84
d) Einwilligung in AGB	85–95
aa) Die Zulässigkeit der Einwilligung in AGB	85–87
bb) „Opt-out" ist keine Einwilligung	88, 89
cc) „Opt-in" ist eine Einwilligung	90
dd) Unangemessene Benachteiligung (§ 307 Abs 1 Satz 1 BGB)	91–93
ee) Transparenzgebot (§ 307 Abs 1 Satz 2 BGB)	94, 95
e) Gewinnspiel und Einwilligung	96
aa) Teilnahme nur gegen datastripping	96
bb) Einwilligung in den Teilnahmebedingungen von Gewinnspielen	97, 98
cc) Anruf des Verbrauchers zur Gewinnabfrage	99

BT Abo-Werbung

Abonnementwerbung

	Rn
f) Einwilligung nach BDSG und TMG	99a–104a
g) Umgekehrte Telefonwerbung	105
h) Telefonwerbung aus dem Ausland	106
i) Sind bei unzulässigen Anrufen geschlossene Verträge wirksam?	107
j) Sonstige wettbewerbswidrige Praktiken	108–119

III. Zuwendungen für Neuabonnenten
1. Überblick ... 120
2. Übertriebenes Anlocken ... 121–124
3. Abschlussprämien bei Eigenbestellungen ... 125–127
4. Werbegeschenke bei Probeabonnement und Gratislieferung ... 128–130

IV. Gewinnspiele für Neuabonnenten ... 131, 132
1. Koppelung nach § 4 Nr 6 UWG ... 133–138
2. Psychischer Kaufzwang ... 139–141
3. Übertriebenes Anlocken § 4 Nr 1 UWG ... 142
4. Gewinnspiele im Telemediengesetz (TMG) ... 142a

V. Laienwerbung
1. Die mit der Laienwerbung verbundenen Gefahren ... 143–145
2. Die Gefahr sachfremder Entschließung ... 146
   a) Der Wert der Prämie ... 146
   b) Die Intensität des Einsatzes des Laienwerbers ... 147
   c) Die Gefahr des Abschlusses aus Gefälligkeit ... 148
   d) Die Gefahr unsachlicher Beeinflussung durch den Laienwerber ... 149–152
3. Laienwerbung für Abonnements ... 153
   a) Der Wert der Prämie ... 154–157
   b) Nichtbezieher als Laienwerber ... 158
   c) Vorschieben des Neu-Abonnenten ... 159, 160
   d) Weitergabe der Prämie an den Neu-Abonnenten ... 161
   e) Rückforderung der Prämie ... 162
   f) Mitteilung von Adressen potentieller Neu-Abonnenten ... 163

VI. Gewinnspiele für Laienwerber
1. Zulässigkeit als Gewinnspiel ... 164, 165
2. Zulässigkeit als Laienwerbung ... 166

VII. Geschenk-Abonnements ... 167, 169

VIII. Der Preis des Abonnements ... 170
1. Abo-Preis niedriger als die Summe der Preise der Einzelausgaben ... 171–175
2. Verbilligtes Probe-Abonnement ... 176–193
3. Verbilligtes Abonnement für bestimmte Bezieherkreise; Mengenrabatte ... 194–200
4. Regionale und internationale Preisdifferenzierung ... 201

IX. Gratislieferung von Zeitungen und Zeitschriften ... 202–214
1. Gratislieferung zur Abonnementwerbung ... 205, 206
2. Tages- und Wochenzeitungen ... 207–210
3. Zeitschriften ... 211–213
4. Mitarbeiterexemplare ... 214

X. Wettbewerbsregeln des Bundesverbandes Deutscher Zeitungsverleger e. V. für den Vertrieb von abonnierbaren Tages- und Wochenzeitungen
1. Allgemeine Grundsätze in der Werbung ... 215
2. Außendienst-Mitarbeiter ... 216
3. Unentgeltliche Werbeexemplare ... 217
4. Prämienwerbung bei Fremdwerbung ... 218
5. Prämien bei Eigenbestellung ... 219
6. Kurzabonnements, Mitarbeiterexemplare, Mengennachlässe, Studentenabonnements ... 220, 221
7. Kombination von Rabatten und Prämien ... 222
8. Verpflichtungsdauer ... 223

XI. Wettbewerbsregeln des Verbands Deutscher Zeitschriftenverleger VDZ für den Vertrieb von abonnierbaren Publikumszeitschriften in der vom BKartA am 1.4.2004 genehmigten Fassung
1. Allgemeine Grundsätze der Werbung ... 224, 225

	Rn
2. Werbeexemplare	226
3. Probeabonnements	227
4. Werbegeschenke bei Werbeexemplaren und Probeabonnements	228
5. Studentenabonnements, Mitarbeiterexemplare, Mengennachlässe	229, 230
6. Vermittlungsprämien	231, 232
7. Abschlussprämien	233
XII. Wettbewerbsregeln der Arbeitsgemeinschaft Abonnentenwerbung e. V. (AGA) 2.9.1982	234–246
§ 1 Allgemeine Grundsätze	235
§ 2 Grundsätze der Zusammenarbeit mit Außendienstmitarbeitern	236–240
1. Anwerbung neuer Außendienstmitarbeiter	236, 237
2. Verpflichtungen, die den Außendienstmitarbeitern aufzuerlegen sind	238
3. Bestellscheine der Außendienstmitarbeiter	239
4. Beschäftigung straffälliger Außendienstmitarbeiter	240
§ 3 Bestellscheine	241
§ 4 Geschäftsbeziehungen mit anderen Unternehmen	242
§ 5 Werbeexemplare	243
§ 6 Umarbeitung von Abonnements	244
§ 7 Abwerbung von Außendienstmitarbeitern	245
§ 8 Auslieferungsgrundsätze, Regierungsverbot	246

I. Wettbewerbsregeln und Wettbewerbsrichtlinien

1. Überblick

Die von Wirtschaft- und Berufsvereinigungen für ihren Bereich aufgestellten und vom Bundeskartellamt anerkannten Wettbewerbsregeln nach § 24 GWB (Rn 2) sowie die Wettbewerbsrichtlinien von Verbänden, Berufsvertretungen, Vereinen und anderen Organisationen (Rn 5) haben für die Beurteilung der Lauterkeit der von ihnen geregelten geschäftlichen Handlungen nach der Rechtsprechung nur eine **indizielle Bedeutung** (Rn 9). Wettbewerbsregeln und Wettbewerbsrichtlinien sind aber auch **Verhaltenskodizes** im Sinne von § 2 Abs 1 Nr 5 UWG 2008 und Artikel 2 lit f der Richtlinie 2005/29/EG über unlautere Geschäftspraktiken (Rn 6). Unwahre oder sonstige zur Täuschung geeignete Angaben über die Einhaltung eines Verhaltenskodex, auf den sich der Unternehmer verbindlich verpflichtet hat, sind eine **unlautere Irreführung** nach § 5 Abs 1 Satz 2 Nr 6 UWG, wenn der Unternehmer auf diese Bindung hinweist (Rn 15). Die **unwahre Angabe** eines Unternehmers gegenüber Verbrauchern, zu **den Unterzeichnern eines Verhaltenskodex zu gehören**, ist stets nach Nr 1 des Anhangs zu § 3 Abs 3 UWG unlauter (Rn 16), ebenso wie die **unwahre Angabe ein Verhaltenskodex sei von einer öffentlichen oder einer anderen Stelle gebilligt** gegenüber Verbrauchern per se nach Nr 3 des Anhangs zu § 3 Abs 3 UWG unzulässig ist (Rn 17). Auch wenn Wettbewerbsregeln und Wettbewerbsrichtlinien für die Beurteilung der Lauterkeit nach der derzeitigen Rechtsprechung außerhalb der Black-List des Anhangs zu § 3 Abs 3 UWG für die Beurteilung der Lauterkeit nur eine indizielle Bedeutung haben, ist offen, ob und inwieweit sich an ihrer Gewichtung und Bedeutung als Indiz dadurch etwas geändert hat, dass sie als Verhaltenskodizes durch die UGP-Richtlinie Eingang in das UWG gefunden haben und damit möglicherweise Bedeutung erlangen im Zusammenhang mit dem Merkmal der *„fachlichen Sorgfalt"* des § 3 Abs 2 UWG und mit der fachlichen Sorgfalt zusammenhängenden *„Marktgepflogenheiten"* im Sinne von § 2 Abs 1 Nr 7 UWG (Rn 12).

1

2. Wettbewerbsregeln

Für den Vertrieb von abonnierbaren Tages- und Wochenzeitungen hat der Bundesverband Deutscher Zeitungsverleger **(BDZV) Wettbewerbsregeln** aufgestellt (siehe

2

BT Abo-Werbung Abonnementwerbung

Rn 121f.). Es handelt sich hierbei um Wettbewerbsregeln im Sinne von § 24 GWB. Sie beinhalten Verhaltensregeln der Zeitungsverlage für die Vertriebswerbung. So befassen sie sich mit Grundsätzen für die Auswahl und Beschäftigung von Laienwerbern, dem Abwerben von Mitarbeitern konkurrierender Unternehmen, der kostenlosen oder verbilligten Lieferung von Werbeexemplaren, der Zulässigkeit von Freiexemplaren und von Vorzugspreisen, mit Nachsendekosten, Zugaben und der Aussetzung von Sachprämien für Laienwerber. Für den Vertrieb von abonnierbaren Publikumszeitschriften hat der Verband Deutscher Zeitschriftenverleger (**VDZ**) **Wettbewerbsregeln** aufgestellt (siehe Rn 129ff.). Für die Zusammenarbeit mit Außendienstmitarbeitern bei der Werbung von Zeitschriftenabonnements und Mitgliedern in Buch- und Schallplattengemeinschaften bestehen entsprechende Wettbewerbsregeln der Arbeitsgemeinschaft Abonnementwerbung e. V. (**AGA-Wettbewerbsregeln,** die am 2.9.1982 in das Register für Wettbewerbsregeln eingetragen und im Bundesanzeiger Nr 235 vom 17.12.1982 bekannt gemacht wurden; siehe Rn 140ff.).

Gem § 24 GWB können Wirtschafts- und Berufsvereinigungen für ihren Bereich Wettbewerbsregeln aufstellen. Wettbewerbsregeln sind gem § 24 Abs 2 GWB Bestimmungen, die das Verhalten von Unternehmen im Wettbewerb regeln zu dem Zweck, einem den Grundsätzen des lauteren oder der Wirksamkeit eines leistungsgerechten Wettbewerbs zuwiderlaufenden Verhalten im Wettbewerb entgegenzuwirken und ein diesen Grundsätzen entsprechendes Verhalten im Wettbewerb anzuregen (§ 24 Abs 2 GWB). § 24 Abs 2 GWB gestattet Lauterkeitsregeln und Leistungswettbewerbsregeln. **Lauterkeitsregeln** haben den Zweck, einem den Grundsätzen des *lauteren* Wettbewerbs zuwiderlaufenden Verhalten im Wettbewerb entgegenzuwirken. Ein den Grundsätzen des lauteren Wettbewerbs im Sinne von § 24 Abs 2 GWB zuwiderlaufend ist dabei unlauteres Verhalten im Sinne des UWG (*Sack* in: L/M/R § 24 Rn 32). Lauterkeitsregeln können aber auch solche Wettbewerbshandlungen untersagen, die zwar grundsätzlich im Sinne des UWG lauter sind, die aber bspw. wegen typischer Besonderheiten in dem Wirtschaftsverband, der die Wettbewerbsregeln aufstellt, eine Tendenz zur Unlauterkeit haben. Verbote in Lauterkeitsregeln im Sinne von § 24 Abs 2 GWB können somit das UWG für eine bestimmte Branche konkretisieren. **Leistungswettbewerbsregeln** haben den Zweck, einem den Grundsätzen der Wirksamkeit eines *leistungsgerechten* Wettbewerbszuwiderlaufenden Verhalten im Wettbewerb entgegenzuwirken. Dabei ist der Begriff des Leistungswettbewerbs nach herrschender Meinung nicht lauterkeitsrechtlich, sondern *spezifisch kartellrechtlich* zu interpretieren (*Sack* in: L/M/R/Kartellrecht, § 24 Rn 58 mwN). Schutzgegenstand von Leistungswettbewerbsregeln ist deshalb die Institution eines funktionsfähigen Wettbewerbs, der die ihm zukommende Aufgabe innerhalb der Wirtschaftspolitik erfüllen soll. Deshalb müssen Leistungswettbewerbsregeln weder unmittelbar noch mittelbar einen Lauterkeitsbezug aufweisen. Dies bestätigt auch die Begründung zum Regierungsentwurf zur 2. GWB-Novelle von 1973, wonach der Ausdruck „*lauterer Wettbewerb*" in erster Linie ein zivilrechtlicher, dem Individualschutz zugeordneter Begriff sei, der Ausdruck „*leistungsgerechter Wettbewerb*" dagegen ein politischer, auf Institutionsschutz gerichteter Begriff. Zudem nennt der Regierungsentwurf zur 2. GWB Novelle, die die Leistungswettbewerbsregeln in das GWB einführte, als möglichen Zweck von Leistungswettbewerbsregeln einer Gefährdung des Wettbewerbs durch Marktmacht entgegenzuwirken oder „kleineren und mittleren Unternehmen dabei helfen, Wettbewerbspraktiken entgegenzuwirken, die dem Gedanken des Leistungswettbewerbs zuwiderlaufen (*Sack* aaO § 24 GWB Rn 58ff. nwN). Sowohl Lauterkeitsregeln als auch Leistungswettbewerbsregeln können nicht nur bezwecken, einem bestimmten Verhalten entgegenzuwirken; sie können auch in den genannten Grundsätzen entsprechendes Verhalten anregen, also es empfiehlt, wenn es zur Lauterkeit oder zur Wirksamkeit eines leistungsgerechten Wettbewerbs beiträgt. Eine normative Wirkung haben Wettbewerbsregeln jedoch nicht (vgl Rn 8). Früher wurden Wettbewerbsregeln auf Antrag in das Register für Wettbewerbsregeln eingetragen. Seit 1985 ist dieses Eintragungsverfahren durch ein Anerkennungsver-

I. Wettbewerbsregeln und Wettbewerbsrichtlinien **Abo-Werbung BT**

fahren ersetzt worden. Es gibt kein Register mehr, weshalb Auskünfte nicht mehr aus dem Register, sondern nach § 27 Abs 5 GWB aus den Akten des Anerkennungsverfahrens erteilt werden, wenn die anerkannte Wettbewerbsregel nicht gem. § 27 Abs 1 GWB im Bundesanzeiger veröffentlicht wurde. Die Veröffentlichung im elektronischen Bundesanzeiger (www.ebundesanzeiger.de) ist seit 2012 entfallen.

Wettbewerbsregeln geben auf Grund ihrer Eintragung in das Register oder Anerkennung noch keine vertraglich durchsetzbaren Unterlassungsansprüche. Vielmehr erlangen Wettbewerbsregeln erst durch eine entsprechende Vereinbarung mit den **Verbandsmitgliedern** Verbindlichkeit (*Sack* WRP 2001, 595 mwN). Dies kann durch eine Verbandssatzung geschehen, die Wettbewerbsregeln für verbindlich erklärt oder durch einen mehrheitlichen Verbandsbeschluss auf Grund einer entsprechenden Verbandssatzung (*Sack* WRP 2001, 595 mwN; *Mees* GRUR 1981, 878). Dann sind sie verbindlich (nur) im Verhältnis zwischen den Verbandsmitgliedern. 3

Gegenüber solchen Unternehmen, die dem Verband nicht angehören sowie gegenüber denjenigen Verbandsmitgliedern, mit denen keine Verbindlichkeit der Wettbewerbsregeln vereinbart wurde (sog **Außenseiter**), haben die Wettbewerbsregeln keine verbindliche Wirkung (BGH GRUR 1994, 219 – Warnhinweis). Der Verstoß eines Außenseiters gegen die Wettbewerbsregeln führt daher nicht automatisch zur Wettbewerbswidrigkeit. Aber selbst bei vertraglich gebundenen Verbandsmitgliedern ist eine Wettbewerbshandlung nicht schon deshalb unlauter im Sinne von § 3 UWG, weil sie gegen Wettbewerbsregeln verstößt. Ob eine unlautere Wettbewerbshandlung vorliegt, entscheiden allein die Gerichte grundsätzlich unabhängig davon, ob ein Verhalten gegen eine eingetragene oder anerkannte Wettbewerbsregel verstößt oder nicht (Rn 8). 4

3. Wettbewerbsrichtlinien

Die Wettbewerbsregeln im Sinne von § 24 GWB unterscheiden sich rechtstechnisch von den nicht ins Register eingetragenen oder anerkannten **Wettbewerbsrichtlinien** und anderen standesrechtlichen Werbecodices von Verbänden, Berufsvertretungen, Vereinen und anderen Organisationen dadurch, dass bei ihnen der Einwand der Kartellrechtswidrigkeit ausgeschlossen ist (OLG Hamm WRP 1979, 144). Dagegen können nicht eingetragene oder nicht anerkannte Regeln auch eine besonders strenge Standesauffassung wiedergeben, ein Bemühen um vorbeugenden Schutz des lauteren Wettbewerbs, ggf sogar auch einen Versuch, den Wettbewerb zu beschränken mit der Folge, dass möglicherweise ein Fall vorliegt, in dem der nicht eingetragene Wettbewerbskodex die Freiheit des Wettbewerbs in einem Umfang beschränkt, der durch das Gebot der Lauterkeit des Wettbewerbs nicht gefordert wird (BGH NJW-RR 2002, 1193 – Mietwagenkostenersatz; BGH NJW-RR 1991, 809 – Wettbewerbsrichtlinien der Privatwirtschaft; BGH NJW 1999, 2444 – Standesrichtlinien). Auch für Wettbewerbsrichtlinien gilt, dass alleine die Gerichte darüber entscheiden, ob ein Verstoß gegen § 3 UWG vorliegt grundsätzlich ohne Rücksicht darauf, ob das fragliche Verhalten gegen eine Wettbewerbsrichtlinie verstößt oder nicht. Zu den für die Presse wichtigsten Wettbewerbsrichtlinien zählen die ZAW-Richtlinien für redaktionell gestaltete Anzeigen (abgedruckt bei *Köhler/Bornkamm* Anh III Sonstige Rechtsquellen Ziff 18), die Richtlinien der Verlegerorganisationen für redaktionelle Hinweise in Zeitungen und Zeitschriften sowie der Pressekodex des Deutschen Presserats (vgl Kap *StandesR* Anh. A). 5

4. Verhaltenscodices

Der Begriff **Verhaltenskodex** (Code of Conduct) war den Regelungen des UWG bislangunbekannt. Er wurde durch die Richtlinie 2005/29/EG des Europäischen Parlaments und des Rates vom 11.5.2005 über unlautere Geschäftspraktiken im Binnenmarkt im internen Geschäftsverkehr zwischen Unternehmen und Verbrauchern, der *UGP-Richtlinie* (UGP-RL) eingeführt und machte seine Definition im UWG 6

BT Abo-Werbung

Abonnementwerbung

erforderlich. § 2 Abs 2 Nr 5 UWG definiert Verhaltenscodices als *„Vereinbarungen oder Vorschriften über das Verhalten von Unternehmern, zu welchem diese sich in Bezug auf Wirtschaftszweige oder einzelne geschäftliche Handlungen verpflichtet haben, ohne dass sich solche Verpflichtungen aus Gesetzes- oder Verwaltungsvorschriften ergeben*. Dies entspricht dem dadurch umgesetzten Artikel 2 lit f der UGP-RL, wonach ein Verhaltenskodex eine Vereinbarung oder ein Vorschriftenkatalog ist, die – bzw der nicht – durch die Rechts- und Verwaltungsvorschriften eines Mitgliedstaates vorgeschrieben ist und das Verhalten der Gewerbetreibenden definiert, die sich in Bezug auf eine oder mehrere spezielle Geschäftspraktiken oder Wirtschaftszweige auf diesen Kodex verpflichten. Die Funktion der Verhaltenscodices besteht nach Erwägungsgrund 20 S 1 der UGP-RL darin, es den Gewerbetreibenden zu ermöglichen, die Grundsätze dieser Richtlinie in spezifischen Wirtschaftsbranchen wirksam anzuwenden, also die Anforderungen der Richtlinie an lauteres geschäftliches Handeln branchenspezifisch zu verdeutlichen und zu konkretisieren (Bornkamm/Köhler/*Köhler* § 2 UWG Rn 113). Dies gilt insbesondere für die Konkretisierung der *beruflichen Sorgfalt* anhand der für bestimmte Branchen geltenden *„zwingenden Vorschriften ..."* die das Verhalten von Gewerbetreibenden regeln (Erwägungsgrund 20 S 2 UGP-RL). Nach Artikel 3 VIII UGP-RL sind sogar strengere berufsständische Verhaltenscodices oder andere für spezifische Regeln reglementierte Berufe zulässig. Verhaltenscodices können somit auch bestehende lauterkeitsrechtliche Rechtsvorschriften wiederholen, um entsprechende *vertragliche* Sanktionen von Verstößen zu ermöglichen (Köhler/Bornkamm/ *Köhler* § 2 UGW Rn 113 und *Dreyer* WRP 2007, 1294, 1297).

7   Ein Verhaltenskodex ist eine Vereinbarung, in der sich Unternehmen auf bestimmte Verhaltensweisen oder auf das Unterlassen von bestimmten Verhaltensweisen einigen (Köhler/Bornkamm/*Bornkamm* § 5 UGW Rn 5.163). Zwischen Verhaltenscodices und den Wettbewerbsregeln im Sinne von § 24 GWB besteht kein wesentlicher Unterschied. Typischerweise handelt es sich bei Verhaltenscodices um besondere Erscheinungsformen der in §§ 24ff. GWB geregelten Wettbewerbsregeln (Köhler/ Bornkamm/*Köhler* § 2 UWG Rn 114, 115). Die **Wettbewerbsregeln des Bundesverbandes Deutscher Zeitungsverleger e. V. (BDZV) für den Vertrieb von abonnierbaren Tages- und Wochenzeitungen** (Rn 121 ff.), die **Wettbewerbsregeln des Verbands Deutscher Zeitschriftenverleger (VDZ) für den Vertrieb von abonnierbaren Publikumszeitschriften** (Rn 129 ff.) und die **Wettbewerbsregeln der Arbeitsgemeinschaft Abonnenten-Werbung (AGA)** (Rn 140 ff.) **sind nicht nur Wettbewerbsregeln im Sinne von §§ 24 ff. GWB, sondern vor allem auch Verhaltenscodices im Sinne von § 2 Abs 1 Nr 5 UWG.** Weitere für die Medienbranche interessierende Verhaltenscodices sind die *ZAW-Richtlinie für redaktionell gestaltete Anzeigen* des Zentralverbands der Deutschen Werbewirtschaft e. V. (ZAW www.zaw.de und www.werberat.de), die *Richtlinien für die publizistische Arbeit nach den Empfehlungen des Deutschen Presserats (Pressekodex)*, Regelungen der *freiwilligen Selbstkontrolle* Film (FSK)) *Verhaltenskodex* für *Telefon-Mehrwertdienste* der freiwilligen Selbstkontrolle *Telefon- und Mehrwertdienste e. V., Verhaltenskodex freiwillige Selbstkontrolle Multimedia Diensteanbieter e. V.,* die *Prüfordnung der freiwilligen Selbstkontrolle Fernsehen e. V.* (PrO-FSF) der freiwilligen Selbstkontrolle Fernsehen e. V., *Grundsätze der freiwilligen Selbstkontrolle der Filmwirtschaft GmbH (FSK), Richtlinien der internationalen Handelskammer ICC zur interaktiven Marketing-Kommunikation im Internet* des ICC Deutschland e. V. sowie verschiedene *Verhaltensregeln* und *Verlautbarungen des Deutschen Werberates* ua zur Werbung mit Politikern, zur Herabwürdigung und Diskriminierung von Personen, über die kommerzielle Kommunikation für alkoholhaltige Getränke sowie zu Werbung mit unfallrisikanten Bildmotiven ICC-Marketing- und Werbekodex). Dagegen ist der von einer Regierungskommission erarbeitete *deutsche Corporate Governance Kodex*, der die wesentlichen gesetzlichen Vorschriften zur Leistung und Überwachung deutscher börsennotierter Gesellschaften darstellt sowie international und national anerkannte Standards guter und verantwortungsvoller Unternehmensführung, kein Verhaltenskodex im Sinne von § 2 Abs 1 Nr 5, weil ihm keine Vereinbarung von

I. Wettbewerbsregeln und Wettbewerbsrichtlinien **Abo-Werbung BT**

Unternehmen zugrunde liegt (Köhler/Bornkamm/*Bornkamm* § 5 UWG Rn 1.563 und Köhler/Bornkamm/*Köhler* § 2 UWG Rn 113).

5. Wettbewerbsregeln und -richtlinien im Verhältnis zum UWG

a) § 3 UWG

Die Wirkung der Anerkennung einer **Wettbewerbsregel** ist auf das Kartellrecht 8 beschränkt. Die Anerkennung der Wettbewerbsregeln durch das Bundeskartellamt verleiht ihnen keine normative Wirkung, sondern schließt nur ein kartellrechtliches Verfahren gegen den Verband aus (BGH NJW 2006, 2629 – Probeabonnement; BGH Urteil vom 7.2.2006 KRZ 39/03 – Mini-Abo und Urteil vom 7.2.2006 KZR 27/05 – Schlagerschätzchen, vgl Rn 91 ff.). Sie bewirken lediglich eine Selbstbindung der Kartellbehörden nach § 26 Abs 1 Satz 2 GWB, die bei unveränderter Sachlage die Verabschiedung von ihr anerkannter Wettbewerbsregeln nicht mehr als Kartellverstoß nach § 1 GWB verfolgen kann (BGH NJW 2006, 2629 Rn 20 – Probeabonnement). **Wettbewerbsregeln fehlt für eine Rechtsnormqualität die normative Verbindlichkeit** (BGH NJW-RR 2009, 1650 Rn 20. Versicherungsberater zu den Wettbewerbsrichtlinien der Versicherungswirtschaft), die einen Eingriff in die Berufsfreiheit nach Artikel 12 GG rechtfertigen könnte. Das Bundesverfassungsgericht hat zu den Standesrichtlinien der Rechtsanwälte entschieden, dass – wenn ein Eingriff in die Berufsausübungsfreiheit nach Artikel 12 GG in Rede steht – derartige, ohne gesetzliche Grundlage festgelegte Richtlinien nicht als Hilfsmittel zur Auslegung und Konkretisierung der Generalklausel des § 43 BRAO herangezogen werden dürfen (BVerfG NJW 1988, 191). Diese Grundsätze geltend auch dann, wenn die Wettbewerbsregeln, denen ebenfalls keine Gesetzesqualität zukommt, zur Ausfüllung der wettbewerbsrechtlichen Generalklausel des § 3 UWG und zur Konkretisierung unbestimmter Rechtsbegriffe herangezogen würden (BGH NJW 2006, 26 29 Rn 21 – Probeabonnement). Aus diesem verfassungsrechtichen Gründen dürfen auch Wettbewerbsrichtlinien und andere Regelwerke, denen keine Gesetzesqualität zukommt, nicht zur Ausfüllung der wettbewerbsrechtlichen Generalklausel herangezogen werden (BGH GRUR 2011, 431, 432 Rn 14 – FSA-Kodex zur Regelung von Geschenken an Ärzte durch die Pharmaunternehmen im „FS Arzneimittelindustrie-Kodex" des Verbandes forschender Arzneimittelhersteller). Ein Verhalten, welches gegen einen Verhaltenskodex eines Unternehmensverbandes verstößt, stellt nicht bereits deshalb eine unerlaubte geschäftliche Handlung im Sinne von § 3 Abs 1 UWG dar (BGH GRUR 2011, 431 Rn 13 ff. – FSA-Kodex).

Für die Frage, ob ein bestimmtes Verhalten als unlauter zu beurteilen ist, haben 9 Wettbewerbsregeln heute nur noch eine begrenzte Bedeutung. Während in der Vergangenheit für die Frage der Unlauterkeit maßgeblich auf das Anstandsgefühl des verständigen Durchschnittsgewerbetreibenden (BGHZ 81, 291, 296 – Bäcker-Fachzeitschrift) sowie auf die Verkehrssitte und damit auf die im Verkehr herrschende tatsächliche Übung abgestellt wurde (BGH GRUR 1965, 315, 316 – Werbewagen), besteht heute Einigkeit, dass der Wettbewerb in bedenklicher Weise beschränkt würde, wenn das Übliche zur Norm erhoben würde (BGH NJW 2006, 2629 Rn 19 – Probeabonnement). **Wettbewerbsregeln können daher allenfalls eine indizielle Bedeutung für die Frage der Unlauterkeit haben** (BGH NJW 2006, 2629 Rn 19 – BGH GRUR 1991, 462, 463 – Wettbewerbsrichtlinien der Privatwirtschaft), ein Indiz dafür sein, welches Wettbewerbsverhalten nach Auffassung der beteiligten Verkehrskreise als unlauter anzusehen ist (BGH NJW-RR 2007, 36 Rn 17 – Warnhinweis II; BGH NJW 2006, 2926 Rn 19 – Probeabonnement; BGH NJW 1999, 2444 – Standesrichtlinien; BGH NJW-RR 1991, 809 – Wettbewerbsrichtlinien der Privatwirtschaft; OLG Düsseldorf AfP 2004, 274; OLG Hamburg AfP 2004, 129; LG Stuttgart AfP 2004, 580; LG Hamburg zur Zulässigkeit eines 4-wöchigen Probeabos einer Tageszeitung mit 50% bzw. 60% Ermäßigung nach den

BT Abo-Werbung

Abonnementwerbung

Wettbewerbsregeln des BDZV; LG Konstanz AfP 2002, 449). Da es sich bei Wettbewerbsregeln um Empfehlungen ohne normative Wirkungen handelt (vgl Rn 2 und Rn 95), erübrigt sich im Einzelfall nicht die Prüfung, ob das fragliche Verhalten tatsächlich nach § 3 UWG wettbewerbswidrig ist (BGH NJW 1999, 2444 – Standesrichtlinien; BGH GRUR 1994, 219 – Warnhinweis; BGH NJW-RR 1991, 809 – Wettbewerbsrichtlinien der Privatwirtschaft; LG Stuttgart zur Zulässigkeit eines 4-wöchigen Kurz-Abos einer Tageszeitung zum halben Preis nach den Wettbewerbsregeln des BDZV; OLG Hamm GRUR 1990, 692 und WRP 1979, 144 zur Probelieferung gem IV.2 der Wettbewerbsregeln des BDZV; OLG Hamm AfP 1985, 210 zur Anwendung der ZAW-Richtlinien auf Supplements; OLG Thüringen AfP 1995, 418 zu Prämien für Laienwerber nach den BDZV-Wettbewerbsregeln). Dabei ist auch zu prüfen, ob und inwieweit solche Wettbewerbsregeln und -richtlinien (noch) geltendem Standesrecht entsprechen (OLG Hamm AfP 1985, 210). Das Erfordernis der Prüfung trotz Indizwirkung gilt auch für Wettbewerbsregeln iSv § 24 GWB. Zwar sind Wettbewerbsregeln gem § 26 Abs 2 GWB nur anerkennungsfähig, soweit sie nicht Bestimmungen des UWG verletzen. Anerkannte Wettbewerbsregeln sind daher ein gewichtiges Indiz dafür, dass von ihnen zugelassene Wettbewerbshandlungen nicht gegen das UWG verstoßen, zumal der entsprechenden Prüfung durch das BKartA ein Anhörungsverfahren vorgeschaltet ist, in welchem die betroffenen Wirtschaftskreise, Verbraucherzentralen und andere Verbraucherverbände Stellung nehmen können (§ 25 GWB). **Die Übereinstimmung mit Wettbewerbsregeln bedeutet daher in der Regel die wettbewerbsrechtliche Zulässigkeit einer Werbemaßnahme, ein Verstoß gegen Wettbewerbsregeln oder dort nicht vorgesehene Wettbewerbshandlungen oder deren Konditionen aber nicht eine Unlauterkeit der Werbemaßnahme.** Trotz der „kartellbehördlichen Vorprüfung" ist bei Wettbewerbshandlungen, die gegen anerkannte Wettbewerbsregeln verstoßen nur von einer Indizwirkung auszugehen. Gerade auch bei anerkannten Wettbewerbsregeln darf nicht übersehen werden, dass auch solche Wettbewerbsregeln kartellrechtlich anerkennungsfähig sind, die ein an sich erlaubtes Wettbewerbsverhalten untersagen, weil die zur Anerkennung vorgelegte Regelung hinter dem zurückbleibt, was wettbewerbsrechtlich zulässig wäre oder weil die fragliche Regelung einen Lauterkeitsbezug aufweist, indem sie Verhaltensweisen bekämpft, die zB eine Umgehung des UWG, bedenkliches Verhalten im Vorfeld der Unlauterkeit oder Übersteigerungen des Wettbewerbs darstellen und dadurch den „leistungsgerechten Wettbewerb" iSv § 24 Abs 2 GWB fördert (*Emmerich*, Kartellrecht § 11 Ziffer 3b). Hinzu kommt bei einer Messung von Wettbewerbsregeln an der wettbewerblichen Lauterkeit nach § 3 UWG, dass es häufig an der Einbeziehung der Verbraucherinteressen und den daraus resultierenden Einflüssen auf die inhaltliche Ausgestaltung solcher Wettbewerbsregeln fehlen dürfte, weil sie aus einer Zeit stammen, als die Verbraucherinteressen noch nicht im jetzigen Maße Gegenstand des Lauterkeitsrechts waren. Am kartellrechtlichen Anhörungsverfahren zur Anerkennung von Wettbewerbsregeln sind zwar auch Verbraucherzentralen und andere Verbraucherverbände zu beteiligen, wenn die Interessen der Verbraucher erheblich berührt sind. Deren Beteiligung wurde jedoch erst durch § 25 GWB mit der 7. GWB-Novelle vom 13.7.2005 verwirklicht. Dem könnte beispielsweise Bedeutung zukommen, soweit die Wettbewerbsregeln des BDZV und des VDZ Werbemaßnahmen verbieten, die nach dem erst nach ihrer Anerkennung im Juli 2005 in Kraft getretenen neuen UWG zulässig wären und deren Anerkennung als Wettbewerbsregeln nicht preisbindungsrechtlich begründet sind. **Der Verstoß einer geschäftlichen Handlung gegen anerkannte Wettbewerbsregeln wie diejenigen des BDZV oder des VDZ ist daher nur ein Indiz für deren Wettbewerbswidrigkeit. Die lauterkeitsrechtliche Beurteilung eines Verhaltens richtet sich immer abschließend nach dem UWG.** Das Unwerturteil eines Verstoßes gegen den lauteren Wettbewerb hängt dabei von den Umständen des Einzelfalls ab und lässt sich nicht schematisieren (OLG Hamburg AfP 2005, 180 – Probeabonnement).

I. Wettbewerbsregeln und Wettbewerbsrichtlinien

Erst recht gilt die bloße Indizwirkung für **Wettbewerbs- und Standesricht-** 10
linien. Regeln, die sich ein Verband oder ein sonstiger Zusammenschluss von Verkehrsbeteiligten gegeben hat, haben für die Frage, ob ein bestimmtes Verhalten als unlauter im Sinne von § 3 UWG zu beurteilen ist, nur eine begrenzte Bedeutung. Ihnen kann zwar unter Umständen entnommen werden, ob innerhalb der betroffenen Verkehrskreise eine bestimmte tatsächliche Übung herrscht. Aus dem Bestehen einer tatsächlichen Übung folgt aber noch nicht, dass ein von dieser Übung abweichendes Verhalten ohne weiteres als unlauter anzusehen ist. Der Wettbewerb würde in bedenklicher Weise beschränkt, wenn das Übliche zur Norm erhoben würde. Regelwerken von (Wettbewerbs-)Verbänden kann daher allenfalls eine indizielle Bedeutung für die Frage der Unlauterkeit zukommen, die aber eine abschließende Beurteilung anhand der sich aus den Bestimmungen des UWG ergebenden Wertungen nicht ersetzen kann (BGH GRUR 2011, 431, 432 Rn 13 – FSA-Kodex; BGH NJW 2006, 26, 29 Rn 19 – Probeabonnement). Entscheidend ist, ob das zu beurteilende Werbeverhalten vom Standpunkt der angesprochenen Verkehrskreise aus unlauter erscheint. Denn es ist zu berücksichtigen, dass in den Standesrichtlinien – ebenso wie in einer Wettbewerbsrichtlinie – auch eine besonders strenge Auffassung der beteiligten Berufskreise und ein Bemühen um vorbeugenden Schutz des lauteren Wettbewerbs ihren Niederschlag gefunden haben kann und dadurch möglicherweise die Freiheit des Wettbewerbs in einem Umfang beschränkt wird, der durch das Gebot der Lauterkeit des Wettbewerbs nicht erforderlich ist (BGH NJW-RR 2002, 1193 – Mietwagenkostenersatz; BGH NJW 1999, 2444 – Standesrichtlinien; BGH NJW-RR 1991, 809 – Wettbewerbsrichtlinien der Privatwirtschaft). Deshalb ist stets, wenn eine Standesrichtlinie ein bestimmtes Verhalten als wettbewerbsrechtlich unzulässig bezeichnet, zu prüfen, ob es auch vom Standpunkt der ebenfalls betroffenen Allgemeinheit aus als unlauter erscheint (BGH NJW-RR 2002, 1193 – Mietwagenkostenersatz; BGH NJW 1999, 2444 – Standesrichtlinien; BGH NJW-RR 1991, 809 – Wettbewerbsrichtlinien der Privatwirtschaft; OLG Hamm GRUR 1990, 692 zu den BDZV Wettbewerbsregeln).

Bei der Heranziehung von Verhaltenskodizes zur Konkretisierung des Begriffs der 11
Unlauterkeit nach § 3 Abs 1 UWG ist somit Zurückhaltung geboten (Ohly/*Sosnitza* § 3 UWG Rn 29 und § 2 UWG Rn 87). Sie können allenfalls indizielle Bedeutung für die Frage der Unlauterkeit haben, die aber eine abschließende Beurteilung anhand der sich aus den Bestimmungen des UWG ergebenden Wertungen nicht ersetzen kann (BGH GRUR 2011, 431 Rn 13 – FSK-Kodex). Selbst die Annahme einer (lediglich) indiziellen Bedeutung eines Verstoßes gegen selbst gesetzte Regeln eines Verbands für die Frage der Unlauterkeit kommt nur dann in Betracht, wenn sich die aus dem festgestellten Kodexverstoß abgeleitete Regelwidrigkeit des betreffenden Verhaltens gerade auch als eine wettbewerbsbezogene d. h. von den Schutzzwecken des Gesetzes gegen den unlauteren Wettbewerb (vgl § 1 UWG) erfasste Unzulässigkeit erweist. Denn es ist nicht Aufgabe des Lauterkeitsrechts, alle nur denkbaren Regelverstöße im Zusammenhang mit geschäftlichen Handlungen auch lauterkeitsrechtlich zu sanktionieren (BGH GRUR 2011, 431, 432 Rn 14 – FSA-Kodex; BGH GRUR 2010, 654 Rn 25 – Zweckbetrieb). Auch sind Verstöße gegen einen Verhaltenskodex, zu dem sich Verkehrsbeteiligte verpflichtet haben (vgl § 2 Abs 1 Nr 5 UWG), nicht bereits als solche unlauter (vgl § 3 Abs 2 Satz 1; § 5 Abs 1 Satz 2 Nr 6, Anhang zu § 3 Abs 3 Nr 1 und 3 UWG; BGH GRUR 2011, 431, 432 Rn 16 – FSA-Kodex). Die Gerichte sind deshalb nie davon entbunden, unabhängig von den jeweiligen Verhaltensregeln das konkrete Marktverhalten autonom und vor allem auch unter Einbeziehung der Interessen der sonstigen Marktteilnehmer und der Allgemeinheit auf seine Zulässigkeit hin zu untersuchen (Ohly/*Sosnitza* § 3 UWG Rn 29).

Auch wenn somit Wettbewerbsregeln nur eine indizielle Bedeutung für die Frage 12
der Unlauterkeit einer geschäftlichen Handlung von Verbandsmitgliedern und Außenseitern haben, ist noch völlig ungeklärt, ob und inwieweit sich an der Gewichtung

BT Abo-Werbung — Abonnementwerbung

der indiziellen Bedeutung von Wettbewerbsregeln durch die BGH-Rechtsprechung etwas dadurch geändert hat, dass sie als Verhaltenscodices durch die UGP-Richtlinie Eingang in das UWG gefunden haben. Denn § 3 Abs 2 UWG verlangt als ein die Unterlauterkeit einer geschäftlichen Handlung begründendes Merkmal einer Geschäftspraxis einen Verstoß gegen die „*fachliche Sorgfalt*". „*Fachliche Sorgfalt*" ist nach der Legal-Definition des § 2 Abs 1 Nr 7 UWG der Standard an Fachwissen und Sorgfalt, von dem billigerweise angenommen werden kann, dass ein Unternehmer ihn in seinem Tätigkeitsbereich gegenüber Verbrauchern nach Treu und Glauben „*unter Berücksichtigung der Marktgepflogenheiten*" einhält. Indizien für anständige Marktgeflogenheiten können jedoch gerade auch Verhaltenscodices sein, sofern sie kartellrechtlich unbedenklich sind (Köhler/Bornkamm/*Köhler* § 2 UWG 131). Ein solche Bedeutung legt Erwägungsgrund 20 der UGP-Richtlinie nahe, wonach die Funktion von Verhaltenscodices darin besteht, es den Gewerbetreibenden zu ermöglich, die Grundsätze der UGP-Richtlinie in spezifischen Wirtschaftsbranchen wirksam anzuwenden. In Branchen, in denen es spezifische *zwingende Vorschriften* gibt, die das Verhalten von Gewerbetreibenden regeln, sei es zweckmäßig, dass aus diesen auch die Anforderungen an die berufliche Sorgfalt in dieser Branche ersichtlich sind. Mit den *zwingenden Vorschriften* können nicht gesetzliche Normen gemeint sein, da es sich bei Verhaltenscodices definitionsgemäß gerade nicht um Verpflichtungen handelt, die sich aus Gesetz- oder Verwaltungsvorschriften ergeben (Artikel 2 lit f der UGP-Richtlinie). Mutmaßlich ist daher eine bindende Wirkung der Verhaltenscodices für die Gewerbetreibenden gemeint, die sich dem Kodex unterworfen haben.

b) § 4 Nr 11 UWG

13   Das bewusste und planmäßige Hinwegsetzen eines zur Einhaltung von Wettbewerbsregeln verpflichteten Verbandsmitglieds konnte gegenüber seinen gleichfalls gebundenen Wettbewerbern einen nach § 1 UWG aF sittenwidrigen Vorsprung durch Rechtsbruch darstellen, wenn die Wettbewerbsregel auch dazu bestimmt ist, im Interesse der Marktteilnehmer das Marktverhalten zu regeln (BGH GRUR 1993, 756 – Mild-Abkommen zu § 1 UWG aF). Der Vorsprung durch Rechtsbruch ist als Regelbeispiel der Unlauterkeit in § 4 Nr 11 UWG übernommen wurden. Dessen Tatbestand setzt jedoch voraus, dass gegen „gesetzliche Vorschriften" verstoßen wurde. Wettbewerbsregeln sind jedoch keine Rechtsnormen Auch Verhaltenskodizes im Sinne von § 2 Abs 1 Nr 5 UWG sind keine Rechtsnormen (BGH GRUR 2011, 431 Rn 11 – FSA-Kodex). Durch einen Verstoß gegen Wettbewerbsregeln, Wettbewerbsrichtlinien, Standesrecht oder andere Verhaltenscodices iSv § 2 Abs 1 Nr 5 UWG wird der Tatbestand des **§ 4 Nr 11 UWG** daher nicht erfüllt (*Köhler*/Bornkamm § 4 Nr 11 UWG Rn 11.30; *Fezer/Götting* §§ 4–11 UWG Rn 46).

c) Irreführende Werbung mit Verhaltenscodices

14   Das UWG befasst sich nicht explizit mit dem Inhalt von Verhaltenscodices unter lauterkeitsrechtlichen Gesichtspunkten und den Rechtsfolgen von Verstößen gegen solche Selbstverpflichtungen durch Unternehmen, mag der betroffene Unternehmer dem Kodex unterworfen sein oder nicht. Das UWG verbietet aber in drei Tatbeständen die durch Werbeangaben des Unternehmens hervorgerufenen Fehlvorstellungen über eingegangene oder bestehende Selbstverpflichtungen. Stets handelt es sich dabei um den Vorwurf der **Irreführung** durch das Unternehmen. So ist eine geschäftliche Handlung irreführend, wenn sie *unwahre oder sonstige zur Täuschung geeignete Angaben* enthält über die Einhaltung eines Verhaltenskodex, es auf den sich der Unternehmer verbindlich verpflichtet hat, wenn er auf diese Bindung hinweist (**§ 5 Abs 1 Satz 2 Nr 6 UWG** vgl dazu Rn 15). Der Tatbestand des § 5 Abs 1 Satz 2 Nr 6 UWG ist nur erfüllt, wenn die Interessen der Mitbewerber, Verbraucher oder sonstigen Marktteilnehmern durch die unwahre Behauptung des Werbenden spürbar beeinträchtigt werden (§ 3 Abs 1 oder für Verbraucher § 3 Abs 2 UWG). Dagegen liegt bei der tatbestandlichen Erfüllung der Black-List Nr 1 und 3 per se die Unzulässigkeit vor. **Gemäß Nr 1 des An-**

hangs zu § 3 Abs 3 UWG (Black-List) ist die *unwahre Angabe eines Unternehmers, zu den Unterzeichnern eines Verhaltenskodex es zu gehören* stets unlauter(vgl dazu Rn 16). **Nach Nr 3 des Anhangs zu § 3 Abs 3 UWG** (Black-List) ist die *unwahre Angabe, ein Verhaltenskodex sei von einer öffentlichen oder einer anderen Stelle gebilligt,* per se unzulässig (vgl dazu Rn 17). Bei den Tatbeständen der Black-List muss es sich um eine ausdrückliche Behauptung des Werbenden handeln. Es reicht nicht aus, wenn nur unterschwellig der Eindruck erweckt wird, das werbende Unternehmen würde zu den Unterzeichnern eines Verhaltenskodex gehören oder der Verhaltenskodex sei von einer öffentlichen oder privaten Stelle gebilligt oder anerkannt (Köhler/Bornkamm/ Anh zu § 3 Abs 3 UWG Rn 1.4 und 3.3). Bei der irreführenden Werbung über die Einhaltung eines bindenden Verhaltenskodex im Sinne von § 5 Abs 1 Satz 2 Nr 6 UWG genügt dagegen zur Bejahung der Irreführungsgefahr wie in den anderen Fällen des § 5 UWG der bei den angesprochenen Verkehrskreise erweckte Eindruck, da es auf das Verkehrsverständnis ankommt und nach dem Wortlaut des Tatbestands eine zur Täuschung geeignete Angabe auch im Falle des § 5 Abs 1 Satz 2 Nr 6 UWG genügt. Es ist daher ausreichend, wenn lediglich unterschwellig der Eindruck erweckt wird, das Unternehmen gehöre zur den Unterzeichnern des Verhaltenskodex, so dass auch eine zwischen den Zeilen gemachte, aber eben nicht ausdrückliche unwahre Äußerung sowie die konkludente Behauptung vom Irreführungsverbot erfasst wird (Köhler/ Bornkamm/Anh zu § 3 Abs 3 UWG Rn 1.4).

Eine unlautere, irreführende geschäftliche Handlung liegt gemäß **§ 5 Abs 1 Satz 2 Nr 6 UWG** vor, wenn sie unwahre oder sonstige zur Täuschung geeignete Angaben enthält *„über die Einhaltung eines Verhaltenskodex, auf den sich der Unternehmer verbindlich verpflichtet hat, wenn er auf diese Bindung hinweist".* Die Vorschrift schützt das Vertrauen des Verkehrs in die Einhaltung der Verpflichtungen aus Verhaltenscodices, auf deren Bindung die Unternehmen hingewiesen haben. Eine Verletzung des § 5 Abs 1 Satz 2 Nr 6 UWG setzt deshalb voraus, dass der Unternehmer auf seine Bindung an den Kodex hingewiesen hat. Ob dieser Hinweis freiwillig, zu Zwecken der Werbung oder – wie bei Verträgen im elektronischen Geschäftsverkehr nach EG 246a § 1 nF im Rahmen einer Hinweispflicht erfolgt, ist irrelevant. Der Unternehmer muss an den Verhaltenskodex tatsächlich gebunden sein, sich also zu dessen Einhaltung verbindlich verpflichtet haben. Dies setzt die Bindung an einen Verhaltenskodex im Sinne von § 2 Abs 1 Nr 5 UWG voraus, nach dessen Legaldefinition es sich bei einem Verhaltenskodex um „Vereinbarungen oder Vorschriften über das Verhalten von Unternehmern handelt, wenn sich die Unternehmer in Bezug auf einzelne geschäftliche Handlungen oder Wirtschaftszweige *auf einen solchen Kodex verpflichtet haben".* Die Unlauterkeit nach § 5 Abs 5 Satz 2 Nr 6 UWG fordert eine spürbare Beeinträchtigung nach § 3 Abs 1 und 2 UWG. Ein relevanter Irrtum liegt vor, wenn die Fehlvorstellung des Verkehrs, der Unternehmer werde of der von ihm behaupteten Bindung an den Verhaltenskodex nachkommen, geeignet ist, die geschäftliche Entscheidung zu beeinflussen.

Per se unlauter ist nach Nr **1 des Anh. zu § 3 Abs 3 UWG** *„die unwahre Angabe eines Unternehmers, zu den Unterzeichnern eines Verhaltenskodexes zu gehören".* Die Unterlauterkeit setzt voraus, dass die Behauptung gegenüber Verbrauchern erfolgt. Zudem muss es sich um eine ausdrückliche Behauptung handeln. Das bloße Erwecken eines entsprechenden Eindrucks genügt nicht. Es muss sich um einen Verhaltenskodex im Sinne von § 2 Abs 1 Nr 5 UWG handeln, der sich auf die Lauterkeit des geschäftlichen Handelns bezieht. Wenn der Unternehmer behauptet, den Verhaltenskodex unterzeichnet zu haben, impliziert dies bei den Verbrauchern, dass er auch die Vorschriften des Verhaltenskodex einhält. Denn ebenso wie bei einem Hinweis auf bestimmten Normen erwartet dies der Verkehr (BGH GRUR 1992, 117 – IEC Publikation; BGH GRUR 1985, 973 – DIN 2093; Ohly/*Sosnitza* Anhang zu § 3 Abs 3 UWG Rn 7).

Stets unlauter ist gemäß Nr **3 des Anh zu § 3 Abs 3 UWG** auch die gegenüber einem Verbraucher gemachte *„unwahre Angabe, ein Verhaltenskodex sei von einer öffent-*

BT Abo-Werbung

Abonnementwerbung

lichen oder einer anderen Stelle gebilligt". Auch hier muss es sich um einen Verhaltenskodex im Sinne von § 2 Abs 1 Nr 5 UWG handeln. Auch der Tatbestand der Black-List Nr 3 setzt voraus, dass es sich um eine ausdrückliche Behauptung handelt; auch hier reicht es nicht aus, wenn nur unterschwellig der Eindruck erweckt wird, der Verhaltenskodex sei von einer öffentlichen oder privaten Stelle gebilligt und anerkannt (Köhler/Bornkamm Anh zu § 3 Abs 3 UWG Rn 3.3). Unzulässig ist die unzutreffende Behauptung des Unternehmers, der Kodex sei von einer öffentlichen oder anderen Stelle *„gebilligt"*. Gleichbedeutend ist die *Anerkennung* oder das *Gutheißen* des Kodex durch die vom Werbenden genannte Stelle. Beispiel für die Anerkennung eines Verhaltenskodex ist die Anerkennung einer Wettbewerbsregel durch das Bundeskartellamt nach §§ 24ff. GWB. Der aus der UGP-RL in Nr 3 der Black-List übernommene Begriff *„öffentliche oder andere Stellen"* erfasst sämtliche Dritte, von denen der Unternehmer behauptet, diese hätten den Verhaltenskodex gebilligt, einschließlich natürliche Personen in ihrer Eigenschaft als Funktionsträger, zB der Minister für Verbraucherschutz (Büscher/Dittmer/Schiwy/*Koch* I. Kapitel 7 Anhang zu § 3 Abs 3 UWG Rn 20). Darauf, ob die unwahre Angabe, ein Verhaltenskodex sei von einer öffentlichen oder anderen Stelle gebilligt, für das Verhaltens des Verbrauchers relevant ist, kommt es nicht an. Denn es handelt um ein per-se-Verbot der Black-List.

II. Unlautere Praktiken der Bezieherwerbung

1. Zusenden unbestellter Ware

18   Das Zusenden nicht bestellter Ware mit Zahlungsaufforderung wurde schon immer als ein Fall der sogenannten *anreißerischen Werbung* als wettbewerbswidrig nach § 1 UWG aF beurteilt (BGH NJW 1965, 1662 – Indicator mwN). Diese lästige Methode der Absatzförderung verlor jedenfalls gegenüber Verbrauchern erheblich an Attraktivität, als der Gesetzgeber im Zuge der Umsetzung der Fernabsatz-Richtlinie mit **§ 241a BGB** eine Norm einführte, die es dem ungewollt belieferten Verbraucher im Ergebnis erlaubte, mit der ihm ohne Bestellung zugesandten Ware zu machen, was er will und dadurch für den Versender die Gefahr eines wirtschaftlichen Totalschadens birgt (vgl Rn 19). Neben diese bürgerrechtlichen Schutzvorschriften des Verbrauchers treten die lauterkeitsrechtlichen Regelungen des heutigen UWG. Danach kann das Zusenden von Gratisexemplaren einer Zeitung oder Zeitschrift zur Bezieherwerbung gegen Nr **29 des Anhangs zu § 3 Abs 3 UWG** verstoßen, wonach es stets unlauter ist, einen Verbraucher zur Bezahlung oder zur Rücksendung oder Aufbewahrung von Produkten aufzufordern, die der Gewerbetreibende geliefert, der Verbraucher aber nicht bestellt hat (dazu Rn 20). Nicht erfasst vom per-se-Verbot der Nr 29 der Black-List ist jedoch der Fall der unbestellten Lieferung oder Leistung *ohne* eine Aufforderung an den Verbraucher zur Bezahlung oder zur Rücksendung oder Verwahrung der gelieferten Produkte. Auch Lieferungen und Leistungen an andere als Verbraucher wie zB an Unternehmer fallen – mit oder ohne Zahlungsaufforderung, Aufforderung zur Rücksendung oder Verwahrung – nicht unter die Verbote von Nr 29 der Black-List. In diesen Fällen kann jedoch durch das Zusenden nicht bestellter Ausgaben eine Unlauterkeit unter dem Gesichtspunkt der **Belästigung durch das Zusenden unbestellter Ware** in Betracht kommen (dazu Rn 21ff.). Für den Begriff des *Verbrauchers* gilt gemäß § 2 Abs 2 UWG die Definition des § 13 BGB. Verbraucher ist demnach jede natürliche Person, die ein Rechtsgeschäft zu einem Zweck abschließt, der weder ihrer gewerblichen noch ihrer selbstständigen beruflichen Tätigkeit zugerechnet werden kann. Ein Angehöriger der freien Berufe ist daher kein Verbraucher, wenn ihm unaufgefordert Fachpublikationen zugesandt werden.

19   Liefert ein Unternehmer unbestellte Ware an einen Verbraucher, werden dadurch gem **§ 241a BGB** gegenüber dem Verbraucher keine Ansprüche begründet, also weder Zahlungsansprüche noch Herausgabe- oder Schadensersatzansprüche. Die

Zusendung der Ware stellt ein Angebot zu deren Erwerb dar. Das Schweigen auf das Angebot bedeutet jedoch selbst dann keine Annahme, wenn der Antragende erklärt, der Vertrag gelte als geschlossen, wenn die Ware nicht zurückgesendet oder das Angebot nicht abgelehnt wird (*Palandt* § 241a BGB Rn 6). Sendet der Verbraucher die unbestellt zugesandte Ware an den Absender zurück, hat er nach § 683 BGB wegen der Kosten der Rücksendung einen Anspruch auf Aufwendungsersatz gegen den Lieferanten (*Palandt* § 241a BGB Rn 9). Aufgrund § 241a BGB kann der Verbraucher mit der ihm unbestellt zugesandten Ware praktisch machen, was er will. Eine Ware ist unbestellt, wenn der Lieferung kein entgeltlicher Vertrag zu Grunde liegt. Ob der Vertrag zivilrechtlich wirksam ist oder nicht, ist unerheblich. Durch Anfechtung des Vertrages – auch durch eine Anfechtung nach § 123 BGB – oder durch Widerruf wird die Sache nicht zur unbestellten (Köhler GRUR 2012, 217, 223). Die Lieferung einer unbestellten Sache im Sinne von § 241a BGB liegt auch dann nicht vor, wenn der Verlag irrtümlich eine andere Sache liefert als die bestellte (§ 434 Abs 3 BGB; Köhler/Bornkamm § 7 Rn 77 und Palandt/Grünberg BGB § 241a Rn 6). Nicht bestellt ist eine Ware jedoch dann, wenn der Unternehmer dem Verbraucher absichtlich statt der bestellten eine nach Qualität und Preis gleichwertige Ware anbietet, es sei denn, dass der Verbraucher darauf hingewiesen wird, dass er zu Annahme nicht verpflichtet ist und die Kosten der Rücksendung nicht zu tragen hat (§ 241a Abs 3 BGB). Erfolgt die unbestellte Lieferung allerdings an einen Unternehmer, ist § 241a BGB nicht anwendbar. Dann gelten die allgemeinen Regeln, insbesondere § 151 BGB. Dann muss der Empfänger zwar auf Verlangen die Ware herausgeben, ist aber zur Rücksendung nicht verpflichtet, auch dann nicht, wenn entsprechendes Porto beigelegt ist. Bei Verschlechterung oder Untergang der Ware haftet er nur außervertraglich aus cic auf Vorsatz und grobe Fahrlässigkeit.

Stets unzulässig ist gemäß Nr **29 des Anhangs zu § 3 Abs 3 UWG** die an Verbraucher gerichtete *Aufforderung zur Bezahlung nicht bestellter Waren oder Dienstleistungen oder eine Aufforderung zur Rücksendung oder Aufbewahrung nicht bestellter Sachen.* Zum Begriff des *Verbrauchers* vgl Rn 18. Die Vorschrift erfasst nicht die Fälle einer unbestellten Lieferung oder Leistung an Verbraucher *ohne* die Aufforderung zur Bezahlung, zur Rücksendung oder Verwahrung des gelieferten Produkts. Vorschrift gilt ferner nur für geschäftliche Handlungen gegenüber Verbrauchern. Unbestellte Lieferungen und Leistungen im Verhältnis zu sonstigen Marktteilnehmern, insbesondere zu Unternehmern werden nicht erfasst, sondern fallen unter § 7 Abs 1 UWG (vgl Rn 21). Nr 29 der Black-List verlangt als Tatbestandsmerkmal eine *Aufforderung*. Für eine *Aufforderung zur Zahlung* genügt die Ankündigung, dass eine Rechnung folge, falls der Verbraucher nicht fristgerecht seine Ablehnung weiterer Lieferungen erkläre (BGH GRUR 2012, 82 – Auftragsbestätigung). Die Äußerung einer *Bitte* erfüllt nicht den Tatbestand dieses per-se-Verbots. Auch wenn der nicht bestellten Lieferung das Porto für eine Rücksendung beigefügt ist, liegt eine unlautere Aufforderung an den Verbraucher zur Rücksendung der Ware im Sinne von Nr 29 der Black-List vor. Ob im Einzelfall auch die Äußerung einer Bitte das Tatbestandsmerkmal der Aufforderung erfüllen kann und dies selbst dann, wenn mit der Bitte der Hinweis verbunden ist, dass den Verbraucher keine Pflicht zur Rücksendung oder Zahlung oder Aufbewahrung trifft, ist streitig (Köhler/Bornkamm/*Köhler* § 7 UWG Rn 83 mwN). Die englische Fassung von Nr 29: *„Demanding immediate or deferred payment"* und die französische Fassung von Nr 29 *„Exiger le paiement immédiat"* zeigen, dass eine Bitte, insbesondere eine höfliche Bitte, die erkennen lässt, dass keine Verpflichtung zur Zahlung oder Rücksendung besteht, den Tatbestand von Nr 29 der Black-List nicht erfüllt. Zu entsprechenden Bitten im Rahmen von § 7 Abs 1 UWG (vgl Rn 22). In beiden Fällen der Unlauterkeit nach Nr 29 der Black-List muss es sich um Waren oder Dienstleistungen handeln, die der Verbraucher *nicht bestellt* hat. Zum Begriff des Tatbestandsmerkmals *„nicht bestellt"* vgl Rn 19.

Das Zusenden nicht bestellter Ware (an andere als Verbraucher oder an Verbraucher ohne eine Aufforderung zur Bezahlung oder zur Rücksendung oder Aufbewah-

BT Abo-Werbung

rung) kann eine **unzumutbare Belästigung** im Sinne von § 7 Abs 1 UWG sein, somit wettbewerbswidrig, wenn durch das Zusenden der unbestellten Ware ein durchschnittlich empfindsamer Marktteilnehmer (BGH NJW 2011, 3159 Rn 17 – Kreditkartenübersendung; BGH NJW 2010, 3239 Rn 24 – Telefonwerbung nach Unternehmenswechsel; BGH GRUR 2010, 1113 Rn 15 – Grabsteinwerbung) in unzumutbarer Weise belästigt wird und eine Spürbarkeit dieser Wettbewerbshandlung im Sinne von § 3 UWG zu bejahen ist. Es genügt nicht jede Belästigung; der Gesetzgeber verlangt eine Belästigung *in unzumutbarer Weise*. Nicht jede Belästigung soll vermieden werden, sondern nur die als *unerträglich empfundene* und damit unzumutbare Belästigung BGH GRUR 2011, 747 Rn 17 – Kreditkartenübersendung). Ob sie vorliegt,. hängt von den Umständen des Einzelfalls und einer Interessenabwägung ab (vgl Rn 38a). Dabei liegt der entscheidende Gesichtspunkt darin, dass die Zusendung unbestellter Ware Unannehmlichkeiten für den Empfänger mit sich bringt, die ihn in seiner freien Willensentschließung beeinflussen und dazu veranlassen können, die Ware nicht wegen ihrer Qualität und Preiswürdigkeit zu erwerben, sondern auch deshalb, weil er sich den Unannehmlichkeiten entziehen will, die sich aus der unverlangten Zusendung zwangsläufig ergeben. Die Belästigung liegt vor allem darin, dass der Kunde, ohne dies zu wollen, vor die Wahl gestellt wird, die Ware entweder zu behalten und zu bezahlen, oder aber sie entweder aufzubewahren oder gegen Portoersatz oder sogar mit entsprechendem finanziellem Aufwand zurückzusenden (OLG Köln NJW-RR 2002, 472). Denn auch zur portofreien Rücksendung muss der Empfänger ein Postamt aufsuchen und zumindest Mühe und Zeit investieren. Dies kann nach dem im Einzelfall gebenden Umständen unzumutbar und belästigender sein als die in § 7 Abs 2 UWG genannten Beispielsfälle unzumutbarer Belästigung.

22   Belästigung ist, wenn der Empfänger davon ausgehen muss, dass der Lieferer Zahlung oder Rücksendung der Ware erwartet. Von einer solchen Erwartung ist jedenfalls dann auszugehen, wenn der Lieferer gleichzeitig oder später eine entsprechende, wenngleich unverbindliche Bitte äußert. Denn in einem solchen Fall ist der Empfänger möglicherweise nicht völlig frei in seiner Entscheidung, wie er mit der empfangenen Ware umgehen soll. Das kann nach den Umständen des Einzelfalls seine Individualsphäre so stark beeinträchtigen, dass von einer unzumutbaren Belästigung auszugehen ist (Köhler/Bornkamm/*Köhler* § 7 UWG Rn 84).

23   Unzulässig ist es, einen Vertreterbesuch anzukündigen, der die Rückgabe der Ware ermöglichen soll. Gegenüber dem Verbraucher ergibt sich die Unlauterkeit einer solchen Geschäftspraxis bereits aus der Tatsache, dass auf diese Weise der Empfänger aufgefordert wird, die empfangene Ware bis zum Vertreterbesuch aufzubewahren entgegen Nr 29 Anhang zu § 3 Abs 3 UWG.

24   Auch wenn der unbestellten Lieferung Porto und Verpackung für die Rücksendung beigefügt sind, ist das Zusenden der unbestellten Ware gegenüber einem Unternehmer möglicherweise unzumutbar belästigend, weil er für die Rücksendung der Ware sorgen muss. Gegenüber einem Verbraucher ergibt sich die Unterlauterkeit aus Nr 29 der Black-List, weil der Verbraucher zur – wenngleich kostenfreien – Rücksendung aufgefordert wird oder aber aus § 7 Abs 1 UWG, wenn der Verbraucher zur Rücksendung nicht aufgefordert, aber gebeten wird und ihm nicht ausdrücklich und unmissverständlich gesagt wird, dass er die Bitte ignorieren und mit der Ware verfahren kann, wie er will.

25   Der Tatbestand der unzumutbaren Belästigung ist nicht erfüllt, wenn der Lieferer den Empfänger ausdrücklich von einer Zahlungs-, Rückgabe-, oder Aufbewahrungspflicht freistellt und auch keinen moralischen Druck aufbaut, der den Empfänger zur Rücksendung oder zum Behalten und Bezahlen der Waren veranlassen soll (Köhler/Bornkamm/*Köhler* § 7 UWG Rn 84 unter Hinweis auf die insoweit überholte ältere Rechtsprechung BGH GRUR 1959, 277 – Künstlerpostkarten und BGH GRUR 1960, 382 – Verbandsstoffe).

26   Zwar war nach der bisherigen Rechtsprechung eine unbestellte Warenzusendung auch dann wettbewerbswidrig, wenn der Empfänger ausdrücklich darauf hingewiesen

II. Unlautere Praktiken der Bezieherwerbung   **Abo-Werbung BT**

wurde, dass ihn keine Zahlungs-, Aufbewahrungs- und Rückgabepflicht trifft (BGH NJW 1959, 675 – Künstlerpostkarte). Aber zum einen verbietet die Neuregelung in § 7 Abs 1 UWG nicht **jede** Belästigung, sondern nur Belästigungen, die **in unzumutbarer Weise** erfolgen, wobei das Zusenden unbestellter Ware nicht als Regelbeispiel einer solchen unzumutbaren Belästigung in § 7 Abs 2 UWG genannt wird. Erfasst werden sollen von § 7 Abs 2 UWG die Fälle, in denen sich die Belästigung zu einer solchen Intensität verdichtet hat, dass sie von einem großen Teil der Verbraucher als unerträglich empfunden wird (Begr Zu § 7 UWG-E BT-Drucks 15/1487 Seite 21). Vor allem aber wurden die Rechte des Verbrauchers im Falle der Zusendung unbestellter Ware durch das Gesetz vom 27.6.2002 zur Umsetzung der Fernabsatz Richtlinie gestärkt, sodass bei einem ausdrücklichen Hinweis des Verbrauchers auf seine gesetzlichen Rechte nach § 241a BGB nicht mehr davon ausgegangen werden kann, er werde eine solche Klarstellung nicht ernstnehmen (so aber noch BGH NJW 1959, 675 Künstlerportraitkarten und BGH GRUR 1960, 382 – Verbandstoffe und *Baumbach/Hefermehl/Köhler* § 7 Rn 141). Auch dürfte von einem für den Unternehmer so riskanten Angebot kaum eine Nachahmungsgefahr ausgehen, sodass nicht von einer erheblichen Beeinträchtigung im Sinne von § 3 UWG ausgegangen werden kann

„**Nicht bestellt**" bedeutet nicht einen zivilrechtlich unwirksamen Bestellvertrag, 27 sondern dass der Verbraucher die ihm zugesandte Ware oder die erbrachte Leistung gar nicht – auch nicht in rechtlich unwirksamer Weise – angefordert hat. Für die Frage, ob eine Ware oder Dienstleistung im Sinne der Vorschrift des UWG *bestellt* oder *nicht bestellt* wurde, gelten die Kriterien von § 241a BGB entsprechend (vgl Rn 19). Auch im Rahmen des § 241a BGB wird ein aufgrund eines Abonnements dem Abonnenten übermitteltes Exemplar der Zeitschrift nicht zur *unbestellten Ware*, wenn das Abonnement widerrufen oder der Abonnementvertrag angefochten wurde oder gar von vornherein unwirksam war. Etwas anderes mag geltend, wenn der Verlag die zivilrechtliche Unwirksamkeit des Abonnementvertrages zu Unrecht leugnet, die Lieferungen gegen den Willen des Bestellers fortsetzt und den Empfänger zur Zahlung auffordert.

Die Zusendung von unbestellter Ware fällt nicht unter Nr 29 des Anhangs zu § 3   28 Abs 3 UWG und auch nicht unter § 7 Abs 1 Satz 1 UWG, wenn der Unternehmer **irrtümlich** von einer Bestellung ausgeht und der Irrtum seine Ursache nicht im Verantwortungsbereich des Unternehmers hat. Beruht jedoch der Irrtum des Unternehmers darauf, dass ihn diejenigen Personen, die er für die Akquisition eingesetzt hat, über das Vorliegen einer Bestellung getäuscht haben, haftet er für den in der Zusendung der unbestellten Ware liegenden Wettbewerbsverstoß ungeachtet einer Wissenszurechnung nach § 166 Abs 1 BGB nach § 8 Abs 2 UWG für seine Beauftragten (BGH GRUR 2012, 82 – Auftragsbestätigung). Zu dem Ergebnis kam der Bundesgerichtshof, als in einem als „Auftragsbestätigung" bezeichneten Schreiben einer Verbraucherin mitgeteilt wurde, sie habe eine Zeitschrift bestellt, die Verbraucherin könne nach Erhalt des kostenlosen ersten Heftes acht Tage lang prüfen, ob sie das betreffende Magazin weiterhin beziehen wolle. Falls dies nicht der Fall sein sollte, genüge eine kurze Nachricht an den Abonnementvertrieb. Die Rechnung folge mit der nächsten Lieferung. Dieses Aufforderungsschreiben wurde sowohl unter dem Gesichtspunkt der Aufforderung zur Bezahlung unbestellter Waren (Nr. 29 des Anh zu § 3 Abs 2 UWG) also auch unter dem Aspekt der unzumutbaren Verbraucherbelästigung als begründet angesehen.

Unbestellt im Sinne von Nr 29 der Black-List sei auch die Ankündigung einer fort- 29 laufenden Lieferung von Waren, wenn die unbestellte, aber **als bestellt dargestellte Ware** zugesandt und, falls der Verbraucher nicht binnen einer Frist widerspricht, deren Zusendung gegen Entgelt fortgesetzt wird. Die Unzumutbarkeit der Belästigung durch das Zusenden nicht bestellter Ware entfällt nicht dadurch, dass die Zusendung vorher angekündigt wurde. Denn eine solche unberechtigte Ankündigung verunsichere den Verbraucher mindestens ebenso wie die mit einer Zahlungsaufforderung

v. Strobl-Albeg 1351

BT Abo-Werbung

Abonnementwerbung

verbundene Übersendung unbestellter Ware und belästige ihn noch stärker als diese. Das Zusenden unbestellter Ware und deren Ankündigung stellt regelmäßig – zumal wenn sie an einen Verbraucher gerichtet ist und unter den in Nr 29 der Black-List bestimmten Voraussetzungen erfolgt – eine unzumutbare Belästigung im Sinne des § 7 Abs 1 Satz 1 UWG dar. Die spezielle Regelung in Nr 29 der Black-List verdrängt in ihrem Anwendungsbereich nicht das in § 7 Abs 1 Satz 2 UWG statuierte generelle Verbot unzumutbarer Belästigung, sondern ergänzt es (BGH GRUR 2012, 82, 84 Rn 16 – Auftragsbestätigung). An der unlauteren Belästigung ändert sich auch dann nichts, wenn dem Empfänger die Ankündigung die Möglichkeit eingeräumt wird, innerhalb einer bestimmten Frist die angekündigte Zusendung der Ware abzulehnen (BGH GRUR 1966, 47, 48 – Indicator; BGH GRUR 1977, 158 – Filmzusendung; Köhler/Bornkamm/*Köhler* § 7 UWG Rn 89).

30 Hat sich der Empfänger vorab damit einverstanden erklärt, ohne eine vorherige Bestellung und ohne Bestellpflicht beliefert zu werden, scheidet eine unzumutbare Belästigung grundsätzlich aus (OLG Frankfurt WRP 1999, 565). Diese Einwilligung muss allerdings in lauterer Weise erlangt worden sein. Dies wäre beispielsweise zu verneinen, wenn die Einwilligung aufgrund einer unlauteren Telefonwerbung im Sinne von § 7 Abs 2 UWG erteilt bzw. erlangt wurde. Die **Einwilligung** kann ausdrücklich oder stillschweigend erteilt sein. Auch eine mutmaßliche Einwilligung bei ständiger Geschäftsverbindung ist denkbar (Köhler/Bornkamm/*Köhler* § 7 UWG Rn 90). Jedoch ist bei der mutmaßlichen Einwilligung auch hier zu prüfen, ob der Versender der Ware davon ausgehen kann, dass der Kunde die Zusendung der nicht bestellten Ware wünscht.

31 Zulässig ist es, Interessenten die Möglichkeit einzuräumen, ein kostenloses Probeexemplar anzufordern und schon in der Werbung auf der Anforderungskarte für das Probeexemplar unübersehbar (OLG Stuttgart vom 24.3.1995 – 2 U 158/94) darauf hinzuweisen, dass bereits durch die Anforderung des Probeexemplars der Absender mit einem sich anschließenden entgeltlichen Bezug einverstanden ist, wenn er sich nicht innerhalb einer bestimmten Frist nach Erhalt des Probeheftes gegenteilig äußert. Denn wenn für den Kunden unmissverständlich erkennbar ist, dass er mit der Anforderung der Probehefte auch eine Bestellung aufgibt, liegt keine unbestellte Zusendung von Ware vor. Es ist Sache des einzelnen, sich zu entscheiden, ob er unter diesen Bedingungen das Probeexemplar anfordert oder nicht. Dass der Besteller möglicherweise vergisst, nach Erhalt des Probeexemplars abzusagen oder dies aus Gründen der Entschlusslosigkeit oder Bequemlichkeit unterlässt, hat er sich selbst zuzuschreiben und macht diese Werbung nicht sittenwidrig (OLG Düsseldorf DB 1979, 255).

32 Als unzulässig wurde es dagegen angesehen, Interessenten die Möglichkeit einzuräumen, ein kostenloses Probeexemplar einer Zeitung oder Zeitschrift anzufordern, dann aber erst in einem angeforderten **dem Probeexemplar beigefügten** Schreiben mitzuteilen, es würden entgeltliche Folgelieferungen zugesandt, wenn der Empfänger nicht innerhalb einer bestimmten Frist nach Erhalt des Probeexemplars widerspreche (BGH NJW 1965; 1662 – Indicator; OLG Köln NJW-RR 2002, 472). Anders als der Sachverhalt zu beurteilen, wenn der Interessent bereits in der Werbung und der Aufforderung unmissverständlich darauf hingewiesen wird, dass der Interessent mit der Aufforderung des Probeexemplars mit einer sich ausschließlichen kostenlosen Lieferung einverstanden ist (vgl Rn 31).

33 Ein Verlag, der den wesentlichen Inhalt einer von ihm herausgegebenen börsentäglich erscheinenden Wirtschaftszeitung in eine ebenfalls von ihm herausgegebene, aber teurere Tageszeitung integriert und die Wirtschaftszeitung einstellt, belästigt die Abonnenten der eingestellten Wirtschaftszeitung nicht in unzumutbarer Weise, wenn er ihnen anbietet, sie für die Restlaufzeit des Abonnements zum bisherigen Preis mit der Tageszeitung zu beliefern. Denn der Abonnent der Wirtschaftszeitung war bereits Kunde des Verlages, sodass das Angebot zur Belieferung nicht als unzumutbare Belästigung empfunden wird, sondern als Angebot zur Vertragsänderung. Anders als beim

II. Unlautere Praktiken der Bezieherwerbung **Abo-Werbung BT**

Zusenden unbestellter Ware hat der Verlag seine Kunden daher nicht ohne jeden Anlass mit etwas überrascht, mit dem sie nicht rechnen konnten und ihnen gleichsam die Initiative zugeschoben, wenn sie das Angebot nicht annehmen wollten. Der Verlag musste zum Tätigwerden vielmehr handeln, weil er seine vertraglichen Verpflichtungen nicht mehr erfüllen konnte (OLG Hamburg AfP 1999, 499). Dagegen ist der Tatbestand der unlauteren Belästigung erfüllt, wenn eine Zeitschrift nach Vereinigung zweier Zeitschriften zu einem neuen Periodikum mit Grundwerk die Abonnenten eines der Vorgängerprodukte durch Übersendung des neuen Werkes nebst Rechnung mit deutlich gesteigertem Bezugspreis auf das Neuabonnement überzuleiten versucht, ohne dass deren ausdrückliche Zustimmung vorliegt (OLG Köln, AfP 1997, 824)

Verkürzt eine Zeitung oder Zeitschrift ihre bisherige **Erscheinungsfrequenz** – zB **34** Umstellung von monatlicher auf 14tägige Erscheinungsweise –, muss in der Regel auch der Preis bestehender Abonnements angepasst werden. Es würde aber den Tatbestand des Zusendens unbestellter Ware erfüllen, wenn der Verlag den Altabonnenten lediglich mitteilt, sie würden künftig die Zeitung oder Zeitschrift häufiger als bisher gegen ein höheres Entgelt erhalten, wenn sie nicht innerhalb einer in der Mitteilung gesetzten Frist widersprechen. Denn auch hier ist der Abonnent gezwungen, tätig zu werden, wenn er vermeiden will, dass der Verlag ihm gewissermaßen eine Erweiterung des Abonnements zu einem entsprechend erhöhten Preis aufdrängt, ihn in erhöhtem Umfang beliefert und entsprechende Zahlungen von ihm verlangt. Zwar besteht hier bereits eine Geschäftsbeziehung zwischen Verlag und Abonnent, ein Umstand, der nach der Rechtsprechung das Zusenden unbestellter Ware dann nicht sittenwidrig erscheinen lässt, wenn der Empfänger solche Warensendungen erwartet und wünscht (BGH NJW 1965, 1662 – Indicator). Es kann aber nicht davon ausgegangen werden, dass trotz bestehender Geschäftsbeziehung zwischen Verlag und Abonnent der Bezieher eine Erweiterung seines bisherigen Abonnements erwartet und wünscht (KG WRP 1979, 790).

Allein das **Bestehen einer laufenden Geschäftsverbindung** nimmt dem Zu- **35** senden unbestellter Ware jedenfalls gegenüber Verbrauchern nicht den Charakter der unlauteren Belästigung. Die Zusendung von entgeltlichen Sonderheften, die von einem laufenden Abonnementvertrag nicht erfasst wird, ist deshalb als unlautere Zusendung unbestellter Ware anzusehen (OLG Köln GRUR-RR 2002, 236). Ist dem nicht bestellten Sonderheft eine Rechnung beigefügt, ist er Tatbestand von Nr 29 der Black-List erfüllt. Gegenüber Unternehmern kann eine unzumutbare Belästigung im Sinne von § 7 Abs 1 UGW vorliegen. Denn selbst wenn der Abonnent erkennt, dass in Wirklichkeit keine Bestellung des Sonderheftes vorlag, wird die beigefügte Rechnung seine Bereitschaft fördern, das Sonderheft zu bezahlen, weil er der subjektiv als lästig und unbequem empfundenen Auseinandersetzung mit dem Verlag über die Streitfrage der Bestellung des Sonderheftes aus dem Wege gehen will (OLG Köln GRUR-RR 2002, 236).

Das Zusenden unbestellter Ware kann auch den Tatbestand des **§ 4 Nr 1 UWG** **36** erfüllen, wenn der Empfänger in eine Situation gebracht wird, die ihm die freie Entscheidung über den Kauf der Ware erschwert (Köhler/Bornkamm/*Köhler* § 7 UWG Rn 87). Denn nach § 4 Nr 1 UWG handelt unlauter, wer geschäftliche Handlungen vornimmt, die geeignet sind, die Entscheidungsfreiheit der Verbraucher durch Ausübung von Druck oder durch sonstigen unangemessenen unsachlichen Einfluss zu beeinträchtigen. Eine Beeinträchtigung der Entscheidungsfreiheit des Verbrauchers im Sinne des § 4 Nr 1 UWG liegt jedoch nur dann vor, wenn der Handelnde diese Freiheit durch Belästigung oder durch unzulässige Beeinflussung im Sinne des Artikels 2 lit j der Richtlinie 2005/29/EG erheblich beeinträchtigt (BGH NJW 2011, 3159, 3160 Rn 26 – Kreditkartenübersendung; BGH NJW-RR 2011, 260 Rn 13 – Brillenversorgung II; BGH NJW-RR 2010, 917 Rn 17 – Stumme Verkäufer II). Wird einem Verbraucher unaufgefordert eine Kreditkarte übersandt, wird seine Entscheidungsfreiheit zum Abschluss eines Kreditkartenvertrages nicht unangemessen beeinträchtigt. Der durchschnittlich informierte Verbraucher kennt die Funktions-

BT Abo-Werbung

Abonnementwerbung

weise einer Kreditkarte und wird daher erkennen, dass die übersandte Kreditkarte nicht ohne eine gesonderte Erklärung einsetzbar ist. Seine rationale Entscheidung über das Angebot zum Abschluss eines entgeltlichen Kreditkartenvertrages wird durch die Übersendung der Kreditkarte nicht unangemessen erschwert. Denn es liegt nach der Lebenserfahrung fern, dass ein angemessen gut und angemessen aufmerksamer und kritischer Durchschnittsverbraucher annimmt, er müsse die Kreditkarte aus rechtlichen oder aus moralischen Gründen bezahlen, wenn er die Karte nicht zurückschickt. Daran ändert sich auch dadurch nichts, dass das Werbeschreiben keinen ausdrücklichen Hinweis dazu enthält, wie der Verbraucher zu verfahren hat, wenn er von dem Angebot keinen Gebrauch machen will. Dem angeschriebenen Kunden sei klar, dass er ohne einen gesonderten abzuschließenden Kreditkartenvertrag mit der Karte nichts anfangen kann und er die – als solche geringwertige – Karte ohne Rechtsnachteile entsorgen kann (BGH NJW 2011, 3159, 3160 Rn 27 – Kreditkartenübersendung).

2. Briefkastenwerbung

37   Unter **Briefkastenwerbung** versteht man das Einlegen von nicht individuell an einen bestimmten Empfänger adressiertem Werbematerial in die Briefkästen der Adressaten (Prospekte, Flyer, Kataloge usw). Auch **Pressepublikationen** können Gegenstand der Briefkastenwerbung sein, insbesondere Anzeigenblätter ohne redaktionellen Inhalt (Offertenblätter), Anzeigenblätter mit redaktionellem Inhalt sowie Probeexemplare von ansonsten entgeltlich in sog. Steckaktionen ohne individuelle Empfängeradresse vertriebene Zeitungen und Zeitschriften: Zur Briefkastenwerbung zählt auch die sogenannte **„teiladressierte Werbung"**. Sie liegt beispielsweise vor bei einer Adressierung *„An alle Bewohner des Hauses Löfflerplatz 1"*. Für die teiladressierte Werbung gelten die lauterkeitsrechtlichen Grundsätze der (nicht adressierten) Briefkastenwerbung entsprechend. Die Deutsche Post beachtet bei der Zustellung nach ihren Geschäftsbedingungen Sperrvermerke von Werbeverweigerern nicht nur bei nicht adressierten, sondern auch bei teiladressierten Sendungen. Allerdings ist zu beachten, dass auch eine teiladressierte Werbung nicht erst dann unerwünscht sein soll, wenn der Empfänger seinen Briefkasten mit einem entsprechenden Sperrvermerk versehen hat, sondern auch dann, wenn der Empfänger dem Werbenden telefonisch, schriftlich oder per E-Mail mitgeteilt hat, keine Werbung zu wünschen (OLG München GRUR-RR 2014, 162). Dies ist zu streng. Ohne einen Sperrvermerk am Briefkasten kann der Werbende nicht mit zumutbarem Aufwand sicherstellen, dass der Empfänger entgegen seinem Wunsch nicht beworben wird. Da teiladressierte Werbung leicht zu erkennen und zu entsorgen ist, ist bei der anzustellenden Interessenabwägung (vgl Rn 38a) dem Werbeverweigerer eine solche Belästigung zuzumuten. Sind die in die Briefkästen eingelegten Exemplare individuell adressiert, handelt es sich nicht um Briefkastenwerbung, sondern um Briefwerbung (vgl Rn 45). In vielen Fällen sind den in die Briefkästen eingelegten Pressepublikationen Prospekte lose beigelegt **(Beilagenwerbung).**

38   Ebenso wie der Einwurf von Handzetteln, Postwurfsendungen etc. in die Briefkästen potentieller Kunden ist bei der sog. Briefkastenwerbung auch die unverlangte Zusendung **nicht bestellter Pressepublikationen** grundsätzlich zulässig. Briefkastenwerbung kann jedoch eine unlautere Belästigung iSv § 7 Abs 1 Satz 2 UWG oder § 7 Abs 2 Nr 1 UWG darstellen, wenn sie gegen den erkennbaren Wunsch des Adressaten erfolgt. Dass er Briefkastenwerbung nicht will, macht der Briefkastenbesitzer durch einen entsprechenden Sperrvermerk am Briefkasten deutlich wie zB „*keine Werbung", „Werbung unerwünscht"* etc. Ob solche Sperrvermerke auch den Einwurf von Presseerzeugnissen verbieten sollen, ist jeweils durch die Auslegung des Sperrvermerks zu ermitteln. Ein auf *„Werbung"* bezogener Sperrvermerk vermag zwar den Einwurf von **Anzeigenblättern ohne redaktionellen Teil** („Offertenblätter") verbieten, nicht aber den Einwurf von **Anzeigenblättern mit redaktionellem Inhalt**

II. Unlautere Praktiken der Bezieherwerbung

mit oder ohne Werbebeilagen im Anzeigenblatt (vgl Rn 40). Sie hindern aber vor allen Dingen nicht das Einlegen von **Zeitungen und Zeitschriften,** die ansonsten entgeltlich vertrieben werden und zu Probe- und Werbezwecken kostenlos über Briefkästen verteilt werden, auch wenn in diese Publikationen lose Werbeprospekte (Werbebeilagen) eingelegt sind (vgl Rn 42). Schon gar nicht kann verlangt werden, dass angesichts eines solchen Sperrvermerks **Werbebeilagen** aus der Zeitung oder Zeitschrift entfernt werden, bevor diese in den Briefkasten eingelegt werden (vgl Rn 43).

Für die Prüfung, ob eine geschäftliche Handlung oder Werbung wie Briefkasten- 38a werbung, Briefwerbung, Haustürwerbung, Ansprechen in der Öffentlichkeit oder das Zusenden unbestellter Ware eine unzumutbare Belästigung nach § 7 Abs 1, 2 Nr 1 UWG darstellt, gilt generell folgende Systematik: Nach der kleinen Generalklausel des § 7 Abs 1 Satz 1 UWG ist eine geschäftliche Handlung unzulässig, durch die ein Marktteilnehmer in unzumutbarer Weise belästigt wird. Die Unzumutbarkeit ist dabei zu ermitteln durch eine **Abwägung** der von der Werbung verfassungsrechtlich geschützten Interessen des Adressaten, von der Werbung verschont zu bleiben (Art 2 Abs 1 GG) und des werbenden Unternehmens, das seine gewerblichen Interessen durch Werbung zur Geltung bringen will (Art 5 Abs 1, Art 12 GG; BGH GRUR 2011, 747 Rn 17 – Kreditkarten-Übersendung; OLG Stuttgart Urteil vom 25.7.2013 – 2 U 9/13; Köhler/Bornkamm/*Köhler* § 7 UWG Rn 22 ff.). Bei der vorzunehmenden Abwägung spielt auch eine Rolle, welche Ausweichmöglichkeiten dem Werbenden zur Verfügung stehen und welches Maß an Zeit, Arbeit und Kosten der Adressat aufwenden muss, um der geschäftlichen Handlung des Unternehmens zur entgehen oder sich ihrer zu entledigen (OLG Stuttgart Urteil vom 25.7.2013 – 2 U 9/13; Köhler/Bornkamm/*Köhler* § 7 Rn 24 ff.). § 7 Abs 1 Satz 2 UWG ist ein Beispielstatbestand der unzumutbaren Belästigung zur Generalklausel des § 7 Abs 1 Satz 1 UWG. Während sich Satz 1 auf geschäftliche Handlungen bezieht, ist Satz 2 auf Werbung beschränkt. Nach dem Beispielstatbestand des § 7 Abs 1 Satz 2 UWG ist eine unzumutbare Belästigung jedenfalls dann anzunehmen, wenn es sich um eine Werbung handelt, die der Marktteilnehmer erkennbar nicht wünscht. Da es sich bei § 7 Abs 1 Satz 2 UWG um einen Beispieltatbestand zur Generalklausel des § 7 Abs 1 Satz 1 UWG handelt, hat auch bei der Beurteilung einer Werbung nach § 7 Abs 1 Satz 2 UWG eine Interessenabwägung zu erfolgen. § 7 Abs 2 UWG normiert demgegenüber die Anwendungsfälle unzumutbarer Belästigung durch Werbung, die als per-se-Verbot konzipiert sind und ohne jede Wertungsmöglichkeit verboten sind.

Briefkastenwerbung ist grundsätzlich zulässig. Die mit der Briefkastenwerbung ver- 39 bundene Belästigung ist als gering einzustufen, weil die in dem Briefkasten eingeworfenen Werbemedien meistens nicht getarnt sind und leicht entfernt oder entsorgt werden können (Büscher/Dittmer/Schiwy/*Mehler und Fezer*/Mankowski § 7 Rn 338). Briefkastenwerbung („Wurfsendungen") war auch schon im bisherigen Recht grundsätzlich erlaubt (BGH GRUR 1989, 225 – Handzettel – Wurfsendung). Als Beeinträchtigung des allgemeinen Persönlichkeitsrechts gemäß § 823 Abs 1 BGB (und sittenwidrig nach § 1 UWG aF) wurde es jedoch angesehen, wenn Hinweise des Empfängers „*Werbung unerwünscht*" oder ähnliche Sperrvermerke missachtet wurden (BGH NJW 1992, 1958 – Briefkastenwerbung; BGH NJW 1989, 1902 – Handzettelwerbung; OLG Köln WRP 1992, 258). Im aktuellen Recht verbietet § 7 Abs 1 UWG geschäftliche Handlungen, durch die ein Marktteilnehmer *in unzumutbarer Weise belästigt wird*. Das gilt insbesondere für Werbung, obwohl erkennbar ist, dass der mit der Werbung angesprochene Marktteilnehmer diese Werbung nicht wünscht (§ 7 Abs 1 Satz 2 UWG). § 7 Abs 2 UWG enthält einen Katalog von Beispielsfällen, bei denen *stets* eine solche unzumutbare Belästigung anzunehmen ist. Zu solcher stets und per-se unlauteren Werbung zählt Werbung, durch die ein *Verbraucher hartnäckig* angesprochen wird, obwohl er dies *erkennbar nicht wünscht*, sofern die Werbung unter Verwendung eines in § 7 Abs 2 Nr 2 und 3 UWG nicht aufgeführten, für den Fernabsatz geeigneten Mittels der kommerziellen Kommunikation erfolgt (§ 7 Abs 2 Nr 1

BT Abo-Werbung Abonnementwerbung

UWG). Unter „Fernkommunikationsmittel" sind alle Kommunikationsmittel zu verstehen, die zwischen einem Verbraucher und einem Unternehmer ohne gleichzeitige körperliche Anwesenheit der Vertragsparteien eingesetzt werden können (vgl § 312b Abs 2 BGB und Anhang I FernabsatzRiLi 97/7/EG). Da die Fernkommunikationsmittel Telefon, Telefax und elektronische Post in § 7 Abs 2 Nr 2 und Nr 3 UWG geregelt und deshalb vom Anwendungsbereich des § 7 Abs 2 Nr 1 UWG ausgeschlossen sind, gilt die Vorschrift vor allem für die Fernkommunikationsmittel Briefwerbung und Briefkastenwerbung. Brief- und Briefkastenwerbung ist jedoch nur dann stets unlauter nach § 7 Abs 2 Nr 1 UWG, wenn sie gegenüber einem Verbraucher unerwünscht und zudem hartnäckig erfolgt. Ein *hartnäckiges* Ansprechen setzt ein wiederholtes Ansprechen voraus (OLG München GRUR-RR 2014, 162; OLG Hamm, WRP 2012, 585 Rn 20 – Werbung nein!; ÖOGH ÖBl 2012, 111, 113). Liegt keine wiederholte Werbung vor, ist sie aber erkennbar unerwünscht, ist die Briefkastenwerbung nicht stets, also per-se ohne Abwägung unlauter, sondern möglicherweise als (nur) erkennbar unerwünschte, aber nicht hartnäckige Werbung nach § 7 Abs 1 Satz 2 UWG. Auch gegenüber anderen Marktteilnehmern als Verbrauchern scheidet eine Anwendbarkeit von § 7 Abs 2 Nr 1 UWG aus. Bei ihnen richtet sich die Zulässigkeit der Briefkasten- und Briefwerbung nach § 7 Abs 1 UWG.

40 Die Verteilung von kostenlosen **Anzeigenblättern mit einem redaktionellen** Teil und losen Werbebeilagen in Briefkästen an Verbraucher hat der BGH – da das Einlegen wiederholt und daher hartnäckig geschah – als per-se unzulässige Briefkastenwerbung iSv § 7 Abs 2 Nr 1 UWG beurteilt (BGH WRP 2012, 938 – Aufkleber „keine Werbung", ebenso die Vorinstanz OLG Hamm NJW 2011, 3794). Damit stellt sich die Frage, ob das Einlegen eines Anzeigenblattes mit redaktionellem Teil gegen den erkennbaren Wunsch des Verbrauchers geschieht, wenn dieser am Briefkasten einen **Sperrvermerk** gegen **„Werbung"** angebracht hat. Der Bundesgerichtshof hat dies für Anzeigenblätter mit redaktionellem Teil – mit oder ohne beigefügte Werbebeilagen – verneint. § 7 Abs 2 Nr 1 UWG setze einen erkennbar entgegenstehenden Willen des Empfängers der Werbung voraus. Hieran fehle es bei kostenlosen Anzeigenblättern, die einen redaktionellen Teil enthalten, wenn ein Aufkleber auf einem Briefkasten sich lediglich gegen den Einwurf von „Werbung" richtet. Dies gilt auch dann, wenn in den Anzeigenblättern lose Werbeprospekte einliegen. Eine denkbare Belästigung wäre zudem nicht unzumutbar, weil der Empfänger ihr ohne Weiteres durch das Anbringen eines entsprechenden Aufklebers – „keine Werbeprospekte und keine Anzeigenblätter" oder „keine Werbeprospekte und keine Anzeigenblätter mit einliegenden Werbeprospekten" – entgegentreten könnte (BGH WRP 2012, 938 – Aufkleber „keine Werbung"). Entgegen der Auffassung des Bundesgerichtshofs ist jedoch der Einwurf von Anzeigenblättern in Briefkästen kein Fall des per-se-Verbots von § 7 Abs 2 Nr 1 UWG, sondern des § 7 Abs 1 Satz 2 UWG, der erkennbar unerwünschte Werbung nicht wie § 7 Abs 2 Nr 1 UWG stets und nur im Wiederholungsfalle gegenüber Verbrauchern verbietet, sondern nur in Fällen der unzumutbaren Belästigung, dafür aber auch schon beim ersten Einwurf und auch beim Einlegen in Briefkästen anderer Marktteilnehmer als denen von Verbrauchern (so Köhler/Bornkamm/*Köhler* § 7 UWG Rn 91c und Köhler Kommentar zu BGH WRP 2012, 938 – Aufkleber „keine Werbung" in WRP 2012, 939). Denn § 7 Abs 1 Nr 2 UWG soll Nr 26 Satz 1 Anhang I UGP-Richtlinie im Hinblick auf die Fernkommunikationsmittel umsetzen, die nicht unter § 7 Abs 2 Nr 2 und Nr 3 UWG fallen. Zwar gehört dazu entsprechend der Aufzählung im Anhang I der FernabsatzRiLi 97/7/EG auch die *„Pressewerbung mit Bestellschein"*. Daraus ist jedoch im Umkehrschluss zu folgern, dass Presseerzeugnisse *ohne* beigefügten Bestellschein nicht unter § 7 Abs 2 Nr 1 UWG fallen, seien es Anzeigenblätter mit redaktionellem Teil mit oder ohne Werbebeilagen oder Gratisexemplare eines sonst entgeltlich vertriebenen Presseerzeugnisses. Vielmehr beurteilt sich die Zulässigkeit von deren Verteilung über Briefkästen nach § 7 Abs 1 Satz 2 UWG. Dem Bundesgerichtshof scheint dieser Gedanke nicht fremd gewesen zu sein. Denn sein Hinweis, bei Anbringung entsprechend formulierter Sperrvermerke wäre eine grundsätzlich denkbare Belästigung *nicht unzumutbar*, deutet angesichts des per-se-Verbots des von ihm angewandten § 7 Abs 2 Nr 1 UWG auf eine Interessenabwägung, die aber nur im Rahmen von § 7 Abs 1 Satz 2 UWG erfolgen kann. Die alleinige Anwendbarkeit des § 7 Abs 2 Satz 1 UWG auf das Einlegen von Presseerzeugnissen in Briefkästen ermöglicht es, bei der anzustellenden Abwägung der Interessen bei der Prüfung der Unzumutbarkeit der Belästigung auch die Werke- und die Pressefreiheit nach Art. 5 GG, Art. 12 GG angemessen zu berücksichtigen, da die Abwägung am Maßstab der Grundrechte zu erfolgen hat (BGH NJW 2011, 3159 Rn 17 – Kreditkartenübersendung; BGH GRUR 2010, 1113 Rn 15 – Grabmalwerbung). Auch kann nur im Rahmen von § 7 Abs 1 Satz 2 UWG der in der Praxis trotz aller Vorkehrungen letztlich nicht auszuschließenden versehentlichen Nichtbeachtung eines Sperrvermerks durch den Austräger („Ausreißer" – BGH NJW 1992, 1958 – Briefkastenwerbung; OLG Karlsruhe NJW 1991, 2913) für alle Beteiligten angemessen und verhältnismäßig Rechnung getragen werden, während bereits ein zweiter, wenn auch versehentlicher Einwurf in einen mit Sperrvermerk versehenen Briefkasten als hartnäckiger Verstoß nach § 7 Abs 2 Nr 1 UWG stets und ohne Abwägungsmöglichkeiten unlauter wäre.

Das Einlegen eines Anzeigenblattes mit redaktionellem Teil – mit oder ohne Werbebeilagen – in einen Hausbriefkasten kann eine unzumutbare Belästigung des Empfängers iSv § 7 Abs 1 Satz 2 UWG darstellen, wenn dies **gegen den erkennbaren Willen** des Empfängers geschieht (vgl oben Rn 40). Ein **Sperrvermerk,** der sich auf „Werbung" beschränkt, ist für Anzeigenblätter mit redaktionellem Teil mit oder ohne Werbebeilagen unbeachtlich (BGH WRP 2012, 938 – Aufkleber „keine Werbung"; OLG Stuttgart NJW-RR 1994, 502; LG Münster AfP 2014, 167). Während der Einwurf eines Werbeprospektes in den Briefkasten bei einem auf „Werbung" bezogenen Sperrvermerk nach dem insoweit eindeutigen Erklärungsinhalt des Sperrvermerks immer unerwünscht ist, ist bei einem kostenlos gelieferten Anzeigenblatt auf das anders gelagerte Interesse des angemessenen gut informierten und angemessen aufmerksamen und kritischen Durchschnittsverbrauchers abzustellen. Die redaktionellen Inhalte, die politischen und kulturellen Nachrichten, können den Verbraucher erwartungsgemäß auch dann interessieren, wenn er sich nicht für Werbung interessiert und deshalb mit Werbeprospekten nicht behelligt werden will. Er sieht in dem redaktionellen Teil des Anzeigenblattes etwas Eigenständiges gegenüber der gleichfalls übermittelten Werbung (OLG Stuttgart AfP 1994, 226). Dies gilt umso mehr, als diese redaktionellen Inhalte insbesondere auch auf örtliche Gegebenheiten bezogen sind, die wie Termine im öffentlichen Interesse, Veranstaltungen und Feste für ihn von besonderem Interesse sind. Oftmals ist das kostenlose lokale Anzeigenblatt die einzige Zeitung, über die manche Verbraucher verfügen. Diese am Bezug des Anzeigenblattes interessierten Leser wissen, dass solche Anzeigenblätter nur deshalb kostenlos bezogen werden können, weil sich die Verlage über Werbung finanzieren. Sie sind es gewohnt, dass lose Werbung einer Tageszeitung oder Wochenzeitung beiliegt (OLG Hamm NJW 2011, 3794). Es ist auch nichts dafür erkennbar, dass die angesprochenen Verbraucher zwischen der im Blatt selbst enthaltenen Anzeigenwerbung und der zusätzlichen Werbung in losen Beilagen in der Weise unterscheiden, dass sie die eine Art der Werbung noch hinnehmen wollen, die andere Art der Werbung aber nicht mehr. Die Verbraucher sehen das Anzeigenblatt vielmehr als ein Gesamtprodukt an, das auch durch die losen Werbebeilagen keinen anderen Charakter bekommt. Um die Gratiszeitung weiter zu erhalten, nehmen sie deshalb auch ungeliebte Werbung in Kauf (OLG Hamm NJW 2011, 3794). Der Empfänger, der solche Anzeigenblätter mit redaktionellem Teil nicht wünscht, kann dies durch ein entsprechend formuliertes Verbot wie zB Aufkleber „keine Werbeprospekte und keine Anzeigenblätter" oder „keine Werbeprospekte und keine Anzeigenblätter mit einliegenden Werbeprospekten" verhindern (BGH WRP 2012, 938 – Aufkleber „keine Werbung"). Die Werbung des Verlegers des kostenlosen Anzeigenblattes *„Nibelungen-Kurier"* dafür, den Hausbriefkasten mit einem Aufkleber *„Bitte keine Werbung/keine*

BT Abo-Werbung

kostenlosen Zeitungen" zu versehen, gleichzeitig aber mit dem Aufkleber „*Nibelungen-Kurier*" des werbenden Verlegers, stellt eine gezielte Behinderung im Sinne von § 4 Nr 10 UWG dar. Denn eine solche Werbung ist nicht in erster Linie auf die Förderung des eigenen Wettbewerbs gerichtet, sondern auf die Verdrängung der Mitbewerber. Denn mit dem Anbringen des Aufklebers kann der Werbende eine Sperre der Briefkästen für die Produkte seiner Mitbewerber erreichen, weil diese dann nicht mehr in den Briefkasten eingelegt werden dürfen (OLG Koblenz, WRP 2013, 361).

42 Erst recht kann ein auf „Werbung" bezogener Sperrvermerk nicht auf Steckaktionen beim Einlegen von Werbeexemplaren eines ansonsten **entgeltlich vertriebenen Presseerzeugnisses** bezogen werden, da diese nach dem Verkehrsverständnis keine „Werbung" darstellen, auch wenn das Verteilen der Gratisexemplare der Werbung für den entgeltlichen Absatz der Publikation dient. Wenn auch solche Printmedien nicht in den Briefkasten eingelegt werden dürfen, bedarf es entsprechend klarer Verbote des Empfängers. Bei *individuell adressierten* Probeexemplaren kann ein Werbe-Sperrvermerk den Einwurf des Gratisexemplars schon deshalb nicht unlauter machen, weil der Zusteller nicht weiß, dass es sich um ein Werbeexemplar handelt.

43 Der Abonnent einer Zeitung oder Zeitschrift kann vom Verleger auch nicht verlangen, dass ihm die Zeitung **ohne Werbebeilagen** zugestellt wird (OLG Karlsruhe NJW 1991, 2913; LG Bonn NJW 1992, 1112). Denn Gegenstand des Abonnementvertrages ist die jeweilige Zeitungsausgabe als eine vom Verleger in eigener Verantwortung fertiggestellte Ware. Allein der Verleger hat daher darüber zu entscheiden, in welchem Umfang und in welcher Form er auch Werbung in die Zeitung aufnimmt. Das impliziert auch die Entscheidungsfreiheit darüber, ob anstelle von oder neben Anzeigen auch Beilagen mit der Werbung der Zeitung verbreitet werden. Zu dem vereinbarten Abonnementpreis hat der Abonnent nur Anspruch auf Belieferung mit einer Tageszeitung in der Form, wie sie der Verlag bestimmt (OLG Karlsruhe NJW 1991, 2913).

44 Die **Beweislast** für den Einwurf in den Briefkasten trotz angebrachtem Sperrvermerk trägt grundsätzlich der Kläger. Im Einzelfall kann dem Kläger dabei ein Anscheinsbeweis zugute kommen. Ein solcher Anscheinsbeweis wurde angenommen, als der Werbende wöchentlich durch ca. 800 Verteiler eines bestimmten Verteilunternehmens mehr als eine Mio. Handzettel in die Briefkästen im Umfeld seiner Einkaufsmärkte hatte einwerfen lassen. Unter diesen Umständen sei es ein typischer Vorgang, dass die Handzettel von dem vom Werbenden beauftragten Verteilunternehmen eingeworfen worden seien (BGH GRUR 1998, 225, 226 – Handzettel-Wurfsendung). Ein Anscheinsbeweis greift jedoch nur dann, wenn der Anspruchsteller darlegt und beweist, dass ein typischer Geschehensablauf vorliegt, der nach der Lebenserfahrung auf eine bestimmte Ursache für den Eintritt eines bestimmten Erfolges hinweist. Der Kausalverlauf muss so häufig vorkommen, dass mit großer Wahrscheinlichkeit ein solcher Fall vorliegt (BGH NJW 2010, 272 – Feststellung von Brandursachen). Ein einmaliger und räumlich begrenzter Einwurf von Prospekten in Briefkästen reicht daher nicht aus, um von einem Anscheinsbeweis ausgehen zu können (LG Bonn, Urteil vom 15.1.2014 – 5 S 7/13).

3. Mailings

45 **Briefwerbung** (Mailings) ist Werbung, die über den Briefkasten oder das Postfach verteilt wird und mit Name und Adresse des Empfängers versehen ist. Diese personalisierte und individualisierte Werbung erfährt eine größere Aufmerksamkeit beim Werbeadressaten als anonyme Botschaften. Ein Sonderfall der Briefwerbung ist die **Briefbeilagenwerbung**, bei der einem Geschäftsbrief (zB einem Kontoauszug, einer Rechnung etc.) die Werbung eines Dritten beigefügt ist (vgl Rn 50).

46 **Briefwerbung ist grundsätzlich zulässig.** Die Belästigung, die darin liegt, dass das Werbeschreiben nicht bereits auf dem Briefumschlag als Werbung gekennzeichnet ist, ist nicht als unzumutbare Belästigung im Sinne von § 7 Abs 1 UWG zu qualifizie-

ren. Durch entsprechende Kennzeichnung würde der Verbraucher zwar in den Stand versetzt, das Schreiben ungelesen zu entsorgen. Der Grad der Belästigung ist bei einer Werbung per Post jedoch gering. Diese Belästigung kann gegenüber den Interessen der werbenden Wirtschaft an einer gezielten Individualwerbung und in Anbetracht der Tatsache, dass viele Umworbene an einer Information durch derartige Werbeschriften ein berechtigtes Interesse haben, regelmäßig vernachlässigt werden (BGH NJW 2011, 3159 Rn 19 – Kreditkartenübersendung mwN). Dies gilt jedenfalls dann, wenn der Werbecharakter nach dem Öffnen des Briefes sofort und unmissverständlich erkennbar ist. Eine unzumutbare Belästigung im Sinne von § 7 Abs 1 Satz 2 UWG kann eine Briefwerbung erst dann darstellen, wenn der Adressat die Briefwerbung erkennbar nicht wünscht. Dies ist der Fall, wenn der Empfänger der Briefwerbung ausdrücklich und für den Werbenden erkennbar **widersprochen** hat. Dies kann mündlich oder schriftlich geschehen. Der Widerspruch kann auch im Anbringen eines Sperrvermerks am Briefkasten wie zB „Werbung unerwünscht" erfolgen. Bei Postbriefen, deren Werbecharakter nicht bereits äußerlich erkennbar ist, weiß der Zusteller jedoch in der Regel nicht, dass es sich um Werbung handelt. Handelt es sich dabei aber erkennbar um Werbung, kann der Zusteller nicht wissen, ob der Empfänger diesen Werbebrief selbst angefordert hat, es sich also um erbetene Werbung handelt. Bei der Briefwerbung durch die Post ist deshalb davon auszugehen, dass die Zustellung trotz eines Sperrvermerks keine Wettbewerbswidrigkeit darstellt (Büscher/Dittmer/Shiwy/*Mehler* § 7 UWG Rn 39 nwN; Köhler/Bornkamm/*Köhler* § 7 Rn 116). Anders ist es jedoch, wenn der Werbebrief von einem Verteilunternehmen ausgetragen wird. Denn dann weiß der Zusteller, dass er einen Werbebrief austrägt und deshalb einen Sperrvermerk zu beachten hat. Erkennbar ist der Widerspruch auch dann, wenn sich der Empfänger der Briefwerbung in die **Robinson-Liste** des Deutschen Direktmarketingverbandes oder in eine vergleichbare Sperrliste hat eintragen lassen. Die Beachtung der Liste ist für die Verbandsmitglieder verpflichtend. Die Listen können auch von Nicht-Mitgliedern eingesehen werden. Daraus wird gefolgert, dass der Eintrag eines Adressaten in eine Robinson-Liste für jedes Unternehmen verbindlich ist, auch wenn das Unternehmen nicht Mitglied des jeweiligen Verbandes ist. Briefwerbung, die sich über einen solchen Eintrag in eine Robinson-Liste hinwegsetzt, sei daher in jedem Falle unlauter (Köhler/Bornkamm/*Köhler* § 7 Rn 101; Weichert WRP 1996, 522, 531; Büscher/Dittmer/Schiwy/*Mehler* § 7 UWG Rn 41). Die ältere Rechtsprechung, derzufolge die Beachtung von Widersprüchen gegen adressierte Werbebriefe unverhältnismäßig ist, wenn dies für den Werbenden nur unter Mühen und Kosten möglich sei, die in keinem Verhältnis zu der Belästigung des Briefempfängers stehen (BGH GRUR 1973, 552 – Briefwerbung), ist durch die heutigen Möglichkeiten des elektronischen Datenabgleichs weitgehend obsolet geworden (Büscher/Dittmer/Schiwy/*Mehler* § 7 UWG Rn 41).

Eine Briefwerbung, die nach den obigen Grundsätzen gegenüber sonstigen Marktteilnehmern nach § 7 Abs 1 Satz 2 UWG unlauter ist, ist gegenüber einem Verbraucher stets unlauter, wenn **hartnäckig**, also wiederholt der erkennbare Wille des Adressaten ignoriert wird, keine Werbebriefe zu erhalten (§ 7 Abs 2 Nr 2 UWG). 47

Die **Tarnung** einer Werbesendung **als Privatbrief** kann unlauter sein als unzumutbare Belästigung nach § 7 Abs 1 UWG (so Büscher/Dittmer/Schiwy/*Mehler* § 7 UWG Rn 40 und Fetzer/Mankowski § 7 Rn 334), oder als getarnte Werbung nach § 4 Nr 3 UWG (so Köhler/Bornkamm/*Köhler* § 7 UWG Rn 114 und Götting/Nordemann/*Menebröcker* § 7 UWG Rn 146). Es geht dabei nicht um Sachverhalte, bei denen der Werbecharakter des Briefes nicht sofort, spätestens aber nach seinem Öffnen erkannt werden kann (vgl Rn 46), sondern um ein Verheimlichen des Werbecharakters durch eine äußerliche Tarnung als persönlicher Brief für die in der Adresse genannte Person. Mit einer solchen Tarnung der Werbung als Privatschreiben erschleicht sich der Werbende unzulässig eine Aufmerksamkeit, die er mit seiner Werbung ohne die irreführende Tarnung nicht erzielt hätte (BGH GRUR 1973, 552 – Briefwerbung). Dies gilt vor allem dann, wenn der Werbende den Brief mit dem 48

BT Abo-Werbung

Abonnementwerbung

Hinweis „*persönlich/vertraulich*" kennzeichnet und dadurch bei Unternehmen ungeöffnet und nicht als Werbung entlarvt die Posteingangskontrolle und das Sekretariat passiert und den Adressaten schon allein dadurch belästigt, dass dieser sich mit einem Schreiben befassen muss, welches in ohne die Tarnung nicht erreicht hätte.

49 Erfolgt eine Abonnenten-Werbung durch persönlich adressierte Werbeschreiben, sind Verbraucher als Empfänger als Adressaten einer solchen „Ansprache zum Zwecke der Werbung" gem § 28 Abs 4 Satz 2 **BundesdatenschutzG** darauf hinzuweisen, dass sie einer im Werbeschreiben zu benennenden Adresse mitteilen können, dass sie künftig keine Werbepost mehr haben wollen. Allerdings handelt es sich bei § 4 BDSG und bei der Belehrungsverpflichtung nach § 28 Abs 4 BundesdatenschutzG nicht um eine verbraucherschützende Norm im Sinne des UKlaG (OLG Düsseldorf ZUM RD 2004, 236; OLG Hamburg AfP 2004; aA Verbraucherschutzgesetz für § 28 BDSG bejaht; OLG Frankfurt NJW-RR 2005, 1280 und Köhler/Bornkamm/*Köhler* § 2 UklaG Rn 13) (zu § 4 Nr 11 UWG vgl Rn 104a).

50 Ist einem Geschäftsbrief (zB einem Angebot, einer Auftragsbestätigung, einer Rechnung usw) eine Werbebeilage beigefügt, handelt es sich um eine **Briefbeilagenwerbung**. Lauterkeitsrechtlich wird nicht unterschieden, ob es sich bei der Briefbeilage um eigene Werbung **(Beipackwerbung)** oder um Fremdwerbung **(Empfehlungswerbung)** handelt. Wettbewerbsrechtlich zählt sie zur Briefwerbung. Das zur Lauterkeit der Briefwerbung Gesagte gilt daher entsprechend. Datenschutzrechtlich ist die Briefbeilagenwerbung als Werbung für Angebote Dritter gemäß § 28 Abs 3 Satz 5 BDSG auch ohne Einwilligung des Betroffenen zulässig, wenn nur Listendaten verwendet werden, die weiteren gesetzlichen Vorbehalte erfüllt sind und für den Betroffenen bei der Ansprache zum Zwecke der Werbung die für die Nutzung der Daten **verantwortliche Stelle** eindeutig erkennbar ist (§ 28 Abs 3 Satz 5 BDSG). Außerdem ist der Betroffene bei Begründung eines Vertragsverhältnisses und bei jeder werblichen Ansprache auf sein **Widerspruchsrecht** und hinzuweisen (§ 28 Abs 4 Satz 2 BDSG). Schließlich dürfen schutzfähige Interessen des Betroffenen nicht entgegenstehen (§ 28 Abs 3 Satz 6 BDSG) und der Betroffene darf der Nutzung der Daten nicht widersprochen haben (§ 28 Abs 4 BDSG) Zu § 28 Abs 4 BDSG als Norm im Sinne von § 4 Nr 11 vgl Rn 49.

4. Gefühlsbetonte Werbung

51 „**Gefühlsbetonte Werbung**", die beispielsweise an das Mitgefühl, die Hilfsbereitschaft, die soziale Verantwortung oder die Mildtätigkeit der Umworbenen appelliert, war nach gefestigter früherer Rechtsprechung und herrschender Meinung grundsätzlich unzulässig. Machte sich der Werbende diese Gefühle der Umworbenen für eigennützige Zwecke planmäßig zunutze, ohne dass irgend ein sachlicher Zusammenhang mit der Leistung, beispielsweise der Eigenschaft der Ware, ihrer Herstellungsart oder Preiswürdigkeit bestand, handelte er wettbewerbswidrig, selbst wenn die an das Gefühl gerichteten Behauptungen zutrafen (vgl zuletzt BGH NJW-RR 2000, 631 – Generika-Werbung). Das Verbot, für eigennützige Zwecke des werbenden Unternehmens an das Gefühl zu appellieren, galt jedoch schon bisher nicht für die **karitative Tätigkeit** gemeinnütziger Organisationen und kirchlicher Unternehmen. Verkaufen sie zur Erfüllung ihrer karitativen Aufgaben Waren zu handelsüblichen Preisen, tritt die Wettbewerbsabsicht gegenüber dem ideellen Zweck zumindest in den Hintergrund. Die Grundsätze zur gefühlsbetonten Werbung waren daher auf sie nicht anwendbar (NJW 1976, 753 – UNICEF-Karten). Nach dem heute geltenden UWG dürfte es in Regelfall am Vorliegen einer geschäftlichen Handlung fehlen. Die Rechtsgrundsätze zum Verbot der „gefühlsbetonten Werbung" (gefühlsbezogene Werbung, Werbung mit Emotionen, social Marketing) haben durch das Bundesverfassungsgericht im Jahre 2002 eine gravierende Änderung erfahren. Das BVerfG hat in seiner Entscheidung „Tier- und Artenschutz" (NJW 2002, 1187) auf die besondere Bedeutung der nach Art 5 GG geschützten Meinungsfreiheit auch bei der Ausfüllung wettbewerbsrechtlicher Generalklauseln, insbesondere bei Fallgruppen im Rahmen von § 1 UWG aF hingewiesen: Handelt es sich bei einer „gefühlsbetonten Werbung" um eine Meinungsäußerung im Sinne von Art 5 GG, muss dies nach den Umständen des Einzelfalls so schwerwiegend sein, dass eine Gefährdung des Leistungswettbewerbs besteht (BVerfG NJW 2002, 1187 – Tier- und Artenschutz). Dabei genügt es zum erforderlichen Beleg einer Gefährdung des Leistungswettbewerbs nicht, dass die Werbung bei Interessenten Motive des sozialen Engagements anspricht, wenn dies ohne Irreführung geschieht, sodass der Kaufinteressent frei entscheiden kann, ob er sich durch dieses Motiv zum Kauf anregen lassen will. Denn den Bürgern steht es nach Art 2 Abs 1 GG frei, auf Grund welcher Motive sie am rechtsgeschäftlichen Verkehr teilnehmen. Dementsprechend sei es begründungsbedürftig, Werbung als sittenwidrig einzuordnen, wenn die Anbieter der Leistungen sich nicht nur auf die Angaben zu Preis und Qualität beziehen, sondern durch weitere Informationen zum Kauf motivieren wollen. Insofern reicht auch nicht die Feststellung, dass eine derartige Werbung vom Verbraucher als anstößig empfunden werde, ohne diese Aussage auf Anhaltspunkte einer dadurch bewirkten tatsächlichen Gefährdung des Leistungswettbewerbs aufzubauen (BVerfG NJW 2002, 1187 – Tier- und Artenschutz; OLG Hamburg NJW-RR 2003, 407 – „Bringt die Kinder durch den Winter"). Auf den bislang für erforderlich gehaltenen sachlichen Zusammenhang zwischen dem sozialen Engagement und der beworbenen Ware oder Leistung hat das Bundesverfassungsgericht nicht mehr abgestellt. Unerheblich ist auch, ob die Höhe der Spende an abstrakte Umsatz- oder Gewinnzahlen geknüpft wird oder – ähnlich wie bei einer Stücklizenz – an das konkrete Produkt. Die Gefahr, den Leistungswettbewerb unlauter zu beeinträchtigen, mag zwar bei einer unmittelbaren Verknüpfung des Warenabsatzes mit der Höhe der Spende noch am ehesten gegeben sein. Dazu muss aber auch in diesem Falle die Verknüpfung für den Kunden so drängend sein, dass sie ihn gewissermaßen blind macht für Konkurrenzangebote (BGH 2007, 919 – Regenwaldprojekt).

Die gefühlsbetonte Werbung ist ein Fall des § 4 Nr 1 UWG. Sie ist grundsätzlich **52** – vorbehaltlich dem per-se-Verbot von Nr 30 der Blacklist vgl Rn 57 – zulässig, auch wenn kein sachlicher Zusammenhang zwischen den werbenden Unternehmen bzw. seinen Produkten zu den Emotionen besteht, an die appelliert wird (BGH NJW 2007, 919, Rn 19 – Regenwaldprojekt I) BGH NJW 2006, 149 – Artenschutz II; *Baumbach/Hefermehl/Köhler* § 4 UWG Rn 1.50 mwN; *Harte-Bavendamm/Henning-Bodewig/Stuckel* § 4 Rn 104ff.). Eine Werbemaßnahme ist eine unangemessene unsachliche Einflussnahme auf Marktteilnehmer iS des § 4 Nr 1 UWG, wenn sie mit der Lauterkeit des Wettbewerbs unvereinbar ist. Die Beurteilung, ob dies der Fall ist, erfordert eine Abwägung der Umstände des Einzelfalls im Hinblick auf die Schutzzwecke des Gesetzes gegen den unlauteren Wettbewerb, bei der die Grundrechte der Beteiligten zu berücksichtigen sind (BGH NJW 2006, 149 – Artenschutz II). Der vom Bundesverfassungsgericht erhobenen Forderung nach einer Feststellung, dass durch die jeweilige gefühlsbetonte Werbung im Einzelfall eine konkrete Gefährdung des Leistungswettbewerbs erfolgt, hat der Gesetzgeber durch das Spürbarkeitserfordernis des § 3 UWG 2004 und § 3 Abs 1 UWG 2008 Rechnung getragen. Unzulässig ist solche Werbung erst dann, wenn diese Art der Beeinflussung im Einzelfall nach verfolgtem Zweck, eingesetzten Mittel, Beleitumständen und Auswirkungen der Werbung als unlauter anzusehen ist (BGH NJW 2002, 1200 – H.I.V. POSITIVE II).

Gefühlbetonte Werbung verstößt gegen § 4 Nr 1 UWG, wenn der Appell an die **53** jeweiligen Emotionen **geeignet ist, die Entscheidungsfreiheit der Verbraucher oder der sonstigen Marktteilnehmer** durch Ausübung von Druck oder **durch sonstigen unangemessenen unsachlichen Einfluss zu beeinträchtigen.** Dies ist erst dann der Fall, wenn die gefühlsbetonte Werbung im konkreten Fall geeignet ist, die **Rationalität der Nachfragerentscheidung** des Marktteilnehmers, an dessen Gefühle appelliert wird, **vollständig in den Hintergrund treten zu lassen** (BGH GRUR 2012, 301 Rn 20 – Solariniative; *Köhler/Bornkamm/Köhler* § 4 Rn 1.224).

BT Abo-Werbung

Abonnementwerbung

Es ist nicht anzunehmen, dass der kritische Durchschnittsverbraucher unter dem Eindruck solcher gefühlsbetonter Werbung von der Prüfung von Qualität und Preis der mit dem Appell beworbenen Ware völlig absieht. Aus diesem Grunde wurden als zulässig eingestuft Werbungen mit dem Appell *„bringt die Kinder durch den Winter"* (OLG Hamburg NJW-RR 2003, 407), *Binder Optik unterstützt die Aktionsgemeinschaft Artenschutz e. V.* (BGH NJW 2006, 149 – Artenschutz), Bierwerbung mit der Aufforderung *„schützen Sie 1 m² Regenwald"* (BGH NJW 2007, 919 – *Regenwald I*) oder die Werbung für künstliche Pelze mit dem Hinweis darauf, dass bei deren Kauf die Tötung und die Leiden von Tieren bei der Pelzherstellung vermieden werden können (GRUR 2002, 455 – Tier- und Artenschutz). Der Appell an Verantwortung, Hilfsbereitschaft oder Solidarität kann sich auch auf den Hersteller der beworbenen Ware beziehen. Zulässig waren daher Werbeaussagen wie *„dieses Produkt schafft Arbeitsplätze bei UNS!"* (BGH GRUR 1995, 742) oder *„Augen auf beim Kohlenkauf – wir liefern nur deutsche Ware"* (OLG Rostock WRP 1995, 970). Dagegen wurde beim Vertrieb von Zeitschriften der planmäßige Einsatz Schwerstsprachbehinderter, die sich nur durch das Vorzeigen einer Schrifttafel verständlich machen konnten, als unzulässig angesehen (OLG Hamburg GRUR 1986, 261). Dagegen ist die frühere Rechtsprechung nicht mehr gerechtfertigt, wonach ein Pressevertrieb wettbewerbswidrig handelt, der seine Vertreter mit dem Dankschreiben eines Altersheims über die vom Pressevertrieb erhaltenen Zuwendungen werben ließ (LG Trier NJW 1976, 755 und LG Mainz WRP 1972, 400), und ein Zeitschriftenwerber, der anlässlich eines Verkaufsgesprächs äußerte, er spende in beachtlichem Maße an eine kirchliche Jugendeinrichtung (OLG Stuttgart AfP 1988, 41).

54 Unzulässig ist Werbung mit Emotionen aber dann, wenn sie **irreführt**. Machen Zeitschriftenwerber unwahre Angaben über ihre **persönlichen Lebensverhältnisse** (Asylant, Flüchtling, Rauschgiftabhängiger oder Strafentlassener in Resozialisierung etc) oder täuschen sie über die Verwendung ihres Verdienstes aus der Zeitschriftenwerbung, ist dies regelmäßig wettbewerbswidrig im Sinne von § 1 UWG aF (BGH AfP 1990, 295 – Zeitschriftenwerber mwN; vgl auch Rn 21).

55 Spiegelt der Zeitschriftenwerber vor, der Gewinn aus dem Abonnementvertrag werde vom Verlag oder Pressevertrieb teilweise einem caritativen oder sozialen Zweck zugeführt, handelt der Werber in der Absicht, den Anschein eines besonders günstigen Angebots hervorzurufen und erfüllt den Straftatbestand der irreführenden Werbung nach § 16 Abs 1 UWG (§ 4 UWG aF BayObLG NStZ 1990, 132). Veranlasst der Werber mit solchen wahrheitswidrigen Behauptungen den Kunden zur Bestellung der Zeitung oder Zeitschrift, erfüllt er den Tatbestand des § 263 StGB (OLG Düsseldorf NJW 1990, 2397). Zur strafbaren Werbung beim Vertrieb von Zeitschriften vgl *Endriss*, wistra 1989, 90.

56 § 4 Nr 1 UWG begründet keine über den Schutz vor irreführender Werbung hinausgehenden Informationspflichten (*Harte-Bavendamm/Henning-Bodewig/Stuckel* § 4 Rn 109). Es verstößt daher nicht gegen § 4 Nr 1 UWG, wenn der Werbende die Höhe seiner finanziellen Unterstützung offen lässt, solange keine Anhaltspunkte dafür bestehen, dass in Wirklichkeit gar keine Beträge abgeführt werden oder derart unbedeutende Summen, dass eine nennenswerte Unterstützung des beworbenen sozialen Zwecks nicht erreicht werden kann (OLG Hamburg NJW-RR 2003, 407 – Bringt die Kinder durch den Winter). Unzulässig ist es aber auch, wenn die Art und Weise der Förderung des sozialen Zwecks im Unklaren bleibt und letztlich mehr an Förderung versprochen wird, als im Ergebnis gewährleistet werden kann und der Verbraucher deshalb Gefahr läuft, enttäuscht zu werden (BGH NJW 2007, 922 – *Regenwaldprojekt II*). Eine Irreführung durch Unterlassen läge vor, wenn bei gefühlsbezogener Werbung Umstände verschwiegen werden, die für die Entscheidung des Werbeadressaten wesentlich sind. Die Wesentlichkeit der unterlassenen Information hängt von den Umständen des konkreten Falls ab. Aber auch unter dem Gesichtspunkt der §§ 5, 5a UWG besteht keine allgemeine Verpflichtung des Werbenden, über die Art und Weise der Unterstützung oder die Höhe oder den Wert der Sponsorenleistung aufzuklären (BGH NJW 2007, 922 – *Regenwaldprojekt II*). Werden jedoch konkrete Angaben zur Leistung gemacht, die dann tatsächlich hinter dem Versprechen zurückbleiben, kann eine relevante Irreführung im Sinne von §§ 5, 5a UWG vorliegen, wenn dadurch die berechtigten Erwartungen des Werbeadressaten enttäuscht wurden (BGH NJW 2007, 919 – *Regenwaldprojekt I* und BGH NJW 2007, 922 – *Regenwaldprojekt II* sowie *Seither* WRP 2007, 230).

Stets unzulässig gegenüber Verbrauchern ist gemäß Nr **30 des Anhang zu § 3** **57 Abs 3 UWG** *die ausdrückliche Angabe, dass der Arbeitsplatz oder Lebensunterhalt des Unternehmers gefährdet sei, wenn der Verbraucher die Ware oder Dienstleistung nicht abnehme.* Es handelt sich hierbei um ein per-se-Verbot eines Appells an das Mitgefühl und die soziale Verantwortung von Verbrauchern zu Zwecken des Absatzes. Eine solche ausdrückliche Angabe ist selbst dann unlauter, wenn sie zutrifft, also tatsächlich Arbeitsplätze beim werbenden Unternehmen gefährdet wären, wenn dem Appell keine Folge geleistet wird. Da der Begriff des Unternehmens nach der Definition von § 2 Abs 1 Nr 6 UWG auch alle Personen umfasst, die im Namen oder Auftrag des Unternehmens handeln, ist Nr 30 auch dann anwendbar, wenn Angestellte des Unternehmens die Gefährdung ihres Arbeitsplatzes oder ihres Lebensunterhaltes behaupten. Der Tatbestand der Nr 30 ist jedoch nur erfüllt bei einer ausdrücklichen Angabe, dass der Arbeitsplatz oder Lebensunterhalt gefährdet sei, wenn die Ware oder Dienstleistung nicht abgenommen wird; nur Andeutungen in dieser Hinsicht oder Angaben über schlechte Umsätze oder schlechte Zeiten erfüllen den Tatbestand nicht. Die ausdrückliche Angabe muss sich auf die Gefährdung von Arbeitsplatz oder Lebensunterhalt beziehen. Die Angabe sonstiger Notsituationen oder Bedürfnisse reicht nicht aus, beispielsweise die Angabe, ohne den Absatz eine Ausbildung abbrechen zu müssen oder sich eine notwendige Operation nicht leisten zu können. Auch ein Hinweis auf Gefahren für die Umwelt oder für Dritte, denen mit dem Absatz der Waren oder Dienstleistungen begegnet werden soll, erfüllt nicht den Tatbestand der Nr 30. Die Unlauterkeit solcher Appelle an das Gefühl kann sich jedoch aus § 4 Nr 1 UWG ergeben.

Nach Nr 2 der **Wettbewerbsregeln des BDZV** (Rn 215) ebenso wie nach § 2 **58** Abs 2a der **Wettbewerbsregeln der AGA** (Rn 239) darf ein Werber nicht versuchen, durch die Erregung von Mitleid, insbesondere durch Vorspiegelung von Bedürftigkeit oder unter dem Vorwand besonderer Förderungswürdigkeit seiner Person oder des von ihm vertretenen Unternehmens Abonnenten zu gewinnen. Er darf auch nicht in irreführender Weise mit dem Hinweis werben, der Erlös oder ein Teil des Erlöses aus dem Abonnement fließe gemeinnützigen oder mildtätigen Zwecken zu. Soweit das Vorspiegeln von tatsächlich nicht gegebener Bedürftigkeit oder der unzutreffende Vorwand einer besonderen Förderungswürdigkeit seiner Person oder des Verlages oder irreführende Angaben über die Erlösverwendung untersagt werden, deckt sich die Wettbewerbsregel mit dem Verbot irreführender Angaben im Rahmen gefühlbetonter Werbung (vgl Rn 54). Dagegen wäre ein Versuch des Werbers, berechtigtes Mitleid zum Absatz seines Produktes zu erregen, von § 4 Nr 1 UWG gedeckt. Allerdings sprechen die für ihn unzulässiges Erregen von Mitleid in den Wettbewerbregeln genannten Beispiele (insbesondere *Vorspielen* von Bedürftigkeit oder *Vorwand* besonderer Förderungswürdigkeit) dafür, dass der Werber nur durch irreführende Angaben hervorgerufenes Mitleid zur Absatzförderung untersagt sein soll.

Zur Bedeutung der Wettbewerbsregeln für die Feststellung der Unlauterkeit durch das Gericht vgl Rn 9.

5. Haustürwerbung

Nach Nr 26 des Anhangs zu § 3 Abs 3 UWG ist es gegenüber einem Verbraucher **59** per se unlauter, *bei persönlichem Aufsuchen in der Wohnung die Nichtbeachtung einer Aufforderung des Besuchten, diese zu verlassen oder nicht zu ihr zurückzukehren, es sei denn, der*

BT Abo-Werbung

Abonnementwerbung

Besuch ist zur rechtmäßigen Durchsetzung einer vertraglichen Verpflichtung gerechtfertigt. Gegenüber allen Besuchten Marktteilnehmern stellt es eine unzumutbare Belästigung im Sinne von § 7 Abs 1 Satz 2 UWG dar, wenn der Vertreter sich über die erkennbare Ablehnung des Besuchs hinwegsetzt, gleichgültig, ob die Ablehnung persönlich ausgesprochen wird oder durch ein Schild „wie hausieren verboten" erklärt wird. Im Übrigen ist die lauterkeitsrechtliche Zulässigkeit unangemeldeter und unerbetener Haustürwerbung denkbar umstritten. Haustürwerbung wird zu Recht im Schrifttum mit großer Mehrheit als unzumutbare Belästigung im Sinne von § 7 Abs 1 UWG angesehen, zumal ein unerbetener Vertreterbesuch den Betroffenen erheblich mehr beeinträchtigt als ein ohne seine ausdrückliche Einwilligung erfolgter Telefonanruf. Es ist einfacher, den Telefonhörer aufzulegen, als einem vor der Tür stehenden Vertreter zu erklären, dass man an seinem Besuch kein Interesse hat. Tatsächlich wird die Haustürwerbung von einem Großteil der Bevölkerung als belästigend empfunden. Nach einer Infra-Test-Umfrage lehnten 75% der Befragten einen Direktvertrieb an der Haustür entschieden ab und weitere 15% tolerierten ihn nur mit Einschränkungen (Ullrich in Festschrift Viereck 1995, 901, 912). Deshalb wird in der Literatur gefordert, die Zulässigkeit der Haustürwerbung nur bei tatsächlichem oder mutmaßlichen Einverständnis des Besuchten zuzulassen (Köhler/Bornkamm/*Köhler* § 7 UWG Rn 51 mwN). Um ein einheitliches Schutzniveau bei den Vertriebsmethoden des Direkt-Marketings und insbesondere gegenüber der Telefonwerbung zu erreichen, sollte die bisherige Rechtsprechung zur grundsätzlichen Zulässigkeit der Haustürwerbung überprüft und überdacht werden. Nach dieser bisherigen Rechtsprechung wird die Haustürwerbung vom Bundesgerichtshof im Hinblick auf Art 12 GG als traditionell zulässige gewerbliche Tätigkeit eingestuft, solange sie nicht auf Grund der Umstände des Einzelfalls mit einer zusätzlichen wettbewerbswidrigen Belästigung verbunden ist (BGH NJW 2004, 2593 – Ansprechen in der Öffentlichkeit; BGH GRUR 1994, 380 – Lexikothek). Letzteres ist jedoch der Fall, wenn an der Haustüre auch noch – und sei es durch wahrheitsgemäß vorgetragene oder vorgezeigte Bedürftigkeit – die Mitleidsmasche abgezogen wird. Diese doppelte Belästigung kann bei durchschnittlich empfindsamen Personen nicht nur deren Entscheidungsfreiheit im Sinne von § 4 Nr 1 UWG beeinträchtigen sondern vor allem als unzumutbare Belästigung im Sinne von § 7 Abs 1 UWG entstanden werden. Jedenfalls liegt eine solche Unlauterkeit bei einem zielgerichteten und planmäßigen Einsatz von Schwerstsprachbehinderten in der Zeitschriftenwerbung im Haus-zu-Haus Geschäft vor, wenn sich die Werber nur durch das Vorzeigen einer Schrifttafel verständlich machen können (OLG Hamburg WRP 1986, 229).

60 Zu den besonderen Umständen, die nach der bisherigen Rechtsprechung trotz ihrer grundsätzlichen Zulässigkeit zur Wettbewerbswidrigkeit der Haustürwerbung führen können, gehören die erschlichenen Hausbesuche. So wurde es beispielsweise als wettbewerbswidrig beurteilt, wenn ein Interessent lediglich Informationsmaterial oder ein schriftliches Angebot angefordert habe, stattdessen aber – mit der oder statt den Prospekten – den unerbetenen Hausbesuch eines Vertreters bekam (BGH GRUR 1968, 648 – Farbbildangebot, BGH GRUR 1971, 320 – Schlankheitskur) oder wenn die Antwortkarte, mit der eine Präsentation angefordert wird, bewusst so formuliert wurde, dass der Vertreter behaupten kann, er habe sie als Wunsch zu einem Hausbesuch verstehen dürfen (BGH GRUR 1976, 32 – Präsentation). Als wettbewerbswidrig wurde auch beurteilt, wenn ein Vertreterbesuch vereinbart wird zur Übergabe eines Gewinns, der bei einem Preisausschreiben gewonnen wurde, diese Möglichkeit des Hausbesuchs vom Vertreter aber dazu benutzt wird, Produkte zu verkaufen und Verkaufsgespräche zu führen (BGH GRUR 1973, 81 – Gewinnübermittlung). Auch wurde es als sittenwidrig im Sinne von § 1 UWG aF beurteilt, wenn unter Ausnutzung nachbarschaftlicher, freundschaftlicher, verwandtschaftlicher oder sonstiger persönlicher Beziehungen Betroffene zu Hause aufgesucht wurden, um ihnen ein Produkt zu verkaufen oder dafür zu werben (BGH GRUR 1974, 341 – Campagne). Ob in den genannten Fällen eine unlautere geschäftliche Handlung vor-

II. Unlautere Praktiken der Bezieherwerbung

liegt, hängt von den jeweiligen konkreten Umständen ab. Dabei ist einerseits das gegenüber der damaligen Rechtsprechung gcänderte Verbraucherleitbild zu berücksichtigen, was dazu führen kann, dass eine geschäftliche Handlung heute als solche nicht mehr unter dem Gesichtspunkt des psychischen Kaufzwangs im Sinne von § 4 Nr 1 UWG oder der Laienwerbung als unlauter erscheint; andererseits kann jedoch der Zusammenhang der fraglichen geschäftlichen Handlung mit der Situation des Hausbesuchs den Vorgang zur unzumutbaren Belästigung im Sinne von § 7 Abs 1 UWG machen. Auch muss angesichts der Unzulässigkeit einer telefonischen Nachbearbeitung gekündigter Abonnement-Verträge überdacht werden, ob eine solche Nachbearbeitung durch einen Hausbesuch weiterhin als wettbewerbskonform gesehen werden kann (so aber noch BGH GRUR 1994, 380 – Lexikonthek; anderer Auffassung Büscher/Dittmer/Shiwy/*Mehler* § 7 UWG Rn 67).

6. Ansprechen in der Öffentlichkeit

Ein Paradebeispiel belästigender Werbung ist das persönliche Ansprechen potentieller Kunden auf der Straße, in öffentlichen Verkehrsmitteln oder vor dem Geschäftslokal. Der individuell Angesprochene, plötzlich, ungewollt und unvorbereitet mit einem Angebot konfrontiert, gerät durch die Überrumpelung in eine psychische Zwangslage. Viele sind weder eloquent noch selbstbewusst genug, um sich der Situation zu entziehen und sehen die einfachste Möglichkeit, den lästigen Werber los zu werden, darin, sich auf das Werbegespräch einzulassen. Deshalb ist es eine wettbewerbswidrige Belästigung, iSv §§ 3, 7 Abs 1 UWG, zur Akquise von Kunden auf öffentlichen Straßen, Plätzen, Märkten, in Einkaufszentren, Warenhäusern und Geschäftspassagen auf Passanten zuzugehen und sie zur Geschäftsanbahnung gezielt individuell anzusprechen. Zwar schafft eine gezielte individuelle Ansprache unter den heutigen Verhältnissen für sich genommen noch nicht bei einem erheblichen Teil der Angesprochenen eine psychische Zwangslage, die sie geneigt machen kann, auf ein beworbenes Angebot einzugehen (BGH NJW 2005, 1050 – Ansprechen in der Öffentlichkeit II). Aber wenn der Werber als solcher nicht eindeutig erkennbar ist, macht er sich den Umstand zunutze, dass es einem Gebot der Höflichkeit entspricht, einer fremden Person, die sich vielleicht nach dem Weg erkundigen möchte, nicht von vornherein abweisend oder ablehnend gegenüber zu treten (BGH NJW 2004, 2593 – Ansprechen in der Öffentlichkeit I). Eine gezielte und individuelle Direktansprache von Passanten an öffentlichen Orten ist eine unerbetene Kontaktaufnahme und damit ein belästigender Eingriff in die Individualsphäre des Umworbenen. Der Passant wird dadurch in seinem Bedürfnis, auch im öffentlichen Raum möglichst ungestört zu bleiben, beeinträchtigt und unmittelbar persönlich für die gewerblichen Zwecke des werbenden Unternehmens in Anspruch genommen (BGH NJW 2004, 2593 – Ansprechen in der Öffentlichkeit I). Die von der gezielten Direktansprache von Passanten an öffentlichen Orten ausgehende Belästigung ist für den Angesprochenen, der mit einer Kontaktaufnahme zu Werbezwecken nicht rechnet, auch unzumutbar, selbst wenn die Belästigung in der Regel als nur gering eingeschätzt wird. Eine methodisch angewandte unzumutbare Belästigung wie das gezielte Ansprechen von Passanten an öffentlichen Orten zu zunächst nicht eindeutig erkennbaren Werbezwecken ist in jedem Fall geeignet, den Wettbewerb nicht unerheblich zum Nachteil der anderen Marktteilnehmer zu verfälschen BGH NJW 2005, 1050 – Ansprechen in der Öffentlichkeit II). Keine unzumutbare Belästigung liegt jedoch vor, wenn der Werber beispielsweise durch eine entsprechende Bekleidung von vornherein **als Werber eindeutig erkennbar** ist oder wenn er von einem **Werbesstand** aus operiert, bei dem niemand gezwungen ist, stehen zu bleiben (aA noch OLG Stuttgart AfP 1987, 421). Denn die Kontaktaufnahme zu Werbezwecken ist für die Passanten in solchen Fällen in aller Regel nicht belästigend. Er hat fast immer die Möglichkeit, sich einem Gespräch ohne große Mühe durch Nichtbeachtung des Werbenden oder eine kurze abweisende Bemerkung oder Geste zu entziehen. Anders liegt es aber, wenn dies

BT Abo-Werbung Abonnementwerbung

nach den gegebenen Verhältnissen (zB in einer engen Straße oder öffentlichen Verkehrsmitteln oder Räumlichkeiten nicht möglich ist (BGH NJW 2005, 1050 – Ansprechen in der Öffentlichkeit II, OLG Bremen OLG-Report 2005, 618) oder wenn der Werbende einen erkennbar entgegenstehenden Willen des Angesprochenen missachtet, etwa indem er diesen am Weitergehen hindert oder ihm folgt. In solchen Fällen ist die Anwendung des § 7 UWG auch dann geboten, wenn sich der Werbende von vornherein als solcher zu erkennen gegeben hat (BGH NJW 2005, 1050 – Ansprechen in der Öffentlichkeit II; OLG Bremen OLG-Report 2005, 618). Das bloße Verteilen von Werbematerial an Personen in der Öffentlichkeit ist wettbewerbsrechtlich nicht zu beanstanden (BGH NJW-RR 1994, 941 – Pinguin-Apotheke und LG Kiel GRUR 2005, 446), solange dabei nicht versucht wird, den Passaten in ein Verkaufsgespräch zu verwickeln. Deshalb ist das bloße Verteilen von Gratisexemplaren einer Zeitung in der Öffentlichkeit zulässig, wenn es mit dem bloßen Verteilen des Blattes sein Bewenden hat. Geschieht das Verteilen von einem Werbestand aus, den der Empfänger im Zusammenhang mit der Entgegennahe des Gratis-Exemplars aufsucht oder in dessen unmittelbaren Umfeld, können am Promotions-Stand auch Abonnement-Verträge angeboten und abgeschlossen werden. Denn durch das Aufsuchen des Werbestandes hat der Interessent zumindest konkludent seine Einwilligung dazu erteilt, sich bewerben zu lassen und auf ein Angebot einzugehen.

7. Werbung mittels Telefon, Telefax und elektronische Post

a) Werbung

62 Die kleine Generalklausel des § 7 Abs 1 Satz 1 UWG erfasst alle geschäftlichen Handlungen. Die Vorschrift von § 7 Abs 2 UWG betrifft dagegen – ebenso wie § 7 Abs 1 Satz 2 UWG – nur die Belästigung durch Werbung (aA Köhler/Bornkamm/ *Köhler* § 7 UWG Rn 99: Jedes Ansprechen mit dem Ziel, den Verbraucher zu einer geschäftlichen Entscheidung vor, bei oder nach Geschäftsabschluss zu veranlassen). Das UWG definiert den Begriff Werbung nicht. Nach der Rechtsprechung umfasst der Begriff **Werbung** alle Maßnahmen, eines Unternehmens, die auf die Förderung des Absatzes seiner Produkte oder Dienstleistungen gerichtet sind. Damit ist außer der unmittelbar produktbezogenen Werbung auch die mittelbare Absatzförderung – beispielsweise in Form der Image-Werbung oder des Sponsoring – erfasst. Werbung ist deshalb in Übereinstimmung mit Art 2a der Richtlinie 2006/113/EG über irreführende und vergleichende Werbung jede Äußerung bei der Ausübung eines Handels, Gewerbes, Handwerks oder freien Berufs mit dem Ziel, den Absatz von Waren oder die Erbringung von Dienstleistungen zu fördern (BGH GRUR 2013, 1259 Rn 17 – Empfehlungs-E-Mail; BGH GRUR 2009, 980 Rn 13 – E-Mail-Werbung II; BGH NJW 2008, 2997 – Faxanfrage im Autohandel). Bei diesem weiten Verständnis des Begriffs Werbung in § 7 UWG können dann aber auch Newsletter des Unternehmens, seine Pressemitteilungen, Bewertungsanfragen, Konsumentenbefragungen und Meinungsanfragen zu den Produkten und Leistungen eines Unternehmens als Werbung anzusehen sein. Werbung beinhaltet nicht nur Absatzförderung, sondern umfasst auch Nachfragehandlungen, die sich auf den Bezug der Waren oder Dienstleistungen richten, die ein Unternehmen für seine eigene Geschäftstätigkeit auf dem Markt benötigt, zB die Fax-Anfrage eines Gebrauchtwagenhändlers zum Ankauf von Kfz (BGH NJW 2008, 2007 – Faxanträge im Autohandel) oder der Anruf, das Telefax oder die E-Mail eines Wiederverkäufers zum Bezug seiner Handelsware als notwendige Voraussetzung ihres Absatzes und damit als mittelbar auf den Absatz gerichtete Handlung (BGH GRUR 2008, 925 Rn 60 – FC Troschenreuth). Ein Anruf zu Werbezwecken liegt beispielsweise vor, wenn bislang keine Einwilligung eines Kunden für Werbeanrufe vorliegt und der Kunde unter Hinweis auf eine Gesetzesänderung telefonisch gefragt wird, ob er künftig mit Werbeanrufen einverstanden sei (LG Hamburg Urteil vom 23.4.2009 – 315 O 358/08 MMR 2009, 578); wenn im Rahmen eines bestehenden Vertrages der Anruf der Fortsetzung oder Erweiterung der

II. Unlautere Praktiken der Bezieherwerbung **Abo-Werbung BT**

Vertragsbeziehung dient oder zur Nachbearbeitung gekündigter Verträge (BGH NJW 2000, 2677 – Telefonwerbung VI; BGH NJW-RR 1995, 613 – Telefonwerbung V; OLG Frankfurt NJW-RR 2005, 1400; OLG Köln NJW 2005, 2786; OLG Koblenz WRP 1992, 332; OLG Karlsruhe WRP 1990, 125); die Angabe der Privatnummer auf einem Bestellvordruck gestattet zB nur Anrufe innerhalb des konkreten Vertragsverhältnisses (zB dessen Durchführung), nicht aber Anrufe zur Vertragserweiterung, Vertragsverlängerung der zur Nachbearbeitung gekündigter Verträge (OLG Frankfurt GRUR 2005, 964; BGH NJW 2000, 2677 – Telefonwerbung VI; BGH NJW-RR 1995, 613 – Telefonwerbung V; OLG Koblenz WRP 1992, 332 – OLG Karlsruhe WRP 1992, 125). Unlauter im Sinne von § 7 Abs 2 Nr 2 UWG handelt daher ein Anbieter von TK Dienstleistungen, der ohne deren vorherige Einwilligung mit ihm bereits vertraglich verbundene Privatkunden anruft, um sie zur Umstellung des bestehenden Tarifs auf neue Tarife zu veranlassen, die bis dahin nicht Gegenstand der Vertragsbeziehung waren (OLG Köln NJW 2005, 2786). Eine etwaige nachträgliche Billigung des Anrufs stellt dabei keine Einwilligung im Sinne von § 7 Abs 2 Nr 2 UWG dar (OLG Köln NJW 2005, 2786). Ein in AGB formularmäßig erklärtes Einverständnis mit Anrufen ist nach § 307 BGB selbst dann unwirksam, wenn die Einwilligung nach der Klausel jederzeit widerruflich ist (BGH NJW 2000, 2677 – Telefonwerbung VI; BGH WRP 1999, 660 – Einverständnis mit Telefonwerbung). Ein Anruf zu Werbezwecken liegt auch dann vor, wenn ein abgesprungener Kunde beispielsweise nach einer Abonnementkündigung zur Wiederaufnahme der Geschäftsbeziehung veranlasst werden soll und sei es auch nur in der Weise, dass er nach den Gründen seines Absprungs befragt werden soll (BGH NJW 1994, 1071 – Lexikothek; BGH NJW-RR 1995, 613 – Telefonwerbung V; OLG Koblenz AfP 1991, 451 – Nachbearbeitung gekündigter Abonnements mit Anmerkung Nordmann AfP 1991, 484); Werbung ist die telefonische Erkundigung nach der Richtigkeit des Telefonbucheintrags verbunden mit dem Angebot zu einem entgeltlichen Zusatzeintrag (BGH GRUR 2004, 520 – Telefonwerbung mit Zusatzeintrag); auch ein Anruf zu dem Zweck, einen Vertreterbesuch zu vereinbaren, ist ein Werbeanruf (BGH NJW 2000, 2677 – Telefonwerbung VI), ebenso ein Anruf, mit welchem die Übersendung von Informations- oder Werbematerial oder eines Probeexemplars angekündigt wird (BGH NJW 1989, 2820 – Telefonwerbung III; BGH NJW 1994, 1071 – Lexikothek; OLG Frankfurt WRP 2004, 515); Werbezwecken dient auch ein Anruf, der nur dazu dient, die Aufmerksamkeit auf ein bestimmtes Produkt zu lenken, zB der Anruf bei einem Verbraucher, um ihn zu fragen, wie dieser eine vorausgegangene Werbung beurteile und ihm dabei aufgefallen sei, dass darin ein kostenloses Probeheft angeboten wurde (OLG Stuttgart NJW-RR 2002, 767). Ein Anruf mit der Frage „Dürfen wir Sie wieder anrufen, sobald wir ein neues Zeitungsprodukt testen?" ist ein unzulässiger Werbeanruf (OLG München NJWE-WettbR 1996, 12). Nach Auffassung des OLG München handelt es sich bei der Bestätigungsaufforderung bei einem Double-Opt-In-Verfahren um unzulässige Werbung (Rn 81). „Follow-up, „customer-care"- oder „After Sales"-Kontakte, d. h. Anrufe, in denen zB gefragt wird, ob der Kunde mit dem angefordertem Info-Material oder einer bestellten Ware zufrieden war, sind Werbung (Gola/Schomerus § 4a BDSG Rn 4a). Auch im Auftrag eines Unternehmens durchgeführte telefonische Kundezufriedenheitsabfragen werden als Werbeanrufe iSd § 7 Abs 2 Nr 2 UWG angesehen, da sie dazu dienen, Kunden zu behalten und damit jedenfalls mittelbar die Förderung des Absatzes von Waren oder Dienstleistungen des auftraggebenden Unternehmens bezwecken (OLG Köln GRUR-RR 2014, 80 – nicht rechtskräftig; Revision beim BGH unter dem Az. I ZR 93/13).

Auch **Empfehlungs-E-Mails** von Dritten wie „*Tell-A-Friend*" sind Werbung im **62a** Sinne von § 7 UWG: Auf der Internetseite eines Unternehmens befand eine sogenannte Weiterempfehlungsfunktion. Gibt ein Dritter seine eigene E-Mail Adresse und eine weitere E-Mail Adresse ein, wird von der Internetseite des Unternehmens an die weitere von dem Dritten benannte E-Mail Adresse eine automatisch generierte E-Mail versandt, die auf den Internetauftritt des Unternehmens hinweist. Bei dem

BT Abo-Werbung

Abonnementwerbung

Empfänger der E-Mail geht dieser Hinweis auf die Internetseite des Unternehmens als vom Unternehmen versandt ein. Einen weiteren Inhalt hat eine Empfehlungs-E-Mail nicht, insbesondere keine zusätzlichen, über die Bekanntgabe des Internet-Auftritts hinausgehenden. Gleichwohl ist sie Werbung im Sinne von § 7 UWG. Denn die Einrichtung der Empfehlungsfunktion auf seiner Interseite ist eine Maßnahme des Unternehmens, die auf die Förderung des Absatzes seiner Produkte oder Dienstleistungen gerichtet ist. Schafft ein Unternehmen auf seiner Website die Möglichkeit für Nutzer, Dritten unverlangt eine sogenannte Empfehlungs-E-Mail zu schicken, die auf den Internetauftritt des Unternehmens hinweist, ist dies nicht anders zu beurteilen als eine unverlangt versandte Werbe-E-Mail des Unternehmens selbst (BGH GRUR 2013, 1259 Rn 19 – Empfehlungs-E-Mail). Dasselbe kann gegebenenfalls für die Anwendungsfunktion *„Freunde finden"* von Facebook gelten. Hier werden bei Betätigen des Buttons *„Freunde finden"* die E-Mail Adressen solcher vom „Freundefinder" genannten Nutzer aufgelistet, die noch nicht Mitglieder von Facebook sind. Die dann mittels eines weiteren Button *„Einladungen versenden"* verschickten E-Mails enthalten die Einladung, sich bei Facebook als Mitglied anzumelden. Damit werben sie für die Dienstleistung von Facebook. Auf die Untentgeltlichkeit dieser Dienstleistung kommt es nicht an. Facebook bietet seine Dienstleistung gewerblich an und will über die von ihr anderen Unternehmen angebotenen Werbemöglichkeiten Einahmen erzielen. Für die Einordnung als Werbung ist nicht entscheidend, dass das Versenden von Empfehlungs-E-Mails letztlich auf dem Willen eines Dritten – hier des „Freundefinders" – beruht. Maßgeblich ist vielmehr der mit dem Zuverfügungstellen der Empfehlungsfunktion auf Facebook verfolgte Zweck, auf den Empfohlenen und die von ihm angebotenen Leistungen aufmerksam zu machen (KG Urteil vom 24.1.2014 – 5 U 42/12 CR 2014, 319). Maßgeblich ist in solchen Fällen grundsätzlich, dass der Versand der Empfehlungs-E-Mails auf die gerade zu diesem Zweck zur Verfügung gestellte Weiterempfehlungsfunktion des Unternehmens zurückgeht und das Unternehmen beim Empfänger der Empfehlungs-E-Mail als Absender erscheint. Sinn und Zweck der Weiterleitungsfunktion besteht gerade auch darin, dass Dritten – unter Mitwirkung weiterer unbekannter Personen – ein Hinweis auf den Internetauftritt des Unternehmens übermittelt wird (KG aaO). Anders kann es sein, wenn bei den Empfängern der Einladungs-E-Mails nicht der Werbende als Absender erscheint, sondern jeweils der Dritte, der bei seiner Registrierung als Nutzer die E-Mail-Anschriften zur Verfügung gestellt und den Button *„Einladungen versenden"* betätigt hat. In solchen Fällen kann es an einer E-Mail-Werbung des Unternehmens fehlen, wenn das Unternehmen zwar Nutzer auffordert, anderen Verbrauchern Einladungs-E-Mails zu übersenden, dabei aber nur technische Hilfe leistet, damit die Nutzer bequem eine solche eigene persönliche Einladungs-E-Mail an Verwandte, Freunde und Bekannte versenden können. Solche Einladungs-E-Mails sind allein dem privaten Nutzer zu zurechnen, wenn dieser sich in Kenntnis aller wesentlichen Umstände und damit eigenverantwortlich– zur Versendung dieser E-Mails entschließt. Denn dem Nutzer geht es dann dabei allein darum, mit den von ihm Eingeladenen ebenfalls über das soziale Netzwerk und die von ihm gebotenen Vorteile kommunizieren zu können. Es muss keinem Verbraucher verwehrt werden, Freunden und Bekannten in einer E-Mail einen konkreten Hinweis auf ein von ihm für gut befundenes Produkt zu geben (KG aaO Rn 379). Dies setzt aber voraus, dass der Empfehlende die wesentlichen Umstände der in seinem Namen versandten Einladungs-E-Mails erkennen konnte. Dies ist nicht der Fall, wenn der Empfehlende nicht erkennt, dass mit Hilfe der von ihm zur Verfügung gestellten E-Mail-Adressen nicht nur diejenigen seiner Freunde gesucht werden, die bereits bei Facebook registriert sind, sondern auch solche Bekannte und Freunde, die bislang nicht Mitglieder von Facebook sind. In diesen Fällen wird der Empfehlende darüber getäuscht, dass nicht nur nach Freunden auf Facebook gesucht wird – deren grundsätzliches Einverständnis mit einer Suche der Verbraucher angesichts des Zwecks eines sozialen Netzwerkes man ohne weiteres annehmen kann –, sondern auch solche Verwandten,

Freunde und Bekannten angesprochen werden, die außerhalb von Facebook stehen und sich deshalb belästigt fühlen können (KG aaO Rn 86).

Vor allem bei **Meinungsumfragen** kann fraglich sein, ob die Voraussetzungen der 63 Förderung des Absatzes oder des Bezugs von Waren oder Dienstleistungen erfüllt sind und es sich deshalb um eine geschäftliche Handlung oder Werbung handelt. Entscheidend ist, ob die Meinungsumfrage – wenn auch mittelbar – der Förderung des Absatzes oder Bezugs von Waren oder Dienstleistungen dient oder doch zumindest in einem objektiven Zusammenhang mit den Absatz oder Bezug von Waren oder Dienstleistungen steht. Anrufe eines hiermit beauftragten **Marktforschungsinstitutes** bei Kunden des Auftraggebers zu dem Zweck, die Kunden zur Zufriedenheit mit dem Service oder den Produkten des Auftraggebers zu befragen, beurteilen die Gerichte als Werbeanrufe (OLG Köln vom 12.12.2008 – 6 U 41/08 MMR 2009, 75; OLG Stuttgart GRUR 2002, 457). Denn die Anrufe seien darauf gerichtet, die Erbringung von Dienstleistungen durch den Auftraggeber zu fördern. Dem stehe nicht entgegen, dass die angerufenen Kunden bereits dessen Kunden sind. Denn eine Absatzförderung muss nicht auf das Gewinnen neuer Kunden, sondern kann auch auf den Erhalt des bereits vorhandenen Kundenstamms gerichtet sein (BGH GRUR 1986, 615 – Reimportierte Kraftfahrzeuge; KG GRUR-RR 2005, Rn 33). Auch wenn Marktforscher im Auftrag eines Kunden telefonisch Verbrauchergewohnheiten abfragen, die im Zusammenhang mit den Produkten oder Dienstleistungen des Auftraggebers stehen, handelt es sich um Werbeanrufe (LG Hamburg GRUR-RR 2007, 61). Die vorherige Information über den Anruf durch das Marktforschungsinstitut nebst Einräumung einer Widerspruchsmöglichkeit genügt den Anforderungen an eine Einwilligung nicht (OLG Köln MMR 2009, 75; OLG Hamburg WRP 2009, 1282). Dagegen liegt keine Werbung oder geschäftliche Handlung vor, wenn die Umfrage von einem neutralen Institut zu wissenschaftlichen Zwecken durchgeführt wird und nicht unmittelbar der Absatzförderung eines bestimmten Auftraggebers dient. Keine Werbezwecke verfolgt daher eine Kreditschutz-Organisation und Wirtschaftsdatei, wenn sie einer Gärtnerei, mit der sie nicht in Geschäftsbeziehung oder auch nur Kontakt gestanden hatte, per Fax ein Formular mit Kopfbogen übersandte mit der Bitte, gewisse Unternehmensdaten wie Jahresumsatz, Umsatzerwartung, Mitarbeiterzahl, Steuernummer, Ansprechpartner etc. mitzuteilen, um den bei der Wirtschaftsdatei geführten Datenbestand über die Gärtnerei zu aktualisieren. Denn dabei konnte nicht der Eindruck entstehen, sie wolle die Gärtnerei als Kunden gewinnen und sich der Gärtnerei in künftigen Fällen als Dienstleister anbieten oder auch nur sich als kompetentes, leistungsfähiges Unternehmen zu präsentieren. Das wäre allenfalls ein rechtlich unbeachtlicher Reflex des unternehmerischen Auftretens gewesen. (OLG Stuttgart Urteil vom 25.7.2013 – 2 U 9/13). Nicht jegliche unternehmerische Tätigkeitsausübung gegenüber einem anderen unter eigener Identifizierbarkeit kann Werbung sein. Ist die positive Selbstdarstellung, die Selbstvermarktung bloßer Reflex des Handelns, liegt keine Werbung vor. Denn Werbung erfordert zumindest einen gewollten und nach dem Empfängerhorizont wahrnehmbaren (Mit-)Zweck der Tätigkeitsentfaltung auch als erkennbare, weil damit erst **einwilligungsfähige** oder zurückweisbare Manifestation eigener Leistungsfähigkeit und Leistungswilligkeit als Bestandteil der Kommunikation (OLG Stuttgart Urteil v. 25.7.2013 – 2 U 9/13).

Die Abgrenzung zwischen einem zulässigen Anruf zur Kundenpflege und zu Informationszwecken innerhalb eines bestehenden Vertrages von einem unzulässigen 64 Werbeanruf ist schwierig. **Werbung liegt aber jedenfalls dann vor, wenn mit dem Angerufenen kein Vertragsverhältnis besteht oder nicht mehr besteht. Auch wenn ein Vertragsverhältnis besteht, kann der Anruf Werbezwecken dienen** (zB zur Fortsetzung oder Erweiterung des bestehenden Vertrages, follow-up oder after-sales-Anrufe). Dagegen liegt kein Anruf zu Werbezwecke vor, wenn bei einem Kunden angerufen wird, **um im Rahmen eines bestehenden Vertrages eine vertragliche Nebenpflicht** zu erfüllen (zB zu Rückfragen wegen Größe, Platzierung etc. einer in Auftrag gegebenen Anzeige, zur Anmahnung einer offenen

BT Abo-Werbung
Abonnementwerbung

Rechnung etc). Kein Anruf zu Werbezwecken liegt vor daher, wenn die telefonische Kontaktaufnahme ausschließlich dem Zweck dient, Mängel im Vertriebssystem festzustellen (OLG Karlsruhe WRP 1992, 125, 127).

b) Werbung per Telefon, Telefax, elektronische Post

65 Bei der Telefonwerbung gegenüber Verbrauchern (Rn 67) und bei die Werbung unter Einsatz von Anrufmaschinen, Telefaxgeräten und durch E-Mails ist unabhängig davon, ob es sich beim Interessenten um einen Verbraucher oder einen sonstigen Marktteilnehmer wie zB. einen Gewerbetreibenden handelt, deren vorherige ausdrückliche Einwilligung erforderlich (Rn 68, 69 70). Nur bei der Telefonwerbung gegenüber anderen Marktteilnehmern als Verbrauchern ist eine konkludente oder mutmaßliche Einwilligung ausreichend (Rn 76). Unter den Voraussetzungen von § 7 Abs 3 UWG ist innerhalb einer laufenden Geschäftsbeziehung ausnahmsweise Werbung mittels elektronischer Post auch ohne vorherige ausdrückliche Einwilligung erlaubt (Rn 71). Der Begriff *Werbung* ist bei allen Kommunikationsmitteln des § 7 Abs 2 und 3 UWG derselbe (Rn 62). Eine Werbung ohne die dazu erforderliche Einwilligung per Telefon, Telefax oder elektronischer Post gemäß § 7 Abs 2 Nr 2 und Nr 3 UWG ist eine unzumutbare Belästigung im Sinne von § 7 Abs 2 UWG und dies – anders als in den Fällen des § 7 Abs 2 Nr 1 UWG, der bei der Briefwerbung und Briefkastenwerbung eine hartnäckige, also eine wiederholte Verletzung verlangt – nicht erst im Wiederholgungsfall, sondern bereits beim ersten Mal.

66 Auch Mitbewerber und Verbände können Verstöße gegen § 7 Abs 2 Nr 2 bis 4 und Abs 3 UWG verfolgen (BGH WRP 2013, 1461 – Leitsatz von Telefonwerbung für DSL-Produkte).

aa) Telefonwerbung

67 Bei der Telefonwerbung gegenüber **Verbrauchern** ist deren **vorherige ausdrückliche Einwilligung** erforderlich. Eine nur konkludent erteilte Einwilligung oder eine nur mutmaßliche Einigung genügt bei Verbrauchern nicht mehr. Dagegen ist eine Telefonwerbung gegenüber **sonstigen Marktteilnehmern** (§ 2 Abs 1 Nr 2 UWG) wie zB Gewerbetreibenden, Selbständigen, Unternehmen, Behörden, Verbänden, Vereinen – allen Personen, die als Anbieter oder Nachfrager von Waren oder Dienstleistungen tätig sind- zulässig bei deren ausdrücklichen, konkludenten oder zumindest „*mutmaßlichen Einwilligung*" (§ 7 Abs 2 Nr 2 UWG).

bb) Werbung unter Verwendung einer automatischen Anrufmaschine

68 Die Werbung unter Verwendung einer automatischen Anrufmaschine erfolgt nicht durch einen Menschen, sondern durch einen Automaten. Hierzu zählen Lock- oder Ping-Anrufe, bei denen die Verbindung automatisch nach einem einmaligen Klingeln unterbrochen und eine entgeltliche Mehrwertdienstnummer auf dem Telefon des Angerufenen für einen Rückruf hinterlassen wird und der Verbraucher bei einem Rückruf automatisch mit Werbung konfrontiert wird (*Becker*, WRP 2011, 808). Erfolgt der Ping-Anruf in der Absicht, den Angerufenen zu einem eine besondere Kostenpflicht auslösenden Rückruf auf einer Mehrwertdienstenummer mit der Ansage eines für den Rückrufenden nutzlosen Textes zu veranlassen *(„Ihre Stimme wurde gezählt")*, ist der Tatbestand des Betrugs nach § 263 Abs 1 StGB erfüllt (BGH NJW 2014, 2054/Betrugsstrafbarkeit von Ping-Anrufen).

cc) Telefax-Werbung

69 Bei **Telefax-Werbung** ist sowohl bei Verbrauchern als auch bei Unternehmen sowie allen sonstigen Marktteilnehmern seit Geltung des UWG 2008 eine **vorherige ausdrückliche Einwilligung** vorgeschrieben. Die Vorschrift gilt auch für Computer-Fax (BGH GRUR 2007, 164 – Telefaxwerbung II). Dabei ist es unbeachtlich, ob es sich um Absatz- oder Nachfragewerbung handelt (BGH NJW 2008, 2997 – Faxwerbung im Autohandel). Konkludente und mutmaßliche Einwilligung genügen nicht mehr.

II. Unlautere Praktiken der Bezieherwerbung **Abo-Werbung BT**

dd) Werbung durch elektronische Post

Auch Werbung mit **elektronischer Post** (E-Mail. SMS. MS) ist nur bei **vorheriger** 70
ausdrücklicher Einwilligung erlaubt. Nach Artikel 2 Satz 2 lit h der Richtlinie
95/46/EG zum Schutz natürlicher Personen bei der Verarbeitung von personenbezogenen Daten zählen zur *elektronischen Post* jede über ein öffentliches Kommunikationsnetz verschickte Text-, Sprach-, Ton- oder Bildnachricht, die im Netz oder im Endgerät des Empfängers gespeichert werden kann, bis sie von diesem abgerufen wird. Unter die elektronische Post im Sinne von § 7 Abs Rn 3 UWG fallen daher auch elektronische Nachrichten in sozialen Netzwerken wie zB Weiterempfehlungen per E-Mail oder die Freundschaftsanfragen bei Facebook, sofern sie eine geschäftliche Handlung darstellen. Die Angabe der E-Mail-Adresse auf der Homepage eines Verbrauchers oder eines Idealvereins ist keine Einwilligung für den Erhalt von Werbe-E-Mails (BGH NJW 2008, 2999 – FC Troschenreuth). Die Angabe der E-Mail-Adresse oder einer Faxnummer auf einer gewerblichen Homepage oder in geschäftlicher Korrespondenz wurde als Einwilligung zur Kontaktanfrage für übliche geschäftliche Angelegenheiten unter Nutzung der genannten Kommunikationsmittel angesehen (so zu früheren Fassung des § 7 Abs 2 Nr 3 UWG BGH NJW 2008, 2999 – FC Troschenreuth, BGH NJW 2008, 2997 – Faxanfrage im Autohandel). Das ist seit 30.12.2008, wonach § 7 Abs 2 Nr 3 UWG eine ausdrückliche Einwilligung verlangt, zweifelhaft. Bereits die einmalige unverlangte Zusendung einer E-Mail mit werblichem Inhalt ist unzulässig, auch wenn es sich bei dem Empfänger um einen Unternehmer handelt, wozu auch eine Rechtsanwaltskanzlei zählt (OLG Celle WRP 2014, 1218). Unzulässig ist eine E-Mail-Werbung auch dann, wenn sie durch eine automatisch generierte Antwort-Mail *(Auto-Reply-Mail)* geschieht wie zB eine automatische Eingangsbestätigung für den Erhalt einer E-Mail, auch wenn sich die Werbung nur im Abspann der Bestätigungs-Mail befindet (AG Stuttgart Urteil v. 25.4.2014 Az. 10 C 225/14, ITRB 2014, 149). Zum Werbecharakter von Empfehlungs-E-Mails *(Tell-A-Friend, Freunde-Finder etc. vgl. Rn 62a).*

Werbung mit elektronischer Post ist ausnahmsweise auch ohne vorherige ausdrück- 71
liche Einwilligung zulässig (§ 7 Abs 3 UWG), wenn (kumulativ)
– ein Unternehmer im Zusammenhang mit dem Verkauf einer Ware oder Dienstleistung von dem Kunden dessen elektronische Postadresse erhalten hat
und
– der Unternehmer die Adresse zur Direktwerbung für eigene ähnliche Waren oder Dienstleistungen verwendet
und
– der Kunde der Verwendung nicht widersprochen hat
und
– der Kunde bei Erhebung der Adresse und bei jeder Verwendung klar und deutlich darauf hingewiesen wird, dass er der Verwendung jederzeit widersprechen kann, ohne dass hierfür andere als die Übermittlungskosten nach den Basistarifen entstehen, also nicht beispielsweise die Kosten der Nutzung einer Mehrwertdienste-Nummer.

In diesem Zusammenhang ist zu beachten, dass das TMG keine Privilegierung für die Direktwerbung in einem bereits bestehenden Kundenverhältnis vorsieht. Im Gegensatz zu § 7 Abs 3 UWG muss die §§ 12, 13 TMG erforderliche Einwilligung vielmehr auch dann vorliegen, wenn bereits mit dem Umworbenen ein Kundenverhältnis besteht (Büscher/Dittmer/Schiwy/*Brockmann* Kap. 16 Rn 96).

Es ist ungeklärt und umstritten, ob es für die Privilegierung nach § 7 Abs 3 UWG 72
zu einem tatsächlichen Vertragsabschluss gekommen sein muss (so Köhler/Bornkamm/*Köhler* § 7 Rn 204; *Fezer/Mankowski* § 7 Rn 239; *Ohly*/Sosnitza § 7 Rn 73 mwN) oder ob bereits eine Vertragsanbahnung genügt (in diesem Sinne Faber GRUR 2014, 337; *Brömmelmeyer* GRUR 2006, 285; *Leistner* (Pohlmann) WRP 2003, 817, 822; *Ohlenburg* MMR 2003, 83) und ob bei einem tatsächlich geschlossenen

v. Strobl-Albeg

BT Abo-Werbung

Abonnementwerbung

Vertrag ein Widerruf dieses Vertrages, eine Kündigung, Anfechtung oder ein Rücktritt das Einverständnis zum Erhalt von E-Mail-Werbung wieder entfallen lässt (so Köhler/Bornkamm/*Köhler* § 7 Rn 204; *Decker* GRUR 2011, 774, 776; aA *Ohly/Sosnitza* § 7 Rn 73 mwN; *Faber* GRUR 2014, 337). Der Vorzug gebührt der Auffassung, wonach bereits eine Vertragsanbahnung für die Annahme einer Einwilligung genügt und eine Loslösung vom Vertrag durch dessen Widerruf die Einwilligung fortbestehen lässt. Denn § 7 Abs 3 UWG basiert auf Artikel 13 Abs 2 der EK-DSRL (Richtlinie 2002/58/EG Datenschutzrichtlinie für elektronische Kommunikation), die wiederum explizit fordert, dass der Unternehmer die Adresse gemäß der Richtlinie 95/46 EG erlangt hat (Richtlinie zum Schutz natürlicher Personen bei der Verarbeitung personenbezogener Daten und zum freien Datenverkehr). Nach Artikel 7 lit b der Richtlinie 95/46/EG darf die Erhebung personenbezogener Daten erfolgen, wenn dies für die Erfüllung eines Vertrags, dessen Vertragspartei die betreffende Person ist, oder für die Durchführung *vorvertraglicher Maßnahmen,* die auf Antrag der betroffenen Person erfolgte. Will der Adressat künftig keine Werbe-E-Mails mehr erhalten, kann er ja der weiteren Verwendung seiner Daten widersprechen, was ihm jederzeit und formlos möglich ist und worüber er gemäß § 7 Abs 3 Nr 4 UWG zwingend zu belehren ist. Die Ausnahmeregelung des § 7 Abs 3 UWG gilt schlechthin, also unabhängig davon, ob es sich bei dem Empfänger um einen Verbraucher oder um einen sonstigen Marktteilnehmer handelt.

c) Die Einwilligung

aa) Vorherige Einwilligung

73, 74 Da mit § 7 Abs 2 UWG die Bestimmung des Art. 13 der Richtlinie 2002/58/EG (Datenschutzrichtlinie für elektronische Kommunikation) umgesetzt wurde, ist der Begriff der *„Einwilligung"* richtlinienkonform zu bestimmen. Art. 2 Satz 2 lit f der Richtlinie 2002/58/EG verweist für die Definition der Einwilligung auf Art. 2 lit h der Richtlinie 95/46/EG zum Schutz natürlicher Personen bei der Verarbeitung personenbezogener Daten und zum freien Datenverkehr. Danach ist die **Einwilligung** *„jede Willensbekundung, die ohne Zwang für den konkreten Fall und in Kenntnis der Sachlage erfolgt"* (BGH NJW 2013, 2683 Rn 23 – Einwilligung in Werbeanrufe II; BGH NJW 2008, 2997 – Faxanfrage im Autohandel). Die Einwilligung kann in jeder geeigneten Weise gegeben werden, die dem Nutzer erlaubt, seinen Wunsch in spezifischer Weise, sachkundig und in freier Entscheidung zum Ausdruck zu bringen (BGH NJW 2008, 2997 – Faxanfrage und Erwägungsgrund 17 der RiLi 2002/58/EG). Sind diese Voraussetzungen – die den §§ 104 ff., 119 ff. BGB vorgehen – nicht erfüllt, ist die Einwilligung unwirksam (Köhler/Bornkamm/*Köhler* § 7 Rn 149). Allerdings ist es nicht erforderlich, dass der Einwilligende zuvor auf sein Recht zum Widerruf hingewiesen wird. Denn § 7 Abs 2 Nr 4 UWG ist – in richtlinienkonformer Einschränkung – auf die Telefonwerbung nicht anwendbar (Köhler/Bornkamm/*Köhler* § 7 Rn 149). Dieser Begriff der *Einwilligung* gilt für alle in § 7 Abs 2 UWG genannten Kommunikationsmittel der Werbung. Dagegen ist zweifelhaft, ob sie auch für die Werbung gegenüber juristischen Personen gilt, da die Richtlinie 95/45/EG nur den Schutz privater Personen betrifft, nicht aber den Schutz von juristischen Personen. Dies würde aber eine wenig sachgerechte Differenzierung zwischen juristischen Personen und Einzelkaufleuten sowie nicht rechtfähigen Gesellschaften beinhalten.

75 Die Einwilligung muss **vor dem Anruf** vorliegen (BGH NJW-RR 1993, 613 – Telefonwerbung) Es genügt also nicht, dass der Angerufene nachträglich den Anruf billigt, (BGH NJW 1994, 1071 – Lexiothek; OLG Köln NJW 2005, 2786) oder dass der Angerufene dem Anruf nicht widerspricht oder auflegt, nachdem er zu Beginn des Gesprächs über die Identität des Anrufers und den geschäftlichen Zweck des Anrufs unterrichtet worden ist (BGH NJW 2002, 2038 – Werbefinanzierte Telefongespräche) Denn zu diesem Zeitpunkt ist die Belästigung bereits eingetreten.

bb) Konkludente und mutmaßliche Einwilligung bei sonstigen Marktteilnehmern

Telefonanrufe bei Unternehmen zu Werbezwecken können zwar grundsätzlich **76** wettbewerbswidrig sein. Denn sie können zu belästigenden oder sonst unerwünschten Störungen der beruflichen Tätigkeit des Angerufenen führen. Wer jedoch einen Telefonanschluss zu gewerblichen Zwecken unterhält, rechnet mit Anrufen, mit denen der Anrufer ein akquisitorisches Bemühen verfolgt (BGH GRUR 2010, 939 Rn 20 – Telefonwerbung nach Unternehmenswechsel). Anders als im privaten Bereich ist telefonische Werbung im geschäftlichen Bereich deshalb nicht nur zulässig, wenn der Angerufene zuvor ausdrücklich sein Einverständnis erklärt hat; Telefonwerbung ist vielmehr gemäß § 7 Abs 2 Nr 2 Fall 2 UWG auch bei einer konkludenten oder mutmaßlichen Einwilligung wettbewerbsgemäß.

Konkludent erklärt ist eine Einwilligung, die stillschweigend aus den Umstän- **77** den, insbesondere aus dem Verhalten des Angerufenen hervorgeht (BGH NJW 2008, 2997 Rn 16 – Faxanfrage im Autohandel, BGH NJW 2000, 2677 – Telefonwerbung VI). Für die Auslegung entscheidend ist die Sicht des objektiven Erklärungsempfängers (BGH NJW 2010, 2731 – Vorschaubilder I). Daher kann auf das Vorliegen einer konkludenten Einwilligung geschlossen werden, wenn der Betroffene in der Vergangenheit werbliche Anrufe nicht nur toleriert, sondern – nachweislich – begrüßt hat (Büscher/Dittmer/Schiwy/*Mehler* § 7 Rn 115; Seichter/Witzmann WRP 2007, 699). **Keine** konkludente Einwilligung hat die Rechtsprechung aber in folgenden Fällen angenommen: wenn der Adressat auf ein Angebot zur telefonischen Kontaktaufnahme schweigt (BGH NJW 1989, 2820 – Telefonwerbung II) oderbei unterbleibendem Widerspruch, wenn Verbraucher angeschrieben werden mit dem Hinweis, sie würden zu Werbezwecken angerufen, wenn sie dem nicht binnen zwei Wochen widersprechen (OLG Köln vom 12.12.2008 – 6 U 41/08); dies dürfte auch für sonstige Marktteilnehmer gelten; bei der Bitte um Zusendung von Informationsmaterial (BGH NJW-RR 1990, 359 – Telefonwerbung III) selbst dann, wenn auf einer Anforderungskarte die Telefonnummer angegeben wurde (BGH NJW 1994, 1071 – Lexikothek) Etwas anderes kann allerdings gelten, wenn auf den Zweck der Telefonnummernangabe auf der Antwortkarte ausdrücklich hingewiesen wurde; bei der Angabe der Telefonnummer in einem Bestellformular zum Abschluss eines Vertrages ohne nähere Erläuterung ist keine konkludente Einwilligung für Telefonwerbung (OLG Stuttgart WRP 2007, 854), auch nicht für Änderungs- oder Ergänzungsangebote des Vertrages, bei dessen Abschluss die Nummer angegeben wurde (OLG Frankfurt NJW-RR 2005, 1400). Eine so erteilte Einwilligung deckt nur telefonische Anrufe im Rahmen des bestehenden Vertrages wie zB zur Bearbeitung eines Schadensfalls oder zur Mahnung offener Zahlungen (ebenso BGH NJW-RR 1995, 613 – Telefonwerbung V); wenn Teilnehmer an einem Gewinnspiel auf der Teilnahmekarte neben ihrem Namen und ihrer Adresse auch ihre Telefonnummer angegeben haben (LG Hamburg vom 23.11.2004 – 312 O 975/04); keine konkludente Einwilligung kann darin gesehen werden, dass der Angerufene zuvor solche Anrufe nicht beanstandet hat (LG Braunschweig – 21 O 3329/08). Keine konkludente Einwilligung für Werbeanrufe bedeutet auch die Veröffentlichung der Telefonnummer durch einen Gewerbetreibenden in allgemein zugänglichen Verzeichnissen (BGH NJW 2008, 2997 Rn 17 – Faxanfrage im Autohandel; LG Münster WRP 2005, 639), in einer Werbeanzeige, auf seinem Briefpapier oder auf Visitenkarten Die Angabe der Telefonnummern in solchen Verzeichnissen und Unterlagen dient der geschäftlichen Kommunikation mit Kunden des Unternehmens und beinhaltet das konkludente Einverständnis, dass Kunden und potenzielle Kunden den Telefonanschluss benutzen. Die Angabe der Telefonnummer beinhaltet aber nicht das Einverständnis, damit von beliebigen Gewerbetreibenden mittels Telefon zu Werbezwecken angesprochen zu werden (BGH NJW 2008, 2997 Rn 17 – Faxanfrage im Autohandel zu Angabe der Faxnummer in öffentlichen Verzeichnissen und BGH 2008, 2999 – FC Troschenreuth zur Angabe der eigenen

BT Abo-Werbung

Abonnementwerbung

E-Mail-Adresse auf der Homepage eines Sportvereins). Auch die bloße Tatsache eines geschäftlichen Kontakts zwischen den Gesprächsteilnehmern genügt nicht für die Annahme einer konkludenten Einwilligung (BGH NJW 1989, 2820 – Telefonwerbung II), es sei denn, aus den konkreten Umständen ergibt sich etwas anderes, beispielsweise wenn eine Geschäftskarte mit Telefonnummer zu Geschäftszwecken also nicht privat – übergeben wurde auch zu dem Zweck der telefonischen für Kontaktaufnahme für Werbezwecke. Die Zurückhaltung der Rechtsprechung bei der Bejahung einer konkludenten Einwilligung in Werbeanrufe auch bei Unternehmen ist berechtigt und zum Schutz des störungsfreien Ablaufs des beruflichen und geschäftlichen Lebens vor unzumutbaren betrieblichen Belästigung zu begrüßen. Denn bei berechtigten Werbeanrufen steht dem Werbenden die mutmaßliche Einwilligung als Rechtfertigung seines Anrufs zur Verfügung.

78 Die „*mutmaßliche Einwilligung*" ist weniger als eine „konkludente Einwilligung". Denn anders als bei der mutmaßlichen Einwilligung liegt bei der konkludenten Einwilligung tatsächlich eine Einwilligung vor, die sich allerdings nicht aus einer ausdrücklichen Äußerung ergibt, sondern aus den Umständen. „*Mutmaßliche Einwilligung*" bedeutet, „*dass aufgrund konkreter tatsächlicher Umstände ein sachliches Interesse des Anzurufenden am Anruf*" durch den Anrufer vermutet werden kann (BGH GRUR 2010, 939 Rn 20 – Telefonwerbung nach Unternehmenswechsel; BGH GRUR 2008, 189 – Suchmaschineneintrag). Dabei muss sich die mutmaßliche Eintragung nicht nur auf den Inhalt, sondern auch auf die Art der Werbung beziehen, also eine telefonische Kontaktaufnahme (BGH GRUR 2008, 189 Rn 78 – Suchmaschineneintrag). Ein nur allgemeiner Sachbezug mit den von dem angerufenen Unternehmen angebotenen Waren- oder Dienstleistungen reicht für eine mutmaßliche Einwilligung nicht aus (BGH WRP 2007, 775 – Telefonwerbung für Individualverträge). Eine mutmaßliche Einwilligung wäre zB zu unterstellen bei der Anzeigenakquisition von betroffenen Unternehmen für eine geplante Sonderveröffentlichung. Auch eine bereits länger bestehende Geschäftsbeziehung zwischen Gewerbetreibenden kann einen konkreten Grund für eine mutmaßliche Einwilligung für eine Telefonwerbung darstellen (OLG Düsseldorf vom 18.12.2007 – I-20 U 125/07 rechtskräftig = OLG Rep. Hamm 2008, 286; BGH GRUR 1991, 764 – Telefonwerbung IV; BGH NJW 1996, 660, 661; BGH GRUR 2004, 520, 521). Allein die Veröffentlichung von Kontaktinformationen auf der Internetseite einer Rechtsanwältin rechtfertigt nicht einen Werbeanruf mit dem Angebot zur Teilnahme an einem Online-Portal zur Vermittlung von Terminvertretungen für Rechtsanwälte (LG Berlin WRP 2014, 888 – nicht rechtskräftig; Berufungsverfahren KG Az. 5 U 150/14).

cc) Wer muss einwilligen?

79 Es muss die Einwilligung derjenigen Person vorliegen, die angerufen werden soll (BGH NJW 2011, 2657 – double-opt-in-Verfahren). § 7 Abs 2 Nr 2 UWG ist jedoch nicht so zu verstehen, dass immer die Einwilligung derjenigen Person mit dem Telefonanruf vorliegen muss, die tatsächlich angerufen wird, die also bei dem Werbeanruf den Hörer abnimmt. Der Anrufer, dem eine Einwilligung für einen Werbeanruf vorliegt, kann nicht wissen, ob der Anschlussinhaber, der die Einwilligung erteilt hat oder ein Dritter – etwa der Ehegatte oder Lebenspartner, ein im Haushalt lebendes Kind – den Anruf entgegennehmen wird. Würde ein zulässiger Anruf die vorherige Einwilligung der Person voraussetzen, die tatsächlich den Anruf entgegennimmt, würde dies bedeuten, dass trotz des Einverständnisses des Anschlussinhabers ein Werbeanruf unter dessen Rufnummer nur dann erfolgen dürfte, wenn dieser selbst auch das Gespräch annimmt, sodass die Entgegennahme des Gesprächs durch einen anderen einen Verstoß gegen § 7 Abs 2 Nr 2 UWG darstellen würde. Dasselbe gilt, wenn die Einwilligung in den Werbeanruf nicht vom Anschlussinhaber erklärt wird, sondern für dessen Rufnummer von seinem Ehegatten. Dann wäre der vom Ehegatten gestattete Anruf unlauter (und ordnungswidrig!), wenn zufällig der Anschlussinhaber den Anruf entgegennimmt. Dann wäre eine rechtmäßige Telefonwerbung nur noch

zufällig möglich und praktisch undurchführbar. Ein solcher – de facto – vollständiger Ausschluss telefonischer Werbung entspricht aber weder den Vorstellungen des deutschen Gesetzgebers noch denen des europäischen Richtliniengebers (OLG Köln MMR 2009, 860). Unabhängig davon genießt derjenige, der den Anruf konkret entgegennimmt, den Schutz des § 7 Abs 1 UWG (Möller WRP 2010, 321, 331). Andererseits muss sich der rechtliche Anschlussinhaber zurechnen lassen, wenn ein Familienmitglied Werbeanrufen auf diesem Anschluss zugestimmt hat. Es bleibt dem Anschlussinhaber unternommen, künftige weitere Werbeanrufe zu untersagen. Ob bei einem Verbraucher angerufen wird oder bei einem sonstigen Marktteilnehmer, hängt davon ab, unter welcher Rufnummer der Anruf erfolgt. Ruft der Werbende bei einem Gewerbebetrieb an und wird auf den Privatanschluss der Inhabers umgeleitet, war sein Anruf gleichwohl nicht an einen Verbraucher gerichtet (OLG Köln GRUR-RR 2005, 138 – Weinwerbung).

dd) Beweislast

Die **Beweislast** für das Vorliegen der Einwilligung trägt der Werbende (BGH NJW 2011, 2657 – double opt in Verfahren; BGH NJW 2004, 1657 – E-Mail-Werbung; OLG Hamburg 5 U 79/06 vom 29.11.2006; OLG Frankfurt GRUR-RR 2012, 74). Dabei sind dem Anrufenden keine Beweiserleichterungen in Form einer tatsächlichen Vermutung oder einer sekundären Darlegungslast zuzubilligen. Der für den Werbeanruf Verantwortliche hat sich dadurch, dass er den Anruf nicht in zweifelsfreier Weise dokumentieren ließ, selbst in die Lage gebracht, dass er den Kunden als Zeugen benennen muss (BGH Hinweisbeschluss vom 6.11.2013 NJW-RR 2014, 423 zu OLG Frankfurt GRUR-RR 2013, 74 – Cold Calling).

Zum Beweis für das Vorliegen einer Einwilligung bedient sich der Werbende in der Praxis der elektronischen Aufzeichnung der Erklärung des Angerufenen während des Telefonats *("Audiofiles-Verfahren")*, der Versendung einer schriftlichen Bestätigung der erteilten Einwilligung durch den Werbenden an den Interessenten oder aber des elektronischen *"Double-Opt-In-Verfahrens"*. Dabei schickt der Besteller oder Teilnehmer an einem Gewinnspiel seine Bestellung oder Teilnahmeerklärung mit seinen Kontaktdaten an den Werbenden und erklärt dabei seine Einwilligung zum Erhalt von Werbung etc. *(Opt-in)* indem er ein dafür vorgesehenes Feld im Bestell- oder Teilnahmeformular markiert. Hat er dies getan, erhält er vom Werbenden in einem zweiten Schritt *(Double-Opt-In)* eine E-Mail mit der Bitte um Bestätigung seiner Bestellung oder seines Teilnahmewunsches. Ungeklärt ist allerdings, ob die vom Unternehmer per E-Mail versandte Aufforderung zur Bestätigung ihrerseits eine gegen § 7 Abs 2 Nr 3 UWG verstoßende verbotene Werbung darstellt. Dies wird vom OLG Celle in einem obiter dictum zu Recht verneint (OLG Celle WRP 2014, 1218; aA OLG München GRUR-RR 2013, 226 – Bestätigungsaufforderung). Die Revision zum Bundesgerichtshof gegen die Entscheidung des OLG München wurde hinsichtlich der Frage zugelassen, ob bzw. wann eine solche Bestätigungs-E-Mail Werbecharakter besitzt.

ee) Lauterkeitsrechtliche Anforderungen an die Wirksamkeit der Einwilligung

Da mit § 7 Abs 2 Nr 2 Fall 1 UWG die Bestimmung des Artikel 13 der Richtlinie 2002/58//EG (Datenschutzbestimmungsrichtlinie für elektronische Kommunikation) umgesetzt wurde, ist der Begriff der *Einwilligung* richtlinienkonform zu bestimmen. Artikel 2 Satz 2 lit f der Datenschutzrichtlinie verweist für die Definition der Einwilligung auf Artikel 2 lit h der Richtlinie 95/45/EG zum Schutz natürlicher Personen bei der Verarbeitung personenbezogener Daten und zum freien Datenverarbeitung. Danach ist die Einwilligung *jede Willenserklärung, die ohne Zwang, für den konkreten Fall und in Kenntnis der Sachlage erfolgt* (BGH NJW 2013, 2683 Rn 20 – Einwilligung in Werbeanrufe II und Rn 74). Sind die Voraussetzungen *ohne Zwang* für den *konkreten Fall* und *in Kenntnis der Sachlage* nicht erfüllt, ist die Einwilligung unwirksam (vgl Rn 83). Handelt es sich um eine Einwilligungserklärung in AGB, sind zusätzlich die

BT Abo-Werbung Abonnementwerbung

Anforderungen der §§ 305 ff. BGB über die Einbeziehung und die Wirksamkeit von allgemeinen Geschäftsbedingungen zu erfüllen (Rn 85 ff.).

83 Eine Einwilligung wird *in Kenntnis der Sachlage* erteilt, wenn der Verbraucher weiß, dass seine Erklärung ein Einverständnis darstellt und worauf sich sein Einverständnis bezieht (BGH NJW 2013, 2683 Rn 24 – Einwilligung in Werbeanrufe II). Ausschlaggebend ist dabei die Sichtweise des angemessen gut informierten, angemessen aufmerksamen und verständigen durchschnittlichen Mitglieds der angesprochenen Verkehrskreise, nicht aber die konkrete (Fehl-)Vorstellung des einzelnen Verbrauchers (Köhler/Bornkamm/*Köhler* § 7 UWG Rn 149b). Die Einwilligung erfolgt *für den konkreten Fall,* wenn klar wird, welche Produkte oder Dienstleistungen welcher Unternehmen sie konkret erfasst (BGH NJW 2013, 2683 Rn 24 – Einwilligung in Telefonwerbung II). Eine wirksame Einwilligung kann auch durch das Ankreuzen einer entsprechend konkret vorformulierten Erklärung erteilt werden, wenn sie in einem gesonderten Text oder Textabschnitt ohne anderen Inhalt enthalten ist (BGH NJW 2013, 2683 Rn 24 – Einwilligung in Werbeanrufe II). Lässt die Einwilligungserklärung nicht klar erkennen, auf welche Werbemaßnahmen welcher Unternehmen sich die Einwilligung erstrecken soll, ist die Einwilligung unwirksam unabhängig von einer Unwirksamkeit der Klausel im Rahmen einer etwaigen AGB-Kontrolle (Köhler/Bornkamm/*Köhler* § 7 UWG Rn 149c und Rn 91 ff. und 94 ff.) oder ihrer Unwirksamkeit nach datenschutzrechtlicher Vorschriften (vgl Rn 1298).

84 Nach Erwägungsgrund 17 Satz 2 der Richtlinie 2002/58/EG ist als Einwilligung eine Willensbekundung ausreichend, die in *jeder geeigneten Weise gegeben werden kann, wodurch der Wunsch des Nutzers in einer spezifischen Angabe zum Ausdruck kommt, die sachkundig und in freier Entscheidung erfolgt; hierzu zählt auch das Markieren eines Feldes auf einer Internet-Webseite.* Gefordert wird daher für eine Einwilligung eine **spezifische Angabe,** dass also der Verbraucher etwas explizit äußert (Lettl, WRP 2009, 1215, 1326 Rn 51; Götting/Nordemann/*Menebröker* § 7 Rn 63). Diese *spezifische Angabe* erfordert bei einer Abgabe der Einwilligung im Zusammenhang mit weiteren Erklärungen eine *gesonderte* Erklärung, darf also nicht Text-Passagen enthalten sein, die auch andere Erklärungen oder Hinweise enthalten. Gefordert wird eine gesonderte Erklärung beispielsweise durch zusätzliche Unterschrift oder das Markieren eines entsprechenden Feldes, also eine sogenannte Opt-in-Erklärung (BGH NJW 2008, 3055 – Payback) Eine Opt-out-Erklärung ist keine spezifische Angabe und damit keine ausdrückliche Einwilligung im Sinne von § 7 Abs 2 Nr 2 UWG (BGH NJW 2008, 3055 – Payback).

d) Einwilligung in AGB

aa) Die Zulässigkeit der Einwilligung in AGB

85 Nach der Rechtsprechung des IV. Zivilsenates (BGH NJW 1999, 2279, 2282) sowie des XI. Zivilsenates des Bundesgerichtshofes (BGH NJW 1999, 1864) schloss der Schutz der Privatsphäre wegen der mit Werbeanrufen verbundenen massiven Beeinträchtigungen eine Einwilligung in die Telefonwerbung durch vom Werbenden vorformulierte AGB schlechterdings aus. Der für das Wettbewerbsrecht zuständige I. Zivilsenat des Bundesgerichtshofs hält dagegen in AGB vorformulierte Einwilligungserklärungen für Telefonwerbung für zulässig, unterzieht diese aber der AGB-Kontrolle nach § 307 BGB (BGH NJW 2013, 2682 2683 Rn 20 – Einwilligung in Werbeanrufe II; ebenso VIII. Zivilsenat des BGH zur vorformulierten Einwilligung in unverlangt versandte E-Mails und SMS gemäß § 7 Abs 2 Nr 3 UWG BGH NJW 2008, 3055 – Payback). Dieser Ansicht ist zu folgen. Die strengere Auffassung der älteren Rechtsprechung des IV. und XI. Senats des BGH berücksichtigt nicht, dass ein echtes wirtschaftliches Interesse von Kunden an telefonischer Werbung bestehen kann und dass es Unternehmen mit einer großen Zahl von Kunden anderenfalls faktisch unmöglich wäre, die vom Gesetz geforderte Einwilligung für einen Anruf herbeizuführen. Dies würde sich faktisch als Verbot der Telefonwerbung auswirken, weil

anders als durch vorformulierte Erklärungen die benötigte Einwilligung praktisch nicht zu erlangen ist. Art 13 Abs 3 der Richtlinie 2002/58/EG (Datenschutzrichtlinie für elektronische Kommunikation) setzt jedoch voraus, dass eine Einwilligung in Werbeanrufe gesetzlich möglich ist (BGH NJW 2013, 2683 Rn 20 – Einwilligung in Werbeanrufe II); (Köhler/Bornkamm/*Köhler* § 7 UWG Rn 153b mwN). Missstände können unterbunden werden, indem die vorformulierte Einwilligungserklärung der AGB-Kontrolle nach § 307 BGB unterworfen wird.

Eine wirksame Einwilligung in Werbeanrufe in AGB scheidet aus, wenn es bereits **86** an einer **wirksamen Einbeziehung** der AGB in dem Vertrag fehlt, beispielsweise weil die Klausel an versteckter Stelle untergebracht und daher überraschend im Sinne von § 305c Abs 1 BGB ist (OLG Hamm WRP 2011, 941, 943; LG Hamburg MD 2005, 695). Immer unwirksam ist eine Einwilligungsklausel nach der Rechtsprechung ferner dann, wenn sie gegen das **Transparenzgebot** des § 307 Abs 1 Satz 2 BGB verstößt (dazu Rn 94 ff.). Ist eine Einwilligungsklausel wirksam einbezogen und entspricht sie dem Transparenzgebot, kann sie gleichwohl unwirksam sein wegen **unangemessener Benachteiligung** (Rn 91 ff.).

Prüfungsmaßstab für § 307 BGB ist bei der Einwilligung zur Werbung durch Brief **87** und andere Formen, die in § 7 UWG nicht geregelt sind, alleine §§ 4, 4a BDSG (BGH NJW 2008, 3055 – Payback). Für die in § 7 UWG geregelte belästigende Werbung ist dagegen Prüfungsmaßstab § 7 UWG (BGH aaO).

bb) „Opt-out" ist keine Einwilligung

Man muss nicht seine Ablehnung erklären, sondern seine Zustimmung erteilten. **88** Es ist daher unzulässig, wenn man aktiv werden muss, um seine Zustimmung zu verweigern, also zu erklären, nicht mitzumachen (to opt-out = nicht mitmachen).

Jetzt verlangt § 7 Abs 2 Nr 3 UWG für die Werbung mittels elektronischer Post eine „vorherige ausdrückliche Einwilligung". Als der Bundesgerichtshof den Fall Payback im Juli 2008 zu entscheiden hatte, verlangte § 7 Abs 2 Nr 3 UWG nur „eine Einwilligung". „Einwilligung" in diesem Sinne erfordert nach der Payback-Entscheidung des BGH eine „gesonderte, nur auf die Einwilligung in die Zusendung von Werbung mittels elektronischer Post bezogene Zustimmungserklärung des Betroffenen". Dies ergebe sich aus der Datenschutz-Richtlinie 95/46/EG und der Datenschutzrichtlinie für elektronische Kommunikation 2002/58/EG vom 12.7.2002. Nach deren Erwägungsgrund 17 muss die Einwilligung *„in einer spezifischen Angabe"* zum Ausdruck kommen, somit durch eine „gesonderte Erklärung". Eine solche „spezifische Angabe" ist auch das Markieren eines Feldes auf einer Internetseite (RiLi 2002/58 ErwGrund 17). Diese gesonderte Erklärung könne jedoch nicht durch eine opt-out-Regelung erfolgen, sondern nur durch das individuelle Ankreuzen eines entsprechenden Feldes einer opt-in-Erklärung oder in einer gesonderten Erklärung durch zusätzliche Unterschrift des Kunden zum Einverständnis in die Werbung per elektronischer Post (BGh NJW 2009, 3055 – Payback). **Eine opt-out-Erklärung ist also keine Einwilligung iSv § 7 Abs 2 UWG.**

Unwirksam ist also „opt-out"-Erklärung *(„ggf. streichen")* ist daher zB der auf einer **89** Teilnahmekarte für ein Gewinnspiel aufgedruckte Satz: *„Ich bin damit einverstanden, dass mir die X-AG weitere interessante Angebote macht (ggf. bitte streichen)* oder *„Bitte informieren Sie mich auch über weitere Angebote und Gewinnmöglichkeiten per Telefon (ggf. streichen)"*. Der Umstand, dass ein Passus: *„Ich bin damit einverstanden, dass mir die X-AG weitere interessante Angebote macht (ggf bitte streichen)"* nicht gestrichen worden ist, kann nicht für eine **Einwilligung** genügen. Denn dies würde dazu führen, dass der Verbraucher aktiv werden müsste, um sein mangelndes Einverständnis zum Ausdruck zu bringen. Damit würde die gesetzliche Regelung, die dem sog Opt-in-Modell folgt, in eine Opt-Out-Lösung umgekehrt. Das ist nicht zulässig, denn dies liefe darauf hinaus, dass entgegen dem Gesetz das Schweigen oder die Passivität des Verbrauchers als Zustimmung fingiert würde. Eine solche Gestaltung benachteiligt den Verbraucher unangemessen (vgl BGH NJW 2000, 2676, 2677 – Telefonwerbung VI).

BT Abo-Werbung

und ist deshalb unlauter (LG Hamburg Urteil vom 23.11.2004 – Az: 312 O 975/04 – rechtskräftig, MD 2005, 695). Unwirksam ist auch „*Ich erlaube Ihnen, mir interessante Zeitschriftenangebote auch telefonisch zu unterbreiten*" (LG Hamburg Urteil vom 18.2.2000 – Az: 324 O 484/99).

cc) „Opt-in" ist Einwilligung

90   Eine Einwilligung zur Werbung durch elektronische Post erfordert eine gesonderte Erklärung, die nicht durch eine opt-out-Erklärung erfolgen kann, sondern nur durch eine opt-in-Erklärung oder in einer gesonderten Erklärung mit zusätzlicher Unterschrift des Kunden [43]. Nach meiner Auffassung ist eine solche „gesonderte Erklärung" nicht nur eine Einwilligung, sondern eine ausdrückliche Einigung und dies nicht nur für die Werbung durch elektronische Post, sondern auch (künftig) für die Telefonwerbung. **Eine „opt-in"-Erkläung ist eine „ausdrückliche vorherige Einwilligung" im Sinne von § 7 Abs 2 UWG für Telefon-, Telefax- und E-Mail-Werbung.** Die Einwilligung muss aktiv erteilt werden („opt-in"). Dies kann zB dadurch geschehen, dass ein Kästchen angekreuzt werden muss „ja, ich bin mit einem Anruf zu Werbezwecken einverstanden". Dies wäre eine **ausdrückliche** Einwilligung. Auch das Markieren eines entsprechenden Felds auf einer Internetseite ist eine (ausdrückliche) Einwilligung (BGH WRP 2008, 1328 – Faxanfrage im Autohandel unter Hinweis auf dieses Beispiel einer Zustimmung im Erwägungsgrund 17 der Datenschutz-Richtlinie 2002/58/EG). Eine „opt-in" Einwilligung liegt auch vor bei der Eintragung der Telefonnummer auf einer hierfür vorgesehenen Zeile, die Einwilligung zur Telefonwerbung zu erteilen (OLG Hamburg Urteil vom 4.3.2009 – Az: 5 U 260/08). Diese Form der Zustimmung sei jedenfalls eine „konkludente Zustimmung" (OLG Hamburg Urteil vom 4.3.2009 Az: 5 U 62/08). Allerdings muss die Einwilligung auf Werbung durch den Verwender beschränkt sein und der Inhalt der möglichen Werbung muss hinreichend konkretisiert sein. Der Kunde muss erkennen können, auf welche Werbeinhalte sich seine Einwilligung bezieht.

dd) Unangemessene Benachteiligung (§ 307 Abs 1 Satz 1 BGB)

91   Eine vorformulierte Einwilligungsklausel kann auch wegen einer **unangemessenen Benachteiligung** unwirksam sein. Dies ist der Fall, wenn sie „*entgegen den Geboten von Treu und Glauben*" (§ 307 Abs 1 Satz 1 BGB), „*mit wesentlichen Grundgedanken der gesetzlichen Regelung, von der abgewichen wird, nicht zu vereinbaren ist*" (§ 307 Abs 2 Nr 1 BGB) oder „*wesentliche Rechte oder Pflichten, die sich aus der Natur des Vertrages ergeben, so einschränkt, dass die Erreichung des Vertragszwecks gefährdet ist*" (§ 307 Abs 2 Nr 2 BGB). Die unangemessene Benachteiligung nach § 307 Abs 1 Satz 1 BGB kann sich dabei aus der inhaltlichen Reichweite der vorformulierten Einwilligungserklärung ergeben, wenn die Einwilligung sich nicht auf Werbung des Vertragspartners im Rahmen des angebahnten konkreten Vertragsverhältnisses beschränkt, sondern auch die Werbung durch andere nicht näher bezeichnete Unternehmen oder sonstige Vertragsabschlüsse ermöglichen soll. Erstreckt sich die Einwilligung auf weitere Unternehmen, müssen sie in der Einwilligungserklärung aufgeführt sein, weil sonst – gerade bei einer Vielzahl von begünstigten Unternehmen – die Möglichkeit des jederzeitigen Widerrufs der Einwilligung gegenüber dem Werbenden unangemessen beschränkt wird (OLG Hamburg VuR 2010, 104; OLG Köln WRP 2008, 1130). Zu weitgehend dürfte es jedoch sein, zu verlangen, dass nicht nur der Name, sondern auch die Adresse der weiteren Unternehmen angegeben werden muss (so aber OLG Koblenz WRP 2014, 876 Rn 34 und Köhler/Bornkamm/*Köhler* § 7 UWG Rn 153d). Unwirksam ist daher beispielsweise die Klausel. „*Ich bin damit einverstanden, dass meine Vertragsdaten von den Unternehmen des Konzerns e. U. AG zur Kundenberatung, Werbung, Marktforschung und bedarfsgerechten Gestaltung der von mir genutzten Leistungen verwendet werden.*" Die Klausel stellte eine unangemessene Benachteiligung des Kunden dar, weil er sich nicht nur mit Anrufen seines Vertragspartners – einem Mobilfunkunternehmen – einverstanden erklärte, sondern mit Werbeanrufen auch

II. Unlautere Praktiken der Bezieherwerbung **Abo-Werbung BT**

von sonstigen Unternehmen des Konzerns, dem der Mobilfunkanbieter angehört (OLG Köln WRP 2008, 1130). Eine unangemessene Benachteiligung wurde auch bejaht, wenn der Betroffene durch Anhaken eines Kästchens bestätigen sollte, dass er dem Verwender *und deren Partnern* gestatte, ihm Angebote per E-Mail zukommen zu lassen (OLG Hamburg Urteil vom 29.7.2009. 5 O 226/08 VuR 2010, 104). Noch uferloser war der Kreis der Anrufberechtigten bei der Klausel: *„Ja, ich bin damit einverstanden, dass ich telefonisch über interessante Angebote – auch durch Dritte und Partnerunternehmen – informiert werde."*

Denn sie so allgemein gehalten, dass sie die Bewerbung aller möglichen Waren und 92 Dienstleistungen durch einen nicht überschaubaren Kreis von Unternehmern erlaubt. Die Einwilligung gilt nämlich für *„interessante Angebote"* aus jedem Waren- und Dienstleistungsbereich. Ein Bezug zu dem konkreten Gewinnspiel, in dessen Rahmen die Einwilligungserklärung eingeholt wurde, bestand nicht. Das Einverständnis zu Werbeanrufen wurde auch nicht nur für den Werbenden erteilt, sondern auch für *„Dritte und Partnerunternehmen".* Als Partnerunternehmen waren dabei 12 Unternehmen aufgeführt sowie *„weitere Sponsoren"* einschließlich externer Datenverarbeiter. Dadurch war für den Verbraucher nicht erkennbar, wer sich ihm gegenüber auf seine erteilte Einwilligung berufen kann (OLG Köln WRP 2009, 1416, 1417 – Opt-in-Einwilligung in Telefonwerbung).

Wiederholt wurden Einwilligungserklärungen in AGB als unangemessene Benach- 93 teiligung im Sinne von § 307 Abs 2 Nr 1 BGB von den Gerichten eingestuft, bei denen sich das Einverständnis zum Werbeanruf nicht auf das angebahnte konkrete Vertragsverhältnis beschränkte, sondern auch die Werbung für sonstige Vertragsabschlüsse ermöglichen sollte – zB wenn aus Anlass des Abschlusses eines Kontoeröffnungsvertrages auch das Einverständnis in die telefonische Beratung *„in Geldangelegenheiten"* erklärt wurde (BGH GRUR 2000, 818 – Telefonwerbung VI). Ein Beihefter in einer Zeitschrift mit einem Gewinnspiel zur Akquisition von Zeitungs- und Zeitschriftenabonnements enthielt in der Teilnahmekarte folgende Klausel: *„Telefon-Nr. (zur Gewinnbenachrichtigung und für weitere interessante telefonische Angebote der Z. GmbH aus dem Abonnementbereich".* Darüber befand sich ein auszufüllendes Feld, in welchem die private Telefonnummer des Teilnehmers eingetragen werden konnte. Die Klausel war unwirksam. Sie ging zu weit. Zwar diene ein Gewinnspiel, welches einer Zeitschrift beigefügt sei, für den Verbraucher ersichtlich auch Werbezwecken. Daher könnte eine Einwilligung, die sich inhaltlich auf Werbeanrufe zum Zweck des Abschlusses von Abonnementverträgen über den Bezug von Zeitschriften und Zeitungen beschränkt, möglicherweise noch unbedenklich sein. Die in Rede stehende Klausel gehe aber inhaltlich weit weiter. Denn sie erlaube Werbeanrufe *„aus dem Abonnementbereich".* Damit sei zunächst der Gegenstand etwaiger Abonnements unbeschränkt. Er gestattet nämlich Anrufe zur Bewerbung von Abonnements nicht nur für Druckschriften aller Art – neben Zeitschriften etwa auch Bücher –, sondern auch andere abonnierbare Medien, zB elektronische Newsletter. Außerdem sei der Begriff „Abonnement*bereich"* so offen formuliert, dass nicht nur die Werbung für Abonnement*verträge* gestattet sei, sondern die Bewerbung aller möglichen Waren und Dienstleistungen, die mit Abonnements irgendwie zusammenhängen. Damit gehe die Klausel deutlich über den erkennbaren Zweck eines in einer Zeitschrift ausgelobten Gewinnspiels hinaus, auch Werbung für den Bezug von Zeitungen und Zeitschriften zu betreiben. Dies sei daher mit dem wesentlichen Grundgedanken des § 7 Abs 2 Nr 2 UWG nicht mehr zu vereinbaren (OLG Hamburg WRP 2009, 1282, 1285 – telefonische Angebote aus dem Abonnementbereich; zum Revisionsurteil BGH WRP 2011, 863 – Einwilligungserklärung für Werbeanrufe vgl Rn 94).

ee) Transparenzgebot (§ 307 Abs 1 Satz 2 BGB)

Unwirksam ist eine Einwilligungsklausel nach der Rechtsprechung dann, wenn sie 94 gegen das **Transparenzgebot** des § 307 Abs 1 Satz 2 BGB verstößt, weil sie für einen durchschnittlich informierten, aufmerksamen und verständigen Verbraucher

BT Abo-Werbung

Abonnementwerbung

„*nicht klar und verständlich ist*". Denn Bestimmungen in AGB, die den Vertragspartner entgegen den Geboten von Treu und Glaube unangemessen benachteiligen, sind unwirksam (§ 307 Abs 1 Satz 1 BGB) und eine solche unangemessene Benachteiligung kann sich daraus ergeben, „*dass die Bestimmung nicht klar und verständlich ist*" (§ 307 Abs 1 Satz 2 BGB). Am Transparenzgebot scheitern daher solche Klauseln, die entweder nicht hinreichend bestimmt sind oder inhaltlich für den Kunden unverständlich sind. Deshalb ist eine Verbraucher-Einwilligung zur Telefonwerbung in AGB, bei der die zu bewerbende Produktgattung nicht genannt wird oder die zu bewerbende Produktgattung nicht hinreichend bestimmt ist (wie zB beim Einverständnis mit Anrufen „*in Geldangelegenheiten*" BGH NJW 2000, 2677 – Telefonwerbung VI) wegen Intransparenz nach § 307 Abs 1 Satz 2 BGB unwirksam (KG WRP 2013, 360; OLG Hamburg WRP 2009, 1282, 1285; in der Revisionsinstanz hat der BGH dahinstehen lassen, ob die Klausel wegen unangemessener Benachteiligung oder wegen Verstoß des Transparenzverbot nach § 307 Abs 1 Satz 1 oder Satz 2 BGB unwirksam ist; BGH WRP 2011, 863, 866 Rn 25 – Einwilligungserklärung für Werbeanrufe).

95 Auch eine vorformulierte Einverständniserklärung, nach der neben dem Verwender der AGB auch andere „*geeignete Partner*" Werbeanrufe tätigen dürfen, unwirksam, weil nicht hinreichend klar ist, mit wessen Werbeanrufen der Verbraucher rechnen muss (OLG Hamburg Hinweisbeschluss – 3 U 240/09).

Gegen das Transparenzgebot verstößt auch die Formulierung „*weitere interessante telefonische Angebote der ... GmbH aus dem Abonnementbereich*", weil sie nicht „klar und verständlich" ist im Sinne des § 307 Abs 1 Satz 2 BGB. Schon der Gegenstand etwaiger Abonnements ist nicht bestimmt. Denn Gegenstand von Abonnements können nicht nur Medien aller Art sein, sondern auch zB Veranstaltungstickets. Auch ist der Begriff „*Bereich*" schwammig und vollkommen konturlos; vor allem bleibt unklar, ob hierzu nur die Werbung für den Abschluss von Abonnements*verträgen* zählt oder auch der Absatz von damit irgendwie zusammenhängenden Waren oder Dienstleistungen (OLG Hamburg WRP 2009, 1282, 1285 – Telefonwerbung für Angebote aus dem Abonnementbereich unzulässig als , Verstoß gegen das Transparenzgebot des § 307 Abs 1 Satz 2 BGB). in der Revisionsinstanz hat der BGH dahinstehen lassen, ob die Klausel wegen unangemessener Benachteiligung oder wegen Verstoß gegen das Transparenzgebot nach § 307 Abs 1 Satz 1 oder Satz 2 BGB unwirksam ist, die Klausel aber – aus denselben Erwägungen wie das OLG Hamburg – als nicht *klar und eindeutige* Angabe von Teilnahmebedingungen zu einem Gewinnspiel mit Werbecharakter und deshalb als unlauter gemäß §§ 4 Nr 5 UWG, 3 Abs 1 UWG beurteilt.

e) Gewinnspiel und Einwilligung

aa) Teilnahme nur gegen datastripping

96 Das Erheben und Nutzen von Daten im Rahmen eines Gewinnspiels ist nicht nach § 28 I 1 Nr 1 BDSG als Mittel für die Erfüllung eigener Geschäftszwecke ohne Einwilligung zulässig. Zwar kann die Teilnahme an einem Gewinnspiel ein rechtsgeschäftliches Schuldverhältnis begründen (BGH NJW 2013, 2683 – Einwilligung in Werbeanrufe II). § 28 I 1 Nr 1 BDSG greift jedoch nicht ein, wenn die Erhebung der personenbezogenen Daten auch zu Werbezwecken erfolgt, also zu „überschießenden Zwecken", die jenseits der Teilnahme am Gewinnspiel und seiner Abwicklung liegen, BGH NJW 2014, 2282 Rn 19 – Nordjob-Messe). Umstritten ist, ob der Teilnahme an einem Gewinnspiel davon abhängig gemacht werden darf, dass der Teilnehmer gleichzeitig in die Erhebung und Nutzung seiner personenbezogenen Daten auch für Werbezwecke einwilligt. Das OLG Hamm hielt die **Koppelung** eines Gewinnspiels an eine datenschutzrechtliche Einwilligungserklärung für eine wettbewerbsrechtliche Belästigung. Denn die Preisgabe des Schutzes vor Belästigung nach § 7 Abs 2 Nr 2 UWG als Gegenleistung für die Teilnahme an einem Gewinnspiel koppele zwei Leistungen, die nichts miteinander zu tun haben (OLG Hamm MMR

II. Unlautere Praktiken der Bezieherwerbung   **Abo-Werbung BT**

2008, 654). Nach Auffassung des OLG Köln ist eine solche Koppelung dagegen allenfalls dann zulässig, wenn der Verbraucher rechtzeitig vorher über die Koppelung informiert wird (OLG Köln WRP 2008, 261). Die Entscheidungen sind fragwürdig. Wenn die Anforderungen des § 4a BDSG oder der §§ 12, 13 TMG erfüllt sind, ist es Sache des Betroffenen, ob er seine Daten, zu seiner „Belästigung" preisgibt, nur um an einem Gewinnspiel teilnehmen zu können. Deshalb ist der Auffassung des OLG Stuttgart zuzustimmen, wonach die Koppelung eines Gewinnspiels mit einer datenschutzrechtlichen Einwilligungserklärung zulässig ist, wenn dabei die Vorschriften der §§ 4, 4a BDSG eingehalten sind. Vor einer allzu leichtfertigen Bekanntgabe persönlicher Daten sei der Verbraucher durch §§ 4, 4a BDSG geschützt, nicht aber durch § 4 Nr 1 UWG und § 4 Nr 6 UWG (OLG Stuttgart NJW 1999, 127). Die Richtigkeit dieser Ansicht wird indirekt dadurch bestätigt, dass der BGH in seiner jüngsten Entscheidung Nordjob-Messe die im Rahmen eines Gewinnspiels erteilte Einwilligung zur Datennutzung für Werbezwecke nicht generell aus Gründen des Datenschutzes oder des Lauterkeitsrechts für unzulässig erklärt hat, sondern alleine wegen der unlauteren Ausnutzung der Unerfahrenheit Jugendlicher im Sinne von § 4 Nr 2 UWG: Eine Krankenkasse verstieß nicht gegen datenschutzrechtliche Vorschriften, aber gegen das lauterkeitsrechtliche Verbot, die geschäftliche Unerfahrenheit von Jugendlichen auszunutzen (§ 4 Nr 2 UWG), wenn sie im Zusammenhang mit der Durchführung eines Gewinnspiels von den Teilnehmern im Alter zwischen 15 und 17 Jahren bei deren Einwilligung umfangreiche personenbezogene Daten erhob, um diese auch zu Werbezwecken zu nutzen. Denn Personen in dieser Altersgruppe können die Tragweite der von Ihnen abgegebenen Einwilligungserklärung zur Erhebung und Nutzung ihrer Daten zu Werbezwecken nicht in ausreichendem Maße erkennen (BGH NJW 2014, 22, 82 Rn 26f. – Nordjob-Messe).

bb) Einwilligung in den Teilnahmebedingungen von Gewinnspielen

Nach § 4 Nr 5 UWG handelt unlauter, wer bei Preisausschreiben oder Gewinnspielen „mit Werbecharakter die **Teilnahmebedingungen** nicht" *klar und eindeutig* angibt. *„Klar und eindeutig"* bezieht sich auf Form und Inhalt. Der Begriff der Teilnahmebedingungen im Sinne von § 4 Nr 5 UWG ist weit zu verstehen. Er bezieht sich nicht nur auf die Teilnahme*berechtigung* (zB bestehender Abo-Vertrag, Volljährigkeit), sondern auch auf die Modalitäten der Teilnahme (BGH WRP 2011, 863 Rn 18 – Einwilligungserklärung in Werbeanrufe; BGH GRUR 2008, 1061, 1064 – Telefonische Gewinnauskunft; OLG Franfurt WRP 2007, 688). Zu den Modalitäten der Teilnahme zählen alle Angaben, die der Interessent benötigt, um eine *informierte geschäftliche Entscheidung* (Artikel 7 Abs 1 und 2 der UGP-Richtlinie 2005/29/EG) über die Teilnahme am Gewinnspiel treffen zu können. Deshalb muss der Werbende auch darüber informieren, wie die Gewinner ermittelt und benachrichtigt werden (schriftlich, telefonisch, Internet, E-Mail, öffentlicher Aushang). Als Modalitäten der Teilnahme fallen unter die Teilnahmebedingungen im Sinne von § 4 Nr 5 UWG auch fakultativ erbetene Angaben wie zB die ausdrücklich als „freiwillige Angabe" bezeichnete Bekanntgabe der Telefonnummer und dies auch dann, wenn durch die jeweilige konkrete Gestaltung der Teilnahmebedingungen nicht der Eindruck erweckt wird, die als freiwillig bezeichnete Angabe der Telefonnummer könne für eine Teilnahme am Gewinnspiel möglicherweise günstiger sein (BGH WRP 2011, 863, 865 Rn 19 – Einwilligungserklärung für Werbeanrufe). Zu den Teilnahmebedingungen gehört daher auch, ob der Teilnehmer telefonisch von seinem Gewinn benachrichtigt werden kann. Das gleichzeitig erklärte Einverständnis für Werbeanrufe zählt damit ebenfalls zu den Teilnahmebedingungen des Gewinnspiels. Ist eine Klausel intransparent im Sinne von § 4 Nr 5 UWG ist sie unlauter, sofern sie geeignet ist, den Wettbewerb zum Nachteil der Verbraucher in Sinne des § 3 Abs 1 UWG 2008 spürbar zu beeinträchtigen. Haben Verbraucher an einem Gewinnspiel teilgenommen und dabei ihre Telefonnummer angegeben, wird erfahrungsgemäß von der Möglichkeit von Werbeanrufen Gebrauch gemacht. Von Werbeanrufen, die auf der Grund-

v. Strobl-Albeg

BT Abo-Werbung

Abonnementwerbung

lage von intransparenten Teilnahmebedingungen an einem Gewinnspiel erfolgen, geht wegen der belästigenden Wirkung durch solche Anrufe eine erhebliche spürbare Beeinträchtigung der Verbraucherinteressen aus (BGH WRP 2011, 863, 866 Rn 23 – Einwilligungserklärung für Werbeanrufe und BGH GRUR 2008, 189 Rn 23 – Suchmaschien-Eintrag).

98 Bei der Frage ob Teilnahmebedingungen zu einem *Gewinnspiel mit Werbecharakter* nach § 4 Nr 5 UWG Allgemeine Geschäftsbedingungen im Sinne der §§ 305 ff. BGB sind und deshalb einer Inhaltskontrolle nach §§ 307 ff. BGB unterliegen, ist zu differenzieren. Die Veranstaltung eines Preisausschreibens oder Gewinnspiels ist ein Unterfall der Auslobung (§§ 661, 657 BGB). Dabei handelt es sich zwar um ein einseitiges Rechtsgeschäft (BGH NJW 2011, 139 – Reitturnier). Allgemeine Bestimmungen, die der Verwender bei eigenen einseitigen Rechtsgeschäften trifft, stellen grundsätzliche keine nach §§ 305 ff. BGB kontrollfähigen Allgemeinen Geschäftsbedingungen im Sinne von § 305 Abs 1 BGB dar, weil der Verwender regelmäßig nicht fremde, sondern ausschließlich eigene rechtsgeschäftliche Gestaltungsmacht in Anspruch nimmt (BGH NJW 2011, 139 – Reitturnier; BGH NJW 2013, 2683 Rn 18 – Einwilligung in Werbeanrufe II). Dies ist bei einem Preisausschreibung oder Gewinnspiel beispielsweise für die in den Teilnahmebedingungen aufgestellten Regeln zum Ablauf der Verlosung anzunehmen (BGH NJW 2013, 2683 Rn 18 – Einwilligung in Werbeanrufe II). Anders ist es jedoch bei einer vom Spielveranstalter vorformulierten Einwilligungserklärung für Werbeanrufe im Rahmen der Ausschreibung. Sie ist der Kontrolle nach §§ 305 ff. BGB unterworfen. Denn sie betrifft nicht lediglich die Regelung der „eigene Verhältnisse" des Veranstalters, sondern greift in die geschützten Rechtspositionen Dritter ein. Bei der von dem Kunden abzugebenden Erklärung nimmt der Verwender die rechtsgeschäftliche Gestaltungsfreiheit für sich ebenso in Anspruch wie bei Vorformulierung eines Vertragstextes, wobei der Kunde lediglich entscheiden kann, ob er die Erklärung abgeben will, auf ihren Inhalt aber kein Einfluss hat. Nach der Rechtsprechung des Bundesgerichtshofs sind die §§ 305 ff. BGB auch auf die vom Verwender vorformulierten einseitigen Erklärungen des anderen Teils anzuwenden, die im Zusammenhang mit einer Sonderverbindung stehen (BGH GRUR 2000, 818 – Telefonwerbung VI). Mit der Teilnahme an einem Gewinnspiel ist ein Rechtsverhältnis verbunden, aus dem Pflichten hinsichtlich der sorgfältigen und ordnungsgemäßen Durchführung des Spiels sowie des Schutzes der persönlichen Daten der Teilnehmer erwachsen. Hierin liegt – neben dem einseitigen Rechtsgeschäft des Preisausschreibens als solchem – eine schuldrechtliche Sonderverbindung, die jedenfalls ein vertragsähnliches Verhältnis begründet und es – zumal mit Blick auf den gebotenen Schutz der Rechtsgüter der Beteiligten – rechtfertigt, vom Veranstalter vorgegebene Erklärungen der AGB-Kontrolle nach den §§ 305 ff. BGB zu unterziehen, wenn sie im Zusammenhang mit dem Gewinnspiel gemacht werden (BGH NJW 2013, 2683 Rn 20 – Einwilligung in Werbeanrufe II). Dabei kommt es nicht darauf an, ob für die an dem Gewinnspiel interessierten Verbraucher der Eindruck entsteht, ohne Einwilligung in die Telefonwerbung sei eine Spielteilnahme nicht möglich; vielmehr unterliegt die Einverständniserklärung im Rahmen eines Gewinnspiels auch dann der AGB-Kontrolle, wenn ein deutlicher Hinweis auf die Unabhängigkeit der Teilnahmemöglichkeit von der Erteilung des Einverständnisses gegeben wird (BGH NJW 2013, 2683 Rn 20 – Einwilligung in Werbeanrufe II) (aA KG NJW 2011, 466 und Löffler/*von Strobl-Albeg* Presserecht, 5. Auf Kap Gewinnspiele Rn 6 mwN bei Gewinnspielen, die nicht den Tatbestand einer Auslobung im Sinne von § 661 BGB erfüllen, sondern bei denen es sich um ein Spiel im Sinne von § 762 BGB handelt, welches keine Verbindlichkeit begründet.

cc) Anruf des Verbrauchers zur Gewinnabfrage

99 Können bei einem Gewinnspiel die Teilnehmer mit einem kostenlosen Anruf erfragen, ob sie gewonnen haben. dürfen sie nicht im Falle ihres Anrufs mit werblichen Angeboten überrascht werden. Denn die ereilte Einwilligung galt aber nur im Hin-

II. Unlautere Praktiken der Bezieherwerbung **Abo-Werbung BT**

blick auf den Zweck des Anrufs, also die Teilnahme am Gewinnspiel. Der überraschende und nicht in den Teilnahmebedingungen angekündigte und vom Zweck des Anrufs nicht gedeckte Themenwechsel zur Bewerbung mit Angeboten stellt eine solche Zäsur dar, dass der Werbende so zu behandeln ist, als hätte er beim Verbraucher ohne vorherige Einwilligung angerufen. Es stellt eine Umgehung von § 7 Abs 2 Ziffer 2 UWG dar, den Verbraucher zu einem Telefonanruf zu locken und ihn dann völlig unvorbereitet mit Werbung zu konfrontieren. Denn den Teilnahmebedingungen kann dem Verbraucher transparent gemacht werden, dass er bei seinem Anruf wegen des Gewinnspiels auch mit werblichen Informationen rechnen muss (LG Bochum Urteil vom 15.5.2009 – 14 O 61/08, darauf Anerkenntnisurteil OLG Hamm vom 11.11.2008 – 4 U 127/08 ZfWG 2009, 263).

f) Einwilligung nach BDSG und TMG

Das **Telemediengesetz (TMG)** gilt für alle elektronischen Informations- und 99a
Kommunikationsdienste, die nicht unter das Telekommunikationsgesetz (TKG) oder den Rundfunkstaatsvertrag fallen. Es gilt unabhängig davon, ob vom Nutzer für die Nutzung des Dienstes ein Entgelt erhoben wird (§ 1 TMG). Das TMG gilt daher insbesondere für die kommerzielle Kommunikation im Internet, E-Mail Newsletter und E-Mail-Werbung *(von Zimmermann,* Die Einwilligung im Internet, S 39 und *Roßnagel/Jandt* MMR 2011, 88, 89) sowie werbende Facebook-Seiten (OLG Düsseldorf WRP 2014, 88 – facebook; LG Freiburg WRP 2014, 355 Werbeposting eines Mitarbeiters auf Facebook). Das TMG ist in seinem Anwendungsbereich dem **Bundesdatenschutzgesetz BDSG** grundsätzlich vorrangig (§ 1 Abs 3 BDSG). Das BDSG ist jedoch ergänzend anwendbar, soweit das TMG keine entsprechende Regelung enthält. Bei der **Abonnement-Werbung mittels E-Mail, Internet oder Facebook** richten sich die Einwilligung zur Datenerhebung und Datennutzung sowie die datenschutzrechtlichen Informationspflichten nach §§ 12, 13 TMG.

Telefonnummern, Telefaxnummern und E-Mail-Adressen sind personenbezogene 100
Daten im Sinne von § 3 Abs 1 BDSG. Die Verarbeitung (zB das Speichern) oder die Nutzung für Zwecke der Werbung bedarf daher nach § 28 Abs 3 Satz 1 BDSG bzw §§ 12, 13 Abs 2 TMG der Einwilligung des Betroffenen nach §§ 4, 4a BDSG. Diese Einwilligung in die Erhebung oder Nutzung personenbezogener Daten für die Werbung für eigene Angebote des Verlags ist ausnahmsweise entbehrlich, wenn es sich um **Listendaten** der betroffenen Personen im Sinne von § 28 Abs 3 Satz 2 BDSG handelt, die der Verlag aufgrund eigener Kundenbeziehungen zu dem Betroffenen erlangt oder aus allgemein zugänglichen Adress-, Rufnummern-, Branchen- oder vergleichbaren Verzeichnissen erworben hat. Zu diesen erlaubnisfrei nutzbaren Listendaten gehören ua Name, Titel, Anschrift und Geburtsjahr, jedoch nicht die Telefonnummer, die Telefaxnummer, die Adresse der elektronischen Post und auch nicht das Geburtsdatum. Zu diesen Listendaten darf der Verlag weitere Daten hinzuspeichern, sofern er solche Daten – zB die Telefon- oder Telefaxnummer oder die E-Mail-Adresse – vom Betroffenen erhalten hat (§ 28 Abs 2 Satz 3 BDSG). Die einwilligungsfreie Nutzung der Kundendaten für eigene Werbezwecke setzt ferner voraus, dass der Kunde bei Abschluss des Abovertrages darauf hingewiesen wurde, dass der Verlag die Daten zu Zwecken der Werbung für eigene Angebote nutzen möchte. Außerdem müssen die Kunden bereits zu diesem Zeitpunkt und bei jeder folgenden Werbung, bei der die Daten genutzt werden, darauf hingewiesen werden, dass sie der Nutzung ihrer Daten zu Werbezwecken jederzeit widersprechen können (§ 28 Abs 4 Satz 2 BDSG). Will der Verlag dagegen Daten zu Werbezwecken nutzen, die – wie beispielsweise die Telefonnummer oder die E-Mail-Adresse – nicht zu den Listendaten zählen und die der Kunde nicht dem Verlag überlassen hat, so dass die Daten nicht gemäß § 28 Abs 3 Satz 3 BDSG hinzugespeichert werden konnten, ist eine Einwilligung des Betroffenen gemäß §§ 4, 4a BDSG erforderlich.

Gemäß § 4a BDSG ist eine **Einwilligung** datenschutzrechtlich nur wirksam, wenn sie a) *auf der freien Entscheidung des Betroffenen* beruht (Rn 101), b) der Betroffe-

BT Abo-Werbung

Abonnementwerbung

ne *auf den vorgesehenen Zweck der Erhebung,* Verarbeitung und Nutzung hingewiesen wird (Rn 102), c) die Einwilligung *schriftlich* erteilt wird (Rn 103) und d) die Einwilligung *besonders hervorgehoben wird,* wenn sie zusammen mit anderen Erklärungen erteilt werden soll (Rn 104). Einwilligungsklauseln in ABG, die gegen §§ 4 Abs 1, 4a Abs 1 Satz BDSG verstoßen, sind unwirksam nach § 307 Abs 1, Abs 2 Nr 1 BGB (OLG Hamm, WRP 2001, 941, 943; Köhler/Bornkamm/*Köhler* § 7 UWG Rn 156).

101 Während für die lauterkeitsrechtliche Einwilligung eine Opt-in-Erklärung erforderlich ist (vgl Rn 90), ist für die datenschutzrechtliche Einwilligung eine Opt-out-Erklärung ausreichend (BGH NJW 2010, 864 Rn 20 – Happy Digits; BGH NJW 2008, 3055 Rn 20 ff. – Payback). Denn nach § 4a Abs 1 BDSG ist es für die Wirksamkeit der Einwilligung nicht erforderlich, dass der Betroffene sie gesondert erklärt, indem er eine zusätzliche Unterschrift leistet oder ein dafür vorgesehenes Kästchen zur positiven Abgabe der Einwilligungserklärung ankreuzt (Opt-in-Erklärung). Zwar ist die datenschutzrechtliche Einwilligung gemäß § 4a BDSG nur wirksam, wenn sie auf der *freien Entscheidung des Betroffenen* beruht. An der Möglichkeit zu einer freien Entscheidung kann es etwa fehlen, wenn die Einwilligung in einer Situation wirtschaftlicher oder sozialer Schwäche oder Unterordnung erteilt wird oder wenn der Betroffene durch übermäßige Anreize finanzieller oder sonstiger Natur zur Preisgabe seiner Daten verleitet wird (BGH NJW 2008, 3055 Rn 21-Payback). Die Notwendigkeit, zur Versagung der Einwilligung in die Zusendung von Werbung ein dafür vorbehaltendes Kästchen anzukreuzen (Opt-out-Erklärung), stellt keine ins Gewicht fallende Hemmschwelle dar, die den Verbraucher davon abhalten könnte, von seiner Entscheidungsmöglichkeit Gebrauch zu machen (BGH NJW 2008, 3055 Rn 22 – Payback).

102 Die Wirksamkeit eine erteilten Einwilligung in die Erhebung, Verarbeitung und Nutzung von Daten setzt voraus, dass *auf den vorgesehenen* Zweck der Erhebung, Verarbeitung oder Nutzung hingewiesen wird (§ 4a Abs 1 Satz 2 BDSG). Bei der Erhebung von Telefonnummern zum Zweck der Telefonwerbung muss deshalb **ausdrücklich darauf hingewiesen** werden, dass die Daten auch **zu Werbezwecken** verwendet werden sollen.

103 Die Einwilligung des Betroffenen bedarf der **Schriftform** (§ 4a Abs 1 Satz 3 BDSG), also der eigenhändigen Unterschrift (§§ 126, 126a BGB). Ausnahmsweise kann auf die Schriftform verzichtet werden, wenn wegen besonderer Umstände eine andere Form der Einwilligung angemessen ist (§ 4a Abs 1 Satz 3 BDSG). So kann beispielsweise im Rahmen einer langjährigen geschäftlichen Beziehung oder bei einer besonderen Eilbedürftigkeit im Interesse des Betroffenen eine ausdrücklich erklärte mündliche Einwilligung ausreichen (Simitis, BDSG § 4a BDSG Rn 43 ff. mwN). Wird wegen der besonderen Umstände die Einwilligung nach § 4a Abs 1 Satz 3 BDSG in anderer Form als der Schriftform erteilt, hat die verantwortliche Stelle dem Betroffenen den Inhalt der Einwilligung schriftliche zu bestätigen, es sei denn, dass die Einwilligung elektronisch erklärt wird und die verantwortliche Stelle sicherstellt, dass die Einwilligung protokolliert wird und der Betroffene deren Inhalt jederzeit abrufen und die Einwilligung jederzeit mit Wirkung für die Zukunft widerrufen kann (§ 28 Abs 3a BDSG). Auch im Anwendungsbereich des TMG bedarf die Einwilligung gemäß § 4a Abs 1 Satz 3 BDSG der Schriftform. Denn bezüglich der Einwilligung verweist § 12 Abs 3 TMG auf die Vorschriften des BDSG, soweit das TMG nichts anders bestimmt. Jedoch kann nach § 13 Abs 2 TMG unter den dort genannten näheren Voraussetzungen die Einwilligung elektronisch erklärt werden (bewusste und eindeutig erklärte Einwilligung, Protokollierung der Einwilligung, jederzeitige Abrufbarkeit der Einwilligung durch den Nutzer und jederzeitiges Widerrufsrecht der Einwilligung).

103a Die erklärte Einwilligung ist frei **widerruflich,** aber nur mit Wirkung für die Zukunft für wobei im Anwendungsbereich des TMG die Schriftform durch das Anklicken oder Ankreuzen eines entsprechenden Feldes ersetzt werden kann (§ 13 Abs 2

TMG). Der Widerruf ist auch formlos möglich und zwar auch dann, wenn die Einwilligung schriftlich erteilt worden war. Der Betroffene muss bei der Ansprache zum Zwecke der Werbung über sein **Widerspruchsrecht** informiert werden (§ 28 Abs 4 S. 2 BDSG).

Die Einwilligung kann auch zusammen mit anderen Erklärungen schriftlich erteilt **104** werden. Dann ist sie jedoch *besonders hervorzuheben* (§ 4a Abs 1 Satz 4 BDSG). Durch dieses Erfordernis soll verhindert werden, dass die Einwilligung bei Formularverträgen im „Kleingedruckten" versteckt wird und der Betroffene sie durch seine Unterschrift erteilt, ohne sich ihrer und ihres Bezugsgegenstandes bewusst zu sein, weil er sie übersieht (BGH NJW 2008, 3055 Rn 23 – Payback). Diesen Anforderungen gemäß § 4a BDSG an eine wirksame Einwilligung genügt die Gestaltung einer Klausel mit einer Platzierung der Opt-out-Einwilligung unmittelbar über der Unterschriftszeile und einer drucktechnischen Hervorhebung der Hinweises auf den vorgesehenen Zweck der Erhebung, Verarbeitung und Nutzung unmittelbar oberhalb der „auszukreuzenden" Opt-out-Erklärung (BGH NJW 2008, 3055 Rn 24).

Die Vorschriften zur Einwilligung in die Verarbeitung oder Nutzung personenbe- **104a** zogener Daten für Zwecke des Adresshandels oder Werbung gemäß § 28 Abs 3 Satz 1 BDSG iVm §§ 4 Abs 1, 4a Abs 1 BDSG sind **Marktverhaltensvorschriften** im Sinne des **§ 4 Nr 11 UWG**. Denn sie sind insoweit auch dazu bestimmt, im Interesse der Marktteilnehmer das Marktverhalten zu regeln, weil § 28 BDSG die Grenzen der Zulässigkeit der Nutzung der Daten für Zwecke der Werbung bestimmt (KG Urteil vom 24.1.2014 – 5 U 42/12 Rn 154 ff.; OLG Karlsruhe NJW 2012, 3312; OLG Stuttgart GRUR – RR 2007, 330; OLG Köln v. 19.11.2010 I – 6 U 73/10 CR 2011, 680; Köhler/Bornkamm/*Köhler* § 4 UWG Rn 11, 35d; aA OLG München WRP 2012, 756). Bei dieser Betrachtung sind auch die Vorschriften der §§ 12, 13 Abs 2 TMG über die Einwilligung zur Erhebung und Nutzung personenbezogener Daten zu Werbezwecken Marktverhaltensregeln iSv § 4 Nr 11 UWG. Sie regeln das Erfordernis einer Einwilligung bei Telemedien. Eine dem § 28 Abs 3 Satz 1 BDSG entsprechende Regelung über die Erhebung und Nutzung für Zwecke der Werbung und des Adresshandels fehlt im TMG. Daher sind gemäß § 12 Abs 3 TMG insoweit die Vorschriften des BDSG anzuwenden. Ob die Vorschrift des § 13 TMG, die datenschutzrechtliche Aufklärungspflichten für Telemedien durch eine Datenschutzerklärung konstituiert, eine Marktverhaltensregel iSv § 4 Nr 11 UWG ist, ist streitig (bejahend OLG Hamburg WRP 2013, 1203; OLG Köln CR 2011, 680; Büscher/Dittmer/Schiwy/*Brockmann* Kap. 16 Rn 95; aA KG GRUR-RR 2012, 19, weil § 13 TMG alleine überindividuellen Interessen des freien Wettbewerbs diene).

g) Umgekehrte Telefonwerbung

Es ist nicht zu beanstanden, wenn der Werbende den Verbraucher auffordert, beim **105** Werbenden anzurufen. Denn § 7 UWG soll die Belästigung des Verbrauchers verhindern, nicht die Belästigung des Werbenden. Eine solche Werbung darf sich aber im Hinblick auf § 4 Nr 2 UWG nicht an Kinder richten OLG Frankfurt WRP 1994, 426. Außerdem darf bei der Aufforderung zum Telefonanruf nicht über die Gebührenpflichtigkeit oder die Höhe der anfallenden Telefongebühren getäuscht werden VG Köln NJW 2005, 1880. Eine solche Täuschung im Sinne von § 5 UWG soll bereits dann vorliegen, wenn auf die Gebührenpflichtigkeit des Anrufs nicht eigens hingewiesen wird. Unzulässig ist es, Kunden, die ihr Zeitschriftenabonnement gekündigt haben, mit der Aufforderung anzuschreiben, sie sollen zurückrufen, weil noch eine Frage aufgetreten sei, wenn der Abonnent auf diesem Wege dazu veranlasst werden soll, seine Kündigung zurückzunehmen (LG Berlin Urteil v. 17.2.2012 – Az. 16 O 558/11).

h) Telefonwerbung aus dem Ausland

Auch wenn im Ausland nach den jeweiligen nationalen Vorschriften Telefonmar- **106** keting erlaubt ist, ist **vom Ausland aus betriebene Telefonwerbung** an § 7 Abs 2

BT Abo-Werbung

Abonnementwerbung

UWG zu messen. Denn anders als für Werbung im Internet gilt für die Telefonwerbung bei Anwendung des deutschen IPR die Marktortregel. Danach ist das nationale Wettbewerbsrecht desjenigen Landes anzuwenden, an dem durch die Wettbewerbsmaßnahme im Wettbewerb mit anderen Unternehmen auf die Kundenschließung eingewirkt wird (BGH GRUR 2004, 1035 – Rotpreis-Revolution; BGH NJW 1998, 419 – Gewinnspiel im Ausland; BGH NJW 1991, 463 – Kauf im Ausland). Telefonische Abonnementwerbung aus Spanien bei deutschen Verbrauchern ist daher nach § 7 Abs 2 UWG unlauter, auch wenn in Spanien Telefonmarketing ohne Einwilligung des Angerufenen zulässig ist (LG Hamburg Urteil vom 24.8.2004, Az 312 O 457/04). Ein nationales Verbot der Telefonwerbung muss sich allerdings an den Maßstäben der Warenverkehrs- und Dienstleistungsfreiheit der Art 28 ff., 56 ff. AEUV messen lassen (EuGH GRUR Int 1995, 900 – Alpine Investments). Das nationale Verbot muss daher aus zwingenden Gründen des Allgemeininteresses, nämlich des Verbraucherschutzes und des Schutzes der Lauterkeit des Handelsverkehrs, gerechtfertigt sein. In diesem Sinne ist das deutsche Verbot einer Werbung durch unerbetene Telefonanrufe in § 7 Abs 2 Nr 2 UWG gerechtfertigt und auch nicht unverhältnismäßig (Hefermehl/*Köhler*/Bornkamm § 7 UWG Rn 34).

i) Sind bei unzulässigen Anrufen geschlossene Verträge wirksam?

107 Nach herrschender Meinung sind Verträge, die bei unerlaubter Telefonwerbung geschlossen werden, wirksam (BGH GRUR 2001, 1178 – Gewinn-Zertifikat; BGH GRUR 1990, 522 – HBV-Rechtsschutz). Dies hat sich auch nicht dadurch geändert, dass eine unerlaubte Telefonwerbung eine Ordnungswidrigkeit darstellt. Denn § 7 UWG ist kein Verbotsgesetz i. S. von §§ 134, 138 BGB, weil es bei § 7 UWG nicht um den Inhalt des Vertrags geht, sondern um die Art und Weise seines Zustandekommens. Jedoch unterliegt der telefonisch abgeschlossene Vertrag einem Widerrufsrecht.

j) Sonstige wettbewerbswidrige Praktiken

108 Wenn der Verbraucher über ein bestehendes gesetzliches Widerrufsrecht im Sinne von § 355 BGB zu belehren ist, handelt es sich um eine Marktverhaltensregelung zum Schutze der Verbraucher (BGH GRUR 2010, 643 Rn 15 – Überschrift zur Widerrufsbelehrung; BGH GRUR 2010, 1142 Rn 22 – Holzhocker). Deshalb ist eine unterbliebene, unzutreffende oder unzureichende **Widerrufsbelehrung** unlauter im Sinne von § 4 Nr 11 UWG und beeinträchtigt die Interessen der Verbraucher spürbar im Sinne von § 3 Abs 1 bzw. § 3 Abs 2 1 UWG (BGH GRUR 2012, 188 Rn 46 – Computer-Bild). Bei Verträgen über Abonnements von Zeitungen und Zeitschriften war dem Verbraucher seit der Schuldrechtsreform vom 1.1.2002 bei Fernabsatzverträgen und im elektronischen Geschäftsverkehr ein Widerrufsrecht gem § 355 BGB einzuräumen, wenn die bis zum nächstmöglichen Kündigungszeitpunkt auf den Abopreis zu entrichtenden Teilzahlungen mehr als 200,– Euro betragen haben (§ 505 Abs 1 Satz 2, 3 BGB aF iVm § 491 Abs 2 Nr 1 BGB – BGH WRP 2012, 985 – Computer-Bild; BGH NJW-RR 2004, 841 – Zeitschriftenabonnement im Internet, BGH NJW 2002, 2391 – Postfachanschrift). Wurde der Abonnement-Vertrag telefonisch geschlossen, hatte der Verbraucher ab dem 4.8.2009 ein Widerrufsrecht auch bei Bestellwerten von weniger als € 200,– (§ 312d Abs 4 Nr 3 BGB in der Fassung des Ges. zur Bekämpfung unlauterer Telefonwerbung vom 29.7.2009). Auch bei Bestellwerten unter 200,– Euro war dem Verbraucher ein Widerrufsrecht einzuräumen, wenn es sich um ein Haustürgeschäft im Sinne von § 312 BGB handelte. Dies ist der Fall, wenn der Abonnementvertrag nach mündlichen Verhandlungen am Arbeitsplatz des Abonnenten oder in seiner Privatwohnung, bei einer vom Verlag oder einem Dritten zumindest auch im Interesse des Verlages durchgeführten Freizeitveranstaltung oder im Anschluss an ein überraschendes Ansprechen in Verkehrsmitteln oder im Bereich öffentlich zugänglicher Verkehrsflächen (zB Straßen, Parks, Flughäfen) geschlossen wurde. Als Haustürgeschäft gilt auch die Standwerbung (*Veigel*

AfP 2006, 1 ff.). Ob auch Verträge, die von Laienwerbern vermittelt werden, Haustürgeschäfte sind, ist zwar noch nicht gerichtlich entschieden, aber zu bejahen, wenn der Laienwerber den neuen Abonnenten in dessen Wohnung, am Arbeitsplatz, einer Freizeitveranstaltung oder auf öffentlichen Straßen, Plätzen oder Verkehrsmitteln aufsucht oder anspricht. Der neue Abonnement ist in solchen Fällen in dem gesetzlich geschütztem Bereich im Sinne von § 312 BGB zum Vertragsabschluss „bestimmt" worden (bzw. nach § 312b BGB nF „außerhalb der Geschäftsräume des Unternehmens").

Die Vorschriften über Verbraucher-Verträge in §§ 312 ff. BGB wurden durch das Gesetz zur Umsetzung der Verbraucherrichtlinie 2011/83/EU (VerbRRL-UG) mit Wirkung ab 13.6.2014 neu gefasst. Dabei wurden ua die Bestimmungen zum Fernabsatzvertrag und zu den außerhalb von Geschäftsräumen geschlossenen Verträgen (früher: Haustürgeschäfte) weitgehend vereinheitlicht. Für Verträge, die vor dem 13. Juni 2014 geschlossen wurden, gilt das bis dahin geltende Recht weiter (Artikel 229 § 32 EGBGB). Für die ab dem 13. Juni 2014 geschlossenen Abonnement-Verträge gilt bezüglich des Widerrufsrechts folgendes:

Bei Abonnement-Verträgen, die in den Geschäftsräumen des Unternehmers abgeschlossen werden (zB in dessen Geschäftsstelle, Service-Center etc) besteht ein Widerrufsrecht, sofern die bis zum nächstmöglichen Kündigungszeitpunkt auf den Abonnement-Preis zu entrichtenden Teilzahlungen mehr als € 199,99 betragen (§ 510 Abs 3 BGB iVm § 491 BGB). Bei allen Abonnement-Verträgen, die außerhalb von Geschäftsräumen oder im Fernabsatz geschlossen werden, besteht ein Widerrufsrecht (§ 312g Abs 2 Nr 7 BGB nF). Der Bestellwert von € 200,– spielt bei Abonnement-Verträgen, die außerhalb der Geschäftsräume des Unternehmers oder im Fernabsatz geschlossen werden, keine Rolle. Unter dem Begriff „*außerhalb von Geschäftsräumen geschlossene Verträge*" fallen alle Verträge, die an einem Orten verhandelt oder abgeschlossen werden, die kein Geschäftsraum des Unternehmens sind (§ 312b BGB nF). Erfasst sind davon nicht nur die früheren „Haustürgeschäfte", sondern alle außerhalb der Geschäftsräume des Unternehmers verhandelten oder abgeschlossenen Abonnement-Verträge. Hierzu gehört zB auch die Standwerbung, Aktionen auf Messen usw Unter den Begriff „*Fernabsatz-Verträge*" fallen alle Verträge, bei denen Unternehmer und Verbraucher ausschließlich Fernkommunikationsmittel verwenden. Hierzu zählen Briefe, Telefonanrufe, Telefax, E-Mails, SMS sowie Rundfunk und Telemedien (Online-Angebote, Internet). Dieses Widerrufsrecht besteht auch bei der Lieferung von digitalen Angeboten wie zB E-Paper-Abo, APPS usw).

Stets unzulässig ist nach **Nr 10 des Anhangs zu § 3 Abs 3 UWG** gegenüber einem Verbraucher die unwahre Angabe oder das Erwecken des unzutreffenden Eindrucks, gesetzlich bestehende Rechte stellten eine Besonderheit des Angebots dar. Dieser Tatbestand der irreführenden Werbung mit einer **Selbstverständlichkeit** wäre beispielsweise erfüllt, wenn der Verbraucher auf sein Widerrufsrecht in einer Weise hingewiesen würde, die bei ihm den unrichtigen Eindruck erweckt, der Verlag hebe sich dabei dadurch von den Mitbewerbern ab, dass er dem Bezieher freiwillig ein Widerrufsrecht einräumt. Dieser irreführende Eindruck kann auch erweckt werden ohne eine hervorgehobene Darstellung der vermeintlichen Besonderheit des Angebots. Eine solche irreführende Werbung mit Selbstverständlichkeiten lag beispielsweise vor, als ein Unternehmen – ohne besondere Hervorhebung – die Verbraucher darauf hinwies, dass sie „*eine 14-tägige-Geld-zurück-Garantie*" haben und den weiteren Hinweis „*Der Versand der Ware erfolgt auf Risiko von P*". Denn die *14-tägige-Geld-zurück-Garantie* gehe weder über das bei Fernabsatzverträgen nach § 312c BGB grundsätzlich zwingend bestehende Widerrufsrecht gemäß § 355 BGB noch über das dem Verbraucher vom Unternehmer wahlweise stattdessen einzuräumende Rückgaberecht gemäß § 356 BGB hinaus. Die Aussage über die Risikotragung des Werbenden beim Versand der Ware entspricht der nach § 475 Abs 1 BGB zwingenden Regelung in § 474 Abs 2 Satz 2 BGB, wonach bei einem Verbrauchsgüterkauf die Vorschrift des § 474 BGB nicht anzuwenden ist. Auch ohne eine Hervor-

BT Abo-Werbung
Abonnementwerbung

hebung werde aber in der beanstandeten Werbung der Eindruck hervorgerufen, die *Geld-zurück-Garantie* und die Regelung über die Risikotragung beim Versand seien freiwillige Leistungen des Werbenden und stellten deshalb Besonderheiten seines Angebots dar (BGH GRUR 2014, 1002 – Geld-zurück-Garantie III). Der Tatbestand der Nr 10 der Blacklist ist freilich nicht erfüllt bei dem Hinweis auf *die gesetzliche Gewährleistungsfrist von 2 Jahren,* weil mit dieser Formulierung für den angesprochenen Verbraucher klargestellt wird, dass er insoweit keine Rechte eingeräumt bekommt, die ihm nicht schon Kraft Gesetzes zustehen (BGH GRUR 2014, 1032 – Geld-zurück-Garantie III). Der Tatbestand der Nr 10 des Anhangs zu § 3 Abs 3 UWG ist auch nicht erfüllt bei dem Hinweis auf die in § 1 PreisAngVO gesetzlich vorgeschriebene Selbstverständlichkeit, dass bei Preisangaben gegenüber dem Letztverbraucher im angegebenen Preis die Mehrwertsteuer enthalten ist. Denn die vom Unternehmen nach der PreisAnGVO einzuhaltenden Pflichten sind keine *gesetzlichen Rechte* des Verbrauchers iSv Nr 10 der Blacklist (vgl. Rn 114).

111 Zulässig ist es, wenn von erkennbaren Werbern an einer **roten Verkehrsampel** kostenlose Probeartikel an die KFZ-Insassen verteilt werden, wenn dabei die Werber abwarten, ob der KFZ-Insasse eine Annahmebereitschaft erkennen lässt (zB durch das Herunterlassen des Fensters zur Entgegennahme der Ware). Zwar verstößt eine solche Werbemaßnahme gegen § 33 Abs 2 Satz 2 StVO, wonach Werbung in Verbindung mit Verkehrszeichen und Verkehrseinrichtungen unzulässig ist. Bei dieser Vorschrift handelt es sich jedoch nicht um eine Bestimmung, die im Interesse der Marktteilnehmer das Marktverhalten regelt, so dass kein unlauterer Rechtsbruch im Sinne von § 4 Nr 11 UWG vorliegt (LG Kiel Urteil vom 30.11.2004 Az 16 O 51/04). Zum Vertrieb von Presseerzeugnissen nach dem Straßen- und Straßenverkehrsrecht vgl *Burkhardt,* BT Vertrieb Rn 152 ff.

112 Ob ein unzulässiger **psychischer Kaufzwang** ausgeübt wird, wenn zusammen mit einem gefüllten Frühstücksbeutel eine Zeitung eine Woche lang kostenlos an Haushalte geliefert wird und dann anschließend die Probebezieher von einem Werber besucht werden, der sie zum Abschluss eines Abonnementvertrages bewegen will (OLG Hamm AfP 1988, 37), ist bei Zugrundelegung des neuen Verbraucherleitbildes im Rahmen von § 4 Nr 1 UWG trotz des persönlichen Kontakts mit dem „nachbearbeitenden" Werber nur denkbar, wenn der Werber den Interessenten im persönlichen Gespräch in einem solchen Ausmaß unter Druck setzt, dass ein durchschnittlich informierter, verständiger und durchschnittlich empfindsamer Verbraucher nicht umhin kann, auf das Angebot einzugehen (vgl zum psychischen Kaufzwang durch die Gewährung von Abo-Prämien Rn 129. Zum „psychischen Klassenzwang" gegenüber Schülern und ihren Eltern vgl Rn 118.

113 **Irreführend** ist eine Abonnementwerbung, wenn dazu ein Coupon mit der blickfangmäßigen Bezeichnung „Gutschein" zur Anforderung von zwei kostenlosen Probeheften verwendet wird, wenn sich bei unterbleibender Absage des Bestellers innerhalb der vorgesehenen Frist ein entgeltliches Abonnement anschließt. Denn der blickfangmäßig erweckte unzutreffende Eindruck eines bloßen Gutscheins für zwei kostenlose Probehefte kann nicht dadurch ausgeräumt werden, dass aus dem weiteren klein gedruckten Text hervorgeht, dass es sich tatsächlich um einen Bestellschein mit negativer Option für ein entgeltliches Abonnement handelt (KG AfP 87, 695). Dasselbe gilt, wenn ein als Geschenk-Gutschein gestalteter „Anforderungs-Scheck" benutzt wird und im Text optisch die Aussagen „Probelieferung" und „14-Tage gratis" hervorgehoben werden, es sich aber in Wahrheit um eine Bestellkarte mit negativer Option handelt (OLG Karlsruhe WRP 1988, 322). Wird ein „persönlicher Anforderungsschein" für eine kostenlose Leseprobe eines Gesundheitsreports verschickt mit einer „Garantie" des Inhalts, „nur wenn Sie der Report überzeugt und wir nichts von Ihnen hören, wissen wir, dass Sie den Gesundheitsreport monatlich zum Jahresbezugspreis von DM 96,– haben möchten", einem „vollen Rücktrittsrecht", welches man innerhalb von 14 Tagen nach Erhalt der angeforderten Leseprobe ausüben könne und der vorgeschriebenen Widerrufsbelehrung, die als „Vertrauensgarantie" bezeich-

II. Unlautere Praktiken der Bezieherwerbung **Abo-Werbung BT**

net war, verschleiert dies nach Auffassung des OLG Stuttgart (2 U 171/93) in unzulässiger Weise entgegen Treu und Glauben die Tatsache, dass der „persönliche Anforderungsschein" vom Verlag bereits als Bestellschein für den regelmäßigen Bezug der Zeitschrift gedacht sei. In entsprechender Anwendung von § 5 AGBG (jetzt: § 307 Abs 1 S 2 BGB) sei darauf abzustellen, wie der Empfänger den Inhalt der Bestellkarte verstehen darf. Habe der Verlag aber zur Verschleierung eine Bestellung so formuliert, dass der Kunde glaube, nur eine kostenlose Leseprobe anzufordern, muss sich der Verlag so behandeln lassen, als läge nur die Anforderung einer kostenlosen Leseprobe vor.

Eine irreführende Werbung mit Selbstverständlichkeiten liegt vor, wenn ein zum Wesen der Ware gehörender oder gesetzlich vorgeschriebener Umstand besonders hervorgehoben wird (BGH NJW-RR 1991, 680 – inkl MwSt mwN). Wird in der Werbung gegenüber dem privaten Letztverbraucher ein Verkaufspreis genannt, muss dieser nach § 1 Abs 1 PreisAngVO die Mehrwertsteuer enthalten. Trotzdem ist eine Abonnementwerbung nicht als Werbung mit Selbstverständlichkeiten anzusehen, bei welcher angegeben ist **„einschließlich MWSt und Inlandsporto"**, wenn die beiden Zusätze nicht besonders hervorgehoben werden (OLG Stuttgart AfP 1989, 755). Die Nichterwähnung der Höhe des Mehrwertsteuersatzes macht die Angabe auch nicht irreführend im Sinne von § 5 UWG. Denn die Höhe des Mehrwertsteuersatzes ist ohnehin nur für denjenigen von Interesse, der zum Vorsteuerabzug berechtigt ist. Der Vorsteuerabzugsberechtigte weiß aber – von nicht ins Gewicht fallenden Ausnahmen vielleicht abgesehen – dass der Mehrwertsteuersatz für Druckerzeugnisse idR 7% beträgt, weil dieser auf den Rechnungen und meist auch im Impressum der Zeitschriften und Zeitungen angegeben ist (OLG Stuttgart AfP 1989, 755). Dagegen liegt keine per-se unlautere irreführende Werbung mit Selbstverständlichkeiten nach Nr 10 des Anhangs zu § 3 Abs 3 UWG vor. Nach dieser Vorschrift der Blacklist ist die unwahre Angabe oder das Erwecken des unzutreffenden Eindrucks, gesetzlich bestehende Rechte stellten eine Besonderheit des Angebots dar, gegenüber Verbrauchern stets unzulässig. Der Tatbestand der Nr 10 des Anhangs zu § 3 Abs 3 UWG setzt keine hervorgehobene Darstellung der vermeintlichen Besonderheit des Angebots voraus, sondern nur, dass beim Verbraucher der unrichtige Eindruck erweckt wird, der Unternehmer hebe sich bei seinem Angebot dadurch von den Mitbewerbern ab, dass er dem Verbraucher freiwillig ein Recht einräume (BGH GRUR 2014, 1002 Rn 11 – Geld-zurück-Garantie III). Dieses Verbot betrifft aber nur die Irreführung über gesetzlich bestehende *Rechte* des Verbrauchers wie zB das Widerrufs- und Rückgaberecht bei Verbraucherverträgen (§§ 355 ff. BGB) oder das Risiko des Verkäufers beim Versand der Ware beim Verbrauchsgüterkauf (§§ 475 Abs 1, 477 Abs 2 Satz 2 BGB). Nicht erfasst von Nr 10 sind aber gesetzliche Pflichten des Werbenden wie die von ihm einzuhaltenden Vorgaben der PreisangabenVO.

Die Bewerbung des Bezugs einer Loseblattsammlung ist irreführend, wenn ein 115 nicht unerheblicher Teil der angesprochenen Verkehrskreise dem beigefügten Bestellschein weder entnimmt, dass die Bestellung des Grundwerkes die der **Nachlieferung** einschließt, noch, dass der Jahrespreis der Nachlieferung den des Grundwerks, dessen günstiger Endpreis allein genannt oder sogar herabgesetzt ist, wesentlich übersteigen wird (KG Urteil vom 24.7.1998, VuR 1999, 209).

Die unrichtige Mitteilung eines Mitbewerbers, für die Abonnementen einer Fach- 116 und Verbandszeitschrift bestehe wegen des Verlustes des Status als Verbandszeitschrift **keine Abnahme- und Zahlungspflicht,** ist unter den Gesichtspunkten der Irreführung und des Verleitens zum Vertragsbruch ein nach § 1 UWG aF wettbewerbswidriges Ausspannen von Kunden (OLG Stuttgart AfP 1998, 321). Heute wäre eine solche geschäftliche Handlung unlauter unter dem Gesichtspunkt des Verleitens zum Vertragsbruch nach § 4 Nr 10 UWG durch irreführende Angaben (BGH GRUR 2002, 548 – Mietwagenkostenersatz).

Es ist grundsätzlich nicht unzulässig, für ein Zeitschriftenabonnement mit dem Ar- 117 gument zu werben, **der Abonnent** erhalte die Zeitschrift bereits **vor dem Erstver-**

114

BT Abo-Werbung

Abonnementwerbung

kaufstag (LG Hamburg AfP 2004, 375 unter Aufgabe des Beschlusses derselben Kammer, AfP 2003, 565). Ebenso wie eine moderate Unterschreitung des gebundenen Einzelverkaufspreises durch einen Abonnementpreis und die Auslieferung der Abonnementexemplare frei Haus stellt auch die Belieferung des Abonnenten einen Tag vor dem Erstverkaufstag im Handel keinen Preisbindungsmissbrauch dar (vgl auch BKartA Rn 87). Dies könne allenfalls dann der Fall sein, wenn die Auslieferung der Abonnementexemplare so lange vor dem Erstverkaufstag erfolgt, dass das Leseinteresse an einer Zeitschrift bis zum Erscheinen im Handel schon deutlich gelitten hat. Dies ist aber jedenfalls nicht bei jeder Auslieferung von Abonnementexemplaren vor dem Erstverkaufstag des Einzelhandels der Fall. Ausnahmen sind freilich bei solchen Publikationen denkbar, bei deren Inhalt es auf eine besondere Aktualität ankommt, wie etwa bei einem Börsenmagazin mit Kauf- und Verkauf-Tipps (LG Hamburg AfP 2004, 375). Ausdrückliche vertragliche Verpflichtungen zur Einhaltung des Erstverkaufstages ergeben sich aus den Vereinbarungen nur für die Pressehandelsunternehmen und nicht für die Verlage. Der Erstverkaufstag wird zwar vielfach mit dem auf dem Titel abgedruckten Datum bzw mit dem turnusmäßigen Wochentag des Erscheinens eines Presseproduktes übereinstimmen. Der Verlag kann aber für eine bestimmte Ausgabe einen anderen Erstverkaufstag bestimmen, der von dem der Titelseite abweicht. Die vertragliche Verpflichtung des Handels, den vom Verlag festgelegten Erstverkaufstag einzuhalten, bezweckt eine sachgerechte und zudem kartellrechtlich gebotene Gleichbehandlung der Mitbewerber bei der Belieferung mit Presseerzeugnissen. Insoweit dient das vertragliche Verbot eines Verkaufs vor dem Erstverkaufstag dem Schutz der Einzelhandelsgeschäfte und der sonstigen Verkaufsstellen vor vertraglich unbeabsichtigten und daher unberechtigten Wettbewerbsvorteilen, wie sie für vertragstreue Mitbewerber nicht bestehen (OLG Hamburg AfP 2004, 561). **Der Presseeinzelhandel** handelt aber wettbewerbswidrig iSv § 3 UWG, wenn er die eingegangene Verpflichtung verletzt, die Zeitung oder Zeitschrift nicht vor dem vom Verlag festgelegten Erstverkaufstag an Letztverbraucher zu veräußern (OLG Hamburg AfP 2004, 561). Die Verlage haben demgegenüber eine solche Verpflichtung in der Regel nicht übernommen. Vertragsrechtlich zu beanstanden kann daher die Auslieferung vor dem Erstverkaufstag durch den Verlag deshalb nur dann sein, wenn darin zugleich ein Verstoß gegen Treu und Glauben und daraus resultierenden Nebenpflichten zu erblicken wäre. Im Hinblick auf die vom Abonnenten einzugehende längerfristige Bindung ist es aber unter dem Gesichtspunkt von Treu und Glauben nicht zu beanstanden, wenn der Verlag dem Abonnenten dafür solche Vorteile gegenüber dem Handelsbezug der Zeitschrift bietet (LG Hamburg AfP 2004, 375).

118 Das Angebot von Schüler-Kurz-Abonnements für mehrere Ausgaben einer wöchentlich erscheinenden Zeitschrift wie zB des Stern an Schulen bzw. Lehrkräfte ist weder eine unerlaubte **Werbung an Schulen** noch eine unlautere **Ausnutzung der Autorität** der Lehrer zu werblichen Zwecken, wenn keine besonderen Umstände hinzutreten, die eine Unlauterkeit begründen (OLG Hamburg NJW-RR 2005, 408). Zwar darf die Schule nicht zu einem „Kampfplatz der Wirtschaftswerbung" werden (BGH GRUR 1984, 665, 667 – Werbung in Schulen). Diesem Grundsatz wird jedoch entsprochen, wenn die Wettbewerbshandlung dem im Schulrecht der Bundesländer enthaltenen Verbot von Wirtschaftswerbung entspricht. Wenn das Schulrecht insoweit Ausnahmen vom Werbeverbot gestattet, ist es grundsätzlich nicht Aufgabe des Wettbewerbsrechts, dem aus allgemeinen Erwägungen entgegenzutreten, solange nicht im Einzelfall Missbräuche hervortreten (BGH GRUR 1984, 665, 667 – Werbung in Schulen). Schüler-Kurz-Abonnements sind aber keine vom Schulrecht reglementierte klassische Produktwerbung, wenn die Zeitschriften im Rahmen des Erziehungsauftrags der Schulen im medienkundlichen Unterricht eingesetzt werden sollen. Die Lehrer sind nicht gehindert, parallel auch Konkurrenzprodukte zu beziehen und diese vergleichend in den Unterricht einzubeziehen. Verstoßen jedoch Werbemaßnahmen gegen das Verbot von Wirtschaftswerbung in den landesrechtlichen

II. Unlautere Praktiken der Bezieherwerbung   **Abo-Werbung BT**

Schulgesetzen, kann der Tatbestand von § 4 Nr 11 UWG erfüllt sein. Denn solche Verbote von Geschäften auf dem Schulgelände sind auch dazu bestimmt, im Interesse der Marktteilnehmer das Marktverhalten zu regeln (BGH GRUR 2006, 77 – Schulfotoaktion). Auch ein nach dem Schulrecht verbotener Versuch der Einflussnahme auf Unterrichtung und Erziehung durch den Einsatz einer kostengünstigen Zeitschrift im Rahmen des medienkundlichen Unterrichts liegt nicht vor, da der Lehrer nach pflichtgemäßen Ermessen die Auswahl eines Lernmittels vorzunehmen hat. Das Herantreten an die Lehrer mit dem Angebot eines solchen Kurzabonnements für ihre Schüler bedeutet auch keine unlautere Ausnutzung der Autorität der Lehrer zu werblichen Zwecken im Sinne von § 4 Nr 1 UWG. Es gibt keinen Grundsatz, dass es mit den guten kaufmännischen Sitten ganz allgemein nicht vereinbar ist, wenn ein Kaufmann bei der Kundenwerbung oder dem Absatz seiner Waren eine fremde Autorität einsetzt, die auf die Entschlüsse der Umworbenen Einfluss nehmen kann (BGH GRUR 1984, 665, 666 – Werbung in Schulen). Für eine Unlauterkeit im Einzelfall ist es nicht ausreichend, wenn sich Eltern auf die Sachkenntnis der Lehrer über einen pädagogischen Wert der beworbenen Zeitschrift verlassen. Wenn Lehrer sich im Rahmen des Erziehungsauftrages für eine bestimmte Zeitschrift als Anschauungsmaterial entscheiden, die den pädagogischen Gesichtspunkten besonders entgegenkommen, dann handeln Eltern nicht sachwidrig, wenn sie die Sachkenntnis der Lehrer beachten und deren Empfehlung in ihre Kaufüberlegung einbeziehen (BGH GRUR 1984, 665, 666 – Werbung in Schulen; OLG Hamburg NJW-RR 2005, 408). Anders kann es jedoch sein, wenn besondere Umstände hinzutreten, die zu einer Unlauterkeit führen wie etwa eine ungehörige Einflussnahme auf die Lehrer bspw durch Versprechen besonderer Vorteile für die Gestattung der Werbung. Denn dies würde den sachlichen, objektiven Wert der Empfehlung in Frage stellen und die Gleichbehandlung der Mitbewerber beeinträchtigen (BGH GRUR 1984, 665, 666 – Werbung in Schulen und OLG Hamburg NJW-RR 2005, 408). Zudem kann der Straftatbestand der Vorteilsgewährung (§ 333 StGB) und der Vorteilsannahme (§ 331 StGB) erfüllt sein, wenn nicht die Schule, sondern der Lehrer eine Leistung des Werbenden erhält (BGH GRUR 2006, 77 – Schulfotoaktion). Die Vorteilsgewährung ist eine Marktverhaltensregelung im Sinne von § 4 Nr 11 UWG (BGH GRUR 2006, 77 – Schulfotoaktion).

Wenn beim Kauf eines Produktes Punkte erworben werden, die in ein „Klassensparbuch" einzukleben sind und bei Erreichen einer bestimmten Punktzahl einer Schulklasse eine verbilligte Reise ermöglichen, wird ein Gruppenzwang geschaffen, der die Entscheidungsfreiheit der Verbraucher in unangemessener unsachlicher Weise beeinflusst (OLG Celle GRUR-RR 2005, 387; Revision BGH, Az I ZR 148/05). Schüler und Eltern, die bei einer solchen Aktion nicht „mitmachen", können sich den Vorwurf des Spielverderbers, der Kleinlichkeit und vor allem der mangelnden Loyalität mit der Klassenmehrheit ausgesetzt sehen und sich daher veranlasst fühlen, notgedrungen doch das beworbene Produkt zu kaufen (vgl auch BGH GRUR 1979, 157 – Kindergarten-Malwettbewerb). Auch bei einem gewandelten Verbraucherleitbild wird bei einer solchen Werbeaktion ein **unlauterer Kaufzwang** auf Schüler und deren Eltern ausgeübt. Eine unlautere Druckausübung im Sinn von § 4 Nr 1 UWG ist allerdings dann zu verneinen, wenn Alternativen geboten werden, anstelle des Kaufs des Produktes die Aktion durch anderweitiges Sammeln von Punkten zu unterstützen, wie beispielsweise durch einen Telefonanruf oder über das Internet (OLG Bremen Urteil vom 28.4.2005 – Az 2 U 75/04). Ein Gewinnspiel als einzige Alternative kann jedoch, da der Erfolg vom Zufall abhängt, allerdings nicht als taugliche Alternative zum Warenbezug angesehen werden (OLG Celle GRUR 2005, 387).

BT Abo-Werbung

III. Zuwendungen für Neuabonnenten

1. Überblick

120 Häufig wird bei der Werbung neuer Abonnenten dem potentiellen Bezieher einer Zeitung oder Zeitschrift eine Zuwendung dafür versprochen, dass er die Zeitung oder Zeitschrift bestellt. Solche Anreize werden in der Praxis als „Dankeschön fürs Kennenlernen", „unser Dank für Ihr Interesse", als „Geschenk" oder **„Begrüßungsgeschenk"** bezeichnet. Die Praxis unterscheidet dabei zwischen Prämien als Gegenleistung für den Willen des Abonnenten zur Bezugsbindung bei regulären Abonnements (**Abschlussprämie**, dazu Rn 125 ff.) und Prämien als Belohnung für die Bereitschaft zur Erprobung im Rahmen von verbilligten Probeabonnements oder einer Gratislieferung zur Abonnentengewinnung (**Werbegeschenke** – dazu Rn 128 f.). Seit der Aufhebung der ZugabeVO am 24.7.2001 ist die Zugabeproblematik solcher Begrüßungsgeschenke gegenstandslos. Ein Zugabeverbot würde sogar einen Verstoß gegen § 14 GWB aF darstellen (BKartA Beschluss vom 30.3.2004 zur Anerkennung von Ziff 7 der Wettbewerbsregeln des VDZ und LG Hamburg AfP 2003, 375). Auch die Preisbindung steht solchen Zugaben nicht entgegen. Preisbindungsrechtlich unzulässig können allerdings Zugaben in Form von Einkaufsgutscheinen oder Bargeld sein. Denn die Gewährung solcher Zugaben steht einem Preisnachlass gleich, der – wenn Einzelverkauf und Abonnementvertrieb denselben relevanten Markt betreffen und durch die Höhe des Preisvorteils des Abonnements erhebliche Nachfrageverschiebungen zu Lasten des Einzelverkaufs festzustellen sind – eine missbräuchliche Handhabung der Preisbindung darstellt (vgl Rn 125). Zuwendungen in Form von Sachprämien können jedoch grundsätzlich ein **übertriebenes Anlocken** iSv § 4 Nr 1 UWG darstellen (Rn 121 ff.), wenn in Ausnahmefällen die Rationalität der Nachfrageentscheidung ausgeschaltet wird (Rn 122 ff.). Ein **Kumulierungsverbot** von Preisnachlass und Wert der Zuwendung besteht nicht (vgl Rn = 1360 und = 1362). Dagegen scheidet ein von der Zuwendung ausgehender **psychischer Kaufzwang** aus zumindest dann, wenn der Abonnementvertrag im Wege des Fernabsatzes, zB auf dem Postwege oder das Internet abgeschlossen wird (Rn 129). Bei Abschlussprämien und Werbegeschenken handelt es sich **um Verkaufsförderungs-Maßnahmen** im Sinne von § 4 Nr 4 UWG. Es ist daher unlauter, wenn die Bedingungen für ihre Inanspruchnahme nicht klar und eindeutig angegeben werden (Transparenzgebot).

2. Übertriebenes Anlocken

121 Die Anlockwirkung, die von einem attraktiven Angebot ausgeht, ist grundsätzlich nicht wettbewerbswidrig, sondern gewollte Folge des Leistungswettbewerbs (BGH NJW 2010, 3306 Rn 15 – ohne 19 % Mehrwertsteuer zu einem Preisnachlass; BGH WRP 2006, 69 – Zeitschrift mit Sonnenbrille zu einer Zugabe zu einer Zeitschrift). Ein wettbewerbswidriger Anlockeffekt kann erst durch das Hinzutreten weiterer Umstände entstehen, die die Vergünstigung – hier die Abschlussprämie oder das Werbegeschenk – als unlauteres **übertriebenes Anlocken** erscheinen lassen (BGH NJW-RR 2004, 1557 – 500,– DM-Gutschrift für Autoverkauf; BGH NJW-RR 2004, 615 – Playstation; BGH NJW 2003, 3197 – Buchclub Koppelungsangebot). Das von der Rechtsprechung als Fall unsachlicher Kundenbeeinflussung zu § 1 UWG aF entwickelte übertriebene Anlocken ist ein Fall des § 4 Nr 1 UWG 2004. Nach dieser Vorschrift handelt unlauter iSv § 3, *wer Wettbewerbshandlungen vornimmt, die geeignet sind, die Entscheidungsfreiheit des Verbrauchers oder sonstiger Marktteilnehmer durch Ausübung von Druck, in menschenverachtender Weise oder durch sonstigen unangemessenen unsachlichen Einfluss zu beeinträchtigen.* Ohne Änderung des Wortlauts wurde § 4 Nr 1 UWG 2004 in das UWG 2008 übernommen. Dabei wurden die Artikel 8 und 9 der Richtlinie 2005/29 über unlautere Geschäftspraktiken (UGP-RL) umgesetzt. In Bezug auf Verbraucher ist § 4 Nr 1 UWG daher richtlinienkonform auszulegen; gegenüber sonstigen Marktteilnehmern bleibt es bei einer autonomen Auslegung des § 4 Nr 1 UWG (Köhler/Bornkamm/*Köhler* § 4 Rn 1.4). Bei der richtlinienkonformen Auslegung des § 4 Nr 1 UWG gegenüber Verbrauchern beschränkt sich die Anwendbarkeit der Vorschrift daher auf aggressive Geschäftspraktiken, somit auf die in Artikel 8 UGP-RL genannte „*Belästigung*", „*Nötigung*" einschließlich der Anwendung körperlicher Gewalt sowie die „*unzulässige Beeinflussung*" als Mittel zu Beeinträchtigung der Entscheidungsfreiheit. Artikel 8 der Richtlinie verlangt für die Annahme einer aggressiven Geschäftspraktik, dass der Verbraucher durch die unzulässige Beeinflussung tatsächlich oder voraussichtlich erheblich beeinträchtigt wird und dadurch tatsächlich oder voraussichtlich dazu veranlasst wird, eine geschäftliche Entscheidung zu treffen, die er anderenfalls nicht getroffen hätte. Nach Artikel 2 lit j der UGP-RL erfordert eine unzulässige Beeinflussung die Ausnutzung einer Machtposition gegenüber dem Verbraucher zur Ausübung von Druck, auch ohne die Anwendung oder Androhung von körperlicher Gewalt, in einer Weise, die die Fähigkeit des Verbrauchers zu einer informationsgeleiteten Entscheidung wesentlich einschränkt (BGH NJW 2010, 3306 Rn 16 – „Nur heute ohne 19 % Mehrwertsteuer"). Bei der Feststellung, ob im Rahmen einer Geschäftspraktik das Mittel einer unzulässigen Beeinflussung eingesetzt wird, sind die in Artikel 9 der UGP-RL beschriebenen Umstände heranzuziehen, darunter Zeitpunkt, Ort, Art und Dauer des Einsatzes des Mittels (Artikel 9 lit a UGP-RL). Die Beeinträchtigung der Entscheidungsfreiheit durch andere als die in der UGP-RL genannten aggressiven Mittel bzw. die Eignung zur Beeinflussung der Nachfrageentscheidung der Verbraucher dürfte nicht an § 4 Nr 1 UWG zu messen sein, sondern an § 3 Abs 2 Satz 1 UWG (Köhler GRUR 2010, 767, 772; Haberkamm WRP 2011, 296, 299; aaO Ohly/*Sosnitza* § 4.1 UWG Rn 1/55 mwN). Diese Frage stellt sich insbesondere bei der Einflussnahme durch Mittel der Wertreklame wie zB Zugaben und Geschenken sowie bei der Laienwerbung. Im Ergebnis wird jedoch die Beurteilung der Unlauterkeit als unangemessene unsachliche Einflussnahme auf die Kaufentscheidung bei § 3 Abs 2 Satz 1 UWG und nach § 4 Nr 1 UWG zu demselben Ergebnis führen (so auch Ohly/*Sosnitza* § 4.1 UWG Rn 1/55).

Bei der Prüfung der Frage, ob die von der Abschlussprämie oder von dem Werbe- **122** geschenk ausgehende konkrete Anlockwirkung in ihrer Art und Intensität geeignet ist, als unangemessene unsachliche Beeinflussung der Verbraucherentscheidung zu wirken, ist von der Beeinflussbarkeit eines durchschnittlich informierten und verständigen Verbrauchers auszugehen. Die Schwelle zur wettbewerbsrechtlichen Unlauterkeit ist dabei erst dann überschritten, wenn die geschäftliche Handlung geeignet ist, die Rationalität der Nachfrageentscheidung der angesprochenen Marktteilnehmer vollständig in den Hintergrund treten zu lassen (BGH GRUR 2013, 301 Rn 40 – Solarinitiative; BGH NJW 2010, 3306 Rn 16 – ohne 19 % Mehrwertsteuer; BGH WRP 2006, 69 – Zeitschrift mit Sonnenbrille; WRP 2004, 1359 – 500,– DM-Gutschein bei Autokauf; BGH NJW-RR 2004, 687 – Treuepunkte, BGH NJW 2003, 3197 – Buchclub Koppelungsangebot; BGH GRUR 2003, 1057 – Einkaufsgutschein). **Ein unlauteres übertriebenes Anlocken iSv § 4 Nr 1 UWG liegt daher (erst) dann vor, wenn die ausgelobte Abschlussprämie oder das angebotene Werbegeschenk dazu geeignet ist, auch bei einem verständigen Verbraucher die Rationalität seiner Entscheidung für den Bezug der Zeitung oder Zeitschrift vollständig in den Hintergrund treten zu lassen** (BGH WRP 2006, 69 – Zeitschrift mit Sonnenbrille). Selbst wertvolle Zugaben brauchen nicht zu einer irrationalen Nachfrageentscheidung zu führen (vgl BGH WRP 2006, 69 – Zeitschrift mit Sonnenbrille). Im Gegenteil: Selbst dann, wenn der Verbraucher sich alleine wegen der wertvollen Zugabe zum Kauf entschließt, tritt die Rationalität seiner Nachfrageentscheidung nicht in den Hintergrund, sondern bestimmt im Gegenteil sachlich rational seine Kaufentscheidung (vgl dazu Rn 124). Mit dieser Begründung hat auch der OGH eine Wettbewerbswidrigkeit verneint, als die Käufer einer zum Einzelverkaufspreis von 1 € vertriebenen Tageszeitung einen Gutschein erhiel-

BT Abo-Werbung Abonnementwerbung

ten, mit welchem sie im Handel eine dort zum Preis von € 7,99 angebotene Musik-CD zum Preis vom nur € 4,99 erwerben konnten. Zeitung und Tonträger zusammen kosteten somit € 5,99, der Tonträger alleine € 7,99. Selbst bei solchen kopflastigen Vorspannangeboten wird die Rationalität des Verbrauchers nicht vollkommen ausgeschaltet: Will ein Verbraucher einen Tonträger erwerben, ist es für ihn im höchsten Maße rational, eine Zeitung zu kaufen und allenfalls ungelesen wegzuwerfen. Denn damit bekommt er den Tonträger um 2 € billiger als sonst. Als irrational könnte man dieses Verhalten nur bezeichnen, wenn man ausschließlich den Erwerb der Hauptware betrachtete. Blendet man die Nebenware aus, ist es natürlich irrational, eine Zeitung zu kaufen und dann gleich wegzuwerfen. Diese Betrachtungsweise hätte aber mit der Realität der geschäftlichen Entscheidung, die sich auf beide Waren (das Gesamtpaket) bezieht, nichts zu tun. Hat der Verbraucher in einem solchen Fall Interesse an der Nebenware, ist es vielmehr aus seiner Sicht sachgerecht, die Hauptware auch dann zu erwerben, wenn er daran – isoliert betrachtet – keinen Bedarf. Verbraucherschutzerwägungen können die Rechtsprechung zur Unzulässigkeit von Vorspannangeboten oder hochwertigen Zugaben daher nicht tragen (OGH Urteil vom 22.10.2013 Az. 4 Ob 129/13v, MR 2013, 289 mit Anm. von *Korn*). Bei der anzustellenden Gesamtwürdigung fallen – generell, nicht nur bei Medien – insbesondere Anlass und Zweck der Zuwendung, ihr Wert, die Person des Empfängers, die Art des Vertriebes sowie die begleitende Werbung nebst Ankündigung der Zuwendung durch den Verlag ins Gewicht (BGH NJW 2002, 3401 – Testbestellung; BGH NJW-RR 1989, 744 – Wirtschaftsmagazin; BGH NJW-RR 1986, 1428 – Probejahrbuch). Relevant für die Anlockung ist aber vor allem auch die Werthaltigkeit der Zuwendungen, die Wettbewerber gewähren und zu prüfen, ob und inwieweit die in Betracht zu ziehenden Verkehrskreise an vergleichbare Werbegeschenke etwa gewöhnt sind und solchen Zuwendungen deshalb möglicherweise keine ausschlaggebende Bedeutung beimessen (BGH NJW-RR 1986, 1428 – Probejahrbuch). Unter diesem Gesichtspunkt kommt den einschlägigen Wettbewerbsregeln des VDZ (Rn 129) und des BDZV (Rn 121) Bedeutung zu, soweit sie den zulässigen Wert von Prämien bei der Abonnementwerbung festlegen (für Abschlussprämien VDZ Rn 125, BDZV Rn 126 und für Werbegeschenke bei Probeabonnements VDZ Rn 128, BDZV Rn 129). Denn in etwa gleichwertige Prämien der Wettbewerbe neutralisieren den Anlockeffekt (Rn 126). Bei der Gesamtwürdigung darf auch die Wettbewerbssituation auf dem betroffenen (Presse-)Markt nicht unberücksichtigt bleiben. Vor allem aber sind Zeitungen und Zeitschriften anders als sonstige Bedarfsartikel keine beliebig austauschbare Ware. Die Leser entscheiden sich für oder gegen ein Blatt vor allem wegen dessen Stil, Inhalt und Tendenz (vgl Rn 1381). Es ist eher unwahrscheinlich, dass ein verständiger Verbraucher nur wegen dem Angebot einer werthaltigen Prämie eine Zeitung oder Zeitschrift gegenüber demjenigen Blatt bevorzugt, an dem er eigentlich aus sachlichen Gründen interessiert ist, welches aber eine weniger attraktive Prämie offeriert.

123 Beim Wert des Geschenkes ist es irrelevant, zu welchem Preis der Verlag den Gegenstand erworben hat. Ausschlaggebend ist der **Verkehrswert** des Geschenks, also der Betrag, den der Umworbene für diesen oder einen vergleichbaren Gegenstand im Handel bezahlen muss (OLG Düsseldorf NJW 2004, 2100; OLG Hamburg AfP 2004, 129; OLG Hamburg AfP 2004, 129; OLG Hamburg AfP 2003, 274; OLG Karlsruhe vom 29.12.1994 Az: 4 U 140/94). Ausschlaggebend ist der Ladenverkaufspreis vergleichbarer Produkte. Handelt es sich nicht um Markenartikel, sondern um noname Produkte, hat auch die Art der Bewerbung der Prämie („tolles Geschenk", „wertvolle Prämie", etc) Einfluss auf die subjektive Wertanmutung des Umworbenen (OLG Hamburg AfP 2004, 129). Die Rechtsprechung, geprägt durch RabattG und ZugabeVO sowie das bisherige Verbraucherleitbild, neigte sehr schnell dazu, ein wettbewerbswidriges Anlocken zu bejahen. Ein übertriebenes Anlocken wurde nach bisherigem Recht beispielsweise bejaht, als bei der Mitgliederwerbung eines Buchclubs Gutscheine zum Warenbezug im Wert von DM 20,– bis DM 50,– für eine

III. Zuwendungen für Neuabonnenten

halbjährige Probe-Mitgliedschaft ausgesetzt wurden (OLG Düsseldorf WRP 1990, 763), beim Geschenk einer Armbanduhr im Verkehrswert von DM 40,– bis DM 50,– im Zusammenhang mit einem kostenlosen Probeabonnement für zwei Wochen einer Tageszeitung (OLG Karlsruhe vom 29.12.1994 Az: 4 U 140/94), Geschenke im Wert von deutlich mehr als DM 30,– bei der Anschaffung eines sukzessiv zu liefernden Sammelwerks in Form von Karteikarten (OLG Hamburg GRUR 1993, 928 LS). Das OLG Hamburg (WRP 1992, 248) hat wegen der werblichen Ankündigung ein übertriebenes Anlocken bejaht, als ein „Überraschungsgeschenk" versprochen wurde ohne Hinweis darauf, um was es sich bei dieser Überraschung handelte. Die Richter sahen jedoch massive Fingerzeige für den Umworbenen dahin, dass es sich um ein gehaltvolles Geschenk handeln würde. Dies fing schon mit der Bezeichnung als „Überraschungsgeschenk" an. Denn der Werbende werde potentielle Kunden kaum mit einer Enttäuschung überraschen wollen. Außerdem sollte das Paket eine „tolle" Überraschung sein, die sich „auf jeden Fall lohne". Schließlich waren neben der Abbildung des Überraschungsgeschenks ähnliche Päckchen wiedergegeben, die mit Wertangaben zwischen DM 30,– und DM 59,– versehen waren, was eine entsprechende ausstrahlende Wirkung auf die Wertvorstellung des Überraschungspakets hatte. Welchen Wert das Überraschungsgeschenk tatsächlich hatte, konnte deshalb dahinstehen.

Die Entscheidung des Gesetzgebers, die Wertreklame im europäischen Kontext durch Aufhebung von RabattG und ZugabeVO im Juli 2001 zu liberalisieren, führte zwangsläufig dazu, auch das übertriebene Anlocken völlig neu zu definieren und zudem dem geänderten Verbraucherleitbild Rechnung zu tragen (OLG Stuttgart GRUR 2002, 906, rechtskräftig durch Nichtannahme der Revision BGH Beschluss vom 31.10.2002 Az I RZ 90/02). Dabei ist für die Abonnementwerbung auch von Bedeutung, dass ein durchschnittlicher verständiger Verbraucher nicht ohne Weiteres eine längerfristige vertragliche Bindung wie ein Zeitungs- oder Zeitschriftabonnement oder die Mitgliedschaft in einem Buchclub eingehen wird und ein verständiger Verbraucher vor allem bei Medien seine Entscheidung für oder gegen ein bestimmtes Presseobjekt eher aus sachlichen Gründen trifft (Rn 122) als im Hinblick auf eine ausgelobte Prämie. Beispielsweise wird der durchschnittlich informierte und verständige Verbraucher durch das Angebot einer unentgeltlichen Überlassung von 5 Büchern für den Fall der zweijährigen Mitgliedschaft in einem Buchclub nicht unangemessen im Sinne von § 4 Nr 1 UWG beeinflusst, wenn er nach Erhalt der 5 Bücher noch 10 Tage Zeit hat, um das Angebot zu prüfen und sich zu entscheiden, ob er die Bücher behalten und Mitglied werden will oder nicht (BGH NJW 2003, 3197 – Buchclub Koppelungsangebot). Da die Grenze zur Unlauterkeit der unangemessenen unsachlichen Einflussnahme erst dann überschritten ist, wenn die Abschlussprämie oder das Werbegeschenk geeignet ist, bei einem verständigen Verbraucher die Rationalität seiner Entscheidung für oder gegen den Bezug der Zeitung oder Zeitschrift vollständig in den Hintergrund treten zu lassen, dürfte bei der Abonnementwerbung der Tatbestand des übertriebenen Anlockens iSv § 4 Nr 1 **nur noch in seltenen Ausnahmefällen** erfüllt sein. Vor allem dann hat diese Rechtsfigur durch tatsächlich werthaltige Prämien ausgedient, wenn man mit der Rechtsprechung akzeptiert, dass es gerade die geforderte rationale Kaufentscheidung darstellt, wenn ein Verbraucher sich wegen der attraktiven Zugabe zum Kauf entschließt (OLG Köln GRUR-RR 2005, 168; LG Hamburg Urteil vom 25.1.2005, Az: 312 O 948/04 – rechtskräftig, MD 2005, 1138; OGH Urteil v. 22.10.2013, MR 2013, 289 mit Anm *Korn;* vgl Rn 122). Dem ist uneingeschränkt zuzustimmen, wenn die Transparenzvorschrift des § 4 Nr 4 UWG eingehalten ist. Der Tatbestand des unlauteren übertriebenen Anlockens im Sinne von § 4 Nr 1 UWG wird bei dieser Betrachtung reduziert auf die Fallgestaltungen, bei denen das attraktive Geschenk zeitlich so kurz befristet ist (zB auf wenige Stunden oder sonntags), dass den Verbrauchern nur eine unangemessen kurze Überlegungszeit zusteht, die den Interessenten unter starken Zeitdruck setzt, um ihn zu einem schnellen und unüberlegten Kaufentschluss zu

BT Abo-Werbung

bewegen (BGH NJW 2010, 3306 Rn 17 – Nur heute ohne 19% Mehrwertsteuer; BGH GRUR 2004, 249, 251 – Umgekehrte Versteigerung im Internet). Dies kann der Fall sein, wenn der Interessent zeitlich nicht mehr in der Lage ist, sich bei Wettbewerbern nach Vergleichsangeboten umzusehen (OLG Hamm GRUR 2006, 86 – Sonntagsrabatt). Denn nach der Rechtsprechung wird die Rationalität der Kaufentscheidung auch dann ausgeschaltet, wenn der Umworbene durch das Angebot davon abgehalten wird, Vergleiche mit Konkurrenzangeboten vorzunehmen (BGH NJW-RR 2004, 687 – Treue-Punkte; BGH NJW 2003, 3197 – Buchclub Koppelungsangebot; BGH NJW 2002, 3401 – Testbestellung). Dem entspricht – jedenfalls in der Zielsetzung – die Forderung einer „informierten Entscheidung" nach der RiLi über unlautere Geschäftspraktiken (Rn 121). Unter diesem Gesichtspunkte können im Einzelfall Beschleuniger-Prämien („early birds") problematisch werden. Das sind Verkaufsförderungsmaßnahmen, bei denen die schnellsten Besteller eines Artikels diesen zu einem besonders günstigen Preis erhalten oder zwar den Normalpreis bezahlen, aber zusätzlich ein Geschenk (sogenannte Beschleuniger-Prämien). Dabei ist aber zu bedenken, dass die kurze Angebotsdauer alleine nicht zur Unlauterkeit führt, sondern nur dann, wenn dadurch dem Verkehr Vergleichsmöglichkeiten mit den Angeboten der Wettbewerber genommen werden. Dies wäre beispielsweise nicht der Fall, wenn am Montag Angebote beworben werden, die nur wenige Stunden am Freitag realisiert werden können. So hat der Bundesgerichtshof eine unangemessene unsachliche Beeinflussung von Verbrauchern im Sinne des § 4 Nr 1 UWG verneint bei einem auf einen Tag begrenzten Preisnachlass in Höhe von 19% obwohl die Werbung erst an dem Tag veröffentlicht wurde, an dem auch der Rabatt gewährt wurde. Denn einen Preisüberblick über die Konkurrenzpreise könne sich der Verbraucher beispielsweise auch im Internet verschaffen. Sofern aber der Verbraucher sich ohne einen solchen Preisvergleich zum Kauf entschließt, handele er bewusst und gehe freiwillig das Risiko ein, dass ihm ein noch günstigeres Angebot eines Mitbewerbers des Werbenden entgeht (BGH NJW 2010, 3306 Rn 17 – Nur heute ohne 19% Mehrwertsteuer).

3. Abschlussprämien bei Eigenbestellungen

125 Nach Ziff 7 der **VDZ-Wettbewerbsregeln** (Rn 233) können bei der Abonnementwerbung **Sachprämien** als Gegenleistung für den Willen des Abonnenten zur Bezugsbindung **(„Abschlussprämien")** gewährt werden (Rn 233). Der Wert der Abschlussprämie darf in der Regel 25 Prozent des Bezugspreises des Abonnements für den Verpflichtungszeitraum nicht überschreiten. Eine Abschlussprämie im Wert bis zu € 10,– ist in jedem Fall zulässig. Ein Kumulierungsverbot besteht nicht (Rn 1360). Für jederzeit kündbare Abonnements wird eine Erstverpflichtungsdauer von einem halben Jahr fingiert. Zulässig sind ausschließlich Sachprämien. **Bargeld oder Einkaufsgutscheine** sind können dagegen (anders als bei der Laienwerbung vgl Rn 155) unzulässig sein. Denn ihre Gewährung steht einem Rabatt gleich, der Preisbestandteil und preisbindungsfähig ist. Die Zulassung solcher Rabatte würde dazu führen, dass im Abonnementvertrieb durch den Einkaufsgutschein bzw die Bargeldprämie ein Rabatt in Höhe von 25% und weitere 15% Preisnachlass beim Abschluss einer Abonnementvereinbarung, insgesamt ein Nachlass von 40% gegenüber dem gebundenen Einzelhandel gewährt würden. Bei einer Unterschreitung des Einzelverkaufspreises durch den Abonnementvertrieb um insgesamt 40% ist aber eine erhebliche Nachfrageverschiebung zulasten des Zeitschriftenhandels zu befürchten (BKartA Beschluss vom 30.9.2004 zu Ziffer 7 der VDZ-Wettbewerbsregeln – vgl Rn 175). Für eine missbräuchliche Preisbindung im Sinne von § 30 Abs 1 GWB muss allerdings eine solche erhebliche Nachfrageverschiebung im Einzelfall nachgewiesen sein; eine bloße Befürchtung oder Gefahr ist für einen Verstoß gegen § 30 Abs 1 Nr 1 GWB nicht ausreichend (BGH NJW 2006, 2627 Rn 26 – Probeabonnement).

III. Zuwendungen für Neuabonnenten   Abo-Werbung BT

Nach Ziffer 5 der **BDZV-Wettbewerbsregeln** von 2007 (Rn 219) darf von Prämien, die im Zusammenhang mit **Eigenbestellungen** gegeben werden, kein wettbewerbswidriger Lockeffekt ausgehen. Bei einer zwölfmonatigen oder darüber hinausgehenden Verpflichtungsdauer darf der Wert der Abschlussprämie (Marktpreis) den dreimonatigen Bezugspreis nicht übersteigen. Es kann sich um eine Sach- oder Bargeldprämie handeln, auch kann eine Sachprämie mit Zuzahlung gewährt werden (Rn 219). Nach der Kommentierung des BDVZ von Nr 8 seiner Wettbewerbsregeln von 2004 konnte auch bei Abonnements mit einer Laufzeit von unter einem Jahr eine Prämie an den Abonnementen vergeben werden. Allerdings musste deren Wert in jedem Fall unter dem in Nr 8 angegebenen Wert des Monatsbezugspreises für eine zwölfmonatige oder noch längere Verpflichtungsdauer liegen. Für diese Verpflichtungsdauer darf nach Ziffer 5 heute eine Prämie in Höhe des dreimonatigen Bezugspreises gewährt werden. Die Prämie für kürzere Verpflichtungszeiten als 12 Monate muss daher einen entsprechend niedrigen Wert haben. Eine Orientierung an der nach Nr 2 der BDZV-Wettbewerbsregeln von 2004 zulässigen Prämie in Höhe eines Wochenbezugspreises bei kostenlosen Probeabonnements ist nicht möglich, da die BDZV-Wettbewerbsregeln von 2007 keine dem entsprechende Regelung enthalten, sondern den Wert des Geschenks zur kostenlosen Probeabonnements offenlassen und lediglich im Hinblick auf die Gefahr eines übertriebenen Anlockens empfehlen, keine höheren Prämien zu gewähren, als den bei der Eigenbestellung gem. Ziffer 5 genannten Wert des dreifachen Monatsbezugspreis. Nach Auffassung des Vertriebsausschusses lag damals der niedrigste Grenzwert für eine Zugabe beim Wochenbezugspreis. Ansonsten käme es zu einem Wertungswiderspruch mit Nr 2, nach welchem die Prämien bei kostenlosen Probeabonnements die Höhe des Wochenbezugspreises nicht übersteigen sollten. Ein Kumulierungsverbot besteht nicht (Rn 1362). Nach Nr 8 der BDZV-Richtlinien von 2004 war Besteller in jedem Fall darauf hinzuweisen, dass er die Prämie auch dann behalten darf, wenn er von seinem Widerrufsrecht Gebrauch macht. Die Wettbewerbsregeln von 2007 äußern sich – auch in ihrer Kommentierung – zu dieser Frage nicht mehr. Nach den Erläuterungen des BDZV zu Nr 8 seiner Wettbewerbsregeln von 2004 bezweckte dieser Hinweis, einen psychischen Kaufzwang zu vermeiden. Es solle vermieden werden, dass der Kunde durch die Prämie in die Lage gebracht wird, sich entweder aus Dankbarkeit zum Kauf verpflichtet zu fühlen oder es als unanständig oder peinlich empfinden zu müssen, nichts zu kaufen. Die Gefahr eines psychischen Kaufzwangs ist jedoch entgegen den Bedenkendes BDVZ bei Distanzgeschäften wie dem Abonnementvertrag zu verneinen (vgl Rn 129). Nach § 4 Nr 1 UWG dürfte ein wettbewerbswidriger psychischer Kaufzwang nur noch bei ganz besonders gelagerten Ausnahmefällen in Betracht kommen. Was grundsätzlich auch nach neuem Recht zwar wenig wahrscheinlich, jedoch nicht völlig auszuschließen ist, ist aber die Gefahr, dass durch Prämien ausnahmsweise auch im Sinne von § 4 Nr 1 UWG unlauteres übertriebenes Anlocken vorliegt (vgl Rn 121 ff.). Bei diesem Tatbestand kommt der Einhaltung der Wettbewerbsregeln durch den Verlag deshalb eine gesteigerte Bedeutung zu, weil die die Ausschaltung der Rationalität der Nachfrageentscheidung durch eine Prämie voraussetzt, dass andere Verlage nicht ebenso attraktive Prämien anbieten. Denn anderenfalls wird der Anlockeffekt neutralisiert, zumindest verwässert und reduziert.

126

Neu gegenüber Nr 8 der BDZV Wettbewerbsregeln von 2002 ist in Ziffer 5 der BDZV Wettbewerbsregeln von 2007 die Feststellung, dass es sich bei der – den Wert des dreimonatigen Bezugspreises nicht übersteigenden – Prämie bei einer Eigenbestellung nicht um eine Sachprämie, sondern auch um eine Bargeldprämie handeln kann. Eine solche Bargeldprämie entspricht einem Rabatt von 25%. Ein Preisvorteil in dieser Höhe ist nicht geeignet, den verständigen Verbraucher der Rationalität seiner Nachfrageentscheidung für den Dauerbezug einer Zeitung (Rn 124) auszuschalten. Eine missbräuchliche Handhabung der Preisbindung im Sinne von § 30 Abs 1 Nr 1 GWB scheidet tatbestandlich aus, weil der Einzelverkauf und der Abonnementvertrieb bei Zeitungen unterschiedliche Märkte betrifft (Rn 171) und selbst

127

BT Abo-Werbung

Abonnementwerbung

bei Bejahung eines einheitlichen Marktes erhebliche Nachfrageverschiebungen zu Lasten des Einzelhandels als Folge des Prämie für den Abonnement nachgewiesen werden müssten (Rn 125).

4. Werbegeschenke bei Probeabonnement und Gratislieferung

128 Nach Ziff 4 der **VDZ-Wettbewerbsregeln** (Rn 134) müssen Sachgeschenke als Belohnung für die Bereitschaft zur Erprobung (**„Werbegeschenke"**) zur Vermeidung eines wettbewerbswidrigen übertriebenen Anlockens in einem angemessenen Verhältnis zum Erprobungsaufwand des Lesers stehen. Dies gilt sowohl für Geschenke bei verbilligten Probeabonnements iSv Ziff 3 der VDZ-Wettbewerbsregeln (Rn 133) als auch bei der Gratislieferung zu Erprobungszwecken iSv Ziff 2 der VDZ-Wettbewerbsregeln (Rn 132). Der Erprobungsaufwand und damit die Angemessenheit des Wertes der Sachprämie ist abhängig von der Laufzeit des Probeabonnements, der Erscheinungsfrequenz der Zeitschrift, dem Bestellaufwand und den Kündigungsmöglichkeiten (Kommentierung des VDZ von Ziff 4 seiner Wettbewerbsregeln und v Jagow/Meinberg AfP 2003, 242). Verbilligter Bezugspreis des Probeabonnements und Wert des Sachgeschenkes dürfen zusammen 35 % des Normalpreises übersteigen. Ein von den Hamburger Gerichten insoweit angenommenes Kumulierungsverbot hat der BGH verworfen (vgl Rn 91).

129 Nach Nr 2 der **BDZV-Wettbewerbsregeln** von 2004 durften beim Angebot eines kostenlosen Probezuges keine Anreize geschaffen werden, die einen **psychischen Kaufzwang** bewirken. Deshalb sollte der Wert des Anreizes die Höhe des Wochenbezugspreises nicht überschreiten. Auch wenn in der Kommentierung des BDZV zu Nr 2 seiner Wettbewerbsregeln von 2004 unter Berufung auf OLG Karlsruhe (Urteil vom 29.12.1994 – Az 4 U 140/94) gesagt wurde, es gehe um die Vermeidung eines wettbewerbswidrigen psychischen Kaufzwangs, ging es in Wirklichkeit um die Vermeidung eines wettbewerbswidrigen übertriebenen Anlockens. Auch nach Ziffer 3 der BDZV Wettbewerbsregeln in der aktuellen Fassung von 2007 dürfen bei Ausgaben eines kostenlosen Probebezugs keine Anreize geschaffen werden, die einen psychischen Kaufzwang bewirken. Ein wettbewerbswidriger psychischer Kaufzwang im Sinne von § 4 Nr 1 UWG kann im Zusammenhang mit Geschenken, die anlässlich der Abonnementwerbung gewährt werden, nicht entstehen, wenn es – wie in aller Regel – an jeglichem **persönlichen Kontakt** zwischen dem Abonnenten und dem Verlag fehlt (vgl Rn 141). In Ermangelung eines solchen persönlichen Kontaktes kann kein psychischer Druck durch Peinlichkeit aufkommen und damit kein psychischer Kaufzwang entstehen, der den Umworbenen etwa veranlassen würde, wegen des erhaltenen Geschenkes von seinem Widerrufsrecht keinen Gebrauch zu machen oder das Abonnement nicht zu kündigen (BGH NJW-RR 1992, 1192 – Glücksball-Festival; KG WRP 1987, 420; OLG Hamburg WRP 1985, 710; OLG Hamburg WRP 1977, 802). Solange daher der Abonnementabschluss im Distanzwege erfolgt, also beispielsweise auf dem **Postwege** oder über das Internet und dadurch jeglicher persönliche Kontakt zum Abonnenten ausscheidet, kann bei richtiger Betrachtung kein wettbewerbswidriger psychischer Kaufzwang entstehen (BGH NJW 2002, 3401 – Testbestellung). Ein psychischer Kaufzwang scheidet zudem aus, wenn ein **Widerrufsrecht** eingeräumt wurde, weil der Besteller während der Widerrufsfrist ausreichend Gelegenheit hat, außerhalb der Einflusssphäre des Verlages das Für und Wider eines Abonnements abzuwägen und im Falle eines Widerrufs oder einer Kündigung mangels persönlichem Kontakt zum Verlag oder dessen Mitarbeitern keinem moralischen Rechtfertigungsdruck unterliegt (OLG Hamburg WRP 1985, 710; OLG Koblenz WRP 1981, 594; OLG Köln 6 U 83/83 vom 16.12.1983; OLG Köln 6 U 165/86 vom 25.9.1987; Soehring AfP 1986, 226, 228 in Anmerkung zu BGH Probe-Jahrbuch).

130 Der Wert von Geschenken bei entgeltlichen, aber verbilligten Probeabonnements darf nach Ziffer 6 der BDZV-Wettbewerbsregeln bei Kurzabonnements bis zu 3 Mo-

naten bei einer maximalen Rabattierung von 35% des Normalpreises den Wert von € 5,– nicht übersteigen.

IV. Gewinnspiele für Neuabonnenten

Wenn der Verlag dem künftigen Bezieher die Teilnahme an einem Gewinnspiel **131** ermöglicht für den Fall, dass dieser sich zum Probebezug oder zum Abschluss eines Abonnementvertrags entschließt, gelten die allgemeinen Regeln für die wettbewerbsrechtliche Zulässigkeit von Gewinnspielen. Die Ausnahmeregelung des § 4 Nr 6 Halbsatz 2, wonach eine Koppelung von Gewinnchancen mit dem Erwerb einer Ware oder der Inanspruchnahme einer Dienstleistung zulässig ist, wenn das Preisausschreiben oder Gewinnspiel naturgemäß mit der Ware oder Dienstleistung verbunden ist, greift bei solchen Gewinnspielen zur Abonnementwerbung nicht ein; die Privilegierung des § 4 Nr 6 Halbsatz 2 gilt nur für die Gewinnspiele der Medien in den Medien zu Unterhaltungszwecken.

Handelt es sich um ein zeitlich oder gegenständlich (zB auf eine bestimmte Zahl **132** von Freiexemplaren) **begrenztes, kostenloses Probeabonnement ohne negative Option**, welches also nicht mangels gegenteiliger Mitteilung des Beziehers in ein entgeltliches Abonnement übergeleitet wird, kann weder ein verbotener unmittelbarer oder mittelbarer Kaufzwang noch ein psychischer Kaufzwang und auch kein übertriebenes Anlocken vorliegen. Es fehlt insoweit an sämtlichen erforderlichen tatbestandlichen Voraussetzungen (OLG Stuttgart AfP 1974, 713).

1. Koppelung nach § 4 Nr 6 UWG

Nach der jahrzehntelangen Rechtsprechung zum UWG war es sittenwidrig, die **133** Teilnahme an Preisausschreiben oder Gewinnspielen vom Kauf einer Ware oder der Inanspruchnahme einer entgeltlichen Dienstleistung abhängig zu machen. Dieses Koppelungsverbot wurde schließlich im UWG 2004 in § 4 Nr 6 UWG kodifiziert. Die Bestimmung wurde unverändert in das UWG 2008 übernommen. Danach handelt nach § 4 Nr 6 UWG unlauter, wer *„die Teilnahme von Verbrauchern an einem Preisausschreiben oder Gewinnspiel von dem Erwerb einer Ware oder der Inanspruchnahme einer Dienstleistung abhängig macht, es sei denn, das Preisausschreiben oder Gewinnspiel ist naturgemäß mit der Ware oder Dienstleistung verbunden"*. Der EuGH hat jedoch die Bestimmung des § 4 Nr 6 UWG für nicht mit der Richtlinie 2005/29/EG vereinbar erklärt (EuGH GRUR 2010, 244 – PLUS Warenhandelsgesellschaft). § 4 Nr 6 UWG ist deshalb in seiner jetzigen Fassung wegen Unvereinbarkeit mit Artikel 5 Abs 2 der Richtlinie 2005/29/EG nicht mehr anwendbar. § 4 Nr 6 UWG ist bis zu seiner Abschaffung oder Änderung richtlinienkonform in der Weise auszulegen, dass die Koppelung der Teilnahme von Verbrauchern an einem Gewinnspiel mit dem Erwerb einer Ware oder der Inanspruchnahme einer Dienstleistung nur dann unlauter ist, wenn sie im Einzelfall eine unlautere Geschäftspraxis im Sinne der Richtlinie darstellt (BGH NJW 2014, 2279 Rn 11 – Goldbärenbarren). Das ist namentlich der Fall, wenn die betreffende Verhaltensweise einen Verstoß gegen die berufliche Sorgfalt im Sinne von Artikel 5 Abs 2 lit a der UGP-Richtlinie darstellt (BGH IZR 192/12 Rn 11 – Goldbärenbarren; BGH GRUR 2011, 832 Rn 25f. – Millionen-Chance II). Da bei der Koppelung eines Gewinnspiels an ein Umsatzgeschäft weder ein Verstoß gegen ein Per-se-Verbot des Anhangs I der Richtlinie noch eine aggressive Geschäftspraxis nach Artikel 8 und 9 iVm Artikel 2 lit j der Richtlinie, also die Ausnutzung einer Machtposition zur Ausübung von Druck, in Betracht kommt und es sich auch nicht annehmen lässt, dass die Koppelung von Gewinnspielen an ein Umsatzgeschäft generell der beruflichen Sorgfalt widerspricht (BGH GRUR 2011, 832 Rn 23 – Millionen-Chance II unter Hinweis auf EuGH GRUR 2011, 76 Rn 47 – Media-Print zur Koppelung eines Gewinnspiels an den Erwerb einer Zeitung), muss jeweils

v. Strobl-Albeg

BT Abo-Werbung

Abonnementwerbung

geprüft werden, ob die Koppelung im konkreten Einzelfall eine irreführende (Artikel 6 und 7 der Richtlinie) oder aggressive Geschäftspraxis darstellt (Artikel 8 und 9 der Richtlinie) oder den Erfordernissen der beruflichen Sorgfalt widerspricht (Artikel 5 Abs 2 lit a der Richtlinie; BGH NJW 2014, 2279 Rn 11 und 38 – Goldbärenbarren; BGH GRUR 2011, 532 Rn 25 – Millionen-Chance II). Ohne das Hinzutreten besonderer Umstände im Einzelfall lässt sich eine Gewinnspielkoppelung weder als aggressive noch als irreführende Geschäftspraktik im Sinne der UGP-Richtlinie anzusehen (BGH NJW 2014, 2279 Rn. 38 – Goldbärenbarren). Die Beurteilung, ob eine Geschäftspraxis der beruflichen Sorgfalt im Sinne des § 3 Abs 2 Satz 1 UWG und des Artikel 5 Abs 2 lit a der UGP-Richtlinie widerspricht, ist an der Zielsetzung der Richtlinie auszurichten, dem Verbraucher eine informationsgeleitete und freie, mithin rationale Entscheidung zu ermöglichen (vgl Artikel 2 lit e der Richtlinie). Eine Gewinnspielkoppelung kann daher im Einzelfall gegen die berufliche Sorgfalt verstoßen, wenn die Fähigkeit des Verbrauchers, eine solche geschäftliche Entscheidung treffen zu können, spürbar beeinträchtigt wird. Dabei ist die Art des beworbenen Produkts, seine wirtschaftliche Bedeutung und die durch die Teilnahme an dem Gewinnspiel entstehende finanzielle Gesamtbelastung zu berücksichtigen. Weiter kann von Bedeutung sein, welche Gewinne ausgelobt werden, und ob die Gewinnchancen transparent dargestellt werden (BGH NJW 2014, 2279 Rn 23 – Goldbärenbarren). **Maßstab für die Unlauterkeit gekoppelter Gewinnspiele sind deshalb die Nr 16** (Gewinnchancenerhöhung bei einem Glücksspiel), **Nr 17 (unwahre Angabe, der Verbraucher habe bereits gewonnen, werde gewinnen oder das Erwecken eines entsprechenden Eindrucks) und Nr 20 (Nichtgewähren ausgelobter Preise) des Anhangs zu § 3 Abs 3 UWG sowie § 4 Nr 1, Nr 2 und Nr 5 UWG bzw. die §§ 5, 5a UWG.** In seiner Entscheidung Million-Chance II hat der BGH dahinstehen lassen, ob es einen Verstoß gegen die berufliche Sorgfalt darstellen kann, wenn von einem gekoppelten Gewinnspiel-Angebot eine so starke Anlock-Wirkung ausgeht, dass die Rationalität der Nachfrageentscheidung der Verbraucher vollständig in den Hintergrund tritt (Rn 26) und ob eine *„extreme"* Anlockwirkung unter § 4 Nr 1 UWG zu subsumieren ist oder allenfalls von der Generalklausel des § 3 Abs 2 Satz 1 UWG erfasst wird (vgl Rn 142).

134 Da die bloße Koppelung der Teilnahme an einem Gewinnspiel mit dem Erwerb der Zeitung oder Zeitschrift nicht unlauter ist, entfällt auch die bisherige Notwendigkeit, den Bestellschein und den Teilnahmecoupon für das Gewinnspiel zu trennen (so noch BGH NJW 2005, 2085 – Traumcabrio), ebenso wie der ausdrückliche Hinweis, dass die Teilnahme am Gewinnspiel und die Gewinnchance unabhängig sind vom Abschluss eines Abonnementvertrages.

135 Obwohl es derzeit nicht darauf ankommt und auch künftig nicht entscheidend sein wird, wenn § 4 Nr 6 UWG in derzeitiger europarechtswidrigen Fassung erwartungsgemäß aufgehoben wird, sei der Vollständigkeit halber daran erinnert, dass es bereits in den folgenden Fällen am Tatbestand einer Koppelung im Sinne von § 4 Nr 6 UWG fehlt:

136 Es fehlt am Tatbestand einer Koppelung im Sinne von § 4 Nr 6 UWG, wenn **alternative Teilnahmemöglichkeiten** bestehen, die ohne den Erwerb der Waren des Spielveranstalters oder die Inanspruchnahme seiner Dienstleistung eine Teilnahme am Gewinnspiel ermöglichen (vgl Vorauflage Kapitel Gewinnspiele Rn 22, 46 und 62).

137 Am Tatbestand einer Koppelung der Teilnahme an einem Gewinnspiel mit dem Erwerb einer Ware oder Inanspruchnahme einer Dienstleistung im Sinne von § 4 Nr 6 UWG fehlt es auch dann, wenn sich der mögliche Gewinn unmittelbar auf die vertragliche Leistung oder Gegenleistung des gekoppelten Vertrages auswirkt. Denn § 4 Nr 6 UWG setzt stets ein **vom Umsatzgeschäft getrenntes Gewinnspiel** voraus (BGH NJW 2009, 2749 Rn 9 – Jeder 100. Einkauf gratis; BGH NJW 2008, 231 Rn 26 – 150% Zinsbonus). Von § 4 Nr 6 UWG nicht erfasst wurde deshalb die Werbung eines Verbrauchermarktes, dass jeder 100. Kunde seinen getätigten Einkauf gratis erhalte (BGH NJW 2009, 2749 Rn 9 – Jeder 100. Einkauf gratis), wenn die

IV. Gewinnspiele für Neuabonnenten

Kunden an der Kasse um die Höhe des Rabatts der von ihnen gekauften Waren würfeln durften (aA noch OLG Hamburg GRUR-RR 2007, 364 – Das große Rabatt-Würfeln), damit zu werben, dass jeder 20. Käufer Flugtickets gewinnt (aA noch OLG Hamburg GRUR-RR 2007, 46 – Jeder 20. Käufer gewinnt), wenn mit dem Kauf einer Ware automatisch die Teilnahme an einem Gewinnspiel verbunden ist (aA OLG Köln GRUR-RR 2007, 48 – Jeder 20. Käufer gewinnt und Köhler/Bornkamm/ Köhler § 4 Rn 6.17), wenn sehr preisgünstige Fahrräder unter den Kaufinteressenten verlost werden (OLG Frankfurt NJW-RR 2005, 1202) oder wenn damit geworben wird, dass der vollständige Kaufpreis für Möbel zurückbezahlt wird, wenn die deutsche Fußballnationalmannschaft Europameister wird (OLG Hamburg GRUR-RR 2009, 313, 314; aber unlauter nach § 4 Nr 1 UWG).

Am Tatbestand einer Koppelung nach § 4 Nr 6 UWG fehlt es ferner dann, wenn dem Abonnenten ein **Widerrufsrecht** eingeräumt wurde, sei es gesetzlich vorgeschrieben oder freiwillig gewährt (vgl Vorauflage Kapitel Abo-Werbung Rn 48 ff.): Bei Verträgen über Abonnements von Zeitungen und Zeitschriften ist dem Verbraucher bei Fernabsatzverträgen und bei Geschäften außerhalb der Geschäftsräume ein gesetzliches Widerrufsrecht gem. §§ 355 ff. BGB eingeräumt (vgl Rn 108 ff.). Aber auch bei Bestellungen, die nicht unter das gesetzliche vorgeschriebene Widerrufsrecht fallen, ist der Verlag nicht gehindert, dem Besteller freiwillig die Widerrufsmöglichkeit einzuräumen. Es ist nichts dagegen einzuwenden, wenn die rechtliche Position des Beziehers durch eine **freiwillig eingeräumte Widerrufsmöglichkeit** verbessert wird. § 312g BGB nF sieht in seinem Absatz 2 die fakultative Einräumung eines Widerrufsrechts ausdrücklich vor. Im Falle eines Widerrufsrechts liegt jedenfalls dann kein Verstoß gegen § 4 Nr 6 UWG vor, wenn in der Bestellkarte für die Zeitung oder Zeitschrift **ausdrücklich und unmissverständlich darauf hingewiesen, wird, dass die Einsender der Bestellkarte auch bei Widerruf der Bestellung, also unabhängig vom Zustandekommen eines Abonnementvertrages eine Gewinnchance haben** (so zu Zugaben bei widerruflichen Bestellungen nach dem AbzG und dem Verbraucherkreditgesetz bereits BGH NJW-RR 1989, 744 – Wirtschaftsmagazin; BGH NJW-RR 1986, 1428 – Probe Jahrbuch; OLG Stuttgart AfP 1974, 713). Eine Fehlvorstellung derjenigen Teile des Verkehrs, welche dem deutlichen Hinweis, auf die Teilnahme am Gewinnspiel auch ohne Abschluss eines Abonnementvertrages oder die „Gewinnchance in jedem Fall" keine Aufmerksamkeit schenken und deshalb irrtümlich annehmen, sie könnten nur gewinnen, wenn vom Widerrufsrecht kein Gebrauch gemacht wird, verleiht dem Gewinnspiel nicht den Charakter einer verbotenen Koppelung. Auch für Werbegaben, die nicht Zugabe im Sinne des § 1 Abs 1 ZugabeVO waren, galt das Verbot der Zugabeverordnung nicht, wenn Teile des Verkehrs trotz gegenteiliger Hinweise des Werbenden irrtümlich von den tatsächlichen Voraussetzungen einer Zugabe ausgingen (BGH NJW-RR 1995, 428 – Kosmetikset).

2. Psychischer Kaufzwang

Zu den besonderen wettbewerblichen Umständen, die ein Gewinnspiel unlauter machen können, gehörte nach ständiger Rechtsprechung, dass die Teilnehmer des Gewinnspiels einem **psychischen Kaufzwang** ausgesetzt sind (BGH NJW-RR 2000, 1136 – Space Fidelity Peep-Show; BGH NJW-RR 1998, 1199 – Rubbelaktion; BGH NJW 1989, 3013 McBacon mwN). „Die Wettbewerbswidrigkeit des psychologischen Kaufzwangs beruht auf der Einflussnahme auf die Willensentscheidung des Umworbenen mit außerhalb der Sache liegenden Mitteln, Umständen und Auswirkungen in einem solchen Ausmaß, dass der Umworbene auf Grund dessen zumindest anstandshalber nicht umhin kann, auf das Angebot einzugehen (BGH NJW 2003, 2988 – Foto-Aktion; BGH NJW 2002, 3401 – Testbestellung; BGH NJW-RR 2000, 1136 Space Fidelity Peep-Show; BGH NJW-RR 1998, 1199 – Rubbelaktion; BGH NJW 1970, 2245 – Lichdi Center). Der von der Rechtsprechung zu § 1 UWG

BT Abo-Werbung

Abonnementwerbung

aF entwickelte psychische Kaufzwang ist ein Fall des § 4 Nr 1 UWG. Danach handelt unlauter iSv § 3 UWG, *wer Wettbewerbshandlungen vornimmt, die geeignet sind, die Entscheidungsfreiheit der Verbraucher oder sonstiger Marktteilnehmer durch Ausübung von Druck, in menschenverachtender Weise oder durch sonstigen unangemessenen unsachlichen Einfluss zu beeinträchtigen.* Zu dieser Fallgruppe können auch Maßnahmen der Wertreklame gehören, wenn sie bezwecken, die Rationalität der Verbraucherentscheidung auszuschalten (Begründung zu § 4 Nr 1 UWG-E BT-Drucks. 15/1487, S 17). Eine solche Wirkung kann nicht nur ein übertriebenes Anlocken haben, sondern auch ein psychischer Kaufzwang im Rahmen eines Gewinnspiels. Durch das Kriterium der Unangemessenheit wird der Tatsache Rechnung getragen, dass der Versuch einer gewissen unsachlichen Beeinflussung der Werbung nicht fremd und auch nicht per se unlauter ist. „Unangemessen" ist daher als qualitatives Merkmal der Druckausübung anzusehen. Entscheidend ist die Intensität der Einwirkung auf die Willenserklärung des Umworbenen im konkreten Einzelfall (Ohly/*Sosnitza* § 4.1 UWG Rn 1/25). Der psychische Kaufzwang – auch im Rahmen eines Gewinnspiels – ist deshalb erst dann unlauter iSv § 4 Nr 1 UWG, wenn entsprechend der bisherigen Rechtsprechung **in einem solchen Ausmaß** auf die Entscheidungsfreiheit des Spielteilnehmers eingewirkt wird, dass dieser zumindest anstandshalber nicht umhin kann, auf das Angebot einzugehen. Ob dies der Fall ist, ist nunmehr am Leitbild des durchschnittlich informierten und verständigen Verbrauchers zu entscheiden. Dieses Verbraucherleitbild ist dahin zu ergänzen, dass auch auf einem **durchschnittlich empfindsamen Verbraucher** abgestellt wird (vgl Rn 21 und *Lettl,* GRUR 2004, 449, 453).

140 Die Annahme, Empfänger einer Zuwendung oder Teilnehmer an einem Gewinnspiel sähen sich psychisch verpflichtet, einen Anstandskauf zu tätigen, dürfte weder dem heutigen realen Geschäftsgebaren noch dem Leitbild des durchschnittlich verständigen Verbrauchers entsprechen (Ohly/*Sosnitza* § 4.1 UWG Rn 1/27). Zudem ist zweifelhaft, ob bei der gebotenen richtlinienkonformen Auslegung des § 4 Nr 1 UWG 2008 von einer unlauteren Geschäftspraxis nach Artikel 5 der UGP-RL ausgegangen werden kann, zumal ein psychischer Kaufzwang als Unlauterkeitsvorwurf in den meisten europäischen Ländern nicht existiert (Ohly/*Sosnitza* § 4.1 UWG Rn 1/27). Ohne das Hinzuziehen besonderer Umstände im Einzelfall lässt sich jedenfalls eine Gewinnkoppelung nicht als aggressive Geschäftspraktik im Sinne von Art. 8 und 9 der UGP-Richtlinie ansehen (BGH NJW 2014, 2279 Rn 38 – Golbärenbarren). Ferner ist zu bedenken, dass der psychische Kaufzwang die Minderheit der sensiblen Marktteilnehmer schützen sollte (BGH NJW 1987, 908 – alles frisch), während bei der Beurteilung einer unlauteren Druckausübung im Sinne von § 4 Nr 1 UWG auf den durchschnittlich empfindsamen Verbraucher abzustellen ist (vgl Rn 53). Dass ein durchschnittlich verständiger bzw. durchschnittlich empfindsamer Verbraucher sich nur wegen einer vagen Gewinnchance unter Vernachlässigung einer sachlichen Prüfung des Angebots zum Kauf entschließt, die Rationalität seiner Nachfrageentscheidung somit wegen der Gewinnchance ausgeschlossen ist oder völlig in den Hintergrund tritt und deshalb eine nach § 4 Nr 1 UWG unangemessene unsachliche Einflussnahme auf die Entscheidungsfreiheit zu befürchten ist, scheint realitätsfremd. **Ein unlauterer psychischer Kaufzwang ist daher heute die Ausnahme** und kann nur bei besonderen Umständen des Einzelfalls in Betracht kommen (so auch Ohly/*Sosnitza* § 4.6 UWG Rn 6/11). Daher dürften sämtliche, bis zum UWG 2008 ergangenen Gerichtsentscheidungen **nach den neuen Maßstäben überholt sein.**

141 Eine psychische Zwangslage im Sinne von § 4 Nr 1 UWG setzt einen persönlichen Kontakt zum Umworbenen voraus (vgl Rn 45 und Rn 25). Daher kann bei der Teilnahme an einem Gewinnspiel kein psychischer Kaufzwang entstehen, wenn bei der Durchführung des Gewinnspiels der Kunde keinen Kontakt zum Spielveranstalter oder dessen Personal hat (BGH GRUR 1998, 735, 736 – Rubbel-Aktion). Soweit wie üblich die Abonnementbestellung auf dem Postwege oder online erfolgt und damit ohne jeglichen persönlichen Kontakt zwischen Umworbenen und dem

IV. Gewinnspiele für Neuabonnenten

Verlag und seinen Mitarbeitern, scheidet ein **psychischer Kaufzwang** aus (vgl Rn 25 und 45). Er entfällt ferner in denjenigen Fällen, in welchen dem Besteller durch Einräumung eines Widerrufsrechts eine Überlegungsfrist eingeräumt wurde (vgl Rn 45).

3. Übertriebenes Anlocken § 4 Nr 1 UWG

Werden bei einem Gewinnspiel die Teilnehmer in übertriebener Weise angelockt, kann dieser Umstand das Gewinnspiel unlauter machen (BGH NJW-RR 2000, 1136 – Space Fidelity Peep-Show; BGH NJW-RR 1998, 1199 – Rubbelaktion). Wegen der grundsätzlich wettbewerbsrechtlichen Zulässigkeit der Werbung mit einem Gewinnspiel reicht die hiermit einhergehende Anlockwirkung für sich genommen jedoch nicht aus, um den Vorwurf der Unlauterkeit zu rechtfertigen (BGH NJW 2009, 2749 Rn 12 – Jeder 100. Einkauf gratis). Wettbewerbswidrig ist eine Werbung vielmehr erst dann, wenn die freie Entscheidung der angesprochenen Verkehrskreise durch den Einsatz aleatorischer Reize so nachhaltig beeinflusst wird, dass ein Kaufentschluss nicht mehr von sachlichen Gesichtspunkten, sondern maßgeblich durch das Streben nach der in Aussicht gestellten Gewinnchance bestimmt wird (BGH NJW 2009, 2749 Rn 12 – Jeder 100. Einkauf gratis; BGH GRUR 2004, 249, 250 – Umgekehrte Versteigerung im Internet; BGH GRUR 2003, 626, 627 – Umgekehrte Versteigerung II). Davon konnte im Streitfall schon wegen der für den Verbraucher erkennbar geringen Chance, dass gerade er den 100. Einkauf tätigen werde, nicht ausgegangen werden. Selbst wenn sich der Durchschnittsverbraucher dadurch zu einem Einkauf bei dem das Gewinnspiel veranstaltenden Einzelhändler verleiten lässt und im Hinblick auf die angekündigte Chance eines Gratis-Einkaufs möglichst viel einkaufe, werde dadurch die Rationalität der Kaufentscheidung nicht völlig in den Hintergrund gedrängt. Der Durchschnittsverbraucher ist vielmehr in der Lage, mit diesem Gewinnanreiz bei seiner Kaufentscheidung umzugehen (BGH NJW 2009, 2749 Rn 12 – Jeder 100. Einkauf gratis). Ein unlauteres übertriebenes Anlocken im Sinne von § 4 Nr 1 UWG liegt daher nach der Rechtsprechung zum UWG 2004 bei Gewinnspielen erst dann vor, wenn der in Aussicht gestellte Gewinn und die Chance, ihn zu gewinnen, dazu geeignet sind, bei einem durchschnittlich informierten und verständigen Verbraucher die Rationalität seiner Nachfrageentscheidung auszuschalten oder zumindest vollständig in den Hintergrund treten zu lassen. Für § 4 Nr 1 UWG 2008, der zugleich Artikel 8 und 9 der UGP-Richtlinie über aggressive Geschäftspraktiken umsetzen soll, hat der BGH in seiner Entscheidung Millionen-Chance II dahinstehen lassen, ob eine *„extreme"* Anlockwirkung unter § 4 Nr 1 UWG zu subsumieren ist oder allenfalls von der Generalklausel des § 3 Abs 2 Satz 1 UWG erfasst wird oder ob es einen Verstoß gegen die berufliche Sorgfalt darstellen kann, wenn von einem gekoppelten Gewinnspielangebot eine so starke Anlockwirkung ausgeht, dass die Rationalität der Nachfrageentscheidung der Verbraucher völlig in den Hintergrund tritt (BGH GRUR 2011, 832 Rn 26 und Rn 27 – Millionen-Chance II).

142

4. Gewinnspiele im Telemediengesetz (TMG)

Für Gewinnspiele im Anwendungsbereich des Telemediengesetzes schreibt § 6 Abs 1 Nr 4 TMG vor, dass Preisausschreiben oder Gewinnspiele mit Werbecharakter *klar als solche erkennbar* sein müssen und die Teilnahmebedingungen *leicht zugänglich* sowie *klar und unzweideutig angegeben werden* müssen. Im Übrigen bleiben gemäß § 6 Abs 3 TMG die Vorschriften des UWG unberührt. Das TMG geht in § 6 Abs 1 Nr 4 über die Parallel-Regelungen des UWG nicht hinaus. Denn dass Gewinnspiele mit Werbecharakter *klar als solche* erkennbar sein müssen, ergibt sich auch aus § 4 Nr 3 UWG. Abweichend vom § 4 Nr 5 UWG verlangt § 6 Abs 1 Nr 4 TMG allerdings, dass die Teilnahmebedingungen *leicht zugänglich* sein müssen. Diese Bestimmung war

142a

BT Abo-Werbung

Abonnementwerbung

erforderlich, weil – anders als bei Printmedien – die Teilnahmebedingungen bei Telemedien nicht stets in unmittelbarer räumlicher Nähe zum Gewinnspiel stehen oder stehen können. Ein Koppelungs-Verbot entsprechend § 4 Nr 6 UWG enthält das TMG nicht.

V. Laienwerbung

1. Die mit der Laienwerbung verbundenen Gefahren

143 **Laienwerbung** bedeutet, dass für die Werbung neuer Kunden gegen eine Erfolgsvergütung – eine Werbeprämie oder die Teilnahme an einem Gewinnspiel oder beides – Personen eingeschaltet werden, die sich nicht beruflich als Vertreter betätigen, sondern nebenher als sogenannte Laienwerber vor allem unter Ausnutzung von persönlichen Beziehungen zu dem zu gewinnenden Neukunden für ein Unternehmen tätig werden. Für die Laienwerbung ist es charakteristisch, dass sich ein Gewerbetreibender die persönlichen Beziehungen des Werbenden zu Dritten für die Kundenwerbung nutzbar macht. Der Laienwerber geht, durch ihm in Aussicht gestellte Werbeprämien veranlasst, typischerweise so vor, dass er Verwandte, Freunde, Bekannte, Berufskollegen, Vereinskameraden usw anspricht, um sie für den Gewerbetreibenden als Kunden zu gewinnen (BGH NJW 2002, 2038 – Werbefinanzierte Telefongespräche). Die Kundenwerbung durch Laien wurde in der Rechtsprechung zu § 1 UWG aF, vor allem deshalb als wettbewerbsrechtlich bedenklich angesehen, weil sie zu einer bedenklichen **Kommerzialisierung der Privatsphäre** beitrage (BGH WRP 1959, 81 – Bienenhonig; WRP 1981, 456 – Laienwerbung für Maklerauftrage; Saarl OLG WRP 2000, 791, OLG Jena GRUR 2000, 442; OLG München WRP 1996, 42; Saarl OLG WRP 1994, 840; OLG Stuttgart GRUR 1990, 205; OLG München GRUR 1989, 354), und die Gefahr einer unsachlichen Beeinflussung des umworbenen Kunden bestehe. Der Laienwerber könne bestrebt sein, sein Prämieninteresse möglichst lange zu verheimlichen, um seiner Empfehlung den Anstrich eines uneigennützigen Rats und damit ein besondere Gewicht zu geben. Ebenso liege es nahe, dass der Umworbene seine Entscheidung nicht aus sachlichen Gründen, sondern aus Rücksichtnahme auf das persönliche Verhältnis zu dem Werbenden treffe. Bedenklich sei auch die im Einzelfall mit der Laienwerbung einhergehende **Belästigung,** die gerade wegen der persönlichen Beziehungen unzumutbar im Sinne von § 7 Abs 1 UWG sein kann, so zB unangemeldete Hausbesuche des Laienwerbers, denen sich der Umworbene wegen der persönlichen Beziehung zum Laienwerber nur schwer entziehen kann (OLG München WRP 1996, 42). Eine häufige **Nachahmung** könne zudem zu einer Verwilderung der Wettbewerbssituation auf dem entsprechenden Teilmarkt und zu einer erheblichen Belästigung der Allgemeinheit führen (BGH GRUR 1991, 150 – Laienwerbung für Kreditkarten; BGH WRP 1959, 81 – Bienenhonig; BGH WRP 1981, 456 – Laienwerbung für Maklerauftrage; Saarl OLG WRP 2000, 791, OLG Düsseldorf WRP 2000, 1191, OLG Dresden OLG-Report 1998, 171; Saarl OLG WRP 1994, 840; OLG Stuttgart GRUR 1990, 205). Davon ausgehend hat die Rechtsprechung Laienwerbung als unlauter angesehen, wenn die ausgesetzten Prämien als solche einen nicht unerheblichen Wert verkörpern, ihr Wert im Verhältnis zu dem von dem Neukunden aufzuwendenden Betrag sehr hoch ist und sich der Laienwerber die Prämie ohne besonderen Aufwand verdienen kann. In einem solchen Fall sei wegen der als übermäßig anzusehenden Anreizwirkung, die von der ausgesetzten Prämie ausgehe, zum einen die Gefahr gesehen worden, dass der Laienwerber bei der Werbung neuer Kunden auch wettbewerbsrechtlich unlautere Mittel einsetzt, um die Prämie zu erhalten (BGH GRUR 1991, 150 – Laienwerbung für Kreditkarten); Zum anderen ist eine solche Werbemaßnahme bei dem Einsatz von Laienwerbern als wettbewerbsfremd und damit unlauter bewertetet worden, weil die Entscheidung des Kunden, sachfremd auch dadurch beeinflusst werden solle, dass für

den Laienwerber nicht unerhebliche Prämien ausgesetzt seinen (BGH GRUR 1995, 122 – Laienwerbung für Augenoptiker).

An den Maßstäben dieser Rechtsprechung ist nach der Übernahme des europäischen Verbraucherleitbildes und im Hinblick darauf, dass der Gesetzgeber sachfremde Zuwendungen nicht mehr so streng beurteilt wie früher, nicht mehr uneingeschränkt festzuhalten (BGH NJW 2006, 2303 Rn 16 – Kunden werben Kunden). Nach der Aufhebung des Rabattgesetzes und der Zugabeverordnung könne aus der Gewährung von nicht unerheblichen Prämien allein die Wettbewerbswidrigkeit der Laienwerbung nicht mehr hergeleitet werden. Die grundsätzliche Freigabe von Rabatten beruhe auf einem gewandelten Verbraucherleitbild. In der Begründung des Regierungsentwurfs eines Gesetzes zur Aufhebung des Rabattgesetzes und zur Anpassung anderer Rechtsvorschriften vom 6.3.2001 ist dazu ausgeführt, dass der durchschnittlich informierte und verständige Verbraucher heutzutage mit den Marktgegebenheiten vertraut ist. „Er weiß, dass Kaufleute nichts zu verschenken haben und zB die Kosten für wertvolle Nebenleistungen durch anderweitige Erlöse decken. Diese Erfahrungen zeigen, dass sich der Verbraucher in der Regel nicht vorschnell durch das Angebot einer Zugabe oder eines Rabattes zum Vertragsschluss verleiten lässt. Vielmehr trifft der Kunde seine Entscheidung über den Erwerb höherwertiger Produkte erst nach ausreichender Information über Konkurrenzangebote und reichlicher Abwägung der unterschiedlichen Vorzüge und Nachteile der angebotenen Waren"* (BT-Drucksache 14/5441, Seite 7). Das veränderte Verbraucherleitbild und die der Aufhebung des Rabattgesetzes zugrunde liegende gesetzgeberische Wertung sind auch bei Auslegung der Vorschriften des UWG zu beachten. **Die Anreizwirkung, die von einer nicht unerheblichen Prämie ausgeht, kann als solche die Wettbewerbswidrigkeit der Laienwerbung nicht begründen** (BGH NJW 2006, 3203 Rn 16 – Kunden werben Kunden). Ebensowenig ist Laienwerbung schon deshalb wettbewerbsrechtlich bedenklich, weil die Entscheidung des geworbenen Kunden dadurch beeinflusst sein kann, dass für den Laienwerber eine nicht unerhebliche Prämien ausgesetzt ist, und zwischen der beworbenen Ware und der angebotenen Werbeprämie kein sachlicher Zusammenhang besteht. Der Versuch einer gewissen unsachlichen Beeinflussung ist der Werbung nicht fremd und auch nicht per se unlauter. Aus der Regelung des § 4 Nr 1 UWG folgt, dass eine Werbung, die sich nicht auf Sachangaben beschränkt, nur dann unlauter ist, wenn sie geeignet ist, durch Ausübung unangemessenen unsachlichen Einflusses die freie Entscheidung der Verbraucher zu beeinträchtigen (BGH NJW 2006, 3203 Rn 16 – Kunden werben Kunden).

Die Wettbewerbswidrigkeit des Einsatz von Laien zur Werbung von Kunden folgt aufgrund des gewandelten Verbraucherleitbildes nicht schon aus der Gewährung nicht unerheblicher Werbeprämien, sondern setzt das Vorliegen sonstiger die Unlauterkeit begründeter Umstände voraus. **Werbung durch Laienwerber ist somit nur unzulässig, wenn andere Umstände als die ausgesetzte Prämie als solche die Unterlauterkeit begründen** (BGH NJW 2006, 3203 Rn 17 – Kunden werben Kunden). Solche Umstände können die Gefahr einer **Irreführung** oder einer unzumutbaren **Belästigung** im Sinne von § 7 Abs 1 UWG des umworbenen Kunden durch den Laienwerber sein, dass die Werbung auf eine Verdeckung des Prämieninteresses und damit auf eine Täuschung über die Motive des Werbenden angelegt ist (sogenannte **verdeckte Laienwerbung**) oder sie sich auf Waren oder Dienstleistungen bezieht, für die besondere Maßstäbe geltend wie zB Laienwerbung im Rahmen des HWG. Auch wenn der Wert der Prämie nicht per se zur Unlauterkeit der Laienwerbung führt, kann dem Wert der Prämie weiterhin insoweit Bedeutung zukommen, als die Gefahr, dass der Laienwerber unlautere Mittel einzusetzen versucht, im Einzelfall auch wegen der von einer besonders attraktiven Prämie ausgehenden Anreizwirkung bestehen kann. Maßgeblich ist immer die Gesamtwirkung aller Umstände des Einzelfalls (BGH NJW 2006, 3203 Rn 17 – Kunden werben Kunden),

2. Die Gefahr sachfremder Entschließung

a) Der Wert der Prämie

146 Der Wert der Prämie steht somit nicht mehr im Vordergrund der wettbewerbsrechtlichen Beurteilung. Gleichwohl bleibt der Wert der Prämie auch künftig ein wichtiges Beurteilungskriterium im Rahmen der anzustellenden Gesamtbeurteilung. Denn der Wert der Prämie ist die Triebfeder für den Laienwerber und beeinflusst maßgebend die Intensität seines Einsatzes und damit einhergehend die Gefahr einer Irreführung, Belästigung, der Verheimlichung des Interessens an der ausgesetzten Prämie sowie des sich Hinwegsetzens über die Privatsphäre des Umworbenen. Für die von der Prämie ausgehenden Anreizwirkung ist jedoch nicht nur ihr **absoluter Wert** ausschlaggebend, sondern auch ihr **relativer Wert,** ihr Wert beispielsweise im Hinblick darauf, welchen Einsatz der Laienwerber erbringen muss, um sich die Prämie zu verdienen (vgl Rn 59 und 61) und in welchem Maße es den Kunden belastet, wenn er auf die Werbung eingeht (BGH NJW 1995, 724 – Laienwerbung für Augenoptiker). Geldprämien haben einen erheblich höheren Wirkungsgrad bei der Beeinflussung als Sachprämien, und dies nicht nur dann, wenn die Sachprämie in einem Gegenstand besteht, den man schon hat oder nicht braucht. „Wenn Bargeld lacht, hat das schon allgemein eine ganz andere Anreizwirkung als etwa das Versprechen einer noch so formschönen Tischleuchte" (OLG Düsseldorf GRUR-RR 2001, 171). Auch die **Art der beworbenen Waren und Leistungen** (Waren und Leistungen des täglichen Bedarfs oder Eingehen einer Dauerverpflichtung), **der Personenkreis** der Laienwerber und der Umworbenen (zB Besserverdienende) relativieren den Wert der ausgelobten Prämie und damit den von ihr ausgehenden Anreizeffekt. Das Verhältnis zwischen dem Wert der Prämie zu dem Wert, den der vermittelte Geschäftsabschluss für das Unternehmen hat, ist dagegen irrelevant (BGH NJW 1995, 724 – Laienwerbung für Augenoptiker). Denn dieses Wertverhältnis hat auf die Anreizwirkung der Prämie weder für den Laienwerber noch für den zu werbenden Neukunden irgendeinen Einfluss (BGH NJW 2006, 3203 – Kunden werben Kunden).

b) Die Intensität des Einsatzes des Laienwerbers

147 Im Zusammenhang mit dem Wert der Prämie stellt die Rechtsprechung auch darauf ab, ob vom Laienwerber nur ein **geringer Einsatz** bei seiner Beratung oder Überzeugungsarbeit zu leisten ist und deshalb die Prämie für ihn so attraktiv ist, dass begründete Anhaltspunkte für die Annahme bestehen, die ausgelobte Prämie bringe es mit sich, dass der Laienwerber auch unlautere Mittel einsetzen werde (BGH NJW 2006, 3203 Rn 18 – Kunden werben Kunden; BGH WRP 1959 – Bienenhonig; BGH NJW 1995, 724 – Laienwerbung für Augenoptiker; BGH NJW 1992, 2419 – verdeckte Laienwerbung; OLG München WRP 2001, 979; OLG Jena GRUR 2000, 442 mit zahlreichen Beispielen zu Prämienhöhe; OLG Dresden OLG-Report 1998, 232; OLG Stuttgart GRUR 1990, 205; OLG München GRUR 1989, 354; OLG Hamburg NJW-RR 1988, 361; OLG Hamm NJW-RR 1986, 1236). Die Konsequenzen dieser Relation zwischen geringem Aufwand des Werbers und dadurch relativ hohem Wert der Prämie werden indes meistens nicht begründet. Soweit aus der geringen Anstrengung des Laienwerbers und der daraus resultierenden relativen Attraktivität der Prämie der Schluss gezogen wird, der Werber werde dadurch zu einem nachhaltigen Einsatz angespornt mit entsprechenden Gefahren für einen Gefälligkeitsabschluss oder aber zu einer wettbewerbswidrigen Argumentation zur Überzeugung des Neukunden, ist diese Begründung fragwürdig und sollte überdacht werden. Denn wenn dem Laienwerber nicht geringe, sondern erhebliche Anstrengungen abverlangt werden, wird dies viel eher dazu führen, dass die Neukunde geneigt ist, ihm einen Gefallen zu tun und ein erheblicher dem Laienwerber abverlangter Einsatz wird die Gefahr eher vergrößern, dass er durch sachfremde Argumente versucht, seine Prämie zu verdienen. Der Intensität des Einsatzes kommt allerdings unter zwei Gesichtspunkten Bedeutung zu: Eine vom Laienwerber geforderte erhebliche Anstrengung

V. Laienwerbung   **Abo-Werbung BT**

kann eine entsprechend wertvolle Prämie als angemessenen und gerechtfertigten Verdienst für eine Werbeleistung rechtfertigen (BGH WRP 1959, 81 – Bienenhonig). Ein geringer Einsatz kann dies nicht (BGH WRP 1959, 81 – Bienenhonig; OLG Stuttgart GRUR 1990, 205). Eine im Verhältnis zum erforderlichen Aufwand des Werbers wertvolle und damit leicht verdiente Prämie kann ferner dazu führen, dass viele Laienwerber sich an der Aktion beteiligen, was zur Kommerzialisierung der Privatsphäre führen kann und bei Erfolg der Methode die Wettbewerber zur Nachahmung zwingt mit unerträglichen Konsequenzen für die Allgemeinheit (BGH WRP 1981, 456 – Laienwerbung für Maklerauftäge). Darüber hinaus sollte das Maß des vom Werber geforderten Einsatzes bei der Prüfung der Unlauterkeitsumstände außer Betracht bleiben. Man braucht es nicht. Es ist für eine stichhaltige Argumentation eher verwirrend als hilfreich.

c) Die Gefahr des Abschlusses aus Gefälligkeit

Die Gefahr eines Abschlusses aus Gefälligkeit war in der Rechtsprechung zu § 1 **148** UWG aF ein wichtiges Kriterium im Rahmen der anzustellenden Gesamtbeurteilung zur Feststellung der Wettbewerbswidrigkeit der Laienwerbung. Die Gefahr des Gefälligkeitsabschlusses wurde namentlich dann als besonders groß angesehen, wenn die eigene finanzielle Belastung für den Neukunden gering und der Wert der Prämie – auch unter Berücksichtigung der finanziellen Verhältnisse sowohl des Kunden als auch des Werbers (BGH NJW-RR 1991, 426 – Laienwerbung für Kreditkarten) – hoch ist. Denn in einem solchen Fall fällt es dem Umworbenen schwer, sich dem Wunsch des ihm irgendwie persönlich verbundenen Laienwerbers um einen Gefallen zu verschließen (BGH WRP 1959, 81 – Bienenhonig; BGH NJW-RR 1991, 426 – Laienwerbung für Kreditkarten; BGH NJW 1995, 724 – Laienwerbung für Augenoptiker; OLG Hamm NJW-RR 1986, 1236 – Prämie von DM 25,– für die Eröffnung eines Bankkontos mit einer Einlage von DM 100,–).

Die Gefahr, dass der Neukunde sich aus **Gefälligkeit** zum Abschluss entscheidet, ist jedoch im Rahmen der Beurteilung nach § 4 Nr 1 UWG unter Beachtung des gewandelten Verbraucherleitbildes nach der jüngeren Rechtsprechung für die Unlauterkeit der Laienwerbung ohne Bedeutung (vgl Rn 144). Es ist für die lauterkeitsrechtliche Beurteilung irrelevant, dass der neue Kunde bei seiner Entscheidung auch von dem Wunsch beeinflusst sein kann, dem Laienwerber die Prämie zukommen zu lassen. Selbst wenn für die Kaufentscheidung des Neukunden die Erwägung, dem Laienwerber die ausgesetzte Prämie zu verschaffen, Bedeutung erlangt und der Einsatz von Laienwerbern im Einzelfall auf eine solche Beeinflussung abzielt, ist dies für die wettbewerbsrechtliche Beurteilung ohne Bedeutung. Die Schwelle zur wettbewerbsrechtlichen Unlauterkeit wird erst überschritten, wenn ein unangemessener unsachlicher Einfluss in einem solchen Maße ausgeübt wird, dass die betreffende Wettbewerbshandlung geeignet ist, die freie Entscheidung des angesprochenen Verbrauchers zu beeinträchtigen (§ 4 Nr 1 UWG) oder sonstige die Unlauterkeit begründenden Umstände hinzutreten. Ein durchschnittlich informierter, aufmerksamer und verständiger Durchschnittsverbraucher wird allein wegen der dem Laienwerber versprochenen Werbeprämie in seiner Entscheidung darüber, ob für ihn ein Anschaffen überhaupt erforderlich ist und durch wen er sich in dieser Hinsicht beraten lassen soll, nicht unangemessen unsachlich beeinträchtigt (BGH NJW 2006, 3203 Rn 19 – Kunden werben Kunden).

Selbst wenn für die Kaufentscheidung des Neukunden die Erwägung Bedeutung hat, dem Laienwerber die ausgesetzte Prämie zu verschaffen und der Einsatz von Laienwerbern im Einzelfall auf eine solche Beeinflussung des Neukunden abzielt, ist dies nach der jüngeren Rechtsprechung für die wettbewerbsrechtliche Beurteilung der Laienwerbung ohne Bedeutung, denn der heutige Verbraucher wird allein wegen der dem Laienwerber versprochenen Werbeprämie nicht unangemessen unsachlich beeinträchtigt in seiner Entscheidung darüber, ob für ihn eine Anschaffung überhaupt erforderlich ist und durch wen er sich dabei beraten lassen soll. Schon die bisherige

BT Abo-Werbung Abonnementwerbung

wesentlich strengere Rechtsprechung hat die Gefahr, dass der Neukunde nur dem Werber gefällig sein will, vor allem dann verneint, wenn er eine **Dauerverpflichtung** eingehen muss und es sich nicht um Gegenstände des täglichen Bedarfs handelt, sondern um eine mehr oder weniger langfristige und mit mehr oder weniger erheblichen Aufwendungen verbundene Dauerverpflichtung, wie dies bei der Werbung für Zeitschriften- und Zeitungsabonnements, für Privatkrankenkassen, Versicherungen, Buchgemeinschaften oder Bausparkassen der Fall ist (BGH WRP 1959, 81 – Bienenhonig). Denn dies vermehrt in der Regel die vom Werbenden zu erbringende Werbetätigkeit und mindert entscheidend die Gefahr, dass sich der Umworbene ohne eigene Sachprüfung und ohne Rücksicht auf den eigenen Bedarf, nur um dem Werbenden zu gefallen, zum Abschluss entschließt (BGH WRP 1959, 81 – Bienenhonig; OLG Hamm WRP 2004, 1401; OLG Hamburg NJW-RR 1988, 361). Gerade bei der Werbung für Zeitungs- und Zeitschriftenabonnements ist die Gefahr gering, dass der Umworbene sich aus purer Gefälligkeit dem Laienwerber gegenüber zum Bezug entschließt. Der Umworbene wird es auch einem Bekannten oder Verwandten gegenüber nicht an jeglicher Kritik fehlen lassen, ehe er eine Dauerverbindlichkeit in Form eines Abonnements eingeht, die ihn über längere Zeit belastet und die er nur durch eine schriftliche Kündigung beenden kann (OLG Oldenburg ArchPR 1965, 64). Auch der dem Laienwerber abverlangte Einsatz ist nicht gering, wobei er sich darüber bewusst sein dürfte, gewisse Schwierigkeiten und Widerstände beim Werbegespräch überwinden zu müssen. Denn neben der Notwendigkeit, den Neukunden zum Eingehen einer Dauerverpflichtung zu überreden, ist in Betracht zu ziehen, dass in der überwiegenden Zahl der Fälle die Umworbenen bereits eine Zeitung oder Zeitschrift lesen und nicht unbedingt zusätzlich noch eine andere bestellen werden. Bei konkurrierenden Objekten dürfte es auch nicht einfach sein, den Umworbenen zu veranlassen, seine bisherige Zeitung oder Zeitschrift abzubestellen und statt dessen eine neue zu abonnieren und dies nur, um dem Laienwerber einen Gefallen zu tun (OLG Oldenburg ArchPR 1965, 64). Die Gefahr, dass der Neukunde vom Werbenden nur vorgeschoben wird, der Laienwerber also in Wirklichkeit selbst abschließt, um die Prämie zu erlangen, dürfte bei solchen Dauerverpflichtungen überhaupt ausgeschlossen sein (BGH WRP 1959, 81 – Bienenhonig), zumal dies das Vorhandensein eines dazu bereiten Hausgenossen oder sonstigen Bekannten voraussetzt (OLG Stuttgart AfP 1974, 713).

d) Die Gefahr unsachlicher Beeinflussung durch den Laienwerber

aa) Belästigung

149 Auch eine mit der Laienwerbung etwa einhergehende **Belästigung** ist grundsätzlich hinzunehmen. Denn unlauter ist eine Wettbewerbshandlung nach § 7 Abs 1 UWG erst dann, wenn sie Marktteilnehmer in unzumutbarer Weise belästigt. Allein darin, dass der Laienwerber sich in erster Linie an Personen wenden wird, zu denen er in einer bestimmten Beziehung steht, und diese sich einer solchen Werbemaßnahme möglicherweise weniger leicht entziehen können als Werbeversuchen von Fremden, liegt noch kein Umstand, der die mit der Laienwerbung verbundene Belästigung als unzumutbar im Sinne von § 7 Abs 1 UWG erscheinen lässt. Ein solcher Belästigungsgrad ist regelmäßig erst gegeben, wenn die Gefahr besteht, dass der Laienwerber zu Mitteln greift, die auch berufsmäßigen Werbern verboten sind (BGH NJW 2006, 3203 Rn 20 – Kunden werben Kunden). Dies ist erst dann der Fall, wenn der Laienwerber zu Mitteln greift, die den umworbenen Neukunden in einer Weise belästigen, die über das mit der Werbung verbundene Maß an persönlicher Ansprache hinausgeht (BGH NJW 2006, 3203 Rn 20 – Kunden werben Kunden).

bb) Irreführung

150 Die Gefahr, dass der Laienwerber den Kunden **irreführt**, indem er zB über die Qualität oder Eignung der beworbenen Ware oder Leistung falsche Angaben macht, oder den unrichtigen Eindruck vermittelt, selbst von dem beworbenen Produkt überzeugt zu sein und es für unbedingt empfehlenswert halte, kann im Einzelfall die Laienwerbung unlauter machen. Dieser Gefahr des Einsatz von irreführenden Angaben kann insbesondere bestehen, wenn der absolute Wert der Prämie hoch ist und eine entsprechende Anreizwirkung ausübt, sie sich um jeden Preis zu verdienen (OLG Düsseldorf GRUR-RR 2001, 171). Diese Gefahr besteht auch dann, wenn der Umworbene weiß, dass und welche Prämien dem Laienwerber winken (BGH WRP 1981, 456 – Laienwerbung für Maklerauftträge; OLG Hamburg NJW-RR 1988, 361 – Prämie im Wert von DM 25,– bei Vermittlung von Kaffee-Kauf im Wert von DM 90,–; OLG Hamm NJW-RR 1986, 1236; OLG Stuttgart GRUR 1990, 205). Sie ist jedoch dann besonders groß, wenn dem Umworbenen unbekannt ist, dass der Laienwerber wegen einer ausgelobten Prämie und somit aus Eigennutz den Abschluss herbeiführen will (BGH WRP 1959, 81 – Bienenhonig; BGH WRP 1981, 456 – Laienwerbung für Maklerauftträge; BGH NJW 1992, 2419 – verdeckte Laienwerbung; Saarl OLG WRP 1994, 840). Dass der Laienwerber sein Prämieninteresse verheimlicht, macht die Werbung noch nicht unlauter; eine Unlauterkeit ist aber zu bejahen, wenn die Laienwerber-Aktion darauf angelegt ist, dass der Laienwerber über seine Motive täuscht, indem er sein Prämieninteresse verheimlicht, um seiner Empfehlung den Anstrich eines uneigennützigen Rates zu geben.

Die Gefahr einer Irreführung kann auch durch fehlerhafte oder einseitige Beratung durch den Laienwerber bestehen. Dem Umstand, dass der Laienwerber insofern **sachkundig** ist, als er aus eigener Kenntnis und Erfahrung Qualität und Preiswürdigkeit der Ware kennt, also beispielsweise selbst die beworbene Kreditkarte nutzt oder die Zeitung liest, misst der BGH in diesem Zusammenhang keine Bedeutung bei. Denn diese Kenntnis befähige den Laienwerber noch nicht, sachgerecht zu beraten, weil er die Vorzüge konkurrierender Produkte nicht einschätzen und berücksichtigen kann (BGH NJW-RR 1991, 426 – Laienwerbung für Kreditkarten). Dies überzeugt nicht. Unter diesem Gesichtspunkt ist auch der hauptberufliche Werber – zB der Verkäufer im Ladengeschäft – nicht befähigt, sachgerecht zu beraten oder er wird seine Kenntnis über Konkurrenzprodukte zurückstellen, weil er sie nicht führt. Von ausschlaggebender Bedeutung ist, dass der Laienwerber sich an persönliche Bekannte wendet. Unter diesem Gesichtspunkt hat das Kammergericht zurecht die Gefahr verneint, dass der mit eigener Erfahrung über das Produkt ausgestattete Laienwerber sich zu falschen Angaben nur im Hinblick auf eine attraktive Prämie hinreisen lässt. Denn bei der Werbung im Verwandten-, Freundes- und Bekanntenkreis ist eine Werbung mit sachlich zutreffenden Auskünften schon deshalb geboten, weil der Laienwerber nicht eine Trübung der persönlichen Verhältnisse wünschen kann, die aber bei falschen Werbeinformationen deshalb droht, weil sich die Unrichtigkeit der Auskunft unweigerlich im praktischen Gebrauch durch den Geworbenen herausstellen wird (KG GRUR 1988, 139). Dieser nachvollziehbaren Auffassung des Kammergerichts ist gegenüber der Einschätzung des Bundesgerichtshof der Vorzug zu geben. Das OLG Oldenburg (ArchPR 1965, 63) meint nicht zu unrecht, das Erfordernis der Sachkunde in der Werbung dürfe nicht überbewertet werden. Auch viele Kaufleute verstehen nichts oder nicht viel von der Ware, die sie vertreiben und richten ihre Empfehlungen mehr nach der Handelsspanne der verschiedenen Produkte. Jedenfalls dann, wenn der Umworbene das Prämieninteresse des Laienwerbers kennt, ist die Gefahr einer unsachlichen Beeinflussung jedenfalls bei der Eingehung von Dauerverpflichtungen als gering einzuschätzen.

Die Wettbewerbswidrigkeit einer Laien- und Prämienwerbung kann sich auch unter dem Gesichtspunkt eines **Autoritätsmissbrauchs** ergeben. Autoritätsmissbrauch ist ein Fall der Ausübung von Druck im Sinne von § 4 Nr 1 UWG. Er ist somit wettbewerbswidrig, wenn er so intensiv ist, dass er die Entscheidungsfreiheit des Umworbenen beeinträchtigen kann. Dabei ist darauf abzustellen, wie ein durchschnittlich empfindsamer Verbraucher (oder sonstiger Marktteilnehmer) auf den von der Stellung des Laienwerbers ausgehenden Druck reagiert. Die Wettbewerbswidrigkeit einer Laienwerbung wurde bejaht, als eine Betriebskrankenkasse ihre eigenen

BT Abo-Werbung

Abonnementwerbung

Mitarbeiter aufforderte, im Kollegenkreis neue Mitglieder für die Betriebskrankenkasse zu finden. Das entsprechende Schreiben des Arbeitgebers nebst Hinweis auf das Erfordernis, die Lohnnebenkosten der Kasse zu senken, war vom Betriebsratsvorsitzenden mitunterzeichnet. Angesichts der personellen Abhängigkeit bzw Unter-/Überordnung in der Belegschaft bestand die Gefahr, dass der Beitritt im Hinblick auf solche Abhängigkeiten aus Gefälligkeit erfolgt (OLG Zweibrücken NJWE-WettR 2000, 40; OLG Frankfurt OLG-Report 1998, 129; OLG München NJWE-WettbR 1997, 1).

3. Laienwerbung für Abonnements

153 Der Einsatz von Laienwerbern zur Gewinnung von Abonnenten ist beim Vertrieb von **Zeitungen und Zeitschriften** seit jeher üblich und wird vom Verkehr nicht als unlauter angesehen (BGH WRP 1959, 81 – Bienenhonig; OLG Karlsruhe GRUR 1969, 224; OLG Stuttgart AfP 1974, 713; OLG Hamm ArchPR 1968, 81). Hauptanwendungsfall ist die Laienwerbung in Form von „Leser werben Leser" **(LwL-Werbung)**, auch wenn der Einsatz anderer Personen gleichfalls in Betracht kommt und zulässig ist.

a) Der Wert der Prämie

154 Dabei sind Prämien für den Laienwerber von **nicht unerheblichem Wert** üblich und dem Verkehr bekannt (OLG Düsseldorf WRP 1978, 59). Ihr Wert durfte schon immer höher sein als der Wert der Zuwendung an den Umworbenen, um diesen als Neuabonnenten zu gewinnen. Denn der Wert der dem Laienwerber ausgesetzten Prämie soll diesen veranlassen, ihm häufig lästige und unangenehme Werbeaktivitäten zu entfalten (OLG Hamburg WRP 1992, 388). Außerdem ist die dem Laienwerber ausgesetzte Prämie nicht nur Motivation, sondern auch Entgelt einer erfolgreich erbrachten Werbeleistung. Die Grenze für den höchstmöglichen Wert der Prämie soll jedoch dann erreicht sein, wenn der Wert der Prämie den Bezugspreis des vermittelten Zeitschriften-Abonnements erreicht oder gar übertrifft (OLG Düsseldorf GRUR-RR 2001, 171; OLG Hamm WRP 1995, 270). Denn wenn der Prämienwert zu hoch ist, sei zu befürchten, dass dem Laienwerber jedes Mittel recht ist, die Prämie zu verdienen und es sei unlauter, wenn ein Unternehmen durch das Ausloben von unverhältnismäßig hohen Werbeprämien die daraus hervorgehende unsachliche Beeinflussung des Kunden durch den Laienwerber planmäßig für seinen Absatz ausnutzt (BGH GRUR 1981, 655 – Laienwerbung für Maklerverträge; OLG Düsseldorf GRUR-RR 2001, 171; OLG München GRUR 1989, 354; OLG Hamm WRP 1982, 479). Dem ist entgegenzuhalten, dass der Wert der Prämie alleine heute nicht mehr ausschlaggebend für die Unlauterkeit ist (vgl Rn 57). Zudem ist die Begrenzung des Prämienwertes auf den Bezugspreis des vermittelten Abonnements willkürlich. Vor allem aber ist zu berücksichtigen, dass bei der Laienwerbung für Zeitungen und Zeitschriften auch von hohen Prämien nicht diejenigen Gefahren ausgehen, die von vergleichbaren Anreizen für den Laienwerber bei anderen Waren und Leistungen als Presseabonnements ausgehen (vgl Rn 71). Die Laienwerbung für Abonnements ist Gegenstand der Wettbewerbsregeln des BDZV (nachstehend Rn 69) und des VDZ (nachstehend Rn 70). Zur rechtlichen Bedeutung der BDZV-Wettbewerbsregeln für die wettbewerbsrechtliche Beurteilung siehe Rn 6. Zur Umsatzsteuerpflichtigkeit der Werbeprämie vgl BFH AfP 1995, 716 und *Boorberg*, BT Steuerrecht Rn 88.

155 Nach Ziffer 4 der **Wettbewerbsregeln des BDZV** für den Vertrieb von abonnierbaren Tages- und Wochenzeitungen (Rn 123 ff.) darf der Wert der für die Vermittlung eines neuen Abonnenten gewährten **Prämie** (Marktpreis) bei zwölfmonatiger und darüber hinausgehender Verpflichtungsdauer (das sind nach Ziffer 8 der BDZV-Wettbewerbsregeln maximal 2 Jahre) den sechsfachen Monatsbezugspreis nicht übersteigen. Bei einer Mindestverpflichtungszeit unter einem Jahr darf der Prämienwert die Hälfte des zu entrichtenden Abonnemententgeltes nicht überschrei-

V. Laienwerbung

ten. Wird ein Sonderabonnement vermittelt (zB ein Studentenabonnement), ist bei der Berechnung des Prämienwertes nach den Erläuterungen der BDZV-Wettbewerbsregeln für den zulässigen Wert der Prämie der verbilligte Abopreis zu Grunde zu legen. Nach Ziffer 4 Abs 4 der BDZV-Wettbewerbsregeln (Rn 123) sollte der Laienwerber darauf hingewiesen werden, dass die Prämie nur für ihn bestimmt ist und nicht an den Geworbenen weitergegeben werden darf. Auch „**Prämien mit Zuzahlung**" sind wettbewerbsgerecht, weil bei ihnen die Gefahr, dass mit unlauteren Methoden versucht wird, neue Abonnenten zu gewinnen, sogar geringer ist als bei der Auslobung einer Sachprämie ohne Zuzahlung. Dass auch die Gewährung von Prämien mit Zuzahlung möglich ist, ist so branchenüblich geworden, dass – anders als noch in Ziffer 3 der Vorgängerfassung von 2002 – in den Wettbewerbsregeln auf die Zulässigkeit dieser Prämiengewährung nicht mehr gesondert hingewiesen wird. Anders als noch in Ziffer 3 der Wettbewerbsregeln von 2002 wird in Ziffer 4 der Wettbewerbsregeln von 2007 ausdrücklich gesagt, dass den Laienwerbern nicht nur Sachprämien gewährt werden dürfen sondern auch **Geldprämien,** was auch Einkaufsgutscheine als Prämie erlaubt, sofern mit der Geldprämie der Prämienwert der Sachprämie nicht überschritten wird. Eine Geldprämie oder ein Einkaufsgutschein für den Laienwerber stellt keinen Preisnachlass auf den Abonnementpreis dar, selbst wenn – wie bei Leser-werben-Leser-Aktionen – der Laienwerber selbst Abonnent der Publikation ist, solange die Anzahl der auf diese Weise der Prämiengewährung rabattierten Eigenabonnements der Laienwerber nicht zu kartellrechtlich spürbaren Nachfrageverschiebungen führt. Solange ist auch nichts dagegen einzuwenden, wenn es gemäß der Erläuterungen des BDZV zu Ziffer 4 in seinen Wettbewerbsregeln von 2007 als zulässig angesehen wird, dass eine vom Laienwerber verdiente Geldprämie gegen den von ihm für sein Eigenabonnement zu bezahlenden Abonnementpreis aufgerechnet wird.

Nach Ziffer 6 der **VDZ-Wettbewerbsregeln** vom 1.4.2004 (vgl Rn 137 ff.) darf **156** der Wert der Vermittlungsprämie keine unlauteren Anreize schaffen und insbesondere nicht zu einer unangemessenen Kommerzialisierung der Privatsphäre führen. Er darf deshalb in der Regel den Bezugspreis des Abonnements für den Verpflichtungszeitraum nicht überschreiten, wobei folgende absolute Obergrenzen Anwendung finden: Bei Zeitschriftentiteln mit wöchentlicher Erscheinungsweise (Wochentitel) ist die Obergrenze der Bezugspreis eines Jahres-Abonnements; bei Zeitschriftentiteln mit 14-täglicher Erscheinungsweise der Bezugspreis für ein Abonnement von 18 Monaten und bei Zeitschriftentiteln mit monatlicher Erscheinungsweise (Monatstitel) der Bezugspreis eines 2 Jahres-Abonnements. Die Bemessung der Prämien-Höchstwerte weicht von derjenigen des BDZV in dessen Wettbewerbsregeln Ziffer 4 ab, da Zeitschriften auf Grund ihrer größeren Differenzierung bei der Erscheinungsweise und insgesamt sehr viel niedrigeren Entgelte für Abonnementverträge eine andere Beurteilung hinsichtlich des finanziellen Aufwandes bei Abonnementverträgen erfahren als dies bei Tageszeitungen geschieht. Bei Titeln mit 14-tägiger Erscheinungsweise darf die Prämie einen Bezugspreis eines 18-monatigen und für Monatstitel den Bezugspreis eines 2-Jahres Abonnements nicht überschreiten. Mit dieser Regelung wird der Tatsache Rechnung getragen, dass der Jahresbezugspreis von 14-täglich erscheinenden Titeln oder Monatstiteln meist deutlich unter demjenigen wöchentlicher Titel liegt. Es wird somit sichergestellt, dass der Wert der Vermittlungsprämie stets in einem Rahmen bleibt, der dem bisher Üblichen entspricht. Auch der Wert einer Prämie im Falle eines 2-Jahres-Vertrages für Monatsobjekte wird regelmäßig noch unter dem Wert eines Halb-Jahres-Abonnements für Tageszeitungen liegen, der in den BDZV-Richtlinien als Obergrenze für Vermittlungsprämien gilt. Die Möglichkeit, **Prämien mit Zuzahlung** anzubieten und damit Wertgrenzen nach der Ziffer 6 einzuhalten, ist wettbewerbsrechtlich zulässig (Kommentierung des VDZ von Ziffer 6 seiner Wettbewerbsregeln).

Bei der Beurteilung, ob vom Wert der Prämie – ohne oder mit zusätzlicher Gewinnchance im Rahmen eines Gewinnspiels Rn 81 – ein **übersteigerter Anreiz** auf den Werber ausgeht, ist neben den neuen rechtlichen Beurteilungskriterien **157**

BT Abo-Werbung

(Rn 57ff.) insbesondere zu berücksichtigen, dass ein Zeitungsabonnement keine Ware des täglichen Bedarfs ist, die einmal hier und einmal dort in ähnlicher Qualität gekauft werden kann und bei der daher eine Werbeprämie von mehr als der Hälfte des Kaufpreises entscheidend ins Gewicht fallen kann (BGH WRP 1959, 81). Bei einem Halbjahresabonnement einer Tageszeitung besteht nicht wie bei Waren des täglichen Bedarfs die Gefahr, dass eine nicht übermäßig große Werbeprämie an Bedeutung so in den Vordergrund tritt, dass nicht mehr die Ware, sondern nur noch die Prämie eine Rolle spielt und dass die Werbung im Freundeskreis überhand nimmt. Denn eine Tageszeitung wird wegen der Art ihrer Berichterstattung, ihrer politischen, wirtschaftlichen und kulturellen Grundeinstellung sowie der Reichhaltigkeit ihres Anzeigenteils abonniert. Ein Interessent, der sich ein halbes Jahr lang auf eine bestimmte Tageszeitung festlegen soll, muss daher immer in erster Linie davon überzeugt werden, dass seine in eine Tageszeitung gesetzten Erwartungen erfüllt werden. Die Neigung, prämiensüchtigen Bekannten einen Gefallen zu tun, tritt demgegenüber in den Hintergrund (OLG Stuttgart AfP 1974, 714).

b) Nichtbezieher als Laienwerber

158 Nicht nur die Bezieher einer Zeitung oder Zeitschrift können als Laienwerber eingesetzt werden, sondern auch Nichtbezieher (so auch die Wettbewerbsregeln des BDZV von 2007 zu Ziffer 4 seiner Wettbewerbsregeln). Dies ist bei Zeitungen und Zeitschriften üblich und wird vom Verkehr nicht als unlauter angesehen (OLG Stuttgart AfP 1974, 713 und OLG Stuttgart ArchPR 1974, 132). Eine Unlauterkeit kann auch dann nicht vorliegen, wenn ausschließlich oder fast ausschließlich Nichtbezieher zur Werbung eingesetzt werden oder die Wertrelation zwischen Prämie und Abonnementpreis nahe legt, dass die Laienwerber in erheblichem Umfang den Neuabonnenten nur vorschieben, also in Wirklichkeit selbst die Zeitung oder Zeitschrift abonnieren oder finanzieren, um in den Genuss der Prämie zu kommen (aA noch OLG Karlsruhe GRUR 1969, 224). Dass dem Laienwerber als Nichtbezieher der Zeitung oder Zeitschrift die erforderliche Sachkunde fehlt, um beim Werbegespräch sachgerecht zu beraten, führt nicht zur Wettbewerbswidrigkeit. In der Regel handelt es sich auch nicht um Aktionen „jedermann wirbt Leser", sondern um die Methode „Leser werben Leser". **Leser** einer Zeitung oder Zeitschrift kann aber auch derjenige sein, der nicht Abonnent ist. Ohnehin darf das Erfordernis der Sachkunde in der Werbung nicht überbewertet werden (Rn 66). Zum anderen ist aber gerade der Leser einer Zeitung oder Zeitschrift berufen, über deren Qualität zu urteilen. Dieses Urteil kann aber auch derjenige fällen, der die Zeitung nicht abonniert hat, die aber regelmäßig oder häufig kauft oder aber die von anderen gekaufte Zeitung oder Zeitschrift liest (OLG Oldenburg ArchPR 1965, 63).

c) Vorschieben des Neu-Abonnenten

159 Da die Prämien für Laienwerber erheblich attraktiver sind als die Prämien, die Abonnenten bei deren Eigenbestellung aus preisbindungsrechtlichen Gründen gewährt werden dürfen und vor allem im Hinblick auf Geldprämien, mit denen zwar Laienwerber belohnt werden dürfen, aus preisbindungsrechtlichen Gründen nicht aber auch Abonnenten (vgl Rn 40), besteht die Gefahr einer „umgekehrten Laienwerbung": Nicht der Laienwerber sucht sich einen Abonnenten, sondern der künftige Bezieher sucht sich einen Laienwerber, den er vorschiebt, um über diesen selbst in den Genuss der attraktiven Laienwerber-Prämie zu gelangen. Ein solches **Vorschieben des Laienwerbers** durch den Abonnenten lässt sich nicht verhindern und es dürfte schon deshalb kaum in nennenswertem Umfang geschehen, weil die Gelegenheit hierzu praktisch nur bei Vorschieben eines dazu bereiten Hausgenossen besteht, also nicht jeder beliebige Bekannte vorgeschoben werden kann (OLG Stuttgart AfP 1974, 714).

160 Bei besonders attraktiven Prämien, vor allem bei hohen Geldprämien ist es nicht auszuschließen, dass **der Laienwerber den Abonnenten vorschiebt** um eine

V. Laienwerbung

Eigenbestellung zu tarnen. Dies wäre bspw der Fall, wenn der Laienwerber – wegen derselben Adresse vorzugsweise – ein Mitglied seines Haushalts oder einen Mitbewohner als angeblich neugeworbenen Abonnenten präsentiert, sich dadurch die wertvolle Laienwerberprämie sichert, in Wirklichkeit aber wirtschaftlich selbst – wenn auch unter anderem Namen – der neue Abonnent ist. Dann könnte die Prämie im Einzelfall den Tatbestand des übertriebenen Anlockens erfüllen. Dies wurde bejaht, als ein Wirtschaftsmagazin den Laienwerbern für die Vermittlung eines neuen Abonnenten Gratisaktien versprach, deren Kurswert zurzeit der Auslobung den Jahresbezugspreis der Zeitschrift übertraf (OLG Düsseldorf GRUR RR 2001, 171). Nach Maßgabe des neuen Verbraucherleitbildes und § 4 Nr 1 UWG setzt ein übertriebenes Anlocken jedoch voraus, dass durch die Attraktivität der Prämie die Rationalität der Nachfrageentscheidung vollkommen in den Hintergrund tritt, was bei der Entscheidung eine Abonnementverpflichtung einzugehen, weniger wahrscheinlich ist (Rn 35) oder aber die Entscheidung für das Abonnement nur wegen der Attraktivität der Prämie gerade die Konsequenz einer rationalen Kaufentscheidung ist (vgl Rn 35).

Hinzukommt, dass es sich der Verlag nicht als eigene wettbewerbswidrige Handlung zurechnen lassen muss, wenn Laienwerber – noch dazu zum wirtschaftlichen Schaden des Verlages – eine Abonnementwerbung zum eigenen Vorteil missbrauchen. Der Verlag kann eine solche Taktik der Laienwerber und finanzielle Nachteile durch das Auskehren wertvoller Laienwerber-Prämien begrenzen. Die Gefahr, dass der Laienwerber den Geworbenen nur vorschiebt, besteht nämlich in denjenigen Fällen nicht, in denen der Laienwerber selbst Abonnent sein muss. Häufig wird daher die Prämie für den Laienwerber nicht nur davon abhängig gemacht, dass er einen Abonnenten wirbt, sondern dass er sein eigenes, bereits bestehendes Abonnement für eine gewisse Zeit fortsetzt. Der BDZV schlägt dazu in den Erläuterungen zu Ziffer 4 seiner Wettbewerbsregeln folgende Formulierung zur Vermeidung verdeckter Eigenbestellungen im Bestellschein vor: „Ich bin und bleibe für ein weiteres Jahr Abonnent der X-Zeitung. Der Nebenstehende von mir geworbene Bezieher oder eine in seinem Haushalt lebende Person war innerhalb der letzten 6 Monate nicht Abonnent der X-Zeitung und wohnt auch nicht in meinem Haushalt. Mir ist bekannt, dass ich die Prämie, die mir nach Bezahlung des ersten Bezugspreises durch den nebenstehenden Abonnenten zugeschickt wird, nicht an den Geworbenen weitergeben darf".

Wenn ein bisheriger Abonnent die beworbene Zeitung oder Zeitschrift abbestellt und gleichzeitig seine Ehefrau oder einen Hausgenossen zum Bezug der Zeitung „wirbt", verschafft dies dem Verlag keinen Wettbewerbsvorsprung, da er dann die Prämie bezahlt, ohne einen neuen Bezieher gewonnen zu haben (OLG Stuttgart AfP 1974, 714).

d) Weitergabe der Prämie an den Neu-Abonnenten

Die Gefahr, dass der Werber die Prämie nicht selbst behält, sondern an den Geworbenen **weitergibt** und sie dadurch zur Zugabe wird, konnte schon unter der Geltung der ZugabeVO nie ganz ausgeschlossen werden. Ein Hinweis entsprechend dem Vorschlag des BDZV (Rn 123) ist nach Auffassung des OLG Stuttgart kein geeignetes Mittel, sondern eher ein Hinweis auf die Möglichkeit, so zu verfahren (OLG Stuttgart AfP 1974, 714). Die Weitergabe der Werbeprämie an den Geworbenen wird nur vorkommen, wenn der Werbende den Geworbenen ein persönliches Geschenk machen will oder wenn er zum Bezug der Zeitung schon entschlossener Interessent einen Leser dazu einspannt, den Prämiengutschein einzusenden und ihm die Prämie zu überlassen (OLG Stuttgart AfP 1974, 764). Es handelt sich auch in solchen Fällen um eine Art „umgekehrte Laienwerbung": Nicht der Laienwerber sucht einen Kunden, sondern der Kunde sucht sich einen Laienwerber. Eine dem Laienwerber auferlegte Verpflichtung, die Prämie nicht an den Geworbenen weiterzugeben ist nicht mehr Folge des Zugabeverbotes der ZugabeVO, sondern wird mit dem wirtschaftlichen Interesse des Verlages begründet, dass nur der Laienwerber und nicht der neue Abonnent die im Verhältnis zu den Prämien bei Eigenbestellungen meist erheblich

BT Abo-Werbung
Abonnementwerbung

wertvollere Prämie oder gar eine Geldprämie erhält. Um dieses wirtschaftlich unerwünschte Ergebnis zu vermeiden, wird in Ziffer 4 der BDZV-Wettbewerbsregeln bestimmt, dass die Prämie nur für den Laienwerber bestimmt ist und weder vom Verlag noch vom Werber an den Geworbenen gegeben werden darf und dass der Werber auf dieses Weitergabeverbot hingewiesen werde sollte. Entgegen der Ansicht in den Erläuterungen des BDZV würde in einer Weitergabe der Prämie an den Geworbenen kein wettbewerbswidriges Umgehungsgeschäft liegen, schon allein deshalb nicht, weil die Weitergabe der Prämie des Laienwerbers an den Neu-Abonnenten keine geschäftliche Handlung im Sinne von § 2 Abs 1 Nr 1 UWG darstellt, so dass auf dieses Geschäft zwischen Laienwerber und dem Geworbenen das UWG keine Anwendung findet.

e) Rückforderung der Prämie

162 Die Prämie kann zurückgefordert werden, wenn der geworbene Abonnent den Vertrag nicht erfüllt. Zuvor muss jedoch der Verlag versuchen, seine vertraglichen Ansprüche gegen den Abonnenten auf Zahlung gerichtlich durchzusetzen. Nur dann, wenn die Auslobung der Prämie (§ 657 BGB) vertraglich unter die auflösende Bedingung gestellt wird, dass im Falle der Zahlungsverweigerung des Abonnenten die Prämie vom Laienwerber zurückverlangt werden kann, ohne dass der Verlag den Abonnenten auf Vertragserfüllung verklagen muss, ist die gerichtliche Durchsetzung der Ansprüche gegen den Abonnenten entbehrlich. Auf diese Bedingung ist jedoch im Bestellschein deutlich.

f) Mitteilung von Adressen potentieller Neu-Abonnenten

163 Während bei der „klassischen" Form der Laienwerbung der Werber eine Prämie dafür erhält, dass er selbst erfolgreich einen neuen Kunden gewinnt, erschöpft sich bei der Adressenvermittlung seine Tätigkeit darin, dem werbenden Unternehmen Name und Adresse potentieller Kunden aus seinem persönlichen Umfeld zum Versuch des direkten Vertragsabschlusses durch das Unternehmen mitzuteilen. Die Prämie erhält der Laienwerber entweder erfolgsunabhängig für die bloße Mitteilung der potentiellen Kunden oder als Erfolgsprämie für den Fall, dass es zwischen dem werbenden Unternehmen und dem mitgeteilten Interessenten zu einem Abschluss kommt. Diese Werbeform unterscheidet sich nur graduell von der klassischen Laienwerbung und unterliegt denselben Regeln wie diese (BGH NJW 1992, 2419 – **verdeckte Laienwerbung**). Die Unlauterkeit der verdeckten Laienwerbung ergibt sich nicht aus § 4 Nr 1 UWG, sondern aus § 4 Nr 11 UWG iVm § 28 BDSG (Ohly/ Sosnitza § 4.1 UWG Rn 1/159; Köhler/Bornkamm § 4 Rn 1.213). Während im Falle der Erfolgsprämie auch bei der Adressenvermittlung die Gefahr besteht, dass der Laienwerber, um die Prämie zu verdienen, in irgendeiner Weise den Interessenten zu einem Abschluss zu beeinflussen sucht oder dieser sich – wenn ihm das Interesse des Laienwerbers bekannt ist – aus Gefälligkeit zum Vertragsschluss entschließt, bestehen solche Gefahren nicht, wenn die Prämie für die bloße Adressenvermittlung gewährt wird. Jedoch ist jede Laienwerbung durch Adressenvermittlung bedenklich, wenn sie das **Ausspähen der Privatsphäre** der potentiellen Kunden durch den Laienwerber voraussetzt. Unter dem Gesichtspunkt der informationellen Selbstbestimmung ist es bedenklich, wenn Personen ohne ihr Wissen der gezielten Ausspähung ihres privaten Bereichs, beispielsweise ihrer Kaufgewohnheiten bzw -neigungen ausgesetzt werden, damit das Ergebnis dieser Ausforschung unter Nennung von Name und Anschrift einem Gewerbetreibenden zur Erleichterung seiner Verkaufstätigkeit mitgeteilt werden kann (BGH NJW 1992 – 2419 – verdeckte Laienwerbung; OLG München WRP 1996, 42). Sind dagegen für den Laienwerber keine besonderen Nachforschungen erforderlich, weil er die notwendigen Kenntnisse bereits hat, versucht das Unternehmen gleichwohl sich privates Wissen der Laienwerber über Menschen ihres persönlichen Umfeldes zunutze zu machen und zielt damit gleichfalls auf die Ausspähung der persönlichen Verhältnisse dieser Menschen ab, die diese dem Unternehmen ge-

genüber – aus den verschiedensten denkbaren Gründen und jedenfalls berechtigtermaßen – nicht ohne weiteres zu offenbaren bereit wären (BGH aaO). Ob ein solches Ausspähen die Laienwerbung durch Adressenvermittlung bereits alleine sittenwidrig macht, ließ die Rechtsprechung bisher dahingestellt (BGH aaO; OLG Karlsruhe WRP 1995, 960). Man wird unterscheiden müssen, ob es sich bei den vermittelten Daten um solche handelt, die jedermann und damit auch das werbende Unternehmen in zulässiger Weise in Erfahrung bringen könnte und der Einsatz der Laienwerber nur der Verringerung des mit der eigenen Datenverschaffung verbundenen Aufwandes dient oder aber um Daten oder Verhältnisse, von denen das Unternehmen nur in unzulässiger Weise Kenntnis erlangen könnte (zB durch wettbewerbswidrige Telefonanrufe oder Hausbesuche) oder die der Betroffene dem Unternehmen wahrscheinlich nicht offenbaren würde, wohl aber – in Unkenntnis des Interesses des Laienwerbers – diesem auf Grund persönlicher Verbundenheit. Unabhängig von der Art der zu vermittelnden Daten ist jedoch das Ausspähen der Privatsphäre schon für sich alleine betrachtet ein bedenklicher Umstand, der bei der anzustellenden **Gesamtbeurteilung** einer Laienwerbeaktion (Rn 58) zu deren Unzulässigkeit führen kann, sofern zum Ausspähen weitere negative Umstände hinzutreten. Das OLG Karlsruhe (WRP 1995, 960) hatte über die Werbeaktion einer Tageszeitung zu entscheiden, bei welcher der Laienwerber eine Prämie erhielt für die Mitteilung von drei Adressen von Haushalten, die keine Bezieher dieser Zeitung waren. Diesen unterbreitete dann der Verlag ein Angebot für ein kostenloses Probeabonnement unter Hinweis auf eine „Empfehlung" des namentlich genannten Laienwerbers. Das OLG hat dahinstehen lassen, ob bereits das Ausspähen der privaten Gewohnheiten der Betroffenen die Werbemethode sittenwidrig machte, zumal es – anders als die Mitteilung offenkundiger Umstände wie zB das Fahren eines bestimmten Kfz-Marke im Falle BGH NJW 1992, 2419 – verdeckte Laienwerbung – um die Ausspähung der Informationsquellen der Betroffenen ging, einen Sachverhalt also, der zumindest am Rande auch den verfassungsmäßig geschützten Bereich der Meinungs- und Informationsfreiheit der Betroffenen tangierte. Jedenfalls zusammen mit dem Hinweis des Verlages auf die „Empfehlung" des namentlich genannten Informanten war die Laienwerbeaktion sittenwidrig, weil der Adressat sich wegen der „Empfehlung" mit Rücksicht auf die Person des „Empfehlenden" möglicherweise scheue, das Angebot des Probeabonnements abzulehnen.

VI. Gewinnspiele für Laienwerber

1. Zulässigkeit als Gewinnspiel

Besteht die für den Laienwerber ausgesetzte Belohnung nur in einer **Gewinnchance** im Rahmen eines Gewinnspiels, geht davon in der Regel kein sachfremder und übersteigerter Anreiz aus und ist daher wettbewerbsrechtlich unter dem Gesichtspunkt der Laienwerbung nicht zu beanstanden (OLG Thüringen AfP 1995, 418). Diese Fallgestaltung wird in der Praxis jedoch selten vorkommen, weil die Belohnung für eine erfolgreiche Bemühung dabei lediglich in einer vagen Gewinnchance besteht, die zu wenig attraktiv ist, um den Laienwerber anzuspornen, überhaupt für das werbende Unternehmen tätig zu werden. Häufig wird daher dem Laienwerber im Rahmen eines Gewinnspiels eine **Gewinnchance neben der Prämie** geboten.

Für die wettbewerbsrechtliche Zulässigkeit solcher Gewinnspiele für Laienwerber gelten die allgemeinen Regeln für die Zulässigkeit von Gewinnspielen (vgl Rn 131 ff.). Dabei ist freilich zu berücksichtigen, dass anders als bei den sonstigen Gewinnspielen zur Absatzförderung hier die Spielleidenschaft nicht sachfremd den Entschluss **zum Kauf** fördern, sondern den Entschluss anregen soll, als Werber für das werbende Unternehmen **tätig zu werden** (OLG Stuttgart NJW 1958, 1496). Die üblichen Unlauterkeitsmomente anderer Gewinnspiele werden bei Gewinnspie-

BT Abo-Werbung

Abonnementwerbung

len für Laienwerber daher in der Praxis ausscheiden. Da der Laienwerber selbst nichts kauft muss, sondern nur andere zum Kauf bewegen soll, scheidet eine Koppelung in der Regel ebenso aus wie ein psychischer Kaufzwang. Psychischer Kaufzwang bei Gewinnspielen bedeutet, dass es dem Spieler peinlich ist, nur die Gewinnchance wahrzunehmen ohne sich durch einen Kauf erkenntlich zu zeigen. Zu Unrecht hat das Saarl OLG daher einen psychischen Kaufzwang bejaht, als Laienwerber in ihrer Privatwohnung eine Werbeveranstaltung für Freunde und Bekannte durchführen sollten und dafür an einem Gewinnspiel teilnahmen. Das OLG sah zu Recht die Gefahr, dass die Eingeladenen sich beim Gastgeber durch einen Kauf der beworbenen Ware erkenntlich zeigen. Da die Gäste aber keine Gewinnchance hatten, sondern nur der Gastgeber, handelte es sich in Wirklichkeit nicht um einen psychischen Kaufzwang bei einem Gewinnspiel für Laienwerber, sondern um die nur beim Hinzutreten besondere unlauterkeitsbegründende Umstände wettbewerbswidrige Gefahr von Gefälligkeitskäufen. Nichts anderes gilt, wenn ein Reiseunternehmen Gewinne in Form von Gutscheinen für ein „halbes Doppelzimmer" im Wert von DM 498 auslobt mit der Möglichkeit für den Gewinner des Gutscheins, der das Zimmer nicht mit einem unbekannten Fremden teilen will, eine Begleitperson zuzubuchen, die den vollen Preis bezahlen muss. Dies übt keinen unzulässigen psychischen Druck auf den Laienwerber aus, eine ihm vertraute Person zur Buchung der Reise zu überreden, wie das OLG meinte, wohl aber veranlasst der dem Gewinner sonst entgehende Preis seine Verwandten oder Bekannten aus Gefälligkeit die Reise zu buchen (Saarl OLG WRP 2000, 791). Fraglich ist, ob eine Koppelung dann vorliegt, wenn beispielsweise die Vermittlung von Abonnements an Haushaltsmitglieder zur Teilnahme an der Verlosung berechtigt (OLG Thüringen AfP 1995, 418). Dies ist zu verneinen. Die Entscheidung über den Abschluss des Abonnementsvertrages trifft das Haushaltsmitglied und nicht der Laienwerber. § 4 Nr 6 UWG will verhindern, dass die Objektivität der Nachfrageentscheidung des Vertragspartners nicht durch die ihm eingeräumte Gewinnchance getrübt wird. Vertragspartner des Abonnementvertrages ist aber nicht der Laienwerber, der ja den Abschluss nur vermittelt hat. Anders kann es freilich sein, wenn der Laienwerber auch dasjenige Mitglied des Haushalts ist, welches das Abonnement bezahlt, wenn also bspw der Laienwerber seine Ehefrau als Abonnentin der Tageszeitung wirbt, die dann von beiden gelesen und vom Ehemann bezahlt wird. Dies ist aber kein Fall einer Koppelung, sondern eine Fallgestaltung, bei welcher der Laienwerber den Neuabonnenten vorschiebt und daher entsprechend zu behandeln ist (Rn 73f.). Da in den genannten Fällen keine Koppelung im Sinne von § 4 Nr 6 UWG vorliegt, kommt es nicht darauf an, dass das Koppelungsverbot nach § 4 Nr 6 UWG nicht mehr anwendbar ist (vgl Rn 133f.).

2. Zulässigkeit als Laienwerbung

166   Bei Gewinnspielen für Laienwerber kommt daher rechtlich der eingeräumten Gewinnchance im Wesentlichen nur die Bedeutung zu, dass sie den Wert der daneben ausgesetzten Prämie insgesamt erhöht. Welche – zusätzliche – Anreizwirkung von der Gewinnchance auf den Laienwerber ausgehen kann, hängt von den Umständen des jeweiligen Gewinnspiels ab, insb von der Attraktivität der ausgesetzten Gewinne, vor allem aber der Zahl der Teilnehmer im Hinblick darauf, wie wahrscheinlich oder unwahrscheinlich es ist, dass sich die Gewinnchance in einem Gewinn realisiert. Der BGH hat in seiner Entscheidung WRP 1959, 81 – Bienenhonig – die Auffassung vertreten, die Chance, bei einem solchen Preisausschreiben überhaupt etwas zu gewinnen, sei objektiv nur gering. Erfahrungsgemäß würden diese Chancen jedoch von vielen weit überschätzt. Verlockende Preise würden daher auf viele Laienwerber als ein besonders starker Anreiz wirken. Inzwischen hat sich das Publikum jedoch an Gewinnspiele aller Art gewöhnt und weiß daher, dass allenfalls eine sehr unsichere Gewinnchance besteht. Das Kammergericht hat bei einem Gewinnspiel für Kreditkarten-Laienwerber die Auffassung vertreten, die als Werber Angesprochenen würden

VII. Geschenk-Abonnements sich keine größeren Gewinnchancen ausrechnen als bei beliebigen anderen Gewinnspielen und die Teilnahmemöglichkeit zwar als erfreuliche Beigabe im Falle des Werbeerfolges empfinden, nicht aber als eine dermaßen lohnende Aussicht, dass es angebracht erscheint, darum mit besonderem werblichen Einsatz zu ringen (KG GRUR 1988, 139). Bei der Prüfung der Frage, ob von der Gewinnchance eine übertriebene Anreizwirkung ausgeht, ist bei der Werbung für Neuabonnenten von Zeitungen und Zeitschriften ferner zu berücksichtigen, dass es sich hierbei um keine Ware des täglichen Bedarfs handelt, die einmal hier und einmal dort in ähnlicher Qualität gekauft werden kann und bei der daher die Werbeprämie entscheidend ins Gewicht fallen kann. Auch spielen beim Abonnement einer Zeitung oder Zeitschrift deren Inhalt für die Kaufentscheidung eine wesentliche Rolle. Deshalb ist die Gefahr gering ist, dass bei der Entscheidung des Neuabonnenten die Prämie und Gewinnchance für den Laienwerber in den Vordergrund treten (OLG Stuttgart AfP 1974, 713). Heute wäre für das Verdikt der Unlauterkeit die Messlatte noch wesentlich höher: die zur Prämie zusätzlich eingeräumte Gewinnchance müsste eine unangemessene unsachliche Einflussnahme auf die Kaufentscheidung im Sinne von § 4 Nr 1 UWG darstellen. Dazu muss die Kombination von Prämie und Gewinnchance geeignet sein, bei einem Verständigen Verbraucher die Rationalität seiner Entscheidung für oder gegen das Abonnement der Zeitung der Zeitschrift vollständig in den Hintergrund treten zu lassen (BGH GRUR 2013, 301 Rn 40 – Solar-Iniative mwN; vgl dazu Rn 122).

VII. Geschenk-Abonnements

Bei der Verlagswerbung für Geschenk-Abonnements sollen die Umworbenen veranlasst werden, einem **Dritten** ein Abonnement zu schenken. Bezahlt wird das Abonnement vom Schenker; geliefert werden die Exemplare an den von ihm benannten Beschenkten.

Rechtlich handelt es sich hierbei um einen echten **Vertrag zugunsten Dritter** (§ 328 BGB), also einen Vertrag zwischen Schenker und Verlag zugunsten desjenigen, der – ohne selbst etwas an den Verlag bezahlen zu müssen – die Presseerzeugnisse vom Verlag erhält. Vertragspartner eines solchen Abonnementvertrages sind der Verlag und der Schenker (sogenanntes Deckungsverhältnis); der Beschenkte hat lediglich ein aus dem Deckungsverhältnis abgespaltenes Recht gegenüber dem Verlag – und der Verlag eine entsprechende Verpflichtung gegenüber dem Beschenkten – Leistung des Verlages an sich zu verlangen (sogenanntes Vollzugsverhältnis). Dieses Vollzugsverhältnis ist kein vertragliches Rechtsverhältnis, sondern schafft nur für den Beschenkten ein aus dem Deckungsverhältnis abgespaltenes Forderungsrecht (*Palandt* Einf § 328 Rn 5). Das eigentliche Vertragsschuldverhältnis ist vielmehr das Deckungsverhältnis zwischen Schenker und Verlag (*Palandt* aaO Rn 3). Daraus folgt, dass bezüglich Zuwendungen, Gewinnchancen etc das Geschenk-Abonnement so zu behandeln ist, wie der Abschluss eines Abonnementvertrages zwischen Verlag und Bezieher: Wie dort kann hier dem Schenker das „Dankeschön" unter denselben Voraussetzungen gewährt werden, wie dem Direkt-Abonnenten.

Ungeklärt ist, ob der Verlag dem beschenkten **Neuabonnenten** etwas zuwenden darf. Es ist aber kein Grund ersichtlich, warum das Geschenk nicht dem Beschenkten „zur Begrüßung" gewährt werden dürfte. Für ein übertriebenes Anlocken fehlt es an der unlauteren Einwirkung auf die Entscheidungsfreiheit im Sinne von § 4 Nr 1 UWG: Nicht der Beschenkte bestellt das Abo aus sachfremden Erwägungen, nämlich wegen des Geschenks. Es bestellt der Schenker, der aber das Geschenk nicht erhält und deshalb keine sachfremden Motive für die Bestellung hat. Aus demselben Grund liegt keine Koppelung im Sinne von § 4 Nr 6 UWG vor, wenn nicht der Schenker, sondern der beschenkte Abonnent eine Gewinnchance erhält.

Unzulässig wäre es, wenn ein vom Schenker bezahltes Abonnement sich mangels Kündigung als ein vom ursprünglich Beschenkten zu bezahlendes Abonnement fort-

BT Abo-Werbung

setzen würde. Dies wäre ein unwirksamer zwischen Schenker und Verlag abgeschlossener **Vertrag zu Lasten Dritter.** Zulässig dagegen ist es, wenn sich mangels Kündigung des Schenkers das Abonnement zu Gunsten des Beschenkten und auf Kosten des Schenkers nach Ablauf der Erstlaufzeit fortsetzt.

VIII. Der Preis des Abonnements

170 Unterschiedliche Preise für dasselbe Presserzeugnis werfen preisbindungsrechtliche Probleme auf (dazu Rn 171 ff). Normalabo und Rn 182 ff. Probeabo), früher aber auch solche des Rabattrechts. Während der Geltung des Rabattgesetzes stellte sich beispielsweise die Frage, ob der Preis des Abonnements niedriger sein darf als die Summe der Kaufpreise der Einzelausgaben, ob der Preis eines Probeabonnements („Schnupper"- oder „Test"-Abo) niedriger sein darf als der Preis eines normalen Abonnements, ob eine sonstige Preisdifferenzierung unter den Abonnenten zulässig ist, zB Einführungspreise für Marktneulinge oder verbilligte Abonnements für bestimmte Berufsgruppen, für Schüler und Studenten und ob der Abonnementpreis in unterschiedlichen geographischen Regionen für dasselbe Objekt verschieden sein darf. Diese Fragen haben sich rabattrechtlich durch die Aufhebung des Rabattgesetzes durch Gesetz vom 23.7.2001 (BGBl I S 1663) erledigt, sind aber zum Teil preisbindungsrechtlich und wettbewerbsrechtlich weiterhin relevant.

1. Abo-Preis niedriger als die Summe der Preise der Einzelausgaben

171 Der Absatz von Zeitungen und Zeitschriften über Abonnements stellt einen Direktvertrieb in Form von Verkäufen des Preisbinders unmittelbar an die Konsumenten unter Umgehung des gebundenen Handels dar. Dem Preisgebundenen ist es in der Regel nicht mehr zumutbar, an der Preisbindung festgehalten zu werden, wenn sie lückenhaft ist oder die gebundenen Preise im Direktvertrieb unterboten werden. Denn durch die Preisbindung ist der Gebundene nicht in der Lage, auf das Marktverhalten der Wettbewerber mit dem Preis zu reagieren. Vor diesem Hintergrund muss hinsichtlich des Preises für alle Wettbewerber die gleiche Wettbewerbslage bestehen (par conditio concurrentium). Auch der Bindende selbst muss bei Direktverkäufen die gleiche Wettbewerbslage wahren. Sonst liegt ein Fall missbräuchlicher Preisbindung vor (Rn 183 ff.; zur Frage einer Wettbewerbswidrigkeit oder sonstigen Unzulässigkeit einer Unterschreitung der gebundenen Preise durch den Preisbinder bei seinem Direktvertrieb vgl Rn 190 ff.). Entscheidend ist dabei, ob durch den Vertrieb der preisgebundenen Waren zu niedrigeren Preisen über einen anderen Vertriebsweg den gebundenen Händlern in erheblichem Umfang potentielle Käufer entzogen werden. Wird dieselbe Ware zur gleichen Zeit auf einem nach Angebot und Nachfrage **einheitlichen Markt** teils zu gebundenen Preisen und teils zu erheblich niedrigeren Preisen angeboten (sog zweigleisiger Vertrieb oder Preisspaltung), führt dies nach allgemeinen Erfahrungssätzen in der Regel dazu, dass dem Einzelhandel potentielle Käufer entzogen werden, sodass die Gefahr einer **erheblichen Nachfrageverschiebung** besteht (OLG Düsseldorf AfP 2004, 274 unter Berufung auf BGH NJW 1970, 858 – Schallplatten II und OLG Frankfurt NJW-RR 1986, 262). Bei **Tageszeitungen** bilden Abonnementvertrieb und Einzelhandelsvertrieb vertriebsbedingt unterschiedliche relevante Märkte, weil aus der Sicht des verständigen Käufers der Bezug einer Tageszeitung über den Einzelhandel einerseits und über ein Abonnement andererseits ua wegen der Bequemlichkeit und der Kontinuität des Abonnementbezugs nicht funktional austauschbar sind (OLG Düsseldorf AfP 2004, 274 und OLG Düsseldorf NJW 2004, 2100 unter Berufung auf den Beschluss des Bundeskartellamtes vom 10.1.2002 Az B 6 – 22121 – 98/01 betreffend die Anerkennung der BDZV-Wettbewerbsregeln für den Vertrieb von abonnierbaren Tages- und Wochenzeitungen). **Niedrigere Preise beim Abonnementbezug von Tageszeitungen führen**

VIII. Der Preis des Abonnements **Abo-Werbung BT**

daher nicht zu Käuferabwanderungen und damit Wettbewerbsverzerrungen im preisgebundenen Einzelhandel.

Demgegenüber ist der Abonnementvertrieb und der Einzelhandelsvertrieb von wöchentlich oder monatlich erscheinenden **Publikums-Zeitschriften mit besonderem Themenkreis** (special-interest-Zeitschriften) ein einheitlicher Markt (OLG Düsseldorf NJW 2004, 2100 – Wirtschaftswoche und OLG Düsseldorf AfP 2004, 274 – Telebörse und DM EURO). Nach einem Beschluss des Bundeskartellamtes vom 14.4.1989 (Az B 6 – 745100 – QX 72/88) lässt sich der Markt der Käufer von special-interest-Zeitschriften in 3 Gruppen aufteilen: Für Käufer, die auf Grund ihrer Interessenlage eine bestimmte Zeitschrift nicht kontinuierlich, sondern nur einzelne Ausgaben je nach den abgehandelten konkreten Themen erwerben, ist der Abonnementbezug selbst bei erheblichem Preisvorteil keine Alternative zum Einzelbezug (Käufergruppe I). Ein weiterer Teil der Käufer hat an dem speziellen Themenkreis der special-interest-Zeitschriften ein so umfassendes, durch die Werbung indiziertes oder eigenständiges beruflich, familiär etc motiviertes Interesse, dass diese Käufer sämtliche Ausgaben der Zeitschrift erwerben wollen (Käufergruppe II). Für diese Käufer ist auch bei Gleichpreisigkeit der Einzelbezug keine ohne weiteres austauschbare Alternative zum Abonnement, da über dieses die Zeitschrift bequemer und häufig einen Tag früher (sic! vgl Rn 117) als über den Zeitschriftenhandel bezogen werden kann. Schließlich verbleibt eine als bedeutend anzunehmende, exakt aber nicht zu quantifizierende Käufergruppe, die im Gegensatz zu den oa Käufern auch bei gleichem Abonnementpreis und Einzelhandelspreis keinem der beiden Bezugswege stark ausgeprägte Preferenzen entgegenbringt (Käufergruppe III). Jedenfalls für die Käufergruppe III sind Probeabonnements mit erheblichem Preisvorteil bei gleichzeitig kurzen Laufzeiten von besonderem Interesse und stellen eine Alternative zum Kauf der Zeitschrift beim Einzelhändler dar. Zumindest bei der Käufergruppe III der potenziellen Probeabonnenten und dem Kundenkreis der Einzelhändler kommt es zu Überschneidungen. Der Bezug einer wöchentlich erscheinenden special-interest-Zeitschrift durch ein preisvergünstigtes Probeabonnement für 3 Monate betrifft daher denselben relevanten Markt wie der wöchentliche Einzelbezug derselben Zeitschrift durch Kauf beim Zeitschriftenhändler (OLG Düsseldorf NJW 2004, 2100 – Wirtschaftswoche). Wird aber dieselbe Ware zur gleichen Zeit auf einem nach Angebot und Nachfrage einheitlichen Markt teils zu gebundenen Preisen und teils zu erheblich niedrigeren Preisen angeboten (sogenannter zweigleisiger Vertrieb oder Preisspaltung), führt dies in der Regel dazu, dass dem Einzelhandel potenzielle Käufer entzogen werden (OLG Düsseldorf NJW 2004, 2100 – Wirtschaftswoche unter Berufung auf BGH NJW 1970, 858 – Schallplatten II und OLG Frankfurt NJW-RR 1986, 262; OLG Düsseldorf AfP 2004, 274 – Telebörse und DM Euro). **Niedrigere Preise beim Abonnementbezug von special-interest-Zeitschriften führen daher grundsätzlich zu Käuferabwanderungen und damit zu Wettbewerbsverzerrungen im preisgebundenen Einzelhandel.** Dies gilt nicht nur für gegenüber dem Einzelhandelspreis verbilligte Normalabonnements von special-interest Zeitschriften, sondern vorallem auch für preisvergünstigte Probeabonnements solcher Zeitschriften mit kurzen Laufzeiten (OLG Düsseldorf NJW 2004, 2100 – Wirtschaftswoche; OLG Düsseldorf AfP 2004, 274 – Telebörse und DM Euro). Auch wenn bei Zeitschriften mit besonderem Themenkreis wie zB Finanztest, Wirtschaftswoche, Telebörse oder DM/Euro Abonnement und Einzelhandel denselben sachlich relevanten Markt betreffen, muss dies für Publikumszeitschriften, die sich mit allgemeinen Themen befassen, nicht zutreffen. Untersuchungen dazu fehlen ebenso wie darauf basierende Entscheidungen. Das Bundeskartellamt hatte ausdrücklich offengelassen, ob seine Annahme eines einheitlichen Marktes bei special-interest-Zeitschriften auch für **Publikumszeitschriften mit allgemeinem Themenkreis** gilt (Beschluss vom 30.3.2004 zu Ziffer 2 der Wettbewerbsregeln der VDZ). Der Bundesgerichtshof geht offenbar auch bei Publikumszeitschriften mit allgemeinem Themenkreis davon aus, dass deren Vertrieb im Abonnement und im Handel demselben rele-

172

BT Abo-Werbung

Abonnementwerbung

vanten Markt zuzuordnen ist. Denn in seiner Entscheidung „Probeabonnement", in der es um den verbilligten Probebezug der Publikumszeitschrift mit allgemeinem Themenkreis „stern" ging, rügte er das Fehlen von Feststellungen des Berufungsgerichts dazu, dass die Attraktivität des Probeabonnements zu Lasten des Einzelverkaufs gehe (BGH NJW 2006, 26, 27 Rn 26 – Probeabonnement). Dasselbe gilt für die Parallelvefahren KZR 27/05 Rn 25 – Schlagerschätzchen für die Rabatttierung der Zeitschrift *Echo der Frau* und KRZ 39/03 Rn 26 – Mini-Abo betreffend eine Ersparnis von 50% plus Zugabe beim Abonnement der Zeitschrift *tv Hören und Sehen*. Solche Feststellungen zur Frage tatsächlich eingetretener Nachfrageverschiebungen haben nur einen Sinn, wenn ein einheitlicher Markt betroffen ist. Nur dann, wenn Abonnement und Einzelhandel einen einheitlichen Markt betreffen, können Preisnachlässe des Normalabonnements oder des Probeabonnements gegenüber dem Einzelhandelspreis zu relevanten Nachfrageverschiebungen führen.

173 Aber nicht jede Unterschreitung des Einzelverkaufspreises im Abonnementvertrieb (bezogen auf den Stückpreis) führt bei Zeitschriften zu gewichtigen Nachfrageverschiebungen zulasten des Zeitschriftenhandels und damit zur Missbräuchlichkeit der Preisbindung (BKartA Beschluss vom 30.3.2004 zur Anerkennung der Wettbewerbsregeln des VDZ, Az: B 6 – 22220-W-86/03). Das Bundeskartellamt hält bei Publikumszeitschriften mit speziellem Themenkreis **(special-interest-Zeitschriften)** erst eine Unterschreitung des Einzelverkaufspreises durch den Abonnementpreis um **mehr als 15%** für missbräuchlich im Sinne des § 15 Abs 3 Nr 1 GWB aF (Tätigkeitsbericht 1987/1988 Seiten 33, 94 und Beschluss vom 30.3.2004 zur Anerkennung der Wettbewerbsregeln des VDZ). Insoweit ist es gängige Praxis, dass Zeitschriftenabonnements mit einer Mindestlaufdauer von einem Jahr jedenfalls bis zu 15% unter dem kumulierten Einzelheftverkaufspreis angeboten werden (vgl *v Jagow/Meinberg* AfP 2003, 244). In einem Preisnachlass von mehr als 15% auf den Einzelverkaufspreis sieht die Rechtsprechung dagegen bei Normal-Abonnements von special-interest-Zeitschriften eine unzulässige Preisspaltung, die auch wettbewerbswidrig ist, weil der Verlag sich mit einem solchen Angebot gegenüber den vertragstreuen Einzelhändlern durch die Ausnutzung seiner Preisbindung einen Wettbewerbsvorteil verschaffe (LG Hamburg WRP 1995, 1068 – LS).

174 Diese kartellrechtliche **„15%-Regel"** wurde vom Bundeskartellamt für Normal-Abonnements von special-interest-Zeitschriften mit einer Laufzeit von mindestens 12 Monaten aufgestellt, also insbesondere nicht für Probe- und Kurzabonnements. Der Abonnementvertrieb und der Einzelhandelsvertrieb von wöchentlich oder monatlich erscheinenden special-interest-Zeitschriften mit einer Laufzeit von mindestens 12 Monaten ist ein einheitlicher Markt (Beschluss des BKartA vom 14.4.1989 wiedergegeben in OLG Düsseldorf AfP 2004, 274 und OLG Düsseldorf NJW 2004, 2100 – Wirtschaftswoche). Auch der Probebezug einer special-interest-Zeitschrift betrifft denselben Markt wie deren Kauf beim Einzelhändler (OLG Düsseldorf NJW 2004, 2100 – Wirtschaftswoche; aA *Kröner* WRP 2003, 1268, 1154). Ungeklärt ist, ob die 15%-Regel generell auf **Publikumszeitschriften** Anwendung findet, also auch für andere Zeitschriften als special-interest-Zeitschriften (vgl Rn 87) und insbesondere, ob die 15%-Regel auch für **Tageszeitungen** gilt. Dies ist zu verneinen (aA *Bechtold,* WRP 2006, 1162, 1164, wonach der Grundsatz, dass bis zu 15% Preisdifferenz mit Nachfrageverschiebungen zu Lasten des teureren Einzelverkaufs zu rechnen sei, generell gilt und nicht nur für Publikumszeitschriften mit speziellem Themenkreis). Denn bei Tageszeitungen bilden Abonnementvertrieb und Einzelhandelsvertrieb unterschiedliche relevante Märkte, weil aus der Sicht des verständigen Käufers der Bezug einer Tageszeitung über den Einzelhandel einerseits und über ein Abonnement andererseits ua wegen der Bequemlichkeit und der Kontinuität des Abonnementbezugs nicht funktional austauschbar sind (OLG Düsseldorf AfP 2004, 274 und OLG Düsseldorf NJW 2004, 2100 – Wirtschaftswoche unter Berufung auf den Beschluss des Bundeskartellamts vom 10.1.2002 Az: B 6 – 22121 – Y-98/01 betreffend die Anerkennung der BDZV-Wettbewerbsregeln für den Vertrieb von abonnierbaren

VIII. Der Preis des Abonnements

Tages- und Wochenzeitungen). Weil vertriebsbedingt die Preisdifferenzierung nicht auf ein und demselben Markt erfolgt, führen niedrigere Preise beim Abonnementbezug daher bei Tageszeitungen nicht zu Käuferabwanderungen mit erheblicher Nachfrageverschiebungen und damit nicht zu Wettbewerbsverzerrungen im preisgebundenen Einzelhandel (vgl Rn 171). Gleichwohl wird die 15%-Regel soweit ersichtlich auch beim Abonnement von Tageszeitungen eingehalten (*v Jargow/Meinberg* AfP 2003, 244). **Auf die Preisgestaltung von Probe-Abonnements findet die 15%-Regel jedoch keine Anwendung,** selbst wenn – wie bei Zeitschriften – Probebezug und Einzelkauf denselben relevanten Markt betreffen. Denn derjenige, der sich für ein langfristiges Abonnement entscheidet, kennt die Zeitschrift und hat sie bereits vorher über den Einzelhandel erworben. Der mit dem Abonnement verbundene preisliche Anreiz muss daher nicht so hoch sein, um einen Wechsel vom Einzelbezug zum Jahresabonnement zu erreichen. Die Adressaten eines angebotenen Probeabonnements haben im Vergleich dazu die Zeitschrift in der Regel eher selten und unregelmäßig oder sogar noch gar nicht gekauft. Für diese potentiellen Käufer der Zeitschrift muss der Anreiz zum Abschluss eines Test- oder Probeabonnements sowohl was die Laufzeit als auch den Preisvorteil anbelangt deutlich stärker sein (OLG Düsseldorf AfP 2004, 274; *Kröner* WRP 2003, 1149, 1153 mwN). Bei Probeabonnements ist daher nach den Wettbewerbsregeln vom BDZV und VDZ ein Preisvorteil bis zu 35% erlaubt (vgl Rn 176).

Das **Kumulierungsverbot** mit Zugaben, Prämien, Geschenken (vgl Rn 177) soll nach einer zurecht vereinzelt gebliebenen Auffassung auch auf die **15%-Regel** bei Normal-Abonnements anzuwenden sein. Bei der Ermittlung des maximal zulässigen Preisabstandes von 15% zwischen dem regulären Abonnementpreis und dem Einzelhandelspreis (vgl Rn 173) soll daher auch der Wert gewährter Zugaben einzubeziehen sein (LG Hamburg Urteil vom 12.2.2002 Az: 312 O 67/01). Dies sei zwar keine Folge der Selbstbindung durch die Wettbewerbsregeln, in denen die 15%-Regel nicht enthalten ist, sondern der kartellamtlichen Erkenntnis, dass bei Zeitschriften (nicht bei Tageszeitungen – vgl Rn 172) ein Abonnementpreisvorteil, der mehr als 15% des Einzelverkaufspreises beträgt, nach allgemeiner Erfahrung mit hoher Wahrscheinlichkeit zu deutlichen Nachfrageverschiebungen zulasten des gebundenen Handels führt und daher missbräuchlich ist. Würde der Wert der Prämie außer Betrachtung bleiben, wäre bei Ausschöpfung der 15% Ersparnis eine noch höhere Abwanderungsquote zu befürchten. Andererseits wurde seit Bekanntwerden der 15%-Regel in den 80er Jahren soweit ersichtlich noch nie die Auffassung vertreten, dass der Wert der Prämie maximal 15% des Einzelhandelspreises betragen dürfe, wenn kein Rabatt auf den Einzelhandelspreis gewährt wird. Auch die Prämien für Neuabonnenten nach Ziff 7 der Wettbewerbsregeln des VDZ (Rn 233) setzen nicht voraus, dass neben der Prämie nicht auch noch eine Preisreduzierung gegenüber dem Einzelhandelspreis stattfindet. Der Auffassung, auch bezüglich 15% Regel und Zugabe für den Neuabonnementen bestehe ein Kumulierungsverbot, kann daher nicht gefolgt werden. Die Gefahr erheblicher Nachfrageverschiebungen und damit ein preisbindungsrechtliches Zugabeverbot sieht das Bundeskartellamt bei Abschlussprämien nur dann, wenn über die 15% Rabatt hinaus Abschlussprämien für Zeitschriften-Abonnements im Wert von 25% des Bezugspreises des Abonnements gewährt werden und diese Abschlussprämien nicht in Sachprämien bestehen, sondern in **Geldprämien** in Form von Bargeld oder Einkaufsgutscheinen gewährt werden. Denn solche Abschlussprämien stehen einem Preisnachlass von 25% gleich und würden neben dem 15% Nachlass insgesamt zu einem Preisnachlass von 40% führen, der erhebliche Nachfrageverschiebungen zu Lasten des Zeitschriftenhandels befürchten lasse (BKartA, Beschl vom 30.3.2004, zu Ziffer 7 der VDZ-Wettbewerbsregeln – vgl Rn 233). Die vom Bundeskartellamt befürchtete Gefahr einer erheblichen Nachfrageverschiebung enthält jedoch nicht dem Missbrauchstatbestand des § 30 Abs 1 Nr 1 GWB. Die missbräuchliche Handhabung einer Preisbindung setzt vielmehr tatsächlich erhebliche Nachfrageverschiebungen zu Lasten des Zeitschriftenhandels voraus, die im jeweiligen

175

BT Abo-Werbung

Abonnementwerbung

Einzelfall nachzuweisen ist (BGH NJW 2006, 26278 Rn 26). **Sachprämien** sind – anders als Geldprämien oder Einkaufsgutscheine Rn 40 und Rn 90 – keine Preisbestandteile oder Preisnachlässe, preisbindungsrechtlich daher nicht relevant. Preisvorteil und Prämie sind daher nicht zu kumulieren, sondern isoliert zu würdigen. Sie haben auch wettbewerbsrechtlich unterschiedliche Ansatzpunkte: Während bei einem verbilligten oder kostenlosen Bezug der Verleger mit seiner Leistung wirbt (BGH NJW-RR 1989, 744 – Wirtschaftsmagazin), dient die Prämie als Wertreklame grundsätzlich der (sachfremden) Beeinflussung des Kunden, weshalb der zulässige Wert der Prämie sich allein am Tatbestand des unlauteren übertriebenen Anlockens orientiert (Rn 190 ff.). Dabei können die Wertgrenzen in die Wettbewerbsregelung von VDZ und BDZV ein Indiz für einen unlauteren Prämienwert darstellen (Rn 9).

2. Verbilligtes Probe-Abonnement

176   Ziffer 6 der **Wettbewerbsregeln des BDZV** begrenzt den Preisvorteil bei Kurz- bzw Probeabonnements auf max. 35 % des Normalpreises (vgl Rn 192, Rn 220). Nach Ziffer 3 der **Wettbewerbsregeln des VDZ** ist der Preisnachlass bei Probeabos gleichfalls auf max 35 % begrenzt und in Ziffer 4 ist festgelegt, dass Sachgeschenke bei Probeabonnements in einem angemessenen Verhältnis zum Erprobungsaufwand stehen müssen (vgl Rn 191, Rn 227 und Rn 228); Abschlussprämien bei anderen als Kurz- oder Probeabonnements dürfen 25 % des Bezugspreises der eingegangenen Abonnementsverpflichtung nicht überschreiten (Ziffer 7 der Wettbewerbsregeln des VDZ Rn 233). Zu Angebotsformen von Probe- und Kurzabonnements, die in den Wettbewerbsregeln nicht vorgesehen sind, vgl Rn 9 und Rn 193.

177   Aus dem Sinn und Zweck der Selbstbindung in diesen Wettbewerbsregeln folgte insbesondere für die Hamburger Gerichte bis zur Korrektur dieser Auffassung durch den Bundesgerichtshof in seinen Urteilen vom 7.2.2006 (Rn 191) ein **Kumulierungsverbot** dergestalt, dass ein Verlag die Rabattierung von 35 % bei Probeabos nicht durch eine zusätzliche Gewährung von Zugaben nach Ziffer 4 der Wettbewerbsregeln des VDZ oder nach Ziffer 2 oder 8 der Wettbewerbsregeln des BDZV ergänzen darf. Anderenfalls wären die klaren Wertgrenzen in den Wettbewerbsregeln bedeutungslos. Denn jeder Vergünstigungstatbestand für sich schöpfe bereits den Rahmen dessen aus, was nach den Wettbewerbsregeln zulässig sei. Bei der Ermittlung zulässiger Rabattierungshöhen sei daher auch der Wert zusätzlicher Zugaben einzubeziehen. Der Preisvorteil des Kurz- bzw Probeabonnements dürfe daher unter kalkulatorischer Einbeziehung des Verkehrswertes der Zugabe 35 % des Normalpreises nicht überschreiten (OLG Hamburg OLG Report 2006, 260 – Schlager-Schätzchen; OLG Hamburg AfP 2005, 180 – Probeabonnement; OLG Hamburg AfP 2004, 129 – Mini-Abo). Dies gelte auch bei „Dankeschön-Prämien" im Sinne von Ziffer 4 der VDZ-Wettbewerbsregeln. Denn auch bei ihnen handelt es sich um Zugaben und nicht um eine Gegenleistung für die „Mühe" des Kunden, die Zeitschrift zu testen (OLG Hamburg, OLG Report 2005, 360 – Probeabonnement; OLG Hamburg AfP 2004, 129 – Mini-Abo; OLG Hamburg AfP 2003, 274).

178   Durch das Angebot von Probeabonnements mit einer Rabattierung, welche – alleine oder zusammen mit einer Zugabe – die in den Wettbewerbsrichtlinien von BDVZ und VDZ der Branche im Wege der Selbstbindung auferlegten Grenzen übersteigt, handle ein Verlag wettbewerbswidrig. Denn er verschaffe sich zulasten der vertragstreuen Einzelhändler systematisch einen **Wettbewerbsvorsprung**, indem er sich selbst an die seinen Vertragspartnern auferlegte Preisbindung nicht hält und die von ihm gebundenen Preise ohne ausreichende sachliche Rechtfertigung unterschreitet (OLG Düsseldorf AfP 2004, 274; OLG Düsseldorf NJW 2004, 2100 – Wirtschaftswoche):

179   Eine **Vertragsverletzung** sei wettbewerbswidrig, wenn im Einzelfall besondere unlauterkeitsbegründende Umstände hinzutreten, die den Verstoß nicht mehr als reine Vertragsverletzung erscheinen lassen, sondern das vertragswidrige Verhalten zum

VIII. Der Preis des Abonnements **Abo-Werbung BT**

Mittel des eigenen Wettbewerbs machen. Dies könne der Fall sein, wenn gegen eine Regelung verstoßen wird, die – wie Wettbewerbs- oder Werbeverbote – unmittelbar den Wettbewerb regelt, aber auch dann, wenn ein durch eine Vielheit von Verträgen geschaffenes Preis- oder Vertriebsbindungssystem missachtet wird (*Baumbach/Hefermehl* § 1 UWG aF Rn 695). Dann könne in einem Verstoß hiergegen unter dem Gesichtspunkt des Vertrauensbruchs oder des Vorsprungs vor den gleichfalls gebundenen Mitbewerbern eine unlautere Wettbewerbshandlung liegen (OLG Düsseldorf AfP 2004, 274; OLG Düsseldorf NJW 2004, 2100 – Wirtschaftswoche). Dabei liege der Wettbewerbsverstoß nicht schon im Rechtsbruch, sondern erst darin, dass der Vertragspartner unter Missachtung der eigenen Vertragspflicht die Vertragstreue der von ihm gebundenen Wettbewerber und den von ihm dadurch treuwidrig erzielten Vorsprung im Wettbewerb ausnutzt (OLG Düsseldorf AfP 2004, 274; NJW 2004, 2100 – Wirtschaftswoche; OLG Hamburg AfP 2004, 129 – Mini-Abo; OLG Hamburg AfP 2003, 274 – Kurz-Abo; BGH NJW 1958, 591 – Verlagserzeugnisse; *Baumbach/Hefermehl* 22. Aufl Einl Rn 164; § 1 UWG Rn 608). Hat aber ein Verlag von der Möglichkeit des § 15 Abs 1 GWB (jetzt: § 30 Abs 1 GWB) Gebrauch gemacht, die Einzelhändler zu verpflichten, seine Publikationen zu einem vom Verlag gebundenen Preis zu verkaufen, wird von dem preisbindenden Unternehmen verlangt, dass es die Preisbindung, die es seinen Handelskunden auferlegt, auch selbst einhält, es sei denn, es gibt für eine Preisunterschreitung beim Direktvertrieb des Preisbinders eine ausreichende sachliche Rechtfertigung. Wenn die Wettbewerbsregeln einen Preisnachlass in Höhe von max 35 % gestatten, sei eine Preisunterschreitung von 44–50 % nicht handelsüblich. Dann fehle die erforderliche sachliche Rechtfertigung für die Preisunterschreitung und die Verletzung der Pflichten aus dem Preisbindungsvertrag stelle einen nach § 1 UWG aF wettbewerbswidrigen **Vorsprung durch Rechtsbruch** dar. Dieser Wettbewerbsvorsprung werde nicht dadurch ausgeräumt, dass der Einzelhändler ein Remissionsrecht hat oder dass er nach § 242 BGB nicht mehr an der Preisbindung festgehalten werden kann (OLG Düsseldorf AfP 2004, 274; OLG Düsseldorf NJW 2004, 2100 – Wirtschaftswoche). Für das OLG Hamburg ergab sich in ständiger Rechtsprechung ein vertraglicher Unterlassungsanspruch des gebundenen Händlers **aus der Verpflichtung des Preisbinders aus § 242 BGB als Pflicht zur wechselseitigen Rücksichtnahme und Leistungstreue,** sowie unabhängig davon aus einer **originären Verletzung des § 3 UWG in Verbindung mit den einschlägigen Wettbewerbsregeln** (OLG Hamburg OLG Report 2006, 260 – Schlager-Schätzchen; OLG Hamburg OLG-Rep 2005, 360 – Probeabonnement). Darüber hinaus erfülle eine solche Abonnementwerbung durch den Verlag den Tatbestand der **gezielten Behinderung** des Einzelhandels als Mitbewerber iSv § 4 Nr 10 UWG (OLG Hamburg OLG Report 2006, 260 – Schlager-Schätzchen).

Als wettbewerbswidrig wurden vor den BGH-Entscheidungen vom 7.2.2006 **180** (Rn 181) von den Instanz-Gerichten beurteilt ein Preisunterschied von 44 % bzw 50 % zwischen dem Probeabonnement und der Summe der Einzelverkaufspreise einer Zeitschrift und einer Laufzeit von 3 bzw 6 Monaten (OLG Düsseldorf AfP 2004, 274), ein Preisnachlass von 60 % beim Probeabonnement einer Tageszeitung für 10 Wochen (LG Konstanz AfP 2002, 449) ein Preisnachlass von 50 % für 12 Ausgaben einer Wochenzeitschrift und einem zusätzlichen Geschenk im Wert zwischen 8 und 15 DM (OLG Düsseldorf NJW 2004, 2100 – Wirtschaftswoche), eine Ersparnis von 40 % gegenüber dem regulären Abonnementpreis mit einem Kofferkuli als Zugabe (OLG Hamburg AfP 2004, 129 – Mini-Abos) oder 40 % Preisnachlass bei einem Probeabo von 13 Ausgaben eines Wochenmagazins plus attraktiver Zugabe (OLG Hamburg AfP 2003, 274 – Kurz-Abo), das Angebot eines 10-wöchigen Probeabonnements für eine Zeitschrift mit 40 % Preisnachlass und einer Zugabe in Form einer CD „Schlagerschätzchen" (OLG Hamburg OLG Report 2006, 260 – Schlager-Schätzchen), ein Probeabonnement für 13 Ausgaben eines Wochenmagazins mit 40 % Preisnachlass und einer Zugabe in Verkehrswert von ca 15 Euro (OLG Hamburg, OLG-Rep 2005, 360 – Probeabonnement). Etwas anderes ergäbe sich für die Wett-

BT Abo-Werbung Abonnementwerbung

bewerbswidrigkeit eines Rabattes von 44% bzw. 50% und eine Laufzeit des Probeabonnements von 3 bzw 6 Monaten auch dann nicht, wenn auf die Rechtsprechung zur wettbewerbsrechtlichen Zulässigkeit von Gratislieferungen nach dem früher geltenden Rabattgesetz abgestellt würde. Danach war die unentgeltliche Abgabe eines ansonsten entgeltlich vertriebenen Presseerzeugnisses nur dann nicht zu beanstanden, wenn sie durch den Erprobungszweck gerechtfertigt war. Der Zeitraum zulässiger Gratislieferungen bei Zeitschriften, die bereits am Markt etabliert waren, lag dabei in der Regel bei 3 Ausgaben. Dies ist nicht zu vergleichen mit einem entgeltlichen, aber erheblich verbilligten Probebezug, über einen Zeitraum von 3 bzw 6 Monaten für auf den Markt bereits etablierte Zeitungen. Darüber hinaus ist auch die von der Rechtsprechung zur Erprobung noch für zulässig angenommene Anzahl der Gratisausgaben – in der Regel 3 Ausgaben – deutlich überschritten (OLG Düsseldorf AfP 2004, 274).

181 Der **Bundesgerichtshof** hat die Auffassung der Hamburger Gerichte zur Unzulässigkeit eines Rabatts von mehr als 35% bei Probeabonnements entsprechend den Wettbewerbsregeln von BDZV und VDZ und zum Kumulierungsverbot (Rabatt und Wert der Zugabe bei Probeabos zusammen max 35%) nicht geteilt. Er hat durch Urteile vom 7.2.2006 die Entscheidungen des OLG Hamburg aufgehoben und die Klagen abgewiesen (OLG Hamburg AfP 2005, 180 – Probeabonnement = BGH KZR 33/04; OLG Hamburg OLG Report 2006, 260 – Schlager Schätzchen = BGH KZR 27/05; OLG Hamburg AfP 2004, 129 – Mini Abo = BGH KZR 39/03). Die von den Instanzgerichten zur Unzulässigkeit der fraglichen Abonnementwerbung gegebenen Begründungen sind damit hinfällig. Als Ergebnis der Entscheidung BGH NJW 2006, 26, 27 – Probeabonnement (und den gleichlautenden Parallelentscheidungen KZR 27/05 zu OLG Hamburg OLG-Report 2006, 260 – Schlagerschätzchen und KZR 39/03 zu OLG Hamburg AfP 2004, 129 – Mini Abo) ist festzuhalten: Ein Missbrauch der Preisbindung nach § 33 Abs 1 Nr 1 GWB als solcher gewährt keine Ansprüche nach dem Lauterkeitsrecht und kann nicht zivilrechtlich als unlauter im Sinne von §§ 3, 4 UWG verfolgt werden. Die Verfolgung von Missbrauchsfällen ist alleine Sache des Bundeskartellamtes (Rn 182). Ob der streitgegenständliche Rabatt für das Probeabonnement in einer Publikumszeitschrift – mit oder ohne werthaltige Prämie – einen Missbrauch der Preisbindung im Sinne von § 30 Abs 1 Nr 1 GWB darstellt, ist nach der BGH-Entscheidung „Probeabonnement" ungeklärt. Denn wegen des Vorrangs des Kartellrechts war der Kläger in diesem Verfahren nicht anspruchsberechtigt, weshalb der BGH das Vorliegen einer missbräuchlichen Handhabung der Preisbindung nach § 30 Abs 1 Nr 1 GWB nicht prüfte (Rn 183 ff.). Der Vorrang der in §§ 33, 34a GWB geregelten zivilrechtlichen Ansprüche beschränkt sich jedoch auf die Fälle, in denen sich der Vorwurf der Unlauterkeit allein aus dem kartellrechtlichen Verstoß ergibt. Begründet sich die Unlauterkeit dagegen auf einen eigenständigen lauterkeitsrechtlichen Tatbestand (zB auf eine gezielte Behinderung nach § 4 Nr 10 UWG), stehen die Ansprüche, die sich aus dem Kartellrecht und aus dem Lauterkeitsrecht ergeben, gleichberechtigt und eigenständig nebeneinander (Rn 186). Wettbewerbsregeln wie diejenigen des BDZV und des VDZ haben für die Frage, ob ein bestimmtes Verhalten als unlauter im Sinne von § 3 UWG zu beurteilen ist, nur eine indizielle Bedeutung die eine abschließende Beurteilung anhand der sich aus den Vorschriften des UWG ergebenden Wertung nicht ersetzen kann (Rn 187). Der Preisbinder hat zwar vertragliche Rücksichtnahmepflichten aus dem Preisbindungsvertrag; diese hindern ihn jedoch nicht daran, den Abonnementvertrieb zu fördern (Rn 188). Trotz des Vorrangs des Kartellrechts zur Verfolgung einer missbräuchlichen Preisbindung im Sinne von § 30 Abs 1 Nr 1 GWB bleiben dem Betroffenen die Ansprüche auf Unterlassung und Schadensersatz wegen Diskriminierung oder unbilliger Behinderung (Rn 189). Lauterkeitsrechtlich liegt kein Fall des unlauteren übertriebenen Anlockens nach § 4 Nr 1 UWG vor, wenn das Probeabonnement einer Publikumszeitschrift 40% billiger ist als der Einzelverkauf, selbst wenn dazu noch eine Sachprämie gewährt wird (Rn 190). Im Einzelnen:

VIII. Der Preis des Abonnements **Abo-Werbung BT**

Das GWB enthält – jedenfalls in der seit dem 1.7.2005 geltenden Fassung – eine abschließende Regelung der zivilrechtlichen Ansprüche, die Mitbewerber und Wettbewerberverbände im Falle von Verstößen gegen kartellrechtliche Verbote geltend machen können. Die frühere Rechtsprechung, wonach kartellrechtliche Verstöße unter dem Gesichtspunkt des Rechtsbruchs lauterkeitsrechtlich verfolgt werden konnten (so noch BGH GRUR 1993, 137 – Zinssubventionen, in Frage gestellt bereits in BGH GRUR 2006, 161 – Zeitschrift mit Sonnenbrille), ist damit überholt (BGH NJW 2006, 26, 27 Rn 13 f. – Probeabonnement). Dieser **Vorrang des Kartellrechts** gegenüber dem Lauterkeitsrecht gilt auch bei Verstößen gegen das europäische Kartellrecht, zumal die §§ 33, 34a GWB ausdrücklich auch für Verstöße gegen die Artikel 101, 102 AEUV gelten (Köhler/Bornkamm/*Köhler* § 4 UWG Rn 11.12). Das GWB unterscheidet klar zwischen kartellrechtlichen Verboten, die nach § 33 Abs 1 GWB auch zivilrechtlich durchgesetzt werden können (wie zB §§ 1, 19 Abs 1, 20, 21 GWB 2005) und Missbrauchstatbeständen, die lediglich ein Eingreifen der Kartellbehörden ermöglichen (wie zB der Missbrauch der Preisbindung nach § 30 Abs 3 GWB). So gewährt das GWB dem preisgebundenen Unternehmen – abgesehen von vertraglichen Ansprüchen aus einer diskriminierenden Handhabung der Preisbindungsvereinbarung – im Falle einer missbräuchlichen Praktizierung der Preisbindung keinen gesetzlichen Unterlassungs- oder Schadenersatzanspruch, sondern räumt alleine dem Bundeskartellamt die Befugnis ein, in einem solchen Falle einzuschreiten (§ 30 Abs 3 Nr 1 GWB). 182

Der wohl wichtigste Fall des Missbrauchs nach § 30 Abs 3 Nr 1 GWB ist die Praktizierung einer lückenhaften Preisbindung. Die Lückenhaftigkeit kann sich dabei auch durch das Unterlaufen der Preisbindung durch den Preisbinder selbst ergeben. Denn das preisbindende Unternehmen ist an seine Preisbindungsvereinbarung gebunden (BGH NJW 1970, 858 – Schallplatten II; BGH NJW 1962, 292 – Grote-Revers) und der Preisbinder darf nichts tun, was die Bindung der Endverkaufspreise untergräbt und vertragstreuen, gebundenen Händler Schwierigkeiten bereiten kann (BGH NJW 2006, 26, 27 Rn 23 – Probeabonnement). 183

Missbräuchliche Handhabung der Preisbindung setzt voraus, dass die Erzeugnisse auf demselben Markt vertrieben werden (*Bechthold*, GWB, § 30 GWB Rn 24) und dass tatsächlich eine wesentliche Nachfrageverschiebung zu verzeichnen ist, indem der Absatz der preisgebundenen Publikationen zu Lasten der preisgebundenen Händler durch die Aktion des Preisbinders nennenswert zurückgegangen ist (BGH NJW 2006, 2627 Rn 26 – Probeabonnement). Unabhängig davon ist der Preisbinder Normadressat des Diskriminierungs- und Behinderungsverbots des § 20 Abs 1 GWB 2005 (BGH NJW 2006, 26, 27 Rn 23 – Probeabonnement). Ein Verstoß gegen das Diskriminierungsverbots des § 20 Abs 1 GWB 2005 kann sich beispielsweise aus einer sachlich nicht gerechtfertigten Preisdifferenzierung zwischen den Vertriebswegen des einheitlichen Marktes ergeben (Bechthold GWB § 30 Rn 24). Gegen § 20 Abs 1 GWB 2005 wird nicht verstoßen, wenn der Probebezug gefördert wird, weil der Probezug nach Auffassung des Bundesgerichtshofs auch dem Einzelverkauf zu Gute kommt. 184

Wegen des Vorrangs des Kartellrechts war der Kläger in der Sache BGH NJW 2006, 2627 – „Probeabonnement" nicht anspruchsberechtigt gewesen bezüglich Verfolgung und Unterlassung einer kartellrechtlich missbräuchlichen Handhabung der Preisbindung durch den Preisbinder nach § 30 Abs 3 Nr 1 GWB gewesen. Der Bundesgerichtshof hatte daher nicht zu prüfen und zu entscheiden, ob durch die Rabattierung des Probeabonnements – mit oder ohne zusätzlicher Prämie – ein Preisbindungsmissbrauch vorliegt oder nicht. Dass das Bundeskartellamt nicht außerhalb des Zivilprozesses gegen die Beklagte wegen eines Preisbindungsmissbrauchs vorgegangen ist, führt zu keinen weiteren Erkenntnissen in der Missbrauchsfrage. Denn ob das Bundeskartellamt Verstöße gegen § 30 Abs 3 Nr 1 GWB verfolgt, steht in seinem Ermessen. 185

Eine nach § 30 Abs 3 Nr 1 GWB missbräuchliche Preisbindung als solche kann somit nach der Entscheidung des Bundesgerichtshofs „Probeabonnement" nicht zivil- 186 rechtlich als unlauter im Sinne von §§ 3, 4 UWG verfolgt werden. Der Vorrang der in § 33, 34a GWB geregelten zivilrechtlichen Ansprüche beschränkt sich jedoch auf die Fälle, in denen sich der Vorwurf der Unlauterkeit allein aus dem kartellrechtlichen Verstoß speist. Begründet sich die Unlauterkeit dagegen – wie zB bei Fällen der Behinderung – auf einen eigenständigen lauterkeitslichen Tatbestand (zB auf eine gezielte Behinderung nach § 4 Nr 10 UWG, stehen die zivilrechtlichen Ansprüche, die sich aus dem Kartellrecht und aus dem Lauterkeitsrecht ergeben, gleichberechtigt und eigenständig nebeneinander (BGH NJW 2006, 26, 27 Rn 17 – Probeabonnement).

187 Aber auch lauterkeitsrechtlich war das Probeabonnement nicht zu beanstanden: Für die Frage, ob ein bestimmtes Verhalten als unlauter zu beurteilen ist, haben Wettbewerbsregeln heute nurmehr eine begrenzte Bedeutung (vgl Rn 87). Regeln, die sich ein Verband oder ein sonstiger Zusammenschluss von Verkehrsbeteiligten gegeben hat, haben für die Frage, ob ein bestimmtes Verhalten als unlauter im Sinne von § 3 UWG zu beurteilen ist, nur eine begrenzte Bedeutung. Ihnen kann zwar unter Umständen entnommen werden, ob innerhalb der betroffenen Verkehrskreise eine bestimmte tatsächliche Übung herrscht. Aus dem Bestehen einer tatsächlichen Übung folgt aber noch nicht, dass ein von dieser Übung abweichendes Verhalten ohne weiteres als unlauter anzusehen ist. Der Wettbewerb würde in bedenklicher Weise beschränkt, wenn das Übliche zur Norm erhoben würde. Regelwerken von (Wettbewerbs-)Verbänden kann daher allenfalls eine indizielle Bedeutung für die Frage der Unlauterkeit zukommen, die aber eine abschließende Beurteilung anhand der sich aus den Bestimmungen des UWG ergebenden Wertungen nicht ersetzen kann (BGH GRUR 2011, 431, 432 Rn 13 – FSA-Kodex; BGH NJW 2006, 26, 29 Rn 19 – Probeabonnement).

188 Der Preisbinder hat vertragliche Rücksichtnahmepflichten. Diese hindern ihn nicht daran, den Abonnementvertrieb zu fördern. Das erfolgreiche Probeabonnement nutzt auch dem Einzelhandel. Deshalb hat der BGH eine Vertragsverletzung und damit auch einen Wettbewerbsverstoß verneint.

189 Auch wenn dem Betroffenen wegen des Vorrangs des Kartellrechts keine Ansprüche nach § 30 Abs 1 GWB zustehen, bleiben ihm die Ansprüche aus § 33 GWB auf Unterlassung, Beseitigung und Schadensersatz im Falle einer unbilligen Behinderung oder Diskriminierung im Sinne von § 20 Abs 1 GWB oder Artikel 102 AEUV. Denn diese Bestimmungen sind nach ganz herrschender Meinung Verbotsnormen im Sinne von § 33 GWB (*Bechthold*, § 33 Rn 5; *Rehbinder* in L/M/R § 33 Rn 29 mwN; OLG Hamburg AfP 2003, 274). Die im Rahmen der §§ 1, 2 GWB und Artikel 101 AEUV gegebenenfalls stattfindende Interessenabwägung findet bei § 20 GWB und Artikel 102 AEUV im Rahmen der dort zu prüfenden unbestimmten Rechtsbegriffe wie *Missbrauch, fehlende sachliche Rechtfertigung* oder *Unbilligkeit* statt. Entsprechend stellt der BGH fest, dass von einem preisbindenden Unternehmen auch das Diskriminierungs- und Behinderungsverbot des § 20 GWB zu beachten ist (BGH NJW 2006, 2627 Rn 23 – Probeabonnement). Es ist anzunehmen, dass die Ausführungen des Senats zur wirtschaftlichen Rechtfertigung der Förderung des Abonnementvertriebs durch den Verleger zumindest auch als sachlicher Grund für eine fehlende Diskriminierung und Behinderung im Sinne von § 20 GWB fungieren. Die vom BGH gegebene Begründung zur Rechtfertigung einer Förderung des Abonnementvertriebs durch den Verkauf ist bezüglich einer kartellrechtlichen unbilligen Behinderung zu ergänzen: Probeabonnements erfüllen grundsätzlich nicht den Tatbestand der unbilligen Behinderung iSv **§ 20 Abs 1 GWB** durch einen Preisbinder. Der Zeitschriften-Einzelhandel ist in diesem Sinne gegenüber dem Verleger zwar ein „anderes Unternehmen" und jedenfalls bei Zeitschriften betrifft der Einzelhandelsvertrieb und der Abonnementvertrieb einen einheitlichen Markt (Rn 172). Die Anwendbarkeit des § 20 Abs 1 GWB setzt voraus, dass eine Behinderung durch das in Frage stehende Wettbewerbshandeln tatsächlich eingetreten ist; die bloße Eignung einer Maßnahme zur Behinderung reicht nicht aus (*Loewenheim* in: L/M/R Kartellrecht GWB § 20

VIII. Der Preis des Abonnements

Rn 67). Wird aber eine solche Behinderung festgestellt, sind die Interessen des Preisbinders und die der behinderten Unternehmen gegeneinander abzuwägen. Bei dieser Interessenabwägung muss zugunsten des Preisbinders als ausschlaggebend ins Gewicht fallen, dass er wegen des Remissionsrechtes seiner Abnehmer das alleinige Absatzrisiko trägt. Die vertragliche Preisbindung für Zeitschriften und Zeitungen dient vorrangig dem Zweck, sicherzustellen, dass die Presseerzeugnisse zu einheitlichen Preisen überall erhältlich sind, damit sich die Bürger überall unter den gleichen Voraussetzungen eine eigene Meinung bilden können (Gesetzesbegründung zu § 15 GWB aF in BT-Druck 14/9196, Seite 14 wiedergegeben in BGH NJW-RR 2006, 409 – Zeitschrift mit Sonnenbrille). Durch das Remissionsrecht wird sichergestellt, dass der Einzelhandel möglichst viele unterschiedliche Zeitungen und Zeitschriften abnimmt und zum Verkauf anbietet. Zusammen mit der Preisbindung ist das Remissionsrecht einer der Garanten der Pressevielfalt. Das Remissionsrecht stellt sich dabei als wesentliche Gegenleistung des Verlags für die Befugnis dar, die von ihm gelieferte Zeitung oder Zeitschrift im Preis binden zu können (*Waldenberger* NJW 2002, 2914). Das mit dem die Presse- und Meinungsvielfalt garantierenden Remissionsrecht verbundene Absatzrisiko trägt alleine der Preisbinder. Es ist ihm daher nicht verwehrt, seinen Abonnementvertrieb unter diesen Gegebenheiten auch zulasten des Einzelhandelsabsatzes zu fördern, zumal die Höhe der Abonnementauflage wirtschaftlich mit dem Anzeigenumsatz zusammenhängt, jedes abonnierte Heft somit im Ergebnis für den Preisbinder betriebswirtschaftlich vorteilhafter ist als ein über den Einzelhandel vertriebenes Exemplar. Auch die Presse kann ihr Vertriebssystem nach eigenem Ermessen so festlegen, wie sie das für wirtschaftlich richtig und sinnvoll hält (BGH NJW 1987, 3197 – Freundschaftswerbung; BGH WRP 1979, 177 – Zeitschriften-Grossisten). Eine unbillige Behinderung ist daher erst dann zu bejahen, wenn die durch den Abonnementvertrieb tatsächlich verursachte Beeinträchtigung des Einzelhandels ein Maß erreicht, welches (unter Beachtung des Grundsatzes der Verhältnismäßigkeit, also insbesondere auch bezüglich Art, Ausmaß und Dauer der Behinderung durch die fragliche Abonnementwerbung) bei einer Abwägung der Individual-Interessen der Beteiligten unter Berücksichtigung der auf die Freiheit des Wettbewerbs gerichteten Zielsetzung des GWB die Bewertung als „unbillig" rechtfertigt.

Lauterkeitsrechtlich liegt kein Fall des unlauteren übertriebenen Anlockens nach § 4 Nr 1 UWG vor, wenn das Abonnement 40% billiger ist als der Einzelverkauf und dazu noch eine Sachprämie gewährt wird. Weder der günstige Preis noch die attraktive Zugabe kann den Vorwurf einer unsachlichen Beeinflussung der Verbraucher im Sinne von § 4 Nr 1 UWG rechtfertigen. Der BGH nimmt dabei zur Begründung Bezug auf seine Entscheidungen Koppelungsangebot I und II (NJW 2002, 3403; NJW 2002, 3405) sowie auf die Argumentation des OLG Köln, wonach Koppelungsangebote nicht an den irrationalen, sondern im Gegenteil an den sachlich kalkulierenden Verbraucher appellieren und die Entscheidung des Verbrauchers für ein Koppelungsangebot gerade das Ergebnis einer rationalen Kaufentscheidung ist (OLG Köln GRUR-RR 2005, 168). Daher sind Prämien im Abonnementbereich aus lauterkeitsrechtlichen Gesichtspunkten bis zur Grenze der irrationalen Nachfrageentscheidung zulässig (Gaertner AfP 2006, 413).

Nach Ziffer 3 der **VDZ-Wettbewerbsregeln** (Rn 227) sind Abonnements zu Erprobungszwecken („Probeabonnements") zulässig, wenn sie zeitlich auf maximal 3 Monate begrenzt sind und nicht mehr als 35% unter dem kumulierten Einzelheftpreis liegen. Derartige Probeabonnements dürfen nicht beliebig oft wiederholbar sein. Darauf muss jedoch in der Werbung nicht zwingend hingewiesen werden. Entscheidend ist die tatsächliche Handhabung (OLG Hamburg AfP 2000, 381). Weitere Bedingung ist, dass derartige Probeabonnements nur dann in ein reguläres Abonnements münden dürfen, das als reguläre Abonnement jederzeit kündbar ist (sog „negative Option"). Nach Ziffer 6 der **BDZV-Wettbewerbsregeln** (Rn 220) sind Kurzabonnements bis zu 3 Monaten bei einer maximalen Rabattierung von 35% des Normalpreises zulässig, sofern diese für den Besteller nicht beliebig oft wiederholbar

BT Abo-Werbung

sind und nicht hintereinander gewährt werden. Über die Rabatttierung hinaus sollte eine Sachprämie für das Kurzabonnement den Wert von € 5,– nicht übersteigen.

192 Nach den Wettbewerbsregeln ist der Nachlass bei Kurz- bzw Probeabonnements auf somit 35% des Normalpreises beschränkt. Diese **35% sei die maximal zulässige Rabattierung.** Der Auffassung des OLG Hamburg, wonach eine Überschreitung dieser Obergrenze grundsätzlich wettbewerbswidrig sei (OLG Hamburg AfP 2004, 129 – Mini-Abo), auch wenn keine Geschenke, Prämien etc hinzukommen, hat der Bundesgerichtshof eine Absage erteilt (BGH Urteil vom 7.2.2006 KZR 39/09 AfP 2004, 129 – Mini Abo). Lauterkeitsrechtlich liegt kein Fall des unlauteren übertriebenen Anlockens nach § 4 Nr 1 UWG vor, wenn das Probeabonnement einer Publikumszeitschrift 40% billiger ist als der Einzelverkauf, selbst wenn dazu noch eine Sachprämie gewährt wird. Weder der günstige Preis noch die attraktive Zugabe kann den Vorwurf einer unsachlichen Beeinflussung der Verbraucher rechtfertigen, weil sie nicht geeignet sind, der Rationalität der Nachfrageentscheidung für die Zeitschrift auszuschalten (Rn 190). Dasselbe gilt für entsprechende Rabatte und Prämien bei Zeitungen. Kartellrechtlich ist diese Förderung des Abonnementvertriebs im Sinne von § 20 GWB sachlich gerechtfertigt und nicht unbillig (Rn 189). Der Vorwurf einer missbräuchlichen Handhabung der Preisbindung im Sinne von § 30 Abs 1 Nr 1 GWB wäre nur beim Nachweis erheblicher Nachfrageverschiebungen zwischen dem Markt des Abonnementvertriebs und Einzelverkaufs- Markt begründet und setzt einen einheitlichen Markt zwischen den beiden Vertriebsformen voraus. Beim Vertrieb von Zeitungen besteht ein solcher einheitlicher Markt nicht. Bei Publikationen ist derselbe Markt betroffen (Rn 172); aber die VDZ-Wettbewerbsregeln geltend gemäß ihren allgemeinen Grundsätzen in Ziffer 1 nur für solche *„solche Titel, bei denen ein signifikanter Teil über den Einzelhandel vertrieben wird"* (Rn 225).

193 Die in den Wettbewerbsregeln enthaltenen Formen der Abonnementwerbung sind **nicht abschließend.** Vielmehr sind Mischformen und Angebotsvarianten denkbar, die dann zwar nicht den Wettbewerbsregeln entsprechen und damit ihre wettbewerbsrechtliche Zulässigkeit indizieren (vgl Rn 9), aber gleichwohl nicht indiziell unlauter sind. Das LG Stuttgart hat daher zu Recht das 4-wöchige Kurzabonnement einer Tageszeitung mit einem gegenüber dem Normalpreis um 50% reduzierten Preis als wettbewerbsrechtlich zulässig angesehen (LG Stuttgart AfP 2004, 580). Zwar befassen sich die BDZV Wettbewerbsregeln in Ziffer 2 nur mit der Zulässigkeit eines 2-wöchigen kostenlosen Probe-Abonnements und in Ziffer 7 mit der Zulässigkeit von Kurzabonnements bis zu 3 Monaten mit einem Preisnachlass von max 35%. Dies schließt aber nicht die Zulässigkeit eines 4-wöchigen Kurzabonnements zum halben Preis aus, zumal diese Angebotsform seit 1986 die übliche Praxis vieler Mitbewerber darstellte, was dem BDZV beim Aufstellen seiner Wettbewerbsregeln bekannt war, sodass § 3 UWG nicht verletzt war. Das LG Hamburg hat aus denselben Erwägungen ein 4-wöchiges Probeabo einer Tageszeitung mit einer Vergünstigung von ca 60% gegenüber dem Normalpreis bzw ca 50% Preisnachlass als zulässig angesehen. Die Regelungen in Ziffer 2 und 7 der Wettbewerbsregeln des BDZV seien nicht als abschließende Bestimmungen in dem Sinne zu verstehen, dass es daneben keine weiteren Angebotsvarianten geben solle. Es sei nicht ersichtlich, weshalb der BDZV zwar 2-wöchige kostenlose Lieferungen und dreimonatige Abos mit 35% Preisnachlass zulassen sollte, nicht hingegen Mischformen, welche hinsichtlich der Dauer und des Preisnachlasses etwa zwischen diesen in den Wettbewerbsregeln zugelassenen Varianten liegen. Die streitgegenständlichen Angebotsformen laufen dem Schutz des preisgebundenen Handels nicht mehr zuwider als die in Ziffer 2 und 7 der Wettbewerbsregeln des BDZV geregelten Probeabonnements. Auch der BDZV scheine diese Angebotsformen seit längerem zu akzeptieren, da sie seit 1986 von allen großen Wettbewerbern verwendet wird (LG Hamburg Beschluss vom 19.2.2004, Az: 312 O 118/04, sowie Beschluss vom 13.2.2004, Az: 312 O 118/04 – beide rechtskräftig).

Zu **Werbegeschenken** für Probebezieher vgl Rn 128 ff.

3. Verbilligtes Abonnement für bestimmte Bezieherkreise; Mengenrabatte

Bis die zur Aufhebung des Rabattgesetzes stelle die Einräumung eines ermäßigten Abonnementpreises für bestimmte Verbraucherkreise, Berufe, Vereine oder Gesellschaften grundsätzlich einen nach § 1 Abs 2 RabattG unzulässigen Sonderpreis dar. Der in § 9 RabattG zugelassene Verwerterrabatt ließ Ausnahmen vom Verbot solcher Sonderpreise im Sinne von § 1 Abs 2 RabattG zu (BGH GRUR 1981, 290; KG GRUR 1994, 890). Bei **Fachzeitschriften** konnte ein solcher zulässiger Verwerterrabatt vorliegen. Denn Verwerter im Sinne von § 9 RabattG war, wer die Zeitung oder Zeitschrift in seiner beruflichen oder gewerblichen Tätigkeit verwertet. Bei Fachzeitschriften war dies in der Regel der Fall.

Verbilligte Abonnements für **Tages- oder Wochenzeitungen für Schüler und Studenten** sind üblich. Diese Üblichkeit alleine konnte sie jedoch rabattrechtlich nicht rechtfertigen (BGH NJW 1972, 1467 – Fahrschulrabatt für Schüler und Studenten). Aber auch sie wurden unter § 9 Nr 1 RabattG subsumiert, wonach Waren an Personen, die sie zu ihrer beruflichen Tätigkeit verwerten, verbilligt abgegeben werden dürfen. Zeitungslesen dient in diesem Sinne der Allgemeinbildung und damit der Ausbildung (vgl 4. Auflage Rn 164 mwN). Ziffer 5 der Wettbewerbsregeln des VDZ (Rn 229, 230) regelt – wortgleich mit Ziffer 6 der Wettbewerbsregeln des BDZV (Rn 221) – die Zulässigkeit verbilligter Abonnements für **Studenten, Zivildienstleistende, Wehrdienstpflichtige** und **Schüler** mit eigener Haushaltsführung, von **Mitarbeiterexemplaren** sowie von **Mengennachlässen** für Großabnehmer. „*Verbilligte Abonnements für Studenten, Zivildienstleistende und Wehrdienstpflichtige sind zulässig, wenn die Voraussetzungen nachgewiesen werden. In diesem Fall ist eine regelmäßige Überprüfung der Berechtigung erforderlich. Verbilligte Schülerabonnements sollen nur bei einer eigenen Haushaltsführung des Schülers abgeschlossen werden.*" Ebenfalls zulässig sind Mitarbeiterexemplare sowie Mengennachlässe für Großabnehmer, wenn diese die Zeitschriften für ihren Gewerbebetrieb nutzen.

Die rabattrechtliche Problematik solcher Sonderpreise für bestimmte Bezieher ist durch die Aufhebung des RabattG gegenstandslos geworden. Preisbindungsrechtlich sind solche Sonderpreise für bestimmte Abnehmerkreise zulässig und führen nicht zur Lückenhaftigkeit der Preisbindung, soweit sie historisch gewachsen sind, die begünstigte Abnehmergruppe fest umrissen ist und sichergestellt wird, dass über diese Abnehmer nicht in größerem Umfang Presseerzeugnisse in den Markt fließen (BKartA Beschluss vom 30.3.2004 zur Anerkennung von Ziffer 5 der VDZ-Wettbewerbsregeln sowie BKartA, Beschluss vom 10.1.2002 zur Anerkennung von Nr 6 der BDZV-Wettbewerbsregeln). Diese Voraussetzungen werden von verbilligten Abonnements für **Studenten** erfüllt. Der BGH hatte zum inzwischen aufgehobenen § 9 RabattG ausgeführt, dass Personen, die die Ware in ihrer beruflichen Tätigkeit verwenden, zu günstigeren Konditionen beliefert werden dürfen (BGH NJW 1958, 591 – Verlagserzeugnisse sowie Vorauflage Rn 163 ff. mwN). Die Lektüre von Presse dient allgemein der Ausbildung und sei es nur der Allgemeinbildung. Unter diesem Gesichtspunkt sind auch die verbilligten Abonnements für **Zivildienstleistende** und **Wehrpflichtige** gerechtfertigt.

Verbilligte Abonnements für **Schüler**, die einen eigenen Haushalt führen, haben sich in der Zeitungs- und in der Zeitschriftenbranche ebenfalls als üblich herausgebildet (Beschlüsse des BKartA aaO). Wenn Schüler außerhalb des Elternhauses wohnen, gibt es keinen Grund, sie nicht mit Studenten gleich zu behandeln. Anders ist es zu beurteilen, wenn sie im Elternhaus wohnen; dann besteht die Gefahr, dass der im Elternhaus wohnende Schüler nur als Vertragspartner vorgeschoben wird, damit die Eltern die Zeitung verbilligt erhalten. Um diesem Missbrauch vorzubeugen, werden bezüglich des verbilligten Abonnements den Studenten nur solche Schüler gleichgestellt, die außerhalb des elterlichen Haushaltes leben. Eine darüber hinaus gehende Bestimmung materieller Kriterien wie zB von Höchstgrenzen der Rabattierung, ist auch nach der Rechtsprechung nicht erforderlich.

BT Abo-Werbung

Abonnementwerbung

198 Der Verzicht auf Höchstgrenzen für die Rabattierung von Studenten – und Schülerabonnements führt nicht zu preisbindungsrechtlichen Problemen. Diese setzen voraus, dass derselbe sachlich relevante Markt betroffen ist. Der Absatz von Tageszeitungen über Abonnements einerseits und über den preisgebundenen Einzelhandel andererseits ist jedoch vertriebsbedingt unterschiedlichen sachlich relevanten Märkten zuzuordnen (vgl Rn 171). Deshalb können bei Tageszeitungen Nachlässe für bestimmte Abonnementarten auf dem Abonnementvertriebsmarkt nicht zur Lückenhaftigkeit der Preisbindung auf dem Einzelhandelsvertriebsmarkt führen (BKartA Beschluss vom 10.1.2002 zur Anerkennung von Nr 6 und 7 der BDZV-Wettbewerbsregeln). Soweit es um verbilligte Abonnements für bestimmte Abnehmergruppen bei Zeitschriften geht, kann dahinstehen, ob der Vertrieb über das Abonnement und der Einzelhandelsvertrieb denselben sachlich relevanten Markt betreffen oder nicht (vgl Rn 172). Denn wenn man von getrennten Märkten ausgeht, können – wie bei Tageszeitungen – Nachlässe für bestimmte Abonnementarten auf dem Abonnementvertriebsmarkt nicht zur Lückenhaftigkeit der Preisbindung auf dem Einzelhandelsvertriebsmarkt führen. Geht man dagegen von einem einheitlichen sachlichen Markt aus, scheidet im Hinblick auf die auf Studenten und Schüler begrenzte Abnehmergruppe eine gewichtige Nachfrageverschiebung zugunsten des Einzelhandels aus (BKartA Beschluss vom 30.3.2004 zur Anerkennung von Ziffer 5 der VDZ-Wettbewerbsregeln).

199 Zulässig sind **Mitarbeiterexemplare** (vgl Rn 214). Hierunter ist die unentgeltliche Abgabe eines Exemplars der jeweiligen Zeitungs- oder Zeitschriftenausgabe an Mitarbeiter des preisbindenden Verlages zu verstehen. Preisbindungsrechtlich sind sie unbedenklich; sie unterfallen auch nicht den Vorschriften des UWG, weil die Abgabe an Mitarbeiter nicht zu Wettbewerbszwecken geschieht (Beschlüsse des BKartA vom 30.3.2004 und 10.1.2002 aaO). Auch wenn die Wettbewerbsregeln von VDZ und BDZV nur die unentgeltliche Abgabe von Mitarbeiterexemplaren vorsehen, steht einer Abgabe an Mitarbeiter zu einem verbilligten Sonderpreis entsprechend dem früher zulässigen Personalrabatt im Sinne von § 9 Nr 3 RabattG nichts entgegen. Preisbindungsrechtlich sind verbilligte Mitarbeiterexemplare schon deshalb unbedenklich, weil sie einen völlig anderen sachlich relevanten Markt betreffen als den preisgebundenen Einzelhandel und darüber hinaus keine spürbaren Nachfrageverschiebungen auslösen.

200 Ziffer 6 der Wettbewerbsregeln des BDZV und Ziffer 5 der Wettbewerbsregeln des VDZ gestatten „**Mengennachlässe** für Großabnehmer, wenn diese die Zeitschriften für ihren Gewerbebetrieb nutzen" (Rn 220 und 230). Solche Mengenrabatte für Großabnehmer waren schon bisher branchenüblich. Sie sind weder preisbindungsrechtlich noch unter dem Gesichtspunkt des UWG bedenklich, zumal die Gestattung von Mengennachlässen für Großabnehmer geeignet ist, ein den Grundsätzen leistungsgerechten Wettbewerb entsprechendes Verhalten anzureizen (Beschlüsse des BKartA vom 30.3.2004 und vom 10.1.2002 aaO). Die Festlegung der Nachlasshöhe und einer Nachlassstaffel ist Sache des preisbindenden Verlages und übliche Praxis der dem Preisbindungssammelrevers angeschlossenen Buch-, Zeitschriften- und Zeitungsverlage. Eine konkrete oder generelle Festlegung einer Obergrenze für den Mengennachlass in den Wettbewerbsregeln hätte eine zusätzliche Wettbewerbsbeschränkung bewirkt und wäre darüber hinaus sachgerecht nicht möglich gewesen (BKartA aaO). Der Begriff des Großabnehmers, denen Mengennachlässe gewährt werden dürfen, ist von der Rechtsprechung insbesondere zu § 9 RabattG hinreichend geklärt (Beschluss des BKartA vom 10.1.2002 zu Nr 7 der BDZV-Wettbewerbsregeln). Wenn aber tatsächlich Messlatte für den Großabnehmer die Rechtsprechung zu § 9 Nr 3 RabattG ist, wäre derjenige kein Großabnehmer, der große Mengen einer bestimmten Ausgabe einer Zeitung oder Zeitschrift bezieht; Großabnehmer wären vielmehr nur solche, die dauernd die Zeitung oder Zeitschrift in größeren Mengen und zu insgesamt größeren Beträgen beziehen (BGH GRUR 68, 95 – Büchereinachlass). Demgegenüber erlaubt das Sammelrevers, auf welches sich das Bundeskartellamt für die Branchenübung solcher Mengennachlässe für Großabnehmer bezieht, ebenso wie § 5 Abs 4 Nr 2 BuchpreisbindungsG „Mengenpreise" nur bei der Abnahme einer größeren Anzahl desselben Titels oder Werkes. Man wird daher in beiden Fällen die Eigenschaft als Großabnehmer bejahen können, dem ein Mengennachlass gewährt werden kann.

4. Regionale und internationale Preisdifferenzierung

Eine **regionale Preisdifferenzierung** war nach dem RabattG unzulässig, wenn 201 es sich um einen unzulässigen Sonderpreis für eine bestimmte Personengruppe im Sinne von § 1 Abs 2 RabattG handelte. Ein Rabattverstoß lag deshalb vor, als eine Fachzeitschrift mit einem gegenüber dem Normalpreis in den alten Bundesländern niedrigeren „Spezial-Preis für Ostdeutschland" in den neuen Bundesländern warb (KG NJW-RR 1994, 820). Das Rabattrecht steht regionalen Preisdifferenzierungen nach Aufhebung des RabattG nicht mehr entgegen, wohl aber die Preisbindung. Denn Preisbinder sind unabhängig von ihrer Marktstärke Normadressaten des kartellrechtlichen Diskriminierungs- und Behinderungsverbots in § 20 Abs 1 GWB. Eine regionale Preisdifferenzierung ist daher nur denkbar, wenn für sie ein sachlich gerechtfertigter Grund besteht. Eine **internationale Preisdifferenzierung** – zB ein billigerer Abonnementpreis für Bezieher im Ausland – war rabattrechtlich zulässig, da die Geltung des Rabattgesetzes auf das Gebiet der Bundesrepublik Deutschland beschränkt war. Dasselbe gilt für die Preisbindung. Allerdings sind beim Auslandsvertrieb die im jeweiligen Absatzgebiet geltenden nationalen Vorschriften zu beachten.

IX. Gratislieferung von Zeitungen und Zeitschriften

Die Rechtsprechung hatte häufig Gelegenheit, sich mit der wettbewerbsrecht- 202 lichen Zulässigkeit einer Gratisverteilung von Presseerzeugnissen zu befassen. Meistens ging es dabei um die Auswirkungen auf die Struktur des Pressemarktes, zB um die Zulässigkeit einer zeitlich unbeschränkten kostenlosen Verteilung von Fachzeitschriften oder von Anzeigenblättern mit und ohne redaktionellem Teil (BGH NJW 1982, 335 – Bäckerfachzeitschrift), zuletzt um den Gratisvertrieb von allein durch Anzeigen finanzierten Tageszeitungen und Sonntagszeitungen (BGH AfP 2004, 255 – Zeitung zum Sonntag; BGH NJW 2004, 2083 – 20 Minuten Köln; vgl auch die Abhandlungen von *Lahusen*, Die wettbewerbs- und verfassungsrechtliche Beurteilung des Gratisvertriebs meinungsbildender Tagespresse, GRUR 2005, 221; *v Wallenberg* MMR 2001, 512, „Kartellrechtliche Beurteilung der Gratisverteilung von Tageszeitungen"; *Schricker* AfP 2001, 101, Gratisverteilung von Tageszeitungen und das Gesetz gegen unlauteren Wettbewerb; *Schmid* WRP 2000, 991, Zur wettbewerbsrechtlichen Beurteilung der unentgeltlichen Verteilung von anzeigenfinanzierten Zeitungen; *Mann* WRP 1999, 740, Kostenloser Vertrieb von Presse – Eine Gefährdung der Pressefreiheit?; *Köhler* WRP 1998, 455, Wettbewerbs- und verfassungsrechtliche Verteilung; Fragen der unentgeltlicher Zeitungen; *Ikas* WRP 1997, 392, zum ständigen Gratisvertrieb von Presseerzeugnissen, insbesondere Stadtmagazinen; *Gloy* GRUR 1996, 585, Neuere Rechtsprechung zu unlauteren Vertriebsmethoden auf dem Pressemarkt; *Wenzel* AfP 1975, 887 Gratisverteilungen als Wettbewerbsmittel von Zeitungsverlegern; *Ricker* AfP 1982, 155 – Ärztezeitung und Wettbewerbsrecht; *Ricker* ZUM 1986, 247 Die wettbewerbs- und presserechtliche Zulässigkeit der Gratisverteilung von tv-AKTUELL; Da es dem Verleger gestattet ist, eine werbefinanzierte Tageszeitungen zu vertreiben (BGH NJW 2004, 2083 – 20 Minuten Köln), muss es ihm auch erlaubt sein, einen Teil seiner werbe- und verkaufsfinanzierten Auflage faktisch unentgeltlich abzugeben, indem er sie über eine sogenannte „stumme Verkäufer" mit entsprechendem Schwund an Exemplaren vertreibt, solange ein solcher Vertrieb

BT Abo-Werbung

Abonnementwerbung

nicht dauerhaft zu einer Abgabe unter Selbstkosten führt und den Wettbewerbsbestand gefährdet (BGH GRUR 2010, 455 Rn 22 – Stumme Verkäufer II).

203 Bei der Abonnementwerbung mit **kostenlosen Probeexemplaren** geht es dagegen immer um eine zeitlich befristete Gratislieferung zu dem Zweck, dadurch ein entgeltliches Abonnement herbeizuführen, und es geht nicht um die Verteilung von unentgeltlichen Presseerzeugnissen wie zB Anzeigenblättern, sondern stets um im Übrigen entgeltlich abgegebene Objekte. Diese kostenlosen Probeexemplare werden in Nr 2 der Wettbewerbsregeln des VDZ (Rn 228) und in Ziffer 3 der Wettbewerbsregeln des BDVZ (Rn 217) als **Werbeexemplare** bezeichnet und definiert als Zeitschriften und Zeitungen, die unentgeltlich zur Erprobung geliefert oder verteilt werden, um die Empfänger als Käufer bzw Bezieher zu gewinnen.

204 Ob die kostenlose Abgabe von Werbeexemplaren als Verkauf zum Nullpreis qualifiziert werden kann und damit als **Verstoß gegen die Preisbindung,** hat das BKartA in seinem Beschluss vom 30.3.2004 zu Ziffer 2 der VDZ-Wettbewerbsregeln dahinstehen lassen. Denn selbst wenn man die kostenlose Abgabe von Werbeexemplaren als Verkauf zum Nullpreis qualifizieren würde, führt die Gewährung von kostenlosen Werbeexemplaren im Verhältnis zum Vertrieb über das normale Abonnement bzw. der Einzelverkauf zu keiner gewichtigen Nachfrageverschiebung im kartellrechtlichen Sinne. Nach dem Bezug des Werbeexemplars, das dem Kennenlernen einer Zeitung dient, hat der Leser die Möglichkeit, ein normales Abonnement abzuschließen oder die Zeitung nach Bedarf über den Einzelhandel zu beziehen. Aus vertrieblicher Sicht handelt es sich bei der Gewährung von kostenlosen Werbeexemplaren somit um eine Vorstufe zum Abonnement bzw. zum Einzelverkauf. Das Werbeexemplar dient somit beiden Vertriebswegen (Bundeskartellamt, Beschluss vom 30.4.2004 zur Anerkennung der Wettbewerbsregeln des VDZ und BGH NJW 2006, 2627 Rn 26 – Probeabonnement). Unabhängig davon ist die Gewährung von kostenlosen Werbeexemplaren preisbindungsrechtlich nicht als Verkauf zum Nullpreis anzusehen. Die Preisbindung verbietet es, einen anderen Preis als den gebundenen Preis zu verlangen. Wird aber gratis geliefert, wird kein Preis gefordert. Einen „Nullpreis" gibt es rechtlich ebenso wenig wie einen Rabatt von 100% (BGH NJW 1965, 1325 – Kleenex).

1. Gratislieferung zur Abonnementwerbung

205 Die Zulässigkeit der kostenlosen Lieferung von Probeexemplaren einer sonst entgeltlich vertriebenen Zeitung oder Zeitschrift zur Gewinnung von Abonnenten richtet sich nach denselben Gesichtspunkten wie die wettbewerbsrechtliche Zulässigkeit des Verschenkens (anderer) Originalware (BGH WRP 1957, 227 – Westfalenblatt). Dabei verbietet es das verfassungsrechtliche Gebot der Neutralität, einer Kauf- und Abonnementzeitung von vornherein aus verfassungsrechtlichen Gründen einen höheren Schutz vor einer Marktstörung zuzubilligen als einer vollständig durch Anzeigen finanzierten Zeitung (BGH NJW 2004, 2083 – 20 Minuten Köln). Jedoch sind an die kostenlose Verteilung von Tages- und Sonntagszeitungen im Rahmen der anzustellenden Gesamtwürdigung der Werbemaßnahme im Hinblick auf Umfang, Intensität und Wirkung (BGH NJW 1982, 335 – Bäckereifachzeitschrift) wegen einer Nachahmungsgefahr strengere Anforderungen zu stellen als an die kostenlose Verteilung von Anzeigenblättern und Fachzeitschriften (KG AfP 1999, 281) oder von Stadtmagazinen (KG NJWE-WettbR 1997, 84). Somit ist die Gratislieferung von Presseerzeugnissen ebenso wie das sonstige Verschenken von Originalware zu Werbe- und Probezwecken nicht von vornherein wettbewerbswidrig, sondern erst, wenn das Wettbewerbsverhalten allein oder in Verbindung mit zu erwartenden gleichartigen Maßnahmen von Mitbewerbern die ernstliche Gefahr begründet, der auf der unternehmerischen Leistung beruhende Wettbewerb werde in erheblichem Maße eingeschränkt (BGH NJW 2004, 2083 – 20 Minuten Köln; BGH AfP 2004, 255 – Zeitung am Sonntag; BGH NJW-RR 2001, 327 – ad hoc-Meldung; KG GRUR-RR

IX. Gratislieferung von Zeitungen und Zeitschriften **Abo-Werbung BT**

2001, 189; KG NJW-RR 2000, 1140; OLG Bremen WRP 1999, 1052 – Kreisblatt am Sonntag) oder wenn ein Wettbewerber gezielt behindert werden soll (BGH WRP 1957, 227 – Westfalenblatt und OLG Koblenz WRP 1988, 385). Das OLG Hamburg ist demgegenüber der Auffassung, die Umsonstlieferung von ansonsten entgeltlich vertriebenen Presseerzeugnissen sei grundsätzlich wettbewerbswidrig, wenn dies nicht durch den Erprobungszweck gedeckt sei (OLG Hamburg NJWE-WettbR 1998, 172 – Get up; AfP 1993, 656 und GRUR 1988, 135). Der unterschiedliche Ansatz kann jedoch dahin stehen. Denn im Ergebnis besteht Einigkeit, dass die kostenlose Probelieferung von Presseerzeugnissen dann zulässig ist, wenn und soweit die Lieferung durch den **Erprobungszweck** gerechtfertigt ist. Andernfalls besteht die Gefahr eine Behinderung durch Marktverstopfung (aA Hefermehl/*Köhler*/Bornkamm § 4 Nr 12 UWG Rn 12.29 mit dem zutreffenden Hinweis, dass für die Annahme einer Behinderung die konkrete Gefahr des Ausscheidens von Mitbewerbern erforderlich sei, was im Hinblick auf Neubezieher und Einzelkäufer wenig wahrscheinlich sei). Je nach Lage des Einzelfalls kann eine gezielte Behinderung im Sinne von § 4 Nr 10 UWG vorliegen oder der Tatbestand einer unbilligen Behinderung im Sinne von § 20 Abs 1 und 4 GWB erfüllt sein. Fragwürdig ist dagegen die weitere zur Wettbewerbswidrigkeit ins Felde geführte Begründung, der mit der kostenlosen Belieferung verbundene Gewöhnungseffekt könne die Bezieher veranlassen, ohne Rücksicht auf die Qualität und ohne Vergleich mit den Leistungen anderer zum dauernden Bezug überzugehen (KG AfP 1999, 281; OLG Hamburg AfP 1986, 133 und AfP 1985, 49). Diese Gefahr mag bei der kostenlosen Abgabe von Waschmitteln und Papiertüchern, die sich in Preis und Qualität weitgehend ähnlich sind, bestehen. Ein Presseerzeugnis dagegen überzeugt durch seinen Inhalt (ebenso *Gounalakis/Rhode* AfP 2000, 321, 326; *Gloy* GRUR 1996, 585, 590; *Lahusen* GRUR 2005, 221). Es ist kaum anzunehmen, dass Probebezieher in nennenswertem Umfang ein von ihnen als unbefriedigend oder gar schlecht eingestuftes Presseerzeugnis aus reiner Gewöhnung weiterbeziehen, anstatt sich einem besseren Konkurrenzprodukt zuzuwenden.

Bei der maßgebenden Frage, ob die unentgeltliche Abgabe eines im Übrigen entgeltlich vertriebenen Presseerzeugnisses zur Gewinnung von Abonnenten noch durch den Erprobungszweck gedeckt ist, ist auf **Art, Umfang und Dauer** der kostenlosen Verteilung abzustellen sowie darauf, wie oft ein Interessent sich ein Bild vom Inhalt und Gestaltung der Publikation machen muss, um deren Besonderheiten zu erkennen und im Leistungswettbewerb zutreffend beurteilen zu können (OLG Schleswig WRP 1996, 57 – Bella; OLG Hamburg NJWE-WettbR 1998, 172 – Get up; OLG Hamburg GRUR 1988, 135; OLG Hamburg AfP 1985, 49 – Golf Journal). Auch einem besonderen Anlass der Verteilung kann Bedeutung zukommen, beispielsweise, dass neben der Erprobung aus besonderem Anlass ein Geschenk gemacht werden soll (BGH WRP 1957, 227 – Westfalenblatt: Probeabonnement für Neuvermählte) oder dass die Abonnenten bei einem vom Verlag veranstalteten Gewinnspiel als Preise ausgesetzt sind (OLG Hamm ArchPR XII S 106). Auch die Tatsache, dass das Presseerzeugnis erst neu auf dem Markt eingeführt wird und die konkrete Wettbewerbssituation auf dem betroffenen Teilmarkt können von Bedeutung sein (OLG München NJW-RR 1996, 490; OLG Hamburg AfP 1993, 656; OLG Koblenz WRP 1988, 389). Bei einer Neueinführung oder einem Relaunch von Zeitschriften hat die Rechtsprechung auch die Abgabe von 4 Ausgaben als vom Erprobungszweck gedeckt angesehen (OLG Hamburg AfP 1993, 656). Nach anderer Auffassung kann die Markteinführung dagegen nur den Umfang der Verteilung, nicht aber deren zulässige Dauer beeinflussen (OLG Hamburg GRUR 1988, 135; AfP 1986, 133 und WRP 1985, 89). Diese Ansicht verkennt, dass es nicht darum geht, dass möglichst viele Leser das Presseprodukt kennenlernen, sondern dass es zu erproben, wozu eine ausreichende Ausgabe von Probeexemplaren je Probanden erforderlich ist. Ein lediglich neugestalteter Immobilienteil einer Tageszeitung rechtfertigt nicht deren massenhafte Gratisverteilung (KG AfP 1999, 281).

Zu **Werbegeschenken** für Gratisbezieher zur Erprobung vgl Rn 128 ff.

BT Abo-Werbung

Abonnementwerbung

2. Tages- und Wochenzeitungen

207 Nach Ziffer 3 der **Wettbewerbsregeln des BDZV** (Rn 217) dürfen Werbeexemplare abonnierbarer Tageszeitungen an dieselben Empfänger in der Regel nicht länger als zwei Wochen, Wochenzeitungen nicht mehr als vier Ausgaben geliefert werden. Zwischen 2 Werbelieferungen muss ein zeitlicher Abstand von mindestens einem Kalendermonat liegen. Beim Angebot eines kostenlosen Probebezugs dürfen keine Anreize geschaffen werden, die einen psychologischen Kaufzwang bewirken. Deshalb sollte der Wert des Anreizes die Höhe des **Wochenbezugspreises** nicht überschreiten, wobei die Rückforderung des Präsents auf jeden Fall ausgeschlossen ist (vgl Rn 217).

208 Die Wettbewerbsregeln des BDZV sind neu ein Indiz für die Zulässigkeit oder Wettbewerbswidrigkeit sein (Rn 8 f.) Bei kleinen und mittleren Verlagen, die mit größeren Verlagen im Wettbewerb stehen, ist nicht generell anzunehmen, dass sie auch mit längeren Probelieferungen als 2 Wochen bereits an die Grenze der Unlauterkeit stoßen (OLG Hamm WRP 1979, 144). Die 2-Wochen-Regel ist daher keine starre, für alle Fallgestaltungen geltende Frist, sondern der Grundsatz. Das Bundeskartellamt hat bei der Eintragung der fraglichen BDZV-Richtlinie ausgeführt: „Damit wird kleinen und mittleren Verlagen die Möglichkeit gelassen, das Werbemittel der kostenlosen Werbelieferung, das eine aussichtsreiche und für die Verlage im Verhältnis zu anderen Werbemethoden noch relativ billige Werbung darstellt, in einem ihnen Erfolg versprechenden zeitlichen Umfang einzusetzen. Denn bei kleinen und mittleren Verlagen, die mit größeren Verlagen im Wettbewerb stehen, ist im Allgemeinen nicht anzunehmen, dass sie mit Probelieferungen, die über die Frist von zwei Wochen hinausgehen, bereits an die Grenze der Unlauterkeit stoßen (zur entsprechenden Erwägung bei Zeitschriften vgl BKartA Rn 212). Außerdem entspricht diese Regelung auch dem Gesichtspunkt der Förderung eines leistungsgerechten Wettbewerbs, in dem kleinen und mittleren Verlagen für die Zukunft die Möglichkeit zu einem vorstoßenden Wettbewerb unter Ausnutzung aller Werbemittel erhalten bleibt, auch wenn unter den gegenwärtigen Umständen vielleicht nur wenige davon Gebrauch machen können" (Bundesanzeiger Nr 97 vom 31. Mai 1975). Eine nach dieser Auffassung für solche Fälle gerechtfertigte großzügige Handhabung der Regelung der Lieferfristen für Freiexemplare kommt jedoch bei einer **Rückwerbung** abgesprungener Abonnenten nicht in Betracht. Denn hier rückt der Probezweck in den Hintergrund. Im Vordergrund steht das Bestreben, auf Kosten des oder der Mitbewerber einen früheren Abonnenten, der zwischenzeitlich zu einer anderen Zeitung übergewechselt ist, zurückzugewinnen (OLG Hamm WRP 1979, 144). Demgegenüber ist es – erneut – durch den Erprobungszweck gedeckt, wenn eine an sich kostenpflichtige Zeitung für 14 Tage kostenfrei an solche Personen geschickt wird, die einige Monate zuvor bereits ein kostenloses Probeabo in Anspruch genommen haben, sich aber damals nicht für den Abschluss eines Abonnementvertrages entschieden haben (KG GRUR-RR 2001, 189).

209 Maßgebend beeinflusst durch das Westfalenblatt-Urteil des BGH (WRP 1957, 227) und die Wettbewerbsregeln des BDZV hat sich die Meinung durchgesetzt, dass in der Regel eine Frist von 2 Wochen (= 12 Ausgaben) nötwendig, aber auch ausreichend ist, damit sich der Empfänger von Werbeexemplaren einer **Tageszeitung** ein Urteil über die Zeitung auch im Vergleich zu konkurrierenden Zeitungen bilden kann (OLG Koblenz WRP 1988, 385; OLG Düsseldorf GRUR 1969, 227). Da jedoch immer auf die Umstände des Einzelfalls abzustellen ist, kann die Zwei-Wochen-Frist auch überschritten werden, wenn die Werbung durch einen kleinen oder mittleren Verlag erfolgt, der sich gegen starke Konkurrenten durchsetzen muss (Rn 114) oder wenn ein besonderer Anlass besteht und der Umfang der Lieferungen nur gering ist. So hielt der BGH eine unentgeltliche Probelieferung von 4 Wochen an Neuvermählte für zulässig, weil hier zu dem Erprobungszweck hinzukam, dass Ereignisse wie Hochzeiten allgemein zum Anlass besonderer Werbeaufwendungen

IX. Gratislieferung von Zeitungen und Zeitschriften **Abo-Werbung BT**

genommen würden und die Beschränkung der Aktion auf den Kreis der Neuvermählten nicht die Gefahr einer allgemeinen Behinderung jeden Wettbewerbs in sich barg (BGH WRP 1957, 227 – Westfalenblatt). Als zulässig wurde auch angesehen, dass eine Tageszeitung bei einem von ihr veranstalteten Gewinnspiel als Preis die kostenlose Belieferung der Gewinner mit ihrer Zeitung für drei Monate aussetzt, wenn dies nicht in so erheblichem Umfang geschieht, dass der Wettbewerb durch Marktverstopfung mindestens vorübergehend wesentlich beeinträchtigt oder aufgehoben ist (OLG Hamm vom 9.5.1967 – 4 U 55/67 in ArchPR XII, 106). Die unentgeltliche Verteilung einer bereits eingeführten Tageszeitung zum Zwecke der Erprobung für einen Tag ist selbst dann zulässig, wenn sie in großem Umfang gleichsam flächendeckend erfolgt. Dem Erprobungszweck steht nicht entgegen, dass bei einer flächendeckenden Verteilung an alle Haushalte auch solche Personen ein Probeexemplar erhalten, die die Zeitung bereits kennen (OLG Hamburg WRP 1987, 680). Sogar die flächendeckende Verteilung für die Dauer von zwei Wochen ist nicht wettbewerbswidrig, selbst dann nicht, wenn sich die Aktion insgesamt auf einen Zeitraum von 12 Wochen erstreckt, wenn es sich um eine neu erscheinende regionale Tageszeitung handelt, und das Ziel dieser umfangreichen Verteilung darin besteht, sich neben der bislang allein bestehenden einzigen Tageszeitung der Region zu etablieren (OLG Koblenz WRP 1988, 385).

Auch bei einer neuen **Wochenzeitung** ist die Gratislieferung von 4 Exemplaren 210 nicht zu beanstanden, wenn diese Verteilung in der Einführungsphase des Marktneulings erfolgt. Denn anders als bei einem Presseerzeugnis, das schon länger auf dem Markt ist und daher den potentiellen Lesern auf verschiedenen Wegen bereits begegnet sein wird, kann dem Erfordernis der sachgerechten Erprobung bei der Einführungswerbung eines neuen Produktes ein stärkeres Gewicht zugebilligt werden (OLG Hamburg AfP 1993, 656). Dass Ziffer 3 der Wettbewerbsregeln des BDZV (Rn 217) nur eine zweiwöchige Probelieferung vorsehen, steht dem nicht entgegen, weil sie nur den Regelfall betreffen, nicht aber die Besonderheiten der Einführungswerbung eines Presseerzeugnisses berücksichtigen. Dem Erprobungszweck steht nicht entgegen, dass das kostenlose Probeabonnement mangels gegenteiliger Mitteilung des Beziehers nach dem vierten Exemplar in ein entgeltliches Abonnement übergeleitet wird (OLG Hamburg AfP 1993, 656).

3. Zeitschriften

Auch bei der kostenlosen Verteilung zur Abonnentengewinnung bei **Zeitschrif-** 211 **ten** hängt der Zeitraum der zulässigen Gratislieferung davon ab, wie viele Ausgaben der Zeitschrift für den Leser erforderlich sind, um sich ein Bild vor Inhalt und Gestaltung der Zeitschrift zu machen, deren Besonderheiten zu erkennen und sie im Leistungswettbewerb zutreffend beurteilen zu können (OLG Hamburg WRP 1985, 89). Der Leser benötigt zur sachgerechten Prüfung des Angebots einer neu erscheinenden Zeitschrift mehrere Ausgaben, um sich ein verlässliches Bild über das Zeitschriftenobjekt zu machen. Das thematische Spektrum eines Presseerzeugnisses erschließt sich regelmäßig nicht schon mit einer Ausgabe, da auch wichtige, zum Schwerpunkt eines Blattes gehörende Fragen nicht stets in jedem Heft abgehandelt werden (OLG Hamburg NJWE-WettbR 1998, 172 – Get up). Bei einer monatlich erscheinenden Zeitschrift sind drei Ausgaben ausreichend, eine kostenlose Lieferung über einen längeren Zeitraum als drei Monate jedoch in der Regel nicht mehr durch den Erprobungszweck gedeckt (OLG Hamburg NJWE-WettbR 1998, 172 – Get up; OLG München NJW-RR 1996, 490 – Bunte; OLG Hamburg AfP 1985, 49; AfP 1986, 133 und WRP 1985, 710; OLG Köln vom 25.9.1987 6 U 165/86; dahingestellt in BGH NJW-RR 1989, 744 – Wirtschaftsmagazin).

An der Obergrenze der Rechtsprechung von in der Regel drei Exemplaren orien- 212 tiert sich Ziffer 2 der VDZ-Wettbewerbsregeln (Rn 226). Danach darf die Verbreitung von Werbeexemplaren nicht zu einer Marktverstopfung führen. Die Dauer von

BT Abo-Werbung

Abonnementwerbung

kostenlosen Probelieferungen an denselben Empfänger darf in der Regel nicht über mehr als **drei Ausgaben** erfolgen. Eine Differenzierung bezüglich der Erscheinungsweise der Titel (monatlich, wöchentlich etc) ist dabei im Hinblick auf das UWG nicht erforderlich (BKartA Beschluss vom 30.3.2004 zur Anerkennung der Wettbewerbsregeln des VDZ). Es handelt sich jedoch bei dieser 3-Ausgaben-Regel nicht um eine starre und für alle Fälle geltenden Regel, sondern um eine grundsätzliche Regelung. Dies war kartellrechtlich für ihre Eintragung ausschlaggebend. Denn mit dieser Flexibilität trägt die Bestimmung der Rechtsprechung Rechnung, dass in Ausnahmefällen auch mehr als 3 Ausgaben vom Erprobungszweck gedeckt sind (vgl Rn 206). Damit wird auch kleineren und mittleren Verlagen die im Verhältnis zu anderen Werbemethoden relativ billige und Erfolg versprechende Möglichkeit gelassen, mit kostenlosen Exemplaren zu werben. Die Regelung fördert somit einen leistungsgerechten Wettbewerb, indem solchen Verlagen die Möglichkeit zu einem vorstoßenden Wettbewerb unter Ausnutzung dieser Werbemittel erhalten bleibt (BKartA Beschluss vom 30.3.2004 zu Ziffer 2 der Wettbewerbsregeln des VDZ). Zwischen zwei Werbelieferungen muss ein zeitlicher Abstand von mindestens drei Monaten liegen. Diese **Karenzzeit** zwischen zwei Werbelieferungen soll eine Umgehung von Satz 3 verhindern (vgl KG AfP 2001, 80). Dabei ist als Werbelieferung nicht das einzelne Werbeexemplar gemeint, sondern das als Einheit anzusehende Angebot der Gratislieferung von mehreren Exemplaren, somit eine Erprobungseinheit, bestehend aus mehreren sukzessiv gelieferten Erprobungsexemplaren.

213 Handelt es sich um eine **Kundenzeitschrift,** also ein Presseprodukt, welches vom Händler zur kostenlosen Abgabe an seine Kunden gekauft wird, kann der doppelte Erprobungszweck eine längere Erprobungszeit rechtfertigen. Der Händler, der den Abonnementvertrag schließen soll, muss vorher die Zeitschrift erproben. Anders als in den Fällen, in denen der Leser selbst zur Erprobung veranlasst wird, um die Zeitschrift anschließend zu abonnieren, genügt es hier nicht, dass der Händler allein die Zeitschrift liest und beurteilt. Sie ist ja letztlich nicht für ihn bestimmt, sondern für seine Kunden. Daher muss er Gelegenheit haben, in angemessener Weise Reaktionen seiner Kunden auf die Zeitschrift festzustellen. Die Reaktion der Kunden kann er aber erst feststellen, wenn diese ihrerseits die Zeitschrift erprobt haben (OLG Hamburg AfP 1986, 133). Überträgt man die zu monatlich erscheinenden Zeitschriften vertretene Ansicht der Rechtsprechung auf Zeitschriften mit anderer Erscheinungsfrequenz, kann als Faustregel gelten, dass die Gratislieferung von **drei Ausgaben** der Zeitschrift für den Erprobungszweck in der Regel erforderlich, aber auch ausreichend ist. (So das OLG München NJW-RR 1996, 490 und das Schleswig-Holsteinische OLG WRP 1996, 57 für bereits am Markt etablierte Wochenzeitschriften.) Neu auf dem Markt erscheinende Zeitschriften können dagegen eine längere Erprobungsphase als 3 Angaben rechtfertigen, weil mit ihnen – anders als bei etablierten Objekten – der Leser nicht bereits durch anderweitiges Kennenlernen (Wartezimmer, Café etc) vertraut sei. Denn bei Marktneulingen muss der Interessent in der Lage sein zu prüfen, ob das ursprüngliche Niveau über eine gewisse Zeit hinweg gehalten wird (OLG München NJW-RR 1996, 490 – Bunte; und Schl Holst OLG WRP 1996, 57 – Bella; OLG Hamburg AfP 1993, 656 – Rn 205). Soweit wöchentlich erscheinende Zeitschriften allerdings in unmittelbarem Wettbewerb zu Wochenzeitungen stehen, wird zu berücksichtigen sein, dass die BDZV-Wettbewerbsregeln als Indiz für die Zulässigkeit bei Wochenzeitungen nur die Gratislieferung von zwei Ausgaben vorsehen. Wenn dies noch der Standesauffassung entspricht, sollten konkurrierende Wochenzeitschriften nicht durch längere Erprobungszeiträume privilegiert werden.

4. Mitarbeiterexemplare

214 Ziffer 5 der Wettbewerbsregeln des VDZ (Rn 230) sowie Ziffer 6 der Wettbewerbsregeln des BDZV (Rn 220) gestatten **Mitarbeiterexemplare** (vgl auch Rn 199). Hierunter ist die unentgeltliche Abgabe eines Exemplars der jeweiligen Zeitungs-

X. Bundesverbandes Deutscher Zeitungsverleger eV **Abo-Werbung BT**

oder Zeitschriftenausgabe an Mitarbeiter des preisbindenden Verlages zu verstehen. Preisbindungsrechtlich sind solche Mitarbeiterexemplare unbedenklich. Sie unterfallen auch nicht den Vorschriften des UWG, weil die Abgabe an Mitarbeiter nicht zu Wettbewerbszwecken geschieht (Beschlüsse des BKartA vom 30.4.2004 zu den Wettbewerbsregeln des VDZ und vom 10.1.2002 zu den Wettbewerbsregeln des BDZV).

X. Wettbewerbsregeln des Bundesverbandes Deutscher Zeitungsverleger e. V. für den Vertrieb von abonnierbaren Tages- und Wochenzeitungen

in der Fassung vom 17.9.2007

1. Allgemeine Grundsätze in der Werbung

Die Zeitungsverlage haben in der Vertriebswerbung alles zu vermeiden, was das Ansehen des Zeitungsverlagsgewerbes in der Öffentlichkeit herabsetzt und gesetzliche Schutzbestimmungen zu Gunsten der Zeitungen gefährdet. 215

2. Außendienst-Mitarbeiter

Die Unternehmen müssen die Außendienst-Mitarbeiter vertraglich zur Einhaltung der folgenden Regeln verpflichten: 216

Der Außendienst-Mitarbeiter darf nicht versuchen, durch die Erregung von Mitleid, insbesondere durch Vorspiegelung von Bedürftigkeit oder unter dem Vorwand besonderer Förderungswürdigkeit seiner Person oder des von ihm vertretenen Unternehmens Abonnenten zu gewinnen. Der Außendienst-Mitarbeiter darf ferner nicht in irreführender Weise mit dem Hinweis werben, der Erlös oder ein Teil des Erlöses aus dem Abonnement fließe gemeinnützigen oder mildtätigen Zwecken zu.

Die Unternehmen sind verpflichtet, die Vertragstexte und den Bestellscheinen nach den bestehenden gesetzlichen Bestimmungen zu gestalten. Der Außendienst-Mitarbeiter muss dem Besteller eine vollständige Durchschrift des Bestellscheins aushändigen. Der Bestellschein muss außer der eigenhändigen Unterschrift des Neubeziehers auch die Unterschrift des Außendienst-Mitarbeiters tragen, die durch einen vollen Namen in Stempel oder Druckschrift ergänzt werden muss. Im Bestellschein müssen Preis, Erscheinungsweise, Laufzeit des Abonnements, Kündigungsfrist, Widerrufsfrist und Widerrufsadresse sowie die Bezugsbedingungen angegeben werden. Der Bestellschein und die dem Neubezieher auszuhändigende und belassene Durchschrift müssen gleich lautend sein und die genannten Angaben vollständig und übersichtlich enthalten.

3. Unentgeltliche Werbeexemplare

Werbeexemplare sind Zeitungen, die unentgeltlich geliefert oder verteilt werden, um die Empfänger als Bezieher zu gewinnen. 217

Zur Vermeidung einer Marktverstopfung dürfen Tageszeitungen an dieselben Empfänger in der Regel nicht länger als zwei Wochen, Wochenzeitungen nicht mehr als vier Ausgaben geliefert werden. Zwischen zwei Werbelieferungen muss ein zeitlicher Abstand von mindestens einem Kalendermonat liegen.

Beim Angebot eines kostenlosen Probezugs dürfen keine Anreize geschaffen werden, die einen psychologischen Kaufzwang bewirken.

4. Prämienwerbung bei Fremdwerbung

Prämienwerbung ist die Auslobung einer Prämie für die Vermittlung eines neuen Abonnenten. Sie kann in einer Sach- oder Bargeldprämie bestehen. Werber können Abonnenten und Nichtabonnenten sein. 218

BT Abo-Werbung

Abonnementwerbung

Der Wert der für die Vermittlung eines neuen Abonnenten gewährten Prämie (Marktpreis) darf bei zwölfmonatiger und darüber hinausgehender Verpflichtungsdauer des Geworbenen den sechsfachen monatlichen Bezugspreis nicht übersteigen. Bei einer Mindestverpflichtungszeit unter einem Jahr darf der Prämienwert die Hälfte des zu entrichtenden Abonnementsentgelts nicht überschreiten.

Die Prämie ist nur für den Laienwerber bestimmt und darf weder vom Verlag noch vom Werber an den Geworbenen gegeben werden. Darauf sollte der Werber hingewiesen werden.

5. Prämien bei Eigenbestellung

219   Von Prämien, die im Zusammenhang mit Eigenbestellungen gegeben werden, darf kein wettbewerbswidriger Lockeffekt ausgehen. Bei einer zwölfmonatigen oder darüber hinausgehenden Verpflichtungsdauer darf der Wert der Prämie (Marktpreis) den dreimonatigen Bezugspreis nicht übersteigen. Es kann sich um eine Sach- oder Bargeldprämie handeln, ebenfalls kann eine Sachprämie mit Zuzahlung gewährt werden.

6. Kurzabonnements, Mitarbeiterexemplare, Mengennachlässe, Studentenabonnements

220   Zulässig sind:
– Kurzabonnements bis zu drei Monaten bei einer maximalen Rabattierung von 35% des Normalpreises, sofern diese für den Besteller nicht beliebig oft wiederholbar sind und nicht hintereinander gewährt werden. Über die Rabattierung hinaus sollte eine Sachprämie für das Kurzabonnement den Wert von € 5,– nicht übersteigen.
– Mitarbeiterexemplare;
– Mengennachlässe für Großabnehmer, wenn diese die Zeitung für ihren Gewerbebetrieb nutzen.

221   Verbilligte Abonnements für Studierende, Zivildienstleistende und Wehrpflichtige sind zulässig, wenn die Voraussetzungen nachgewiesen werden. In diesem Fall ist eine regelmäßige Überprüfung der Berechtigung erforderlich. Verbilligte Schülerabonnements sollen nur bei einer eigenen Haushaltsführung des Schülers abgeschlossen werden.

7. Kombination von Rabatten und Prämien

222   Wird dem kostenpflichtigen Abonnement kein rabattiertes Kurzabonnement gemäß Ziffer 6 vorgeschaltet, kann eine Prämie gemäß Ziffer 5 gewährt werden. Die vorherige Lieferung einer zweiwöchigen Probe gemäß Ziffer 3 ist zulässig.

Sollte ein Kurzabonnement vorgeschaltet sein, muss bei Gewährung einer Prämie die Bezugsdauer ab diesem Zeitpunkt mindestens 12 Monate betragen. Laufzeit und Bezugspreis des vorherigen Kurzabonnements dürfen nicht eingerechnet werden.

8. Verpflichtungsdauer

223   Die erstmalige Verpflichtungsdauer für den geworbenen Abonnenten darf zwei Jahre nicht überschreiten. Wird in den Bestellvertrag eine Verlängerungsklausel aufgenommen, kann die stillschweigende Verlängerung des Abonnementsvertrages maximal ein Jahr betragen. Die Möglichkeit, dass nach Ablauf der Verpflichtungszeit der Abonnementvertrag unbefristet weitergeführt wird, bleibt davon unberührt.

XI. Wettbewerbsregeln des Verbands Deutscher Zeitschriftenverleger VDZ für den Vertrieb von abonnierbaren Publikumszeitschriften in der vom BKartA am 1.4.2004 genehmigten Fassung

1. Allgemeine Grundsätze der Werbung

Zeitschriftenverlage haben beim Vertrieb von Publikumszeitschriften alles zu vermeiden, was das Ansehen des Zeitschriftenverlagswesens in der Öffentlichkeit herabsetzt. Sie respektieren und wahren die verfassungsrechtlichen Grundlagen der Informations- und Pressefreiheit. In diesem Sinne sind ihnen insbesondere Werbepraktiken untersagt, die das Bewusstsein des Lesers für die Werthaltigkeit der redaktionellen Leistung in Frage stellen oder die gesetzlichen Grundlagen der Preisbindung missachten. Diese Regeln dienen der Wahrung der Lauterkeit und der Sicherung eines leistungsgerechten Wettbewerbs im Pressevertrieb.

Die nachfolgenden Bestimmungen gelten für solche Titel, bei denen ein signifikanter Teil über den Einzelhandel vertrieben wird.

2. Werbeexemplare

Werbeexemplare sind Zeitschriften, die unentgeltlich zur Erprobung geliefert oder verteilt werden, um die Empfänger als Käufer zu gewinnen.

Die Verbreitung von Werbeexemplaren darf nicht zu einer Marktverstopfung führen. Die Dauer von kostenlosen Probelieferungen an denselben Empfänger darf in der Regel nicht über mehr als drei Ausgaben erfolgen. Zwischen zwei Werbelieferungen muss ein zeitlicher Abstand von mindestens drei Monaten liegen.

3. Probeabonnements

Kurzabonnements zu Erprobungszwecken („Probeabonnements") sind zulässig, wenn sie zeitlich auf max. drei Monate begrenzt sind und nicht mehr als 35% unter dem kumulierten Einzelheftpreis liegen. Derartige Probeabonnements dürfen nicht beliebig oft wiederholbar; sie dürfen nur in ein reguläres Abonnement führen, wenn dies jederzeit kündbar ist.

4. Werbegeschenke bei Werbeexemplaren und Probeabonnements

Sachgeschenke als Belohnung für die Bereitschaft zur Erprobung („Werbegeschenke") müssen in einem angemessenen Verhältnis zum Erprobungsaufwand stehen.

5. Studentenabonnements, Mitarbeiterexemplare, Mengennachlässe

Verbilligte Abonnements für Studierende, Zivildienstleistende und Wehrpflichtige sind zulässig, wenn die Voraussetzungen nachgewiesen werden. In diesem Fall ist eine regelmäßige Überprüfung der Berechtigung erforderlich. Verbilligte Schülerabonnements sollen nur bei einer eigenen Haushaltsführung des Schülers abgeschlossen werden.

Ebenfalls zulässig sind Mitarbeiterexemplare sowie Mengennachlässe für Großabnehmer, wenn diese die Zeitschriften für ihren Gewerbebetrieb nutzen.

6. Vermittlungsprämien

Prämien können für die Vermittlung neuer Abonnenten durch dritte Personen gewährt werden („Vermittlungsprämien"). Der Wert der Vermittlungsprämie darf keine unlauteren Anreize schaffen und insbesondere nicht zu einer unangemessenen Kommerzialisierung der Privatsphäre führen. Er darf deshalb in der Regel den Bezugspreis des Abonnements für den Verpflichtungszeitraum nicht überschreiten, wobei folgende absolute Obergrenzen Anwendung finden:

BT Abo-Werbung

232 – bei Zeitschriftentiteln mit wöchentlicher Erscheinungsweise: der Bezugspreis eines Jahresabonnements,
– bei Zeitschriftentiteln mit vierzehntäglicher Erscheinungsweise: der Bezugspreis für ein Abonnement von 18 Monaten Laufdauer
– bei Zeitschriftentiteln mit monatlicher Erscheinungsweise: der Bezugspreis eines Zweijahres-Abonnements.

7. Abschlussprämien

233   Bei der Abonnementswerbung können ausschließlich Sachprämien als Gegenleistung für den Willen des Abonnenten zur Bezugsbindung („Abschlussprämien") gewährt werden. Der Wert der Abschlussprämie darf in der Regel 25 Prozent des Bezugspreises des Abonnements für den Verpflichtungszeitraum nicht überschreiten. Eine Abschlussprämie im Wert bis zu 10 Euro ist in jedem Fall zulässig. Für jederzeit kündbare Abonnements wird eine Erstverpflichtungsdauer von einem halben Jahr angenommen.

XII. Wettbewerbsregeln der Arbeitsgemeinschaft Abonnentenwerbung e. V. (AGA) 2.9.1982

234   Für die Zusammenarbeit mit Außendienstmitarbeitern bei der Werbung von Zeitschriftenabonnements und Mitgliedern in Buch- und Schallplattengemeinschaften.

§ 1 Allgemeine Grundsätze in der Abonnentenwerbung

235   Bei der Zusammenarbeit mit Außendienstmitarbeitern bei der Werbung von Zeitschriftenabonnements und Mitgliedern in Buch- und Schallplattengemeinschaften sind die Grundsätze des lauteren und leistungsgerechten Wettbewerbs einzuhalten und Handlungen, die den guten Sitten widersprechen, zu unterlassen.

§ 2 Grundsätze der Zusammenarbeit mit Außendienstmitarbeitern

1. Anwerbung neuer Außendienstmitarbeiter

236   a) Bei der Anwerbung neuer Außendienstmitarbeitern sind in Anzeigentexten und Einstellungsgesprächen die Grundsätze eines lauteren Wettbewerbs zu beachten. In Anzeigen dürfen nur Zusagen gemacht werden, die nachweisbar zu erfüllen sind. Provisionen, die Lockvogelcharakter haben, dürfen nicht genannt werden.

237   b) Um die Lauterkeit der Werbung zu gewährleisten, müssen Unternehmen, bevor sie einen Außendienstmitarbeiter endgültig unter Vertrag nehmen, sich sorgfältig über seine Eignung informieren. Diese Information ist unverzüglich einzuholen, wenn die Außendienstmitarbeiter vorläufig probeweise beschäftigt wird. Ergibt die Information, dass der Außendienstmitarbeiter noch ausschließlich an ein anderes Unternehmen vertraglich gebunden ist, darf er nicht weiterbeschäftigt werden.

2. Verpflichtungen, die den Außendienstmitarbeitern aufzuerlegen sind

238   Die Unternehmen müssen die Außendienstmitarbeiter vertraglich zur Einhaltung der folgenden Regeln verpflichten:
a) Der Außendienstmitarbeiter darf nicht versuchen, durch die Erregung von Mitleid, insbesondere durch Vorspiegelung von Bedürftigkeit oder unter dem Vorwand besonderer Förderungswürdigkeit seiner Person oder des von ihm vertretenen Unternehmens Abonnenten zu gewinnen. Der Außendienstmitarbeiter darf ferner nicht in irreführender Weise mit dem Hinweis werben, der Erlös oder ein Teil des Erlöses aus dem Abonnement fließe gemeinnützigen oder mildtätigen Zwecken zu.

b) Der Außendienstmitarbeiter hat Fragen über das von ihm vertretene Unternehmen und die angebotenen Objekte wahrheitsgemäß zu beantworten. Der Umworbene ist über Bezugspreis und Verpflichtungsdauer des angebotenen Abonnements aufzuklären.

c) Um eine Irreführung des Umworbenen zu vermeiden, muss der Außendienstmitarbeiter dem Besteller eine vollständige Durchschrift des Bestellscheins aushändigen. Der Bestellschein muss außer der eigenhändigen Unterschrift des Neubeziehers auch die Unterschrift des Außendienstmitarbeiters tragen, die durch seinen vollen Namen in Stempel oder Druckschrift ergänzt werden muss. Im Bestellschein müssen Preis, Erscheinungsweise, Laufzeit des Abonnements, Kündigungsfrist, Widerrufsfrist und Widerrufsadresse sowie die Bezugsbedingungen angegeben sein. Der Bestellschein und die dem Neubezieher auszuhändigende und zu belassende Durchschrift müssen gleich lautend sein und die genannten Angaben vollständig und übersichtlich enthalten.

3. Bestellscheine der Außendienstmitarbeiter

Ein Außendienstmitarbeiter darf nur Bestellscheine seiner jeweiligen Beschäftigungsfirma verwenden, es sei denn, bei Verwendung von Bestellscheinen einer dritten Firma habe diese zugestimmt.

4. Beschäftigung straffälliger Außendienstmitarbeiter

Ein Außendienstmitarbeiter, dem wegen Fälschung, Betrug, Unterschlagung oder sonst schwerer strafbarer Handlungen, die im Zusammenhang mit der Ausübung des Vertreterberufes begangen wurden, die Ausstellung einer Reisegewerbekarte nach § 57 der Gewerbeordnung versagt wird, darf nicht beschäftigt werden. Ein Außendienstmitarbeiter, dem von einem anderen Unternehmen nach § 2 Ziff 3 gekündigt wurde, darf frühestens nach drei Monaten ab Ende der Beschäftigung beschäftigt werden.

§ 3 Bestellscheine

Die Unternehmen dürfen den Außendienstmitarbeitern nur solche Bestellscheine und Bestellscheinblöcke zur Verfügung stellen, die allen in § 2 Ziff 2c) genannten Anforderungen genügen. Die Bestellscheine müssen demgemäß – auf Original und Durchschriften gleich lautend – enthalten: Preis, Erscheinungsweise, Laufzeit des Abonnements, Kündigungsfrist, Widerrufsfrist und Widerrufsadresse sowie die Bezugsgebühren. Die Unternehmen sind verpflichtet, die Vertragstexte auf den Bestellscheinen nach den bestehenden gesetzlichen Bestimmungen zu gestalten. Insbesondere ist für die Widerrufsklausel das Abzahlungsgesetz und für die Laufzeit, Verlängerungsklausel und Kündigungsfrist das AGB-Gesetz zu beachten. Die Abonnementsverwaltung, insbesondere die Storno-Bearbeitung und das Mahnwesen sind so durchzuführen, wie das ein ordentlicher Kaufmann zu tun pflegt. Der Verkauf von Aufträgen allein zum Zweck der Forderungseinzugs ist unlauter, soweit der Verkäufer nicht sicherstellt, dass nur solche Aufträge verkauft werden, bei denen die Forderung begründet ist. Unternehmen dürfen keine Abonnementsaufträge aufkaufen, für die Bestellscheinformulare eines dritten Unternehmens verwendet wurden, es sei denn, dieses Unternehmen hat dem Ankauf vorher zugestimmt. Es dürfen auch keine Aufträge aufgekauft werden, wenn der Verkäufer an ein drittes Unternehmen ausschließlich vertraglich gebunden ist.

§ 4 Geschäftsbeziehungen mit anderen Unternehmen

Unternehmen, die auf Grund laufender Geschäftsbeziehungen Aufträge von anderen Unternehmen aufkaufen, haben dafür zu sorgen, dass diese sich im Sinne dieser Wettbewerbsregeln lauter und leistungsgerecht verhalten.

BT Abo-Werbung Abonnementwerbung

§ 5 Werbeexemplare

243   Werbeexemplare sind solche Zeitschriften, die unentgeltlich geliefert bzw verteilt werden, um die Empfänger als Bezieher zu gewinnen. Das Verteilen von Werbeexemplaren ist nur zulässig, soweit der Umfang der Verteilung den Bestand des Wettbewerbs nicht gefährdet.

§ 6 Umarbeitung von Abonnements

244   Eine Umarbeitung ist unlauter, wenn ein Abonnent sein Abonnement kündigt, weil er durch Außendienstmitarbeiter [vgl § 2 Ziff 2d)] oder sonstige fremde Einflussnahme auf unlautere Weise zur Kündigung des bestehenden Abonnements und zur erneuten Bestellung des gleichen oder eines anderen Objekts veranlasst worden ist.

§ 7 Abwerbung von Außendienstmitarbeitern

245   Die Abwerbung von Außendienstmitarbeitern durch die Anwendung verwerflicher Mittel, wie insbesondere die Verleitung zum Vertragsbruch und die planmäßige Abwerbung zur Behinderung von Wettbewerbern, ist unzulässig. Eine Verleitung zum Vertragsbruch wird insbesondere vermutet bei Beschäftigung von Außendienstmitarbeitern unter bewusster Verletzung der Pflicht zur Einholung der nach § 2 Ziff 1b) erforderlichen Information, sofern der Außendienstmitarbeiter bei einem anderen Unternehmen ausschließlich vertraglich gebunden und tatsächlich beschäftigt ist.

§ 8 Auslegungsgrundsätze, Umgehungsverbot

246   Diese Wettbewerbsregeln sind nicht nur nach ihrem Wortlaut, sondern auch nach ihrem Sinn und Zweck auszulegen. Sie dürfen nicht durch den Missbrauch rechtlicher oder wirtschaftlicher Gestaltungsmöglichkeiten umgangen werden.

Urheber- und Verlagsrecht der Presse

Inhaltsübersicht

		Rn
I.	**Einführung**	1
II.	**Grundlagen des Presse-Urheberrechts**	2–18
	1. Verfassungsrechtliche Grundlagen	2
	a) Urheberpersönlichkeitsrechte	3
	b) Geistiges Eigentum	4
	c) Presse- und Informationsfreiheit	5, 6
	2. Das Urheberrechtsgesetz	7–9
	3. Europäisches Urheberrecht	10–12
	4. Internationales Urheberrecht	13–18
	a) Territorialitätsprinzip	14
	b) Fremdenrecht	15
	c) Internationale Abkommen	16–18
III.	**Geschützte Werke und sonstige Schutzgegenstände**	19–73
	1. Schutzvoraussetzungen	19, 20
	2. Persönliche geistige Schöpfung (§ 2 Abs 2 URG)	21–28a
	3. Schutzfähige Werke nach § 2 Abs 1 im Einzelnen	29–48
	a) Sprachwerke (§ 2 Abs 1 Nr 1 URG)	30–42
	b) Werke der Musik (§ 2 Abs 2 Nr 2 URG)	43
	c) Werke der bildenden Künste (§ 2 Abs 1 Nr 4 URG)	44, 45
	d) Lichtbildwerke (§ 2 Abs 1 Nr 5 URG)	46
	e) Filmwerke (§ 2 Abs 1 Nr 6 URG)	47
	f) Darstellungen wissenschaftlicher und technischer Art (§ 2 Abs 1 Nr 7 URG)	48
	4. Sonderformen: Werkbearbeitung, Sammelwerk und Datenbanken	49–61
	a) Bearbeitungen	49–57
	b) Sammelwerke	58, 59
	c) Datenbanken	60, 61
	5. Verwandte Schutzrechte	62–69
	a) Ausgabenschutz (§§ 70 f. URG)	63
	b) Lichtbilderschutz (§ 72 URG)	64
	c) Schutz ausübender Künstler	65
	d) Unternehmerschutz	66, 67
	e) Exkurs: Wettbewerbsrechtlicher Schutz	68, 69
	6. Sekundäre Schutzebene auf Grund technischer Schutzmaßnahmen (§§ 95a ff. URG)	70–73
	a) Umgehungsverbot	70–72
	b) Schutz der zur Rechtewahrnehmung erforderlichen Information	73
IV.	**Urheberschaft**	74–83
	1. Person des Schöpfers	74, 75
	2. Miturheber	76–78
	3. Urheber verbundener Werke	79
	4. Urheberschaft im Bereich der Presse – Einzelheiten	80, 81
	5. Vermutung der Urheberschaft und Aktivlegitimation	82, 83
V.	**Inhalt des Urheberrechts**	84–105
	1. Urheberpersönlichkeitsrechtliche Befugnisse	85–92
	a) Veröffentlichungsrecht (§ 12 URG)	86, 87
	b) Urheberanerkennungsrecht (§ 13 URG)	88–90
	c) Beeinträchtigungsverbot (§ 14 URG)	91, 92
	2. Verwertungsrechte	93–105
	a) Verwertung in körperlicher Form	94–97
	b) Verwertung in unkörperlicher Form	98–103
	3. Sonstige Rechte des Urhebers	104, 105
VI.	**Schranken des Urheberrechts**	106–173
	1. Sozialbindung des geistigen Eigentums	106
	2. Dreistufentest	107

		Rn
3.	Schranken im Interesse der Allgemeinheit	108–145
	a) Amtliche Werke (§ 5 URG)	108–111
	b) Vorübergehende Vervielfältigungen (§ 44a URG)	112
	c) Zitierrecht (§ 51 URG)	113–126
	d) Öffentliche Wiedergabe (§ 52 URG)	127
	e) Öffentliche Zugänglichmachung für Unterricht und Forschung (§ 52a URG)	128–130
	f) Elektronische Leseplätze (§ 52b URG)	130a
	g) Vervielfältigung zum privaten und sonstigen eigenen Gebrauch (§ 53 URG)	131–140
	h) Kopienversand auf Bestellung (§ 53a URG)	140a
	i) Panoramafreiheit (§ 59 URG)	141–143
	j) Bildnisse (§ 60 URG)	144
	k) Verwaiste Werke (§§ 61 ff. URG)	144a
	l) Schranken zugunsten Wahrnehmungsbehinderter (§ 45a URG)	145
4.	Schranken zugunsten der Medien	146–165
	a) Übernahmefreiheit für öffentliche Reden (§ 48 URG)	147–151
	b) Entnahmerecht bei Zeitungsbeiträgen und Rundfunkkommentaren (§ 49 URG)	152–160
	c) Berichterstattung über Tagesereignisse (§ 50 URG)	161–163
	d) Wiedergabe als unwesentliches Beiwerk (§ 57 URG)	164
	e) Vervielfältigung durch Sendeunternehmen (§ 55 URG)	165
5.	Sonstige Schranken zugunsten besonderen Interessengruppen	166–171
	a) Rechtspflege und öffentliche Sicherheit (§ 45 URG)	166
	b) Schulen und Kirchen (§§ 46, 47 URG)	167, 168
	c) Vertriebsprivileg (§ 56 URG)	169
	d) Werkausstellung und -verkauf (§ 58 URG)	170
6.	Zeitliche Begrenzung des Urheberrechts	172, 173

VII. Rechtsverkehr im Urheberrecht 174–200

1. Rechtsnachfolge in das Urheberrecht 174–176
2. Einräumung von Nutzungsrechten 177–189
   a) Grundsatz 177
   b) Begründung von Nutzungsrechten 178–181
   c) Unbekannte Nutzungsarten (§ 31 Abs 4 URG) 182
   d) Inhalt der Nutzungsrechte 183–186
   e) Übertragbarkeit des Nutzungsrechts 187, 188
   f) Rückruf 189
3. Vergütung 190–199
   a) Überblick 190
   b) Vertraglich vereinbarter Vergütungsanspruch (§ 32 Abs 1 Satz 1 URG) 191
   c) Korrekturanspruch (§ 32 Abs 1 Satz 3 URG) 192–197
   d) Weitere Beteiligung des Urhebers (§ 32a URG) 198, 199
4. Zwangsvollstreckung 200

VIII. Verlagsrecht 201–218

1. Begriff des Verlagsrechts 201
2. Grundlagen des Verlagsrechts 202–206
   a) Verlagsvertrag 203–205
   b) Ablieferung des Werks 206
3. Inhalt des Verlagsrechts 207–208
4. Pflichten des Verfassers 209–211
5. Pflichten des Verlegers 212–215
6. Auflage und Ausgabe 216
7. Beendigung des Verlagsvertrages 217, 218

IX. Nutzungsrechte an Zeitungs- und Zeitschriftenbeiträgen 219–242

1. Überblick 219
2. Im Rahmen von Dienst- und Arbeitsverhältnissen geschaffene Beiträge 220–228
   a) Vertragliche und tarifvertragliche Regelungen über die Einräumung von Nutzungsrechten 220–224
   b) Einräumung von Nutzungsrechten bei Fehlen einer vertraglichen oder tarifvertraglichen Regelung 225
   c) Verhältnis der §§ 38, 43 zu § 31 Abs 5 URG, Anwendbarkeit der Zweckübertragungstheorie im Rahmen von Dienst- und Arbeitsverhältnissen 226

Urheber- und Verlagsrecht der Presse UrhR BT

		Rn
d) Erfüllung der Pflicht zur Rechtseinräumung		227
e) Nutzungsrechte an Freizeitwerken		228
3. Außerhalb eines Dienst- oder Arbeitsverhältnisses geschaffene Beiträge		229–239
a) Mögliche Vertragstypen		229
b) Umfang der Rechtseinräumung beim Verlagsvertrag und beim Abdruckvertrag		230–236
c) Umfang der Rechtseinräumung beim Bestellvertrag und beim Werkvertrag		237
d) Nutzungsrechte an Zeichnungen, Illustrationen und Lichtbildern		238
e) Rechte und Pflichten des Verlegers		239
4. Namensnennung und Änderungsbefugnis des Verlegers		240–242
X. **Verwertungsgesellschaften**		243–250
1. Bedeutung der Verwertungsgesellschaften		243–244
2. Organisation, Rechte und Pflichten der Verwertungsgesellschaften		245–250
a) Erlaubnispflicht und Aufsicht		246–247
b) Wahrnehmungszwang		248–249
c) Abschlusszwang		250
XI. **Verletzung des Urheber- und Verlagsrechts**		251–267
1. Zivilrechtlicher Schutz		251–266
a) Überblick		251
b) Unter § 97 URG fallende Rechte und Handlungen		252, 255
d) Passivlegitimation		256
e) Unterlassungsanspruch		257, 258
f) Beseitigungsanspruch		259
g) Schadensersatz		260–265
h) Abmahnung		265a
i) Vorbereitende Informationsansprüche		266
2. Strafrechtlicher Schutz		267

Schrifttum: *Dreier/Schulze,* Urheberrechtsgesetz, Kommentar, 4. Aufl 2013; *Fromm/Nordemann,* Urheberrecht, 11. Aufl 2014; *v Gamm,* Urheberrechtsgesetz, 1968; *Loewenheim* (Hrsg), Handbuch des Urheberrechts, 2. Aufl 2010; *Möhring/Nicolini,* Urheberrechtsgesetz, Kommentar, 3. Aufl 2014; *Rehbinder,* Urheberrecht, 16. Aufl 2010; *Schack,* Urheber- und Urhebervertragsrecht, 6. Aufl 2013; *Schricker/Loewenheim,* Urheberrecht, Kommentar, 4. Aufl 2010; *Soehring/Hoene,* Presserecht, 5. Aufl 2013; *Wandtke/Bullinger,* Praxiskommentar zum Urheberrecht, 4. Aufl 2014; *Wenzel/Burkhardt,* Urheberrecht für die Praxis, 5. Aufl 2009.
Zur **Geschichte** des Urheberrechts: *Bappert,* Wege zum Urheberrecht, 1962; zur Geschichte des Schutzes von Presseartikeln: *Osterrieth,* Der gewerbliche Rechtsschutz im Zeitungswesen, GRUR 1897, 37; Materialien zu den Urheberrechtsgesetzen: *M. Schulze,* Materialien zum Urheberrechtsgesetz, 2. Aufl 1997.
Europäisches Urheberrecht: *Berger,* Der Schutz elektronischer Datenbanken nach der EG-Richtlinie vom 11. März 1996, GRUR 1997, 169; *Berger,* Aktuelle Entwicklungen im Urheberrecht – Der EuGH bestimmt die Richtung, ZUM 2012, 353; *Dietz,* Die Schutzdauer-Richtlinie der EU, GRUR Int 1995, 670; *Dreier,* Rechtsschutz von Computerprogrammen, CR 1991, 577; *Frey/Rudolph,* EU-Richtlinie zur Durchsetzung der Rechte des geistigen Eigentums, ZUM 2004, 522; *Metzger,* Der Einfluss des EuGH auf die gegenwärtige Entwicklung des Urheberrechts, GRUR 2012, 118; *Spindler,* Europäisches Urheberrecht in der Informationsgesellschaft, GRUR 2002, 105; *Vogel,* Vorschlag der EG-Kommission für eine Richtlinie zur Koordinierung bestimmter urheber- und leistungsschutzrechtlicher Vorschriften betreffend Satellitenrundfunk und Kabelweiterverbreitung, ZUM 1992, 21.
Zur **elektronischen Presse:** *Haupt* (Hrsg), Electronic Publishing, 2002; *Katzenberger,* Elektronische Printmedien und Urheberrecht, 1996; *Waldenberger/Hoß,* Das Recht der „elektronischen Presse", AfP 2000, 237; *Nordemann/Schierholz,* Neue Medien und Presse – eine Erwiderung auf Katzenbergers Thesen, AfP 1998, 365; *Rath-Glawatz/Dietrich,* Die Verwertung urheberrechtlich geschützter Print-Artikel im Internet, AfP 2000, 222.
Zum **Urheber als Arbeitnehmer:** *Prantl,* Die journalistische Information zwischen Ausschlussrecht und Gemeinfreiheit, 1983; *Rojahn,* Der Arbeitnehmerurheber in Presse, Funk und Fernsehen, 1978; *Soehring/Hoene,* Presserecht, 5. Aufl 2013.
Zum **Verlagsrecht:** *Delp,* Verlagsvertrag, 8. Aufl 2008; *Schricker,* Verlagsrecht, 3. Aufl 2001; *Wündisch,* Wettbewerbsverbote im Verlagsvertrag, 2002.

I. Einführung

1   Das Urheberrecht berührt die Presse in doppelter Weise: Am Inhalt von Büchern, Broschüren, Zeitungen und Zeitschriften bestehen regelmäßig ein Urheberrecht des Autors und ein Nutzungsrecht des Presseunternehmens. Insoweit stützt sich der rechtliche Schutz der Presseinhalte wesentlich auf das Urheberrecht. Andererseits beschränken Urheberrechte Dritter die Berichterstattung über Vorträge, Sitzungen öffentlicher Gremien, Konzerte, Rundfunk- und Fernsehsendungen, Ausstellungen, anderweitige Presseveröffentlichungen und Internetpräsentationen. Insoweit ermöglichen erst zahlreiche Schranken des Urheberrechts die Presseberichterstattung. Für die Presse hat ferner das Urhebervertragsrecht besondere Bedeutung. Es bildet die rechtliche Grundlage für den Erwerb der erforderlichen Nutzungsrechte und regelt Vergütungsansprüche der Journalisten und Redakteure. Eine Gesamtdarstellung des Urheber- und Urhebervertragsrechts ist an dieser Stelle nicht möglich; insofern muss auf die vorstehenden Literaturhinweise verwiesen werden. Im Mittelpunkt der nachfolgenden Ausführungen stehen allein die pressespezifischen Fragen des Urheber- und Urhebervertragsrechts.

II. Grundlagen des Presse-Urheberrechts

1. Verfassungsrechtliche Grundlagen

2   Das Urheberrecht schützt die geistigen und persönlichen Beziehungen des Urhebers zum Werk und seine materiellen Verwertungsinteressen (§ 11 URG). Dementsprechend unterscheidet man verfassungsrechtlich das Urheberpersönlichkeitsrecht und die eigentumsrechtlichen Verwertungsrechte.

a) Urheberpersönlichkeitsrechte

3   Verfassungsrechtlich garantieren Art 1 und 2 GG das Urheberpersönlichkeitsrecht (*Rehbinder* Rn 136). Die durch staatlichen Zwangseingriff erfolgende Veröffentlichung eines Werkes ist danach unzulässig. Ausprägungen des Urheberpersönlichkeitsrechts bilden das Veröffentlichungsrecht (§ 12 URG), das Anerkennungsrecht (§ 13 URG) und das Entstellungsverbot (§ 14 URG). Der Urheber kann seine persönlichkeitsrechtlichen Befugnisse grundsätzlich nicht übertragen und nicht auf sie verzichten. Freilich darf das Urheberpersönlichkeitsrecht die Werkverwertung nicht beeinträchtigen. Anerkannt ist daher die Möglichkeit einer vertraglichen Bindung des Urhebers bei der Ausübung der Persönlichkeitsrechte (*Wandtke/Bullinger/Bullinger* Rn 6 vor §§ 12ff.). Der Urheber kann sich etwa verpflichten, seine Rechte nicht geltend zu machen. Daher kann die Redaktion einen Beitrag trotz des Beeinträchtigungsverbots (§ 14 URG) kürzen und ihn trotz des Namensnennungsrechts (§ 13 URG) ohne Hinweis auf den Verfasser publizieren. Nur den Kernbereich des Persönlichkeitsrechts kann der Urheber auch vertraglich nicht preisgeben. Nicht das Urheberpersönlichkeitsrecht, sondern das allgemeine Persönlichkeitsrecht ist betroffen, wenn einer Person ein Werk zugeschrieben wird, das nicht von ihr stammt (BGHZ 107, 384, 391 – *Emil Nolde*).

b) Geistiges Eigentum

4   Die vermögenswerten Befugnisse des Urhebers fallen unter die Eigentumsgarantie des Art 14 GG (grundlegend BVerfG GRUR 1972, 481, 483 – *Kirchen- und Schulgebrauch*). Man zählt das Urheberrecht daher auch zum „geistigen Eigentum". Zu den konstituierenden Merkmalen des Urheberrechts als Eigentum im Sinne des Art 14 GG gehört die grundsätzliche Zuordnung des vermögenswerten Ergebnisses der schöpferischen Leistung an den Urheber im Wege privatrechtlicher Normierung und seine Freiheit, in eigener Verantwortung darüber verfügen zu können. Das

II. Grundlagen des Presse-Urheberrechts

Urheberrecht ist freilich mannigfachen Schranken unterworfen. Bei der verfassungsrechtlichen Beurteilung dieser gesetzlichen Schranken ist davon auszugehen, dass der Gesetzgeber die Aufgabe hat, den individuellen Belangen die im Gemeinwohlinteresse liegenden Schranken zu ziehen (BVerfG GRUR 1972, 481, 483 – *Kirchen- und Schulgebrauch*). Diese Schrankenregelungen müssen freilich wiederum verfassungsgemäß zustande gekommen sein und ihrerseits dem Verhältnismäßigkeitsgrundsatz entsprechen.

c) Presse- und Informationsfreiheit

Das Urheberrecht steht in einem Spannungsverhältnis zu den Kommunikationsgrundrechten des Art 5 GG. Die in Art 5 Abs 1 GG verbürgte **Pressefreiheit** rechtfertigt als solche freilich keinen Eingriff in Urheberrechte. Das URG gehört zu den „allgemeinen Gesetzen" im Sinn des Art 5 Abs 2 GG, die auch die Pressefreiheit beschränken (vgl dazu auch § 1 Rn 214 ff.). Das URG selbst regelt den Konflikt zwischen dem Interesse der Presse an freier Berichterstattung über urheberrechtlich geschützte Werke und dem Interesse des Urhebers, über die Verbreitung seines Werkes selbst zu bestimmen (BGH GRUR 1987, 34, 35 – *Liedtextwiedergabe I*). Es enthält grundsätzlich eine abschließende Regelung der aus dem Urheberrecht fließenden Befugnisse. Die Beziehung zwischen dem Grundrecht der Pressefreiheit und dem „allgemeinen Gesetz" im Sinne des Art 5 Abs 2 GG nach der ständigen Rechtsprechung des Bundesverfassungsgerichts darf nicht im Sinne einer einseitigen Beschränkung des Grundrechts durch das allgemeine Gesetz interpretiert werden. Vielmehr findet eine Wechselwirkung in dem Sinne statt, „dass die allgemeinen Gesetze zwar dem Wortlaut nach dem Grundrecht Schranken setzen, ihrerseits aber aus der Erkenntnis der wertsetzenden Bedeutung dieses Grundrechts im freiheitlich demokratischen Staat ausgelegt und so in ihrer das Grundrecht begrenzenden Wirkung selbst wieder eingeschränkt werden müssen" (grundlegend BVerfGE 7, 198, 208 f. – *Lüth*; vgl für das Grundrecht der Pressefreiheit ferner BVerfGE 20, 162, 176 ff.; 64, 108, 115). Das Grundrecht der Pressefreiheit (Art 5 Abs 1 Satz 2 GG) ist daher auch bei der Auslegung der Normen des URG zu beachten (BGH NJW 2003, 3633, 3635 – *Gies-Adler*). Soweit das URG den Kommunikationsgrundrechten, insbesondere der Pressefreiheit, nicht hinreichend Rechnung trägt und eine Lösung durch eine verfassungskonforme Auslegung des Gesetzes nicht möglich erscheint, ist es allein Aufgabe des BVerfG, die Verfassungswidrigkeit der entsprechenden Bestimmung festzustellen. Dies schließt eine der Gesetzesanwendung „nachgeschaltete" Güter- und Interessenabwägung aus (BGH NJW 2003, 3633, 3635 – *Gies-Adler*).

Gleiches gilt für die übrigen Kommunikationsgrundrechte des Art 5 GG, insbesondere die **Informationsfreiheit**. Weder rechtfertigt ein allgemeines Informationsinteresse den Zugriff auf urheberrechtlich geschützte Werke im Rahmen der Presseberichterstattung, noch können Dritte unter Hinweis auf die Informationsfreiheit auf Presseinhalte zugreifen. Bereits die Ausgestaltung des Urheberrechts nach dem URG trägt Informationsinteressen Rechnung: Das Urheberrecht schützt zunächst nur die konkrete Ausdrucksform. Über den Inhalt eines Werkes kann daher weitgehend unbeschränkt berichtet werden (dazu und zum folgenden BGH NJW 2003, 3633, 3634 – *Gies-Adler*). Die dem Urheber eingeräumten Verwertungsrechte tragen dem Umstand Rechnung, dass die Informationsbeschaffung und -vermittlung nicht mehr als notwendig beschränkt werden sollte. In engen Grenzen kann der Urheberrechtsberechtigte auch verpflichtet sein, Nutzungsrechte einzuräumen. Insbesondere aber sind die urheberrechtlichen Befugnisse in mannigfacher Weise durch Schrankenbestimmungen begrenzt, die Informationsinteressen Rechnung tragen. Bedeutung erlangt die Informationsfreiheit daher bei der verfassungskonformen Auslegung, etwa der Abgrenzung der abhängigen Bearbeitung nach § 23 URG von der freien Benutzung gemäß § 24 URG oder des Zitierrechts nach § 51 URG (dazu Rn 113 ff.).

2. Das Urheberrechtsgesetz

7   Im Zuge der Reichsgründung von 1871 wurde in den Reichsgesetzen vom 11.6.1870 und 9.10.1876 der Schutz des literarischen und künstlerischen Eigentums reichseinheitlich geregelt. Der fortschreitenden technischen Entwicklung suchte man zu Beginn des 20. Jahrhunderts durch zwei grundlegende Gesetze Rechnung zu tragen, die bis zum Jahre 1965 Geltung behielten: Den literarischen Werken wurde Schutz gewährt durch das „Gesetz betreffend das Urheberrecht an Werken der Literatur und der Tonkunst" (abgekürzt: LUG) vom 19.6.1901 (RGBl S 227). Die Werke der bildenden Kunst (Gemälde, Plastiken, Kunstgewerbe, Fotografie) erhielten Rechtsschutz durch das „Gesetz betreffend das Urheberrecht an Werken der bildenden Künste und der Photographie" (abgekürzt: KUG) vom 9.1.1907 (RGBl S 7). Eine Gesetzesnovelle von 1910 berücksichtigte die neu aufgekommene Schallplatte und den Stummfilm. Die Novelle vom 13.12.1934 (RGBl II S 1395) glich durch Verlängerung der Schutzfrist von 30 auf 50 Jahre das deutsche Urheberrecht der internationalen Rechtslage an. Die stürmische technische Entwicklung auf dem Gebiet der Massenvervielfältigung, insb das Aufkommen von Rundfunk, Fernsehen, Tonband, Mikrokopie usw ließ die Urheberrechtsgesetze von 1901 bzw 1907 bald als veraltet erscheinen. Langwierige Reformarbeiten, die bereits während der Weimarer Republik begonnen wurden, führten schließlich zum **„Gesetz über Urheberrecht und verwandte Schutzrechte (Urheberrechtsgesetz)"** vom 9.9.1965 (BGBl I S 1273), das am 1.1.1966 in Kraft getreten ist (dazu aus Sicht der Presse M. *Löffler,* Urheberrechtsreform, 1963, S 15 ff.). Teile des KUG, insb die §§ 22 bis 24, die den Schutz des Rechts am eigenen Bild regeln, gelten jedoch weiterhin fort.

8   Das URG wurde inzwischen mehrfach **novelliert.** Die wichtigsten Änderungen sind folgende: (1) Die Novelle vom 10.11.1972 (BGBl I S 2081) verbesserte das Folgerecht (§ 26 URG) und führte die sog Bibliothekstantieme (§ 27 URG) ein. (2) Das Änderungsgesetz vom 24.6.1985 (BGBl I S 1273) beseitigte die Schlechterstellung der künstlerischen Fotografie gegenüber anderen Werken. Ferner wurde das Recht der Vervielfältigung für private und sonstige eigene Zwecke (§§ 53, 54 URG) grundlegend reformiert. (3) Das Produktpirateriegesetz vom 7.3.1990 (BGBl I S 422) verbesserte den Rechtsschutz der Urheber und Leistungsschutzberechtigten in zahlreichen Details. (4) Das Änderungsgesetz vom 9.6.1993 (BGBl I S 910) diente insb in §§ 69a ff. URG der Umsetzung der sog Computer-Richtlinie der EG in deutsches Recht. (5) Durch das Gesetz zur Änderung des Patentgebührengesetzes und anderer Gesetze vom 25.7.1994 wurde die Regelung über die Vergütungspflicht für Vervielfältigungen im Wege der Ablichtung bzw Aufzeichnung auf Bild- und Tonträger neu gefasst (BGBl I S 1739). (6) Durch das dritte Gesetz zur Änderung des Urheberrechtsgesetzes vom 23.6.1995 (BGBl I S 842) wurden die Richtlinien zum Vermiet- und Verleihrecht zur Harmonisierung der Schutzdauer (Rn 10) umgesetzt. (7) Das Informations- und Kommunikationsdienstegesetz vom 22.7.1997 (BGBl I S 1870) diente insb der Umsetzung der Datenbank-Richtlinie (dazu Rn 10). (8) Das Gesetz zur Stärkung der vertraglichen Stellung von Urhebern und ausübenden Künstlern vom 22.3.2002 (BGBl I S 1155) regelte Teile des Urhebervertragsrechts, vor allem die Frage der Vergütung des Urhebers, grundlegend neu. (9) Weitreichende Änderungen des URG brachte das Gesetz zur Regelung des Urheberrechts in der Informationsgesellschaft vom 10.9.2003 (BGBl I S 1174), durch das die Informationsrichtlinie (Rn 10) umgesetzt und unter anderem das Recht der öffentlichen Zugänglichmachung (§ 19a URG) sowie der Schutz technischer Schutzmaßnahmen (§ 95a URG) eingefügt wurde. (10) Das Zweite Gesetz zur Regelung des Urheberrechts in der Informationsgesellschaft vom 26.10.2007 (BGBl I S 2513) enthielt vor allem eine Neuregelung der Verträge über unbekannte Nutzungsarten (§ 31a URG) sowie die Neufassung bestimmter Schranken ua zugunsten von Forschung und Wissenschaft. (11) Mit dem Gesetz zur Verbesserung der Durchsetzung von Rechten des geistigen

II. Grundlagen des Presse-Urheberrechts   UrhR BT

Eigentums vom 7.7.2008 (BGBl I S 1191) wurde die Durchsetzungsrichtlinie (Rn 10) ins deutsche Recht umgesetzt. (12) Das Änderungsgesetz vom 7.5.2013 (BGBl I S 1161) fügte in §§ 87fff. URG ein neues Leistungsschutzrecht des Presseverlegers in das URG ein. (13) Mit Gesetz vom 1.10.2013 (BGBl I S 3728) wurde in §§ 61 ff. URG eine Regelung für verwaiste Werke sowie ein Zweitveröffentlichungsrecht für wissenschaftliche Beiträge (§ 38 Abs 4 URG) geschaffen.

Das Gesetz über das Urheberrecht der DDR vom 13.9.1965 (GBl I, 209, abgedruckt bei *Wandtke/Bullinger* Anhang 1) wurde im Rahmen der **deutschen Wiedervereinigung** aufgehoben und durch das URG ersetzt (Art 8, 11 des Einigungsvertrages, BGBl 1990 II S 885, 892, 963). Auch für Werke, die in der ehemaligen DDR geschaffen wurden, gelten nunmehr in vollem Umfang die Bestimmungen des URG. Werke von Autoren, die auf Grund der kürzeren Schutzdauer des § 33 Abs 1 DDR URG (50 Jahre) bereits gemeinfrei geworden waren, sind seit Inkrafttreten des Einigungsvertrages wieder bis zum Ablauf der Schutzfrist nach § 64 Abs 1 URG geschützt (Einigungsvertrag Anlage I Kap III E Abschnitt II [2] § 1). Dies betrifft berühmte Autoren wie *Kurt Tucholsky*, *Joachim Ringelnatz*, Komponisten wie *Maurice Ravel*, *Alban Berg* und die bildenden Künstler *Max Liebermann* und *Ernst Ludwig Kirchner* (Einzelheiten bei *Wandtke/Bullinger/Wandtke* EVtr Rn 9 ff.). Probleme ergaben sich im Hinblick auf Lichtbildwerke, die in der DDR wie alle anderen Werke 50 Jahre geschützt waren, während in der Bundesrepublik bis zum Änderungsgesetz 1985 eine Schutzfrist von 25 Jahren galt. Für die zwischen 1941 und 1959 erschienenen Lichtbildwerke wird eine territorial auf die neuen Bundesländer beschränkte Fortdauer des Urheberschutzes erwogen (*Wandtke/Bullinger/Wandtke* EVtr Rn 21 f.). Nutzungsrechte, die vor dem 3.10.1990 für das Gebiet der alten Bundesländer eingeräumt wurden, erstrecken sich nicht auf das Beitrittsgebiet, Nutzungsrechte mit Bezug auf die DDR nicht auf die alten Bundesländer (BGH ZUM 2003, 681, 684 – *Eterna*). In Betracht kommt allerdings eine Anpassung der Altverträge nach den Grundsätzen über die Störung der Geschäftsgrundlage gemäß § 313 BGB (*Wandtke/Bullinger/Wandtke* EVtr Rn 41).

9

3. Europäisches Urheberrecht

Insbesondere sekundäres Unionsrecht in Form von **EU-Richtlinien** bestimmt wesentliche Teile des deutschen Urheberrechts: (1) Die Richtlinie 91/250/EWG vom 14.5.1991 über den Rechtsschutz von **Computerprogrammen** (ABl EG L 122/42 v 17.5.1991) verpflichtet die Mitgliedsstaaten, Computerprogramme als literarische Werke zu schützen (dazu *Dreier* CR 1991, 577). Die Umsetzung erfolgte in §§ 69a ff. URG. (2) Die Richtlinie 92/100/EWG vom 19.11.1992 zum **Vermiet- und Verleihrecht** (ABl EG L 346/61 v 27.11.1992) harmonisiert das Vermiet- und Verleihrecht und wichtige verwandte Schutzrechte. (3) Die Richtlinie 93/83/EWG vom 27.9.1993 zur Koordinierung bestimmter urheber- und leistungsschutzrechtlicher Vorschriften betreffend **Satellitenrundfunk und Kabelweiterverbreitung** (ABl EG L 248/15 v 6.10.1993) greift Fragen grenzüberschreitender Satellitensendungen und Kabelverbreitungen auf (dazu *Vogel* ZUM 1992, 21). Sie wurde umgesetzt in §§ 20–20b URG. (4) Die Richtlinie 93/98/EWG vom 29.10.1993 dient der **Harmonisierung der Schutzdauer** des Urheberrechts und bestimmter verwandter Schutzrechte (ABl EG L 290/9 v 24.11.1993; dazu *Dietz* GRUR Int 1995, 670). (5) Die Richtlinie 96/9/EG vom 11.3.1996 (ABl EG L 77/20 v 27.3.1996) dient dem rechtlichen **Schutz von Datenbanken** (dazu *Berger* GRUR 1997, 169). Neben das Urheberrecht an einer Datenbank tritt ein Schutzrecht *sui generis*. Auch *Multimedia*-Werke fallen in den Schutzbereich der Richtlinie. (6) Fundamentale Bedeutung für das Urheberrecht in den Mitgliedsstaaten der Union hat die Richtlinie 2001/29/EG zur Harmonisierung bestimmter Aspekte des Urheberrechts und der verwandten Schutzrechte in der Informationsgesellschaft (ABl EG L 167/10 v 22.6. 2001). Diese sog **Informationsrichtlinie** (dazu *Spindler* GRUR 2002, 105) erweitert

10

BT UrhR

Urheber- und Verlagsrecht der Presse

die Rechte insbesondere hinsichtlich der digitalen Nutzung der Werke und enthält eine sehr detaillierte Schrankenregelung. Ferner verpflichtet sie die Mitgliedsstaaten zu einem rechtlichen Schutz technischer Schutzmaßnahmen. Der Anwendungsbereich beschränkt sich freilich nicht auf die digitale Nutzung, sondern zieht auch die herkömmliche analoge Verwertung mit ein. Die Umsetzung erfolgte (verspätet) durch das am 13.9.2003 in Kraft getretene Gesetz zur Regelung des Urheberrechts in der Informationsgesellschaft (BGBl I 1774). (7) Die Richtlinie 2001/84/EG über das **Folgerecht** (ABl EG L 272/32 v 13.10.2001) harmonisiert das Folgerecht in den Mitgliedsstaaten mit Wirkung zum 1.1.2006. (8) Der Harmonisierung des immaterialgüterrechtlichen Sanktionsrechts dient die Richtlinie 2004/48/EG zur **Durchsetzung der Rechte des geistigen Eigentums** (ABl EU L 157/45 v 30.4.2004; dazu *Frey/Rudolph* ZUM 2004, 522). (9) Die Richtlinie 2012/28/EU vom 25.10.2012 schafft die Voraussetzungen zur Nutzung **verwaister** Werke (ABl EU L 299/5 v 27.10.2012).

11   Die Richtlinien binden nach Art 288 Abs 3 AEUV die Mitgliedsstaaten. Sie sind grundsätzlich **nicht unmittelbar anwendbar**. Sind sie jedoch hinreichend bestimmt, gelten sie auch ohne Umsetzung im Verhältnis zwischen Staat und Bürger; eine verzögerte Umsetzung kann Schadensersatzansprüche zur Folge haben. Eine horizontale Wirkung der Richtlinien scheidet aus.

12   Bedeutung entfalten die Richtlinien insbesondere für die **richtlinienkonforme Auslegung** des URG: Die Vorschriften sind im Lichte der Richtlinien auszulegen, auch Bestimmungen, die schon vor der Richtlinie im nationalen Recht galten. Ferner ist die **Vorlage an den EuGH** nach Art 267 AEUV zu beachten.

4. Internationales Urheberrecht

13   Presseprodukte sind heute weltweit verfügbar. Damit gewinnt auch die internationale Dimension des Presseurheberrechts besondere Bedeutung.

a) Territorialitätsprinzip

14   Urheberrecht ist nationales Recht. Es gibt weder ein einheitliches weltweites Urheberrecht noch ein Gemeinschaftsurheberrecht der EU (*Dreier/Schulze/Dreier* Rn 1 vor §§ 120 ff.). Folglich beschränkt sich die Wirkung der nationalen Urheberrechtsgesetze allein auf das jeweilige Staatsgebiet (sog Territorialitätsprinzip). Weltweit betrachtet steht dem Urheber nach Maßgabe des jeweiligen innerstaatlichen Rechts ein Bündel von Urheberrechten zu. Auf dem Territorialitätsprinzip baut das **Schutzlandprinzip** auf. Anknüpfungspunkt für die internationalprivatrechtliche Frage, welches Recht zur Anwendung kommt, ist danach nicht das Recht des Ursprungslands des Werkes (so aber *Schack* Rn 1031 ff.), sondern der Staat in dem die Verletzungshandlung begangen worden ist. Das Schutzlandprinzip (sog *lex loci protectionis* als Urheberrechtsstatut) entscheidet über alle urheberrechtlichen Fragen insb die Entstehung, den Inhalt, die erste Inhaberschaft, die Übertragbarkeit, die Vererblichkeit, die Schranken, die Schutzdauer und das Erlöschen des Urheberrechts (*Loewenheim/Walter* § 58 Rn 24). Das Schutzlandprinzip schließt es aus, dass deutsche Gerichte ausländisches Urheberrecht anwenden, wenn vor einem deutschen Gericht wegen einer Urheberrechtsverletzung im Ausland geklagt wird. Dies setzt freilich einen innerstaatlichen Gerichtsstand voraus, der sich für Personen, die ihren Wohnsitz in einem Mitgliedsstaat der EU haben, nach der EuGVO richtet, sonst in Anlehnung an die örtliche Zuständigkeit der §§ 12 ff. ZPO bestimmt wird. **Urheberrechtsverträge** unterliegen hingegen dem Vertragsstatut nach Art 3 ff. Rom-I-VO. Umstritten ist, ob dies auch für das Verfügungsgeschäft gilt.

b) Fremdenrecht

15   Fremdenrecht regelt die Frage, ob und inwieweit das inländische URG für ausländische Staatsangehörige zur Anwendung kommt. Nach § 120 URG genießen deutsche Staatsangehörige unabhängig vom Erscheinungsort ihrer Werke Schutz nach

II. Grundlagen des Presse-Urheberrechts

dem URG. Gleichgestellt sind Deutsche nach Art 116 Abs 1 GG und Staatsangehörige der EU-Mitgliedsstaaten sowie EWR-Angehörige. Die Anwendbarkeit des deutschen Urheberrechts auf ausländische Staatsangehörige richtet sich nach § 121 URG. Die Voraussetzungen des § 121 Abs 1 URG spielen praktisch nur eine geringe Rolle, weil sich ausländische Staatsangehörige gemäß § 121 Abs 4 URG auf die zahlreichen Staatsverträge berufen können. Diese beinhalten in der Regel den Grundsatz der Inländerbehandlung (Rn 17) mit der Folge, dass die einem Verbandsland angehörigen Urheber im Inland die gleichen Rechte genießen wie die inländischen Urheber (zur Anwendung deutschen Urheberrechts auf einen us-amerikanischen Fotografen *Kieser* AfP 2002, 391).

c) Internationale Abkommen

Grundlage des weltweiten Schutzes des Urheberrechts sind zahlreiche internationale Abkommen. Ohne diese Abkommen würden die einzelnen Staaten den Schutz schöpferischer Werke grundsätzlich nur für die eigenen Staatsangehörigen vorsehen (Rn 14). Die Grundlage des internationalen Urheberrechts bildet immer noch die **Revidierte Berner Übereinkunft** zum Schutz von Werken der Literatur und Kunst (RBÜ), zuletzt revidiert in Paris am 24.7.1971 (BGBl 1973 II S 1071; geändert durch Beschluss vom 2.10.1979, BGBl 1985 II S 81). Nach dem Beitritt der USA (1989), Chinas (1992) und der Russischen Förderation (1995) sind nahezu alle Staaten mit einer relevanten Medienwirtschaft der RBÜ beigetreten. Eine Liste der Mitgliedstaaten findet sich unter www.wipo.int/treaties/en/ip/berne/index.html (Stand Sommer 2014: 167). Leitlinien der RBÜ bilden der Inländergrundsatz (Art 5 Abs 1 RBÜ), das Prinzip der Mindestrechte (Art 6 ff. RBÜ) und das Formalitätenverbot (Art 5 Abs 2 RBÜ). 16

Nachdem zahlreiche Staaten der RBÜ beigetreten sind, hat das **Welturheberrechtsabkommen** von 1952 (WUA) nur noch eine geringe Bedeutung. Es ist zwischen den Staaten der Berner Union nicht anzuwenden (Art XVII WUA).

Hingegen gewinnt das **Übereinkommen über handelsbezogene Aspekte der Rechte des geistigen Eigentums** (TRIPs-Übereinkommen *[Trade-Related Aspects of Intellectual Property Rights]*) an Bedeutung. Es bildet einen Bestandteil des Übereinkommens zur Errichtung der WTO und ist am 15.4.1994 angenommen worden. Eine Liste der Mitgliedsstaaten findet sich unter *www.wto.org* (Stand Sommer 2014: 159 Mitglieder, darunter auch die Europäische Union). Das TRIPs-Übereinkommen basiert auf dem Inländergrundsatz (Art 1 Abs 3, Art 3 TRIPs-Ü), dem Meistbegünstigungsprinzip (Art 4 TRIPs-Ü) und dem Prinzip der Mindestrechte (Art 9 ff. TRIPs-Ü). Nach dem „Bern-Plus-Ansatz" bilden die materiellrechtlichen Vorschriften der RBÜ die Basis auch für die Mindestrechte des TRIPs-Übereinkommens (vgl Art 9 TRIPs-Ü). Hinzu tritt insbesondere der Schutz von Computerprogrammen und Datenbanken (Art 10 TRIPs-Ü). In Teil III enthält das TRIPs-Übereinkommen Regelungen zur Durchsetzung der Rechte des geistigen Eigentums (Art 41–61 TRIPs-Ü). 17

Die **WIPO** *(World Intellectual Property Organization)* hat im Jahre 1996 den **WIPO Copyright Treaty** (WCT) geschlossen (Zustimmungsgesetz vgl BGBl 2003 II S 754). Eine Liste der Mitgliedsstaaten findet sich unter *www.wipo.int* (Stand Sommer 2014: 92 Mitglieder). Der WCT bildet ein Sonderabkommen nach Art 20 RBÜ (Art 1 Abs 1 WCT), deren materiellrechtliche Bestimmungen (Art 1 Abs 4 WCT) und Schutzprinzipien (Art 3 WCT) es übernimmt. Hinzu treten Mindestrechte zum Schutz von Computerprogrammen (Art 4 WCT) und Datenbanken (Art 5 WCT), Regelungen des Verbreitungs- und Vermietrechts (Art 6/7 WCT) und als Ausprägung des Rechts der öffentlichen Wiedergabe das Recht auf „Zugänglichmachung von Werken in der Weise, dass sie Mitgliedern der Öffentlichkeit an Orten und zu Zeiten ihrer Wahl zugänglich sind" (Art 8 WCT). Dazu kommen der sekundäre Schutz technischer Vorkehrungen gegen Umgehung (Art 11 WCT) und von Informationen zur Rechtewahrnehmung (Art 12 WCT). Der WCT ist damit wegweisend 18 für die Informationsrichtlinie und das Gesetz zur Regelung des Urheberrechts in der Informationsgesellschaft.

III. Geschützte Werke und sonstige Schutzgegenstände

1. Schutzvoraussetzungen

19 Nach § 1 URG genießen die Urheber von **Werken der Literatur, Wissenschaft und Kunst** Schutz nach Maßgabe des Urheberrechtsgesetzes. Der Gesetzgeber hat es im Hinblick auf die in ständigem Fluss befindliche literarische, wissenschaftliche und künstlerische Entwicklung vermieden, die geschützten Werkarten abschließend aufzuzählen. In § 2 Abs 1 URG werden vielmehr nur die wichtigsten Werkgattungen beispielhaft („insbesondere") aufgeführt. Daher kann auch ein Multi-Media-Werk Schutz genießen, in dem Elemente herkömmlicher Werke verflochten sind. Für das Presse-Urheberrecht besonders wichtig sind Sprachwerke (§ 2 Abs 1 Nr 1 URG), Werke der bildenden Künste (§ 2 Abs 1 Nr 4 URG), Lichtbildwerke (§ 2 Abs 1 Nr 5) sowie Darstellungen wissenschaftlicher und technischer Art (§ 2 Abs 1 Nr 7). Stets muss es sich aber um ein Werk, dh um eine persönliche geistige Schöpfung handeln (§ 2 Abs 2 URG, dazu Rn 21, Rn 14 ff. Vorauf).

20 Der Urheberschutz entsteht **kraft Gesetzes** mit der Schöpfung des Werkes, ohne dass Förmlichkeiten erfüllt werden müssen. Insbesondere bedarf es keiner Eintragung, Hinterlegung oder Registrierung des Werkes. Die beim Deutschen Patent- und Markenamt geführte Urheberrolle (§ 138 URG) dient allein dem Schutz der Urheber anonymer oder pseudonymer Werke (§ 66 Abs 2 Satz 2 URG). Der weithin übliche Copyright-Vermerk © in Büchern, Zeitschriften, Broschüren usw hat Bedeutung nur auf Grund des Art III WUA. Er kann allerdings zusammen mit einer Urheberbezeichnung die Urhebervermutung nach § 10 URG begründen und eine gewisse Warnfunktion erfüllen. Zum Rechtevorbehalt nach § 49 Abs 1 URG s Rn 157.

2. Persönliche geistige Schöpfung (§ 2 Abs 2 URG)

21 Grundlegende Voraussetzung des Urheberschutz nach § 2 Abs 2 URG ist, dass das Werk eine persönliche geistige Schöpfung darstellt. Dieses Erfordernis ist reichlich verschwommen formuliert (*Schack* Rn 181) und belässt dem Rechtsanwender einen erheblichen Einschätzungsspielraum (*Berger* LMK 2003, 70). Erforderlich ist eine individuelle menschliche geistige Leistung in wahrnehmbarer Form, die eine gewisse Gestaltungshöhe erreicht (*Schricker/Loewenheim/Loewenheim* § 2 Rn 11 ff.).

22 Erforderlich ist in erster Linie, dass das Werk einen **geistigen Inhalt** zum Ausdruck bringt. Dieser kann gedanklicher *oder* ästhetischer Art sein. Ein Produkt eines Handwerkers weist keinen geistigen Gehalt auf, und sei die vom Tischler geschaffene Wäschetruhe handwerklich herausragend gefertigt. Wohl aber kann eine besondere Formgestaltung oder die künstlerische Bemalung der Truhe Schutz genießen.

23 Nur **menschliches Schaffen** kann Urheberschutz beanspruchen (vgl LG Berlin GRUR 1990, 270 – *Satellitenfoto*). Die Farbschmierereien eines Affen sind nicht urheberrechtlich geschützt, selbst wenn sie von einem Betrachter irrtümlich für moderne Kunst gehalten werden. Kein schutzfähiges Werk liegt auch dort vor, wo an die Stelle der menschlichen Schöpfertätigkeit ein reiner Mechanismus oder das Walten des Zufalls tritt. Die mechanische Tätigkeit einer Maschine oder auch eines Computers bringt daher kein urheberrechtliches Werk hervor. Ist die Maschine oder das Computerprogramm (zum Urheberrecht an Computerprogrammen s Rn 31) allerdings nur Hilfsmittel zur Werkschöpfung, ist ein Urheberrecht an dem Werk möglich. Die schlichte Präsentation eines fertig vorgefundenen Objekts als Kunstwerk begründet kein Urheberrecht.

24 Das Werk muss das **Ergebnis individuellen Schaffens** sein, den Geist einer Person ausdrücken. Es muss nicht den „Stempel der Persönlichkeit" tragen, was nur bei

Werken der Hochkultur der Fall ist. Verlangt wird vielmehr ein gewisser Gestaltungsspielraum, in dem sich das menschliche Werkschaffen entfalten kann. Darüber hinaus muss sich das Werk von „Allerweltsprodukten" unterscheiden. Das Werk genießt erst Schutz, wenn es durch eine gewisse **Gestaltungshöhe** über das Handwerkliche und Durchschnittliche hinausragt. Freilich werden in der Praxis keine allzu großen Anforderungen gestellt. Auch die sog **„kleine Münze"** wird geschützt.

Der persönliche Charakter der Schöpfung, die Individualität der Leistung kann sich dabei aus dem **Inhalt** oder aus der **Form**, aber auch aus der besonderen Verbindung von Inhalt und Form ergeben. Unerheblich ist der künstlerische Rang des Werkes. Eine künstlerische Wertung ist mit der Annahme eines Urheberrechts nicht verbunden. Auch ein langweiliger Roman, abstoßende „Bilder" und hässliche „Musik" können Urheberschutz genießen. Das Urheberrecht entscheidet nicht darüber, was Kunst ist. 25

Keine Individualität weist ferner das **„Gemeingut"** auf. Hierzu zählt einmal, was bereits bekannt *ist*, etwa die Gegenstände der Natur, der Geschichte, die kulturelle Überlieferung. Zum Gemeingut zählt ferner, was zwar bisher nicht bekannt ist, aber auf Grund einer wertenden Betrachtung vom Urheberrecht frei bleiben *soll*. Keinen Schutz genießen danach insbesondere wissenschaftliche Lehren, Ideen und Entdeckungen sowie naturwissenschaftliche Forschungsergebnisse als solche. Diese sollen Gegenstand freier geistiger Auseinandersetzung bleiben (vgl BGH GRUR 1981, 352, 353 ff. – *Staatsexamensarbeit*). Nur die konkrete individuelle Ausgestaltung kann Urheberrechte begründen (BGH GRUR 1980, 227, 230 – *Monumenta Germaniae Historica*). Bei wissenschaftlichen Arbeiten, die sich mit dem gleichen Thema beschäftigen, besteht naturgemäß nur ein enger Gestaltungsspielraum für die eigenschöpferische Leistung (BGH GRUR 1980, 352, 355 – *Staatsexamensarbeit*). Der Schutzumfang solcher Arbeiten darf daher nicht zu weit bemessen werden, um die wissenschaftliche Auseinandersetzung nicht einzuengen. Ein Text, der ein wissenschaftliches Thema unter weitgehender Vermeidung der Fachsprache allgemeinverständlich abhandelt, ist schutzfähig, wenn ihm eine eigenpersönliche, schöpferische Prägung zukommt (OLG München ZUM 1994, 362). Hier steht nicht die wissenschaftliche Erkenntnis, sondern die sprachliche Gestaltung des Themas im Vordergrund. 26

Der schöpferische Gedanke als solcher, die **„ungestaltete Idee"**, ist nicht schutzfähig (vgl BGH GRUR 1977, 547, 551 – *Kettenkerze*; GRUR 1979, 705, 706 – *Notizklötze*; OLG Frankfurt GRUR 1992, 699 – *Friedhofsmauer*). Nur der in eine **wahrnehmbare Form** gebrachte Gedanke erfüllt den Werkbegriff. Eine schriftliche oder sonstige körperliche Fixierung ist allerdings nicht erforderlich. Auch die Improvisation oder Stegreifrede genießen Schutz. Wer durch mündliches Weitererzählen einer von ihm erfundenen individuell geprägten „Story" die Grundlage für einen Roman liefert, kann als Urheber geschützt werden (vgl BGH GRUR 1962, 531, 533 – *Bad auf der Tenne II*; OLG München ZUM 1995, 427). Das Ausdrucksmittel muss nicht dauerhaft sein. Daher können auch Sandfiguren am Strand oder Eisfiguren im Winter Schutz genießen. 27

Der Werkbegriff setzt ein ganzes oder fertiges Werk nicht voraus. Auch **Werkteile** und **Werkentwürfe** sind daher schutzfähig, wenn eine individuelle geistige Schöpfung gegeben ist. Für die Schutzfähigkeit eines Werkteils kommt es nicht auf dessen Größe und Bedeutung im Hinblick auf das Gesamtwerk an, sondern nur darauf, ob der Werkteil für sich betrachtet eine eigentümliche Prägung aufweist (BGHZ 9, 262, 266 ff. – *Lied der Wildbahn* = NJW 1953, 1259; BGHZ 28, 234, 237 – *Verkehrskinderlied*; OLG Hamburg GRUR 1978, 307, 308 – *Artikelübernahme*). Daher können auch kleinste Werkteile, zB eine kurze Passage eines Buches oder ein Bildausschnitt, grundsätzlich Urheberschutz genießen. Die Entnahme von geschützten Werkteilen kann insb auf Grund des Zitierrechts nach § 51 URG gestattet sein (dazu Rn 63 ff.). 28

Der urheberrechtliche Werkbegriff ist – trotz zahlreicher europäischer Richtlinien auf dem Gebiet des Urheberrechts (Rn 10) – bisher nicht europarechtlich harmoni- 28a siert worden. Von einem im Entstehen befindlichen **europäischen Werkbegriff** lässt sich jedoch in Hinblick auf die Entscheidungspraxis des Europäischen Gerichtshofs sprechen. So äußert sich der EuGH im Rahmen der Auslegung der europäisch harmonisierten Verwertungsrechte und Schrankenbestimmungen zunehmend auch zu den damit in einem kaum trennbaren Zusammenhang stehenden Voraussetzungen der Schutzfähigkeit (vgl EuGH GRUR 2009, 1041, 1044f. – *Infopaq;* GRURInt 2012, 158, 164 – *Painer/Standard*). Der EuGH nimmt dabei tendenziell eine niedrigere Schwelle für die Schutzfähigkeit an, als bisher im deutschen Recht vorausgesetzt wurde. Die Konsequenzen dieser Rechtsprechung lassen sich noch nicht vollständig absehen (zu den Perspektiven *Berger* ZUM 2012, 353).

3. Schutzfähige Werke nach § 2 Abs 1 URG im Einzelnen

29 Das Gesetz gliedert die in § 2 Abs 1 URG beispielhaft genannten Werke nach dem jeweiligen Ausdrucksmittel:

a) Sprachwerke (§ 2 Abs 1 Nr 1 URG)

aa) Allgemeines

30 Zu den geschützten Werken gehören nach § 2 Abs 1 Nr 1 URG Sprachwerke, neben Computerprogrammen insbesondere Schriftwerke und Reden. **Schriftwerke** sind Texte in Buchstabenform, zB Romane, Novellen, Bühnenwerke, Kurzgeschichten, Gedichte, Liedtexte, Zeitungs- und Zeitschriftenartikel, Anwaltsschriftsätze (BGH GRUR 1986, 739 – *Anwaltsschriftsatz;* zurückhaltender für Rechtsmittelschrift OLG Hamburg GRUR 2000, 146, 147 – *Berufungsschrift*), Hörspiele, Filmdrehbücher etc. Obwohl es auf den Umfang des Sprachwerks grundsätzlich nicht ankommt, werden einzelne Sätze, Schlagwörter oder Wortverbindungen mangels individueller geistiger Leistung nur höchst selten Urheberschutz erlangen. Ein urheberrechtlicher Schutz wurde zB verneint für den Werbeslogan zur Fußballweltmeisterschaft 1986 „... das aufregendste Ereignis des Jahres" (OLG Frankfurt GRUR 1987, 44 – *WM-Slogan*) und für die Liedzeile: „Wir fahr'n, fahr'n, fahr'n auf der Autobahn" (OLG Düsseldorf GRUR 1978, 640, 641 – *fahr'n auf der Autobahn*). Der EuGH hat es andererseits für möglich gehalten, dass auch ein nur elf Worte langer Ausschnitt aus einem Zeitungsartikel urheberrechtlichen Schutz genießt (EuGH GRUR 2009, 1041, 1044f. – *Infopaq*). Zu den geschützten **Reden** gehören zB Vorträge, auch unterhaltender Art, Ansprachen, Predigten, Kommentare in Rundfunk und Fernsehen etc. Liegt der Rede ein Vortragsmanuskript zugrunde, genießt das Werk bereits als Schriftwerk Schutz. Der **Sprachbegriff** umfasst auch Fremdsprachen, ausgestorbene Sprachen (Latein), Kunstsprachen (Esperanto) sowie mathematische Zeichen und Zahlen (BGH GRUR 1959, 251 – *Einheitsfahrschein*).

31 Nach § 2 Abs 1 Nr 1 URG zählen auch **Computerprogramme** zu den Sprachwerken (vgl § 69a Abs 4 URG). Erforderlich ist nach § 69a Abs 3 URG nur eine „eigene", nicht eine persönliche geistige Schöpfung, so dass sehr geringe Anforderungen an den Softwareschutz gestellt werden (BGH NJW 2000, 3571, 3572 – *OEM-Version*).

bb) Sprachwerke in Zeitungen und Zeitschriften

Schrifttum: *Bock,* Urheberrechtliche Probleme beim Leserbrief, GRUR 2001, 397; *Dovifat/Wilke,* Zeitungslehre Bd I, 6. Aufl 1976; *Prantl,* Die journalistische Information zwischen Ausschlussrecht und Gemeinfreiheit, 1983; *Rojahn,* Der Arbeitnehmerurheber in Presse, Funk und Fernsehen, 1978; *Vinck,* Das Interview im Urheberrecht, AfP 1973, 460.

32 Die **Inhalte von Zeitungen und Zeitschriften** werden wesentlich mit sprachlichen Mitteln dargestellt. Sie genießen urheberrechtlichen Schutz, soweit es sich um „persönliche geistige Schöpfungen" im Sinne des § 2 Abs 2 URG (dazu Rn 21) handelt; die Individualität des Werkes bestimmt sich nach Ausdruck, Stil, Diktion sowie innerer und äußerer Form. Die Mehrzahl der Zeitungs- und Zeitschriftenbeiträge

erreicht diese Schutzvoraussetzungen und genießt daher nach § 2 Abs 1 Nr 1 URG als Schriftwerk Urheberschutz (BGHZ 134, 250, 254 – *CB-infobank I*). Auch § 49 URG geht von der Werkqualität der Pressebeiträge aus. Lediglich schlichte **Nachrichten** und Mitteilungen rein tatsächlichen Inhalts, die sich auf die Tatsachenwiedergabe beschränken und dabei journalistisch üblichen Strukturen folgen, stellen keine persönlichen geistigen Schöpfungen im Sinne des § 2 Abs 2 URG dar und können keinen Urheberschutz beanspruchen (BGHZ 134, 250, 256 – *CB-infobank I*). Schlichten Informationen, Ankündigungen, Prognosen und Mitteilungen wie Wettervorhersagen, Bühnen- und Kinospielplänen, Fernsehprogrammen, Veranstaltungskalendern und Börsennotizen fehlt mangels Schöpfungshöhe regelmäßig der Werkcharakter (dazu eingehend *Rojahn* S 17 ff.).

Ist ein Beitrag urheberrechtlich schutzfähig, so erstreckt sich das Urheberrecht indes **nicht** auf die **reine Information,** den sachlichen Inhalt des Beitrags (*Wandtke/Bullinger/Bullinger* § 2 Rn 54). Der Tatsachenstoff einer Nachricht kann nicht auf urheberrechtlichem Wege monopolisiert werden (zu sog „Exklusiv-Informationsverträgen" *Prantl* S 115 ff.). Überdies wird der Schutz von Beiträgen, die vermischte Nachrichten und Tagesneuigkeiten enthalten, durch § 49 Abs 2 URG beschränkt (dazu eingehend Rn 160). Die Abgrenzung zwischen der nicht schutzfähigen reinen Nachricht und der Nachricht in urheberrechtsschutzfähiger Form wird damit weithin obsolet. 33

Berichte in Zeitungen und Zeitschriften gehen über die Nachricht insoweit hinaus, als sie nicht nur die Mitteilung von Tatsachen, sondern die Darstellung einer Situation oder eines übergreifenden Zusammenhanges beinhalten (vgl *Dovifat/Wilke I* S 172). Darin liegt regelmäßig eine schöpferische Leistung, so dass Berichte als Sprachwerke nach § 2 Abs 1 Nr 1 URG urheberrechtlich geschützt sind. Beschränkt sich zB ein Gerichtsreporter auf eine kurze Mitteilung des Verfahrensgegenstandes und des ergangenen Urteils, liegt eine urheberrechtlich nicht geschützte Nachricht vor. Gibt er hingegen eine individuelle Darstellung des Prozessablaufs, der Lebensgeschichte des Angeklagten, vermengt mit Äußerungen der Prozessbeteiligten, handelt es sich um einen Bericht, der in schöpferischer Weise über die bloße Mitteilung von Tatsachen hinausgeht und deshalb urheberrechtlichen Schutz genießt (vgl *Rojahn* S 18). 34

Die **Reportage** unterscheidet sich vom objektiveren Bericht dadurch, dass durch den Autor eine subjektive Färbung in den Beitrag mit einfließt (vgl *Dovifat/Wilke* I S 172). Würdigt der Gerichtsreporter im obigen Beispiel das Verfahrensergebnis und/oder das Verhalten der Prozessbeteiligten aus eigener Sicht, so liegt darin eine persönliche geistige Schöpfung. Reportagen genießen daher grundsätzlich Urheberschutz (LG Frankfurt ZUM 1994, 438, 440; *Prantl* S 32 f.). 35

Als **Artikel** (Näheres *Dovifat/Wilke* I S 176 ff.) werden Beiträge in einem Presseerzeugnis bezeichnet, die eine Erörterung, Meinungsäußerung oder eine kritische Stellungnahme zu Tages- oder Zeitfragen beinhalten. Ihre urheberrechtliche Schutzfähigkeit steht unabhängig von der journalistischen Form der Veröffentlichung außer Frage. Leitartikel, Kolumnen, Kommentare, Kritiken (zur Schutzfähigkeit einer Buchrezension BGH GRUR 2011, 134, 136 f. – *Perlentaucher*), Glossen, Satiren etc genießen Urheberschutz. 36

Titel eines Beitrages, einer Kolumne oder einer Rubrik (zur Schutzfähigkeit des Titels einer Druckschrift BT Titelschutz) genießen in aller Regel keinen Urheberschutz (vgl zuletzt BGH GRUR 1990, 218, 219 – *Verschenktexte*). Die Kürze des Titels erlaubt es nämlich zumeist nicht, von einer persönlichen geistigen Schöpfung zu sprechen. Der Titelschutz richtet sich daher regelmäßig allein nach §§ 5, 15 MarkenG. Voraussetzung dafür ist die hinreichende Unterscheidungskraft des Kolumnentitels (vgl RGZ 133, 189, 190 – *Kunstseiden-Kurier;* BGH GRUR 1970, 141 – *europharm;* BGH AfP 2003, 160 – *Winnetou;* BGH GRUR 2012, 1265, 1267 f. – *Stimmt's?*). Zu bejahen ist ein markenrechtlicher Titelschutz zB für die bekannten Kolumnen „Hohlspiegel" und „Rückspiegel" im Nachrichtenmagazin „Der Spie- 37 gel". Allerweltstitel, wie „Lokales", „Auslandsnachrichten", „Vermischtes" etc, können hingegen auch über das Markenrecht nicht geschützt werden.

38 **Interviews** genießen als Sprachwerke nach § 2 Abs 1 Nr 1 URG Schutz, wenn sie durch die Art der Fragestellung bzw Gesprächsführung oder durch die kritische Stellungnahme zu den behandelten Themen eine individuelle Prägung aufweisen. Das hängt letztlich von Inhalt und Form der Fragen und Antworten ab. Die Schutzfähigkeit ist zB zu verneinen, wenn Reporter bei einer Naturkatastrophe kurze Äußerungen Betroffener aufzeichnen oder zu einem politischen Ereignis spontane Bürgermeinungen einholen. Auch die „Allerweltsäußerungen" berühmter Persönlichkeiten genießen keinen Urheberschutz (vgl *Vinck* AfP 1973, 460). An den für die Schutzfähigkeit erforderlichen geistigen Gehalt dürfen andererseits aber auch nicht zu hohe Anforderungen gestellt werden. Ein vom Journalisten gut vorbereitetes und vom Befragten mit sprachlichem Gehalt geführtes Interview (wie zB viele Interviews in Publikumszeitschriften wie „Der Spiegel" oder „Die Zeit") wird daher zumeist die notwendige Schöpfungshöhe erreichen. Problematisch ist die Frage, wer von den Gesprächspartnern eines Interviews die Urheberschaft für sich beanspruchen kann. Wird das Interview inhaltlich ausschließlich von den Äußerungen des Befragten getragen, ist er als der Alleinurheber anzusehen (*Rojahn* S 20). Liegt hingegen ein echter Dialog vor, zu dem der Interviewer durch wohlüberlegte Fragen und Einwände wesentlich beiträgt, ist von Miturheberschaft der Gesprächspartner auszugehen (Einzelheiten bei *Prantl* S 33 f.; *Vinck* AfP 1973, 460 f.). Ist das Interview urheberrechtlich geschützt, ist zu seiner Publikation ein entsprechendes Nutzungsrecht (auch) des Interviewten erforderlich. Dieses kann aber auch konkludent erteilt worden sein.

39 **Leserbriefe** (dazu *Bock* GRUR 2001, 397), die über alltägliche Mitteilungen hinausgehen, können den Charakter persönlicher geistiger Schöpfungen aufweisen (vgl dazu LG Berlin NJW 1995, 881 – *Botho Strauß*). Verallgemeinernde Aussagen sind angesichts der höchst unterschiedlichen Qualität der in der Presse veröffentlichten Leserbriefe nur schwer möglich. In der Zusendung des Leserbriefs liegt regelmäßig die Zustimmung zur Veröffentlichung und zu den üblichen Kürzungen (*Bosbach/ Hartmann/Quasten* AfP 2001, 481). Das Kürzungsrecht kann sich auch aus § 39 Abs 2 URG ergeben. Ein ausdrücklicher Vorbehalt erscheint dafür nicht erforderlich (aA Vorauf). Der verkürzte Leserbrief darf freilich nicht (sinn-)entstellend (vgl § 14 URG) wirken. Werden einzelne Sätze eines Leserbriefes aus dem Zusammenhang gerissen, kann darin eine Verletzung des allgemeinen Persönlichkeitsrechts liegen (vgl BGHZ 31, 308, 311 – *Alte Herren*).

40 **Kreuzworträtsel, Silbenrätsel und Logeleien** sind in der Regel als Sprachwerke im Sinne des § 2 Abs 1 Nr 1 URG ausgestaltet und genießen deshalb urheberrechtlichen Schutz (OLG München GRUR 1992, 510, 511 – *Rätsel*). Auch hier wird nur die konkrete Ausgestaltung oder Formgebung des Spiels geschützt. Spielerfindungen und Spielideen als solche sind nicht schutzfähig (BGH GRUR 1962, 51, 52 – *Zahlenlotto*).

41 **Witze** sind in der Regel gemeinfreies Gedankengut. Ein Urheber ist für sie ohnehin nur selten zu ermitteln. Witzsammlungen können nach § 4 URG als Sammelwerke geschützt sein.

42 **Werbeanzeigen** können auf vielfältige Weise urheberrechtlichen Schutz genießen (vgl OLG München NJW-RR 1994, 1258). Soweit sie Lichtbilder enthalten, sind sie nach § 2 Abs 1 Nr 5 oder nach § 72 URG geschützt. Bei entsprechender künstlerischer Gestaltung kommt ein Schutz als Werk der bildenden Künste bzw der angewandten Kunst nach § 2 Abs 1 Nr 4 URG in Betracht. **Werbeslogans** als solche sind wegen ihrer Kürze in der Regel nicht selbstständig schutzfähig (BGH GRUR 1966, 691, 692 – *Ein Himmelbett als Handgepäck;* OLG Hamm AfP 1993, 656, 657). Die Werbewirksamkeit allein kann keinen Urheberschutz begründen. Zudem besteht ein erhebliches Freihaltebedürfnis für kurze Werbeformulierungen (*Wandtke/ Bullinger/Bullinger* § 2 Rn 53). Ein urheberrechtlicher Schutz wurde zB verneint für den Werbeslogan zur Fußballweltmeisterschaft 1986 „... das aufregendste Ereignis des

III. Geschützte Werke und sonstige Schutzgegenstände **UrhR BT**

Jahres" (OLG Frankfurt GRUR 1987, 44 – *WM Slogan*). Ein längerer Werbetext, der nicht nur aus Tatsachenmitteilungen besteht, kann auf Grund seiner schöpferischen Gestaltung als Sprachwerk nach § 2 Abs 1 Nr 1 URG Urheberschutz (zum Schutz von Werbekonzeptionen eingehend *Schricker* GRUR 1996, 815) genießen (bejahend LG Hamburg GRUR 1963, 184: „Lass dir raten, trinke Spaten", offengelassen von BGH GRUR 1966, 691, 692 – *Ein Himmelbett als Handgepäck*). Daneben kommt ein Schutz nach dem UWG in Betracht. Schutzfähig nach § 2 Abs 1 Nr 2 URG sind auch Werbelieder, da sie in der Regel mehr darstellen als einen bloß schlagwortartigen Einfall (vgl BGHZ 28, 234, 237 – *Verkehrskinderlied;* OLG Düsseldorf GRUR 1978, 640, 641 – *fahr'n auf der Autobahn*).

b) Werke der Musik (§ 2 Abs 2 Nr 2 URG)

Nach § 2 Abs 1 Nr 2 URG sind geschützt Schöpfungen im Bereich der Tonkunst. 43 Ausdrucksmittel ist der Ton, der durch die menschliche Stimme, Instrumente oder elektronische Apparate hergestellt werden kann. Voraussetzung des Urheberschutzes ist ein musikalischer Inhalt in Klangfolgen, der durch Hören erfassbar ist; er soll ein Erlebnis vermitteln, nicht ein Signal (Information) mitteilen. Dazu zählen alle Arten von Kompositionen, zB Unterhaltungsmusik, Musicals, Opern, Symphonien, Lieder, Orgelmusik usw. Harmonisch muss die Musik nicht sein; auch atonale Musikstücke sind schutzfähig. Im Pressebereich spielt die Wiedergabe von Musikstücken durch Töne naturgemäß keine Rolle. Die graphische Darstellung von Musikstücken durch Noten in Zeitungen und Zeitschriften ist hingegen relevant, denn sie bedeutet eine Vervielfältigung des Musikstücks.

c) Werke der bildenden Künste (§ 2 Abs 1 Nr 4 URG)

Werke der bildenden Kunst sind alle zwei- oder dreidimensionalen Gestaltungen, 44 die einen ästhetischen Gehalt durch Ausdrucksmittel wie Farbe, Linie, Fläche, Raumkörper und Oberflächenstruktur zum Ausdruck bringen (*Wandtke/Bullinger/Bullinger* § 2 Rn 81). Dazu gehören neben den Werken der Malerei, Graphik, Bildhauerei, Plastik und Baukunst auch die Werke der angewandten Kunst sowie die Entwürfe solcher Werke. Grundsätzlich schutzfähig sind zB: Bühnenbilder, Figuren, Grabmale, Fassaden, Möbel und Vasen. Aus dem Bereich der Presse kommt ein urheberrechtlicher Schutz nach § 2 Abs 1 Nr 4 URG vor allem für **Karikaturen, Illustrationen und Zeichnungen** in Betracht. Bei den genannten Werkarten liegen regelmäßig die Voraussetzungen einer persönlichen geistigen Schöpfung vor. Politische Karikaturen, Skizzen eines Gerichtszeichners, Illustrationen zu einem populärwissenschaftlichen Beitrag usw sind daher urheberrechtlich geschützt. **Comicfiguren** fallen unter § 2 Abs 1 Nr 4 URG. Sie sind auch gegen die Übernahme mit ihren prägenden Merkmalen in einen anderen Zusammenhang, eine andere Haltung oder Perspektive geschützt (BGH GRUR 1994, 191 – *Asterix-Persiflagen*); zur Parodie vgl Rn 57. Die für Werke der angewandten Kunst zeitweilig angenommenen erhöhten Anforderungen an die Schutzfähigkeit hat die Rechtsprechung nach der Reform des Geschmacksmusterrechts aufgegeben (BGH GRUR 2014, 175, 176 ff. – *Geburtstagszug*).

Auch das **Layout** einer Zeitung, dh ihre besonders eigentümliche Text- und Bild- 45 gestaltung, kann im Einzelfall als Werk der angewandten Kunst (§ 2 Abs 1 Nr 4 URG) Urheberschutz genießen. Sehr viel schwieriger ist die Frage nach der Schutzfähigkeit von **Nachrichtenzeichnungen, Landkarten, Graphiken, Schaubildern, Tabellen usw** zu beantworten. Hier ist die schöpferische Leistung im Hinblick auf die graphische Darstellung zuweilen zweifelhaft; freilich kommt ein Schutz nach § 2 Abs 1 Nr 7 URG in Betracht (dazu Rn 48). Moderne Computerprogramme in den Redaktionen ermöglichen auch künstlerischen und technischen Laien die Gestaltung anspruchsvoller Illustrationen, Präsentationen, Tabellen und Datengraphiken. Soweit derartige Beiträge unter Verwendung einschlägiger Präsentations- und Illustrationsprogramme ohne nennenswerte eigenschöpferische Leistung erstellt wurden, ist ihre urheberrechtliche Schutzfähigkeit mit Zurückhaltung zu beurteilen. Für

Schriftzeichen ist die Schutzfähigkeit von der Rechtsprechung zwar im Grundsatz bejaht, im konkreten Einzelfall aber verneint worden (BGHZ 27, 351, 355 ff. – *Candida-Schrift*).

d) Lichtbildwerke (§ 2 Abs 1 Nr 5 URG)

46 Lichtbildwerke sind Fotografien. Darunter fallen alle Verfahren der Bildaufzeichnung, die Bilder mittels strahlender Energie erzeugen (BGHZ 37, 1, 6 – *AKI*). Auf die Technik kommt es nicht an; auch digitale Bildaufzeichnungen zählen dazu. Voraussetzung für den Urheberschutz ist eine persönliche geistige Schöpfung (Rn 21). Sie liegt vor, wenn die künstlerische Auffassung und Gestaltungskraft des Fotografen auf Grund der Objektwahl, des Formats, der Auswahl des Aufnahmeorts, der Wahl des Kameratyps, des Films, eines bestimmten Objektivs sowie in der Wahl der Blende und Zeit (BGH GRUR 2003, 1035 – *Hundertwasserhaus*) Ausdruck gefunden hat. Dabei kommt es nicht auf den Zweck der Fotografie oder ihren Gegenstand an; auch der Dokumentation dienende Fotografien sind schutzfähig. Vor dem Hintergrund von Art 6 der Richtlinie zur Harmonisierung der Schutzdauer 93/98/EWG (Rn 10) darf aber für Lichtbildwerke keine allzu hohe Individualität verlangt werden. So können nach der Rechtsprechung des EuGH auch einfache Porträtfotografien schutzfähig sein, wenn der Fotograf frei kreative Entscheidungen (Beleuchtung, Bildausschnitt, Blickwinkel, Atmosphäre) trifft (EuGH GRUR, 2012, 166, 168 f. – *Painer/Standard*). Wird die erforderliche Schöpfungshöhe gleichwohl nicht erreicht, kann das Lichtbild ohne Werkcharakter nach § 72 URG Schutz genießen. Nahezu alle in der Presse abgedruckten Fotografien können daher zumindest als Lichtbild Schutz nach § 72 URG beanspruchen. Die Unterscheidung zwischen Lichtbildwerken nach § 2 Abs 1 Nr 5 URG und bloßen Lichtbildern nach § 72 URG spielt daher in der Pressepraxis keine große Rolle. Bedeutung erlangt sie allerdings für die Schutzdauer. Lichtbildwerke fallen unter die mit dem Tode des Urhebers beginnende regelmäßige 70-jährige Schutzdauer (§ 64 URG); Lichtbilder sind dagegen 50 Jahre nach dem Erscheinen geschützt (§ 72 Abs 3 URG). Die Abgrenzungsfrage stellt sich daher gewöhnlich erst, wenn die 50-Jahre-Frist abgelaufen ist.

e) Filmwerke (§ 2 Abs 1 Nr 6 URG)

47 Filmwerke bestehen aus einer Bild- und Tonfolge, die den Eindruck der Wiedergabe eines bewegten Geschehens vermittelt. Liegt keine persönliche geistige Schöpfung vor, genießen die Bilder Schutz nach § 95 URG (zB einfache Pornofilme). Das Filmwerk ist zu unterscheiden von den zugrunde liegenden Werken wie dem Drehbuch und der Filmmusik. Die Wiedergabe eines Films in herkömmlichen Presseerzeugnissen scheidet aus. Häufig ist allerdings die Entnahme und der Abdruck einzelner Bilder aus einem Filmwerk *(screenshots)*. Damit wird nicht das Filmwerk reproduziert. Allerdings greift der Abdruck in das Recht des Filmurhebers an dem einzelnen Lichtbild(-werk) (Rn 46) ein (LG Berlin ZUM 2000, 513, 514 – *screenshots*; BGH GRUR 2014, 363, 365 – *Peter Fechter*).

f) Darstellungen wissenschaftlicher und technischer Art (§ 2 Abs 1 Nr 7 URG)

48 Darstellungen wissenschaftlicher und technischer Art dienen der Informationsaufbereitung und -vermittlung. Das Gesetz nennt beispielhaft Zeichnungen, Pläne, Karten, Skizzen, Tabellen und plastische Darstellungen. Dazu zählen ferner Bebauungs- und Baupläne, Stadtpläne, Landkarten, Konstruktionszeichnungen, Bestellformulare sowie Fahr- und Eintrittskarten (vgl BGH GRUR 1972, 127 – *Formulare*; GRUR 1979, 464, 465 – *Flughafenpläne*; GRUR 1985, 129, 130 – *Elektrodenfabrik*; GRUR 1991, 529 – *Explosionszeichnungen*; NJW 1992, 689, 690 – *Bedienungsanweisung*; GRUR 2005, 854, 856 – *Karten-Grundsubstanz*; GRUR 2011, 803, 806 – *Lernspiele*). Die persönliche geistige Schöpfung bei Darstellungen wissenschaftlicher oder technischer Art kann in der Formgestaltung selbst liegen. Es genügt für die Schutzfähigkeit, dass in der Darstellung eine individuelle – sich vom alltäglichen Schaffen im Bereich

III. Geschützte Werke und sonstige Schutzgegenstände

technischer Zeichnungen abhebende – Geistestätigkeit zum Ausdruck kommt (BGH NJW 1992, 689, 690 – *Bedienungsanweisung*). Bei einem technischen Regelwerk kann die persönliche geistige Schöpfung aber auch in der Vermittlung eines komplexen technischen Sachverhalts liegen (BGH GRUR 2002, 958 – *Technische Lieferbedingungen*).

4. Sonderformen: Werkbearbeitung, Sammelwerk und Datenbanken

a) Bearbeitungen

§ 3 URG regelt die Frage, ob der Bearbeiter eines Werks ein Bearbeiterurheberrecht erhält; § 23 URG bestimmt, unter welchen Voraussetzungen eine Bearbeitung hergestellt und genutzt werden darf. Keine Bearbeitung ist die freie Benutzung nach § 24 URG. Sie darf ohne Zustimmung des Urhebers des Ursprungswerks verwertet werden. **49**

aa) Bearbeiterurheberrecht

§ 3 Satz 1 URG stellt klar, dass auch Bearbeitungen fremder Werke zu einem **selbstständigen Urheberrecht** des Bearbeiters führen können. Der Bestimmung lässt sich ferner entnehmen, dass das Bearbeiterurheberrecht das Urheberrecht am bearbeiteten Werk nicht beeinträchtigt; der Urheber des bearbeiteten Werks behält also sein Urheberrecht. Dies hat zur Folge, dass zur Verwertung der Bearbeitung auch die Zustimmung des Urhebers des bearbeiteten Werks erforderlich ist. Als wichtiger Fall der Bearbeitung wird in § 3 Satz 1 URG die Übersetzung eines Werks in eine andere Sprache ausdrücklich erwähnt. Will ein Verleger die Übersetzung publizieren, bedarf er nicht nur eines Nutzungsrechts bzgl der Übersetzung, sondern auch die Einwilligung des Urhebers des Werks in der Originalsprache (dazu auch § 23 Satz 1 URG, Rn 52). Weitere Formen der Bearbeitung sind zB die Dramatisierung oder Verfilmung eines Romans, die Episierung eines Gedichtes sowie die Fortsetzung eines Romans. Auch die Formulierung nicht amtlicher Leitsätze von gerichtlichen Entscheidungen durch die Redaktion einer juristischen Fachzeitschrift kann eine Bearbeitung darstellen (BGH NJW 1992, 1316 – *Leitsätze*). **50**

Voraussetzung eines Bearbeiterurheberrechts ist, dass die Bearbeitung eine **persönliche geistige Schöpfung** iSd § 2 Abs 2 URG darstellt (BGH GRUR 2000, 144 – *Comic-Übersetzungen II*). Ist das Originalwerk urheberrechtlich geschützt, so erfüllt auch die Übersetzung in der Regel die Voraussetzungen des § 2 Abs 2 URG. Handelt es sich um einen einfachen Ausgangstext, genießt die Übersetzung nur ausnahmsweise Urheberschutz (OLG Zweibrücken GRUR 1997, 363 – *Jüdische Friedhöfe*). **51**

bb) Herstellung und Verwertung der Bearbeitung

Nach § 23 Satz 1 URG dürfen **Bearbeitungen** und andere Umgestaltungen nur mit Zustimmung des Urhebers des bearbeiteten Werks veröffentlicht oder verwertet werden. Im Umkehrschluss bedeutet dies, dass die Herstellung der Bearbeitung frei ist. § 23 Satz 2 URG nimmt einige Werkformen von der Bearbeitungsfreiheit aus. **Umgestaltungen** werden wie Bearbeitungen behandelt. Umgestaltungen sind Werkänderungen, die mangels Schöpfungshöhe keinen Urheberschutz genießen (BGH GRUR 1981, 520, 521 – *Fragensammlung*), zB die Nutzung des Ausschnitts eines Fotos (LG München I AfP 1994, 239, 240). Gemeinfreie Werke (insb nach Ablauf der Schutzfrist des § 64 URG) und ungeschützte Werkteile dürfen einwilligungsfrei entnommen und verändert publiziert werden (BGH GRUR 1994, 191, 198 – *Asterix-Persiflagen*). **52**

Die Einwilligung nach § 23 Satz 1 URG erfolgt durch Einräumung eines **Nutzungsrechts** nach § 31 URG. Es kann bedingt und befristet eingeräumt werden. Der Urheber des Originalwerks kann dem Bearbeiter aber auch ein Nutzungsrecht mit Änderungsbefugnis vorab einräumen (vgl § 39 Abs 1 URG). Werkänderungen **53** kann der Inhaber des Nutzungsrechts ohne Änderungsbefugnis allein im Rahmen des § 39 Abs 2 URG publizieren (dazu Rn 186).

54 Kein Fall der Bearbeitung ist die **Doppelschöpfung**. Diese liegt vor, wenn das Werk mit einem älteren Werk übereinstimmt, ohne dass das ältere Werk dem Urheber der Doppelschöpfung bekannt ist. Die Doppelschöpfung verletzt das Urheberrecht nicht. Der Urheber der Doppelschöpfung erhält ein vollwertiges Urheberrecht. Im Urheberrecht gilt das Prioritätsprinzip nicht (*Rehbinder* Rn 56). Allerdings sind echte Doppelschöpfungen selten. Sie sind am ehesten im Bereich der kleinen Münze zu finden, wo der Spielraum für Individualität begrenzt ist (KG Berlin AfP 2001, 299, 300). Zugunsten des Urhebers des älteren Werks spricht der Anscheinsbeweis, dass der spätere Urheber das vorbestehende Werk gekannt hat und daher keine Doppelschöpfung vorliegt (BGH GRUR 1988, 810, 811 – *Fantasy*).

55 Eine Urheberrechtsverletzung bedeutet hingegen das **Plagiat** (dazu *Kastner* NJW 1983, 1151; unter strafrechtlichen Aspekten *J. Löffler* NJW 1993, 1421). Der Begriff hat mehrere Bedeutungen. Man versteht darunter zum einen die Herstellung von Raubdrucken und -kopien, auch die Übernahme fremder Pressebeiträge, ohne Einholung eines Nutzungsrechts. Zweitens fällt darunter die bewusste Aneignung fremden Geistesguts unter der Behauptung eigener Urheberschaft. Schließlich spricht man von einem Plagiat, wenn ein fremdes Werk zulässigerweise (etwa auf Grund des Zitierrechts nach § 51 URG), aber ohne Quellenangabe (§ 63 URG) übernommen wird.

cc) Freie Benutzung und Parodie

Schrifttum: *Stuhlert,* Die Behandlung der Parodie im Urheberrecht, 2002.

56 Von der abhängigen Bearbeitung oder Umgestaltung nach § 23 URG ist die freie Benutzung eines Werkes zu unterscheiden, die nach § 24 Abs 1 URG ohne Zustimmung des Urhebers des Originalwerks verwertet werden darf (*Wandtke/Bullinger/ Bullinger* § 3 Rn 14). Eine freie Benutzung liegt vor, wenn unter Verwendung einer fremden Vorlage ein neues selbstständiges Werk (BGH GRUR 2008, 693, 695 – *TV-Total*) geschaffen wird, bei dem die entnommenen eigenpersönlichen Züge des benutzten Werkes gegenüber der Eigenart des neugeschaffenen Werkes zurücktreten bzw verblassen (BGHZ 26, 53, 57 – *Sherlock Holmes;* GRUR 1971, 588, 589 – *Disney-Parodie;* GRUR 1981, 267, 269 – *Dirlada;* GRUR 1994, 191, 193 – *Asterix-Persiflagen;* BGH GRUR 2003, 956, 958 – *Gies-Adler;* BGH GRUR 2014, 258 – *Pippi-Langstrumpf-Kostüm*). Je ausgeprägter die Eigenart einer Vorlage ist, desto weniger kommt eine freie Benutzung in Betracht (BGH GRUR 1981, 267, 269 – *Dirlada;* GRUR 1981, 352, 355 – *Staatsexamensarbeit;* GRUR 1982, 37, 39 – *WK-Dokumentation*). Die Abgrenzung zwischen einer unfreien Bearbeitung und der freien Benutzung ist schwierig. Maßgeblich ist, ob die Individualität des neuen Werkes die schöpferischen Züge des alten Werkes überlagert. Eine freie Benutzung liegt daher vor, wenn das Originalwerk nur noch als „Anregung" für eigenes Werkschaffen dient. So kann zB die Zusammenfassung einer Literaturrezension in Form eines „Abstracts" als freie Benutzung zulässig sein, wenn sie (angesichts des durch das rezensierte Buch im Wesentlichen vorgegebenen Inhalts) zumindest in der äußeren Form einen hinreichenden Abstand zur Originalrezension einhält (BGH GRUR 2011, 134, 137 f. – *Perlentaucher*). Für die Frage, ob eine Bearbeitung oder eine freie Benutzung vorliegt, sind die Übereinstimmungen, nicht die Verschiedenheiten zwischen Vorlage und Nachschöpfung maßgeblich (BGH GRUR 1994, 191, 193 – *Asterix-Persiflagen*). Die Beurteilung hat zu erfolgen vom Standpunkt eines Betrachters, der die Vorlage kennt, aber auch das für das neue Werk erforderliche intellektuelle Verständnis besitzt (BGH GRUR 1994, 191, 193 – *Asterix-Persiflagen*).

57 Besonderheiten gelten für die **Parodie oder Persiflage,** (dazu *Stuhlert,* Die Behandlung der Parodie im Urheberrecht, 2002) die im Pressebereich eine wichtige Rolle spielt. Das Stilmittel der Parodie nimmt Bezug auf ein anderes Werk, das in-

III. Geschützte Werke und sonstige Schutzgegenstände

haltlich oder formal geändert wird, um auf unterhaltsame Art und Weise Kritik zu üben oder das vorbestehende Werk zu verulken. Ist das in Bezug genommene Werk urheberrechtlich geschützt, stellt sich die Frage, unter welchen Voraussetzungen eine Parodie auch ohne Zustimmung des Urhebers des vorbestehenden Werkes verbreitet werden darf. Handelt es sich dabei nur um eine Werkbearbeitung, würde die Veröffentlichung der Parodie nach § 23 Satz 1 URG der Zustimmung des Urhebers bedürfen; eine freie Benutzung kann nach § 24 Abs 1 URG hingegen ohne die Mitwirkung des Urhebers des parodierten Werks publiziert werden. Die Rechtsprechung hatte als Kennzeichen einer nach § 24 Abs 1 URG „freien" Parodie auf die „antithematische Behandlung" der Vorlage abgestellt (BGH GRUR 1971, 588 – *Disney-Parodie*). Diesem engen Ansatz begegneten unter der Perspektive der Kunstfreiheit nach Art 5 Abs 3 Satz 1 GG nicht nur verfassungsrechtliche Bedenken; sie wurde insbesondere deshalb kritisiert, weil sich dem Begriff „antithematische Behandlung" keine verlässlichen Kriterien entnehmen ließen, was die Gefahr von Einzelfallentscheidungen zur Folge habe. Mit der *Asterix*-Entscheidung (BGHZ 122, 53 = GRUR 1994, 191, 194) haben sich die rechtlichen Rahmenbedingungen für eine Parodie verbessert, ohne dass der BGH damit das Kriterium der antithematischen Behandlung aufgegeben hat (vgl BGH GRUR 2003, 956, 958 – *Gies-Adler*). Unter eine parodistische Benutzung fallen danach auch solche Werke, die die Vorlage nur kommentieren, ohne dazu eine Antithese im engeren Sinne aufzustellen. Der Parodist muss allerdings durch eigenschöpferische Leistungen den inneren Abstand zur Vorlage wahren. Als Folge dieser Rechtsprechung haben die Instanzgerichte ein weites Ermessen für die Annahme einer Parodie. Dabei ist zu beachten, dass auch im Rahmen einer Parodie mit dem Werk übereinstimmende Elemente hinzunehmen sind, insb um die Wiedererkennung des Originals sicher zu stellen (BGH GRUR 2003, 956, 958 – *Gies-Adler*).

b) Sammelwerke

Sammelwerke genießen nach § 4 Abs 1 URG Urheberrechtsschutz. Voraussetzung 58 ist, dass es sich um eine Sammlung von Werken, Daten oder anderen Elementen handelt; diese müssen nicht ihrerseits schutzfähig sein. Erforderlich ist ferner eine persönliche geistige Schöpfung hinsichtlich der Auswahl und Anordnung, an die keine hohen Anforderungen gestellt werden (*Wandtke/Bullinger/Marquardt* § 4 Rn 5). Typische Sammelwerke sind Anthologien, Enzyklopädien, Liederbücher, Festschriften, Gesetzessammlungen, Jahrbücher usw. Die wichtigste Gruppe der Sammelwerke sind die sog **periodischen Sammelwerke** (vgl § 41 VerlG), zu denen auch die periodisch erscheinenden Zeitungen und Zeitschriften sowie Rundfunksendungen mit Magazincharakter gehören. Dabei bildet jede in sich abgeschlossene Ausgabe ein Sammelwerk (*Schricker/Loewenheim/Loewenheim* § 4 Rn 16).

Das Urheberrecht des Herausgebers eines Sammelwerkes lässt den Schutz der darin 59 enthaltenen (Einzel-)Werke unberührt. Die Verwertung der Sammlung ist daher nur mit Zustimmung der Urheber der Einzelbeiträge zulässig. § 34 Abs 2 URG enthält eine Sonderregelung für die Übertragung von Nutzungsrechten an einem Sammelwerk: Hier genügt es, wenn der Urheber des Sammelwerkes zustimmt, eine Zustimmung der einzelnen Autoren ist nicht erforderlich. Sonderregelungen für periodische Sammelwerke enthalten ferner § 38 URG und §§ 41, 43–46 VerlG (dazu Rn 229 ff.).

c) Datenbanken

Nach § 4 Abs 2 URG genießen Datenbankwerke Urheberrechtsschutz. Datenban- 60 ken sind besondere Sammelwerke, deren Elemente systematisch oder methodisch angeordnet und einzeln zugänglich sind. Voraussetzung des Schutzes ist auch hier das Bestehen einer persönlichen geistigen Schöpfung, also einer gewissen Eigentümlichkeit, die in der Sammlung und Auswahl der Elemente der Datenbank zum Ausdruck kommt (BGH GRUR 2007, 685, 686 f. – *Gedichttitelliste I*). Ob der Zugang elektronisch erfolgt oder nicht, ist unerheblich. Unter § 4 Abs 2 URG fallen sowohl elektronische

Datenbanken als auch der herkömmliche Zettelkasten, nicht aber das zur Schaffung oder für den Zugang zur Datenbank erforderliche Computerprogramm (§ 4 Abs 2 Satz 2 URG). In der Regel erfüllt ein Sammelwerk auch die Voraussetzungen einer Datenbank. Auch eine Website kann auf Grund des darüber abrufbaren Inhalts eine Datenbank sein (*Schack* MMR 2001, 9, 11), zB die Internetpräsentation einer Zeitung oder Zeitschrift.

61 Dem Hersteller einer Datenbank kann ein besonderes Investitionsschutzrecht nach §§ 87a ff. URG zustehen (hierzu auch Rn 67). Dieses Herstellerschutzrecht besteht unbeschadet des Urheberrechts an der Datenbank. Insbesondere Fachinformationsdatenbanken stellen vielfach keine persönliche geistige Schöpfung dar, weil eine Auswahl der Informationen gerade nicht stattfinden soll, vielmehr eine vollständige Zusammenstellung der Daten erwartet wird. Dann entfällt das Urheberrecht nach § 4 Abs 2 URG, nicht aber das Schutzrecht nach §§ 87a ff. URG. Gleiches gilt bei Telefonbüchern (BGH GRUR 1999, 923 – *Tele-Info-CD*).

5. Verwandte Schutzrechte

62 Unter der Überschrift „Verwandte Schutzrechte" regelt das Gesetz in §§ 70 ff. URG sog Leistungsschutzrechte. Diese schützen kein Werk, sondern künstlerische, unternehmerische wissenschaftliche oder sonstige Leistungen, die regelmäßig Bedeutung für die Vermittlung von Urheberrechten haben.

a) Ausgabenschutz (§§ 70 f. URG)

63 Schutz genießen zunächst die Herausgeber bzw Bearbeiter wissenschaftlicher Ausgaben (§ 70 URG) und nachgelassener Werke (§ 71 URG). Wissenschaftliche Ausgaben können bei entsprechender Gestaltungshöhe, die sich insb in Anmerkungen, Ergänzungen und Kommentierungen zeigt, auch selbstständige persönliche geistige Schöpfungen im Sinne des § 2 Abs 1 Nr 1 URG sein und Urheberschutz in Anspruch nehmen (BGH GRUR 1991, 596, 597 – *Schopenhauer-Ausgabe*).

b) Lichtbilderschutz (§ 72 URG)

64 Lichtbilder ohne Werkcharakter (vgl § 2 Abs 1 Nr 5 URG, zur Abgrenzung Rn 46) genießen als verwandte Schutzrechte urheberrechtlichen Schutz (§ 72 Abs 1 URG). Inhaber des Schutzrechts ist der Hersteller des Lichtbildes. Handwerkliches Können verlangt das Gesetz nicht. Es genügt ein Mindestmaß an geistiger Leistung. Neben Fotografien in einer Bedienungsanleitung (BGH GRUR 1993, 34, 35 – *Bedienungsanweisung*), Luftbildaufnahmen, Filmeinzelbildern (BGHZ 31, 1, 6 – *AKI*), Portraitfotos in Werbeanzeigen (BGH MMR 2000, 218, 219 – *Werbefotos*), Luftbildaufnahmen, Satellitenaufnahmen (LG Berlin GRUR 1990, 270 – *Satellitenfoto*) und Bildern, die von Raumfahrzeugen geschossen werden („Fotos vom Mars") fallen auch Urlaubsbilder, Schnappschüsse, Passbildautomaten- und Familienfotos unter § 72 URG. Die Schutzdauer beträgt 50 Jahre (§ 72 Abs 3 URG); sie hat sich in der Vergangenheit mehrfach geändert (zum Übergangsrecht *Wandtke/Bullinger/Thum* § 72 Rn 38 ff.). Nicht geschützt sind bloße mechanische Vervielfältigungen (Reproduktionen) iSd § 16 von bestehenden Lichtbildern, selbst wenn das Kopierverfahren in technischer Hinsicht fotografischen Charakter hat (vgl BGH GRUR 1990, 669, 673 – *Bibelreproduktion;* NJW 1992, 689, 690 – *Bedienungsanweisung*). Solchen Reproduktionen fehlt ein auch von § 72 URG vorausgesetztes Mindestmaß an persönlicher Leistung (BGH NJW 1992, 689, 690 – *Bedienungsanweisung*). Andernfalls könnte der Urheberschutz für Lichtbilder durch bloße Reproduktion beliebig perpetuiert werden.

c) Schutz ausübender Künstler

65 Ausübende Künstler wie Sänger, Musiker, Schauspieler, Tänzer und Dirigenten erbringen keine persönliche geistige Schöpfung, erbringen aber eine für die Werk-

III. Geschützte Werke und sonstige Schutzgegenstände **UrhR BT**

widergabe unverzichtbare Leistung. Sie genießen hierfür den Schutz nach §§ 73ff. URG.

d) Unternehmerschutz

Die wirtschaftlichen und organisatorischen Leistungen der Medienunternehmer 66 zur Vermittlung schöpferischer Werke genießen nach Maßgabe des URG ebenfalls Rechtsschutz. Zu beachten ist, dass das URG nicht jedem Werkvermittler ein eigenes Leistungsschutzrecht einräumt. Gesetzlich anerkannt ist der Schutz der Theater- und Konzertveranstalter (§ 81 URG), der Tonträgerhersteller (§§ 85f. URG), der Sendeunternehmen (§§ 87ff. URG), der Filmhersteller (§ 94 URG) und seit dem Jahre 2013 der Presseverleger (§§ 87fff. URG).

aa) Leistungsschutzrecht des Presseverlegers

Die politische Forderung nach einem eigenen Leistungsschutzrecht des Presseverle- 66a gers besteht seit Jahrzehnten. Neuen Auftrieb hat die Debatte in den späten 2000er Jahren bekommen, als die Verlage sich unter anderem durch Suchmaschinen und Nachrichtenaggregatoren (zB „Google News") unter Druck sahen, die mit geringem Aufwand Werbeeinnahmen aus der Verwertung von Verlagserzeugnissen erwirtschafteten. Erste Entwürfe eines recht weitreichenden Presse-Leistungsschutzrechts waren mitunter großen dogmatischen Bedenken ausgesetzt (*Hallstein/Loschelder* GRUR 2013, 268; vgl auch *Ohly* WRP 2012, 41). Die nun Gesetz gewordene Fassung der §§ 87fff. URG trägt diesen Bedenken Rechnung, ihr verbleibt jedoch auch nur ein relativ geringer Anwendungsbereich.

Nach § 87f Abs 1 Satz 1 URG hat der Hersteller eines Presseerzeugnisses das ausschließliche Recht, dieses oder Teile hiervon zu gewerblichen Zwecken öffentlich zugänglich zu machen. § 87f Abs 2 Satz 1 URG definiert das Presseerzeugnis als redaktionell-technische Festlegung journalistischer Beiträge in einer verlagstypischen, periodisch erscheinenden Sammlung, wobei § 87f Abs 2 Satz 2 URG Regelbeispiele für journalistische Beiträge enthält. Die Definition umfasst unproblematisch nicht nur Print-, sondern auch Online-Medien (*Dreier/Schulze* Nachtrag §§ 87fff. Rn 5). Anders als etwa das Tonträgerherstellungsrecht nach § 85 Abs 1 URG, das schon durch die Übernahme „kleinster Tonfetzen" verletzt ist (BGH GRUR 2009, 403, 404f. – *Metall auf Metall*), soll das Presseverleger-Leistungsschutzrecht nicht eingreifen, soweit es sich nur um „einzelne Wörter oder kleinste Textausschnitte" handelt (§ 87f Abs 1 Satz 1, Halbsatz 2). Noch stärker begrenzt wird der Umfang des Leistungsschutzrechts durch die als Schranke formulierte Regelung in § 87g Abs 4 Satz 1 URG, die jedermann die öffentliche Zugänglichmachung des Presseerzeugnisses erlaubt, soweit es sich beim Nutzer nicht um einen gewerblichen Anbieter einer Suchmaschine oder eines suchmaschinenähnlichen Dienstes handelt, der „Inhalte entsprechend aufbereitet". Die politische Entstehungsgeschichte des Gesetzes lässt darauf schließen, dass mit letzterem Tatbestand vor allem Betreiber von News-Aggregatoren erfasst sein sollen – also solcher Dienste, die Inhalte von Verlags-Webseiten automatisiert-massenhaft kopieren und in eigene Internet-Angebote einbinden. § 87g Abs 2 Satz 2 URG erklärt auch alle weiteren Schranken der §§ 44aff. URG für entsprechend anwendbar.

Nach alledem bleibt der praktische Gewinn für Presseverleger sehr begrenzt: Klassische Suchmaschinen verwerten in der Darstellung von Suchergebnissen regelmäßig nur kleinste Textausschnitte, die von § 87f Abs 1 Satz 1 URG ausdrücklich nicht erfasst werden. Umfangreichere Übernahmen konnte ein Presseverleger jedoch auch schon vor der Einfügung der §§ 87fff. URG untersagen, soweit der übernommene Textteil für sich betrachtet Urheberrechtsschutz genoss, mithin eine Teilvervielfältigung nach § 16 Abs 1 URG darstellte und der Presseverleger Inhaber eines ausschließlichen Nutzungsrechts war. Der Anwendungsbereich des neuen Leistungsschutzrechts beschränkt sich daher in der Praxis im Wesentlichen auf zwei Fälle: (1) Es erleichtert einem Verleger die Rechtsverfolgung, der entweder sein ausschließliches Nutzungsrecht aufgrund einer komplexen Rechtekette nicht ohne Weiteres

Berger

nachweisen kann oder aber als Inhaber eines nur einfachen Nutzungsrechts nicht aktivlegitimiert ist. (2) Außerdem schafft § 87f Abs 1 URG ein praktisch relevantes eigenes Verbotsrecht des Verlegers für den Fall, dass ein Dritter das Presseerzeugnis in einem Umfang übernimmt, der zwar über „einzelne Wörter oder kleinste Textausschnitte" hinausgeht, aber noch nicht die Schwelle einer (ein notwendiges Maß an Schöpfungshöhe voraussetzenden) Teilvervielfältigung erreicht.

bb) Datenbankschutzrecht

67 Für den Pressebereich erlangt außerdem der Schutz des Herstellers von **Datenbanken** besondere Bedeutung. Voraussetzung des Datenbankschutzes nach § 87a Abs 1 Satz 1 URG ist eine „wesentliche Investition" des Herstellers. Diese Investition kann in menschlichen, finanziellen oder technischen Ressourcen bestehen; anrechnungsfähig ist aber nur der Aufwand zur Erzeugung der Datenbank, nicht der Aufwand zur Erzeugung ihrer Elemente (BGH GRUR 2011, 724, 725 – *Zweite Zahnarztmeinung II*). Unter den Begriff der Datenbank (dazu Rn 60) fallen Zeitungs- und Zeitschriftenarchive, jedenfalls wenn sie zB als Online-Archiv oder CD-Version durchsuchbar ausgestaltet sind (*Wandtke/Bullinger/Thum/Hermes* § 87a Rn 92; LG Berlin ZUM 2000, 73, 75). Erfasst wird richtiger Ansicht nach auch das einzelne Presseprodukt (aA OLG München MMR 2007, 525, 526: Grobeinteilung in Rubriken begründe noch nicht Datenbankeigenschaft), ferner Kleinanzeigenmärkte im Internet (LG Berlin ZUM 2006, 343, 344f.; LG Köln ZUM-RD 2000, 155, 156). Zu Unrecht verneint wurde das Vorliegen einer Datenbank für die Zusammenfassung von Stellenmarktanzeigen einer Tageszeitung (KG ZUM-RD 2001, 88 – *FAZ-Stellenmarkt*; OLG München ZUM 2001, 255 – *Stellenmarktanzeigen*; differenzierend hierzu *Wandtke/Bullinger/Thum/Hermes* § 87a Rn 81ff.). Nach § 87b URG hat der Hersteller der Datenbank (dazu § 87a Abs 2 URG) der nicht mit dem Urheber iSd § 4 Abs 2 URG identisch sein muss, das Recht, die Datenbank zu vervielfältigen, zu verbreiten und öffentlich wiederzugeben. Die Verwertung unwesentlicher Teile der Datenbank ist grundsätzlich frei, es sei denn, sie erfolgt wiederholt und systematisch und beeinträchtigt die Herstellerinteressen unzumutbar (§ 87b Abs 1 Satz 2 URG). Die Schutzdauer beträgt nach § 87d URG 15 Jahre, beginnend mit der Herstellung bzw Veröffentlichung der Datenbank. Eine überarbeitete Datenbank gilt nach § 87a Abs 1 Satz 2 URG als neue Datenbank, deren Herstellung die Frist erneut in Lauf setzt.

e) Exkurs: Wettbewerbsrechtlicher Schutz

68 Verlage nehmen wie andere Medienunternehmen am geschäftlichen Verkehr teil. Ihr Verhalten ist daher an den Bestimmungen des UWG zu messen. Die Anwendung des § 3 UWG in der Fallgruppe des ergänzenden wettbewerblichen Leistungsschutzes (§ 4 Nr 9 UWG) ist neben den Bestimmungen des URG grundsätzlich möglich. Zu beachten ist allerdings, dass die **Nachbildung** von Gegenständen, an denen ein Sonderrechtsschutz urheberrechtlicher Art nicht oder nicht mehr besteht, grundsätzlich zulässig ist (BGHZ 37, 1, 19f. – *AKI*). Es müssen daher besondere, außerhalb der Tatbestände des URG liegende Umstände hinzutreten, welche die beanstandete Handlung als unlauter iSd § 3 UWG erscheinen lassen (BGHZ 44, 288, 295 f. – *Apfel-Madonna*; NJW 1999, 1953, 1956 – *Kopienversanddienst*). Die **Übernahme fremder Arbeitsergebnisse** ist wettbewerbsrechtlich unlauter, wenn dadurch ein fremdes, den Einsatz beträchtlicher Arbeit und Kosten voraussetzendes Leistungsergebnis ohne ins Gewicht fallende zusätzliche eigene Leistung zur Förderung des eigenen Erwerbs unter Schädigung der wettbewerblichen Stellung desjenigen, der das Leistungsergebnis geschaffen hat, mühelos ausgebeutet wird (BGHZ 37, 1, 19 f. – *AKI*). Soweit keine der Fallgruppen des § 4 Nr 9a bis c UWG vorliegt, kommt eine Unlauterkeit der Nachahmung allerdings nur in Ausnahmefällen in Betracht (BGH GRUR 2007, 795, 799 – *Handtaschen*). Aufgrund der Wertung des § 49 Abs 2 URG (Rn 160) ist der Abdruck von **Nachrichten** nur unter besonderen Voraussetzungen

III. Geschützte Werke und sonstige Schutzgegenstände **UrhR BT**

als sittenwidrig anzusehen, etwa bei planmäßiger Übernahme aufwändig recherchierter Meldungen eines Informationsanbieters durch einen Konkurrenten (BGH ZUM 1988, 569 – *Informationsdienst*) oder bei der Verletzung von Geheimnissen (*Rehbinder* Rn 853, der *de lege ferenda* einen kurzen wettbewerbsrechtlichen Schutz der Nachricht verlangt, so auch § 79 östURG).

Allein die Verletzung fremder Urheberrechte begründet keinen Wettbewerbsverstoß, auch nicht in der Fallgruppe des **Wettbewerbsvorsprungs durch Rechtsbruch** gem § 4 Abs 1 Nr 11 UWG (dazu *Köhler* GRUR 2004, 381). Andernfalls könnte jeder Wettbewerber nach § 3 UWG klagen, was mit dem Alleinentscheidungsrecht des Inhabers des Urheberrechts bzw seiner Lizenznehmer über die Verfolgung von Rechtsverstößen unvereinbar ist (BGH NJW 1999, 1964, 1965 – *elektronische Pressearchive*). 69

6. Sekundäre Schutzebene auf Grund technischer Schutzmaßnahmen (§§ 95a ff. URG)

Schrifttum: *Spindler,* Europäisches Urheberrecht in der Informationsgesellschaft, GRUR 2002, 105; *Wiegand,* Technische Kopierschutzmaßnahmen in Musik-CDs, MMR 2002, 722.

a) Umgehungsverbot

Digitale Werke lassen sich ohne besonderen Aufwand (rechtswidrig) vervielfältigen. Zur Abwehr des Zugriffs auf geschützte Werke ist die Medienwirtschaft dazu übergegangen, Werke mit **technischen Schutzmaßnahmen** zu versehen, die den Zugang und die Vervielfältigung sperren oder zumindest erschweren sollen. § 95a Abs 1 URG verbietet die Umgehung dieser Schutzmaßnahmen; § 95a Abs 3 URG untersagt in weitem Umfang darauf gerichtete Vorbereitungshandlungen. Die Bestimmung begründet damit eine weitere sekundäre Schutzebene zugunsten der Rechteinhaber. Sie dient der Umsetzung des Art 6 der Informationsrichtlinie (Rn 10). Technische Schutzmaßnahmen sind nach § 95a Abs 2 Satz 1 URG Technologien, Vorrichtungen und Bestandteile, die dazu bestimmt sind, vom Rechteinhaber nicht genehmigte Handlungen bzgl der nach dem URG geschützten Schutzgegenstände zu verhindern oder einzuschränken (Einzelheiten bei *Wandtke/Bullinger/Wandtke/Ohst,* § 95a Rn 18 ff.). Wirksam sind technische Schutzmaßnahmen, wenn sie eine Zugangskontrolle, einen Schutzmechanismus wie Verschlüsselung, Verzerrung oder sonstige Umwandlung oder eine Vervielfältigungskontrolle enthalten. Diese müssen nicht „absolut" sicher sein, sondern ein Hindernis für einen „Durchschnittsbenutzer" (*Spindler* GRUR 2002, 105, 115) errichten. Umgehung ist jede manipulative Handlung, durch die die technische Schutzmaßnahme außer Kraft gesetzt wird, etwa der Einsatz von Software, um ein Passwort zu ermitteln, oder ein sog Deep-Link auf zugangsgesicherte interaktive Online-Angebote (*Loewenheim/Peukert* § 34 Rn 15). Keine Umgehung liegt vor, wenn der Rechtsinhaber zustimmt. Zustimmungsberechtigt sind alle Urheber und Leistungsschutzberechtigten, die Rechte an dem geschützten Werk haben. Sie können Dritte zur Ausübung des Zustimmungsrechts ermächtigen. 70

Technische Schutzmaßnahmen verhindern nicht nur rechtswidrige, sondern jede Vervielfältigung, auch solche, die nach den Schrankenbestimmungen der §§ 44a ff. URG zulässig sind. § 95b URG dient der **Durchsetzung der Schrankenbestimmungen.** Nach § 95b Abs 1 URG ist der Verwender technischer Schutzmaßnahmen verpflichtet, dem berechtigten Nutzer eines Werks die Mittel zur Verfügung zu stellen, damit er die in der Vorschrift aufgeführten Schrankenregelungen ausüben kann. Der Nutzer hat darauf einen klagbaren Anspruch (§ 95b Abs 2 URG). Zu beachten ist, dass ein Anspruch auf Zurverfügungstellung von Mitteln zur Herstellung **digitaler Privatkopien** nicht besteht; § 95b Abs 1 Nr 6a) URG beschränkt das Recht auf Privatkopie im Wesentlichen auf analoge Informationsträger (Papier). Vertraglich geregelte **interaktive Online-Dienste** fallen nach § 95b Abs 3 URG nicht unter § 95b Abs 1 URG. Dazu zählen On-Demand-Dienste, Datenbanken und Informa- 71 tionsabrufdienste, die nach § 19a URG öffentlich zugänglich sind. Damit soll der elektronische Geschäftsverkehr mit urheberrechtlich geschützten Inhalten gestärkt werden. Vereinbarungen nach § 95b Abs 3 URG sind daher nicht dem Ausschlussverbot des § 95b Abs 1 Satz 2 URG unterworfen.

72 Zu beachten sind die **Kennzeichnungspflichten** nach § 95d URG (dazu *Wiegand* MMR 2002, 722). Ein Verstoß kann nach § 823 Abs 2 BGB zum Schadensersatz verpflichten, ferner Sanktionen nach dem UWG auslösen und zugunsten des Käufers Sachmängelrechte (§§ 434, 437 ff. BGB) auslösen.

b) Schutz der zur Rechtewahrnehmung erforderlichen Informationen

73 Gemäß § 95c URG dürfen zur **Rechtewahrnehmung erforderliche Informationen** nicht entfernt oder verändert werden, wenn dadurch Rechtsverletzungen veranlasst, ermöglicht, erleichtert oder verschleiert werden sollen. Die Bestimmung dient der Umsetzung von Art 7 der Informationsrichtlinie (Rn 10). Sie bildet die Grundlage des Schutzes sog **Digital-Rights-Management-Systeme**. Diese sollen das Werk und den Urheber sowie sonstige Rechteinhaber identifizieren, Modalitäten und Bedingungen für den Zugang vorgeben und die Nutzung selbst kontrollieren (vgl § 95c Abs 2 URG). Zu den geschützten Informationen zählen daher auch die Lizenzbedingungen. § 95c URG ist ein Schutzgesetz iSd § 823 Abs 2 BGB. Wurde gegen § 95c Abs 1 URG verstoßen, darf das Werk nach § 95c Abs 3 URG nicht genutzt werden.

IV. Urheberschaft

1. Person des Schöpfers

74 Das Urheberrecht entsteht unmittelbar in der Person des Schöpfers (§ 7 URG). Ein staatlicher Verleihungsakt ist nicht erforderlich. Der Schöpfungsakt ist kein Rechtsgeschäft, sondern ein Realakt (*Rehbinder* Rn 249). Auch Minderjährige erwerben daher für ihre Schöpfungen ein Urheberrecht. Urheber ist nur, wer das Werk als persönliche geistige Schöpfung (mit-)geschaffen hat, also einen **eigenen schöpferischen Beitrag** iSv § 2 Abs 2 URG erbracht hat. Dazu genügen bloße Ideen, die noch nicht Gestalt angenommen haben, oder Anregungen zu dem Werk noch nicht (BGH GRUR 1995, 47, 48 – *Rosaroter Elefant*). Der Verfasser einer Dissertation ist deren Alleinurheber, auch wenn der betreuende Dozent das Thema vorgeschlagen und Hilfestellung bei der Bearbeitung gegeben hat (vgl BGH GRUR 1995, 47, 48 – *Rosaroter Elefant*). Eine andere Beurteilung kann bei detaillierten Anregungen oder Anweisungen geboten sein, die dem Ausführenden keinen nennenswerten Spielraum für die eigenschöpferische Gestaltung des zu erstellenden Werkes belassen (vgl OLG Köln NJW 1953, 499 – *Kronprinzessin Cäcilie*). Der sog **Ghostwriter**, der zB die „Autobiographie" eines prominenten Politikers verfasst, kann daher je nach der tatsächlichen Gestaltung im Einzelfall Alleinurheber, Miturheber oder auch nur bloßer Gehilfe sein (vgl KG WRP 1977, 187, 189). Letzteres wäre etwa dann anzunehmen, wenn ein bekannter Politiker seinen Lebensbericht auf Band diktiert und dem Ghostwriter lediglich die schriftliche Umsetzung ohne eigenen Gestaltungsspielraum überlässt (vgl OLG Köln NJW 1953, 499 – *Kronprinzessin Cäcilie*).

75 Der **Redakteur**, der entsprechend den Anregungen des Zeitungsverlegers einen Artikel schreibt, erwirbt das Urheberrecht in eigener Person. Dies gilt selbst dann, wenn der Verleger dem Redakteur Anweisungen über Form und Inhalt der Darstellung gibt. Die entscheidende Frage bei Werken, die im Rahmen von Dienst- oder Arbeitsverhältnissen geschaffen werden, ist daher, in welchem Umfang der Arbeitgeber bzw der Dienstherr Nutzungsrechte an dem Arbeitsergebnis für sich in Anspruch nehmen kann (dazu Rn 220 ff.). Zu den Einzelheiten der Urheberschaft im Pressebereich vgl Rn 80.

IV. Urheberschaft **UrhR BT**

2. Miturheber

Miturheberschaft nach § 8 Abs 1 URG ist gegeben, wenn mehrere Personen ge- 76
meinsam ein Werk geschaffen haben, ohne dass sich ihre Anteile gesondert verwerten
lassen. Das setzt ein gemeinsames Schaffen der Beteiligten voraus, bei dem jeder einen schöpferischen Beitrag leistet, der in das Werk einfließt. Bei einem stufenweise
entstehenden Werk – wie zB einem Computerprogramm oder einem Zeitungsartikel –
kann die Mitwirkung auch in einem Vorstadium erfolgen (BGH NJW 1993, 3136,
3137 – *Buchhaltungsprogramm*). Regelmäßig müssen die geleisteten Beiträge zur gleichen Werkgattung gehören (*Fromm/Nordemann/Wirtz* § 8 Rn 13). Bei unterschiedlichen Werkgattungen – zB Text, Bild und Bildlegende in einem Zeitungsartikel –
sind die einzelnen Anteile regelmäßig gesondert verwertbar, so dass insoweit keine
Miturheberschaft, sondern allenfalls eine Werkverbindung (§ 9 URG) vorliegt (dazu
Rn 79).

Miturheberschaft ist im Pressewesen eine durchaus häufige Erscheinung (vgl 77
Rn 81). Viele Beiträge werden von mehreren Autoren gemeinschaftlich verfasst. Das
Recht zur Veröffentlichung und Verwertung des Werkes steht den Miturhebern zur
gesamten Hand zu (§ 8 Abs 2 URG). Verfügungen über das Werk sind nur gemeinsam möglich. Das Gleiche gilt für die Zustimmung zu Änderungen des Werkes.
Doch darf ein Miturheber seine Zustimmung zur Verwertung oder Änderung nicht
wider Treu und Glauben verweigern. Jeder Miturheber ist nach § 8 Abs 2 Satz 3
URG berechtigt, Ansprüche aus Verletzungen des gemeinsamen Urheberrechts geltend zu machen. Soweit es sich um eine Leistungsklage handelt, kann er nur Leistung
an alle Miturheber gemeinsam fordern.

Für die Verteilung der Erträgnisse unter den Miturhebern ist in erster Linie die 78
zwischen ihnen getroffene Vereinbarung maßgeblich. Liegt eine solche Vereinbarung
über die Verteilung nicht vor, gebühren die Erträgnisse aus der Nutzung des Werkes
den Miturhebern nach dem Umfang ihrer Mitwirkung an der Werkschöpfung (§ 8
Abs 3 URG). Das Gesetz stellt dabei bewusst auf den Umfang, dh die Quantität, und
nicht auf die nur schwer zu ermittelnde Bedeutung, dh die Qualität, der Beiträge ab.
Lassen sich die einzelnen Anteile der Autoren nicht (mehr) ermitteln, ist von gleichen
Beiträgen auszugehen (vgl §§ 722 Abs 1, 742 BGB).

3. Urheber verbundener Werke

Von der Miturheberschaft ist die Verbindung mehrerer **selbstständiger** Werke zu 79
unterscheiden (§ 9 URG). Sie liegt vor, wenn sich die verbundenen Werke selbstständig verwerten lassen, etwa weil sie unterschiedlichen Werkgattungen angehören.
Ein Zeitschriftenartikel, der Lichtbilder enthält, kann daher je nach Sachlage zur
Miturheberschaft oder zur Werkverbindung führen. In der Regel wird letzteres vorliegen, weil Text und Bilder auch getrennt verwertet werden können. Wird die Verbindung allerdings nicht von den Urhebern, sondern vom Redakteur oder einer anderen Dritten Person herbeigeführt, liegt keine Miturheberschaft vor, sondern ggf ein
Sammelwerk (§ 4 Abs 1 URG). Der einvernehmlichen Werkverbindung liegt häufig
die Begründung einer Gesellschaft bürgerlichen Rechts nach §§ 705 ff. BGB zugrunde
(BGH GRUR 1982, 743 – *Verbundene Werke*). Nach § 9 URG kann jeder Urheber vom
anderen die Einwilligung zur Veröffentlichung, Verwertung oder Änderung der verbundenen Werke verlangen, wenn die Einwilligung dem anderen nach Treu und
Glauben zuzumuten ist.

4. Urheberschaft im Bereich der Presse – Einzelheiten

Unproblematisch ist die Feststellung des Urhebers, wenn ein **Zeitungs- oder** 80
Zeitschriftenbeitrag unverändert zur Veröffentlichung gelangt. Der Verfasser ist
alleiniger Urheber. Waren mehrere Mitarbeiter tätig, kann die Bestimmung des In-

habers des Urheberrechts erhebliche Schwierigkeiten bereiten. Leistet jeder der Beteiligten einen eigenen schöpferischen Beitrag, der in das gemeinsame Werk einfließt, so liegt Miturheberschaft (Rn 76) vor (BGH NJW 1993, 3136, 3137 – *Buchhaltungsprogramm*). Problematisch ist die Rechtslage, wenn das Manuskript vor der Veröffentlichung von einem Dritten **redigiert** wurde, was in der journalistischen Praxis recht häufig der Fall ist. Der Begriff des „Redigierens" lässt dabei vielfältige Deutungen zu (dazu im Einzelnen *Rojahn* S 24 ff.). Er umfasst zum einen die **Sichtung und Auswahl** des zur Veröffentlichung bestimmten Materials durch einen dazu bestimmten Redakteur. Durch diesen Beitrag wird der Redakteur nicht zum (Mit-)Urheber der von ihm zur Veröffentlichung ausgewählten Beiträge. Er kann auf Grund seiner Auswahltätigkeit allenfalls das Urheberrecht am Sammelwerk (§ 4 Abs 1 URG) erwerben (dazu Rn 58). Dem Redakteur kann es ferner obliegen, die Beiträge anderer Mitarbeiter bis zur Satz- oder Druckreife zu **überarbeiten**. Beschränkt sich der Redakteur hierbei darauf, das von einem anderen Mitarbeiter verfasste Manuskript sprachlich und stilistisch zu korrigieren, so entsteht dadurch (noch) keine (Mit-)Urheberschaft. Das Gleiche gilt bei Kürzungen und Umstellungen. Werden inhaltliche Korrekturen vorgenommen, kann darin im Einzelfall bereits eine nach § 3 URG (Rn 50) selbstständig schutzfähige Bearbeitung des Originalwerks durch den Redakteur vorliegen. Fraglich ist dann, ob der Verfasser dem Redakteur auch das Änderungsrecht an seinem Beitrag eingeräumt hat. Davon ist bei Verfassern in Dienst- und Arbeitsverhältnissen grundsätzlich auszugehen (OLG Köln GRUR 1953, 499, 500 – *Kronprinzessin Cäcilie; Schricker*, Verlagsrecht, § 44 Rn 7; vgl aber BGH GRUR 1954, 80, 81). Auch der **Reporter** als bloßer Lieferant von Nachrichtenmaterial ist nicht (Mit-)Urheber des von einem anderen Redakteur auf dieser Tatsachengrundlage verfassten Artikels (*Rojahn* S 27 ff.), denn das Urheberrecht bezieht sich nicht auf die Information als solche (Rn 33). Ähnliches gilt für **Korrespondenten,** wenn sie sich auf die bloße Weitergabe von Nachrichten beschränken, die als Grundlage für einen von dritter Seite verfassten Artikel dienen. Keine Urheber oder Miturheber sind ferner **Gehilfen,** die bei der Schöpfung eines fremden Werkes mitwirken. Der Gehilfe ist dadurch gekennzeichnet, dass er fremde Gedanken ausführt und keinen selbstständigen Einfluss auf die Gestaltung des Werkes nimmt (vgl BGH NJW 1985, 1633, 1634 – *Happening;* OLG Köln FuR 1983, 348 – *Metallgießer*). Assistenten, Volontäre, Mitarbeiter im Archiv und Sekretärinnen, die dem Autor eines Zeitungs- oder Zeitschriftenartikels bei der Sammlung oder Aufbereitung des Materials behilflich sind, werden dadurch nicht zum Urheber oder Miturheber.

81 Verfassen **mehrere Autoren gemeinsam** einen Beitrag für eine Zeitung oder Zeitschrift, wobei sich jeder Einzelne einer gemeinschaftlichen Konzeption oder Idee unterordnet, so liegt Miturheberschaft vor. Das gilt auch dann, wenn die Autoren dabei in arbeitsteiliger Weise zusammenwirken, zB unterschiedliche Aspekte eines Themas selbstständig erarbeiten. Entscheidend ist die vorher verabredete gemeinsame Konzeption, zu der jeder Beteiligte einen schöpferischen Beitrag geleistet hat (vgl BGH NJW 1993, 3136, 3137 – *Buchhaltungsprogramm;* GRUR 1995, 47, 48 – *Rosaroter Elefant*).

5. Vermutung der Urheberschaft und der Aktivlegitimation

82 Der Beweis der Urheberschaft ist schwierig, insb wenn die Werkschöpfung schon längere Zeit zurück liegt. Hier können die Vermutungen des § 10 URG helfen (dazu *Riesenhuber* GRUR 2003, 187), die nur durch den Beweis des Gegenteils (§ 292 ZPO) widerlegt werden können. Nach **§ 10 Abs 1 URG** wird vermutet, dass derjenige der Urheber des Werkes ist, der auf den Vervielfältigungsstücken eines erschienenen (§ 6 Abs 2 URG) Werkes oder auf dem Original eines Kunstwerkes in der üblichen Weise als Urheber bezeichnet ist (vgl dazu OLG Düsseldorf GRUR 1978, 640, 641 – *fahr'n auf der Autobahn*). Dabei genügt ein Pseudonym, Künstlername oder Künstlerzeichen. § 10 Abs 1 URG gilt für alle Werke, auch für Sammelwerke, Über-

setzungen und andere Bearbeitungen sowie Lichtbilder. Die Vermutung wirkt auch im Verhältnis zwischen Miturhebern (BGH GRUR 2009, 1046, 1048 – *Kranhäuser*).

Bei einem **Zeitschriften- oder Zeitungsartikel** ist somit bis zum Beweis des Gegenteils derjenige als Urheber anzusehen, dessen Name in dem Produkt genannt ist. Dies gilt auch, wenn der Autor nur mit einem der bei vielen Zeitungen und Zeitschriften üblichen Kürzel (zumeist die Anfangsbuchstaben von Vor- und Nachnamen) bezeichnet ist. Die Benennung muss nicht in unmittelbarem drucktechnischen Zusammenhang mit dem Beitrag erfolgen, sondern kann auch auf der Kopf- oder Fußzeile oder im **Impressum** (vgl OLG Nürnberg ZUM-RD 1999, 126, 129) erscheinen. Keine Decknamen sind sog **Verlagspseudonyme** (Sammelpseudonyme), bei denen der Verlag insb für Serienromane fiktive Autorennamen (Beispiel: „Jerry Cotton") festlegt (OLG Hamm GRUR 1967, 260, 261 – *Irene von Velden*); daher greift die Herausgeber- bzw Verlegervermutung des § 10 Abs 2 URG ein. Die Beschränkung auf erschienene Werke dürfte im Hinblick auf die **Online-Veröffentlichungen** überholt sein (aA *Wandtke/Bullinger/Thum*, 2. Aufl 2006, § 10 Rn 21).

Fehlt eine Urheberbezeichnung, wird nach **§ 10 Abs 2 Satz 1 URG** vermutet, dass derjenige zur Geltendmachung der Rechte des Urhebers ermächtigt ist, der als Herausgeber angegeben ist. Mangels einer Herausgeberangabe wird zugunsten des Verlegers nach § 10 Abs 2 Satz 2 URG vermutet, dass er ermächtigt ist, die Rechte des Urhebers geltend zu machen. Der Verleger muss nicht angegeben sein. Die Vermutung des § 10 Abs 2 URG kann auch für juristische Personen eingreifen. Bei einem **Sammelwerk** bezieht sich die Herausgeber- bzw Verlegervermutung auf die einzelnen Beiträge; für das Urheberrecht am Sammelwerk selbst greift § 10 Abs 1 URG ein. Inhalt der Vermutung nach § 10 Abs 2 URG ist nicht die Urheberschaft, sondern die Ermächtigung zur umfassenden Rechtsverfolgung im Wege der **Prozessstandschaft**. Damit ist der Herausgeber bzw Verleger vom Nachweis des Rechteerwerbs entbunden. Weil § 10 Abs 2 URG nur eingreift, wenn die vorrangige Vermutung des § 10 Abs 1 URG nicht eingreift, steht der Herausgeber bzw Verleger insoweit besser, wenn auf die *Urheber*bezeichnung iSd § 10 Abs 1 URG verzichtet wird. Unabhängig von der Anbringung einer Urheberbezeichnung besteht gem § 10 Abs 3 URG aber eine dem Abs 1 entsprechende Vermutung zugunsten des Inhabers eines ausschließlichen Nutzungsrechts. Wer als solcher am Werkstück bezeichnet ist (zB durch den üblichen Copyright-Vermerk, vgl *Dreier/Schulze/Schulze* § 10 Rn 62), dessen Stellung als Inhaber eines ausschließlichen Nutzungsrechts wird vermutet. Die Vermutung gilt jedoch nur in Verfahren des einstweiligen Rechtsschutzes sowie im Hauptsacheverfahren bei der Geltendmachung von Unterlassungsansprüchen. Sie gilt nach § 10 Abs 3 Satz 2 URG außerdem nicht im Verhältnis zum Urheber (oder sonstigen ursprünglichen Schutzrechtsinhaber).

V. Inhalt des Urheberrechts

Der Schutz des Urheberrechts umfasst sowohl die ideellen als auch die materiellen Interessen des Urhebers (§ 11 Satz 1 URG). Im letzteren Zusammenhang hebt § 11 Satz 2 URG die Sicherung einer angemessenen Vergütung hervor. Dem Gesetz liegt die sog monistische Theorie zugrunde, wonach das Urheberrecht ein **einheitliches Recht** ist (Einzelheiten bei *Ulmer* S 112 ff.). Die einzelnen Rechte des Urhebers, die aus diesem einheitlichen (Stamm-)Recht folgen, lassen sich in drei Gruppen einteilen (vgl *Wenzel/Burkhardt* Rn 1.39): (1) urheberpersönlichkeitsrechtliche Befugnisse, (2) körperliche und unkörperliche Verwertungsrechte und (3) sonstige Rechte. Das URG sucht einen Ausgleich zwischen den Interessen des Urhebers und den Belangen der Allgemeinheit. Ähnlich wie das Sacheigentum ist auch das geistige Eigentum sozialgebunden und unterliegt daher Beschränkungen (dazu Rn 106 ff.).

BT UrhR

Urheber- und Verlagsrecht der Presse

1. Urheberpersönlichkeitsrechtliche Befugnisse

85 Die §§ 12–14 URG regeln mit dem Veröffentlichungsrecht, dem Recht auf Anerkennung der Urheberschaft und dem Entstellungsverbot drei wesentliche Urheberpersönlichkeitsrechte. Daneben treten zahlreiche weitere Befugnisse, die im Regelfall ebenfalls der Wahrung des Urheberpersönlichkeitsrechts dienen, etwa das Rückrufsrecht wegen gewandelter Überzeugung (§ 41 URG).

a) Veröffentlichungsrecht (§ 12 URG)

aa) Erstveröffentlichungsrecht

86 Nach § 12 Abs 1 URG hat der Urheber das Recht zu bestimmen, ob sein Werk überhaupt veröffentlicht werden soll. Die Norm zählt zum Kernbereich des Urheberpersönlichkeitsrechts. Sie verhindert, dass ein nicht fertiggestelltes (zB der Entwurf eines wissenschaftlichen Beitrags) oder nicht für die Allgemeinheit bestimmtes Werk (zB Tagebücher) von der Öffentlichkeit wahrgenommen wird. Maßgeblich ist der **Veröffentlichungsbegriff** in § 6 Abs 1 URG. Der Begriff der „Öffentlichkeit" richtet sich grundsätzlich nach § 15 Abs 3 URG (enger *Wandtke/Bullinger/Bullinger* § 12 Rn 7). Die unberechtigte Bekanntmachung führt nicht zu einer Veröffentlichung. Nach § 12 Abs 1 URG ist auch die Art und Weise der Veröffentlichung dem Urheber vorbehalten. Danach kann der Urheber zB den Zeitpunkt und die Umstände der Uraufführung seines Werks bestimmen (*Fromm/Nordemann/Hertin,* Urheberrecht, 9. Aufl 1998, § 12 Rn 9). § 12 Abs 1 URG ist ein sog **Einmalrecht** (OLG München NJW-RR 1997, 493, 494 – *Ausgleich Nichtvermögensschaden*). Mit der ersten Veröffentlichung ist das Recht verbraucht (*Wandtke/Bullinger/Bullinger* § 12 Rn 9). Das Werk kann dann auch in anderen Formen als der der Erstveröffentlichung veröffentlicht werden (aA LG Berlin GRUR 1983, 761, 762 – *Porträtbild*), wenn dazu die entsprechenden Rechte nach §§ 15 ff. URG eingeholt worden sind. **Ausgeübt** wird das Veröffentlichungsrecht vielfach konkludent durch Einräumung des Verbreitungsrechts. Auch in der Überlassung von Vervielfältigungsstücken kann die Einwilligung zur Veröffentlichung liegen. Das Veröffentlichungsrecht wird von der Rechtsprechung im Einzelfall einer Interessenabwägung unterworfen. Das kann zu einem Vorrang der Meinungs- oder **Pressefreiheit** führen (OLG Hamburg GRUR 2000, 146, 147 – *Berufungsschriftsatz*). Sehr weitgehend hat das LG Berlin (NJW 1995, 881 – *Botho Strauß*) angenommen, ein Presseorgan sei berechtigt, den privaten Briefwechsel eines Schriftstellers mit einem Redakteur auch gegen dessen Willen zu veröffentlichen. Nach hM ist *nach* der Veröffentlichung eines Werkes jedermann befugt, den Inhalt des Werkes zu Zwecken der Information und Kritik mitzuteilen (differenzierend hierzu *Schricker/Loewenheim/Dietz/Peukert* § 12 Rn 29 mit weiteren Nachweisen). Die Gegenansicht (*Fromm/Nordemann/Hertin,* Urheberrecht, 9. Aufl 1998, § 12 Rn 14) verneint dies unter Hinweis darauf, dass Information und Kritik im Rahmen einer freien Benutzung des Werks (§ 24 URG) und des Zitierrechts (§ 51 URG) möglich sind.

bb) Inhaltsmitteilung

87 § 12 Abs 2 URG behält dem Urheber das **Recht zur Inhaltsmitteilung** eines noch nicht veröffentlichten Werks vor. Die Bestimmung geht über den herkömmlichen Schutzbereich des Urheberrechts hinaus, denn die schlichte Inhaltsmitteilung ist gewöhnlich eine freie Benutzung (§ 24 URG; dazu Rn 56). Danach kann ein Romanautor die Mitteilung des Inhalts seines noch nicht veröffentlichten Werks ebenso verbieten wie ein Maler die Berichterstattung über sein noch in Arbeit befindliches Werk der bildenden Kunst. Zulässig ist freilich eine allgemeine Berichterstattung etwa darüber, dass ein Künstler an einem Werk arbeitet und mit welchem Sujet es sich befasst.

V. Inhalt des Urheberrechts UrhR BT

b) Urheberanerkennungsrecht (§ 13 URG)

Nach § 13 Satz 1 URG hat der Urheber ein Recht auf **Anerkennung seiner** 88
Urheberschaft. Danach kann der Urheber insb gegen Plagiatoren (Rn 55) auf Feststellung seiner Urheberschaft klagen; § 13 Satz 1 URG begründet das nach § 256 ZPO erforderliche Rechtsverhältnis. Er kann weiter verlangen, dass Personen, die keinen urheberrechtlichen Beitrag zu dem Werk erbracht haben, nicht gemeinsam mit ihm als Urheber genannt werden, etwa Auftraggeber oder Personen, die ein Werk für eine Ausstellung zur Verfügung stellen (*Wandtke/Bullinger/Bullinger* § 13 Rn 3). Der wissenschaftliche Assistent, der einen Aufsatz alleine verfasst hat, muss die Nennung des Lehrstuhlinhabers als Ko-Autor nicht hinnehmen (*Schack* Rn 373). Die Nennung von Miturhebern (Rn 76) muss er dulden.

Ergänzend kann der Urheber nach § 13 Satz 2 URG das Ob und Wie der **Urhe-** 89
berbezeichnung bestimmen. Möglich ist neben einem Verzicht auf Urhebernennung („Recht auf Anonymität") die Nennung des bürgerlichen Namens, einer Abkürzung desselben, ein Pseudonym oder ein graphisches Zeichen. § 107 URG stellt das unzulässige Anbringen von Urheberbezeichnungen unter Strafe. Das Urheberbenennungsrecht steht auch Miturhebern und Bearbeitern zu (BGH GRUR 1972, 713, 714 – *Im Rhythmus der Jahrhunderte*). Einem ausgeschiedenen Miturheber bleibt das Benennungsrecht so lange erhalten, wie nachfolgende Auflagen noch von seinem Wirken geprägt sind (vgl BGH GRUR 1978, 360, 361 – *Hegel-Archiv;* OLG Frankfurt UFITA 59 (1971), 306, 310 – *Taschenbuch für Wehrfragen*). Das Urheberbenennungsrecht steht grundsätzlich auch angestellten und freiberuflichen Mitarbeitern einer Zeitung oder Zeitschrift zu (vgl BGH GRUR 1995, 671, 672 – *Namensnennungsrecht des Architekten; Ricker/Weberling*, Handbuch des Presserechts, 6. Aufl 2012, Kap 62 Rn 30). Die instanzgerichtliche Rechtsprechung bejaht ein Namensnennungsrecht sogar bei Lichtbildern nach § 72 URG, obgleich insoweit ein Urheberpersönlichkeitsrecht nicht in Betracht kommt (OLG Düsseldorf MMR 1998, 147, 148; LG München AfP 1994, 239; ArbG Heilbronn AfP 1989, 596, 597). Aus § 13 Satz 2 URG folgt auch die Möglichkeit, ein Werk in fremdem Namen erscheinen zu lassen (Ghostwriter, dazu *Fromm/Nordemann/Dustmann* § 13 Rn 19; *Ahrens* GRUR 2013, 21).

Das Namensnennungsrecht nach § 13 Satz 2 URG ist **vertraglich abdingbar.** 90
Der Urheber kann auf die Benennung ausdrücklich oder konkludent verzichten. Von einem stillschweigend erklärten Verzicht kann aber nicht ohne weiteres ausgegangen werden (BGH GRUR 1995, 671, 672 – *Namensnennungsrecht des Architekten*). Der Verzicht entspricht im Pressewesen einer weit verbreiteten Übung (*Rojahn* S 111 ff.). Ist der Verzicht vertraglich erklärt, so ist die Abrede bindend. Im Wege der Auslegung ist zu klären, ob sich ein Verzicht auch auf weitere Werknutzungen bezieht.

c) Beeinträchtigungsverbot (§ 14 URG)

Der Urheber kann nach § 14 URG Entstellungen und andere Beeinträchtigungen 91
seines Werkes verbieten, wenn sie geeignet sind, seine berechtigten geistigen oder persönlichen Interessen am Werk zu beeinträchtigen. Das Verbot des § 14 URG schützt das Integritätsinteresse des Urhebers an der Erhaltung des Werkes in der von ihm geprägten Eigenart. Unter § 14 URG fallen insb Verstümmelungen, Kürzungen und sinnverzerrende Änderungen. Die Bestimmung verbietet jede Änderung, auch (vermeintliche) „Verbesserungen" des Werkes. Erfasst werden ferner mittelbare Werkbeeinträchtigungen, die das Werk äußerlich unverändert lassen, es aber in eine beeinträchtigenden Zusammenhang stellen. Daher verstößt der Abdruck eines Gedichts in einer nachgemachten Ausgabe des DDR-Staatsorgans „Neues Deutschland" gegen § 14 URG (KG NJW-RR 1990, 1065, 1066 – *Neues Deutschland*). Ebenso verhält es sich mit der Verwendung eines Musikstücks als Handy-Klingelton (BGH GRUR 2009, 395, 396 f. – *Klingeltöne für Mobiltelefone*). § 14 URG verlangt eine Interessenabwägung (*Wandtke/Bullinger/Bullinger* § 14 Rn 10), in deren Rahmen auch

Berger

Belange des Verwerters zu berücksichtigen sind. Vertragliche Vereinbarungen über Werkänderungen sind zulässig.

92 Nach § 39 Abs 2 URG darf der Inhaber eines Nutzungsrechts solche Änderungen des Werkes und seines Titels vornehmen, zu denen der Urheber seine Einwilligung nach Treu und Glauben nicht versagen kann (dazu Rn 186). Auch die Umstellung eines literarischen oder wissenschaftlichen Werkes auf die neue Rechtschreibung stellt eine Werkänderung dar (*Wasmuth* ZUM 2001, 858, 860; aA *Hartmann/Quasten* AfP 2001, 304, 305). Bei Presseerzeugnissen wird sich eine Änderungsbefugnis nach Treu und Glauben (§ 39 Abs 2 URG) aber häufig aus dem Interesse des Verlages an der Einheitlichkeit der Rechtschreibung ergeben. § 62 URG stellt klar, dass das Änderungsverbot auch dann gilt, wenn Werke auf Grund der Schranken der §§ 44a ff. URG genutzt werden; eine öffentliche Rede (§ 48 URG), ein Pressebeitrag (§ 49 URG) und ein Zitat (§ 51 URG) dürfen daher grundsätzlich keine Werkänderung enthalten.

2. Verwertungsrechte

93 Dem Urheber steht das ausschließliche Recht zu, sein Werk in **körperlicher** oder **unkörperlicher** Form zu verwerten. § 15 URG nennt ausdrücklich acht Verwertungsrechte. Die Aufzählung ist nicht abschließend. Die technische Entwicklung kann weitere Verwertungsrechte erforderlich machen. Die umfassende Befugnis des Urhebers zur Werkverwertung erfasst derartige Vorgänge auch ohne Gesetzesänderung.

a) Verwertung in körperlicher Form

aa) Vervielfältigungsrecht (§ 16 URG)

94 Dem Urheber steht das ausschließliche Recht zu, Vervielfältigungsstücke seines Werks herzustellen. Vervielfältigung im urheberrechtlichen Sinne ist jede körperliche Fixierung eines Werkes (auch die Erstfixierung, § 16 Abs 2 URG), die geeignet ist, es den menschlichen Sinnen in irgendeiner Weise direkt oder indirekt wahrnehmbar zu machen (BGHZ 17, 266, 280 – *Grundig-Reporter;* BGH NJW 1983, 1199 – *Presseberichterstattung und Kunstwerkwiedergabe II*). Auch eine vorübergehende Vervielfältigung genügt, etwa das Zwischenspeichern bei einem Serverbetreiber oder das Abspeichern im Arbeitsspeicher eines Computers (*Wandtke/Bullinger/Heerma* § 16 Rn 18; aA zur früheren Rechtslage KG ZUM 2002, 828, 830 – *Versendung von Pressespiegeln per E-Mail*). Flüchtige oder begleitende Vervielfältigungen sind aber nach § 44a URG (Rn 112) zulässig. Das angewendete technische oder manuelle Verfahren ist rechtlich unerheblich (Druck, Fotokopie, Scannen, Ab- oder Mitschreiben, Abguss usw). Ebenso gleichgültig ist die Zahl des Vervielfältigungen. Die Herstellung schon eines Lichtbildes von einem geschützten Kunstwerk (zB von einem Gemälde oder einer Plastik) oder von einem Werk der Baukunst ist eine Form der Vervielfältigung (vgl BGH NJW 1983, 1199 – *Presseberichterstattung und Kunstwerkwiedergabe II*); BGH NJW 2002, 2394 – *Verhüllter Reichstag*). Auch das fixierte Negativ des Lichtbildes stellt bereits eine erste Vervielfältigung dar (vgl BGH GRUR 1982, 102, 103 – *Masterbänder*), ferner jeder Abzug und der Abdruck. Umstritten ist, ob und in welchen technischen Verfahren das zunehmend Anwendung findende Streaming von Audio- und Videoinhalten über das Internet von § 16 URG umfasst ist (vgl *Busch* GRUR 2011, 496).

bb) Verbreitungsrecht (§ 17 URG)

95 Das Verbreitungsrecht ist das Recht, das Original oder Vervielfältigungsstücke eines Werkes der Öffentlichkeit anzubieten oder in Verkehr zu bringen. Das Verbreitungsrecht bezieht sich ausschließlich auf die körperliche Weitergabe des Originals oder (von wem auch immer) hergestellter Vervielfältigungsstücke. Die öffentliche Aufführung eines Theaterstücks ist daher keine Verbreitung im Sinne des § 17 URG.

V. Inhalt des Urheberrechts UrhR BT

Anbieten ist dem Inverkehrbringen regelmäßig vorgelagert. Ein Angebot setzt keinen Antrag nach §§ 145 ff. BGB voraus; das Bewerben durch Inserate, Auslagen, Kataloge und durch im Internet abrufbare Darstellungen genügt. Der Öffentlichkeitsbegriff richtet sich nach § 15 Abs 3 Satz 2 URG. Jedoch reicht ein Angebot an eine einzelne Person der Öffentlichkeit aus (BGHZ 113, 159, 161 – *Einzelangebot*). Kein „öffentliches Angebot" soll allerdings die öffentliche Werbung für den Kopienversanddienst einer Bibliothek darstellen (BGH NJW 1999, 1953, 1956 – *Kopienversanddienst*). Für das **Inverkehrbringen** genügt die Weitergabe schon eines Vervielfältigungsstücks an die Öffentlichkeit, nicht jedoch die private Weitergabe an Dritte, zu denen eine persönliche Beziehung besteht. Vor dem Hintergrund des Art 4 Abs 1 der Informationsrichtlinie (Rn 10) verletzt außerdem nicht die bloße Gebrauchsüberlassung, sondern nur die Eigentumsübertragung des Werkexemplars das Verbreitungsrecht (EuGH GRUR 2008, 604, 605 – *Le-Corbusier-Möbel*; BGH GRUR 2009, 840, 841 – *Le-Corbusier-Möbel II*).

§ 17 Abs 2 URG normiert den für das Urheberrecht außerordentlich bedeutsamen **Erschöpfungsgrundsatz:** Wenn das Original oder Vervielfältigungsstücke des Werkes mit Zustimmung des zur Verbreitung Berechtigten durch Veräußerung in Verkehr gebracht worden sind, ist deren Weiterverbreitung zulässig. Für die Weiterverbreitung ist also kein Nutzungsrecht erforderlich. Dies dient der Verkehrsfähigkeit von Werkexemplaren. Es erschöpft sich nur das Verbreitungsrecht, nicht das Vervielfältigungsrecht. Kopieren ist trotz Erschöpfung unerlaubt. Voraussetzung des § 17 Abs 2 URG ist die **Veräußerung.** Darunter fällt die endgültige Aufgabe der Verfügungsmöglichkeit unabhängig vom schuldrechtlichen Kausalgeschäft. Die Sicherungsübereignung soll nicht unter § 17 Abs 2 URG fallen (*Fromm/Nordemann/Dustmann* § 17 Rn 29), ebenso wenig die Veräußerung von Verlagserzeugnissen als **Makulatur** zur Vernichtung (OLG Karlsruhe GRUR 1979, 771, 772 – *Remission*). Das Verbreitungsrecht lebt wieder auf, wenn ein Verlag Druckexemplare zurücknimmt (OLG Karlsruhe GRUR 1979, 771, 772 – *Remission*). Erschöpfung tritt aber nur dann ein, wenn die Erstveräußerung im **Gebiet der Europäischen Union** oder eines anderen Vertragsstaates des Abkommens über den Europäischen Wirtschaftsraum erfolgt. Das Inverkehrbringen in einem Drittstaat soll hingegen nicht zur Erschöpfung führen (*Wandtke/Bullinger/Heerma* § 17 Rn 32). Die Erschöpfung ist nicht vertraglich abdingbar. Allerdings muss eine inhaltliche Beschränkung des Verbreitungsrechts im Rahmen des § 31 Abs 1 Satz 2 URG bei der Veräußerung beachtet worden sein; ist die Lizenz zB befristet, erschöpft sich das Verbreitungsrecht nicht, wenn nach Fristablauf veräußert wird. Ist die Erstverbreitung aber berechtigt erfolgt, tritt Erschöpfung ein (KG Berlin AfP 2003, 166, 167). Nicht zulässig sind allerdings zusätzliche Beschränkungen der Veräußerung wie die Bindung des Verkaufs des Werkexemplars an den Verkauf weiterer Gegenstände (zB Software und Computer, BGH GRUR 2001, 153, 154 – *OEM-Version*). Von der Erschöpfung ausgenommen ist die **Vermietung,** dh die zeitlich begrenzte unmittelbar oder mittelbar Erwerbszwecken dienende Gebrauchsüberlassung (§ 17 Abs 2 und Abs 3 URG). Das Vermietrecht bildet damit ein eigenständiges Recht. Der Begriff der Vermietung nach § 17 Abs 3 URG ist weiter als der des § 535 BGB. Es genügt, wenn die Überlassung wirtschaftlichen Zwecken dient. Obgleich der Wortlaut des § 17 Abs 3 URG dafür keinen Anhalt bietet, nimmt man die Präsenznutzung aus (skeptisch *Schricker/Loewenheim/Loewenheim* § 17 Rn 34). Daher soll das Überlassen von **Zeitschriften im Wartezimmer** eines Arztes keine Vermietung darstellen (aA *Fromm/Nordemann/Nordemann*, Urheberrecht, 9. Aufl 1998, § 17 Rn 10). Zu den Folgen für § 27 Abs 1 URG s Rn 104.

cc) Ausstellungsrecht (§ 18 URG)

Das Ausstellungsrecht nach § 18 URG hat geringe praktische Bedeutung, denn als Ausprägung des Erstveröffentlichungsrecht nach § 12 URG (Rn 86) erfasst es nur die Ausstellung bislang unveröffentlichter Werke. Fotos, die in einer Zeitung oder Zeitschrift veröffentlicht worden sind, dürfen daher ohne weiteres ausgestellt werden.

Das Ausstellungsrecht kann sich für den Eigentümer eines bislang noch nicht veröffentlichten Kunstwerks oder Fotos überdies aus § 44 Abs 2 URG ergeben.

b) Verwertung in unkörperlicher Form

aa) Grundvoraussetzung: Öffentlichkeit (§ 15 Abs 3 URG)

98 Der für alle Formen der öffentlichen Wiedergabe relevante **Öffentlichkeitsbegriff** richtet sich nach § 15 Abs 3 URG. Erforderlich ist eine Wiedergabe an eine Mehrzahl von Personen (zwei genügen), die weder mit dem Werkverwerter noch mit anderen Personen, denen das Werk in unkörperlicher Form wahrnehmbar oder zugänglich ist, persönlich verbunden sind. Eine zeitgleiche Wiedergabe ist nicht erforderlich. Persönliche Verbundenheit setzt nicht freundschaftliche oder familiäre Beziehungen voraus; es genügt auch ein enger gegenseitiger Kontakt (BGH NJW 1996, 3084, 3085 r Sp – *Zweibettzimmer*). Dabei besteht ein Zusammenhang zwischen der Zahl der Personen und ihrer Verbundenheit: Je geringer die Zahl ist, desto eher liegt eine persönliche Verbundenheit nahe. Ab 100 Personen spricht die Lebenserfahrung gegen eine persönliche Verbundenheit (*Wandtke/Bullinger/Heerma* § 15 Rn 27). Der in einem **Zweibettzimmer** eines Krankenhauses ermöglichte Rundfunkempfang ist keine öffentliche Wiedergabe, denn die Patienten öffneten – wenn auch gezwungenermaßen – ihre private Sphäre dem Mitbewohner (BGH NJW 1996, 3084, 3085 r Sp – *Zweibettzimmer*). Die Wiedergabe in einem **Gefängnis** ist hingegen öffentlich (BGH GRUR 1984, 734, 735 – *Vollzugsanstalten*). Die Mitarbeiter eines Betriebs, Unternehmens oder einer Behörde sind regelmäßig nicht persönlich verbunden, so dass ein im **Intranet** zugängliches Werk öffentlich wiedergegeben wird (*Loewenheim/Hoeren* § 21 Rn 26). Öffentlich ist in der Regel auch die Wiedergabe geschützter Werke in Lehrveranstaltungen an Universitäten und Hochschulen, soweit sie frei zugänglich sind (OLG Koblenz NJW-RR 1987, 699, 700).

bb) Vortrags-, Aufführungs- und Vorführungsrecht (§ 19 URG)

99 Das Recht zur unmittelbaren öffentlichen Wiedergabe seines Werkes (Vortrag von Sprachwerken, Darbietung von Werken der Musik, Aufführung von Bühnenstücken, Vorführung von Filmen, Präsentation von Dias, Overhead-Folien usw) steht allein dem Urheber zu. Diese Rechte haben für den Pressebereich eher geringe Bedeutung.

cc) Recht der öffentlichen Zugänglichmachung (§ 19a URG)

100 Das Recht der öffentlichen Zugänglichmachung in § 19a URG wurde durch das Gesetz zur Regelung des Urheberrechts in der Informationsgesellschaft im Jahre 2003 eingefügt. Unter § 19a URG fällt das Recht, das Werk der Öffentlichkeit drahtgebunden oder drahtlos so zugänglich zu machen, dass es den Mitgliedern der Öffentlichkeit von Orten und Zeiten ihrer Wahl zugänglich ist. Das Recht der öffentlichen Zugänglichmachung gibt dem Urheber die Möglichkeit, die **Nutzung seiner Werke im Internet** zu kontrollieren. § 19a URG weist bereits das Einstellen eines Werkes ins Internet zum Abruf urheberrechtlich ausschließlich dem Urheber zu. Auf den tatsächlichen Abruf oder gar das Abspeichern beim Nutzer kommt es nicht an. Damit wird ein frühzeitiger Urheberschutz erreicht. Das Werk muss dem Nutzer in der Weise zum Abruf bereit gestellt werden, dass er den Ort und den Zeitpunkt bestimmen kann. Voraussetzung ist eine **interaktive Abrufmöglichkeit**. Es handelt sich insbesondere – um sog „On-Demand-Dienste" (Video on Demand; Music on demand; Print on demand). Umstritten ist, ob das Recht nur das eigentliche Bereithalten zum Abruf oder die Abrufübertragung selbst umfasst oder gar beides gemeinsam. Der BGH (NJW 2003, 3406, 3409 – *Paperboy*) hat die Frage offen gelassen. Umstritten ist, ob auch „Near-on-demand-Dienste" unter § 19a URG fallen. Diese unterscheiden sich dadurch, dass das Werk nicht sogleich, sondern nur in kürzeren Intervallen abgerufen werden kann (zB ein Film in 5-Minuten-Abständen). Nicht unter § 19a URG fällt der elektronische Versand von Werken, wenn die Entscheidung zur Versendung nicht vom Empfänger getroffen wird. Dass er aus seiner Mailbox den Zeitpunkt des

Abrufs bestimmt, ist hingegen unerheblich. Nicht unter § 19a URG fallen *push*-Dienste (aA *Flechsig* ZUM 1998, 139, 144, weil zwischen *push* und *pull* nicht unterschieden werden könne). § 19a URG soll das **Setzen eines Hyperlinks** auf ein anderweit verfügbares Werk *nicht* erfassen, weil das Werk, auf das der Link verweist, bereits zuvor öffentlich zugänglich gemacht worden war; § 19a URG wird damit als „Einmalrecht" verstanden (*Wandtke/Bullinger/Bullinger* § 19a Rn 29). In diese Richtung weist auch BGH NJW 2003, 3406, 3409 – *Paperboy* (s hierzu auch die Anmerkung von *Buchner* AfP 2003, 510): Wer einen Hyperlink auf eine vom Berechtigten zugänglich gemachte Seite setze, verweise lediglich darauf, begehe aber keine urheberrechtliche Nutzungshandlung, denn er bewirke weder das Bereithalten des Werkes (das erfolge durch den Berechtigten) noch die Abrufübertragung selbst. Das gilt selbst für sog Deep-Links, also Verweise auf Unterseiten eines Internetangebots unter Umgehung der Startseite. Die Zulässigkeit dessen findet ihre Grenze aber dann, wenn der Anbieter der „verlinkten" Seite durch eine technische Schutzmaßnahme (mag diese auch nicht „wirksam" gem. § 95a Abs 2 URG sein) erkennbar macht, dass er mit einer erneuten öffentlichen Zugänglichmachung durch das den Link setzende Angebot nicht einverstanden ist (BGH GRUR 2011, 56, 58 – *Session-ID*). In diesem Fall stellt der Link eine neuerliche öffentliche Zugänglichmachung nach § 19a URG dar. Umstritten ist schließlich, ob Gestaltungen, bei denen durch „Framing" und „Inline-Linking" Inhalte zwar technisch von fremden Servern geladen, jedoch gestalterisch so in die eigene Internetseite eingebunden werden, dass sie dem Betrachter als deren Teil erscheinen, § 19a URG unterfallen (vgl *Dreier/Schulze/Dreier* § 19a Rn 6a).

dd) Senderecht (§ 20 URG)

Das Senderecht nach § 20 URG ist das Recht, ein geschütztes Werk der Öffentlichkeit durch Funk zugänglich zu machen. Bei der Sendung geht die Bestimmung von Zeit und Ort im Unterschied zu § 19a URG vom Sendeunternehmen aus. Unter § 20 URG fallen neben dem Ton- und Fernsehrundfunk auch der Kabel- und Satellitenrundfunk. Unter Funk versteht man das Ausstrahlen von Informationen durch elektromagnetische Wellen. Der Empfang fällt nicht unter § 20 URG. Wird die Sendung beim Empfang öffentlich wiedergegeben, etwa in einer Gaststätte, ist § 21 URG (Rn 102) einschlägig. § 20a URG behandelt die Europäische Satellitensendung, § 20b URG die Kabelweitersendung.

ee) Recht der Wiedergabe durch Bild- oder Tonträger (§ 21 URG)

§ 21 URG umfasst das Recht, Vorträge oder Aufführungen eines Werkes mittels Bild- oder Tonträger öffentlich wahrnehmbar zu machen. Weil es eine vorangegangene Erstverwertung durch den Urheber voraussetzt, handelt es sich um ein Zweitverwertungsrecht (*Fromm/Nordemann/Dustmann* § 21 Rn 1). Die praktische Hauptbedeutung der Bestimmung liegt bei der öffentlichen Wiedergabe von Musik zB durch das Abspielen von Compact Discs in Gaststätten, Diskotheken, Supermärkten usw.

ff) Recht der Wiedergabe von Funksendungen (§ 22 URG)

Das Recht der Wiedergabe von Funksendungen nach § 22 URG ergänzt das Senderecht aus § 20 URG. Es ist ein Zweitverwertungsrecht, weil es voraussetzt, dass zunächst vom Senderecht Gebrauch gemacht wurde. Vom Vorführungsrecht ist es nicht umfasst (vgl § 19 Abs 4 Satz 2 URG). Bedeutung hat § 22 URG vor allem für die in Gaststätten, Festzelten usw erfolgende Wahrnehmbarmachung von Fußballübertragungen, Musiksendungen usw.

3. Sonstige Rechte des Urhebers

Bei den sonstigen Rechten des Urhebers handelt es sich nicht um Ausschließlichkeitsrechte, sondern um schuldrechtliche Ansprüche des Urhebers (*Wenzel/Burkhardt* Rn 4.78). Das Gesetz erwähnt das Zugangsrecht (§ 25 URG), das Folgerecht (§ 26

URG) und die Vermiet- und Verleihtantieme (§ 27 URG). Die letztgenannte Bestimmung steht in Zusammenhang mit § 17 Abs 2 und Abs 3 URG. Hat der Urheber das **Vermietrecht** an einem Bild- oder Tonträger dem Hersteller desselben eingeräumt, muss der Vermieter dem Urheber (und nicht etwa dem Inhaber des Vermietrechts) gleichwohl eine angemessene Vergütung für die Vermietung entrichten (§ 27 Abs 1 Satz 1 URG). Auf diesen Anspruch kann der Urheber nicht verzichten. Er kann im Voraus nur an eine Verwertungsgesellschaft abgetreten werden (§ 27 Abs 1 Satz 2 und 3 URG). Das **Auslegen von Zeitungen und Zeitschriften** in Wartezimmern von Ärzten, Friseuren usw ist nach hM nicht vergütungspflichtig, weil die den Umständen nach dort nur mögliche flüchtige Werknutzung nicht mit der Ausleihe durch Bibliotheken, Videotheken etc vergleichbar ist (vgl zur alten Rechtslage BGH NJW 1985, 473 – *Zeitschriftenauslage*); dazu auch Rn 96. Hat der Urheber das Vermietrecht (ausnahmsweise) nicht erteilt, tritt eine Erschöpfung nach § 17 Abs 2 URG nicht ein; jede Vermietung ist zustimmungsgebunden.

105 Vergütungspflichtig ist auch der nach § 17 Abs 2 URG zulässige **Verleih** von Originalen oder Vervielfältigungsstücken, die mit Zustimmung des Berechtigten im Wege der Veräußerung innerhalb der EU oder des EWR in Verkehr gebracht wurden, durch der Öffentlichkeit zugängliche Einrichtungen (Büchereien, Sammlungen von Bild- oder Tonträgern etc). Verleih ist die zeitlich begrenzte, weder unmittelbar noch mittelbar Erwerbszwecken dienende Gebrauchsüberlassung (§ 27 Abs 2 Satz 2 URG). Der Verleih wird anders als die Vermietung von der Erschöpfung des Verbreitungsrechts nach § 17 Abs 2 URG erfasst, ist aber gleichwohl vergütungspflichtig. Der Vergütungsanspruch für die Vermietung oder den Verleih urhebergeschützter Werke kann nur durch eine Verwertungsgesellschaft geltend gemacht werden (§ 27 Abs 3 URG).

VI. Schranken des Urheberrechts

1. Sozialbindung des geistigen Eigentums

106 Ähnlich wie das Sacheigentum ist auch das geistige Eigentum sozialgebunden (Art 14 Abs 2 GG) und unterliegt Beschränkungen (*Rehbinder* Rn 103). Bei den Schranken des Urheberrechts ist nach den jeweils begünstigten Interessenkreisen zu differenzieren: Es gibt Beschränkungen zugunsten der Allgemeinheit, zugunsten der Medien, zugunsten von Gerichten, Behörden, Kirchen, Schulen etc sowie zugunsten bestimmter Branchen (vgl zur Systematik *Wenzel/Burkhardt* Rn 6.4). Die Schranken des Urheberrechts sind **für die Presse von besonderer Bedeutung**, soweit sie die Möglichkeit der Berichterstattung über urheberrechtlich geschützte Werke eröffnen oder erweitern. Daher stehen im Folgenden die Schranken im Interesse der Allgemeinheit und der Medien im Vordergrund. Zu den Schranken des Umgehungsverbots und des Schutzes von Informationen zur Rechtewahrnehmung vgl Rn 70 ff.

2. Dreistufentest

107 Eine weitere „Schranken-Schranke" folgt aus dem in Art 5 Abs 5 InfoRL normierten **Dreistufentest** (dazu *Bornkamm*, Festschrift Erdmann, 2002, S. 29). Danach dürfen Ausnahmen und Beschränkungen des Art 5 InfoRL nur in bestimmten Sonderfällen angewandt werden, die die normale Werkverwertung nicht beeinträchtigen und die berechtigten Interessen der Rechteinhaber nicht ungebührlich verletzen. Der Dreistufentest dient der restriktiven Interpretation der Schrankenbestimmungen des Art 5 Abs 2–4 InfoRL und ist bei der richtlinienkonformen Auslegung der Umsetzungsnormen zu beachten (vgl BGH NJW 1999, 1953, 1957 – *Kopienversanddienst* bzgl des Dreistufentests nach Art 9 Abs 2 RBÜ).

VI. Schranken des Urheberrechts   UrhR BT

3. Schranken im Interesse der Allgemeinheit

a) Amtliche Werke (§ 5 URG)

Schrifttum: *Fischer,* Die urheberrechtliche Schutzfähigkeit gerichtlicher Leitsätze, NJW 1993, 1228; *v Ungern-Sternberg,* Werke privater Urheber als amtliche Werke, GRUR 1977, 766.

aa) Normen und Entscheidungen

§ 5 Abs 1 URG nimmt Gesetze, Verordnungen, amtliche Erlasse und Bekanntmachungen sowie Entscheidungen und amtlich verfasste Leitsätze zu Entscheidungen generell vom Urheberschutz aus, obwohl es sich um prinzipiell schutzfähige Sprachwerke im Sinne des § 2 Abs 1 Nr 1 URG handelt. Die ratio legis dieser Bestimmung ist darin zu sehen, dass die Allgemeinheit ein erhebliches Interesse daran hat, diese Werke ohne urheberrechtliche Beschränkungen der Öffentlichkeit zur Kenntnis zu bringen (BGH GRUR 1982, 37, 40 – *WK-Dokumentation*). Gesetze, Verordnungen, Urteile usw können schließlich nur dann von der Bevölkerung beachtet werden, wenn sie auch frei verbreitet werden dürfen. **Leitsätze** gerichtlicher Entscheidungen sind nur dann amtliche Werke, wenn sie vom erkennenden Gericht (Spruchkörper) verfasst oder gebilligt wurden (BGH NJW 1992, 1316, 1319 – *Leitsätze;* dazu eingehend *Fischer* NJW 1993, 1228). Leitsätze, die von einem einzelnen Mitglied des Gerichts ohne Mitwirkung oder Billigung der übrigen verfasst wurden, können daher Urheberschutz genießen. Schutzfähig sind ferner Übersetzungen fremdsprachlicher amtlicher Texte, zB der Entscheidungen des Europäischen Gerichtshofes, sofern nicht die Übersetzungen ihrerseits amtliche Werke sind (Einzelheiten bei *Schricker/Loewenheim/Katzenberger* § 5 Rn 94f.). Zu den amtlichen Werken im Sinne des § 5 Abs 1 URG gehören wegen ihres normativen Gehalts auch Tarifverträge (*Schricker/Loewenheim/Katzenberger* § 5 Rn 50) jedenfalls dann, wenn sie für allgemeinverbindlich erklärt wurden (*Fromm/Nordemann/J. B. Nordemann* § 5 Rn 15).

108

bb) Andere amtliche Werke

§ 5 Abs 2 URG erklärt auch andere amtliche Werke für frei, soweit sie im amtlichen Interesse zur allgemeinen Kenntnisnahme veröffentlicht sind. Im Zweifel ist eine restriktive Auslegung des § 5 Abs 2 URG geboten, weil es sich um eine das Ausschließlichkeitsrecht des Urhebers beschränkende Ausnahmevorschrift handelt (BGH GRUR 1982, 37, 40 – *WK-Dokumentation*). **Amtlich** ist ein Werk, wenn es von einer mit der Erfüllung öffentlicher, hoheitlicher Aufgaben betrauten Stelle herrührt oder ihr zugerechnet werden kann (BGH GRUR 1972, 713 – *Im Rhythmus der Jahrhunderte;* GRUR 1982, 37, 40 – *WK-Dokumentation;* AfP 1986, 335 – *AOK-Merkblatt;* NJW 1992, 1316, 1319 – *Leitsätze*). Ein amtliches Werk kann daher von einer Privatperson im Auftrag einer Behörde geschaffen werden (dazu eingehend *Ungern-Sternberg* GRUR 1977, 766ff.). Die Förderung mit öffentlichen Mitteln genügt aber nicht, um eine private Forschungsarbeit als amtlich zu qualifizieren (BGH GRUR 1982, 37, 40 – *WK-Dokumentation*). Die zentrale Frage ist jeweils, ob das betreffende amtliche Werk „im amtlichen Interesse zur allgemeinen Kenntnisnahme veröffentlicht" wurde. Nicht jede mit der Herausgabe eines bestimmten Werkes verbundene Verfolgung öffentlicher Interessen begründet dabei ein „amtliches Interesse" im Sinne des § 5 Abs 2 URG (BGH GRUR 1972, 713, 714 – *Im Rhythmus der Jahrhunderte;* krit *Katzenberger* GRUR 1972, 686). Entscheidend ist, ob die angesprochene Öffentlichkeit berechtigt sein soll, das Werk ohne urheberrechtliche Beschränkungen an Dritte weiterzugeben. Dies ist anzunehmen, wenn ein qualifiziertes amtliches Interesse an möglichst weiter Verbreitung des amtlichen Werkes besteht (vgl *Ungern-Sternberg* GRUR 1977, 766, 772). Unter § 5 Abs 2 URG können daher zB offizielle Reden von Amtsträgern, Informationsschriften von Regierungen oder Behörden, Merkblätter von Behörden, Offenlegungs- und Patentschriften, Statistiken, amtliche Fahrpläne, Fernsprechbücher usw fallen. Unter den Begriff des amtlichen Erlasses gem § 5 Abs 1 URG soll ebenfalls eine Vergaberichtlinie fallen, die sich zwar formal nur an andere Behörden richtet, der aber zumindest eine gewisse Außenwirkung

109

Berger 1477

zukomm (BGH GRUR 2006, 848, 850 – *Vergaberichtlinie*). Sonstige Behördenkorrespondenz, Dienstanweisungen ohne Außenwirkung, geheime Unterlagen, Rundschreiben an nachgeordnete Behörden, Verträge mit Dritten usw sind hingegen nicht wiedergabefrei, weil sie keineswegs zur allgemeinen Kenntnisnahme veröffentlicht sind. Nicht von § 5 Abs 2 URG erfasst werden auch Briefmarken, Banknoten und Münzen, wissenschaftliche Publikationen von Behörden und staatlichen Universitäten sowie Lehr-, Unterrichts- und Prüfungsmaterialien, ferner Kataloge und Bestandsverzeichnisse staatlicher Museen. Auf die Wiedergabe amtlicher Werke iSd § 5 Abs 1 oder 2 URG sind die §§ 62, 63 URG entsprechend anzuwenden. Bei der Verwendung amtlicher Werke ist die **Quelle anzugeben,** und es gilt das Änderungs- und Entstellungsverbot.

110 Sind die in § 5 URG genannten Werke bearbeitet oder in ein **Sammelwerk** eingegliedert worden, wie dies zB bei einer nicht amtlichen Gesetzes- oder Entscheidungssammlung der Fall ist, steht dem Bearbeiterurheber bzw dem Urheber des Sammelwerks *insoweit* ein Urheberrecht zu. Die bekannte Gesetzessammlung *Schönfelder* genießt als nicht amtliches Sammelwerk Urheberschutz, der sich freilich nicht auf die einzelnen Gesetze erstreckt.

cc) Private Normwerke

111 Verweisen die in § 5 Abs 1 und Abs 2 URG genannten amtlichen Publikationen auf private Normwerke (zB DIN-Normen, technische Regelwerke wie VOB), ohne ihren Wortlaut wiederzugeben, so bleibt das Urheberrecht daran nach § 5 Abs 3 Satz 1 URG unberührt. Freilich entsteht durch die Inbezugnahme ein den amtlichen Werken gleichstehendes Publikationsinteresse. Um die Publikation der in Bezug genommenen Normwerke zu ermöglichen, verpflichtet § 5 Abs 3 Satz 2 URG den Urheber zum Abschluss von Nutzungsrechtsverträgen zur Vervielfältigung und Verbreitung; ebenso § 5 Abs 3 Satz 2 URG den Inhaber ausschließlicher Nutzungsrechte. Ein Kontrahierungszwang für die öffentliche Wiedergabe ist nicht vorgesehen.

b) Vorübergehende Vervielfältigungen (§ 44a URG)

112 In Umsetzung von Art 5 Abs 1 InfoRL nimmt § 44a URG vorübergehende Vervielfältigungen vom Ausschließlichkeitsrecht gemäß § 16 URG aus. Die freie Übertragung und Online-Nutzung von Werken in digitalen Datennetzen soll nicht an technisch notwendigen Speichervorgängen auf Servern und Arbeitsspeichern scheitern. Voraussetzung ist, dass es sich um flüchtige oder begleitende Vervielfältigungen handelt, die Teil eines technischen Verfahrens sind wie beispielsweise beim *Browsing* und *Caching* (*Wandtke/Bullinger/v Welser* § 44a Rn 2 ff.). Überdies dürfen die Vervielfältigungen keine eigenständige wirtschaftliche Bedeutung haben. Dabei ist nicht auf die raschere Übertragungsgeschwindigkeit abzustellen, die regelmäßig einen wirtschaftlichen Vorteil darstellt. Vielmehr ist die wirtschaftliche Nutzung der übertragenen Inhalte maßgeblich. Der Zweck der Vervielfältigung nach § 44a URG muss entweder in der Übertragung von Daten über ein Netz durch einen Vermittler („Provider") oder der rechtmäßigen Nutzung dienen. Rechtmäßig ist eine Nutzung, wenn sie entweder auf Grund eines Nutzungsrechts erfolgt oder durch eine Schrankenbestimmung zulässig ist. § 44a URG findet auf Computerprogramme keine Anwendung. Werden beim *Browsing* und *Caching* Computerprogramme gespeichert, kann dies als bestimmungsgemäßer Gebrauch nach § 69d Abs 1 URG zulässig sein.

c) Zitierrecht (§ 51 URG)

Schrifttum: *M. Löffler,* Das Grundrecht der Informationsfreiheit als Schranke des Urheberrechts, NJW 1980, 201; *M. Löffler/Glaser,* Grenzen der Zitierfreiheit, GRUR 1958, 477.

aa) Prinzip der Zitierfreiheit

113 Das in § 51 URG geregelte Prinzip der Zitierfreiheit dient den Interessen der Allgemeinheit. Das Recht, fremdes Geistesgut zu zitieren, ist eine unerlässliche Voraussetzung für die Freiheit der geistigen Auseinandersetzung auf kulturellem, wissen-

schaftlichem und auch politischem Gebiet (vgl BGH GRUR 1973, 216, 217 – *Handbuch moderner Zitate*). Grundlage des Zitierrechts ist der Gedanke, dass ein Urheber bei seinem Schaffen fast notwendig auf den kulturellen oder wissenschaftlichen Leistungen seiner Vorgänger aufbauen muss. Daher wird dem Urheber im Interesse der Allgemeinheit zugemutet, einen vergleichsweise geringfügigen Eingriff in sein Ausschließlichkeitsrecht hinzunehmen, soweit dies der geistigen Kommunikation und damit der Förderung des kulturellen Lebens und des wissenschaftlichen Fortschritts dient (BGH GRUR 1968, 607, 609 – *Kandinsky I;* GRUR 1986, 59, 60 – *Geistchristentum;* BGHZ 99, 162, 165 – *Filmzitat*). Als Einschränkung der ausschließlichen Verwertungsbefugnis des Urhebers hat das Zitierrecht Ausnahmecharakter und ist daher grundsätzlich eng auszulegen (BGHZ 99, 162, 164 – *Filmzitat;* großzügiger *M. Löffler* NJW 1980, 201). Das deutsche Urheberrecht kennt neben der Generalklausel in § 51 Satz 1 URG drei beispielhaft („insbesondere") aufgezählte Fallgruppen: das **Großzitat** (§ 51 Satz 2 Nr 1 URG; Rn 120), das **Kleinzitat** (§ 51 Satz 2 Nr 2 URG; Rn 123) und das **Musikzitat** (§ 51 Satz 2 Nr 3 URG; Rn 124). Das für die Presse wichtige **Bildzitat** ist nicht besonders geregelt, unterfällt aber der Generalklausel des § 51 Satz 1 URG (dazu Rn 125). Europarechtliche Ermächtigungsgrundlage für das Zitatrecht ist Art 5 Abs 3d) InfoRL.

bb) Erforderlichkeit des Zitats

Das Zitierrecht des § 51 URG muss für eine Entlehnung nur dann in Anspruch genommen werden, wenn die **entnommenen Werke** oder Werkteile selbstständig **schutzfähig** sind (BGHZ 28, 234, 237 – *Verkehrskinderlied*). Nicht schutzfähige Werkteile dürfen ebenso wie gemeinfreie Werke (dazu Rn 173) ohne Beschränkung zitiert werden (OLG Hamburg GRUR 1978, 307, 308 – *Artikelübernahme*). Kein Zitatrecht ist daher erforderlich, wenn wissenschaftliche Lehren oder nicht schutzfähige Informationen (vgl Rn 26) übernommen werden. Die Quellenangabe ist hier eine Frage der intellektuellen oder wissenschaftlichen Redlichkeit. 114

Kein Zitat im urheberrechtlichen Sinne ist die bloße **Anführung eines Werkes** (oder des Autors) ohne eine (auch nur teilweise) Wiedergabe, wie sie insb in wissenschaftlichen Abhandlungen (und auch im vorliegenden Werk) häufig vorkommt (ähnlich *v Gamm* § 51 Rn 2). Die Anführung dient nur dem Beleg des Meinungsstands in Literatur und Rechtsprechung, ohne selbstständig schutzfähige Teile des angeführten Werkes zu übernehmen.

cc) Allgemeine Voraussetzungen eines zulässigen Zitats

(1) Selbstständiges Werk

Eine Gemeinsamkeit aller Zitatformen liegt darin, dass Zitate nur in **selbstständige Werke** aufgenommen werden dürfen. Das entnehmende Werk muss also unabhängig von dem darin enthaltenen Zitaten einen eigenständigen geistigen Gehalt aufweisen (*Löffler/Glaser* GRUR 1958, 477; vgl OLG Frankfurt ZUM 1991, 97, 99; OLG München AfP 2003, 553). Eine bloße Aneinanderreihung fremder Zitate ist daher kein selbstständiges Werk im Sinne des § 51 URG, auch wenn sie als Sammelwerk nach § 4 URG selbstständig schutzfähig sein sollte (BGH GRUR 1973, 216, 217 – *Handbuch moderner Zitate;* OLG München NJW 1990, 2003 – *Deutsche Monatshefte*). 115

(2) Gebotener Umfang

In allen Fällen des § 51 URG sind Zitate nur in einem **durch den Zweck gebotenen Umfang** zulässig. Es handelt sich hierbei um das entscheidende Merkmal des § 51 URG überhaupt (BGHZ 85, 1, 11 – *Presseberichterstattung und Kunstwerkwiedergabe I*). Das Zitierrecht ist kein „Freibrief für die Ausbeutung fremder Werke" oder die „Verwässerung des Urheberrechts" (BGH GRUR 1973, 216, 218 – *Handbuch moderner Zitate*). Zweck des Zitats muss vielmehr die geistige Kommunikation unter Urhebern sein (BGHZ 85, 1, 11 – *Presseberichterstattung und Kunstwerkwiedergabe I*). Das Zitat muss daher als **Beleg** für die Auffassung des Autors dienen, indem es eine inne- 116 re Verbindung zwischen beiden Werken herstellt (BGHZ 28, 234, 240 – *Verkehrskinderlied;* BGH GRUR 1968, 607, 609 – *Kandinsky I;* GRUR 1986, 59, 60 – *Geistchristentum,* BGH GRUR 2008, 693, 696 – *TV-Total*). Zitiert werden darf insbesondere, um eigene Darlegungen zu begründen oder zu erläutern und um fremde Meinungen darzustellen, zu interpretieren und zu kritisieren (dazu eingehend *Löffler* NJW 1980, 201). Ein Zitat dient nicht mehr als Beleg, wenn es das zitierende Werk lediglich ausschmücken, ergänzen oder vervollständigen soll (vgl BGH GRUR 1982, 37, 40 – *WK-Dokumentation*).

117 Auch bei zulässigem Zitatzweck ist die Übernahme nur in dem durch den **Zweck gebotenen Umfang** erlaubt. Das Zitat darf nur Hilfsmittel für die eigene Darstellung sein. Dies ist nicht mehr der Fall, wenn das übernehmende Werk im Wesentlichen durch Zitate geprägt oder getragen wird (BGH GRUR 1973, 216, 217 – *Handbuch moderner Zitate;* GRUR 1982, 37, 40 – *WK-Dokumentation;* OLG Hamburg GRUR 1990, 36, 37 – *Foto-Entnahme;* LG München AfP 1994, 326, 328).

(3) Änderungsverbot

118 Für ein Zitat gilt das **Änderungsverbot** nach § 62 URG. Änderungen oder Sinnentstellungen anlässlich der Entlehnung sind verboten. Ein zulässiges Zitat setzt daher grundsätzlich die unveränderte Übernahme fremder Werke oder Werkteile voraus (*Fromm/Nordemann/Dustmann* § 51 Rn 10; vgl aber OLG Hamburg GRUR 1970, 38/40 – *Heintje; v Gamm* § 63 Rn 9). Das Änderungsverbot wird allerdings durch §§ 62 Abs 1 Satz 2, 39 Abs 2 URG relativiert. Danach sind Änderungen zulässig, denen der Urheber seine Einwilligung nach Treu und Glauben nicht versagen darf. Das betrifft insb kleinere Änderungen, die zur Anpassung an den Textfluss des zitierenden Werkes notwendig sind. Auch **sinngemäßen Zitaten,** die seine Meinung korrekt wiedergeben, wird der Urheber seine Einwilligung regelmäßig nicht versagen können. Hier kann aber aus persönlichkeitsrechtlichen Gründen ein **Interpretationsvorbehalt** notwendig sein (vgl BVerfGE 54, 208, 221 = NJW 1980, 2072 – *Heinrich Böll I;* BGH NJW 1982, 635 *Heinrich Böll II*).

(4) Quellenangabe

119 Ein Zitat ist nur zulässig, wenn der Urheber des entnommenen Werkes oder Werkteils genannt wird (§ 63 Abs 1 URG). **Die Quelle ist deutlich anzugeben,** dh so, dass eine Nachprüfung des Zitats ohne weiteres möglich ist (im Einzelnen hierzu *Schricker/Loewenheim/Dietz/Spindler* § 63 Rn 13). Wird die benutzte Quelle nicht oder nicht deutlich genug angegeben, ist die Übernahme unzulässig und kann Ansprüche wegen Urheberrechtsverletzung auslösen (dazu Rn 251 ff.).

dd) Großzitat (§ 51 Satz 2 Nr 1 URG)

120 Unter einem Großzitat versteht das Gesetz (§ 51 Satz 2 Nr 1 URG) die Übernahme ganzer Werke, etwa dem Abdruck eines Gedichts, einer Karikatur oder einer Tabelle in einem Zeitungsartikel (zum sog Bildzitat eingehend Rn 125). Weil das Großzitat einen ganz außerordentlichen Eingriff in fremde Urheberrechte darstellt und die Missbrauchsgefahr auf der Hand liegt, ist es nur in den engen Grenzen eines **wissenschaftlichen Werks** erlaubt. Wissenschaft ist die ernsthafte, methodisch geordnete Suche nach Wahrheit. Darunter fallen auch populärwissenschaftliche Werke, soweit sie nicht überwiegend der Unterhaltung, sondern primär der unterhaltenden Vermittlung wissenschaftlicher Erkenntnisse dienen (BVerfG NJW 1994, 1781, 1782; LG München AfP 1994, 326, 327). Ein populärwissenschaftlicher Aufsatz in einer Zeitung oder Zeitschrift, der sich zB mit der Ozonbelastung der Luft auseinandersetzt, kann daher ein Großzitat enthalten. Lücken und Fehler stehen der Qualifikation als wissenschaftliches Werk nicht entgegen. Erst wenn das Werk nicht mehr auf Wahrheitsfindung gerichtet ist, sondern vorgefassten Meinungen lediglich den Anschein wissenschaftlicher Nachweisbarkeit verleihen soll, ist der wissenschaftliche Charakter zu verneinen (BVerfG NJW 1994, 1781, 1782).

VI. Schranken des Urheberrechts   UrhR BT

Der zulässige Zitatzweck beim Großzitat wird gegenüber den anderen Fällen des 121
§ 51 URG aber noch weiter eingegrenzt. Es genügt nicht, wenn das Großzitat lediglich als Beleg dient, es muss vielmehr nach dem Wortlaut des Gesetzes der „**Erläuterung des Inhalts**" des aufnehmenden wissenschaftlichen Werkes dienen (§ 51 Satz 2 Nr 1 URG). Erforderlich ist hierfür ein **qualifizierter innerer Bezug** zwischen dem gedanklichen Inhalt des aufnehmenden wissenschaftlichen Werkes und dem entlehnten fremden Werk (BGH GRUR 1968, 607, 609 f. – *Kandinsky I*; LG München AfP 1994, 326, 328). Das zitierte fremde Werk muss im aufnehmenden Werk inhaltlich verarbeitet werden und eine Auseinandersetzung mit dessen geistigem Gehalt suchen (*v Gamm* § 51 Rn 10). Im bereits erwähnten *Kandinsky*-Urteil hat der BGH eine Erläuterung des Inhalts schon deshalb verneint, weil von insgesamt 69 abgedruckten Werken des Malers *Kandinsky* lediglich sechs im Text überhaupt erwähnt wurden (vgl dazu auch OLG München ZUM 1989, 5297531 – *Jawlensky*). Nach hM ist nur die Übernahme zur Erläuterung des Inhalts des *zitierenden* Werks zulässig (*Loewenheim/Götting* § 31 Rn 179). Das schließt ein Großzitat nicht aus, das dem Zweck dient, das zitierte Werk seinerseits zu erläutern oder zu kritisieren, denn hier dient die Entnahme der geistigen Auseinandersetzung in ihrer unmittelbarsten Form. Es ist daher nach § 51 Nr 1 URG zulässig, in einen literaturwissenschaftlichen Werk das Gedicht eines Autors abzudrucken und es von einem Kritiker interpretieren (erläutern) zu lassen. Allerdings muss die Interpretation die Hauptsache darstellen, sie darf nicht nur Beiwerk des abgedruckten Gedichts sein (vgl BGH GRUR 1968, 607, 609 f. – *Kandinsky I*; LG München AfP 1994, 326, 328). Es darf sich ferner nur um die Entnahme **einzelner Werke** eines fremden Urhebers handeln. Schon nach dem allgemeinen Sprachgebrauch können darunter nur einige wenige Werke verstanden werden. Wenn von insgesamt 1150 Werken eines Malers 69 in einem Bildband zitiert, dh abgebildet, werden, kann nicht mehr von „einzelnen Werken" gesprochen werden (BGH GRUR 1968, 607, 611 – *Kandinsky I*). Nicht gedeckt ist die Übernahme von 24 Zeichnungen eines Comiczeichners (KG ZUM-RD 1997, 135). Auch der Abdruck von 19 Lichtbildern (bei nur zwei Seiten Text!) ist nicht nach § 51 Nr 1 URG gerechtfertigt (LG München AfP 1994, 326, 328). Wie umfangreich das Gesamtwerk des zitierten Urhebers ist, kann dabei aber letztlich nicht entscheidend sein (OLG München ZUM 1989, 50, 51 – *Jawlensky*). Künstler mit einem umfassenden Werkschaffen dürfen nicht schlechter gestellt werden als Künstler, die – aus welchen Gründen auch immer – nur wenige Werke geschaffen haben. Die Beschränkung des Zitierrechts auf einzelne Werke ist daher als absolute Grenze aufzufassen. Die Gesamtzahl zulässiger Zitate steigt mit der Zahl der zitierten Urheber (*Loewenheim/Götting* § 31 Rn 178).

Weitere Voraussetzung für die Zulässigkeit eines Großzitats ist, dass das zitierte 122 Werk bereits im Sinne des § 6 Abs 1 URG **veröffentlicht** ist (zum Begriff Rn 86). Dadurch soll vermieden werden, dass ein Urheber gegen seinen Willen zitiert wird, obwohl er das fragliche Werk nicht der Öffentlichkeit zugänglich machen will. Für die Zulässigkeit des Zitats reicht es indessen aus, wenn das zitierte Werk nachträglich veröffentlicht wird (so zum nachträglichen *Erscheinen*, das von § 51 Nr 1 URG aF noch anstelle der Veröffentlichung vorausgesetzt wurde, LG Köln UFITA 78 (1977), 270, 272; *M. Löffler/Glaser* GRUR 1958, 477; aM *Fromm/Nordemann/Vinck*, Urheberrecht, 9. Aufl 1998, § 51 Rn 6).

ee) Kleinzitat (§ 51 Satz 2 Nr 2 URG)

Kleinzitate sind nur in einem selbstständigen Sprachwerk (vgl § 2 Abs 1 Nr 1 123 URG) zulässig (§ 51 Satz 2 Nr 2 URG). Es ist im Unterschied zum Großzitat nicht erforderlich, dass das aufnehmende Werk wissenschaftlichen Charakter hat. Kleinzitate sind vielmehr auch in politischen, feuilletonistischen, unterhaltenden oder sonstigen Beiträgen möglich. Beim Kleinzitat werden nicht ganze Werke, sondern nur „Stellen eines Werkes" zitiert. Stellen sind kleine Ausschnitte eines Werkes. Eine genaue Begrenzung auf eine bestimmte Anzahl von Sätzen ist dabei kaum möglich

(BGH GRUR 1986, 59 – *Geistchristentum*). Dafür ist die individuelle Ausdrucksweise von Autoren zu verschieden und der Stoff der Darstellung zu variabel (*M. Löffler/ Glaser* GRUR 1958, 477). Auch der Abdruck einer vollständigen Strophe eines dreistrophigen Liedes kann daher noch von § 51 Satz 2 Nr 2 URG gedeckt sein (BGHZ 28, 234 – *Verkehrskinderlied*). Der BGH (GRUR 1986, 59, 60 – *Geistchristentum*) will im Ausnahmefall sogar Kleinzitate mit einer Länge von mehr als einer Seite noch zulassen. Die **Zahl der Kleinzitate** in einem selbständigen Werk ist grundsätzlich nicht begrenzt (BGH GRUR 1986, 59 – *Geistchristentum*; eingehend *M. Löffler* NJW 1980, 201, 203). Gerade wissenschaftliche Arbeiten müssen oft Hunderte von Kleinzitaten enthalten, wenn sie versuchen, die bisherige Entwicklung darzustellen oder sich mit den Meinungen anderer Autoren auseinandersetzen. Die zitierten Stellen müssen „angeführt" werden, dh als **Beleg** dienen (dazu eingehend Rn 116). Dies ist zB nicht mehr der Fall, wenn die in einem Zeitschriftenartikel abgedruckte erste Strophe eines fünfstrophigen Liedes (*„Lilli Marleen"*) lediglich als „Anhängsel" dient (BGH GRUR 1987, 34, 35 – *Liedtextwiedergabe I*). Nach dem Wortlaut des § 51 Satz 2 Nr 2 URG dürfen Kleinzitate nur in Sprachwerken erfolgen. Die Rechtsprechung hat das Zitierprivileg jedoch erstreckt auf Zitate in Filmwerken (BGHZ 99, 162 – *Filmzitat*), das mittlerweile der neu geschaffenen Generalklausel (§ 51 Satz 1 URG) unterfällt (Rn 125). Im Rahmen des Kleinzitats erfordert es die verfassungsrechtlich in Art 5 Abs 3 Satz 1 GG verankerte Kunstfreiheit, das Zitat über die Belegfunktion hinaus auch als Mittel künstlerischen Ausdrucks und künstlerischer Gestaltung anzuerkennen; insoweit ist der Anwendungsbereich von § 51 Satz 2 Nr 1 URG bei Kunstwerken weiter als bei nicht-künstlerischen Sprachwerken (BVerfG NJW 2001, 598, 599 – *Germania 3*; BGH GRUR 2012, 819, 820 – *Blühende Landschaften*; BGH GRUR 2008, 693, 696 – *TV-Total*). Kleinzitate sind wie wissenschaftliche Großzitate nur aus bereits veröffentlichten Werken zulässig.

ff) Musikzitat (§ 51 Satz 2 Nr 3 URG)

124   Einzelne Stellen eines bereits erschienenen Werkes der Musik dürfen in einer selbstständigen Komposition angeführt werden. Dadurch wird der aus § 24 Abs 2 URG folgende „starre Melodienschutz" im Interesse der künstlerischen Entwicklung teilweise relativiert. Als Beispiel für ein zulässiges Musikzitat wird häufig die Wiedergabe des *Wagnerschen* Walhall-Motivs in *Richard Strauss'* „Feuersnot" genannt (*Schricker/ Loewenheim/Schricker/Spindler* § 51 Rn 50).

gg) Generalklausel (§ 51 Satz 1 URG) und Bildzitat

125   Bis zur Neufassung des § 51 URG im Jahre 2008 kannte die Vorschrift nur die in Nummern 1–3 aufgeführten Tatbestände als einzig zulässige Fälle des Zitats. Das für die Presse besonders wichtige Bildzitat war dem Wortlaut nach nicht erfasst. Ein Bildzitat liegt vor, wenn die Presse aus anderen Publikationen Lichtbilder, Karikaturen, Zeichnungen, Graphiken oder wissenschaftliche bzw technische Darstellungen übernimmt. Weil in der Regel nicht nur Ausschnitte, sondern das gesamte Bild übernommen wird, stellte das Bildzitat regelmäßig ein Großzitat im Sinne des § 51 Nr 1 URG aF dar, dessen eindeutiger Wortlaut nur die Verwendung in wissenschaftlichen Werken gestattete. Ein solches Ergebnis stünde jedoch in Konflikt mit der Informationsaufgabe der Presse und der Informationsfreiheit der Bürger (dazu eingehend *M. Löffler* NJW 1980, 201). Schon nach altem Recht löste die Rechtsprechung dieses Problem deshalb durch die Konstruktion des sog **„großen Kleinzitats"** (KG UFITA 54 (1969), 296, 300 – *Extradienst*; OLG Hamburg GRUR 1990, 36, 37 – *Foto-Entnahme*; LG München AfP 1984, 118, 119), das sich mit einer Analogie zu § 51 Nr 2 URG begründen ließ (vgl *Dreier/Schulze/Dreier* § 51 Rn 22; *Wandtke/ Bullinger/Lüft*, Urheberrecht, 2. Aufl 2006, § 51 Rn 13). Mittlerweile hat sich dieser Kunstgriff dadurch erübrigt, dass der Gesetzgeber mit § 51 Satz 1 URG nF eine Generalklausel geschaffen und die Nummern 1–3 zu bloßen Regelbeispielen herabgestuft hat. Auch ohne diese zu erfüllen ist ein Zitat demnach zulässig, wenn es die

VI. Schranken des Urheberrechts **UrhR BT**

allgemeinen Anforderungen an ein Zitat (Zitatzweck, Aufnahme in ein selbstständiges Werk, gebotener Umfang) erfüllt. Ein sinnvolles Zitieren von **Bildwerken** ist indes ohne die vollständige Wiedergabe des Bildes regelmäßig nicht möglich. Soweit der Zitatzweck die Wiedergabe des gesamten Bildes rechtfertigt, ist dies gem § 51 Satz 1 URG daher vom Urheber hinzunehmen. Bei der Abwägung ist freilich zu berücksichtigen, dass mit dem Abdruck eines ganzen Bildwerkes die wirtschaftliche Belastung dessen Urhebers erheblich höher ist, als bei einem Kleinzitat nach § 51 Satz 2 Nr 2 URG. Das Bildzitat ist nicht auf den politischen Meinungskampf beschränkt. Vielmehr können auch kulturelle Zwecke ein Bildzitat rechtfertigen (vgl Einzelfälle bei *Schricker/Loewenheim/Schricker/Spindler* § 51 Rn 45).

hh) Inhalt des Zitierrechts

Im Rahmen des Zitierrechts ist die Vervielfältigung, die Verbreitung und die **126** öffentliche Wiedergabe des zitierten Werkes zulässig, ohne dass dafür eine Vergütung entrichtet werden muss (zur Abgrenzung des Zitats aus einem Zeitungsartikel von der vergütungspflichtigen Übernahme nach § 49 Abs 1 URG Rn 152ff., 113ff.). Hält sich die Wiedergabe fremder Werke nicht im Rahmen des Zitierrechts – zB weil zu viele fremde Werke aufgenommen wurden – entfällt das Zitierrecht insgesamt (OLG Hamburg GRUR 1990, 36, 37; LG München AfP 1994, 326, 330).

d) Öffentliche Wiedergabe (§ 52 URG)

§ 52 Abs 1 URG gestattet unter engen Voraussetzungen die öffentliche Wiedergabe **127** veröffentlichter Werke. Die Wiedergabe darf keinem Erwerbszweck des Veranstalters dienen. Von den Teilnehmern darf kein Entgelt gefordert werden und keiner der ausübenden Künstler darf eine besondere Vergütung erhalten. Für die Wiedergabe ist grundsätzlich eine angemessene Vergütung zu zahlen (§ 52 Abs 1 Satz 2 URG), die aber für Veranstaltungen in sozialen und erzieherischen Bereichen entfallen kann (verfassungsrechtlich bedenklich, *Loewenheim/Götting* § 31 Rn 217). Werden Funksendungen geschützter Werke über eine Verteileranlage in die Hafträume einer Justizvollzugsanstalt oder in die Patientenzimmer eines Krankenhauses übertragen, liegt eine öffentliche Wiedergabe vor, die nicht nach § 52 Abs 1 URG privilegiert ist (BGH GRUR 1994, 45 – *Verteileranlagen;* GRUR 1994, 797 – *Verteileranlage im Krankenhaus*). Dass das Werk bereits erschienen ist (§ 6 Abs 1 URG) ist, ist nicht Voraussetzung der öffentlichen Wiedergabe in § 51 Abs 1 URG, wohl aber bei der öffentlichen Wiedergabe zu religiösen Zwecken nach § 51 Abs 2 URG. Öffentliche bühnenmäßige Aufführungen und Funksendungen eines Werkes sowie öffentliche Vorführungen eines Filmwerkes sind stets nur mit Einwilligung des Berechtigten zulässig (§ 52 Abs 3 URG). Gleiches gilt für die öffentliche Zugänglichmachung nach § 19a URG (Rn 100); die **Online-Verbreitung** eines Werks kann daher niemals auf § 52 URG gestützt werden (*Wandtke/Bullinger/Lüft* § 52 Rn 5).

e) Öffentliche Zugänglichmachung für Unterricht und Forschung (§ 52a URG)

Der durch das Gesetz zur Regelung des Urheberrechts in der Informationsgesell- **128** schaft (Rn 10) neu eingefügte § 52a URG beschränkt das Recht aus § 19a URG zu **Unterrichts- und Forschungszwecken.** § 52a Abs 1 Nr 1 URG ermöglicht die öffentliche Zugänglichmachung von veröffentlichten Werken zur Veranschaulichung im Schulunterricht sowie in der Lehre an Hochschulen, § 52a Abs 1 Nr 2 URG erlaubt gleiches für die wissenschaftliche Forschung. Die Bestimmung war im Gesetzgebungsverfahren sehr umstritten. Sie ist zunächst befristet eingeführt, seitdem in ihrem Geltungszeitraum mehrmals verlängert und schließlich entfristet worden. § 95b Abs 1 Satz 1 Nr 5 URG sieht einen Anspruch auf **Aufhebung technischer Schutzmaßnahmen** zum Zwecke der Ausübung der Schranke des § 52a URG vor.

§ 52a Abs 1 URG ist **eng auszulegen** (vgl die gemeinsame Charta der Biblio- **129** theksverbände, der Arbeitsgemeinschaft wissenschaftlicher Verleger und des Börsenvereins zum Verständnis des § 52a URG, www.urheberrecht.org/topic/Info-RiLi/st/52a/Charta-52a.pdf). Für den Umfang des Zugriffs auf „kleine Werkteile", „Werke geringen Umfangs" und „einzelne" Pressebeiträge kann auf die Auslegung dieser Tatbestandsmerkmale in § 53 Abs 3 URG verwiesen werden (Rn 138). Monographien sind keine Werke geringen Umfangs (*Loewenheim/Loewenheim* § 31 Rn 88; aA Rechtsausschuss BT-Drs 15/837, S 34). Nach § 52a Abs 1 Satz 1 Nr 1 URG ist nur die Zugänglichmachung zur Nutzung „im" Unterricht „an" (Hoch-) Schulen usw zulässig, nicht jedoch das Zugänglichmachen am häuslichen Computer eines Schülers bzw Studenten. Für die öffentliche Zugänglichmachung zur wissenschaftlichen Forschung nach § 52a Abs 1 Satz 1 Nr 2 URG entfällt die in § 52a Abs 1 Satz 1 Nr 1 URG vorgesehene Beschränkung auf „kleine" Werkteile. Zulässig ist daher der Zugriff auf mehr als einen kleinen Werkteil, aber nicht auf einen „großen" Werkteil oder gar das ganze Werk. Die Obergrenze dürfte relativ bei 10% eines Werks, absolut bei etwa 10 Druckseiten liegen (großzügiger BGH GRUR 2014, 549, 551 – *Meilensteine der Psychologie*: 12%, aber bis zu 100 [!] Seiten). Die öffentliche Zugänglichmachung muss „geboten" sein. Das ist nicht der Fall, wenn das Werk zu angemessenen Bedingungen lizenziert (BGH GRUR 2014, 549, 554 – *Meilensteine der Psychologie*) oder anderweitig abgerufen werden kann.

130 § 52a Abs 4 URG sieht einen verwertungsgesellschaftspflichtigen **Vergütungsanspruch** vor. Die für die Zugänglichmachung nach § 52a Abs 1 URG erforderlichen Vervielfältigungen (zB Einscannen, Zwischenspeichern im Arbeitsspeicher) sind gemäß § 52a Abs 3 URG zulässig. Ausdrucke auf Papier fallen nicht darunter. § 52a Abs 2 Satz 1 URG nimmt Schul-Unterrichtswerke (auch Zeitschriften), nicht aber für die *Hoch*schullehre bestimmte Werke aus. Damit soll der **Primärmarkt für Schulbücher** nicht beeinträchtigt werden (BT-Drs 15/837 S 34). Unberührt bleibt danach der Zugriff auf zB (juristische) Lehrbücher und (Ausbildungs-)Zeitschriften, obgleich auch insoweit der Primärmarkt beeinträchtigt ist. Die Beschränkung in § 52a Abs 2 Satz 1 URG erscheint daher im Hinblick auf Art 3 GG als bedenklich. Für **Filmwerke** besteht nach § 52a Abs 2 Satz 2 URG eine 2-jährige Sperrfrist.

f) Elektronische Leseplätze (§ 52b URG)

130a Mit § 52b URG macht der Gesetzgeber von der in Art 5 Abs 3n) InfoRL bestehenden Möglichkeit Gebrauch, nicht-kommerziellen öffentlichen Bibliotheken, Museen und Archiven die elektronische Zugänglichmachung der in ihrem Bestand vorhandenen veröffentlichten Werke zu gestatten. Rechtmäßig ist dabei die Zugänglichmachung zur Forschung und für private Studien an eigens dafür eingerichteten elektronischen Leseplätzen (Computern) in den Räumen der Einrichtung, womit die Zugänglichmachung über das Internet ausscheidet. Voraussetzung der rechtmäßigen Nutzung ist die **doppelte Bestandsakzessorietät**, dh zum einen dürfen nur solche Werke zugänglich gemacht werden, die im Bestand der Einrichtung auch physisch vorhanden sind, zum zweiten darf das Werk grundsätzlich auch nur in jener Anzahl zeitgleich elektronisch zugänglich gemacht werden, wie physische Werkexemplare zur Verfügung stehen (§ 52b Satz 2 URG). Mit der Einschränkung durch das Wort „grundsätzlich" lässt die Norm allerdings Spielraum für eine ausnahmsweise höhere Nutzung bei Belastungsspitzen (BT-Drs 16/5939, S 44). Es dürfen außerdem keine vertraglichen Regelungen der Zugänglichmachung entgegenstehen, was nicht nur bei tatsächlich geschlossenen Verträgen der Fall, sondern auch dann anzunehmen ist, wenn der Rechteinhaber die für diese Form der öffentlichen Zugänglichmachung erforderlichen Nutzungsrechte zu angemessenen Bedingungen anbietet (*Dreier/Schulze/Dreier* § 52b URG Rn 12). Unklar ist bisher geblieben, ob die Zugänglichmachung am Terminal für den Nutzer die Möglichkeit umfassen darf, das Werk auf einen Datenträger zu kopieren oder auszudrucken. Der BGH hat dem EuGH diese Frage zur Entscheidung vorgelegt (BGH GRUR 2013, 503, 505 ff. – *Elektronische Leseplätze*). Für die Nutzung auf Grundlage der Schranke des § 52b URG ist eine **angemessene Vergütung** zu zahlen (§ 52b Satz 3 URG).

VI. Schranken des Urheberrechts UrhR BT

g) Vervielfältigung zum privaten und sonstigen eigenen Gebrauch (§ 53 URG)

aa) Bedeutung des § 53 URG

§ 53 URG erlaubt der Allgemeinheit einen Zugriff auf urheberrechtlich geschützte 131
Werke und andere Schutzgegenstände (§ 53 URG gilt bei verwandten Schutzrechten
entsprechend, §§ 72 Abs 1, 83, 85 Abs 4, 87 Abs 4, 87g Abs 4 Satz 2 URG) durch
Vervielfältigungen. Das Vervielfältigungsstück darf allerdings nicht verbreitet oder zur
öffentlichen Wiedergabe genutzt werden (§ 53 Abs 6 Satz 1 URG). § 53 URG ist als
Schrankenregelung grundsätzlich eng auszulegen (vgl BGHZ 134, 250, 264 – *CB-infobank I*). Der Rechteinhaber erhält einen Ausgleich nach §§ 54 ff. URG (Rn 140).
Insb die Schranke der Privatkopie nach § 53 Abs 1 URG ist auf Grund der digitalen
Technik, die Vervielfältigungen ohne Qualitätsverlust und eine sekundenschnelle
weltweite Verbreitung über Datennetze ermöglicht, rechtspolitisch fragwürdig geworden. Gleichwohl erlaubt die Informationsrichtlinie (Rn 10) in Art 5 Abs 2b)
InfoRL die Kopie zum privaten Gebrauch „auf beliebigen", also auch digitalen
Trägern. Die Mitgliedsstaaten haben allerdings zu berücksichtigen, ob der Rechteinhaber technische Schutzmaßnahmen gebraucht. Der deutsche Gesetzgeber versucht
dem durch §§ 95a, 95b Abs 1 Nr 6 URG (Rn 70 f.) nachzukommen.

bb) Privatkopie (§ 53 Abs 1 URG)

Schrifttum: *Berger*, Die Neuregelung der Privatkopie in § 53 Abs 1 UrhG im Spannungsverhältnis
von geistigem Eigentum, rechtlichen Schutzmaßnahmen und Informationsfreiheit, ZUM 2004, 257;
Jani, Was sind offensichtlich rechtswidrig hergestellte Vorlagen? – Erste Überlegungen zur Neufassung
von § 53 Abs 1 Satz 1 UrhG, ZUM 2003, 842.

Nach § 53 Abs 1 URG dürfen Vervielfältigungsstücke zum **privaten Gebrauch** 132
durch natürliche Personen (BGHZ 134, 250, 256 – *CB-infobank I*) hergestellt werden. Privat ist der Gebrauch durch den Vervielfältigenden selbst oder durch persönlich verbundene Familienmitglieder und Freunde. Die Vervielfältigung darf weder
unmittelbar noch mittelbar beruflichen oder gewerblichen Zwecken dienen. Die
Privilegierung des § 53 Abs 1 URG entfällt, wenn die Vervielfältigung der Ausbildung (Kopieren von Skripten durch Lehramtsreferendare, BGH GRUR 1984, 54 –
Kopierläden) oder jedenfalls „auch" beruflichen Zwecken dient (BGH GRUR 1993,
899 – *Dia-Duplikate*). Erlaubt sind „**einzelne Vervielfältigungsstücke**". Maßgeblich ist der mit der Privatkopie verfolgte Zweck, so dass in der Regel ein Exemplar
genügen dürfte. Die von BGH GRUR 1978, 464 – *Vervielfältigungsstücke* genannte
Zahl von „sieben" dürfte die absolute Obergrenze bilden (großzügiger *Wandtke/
Bullinger/Lüft* § 53 Rn 13; enger *Schack* ZUM 2002, 497: „drei"). Zulässig ist die
Herstellung analoger und digitaler Vervielfältigungsstücke. Die Vorlage muss nicht im
Eigentum des Vervielfältigenden stehen, wie der Umkehrschluss aus § 53 Abs 2
Satz 1 Nr 2 URG belegt. Von urheberrechtlich offensichtlich **rechtswidrigen Vorlagen** darf eine Privatkopie jedoch nicht erstellt werden. Eine Kopiervorlage ist
rechtswidrig hergestellt bzw. öffentlich zugänglich gemacht worden, wenn der Hersteller hierfür kein Nutzungsrecht eingeholt hat und keine Schranke des Urheberrechts zu seinen Gunsten eingreift. Im Rahmen von Internet-Tauschbörsen angebotene Inhalte bilden gewöhnlich rechtswidrige Vorlagen (*Jani* ZUM 2003, 842, 849).
Auch Werkexemplare, die unter Verstoß gegen das Umgehungsverbot des § 95a
Abs 1 URG hergestellt wurden, sind rechtswidrige Vorlagen. Zwar ist die Vervielfältigung nach § 53 Abs 1 Satz 1 URG zulässig, nicht aber die dazu notwendige Umgehung der Schutzmaßnahme, die ebenfalls zum Vorgang der „Herstellung" zählt
(*Berger* ZUM 2004, 257). Das Merkmal der **„Offensichtlichkeit"** der Rechtswidrigkeit soll den Ersteller in seinem Vertrauen auf die Rechtmäßigkeit der Kopie schützen.
Maßgeblich dürften Kriterien sein, die auch bei der „groben Fahrlässigkeit" eine Rolle
spielen. Dabei ist auch das Kopierumfeld relevant. In Internet-Tauschbörsen angebotene Dateien dürften regelmäßig „offensichtlich" rechtswidrig zugänglich gemachte
Vorlagen bilden (*Wandtke/Bullinger/Lüft* § 53 Rn 16). Die Evidenz kann fehlen, wenn

es sich um auch hinsichtlich der Ausstattung gut gemachte Raubkopien handelt. Die **Herstellung durch Dritte** ist nach § 53 Abs 1 Satz 2 URG grundsätzlich erlaubt, wenn dies entweder unentgeltlich erfolgt (ausgeschlossen schon bei Gewinnerzielungs*absicht* des Dritten, vgl BGH GRUR 2009, 845, 850 – *Internet-Videorecorder*) oder eine Vervielfältigung auf Papier oder einem „ähnlichen Träger" angefertigt wird (etwa durch einen „Copyshop"). Die digitale Privatkopie darf daher nicht durch Dritte erfolgen.

cc) Sonstiger eigener Gebrauch (§ 53 Abs 2 URG)

133 § 53 Abs 2 URG lässt in vier weiteren abschließend aufgezählten Fallgruppen die Herstellung von Vervielfältigungsstücken zum eigenen Gebrauch zu. Dazu zählt im Unterschied zum privaten Gebrauch nach § 53 Abs 1 URG auch der betriebs- oder behördeninterne Gebrauch. Die Weitergabe der Vervielfältigungsstücke an Mitarbeiter innerhalb eines Unternehmens, einer Behörde oder sonstigen Institution ist also anders als nach § 53 Abs 1 URG zulässig, nicht aber die Weitergabe zur Verwendung an außenstehende Dritte (BGHZ 134, 250, 258 – *CB-infobank I*). § 53 Abs 2 URG lässt in allen vier Fallgruppen auch die **Herstellung durch Dritte** zu. Anders als bei § 53 Abs 1 URG darf dies auch entgeltlich erfolgen. Freilich muss sich die Tätigkeit des Dritten im Rahmen der konkreten Anweisung des nach § 53 Abs 2 URG Privilegierten zur Herstellung bestimmter Vervielfältigungsstücke halten. Nicht mehr von § 53 Abs 2 URG erfasst ist es, wenn der Dritte eigenständige Recherchen anbietet und der Kopierdienst einen Bestandteil dieser Dienstleistung darstellt (BGHZ 134, 250, 264 – *CB-infobank I*).

134 § 53 Abs 2 Satz 1 Nr 1 URG erlaubt die Vervielfältigung zum eigenen **wissenschaftlichen Gebrauch**. Wissenschaft ist die methodisch geordnete Suche nach Erkenntnis (vgl Rn 120). Dies ist nicht auf die Tätigkeit in Lehre und Forschung an Universitäten und Forschungsinstituten beschränkt. Auch der Journalist, der einen Beitrag für eine Fachzeitschrift verfasst, kann sich auf § 53 Abs 2 Satz 1 Nr 1 URG berufen. Zu beachten ist freilich, dass die Vervielfältigung nicht gewerblichen Zwecken dienen darf. Die Vervielfältigung muss ferner „geboten" sein. Das ist nicht der Fall, soweit das Werk käuflich erworben, in einer Bibliothek entliehen oder anderweitig abgerufen werden kann. Die Vervielfältigung vollständiger Bücher und Zeitschriften ist grundsätzlich nicht mehr von § 53 Abs 2 Satz 1 Nr 1 URG gedeckt (BGH NJW 1992, 1310 – *Seminarkopien*). § 53 Abs 2 Satz 1 Nr 1 URG findet auch auf die Vervielfältigung elektronischer Datenbankwerke Anwendung, wenn sie zu nicht kommerziellem wissenschaftlichem Zwecken erfolgt (§ 53 Abs 5 Satz 2 URG). Zur wissenschaftlichen Kopie bei technischen Schutzmaßnahmen s § 95b Abs 1 Satz 1 Nr 6b) URG.

135 Von Bedeutung für die Presse ist § 53 Abs 2 Satz 1 Nr 2 URG, der die **Vervielfältigung zur Aufnahme in ein eigenes Archiv** gestattet, soweit sie zu diesem Zweck geboten ist und als Vorlage für die Vervielfältigung eigene Werkstücke benutzt werden. Archive sind nach sachlichen Gesichtspunkten geordnete Sammel- und Aufbewahrungsstellen für Geistesgut bestimmter Art, also Bibliotheksbestände, Zeitungsarchive, Filmarchive usw (vgl *Fromm/Nordemann/Wirtz* § 53 Rn 35). Das Archiv darf ausschließlich der Bestandssicherung dienen und nur zum internen Gebrauch erstellt werden (BGHZ 134, 250, 257 – *CB-infobank I*). Nicht mehr gedeckt ist die Nutzung des Archivs durch außenstehende Dritte, und zwar selbst dann, wenn die archivierten Vervielfältigungsstücke im internen Bereich verbleiben und nur Grundlage der Erstellung der Kopien für Dritte sind (BGHZ 134, 250, 258 – *CB-infobank I*). Nicht unter § 53 Abs 2 Satz 1 Nr 2 URG fällt auch die Erstellung eines *elektronischen* Pressearchivs, selbst wenn es nur intern durch Mitarbeiter genutzt werden soll (BGH NJW 1999, 1964, 1965f. – *Elektronische Pressearchive*). Die benutzten Vorlagen (Bücher, Zeitungen, Zeitschriften) müssen im Eigentum des Vervielfältigers stehen. Damit soll verhindert werden, dass Archive auf der Grundlage geliehener Vorlagen entstehen. In Umsetzung der Informationsrichtlinie (Rn 510) schränkt § 53 Abs 2 Satz 2 URG das

VI. Schranken des Urheberrechts **UrhR BT**

Archivprivileg durch weitere (alternative) Voraussetzungen weiter ein. Die Vervielfältigung ist entweder nur auf Papier oder einem ähnlichen Träger (Folie, Mikrofiche) zulässig, oder die Nutzung erfolgt entweder ausschließlich analog oder durch ein nicht-kommerzielles und im öffentlichen Interesse tätiges Archiv. Gewerbliche Unternehmen können daher auf der Grundlage des § 53 Abs 2 Satz 1 Nr 2 URG keine elektronischen Archive errichten. Die Nutzung durch Dritte ist auch bei nicht kommerziell betriebenen Archiven nicht zulässig (*Schack* AfP 2003, 1 ff.). Zur Archivkopie bei technischen Schutzmaßnahmen s § 95b Abs 1 Satz 1 Nr 6c) URG.

Nach § 53 Abs 2 Satz 1 Nr 3 URG dürfen **Rundfunksendungen zur eigenen** **136** **Unterrichtung über Tagesfragen** (zum Begriff der Tagesfragen Rn 153) auf Datenträger vervielfältigt werden. Nach § 53 Abs 2 Satz 3 URG muss der Vorgang jedoch entweder auf einem analogen Datenträger oder zur ausschließlich analogen Nutzung erfolgen.

§ 53 Abs 2 Satz 1 Nr 4 URG gestattet schließlich die Vervielfältigung von kleinen **137** Teilen erschienener Werke und von einzelnen Beiträgen, die in Zeitungen oder Zeitschriften erschienen sind sowie von Werken, die seit mindestens zwei Jahren vergriffen sind, auch **zum sonstigen eigenen Gebrauch**. Ein besonderer Zweck ist nicht Voraussetzung. Anders als nach § 53 Abs 1 URG sind somit auch Kopien zum beruflichen, betrieblichen oder behördlichen Gebrauch gestattet. Beispiele: Ein Rechtsanwalt darf einige Seiten aus einem Kommentar kopieren und zu seiner Handakte nehmen. Die Kopie darf – wie in allen Fällen des § 53 Abs 2 URG – durch einen dazu beauftragten Dritten hergestellt werden. Dessen Tätigkeit darf sich aber nur auf die technische mechanische Vervielfältigung erstrecken und keine weiteren Dienstleistungen (zB Recherchen) umfassen (BGHZ 134, 250, 261 ff. – *CB-infobank I*). Ein eigenes Werkexemplar als Vorlage ist anders als bei § 53 Abs 2 Satz 1 Nr 2 URG nicht Voraussetzung (BGHZ 134, 250, 261 – *CB-infobank I*). Kopiert werden dürfen nur kleine Werkteile oder einzelne Beiträge aus Zeitungen und Zeitschriften. 10% eines Gesamtwerks sollen zulässig sein (OLG Karlsruhe GRUR 1987, 818 – *Referendarkurs*); jedenfalls bei größeren Werken erscheint dies sehr großzügig. Ist das Werk seit mindestens zwei Jahren vergriffen, kann es vollständig kopiert werden. Auch das Privileg der Vervielfältigung zum sonstigen Eigengebrauch steht unter dem Vorbehalt des § 53 Abs 2 Satz 3 URG. Zulässig ist also nur eine Vervielfältigung auf Papier oder einem ähnlichen Träger oder eine ausschließlich analoge Nutzung. Zur Verwendung technischer Schutzmaßnahmen s § 95b Abs 1 Satz 1 Nr 6d) URG.

dd) Unterrichts- und Prüfungsgebrauch (§ 53 Abs 3 URG)

§ 53 Abs 3 URG enthält eine weitreichende Privilegierung für das Ausbildungs- **138** und Prüfungswesen (vgl OLG Karlsruhe GRUR 1987, 818, 819 – *Referendare*). Kleine Teile eines Werks, Werke geringen Umfangs oder einzelne Beiträge, die in Zeitungen und Zeitschriften erschienen oder iSd § 19a URG (Rn 100) öffentlich zugänglich gemacht sind, dürfen für Ausbildungs- und Prüfungszwecke kopiert werden, wobei aber nach § 53 Abs 3 Satz 2 für den Schulgebrauch bestimmte Werke (insbes klassische „Schulbücher") vom Anwendungsbereich der Vorschrift ausgenommen sind. Die Anzahl der Vervielfältigungen ist dabei anders als nach § 53 Abs 1 und 2 URG nicht auf „einzelne" beschränkt, dh es dürfen auch Kopien in Klassenstärke hergestellt werden. Hochschulen werden von der Privilegierung in § 53 Abs 3 Satz 1 Nr 1 URG nicht erfasst; der Gesetzgeber war der Meinung, Studenten sollten sich ihr Material selbst beschaffen (vgl BGH NJW 1992, 1310 – *Seminarkopien*). § 53 Abs 3 Satz 1 Nr 2 URG bezieht daher auch Hochschulprüfungen mit ein. Zur Unterrichtskopie bei technischen Schutzmaßnahmen s § 95b Abs 1 Satz 1 Nr 6e) URG.

ee) Schranken der Vervielfältigungsfreiheit (§ 53 Abs 4–7 URG)

Die Vervielfältigungsfreiheit auf Grund des § 53 Abs 1–3 URG wird durch die **139** Bestimmungen des § 53 Abs 4–7 URG wiederum eingeschränkt, was zuweilen zu einem sehr differenzierten Regel-Ausnahme-Unterausnahme-Verhältnis führt. Die **vollständige Vervielfältigung** von Büchern und Zeitschriften sowie die Vervielfältigung graphischer Aufzeichnungen von Werken der Musik (Noten) ist **nur mit Einwilligung** des Berechtigten zulässig, soweit sie nicht durch Abschreiben erfolgt (§ 53 Abs 4 URG). Die Einwilligung des Berechtigten ist indes entbehrlich, wenn die im Wesentlichen vollständige Vervielfältigung unter den Voraussetzungen des § 53 Abs 2 Satz 1 Nr 2 URG (dazu Rn 135) zur Aufnahme in ein eigenes Archiv erfolgt oder aber, wenn das vervielfältigte Werk bereits seit mehr als zwei Jahren vergriffen ist. § 53 Abs 5 Satz 1 URG verbietet grundsätzlich die Erstellung privater Kopien und Kopien zu sonstigen Zwecken bei **elektronischen Datenbankwerken**. Die Bestimmung trägt damit der besonderen Anfälligkeit der Urheberrechte im digitalen Umfeld Rechnung. Davon ausgenommen sind der nicht kommerzielle wissenschaftliche und Unterrichtsgebrauch. Nach § 53 Abs 6 Satz 1 URG dürfen zulässigerweise hergestellte Vervielfältigungsstücke im Grundsatz **nicht verbreitet** noch öffentlich wiedergegeben werden. Es ist danach bereits unzulässig, ein Vervielfältigungsstück per Zeitungsinserat anzubieten. Eine Unterausnahme sieht wiederum § 53 Abs 6 Satz 2 URG für Vervielfältigungen von Zeitungen und vergriffenen Werken vor, die verliehen werden dürfen. § 53 Abs 7 URG untersagt weitere Vervielfältigungsmöglichkeiten, die nach § 53 Abs 1–3 URG zumindest theoretisch zulässig sein könnten. Von Bedeutung für die Presse ist insb das Verbot, öffentliche Vorträge, Aufführungen oder Vorführungen eines Werkes auf Bild- oder Tonträger aufzunehmen (zum Verhältnis zu § 48 URG Rn 147). Eine Sonderregelung für Computerprogramme, die zahlreiche weitere Nutzungsarten von der Zustimmung des Berechtigten abhängig macht, enthält § 69d URG. Zum **Dreistufentest** als Schranken-Schranke s Rn 107.

ff) Vergütungspflicht (§§ 54 bis 54h URG)

140 Die nach § 53 URG erlaubten weitreichenden Eingriffe in Urheberrechte sind vor dem Hintergrund des Art 14 GG verfassungskonform, weil die Rechteinhaber durch einen gesetzlichen Vergütungsanspruch nach §§ 54 bis 54h URG einen finanziellen Ausgleich erhalten. Zugleich wird damit der Vorgabe aus Art 5 Abs 2c) InfoRL entsprochen, wonach die Rechteinhaber einen „gerechten Ausgleich" beanspruchen können. Die Vergütungspflicht trifft nicht denjenigen, der die nach § 53 Abs 1 bis 3 URG privilegierte Vervielfältigung herstellt, sondern nach § 54 Abs 1 URG die **Geräte- und Trägerhersteller.** Daneben haften als Gesamtschuldner auch Importeure und Händler mit gewissen Einschränkungen (§ 54b URG). Geräte nach § 54 Abs 1 URG sind insb Video- und Kassettenrecorder und CD-Brenner (Schiedsstelle beim DPMA, ZUM 2000, 599). Geeignete Speichermedien sind etwa Video- und Audiokassetten, Tonbänder, Festplatten und CD-Rohlinge. Für die nach § 53 Abs 1 bis 3 erlaubnisfreie Vervielfältigung eines Werkes im Wege der Ablichtung (oder einem Verfahren mit vergleichbarer Wirkung) haftet gemäß § 54c URG neben den Herstellern von Geräten, Händlern und Importeuren auch **Betreiber** des Kopiergeräts, wenn derartige Geräte in Schulen, Hochschulen, sonstigen Bildungseinrichtungen, Forschungseinrichtungen, öffentlichen Bibliotheken oder Einrichtungen, die Geräte für die Herstellung von Ablichtungen entgeltlich bereithalten („Copyshops", Kopierdienste, Kaufhäuser), aufgestellt werden. Zur Durchsetzung des Vergütungsanspruches hat der Gesetzgeber den Herstellern, Importeuren, Händlern und Betreibern Auskunfts-, Hinweis- und Meldepflichten auferlegt (§§ 54d bis f URG). Der Betreiber von Ablichtungsgeräten muss gem § 54g URG auch Kontrollbesuche dulden. Anspruchsberechtigt ist neben dem Urheber durch Verweisungsnormen insb auch der Lichtbildner (§ 72 Abs 1 URG) und der Presseverleger (§ 87g Abs 4 Satz 2). Der Vergütungsanspruch kann nur durch eine Verwertungsgesellschaft geltend gemacht werden (§ 54h Abs 1 URG). Die Höhe der Vergütung ergibt sich, soweit keine andere Vereinbarung getroffen wurde, aus § 54a URG sowie einer Anlage zu § 54d URG aF (vgl hierzu *Dreier/Schulze/Dreier* 54a Rn 12ff.).

VI. Schranken des Urheberrechts **UrhR BT**

h) Kopienversand auf Bestellung (§ 53a URG)

Nachdem die Rechtsprechung zuvor bereits § 53 Abs 2 Satz 1 Nr 4 dahingehend ausgelegt hatte, dass auch der Kopienversanddienst einer Bibliothek zulässig sei, die neben der reinen Vervielfältigung auch die Vorlagen bereitstellt und diese in einem Online-Katalog auffindbar macht (BGH GRUR 1999, 707 – *Kopienversanddienst*), hat der Gesetzgeber diese Rechtsprechung mit der Schaffung von § 53a URG nachvollzogen. Die Vorschrift erlaubt öffentlichen Bibliotheken auf Einzelbestellung die Vervielfältigung und Übermittlung einzelner Beiträge aus Zeitschriften und Zeitungen sowie kleiner Werkteile durch Post- oder Faxversand, sofern die Nutzung durch § 53 URG zulässig ist (vgl Rn 131 ff.). Die Vorschrift ist insofern akzessorisch zu § 53 URG (*Dreier/Schulze/Dreier* § 53a Rn 1). Neben dem Post- und Faxversand ist auch die sonstige elektronische Übermittlung (insbes per E-Mail) zulässig, wenn dies der Veranschaulichung des Unterrichts oder der wissenschaftlichen Forschung dient und zur Verfolgung nicht gewerblicher Zwecke gerechtfertigt ist. Außerdem darf der elektronisch übermittelte Beitrag bzw. kleine Werkteil nur als Bilddatei (und nicht etwa als durchsuchbare Textdatei) zur Verfügung gestellt werden. Die Übermittlung in sonstiger elektronischer Form ist außerdem gem § 53a Abs 1 Satz 3 unzulässig, wenn der elektronische Zugang zu den Beiträgen bereits offensichtlich durch den Rechteinhaber selbst und zu angemessenen Bedingungen angeboten wird. § 53a Abs 2 URG schafft einen verwertungsgesellschaftspflichtigen Vergütungsanspruch. 140a

i) Panoramafreiheit (§ 59 URG)

Schrifttum: *Weberling,* Keine Panoramafreiheit beim verhüllten Reichstag?, AfP 1996, 34.

Von Bedeutung für die Presseberichterstattung ist ferner die in Art 5 Abs 3h) InfoRL fakultativ vorgesehene „Panoramafreiheit" nach § 59 URG. Werke, die sich bleibend an öffentlichen Wegen, Straßen oder Plätzen befinden, dürfen frei vervielfältigt, verbreitet und öffentlich wiedergegeben werden, sofern dies durch Malerei, Grafik, Lichtbild oder Film erfolgt. § 59 URG trägt dem Interesse der Allgemeinheit an der Freiheit des Straßenbildes Rechnung (BGH NJW 2002, 2394, 2395 – *Verhüllter Reichstag*). Ist das Werk etwa auf einem Foto nur im Hintergrund erkennbar, ist die Vervielfältigung, Verbreitung und öffentliche Wiedergabe auch nach § 57 URG (Rn 164) zulässig, ohne dass es auf die engen Voraussetzungen des § 59 URG ankommt. Unter § 59 URG fallen insb Bauwerke und Werke der bildenden Kunst, beispielsweise Brunnen, Statuen, Plastiken, auch an Gedenksteinen und -tafeln angebrachte Sprachwerke, ferner Graffitis (auch solche an öffentlichen Verkehrsmitteln, *Wandtke/Bullinger/Lüft* § 59 Rn 5). Bei Bauwerken erstreckt sich die Befugnis allerdings nur auf Teile des Gebäudes, die von der Straße oder dem Platz aus zu sehen sind (§ 59 Abs 1 Satz 2 URG), also nicht auf Innenhöfe, Treppenhäuser, Deckengemälde usw. Luftaufnahmen sind nicht statthaft. Unzulässig ist es ferner, von einem dem Publikum unzugänglichen Ort aus eine Ablichtung vorzunehmen (BGH GRUR 2003, 1035 – *Hundertwasserhaus;* das Haus war von der gegenüberliegenden Seite von einem höheren Stockwerk aus fotografiert worden). Der Fotograf darf aber ein Teleobjektiv zu Hilfe nehmen, sofern das Werk mit bloßem Auge sichtbar ist (aM *Fromm/Nordemann/Czychowski* § 59 Rn 7). Nicht von § 59 URG gedeckt sind Fotografien, zu deren Erstellung der Fotograf das fremde Grundstück ohne Zustimmung des Inhabers betreten musste. Die Verbreitung entsprechender Fotos kann eine Eigentumsverletzung am Grundstück und seinem Gebäude darstellen (BGH GRUR 1975, 500, 501 – *Schloss Tegel;* BGH GRUR 2011, 323 – *Preußische Gärten und Parkanlagen*). „An" einem Bauwerk erfolgte Vervielfältigungen (zB Wandmalerei) sind ausgenommen (§ 59 Abs 2 URG); das Relief an einem fremden Haus darf fotografiert, nicht aber am rahmen Haus angebracht werden. 141

Ein Anspruch auf Betreten des Grundstückes oder Gebäudes besteht nicht (vgl OLG München AfP 1988, 45, 46); anders kann die Sache bei einem öffentlich-rechtlichen Eigentümer liegen, der öffentlich-rechtlich verpflichtet sein kann, das 142

Berger 1489

Betreten und die Verwertung dabei hergestellter Fotos zu gestatten (BGH GRUR 2011, 323, 325 – *Preußische Gärten und Parkanlagen*). Voraussetzung ist, dass sich das Werk **„bleibend"** an einem öffentlich zugänglichen Platz befindet. Dies ist nicht der Fall, wenn Kunstwerke transportiert werden und dabei während des Verladens auf der Straße abgestellt werden. Dabei kommt es nicht darauf an, ob das Werk nach dem Abbau weiter besteht und an anderer Stelle neu aufgebaut werden kann oder ob es mit der Deinstallation untergeht. Andererseits ist nicht allein die Widmung des Urhebers maßgeblich, der sich andernfalls durch den Vorbehalt, das Werk nach mehreren Jahrzehnten wieder zu entfernen, der Schranke des § 59 URG entziehen könnte (BGH NJW 2002, 2394, 2395 – *Verhüllter Reichstag*). Der BGH stellt vielmehr darauf ab, ob „die mit Zustimmung des Berechtigten erfolgte Aufstellung oder Errichtung eines geschützten Werks an einem öffentlichen Ort der Werkpräsentation im Sinne einer Ausstellung dient, wobei der gesetzlichen Regelung allerdings die Vorstellung einer zeitlich befristeten Ausstellung, nicht einer Dauerausstellung zugrunde liegt" (BGH NJW 2002, 2394, 2396 – *Verhüllter Reichstag*). Diese Kriterien sind wenig präzise und schaffen wenig Rechtssicherheit. In der Literatur wird das Projekt „Verhüllter Reichstag" als bleibend angesehen, weil es sich für die gesamte Dauer seiner Existenz an einem öffentlichen Ort befand (*Weberling* AfP 1996, 34, 35). Für die aktuelle Bildberichterstattung über den „verhüllten Reichstag" konnte sich die Presse allerdings auf § 50 URG berufen (dazu Rn 161). Umstritten ist, ob Schaufensterauslagen nach § 59 URG wiedergabefrei sind (bejahend *Wenzel/Burkhardt* Rn 6.59; verneinend *Fromm/Nordemann/Czychowski* § 59 Rn 8). Wird zB ein Gemälde vorübergehend im Schaufenster einer Galerie ausgestellt, ist dies zu verneinen, denn es befindet sich nicht „bleibend" an diesem Ort. Die künstlerische Schaufensterdekoration hingegen, die nach einer gewissen Zeitdauer durch eine neue ersetzt wird, kann bleibend im Sinne des § 59 URG sein, weil sie nicht entfernt, sondern endgültig demontiert wird.

143 Die Vervielfältigung und Verbreitung darf zu jedem **beliebigen Zweck** erfolgen, muss also anders als in den Fällen der §§ 48, 49 URG nicht der Tagesberichterstattung dienen. Auch eine Vervielfältigung zu gewerblichen Zwecken (beispielsweise Herstellung von Ansichtskarten, Kalendern usw) ist daher von § 59 URG gedeckt (OLG Bremen NJW 1987, 1420; in der Revisionsentscheidung BGH NJW 1989, 2251 spielte die urheberrechtliche Problematik keine Rolle).

j) Bildnisse (§ 60 URG)

144 § 60 URG erlaubt dem **Besteller** (und seinen Rechtsnachfolgern) sowie dem **Abgebildeten** (und nach dessen Tod seinen Angehörigen iSv § 60 Abs 2 URG bzw einem Beauftragten) eines Bildnisses Vervielfältigungen und unentgeltliche und nicht gewerbliche Verbreitungen des Bildnisses. Besteller und Abgebildete sollen Erinnerungsstücke (zB alter Familienfotos) herstellen und Vervielfältigungsstücke verschenken können. Die Schranke findet in der Informationsrichtlinie keine Ermächtigungsgrundlage. Sie ist aber nach Art 5 Abs 3o) InfoRL als in Deutschland schon vor der Informationsrichtlinie bestehende Schranke zulässig, insoweit aber auf den analogen Bereich beschränkt. Das öffentliche Zugänglichmachen des Bildnisses nach § 19a URG ist nicht zulässig. **Bildnisse** sind nur Personendarstellungen. Gleichgültig ist, ob es sich um eine Fotografie, ein Ölbild, eine Radierung, eine Plastik oder ein Relief handelt. Auch eine Totenmaske kann darunter fallen (KG GRUR 1981, 742, 743 – *Totenmaske*). Das Bildnis muss „auf Bestellung" geschaffen worden sein. § 60 URG gilt daher nicht für ein Foto, das ein Journalist von einer Person angefertigt hat und das in einer Zeitung oder Zeitschrift publiziert wurde; insofern kommt nur § 53 URG in Betracht, der aber keine Verbreitung gestattet. Das Bildnis darf nach § 60 URG vervielfältigt werden, zB durch Ablichtung und Abmalen. Handelt es sich bei dem Ausgangsbildnis um ein Werk der bildenden Künste nach § 2 Nr 4 URG, darf die Vervielfältigung nach § 60 Abs 1 Satz 2 URG nur durch Lichtbild erfolgen. Zulässig ist ferner eine unentgeltliche und nicht zu gewerblichen Zwecken erfolgende

VI. Schranken des Urheberrechts UrhR BT

Verbreitung. Entscheidend ist also der private Zweck. Die Verbreitung des Lichtbilds in unentgeltlich verteilten Anzeigenblättern ist daher nicht zulässig. § 60 URG gestattet ferner nicht das zur (politischen) Werbung erfolgende Verteilen von Handzetteln mit Bildnissen des zu Bewerbenden (*Wandtke/Bullinger/Lüft* § 60 Rn 7). Die Verbreitung durch den Besteller setzt die Zustimmung des Abgebildeten nach § 22 KUG voraus. Es gilt das Änderungsverbot des § 62 URG. Die Quelle ist nicht anzugeben (vgl § 63 URG).

k) Verwaiste Werke (§§ 61ff. URG)

Mit der fortschreitenden Digitalisierung wächst auch das Bedürfnis der Allgemeinheit, auf alte, aber noch nicht gemeinfreie Werke in digitaler Form zuzugreifen, insb zu Archivierungszwecken. Soweit die Urheber und sonstigen Rechteinhaber bekannt sind, ist hierfür schlicht die Einholung entsprechender Nutzungsrechte notwendig. Problematisch ist der Umgang mit „verwaisten" Werken, also solchen Werken, deren Rechteinhaber auch mit großem Aufwand nicht mehr feststellbar sind, etwa weil die Lizenzkette oder Erbfolge nicht aufgeklärt werden können. Riskiert eine mit alten Werken befasste Investition, das jeweilige Werk gleichwohl ohne Nutzungsrecht zu verwerten, läuft sie Gefahr, vom unerwartet doch noch in Erscheinung tretenden Rechteinhaber gem §§ 97 ff. URG auf Schadensersatz in unkalkulierbarer Höhe in Anspruch genommen zu werden. Nachdem die Übergangsvorschrift des § 137l URG dieses Problem nur in Teilbereichen abschwächte (vgl Rn 182), soll die Schrankenregelung der §§ 61 ff. URG eine umfassende Lösung schaffen. Sie beruht auf der EU-Richtlinie über bestimmte zulässige Formen der Nutzung verwaister Werke (Rn 10).

§ 61 URG erlaubt die Vervielfältigung und öffentliche Zugänglichmachung bestimmter abschließend aufgezählter Bestandsinhalte (§ 61 Abs 2 Nr 1–3 URG) öffentlich zugänglicher Bibliotheken, Bildungseinrichtungen, Museen, Archiven sowie Einrichtungen des Film- und Tonerbes, wenn deren Rechteinhaber selbst nach sorgfältiger Suche nicht ermittelt werden können. Dabei legt § 61a URG in Verbindung mit seiner Anlage im Einzelnen fest, welche Quellen bei der Recherche mindestens zu konsultieren sind. Gem § 61a Abs. 4 URG ist das Deutsche Patent- und Markenamt über die erfolglose Suche zu unterrichten. Die gemeinnützige Zielsetzung der Schrankenvorschrift wird dadurch unterstrichen, dass den berechtigten Einrichtungen die Nutzung nach § 61 Abs 5 URG nur gestattet ist, wenn sie innerhalb ihrer Gemeinwohlaufgaben handeln und der Öffentlichkeit anschließend Zugang zu den Werken gewähren. Dass die Einrichtung für den Zugang ein kostendeckendes Entgelt verlangt, ist nach § 61 Abs 5 Satz 2 URG unschädlich. Wird der Rechtsinhaber während der Nutzung doch noch aufgefunden, sind die Nutzungshandlungen unverzüglich einzustellen und der Rechteinhaber hat einen Anspruch auf Zahlung einer angemessenen Vergütung (§ 61b URG). § 61c URG erweitert den Anwendungsbereich des § 61 URG zugunsten öffentlich-rechtlicher Rundfunkanstalten. Weitere Sonderfälle regeln § 61 Abs 3 und 4 URG.

l) Schranken zugunsten Wahrnehmungsbehinderter (§ 45a URG)

Gestützt auf Art 5 Abs 3b) InfoRL sieht § 45a URG eine Schranke zugunsten wahrnehmungsbehinderter Menschen vor. Zulässig ist die nicht kommerzielle Vervielfältigung für und Verbreitung an Menschen, soweit dies erforderlich ist, um den sonst wegen einer Behinderung nicht möglichen oder erheblich erschwerten **Zugang zum Werk zu ermöglichen**. Dies umfasst die Übertragung eines Sprachwerks (auch einer Zeitung oder Zeitschrift) in Blindenschrift oder auf einen Tonträger. Unzulässig, weil nicht erforderlich ist die Übertragung, wenn das Werk schon in einer wahrnehmbaren Form vorliegt (etwa ein Roman als Hörbuch) und zu dem Zweck auch geeignet ist (mangels Zitierbarkeit nicht ein Hörbuch als Grundlage einer wissenschaftlichen Arbeit). Über § 72 Abs 1 URG findet § 45a Abs 1 URG auch auf Lichtbilder Anwendung und erlaubt beispielsweise deren vergrößernde Ver-

144a

145

Berger 1491

vielfältigung. Nach § 45a Abs 2 URG ist die Vervielfältigung und Verbreitung **vergütungspflichtig**, wenn sie über einzelne Vervielfältigungsstücke hinaus geht. Der Vergütungsanspruch ist verwertungsgesellschaftspflichtig. Zahlreiche der von § 45a Abs 1 URG erfassten Nutzungsvorgänge sind bereits nach § 53 Abs 1 URG zulässig (dazu Rn 132). Die **Bedeutung des** § **45a URG** ergibt sich daraus, dass gegenüber dem Verwender technischer Schutzmaßnahmen ein Anspruch nach § 95b Abs 1 Satz 1 Nr 2 URG zur Durchsetzung der Schrankenbestimmung besteht, der für § 53 Abs 1 URG im digitalen Bereich nach § 95b Abs 1 Satz 1 Nr 6 URG nicht vorgesehen ist.

4. Schranken zugunsten der Medien

146 Die Presse besitzt auf Grund ihrer öffentlichen Aufgabe in gewissem Umfang Wiedergabeprivilegien für urhebergeschützte Werke (dazu auch § 1 Rn 214 ff.). Diese Schrankenbestimmungen enthalten eine abschließende Regelung zwischen den Ausschließlichkeitsrechten der Urheber und den entgegenstehenden Nutzungsinteressen der Allgemeinheit oder auch spezieller Nutzungsgruppen. Die Pressefreiheit bildet daher keine der urheberrechtlichen Prüfung „nachgeschaltete" Schranke. Art 5 Abs 1 GG ist vielmehr allein bei der Auslegung des einfachgesetzlichen Schrankenbestimmungen zu beachten (BGH GRUR 2003, 956, 957 – *Gies-Adler*).

a) Übernahmefreiheit für öffentliche Reden (§ 48 URG)

aa) Reden über Tagesfragen

147 Begrenzte Wiedergabefreiheit besteht gemäß § 48 Abs 1 Nr 1 URG für Reden über Tagesfragen, die bei öffentlichen Versammlungen gehalten oder durch öffentliche Wiedergabe nach §§ 19a, 20 URG veröffentlicht wurden. Die Vervielfältigung und Verbreitung sind jedoch nur in Zeitungen, Zeitschriften, anderen Druckschriften und auf sonstigen Datenträgern zulässig, „die im Wesentlichen den Tagesinteressen Rechnung tragen". Den Tagesinteressen dienen Publikationen, die überwiegend auf Aktualität ausgerichtet sind. Dies ist bei Tageszeitungen immer und auch bei den meisten Wochen- und Monatsblättern, insb bei Illustrierten, Nachrichten- und Wirtschaftsmagazinen, der Fall (vgl dazu auch *Melichar* ZUM 1988, 14, 16 ff.). Zu den privilegierten sonstigen Informationsblättern gehören Nachrichtendienste und Korrespondenzen, dh mechanisch oder elektronisch vervielfältigte Mitteilungen, die von Korrespondenzbüros oder Nachrichtenagenturen an Zeitungen zum Abdruck gegen vereinbartes Honorar übersandt werden. Für Zeitschriften, die nicht überwiegend auf die Behandlung von Tagesfragen ausgerichtet sind, insb für wissenschaftliche und literarische Zeitschriften, entfällt das Abdruckrecht. Das Privileg besteht ferner nur für „Reden über Tagesfragen". **Tagesfragen** sind Fragen, die im Zeitpunkt ihrer Behandlung durch den Redner in der Öffentlichkeit aktuell sind. Maßgeblich ist dabei allein der Inhalt der Rede. Darauf, ob die Rede anlässlich eines Tagesereignisses (zB wissenschaftlich-historischer Vortrag des Gründungsrektors bei der Eröffnung einer neuen Universität) gehalten wurde, kommt es hingegen nicht an. Wissenschaftlichen Vorträgen kann die Aktualität nicht generell abgesprochen werden. Erforderlich ist freilich, dass die Rede in „öffentlicher Versammlung" gehalten wurde. Dies ist nur dann der Fall, wenn der Zutritt zur Versammlung zumindest jedermann offensteht. Öffentlich ist daher zB auch die Antrittsvorlesung eines Professors, soweit der Zutritt nicht auf Universitätsangehörige beschränkt bleibt. Der engere Versammlungsbegriff des Versammlungsgesetzes kann hier keine Anwendung finden (vgl § 1 Rn 215). Äußert sich ein Redner zu unterschiedlichen Bereichen, darf nur der Teil frei vervielfältigt oder verbreitet werden, der sich mit Tagesfragen befasst. Anders als die Vervielfältigung oder Verbreitung ist die öffentliche Wiedergabe (§ 15 Abs 2 URG) derartiger Reden und Vorträge **jedermann** und nicht nur der Presse gestattet. In der Praxis werden diese Befugnisse von Privatpersonen freilich kaum je tatsächlich wahrgenommen.

VI. Schranken des Urheberrechts UrhR BT

bb) Reden und Vorträge bei öffentlichen Verhandlungen vor staatlichen, kommunalen und kirchlichen Organen

In vollem Umfang wiedergabefrei sind Reden und Vorträge, die bei öffentlichen Verhandlungen vor staatlichen, kommunalen und kirchlichen Organen gehalten worden sind (§ 48 Abs 1 Nr 2 URG). Die Vorschrift betrifft vor allem Reden vor Parlamenten in Bund, Ländern und Gemeinden sowie Plädoyers vor Gericht. Gleichgültig ist, ob die Verhandlung vor dem Plenum oder einem Ausschuss des staatlichen, kommunalen oder kirchlichen Organs stattfand, sofern sie nur öffentlich war. Predigten im Gottesdienst sind keine Reden bei Verhandlungen vor kirchlichen Organen und fallen daher nicht unter § 48 Abs 1 Nr 2 URG. Bei den in § 48 Abs 1 Nr 2 URG bezeichneten Reden und Vorträgen ist jedermann zur Vervielfältigung, Verbreitung und öffentlichen Wiedergabe berechtigt. Insoweit besitzt die Presse kein Privileg. In der Praxis werden die Befugnisse aus § 48 Abs 1 Nr 2 URG überwiegend von der Presse und dem Rundfunk wahrgenommen. **148**

cc) Kein Anspruch auf Gestattung von Ton- oder Bildträgeraufnahmen aus § 48 URG

§ 48 Abs 1 URG schränkt nur das Urheberrecht ein, nicht andere Rechte und Befugnisse. So lässt sich ein Anspruch auf Gestattung von Ton- oder Bildträgeraufnahmen aus dieser Vorschrift nicht herleiten (BVerwG NJW 1991, 118, 119; vgl aber OLG Celle AfP 1986, 57). Daher kann der Vorsitzende eines kommunalen Organs kraft seines Hausrechts Tonbandaufnahmen in einer Sitzung untersagen, und der Redner kann Aufnahmen auf Tonträger verbieten, weil sie einen Eingriff in sein allgemeines Persönlichkeitsrecht darstellen (OLG Celle AfP 1986, 57). Bei den in § 48 Abs 1 Nr 2 URG genannten öffentlichen Reden vor staatlichen Organen ist allerdings eine Abwägung zwischen dem durch Art 2 Abs 1 GG geschützten Persönlichkeitsrecht bzw dem öffentlichen Interesse an ungestörter Organtätigkeit und den Grundrechten aus Art 5 Abs 1 GG notwendig (vgl BVerwG NJW 1991, 118, 119, am Ergebnis der dort vorgenommenen Abwägung lässt sich durchaus zweifeln). Ein Anspruch auf Gestattung von Aufnahmen durch Presse und Rundfunk kann sich aus Art 5 Abs 1 Satz 2 GG ergeben (dazu § 1 Rn 76ff.). Für Gerichtsverhandlungen enthält § 169 Satz 2 GVG eine wichtige Sonderregelung: Ton-, Bild- und Filmaufnahmen zum Zwecke der öffentlichen Vorführung oder Veröffentlichung ihres Inhalts sind grundsätzlich unzulässig. Dieses Verbot kann auch durch übereinstimmende Erklärungen aller Prozessbeteiligten nicht außer Kraft gesetzt werden. Für die Zeit vor Beginn und nach Ende der Verhandlung sowie die Verhandlungspausen obliegt die Entscheidung über die Zulassung von Aufnahmen dem Vorsitzenden des Gerichts (§ 176 GVG). Bei einem evtl Verbot von Aufnahmen ist eine Abwägung zwischen den Belangen der Prozessbeteiligten, dem öffentlichen Interesse an der Ordnung des gerichtlichen Verfahrens und dem Informationsinteresse der Öffentlichkeit notwendig (BVerfG NJW 1995, 184, 186 – *Strafverfahren gegen Erich Honecker ua*). **149**

dd) Redensammlungen

In allen Fällen der Wiedergabefreiheit öffentlicher Reden darf dieses Recht nicht dazu missbraucht werden, eine Sammlung von Reden herauszugeben, die überwiegend Reden desselben Urhebers enthält (§ 48 Abs 2 URG). Ob dies der Fall ist, kann nicht anhand eines rein quantitativen Maßstabes beurteilt werden (*Schricker/Loewenheim/Melichar* § 48 Rn 15). Entscheidend ist vielmehr, ob das Sammelwerk von den Reden eines Autors geprägt wird. Die Befugnis, ein solches Sammelwerk zu gestalten, soll grundsätzlich dem Redner selbst vorbehalten bleiben. **150**

ee) Pflicht zur Quellenangabe, Änderungsverbot

Wird ein Werk oder ein Teil eines Werkes nach § 48 URG vervielfältigt, ist stets die Quelle, dh der Urheber, deutlich anzugeben (§ 63 Abs 1 URG). Ferner gilt das Verbot von Änderungen (§ 62 URG) und Entstellungen (§ 14 URG). Die Verlet- **151** zung dieser Verpflichtungen kann Ansprüche auf Unterlassung und Schadensersatz auslösen (§ 97 Abs 1 URG).

b) Entnahmerecht bei Zeitungsbeiträgen und Rundfunkkommentaren (§ 49 URG)

Schrifttum: Berger/Degenhart, Rechtsfragen elektronischer Pressespiegel, AfP 2002, 557 (Beilage Heft 6); *Eknutt,* Vergütungspflicht für Pressespiegel, GRUR 1975, 358; *Wild,* Die zulässige Wiedergabe von Presseberichten und -artikeln in Pressespiegeln, AfP 1989, 701.

aa) Bedeutung

152 § 49 URG ist von besonderer Bedeutung für die Presse. Die Vorschrift regelt das Entnahmerecht von Presseorganen hinsichtlich von Rundfunkkommentaren und Zeitungsartikeln und gleichsam als Kehrseite die Duldungspflicht des Entnahmemediums. § 49 URG erfasst die Wiedergabe von Beiträgen im Rahmen von Formaten und Rubriken wie „Presseschau", „Stimmen der Anderen", „Blick in die Presse" usw. Die Vorschrift bildet im Ausgangspunkt ein **wechselseitiges Presseprivileg**, später ist der Rundfunk hinzugetreten. Die Bestimmung dient der Informations- und Meinungsfreiheit. Sie stellt jedoch kein „Jedermannrecht" dar, sondern ist auf die Entnahme durch andere Medien beschränkt und sollte daher nicht mit dem Schlagwort *„free flow of information"* in Verbindung gebracht werden. Diese enge Zwecksetzung wird verkannt, wenn man darauf ein Erstellung sog „Pressespiegel" (dazu Rn 155) stützt (so aber BGH AfP 2002, 437, 439 – *Elektronischer Pressespiegel*). § 49 URG findet die erforderliche Ermächtigung in Art 5 Abs 3c) InfoRL, der freilich sehr eng gefasst ist und ein Entnahmerecht nur „durch die Presse" vorsieht. Damit ist die Anerkennung von Pressespiegeln nicht vereinbar.

bb) Übernahmegegenstände

153 Neben Rundfunkkommentaren dürfen einzelne Artikel sowie im Zusammenhang veröffentlichte Abbildungen entnommen werden. Darunter fallen alle **redaktionellen Beiträge** einer Zeitung in Sprachform, insb Tatsachenmitteilungen, Berichte, Reportagen, Kommentare, Rezensionen, Essays und Kritiken. Interviews fallen nicht unter § 49 URG (aA *Schricker/Loewenheim/Melichar* § 49 Rn 4), denn der Interviewte kann keinen Rechtevorbehalt erklären. Voraussetzung der Übernahme ist, dass der Beitrag **politische, wirtschaftliche oder religiöse Themen** jedenfalls schwerpunktmäßig behandelt. Beiträge wissenschaftlichen, technischen, unterhaltenden, kulturellen oder sportlichen Inhalts dürfen nicht übernommen werden, ferner nicht Artikel, die das Privatleben bekannter Personen behandeln. Erforderlich ist überdies, dass sich der übernommene Artikel mit **Tagesfragen** befasst. Der Beitrag muss ein Geschehen behandeln, das im Zeitpunkt des Nachdrucks noch Aktualität beansprucht. Bilder stehen mit einem Artikel im Zusammenhang, wenn sie den Artikel ergänzen oder illustrieren und ihm durch das Layout zugeordnet sind. Erlaubt ist nur die Übernahme **einzelner Artikel**. Keinesfalls sollen Zeitungen insgesamt oder in wesentlichen Teilen nachgedruckt werden; § 49 URG erlaubt keinen Zugriff auf das Sammelwerk „Zeitung". „Einzelne" Artikel bedeutet „einige wenige" (*Schricker/Loewenheim/Melichar,* § 49 Rn 12), in Zahlen: Mehr als „ein" Beitrag, aber höchstens drei Artikel.

cc) Entnahmemedien

154 Entnahmemedien sind der Rundfunk und Zeitungen sowie Tagesinteresse dienende Informationsblätter. Der Rundfunkbegriff ist in Anlehnung an das Senderecht nach § 20 URG zu verstehen. Die öffentliche Zugänglichmachung nach § 19a URG ist davon nicht umfasst. Der **Begriff „Zeitung"** ist eng auszulegen und umfasst nur *Tages*zeitungen. Darunter versteht man die täglich erscheinenden Presseorgane. Sonntagszeitungen werden unter Hinweis auf ihre Brückenfunktion einbezogen (*Wild* AfP 1989, 701, 703). Unter Hinweis auf die herkömmliche presserechtliche Definition, wonach eine „Zeitung" ein periodisches Druckwerk ist, das in tagebuchartiger Weise über die aktuellen Vorgänge in allen oder bestimmten Lebensbereichen in Schrift und

VI. Schranken des Urheberrechts UrhR BT

Bild öffentlich berichtet (Einleitung Rn 14 ff.; § 7 Rn 10 ff.), werden als „Zeitung" im Sinne des § 49 Abs 1 URG auch Wochenzeitungen eingeordnet (vgl *Ekrutt* GRUR 1975, 358, 360; *Melichar* ZUM 1988, 14, 16 f.; OLG München AfP 2002, 245). Dem ist nicht zu folgen (OLG München AfP 2000, 191, 193; KG Berlin AfP 2004, 278, 284). Wochenzeitungen sind zwar „Informationsblätter", sie dienen aber nicht „Tagesinteressen". Für die Beschränkung des § 49 Abs 1 URG auf Zeitungen spricht auch der Umkehrschluss zu § 48 Abs 1 Nr 1 URG, der Zeitschriften den Zeitungen in dieser Vorschrift, nicht aber in § 49 URG, gleichstellt. Im Regierungsentwurf zu § 49 URG waren „Zeitschriften" noch enthalten; ihre Streichung sollte § 49 URG enger fassen (vgl die amtl Begründung UFITA 45 [1965] 240, 282). Die Tagesperiodizität ist überdies ein formal handhabbares und damit der Rechtssicherheit dienendes Merkmal. Auf Nachrichtenmagazine und Illustrierte („Stern", „Spiegel", „Focus") ist § 49 URG nicht anwendbar (OLG München AfP 2000, 191; aA BGH GRUR 2005, 670 – *Wirtschaftswoche;* krit *Obergfell* MMR 2005, 604). Von § 49 Abs 1 URG erfasste „andere Informationsblätter" sind insb Nachrichtendienste und aktuelle Korrespondenzen, nicht jedoch online angebotene Nachrichtendienste (aA *Dreier/ Schulze/Dreier* § 49 Rn 7). Das Nachdruckrecht gilt auch hinsichtlich ausländischer Tageszeitungen (vgl Art 10bis Abs 1 RBÜ).

dd) Übernahmemedien

Die Artikel dürfen nach § 49 Abs 1 URG „in anderen Zeitungen und Informationsblättern dieser Art" wiedergegeben werden. Danach können sich nur Presse- und andere Medienorgane auf § 49 Abs 1 URG stützen. Unter Hinweis auf die Zulässigkeit der Erstellung von „Informationsblättern" ist die Praxis in Unternehmen, Behörden, Verbänden und anderen Organisationen dazu übergegangen, sog **„Pressespiegel"** (auch: „Presseübersicht", „Medienanalyse") zu erstellen. Darunter versteht man thematische Zusammenstellungen von Presseartikeln auf Papier zur zunächst hausinternen Verwendung. Später boten Dienstleister die Erstellung und den Vertrieb externer Pressespiegel an. Die letzte Stufe bilden elektronische Pressespiegel, die als Datei über Datennetze dem Nutzer zur Verfügung gestellt werden. Der BGH sieht hausinterne elektronische Pressespiegel als von § 49 Abs 1 URG umfasst an, nicht jedoch externe elektronische Pressespiegel (BGH AfP 2002, 437 – *Elektronischer Pressespiegel*). Dem ist nicht zu folgen. Pressespiegel bilden keine Informationsblätter „dieser Art", denn ihnen fehlt der pressetypische eigene redaktionelle Beitrag (vgl LG Frankfurt am Main AfP 2001, 526). § 49 URG bedeutet eine wechselseitige Privilegierung von Presseunternehmen, in die auch der Rundfunk einbezogen wurde (eingehend *Berger/Degenhart* AfP 2002, 557, 573). Damit ist es nicht vereinbar, gleichsam jedermann die Erstellung von Pressespiegeln zu gestatten, denn der Pressespiegel selbst stellt keine entnahmefähigen Inhalte bereit. Die Beschränkung in § 49 Abs 1 URG würde leer laufen, wenn jede Zusammenstellung von Pressebeiträgen zu Pressespiegeln bereits ein „Informationsblatt" darstellt. Dass der Vorschrift des § 49 Abs 1 Satz 1 URG unter diesen Umständen nur ein „kleiner Anwendungsbereich" bleibe (so der Einwand von *Ekrutt* GRUR 1975, 358, 361), ist zum einen so nicht richtig, denn Tageszeitungen, Nachrichtendienste und Korrespondenzen existieren in großer Zahl. Zum anderen liegt darin auch kein überzeugendes Gegenargument: Dass der Anwendungsbereich von Ausnahmevorschriften nicht besonders groß ist, liegt in der Natur der Sache (vgl aber *Melichar* ZUM 1988, 14, 16) und ist angesichts der gebotenen engen Auslegung von Schrankenbestimmungen völlig selbstverständlich. Insb aber ist die Pressespiegel-Entscheidung des BGH unvereinbar mit Art 5 Abs 3c) InfoRL, der die Mitgliedsstaaten ermächtigt, in den nationalen Urheberrechtsgesetzen Beschränkungen vom Vervielfältigungsrecht im Hinblick auf bestimmte Presseartikel vorzusehen. Die Bestimmung steht freilich unter dem Vorbehalt, dass ein entsprechendes Privileg allein „durch die Presse" ausgeübt werden darf. Maßgeblich hierfür ist nicht ein mitgliedsstaatlicher, sondern der in Art 10bis Abs 1 RBÜ (Rn 16) enthaltene konventionsrechtliche Pressebegriff. Darunter fallen nur redaktionelle Veröffentlichungen. Überdies ist die vom BGH vorgenommene Erstreckung des § 49 Abs 1 URG auf interne elektronische Pressespiegel mit dem in Art 5 Abs 5 InfoRL enthaltenen „Dreistufentest" nicht vereinbar, der Schranken nur in gewissen „Sonderfällen" zulässt. Die Erstellung elektronischer Pressespiegel führt das gesamte Sammelwerk „Zeitung" systematisch und voll umfänglich einer dem Rechteinhaber vorbehaltenen Zweitauswertung zu. Angesichts der Zugriffszahl und der für elektronische Pressespiegel typischen Zugriffsdichte in den Kernbereich der Verwertungsrechte kann von einem „Sonderfall" nicht mehr gesprochen werden. Ein Rückgriff auf § 49 URG ist zur Pressespiegel-Erstellung überdies nicht mehr notwendig, nachdem die Verlegerseite mit der Presse-Monitor-Gesellschaft (Berlin) die Möglichkeit des Bezugs von Pressespiegeln anbietet. Dies wurde auch von der VG WORT akzeptiert, die einen entsprechenden Kooperationsvertrag mit der Presse-Monitor-Gesellschaft, Berlin, geschlossen hat.

156 Die in § 49 Abs 1 URG vorgesehene **öffentliche Wiedergabe** ist ebenfalls nur solchen Organen erlaubt, die ihrerseits einen redaktionellen entnahmefähigen Beitrag leisten. Das ist bei Rundfunkanstalten zu bejahen. § 49 Abs 1 URG bildet indes auch hinsichtlich der öffentlichen Wiedergabe kein „Jedermannrecht" (aA *Löffler* Vorauf Rn 93). Insbesondere scheidet eine öffentliche Zugänglichmachung nach § 19a URG aus, falls der Verwerter keine eigenen übernahmefähigen Beiträge erbringt.

ee) Rechtevorbehalt

157 Die Wiedergabefreiheit entfällt, wenn der Artikel oder Kommentar mit einem entsprechenden Vorbehalt („Alle Rechte vorbehalten", „Nachdruck auch auszugsweise nicht gestattet") versehen ist. Diese Möglichkeit des Rechtevorbehalts ist in Art 5 Abs 3c) InfoRL vorgesehen und steht daher nicht zur Disposition des Gesetzgebers. Nach hM muss der betreffende Artikel oder Kommentar selbst mit einem entsprechenden Vorbehalt versehen sein, der in einem engen drucktechnisch-räumlichen Zusammenhang mit dem Beitrag steht. Ein allgemeiner Vorbehalt, zB im Impressum oder auf dem Titelblatt, soll nicht ausreichen (*Schricker/Loewenheim/Melichar* § 49 Rn 13; *Wenzel/Burkhardt* Rn 6.71). Diese Auslegung ist indessen weder durch den Wortlaut oder Zweck der Vorschrift geboten (*Wild* AfP 1989, 701, 706). Ein Vorbehalt der Rechte an deutlich sichtbarer Stelle (zB im Impressum oder auf der Titelseite) genügt, um das Übernahmerecht auszuschließen (*Berger/Degenhart* AfP 2002, 557, 583).

ff) Vergütungspflicht

158 Der Nachdruck und die öffentliche Wiedergabe der durch § 49 Abs 1 Satz 1 URG in begrenztem Umfang freigegebenen Kommentare und Artikel ist vergütungspflichtig (§ 49 Abs 1 Satz 2 URG). Der Vergütungsanspruch kann nur durch eine Verwertungsgesellschaft geltend gemacht werden (§ 49 Abs 1 Satz 3 URG). Die Vergütungspflicht entfällt ausnahmsweise, wenn es sich um eine Übersicht – „Presseschau" – handelt, die lediglich kurze Auszüge aus mehreren Kommentaren oder Artikeln enthält. Beispiele dafür sind Pressespiegel in Tageszeitungen wie „Stimmen der Anderen" in der „FAZ" oder „Die Meinung der Anderen" in der „Welt". § 49 Abs 1 Satz 2 URG muss als Ergänzung von Satz 1 gesehen werden und kann sich daher nur auf die dort begünstigten Publikationen beziehen. Die Vorschrift stellt eine mit § 51 Nr 2 URG übereinstimmende Wertung her (die erwähnten Pressestimmen in Tageszeitungen wären auch als Kleinzitate zulässig und damit nicht vergütungspflichtig), eröffnet aber keine zusätzlichen Wiedergabemöglichkeiten. Auf die von Unternehmen, Verbänden, Parteien etc verbreiteten „Pressespiegel" und „Medienübersichten" kann die Vergünstigung des § 49 Abs 1 Satz 2 URG schon deshalb keine Anwendung finden, weil sie nicht zu den in § 49 Abs 1 Satz 1 URG genannten Publikationen zählen (dazu Rn 155).

VI. Schranken des Urheberrechts

gg) Quellenangabe, Änderungsverbot

In allen Fällen der nach § 49 Abs 1 URG zulässigen Entnahme ist nach § 63 Abs 3 URG der Urheber anzugeben, wenn er in der benutzten Quelle bezeichnet war. Ferner muss die Zeitung bzw das Informationsblatt, aus dem der Artikel entnommen wurde, genannt werden. Bei Rundfunkkommentaren, die in einer Zeitung oder einem anderen Informationsblatt abgedruckt oder durch Funk gesendet werden, ist neben dem Urheber stets auch das Sendeunternehmen mitzuteilen. Das Änderungs- und Entstellungsverbot (§§ 62, 14 URG) gilt auch hier. **159**

hh) Vervielfältigung und Verbreitung von vermischten Nachrichten tatsächlichen Inhalts und Tagesneuigkeiten

Nach § 49 Abs 2 URG ist die Vervielfältigung und Verbreitung von vermischten Nachrichten tatsächlichen Inhalts und Tagesneuigkeiten unbeschränkt und ohne Vergütungspflicht zulässig. Meldungen, denen der Werkcharakter fehlt (Rn 32), können aber ohnehin frei wiedergegeben werden. § 49 Abs 2 URG ist daher im Grunde überflüssig. Soweit die Vorschrift auch Nachrichten, die auf Grund ihrer besonderen Gestaltung den Charakter persönlicher geistiger Schöpfungen aufweisen, für frei erklärt, steht sie im Widerspruch zu Art 2 Abs 1 und Abs 8 RBÜ (Paris), wonach „Tagesneuigkeiten" und „vermischte Nachrichten" nur dann vom urheberrechtlichen Schutz ausgenommen werden dürfen, wenn es sich um „einfache Zeitungsmitteilungen" handelt. Gerade um solche geht es hier aber nicht. Da sich Angehörige anderer Verbandsstaaten in der Bundesrepublik unmittelbar auf die RBÜ berufen können (dazu Rn 15 f.), würde sich hier der Vorwurf der Inländerdiskriminierung ergeben. Dies war keineswegs die Absicht des Gesetzgebers, der Übereinstimmung mit der bei Erlass des URG noch geltenden Brüsseler Fassung der RBÜ herstellen wollte (Amtliche Begründung UFITA 45 [1965], 240, 282). Nach alledem ist davon auszugehen, dass das jüngere Konventionsrecht insoweit dem älteren nationalen Recht vorgeht (*Fromm/Nordemann/W. Nordemann* § 49 Rn 12, 10. Aufl 2008; *Prantl* S 27; aM *Schricker/Loewenheim/Melichar* § 49 Rn 33, der § 49 Abs 2 URG zu den „petites réserves" des Konventionsrechts zählt). **160**

c) Berichterstattung über Tagesereignisse (§ 50 URG)

Zugunsten der Massenmedien – Rundfunk, Film und aktuelle Presse – hinsichtlich ihrer Bild- und Tonberichterstattung über Tagesereignisse sieht § 50 URG eine durch den Zweck der Berichterstattung gebotene Wiedergabefreiheit vor. Die auf Art 5 Abs 3c) Fall 2 InfoRL gestützte Schranke aus § 50 URG trägt der Meinungs- und Pressefreiheit sowie dem Informationsinteresse der Öffentlichkeit Rechnung (BGH NJW 2002, 3473, 3474 – *Zeitungsbericht als Tagesereignis*). Allerdings zu Propagandazwecken war bereits 1936 zugunsten der Filmberichterstattung das sog „Wochenschaugesetz" ergangen (RGBl I 1936 S 404), wodurch die bei der Vorführung einer „Wochenschau" im Kino unvermeidliche Wiedergabe geschützter Werke (wie zB von Vorträgen, Kunstwerken, Musikstücken usw) unter gewissen Voraussetzungen gestattet wurde. Durch § 50 URG wurde dieses Wiedergaberecht auf die Tagesberichterstattung durch den Rundfunk und die aktuelle Presse ausgedehnt (vgl Amtliche Begründung UFITA 45 (1965), 240, 282). Zu den **wiedergabeberechtigten Medien** zählen Rundfunk, Presse und Film. Zur Presse gehören Zeitungen und – anders als bei § 49 URG – auch Zeitschriften, die „im Wesentlichen" Tagesereignissen Rechnung tragen (vgl BGH NJW 2002, 3473, 3474 – *Zeitungsbericht als Tagesereignis;* OLG München AfP 2003, 553, 556). Die Erweiterung auf „ähnliche technische Mittel" durch das Gesetz zur Änderung des Urheberrechts in der Informationsgesellschaft (Rn 10) soll die Berichterstattung im Rahmen digitaler Online-Medien ermöglichen. Die Wiedergabefreiheit besteht nur insoweit, als sie durch den in § 50 URG genannten **publizistischen Zweck** – die Bild- und Tonberichterstattung über Tagesereignisse, dh aktuelle Vorgänge, an denen ein allgemeines Informationsinteresse besteht, gerechtfertigt ist. § 50 URG ist als Ausnahmevorschrift schon nach allgemei- **161** nen Grundsätzen eng auszulegen (BGHZ 85, 1, 4 – *Presseberichterstattung und Kunstwiedergabe I*; BGH NJW 2002, 3473, 3474 – *Zeitungsbericht als Tagesereignis*).

162 § 50 URG erlaubt den Zugriff auf **alle Werkarten,** beispielsweise neben Werken der bildenden Kunst und der Musik auch Sprach- und Lichtbildwerke (einschl Lichtbilder, BGH NJW 2002, 3473 – *Zeitungsbericht als Tagesereignis*). Die Wiedergabefreiheit besteht indes nur, soweit das geschützte Werk im Rahmen des Tagesereignisses **wahrnehmbar** (dh hör- oder sichtbar) wird. Berichtet die Presse über die Eröffnung einer wichtigen Kunstausstellung, dann dürfen allenfalls dort tatsächlich gezeigte, aber nicht völlig andere Werke der auf der Ausstellung vertretenen Künstler abgebildet werden. Die Verwendung von Archivbildern der gezeigten Werke ist aber zulässig (BGHZ 85, 1, 7 – *Presseberichterstattung und Kunstwerkwiedergabe I*). Stellt die Stadt Bremerhaven eine Straßenlaterne mit einer Gedenktafel für die Sängerin Lale Andersen auf, darf in einem Bericht über dieses Ereignis nicht der Text des Liedes „Lilli Marleen" abgedruckt werden (BGH GRUR 1987, 34, 35 – *Liedtextwiedergabe I*). Das geschützte Lied wurde nämlich nicht anlässlich des Ereignisses wahrnehmbar, über das berichtet wird. Programmzeitschriften berichten lediglich über Sendungen, nicht über die in den Sendungen dargestellten Ereignisse, so dass insoweit keine Wiedergabefreiheit besteht (LG Berlin ZUM 1989, 473, 474). Bringt das Fernsehen einen Bericht über die Eröffnung einer Kunstausstellung, so berechtigt dies eine Programmzeitschrift noch lange nicht, die Hauptwerke des Künstlers abzubilden. Das geschützte Werk darf ferner nur in einem durch den Zweck der Berichterstattung **gebotenen Umfang** wiedergegeben werden (BGHZ 85, 1, 7 – *Presseberichterstattung und Kunstwerkwiedergabe I*). Es ist daher nicht mehr von § 50 URG gedeckt, wenn eine Rundfunkanstalt anlässlich der Einweihung eines Opernhauses 40 Minuten lang eine Ouvertüre und eine Sinfonie sendet (OLG Frankfurt GRUR 1985, 380, 382 – *Operneröffnung*). Zwar stellte die Einweihung der Alten Oper in Frankfurt zweifellos ein Tagesereignis dar, durch die Dauer der Sendung rückte aber unzulässigerweise das gespielte Werk selbst in den Vordergrund. Bei der Zeitungsberichterstattung über die Neuerscheinung einer Kunstbandreihe dürfen einzelne dort wiedergegebene Kunstwerke frei abgebildet werden (BGH NJW 1983, 1199 – *Presseberichterstattung und Kunstwerkwiedergabe II*). Eine Tageszeitung, die anlässlich eines Stadtfestes eine Sonderbeilage gestaltet, darf auch das urhebergeschützte Werbeplakat für diese Feierlichkeit als Deckblatt abdrucken (LG Oldenburg AfP 1988, 84). Nicht geboten ist eine Nutzung ferner, wenn es dem Berichterstatter möglich und zumutbar ist, vor der Nutzungshandlung die Zustimmung des Rechteinhabers einzuholen (BGH GRUR 2012, 1062, 1063 – *Elektronischer Programmführer*).

163 § 50 URG deckt nur die Berichterstattung über **Tagesereignisse,** dh es muss ein zeitlicher Zusammenhang zwischen Berichterstattung und Ereignis gegeben sein (OLG Stuttgart AfP 1986, 71, 72). Jahresübersichten, Retrospektiven und Wiederholungssendungen werden daher von der Vorschrift nicht erfasst (LG Hamburg NJW 1990, 2004 – *Neonrevier*). Ein früheres Tagesereignis, das später Gegenstand einer öffentlichen Debatte wird, kann aber dadurch (erneut) aktuell werden (OLG Stuttgart AfP 1986, 71). Tagesberichterstattung liegt nicht mehr vor, wenn die Grenze zur vertieften Analyse und Darstellung ganzer Problemkreise überschritten wird (OLG Hamburg AfP 1983, 403, 408). Ein Tagesereignis kann auch darin liegen, dass sich jemand an die Presse mit dem Ziel einer Berichterstattung über ein bestimmtes Ereignis gewandt hat. Dann kann zwar nicht dieses Ereignis, wohl aber die Tatsache der Pressebefassung ein Tagesereignis darstellen (BGH NJW 2002, 3473, 3474 – *Zeitungsbericht als Tagesereignis*). Wird ein Werk nach § 50 URG im Rahmen eines Online-Mediums öffentlich zugänglich gemacht, so verlangt die Rechtsprechung nicht nur dessen Aktualität als Tagesereignis zum Zeitpunkt der Zugänglichmachung, sondern über die gesamte Dauer der Abrufbarkeit (BGH GRUR 2011, 415, 416 f. – *Kunstausstellung im Online-Archiv*). Die Wiedergabe nach § 50 URG ist **nicht vergütungspflichtig.** Jedoch muss gemäß § 63 Abs 1 und Abs 2 Satz 2 URG die Quelle einschließlich des Urhebers deutlich angegeben werden. Bei Wiedergabe ganzer

VI. Schranken des Urheberrechts UrhR BT

Sprachwerke oder ganzer Werke der Musik ist nach § 63 Abs 1 Satz 3 URG neben dem Urheber auch der Verlag zu nennen. Ferner gilt das Änderungsverbot (§ 62 URG).

d) Wiedergabe als unwesentliches Beiwerk (§ 57 URG)

Gestützt auf Art 5 Abs 3i) InfoRL erlaubt § 57 URG die Vervielfältigung, Verbreitung und öffentliche Wiedergabe von Werken, wenn sie als unwesentliches Beiwerk neben dem eigentlichen Gegenstand der Vervielfältigung, Verbreitung oder öffentlichen Wiedergabe anzusehen sind. Die Wiedergabe urhebergeschützter Werke als unwesentliches Beiwerk ist zwar jedermann und zu jedem Zweck gestattet. § 57 URG steht aber in engem Zusammenhang mit § 50 URG und kommt von seiner Funktion her insb den Medien zugute (vgl *Wenzel/Burkhardt* Rn 6.74). Unwesentliches Beiwerk ist das einbezogene urheberrechtlich geschützte Werk nur dann, wenn es für den eigentlichen Gegenstand der Berichterstattung völlig nebensächlich ist und **ohne weiteres hinweggedacht** oder ausgetauscht werden kann. Beispiel: In einem bebilderten Bericht über die Amtseinführung des neuen Oberbürgermeisters ist im Hintergrund ein Gemälde zu sehen, das den Ratssaal der Stadt schmückt. Das Gemälde ist hier nur unwesentliches Beiwerk. Auch § 57 URG ist als Ausnahmevorschrift eng auszulegen (OLG München NJW 1989, 404). Unvermeidlich muss die Einbeziehung nicht sein. Die absichtliche Einbeziehung des geschützten Werkes muss der Einordnung als „unwesentliches Beiwerk" nicht notwendig entgegenstehen, bildet aber ein Indiz dafür, dass kein unwesentliches Beiwerk vorliegt (*Wandtke/Bullinger/Lüft* § 57 Rn 2). Beispiel: Im oben geschilderten Fall wird der Oberbürgermeister vom Photographen gebeten, vor dem geschützten Gemälde zu posieren. Eine Quellenangabe ist bei der Wiedergabe nach § 57 URG nicht erforderlich, wohl aber gilt das Änderungsverbot nach § 62 URG. 164

e) Vervielfältigung durch Sendeunternehmen (§ 55 URG)

Die durch Art 5 Abs 2d) InfoRL gedeckte Bestimmung enthält eine spezielle Schrankenregelung zugunsten von Rundfunkveranstaltern. Hat ein Rundfunkveranstalter das Recht erworben, ein Konzert zu übertragen (Senderecht nach § 20 URG), ist eine Live-Ausstrahlung oft aus (programm-)technischen Gründen nicht möglich oder nicht sinnvoll. Die Aufzeichnung des Konzerts unterliegt aber als Vervielfältigung (§ 16 Abs 1 URG) urheberrechtlichen Beschränkungen. § 55 URG gestattet daher die Aufzeichnung mit eigenen Mitteln zum Zwecke der einmaligen Ausstrahlung. Die Bild- oder Tonträger mit der Aufzeichnung müssen in diesem Falle spätestens einen Monat nach der ersten Funksendung gelöscht werden. Die Löschungspflicht entfällt, wenn es sich um Aufnahmen mit außergewöhnlichem dokumentarischem Wert handelt, die in ein amtliches Archiv aufgenommen werden und der Urheber unverzüglich benachrichtigt wird (§ 55 Abs 2 URG). Bei der Frage, ob eine Aufnahme „außergewöhnlichen dokumentarischen Wert" hat, soll eine großzügige Betrachtungsweise geboten sein (*Fromm/Nordemann/Boddien* § 55 Rn 17), weil die Verbringung in ein Archiv keine zusätzliche Verwertungshandlung darstellt. Eine wiederholte Sendung ist mit Sicherheit ausgeschlossen. „Amtlich" im Sinne des § 55 Abs 2 URG sind nach hM (*Fromm/Nordemann/Boddien* § 55 Rn 18) die Archive der öffentlich-rechtlichen Rundfunkanstalten, nicht hingegen die der Privatsender. Diese gegen Art 3 GG verstoßende Ungleichbehandlung hat freilich kaum praktische Auswirkungen, weil die Löschungspflicht regelmäßig vertraglich abbedungen wird. 165

5. Sonstige Schranken zugunsten besonderer Interessengruppen

a) Rechtspflege und öffentliche Sicherheit (§ 45 URG)

Der von Art 5 Abs 3e) InfoRL gedeckte § 45 URG erlaubt Gerichten und Behörden die Vervielfältigung, Verbreitung, Ausstellung und öffentliche Wiedergabe von Werken und Bildnissen im Interesse der Rechtspflege und der öffentlichen Sicherheit. Die öffentliche Aufgabenerfüllung soll nicht durch Urheberrechte erschwert werden. 166

Berger 1499

§ 45 Abs 2 und 3 URG ermöglicht insb die Vervielfältigung, Verbreitung und öffentliche Wiedergabe von Fahndungsfotos. Zur Durchsetzung der Schranke bei der Verwendung technischer Schutzmaßnahmen s § 95b Abs 1 Satz 1 Nr 1 URG.

b) Schulen und Kirchen (§§ 46, 47 URG)

167 Von Art 5 Abs 3a) InfoRL erlaubte Beschränkungen des Urheberrechts bestehen ferner zugunsten der Bildung und des Gottesdienstes. § 46 URG erleichtert die Herstellung und Verbreitung von **Gebet-, Gesang- und Lesebüchern** für den Kirchen- bzw Schul- oder Unterrichtsgebrauch. Der Gebrauch an Universitäten und Fachhochschulen ist nicht privilegiert. Die Zweckbindung des Sammelwerks ist deutlich anzugeben (§ 46 Abs 1 Satz 3 URG). Dem Urheber ist eine angemessene Vergütung zu leisten (§ 46 Abs 4 URG). Das Schulbuchprivileg entfällt, wenn das fragliche Werk jedermann zum Kauf angeboten wird (OLG Frankfurt ZUM 1991, 97, 99). Für den Schulgebrauch konzipierte Werke dürfen gem § 46 Abs 1 Satz 2 URG nicht öffentlich zugänglich gemacht werden. Für Werke der Musik gilt das Privileg des § 46 Abs 1 URG nur, wenn es sich nicht um für Musikschulen bestimmte Sammlungen handelt (§ 46 Abs 2 URG). Der Urheber kann die Aufnahme seines Werks in die Sammlung gemäß § 46 Abs 5 URG verbieten, wenn es seiner Überzeugung nicht mehr entspricht. Um diese Befugnis ausüben zu können, ist er nach § 46 Abs 3 URG vor der Vervielfältigung zu benachrichtigen.

168 Nach § 47 URG dürfen Schulen und ihnen gleichgestellte Institute aus **Schulfunksendungen** einzelne Sendungen auf einem Bild- oder Tonträger festhalten und für den Unterricht verwenden. Werden die Aufnahmen zum Ende des der Übertragung folgenden Schuljahres gelöscht, sind sie nicht vergütungspflichtig (§ 47 Abs 2 URG). Zur Durchsetzung der Schranken bei den §§ 46 f. URG bei der Verwendung technischer Schutzmaßnahmen s § 95b Abs 1 Satz 1 Nr 3 und 4 URG.

c) Vertriebsprivileg (§ 56 URG)

169 § 56 URG ermöglicht Geschäftsbetrieben, die Rundfunk- und Fernsehgeräte, CD-Player, Kassettenrecorder usw vertreiben oder instand setzen, ihren Kunden diese Geräte vorzuführen, auch wenn dabei urhebergeschützte Werke genutzt werden.

d) Werkausstellung und -verkauf (§ 58 URG)

170 Nach § 58 Abs 1 URG ist es zulässig, öffentlich ausgestellte sowie zur öffentlichen Ausstellung oder zum öffentlichen Verkauf bestimmte Werke der bildenden Künste und Lichtbildwerke zu Werbezwecken zu nutzen (sog **Katalogbildfreiheit**). § 58 Abs 1 URG beruht auf Art 5 Abs 3j) InfoRL. Zulässig ist die Vervielfältigung und Verbreitung in Ausstellungs- und Verkaufskatalogen sowie anderen Druckschriften und digitalen Datenträgern, ferner die öffentliche Zugänglichmachung, nicht aber andere Formen der öffentlichen Wiedergabe. Die frühere Beschränkung auf „Verzeichnisse", worunter nur Druckwerke fielen, ist entfallen. Ausstellung und Verkauf von Werken der angewandten Kunst werden von § 58 URG nicht privilegiert. Andere Zwecke als die Verkaufs- und Ausstellungsförderung dürfen nicht verfolgt werden. Ein Vergütungsanspruch ist nicht vorgesehen, was insb im Hinblick auf Ausstellungskataloge bedenklich erscheint (*Berger* ZUM 2002, 26).

171 § 58 Abs 2 URG erstreckt das Privileg auf Ausstellungs- und Bestandsverzeichnisse (sog **Verzeichnisfreiheit**). Die Bestimmung beruht auf Art 5 Abs 2c) InfoRL. Privilegiert sind nur öffentlich zugängliche Bibliotheken, Bildungseinrichtungen oder Museen. Anders als bei § 58 Abs 1 URG ist eine öffentliche Zugänglichmachung nicht vorgesehen. Erstellt werden dürfen nur Verzeichnisse, worunter auch digitale Offline-Medien fallen.

6. Zeitliche Begrenzung des Urheberrechts

172 Anders als das Sacheigentum nach § 903 BGB genießt das geistige Eigentum idR nur zeitlich begrenzten Schutz. Das Urheberrecht erlischt 70 Jahre nach dem Tode des Urhebers (§ 64 URG). Die Frist beginnt mit dem Ablauf des Kalenderjahres, in dem der Urheber verstorben ist (§ 69 URG). Bei Miturhebern ist der Tod des längstlebenden Miturhebers maßgeblich (§ 65 URG), bei anonymen oder pseudonymen Werken der Zeitpunkt der Veröffentlichung (§ 66 Abs 1 URG). Wird vor Ablauf der Schutzfrist der wahre Name des Urhebers offenbart (§ 66 Abs 2 Satz 1 URG) oder wird der wahre Name zur Eintragung in die Urheberrolle angemeldet (§§ 66 Abs 2 Satz 2, 138 URG), wird die Schutzfrist auch bei anonymen Urhebern nach den §§ 64, 65 URG berechnet, dh sie endet erst 70 Jahre nach dem Tode des Urhebers. Seit dem Änderungsgesetz 1985 beträgt die Schutzdauer auch für Lichtbildwerke 70 Jahre, soweit sie persönliche geistige Schöpfungen darstellen (§ 2 Abs 1 Nr 5 URG). Lichtbilder ohne Werkcharakter (zur Abgrenzung Rn 46) sind seit dem 3. Urheberrechtsänderungsgesetz einheitlich 50 Jahre nach dem Erscheinen geschützt (§ 72 Abs 3 URG). Auch die sonstigen **verwandten Schutzrechte** unterliegen einer kürzeren Schutzdauer: das Schutzrecht für wissenschaftliche Ausgaben und nachgelassene Werke dauert 15 Jahre, die Schutzrechte ausübenden Künstler 50 Jahre (§§ 76, 82 URG), ebenso die Rechte der Tonträger- (§ 85 Abs 3 URG) und Filmhersteller (§ 94 Abs 3 URG) und Sendeunternehmen (§ 87 Abs 3 URG); das Datenbankherstellerschutzrecht endet 15 Jahre nach der Veröffentlichung (§ 87d URG), das Leistungsschutzrecht des Presseverlegers (Rn 66a) gar nach nur einem Jahr (§ 87g Abs 2 URG).

Nach Ablauf der Schutzfrist wird das bisher urhebergeschützte Werk **gemeinfrei**, 173 dh es kann von jedermann bearbeitet, vervielfältigt, verbreitet und öffentlich wiedergegeben werden. Mit dem Ablauf der Schutzfrist enden die von ihm abgeleiteten Rechte, zB das Verlagsrecht. Ein ggf bestehender kennzeichenrechtlicher Werktitelschutz nach §§ 5, 15 MarkenG erlischt mit dem Gemeinfreiwerden des Werkes nicht (BGH AfP 2003, 161, 163 – *Winnetous Rückkehr*).

VII. Rechtsverkehr im Urheberrecht

1. Rechtsnachfolge in das Urheberrecht

Das Urheberrecht ist vererblich (§ 28 Abs 1 URG), grundsätzlich aber **nicht** 174 **rechtsgeschäftlich übertragbar** (§ 29 Abs 1 URG). Diese Regel gilt auch für Lichtbilder (§ 72 Abs 1 URG, BGH NJW 2002, 896, 897 – *Spiegel-CD-ROM*). Demgegenüber erklärte das frühere, bis 31.12.1965 geltende Recht das Urheberrecht grundsätzlich für frei übertragbar (§§ 8 LUG, 10 KUG). Hauptgrund für den Ausschluss der Übertragbarkeit durch das URG war, dass das auf der monistischen Theorie beruhende einheitliche Urheberrecht auch das Urheberpersönlichkeitsrecht mit umfasst, dessen Veräußerung durch seine höchstpersönliche Natur ausgeschlossen wird (vgl aber BGH NJW 1994, 2621). Vor 1966 vorgenommene Vollübertragungen des Urheberrechts werden von § 137 Abs 1 URG kraft Gesetzes in Nutzungsrechte umgedeutet.

Vollauf übertragbar ist das Urheberrecht nach § 29 Abs 1 URG nur in Erfüllung 175 eines **Vermächtnisses** und im Wege der **Erbauseinandersetzung**. Dies erfolgt mit Rücksicht auf die Testierfreiheit des Urhebers, die nicht gezwungen ist, den künftigen Inhaber des Urheberrechts auch zum Erben einzusetzen. Der Rechtsnachfolger rückt gemäß § 30 URG in die Rechtsstellung des Urhebers einschließlich dessen Urheberpersönlichkeitsrechte ein. Darüber hinaus kann der Urheber nach § 28 Abs 2 URG eine Testamentsvollstreckung allein über das Urheberrecht anordnen (§ 2208 Abs 1 Satz 2 BGB); die 30-jährige Frist für Dauervollstreckungen (§ 2210 BGB) findet keine Anwendung. Die Testamentsvollstreckung kann daher die gesamte Schutzdauer von 70 Jahren ausschöpfen.

Die **zulässigen Verfügungen** über Urheberrechte sind in § 29 Abs 2 URG auf- 176 geführt. Danach kann der Urheber Nutzungsrechte vergeben, schuldrechtliche Einwilligungen erteilen, Vereinbarungen zu Verwertungsrechten treffen und Verträge über Urheberpersönlichkeitsrechte nach Maßgabe des § 39 URG schließen.

2. Einräumung von Nutzungsrechten

Schrifttum: *Katzenberger,* Elektronische Printmedien und Urheberrecht, AfP 1997, 434; *Nordemann/Schierholz,* Neue Medien und Presse – eine Erwiderung auf Katzenbergers Thesen, AfP 1998, 365; *Rath-Glawatz/Dietrich,* Die Verwertung urheberrechtlich geschützter Print-Artikel im Internet, AfP 2000, 222.

a) Grundsatz

177   Der Urheber kann einem anderen die Verwertung seines Werkes dadurch überlassen, dass er ihm ein Nutzungsrecht einräumt (§ 31 Abs 1 Satz 1 URG). Darin liegt keine durch § 29 Abs 1 URG grundsätzlich ausgeschlossene (Teil-)Übertragung des Urheberrechts. Die Einräumung des Nutzungsrechts ist vielmehr eine bloße Belastung des Stammrechts. Das Urheberrecht verbleibt beim Urheber; nur die vom Nutzungsrecht erfassten Befugnisse (Vervielfältigung, Verbreitung, öffentliche Wiedergabe usw) stehen dem Inhaber des Nutzungsrechts zu. Sehr anschaulich spricht man von einer gebundenen Übertragung *(Forkel).* Daraus ergibt sich eine Reihe urheberfreundlicher Konsequenzen: Der Urheber bleibt stets Inhaber des Mutterrechts und kann alle urheberpersönlichkeitsrechtlichen Befugnisse ausüben. Aufgrund der technischen Entwicklung mögliche neue Nutzungsarten stehen grundsätzlich ihm zu, nicht dem Inhaber des Nutzungsrechts. Dies hat in jüngster Zeit durch die Möglichkeiten der Digitalisierung und Netzwerknutzung große Bedeutung erlangt (Rn 182). Endet das Nutzungsrecht, fallen die Befugnisse *ipso iure* an den Urheber zurück, ohne dass es eines (Rück-)Übertragungsakts bedarf (BGH GRUR 2012, 916, 917 f. – *M2Trade*). Zu den Nutzungsrechten im Pressebereich im Einzelnen s Rn 219.

b) Begründung von Nutzungsrechten

178   Nutzungsrechte entstehen nicht durch einseitige Erklärung, sondern durch **Vertrag,** auf den der allgemeine Teil des BGB Anwendung findet. Ein minderjähriger Urheber kann daher ohne Zustimmung des gesetzlichen Vertreters (§§ 106 ff. BGB) nicht wirksam ein Nutzungsrecht bestellen. Stellvertretung (§§ 164 ff. BGB) ist möglich. Die Einräumung eines Nutzungsrechts durch einen Nichtberechtigten ist mit Zustimmung des Urhebers wirksam (§ 185 BGB).

179   Für den Inhalt von urheberrechtlichen Nutzungsverträgen gilt der Grundsatz der **Vertragsfreiheit** (zu den Schranken der Vertragsfreiheit *Wenzel/Burkhardt* Rn 5.34 ff.). Entsprechend mannigfaltig sind ihre Erscheinungsformen. Wichtige Nutzungsverträge sind zB der Aufführungsvertrag, der Ausstellungsvertrag, der Merchandisingvertrag, der Sendevertrag, der Verfilmungsvertrag, der Wahrnehmungsvertrag und vor allem der Verlagsvertrag, der eine besondere gesetzliche Regelung durch das Gesetz über das Verlagsrecht (VerlG) erfahren hat (Näheres Rn 203).

180   Verträge über die Einräumung von Nutzungsrechten sind grundsätzlich nicht an eine bestimmte **Form** gebunden. Lediglich Verträge über unbekannte Nutzungsarten (§ 31a Abs 1 URG) sowie Verträge über die Einräumung von Nutzungsrechten an künftigen Werken, die überhaupt nicht näher oder nur der Gattung nach bestimmt sind (§ 40 Abs 1 URG), bedürfen der Schriftform (vgl dazu OLG Frankfurt GRUR 1991, 601 – *Werkverzeichnis*).

181   Welche Rechte der Urheber dem Nutzungsberechtigten im Einzelnen eingeräumt hat, ergibt sich in erster Linie aus dem Nutzungsvertrag. Soweit eine ausdrückliche oder stillschweigende Vereinbarung über den Umfang der Rechtseinräumung nicht ermittelt werden kann, enthält § 31 Abs 5 URG eine wichtige **Auslegungsregel:** Der Umfang des Nutzungsrechts bestimmt sich nach dem mit seiner Einräumung verfolgten Zweck, wenn die Nutzungsarten, auf die sich das Recht erstrecken soll, nicht einzeln bezeichnet sind. In § 31 Abs 5 URG hat die von *Wenzel Goldbaum* begründete und von der Rechtsprechung (RGZ 118, 282, 287 – *Verfilmung/ Musikantenmädel;* BGHZ 9, 262, 265 – *Lied der Wildbahn*) übernommene sog

VII. Rechtsverkehr im Urheberrecht **UrhR BT**

Zweckübertragungstheorie ihren gesetzlichen Ausdruck gefunden (zur Bedeutung der Vorschrift im Kontext des neuen Urhebervertragsrechts vgl *Schierenberg* AfP 2003, 391). Nutzungsarten, die in einem Vertrag nicht ausdrücklich erwähnt sind, verbleiben grundsätzlich dem Urheber (vgl den Wortlaut des § 31 Abs 5 Satz 1 URG). Demnach ist davon auszugehen, dass der Urheber dem Erwerber des Nutzungsrechts nicht mehr Rechte einräumen wollte, als zur Erreichung des Vertragszwecks unbedingt erforderlich ist (BGH NJW 2002, 896, 897 – *Spiegel-CD-ROM;* KG Berlin AfP 2001, 406, 410). Dieser Auslegungsgrundsatz beruht auf dem Leitgedanken, dem Urheber eine möglichst weitgehende Beteiligung an der wirtschaftlichen Verwertung seines Werkes zu sichern (BGH GRUR 1974, 786, 787 – *Kassettenfilm*). Bei der Ermittlung des Vertragszwecks ist auch die **Branchenübung** zu berücksichtigen (BGH GRUR 1986, 885, 886 – *Metaxa* mit krit Anm *Hertin;* vgl auch BGH GRUR 1988, 300, 301 – *Fremdenverkehrsbroschüre;* LG Berlin AfP 2000, 197, 199). Allgemein gehaltene Klauseln, wonach dem Nutzungsberechtigten zB das Recht eingeräumt werden soll, „das Werk auf alle erdenklichen Arten zu nutzen", erfassen nur die zur Erreichung des wirtschaftlichen Vertragszwecks erforderlichen Nutzungsarten (BGH GRUR 1971, 480 – *Schwarzwaldfahrt;* GRUR 1981, 196, 197 – *Honorarvereinbarung*). Im Zweifel beinhalten etwa die Nutzungsrechte, die ein freier Journalist einem Verlag an einem zur tagesaktuellen Berichterstattung verfassten Artikel eingeräumt hat, nicht das Recht zur Nutzung in einem Online-Archiv (OLG Brandenburg GRUR-RR 2012, 450, 451 f.). Sollen weitere Nutzungsarten übertragen werden, müssen diese einzeln benannt werden (KG Berlin AfP 2001, 406, 410). Nutzungsrechte erstrecken sich gewöhnlich nicht auf neue Nutzungsarten, wenn davon auszugehen ist, dass der Berechtigte an einer zusätzlichen Gegenleistung interessiert ist, was bei freiberuflichen Fotojournalisten, nicht aber bei Wissenschaftlern anzunehmen ist (BGH NJW 2002, 896, 897 – *Spiegel-CD-ROM*). Für die Einräumung von Nutzungsrechten für unbekannte Nutzungsarten (dazu Rn 182) verlangt die Rechtsprechung entweder eine eindeutige Erklärung oder eine angemessene Beteiligung an den Erlösen (BGH GRUR 2011, 714, 715 – *Der Frosch mit der Maske*). Die Zweckübertragungstheorie ist nach § 31 Abs 5 Satz 2 URG auch dann anzuwenden, wenn in einem Vertrag nicht ausdrücklich bestimmt ist, ob ein einfaches oder ein ausschließliches Nutzungsrecht eingeräumt werden soll. Im Zweifel ist dann nur von einem einfachen Nutzungsrecht auszugehen, es sei denn der Vertragszweck erfordert gerade ein ausschließliches Nutzungsrecht (OLG Düsseldorf GRUR 1988, 541 – *Warenkatalogfoto*). Die Zweckübertragungstheorie gilt ferner für Wahrnehmungsverträge, die eine Verwertungsgesellschaft mit den ihr angeschlossenen Urhebern abschließt (BGH GRUR 1966, 567, 569 f. – *GELU;* BGH GRUR 2010, 62, 63 f. – *Nutzung von Musik für Werbezwecke;* OLG Hamburg GRUR 1983, 575, 577 f. – *Musikuntermalung bei Pornokassetten*) sowie für die Weiterübertragung von Nutzungsrechten durch den Erwerber (BGH GRUR 1976, 382, 383 – *Kaviar*). **§ 37 URG** enthält besondere **Auslegungsregeln,** die ebenfalls eine Ausprägung der Zweckübertragungstheorie darstellen. Nach § 37 Abs 2 URG umfasst das Recht zur Vervielfältigung eines Werkes nicht die Befugnis, es auch auf Bild- oder Tonträger zu übertragen. Auch das Recht zur Bearbeitung eines Werkes, insb seiner Übersetzung, verbleibt im Zweifel beim Urheber (§ 37 Abs 1 URG).

c) Unbekannte Nutzungsarten (§ 31a URG)

Bis zum 31.12.2007 war die Einräumung eines Nutzungsrechts für eine bei Vertragsabschluss noch nicht bekannte Nutzungsart nach § 31 Abs 4 URG aF **unwirksam.** Gleiches galt für entsprechende Verpflichtungen. Der Urheber sollte davor geschützt werden, über zum Zeitpunkt des Vertragsschlusses noch nicht überschaubare Verwertungsmöglichkeiten zu verfügen. Mit Wirkung zum 1.1.2008 hat der Gesetzgeber § 31 Abs 4 URG gestrichen und die Verfügung über unbekannte Nutzungsarten mit § 31a URG im Grundsatz erlaubt, diese aber unter den Vorbehalt der Schriftform gestellt. Sowohl bei der Behandlung von Altfällen wie auch für die Ge-

182

staltung von Verträgen seit dem 1.1.2008 kommt es also maßgeblich darauf an, zwischen unbekannten und bekannten Nutzungsarten zu unterscheiden. Nutzungsarten sind die nach technischen und wirtschaftlichen Kriterien unterscheidbaren Formen der Werknutzung. Um als bekannt zu gelten, darf die neue Nutzungsart nicht nur als technisch möglich, sondern muss auch **wirtschaftlich bedeutsam** erscheinen (BGHZ 128, 336 – *Videozweitauswertung III*). Für die Online-Nutzung von Presseinhalten sieht man diese Voraussetzung für das Jahr 1984 als erfüllt an (*Katzenberger* AfP 1997, 434, 440; *Rath-Glawatz/Dietrich* AfP 2000, 222, 225 f.). In der Rechtsprechung wird die Internet-Nutzung von Fotos durch Presseverlage freilich erst ab etwa dem Jahre 1995 als bekannte Nutzungsart qualifiziert (KG GRUR 2002, 252, 254 – *Mantellieferung;* LG Berlin AfP 2000, 197). Die Veröffentlichung elektronischer Zeitungen im Internet war jedenfalls im Jahre 1980 eine nicht bekannte Nutzungsart von Nachrichtenbeiträgen (OLG Hamburg ZUM 2000, 870, 873). § 31 Abs 4 URG aF wurde nicht angewandt auf **Risikogeschäfte,** wenn die ins Auge gefasste wirtschaftliche Verwertung zunächst noch völlig bedeutungslos ist, sie aber konkret genannt und ausdrücklich zum Vertragsgegenstand erhoben wird (BGHZ 128, 336, 344 – *Videozweitauswertung III*). § 31 Abs 4 URG aF und § 31a URG greifen ferner nicht ein bei **„Substitutionsprodukten"** (*Wandtke/Bullinger/Wandtke/Grunert* § 31a Rn 18). Die neu geschaffene Nutzungsart muss sich vielmehr von den bisherigen deutlich unterscheiden. Dies ist nicht der Fall, wenn eine „schon bisher übliche Nutzungsmöglichkeit durch den technischen Fortschritt erweitert und verstärkt wird, ohne sich aber dadurch aus der Sicht der Endverbraucher in ihrem Wesen entscheidend zu verändern" (BGH 133, 281, 289 f. – *Klimbim*). **E-Papers,** die das Print-Produkt einer Zeitung in exakt demselben Layout im Internet verfügbar machen, bilden daher keine neuen Nutzungsarten (anders für Internet-Homepage einer Zeitung KG GRUR 2002, 252, 253 – *Mantellieferung*). Allgemein gilt, dass allein die Einschaltung eines neuen technischen Vertriebswegs noch keine neue Nutzungsart darstellt. Nicht zutreffend ist es daher, den Internet-Buchhandel als neue Nutzungsart gegenüber dem herkömmlichen Sortiments-Buchhandel zu qualifizieren.

Die nach neuem Recht grundsätzlich zulässige Verfügung über unbekannte Nutzungsarten (und die Verpflichtung dazu) muss zu ihrer Wirksamkeit gem. § 31a Abs 1 Satz 1 URG in **Schriftform** (§ 126 BGB) erfolgen. § 31a Abs 1 Satz 3 URG sieht außerdem zum Schutz des Urhebers ein **Widerrufsrecht** vor, das erst nach drei Monaten erlischt, nachdem sein Vertragspartner ihm die beabsichtigte neue Form der Werknutzung mitgeteilt hat (§ 31a Abs 1 Satz 4 URG) oder sich beide Vertragsparteien auf eine gesonderte Vergütung geeinigt haben (§ 31a Abs 2 URG). Für den Fall der Miturheberschaft (§ 8 URG) und der Werkverbindung (§ 9 URG) untersagt § 31a Abs 3 URG im Interesse der anderen Beteiligten die Ausübung des Widerrufsrechts wider Treu und Glauben. Die Vorschriften des § 31a URG sind gem § 31a Abs 4 URG nicht vertraglich abdingbar. Nach § 32c Abs 1 Satz 1 URG besteht außerdem ein unabdingbarer (§ 32c Abs 3 Satz 1 URG) Anspruch auf eine *gesonderte* angemessene Vergütung (hierzu grundlegend Rn 190 ff.).

182a Für zwischen dem 1.1.1966 und dem 1.1.2008 (dem Geltungszeitraum des Verbots in § 31 Abs 4 URG aF) geschlossene Nutzungsverträge, mit denen ein Urheber einem Verwerter alle wesentlichen Nutzungsrechte ausschließlich sowie räumlich und zeitlich unbegrenzt eingeräumt hat, besteht in § 137l Abs 1 Satz 1 URG eine **Übergangsvorschrift.** Im Falle einer solchen **umfassenden Rechteeinräumung** gelten **auch die Nutzungsrechte für unbekannte Nutzungsarten** als eingeräumt. Für am 1.1.2008 bekannte Nutzungsarten hatten betroffene Urheber ausschließlich zwischen dem 1.1.2008 und dem 31.12.2008 die Möglichkeit, das Entstehen dieser gesetzlichen Lizenz durch ihren Widerspruch zu verhindern. Für seitdem bekannt werdende neue Nutzungsarten gilt gem § 137l Abs 1 Satz 3 URG eine dreimonatige Widerspruchsfrist nach Mitteilung durch den Vertragspartner. Ausdrückliche Vereinbarungen über die zwischenzeitlich bekannt gewordene Nutzungsart lassen das Widerspruchsrecht entfallen (§ 137l Abs 3 URG).

VII. Rechtsverkehr im Urheberrecht UrhR BT

Auch für das Widerspruchsrecht gelten Einschränkungen im Falle der Miturheberschaft und Werkverbindung (§ 137l Abs 4 URG) und es besteht ein Anspruch auf eine gesonderte angemessene Vergütung für die neue Form der Werknutzung (§ 137l Abs 5 URG).

d) Inhalt der Nutzungsrechte

Die Einräumung von Nutzungsrechten kann sich nach § 31 Abs 1 Satz 1 URG zunächst auf einzelne oder auf alle **Nutzungsarten** erstrecken (zum Begriff der Nutzungsart BGH NJW 1992, 1320 – *Taschenbuchlizenz*). Sie kann ferner zur eigenen Nutzung (zB ein Verleger lässt sich das Verlagsrecht einräumen, um ein Buch vervielfältigen und verbreiten zu können) oder zur bloßen Wahrnehmung erfolgen, was insb bei den **Verwertungsgesellschaften** (dazu Rn 243 ff.) der Fall ist. 183

Das Nutzungsrecht kann gemäß § 31 Abs 1 Satz 2 URG als einfaches oder ausschließliches Recht eingeräumt werden. Beim **einfachen Nutzungsrecht (§ 31 Abs 2 URG)** bleibt der Urheber neben dem Inhaber des Nutzungsrechts und eventuellen anderen Begünstigten zur Nutzung berechtigt. Beim **ausschließlichen Nutzungsrecht (§ 31 Abs 3 URG)** ist nur der Begünstigte zur alleinigen Nutzung befugt und kann jeden Dritten von den ihm eingeräumten Nutzungen ausschließen. Das ausschließliche Nutzungsrecht enthält neben der (positiven) Befugnis zur Nutzung stets auch ein (negatives) Verbotsrecht. Auch der Urheber selbst ist von der Nutzung ausgeschlossen, es sei denn, etwas anderes wird vereinbart (§ 31 Abs 3 Satz 2 URG). Das ausschließliche Nutzungsrecht begründet im Prozess die **Aktivlegitimation** (LG München I MMR 2004, 192). Der Inhaber des ausschließlichen Nutzungsrechts kann von jedem Dritten (auch dem Urheber selbst), der ihm vorbehaltene Nutzungen vornimmt, Unterlassung und ggf Schadensersatz verlangen (Rn 254). Daneben verbleibt dem Urheber bei Vorliegen eines berechtigten Interesses (Stückzahllizenz) ein selbstständiges Klagerecht gegenüber rechtswidrigen Verwertungshandlungen Dritter, auch wenn er von eigenen Nutzungshandlungen ausgeschlossen ist. Für den **Pressebereich** von Bedeutung sind die Auslegungsregeln des § 38 URG, der freilich teilweise durch tarifvertragliche Regelungen verdrängt wird (dazu Rn 226). 184

Die Einräumung des Nutzungsrechts kann nach § 31 Abs 1 Satz 2 URG **räumlich, zeitlich oder inhaltlich beschränkt** werden. Räumlich kann das Recht zB auf ein bestimmtes Vertriebs- oder Sendegebiet oder einen bestimmten Veranstaltungsort beschränkt werden. Die Zulässigkeit der territorialen Beschränkung eines Nutzungsrechts auf bestimmte Mitgliedstaaten der Europäischen Union ist nach der Rechtsprechung des EuGH durch die Dienstleistungsfreiheit des Art 56 AEUV begrenzt (EuGH ZUM 2011, 803 – *Football Association Premier League*). Zeitlich kann das Nutzungsrecht zB auf ein Jahr oder sogar auf eine besondere Veranstaltungsreihe (zB Theaterfest, Spielzeit) beschränkt werden. Inhaltliche Beschränkungen sind in nahezu beliebiger Weise möglich, soweit sie hinreichend bestimmt sind (BGH NJW-RR 1990, 1061 – *Bibelreproduktion*). Häufig ist insb die Beschränkung auf einzelne Nutzungsarten (zB auf die Gestaltung einer Taschenbuchausgabe). Zulässig sind auch quantitative Beschränkungen des Nutzungsrechts, zB auf eine bestimmte Anzahl von Sendungen bzw Aufführungen oder eine bestimmte Auflagenhöhe. 185

Der Nutzungsberechtigte darf das Werk, dessen Titel oder die Urheberbezeichnung **nicht ändern**, soweit nichts anderes vereinbart ist (§ 39 Abs 1 URG). Änderungen, denen der Urheber seine Einwilligung nach Treu und Glauben nicht versagen darf, sind jedoch zulässig (§ 39 Abs 2 URG). Es handelt sich um eine Ausnahmevorschrift, die dem Schutz des Werkschöpfers dient und deshalb eng auszulegen ist. Das Ausmaß der zulässigen Änderungen ist abhängig von der Verwertungsart und Bedeutung des Werkes (vgl BGHZ 55, 1, 2 – *Maske in Blau*). Im Normalfall gestattet die Vorschrift nur geringfügige Korrekturen, Kürzungen etc. Die Auslegung des Nutzungsvertrages kann aber ergeben, dass der Urheber dem Nutzungsberechtigten ausdrücklich oder stillschweigend ein weitergehendes Änderungsrecht eingeräumt hat (Näheres Rn 242). 186

Berger 1505

e) Übertragbarkeit des Nutzungsrechts

187 Einfache und ausschließliche Nutzungsrechte sind grundsätzlich **übertragbar**. Die Übertragung bedarf aber nach § 34 Abs 1 URG der Zustimmung des Urhebers, soweit sie nicht im Rahmen der Gesamtveräußerung eines Unternehmens oder der Veräußerung von Teilen eines Unternehmens erfolgt (§ 34 Abs 3 URG; hierzu *Koch-Sembdner* AfP 2004, 211). Der Urheber darf die Zustimmung nach § 34 Abs 1 Satz 2 URG nicht entgegen Treu und Glauben verweigern. Für das Verlagsrecht enthielt § 28 VerlG eine die Rechtsübertragung erleichternde Sondervorschrift, die mit der Neuregelung des § 34 URG aufgehoben wurde (hierzu *Partsch/Reich* AfP 2002, 298). Für die Übertragung von Nutzungsrechten an einem Sammelwerk, wozu auch Zeitungen und Zeitschriften gehören (KG GRUR 2002, 252, 256 – *Mantellieferung*), genügt die Zustimmung des Urhebers des Sammelwerkes (Näheres Rn 59, 239). Die Zustimmung der Urheber der einzelnen Beiträge, die in das Sammelwerk aufgenommen wurden, ist nicht erforderlich (§ 34 Abs 2 URG). Abweichende Vereinbarungen sind in allen genannten Fällen zulässig.

188 Der Inhaber eines ausschließlichen Nutzungsrechts kann mit Zustimmung des Urhebers auch **Unterlizenzen** einräumen (§ 35 Abs 1 URG). Der Unterlizenznehmer erwirbt dabei nur eine abgeleitete Rechtsposition. Gleichwohl lässt die Rechtsprechung ein Unternutzungsrecht inzwischen unter Umständen auch dann bestehen, wenn das Hauptnutzungsrecht zurückgerufen wurde oder durch Kündigung an den Urheber zurückgefallen ist (BGH GRUR 2012, 916, 918f. – *M2Trade*). Überträgt der Erstlizenznehmer die ihm verbliebenen Nutzungsrechte auf einen Dritten, bleiben von ihm zuvor eingeräumte Unterlizenzen nach § 33 Satz 2 URG bestehen. Gleiches gilt beim Verzicht.

f) Rückruf

189 Übt der Inhaber eines ausschließlichen Nutzungsrechts das Recht nicht oder nur unzureichend aus und werden dadurch berechtigte Interessen der Urhebers erheblich verletzt, kann dieser das Nutzungsrecht zurückrufen (§ 41 Abs 1 URG). Mit dem Wirksamwerden des Rückrufs erlischt nach § 41 Abs 5 URG das eingeräumte Nutzungsrecht, ohne dass es einer Rückübertragung bedarf. Ein Rückrufsrecht des Urhebers besteht ferner dann, wenn das Werk seiner Überzeugung nicht mehr entspricht und ihm deshalb die Verwertung nicht mehr zugemutet werden kann (§ 42 Abs 1 URG). Ein derartiger Überzeugungswandel ist nicht nur bei wissenschaftlichen Veröffentlichungen, sondern bei allen Werkarten möglich. Auch ein Wandel der künstlerischen Auffassung ist ein „Überzeugungswandel" im Sinne des § 42 URG (*Fromm/Nordemann/J.B. Nordemann* § 42 Rn 9). Allerdings wird bei einer Änderung des künstlerischen Stils die Frage der Zumutbarkeit besonders genau zu prüfen sein. Der Urheber hat im Falle des Rückrufs den Inhaber des Nutzungsrechts angemessen zu entschädigen (§ 42 Abs 3 URG).

3. Vergütung

Schrifttum: *Berger*, Das neue Urhebervertragsrecht, 2003; *Erdmann*, Urhebervertragsrecht im Meinungsstreit, GRUR 2002, 923; *Flechsig/Hendricks*, Konsensorientierte Streitschlichtung im Urhebervertragsrecht, ZUM 2002, 423; *Hertin*, Urhebervertragsnovelle 2002: Up-Date von Urheberrechtsverträgen, MMR 2003, 16; *Hucko*, Das neue Urhebervertragsrecht, 2002; *Jacobs*, Die Karlsruher Übersetzertarife – Zugleich Anmerkung zu BGH „Destructive Emotions", GRUR 2011, 306; *Ory*, Das neue Urhebervertragsrecht, AfP 2002, 93; *Schack*, Urhebervertragsrecht – Probleme und Perspektiven, in: Urhebervertragsrecht – Gelungen oder reformbedürftig?, 2014, S 55ff.

a) Überblick

190 Aufgrund des Nutzungsrechtsvertrags steht dem Urheber ein Anspruch auf Zahlung der vereinbarten Vergütung zu (§ 32 Abs 1 Satz 1 URG). Durch das Gesetz zur Stärkung der vertraglichen Stellung von Urhebern und ausübenden Künstlern vom 22.3.2002 (BGBl I 1155) wurde die Rechtslage im Hinblick auf die Vergütungsansprüche zugunsten des Urhebers geändert. § 32 Abs 1 Satz 3 URG sieht einen **Kor-**

rekturanspruch vor. Der Urheber kann von seinem Vertragspartner die Einwilligung in die Änderung des Vertrags verlangen mit dem Ziel der Anhebung der vereinbarten Vergütung. Die Angemessenheit der Vergütung bestimmt sich dabei in erster Linie nach **gemeinsamen Vergütungsregeln** (§ 32 Abs 2 Satz 1 URG). Diese sollen nach §§ 36f. URG von Urheberverbänden mit Verwertern ausgehandelt werden. Kommt eine Einigung nicht zustande, kann ein Schlichtungsverfahren durchgeführt werden. Der Einigungsvorschlag ist allerdings nicht bindend (§ 36 Abs 4 Satz 2 URG). Liegen gemeinsame Vergütungsregeln nicht vor, muss das Gericht über die Angemessenheit nach Maßgabe der sehr unbestimmten Vorgaben des § 32 Abs 2 Satz 2 URG entscheiden. Darüber hinaus hat der Urheber einen Anspruch auf weitere Beteiligung nach § 32a URG. Tarifvertragliche Regelungen der Vergütung gehen vor (§ 32 Abs 4 URG); auch der gesetzliche Anspruch auf weitere Beteiligung entfällt, wenn ein Tarifvertrag einen entsprechenden Anspruch ausdrücklich vorsieht (§ 32a Abs 4 URG). Die §§ 32, 32a URG sind zwingend (§§ 32 Abs 3, 32a Abs 3 URG). Ist die Anwendbarkeit deutschen Rechts abbedungen (Art 3 Abs 1 Rom-I-VO), gelten die Bestimmungen auch, wenn auf den Nutzungsvertrag deutsches Recht anwendbar wäre oder Nutzungshandlungen in Deutschland vereinbart werden (§ 32b URG). Das neue Urhebervertragsrecht ist am 1.7.2002 in Kraft getreten; Übergangsvorschriften vgl § 132 Abs 3 URG.

b) Vertraglicher vereinbarter Vergütungsanspruch (§ 32 Abs 1 Satz 1 URG)

§ 32 Abs 1 Satz 1 URG regelt (klarstellend) den Anspruch des Urhebers auf Zahlung der **vereinbarten Vergütung**. Die Höhe der Vergütung richtet sich nach den Abreden der Beteiligten. Voraussetzung ist, dass überhaupt ein Nutzungsrechtsvertrag geschlossen worden ist. Bei rechtswidriger Nutzung richten sich die Ansprüche des Urhebers nach §§ 97ff. URG (Rn 257ff.). Ein vertraglicher Anspruch besteht nur, wenn eine Vergütung zumindest „dem Grunde nach" vereinbart worden ist. Wurde nur die Höhe offen gelassen, hat der Urheber Anspruch auf eine angemessene Vergütung (§ 32 Abs 1 Satz 2 URG; § 22 Abs 2 VerlG). § 32 URG schließt unentgeltliche Nutzungsverträge nicht aus; § 32 Abs 1 Satz 2 URG lässt sich nichts anderes entnehmen (aA *Dreier/Schulze/Schulze* § 32 Rn 23; vgl aber aaO § 32 Rn 61). Allerdings muss die Unentgeltlichkeit von den Vertragsparteien wirklich gewollt sein. Fehlt eine ausdrückliche Regelung, gilt in Gesamtanalogie zu § 632 Abs 1 BGB und § 22 Abs 1 Satz 2 VerlG eine Vergütung als stillschweigend vereinbart, wenn die Einräumung des Nutzungsrechts nach den Umständen nur gegen eine Vergütung erwartet werden kann. Vereinbaren die Parteien aber dezidiert eine unentgeltliche Nutzungsrechtseinräumung, etwa ein Vervielfältigungsrecht für einen karitativen Zweck, entfällt der Vergütungsanspruch.

c) Korrekturanspruch (§ 32 Abs 1 Satz 3 URG)

aa) Anwendungsbereich

Ist die vereinbarte Vergütung unangemessen, kann der Urheber nach § 32 Abs 1 Satz 3 URG eine Erhöhung der im Vertrag vereinbarten Vergütung verlangen. Technisch erfolgt dies durch Vertragsänderung. Der Urheber kann freilich unmittelbar auf Zahlung klagen. Der Korrekturanspruch ist weder abtretbar noch pfändbar (*Berger* NJW 2003, 853). Als **Inhaber** des Korrekturanspruchs kommen nur Urheber (auch Miturheber, vgl nur BGH GRUR 2012, 1022 – *Kommunikationsdesigner*), Lichtbildner (§ 72 Abs 1 URG) und Künstler (§ 79 Abs 2 URG) in Betracht, nicht hingegen Wahrnehmungsgesellschaften, Arbeitnehmer (*Berger* ZUM 2003, 173; aA *Wandtke/Bullinger/Wandtke* § 43 Rn 145) und Lizenznehmer (gegenüber Unterlizenznehmer). Die Vergütung für eine Unterlizenz unterliegt nicht der gerichtlichen Kontrolle. Auch eine Herabsetzung einer Vergütung scheidet aus. **Verpflichtete** sind die Vertragspartner des Urhebers, nicht Nutzer, die ein Recht von Wahrnehmungsgesellschaften erworben haben. Insoweit richtet sich die Angemessenheit der Vergütung allein nach den Tarifen bzw Gesamtverträgen (*Dreier/Schulze/Schulze* § 32 Rn 8). Auch sonstige Unterlizenznehmer sind nicht Schuldner des Korrekturanspruchs (anders bei § 32a Abs 2 URG, vgl Rn 199). Die angemessene Vergütung ist zu entrichten für die „**Einräumung**" **von Nutzungsrechten,** mithin nicht erst für die tatsächliche Werknutzung (Vervielfältigung, Verbreitung, öffentliche Wiedergabe). Keine Nutzungsrechtseinräumung ist die Begründung eines **Optionsrechts** (aA *Dreier/ Schulze/Schulze* § 32 Rn 12) durch einen Optionsvertrag (Vertragsmuster bei *Delp,* Verlagsvertrag II.B § 1, S 38 f.). Erst wenn die Option ausgeübt wird, unterliegt die für diesen Fall vereinbarte Leistung der gerichtlichen Kontrolle nach § 32 URG. Allerdings kann die Vergütung schon durch das Entgelt für die Option abgegolten sein.

bb) Angemessenheit der Vergütung (§ 32 Abs 2 URG)

193 § 32 Abs 1 Satz 3 URG ermöglicht die Inhaltskontrolle urheberrechtlicher Nutzungsrechtsverträge. Dabei ist zunächst zu prüfen, ob auf den Vertrag gemeinsame Vergütungsregeln anwendbar sind. Ist dies nicht der Fall, muss das Gericht die Angemessenheit anhand der Umstände des Einzelfalls bemessen. Tarifvertragliche Regelungen gehen immer vor (Rn 221).

(1) Gemeinsame Vergütungsregeln (§§ 32 Abs 2 Satz 1, 36 URG)

194 Die Angemessenheit der Vergütung bestimmt sich in erster Linie nach gemeinsamen Vergütungsregeln (§ 32 Abs 2 Satz 1), die von Urheber- und Nutzervereinigungen (auch einzelnen Nutzern, vgl hierzu LG München I ZUM 2012, 1000, 1002 f.) vereinbart werden. Die zur Erstellung gemeinsamer Vergütungsregeln ermächtigten Verbände müssen „repräsentativ" strukturiert sein (§ 36 Abs 2 URG). Dies ist der Fall, wenn der Verband für eine Vielzahl typischer Urheber auftritt und dabei die gewöhnliche Interessenlage repräsentiert (*Flechsig/Hendricks* ZUM 2002, 423, 425). Repräsentativ sind insb die Verlegerverbände (Bundesverband Deutscher Zeitungsverleger e. V.; Verband Deutscher Zeitschriftenverleger e. V.) und die Gewerkschaften bzw ihre Fachgruppen. Voraussetzungen sind ferner die Unabhängigkeit, insb vom Staat und vom „Interessengegner", und eine Ermächtigung zum Abschluss gemeinsamer Vergütungsregeln durch die Mitglieder.

195 Gemeinsame Vergütungsregeln beziehen sich (nur) auf die Vergütungshöhe für die Einräumung von Nutzungsrechten und die damit eng zusammenhängenden Fragen wie Fälligkeit, Zahlungs- und Abrechnungsmodalitäten. Honorare für andere Dienstleistungen können nicht vereinbart werden. Urheber und Verwerter dürfen nicht willkürlich ungleich behandelt werden.

196 Kommt eine Einigung über gemeinsame Vergütungsregeln nicht zustande, kann eine Partei ein **Schlichtungsverfahren** erzwingen. Voraussetzung hierfür ist entweder eine Vereinbarung über die Durchführung des Schlichtungsverfahrens (§ 32 Abs 3 Satz 1 URG) oder ein schriftliches Verlangen gerichtet auf Aufnahme von Verhandlungen und der Nichtbeginn von Verhandlungen über gemeinsame Vergütungsregeln binnen drei Monaten (§ 36 Abs 3 Satz 2 Nr 1 URG) oder ihre Ergebnislosigkeit innerhalb eines Jahres (§ 36 Abs 3 Satz 2 Nr 2 URG), stets gerechnet ab Zugang eines entsprechenden Verlangens auf Verhandlungsaufnahme. Unabhängig von dieser Frist ist es möglich, Verhandlungen für gescheitert zu erklären (§ 36 Abs 3 Satz 2 Nr 3 URG). Die Bildung und Zusammenstellung der **Schlichtungsstelle** richtet sich nach § 36a URG. Gemäß § 36 Abs 4 Satz 1 URG hat die Schlichtungsstelle einen Einigungsvorschlag zu unterbreiten. Dieser muss die als angemessen erachteten gemeinsamen Vergütungsregeln enthalten und begründet werden. Der Vorschlag ist jedoch **nicht bindend** (§ 36 Abs 4 Satz 2 URG); die Schlichtungsstelle ist kein Schiedsgericht. Erklärt eine Partei die Ablehnung des Einigungsvorschlags, werden die vorgeschlagenen Vergütungsregeln nicht wirksam. Auch eine „Indizwirkung" kommt dem Einigungsvorschlag nicht zu (aA *Erdmann* GRUR 2002, 923, 926).

(2) Angemessene Vergütung (§ 32 Abs 2 Satz 2 URG)

Sind gemeinsame Vergütungsregeln nicht zustande gekommen, hat das Gericht die angemessene Vergütung eigenständig zu ermitteln. So musste die Rechtsprechung etwa die angemessene Vergütung eines Übersetzers für belletristische Werke im Einzelnen festlegen (BGH GRUR 2009, 1148 – *Talking to Addison*: Beteiligung am Nettoladenverkaufspreis in Höhe von 0,8% ab dem 5000. verkauften Exemplar). Kriterien hierfür sind dem § 32 Abs 2 Satz 2 URG zu entnehmen. Maßgeblich ist das Entgelt, das für das entsprechende Nutzungsrecht **üblich** ist und **redlicherweise** bezahlt werden sollte. Für die Üblichkeit ist die jeweilige Branchenübung maßgeblich. Diese ist ggf durch Sachverständigenbeweis zu ermitteln. Daran anschließend ist eine Redlichkeitsprüfung durchzuführen. Insoweit hat der Richter eine Bewertung zu treffen. In diesem Rahmen sind alle relevanten Umstände zu berücksichtigen (Einzelheiten bei *Berger* aaO Rn 125 ff.; *Dreier/Schulze/Schulze* § 32 Rn 52), etwa Art und Umfang der Nutzungsmöglichkeit, andere Vorteile des Urhebers, die Schöpfungshöhe, Erträge des Verwerters. Auch **Pauschalhonorare** können redlich sein, wenn sie eine angemessene Beteiligung am Gesamtertrag der Nutzung gewährleisten (vgl BGH GRUR 2009, 1148, 1150 f. – *Talking to Addison*). Im Pressebereich dürfte vieles dafür sprechen, die in den Tarifverträgen für freie Journalisten (Rn 224) vorgesehenen Honorare auch außerhalb des Geltungsbereichs des Tarifvertrags als angemessen anzusehen. Soweit die Parteien tarifgebunden sind, entfällt ein Korrekturanspruch nach § 32 Abs 4 URG ohnehin. Orientierung für die Bestimmung angemessener Vergütungen bieten auch die Tarife der Wahrnehmungsgesellschaften. Freilich dürften soziale Belange (§ 34 Abs 4 Satz 4 WahrnG) bei der angemessenen Vergütung nach § 32 Abs 2 Satz 2 URG keine Rolle spielen. Maßgeblich ist der Zeitpunkt des Vertragsschlusses (aA *Dreier/Schulze/Schulze* § 32 Rn 45). Spätere Entwicklungen können im Rahmen des § 32a URG berücksichtigt werden.

d) Weitere Beteiligung des Urhebers (§ 32a URG)

§ 32a URG sieht einen von der Vergütungsregelung unabhängigen Anspruch auf weitere Beteiligung vor. Die Bestimmung soll dem Urheber zu einer zusätzlichen Vergütung verhelfen, wenn die Erträge und Vorteile des Verwerters in einem auffälligen Missverhältnis zu der vereinbarten Gegenleistung stehen. Ziel der Bestimmung ist ein **Fairnessausgleich**. Die weitere Beteiligung ist eine Teilhabe an besonderen Gewinnen und Erträgen, welche Verwerter aus der Werknutzung erzielen. Abzustellen ist auf die Bruttoeinnahmen; Aufwendungen des Verwerters werden erst bei der Beurteilung, ob ein grobes Missverhältnis vorliegt, relevant (BGH GRUR 2012, 496, 499 – *Das Boot;* BGH GRUR 1991, 903 – *Horoskop-Kalender;* aA *Berger* aaO Rn 262: Netto-Überschuss). Ein auffälliges Missverhältnis liegt vor, wenn die vereinbarte Vergütung um 100% von der angemessenen Vergütung abweicht (vgl BT-Ds 14/8058 S 46; deutlich geringer *Wandtke/Bullinger/Wandtke/Grunert* § 32a Rn 20: 20–30%).

§ 32a URG liegt eine ex-post Perspektive zugrunde. Erst wenn die entsprechenden Vorteile und Erträge wirklich erzielt worden sind, kann der Urheber eine Beteiligung daran verlangen.

Nach § 32a Abs 2 URG haften dem Urheber unmittelbar auch **Erwerber des Nutzungsrechts** und **Unterlizenznehmer**. Da gegenüber dem Dritten kein Vertrag besteht, kommt hier nur ein Zahlungsanspruch in Betracht (aA *Dreier/Schulze/Schulze* § 32a Rn 48: Abschluss eines Vertrags). Bei der Dritthaftung sind die „vertraglichen Beziehungen in der Lizenzkette" zu berücksichtigen. Das bedeutet, dass nicht der Dritte, sondern der Vertragspartner des Urhebers haftet, wenn ein anfallender Ertrag an diesen auf Grund der Vereinbarung im Lizenzvertrag weitergereicht wird. Die Haftung des Dritten entfällt insoweit (§ 32a Abs 2 Satz 2 URG). Die Verwerter haften nicht gesamtschuldnerisch. Der Urheber soll eine weitere Beteiligung nicht mehrfach erhalten. Er kann nur denjenigen Verwerter in Anspruch nehmen, bei dem die Erträge angefallen sind. Freistellungsvereinbarungen wirken selbstverständlich nur im Innenverhältnis.

4. Zwangsvollstreckung

200 Die Zwangsvollstreckung in Urheberrechte ist zwar (im Gegensatz zur früheren Rechtslage nach den § 10 LUG und § 14 KUG) grundsätzlich zulässig, unterliegt aber einschneidenden' Beschränkungen (§ 112 URG). Wegen einer Geldforderung kann in das Urheberrecht nach § 113 URG nur mit Einwilligung des Urhebers und nur durch Begründung von Nutzungsrechten vollstreckt werden. Dies ist eine Folge der Konstruktion des Urheberrechts als monistisches Recht, das auch die urheberpersönlichkeitsrechtlichen Befugnisse mit umfasst. Eine Zwangsvollstreckung wegen einer Geldforderung in ein Nutzungsrecht ist trotz der Bindung der Übertragbarkeit an die Zustimmung des Urhebers entsprechend § 851 Abs 2 ZPO möglich; Urheberinteressen sind nur im Rahmen der Verwertung zu berücksichtigen (*Stein/Jonas/Brehm*, ZPO, 22. Aufl 2004, § 857 Rn 36 f.). Pfändbar sind Geldforderungen aus Nutzungsrechtsverträgen, die der Urheber zur Verwertung seiner Rechte abgeschlossen hat, zB die Honoraransprüche eines freien Journalisten, nicht aber der Anspruch auf Erhöhung der Vergütung nach § 32 Abs 1 Satz 3 URG (*Berger* NJW 2003, 853). Auch in das Original eines Werkes darf nach § 114 Abs 1 URG grundsätzlich nur mit Zustimmung des Urhebers vollstreckt werden (Ausnahmen: § 114 Abs 2 URG). Diese Beschränkungen der Zwangsvollstreckung gelten im Wesentlichen auch zugunsten der Rechtsnachfolger des Urhebers (§§ 115 f.). Für den Pressebereich wichtig ist, dass die erwähnten Beschränkungen der Zwangsvollstreckung auch für Lichtbilder (§ 72 URG) gelten (§ 118 Nr 2 URG).

VIII. Verlagsrecht

Schrifttum: *Delp*, Verlagsvertrag, 8. Aufl 2008; *Schricker*, Verlagsrecht, 3. Aufl 2001; *Wündisch*, Wettbewerbsverbote im Verlagsvertrag, 2002.

1. Begriff des Verlagsrechts

201 Die im Pressewesen häufig gebrauchte Bezeichnung „Verlagsrecht" weist höchst unterschiedliche Bedeutungen auf: Teilweise wird darunter irrigerweise das Eigentumsrecht an einem Verlag als einem wirtschaftlichen Unternehmen oder einem Unternehmensteil (Fachabteilung) bzw das Eigentum an einem bestimmten Verlagsobjekt, zB einer Zeitung oder Zeitschrift, verstanden. Als Verlagsrecht im urheberrechtlichen Sinne bezeichnet man hingegen das im Verlagsgesetz (VerlG) geregelte, aus dem Urheberrecht abgeleitete Recht des Verlegers zur Vervielfältigung und Verbreitung eines Werkes der Literatur oder der Musik. Allein um das Verlagsrecht im urheberrechtlichen Sinne geht es hier. Ferner wird unterschieden zwischen Verlagsrecht im objektiven Sinne und Verlagsrecht im subjektiven Sinne. Als **Verlagsrecht im objektiven** Sinne bezeichnet man die rechtliche Ordnung der Verlagsverhältnisse auf dem Gebiet der Literatur und Musik. Die wichtigsten Rechtsgrundlagen des Verlagsrechts im objektiven Sinne sind das Gesetz über das Verlagsrecht vom 19.6.1901 (RGBl S 217) und das Gesetz über Urheberrecht und verwandte Schutzrechte (Urheberrechtsgesetz) vom 9.9.1965 (BGBl I S 1273). Daneben kommt dem verlegerischen **Gewohnheitsrecht** und der verlegerischen **Verkehrssitte** erhebliche Bedeutung zu. Die Verbände der Verleger und Buchhändler, die Verwertungsgesellschaften und die Industrie haben zahlreiche Verbandsabkommen geschlossen und Muster für Verlagsverträge (sog Normverträge) entwickelt, die in der Verlagspraxis eine wichtige Rolle spielen (Überblick bei *Schricker*, Verlagsrecht, Einl Rn 9 ff.; zahlreiche Vertragsmuster sind abgedruckt bei *Delp*, Verlagsvertrag S 33 ff.). Unter **Verlagsrecht im subjektiven Sinne** ist das dem Verleger eingeräumte ausschließliche Recht zur Vervielfältigung und Verbreitung eines Werkes der Literatur oder Musik zu verstehen (BGHZ 19, 110, 113; *Schricker*, Verlagsrecht, Einl Rn 3). Das Verhältnis von Urheber- und Verlagsrecht stellt sich demnach wie folgt dar: Das objektive Verlagsrecht ist

VIII. Verlagsrecht UrhR BT

ein Teil des Urhebervertragsrechts, das subjektive Verlagsrecht ist ein besonderes urheberrechtliches Nutzungsrecht im Sinne der §§ 31 ff. URG (*Schricker,* Verlagsrecht, Einl Rn 1). Soweit im Folgenden von „Verlagsrecht" gesprochen wird, ist damit ausschließlich das Verlagsrecht im subjektiven Sinne gemeint.

2. Grundlagen des Verlagsrechts

Die Entstehung des subjektiven Verlagsrechts, also der ausschließlichen Befugnis **202** des Verlegers zur Vervielfältigung und Verbreitung eines Werkes (§ 8 VerlG), ist von zwei Voraussetzungen abhängig: Zum einen muss ein wirksamer Verlagsvertrag vorliegen (Rn 203), zum anderen verlangt § 9 VerlG die tatsächliche Ablieferung des Werkes an den Verleger (Rn 206).

a) *Verlagsvertrag*

Der Verlagsvertrag (Vertragsmuster bei *Delp,* Verlagsvertrag II.B, S 38 ff.) ist ein ge- **203** genseitiger Vertrag eigener Art, der sich keinem der im BGB geregelten schuldrechtlichen Vertragstypen eindeutig zuordnen lässt (BGH NJW 1960, 2144, 2145). Er kann je nach Gestaltung im Einzelfall Elemente des Werk-, Dienst-, Kauf-, Pachtoder auch des Gesellschaftsvertrages enthalten. Der Verlagsvertrag gehört zu den **Urheberrechtsverwertungsverträgen.** Er verpflichtet nach § 1 Satz 1 VerlG den Verfasser, dem Verleger ein Werk der Literatur oder Tonkunst zur Vervielfältigung und Verbreitung zu überlassen **(Überlassungspflicht)** und gemäß § 1 Satz 2 VerlG den Verleger, das Werk auf eigene Rechnung zu vervielfältigen und zu verbreiten **(Auswertungspflicht).** Fehlt die Auswertungspflicht des Verlegers, kann nicht vom Vorliegen eines Verlagsvertrages ausgegangen werden (BGH GRUR 1960, 447 f. – *Comics; Schricker,* Verlagsrecht, § 1 Rn 7). Ist der Autor am Auswertungsergebnis beteiligt, erhält er zB einen bestimmten Prozentsatz vom Ladenverkaufspreis, stellt dies ein wichtiges Indiz für eine Auswertungspflicht des Verlegers dar. Die **Vergütungspflicht** des Verlegers (§ 22 Abs 1 Satz 1 VerlG) ist für den Verlagsvertrag hingegen nicht begriffswesentlich. Gemäß § 22 Abs 1 Satz 2 VerlG gilt eine Vergütung aber stillschweigend als vereinbart, wenn die Überlassung des Werkes den Umständen nach nur gegen eine Vergütung zu erwarten ist.

Gegenstand eines Verlagsvertrages können nach § 1 VerlG nur Werke der Lite- **204** ratur und Tonkunst sein. Anders als in § 1 URG werden Werke der Wissenschaft nicht besonders erwähnt, an ihrer Verlagsfähigkeit gibt es aber keinen Zweifel (*Schricker,* Verlagsrecht, § 1 Rn 33). Nicht vom Verlagsgesetz erfasst werden Verträge über Werke der bildenden Künste und Verträge über Lichtbildwerke oder Lichtbilder (vgl dazu BGH GRUR 1976, 796 – *Serigrafie;* Näheres zum Kunstverlag bei *Schricker,* Verlagsrecht, § 1 Rn 86 ff.). Werden Lichtbilder, Zeichnungen, Illustrationen usw einem Schriftwerk von dessen Verfasser als **Zubehör** beigegeben, erstreckt sich der einheitliche Verlagsvertrag im Zweifel auch auf diese Abbildungen (vgl *Schricker,* Verlagsrecht, § 1 Rn 33, 93 ff.). Ist dies nicht der Fall, liegt der Verwertung von Zeichnungen, Lichtbildern usw zumeist ein Bestell- oder ein Werkvertrag zugrunde (Näheres Rn 238). Der Verlagsvertrag ist nicht an eine bestimmte **Form** gebunden (vgl OLG Frankfurt GRUR 1991, 601 – *Werkverzeichnis*). Er kann also schriftlich, mündlich oder auch durch konkludentes Verhalten abgeschlossen werden. Ein Verlagsvertrag kann nicht nur über bereits existierende, sondern auch über künftige Werke abgeschlossen werden (vgl dazu BGHZ 9, 237, 239 – *Schelmenroman*). In diesem Fall ist nach § 40 URG ausnahmsweise die Schriftform erforderlich, wenn das künftige Werk überhaupt nicht näher oder nur seiner Gattung nach bestimmt ist (zur Abgrenzung OLG Frankfurt GRUR 1991, 601 – *Werkverzeichnis*).

Keine Verlagsverträge im Sinne des Verlagsgesetzes sind der **Anzeigenvertrag 205** und der **Einschaltvertrag** über die Vervielfältigung und Verbreitung von Werbung. Hier liegt vielmehr ein Werkvertrag vor (s BT Anz Rn 14 f.). Auch der sog **Bestellvertrag** (§ 47 Abs 1 VerlG), bei dem der Besteller (Verleger) dem Verfasser den Inhalt des Werkes sowie die Art und Weise der Behandlung genau vorschreibt, ist kein Verlagsvertrag (Näheres Rn 237). Kennzeichen des Bestellvertrages ist die enge Einbindung des Beauftragten in die vom Auftraggeber gezogenen Grenzen (BGH GRUR 1984, 528, 529 – *Bestellvertrag;* GRUR 1985, 378, 379 – *Illustrationsvertrag*). Die Beschränkung des § 5 Abs 1 VerlG, wonach der Verleger mangels abweichender Vereinbarung nur zur Veranstaltung einer Auflage berechtigt ist, gilt für derartige Verträge nicht (BGH GRUR 1984, 528, 529 – *Bestellvertrag*).

b) Ablieferung des Werks

206   Das Verlagsrecht entsteht nicht bereits mit dem Abschluss des Verlagsvertrages, sondern erst mit der Ablieferung des Werkes an den Verleger (§ 9 Satz 1 VerlG). Erst wenn der Verleger das Werk in Händen hat und mit der Vervielfältigung und Verbreitung beginnen kann, bedarf er der ihm durch das Verlagsrecht eingeräumten Befugnisse (vgl § 8 VerlG). In der Ablieferung im Sinne des § 9 VerlG liegt das dingliche Verfügungsgeschäft des Verfassers zur Erfüllung seiner schuldrechtlichen Verpflichtungen aus dem Verlagsvertrag. Sie besteht aus der (formlosen) rechtsgeschäftlichen **Einigung** über die Einräumung des Verlagsrechts und der **körperlichen Übergabe des Werkes**. Verpflichtungs- und Verfügungsgeschäft sind zwar gedanklich zu trennen, das im BGB herrschende Abstraktionsprinzip ist im Verlagsrecht jedoch nicht anerkannt (*Schricker,* Verlagsrecht, § 9 Rn 3). Zur Begründung verweist man auf § 9 Satz 1 VerlG: Das Verlagsrecht erlischt, ohne dass es irgendwelcher Rückübertragungsakte bedarf, mit der Beendigung des Verlagsvertrages. § 9 VerlG ist indessen nicht zwingend. Dem Verleger kann daher das Verlagsrecht auch bereits vor der Ablieferung des Werkes eingeräumt werden (*Schricker,* Verlagsrecht, § 9 Rn 5). Eine vorweggenommene Rechtseinräumung enthalten zB die für Zeitungs- und Zeitschriftenbeiträge einschlägigen Tarifverträge (Näheres Rn 221 ff.). Nach § 10 VerlG ist der Verfasser verpflichtet, das Werk in einem für die Vervielfältigung geeigneten, dh druckreifen, Zustand abzuliefern (vgl BGH NJW 1960, 2144 – *Warenkunde für Drogisten*). Die Entstehung des Verlagsrechts ist allerdings nicht von der Druckreife des abgelieferten Manuskripts abhängig. Auch die Ablieferung eines mangelhaften Werkes lässt die Verfügungswirkung des § 9 Satz 1 VerlG eintreten (*Schricker,* Verlagsrecht, § 9 Rn 4).

3. Der Inhalt der Verlagsrechts

207   Das Verlagsrecht ist nach der Legaldefinition des § 8 VerlG das ausschließliche Recht zur Vervielfältigung und Verbreitung eines Werkes. Das Verlagsrecht ist ein **ausschließliches Nutzungsrecht** iSv § 31 Abs 3 URG, das gegenüber jedermann wirkt, auch gegenüber dem Verfasser selbst. Soweit der Schutz des Verlagsrechts es erfordert, kann der Verleger gegen den Verfasser sowie gegen Dritte die Befugnisse ausüben, die zum Schutze des Urheberrechts vorgesehen sind, also insb Beseitigungs-, Unterlassungs- und Schadensersatzansprüche geltend machen (§ 9 Abs 2 VerlG). Die positiven Verwertungsbefugnisse des Verlegers bestimmen sich in erster Linie nach dem Verlagsvertrag, soweit eine vertragliche Regelung fehlt, ist das Verlagsgesetz maßgeblich. Für den Umfang der Rechtseinräumung ist die Auslegungsregel des § 31 Abs 5 URG und damit die **Zweckübertragungstheorie** maßgeblich. Nutzungsarten, die im Verlagsvertrag nicht ausdrücklich eingeräumt werden, verbleiben beim Verfasser. Der Verleger eines Buches erwirbt im Zweifel nur das Recht zur Verbreitung einer Normalausgabe. Buchgemeinschafts- und Taschenbuchausgaben stellen besondere Nutzungsarten dar, zu denen der Verleger nur dann berechtigt ist, wenn sie ihm ausdrücklich eingeräumt wurden (BGH GRUR 1959, 200, 203 – *Heiligenhof;* NJW 1967, 2354, 2356 – *Angelique I;* KG GRUR 1991, 596, 599 – *Schopenhauer-Ausgabe*). Auch das Übersetzungsrecht verbleibt ohne besondere Vereinbarung grundsätzlich dem Verfasser (§ 2 Abs 2 Nr 1 VerlG). Das Verlagsrecht ist **übertragbar**. Uneingeschränkt gilt dies allerdings nur, wenn der Verlag oder die betreffende Verlagsabtei-

lung im ganzen übertragen wird (§ 34 Abs 3 Satz 1 URG); allerdings hat der Verfasser dann ein Rückrufsrecht (§ 34 Abs 3 Satz 2 URG), das er sogar bei einer wesentlichen Änderung der Beteiligungsverhältnisse am Verlagsunternehmen ausüben kann (§ 34 Abs 3 Satz 3 URG; zum Begriff der Wesentlichkeit s *Partsch/Reich* AfP 2002, 298). Bezieht sich die Übertragung des Verlagsrechts nur auf einzelne Werke, so ist hierzu die Zustimmung des Verfassers notwendig, die aber nur aus wichtigem Grund verweigert werden darf (§ 34 Abs 1 URG). Eine zu Unrecht verweigerte Zustimmung kann durch richterliche Entscheidung ersetzt werden. Der Erwerber des Nutzungsrechts haftet neben dem Veräußerer gesamtschuldnerisch für die Erfüllung der Pflichten aus dem Verlagsvertrag. Die Haftung entfällt nur, wenn der Verfasser der Übertragung im Einzelfall zustimmt (§ 34 Abs 4 URG); dann kann der Verfasser seine Interessen bei der Zustimmung wahren. Auf das Rückrufsrecht und die Haftung kann der Verfasser im Voraus nicht verzichten (§ 34 Abs 5 URG).

Neben seiner unbeschränkten Übertragung spielt in der Verlagspraxis jedoch die begrenzte Übertragung des Verlagsrechts in Gestalt der **Lizenzvergabe** eine weitaus größere Rolle: Der Verleger veräußert nicht sein Verlagsrecht. Vielmehr räumt er dem Lizenzverleger lediglich das Recht zur Veranstaltung einer bestimmten Ausgabe (zB einer Taschenbuchausgabe) gegen Zahlung einer Lizenzgebühr ein. Auch die Lizenzvergabe bedarf der Zustimmung des Verfassers (§ 35 Abs 1 URG), die aber bereits vorab (zB im Verlagsvertrag) erteilt werden kann. Anders als bei der Vollübertragung entfällt eine Haftung des Lizenznehmers.

4. Pflichten des Verfassers

Hauptpflicht des Verfassers ist es, dem Verleger das Werk zur Vervielfältigung und Verbreitung zu **überlassen** (§§ 1, 8 VerlG). Nach § 10 VerlG ist der Verfasser verpflichtet, dem Verleger das Werk in einem für die Vervielfältigung geeigneten, dh **druckreifen,** Zustand abzuliefern. Diese Bestimmung bezieht sich nur auf die äußere Beschaffenheit des Manuskripts, nicht dagegen auf die inhaltliche Qualität des Werkes (*Schricker*, Verlagsrecht, § 10 Rn 2). Soweit im Verlagsvertrag keine besondere Regelung getroffen wurde, entscheidet die Verkehrssitte darüber, was als „druckreif" anzusehen ist. Das Manuskript muss ohne Verlangsamung der durchschnittlichen Arbeitsleistung gesetzt werden können, was in der Regel Maschinenschrift, einseitig beschriftete Blätter und übersichtliche Aufbereitung verlangt (*Delp*, Verlagsvertrag Rn 68). Hinweise des Verlages zur äußeren Gestaltung des Manuskripts muss der Verfasser im Rahmen seiner Vertragstreuepflicht grundsätzlich beachten. Wenn der Verfasser das Manuskript in einer für die elektronische Datenverarbeitung geeigneten Form, zB auf Diskette, zur Verfügung stellen soll, muss dies besonders vereinbart werden. Angesichts höchst unterschiedlicher Systeme zur Texterfassung und Weiterverarbeitung sind insoweit detaillierte Regelungen im Verlagsvertrag unumgänglich. Auch inhaltlich muss das Werk nach § 31 Abs 1 VerlG von **vertragsmäßiger Beschaffenheit** sein. Das ist zB nicht der Fall, wenn das Werk gegen die guten Sitten oder gegen ein gesetzliches Verbot verstößt (BGH GRUR 1979, 396). Auch wenn der vereinbarte Umfang wesentlich unter- oder überschritten wird, ist das Werk nicht von vertragsmäßiger Beschaffenheit. Auf die mangelnde literarische, künstlerische oder wissenschaftliche Qualität des abgelieferten Werkes kann sich der Verleger demgegenüber nicht ohne weiteres berufen; er muss sich vorher im eigenen Interesse über das Können des Autors informieren (BGH NJW 1960, 2144 ff. – *Warenkunde für Drogisten; Schricker*, Verlagsrecht, § 31 Rn 9). Liefert der Verfasser das Werk nicht rechtzeitig ab oder ist es nicht von „vertragsmäßiger Beschaffenheit", kann der Verleger eine Frist setzen und nach deren erfolglosem Ablauf gemäß §§ 30, 31 VerlG vom Vertrag zurücktreten. Beruht der Mangel auf einem Umstand, den der Verfasser zu vertreten hat, steht dem Verleger ein Anspruch auf Schadensersatz wegen Nichterfüllung zu (§ 31 Abs 2 VerlG). Schadensersatz und Rücktritt schließen sich nach § 325 BGB nicht aus.

210 Der Verfasser hat mit der rein tatsächlichen Ablieferung des Werkes seiner Vertragspflicht noch nicht genügt. Er ist vielmehr nach § 8 VerlG verpflichtet, dem Verleger das ausschließliche **Recht** zur Vervielfältigung und Verbreitung (Verlagsrecht) zu verschaffen (Rechtsverschaffungspflicht). Dazu muss der Verfasser bestehende rechtliche Hindernisse beseitigen, zB die Zustimmung eines evtl Miturhebers einholen oder entgegenstehende Verlagsverträge mit Dritten kündigen. Diese **Gewährleistungspflicht** des Verfassers entfällt, wenn es sich um ein urheberrechtlich nicht geschütztes Werk handelt (§ 39 Abs 1 VerlG). § 8 VerlG lässt außerdem abweichende vertragliche Regelungen zu, sodass auch bei Vereinbarung eines einfachen Nutzungsrechts oder einer bloß schuldrechtlichen Nutzungsbefugnis der Vertrag seinen Charakter als Verlagsvertrag nicht verlieren soll (so BGH GRUR 2010, 1093, 1094 – *Concierto de Aranjuez*).

211 Schließlich trifft den Verfasser die sog **Enthaltungspflicht**, dh er hat sich während der Dauer des Verlagsvertrages der Vervielfältigung und Verbreitung des Werkes zu enthalten, und zwar in gleichem Umfang wie ein Dritter (§ 2 Abs 1 VerlG). In der sonstigen Nutzung des Werkes ist der Verfasser frei. Es verbleibt ihm insb das Aufführungs- und Senderecht, das Recht zur Verfilmung und zur Herstellung von Tonträgern (§ 2 Abs 2 Nr 4 und 5 VerlG). Die Enthaltungspflicht des Verfassers erstreckt sich grundsätzlich auch auf Bearbeitungen und sonstige Änderungen des Werkes. Während der Dauer des Verlagsvertrages darf der Verfasser das Werk bei einem anderen Verlag weder in geänderter Form noch als Neubearbeitung erscheinen lassen. Ihm verbleibt aber mangels abweichender Vereinbarung die Befugnis zur Vervielfältigung und Verbreitung einer Übersetzung (§ 2 Abs 2 Nr 1 VerlG). Ob der Verfasser über die in § 2 Abs 1 VerlG normierte Enthaltungspflicht hinaus einem aus der Treuepflicht resultierenden vertragsimmanenten **Wettbewerbsverbot** unterliegt, das ihn verpflichtet, während der Dauer des Verlagsvertrages kein Werk zum gleichen Gegenstand bei einem anderen Verlag erscheinen zu lassen, ist umstritten (Übersicht bei *Schricker*, Verlagsrecht, § 2 Rn 8; eingehend *Wündisch*, Wettbewerbsverbote im Verlagsvertrag, 2002). Die Rechtsprechung (BGH GRUR 1973, 426, 427 – *Medizin-Duden*) betont zwar grundsätzlich die Freiheit des Autors, ein neues Werk, das in freier Benutzung eines bereits in Verlag gegebenen Werkes geschaffen wurde, anderweitig zu veröffentlichen. Aus Treu und Glauben ergebe sich aber dann eine Unterlassungspflicht, wenn das neue Werk denselben Gegenstand habe, sich an denselben Abnehmerkreis wende und nach Art und Umfang geeignet sei, dem früheren Werk ernsthaft Konkurrenz zu machen (krit *Schricker*, Verlagsrecht, § 2 Rn 8). In der Verlagspraxis wird die Enthaltungspflicht des Autors zumeist durch Parteivereinbarung geregelt (vgl dazu *Delp*, Verlagsvertrag Rn 112; krit *Wündisch* aaO S 55 ff.). Eine übermäßige Einschränkung der künstlerischen oder wissenschaftlichen Freiheit des Verfassers kann gegen die guten Sitten verstoßen und daher gemäß § 138 BGB nichtig sein (RGZ 119, 413 ff.). Weitere Schranken ergeben sich aus zwingenden Bestimmungen des URG (*Wündisch* aaO S 79 ff.).

5. Pflichten des Verlegers

212 Hauptpflicht des Verlegers ist die **Vervielfältigung und Verbreitung** des Werkes (§ 1 Satz 2 VerlG). Der Verleger darf sich bei der Erfüllung seiner Pflichten auch eines „Subverlegers" bedienen, sofern nicht besondere Umstände entgegenstehen. Er bedarf hierzu im Allgemeinen der Zustimmung des Verfassers nicht (BGH GRUR 1964, 331).

213 Der verlagsrechtliche Begriff der „Vervielfältigung" ist nicht identisch mit der **Vervielfältigung** im Sinne des § 16 URG (*Schricker*, Verlagsrecht, § 1 Rn 51). Eine Vervielfältigung im verlagsrechtlichen Sinne liegt nur vor, wenn das Werk im Druckverfahren oder einem ähnlichen Reproduktionsverfahren (Fotokopie, Mikrokopie etc) **körperlich** wiedergegeben wird (BGH FuR 1975, 207 ff.). Die Vervielfältigung durch Videoaufzeichnung, die Verfilmung, die Einspeicherung in elektronische Da-

VIII. Verlagsrecht UrhR BT

tenverarbeitungsanlagen sowie die Rundfunksendung, Aufführung oder Vorführung des Werkes ist dem Verleger nach § 1 Satz 2 VerlG nicht gestattet. Es muss sich im Übrigen um die Herstellung einer Vielzahl von Vervielfältigungsstücken handeln, die Herstellung eines oder einiger weniger Exemplare genügt nicht (*Schricker,* Verlagsrecht, § 1 Rn 51). Auch der Begriff der **Verbreitung** im verlagsrechtlichen Sinne beschränkt sich auf die Weitergabe der hergestellten Vervielfältigungsstücke, um sie dem Publikum zugänglich zu machen. Nach § 14 VerlG hat der Verleger das Werk in „zweckentsprechender und üblicher Weise" zu vervielfältigen und zu verbreiten. **Form und Ausstattung des Werkes** bestimmt der Verleger „unter Beobachtung der im Verlagshandel herrschenden Übung sowie mit Rücksicht auf Zweck und Inhalt des Werkes". Der Verleger ist verpflichtet, die Verbreitung durch zweckentsprechende **Werbung** vorzubereiten und zu unterstützen (*Schricker,* Verlagsrecht, § 14 Rn 10). Was den Umfang und die Art und Weise der Werbung angeht, hat der Verleger aber einen weiten Ermessensspielraum.

Nach § 20 VerlG hat der Verleger als vertragliche Nebenpflicht auch für die **Korrektur** des Werkes zu sorgen und dem Verfasser hierfür rechtzeitig einen Abzug zur Durchsicht vorzulegen. Zur Korrektur ist der Verfasser nach der gesetzlichen Regelung nur berechtigt, nicht aber verpflichtet (*Schricker,* Verlagsrecht, § 20 Rn 4). In der Verlagspraxis übernimmt regelmäßig der Verfasser die vertragliche Verpflichtung, die Korrektur ohne besondere Vergütung selbst vorzunehmen (*Delp,* Verlagsvertrag Vertragsmuster II.B § 12 Abs 2). Schließlich liegt der einwandfreie Zustand des zu publizierenden Werkes in seinem ureigensten Interesse. Bis zur Beendigung der Vervielfältigung, dh bis zur Fertigstellung des Drucksatzes (*Schricker,* Verlagsrecht, § 12 Rn 6), darf der Verfasser nach § 12 Abs 1 VerlG **Änderungen** des Werkes vornehmen. Der Verleger ist zu Änderungen von Werk und Titel hingegen nicht befugt, es sei denn, es handelt sich um Änderungen, zu denen der Verfasser (Urheber) seine Einwilligung nach Treu und Glauben nicht versagen kann (§ 39 URG, der den durch § 141 Nr 4 URG aufgehoben § 13 VerlG ersetzt hat). Übersteigen die vom Verfasser zu vertretenden Änderungen ein bestimmtes Maß – die übliche Grenze sind 10 % der gesamten Satzkosten – gehen sie nach den gebräuchlichen Verlagsverträgen zu seinen Lasten. Ein dem Verfasser übersandter **Korrekturabzug** (Fahnen- oder Bogenkorrektur) gilt als genehmigt, wenn der Verfasser ihn nicht binnen einer angemessenen Frist dem Verleger gegenüber beanstandet (§ 20 Abs 2 VerlG). Auch durch die Rücksendung des Korrekturabzuges genehmigt der Verfasser die Druckfähigkeit des Werkes (ggf mit den von ihm verlangten Änderungen und Korrekturen). Das sog **Imprimatur** („druckreif", „gut zum Druck") bezieht sich dabei nicht nur auf das Werk selbst, sondern auch auf sonstige anhand des Korrekturabzuges zu beurteilende Eigenschaften, wie zB Druckformat, Satzspiegel, Drucktype etc (*Schricker,* Verlagsrecht, § 20 Rn 7).

Der Verleger ist zur Zahlung des vereinbarten Honorars verpflichtet (§ 22 Abs 1 Satz 1 VerlG). Dass der Verfasser eine **Vergütung** erhält, ist für den Verlagsvertrag aber weder vertragswesentlich noch selbstverständlich. So besteht zB bei Buchbesprechungen in wissenschaftlichen Zeitschriften die besondere Übung, dass der Rezensent zwar kostenlos das Besprechungsexemplar, sonst aber keine Vergütung erhält (vgl *Dürr* GRUR 1983, 228 f.). Beim Buchverlag ist die prozentuale Beteiligung des Verfassers am (festen) Ladenverkaufspreis üblich. Zeitungs- und Zeitschriftenbeiträge werden zumeist nach Zeilenhonorar abgerechnet. Dem entspricht bei Büchern das sog Bogenhonorar. Weitere, in der Verlagspraxis übliche Vergütungsformen sind die Pauschal- oder Gesamtvergütung und die Vergütung nach Kostendeckung (vgl dazu *Delp,* Verlagsvertrag, Vertragsmuster II.B § 10). Ist eine Vergütung nur dem Grunde nach, aber nicht in ihrer Höhe bestimmt, gilt gem § 22 Abs 2 VerlG die angemessene Vergütung als vereinbart. Auch eine ausdrücklich der Höhe nach vereinbarte Vergütung muss sich jedoch darüber hinaus an dem im Jahre 2002 in das Urheberrechtsgesetz eingefügten § 32 URG messen lassen und demnach „angemessen" ausfallen. Ist das zwischen Verleger und Verfasser nach § 22 Abs 1 Satz 1 VerlG vereinbarte

BT UrhR

Honorar unangemessen, kann der Verfasser nach § 32 Abs 1 Satz 3 URG eine Anpassung des Vertrages verlangen (dazu im Einzelnen Rn 192 ff.) Insbesondere bei Dissertationen ist es gleichwohl keine Seltenheit und auch weiterhin zulässig, dass der Verfasser dem Verlag seinerseits einen **Druckkostenzuschuss** leistet. Nach § 25 VerlG hat der Verlag dem Verfasser eine bestimmte Zahl von **Freiexemplaren** ohne Berechnung zur Verfügung zu stellen. Mit den Pflichtexemplaren, die an öffentliche Bibliotheken abzuliefern sind (dazu § 12 Rn 1 ff.) hat das nichts zu tun. Es handelt sich vielmehr um eine vertragliche Nebenleistungspflicht des Verlegers.

6. Auflage und Ausgabe

216 Nach § 5 Abs 1 VerlG ist der Verleger grundsätzlich nur zur Veranstaltung einer einzigen **Auflage** berechtigt. Deren Höhe beträgt, soweit im Verlagsvertrag nichts anderes bestimmt ist, 1000 Abzüge (§ 5 Abs 2 VerlG). Zuschuss- und Freiexemplare, wozu insoweit (anders als nach § 25 VerlG, dazu Rn 215) auch die an öffentliche Bibliotheken abzuliefernden Pflichtexemplare gehören (*Schricker*, Verlagsrecht, § 6 Rn 3), werden nicht mitgerechnet (§ 6 VerlG). Zumeist lässt sich der Verleger im Verlagsvertrag das Recht zur Veranstaltung weiterer oder aller Auflagen eines Werkes einräumen. Von der Auflage nicht immer einfach zu unterscheiden ist die **Ausgabe**: Wird ein Teil der Auflage des zu verlegenden Werkes in abweichender Aufmachung oder Ausstattung herausgebracht, zB als Taschen-, Buchgemeinschafts-, Pracht- oder Sonderausgabe, handelt es sich nach buchhändlerischem Sprachgebrauch um eine sog Ausgabe. Wird nach Erschöpfung der ursprünglichen Auflage ein unveränderter Neudruck des Werkes als „Taschenbuchausgabe" aufgelegt, so handelt es sich dem Autor gegenüber um eine neue Auflage, zu der der Verleger nach § 5 Abs 1 VerlG nicht ohne weiteres berechtigt ist. Das VerlG hat den Begriff „Ausgabe" wegen seiner unscharfen rechtlichen Konturen bewusst vermieden (*Schricker*, Verlagsrecht, § 5 Rn 5).

7. Beendigung des Verlagsvertrages

217 Normalerweise erlischt das Verlagsverhältnis mit dem **Ablauf der Zeit,** für die es eingegangen ist. Damit entfällt auch das Recht des Verlegers zur Verbreitung der noch vorhandenen Abzüge (§ 29 Abs 3 VerlG). Diese Regelung ist für den Verleger ungünstig. Meist wird deshalb im Verlagsvertrag eine abweichende Regelung getroffen. Ist vereinbart, dass sich das Verlagsverhältnis auf eine **bestimmte Anzahl von Auflagen** erstrecken soll, endet es, wenn die letzte vereinbarte Auflage vergriffen ist. Die Unverkäuflichkeit der Restexemplare bedeutet keine Erschöpfung der Auflage und führt daher nicht zur Beendigung des Verlagsvertrages (BGH GRUR 1960, 636, 639 f.). Auf Verlangen hat der Verlag dem Verfasser Auskunft zu erteilen, ob die einzelne Auflage oder die im Verlagsvertrag bestimmte Zahl von Abzügen vergriffen ist. Ist der Verlagsvertrag, wie in der Verlagspraxis häufig, für **sämtliche Auflagen** oder für die Dauer des Urheberrechtsschutzes geschlossen worden (vgl dazu OLG Celle NJW 1987, 1423, 1424 – *Arno Schmid*), endet das Vertragsverhältnis, wenn die gesetzliche Schutzfrist für das Werk abläuft (vgl § 64 URG). Das Verlagsrecht ist als Teil des Urheberrechts von dessen Bestehen abhängig.

218 Eine **vorzeitige Beendigung des Vertragsverhältnisses** kann insb durch Unmöglichkeit, Rücktritt oder Kündigung eintreten. Stirbt der Verfasser vor der Vollendung des Werkes, führt dies zur Beendigung des Verlagsvertrages, es sei denn, der Verleger erklärt gegenüber dem oder den Erben, er wolle das Vertragsverhältnis hinsichtlich der bereits abgelieferten Teile aufrechterhalten (§ 34 Abs 1 VerlG). § 33 VerlG regelt den (seltenen) Fall, dass das Werk nach der Ablieferung an den Verleger durch Zufall untergeht. Wie bei den meisten Dauerschuldverhältnissen ist auch für den Verlagsvertrag eine Reihe **besonderer Rücktritts- und Kündigungsmöglichkeiten** vorgesehen: Der Verleger kann nach den §§ 30, 31 VerlG insb zurücktreten, wenn das Werk nicht rechtzeitig abgeliefert wird oder nicht von vertragsmäßiger

IX. Nutzungsrechte an Zeitungs- und Zeitschriftenbeiträgen

Beschaffenheit ist. Zu Beseitigung beanstandeter Mängel des Werkes hat der Verleger dem Verfasser aber regelmäßig eine angemessene Nachfrist zu setzen (BGH GRUR 1979, 396, 398 – *Herren und Knechte*). Fällt der Zweck, dem das Werk dienen sollte, nach dem Abschluss des Verlagsvertrages weg (Beispiel: das vom Verfasser zu kommentierende Gesetz wird ersatzlos aufgehoben), kann der Verleger das Vertragsverhältnis kündigen. Der Honoraranspruch des Verfassers bleibt davon allerdings unberührt (§ 18 Abs 1 VerlG). Ein Rücktrittsrecht des Verfassers besteht insbesondere, wenn das Werk nicht vertragsgemäß vervielfältigt oder verbreitet wird (§ 32 VerlG) oder der Verleger, obwohl er dazu nach dem Verlagsvertrag berechtigt wäre, keine Neuauflage veranstaltet (§ 17 VerlG). In beiden Fällen muss der Verfasser dem Verleger aber eine angemessene Nachfrist setzen (Einzelheiten bei *Schricker,* Verlagsrecht, § 32 Rn 5). § 35 VerlG regelt den Wegfall der Geschäftsgrundlage beim Verlagsvertrag und räumt dem Verfasser bis zum Beginn der Vervielfältigung ein besonderes Rücktrittsrecht wegen „veränderter Umstände" ein (Beispiel: neue Entdeckungen oder Erkenntnisse machen das verlegte wissenschaftliche Werk obsolet). Auch in der Insolvenz des Verlegers besteht ein Rücktrittsrecht des Verfassers, sofern bei Eröffnung mit der Vervielfältigung noch nicht begonnen war (§ 36 Abs 3 VerlG). Daneben kann der Verlagsvertrag – wie alle anderen Dauerschuldverhältnisse – von beiden Seiten aus wichtigem Grund gekündigt werden, wenn ein gedeihliches Zusammenwirken der Parteien zur Erfüllung des Vertrages nicht mehr möglich ist (BGH GRUR 1977, 551, 553 – *Textdichtersammlung;* NJW 1982, 641, 642 – *Musikverleger;* OLG Celle NJW 1987, 1423, 1424 f. – *Arno Schmidt*).

IX. Nutzungsrechte an Zeitungs- und Zeitschriftenbeiträgen

Schrifttum: *Bosbach/Hartmann/Quasten*, Leserbriefveröffentlichung und Urheberrecht, AfP 2001, 481; *Katzenberger,* Elektronische Printmedien und Urheberrecht, 1996; *Nordemann/Schierholz,* Neue Medien und Presse – eine Erwiderung auf Katzenbergers Thesen, AfP 1998, 365; *Rath-Glawatz/Dietrich,* Die Verwertung urheberrechtlich geschützter Print-Artikel im Internet, AfP 2000, 222; *Rojahn,* Der Arbeitnehmerurheber in Presse, Funk und Fernsehen, 1978; *Schricker,* Verlagsrecht, 3. Aufl 2001.

1. Überblick

Die Einräumung von Nutzungsrechten an Zeitungs- und Zeitschriftenbeiträgen wird durch die §§ 41 bis 46 VerlG sowie die §§ 31 ff. URG sehr unübersichtlich und unvollständig geregelt (vgl dazu auch BT ArbR Rn 202 ff.). Entscheidend für den **Umfang der Rechtseinräumung** ist zunächst, ob der Beitrag in Erfüllung der Verpflichtungen aus einem Dienst- oder Arbeitsverhältnis geschaffen wird. Ist dies der Fall, finden die §§ 41 ff. VerlG keine Anwendung. Vielmehr richtet sich die Rechtseinräumung nach § 43 URG. Insoweit ist grundsätzlich davon auszugehen, dass dem Arbeitgeber alle Nutzungsrechte an dem Werk übertragen werden, die zur wirtschaftlichen Verwertung des Arbeitsergebnisses erforderlich sind (Näheres Rn 220 ff.). Liegt der Werkschöpfung hingegen kein **Dienst- oder Arbeitsverhältnis** zugrunde, kann ein Verlagsvertrag nach den §§ 41 ff. VerlG oder ein sonstiger Nutzungsvertrag vorliegen, insb ein Abdruckvertrag, ein Bestellvertrag (§ 47 VerlG) oder auch ein reiner Werkvertrag (*Schricker,* Verlagsrecht, § 42/38 URG Rn 4). Der Umfang der Rechtseinräumung richtet sich hier nach der durch § 38 URG teilweise modifizierten Zweckübertragungstheorie (Näheres Rn 229 ff.).

2. Im Rahmen von Dienst- oder Arbeitsverhältnissen geschaffene Beiträge

a) Vertragliche und tarifvertragliche Regelungen über die Einräumung von Nutzungsrechten

In der Praxis des Pressewesens werden die weitaus meisten Beiträge in Zeitungen und Zeitschriften im Rahmen eines Dienst- oder Arbeitsverhältnisses geschaffen.

Auch die „freien Mitarbeiter" der Printmedien sind regelmäßig als Arbeitnehmer, arbeitnehmerähnliche Personen oder als Dienstverpflichtete einzustufen (Näheres BT ArbR Rn 34 ff.). Nach dem Schöpferprinzip (§ 7 URG) steht das Urheberrecht dem Arbeitnehmer zu. Der Verleger ist darauf angewiesen, Rechte zur Vervielfältigung und Verbreitung zu erwerben. Für im Rahmen von Arbeitsverhältnissen geschaffene Werke verweist **§ 43 URG** auf die Bestimmungen über Nutzungsrechte. Danach sind die §§ 31 bis 44 URG auch dann anzuwenden, wenn das schutzfähige Werk in Erfüllung der Verpflichtungen aus einem Dienst- oder Arbeitsverhältnis geschaffen wurde, aber nur, „soweit sich aus dem Inhalt oder dem Wesen des Dienst- oder Arbeitsverhältnisses nichts anderes ergibt". Daraus folgt zunächst, dass der Grundsatz der Vertragsfreiheit auch für die Einräumung von Nutzungsrechten durch angestellte oder dienstverpflichtete Urheber gilt, soweit er nicht durch zwingende Vorschriften eingeschränkt wird (§§ 31 Abs 4, 32 Abs 3 Satz 1, 32a Abs 3 Satz 1, 34 Abs 5, 40, 41 Abs 4, 42 Abs 2 URG). In erster Linie ist zu prüfen, ob die Übertragung von Nutzungsrechten durch den konkreten Dienst- bzw Arbeitsvertrag oder einen einschlägigen Tarifvertrag geregelt wird.

221 Die Verlagspraxis wird durch **Tarifverträge** geprägt (dazu eingehend *Rojahn* S 30 ff.). Detaillierte und weitgehend inhaltsgleiche Regelungen über urheberrechtliche Fragen, insb die Einräumung von Nutzungsrechten, enthalten § 18 des Manteltarifvertrages für Redakteure und Redakteurinnen an Tageszeitungen (MTV-Zeitungen) mit Wirkung ab dem 1.1.2011 und § 12 des Manteltarifvertrages für Redakteure und Redakteurinnen an Zeitschriften (MTV-Zeitschriften) mit Wirkung ab dem 1.1.2010. Beide Tarifverträge gelten für Wort- und Bildjournalisten (*Loewenheim/Anke Nordemann-Schiffel* § 67 Rn 6). Danach erwirbt der Verleger stets ein ausschließliches umfassendes Nutzungsrecht an dem Beitrag, das ihn berechtigt, diesen ausschließlich zu vervielfältigen (durch Druck und Einstellung in ein Archiv), zu verbreiten (Vertrieb der Zeitung bzw Zeitschrift) und öffentlich wieder zu geben.

222 § 18 MTV-Zeitungen und § 12 MTV-Zeitschriften erstrecken die Nutzungsrechtseinräumung ausdrücklich auch auf **digitale Medien** und die **Online-Nutzung**, ohne dass eine zusätzliche Vergütung anfällt (*Rath-Glawatz/Dietrich* AfP 2000, 222, 224; umfassend *Katzenberger*, Elektronische Printmedien und Urheberrecht [1996], 72 ff.; vgl auch LAG Köln AfP 2001, 159, 160). Die in der Vergangenheit strittige Frage, ob dies auch bei „Altverträgen" angenommen werden kann, für die eine Einräumung von Online-Rechten in den Tarifverträgen noch nicht ausdrücklich vorgesehen war, hat mittlerweile an Bedeutung verloren. Grundsätzlich war die Einräumung auch der Online-Rechte nach dem Zweckübertragungsgrundsatz zu bejahen (*Schricker/Loewenheim/Rojahn* § 43 Rn 54). Zweck des Nutzungsvertrags zwischen dem Verlag und dem Redakteur ist die umfassende Nutzung des Beitrags in allen Verlagsprodukten. Soweit die technische Entwicklung dem Verlag neue Vermarktungswege eröffnet, kann er sie auf Grund der zuvor erworbenen Rechte nutzen. Umstritten war jedoch, ob das damals gültige Verbot der Verfügung über unbekannte Nutzungsarten (§ 31 Abs 4 URG aF) der Vorausverfügung entgegenstand oder aber die Verweisung in § 43 URG sich nicht auf § 31 Abs 4 URG bezog und letztere Vorschrift damit in Arbeitsverhältnissen unanwendbar gewesen wäre. Richtigerweise stand die gesetzliche Schranke des § 31 Abs 4 URG aF der Wirksamkeit von Vorausverfügungen nicht entgegen. Die Verweisung in § 43 URG bezog sich nicht auf § 31 Abs 4 URG aF (str, aA *Wandtke/Bullinger/Wandtke* § 43 Rn 67; vermittelnd *Rath-Glawatz/Dietrich* AfP 2000, 222, 225: Online-Nutzung seit 1984 bekannt; insoweit aA *Nordemann/Schierholz* AfP 1998, 365, 366: erst seit 1995; s auch Rn 182). Der Schutz des Arbeitnehmer-Urhebers richtet sich allein nach arbeitsrechtlichen Normen, zumal wenn der Urheber tarifvertraglich angemessen vergütet wird (vgl § 32 Abs 4 URG). Die Frage, ob § 31 Abs 4 URG aF tarifvertraglich abbedungen werden konnte, stellt sich daher nicht. Inzwischen hat der Gesetzgeber jedoch (zusammen mit der Aufhebung des § 31 Abs 4 URG) in § 137l URG (hierzu Rn 182) eine Übertragungsfiktion zugunsten der Nutzungsrechtsinhaber geschaffen,

IX. Nutzungsrechte an Zeitungs- und Zeitschriftenbeiträgen

die das Problem aus Verlagsperspektive weitgehend löst (vgl *Loewenheim/Anke Nordemann-Schiffel* § 67 Rn 9). Regelmäßig wird der Redakteur dem Verleger gem § 137l Abs 1 URG Nutzungsrechte an allen wesentlichen Nutzungsarten umfassend eingeräumt haben, sodass dem Verleger nach § 137l Abs 1 Satz 1 URG vorbehaltlich der Widerspruchsmöglichkeit des Redakteurs ein Nutzungsrecht auch an den zum Zeitpunkt des Vertragsschlusses noch unbekannten Nutzungsarten zuwächst.

Der Verleger ist ferner zur **Übertragung der Nutzungsrechte** auf Dritte berechtigt, ohne dass es dazu der Einwilligung des Redakteurs bedarf (§ 12 Abs 3 MTV-Zeitschriften; § 18 Abs 3 MTV-Zeitungen). Der Redakteur hat aber in diesem Falle Anspruch auf eine (zusätzliche) angemessene Vergütung, die 40 % (§ 18 Abs 6b MTV-Zeitungen, § 12 Abs 7b MTV-Zeitschriften) der erzielten Erlöse aus der Übertragung des Nutzungsrechts beträgt (vgl dazu auch BT ArbR Rn 211). Eine Nutzung durch den Redakteur selbst kommt erst nach Beendigung des Arbeitsverhältnisses in Betracht (§ 12 Abs 4 MTV-Zeitschriften; § 18 Abs 4 MTV-Zeitungen). Dem angestellten Redakteur verbleiben damit im Wesentlichen nur die urheberpersönlichkeitsrechtlichen Befugnisse (§ 12 Abs 2 MTV-Zeitschriften; § 18 Abs 2 MTV-Zeitungen). Er kann sich insb gegen Veränderungen und Entstellungen wehren. Ferner bleibt ihm das Urheberbenennungsrecht (ArbG Heilbronn AfP 1989, 596, 597). Dem Redakteur wird außerdem ein Rückrufsrecht (vgl § 41 URG) zugestanden, soweit der Verleger seine Verwertungsbefugnisse nicht oder nur unzureichend ausübt (vgl dazu BT ArbR Rn 206 ff.). Die von Verwertungsgesellschaften wahrgenommenen Zweitverwertungsrechte und Vergütungsansprüche insb für Presseübersichten nach § 49 Abs 1 Satz 2 URG (Rn 158) bleiben dem Redakteur vorbehalten. Die erwähnten Tarifverträge wurden bisher nicht für allgemeinverbindlich erklärt (vgl § 5 TVG). Nach § 1 MTV-Zeitschriften und § 1 MTV-Zeitungen gilt der Tarifvertrag auch für Volontäre. 223

Die urheberrechtliche Situation **arbeitnehmerähnlicher freier Journalisten** an Tageszeitungen wurde durch den Tarifvertrag (nach § 12a TVG) für arbeitnehmerähnliche freie Journalisten und Journalistinnen an Tageszeitungen vom 18.8.2011 mit Wirkung ab dem 1.8.2010 freier ausgestaltet als die der fest angestellten Redakteure. Der arbeitnehmerähnliche freie Journalist kann selbst bestimmen, ob er einen Beitrag zur Alleinveröffentlichung (exklusiv), zum Erstdruck oder zum Zweitdruck anbietet (§§ 10 Abs 1 Satz 1, 13 Abs 1–3 TV-Freie Journalisten). Fehlt diese Angabe, gilt der Beitrag als zum Zweitdruck angeboten (§ 10 Abs 1 Satz 2 TV-Freie Journalisten). Im Zweifel wird mangels abweichender Vereinbarung nur das Recht zum einmaligen Abdruck eingeräumt (§ 13 Abs 4 TV-Freie Journalisten). Eine sehr weitgehende Einräumung von Nutzungsrechten sehen die Formulierungsvorschläge des Verlegerausschusses des Börsenvereins des deutschen Buchhandels für Redaktionsrichtlinien usw (Stand: Juli 1996) betreffend Verlagsrechte an Zeitschriftenbeiträgen vor (abgedruckt bei *Delp*, Verlagsvertrag, 7. Aufl 2001, S 388 f.). Darin räumt der Autor dem Verlag ein ausschließliches und zeitlich unbegrenztes Nutzungsrecht ein, das auch die digitale Speicherung und Online-Nutzung umfasst. Zusammenfassend ist festzustellen, dass in der durch Tarifverträge, Musterarbeitsverträge und Branchenempfehlungen geprägten Rechtswirklichkeit eine **umfassende Einräumung von Nutzungsrechten** an Zeitungs- und Zeitschriftenbeiträgen üblich ist. Diese **Branchenübung** ist auch dann, wenn ausdrückliche oder stillschweigende Vereinbarungen über den Umfang der Rechtseinräumung nicht festgestellt werden können, im Rahmen der Zweckübertragungstheorie zu berücksichtigen (BGH GRUR 1986, 885, 886 – *Metaxa*; Näheres Rn 181). 224

b) Einräumung von Nutzungsrechten bei Fehlen einer vertraglichen oder tarifvertraglichen Regelung

Fehlt eine ausdrückliche vertragliche oder tarifvertragliche Regelung über die Einräumung von Nutzungsrechten, wäre auf Grund der Verweisung in § 43 URG in erster Linie § 38 URG anzuwenden. Nach § 38 Abs 1 URG erwirbt der Herausge- 225 ber oder Verleger einer Zeitschrift im Zweifel ein ausschließliches Nutzungsrecht zur Vervielfältigung und Verbreitung des Beitrages. Der Urheber ist jedoch nach Ablauf eines Jahres seit Erscheinen der Zeitschrift berechtigt, das Werk anderweitig zu vervielfältigen oder zu verbreiten (§ 38 Abs 1 Satz 2 URG). Er kann es beispielsweise einer anderen Zeitschrift anbieten. Wird ein Beitrag einer Zeitung „überlassen", soll der Verleger oder Herausgeber nach § 38 Abs 3 Satz 1 URG, soweit nichts anderes vereinbart wurde, lediglich ein einfaches Nutzungsrecht erwerben. § 43 URG steht freilich unter dem Vorbehalt, dass sich aus dem Inhalt und Wesen des Arbeitsverhältnisses „nichts anderes ergibt". Das ist im Pressebereich der Fall: Die in § 38 URG enthaltenen gesetzlichen **Auslegungsregeln** sind erkennbar **nicht auf angestellte oder dienstverpflichtete Urheber zugeschnitten,** sondern auf Beiträge, die unverlangt an Zeitungen bzw Zeitschriften eingesandt oder im Rahmen sonstiger Vertragsverhältnisse (Werkvertrag, Verlagsvertrag, Abdruckvertrag) geschaffen werden. Dies ergibt sich bereits aus dem Wortlaut der Vorschrift. In Abs 1 ist von „Gestattung", in Abs 3 von „Überlassung" durch den Urheber die Rede. Beides passt nicht auf angestellte Journalisten, deren arbeits- oder dienstvertragliche Hauptpflicht in der Schaffung urheberrechtsschutzfähiger Werke gegen Vergütung besteht. Auch die Entstehungsgeschichte der Norm, die den durch § 141 Nr 4 URG aufgehobenen § 42 VerlG ersetzt hat, spricht gegen eine Anwendung im hier interessierenden Zusammenhang (vgl dazu Amtliche Begründung UFITA 45 [1965], 240, 274; *Schricker*, Verlagsrecht, § 42/§ 38 URG Rn 1). Die Verwertung von Beiträgen angestellter Redakteure durch den Verleger erfolgt nicht aufgrund eines Verlagsvertrages oder eines verlagsähnlichen Vertrages, sondern auf Grund des Dienst- oder Arbeitsverhältnisses. § 38 URG ist nach alledem im Rahmen eines Dienst- oder Arbeitsverhältnisses **nicht** anwendbar (*Loewenheim/Anke Nordemann-Schiffel* § 67 Rn 18; aA *Rojahn* S 54 f.).

c) Verhältnis der §§ 38, 43 URG zu § 31 Abs 5 URG, Anwendbarkeit der Zweckübertragungstheorie im Rahmen von Dienst- und Arbeitsverhältnissen

226 Das Verhältnis der §§ 38, 43 URG zu § 31 Abs 5 URG stellt sich demnach wie folgt dar: § 38 URG ist Spezialvorschrift zu § 31 Abs 5 URG, soweit es um Zeitungs- oder Zeitschriftenbeiträge geht, die **nicht** im Rahmen eines Dienst- oder Arbeitsverhältnisses geschaffen werden. § 31 Abs 5 URG ist aber auch hier zur näheren Bestimmung von Inhalt und Umfang der Rechtseinräumung heranzuziehen, denn die in § 38 URG enthaltenen gesetzlichen Auslegungsregeln betreffen nur die Frage, ob ein einfaches oder ein ausschließliches Nutzungsrecht eingeräumt wurde. Zum Umfang der Rechtseinräumung im Übrigen sagt die Vorschrift nichts. Für Zeitungs- und Zeitschriftenbeiträge, die im Rahmen von Dienst- oder Arbeitsverhältnissen geschaffen werden, ist hingegen von § 43 URG iVm § 31 Abs 5 URG und damit von der **Zweckübertragungstheorie** auszugehen (*Loewenheim/Anke Nordemann-Schiffel* § 67 Rn 19; grundsätzlich für die Anwendbarkeit der Zweckübertragungslehre in Arbeitsverhältnissen BGH GRUR 2011, 59, 60 – *Lärmschutzwand*). Wer einen Urheber im Rahmen eines Arbeits- oder Dienstverhältnisses dafür bezahlt, dass er urheberschutzfähige Werke schafft, tut dies selbstverständlich in der Absicht, diese Werke auch wirtschaftlich auszuwerten (*Fromm/Nordemann/Vinck*, Urheberrecht, 9. Aufl 1998, § 43 Rn 3). Diese **besondere Interessenlage** ist bei der Ermittlung des Vertragszwecks zu berücksichtigen (vgl OLG Hamburg GRUR 1977, 556, 558 – *Zwischen Marx und Rothschild*). Daraus ergibt sich folgender **Grundsatz:** Wer im Rahmen eines Arbeits- oder Dienstverhältnisses die (Haupt)Aufgabe hat, urheberschutzfähige Werke zu schaffen, wie dies bei angestellten Redakteuren und auch bei arbeitnehmerähnlichen freien Mitarbeitern von Presseorganen der Fall ist, den trifft auch ohne besondere Vereinbarung die Verpflichtung, dem Arbeitgeber bzw Dienstberechtigten umfassende Nutzungsrechte am Ergebnis der von ihm vertraglich geschuldeten Tätigkeit einzuräumen (BGH NJW 1974, 904, 905 – *Hummel-Rechte;* BAG GRUR 1984, 429, 431 – *Statikprogramm;* KG GRUR 1976, 264, 265 – *Gesi-*

cherte Spuren; OLG Hamburg GRUR 1977, 556, 558 – *Zwischen Marx und Rotschild).* Der Mitarbeiter ist zur umfassenden Einräumung der vermögensrechtlichen Verwertungsbefugnisse an den Verleger verpflichtet (vgl *Dreier/Schulze/Dreier* § 43 Rn 18 ff.). Dies entspricht im Übrigen auch den im Rahmen des § 31 Abs 5 URG zu berücksichtigenden Branchengewohnheiten, die sich in den erwähnten Tarifverträgen niedergeschlagen haben (vgl BGH GRUR 1986, 885, 886 – *Metaxa;* Näheres Rn 115). Der Verlag erwirbt daher mangels abweichender Vereinbarung grundsätzlich das räumlich, zeitlich und inhaltlich unbeschränkte ausschließliche Recht zur Vervielfältigung, Verbreitung und öffentlichen Wiedergabe des Beitrages, das im Zweifel auch alle sog **Nebenrechte** (Vorführung, Sendung, Bearbeitung, Verfilmung und Online-Nutzung) mit umfasst (LG Berlin AfP 2001, 339, 340). Bei freien Mitarbeitern kann die Rechtseinräumung im Einzelfall auch weniger umfangreich ausfallen. Ist der freie Mitarbeiter aber ausschließlich oder ganz überwiegend für eine einzige Zeitung oder Zeitschrift tätig, ist auch hier von einem ausschließlichen und umfassenden Nutzungsrecht des Verlegers auszugehen (LG Berlin AfP 2001, 339, 340).

d) Erfüllung der Pflicht zur Rechtseinräumung

Von der Verpflichtung zur Rechtseinräumung, die sich aus dem Dienst- oder Arbeitsverhältnis ergibt, ist deren **Erfüllung** zu unterscheiden. Ein angestellter oder dienstverpflichteter Urheber, der zur Einräumung von Nutzungsrechten vertraglich verpflichtet ist, erfüllt diese Verpflichtung stillschweigend mit der Ablieferung des Werkes an den Arbeitgeber, wenn er der Erfüllung nicht ausdrücklich widerspricht (BGH NJW 1974, 904, 906 – *Hummel-Rechte).* Ein Journalist, der einer Zeitung oder Zeitschrift, für die er tätig ist, einen Beitrag zur Veröffentlichung übergibt, räumt ihr somit gleichzeitig ein umfassendes Nutzungsrecht ein. Die Übergabe kann auch durch Überlassung bzw Übersendung einer Datei mit dem entsprechenden Beitrag erfolgen. Die bereits erwähnten Tarifverträge für Redakteure (Rn 221) sehen demgegenüber eine Rechtseinräumung bereits mit **Entstehung** des Werkes vor, dh es handelt sich dabei um die Übertragung von Nutzungsrechten an künftigen Werken. Gegen die Wirksamkeit der vorweggenommenen Rechtseinräumung durch Tarifvertrag bestehen keine rechtlichen Bedenken (dazu eingehend *Hesse* AfP 1987, 562, 565 f.; vgl aber *Rojahn* S 45 f.). Auf Arbeitsverhältnisse und Dienstverträge, die typischerweise die Schaffung urheberschutzfähiger Werke zum Inhalt haben, findet § 40 URG keine Anwendung, zumal die Vorschrift nur den Verpflichtungsvertrag erfasst. Der danach bezweckte Schutz des Urhebers wird bereits nach arbeitsrechtlichen Regeln gewährleistet (zutreffend *Rehbinder* Rn 637).

e) Nutzungsrechte an Freizeitwerken

An sog Freizeitwerken, die außerhalb der Arbeits- bzw Dienstzeit geschaffen werden, erfolgt weder eine stillschweigende Rechtseinräumung, noch hat der Arbeit- bzw Dienstnehmer die Pflicht, das in der Freizeit geschaffene Werk dem Arbeitgeber anzubieten (*Rojahn* S 150 ff.; vgl auch für ein vor Beginn des Arbeitsverhältnisses geschaffenes Werk BGH GRUR 1985, 129, 130 – *Elektrodenfabrik).* Das entscheidende Problem liegt zumeist in der Abgrenzung derartiger Freizeitwerke von den dienstlichen Schöpfungen des Redakteurs. Geistige Arbeitsleistung kann nämlich nicht ohne weiteres zeitlich und räumlich beschränkt werden. Hat der Redakteur morgens in seiner Privatwohnung die zündende Idee für eine sensationelle Reportage, ist er auf Grund seiner arbeitsvertraglichen Treuepflicht gehalten, seinem Arbeitgeber anzubieten. Umgekehrt ist er aber nicht verpflichtet, das Romansujet, das ihm während einer dienstlich wahrgenommenen Gerichtsverhandlung einfällt, im Interesse seines Blattes publizistisch auszuwerten. Die einschlägigen Tarifverträge machen die Ausübung konkurrierender journalistischer Nebentätigkeiten von der Einwilligung des Verlages abhängig, gestatten sie im Übrigen aber in recht weitem Umfang.

3. Außerhalb eines Dienst- oder Arbeitsverhältnisses geschaffene Beiträge

a) Mögliche Vertragstypen

229 Beiträge (nicht tarifgebundener) freier Journalisten, Fremdkolumnen, Rezensionen, bestellte Illustrationen sowie Artikel in unverlangt eingesandten Manuskripten werden regelmäßig außerhalb von Arbeits- und Dienstverhältnissen geschaffen (zur Abgrenzung der Dienst- und Arbeitsverhältnisse von anderen Vertragstypen BT Arbeitsrecht 2. Kap Rn 40 ff.). Als Grundlage des Abdrucks durch die Zeitung oder Zeitschrift kommt ein **Verlagsvertrag** oder ein verlagsähnlicher Vertrag in Betracht. Dies setzt aber eine Auswertungspflicht des Verlegers für den betreffenden Beitrag voraus (§ 1 Satz 2 VerlG), die bei Zeitungs- und Zeitschriftenbeiträgen – wenn man von wissenschaftlichen Zeitschriften einmal absieht – die Ausnahme darstellt. Zumeist behält sich der Verleger bzw Herausgeber auch nach der Annahme die endgültige Entscheidung über Ort und Zeitpunkt des Abdrucks vor (vgl § 11 Abs 3 TV-Freie Journalisten). Fehlt die Auswertungspflicht des Verlegers, liegt kein Verlagsvertrag vor. Statt dessen kommt in erster Linie ein sog **Abdruckvertrag** in Betracht. Es handelt sich dabei um einen Werknutzungsvertrag eigener Art (*Schricker*, Verlagsrecht, § 42/§ 38 URG Rn 4). Auch für ihn gelten dispositiv die §§ 41 bis 46 VerlG sowie § 38 URG, der an die Stelle des bei Inkrafttreten des URG aufgehobenen § 42 VerlG getreten ist (§ 141 Nr 4 URG). Wird der Spielraum des Verfassers durch genaue Anweisungen des Verlegers eingeengt, liegt oft ein sog **Bestellvertrag** (Näheres Rn 237) vor. Auf ihn finden die §§ 41 ff. VerlG grundsätzlich keine Anwendung. Im Einzelfall kann der Veröffentlichung eines Beitrages in einer Zeitung oder Zeitschrift auch ein reiner Werkvertrag zugrunde liegen. Für die Veröffentlichung von **Lichtbildern, Illustrationen, Karikaturen, Anzeigen und Leserbriefen** etc gelten die genannten Bestimmungen des VerlG ohnehin nicht, weil sie nicht Gegenstand eines Verlagsvertrages sein können (Näheres Rn 238).

b) Umfang der Rechtseinräumung beim Verlagsvertrag und beim Abdruckvertrag

aa) Allgemeines

230 Nach § 38 Abs 1 URG erwirbt der Verleger oder Herausgeber bei periodisch erscheinenden Sammlungen, insbesondere **Zeitschriftenbeiträgen** im Zweifel ein ausschließliches Nutzungsrecht zur Vervielfältigung und Verbreitung des Beitrages. Der Urheber ist jedoch nach Ablauf eines Jahres seit Erscheinen der Zeitschrift berechtigt, das Werk anderweitig zu vervielfältigen oder zu verbreiten (§ 38 Abs 1 Satz 2 URG). Er kann es beispielsweise einer anderen Zeitschrift anbieten. Wird der Beitrag hingegen einer **Zeitung** (zur Abgrenzung s Rn 231) „überlassen", steht dem Verleger oder Herausgeber nach § 38 Abs 3 Satz 1 URG lediglich ein einfaches Nutzungsrecht zu, wenn nichts anderes vereinbart ist. § 38 URG ist in vollem Umfang dispositiv. Die erwähnten Regelungen stellen Auslegungsregeln dar, die nur eingreifen, wenn weder ausdrücklich noch stillschweigend etwas anderes vereinbart wurde (*Schricker*, Verlagsrecht, § 42/§ 38 URG Rn 3). Für Beiträge, die in Zeitungen und Zeitschriften erscheinen, haben sich überdies **feste Branchengewohnheiten** entwickelt, die als Verkehrssitte (§§ 133, 157 BGB) für die Auslegung der zwischen den Parteien getroffenen Vereinbarungen von erheblicher Bedeutung sind (vgl BGH GRUR 1986, 885/886 – *Metaxa; Schricker*, Verlagsrecht, § 42/§ 38 URG Rn 9). Die in vielen Verträgen anzutreffende pauschale Einräumung aller Nutzungsrechte gegen eine unter Umständen geringe Vergütung kann zwar gegen § 32 URG verstoßen und damit im Einzelfall einen Anspruch auf Vertragsänderung auslösen (s Rn 192 ff.); eine solche Klausel verstößt aber nicht gegen § 307 Abs 2 Nr 1 BGB, weil die Bewertung von Hauptleistungspflichten der AGB-Inhaltskontrolle entzogen ist (BGH GRUR 2012, 1031 – *Honorarbedingungen Freie Journalisten*).

IX. Nutzungsrechte an Zeitungs- und Zeitschriftenbeiträgen

bb) Abgrenzung „Zeitung" und „Zeitschrift" im Sinne des § 38 URG

§ 38 URG definiert die Begriffe „Zeitung" und „Zeitschrift" nicht. Der Rechtsausschuss hielt dies auch nicht für erforderlich, weil er erkennbar von presserechtlichen Termini ausging (Schriftlicher Bericht des Rechtsausschusses UFITA 46 [1966], 182 f.). **Zeitungen** sind danach periodische Druckwerke, die in **tagebuchartiger** Weise über die aktuellen Vorgänge in allen oder bestimmten Lebensbereichen in Schrift und Bild öffentlich berichten (vgl § 7 Rn 10 ff.). Der Zeitungsbegriff kommt im URG an verschiedenen Stellen vor (zB §§ 48, 49, 63 Abs 3 URG). Der Begriff ist freilich **nicht einheitlich auszulegen,** sondern je nach dem konkreten Regelungszusammenhang zu deuten, in dem er steht. Soweit BGH GRUR 2005, 670, 672 – *WirtschaftsWoche* die gleichnamige Publikation also als „Zeitung" im Sinne des § 49 URG ansieht, spielt das für die Anwendung von § 38 Abs 3 URG keine Rolle. § 38 Abs 3 URG ist keine Schutzbestimmung zugunsten des Urhebers, sondern eine Auslegungsregel. Es verbietet sich daher, den Zeitungsbegriff § 38 Abs 3 URG zugunsten der Urheber (weit) auszulegen (aA *Wandtke/Bullinger/Wandtke/ Grunert* § 38 Rn 211). Der Zeitungsbegriff des § 38 Abs 3 URG ist vielmehr restriktiv zu verstehen und umfasst nur **Tageszeitungen** (*Loewenheim/Anke Nordemann-Schiffel* § 67 Rn 46; aA *Schricker/Loewenheim/Schricker/Peukert* § 38 Rn 12 ff.). Wochenblätter wie zB „Die Zeit", „Stern", „Spiegel", „Focus" usw fallen nicht darunter (aA *Löffler* in der Vorauft). Die Bezeichnung als „Zeitung" oder „Zeitschrift" ist freilich nicht entscheidend, wie das Beispiel der renommierten „Juristenzeitung", die trotz ihres Titels zweifellos als „Zeitschrift" einzuordnen ist, zeigt (vgl *Melichar* ZUM 1988, 14). Beim periodischen Schriftwerk „Zeitschrift" fehlt demgegenüber die tagebuchartige Berichterstattung über die aktuellen Vorgänge in allen Lebensbereichen. Für die Zeitschrift ist charakteristisch, dass sie sich auf ihrem Gebiet (Wissenschaft, Literatur, Gesellschaft, Wirtschaft etc) nur mit bestimmten besonderen Fragen oder Stoffen beschäftigt. Unter § 38 Abs 1 URG fallende Zeitschriften sind daher insb wissenschaftliche und sonstige Fachzeitschriften. Auch die Wirtschaftsmagazine („Wirtschaftswoche", „Capital", „manager magazin" etc) sind trotz ihres teilweise sehr breiten Spektrums als Zeitschriften im Sinne des § 38 Abs 1 URG einzuordnen.

cc) Beiträge für Zeitungen

Für Zeitungen gilt die Auslegungsregel des § 38 Abs 3 URG. Dabei ist zwischen regionalen und überregionalen Zeitungen zu unterscheiden. Für überwiegend auf **lokaler oder regionaler Basis** erscheinende Zeitungen ist es im Regelfall unerheblich, ob derselbe Beitrag auch von einer Tageszeitung außerhalb des eigenen Verbreitungsgebiets gebracht wird. Im Allgemeinen genügt dem Verleger daher ein einmaliges nicht ausschließliches Abdruckrecht, wie dies die Auslegungsregel des § 38 Abs 3 Satz 1 URG vorsieht. Etwas anderes gilt aber bei **überregionalen Zeitungen** mit ausgedehntem Verbreitungsgebiet. Hier würde es die berechtigten Interessen des Verlegers unzumutbar beeinträchtigen, wenn der Verfasser berechtigt wäre, den fraglichen Beitrag gleichzeitig oder auch nur wenig später in einem Konkurrenzblatt erscheinen zu lassen. Daher wird in derartigen Fällen ein ausschließliches Nutzungsrecht vereinbart. Nicht einschlägig ist regelmäßig auch die Auslegungsregel des § 38 Abs 3 Satz 2 URG: Danach könnte der Verfasser den Beitrag im Zweifel „sogleich" nach dem Erscheinen anderweitig vervielfältigen und verbreiten. Danach wäre der Urheber berechtigt, einen Beitrag morgens in einer ersten und mittags desselben Tages in einer zweiten Zeitung erscheinen zu lassen (so *Fromm/Nordemann/Hertin,* Urheberrecht, 9. Aufl 1998, § 38 Rn 3). Das wird der Interessenlage in den genannten Fällen nicht gerecht. Bei überregionalen Zeitungen wird daher üblicherweise ein zeitlich unbeschränktes ausschließliches Nutzungsrecht eingeräumt.

dd) Wissenschaftliche Beiträge und Sammelwerke

Eine besondere Einschränkung der Vertragsfreiheit besteht seit dem Jahr 2014 in § 38 Abs 4 URG für die Einräumung von ausschließlichen Nutzungsrechten an wissenschaftlichen Beiträgen für die Veröffentlichung in periodischen Sammelwerken (dh vor allem Fachzeitschriften). Die Vorschrift ordnet an, dass auch bei Vereinbarung eines ausschließlichen Nutzungsrechts dem Urheber gleichwohl das Recht verbleibt, den Beitrag nach Ablauf von 12 Monaten (seit Erstveröffentlichung im Sammelwerk) zu nicht-gewerblichen Zwecken öffentlich zugänglich zu machen, wenn der Beitrag im Rahmen einer zumindest zur Hälfte mit öffentlichen Mitteln geförderten Forschungstätigkeit entstanden ist. Das hierin bestehende **wissenschaftliche Zweitveröffentlichungsrecht** war in der Gesetzgebungsphase politisch sehr umstritten (vgl *Sprang* ZUM 2013, 461) und soll der Allgemeinheit den ungehinderten Zugang („*Open Access*") zu den Ergebnissen bestimmter öffentlich finanzierter Forschungstätigkeit ermöglichen. Die Gesetzesbegründung legt dabei das Vorliegen einer „mindestens zur Hälfte mit öffentlichen Mitteln geförderten" Forschungstätigkeit denkbar eng aus und sieht dieses Kriterium nur bei der „im Rahmen der öffentlichen Projektförderung oder an einer institutionell geförderten außeruniversitären Forschungseinrichtung" stattfindenden Forschung als gegeben an, nicht aber bei der aus Grundmitteln finanzierten rein universitären Forschung (BT-Drs 17/13423, S 9). Diese Ungleichbehandlung findet im Wortlaut kaum eine Stütze. So hat auch der Bundesrat im Gesetzgebungsverfahren die Auffassung vertreten, dass die Vorschrift in verfassungskonformer Auslegung auch auf das gesamte an (öffentlich-rechtlichen) Hochschulen beschäftigte wissenschaftliche Personal Anwendung finden müsse (BR-Drs 643/13, S 2; zur Problematik vgl *Bruch/Pflüger* ZUM 2014, 389, 391). Die Zweitveröffentlichung darf nur in der ursprünglichen Manuskriptform, dh in einer zur Druckversion textidentischen Fassung (*Bruch/Pflüger* ZUM 2014, 389, 393) erfolgen. Im Gegensatz zu den dispositiven Regelungen in Abs 1 und 3 ist die Vorschrift des § 38 Abs 4 URG nicht vertraglich abdingbar (§ 38 Abs 4 Satz 3 URG).

ee) Beiträge für Zeitschriften

233   An Zeitschriftenbeiträgen erwirbt der Verleger schon nach § 38 Abs 1 Satz 1 URG im Zweifel ein ausschließliches Nutzungsrecht zur Vervielfältigung, Verbreitung und öffentlichen Zugänglichmachung, dessen Exklusivität allerdings auf ein Jahr beschränkt ist (§ 38 Abs 1 Satz 2 URG). Die Verlagspraxis geht noch viel weiter: Die vom Börsenverein des Deutschen Buchhandels und dem deutschen Hochschulverband getroffenen Vereinbarungen für Verlagsrechte an (wissenschaftlichen) Zeitschriftenbeiträgen sehen einen Revers vor, worin der Verfasser umfassende Nutzungsrechte für die gesamte Schutzdauer des Urheberrechts einräumt (abgedruckt bei *Delp*, Verlagsvertrag, 7. Aufl 2001, S 328 f.). Davon umfasst ist auch die digitale Speicherung und Online-Nutzung des Beitrags. Diese **Branchenübung** ist bei der Auslegung von Einzelverträgen, die keine Regelungen über den Umfang der Rechtseinräumung enthalten, zu berücksichtigen (vgl BGH GRUR 1986, 885, 886 – *Metaxa*) und führt dazu, dass im Zweifel von der stillschweigenden Einräumung eines ausschließlichen und zeitlich unbeschränkten Nutzungsrechts auszugehen ist.

ff) Nicht angenommene Beiträge; Anzeigen; Leserbriefe

234   Die §§ 41 ff. VerlG und § 38 URG gelten nur für vom Verlag **angenommene** Beiträge. Auf **unverlangt eingesandte Manuskripte** findet § 241a BGB unmittelbar keine Anwendung, denn der Presseverlag ist regelmäßig nicht „Verbraucher" iSv § 13 BGB. Gleichwohl mahnt der Grundgedanke der Bestimmung zur Zurückhaltung bei der Annahme von Sorgfaltspflichten des Verlags. Eine Verwahrungs- bzw Rücksendungspflicht besteht nur, wenn der Verlag allgemein zur Einsendung von Manuskripten auffordert, wohl nicht schon, wenn dem Beitrag Rückporto beigefügt war (unklar *Schricker*, Verlagsrecht, § 41 Rn 9). Der Haftungsmaßstab ist analog § 690 BGB auf die eigenübliche Sorgfalt beschränkt. Tritt der Verlag in eine eingehende Prüfung des Manuskripts ein, entstehen Sorgfaltspflichten nach § 311 Abs 2 BGB. Zum unverlangten Zusenden von Fotos s Rn 238.

IX. Nutzungsrechte an Zeitungs- und Zeitschriftenbeiträgen

Auf Verträge über den **Abdruck von Anzeigen** sind die §§ 41 ff. VerlG nicht 235
anwendbar. Der **Anzeigenvertrag** ist ein reiner Werkvertrag (Näheres BT Anz
Rn 14f.). Dies gilt selbst dann, wenn der Verlag zusätzlich zum Abdruck die graphische oder inhaltliche Gestaltung der Anzeige übernimmt (BGH NJW 1984, 2496).
Für **Leserbriefe** (dazu *Bock* GRUR 2001, 397; vgl auch Rn 39) gelten §§ 41 ff. 236
VerlG und § 38 URG gleichfalls nicht. Jedenfalls aber sind sie keine Beiträge, die
vom Verleger oder Herausgeber zur Veröffentlichung „angenommen" werden. Eine
vertragliche Verpflichtung des Verlegers zur Veröffentlichung von Leserbriefen besteht
natürlich nicht (*Bosbach/Hartmann/Quasten* AfP 2001, 481). Der Abdruck erfolgt
grundsätzlich auf freiwilliger Basis. § 38 URG findet keine Anwendung. Zulässige
Kürzungen dürfen Aussage und Stil nicht verändern (*Loewenheim/Anke Nordemann-
Schiffel* § 67 Rn 53; *Bosbach/Hartmann/Quasten* AfP 2001, 481, 483).

c) Umfang der Rechtseinräumung beim Bestellvertrag und beim Werkvertrag

Auf den **Bestellvertrag** finden die §§ 41 ff. VerlG keine Anwendung. Ein Bestell- 237
vertrag liegt vor, wenn der Verlag dem Verfasser den Inhalt und die Art des Werkes
sowie die Art und Weise der Behandlung genau vorschreibt (§ 47 Abs 1 VerlG). Die
Annahme eines Bestellvertrages setzt eine besonders **enge Einbindung** des Beauftragten in die vom Besteller vorgegebenen Grenzen voraus (BGH GRUR 1984, 528,
529 – *Bestellvertrag;* GRUR 1985, 378, 379 – *Illustrationsvertrag*). Der Bestellvertrag ist
kein Verlagsvertrag, sondern ein nach werkvertraglichen Regeln zu beurteilender
Vertrag eigener Art (*Schricker,* Verlagsrecht, § 47 Rn 14). Für den Umfang der
Rechtseinräumung gilt § 31 Abs 5 URG. Verbleibt dem Verfasser ein gewisser eigener
Spielraum bei der Gestaltung des Auftragswerkes, liegt kein Bestellvertrag, sondern
ein Werkvertrag vor. Auch auf den reinen Werkvertrag, der in der Praxis häufiger ist
als der eng mit ihm verwandte Bestellvertrag finden die §§ 41 ff. VerlG URG keine
Anwendung. Für den Umfang der Rechtseinräumung gilt allerdings § 31 Abs 5
URG und damit die Zweckübertragungstheorie. Die Tatsache, dass ein Werk im
Auftrag eines Bestellers geschaffen wurde, führt für sich allein noch nicht zu einer
erweiterten Rechtseinräumung. Auch hier ist vielmehr der wirtschaftliche Vertragszweck entscheidend.

d) Nutzungsrechte an Zeichnungen, Illustrationen und Lichtbildern

Soweit Zeichnungen, Illustrationen oder Lichtbilder vom Verfasser eines Schrift- 238
werks lediglich als „Zubehör" beigegeben werden, findet auch insoweit das VerlG
Anwendung (*Schricker,* Verlagsrecht, § 41 Rn 7; *Fromm/Nordemann/J. B. Nordemann*
vor § 31 Rn 390). Werden sie hingegen von einem Dritten geliefert, gelten §§ 41 ff.
VerlG und § 38 URG nicht: Zeichnungen, Lichtbilder, Illustrationen etc als solche
können nicht Gegenstand eines Verlagsvertrages sein (§ 1 VerlG), wohl aber kann
einer Zeitung oder Zeitschrift an diesen Schöpfungen ein Nutzungsrecht eingeräumt
werden (*Schricker,* Verlagsrecht, § 1 Rn 33 f.; § 41 Rn 7). Für angestellte bzw dienstverpflichtete Fotografen, Zeichner, Illustratoren usw gelten dabei die oben
(Rn 220 ff.) dargestellten Grundsätze, dh im Regelfall erwirbt der Verlag ein ausschließliches und unbeschränktes Nutzungsrecht. Werden solche Werke außerhalb
eines Dienst- oder Arbeitsverhältnisses geschaffen, liegt der Verwertung durch Zeitungen und Zeitschriften ein Werknutzungsvertrag eigener Art zugrunde – zumeist
ein Abdruckvertrag, ein Bestellvertrag oder ein Werkvertrag (vgl *Schricker,* Verlagsrecht, § 47 Rn 26). Für den Umfang der Rechtseinräumung gilt § 31 Abs 5 URG
und nicht etwa § 38 URG (vgl BGH GRUR 1985, 378/379 – *Illustrationsvertrag;*
GRUR 1984, 528, 529 – *Bestellvertrag*). Maßgeblich ist also der unter Berücksichtigung aller Umstände des Einzelfalles zu ermittelnde Vertragszweck (vgl BGH GRUR
1988, 300, 301 – *Fremdenverkehrsbroschüre*). Werden Lichtbilder auf Bestellung einer
Zeitschrift angefertigt, so erwirbt der Verlag grundsätzlich eine freie Stellung hinsichtlich der Verwertungsrechte. Er ist berechtigt, die Fotos auch in mehreren Zeitschriften seines Sortiments einmalig oder wiederholt zu veröffentlichen (OLG Karls-

ruhe GRUR 1984, 522, 523 – *Herrensitze in Schleswig-Holstein*). Ein ausschließliches Verwertungsrecht ist aber auch bei bestellten Lichtbildern nicht ohne weiteres anzunehmen (OLG Düsseldorf GRUR 1988, 541 – *Warenkatalogfoto;* vgl aber BGH GRUR 1988, 300, 301 – *Fremdenverkehrsbroschüre*). Werden einer deutschsprachigen Illustrierten die Abdruckrechte an einer Fotoserie exklusiv eingeräumt, erstreckt sich die Wirkung des Ausschließlichkeitsrechts auch auf das zum Kernverbreitungsgebiet der Zeitschrift gehörende deutschsprachige Ausland (OLG Hamburg NJW-RR 1986, 996). In der Verlagspraxis stellen Fotografen den Redaktionen häufig **Lichtbilder bzw Diapositive** mit der Maßgabe zur Verfügung, dass nur die tatsächlich veröffentlichten Bilder auch honoriert werden müssen. Für die Rückgabe werden feste Termine vereinbart, bei deren Nichteinhaltung ebenso wie beim Verlust des Bildmaterials sog Blockierungs- und Verlusthonorare fällig werden, die Vertragsstrafecharakter haben (dazu OLG Hamburg AfP 1986, 336; LG Hamburg AfP 1986, 352; LG Köln AfP 1987, 533; Näheres *Soehring/Hoene/Soehring* Rn 9.40ff.). Fehlt es an einer Rückgabevereinbarung, treffen den Verlag bei unverlangt zugesendeten Fotos Sorgfaltspflichten nur in den engen Grenzen, die auch bei der Zusendung von Manuskripten anerkannt sind (vgl Rn 234). Deren Verletzung kann aber zu einer Haftung aus § 311 Abs 2 BGB führen (OLG Celle AfP 2001, 402). Bewahrt der Verlag die Fotos auf, kann sie der Absender zurück verlangen, trägt freilich die Kosten der Nachsuche im Archiv und der Versendung. Im Einzelfall kann aber in der Zusendung von Abzügen an den Verlag und Aufnahme in dessen Archiv eine Eigentumsübertragung liegen (OLG München AfP 2004, 142).

e) Rechte und Pflichten des Verlegers

239 Vertragspartner des Urhebers ist der Inhaber der Zeitung oder Zeitschrift („Herr des Unternehmens"), der vom Gesetz als „Verleger" oder „Herausgeber" bezeichnet wird, mangels Rechtsfähigkeit nicht die Redaktion. Die Weitergabe eines Abdruckrechts an eine andere Redaktion innerhalb desselben Verlags setzt daher keine Abtretung des Nutzungsrechts voraus. Ein **Herausgeber** handelt in der Regel als Vertreter des Verlags nach § 164 Abs 1 BGB. Erwirbt ein vom Verlag verschiedener Herausgeber die Rechte im eigenen Namen, hat er sie auf Grund des Herausgebervertrags (Vertragsmuster bei *Delp,* Verlagsvertrag II.D, S 84ff.) – gemeinsam mit den Nutzungsrechten an dem ihm zustehenden Sammelwerk (Rn 59) – an den Verlag zu übertragen (*Loewenheim/Anke Nordemann-Schiffel* § 67 Rn 57). Die Zustimmung der Urheber ist nach § 34 Abs 2 URG insoweit nicht erforderlich. Den Verleger trifft auch nach der Annahme (dazu *Schricker,* Verlagsrecht, § 45 Rn 2) eines Zeitungs- oder Zeitschriftenbeitrages **keine Verwertungspflicht.** Wird der Beitrag nicht innerhalb eines Jahres nach der Ablieferung an den Verleger veröffentlicht, kann der Verfasser gemäß § 45 Abs 1 VerlG das Vertragsverhältnis kündigen. Die Vergütungspflicht des Verlegers bleibt davon unberührt. Bei ausschließlichen Nutzungsrechten kommt auch ein Rückruf wegen Nichtausübung nach § 41 URG in Betracht. Der Verfasser hat insoweit ein Wahlrecht. Der Verfasser eines Zeitungsartikels hat nach § 46 Abs 1 VerlG keinen Anspruch auf Belegexemplare. Auch die Überlassung von Abzügen zum Buchhändlerpreis kann er nicht verlangen (§ 46 Abs 2 VerlG). Teilweise wird die Ansicht vertreten, diese Vorschrift sei auch auf andere periodische Sammelwerke, insb auf Zeitschriften, entsprechend anzuwenden (*Schricker,* Verlagsrecht, § 46 Rn 3). In der Verlagspraxis hat diese Frage, soweit ersichtlich, noch keine nennenswerte Rolle gespielt. Belegexemplare für den Verfasser sind insb bei wissenschaftlichen Zeitschriften durchaus üblich und sinnvoll.

4. Namensnennung und Änderungsbefugnis des Verlegers

240 Das in § 13 URG verankerte **Namensnennungsrecht** ist abdingbar, wie § 44 VerlG zeigt. Gleiches gilt bei Fotos. Fehlt eine ausdrückliche vertragliche Klausel über das Namensnennungsrecht, richtet sich das Ob und Wie der Namensnennung

IX. Nutzungsrechte an Zeitungs- und Zeitschriftenbeiträgen

nach dem, was **„presseüblich"** ist (*Loewenheim/Anke Nordemann-Schiffel* § 67 Rn 12). Innerhalb der einzelnen Presseunternehmen und -produkte bestehen große Unterschiede. Vielfach wird nur die Agentur angegeben. Verlagsintern festgelegte Namenskürzel sind zulässig. Die entsprechende betriebliche Übung ist entweder ausdrücklich oder konkludent vereinbart oder jedenfalls im Wege ergänzender Vertragsauslegung dem entsprechenden Vertrag zu entnehmen. Dadurch übt der Urheber sein Bestimmungsrecht nach § 13 Satz 2 URG aus.

Soweit der Beitrag vereinbarungsgemäß **ohne den Namen des Verfassers,** also 241 auch nicht unter einem Pseudonym oder Kürzel, erscheinen soll, ist der Verleger gemäß § 44 VerlG berechtigt, „solche Änderungen vorzunehmen, welche bei Sammelwerken derselben Art üblich sind." Nach § 44 VerlG zulässige Änderungen dürfen sich aber nur auf die Fassung und Form, nicht auf den Inhalt des Beitrages beziehen (*Schricker,* Verlagsrecht, § 44 Rn 4). Beides ist freilich nicht immer ohne weiteres zu trennen. Zulässig ist sicher die Berichtigung orthographischer Fehler oder die Erläuterung vom Autor verwendeter Fremdworte durch die Redaktion. In der Verlagspraxis spielt die Änderungsbefugnis des Verlegers aber vor allem bei **Kürzungen** eine Rolle. Das Gesetz nimmt für den zulässigen Umfang der Änderungen ausdrücklich auf die Verkehrsauffassung Bezug. Bei Zeitungen erfordern die Ausrichtung auf die Aktualität und der dadurch verursachte Zeitdruck ein großzügigeres Änderungsrecht als bei Zeitschriften (vgl OLG Köln GRUR 1953, 499, 500 – *Kronprinzessin Cäcilie*). Hier sind also zB auch Kürzungen in größerem Umfang zulässig, soweit sie nicht sinnentstellend wirken. Änderungen der Tendenz eines Beitrages sind in jedem Falle unzulässig (BGH GRUR 1954, 80, 81).

Erscheint der Beitrag unter **Namensnennung** (auch ein zuordenbares Pseudo- 242 nym oder Verlagskürzel genügt), sind nach § 39 Abs 2 URG nur solche Änderungen zulässig, denen der Verfasser nach Treu und Glauben seine Einwilligung nicht versagen kann. Diese Ausnahmevorschrift ist grundsätzlich eng auszulegen (vgl BGHZ 55, 1, 2 – *Maske in Blau;* vgl aber *Rojahn* S 118 ff.) und deckt allenfalls dringend notwendige oder völlig unwesentliche Änderungen (Berichtigung grober orthographischer Fehler, Ergänzung offensichtlich vergessener Worte, Erläuterung vom Autor gebrachter Fachbegriffe usw; zur Anpassung an die neue Rechtschreibung s *Hartmann/Quasten* AfP 2002, 46). Angesichts der unzureichenden gesetzlichen Änderungsbefugnisse des Verlegers stellt sich in der Verlagspraxis die Frage, ob der Verfasser dem Verleger bzw dessen Hilfspersonen ausdrücklich oder stillschweigend die Befugnis zu Änderungen eingeräumt hat. Aufgrund der weiten Rechteeinräumung in § 12 Abs 2 MTV-Zeitschriften und § 18 Abs 1 MTV-Zeitungen steht dem Verleger auch das Änderungsrecht nach § 23 URG zu. Die Änderungsbefugnis endet freilich dort, wo die urheberpersönlichkeitsrechtlichen Interessen des betroffenen Redakteurs beeinträchtigt werden, indem der Beitrag zB entstellt wird (vgl § 12 Abs 2 MTV-Zeitschriften; § 18 Abs 2 MTV-Zeitungen). Diese Grenze kann schon erreicht sein, wenn der Sprachstil des Redakteurs deutlich verändert wird (LG Hamburg GRUR-RR 2010, 460 – *Plan B*). Fehlt eine tarif- oder einzelvertragliche Regelung, ist jedenfalls bei angestellten und dienstverpflichteten Mitarbeitern von einer stillschweigenden Einräumung der Änderungsbefugnis auszugehen (OLG Köln GRUR 1953, 499, 500 – *Kronprinzessin Cäcilie; Schricker,* Verlagsrecht, § 44 Rn 7). Das **erweiterte Änderungsrecht** des Verlegers in Dienst- und Arbeitsverhältnissen resultiert aus dem Direktionsrecht des Arbeitgebers bzw Dienstherrn. Anstelle die Änderungen selbst vorzunehmen oder sie vom verantwortlichen Redakteur vornehmen zu lassen, könnte der Arbeitgeber den angestellten Journalisten auch anweisen, den Artikel nach seinen Vorstellungen umzuschreiben. Bei freien Mitarbeitern und unverlangt eingesandten Beiträgen helfen diese Erwägungen freilich nicht weiter. Hier besteht eine Änderungsbefugnis des Verlages nur in dem durch § 44 VerlG und § 39 Abs 2 URG gesteckten engeren Rahmen. Andererseits hat der Verleger aber auch die Möglichkeit, die Annahme des Beitrages von Änderungen abhängig zu machen.

X. Verwertungsgesellschaften

1. Bedeutung der Verwertungsgesellschaften

243 Den Urhebern ist es vielfach nur schwer möglich, die ihnen zustehenden Rechte selbst wahrzunehmen, also Rechtsverletzungen zu verfolgen und Nutzungsrechte zu erteilen. Schon früh haben sich daher zunächst auf dem Gebiet der Musik Verwertungsgesellschaften gebildet (zur Geschichte *Wenzel/Burkhardt* Rn 11.2), in Deutschland die Gesellschaft für musikalische Aufführungs- und mechanische Vervielfältigungsrechte (GEMA). Auch für das Gebiet des Pressewesens besteht ein Bedürfnis nach kollektiver Rechtewahrnehmung. Redakteure und Fotografen, weithin auch Verleger, sind nicht in der Lage, alle Zeitungen, Zeitschriften und sonstigen Druckwerke, die in der Bundesrepublik vertrieben werden, zu sichten, um festzustellen, ob eventuell geschützte Werke unerlaubt genutzt wurden. Noch viel weniger lässt sich deren Vervielfältigung auf anderen Wegen, zB per Fotokopie oder im Wege der Online-Nutzung, überschauen. Im Jahre 1958 wurde mit der **„Verwertungsgesellschaft WORT"** (VG Wort; *www.vgwort.de*) die erste dauerhaft erfolgreiche Verwertungsgesellschaft zur Wahrnehmung der Rechte von Wortautoren gegründet, die 1978 mit der VG Wissenschaft vereinigt wurde. Die VG Wort nimmt ausweislich § 2 Abs 2 ihrer Satzung treuhänderisch Rechte für folgende Berufsgruppen wahr: (1) Autoren und Übersetzer schöngeistiger und dramatischer Literatur, (2) **Journalisten**, Autoren und Übersetzer von Sachliteratur, (3) Autoren und Übersetzer wissenschaftlicher und Fachliteratur, (4) Verleger von schöngeistigen Werken und Sachliteratur, (5) Bühnenverleger und (6) Verleger von wissenschaftlichen Werken und Fachliteratur. Die VG WORT erzielte im Jahre 2013 aus der Wahrnehmung von Urheberrechten Erlöse in Höhe von knapp 129 Mio. Euro. Die Ausschüttungen an die Mitglieder (aus dem Aufkommen des Vorjahres) beliefen sich auf etwa 92 Mio. Euro (Geschäftsbericht der VG Wort 2013). Haupteinnahmequelle der VG WORT ist die Geräte- bzw Kopiervergütung (§ 54, 54c URG). Die VG Wort nimmt aber auch Vergütungsansprüche nach den §§ 46 Abs 4 und 49 Abs 1 URG (insoweit auf Grund eines Kooperationsvertrags mit der Presse-Monitor-Gesellschaft PMG, Berlin, vgl Rn 155) sowie das Vortrags- und Senderecht (§§ 19, 20 URG) ebenso wie etwa die Vergütungsansprüche in §§ 52a Abs 4, 52b Satz 3, 53a Abs 2, 137l Abs 5 URG wahr.

244 Bedeutung für die Presse hat ferner die **VG Bild-Kunst** (*www.bildkunst.de*). Sie nimmt Rechte von (1) bildenden Künstlern, (2) Fotografen und Grafikdesignern und (3) Filmurhebern und -herstellern wahr. Haupttätigkeitsgebiete dieser Verwertungsgesellschaft sind Vergütungsansprüche nach den §§ 27, 46, 49 Abs 1, 54 URG. Die VG Bild-Kunst nimmt aber auch das gerade für Bildjournalisten besonders wichtige Vervielfältigungs- und Verbreitungsrecht (§§ 16, 17 URG) wahr. Die Verwertungsgesellschaften haben sich ihrerseits in verschiedenen Organisationen zusammengeschlossen, zB in der Zentralstelle für private Überspielungsrechte (ZPÜ) und in der Zentralstelle Bibliothekstantieme (ZBT). Diese Zusammenschlüsse sind in der Regel als Gesellschaften bürgerlichen Rechts organisiert (Näheres *Fromm/Nordemann/W. Nordemann/Wirtz* Einl UrhWahrnG Rn 9). Die wirtschaftliche Bedeutung der Verwertungsgesellschaften hat im Laufe der Zeit immer mehr zugenommen. Auch der Gesetzgeber hat dazu in erheblichem Maße beigetragen, indem er die Geltendmachung bestimmter Vergütungsansprüche, insb die Ansprüche nach den §§ 27, 49 Abs 1, 54 Abs 1, 54h, 137l Abs 5 URG, ausschließlich den Verwertungsgesellschaften vorbehalten hat. Ein Autor, der an diesen Erträgen teilhaben möchte, kann dies nur tun, indem er mit der für ihn zuständigen Verwertungsgesellschaft einen Wahrnehmungsvertrag abschließt.

X. Verwertungsgesellschaften

2. Organisation, Rechte und Pflichten der Verwertungsgesellschaften

Rechtliche Grundlage der Tätigkeit der Verwertungsgesellschaften ist das Gesetz 245
über die Wahrnehmung von Urheberrechten und verwandten Schutzrechten (Urheberrechtswahrnehmungsgesetz; WahrnG) vom 9.9.1965 (BGBl I S 1294), das zusammen mit dem URG am 1.1.1966 in Kraft getreten ist. Das WahrnG wurde seitdem mehrfach novelliert – zuletzt im Jahre 2003.

a) Erlaubnispflicht und Aufsicht

Die Tätigkeit der Verwertungsgesellschaften ist **erlaubnispflichtig** (§ 1 WahrnG). 246
Zuständig zur Erteilung der Erlaubnis ist das deutsche Patent- und Markenamt (§ 18 Abs 1 WahrnG). Auf die Erteilung der Erlaubnis besteht ein Anspruch, wenn die in § 3 WahrnG genannten Voraussetzungen erfüllt sind. Kein Versagungsgrund ist, dass bereits eine oder mehrere andere Wahrnehmungsgesellschaften in dem wahrzunehmenden Bereich tätig sind. Wahrnehmungsgesellschaften haben **kein gesetzliches Monopol,** wohl aber ein faktisches Monopol. Daher bedarf die Erteilung der Genehmigung des Einvernehmens des Bundeskartellamts (§ 18 Abs 3 WahrnG).

Die Wahrnehmungsgesellschaften unterliegen der **Aufsicht** des Patent- und Mar- 247
kenamts (§§ 18,19 Abs 1 WahrnG). Nach § 19 Abs 2 Satz 1 WahrnG kann das Patent- und Markenamt einer Wahrnehmungsgesellschaft die Fortsetzung des Geschäftsbetriebs untersagen, wenn sie ohne Erlaubnis tätig ist. Die Frage des Verbots ist aktuell geworden im Streit um das Verbot der Presse-Monitor-Gesellschaft, Berlin, durch das DPMA vom 4.3.2002. Zeitungs- und Zeitschriftenverleger hatten eine gewerbliche Gesellschaft gegründet zur Verwertung ihrer Beiträge im Rahmen elektronischer Pressespiegel. Das DPMA sah darin eine Wahrnehmungsgesellschaft und untersagte den Geschäftsbetrieb (dazu *Berger/Degenhart* AfP 2003, 105). Die entsprechende Entscheidung wurde mangels Ermächtigungsgrundlage aufgehoben (VGH München AfP 2002, 454). Der Gesetzgeber hat als Reaktion darauf § 19 Abs 2 WahrnG geschaffen.

b) Wahrnehmungszwang

Im Hinblick darauf, dass die Geltendmachung bestimmter Ansprüche auf Grund 248
des URG ausschließlich den Verwertungsgesellschaften vorbehalten ist, unterliegen sie einem **Wahrnehmungszwang** (§ 6 WahrnG). Sie sind verpflichtet, die zu ihrem Tätigkeitsbereich gehörenden Rechte und Ansprüche auf Verlangen der Berechtigten zu **angemessenen Bedingungen** wahrzunehmen, wenn eine wirksame Wahrnehmung anders nicht möglich ist. Für Journalisten und Fotografen ist dies in Bezug auf die VG Wort bzw die VG Bild-Kunst stets zu bejahen, da keinerlei Ausweichmöglichkeiten bestehen. Der Anspruch des Berechtigten richtet sich nur auf Wahrnehmung seiner Rechte, nicht auf Mitgliedschaft in der Verwertungsgesellschaft (*Fromm/Nordemann/W. Nordemann/Wirtz* § 6 UrhWahrnG Rn 7).

Die Bedingungen der Rechtswahrnehmung werden in **Wahrnehmungsverträ-** 249
gen festgelegt, die der Berechtigte mit der jeweiligen Verwertungsgesellschaft abschließt. Es handelt sich dabei um Nutzungsverträge sui generis. Für den Umfang der Rechtseinräumung an die Verwertungsgesellschaft gilt die **Zweckübertragungstheorie** (BGH GRUR 1966, 567, 569 f. – *GELU*). Berechtigte dürfen sich insoweit allerdings keinen Illusionen hingeben: Der Inhalt des Wahrnehmungsvertrages wird von den Verwertungsgesellschaften vorgegeben. Zwar muss er nach dem Wortlaut des Gesetzes angemessen sein, eine gerichtliche Überprüfung ist aber durch die Natur der Sache weitgehend ausgeschlossen (vgl BGH GRUR 1988, 782, 783 – *GEMA-Wertungsverfahren*). Die Verteilung der Einnahmen durch die Verwertungsgesellschaft hat nach festen Regeln auf Grund eines Verteilungsplanes zu erfolgen (§ 7 URG), der notwendigerweise Typisierungen, Pauschalierungen und Schätzungen enthält (*Dreier/Schulze/Schulze* § 7 UrhWG Rn 6). Dabei sollen „kulturell bedeutende Werke und Leistungen" gefördert werden. Inwieweit dies in der Praxis gelingt, soll hier dahingestellt bleiben (dazu *Wenzel/Burkhardt* Rn 11.66).

c) Abschlusszwang

250 Die Verwertungsgesellschaften unterliegen auch gegenüber Dritten einem **Abschlusszwang**, der nur höchst ausnahmsweise einmal ausgeschlossen sein kann (zu einem solchen Fall BGH GRUR 2009, 1052, 1053 – *Seeing is Believing*). Sie sind auf Verlangen verpflichtet, jedermann zu angemessenen Bedingungen Nutzungsrechte einzuräumen (§ 11 Abs 1 WahrnG). In der Regel erfolgt die Rechtseinräumung auf Grund von **Tarifen**, die im Bundesanzeiger veröffentlicht werden (§ 13 WahrnG). Existiert für eine bestimmte Nutzung noch kein Tarif, ist der ihr am nächsten stehende heranzuziehen (BGH GRUR 1983, 565, 567 – *Tarifüberprüfung II;* GRUR 1976, 35, 36 – *Bar-Filmmusik*). Die Verwertungsgesellschaften haben dazu umfangreiche Tarifwerke entwickelt. Eine Zusammenstellung der Tarife und der **Fundstellen** findet sich bei *Hillig*, Urheber- und Verlagsrecht, Textausgabe, 15. Aufl 2014, S 255 (VG WORT) bzw S 286 (VG Bild-Kunst). In der Regel erteilt die VG Bild-Kunst Reproduktionsgenehmigungen nur auf Grund von Einzelanfragen vor der Veröffentlichung. Bei Illustrationen (Werke der bildenden Kunst und Fotografien) in Zeitungen und Zeitschriften verzichtet die VG Bild-Kunst aber auf dieses Erfordernis und beschränkt sich auf Vergütungsansprüche. Die Genehmigung durch die VG Bild-Kunst umfasst grundsätzlich nur den einmaligen Abdruck.

XI. Verletzung des Urheber- und Verlagsrechts

1. Zivilrechtlicher Schutz

a) Überblick

251 Wird das Urheberrecht oder ein anderes nach dem URG geschütztes Recht widerrechtlich verletzt, erwachsen dem Urheber bzw Rechtsinhaber Ansprüche auf Beseitigung, Unterlassung und Schadensersatz (§ 97 URG). Der Unterlassungsanspruch (§ 97 Abs 1 URG) setzt neben der widerrechtlichen Verletzung des Urheberrechts oder eines anderen nach dem URG geschützten Rechts zusätzlich Wiederholungsgefahr, der Schadensersatzanspruch (§ 97 Abs 2 URG) Verschulden des Verletzers voraus. Ergänzend gilt das Verwertungsverbot rechtswidrig hergestellter Vervielfältigungsstücke nach § 96 URG. Nach § 102a URG bleiben Ansprüche aus anderen Rechtsgrundlagen unberührt; insoweit kommen insb §§ 812ff. BGB, § 823 BGB, § 687 Abs 2 BGB (unechte GoA) und Ansprüche nach dem UWG in Betracht.

b) Unter § 97 URG fallende Rechte und Handlungen

252 Unter § 97 URG fallen nur **absolute Rechte,** also alle Urheberrechte und verwandten Schutzrechte nach dem URG einschließlich des Lichtbildschutzes nach § 72 URG (LG München I GRUR 1970, 566, 567) und des Presseverleger-Leistungsschutzrechts nach § 87f URG (Rn 66a), ferner das Urheberpersönlichkeitsrecht (vgl § 97 Abs 2 URG) und ausschließliche Nutzungsrechte (§ 31 Abs 3 Satz 1 URG). Nicht unter § 97 URG fallen rein schuldrechtliche Ansprüche etwa des Folgerechts nach § 26 URG oder gesetzliche Vergütungsansprüche; insoweit richten sich die Rechtsfolgen nach §§ 280ff. BGB, insb § 286 BGB. Kein absolutes Recht begründet auch der Schutz technischer Schutzmaßnahmen nach § 95a URG (aA *Dreier/ Schulze/Schulze* § 95a Rn 5; offen gelassen von BGH GRUR 2008, 996, 996 – *Clone-CD*) und der zur Rechtewahrnehmung erforderlichen Informationen (§ 95c URG); diese Bestimmungen bilden Schutzgesetze iSv § 823 Abs 2 BGB.

253 Voraussetzung ist ein **rechtswidriger Eingriff** in die Ausschließlichkeitsrechte. Er fehlt, wenn das entspr Verhalten dem Urheber nicht ausschließlich vorbehalten ist (das Lesen eines Sprachwerks oder das Hören eines Musikstücks ist zB frei), unter eine gesetzliche Schrankenbestimmung nach §§ 44aff. URG fällt oder dem vermeintlichen Verletzer ein entsprechendes Nutzungsrecht eingeräumt wurde. Die

XI. Verletzung des Urheber- und Verlagsrechts **UrhR BT**

Rechtswidrigkeit entfällt auch bei der schlichten Einwilligung des Urhebers in die entsprechende Nutzung. So soll etwa in der ungeschützten Zugänglichmachung von Bildern im Internet die Einwilligung dazu liegen, dass diese von Suchmaschinen in verkleinerter Form im Rahmen der Darstellung von Suchergebnissen öffentlich zugänglich gemacht werden (BGH GRUR 2010, 628, 631 ff. – *Vorschaubilder*). Keine Rechtsverletzung ist auch die Lizenzierung bestehender Rechte durch den Nichtberechtigten (BGH GRUR 1999, 152 – *Spielbankaffaire*) sowie die unberechtigte Einziehung vermeintlicher Vergütungsansprüche für eine Werknutzung (BGH GRUR 2002, 963, 964 – *Elektronischer Pressespiegel*), wohl aber der Abschluss eines Wahrnehmungsvertrags, wenn der Verwertungsgesellschaft entspr Ansprüche nicht zustehen (BGH aaO). Im Übrigen sind alle Handlungen rechtswidrig, die eine der in §§ 15 ff. URG beschriebenen Nutzungshandlungen erfüllen, also die Vervielfältigung, Verbreitung und öffentliche Wiedergabe eines Werks.

c) Aktivlegitimation

Aktivlegitimiert zur Geltendmachung der in § 97 URG genannten Ansprüche 254 ist zunächst der Urheber selbst und ggf sein(e) Rechtsnachfolger (§ 30 URG). Bei mehreren Miturhebern kann jeder selbstständig die Ansprüche aus § 97 URG verfolgen, darf aber nach § 8 Abs 2 Satz 3 URG nur Leistung an alle Miturheber verlangen. Aktivlegitimiert sind neben den Urhebern die Inhaber von verwandten Schutzrechten und ausschließlichen Nutzungsrechten (§ 31 Abs 3 Satz 1 URG; vgl LG München I MMR 2004, 192, 194). § 9 Abs 2 VerlG stellt dies für das Verlagsrecht ausdrücklich klar. Daneben bleibt die Aktivlegitimation des Urhebers selbst zumindest in den Fällen bestehen, in denen er ein eigenes schutzwürdiges Interesse an der Geltendmachung der Rechtsverletzung hat zB wenn er an den vom Nutzungsrechtsinhaber gezogenen Nutzungen beteiligt ist (BGHZ 118, 394, 399 – *ALF*). Die Inhaber einfacher Nutzungsrechte sind nicht aus eigenem Recht aktivlegitimiert. Vielfach ist der Nutzungsrechtsgeber nach dem Nutzungsrechtsvertrag verpflichtet, Rechtsverletzungen abzuwehren. Der einfache Nutzungsrechtsnehmer kann aber durch den Urheber zur Rechtsverfolgung im Wege der gewillkürten Prozessstandschaft ermächtigt werden. Voraussetzung ist neben der Ermächtigung ein eigenes schutzwürdiges Interesse, das aber bei einem Nutzungsberechtigten regelmäßig anzunehmen sein dürfte.

Um den Verwertungsgesellschaften die gerichtliche Rechtsdurchsetzung zu er- 255 leichtern, wurden mit der Urheberrechtsnovelle 1985 gesetzliche Vermutungen für die **Aktivlegitimation der Verwertungsgesellschaften** eingeführt (§ 13c WahrnG). Macht eine Verwertungsgesellschaft einen Auskunftsanspruch, der nur von einer Verwertungsgesellschaft geltend gemacht werden kann (§ 13c Abs 1 WahrnG), oder Vergütungsansprüche geltend (§ 13c Abs 2 WahrnG), dann wird zu ihren Gunsten vermutet, dass sie die Rechte der Berechtigten wahrnimmt. Die gesetzliche Vermutung aus § 13c Abs 1 WahrnG erstreckt sich auch auf den für die Presse besonders wichtigen Anspruch aus § 49 Abs 1 URG (vgl dazu OLG Düsseldorf GRUR 1991, 908, 909 – *Pressespiegel*; OLG München ZUM 1991, 371). Bereits lange vor der erwähnten Gesetzesnovelle hatte die Rechtsprechung (BGHZ 15, 338, 349 ff. – *GEMA I*; 95, 285 – *GEMA-Vermutung II*; ZUM 1986, 199, 200 – *GEMA-Vermutung III*) zugunsten der GEMA eine tatsächliche Vermutung dahingehend angenommen, dass sie in ihrem Wahrnehmungsbereich für alle Berechtigten tätig wird (GEMA-Vermutung). Die VG Wort und die VG Bild-Kunst hatten in von ihnen geführten Verfahren nur in Teilbereichen dasselbe Glück (KG GRUR 1975, 87 – *Lesezirkelmappen*; GRUR 1978, 247, 249 – *Verwertungsgesellschaft*; OLG Frankfurt GRUR 1980, 916, 918 – *Folgerecht für ausländische Künstler*).

d) Passivlegitimation

Passivlegitimiert ist der Verletzer, dh derjenige, der die Rechtsverletzung begangen 256 hat oder im Begriff steht, sie zu begehen. Neben dem Täter haften Anstifter und

Berger 1531

Gehilfen als Teilnehmer. Mehrere Verletzer haften als Gesamtschuldner (§§ 830 Abs 1, 840 BGB). Es genügt, dass zwischen dem Verhalten des Störers und der Rechtsverletzung ein adäquater Ursachenzusammenhang besteht (BGH NJW 1984, 1106, 1107 – *Kopierläden*) und es dem Störer zumutbar war, die Rechtsverletzung zu unterbinden (BGH GRUR 2010, 633, 634f. – *Sommer unseres Lebens*). Hilfspersonen ohne eigenen Entscheidungsspielraum wie Briefträger, Zeitungsverkäufer und -austräger, Kartenverkäufer usw trifft keine Verantwortlichkeit, wohl aber Importeure und Auslieferer von Presseprodukten, Buchhändler usw. Gemäß § 99 URG ist auch der **Inhaber eines Unternehmens** für Unterlassungs- und Beseitigungsansprüche passivlegitimiert, dessen Arbeitnehmer oder Beauftragte die Urheberrechtsverletzung begangen haben. Der weit auszulegende Begriff des Arbeitnehmers im Sinne dieser Vorschrift umfasst dabei alle Personen, die auf Grund eines Beschäftigungsverhältnisses in einem Unternehmen zu Dienstleistungen verpflichtet sind (BGH NJW 1992, 1310, 1311 – *Seminarkopien*). Die Tätigkeit des Betriebsrats dürfte freilich nicht mehr unter § 99 URG fallen. Schadensersatzansprüche erfasst § 99 URG nicht. Hier kommt aber eine Haftung des Inhabers bzw des Unternehmens nach den allgemeinen Vorschriften in Betracht, insb den §§ 31, 831, 278 BGB. Ebenso haftet bei einer ungenehmigten Aufführung der **Veranstalter**, dh derjenige, der für die Vorführung oder Aufführung organisatorisch oder wirtschaftlich verantwortlich ist (BGH GRUR 1956, 515, 516 – *Tanzkurse*; Einzelheiten Fromm/Nordemann/J. B. Nordemann § 97 Rn 146). Auch der **Staat** haftet nach §§ 97ff. URG (vgl BGH GRUR 1993, 37, 38); daneben kommt eine Staatshaftung nach § 839 BGB in Betracht. Im Rahmen von **Online-Diensten** haftet der Anbieter gemäß § 7 TMG für eigene Informationen unbeschränkt nach allgemeinen Bestimmungen, sog Host- und Serviceprovider hingegen nur nach Maßgabe der §§ 8–10 TMG. Nach diesen Vorschriften sind Provider regelmäßig für fremde Informationen nicht verantwortlich, müssen aber Rechtsverletzungen gleichwohl unterbinden, sobald sie davon Kenntnis erlangen. So kann ein Hosting-Provider etwa verpflichtet sein, die wiederholte Zugänglichmachung eines urheberrechtlich geschützten Werkes durch die Installation von Wortfiltern zu verhindern (BGH GRUR 2013, 370, 371ff. – *Alone in the Dark*).

e) Unterlassungsanspruch

257 Der **Unterlassungsanspruch** setzt neben einer widerrechtlichen Verletzung des Urheberrechts das Bestehen von **Wiederholungs- oder Erstbegehungsgefahr** (§ 97 Abs 1 URG) voraus. Die Wiederholungsgefahr folgt in der Regel aus der Tatsache der bereits begangenen Rechtsverletzung („Rechtsverletzung indiziert Wiederholungsgefahr"), insb wenn sich der Verletzer – etwa nach einer Abmahnung oder im Prozess – auf den Standpunkt stellt, er habe rechtmäßig gehandelt (vgl BGHZ 14, 163, 167f. – *Constanze II*; GRUR 1961, 138, 140 – *Familie Schölermann*). Bei einer noch nicht erfolgten Rechtsverletzung genügt auch die Erstbegehungsgefahr, etwa auf Grund einer Rechtsberühmung, wie die Rechtsprechung auch schon vor Einfügung des § 97 Abs 1 Satz 2 URG anerkannt hat (vgl BGH GRUR 1987, 125 – *Berührung*). Die Wiederholungsgefahr kann – wie bei anderen Unterlassungsansprüchen auch – durch Abgabe einer strafgesicherten Unterlassungserklärung ausgeräumt werden (BGH GRUR 1901, 137, 140 – *Familie Schölermann*; s auch Rn 265a).

258 Nach § 100 Abs 1 URG kann der schuldlose Verletzer Beseitigungs- und Unterlassungsansprüche durch eine Geldentschädigung abwenden, wenn ihm im Falle der Durchsetzung des Anspruches ein unverhältnismäßig hoher Schaden entstehen würde. Diese **Ablösungsmöglichkeit** hat insb bei teuren Buchproduktionen und Filmen, die mit großem Aufwand hergestellt wurden, Bedeutung. Auch bei schuldhaftem Handeln des Verletzers kann ihm im Ausnahmefall durch das Gericht eine **Aufbrauchsfrist** für bereits hergestellte Vervielfältigungsstücke eingeräumt werden (vgl BGH GRUR 1974, 474, 476 – *Großhandelshaus*; GRUR 1982, 425, 431 – *Brillen-Selbstabgabestellen*). Dies kommt aber nur in Betracht, wenn das sofortige Wirksamwerden der Unterlassungsverpflichtung einen Schaden verursachen würde, der zu der

begangenen Rechtsverletzung völlig außer Verhältnis steht. Wer bösgläubig verletzt hat, verdient grundsätzlich keine Aufbrauchsfrist.

f) Beseitigungsanspruch

Der **Beseitigungsanspruch** hat in der Praxis bisher keine sehr große Rolle gespielt (vgl aber die berühmte Entscheidung RGZ 79, 379 – *Felseneiland mit Sirenen*, wo der Besitzer eines Freskos zur Beseitigung eigenmächtiger Übermalungen verurteilt wurde). Eine wichtige Konkretisierung des Beseitigungsanspruches regelt § 98 URG. Der Anspruch auf Beseitigung umfasst auch die **Vernichtung bzw Überlassung** rechtswidrig hergestellter Vervielfältigungsstücke sowie der zur Herstellung verwendeten oder bestimmten Vorrichtungen. Eine weitere Konkretisierung des Beseitigungsanspruches ist die in § 103 URG geregelte Befugnis der in einem Urheberrechtsstreit obsiegenden Partei, das Urteil auf Kosten der unterliegenden Partei öffentlich bekanntzumachen, wenn sie ein berechtigtes Interesse dartut. Ein berechtigtes Interesse an der Bekanntmachung besteht in der Regel dann, wenn die eingetretene Beeinträchtigung des Werkes oder die durch die Verletzung verursachte Verwirrung der Öffentlichkeit auf andere Weise nicht beseitigt werden kann (*Fromm/Nordemann/ J. B. Nordemann* § 103 Rn 7a).

259

g) Schadensersatz

aa) Verschulden

Hat der Verletzer nicht nur widerrechtlich, sondern **schuldhaft** gehandelt, kann er nach § 97 Abs 2 URG auf **Schadensersatz** in Anspruch genommen werden. Fahrlässig handelt, wer in dem Verkehr erforderliche (nicht: übliche) Sorgfalt außer Acht lässt (§ 276 BGB). Wer fremdes Geistesgut benutzen will, muss seine Berechtigung hierzu sorgfältig prüfen (BGH GRUR 1960, 606, 608 – *Eisrevue II*). Wer seine Rechte von einem Dritten ableitet, muss dessen Legitimation einschließlich der Rechtekette eingehend untersuchen (OLG München GRUR 1953, 302, 305). Die Rechtsprechung stellt dabei strenge Anforderungen (vgl BGH GRUR 1999, 49, 51 – *Bruce Springsteen and his Band*). Noch nicht einmal beim Programmaustausch zwischen öffentlich-rechtlichen Rundfunkanstalten darf sich die übernehmende Anstalt auf die Prüfung der Rechtslage durch die Anstalt verlassen, die das Material zur Verfügung stellt (KG UFITA 86 [1980], 249, 252f. – *Boxweltmeisterschaft*). An die Medienwirtschaft werden erhöhte Sorgfaltsanforderungen gestellt (BGH GRUR 1991, 332, 333 – *Lizenzmangel*). Den Herausgeber einer Druckschrift trifft zB eine eigene **Prüfungspflicht,** ob das von ihm verlegte Werk die (Urheber-)Rechte Dritter verletzt (BGHZ 14, 163, 178 – *Constanze II;* BVerfG AfP 2003, 539, 540). Die Einschaltung eines Rechtsanwalts entlastet nicht notwendigerweise (vgl zur Persönlichkeitsrechtsverletzung BGH GRUR 1980, 1099 – *Das Medizinsyndikat II*). An die Sorgfaltspflicht der Presse bei der Verbreitung von **Fremdanzeigen** dürfen indessen nicht die gleichen Anforderungen gestellt werden wie bei Veröffentlichungen im redaktionellen Teil (grundlegend: BGH AfP 1972, 319, 320 – *Geschäftsaufgabe;* BGH GRUR 1999, 418, 420 – *Möbelklassiker*, dazu ausf BT Anz Rn 204ff.). Die Prüfung, ob eine Anzeige das Urheberrecht oder ein sonstiges nach dem URG geschütztes Recht Dritter verletzt, kann der Presse im Hinblick auf die besonderen Gegebenheiten des Anzeigenwesens (Zeitnot, große Zahl von unterschiedlichen Anzeigen, primäre Verantwortlichkeit des Inserenten für den Inhalt der Anzeige) und unter Berücksichtigung der Ausstrahlungswirkung des Grundrechts aus Art 5 Abs 1 Satz 2 GG nur bei Vorliegen **besonderer Umstände** zugemutet werden. (BGH AfP 1972, 319, 320 – *Geschäftsaufgabe;* NJW 1992, 2765 – *Pressehaftung II;* GRUR 1993, 53, 54 – *Ausländischer Inserent;* krit *Schulze* GRUR 1994, 702). Der Verdacht einer Urheberrechtsverletzung durch die Fremdanzeige muss sich für die Presse geradezu aufdrängen, damit eine Nachforschungs- oder Erkundigungspflicht bejaht werden kann. Nicht jeder unsubstantiierte Hinweis löst Nachforschungspflichten aus.

260

bb) Schadensberechnung

261 Die Rechtsprechung hat **drei Wege** der Schadensberechnung anerkannt, unter denen der Verletzte bis zur Erfüllung oder Rechtskraft des Urteils wählen kann und die mittlerweile vom Gesetzgeber ausdrücklich in § 97 Abs 2 Satz 1–3 URG aufgenommen wurden.

262 (1) Der Verletzte kann **Ausgleich der ihm konkret entstandenen Vermögenseinbuße** einschließlich des entgangenen Gewinns verlangen (§§ 251 Abs 1, 252 BGB). Die Darstellung des Schadens gestaltet sich dabei im Einzelfall schwierig, denn die Frage, wie sich die Umsätze und der Gewinn ohne die Schädigung entwickelt hätten und ihre Kausalität für Einbußen lassen sich schwer darlegen. § 252 Satz 2 BGB und § 287 ZPO helfen nicht immer weiter (*Dreier/Schulze/Dreier* § 97 Rn 60).

263 (2) Der Verletzte kann nach § 97 Abs 2 Satz 2 URG die **Herausgabe des Gewinns** verlangen, den der Verletzer durch die Rechtsverletzung erzielt hat. Unerheblich ist der Einwand, der Verletzte hätte den Gewinn nicht erwirtschaftet. Bei der Berechnung sind die Kosten des Verletzers abzuziehen. Gemeinkosten dürfen allerdings nur insoweit abgezogen werde, als sie den schutzrechtsverletzenden Objekten unmittelbar zugerechnet werden können (so zu Geschmacksmusterrecht BGH GRUR 2001, 329 – *Gemeinkostenanteil*, dazu *Tilmann* GRUR 2003, 647).

264 (3) Schließlich kann der Verletzte alternativ nach § 97 Abs 2 Satz 3 URG eine angemessene Vergütung fordern, die der Lizenzgebühr entspricht, die bei abgeschlossenem Lizenzvertrag zu zahlen gewesen wäre **(fiktive Lizenzgebühr)**. Der Verletzer soll nicht besser stehen als der rechtmäßig handelnde Nutzer. Dies ist in der Praxis die einfachste und daher häufigste Form der Schadensberechnung. Hat der Verletzte die Lizenzgebühr als Schadensersatz bezahlt, führt dies nicht etwa zum Abschluss eines Lizenzvertrags; der Verletzte behält seinen Unterlassungsanspruch (BGH NJW 2002, 896, 899 – *Spiegel-CD-ROM*). Im Schadensersatzprozess unerheblich ist der Einwand, der Verletzte hätte eine Lizenz nicht erteilt oder der Verletzer habe durch seine Nutzung keinen oder nur einen geringen Gewinn erzielt (vgl BVerfG NJW 2003, 1655, 1656). Als angemessen gilt dabei die **(branchen-)übliche Vergütung** (BGHZ 61, 88, 91 – *Wählamt;* GRUR 1987, 36 – *Liedtextwiedergabe II;* vgl auch BGH NJW 1982, 1154, 1156 – *Kunststoffhohlprofil II*). Dabei ist auf Honorarordnungen, Tarifwerke, Tarifverträge und Verbandsempfehlungen abzustellen, die freilich nach Maßgabe des § 32 Abs 2 Satz 2 URG „angemessen" sein müssen. Bei einer Online-Nutzung liegt der zu leistende Schadensersatz deutlich unter der üblichen Vergütung für eine Print-Nutzung, weil eine zugangsfreie Online-Präsentation dem Verlag regelmäßig einen geringeren Gewinn einbringt (OLG Hamburg MMR 2002, 677, 679). Kann die übliche Vergütung nicht ermittelt werden, ist diejenige Lizenzgebühr angemessen, die ein vernünftiger Lizenzgeber gefordert und ein vernünftiger Lizenznehmer gezahlt hätte (BGH GRUR 1987, 36 – *Liedtextwiedergabe II*). Der Verletzte soll auch eine überdurchschnittliche Vergütung verlangen können, wenn er nachweist, dass er diese auch anderen Lizenznehmern gegenüber regelmäßig durchsetzen kann (BGH GRUR 2009, 660, 663 – *Resellervertrag*). Die Höhe der fiktiven Lizenz wird von den Gerichten gegebenenfalls nach § 287 ZPO geschätzt. § 287 ZPO erlaubt aber nicht, über ein Beweisangebot hinsichtlich der Existenz eines einschlägigen Tarifs hinwegzugehen (Verletzung von Art 103 Abs 1 GG, BVerfG NJW 2003, 1655f.). Bei Schadensersatzklagen der **GEMA** (Rn 255) geht die Rechtsprechung bei der Verletzung unkörperlicher Wiedergaberechte von einer **doppelten Tarifgebühr** aus (BGH GRUR 1973, 379 – *Doppelte Tarifgebühr*). Der 100%-Zuschlag auf den üblichen GEMA-Tarif soll den Schwierigkeiten der Kontrolle möglicher Rechtsverletzungen Rechnung tragen; es sei unbillig, die Rechtsinhaber mit den Überwachungskosten zu belasten. Anderen Verwertungsgesellschaften wird eine doppelte Tarifgebühr nicht zugesprochen.

XI. Verletzung des Urheber- und Verlagsrechts **UrhR BT**

cc) Schmerzensgeldanspruch

Nach § 97 Abs 2 Satz 4 URG können Urheber und Inhaber verwandter Schutzrechte (also auch der Lichtbildner, nicht die Inhaber von Nutzungsrechten) auch wegen des Schadens, der nicht Vermögensschaden ist (immaterieller Schaden), neben dem materiellen Schadensausgleich eine Entschädigung in Geld verlangen, wenn dies der Billigkeit entspricht. Ein solcher **Schmerzensgeldanspruch** kommt aber nur bei Verletzung der Urheberpersönlichkeitsrechte der §§ 12 bis 14 URG in Betracht (vgl BGH GRUR 1971, 525, 526 – *Petite Jacqueline;* OLG Hamburg GRUR 1990, 36 – *Schmerzensgeld;* GRUR 1992, 512, 513 – *Prince*). Voraussetzung ist eine schwerwiegende und nachhaltige Verletzung des Urheberpersönlichkeitsrechts (*Wandtke/Bullinger/v Wolff* § 97 Rn 85 mit Beispielen Rn 89 f.; aA *Dreier/Schulze/Dreier* § 97 Rn 75). Abzustellen ist auf Bedeutung und Tragweite des Eingriffs und dessen Folgen für die Interessen und den Ruf des Urhebers, Anlass und Beweggrund des Handelnden, Ausmaß der Verletzung, Bedeutung der Missachtung der Entschließungsfreiheit und andere Beseitigungsmöglichkeiten. Die bloße Verletzung des Urheberrechts allein begründet noch keinen Anspruch nach § 97 Abs 2 Satz 4 URG (OLG Hamburg GRUR 1990, 36 – *Schmerzensgeld*). Allerdings kann der unveränderte Nachdruck auch bei einer geringen Auflagehöhe das Urheberpersönlichkeitsrecht beeinträchtigen, wenn es sich um einen lediglich lokal begrenzten engen Markt handelt, auf den der Verfasser spezialisiert ist (OLG München ZUM 1996, 424, 426).

265

h) Abmahnung

Der klageweisen Geltendmachung eines Unterlassungsanspruchs vorgeschaltet ist in § 97a URG das Rechtsinstitut der Abmahnung, mit der dem Verletzer die Möglichkeit gegeben werden soll, den Rechtsstreit durch Abgabe einer strafbewehrten Unterlassungserklärung beizulegen. Eine Abmahnung nach dem als Soll-Vorschrift ausgestalteten § 97a Abs 1 URG ist keine Voraussetzung für das Rechtsschutzbedürfnis im Verletzungsprozess (*Wandtke/Bullinger/Kefferpütz* § 97a Rn 2). Der Hintergrund ihrer Zweckmäßigkeit liegt vielmehr bei den Verfahrenskosten, die der Verletzer im Falle der unmittelbaren Einleitung eines Gerichtsverfahrens gegen ihn durch ein sofortiges Anerkenntnis gem § 93 ZPO auf den Verletzten abwälzen könnte. Schon vor deren gesetzlicher Regelung war die Abmahnung daher üblich und ratsam.

265a

§ 97a Abs 2 URG regelt im Einzelnen den notwendigen Inhalt einer Unterlassungserklärung. Nach § 97a Abs 3 URG kann der berechtigt abmahnende Rechtsinhaber die für die Abmahnung erforderlichen Aufwendungen – insbesondere Anwaltskosten – ersetzt verlangen. Für die Erstabmahnung einer natürlichen Person, die nach dem URG geschützte Werke nicht gewerblich oder für ihre selbstständige Tätigkeit verwendet, sind die Abmahnkosten in § 97a Abs 3 Satz 2 URG in Hinblick auf den zugrundezulegenden Gegenstandswert „gedeckelt", wobei § 97a Abs 3 Satz 4 URG Ausnahmefälle anerkennt. Die Vorschrift soll vor allem der missbräuchlichen massenhaften Abmahnung privater Urheberrechtsverletzungen entgegenwirken, die in der Vergangenheit vielfach gerade mit dem Ziel der Schaffung derartiger Aufwendungsersatzansprüche geschehen sind (BT-Drs 17/13057, S 4 f.). Ist die Abmahnung jedoch unberechtigt, hat gem § 97a Abs 4 URG der Abgemahnte wiederum einen Aufwendungsersatzanspruch für seine Verteidigungskosten gegen den Abmahnenden.

i) Vorbereitende Informationsansprüche

Zur Feststellung der Schadenshöhe steht dem Verletzten schon nach allgemeinen Grundsätzen ein **Auskunftsanspruch** zu (vgl nur BGHZ 5, 116, 123 f. – *Parkstr. 13;* BGH GRUR 1980, 227, 232 – *Monumenta Germaniae Historica*). So war auch der vormals in § 97 Abs 1 Satz 2 URG aF geregelte Anspruch auf Rechnungslegung letztlich nur ein Sonderfall dieses allgemeinen Auskunftsanspruches. Mit dessen Streichung in der Neufassung des § 97 URG war keine inhaltliche Änderung beabsichtigt (BT-Drs 16/5048, S 48). Nach dem Erlass des Produktpiraterieegesetzes und einer weiteren Reform im Jahre 2008 finden sich erweiterte Auskunftsansprüche in den

266

§§ 101, 101a und 101b URG, die den allgemeinen Auskunftsanspruch konkretisieren und insbes auch weitreichende Ansprüche gegenüber an der Verletzung nicht unmittelbar beteiligten Dritten schaffen (vgl § 101 Abs 2 URG). § 101a regelt einen (zuvor nur auf §§ 809, 810 BGB zu stützenden) Anspruch auf Vorlage und Besichtigung von Urkunden und Sachen. In Fällen offensichtlicher Rechtsverletzung kann der Auskunftsanspruch auch im Wege der einstweiligen Verfügung durchgesetzt werden (§ 101 Abs 7 URG, s auch §§ 101a Abs 3, 101b Abs 3 URG).

2. Strafrechtlicher Schutz

Schrifttum: *J. Löffler*, Künstlersignatur und Kunstfälschung, NJW 1993, 1421 ff.; *v Gravenreuth*, Das Plagiat aus strafrechtlicher Sicht, 1986.

267 Der in den §§ 106 ff. URG geregelte strafrechtliche Schutz des Urheberrechts ist trotz wiederholter Bemühungen des Gesetzgebers, zuletzt durch das Produktpirateriegesetz vom 7.3.1990 (BGBl I S 422), unzureichend geblieben. Dies gilt selbst bei einem so exponierten Thema wie der Kunstfälschung (dazu eingehend *J. Löffler* NJW 1993, 1421 ff.). Was die wirtschaftliche Bedeutung und auch die Zahl der begangenen Straftaten angeht, dürfte die Video- und Softwarepiraterie an der Spitze stehen. Auch Raubpressungen von Tonträgern sowie heimliche, unerlaubte Mitschnitte von Konzerten sind häufig (dazu eingehend *v Gravenreuth* S 189 ff.). Für den Bereich der Presse sind die Strafvorschriften des URG nur von geringer praktischer Bedeutung. Es ist aber darauf hinzuweisen, dass prinzipiell jede unerlaubte Vervielfältigung, Verbreitung oder Wiedergabe eines geschützten Werkes nach § 106 URG strafbar ist. Ebenso strafbar ist die unerlaubte Vervielfältigung, Verbreitung und öffentliche Wiedergabe von Lichtbildern (§ 108 Abs 1 Nr 3 URG). Die unerlaubte Verbreitung eines Zeitschriftenbeitrages in einem kommerziellen Presseartikel stellt somit ein strafbares Vergehen dar. Auch der unerlaubte Eingriff in technische Schutzmaßnahmen ist nach § 108b URG strafbar, es sei denn, die Tat erfolgt ausschließlich zum eigenen privaten Gebrauch. Die genannten Delikte werden nur auf **Antrag** verfolgt, es sei denn, dass die Strafverfolgungsbehörde wegen des besonderen öffentlichen Interesses an der Strafverfolgung ein Einschreiten von Amts wegen für geboten hält (§ 109 URG). Dieses besondere öffentliche Interesse wird in der Praxis nur selten bejaht. Im Übrigen sind die genannten Vergehen **Privatklagedelikte** (§ 374 Abs 1 Nr 8 StPO). Strafanzeigen wegen Urheberrechtsdelikten enden daher häufig mit der Verweisung des Geschädigten auf den Privatklageweg, weil das für die Erhebung einer Anklage erforderliche öffentliche Interesse von der Staatsanwaltschaft verneint wird (§ 376 StPO; Nr 86, 260, 261 RiStBV; dazu *v Gravenreuth* S 142 ff.). Ein öffentliches Interesse an der Strafverfolgung ist bei der unerlaubten Verbreitung von Presseartikeln regelmäßig zu bejahen, wenn die angezeigte Verhaltensweise geeignet ist, die Erfüllung der öffentlichen Aufgabe der Presse zu beeinträchtigen.

Arbeitsrecht im Presseunternehmen

1. Kapitel. Einführung

Inhaltsübersicht

	Rn
A. Definition, Rechtsquellen und Aufgaben des Arbeitsrechts	1
I. Definition	1
II. Die Rechtsquellen des Arbeitsrechts und ihre Systematisierung	2
III. Aufgaben des Arbeitsrechts	5
B. Das Arbeitsrecht im Presseunternehmen	6
I. Arbeitsrecht und Pressefreiheit	7
1. Verfassungsrechtliche Grundlagen	7
2. Auswirkungen im Arbeitsrecht	9
II. Tarifverträge	14
1. Grundsätze des Tarifvertragsrechts	16
a) Tarifbindung	17
b) Geltungsbereich	19
c) Unmittelbare und zwingende Wirkung	21
d) Günstigkeitsprinzip	23
e) Tarifpluralität	24a
f) Allgemeinverbindlicherklärung	25
g) Einzelvertragliche Inbezugnahme	28
2. Wesentlicher Inhalt der Manteltarifverträge	30

Schrifttum: Beck'scher Online-Kommentar Arbeitsrecht/*Bearbeiter,* Edition 34, Stand: 1.12.2014; *Dieterich/Neef/Schwab* Arbeitsrechts-Blattei, Loseblatt; *Dörner/Luczak/Wildschütz/Baeck/Hoß* Handbuch des Fachanwalts Arbeitsrecht, 11. Auflage 2014; Erfurter Kommentar zum Arbeitsrecht/*Bearbeiter* 15. Auflage 2015; *Hueck/Nipperdey,* Lehrbuch des Arbeitsrechts, Band I 1963, Band II/1 1967 und Band II/2 1970; *Kittner/Zwanziger/Deinert* (Herausg), Arbeitsrecht, 7. Auflage 2013; *Leinemann* (Herausg), Handbuch zum Arbeitsrecht, Loseblatt; *Löwisch/Mysliwiec,* Tarifeinheit für Journalistentarifverträge?, AfP 2010, 543; Münchener Handbuch zum Arbeitsrecht/*Bearbeiter,* 3. Auflage Band I, 2009, Band II, 2009; *Plöger,* Sonderarbeitsrechte im Pressebereich, 2003; *Reuter,* Das Sonderarbeitsrecht des Pressebereichs in der Festschrift für Kissel, S 941 ff.; *Ricker/Weberling,* Handbuch des Presserechts, 6. Auflage 2012; *Schaffeld/Hörle,* Das Arbeitsrecht der Presse, 2. Auflage 2007; Schaub/*Bearbeiter,* Arbeitsrechtshandbuch, 15. Auflage 2013; Staudinger/*Bearbeiter,* Kommentar zum BGB, 14. Auflage 2010; *Tschöpe* Anwaltshandbuch Arbeitsrecht, 8. Auflage 2013; *Waltermann,* Arbeitsrecht, 17. Auflage 2014; *Wiedemann,* TVG, 7. Aufl 2007.

A. Definition, Rechtsquellen und Aufgaben des Arbeitsrechts

I. Definition

Mit dem Begriff Arbeitsrecht wird die **Summe der Rechtsregeln** bezeichnet, die sich mit der in **abhängiger Beschäftigung** (Einzelheiten dazu Rn 35 f., 42 bis 44) geleisteten Tätigkeit befassen. Das sind im wesentlichen die Bestimmungen über das Verhältnis der am Arbeitsleben beteiligten Personen zueinander, der **Arbeitnehmer** und **Arbeitgeber,** und über das Verhältnis der **Mitarbeiter** eines Betriebes **untereinander** sowie als **Gemeinschaft** gegenüber dem Betriebsinhaber. Es gehören dazu die Vorschriften über Arbeitnehmer- und Arbeitgebervereinigungen sowie deren Verhältnis zueinander und schließlich die Normen über das Verhältnis der Arbeitsver-

1

tragsparteien und ihrer Verbände zum Staat. **Nicht** zum Arbeitsrecht gehören die Regeln über die Tätigkeit der **Selbständigen,** die auch „Arbeit" im soziologischen Sinn leisten (MünchArbR/*Richardi* § 1 Rn 1 bis 7; *Zöllner/Loritz* Arbeitsrecht vor § 1).

II. Die Rechtsquellen des Arbeitsrechts und ihre Systematisierung

2   Die **Summe** der arbeitsrechtlichen Regeln ist nicht in einem oder in einigen wenigen **Gesetzbüchern** zusammengefasst. Sie **setzt** sich vielmehr aus einer **Fülle von Vorschriften** in verschiedenen Gesetzen und aus Rechtssätzen außerhalb von Gesetzen **zusammen.** So finden sich arbeitsrechtliche Vorschriften im **Grundgesetz** und den **Länderverfassungen,** in den einfachen **Gesetzen des Bundes** und, soweit der Bund von seiner konkurrierenden Gesetzgebungskompetenz nach Art 74 Nr 12 GG keinen Gebrauch gemacht hat, in den **Gesetzen der Länder,** in **Tarifverträgen** und **Betriebs- oder Dienstvereinbarungen,** ferner in Rechtssätzen, die die **Rechtsprechung** in Zusammenarbeit mit der **Rechtslehre** entwickelt hat, und – zunehmend an Bedeutung gewinnend – in **internationalen Verträgen** wie im EG-Vertrag und in den nach seinem Art 189 erlassenen Verordnungen, Richtlinien und Entscheidungen (*Schaub* Europäisierung des deutschen Arbeitsrechts, NZA 1994, 769; zu den Einwirkungen der Europäischen Menschenrechtskonvention vgl *Engel* Einwirkungen des europäischen Menschenrechtsschutzes auf Meinungsäußerungsfreiheit und Pressefreiheit – insbesondere auf die Einführung von innerer Pressefreiheit, AfP 1994, 1).

3   Arbeitsrecht wird deshalb zu Recht als **unübersichtlich** bezeichnet. An Versuchen, es zu **gliedern,** fehlt es nicht. So wird es in **privates Recht** wie zB das Arbeitsvertragsrecht und in **öffentliches Recht** wie beispielsweise das Arbeitsschutzrecht eingeteilt. Es kann unterschieden werden nach dem **Individualrecht** wie dem Arbeitsverhältnisrecht und nach dem **Kollektivrecht,** das das Tarifvertragswesen und die Betriebs- und Unternehmensverfassung umfasst. Eine andere Möglichkeit der Systematisierung besteht darin, verwandte Gebiete zusammenzufassen und so die Gruppen **Recht des Arbeitsvertrages** und des **Arbeitsverhältnisses, Berufsausbildung und Bildung** sowie deren Förderung, **Arbeitsschutzrecht, Tarif- und Schlichtungsrecht, Betriebs-, Personal- und Unternehmensverfassung** und **Arbeitsverfahrensrecht** zu bilden.

4   Von einer Gliederung nach diesen Gesichtspunkten ist im folgenden abgesehen worden. Stattdessen wird in den Kapiteln 2 bis 4 das Arbeitsverhältnis von der Begründung bis zur Auflösung dargestellt. Die tariflichen Bestimmungen des Pressewesens werden dabei jeweils an bereiter Stelle bedacht. Danach werden die Besonderheiten des Betriebsverfassungsrechts und des Arbeitskampfrechts dargestellt.

III. Aufgaben des Arbeitsrechts

5   Arbeitsrecht als selbständiges Rechtsgebiet hat sich historisch als **Arbeitnehmerschutzrecht** entwickelt. Arbeitnehmerschutz zu gewährleisten, ist auch heute noch eine seiner vornehmlichen Aufgaben, ein **arbeitsrechtlicher Grundsachverhalt.** Das Arbeitsrecht hat aber in einer freiheitlich ausgerichteten Wirtschaftsordnung auch die Belange der Unternehmer zu wahren (Schaub/*Linck* § 2 Rn 7). Es hat daher in seiner Gesamtheit die Aufgabe, einen **angemessenen Ausgleich** zwischen den Interessen des Unternehmers an wirtschaftlicher Flexibilität, Sicherheit und Rentabilität seines Betriebes einerseits und den Interessen der von ihm beschäftigten Arbeitnehmer an gerechter Entlohnung und an Gewährung von Sozialschutz in weitem Sinn andererseits zu schaffen. Soweit das Arbeitsrecht die **Interessen der Allgemeinheit**

1. Kapitel. Einführung

berührt, wie zB durch die Regeln des Arbeitskampfrechts, sind auch diese in den Ausgleich einzubeziehen (BAG 10.6.1980 AP Nr 65 zu Art 9 GG Arbeitskampf).

B. Das Arbeitsrecht im Presseunternehmen

Die arbeitsrechtlichen Rechtsquellen und die vorstehenden Grundsätze über die Aufgaben des Arbeitsrechts **gelten auch im Presseunternehmen**. Daneben sind aber Besonderheiten zu beachten, die sich aus der **grundrechtlich garantierten Pressefreiheit** ergeben. 6

I. Arbeitsrecht und Pressefreiheit

1. Verfassungsrechtliche Grundlagen

Nach Art **5 Abs 1 Satz 2 GG** wird die **Pressefreiheit** gewährleistet. Das Bundesverfassungsgericht misst der Pressefreiheit in der modernen Demokratie einen **hohen Stellenwert** bei. In der „Spiegelentscheidung" vom 5. August 1966 (BVerfGE 20, 162, 174 = NJW 1966, 1603 „Spiegelurteil") wird die freie, nicht von der öffentlichen Gewalt gelenkte, keiner Zensur unterworfene Presse als ein **Wesenselement** des freiheitlichen Staates bezeichnet (ebenso BVerfGE 50, 234 = NJW 1979, 1400 und BVerfGE 66, 116 = AP Nr 2 zu Art 5 Abs 1 GG Pressefreiheit; BVerfG AfP 2005, 454). Der Funktion der freien Presse, wie sie das Bundesverfassungsgericht ausführlich beschrieben hat, entspricht ihre Rechtsstellung nach der Verfassung. Mit der Gewährleistung der Pressefreiheit wird nicht nur ein subjektives Grundrecht für die im Pressewesen tätigen Personen und Unternehmen gewährt, das seinen Trägern Freiheit gegenüber staatlichem Zwang verbürgt. Art 5 GG verpflichtet den Staat auch, in seiner Rechtsordnung überall, wo der Geltungsbereich einer Norm die Presse berührt, dem Postulat ihrer Freiheit Rechnung zu tragen (ErfK/*Schmidt* Art 5 GG Rn 44 ff.). 7

Das Grundrecht der Pressefreiheit umfasst auch die Freiheit, die grundsätzliche Haltung einer Zeitung oder Zeitschrift festzulegen (BAG 19.6.2001 AP Nr 3 zu § 3 BetrVG 1972), beizubehalten, zu ändern und die dadurch erkennbare Tendenz zu verwirklichen (die **sog Tendenzfreiheit**). Dem Staat sind insoweit nicht nur unmittelbare Eingriffe, vor allem in Gestalt eigener Einflussnahme auf die Tendenz verwehrt; er darf die Presse auch **nicht** durch rechtliche Regelungen **fremden Einflüssen unterwerfen** (ErfK/*Schmidt* Art 5 GG Rn 58). Deshalb gewährleistet Art 5 Abs 1 Satz 2 GG auch, dass die Ausübung der Pressefreiheit – die ständige geistige Auseinandersetzung im Kampf der Meinungen – im Rahmen der allgemeinen Gesetze durch deren Regeln nicht nachhaltig beeinträchtigt wird (BVerfGE 20, 162, 176 = NJW 1966, 1603 „Spiegelurteil"). 8

2. Auswirkungen im Arbeitsrecht

Das gilt im gleichen Maß für das Rechtsgebiet des Arbeitsrechts. So sind die staatlichen Regeln des Arbeitsrechts nicht stets ohne Einschränkung anwendbar. Vielmehr **modifiziert die Pressefreiheit arbeitsrechtliche Grundsätze**, ohne dass von einem Sonderarbeitsrecht im Pressewesen gesprochen werden sollte (ErfK/*Schmidt* Art 5 Rn 71; anders *Reuter*, S 941 ff.; *Rüthers*, Rundfunkfreiheit und Arbeitsrechtsschutz, RdA 1985, 129; MünchArbR/*Giesen* § 336 Rn 1 bis 5), für die Mitarbeiter in dem Bereich, in dem das Presseprodukt **geistig entsteht, dh in der oder den Redaktion(en)**, in denen die sog **Tendenzträger** beschäftigt werden (allgemein zum Tendenzträgerbegriff BAG 28.8.2003 AP Nr 49 zu § 102 BetrVG 1972). Tendenzträger eines Presseunternehmens sind neben dem Verleger und den Herausge- 9 bern die Arbeitnehmer, die unmittelbar für die Berichterstattung und/oder Meinungsäußerung tätig sind, die also **inhaltlich** auf das Presseprodukt durch eigene Veröffentlichung oder durch Auswahl und Redigierung der Beiträge anderer **Einfluss nehmen** (BVerfG 3.12.1992 AP Nr 5 zu Art 5 Abs 1 GG zur Rundfunkfreiheit für die Mitarbeiter in der Programmgestaltung bei Rundfunkanstalten; BAG 7.11.1975 AP Nr 3 zu § 99 BetrVG 1972; BAG 9.12.1975 AP Nr 7 zu § 118 BetrVG 1972; BAG 19.5.1981 AP Nr 21 zu § 118 BetrVG 1972). Das sind die verantwortlichen und nachgeordneten Redakteure (BAG wie vorstehend; BAG 7.11.1975 AP Nr 4 zu § 118 BetrVG 1972; zum Redakteursbegriff siehe Rn 40) aller Sparten; dazu gehören auch der Lokalredakteur (BAG 7.11.1975 AP Nr 3 zu § 99 BetrVG 1972; 13.2.1985 AP Nr 3 zu § 1 TVG Tarifverträge: Presse) und der Sportredakteur (BAG 9.12.1975 aaO; zu Recht zweifelt das BAG in dieser Entscheidung daran, ob sich überhaupt Maßstäbe finden lassen, die es rechtfertigen, insoweit zwischen den Redakteuren der verschiedenen Ressorts einer Zeitung zu unterscheiden). Tendenzträger sind auch die **Redaktionsvolontäre** (BAG 19.5.1981 aaO für Volontäre an Tageszeitungen; zum Begriff Rn 53).

10   Die aus der Pressefreiheit folgenden Besonderheiten des Arbeitsrechts finden sich in allen Bereichen. Doch sind drei Schwerpunkte zu beobachten (MünchArbR/ *Giesen* § 336 Rn 5), die mit dem Begriff der **inneren Pressefreiheit** gekennzeichnet sind.

11   Sie betreffen einmal die **Ausgestaltung des Arbeitsverhältnisses.** Das Presseunternehmen sucht nämlich anders als industrielle und handwerkliche Produktions- oder Dienstleistungsunternehmen seinen wirtschaftlichen Erfolg dadurch zu erreichen, dass es an der geistigen Auseinandersetzung auf allen Gebieten des Lebens in einem demokratischen Staat teilnimmt (mit den Worten des Bundesverfassungsgerichts: „Sie [die Presseunternehmen] stehen miteinander in **geistiger** und **wirtschaftlicher Konkurrenz**" – BVerfGE 20, 162, 175 = NJW 1966, 1603 „Spiegelurteil"). Unternehmer und Belegschaft können die geistige Auseinandersetzung mit der Konkurrenz nur dann erfolgreich bestehen, wenn sie die vom Unternehmer gegebene Richtung der geistigen Auseinandersetzung (ihre **Tendenz**) weitgehend gemeinsam verfolgen. Die Verschiedenartigkeit der politischen Überzeugungen der an der Produktion eines Presseerzeugnisses Beteiligten und die gegenläufigen Interessen von Unternehmer und Belegschaft stehen diesem Ziel grundsätzlich entgegen. So muss das Arbeitsrecht im Pressebereich rechtliche Regeln zur Verfügung stellen, auch diese Gegensätze auszugleichen (ErfK/*Schmidt* Art 5 GG Rn 71). Dazu gehören auch viele besondere Tarifvorschriften (vgl zB § 14 MTV/Zeitungsredakteure über das Ausscheiden aus besonderem Anlass, Rn 322 ff.).

12   Des weiteren beeinflusst die Tendenzfreiheit als Teil der Pressefreiheit die **Betriebsverfassung,** indem sie zu einer **Einschränkung der Beteiligungsrechte** des Betriebsrats in Teilbereichen führt (ErfK/*Schmidt* Art 5 GG Rn 79 bis 81). Dafür steht die Bestimmung des § 118 Abs 1 Satz 1 Nr 2 BetrVG; danach kommen die Vorschriften des Betriebsverfassungsgesetzes auf Unternehmen und Betriebe nicht zur Anwendung, die unmittelbar und überwiegend Zwecken der Berichterstattung oder Meinungsäußerung dienen, auf die Artikel 5 Abs 1 Satz 2 GG Anwendung findet, soweit die Eigenart des Unternehmens oder des Betriebes dem entgegensteht (dazu ausführlich die Kommentierung zu Rn 347). Zum Dritten werden das **Tarifvertragsrecht und das Arbeitskampfrecht** von der Pressefreiheit in besonderem Maß berührt (Rn 446 ff.).

13   Abweichendes Arbeitsrecht **vergleichbarer Art** (MünchArbR/*Giesen* § 336 Rn 5) gibt es auch in anderen Bereichen, zB wegen der gleichermaßen geschützten Rundfunkfreiheit bei den **Rundfunkanstalten** (BVerfGE 3.12.1992 AP Nr 5 zu Art 5 Abs 1 GG Rundfunkfreiheit; BAG 16.2.1994 AP Nr 15 zu § 611 BGB Rundfunk mwN) und noch radikaler bei den **Kirchen,** denen durch das in Art 140 GG iVm Art 137 WRV normierte Recht gewährleistet ist, ihre Angelegenheiten selbständig innerhalb der Schranken des für alle geltenden Rechts zu ordnen und zu

1. Kapitel. Einführung ArbR BT

verwalten (BVerfG 14.5.1986 und 4.6.1985 AP Nr 28 und Nr 24 zu Art 140 GG; BAG 10.12.1992 AP Nr 41 zu Art 140 GG; 14.4.1988 AP Nr 36 zu Art 118 BetrVG 1972) und für die das Betriebsverfassungsrecht insgesamt nicht gilt (vgl die umfangreiche Darstellung des Kirchenarbeitsrechts bei RGRK/*Gehring* §§ 611 bis 630 Anhang III und bei *Richardi* Arbeitsrecht in der Kirche, 6. Auflage 2012). Das gilt auch für einen rechtlich selbständigen evangelischen **Presseverband** als Teil der evangelischen Kirche. Auf ihn findet das Betriebsverfassungsgesetz nach § **118 Abs 2 BetrVG** keine Anwendung (BAG 24.7.1991 Nr 48 zu § 118 BetrVG 1972).

II. Tarifverträge

Neben den Grundsätzen des allgemeinen Arbeitsrechts und den Besonderheiten, die sich aus der Tendenz eines Presseunternehmens ergeben, sind die für diesen Bereich **abgeschlossenen Tarifverträge** zu beachten, die gegenüber dem Gesetzesrecht und den vertraglichen Abmachungen Besonderheiten enthalten. Es sind dies im wesentlichen der **14**
– **Manteltarifvertrag für Redakteurinnen und Redakteure an Tageszeitungen (MTV/Zeitungsredakteure)** vom 24. April 2014 (gültig ab 1. Januar 2014), abgeschlossen von dem Bundesverband der Deutschen Zeitungsverleger e. V. (bdzv) einerseits und der Vereinigten Dienstleistungsgewerkschaft ver.di und dem Deutschen Journalisten-Verband e. V. andererseits.
– **Tarifvertrag** über die Altersversorgung für Redakteure an Tageszeitungen vom 15.12.1997, gültig ab 1.1.1999, abgeschlossen vom bdzv einerseits und der IG Medien und dem Deutschen Journalisten-Verband e. V. andererseits;
– **Tarifvertrag für arbeitnehmerähnliche freie Journalistinnen und Journalisten an Tageszeitungen** vom 24. April 2014 (gültig ab 1. August 2013), abgeschlossen von den Tarifvertragsparteien des MTV Redakteurinnen und Redakteure an Tageszeitungen;
– **Manteltarifvertrag für Redakteurinnen/Redakteure an Zeitschriften (MTV/Zeitschriftenredakteure)** vom 4. November 2011 (gültig ab 1. Januar 2011), abgeschlossen auf Arbeitnehmerseite von der Vereinigten Dienstleistungsgewerkschaft ver.di und dem Deutschen Journalisten-Verband e. V. sowie auf Arbeitgeberseite vom Verband Deutscher Zeitschriftenverleger e. V.;
– **Tarifverträge über das Redaktionsvolontariat an Tageszeitungen und an Zeitschriften** vom 28. Mai 1990 bzw. 22. September 1990 (gültig ab dem 1. Juli 1990 bzw. 1. Oktober 1990), abgeschlossen von den Tarifvertragsparteien der Manteltarifverträge für Zeitungs- bzw. Zeitschriftenredakteure;
– **Tarifvertrag über die Altersversorgung** der Redakteurinnen und Redakteure an Zeitschriften vom 28. März 2013 (gültig ab 1. April 2013), ebenfalls von den vorgenannten Tarifvertragsparteien abgeschlossen;
– **Gehaltstarifverträge** für Zeitungs- und Zeitschriftenredakteure.

Die Tarifverträge unterliegen den Bestimmungen des Tarifvertragsgesetzes (TVG) **15**
in der Fassung vom 25. August 1969 (BGBl I S 1323). Das bedeutet, dass nicht nur der jeweilige Inhalt der Tarifverträge für Rechte und Pflichten der Arbeitnehmer und Arbeitgeber maßgeblich ist. Es sind auch die Grundsätze des Tarifvertragsrechts (Rn 16 bis 29) zu beachten.

1. Grundsätze des Tarifvertragsrechts

Ein Tarifvertrag regelt die Rechte und Pflichten der Tarifvertragsparteien und er **16**
enthält **Rechtsnormen**, die den **Inhalt, den Abschluss und die Beendigung von Arbeitsverhältnissen** sowie betriebliche und betriebsverfassungsrechtliche Fragen betreffen können, § 1 Abs 1 TVG. Die Inhalts-, Abschluss- und Beendi-

gungsnormen gelten **unmittelbar und zwingend zwischen den beiderseits Tarifgebundenen** (Rn 17f.), die unter den Geltungsbereich des Tarifvertrages fallen, § 4 Abs 1 Satz 1 TVG (Rn 19f.). **Abweichende Abmachungen** wie einzelvertragliche Vereinbarungen sind nur zulässig, soweit sie durch den Tarifvertrag gestattet sind oder eine Änderung der Regelungen zugunsten des Arbeitnehmers enthalten, § 4 Abs 3 TVG (Rn 23f.). Nach **Ablauf des Tarifvertrags** gelten seine Rechtsnormen weiter, bis sie durch eine andere Abmachung ergänzt werden, § 4 Abs 5 TVG. Der zuständige Minister kann einen Tarifvertrag in einem förmlichen Verfahren für **allgemeinverbindlich** erklären, § 5 Abs 1 bis 3 TVG (Rn 25 bis 27). Mit der Allgemeinverbindlicherklärung erfassen die Rechtsnormen des Tarifvertrags in seinem Geltungsbereich auch die bisher nicht tarifgebundenen Arbeitgeber und Arbeitnehmer, § 5 Abs 4 TVG.

a) Tarifbindung

17   Die Wirkung eines Tarifvertrages trifft nur den Tarifgebundenen. Tarifgebunden sind die **Mitglieder der Tarifvertragsparteien und der Arbeitgeber,** der selbst Partei eines Tarifvertrages ist, § 3 Abs 1 TVG. Rechtsnormen über betriebliche und betriebsverfassungsrechtliche Fragen gelten in allen Betrieben, in denen allein der Arbeitgeber tarifgebunden ist, § 3 Abs 2 TVG. Zwar können **Spitzenorganisationen** gemäß § 2 Abs 3 TVG selbst Parteien eines Tarifvertrags sein, wenn der Abschluss von Tarifverträgen zu ihren satzungsgemäßen Aufgaben gehört. Eine Spitzenorganisation verfügt aber weder nach § 2 Abs 2 TVG noch nach § 2 Abs 3 TVG über eine originäre **Tariffähigkeit.** Diese kann eine Spitzenorganisation ausschließlich von ihren Mitgliedern ableiten. Die sich zu einer Spitzenorganisation nach § 2 Abs 2 und 3 TVG zusammenschließenden Arbeitnehmerkoalitionen müssen daher selbst tariffähig sein (BAG 14.12.2010 AP Nr 6 zu § 2 TVG Tariffähigkeit). Die tarifrechtlichen Anforderungen an eine Spitzenorganisation sind nicht erfüllt, wenn deren satzungsmäßige Zuständigkeit für den Abschluss von Tarifverträgen über die Organisationsbereiche der ihr angeschlossenen Mitgliedsgewerkschaften hinausgeht.

18   Erwerb und Verlust der die Tarifbindung begründenden Mitgliedschaft richten sich nach dem **Vereinsrecht** des BGB und der **Satzung** der Gewerkschaften und Arbeitgeberverbände. Die Tarifbindung **endet nicht** bei **Austritt** aus einem Verband, sondern erst dann, wenn der Tarifvertrag endet, § 3 Abs 3 TVG. Auch in den Verlegerverbänden weit verbreitet sind Mitgliedschaften ohne Tarifbindung (OT-Mitglieder). Derartige Gestaltungen sind zwar grundsätzlich zulässig, die Begründung einer **OT-Mitgliedschaft** setzt jedoch voraus, dass es für diese Mitgliedschaftsform zu dem Zeitpunkt, zu dem ein bisheriges Vollmitglied eine OT-Mitgliedschaft begründen will, eine wirksame satzungsmäßige Grundlage gibt. Das setzt wiederum voraus, das eine dahingehende Satzungsänderung bereits in das Vereinsregister eingetragen ist (BAG 26.8 2009 AP Nr 28 zu § 3 TVG Verbandszugehörigkeit). Außerdem muss ein tarifschließender Arbeitgeberverband in seiner Satzung seine Mitglieder, die nicht an Tarifverträge gebunden sind, von den Entscheidungen über Tarifangelegenheiten ausschließen (BAG 22.4.2009 AP Nr 26 zu § 3 TVG Verbandszugehörigkeit). Die **Nachbindung** gemäß § 3 Abs 3 TVG gilt auch nach einem Wechsel in die OT-Mitgliedschaft (BAG vom 1.7.2009 AP Nr 14 zu § 3 TVG Verbandsaustritt). Tritt ein Arbeitnehmer während der Nachbindung in die Gewerkschaft ein, welche die Tarifverträge geschlossen hat, wirken diese Tarifverträge nach § 4 Abs 1 TVG unmittelbar und zwingend (BAG 6.7.2011 AP Nr 51 zu § 3 TVG).

b) Geltungsbereich

19   Die Wirkungen eines Tarifvertrages treten nur bei denjenigen Arbeitnehmern und Arbeitgebern ein, die unter den Geltungsbereich eines Tarifvertrages fallen. Dabei ist der **zeitliche, räumliche, der betrieblich-fachliche und der persönliche Geltungsbereich** zu unterscheiden. Der **zeitliche** Geltungsbereich wird begrenzt durch den Zeitpunkt der Inkraftsetzung – das ist regelmäßig der Abschluss des

Tarifvertrags – und dem Eintritt eines Beendigungstatbestands wie zB Zeitablauf und Kündigung.

Im Pressewesen sind im **fachlichen Geltungsbereich** die Tarifverträge für Tageszeitungen einerseits und für Zeitschriften andererseits (Rn 14) zu beachten, in denen unterschiedliche Regelungen zu finden sind. Damit ist die Unterscheidung von Zeitung und Zeitschrift arbeitsrechtlich von Bedeutung. Die Zeitung wird das Tagebuch der Zeit genannt, in der fortlaufend über aktuelle Ereignisse auf einem bestimmten Gebiet oder universell berichtet wird (Einleitung Rn 14 bis 16; *Schaffeld/Rübenach* A. Rn 8; *Ricker/Weberling* 1. Kapitel Rn 16), während sich die Zeitschrift mit der vertiefenden Erörterung bestimmter Themen befasst und keine tagebuchartige Berichterstattung betreibt (LAG Baden/Württemberg 11.7.1989 AfP 1989, 777, insoweit bestätigt durch BAG 28.3.1990 AP Nr 25 zu § 5 TVG; *Schaffeld/Rübenach* aaO; *Ricker/Weberling* 1. Kapitel Rn 17). Zur Bestimmung des **persönlichen Geltungsbereichs** kommt es darauf an, ob der Arbeitnehmer zu dem genannten Personenkreis gehört; die Manteltarifverträge für Redakteure an Tageszeitungen bzw an Zeitschriften kommen nur zur Anwendung, wenn der Arbeitnehmer Redakteur (Rn 40) oder Volontär (Rn 53) an Tageszeitungen bzw. Zeitschriften ist. Damit kommen die Tarifverträge nicht zur Anwendung, wenn ein Mitarbeiter im Bereich Anzeigenblätter oder im Bereich Onlinedienste auch eines Zeitschriftenverlags tätig sind (zur Einbeziehung der Onlineredakteure nach dem neuen MTV/Zeitungsredakteure Rn 41).

20

c) Unmittelbare und zwingende Wirkung

Mit der Anordnung der unmittelbaren und zwingenden Wirkung eines Tarifvertrages verdeutlicht § 4 Abs 1 Satz 1 TVG das **Wesentliche** eines Tarifvertrages. Die Normen der zur Rechtsetzung auf dem Gebiet der Arbeits- und Wirtschaftsbedingungen nach Art 9 Abs 3 GG autorisierten Verbände und Arbeitgeber haben dieselbe **Rechtsqualität wie Gesetze** und stehen nur unter bestimmten Voraussetzungen zur Disposition der davon betroffenen Arbeitsvertragsparteien (das ist die **zwingende** Wirkung). **Unmittelbare** Wirkung bedeutet, dass die Tarifnormen wie andere Rechtsnormen zB in Gesetzen **automatisch** ohne Anerkennung, Unterwerfung oder Kenntnis der Beteiligten auf die Arbeitsverhältnisse einwirken.

21

Im sog **Nachwirkungsfall**, wenn ein Tarifvertrag abgelaufen ist, bleibt es bei der unmittelbaren Geltung der Tarifvorschriften; lediglich die zwingende Wirkung fällt weg, weil die nachwirkenden Normen durch andere Abmachungen ersetzt werden können, § 4 Abs 4 TVG.

22

d) Günstigkeitsprinzip

Nach § 4 Abs 3 TVG sind abweichende Abmachungen nur zulässig, soweit sie durch Tarifvertrag gestattet sind oder eine **Änderung** der Regelungen **zugunsten** des Arbeitnehmers enthalten. Das tarifvertragsgesetzliche Günstigkeitsprinzip des § 4 Abs 3, 2. Alternative TVG sichert die zwingende Wirkung der Tarifnormen. Tarifverträge gewährleisten den Arbeitnehmern nämlich nur Mindestbedingungen. Ihnen werden keine Höchstbedingungen aufgezwungen. Arbeitnehmer sind vertraglich und – als Mitglied der Belegschaft – betrieblich frei, bessere Arbeitsbedingungen mit ihren Arbeitgebern auszuhandeln. Das Günstigkeitsprinzip ist selbst zwingendes Rechtsprinzip und kann von Tarifvertragsparteien weder normativ noch schuldrechtlich abbedungen werden (BAG 15.12.1960 AP Nr 2 und 3 zu § 4 TVG Angleichungsrecht; 21.2.1961 AP Nr 8 zu § 4 TVG Günstigkeitsprinzip; *Hueck/Nipperdey* II 1, § 300 I 2; *Wank* in: Wiedemann § 4 Rn 387, 393). Abweichende Abmachungen iSd § 4 Abs 3 TVG sind **vertragliche Absprachen, Betriebsvereinbarungen und Regelungsabreden**, nicht aber Normen aus anderen Tarifverträgen. Zur Anwendung des Günstigkeitsprinzips im Verhältnis von einzelvertraglichen Abreden und Betriebsvereinbarungen vgl die Beschlüsse des Großen Senats des BAG vom

23

BT ArbR Arbeitsrecht im Presseunternehmen

16.9.1986 und 7.11.1989 AP Nr 17 und Nr 46 zu § 77 BetrVG 1972 sowie BAG 17.6.2003 AP Nr 44 zu § 1 BetrAVG Ablösung.

24 Das Günstigkeitsprinzip gilt nicht nur bei der Kollision von Tarifvertrag und danach abgeschlossenen Abmachungen, sondern auch bei einer Kollision mit **vortarifvertraglichen** Vereinbarungen (hM; BAG 11.10.1967 AP Nr 1 zu § 1 TVG Tarifverträge: Rundfunk). Anwendungsbereich des Günstigkeitsprinzips ist in erster Linie die Individualnorm über Inhalt, Abschluss und Beendigung des Arbeitsverhältnisses. Der **Vergleichsmaßstab** ist objektiv, nicht subjektiv. Es kommt also nicht darauf an, ob die Parteien der abweichenden Abmachung ihre Regelung für günstiger als die Tarifnormen halten, sondern darauf, wie ein verständiger Arbeitnehmer unter Berücksichtigung der Verkehrsanschauung und der Grundsätze der Arbeitsrechtsordnung die Bewertung vornehmen würde (*Wank* in: Wiedemann § 4 Rn 451).

e) Tarifpluralität

24a Das BAG hat den **Grundsatz der Tarifeinheit aufgegeben** (7.7.2010 NZA 2010, 1068). Der bis dato vertretene Grundsatz verstoße gegen die positive Koalitionsfreiheit der Mitglieder der Tarifvertragsparteien, deren Tarifverträge verdrängt werden. Außerdem sei der Grundsatz der Tarifeinheit im Gesetz nicht angelegt und widerspreche der gesetzlichen Anordnung des § 3 Abs 1 TVG. Diese könne nicht aus Praktikabilitätsgründen beseitigt werden. Demnach herrscht Tarifpluralität. Eine solche liegt vor, wenn ein Arbeitgeber an mehrere Tarifverträge gebunden ist, sei es aufgrund von Verbandsmitgliedschaft oder Gesetz (§ 3 Abs 3, § 5 Abs 4 TVG). Deutscher Gewerkschaftsbund (DGB) und Bundesverband der Deutschen Arbeitgeberverbände (BDA) wollen sich mit der neuen Rechtsprechung des BAG nicht abfinden. In einem gemeinsamen Aufruf haben sie die Einführung der Tarifeinheit nun vom Gesetzgeber gefordert. Berufsgewerkschaften (Ärzte, Lokomotivführer, Luftfahrt, aber auch Deutsche Journalistinnen- und Journalisten-Union haben sich entschieden gegen die Initiative von DGB und BDA gewandt). Als Folge der Aufgabe des Grundsatzes der Tarifeinheit muss der Arbeitgeber gegenüber den Tarifgebundenen die jeweils einschlägigen Tarifverträge anwenden, ggfs. nach Maßgabe der Regeln über die Tarifkonkurrenz insbesondere bei Tarifnormen nach § 3 Abs 2 TVG. Erscheint dies für ihn unpraktikabel, muss er möglichst weitgehend eigene Mehrfachbindungen an Tarifverträge vermeiden. Gegenüber den nicht Organisierten kommt es dann auf eine möglichst sachgerechte Gestaltung der arbeitsvertraglichen Bezugnahmeklausel an (ErfK/*Franzen* TVG § 4 Rn 73 bis 75; zu den Auswirkungen auf die Tarifverträge für die Presse vgl *Löwisch/Mysliwiec* AfP 2010, 543).

f) Allgemeinverbindlicherklärung

25 Die Rechtsnormen eines Tarifvertrages finden auch dann auf die Rechtsbeziehungen **nicht tarifgebundener Arbeitsvertragsparteien** Anwendung, wenn der zuständige Minister einen Tarifvertrag für allgemeinverbindlich erklärt hat. Das kann geschehen, wenn die tarifgebundenen Arbeitgeber mindestens 50% der unter den Geltungsbereich des Tarifvertrages fallenden Arbeitnehmer beschäftigen und die Allgemeinverbindlicherklärung im öffentlichen Interesse geboten ist, § 5 Abs 1 TVG.

26 Die Vorschriften des § 5 TVG sind **verfassungsgemäß** (BVerfG 10.9.1991 AP Nr 27 zu § 5 TVG; 15.7.1980 AP Nr 17 zu § 5 TVG). Zum TV Altersversorgung für Redakteure an Zeitschriften vom 27.6.1986 hat das BAG diesen Grundsatz wiederholt (BAG 28.3.1990 AP Nr 25 zu § 5 TVG).

27 Von den unter Rn 14 genannten Tarifverträgen ist für allgemeinverbindlich erklärt worden der
– Tarifvertrag über das Redaktionsvolontariat an Zeitschriften vom 22.9.1990; allgemeinverbindlich für das gesamte Bundesgebiet ab 13.4.1991.

1. Kapitel. Einführung

g) Einzelvertragliche Inbezugnahme

Gilt der Tarifvertrag wegen fehlender Tarifbindung und mangels Allgemeinverbindlicherklärung nicht, so sind die Arbeitsvertragsparteien nicht gehindert, alle oder einzelne Vorschriften eines Tarifvertrages als vertragliche Regelungen in ihren Arbeitsvertrag aufzunehmen. Das geschieht regelmäßig durch **Verweisung** auf den jeweils gewünschten Tariftext. Das Arbeitsverhältnis wird dann allerdings nicht normativ und zwingend von den Tarifbestimmungen beeinflusst, sondern es handelt sich um schuldrechtliche Abmachungen der Parteien, die – auch verschlechternden – Abänderungsmöglichkeiten unterliegen. Unterschieden wird zwischen statischen, halbdynamischen und volldynamischen Bezugnahmen. Eine statische Bezugnahme ist dann gegeben, wenn ein genau definierter Tarifvertrag in Bezug genommen wird (BAG 25.10.2000 AP Nr 13 zu § 1 TVG Bezugnahme auf Tarifvertrag). Eine halbdynamische Bezugnahme liegt vor, wenn auf den jeweils im fachlichen Geltungsbereich zeitlich geltenden Tarifvertrag verwiesen wird (BAG 9.11.2005 AP Nr 4 zu § 305c BGB). Eine volldynamische Verweisung ist gegeben, wenn auf den jeweils für den Betrieb geltenden Tarifvertrag Bezug genommen wird (BAG vom 25.7.2006 AP Nr 11 zu § 2 TVG Firmentarifvertrag). Eine einzelvertraglich vereinbarte dynamische Bezugnahme auf einen bestimmten Tarifvertrag ist jedenfalls dann eine konstitutive Verweisungsklausel, wenn eine Tarifgebundenheit des Arbeitgebers an den im Arbeitsvertrag genannten Tarifvertrag nicht in einer für den Arbeitnehmer erkennbaren Weise zur auflösenden Bedingung der Vereinbarung gemacht worden ist. Dies bedeutet, dass es sich um eine konstitutive Verweisungsklausel handelt, die durch einen Verbandsaustritt des Arbeitgebers oder einen sonstigen Wegfall seiner Tarifgebundenheit nicht berührt wird („unbedingte zeitdynamische Verweisung"; BAG 22.10.2008 NZA 2009, 323). Eine in einem vor dem 1.1.2002 geschlossenen Arbeitsvertrag vereinbarte dynamische Verweisung auf die für den Arbeitgeber einschlägigen Tarifverträge kann nur dann als eine Gleichstellungsabrede im Sinne der früheren Rechtsprechung des BAG bewertet werden, wenn der Arbeitgeber im Zeitpunkt ihrer vertraglichen Vereinbarung an diese Tarifverträge gemäß § 3 TVG gebunden ist (BAG aaO). 28

Die Arbeitsvertragspartner haben allerdings keinen Anspruch auf Übernahme von Tarifrecht in ihren Arbeitsvertrag. Der Arbeitgeber darf einen Wunsch des Arbeitnehmers, nach Tarifbedingungen zu arbeiten, ebenso ablehnen wie der Arbeitnehmer versuchen kann, einen selbst formulierten Vertrag durchzusetzen. 29

2. Wesentlicher Inhalt der Manteltarifverträge

Tarifverträge können von Gesetzesrecht abweichende Bestimmungen schaffen, soweit es tarifdispositiv ist. Sie setzen neues Recht durch **Ergänzungen** in rechtlichen Bereichen, die vom Gesetz überhaupt nicht geregelt worden sind wie das Recht der Sonderzuwendungen und des zusätzlichen Urlaubsgelds. 30

Wesentliche vom Gesetz abweichende Bestimmungen in den Tarifverträgen des Pressewesens betreffen ua 31
– die Form des Vertragsschlusses (Rn 78 bis 81),
– die Probezeit (Rn 55),
– Zuschläge, Kosten und Auslagenersatz (Rn 102),
– die Jahresleistung (Rn 107 bis 110),
– die Entgeltfortzahlung im Krankheitsfall (Rn 111 bis 121),
– Leistungen im Todesfall (Rn 122 bis 127),
– Urlaub und Urlaubsgeld (Rn 129 bis 153),
– die Arbeitszeit (Rn 161 bis 187),
– Kündigungsfristen (Rn 245 f.),
– Kündigungsgründe (Rn 255 ff.),
– Ausscheiden aus besonderem Anlass (Rn 322 ff.) und
– Ausschlussfristen (Rn 192 bis 201).

2. Kapitel. Die Begründung des Arbeitsverhältnisses

Inhaltsübersicht

	Rn
A. Abschluss eines Arbeitsvertrages	32
I. Arbeitnehmer- und Arbeitgeberbegriff	34
1. Der Arbeitnehmer	35
2. Arbeitgeber	37
II. Arbeitnehmer im Presseunternehmen	38
1. Redakteur	40
a) Begriffsbestimmung	40
b) Status des Redakteurs	42
2. Arbeitnehmerähnliche Mitarbeiter	45
3. Volontäre	53
B. Besondere Arten von Arbeitsverhältnissen	55
I. Das Probearbeitsverhältnis	55
II. Das befristete Arbeitsverhältnis	57
1. Grundsätze	57
2. Sachgrundlose Befristungen nach § 14 Abs 2, Abs 2a und Abs 3 TzBfG	59
a) Befristungen nach § 14 Abs 2 TzBfG	61
aa) Ersteinstellung (Anschlussverbot)	61
bb) Derselbe Arbeitgeber	62
cc) Höchstdauer und Verlängerungen	63
b) Befristung nach § 14 Abs 2a TzBfG	64
c) Befristungen nach § 14 Abs 3 TzBfG	66a
3. Befristungen im Presseunternehmen	67
4. Die tarifvertragliche Altersregelung	70
III. Das Teilzeitarbeitsverhältnis	72
C. Vertragsverhandlungen, Benachteiligungsverbot und Form des Abschlusses	75
I. Das Fragerecht des Arbeitgebers	75
II. Benachteiligungsverbot	77
III. Form	78
1. Arbeitsverträge	78
2. Verträge mit arbeitnehmerähnlichen Personen	80
3. Verträge mit freien Mitarbeitern	81

Schrifttum: Zu A: *Bauschke,* Freie Mitarbeit, AR-Blattei SD 720; *Brammsen,* Der Arbeitnehmerbegriff – Versuch einer einheitlichen Neubestimmung, RdA 2007, 267; *Buchner,* Die arbeitnehmerähnliche Person, Das unbekannte Wesen, ZUM Sonderheft 2000, 624; *Delhey/Alfmeier,* Freier Mitarbeiter oder Arbeitnehmer? NZA 1991, 257; *Dörr,* Die Rundfunkfreiheit und der Status der Mitarbeiter, ZTR 1994, 355; *Gast,* Arbeitsrecht und Abhängigkeit, BB 1993, 66; *Lembke,* Der Einsatz von Fremdpersonal im Rahmen von freier Mitarbeit, Werkverträgen und Leiharbeit, NZA 2013, 1312; *Müller Knut,* Arbeitnehmer und freie Mitarbeiter, MDR 1998, 1061; *von Olenhusen,* Die arbeitnehmerähnliche Person im Presse- und Medienrecht, ZUM 1991, 557; *Ory,* Vom Kampf gegen die „Scheinselbstständigkeit" zur Förderung der Selbständigkeit, AfP 2000, 142; *Pfarr,* Die arbeitnehmerähnliche Person, Festschrift für Karl Kehrmann 1997, 75; *Rebhahn,* Der Arbeitnehmerbegriff in vergleichender Perspektive, RdA 2009, 154; *Reinecke,* Arbeitnehmer, arbeitnehmerähnliche und freie Mitarbeiter in den Bereichen Rundfunk und Fernsehen sowie Kunst und Unterhaltung, AfP 2014, 101; *Reiserer/Freckmann/Träumer* Scheinselbstständigkeit, geringfügige Beschäftigung, 2002; *Rüthers/Buhl,* Arbeitsvertrag und Rundfunkfreiheit bei programmgestaltenden Mitarbeitern, ZfA 1986, 19; *Sauer,* Das Arbeitsverhältnis der Auslandskorrespondenten, Festschrift für Damm, S 182 ff.; *Schaffeld,* Freie Mitarbeit in den Medien, NZA Sonderheft 1999, 10; *ders,* Tendenz steigend: Freie Mitarbeiter in den Medien, AuA 1998, 408; *Schmitt-Rolfes,* Versteht das Arbeitsrecht die Medienwelt? ZUM Sonderheft 2000, 634–646; *Wank,* Die „neue" Selbständigkeit – Neuere Ansätze zur Abgrenzung von Arbeitnehmern und Selbständigen, DB 1992, 90; *Weberling,* Aktuelle Entwicklungen im Pressearbeitsrecht, AfP 2000, 317; *Wrede* Bestand und Bestandsschutz in Rundfunk, Fernsehen und Presse, NZA 1999, 1019.

2. Kapitel. Die Begründung des Arbeitsverhältnisses — ArbR BT

Zu B: *Dörner*, Der befristete Arbeitsvertrag, 2004, 2. Aufl, 2011; *ders*, Kontrolle befristeter Arbeitsverträge nach dem neuen Recht im TzBfG, NZA 2003, Sonderbeilage zu Heft 16, 33; *Gaul/Bonnani* Aktuelle Entscheidungen zur sachlichen Befristung von Arbeitsverträgen, ArbRB 2002, 184; *Hunold*, Aktuelle Fragen des Befristungsrechts unter Berücksichtigung von §§ 14, 16 TzBfG. NZA 2002, 255; *Kuhnke*, Sachgrundlose Befristung von Arbeitsverträgen bei „Zuvor-Beschäftigung", NJW 2011, 3131; *Lembke*, Die sachgrundlose Befristung von Arbeitsverträgen in der Praxis, NJW 2006, 325; *Lindemann*, Eine Rahmenvereinbarung für Tagesaushilfen ist kein Arbeitsvertrag, BB 2003, 527; *Meinel/Heyn/Herms*, Teilzeit- und Befristungsgesetz, 4. Auflage 2012; *von Olenhusen*, Die Nichtverlängerungsmitteilung im Medienrecht, ZUM 2002, 62; *Osnabrügge*, Die sachgrundlose Befristung von Arbeitsverhältnissen nach § 14 II TzBG, NZA 2003, 639; *Preis/Kliemt*, Das Probearbeitsverhältnis, 2. Aufl 2004; *Rudolf*, Die sachgrundlose Befristung von Arbeitsverträgen im Wandel der Zeit, BB 2011, 2808; *Schaffeld*, Teilzeitarbeit in Verlagen und Zustellgesellschaften 2. Aufl 1995.

Zu C: *Berger-Delhey*, Zum Verhältnis von Tendenzschutz und Antidiskriminierung, AfP 2006, 422.

A. Abschluss eines Arbeitsvertrages

Ein **Arbeitsverhältnis** wird durch den Abschluss eines Arbeitsvertrages **begründet**; in Ausnahmefällen kann auch ein Arbeitsverhältnis kraft Gesetzes entstehen (vgl §§ 9 und 10 AÜG). Unter einem Arbeitsverhältnis ist die Gesamtheit der durch einen Arbeitsvertrag begründeten Rechtsbeziehungen zwischen dem Arbeitnehmer und dem Arbeitgeber zu verstehen.   32

Der Arbeitsvertrag ist privatrechtlicher Dienstvertrag; ein Werkvertrag nach § 631 BGB kann kein Arbeitsvertrag sein. Das kennzeichnende Merkmal eines Arbeitsvertrages ist die Verpflichtung einer natürlichen Person zu **abhängiger (unselbständiger) Arbeit** bei einem anderen gegen Entgelt. Die Parteien müssen sich einig sein, dass der Dienstverpflichtete seine Leistungen in fremdbestimmter, weisungsgebundener Tätigkeit erbringt. Es darf sich nicht um eine **sog „freie Mitarbeit"** handeln. Ein öffentlich-rechtlicher Vertrag oder ein Verwaltungsakt kann kein Arbeitsverhältnis begründen (Einzelheiten siehe Rn 34 bis 37 und 42 bis 44).   33

I. Arbeitnehmer- und Arbeitgeberbegriff

Ein Arbeitsverhältnis ist nur dann anzunehmen, wenn der Beschäftigte Arbeitnehmer und der Empfänger der Dienstleistung Arbeitgeber sind. Diese beiden zentralen Begriffe des Arbeitsrechts sind legal nicht definiert. Die vorhandenen Gesetze gehen von einem feststehenden Inhalt dieser Begriffe aus, der seit der Begründung des Arbeitsrechts in Rechtsprechung und Rechtslehre entwickelt worden ist, ohne dass es zu einer allseits anerkannten Definition gekommen ist (ErfK/*Preis* § 611 Rn 34ff.; *Wank* Arbeitnehmer und Selbständige, 1988).   34

1. Der Arbeitnehmer

Nach ständiger Rechtsprechung des Bundesarbeitsgerichts (Urteile vom 17.4.2013 AfP 2013, 445; vom 20.5.2009 AfP 2010, 89; 14.3.2007, AfP 2007, 289; 4.12.2002 AP Nr 115 zu § 611 BGB Abhängigkeit; 9.10.2002 AP Nr 114 zu § 611 BGB Abhängigkeit; 20.9.2000 AP Nr 37 zu § 611 BGB Rundfunk; 19.1.2000 AP Nr 33 zu § 611 BGB Rundfunk; 16.2.1994 AP Nr 15 zu § 611 BGB Rundfunk und Beschluss vom 29.1.1992 AP Nr 47 zu § 5 BetrVG 1972 jeweils mit vielen Nachweisen aus der früheren Rechtsprechung) ist Arbeitnehmer, wer aufgrund eines privatrechtlichen Vertrags im Dienste eines anderen zur Leistung weisungsgebundener, fremdbestimmter Arbeit in **persönlicher Abhängigkeit** verpflichtet ist. Das Weisungsrecht kann Inhalt, Durchführung, Zeit, Dauer und Ort der Tätigkeit betreffen. Das BAG zieht zur Abgrenzung die in § 84 Abs 1 Satz 2 HGB zu findende gesetzgeberische Wertung heran. Nach dieser Vorschrift ist Arbeitnehmer derjenige Mitarbeiter, der nicht im Wesentlichen frei seine Tätigkeit gestalten und seine Arbeitszeit bestimmen kann. (zu den abweichenden Abgrenzungsversuchen im Schrifttum vgl die Nachweise bei   35

ErfK/*Preis* § 611 Rn 55 ff.; Schaub/*Vogelsang* § 8 Rn 5 und *Wank* Arbeitnehmer und Selbständige 1988).

36 Die sog Statusbeurteilung lässt sich auch mit dieser Formel nicht immer ohne Schwierigkeiten vornehmen. Das **Weisungsrecht** kann nämlich in einem Arbeitsverhältnis insgesamt **schwach** ausgeprägt sein oder in einigen Bereichen wie beim Inhalt, bei der Durchführung, Zeit, Dauer oder beim Ort der Dienstleistung gänzlich **fehlen**. Bei der Prüfung sind alle Umstände des Einzelfalls in Betracht zu ziehen und in ihrer Gesamtheit zu würdigen. Der jeweilige Vertragstyp ergibt sich aus dem wirklichen Geschäftsinhalt. Die zwingenden gesetzlichen Regelungen für Arbeitsverhältnisse können **nicht** dadurch **abbedungen** werden, dass die Parteien ihrem Arbeitsverhältnis eine andere Bezeichnung geben, etwa in dem sie als „Werkvertrag" überschriebene Vereinbarungen abschließen (BAG 25.9.2013 AP Nr 126 zu § 611 BGB Abhängigkeit). Der objektive Geschäftsinhalt ist den ausdrücklich getroffenen Vereinbarungen und der praktischen Durchführung des Vertrags zu entnehmen. Widersprechen sich Vereinbarung und **tatsächliche Durchführung** ist Letztere maßgebend (BAG 17.4.2013, aaO). Deshalb lässt sich der Status des Arbeitnehmers nicht abstrakt für alle Beschäftigten feststellen. Die Bewertung hängt auch von der **Eigenart** der jeweiligen Tätigkeit ab. Das gilt insb für die Beschäftigten in den Redaktionen von Presseunternehmen, die häufig nach anderen Regeln arbeiten als sonstige festangestellte Mitarbeiter (dazu ausführlich Rn 38 ff.).

2. Der Arbeitgeber

37 Arbeitgeber ist der **Vertragspartner** des Arbeitnehmers im Arbeitsverhältnis (Schaub/*Linck* § 16 Rn 1). Der Arbeitgeber muss **nicht Unternehmer** im Sinne einer wirtschaftsrechtlichen Definition sein; im Pressebereich dürften die Positionen regelmäßig deckungsgleich sein. Die **Rechtsform** auf Arbeitgeberseite ist irrelevant. Arbeitgeber kann jede natürliche und juristische Person (AG, GmbH) sein. Bei einer (Außen-)Gesellschaft bürgerlichen Rechts sind in Folge der neuen Rechtsprechung des BGH (29.1.2001 AP Nr 11 zu § 50 ZPO = NZA 2002, 405; 23.10.2003 NJW-RR 2004, 275) zur Parteifähigkeit der BGB-Gesellschaft nicht mehr die Gesellschafter Arbeitgeber, wie bisher vom Bundesarbeitsgericht angenommen (BAG 6.7.1989 AP Nr 4 zu § 705 BGB). Wie bei den Personengesellschaften des Handelsrechts ist die Gesellschaft des bürgerlichen Rechts selbst Arbeitgeber.

II. Arbeitnehmer im Presseunternehmen

38 In einem Presseunternehmen werden Personen in vielerlei Berufen beschäftigt (Pförtner, Betriebshandwerker, Sekretärinnen, Buchhalter, Reinigungskräfte usw). Sie sind unbestritten regelmäßig Arbeitnehmer im obigen Sinn.

39 Von besonderer Bedeutung für das Presseunternehmen ist der Status derjenigen, die an der inhaltlichen und geistigen Herstellung des Presseproduktes beteiligt sind, den **Mitarbeitern** in der **Redaktion**. Die Abgrenzung zwischen Arbeitnehmern, arbeitnehmerähnlichen Personen und freien Mitarbeitern bereitet in den Redaktionen der Medien erhebliche Schwierigkeiten (MünchArbR/*Giesen* § 336 Rn 9). So waren insbesondere Streitigkeiten aus den **Rundfunkanstalten** häufig Gegenstand arbeitsgerichtlicher und verfassungsgerichtlicher Auseinandersetzungen über den Status von Redaktionsmitgliedern (BVerfG 3.12.1992 AP Nr 5 zu Art 5 Abs 1 GG Rundfunkfreiheit = EzA § 611 BGB Arbeitnehmerbegriff Nr 50; BAG 20.5.2009 AfP 2010, 89; 14.3.2007 AfP 2007, 289). Inwieweit die dort entwickelten **Grundsätze** auf den Pressebereich zu **übertragen** sind, ist umstritten (bejahend LAG München chen 5.10.1990 AfP 1991, 560, *Schaffeld/Hörle* A. Rn 35 und wohl auch *Ricker/Weberling* 34. Kapitel Rn 19 einerseits; verneinend Schaub/*Vogelsang* § 8 Rn 32 und für den grundrechtlichen Bereich ErfK/*Schmidt* Art 5 GG Rn 89 andererseits).

2. Kapitel. Die Begründung des Arbeitsverhältnisses

1. Redakteur

a) Begriffsbestimmung

Die **Pressegesetze** kennen keine Definition des Begriffs Redakteur. Sie setzen ihn **40** als gegeben und bekannt voraus. Normative Beschreibungen des Begriffs finden sich jedoch im § 1 des **Manteltarifvertrags** für Redakteure an **Zeitschriften** vom 4. November 2011 (Rn 14) und in der Protokollnotiz zu § 1 des **Manteltarifvertrags** für Redakteurinnen und Redakteure an **Tageszeitungen** vom 24. April 2014 (Rn 14). Nach dem zuletzt genannten Tarifvertrag gilt als Redakteur, wer **kreativ** an der Erstellung des redaktionellen Teils von Tageszeitungen regelmäßig in der Weise **mitwirkt,** dass er
- Wort- und Bildmaterial sammelt, sichtet, ordnet, dieses auswählt und veröffentlichungsreif bearbeitet, und/oder (Nr 1)
- mit eigenen Wort- und/oder Bildbeiträgen zur Berichterstattung und Kommentierung in der Zeitung beiträgt, und/oder (Nr 2)
- die redaktionell-technische Ausgestaltung (insb Anordnung und Umbruch) des Textteils besorgt und/oder (Nr 3)
- diese Tätigkeiten koordiniert (Nr 4).

Die Begriffserläuterung in der **Protokollnotiz Nr 1** zu § 1 MTV für Redakteure **41** an Zeitschriften entspricht dem Begriff des Redakteurs in seiner **herkömmlichen** pressefachlichen und presserechtlichen **Bedeutung** (BAG 13.5.1981 und 13.2.1985 AP Nr 1 und Nr 3 zu § 1 TVG Tarifverträge: Presse). Sie ist zur Abgrenzung gegenüber anderen Mitarbeitern im Unternehmen auch dann heranzuziehen, wenn die Tarifverträge mangels Tarifbindung keine Anwendung finden. Die übrigen Definitionen der Nr **2 bis 4 erweitern** den allgemeinen pressefachlichen und presserechtlichen Redakteursbegriff (BAG 13.2.1985 AP Nr 3 zu § 1 TVG Tarifverträge: Presse) und dienen deshalb nur der Beschreibung des persönlichen Geltungsbereichs des MTV und damit der Überprüfung tarifvertraglicher Ansprüche. Sie können zur Einstufung als Redakteur nicht herangezogen werden, wenn es um allgemeine Abgrenzungsprobleme zwischen Redakteuren und anderen Mitarbeitern einer Zeitung geht. Mit dem Manteltarifvertrag für Redakteurinnen und Redakteure an Tageszeitungen vom 24. April 2014 haben die Tarifvertragsparteien vereinbart, den Geltungsbereich ab dem 1. Juli 2016 auf **Onlineredakteure** zu erstrecken. Dementsprechend treten zum Wort- und Bildmaterial bzw zu Wort-/Bildbeiträgen auch Audio-/Audio-Video-Materialien zu. Auch die redaktionell-technische Ausgestaltung bezieht sich zukünftig nicht mehr nur auf den Textteil in gedruckter, sondern auch auf denjenigen in elektronischer Form.

b) Status des Redakteurs

Redakteur iSd Arbeitsrechts ist nur der an einem Zeitungs- oder Zeitschriftenver- **42** lag **festangestellte Journalist** und damit der Arbeitnehmer (BAG 8.10.1975 und 15.3.1978 AP Nr 18 und Nr 25 zu § 611 BGB Abhängigkeit für Redakteure in Rundfunkanstalten). Kein Redakteur im Sinne des Manteltarifvertrages für Redakteurinnen und Redakteure an Tageszeitungen ist jedoch ein Journalist, der organisatorisch der Anzeigenabteilung einer Tageszeitung zugeordnet ist, deren Weisungen untersteht und fast ausschließlich und regelmäßig mit der Erstellung von Publikationen befasst ist, die die Anzeigenabteilung verantwortet (LAG Köln 20.4.2014 AfP 2013, 170). Der Journalist kann aber auch **freier Mitarbeiter oder arbeitnehmerähnliche Person** sein (vgl für den pauschal bezahlten Bildberichterstatter, der einer Zeitungsredaktion monatlich eine bestimmte Zahl von Bildern zu liefern hatte BAG 29.1.1992 AP Nr 47 zu § 5 BetrVG 1972; zum Status eines Lektors in einem Buchverlag BAG 27.3.1991 AP Nr 53 zu § 611 BGB Abhängigkeit; zum Status eines Pressefotografen BAG 3.5.1989 BB 1990, 779). Dieser Journalist wird nicht Redakteur genannt, sondern freier oder arbeitnehmerähnlicher freier Journalist/Journalistin (siehe TV über arbeitnehmerähnliche freie Journalistinnen und Journalisten an Tageszeitungen vom 24. April 2014). Bei der Beurteilung des Status im Einzelfall ist nach den oben (Rn 35) beschriebenen **allgemeinen Abgrenzungsmerkmalen** vorzugehen (MünchArbR/*Giesen* § 336, Rn 9).

43 Ob aus den Entscheidungen des BVerfG zur Rundfunkfreiheit nach Art 5 Abs 1 Satz 2 GG (BVerfG 13.1.1982 AP Nr 1 zu Art 5 Abs 1 GG Rundfunkfreiheit; 28.6.1983 AP GG Art 5 Abs 1 Rundfunkfreiheit Nr 4; 3.12.1992 AP GG Art 5 Abs 1 Rundfunkfreiheit Nr 5) folgt, dass daneben die von der Pressefreiheit und vom Tendenzschutz vorgegebenen Besonderheiten zu beachten sind, ist umstritten (dafür zB *Ricker/Weberling* 34. Kapitel Rn 19 bis 21). Das **Bundesarbeitsgericht** vertritt in ständiger Rechtsprechung (BAG 14.3.2007 AfP 2007, 289; 22.4.1998 AP Nr 26 zu § 611 BGB Rundfunk; 20.7.1994 AP Nr 73 zu § 611 BGB Abhängigkeit), dass der Beschluss des Bundesverfassungsgerichts nicht zu einer Änderung der Statusrechtsprechung zwinge. Seinen Vorgaben sei Genüge getan, wenn die Rundfunkanstalten entscheiden könnten, ob sie einen Mitarbeiter auf Dauer oder befristet einstellen (dazu siehe unten Rn 57 ff.). Das hat das BVerfG gebilligt (BVerfG 18.2.2000 AP Nr 19 zu Art 5 Abs 1 GG).

44 Auch wenn die Grundsätze auf Presseunternehmen übertragen werden könnten (aA ErfK/*Schmidt* Art 5 GG Rn 74), so folgt daraus nur, dass es bei der Statusbeurteilung (zu den Auswirkungen im Befristungsrecht siehe Rn 67–69) keine in der Pressefreiheit begründeten Besonderheiten gibt, die es bereits hierbei zu beachten gilt.

2. Arbeitnehmerähnliche Mitarbeiter

45 Die Unterscheidung zwischen Arbeitnehmern und freien Mitarbeitern stellt nicht die einzige Abgrenzungsproblematik dar. Beschäftigte können nämlich weder Arbeitnehmer noch freie Mitarbeiter sein, sondern einen Status haben, der als arbeitnehmerähnlich bezeichnet wird. Dieser Personenkreis muss nach **beiden Seiten,** gegenüber den Arbeitnehmern wie gegenüber den freien Mitarbeitern, abgegrenzt werden.

46 Arbeitnehmerähnliche Personen sind nach der Legaldefinition des § 12a Abs 1 TVG diejenigen Personen, die **wirtschaftlich abhängig** und vergleichbar einem Arbeitnehmer **sozial schutzbedürftig** sind, wenn sie auf Grund von Dienst- und Werkverträgen für andere Personen tätig sind und die geschuldeten Leistungen persönlich und im Wesentlichen ohne Mitarbeit von Arbeitnehmern erbringen. Weitere Voraussetzung ist, dass der Beschäftigte entweder **für eine Person tätig** ist oder ihm von einer Person im Durchschnitt **mehr als** die Hälfte des Entgelts (für Journalisten **ein Drittel,** § 12a Abs 3 TVG) zusteht, das ihm für seine Erwerbstätigkeit insgesamt zusteht.

47 Nach Auffassung des Fünften Senats des Bundesarbeitsgerichts (BAG 17.10.1990 AP Nr 9 zu § 5 ArbGG) soll die Vorschrift des § 12a TVG die sog freien Mitarbeiter der Medien, der Kunst, der Wissenschaft und Forschung und insb der Rundfunk- und Fernsehanstalten erreichen (ebenso *Wank* in: Wiedemann § 12a TVG Rn 23 unter Berufung auf die Stellungnahme des AS-Ausschusses in BT-Drucks 7/2025, S 6; *Olenhusen* ZUM 1991, 557). Deshalb gilt die Legaldefinition des § 12a TVG jedenfalls im Pressebereich, unabhängig davon, ob sie Allgemeingültigkeit beanspruchen kann oder nicht (vgl auch BGH 21.10.1998 DB 1999, 151). Die Absicht des Gesetzgebers, den im Bereich des Art 5 GG tätigen Personenkreis zu bevorzugen, soll bei der Auslegung und Anwendung der Bestimmung Rechnung zu tragen sein. So wurde eine freiberufliche Journalistin, die für verschiedene Sendeanstalten der ARD tätig war, als arbeitnehmerähnliche Person anerkannt (BAG 17.10.1990 AP Nr 9 zu § 5 ArbGG).

48 Arbeitnehmerähnliche Personen genießen **bestimmte Rechte,** die ansonsten nur den Arbeitnehmern zustehen. So können sie ihre **Rechtsstreitigkeiten** vor den Gerichten für Arbeitssachen austragen, bei denen geringere Kosten als in der ordentlichen Gerichtsbarkeit entstehen, § 5 ArbGG. Sie haben Anspruch nach Maßgabe des **Bundesurlaubsgesetzes,** § 2 BUrlG (Einzelheiten Rn 129–152) und genießen

2. Kapitel. Die Begründung des Arbeitsverhältnisses

Schutz bei einer ggf zugesagten **betrieblichen Altersversorgung,** § 17 Abs 1 Satz 2 BetrAVG. Besonders wichtig ist die Vergünstigung des § 12a TVG, wonach für den Personenkreis **Tarifverträge** abgeschlossen werden können. Das ist im Pressewesen durch den **Tarifvertrag für arbeitnehmerähnliche freie Journalisten an Tageszeitungen** vom 24. April 2014 (gültig ab 1. August 2013) geschehen (vgl auch die Tarifverträge für arbeitnehmerähnliche Personen im Rundfunkbereich). Erfüllt ein freier Journalist an einer Tageszeitung die Vorgaben der §§ 2 und 3 des Tarifvertrags für arbeitnehmerähnliche freie Journalisten, so hat er neben den Rechten, die ihm das Gesetz gewährt, Ansprüche nach dem Tarifvertrag für diesen Personenkreis. Kernstück des Tarifvertrags sind die Regelungen über das **Honorar** in den §§ 5 bis 9. Der Tarifvertrag enthält weiter Bestimmungen über das Zustandekommen einer honorarpflichtigen Zusammenarbeit und über die damit verbundenen **urheberrechtlichen** Fragen sowie über die **Beendigung** der Zusammenarbeit.

Die Tarifvertragsparteien sind befugt, den **Geltungsbereich von Tarifverträgen** für arbeitnehmerähnliche Personen **selbst zu bestimmen,** so lange sie sich am Leitbild des § 12a TVG orientieren. Der nunmehr für das Recht der arbeitnehmerähnlichen Personen zuständige 9. Senat hält an der gegenteiligen Rechtsprechung des 4. Senats des BAG (2.10.1990 AP Nr 1 zu § 12a TVG) nicht fest (15.2.2005, AP Nr 6 zu § 12a TVG). Die Koalitionsfreiheit und damit auch die Tarifautonomie ist nach Art. 9 Abs 3 GG „für jedermann und alle Berufe gewährleistet". Sie gilt also schon aufgrund Verfassungsrechts auch für arbeitnehmerähnliche Personen und wird nicht erst durch § 12a TVG auf diese Personen erstreckt. Lediglich die Ausgestaltung des Verhältnisses der Tarifvertragsparteien zueinander bedarf der gesetzlichen Regelung (BVerfG 24.4.1996 BVerfGE 94, 268). Eine solche Ausgestaltung hat der Gesetzgeber mit § 12a TVG vorgenommen. Er hat bestimmt, dass auch für den Kreis der arbeitnehmerähnlichen Personen Tarifverträge abgeschlossen werden können und diesen Personenkreis durch unbestimmte Rechtsbegriffe definiert. Mit der Möglichkeit, für eine nur unbestimmt festgelegten Personenkreis Tarifverträge abzuschließen, ist den Tarifvertragsparteien die Möglichkeit gegeben, insoweit Recht zu setzen (§ 1 Abs 1 TVG). Es obliegt ihnen, die im Gesetz verwendeten unbestimmten Rechtsbegriffe auszufüllen. Der Gesetzgeber hat den Tarifvertragsparteien Gestaltungsbefugnisse eingeräumt. Bei deren Ausübung kommen ihnen – wie auch sonst bei der Rechtsetzung – ein Beurteilungsspielraum zu. Die neuere Rechtsprechung des BAG stößt teilweise auf Ablehnung: Solche Tarifmacht sei zirkulär. Der Tarifvertrag könne nicht seine eigene Regelungsbefugnis hervorbringen. Unbestimmte Rechtsbegriffe in Rechtsnormtatbeständen seien zur Konkretisierung den Gerichten zugewiesen. Der Tarifvertrag könne nur Rechtsfolgen regeln (*Löwisch/Rieble* § 12a Rn 29). Zu beachten ist allerdings, dass die in § 3 TV genannten, vom Wortlaut des Gesetzes abweichenden Voraussetzungen bei der Abgrenzung zu den freien Mitarbeitern keine Bedeutung haben. Tarifliche Vorschriften können den **Status** einer arbeitnehmerähnlichen Person **nicht** begründen, sondern nur besondere Rechtsfolgen für den Personenkreis bestimmen. So können Tarifvertragsparteien den gesetzlichen Begriff der sozialen Schutzbedürftigkeit nicht erweitern und deshalb Personen, die nach dem Gesetz keine arbeitnehmerähnlichen Personen sind, nicht in den Geltungsbereich eines Tarifvertrages einbeziehen (BAG 2.10.1990 AP Nr 1 zu § 12a TVG; der hier entscheidende Vierte Senat des BAG ist iE nicht so großzügig bei der Subsumtion des Einzelfalls wie es vom Fünften Senat des BAG abstrakt gefordert worden ist, BAG 17.10.1990 AP Nr 9 zu § 5 ArbGG). So betreffen die vom Gesetz abweichenden Formulierungen nur die Ausklammerung von arbeitnehmerähnliche Personen iSd Gesetzes aus dem persönlichen Geltungsbereich des Tarifvertrages (*Löwisch/Rieble* § 12a Rn 17; *Wank* in: Wiedemann § 12a Rn 59).

Der **Status** einer arbeitnehmerähnlichen Person ist anhand der gesetzlichen Vorgaben, insbesondere anhand der Tatbestandsvoraussetzungen der **wirtschaftlichen Abhängigkeit und sozialen Schutzbedürftigkeit** unter Berücksichtigung aller

49

50

51

Umstände des Einzelfalls vorzunehmen. Soziale Schutzbedürftigkeit ist anzunehmen, wenn das Maß der Abhängigkeit nach der Verkehrsanschauung einen solchen Grad erreicht hat, wie es im Allgemeinen nur in einem Arbeitsverhältnis vorkommt, und die geleisteten Dienste nach ihrer soziologischen Typik mit denen eines Arbeitnehmers vergleichbar sind (BAG 2.10.1990 AP Nr 1 zu § 12a TVG mwN aus der älteren Rspr und krit Anm *Otto;* weniger deutlich und mit anderem Schwerpunkt BAG 17.10.1990 AP Nr 9 zu § 5 ArbGG 1979). Als Einzelumstände sind zu bewerten
– die Höhe der **Vergütung** aus dem umstrittenen Rechtsverhältnis,
– wesentliches Bestreiten des **Lebensunterhalts** mit den Einkünften daraus,
– **anderweitige Einkünfte**,
– die **Art** der geleisteten Dienste,
– eine mit einem Arbeitsvertrag vergleichbare **Vertragsgestaltung**.

52 Das BAG hat nunmehr konkretisiert, dass bei einer selbständig ausgeübten Erwerbstätigkeit nicht auf die Höhe der erzielten Bruttoeinnahmen abzustellen ist. Maßgebend sind vielmehr die nach den allgemeinen Gewinnermittlungsvorschriften des Einkommensteuerrechts ermittelten Gewinne (BAG 21.6.2011 AfP 2012, 408).

In Anwendung dieser Grundsätze ist ein Rundfunkgebührenbeauftragter einer Rundfunk- und Fernsehanstalt der ARD nicht als arbeitnehmerähnliche Person anerkannt (BAG 2.10.1990 AP Nr 1 zu § 12a TVG), eine freiberufliche Journalistin hingegen als solche angesehen worden (BAG 17.10.1990 AP Nr 9 zu § 5 ArbGG 1979). Höchstrichterliche Rechtsprechung zu Streitigkeiten in der Presse gibt es bisher nicht.

3. Volontäre

53 Der Volontär wird zum Zwecke seiner **Ausbildung** mit dem Ziel der **Vorbereitung** auf den **Beruf** des **Redakteurs** beschäftigt. Er ist nicht Auszubildender im Sinne des § 1 BBiG. Einen normativ geregelten Ausbildungsgang gibt es nicht (ein mit Prüfungen versehener Ausbildungsgang stände allerdings nicht im Widerspruch zur Pressefreiheit; so aber MünchArbR/*Giesen* § 201 Rn 11; *Schaffeld/Hörle* A. Rn 71). Der Status des Volontärs erscheint nach den Bestimmungen des **MTV/Zeitungsredakteure** ambivalent (zum Streitstand in anderen Wirtschaftsbereichen vgl Schaub/*Vogelsang* § 15 Rn 7 f.). Die Formulierungen lassen **einerseits** den Schluss zu, dass mit dem Volontär ein **befristetes Arbeitsverhältnis** geschlossen wird. **Andererseits** werden auch immer wieder **Ausbildungsbegriffe** verwendet (so insbesondere im Gehaltstarifvertrag und im Musterformular). Die Fassung des Tarifvertrags über das Redaktionsvolontariat an **Zeitschriften**, gültig ab 1990, lässt hingegen deutlich erkennen, dass in diesen Verlagen kein Arbeitsverhältnis geschlossen wird, sondern ein **Ausbildungsverhältnis besonderer (presserechtlicher) Art**. Dann finden aber nach § 19 BBiG die Vorschriften des Berufsbildungsgesetzes über die Berufsausbildung nach den §§ 3 bis 18 BBiG Anwendung.

54 Für Volontäre können Tarifverträge geschlossen werden wie der Tarifvertrag über das Redaktionsvolontariat an Tageszeitungen vom 28. Mai 1990, gültig ab 1. Juli 1990 und der **Tarifvertrag** über das Redaktionsvolontariat in Zeitschriften, gültig ab. 1.10.1990, der seit dem 13.4.1991 **allgemeinverbindlich** ist.

B. Besondere Arten von Arbeitsverhältnissen

I. Das Probearbeitsverhältnis

55 Die Parteien können den Wunsch haben, die Möglichkeit einer längeren Zusammenarbeit zu testen. Dann werden sie ein Probearbeitsverhältnis vereinbaren. Die Vereinbarung **kann** darin bestehen, dass die ersten Monate eines auf **unbefristete Zeit** eingegangenen Arbeitsverhältnisses als Probezeit gelten sollen. Dann gilt die kurze Kündigungsfrist von zwei Wochen nach § 622 Abs 3 BGB idF des Kündigungsfristengesetzes vom 7.10.1993 (Einzelheiten bei Rn 242), sofern das Probearbeitsverhältnis noch nicht länger als 6 Monate andauert. Die Parteien **können** dem beabsichtigten Arbeitsverhältnis auf unbestimmte Dauer auch ein **befristetes** Probearbeitsverhältnis (zur Befristung siehe Rn 57 ff.) vorschalten, § 14 Abs 1 Satz 2 Nr 5 TzBfG. Die Erprobung ist ein inzwischen gesetzlich anerkannter Befristungszweck (BAG 23.6.2004 AP Nr 12 zu § 14 TzBfG; zum vormaligen Recht vgl BAG 30.9.1981 AP Nr 61 zu § 620 Befristeter Arbeitsvertrag). In diesem Fall endet das Arbeitsverhältnis mit Ablauf der Probezeit ohne weitere Erklärung einer der Parteien. Es wird nur bei erneutem ausdrücklichen oder konkludenten Vertragsschluss fortgesetzt.

Die Manteltarifverträge im **Pressebereich** sehen in ihrem § 2 Abs 4 bzw 5 vor, im Rahmen eines **unbefristeten Arbeitsverhältnisses** die ersten Monate als Probezeit zu bezeichnen, die in der Regel nicht länger als drei Monate betragen soll bzw sechs Monate nicht überschreiten darf und in der eine Kündigungsfrist von einem Monat zum Monatsende gilt. Entsprechend verhält sich die Praxis. Diese Tarifbestimmung schließt allerdings nicht aus, dass die Parteien eines Arbeitsverhältnisses die Form des befristeten Probearbeitsverhältnisses wählen. Die Befristung darf bei Zeitungsredakteuren in der Regel nicht länger als 3 Monate, bei Zeitschriften nicht länger als 6 Monate **andauern**. Denn die Dauer der Probezeit ist von den Tarifvertragsparteien abschließend geregelt (zu einem TV der Metallindustrie vgl BAG 7.8.1980 AP Nr 15 zu § 620 BGB Probearbeitsverhältnisse). Bei einer erstmaligen Beschäftigung kann der Arbeitgeber auch die Möglichkeit der sachgrundlosen Befristung nach § 14 Abs 2 TzBfG nutzen (*Dörner* Der befristete Arbeitsvertrag Rn 189 f.). 56

II. Das befristete Arbeitsverhältnis

1. Grundsätze

Das Recht des befristeten Arbeitsvertrags ist im Teilzeit- und Befristungsgesetz (TzBfG) geregelt. Daneben kommen einige Sondervorschriften zur Anwendung, die nur teilweise wie zB § 21 BEEG auch im Presseunternehmen von Bedeutung sein können. 57

Die **Wirksamkeit** der befristeten Arbeitsverträge setzt – von den Ausnahmen des § 14 Abs 2, Abs 2a und Abs 3 TzBfG abgesehen (dazu unten Rn 59 ff.) – das Vorliegen eines Sachgrunds iSd § 14 Abs 1 TzBfG voraus. Fehlt es dagegen an sachlichen Gründen für die Befristung oder sind solche nur vorgeschoben, so ist ein Arbeitsverhältnis auf Dauer entstanden. Als **sachliche Gründe,** die eine Befristung rechtfertigen können, führt das Gesetz in den Nummern 1 bis 8 – nicht abschließend – Sachgründe an (ausführlich dazu *Dörner* aaO Rn 183 bis 427). Die Befristung eines Arbeitsvertrages kann trotz Vorliegens eines Sachgrunds aufgrund der besonderen Umstände des Einzelfalls ausnahmsweise **rechtsmissbräuchlich** und daher unwirksam sein (BAG 18.7.2012 AP Nr 100 zu § 14 TzBfG). Für das Vorliegen eines Rechtsmissbrauchs können insbesondere eine sehr lange Gesamtdauer oder eine außergewöhnlich hohe Anzahl von aufeinander folgenden befristeten Arbeitsverträgen mit demselben Arbeitgeber sprechen. Die **Befristung** eines Arbeitsvertrages muss **schriftlich** vereinbart werden, § 14 Abs 4 TzBfG. Das Schriftformgebot findet auf die Befristung einzelner Arbeitsbedingungen keine Anwendung (BAG 18.6.2008 AP Nr 52 zu § 14 TzBfG). Bei der ausschließlich kalendermäßigen Befristung einer Arbeitszeiterhöhung fordert das Transparenzgebot des § 307 Abs 1 Satz 2 BGB nicht, dass der Grund für die Befristung schriftlich vereinbart werden muss. Es genügt, dass die Parteien das Beendigungsdatum im Vertrag festgelegt haben (BAG 2.9.2009 AP Nr 66 zu § 14 TzBfG). Ein unbefristet teilzeitbeschäftigter Arbeitnehmer wird durch die Befristung einer Arbeitszeiterhöhung regelmäßig nicht im Sinne von § 307 Abs 1 Satz 1 BGB unangemessen benachteiligt, wenn die Befristung auf Umständen beruht, 58 die die Befristung des Arbeitsvertrages insgesamt nach § 14 Abs 1 Satz 2 Nr 3 TzBfG sachlich rechtfertigen könnten.

2. Sachgrundlose Befristungen nach § 14 Abs 2, Abs 2a und Abs 3 TzBfG

a) Befristungen nach § 14 Abs 2 TzBfG

59 Nach § 14 Abs 2 TzBfG ist die kalendermäßige Befristung eines Arbeitsvertrags ohne Vorliegen eines sachlichen Grundes bis zur Dauer von zwei Jahren zulässig; bis zu dieser Gesamtdauer von zwei Jahren ist auch die höchstens dreimalige Verlängerung eines kalendermäßig befristeten Arbeitsvertrages zulässig. Eine Befristung nach Satz 1 ist nicht zulässig, wenn mit demselben Arbeitgeber bereits zuvor ein befristetes oder unbefristetes Arbeitsverhältnis bestanden hat.

60 Durch Tarifvertrag kann die Anzahl der Verlängerungen oder die Höchstdauer der Befristung abweichend von Satz 1 festgelegt werden. Im Geltungsbereich eines solchen Tarifvertrages können nicht tarifgebundene Arbeitgeber und Arbeitnehmer die Anwendung der tariflichen Regelungen vereinbaren. Von der Ermächtigung ist im Pressebereich kein Gebrauch gemacht worden.

aa) Ersteinstellung (Anschlussverbot)

61 Die Gesetzesfassung des § 14 Abs 2 Satz 2 TzBfG beschränkt den Anwendungsbereich der Vorschrift – also die **sachgrundlose Befristung,** nicht die Sachgrundbefristung – auf eine Ersteinstellung. Der Gesetzgeber ist davon ausgegangen, dass eine sachgrundlose Befristung generell nicht mehr statthaft sein soll, wenn der Arbeitnehmer bereits vorher einmal, also auch lange vor der Geltung des TzBfG, in einem Arbeitsverhältnis zum Arbeitgeber gestanden hat (BT-Drucks 14/4374 S 19; BT-Drucks 14/4625 S 21). Das ist im Text mit der Benutzung des Wortes „zuvor" allerdings nur unvollständig zum Ausdruck gekommen. Die Verstärkung „jemals zuvor" wäre sicherlich eindeutiger gewesen. Der siebte Senat des BAG hat jedoch entschieden, dass der Ausschlussgrund einer **Vorbeschäftigung** für die sachgrundlose Befristung einschränkend auszulegen ist (BAG 6.4.2011 NZA 2011, 905). Nach dieser neuen und geänderten Rechtsprechung steht ein früheres Arbeitsverhältnis mit demselben Arbeitgeber einem nach Abs 2 Satz 1 ohne Sachgrund befristeten Arbeitsverhältnis nicht entgegen, wenn das Ende des vorangegangenen Arbeitsverhältnisses **mehr als drei Jahre zurückliegt.** Damit stellt sich der Senat gegen die bisher einhellige Rechtsprechung des BAG (6.11.2003 AP Nr 7 zu § 14 TzBfG). Das Vorbeschäftigungsverbot wirkte danach zeitlich unbeschränkt. Zentrales Argument für die Rechtsprechungsänderung soll eine verfassungsorientierte Interpretation des Abs 2 Satz 2 unter Berücksichtigung des Normzwecks sein. Dieser liege in der Verhinderung, eines Missbrauch sachgrundloser Befristungen zu sozialpolitisch nicht gewünschten „Befristungsketten". Dieser fordere aber kein zeitlich unbeschränktes Vorbeschäftigungsverbot. Ein solches sei daher unverhältnismäßig. Das Vorbeschäftigungsverbot wirke nämlich strukturell als Einstellungshemmnis zu Lasten des Arbeit suchenden Arbeitnehmers. Seine durch Art 12 Abs 1 GG geschützte Berufsfreiheit würde unverhältnismäßig eingeschränkt. Zur zeitlichen Begrenzung des Vorbeschäftigungsverbots greift das BAG auf die regelmäßige zivilrechtliche Verjährungsfrist des § 195 BGB zurück. Liegt das Ende des vorangegangenen Arbeitsverhältnisses mehr als drei Jahre zurück, könne von einem Missbrauch in Gestalt einer Befristungskette nicht mehr ausgeschlossen werden. Die Rechtsprechungsänderung ist teilweise uneingeschränkt begrüsst worden, teilweise jedoch auf heftige Ablehnung gestoßen (vgl ErfK/*Müller-Glöge* § 14 TzBfG Rn 99).

bb) Derselbe Arbeitgeber

62 Liegen **zwei** nachfolgende **Arbeitsverträge** vor, kommt es auf die **Personenidentität** auf Arbeitgeberseite an, um eine Verletzung des Anschlussverbots annehmen zu können. Denn das Gesetz verlangt eine wiederholte Tätigkeit bei **demselben**

Arbeitgeber. Es wird nicht etwa auf den Betrieb abgestellt. Maßgebend ist der **Vertragsarbeitgeber,** also die natürliche oder juristische Person, die mit dem Arbeitnehmer den Arbeitsvertrag abgeschlossen hat (BAG 22.5.2005 – 7 AZR 363/04 – BeckRS 2005 30358404; 10.11.2004 AP Nr 14 zu § 14 TzBfG; zum alten Recht siehe BAG 25.4.2001 AP Nr 10 zu § 1 BeschFG 1996). Der **Betriebsübergang** nach dem Ausscheiden aus dem unbefristeten Arbeitsverhältnis hindert die Anwendung des § 14 Abs 2 TzBfG nicht. Das ist in der fehlenden Identität der Arbeitgeber begründet. Anders ist die Rechtslage zu beurteilen, wenn der **Betriebsübergang während** der Dauer des ersten Arbeitsverhältnisses stattfand und später mit dem Übernehmer ein weiteres Arbeitsverhältnis vereinbart wird. In diesem Fall ist der Übernehmer auch aus dem ersten Vertrag verpflichteter Arbeitgeber und somit nicht berechtigt, einen neuen Vertrag nach § 14 Abs 2 TzBfG abzuschließen. Dem Arbeitgeber steht bei den Vertragsverhandlungen ein Fragerecht zu, ob der Bewerber bereits früher einmal im Unternehmen beschäftigt war.

cc) Höchstdauer und Verlängerungen

Nach § 14 Abs 2 Satz 1 TzBfG ist die **sachgrundlose Befristung** eines Arbeitsvertrags **für die Dauer von zwei Jahren** möglich (Grundfall). Bei der Frist handelt es sich um eine **Höchstfrist,** die der Arbeitgeber nicht ausschöpfen muss. Will er sie später ausschöpfen, so ist das nach einer Verlängerung unter den Bedingungen des § 14 Abs 2 Satz 1 Satzhälfte 2 TzBfG möglich. Der Begriff der Verlängerung, den das BeschFG 1996 in das Recht der sachgrundlosen Befristung eingeführt hat, war Gegenstand einer umfangreichen Rechtsprechung des Bundesarbeitsgerichts. Sie gilt es bei der Anwendung des TzBfG zu beachten. So ist von einer Verlängerung iSd Gesetzes nur auszugehen, wenn die Verlängerungsvereinbarung **während der Laufzeit** eines befristeten Vertrags getroffen wird (BAG 25.10.2000 AP Nr 6 zu § 1 BeschFG 1996). Das Bundesarbeitsgericht verlangt für eine Verlängerung des Arbeitsvertrags, dass im Verlängerungsvertrag die **bisherigen Vertragsbedingungen** nicht verändert wurden. Das gilt auch für vermeintlich günstigere Vertragsbedingungen wie der Wechsel von Vollzeit auf Teilzeit oder umgekehrt (BAG 26.7.2000 AP Nr 4 zu § 1 BeschFG 1996).

b) Befristungen nach § 14 Abs 2a TzBfG

In den ersten vier Jahren nach der Gründung eines Unternehmens ist die kalendermäßige Befristung eines Arbeitsvertrags ohne Vorliegen eines sachlichen Grundes bis zur Dauer von vier Jahren zulässig; bis zu dieser Gesamtdauer von vier Jahren ist auch die mehrfache Verlängerung eines kalendermäßig befristeten Arbeitsvertrags zulässig. Dies gilt nicht für Neugründungen im Zusammenhang mit der rechtlichen Umstrukturierung von Unternehmen und Konzernen. Auf die Befristung eines Arbeitsvertrags nach Satz 1 findet Absatz 2 Satz 2 bis 4 entsprechende Anwendung.

Von der Möglichkeit, nach § 14 Abs 2a TzBfG mit Arbeitnehmern sachgrundlos befristete Arbeitsverträge über die Dauer von vier Jahren abzuschließen, kann nur der Arbeitgeber Gebrauch machen, der ein Unternehmen führt, das **neu gegründet** ist. Unter einer Neugründung eines Unternehmens ist eines zu verstehen, das noch nicht vier Jahre alt ist. Der Gesetzgeber selbst hat in § 14 Abs 2a Satz 3 TzBfG bestimmt, wie der maßgebliche Geburtstag eines Unternehmens zu bestimmen ist. Danach kommt es auf **Aufnahme einer Erwerbstätigkeit** an, wie sie nach § 138 der Abgabenordnung (AO) der Gemeinde oder dem Finanzamt mitzuteilen ist. Die Formulierung des Gesetzes zeigt, dass es nicht auf die Anzeige ankommt, sondern auf den Beginn des Unternehmens/Unternehmers (BR-Drucks 421/03 S 22). Wer die Anmeldefrist des § 138 AO von einem Monat ausschöpft oder sogar missachtet, kann daraus keinen befristungsrechtlichen Vorteil ziehen. Der **am Anfang von § 14 Abs 2a Satz 1 TzBfG** genannte **Vier-Jahreszeitraum** verlängert sich dadurch nicht. Der Vier-Jahres-Zeitraum in der **zweiten Satzhälfte** bezeichnet die Gesamtdauer, die ein Arbeitnehmer befristet sachgrundlos nach dieser Bestimmung beschäftigt werden kann. Hierbei handelt es sich um die Erweiterung des in § 14 Abs 2 TzBfG genannten Zwei-Jahres-Zeitraum. Wie dort gilt die Erleichterung nur für den Abschluss von kalendermäßigen Befristungen, nicht für Zweckbefristungen und auflösend bedingte Arbeitsverträge. Der nach § 14 Abs 2a TzBfG begünstigte Unternehmer muss einen Arbeitnehmer nicht sogleich für die Dauer von 4 Jahren einstellen. Er kann eine beliebige kürzere Dauer wählen und sich bei deren Ablauf überlegen, ob er das Arbeitsverhältnis durch **Verlängerung** des Vertrags fortsetzen will oder nicht. Das kann er im Vier-Jahres-Zeitraum beliebig oft durchführen. Denn in § 14 Abs 2a TzBfG findet sich **keine Begrenzung zur Anzahl der Verlängerungsmöglichkeiten** wie in § 14 Abs 2 TzBfG.

66 Mit der Anordnung der entsprechenden Anwendung des § 14 Abs 2 Satz 2 TzBfG kann **derselbe Arbeitgeber** mit demselben Arbeitnehmer von der Möglichkeit des § 14 Abs 2a TzBfG keinen Gebrauch machen, wenn dieser bereits früher einmal bei ihm befristet oder unbefristet beschäftigt war. Tarifvertragsparteien können von der Höchstdauer von 4 Jahren abweichen, wobei die Dauer niedriger oder höher festgelegt werden kann. Die gesetzlich nicht beschränkten Verlängerungsmöglichkeiten können die Tarifvertragsparteien (logischerweise) lediglich verkürzen. Von den tariflich geregelten Abweichungen können Arbeitsvertragsparteien im Geltungsbereich des Tarifvertrags profitieren, indem sie die Regelung arbeitsvertraglich vereinbaren.

c) Befristungen nach § 14 Abs 3 TzBfG

66a Die Befristung eines Arbeitsvertrages bedarf keines sachlichen Grundes, wenn der Arbeitnehmer bei Beginn des befristeten Arbeitsverhältnisses das 52. Lebensjahr vollendet hat. Weitere Voraussetzung ist, dass der Arbeitnehmer entweder unmittelbar vor Beginn des befristeten Arbeitsverhältnisses mindestens vier Monate beschäftigungslos im Sinne des § 138 Abs 1 Nr 1 SGB III gewesen ist, oder Transferkurzarbeitergeld bezogen oder an einer öffentlich geförderten Beschäftigungsmaßnahme nach dem SGB II oder III teilgenommen hat. Der Vier-Monats-Zeitraum bezieht sich auf alle drei Varianten. Der nach § 14 Abs 3 TzBfG eröffnete Befristungszeitraum ist auf fünf Jahre begrenzt. Bis zu dieser Gesamtdauer ist auch die mehrfache Verlängerung des Arbeitsvertrages zulässig (§ 14 Abs 3 Satz 2 TzBfG).

3. Befristungen im Presseunternehmen

67 Die vorstehenden Grundsätze gelten auch für die Mitarbeiter in Presseunternehmen. Umstritten ist lediglich, ob der Einfluss der Pressefreiheit auf das Arbeitsvertragsrecht bei den **Tendenzträgern** (dazu oben Rn 9) dazu führen kann, dass iE andere Maßstäbe bei der Kontrolle befristeter Arbeitsverträge von Redakteuren gelten. Bundesverfassungsgericht und Bundesarbeitsgericht haben das für die Tendenzträger in **Rundfunkanstalten** mehrfach bejaht (BVerfG 18.2.2000 AP Nr 9 zu Art 5 Abs 1 GG; 13.1.1982 AP Nr 1 zu Art 5 Abs 1 GG; im Anschluss daran BAG 13.1.1983 AP Nr 42 und 43 zu § 611 BGB Abhängigkeit; vgl auch BAG 11.12.1991 AP Nr 144 zu § 620 BGB Befristeter Arbeitsvertrag). Beide Gerichte stellen dabei auf das besondere **Abwechslungsbedürfnis** und das Gebot der **Flexibilität** ab, dem Rundfunkanstalten wegen des wechselnden Geschmacks des Publikums unterliegen. So könne sich der sachliche Grund für die Befristung der Arbeitsverträge mit programmgestaltend tätigen Arbeitnehmern aus der Rundfunkfreiheit ergeben. Weitere Gründe für die Rechtfertigung der Befristung seien dann nicht erforderlich.

68 Umstritten ist, ob die Befristungsgrundsätze bei den Rundfunk- und Fernsehanstalten entsprechend auf sonstige Tendenzbetriebe von Presse, Kunst und Wissenschaft zu übertragen sind (dafür ErfK/*Müller-Glöge* § 14 TzBfG Rn 46a; *Meinel/ Heyn/Herms* TzBfG § 14 Rn 95; dagegen BeckOK/*Bayreuther* TzBfG § 14 Rn 53; *Ricker/Weberling* 34. Kapitel Rn 23; *Dörner* in der Vorauflage). Zumindest veränderte Berichtsgegenstände, Wettbewerbslagen und Publikumsbedürfnisse machen auch bei Presseunternehmen immer wieder Veränderungen erforderlich. Mithin treffen die

2. Kapitel. Die Begründung des Arbeitsverhältnisses **ArbR BT**

vom BVerfG (13.1.1982 BVerfG 59, 231, 259) und BAG (26.7.2006 AP Nr 25 zu § 14 TzBfG) anerkannten Bedürfnisse der Rundfunkanstalten auch auf Verlage zu – jedenfalls hinsichtlich leitender Redakteure, welche die Tendenz maßgeblich beeinflussen. Angesichts der Veränderungen der Medienlandschaft und der dramatischen Folgen für die Presse kann von einem „Bedürfnis an Kontinuität" (*Dörner* in der Vorauflage) keine Rede (mehr) sein.

Die Erleichterungen für die Befristung von Arbeitsverhältnissen nach § 14 Abs 2, **69** Abs 2a und Abs 3 TzBfG kommt den Verlegern auch bei der (Neu-)Einstellung eines Redakteurs zugute. Insoweit gelten keine abweichenden Regelungen.

4. Die tarifvertragliche Altersregelung

Nach § 13 Nr 6 MTV/Tageszeitungen ist das Arbeitsverhältnis eines Redakteurs in **70** einem **Zeitungsverlag** auf die Zeit von drei Monaten nach Ablauf des Monats **befristet**, in dem er die ungekürzte Regelaltersrente beziehen kann. Diese Befristung kann durch die Pflicht zum Abschluss von Anschlussverträgen überwunden werden, wenn damit dem Redakteur die Erfüllung der rentenversicherungsrechtlichen Voraussetzungen für den Bezug des Altersruhegeldes ermöglicht werden. Eine ähnliche Regelung enthält § 14 Nr 8 MTV/Zeitschriften, der allerdings keine dreimonatige Auslaufzeit kennt. Auch entsprechende einzelvertragliche Regelungen wie zB im Hausbrauch des Spiegelverlags sind statthaft (BAG 27.7.2005 NZA 2006, 32).

Die Bestimmungen kollidieren nicht mehr mit der Bestimmung über die Vereinba- **71** rung einer früheren Altersgrenze in § **41 Satz 2 SGB VI.**

III. Das Teilzeitarbeitsverhältnis

Nach § 2 Abs 1 TzBfG ist ein Arbeitnehmer teilzeitbeschäftigt, dessen regelmäßige **72** Wochenarbeitszeit kürzer ist als die regelmäßige Wochenarbeitszeit eines vergleichbaren vollzeitbeschäftigten Arbeitnehmers. Ist eine regelmäßige Wochenarbeitszeit nicht vereinbart, so ist ein Arbeitnehmer teilzeitbeschäftigt, wenn seine regelmäßige Arbeitszeit im Durchschnitt eines bis zu einem Jahr reichenden Beschäftigungszeitraums unter der eines vergleichbaren vollzeitbeschäftigten Arbeitnehmers liegt. Vergleichbar ist ein vollzeitbeschäftigter Arbeitnehmer des Betriebes mit derselben Art des Arbeitsverhältnisses und der gleichen oder einer ähnlichen Tätigkeit. Gibt es im Betrieb keinen vergleichbaren vollzeitbeschäftigten Arbeitnehmer, so ist der vergleichbare vollzeitbeschäftigte Arbeitnehmer auf Grund des anwendbaren Tarifvertrages zu bestimmen; in allen anderen Fällen ist darauf abzustellen, wer im jeweiligen Wirtschaftszweig üblicherweise als vergleichbarer vollzeitbeschäftigter Arbeitnehmer anzusehen ist. Teilzeitbeschäftigt ist auch ein Arbeitnehmer, der eine geringfügige Beschäftigung nach § 8 Abs 1 Nr 1 des Vierten Buches Sozialgesetzbuch ausübt. Bei der Begründung eines Teilzeitarbeitsverhältnisses sind im **Presseunternehmen keine Besonderheiten** zu beachten. Es gelten dieselben Regeln wie in anderen Bereichen.

Gemäß § 8 Abs 1 TzBfG kann ein Arbeitnehmer, dessen Arbeitsverhältnis länger **72a** als sechs Monate bestanden hat, die **Verringerung** seiner vertraglich vereinbarten **Arbeitszeit** verlangen. Der Anspruch besteht nur gegenüber einem Arbeitgeber, der – unabhängig von der Anzahl der Personen in Berufsbildung – in der Regel mehr als 15 Arbeitnehmer beschäftigt (§ 8 Abs 7 TzBfG). Der Arbeitnehmer muss die Verringerung seiner Arbeitszeit und den Umfang der Verringerung spätestens **drei Monate** vor deren Beginn geltend machen (§ 8 Abs 2 TzBfG). Der Arbeitgeber hat der Verringerung der Arbeitszeit zuzustimmen und ihre Verteilung entsprechend den Wünschen des Arbeitnehmers festzulegen, soweit **betriebliche Gründe** nicht entgegenstehen. Ein betrieblicher Grund liegt insbesondere vor, wenn die Verringerung der Arbeitszeit die Organisation, den Arbeitsablauf oder die Sicherheit im Betrieb wesentlich beeinträchtigt oder unverhältnismäßige Kosten verursacht (§ 8 Abs 4

Satz 2 TzBfG). Daneben besteht ein Anspruch auf Verringerung der Arbeitszeit **während der Elternzeit** gemäß § 15 Abs 7 BEEG. Hier kann der Arbeitgeber nur **dringende betriebliche Gründe** entgegen halten. Auch im Übrigen unterscheiden sich die Anspruchsvoraussetzungen und das Verfahren zu denjenigen nach dem TzBfG: So muss der Anspruch **sieben Wochen** vor Beginn der Tätigkeit **schriftlich** mitgeteilt werden. Die verringerte Arbeitszeit muss in einem Rahmen zwischen **15 und 30 Wochenstunden** liegen.

73 Da sich der freie Mitarbeiter und die arbeitnehmerähnliche Person stets nur mit einem Teil seiner Arbeitskraft einem Unternehmen widmet, liegt es nahe, aus der zeitlich nicht umfassenden Tätigkeit eines Beschäftigten auf den **Status** zu schließen. Das ist unzutreffend. Der Status wird allein nach den oben genannten Umständen bestimmt (Rn 28 ff.).

74 Für die Begründung der weiteren besonderen Arten von Teilzeitarbeitsverhältnissen wie das **Job-Sharing,** die **bedarfsorientierte oder kapazitätsorientierte Arbeitszeit** gelten die allgemeinen Regeln nach §§ 12 und 13 TzBfG.

C. Vertragsverhandlungen, Benachteiligungsverbot und Form des Abschlusses

I. Das Fragerecht des Arbeitgebers

75 Bei Vorstellungsgesprächen und Einstellungsverhandlungen haben die potentiellen Vertragspartner das Recht, sich gegenseitig zu befragen. Abgesehen von den **Einschränkungen,** die sich aus dem Mitbestimmungsrechten des Betriebsrats bei der Gestaltung von Personalfragebögen und der Aufstellung von Auswahlrichtlinien ergibt, ist das **Fragerecht,** das regelmäßig von Arbeitgebern intensiv genutzt wird, **nicht unbegrenzt.** Fragerechtsbeschränkungen ergeben sich aus dem **Persönlichkeitsrecht,** das den Arbeitnehmer davor schützt, mit Fragen konfrontiert zu werden, die mit dem Arbeitsplatz oder der zu leistenden Arbeit nicht im Zusammenhang stehen. Die mit der unzulässigen Frage einhergehende Verletzung des Persönlichkeitsrechts kann mit einer unrichtigen Antwort abgewehrt werden, ohne dass sich der Antwortende der berechtigten Anfechtung nach § 123 BGB ausgesetzt sehen muss (BAG 15.10.1992 AP Nr 8 zu § 611a BGB im Anschluss an den EuGH 8.10.1990 AP Nr 23 zu Art 119 EWG-Vertrag = NZA 1991, 171 zur Frage nach der Schwangerschaft; weiterführend BAG 1.7.1993 AP Nr 36 zu § 123 BGB = NZA 1993, 933 ff.; siehe ferner Rn 223).

76 Die Pressefreiheit des Verlegers eröffnet ein besonderes arbeitsplatzbezogenes Fragerecht. Seine statthafte Erwartung, dass sich der zukünftige Mitarbeiter mit der Tendenz des Unternehmens identifizieren soll, darf er mit **tendenzbezogenen Fragen nach der politischen und weltanschaulichen Auffassung des Bewerbers** überprüfen. Die Grenzen des erweiterten Fragerechts sind nicht starr; sie ergeben sich aus den Umständen des Einzelfalls, insb aus der Bedeutung der zu besetzenden Stelle (allgemein zum Fragerecht bei Einstellungen Schaub/*Linck* § 26 Rn 16 ff.; zum Fragerecht des Presseunternehmers ErfK/*Schmidt* Art 5 GG Rn 73).

II. Benachteiligungsverbot

77 Durch das **Allgemeine Gleichbehandlungsgesetz** (AGG) soll der Schutz vor Diskriminierungen im Sinne des Art 3 GG verbessert werden (BT-Drucks 16/1780, 20). Nach § 1 AGG ist eine **Benachteiligung** aus Gründen der Rasse oder wegen der ethnischen Herkunft, wegen des Geschlechts, der Religion oder Weltanschauung, einer Behinderung, des Alters oder der sexuellen Identität zu verhindern oder zu

beseitigen. Gemäß § 6 Abs 1 AGG werden Arbeitnehmer, die zu ihrer Berufsbildung Beschäftigten, arbeitnehmerähnliche Personen, Bewerber und ausgeschiedene Arbeitnehmer geschützt. Nach § 7 Abs 1 AGG dürfen Beschäftigte nicht wegen eines in § 1 genannten Grundes benachteiligt werden. Nach § 8 AGG ist jedoch eine unterschiedliche Behandlung wegen beruflicher Anforderungen zulässig. Ungeachtet des § 8 AGG ist eine unterschiedliche Behandlung wegen der Religion oder der Weltanschauung bei der Beschäftigung durch Religionsgemeinschaften sowie die ihnen zugeordneten Einrichtungen gemäß § 9 AGG zulässig. Die von den Medienverbänden geforderte Ausnahmeregelung für Tendenzunternehmen (vgl AfP 2005, 275) wurde nicht in das AGG eingefügt. Jedoch hat das Bundesjustizministerium betont, dass die Freiheit des Verlegers, die politische Tendenz seiner Zeitung festzulegen und durch die Auswahl entsprechender Mitarbeiter auch zu verwirklichen, durch das AGG nicht angetastet werde (vgl AfP 2006, 342; *Berger-Delhey* AfP 2006, 422).

Große praktische Bedeutung hat § 2 Abs 1 Nr 1 AGG für **Stellenanzeigen** (*Wickert/Zange* DB 2007, 970). Gemäß § 11 AGG darf ein Arbeitsplatz nicht unter Verstoß gegen § 7 Abs 1 AGG ausgeschrieben werden. Das bedeutet, dass in Stellenanzeigen keine nach § 1 AGG verbotenen Merkmale als Arbeitsplatzanforderungen genannt werden dürfen. So kann bereits die Suche nach einem „Berufsanfänger" bzw. einem „Hochschulabsolventen/Young Professionells" ein Indiz für eine altersbedingte Diskriminierung eines Bewerbers darstellen (BAG 24.1.2013 AP Nr 2 zu § 10 AGG). Enthält eine Stellenanzeige eines dieser Merkmale, begründet das regelmäßig eine Vermutung im Sinne von § 22 AGG für eine Benachteiligung (BVerfG 21.9.2006 NJW 2007, 137). Persönliche Einstellungen, Sympathien oder Haltungen einer Redakteurin sind keine „Weltanschauung", hierauf gestützte Entscheidungen eines Arbeitgebers stellen folglich auch keine Benachteiligung dar (BAG 20.6.2013 AP Nr 8 zu § 22 AGG). Bei einem Verstoß gegen das Benachteiligungsverbot ist der Arbeitgeber gemäß § 15 Abs 1 AGG verpflichtet, den hierdurch entstandenen Schaden zu ersetzen, es sei denn, er hat die Pflichtverletzung nicht zu vertreten. Wegen eines Schadens, der nicht Vermögensschaden ist, kann der Beschäftigte gemäß § 15 Abs 2 AGG eine angemessene **Entschädigung** in Geld verlangen. Die Entschädigung darf bei einer Nichteinstellung drei Monatsgehälter nicht übersteigen, wenn der Beschäftigte auch bei benachteiligungsfreier Auswahl nicht eingestellt worden wäre. Entschädigungsansprüche müssen gemäß § 15 Abs 4 AGG innerhalb einer Frist von zwei Monaten schriftlich geltend gemacht werden. Die Frist begegnet nach europäischem Recht keinen Bedenken (BAG 15.3.2012 AP Nr 10 zu § 15 AGG). Bei Ablehnung einer Bewerbung beginnt sie in dem Moment zu laufen, in dem der Bewerber von der Benachteiligung Kenntnis erlangt.

III. Form

1. Arbeitsverträge

Das Gesetz schreibt für den Abschluss eines Arbeitsvertrags keine Form vor. Auch im Presseunternehmen gilt als Teil der Vertragsfreiheit die Formfreiheit mit der Folge, dass Arbeitsverhältnisse sogar durch schlüssiges Verhalten begründet werden können. Bedeutsam ist in diesem Zusammenhang jedoch **die Richtlinie 91/533/EWG** des Rates über die Pflicht des Arbeitgebers zur Unterrichtung des Arbeitnehmers über die für seinen Arbeitsvertrag oder sein Arbeitsverhältnis geltenden Bedingungen vom 14. Oktober 1991 und das sie in das nationale Recht umsetzende Nachweisgesetz vom 22.6.1995 (BGBl I S 946). Der Arbeitgeber hat die dort normierten Pflichten zu beachten.

Formvorschriften finden sich ferner in den **MTVen für Redakteure**. Es handelt sich dabei jedoch **nicht um ein konstitutives Schriftformerfordernis**. Vielmehr wird den Vertragsparteien nur ein Anspruch auf schriftliche Niederlegung der bereits getroffenen (gültigen) Vereinbarungen gewährt, die einer Beweisnot vorbeugen sollen. Das gilt auch, wenn es heißt, dass Ergänzungen und Änderungen des Anstellungsvertrages schriftlich zu vereinbaren sind (§ 2 Abs 1 Satz 2 MTV/Zeitschriftenredakteure).

2. Verträge mit arbeitnehmerähnlichen Personen

80 Verträge mit dem Personenkreis des § 12a Abs 1 TVG können **formfrei** abgeschlossen werden. Die Vertragsparteien, auf deren Rechtsverhältnis der Tarifvertrag für arbeitnehmerähnliche freie Journalisten an Tageszeitungen anzuwenden ist, haben nach diesem Tarifvertrag keinen Anspruch auf Abschluss eines schriftlichen Vertrages. Das Nachweisgesetz findet für diesen Personenkreis keine Anwendung.

3. Verträge mit freien Mitarbeitern

81 Verträge der Presseunternehmen mit selbständigen, unabhängigen Journalisten unterliegen nicht den Regeln des Arbeitsrechts. Es handelt sich entweder um Dienst- oder um Werkverträge, für die die jeweiligen gesetzlichen Bestimmungen des BGB gelten. Diese sehen für die Vertragstypen **keine besondere Form** vor. Zur Vermeidung von Statusstreitigkeiten ist eine schriftliche Niederlegung der Vereinbarungen jedoch empfehlenswert, aus der sich nicht nur nominell, sondern tatsächlich die Unabhängigkeit des Mitarbeiters ergibt.

3. Kapitel. Inhalt des Arbeitsverhältnisses

Inhaltsübersicht

	Rn
A. Grundzüge	82
B. Tendenzielle Besonderheiten	85
I. Direktionsrecht des Verlegers und innere Pressefreiheit	85
1. Allgemeine Weisungen	86
2. Weisungen und Pressefreiheit	87
3. Versetzung	93
II. Tendenztreuepflicht	95
III. Tendenzfürsorgepflicht	98
C. Tarifvertragliche Besonderheiten	99
I. Vergütung	100
II. Zulagen	104
III. Jahresleistung	107
IV. Entgeltfortzahlung	111
1. Mitteilungspflicht und Nachweis durch ärztliche Arbeitsunfähigkeitsbescheinigung	112
2. Anspruchsvoraussetzungen	114
3. Höhe des Entgelts	117
4. Beginn, Dauer und Ende des Anspruchs	118
5. Zuschuss	120
6. Anspruchsübergang	121
V. Leistungen im Todesfall	122
VI. Vermögenswirksame Leistungen	128
VII. Urlaub	129
1. Entstehen des Urlaubsanspruchs	131
2. Befristung des Urlaubsanspruchs	132
3. Urlaubsdauer	135

3. Kapitel. Inhalt des Arbeitsverhältnisses   **ArbR BT**

	Rn
4. Erfüllung des Urlaubsanspruchs	139
5. Teilurlaub	143
6. Urlaub und Krankheit	145
7. Urlaubsabgeltung	148
8. Urlaubsentgelt	149
9. Zusätzliches Urlaubsgeld	151
VIII. **Freistellungen**	153
IX. **Arbeitszeit**	161
1. Gesetzesrecht	161
2. Tarifvertragliche Regelung in Tageszeitungsverlagen	164
a) Arbeitszeit	164
b) Verteilung der Arbeitszeit	170
c) Mehrarbeit	174
d) Sonntagsarbeit	177
3. Tarifvertragliche Regelungen für Redakteure in Zeitschriftenverlagen	178
a) Die Arbeitszeit und ihre Verteilung	179
b) Mehrarbeit und Mehrarbeitsvergütung	181
c) Sonntagsarbeit	185
X. **Nebentätigkeit**	188
XI. **Ausschlussfristen; Verjährungsfristen**	192
1. Die Fristenregelung in den Manteltarifverträgen der Presse	194
2. Umfang der Fristenregelung	198
D. **Urheberrechte des Arbeitnehmers**	202
I. **Einführung**	202
II. **Rechtseinräumung**	203
III. **Rückrufrecht**	206
IV. **Vergütung**	209

Schrifttum zu A und B: *Buchner,* Tendenzförderung als arbeitsrechtliche Pflicht – Zur Bindung des Arbeitnehmers an die Unternehmenszielsetzung, ZfA 1979, 335; *Bruns,* Der Einfluss der Rundfunkfreiheit auf das Arbeitsrecht, RdA 2008, 135; *Otto,* Toleranz in den Arbeitsbeziehungen – Eine Zwischenbilanz der Auseinandersetzungen um Arbeitnehmerentfaltung und Tendenzschutz, AuR 1980, 289; *Plander,* Entscheidungskompetenzen in Presseunternehmen, RdA 1979, 275; *Plüm,* Die tarifliche Erweiterung von Leistungsbestimmungsrechten des Arbeitgebers, DB 1992, 735; *Preis/ Genenger,* Die unechte Direktionsrechtserweiterung, NZA 2008, 969; *Rüthers,* Tendenzschutz und betriebsverfassungsrechtliche Mitbestimmung, AfP 1980, 3; *ders,* Rundfunkfreiheit und Arbeitsrechtsschutz, RdA 1985, 12; *Rüthers/Beninca,* Die Verwirklichung des Tendenzschutzes in Pressebetrieben im Rahmen des Direktionsrechts bei Versetzung von Redakteuren AfP 1995, 638; *Scholz,* Pressefreiheit und Arbeitsverfassung, 1978; *Seiler* Verfassungsrechtliche Grenzen der Normierung innerer Pressefreiheit, AfP 1999, 7; *Wallraf,* Hat ein Journalist gegenüber dem Presseverlag einen Anspruch auf Nennung im Impressum?, Festschrift für Damm, S 310 ff.

A. Grundzüge

Mit dem Abschluß des Arbeitsvertrages gehen die Parteien eine Reihe von wechselseitigen **Pflichten** ein. Zugleich erwerben sie **Rechte** gegenüber dem Vertragspartner. **Inhalt, Art und Umfang** von Rechten und Pflichten können **ausdrücklich** vereinbart werden. **Regelmäßig** ergeben sie sich aber aus den Normen der geltenden Tarifverträge, aus den zwingenden gesetzlichen Vorschriften und aus den ungeschriebenen Grundsätzen des Arbeitsrechts. Beispielhaft seien genannt die Arbeitspflicht des Arbeitnehmers (seine Hauptpflicht), seine allgemeine Treuepflicht, bestehend aus Rücksichts- und Verschwiegenheitspflichten sowie Unterlassungspflichten (die sog Nebenpflichten). Auf Arbeitgeberseite sind die Hauptpflichten zur Gewährung von Beschäftigung und zur Leistung der Vergütung zu nennen, wobei letztere teilweise auch dann besteht, wenn die Arbeitsleistung ausfällt. Als Nebenpflichten bestehen Fürsorgepflicht, die Pflicht zur Gleichbehandlung uam.   82

83 Mit den Pflichten **korrespondieren** regelmäßig die **synallagmatischen Ansprüche** des anderen Vertragspartners. Daneben haben die Arbeitsvertragsparteien einseitige Rechte. Eine besondere Bedeutung für den Arbeitsalltag hat das **Direktionsrecht** des Arbeitgebers. § 106 GewO regelt für alle Arbeitsverhältnisse einheitlich das – auch Weisungsrecht genannte – Direktionsrecht des Arbeitgebers (BAG 23.9.2004 NZA 2005, 359). Danach kann der Arbeitgeber Inhalt, Ort und Zeit der Arbeitsleistung nach billigem Ermessen näher bestimmen, soweit diese Arbeitsbedingungen nicht durch den Arbeitsvertrag, Bestimmungen einer Betriebsvereinbarung, eines anwendbaren Tarifvertrages oder gesetzliche Vorschriften festgelegt sind. Dies gilt auch hinsichtlich der Ordnung und des Verhaltens der Arbeitnehmer im Betrieb.

84 In **Presseunternehmen** gelten für die grundsätzlichen Rechte und Pflichten der Arbeitsvertragsparteien regelmäßig dieselben Regeln. Allerdings sind einige **Besonderheiten** zu beachten, die sich aus der **Tendenzfreiheit** (siehe dazu Rn 7 bis 13) und der **Meinungsfreiheit** der an der Produktion eines Presseerzeugnisses Beteiligten ergeben (auch **innere Pressefreiheit** genannt). Sie sind – von der Regelung in § 4 Abs 2 BbgPG abgesehen (Rn 88) – gesetzlich nicht geregelt und deshalb auch im Einzelnen unscharf und in ihrem Inhalt und ihrer Anwendung umstritten (zu den Bemühungen in den Jahren nach 1970 um eine gesetzliche Regelung vgl *Kübler*, Gutachten D 49. DJT und die Darstellung bei *Plander* RdA 1979, 275). Teilweise haben sie ihren Niederschlag normativ in den Tarifverträgen gefunden. Ferner finden sich in den Tarifverträgen des Pressewesens (Rn 14 f.) vom Gesetz abweichende Bestimmungen, die nicht tendenzbegründet sind.

B. Tendenzrechtliche Besonderheiten

I. Direktionsrecht des Verlegers und innere Pressefreiheit

85 Die **Pflichten des Redakteurs** im einzelnen ergeben sich nur **selten** konkret aus seinem Arbeitsvertrag. Meist ist nur das **Ressort und die Verantwortungsebene** beschrieben. Die weiteren Leistungspflichten sind in aller Regel nur **rahmenmäßig** bestimmt. Die Konkretisierung der Aufgaben nach Zeit, Ort und Art der Leistungen erfolgt über Weisungen des Arbeitgebers, zu denen dieser gemäß § 106 GewO grundsätzlich befugt ist. Denn Weisungsgebundenheit kennzeichnet gerade die abhängige Beschäftigung. Das Weisungs- oder Direktionsrecht des Arbeitgebers gehört zum **wesentlichen Inhalt** eines jeden Arbeitsverhältnisses. Es ist jedoch **nicht grenzenlos**. Seine Grenzen findet das Weisungsrecht vorrangig in den ausdrücklichen und stillschweigenden einzelvertraglichen Vereinbarungen (zur stillschweigenden Konkretisierung einer Arbeitspflicht durch Beschäftigung über mehr als 15 Jahre BAG 29.6.1988 – 5 AZR 425/87 – nv) und in der Art des Arbeitsverhältnisses, aber auch in den gesetzlichen, tariflichen und betrieblichen Vorschriften. Unter Berücksichtigung dieser Regeln und der Beachtung der beiderseitigen Interessen darf das Weisungsrecht nur **nach billigem Ermessen** ausgeübt werden (BAG 27.3.1980, 20.12.1984 und 23.6.1993 AP Nr 26, 27 und 42 zu § 611 BGB Direktionsrecht; BAG 24.5.1989 AP Nr 1 zu § 611 BGB Gewissensfreiheit; zur Konkretisierung der Arbeitsverpflichtung eines Redakteurs einer Boulevardzeitung ArbG Düsseldorf 19.4.1989 AfP 1989, 787; zum Arbeitsverhältnis eines leitenden Redakteurs BAG 29.6.1988 – 5 AZR 425/87 – nicht veröffentlicht).

1. Allgemeine Weisungen

86 Die vorstehenden Regeln gelten **uneingeschränkt**, soweit allgemeine Weisungen des Arbeitgebers an seine Redakteure ergehen, die die publizistische Tätigkeit nicht berühren (*Plander* RdA 1979, 275, 280). Dazu gehört auch die **Zuweisung eines Arbeitsplatzes** innerhalb einer Redaktion oder (mit Einschränkung) die Zuweisung

3. Kapitel. Inhalt des Arbeitsverhältnisses

eines Arbeitsplatzes in der Redaktion eines anderen Presseerzeugnisses (zur Nichtberücksichtigung eines Fernsehredakteurs bei der Neuvergabe von Moderatorenplätzen nach jahrelanger Tätigkeit LAG Rheinland-Pfalz 13.4.1989 AfP 1990, 68). Ist mit dem Redakteur allerdings bei Beginn des Arbeitsverhältnisses **vertraglich ein bestimmtes Arbeitsgebiet vereinbart,** so kann der Verleger ihm nicht durch **Ausübung des Direktionsrechts** ein anderes Arbeitsgebiet zuweisen (zum Anspruch auf Alleinmoderation für eine Fernsehmagazinsendung vgl LAG Baden-Württemberg 14.9.1988 AfP 1988, 391). Dazu ist eine einvernehmliche Regelung notwendig, es sei denn, der Arbeitgeber hat sich ausdrücklich die einseitige Zuweisung einer anderen Aufgabe vorbehalten. Die Zuweisung eines anderen Objekts innerhalb des Verlages ist jedenfalls im Geltungsbereich der Manteltarifverträge (Rn 14) nur möglich, wenn das vorher vereinbart worden ist (jeweils § 2 Abs 3).

2. Weisungen und Pressefreiheit

Der Verleger hat grundsätzlich auch gegenüber den Mitgliedern der Redaktion ein **publizistisches Direktionsrecht** (*Kübler,* Gutachten D 49. DJT S 14), das allerdings **Einschränkungen** unterliegt. Wird nämlich das Weisungsrecht des Verlegers auf die tägliche Leistungspflicht des Redakteurs erstreckt, so ist dessen **Meinungs- und Pressefreiheit** tangiert. Für die Bewältigung des dadurch entstehenden Konflikts haben sich die nachstehenden Regeln gebildet, die die Stellung des einzelnen Redakteurs gegenüber dem Herausgeber, Verleger und Chefredakteur und ihr Verhältnis zueinander bestimmen und die häufig als das **Recht der inneren Pressefreiheit** bezeichnet werden (ErfK/*Schmidt* Art 5 Rn 50f. und Rn 75f.; *Maunz/Dürig/Herzog/Scholz,* Art 5 Abs 1 und Abs 2 GG Rn 158ff.; *Ricker/Weberling* 38. Kapitel Rn 18f.; *Kübler* aaO; *Reuter* S 941, 949; siehe auch § 1 LPG Rn 126ff.).

Bei der Bearbeitung der **aktuellen publizistischen Themen** des Tages hat grundsätzlich der zuständige Redakteur die Kompetenz des Redigierens und Veröffentlichens. Das Direktionsrecht des Verlegers tritt infolge der Pressefreiheit des einzelnen Redakteurs zurück. Davon gibt es **zwei Ausnahmen:** Wenn die publizistische Stellungnahme zu tagesaktuellen Ereignissen zu **rechtlichen oder finanziellen Nachteilen** führen kann, hat der Verleger oder sein redaktioneller Vertreter (regelmäßig der Chefredakteur) die Möglichkeit, mittels Weisung in die publizistische Arbeit des einzelnen Redakteurs einzugreifen (*Kübler* aaO S 15). Ferner kann er bei **tendenzwidrigen Verstößen** des Redakteurs (vorbeugend) einschreiten. Problematisch erscheint in diesem Zusammenhang § 4 Abs 2 BbgPG über die Stellung des Redakteurs. Danach darf kein Redakteur veranlasst werden, eine Meinung, die er nicht teilt, als seine eigene zu publizieren (Satz 1). Gegen den Willen des Verfassers dürfen Beiträge, die unter seinem Namen veröffentlicht werden, in ihrem Wesensgehalt nicht verändert werden (Satz 4). Wenn mit dieser Regelung nur der verlegerische Eingriff in den Inhalt der Publikation verboten werden soll, so bestehen keine Bedenken hinsichtlich der praktischen Konkordanz der Grundrechte der beiden Grundrechtsträger. Wenn mit der Bestimmung dem Verleger auch verboten werden sollte, die Veröffentlichung tendenzwidriger oder auch nur rechtlich und finanziell nachteilige Beiträge zu verhindern, müsste die Norm verfassungsgemäß reduziert ausgelegt werden. Denn ein Eingriff in die dort geregelte Form muss dem Verleger im Ausnahmefall bleiben. Ansonsten hat der Redakteur als Träger des Grundrechts der Pressefreiheit ein hohes Maß an geistiger Unabhängigkeit und Selbständigkeit (*Ricker/Weberling* aaO Rn 19; *Reuter* S 949, der von einem ausgedünnten Direktionsrecht spricht).

Dem Verleger steht jedoch die Entscheidung über die **Festlegung und Änderung der Grundhaltung** des Presseerzeugnisses zu (BAG 19.6.2001 AP Nr 3 zu § 3 BetrVG 1972; *Ricker/Weberling* 38. Kapitel Rn 20). Damit verbunden ist die Kompetenz zur Erstellung von **Richtlinien,** die der Durchsetzung der Grundhaltung dienen. Sie werden regelmäßig im Anstellungsvertrag näher beschrieben (§ 3 Musterformular eines Anstellungsvertrages für Redakteure an Tageszeitungen). Ergänzend bestimmt § 2 Abs 2 Buchst c MTV/Tageszeitungen, dass im Anstellungsvertrag die Verpflichtung des Redakteurs auf die Einhaltung von Richtlinien für die grundsätzliche Haltung der Zeitung festzulegen ist (ähnlich die Parallelvorschrift des § 2 Abs 2 Buchst e MTV Zeitschriften).

90 Mit der Festlegung der Tendenz schränkt der Verleger zugleich sein Weisungsrecht inhaltlich ein. Er ist bei der Ausübung des Direktionsrechts an die von ihm gegebene Tendenz gebunden. Tendenzwidrige Weisungen sind rechtswidrig und ihre Befolgung kann vom Redakteur verweigert werden (MünchArbR/*Giesen* § 336 Rn 17). Denn das Verfassen von tendenzwidrigen Artikeln gehört letztlich nicht zu der geschuldeten Leistung iSd § 611 BGB. Allerdings trägt der Redakteur bei einer sich anschließenden Auseinandersetzung wegen der Weigerung, eine Weisung zu befolgen, das Risiko eines Rechtsirrtum über die Qualität der Weisung, weshalb ihm eine Weigerungshaltung nur bei eindeutigen Sachverhalten angeraten werden sollte.

91 Eine Verletzung der „inneren Pressefreiheit" des Redakteurs liegt auch dann vor, wenn Verleger und/oder Chefredakteur die Weisung erteilen, die journalistischen Ergebnisse des Redakteurs nicht oder nur zu einem geringen Teil zum Abdruck zu bringen.

92 Von der tendenzwidrigen Weisung zu unterscheiden ist die **ausdrückliche Änderung der Tendenz** durch den Verleger, bei der dem Redakteur besondere Rechte zustehen. Ändert der Verleger die Grundhaltung seines Presseprodukts, so kann er von seinen Redakteuren nicht verlangen, dass sie gegen ihre bisherige Überzeugung weiter publizieren. Deshalb sieht § 14 MTV Zeitungsredakteure vor, dass der Redakteur binnen eines Monats ab Kenntnis von der Änderung seine **Tätigkeit aufgeben kann,** wenn ihm die Fortsetzung billigerweise nicht zugemutet werden kann. In diesem Fall verliert er den Anspruch auf Fortzahlung der Vergütung für die Zeit der ordentlichen Kündigungsfrist, wenigstens für 6 Monate nicht (Einzelheiten siehe Rn 322 ff.). Eine entsprechende Regelung findet sich im MTV/Zeitschriftenredakteure nicht.

3. Versetzung

93 Ändert der Arbeitgeber Art oder Ort der Tätigkeit, so handelt es sich um eine **Versetzung.** Ob eine Versetzung rechtlich zulässig und damit wirksam ist, hängt vor allem vom Inhalt des Arbeitsvertrages und von ggfs. einschlägigen tarifvertraglichen Regelungen ab. Häufig enthält der Arbeitsvertrag lediglich eine fachliche Umschreibung der Tätigkeit (Rn 85). Das Spektrum der Redakteurstätigkeit ist weit gefasst. Der Umstand, das ein Redakteur einige Jahre in einem bestimmten Ressort gearbeitet hat, erzeugt ohne Hinzutreten weiterer Umstände keinen Anspruch darauf, zukünftig ausschließlich in diesem Bereich beschäftigt zu werden. Die Zuweisung eines neuen Arbeitsschwerpunkts ist dann vom Direktionsrecht des Arbeitgebers gedeckt (ArbG Trier 8.3.2006 AfP 2007, 66). Mangels anderweitiger Bestimmungen im Arbeits- oder Tarifvertrag kann ein Verlag einen Redakteur in den Grenzen des billigen Ermessens an einen anderen Ort versetzen (LAG Mecklenburg-Vorpommern 8.3.2011 AfP 2011, 614). So ist eine Auswahl unzulässig, die nur Beschäftigte einbezieht, die vorher befristete Arbeitsverträge hatten (BAG 10.7.2013 AP Nr 24 zu § 106 GewO). Der Verhältnismäßigkeitsgrundsatz spielt hingegen keine Rolle (LAG Mecklenburg-Vorpommern aaO). Der **Vorbehalt im Arbeitsvertrag** eines Redakteurs, ihm andere redaktionelle oder journalistische Aufgaben auch an anderen Orten und bei anderen Objekten zu übertragen, wenn es dem Verlag erforderlich erscheint und dem Redakteur zumutbar ist, gilt als wirksam (LAG Berlin-Brandenburg 22.2.2008 AfP 2008, 425). Eine Klausel dieser Art ist nur dann unzulässig und als unangemessene Benachteiligung im Sinne des § 307 BGB zu betrachten, wenn nicht gewährleistet ist, dass sie die Zuweisung einer mindestens gleichwertigen Tätigkeit zum Gegenstand hat (BAG 9.5.2006 NZA 2007, 145). Eine **formularmäßige Verset-**

zungsklausel, die materiell der Regelung in § 106 Satz 1 GewO nachgebildet ist, stellt weder eine unangemessene Benachteiligung des Arbeitnehmers dar noch verstößt sie allein deshalb gegen das Transparenzgebot des § 307 Abs 1 Satz 2 BGB, weil keine konkreten Versetzungsgründe genannt sind (BAG 11.4.2006 AP Nr 17 zu § 307 BGB). Die Regelung zur Unwirksamkeit von Änderungsvorbehalten in § 308 Nr 4 BGB ist nicht auf Versetzungsklauseln in Arbeitsverträgen anzuwenden. Denn die Vorschrift erfasst nur einseitige Bestimmungsrechte hinsichtlich der Leistung des Verwenders. Versetzungsklauseln in Arbeitsverträgen betreffen demgegenüber die Arbeitsleistung als die dem Verwender geschuldete Gegenleistung. Allerdings berechtigt eine derartige Regelung den Arbeitgeber nicht zur Versetzung eines Redakteurs in eine Service- und Entwicklungsredaktion, sofern er dort für neue Verlagsprodukte ausschließlich Testbeiträge erarbeiten muss. Entwicklungstätigkeit ist nach allgemeinem Verständnis keine redaktionelle oder journalistische Aufgabe (BAG 23.2.2010 AfP 2010, 514).

Haben die Parteien des Arbeitsvertrags das **Arbeitsgebiet** festgehalten, ist damit **94** nicht der **Arbeitsort** arbeitsvertraglich festgelegt (BAG vom 11.4.2006 aaO). Der Begriff „Arbeitsgebiet" beschreibt ebenso wie die Synonyme Aufgabengebiet oder Aufgabenkreis die Gesamtheit der zu erfüllenden Aufgaben und Pflichten. Dieser Auslegung steht auch nicht entgegen, dass nach § 95 Abs 3 BetrVG auch dann eine Versetzung (Zuweisung eines anderen Arbeitsbereichs) gegeben ist, wenn sich lediglich der Arbeitsort ändert (BAG 8.8.1989 AP Nr 18 zu § 95 BetrVG 1972). Der betriebsverfassungsrechtliche Versetzungsbegriff hat für die Ermittlung des einzelvertraglich vereinbarten Bestimmungsrechts des Arbeitgebers keine Bedeutung. Dementsprechend ist ein Verlag auch bei arbeitsvertraglicher Festlegung des „Arbeitsgebietes" nach § 106 Satz 1 GewO berechtigt, den einem Redakteur zunächst zugewiesenen Arbeitsort zu ändern. Eine sogenannte Rückholklausel im Arbeitsvertrag eines Redakteurs, mit der ein Verlag die Entsendung eines Auslandskorrespondenten rückgängig machen kann, ist rechtlich zulässig und auch durch die einem Verlag zustehende Tendenzverwirklichung gerechtfertigt (ArbG Frankfurt 26.4.2013 AfP 2013, 449). Unter Berücksichtigung der im Arbeitsrecht geltenden Besonderheiten (§ 310 Abs 4 Satz 2 BGB) wird der Redakteur durch die Rückholklausel in seiner Entsendevereinbarung nicht unangemessen benachteiligt. Die Möglichkeit der Abkürzung der Entsendung wird nämlich den Interessen beider Vertragsparteien gerecht. Wenn auf der einen Seite die Rückholklausel dem im Arbeitsrecht bestehenden spezifischen Anpassungs- und Flexibilisierungsbedürfnis des Arbeitgebers Rechnung trägt, erhält auf der anderen Seite der Arbeitnehmer für die von ihm abverlangte Flexibilität eine entsprechend stärkere Sicherung seines Arbeitsverhältnisses im Falle betriebsbedingter Kündigungen. Durch die Rückholklausel erweitert sich bei Ausspruch betriebsbedingter Kündigung der Kreis der Sozialauswahl (Rn 269).

II. Tendenztreuepflicht

Nach heute vorherrschender Auffassung (vgl die Nachweise bei Schaub/*Linck* **95** § 53; für Dienstnehmer: BGH 23.2.1989 AP Nr 9 zu § 611 BGB Treuepflicht) hat der Arbeitnehmer seine **Verpflichtungen aus dem Arbeitsverhältnis so zu erfüllen**, seine Rechte so auszulegen und die im Zusammenhang mit dem Arbeitsverhältnis stehenden **Interessen des Arbeitgebers** so zu wahren, wie dies von ihm unter Berücksichtigung seiner **Stellung im Betrieb**, seiner **eigenen Interessen** und der **Interessen der anderen Arbeitnehmer** im Betrieb nach Treu und Glauben billigerweise verlangt werden kann (Umschreibung der **Nebenpflichten** des Arbeitnehmers nach dem Entwurf eines Arbeitsgesetzbuchs, die früher mit dem Begriff der allgemeinen Treuepflicht bezeichnet wurde; vgl zur alten Definition *Hueck/Nipperdey* Band I § 37 I). Kurz: Er darf durch sein Verhalten dem Unternehmerziel seines Arbeitgebers nicht entgegenarbeiten. So darf er zB während der Dauer des Arbeitsverhältnisses keine **Konkurrenz** betreiben (BAG 1.10.1969 AP Nr 7 zu § 611 BGB Treuepflicht) oder für seine zukünftige selbständige Tätigkeit **Kollegen abwerben** (Schaub/Linck § 53 Rn 11). Eine **Verschwiegenheitspflicht** kann sich nur auf solche Betriebsinterna beziehen, an deren Geheimhaltung der Verlag ein berechtigtes Interesse hat. Eine arbeitsvertragliche Klausel zur Verschwiegenheit über alle betriebsinternen Vorgänge verstößt gegen § 307 Abs 1 BGB und ist deshalb nichtig (LAG Rheinland-Pfalz 21.2.2013 – 2 Sa 386/12). **Außerhalb seines Arbeitsverhältnisses** ist der Arbeitnehmer in seinem Verhalten weitgehend frei, es sei denn, durch das außerdienstliche Verhalten werden schwerwiegende Interessen des Arbeitgebers berührt.

96 Die **Tendenztreuepflicht** (heute auch besser Nebenpflichten eines Tendenzträgers genannt) geht noch weiter. Darunter wird im Pressebereich die Pflicht des Tendenzträgers verstanden, auch außerhalb seiner beruflichen Tätigkeit nicht der Zielsetzung seines Unternehmens entgegenzuarbeiten, sondern auch im **Privatleben** die Interessen seines Verlegers zu beachten und zu wahren (MünchArbR/Giesen § 336, Rn 20; *Buchner* ZfA 1979, 335, 346). So ist die aktive Betätigung eines Gewerkschaftssekretärs des DGB für den „Kommunistischen Bund Westdeutschlands" (KWB) als Verletzung der Tendenztreuepflicht und eine darauf gestützte Kündigung als sozial gerechtfertigt angesehen worden (BAG 6.12.1979 AP Nr 2 zu § 1 KSchG 1969 Verhaltensbedingte Kündigung). Die Tendenztreuepflicht kann sehr weit gehen, wie die Rechtsprechung zu den kirchlichen Arbeitsverhältnissen zeigt (vgl den Fall der katholischen Leiterin eines katholischen Pfarrkindergartens, die in weltlicher Ehe einen geschiedenen Mann geheiratet hat und nach Auffassung des BAG deshalb zu Recht gekündigt worden ist: BAG 25.4.1978 AP Nr 2 zu Art 140 GG). Im **Pressebereich** gebietet sie dem Tendenzträger, **sich nicht öffentlich widersprüchlich zur Haltung seiner Zeitung oder Zeitschrift zu äußern** (Beispiele bei MünchArbR/Giesen § 336 Rn 22; eingeschränkt auch bei *Buchner* ZfA 1979, 335, 349). Ein derartiges Verhalten kann im Einzelfall Abmahnung und Kündigung zur Folge haben.

97 Im Schrifttum wird darüber hinaus auch vertreten, den Redakteur treffe eine besondere **Tendenzförderungspflicht** (MünchArbR/Giesen § 336 Rn 21 f.). Dem kann nicht zugestimmt werden. Im dienstlichen Bereich gehört es zu den Hauptpflichten eines Redakteurs, an der Verwirklichung der durch Vertrag und Richtlinien festgelegten Tendenz mitzuarbeiten. Eine Tendenzförderungspflicht im außerdienstlichen Bereich etwa des Inhalts, dass der Redakteur bei jeder Gelegenheit verpflichtet ist, sich im Sinne der Tendenz seines Unternehmens zu äußern, und ein Schweigen zu anderseits geäußerten Auffassungen zB in einer Parteiveranstaltung pflichtwidrig sei, ist abzulehnen.

III. Tendenzfürsorgepflicht

98 Redakteure können im Rahmen ihrer journalistischen Tätigkeit in mannigfacher Weise in die **geschützten Rechtsgüter Dritter eingreifen.** Sie können sich dadurch strafbar machen und zivilrechtlichen Ansprüchen ausgesetzt werden. Hat der Redakteur **rechtswidrig schuldlos** gehandelt und entstehen ihm im Zusammenhang mit einem Verfahren über Widerruf und Unterlassung **Kosten**, so ist der Verleger aufgrund der Fürsorgepflicht gehalten, ihn von den Ansprüchen freizustellen. Hat der Redakteur **schuldhaft** gehandelt, so kommen die **Grundsätze über die Haftung des Arbeitnehmers** zur Anwendung (BAG Beschluss des Großen Senats GS 1/89 vom 27.9.1994 AP Nr 103 zu § 611 BGB Haftung des Arbeitnehmers). Bei **Vorsatz** und **grober Fahrlässigkeit** kann auch der Journalist keine Freistellung von den Kosten und Belastungen im Zusammenhang mit der Berichtigung seiner unzutreffenden Meldung verlangen. Bei **fahrlässigem** Verhalten kommt eine nach den Umständen des Einzelfalls zu bemessende Übernahme der Lasten, im Einzelfall bis zur vollen Höhe in Betracht.

C. Tarifvertragliche Besonderheiten

Schrifttum: zu I: *Berger-Delhey,* Aktuelle Probleme im Tarifrecht der Zeitschriftenredakteure, AfP 1992, 41; *ders,* Die Tarifverträge der Presse im geeinigten Deutschland, AfP 1990, 186; *Picker,* Niedriglohn und Mindestlohn, RdA 2014, 25; **zu II:** *Hromadka,* Der Große Senat des BAG zu den übertariflichen Zulagen, DB 1992, 1573; **zu III:** *Bayreuther,* Freiwilligkeitsvorbehalte: Zulässig aber überflüssig?, BB 2009, 102; *Berger-Delhey,* Die tarifliche Jahresleistung für Redakteure, AfP 1989, 721; *Freitag,* Über die Freiwilligkeit freiwilliger Leistungen, NZA 2002, 294; *Hanau/Vossen,* Die Kürzung von Jahressonderzahlungen aufgrund fehlender Arbeitsleistung, DB 1992, 213; *Niebling,* Formularmäßige Freiwilligkeitsvorbehalte im Arbeitsrecht, NJW 2013, 3011; *Sagan/Preis,* Wider die Wiederbelebung des Freiwilligkeitsvorbehalts!, NZA 2012, 1077; *Swoboda/Kinner,* Mitarbeitermotivation durch arbeitsvertragliche Sonderzahlungen BB 2003, 1419; *Tschöpe/Fleddermann,* Das Einmaleins des Gratifikationsrechts – AuA 2002, 256; **zu IV:** *Berenz,* Lohnfortzahlung an im Urlaub erkrankte Arbeitnehmer, DB 1992, 2442; *Boecken,* Probleme der Entgeltfortzahlung im Krankheitsfall, NZA 1999, 673; *Diller,* Krankfeiern seit dem 1.6.1994 schwieriger?, NJW 1994, 1690; *Feldgen,* Das neue Entgeltfortzahlungsgesetz, DB 1994, 1289; *Hunold,* Zum Beweiswert einer Arbeitsunfähigkeitsbescheinigung, DB 1992, 2633; *Kleinsorge,* Gesetz über die Zahlung des Arbeitsentgelts an Feiertagen und im Krankheitsfall (Entgeltfortzahlungsgesetz), NZA 1994, 640; *Knorr,* Organlebendspende und Entgeltfortzahlung, NZA 2012, 1132; *v Koppenfels,* Die Entgeltfortzahlung im Krankheitsfall an der Schnittstelle von Arbeits- und Sozialrecht, NZS 2002, 241; *Lepke,* Zur arbeitsrechtlichen Bedeutung ärztlicher Arbeitsunfähigkeitsbescheinigungen, DB 1993, 2025; *Schaub,* Rechtsfragen der Arbeitsunfähigkeitsbescheinigungen nach dem Entgeltfortzahlungsgesetz, BB 1994, 1629; **zu VII:** *Bährle,* Urlaubsansprüche und deren Abgeltung, BuW 2001, 394; *Dornbusch/Ahner,* Urlaubsanspruch und Urlaubsabgeltung bei fortdauernder Arbeitsunfähigkeit des Arbeitnehmers, NZA 2009, 180; *Fischer,* Rechtswidrig verweigerte Urlaubsgewährung durch den Arbeitgeber – Handlungsmöglichkeiten des Arbeitnehmers, ArbuR 2003, 241; *Meier,* Freistellung als Urlaubsgewährung, NZA 2002, 873; *Ring,* Grundfragen des Anspruchs auf Erholungsurlaub nach dem BUrlG, Buw 2002, 389; *Schubert,* Der Urlaubsabgeltungsanspruch nach Abschied von der Surrogationsthese, RdA 2014, 9; **zu VIII:** *Berger-Delhey,* Aktuelle Probleme im Tarifrecht der Zeitschriftenredakteure, AfP 1992, 41; *Sowka,* Freistellungspflichten des Arbeitgebers zur Ermöglichung der Pflege eines kranken Kindes, RdA 1993, 34; **zu IX:** *Abele,* Bereitschaftsdienst, nächste Runde – kommt die horizontale Direktwirkung von Richtlinien?, BB 2004, 555; *Berning,* Die Änderung des Arbeitszeitgesetzes durch das Gesetz zu Reformen am Arbeitsmarkt, BB 2004, 101; *Berger-Delhey,* Zur Auslegung des Begriffs Mitarbeit in § 9 Nr 2 Abs 2 MTV für Redakteure an Zeitschriften, AfP 1993, 554; *ders,* Druckerschwärze und Papier „Sonntags nie?", BB 1994, 2199; *Kuhr,* Die Sonntagsruhe im Arbeitszeitgesetz aus verfassungsrechtlicher Sicht, DB 1994, 2186; *Lörcher,* Die Arbeitszeitrichtlinie der EU, AuR 1994, 49; *Reske/Berger-Delhey,* Arbeitszeitgesetzentwurf und Pressefreiheit – Synonyma oder Antinomie?, AfP 1993, 449; *Schliemann,* Allzeit bereit, NZA 2004, 513; *ders,* SIMAP: Arbeitszeit und Dienstplan – dienstvertragliche Pflichten des Chefarztes, ZTR 2003, 61.

Die **Manteltarifverträge** für Redakteure an Tageszeitungen und an Zeitschriften **99** enthalten eine Reihe von Regelungen, die gesetzliche Vorschriften **abändern** oder **ergänzen.** Es handelt sich dabei um die nachstehenden Regelungsbereiche:

I. Vergütung

Den Redakteuren muss ein **festes Gehalt** gezahlt werden, das spätestens am Letzten jeden Monats **fällig** ist (jeweils § 3 Abs 1 und 2 der MTVe). Bei Geltung eines der Tarifverträge bemisst sich die Höhe des Gehalts nach den jeweiligen **Gehaltstarifverträgen,** soweit keine für den Redakteur **günstigere einzelvertragliche Vereinbarung** geschlossen worden ist. Kommen die Tarifverträge weder normativ (Rn 17) noch kraft Vereinbarung (Rn 28) zur Anwendung, muss die Vergütung für den Redakteur frei vereinbart werden. Wird das versäumt, bestimmt sich die Vergütung nach § 612 Abs 2 BGB, wonach bei dem Bestehen einer Taxe die taxmäßige Vergütung, in Ermangelung einer Taxe die übliche Vergütung als vereinbart anzusehen ist. Das ist dann häufig die tarifliche Vergütung (BAG 14.6.1994 AP Nr 2 zu § 3 TVG Verbandsaustritt). Auch in Presseunternehmen gilt ab dem 1. Januar 2015 der allgemeine gesetzliche **Mindestlohn** von 8,50 Euro pro Stunde. Nicht unter die Regelung fallen neben Kindern und Jugendlichen, Auszubildenden und ehrenamtlich **100**

Tätigen auch Praktikanten, die ein verpflichtendes Praktikum im Rahmen von Schule, Ausbildung oder Studium absolvieren sowie – für die ersten sechs Monate der Beschäftigung – Langzeitarbeitslose, die in den ersten Arbeitsmarkt integriert werden sollen. Für **Zeitungszusteller** hatten die Verlegerverbände eine Ausnahme gefordert. Hier soll nun eine Übergangsregelung greifen, so dass der Mindestlohn in voller Höhe für Zeitungszusteller erst ab dem 1.1.2017 gilt.

101 Die Tarifsätze bestimmen sich nach dem **Status** (Redakteur, Alleinredakteur, Redakteur in besonderer Stellung) und nach dem **Berufsjahr** (§ 2 der jeweiligen Gehaltstarifverträge). Die Gehaltstarifverträge definieren diese Begriffe und regeln die zutreffende **Einstufung** des einzelnen Mitarbeiters in die Gehaltsgruppen (II bis V im GTV/Zeitungsredakteure und I und II im GTV/Zeitschriftenredakteure; Einzelheiten dazu mit Beispielen bei *Schaffeld/Hörle* B. Rn 105–139; zur Mitbestimmung des Betriebsrats vgl Rn 365). Für Redakteure an Tageszeitungen, die nach dem 30.4.2014 erstmals ein Arbeitsverhältnis mit einem Verlag begründen, gilt nach dem GTV/Zeitungsredakteure vom 24. April 2014 eine **neue Gehaltsstruktur** mit nur noch drei Tarifgruppen: Redakteure, Redakteure mit besonderer Funktionszuweisung und Redakteure mit Leitungsfunktion. Bei den Redakteuren nach Tarifgruppe 2 wird zudem unterschieden, ob diese über eine Regelqualifikation (Volontariat, abgeschlossenes Studium, Journalistenschule) verfügen. Die Tarifregelung ist insgesamt **justitiabel**. Der Redakteur, der meint, **unzutreffend eingruppiert** zu sein, kann Klage beim zuständigen Arbeitsgericht einreichen, das seine Einstufung dann überprüft (BAG 19.3.2003 AP Nr 14 zu § 1 TVG Tarifvertrag: Presse; zur Überprüfung der richtigen Einstufung im Rahmen eines Beschlussverfahrens vgl BAG 12.6.2003 EzA § 613a BGB 2002 Nr 10). Die Vergütung der Ressortleiter der geschäftsführenden Redakteure, der Chefs vom Dienst (BAG 7.11.1990 AP Nr 26 zu § 1 TVG Tarifverträge: Druckindustrie), der stellvertretenden Chefredakteure und der Chefredakteure sowie der Redakteure mit vergleichbaren Funktionen sind tariflich nicht im Einzelnen geregelt. Die Tarifvertragsparteien haben für diesen Personenkreis den Vertragspartner aufgegeben, die Vergütung frei zu vereinbaren, und dabei lediglich eine Empfehlung („angemessen über …") ausgesprochen. Das gilt von wenigen abweichenden Formulierungen abgesehen für die Gehaltstarifverträge der Zeitungsverlage wie der Zeitschriftenverlage. Einigen sich Arbeitgeber und Arbeitnehmer nicht gemäß § 2 Abs 6 GTV für Redakteure an Tageszeitungen über die Anpassung frei vereinbarter Gehälter, kann der Arbeitnehmer ein den angemessenen Abstand wahrendes Gehalt verlangen und auf Zahlung klagen. Das Gericht hat dann das angemessene Gehalt unter Berücksichtigung aller Umstände des Einzelfalls zu bestimmen (BAG 28.9.2005 AP Nr 17 zu § 1 TVG Tarifverträge: Presse). Bei der Feststellung des angemessenen Gehalts sind insbesondere die ausgeübte Tätigkeit, das Gehaltsgefüge und die Gehaltsentwicklung in der Vergangenheit sowie die wirtschaftliche Lage des Arbeitgebers zu berücksichtigen.

102 Zu den Bezügen im Sinne der Manteltarifverträge, nicht im Sinne des gesetzlichen Vergütungsrechts, gehören als **Auslagenersatz** zu bezeichnende Geldleistungen, die jeweils in § 3 Abs 2 bis Abs 5 MTVe geregelt sind. Er gliedert sich in
– Auslagen, die im Interesse und für Zwecke des Verlages gemacht werden,
– Beträge, die auf Veranlassung des Verlages ausgegeben worden sind,
– Kosten für Unterkunft, Verpflegung, Bewirtung und Benutzung eines PKW nach Verlagsrichtlinien sowie
– Kosten für die Anschaffung einer eigenen Kamera.

103 Die Manteltarifverträge enthalten mit Ausnahme der Kosten für Unterkunft usw. Anspruchsgrundlagen zugunsten der Redakteure. Für die **Unterkunfts-, Verpflegungs- und Bewirtungskosten** bedarf es der Verabschiedung von Verlagsrichtlinien in Form einer Betriebsvereinbarung oder in der Form der vertraglichen Vereinbarung zum Anstellungsvertrag, die dann ihrerseits im Streitfall herangezogen werden können. Der Redakteur ist für das Vorliegen der tarifvertraglichen oder betrieblichen Voraussetzungen darlegungs- und ggf beweispflichtig.

II. Zulagen

Zulagen irgendwelcher Art sind mit Ausnahme des Zuschlags für Mehrarbeit (vgl dazu Rn 174) **tarifvertraglich nicht geregelt.** Wenn die Arbeitsvertragsparteien Zulagen vereinbaren, so ist das bei der Anstellung festzulegen. Das ist nicht nur ein tarifvertragliches Gebot (§ 2 Abs 2 Buchst b der MTVe), sondern eines der Rechtssicherheit. Die eindeutige Festlegung über Inhalt und Art der Zulage erspart regelmäßig eine gerichtliche Auseinandersetzung, insb wenn Zulagen bei der Tariflohnerhöhung nach dem Wunsch des Verlegers angerechnet werden sollen. Wenigstens ist nach den Bestimmungen des Nachweisgesetzes zu verfahren, wenn die Tarifverträge nicht zur Anwendung kommen. 104

Der **über- oder außertarifliche Anteil** der Vergütung kann tarifunabhängig (tariffest, anrechnungsfest) vereinbart werden mit der Folge, dass er bei Tarifgehaltserhöhungen wie bisher ungeschmälert zum neuen tariflichen Grundwert geleistet wird (*Schaffeld/Hörle* B. Rn 141–154). Der Anteil kann aber auch als **widerruflich und/ oder anrechenbar** verabredet sein, so dass der Arbeitgeber wenigstens bei Tariferhöhungen individualrechtlich die Möglichkeit hat zu überprüfen, ob er den erhöhten Betrag ungekürzt weiterzahlen oder ihn vollständig oder teilweise herabsetzen will (BAG 14.4.2002 AP Nr 38 zu § 4 TVG Übertariflicher Lohn u Tariflohnerhöhung; 7.2.1995 AP Nr 6 zu § 4 TVG Verdienstsicherung; 22.9.1992 AP Nr 54 zu § 87 BetrVG 1972 Lohngestaltung; 8.12.1982 AP Nr 15 zu § 4 TVG Übertarifl Lohn- u Tariflohnerhöhung; 10.3.1982 AP Nr 47 zu § 242 BGB Gleichbehandlung; 4.6.1980 AP Nr 13 zu § 4 TVG Übertarifl Lohn- u Tariflohnerhöhung). Ob ein über- oder außertariflicher Bestandteil anrechnungsfest oder widerruflich/anrechenbar ist oder nicht, muss nach dem Inhalt des jeweiligen Vertrags bestimmt werden. 105

Haben sich die Arbeitsvertragsparteien nicht eindeutig erklärt, sind ihre Vereinbarungen unter Berücksichtigung der tatsächlichen Handhabung **auszulegen.** Dabei ist nach ständiger Rechtsprechung des BAG (aaO) von folgenden Regeln auszugehen: Der Arbeitgeber kann übertarifliche Zulagen im Fall einer Tariflohnerhöhung **grundsätzlich** auf den Tariflohn **anrechnen,** es sei denn, dass dem Arbeitnehmer aufgrund einer vertraglichen Abrede die Zulage als **selbständiger Lohnbestandteil** neben dem jeweiligen Tariflohn zustehen soll. Eine derartige Vereinbarung kann sich auch bei Fehlen einer ausdrücklichen Zusage stillschweigend aus den besonderen Umständen bei den Vertragsverhandlungen ergeben, aus dem Zweck der Zulage – wenn mit ihr zB besondere Leistungen oder Erschwernisse abgegolten werden sollen (BAG aaO; 10.12.1965 BAGE 18, 22 = AP Nr 1 zu § 4 TVG Tariflohn und Leistungsprämie) – oder aus einer betrieblichen Übung. In der tatsächlichen Zahlung einer übertariflichen Zulage allein ist allerdings noch nicht die vertragliche Abrede zu erblicken, die Zulage solle auch nach einer Tariflohnerhöhung als selbständiger Lohnbestandteil neben dem jeweiligen Tariflohn gezahlt werden. Diese Grundsätze gelten auch dann, wenn die tarifliche Zulage über einen längeren Zeitraum vorbehaltlos gezahlt und nicht mit Tariflohnerhöhungen verrechnet wird. Ein solches tatsächliches Verhalten genügt nicht für die Annahme einer betrieblichen Übung, die übertarifliche Zulage anrechnungsfest zum jeweiligen Tariflohn zu gewähren (BAG aaO). Die jahrelange Weitergabe der Tariflohnerhöhungen führt auch nicht zu einem Verlust des Anrechnungsrechts. Die Vereinbarung eines Monatslohns in einer Summe ist ein wichtiges Indiz gegen die Annahme eines Anrechnungsverbots. Sie ist vielmehr deutliches Anzeichen dafür, dass kein anrechnungsfester übertariflicher Teil vereinbart werden sollte. Andererseits spricht die Aufspaltung des Lohns in Tariflohn einerseits und Zulage andererseits noch nicht zwingend für ein solches Verbot (zur kollektivrechtlichen Problematik der Anrechnung BAG 3.12.1991 AP Nr 51 zu § 87 BetrVG 1972 Lohngestaltung). 106

III. Jahresleistung

107 Während das gesetzliche Arbeitsrecht keine Bestimmungen über Jahresleistungen kennt, finden sich in den Manteltarifverträgen der Presse ausführliche Regeln (jeweils § 4 MTV). So ist der **Auszahlungszeitpunkt** bestimmt (Eingangssatz: **spätestens am 31. Dezember** bzw Tag der Beendigung des Arbeitsverhältnisses; in der Praxis wird die Jahresleistung am 30.11. gezahlt, weshalb auch vom „Weihnachtsgeld" gesprochen wird), die **Höhe** der Jahresleistung (§ 4 Abs 1 MTVe) festgelegt und die **Nichtberücksichtigung** des Betrages bei der Berechnung tariflicher und gesetzlicher Durchschnittsentgelte angeordnet (§ 4 Abs 4 MTVe).

108 Zu Recht haben die Tarifvertragsparteien ausführlich geregelt, unter welchen Umständen nur eine **anteilige Jahresleistung** geschuldet ist und unter welchen Umständen sie entfällt. Die damit verbundenen Rechtsfragen spielen bei unvollständigen Vereinbarungen in der Praxis der Gerichte für Arbeitssachen eine erhebliche Rolle (zB BAG 4.12.2002 AP Nr 245 zu § 611 BGB Gratifikation 12.5.1993 AP Nr 156 zu § 611 BGB Gratifikation mit Anm *Hanau/Gaul*). Hinzu kommen die Risiken vorformulierter arbeitsvertraglicher Regelungen zur Freiwilligkeit bzw zur Widerruflichkeit von Gratifikationen. So muss etwa ein **Freiwilligkeitsvorbehalt** klar und verständlich iSd § 307 BGB sein und kann nicht wirksam mit einem **Widerrufsvorbehalt** kombiniert werden (BAG 8.12.2010 AP Nr 91 zu § 242 BGB Betriebliche Übung). In den MTVen der Presse ist dagegen eindeutig bestimmt, dass ein Redakteur den Anspruch auf die Jahresleistung nicht vollständig verliert, wenn er im Laufe des Jahres ausscheidet. Vielmehr bekommt er dann eine anteilige Leistung für jeden vollen Kalendermonat, wobei angefangene Monate wie volle Monate gewertet werden, wenn er länger als 15 Kalendertage (gemeint ist wohl: in diesem Monat) im Betrieb tätig gewesen ist (jeweils § 4 Abs 2 MTV). Auch der aus wichtigem Grund (fristlos) gekündigte Redakteur behält seinen anteiligen Anspruch (aA *Berger-Delhey* AfP 1992, 41, 42, der allerdings übersieht, dass sich der Ausschluß in § 4 Abs 2 Satz 4 nur auf den Satz 3 [das ist die 15-Tage-Regelung] bezieht, nicht auf die Regelung insgesamt).

109 Für **Zeiten unbezahlter Arbeitsbefreiung** wird die Jahresleistung entsprechend gekürzt, § 4 Abs 3 MTVe. Diese Bestimmungen greifen bei vertraglich vereinbartem unbezahlten **Sonderurlaub**, aber auch in den Fällen, in denen der Arbeitnehmer aufgrund eines gesetzlich vorgesehenen Tatbestands von der Verpflichtung zur Arbeitsleistung frei wird. Es sind dies zB die Fälle des **Wehr- und Zivildienstes und der Elternzeit** ohne – erlaubte teilweise – Beschäftigung (*Schaffeld/Hörle* B. Rn 164 f.; *Berger-Delhey* AfP 1992, 41, 42) sowie bei **Maßnahmen eines rechtmäßigen Arbeitskampfes** (Rn 411, 431). Die **Mutterschutzfristen** nach § 3 Abs 2 und § 6 Abs 1 MuSchG haben keinen Einfluss auf die Höhe der Jahresleistung (vgl BAG 12.5.1993 AP Nr 156 zu § 611 BGB Gratifikation zu einer anderen Tarifnorm). Dasselbe gilt für **krankheitsbedingte Fehlzeiten** unabhängig von der Dauer der Erkrankung; auch ist keine Mindestarbeitszeit von 14 Tagen im Kalenderjahr notwendig (BAG 5.8.1992 AP Nr 143 zu § 611 BGB Gratifikation). Soweit § 4 Abs 3 MTV/ Zeitschriftenredakteure anordnet, dass für Zeiten unbezahlter Arbeitsbefreiung unbeschadet entgegenstehender zwingender gesetzlicher Vorschriften die Jahresleistung entsprechend gekürzt wird, ist sie teilweise rechtsunwirksam, soweit damit zwingendes Gesetzesrecht ausgeklammert werden soll.

110 **Teilzeitbeschäftigte** erhalten eine anteilige Jahresleistung nach dem Verhältnis der mit ihnen vereinbarten Arbeitszeit zur tariflichen Arbeitszeit, § 4 Abs 5 MTVe. Mit der Anknüpfung an die Arbeitszeit ist für Teilzeitbeschäftigte eine andere Bezugsgröße für die Sonderleistung als bei den Vollzeitbeschäftigten gewählt worden, für die die Höhe des Entgelts maßgeblich ist. Das kann im Einzelfall zu unterschiedlichen Ergebnissen führen, die am Benachteiligungsverbot des § 4 Abs 2 TzBfG zu messen sind.

IV. Entgeltfortzahlung

Die Manteltarifverträge der Presse ergänzen die Regelung im Entgeltfortzahlungs- 111
gesetz (EFZG). Das bedeutet im Einzelnen:

1. Mitteilungspflicht und Nachweis durch ärztliche Arbeitsunfähigkeitsbescheinigung

Redakteure an **Tageszeitungen** haben nach § 5 Abs 1 MTV die Verpflichtung, 112
dem Verlag die Arbeitsunfähigkeit **unverzüglich** (das heißt nach der Legaldefinition
des § 121 BGB „ohne schuldhaftes Zögern") **anzuzeigen** und innerhalb von drei
Arbeitstagen eine ärztliche Arbeitsunfähigkeitsbescheinigung **vorzulegen**. Die tarifliche Regelung ist hinsichtlich der **Nachweispflicht ungünstiger** als der § 5 Abs 1
EFZG, der nur bei längerer Erkrankung als 3 Tage die Vorlage einer Arbeitsunfähigkeitsbescheinigung vorschreibt, es sei denn, der Arbeitgeber verlangt sie früher. Sie
verstößt damit gegen die Unabdingbarkeitsvorschrift des § 12 EFZG. Allerdings ist
sie durch die Ausnahmeregelung des § 5 Abs 1 Satz 3 EFZG gedeckt, wonach der
Arbeitgeber berechtigt ist, die Vorlage der ärztlichen Bescheinigung früher zu verlangen (BAG 26.2.2003 AP Nr 8 zu § 5 EntgeltFG; 25.1.2000 AP Nr 3 zu § 87 1972
Betriebliche Ordnung; BAG 1.10.1997 AP Nr 4 zu § 5 EntgeltFG). Die Ausübung
dieses Rechts steht im nicht gebundenen Ermessen des Arbeitgebers. Insbesondere ist
es nicht erforderlich, dass gegen den Arbeitnehmer ein begründeter Verdacht besteht,
er habe in der Vergangenheit eine Erkrankung nur vorgetäuscht (BAG 14.11.2012
NZA 2013, 322). Nach Auffassung des ArbG Braunschweig (9.12.2004 AfP 2006,
290 zu § 10 MTV für Angestellte des Zeitungsverlagsgewerbes in Niedersachsen und
Bremen) ist auch eine Verschärfung der gesetzlichen Anforderungen durch einen
Tarifvertrag dergestalt zulässig, dass den Angestellten die Verpflichtung auferlegt wird,
in jedem Fall einen Tag vor Ablauf der diagnostizierten Krankheitsdauer mitzuteilen,
ob mit einer Fortdauer der Krankheit oder der Wiederaufnahme der Arbeit zu rechnen ist.

Der Manteltarifvertrag für Redakteure an **Zeitschriften** sieht keine Mitteilungs- 113
und Nachweispflicht vor. Die Redakteure waren aber aufgrund ihrer Rücksichtspflicht (Rn 82) gehalten, ihren Arbeitgeber über die Tatsache der Erkrankung zu
informieren (BAG 30.1.1976 AP Nr 2 zu § 626 BGB Krankheit). Eine gesetzliche
Nachweispflicht hatten sie nicht. Diese Rechtslage ist durch das Entgeltfortzahlungsgesetz geändert worden. Auch für Redakteure an Zeitschriften findet jetzt die gesetzliche Bestimmung des § 5 Abs 1 EFZG Anwendung. Das Schweigen des Tarifvertrages zu diesem Bereich kann nicht als statthafte, günstigere Regelung angesehen
werden.

2. Anspruchsvoraussetzungen

Die Bestimmungen beider Manteltarifverträge über die Anspruchsvoraussetzungen 114
sind nicht stets mit den gesetzlichen Vorgaben identisch. Die Tarifverträge ordnen die
Fortzahlung der Bezüge bei unverschuldeter Arbeitsunfähigkeit durch Krankheit und
durch Unfall an; aber auch das Kur- und Heilverfahren einschließlich **Schonzeit** gilt
als Arbeitsunfähigkeit, wenn es von einem Sozialversicherungsträger oder einer Versorgungsbehörde verordnet und kostenmäßig voll getragen wird oder wenn es bei einem privatversicherten Redakteur von einem Arzt für erforderlich gehalten wird (vgl
dagegen die Vorschrift des § 9 EFZG über die Maßnahmen der medizinischen Vorsorge und Rehabilitation, die den Begriff der Schonzeiten nicht mehr kennt).

Anderseits: Bereits das Lohnfortzahlungsgesetz und die gesetzlichen Bestimmungen 115
für Angestellte sahen einen Entgeltanspruch auch für den Fall der rechtmäßigen
Sterilisation und für den Fall des **rechtmäßigen Schwangerschaftsabbruchs** vor
(vgl dazu BAG 5.4.1989 AP Nr 84 zu § 1 LohnFG und BVerfG 18.10.1989 AP

Nr 84a zu § 1 LohnFG). Das Entgeltfortzahlungsgesetz hat die Regelung übernommen und ergänzt, § 3 Abs 2 Satz 2 EFZG. Entgeltfortzahlung ist nun auch zu leisten, wenn die Schwangerschaft innerhalb von 12 Wochen nach der Empfängnis durch einen Arzt abgebrochen wird, die schwangere Frau den Abbruch verlangt hat und dem Arzt durch eine Bescheinigung nachgewiesen hat, dass sie sich mindestens drei Tage vor dem Eingriff von einer anerkannten Beratungsstelle hat beraten lassen. Diese Regelungen gelten auch für weibliche Redakteure. Das Gesetz ergänzt insoweit die tariflichen Anspruchsvarianten (vgl dazu ErfK/*Reinhard* § 3 EFZG Rn 46ff.).

116 Die Arbeitsunfähigkeit muss **unverschuldet** sein, § 3 Abs 1 EFZG; § 5 Abs 2 MTV/Zeitungsredakteure, § 6 Abs 1 MTV/Zeitschriftenredakteure. Ein Verschulden iSd gesetzlichen und tarifvertraglichen Entgeltfortzahlungsrechts liegt vor, wenn die Arbeitsunfähigkeit auf einen **gröblichen Verstoß** gegen das von einem verständigen Menschen im eigenen Interesse zu erwartende Verhalten zurückzuführen ist (st Rspr vgl BAG 7.8.1991 AP Nr 94 zu § 1 LohnFG; 30.3.1988 AP Nr 77 zu § 1 LohnFG mwN). Zu Einzelfällen wie Arbeitsunfähigkeit nach **Verkehrsunfällen**, nach **Sportunfällen** und bei **Alkoholabhängigkeit** ua vgl ErfK/*Reinhard* § 3 Rn 26f.). Im Zuge der Änderungen des Transplantationsrechts wurde in § 3a EFZG nun gesetzlich normiert, dass bei Spende von Organen Anspruch auf Entgeltfortzahlung besteht (*Knorr* NZA 2012, 1132).

3. Höhe des Entgelts

117 Die Manteltarifverträge enthalten keine Bestimmung über die Berechnung und die Höhe der fortzuzahlenden Bezüge. So kommt § 4 EFZG und das darin normierte **Lohnausfallprinzip** zur Anwendung. Der Redakteur hat Anspruch auf die Vergütung, die er bekommen hätte, wenn er nicht arbeitsunfähig gewesen wäre. Der Entgeltfortzahlungsanspruch ist nichts anderes als der **aufrechterhaltene vertragliche Vergütungsanspruch** (BAG 5.5.1972 AP Nr 1 zu § 7 LohnFG). Deshalb ist nicht nur die (tarifliche) Grundvergütung zu zahlen, sondern auch die Zuschläge und Zulagen aller Art, sofern auf sie im Lohnausfallzeitraum Anspruch bestanden hätte. Unberücksichtigt bleiben Aufwendungen (Einzelheiten bei ErfK/*Reinhard* § 4 EFZG Rn 17 bis 19).

4. Beginn, Dauer und Ende des Anspruchs

118 Der AN muss eine **Wartezeit von 4 Wochen** verbringen, bevor die gesetzliche Anspruch nach § 3 Abs 1 EFZG entsteht. Die nach dem Inkrafttreten des EFZG abgeschlossenen MTVe kennen die Wartezeit nicht. Daraus darf nicht geschlossen werden, dass die nach diesen Tarifverträgen Berechtigten keine Wartezeit zurücklegen müssen (BAG 12.12.2001 AP Nr 12 zu § 3 EntgeltFG).

118a Die Redakteure haben wie nach dem Gesetz für die Dauer von **6 Wochen** (42 Kalendertage) einen tariflichen Anspruch auf Entgeltfortzahlung im Krankheitsfall. Die Fristberechnung erfolgt nach den §§ 187ff. BGB und damit im Regelfall mit dem **ersten Tag nach** Beginn der Erkrankung (BAG 26.8.1960 AP Nr 20 zu § 63 HGB). Nur wenn der Redakteur bereits die Arbeit bei Arbeitsbeginn wegen der Erkrankung nicht aufnehmen kann, zählt dieser Tag bereits mit (BAG 21.9.1971 AP Nr 6 zu § 1 LohnFG).

119 Der Anspruch entsteht bei jeder gesetzlich oder tarifvertraglich genannten Arbeitsunfähigkeit. Nur wenn dasselbe **Grundleiden** innerhalb von 12 Monaten **wiederholt** auftritt, besteht der Fortzahlungsanspruch nur einmal für die Dauer von 6 Wochen, es sei denn, es liegt zwischen den beiden Erkrankungen ein Zeitraum von 6 Monaten. Dann gilt wieder die Grundregel, § 5 Abs 5 MTV/Zeitungsredakteure und § 6 Abs 4 MTV/Zeitschriftenredakteure. Die Vorschriften stimmen iE mit der wesentlich komplizierter formulierten Bestimmung des § 3 Abs 1 Satz 2 EFZG überein.

3. Kapitel. Inhalt des Arbeitsverhältnisses ArbR BT

Der Anspruch endet unabhängig vom Fortbestand der Arbeitsunfähigkeit 119a
mit der Beendigung des Arbeitsverhältnisses, es sei denn, der Verleger hat das
Arbeitsverhältnis aus Anlass der Erkrankung gekündigt oder der Redakteur hat zu
Recht aus wichtigem Grund sein Arbeitsverhältnis durch außerordentliche Kündigung beendet, § 8 EFZG, § 5 Abs 6 MTV/Zeitungsredakteure, § 6 Abs 5 MTV/
Zeitschriftenredakteure. Nach der Rechtsprechung des BAG zum Lohnfortzahlungsgesetz gilt das auch, wenn das Arbeitsverhältnis durch Aufhebungsvertrag endet, den
der Arbeitgeber aus Anlass der Erkrankung betrieben hat (BAG 28.11.1979 und
20.8.1980 AP Nr 10 und 15 zu § 6 LohnFG). Auch wenn diese Rechtsprechung im
Entgeltfortzahlungsgesetz normativ nicht umgesetzt worden ist, sind ihre Grundsätze
nach hM weiter anzuwenden (vgl insgesamt ErfK/*Reinhard* § 8 Rn 15 ff.).

5. Zuschuss

Neben dem Entgeltanspruch, wie ihn im Grundsatz auch das Gesetz vorsieht, ha- 120
ben die Redakteure bei einer Arbeitsunfähigkeit, wie sie im Tarifvertrag beschrieben
ist, Anspruch auf einen Zuschuss in **Höhe des Unterschiedsbetrags zwischen
dem Nettogehalt und dem Krankengeld** nach näherer Maßgabe des § 5 Abs 3
bis Abs 5 MTV/Zeitungsredakteure und § 6 Abs 2 bis Abs 4 MTV/Zeitschriftenredakteure). Die Bezugszeit dieses Anspruchs richtet sich nach der Dauer der Betriebszugehörigkeit und beträgt zwischen einem Monat (Betriebszugehörigkeitsdauer
von mehr als zwei Jahren) und der gesamten Dauer der Arbeitsunfähigkeit (Betriebszugehörigkeitsdauer von mehr als 25 Jahren). Der Anspruch auf Zuschuss besteht
innerhalb von 12 Monaten auch bei mehrfacher Arbeitsunfähigkeit nur einmal (auf
die umfangreiche Rechtsprechung des BAG zu Ansprüchen von Arbeitnehmern nach
anderen Tarifverträgen wird verwiesen).

6. Anspruchsübergang

Hat ein **Dritter** die Arbeitsunfähigkeit des Redakteurs **verschuldet**, so hat er ge- 121
gen den Schädiger einen Ersatzanspruch. Dieser geht nach § 5 Abs 8 MTV/
Zeitungsredakteure auf den Verleger über. Eine Parallelvorschrift für die Redakteure
fehlt im MTV/Zeitschriftenredakteure. Für sie gilt seit dem 1.6.1994 die Vorschrift
des § 6 EFZG über den gesetzlichen Forderungsübergang. Die Redakteure beider
Branchen haben dem Verleger ohne schuldhaftes Zögern die Angaben zu machen,
die dieser zur Geltendmachung des übergegangenen Anspruchs benötigt, § 6 Abs 2
EFZG.

V. Leistungen im Todesfall

Beide Manteltarifverträge sehen für den Fall des Todes eines Redakteurs oder einer 122
Redakteurin und der damit verbundenen Beendigung des Arbeitsverhältnisses Leistungen des Verlegers an die **unterhaltsberechtigten Hinterbliebenen** vor, wie sie
in keinem arbeitsrechtlichen Gesetz normiert sind. Es handelt sich dabei um die **Vergütung bzw den Zuschuss zum Krankengeld** für den Sterbemonat und ein
dreimonatiges, bei Zeitungsredakteuren ein nach der Betriebszugehörigkeitsdauer
gestaffeltes vier- und fünfmonatiges **Sterbegeld**.
Bei der **Berechnung** von Monatsvergütung und Sterbegeld werden Jahresleistung 123
und Urlaubsgeld nicht berücksichtigt.
Anspruchsberechtigt sind die Ehefrau bzw der Ehemann und eheliche oder die- 124
sen gleichgestellte Kinder und sonstige Unterhaltsberechtigte. Eheleute und Kinder
erhalten ein Sterbegeld in Höhe des zuletzt gezahlten Monatsgehalts, die sonstigen
Hinterbliebenen in Höhe des Betrages, den der verstorbene Redakteur regelmäßig
monatlich für sie aufgewendet hat. Durch Zahlung an **einen** Unterhaltsberechtigten

BT ArbR Arbeitsrecht im Presseunternehmen

wird der Verleger frei; der Anspruch ihm gegenüber erlischt. Ihm bleibt somit innerfamiliärer Streit über die Berechtigung zur Entgegennahme des Geldes erspart.

125 Die Leistungen im Todesfall stehen nach dem MTV/Zeitungsredakteure auch dem **Lebenspartner aus eingetragener Lebenspartnerschaft** zu. Die **Lebensgefährtin** oder der **Lebensgefährte** eines Verstorbenen sind im Tarifvertrag nicht genannt. Sie haben gegen den Verlag keinen Anspruch aus dem Tarifvertrag.

126 War der verstorbene Redakteur bereits **lange krank** und hat er deshalb keinen Anspruch mehr auf Entgeltfortzahlung oder auf den tarifvertraglichen Zuschuss gehabt, so wird der Anspruch auf Sterbegeld davon nicht berührt, wenn nur das Arbeitsverhältnis noch bestanden hat. Hat der Redakteur vor seinem Tod gekündigt, ohne durch den Verleger dazu veranlasst worden zu sein, so ist der Anspruch auf das Sterbegeld bis zum Ablauf der Kündigungsfrist begrenzt. Im Umkehrschluss folgt aus der Bestimmung des § 6 Abs 1b) MTV/Zeitungsredakteure = § 7 Abs 1b) MTV für Zeitschriftenredakteure, dass in allen anderen Beendigungsfällen, auch bei berechtigter außerordentlicher Kündigung, das Sterbegeld über den Beendigungszeitpunkt hinaus fortgezahlt werden muss.

127 Der Verleger ist berechtigt, seine beim Tod bestehenden **Forderungen** aus Vorschuss- und Darlehensleistungen oder aus Bürgschaft mit dem Anspruch der Hinterbliebenen auf Vergütung/Zuschuss und Sterbegeld **zu verrechnen**. Der hinterbliebenen Ehefrau und den Kindern muss jedoch der pfändungsfreie Teil der Beträge (§§ 850c ff. ZPO) bleiben.

VI. Vermögenswirksame Leistungen

128 Im Pressebereich gibt es tarifvertragliche Verpflichtungen zugunsten der Redakteure, dass die Verleger aus ihrem Vermögen Beiträge zur Vermögensbildung der Redakteure und Volontäre leisten. Die Pflichten der Verleger sind für Zeitungsredakteure in einem gesonderten Tarifvertrag über vermögenswirksame Leistungen für Redakteure und Redaktionsvolontäre an Tageszeitungen und für Zeitschriftenredakteure in § 5 des für sie geltenden Manteltarifvertrags normiert. Nach diesen Bestimmungen erbringt der Verleger für die anspruchsberechtigten Redakteure und Volontäre mit Beginn des 7. Monats ununterbrochener Betriebszugehörigkeit 26,59 Euro nach Maßgabe des jeweils geltenden Vermögensbildungsgesetzes. Die Anlageart bestimmt der Begünstigte.

VII. Urlaub

129 Urlaub ist die **Befreiung des Arbeitnehmers von seinen Arbeitspflichten** für eine bestimmte Anzahl von Tagen durch den Arbeitgeber zum Zweck der Erholung (BAG 24.6.2003 AP TVG § 1 Tarifverträge: Gebäudereinigung Nr 15; 25.2.1988 AP Nr 3 zu § 8 BUrlG; 8.3.1984 AP Nr 14 zu § 3 BUrlG Rechtsmissbrauch). Der **Vergütungsanspruch,** den der Arbeitnehmer während des Urlaubs zu erhalten hat, gehört begrifflich **nicht** zum Urlaub (ausführlich ErfK/*Gallner* § 1 BUrlG Rn 7f.). Es handelt sich um dabei um den arbeitsvertraglich geschuldeten Betrag, der ansonsten für die Arbeitsleistung zu gewähren ist und der nur zum besseren Verständnis den „Namen" Urlaubsentgelt bekommen hat (Rn 149–151). Vom Erholungsurlaub ist zu unterscheiden

– der **Bildungsurlaub** nach den entsprechenden Gesetzen der Länder, bei dem der Arbeitnehmer von seinen Arbeitspflichten zum Zweck der Weiterbildung befreit wird,

– die **Elternzeit** nach dem Gesetz zum Elterngeld und zur Elternzeit (BEEG), die der Betreuung und Erziehung der Kinder in den ersten Lebensjahren dient,

3. Kapitel. Inhalt des Arbeitsverhältnisses

– die Beurlaubung aus besonderen Gründen (**Sonderurlaub**), die regelmäßig auch die Aufhebung der Vergütungspflicht des Arbeitgebers umfasst (BAG 6.9.1994 AP Nr 17 zu § 50 BAT),
– die Nichtannahme der vom Arbeitnehmer angebotenen Arbeitsleistung seitens des Arbeitgebers, durch den dieser in **Annahmeverzug** kommt.

Die maßgeblichen Bestimmungen des Urlaubsrechts finden sich im Mindesturlaubsgesetz für Arbeitnehmer, dem Bundesurlaubsgesetz (BUrlG). **Das gesetzliche Urlaubsrecht** kann nach § 13 Abs 1 Satz 1 BUrlG durch Tarifverträge – auch zu Ungunsten der Arbeitnehmer – **geändert** werden. Davon haben die Tarifvertragsparteien des Pressewesens in den Manteltarifverträgen Gebrauch gemacht. Haben Tarifvertragsparteien für Einzelfragen des Urlaubsrechts keine eigene Regelung getroffen, ist von der gesetzlichen Regelung auszugehen (ErfK/*Gallner* § 13 BUrlG Rn 7). **130**

1. Entstehen des Urlaubsanspruchs

Der Urlaubsanspruch entsteht in einem bestehenden Arbeitsverhältnis erstmalig nach Ablauf der sog **Wartezeit** von 6 Monaten, § 9 Abs 6 MTV/Zeitungsredakteure iVm § 4 BUrlG sowie § 10 Abs 3 MTV/Zeitschriftenredakteure. Die Wartezeit berechnet sich nach §§ 186 ff. BGB. Sie kann sich auf zwei Urlaubsjahre verteilen. Maßgeblich für den Lauf der Wartezeit ist der Bestand des Arbeitsverhältnisses. Ob und wieviel der Arbeitnehmer innerhalb der Wartezeit gearbeitet hat, ist ohne Bedeutung. Endet das Arbeitsverhältnis **mit Ablauf der Wartezeit**, so entsteht nach früherer Rechtsprechung der volle Urlaubsanspruch (BAG 26. 1967 AP Nr 1 zu § 4 BUrlG; ebenso die früher hM im Schrifttum; aA überwiegend das neuere Schrifttum, vgl ErfK/*Gallner* § 5 BUrlG Rn 9 mwN). Die Wartezeit ist nur **einmal** zu erfüllen. In den **Folgejahren** entsteht der Urlaubsanspruch in voller Höhe mit dem **Beginn des Urlaubsjahres** (Kalenderjahr). **131**

2. Befristung des Urlaubsanspruchs

Der Urlaubsanspruch nach dem Bundesurlaubsgesetz ist auf das **Kalenderjahr** befristet (st. Rspr des BAG seit dem 13.5.1982 AP Nr 4 zu § 7 BUrlG Übertragung, 27.5.2003 EzA § 7 BUrlG Abgeltung Nr 9; 20.6.2000 AP Nr 28 zu § 7 BUrlG; hM im Schrifttum, zB ErfK/*Gallner* § 7 BUrlG Rn 34 ff.). **Er muss im laufenden Kalenderjahr gewährt und genommen werden, § 7 Abs 3 Satz 1 BUrlG.** Eine Erfüllung des jährlichen Urlaubs außerhalb des entsprechenden Kalenderjahres ist somit ausgeschlossen. Das gilt nur dann nicht, wenn dringende betriebliche oder in der Person des Arbeitnehmers liegende Gründe einer **Übertragung** auf das erste Quartal des Folgejahres gestatten, § 7 Abs 3 Satz 2 und 3 BUrlG. Zur Übertragung bedarf es keiner Handlung seitens der Vertragsparteien. Die Übertragung vollzieht sich beim Vorliegen der Voraussetzungen kraft Gesetzes (BAG 9.8.1994 AP Nr 19 zu § 7 BUrlG; 24.11.1987 AP Nr 41 zu § 7 BUrlG Übertragung). Im Übertragungszeitraum muss der Urlaubsanspruch des Arbeitnehmers erfüllt werden. Andernfalls verfällt er endgültig. Hat der Arbeitnehmer vorher die Urlaubsgewährung vergeblich angemahnt, so hat er allerdings einen Schadensersatzanspruch (st Rspr des BAG seit 5.9.1985 AP Nr 1 zu § 1 BUrlG Treueurlaub), der durch Urlaubsgewährung bzw Geldzahlung erfüllt wird. **132**

Dieselbe Rechtslage gilt auch für den tarifvertraglichen Urlaubsanspruch der Redakteure nach dem **MTV/Zeitschriftenredakteure**. Dieser enthält in seinem § 10 Abs 1 Satz 1 und Abs 2 Satz 1 dieselben Grundsätze, aus denen das Bundesarbeitsgericht für den gesetzlichen Urlaub die Befristung abgeleitet hat. Abweichende Bestimmungen über die Entfristung des Anspruchs bestehen nicht. Im Tarifvertrag fehlt sogar eine Übertragungsregelung für Fälle wie in § 7 Abs 3 Satz 2 BUrlG. Sie ist aber dennoch anzuwenden. Es ist von der diesem Fall geltenden gesetzlichen Regelung auszugehen (ErfK/*Gallner* § 13 Rn 7). **133**

134 Der Urlaubsanspruch der Redakteure in **Zeitungsverlagen** ist von vornherein befristet bis zum 31. März des Folgejahres, § 9 Abs 5 Satz 1. Einer Übertragung des Anspruchs auf das erste Quartal aus den im Gesetz genannten Gründen bedarf es nicht. Eine **Übertragung** auf einen **weiteren Zeitraum** findet nicht statt. Er erlischt also in jedem Fall spätestens am 31. März des Folgejahres.

3. Urlaubsdauer

135 Der gesetzliche Mindesturlaub beträgt nach § 3 BUrlG **24 Werktage,** wobei ungeachtet der arbeitszeitlichen Entwicklung als Werktage alle Kalendertage gelten, die nicht Sonn- und gesetzliche Feiertage sind. Mit der **Beschränkung der Arbeitszeit** zunächst auf die Werktage von Montag bis Freitag und teilweise weiter auf 4 Tage sowie der vermehrten, sogar unregelmäßig auf verschiedene Wochentage verteilten **Teilzeitarbeit** entstand das Problem, wie die freien Tage bei der Berechnung des Urlaubs zu berücksichtigen sind. Das Bundesarbeitsgericht (8.3.1984 AP Nr 15 zu § 13 BUrlG zu 1b am Ende; 27.1.1987 AP Nr 30 zu § 13 BUrlG und 25.2.1988 AP Nr 3 zu § 8 BUrlG für tarifvertragliche Umrechnungen; 14.1.1992 AP Nr 5 zu § 3 BUrlG; 8.9.1998 AP TVG § 1 Tarifverträge: Bau Nr 2) setzt für die Bestimmung der Urlaubsdauer Arbeitstage und Werktage zueinander rechnerisch in Beziehung, wenn **die Arbeitszeit auf weniger als 6 Werktage in einer Woche verteilt ist.** Nach der **Formel** „Urlaubstage geteilt durch Werktage multipliziert mit der Anzahl der Tage, an denen Arbeitspflicht besteht", ergibt sich für den von Montag bis Freitag arbeitenden Arbeitnehmer ein gesetzlicher Urlaubsanspruch von 20 Tagen (24 dividiert durch 6 multipliziert mit 5). Nach demselben Ansatz verfährt das Bundesarbeitsgericht bei **Teilzeitbeschäftigten,** die regelmäßig an bestimmten Wochentagen arbeiten (BAG 14.2.1991 AP Nr 1 zu § 3 BUrlG Teilzeit), bei Arbeitnehmern, die in einem **rollierenden System** an verschiedenen Wochentagen beschäftigt werden (BAG 14.1.1992 AP Nr 5 zu § 3 BUrlG), und bei Arbeitnehmern, deren regelmäßige Arbeitszeit wegen eines **Schichtsystems** nicht auf eine Woche bezogen ist. Dann greift das BAG zur Bestimmung der Urlaubsdauer auf einen längeren Zeitabschnitt, ggf sogar auf ein Kalenderjahr zurück (BAG 22.10.1991 AP Nr 6 zu § 3 BUrlG). Zur Berechnung des Anspruchs auf den gesetzlichen Zusatzurlaub nach dem SGB IX vgl BAG 21.2.1995 AP Nr 6 zu § 47 SchwbG 1986 zum alten Recht.

136 Dieselben Grundsätze gelten auch im Tarifrecht der Presse, weil die Manteltarifverträge keine wesentlich von den Grundsätzen des Gesetzes abweichenden Regelungen enthalten (zur Anwendung der zum Gesetz entwickelten Umrechung bei Tarifverträgen BAG 8.5.2001 AP TVG § 1 Tarifverträge: Blumenbinder Nr 1; 20.6.2000 AP BUrlG § 3 Nr 15).

137 Nach § 9 Abs 2 MTV/Zeitungsredakteure beträgt der volle Urlaubsanspruch bis zum 40. Lebensjahr 30 Urlaubstage, bei höherem Lebensalter gestaffelt bis zu 34 Urlaubstagen. In § 9 Abs 2b des MTV/Zeitungsredakteure vom 24. April 2014 ist der Urlaubsanspruch für Redakteure, die nach dem 30. Juni 2014 ein Arbeitsverhältnis mit einem Verlag begründen, unabhängig vom Lebensjahr einheitlich auf 30 Urlaubstage festgelegt. Nach § 10 Abs 4 MTV/Zeitschriftenredakteure beträgt der Urlaub 30 Tage, wobei in beiden MTVen anders als nach dem Bundesurlaubsgesetz von einer Arbeitspflicht an 5 Tagen in der Woche ausgegangen wird (das bedeutet bei zusammenhängendem Urlaub von 30 Tagen eine Freizeit von 6 Wochen). Hat der Redakteur im Einzelfall eine **andere Arbeitsverpflichtung** geringeren oder höheren Umfangs, muss sein Urlaubsanspruch entsprechend umgerechnet werden.

138 Einige wenige Beispiele (dabei wird davon ausgegangen, dass die gesetzlichen und tariflichen Vorschriften über die Höhe der wöchentlichen Arbeitszeit eingehalten sind):
– Ein 56 Jahre alter Redakteur einer Tageszeitungsredaktion arbeitet **regelmäßig an 6 Tagen in der Woche.** Nach der unter Rn 135 genannten Formel beträgt sein Urlaub 40,8 Tage (34 geteilt durch 5 multipliziert mit 6; eine Aufrundung auf

3. Kapitel. Inhalt des Arbeitsverhältnisses

41 Tage hat tarifvertraglich und gesetzlich nicht statt zu finden, dürfte aber die Handhabung in der Praxis sein, weil kein Arbeitgeber gewillt ist, einem Arbeitnehmer irgendwann einen 8/10 Urlaubstag zu gewähren).
– Ein Redakteur an einem Zeitschriftenverlag arbeitet **regelmäßig an drei Tagen in der Woche.** Sein Urlaubsanspruch beläuft sich auf 18 Tage (30 geteilt durch 5 multipliziert mit 3).
– Ein 39-jähriger Redakteur an Tageszeitungen arbeitet regelmäßig nach folgendem System: **In der 1. Woche an 6 Tagen, in der 2. Woche an 3 Tagen, in der 3. Woche an 2 Tagen und in der 4. Woche an 5 Tagen.** Er hat dann einen Urlaubsanspruch von 24 Tagen (30 geteilt durch 5 multipliziert mit 4 [das ist die durchschnittliche Arbeitsverpflichtung in 4 Wochen]).

4. Erfüllung des Urlaubsanspruchs

Der **Arbeitgeber** ist der **Schuldner** des Urlaubsanspruchs, den er nach Fälligkeit zu erfüllen hat. Der Urlaubsanspruch wird **nach Ablauf der Wartezeit oder zu Beginn eines jeden Kalenderjahres fällig.** Will der Arbeitgeber ohne Aufforderung durch den Arbeitnehmer, den Gläubiger des Anspruchs, Urlaub gewähren, so muss er auf die Wünsche des Arbeitnehmers Rücksicht nehmen, § 7 Abs 1 BUrlG. Deshalb hat sich in der Praxis eingebürgert, dass der Arbeitnehmer seine **Urlaubswünsche** anmeldet. Der Arbeitgeber hat dem nachzukommen, es sei denn, es stehen dringende betriebliche Belange oder sozial vorrangige Urlaubswünsche anderer Arbeitnehmer entgegen. Dann darf der Arbeitgeber zu einem anderen Zeitpunkt im Urlaubsjahr und ggf nach Übertragung im ersten Quartal des Folgejahres erfüllen. Macht der Arbeitnehmer seinen Anspruch nicht geltend, so erlischt er mit Ablauf des Kalenderjahres. Ein **„Selbstbeurlaubungsrecht"** des Arbeitnehmers kommt auch dann nicht in Betracht, wenn der Arbeitgeber sich zu Unrecht weigert, den Urlaub zu gewähren (Schadensersatz wegen Verzuges, siehe Rn 132). Die Selbstbeurlaubung ist eine Verletzung der Arbeitspflicht und kann vergütungsrechtliche, kündigungs- und schadensersatzrechtliche Konsequenzen haben. 139

Der Urlaub muss grundsätzlich **zusammenhängend** gewährt werden, wobei das Gesetz selbst schon Ausnahmen gestattet, § 7 Abs 2 Satz 1 BUrlG. Soweit eine Aufteilung erforderlich ist, kann von diesen Vorgaben abgewichen werden, § 13 Abs 1 Satz 3. Davon haben die Tarifvertragsparteien im MTV/Zeitungsredakteure in mäßiger Form Gebrauch gemacht, § 9 Abs 5 Satz 2 MTV. Eine **Verletzung der Vorschrift** etwa durch Aufteilung des Urlaubs in 5 oder mehr Teilurlaube geringen Umfangs hat **keine rechtlichen Konsequenzen.** 140

Der Arbeitgeber **erfüllt** den Anspruch durch die **Erklärung,** dass der Arbeitnehmer in einem bestimmten Zeitraum von der Arbeitspflicht befreit wird. Der **Erfüllungserfolg** tritt ein, wenn der Arbeitnehmer den Urlaub tatsächlich erhalten hat. Umstritten war lange Zeit die Frage, ob ein erteilter Urlaub **widerrufen** werden kann oder ein Arbeitnehmer aus dem Urlaub zurückgerufen werden kann. Die Streitfrage ist durch das Bundesarbeitsgericht zwischenzeitlich entschieden. Ein **Widerruf** aus ungeschriebenen **„urlaubsrechtlichen Gründen"** scheidet aus (BAG 20.6. 2000 AP BUrlG § 7 Nr 28) Angesichts dessen ist § 9 Abs 9 MTV/Zeitungsredakteure wenigstens hinsichtlich des gesetzlichen Urlaubs unwirksam, der davon ausgeht, dass die Aufschiebung und der Abbruch eines Urlaubs möglich ist, und nur die Kostenfolge anordnet. 141

Handelt ein Redakteur der Verpflichtung des § 9 Abs 1 Satz 2 MTV/Zeitungsredakteure bzw 10 Abs 5 Satz 2 MTV/Zeitschriftenredakteure zuwider und verhält er sich **erholungswidrig,** so entfällt weder die Urlaubsgewährung noch das Urlaubsentgelt. Der Arbeitgeber kann lediglich Unterlassung verlangen, Schadensersatz geltend machen oder ggf kündigen (BAG 25.2.1988 AP Nr 3 zu § 8 BUrlG zur ähnlichen Vorschrift des § 8 BUrlG). Insoweit liegen keine Abweichungen zu den gesetzlichen Rechtsfolgen vor. 142

5. Teilurlaub

143 Anstelle des vollen Jahresurlaubs erwirbt der Redakteur in **Zeitungsverlagen** nach § 9 Abs 6 MTV iVm § 5 BUrlG einen Anspruch auf ein Zwölftel des Jahresurlaubs für jeden vollen Monat des Bestehens des Arbeitsverhältnisses in drei Fällen (dazu ausführlich ErfK/*Gallner* § 5 Rn 5 ff.):
1. Beginn des Arbeitsverhältnisses nach dem 1. Juli eines Jahres und deshalb Unmöglichkeit der Wartezeiterfüllung im Eintrittsjahr.
2. Ausscheiden aus dem Arbeitsverhältnis vor erfüllter Wartezeit.
3. Ausscheiden nach erfüllter Wartezeit in der ersten Jahreshälfte (gekürzter Vollurlaub).

144 Der Redakteur in **Zeitschriftenverlagen** hat im Einstellungsjahr und im Jahr des Ausscheidens unabhängig vom Zeitpunkt des Ausscheidens einen Anspruch auf ein Zwölftel des vollen Jahresurlaubs, § 10 Abs 2 MTV, es sei denn, das Ergebnis widerstreitet im Einzelfall dem **Mindestanspruch** nach dem BUrlG, § 10 Abs 2 Satz 3 MTV. In diesem Fall bleibt der Anspruch in Höhe des gesetzlichen Mindesturlaubs bestehen. **Beispiel:** Der Redakteur scheidet mit Ablauf des 31. Juli aus. Nach dem MTV hätte er einen Anspruch 18 Tagen (30 : 12 × 7), bemessen nach einer Arbeitsverpflichtung von 5 Tagen in der Woche. Nach § 3 Abs 1 BUrlG hat er einen vollen Jahresurlaubsanspruch Anspruch von 20 Werktagen; letzteres ist im Ergebnis mehr und deshalb maßgeblich.

6. Urlaub und Krankheit

145 Wird ein Redakteur im bereits angetretenen Urlaub arbeitsunfähig krank, so werden die durch ärztliches Zeugnis **nachgewiesenen Krankheitstage** auf den Urlaub nicht angerechnet, § 9 BUrlG (BAG 9.6.1988 AP Nr 10 zu § 9 BUrlG), § 9 Abs 7 MTV/Zeitungsredakteure, § 10 Abs 11 MTV/Zeitschriftenredakteure. Der Redakteur erhält anstelle des Urlaubsentgelts Entgeltfortzahlung nach dem Entgeltfortzahlungsgesetz iVm den Tarifbestimmungen (Rn 113). Die Urlaubstage sind durch den Arbeitgeber nachzugewähren.

146 Wird der Redakteur vor dem festgesetzten Urlaub krank, so kann sein Urlaubsanspruch während der Dauer der Arbeitsunfähigkeit nicht erfüllt werden. Er kann verlangen, ihn nach Genesung erneut festgesetzt zu bekommen. Kann das im Urlaubsjahr nicht mehr geschehen, so muss der Urlaub im Übertragungszeitraum gewährt werden. Geschieht das nicht, so erlischt er, und der Redakteur hat allenfalls einen Schadensersatzanspruch wegen Verzuges des Arbeitgebers, wenn er seinen Urlaub vorher vergeblich verlangt hat (vgl Rn 132).

147 Dauert die Krankheit über den 31. März hinaus an, so verfiel der Jahresurlaub des Redakteurs nach der früheren ständigen Rechtsprechung ersatzlos (BAG 21.1.1997 AP Nr 15 zu § 9 BUrlG; 19.3.1996 AP Nr 13 zu BUrlG § 9). In Folge der Entscheidung Schultz-Hoff des EuGH (20.1.2009 NZA 2009, 135) musste das BAG seine Rechtsprechung revidieren. Nunmehr geht der aus dem Vorjahr übertragene Urlaubsanspruch nach Ablauf des Übertragungszeitraums nicht unter, wenn der Arbeitnehmer wegen andauernder krankheitsbedingter Arbeitsunfähigkeit gehindert war, den Urlaub in Anspruch zu nehmen (BAG 9.8.2011 AP Nr 52 zu § 7 BUrlG). Er verfällt erst 15 Monate nach Ablauf des Urlaubsjahres, also mit Ablauf des 31. März des zweiten auf das jeweilige Urlaubsjahr folgenden Jahres (BAG vom 7.8.2012 AP Nr 61 zu § 7 BUrlG).

7. Urlaubsabgeltung

148 **Gesundheitspolitische Überlegungen** verbieten es, dass der Arbeitnehmer regelmäßig anstelle seines Freistellungsanspruchs einen Geldbetrag erhält. Deshalb gebieten § 7 Abs 4 BUrlG und § 10 Abs 10 MTV/Zeitschriftenredakteure zusätzlich, dass eine Abgeltung nur bei **Beendigung des Arbeitsverhältnisses** in Betracht kommt. Der Abgeltungsanspruch war nach der früheren Rechtsprechung des BAG als Surrogat des Urlaubsanspruchs wie dieser befristet. Danach musste er bis zum 31. März des Folgejahres verlangt werden. Andernfalls sollte er erlöschen (BAG 5.12.1995 AP Nr 70 zu § 7 BUrlG Abgeltung; 19.3.1993 AP Nr 63 zu § 7 BUrlG Abgeltung; 24.11.1992 AP Nr 23 zu § 1 BUrlG). Die Surrogationstheorie konnte für Abgeltungsansprüche bei fortdauernder Arbeitsunfähigkeit bis zum Ende des Übertragungszeitraums in der Folge der Schultz-Hoff-Entscheidung des EuGH vom 20.1.2009 (aaO) nicht aufrecht erhalten werden (BAG 13.12.2011 AP Nr 93 zu § 7 BUrlG Abgeltung). Damit ist aber zugleich auch ihr tragendes Fundament entfallen, krankheitsbedingt arbeitsunfähig und aus dem Arbeitsverhältnis ausscheidende Arbeitnehmer nicht besser zu stellen als im Arbeitsverhältnis verbleibende arbeitsunfähige Arbeitnehmer. Dies wirkt sich auf den Abgeltungsanspruch insgesamt aus. Er ist nach § 7 Abs 4 BUrlG in seiner Rechtsqualität ein einheitlicher Anspruch. Das BAG hat daher die **Surrogationstheorie** auch für den Fall der Arbeitsfähigkeit des aus dem Arbeitsvehältnis ausscheidenden Arbeitnehmers und damit insgesamt **aufgegeben** (BAG 19.6.2012 AP Nr 95 zu § 7 BUrlG Abgeltung). Der Urlaub ist deshalb grundsätzlich auch dann abzugelten, wenn der während des Urlaubsjahres ausgeschiedene Arbeitnehmer seinen Urlaubsabgeltungsanspruch erstmals nach Ablauf des Urlaubsjahres geltend macht. Als reine Geldforderung unterliegt der Urlaubsabgeltungsanspruch (tarif-)vertraglichen Ausschlussfristen (BAG 9.8.2011 AP Nr 53 zu § 7 BUrlG). Er wird auch von allgemeinen Ausgleichsklauseln in gerichtlichen Vergleichen erfasst (BAG 14.5.2013 NZA 2013, 1098). Eines gesonderten „Tatsachenvergleichs" über die Einbringung von Urlaubsansprüchen bedarf es demnach nicht mehr. Endet das Arbeitsverhältnis mit dem Tod des Arbeitnehmers, so erlischt zugleich der Urlaubsanspruch. Er wandelt sich nicht in einen Abgeltungsanspruch im Sinne von § 7 Abs 4 BUrlG um (BAG 20.9.2011 AP Nr 92 zu § 7 BUrlG Abgeltung).

8. Urlaubsentgelt

Der **MTV/Zeitungsredakteure** enthält in seiner Urlaubsbestimmung keinen Hinweis auf die Berechnung des während des Urlaubs fortzuzahlenden Entgelts. So gilt § 11 Abs 1 BUrlG, der im einzelnen beschreibt, wie die Vergütung auch bei Verdiensterhöhungen und Verdienstkürzungen im Berechnungszeitraum, das sind die letzten dreizehn Wochen vor dem Beginn des Urlaubs, zu errechnen sind. Wegen der umfangreichen Einzelheiten wird auf die Darstellung bei ErfK/*Gallner* § 11 und bei MünchArbR/*Düwell* § 79 verwiesen. 149

Im MTV/Zeitschriftenredakteure haben die Tarifvertragsparteien eine eigenständige Regelung getroffen. So bestimmt dessen § 10 Abs 6, dass der Redakteur sein vereinbartes Monatsgehalt weitergezahlt erhält und zusätzlich die **regelmäßigen Entgelte**. Diese Bestimmung ist jedenfalls insoweit unwirksam, als damit die in der Vergangenheit verdienten **unregelmäßigen Vergütungsbestandteile** von dem gesetzlichen Mindesturlaubsanspruch ausgeschlossen werden sollten (MünchArbR/*Düwell* § 79 Rn 3). Denn insoweit ist § 11 Abs 1 BUrlG tariffest. Lediglich der für Überstunden gezahlte Verdienst hat bei der Berechnung außer Ansatz zu bleiben (ausführlich ErfK/*Gallner* § 11 Rn 7 ff.). 150

Das Urlaubsentgelt ist für den Zeitungsredakteur insgesamt **vor Urlaubsantritt** fällig, § 11 Abs 2 BUrlG, während der Zeitschriftenredakteur nur einen Abschlag verlangen kann, § 10 Abs 6 MTV. Missachtet der Arbeitgeber das Gebot oder Verlangen, so gerät er in Verzug. Die Wirksamkeit der Urlaubserteilung wird davon nicht berührt (BAG 18.12.1986 AP Nr 19 zu § 11 BUrlG). 151

9. Zusätzliches Urlaubsgeld

Die Manteltarifverträge geben den Redakteuren einen Anspruch auf eine urlaubsrechtliche **Zusatzleistung**, das (zusätzliche) Urlaubsgeld, wobei die Regelungen 152 unterschiedlich gefasst sind. Erhält der Zeitschriftenredakteur 85 % seines vereinbarten Monatsgehalts vor Urlaubsbeginn, höchstens jedoch 3129,11 Euro, so bekommt der Zeitungsredakteur 80 % eines Monatsgehalts. Nach dem GTV/Zeitungsredakteure vom 24.4.2014 sinkt das Urlaubsgeld bis zum Jahr 2019 sukzessive auf 67,5 %. Für Redakteure, die nach dem 30.6.2014 erstmals ein Arbeitsverhältnis mit einem Verlag begründen sowie für Redakteure in den Bundesländern Bremen und Niedersachsen wird das Urlaubsgeld bereits ab 2015 reduziert. Die Bestimmungen enthalten ferner Berechnungs-, Zwölftelungs-, Fälligkeits- und Rückzahlungsregeln.

153 Das Urlaubsgeld ist zum Urlaubsentgelt **akzessorisch.** Hat der Arbeitgeber keinen Urlaub gewährt und entsprechend zu Recht kein Urlaubsentgelt gezahlt, hat der Redakteur auch keinen Anspruch auf zusätzliches Urlaubsgeld.

VIII. Freistellungen

154 Redakteure haben nach § 9 Abs 10 MTV/Zeitungsredakteure bzw nach § 11 MTV/Zeitschriftenredakteure einen Anspruch auf bezahlte Freistellung/Freizeit für einen **Umzug** von zwei Tagen, für die **Eheschließung** und die Niederkunft der Ehefrau zwei Tage, bei **Todesfällen** naher Angehöriger zwei Tage und zur Wahrnehmung öffentlicher **Ehrenämter** (nur Zeitschriftenredakteure) und ehrenamtlicher Aufgaben im Berufsverband für die Dauer der unumgänglichen Abwesenheit.

155 Mit dieser Regelung bleiben die Bestimmungen teilweise weit hinter dem zurück, was nach § 616 BGB allen Dienstnehmern an Freistellungsansprüchen ohne Verlust des Vergütungsanspruchs zusteht.

156 Inwieweit daneben **§ 616 BGB anwendbar bleibt,** ist fraglich, weil in beiden Tarifbestimmungen ausdrücklich betont wird, dass gesetzliche Bestimmungen anzuwenden sind, wenn sie im Einzelfall günstigere Regelungen **zwingend** festlegen. § 616 BGB ist allerdings dispositives Recht und so geht das BAG regelmäßig davon aus, dass die gesetzlichen Ansprüche ausgeschlossen sind und im Ergebnis damit AN schlechter stehen, wenn die Tarifvertragsparteien abschließend bestimmte Fälle geregelt haben (BAG 17.10.1985 AP BAT § 18 Nr 1 = NJW 1986, 1066; vgl auch BAG 25.2.1987 AP BAT § 52 Nr 3 = NZA 1987, 271, 667). Dann wird ebenso ein Ausschluss der gesetzlichen Bestimmung angenommen wie bei einer Norm mit dem Inhalt, dass ein Lohnanspruch grundsätzlich nur für geleistete Arbeit besteht (BAG 8.12.1982 AP BGB § 616 Nr 58 mwN). TV können aber auch nur den bestehenden gesetzlichen Anspruch konkretisieren und keinen Willen zu einer abschließenden Regelung gehabt haben (BAG 27.6.1990 AP BGB § 616 Nr 89 = NZA 1990, 894; 29.2.1984 AP TVG § 1 Tarifverträge: Metallindustrie Nr 22 = NZA 1984, 33; wohl auch BAG 27.4.1983 AP BGB § 616 Nr 61 = NJW 1983, 2600). Die Formulierung, dass nur das zwingende gesetzliche Recht anzuwenden sei, spricht hier dafür, dass die Redakteure sich nicht auf die in Rn 157 ff. geschilderte Rechtsprechung zu § 616 BGB berufen dürfen.

157 Als persönliches Leistungshindernis des Dienstleistungsverpflichteten iSd § 616 ist in der Rechtsprechung anerkannt worden:
 – **unbeeinflussbare Arztbesuche** (BAG 29.2.1984 AP Nr 64 zu § 616 BGB);
 – **Niederkunft** der in häuslicher Gemeinschaft lebenden **Lebensgefährtin,** sofern nicht ein Tarifvertrag insoweit § 616 BGB abbedungen hat (BAG 25.2.1987 AP Nr 3 zu § 52 BAT; wegen der Generalverweisung der MTVe auf das Gesetz kann das im Pressebereich nicht angenommen werden);
 – **goldene Hochzeit** der Eltern (BAG 25.10.1973 AP Nr 43 zu § 616 BGB), sofern nicht tarifvertraglich ausgeschlossen (BAG 25.8.1982 AP Nr 55 zu § 616 BGB);
 – **gesundheitspolizeiliche Untersuchung** in Lebensmittelbetrieben (BAG 10.5. 1957 AP Nr 12 zu § 611 BGB Lohnanspruch);
 – **Beschäftigungsverbote** nach dem früheren Bundesseuchengesetz (BGH 30.11. 1978 AP Nr 1 zu § 49 BSeuchG);

3. Kapitel. Inhalt des Arbeitsverhältnisses **ArbR BT**

- **Schulung** eines ehrenamtlichen Richters, sofern nicht tarifvertraglich ausgeschlossen (BAG 25.8.1982 AP Nr 1 zu § 26 ArbGG 1979);
- **Vorladungen** vor Gericht und Behörden (BAG 8 12. 1982 AP Nr 58 zu § 616 BGB);
- **Erkrankung naher Angehöriger,** insb von Kindern (BAG 19.4.1978 und 20.6. 1979 AP Nr 48 bis 51 zu § 616 BGB), unter Berücksichtigung der Maßgaben des § 45 SGB V.

Objektive Leistungshindernisse, die nicht in den persönlichen Verhältnissen des betroffenen Arbeitnehmers liegen, sondern auch andere Arbeitnehmer gleichermaßen treffen, wie der Zusammenbruch des Verkehrs nach Überschwemmungen, Schnee und Glatteis, Straßensperrung nach Verkehrsunfall, witterungsbedingtes Fahrverbot uä stellen keinen Hinderungsgrund iSd § 616 BGB dar (BAG 8.12.1982 und 8.9. 1982 AP Nr 58 und 59 zu § 616 BGB). 158–160

IX. Arbeitszeit

1. Gesetzesrecht

Das **Arbeitszeitgesetz** regelt den öffentlich-rechtlichen Arbeitszeitschutz. Es legt fest, wie lange und wann der Arbeitnehmer aus der Sicht des Staates höchstens arbeiten darf. Wird im Einzelarbeitsvertrag oder im Tarifvertrag eine kürzere Arbeitszeit vereinbart, so ist diese für die Beziehungen zwischen den Arbeitsvertragsparteien maßgeblich. Allerdings wirkt das gesetzliche Arbeitszeitrecht auf das Arbeitsrechtsverhältnis insofern zwingend ein, als die arbeitsrechtlichen Bestimmungen nicht im Widerspruch zu den Schutzbestimmungen des ArbZG stehen dürfen. Das Gesetz gilt für **alle Arbeitnehmer** in Presseunternehmen mit Ausnahme der leitenden Angestellten iSd § 5 Abs 3 BetrVG und der Personen unter 18 Jahren, für die das Jugendarbeitsschutzgesetz zur Anwendung kommt, § 18 Abs 1 Nr 1 und Abs 2 ArbZG. 161

Die wichtigsten Vorschriften betreffen die **werktägliche Arbeitszeit,** die höchstens 8 Stunden betragen darf mit Verlängerungsmöglichkeiten auf 10 Stunden in einem Ausgleichszeitraum von 6 Kalendermonaten oder 24 Wochen (§ 3 ArbZG), die **Ruhepausen** (§ 4 ArbZG) und **Ruhezeiten** (§ 5 ArbZG), die **Nacht- und Schichtarbeit** (§ 6 ArbZG), die **Sonn- und Feiertagsruhe** (§§ 9 bis 11 ArbZG) und die **Möglichkeit der Flexibilisierung der Arbeitszeit durch Tarifverträge und Betriebsvereinbarungen** (§§ 7 und 12 ArbZG) auch im öffentlich-rechtlichen Bereich. Entsprechend stark ist das **staatliche Bewilligungsrecht** für Ausnahmen sowohl für den Regelfall als auch bei Sonn- und Feiertagsarbeit (§§ 13 und 15 ArbZG) verändert worden. 162

Ist in einem Arbeitsvertrag die **Dauer der Arbeitszeit nicht** ausdrücklich **geregelt,** so gilt die **betriebsübliche Arbeitszeit** als vereinbart (BAG 15.5.2013 AP Nr 42 zu § 611 BGB Arbeitszeit). Auch Vertragsbestimmungen, die den Umfang der von den Parteien geschuldeten Vertragsleistungen festlegen, unterliegen der Transparenzkontrolle nach § 307 Abs 1 Satz 2 BGB. Aus diesem Grunde sind Vereinbarungen, die den Umfang der vom Arbeitnehmer geschuldeten Arbeitsleistung festlegen, daraufhin zu überprüfen, ob sie klar und verständlich sind (BAG 21.6.2011 AP Nr 7 zu § 9 TzBfG). Ist eine arbeitsvertragliche Arbeitszeitregelung wegen Intransparenz unwirksam, tritt an die Stelle der unwirksamen Bestimmung die manteltarifvertragliche Regelung über die Mindestarbeitszeit von Vollzeitangestellten. 163

2. Tarifvertragliche Regelung in Tageszeitungsverlagen

a) Arbeitszeit

Anders als § 3 ArbZG, der die gesetzlich zulässige Höchstarbeitszeit an einem **Werktag** festlegt, enthält § 7 MTV bewusst keinerlei Regelung für die werktägliche 164

Begrenzung der Arbeitszeit. Die Tarifnorm legt die **Wochenarbeitszeit** mit 36,5 Stunden fest (§ 7 Abs 1 Satz 1 MTV) und regelt die **Verteilung** der Arbeitszeit auf fünf Tage in der Woche (§ 7 Abs 2 Satz 1 MTV). Das hat zur Folge, dass die Arbeitszeit der vollbeschäftigten Redakteure gleichmäßig an 5 Tagen auf 7,3, aber auch ungleichmäßig (zB 8 Stunden an 4 Tagen und 4,5 Stunden an einem Tag) verteilt sein kann. Das sind Regelungen, die mit den Bestimmungen des Arbeitszeitgesetzes in Übereinstimmung stehen.

165 Soll die Arbeitszeit an manchen Tagen über 8 Stunden hinaus **verlängert** werden, so ist das gesetzlich und tarifrechtlich statthaft; die Obergrenze wird jedoch durch § 3 ArbZG gebildet, wonach nicht mehr als 10 Stunden pro Tag unter Beachtung der gesetzlichen Ausgleichsregelung gearbeitet werden dürfen. Eine stärkere tägliche Belastung durch eine tarifliche Regelung nach § 7 Abs 1 und Abs 2 ArbZG ist nicht statthaft, weil deren Voraussetzungen zur Erhöhung der Arbeitszeit nach § 3 (zB Arbeitsbereitschaft oder Bereitschaftsdienst nach § 7 Abs 1 Nr 1 Buchst a ArbZG) durch den MTV nicht erfüllt werden.

166 Mit der gesetzlich ermöglichten **Verlängerung der täglichen Arbeitszeit** und dem gesetzlichen Ausgleich darf die tarifvertraglich statthafte **Überschreitung der tarifvertraglichen wöchentlichen Arbeitszeit** und die dazu normierte, auch nach dem Gesetz statthafte Ausgleichsregelung **nicht verwechselt werden**. Während das Gesetz für die öffentlich-rechtliche Begrenzung der täglichen Arbeitszeit sorgt, regeln die Tarifnormen arbeitsrechtlich die wöchentliche Arbeitszeit und den Ausgleich der über die tariflichen Zeitvorgabe geleisteten Stunden. Nach § 7 Abs 1 Satz 2 MTV kann die tarifvertragliche Wochenarbeitszeit überschritten werden. Der Redakteur kann dann möglichst in den folgenden zwei Wochen, spätestens in den folgenden zwei Kalendermonaten einen Zeitausgleich verlangen. Wird er nicht gewährt, so kann er einen konkreten oder pauschalen Geldausgleich verlangen, § 7 Abs 1 Satz 4 und Satz 5 MTV. Die aufgrund dieser Tarifbestimmung eröffneten Möglichkeiten der Erhöhung der wöchentlichen Arbeitszeit werden allerdings durch die öffentlich-rechtlichen gesetzlichen Vorgaben begrenzt; die Grenze ergibt sich aus der Addition der werktäglich möglichen Höchstgrenze nach dem Gesetz. So ist es nicht statthaft, dass der Redakteur mehr als 60 Stunden (6 Werktage × höchstens 10 Stunden) in der Woche arbeitet.

167 Das Arbeitszeitgesetz gestattet den Tarifvertragsparteien, die Dauer der täglichen Arbeitszeit, auch über 10 Stunden ohne Ausgleich zu verlängern, wenn in die Arbeitszeit regelmäßig und in erheblichem Umfang **Arbeitsbereitschaft** oder **Bereitschaftsdienst** fällt (§ 7 Abs 1 Nr 1a ArbZG). Eine ausdrückliche Regelung über diese Form der Arbeit findet sich in den Manteltarifverträgen für Redakteure nicht. Deshalb kann sich ein Verleger nicht auf den Tatbestand der Arbeitsbereitschaft berufen, will er die Arbeitszeit über 10 Stunden hinaus verlängern. Das Gesetz verlangt eine ausdrückliche tarifliche Regelung/betriebliche Regelung aufgrund Tarifvertrags für diesen Tatbestand, § 7 Abs 1 Einleitungssatz ArbZG.

168 Es ist den Tarifvertragsparteien nach § 7 Abs 1 Nr 1b ArbZG ferner gestattet, einen **anderen Ausgleichszeitraum** festzulegen. Das ist in § 7 MTV geschehen. Wenn die 37. Wochenstunde zugleich die 9. Stunde an einem Werktag ist, muss nicht die gesetzliche Ausgleichsregelung, sondern nur die tarifvertragliche Ausgleichsregelung beachtet werden. Damit ist auch der tarifliche Geldausgleich statthaft, den das Gesetz nicht vorsieht.

169 Die **ausgefallene Arbeit** während des Urlaubs, einer Krankheit und eines gesetzlichen Feiertags braucht nicht nachgearbeitet zu werden. Die Tage sind mit 7,3 Stunden bei der Berechnung der Arbeitszeit und der Ausgleichstage in Ansatz zu bringen, sofern für diese Zeit keine andere (betriebsverfassungsrechtlich statthafte) betriebliche Regelung besteht. Das besagt die sprachlich völlig verunglückte Formulierung in § 7 Abs 3 MTV, wonach die „ausfallende Arbeitszeit als geleistet gilt".

3. Kapitel. Inhalt des Arbeitsverhältnisses ArbR BT

b) Verteilung der Arbeitszeit

Von der **Ausgleichsregelung** für Mehrarbeit nach § 7 Abs 1 MTV ist streng zu **170** unterscheiden die **Verteilungsregelung** nach § 7 Abs 2 MTV. Die Verwechslungsgefahr ist besonders groß, weil die Vorschrift **nicht** beschreibt, wie die **Arbeitszeit** zu verteilen ist, sondern **regelt,** wie die **arbeitsfreie Zeit** innerhalb einer bzw mehrerer Arbeitswochen zu verteilen ist. Dabei regelt die Vorschrift drei unterschiedliche Fälle.

Unter a) wird der **Normalfall** angesprochen, nämlich die Verteilung der zwei **171** arbeitsfreien Tage pro Woche. Das sind nicht automatisch der Samstag oder der Sonntag (zur Sonntagsarbeit Rn 177), sondern es können auch andere Tage arbeitsfrei sein. Die freien Tage müssen auch nicht stets zusammenhängend gewährt werden, sondern nur in drei Wochen während eines Kalendermonats, § 7 Abs 2a Satz 2 MTV. Einmal muss sich dadurch ein arbeitsfreies Wochenende ergeben und einmal muss davon ein Samstag oder Sonntag betroffen sein, § 7 Abs 2a Satz 3 MTV.

Beispiele für tarifgerechte Verteilung der Arbeit auf fünf Tage

	Redakteur X	Redakteur Y
1. Woche	frei Montag, Dienstag	frei Mittwoch, Samstag
2. Woche	frei Samstag, Sonntag	frei Donnerstag, Freitag
3. Woche	frei Mittwoch, Donnerstag	frei Samstag, Sonntag
4. Woche	frei Dienstag, Sonntag	frei Montag, Dienstag

Nur Sportredakteure, die nach ihrem Arbeitsvertrag ausschließlich für die Sportberichterstattung zuständig sind, müssen regelmäßig am Wochenende arbeiten und haben dafür Anspruch auf 9 freie Wochenenden im Kalenderjahr außerhalb ihres Urlaubs.

Buchstabe b) des § 7 Abs 2 MTV betrifft den Ausgleich für die Arbeit an einem **172 Feiertag.** Arbeitet ein Redakteur an einem gesetzlichen Feiertag, so hat er Anspruch auf einen (zusätzlichen) freien Tag spätestens im Laufe des folgenden Kalendermonats.

Wenn aus zwingenden betrieblichen Gründen ein freier Tag in der jeweiligen Ka- **173** lenderwoche nicht gewährt werden kann, so muss der Redakteur ihn an einem anderen Tag innerhalb der nächsten drei Monate erhalten. Arbeit an einem Wochenende ist durch entsprechende freie Tage an Wochenenden auszugleichen, **§ 7 Abs 2 Buchstabe c MTV.**

c) Mehrarbeit

Mehrarbeit **(Überstunden)** können in jedem Betrieb anfallen. Regelmäßig wer- **174** den sie vom Vorgesetzten **angeordnet,** seltener vom Arbeitnehmer aus eigenem Antrieb **von sich aus gemacht.** Das ist aber dann der Fall, wenn die Sachzwänge so stark sind, dass der verantwortungsbewusste Arbeitnehmer mit dem Ende der regelmäßigen Arbeitszeit nicht einfach seinen Arbeitsplatz verlässt. Davon gehen auch die Tarifvertragsparteien des MTV/Zeitungsredakteure aus und regeln die Behandlung zugewiesener und selbstbestimmter Mehrarbeit, die nachträglich anerkannt worden ist (zum Mitbestimmungsrecht vgl BAG 22.10.1991 AP Nr 48 zu § 87 BetrVG 1972; zu den Rechten des Betriebsrats in diesem Fall BAG 29.4.2004 AP Nr 3 zu § 77 BetrVG 1972 Durchführung).

Die Redakteure in Zeitungsverlagen bekommen grundsätzlich **keine Mehr-** **175 beitsvergütungen, sondern Zeitausgleich** für die über die wöchentlich vorgesehene Arbeitszeit hinaus geleisteten Stunden, § 7 Abs 1 Satz 2 MTV. Das ist nach dem Arbeitszeitgesetz nicht zu beanstanden. Erst wenn es zu einem Freizeitausgleich nicht gekommen ist, erhält der Redakteur einen Geldausgleich, der höher ist als die Vergütung für eine regulär geleistete Stunde und insofern einen Mehrarbeitszuschlag enthält (1/122 des Monatgehalts). Da eine ggf vereinbarte Pauschalierung nach § 7 Abs 1 Satz 6 MTV nicht unter diesen Sätzen liegen darf, gilt das auch für diese Form des Geldausgleichs.

Die Mehrarbeitsregelung gilt für **alle Fälle,** in denen die regelmäßige wöchent- **176** liche Arbeitszeit überschritten worden ist, so auch für den Fall, dass die Mehrarbeit an einem 6. Wochentag anfällt (Der MTV/Zeitschriftenredakteure hat für diese Fallgestaltung eine gesonderte Ausgleichs- und Vergütungsregelung [Rn 182]).

d) Sonntagsarbeit

177 Die Arbeitszeit des Redakteurs kann innerhalb der 5-Tage-Woche auch auf einen Sonntag gelegt werden. Dabei ist der oben (Rn 171) beispielhaft genannte Rhythmus zu beachten. Das Arbeitszeitgesetz **erlaubt** die **Sonntagsarbeit** bei der **Tages- und Sportpresse,** § 10 Abs 1 Nr 8 ArbZG, sofern die Arbeiten nicht an Werktagen vorgenommen werden können, § 10 Abs 1 Einleitungssatz ArbZG. Für diese Arbeit erhält der Redakteur einen Zuschlag von zur Zeit 76,70 Euro und der Volontär von zur Zeit 51,10 Euro, wenn die Arbeit weisungsgemäß länger als vier Stunden andauert oder aber in Umgehungsabsicht regelmäßig auf eine kürzere Dauer angeordnet wird.

3. Tarifvertragliche Regelungen für Redakteure in Zeitschriftenverlagen

178 Die arbeitszeitrechtlichen Bestimmungen in § 9 dieses Tarifvertrags sind wesentlich umfangreicher als die des § 7 MTV/Zeitungsredakteure und regeln Lebenssachverhalte **teilweise anders** als dort. Das betrifft bereits den **Geltungsbereich.** So kommt die arbeitszeitrechtliche Tarifbestimmung auf die Arbeitsverhältnisse mit Chefredakteuren, deren Stellvertretern, geschäftsführenden Redakteuren, Chefs vom Dienst und Ressortleitern mit einer verantwortlichen Entscheidungsbefugnis in Bezug auf die Arbeitszeit eines oder mehrerer zugeordneter Redakteure nicht zur Anwendung, § 9 Abs 11 MTV/Zeitschriftenredakteure. Es gilt für diese Arbeitnehmer das Arbeitszeitgesetz, soweit die genannten Redakteure nicht leitende Angestellte sind (siehe Rn 159). In diesem Fall kann die Arbeitszeit vertraglich frei geregelt werden.

a) Die Arbeitszeit und ihre Verteilung

179 § 9 Abs 1 und Abs 2 MTV entsprechen hinsichtlich der Dauer der regelmäßigen Arbeitszeit und deren Verteilung inhaltlich fast der Regelung im MTV/Zeitungsverlage. Die Arbeitszeit beträgt hier allerdings nur 36 Stunden. Die Verteilung der Arbeitszeit auf 5 Tage in der Woche ist nicht starr. Sie kann betrieblich unter Beachtung der Mitbestimmungsrechte des Betriebsrats geregelt werden (BAG 30.1.1990 AP Nr 44 zu § 118 BetrVG 1972). Auf die Darstellung in Rn 164 ff. kann im übrigen verwiesen werden. Die Ausgleichsregelung ist inzwischen der des § 7 MTV/Zeitungsredakteure angeglichen. Es gelten die Ausführungen in den Rn 166 bis 169 entsprechend (der Divisor bei der Berechnung des Geldausgleichs beträgt hier allerdings 1/120).

180 Der Manteltarifvertrag enthält in § 9 Abs 3 eine Regelung, wonach für Tage, an denen der Redakteur **außerhalb des Beschäftigungsortes** tätig ist, eine Arbeitszeit von 8 Stunden zugrunde gelegt wird. Zur insoweit gleichlautenden Vorschrift des MTV 1987 hat der Vierte Senat des Bundesarbeitsgericht am 31. Oktober 1990 (AP Nr 11 zu § 1 TVG Tarifverträge: Presse) entschieden, es handele sich bei dieser Vorschrift um ein **Redaktionsversehen** der die Grundentscheidung der Tarifvertragsparteien umsetzenden Redaktionskonferenz, und es seien deshalb bei Dienstreisen 7,7 Stunden (der damalige Durchschnitt der täglichen Arbeitszeit) zugrunde zu legen. Davon kann nach der insoweit unveränderten Neufassung des MTV vom 4. November 2011 nicht mehr ausgegangen werden. Vielmehr ist vom Willen der Tarifvertragsparteien auszugehen, dass die Arbeitszeit der Auswärtsbeschäftigung pauschal mit der im Text genannten Stundenzahl bewertet wird und die Ausgleichsregelung des § 9 Abs 2 zur Erreichung der geringeren tariflichen Arbeitszeit einschließlich der Geldausgleichsregelung eingreift.

b) Mehrarbeit und Mehrarbeitsvergütung

181 Auch die Mehrarbeitsregelung in diesem Tarifvertrag gleicht zunächst in § 9 Abs 2 Satz 1 bis 4 MTV der des § 7 MTV/Zeitungsredakteure. Lediglich die Höhe

des finanziellen Ausgleichs ist abweichend geregelt, § 9 Abs 2 Satz 4 MTV. Darüber hinaus findet sich – etwas systemwidrig – in § 9 Abs 4 Satz 3 MTV eine Bestimmung für eine weisungsgemäße Arbeit aus zwingenden Gründen an mehr als 5 Tagen in der Kalenderwoche. Diese Arbeit ist innerhalb von 8 Wochen im Verhältnis 1:1 auszugleichen. Wenn das aus zwingenden Gründen nicht möglich ist, erhält der Redakteur für jeden zusätzlich geleisteten Arbeitstag mit mehr als 4 Stunden Arbeit eine Vergütung von 6%, bei Arbeit bis zu 4 Stunden 3% des Bruttomonatsgehalts.

Freizeit- oder Geldausgleich gibt es nicht kumulativ nach § 9 Abs 2 und § 9 Abs 4 MTV, wenn zB die Arbeit an einem 6. oder 7. Tag zugleich die 37. (und mehr) Stunde einer Woche ist. Es ist dann die Ausgleichregelung nach Absatz 4 heranzuziehen, auch wenn die Regelung im Einzelfall ungünstiger ist, § 9 Abs 5 MTV. **182**

§ 9 MTV/Zeitschriftenredakteure enthält **zusätzlich** eine Regelung zur Mehrarbeit für die Redakteure, deren Gehälter nach § 2 Abs 3b MTV der freien Vereinbarung unterliegt. Eventuelle Mehrarbeit gilt mit dem höheren Bruttomonatsgehalt als abgegolten, wobei unter Mehrarbeit die Arbeitsleistung zu verstehen ist, die der Redakteur außerhalb der für ihn maßgeblichen tarifvertraglichen Arbeitszeit zu erbringen hat (zutreffend *Berger-Delhey* AfP 1993, 554). Die Grenze der Überbelastung erfolgt auch hier allerdings aus dem Gesetz, § 3 ArbZG. Die Vorschrift ist ferner kein Freibrief, dieser Gruppe ohne sachlichen Grund Mehrarbeit abzuverlangen. **183**

Die Bestimmung des § 9 Abs 10 MTV begegnet tarifvertragsrechtlichen Bedenken, wonach die Sonn- und Feiertagszulage sowie die Vergütung für zeitliche Mehrbelastung nach Absatz 1 binnen sechs Monaten nach Inkrafttreten des Tarifvertrages auf übertarifliche Gehaltsbestandteile angerechnet werden kann, sofern das einzelvertraglich zulässig ist. Tarifvertragsparteien haben keine **Regelungskompetenz** für den Bestand übertariflicher Vergütungsbestandteile. **184**

c) Sonntagsarbeit

Der Tarifvertrag geht ohne weiteres davon aus, dass Sonntagsarbeit in Zeitschriftenverlagen statthaft ist. Dazu gibt es eine Reihe von Zeit- und Geldausgleichsregelungen. Die **gesetzliche Ausgangslage** ist jedoch seit dem 1. Juni 1994 nicht unerheblich verändert. So gilt die gesetzliche Ausnahmeregelung des § 10 Abs 1 Nr 8 ArbZG im vollen Umfang nur für die Tagespresse, nicht aber für andere Presseerzeugnisse wie für Zeitschriften (dazu kritische verfassungsrechtliche Bedenken bei *Reske/Berger-Delhey* AfP 1993, 449). Für diesen Teil der Presse sind sonntags und an Feiertagen Arbeiten **nur** erlaubt (§ 10 Abs 1 Nr 8 ArbZG), wenn es sich handelt um **185**

– nicht nur, aber auch **journalistische Tätigkeiten,** die der **Tagesaktualität** (dazu *Berger-Delhey* BB 1994, 2199) dienen,
– die Herstellung von Satz, Filmen und Druckformen für **tagesaktuelle Nachrichten und Bilder,**
– **tagesaktuelle Aufnahmen** auf Ton- und Bildträger und
– **Transport und Kommissionieren** von Presseerzeugnissen, deren Ersterscheinungstag am Montag oder am Tag nach einem Feiertag liegt.

Daneben sind Sonn- und Feiertagsarbeiten **statthaft,** wenn **186**
– sie durch eine künftige Rechtsverordnung zugelassen wird, § 13 Abs 1 ArbZG oder
– durch Verwaltungsakt der Aufsichtsbehörde nach § 13 Abs 3 ArbZG erlaubt worden ist.

Ist die Sonn- und Feiertagsarbeit nach diesen gesetzlichen Vorschriften rechtlich möglich, so haben die Arbeitsvertragsparteien wenigstens die tarifvertraglichen Ausgleichsregelungen nach § 9 Abs 6 MTV zu beachten, soweit diese nicht hinter der gesetzlichen Ausgleichsregelung der §§ 11 und 12 ArbZG zurückbleiben. **187**

X. Nebentätigkeit

188 Der Arbeitnehmer schuldet dem Arbeitgeber seine **Arbeitsleistung** nur für einen **bestimmten Zeitraum.** In der übrigen Zeit ist er in seiner Handlungsfreiheit nicht eingeschränkt. So kann er grundsätzlich auch einer **weiteren Beschäftigung** nachgehen. Das Recht der Nebentätigkeit ist allerdings mannigfach **eingeschränkt.** So ist eine Nebentätigkeit auch ohne ausdrückliches Verbot **unzulässig,** wenn sie zu einer **Beeinträchtigung** der Arbeitskraft und damit zur Schlechterfüllung im Hauptarbeitsverhältnis führt, **Wettbewerbsinteressen** des Arbeitgebers berührt sind, **Schwarzarbeit** vorliegt, gegen **Arbeitszeitrecht** verstoßen wird und während des **Urlaubs** oder einer **Arbeitsunfähigkeit** gearbeitet wird (ErfK/*Preis* § 611 BGB Rn 724 ff.).

189 Davon gehen auch die Tarifvertragsparteien des Pressewesens aus, die den Redakteuren ein Nebentätigkeitsrecht grundsätzlich zugestehen, aber in ihren Normen Beschränkungen insb aus Wettbewerbsgründen festgelegt haben.

190 Soll die zweite Beschäftigung **in einem Arbeitsverhältnis** ausgeübt werden, so bedarf das der Zustimmung des Redakteurs und beider Verleger, § 2 Abs 4 in beiden MTVen.

191 Erfolgt die Nebentätigkeit **außerhalb eines Arbeitsverhältnisses,** so sind die Bestimmungen des § 12 MTV/Zeitungsredakteure bzw § 13 MTV/Zeitschriftenredakteur zu beachten. Daraus folgt zunächst, dass der Redakteur bei jeder Ausübung von Nebentätigkeit die Interessen seines Verlegers beachten und seine Tätigkeit danach ausrichten muss, § 12 Abs 1 bzw 13 Abs 1 MTV. Handelt es sich um eine publizistische Tätigkeit, ist sie anzuzeigen, bevor sie nur gelegentlich anfällt. Bei dauerhafter publizistischer Nebentätigkeit bedarf der Redakteur der Einwilligung des Verlegers, die in Zeitschriftenverlagen schriftlich zu verlangen und zu geben ist. Will der Redakteur die ihm im Dienst bekannt gewordenen Informationen anderweitig verwerten, bedarf es auch hier der (schriftlichen) Einwilligung des Verlegers. Der Redakteur hat in allen Fällen einen einklagbaren Anspruch auf Erteilung der Einwilligung. Denn unabhängig von den tarifvertraglichen Regelungen hat ein Arbeitnehmer mit Blick auf Art 12 GG einen Anspruch auf Erteilung der Zustimmung zu einer Nebentätigkeit, wenn nicht zu besorgen ist, dass durch die Nebentätigkeit die Interessen des Arbeitgebers beeinträchtigt werden (BAG 24.6.1999 AP Nr 5 zu § 611 BGB Nebentätigkeit).

XI. Ausschlussfristen; Verjährungsfristen

192 In **Tarifverträgen** sind Normen über Ausschlussfristen (auch Verfallfristen, Verwirkungsfristen oder Präklusionsfristen genannt) weit verbreitet. Sie haben ihre Grundlage in § 4 Abs 4 Satz 3 TVG. Danach können Ausschlussfristen für die Geltendmachung tariflicher Rechte nur in einem Tarifvertrag vereinbart werden. Sie werden von den Tarifvertragsparteien regelmäßig so formuliert, dass die von ihnen umfassten Ansprüche mit Ablauf der genannten Fristen **erlöschen.** Mit dieser oder einer ähnlich lautenden Formulierung erhält die rechtzeitige Geltendmachung die Bedeutung einer **anspruchsbegründenden oder anspruchserhaltenden Voraussetzung** (BAG 22.9.1992 – 9 AZR 521/91 – BeckRS 1992, 30919404). Die Arbeitsvertragspartei, die einen Anspruch gegen die andere Vertragspartei gerichtlich geltend macht, muss die Einhaltung der Ausschlussfrist von sich aus vortragen (teilweise wird ungenau formuliert, das Gericht habe die Ausschlussfristen von Amts wegen zu beachten). Andernfalls ist die Klage unschlüssig und sie muss nach erfolglosem Hinweis des Gerichts sogleich abgewiesen werden.

193 Soll eine Forderung nach Fristablauf nicht erlöschen, sondern die Ausschlussklausel nur eine **Verkürzung der gesetzlichen Verjährungsfrist** zum Inhalt haben mit der

3. Kapitel. Inhalt des Arbeitsverhältnisses

Folge, dass der Schuldner den Ablauf der Frist einredeweise geltend machen muss, ist von den Tarifvertragsparteien wie im Verjährungsrecht zu formulieren und die Benutzung der Worte „erlöschen, verfallen" zu vermeiden.

1. Die Fristenregelung in den Manteltarifverträgen der Presse

Die Tarifvertragsparteien des Pressewesen haben unter der Überschrift Anspruchsverfolgung in § 18 MTV/Zeitungsredakteure bzw § 15 MTV/Zeitschriftenredakteure Pflichten der Arbeitsvertragsparteien für die Erhaltung ihrer Ansprüche innerhalb bestimmter Fristen normiert. Sie haben den Weg der **Verkürzung der gesetzlichen Verjährungsfristen** gewählt (zutreffend *Schaffeld/Hörle* B. Rn 304), die für beide Seiten gilt. 194

Der Gläubiger (Arbeitnehmer oder Arbeitgeber) einer Forderung aus dem Arbeitsverhältnis muss seine nicht erfüllten Ansprüche innerhalb von drei Monaten nach Fälligkeit mündlich oder schriftlich geltend machen, § 18 Abs 1 Satz 1/ § 15 Abs 1 Satz 1 MTVe. Kommt er dieser Verpflichtung nicht binnen drei Monaten nach, so kann der Schuldner die Erfüllung verweigern, § 18 Abs 1 Satz 3/ § 15 Abs 1 Satz 3 MTVe. Die Versäumung der Frist seitens des Schuldners führt also nicht zum Erlöschen des Anspruchs, sondern nur zu einem den Anspruch hemmenden **Leistungsverweigerungsrecht**, wie es § 214 Abs 1 BGB beschreibt. 195

Lehnt der Schuldner die Erfüllung einer rechtzeitig geltend gemachten Forderung schriftlich ab, so muss der Gläubiger nunmehr binnen eines halben Jahres nach Beginn der Fälligkeit seine Forderung gerichtlich geltend machen, § 18 Abs 1 Satz 2/ § 15 Abs 1 Satz 2 MTVe. Versäumt er diese Frist, so steht dem Schuldner wiederum ein Leistungsverweigerungsrecht zu, auch wenn er die erste Frist eingehalten hat, Satz 3 aaO. 196

Äußert sich der Schuldner auf eine rechtzeitige Geltendmachung nicht oder nicht rechtzeitig, verlängert sich die Klagefrist für den Gläubiger um drei Monate oder um drei Wochen, § 18 Abs 2 MTV/Zeitungsredakteure und § 15 Abs 2 MTV/Zeitschriftenredakteure. 197

2. Umfang der Fristenregelung

Die Vorschriften über die Anspruchsverfolgung betreffen **alle Ansprüche aus dem Arbeitsverhältnis** gleich welcher Art und gleich welcher Rechtsgrundlage. Dazu gehören ua 198
- **Zeugnisanspruch** (BAG 23.2.1983 AP Nr 10 zu § 70 BAT,
- Ansprüche auf **Sozialplanabfindung** (BAG 27.3.1996 AP Nr 134 zu § 4 TVG Ausschlussfristen),
- Ansprüche auf **Gewährung von Aktienoptionen** (BAG 28.5.2008 AP Nr 18 zu § 305 BGB),
- **Abfindungen** nach dem **Kündigungsschutzgesetz** (LAG Berlin 27.7.1998 NZA-RR 99, 39),
- **Übergangsgelder** (BAG 8.9.1999 ZTR 2000, 273),
- **Arbeits-** und **Mehrarbeitsvergütung** (BAG 7.2.1995 AP Nr 54 zu § 1 TVG Tarifverträge: Einzelhandel),
- Ansprüche auf anteiliges **13. Gehalt** (BAG 22.9.1999 AP Nr 226 zu § 1 TVG Tarifverträge: Bau),
- **Urlaubsentgeltansprüche** (BAG 22.1.2002 AP Nr 55 zu § 11 BUrlG),
- **Anprüche** auf **Karenzentschädigung** (BAG 22.6.2005 AP Nr 183 zu § 4 TVG Ausschlussfristen),
- **Verzugsansprüche** aus § 615 BGB (BAG 27.11.1991 AP Nr 22 zu § 4 TVG Nachwirkung; 7.11.1991 AP Nr 114 § 4 TVG Ausschlussfristen; 9.8.1990 AP Nr 46 zu § 615 BGB),

- der **Rückforderungsanspruch** des Arbeitgebers wegen überzahlten Entgelts oder wegen zu Unrecht erbrachter Leistungen nach § 812 Abs 1 BGB (BAG 14.9.1994 AP Nr 127 zu § 4 TVG – Ausschlussfristen; 16.11.1989 AP Nr 8 zu § 29 BAT; 19.3.1986 AP Nr 67 zu § 1 LohnFG),
- **Lohnfortzahlungsansprüche** nach dem Entgeltfortzahlungsgesetz (zum Lohnfortzahlungsgesetz **aA** BAG 24.5.1973 und 15.11.1973 AP Nr 52 und 53 zu § 4 TVG Ausschlussfristen);
- ferner **Feiertagslohnzahlungsansprüche** (aA BAG 12.3.1971 AP Nr 9 zu § 1 FeiertagslohnzahlungsG Berlin).

199 Nicht unter die **Fristenregelung** fällt
- ein Anspruch aus **Verletzung des Persönlichkeitsrechtes** (BAG 15.7.1987 AP Nr 14 zu § 611 BGB Persönlichkeitsrecht); **vertragliche Ausschlussklauseln** erfassen generell **nicht** Ansprüche aus einer **Haftung wegen Vorsatzes** (BAG 20.6.2013 NZA 2013, 1265),
- Ansprüche auf Beschäftigung nach dem allgemeinen und besonderen **Beschäftigungsanspruch** (BAG 15.5.1991 AP Nr 24 zu § 611 BGB Beschäftigungspflicht),
- Anspruch des Arbeitnehmers auf **Entfernung einer Abmahnung** aus den Personalakten (BAG vom 14.12.1994 AP Nr 15 zu § 611 BGB Abmahnung),
- Ansprüche auf **Verschaffung einer Zusatzversorgung** (BAG 15.5.1975 AP Nr 7 zu § 242 BGB Ruhegehalt-VBL) sowie Ansprüche auf **Ruhegeld** (BAG 27.2.1990 AP Nr 107 zu § 4 TVG Ausschlussfrist),
- Ansprüche auf **Herausgabe des Eigentums** (LAG Düsseldorf 17.9.1953 BB 1954, 29),
- Ansprüche aus **schöpferischen Sonderleistungen** (BAG 21.6.1979 AP Nr 4 zu § 9 ArbNErfG),
- ein Anspruch auf **Urlaubsentgelt,** weil er zum Inhalt des auch für Tarifvertragsparteien nicht abänderbaren § 1 BUrlG („bezahlter Erholungsurlaub") gehört (BAG 24.11.1992 AP Nr 61 zu § 7 BUrlG Abgeltung).

200 Von der grundsätzlich umfassenden Fristenregelung macht § 18 Abs 1 MTV/Zeitungsredakteure **zwei** ausdrückliche Ausnahmen: Die erste betrifft den **Urlaub,** der ohnehin befristet ist (Rn 132). Die zweite Ausnahme betrifft die **Altersversorgung,** die gänzlich (Stammrechte und Einzelansprüche) von der Verkürzung der gesetzlichen Verjährung ausgenommen ist (vgl dazu auch BAG 27.2.1990 AP Nr 107 zu § 4 TVG Ausschlussfristen Nr 107; 19.7.1983 BAGE 43, 188 = AP Nr 1 zu § 1 BetrAVG Zusatzversorgungskassen mwN).

201 Eine besondere dritte Ausnahme enthalten die jeweiligen Absätze 4 der MTVe, in denen bestimmt ist, dass **Vergütungsansprüche, die während eines Kündigungsrechtsstreits fällig** werden und von seinem Ausgang abhängen, nicht drei Monate nach Fälligkeit geltend zu machen sind, sondern erst binnen drei Monaten nach rechtskräftiger Beendigung des Rechtsstreits. Diese Regelung hat Ähnlichkeit mit den Ergebnissen der früheren Rechtsprechung des Bundesarbeitsgerichts zur Erhaltung der Vergütungsansprüche bei einer einstufigen Ausschlussfrist bei Durchführung einer Kündigungsschutzklage (BAG 16.6.1976 AP Nr 56 zu § 4 TVG Ausschlussfristen; 9.8.1990 AP Nr 46 zu § 615 BGB; 7.11.1991 AP Nr 22 in § 4 TVG Nachwirkung; 27.11.1991 AP Nr 114 zu § 4 TVG Ausschlussfristen). Sie ist aber hier inhaltlich weitergehend, weil die Klage nicht die Frist wahrt, sondern nur die Fälligkeit hinausschiebt. Nunmehr geht das BAG davon aus, dass auch die zweite Stufe einer zweistufigen Ausschlussfrist durch die Erhebung der Kündigungsschutzklage gewahrt wird, wenn in den allgemeinen Geschäftsbedingungen des Arbeitgebers geregelt ist, dass von der Gegenseite abgelehnte Ansprüche binnen einer Frist von drei Monaten einzuklagen sind, um deren Verfall zu verhindern (BAG 19.3.2008 AP Nr 11 zu § 305 BGB; *Matthiessen,* NZA 2008, 1165).

D. Urheberrechte des Arbeitnehmers

Schrifttum: *Grzeszick,* Der Anspruch des Urhebers auf angemessene Vergütung: Zulässiger Schutz jenseits der Schutzpflicht, AfP 2002, 382; *Fuchs,* Der Arbeitnehmerurheber im System des § 43 UrhG, GRUR 2006, 561; *Herschel,* Tarifverträge mit Urheberrechtsbezug, Archiv für Urheber-, Film-, Funk- und Theaterrecht (UFITA) 94, 35; *Hesse,* Der Arbeitnehmerurheber, AfP 1987, 562; *Hubmann,* Die Urheberrechtsklauseln in den Manteltarifverträgen für Redakteure an Zeitschriften und Tageszeitungen RdA 87, 89; *Ory,* Das neue Urhebervertragsrecht, AfP 2002, 93; *Schippan,* Auf dem Prüfstand: Die Honorar- und Nutzungsrechtsregelungen zwischen Zeitungs- und Zeitschriftenverlagen und ihren freien Mitarbeitern, ZUM 2010, 782.

I. Einführung

Jeder **redigierende Mitarbeiter** in einem Presseunternehmen kann Urheber 202 eines nach dem Urheberrechtsgesetz geschützten Werks (*Ricker/Weberling* 62. Kapitel Rn 1 bis 16) werden. Das Urheberrecht der Dienstverpflichteten und der Arbeitnehmer ist im Urhebergesetz (*Ricker/Weberling* 13. Abschnitt 61. bis 65. Kapitel) nur rahmenmäßig bestimmt, § 43 UrhG iVm den §§ 31 ff. UrhG. Da die in Bezug genommenen Vorschriften der §§ 31 ff. auf den frei schaffenden Urheber zugeschnitten sind und die arbeits- und dienstrechtlichen Verpflichtungen des Urhebers gegenüber seinem Berechtigten nicht hinreichend berücksichtigt sind, haben die Tarifvertragsparteien in ihren Manteltarifverträgen umfangreiche tarifvertragliche Urheberregelungen getroffen, die den Ausgleich zwischen Urheberrecht und Arbeitsrecht bewirken sollen (*Schaffeld/Hörle* B Rn 273). Der **Kern der tarifvertraglichen Regelung** besteht darin, dass der Redakteur dem Verleger ein umfassendes **Nutzungsrecht** einräumt. Der Redakteur erhält dafür **Vergütungsansprüche** bei weitergehender Verwertung und unter bestimmten Umständen ein **Rückrufsrecht.** Auf die umfangreiche Darstellung des Urheberrechts im Besonderen Teil wird verwiesen; zum Arbeitnehmerurheberrecht insbes die Rn 219–228.

II. Rechteeinräumung

Steht einem Redakteur ein Urheberrecht oder ein verwandtes Schutzrecht iSd Ur- 203 heberrechtsgesetzes zu, zB an einem politischen Kommentar, so bekommt der Verlag kraft normativer Bestimmung (§ 17 Abs 1 bzw § 12 Abs 1 der MTVe) das **ausschließliche Nutzungsrecht** daran. Die Tarifnormen erläutern den Umfang der Nutzungsbefugnis (Wiedergabe in körperlicher und nichtkörperlicher Form in allen Medien des In- und Auslands) und den Umfang der Einräumung (Vervielfältigung, Verbreitung, Vorführung, öffentliche Zugänglichmachung Sendung, Bearbeitung und Umgestaltung, Verfilmung, §§ 16, 17, 19, 19a, 20, 22, 23, 72, 88, 94 und 95 UrhG). Ferner wird dem Verlag erlaubt, seinerseits die Nutzungsrechte auf Dritte zu übertragen (zur Vergütungspflicht Rn 209 ff.; vgl auch BT UrhR Rn 221–223).

Unberührt von der Einräumung bleiben die **Persönlichkeitsrechte** des Urhebers 204 wie das **Veröffentlichungsrecht** (§ 12 UrhG), das **Anerkennungsrecht** (§ 13 UrhG) und das **Untersagungsrecht** wegen **Entstellung** (§ 14 UrhG), § 17 Abs 2 und § 12 Abs 2 MTVe. Dabei ist allerdings zu beachten, dass das Urheberpersönlichkeitsrecht der Veröffentlichung, wie es in § 12 Abs 1 und Abs 2 UrhG beschrieben ist (*Ricker/Weberling* 62. Kapitel Rn 29), bereits mit der Veröffentlichung im Presseerzeugnis des Verlages ausgeübt worden ist und nunmehr die weitere Veröffentlichung als Nutzungsrecht dem Verlag zusteht. Das Recht zur Anerkennung der Urheberschaft nach § 13 UrhG (*Ricker/Weberling* aaO Rn 30) genießen Arbeitnehmer und Dienstverpflichteter uneingeschränkt. Dasselbe gilt für das Untersagungsrecht wegen Entstellung des § 14 UrhG (*Ricker/Weberling* aaO Rn 31), das die Tarifbestimmung ausdrücklich erwähnt. Damit ist ersichtlich nicht die Änderung eines Beitrags vor der

Dörner/Grund 1589

Veröffentlichung durch den Ressortleiter, Chefredakteur o a gemeint, sondern die spätere Bearbeitung nach der Erstveröffentlichung.

205 Mit der Einräumung des Nutzungsrechts hat der Redakteur das Recht verloren, seinen Beitrag **anderweitig zu veröffentlichen.** Hat er diesen Wunsch, so bedarf er der Zustimmung des Verlegers. Erst nach seinem Ausscheiden kann er über seine Werke frei verfügen, wenn mehr als ein Jahr (Zeitungsredakteure) bzw mehr als zwei Jahre (Zeitschriftenredakteure) seit Erscheinen des Werks vergangen sind. Dem Verlag bleibt aber ein einfaches Nutzungsrecht iS des § 31 Abs 2 UrhG. In Zeitungsverlagen bleiben die Nutzungsrechte an Bildern unbefristet und ausschließlich beim Verlag.

III. Rückrufsrecht

206 Das tarifvertragliche Rückrufsrecht ist in den Manteltarifverträgen für Zeitungsredakteure und Zeitschriftenredakteure geringfügig unterschiedlich geregelt. Es ist in beiden Fällen dem **gesetzlichen Rückrufsrecht des § 41 UrhG nachgebildet.** Auf die Kommentierung dazu (BT UrhR Rn 189) kann verwiesen werden. Abweichend vom Gesetz ist zu Lasten der Redakteure die Mindestfrist für den Rückruf auf 6 bzw 12 Monate verlängert worden. Die gesetzlich nicht konkretisierte **Nachfrist** ist tariflich mit einer fakultativen Höchstgrenze von drei Monaten näher bestimmt worden.

207 **Entwertet** wird das **Rückrufsrecht** durch die Bestimmungen der MTVe, dass der Redakteur seine Rechte nur verwerten kann, wenn dies den berechtigten Interessen des Verlages nicht abträglich ist. Diese Bestimmung und die Vorschrift, dass dem Verlag auch im Fall des Rückrufs ein einfaches Nutzungsrecht bleibt, sind rechtlich haltbar, weil dem Redakteur die gesetzlich vorgesehene Entschädigungspflicht erspart bleibt.

208 Das Rückrufsrecht umfasst in **Zeitungsverlagen** nur die **Textbeiträge,** nicht die Bildbeiträge. Diese Tarifnorm ist angesichts des § 41 Abs 4 UrhG unwirksam, weil im voraus auf einen Teil des gesetzlichen Rückrufsrechts verzichtet wird. Das dürfen auch Tarifvertragsparteien nicht anordnen.

IV. Vergütung

209 Die Werke, die der Redakteur im Rahmen seiner arbeitsrechtlichen Verpflichtungen schafft, unterliegen **keiner besonderen Vergütung.** Das Werk ist das Ergebnis der Tätigkeit, für die er sein tarifliches oder einzelvertragliches Gehalt bekommt. Nur bei **weitergehender Nutzung** des Werks durch den umfassend nutzungsberechtigten Verleger hat der Redakteur auch nach Beendigung des Arbeitsverhältnisses einen gesonderten Vergütungsanspruch für drei (MTV/Zeitschriftenredakteure) bzw vier (MTV/Zeitungsredakteure) im Tarifvertrag aufgezählte Fallgestaltungen.

210 Vergütungspflichtig ist die **Wiedergabe in nichtkörperlicher Form** zB durch Verlesen des Werks in einer Rundfunksendung mit Ausnahme der **Werbung für den Verlag.** Ferner erhält der Redakteur eine besondere Vergütung, wenn der Verleger die **Nutzungsrechte an Dritte** überträgt, es sei denn, die Nutzung erfolgt innerhalb einer Redaktionsgemeinschaft oder durch sonstige vergleichbare redaktionelle Zusammenarbeit (zB Beiträge in Wochenendbeilagen verschiedener Tageszeitungen). Der Verleger hat auch dann eine besondere Vergütung zu zahlen, wenn er das Werk in einem Objekt seines Verlages nutzen will, für das der Urheber zu arbeiten nicht verpflichtet ist. Schließlich entsteht nach dem MTV/Zeitungsredakteure eine Vergütungspflicht bei der Nutzung von Bildbeiträgen in Büchern, die zu Verkaufszwecken hergestellt werden; ansonsten ist die anderweitige Nutzung von Bildbeiträgen unentgeltlich.

Die **Höhe der Vergütung** muss mindestens 40% des tatsächlichen oder des er- 211
zielbaren Erlöses betragen. **Erlös** ist der um Aufwand und Mehrwertsteuer verminderte Nettobetrag, welcher vom Verlag aus der Verwertung erzielt wird bzw erzielbar wäre. Zum Aufwand rechnen die direkten Herstellungs-, Marketing- und Vertriebskosten. Im Fall der Berechnung des erzielbaren Erlöses (der Verleger hat seinerseits die Nutzung des Werks kostenlos einem Dritten überlassen) muss der marktübliche Wert des Werkes zugrunde gelegt werden. Im Streitfall kommt § 287 ZPO, die Bestimmung über die Schätzung zur Anwendung. Die Zahlung einer **Pauschale** ist rechtlich möglich und vielfach üblich. Es bestehen dafür genaue Bestimmungen. Die Höhe der Pauschale kann vom Redakteur auf ihre Angemessenheit gerügt werden. Sie muss dann vom Verleger auf seine Kosten überprüft werden. Wird sie dann nicht neu festgesetzt, kann der Redakteur eine gerichtliche Überprüfung in Form einer Klage nach den §§ 315, 316 BGB durchführen, wonach letztlich die Höhe der Pauschale durch das Arbeitsgericht festgesetzt wird.

4. Kapitel. Beendigung des Arbeitsverhältnisses

Inhaltsübersicht

	Rn
A. Grundsätze	212
I. Beendigungstatbestände	212
II. Kündigungen	213
B. Beendigung ohne Kündigung	215
I. Der Aufhebungsvertrag	215
II. Anfechtung und Nichtigkeit	219
1. Grundzüge	219
2. Irrtumsanfechtung	220
3. Täuschungsanfechtung	222
4. Anfechtung wegen Drohung	224
5. Nichtigkeit	225
III. Befristung oder Bedingung	226
IV. Tod des Arbeitnehmers	227
C. Die Kündigung des Arbeitsverhältnisses	228
I. Die Willenserklärung und ihr Zugang	228
1. Begriff	228
2. Zugang	229
II. Kündigungsarten	234
III. Form und Inhalt der Erklärung	235
1. Form	235
2. Bestimmtheit	238
3. Angabe des Kündigungsgrundes	239
V. Kündigungsfristen und Kündigungstermine	241
1. Gesetzliche Kündigungsfristen	242
2. Tarifvertragliche Kündigungsfristen	245
VI. Fehlerhafte Kündigungen	247
VII. Die Beteiligung des Betriebsrats bei der Kündigung	249
D. Der allgemeine Kündigungsschutz des Arbeitnehmers gegen eine Kündigung	250
I. Die Voraussetzungen für die Anwendung des Kündigungsschutzgesetzes	251
1. Persönlicher Geltungsbereich	251

			Rn
	2. Betrieblicher Geltungsbereich		252
	3. Die Wartezeit		253
II.	Die ordentliche Kündigung und der Begriff der Sozialwidrigkeit		254
III.	Die einzelnen Kündigungsgründe		255
	1. Die personenbedingte Kündigung		255
	2. Die verhaltensbedingte Kündigung		257
	3. Die betriebsbedingte Kündigung		259
		a) Die Unternehmerentscheidung und ihre Überprüfung	260
		b) Der Wegfall des Arbeitsplatzes	263
		c) Dringlichkeit	264
		d) Die Interessenabwägung	266
	4. Die Sozialauswahl		267
		a) Vergleichbarkeit	269
		b) Die Auswahlmerkmale	272
		c) Die Ausnahmeregelung nach § 1 Abs 3 Satz 3 KSchG	273
	5. Widerspruch des Betriebsrats und Sozialwidrigkeit		274
IV.	Die Änderungskündigung		276
	1. Die Reaktionsmöglichkeiten des Arbeitnehmers		276
	2. Die Sozialwidrigkeit der Änderungskündigung		277
V.	Die außerordentliche Kündigung nach § 626 BGB		278
	1. Einführung		278
	2. Der wichtige Grund		280
	3. Interessenabwägung		281
	4. Die Ausschlussfrist		282
V.	Die Kündigung wegen Übergangs eines Betriebs		287
	1. Regelungszweck		288
	2. Betriebsübergang		290

E. Der besondere Kündigungsschutz 292

    I.   Schwangere und Mütter 293

    II. Elternzeit 296

    III. Schwerbehinderte 297

    IV. Wehrpflichtige und Zivildienstleistende 298

    V. Betriebsverfassungsorgane 299

    VI. Auszubildende 301

    VII. Massenentlassung 303

F. Das Kündigungsschutzverfahren 304

			Rn
I.	Die Klage		304
II.	Der Antrag auf nachträgliche Zulassung		308
III.	Der Abfindungsanspruch nach § 1a KSchG		311
IV.	Das Auflösungsbegehren		312
	1. Einführung		312
	2. Der Auflösungsantrag des Arbeitnehmers		313
	3. Der Auflösungsantrag des Arbeitgebers		314
	4. Der übereinstimmende Antrag		315
	5. Der Urteilsausspruch		316

G. Die Kündigung des Arbeitnehmers 319

			Rn
I.	Grundsätze		319
II.	Die Kündigung aus besonderem Anlass (§ 14 MTV)		322
	1. Änderung der Haltung		323
	2. Aufgabe der Tätigkeit		324
	3. Rechtsfolgen		326
		a) Vergütungsanspruch	326
		b) Anrechnung	327

4. Kapitel. Beendigung des Arbeitsverhältnisses ArbR BT

A. Grundsätze

I. Beendigungstatbestände

Ein Arbeitsverhältnis kann auf verschiedene Weise beendet werden. Der wichtigste **212**
Fall ist der durch **Kündigung des Arbeitgebers** (Rn 254 ff.). Daneben kommen als
weitere Beendigungstatbestände im Wesentlichen in Betracht
- die **Kündigung** durch den **Arbeitnehmer** (Rn 319 ff.);
- der **Aufhebungsvertrag** (Rn 215–218);
- der Ablauf einer **Befristung** und der Eintritt einer **Bedingung** (Rn 57 ff. und 226);
- die **Anfechtung** (Rn 219–225);
- der **Tod** des **Arbeitnehmers** (Rn 227) und
- das Ende einer **vorläufigen Maßnahme** nach § 100 BetrVG.

Keine Beendigung des Arbeitsverhältnisses tritt ein
- beim unberechtigten **Fehlen** des Arbeitnehmers auch auf längere Zeit;
- bei langandauernder **Krankheit** des Arbeitnehmers;
- bei **Mutterschutz, Elternzeit und Wehrdienst oder Zivildienst;**
- beim **Tod** des **Arbeitgebers;**
- beim **Betriebsübergang;**
- bei der **Insolvenz;**
- bei **Streik und (suspendierender) Aussperrung;**
- beim Eintritt der **Berufs- und Erwerbsunfähigkeit,** soweit nicht tarifvertraglich etwas anderes bestimmt ist;
- beim Erreichen einer bestimmten **Altersgrenze,** soweit nicht vertraglich oder normativ in Tarifverträgen oder in Betriebsvereinbarungen etwas anderes verabredet ist.

Die vorstehend genannten Beendigungsmöglichkeiten haben auch die Arbeitsvertragsparteien eines Anstellungsvertrages im Pressebereich. Daneben kennt der Manteltarifvertrag/Zeitungsredakteure eine besondere Form der Beendigung für die Redakteure, die „**Ausscheiden aus besonderem Anlass**" (Rn 322 ff.) genannt wird. Diese Kündigungsmöglichkeit ist notwendige Folge des Tendenzbestimmungsrechts des Verlegers einerseits und des in der Meinungs- und Pressefreiheit begründeten **Gewissens- und Gesinnungsschutzes** der Redakteure (MünchArbR/*Giesen* § 336 Rn 24 ff.) andererseits.

II. Kündigungen

Arbeitsverhältnisse werden in den weitaus meisten Fällen durch Kündigung des **213**
Arbeitgebers beendet. Dazu gibt es eine **Fülle von gesetzlichen und tarifvertraglichen Vorschriften.** Sie betreffen das **Wesen** einer Kündigung (Willenserklärung iSd bürgerlichen Rechts), ihren **Zugang** (Empfangsbedürftigkeit), die **Art** der Kündigungen (ordentliche und außerordentliche [fristlose] Kündigung, Änderungskündigung), ihre **Voraussetzungen** (Klarheit und Bestimmtheit), die einzuhaltenden **Fristen** (§ 622 BGB idF des Kündigungsfristengesetzes vom 15. Oktober 1993 [BGBl I S 1665] in der Bekanntmachung der Neufassung. vom 2.1.2002 [BGBl I S 42]) und ihre Wirkung mit und ohne Mängel. Besonders wichtig sind die Vorschriften, die den **Kündigungsschutz** des Arbeitnehmers ausmachen. Das sind die Bestimmungen über **die Einhaltung von Fristen,** über das Vorliegen von die Kündigung rechtfertigenden **Gründen** (KSchG, § 626 BGB), über die eingeschränkten und absoluten **Kündigungsverbote** (§§ 85 ff. SGB IX, § 9 MuSchG, § 15 BetrVG) und die **Beteiligungsrechte** des Betriebs- und Personalrats (zB § 102 BetrVG).

BT ArbR Arbeitsrecht im Presseunternehmen

214 Die dazu von Rechtslehre und Rechtsprechung entwickelten Regeln gelten **regelmäßig auch im Presseunternehmen,** wobei auch hier aus Gründen der grundrechtlichen Gewährleistung der Pressefreiheit Abweichungen zu beachten sind. Daneben gilt das tarifvertragliche Kündigungsrecht der §§ 13 bis 16 MTV/Zeitungsredakteure und des § 14 MTV/Zeitschriftenredakteure.

B. Beendigung ohne Kündigung

Schrifttum: *Bauer,* Arbeitsrechtliche Aufhebungsverträge, 9. Auflage 2014; *ders,* Beseitigung von Aufhebungsverträgen, NZA 1992, 1015; *Buschbeck-Bülow,* Die Unzulässigkeit der Frage nach der Schwangerschaft, BB 1993, 360; *Ehrich,* Unwirksamkeit eines Aufhebungsvertrages wegen „Überrumpelung" durch den Arbeitgeber, NZA 1994, 438; *Gaul,* Aufhebungs- und Abwicklungsvertrag: Aktuelle Entwicklungen im Arbeits- und Sozialversicherungsrecht BB 2003, 2457; *Geiger,* Neues zu Aufhebungsvertrag und Sperrzeit NZA 2003, 838; *Grunewald,* Der arbeitsrechtliche Abwicklungsvertrag – Alternative oder Ende des arbeitsrechtlichen Aufhebungsvertrags, NZA 1993, 441; *Hümmerich,* Letztmals: Abschied vom arbeitsrechtlichen Aufhebungsvertrag, NZA 1994, 833; *Kienast/Schmiedl,* Rechtsprechung zum Widerrufsrecht bei arbeitsrechtlichen Aufhebungsverträgen nach §§ 312, 355 BGB DB 2003, 1440; *Künzl,* Widerruf arbeitsrechtlicher Aufhebungsverträge?, ZTR 2004, 16; *Lingemann/Groneberg,* Der Aufhebungsvertrag (5 Teile), NJW 2010, 3496; *Löw,* Das Recht zur Lüge auf unzulässige Fragen bei der Einstellungsverhandlung – Grenzen und rechtliche Konsequenzen ihrer Überschreitung – BuW 2004, 392; *Messinglager,* „Sind Sie schwerbehindert?" – Das Ende einer (un)beliebten Frage, NZA 2003, 301; *Schaub,* Ist die Frage nach der Schwerbehinderung zulässig? NZA 2003, 299; *Schiefer,* Wichtige Entscheidungen zur Beendigung des Arbeitsverhältnisses, NZA 1994, 534; *Schrader,* Aufhebungsverträge und Ausgleichszahlungen, NZA 2003, 593; *Sowka,* Die Frage nach der Schwangerschaft, NZA 1994, 967; *Thüsing/Leder,* Neues zur Inhaltskontrolle von Formulararbeitsverträgen – LAG Berlin 9.5.2003 AfP 2003, 378.

I. Der Aufhebungsvertrag

215 Den Parteien des Arbeitsvertrages ist es aufgrund der Vertragsfreiheit gestattet, ohne Rücksicht auf Kündigungsfristen und ohne das Vorliegen eines eine Kündigung rechtfertigenden Grundes das Arbeitsverhältnis zu jedem Zeitpunkt aufzulösen oder die Arbeitsbedingungen zu ändern. Dazu bedarf es zweier übereinstimmender Willenserklärungen iSd bürgerlichen Rechts.

216 Gemäß § 623 BGB bedarf der Aufhebungsvertrag zu seiner Wirksamkeit der **Schriftform.** Die elektronische Form ist ausgeschlossen. Die Schriftform besitzt eine in ihrer Bedeutung nicht zu unterschätzende Beweisfunktion. Es soll verhindert werden, dass über die Existenz eines Auflösungsvertrages Ungewissheit oder gar Streit besteht. Nicht zu unterschätzen ist die **Warnfunktion der Schriftform** (BAG 23.11.2006 NZA 2007, 466). Es bedarf einer **einheitlichen Urkunde** (BAG 26.8.2008 NZA 2009, 161). Das Formerfordernis erfasst den Auflösungsvertrag in seiner Gesamtheit, dh. alle den Vertragsinhalt bestimmenden Abreden (ErfK/*Müller-Glöge,* § 623 BGB Rn 19). Wird die gesetzliche Formvorschrift nicht beachtet, ergibt sich die Rechtsfolge aus § 125 Satz 1 BGB. Eine Abweichung von den Folgen der Nichtigkeit setzt voraus, dass das Ergebnis nicht nur hart, sondern schlechthin untragbar ist (BAG 27.3.1987 AP Nr 29 zu § 242 BGB Betriebliche Übung).

217 Der Aufhebungsvertrag wie die Abwicklung eines Vertrags nach einer Kündigung unterliegen der Inhaltskontrolle nach den §§ 305 ff. BGB. Zum in § 312 BGB geregelten **Widerrufsrecht** für Haustürgeschäfte hat das BAG entschieden, eine am Arbeitsplatz geschlossene arbeitsrechtliche Beendigungsvereinbarung sei kein Haustürgeschäft iSd § 312 Abs 1 Satz 1 Nr 1 BGB. Der Arbeitnehmer ist deshalb nicht zum Widerruf seiner Erklärung nach §§ 312, 355 BGB berechtigt (BAG 27.11.2003 DB 2004, 1208).

218 Die Einverständniserklärung des Arbeitnehmers zur Aufhebung des Arbeitsverhältnisses kann von diesem **angefochten** werden, sofern die Voraussetzungen der §§ 119 ff. BGB vorliegen. In Betracht kommt die Anfechtung wegen einer **widerrechtlichen Drohung** mit einem Übel wie der außerordentlichen Kündigung (BAG

4. Kapitel. Beendigung des Arbeitsverhältnisses **ArbR BT**

20.11.1969 AP Nr 16 zu § 123 BGB; 16.11.1979 AP Nr 21 zu § 123 BGB; 30.1.1986 NZA 1987, 91), aber auch wegen **arglistiger Täuschung** zB über eine in Wahrheit nicht beabsichtigte Betriebsstillegung. Ist die Anfechtung erfolgreich, so fehlt es an einem wirksamen Beendigungstatbestand. Das ursprüngliche Arbeitsverhältnis besteht ungekündigt fort mit den Konsequenzen für Lohn und Beschäftigung (*Bauer* Arbeitsrechtliche Aufhebungsverträge A Rn 203 ff.).

II. Anfechtung und Nichtigkeit der Vertragserklärungen

1. Grundzüge

Der das Arbeitsverhältnis begründende Arbeitsvertrag ist ein privatrechtlicher Vertrag, der an verschiedenen **Mängeln** leiden kann, die nach den allgemeinen Regeln des bürgerlichen Rechts die Anfechtbarkeit oder die Nichtigkeit zur Folge haben können. Deshalb kann die eigene vertragliche Willenserklärung von jedem Vertragspartner ohne Rücksicht auf kündigungsrechtliche Vorschriften **angefochten** werden mit der Folge, dass die Vereinbarungen des Arbeitsvertrages keine Anwendung finden, insbesondere keine Rechte und Pflichten aus diesem fehlerhaften Arbeitsverhältnis mehr entstehen. Allerdings ist es einhellige Meinung, dass die Anfechtung des Arbeitsvertrages **keine ex-tunc-, sondern eine ex-nunc-Wirkung** erzeugt (Ausnahme von § 142 BGB). Das bedeutet, dass die Folgen aus dem Arbeitsverhältnis regelmäßig für die Zukunft, nicht für die Vergangenheit entfallen (ErfK/*Preis* § 611 BGB Rn 345 ff.; BAG 3.12.1998 AP Nr 49 zu § 123 BGB zugleich für die Beschreibung der Ausnahmefälle und damit der Anwendung der gesetzlichen Regel des § 142 BGB; 16.9.1982 AP Nr 24 zu § 123 BGB). 219

2. Irrtumsanfechtung

Das Anfechtungsrecht kennt zwei Gruppen von Anfechtungstatbeständen, nämlich die Irrtums- sowie die Drohungs- und Täuschungsanfechtung. Eine Anfechtung wegen Irrtums über den **Inhalt der Erklärung** nach § 119 Abs 1 BGB bei Abschluss eines Arbeitsvertrages ist zwar rechtlich möglich, in der gerichtlichen Praxis jedoch ohne Bedeutung. Gelegentlich wird allerdings eine Anfechtung wegen **Eigenschaftsirrtums** nach § 119 Abs 2 BGB geltend gemacht. Eine Irrtumsanfechtung nach dieser Vorschrift kann erfolgreich sein, wenn sich ein Vertragspartner über die im Verkehr als wesentlich angesehenen Eigenschaften einer Person geirrt hat. Dazu gehört **nicht** die Unkenntnis von der **Schwerbehinderung** eines eingestellten Arbeitnehmers sein. Die Behinderung als solche trägt die Irrtumsanfechtung nach § 119 Abs 2 BGB nicht, sondern eine Irrtumsanfechtung kommt nur dann in Betracht, wenn sich der schwerbehinderte Mensch für die Arbeiten, für die er eingestellt worden ist, aufgrund seiner Behinderung nicht eignet (ErfK/*Preis* § 611 BGB Rn 351; Schaub/*Koch* § 179 Rn 17). Eine Anfechtung scheidet jedenfalls aus, wenn sich die Behinderung des Arbeitnehmers erst herausstellt, nachdem das Arbeitsverhältnis gekündigt worden ist und sich der schwerbehinderte Mensch erst nach Ausspruch der Kündigung auf seine Rechte als Schwerbehinderter berufen hat. Durch den bisherigen Bestand des Arbeitsverhältnisses ist nachgewiesen, dass die Behinderung für den schwerbehinderten Mensch kein Hinderungsgrund gewesen ist, die vertraglichen Pflichten zu erfüllen. 220

Verkehrswesentliche Eigenschaften können **Ehrlichkeit** und **Vertrauenswürdigkeit** oder **Vorstrafen** eines Arbeitnehmers mit Zugang zu Kassen oder wertvollen Gegenständen sein. **Keine** verkehrswesentlichen Eigenschaften sind **Gewerkschaftszugehörigkeit** oder eine **Schwangerschaft**; das gilt auch dann, wenn eine Frau für eine Nachtarbeit eingestellt ist und diese wegen bestehender, aber damals nicht erkannter Schwangerschaft die Tätigkeit nicht ausüben darf (str.; wie hier ErfK/*Preis* 221

§ 611 BGB Rn 352 unter Berufung auf den EuGH, zB EuGH 4.10.2001 EAS 76/207/EWG Art 5 Nr 16). Die ggf mögliche Irrtumsanfechtung muss **unverzüglich** erklärt werden, § 121 BGB.

3. Täuschungsanfechtung

222 Ob sich der Arbeitgeber nach einer Anerkennung als Schwerbehinderter auch dann erkundigen darf, wenn die Behinderung für die Ausübung der vorgesehenen Tätigkeit ohne Bedeutung bleibt, ist seit Inkrafttreten des § 81 Abs 2 SGB IX und des AGG umstritten (vgl Nachweise zum Meinungsstand in: ErfK/*Preis* § 611 BGB Rn 274a). Selbst wenn die Frage zulässig wäre und der Bewerber sie wahrheitsgemäß hätte beantworten müssen, ist zu prüfen, ob der durch die Täuschung erregte Irrtum für den Abschluss des Arbeitsvertrags auf Seiten des Arbeitgebers ursächlich gewesen ist. Nur wenn die Ursächlichkeit nachgewiesen ist, kann die falsche Beantwortung einer dem Arbeitnehmer bei der Einstellung zulässiger Weise gestellten Frage den Arbeitgeber nach § 123 Abs 1 BGB dazu berechtigen, den Arbeitsvertrag wegen arglistiger Täuschung anzufechten (BAG 7.7.2011 AP Nr 70 zu § 123 BGB).

223 Bei der **unrichtigen Beantwortung** der Frage nach einer bestehenden **Schwangerschaft** besteht für den Arbeitgeber kein Anfechtungsrecht nach § 123 BGB. Die Anfechtung wegen arglistiger Täuschung ist unwirksam. Die vor der Einstellung an die Mitarbeiterin gerichtete Frage nach der Schwangerschaft verstößt gegen § 611a Abs 1 Satz 1 BGB. Diese Vorschrift ist europarechtskonform dahingehend auszulegen, dass die Frage nach der Schwangerschaft regelmäßig auch dann unzulässig ist, wenn sich die Bewerberin auf eine unbefristete Stelle bewirbt, die sie zunächst wegen des Eingreifens gesetzlicher Beschäftigungsverbote nicht antreten kann (BAG 26.2.2003 AP Nr 21 zu § 611a BGB). Zur Anfechtung nach § 123 Abs 1 BGB berechtigt lediglich die wahrheitswidrige Beantwortung einer in zulässiger Weise gestellten Frage; eine solche setzt ein berechtigtes, billigenswertes und schutzwürdiges Interesse an der Beantwortung voraus. Fehlt es hieran wie bei der Frage nach der Schwangerschaft, ist die wahrheitswidrige Beantwortung nicht rechtswidrig.

4. Anfechtung wegen Drohung

224 Unter Drohung wird die Ankündigung eines **künftigen Nachteils (Übel)** verstanden. Sie rechtfertigt die Anfechtung einer Willenserklärung, wenn sie widerrechtlich war. Das ist anzunehmen, wenn das angedrohte Verhalten rechtswidrig ist, der erstrebte Erfolg rechtswidrig oder das Verhältnis von Mittel und Zweck inadäquat ist. Die Anfechtung wegen widerrechtlicher Drohung hat bei der Begründung von Arbeitsverhältnissen wenig Bedeutung (Arbeitnehmer erzwingt Einstellung mit der Drohung, andernfalls den Arbeitgeber unberechtigt anzuzeigen, vgl aber BGH 7.6. 1988 NJW 1988, 2599); sie kommt eher nach Abschluss eines Aufhebungsvertrages in Betracht (vgl Rn 218).

5. Nichtigkeit

225 Arbeitsverträge können von Anfang an nichtig sein, zB wegen **Geschäftsunfähigkeit**, wegen **Verstoßes** gegen die **guten Sitten** oder wegen **Wuchers**. In diesem Fall ist das Arbeitsverhältnis „beendet", wenn sich eine Partei auf einen entsprechenden Sachverhalt beruft. Der bisher vorgenommene Austausch der Leistungen wird nicht rückgängig gemacht.

III. Befristung oder Bedingung

226 Das Arbeitsverhältnis endet **ohne Ausspruch einer Kündigung** aufgrund der bei seinem Abschluß vereinbarten Befristung oder Beendigung, wenn dieser Teil des

Vertrages wirksam ist (dazu siehe Rn 57f.). Zu den Befristungen gehören Vereinbarungen über das Ende des Arbeitsverhältnisses bei Erreichen einer bestimmten Altersgrenze wie zB der Regelaltersgrenze in der gesetzlichen Rentenversicherung. Zum Befristungsrecht siehe oben Rn 57 bis 71.

IV. Tod des Arbeitnehmers

Anders als der Tod des Arbeitgebers, der den Bestand des Arbeitsverhältnisses unberührt läßt, führt der Tod des Arbeitnehmers zu dessen **Beendigung**. Das folgt aus § 613 BGB, wonach die Arbeitsleistung in Person zu erbringen ist und der Anspruch auf die Dienste im Zweifel nicht übertragbar und daher auch nicht vererblich ist. 227

C. Die Kündigung des Arbeitsverhältnisses

Schrifttum: Vgl die Schrifttumsangaben zu D.

I. Die Willenserklärung und ihr Zugang

1. Begriff

Die Kündigung ist eine **einseitige, empfangsbedürftige Willenserklärung**, durch die ein Dauerschuldverhältnis, hier ein Arbeitsverhältnis, für die Zukunft aufgelöst werden soll. Die Erklärung braucht vom Empfänger nicht angenommen zu werden. Sie muss ihm nur **zugehen**. Auf beiden Seiten kann ein **Vertreter** handeln, wenn das nicht ausdrücklich ausgeschlossen ist (zu den Einzelproblemen bei der Erklärung und beim Empfang von Kündigungen durch Vertreter vgl ErfK/*Müller-Glöge* § 620 Rn 16ff.; Schaub/*Linck* § 123 Rn 37). 228

2. Zugang

Es ist der Zugang einer Kündigung unter **Anwesenden** und unter **Abwesenden** zu unterscheiden. Das BGB regelt den Zugang einer Willenserklärung unter Anwesenden nicht, sondern nur den unter Abwesenden, § 130 BGB. Für die Erklärung unter **Anwesenden** gilt: Übergibt der Arbeitgeber einem Arbeitnehmer die **schriftliche** Kündigungserklärung, so ist sie zugegangen, wenn der Arbeitnehmer sie in den **Händen** hält, aber auch dann, wenn sie ihm in seiner Gegenwart auf den Schreibtisch oder einen anderweitigen Arbeitsplatz gelegt wird, auch wenn der Arbeitnehmer die Annahme verweigert (hier ist § 130 BGB entsprechend anzuwenden – siehe unten). **Mündliche Kündigungserklärungen** sind gemäß § 623 BGB unwirksam (siehe Rn 235ff.). 229

Für den Zugang der schriftlichen Kündigungserklärung unter **Abwesenden**, im Arbeitsleben inzwischen der Regelfall, gelten die §§ 130ff. BGB. Nach § 130 Abs 1 BGB wird eine unter Abwesenden abgegebene empfangsbedürftige Willenserklärung in dem Zeitpunkt wirksam, in welchem sie dem Empfänger zugeht. Eine Kündigungserklärung ist dann zugegangen, wenn sie **in verkehrsüblicher Weise in die tatsächliche Verfügungsgewalt des Empfängers oder eines empfangsberechtigten Dritten** gelangt ist und für den Empfänger unter gewöhnlichen Verhältnissen die Möglichkeit bestanden hat, vom Inhalt der Erklärung Kenntnis zu nehmen (BAG 16.1.1976 AP Nr 7 zu § 130 BGB; ErfK/*Müller-Glöge* § 620 Rn 53ff.; Schaub/*Linck* § 123 Rn 35ff.). Es kommt nicht darauf an, dass der Arbeitnehmer tatsächlich von der Kündigung auch Kenntnis genommen hat oder dass er durch zeitweilige Abwesenheit, Krankheit oder besondere andere Umstände daran zunächst gehindert war (BAG 11.11.1992 AP Nr 18 zu § 130 BGB; 2.3.1989 AP Nr 17 zu § 130 BGB 230 mvN. aus Rechtsprechung und Schrifttum). So ist zB eine schriftliche Kündigung, die in den Briefkasten des Empfängers geworfen wird, zugegangen, wenn ein solcher Briefkasten üblicherweise auch entleert wird. Hieraus folgt, dass ein spät abends eingeworfener Brief erst am anderen Morgen zugegangen ist (BAG 4.3.1965 AP Nr 5 zu § 130 BGB; 8.12.1983 AP Nr 12 mit vielen Nachweisen).

231 Es genügt aber auch, wenn das die Erklärung enthaltende Schriftstück einer **dritten Person** ausgehändigt wird, die nach der Verkehrsauffassung als ermächtigt anzusehen ist, den Empfänger in der Empfangnahme zu vertreten (ErfK/*Müller-Glöge* § 620 Rn 55). Es ist nicht erforderlich, dass der Adressat den Dritten zur Entgegennahme besonders bevollmächtigt hat (BAG 16.1.1976 AP Nr 7 zu § 130 BGB, 11.11.1992 aaO). Angehörige, die in der Wohnung oder der Hausgemeinschaft des Adressaten leben, sind als berechtigte Empfangsboten anzusehen. Auf die Einhaltung der Vorschriften der Postordnung kommt es dabei nicht an (BAG 11.11.1992 aaO).

232 Diese Grundsätze gelten auch bei einer **urlaubsbedingten Abwesenheit,** auch wenn der kündigende Arbeitgeber weiß, dass der Arbeitnehmer während seines Urlaubs ortsabwesend ist (BAG 11.11.1992 aaO und 2.3.1989 aaO; 16.3.1988 AP Nr 16 zu § 130 BGB unter Aufgabe der im Urteil vom 16.12.1980 AP Nr 11 zu § 130 BGB vertretenen Rechtsauffassung). Das gilt auch dann, wenn der Arbeitgeber die Adresse des Arbeitnehmers am Urlaubsort kennt (vom BAG bisher in Urlaubsfällen offen gelassen, aber ausdrücklich im Fall der Inhaftierung im Ausland entschieden im Urteil vom 2.3.1989 aaO zu II 3c der Gründe).

233 Der Zugang der Kündigung ist von dem kündigenden Vertragspartner zu **beweisen.** Ein sicherer Beweis liegt nur vor in der Zustellung durch **Gerichtsvollzieher** oder bei **Ersatzzustellung** durch die Post. Die **eingeschriebene Sendung** liefert keinen vollen Beweis für die Zustellung, weil die Zurücklassung eines Benachrichtigungszettels an der Wohnung eines abwesenden Adressaten nicht ausreichend ist, sondern die Sendung erst zugegangen ist, wenn sie von dem Adressaten bei der Post abgeholt ist (BGHZ 137, 205; BGHZ 67, 271; BAG 7.11.2002 AP Nr 19 zu § 620 BGB Kündigungserklärung; 15.11.1962 AP Nr 4 zu § 130 BGB). Etwas anderes gilt nur dann, wenn der Adressat rechtsmissbräuchlich das Abholen unterlässt (BAG 3.4.1986 AP Nr 9 zu § 18 SchwbG) oder den Empfang vereitelt. Dann muss er sich so behandeln lassen, als sei ihm die eingeschriebene Sendung zugegangen (ausführlich ErfK/*Müller-Glöge* § 620 Rn 54 mwN aus der Rechtsprechung). Wenn der Kündigungsempfänger grundlos die Annahme eines Einschreibens verweigert, muss er sich ebenfalls so behandeln lassen, als sei ihm dieses Schreiben im Zeitpunkt der Annahmeverweigerung zugegangen. Das gilt jedenfalls dann, wenn er mit einer rechtserheblichen Erklärung der Gegenseite rechnen musste (BGH 27.10.1982 NJW 1983, 929 mit weiteren Nachweisen).

II. Kündigungsarten

234 Hauptformen der Kündigung sind die **ordentliche** und die außerordentliche Kündigung. Die **ordentliche** Kündigung erfolgt unter Einhaltung einer normativ oder einzelvertraglich geregelten **Frist** zu einem ebenso bestimmten **Termin.** Die **außerordentliche** Kündigung soll regelmäßig **fristlos** wirken und wird deshalb auch allgemein als fristlose Kündigung bezeichnet, obwohl auch eine außerordentliche Kündigung mit **Auslauffrist** erklärt werden kann (BAG 16.7.1959 und 9.2.1960 AP Nr 31 und 39 zu § 626 BGB). Mitunter werden auch beide Kündigungsarten in der Form miteinander verknüpft, dass eine fristlose, hilfsweise fristgerechte Kündigung ausgesprochen wird (BAG 30.9.1993 EzA § 626 nF BGB Nr 152). Beide Kündigungsformen können als **Änderungskündigung** ausgesprochen werden. Nach der Legaldefinition des § 2 KSchG liegt eine solche Kündigung vor, wenn der Arbeitgeber das Arbeitsverhältnis kündigt und dem Arbeitnehmer im Zusammenhang damit die Fortsetzung des Arbeitsverhältnisses zu geänderten Arbeitsbedingungen anbietet

4. Kapitel. Beendigung des Arbeitsverhältnisses ArbR BT

(zu den verschiedenen Formen der Änderungskündigung vgl ErfK/*Müller-Glöge* § 620 Rn 48; Schaub/*Linck* § 123 Rn 5 f.). Von einer **Teilkündigung** wird gesprochen, wenn nicht das Arbeitsverhältnis insgesamt gekündigt wird, sondern nur einzelne Bedingungen künftig nicht mehr gelten sollen. Sie ist nur statthaft, wenn sie im Arbeitsvertrag vereinbart worden ist und nicht wesentliche Inhalte des Arbeitsverhältnisses betroffen sind (BAG 7.10.1982 AP Nr 5 zu § 620 BGB Teilkündigung). In Wahrheit handelt es sich dann um einen **vertraglich vereinbarten Widerruf** (aA ErfK/*Müller-Glöge* § 620 Rn 49 ff., der die Teilkündigung vom Widerruf unterscheidet). Eine **vorsorgliche Kündigung** ist eine ordentliche oder außerordentliche Kündigung, die entweder wiederholt für den Fall der Unwirksamkeit einer vorangegangenen Erklärung ausgesprochen wird oder für die die „Rücknahme" in Aussicht gestellt wird, wenn sich die Verhältnisse bis zum Beendigungszeitpunkt ändern sollten (Schaub/*Linck* § 123 Rn 54 f.).

III. Form und Inhalt der Erklärung

1. Form

§ 623 BGB begründet eine konstitutives Schriftformerfordernis. Erfasst werden alle 235 Arbeitsverhältnisse einschließlich der Aushilfsarbeitsverhältnisse und der Arbeitsverhältnisse geringfügig Beschäftigter, nicht die Rechtsverhältnisse von arbeitnehmerähnlichen Personen iSd § 12a TVG. Das Gebot der Schriftform trifft den Arbeitgeber wie den Arbeitnehmer; es betrifft alle Arten von Kündigungen. Einzelheiten zur Schriftform ergeben sich aus § 126 Abs 1 BGB. Folglich muss die Kündigung in einer vom Aussteller unterzeichneten Urkunde formuliert sein; die elektronische Form ist ausgeschlossen. Außerhalb des Anwendungsbereichs des § 9 Abs 3 MuSchG muss die schriftliche Kündigung eines Arbeitsverhältnisses keine Angaben zum Kündigungsgrund enthalten.

Wird die gesetzliche Schriftform nicht gewahrt, so ist die Kündigung nach § 125 236 Abs 1 BGB nichtig. Eine Heilung ist nicht möglich, sondern nur die Wiederholung des Rechtsgeschäfts. Dem Hinweis auf die Nichtigkeit kann nur im Ausnahmefall der Einwand der Treuwidrigkeit nach § 242 BGB entgegen gehalten werden. Die Darlegungslast für die Nichtigkeit einer Kündigung hat derjenige, der sich auf den rechtsvernichtenden Einwand beruft.

Außerdem sehen die **Manteltarifverträge** der Presse in § 13 Abs 5 (Zeitungsre- 237 dakteure) bzw § 14 Abs 2 (Zeitschriftenredakteure) vor, dass die Kündigung der **Schriftform** bedarf. Die Bestimmungen haben ihre Bedeutung nach der Einführung der gesetzlichen Schriftform verloren; dennoch ist festzuhalten, dass es sich in beiden Fällen nicht nur um eine deklaratorische Schriftformklausel handelt, deren Verletzung ohne Rechtsfolgen ist, sondern um eine **konstitutive** Gesetzesbestimmung iSd § 126 Abs 1 BGB, deren **Verletzung** ebenfalls **zur Nichtigkeit der Kündigung** führt, § 125 Satz 1 BGB (BAG 9.2.1972 AP Nr 1 zu § 4 BAT).

2. Bestimmtheit

Die Willenserklärung muss **deutlich** und **zweifelsfrei** als ordentliche oder außer- 238 ordentliche Kündigung des Arbeitsverhältnisses erkennbar sein. Unklarheiten gehen zu Lasten des Erklärenden. Das Wort Kündigung muss in der Äußerung nicht vorkommen. Es genügen auch eindeutige Erklärungen anderen Inhalts (ErfK/*Müller-Glöge* § 620 BGB Rn 18 ff.). Der Empfänger einer ordentlichen Kündigungserklärung muss erkennen können, wann das Arbeitsverhältnis enden soll. Regelmäßig genügt hierfür die Angabe des Kündigungstermins oder der Kündigungsfrist. Ausreichend ist aber auch ein Hinweis auf die maßgeblichen gesetzlichen Fristenregelungen, wenn der Erklärungsempfänger hierdurch unschwer ermitteln kann, zu welchem Termin das Arbeitsverhältnis enden soll (BAG 20.6.2013 AP Nr 68 zu § 622 BGB).

Eine Kündigung kann auch **nicht** von einer **Bedingung** abhängig gemacht werden, weil nicht unklar bleiben darf, ob ein Arbeitsverhältnis beendet worden ist oder nicht (BAG 15.3.2001 AP Nr 26 zu § 620 BGB Bedingung). Statthaft sind lediglich sog **Potestativbedingungen,** bei denen der Eintritt der Bedingung allein vom Willen des Kündigungsempfängers abhängt. Kann er sich sofort entschließen, ob er die Bedingung erfüllen will oder nicht, so ist die Kündigung wirksam (BAG 27.6.1968 AP Nr 1 zu § 626 BGB Bedingung).

3. Angabe des Kündigungsgrundes

239 Gesetzlich ist die Angabe von Kündigungsgründen nur im Fall des § 9 Abs 3 MuSchG und im Berufsausbildungsverhältnis vorgesehen, § 15 Abs 3 BBiG. Nach § 626 Abs 2 Satz 3 BGB kann der außerordentlich Gekündigte vom Kündigenden die **schriftliche Mitteilung** des Kündigungsgrundes verlangen. Dem entsprechen § 13 Abs 5 Satz 2 MTV/Zeitungsredakteure und § 14 Abs 2 MTV/Zeitschriftenredakteure, die inhaltlich dieselbe Verpflichtung für **alle** Kündigungen anordnen. Demgemäß muss in der Erklärung selbst kein Grund angegeben werden. In Arbeitsverhältnissen, auf die die Tarifverträge keine Anwendung finden, besteht bei ordentlichen Kündigungen außerhalb eines Prozesses keine Mitteilungspflicht. Vor Gericht allerdings muss der Kündigende seiner **prozessualen Mitwirkungspflicht** genügen und die Kündigung begründen. Andernfalls verliert er den Rechtsstreit. Hat er vorher bereits Gründe genannt, kann er andere Gründe **nachschieben** (BAG 11.4.1985 AP Nr 39 zu § 102 BetrVG 1972), sofern sie im Zeitpunkt der Kündigung bestanden und die Beteiligungsrechte des Betriebsrats auch insoweit gewahrt sind.

IV. Ort und Zeit der Kündigung

240 Eine Kündigung kann zu **jeder Zeit und an jedem Ort** ausgesprochen werden. Es sind lediglich zwei Ausnahmen zu beachten. So muss der Erklärende bei der Wahl des Ortes darauf achten, dass die **Persönlichkeit** des Empfängers nicht verletzt wird. Bei einer grundsätzlich auch vor Dienstantritt statthaften Kündigung darf **kein vertragliches Verbot** für eine ordentliche Kündigung zu diesem Zeitpunkt vorliegen (BAG 22.8.1964, 6.3.1974 und 2.11.1978 AP Nr 1, 2 und 3 zu § 620 BGB). Das ist bereits dann anzunehmen, wenn dem Vertragspartner eine **Dauer-** oder **Lebensstellung** zugesagt oder er aus einer gesicherten Dauerstellung in das jetzt gekündigte Arbeitsverhältnis abgeworben worden ist (Schaub/*Linck* § 123 Rn 70).

V. Kündigungsfristen und Kündigungstermine

241 Die ordentliche Kündigung kann regelmäßig nur unter Einhaltung von bestimmten Fristen zu bestimmten Terminen ausgesprochen werden. Darüber verhalten sich das Gesetz, die Tarifverträge und gegebenenfalls die Einzelarbeitsverträge.

1. Gesetzliche Kündigungsfristen

242 Die **Grundkündigungsfrist** beträgt **vier Wochen** zum 15. eines Monats oder zum Monatsende, § 622 Abs 1 BGB. Die Kündigungsfrist **erhöht** sich **bei einer Kündigung durch den Arbeitgeber** mit der Dauer der Beschäftigung auf einen Monat (nach 2 Jahren Betriebs- oder Unternehmenszugehörigkeit) bis auf sieben Monate (nach 20 Jahren). Die Regelung gemäß § 622 Abs 2 Satz 2 BGB, wonach Zeiten unberücksichtigt bleiben, die vor der Vollendung des 25. Lebensjahres zurückgelegt worden sind, ist nicht mehr anzuwenden, weil sie gegen das Unionsrecht in der Gestalt des allgemeinen Grundsatzes des Verbots der Diskriminierung wegen des Alters verstößt (BAG 29.9.2011 NZA 2012, 754). Während der vertraglich ver-

einbarten Probezeit (Rn 55 f.) von höchstens 6 Monaten gilt die kürzere gesetzliche Frist von 2 Wochen, die an keinen Termin gebunden ist, § 622 Abs 3 BGB.

Die gesamte Regelung des § 622 Abs 1 bis Abs 3 BGB ist **tarifdispositiv**, § 622 Abs 3 Satz 1 BGB. Die Tarifvertragsparteien können nach oben oder nach unten sowohl bei den Fristen als auch bei den Terminen als beim Beginn der Kündigungsstaffel als auch bei den Maßstäben der Staffel abweichen. Das gilt auch für die Bestimmungen über die Probezeit. Unstatthaft ist lediglich, für die Kündigung eines Arbeitnehmers eine längere Kündigungsfrist einzuführen als für die Kündigung eines Arbeitgebers, § 622 Abs 6 BGB. 243

Einzelvertraglich können Arbeitsvertragsparteien eine Tarifregelung in deren Geltungsbereich übernehmen, § 622 Abs 4 Satz 2 BGB. Dann gelten diese abweichenden Tarifbestimmungen. Das gilt auch für einen Tarifvertrag, der im Betrieb nach seiner Kündigung nur nachwirkt (*Wank* NZA 1993, 962). Ansonsten sind die Änderungsmöglichkeiten der Vertragsparteien beschränkt, § 622 Abs 5 BGB. So kann eine kürzere Frist in **Aushilfsarbeitsverhältnissen** bis zur Dauer von 3 Monaten vereinbart werden, wobei die Termine des § 622 Abs 1 BGB (15. und Ultimo) nicht dispositiv sind. In **Kleinbetrieben** mit in der Regel nicht mehr als 20 Beschäftigten können die Kündigungstermine verändert werden; die Frist von 4 Wochen darf nicht unterschritten werden. 244

2. Tarifvertragliche Kündigungsfristen

Der **MTV/Zeitungsredakteure** enthält für die Mitarbeiter eine einheitliche **Kündigungsfrist** von 6 Wochen. Als **Kündigungstermin** ist lediglich das Quartalsende vorgesehen. Das entspricht der alten Gesetzeslage für die Angestellten. Die Kündigungsstaffel ist insbesondere durch die Einbeziehung der Tätigkeit bei anderen Verlagen nach § 13 Abs 2 und Abs 3 günstiger als nach dem § 622 Abs 2 BGB. Die Staffel nach dem § 14 Abs 1 **MTV/Zeitschriftenredakteure** ist noch günstiger, wenn auch bei der Berechnung der Kündigungsfrist nicht jede Verlagszugehörigkeit berücksichtigt wird, sondern nur die Unternehmenszugehörigkeit. 245

Die Kündigungsfrist der **Redaktionsvolontäre** ist im Zeitschriftenbereich im Tarifvertrag über das Redaktionsvolontariat, gültig ab 1. Oktober 1990, in statthafter Weise gesondert geregelt. Nach seinem § 6 wird zwischen der Probezeit und der Zeit danach unterschieden. Während der dreimonatigen Probezeit kann der Vertrag jederzeit von beiden Seiten mit einer Frist von einem Monat zum Monatsende gekündigt werden. Danach ist eine Kündigung nur außerordentlich fristlos und seitens des Volontärs mit einer Frist von einem Monat zum Monatsende möglich (ähnlich wie § 15 BBiG). 246

VI. Fehlerhafte Kündigungen

Die Kündigung kann unter erheblichen Mängeln leiden. Darauf kann der Erklärende entsprechend reagieren und seine Kündigung aus den Gründen **anfechten,** wie sie oben zur Anfechtung eines Aufhebungsvertrages dargestellt sind (Rn 218). Eine „**Rücknahme**" der Kündigung kommt nicht in Betracht, weil sie rechtsgestaltend wirkt und diese Wirkung nicht einseitig beseitigt werden kann. Rücknahmeerklärungen enthalten aber regelmäßig das **Angebot** des Arbeitgebers, das Arbeitsverhältnis ohne Unterbrechung **fortsetzen** zu wollen (BAG 5.5.2004 AP Nr 27 zu § 1 BeschFG 1996; 18.8.1982 AP Nr 9 zu § 9 KSchG), das der Arbeitnehmer meist stillschweigend annimmt. 247

Die Kündigung kann gemäß § 134 BGB oder § 138 BGB **nichtig** sein, weil sie gegen ein **gesetzliches Verbot** oder gegen die **guten Sitten** verstößt. Schließlich kann sie **sozialwidrig** oder ohne **wichtigen** Grund ausgesprochen und deshalb unwirksam sein. In allen Fällen kann der Gekündigte gerichtlichen Rechtsschutz in 248

Anspruch nehmen und Feststellungsklagen erheben. Er muss binnen drei Wochen nach Zugang der Kündigung gerichtlich geltend machen, dass das Arbeitsverhältnis durch die Kündigung nicht aufgelöst worden ist (unten Rn 304 ff.); andernfalls gilt die Kündigung als von Anfang an wirksam. Diese **Kündigungsschutzklagen** sind die an den Gerichten für Arbeitssachen am meisten anhängig gemachten Klagen.

VII. Die Beteiligung des Betriebsrats bei der Kündigung

249 Vor jeder Kündigung eines Mitarbeiters ist der Betriebsrat anzuhören, § 102 BetrVG. Die Beteiligung bei Kündigungen ist nur ein Teil des Mitbestimmungs- und Mitwirkungsrechts in personellen Angelegenheiten. Sie wird deshalb im Zusammenhang bei der personellen Mitbestimmung in Presseunternehmen behandelt (Rn 368 ff.).

D. Der allgemeine Kündigungsschutz des Arbeitnehmers nach dem Kündigungsschutzgesetz

Schrifttum: *Bär,* Die Herausnahme von Leistungsträgern aus der Sozialauswahl, ArbuR 2004, 169; *Bauer/Krieger,* Neuer Abfindungsanspruch – 1a daneben, NZA 2004, 77; *Bender/Schmidt,* KSchG 2004: neuer Schwellenwert und einheitliche Klagefrist, NZA 2004, 388; *Berkowsky,* Möglichkeiten und Grenzen der Änderungskündigung, NZA-Beil. 2010, 50; *Däubler,* Neues zur betriebsbedingten Kündigung, NZA 2004, 177; *Dathe,* Die Auswirkung ausgewählter Vereinbarungen auf die Sozialauswahl, NZA 2007, 1205; *Gaul/Lunk,* Gestaltungsspielraum bei Punkteschema zur betriebsbedingten Kündigung, NZA 2004, 184; *Giesen,* Fallstricke des neuen gesetzlichen Abfindungsanspruchs, NJW 2004, 185; *Hromadka,* Neues zur überflüssigen Änderungskündigung, NZA 2012, 896; *Kossens,* Neue Regeln im Arbeitsrecht – Agenda 2010, AuA 2004, 10; *Nägele,* Die Abfindungsoption nach § 1a KSchG – praxisrelevant?, ArbuR 2004, 80; *Ulrici,* Dreiwochenfrist auch für die Klage wegen Vertretungsmängeln der Kündigung, DB 2004, 250; *Preis,* Die „Reform" des Kündigungsschutzrechts, DB 2004, 70; *Schulte Westenberg,* Die außerordentliche Kündigung im Spiegel der Rechtsprechung, NZA-RR 2009, 401; 2012, 169; 2014, 225; *Walker,* Die begrenzte Bedeutung des Falles „Emmely" für die Entwicklung der Rechtsprechung zur außerordentlichen Kündigung, NZA 2009, 921.

250 Der Bestand eines Arbeitsverhältnisses wird nicht nur dadurch geschützt, dass eine Kündigungserklärung die vorstehenden Formalien erfüllen muss, insbesondere fristgerecht erklärt werden muss. Der **eigentliche Kündigungsschutz** besteht darin, dass eine Beendigung des Arbeitsverhältnisses durch den Arbeitgeber nur dann herbeigeführt werden kann, wenn eine **schwerwiegende Störung** festzustellen ist, die bei Berücksichtigung aller Umstände und nach Abwägung der beiderseitigen Interessen die Fortsetzung des Arbeitsverhältnisses nicht gerechtfertigt erscheinen lässt. Es müssen **Kündigungsgründe** vorliegen, die die Kündigung **sozial rechtfertigen** oder sogar einen **wichtigen Grund** für eine außerordentliche Kündigung geben. Darüber verhalten sich die Vorschriften des Ersten und Zweiten Abschnitts des Kündigungsschutzgesetzes (§§ 1 bis 14), die als allgemeiner Kündigungsschutz bezeichnet werden und die regelmäßig bei einer ordentlichen wie außerordentlichen Kündigung zu beachten sind (zur personellen Mitbestimmung des Betriebsrats bei Kündigungen siehe Rn 368 ff.).

I. Die Voraussetzungen für die Anwendung des Kündigungsschutzgesetzes

1. Persönlicher Geltungsbereich

251 Kündigungsschutz im vorgenannten Sinn kann nur der **Arbeitnehmer** genießen (dazu siehe oben Rn 35 ff.). Freie Mitarbeiter und arbeitnehmerähnliche Person können sich auf die Sozialwidrigkeit einer vom Dienstherrn beabsichtigten Beendigung

4. Kapitel. Beendigung des Arbeitsverhältnisses **ArbR BT**

des Rechtsverhältnisses nicht berufen. Angestellte in **leitender** Stellung genießen ebenfalls allgemeinen Kündigungsschutz, § 14 Abs 2 KSchG. Sind sie allerdings Mitglied eines zur gesetzlichen Vertretung einer juristischen Person berufenen **Organs** bestellt, ohne zugleich Arbeitnehmer zu sein (BAG 17.1.2002 AP Nr 8 zu § 14 KSchG 1969; 15.4.1982 AP Nr 1 zu § 14 KSchG 1969), so kommen die Vorschriften über den Kündigungsschutz nicht zur Anwendung. Dasselbe gilt in Personengesamtheiten für diejenigen, die durch Gesetz, Satzung oder Gesellschaftsvertrag zur Vertretung der Personengesamtheit berufen sind, § 14 Abs 1 Nr 2 KSchG.

2. Betrieblicher Geltungsbereich

Nach § 23 Abs 1 KSchG genießen Arbeitnehmer in Kleinbetrieben keinen Kündigungsschutz. Die darin liegende Ungleichbehandlung zwischen Arbeitnehmern größerer und kleinerer Betriebe verstößt nicht gegen Art 3 GG. Sie ist sachlich gerechtfertigt, weil Kleinbetriebe typischerweise durch enge persönliche Zusammenarbeit, geringe Finanzausstattung und einen Mangel an Verwaltungskapazität geprägt sind (BAG 28.10.2010 AP Nr 48 zu § 23 KSchG 1969). Die Vorschrift des § 23 Abs 1 Satz 1 über den betrieblichen Geltungsbereich hat in der Vergangenheit viele Änderungen erfahren. Momentan gilt der allgemeine Kündigungsschutz grundsätzlich nicht für Betriebe, in denen in der Regel fünf oder weniger Arbeitnehmer ausschließlich der zu ihrer Berufsbildung Beschäftigten eingesetzt werden. Zusätzlich gelten in Betrieben und Verwaltungen, in denen in der Regel zehn oder weniger Arbeitnehmer ausschließlich der Auszubildenden beschäftigt werden, die Vorschriften des Ersten Abschnitts mit Ausnahme der §§ 4 bis 7 und des § 13 Abs 1 Satz 1 und 2 nicht für Arbeitnehmer, deren Arbeitsverhältnis nach dem 31. Dezember 2003 begonnen hat; diese Arbeitnehmer sind bei der Feststellung der Zahl der beschäftigten Arbeitnehmer nach Satz 2 bis zur Beschäftigung von in der Regel zehn Arbeitnehmern nicht zu berücksichtigen. Bei der Feststellung der Zahl der beschäftigten Arbeitnehmer nach den Sätzen 2 und 3 sind teilzeitbeschäftigte Arbeitnehmer mit einer regelmäßigen wöchentlichen Arbeitszeit von nicht mehr als 20 Stunden mit 0,5 und nicht mehr als 30 Stunden mit 0,75 zu berücksichtigen. Die Anwendung der Vorschrift dürfte im Pressebereich ohne Bedeutung sein, so dass von einer näheren Darstellung abgesehen wird (Einzelheiten können nachgelesen werden bei *Dörner* in Bader/Bram/Dörner/Wenzel § 23 KSchG aaO). **Volontäre** sind deshalb nicht mitzuzählen (vgl Rn 53). Es gilt im Kündigungsschutzrecht der **allgemeine Betriebsbegriff** (Rn 332).

252

3. Die Wartezeit

Der allgemeine Kündigungsschutz **beginnt** nach der Erfüllung einer **sechsmonatigen** Wartezeit. Sie ist bei einem **ununterbrochenen Bestand** eines Arbeitsverhältnisses während dieser Zeit erfüllt. Eine tatsächliche Beschäftigung von sechs Monaten wird nicht verlangt. Nach ständiger Rechtsprechung des BAG (10.5.1989 AP Nr 7 zu § 1 KSchG 1969 Wartezeit) sind **Zeiten eines früheren Arbeitsverhältnisses** mit demselben Arbeitgeber auf die Wartezeit anzurechnen, wenn das neue Arbeitsverhältnis mit dem früheren Arbeitsverhältnis in einem engen zeitlichen und sachlichen Zusammenhang steht. Davon kann jedoch nur ausnahmsweise ausgegangen werden (BAG 22.5.2003 AP Nr 18 zu § 1 KSchG 1969 Wartezeit mwN).

253

II. Die ordentliche Kündigung und der Begriff der Sozialwidrigkeit

Bei dem Begriff der Sozialwidrigkeit nach § 1 Abs 1 KSchG handelt es sich um einen **unbestimmten Rechtsbegriff,** der durch die nachfolgenden Vorschriften der Absätze 2 und 3 über die personenbedingten, verhaltensbedingten und betriebsbedingten Kündigungsgründe und über die zutreffende Sozialauswahl konkretisiert

254

ist. Das Bundesarbeitsgericht hat anhand dieser Konkretisierungen den Vorschriften weitere Voraussetzungen entnommen, die das vom Gesetzgeber sprachlich recht allgemein gehaltene Kündigungsschutzrecht überhaupt erst durchschaubar machen.

III. Die einzelnen Kündigungsgründe

1. Die personenbedingte Kündigung

255 Nach § 1 Abs 2 KSchG kann eine Kündigung sozial gerechtfertigt sein, wenn sie durch Gründe in der Person des Arbeitnehmers bedingt ist. Das setzt voraus, dass das Arbeitsverhältnis **gestört** ist und die Ursache der Störung in **persönlichen Eigenschaften und Fähigkeiten** des Arbeitnehmers liegt. Das ist dann der Fall, wenn der Arbeitnehmer auf Dauer die Aufgaben an seinem Arbeitsplatz nicht mehr erfüllen kann (die Abgrenzung zur verhaltensbedingten Kündigung kann im Einzelfall schwierig sein: BAG 21.11.1985 AP Nr 12 zu § 1 KSchG 1969). **Hauptfall** in der umfangreichen, konstanten Rechtsprechung des Bundesarbeitsgerichts ist die **krankheitsbedingte Kündigung,** wobei zwischen Kündigungen wegen **langandauernder Arbeitsunfähigkeit** (BAG 29.4.1999 AP Nr 36 zu § 1 KSchG 1969 Krankheit; 29.7.1993 und 21.5.1992 AP Nr 30 und Nr 27 zu § 1 KSchG 1969 Krankheit; 25 11. 1982 AP Nr 7 zu § 1 KSchG 1969 Krankheit), wegen **häufiger Kurzerkrankungen** (BAG 7.11.2002 AP Nr 40 zu § 1 KSchG 1969 Krankheit; 20.1.2000 AP Nr 38 zu § 1 KSchG 1969 Krankheit; 5.7.1990 AP Nr 26 zu § 1 KSchG 1969 Krankheit), wegen **dauernder Unfähigkeit zur Erbringung der geschuldeten Arbeitsleistung** aufgrund Krankheit (BAG 3.12.1998 AP Nr 33 zu § 1 KSchG 1969 Krankheit; 28.2.1990 AP Nr 25 zu § 1 KSchG 1969 Krankheit) und **wegen Minderung der Leistungsfähigkeit nach Krankheit** (26.9.1991 AP Nr 28 zu § 1 KSchG Krankheit) unterschieden wird. Die krankheitsbedingte Kündigung ist gerechtfertigt, wenn die Prognose über den künftigen Gesundheitszustand des Arbeitnehmers negativ ausfällt, eine erhebliche Beeinträchtigung betrieblicher Interessen festzustellen ist und eine umfassende Interessenabwägung dazu führt, dass dem Arbeitgeber die Beeinträchtigungen nicht mehr zuzumuten sind (**3-Stufen-Prüfung** des Bundesarbeitsgerichts in ständiger Rechtsprechung, BAG aaO mvN). Die Grundsätze der krankheitsbedingten Kündigung sind auch auf die Fälle der Trunksucht (BAG 17.6.1999 AP Nr 37 zu § 1 KSchG 1969 Krankheit; 9.4.1987 AP Nr 18 zu § 1 KSchG 1969 Krankheit; zur Möglichkeit der außerordentlichen Kündigung in diesen Fällen BAG 16.9.1999 AP Nr 159 zu § 626 BGB) anzuwenden.

256 Eine personenbedingte Kündigung ist auch dann gerechtfertigt, wenn einem Arbeitnehmer die **Arbeitserlaubnis** (BAG 7.2.1990 AP Nr 14 zu § 1 KSchG 1969 Personenbedingte Kündigung) versagt wird oder wenn er eine **Freiheitsstrafe oder Untersuchungshaft** (BAG 22.9.1994 AP Nr 25 zu § 1 KSchG 1969; 15.11.1984 AP Nr 87 zu § 626 BGB) verbüßen muss (weitere Beispiele bei Schaub/*Linck* § 131 Rn 16 ff.; vgl auch BAG 10.10.2002 AP Nr 44 zu § 1 KSchG 1969 Verhaltensbedingte Kündigung zum Tragen eines islamischen Kopftuchs). Im Fall einer Austrägerin von Anzeigenblättern hat das BAG eine personenbedingte Kündigung für sozial gerechtfertigt gehalten, weil der Arbeitgeber den für Sonntagsarbeit gebotenen Ersatzruhetag nach § 11 Abs 3 ArbZG wegen Arbeitsverpflichtungen der Klägerin bei einem anderen Arbeitgeber von Montag–Samstag nicht gewähren konnte (BAG 24.2.2005 AP Nr 51 in § 1 KSchG Verhaltensbedingte Kündigung = NZA 2005, 759).

2. Die verhaltensbedingte Kündigung

257 Verletzt ein Arbeitnehmer **schuldhaft seine Haupt- oder Nebenpflichten** aus dem Arbeitsverhältnis, so kann dieses Verhalten eine Kündigung rechtfertigen, im Ausnahmefall sogar eine außerordentliche Kündigung nach sich ziehen. Allerdings

rechtfertigt **nicht jede Vertragsverletzung** eine Kündigung. Bei der Bewertung eines Verhaltens als kündigungsrelevant kommt es nicht auf die subjektive Sicht des Arbeitgebers an. Es ist ein objektiver Maßstab anzulegen und nach dem Urteil des ruhig und verständig wertenden Arbeitgebers zu fragen. Als Beispiele aus der Rechtsprechung seien genannt (vgl weiter die Beispiele bei Schaub/*Linck* § 133 Rn 11 ff.):
- Verstoß gegen ein **Alkoholverbot** (BAG 26.1.1995 AP Nr 34 zu § 1 KSchG 1969 Verhaltensbedingte Kündigung; 22.7.1982 AP Nr 5 zu § 1 KSchG Verhaltensbedingte Kündigung);
- **Arbeitsverweigerung** (BAG 24.5.1989 AP Nr 1 zu § 611 BGB Gewissensfreiheit); hartnäckige Weigerung eines Zustellers, eine Zeitung ganz in den Briefkastenschlitz zu schieben (ArbG Osnabrück 4.5.2005 AfP 2006, 86); **Arbeitsverweigerung** aus **Glaubensgründen**, wenn keine naheliegenden anderen Beschäftigungsmöglichkeiten bestehen (BAG 24.2.2011 AP Nr 9 zu Art 4 GG); Missachtung des **Weisungsrechts** (BAG 2002 AP Nr 44 zu § 1 KSchG 1969 Verhaltensbedingte Kündigung),
- **Störung des Betriebsfriedens** (BAG 27.2.1997 AP Nr 36 zu § 1 KSchG 1969 Verhaltensbedingte Kündigung; 9.12.1982 AP Nr 73 zu § 626 BGB);
- **Konkurrenztätigkeit** (BAG 16.6.1976 AP Nr 8 zu § 611 BGB Treuepflicht);
- **Schlecht- und Minderleistung** aus anderen Gründen als wegen oder nach Krankheit (BAG 15.8.1984 AP Nr 8 zu § 1 KSchG 1969);
_ **Exzessive Nutzung des Internets während der Arbeitszeit zu privaten Zwecken** (BAG 31.5.2007 AP Nr 57 zu § 1 KSchG 1969 Verhaltensbedingte Kündigung),
- **strafbare Handlungen** (BAG 15.8.2002 AP Nr 42 zu § 1 KSchG 1969 Verhaltensbedingte Kündigung; 17.5.1984 AP Nr 14 zu § 626 BGB Verdacht strafbarer Handlung),
Falschbeantwortung einer Frage nach Stasi-Kontakten in einem Tageszeitungsverlag (BAG 13.6.2002 AP Nr 69 zu § 1 KSchG 1969),
- **Tendenzverstoß** (LAG München 5.12.1990 AfP 1991, 560),
- **tendenzunwürdiges Verhalten** (BAG 28.8.2003 AP Nr 49 zu § 102 BetrVG 1972; 21.2.2001 AP Nr 29 zu § 611 BGB Kirchendienst; 18.10.2000 AP Nr 169 zu § 626 BGB),
- **Unhöfliches Auftreten in der Öffentlichkeit** (BAG 23.6.2009 AP Nr 5 zu § 1 KSchG 1969 Abmahnung),
- **Kirchenaustritt** (BAG 25.4.2013 AP Nr 242 zu § 626 BGB).

Die verhaltensbedingte Kündigung setzt regelmäßig eine **Abmahnung** voraus, **258** wenn ein steuerbares Verhalten des Arbeitnehmers anzusprechen ist. Denn nur in diesem Fall kann die Abmahnung Erfolg zeigen (BAG 13.6.2002 AP Nr 69 zu § 1 KSchG 1969; 16.3.2000 AP Nr 114 zu § 102 BetrVG 1972). Das gilt grundsätzlich auch vor einer verhaltensbedingten Kündigung eines Tendenzträgers (LAG München 5.12.1990 aaO). Die Abmahnung ist gegenüber einer Kündigung das mildere Mittel (BAG 27.1.2011 NZA 2011, 798). Dies verdeutlicht nun auch § 314 Abs 2 BGB (BAG 23.10.2008 AP Nr 218 zu § 626 BGB). **Entbehrlich** ist eine Abmahnung aber dann, wenn besondere Umstände vorliegen, aufgrund derer eine Abmahnung als nicht erfolgversprechend angesehen werden kann (BAG 10.2.1999 AP Nr 42 zu § 15 KSchG 1969; 18.5.1994 AP Nr 3 zu § 108 BPersVG). Das BAG hat klargestellt, dass die von der früheren Rechtsprechung vorgenommene Differenzierung nach verschiedenen Störbereichen (Leistungs-, Vertrauens-, Betriebsbereich) nur von eingeschränktem Wert war, und damit die Prüfung des Abmahnungserfordernisses bei Störungen im **Vertrauensbereich** den Grundsätzen unterworfen, die in ständiger Rechtsprechung zur Kündigung wegen Störungen im **Leistungsbereich** aufgestellt worden waren (BAG 1.2.1999 AP Nr 42 zu § 15 KSchG). In der Abmahnung muss der Arbeitgeber den dem Arbeitnehmer vorgeworfenen Vertragsverstoß so genau bezeichnen, dass der Arbeitnehmer den Inhalt der nach Auffassung des Arbeitgebers verletzten Pflicht erkennen kann (BAG vom 23.6.2009 aaO). Der abmahnende Hinweis muss hinreichend deutlich sein und erkennen lassen, dass im Wiederholungsfall der Bestand des Arbeitsverhältnisses gefährdet ist (st Rspr des BAG seit dem 18.1.1980 AP Nr 3 zu § 1 KSchG 1969 Verhaltensbedingte Kündigung).

3. Die betriebsbedingte Kündigung

259 Nach § 1 Abs 2 Satz 1 KSchG ist eine Kündigung sozial ungerechtfertigt, wenn sie nicht durch dringende betriebliche Erfordernisse, die einer Weiterbeschäftigung des Arbeitnehmers in diesem Betrieb entgegenstehen, bedingt ist. Zu diesem Rechtssatz hat das Bundesarbeitsgericht in einer langjährigen Rechtsprechung ein **Prüfungssystem** entwickelt, nach dem nicht nur die Gerichte für Arbeitssachen eine betriebsbedingte Kündigung überprüfen, sondern aus dem auch abzuleiten ist, welche **Überlegungen der Arbeitgeber** anzustellen hat, wenn er aus betriebsbedingten Gründen kündigen will.

a) Die Unternehmerentscheidung und ihre Überprüfung

260 Vor Ausspruch einer betriebsbedingten Kündigung hat der Betriebsinhaber **regelmäßig eine Entscheidung** darüber getroffen, wie er sich künftig die Bewältigung der in seinem Betrieb anfallenden Arbeit vorstellt. Kündigungsrechtlich relevant wird die Entscheidung erst, wenn er zum Ergebnis gekommen ist, entweder die zu erledigenden betrieblichen Aufgaben mit **weniger Mitarbeitern** als bisher zu erfüllen oder den Betrieb gänzlich zu **schließen oder einem Dritten zu überlassen**. Dazu kann er durch **äußere Umstände** wie **Umsatzrückgang** oder **Auftragsmangel** veranlasst worden sein. Er kann sich aber auch **ohne äußeren Anlass** für eine Maßnahme entschieden haben, die zum Wegfall von Arbeitsplätzen führt (Anschaffung **neuer Maschinen**, an denen weniger Mitarbeiter beschäftigt werden, **Neuorganisation** eines Bereichs, **Vergabe** der bisher von Mitarbeitern erledigten Aufgaben außer Haus, **Aufgabe** jeglicher betrieblicher Tätigkeit). Diese gestaltende **Unternehmerentscheidung**, dh das unternehmerische Konzept, das der beabsichtigten Kündigung als eine Form der Beseitigung des Überhangs an Arbeitskräften zugrunde liegt, ist **grundsätzlich nicht auf seine Zweckmäßigkeit** zu überprüfen (st Rspr des BAG: 23.11.2004 AP Nr 70 zu § 1 KSchG 1969 Soziale Auswahl; 7.10.2004 AP Nr 129 zu § 1 KSchG 1969 Betriebsbedingte Kündigung; 22.5.2003 AP Nr 128 zu § 1 KSchG 1969 Betriebsbedingte Kündigung; 17.6.1999 AP Nr 101 zu § 1 KSchG 1969 Betriebsbedingte Kündigung; 7.5.1998 AP Nr 94 zu § 1 KSchG 1969 Betriebsbedingte Kündigung; BAG 10.11.1994 AP Nr 65 zu § 1 KSchG 1969 Betriebsbedingte Kündigung). Die Unternehmerentscheidung wird daher nur daraufhin untersucht, ob sie **offensichtlich willkürlich oder unsachlich** ist (BAG aaO; 29.3.1990 AP Nr 50 zu § 1 KSchG Betriebsbedingte Kündigung). Geprüft wird ferner, ob eine Unternehmerentscheidung **überhaupt** vorliegt oder ob sie nur vorgeschoben ist (BAG 29.3.1990 aaO). Das gilt namentlich bei der behaupteten Absicht, den Betrieb stilllegen zu wollen (BAG 27.9.1984 AP Nr 39 zu § 613a BGB; 27.2.1987 AP Nr 41 zu § 1 KSchG 1969 Betriebsbedingte Kündigung).

261 Von der gestaltenden, nur beschränkt überprüfbaren Unternehmerentscheidung (dem unternehmerischen Konzept) zu unterscheiden ist die personelle Umsetzung des Konzepts einschließlich der Kündigung, die selbst nicht der gerichtlichen Kontrolle entzogen ist. Damit ist eine Abgrenzung zwischen den beiden Bereichen geboten, die sich als besonders schwierig erweist, weil in der Praxis die freie Unternehmerentscheidung einerseits und die kontrollfähige Kündigung andererseits nahe beieinander liegen. Das BAG meint wenig aussagekräftig, je näher die eigentliche Organisationsentscheidung an den Kündigungsentschluss heran rücke, umso mehr müsse der Arbeitgeber durch Tatsachenvortrag verdeutlichen, dass ein Beschäftigungsbedürfnis für den Arbeitnehmer entfalle. Damit sucht es die Lösung in einer abgestuften Darlegungs- und Beweislast (BAG 17.9.1999 AP Nr 101 zu § 1 KSchG

1969 Betriebsbedingte Kündigung). Es verlangt vom Arbeitgeber eine genaue Darlegung der Tatsachen, die die nur eingeschränkt überprüfbare gestaltende Unternehmerentscheidung tragen und die sich nicht in der Maßnahme Kündigung erschöpfen. Das bedeutet, dass der Arbeitgeber, der schlicht beschließt, seine Arbeit mit weniger Personal zu erledigen, die Durchführungsmaßnahmen, dh die Umverteilung der Arbeit, und ihre Anlegung auf Dauer darlegen muss. Ist das festzustellen, muss der Arbeitnehmer darlegen, dass sie Maßnahmen offensichtlich unsachlich, unvernünftig oder willkürlich sein sollen (BAG 16.6.1999 AP Nr 102 zu § 1 KSchG 1969 Betriebsbedingte Kündigung).

Die **Darlegung** einer Unternehmerentscheidung im vorgenannten Sinn erweist **262** sich als nicht immer einfach. Regelmäßig wird versucht, die Motive anzugeben, die sie tragen. Sie finden sich in außerbetrieblichen Vorgaben, innerbetrieblichen Abläufen oder sie sind persönlich/familiär geprägt. Im Pressebereich sind es häufig außerbetrieblich angelegte Ereignisse wie die Abkehr der Abonnementen, die schwindende Zusage der Käufer, der Verlust von Anzeigen, die die Entscheidung tragen, den Mitarbeiterstamm zu verkleinern. Aber auch die Entscheidung des Verlegers, die Tendenz neu zu definieren und damit einen anderen Kundenkreis zu gewinnen, kann für eine Reduzierung der Stammbelegschaft in den Redaktionen führen.

b) Der Wegfall des Arbeitsplatzes

In allen Fällen hat der Arbeitgeber **darzulegen,** dass die von ihm getroffene Un- **263** ternehmerentscheidung zum **Wegfall eines Arbeitsplatzes** im Betrieb geführt hat oder zum Ablauf der Kündigungsfrist führen wird. Dabei muss nicht ein bestimmter Arbeitsplatz wegfallen; es **genügt,** dass das Bedürfnis für die Weiterbeschäftigung des gekündigten Arbeitnehmers entfallen ist (BAG 30.5.1985 AP Nr 24 zu § 1 KSchG Betriebsbedingte Kündigung). Die Überprüfung erfolgt anhand der vorhandenen betrieblichen Organisation, der Produktionsmittel, der Arbeitsmenge und der von den Arbeitnehmern zu leistenden Arbeitszeit (Vertrags- und Betriebsfaktoren). Es muss feststehen, dass bei Berücksichtigung dieser Faktoren ein oder mehrere Arbeitsplätze nicht mehr benötigt werden (anschauliche Beispiele dafür bei *Ascheid* DB 1987, 1144; Schaub NZA 1987, 217; zur Verlagerung von Arbeiten in der Satzherstellung eines Druckbetriebes in die Redaktionen eines Zeitschriftenbetriebes vgl BAG 10.11.1994 AP Nr 65 zu § 1 KSchG 1969 Betriebsbedingte Kündigung).

c) Dringlichkeit

Die betrieblichen Bedürfnisse, die zur Kündigung führen sollen, müssen nach dem **264** Willen des Gesetzgebers **dringend** sein. Durch den Begriff „dringend" verweist das Gesetz auf den Grundsatz der Verhältnismäßigkeit (ErfK/Oetker § 1 KSchG Rn 235). Eine betriebsbedingte Kündigung ist demnach dringend iSd § 1 Abs 1 KSchG, wenn dem Arbeitgeber eine **anderweitige Beschäftigung** im Betrieb oder in einem anderen Betrieb des Unternehmens (BAG 17.5.1984 AP Nr 21 zu § 1 KSchG 1969 Betriebsbedingte Kündigung) **nicht möglich oder nicht zumutbar ist** (BAG 16.12.2004 AP Nr 133 zu § 1 KSchG 1969; 10.10.2002 AP Nr 123 zu § 1 KSchG 1969 Betriebsbedingte Kündigung; 15.8.2002 AP Nr 241 zu § 613a BGB; 25.4.1996 AP Nr 78 zu § 1 KSchG 1969 Betriebsbedingte Kündigung; 15.12.1994 AP Nr 66 zu § 1 KSchG 1969 Betriebsbedingte Kündigung). Die Weiterbeschäftigung ist möglich, wenn ein freier (unbesetzter) Arbeitsplatz bei Ausspruch der Kündigung oder voraussichtlich zum Ablauf der Kündigungsfrist vorhanden ist (BAG 10.10.2002 AP Nr 123 zu § 1 KSchG 1969 Betriebsbedingte Kündigung; 10.11.1994 AP Nr 65 zu § 1 KSchG 1969 Betriebsbedingte Kündigung 7.2.1985 AP Nr 9 zu § 1 KSchG Soziale Auswahl). Der freie Arbeitsplatz muss **vergleichbar** sein. Vergleichbarkeit nimmt das BAG an, wenn der Arbeitgeber aufgrund seines Weisungsrechts den Arbeitnehmer ohne Änderung seines Arbeitsvertrages weiterbeschäftigen könnte (BAG 29.3.1990 AP Nr 50 zu § 1 KSchG Betriebsbedingte Kündigung mwN), auch wenn es erst einer Einarbeitung oder Umschulung eines insoweit bereiten Arbeitnehmers bedarf. Zur ausnahmsweise gegebenen konzernweiten Weiterbeschäftigungspflicht vgl BAG 21.1.1999 AP Nr 9 zu § 1 KSchG 1969 Konzern mwN.

265 Die Kündigung aus betriebsbedingten Gründen ist auch dann sozialwidrig, wenn der Arbeitnehmer zu **geänderten schlechteren Arbeitsbedingungen** hätte weiterbeschäftigt werden können und der Arbeitnehmer hierzu bereit war. Es gilt der **Vorrang der Änderungskündigung** vor Beendigungskündigung. Eine Änderungskündigung darf lediglich in Extremfällen unterbleiben, wenn der Arbeitgeber bei vernünftiger Betrachtung nicht mit einer Annahme des neuen Vertragsangebotes durch den Arbeitnehmer rechnen konnte (zB Angebot einer Pförtnerstelle an den bisherigen Personalchef). Regelmäßig hat der Arbeitnehmer selbst zu entscheiden, ob er eine Weiterbeschäftigung unter möglicherweise erheblich verschlechterten Arbeitsbedingungen für zumutbar hält oder nicht (BAG 21.4.2005 AP Nr 80 zu § 2 KSchG 1969). Die **Bereitschaft** hat der Arbeitgeber vor Ausspruch einer Kündigung zu klären. Lehnt der Arbeitnehmer das Änderungsangebot ab, kann der Arbeitgeber eine Beendigungskündigung aussprechen, wenn die Ablehnung vorbehaltlos und endgültig erfolgt. Hierzu muss der Arbeitnehmer unmissverständlich zu erkennen geben, dass er unter keinen Umständen bereit sei, zu den geänderten Arbeitsbedingungen zu arbeiten (BAG aaO). Die Verpflichtung des Arbeitgebers bezieht sich grundsätzlich nicht auf freie Arbeitsplätze in einem im **Ausland** gelegenen Betrieb des Arbeitgebers (BAG 29.8.2013 NZA 2014, 730). Denn der erste Abschnitt des Kündigungsschutzgesetzes ist gemäß § 23 Abs 1 KSchG nur auf Betriebe anzuwenden, die in der Bundesrepublik Deutschland liegen.

d) Die Interessenabwägung

266 Die bei allen Kündigungen **notwendige Interessenabwägung** hat bei der betriebsbedingten Kündigung eine **untergeordnete Funktion.** Sind die vorbeschriebenen Tatbestandsmerkmale erfüllt, so überwiegen die Interessen des Arbeitgebers an der Auflösung des Arbeitsverhältnisses die Interessen des Arbeitnehmers an der Fortsetzung des Arbeitsverhältnisses. Die Interessenabwägung ist nicht geeignet, die Unternehmerentscheidung letztlich doch zu überprüfen (Schaub/*Linck* § 134 Rn 30). Überlegungen, ob die vom Arbeitgeber erhofften Vorteile in einem vernünftigen Verhältnis zu den Nachteilen stehen, die der Arbeitnehmer durch die Kündigung erleidet, sind **verfehlt** (BAG 20.1.2005 AP Nr 8 zu § 18 BErzGG; 18.1.1990 AP Nr 27 zu § 2 KSchG 1969; 30.4.1987 AP Nr 42 zu § 1 KSchG 1969 Betriebsbedingte Kündigung). Im Ergebnis kommt das dem **Verzicht** auf eine Interessenabwägung bei der betriebsbedingten Kündigung gleich (so ausdrücklich RGRK/*Weller* vor § 620 Rn 161; hM im Schrifttum).

4. Die Sozialauswahl

267 **Steht fest,** dass ein oder mehrere Arbeitnehmer aus betriebsbedingten Gründen **nicht mehr weiterbeschäftigt** werden können, ist eine Kündigung dennoch nur dann sozial gerechtfertigt, wenn der Arbeitgeber die Sozialauswahl nach den Grundsätzen des § 1 Abs 3 bis Abs 5 KSchG vorgenommen hat (BAG 7.4.1993 AP Nr 22 zu § 1 KSchG 1969 Soziale Auswahl). Das gilt uneingeschränkt nicht nur bei Kündigungen im **Einzelfall,** sondern auch bei **Massenkündigungen** (BAG 5.12.2002 AP Nr 60 zu § 1 KSchG 1969 Soziale Auswahl; 18.10.1984 und 25.4.1985 AP Nr 6 und 7 zu § 1 KSchG 1969 Soziale Auswahl). Dazu hat der Arbeitgeber nach dem seit dem 1.1.2004 geltenden Recht drei Schritte zu vollziehen, wobei zu beachten ist, dass das Recht der Sozialauswahl in den Jahren zwischen 1996 und 2004 erheblichen Änderungen unterworfen war.

268 Zunächst ist der **Kreis der vergleichbaren** und damit der Auswahl zugänglichen Arbeitnehmer zu ermitteln. Danach ist die eigentliche Auswahlentscheidung nach den im Gesetz genannten **Auswahlkriterien** vorzunehmen. Gegebenenfalls ist jetzt zu überlegen, ob Arbeitnehmer von der Sozialauswahl auszunehmen sind, deren Weiter-

4. Kapitel. Beendigung des Arbeitsverhältnisses ArbR BT

beschäftigung, insbesondere wegen ihrer Kenntnisse, Fähigkeiten und Leistungen oder zur Sicherung einer ausgewogenen Personalstruktur des Betriebs, im berechtigten betrieblichen Interesse liegt (dazu ausführlich *Bader* NZA 2004, 65, 73, *Löwisch* BB 2004, 154, *Willemsen/Annuß* NJW 2004, 177; LAG Berlin 9.5.2003 AfP 2003, 378).

a) Vergleichbarkeit

Der Arbeitgeber hat nur die Mitarbeiter **desselben Betriebes** zu vergleichen. Eine Ausdehnung der Sozialauswahl auf die Arbeitnehmer eines **anderen** Betriebs desselben Unternehmens kommt **nicht** in Betracht (BAG 2.6.2005 NZA 2005, 1175; 27.11.1991 AP Nr 6 zu § 1 KSchG 1969 Konzern; 22.5.1986 AP Nr 4 zu § 1 KSchG 1969 Konzern). Damit darf nicht die statthafte abteilungsübergreifende Auswahl in einem **Gemeinschaftsbetrieb** mehrerer Unternehmen verwechselt werden (BAG 5.5.1994 AP Nr 23 zu § 1 KSchG Soziale Auswahl). **Vergleichbar** sind Arbeitnehmer, die **austauschbar** sind, und zwar Austauschbarkeit in Ausübung des Direktionsrechts (BAG 22.4.2004 AP Nr 67 zu § 1 KSchG 1969 Soziale Auswahl; 15.8.2002 AP Nr 241 zu § 613a BGB; 6.11.1997 AP Nr 42 zu § 1 KSchG 1969). Kann ein Arbeitnehmer nach dem Arbeitsvertrag nur innerhalb eines bestimmten Arbeitsbereichs versetzt werden (Redakteur eines großen Verlagshauses nur innerhalb der Redaktion einer Zeitschrift), so ist bei einer wegen Wegfalls dieses Arbeitsbereichs erforderlichen betriebsbedingten Kündigung keine Sozialauswahl unter Einbeziehung der vom Tätigkeitsfeld vergleichbaren Arbeitnehmer andere Arbeitsbereiche (Redaktionen anderer Zeitschriften des Verlages) vorzunehmen (BAG 17.2.2000 AP Nr 46 zu § 1 KSchG 1969 Soziale Auswahl). Daher sind die großen Verlagshäuser zunehmend dazu übergegangen, in den Arbeitsverträgen mit den Redakteuren einen bestimmte Redaktion als Arbeitsbereich festzulegen und davon abzusehen, sich eine Versetzung in eine andere Redaktion vorzubehalten. Im Übrigen ist die Vergleichbarkeit nicht nur bei Identität der Aufgaben anzunehmen, sondern grundsätzlich auch dann, wenn zwei Arbeitnehmer andersartige, aber gleichwertige Tätigkeiten ausüben. Die Notwendigkeit einer kurzen Einarbeitung steht nicht entgegen (BAG 18.3.1999 AP Nr 41 zu § 1 KSchG 1969 Soziale Auswahl). Die Vergleichbarkeit findet also auf einer **horizontalen Ebene nach arbeitsplatzbezogenen Merkmalen statt.** Vergleichbar sind alle Arbeitnehmer, die denselben Beruf erlernt haben und ausüben (BAG 15.8.2002 AP Nr 241 zu § 613a BGB; 10.11.1994 und 5.10.1995 AP Nr 65 und 71 zu § 1 KSchG 1969 Soziale Auswahl). Zur Sozialauswahl (nach altem Recht) bei der betriebsbedingten Kündigung eines Redakteurs mit durch Erfahrung gewonnenen Fachkenntnissen und ressortspezifischen Kontakten LAG Berlin 9.5.2003 AfP 2003, 378.

Auch der persönliche Erfahrungsschatz und stilprägende Elemente können die Vergleichbarkeit ausschließen (LAG Berlin 18.1.1993 AfP 1991, 767; anders *Dörner* in Vorauflage). Ein jahrelang in China tätiger Redakteur ist danach nicht mit zwei Kollegen vergleichbar, die über Osteuropa bzw den afrikanischen Raum berichteten. Schlußredakteure, die in einem Presseunternehmen Texte auf einheitliche Schreibweise, Stil und formale Richtigkeit überprüfen, sind mit Textredakteuren offensichtlich nicht als vergleichbar in eine Sozialauswahl einzubeziehen (LAG Hamburg 22.10.2008 – 5 SaGa 5/08). Letztere recherchieren, schreiben und redigieren Beiträge. Hierfür benötigen sie – anders als Schlußredakteure – Kreativität, Geschicklichkeit, Begabung und eine qualifizierte journalistische Ausbildung bzw langjährige Berufserfahrung.

Eine Auswahl auf **vertikaler** Ebene kommt **nicht** in Betracht (BAG 10.11.1994 AP Nr 65 zu § 1 KSchG 1969 Betriebsbedingte Kündigung; 29.3.1990 AP Nr 50 zu § 1 KSchG Betriebsbedingte Kündigung). Arbeitnehmer, denen **ordentlich nicht gekündigt werden kann,** scheiden von vornherein als Vergleichspersonen aus.

b) Die Auswahlmerkmale

Der Gesetzgeber hat dem Arbeitgeber vorgegeben, dass er bei der Sozialauswahl die Dauer der Betriebszugehörigkeit, das Lebensalter, die Unterhaltspflichten und eine Schwerbehinderung ausreichend berücksichtigen muss. Streitig ist, ob die Auswahl zwingend auf die vier gesetzlichen Kriterien beschränkt ist oder ob der Arbeitgeber nach seinem Ermessen innerhalb seines Beurteilungsspielraums weitere soziale Kriterien berücksichtigen kann. Das BAG sieht die im Gesetz genannten Kriterien als abschließend an (31.5.2007 AP Nr 94 zu § 1 KSchG 1969). Der gesetzliche Regelungskomplex der Sozialauswahl verstößt nicht gegen das unionsrechtliche Verbot der Altersdiskriminierung. Er führt zwar zu einer unterschiedlichen Behandlung wegen des Alters. Diese ist aber durch rechtmäßige Ziele aus den Bereichen Beschäftigungspolitik und Arbeitsmarkt gerechtfertigt (BAG 15.12.2011 AP Nr 21 zu § 1 KSchG 1969 Namensliste).

Keinem der im Gesetz genannten Kriterien kommt ein absoluter Vorrang zu (BAG 5.11.2009 NZA 2010, 457, 459; ErfK/*Oetker*, § 1 KSchG Rn 330). Der Arbeitgeber kann sich ein Schema erarbeiten, nach dem er die Sozialdaten bewertet. Hält er sich daran, so kann ihm kein Vorwurf nicht ausreichender Sozialauswahl gemacht werden.

c) Die Ausnahmeregelung nach § 1 Abs 3 Satz 2 KSchG

273 Der Arbeitgeber kann bestimmte Arbeitnehmer von der Sozialauswahl ausnehmen. Es handelt sich um diejenigen, deren Weiterbeschäftigung im berechtigten betrieblichen Interesse liegt. Diese werden in zwei Gruppen unterschieden. Es sind einmal diejenigen, die wegen ihrer Kenntnisse, Fähigkeiten und Leistungen verbleiben sollen. Zum anderen sind diejenigen auszunehmen, mit denen die ausgewogene Personalstruktur gesichert wird.

273a Das bedeutet im Einzelnen: § 1 Abs 3 Satz 2 ist eine Ausnahmevorschrift im Rahmen einer insgesamt vorzunehmenden Sozialauswahl und keine Mussvorschrift, von der der AG Gebrauch machen müsste. Das Bejahen eines entsprechenden betrieblichen Interesses steht allein dem AG zu (*Bader* NZA 1996, 1125, 1129; *Wlotzke* BB 1997, 414, 418). Das Gesetz bestimmt die berechtigten betrieblichen Interessen nicht abschließend, wie sich aus dem Begriff „insbesondere" ergibt. Beachtlich kann auch eine höhere oder bessere Qualifikation sein, die den entsprechenden AN befähigt, sporadisch auftretende Arbeiten zu erledigen. Nimmt der AG 70% der AN von der Sozialauswahl aus, besteht hinreichender Anlass anzunehmen, die sozialen Gesichtspunkte seien nicht ausreichend berücksichtigt worden (BAG 5.12.2002 AP Nr 60 zu § 1 KSchG 1969 Soziale Auswahl = NZA 2003, 849). Allerdings hat der AG bei der Herausnahme von Leistungsträgern das Interesse des sozial schwächeren AN gegen das betriebliche Interesse an der Herausnahme des Leistungsträgers abzuwägen (so BAG 12.4.2002 AP Nr 56 zu § 1 KSchG 1969 Soziale Auswahl).

273b Die **Kenntnisse** beziehen sich auf Tatsachen, die der AN auf Grund seiner Ausbildung, seiner bisherigen beruflichen Tätigkeit oder sonstigen Lebensführung erlangt hat. **Fähigkeiten** iS der Vorschrift liegen vor, wenn ein AN ungeachtet seiner Ausbildung und seiner früheren Tätigkeiten den vertraglich übernommenen und anderen betrieblichen Aufgaben besonders gewachsen ist, insbesondere wenn er Kenntnisse in die Praxis umsetzen kann, über die der sozial Schwächere nicht verfügt. **Leistungen** sind charakterisiert durch das quantitative und qualitative Umsetzen der Kenntnisse und Fähigkeiten. Zu den berechtigten betrieblichen Interessen kann zB auch gerechnet werden, dass ein AN besonders gute Kontakte zu Kunden und Lieferanten hat. Krankheitsbedingte Fehlzeiten sind entgegen der früheren Regelung nicht nur beachtlich, wenn sie die Voraussetzungen einer personenbedingten Kündigung wegen Krankheit erfüllen, sondern bereits dann, wenn sie sich auf die Leistungen auswirken.

273c Die Begriffe „**Sicherung** einer **ausgewogenen Personalstruktur** des Betriebes" sind dahin auszulegen, dass das Bestreben des AG im Zusammenhang mit anstehenden betriebsbedingten Kündigungen jetzt auf diese Zielsetzung final ausgerichtet ist. Dabei ist der Begriff Personalstruktur nicht identisch mit dem Begriff Altersstruktur. Die Personalstruktur kann auch durch andere Kriterien als dem Alter charakterisiert sein, so zB nach dem jeweiligen Ausbildungsstand der AN. Es wird bei § 1 Abs 3

Satz 2 erforderlich sein, dass die Personalstruktur bereits so aufgebaut war wie sie gesichert werden soll; die Schaffung einer Personalstruktur ist nicht möglich (*Bader* NZA 1996, 1125, 1129; *v Hoyningen-Huene/Linck* DB 1997, 43; *Kittner* AuR 1997, 182, 189; aA *Schiefer* ZfA 34 (1996), 95, 99: auch Schaffung). Sie kann sich im Laufe der Zeit zB auch durch Eigenkündigungen von AN geändert haben. Ein betriebliches Interesse besteht insoweit, wenn bereits bestehende Funktions- und Betriebsabläufe aufrechterhalten werden sollen. Der AG kann im Rahmen von § 1 Abs 3 nicht eigene Versäumnisse einer verfehlten Personalpolitik nachholen (*Löwisch* NZA 1996, 1009, 1011; *Seidel* ZTR 1996, 449, 450). Eine Ausgewogenheit setzt im Hinblick auf ältere AN voraus, dass nicht nur ihnen gekündigt wird (*Schwedes* BB 1996 Beil 17, 2, 4). Der AG kann jedoch Altersgruppen innerhalb der zur Sozialauswahl anstehenden Personen bilden und dann anteilmäßig aus den jeweiligen Altersgruppen kündigen (*v. Hovningen-Huene/Linck* DB 1997, 43).

Eine **„berechtigtes betriebliches Interesse"** ist ein durch eine Sachlage gegebenes Interesse, das sich auf betriebliche Belange bezieht. Ein Interesse ist ein Weniger gegenüber einem Bedürfnis (*Bader* NZA 1996, 1125, 1129). Hierzu können reine Nützlichkeitserwägungen reichen, wenn sie aus betrieblichen Interessen hergeleitet werden, zB Ablaufstörungen im Zusammenhang mit einer Massenkündigung (BAG 5.12.2002 AP Nr 60 zu § 1 KSchG 1969 Soziale Auswahl = NZA 2003, 849). Das Interesse muss aus konkreten betrieblichen Belangen ableitbar sein. **273d**

d) Richtlinien nach einem Tarifvertrag oder einer Betriebsvereinbarung § 1 Abs 4 KSchG

Ist in einem Tarifvertrag, in einer Betriebsvereinbarung nach § 95 BetrVG oder in einer entsprechenden Richtlinie nach den Personalvertretungsgesetzen festgelegt, wie die **sozialen Gesichtspunkte** nach Abs 3 Satz 1 im Verhältnis zueinander zu bewerten sind, so kann die **Bewertung** der Arbeitnehmer gemäß § 1 Abs 4 KSchG nur auf grobe Fehlerhaftigkeit überprüft werden. Die Regelung stellt also nicht auf die soziale Auswahl insgesamt ab. **273e**

e) Namensliste nach § 1 Abs 5 KSchG

§ 1 Abs 5 modifiziert die Sozialauswahl, wenn eine Betriebsänderung iSv § 111 BetrVG geplant ist und zwischen AG und BR ein Interessenausgleich zustande kommt, in dem die AN, denen gekündigt werden soll, namentlich bezeichnet sind. Der Interessenausgleich muss eine abschließende Festlegung der zu kündigenden AN enthalten (BAG 6.12.2001 EzA KSchG § 1 Interessenausgleich Nr 9). Einem AN soll auch dann gekündigt werden, wenn die Kündigung von dem Widerspruch des AN gegen den Übergang seines Arbeitsverhältnisses gemäß § 613a BGB abhängig gemacht wird (BAG 24.2.2000 AP KSchG 1969 § 1 Namensliste Nr 7). Ist die Namensliste nicht unterschrieben, genügt es, dass sie mit dem Interessenausgleich, der auf die Namensliste als Anlage Bezug nimmt, mittels Heftmaschine fest verbunden ist (BAG 7.5.1998 AP KSchG 1969 § 1 Namensliste Nr 1; BAG 6.12.2001 EzA KSchG § 1 Interessenausgleich Nr 9). Wird die Namensliste getrennt vom Interessenausgleich erstellt, reicht es aus, wenn sie von den Betriebsparteien unterzeichnet und in ihr auf den Interessenausgleich Bezug genommen wird (BAG 22.1.2001 AP Nr 2 zu § 112 BetrVG 1972 Namensliste; 21.1.2002 EzA KSchG § 1 Interessenausgleich Nr 10). Es genügt, wenn die AN in einem Sozialplan namentlich bezeichnet sind, sofern dieser freiwillig vereinbart worden und nicht durch Spruch der Einigungsstelle zustande gekommen ist. Die Rechtswirkung des § 1 Abs 5 tritt nur ein, wenn der Interessenausgleich in jeder Hinsicht (Schriftform, Zuständigkeit BR/GBR) wirksam abgeschlossen worden ist (*Löwisch* RdA 1997, 80, 81). Ebenso ist vom AG darzutun, dass eine Betriebsänderung vorliegt. § 1 Abs 5 setzt voraus, dass einer der in § 111 Satz 2 BetrVG genannten Fälle der Betriebsänderung vorliegt. Bei einem Personalabbau, der die Zahlen und Prozentangaben nach § 17 KSchG erreicht, sofern mindestens fünf Prozent der Belegschaft entlassen werden sollen, ist es unbeachtlich, ob die Schwelle der Sozialplanpflichtigkeit eines Personalabbaus nach § 112a **273f**

BetrVG überschritten wird (BAG 8.11.1988 AP BetrVG 1972 § 113 Nr 18; *Löwisch* RdA 1997, 80, 81). Die Vorschrift erfasst in der Praxis die Fälle, bei denen nur ein Teil des Betriebs stillgelegt, ein anderer jedoch fortgeführt wird. Wird der Betrieb ganz stillgelegt, entfällt eine Sozialauswahl. Die Regelung gilt auch für Änderungskündigungen, die durch eine Betriebsänderung veranlasst sind (*Löwisch* RdA 1997, 80, 81; *Warrikoff* BB 1994, 2341). Auch bei der Änderungskündigung muss die Betriebsbedingtheit iSv § 1 Abs 2 erfüllt sein.

273g Kommt der bezeichnete Interessenausgleich zustande, wird im Rahmen eines Individualprozesses nach § 1 KSchG vermutet, dass die Kündigung der namentlich bezeichneten AN durch dringende betriebliche Erfordernisse iSd § 1 Abs 2 bedingt ist. Es ist davon auszugehen, dass nach § 1 Abs 5 Satz 2 die Sozialauswahl insgesamt nur beschränkt nachprüfbar bleibt. Es geht nicht nur um die Gewichtung der Sozialdaten wie in § 1 Abs 4, sondern um die Richtigkeit der Sozialauswahl in jeder Hinsicht. Die Sozialauswahl erfasst auch die Herausnahme bestimmter AN nach § 1 Abs 3 Satz 2. Das beinhaltet auch die Frage der Vergleichbarkeit der AN, denn ohne diese Prüfung ist eine Sozialauswahl nicht möglich (LAG Köln 1.8.1997 LAGE KSchG § 1 Interessenausgleich Nr 1; *Schiefer* NZA 1997, 915, 917). Ist ersichtlich, dass der Interessenausgleich unter Beachtung der maßgebenden Umstände erstellt worden ist, beschränkt sich die Überprüfungsmöglichkeit auch nur auf die vier im Gesetz genannten Hauptdaten. Die soziale Auswahl ist nur dann grob fehlerhaft, wenn die Gewichtung der Grunddaten jede Ausgewogenheit vermissen lässt (BAG 21.1.1999 AP KSchG 1969 Namensliste Nr 3).

273h Nach § 1 Abs 5 Satz 1 wird vermutet, dass die Kündigung der Arbeitsverhältnisse der bezeichneten AN durch dringende betriebliche Erfordernisse iSd § 1 Abs 2 bedingt ist. Die Vermutungswirkung erstreckt sich auch auf das Nichtvorliegen einer anderweitigen Beschäftigungsmöglichkeit im Betrieb (BAG 7.5.1998 AP KSchG 1969 § 1 Betriebsbedingte Kündigung Nr 94). Es handelt sich um eine gesetzliche Vermutung, aufgrund derer davon auszugehen ist, dass die behaupteten Tatsachen vorliegen und dass diese den Tatbestand des § 1 Abs 2 erfüllen. Die Vermutung der Betriebsbedingtheit betrifft sowohl die Darlegungslast wie die Beweislast. Hinsichtlich der Tatsachenvermutung ist nur der Beweis des Gegenteils zulässig, § 292 Abs 1 ZPO. Der AN, der sich auf einen hiervon abweichenden Sachverhalt beruft, trägt entgegen § 1 Abs 2 Satz 4 KSchG die volle Beweislast (BAG 7.5.1998 AP KSchG 1969 § 1 Betriebsbedingte Kündigung Nr 94). Auch wenn der AN in eine Namensliste aufgenommen worden ist, kann er im Kündigungsschutzprozess nach § 1 Abs 3 Satz 1 Alt 2 die Angabe der Gründe verlangen, die zu der getroffenen Auswahl geführt haben (BAG 10.2.1999 AP KSchG 1969 § 1 Soziale Auswahl Nr 40). Liegt ein Interessenausgleich vor, trägt der AN auch für die Behauptung, der BR-Vorsitzende habe ohne einen entsprechenden Beschluss die Betriebsvereinbarung unterzeichnet, die Beweislast (BAG 21.2.2002 EzA KSchG § 1 Interessenausgleich Nr 10). Der AG kann sich im Prozess auf den Interessenausgleich berufen. Zu einem weitergehenderen Vortrag nach § 138 ZPO ist er erst verpflichtet, wenn der AN erhebliche Tatsachen vorträgt, aus denen zu schließen ist, dass seine Benennung zu Unrecht erfolgt ist (*Schiefer* NZA 1997, 915, 916). Die Ausführungen zur Darlegungs- und Beweislast gelten auch für die Änderungskündigung (*Warrikoff* BB 1994, 2338, 2341).

273i Nach § 1 Abs 5 Satz 3 gelten die Sätze 1 und 2 (Richtigkeitsvermutung und Überprüfungsbeschränkung) nicht, soweit sich die Sachlage nach Zustandekommen des Interessenausgleichs wesentlich geändert hat. Maßgeblicher Zeitpunkt für eine solche Änderung ist der Zugang der Kündigung (BAG 21.2.2001 EzA KSchG § 1 Interessenausgleich Nr 8). Zu solchen Umständen gehören zB eine Änderung der Planung oder ein unvorhergesehenes Ausscheiden anderer AN. Ebenso läge eine wesentliche Änderung vor, wenn der Interessenausgleich im Hinblick auf eine Betriebsteilstilllegung vereinbart worden wäre und nach Ausspruch der Kündigung ein Interessent den Betrieb erwirbt und unverändert fortführt (*Schwedes* BB 1996 Beil 17, 2, 4).

5. Widerspruch des Betriebsrats und Sozialwidrigkeit

Vor jeder Kündigung ist der im Betrieb gebildete Betriebsrat anzuhören, § 102 BetrVG (Einzelheiten dazu unten Rn 332 ff.). Dieser hat ua die Möglichkeit, der beabsichtigten ordentlichen Kündigung (nicht der außerordentlichen Kündigung) aus Gründen zu **widersprechen**, die in § 102 Abs 3 BetrVG abschließend aufgezählt sind. Der Widerspruch hindert den Arbeitgeber nicht am Ausspruch der Kündigung. Widerspricht er **zu Recht** mit der Begründung, die Kündigung verstoße zB gegen eine zwischen Arbeitgeber und Betriebsrat verabredete Auswahlrichtlinie nach § 95 BetrVG oder der Arbeitnehmer könne auf einem anderen Arbeitsplatz im Unternehmen weiterbeschäftigt werden, so liegt ein **absoluter Grund** für die Sozialwidrigkeit vor. Die Arbeitsgerichte prüfen nur noch, ob der Widerspruch ordnungsgemäß erhoben worden ist und ob der angegebene Widerspruchsgrund gegeben ist. Eine weitere Prüfung, insb eine Interessenabwägung findet nicht statt (BAG 6.6.1984 AP Nr 16 zu § 1 KSchG 1969 Betriebsbedingte Kündigung; 13.9.1971 AP Nr 2 zu § 1 KSchG 1969).

Der Widerspruch des Betriebsrats verstärkt die Rechtsstellung des gekündigten Arbeitnehmers insofern, als er unter den Voraussetzungen des § 102 Abs 5 BetrVG (neben Widerspruch Klage nach § 4 KSchG und ein Beschäftigungsverlangen des Arbeitnehmers) einen Beschäftigungsanspruch geltend machen kann, der nicht von den Voraussetzungen des von der Rechtsprechung des BAG entwickelten allgemeinen Beschäftigungsanspruchs (BAG 27.2.1985 AP Nr 14 zu § 611 Beschäftigungspflicht) abhängig ist.

IV. Die Änderungskündigung

1. Die Reaktionsmöglichkeiten des Arbeitnehmers

Kündigt der Arbeitgeber das Arbeitsverhältnis und **bietet** er dem Arbeitnehmer im Zusammenhang mit der Kündigung die **Fortsetzung** des Arbeitsverhältnisses zu geänderten Bedingungen **an**, § 2 KSchG, so hat der Arbeitnehmer **drei** Möglichkeiten. Er kann einmal das Angebot ausdrücklich oder konkludent annehmen (Übernahme der Arbeit zu den geänderten Bedingungen nach Ablauf der Kündigungsfrist). In diesem Fall wird das Arbeitsverhältnis zu den vom Arbeitgeber genannten veränderten Bedingungen fortgesetzt. Der Arbeitnehmer kann das Angebot aber auch **ablehnen**. Dann endet sein Arbeitsverhältnis mit Ablauf der Kündigungsfrist, es sei denn, eine ggf angestrengte Klage gegen die (Beendigungs-)Kündigung hat Erfolg. Bei dieser Reaktion trägt der Arbeitnehmer wie vor der Normierung des § 2 KSchG 1969 das Risiko für den Verlust des Arbeitsplatzes insgesamt. Schließlich kann der Arbeitnehmer innerhalb von drei Wochen nach Zugang der Kündigung erklären, **das Änderungsangebot unter Vorbehalt anzunehmen,** und ebenfalls innerhalb drei Wochen eine Klage auf Feststellung der Sozialwidrigkeit der Änderungskündigung erheben. In diesem Fall bleibt ihm der Arbeitsplatz – zu den geänderten Bedingungen – auch dann erhalten, wenn sich die Änderungskündigung als sozial gerechtfertigt erweist.

2. Die Sozialwidrigkeit der Änderungskündigung

Im Mittelpunkt der Überlegungen eines Arbeitgebers vor Ausspruch einer Änderungskündigung und eines nach Ausspruch angerufenen Arbeitsgerichts steht das der Schriftform des § 623 BGB genügende **Änderungsangebot** (BAG 16.9.2004 AP Nr 78 zu § 2 KSchG 1969). Dieses, nicht die in der Änderungskündigung enthaltene Beendigung des Arbeitsverhältnisses **wird überprüft**. Das geschieht in **zwei** Stufen. Zunächst wird untersucht, ob ein personenbedingter, verhaltensbedingter oder betriebsbedingter **Kündigungsgrund** vorliegt, wie er vorstehend beschrieben ist

(Rn 255 ff.). Ist ein Grund gegeben, ist das Änderungsangebot aber doch nur sozial gerechtfertigt, wenn der Arbeitnehmer die Änderung **billigerweise** hinnehmen muss (BAG 3.11.1977 AP Nr 1 zu § 75 BPersVG; 18.10.1984 AP Nr 6 zu § 1 KSchG 1969 Soziale Auswahl). Soweit eine betriebsbedingte Änderungskündigung zu beurteilen ist, müssen auch die neuen Grundsätze der **Sozialauswahl** beachtet werden (zum alten Recht BAG 19.5.1993 AP Nr 31 zu § 2 KSchG 1969; 13.6.1986 AP Nr 13 zu § 1 KSchG 1969 Soziale Auswahl). Wegen des Vorrangs der Änderungskündigung vor der Beendigungskündigung siehe BAG 21.4.2005 AP Nr 79 zu § 2 KSchG 1969 (Rn 265).

V. Die außerordentliche Kündigung nach § 626 BGB

1. Einführung

278 Die Möglichkeit, ein Dauerschuldverhältnis nur unter Einhaltung einer Frist kündigen zu können, wird den Störungen nicht gerecht, die in einem menschlichen Zusammenleben zu erwarten sind. Deshalb muss das Recht den Parteien eines Dauerschuldverhältnisses ein **Instrument zur sofortigen Beendigung** ihrer Rechtsbeziehungen zur Verfügung stellen. Das ist im Arbeitsrecht mit der Vorschrift des § 626 BGB geschehen. Danach kann das Arbeitsverhältnis von jedem Vertragsteil aus wichtigem Grund ohne Einhaltung einer Kündigungsfrist gekündigt werden, wenn Tatsachen vorliegen, auf Grund derer dem Kündigenden unter Berücksichtigung aller Umstände des Einzelfalles und unter Abwägung der Interessen beider Vertragsteile die Fortsetzung des Arbeitsverhältnisses bis zum Ablauf der Kündigungsfrist oder bis zur vereinbarten Beendigung nicht zugemutet werden kann, § 626 Abs 1 BGB. Diese Kündigung erfolgt **regelmäßig fristlos**; sie ist aber auch mit einer **Auslauffrist** statthaft. Sie muss innerhalb einer **Ausschlussfrist** von zwei Wochen erfolgen, nachdem der Kündigungsberechtigte von den für die Kündigung maßgebenden Tatsachen Kenntnis erlangt hat, § 626 Abs 2 Satz 1 BGB.

279 Das Recht zur außerordentlichen Kündigung ist weder vertraglich noch tarifvertraglich **abdingbar oder einschränkbar**. Es kann auch nicht in der Weise erweitert werden, dass ein **bestimmtes Verhalten** stets als **wichtiger Grund** angesehen wird. Insofern hat § 13 Abs 4 Satz 2 MTV/Zeitungsredakteure lediglich deklaratorischen Charakter. Denn auch grobe Verstöße gegen die Tendenzrichtlinien einer Zeitung rechtfertigen nicht in jedem Fall eine Kündigung aus wichtigem Grund. Die außerordentliche Kündigung kann auch nicht im Verlauf eines etwaigen Rechtsstreits in eine ordentliche Kündigung **umgedeutet** werden. Eine **Pflicht zur Anhörung des Vertragspartners** vor Ausspruch der Kündigung besteht für den Kündigenden nur im Fall der Verdachtskündigung (Rn 280). Mit der außerordentlichen Kündigung kann auch die **Veränderung der Arbeitsbedingungen** erreicht werden.

2. Der wichtige Grund an sich

280 Soll das Arbeitsverhältnis nach § 626 BGB von einer der Parteien gekündigt werden, ist zunächst festzustellen, ob die vorliegenden Tatsachen – ohne die Umstände des Einzelfalls – **überhaupt geeignet** sind, einen wichtigen Grund zu bilden (ständige Rechtsprechung des BAG 14.9.1994 AP Nr 24 zu § 626 BGB Verdacht strafbarer Handlungen; 2.3.1989 AP Nr 101 zu § 626 BGB; kritisch zu Recht dazu ein Teil des Schrifttums: vgl *Ascheid* Rn 119 ff.; ErfK/*Müller-Glöge* § 626 BGB Rn 16 ff.). Das Bundesarbeitsgericht hat den unbestimmten Rechtsbegriff des wichtigen Grundes versucht zu systematisieren und bestimmte Kündigungstatbestände für den Arbeitgeber herangebildet. Sie können auch nicht annähernd vollzählig aufgelistet werden. Nur die wichtigsten seien genannt (umfangreiche Aufstellungen finden sich bei ErfK/*Müller-Glöge* § 626 BGB Rn 60 ff. und Schaub/*Linck* § 127 Rn 60 ff.):

- **Arbeitsverweigerung und Verletzung der Arbeitspflicht** (BAG 5.4.2001 AP Nr 32 zu § 99 BetrVG 1972 Einstellung; 17.3.1988 AP Nr 99 zu § 626 BGB);
- schichtweise **Nebenbeschäftigung** während attestierter **Arbeitsunfähigkeit** BAG 26.8.1993 AP Nr 112 zu § 626 BGB);
- Organisation oder Teilnahme an einem nicht legitimen **Arbeitskampf** (BAG 14.2.1978 AP Nr 58 und 59 zu Art 9 GG Arbeitskampf);
- **grobe Beleidigungen des Arbeitgebers** (21.1.1999 AP Nr 151 zu § 626 BGB);
- Entlassungsforderung von Dritten mit gleichzeitiger Androhung von Nachteilen – **Druckkündigung** (BAG 18.9.1975 AP Nr 10 zu § 626 BGB Druckkündigung);
- Annahme von **Schmiergeldern** (BAG 17.8.1972 AP Nr 65 zu § 626 BGB);
- **Straftaten** gegen den Arbeitgeber (BAG 20.8.1997 AP Nr 27 zu § 626 BGB Verdacht strafbarerer Handlungen; 17.5.1984 AP Nr 14 zu § 626 BGB Verdacht strafbarer Handlung);
- Stalking (BAG 19.4.2012 AP Nr 238 zu § 626 BGB),
- **Eigenmächtiger Urlaubsantritt** (BAG 20 1. 1994 AP Nr 115 zu § 626 BGB),
- Verdacht strafbarer Handlungen – die sog **Verdachtskündigung** (BAG 3.4.1986, 26.3.1992 und 14.9.1994 AP Nr 18, 23 und 24 zu § 626 Verdacht strafbarer Handlungen),
- Verdacht der **Verfälschung von Nachrichten** (BAG 28.11.2007 AP Nr 42 zu § 626 BGB Verdacht strafbare Handlung); eine Verdachtskündigung setzt in aller Regel eine vorherige Anhörung des Arbeitnehmers voraus, es sei denn, der Arbeitnehmer ist von vornherein nicht bereit, sich zu den gegen ihn erhobenen Vorwürfen substantiiert zu äußern und weigert sich somit, an der Aufklärung des bestehenden Verdachts mitzuwirken (BAG aaO);
- **Verletzung der journalistischen Unabhängigkeit** (LAG Köln 14.12.2011 AfP 2012, 85; ArbG Köln 20.1.2011 AfP 2011, 202);
- **Wettbewerbsverstöße** (BAG 6.8.1987 AP Nr 97 zu § 626 BGB).

Die außerordentliche Kündigung des Arbeitnehmers beurteilt sich nach den gleichen Grundsätzen wie die Kündigung durch den Arbeitgeber. Auch insoweit gibt es Tatbestände, die einen wichtigen Grund an sich darstellen. Dazu gehört der trotz Abmahnung fortbestehende Lohnrückstand (BAG 8.8.2002 AP Nr 14 zu § 628 BGB) oder grobe Beleidigungen bzw Mobbing durch den Arbeitgeber. Weitere Beispiele finden sich bei ErfK/*Müller-Glöge* § 626 BGB Rn 159 ff. 280a

3. Interessenabwägung

Liegen Tatsachen vor, die an sich geeignet sind, einen wichtigen Grund für eine außerordentliche Kündigung abzugeben, so muss sich eine umfassende Interessenabwägung unter Berücksichtigung aller Umstände des Einzelfalls **anschließen**. Die Umstände, anhand derer zu beurteilen ist, ob dem Arbeitgeber die Weiterbeschäftigung des Arbeitnehmers zumindest bis zum Ablauf der Kündigungsfrist zumutbar ist oder nicht, lassen sich nicht abschließend festlegen. Zu ihnen gehört neben der **Dauer der Kündigungsfrist** (BAG 2.4.1987 AP Nr 96 zu § 626 BGB) auch die **Dauer des Arbeitsverhältnisses** und dessen störungsfreier Verlauf. Wie das BAG in der „Emmely"-Entscheidung (10.6.2010 AP Nr 229 zu § 626 BGB), welche in der breiten Öffentlichkeit heftig diskutiert wurde, betont hat, bedarf es einer genauen Prüfung, ob die verfestigte Vertrauensbeziehung der Vertragspartner in einem Arbeitsverhältnis, das über viele Jahre hinweg ungestört bestanden hat, durch eine erstmalige Enttäuschung des Vertrauens vollständig und unwiederbringlich zerstört werden konnte. Es ist ferner zu beurteilen, ob angesichts der Störung ein **milderes Mittel** wie die Abmahnung, eine ggf statthafte Betriebsbuße oder die ordentliche Kündigung in Betracht kommt. 281

4. Die Ausschlussfrist

282 Die Kündigung muss dem Empfänger innerhalb einer Ausschlussfrist von **zwei Wochen** zugehen, § 626 Abs 2 BGB (BAG 9.3.1978 AP Nr 12 zu § 626 BGB Ausschlußfrist). Nach ihrem Ablauf wird **unwiderleglich vermutet,** dass dem Kündigungsberechtigten die Fortsetzung des Arbeitsverhältnisses wenigstens bis zum Ablauf der Kündigungsfrist zugemutet werden kann und deshalb nur noch eine ordentliche Kündigung in Betracht kommt.

283 Die Frist **beginnt** mit dem Zeitpunkt, zu dem der Kündigungsberechtigte (BAG 18.5.1994 AP Nr 33 zu § 626 BGB Ausschlussfrist) sichere Kenntnis über die Tatsachen erhalten hat, die für die Kündigung maßgeblich sind. Bei **noch nicht hinreichend deutlichem Sachverhalt** beginnt die Frist erst, wenn der Kündigungsberechtigte sich die notwendige Kenntnis über die Tatsachen verschafft hat. Dabei hat er die gebotene Eile zu wahren und ggf nötige Anhörungen wie die des Arbeitnehmers bei der Verdachtskündigung alsbald vorzunehmen (BAG 5.12.2002 AP Nr 63 zu § 123 BGB; 29.7.1993 AP Nr 31 zu § 626 Ausschlussfrist; 27.1.1972 AP Nr 2 zu § 626 BGB Ausschlussfrist). Unterlässt er die gebotene Beschleunigung der Aufklärung, ist der Fristablauf nicht mehr gehemmt. Bei **dauerhaften, gleichartigen Verfehlungen** (zB immer wieder verspätetem Dienstantritt) beginnt die Frist mit der zuletzt bekannt gewordenen Pflichtverletzung. Ungleichartige frühere Verfehlungen sind verfristet (BAG 17.8.1972 und 10.4.1975 AP Nr 4 und 7 zu § 626 BGB Ausschlussfrist).

284 Kündigungsberechtigter iSd Ausschlussfristenregelung ist auf Arbeitgeberseite der Arbeitgeber selbst bzw das vertretungsberechtigte Organ oder der zur Kündigung des betreffenden Arbeitnehmers befugte Mitarbeiter. Die Kenntnis eines Dritten, der keine Kündigungsbefugnis hat, genügt, wenn sich der Kündigungsberechtigte die Kenntnis eines Dritten nach Treu und Glauben zurechnen lassen muss, weil dessen Stellung im Betrieb nach den Umständen des Einzelfalls erwarten lässt, er werde den Kündigungsberechtigten von dem Kündigungssachverhalt unterrichten. Hinzu kommen muss, dass die verspätet erlangte Kenntnis des Kündigungsberechtigten darauf beruht, dass die Organisation des Betriebes zu einer Verzögerung des Fristbeginns führt, obwohl eine andere Organisation sachgemäß und zumutbar wäre. Beide Voraussetzungen, selbständige Stellung des Dritten im Betrieb und Verzögerung der Kenntniserlangung des Kündigungsberechtigten durch eine schuldhaft fehlerhafte Organisation des Betriebs müssen also kumulativ vorliegen. Dann kann sich der Kündigungsberechtigte auf die später erlangte Kenntnis nicht berufen (BAG 18.5.1994 AP Nr 33 zu § 626 BGB Ausschlussfrist; 5.5.1977 AP Nr 11 zu § 626 BGB Ausschlussfrist).

285 Die **Fristberechnung** erfolgt nach den §§ 186 ff. BGB. Der Tag, an dem der Kündigungsberechtigte den Kündigungssachverhalt (sicher) erfahren hat, wird nicht mitgezählt, § 187 Abs 1 BGB. Die Anhörung des Betriebsrats verlängert oder hemmt die Frist nicht.

286 Die **Einhaltung** der Frist ist im Rechtsstreit vom Arbeitgeber **(unaufgefordert) vorzutragen.** Andernfalls ist sein Vorbringen zur Rechtfertigung der Kündigung nicht erheblich und der Kündigungsschutzklage zur außerordentlichen Kündigung muss – nach entsprechendem richterlichen Hinweis – ohne weiteres stattgegeben werden. Er trägt entsprechend die Beweislast für die Einhaltung der Frist.

VI. Die Kündigung wegen Übergangs eines Betriebs

287 Nach **§ 613a Abs 4 BGB** ist die Kündigung des Arbeitsverhältnisses eines Arbeitnehmers durch den bisherigen Arbeitgeber oder durch den neuen Inhaber **wegen** des Übergangs eines Betriebs oder eines Betriebsteils **unwirksam.** Das Recht zur Kündigung des Arbeitsverhältnisses aus anderen Gründen bleibt unberührt.

4. Kapitel. Beendigung des Arbeitsverhältnisses ArbR BT

1. Regelungszweck

Der durch das Betriebsverfassungsgesetz 1972 in das BGB eingefügte § 613a BGB bezweckte **ursprünglich** den Schutz bestehender Arbeitsverhältnisse bei einem Betriebsübergang, die kontinuierliche Ausübung von Mitwirkungs- und Mitbestimmungsrechten eines bestehenden Betriebsrats und die Erhaltung der eingearbeiteten Mitarbeiterschaft zugunsten des Betriebserwerbers (BAG 12.7.1990 AP Nr 87 zu § 613a BGB). Die mit dem EG-Anpassungsgesetz von 1980 ua **eingefügte Bestimmung** des § 613a Abs 4 verstärkt den bis dahin bestehenden Bestandsschutz der Arbeitnehmer, den der Art 4 Abs 1 der Richtlinie 77/187 EWG vorgesehen hatte (siehe auch RL 2001/23/EG). Danach sollte der Betriebsübergang als solcher kein Kündigungsgrund sein (RGRK/*Ascheid* § 613a Rn 247). Die Rechtsfolgen des Betriebsübergangs sollen nicht unterlaufen werden können. Der Absatz 4 **ergänzt** den Absatz 1; er stellt **keine weiteren Anforderungen** an den Betriebsübergang (BAG 31.1.1985 AP Nr 40 zu § 613a BGB). Die Vorschrift dient der Klarstellung, weil sich das Kündigungsverbot bereits aus dem Schutzzweck des § 613a Abs 1 BGB ergibt (BAG 12.7.1990 AP Nr 87 zu § 613a BGB mvN). Das Bundesarbeitsgericht sieht daher in der Bestimmung nicht einen Sonderfall der Sozialwidrigkeit, sondern einen **selbständigen Kündigungsgrund**. Das hat zur Folge, dass die Kündigung nach § 613a Abs 4 BGB auch von Mitarbeitern angegriffen werden kann, die nicht dem Kündigungsschutzgesetz unterliegen (Rn 251 ff.). § 613a BGB kommt in Tendenzbetrieben und damit auch im Pressebereich ohne Einschränkung zur Anwendung (ErfK/*Preis* § 613a BGB Rn 4).

288

Der **Tatbestand** einer Kündigung „wegen Betriebsübergangs" ist gegeben, wenn die geplante oder vollzogene Betriebsnachfolge die Kündigung auslöste, weil es die Kündigung sozial rechtfertigende Gründe nicht oder in nicht genügendem Ausmaß gibt, dh allein die **Rechtsfolge** des § 613a Abs 1 BGB **vermieden** werden soll (RGRK/*Ascheid* § 613a BGB Rn 247). Denn wenn es personenbedingte, verhaltensbedingte oder (bei Betriebsübergang hauptsächlich genannt) betriebsbedingte Gründe gibt, kann auch im Zusammenhang mit einem Betriebsübergang wirksam gekündigt werden. Das besagt Satz 2 der Vorschrift (zur Anwendung anderer Kündigungstatbestände im Zusammenhang mit einem Betriebsübergang BAG 16.5.2000 AP Nr 237 zu § 613a BGB; 18.7.1996 AP Nr 147 zu § 613a BGB; ErfK/*Preis* § 613a BGB Rn 155). Die Bestimmung kommt auch in notleidenden Unternehmen zur Anwendung.

289

2. Betriebsübergang

Kaum noch überschaubar ist die Rechtsprechung der Gerichte für Arbeitssachen, die zudem noch von der – auch noch wechselnden – Rechtsprechung des EuGH überlagert ist. So kann auch nach über 30 Jahren seit Inkrafttreten der Norm noch nicht von einer abschließenden Klärung ausgegangen werden. Das beginnt bei der Definition des **Betriebsbegriffs,** bei der das Bundesarbeitsgericht (BAG 30.10.1986 AP Nr 58 zu § 613a BGB; 3.7.1986 AP Nr 53 zu § 613a BGB) lange Zeit vom allgemeinen Betriebsbegriff („Ein Betrieb ist die organisatorische Einheit, innerhalb derer der Arbeitgeber allein oder mit seinen Arbeitnehmern mit Hilfe von sächlichen und immateriellen Mitteln bestimmte arbeitstechnische Zwecke fortgesetzt verfolgt") ausging. Im Anschluss an den EuGH hat das BAG seit Mitte der 1990er Jahre Abschied von diesem Ansatz genommen. Es stellt nunmehr darauf ab, ob eine wirtschaftliche Einheit besteht, deren Identität nach dem Inhaberwechsel erhalten geblieben ist. Entscheidend ist somit, ob durch die Übertragung einer Einheit eine im Wesentlichen unveränderte Fortführung der bisher in dieser abgrenzbaren Einheit geleisteten Tätigkeit möglich ist (BAG 8.8.2002 EzA § 613a BGB Nr 209; 16.5.2002 AP Nr 237 zu § 613a BGB; 22.5.1997 AP Nr 154 zu § 613a BGB). Damit kann auch auf eine eigenständige Definition des Begriffs „Betriebsteil" verzichtet werden. Maßgebend ist auch insoweit, ob eine wirtschaftliche Einheit übergeht (ausführlich

290

und mit einer umfangreichen Darstellung von Rechsprechung und Schrifttum BAG 16.5.2002 AP Nr 237 zu § 613a BGB). Die Übernahme von redaktionellen Mitarbeitern hat eine indizielle Bedeutung für einen Betriebsübergang, wobei es auf die rechtliche Ausgestaltung der Beschäftigungsverhältnisse nicht ankommt (LAG Rheinland-Pfalz 24.5.2007 NZA-RR 2007, 566).

290a Die Voraussetzung des Rechtgeschäfts ist nicht nur dann gegeben, wenn der Übergang der wirtschaftlichen Einheit zwischen dem bisherigen Inhaber und dem neuen Betreiber verabredet wird. Es muss nur überhaupt ein Rechtsgeschäft der Arbeit des neuen Inhabers der wirtschaftlichen Einheit zugrunde liegen (ausführlich ErfK/*Preis* § 613a BGB Rn 58 ff.).

291 Der Arbeitnehmer ist **darlegungspflichtig** für die klagebegründenden Voraussetzungen des § 613a Abs 4 BGB. Seiner Pflicht **genügt** er, wenn er vorträgt und ggf nachweist, dass ein Betriebsübergang vorliegt oder aber demnächst geplant ist und die Kündigung damit im Zusammenhang steht. Es obliegt dann dem Arbeitgeber, entweder den Tatbestand der Betriebsübernahme oder deren Planung zu bestreiten oder seinerseits vorzutragen, dass aus anderen Gründen als denen des Übergangs gekündigt worden ist. § 613a Abs 4 BGB gibt dem Arbeitnehmer Schutz gegen ordentliche und außerordentliche Kündigungen auch in der Form der Änderungskündigung (Rn 276 f.).

291a Gemäß § 613a Abs 5 hat der bisherige Arbeitgeber oder der neue Inhaber die von einem Übergang betroffenen Arbeitnehmer vor dem Übergang in Textform zu unterrichten. Gemäß § 613a Abs 6 BGB kann der Arbeitnehmer dem Übergang des Arbeitsverhältnisses innerhalb eines Monats nach Zugang der **Unterrichtung** schriftlich widersprechen. Nur den Vorgaben des Abs 5 entsprechende Unterrichtung des Arbeitnehmers setzt für diesen die einmonatige Frist für einen **Widerspruch** in Lauf (BAG 23.7.2009 AP Nr 10 zu § 613a BGB Widerspruch). Der Widerspruch bedarf weder eines sachlichen Grundes, um wirksam zu sein, noch muss er vom Arbeitnehmer begründet werden (BAG 19.2.2009 AP Nr 368 zu § 613a BGB). Wie jede Rechtsausübung kann auch die Ausübung des Widerspruchsrechts im Einzelfall **rechtsmissbräuchlich** sein. Der widersprechende Arbeitnehmer verfolgt aber keine unzulässigen Ziele, wenn es ihm nicht ausschließlich darum geht, den endgültigen Arbeitgeberwechsel zu verhindern, sondern wenn er nach dem Widerspruch dem Betriebserwerber den Abschluss eines Arbeitsvertrages zu für ihn günstigeren Bedingungen anbietet oder dem Betriebsveräußerer einen Aufhebungsvertrag, verbunden mit einer Abfindungszahlung, vorschlägt (BAG aaO). Jedenfalls dann, wenn der widersprechende Arbeitnehmer stets auf seinem Standpunkt beharrt, infolge seines Widerspruchs Arbeitnehmer des Betriebsveräußerers geblieben zu sein, verhält er sich nicht widersprüchlich, wenn er gleichwohl Arbeit für den Betriebserwerber verrichtet. Dies umso mehr, wenn ihn der Betriebsveräußerer unter Androhung von Rechtsnachteilen dazu ausdrücklich aufgefordert hat (BAG aaO). Das Recht des Arbeitnehmers zum Widerspruch kann verwirken. Eine solche **Verwirkung** ist regelmäßig dann anzunehmen, wenn der Arbeitnehmer über den Bestand seines Arbeitsverhältnisses disponiert hat, zB durch den Abschluss eines Aufhebungsvertrages mit dem Betriebserwerber (BAG 23.7.2009 aaO). Verklagt ein Arbeitnehmer nach einem Betriebsübergang den Betriebserwerber auf Feststellung, dass zwischen ihnen ein Arbeitsverhältnis besteht, so kann er durch die Art und Weise der Prozessführung und Prozessbeendigung sein Recht zum Widerspruch gegen den Übergang seines Arbeitsverhältnisses gegenüber dem Betriebsveräußerer verwirken (BAG 17.10.2013 NZA 2014, 774).

E. Der besondere Kündigungsschutz

292 Neben dem allgemeinen Kündigungsschutz nach den §§ 1 bis 14 KSchG genießen **bestimmte Arbeitnehmer** einen darüber hinausgehenden Kündigungsschutz. Er zeichnet sich dadurch aus, dass für eine Kündigung des Arbeitgebers **besondere gesetzliche Voraussetzungen** erfüllt sein müssen. Bei diesen Personen handelt es sich um die Arbeitnehmerinnen vor und nach der **Niederkunft**, die **Elternzeitberechtigten**, die **schwerbehinderten Menschen**, die **Wehr- und Zivildienstleistenden** und die Mitglieder der Organe der **Betriebsverfassung**. In diesem Zusammenhang sind auch die Besonderheiten für Auszubildende und der Massenentlassungsschutz zu erörtern.

I. Schwangere und Mütter

Nach § 9 Abs 1 MuSchG ist eine Kündigung gegenüber einer Frau **während der** 293 **Schwangerschaft** und bis zum **Ablauf von vier Monaten** nach der Entbindung unzulässig, wenn dem Arbeitgeber zur Zeit der Kündigung die Schwangerschaft oder Entbindung **bekannt** war oder **innerhalb zweier Wochen** nach Zugang der Kündigung mitgeteilt wird. Das Überschreiten der Frist von zwei Wochen ist unschädlich, wenn es auf einem von der Frau nicht zu vertretenden Grund beruht und die Mitteilung unverzüglich nachgeholt wird (dazu BAG 29.9.2002 AP Nr 31 zu § 9 MuSchG 1968; 16.5.2002 AP Nr 30 zu § 9 MuSchG 1968). Es handelt sich um ein absolutes Kündigungsverbot mit Erlaubnisvorbehalt in § 9 Abs 3 MuSchG. Eine ohne Erlaubnis ausgesprochene Kündung ist nichtig.

Das Kündigungsverbot kommt bei den **anderen Beendigungstatbeständen** als 294 einer arbeitgeberseitigen Kündigung (Rn 215–226) nicht zur Anwendung. Zur Frage der Anfechtung wegen unrichtiger Beantwortung einer Frage nach der Schwangerschaft bei der Einstellung siehe Rn 222 ff.

Eine Kündigung kann allerdings in **besonderen Fällen** von der obersten Arbeits- 295 schutzbehörde eines Bundeslandes für **zulässig** erklärt werden, § 9 Abs 3 MuSchG (zum Begriff des besonderen Falls BVerwG 29.10.1958 AP Nr 14 zu § 9 MuSchG und OVG Lüneburg 5.12.1990 AP Nr 18 zu § 9 MuSchG 1968; weitere Einzelheiten bei ErfK/*Schlachter* § 9 MuSchG Rn 12 f.). Zum Kündigungsrecht der Frauen siehe unten Rn 320.

II. Elternzeitberechtigte

Der Kündigungsschutz für die Arbeitnehmer, die Elternzeit in Anspruch nehmen, 296 ist ähnlich ausgestaltet wie der nach dem Mutterschutzgesetz. So darf der Arbeitgeber das Arbeitsverhältnis ab dem Zeitpunkt, von dem an Elternzeit **verlangt** worden ist, höchstens jedoch acht Wochen vor Beginn der Elternzeit, und **während** der Elternzeit **nicht kündigen** (Einzelheiten bei Schaub/*Linck* § 172 Rn 50 ff.). In besonderen Fällen kann die oberste Landesbehörde, die für den Arbeitsschutz zuständig ist, die Kündigung nach Maßgabe der dazu ergangenen Allgemeinen Verwaltungsvorschriften (Bundesanzeiger Nr 1/1986 S 4) für zulässig erklären. Zum Kündigungsrecht des Elternzeitberechtigten siehe Rn 321.

III. Schwerbehinderte Menschen

Schwerbehinderte Menschen iS des SGB IX und ihnen Gleichgestellte mit Aus- 297 nahme der in § 90 SGB IX genannten Arbeitnehmer und Auszubildende (zum früheren SchwbG BAG 10.12.1987 AP Nr 11 zu § 18 SchwbG) genießen gegenüber allen arbeitgeberseitigen Kündigungen einen besonderen Kündigungsschutz, der darin besteht, dass vor Ausspruch der Kündigung das Integrationsamt des betreffenden Bundeslandes seine **Zustimmung** erteilt haben muss, §§ 85 bis 92 SGB IX. Maßgeblich für das Zustimmungserfordernis ist **nicht** die **Kenntnis** des Arbeitgebers von der Schwerbehinderung, sondern deren Feststellung durch das **Versorgungsamt**. Ist dem Arbeitgeber bei Ausspruch der Kündigung die Schwerbehinderung des Arbeitnehmers bzw dessen Gleichstellung nicht bekannt und hatte der Arbeitgeber die Zustimmung des Integrationsamts folglich auch nicht beantragt, so muss sich der Arbeitnehmer zur Erhaltung seines Sonderkündigungsschutzes innerhalb von **drei Wochen** nach Zugang der Kündigung auf diesen Sonderkündigungsschutz berufen. Teilt der Arbeitnehmer dem Arbeitgeber seinen Schwerbehindertenstatus bzw seine Gleichstellung nicht innerhalb dieser drei Wochen mit, so kann sich der Arbeitnehmer auf den Sonderkündigungsschutz nicht mehr berufen. Mit Ablauf der Klagefrist des § 4 Satz 1 KSchG ist der eigentlich gegebene Nichtigkeitsgrund nach § 134 BGB iVm § 85 SGB IX wegen § 7 KSchG geheilt (BAG 13.2.2008 AP Nr 5 zu § 85 SGB X). § 4 Satz 4 KSchG kommt hier nicht zur Anwendung, denn eine Entscheidung war nicht erforderlich und konnte dem Arbeitnehmer deshalb auch nicht bekannt gegeben werden.

IV. Wehrpflichtige und Zivildienstleistende

298 Der Kündigungsschutz für Wehrpflichtige ist im **Arbeitsplatzschutzgesetz** geregelt, dessen Bestimmungen auch für die Zivildienstleistenden entsprechend gelten (§ 78 Zivildienstgesetz). Nach § 2 ArbPlSchG darf der Arbeitgeber von der Zustellung des Einberufungsbescheides bis zur **Beendigung** des **Grundwehrdienstes** sowie **während** einer **Wehrübung** das Arbeitsverhältnis nicht kündigen. Im übrigen darf er nicht aus **Anlass** des Wehrdienstes kündigen. Gemäß § 56 WehrPflG erhalten nach der Aussetzung der allgemeinen Wehrpflicht die freiwilligen Wehrdienstleistenden den gleichen soldatenrechtlichen Status wie die ehemaligen Wehrpflichtigen. Der Schutz des ArbPlSchG greift ein, wenn die freiwillig Wehrdienstleistenden zu ihrem Dienst herangezogen werden; denn das Gesetz gilt auch im Falle des freiwilligen Wehrdienstes (§ 16 Abs. 7 ArbPlSchG). Im Fall der betriebsbedingten Kündigung (Rn 259 bis 273) darf der Arbeitgeber den Wehrdienst bei der **Auswahl** nicht berücksichtigen. Das Recht der außerordentlichen Kündigung bleibt vom Wehrdienst unberührt.

V. Betriebsverfassungsorgane

299 Die Kündigung eines Mitglieds des Betriebsrats oder einer Jugend- und Auszubildendenvertretung ist unzulässig, es sei denn, es liegen Tatsachen vor, die den Arbeitgeber zur Kündigung aus **wichtigem Grund** ohne Einhaltung einer Kündigungsfrist berechtigen, und der Betriebsrat hat seine **Zustimmung** nach § 103 BetrVG erteilt (vgl zur Kündigung eines als Tendenzträger beschäftigten Betriebsratsmitglieds aus tendenzbezogenen Gründen Rn 373) oder diese ist **gerichtlich ersetzt** worden, § 15 Abs 1 Satz 1 KSchG (Einzelheiten bei ErfK/*Kiel* § 15 KSchG Rn 1–30). Innerhalb der ersten **12 Monate nach Beendigung** der Amtszeit kann einem ehemaligen Mitglied nur außerordentlich aus wichtigem Grund gekündigt werden. Einer Zustimmung des Betriebsrats bedarf es jetzt nicht mehr, § 15 Abs 1 Satz 2 KSchG (vgl zur Kündigung eines Redakteurs, der als 15. Ersatzmitglied an einer Betriebsratssitzung teilgenommen hat, BAG 12.4.2002 AP Nr 1 zu § 15 KSchG Ersatzmitglied). Ähnlich ist der Kündigungsschutz für Mitglieder des Wahlvorstands und Wahlbewerber geregelt, § 15 Abs 3 KSchG.

300 Sonderregelungen gelten für den Fall einer **Betriebsstillegung** und der Stillegung einer Betriebsabteilung, § 15 Abs 4 und 5 KSchG. Danach ist der Arbeitsplatz den Mitliedern der Betriebsverfassungsorgane so lang wie möglich zu erhalten (Einzelheiten bei *Dörner* in Bader/Bram/Dörner/Wenzel § 15 KSchG Rn 71 bis 104; ErfK/*Kiel* § 15 KSchG Rn 35 bis 46; Schaub/*Linck* § 143 Rn 39 bis 46).

VI. Auszubildende

Auszubildende sind **nach Ablauf der Probezeit** insofern besonders geschützt, als das Ausbildungsverhältnis nur aus **wichtigem Grund** gekündigt werden kann, § 15 Abs 2 Nr 1 BBiG. Eine ordentliche Kündigung scheidet aus. Die Kündigung muss **schriftlich** und unter **Angabe der Kündigungsgründe** erfolgen. Während der Probezeit von mindestens 1 Monat und höchstens 3 Monaten ist dagegen die Trennung der Parteien erleichtert. Sie kann jederzeit von beiden Seiten ohne Einhaltung einer Kündigungsfrist herbeigeführt werden, § 15 Abs 1 BBiG. **301**

Die Vorschriften des § 15 BBiG gelten mit besonderen Maßgaben nach § 19 BBiG auch für Personen, die eingestellt werden, um berufliche Kenntnisse, Fertigkeiten oder Erfahrungen zu erwerben, ohne dass es sich um eine Berufsausbildung im Sinne des Gesetzes handelt; auf die Bestimmungen kann allerdings dann nicht zurückgegriffen werden, wenn ein Arbeitsverhältnis vorliegt. Volontäre in Tageszeitungsverlagen werden kündigungsrechtlich nicht wie Arbeitnehmer, sondern wie Personen nach § 19 BBiG behandelt. Das spricht dafür, dass die Tarifvertragsparteien ihren Status auch so einschätzen, obwohl sie weitgehend tariflich wie Arbeitnehmer behandelt werden. Maßgebend ist allerdings das Berufsbild des Volontärs. Er soll erst auf die Tätigkeit eines Redakteurs vorbereitet werden, so dass er der Gruppe der in § 19 BBiG genannten Personen zuzurechnen ist. Das gilt iE auch für die Volontäre in Zeitschriftenverlagen, auch wenn der Wortlaut des § 1 Abs 2 MTV/Zeitschriftenredakteure für die Anwendung der Kündigungsregelungen in § 14 MTV spricht, die mit den Bestimmungen der §§ 3 bis 18 BBiG unvereinbar sind. Angesichts der selben Zielrichtung, mit der ein Volontär auch in Zeitschriftenverlagen beschäftigt wird und der ausdrücklichen Bestimmung, dass mit dem Volontär kein Anstellungsvertrag geschlossen werden soll, kann auch in diesem Bereich davon ausgegangen werden, dass der Volontär nicht in einem Arbeitsverhältnis steht, sondern zur Personengruppe des § 19 BBiG gehört. **302**

VII. Massenentlassung

Beabsichtigt ein Arbeitgeber innerhalb von 30 Tagen eine größere Anzahl von Arbeitnehmern zu entlassen, so ist er verpflichtet, der Agentur für Arbeit **Anzeige** zu erstatten, § 17 Abs 1 KSchG. Die Anzeigepflicht richtet sich nach der **Betriebsgröße** und der **Anzahl** der zu entlassenden Arbeitnehmer. Entlassung iSd § 17 Abs 1 KSchG meint bei einer richtlinienkonformen Auslegung der kündigungsschutzrechtlichen Bestimmung den **Ausspruch der Kündigung** (EuGH 27.1.2005 NZA 2005, 213; BAG 23.3.2006 AP Nr 21 zu § 17 KSchG 1969). Eine Berufung auf Vertrauensschutz (BAG 13.7.2006 AP Nr 22 zu § 17 KSchG 1969) ist mittlerweile nicht mehr möglich. Erstattet der Arbeitgeber **keine, eine nicht rechtzeitige oder eine unvollständige** Anzeige, so sind Kündigung und Entlassung unwirksam, wenn sich der Arbeitnehmer auf den Verstoß gegen die Anzeigepflicht beruft (BAG 21.7.1986 und 8.6.1989 AP Nr 5 und 6 zu § 17 KSchG 1969). Zur Mitbestimmung bei Massenentlassungen in Tendenzunternehmen siehe auch BAG 18.11.2003 AP Nr 76 zu § 118 BetrVG 1972. **303**

F. Das Kündigungsschutzverfahren

I. Die Klage

Will ein Arbeitnehmer eine ordentliche **Kündigung** als ungerechtfertigt **angreifen**, so muss er **innerhalb von drei Wochen nach Zugang der Kündigung** Klage **304** beim Arbeitsgericht auf Feststellung erheben, dass das Arbeitsverhältnis durch die Kündigung nicht aufgelöst worden ist, § 4 Satz 1 KSchG. Nach einer **Änderungskündigung** muss er die Feststellung der Sozialwidrigkeit der Änderung der Arbeitsbedingungen beantragen. Auch die **außerordentliche** Kündigung muss ein Arbeitnehmer mit einer Feststellungsklage fristgerecht bekämpfen, § 13 Abs 1 Satz 2 KSchG. Frist und Form sind **zwingendes Recht;** sie können von niemandem abgeändert werden.

305 Arbeitnehmer müssen **jede Kündigung** mit der Klage nach § 4 KSchG angreifen, nicht nur die sozialwidrige Kündigung. Anderenfalls gilt die Kündigung als wirksam. Bei einer ordentlichen Arbeitgeberkündigung muss der Arbeitnehmer die Nichteinhaltung der objektiv richtigen Kündigungsfrist innerhalb der Drei-Wochen-Frist geltend machen, wenn sich die mit zu kurzer Frist ausgesprochene Kündigung nicht als eine solche mit der rechtlich gebotenen Frist auslegen lässt. Bedürfte die Kündigung der Umdeutung in eine Kündigung mit zutreffender Frist, gilt die mit zu kurzer Frist ausgesprochene Kündigung nach § 7 KSchG als rechtswirksam und beendet das Arbeitsverhältnis zum „falschen" Termin (BAG 1.9.2010 AP Nr 71 zu § 4 KSchG 1969).

306 Die **Klage nach § 4 Satz 1 KSchG** bezieht sich stets auf eine bestimmte Kündigung des Arbeitgebers. Streitgegenstand ist die **Wirksamkeit** einer rechtsgeschäftlichen Erklärung (**punktueller Streitgegenstand:** BAG 12.6.1986 AP Nr 18 zu § 4 KSchG 1969). Sind **mehrere** Kündigungen ausgesprochen, so ist deshalb für jede ein gesonderter Antrag zu stellen (BAG 21.5.1981 AP Nr 7 zu § 4 KSchG 1969). Das kann im Wege der Klagehäufung in einer Klage geschehen.

307 Hat der Arbeitnehmer es **versäumt,** innerhalb der gesetzlichen Frist eine Kündigungsschutzklage zu erheben, so gilt die **Kündigung** als von Anfang an als **wirksam.** Dann kann der Arbeitnehmer nur dadurch das Verfahren der nachträglichen Zulassung zu betreiben (Rn 308). Hat er allerdings innerhalb der Klagefrist auf andere Weise, zB im Rahmen einer Zahlungsklage für die Zeit nach Ablauf der Kündigungsfrist geltend gemacht, die Kündigung sei unwirksam, so kann er den Feststellungsklageantrag auch bis zum Schluss der mündlichen Verhandlung erster Instanz stellen. Er kann sich bis zu diesem Zeitpunkt auch auf Unwirksamkeitsgründe berufen, die er nicht innerhalb der Klagefrist geltend gemacht hat. Weist das Arbeitsgericht den klagenden Arbeitnehmer gemäß dem Wortlaut des § 6 Satz 1 KSchG darauf hin, dass er sich im Verfahren über seine rechtzeitig erhobene Kündigungsschutzklage bis zum Schluss der mündlichen Verhandlung erster Instanz zur Begründung der Unwirksamkeit der Kündigung auch auf innerhalb der Klagefrist nicht geltend gemachte Gründe berufen kann, so hat es seiner Pflicht nach § 6 Satz 2 KSchG genügt. Beruft sich der Arbeitnehmer trotz eines solchen Hinweises erst später auf weitere Unwirksamkeitsgründe, können diese im Rechtsmittelverfahren grundsätzlich nicht mehr berücksichtigt werden (BAG 18.1.2012 NZA 2012, 817).

II. Der Antrag auf nachträgliche Zulassung

308 Hat der Arbeitnehmer die **Klagefrist versäumt,** so kann er einen Antrag auf nachträgliche Zulassung der Klage beim Arbeitsgericht einreichen. Dem Antrag ist zu entsprechen, wenn dem Arbeitnehmer trotz Anwendung aller ihm nach Lage der Umstände **zuzumutenden Sorgfalt** verhindert war, die Klage fristgerecht einzureichen, § 5 Abs 1 KSchG. Bereits **leichte Fahrlässigkeit** schließt die Zulassung aus. **Unkenntnis** der gesetzlichen Vorschriften genügt nicht, weil sich der Arbeitnehmer beraten lassen muss. **Fehlerhafte Auskunft** einer berufenen Stelle wie Rechtsstelle des DGB, Rechtsanwalt und Rechtsantragstelle des Gerichts sind ausreichende Gründe. Fristversäumung wegen **Krankheit** ist nur dann Hinderungsgrund, wenn die Krankheit den Arbeitnehmer allgemein hindert, in seinen Angelegenheiten tätig zu werden. Ist der Arbeitnehmer im **Urlaub** und geht ihm die Kündigung an seiner Heimat-

4. Kapitel. Beendigung des Arbeitsverhältnisses **ArbR BT**

adresse zu, so kann seine Klage zugelassen werden, wenn er nach seiner Rückkehr die Klage nicht mehr rechtzeitig erheben konnte. Gleiches gilt, wenn eine Frau von ihrer Schwangerschaft aus einem von ihr nicht zu vertretenden Grund erst nach Ablauf der Frist des § 4 Satz 1 KSchG Kenntnis erlangt, § 5 Abs 1 Satz 2 KSchG.

Der Antrag ist seinerseits **fristgebunden.** Er muss innerhalb von zwei Wochen 309 nach Behebung des Hindernisses entweder zugleich mit der Klage oder nachträglich zur bereits anhängigen Klage eingereicht werden (dazu LAG Hamm 27.2.1996 AP Nr 10 zu § 5 KSchG 1969; auch BVerfG 25.2.2000 AP Nr 13 zu § 5 KSchG 1969). Spätestens sechs Monate nach dem Ende der versäumten Frist ist auch dieser Antrag nicht mehr statthaft, § 5 Abs 3 KSchG. Der Antrag muss die **entscheidungserheblichen Tatsachen** und die Mittel für deren **Glaubhaftmachung** enthalten, § 5 Abs 2 KSchG.

Die Entscheidung des Arbeitsgericht ergeht durch besonderen Beschluß, gegen 310 den das selbständige Rechtsmittel der **sofortigen Beschwerde** an das Landesarbeitsgericht möglich ist, § 5 Abs 4 KSchG. Eine weitere Beschwerde an das Bundesarbeitsgericht ist auch nach Änderung des Beschwerderechts in § 78 ArbGG nicht statthaft (BAG 20.8.2002 AP Nr 14 zu § 5 KSchG 1969).

III. Der Abfindungsanspruch nach § 1a KSchG

Gemäß § 1a KSchG hat der Arbeitnehmer einen Anspruch auf Zahlung nach be- 311 triebsbedingter Kündigung, wenn
– der Arbeitgeber eine betriebsbedingte Kündigung ausspricht,
– die schriftliche Kündigungserklärung mit einem Hinweis der Arbeitgebers versehen ist, dass der Arbeitnehmer eine Abfindung nach den gesetzlichen Vorgaben beanspruchen kann, wenn er die Klagefrist verstreichen lässt,
– der Arbeitnehmer die Klagefrist verstreichen lässt.

Die Regelung stellt nach den Vorstellungen des Gesetzgebers eine einfach zu hand- 311a habende, moderne und unbürokratische Alternative zum Kündigungsschutzprozess dar, die zusätzlich zu einer Entlastung der Arbeitsgerichtsbarkeit führen soll. Im Schrifttum wird sie dagegen als rechtspolitisch verfehlt, praktisch bedeutungslos, gefährliche Regelung mit Fallstricken und misslungene Reform bewertet (*Giesen* NJW 2004, 185; *Richardi* DB 2004, 486; *Willemsen/Annuß* NJW 2004, 177). Die Höhe der Abfindung regelt § 1a Abs 2 KSchG. Deshalb muss der Arbeitgeber die Höhe der Abfindung nicht bereits in seinem Hinweis betragsmäßig angeben (BAG 19.6.2007 AP Nr 4 zu § 1a KSchG 1969). Dass für jedes Jahr des Bestehens des Arbeitsverhältnisses ein halber Monatsverdienst, der sich nach § 10 Abs 3 KSchG errechnet, zugrunde zu legen ist, entspricht dem, was die Gerichte weitgehend bereits vor Schaffung von 1a im Rahmen von § 10 KSchG angenommen hatten. Für die Einbeziehung weiterer Berechnungsfaktoren besteht kein Raum (ErfK/*Oetker* § 1a KSchG Rn 18). Der Abfindungsanspruch entsteht erst mit dem Ablauf der Kündigungsfrist (BAG 10.5.2007 AP Nr 3 zu § 1a KSchG 1969). Folglich ist er vor der Beendigung des Arbeitsverhältnisses auch nicht vererblich.

IV. Das Auflösungsbegehren

1. Einführung

Das Gesetz zwingt die Parteien eines Arbeitsvertrages nicht, nach Abschluss eines 312 für den Arbeitnehmer erfolgreichen Rechtsstreits über die Wirksamkeit einer Kündigung ihr Arbeitsverhältnis fortzusetzen. Es ermöglicht beiden Parteien, unter bestimmten Voraussetzungen die Auflösung durch **richterlichen Spruch** zu erreichen, wenn die Kündigung dieses Ergebnis nicht herbeigeführt haben sollte. Da der

Arbeitnehmer aber dadurch seinen Arbeitsplatz verliert, muss der Arbeitgeber eine ebenfalls vom Gericht durch Urteil festzusetzende Abfindung zahlen. Dieser gesetzliche Rahmen darf mit der neuen Regelung nach § 1a KSchG nicht verwechselt werden.

2. Der Auflösungsantrag des Arbeitnehmers

313 Dem Antrag kann auch nach Änderung des § 4 KSchG zum 1.1.2004 nur stattgegeben werden, wenn die Kündigung (auch) **sozialwidrig** war (BAG 29.1.1981 AP Nr 6 zu § 9 KSchG 1969; vgl aber auch BAG 10.11.1994 AP Nr 24 zu § 9 KSchG 1969), dem Arbeitnehmer aber die Fortsetzung des Arbeitsverhältnisses **auf Dauer** nicht mehr **zuzumuten** ist. Die Unzumutbarkeit kann sich aus den die Kündigung begleitenden Umständen (Verunglimpfung der Persönlichkeit) ergeben; sie kann aber auch aus den nachfolgenden Ereignissen gefolgert werden (Androhung weiterer Kündigungen oder einer Benachteiligung gegenüber den anderen Mitarbeitern nach Rückkehr in den Betrieb; zusammenfassend BAG 27.3.2003 AP Nr 48 zu § 9 KSchG 1969).

3. Der Auflösungsantrag des Arbeitgebers

314 Der Arbeitgeber kann einen Auflösungsantrag nur stellen, wenn die Kündigung sozialwidrig war; ist sie auch aus anderen Gründen unwirksam, hat er keine Auflösungsmöglichkeit (BAG 28.5.2009 AP Nr 59 zu § 9 KSchG 1969; 10.10.2002 AP Nr 45 zu § 9 KSchG 1969; 27.9.2001 AP Nr 41 zu § 9 KSchG 1969; 9.10.1979 AP Nr 4 zu § 9 KSchG 1969). Anders als beim Auflösungsantrag des Arbeitnehmers genügen bereits Gründe, die im Zeitpunkt der Beurteilung über den Antrag eine den Betriebszwecken **dienliche weitere Zusammenarbeit** nicht erwarten lassen (BAG 30.9.1976 und 25.11.1982 AP Nr 3 und 10 zu § 9 KSchG 1969). Dennoch sind an die Auflösungsgründe strenge Anforderungen zu stellen, weil nach der Grundkonzeption des Gesetzes die Auflösung die Ausnahme sein soll (ausführlich BAG 10.10.2002 AP Nr 45 zu § 9 KSchG 1969; zum Auflösungsantrag eines Zeitungsverlags BAG 13.6.2002 AP Nr 69 zu § 1 KSchG 1969; ferner BAG 7.3.2002 AP Nr 42 zu § 9 KSchG 1969). Es handelt sich um Gründe, die das Vertrauensverhältnis belasten, wobei die zur Begründung der Sozialwidrigkeit als nicht ausreichend anerkannten Tatsachen auch nicht als Auflösungsgründe anerkannt werden können. Es müssen andere Tatsachen hinzukommen. So kann das Verhalten des Arbeitnehmers im Prozess den Tatbestand des § 9 Abs 1 Satz 2 KSchG erfüllen (BAG 25.11.1982 aaO). In einem Tendenzarbeitsverhältnis können bestimmte Sachverhalte für eine Auflösung ausreichen, die in einem anderen Arbeitsverhältnis nicht hinreichend wären (BAG 23.10.2008 AP Nr 218 zu § 626 BGB). Allerdings rechtfertigt allein die Tendenzträgereigenschaft eine Auflösung nicht. Ein Tendenzträger ist verpflichtet, sowohl bei der Arbeitsleistung als auch im außerdienstlichen Bereich nicht gegen die Tendenz des Unternehmens zu verstoßen. Wenn ein Redakteur durch eine Kündigungsschutzklage die Rückkehr an seinen bisherigen Arbeitsplatz anstrebt, so besteht für den beklagten Verlag jedenfalls ein Auflösungsgrund nach § 9 KSchG, wenn der fragliche Redakteur nach der Kündigung für einen unmittelbaren Konkurrenzverlag journalistisch zu arbeiten beginnt (ArbG Oldenburg 6.7.2011 AfP 2012, 89) Auch das Verhalten Dritter kann den Auflösungsantrag rechtfertigen, wenn der Arbeitnehmer dieses Verhalten durch eigenes Tun entscheidend veranlasst (BAG 14.5.1987 AP Nr 18 zu § 9 KSchG 1969). Entgleisungen eines Rechtsanwalts gegenüber dem Gericht stellen jedoch keinen Auflösungsgrund dar (LAG Berlin 3 11. 2006 AfP 2007, 165). Bei leitenden Angestellten bedarf der Auflösungsantrag keiner Begründung, § 14 Abs 2 Satz 2 KSchG (dazu ausführlich BAG 10.10.2002 AP Nr 123 zu § 1 KSchG 1969 Betriebsbedingte Kündigung; 27.9.2001 AP Nr 6 zu § 14 KSchG 1969).

4. Der übereinstimmende Antrag

Erklären beide Parteien, das Arbeitsverhältnis solle aufgelöst werden, so ist das Gericht im Fall der Sozialwidrigkeit der Kündigung daran **gebunden**. Es hat das Arbeitsverhältnis aufzulösen und den Arbeitgeber zur Zahlung einer Abfindung zu verurteilen. Denn an einem von beiden Seiten ungeliebten Arbeitsverhältnis sollen die Vertragspartner nicht festgehalten werden (ohne Festlegung BAG 23.6.1993 AP Nr 23 zu § 9 KSchG 1969; zum Meinungsstand im Schrifttum ausführlich *v Hoyningen-Huene/Linck* § 9 KSchG Rn 47 und *Leisten* BB 1994, 2138). 315

5. Der Urteilsausspruch

Die Anträge der Parteien können unterschiedlich beschieden werden. Ist die **Kündigung sozial gerechtfertigt**, so sind die Anträge auf Auflösung des Arbeitsverhältnisses gegenstandslos, weil das Arbeitsverhältnis aufgrund Kündigung sein Ende gefunden hat. Ist die **Kündigung sozialwidrig** und sind die Auflösungsanträge aber **unbegründet**, so werden letztere zurückgewiesen. Nur wenn einer der Anträge **begründet** ist, wird auch die Auflösung tenoriert. 316

Auflösungszeitpunkt ist der Tag, an dem das Arbeitsverhältnis aufgrund der unwirksamen Kündigung unter Einhaltung der jeweiligen **Kündigungsfrist** hätte enden sollen. Das ist bei einer die Kündigungsfrist beachtenden **ordentlichen** Kündigung der vom Arbeitgeber gewählte Termin; dieser ist auch festzusetzen, wenn der Arbeitgeber ordentlich unter Missachtung der zutreffenden Kündigungsfrist gekündigt hat. Bei einer **außerordentlichen Kündigung** ist der Zeitpunkt maßgebend, zu dem die außerordentliche Kündigung ausgesprochen wurde (§ 13 Abs 1 Satz 4 KSchG; Schaub/*Linck* § 141 Rn 38). 317

Die **Höhe** der vom Arbeitgeber zu zahlenden Abfindung wird vom Gericht nach pflichtgemäßem Ermessen festgesetzt. Es hat dabei alle Umstände des Einzelfalls zu berücksichtigen wie insbesondere das **Lebensalter** des Arbeitnehmers und seine Chancen, auf dem **Arbeitsmarkt** in eine neue Stelle vermittelt zu werden. Weiter sind zu berücksichtigen die **Dauer** der Betriebszugehörigkeit, seine **Rechte und Anwartschaften** aufgrund der Betriebszugehörigkeitsdauer, sein **Familienstand** und seine Unterhaltsverpflichtungen und schließlich auch das **Maß der Sozialwidrigkeit**. 318

G. Die Kündigung des Arbeitnehmers

I. Grundsätze

Die Grundsätze über die Kündigungserklärung, ihre **Form** und ihren **Inhalt** (oben Rn 235 ff.) gelten bei der Kündigung des Arbeitsverhältnisses durch den Arbeitnehmer gleichermaßen. Auch die Vorschriften über die **Kündigungsfristen** sind zu beachten So kann der Arbeitnehmer nur unter Einhaltung der gesetzlichen, tarifvertraglichen oder einzelvertraglichen Kündigungsfrist das Arbeitsverhältnis beenden, es sei denn, er kann geltend machen, die Voraussetzungen für eine außerordentliche Kündigung aus **wichtigem Grund** nach § 626 BGB seien gegeben. Das kann zB angenommen werden bei **Lohnrückstand** (BAG 17.1.2002 EzA § 628 BGB Nr 20; 25.7.1963 AP Nr 1 zu § 448 ZPO), bei Verletzung des **Arbeitsschutzes** (BAG 28.10.1971 AP Nr 62 zu § 626 BGB), bei **Beleidigungen**, bei Nichtbefolgung der **Beschäftigungspflicht** (BAG 19.8.1976 AP Nr 4 zu § 611 BGB Beschäftigungspflicht) und bei **abgemahnten Vertragsverletzungen**, zB wiederholter Anordnung unzulässiger **Mehrarbeit**. Zur außerordentlichen Eigenkündigung des Arbeitnehmers und seinem spätere Einwand, es habe kein wichtiger Grund vorgelegen vgl BAG 5.12.2002 AP Nr 63 zu § 123 BGB; 4.12.1997 AP Nr 141 zu § 626 BGB. 319

320 Für bestimmte Arbeitnehmer sieht das Gesetz **Kündigungserleichterungen** vor. So kann eine Frau während der **Schwangerschaft** und während der Schutzfrist nach der Entbindung das Arbeitsverhältnis ohne Einhaltung einer Kündigungsfrist zum Ende der Schutzfrist kündigen, § 10 MuSchG. Der **Auszubildende** kann während der Probezeit das Berufsausbildungsverhältnis jederzeit ohne Einhaltung einer Kündigungsfrist kündigen; § 15 Abs 1 BBiG.

321 Teilweise wird dem Arbeitnehmer die fristgerechte Kündigung aber auch **erschwert**. So müssen die **Elternzeitberechtigte** eine Frist von drei Monaten einhalten, wenn sie ihr Arbeitsverhältnis zum Ende der Elternzeit kündigen wollen, § 19 BErzGG. Der **Ausbildende** kann nach Ablauf der Probezeit ordentlich nur kündigen, wenn er die Berufsausbildung aufgeben oder sich für eine andere Berufstätigkeit ausbilden lassen will. Zudem muss die Kündigung schriftlich erfolgen und mit Gründen versehen sein.

II. Die Kündigung aus besonderem Anlass (§ 14 MTV)

322 Eine besondere Regelung gilt für Redakteure und Redaktionsvolontäre nach § 14 MTV/Zeitungsredakteure, wenn der Verleger die **grundsätzliche Haltung der Zeitung ändert,** was insbesondere bei einem Betriebsübergang nach § 613a BGB (dazu Rn 287 ff.) oder einem Wechsel an der Unternehmensspitze denkbar ist. In diesem Fall dürfen Redakteure und Volontäre ihre Tätigkeit binnen eines Monats aufgeben, wenn ihnen unter den veränderten Verhältnissen die Fortsetzung ihrer Tätigkeit billigerweise nicht zugemutet werden kann.

1. Änderung der Haltung

323 Die grundsätzliche publizistische Haltung einer Zeitung und ihre Erscheinungsform wird vom Verleger bestimmt (BVerfG 15.12.1999 NZA 2000, 264; 6.11.1979 AP Nr 14 zu § 118 BetrVG 1972; BAG 19.6.2001 AP Nr 3 zu § 3 BetrVG 1972; *Schaffeld/Hörle* B. Rn 57; *Ricker/Weberling* Kapitel 35 Rn 24; *Hanau,* Pressefreiheit und paritätische Mitbestimmung, S 54). Davon geht auch der MTV/Zeitungsredakteure aus (vgl § 2 Abs 2c; § 14 Abs 4 Satz 2). Das Bestimmungsrecht kann auch in der Weise ausgeübt werden, dass die bisherige Haltung aufgegeben und durch eine neue Haltung ersetzt wird. Das geschieht regelmäßig durch entsprechend eindeutige Erklärung des (neuen) Verlegers. Eine Änderung ist aber auch dann anzunehmen, wenn die Richtlinien inhaltlich geändert werden, auf deren Einhaltung sich der Redakteur verpflichtet hat. Einzelne Artikel, die mit der grundsätzlichen Haltung des Verlegers und seiner Zeitung nicht übereinstimmen, aber nach der Veröffentlichung ungerügt geblieben sind, stellen noch keine Änderung der grundsätzlichen Haltung dar (vgl auch § 1 LPG Rn 219 ff.). Die Darlegungslast dafür, dass der Tatbestand des § 14 Abs 1 MTV/Zeitungsredakteure vorliegt, hat der das Sonderkündigungsrecht in Anspruch nehmende Redakteur oder Volontär.

2. Aufgabe der Tätigkeit

324 Die Reaktion der Redakteure auf eine Änderung der grundsätzlichen Haltung durch den Verleger kann in der Ausübung eines **besonderen Rechts der außerordentlichen Kündigung** bestehen, das von den Tarifvertragsparteien Aufgabe der Tätigkeit genannt wird. Übt der Redakteur dieses dem Gesinnungsschutz dienende Recht aus (*Ricker/Weberling* Kapitel 35 Rn 24), so ist das Arbeitsverhältnis beendet, und er **scheidet sofort** aus diesem besonderen Anlass aus, § 14 Abs 1 MTV/Zeitungsredakteure. Es handelt sich nicht etwa nur um ein tarifvertragliches Leistungsverweigerungsrecht des Redakteurs in einem bis zum Ablauf der vorgesehenen Frist fortdauernden Arbeitsverhältnis.

Das Recht zur Aufgabe der Tätigkeit ist **befristet** auf die Dauer eines Monats. **325** Nach dessen Ablauf erlischt es, § 14 Abs 2 MTV/Zeitungsredakteure. Die Frist beginnt zu dem Zeitpunkt, an dem der Redakteur von der Änderung der Haltung Kenntnis erlangt hat. Das ist bei offiziellen Mitteilungen leicht bestimmbar, nicht aber bei weniger deutlichen Änderungen. Deshalb bestimmt der Tarifvertrag auch, dass die Frist beginnt, wenn der Redakteur von der Änderung den Umständen nach Kenntnis erlangt haben müsste. Dieser Zeitpunkt kann nicht abstrakt bestimmt werden; er muss im Einzelfall ggf vom angerufenen Gericht unter Berücksichtigung der jeweiligen Umstände festgestellt werden. Dabei wird von einer **abgestuften Darlegungslast** auszugehen sein. Zunächst hat der Redakteur darzulegen, dass er sein Recht fristgerecht ausgeübt hat. Dazu gehört die Angabe des Zeitpunkts, an dem er von der Änderung Kenntnis erhalten hat oder an dem er den Schluss auf eine Änderung hat frühestens ziehen können. Der Verleger hat dann seinerseits die Tatsachen vorzutragen, aus denen sich eine frühere Kenntnis ergibt oder aufgrund derer der Redakteur Kenntnis hätte nehmen müssen und deshalb das Sonderkündigungsrecht verfristet sei.

3. Rechtsfolgen

a) Vergütungsanspruch

Obwohl das Arbeitsverhältnis mit der Erklärung des Redakteurs, die Tätigkeit aufzugeben, sofort endet, **verliert** der Redakteur seinen Vergütungsanspruch **für die Dauer von mindestens 6 Monaten nicht.** Ist seine individuelle Kündigungsfrist insbesondere unter Beachtung des Kündigungstermins (Rn 241 ff.) länger, so hat er Anspruch bis zu deren Ablauf. Die Verleger wird so verpflichtet, als habe eine der Parteien das Arbeitsverhältnis ordnungsgemäß fristgerecht gekündigt und als habe der Verleger den Redakteur bis zum Ablauf der Kündigungsfrist von der Arbeit unwiderruflich freigestellt. **326**

b) Anrechnung

So findet auch kraft ausdrücklicher tarifvertraglicher Anordnung **§ 615 BGB** Anwendung (der in einem bestehenden Arbeitsverhältnis direkt Anwendung fände). Das bedeutet, dass sich der Redakteur auf seinen Vergütungsfortzahlungsanspruch **anrechnen** lassen muss, was er während des Anspruchszeitraums verdient, § 615 Satz 2 BGB. Das ist die Vergütung aus einem zwischenzeitlich eingegangenen anderweitigen Arbeitsverhältnis. Das kann aber auch der **Zwischenverdienst** sein, den der Redakteur durch einzelne Beiträge in anderen Publikationsorganen erlangt. War der Redakteur in seinem beendeten Arbeitsverhältnis gestattet, einer Nebenbeschäftigung nachzugehen und in anderen Zeitungen hin und wieder zu veröffentlichen, so kommt es darauf an, ob der anderweitige Verdienst durch die Aufgabe der bisherigen Verpflichtung ermöglicht wurde, dh kausal ist, oder ob der Redakteur diesen Verdienst auch erworben hätte, wenn er das Arbeitsverhältnis nicht beendet hätte (BAG 6.9.1990 AP Nr 47 zu § 615 BGB; 14.8.1974 AP Nr 13 zu § 13 KSchG 1969). Verdienst aus **Überstunden** beim neuen Arbeitgeber ist nur dann anzurechnen, wenn er auch beim alten Arbeitgeber Mehrarbeitsverdienst erzielt hätte und den entsprechenden Betrag nach § 615 BGB verlangen kann (Schaub/*Linck* § 95 Rn 89; ErfK/*Preis* § 615 Rn 91). **327**

Hat der Redakteur während der Zeit des Annahmeverzuges keinen Verdienst, muss er sich fiktives Entgelt anrechnen lassen, wenn er es **böswillig unterlassen** hat, etwas zu verdienen. Der Arbeitnehmer unterlässt anderweitigen Erwerb dann böswillig, wenn er in Kenntnis der objektiven Umstände wie Arbeitsmöglichkeit, Zumutbarkeit der Arbeit und Nachteilsfolge für den Arbeitgeber vorsätzlich (auch grobe Fahrlässigkeit reicht nicht) untätig bleibt oder sich wegen der Zahlungspflicht des Arbeitgebers mit einer geringen Vergütung zufrieden gibt. Eine **Schädigungsabsicht** ist nicht erforderlich (BAG 16.5.2000 AP Nr 7 zu § 615 BGB Böswilligkeit; 24.10.1972 AP Nr 31 zu § 74 HGB). Die Wertung der Umstände des Einzelfalls sind insbesondere für die Zumutbarkeit einer anderen Arbeit von entscheidender Bedeutung. **328**

5. Kapitel. Mitbestimmung in Betrieb und Unternehmen

Inhaltsübersicht

	Rn
A. Einführung	329
I. Definitionen	330
1. Betriebsverfassung	330
2. Unternehmensverfassung	331
3. Der Betrieb	332
4. Das Unternehmen	333
II. Geltungsbereich des Betriebsverfassungsgesetzes	334
1. Sachlicher Geltungsbereich	334
2. Persönlicher Geltungsbereich	336
III. Regelungsbereiche des Betriebsverfassungsgesetzes	334
B. Betriebsverfassung und Pressefreiheit	339
I. Die Bedeutung des § 118 Abs 1 Nr 2 BetrVG	339
II. Der Schutzbereich des § 118 Abs 1 Satz 1 Nr 2 BetrVG	340
1. Betrieb und Unternehmen	341
2. Berichterstattung und Meinungsäußerung	342
3. unmittelbar und überwiegend	343
III. Die Eigenartsklausel	347
C. Die Mitbestimmung in personellen Angelegenheiten	348
I. Allgemeine personelle Angelegenheiten	349
II. Berufsbildung	352
III. Personelle Einzelmaßnahmen	355
1. Einstellung	357
2. Versetzung	363
3. Eingruppierung und Umgruppierung	365
4. Kündigung	368
a) Anhörungsverfahren	369
b) Bedenken und Widerspruch	370
c) Weiterbeschäftigung	374
5. Initiativrecht des Betriebsrats	376
D. Die Mitbestimmung in sozialen Angelegenheiten	377
I. Arbeitszeit	379
II. Andere Mitbestimmungstatbestände	383
E. Die Mitbestimmung in wirtschaftlichen Angelegenheiten	384
I. Wirtschaftsausschuss; Unterrichtungspflicht	384
II. Betriebsänderungen	387
III. Unternehmensmitbestimmung in wirtschaftl. Angelegenheiten	388
F. Sonstige Rechte nach der Betriebsverfassung	389
I. Allgemeine Aufgaben	389
II. Andere Beteiligungsrechte	391
G. Mitbestimmung nach presserechtlichen Sondervorschriften	392
I. Gesetzliche Regelungen	393
II. Erweiterte Mitbestimmung durch Tarifverträge und Betriebsvereinbarungen	397
III. Freiwillige Redaktionsstatute	400

5. Kapitel. Mitbestimmung in Betrieb und Unternehmen ArbR BT

Schrifttum: *Auner,* Neuerungen im kollektiven Arbeitsrecht der Journalisten in Tages- und Wochenzeitungen, Medien und Recht 1998, 318; *Barton,* EU-Richtlinien über die Errichtung „Europäischer Betriebsräte" und Tendenzschutz, AfP 1994, 261; *ders,* Tendenzschutz hinreichend berücksichtigt, Arbeitgeber 1994, 801; *Bauer/Lingemann,* Stillegung von Tendenzbetrieben am Beispiel von Pressebetrieben, NZA 1995, 813; *Becke,* Arbeitnehmerüberlassung im Pressebetrieb. Betriebsverfassungsrechtliche Aspekte, Festschrift AG der Verlagsjustitiare, S 121 ff.; *Behrens/Gragert,* Mit Tendenz zur Mitbestimmungsfreiheit? AfP 2000, 34; *Berger-Delhey,* Mitbestimmung der Betriebsvertretung bei Arbeitszeitregelungen gegenüber Redakteuren?, NZA 1992, 441; *Borgmann,* Ethikrichtlinien und Arbeitsrecht, NZA 2003, 352; *Dütz,* Mitbestimmung und Tendenzschutz bei Arbeitszeitregelungen, AfP 1992, 329; *ders,* Mitbestimmung des Betriebsrats bei Arbeitszeitmaßnahmen in Pressebetrieben, AfP 1988, 193; *Ehrich,* Die individualrechtlichen Auswirkungen der fehlenden Zustimmung des Betriebsrats iSv § 99 BetrVG auf die Versetzung des Arbeitnehmers, NZA 1992, 731; *Fitting,* Betriebsverfassungsgesetz, 27. Auflage 2014; *Gillen/Hörle,* Betriebsänderungen in Tendenzbetrieben, NZA 2003, 1225; *Franzen,* Wirksamkeit und Beendigungsmöglichkeiten eines Redaktionsstatuts, SAE 2002, 281; *Grund,* Der Weiterbeschäftigungsanspruch des Tendenzträgers, Festschrift AG der Verlagsjustitiare, S 181 ff.; *ders,* Ist Chefredakteur eine Leitungsfunktion?, AfP 2008, 121; *Hanau,* Personelle Mitbestimmung des Betriebsrats in Tendenzbetrieben, insb Pressebetrieben, BB 1973, 901; *ders,* Neue Rechtsprechung zum betriebsverfassungsrechtlichen Tendenzschutz, AfP 1982, 2; *Hoppe/Marcus,* Tendenzschutz in der Betriebsverfassung, ArbRAktuell 2012, 189; *Ihlefeld,* Verfassungsrechtliche Probleme des § 118 BetrVG, RdA 1977, 223; *ders,* Betriebsverfassungsrechtlicher Tendenzschutz und Pressefreiheit, AuR 1980, 257; *Kreuder,* Tendenzschutz und Mitbestimmung, ArbuR 2000, 122; *Lunk,* Der Tendenzgemeinschaftsbetrieb, NZA 2005, 841; *Müller,* Überlegungen zur Tendenzträgerfrage, Festschrift für Hilger/Stumpf, S 477; *Oldenburg,* Die Träger der beruflichen Bildung als Tendenzbetriebe, NZA 1989, 412; *v Olenhusen/Puff,* Nachteilsausgleich bei Betriebsänderungen unter besonderer Berücksichtigung des Medienbereichs, NZA-RR 2009, 345; *Otto,* Mitbestimmung des Betriebsrats bei der Regelung von Dauer und Lage der Arbeitszeit, NZA 1992, 97; *ders,* Toleranz in den Arbeitsbeziehungen, AuR 1980, 289; *Plander,* Die Mitwirkung des Betriebsrats bei der Einstellung und Kündigung von Redakteuren und anderen Tendenzträgern, AuR 1976, 289; *ders,* Die Lage der Arbeitszeit von Zeitungsredakteuren als Mitbestimmungsproblem, AuR 1991, 353; *Redeker,* Der Redakteur – ein leitender Angestellter nach § 5 Abs 3 BetrVG?, BB 1988, 63; *Reske/Berger-Delhey,* Tendenzschutz und Arbeitszeit AfP 1990, 107; *Richter,* Beteiligungsrechte des Betriebsrats in Tendenzbetrieben, DB 1991, 2661; *Rüthers,* Zulässigkeit und Ablösbarkeit von Redaktionsstatuten, RdA 2002, 360; *ders,* Die Tendenzträgerschaft der Arbeitnehmer bei § 118 BetrVG – Zur Einschränkung der Mitbestimmung in Tendenzunternehmen, DB 1993, 374; *ders,* Innere Pressefreiheit und Arbeitsrecht, DB 1972, 2471; *ders,* Tendenzschutz und betriebsverfassungsrechtliche Mitbestimmung, AfP 1980, 2; *Rüthers/Franke,* Die Tendenzträgereigenschaft der Arbeitnehmer bei § 118 BetrVG, DB 1992, 374; *Schaffeld,* Zur Rechtsnatur und zur Kündigung von Redaktionsstatuten AfP 2002, 139; *Seiler,* Verfassungsrechtliche Grenzen der Normierung innerer Pressefreiheit AfP 1999, 7; *Weberling,* Aktuelle Entwicklung im Pressearbeitsrecht, AfP 2000, 317; *ders,* Unterlassungsansprüche des Betriebsrats bei Verstößen gegen § 90 BetrVG insbesondere in Tendenzunternehmen, AfP 2005, 139; *ders,* Zur eingeschränkten Geltung des § 16 Abs 2 ArbZG in Presseunternehmen, AfP 2007, 320; *Weiss/Weyand,* Zur Mitbestimmung des Betriebsrats bei der Arbeitszeit von Redakteuren, AuR 1990, 33; *dies,* Die tarifvertragliche Regelung der Ausbildung der Redaktionsvolontäre an Tageszeitungen, BB 1990, 2109.

A. Einführung

Die vom Arbeitgeber vorgehaltenen organisatorischen Einheiten Betrieb und Unternehmen unterliegen im modernen Sozialstaat nicht mehr monokratischen Strukturen. Vielmehr haben die dort Beschäftigten **Teilhabe** an den **Entscheidungen,** die ihre Angelegenheiten betreffen. Darüber verhalten sich die Vorschriften der Betriebs- und Unternehmensverfassung. Die dazu gehörenden Gesetze gebrauchen eine Reihe von Begriffen, die der Gesetzgeber nicht definiert hat. Die Gesetze gehen vielmehr von feststehenden Definitionen aus, die in Rechtsprechung und Rechtslehre entwickelt worden sind. 329

I. Definitionen

1. Betriebsverfassung

Der Arbeitnehmer unterliegt bei der Erfüllung seiner Arbeitspflichten vielfach den Anweisungen seines Arbeitgebers. Denn der Arbeitsvertrag umschreibt seine Pflichten fast ausnahmslos nur rahmenmäßig (Rn 85). Ferner erbringt er seine Leistung regelmäßig in einer vom Arbeitgeber bereitgestellten Ordnung, auf die er keinen oder 330 wenig Einfluss nehmen kann. Diese rechtlichen und tatsächlichen Vorgaben können Rechte und Interessen des Arbeitnehmers beeinträchtigen. Es ist daher **Aufgabe der Rechtsordnung,** Regeln zu entwickeln, die den Arbeitnehmer vor einseitigen belastenden Maßnahmen des Arbeitgebers schützen und ihm eine Beteiligung an den ihn betreffenden Entscheidungen des Arbeitgebers ermöglichen. Das gewährt das **Betriebsverfassungsrecht,** worunter die Summe der Normen zu verstehen ist, die sich mit der **Stellung** des Arbeitnehmers in einem Betrieb und mit den **Rechten** der in einem Betrieb verbundenen Arbeitnehmer befassen (Schaub/Koch § 210 Rn 2). Sie finden sich im Wesentlichen im **Betriebsverfassungsgesetz** vom 15.1.1972 (BGBl I S 13), das im Jahr 2001 durch das Gesetz zur Reform des Betriebsverfassungsgesetzes vom 28.7.2001 (BGBl I S 1852) vielfach verändert worden ist.

2. Unternehmensverfassung

331   Die Unternehmensverfassung umfasst demgegenüber die Vorschriften über die wirtschaftliche **Mitbestimmung** der Arbeitnehmer und die Beteiligung der Arbeitnehmer in den **Aufsichtsräten.** Sie finden sich nicht im Betriebsverfassungsgesetz 1972, sondern im **Mitbestimmungsgesetz** vom 4.5.1976 (BGBl I S 1153), im Betriebsverfassungsgesetz 1952 und in den Gesetzen zur Montanmitbestimmung (vgl den Überblick bei Schaub/Koch §§ 257 bis 261).

3. Der Betrieb

332   Der Arbeitnehmer erbringt seine geschuldete Arbeitsleistung regelmäßig im Rahmen einer Organisationseinheit **zusammen mit anderen Arbeitnehmern** zur Erreichung eines bestimmten **Zwecks,** zB der Herstellung einer Zeitung. Dabei benutzen sie **sachliche und immaterielle Hilfsmittel.** Gelegentlich arbeitet auch der **Arbeitgeber** mit seinen Vertragspartnern zusammen. Diese **organisatorische Einheit** wird im Betriebsverfassungsrecht Betrieb genannt (ständige und auch nach der Reform der Betriebsverfassung von 2001 unveränderte Rspr des BAG; BAG 7.8.1986 AP Nr 5 zu § 1 BetrVG 1972; 14.9.1988 AP Nr 9 zu § 1 BetrVG 1972; 15.3.2001 NZA 2001, 831). Vom (Haupt-)Betrieb ist der **Betriebsteil** zu unterscheiden. Er ist in gewisser Weise in die Organisation des Hauptbetriebes eingegliedert, wenn er auch räumlich und organisatorisch abgegrenzt und relativ verselbstständigt ist (BAG 20.6.1995 AP Nr 8 zu § 4 BetrVG 1972; 29.1.1992 AP Nr 1 zu § 7 BetrVG 1972; 29.5.1991 AP Nr 5 zu § 4 BetrVG 1972). Er bleibt auf den Zweck des Hauptbetriebs ausgerichtet. So ist der Bereich der Zustellung in einem Zeitungsverlag unselbständiger Betriebsteil (BAG 29.1.1992 AP Nr 1 zu § 7 BetrVG 1972). Betriebsteile können unter den Voraussetzungen des § 4 Abs 1 BetrVG betriebsratsfähig sein (BAG 14.1.2004 – 7 ABR 26/03 – nv). Mehrere Betriebe können auch einen Gemeinschaftsbetrieb haben. Diese Figur ist vom Gesetzgeber gesetzlich akzeptiert, § 1 Abs 2 BetrVG. Danach wird ein gemeinsamer Betrieb vermutet, wenn zur Verfolgung arbeitstechnischer Zwecke die Betriebsmittel sowie die Arbeitnehmer von den Unternehmen gemeinsam eingesetzt werden oder die Spaltung eines Unternehmens zur Folge hat, dass von einem Betrieb ein oder mehrere Betriebsteile einem an der Spaltung beteiligten anderen Unternehmen zugeordnet werden, ohne dass sich dabei die Organisation des betroffenen Betriebs wesentlich ändert. Aus der Übernahme von Dienstleistungen, die auch als Serviceleistungen Dritter denkbar sind, ergibt sich nicht zwangsläufig, dass miteinander kooperierende Betriebsstätten durch einen einheitlichen Leitungsapparat gesteuert werden. Deshalb ist von einem Gemeinschaftsbetrieb dann nicht auszugehen, wenn ein Zeitungsverlag mit einem anderen Zeitungsverlag derart kooperiert, dass der dienstleistende Zeitungsverlag für den dienstgebenden Zeitungsverlag Lokalteile erstellt und in diesem Zusammenhang auch in dem redaktionellen Ablauf eingebunden ist (LAG Niedersachen 21.7.2004 AfP 2005, 91).

5. Kapitel. Mitbestimmung in Betrieb und Unternehmen   **ArbR BT**

4. Das Unternehmen

Dagegen wird unter einem Unternehmen die Organisations- und Wirkungseinheit verstanden, durch die eine unternehmerische Zweckbestimmung verwirklicht wird. Der Verwirklichung des Zwecks dienen ein oder mehrere Betriebe (BAG 7.8.1986 AP Nr 5 zu § 1 BetrVG 1972; 5.3.1987 AP Nr 30 zu § 15 KSchG 1969). Der Betrieb ist das arbeitstechnische Spiegelbild des Unternehmens und insofern mit ihm identisch oder wenigstens eine Teilorganisation des Unternehmens (MünchArbR/ *Richardi* § 22 Rn 18 bis 22). Der Unternehmensbegriff hat daher arbeitsrechtlich eine geringere Bedeutung als im Handels- und Wirtschaftsrecht (Schaub/*Linck* § 17 Rn 9); in der Betriebsverfassung wird er bei der Bildung von Gesamtbetriebsräten und bei der Mitbestimmung in wirtschaftlichen Angelegenheiten verwandt (Rn 384 ff.).   333

II. Geltungsbereich des Betriebsverfassungsgesetzes

1. Sachlicher Geltungsbereich

Das Betriebsverfassungsgesetz von 1972 kommt in **allen** Betrieben zur Anwendung, in denen in der Regel mindestens **fünf** ständig für einen Betriebsrat **wahlberechtigte Arbeitnehmer** beschäftigt werden, von denen drei wählbar sein müssen. Wählbarkeit und Wahlberechtigung bestimmen sich nach den §§ 7 und 8 BetrVG, also grundsätzlich auch in Pressebetrieben (zu den Einschränkungen Rn 339 ff.). Freie Mitarbeiter eines Verlages sind keine Arbeitnehmer iSd § 9 BetrVG, sodass deren Einbeziehung in eine Betriebsratswahl zu deren Unwirksamkeit führt. An der Unwirksamkeit einer Betriebsratswahl durch die Einbeziehung freier Mitarbeiter ändert sich auch nicht dadurch etwas, dass der Verlag in der Vergangenheit eine solche Einbeziehung geduldet bzw nicht als Grundlage für eine Wahlanfechtung genommen hat (ArbG Hamburg 13.10.2010 AfP 2011, 294). **Ausgenommen** sind die in § 130 genannten Verwaltungen und Betriebe sowie Körperschaften des öffentlichen Rechts (BAG 30.7.1987 AP Nr 3 zu § 130 BetrVG 1972) und weiter die privatrechtlich organisierten Religionsgemeinschaften und ihre karitativen und erzieherischen Einrichtungen unbeschadet deren Rechtsform, § 118 Abs 2 BetrVG (BAG 23.10.2002 AP Nr 72 zu § 118 BetrVG 1972; 14.4.1988 AP Nr 36 zu § 118 BetrVG). Seit 2001 sind unter den in § 7 Satz 2 BetrVG genannten Voraussetzungen auch zur Arbeitsleistung überlassene Arbeitnehmer wahlberechtigt.   334

Das Mitbestimmungsgesetz, von dem nur Unternehmen erfasst werden, die in der Regel mehr als **2000 Arbeitnehmer** beschäftigen und die in einer in § 1 Abs 1 MitbestG genannten **Rechtsform** organisiert sind, gilt in Presseunternehmen regelmäßig nicht, weil sie überwiegend und unmittelbar Zwecken der Berichterstattung oder Meinungsäußerung dienen, § 1 Abs 4 MitbestG. Die Vorschriften des **Drittelbeteiligungsgesetzes vom 18. Mai 2004** über die Beteiligung der Arbeitnehmer im Aufsichtsrat von Aktiengesellschaften oder Kommanditgesellschaften auf Aktien finden im Presseunternehmen ebenfalls keine Anwendung, § 1 Abs 2 Nr 2 Buchst b DrittelbG (ErfK/*Oetker* § 1 DrittelbG Rn 31).   335

2. Persönlicher Geltungsbereich

Das Betriebsverfassungsrecht gilt für den Inhaber des Betriebs **(Arbeitgeber)**, den Vertragspartner der Arbeitsverhältnisse der Arbeitnehmer des Betriebes. Das BetrVG weist ihm zusätzlich die Rolle als **Partner des Betriebsrats** zu, mit dem vertrauensvoll zusammenzuarbeiten ist, § 2 Abs 1 BetrVG. Das Gesetz verwendet im Bereich der Bildung von Gesamtbetriebsräten und bei der Mitbestimmung des Betriebsrats in wirtschaftlichen Angelegenheiten weiter den Begriff des Unternehmers. **Unternehmer** ist der Inhaber des Unternehmens (BAG 29.11.1989 AP Nr 3 zu § 10 ArbGG   336

BT ArbR Arbeitsrecht im Presseunternehmen

1979), eine natürliche oder juristische Person oder eine Personengesellschaft, die regelmäßig auch der Arbeitgeber ist.

337 Das Betriebsverfassungsrecht gilt für **alle** im Inland tätigen **Arbeitnehmer und die zu ihrer Ausbildung Beschäftigten** (zum Geltungsbereich des BetrVG für im Ausland tätige Arbeitnehmer eines inländischen Betriebs BAG 22.3.2000 AP Nr 8 zu § 14 AÜG) unabhängig vom Einsatzort, sofern sie nicht zu den in § 5 Abs 2 und 3 BetrVG genannten Personengruppen gehören. Dazu ist vorrangig der **leitende Angestellte** nach § 5 Abs 3 und Abs 4 BetrVG zu nennen. Die Beurteilung des Status eines leitenden Angestellten ist auch nach der klarstellenden Gesetzesänderung vom 23.12.1988 regelmäßig umstritten (aus der jüngeren Rechtsprechung BAG 16.4.2002 AP Nr 69 zu § 5 BetrVG 1972; 6.12.2001 AP Nr 3 zu § 263 ZPO; 11.1.1995 AP Nr 55 zu § 5 BetrVG 1972). Im **Presseunternehmen** werden zu Recht als leitende Angestellte der **Chefredakteur** und sein **Stellvertreter** angesehen. Soweit auch der Chef vom Dienst und die Ressortleiter als leitende Angestellte bezeichnet werden (*Ricker/Weberling* 34. Kapitel Rn 9; *Redeker* BB 1988, 63, 65), kann dem nicht ohne weiteres zugestimmt werden (*Grund* AfP 2008, 121). Vielmehr kommt es auf den konkreten Zuschnitt des Aufgabenbereichs und die eingeräumten Entscheidungsbefugnisse und die Einflussmöglichkeiten auf die Unternehmensführung, vor allem auf die Führungsbefugnisse im fachlichen journalistischen Bereich an (BAG 22.2.1994 – 7 ABR 32/93 – RzK I 4b Nr 7 zum Status eines Ressortleiters „Kultur"; vgl weiter zur Eingruppierung einer Redakteurin bei einer Zeitschrift, die Aufgaben eines Chefs vom Dienst wahrnahm: BAG 7.11.1990 AP Nr 26 zu § 1 TVG Tarifverträge: Druckindustrie). Auch der Leiter einer Lokalredaktion ist regelmäßig kein leitender Angestellter (dazu näher BAG 26.10.1993 AfP 1994, 170; LAG Hamm 27.9.2013 – 7 TaBV 71/13).

III. Regelungsbereiche des Betriebsverfassungsgesetzes

338 Das Betriebsverfassungsgesetz **gliedert** sich in acht Teile, wovon 5 Teile Regelungen des materiellen Arbeitsrechts (Rn 1) enthalten. Im Ersten Teil finden sich die Allgemeinen Vorschriften; der Zweite und Dritte Teil fasst die Vorschriften über die Zusammensetzung, die Wahl (zum Wahlrecht der teilzeitbeschäftigten Zusteller einer Zeitung in einem Zeitungsunternehmen BAG 29.1.1992 AP Nr 1 zu § 7 BetrVG; *Berger-Delhey* AfP 1991, 569), die Amtszeit, die Geschäftsführung von Betriebsrat, Gesamtbetriebsrat, Konzernbetriebsrat und die Jugend- und Auszubildendenvertretungen zusammen; ferner ist dort das Recht der Betriebsversammlung geregelt. Der **Vierte Teil** über die **Mitwirkung und Mitbestimmung der Arbeitnehmer,** insbesondere in sozialen (Rn 377 f.), personellen (Rn 348 ff.) und wirtschaftlichen Angelegenheiten (Rn 384 f.), ist das **Kernstück** der Betriebsverfassung und bedarf einer ausführlichen Erläuterung. Im Fünften Teil sind die **besonderen Vorschriften** für einzelne Betriebsarten, darunter für die **Presse** in § 118 Abs 1 Nr 2 BetrVG normiert.

B. Betriebsverfassung und Pressefreiheit

I. Die Bedeutung des § 118 Abs 1 Nr 2 BetrVG

339 Die in Art 5 Abs 1 Satz 2 GG gewährleistete Pressefreiheit zwingt den staatlichen Gesetzgeber, keine rechtlichen Regelungen zu treffen, die die Presse fremden, nichtstaatlichen Einflüssen unterwerfen (BVerfGE 20, 162 = NJW 1966, 1603 „Spiegelurteil"; BVerfG 6.11.1979 AP Nr, 14 zu § 118 BetrVG 1972 = NJW 1980, 1084 m Anm *Plander;* 15.12.1999 NJW 2000, 2339 = AfP 2000, 86; 29.4.2003 AP Nr 75

zu § 118 BetrVG 1972 = AfP 2003, 424). Zu den fremden **Einflüssen** gehören auch die eines **Betriebsrats,** in den regelmäßig nicht nur Mitglieder der Redaktionen gewählt werden, sondern auch (überwiegend) die Angehörigen anderer Bereiche eines Pressebetriebes. Deshalb bedurfte es einer Vorschrift im Betriebsverfassungsgesetz, die verhindert, dass die Tätigkeit der Presse durch Organe des Betriebsverfassungsgesetzes entscheidend beeinflusst wird. Diese Aufgabe erfüllt § 118 Abs 1 Nr 2 BetrVG, die **Tendenzschutzvorschrift.** Die mit dieser Vorschrift verbundene Einschränkung der Beteiligungsrechte des Betriebsrats setzt aber voraus, dass
– ein Tendenzbetrieb oder ein Tendenzunternehmen betroffen ist,
– ein Tendenzträger von einer Maßnahme betroffen ist und die Maßnahme selbst tendenzbezogen ist (BAG 7.11.1975 AP Nr 1 zu § 130 BetrVG 1972; ausführlich mit vielen Nachweisen aus Rechtsprechung und Schrifttum; BAG 30.1.1990 AP Nr 44 zu § 118 BetrVG 1972).
Der Deutsche Journalisten-Verband fordert die Abschaffung des Tendenzschutzes (vgl Pressemitteilung vom 28.7.2014, abrufbar unter www.djv.de). § 118 BetrVG erweise sich zunehmend als Ärgernis, weil das dort geschaffene Privileg von den Verlegern missbraucht werde. Die Klage erfüllte nicht mehr die Voraussetzung für die Gewährung des Privilegs, weil sie vorrangig nach rein wirtschaftlichen Aspekten geführt würden.

II. Der Schutzbereich des § 118 Abs 1 Satz 1 Nr 2 BetrVG

Eine Einschränkung der Beteiligungsrechte des Betriebsrats nach dem Betriebsverfassungsgesetz kommt nur in Betracht, wenn Betrieb oder Unternehmen **Tendenzträger** sind. Ein auf Feststellung des Bestehens/Nichtbestehens der Tendenzeigenschaft eines Unternehmens gerichteter Feststellungsantrag ist unzulässig (BAG 14.12. 2010 NJW 2011, 1624). Bei den Verlagen, die Presseerzeugnisse herausgeben, handelt es sich regelmäßig um Tendenzbetriebe. Dabei sind jedoch folgende Einzelheiten zu beachten: 340

1. Betrieb und Unternehmen

Das Gesetz schränkt die Mitbestimmungsmöglichkeiten des Betriebsrats im Betrieb und Unternehmen zum Schutz der geistigen Zweckbestimmung ein, die der Verleger seinem Verlag vorgibt. Eine zu schützende Tendenz kann sich nur **im Unternehmen bilden.** Im Betrieb wird die Tendenz letztlich nur vollzogen (*Fitting* § 118 Rn 5). Folgerichtig kann ein tendenzfreies Unternehmen keinen Tendenzbetrieb unterhalten, weil der Betrieb als arbeitstechnische Organisation keinen anderen Zweck verfolgen kann als das Unternehmen selbst (BAG 27.7.1993 AP Nr 51 zu § 118 BetrVG 1972 = EzA § 118 BetrVG 1972 Nr 61). Sind Betrieb und Unternehmen nicht identisch, weil zB mehrere Betriebe zu dem Unternehmen gehören (Rn 333), kommt Tendenzschutz nicht nur in Betracht, wenn die weiteren Voraussetzungen des § 118 Abs 1 Satz 2 BetrVG im Unternehmen vorliegen. Vielmehr ist auf die jeweiligen Sachfragen abzustellen. Bei den sozialen und personellen Angelegenheiten müssen die weiteren Voraussetzungen bei dem einzelnen Betrieb gegeben sein. Nur wenn die wirtschaftliche Mitbestimmung im Streit ist, sind die Verhältnisse im Unternehmen maßgebend (*Fitting* § 118 Rn 6; *Ricker/Weberling* 37. Kapitel Rn 9 f.; missverständlich BAG 27.7.1993 aaO). 341

2. Berichterstattung und Meinungsäußerung

Die geschützten Betriebe und Unternehmen müssen Zwecken der Berichterstattung und Meinungsäußerung dienen. Das ist bei Verlagen der Fall, die **Tages- und Wochenzeitungen** herausgeben (BAG 1.9.1987 AP Nr 10 und 11 zu § 101 BetrVG; 8.5.1990 AP Nr 46 zu § 118 BetrVG 1972). Unerheblich ist die Absicht der **Ge-** 342

winnerzielung (BAG 27.7.1993 AP Nr 51 zu § 118 BetrVG 1972 = EzA § 118 BetrVG 1972 Nr 61; 1.9.1987 aaO; 14.11.1975 AP Nr 5 zu § 118 BetrVG 1972 für die Bestimmung des § 118 Abs 1 Nr 1 BetrVG). Auch **Zeitschriften** jeglicher Art dienen den im Gesetz genannten Zwecken (BAG 14.11.1975 und 8.5.1990 aaO). Dasselbe gilt für **Buchverlage** (BAG 15.2.1989 AP Nr 39 zu § 118 BetrVG 1972), wenn sich der Tendenzschutz auch regelmäßig nach § 118 Abs 1 Nr 1 BetrVG ergibt. Umstritten ist die Anwendung der Vorschrift bei Verlagen, die **Anzeigeblätter, amtliche Mitteilungen, Formulare und Telefonbücher** herausgeben. Nach zutreffender herrschender Meinung kann darin keine Berichterstattung oder Meinungsäußerung gesehen werden, so dass die Inanspruchnahme von Tendenzschutz ausscheidet (*Fitting* § 118 Rn 23; *Hess/Schlochauer/Glaubitz* § 118 Rn 24; aA *Ricker/Weberling* 37. Kapitel Rn 14; die Streitfrage ist vom BAG zur Geltung des BetrVG 1972 noch nicht entscheiden, sondern bisher offen gelassen – BAG 14.11.1975 aaO zu II 2 aE der Gründe).

3. Unmittelbar und überwiegend

343 Die Regelung, mit der die Vorschriften des Betriebsverfassungsgesetzes ausgeschlossen werden, ist als **Ausnahmevorschrift** zu verstehen (*Ricker/Weberling* 37. Kapitel Rn 15). Das verdeutlicht die Tatbestandsvoraussetzung, dass Unternehmen und Betriebe unmittelbar und überwiegend den Zwecken der Berichterstattung oder Meinungsäußerung dienen müssen.

344 Das Merkmal der **Unmittelbarkeit** gewinnt an Bedeutung, wenn Betriebe und Unternehmen Hilfsdienste für die tendenzgeschützten Verlage leisten wie die Druckereien, deren Zweck ausschließlich der Druck von Presseerzeugnissen ist. Nach Auffassung des Bundesarbeitsgerichts (30.6.1981 und 31.10.1975 AP Nr 20 und Nr 3 zu § 118 BetrVG 1972) fehlt es bei einer derartigen **Lohndruckerei** an der gesetzlich geforderten Unmittelbarkeit. Auch der konzernrechtliche Verbund eines Druckunternehmens mit Verlagsunternehmen führt nicht zur Erstreckung des Tendenzschutzes (BAG 30.6.1981 aaO; hM, *Fitting* § 118 Rn 27; aA *Ricker/Weberling* 37. Kapitel Rn 16 bis 19).

345 Sind die Druckereien dagegen **Teil eines einheitlichen Betriebs,** so ist das Merkmal der Unmittelbarkeit erfüllt. Dagegen genügt es nicht, wenn die Druckerei ein **selbständiger Betriebsteil** im Sinne des § 4 BetrVG ist. Dann wird lediglich eine vorgegebene Tendenz technisch verarbeitet und nicht selbst gestaltet. Das genügt nicht, um den Tendenzschutz in Anspruch nehmen zu können (BAG 31.10.1975 AP Nr 3 zu § 118 BetrVG 1972).

346 Dem Merkmal **überwiegend** kommt bei Mischbetrieben und Mischunternehmen Bedeutung zu, die neben der tendenzgeschützten Pressearbeit andere Leistungen erbringen. In diesen Betrieben oder Unternehmen ist festzustellen, welchem Zweck eine größere Bedeutung zukommt. Dabei ist auf **quantitative** Gesichtspunkte beim Einsatz sachlicher und personeller Mittel abzustellen, während die zum Betriebsverfassungsgesetz 1952 vom BAG in den Vordergrund gestellten Qualitätsgesichtspunkte („Geprägetheorie") auch nicht mitberücksichtigt werden können (so aber *Ricker/Weberling* 37. Kapitel Rn 20 bis 22, die aber zu Unrecht davon ausgehen, dass das Bundesarbeitsgericht noch keine eindeutige Entscheidung getroffen habe). Das Bundesarbeitsgericht verwendet die Geprägetheorie überhaupt **nicht mehr** (nicht ganz eindeutig BAG 31.10.1975 AP Nr 3 zu § 118 BetrVG 1972), wie aus seiner Rechtsprechung zu anderen Tatbeständen des § 118 Abs 1 Satz 1 folgt (BAG 20.11.1990 AP Nr 47 zu § 118 BetrVG 1972; 3.7.1990 AP Nr 81 zu § 99 BetrVG 1972; 21.6.1989 AP Nr 43 zu § 118 BetrVG 1972; ausdrücklich BAG 27.7.1993 AP Nr 51 zu § 118 BetrVG 1972). Bei personalintensiven Betrieben oder Unternehmen ist in erster Linie auf den **Personaleinsatz** abzustellen und festzustellen, ob mehr als die Hälfte der Gesamtarbeitszeit des Personaleinsatzes zur Tendenzverwirklichung eingesetzt wird. Dabei kommt es nicht allein auf die Arbeitszeit der Tendenzträger an,

5. Kapitel. Mitbestimmung in Betrieb und Unternehmen **ArbR BT**

sondern auf die Arbeitszeit aller Arbeitnehmer, die an der Tendenzverwirklichung mitwirken (BAG 21.6.1989 und 3.7.1990 aaO). Bei einem privaten **Rundfunksender** hat das BAG auf die Menge der Wortbeiträge und der moderierten Musik einerseits und der Werbung und der nicht gestalteten Musik andererseits abgestellt (BAG 27.7.1993 aaO).

III. Die Eigenartklausel

Die Vorschriften des Betriebsverfassungsrechts sind in einem Betrieb oder Unternehmen ausgeschlossen, die die Voraussetzungen des § 118 Abs 1 Satz 1 Nr 2 BetrVG erfüllen, soweit die **Eigenart** des Unternehmens oder des Betriebes dem **entgegensteht.** Diese Voraussetzungen sind nur dann erfüllt, wenn die Maßnahme Arbeitnehmer betrifft, für deren Tätigkeit die Bestimmungen und Zwecke des Betriebs und Unternehmen prägend sind, die sog Tendenzträger (st Rspr des BAG 30.1.1990 AP Nr 44 zu § 118 BetrVG 1972 = AfP 1990, 149 mit allen Nachweisen der bis dahin ergangenen Rechtsprechung). Anzeigenredakteure sind Tendenzträger, wenn sie entweder durch eigene Veröffentlichungen oder die Auswahl und das Redigieren von Beiträgen und Texten Dritter auf die Tendenzverwirklichung eines Verlagsunternehmens unmittelbar inhaltlich Einfluss nehmen (BAG 20.4.2010 AfP 2010, 614). Aber auch für Tendenzträger wie Redakteure und Volontäre werden die Mitbestimmungsrechte **nur insoweit ausgeschlossen,** wie die Eigenart von Betrieb und Unternehmen der Ausübung des Mitwirkungs- und Mitbestimmungsrechts entgegensteht. Das ist der Fall, wenn eine Regelung oder Maßnahme die Freiheit des Tendenzbetriebes zur **Tendenzbestimmung verhindert** oder **ernsthaft beeinträchtigt** und damit das Grundrecht der Pressefreiheit verletzt werden kann (st Rspr des BAG seit dem 7.11.1975 AP Nr 4 zu § 118 BetrVG 1972 und AP Nr 3 zu § 99 BetrVG 1972). Die Maßnahme darf die geistig-ideelle Zielsetzung nicht nur irgendwie berühren (BAG 30.1.1990 AP Nr 44 zu § 118 BetrVG 1972), sondern muss entgegenstehen. Allerdings ist sie nicht erst zustimmungsfrei, wenn sie zur Aufrechterhaltung oder Durchführung einer bestimmten Tendenz erforderlich ist (BAG 1.9.1987 AP Nr 10 zu § 101 BetrVG 1972). Damit obliegt es den Betriebspartnern, in jedem Einzelfall zu prüfen, ob bei einer betrieblichen Maßnahme die Regelungen des Betriebsverfassungsgesetzes zu beachten sind oder nicht. Lediglich die §§ 106 bis 110 BetrVG sind generell ausgenommen (dazu Rn 384 ff.).

347

C. Die Mitbestimmung in personellen Angelegenheiten

Von besonderer Bedeutung ist der Tendenzschutz des § 118 Abs 1 Nr 2 BetrVG im Bereich der personellen Mitbestimmung, die in den §§ 92 bis 105 BetrVG geregelt ist. Sie umfasst Informations-, Anhörungs- und Zustimmungsrechte des Betriebsrats **von der Personalplanung bis zur Kündigung** des einzelnen Arbeitnehmers, die grundsätzlich auch in Pressebetrieben zu beachten sind. Im Einzelnen gilt:

348

I. Allgemeine personelle Angelegenheiten

Die **Informationsrechte** des Betriebsrats nach **§ 92 BetrVG** über den gegenwärtigen und künftigen Personalbedarf bleiben vom Tendenzschutz **unberührt** (vgl zB *Fitting* § 118 Rn 33; missverständlich *Ricker/Weberling* 37. Kapitel Rn 40, die die Grundsätze der anderenorts entwickelten „Anhörungstheorie" angewendet wissen wollen; zu den nach Verabschiedung des Betriebsverfassungsgesetzes entwickelten verschiedenen Theorien *Hanau* BB 1973, 901). Dasselbe gilt für das **Zustimmungs-**

349

recht des Betriebsrats zur Einführung und Ausgestaltung von Personalfragebögen und von Rubriken über persönliche Angaben in im Betrieb verwendeten Arbeitsverträgen nach § **94 Abs 1 und 2 BetrVG** sowie für die Aufstellung allgemeiner **Beurteilungsgrundsätze** und allgemeiner **Auswahlrichtlinien** nach § **95 BetrVG** (allgM: zB *Hess/Schlochauer/Glaubitz* § 118 Rn 36).

350 Sollen Beurteilungsgrundsätze und Auswahlrichtlinien **nur für Tendenzträger** erstellt werden, so hat der Betriebsrat lediglich ein Anhörungsrecht (*Fitting* § 118 BetrVG Rn 33; *Hanau* BB 1973, 901, 905). Dem gesetzlichen Zustimmungsrecht steht die Eigenart (Rn 347) des Pressebetriebs entgegen.

351 Dem Recht des Betriebsrats nach § **93 BetrVG**, die innerbetriebliche **Ausschreibung** von zu besetzenden Stellen verlangen zu können, steht die Eigenart eines Tendenzbetriebes im Regelfall auch dann **nicht** entgegen, wenn sich die Ausschreibung auf Stellen der Tendenzträger bezieht (BAG 30.1.1979 AP Nr 11 zu § 118 BetrVG 1972). Die Stellenausschreibung hindert den Verleger nicht in seiner Entscheidungsbefugnis, einen auswärtigen Bewerber einzustellen. Erst das Zustimmungsrecht des Betriebsrats beeinträchtigt sein Grundrecht der Pressefreiheit (siehe unten Rn 357 ff.).

II. Berufsbildung

352 Im Bereich der Berufsbildung hat der Betriebsrat **abgestufte** Mitbestimmungs- und Mitwirkungsrechte. Nach § **98 BetrVG** hat der Betriebsrat bei der Durchführung von verschiedenen Maßnahmen der betrieblichen Berufsbildung (zum Begriff BAG 4.12.1990 und 12.11.1991 AP Nr 1 zu § 97 BetrVG 1972 und Nr 8 zu § 98 BetrVG 1972) mitzubestimmen. Dieses Recht entfällt bei Bildungsmaßnahmen nach dieser Bestimmung gegenüber Tendenzträgern wie Volontären und Redakteuren (BAG 20.4.2010 AfP 2010, 614; 30.5.2006 AfP 2006, 495; hM *Richardi/Thüsing* § 118 Rn 159; *Ricker/Weberling* 37. Kapitel Rn 41; *Schaffeld/Hörle* C. Rn 85f).

353 Das **Beratungs-** und **Vorschlagsrecht** des Betriebsrats nach § **96 Abs 1 und** § **97 BetrVG** ist im Bereich der Berufsbildung von Tendenzträgern **nicht eingeschränkt**. Im Gegensatz zu den Maßnahmen nach § 98 wird die Tendenzverwirklichung durch die Beteiligung des Betriebsrats in dieser Form nicht ernsthaft beeinträchtigt (*Richardi/Thüsing* § 118 Rn 159; *Ricker/Weberling* 37. Kapitel Rn 41).

354 Wegen des Inhalts von Bildungsmaßnahmen bei **Redaktionsvolontären** im einzelnen wird auf die Vorschriften der Tarifverträge über das Redaktionsvolontariat an Tageszeitungen bzw Zeitschriften, gültig ab 1.7.1990 bzw ab 1.10.1990, verwiesen. § 78a BetrVG findet auf Volontäre keine Anwendung, die vorrangig die geschuldete Arbeitsleistung erbringen (BAG 1.12.2004 AfP 2005, 408). Ein Volontariatsverhältnis als anderes Vertragsverhältnis nach § 19 BBiG liegt nur dann vor, wenn aufgrund Ausbildungsvertrag und einschlägigen tariflichen Vorschriften ein geordneter Ausbildungsgang vorgeschrieben ist und die Dauer der Ausbildung der gesetzlichen Mindestanforderung für staatlich anerkannte Ausbildungsberufe entspricht.

III. Personelle Einzelmaßnahmen

355 In Unternehmen mit in der Regel mehr als zwanzig wahlberechtigten Arbeitnehmern hat der Arbeitgeber den Betriebsrat vor jeder **Einstellung, Eingruppierung, Umgruppierung** und **Versetzung** zu **unterrichten** und weitere, teilweise auf die Art der personellen Maßnahme abgestimmte Rechte des Betriebsrats zu beachten, § **99 Abs 1 BetrVG**. Nach einem in § 99 Abs 2 BetrVG genau bestimmten Katalog kann der Betriebsrat die **Zustimmung** zu der personellen Einzelmaßnahme schriftlich unter Angabe der Gründe verweigern. Der Arbeitgeber muss dann beim Arbeitsgericht das sog **Zustimmungsersetzungsverfahren** einleiten, wenn er sein Vorhaben durchsetzen will, § **99 Abs 4 BetrVG**, oder auf die Maßnahme verzichten.

Dieses Mitbestimmungsrecht ist in Tendenzbetrieben **stark eingeschränkt**. Das **Zu-** 356
stimmungsverweigerungsrecht entfällt, wenn bei einer Verweigerung der Zustimmung die Freiheit des Tendenzunternehmens zur Tendenzbestimmung verhindert oder ernsthaft beeinträchtigt und damit das Grundrecht der Pressefreiheit verletzt werden kann (siehe oben Rn 339). **Statt dessen** besteht nur ein **Informationsrecht** des Betriebsrats (BAG 27.7.1993, 8.5.1990 und 13.1.1987 AP Nr 51, Nr 46 und Nr 33 zu § 118 BetrVG 1972). Die Maßnahme darf die geistig-ideelle Zielsetzung nicht nur irgendwie berühren (BAG 30.1.1990 AP Nr 44 zu § 118 BetrVG 1972). Allerdings ist die Maßnahme nicht erst zustimmungsfrei, wenn sie zur Aufrechterhaltung oder Durchführung einer bestimmten Tendenz erforderlich ist (BAG 1.9.1987 AP Nr 10 zu § 101 BetrVG 1972). Im Einzelnen gilt:

1. Einstellung

Nach der Rechtsprechung des Bundesarbeitsgerichts liegt eine mitbestimmungs- 357
pflichtige Einstellung im Sinn des § 99 BetrVG vor, wenn eine Person in den Betrieb **eingegliedert** wird, um zusammen mit den im Betrieb schon beschäftigten Arbeitnehmern den arbeitstechnischen Zweck des Betriebs durch weisungsgebundene Tätigkeit zu verwirklichen (BAG 18.10.1994 AP Nr 5 zu § 99 BetrVG 1972 Einstellung). Auf das **Rechtsverhältnis,** in dem diese Personen zum Arbeitgeber als Betriebsinhaber stehen, kommt es nicht an (BAG 22.4.1997 AP Nr 18zu § 99 BetrVG 1972 Einstellung; 27.7.1993 AP Nr 110 zu § 99 BetrVG 1972; 30.3.1994 AP Nr 1 zu § 57a HRG; 3.10.1989 AP Nr 73 zu § 99 BetrVG 1972 mvN).
Die Einstellung eines **Redakteurs** erfolgt **regelmäßig** (BAG 1.9.1987 AP Nr 11 358
zu § 101 BetrVG 1972) aus **tendenzbedingten** Gründen. Dafür besteht wenigstens eine tatsächliche Vermutung (BAG 7.11.1975 AP Nr 3 zu § 99 BetrVG 1972; 19.5.1981 AP Nr 18 zu § 118 BetrVG 1972; seit längerem macht das BAG diese Einschränkung nicht mehr: 27.7.1993 AP Nr 51 zu § 118 BetrVG 1972). Deshalb bedarf die Einstellung eines **Redakteurs keiner Zustimmung** des Betriebsrats (BAG aaO). Denn müsste die Einstellung wegen einer verweigerten Zustimmung unterbleiben, so wäre der Verleger gehindert, die Berichterstattung und Meinungsäußerung so zu betreiben, wie er es sich vorgestellt hat (BAG 1.9.1987 aaO). Die Pressefreiheit erweist sich hier als Freiheit, sich die Person seines Vertrauens für die Verwirklichung der geistig-ideellen Zielsetzung ohne Einfluss Dritter aussuchen zu können (BAG 27.7.1993 aaO für den Redakteur in einem privaten Rundfunksender).
Das gilt auch dann gilt, wenn der Betriebsrat seine Zustimmung aus **tendenz-** 359
neutralen Gründen verweigert und zB geltend macht, die Einstellung verstoße gegen eine Rechtsvorschrift, § 99 Abs 2 Nr 1 BetrVG. Zwar hat der Erste Senat des BAG erkennen lassen, dass in diesem Fall eine Zustimmung wohl erforderlich sei (BAG 1.9.1987 aaO zu II 1e aa der Gründe). In den jüngeren Entscheidungen (BAG 27.7.1993 und 8.5.1990 AP Nr 51 und 46 zu § 118 BetrVG 1972) heißt es aber ohne Einschränkung, dass der Betriebsrat die Zustimmung nicht aus einem der in § 99 Abs 2 Nr 1 bis genannten Gründe verweigern darf, auch nicht mit tendenzneutraler Begründung.
Streiten die Betriebspartner darum, ob eine Einstellung **zustimmungsfrei** oder 360
zustimmungspflichtig ist, so muss der Arbeitgeber nicht das Zustimmungsersetzungsverfahren nach § 99 Abs 4 oder nach § 100 Abs 2 BetrVG durchführen (BAG 1.9.1987 AP Nr 10 und Nr 11 zu § 101 BetrVG 1972; aA *Hanau* BB 1973, 901, 905 f.). Der Betriebsrat ist gehalten, das **Aufhebungsverfahren** nach § 101 BetrVG durchzuführen (zustimmend *Hess/Schlochauer/Glaubitz* § 118 Rn 43; *Fabricius* Anm in AP Nr 11 zu § 101 BetrVG 1972; *Schaffeld/Hörle* C. Rn 89; aA *DKK-Wedde* § 118 Rn 65 bis 67).
Dem Betriebsrat steht jedoch ein abgeschwächtes Beteiligungsrecht in der Form 361
eines **Informations-, Anhörungs- und Beratungsrechts** zu. So hat der Verleger

bei der Einstellung eines Redakteurs dem Betriebsrat mitzuteilen, warum es die einzustellende Person als Tendenzträger ansieht. Er hat ferner unaufgefordert Auskunft zu erteilen über den Einstellungstermin, den Arbeitsplatz, die Eingruppierung und die Auswirkungen der Maßnahme im Betriebsgeschehen. Er hat ferner die Bewerbungsunterlagen auch der Bewerber vorzulegen, die er nicht berücksichtigen will (BAG 19.5.1981 AP Nr 18 zu § 118 BetrVG 1972). Der Betriebsrat kann Bedenken geltend machen, die der Verleger bei seiner endgültigen, ihm allein zustehenden Entscheidung zu beachten hat (dazu ausführlich BAG 19.5.1981 aaO; 6.12.1988 – 1 ABR 42/87 – und – ABR 43/87 – beide nicht veröffentlicht). Weitere Beteiligungsrechte stehen dem Betriebsrat nicht zu (BAG 7.11.1975 AP Nr 3 zu § 99 BetrVG).

362 **Verletzt** der Arbeitgeber seine Informationspflichten bei der Einstellung des Tendenzträgers, so hat der Betriebsrat die **Rechte aus § 101 BetrVG**. Er kann die **Aufhebung** der Einstellung verlangen. Das BAG schließt das folgerichtig aus der verfassungskonformen Auslegung der §§ 101 und 118 Abs BetrVG (BAG 1.9.1987 AP Nr 10 zu § 101 BetrVG 1972; differenzierend bei einer Nachholung der Beteiligung bis zum Schluss der mündlichen Verhandlung in der Tatsacheninstanz LAG München 13.12.1988 AfP 1989, 776).

2. Versetzung

363 Unter Versetzung ist im Betriebsverfassungsrecht die **Zuweisung eines anderen Arbeitsbereichs** zu verstehen, die voraussichtlich die Dauer von einem Monat überschreitet, oder die mit einer erheblichen Änderung der Umstände verbunden ist, unter denen die Arbeit zu leisten ist, § 95 Abs 3 Satz 1 BetrVG. Im Presse- und Rundfunkbereich hat das BAG zB als Versetzung angesehen die Umsetzung von der **Zentralredaktion** einer Tageszeitung in die **Lokalredaktion** an einen anderen Ort (BAG 1.9.1987 AP Nr 10 zu § 118 BetrVG 1972; ähnlich der Sachverhalt BAG 8.5.1990 AP Nr 46 zu § 118 BetrVG 1972) und die Bestellung eines Stellvertreters in die Position des von ihm bisher Vertretenen (BAG 27.7.1993 AP Nr 51 zu § 118 BetrVG 1972 = AfP 1994, 69). Zum betriebsverfassungsrechtlichen Versetzungsbegriff allgemein vgl BAG 19.2.1991 AP Nr 25 zu § 95 BetrVG und 21.9.1999 AP Nr 21 zu § 99 BetrVG 1972 Versetzung mvN aus Rechtsprechung und Schrifttum.

364 Hinsichtlich des Mitbestimmungsrechts gelten für die Versetzung **dieselben Grundsätze wie für die Einstellung.** Die Versetzung ist eine tendenzbezogene Maßnahme (BAG 27.7.1993 AP Nr 51 zu § 118 BetrVG 1972); zumindest spricht eine Vermutung dafür, dass sie aus tendenzbedingten Gründen beabsichtigt ist (BAG 1.9.1987 AP Nr 10 zu § 101 BetrVG 1972; vgl aber auch Rn 358). Der Betriebsrat hat kein Zustimmungsverweigerungsrecht, sondern nur ein **Informations-, Anhörungs- und Beratungsrecht** (BAG 1.9.1987 aaO; LAG München 2.10.1990 AfP 1991, 556). Der Arbeitgeber muss kein Zustimmungsersetzungsverfahren durchführen, wenn sich die Betriebspartner darüber streiten, ob die Versetzung zustimmungspflichtig oder zustimmungsfrei ist. Vielmehr muss der Betriebsrat ein Verfahren nach § 101 BetrVG einleiten. Hat der Arbeitgeber die Versetzung ausgesprochen, ohne seinen geminderten Beteiligungspflichten vorher nachgekommen zu sein, so hat der Aufhebungsantrag des Betriebsrats Erfolg (so im Fall BAG 1.9.1987 AP Nr 10 zu § 101 BetrVG 1972). Dem steht § 118 Abs 1 BetrVG nicht entgegen. Die Vorschrift befreit den Verleger nicht von der Befolgung solcher gesetzlichen Vorschriften, die der Pressefreiheit Rechnung tragen.

3. Eingruppierung und Umgruppierung

365 Unter Eingruppierung iSd § 99 BetrVG ist die **Zuordnung eines Arbeitnehmers aufgrund der von ihm vertragsgemäß auszuübenden Tätigkeit zu einer bestimmten Vergütungsgruppe** einer im Betrieb geltenden tarifvertraglichen,

betrieblichen oder einzelvertraglich vereinbarten Vergütungsordnung. Sinn des Mitbestimmungsrechts bei der Eingruppierung ist es, dem Betriebsrat bei der Anwendung der Vergütungsordnung ein **Mitbeurteilungsrecht** zu geben, von dem der Gesetzgeber sich eine größere Gewähr für die **Richtigkeit** und der **gleichmäßigen Anwendung** erhofft (BAG 10.3.1992 AfP 1992, 198; 27.1.1987 AP Nr 42 zu § 99 BetrVG). Es handelt sich nicht um ein Mitgestaltungsrecht, weil Eingruppierung **Normvollzug** (Rechtsanwendung) ist (st Rspr des BAG 12.6.2003 EzA § 613a BGB 2002 Nr 10; 30.10.2001 AP Nr 26 zu § 99 BetrVG 1972 Eingruppierung; 31.10. 1995 AP Nr 5 zu § 99 BetrVG 1972 Eingruppierung).

Deshalb wird bei einer Zustimmungsverweigerung des Betriebsrats zu einer geplanten Eingruppierung oder Umgruppierung die **Tendenzverwirklichung nicht verhindert** oder ernsthaft beeinträchtigt. So muss der Arbeitgeber bei diesen beiden personellen Maßnahmen die **Zustimmung** des Betriebsrats vor ihrer Verwirklichung einholen und ggf das Zustimmungsersetzungsverfahren nach § 99 Abs 4 BetrVG durchführen (BAG 12.6.2003 EzA § 613a BGB 2002 Nr 10; 27.1.1987 AP Nr 42 zu § 118 BetrVG 1972; 3.12.1985 AP Nr 31 zu § 99 BetrVG 1972; 31.5.1983 AP Nr 27 zu § 118 BetrVG 1972 bei der Eingruppierung eines Zeitschriftenredakteurs; insoweit auch zutreffend LAG München 2.10.1990 AfP 91, 556, bedenklich aber seine Auffassung zum Rechtsmissbrauch). Andernfalls kann der Betriebsrat die Aufhebung der dennoch durchgeführten Eingruppierung verlangen. Will der Verleger die Eingruppierung durchsetzen, muss er das Zustimmungsersetzungsverfahren nach § 99 Abs 4 BetrVG durchführen.

366

Umgruppierung iSd § 99 BetrVG ist die **Feststellung** des **Arbeitgebers,** dass die Tätigkeit des Arbeitnehmers nicht oder nicht mehr den Tätigkeitsmerkmalen derjenigen Vergütungsgruppe entspricht, in die der Arbeitnehmer eingruppiert ist, sondern den Tätigkeitsmerkmalen einer anderen höher oder niedriger bewerteten Vergütungsgruppe. Diese **Korrektur** bedarf aus denselben Gründen wie bei der Eingruppierung der Zustimmung des Betriebsrats. Das gilt auch für die Umgruppierung eines Redakteurs (BAG 12.6.2003 EzA § 613a BGB 2002 Nr 10; 18.10.1994 – 1 ABR 16/94 nv; 10.3.1992 AfP 1992, 198).

367

4. Kündigung

Nach § 102 Abs 1 BetrVG ist der Betriebsrat **vor jeder Kündigung** unter Mitteilung der Gründe (dazu im einzelnen BAG 11.7.1991 AP Nr 57 zu § 102 BetrVG 1972 und ErfK/*Kania* § 102 BetrVG Rn 1 f.) zu **hören.** Eine ohne Anhörung des Betriebsrats ausgesprochene Kündigung ist **unwirksam.** Der Betriebsrat kann binnen einer Woche bei einer ordentlichen Kündigung bzw binnen drei Tagen bei einer außerordentlichen Kündigung **Bedenken** erheben. Andernfalls gilt seine Zustimmung als erteilt, § 102 Abs 2 BetrVG. Er kann auch aus genau im Gesetz katalogisierten Gründen der ordentlichen Kündigung **widersprechen,** § 102 Abs 3 BetrVG. Kündigt der Arbeitgeber trotzdem, so hat der Arbeitnehmer einen **Weiterbeschäftigungsanspruch** bis zum Abschluss eines Rechtsstreits, § 102 Abs 5 BetrVG. Diese Vorschriften gelten auch im Presseunternehmen uneingeschränkt für die Mitarbeiter, die nicht Tendenzträger sind. Für die Kündigung der **Tendenzträger** gelten einige Besonderheiten, die darin begründet sind, dass dem Tendenzunternehmer das Letztentscheidungsrecht in tendenzbezogenen Fragen verbleibt. Im Einzelnen:

368

a) Anhörungsverfahren

Der Verleger hat das Gebot des § 102 Abs 1 BetrVG über die **Anhörung** des Betriebsrats auch bei der Kündigung von Tendenzträgern **einzuhalten.** Das gilt **auch,** wenn er die Kündigung aus **tendenzbedingten Gründen** ausspricht (BAG 7.11.1975 AP Nr 4 zu § 118 BetrVG 1972 für den Pressebereich; für ein Theater BAG 7.11.1975 AP Nr 1 zu § 130; *Fitting* § 118 Rn 38), zB weil der Mitarbeiter fachlich nicht geeignet erscheint, die Tendenzverwirklichung zu gewährleisten. Die

369

Anhörung führt nicht dazu, dass die Verwirklichung der geistig-ideellen Zielsetzung des Unternehmens verhindert oder ernsthaft beeinträchtigt wird. Denn die **Alleinentscheidungskompetenz** des Arbeitgebers über eine Kündigung wird durch die Mitteilung der tendenzbedingten Gründe nicht in Frage gestellt. Das Bundesverfassungsgericht (BVerfG 6.11.1979 AP Nr 14 zu § 118 BetrVG 1972) hat diese umstrittene Auslegung des § 118 Abs 1 durch das Bundesarbeitsgericht verfassungsrechtlich nicht beanstandet.

b) Bedenken und Widerspruch

370 Das Bundesarbeitsgericht hat sich zum **Widerspruchsrecht** des Betriebsrats bei einer tendenzbedingten Kündigung eines Tendenzträgers noch nicht ausdrücklich geäußert. Im verfassungsrechtlich nicht zu beanstandenden Urteil vom 7.11.1975 (AP Nr 4 zu § 118 BetrVG 1972; dazu BVerfG 6.11.1979 AP Nr 14 zu § 118 BetrVG 1972) heißt es am Schluss nur knapp, der Betriebsrat könne gegen die tendenzbedingten Motive der beabsichtigten Kündigung Einwendungen nur insoweit erheben, als soziale Gesichtspunkte in Betracht kommen. Diese Aussage ist bereits deswegen unbefriedigend, weil mit dem Wort „Einwendungen" ein Begriff gewählt ist, den das Gesetz nicht kennt. Es gibt dem Betriebsrat nur die Möglichkeit, Bedenken oder Widerspruch zu erheben. Außerdem ist es nicht glücklich, von tendenzbedingten Motiven an Stelle von tendenzbedingten Gründen zu sprechen. So bleibt die Frage nach den Reaktionsmöglichkeiten des Betriebsrat in der Rechtslehre **umstritten** (*Fitting* § 118 Rn 38f. mwN). Zutreffend erscheint folgende Differenzierung:

371 Gegen **Kündigungsgründe,** die **tendenzbedingt** sind, kann der Betriebsrat nur **allgemein Bedenken** nach § 102 Abs 2 BetrVG erheben, die dem Arbeitgeber die soziale Lage des Redakteurs verdeutlichen und auf die damit verbundene Härte überhaupt oder zum jetzigen Zeitpunkt hinweisen. Die Möglichkeit, aus anderen Gründen Bedenken zu erheben, scheidet aus, weil der Betriebsrat nach der Interpretation des BAG durch das Bundesverfassungsgericht darauf beschränkt ist, tendenzfreie Gesichtspunkte geltend zu machen (so versteht jedenfalls das Bundesverfassungsgericht – 6.11.1979 AP Nr 14 zu § 118 BetrVG 1972 – die Ausführungen des BAG vom 7.11.1975).

372 Diese Vorgabe gilt gleichermaßen für das stärkere Mitwirkungsrecht des **Widerspruchs** nach § 102 Abs 3 BetrVG. Der Betriebsrat kann nur dann der Kündigung widersprechen, wenn der Arbeitgeber im Anhörungsverfahren eindeutig erklärt, dass der dargelegte Kündigungsgrund keinerlei Bezug zur Tendenzverwirklichung hat, zB die Kündigung nach der nicht näher überprüfbaren Unternehmerentscheidung (Rn 260) über die Verkleinerung der Redaktion betriebsbedingt erfolgen soll (*Fitting* § 118 Rn 38; *Oldenburg* NZA 1989, 412). Andererseits können **personen- und verhaltensbedingte** Gründe durchaus tendenzbedingt sein, zB die fehlende fachliche Qualifikation, ohne die die geistig-ideelle Zielsetzung einer Zeitung nicht verwirklicht werden kann. Einer aus **tendenzbedingten Gründen** erfolgten Kündigung kann **nicht widersprochen** werden. Das hindert die Eigenart des Presseunternehmens. Soweit im Schrifttum differenziert wird, einer Kündigung könne mit den tendenzfreien Gründen aus dem Katalog des § 102 Abs 3 BetrVG widersprochen werden (*Richter* DB 1991, 2661), werden Kündigungsgründe und Widerspruchsgründe miteinander unzulässig vermengt. Dürfte der Betriebsrat einer beabsichtigten tendenzbedingten Kündigung nach § 102 Abs 3 Nr 3 BetrVG zB mit dem Argument widersprechen, für den zur Tendenzverwirklichung ungeeigneten Redakteur sei ein tendenzfreier Arbeitsplatz frei (*Richter* aaO; *Ihlefeld* RdA 1977, 223, 226), so droht dem Arbeitgeber die Weiterbeschäftigung des Tendenzträgers auf dem bisherigen Arbeitsplatz, wodurch seine Freiheit der Tendenzverwirklichung beeinträchtigt wäre.

373 Ist ein **Tendenzträger Mitglied des Betriebsrats,** so kann ihm nur außerordentlich gekündigt werden. Macht der Verleger einen **tendenzbedingten** wichtigen

Grund geltend, **entfällt** die ansonsten vorgeschriebene **Zustimmung** des Betriebsrats nach § 103 BetrVG. Es genügt die **Anhörung** nach den Maßstäben des § 102 Abs 1 BetrVG (BAG 28.8.2003 AP Nr 49 zu § 103 BetrVG 1972 mvN auch aus dem abweichenden Schrifttum). Eine Widerspruchsmöglichkeit des Betriebsrats in analoger Anwendung des § 102 Abs 3 BetrVG entfällt, weil bei tendenzbedingten Gründen ohnehin kein Widerspruchsrecht besteht (aA von seinem Standpunkt konsequent *Richter* Rn 372).

c) Weiterbeschäftigung

Ein betriebsverfassungsrechtlicher Weiterbeschäftigungsanspruch nach § 102 Abs. 5 BetrVG besteht für einen Tendenzträger nur dann, wenn die Kündigung ausschließlich auf tendenzfreie Gründe gestützt wird, wobei ein Tendenzbezug bei verhaltens-, personen- und betriebsbedingten Kündigungsgründen bestehen kann. Voraussetzung ist zudem, dass der ordnungsgemäße Widerspruch des Betriebsrats nicht ausschließlich auf Gründe gestützt wird, welche die Tendenzverwirklichung verhindern (*Grund*, Festschrift AG der Verlagsjustiziare, S 181 ff.). 374

Nichts anderes gilt für den nach Auffassung des Großen Senats des Bundesarbeitsgerichts (BAG 27.2.1985 AP Nr 14 zu § 611 BGB Beschäftigungspflicht) **außerhalb** der Regelung des § 102 Abs 5 BetrVG bestehenden **arbeitsvertraglichen Anspruch auf vertragsgemäße Beschäftigung.** Es bestehen jedenfalls für den Fall, dass die Kündigung nicht **offensichtlich unwirksam** ist, überwiegende, in der Pressefreiheit begründete Interessen des Verlegers an der Nichtbeschäftigung des gekündigten Arbeitnehmers. Dieses Interesse rechtfertigt sogar die **Suspendierung** der Beschäftigung im bestehenden Arbeitsverhältnis nach Ausspruch der Kündigung (§ 13 Abs 7 MTV/Zeitungsredakteure und § 14 Abs 3 MTV/Zeitschriftenredakteure). 375

5. Initiativrecht des Betriebsrats

Nach **§ 104 BetrVG** kann der Betriebsrat unter bestimmten Voraussetzungen verlangen und mit gerichtlicher Hilfe durchsetzen, dass der Arbeitgeber einen Arbeitnehmer versetzt oder entlässt. Dieses Recht **entfällt** bei einem **Redakteur** oder Volontär aus den vorstehenden Gründen. Denn dem Verleger steht die Letztentscheidungskompetenz zu, mit wem er die Tendenz verwirklichen will (aA *Fitting* § 118 Rn 41; Richardi/*Thüsing* § 118 Rn 167 und *Richter* Rn 372, die nach den Initiativgründen differenzieren). 376

D. Die Mitbestimmung in sozialen Angelegenheiten

Nach § 87 Abs 1 BetrVG hat der Betriebsrat in einer Reihe von sozialen Angelegenheiten mitzubestimmen, soweit eine gesetzliche oder tarifliche Regelung nicht besteht. Da § 87 Abs 2 BetrVG weiter bestimmt, dass ein Streit der Betriebspartner durch den Spruch einer Einigungsstelle entschieden wird, handelt es sich bei den Rechten des Betriebsrats nach dem Katalog des § 87 BetrVG um ein wirkliches Mitbestimmungsrecht. 377

Der **Katalog** der mitbestimmungspflichtigen Angelegenheiten reicht von der Ordnung im Betrieb bis zum betrieblichen Vorschlagswesen. Als besonders wichtig hat sich die Mitbestimmung bei **Arbeitszeitfragen,** bei **Entgeltfragen** und bei der Einführung und Anwendung **technischer Einrichtungen** erwiesen. Allgemein wurde angenommen, dass eine **Einschränkung** des Mitbestimmungsrechts in diesem Bereich nur in **Ausnahmefällen** in Betracht kommt (BAG 30.1.1990 AP Nr 44 zu § 118 BetrVG 1972; *Fitting* § 118 Rn 32). In jüngerer Zeit ist es jedoch zu einigen Streitigkeiten und damit zu klärenden Entscheidungen des Bundesarbeitsgerichts gekommen, die vorrangig Probleme der Arbeitszeit betrafen. 378

I. Arbeitszeit

379 Die Festsetzung von Beginn und Ende der täglichen Arbeitszeit einschließlich der Pausen sowie die Verteilung der Arbeitszeit auf die einzelnen Wochentage unterliegt der Mitbestimmung, § 87 Abs 1 Nr 2 BetrVG. Dasselbe gilt für die vorübergehende Verkürzung oder Verlängerung der betriebsüblichen Arbeitszeit, § 87 Abs 1 Nr 3 BetrVG. Die Vorschriften finden im **Pressebetrieb** grundsätzlich **Anwendung**.

380 Die **Arbeitszeitanordnungen** für die Redakteure und Volontäre können aber auch **tendenzbedingt** sein. Das ist zB dann der Fall, wenn sie so festgelegt werden, dass die aktuellen Tagesereignisse noch in die Morgenausgabe einer Tageszeitung gelangen können (BAG 22.5.1979 AP Nr 13 zu § 118 BetrVG 1972 für einen Zeitschriftenverlag, vgl für die Arbeitszeitbestimmung in Schulen BAG 13.1.1987 AP Nr 33 zu § 118 BetrVG 1972 und für die Festlegung von Höchstgrenzen für Vertretungsstunden in Privatschulen BAG 16.6.1989 AP Nr 36 zu § 118 BetrVG 1972). In diesen Fällen genügt die Information, um dem Mitbestimmungsrecht zu genügen. Geht es dagegen bei der Arbeitszeitregelung nur darum, den Einsatz der Redakteure dem **technisch-organisatorischen Ablauf** des Herstellungsprozesses anzupassen, so tritt das Mitbestimmungsrecht nicht zurück (BAG 22.5.1979 aaO).

Das Bundesarbeitsgericht hat die Auffassung vertreten, wenn sich ein Betriebsrat darauf beschränke, ein Mitbestimmungsrecht für die **abstrakt-generelle Verteilung** der Arbeitszeit (4 Tage 8 Stunden Arbeitszeit und 1 Tag 6,5 Stunden) geltend zu machen, so sei die Aktualität der Berichterstattung nicht gefährdet und damit die Tendenzverwirklichung nicht beeinträchtigt. Vielmehr überlasse der Betriebsrat dem Arbeitgeber das einseitige Bestimmungsrecht, an welchen Tagen welcher Redakteur wie viel zu arbeiten habe. Damit könne er den jeweiligen Redaktionsschluss und alle anderen Maßnahmen treffen, die zur Tendenzverwirklichung erforderlich sind (BAG 30.1.1990 AP Nr 44 zu § 118 BetrVG = EzA § 118 BetrVG 1972 Nr 50; zur Bestimmung der Erscheinensweise und den damit verbundenen arbeitszeitrechtlichen Problemen vgl ArbG Aachen AfP 1990, 240).

381 Im Umkehrschluss ließ sich dem Beschluss des Ersten Senats des BAG vom 30.1.1990 entnehmen, dass der Betriebsrat kein Mitbestimmungsrecht bei der **Festlegung des Arbeitsbeginns oder des Arbeitsendes oder bei der Verteilung der Arbeitszeit auf bestimmte Tage** hat (so LAG Niedersachsen 8.1.1991 und 29.4.1991 AfP 91, 562 und 662). Diesem Schluss ist das BAG alsbald entgegengetreten. Es hat zunächst den Spruch einer Einigungsstelle für rechtmäßig gehalten, in dem Beginn und Ende der täglichen Arbeitszeit für Redakteure in einem Zeitungsverlag sowie die Verteilung der Arbeitszeit auf die einzelnen Wochentage geregelt war, weil die Betriebsvereinbarung die für die Aktualität der Berichterstattung relevanten Entscheidungen des Arbeitgebers wie Redaktionsschluss, Lage und Dauer der Redaktionskonferenzen, Besetzung der Redaktion ua als Vorgabe zugrunde gelegt worden war und somit sichergestellt war, dass die Betriebsvereinbarung künftigen Tendenzentscheidungen nicht entgegensteht (BAG 14.1.1992 AP Nr 49 zu § 118 BetrVG 1972). Noch weitergehend hat das BAG wenig später für die Redakteure eines privaten Rundfunksenders entschieden, dass erst die konkrete mitbestimmte Regelung über die Lage der Arbeitszeit, die eine aktuelle Berichterstattung gefährdet oder unmöglich macht, von einem Mitbestimmungsrecht nicht mehr gedeckt und damit unwirksam sei (BAG 11.2.1992 AP Nr 51 zu § 118 BetrVG 1972). Beiden Entscheidungen kann nicht zugestimmt werden (aA *Weller*, Festschrift für Gnade, S 235).

Die Aufspaltung in tendenzbezogene Zeitvorgaben und tendenzfreie technisch-organisatorische Zeitmaßnahmen, die der Mitbestimmung unterliegen, überzeugt nicht. Damit wird nicht nur der tatsächliche Ablauf in einer Redaktion verkannt (*Berger-Delhey* Anm zu AP Nr 49 zu § 118 BetrVG 1972). Die Konsequenz, dass letztlich der Spruch der Einigungsstelle erst festlegt, welche Arbeitszeitregelung dem Alleinbestimmungsrecht des Verlegers obliegt und welche dem Mitbestimmungsrecht unterliegt, stellt sich bereits als ernsthafte Beeinträchtigung der Tendenzverwirklichung und damit der Pressefreiheit dar. Schon ein solches Verfahren widerspricht der Eigenart des Betriebs. Es ist nicht Sinn der Eigenartklausel, dass in einer Vielzahl von Fällen deren Voraussetzung von dritter Seite bestimmt werden. Die ansonsten vom Bundesarbeitsgericht im Anschluss an die Rechtsprechung des Bundesverfassungsgerichts für ausreichend angesehene „tendenzbezogene Auseinandersetzung" ist stärker kaum vorstellbar. Nach der Rechtsprechung des Bundesverfassungsgerichts sind etwa die Festlegung und Verlegung von Erscheinungsterminen, die Bestimmung des Redaktionsschlusses, die Entscheidung über die regelmäßige Wochenarbeit und deren Umfang in einer Zeitungsredaktion, die Einführung und der zeitliche Umfang von Redaktionskonferenzen sowie der konkrete Einsatz von Redakteuren und die Zeitvorgaben zur Berichterstattung über ein Großereignis mitbestimmungsfrei (BVerfG 15.12.1999 AfP 2000, 82 ff.).

Strittig ist, ob die Verpflichtung zur Aufzeichnung und Dokumentation von Arbeitszeiten gemäß § 16 Abs. 2 ArbZG uneingeschränkt auch für Presseunternehmen gilt. Teilweise wird die Auffassung vertreten, der Betriebsrat könne Auskunft über Beginn und Ende der täglichen Arbeitszeit der Redakteure für jeden Arbeitstag verlangen. Ferner könne der Betriebsrat für jeden Monat auch Auskunft über die Grenzen des § 3 Satz 1 ArbZG überschreitende Arbeitszeit sowie verlangen, dass die nach § 16 Abs. 2 ArbZG erforderlichen Unterlagen zur Verfügung gestellt werden (ArbG Braunschweig 30.3.2007 AfP 2007, 392). Ein solcher Auskunftsanspruch bestehe auch gegenüber einem Verlag, der die tatsächlichen Arbeitszeiten der Redakteure bewusst nicht erfasst. Der Tendenzcharakter des Betriebs schränke den Auskunftsanspruch des Betriebsrats nach § 80 BetrVG nicht ein. Die Gegenauffassung hält die Verpflichtung zur Aufzeichnung und Dokumentation der konkreten Arbeitszeiten seiner Redakteure für unvereinbar mit dem Grundrecht der Pressefreiheit gemäß Art 5 Abs 1 Satz 2 GG (*Weberling* AfP 2007, 320). Unter Berücksichtigung des Grundrechts sei § 18 Abs. 1 ArbZG erweiternd auszulegen, dass das Gesetz auch auf Redakteure nicht anzuwenden sei. Hilfsweise sei eine verfassungskonforme einschränkende Auslegung des § 16 Abs 2 ArbZG denkbar.

II. Andere Mitbestimmungstatbestände

Auch die Ausübung des Mitbestimmungsrechts nach den anderen Mitbestimmungstatbeständen des § 87 Abs 1 BetrVG kann mit der Tendenzfreiheit des Presseunternehmens in Konflikt kommen. Die Rechtsprechung hat dazu bisher nur in Ausnahmefällen Stellung nehmen müssen. So hat das Bundesarbeitsgericht es für möglich gehalten, dass bei tariflichen **Forschungszulagen** nach § 87 Abs 1 Nr 10 BetrVG mitbestimmte Regelungen denkbar sind, die nicht der Tendenzverwirklichung entgegenstehen (BAG 13.2.1990 AP Nr 45 zu § 118 BetrVG 1972). Hingegen soll der Betriebsrat eines Verlages ein Mitbestimmungsrecht bei der Gestaltung zukünftiger Sonderzahlungen einfordern können, selbst wenn diese von der Arbeitgeberin derzeit noch nicht beabsichtigt sind, soweit die abstrakte Ausformung der Einmalzahlungen unter die Bedingung ihrer tatsächlichen Leistung seitens der Arbeitgeberin gestellt wird (LAG Niedersachsen 30.4.2013 AfP 2013, 353). Vorstellbar ist auch, dass Regeln zur **Ordnung** des **Betriebs** aus Tendenzgründen geschaffen werden sollen und der Betriebsrat ein entsprechendes Mitbestimmungsrecht nach § 87 Abs 1 Nr 1 BetrVG reklamiert. So verhielt es sich, als ein Betriebsrat ein Mitbestimmungsrecht bei der Einführung von Ethikregeln für Redakteure einer Wirtschaftszeitung geltend machte (BAG 28.5.2002 AP Nr 39 zu § 87 BetrVG 1972 Ordnung des Betriebes = AfP 2003, 177; *Borgmann* NZA 2003, 352). Das BAG hat dem Betriebsrat ein Mitbestimmungsrecht nur hinsichtlich der Verwendung eines Formulars zugesprochen; bei der Gestaltung des Textes der Ethikregeln hat das Bundesarbeitsgericht unter Berufung auf § 118 Abs 1 Satz 1BetrVG ein Mitbestimmungsrecht verneint. Ansonsten sind die in § 87 Abs 1 BetrVG genannten Maßnahmen **tendenzneutral,** so dass eine Einschränkung der Beteiligungsrechte des Betriebsrats kaum in Betracht kommen dürfte (ständige Einschätzung des BAG, zuletzt 14.1.1992 AP Nr 49 zu § 118 BetrVG 1972).

E. Die Mitbestimmung in wirtschaftlichen Angelegenheiten

I. Wirtschaftsausschuss; Unterrichtungspflicht

384 Die Mitbestimmung des Betriebsrats in wirtschaftlichen Angelegenheiten ist besonders stark eingeschränkt. So gelten die Bestimmungen über den **Wirtschaftsausschuss** (§§ 106 bis 109) nach § 118 Abs 1 Satz 2 BetrVG überhaupt nicht (kritisch zu dieser Entscheidung des Gesetzgebers *Fitting* § 118 Rn 43; zur Übereinstimmung der Regelung mit dem Grundgesetz BAG 7.4.1981 AP Nr 16 zu § 118 BetrVG 1972).

385 Da die Bestimmungen des § 118 Abs 1 Satz 2 BetrVG nur zur Anwendung kommen, wenn auch die Voraussetzungen des Satzes 1 vorliegen, kommt es zum Ausschluss nur, wenn das Unternehmen **unmittelbar** und **überwiegend** Zwecken der Berichterstattung oder Meinungsäußerung dient. Die Feststellung der Tatbestandsmerkmale erfolgt beim Unternehmen nach oben dargestelltem Maßstab (Rn 343 ff.). Hat das Unternehmen zwei oder mehr Betriebe und dienen nicht alle Zwecken der Berichterstattung oder Meinungsäußerung, so sind in die gebotene **quantitative** Betrachtung die oben genannten Daten (Rn 346) aller Betriebe einzubeziehen. Auf das Gepräge ist auch insoweit nicht mehr abzustellen (so aber *Hess/Schlochauer/Glaubitz* § 118 Rn 52).

386 Ebenfalls ausgeschlossen ist durch § 118 Abs 1 Satz 2 BetrVG die **Unterrichtungspflicht** des Unternehmers nach § 110 BetrVG. Das gilt nach Auffassung des BAG nicht für die Unterrichtungspflicht in wirtschaftlichen Angelegenheiten nach § 43 Abs 2 Satz 2 BetrVG gegenüber der **Betriebsversammlung,** auch nicht nach der Eigenartklausel des § 118 Abs 1 Satz 1 BetrVG (BAG 8.3.1977 AP Nr 1 zu § 43 BetrVG 1972).

II. Betriebsänderungen

387 Nach § 118 Abs 1 Satz 2, 2. Alternative BetrVG sind die Vorschriften über die Betriebsänderung nach den §§ 111 bis 113 BetrVG **nur insoweit anzuwenden,** als sie den Ausgleich oder die Milderung wirtschaftlicher Nachteile für die Arbeitnehmer infolge der Betriebsänderung regeln. Diese Einschränkung hat zur Folge, dass die Pflichten des Betriebsinhabers nach § 111 BetrVG über die Unterrichtung und Beratung der geplanten Betriebsänderung unberührt bleiben (Einzelheiten bei *Bauer/Lingemann,* NZA 1995, 813). Eine Verhandlung über einen **Interessenausgleich** nach den §§ 112 und 112a BetrVG, dh über das „Ob" und „Wie" der Betriebsänderung findet nicht statt (LAG Rheinland-Pfalz 18.8.2005 AfP 2005, 575). Damit besteht auch kein Anspruch des Betriebsrat auf Hinzuziehung eines Sachverständigen in diesem Zusammenhang. Es kann nur über den **Sozialplan** verhandelt werden. Der Tendenzunternehmer muss den Betriebsrat über die beschlossene Betriebsänderung so informieren, dass dieser vor deren Durchführung sachgerechte Überlegungen zum Inhalt eines künftigen Sozialplans anstellen kann. Versäumt der Unternehmer diese Pflicht, so droht ihm ein Nachteilsausgleich nach § 113 Abs 3 BetrVG (BAG 18.11.2003 AP Nr 76 zu § 118 BetrVG 1972).

III. Unternehmensmitbestimmung in wirtschaftlichen Angelegenheiten

Sollen die Arbeitnehmer an den wirtschaftlichen Entscheidungen in einem Unternehmen teilhaben, so ist die **Unternehmensmitbestimmung** berührt, die im Mitbestimmungsgesetz vom 4.5.1976 und im BetrVG 1952 geregelt sind. Die Bestimmungen kommen im Presseunternehmen nicht zur Anwendung, wenn sie unmittelbar und überwiegend Zwecken der Berichterstattung und der Meinungsäußerung dienen, § 1 Abs 4 Nr 2 MitbestG. Insofern gelten dieselben Regeln wie nach § 118 BetrVG. Auf die dortige Darstellung, insbesondere zu den Begriffen unmittelbar und überwiegend (Rn 343 ff.) wird verwiesen. Zur Rechtslage nach dem BetrVG 1952 siehe Rn 331. 388

F. Sonstige Rechte nach der Betriebsverfassung

I. Allgemeine Aufgaben

Das Gesetz beschreibt in **§ 80 Abs 1 BetrVG** katalogartig die allgemeinen Aufgaben eines Betriebsrats. Das reicht von der Überwachung der Durchführung der für die Arbeitnehmer geltenden Vorschriften, über die Entgegennahme und Weiterleitung von Anregungen aus der Belegschaft bis zur Förderung bestimmter Personengruppen. Der Betriebsrat hat nach § 80 Abs 2 BetrVG zur Erfüllung dieser Aufgaben ein umfassendes Unterrichtungsrecht und sogar die Möglichkeit, einen Sachverständigen hinzuzuziehen, § 80 Abs 3 BetrVG. Das gilt in Pressebetrieben uneingeschränkt. 389

Der Betriebsrat hat ein uneingeschränktes **Einsichtsrecht** in die Bruttolohn- und Gehaltslisten, auch soweit sie Tendenzträger betreffen (BAG 30.6.1981 AP Nr 15 zu § 80 BetrVG 1972; 22.5.1979 AP Nr 12 zu § 118 BetrVG 1972). 390

II. Andere Beteiligungsrechte

Ohne tendenzbegründete Einschränkungen kann der Betriebsrat seine Rechte nach **§ 83 BetrVG** (**Hinzuziehung** eines Betriebsratsmitglieds bei der Einsichtnahme des Arbeitnehmers in seine Personalakte), nach § 85 BetrVG (Behandlung von **Beschwerden**) und nach § 90 BetrVG (**Gestaltung** von Arbeitsplätzen) wahrnehmen. Auch das Mitbestimmungsrecht nach § 91 BetrVG (Zustimmungsverweigerung bei **Änderung** von Arbeitsplätzen) kann uneingeschränkt ausgeübt werden, weil von der Einrichtung der Arbeitsplätze und deren Vereinbarkeit mit den Erfordernissen menschengerechter Gestaltung die Tendenzverwirklichung nicht betroffen ist. Dasselbe gilt für die Vorschrift über die Beschäftigungssicherung des § 92a BetrVG, die durch das Betriebsverfassungsreformgesetz von 2001 eingefügt worden ist. Dem Betriebsrat steht kein allgemeiner Unterlassungsanspruch zur Untersagung der Durchführung einer Maßnahme des Arbeitgebers gemäß § 90 BetrVG zur Sicherung seiner Unterrichtungs- und Beratungsrechte zu. Denn die Unterrichtungs- und Beratungsrechte sind keine Tatbestände der zwingenden Mitbestimmung des Betriebsrats nach § 87 BetrVG. In Tendenzunternehmen besteht darüber hinaus lediglich die Pflicht zur Information des Betriebsrats über geplante neue Arbeitsverfahren und Arbeitsabläufe, aber nicht zur Beratung (*Weberling* AfP 2005, 139). 391

G. Mitbestimmung nach presserechtlichen Sondervorschriften

Der Begriff von der „**inneren Pressefreiheit**" umfasst nicht nur die Klärung der journalistischen Kompetenzen zwischen Verleger/Herausgeber und Redakteuren (vgl 392

Rn 85 ff.) auf individualrechtlicher Ebene. Er betrifft auch Fragen der **Erweiterung der Mitbestimmung des Betriebsrats und der Schaffung selbständiger Mitbestimmungsorgane** für Redakteure mit besonderen Mitwirkungs- und Mitbestimmungsrechten insbesondere in personellen Angelegenheiten. Dabei kommen grundsätzlich Regelungen auf allen rechtlichen Ebenen vom Gesetz bis zum Vertrag in Betracht (vgl auch § 1 LPG Rn 128).

I. Gesetzliche Regelungen

393 Zu Beginn der 70er Jahre ist eine ausführliche Diskussion darüber geführt worden, inwieweit der betriebsverfassungsrechtliche **Tendenzschutz** zugunsten des Betriebsrats **abgebaut** und wie **besondere Mitwirkungsrechte der „Redaktion"** ua auch bei der inhaltlichen Gestaltung eines Presseerzeugnisses gesetzlich eingeführt werden können (dazu ausführlich *Kübler* Gutachten D des 49. DJT und *Rüthers* DB 1972, 2471). Die in einer kaum überschaubaren Fülle von Äußerungen gesammelten Überlegungen haben aus verschiedenen Gründen nicht zu einer Veränderung oder Ergänzung der bundesgesetzlichen Bestimmungen geführt. Auch die zwischenzeitlichen Klarstellungen des Bundesverfassungsgerichts zur Pressefreiheit der Verleger (BVerfG 6.11.1979 AP Nr 14 zu § 118 BetrVG 1972) haben legislatorische Bemühungen um besondere Mitbestimmungsrechte der Redakteure alsbald zum Erliegen gebracht. Die Diskussion ist erst wieder entflammt, als das Land Brandenburg in § 4 Abs 4 seines Referentenentwurfs eines Pressegesetzes vorsah, dass der Verleger und eine **„Redakteursvertretung"** ein **Redaktionsstatut** zu vereinbaren haben, in dem nähere Einzelheiten zur Abgrenzung der Aufgaben und der Verantwortlichkeit zu regeln seien (zur Abgrenzung von Eigenständigkeit der Arbeit des Redakteurs und dem Weisungsrecht des Verlegers im Individualarbeitsrecht s Rn 82–88).

394 Gegen eine derartige Bestimmung waren erhebliche Bedenken anzumelden. Sie betrafen die **Gesetzgebungskompetenz** des Landesgesetzgebers für den Bereich des Arbeitsrechts (dazu *Rüthers,* Tarifmacht und Mitbestimmung in der Presse, S 22). Auch die weitere Vorgabe des Gesetzesentwurfs, dass in dem Statut die Mitwirkung der Redakteursvertretung an personellen Maßnahmen, insbesondere der Berufung und Abberufung des Chefredakteurs, zu regeln ist, dürfte mit dem Tendenzschutz des § 118 BetrVG **nicht vereinbar** gewesen sein (*Schaffeld* AfP 2002, 139, 140). Diese bundesgesetzliche Regelung hindert andere Gesetzgeber, weitere Mitwirkungsrechte vorzuschreiben. Selbst der Bundesgesetzgeber dürfte aus verfassungsrechtlichen Gründen gehindert sein, die Tendenzschutzklausel gänzlich zu streichen.

395 Das Land **Brandenburg** hat diesen Bedenken Rechnung getragen. Sein **Pressegesetz** vom 13. Mai 1993 (GVBl S 162) sieht im jetzigen § 4 Abs 1 Satz 3 vor, dass nähere Einzelheiten zur Abgrenzung der Aufgaben und Verantwortlichkeiten von Verlag und Redaktion in einer Vereinbarung zwischen Verleger und Redaktionsvertretung oder den Redakteuren festgelegt werden können. Somit befasst sich das Gesetz nicht mehr mit Mitbestimmungsfragen. Im Übrigen beschreibt es nichts anderes als ohnehin schuldrechtlich möglich ist (siehe unten Rn 400 f.). Denn auch die im Gesetz genannte Redaktionsvertretung ist nicht mehr als ein Gremium mit zivilrechtlicher Vollmacht eines jeden Redakteurs, der sich nicht selbst um seine Möglichkeiten sorgen will.

396 In den Pressegesetzen der anderen Bundesländer einschließlich der Pressegesetze der neuen Bundesländer findet sich nicht einmal ein derartiger deklaratorischer Hinweis auf die schuldrechtlichen Regelungsmöglichkeiten.

II. Erweiterte Mitbestimmung durch Tarifverträge

397 Die Möglichkeiten, durch Tarifvertrag **besondere Redaktionsvertretungen** zu schaffen und mit besonderen mitbestimmungsrechtlichen Befugnissen auszustatten, ist

umstritten. Bedenken folgen bereits aus der **Regelungskompetenz** der Tarifvertragsparteien, wie sie im Grundgesetz formuliert ist. Tarifverträge können nämlich nur Arbeits- und Wirtschaftsbedingungen iS des Art 9 Abs 3 GG regeln. Für spezifisch presserechtliche Fragestellungen wie zB die Abgrenzung der Pressefreiheit der einzelnen Grundrechtsträger zueinander sind Tarifvertragsparteien nicht zuständig.

Die Bereiche „**Erweiterung der Mitbestimmung des Betriebsrats**" und „**Schaffung weiterer Mitbestimmungsorgane**" gehören zu den Arbeitsbedingungen nach Art 9 Abs 3 GG. Strittig ist, ob die Abänderung der publizistischen und personellen Kompetenzverteilung in den Redaktionen Gegenstand eines Tarifvertrages sein kann (*Ricker/Weberling* 38. Kapitel Rn 6, die mit der wohl überwiegenden Auffassung im Schrifttum annehmen, bei der Begründung von Redaktionsausschüssen und Zuweisung von Mitbestimmungsrechten handele es sich nicht um Arbeitsbedingungen iSd Art 9 Abs 3 GG, sondern um ein „aliud", siehe auch *Schaffeld* AfP 2002, 139, 140; aA *Dörner* in Vorauflage). Die Bildung **weiterer Mitwirkungsorgane** wie Redaktionsvertretungen ist tarifrechtlich aber allenfalls unter den Beschränkungen des § 3 BetrVG möglich. Die Redaktionsvertretung hätte dann nur die Kompetenz, die Zusammenarbeit des Betriebsrats mit der Gruppe der Redakteure zu verbessern. Die angestrebte verselbständigte Kompetenzregelung zwischen Redakteuren und Verlegern ist damit nicht zu erreichen. Die Einräumung eines Mitbestimmungsrechts des Redaktionsausschusses bei der **Bestellung eines Chefredakteurs** verbietet sich daher. Bedenken bestehen auch wegen der Zuweisung eines Mitbestimmungsrechts, das das BetrVG nicht einmal den Betriebsräten einräumt. Dem dürfte § 118 BetrVG entgegenstehen.

Auch dem Betriebsrat im Tendenzbetrieb können durch Tarifvertrag keine **neuen Mitwirkungsrechte** zugewiesen werden (str; wie hier *Rüthers* aaO S 46). So kann tarifrechtlich nicht auf den Tendenzschutz des § 118 BetrVG verzichtet werden. Die Eigenartklausel ist nicht tarifdispositiv.

III. Freiwillige Redaktionsstatute

Dem Verleger steht es frei, seinen Redakteuren eine publizistische und personelle Mitbestimmung einzuräumen, die die bestehenden Gesetze nicht vorsehen, soweit dadurch die Rechte des Betriebsrats nicht berührt werden. Das Pressegesetz des Landes Brandenburg erwähnt deklaratorisch diese Möglichkeit (Rn 395). Derartige Redaktionsstatute waren in größeren Zeitungsverlagen weit verbreitet (Texte finden sich bei *Holtz-Bacha,* Mitspracherechte für Journalisten, 1986; siehe auch den Tatbestand im Urteil des BAG 19.6.2001 AP Nr 3 zu § 3 BetrVG 1972 = AfP 2002, 71). Die Neigung der Verleger zum Abschluss derartiger Vereinbarungen soll aber nachlassen (*Rüthers* RdA 2002, 360, 361).

Bei diesen **freiwilligen Redaktionsstatuten** handelt es sich um **schuldrechtliche** Vereinbarungen (arbeitsvertragliche Einheitsregelungen: BAG 19.6.2001 AP Nr 3 zu § 3 BetrVG 1972 = AfP 2002, 71), die den Regeln über Begründung, Wirkung und Beendigung von Verträgen unterliegen, nicht um normative Regelungen (ErfK/*Schmidt* Art 5 GG Rn 81). So gelten sie nur unter den vertragsschließenden Parteien und müssen Bestandteil von Arbeitsverträgen neuer Redaktionsmitglieder werden, sollen sie auch diesem Personenkreis Rechte einräumen. Sie sind ordentlich und außerordentlich kündbar, allerdings nur nach den kündigungsrechtlichen Vorgaben in Form einer Änderungskündigung, Änderungsvertrag oder Ausnutzung eines Widerrufsvorbehalts. Eine Teilkündigung der vertraglichen Vereinbarung, die das Statut betrifft, ist unstatthaft (BAG 19.6.2001 AP Nr 3 zu § 3 BetrVG 1972; kritisch *Rüthers* RdA 2002, 360, 362 mit einem Hinweis auf die ergänzende Vertragsauslegung). Im Übrigen enthalten die Statuten wenig Mitwirkungsmöglichkeiten und letztlich auch keine realen Chancen, Verstöße gegen Beteiligungsrechte zu verhindern (*Holtz-Bacha* aaO, S 61 ff.). So vermittelt eine Regelung in einem Redaktionsstatut, nach der die Redaktion im Rahmen ihrer Tätigkeit frei und unbeeinflusst unter der Verantwortung des Chefredakteurs arbeitet, keinen Anspruch darauf, einen Chefredakteur zu bestellen, der nicht gleichzeitig auch Geschäftsführer des Verlages ist (ArbG Berlin 2.7.2008 AfP 2008, 537).

401a Dem Abschluss arbeitsvertraglicher Einheitsregelungen in der Form eines Redaktionsstatuts steht nach Auffassung des BAG § 118 Abs 1 Satz 1 BetrVG und § 3 aF BetrVG nicht entgegen (BAG 19.6.2001 AP Nr 3 zu § 3 BetrVG 1972). Ein Redaktionsstatut dieser Art verstößt nach der Rspr auch nicht gegen Art 5 Abs 1 Satz 2 GG (kritisch zustimmend *Auer* Anm EzA § 118 BetrVG 1972 Nr 73).

6. Kapitel. Arbeitskampf im Presseunternehmen

Inhaltsübersicht

	Rn
A. Grundlagen des Arbeitskampfrechts	402
I. Einführung	402
II. Rechtsgrundlagen	407
B. Die einzelnen Arbeitskampfmittel	409
I. Streik	409
1. Begriff	409
2. Die Wirkung des rechtmäßigen Streiks auf das Arbeitsverhältnis	411
a) streikender Arbeitnehmer	411
b) nicht streikender Arbeitnehmer	419
3. Grenzen der Zulässigkeit; Rechtswidrigkeit und ihre Folgen	422
a) Grenzen	422
b) Rechtsfolgen eines rechtswidrigen Streiks	426
II. Aussperrung	430
1. Begriff	430
2. Wirkungen der rechtmäßigen Aussperrung	431
3. Grenzen der Zulässigkeit; Rechtsfolgen der Rechtswidrigkeit	433
a) Grenzen	433
b) Rechtsfolgen bei Rechtswidrigkeit	438
III. Boykott	440
IV. Blockaden	442
V. Flashmob	443a
VI. Maßregelungsverbote	444
C. Besonderheiten beim Arbeitskampf im Presseunternehmen	446
I. Arbeitskämpfe in der Druckindustrie	447
1. Streik	448
2. Der Sympathiestreik im Druck und Verlagsbereich	453
3. Aussperrung	458
II. Arbeitskämpfe in der Redaktion	459

Schrifttum: *Auktor,* Die Reichweite der Arbeitskampfrisikolehre bei Mitverursachung des Arbeitsausfalls durch den Arbeitgeber, RdA 2003, 23; *ders,* (Un-)erwünschte Fernwirkung im Arbeitskampf, ZRP 2003, 395; *Bartz,* Rechweite und Grenzen gewerkschaftlicher Friedenspflicht aus Tarifverträgen, ZTR 2004 122 und 170; *Bayreuther,* Streik um Firmentarifvertrag, DB 2003, 1120; *Blanke,* Flankenschutz für die Tarifautonomie, ArbuR 2004, 130; *Bertke,* BVerfG und Flashmob-Rechtsprechung, NJW 2014, 1852; *Bobke,* Unzulässigkeit der Angriffsaussperrung, FA 2003, 322; *Friese,* Tarifverträge nach § 3 BetrVG im System des geltenden Tarif- und arbeitskampfrecht, ZfA 2003, 237; *Günther/Krieger,* Streikrecht 2.0 – Erlaubt ist, was gefällt!?, NZA 2010, 20; *Hanau,* Die besondere Arbeitskampfarithmetik, insb im Pressebereich, AfP 1980, Sonderdruck in Heft 3 S 1–8; *Hernekamp,* Der Schutz des allgemeinen Informationsbedürfnisses bei presserelevanten Arbeitskämpfen, BB 1976, 1329; *Hettlage,* Keine Arbeitskämpfe gegen den Willen der Mehrheit, BB 2004, 714; *Ihlefeld,* Noch einmal: Die Tarifverträge der Westfälischen Rundschau aus betriebsverfassungsrechtlicher Sicht, AfP 1974, 517; *Lessner,* Zulässigkeit der Angriffs-

6. Kapitel. Arbeitskampf im Presseunternehmen

aussperrung, FA 2003, 233; *Lieb,* Zur Rechtmäßigkeit von Unterstützungsarbeitskämpfen insb im Druck- und Verlagsbereich, RdA 1991, 146; *ders,* Die Zulässigkeit von Demonstrations- und Sympathiearbeitskämpfen, ZfA 1982, 113; *Melot de Beauregard,* Die Rechtsprechung zum Arbeitskampfrecht in den Jahren 2010 bis 2012, NZA-RR 2013, 617; *Reichold,* Der Betriebsrat – ein „Trojanisches Pferd" im Arbeitskampf?, NZA 2004, 247; *Reuter,* Die Grenzen des Streikrechts, ZfA 1990, 535; *Ricker,* Die Zulässigkeit des Streiks in Presse und Rundfunk, NJW 1980, 157; *Rieble,* Die Akteure im kollektiven Arbeitsrecht, RdA 2004, 78; *ders,* Flash-Mob – Ein neues Kampfmittel?, NZA 2008, 796; *Rolf/Clemens,* Erstreikbarkeit firmenbezogener Verbandstarifverträge? DB 2003, 1678; *Rüthers,* Tarifmacht und Mitbestimmung in der Presse, 1975; *ders,* Sonderarbeitskampfrecht der Presse?, NJW 1984, 205; *ders,* Die Zulässigkeit von Sympathiearbeitskämpfen im Medienbereich, BB 1990, Beilage 25; *Schaffeld,* Tarifliche Auswirkungen im Fall des Austritts aus dem Verband und der Verbandsauflösung am Beispiel der Zeitungsbranche, AfP 1996, 249; *Seiter,* Aussperrung im Druckgewerbe, AfP 1985, 186; *Zachert,* Tarifvertrag, Günstigkeitsprinzip und Verfassungsrecht, ArbuR 2004, 121.

A. Grundlagen des Arbeitskampfrechts

I. Einführung

Eine **gesetzliche Definition** des Begriffs Arbeitskampf findet sich weder im Grundgesetz noch in anderen Gesetzen, die den Begriff gebrauchen (vgl § 2 Abs 1 Nr 2 ArbGG, § 25 KSchG, § 74 Abs 2 BetrVG, § 116 AFG). Das Bundesarbeitsgericht bezeichnet diese Vorschriften als arbeitskampfrechtlich **neutral**, weil der Gesetzgeber von einem bestehenden Arbeitskampfrecht ausgeht, dieses mit den Vorschriften aber nicht gestalten wollte (BAG GS 21.4.1971 AP Nr 43 zu Art 9 GG Arbeitskampf; 10.6.1980 AP Nr 64 zu Art 9 GG Arbeitskampf). Das Bundesverfassungsgericht geht von einer grundrechtlichen Gewährleistung des Arbeitskampfes aus (BVerfG 26.6.1991 AP Nr 117 zu Art 9 GG Arbeitskampf). 402

Allgemein wird der Begriff des Arbeitskampfes **umfassend** gebraucht, ohne zu unterscheiden, inwieweit die einzelnen Maßnahmen von der Rechtsordnung anerkannt werden. So werden alle Handlungen dazu gezählt, mit denen durch **kollektive Störung der arbeitsvertraglichen Pflichten** Druck auf den Kampfgegner ausgeübt werden soll (*Brox/Rüthers* Rn 17; ErfK/*Linsenmaier* Art 9 Rn 94; Schaub/*Treber* § 192 Rn 6). So wird von einem Arbeitskampf nicht nur bei Maßnahmen von Arbeitnehmern oder Arbeitgebern ausgegangen, die ergriffen werden, um den Abschluss eines Tarifvertrags zu erreichen, sondern auch die (rechtswidrigen) Handlungen, die eine Betriebsvereinbarung herbeiführen sollen (in der Betriebsverfassung besteht an Stelle des Arbeitskampfs ein Modell der Zwangsschlichtung in Form der Schlussentscheidung durch die betriebliche Einigungsstelle), ferner betriebsbezogene Aktionen zB zur Herbeiführung einer Unternehmerentscheidung über den Fortbestand des Betriebs, vertragsbezogene Vorkehrungen und politisch motivierte Verhaltensweisen von Parteien des Arbeitslebens. 403

Auch die verschiedenen **arbeitskampfrechtlichen Mittel** sind weder in einem Gesetz beschrieben noch hat der Gesetzgeber dafür die jeweiligen Voraussetzungen festgelegt (§ 91 SGB IX, der in seinem Absatz 6 Streik und Aussperrung erwähnt, ist ebenfalls arbeitskampfrechtlich neutral). Dementsprechend fehlt es auch an einer gesetzlichen Anordnung über die **Folgen** einer nicht statthaften Arbeitskampfmaßnahme (mit Ausnahme der hessischen Landesverfassung, die sich zur Unzulässigkeit der Aussperrung äußert; dazu Rn 430). 404

Mittel des Arbeitskampfes sind in erster Linie **Streik** und **Aussperrung,** die in verschiedenen Formen wie Warnstreik, Sympathiestreik, Demonstrationsstreik, Generalstreik, Teilstreik, Schwerpunktstreik, Angriffs- oder Abwehrstreik, organisierter Streik oder wilder (spontaner) Streik oder meist als entsprechende Aussperrung (grundsätzlich) vorkommen können (ausführlich ErfK/*Linsenmaier* Art 9 Rn 95). Eine besondere Maßnahme stellt der Boykott dar. 405

Parteien eines Arbeitskampfes sind Arbeitnehmer und Arbeitgeber und ihre Organisationen. 406

II. Rechtsgrundlagen

407 Das Bundesarbeitsgericht leitet das Arbeitskampfrecht aus dem die Tarifautonomie konkretisierenden **Tarifrecht ab,** Art 9 GG iVm dem TVG. Es bewertet seine Rechtsprechung nicht als die Rechtsgrundlage des Arbeitskampfrechts, sondern auch die rechtsfortbildenden Entscheidungen für Rechtsanwendung im Einzelfall (BAG 10.6.1980 und 26.4.1988 AP Nr 64 und 101 zu Art 9 GG Arbeitskampf).

408 Die zulässigen Arbeitskampfmaßnahmen, die mit dem Ziel der **Herbeiführung einer tarifvertraglichen Regelung** ergriffen werden, sind vom **Grundrecht der Koalitionsfreiheit geschützt** (BVerfG 26.6.1991 AP Nr 117 zu Art 9 GG Arbeitskampf; 4.7.1995 NZA 1995, 754). Wenn eine Organisation zur Durchsetzung ihrer Vorstellungen von der Wahrung und Förderung der Arbeits- und Wirtschaftsbedingungen kein Druckmittel zur Verfügung gestellt bekäme, wäre die Befugnis, diese mitzugestalten, ohne Wert. Arbeitskämpfe, die um den Abschluss eines wirksamen Tarifvertrages geführt werden, sind daher grundsätzlich zulässig. Ihre Ausübung ist aber im Einzelfall beschränkt. Von maßgebender Bedeutung ist der Grundsatz der Verhältnismäßigkeit. Die Missachtung seiner Grenzen führt ua zur Unwirksamkeit der Arbeitskampfmaßnahme (Einzelheiten Rn 426 ff. und 438 ff.).

B. Die einzelnen Arbeitskampfmittel

I. Streik

1. Begriff

409 Der Streik in seinen verschieden Formen ist das **wichtigste Arbeitskampfmittel** der **Arbeitnehmer** und ihrer **Gewerkschaften.** Darunter wird die von mehreren Arbeitnehmern planmäßig und gemeinschaftlich durchgeführte Missachtung von arbeitsvertraglichen Pflichten, regelmäßig der Arbeitspflicht, zur Erreichung eines gemeinsamen Ziels verstanden (ErfK/*Linsenmaier* Art 9 GG Rn 161 ff.). Davon zu unterscheiden ist die von mehreren Arbeitnehmern gleichzeitig erklärte Ausübung des Zurückbehaltungsrechts nach den §§ 273 Abs 1, 320 Abs 1 BGB, bei der es sich um Individualmaßnahmen handelt. Die Abgrenzung ist nicht immer einfach, muss aber stets dann vorgenommen werden, wenn aus der Arbeitsniederlegung arbeitskampfrechtliche Folgen hergeleitet werden wollen (BAG 20.12.1963 AP Nr 32 zu Art 9 GG Arbeitskampf).

410 Der Streik wird regelmäßig von einer Gewerkschaft vorbereitet, geplant und geleitet (der **gewerkschaftliche Streik**). Die Einzelheiten richten sich nach der jeweiligen Satzung der Gewerkschaft und nach Richtlinien des DGB von 1974. Die **Gewerkschaftsmitglieder** sind vereinsrechtlich **verpflichtet,** dem Streikaufruf nachzukommen und sich am Streik zu beteiligen. Andernfalls können sie aus ihrer Gewerkschaft ausgeschlossen werden. Von einem gewerkschaftlich getragenen Streik wird auch ausgegangen, wenn die Gewerkschaft einen **spontanen Streik** übernimmt (BAG 20.12.1963 AP Nr 32 zu Art 9 GG Arbeitskampf zu B II 3c der Gründe). Ein Arbeitnehmer ist nicht berechtigt, einen vom Arbeitgeber für dienstliche Zwecke zur Verfügung gestellten personenbezogenen E-Mail-Account für die betriebsinterne Verbreitung eines Streikaufrufs seiner Gewerkschaft an die Belegschaft zu nutzen (BAG 15.10.2013 NZA 2014, 319).

2. Die Wirkung des rechtmäßigen Streiks auf das Arbeitsverhältnis

a) streikender Arbeitnehmer

411 Auch wenn die Arbeitnehmer bei einem Streik ihren Arbeitspflichten vorsätzlich nicht nachkommen, stellt die Teilnahme an einem rechtmäßigen Arbeitskampf **keine**

Vertragsverletzung dar (Einheitliche Beurteilung der Rechtmäßigkeit – BAG 28.1.1955 AP Nr 1 zu Art 9 Arbeitskampf; ErfK/*Linsenmaier* Art 9 GG Rn 192). Das gilt für die Mitglieder der aufrufenden Gewerkschaft ebenso wie für die **Nichtorganisierten**, wenn sie sich am Streik beteiligen. Mit der Teilnahme des Arbeitnehmers an einem Streik werden die **Hauptpflichten** aus dem Arbeitsverhältnis **suspendiert** (st Rspr seit BAG 28.1.1955 aaO; 30.8.1994 AP Nr 132 zu Art 9 GG Arbeitskampf). Der Arbeitnehmer braucht nicht zu arbeiten; der Arbeitgeber braucht kein **Arbeitsentgelt** zu leisten (§ 326 BGB). Dies gilt auch dann, wenn ein Arbeitnehmer fristlos gekündigt wird und der im anschließenden Kündigungsschutzprozess obsiegt, er sich aber nach dem Zugang der Kündigung an einem Streik beteiligt (BAG 17.7.2012 – 1 AZR 563/11). Die Arbeitnehmer erhalten von ihrer Gewerkschaft entsprechend den Satzungsbestimmungen die Streikunterstützung. Die **Nebenpflichten** aus dem Arbeitsverhältnis (Rn 84) bleiben bestehen (Schaub/*Treber* § 195 Rn 13). Maßgebend für die Teilnahme an einem Streik ist nicht der Beschluss der streikführenden Gewerkschaft, sondern die ausdrückliche oder konkludente **Erklärung** des **Arbeitnehmers** über seine Beteiligung. Im Einzelnen gilt Folgendes:

Die Teilnahme an einem Streik hat regelmäßig keine **kündigungsrechtlichen** 412 **Folgen**. Nur unter besonders engen Voraussetzungen kann der Arbeitgeber durch **lösende Aussperrung** das Arbeitsverhältnis beenden (BAG 21.4.1971 AP Nr 43 zu Art 9 GG Arbeitskampf; siehe dazu Rn 431). Das Recht zur Kündigung aus **anderen Gründen** bleibt unberührt (ErfK/*Linsenmaier* Art 9 GG Rn 212). Für den Arbeitnehmer stellt die Streikteilnahme keinen wichtigen Grund für die außerordentliche Beendigung des Arbeitsverhältnisses dar. Etwas anderes gilt nur für die Arbeitswilligen, die keiner Gewerkschaft angehören, keine Streikunterstützung erhalten und sofort eine neue Arbeitsstelle antreten könnten (ähnlich *Zöllner/Loritz* § 41 III 4).

Mit der **Beendigung** des **Streiks** endet auch die Suspendierung des Arbeitsverhältnisses. Die Arbeitnehmer haben wieder Arbeitspflicht und der Arbeitgeber muss 413 sie beschäftigen, will er nicht in Annahmeverzug geraten. Zu den Streikfolgen, die den Arbeitnehmern zuzurechnen und deshalb als Arbeitskampfrisiko von ihnen zu tragen sind, gehören solche Arbeitsausfälle, die durch Gegenmaßnahmen des Arbeitgebers verursacht werden, mit denen der Arbeitgeber die streikbedingten Betriebsstörungen möglichst gering halten will. Die Besonderheiten sowohl der betrieblichen Abläufe als auch des Streikgeschehens können dazu führen, dass die Beschäftigung einer Ersatzmannschaft auch nach der Beendigung eines Warnstreiks anstelle von streikenden Arbeitnehmern als Abwehrmaßnahme des Arbeitgebers zu werten ist. Dies gilt etwa dann, wenn ein Warnstreik die Herstellung einer Tageszeitung während des wegen der erforderlichen Aktualität unter hohem Zeitdruck stehenden Produktionsprozesses betrifft (LAG Bremen 22.1.2013 AfP 2013, 534 ff.). Da die Kürzung des Entgeltanspruchs für Zeiten eines streikbedingten Arbeitsausfalls nicht auf der Teilnahme eines Arbeitnehmers am Streik als solchem beruht, sondern darauf, dass der Arbeitnehmer in dieser Zeit tatsächlich für den Arbeitgeber keine Arbeitsleistung erbracht hat, handelt es sich hierbei um keine, einer üblichen Maßregelungsklausel unterfallende Maßnahme. Soll das Arbeitsverhältnis nach Beendigung des Streiks nicht fortgesetzt werden, so muss gekündigt werden, wobei die jeweils geltenden individualrechtlichen und betriebsverfassungsrechtlichen Regeln zu beachten sind.

Der **Urlaubsanspruch** bleibt hinsichtlich Entstehung, Dauer und Verfall unberührt. Das bedeutet: Hat der Arbeitgeber bereits für die Zeit des Streiks Urlaub ge- 414 währt, so hat er seine Erfüllungshandlung erbracht. Seine Schuld auf Urlaubsgewährung ist erloschen, wenn der Arbeitnehmer den Urlaub erhält. Dann hat dieser Anspruch auf Urlaubsentgelt (BAG 9.2.1982 AP Nr 16 zu § 11 BUrlG). Erklärt der Arbeitnehmer allerdings, dass er während seines ihm gewährten Urlaubs am Streik teilnimmt, so entfällt der Urlaub und das Urlaubsentgelt wegen Unmöglichkeit der Arbeitsbefreiung. Der bereits auf einen bestimmten Zeitraum konkretisierte Urlaub muss aber nicht nachgewährt werden. Er ist vielmehr untergegangen (BAG 9.8.1994 AP Nr 65 zu § 7 BUrlG Abgeltung). Nimmt ein Arbeitnehmer an einem Streik teil und verlangt er dann Urlaub, so kann eine urlaubsmäßige Freistellung von der Arbeitspflicht nur in Betracht kommen, wenn in dem Antrag des Klägers zugleich die Erklärung gesehen werden kann, sich nicht mehr am Streik beteiligen zu wollen (zum Thema Urlaub und Arbeitskampf ErfK/*Gallner* § 1 BUrlG Rn 38 bis 41).

415 Diese Grundsätze gelten auch in den Fällen, in denen Arbeitnehmer von der Arbeit freigestellt werden, um die tarifliche Arbeitszeit im Durchschnitt eines Ausgleichszeitraums zu erreichen (**Arbeitsverkürzung durch freie Tage:** BAG 7.4.1992 AP Nr 122 zu Art 9 GG Arbeitskampf).

416 **Arbeitsunfähig erkrankte Arbeitnehmer** können an einen Streik teilnehmen. Erklärt sich der Arbeitnehmer in dieser Weise, so hat er keinen Anspruch auf Lohnfortzahlung. Der Anspruchszeitraum des § 1 EFZG wird durch den Streik auch bei einer dadurch bedingten Betriebspause nicht verlängert (BAG 8.3.1973 AP Nr 29 zu § 1 LohnFG). Beteiligt sich der arbeitsunfähige Arbeitnehmer nicht am Streik, behält er den Entgeltfortzahlungsanspruch, wenn er bei Gesundung beschäftigt worden wäre. Maßgebend ist sein tatsächliches Verhalten, unmaßgeblich, wie er sich bei Arbeitsfähigkeit verhalten hätte (BAG 1.10.1991 AP Nr 121 zu Art 9 GG Arbeitskampf). Nur wenn die Vergütung nach den Regeln des Arbeitskampfrisikos (Rn 419 ff.) ausgefallen wäre, entfiele der Entgeltfortzahlungsanspruch (BAG 1.10.1991 aaO; aA *Brox/Rüthers* Rn 663). Der arbeitsunfähige Arbeitnehmer kann allerdings wie der Beurlaubte erklären, nicht mehr am Streik teilnehmen zu wollen. Dann hat er einen Entgeltfortzahlungsanspruch.

417 Das Schicksal einer **Gratifikation** wird durch die Fassung der jeweiligen Anspruchsgrundlage bestimmt. Sehen die Bestimmungen oder Vereinbarungen Kürzungsmöglichkeiten für den Streik oder vergleichbare Ausfalltage vor, so kann der Arbeitgeber die Jahresleistung mindern (ErfK/*Linsenmaier* Art 9 GG Rn 203). Nach den Bestimmungen der §§ 4 MTVe in Presseunternehmen kommt es für die Höhe der Jahresleistung zwar nur auf den (rechtlichen) Bestand des Arbeitsverhältnisses an. In §§ 4 Abs 3 MTVe ist aber weiter bestimmt, dass für die Zeiten unbezahlter Arbeitsbefreiung die Jahresleistung gekürzt wird. Dazu gehören auch die durch einen Arbeitskampf bedingten Ausfallzeiten.

418 Auch **andere Ansprüche** eines Arbeitnehmers können entfallen, wenn die anspruchsbegründenden Vereinbarungen oder Normen an die Erbringung der geschuldeten Arbeitsleistung anknüpfen (BAG 5.11.1992 AP Nr 7 zu § 40 BAT für den Beihilfeanspruch eines Angestellten im Land Berlin; aA ErfK/*Linsenmaier* Art 9 GG Rn 205).

b) nicht streikender Arbeitnehmer

419 Die Rechtsprechung zur Auswirkung eines Streiks auf arbeitswillige Arbeitnehmer ist vor einigen Jahren Veränderungen unterworfen gewesen. Grundsätzlich trägt der Arbeitgeber das **Betriebs-** oder **Wirtschaftsrisiko** und damit das Risiko für die Beschäftigung der von ihm verpflichteten Arbeitnehmer (allgemeine arbeitsrechtliche Betriebsrisikolehre). Er muss den **Lohn** fortzahlen, wenn er AN ohne sein Verschulden aus betriebstechnischen Gründen nicht beschäftigen kann (Betriebsrisiko, BAG 30.1.1991 AP Nr 33 zu § 615 BGB Betriebsrisiko) oder wenn die Fortsetzung des Betriebs wegen Auftrags- oder Absatzmangels wirtschaftlich sinnlos wird (Wirtschaftsrisiko, BAG 23.6.1994 AP Nr 65 zu § 615 BGB). Beruhen die Störungen in einem nicht bestreikten Betrieb auf den **Fernwirkungen** eines Arbeitskampfes, so gelten die Regeln nur eingeschränkt (**Arbeitskampfrisiko**). In diesem Fall muss der Arbeitgeber die Vergütung an die beschäftigungslosen Arbeitnehmer nur zahlen, wenn die Fortsetzung der Arbeit in Betrieb oder Betriebsteil **möglich** und **wirtschaftlich zumutbar** ist (st Rspr des BAG 22.12.1980 AP Nr 70 und 71 zu Art 9 GG; 14.12.1993 AP Nr 129 zu Art 9 GG Arbeitskampf mit vielen Nachweisen; ausführlich auch ErfK/*Linsenmaier* Art 9 GG Rn 143 ff.).

420 Im **bestreikten Betrieb** kann der Arbeitgeber ohne Rücksicht auf seine tatsächlichen und rechtlichen Möglichkeiten einer Beschäftigung und ohne Rücksicht auf die Zumutbarkeit die gesamten Arbeiten in seinem Betrieb einstellen, ohne zur

Lohnzahlung verpflichtet zu sein (zur Kampfform des Wellenstreiks vgl BAG 12.11.1996 AP Nr 147 zu Art 9 GG Arbeitskampf; BAG 17.2.1998 AP Nr 152 zu Art 9 GG m zust Anm *Oetker;* BAG 15.12.1998 AP Nr 154 und 155 zu Art 9 GG Arbeitskampf und Anm *Otto* mit Übersicht über die Reaktionen im Schrifttum).

Die Unmöglichkeit oder Unzumutbarkeit der Beschäftigung einzelner Arbeitnehmer im bestreikten Betrieb ist von der **Aussperrung** (Rn 430 ff.) zu **unterscheiden,** auch wenn die Entscheidung des Arbeitgebers, auf die streikbedingte Betriebsstörung hin die Arbeiten im Betrieb einzustellen, im Ergebnis wie eine Aussperrung wirkt und deshalb auch gern als „kalte Aussperrung" bezeichnet wird. Die Aussperrung ist jedoch aktiver Eingriff in das Arbeitskampfgeschehen. Mit der Weigerung, den arbeitswilligen Arbeitnehmer zu beschäftigen und zu entlohnen, macht der Arbeitgeber dagegen ein **schuldrechtliches Leistungsverweigerungsrecht** geltend (BAG 14.12.1993 AP Nr 129 zu Art 9 GG Arbeitskampf). **421**

3. Grenzen der Zulässigkeit; Rechtswidrigkeit und ihre Folgen

a) Grenzen

Die Grenzen der Zulässigkeit eines Arbeitskampfmittels wie des Streiks werden zunächst durch seine Funktion bestimmt. Da der Streik der **Sicherung der Tarifautonomie** dient, darf er nur zur Durchsetzung tariflicher Regelungen eingesetzt werden (BAG 7.6.1988 und 5.3.1985 AP Nr 106 und 85 zu Art 9 GG Arbeitskampf, ausführlich ErfK/*Linsenmaier* Art 9 Rn 114). Ausgehend von dieser Prämisse kann der Streik der Arbeitnehmer als solcher aus verschiedenen Gründen rechtswidrig sein. Als Beispiele sei hier genannt der Streik außerhalb der Tarifvertragsordnung wie der **politische Streik,** mit dem ein Hoheitsträger zu einem bestimmten politischen Handeln gezwungen werden soll (die Einzelheiten sind im Schrifttum umstritten; Nachweise bei ErfK/*Linsenmaier* Art 9 GG Rn 119 und Schaub/*Treber* § 193 Rn 17), ein **Demonstrationsstreik,** mit dem auf gesellschaftspolitische Anliegen der Gewerkschaften aufmerksam gemacht werden soll (ErfK/*Linsenmaier* Art 9 GG Rn 122; Schaub/*Treber* § 193 Rn 16), oder ein **Streik** in der **Betriebsverfassung** (BAG 17.12.1976 AP Nr 52 zu Art 9 GG Arbeitskampf; Schaub/*Treber* § 193 Rn 19). Der Streik kann rechtswidrig sein, weil er **nicht** von einer **Gewerkschaft getragen** ist (BAG 14.2.1978 und 7.6.1988 AP Nr 58 und 106 zu Art 9 GG Arbeitskampf) oder weil der Arbeitgeber gezwungen werden soll, von einem von der Rechtsordnung vorgesehenen Verfahren abzulassen (BAG 7.8.1988 AP Nr 106 zu Art 9 GG Arbeitskampf). Ein Streik kann aber auch gegen die noch bestehende **Friedenspflicht** eines konkreten Tarifvertrages verstoßen, die besagt, dass sich Tarifpartner so lange Arbeitskampfmaßnahmen enthalten, wie die umstrittene Materie tarifvertraglich geregelt ist (BAG AP Nr 76 zu Art 9 GG Arbeitskampf). Ein Streik, der zulässige und unzulässige Kampfziele miteinander **verknüpft,** ist insgesamt rechtswidrig (*Löwisch/Rieble* AR-Blattei SD 170. 2, Rn 31 ff.). **422**

Ein grundsätzlich statthafter Streik kann ferner rechtswidrig sein, weil bei seiner **Durchführung** ein **Verstoß** gegen die **Arbeitskampfregeln** vorliegt, so wenn er gegen den Grundsatz der Verhältnismäßigkeit verstößt (vgl aber auch BAG 27.6.1989 AP Nr 113 zu Art 9 GG Arbeitskampf und 11.5.1993 AP Nr 63 zu § 1 FeiertagslohnzahlungsG). **423**

Der **Sympathiestreik,** mit dem anderenorts streikende Arbeitnehmer unterstützt werden sollen, ist grundsätzlich unzulässig, wenn er sich gegen jemanden richtet, der nicht der eigene Tarifpartner ist (BAG 5.3.1985 AP Nr 85 zu Art 9 GG Arbeitskampf; 12.1.1988 AP Nr 90 zu Art 9 GG Arbeitskampf). Allerdings hat das BAG in den Entscheidungsgründen beider Urteile selbst Anhaltspunkte genannt, aus denen sich Ausnahmen ergeben (dazu ablehnend *Rüthers/Berghaus* aaO) und damit für den Pressebereich von Bedeutung sein könnten (unten Rn 453 ff.). **424**

Der **Warnstreik,** mit dem die Arbeitnehmer regelmäßig nach Ablauf der Friedenspflicht während der Tarifverhandlungen den Arbeitgebern durch befristete Arbeits- **425** niederlegungen ihre Entschlossenheit für einen dauernden Arbeitskampf signalisieren wollen, ist grundsätzlich zulässig. Das Bundesarbeitsgericht hat dazu seine Rechtsprechung mehrfach gewechselt (BAG 17.12.1976 AP Nr 51 zu Art 9 GG Arbeitskampf; 12.9.1984 und 29.1.1985 AP Nr 81 und 83 zu Art 9 GG Arbeitskampf, 21.6.1988 AP Nr 108 zu Art 9 GG Arbeitskampf und 31.10.1995 AP Nr 140 zu Art 9 GG Arbeitskampf). Mit den letzten Warnstreikentscheidungen hat es klargestellt, dass der Warnstreik auch in der Form der sog neuen Beweglichkeit keinen anderen Regeln als der dauerhafte Streik unterliegt und an den Grundsatz der Verhältnismäßigkeit gebunden ist. Es gelten mithin die Regeln über **Eignung, Erforderlichkeit und Proportionalität**.

b) Rechtsfolgen eines rechtswidrigen Streiks

426 Ist der Streik **grundsätzlich** zu Unrecht geführt (oben Rn 422), so ist er insgesamt **rechtswidrig**. Die suspendierende Wirkung der Arbeitsniederlegung tritt nicht ein. Die Arbeitnehmer **verletzen** ihre Hauptpflicht. Sie sind **vertragsbrüchig** mit allen individualrechtlichen Konsequenzen, die damit verbunden sind. So haben die sich am rechtswidrigen Streik beteiligenden Arbeitnehmer keinen **Lohnanspruch**. Sie haben die Arbeit zu Unrecht niedergelegt. Der Arbeitgeber muss wegen Fehlens der Leistung die Gegenleistung nicht erbringen, § 326 BGB. Dem Arbeitgeber stehen **Kündigungsrechte** zu (BAG 14.2.1978 AP Nr 59 zu Art 9 GG Arbeitskampf; 29.11.1983 AP Nr 78 zu § 626 BGB; Schaub/*Treber* § 195 Rn 54), wobei die allgemeinen kündigungsrechtlichen Voraussetzungen gegeben sein müssen (zB Abmahnung, Interessenabwägung, Betriebsratsanhörung). Nach Auffassung des Bundesarbeitsgerichts steht dem Arbeitgeber bei einem wilden Streik auch das Recht der **lösenden Aussperrung** zu (siehe unten Rn 431).

427 Gegen einen rechtswidrigen Streik können sich Arbeitgeberverbände oder einzelne Arbeitgeber mit der **Unterlassungsklage** nach § 1004 BGB iVm § 823 Abs 1 BGB gegenüber der den Streik tragenden Gewerkschaft oder einzelne Streikende wehren (BAG 27.6.1989 AP Nr 113 zu Art 9 GG Arbeitskampf mwN). Unterlassungsansprüche werden regelmäßig im einstweiligen Rechtsschutz gesucht. Um Gerichte darauf vorzubereiten, hat sich im Arbeitskampfrecht die im Wettbewerbsrecht entwickelte sog **Schutzschrift** eingebürgert, mit der Gewerkschaften den Erlass einer einstweiligen Verfügung ohne mündliche Verhandlung zu verhindern suchen. Die Einreichung einer vorsorglichen Schutzschrift ist statthaft. Das später angerufene Gericht hat ihren Inhalt zu beachten.

428 Daneben können **Schadensersatzansprüche** des Unternehmers wegen unerlaubter Handlung gegen die Organisation oder einzelne Streikende geltend gemacht werden, wenn sie den objektiven und subjektiven Tatbestand des § 823 Abs 1 BGB erfüllen (BAG 8.11.1988 AP Nr 111 zu Art 9 GG Arbeitskampf; ausführlich ErfK/*Linsenmaier* Art 9 GG Rn 224 bis 235; Schaub/*Treber* § 195 Rn 52 und 55). Der rechtswidrige Streik ist ein **rechtswidriger Eingriff** in den eingerichteten und ausgeübten Gewerbebetrieb (BAG 7.6.1988 und 21.6.1988 AP Nr 106 und 108 zu Art 9 GG Arbeitskampf). Dasselbe gilt für einzelne rechtswidrige Maßnahmen wie die Verhinderung des Zu- und Abgangs von Waren und Kunden sowie die **Behinderung** arbeitswilliger Arbeitnehmer am Betreten des Betriebs, die nicht im bloßen Zureden bestehen (BAG 21.6.1988 aaO). Denn Streikposten dürfen nur mit verbalen Mitteln auf Arbeitswillige einwirken.

429 Sind nur **einzelne Streikmaßnahmen** oder Handlungen **rechtswidrig** im ansonsten rechtmäßigen Arbeitskampf, so führt das nicht zur Unrechtmäßigkeit des Arbeitskampfes insgesamt. Vielmehr hat der Arbeitgeber gegen den Einzelnen, der rechtswidrig handelt, oder gegen die Organisation einen Unterlassungs- und/oder Schadensersatzanspruch. Die Verletzung einzelner Arbeitskampfregeln kann aber dann zur Unwirksamkeit des Streiks insgesamt führen, wenn die Gewerkschaft bewusst und gewollt zu unstatthaften Mitteln aufruft.

II. Aussperrung

1. Begriff

Unter einer Aussperrung wird die von einem oder mehreren Arbeitgebern planmäßig durchgeführte Ausschließung mehrerer Arbeitnehmer von der Beschäftigung unter Verweigerung der Lohnfortzahlung zum Erreichen bestimmter Ziele verstanden (BAG 28.1.1955 AP Nr 1 zu Art 9 GG Arbeitskampf; *Brox/Rüthers* Rn 45 bis 63; Schaub/*Treber* § 194 Rn 4 ff.). Die Aussperrung als solche ist nicht rechtswidrig. Sie gehört zum vom Verhandlungsgleichgewicht geprägten System der Tarifautonomie ohne staatliche Zwangsschlichtung (BAG 26.4.1988, 12.3.1985 und 10.6.1980 AP Nr 101, 84, 65 und 64 zu Art 9 GG Arbeitskampf; BAG GS 21.4.1971 AP Nr 43 zu Art 9 GG Arbeitskampf). Entgegenstehende Normen wie Art 29 Abs 5 der Hessischen Landesverfassung verstoßen gegen die Gewährleistungen der Arbeitskampfmittel im auf Art 9 Abs 3 GG beruhenden Tarifrecht und sind daher gemäß Art 31 GG nichtig. Allerdings unterliegt die Aussperrung noch mehr als der Streik bestimmten Grenzen, bei deren Verletzung die Aussperrung rechtswidrig ist (dazu unten Rn 433). Arbeitgeber können auch Kurzstreiks mit Aussperrungen begegnen (BAG 11.8.1992 AP Nr 124 zu Art 9 GG Arbeitskampf). 430

2. Wirkungen der rechtmäßigen Aussperrung

Die Aussperrung führt regelmäßig nur zu einer **Suspendierung** der Arbeitsverhältnisse der betroffenen Arbeitnehmer (seit BAG GS 21.4.1971 AP Nr 43 zu Art 9 GG Arbeitskampf). In diesem Fall gelten dieselben Regeln für das fortbestehende Arbeitsverhältnis wie beim Streik (oben Rn 411). Das gilt für die Einzelansprüche wie für den Bestand des Arbeitsverhältnisses, das durch die Aussperrung nicht berührt ist. 431

Nur im Ausnahmefall soll auch die Möglichkeit bestehen, sich von den Arbeitnehmern durch Aussperrung zu lösen (zu Recht kritisch *Brox/Rüthers* Rn 205 f.). In diesem Fall ist das Arbeitsverhältnis zwischenzeitlich beendet. Die wechselseitigen Rechte und Pflichten sind erloschen. Allerdings ist der Arbeitgeber bei der Besetzung der frei gewordenen Arbeitsplätze nicht frei. Nach Beendigung der Arbeitskampfmaßnahme müssen die Arbeitnehmer wieder eingestellt werden, wenn die Arbeitsplätze noch unbesetzt sind. Das Verhalten des Arbeitgebers ist gerichtlich nachprüfbar (zum Gesamtkomplex BAG GS 21.4.1971 AP Nr 43 zu Art 9 GG Arbeitskampf). Das bedeutet im Ergebnis, dass letztlich eine endgültig lösende Aussperrung nicht in Betracht kommt. 432

3. Grenzen der Zulässigkeit; Rechtsfolgen der Rechtswidrigkeit

a) Grenzen

Das Recht der Aussperrung unterliegt wie jede Rechtsausübung dem **Grundsatz der Verhältnismäßigkeit**. Deshalb ist nicht jede Aussperrung rechtmäßig, sondern nur innerhalb bestimmter Grenzen, deren Definition jedoch erhebliche Schwierigkeiten bereitet. Auszugehen ist vom Zweck des Arbeitskampfmittels. Bei der Abwehraussperrung wird er darin gesehen, die **Verhandlungsparität** zu wahren. In Erkenntnis dessen enthielten die Entscheidungen des Bundesarbeitsgerichts vom 10.6.1980 (AP Nr 64 bis 67 zu Art 9 GG Arbeitskampf) einen Versuch zu beschreiben, ob und unter welchen Voraussetzungen im Einzelfall die Aussperrung als Kampfmittel eingesetzt werden darf. Sie beschränkten die Möglichkeit einer Abwehraussperrung räumlich auf das Tarifgebiet und quantitativ auf eine bestimmte 433

Arbeitnehmerzahl in diesem Tarifgebiet (BAG 10.6.1980 aaO). Das Schrifttum reagierte überwiegend negativ und wies auf die unbeantwortet gebliebenen Fragen hin, die sich aus einer Vielzahl von Rechenbeispielen ergeben (*Hanau* AfP 1980, Sonderdruck S 1; *Rüthers* NJW 1984, 205). Die folgenden Aussperrungsentscheidungen stellen auf die Arithmetik nicht mehr entscheidend ab, sondern betonen die Notwendigkeit, bei der Beurteilung der Verhältnismäßigkeit die jeweiligen Umstände heranzuziehen, die zur Abwehraussperrung geführt haben, wobei allerdings nur Kriterien berücksichtigt werden, die einer typisierenden Betrachtung zugänglich sind (BAG 11.8.1992, 7.6.1988 und 12.3.1985 AP Nr 124, 107 und Nr 84 zu Art 9 GG Arbeitskampf). Dabei bleibt die **Menge** der streikenden und ausgesperrten Arbeitnehmer allerdings ein **wichtiger** Gesichtspunkt („das Missverhältnis ist ein wichtiges Indiz") bei der Bewertung, ob die Aussperrung **geeignet, erforderlich** und **proportional** war (BAG 12.3.1985 AP Nr 84 zu Art 9 GG Arbeitskampf), um die **Verhandlungsparität** zu wahren. Eine Maßnahme, die nicht mehr der Sicherung des Verhandlungsgleichgewichts dient, ist übermäßige Reaktion und daher rechtswidrig (BAG 12.3.1985 aaO).

434 **Unberücksichtigt** bleiben bei der Beurteilung der Verhältnismäßigkeit die Arbeitnehmer, die infolge arbeitskampfbedingter Betriebsstörungen aus technischen oder wirtschaftlichen Gründen nicht beschäftigt werden können und deshalb nach der Arbeitskampfrisikolehre ihre Lohnansprüche verlieren, sog **„kalte Aussperrung"** (BAG 7.6.1988 aaO).

435 **Bei der „Warnaussperrung"** als Reaktion auf einen kurzen Warnstreik kann auch der Faktor Zeit eine erhebliche Rolle spielen. So hat das BAG (11.8.1992 AP Nr 124 zu Art 9 GG Arbeitskampf) eine zweitägige Aussperrung als Antwort auf einen halbstündigen Streik nicht mehr als erforderlich für die Herstellung der Verhandlungsparität angesehen.

436 Der Arbeitgeber ist auch nicht gehindert, **kranke** und **schwerbehinderte** Arbeitnehmer auszusperren (BAG 7.6.1988 aaO). Auch bei Ihnen treten die Wirkungen der Suspendierung ein (Rn 431, 411).

437 Die dem Bundesarbeitsgericht bisher zugetragenen Fälle erforderten keine Stellungnahme dazu, ob die Aussperrung nur als abwehrendes Kampfmittel statthaft oder ob sie auch als erster Schritt eines Arbeitskampfes, als **Angriffsaussperrung**, zulässig sind. Das ist grundsätzlich zu bejahen (*Brox/Rüthers* Rn 186 f.; *Löwisch/Rieble* AR-Blattei, SD 170.2, Rn 49 bis 55; *Zöllner/Loritz* § 39 IV 1; aA *Gester/Wohlgemuth*, FS für Herschel, S 124). Sie ist aber bisher nur Gegenstand theoretischer Erörterungen gewesen, weil es in der Geschichte der Bundesrepublik zu diesem Kampfmittel nicht gekommen ist (in den Entscheidungen des BAG vom 10.6.1980 aaO klingen nicht unerhebliche Bedenken an).

b) Rechtsfolgen bei Rechtswidrigkeit

438 Gewerkschaften haben ebenso wie die Arbeitgeberverbände einen gesetzlichen Anspruch gegen den tariflichen Partner auf **Unterlassung** rechtswidriger Arbeitskampfmaßnahmen (BAG 26.4.1988 AP Nr 101 zu Art 9 GG Arbeitskampf). Die verfassungsrechtlich privilegierte Rechtsstellung der Koalitionen hat Rechtsgutcharakter iSd § 823 Abs 1 BGB.

439 Ist die Aussperrung rechtswidrig, so wird das Arbeitsverhältnis **nicht suspendiert** (sofern nicht der ausgesperrte Arbeitnehmer zugleich streikt). Bietet der Arbeitnehmer seine Arbeitskraft ordnungsgemäß an, so befindet sich der Arbeitgeber im **Annahmeverzug** und muss die geschuldete Vergütung für die Zeit der rechtswidrigen Aussperrung zahlen (BAG 11.8.1992 AP Nr 124 zu Art 9 GG Arbeitskampf). Das gilt nach Auffassung des BAG auch für den Fall, dass die Aussperrung als solche rechtmäßig ist, aber wegen Verletzung der Verhältnismäßigkeit **in zeitlicher Hinsicht rechtswidrig** ist. Der Lohnanspruch besteht für den gesamten Zeitraum der Suspendierung, nicht nur für den Zeitraum, der als unverhältnismäßige Spanne angesehen wurde (BAG aaO; aA *Löwisch/Rieble* DB 1993, 882).

III. Boykott

Ein Boykott liegt vor, wenn jemand versucht, einem anderen (dem Boykottierten) **440** rechtsgeschäftliche Abschlüsse zu verwehren. Das kann sich nicht nur auf den Abschluss von Arbeitsverträgen (Einstellung arbeitswilliger Arbeitnehmer während eines Arbeitskampfes) bzw die Auflösung von Arbeitsverhältnissen mit nicht kämpfenden Arbeitnehmern beziehen. Der Boykott kann auch darauf ausgerichtet sein, jegliche wirtschaftliche Entfaltung zu verhindern (Aufruf, keine Produkte des Boykottierten zu kaufen).

Der Boykott ist nach Auffassung des BAG (19.10.1976 AP Nr 6 zu § 1 TVG **441** Form) eine überkommene Arbeitskampfmaßnahme beider Seiten. Er ist **grundsätzlich statthaft.** Seine Grenzen ergeben sich ebenfalls aus dem Grundsätze der Verhältnismäßigkeit. Die Ankündigung einer in einem Zeitungsartikel kritisierten Gewerkschaft, über ihre Betriebs- und Personalräte zu versuchen, den Verkauf der kritisierenden Zeitung in Werkskantinen, an Kiosken und sonstigen Einrichtungen zu unterbinden, ist nicht vom Recht auf freie Meinungsäußerung nach Art 5 Abs 1 GG gedeckt und stellt einen unzulässigen, unmittelbaren betriebsbezogenen Eingriff in den Verlagsbetrieb der betroffenen Zeitung dar (LG Chemnitz 26.10.2004 AfP 2005, 80).

IV. Blockaden

Kein Arbeitskampfmittel, sondern **rechtswidrige Eingriffe** in den eingerichteten **442** und ausgeübten Gewerbebetrieb sind die Blockaden (Absperrungen von außen), zu denen Streikposten greifen, um die Anlieferung von Waren oder den Vertrieb von hergestellten Produkten zu verhindern sowie Kunden und arbeitswillige Kollegen am Betreten des Betriebs zu hindern (BAG 8.11.1988 und 21.6.1988 AP Nr 111 und 109 zu Art 9 GG Arbeitskampf). Ein blockierter Arbeitgeber hat gegen die blockierenden Streikposten und gegen die Gewerkschaft, wenn deren Vorstandsmitglieder die Blockade geplant, organisiert oder irgendwie gefördert haben, einen **Unterlassungs- und Schadensersatzanspruch.** Die Ansprüche gegen die Gewerkschaft bestehen nicht bereits deshalb, weil sie den Streik ausgerufen hat. Es müssen die Zurechnungsnormen der §§ 31 und 831 BGB erfüllt sein.

Dasselbe gilt für **Betriebsbesetzungen** ausgesperrter Arbeitnehmer. Die Beset- **443** zung ist kein Arbeitskampfmittel. Wer dazu greift, handelt rechtswidrig und kann auf Unterlassung und Schadensersatz in Anspruch genommen werden.

V. Flashmob

Streikbegleitende „Flashmob-Aktionen" der Gewerkschaften, die der Verfolgung **443a** tariflicher Ziele dienen, unterfallen dem Schutzbereich des Art 9 Abs 3 GG (BAG 22.9.2009 AP Nr 174 zu Art 9 GG Arbeitskampf). In dem entschiedenen Fall führten kurzfristig aufgerufene Teilnehmer durch den Kauf geringwertiger Waren oder das Befüllen oder Stehenlassen von Einkaufswagen in einem Einzelhandelsgeschäft eine Störung betrieblicher Abläufe herbei. Eine derartige Aktion greift zwar in den eingerichteten und ausgeübten Gewerbebetrieb des Arbeitgebers ein. Er kann aber aus Gründen des Arbeitskampfes gerechtfertigt sein. Bei der Anwendung des Grundsatzes der Verhältnismäßigkeit erweisen sich streikbegleitende „Flashmob-Aktionen" nicht als generell rechtswidrig. Der Arbeitgeberseite stehen in diesem Fall nach Auffassung des BAG wirksame Verteidigungsmöglichkeiten zur Verfügung. Er habe grundsätzlich die Möglichkeit, gegenüber den Aktionsteilnehmern von seinem Hausrecht Gebrauch zu machen. Er habe ferner die Möglichkeit, der gewerkschaftlichen Arbeitskampfmaßnahme durch eine vorübergehende Betriebsschließung zu begegnen. Die gegen das Urteil des BAG erhobene Verfassungsbeschwerde hatte keinen Erfolg (BVerfG 26.3.2014 NZA 2014, 493).

VI. Maßregelungsverbote

444　Mitunter sind die betroffenen Arbeitgeber eines Arbeitskampfes versucht, die Arbeitnehmer von einer Beteiligung am Streik abzuhalten. Das Mittel dazu ist die sog **„Streikbruchprämie"**, die während eines Arbeitskampfes für die Weiterarbeit versprochen wird. Die Rechtmäßigkeit dieser Maßnahme ist im Schrifttum umstritten. Das BAG (13.7.1993 AP Nr 127 zu Art 9 GG) „neigt" dazu, das Verhalten als zulässiges Arbeitskampfmittel anzusehen. Es musste die Rechtsfrage nicht entscheiden, weil die Tarifvertragsparteien nach Beendigung des Kampfes ein tarifliches Maßregelungsverbot vereinbart hatten, wonach jede persönliche Maßregelung von Beschäftigten wegen Beteiligung an einem Tarifkonflikt zu unterbleiben hatte.

445　Ein Maßregelungsverbot diesen Inhalts gestattet es nicht, allein an die arbeitenden Mitarbeiter während eines Arbeitskampfes oder danach eine besondere Vergütung **(Zulage, Prämie)** zu zahlen (BAG 28.7.1992, 17.9.1991 und 4.8.1987 AP Nr 123, 120 und Nr 88 zu Art 9 Arbeitskampf [dazu auch BVerfG 11.4.1988 AP Nr 88a zu Art 9 GG Arbeitskampf]). Aus einem Maßregelungsbestimmung kann sich auch ein Verbot der **Gratifikationskürzung** ergeben (BAG 4.8.1987 AP Nr 89 zu Art 9 GG Arbeitskampf). Die Maßregelungsklausel im MTV/Tageszeitungen vom 25.2.2004, nach der das Arbeitsverhältnis „durch die Arbeitskampfmaßnahme als nicht ruhend" gilt, steht der Minderung einer tariflichen Jahresleistung entgegen, deren Höhe „für Zeiten unbezahlter Arbeitsbefreiung" gekürzt wird (BAG 13.2.2007 AP Nr 18 zu § 1 TVG Tarifverträge: Presse). Etwas anderes gilt nur, wenn es für die Unterscheidung nach der Streikbeteiligung einen sachlichen Grund gibt.

C. Besonderheiten beim Arbeitskampf im Presseunternehmen

446　Der hohe Stellenwert, den das Bundesverfassungsgericht der Pressefreiheit beimisst (BVerfGE 20, 162 = NJW 1966, 1603 „Spiegelurteil"), führt nicht zu dem Schluss, im Pressebereich könne es generell keine Arbeitskämpfe geben. Die notwendig privatwirtschaftliche Organisation des Presseunternehmens hat zur Folge, dass es sich den privatwirtschaftlichen Gegebenheiten zu stellen hat. Dazu gehört der Findungsprozess von Arbeits- und Wirtschaftsbedingungen, dh. Tarifverhandlungen und deren Begleiterscheinungen wie Arbeitskampfmaßnahmen (heute fast einhellige Meinung: § 1 LPG Rn 121; *Brox/Rüthers* Rn 96; *Ricker/Weberling* 36. Kapitel Rn 22; MünchArbR/*Giesen* § 336 Rn 31; *Reuter* S 963; *Rüthers* BB 1990, Beilage 25). Es bleibt nur zu beurteilen, ob Einzelfragen des Arbeitskampfrechts angesichts der Bedeutung der Pressefreiheit und der Kollision mit dem garantierten Arbeitskampfrecht in diesem Bereich, insbesondere bei der Bestimmung der **Rechtmäßigkeit** einer Arbeitskampfmaßnahme **abweichend** beantwortet werden müssen. Dabei sollte unterschieden werden zwischen Arbeitskämpfen in der Redaktion und solchen in anderen Bereichen eines Unternehmens, namentlich im Druck (das geschieht im Schrifttum durchgängig nicht). In der Vergangenheit waren nur Arbeitskämpfe in der Druckindustrie rechtlich zu beurteilen, die allerdings erhebliche Auswirkungen auf die redaktionelle Bearbeitung von Presseerzeugnissen hatten.

I. Arbeitskämpfe in der Druckindustrie

447　Die Arbeitskämpfe in der Druckindustrie unterliegen den **allgemeinen Regeln** des Arbeitskampfrechts. Generelle Einschränkungen in dem Sinn, Arbeitskämpfe müssten die Presse schonen, sind nicht anzuerkennen (BAG 12.3.1985 AP Nr 84 zu Art 9 GG Arbeitskampf; jetzt auch *Schaffeld/Hörle* C. Rn 190). Im Einzelnen gilt:

1. Streik

Ein Streik in der Druckindustrie führt regelmäßig wenigstens im lokalen Bereich zu einer **Informationsverknappung** auf Seiten der **Kunden von Presseerzeugnissen**. Dadurch wird der Streik aber nicht rechtswidrig. Bürger und Verleger müssen das im Arbeitskampf hinnehmen. Es besteht auch keine Verpflichtung der Arbeitskampfparteien, eine **Notausgabe** sicherzustellen. Die Grundsätze über den Schutz lebenswichtiger Betriebe sind nicht entsprechend anzuwenden (§ 1 LPG Rn 121; *Brox/Rüthers* Rn 97; *Reuter* S 964; aA *Ricker/Weberling* 36. Kapitel Rn 22 und *Ricker* NJW 1980, 157, 158). Das gilt auch für den Warnstreik. Eine Pflicht der Arbeitnehmer, im Warnstreik an einer Notausgabe mitzuwirken, besteht nicht. **448**

Rechtswidrig wäre allerdings ein Streik, der das Erscheinen **sämtlicher Presseerzeugnisse** verhindern soll. Eine totale Ausschaltung der Presse läßt sich auch nicht mit den Informationsmöglichkeiten über Rundfunk und Fernsehen rechtfertigen. Die nicht angetastete Rundfunkfreiheit kompensiert den totalen Ausschluss einer Pressetätigkeit nicht (*Brox/Rüthers* Rn 96 und *Rüthers* BB 1990, Beilage 25 sowie *Reuter* S 946, die Rechtswidrigkeit wegen Verknappung des Informationsflusses wohl erst dann annehmen, wenn alle Massenmedien bestreikt werden; nicht hinreichend deutlich BAG 12.3.1985 Rn 447). **449**

Unrechtmäßig wäre auch ein Streik, der sich nur gegen Betriebe eines Unternehmens richtet, dessen **Tendenz** bekämpft werden soll (BAG 12.3.1985 Rn 447). Es gehört zum Wesen der Presse, dass vielfältige Meinungen vertreten werden. Die Pressefreiheit wäre im Kern gefährdet, wenn unliebsame Meinungen mit dem Mittel des Arbeitskampfes zum Verstummen gebracht werden sollen, auch wenn vordergründig tarifrechtliche Forderungen vorgetragen werden. Das gilt auch, wenn in einem Betrieb verfassungsfeindliche Druckwerke gefertigt werden. Es ist nicht Aufgabe des Arbeitskampfes, dagegen vorzugehen, sondern Pflicht des Staates, mit rechtlich gebotenen und erlaubten Mittel einzuschreiten. **450**

Betriebsblockaden, die die Auslieferung von trotz Streiks gefertigter Presseprodukte verhindern sollen, sind unstatthaft. Dabei handelt es sich aber nicht um eine pressespezifische Besonderheit. Blockaden dieser Art sind regelmäßig rechtswidrig (siehe oben Rn 442 f.). **451**

Ähnliches gilt für die Maßnahmen, die auf technischem Gebiet ergriffen werden, um die Auslieferung einer Zeitung oder eines Teils zu verhindern (Eingriff in den Satz, damit „**weiße Blätter**" erscheinen). Hierbei handelt es sich um strafbare Handlungen, nicht um eine Streikmaßnahme. Der Streik berechtigt die Arbeitnehmer, ihre Arbeitspflicht zu ignorieren, nicht aber zu rechtswidrigen Sachbeschädigungen (*Brox/Rüthers* Rn 97; *Ricker/Weberling* Kapitel 36 Rn 28; *Reuter* S 963). **452**

2. Der Sympathiestreik im Druck- und Verlagsbereich

Die Fragestellungen, ob ein **unterstützender Arbeitskampf** (Sympathiestreik, Solidaritätsstreik; siehe oben Rn 424) von Arbeitnehmern der Druckindustrie oder der Verlagsbetriebe zugunsten der jeweils anderen, sich im Ausstand befindenden Arbeitnehmergruppe rechtlich zulässig ist oder nicht und welche Voraussetzungen ein ggf zulässiger Streik erfüllen muss, ist für den **Pressebereich von besonderer Bedeutung.** Diese Streikform ist in der Vergangenheit vorrangig gerade in diesem Gewerbe angewandt worden. Das darf nicht verwundern, weil die engen Beziehungen zweier verwandter Produktionszweige einmal arbeitskampftaktisch den größtmöglichen Erfolg versprechen. Zum anderen finden sich in diesem Bereich enge wirt- **453** schaftliche und konzernrechtliche Verflechtungen, die geradezu für einen von der Rechtsprechung des BAG genannten Ausnahmefall vom grundsätzlichen Verdikt gegen den Sympathiestreik zu sprechen scheinen. Die Fragestellungen sind zusätzlich noch dadurch bedeutsamer geworden, dass auf der Organisationsebene der Arbeitnehmer durch die Konzentration in Form von ver.di eine „vereinfachte" Tarifzuständigkeit vorliegt.

454 Die Probleme sind **höchstrichterlich** bisher **nicht beantwortet**. Es finden sich nur instanzgerichtliche Entscheidungen. So hat sich zB das Arbeitsgericht Bonn dazu in einem Verfahren des einstweiligen Rechtsschutzes geäußert, dabei aber offen gelassen, ob der dort zur Bewertung anstehende Sympathiestreik rechtswidrig gewesen ist, (das Verfahren ist – unzutreffend – mit anderweitiger Begründung entschieden worden), dabei aber Sympathien für die Rechtmäßigkeit des Streiks anklingen lassen (9.3.1989 AfP 1989, 783; weitere Hinweise auf Entscheidungen bei *Konzen*, FS für Molitor, Fußnoten 23 und 24).

455 Im **Schrifttum** gibt es vielfältige, in allen Detailfragen umstrittene Lösungsangebote. Sie reichen von der Ablehnung jeglicher Unterstützung von Arbeitnehmern außerhalb des jeweiligen Geltungsbereichs des umkämpften Tarifvertrags (*Löffler/Ricker* 36. Kapitel Rn 25; *Lieb* RdA 1991, 145; *Berger-Delhey* Anm in AfP 1989, 785) über differenzierende Betrachtungsweisen (*Konzen* DB 1990, Beilage 6; *Lieb* RdA 1991, 145; *Löwisch/Rieble* AR-Blattei SD 170.2, Rn 162 bis 170; *Rüthers* BB 1990, Beilage 25) bis zur Befürwortung einer Unterstützung durch Mitglieder derselben Gewerkschaft (*Birk* aaO). Die weitaus überwiegende Mehrheit kommt trotz unterschiedlicher Ansätze und Schwerpunkte zum Ergebnis, dass die **bisherigen Unterstützungsarbeitskämpfe** im Druck- und Verlagsgewerbe **rechtswidrig** gewesen sind. Diese Bewertungen sind zutreffend.

456 Der **Sympathiearbeitskampf** von Druckern im Streik der Redakteure und umgekehrt ist **regelmäßig rechtswidrig,** weil sie weder geeignet noch erforderlich iS des Verhältnismäßigkeitsgrundsatzes sind. Ebenso wenig sind sie zur Herstellung der notwendigen Parität geboten. Unterstützungsarbeitskämpfe wie Sympathiestreik oder Solidaritätsstreik von Arbeitnehmern, die nicht unmittelbar in den Genuss der im Streikziel genannten Vorteile kommen können und die daher keinen eigenen Arbeitskampf führen, sind aus verfassungsrechtlichen und aus Gründen des einfachen Rechts nur denkbar, wenn
– die unterstützenden Arbeitnehmer in demselben Betrieb oder einem anderen Betrieb desselben Unternehmens beschäftigt werden wie die streikenden Arbeitnehmer (Einheit der Belegschaft),
– die unterstützenden Arbeitnehmer derselben Arbeitnehmerorganisation angehören wie die kämpfenden Arbeitnehmer und sich der Unterstützungsstreik gegen denselben Arbeitgeberverband (oder Arbeitgeber) richtet wie der Hauptarbeitskampf (gemeinsame Tarifzuständigkeit),
– der bestreikte Betrieb im selben Kampfgebiet liegt, wie der im Hauptarbeitskampf bestreikte Betrieb.

457 Die **wirtschaftliche und konzernmäßige Verflechtung** von Druckbetrieben mit einem Zeitungs- oder Zeitschriftenverlag kann entgegen der in der Form von obiter dicta erfolgten Aussagen des BAG keine Ausnahme rechtfertigen (so zutreffend die überwiegende Auffassung im Schrifttum: vgl *Rüthers* BB 1990, Beilage 25; *Konzen* DB 1990, Beilage 6; *Lieb* RdA 1991, 145). Abgesehen davon, dass nicht erkennbar ist, dass bei solchen Unterstützungen die arbeitskampfrechtliche Erforderlichkeit gegeben ist, und eine Verknüpfung mit dem Paritätsgedanken nicht stattgefunden hat, fehlt ein Abgleich mit den Schranken des Aussperrungsrechts. Wären Sympathiearbeitskämpfe außerhalb des (räumlichen, fachlichen) Geltungsbereichs eines Tarifvertrags möglich, müsste die Aussage (BAG 10.6.1980 AP Nr 64 zu Art 9 GG Arbeitskampf) korrigiert werden, das Tarifgebiet sei das erste Maß zur Beurteilung der Rechtmäßigkeit eines Arbeitskampfes.

6. Kapitel. Arbeitskampf im Presseunternehmen

2. Aussperrung

Den Arbeitgebern der Druckindustrie steht das Recht zur Aussperrung nach Maßgabe des vom Bundesarbeitsgericht näher beschriebenen Grundsatzes der Verhältnismäßigkeit zu. Das gilt prinzipiell auch für die genannten Quoten (Rn 433). Das ist im Schrifttum in der Vergangenheit zwar heftig umstritten gewesen (ausführlich *Rüthers* NJW 1984, 201; *Gester/Wohlgemuth* FS für Herschel, S 119) und teilweise mit der Forderung verbunden gewesen, die besondere Wettbewerbssituation in der Presse und das besondere Rechtsgut der Pressefreiheit erfordere eine Abkehr von der starren Quotenregelung (*Rüthers* aaO; zurückhaltend *Hanau* AfP 1980 aaO). Der Streit darüber hat aber an Bedeutung verloren, nachdem das Bundesarbeitsgericht in jüngerer Zeit den Schwerpunkt für die Überprüfung, ob der Grundsatz der Verhältnismäßigkeit eingehalten ist, auf die typisierten Umstände des Einzelfalles verlagert hat (siehe oben Rn 433). Damit können neben den Zahlen von streikenden und ausgesperrten Arbeitnehmern die Eigenarten im jeweiligen Arbeitskampf eines Presse- und Druckunternehmens vorgebracht und berücksichtigt werden. **458**

II. Arbeitskämpfe in der Redaktion

Arbeitskämpfe um tarifvertragliche Regelungen der Redakteure sind in der Geschichte der Bundesrepublik **selten**. Sie sind allerdings **grundsätzlich statthaft** (heute hM: *Schaffeld/Hörle* C. Rn 190), soweit sie die Regelungen verändern wollen, die bereits Gegenstand der Manteltarifverträge für Zeitungs- und Zeitschriftenredakteure sind, wie dies bei dem gewerkschaftlich geführten Streik zur Durchsetzung des MTV/Tageszeitungen von Dezember 2003 bis Februar 2004 der Fall war. Es ist auch ein rechtmäßiger Arbeitskampf für allgemeine Arbeitsbedingungen denkbar, die jetzt noch nicht tarifrechtlich geregelt sind. **459**

Unzulässig sind hingegen Arbeitskämpfe mit dem Ziel, die „innere Pressefreiheit" zu verbessern. Das gilt gleichermaßen für die Kampfziele **460**
Veränderung der Tendenz
Neuaufteilung der redaktionellen Kompetenzen
Bildung eines Redaktionsausschusses
Erweiterung der Mitbestimmung im personellen Bereich.
Es handelt sich in allen Fällen um Regelungen, die der Tarifmacht von Tarifvertragsparteien nicht unterliegen (oben Rn 397 ff.).

Titelschutz

Schrifttum: *Ahrens,* Die Notwendigkeit eines Geschäftsbetriebserfordernisses für Geschäftsbezeichnungen nach dem neuen Markengesetz, GRUR 1995, 635; *Arras,* Die wettbewerbsrechtliche Bedeutung der Titelschutzanzeige, GRUR 1988, 356; *Bappert,* Der Titelschutz, GRUR 1949, 189; *Baronikians,* Der Schutz des Werktitels, 2008; *Baumbach/Hefermehl* Wettbewerbsrecht 17. A., 1993 (letztmalige Kommentierung des § 16 UWG aF in diesem Werk); *v Becker,* Neue Tendenzen im Titelschutz AfP 2004, 25; *Berlit,* Das neue Markenrecht, 8. Aufl, 2010; *ders,* Änderungen des UWG durch das Markenrechtsreformgesetz, NJW 1995, 365; *Betten,* Titelschutz von Computerprogrammen, GRUR 1995, 5; *Bosten,* Auswirkungen der neueren Rechtsprechung zum Titelschutz, WRP 2000, 836; *Bosten/Prinz,* Wettbewerbsrechtlicher Titelschutz durch Titelschutzanzeige, AfP 1991, 361; *Bürglen,* Die Verfremdung bekannter Marken zu Scherzartikeln, Festschrift für Gaedertz, 1992, 71; *Deutsch,* Der urheberrechtliche Titelschutz, GRUR 1985, 330; *ders,* Quo vadis, BGH, beim Titelschutz?, GRUR 1994, 673; *ders,* Zur Markenverunglimpfung GRUR 1995, 319; *ders,* Allgemeiner Kennzeichenschutz für geistige Produkte – eine Erwiderung, GRUR 2000, 126; *ders,* Titelschutz bei gemeinfrei gewordenen Werken WRP 2000, 1375; *ders,* Die „Tagesschau"-Urteile des Bundesgerichtshofs, GRUR 2002, 308; *ders,* Die Anspruchsberechtigung bei Unternehmenskennzeichen und Werktiteln, FS für Winfried Tilmann, 2003; 273; *ders,* Zusätzlicher Schutz für Werktitel durch Markeneintragung, GRUR 2004. 642; *Deutsch/Ellerbrock,* Titelschutz, 2. Aufl, 2004; *Feindor,* Die medienübergreifende Verwertung von Werktiteln, 2004; *Fezer,* Zum Anwendungsbereich des Werktitelrechts, GRUR 2001, 369; *Frommeyer,* Marke und Werktitel beim „edlen Indianerhäuptling" GRUR 2003, 919; *Fuchs,* Allgemeiner Kennzeichenschutz für geistige Produkte – zugleich ein Beitrag zum Verhältnis von Werktitel und Marke, GRUR 1999, 460; *Füllkrug,* Eröffnet der Wegfall des Geschäftsbetriebes die Möglichkeit, Formalrechte zu missbrauchen?, GRUR 1994, 679; *ders,* Spekulationsmarken und ihre Löschung, WRP 1995, 378; *von Gamm,* Zur Warenzeichenrechtsreform, WRP 1993, 793, *ders,* Schwerpunkte des neuen Markenrechts, GRUR 1994, 775; *Giefers/May,* Markenschutz, 5. Aufl, 2003; *Grünberger,* Rechtliche Probleme der Markenparodie unter Einbeziehung amerikanischer Fallmaterials, GRUR 1994, 246; *Grunewald,* Der Schutz bekannter Marken vor dem Vertrieb branchenfremder Waren unter Benutzung übereinstimmender Zeichen, NJW 1987, 105; *Heidenreich,* Anm. zu LG München I GRUR-RR 2010, 34, GRUR-RR 2010, 337; *Heim,* Der kennzeichenrechtliche Schutz des Filmtitels, 2003; *ders,* Das Rechtsinstitut der Titelschutzanzeige, AfP 2004, 19; *Hertin,* Schutz des Titels an urheberrechtlich gemeinfrei gewordenen Werken und fiktiven Figuren? WRP 2000. 889; *Hoene,* Hat es doch nicht gestimmt? K&R 2012, 817; *dies,* Aktuelle Entwicklungen des Titelschutzrechtes, K&R 2013, 692; *Hoepffner,* Der Schutz von Zeitschriftentiteln aus wettbewerbsrechtlicher Sicht, GRUR 1983, 513; *Hotz,* Der Schutz des Werktitels gegen Verwechslungsgefahr, GRUR 2005, 304; *Ingerl/Rohnke,* Die Umsetzung der Markenrechtsrichtlinie durch das deutsche Markengesetz, NJW 1994, 1247; *Jacobs,* Werktitelschutz für Computerspiele und Computerprogramme GRUR 1996, 601; *Kicker,* wettbewerbsrechtlicher Titelschutz – grenzenlos? Festschrift für Gaedertz, 1992, 273; *Kunz-Hallstein,* Ähnlichkeit und Verwechslungsgefahr, GRUR 1996, 6; *Lehmann,* Titelschutz von Computerprogrammen, GRUR 1995, 250; *Lindner/Schrell,* Die Gemeinschaftsmarke im Überblick, WRP 1996, 94; *J. Löffler,* Domainvergabe und EBusiness in *Kamenz* (Hrsg), FS Applied Marketing, S 389; *ders,* Mehrfachkennzeichnungen und Verwechslungsgefahr bei Werktiteln am Beispielsfall „Die drei ??? Das Geheimnis der Geisterinsel" GRUR-Prax 2010, 545; *ders,* Werktitelschutz und Verwechslungsgefahr bei Apps, GRUR-Prax 2013, 540; *Mangini,* Die Marke: Niedergang der Herkunftsfunktion? GRURInt 2013; *Risthaus,* Erfahrungssätze, 462; *Metzger,* Der Titelschutz von Film-, Hörfunk- und Buchreihen, 1992; *Mittas,* Der Schutz des Werktitels nach UWG, WZG und MarkenG, 1995; *Neuwald/v Bey/Vonnahme,* Im Spannungsfeld von urheberrechtlicher Gemeinfreiheit und Titelschutz, Anmerkungen zu OLG München, GRUR-RR 2009, 307 – „Der Seewolf", GRUR-RR 2009, 281; *Ochs,* Die Titelschutzanzeige – Voraussetzungen des vorgezogenen Titelschutzes, WRP 1987, 651; *Oelschlägel,* Der Titelschutz von Büchern, Bühnenwerken, Zeitungen und Zeitschriften, 1997; *ders,* Zur markenrechtlichen Schutzmöglichkeit von Druckschriftentiteln, GRUR 1998, 981; *Ossing,* Der kennzeichenrechtliche Schutz der Bezeichnung einer Druckschrift und sonstiger Werke, GRUR 1992, 85; *Rath-Glawatz,* Die Namen von kommunalen Verwaltungseinheiten im Titel von Medienangeboten AfP 2002, 115; *Risthaus,* Erfahrungssätze im Kennzeichenrecht, 2003; *Röder,* Schutz des Werktitels, GRUR 1970; *Ruprecht,* Achtung Falle! Titelschutz für Softwaremarken, WRP 1996, 385; *Schricker,* Der Schutz des Werktitels im neuen Kennzeichenrecht, Festschrift f Ralf Vieregge, 1995, 774; *v Schultz* (Hrsg), Markenrecht, 2002; *Starck,* Marken und sonstige Kennzeichenrechte als verkehrsfähige Wirtschaftsgüter, WRP 1994, 698; *Teplitzky,* Zu Fragen des Werktitelschutzes vor Erscheinen des Werks, GRUR 1974, 91; *ders,* Titelschutz GRUR 1993, 645; *ders,* Verwechslungsgefahr und Warenähnlichkeit im neuen Markenrecht, GRUR 1996, 1; *ders,* Aktuelle Fragen beim Titelschutz, AfP 1997, 450; *Thiering,* Keine Verwechslungsgefahr von Kolumnentiteln – „Stimmt's", GRUR-Prax-2012, 509; *Tilmann,* Das neue Markenrecht und die Herkunftsfunktion, ZHR 158 (1994), 371; *Tönjes* Der Rechtsschutz des Zeitungs- und Zeitschriftentitels nach geltendem Recht, 1969; *Viefhues/Emsingshoff,* Zur Verwechslungsgefahr bei Rubriktiteln in Zeitschriften, AfP

# BT Titelschutz

2008, 358; *Zöllner/Lehmann,* Kennzeichen- und lauterkeitsrechtlicher Schutz für Apps, GRUR 2014, 431.

Inhaltsübersicht

		Rn
A.	**Vorbemerkung**	1
B.	**Grundlagen des presserechtlichen Titelschutzes**	2–16
	I. Begriff und Bedeutung des Titels bei Presseerzeugnissen	2, 3
	II. Titel von Presseerzeugnissen im System der Kennzeichenrechte	4–14
	1. Werktitel als geschäftliche Kennzeichen	4
	2. Einordnung und Arten geschäftlicher Kennzeichen, Entstehung des Schutzes	5–9
	3. Funktionen geschäftlicher Kennzeichen	10–12
	4. Sonderrolle der Medientitel innerhalb der Werktitel	13, 14
	III. Rechtliche Grundlagen des Titelschutzes	15, 16
C.	**Werktitelschutz**	17–169
	I. Grundlagen	17
	II. Bedeutung der Reform des Markenrechts für den Titelschutz	18–21
	III. Schutzfähige Werktitel	22–35
	1. Werkcharakter des Schutzobjekts?	22, 23
	2. Druckschriften	24, 25
	3. Filmwerke, Tonwerke, Bühnenwerke	26
	4. Sonstige vergleichbare Werke	27–35
	IV. Unterscheidungs- bzw Kennzeichnungskraft des Titels	36–59
	1. Begriff	36, 37
	2. Ausmaß der Unterscheidungskraft	38, 39
	3. Notwendige Unterscheidungskraft bei einzelnen Werkkategorien	40–51
	a) Notwendigkeit einer Differenzierung nach Werkkategorien	40
	b) Zeitungen	41, 42
	c) Zeitschriften	43–45
	d) Rundfunksendungen	46, 47
	e) Bücher	48, 49
	f) Sonstige Werke (Tonträger, Filmwerke, Software etc)	50, 51
	4. Schutz von Titelbestandteilen und Abkürzungen	52–55
	5. Überwindung mangelnder originärer Unterscheidungskraft durch Verkehrsgeltung	56–59
	V. Entstehung des Titelschutzes	60–96
	1. Grundlagen der Entstehung	60, 61
	2. Akzessorietät von Werk und Werktitel	62–65
	3. Begriff der Benutzungsaufnahme bei Werktiteln	66–73
	a) Druckschriften (insbesondere Zeitungen und Zeitschriften)	66–70
	b) Sonstige Werke	71, 72
	c) Benutzung im geschäftlichen Verkehr	73
	4. Vorverlagerung der Priorität durch Titelschutzanzeigen	74–95
	a) Grundlagen des Rechtsinstituts Titelschutzanzeige	74, 75
	b) Öffentliche Ankündigung durch Titelschutzanzeige	76, 77
	c) Veröffentlichung ein einem branchenüblichen Publikationsorgan	79–81
	d) Entwicklungsstadium des Werkes bei Veröffentlichung	82
	e) Tatsächliches Erscheinen des angekündigten Werkes binnen angemessener Frist	83, 84
	f) Sammel-Titelschutzanzeigen	85, 86
	g) Wirkung der Titelschutzanzeige	87–93
	h) Verlust der Prioritätsverlagerung, Wiederholungsanzeigen	94, 95
	5. Entstehung des Titelschutzes bei nicht originär kennzeichnungskräftigen Titeln	96

Inhaltsübersicht　　　　　　　　　　　　　　　　　　　　Titelschutz BT

	Rn
VI. Inhaber des Rechts am Werktitel	97–101
VII. Ende des Titelschutzes	102–107
VIII. Umfang des Titelschutzes, Titelverletzung	108–169
1. Sachlicher Schutzumfang	108–110
2. Räumlicher Schutzumfang	111, 112
3. Relevante Benutzungshandlungen	113–117
a) Titelmäßige Benutzung	113–115
b) Benutzung einer Werktitels als Marke oder Unternehmenskennzeichen	116, 117
4. Unbefugte Benutzung	118
5. Verwechslungsgefahr	119–139
a) Anknüpfung an § 16 UWG aF und Einheitlichkeit der Grundbegriffe des Kennzeichenrechts	119–121
b) Begriff und Grundsätze der Verwechslungsgefahr	122–125
c) Arten der Verwechslungsgefahr	126–130
d) Schutz von Werktiteln gegen unmittelbare Verwechslungsgefahr (im engeren Sinne)	131
e) Schutz von Werktiteln gegen mittelbare Verwechslungsgefahr und Verwechslungsgefahr im weiteren Sinne	132–139
6. Komponenten der Verwechslungsgefahr	140–157
a) Wechselwirkung zwischen Zeichenähnlichkeit, Kennzeichnungskraft und Werk- bzw. Branchennähe	140
b) Besonderheiten der Zeichen- bzw. Titelähnlichkeit bei Werktiteln	141–148
c) Besonderheiten der Unterscheidungskraft/Kennzeichnungskraft bei Werktiteln	149–151
d) Besonderheiten der Werknähe/Branchennähe bei Werktiteln	152–156
7. Beispiele zur Verwechslungsgefahr aus der Rechtsprechung	157–162
a) Ältere Rspr (überwiegend zu § 16 UWG aF)	157, 158
b) Ausgewählte Rspr zu §§ 5, 15 MarkenG	159–162
8. Besonderer Schutz bekannter Titel gegen Ausbeutung und Verwässerung der Kennzeichnungskraft	163–169
a) Anwendungsbereich	163, 164
b) Im Inland bekannter Werktitel	165
c) Unlauterkeit	166
d) Verletzungstatbestände	167
e) Beispiele aus der Rspr.	168–169
D. Schutz von Werktiteln als Marke	170–194
I. Grundlagen	170
II. Vorteile des ergänzenden Markenschutzes	171–173
III. Rechtsentwicklung bis zum Inkrafttreten des MarkenG	174–176
IV. Generelle Markenfähigkeit von Werktiteln	177
V. Eintragungsfähigkeit von Werktiteln: absolute Schutzhindernisse	178–191
1. Absolute Eintragungshindernisse (§ 8 MarkenG)	178–179
2. Unterscheidungskraft (§ 8 Abs 2 Nr 1 MarkenG)	180–184
3. Beschreibende Zeichen oder Angaben (§ 8 Abs 2 Nr 2 MarkenG)	185–188
4. Sonstige Eintragungshindernisse	189
5. Überwindung der absoluten Eintragungshindernisse durch Verkehrsdurchsetzung	190, 191
VI. Werktitel als nicht eingetragene Benutzungsmarken	192
VII. Schutzumfang bei Werktiteln mit Markenschutz, Verwechslungsgefahr	193, 194
E. Werktitelschutz außerhalb des MarkenG	195–216
I. Historische Entwicklung des markenrechtlichen Werktitelschutzes im Verhältnis zu anderen Schutzmöglichkeiten	195–201
II. Wettbewerbsrechtlicher Titelschutz	202–205

BT Titelschutz

		Rn
III.	Namensrechtlicher Titelschutz	206–210
IV.	Urheberrechtlicher Titelschutz	211, 212
V.	Sonstiger Titelschutz	213–216
	1. Handelsrechtlicher Firmenschutz (§ 37 HGB)	213
	2. Schutz eines Werktitels als Unternehmenskennzeichen nach § 5 Abs 2 MarkenG	214
	3. Sonstiger zivilrechtlicher Titelschutz	215, 216
F.	Übertragung und Lizenzierung von Werktiteln	217–232
	1. Werktitel als Gegenstand des Rechtsverkehrs	217
	2. Übertragung und Lizenzierung eines als Marke geschützten Werktitels	218–219
	3. Verkehrsfähigkeit der nach den §§ 5, 15 MarkenG geschützten Werktitel	220–230
	a) Übertragung	220–227
	b) Lizenzierung	228–230
	4. Übertragung und Lizenzierung sonstiger Rechte an Werktiteln	231, 232
G.	Besonderheiten titelschutzrechtlicher Ansprüche	233–256
	1. Allgemeines	233
	2. Mögliche Anspruchsgrundlagen	234
	3. Aktiv- und Passivlegitimation	235, 236
	a) Aktivlegitimation	235
	b) Passivlegitimation	236
	4. Unterlassungsanspruch	237–241
	5. Schadensersatzanspruch	242–251
	6. Beseitigungsanspruch	252, 253
	7. Bereicherungsanspruch	254
	8. Auskunftsanspruch	255, 256
H.	Anspruchsschranken	257–277
	1. Allgemeines	257
	2. Verjährung (§ 20 MarkenG)	258, 259
	3. Verwirkung (§ 21 MarkenG)	260–262
	4. Erlaubte Benutzung von Namen und beschreibenden Angaben (§ 23 MarkenG)	263–270
	5. Sonstige markenrechtliche Schranken	271–273
	6. Verfassungsrechtliche Schranken des Werktitelschutzes	274–277
I.	Internationaler Titelschutz	278–282

A. Vorbemerkung

1 Der Fokus des Beitrags liegt in der von *Martin Löffler* begründeten Tradition dieses Kommentars auf dem **presserechtlichen Titelschutz** also auf dem Schutz von Druckwerken im presserechtlichen Sinne (zum Pressebegriff § 7 LPG Rn 7 ff.). Wegen der besonderen Sachnähe wird aber auch der Schutz der Namen und besonderen Bezeichnungen von regelmäßig veranstalteten Rundfunksendungen, Fernsehformaten, Online-Zeitungen etc. eingehend behandelt. Der Titelschutz für andere Werkkategorien (zB für Tonträger, Bühnenwerke, Festspielveranstaltungen, Software, Spiele etc) wird in die Darstellung mit einbezogen, soweit dies unter Berücksichtigung der erwähnten Zielsetzung sinnvoll ist.

B. Grundlagen des presserechtlichen Titelschutzes

I. Begriff und Bedeutung des Titels bei Presseerzeugnissen

2 Der Titel ist nach inzwischen historisch gewordenem presse- und medienrechtlichem Verständnis die **besondere Bezeichnung oder Überschrift,** unter der eine

B. Grundlagen des presserechtlichen Titelschutzes **Titelschutz BT**

Zeitung, eine Zeitschrift oder auch ein sonstiges Presseerzeugnis (zB ein reines Anzeigenblatt, dazu BT Anz Rn 150) in den Verkehr gebracht wird (eingehend zum Begriff des „Titels" und dessen Entwicklung *Tönjes,* Der Rechtsschutz des Zeitungs- und Zeitschriftentitels nach geltendem Recht, S 41 f.). Der Kunde oder Leser kann nur dann frei entscheiden, wenn er Zeitungen, Zeitschriften, Bücher, Rundfunksendungen etc auch voneinander unterscheiden kann.

Diese **grundlegende Unterscheidungsfunktion** (dazu Titelschutz BT Rn 10) teilen die Titel von Presseerzeugnissen mit den besonderen Bezeichnungen von Büchern, Filmen, Bühnenwerken, Tonträgern etc. Eingeführte und bekannte Zeitungs- und Zeitschriftentitel, wie zB „Die Welt", „Frankfurter Rundschau", „Frankfurter Allgemeine Zeitung", „Süddeutsche Zeitung", „Der Spiegel", „Focus", „Stern", verkörpern beträchtliche wirtschaftliche Werte. Oft sind sie ähnlich wie die Marke oder Marken eines Unternehmens der wertvollste Besitz eines Verlagsunternehmens überhaupt (vgl *Ricker/Weberling* Kap 70 Rn 1). Ähnliches gilt, wenn auch zumeist in geringerem Ausmaß für die Titel (Bezeichnungen) von Büchern, Filmen, Spielen, Tonträgern, Softwareprogrammen etc. Damit stellt sich für die Praxis die Frage nach dem rechtlichen Schutz von Zeitungs- und Zeitschriftentiteln, ihrer Übertragung und auch möglichen Ansprüchen aus der Verletzung von Titelschutzrechten.

3

II. Titel von Presseerzeugnissen im System der Kennzeichenrechte

1. Werktitel als geschäftliche Kennzeichen

Titel von Zeitungen und Zeitschriften gehören aus markenrechtlicher Sicht zu den sog „Werktiteln". § 5 Abs 3 MarkenG definiert **Werktitel** als „die Namen oder besonderen Bezeichnungen von Druckschriften, Filmwerken, Tonwerken, Bühnenwerken oder sonstigen vergleichbaren Werken." Das MarkenG ordnet die Werktitel in § 5 Abs 1 MarkenG gemeinsam mit den „Unternehmenskennzeichen", also „Zeichen, die im geschäftlichen Verkehr als Name, als Firma oder als besondere Bezeichnung eines Geschäftsbetriebs oder eines Unternehmens benutzt werden", unter den Oberbegriff der **„geschäftliche Bezeichnungen"** ein. Diese Zusammenfassung von zwei Materien, die offensichtlich so wenig miteinander zu tun haben, verwundert auf den ersten Blick, ist aber durch die Entstehungsgeschichte der Vorschrift im Hinblick auf § 16 UWG aF erklärbar (dazu Voraufl BT Titelschutz Rn 4, 10 ff.). „Geschäftliche Bezeichnungen" gehören gemeinsam mit Marken und geographischen Herkunftsangaben zu den **Kennzeichen**(-rechten), die durch das MarkenG geschützt werden (§ 1 MarkenG).

4

2. Einordnung und Arten geschäftlicher Kennzeichen, Entstehung des Schutzes

Die geschäftlichen Kennzeichen einschließlich der Werktitel, gehören, wie heute unstreitig ist, zu den **Immaterialgüterrechten** (vgl nur *Klippel* in Ekey/Klippel/Bender MarkenR E1 Rn 9 ff.; vgl aber BGH GRUR 1999, 252/254 – *Warsteiner II:* für geographische Herkunftsangaben nur „reflexartiger Schutz") und lassen sich auf Grund ihrer jeweiligen Kennzeichnungsobjekte in verschiedene **Kategorien** einteilen:

5

Zu den **Unternehmenskennzeichen,** die das Unternehmen als solches oder dessen Inhaber individualisieren, gehören alle Zeichen, die im geschäftlichen Verkehr als Name, Firma oder als besondere Bezeichnung eines Geschäftsbetriebs oder Unternehmens benutzt werden (§ 5 Abs 2 MarkenG). **Produktkennzeichen** (*Fezer* MarkenR § 3 Rn 9 ff.) spricht von „produktidentifizierenden Unterscheidungszeichen") hingegen individualisieren die Produkte (Waren oder Dienstleistungen) eines Unternehmens, um sie von den Produkten der Konkurrenzunternehmen zu unterscheiden.

6

BT Titelschutz

Zu den Produktkennzeichen idS zählen neben der Marke, die nach § 3 Abs 1 MarkenG zur Kennzeichnung von Waren und Dienstleistungen dient, auch die geographischen Herkunftsangaben (§§ 126 ff. MarkenG). **Werktitel** sind im Unterschied zu Marken und Unternehmenskennzeichen zunächst einmal inhaltsbezogen, sie kennzeichnen also weder den Verlag oder den Autor noch die betriebliche Herkunft des Werkes aus einem bestimmten Verlag, sondern nur schlicht und einfach das Werk selbst (vgl nur BGH GRUR 1999, 235/237 – *Wheels Magazine;* 2000, 504/506 – *Facts;* 2003, 440/441 – *Winnetous Rückkehr; Kicker* FS Gaedertz S 271/276; *Schricker* FS Vieregge S 775/783).

7   Werktitel bilden wegen dieser grundlegenden dieser Unterschiede zu Marken und Unternehmenskennzeichen eine **eigene Kategorie** innerhalb der geschäftlichen Kennzeichen. Teilweise werden sie zur besseren Unterscheidung als **„Werkkennzeichen"** apostrophiert (*Fezer* GRUR 2001, 370/371: „werkidentifizierendes Unterscheidungszeichen"). Die gemeinsame Einordnung der Werktitel und Unternehmenskennzeichen unter den Oberbegriff der „geschäftlichen Bezeichnungen" (§ 5 Abs 1 MarkenG) ist vor diesem Hintergrund systematisch nicht glücklich (ähnlich *Ingerl/Rohnke* MarkenG § 5 Rn 73 f.), denn mit den Unternehmenskennzeichen haben die Werktitel bei genauer Betrachtung nur die für alle Kennzeichen grundlegende Unterscheidungsfunktion und damit relativ wenig gemeinsam. Ein Buchtitel als typischer Werktitel steht trotz fehlender betrieblicher Herkunftsfunktion einer Produktmarke sachlich wesentlich näher als einer Firmenbezeichnung (*Schricker* FS Vieregge S 775/783).

8   Der Werktitelschutz nach § 5 MarkenG setzt eine Anmeldung oder Eintragung nicht voraus und gehört daher zu den sog **sachlichen** Rechten (im Unterschied zu den förmlichen Rechten, die durch Eintragung entstehen). Allerdings ist es möglich, einen nach § 5 MarkenG geschützten Zeitungs- und Zeitschriftentitel parallel als Marke eintragen zu lassen, sofern die Voraussetzungen des Markenschutzes dafür erfüllt sind, und dadurch ein zusätzliches förmliches Recht zu erlangen (Näheres BT Titelschutz Rn 178 ff.; *Deutsch* GRUR 2004, 642 ff.). Bei allen dargestellten inhaltlichen Unterschieden zwischen Werktitel und Unternehmenskennzeichen rechtfertigt sich die gemeinsame Einordnung unter die „geschäftlichen Bezeichnungen" des § 5 Abs 1 MarkenG wenigstens ein Stück weit dadurch dass es sich in beiden Fällen jeweils um sachliche Rechte handelt.

9   Förmliche und sachliche Kennzeichenrechte sind grundsätzlich gleichwertig. Auch eine eingetragene Marke muss daher einem prioritätsälteren sachlichen Recht weichen, zB einem durch Benutzungsaufnahme begründeten Recht an einem originär unterscheidungskräftigen Zeitschriftentitel (vgl §§ 12, 13 MarkenG). Förmliche Rechte haben dennoch eine ganze Reihe von praktischen Vorteilen: Sie ermöglichen einen unproblematischen Nachweis der **Priorität** (des Zeitrangs) und der Berechtigung des Rechteinhabers. Sie sind daher idR auch leichter übertragbar und eröffnen einen unproblematischen Zugang zum internationalen Kennzeichenschutz (vgl *Deutsch* GRUR 2004, 642/643).

3. Funktionen geschäftlicher Kennzeichen

10   Wichtige kennzeichenrechtliche Kriterien wie die Unterscheidungskraft oder die Verwechslungsgefahr hängen eng mit der jeweiligen Funktion der geschützten Kennzeichen zusammen (*Fezer* MarkenR Einl MarkenG Rn 30; vgl BGH GRUR 2000, 504/505 f. – *Facts*). **Geschäftliche Kennzeichen** haben, ganz allgemein formuliert, die Aufgabe, unternehmerische Leistungen (dazu gehört auch das Unternehmen selbst) zu individualisieren, dh zu kennzeichnen, und dadurch von anderen Unternehmen und anderen unternehmerischen Leistungen unterscheidbar zu machen (vgl *Fezer* MarkenR Einl MarkenG Rn 16). Der Verbraucher (beispielsweise der Zeitungsleser am Kiosk) kann nur entscheiden, wenn er auch unterscheiden kann. Die **Unterscheidungsfunktion** (teilweise auch als Identifikationsfunktion bezeichnet,

B. Grundlagen des presserechtlichen Titelschutzes　　　　Titelschutz BT

vgl *Klippel* in Ekey/Klippel/Bender MarkenR, E2 Rn 3) ist daher die gemeinsame **Grundfunktion aller Kennzeichenrechte** (vgl nur BGH GRUR 1999, 235/237 – *Wheels Magazine;* 2000, 504/505 – *Facts*).

Zur grundlegenden Unterscheidungsfunktion treten je nach Art und Ausgestaltung des Kennzeichenrechts weitere Funktionen hinzu: Firmen, Namen, sonstige Unternehmenskennzeichen weisen regelmäßig die sog **namensmäßige Unterscheidungsfunktion** auf, indem sie im Geschäftsverkehr das Unternehmen als solches bzw dessen Inhaber individualisieren (vgl nur BGH GRUR 1979, 564/568 – *Metall-Zeitung;* NJW-RR 2002, 1401/1402 – *Düsseldorfer Stadtwappen*). Marken sind nach traditioneller, unter Geltung des WZG noch ganz herrschender Lehre durch die **betriebliche Herkunftsfunktion** bestimmt – also den Hinweis auf die Herkunft der Ware aus einem bestimmten Geschäftsbetrieb (vgl nur EuGH GRUR 2003, 55/57 – *Arsenal;* 2003, 604/608 – *Libertel;* BGH GRUR 2002, 1070/1071 – *Bar jeder Vernunft;* 2003, 342/343 – *Winnetou;* 2003, 440/441 – *Winnetous Rückkehr*). Ob darüber hinaus noch weitere Funktionen der Marke (Näheres zu den einzelnen Funktionen *Fezer* MarkenR § 3 Rn 15 ff. und Einleitung D Rn 8 ff. mwN), insbesondere die **Qualitäts-, Werbe- und Kommunikationsfunktion**, durch das MarkenG geschützt werden, ist umstritten (vgl *Fezer* MarkenR Einleitung D Rn 8 ff.; zum Bedeutungswandel der betrieblichen Herkunftsfunktion *Mangini* GRURInt 1996, 462/466 f.).

Werktitel haben mit Marken und Unternehmenskennzeichen zwar die grundlegende Unterscheidungsfunktion gemeinsam, dh sie dienen dazu, das gekennzeichnete Werk von anderen Werken zu unterscheiden, Werktitel sind aber primär inhaltsbezogen. Viele Werktitel, insbes die typischen Namen und Bezeichnungen von Büchern, Filmwerken, Tonwerken, und Bühnenwerken, weisen aber weder unternehmensbezogene Namensfunktion noch betriebliche Herkunftsfunktion im oben dargestellten Sinne auf. Sie kennzeichnen also weder den Verlag noch die betriebliche Herkunft des Werkes aus einem bestimmten Verlag, sondern nur schlicht und einfach das Werk selbst (vgl nur BGH GRUR 1999, 235/237 – *Wheels Magazine;* 2000, 504/506 – *Facts;* 2003, 440/441 – *Winnetous Rückkehr; Kicker* FS Gaedertz S 271/276; *Schricker* FS Vieregge S 775/783). Diese grundlegenden strukturellen Unterschiede sollten bei der Übertragung markenrechtlicher Grundsätze auf Werktitel stets beachtet werden.

4. Sonderrolle der Medientitel innerhalb der Werktitel

Medientitel (Zeitungs- und Zeitschriftentitel, Titel von Rundfunksendungen, Bezeichnung von Fernsehformaten) nehmen unter den Werktiteln wiederum eine Sonderrolle ein: Im Unterschied zu den Namen und Bezeichnungen von Büchern, Filmwerken, Tonwerken etc haben zumindest die Titel von regelmäßig erscheinenden Presseerzeugnissen nach der Verkehrsauffassung auch die Funktion, die betriebliche Herkunft der „Ware" Zeitung oder Zeitschrift aus einem bestimmten Verlag zu kennzeichnen (vgl BGH GRUR 1970, 141 – *Europharma;* NJW 1988, 1672 – *Apropos Film;* 1993, 852/854 – *Guldenburg;* GRUR 2003, 342/343 – *Winnetous Rückkehr*). Mit den klassischen Produktmarken teilen die Zeitungs- und Zeitschriftentitel ferner den Hinweis auf die durch den Titel verbürgte gleich bleibende inhaltliche Qualität des Presseerzeugnisses. Diese Garantie- und Werbefunktion gilt dabei sowohl für den redaktionellen Teil als auch für den Anzeigenteil eines Presseerzeugnisses. Viele Zeitungs- und Zeitschriftentitel weisen neben diesen **markentypischen Funktionen** zusätzlich die für Unternehmenskennzeichen entscheidende Namensfunktion auf, indem sie das Verlagsunternehmen als solches individualisieren. Sie haben sich im Verkehr als namensmäßige Bezeichnung nicht nur für ein bestimmtes Presseerzeugnis und dessen betriebliche Herkunft, sondern (auch) für den dahinter stehenden Verlag selbst durchgesetzt (vgl BGH GRUR 1979, 564/565 – *Metall-Zeitung* m Anm *Fezer;* OLG Düsseldorf GRUR 1983, 794/795 – *Rheinische Post*). Wer von der „FAZ" oder vom „Spiegel" spricht, kann damit sowohl die unter diesem Titel erscheinende Zeitung bzw Zeitschrift als auch das jeweilige Verlagsunternehmen selbst meinen, das

Löffler

BT Titelschutz

diese Bezeichnung auch als Unternehmenskennzeichen verwendet. Ferner ist der Bezug zwischen Werk und Titel bei Zeitungs- und Zeitschriftentiteln geringer ausgeprägt als bei den übrigen Werktiteln. In jeder Nummer einer Zeitung oder Zeitschrift kennzeichnet der Titel neue und andere Inhalte (vgl OLG München GRUR 2001, 522/525 – *Kuecheonline*). Für die Namen und Bezeichnungen von regelmäßig veranstalteten Rundfunksendungen oder Fernsehformaten gilt ähnliches. Medientitel sind **von Haus aus multifunktional,** (vgl *Fezer* MarkenR Einleitung D Rn 27 ff.; *Schalk* in Büscher/Dittmer/Schiwy § 5 MarkenG Rn 36) sie erfüllen nicht nur die werktitelcharakteristische inhaltsbezogene Unterscheidungsfunktion, sondern regelmäßig auch markentypische Funktionen, insbesondere die grundlegende betriebliche Herkunftsfunktion und die Qualitäts- und Werbefunktion. Im Einzelfall können Medientitel darüber hinaus auch unternehmenskennzeichentypische Funktionen aufweisen.

14 Die **Sonderrolle** der Medientitel innerhalb der Werktitel soll an einem Beispiel verdeutlicht werden: Der inhaltsbezogene Werktitel „Doktor Schiwago" bezeichnet einen weltberühmten Roman von *Boris Pasternak* (und ferner den nach dieser Romanvorlage werkgetreu entstandenen gleichnamigen Film, also die Umsetzung in eine andere Werkkategorie). Der vom Gesetzgeber gleichfalls unter die Werktitel eingeordnete Zeitschriftentitel „DER SPIEGEL" hingegen kennzeichnet jeden Montag einen (hoffentlich) völlig neuen Inhalt, der mit dem Blatt der Vorwoche „nur" Aufmachung, Layout, Druckverfahren, das redaktionelle Konzept, Umfang und Qualität des Anzeigenteils etc gemeinsam hat. Der Titel ist hier also nicht inhaltsbezogen wie bei anderen Werken, sondern kennzeichnet das journalistische und wirtschaftliche Gesamtkonzept dieses Nachrichtenmagazins. Für andere Zeitschriften, Zeitungen, aber auch für regelmäßig wiederkehrende Rundfunksendungen, Fernsehformate etc gilt Ähnliches. Die dargestellte Sonderrolle dieser Medientitel innerhalb der Werktitel hat erhebliche praktische Konsequenzen. Beispielsweise können Medientitel, soweit sie betriebliche Herkunftsfunktion aufweisen, auch als Marke eingetragen werden (Einzelheiten BT Titelschutz Rn 170 ff.). Auch der Schutz gegen Verwechslungsgefahr iwS wird von dieser Sonderrolle beeinflusst (Näheres BT Titelschutz Rn 139).

III. Rechtliche Grundlagen des Titelschutzes

15 Der rechtliche Schutz von Werktiteln ist trotz seiner großen wirtschaftlichen Bedeutung **in zahlreiche Einzelgesetze zersplittert.** An diesem bedauerlichen Zustand hat auch das „Gesetz zur Reform des Markenrechts und zur Umsetzung der ersten Richtlinie 89/104/EWG des Rates vom 21.12.1988 zur Angleichung der Rechtsvorschriften der Mitgliedsstaaten über die Marken (Markenrechtsreformgesetz)" vom 25.10.1994 (BGBl I S 3082, berichtigt BGBl 1995 I S 156), das in seinen wesentlichen Teilen am 1.1.1995 in Kraft getreten ist (vgl Art 50), nur wenig geändert. Zwar wurde mit § 16 UWG der frühere Eckpfeiler des Werktitelschutzes aufgehoben (vgl Art 25 Markenrechtsreformgesetz) und seinem wesentlichen Inhalt nach als § 5 in das neue **Markengesetz** (MarkenG, verkündet als Art 1 des Markenrechtsreformgesetzes) übernommen. Ferner sind Zeichen im Sinne von § 1 und Ausstattungen im Sinne des § 25 Warenzeichengesetz (das durch Art 48 Markenrechtsreformgesetz aufgehoben wurde) nunmehr einheitlich als Marken nach § 3 Abs 1 MarkenG schutzfähig. Der Schutz von Marken, geographischen Herkunftsangaben und geschäftlichen Bezeichnungen (einschließlich der Werktitel) auf Grund des MarkenG schließt nach § 2 MarkenG einen alternativen oder **kumulativen Schutz auf Grund anderer Vorschriften** grundsätzlich nicht aus (Einzelheiten BT Titelschutz Rn 170 ff.). Trotz der dargestellten (Teil-)Harmonisierung durch das MarkenG kann die besondere Bezeichnung einer Zeitung, Zeitschrift oder eines anderen Medienerzeugnisses unterschiedliche Funktionen erfüllen und daher auch durch unterschiedliche Kennzeichenrechte geschützt werden:

C. Werktitelschutz **Titelschutz BT**

1. Der Titel eines Presseerzeugnisses kann zunächst nach § 5 Abs 1 MarkenG als **16** **Werktitel** geschützt sein. Hier liegt in der Praxis der **Schwerpunkt des Titelschutzes** und daher auch der nachfolgenden Darstellung dieser Materie (Einzelheiten BT Titelschutz Rn 17 ff.).

2. Ferner kann der Titel eines Presseerzeugnisses als (eingetragene oder nicht eingetragene) **Marke** nach § 4 MarkenG Schutz erlangen, soweit er markentypische Funktionen aufweist, insbesondere die grundlegende betriebliche Herkunftsfunktion erfüllt (Einzelheiten BT Titelschutz Rn 170 ff.).

3. Der Titel eines Presseerzeugnisses kann im Einzelfall eine persönliche geistige Schöpfung darstellen und daher als **urheberrechtliches Werk** geschützt sein (Einzelheiten BT Titelschutz Rn 211 ff.).

4. Für viele Zeitungs- und Zeitschriftentitel, die einen Hinweis auf das Verlagsunternehmen enthalten und damit namensmäßige Unterscheidungsfunktion erfüllen, kommt ferner ein **Namens-, Kennzeichen- und Firmenschutz** nach den §§ 12 BGB, 37 HGB, 5 Abs 2 MarkenG in Betracht (Einzelheiten BT Titelschutz Rn 206 ff.).

5. Ferner können Werktitel auch nach den §§ 823, 826 BGB **zivilrechtlichen** und nach den §§ 3 ff. UWG **wettbewerbsrechtlichen Schutz** genießen (Einzelheiten BT Titelschutz Rn 202 ff.).

C. Werktitelschutz

I. Grundlagen

Nach § 5 Abs 1 MarkenG werden Unternehmenskennzeichen und Werktitel gemeinsam als „geschäftliche Bezeichnungen" geschützt. „Werktitel" sind nach der Legaldefinition des § 5 Abs 3 MarkenG „die Namen oder besonderen Bezeichnungen von Druckschriften, Filmwerken, Tonwerken, Bühnenwerken oder sonstigen vergleichbaren Werken". Zu den „Druckschriften" idS gehören selbstverständlich auch Presseerzeugnisse. Da es sich um ein sachliches Recht handelt, entsteht der Werktitelschutz nach § 5 Abs 3 MarkenG ohne weitere Förmlichkeiten, indem ein unterscheidungskräftiger Titel für ein existentes Werk im geschäftlichen Verkehr in Gebrauch genommen wird (BGH GRUR 1998, 1010/1012 – *WINCAD*). **17**

II. Bedeutung der Reform des Markenrechts für den Titelschutz

Bis zur Reform des Markenrechts war **§ 16 Abs 1 UWG aF** die zentrale Vorschrift für den Schutz von Werktiteln einschließlich der Zeitungs- und Zeitschriftentitel. Neben dem Namen, der Firma, der besonderen Bezeichnung eines Erwerbsgeschäfts oder eines gewerblichen Unternehmens wurde in dieser Vorschrift allein die „besondere Bezeichnung einer Druckschrift" ausdrücklich als Schutzobjekt erwähnt. **18**

Durch das „Gesetz zur **Reform des Markenrechts** und zur Umsetzung der ersten Richtlinie 89/104/EWG des Rates vom 21.12.1988 zur Angleichung der Rechtsvorschriften der Mitgliedsstaaten über die Marken (Markenrechtsreformgesetz)" vom 25.10.1994 (BGBl I S 3082, ber. BGBl 1995 I S 156), das in seinen wesentlichen Teilen am 1.1.1995 in Kraft getreten ist (vgl Art 50), wurde nicht nur der Marken-, sondern auch der Titelschutz neu gestaltet. Mit § 5 UWG wurde der bisherige Eckpfeiler des wettbewerbsrechtlichen Titelschutzes aufgehoben und seinem wesentlichen Inhalt nach als § 5 in das neue MarkenG übernommen. An die Stelle wettbewerbsrechtlicher Ansprüche sind nunmehr kennzeichenrechtliche getreten. Gleichzeitig hat der Gesetzgeber die Entwicklung der Rspr zum sachlichen Umfang des Werktitelschutzes in § 5 Abs 3 MarkenG integriert. **19**

20 Der Gesetzgeber beabsichtigte mit dem Markenrechtsreformgesetz einen grundlegenden Neuanfang. Die **Auslegung des MarkenG** hat in erster Linie anhand der Bestimmungen der Markenrechtsrichtlinie (MRRL, 89/104/EWG, ABl EG Nr L 40 vom 11.2.1989, S 1) zu erfolgen, ein Rückgriff auf die bisher geltenden Vorschriften kommt nur insoweit in Betracht, „als das neue Gesetz ausdrücklich oder implizit an die bisher geltende Rechtslage anknüpft" (BT-Drs 12/6581, 59). Die Markenrechtrichtlinie gilt für eingetragene Marken (vgl Art 1 MRRL), sie bezieht sich nach Wortlaut und Entstehungsgeschichte gerade nicht auf Unternehmenskennzeichen und Werktitel (eingehend *Fezer* GRUR 2001, 369). Auch der Grundsatz der **richtlinienkonformen Auslegung** findet daher auf die geschäftlichen Bezeichnungen des § 5 Abs 1 MarkenG einschließlich der Werktitel prinzipiell keine Anwendung (vgl nur BGH GRUR 1995, 54/57 – *Nicoline;* 825/827 – *Torres; Fezer* MarkenR § 15 Rn 3; *ders* GRUR 2001, 369).

21 Hinsichtlich der geschäftlichen Kennzeichen einschließlich der Werktitel beinhaltet das Markenrechtsreformgesetz lediglich eine Zusammenfassung und zum Teil auch eine Kodifizierung des bisher geltenden Rechts, „ohne dass damit eine Abkehr oder ein Neuanfang in dem Sinne herbeigeführt werden" sollte, wie dies für den Schutz eingetragener Marken gilt (BT-Drs 12/6581, 59). Dennoch wäre es im Hinblick auf die vom Gesetzgeber angestrebte **Einheitlichkeit des Kennzeichenrechts** verfehlt, grundlegende Rechtsbegriffe (wie zB „Verwechslungsgefahr" oder „Unterscheidungskraft") für die von der Markenrechtsrichtlinie nicht erfassten Kennzeichenrechte grundlegend anders zu bestimmen als für eingetragene Marken (BGH GRUR 2001, 344/345 – *DB Immobilienfonds; Fezer* MarkenR § 15 Rn 3 ff.; *ders* GRUR 2001, 369). Bei Vorschriften, die in Umsetzung der Markenrechtsrichtlinie geschaffen worden sind und sich unterschiedslos auf alle Kennzeichenarten beziehen, kann die Auslegung nur einheitlich, und zwar richtlinienkonform, erfolgen (BGH GRUR 1999, 992/995 – *BIG PACK;* 2001, 344 – *DB Immobilienfonds; Fezer* GRUR 2001, 369). Beispiel: Weil der Gesetzgeber in § 3 Abs 1 MarkenG die Markenfähigkeit von nicht als Wort aussprechbaren Buchstabenkombinationen grundsätzlich anerkannt hat, darf ihnen (auch) im Rahmen der §§ 5, 15 MarkenG die Unterscheidungskraft als Unternehmenskennzeichen im Gegensatz zur früheren Rspr nicht mehr generell abgesprochen werden (BGH GRUR 1999, 992/995 – *BIG PACK;* 2001, 344 – *DB Immobilienfonds*). Für den Werktitelschutz bedeutet dies praktisch, dass auf die zu § 16 UWG aF entwickelten Grundsätze und die umfangreiche Rspr zu dieser Vorschrift auch bei der Auslegung der §§ 5, 15 MarkenG zurückgegriffen werden kann, soweit dem die notwendige Einheitlichkeit der Grundlagen des Kennzeichenrechts nicht entgegensteht oder die Grundgedanken der MarkenG eine Rechtsfortbildung gerade auch im Bereich der geschäftlichen Bezeichnungen erfordern (BGH GRUR 2001, 344/345 – *DB Immobilienfonds;* zum Schutz von Zeitungs- und Zeitschriftentiteln **vor** Inkrafttreten des neuen Markenrechts eingehend *Baumbach/Hefermehl* UWG, 17. Aufl, § 16 Rn 116 ff.; *Tönjes,* Der Rechtsschutz des Zeitungs- und Zeitschriftentitels nach geltendem Recht, S 62 ff., 135 ff.).

III. Schutzfähige Werktitel

1. Werkcharakter des Schutzobjekts?

22 § 5 Abs 3 MarkenG nennt als schutzfähige Werktitel explizit „die Namen oder besonderen Bezeichnungen von Druckschriften, Filmwerken, Tonwerken, Bühnenwerken und sonstigen vergleichbaren Werken". Demgegenüber war in § 16 Abs 1 UWG aF nur die „besondere Bezeichnung einer Druckschrift" ausdrücklich als Schutzobjekt erwähnt. Die Rechtsprechung zu § 16 UWG aF hatte den Titelschutz im Laufe der Zeit jedoch auch auf die Titel von Bühnenwerken, Kino- und Fernsehfilmen (BGHZ 26, 52/60 – *Sherlock Holmes*), Film- und Fernsehserien (BGH GRUR

C. Werktitelschutz **Titelschutz BT**

1977, 543/545 – *Der 7. Sinn;* NJW 1993, 1465 – *Guldenburg*), Hörfunksendungen (BGH GRUR 1982, 431/432 – *POINT;* AfP 1993, 650/652 – *Radio Stuttgart*) und Kalender (OLG München GRUR 1992, 327/328 – *Osterkalender*) ausgedehnt. Das MarkenG hat insoweit lediglich die Entwicklung der Rspr kodifiziert.

Aus dem Wortlaut des § 5 Abs 3 MarkenG, wo von Namen oder besonderen Bezeichnungen von Druckschriften, Filmwerken, Tonwerken, Bühnenwerken oder sonstigen vergleichbaren „Werken" die Rede ist, zieht die hM den Schluss, dass ein Titelschutz nach dieser Vorschrift nur für „geistige Leistungen" zugänglich sei (vgl nur BGH NJW 1993, 1465/1466 – *Zappel-Fisch; Ingerl/Rohnke* MarkenG § 5 Rn 75; *Fezer* GRUR 2001, 369/370). Dabei wird nicht der urheberrechtliche (vgl § 2 Abs 2 URG), sondern ein **eigenständiger kennzeichenrechtlicher Werkbegriff** zugrundegelegt, der alle „**Leistungen geistiger Art**" umfasst, die mit den in § 5 Abs 3 MarkenG ausdrücklich erwähnten Werkarten – also Druckschriften, Filmwerken, Tonwerken, Bühnenwerken – „vergleichbar" sind und einen **kommunikativen Inhalt** aufweisen (BGH NJW 1993, 1465/1466 – *Zappel-Fisch; Fezer* MarkenR § 15 Rn 243; *ders* GRUR 2001, 369/370). Die Funktion des kennzeichenrechtlichen Werkbegriffs liegt in erster Linie darin, den Werktitelschutz vom Schutz von Produktkennzeichen und Unternehmenskennzeichen abzugrenzen (vgl *Fezer* MarkenR § 15 Rn 243). Die Anforderungen an ein kennzeichnungsfähiges Werk hat der BGH (NJW 1993, 1465/1466 – *Zappel-Fisch*) für ein einfaches, ohne geistige Leistung lediglich manuell handhabbares Spielzeug zu Recht verneint und dabei zutreffend auf den typischen Warencharakter des dort zur Debatte stehenden einfachen Geschicklichkeitsspiels hingewiesen. Der kennzeichenrechtliche Werkbegriff soll aber nur eine erste grobe Abgrenzung der im Rahmen des § 5 Abs 3 MarkenG generell schutzfähigen Leistungen von Produkt- und Unternehmenskennzeichen ermöglichen. Entscheidend ist daher, ob die geistige Leistung nach der **Verkehrsanschauung** in vergleichbarem Ausmaß **bezeichnungsfähig** ist wie die vom Gesetzgeber beispielhaft aufgezählten Druckschriften, Tonwerke, Bühnenwerke und Filmwerke (*Fezer* MarkenR § 15 Rn 248; *ders* GRUR 2001, 369/370). Die **Privilegierung** eines Kennzeichenschutzes ohne Eintragung und sonstige Förmlichkeiten haben nur geistige Leistungen mit kommunikativem Inhalt verdient, die den besonderen Schutz des Art 5 GG genießen (vgl BGH NJW 1993, 1465/1466 – *Zappel-Fisch*).

2. Druckschriften

Die für die Presse wichtigste Kategorie der nach § 5 Abs 3 MarkenG schutzfähigen Werktitel sind naturgemäß die „Druckschriften" (vgl § 7 LPG, wo der weitere Begriff der „Druckwerke" verwendet wird). Darunter fallen alle Printmedien, und zwar unabhängig vom technischen Druckverfahren sowie allen presserechtlichen Einordnung. Schutzfähig sind zunächst die Namen oder besonderen Bezeichnungen der **Zeitungen** (vgl nur BGH GRUR 1963, 378 – *Deutsche Zeitung*), **Zeitschriften** (vgl nur BGH GRUR 1999, 235/237 – *Wheels Magazine*), **Anzeigenblätter, Offertenblätter, Kundenzeitschriften und sonstigen Presseerzeugnisse.** Auch das regelmäßig erscheinende Werbeblatt einer Einzelhandelskette oder ein Versandhauskatalog ist eine dem Titelschutz zugängliche Druckschrift iSd § 5 Abs 3 MarkenG (BGH GRUR 2005, 959 – *FACTS II*). Schutzfähig sind auch die **Unter- und Nebentitel** von Presseerzeugnissen (RGZ 133, 189/190 f. – *Kunstseidenkurier;* BGH GRUR 1970, 141/142 – *Europharma* m Anm *Heydt*) einschließlich der **Kolumnen- und Rubrikenüberschriften** (BGH GRUR 2010, 156 Rn 15 – *Eifel-Zeitung;* OLG Hamburg GRUR 1975, 72/73 – *Bild-Zeitung;* OLG München NJWE-WettbR 1999, 257 – *Dr Sommer/BRAVO;* OLG Nürnberg NJWE-WettbR 1999, 256/257 – *Die Schweinfurter*), sofern es sich um eine besondere, nach ihrer sonstigen äußeren Aufmachung und ihrem Gegenstand und Inhalt in gewissem Umfang selbständig gestaltete Abteilung handelt (BGH GRUR 2000, 70/72 – *SZENE*). Schutzfähig sind auch die Namen und besonderen Bezeichnungen von **Beilagen, Supplements** und

BT Titelschutz

Sonderausgaben etc (RGZ 133, 189/190 f. – *Kunstseidenkurier;* OLG Hamburg AfP 2002, 524/526 – *Telefon-Sparbuch*).

25   Zu den bezeichnungsfähigen Druckschriften außerhalb des Bereichs der Presse ieS zählen insbesondere **Bücher** jeglicher Art (vgl nur BGH GRUR 1991, 153 – *Pizza & Pasta*), aber auch **Kataloge** von Ausstellungen und Auktionshäusern (KG NJWE-WettbR 2000, 234 – *toolshop*), **Warenkataloge**, soweit sie sich nicht auf eine schlichte Aufzählung beschränken, sondern eine geistige Leistung darstellen (BGH GRUR 2005, 959 – *FACTS II;* aM *Deutsch/Ellerbrock* Titelschutz Rn 46; *Baronikians*, Schutz des Werktitels, Rn 113) und **Kalender** (vgl aber OLG München GRUR 1992, 327 für einen Osterkalender als Warenverpackung), soweit sie eine geistige Leistung beinhalten und aus Sicht des Verkehrs bezeichnungsfähig sind. Schutzfähig sind auch die Bezeichnungen für **Sammelwerke** (BGH GRUR 1960, 346/347 – *Naher Osten;* 1980, 227/232 – *Monumenta Germaniae Historica*), **Buchreihen** oder **Serien** (BGH GRUR 1990, 218 – *Verschenktexte I;* OLG München BeckRS 2010, 21651; dazu *Löffler* GRUR-Prax 2010, 545). Zu Recht hat die Rspr ferner **Partituren, Liedersammlungen** und ähnliche Musikalien als Druckschriften iSd § 5 Abs 3 MarkenG eingeordnet (OLG Frankfurt WRP 1978, 892).

3. Filmwerke, Tonwerke, Bühnenwerke

26   Bereits im Rahmen des § 16 UWG aF hatte die Rspr die Titelschutzfähigkeit für **Filme** bejaht (BGHZ 26, 52/60 – *Sherlock Holmes*) und dies konsequent auf **Filmreihen**, (einzelne) **Fernsehsendungen** (vgl nur BGH GRUR 2001, 1050/1051 – *Tagesschau*) und **Fernsehserien** (BGH GRUR 1977, 543/545 – *Der 7. Sinn;* NJW 1993, 1465 – *Guldenburg;* KG GRUR 2000, 906/907 – *Gute Zeiten, schlechte Zeiten*) ausgedehnt. Auch sog **Fernsehformate** sind einem Titelschutz zugänglich (OLG Hamburg AfP 1999, 170/171 – *Aber Hallo*). Ob die Filmwerke vorgeführt, gesendet oder auf Datenträgern beliebiger Art verbreitet werden, ist dabei unerheblich. Im Bereich der **Tonwerke** erfasst der Schutz die Bezeichnungen von Werken auf Tonträgern beliebiger Art (Schallplatte, CD, DVD, MC, MP3 etc), und zwar sowohl den Titel eines einzelnen Werkes als auch den des gesamten Tonträgers. Zu den Tonwerken, die von der Rspr als einem Titelschutz zugänglich anerkannt wurden, gehören aber auch **Hörfunksendungen, Hörfunksendereihen** sowie einheitliche **Teile von Hörfunkprogrammen** (BGH GRUR 1982, 431/432 – *POINT;* 1993, 769/770 – *Radio Stuttgart*). **Bühnenwerke** sind beispielsweise **Theaterstücke, Opern, Operetten, Konzerte, Musicals, Happenings** etc (zur Titelschutzfähigkeit von Musik-, Filmfestivals etc BT Titelschutz Rn 30).

4. Sonstige vergleichbare Werke

27   Entscheidend ist, ob die betreffenden Leistungen **nach der Verkehrsanschauung** in vergleichbarem Ausmaß **bezeichnungsfähig** sind wie die vom Gesetzgeber beispielhaft als werktitelfähig aufgezählten Druckschriften, Tonwerke, Bühnenwerke und Filmwerke (ähnlicher Ansatz *Fezer* MarkenR § 15 Rn 254). Werke im kennzeichenrechtlichen Sinne, sind dabei nur **geistige Leistungen,** die „ihrem Wesen nach ein Kommunikationsmittel" darstellen und wegen ihres „immateriellen" Charakters einen Bezeichnungsschutz verdienen. Dies hat der BGH für ein einfaches, ohne geistige Leistung lediglich manuell handhabbares **Spielzeug** verneint und dabei den offensichtlichen Warencharakter des Kennzeichnungsobjekts betont (BGH NJW 1993, 1465/1466 – *Zappel-Fisch*). **Spiele,** die vom Benutzer eine geistige Umsetzung verlangen, insbesondere Gesellschaftsspiele, Strategiespiele, Rollenspiele, Wissensspiele etc, sind hingegen vergleichbare und damit bezeichnungsfähige Werke iSd § 5 Abs 3 MarkenG.

28   Zu Recht bejaht hat die Rspr einen Titelschutz auch für **Computer-Software, Datenbanken, Computerspiele** etc (BGH GRUR 1997, 902 – *FTOS;* 1998, 155 – *Powerpoint;* 1998, 1010 – *WINCAD;* GRUR 2006, 594 Rn 16 *SmartKey;* KG NJOZ 2003, 2773). Sie erfüllen als schöpferische geistige Leistungen regelmäßig auch

C. Werktitelschutz **Titelschutz BT**

den Werkbegriff des Urheberrechts (§ 2 Abs 1 Nr 1 URG), was für die kennzeichenrechtliche Einordnung als „Werk" zwar nicht erforderlich ist, aber immerhin ein Indiz für die Schutzfähigkeit darstellt. Dass gerade die Namen und Bezeichnungen von Computersoftware und Computerspielen wegen des Warencharakters der Kennzeichnungsobjekte auch die markentypische betriebliche Herkunftsfunktion aufweisen und daher regelmäßig einem parallelen Markenschutz zugänglich sind, ändert nichts an ihrer Titelschutzfähigkeit (vgl BGH GRUR 1994, 908/910 – *Wir im Südwesten*). Auch sog **Apps** für Smartphone, Tablets etc sind nach den oben dargestellten Grundsätzen einem Werktitelschutz zugänglich, weil sie ein bezeichnungsfähiges Werk darstellen (LG Hamburg BeckRS 2013, 17531 – *wetter.de* mit Anm *Löffler*, GRUR-Prax 2013, 540; vgl *Zöllner/Lehmann* GRUR 2014, 431).

Der **Entwurf eines Bauwerks** (Beispiel: Konzeption eines nicht zur Ausführung 29 gelangten Expo-Pavillons) ist zwar ein Werk im urheberrechtlichen und auch eine geistige Leistung im kennzeichenrechtlichen Sinne, gehört aber nach der Verkehrsauffassung nicht zu den Werken, die ähnlich einer Druckschrift im geschäftlichen Verkehr durch einen Namen oder eine besondere Bezeichnung individualisiert werden (OLG Stuttgart OLGR 2000, 370). **Bilder, Plastiken** etc werden von ihren Schöpfern häufig mit einem Titel bezeichnet. *Salvador Dalí* beispielsweise hat seinen Bildern häufig metaphorische Titel gegeben („Beständigkeit der Erinnerung" oder „Geburt der flüssigen Ängste"). Auch diese Titel sind grundsätzlich schutzfähig. Dabei ist aber im Einzelfall zu prüfen, ob die Bezeichnung zur Individualisierung des Werkes im Rechtsverkehr dienen soll oder aber Mittel des künstlerischen Ausdrucks und damit Bestandteil des Werkes selbst ist (generell einen Titelschutz verneinend *Deutsch/Ellerbrock* Titelschutz Rn 50 f.).

Umstritten ist, ob die besondere Bezeichnung für ein **Musik- oder Filmfestival**, 30 das aus einer Reihe von einzelnen Aufführungen besteht, Titelschutz genießen kann. Der BGH (GRUR 1989, 626 – *Festival Europäischer Musik;* vgl aber jetzt BGH GRUR 2010, 642 Rn 33 – *WM-Marken*) hat dies für ein „Festival europäischer Musik" verneint und dabei den „Dienstleistungscharakter" dieser Veranstaltung betont. Dass insoweit ein gravierender Unterschied zu regelmäßig wiederkehrenden Rundfunksendungen bestehen soll, deren Titelschutzfähigkeit von der Rspr bereits im Rahmen des § 16 UWG aF bejaht wurde (vgl BGH GRUR 1977, 543/545 – *Der 7. Sinn;* 1982, 431/432– *POINT;* 1993, 769/770 – *Radio Stuttgart;* NJW 1993, 853 – *Guldenburg*), will indessen nicht einleuchten. Festivals und Veranstaltungsreihen, die generell titelschutzfähige Einzelwerke (zB Konzerte verschiedener Künstler) auf der Grundlage eines gemeinsamen inhaltlichen Konzepts verbinden, können im Einzelfall als „sonstiges vergleichbares Werk" iSd § 5 Abs 3 MarkenG eingeordnet werden, wenn die Zusammenfassung der Einzelwerke eine eigenständige geistige Leistung beinhaltet (BGH GRUR 2010, 642 Rn 33 – *WM-Marken;* LG Berlin GRUR-RR 2011, 137/138). Das setzt voraus, dass sich die Leistung des Veranstalters nicht in der technischen und wirtschaftlichen Organisation erschöpft, sondern ein eigenständiges gedankliches, insbesondere künstlerisches, wissenschaftliches oder ggf auch politisches, Konzept verwirklicht (*Risthaus*, Erfahrungssätze im Kennzeichenrecht, Rn 775; vgl BGH NJW 1993, 1465/1466 – *Zappel-Fisch*). Dieses **gedankliche Konzept** der Veranstaltungsreihe stellt dann die bezeichnungsfähige geistige Leistung und damit das vergleichbare Werk iSd § 5 Abs 3 MarkenG dar. Die jüngere Rspr ist beim Werktitelschutz für Veranstaltungen großzügiger geworden (OLG Köln NJW 2008, 774 – *Nacht der Musicals*; LG Berlin GRUR-RR 2011, 137/138; LG Koblenz GRUR-Prax 2014, 385 – *Rock am Ring*). Werktitelschutz wurde auch der regelmäßigen Verleihung eines Preises für Architektur- und Ingenieurleistungen unter der Bezeichnung „Balthasar-Neumann-Preis" zugebilligt (OLG Stuttgart BeckRS 2011, 26669 – *Balthasar-Neumann-Preis*). Neuerdings hält auch der BGH einen Werktitelschutz für die Bezeichnung von Sportveranstaltungen („WM 2010") für grundsätzlich möglich (BGH GRUR 2010, 642 Rn 33 – *WM-Marken*), ohne deren Werkcharakter überhaupt zu problematisieren. Dies dürfte zu weit gehen. In Zweifelsfällen sollten derartige Veranstaltungen ohne gedankliches Konzept wegen ihres offensichtlichen Dienstleistungscharakters auf den ihnen regelmäßig offen stehenden Markenschutz verwiesen und ein Werktitelschutz verneint werden.

31   Teile der Literatur (*Fezer* MarkenR § 15 Rn 265; aM *Hacker* in Ströbele/Hacker MarkenG § 5 Rn 93) bejahen einen Titelschutz nach § 5 Abs 3 MarkenG auch für **Lern-, Schulungs- und Traineeprogramme** sowie für Heil-, Diät-, Gesundheits- und Fitnessprogramme, Freizeitveranstaltungen, Messen, (für eine „ganzheitliche Gesundheitsmesse" bejahend LG Düsseldorf WRP 1996, 156), Märkte, Kochrezepte und sogar Cocktailmischungen. Damit wird aber der Bereich der „geistigen Leistungen", die nach der Verkehrsauffassung in ähnlichem Umfang bezeichnungsfähig sind wie die vom Gesetzgeber beispielhaft aufgezählten Druckschriften, Filmwerke, Tonwerke und Bühnenwerke, endgültig verlassen und die Grenzen zwischen Markenschutz und Titelschutz werden ohne Not verwischt. Es ist kein anerkennenswertes praktisches Bedürfnis erkennbar, den Titelschutz in einem derart weiten Umfang für ganz typische, ohne weiteres markenfähige Dienstleistungen zu öffnen (ähnlich *Hacker* in Ströbele/Hacker MarkenG § 5 Rn 93).

32   Die gleichen Argumente sprechen gegen einen Titelschutz für **fiktive Figuren** und Gestalten, insbesondere Comicfiguren, Romangestalten, Serienhelden etc, wie er ebenfalls von *Fezer* (MarkenR § 15 Rn 258 ff.) gefordert wird. Die Namen und besonderen Bezeichnungen derartiger „Charakter" bezeichnen nach der Verkehrsauffassung weder das Werk, noch einen Werkteil, sondern sie sind schlicht inhaltliche Gestaltungselemente des Werkes selbst (wie hier *Deutsch/Ellerbrock* Titelschutz Rn 49). Sie nehmen am kennzeichenrechtlichen Titelschutz nur teil, wenn sie zugleich Bestandteil der jeweiligen Werkbezeichnung sind (zB die Romanfigur „Winnetou" in den gleichnamigen Romanen von *Karl May* oder die Comic-Figur „Asterix" in „Asterix der Gallier", vgl dazu OLG Hamburg GRUR-RR 2006, 408 – *OBELIX*, wo ein Schutz nach § 5 MarkenG zu Recht bejaht wurde, weil die Comic-Figur auch Bestandteil des Titels der Druckschrift war), genießen aber als fiktive Figuren keinen eigenständigen Titelschutz. Folgerichtig hat der BGH (GRUR 2003, 440 – *Winnetous Rückkehr*) für den Filmtitel „Winnetous Rückkehr" die Frage der Verwechslungsgefahr nur im Hinblick auf die besondere Bezeichnung der (urheberrechtlich gemeinfreien) Winnetou-Romane *Karl Mays* geprüft, aber nicht hinsichtlich der Benutzung der Romanfigur „Winnetou" selbst. Soweit ein praktisches Bedürfnis besteht, das **Merchandising** fiktiver Figuren rechtlich abzusichern, kann (ungeachtet eines möglicherweise bestehenden Urheberrechtsschutzes) die Eintragung als Marke erreicht werden (ebenso *Deutsch/Ellerbrock* Titelschutz Rn 49; vgl OLG Hamburg GRUR-RR 2002, 100 – *Derrick*). Dass die Eintragung einer berühmten fiktiven Romanfigur („Winnetou") nicht ausgerechnet für „Druckereierzeugnisse; Filmproduktion; Veröffentlichung und Herausgabe von Büchern und Zeitschriften" erfolgen kann, versteht sich dabei von selbst. Insoweit ist die Romanfigur glatt inhaltsbeschreibend und besitzt damit nicht die erforderliche konkrete Unterscheidungseignung iSd § 8 Abs 1 Nr 1 MarkenG (BGH GRUR 2003, 342/343 – *Winnetou*; dazu *Deutsch* GRUR 2004, 642/645; *Frommeyer* GRUR 2003, 919).

33   Es ist eine glatte Selbstverständlichkeit, dass Inhalte, die außerhalb des Internet einem Titelschutz zugänglich wären, zB die in weiten Teilen mit der Print-Ausgabe identischen **Internet-Angebote** der Tagszeitungen und Zeitschriften (Beispiele: „FAZ.NET"; „sueddeutsche.de", „FOCUS ONLINE", „SPIEGEL ONLINE"), die Bezeichnungsfähigkeit nicht dadurch verlieren, dass sie statt als Druckschrift über das Internet verbreitet werden. Die Namen und besonderen Bezeichnungen von Internet-Auftritten und sonstigen Online-Angeboten sind schutzfähig, soweit sie geistige Leistungen kennzeichnen, die den in § 5 Abs 3 MarkenG beispielhaft aufgezählten Werken vergleichbar sind (BGH GRUR 2010, 156 Rn 19 ff. – *EIFEL-ZEITUNG;* OLG Dresden NJWE-WettbR 1999, 130/132 – *Dresden Online;* OLG München MMR 2001, 381/382 – *Kuecheonline;* LG Stuttgart MMR 2003, 675). Die Werkeigenschaft iSd § 5 Abs 3 MarkenG ist für viele der im Internet angebotenen Inhalte

grundsätzlich zu bejahen: Internetzeitschriften, kulturelle, politische, sportliche Diskussionsforen, Enzyklopädien, Suchmaschinen, Anzeigen- und Warenbörsen, Kontaktanzeigenmärkte, Internetkataloge für Waren und Dienstleistungen etc erfüllen ohne weiteres den Werkbegriff des § 5 Abs 3 MarkenG und sind daher bezeichnungsfähig (dazu ausführlich *Ingerl/Rohnke* MarkenG Nach § 15 Rn 51 ff.). Voraussetzung für den Werktitelschutz ist aber, dass die Bezeichnung im Online-Angebot vergleichbar der besonderen Bezeichnung einer Druckschrift, eines Filmwerks etc also **titelmäßig** benutzt wird. Das OLG Dresden (NJWE-WettbR 1999, 130/132 – *Dresden Online*) hat dies für den an versteckter Stelle des Online-Angebots angebrachten Untertitel der besonderen Rubrik einer Tageszeitung („Dresden Online") zu Recht verneint (ähnlich OLG Düsseldorf GRUR-RR 2001, 230 – *Apotheke Online*). Titelschutz kann nur dann entstehen, wenn die gekennzeichnete Homepage als solche ein bezeichnungsfähiges Werk nach § 5 MarkenG darstellt. Dazu muss sie (weitgehend) fertig gestellt sein (LG Hamburg NJOZ 2010, 2109 – *Dildoparty*).

Vom soeben erörterten Problemkreis zu unterscheiden, ist die weitere Frage, ob die sog **Domain** (Internet-Adresse, Uniform Ressource Locator, URL) selbst als Name oder besondere Bezeichnung und damit als Werktitel iSd § 5 Abs 3 MarkenG verwendet werden kann. Die Domain ist zunächst nur die technische Adresse eines Internetangebots, bei der die aus einer kryptischen Zahlenkombination bestehende sog IP-Adresse in alphanumerische Zeichen (idR Buchstaben oder Buchstaben und Zahlen) übersetzt und damit verkehrs- und marktfähig gemacht wird (Näheres *Löffler*, FS Applied Marketing, S 389/390). Welcher Kunde oder Leser könnte und wollte sich schon bis zu 12-stellige Zahlenkombinationen als Internet-Adressen für Online-Angebote merken? Die Domain bezeichnet daher im Ausgangspunkt nicht geistige Leistungen mit kommunikativem Inhalt wie ein Werktitel, sondern lediglich deren technische Erreichbarkeit über das Internet und unterscheidet sie von anderen Internetadressen nur in deren Erreichbarkeit. Der Domain fehlt maW im Ausgangspunkt die auf geistige Inhalte bezogene Unterscheidungsfunktion des Werktitels (vgl BGH MMR 2005, 534 – *weltonlinie.de* m Anm *Viefhues*). Auch die Postanschrift einer Zeitung nimmt schließlich nicht am Titelschutz des Blattes teil.

Das schließt nicht aus, dass die **Domain** selbst im Einzelfall als **werkidentifizierendes Kennzeichen** und damit auch titelmäßig verwendet werden kann (LG Stuttgart MMR 2003, 675; *Ingerl/Rohnke* MarkenG Nach § 15 Rn 54). Enthält die Domain Bestandteile, die zugleich als Werktitel benutzt werden, oder wird die Domain selbst (auch) als besondere Bezeichnung eines werktitelfähigen Online-Angebots gebraucht, nimmt sie am Werktitelschutz nach den §§ 5, 15 MarkenG teil. Beispiel: Der Online-Auftritt der Tageszeitung „Frankfurter Allgemeine" ist unter der Domain „www.faz.net" im Internet erreichbar (www.faz.net am 22.8.2013). Die Domain wird hierbei nicht nur als technische Adresse verwendet. Die Bezeichnung „faz.net" wird darüber hinaus im gesamten Online-Angebot in einer für Zeitungen typischen Weise herausgestellt, wiederholt, graphisch hervorgehoben und tritt dabei auch gegenüber dem Titel der Print-Ausgabe, der nur nach Art eines Wasserzeichens verwendet wird, deutlich in den Vordergrund. Hier liegt zweifellos eine titelmäßige Benutzung der Domain vor, die (bei Erfüllung der übrigen Voraussetzungen, insbesondere hinreichender Unterscheidungskraft) Werktitelschutz nach den §§ 5, 15 MarkenG genießt. Von einer titelmäßigen Verwendung der Domain ist regelmäßig auszugehen, wenn sie im Verkehr zur Kennzeichnung eines nach § 5 MarkenG bezeichnungsfähigen Werkes verwendet wird.

IV. Unterscheidungs- bzw Kennzeichnungskraft des Titels

1. Begriff

Die Begriffe „Unterscheidungskraft" und „Kennzeichnungskraft" werden von der Rspr sehr häufig synonym verwendet und müssen deshalb nicht trennscharf voneinander abgegrenzt werden (*Deutsch/Ellerbrock* Titelschutz Rn 116). Voraussetzung für die Schutzfähigkeit eines Werktitels nach den §§ 5, 15 MarkenG ist, dass er von Haus aus (originär) **titelmäßige Unterscheidungskraft** besitzt, dh aus Sicht des Verkehrs geeignet und auch bestimmt ist, das bezeichnete Werk von anderen Werken zu unterscheiden (BGHZ 26, 53/61 – *Sherlock Holmes;* GRUR 1959, 45 – *Deutsche Illustrierte;* GRUR 1963, 378 – *Deutsche Zeitung;* NJW 1993, 852/853 – *Guldenburg;* GRUR 2003, 342/343 – *Winnetous Rückkehr*). Dass die besondere Bezeichnung einer Druckschrift gleichzeitig geeignet sein kann, auf die Herkunft aus einem bestimmten Verlag hinzuweisen (betriebliche Herkunftsfunktion) oder das Verlagsunternehmen selbst zu individualisieren (unternehmensbezogene Namensfunktion), wie dies gerade bei Zeitungs- und Zeitschriftentiteln häufig der Fall ist, steht dem Schutz nach § 5 Abs 3 MarkenG nicht entgegen (BGH GRUR 1970, 141 – *Europharma;* NJW 1993, 852/854 – *Guldenburg;* GRUR 2003, 342/343 – *Winnetous Rückkehr;* OLG Düsseldorf GRUR 1983, 794/795; *Lehmann* GRUR 1995, 250/251).

37   Die frühere Rspr zu § 16 UWG aF hat noch ausdrücklich den Grundsatz betont, dass der **Begriff der Unterscheidungskraft** im gesamten Kennzeichenrecht grundsätzlich derselbe sei (BGH GRUR 1988, 211/212 – *Wie hammas denn?*). Allerdings hat der BGH auch damals schon deutlich gemacht, dass sich aus der „Eigenart des jeweiligen Kennzeichnungsmittels" und aus der hierauf bezogenen Herkunftsfunktion trotz der identischen Begriffsbestimmung Unterschiede im Einzelfall ergeben können (BGH GRUR 1988, 211/212 – *Wie hammas denn?*). Heute wird teilweise angenommen, dass der titelrechtliche Begriff der Unterscheidungskraft vom markenrechtlichen Begriff iSv § 8 Abs 2 Nr 1 MarkenG „streng" zu trennen sei (*Hacker* in Ströbele/Hacker MarkenG § 5 Rn 97; dagegen aber zu Recht *Deutsch* GRUR 2002, 308/309). Auch der BGH hat ausgeführt, der Begriff der Unterscheidungskraft habe „bei Marken als Herkunftshinweis und bei Werktiteln als Individualisierungsmittel gegenüber anderen Werken einen unterschiedlichen Inhalt". Das dürfte insoweit missverständlich sein, als der Begriff der Unterscheidungskraft als solcher, nämlich die grundsätzliche Eignung einer Bezeichnung zur Individualisierung des gekennzeichneten Gegenstandes gegenüber anderen Kennzeichnungsgegenständen, im Hinblick auf die vom Gesetzgeber gewollte Einheitlichkeit des Kennzeichenrechts für Titel nicht anders zu definieren ist als für eingetragene Marken (vgl BGH GRUR 1999, 992/995 – *BIG PACK;* 2001, 344 – *DB Immobilienfonds; Deutsch* GRUR 2002, 308/309). Erhebliche Unterschiede bestehen allerdings, was das Ausmaß der notwendigen Unterscheidungskraft bei Marken einerseits und Werktiteln andererseits angeht. Um die markentypische betriebliche Herkunftsfunktion zu erfüllen, ist ein weit höherer Grad an Unterscheidungskraft erforderlich als bei einem Werktitel, der nur zur Unterscheidung von anderen Werken dient (ebenso *Ricker/Weberling* Kap 71 Rn 15).

2. Ausmaß der Unterscheidungskraft

38   Die Anforderungen an den notwendigen Grad der Unterscheidungskraft sind bei Werktiteln daher grundsätzlich anders zu bestimmen als bei zur Eintragung angemeldeten Marken oder Unternehmenskennzeichen (*Ricker/Weberling* Kap 71 Rn 15). Das ergibt sich daraus, dass die Unterscheidungskraft bei Marken als Herkunftshinweis und bei Werktiteln als bloßes Individualisierungsmittel gegenüber anderen Werken eine unterschiedliche Bedeutung für den Kennzeichenschutz hat (BGH GRUR 2003, 440/441 – *Winnetous Rückkehr*). Für die Schutzfähigkeit als Werktitel genügt nach der Rspr bereits ein **geringeres Maß an Unterscheidungskraft,** als es für die Überwindung des Eintragungshindernisses nach § 8 Abs 2 Nr 1 MarkenG erforderlich ist (vgl nur BGH GRUR 1991, 153/154 – *Pizza & Pasta;* 2002, 176 – *Auto-Magazin;* GRUR 2010, 156 Rn 14 – *EIFEL-ZEITUNG*). Für die Unterscheidungskraft iSd §§ 5, 15 MarkenG reicht aus, dass ein Werktitel aus Sicht des Verkehrs geeignet ist, das Werk als solches von anderen Werken zu unterscheiden (BGH GRUR 2003, 342/343 – *Winnetou;* 440/441 – *Winnetous Rückkehr*). Und dafür genügen be-

reits relativ geringe Unterschiede. In konsequenter Verfolgung dieser Linie hat der BGH in zwei kurz nacheinander ergangenen Entscheidungen der Romanfigur „Winnetou" zunächst die notwendige Unterscheidungskraft als eingetragene Marke für „Druckereierzeugnisse; Filmproduktion etc" abgesprochen und wenig später die für den Titelschutz erforderliche Unterscheidungskraft eben dieser Bezeichnung bejaht (BGH GRUR 2003, 342/343 – *Winnetou;* 440/441 – *Winnetous Rückkehr*).

Die für den Werktitelschutz erforderliche geringe Unterscheidungskraft fehlt vor allem **reinen Gattungsbezeichnungen** und **freihaltebedürftigen Begriffen** aus der Umgangssprache (vgl *Fezer* MarkenR § 15 Rn 296 ff.). Beispiel: Der Titel „Presserecht" ist für ein juristisches Werk ebenso wenig titelschutzfähig wie die Bezeichnung „Wellness" für ein Gesundheitsbuch (LG München GRUR 1991, 931/933) oder der Titel „Napoleon" für eine die vielen Biographien über diese historische Gestalt. Auch bekannte Bezeichnungen, insbes Worte der Umgangssprache und Gattungsbegriffe, können aber ausnahmsweise die notwendige Unterscheidungskraft besitzen, wenn sie als Titel für eine Zeitung oder Zeitschrift, ein Buch oder einen Film ungewöhnlich sind oder in einem übertragenen bzw bildhaften („metaphorischen") Sinne gebraucht und verstanden werden (BGHZ 21, 85/89 – *Spiegel;* BGH GRUR 1958, 141/142 – *Spiegel der Woche;* 1980, 247/248 – *Capital Service;* LG Köln AfP 1990, 330/331). Ferner genügen regelmäßig auch wenig kennzeichnungskräftige Zusätze, um selbst reine Gattungsbegriffe originär unterscheidungskräftig werden zu lassen. Beispiel: „Sonntagsblatt" oder „Morgenpost" als Titel für Zeitungen sind nicht schutzfähige Gattungsbezeichnungen. In Verbindung mit einer beliebigen geographischen Herkunftsangabe können aber auch diese Bezeichnungen Titelschutz von Haus aus beanspruchen, da nunmehr ein Mindestmaß an Unterscheidungskraft gegeben ist (vgl BGH GRUR 1997, 661/662 – *B. Z./Berliner Zeitung;* GRUR 2010, 156 Rn 14 – *EIFEL-ZEITUNG*). Eine für die Praxis nützliche **Checkliste** für die Beurteilung der Unterscheidungskraft von Werktiteln findet sich bei *Deutsch/Ellerbrock* (Titelschutz Rn 140). 39

3. Notwendige Unterscheidungskraft bei einzelnen Werkkategorien

a) Notwendigkeit einer Differenzierung nach Werkkategorien

Es wäre verfehlt, die Anforderungen an den erforderlichen Grad der Unterscheidungskraft für alle Werktitel und Werkkategorien gleich anzusetzen. Während beispielsweise der Titel einer regionalen Tageszeitung oder eines juristischen Sachbuches kraft Natur der Sache nur in einem relativ engen, vorgegebenen Rahmen gewählt werden kann, existieren für den Titel eines Romans, eines Gedichts oder eines Tonträgers keine vergleichbaren Vorgaben und Beschränkungen. Auch für den Titel einer Zeitschrift besteht erheblich größere Wahlfreiheit als bei einer Tageszeitung oder einer Nachrichtensendung. Das Ausmaß der notwendigen Unterscheidungskraft wird dabei jeweils von der Verkehrsauffassung bestimmt, die sich in bestimmten Bereichen daran gewöhnt hat, auch auf **geringe Unterscheide der Titel** zu achten (*Risthaus,* Erfahrungssätze im Kennzeichenrecht, Rn 779). 40

b) Zeitungen

Die Rspr gesteht bei **Zeitungen** auch solchen Titeln Unterscheidungskraft zu, die nur ein absolutes **Mindestmaß an Unterscheidungskraft** besitzen und denen daher für andere Werke (und erst recht für die Eintragung als Marke) keine ausreichende Kennzeichnungskraft zugebilligt werden könnte. Dies gilt bspw für Titel, die aus reinen Gattungsbezeichnungen und geographischen Herkunftsangaben zusammengesetzt sind oder ausschließlich inhaltsbezogene und beschreibende Aussagen enthalten (BGH GRUR 1963, 378/379 – *Deutsche Zeitung;* NJW-RR 1992, 1128 – *Berliner Morgenpost;* GRUR 1999, 235/237 – *Wheels Magazine;* 2000, 70/72 – *SZENE;* 2010, 156 Rn 14 – *EIFEL-ZEITUNG*). Hier gilt unstreitig der **kennzeichenrechtliche Erfahrungssatz,** dass sich der Verkehr daran gewöhnt hat, dass Zeitungen unter 41

BT Titelschutz

mehr oder weniger farblosen Gattungsbezeichnungen und geographischen Herkunftsangaben angeboten werden und daher auch solchen Titeln Unterscheidungskraft beimisst, denen für andere Druckschriften keine Kennzeichnungskraft zukommt (vgl BGH GRUR 2010, 156 Rn 14 – *EIFEL-ZEITUNG;* Näheres *Risthaus,* Erfahrungssätze im Kennzeichenrecht, Rn 779) Auch die Titel der größten deutschen Tageszeitungen bestehen bei genauer Betrachtung aus für sich genommen relativ wenig unterscheidungskräftigen beschreibenden Angaben: „Frankfurter Allgemeine Zeitung", „Süddeutsche Zeitung", „Frankfurter Rundschau", „Bild", „Die WELT". Und ausgerechnet eine der jüngsten überregionalen Tageszeitungen hat als Titel die glatt beschreibende und völlig farblose Bezeichnung „die tageszeitung" ausgewählt (zur Stärkung der Kennzeichnungskraft in damals vermeintlich moderner Kleinschreibung). Vor diesem empirischen Hintergrund und der daraus ableitbaren Verkehrsauffassung erweist es sich als systematisch richtig, dass die dargestellte Rspr bei Zeitungen nur minimale Anforderungen an die Unterscheidungskraft stellt. Die notwendige Kennzeichnungskraft ist selbst dann gegeben, wenn sich der Titel aus **zwei sprachüblichen Angaben beschreibenden Charakters** zusammensetzt (BGH GRUR 1997, 661/662 – *B. Z./Berliner Zeitung*).

42 **Beispiele aus der Rspr:** Ein hinreichendes Mindestmaß an Unterscheidungskraft wurde **bejaht** für die **Zeitungstitel:** „Spiegel der Woche" (BGH GRUR 1958, 141/142 – *Spiegel der Woche*); „Deutsche Zeitung" (BGH GRUR 1963, 378/379 – *Deutsche Zeitung*), „Berliner Morgenpost" (BGH NJW-RR 1992, 1128 – *Berliner Morgenpost*) „Berliner Zeitung" (BGH GUR 1997, 661/662 – *B. Z./Berliner Zeitung*); „Eifel-Zeitung" (BGH GRUR 2010, 156 Rn 14 – *EIFEL-ZEITUNG*); Offenburger Zeitung" (OLG Freiburg GRUR 1951, 78); „Canstatter Zeitung" (OLG Stuttgart 1951, 517); „Rheinische Post" (OLG Düsseldorf GRUR 1983, 793); „Express" (OLG Köln GRUR 1984, 751/752). **Verneint** hatte der BGH eine hinreichende Unterscheidungskraft in früherer Zeit noch für den Zeitungstitel „Berliner Illustrierte Zeitung" (BGH GRUR 1956, 376/377 – *Berliner Illustrierte Zeitung*), wobei aber davon auszugehen ist, dass die insoweit angelegten strengeren Anforderungen an die Unterscheidungskraft durch die spätere Rspr überholt sind.

c) Zeitschriften

43 Die jüngere Rspr (BGH GRUR 1998, 235/237 – *Wheels Magazine;* 1999, 70/72 – *SZENE;* 1999, 504/505 – *FACTS;* 2002, 176 – *Auto Magazin;* OLG Köln GRUR 1997, 663/664 – *FAMILY;* NJW-RR 1998, 803) lässt keine Ansätze für eine Differenzierung zwischen Zeitungs- und Zeitschriftentiteln erkennen, was das notwendige Mindestmaß der Kennzeichnungskraft angeht. Das Schrifttum ist dem weitgehend gefolgt (vgl nur *Ingerl/Rohnke* MarkenG § 5 Rn 94; *Hacker* in Ströbele/Hacker MarkenG § 5 Rn 98). Hier sind Zweifel anzumelden: Die Farblosigkeit von Zeitungstiteln ist marktbedingt. Die Verkehrsanschauung erwartet von einer Tageszeitung die Verbindung einer geographischen Herkunftsangabe mit einem typischen farblosen Titelbestandteil wie „Zeitung", „Nachrichten", „Rundschau", „Anzeiger", „Stimme", „Morgenpost", „Kurier" etc. Einige wenige bunte Ausnahmen bestätigen diese Regel. Für Zeitschriften kann gleiches aber nicht festgestellt werden. Hier ist die Bandbreite möglicher Titel weitaus größer, wie ein Blick auf die in Deutschland verlegten Blätter offenbart. Es muss daher betont werden, dass für Zeitschriften vom Verkehr ein höheres Mindestmaß an Unterscheidungskraft erwartet werden kann als für Zeitungstitel.

44 **Beispiele aus der Rspr:** Ein hinreichendes Mindestmaß an originärer Unterscheidungskraft wurde **bejaht** für die Zeitschriftentitel: „Der Spiegel" für das Wochenmagazin (BGHZ 21, 85/88 ff. – *Spiegel*); „Der Nussknacker" für eine Rätselzeitschrift (BGH GRUR 1959, 541/542 – *Nussknacker*); „Hobby" für ein Technikmagazin (BGH GRUR 1961, 232/233 f. – *Hobby*); „Capital" für ein Wirtschaftsmagazin (BGH GRUR 1980, 247/248 – *Capital Service*); „Auto-Zeitung" für eine Automobil- und Motorsport-Zeitschrift (BGH GRUR 1988, 638/639 – *Hauer's Auto-Zeitung*); „Ärztliche Allgemeine" für eine Ärzte-Fachzeitschrift (BGH GRUR 1991, 331

C. Werktitelschutz					Titelschutz BT

– *Ärztliche Allgemeine*), „Wheels Magazine" für ein zweimonatlich erscheinendes Magazin für amerikanische Oldtimer (BGH GRUR 1998, 235/237 – *Wheels Magazine*); „Szene" für ein typisches Stadtmagazin (BGH GRUR 1999, 70/72 – *SZENE*); „Facts" für ein Magazin für Bürokommunikation (BGH GRUR 1999, 504/505 – *FACTS*); „Auto Magazin" für eine Automobil-Zeitschrift (BGH GRUR 2002, 176 – *Auto Magazin*); „Logistik HEUTE" für eine verkehrswirtschaftliche Fachzeitschrift (OLG München AfP 1986, 250); „Ärztliche Allgemeine" für eine Ärztezeitschrift (OLG Frankfurt AfP 1986, 345); „Meine Masche" und „Die neue Masche" für Mode- bzw Strick- und Häkelzeitschriften (OLG Hamburg AfP 1989, 677); „High Tech" für eine Fachzeitschrift, Technologiemagazin (OLG Köln GRUR 1989, 690); „TV Spielfilm" für eine Programmzeitschrift (OLG Hamburg WRP 1993, 115); „Die Geschäftsidee" für ein Wirtschaftsmagazin (OLG Köln NJW-RR 1994, 818), „Sports Life" für ein Sportmagazin (OLG Köln GRUR 1995, 508); „Optionsschein Report" für ein Börsenmagazin (OLG Hamburg AfP 1995, 417); „Max" für ein Lifestyle-Magazin (OLG Hamburg NJW-RR 1996, 1004); „Family" für ein Familienmagazin (OLG Köln GRUR 1997, 663/664); „PC-Welt" für eine Computer-Zeitschrift (OLG Köln NJW-RR 1997, 803); „Neurologische Nachrichten" für eine medizinische Fachzeitschrift (OLG Köln GRUR 1999, 374); „OFF ROAD" für eine Zeitschrift zum Thema Geländefahrzeuge (OLG Hamburg GRUR-RR 2005, 50/51); „NEWS" für ein deutsches bzw österreichisches Nachrichtenmagazin (OLG Hamburg GRUR-RR 2005, 312/313, sehr fraglich); „Leichter leben" für die Rubrik einer Frauenzeitschrift (OLG München GRUR-RR 2008, 402/403 – *Leichter Leben*). „Karriere" als Beilage für eine Wirtschafts-Tageszeitung (LG Köln AfP 1990, 330); „Uhren Magazin" für eine Fachzeitschrift mit der Thematik „Uhren" (LG Hamburg GRUR-RR 2002, 68). **Verneint** worden ist eine ausreichende Kennzeichnungskraft für die Titel: „Deutsche Illustrierte" (BGH GRUR 1959, 45/47 – *Deutsche Illustrierte*); „Star Revue" (BGH GRUR 1957, 276 – *Star Revue*); „Snow Board" für eine Fachzeitschrift zum Thema Snow Boarding (OLG Hamburg AfP 1992, 160). Die beiden erstgenannten Entscheidungen, die eine ausreichende Kennzeichnungskraft verneint haben, dürfen heute als überholt gelten. Zu Recht **verneint** hat das OLG Oldenburg (GRUR 1987, 127) einen Titelschutz der Bezeichnung „Sonntagsblatt" für eine Sonntagszeitschrift. Das ist glatt beschreibend. Auch hier hätte aber bereits die Beifügung der geographischen Herkunftsangabe „Ammerland-Sonntagblatt" ausgereicht, um das notwendige Mindestmaß an Unterscheidungskraft zu erlangen. Auch der Titelbestandteil „Morgenpost" besitzt (ohne weitere Zusätze) keinerlei Kennzeichnungskraft (BGH GRUR 1992, 547/549 – *Morgenpost*). Auch der Bezeichnung „Festivalplaner" für ein Print- und Online-Magazin, das seinen Nutzern als Terminplaner für den Besuch von Musikfestivals dienen kann, wurde vom OLG Köln (NJOZ 2010, 2103) zu Recht jede Unterscheidungskraft abgesprochen.

Die dargestellten Beispiele belegen, dass die Rspr eine hinreichende Unterscheidungskraft regelmäßig selbst dann bejaht, wenn der Titel der Zeitschrift unmittelbar an deren Inhalt anknüpft und somit nach markenrechtlichen Maßstäben glatt beschreibend ist oder aus farblosen Gattungsbezeichnungen besteht. Auch bekannte Bezeichnungen, insbes Worte der Umgangssprache, und Gattungsbegriffe können (ausnahmsweise) die notwendige Unterscheidungskraft besitzen, wenn sie als Titel für eine Zeitung oder Zeitschrift, ein Buch oder einen Film ungewöhnlich sind oder in einem **übertragenen bzw bildhaften ("metaphorischen") Sinne** gebraucht und verstanden werden (BGHZ 21, 85/89 – *Spiegel;* BGH GRUR 1958, 141/142 – *Spiegel der Woche;* 1980, 247/248 – *Capital Service;* LG Köln AfP 1990, 330/331). Von einem erhöhte Kennzeichnungskraft begründenden Titelgebrauch im übertragenen Sinne ist der BGH beispielsweise bei den Titeln „Der Spiegel" für ein Nachrichtenmagazin (BGHZ 21, 85/89 – *Spiegel*) und „Capital" für ein Wirtschaftsmagazin (GRUR 1980, 247/248 – *Capital Service*) ausgegangen. Auch hier sind die Anforderungen an die Unterscheidungskraft somit nicht allzu hoch.

BT Titelschutz

d) Rundfunksendungen

46 Auch bei Rundfunksendungen greift die Rspr zunehmend auf die für Zeitungs- und Zeitschriftentitel entwickelten großzügigen Maßstäbe zur notwendigen Kennzeichnungskraft zurück (BGH GRUR 1993, 769/770 – *Radio Stuttgart;* 2001, 1050/1051 – *Tagesschau;* 2001, 1054/1055 – *Tagesreport;* dazu ausf *Deutsch* GRUR 2002, 308; vgl OLG Hamburg GRUR-RR 2001, 5/6; KG GRUR-RR 2001, 134/135). Für die Titel von Nachrichtensendungen soll dies nach der Rspr des BGH (GRUR 2001, 1050/1051 – *Tagesschau*) sogar „in gesteigertem Maße" gelten, wobei allerdings nicht ersichtlich ist, wie die dargestellten minimalen Anforderungen an die Kennzeichnungskraft überhaupt noch weiter herabgesetzt werden könnten. Die großzügige Linie der Rspr hat im Schrifttum weitgehend Zustimmung erfahren (vgl nur *Ingerl/Rohnke* MarkenG § 5 Rn 99). In Übereinstimmung zu den kritischen Anmerkungen zur notwendigen Unterscheidungskraft bei Zeitschriftentiteln sollte auch bei der Bezeichnung von Rundfunksendungen stets berücksichtigt werden, welche Bandbreite an Titeln nach der Verkehrsanschauung tatsächlich in Betracht kommt. Dem BGH (GRUR 2001, 1050/1051 – *Tagesschau*) ist jedenfalls darin zuzustimmen, dass diese Bandbreite bei einer täglich ausgestrahlten Nachrichtensendung ähnlich schmal ist wie bei Tageszeitungen. Wie die anhaltenden gerichtlichen Auseinandersetzungen um die Nachrichtensendungen „Tagesschau" und „Tagesthemen" zeigen, kommen auch die Konkurrenten an dem Titelbestandteil „Tag" kaum vorbei.

47 **Beispiele aus der Rspr:** Ein hinreichendes Mindestmaß an originärer Unterscheidungskraft wurde **bejaht** für die Titel: „POINT" für eine regelmäßig ausgestrahlte Rundfunksendung mit Jugendthemen (BGH GRUR 1982, 431/432 – *POINT*); „Radio Stuttgart" für ein regionales Radioprogramm (BGH GRUR 1993, 769/770 – *Radio Stuttgart*); „Tagesschau" und „Tagesthemen" für Nachrichtensendungen (BGH GRUR 2001, 1054/1055 – *Tagesschau;* 2001, 1054/1055 – *Tagesreport*); „Gute Zeiten, schlechte Zeiten" für eine Daily Soap (KG GRUR 2000, 906 – *Gute Zeiten, schlechte Zeiten*); „Alex" für eine periodisch ausgestrahlte Berliner Live-Fernsehshow (KG GRUR-RR 2001, 133/134 – *live vom Alex*). **Verneint** worden ist eine ausreichende originäre Kennzeichnungskraft für: „Hessenschau" für eine regionale Nachrichtensendung (OLG Frankfurt NJW-RR 1992, 549).

e) Bücher

48 Bei **Sachbüchern** legt die Rspr tendenziell ähnlich großzügige Maßstäbe an die Unterscheidungskraft an wie bei Zeitschriftentiteln. Für Kochbücher beispielsweise hat der BGH eine Gewöhnung des Publikums an die titelmäßige Verwendung von beschreibenden Inhaltsangaben zu Recht bejaht (BGH NJW 1991, 1350 – *Pizza & Pasta;* OLG Köln GRUR 2000, 1073/1074 – *Blitzgerichte*). Ebenso sollen die Titel „Deutsch im Alltag" für ein Sprachlehrbuch (OLG München GRUR 1993, 991 – *Deutsch im Alltag*) und „Abenteuer heute" für eine Sachbuchreihe (OLG Karlsruhe GRUR 1986, 554/555 – *Abenteuer heute*) ausreichende Kennzeichnungskraft besitzen. Ob diese Grundsätze ohne weiteres auch auf alle anderen Themenbereiche von Sachbüchern übertragen werden können, ist durchaus fraglich und im Einzelfall zu klären. So ist beispielsweise für den großen Markt der Lebenshilfe- und Esoterik-Sachbücher eine so große Bandbreite an Bezeichnungen möglich, dass hier nicht nur die Mindestanforderungen an die notwendige Unterscheidungskraft zu stellen sind (vgl LG Hamburg GRUR 2000, 516; bedenklich daher KG AfP 2003, 441/443 – *Das authentische Reiki*). Bei Reiseführern mag es hingegen wegen der besonderen Marktverhältnisse wieder ähnlich liegen wie bei Kochbüchern. Entscheidend sind die vom Tatrichter jeweils festzustellenden besonderen Marktgegebenheiten. Für **Romane, Erzählungen, Gedichtbände** etc gelten normale Anorderungen hinsichtlich der notwendigen Unterscheidungskraft. Der Titel muss in den Augen des Verkehrs geeignet sein, das gekennzeichnete Werk von anderen Werken zu unterscheiden.

49 **Weitere Beispiele aus der Rspr:** Ausreichende Kennzeichnungskraft wurde **bejaht** für die Titel: „Pizza & Pasta" bzw „Pasta & Pizza" für Kochbücher (BGH NJW

C. Werktitelschutz

1991, 1350 – *Pizza & Pasta*); „1, 2, 3 im Sauseschritt" und „Weiter geht's im Sauseschritt" für Kinderbücher (BGH GRUR 2002, 1083 – *1, 2, 3 im Sauseschritt*); „Spice Girls – Girl Power" für ein Buch über eine Girl-Band (OLG Hamburg NJWE-WettbR 2000,15 – *Spice Girls*); „Blitzgerichte für jeden Tag" für ein Kochbuch (OLG Köln GRUR 2000, 1073 – *Blitzgerichte*); „Sorge Dich nicht, lebe!" für einen Lebenshilfe-Ratgeber (LG Hamburg GRUR 2000, 516). **Verneint** wurde die erforderliche Kennzeichnungskraft für die Titel: „Verschenktexte" als Untertitel für eine Gedichtbandreihe (BGH NJW 1993, 1466/1467 – *Verschenktexte II*); „Die Katze" für einen dokumentarischen Roman über eine Spionin dieses Namens (OLG Celle GRUR 1961, 141 – *La Chatte*); „Geschichte der arabischen Völker" für ein wissenschaftliches Sachbuch (LG Hamburg AfP 1993, 775); „Wellness" für ein Sachbuch zum Thema Gesundheit, Wellness (LG München GRUR 1991, 931/933); „Internetrecht" für ein Lehrbuch zu diesem Rechtsgebiet (LG Berlin MMR 2008, 842).

f) Sonstige Werke (Tonträger, Filmwerke, Software etc)

Für Filmwerke, Tonträger, Bühnenwerke, Software etc besteht grundsätzlich kein Anlass, die für Zeitungen und Zeitschriften entwickelten Grundsätze, die ein absolutes Mindestmaß an Unterscheidungskraft ausreichen lassen, ebenfalls anzuwenden. Allerdings dürfen an die notwendige Unterscheidungskraft auch nicht die relativ strengen Anforderungen des § 8 Abs 2 Nr 1 MarkenG gestellt werden. Die Frage der Unterscheidungskraft hat die Gerichte bei Film-, Musik- und Bühnentiteln weitaus seltener beschäftigt als bei Zeitungs- und Zeitschriftentiteln. Darin zeigt sich, dass die Bandbreite möglicher Titel hier weitaus größer ist, anders als bei Tageszeitungen oder Sachbüchern keine zu beachtenden geographischen oder inhaltlichen Vorgaben bestehen. Bei sog **Apps** (Softwareanwendungen für mobile Endgeräte wie Smartphones und Tablet-Computer), die als bezeichnungsfähige Werke grds nach den §§ 5, 15 MarkenG titelschutzfähig sind (dazu Titelschutz BT Rn 28) stellt die Rspr tendenziell ähnliche („normale") Anforderungen an die notwendige Unterscheidungskraft wie bei Büchern, Filmen, Tonträgern, Software etc (OLG Köln BeckRS 2014, 17697 mit Anm *Deutsch* GRUR-Prax 2014, 438; LG Hamburg GRUR-RR 2014, 206). Soweit es um Apps von Zeitungen und Zeitschriften geht, gelten aber die gleichen Erwägungen wie bei Zeitungs- und Zeitschriftentiteln im Printmedienbereich (dazu Titelschutz BT Rn 40 ff.). Auch hier muss bereits ein Mindestmaß an Unterscheidungskraft genügen, denn es wäre ein nicht hinnehmbarer Wertungswiderspruch, dass der Titel einer bekannten Zeitung oder Zeitschrift zwar in der gedruckten Version schutzfähig, in der inhaltsgleichen Online-Version für Smartphones und Tablets aber schutzlos ist. Auch für kommunikative Informationsdienste des Alltags (Wetter, Nachrichten, Sport etc) dürfte wegen vergleichbarer Rahmen- und Marktbedingungen auf den herstellereigenen Plattformen, über die derartige Softwareanwendungen vertrieben werden, ein geringeres Maß an Kennzeichnungskraft ausreichend sein (*Löffler* GRUR-Prax 2013, 540; aM *Zöllner/Lehmann* GRUR 2014, 431/436; vgl BGH NJW 2014, 1534 Rn 19 – *wetteronline.de*).

Bespiele aus der Rspr: Ein hinreichendes Mindestmaß an originärer Unterscheidungskraft wurde **bejaht** für die Titel: „Winnetou I", „Winnetou II", „Winnetou III", „Winnetous Erben", und zwar auch nachdem das urheberrechtlich geschützte Werk *Karl Mays* selbst gemeinfrei geworden war (BGH GRUR 2003, 440/441 –*Winnetous Rückkehr*); „Mädchen hinter Gittern" als Titel für einen Spielfilm (OLG Düsseldorf WRP 1985, 638 – *Mädchen hinter Gittern*); „Sumpfhuhn" und „Die Rache der Sumpfhühner" für Computerspiele (OLG Hamburg ZUM 2001, 514/516 – *Die Rache der Sumpfhühner*); „Die Nacht der Musicals" für eine Bühnenshow (OLG Köln GRUR-RR 2008, 82 – *Nacht der Musicals*); „Der Seewolf" als Titel für die Verfilmung des gleichnamigen Romans (OLG GRUR-RR 2009, 307 – *Der Seewolf*; dazu *Neuwald/v Bey/Vonnahme*, GRUR-RR 2009, 281); „SmartKey" für Software (BGH GRUR 2006, 594 Rn 16 – *SmartKey*). **Verneint** hat die Rspr ausreichende Kennzeichnungskraft für: „Patricia" als Titel für einen Spielfilm (OLG München

GRUR 1960, 301 – *Patricia*); „European Classics" für eine Tonträgerreihe mit klassischen europäischen Musikstücken (OLG Köln ZUM-RD 2000, 179 – *European Classics*); „Platin Records" für Tonträger (OLG Köln ZUM-RD 2001, 352 – *Platin Records*). „wetter.de" LG Berlin BeckRS 2013, 17531 – *wetter.de*.

4. Schutz von Titelbestandteilen und Abkürzungen

52 **Titelbestandteile** sind selbstständig geschützt, wenn sie entweder von Haus aus Unterscheidungskraft besitzen oder Verkehrsgeltung erlangt haben (BGH GRUR 1992, 1128/1129 – *Ärztliche Allgemeine;* NJW-RR 1992, 1128/1129 – *Morgenpost*). Diese Unterscheidungskraft wurde im Hinblick auf das Freihaltebedürfnis des Verkehrs verneint für den Titelbestandteil „Who's who..." (KG GRUR 1988, 158 – *Who's who*). Ist ein Titelbestandteil als gattungsmäßige Bezeichnung für Zeitungen oder Zeitschriften gebräuchlich (zB „Zeitung", „Morgenpost", „Rundschau", „Illustrierte"), sind an seine selbstständige Verkehrsgeltung hohe Anforderungen zu stellen (BGH NJW-RR 1992, 1128/1129 – *Morgenpost;* OLG Oldenburg GRUR 1987, 127).

53 **Untertitel, Rubrikentitel** etc sind titelschutzfähig, wenn sie das Kriterium der äußeren Selbstständigkeit erfüllen und gegenüber dem Rest des Werkes hinreichend abgegrenzt sind (BGH GRUR 2012, 1265 Rn 15 f. – *Stimmt's?*). Für die notwendige Kennzeichnungskraft von Rubrik- und Kolumnentiteln sollen nach Ansicht des BGH aber nicht die relativ geringen Anforderungen bei Zeitung- und Zeitschriftentiteln, sondern vielmehr normale und damit strengere Maßstäbe gelten (BGH GRUR 2012, 1265 Rn 19 – *Stimmt's?*). Die Argumentation des BGH, insoweit bestehe ein größerer Gestaltungsspielraum als bei Zeitungs- und Zeitschriftentiteln (GRUR 2012, 1265 Rn 19 – *Stimmt's?*), überzeugt allerdings nicht. Auch die relativ strengen Anforderungen, die der BGH an die erforderliche Kennzeichnungskraft für den Titel „Verschenktexte" als Untertitel für eine Gedichtbandreihe gestellt hat (NJW 1993, 1466/1467 – *Verschenktexte II*), waren daher sachlich nicht gerechtfertigt (vgl aber BGH GRUR 2012, 1265 Rn 19 – *Stimmt's?*). Voraussetzung für einen Schutz des Untertitels ist, dass der Untertitel titelmäßig verwendet und so herausgestellt wird, dass er vom Verkehr auch als Namen oder besondere Bezeichnung eines Werkes selbständig wahrgenommen wird (vgl OLG Dresden NJWE-WettbR 1999, 130/132 – *Dresden-Online,* wo ein Titelschutz für eine an versteckter Stelle angebrachte Rubriküberschrift zu Recht verneint wurde). Auch der Untertitel „Die Schweinfurter" in einem Branchentelefonbuch war nach Art seiner Verwendung, nämlich als Hinweis darauf, dass in dieser Rubrik die Bewohner der Stadt Schweinfurt aufgelistet werden, glatt beschreibend und daher nicht originär kennzeichnungskräftig (OLG Nürnberg NJWE-WettbR 1999, 256 – *Die Schweinfurter*). Hingegen wurde für den Rubriktitel „Agenda" einer Wirtschaftszeitung ausreichende Kennzeichnungskraft ebenso zu Recht bejaht (OLG Hamburg GRUR-RR 2009, 309/310 – *Agenda*) wie für die Rubrik „Leichter Leben" in einer Frauenzeitschrift (OLG München GRUR-RR 2008, 402/403 – *Leichter Leben*). Auch „Stimmt's" als Rubriktitel einer Tageszeitung ist ausreichend kennzeichnungskräftig (BGH GRUR 2012, 1265 Rn 16, 20 – *Stimmt's?;* Vorinstanz: OLG Hamburg GRUR-RR 2011, 70/71).

54 Titelmäßig verwendeten **Abkürzungen,** insbes Buchstabenkombinationen, die nicht als Wort ausgesprochen werden können (zB „BZ", „JZ", „NZ", „SZ", „NJW"), fehlte nach früher hM die für einen Titelschutz erforderliche natürliche Namensfunktion (BGHZ 4, 167/169 – *DUZ;* GRUR 1968, 259 – *NZ;* 1998, 165 – *RBB; Baumbach/Hefermehl* UWG, 17. Aufl, § 16 UWG Rn 122 und 129 ff.; *Fezer* MarkenR § 15 Rn 166a). Ein Schutz nach § 16 Abs 1 UWG aF wurde für sie von der früheren Rspr erst dann bejaht, wenn sie als Unternehmenskennzeichen bzw Werktitel **Verkehrsgeltung** erlangt hatten (BGHZ 4, 167/169 – *DUZ;* GRUR 1968, 259 – *NZ;* OLG Hamm GRUR 1988, 477 – *WAZ/WAS*). Die von wechselnden Sprachgewohnheiten abhängige selbstständige Aussprechbarkeit derartiger Buchstabenkombinationen ist aber von vornherein kaum ein geeignetes Kriterium für ihre

namensmäßige Unterscheidungskraft. Es ist zB wenig einleuchtend, dass die Titelabkürzung „JuS" für die Fachzeitschrift „Juristische Schulung" von Haus aus kennzeichnungskräftig sein soll, weil sie (zufällig?) selbstständig ausgesprochen werden kann, während der „NJW" als Abkürzung für die „Neue Juristische Wochenschrift" die originäre Unterscheidungskraft nicht zugebilligt wird. Im Übrigen können derartige Zeichen nach § 3 Abs 1 MarkenG jetzt auch ohne Verkehrsdurchsetzung als Marke eingetragen werden; es genügt, dass sie unterscheidungskräftig sind und kein konkretes Freihaltebedürfnis besteht (BGH GRUR 2001, 161 – *Buchstabe K;* OLG Düsseldorf GRUR-RR 2001, 106; vgl ferner *Ingerl/Rohnke* NJW 1994, 1247/1249; *Schmieder* NJW 1994, 1241/1242).

Die **originäre namensmäßige Unterscheidungsfunktion von Abkürzungen,** 55 die aus Buchstabenkombinationen bestehen, kann (auch) im Rahmen des Werktitelschutzes nach den §§ 5, 15 MarkenG nicht (mehr) generell verneint werden (*Ricker/Weberling* Kap 71 Rn 15). Der BGH spricht Unternehmenskennzeichen, die aus einer nicht als Wort aussprechbaren Buchstabenkombination bestehen, die Unterscheidungskraft von Haus aus inzwischen nicht mehr a limine ab (BGH GRUR 2001, 344/345 – *DB Immobilienfonds*). Im Hinblick auf den Grundsatz der **Einheitlichkeit des Kennzeichenrechts** (BGH GRUR 2001, 344/345 – *DB Immobilienfonds; Hacker* in Ströbele/Hacker MarkenG § 5 Rn 15, 44; BT Titelschutz Rn 21) ist für Buchstabenkombinationen – unabhängig davon, ob sie nun aussprechbar sind oder nicht – die Titelschutzfähigkeit im Grundsatz zu bejahen (wie hier *Ricker/Weberling* Kap 71 Rn 15; restriktiver *Fezer* MarkenR § 15 Rn 300). Ob die notwendige Unterscheidungskraft vorliegt, ist jedoch – abhängig von der jeweiligen Werkkategorie und dem konkreten Freihaltebedürfnis an der verwendeten Buchstabenkombination – im Einzelfall zu prüfen. Dies kann sicher nicht schematisch an der Zahl der verwendeten Buchstaben festgemacht werden (vgl BGH GRUR 2002, 261 – *Vitaminpräparate;* offen gelassen bei *Deutsch/Ellerbrock* Titelschutz Rn 131).

5. Überwindung fehlender originärer Unterscheidungskraft durch Verkehrsgeltung

Fehlt einem Werktitel nach den soeben dargestellten Grundsätzen die originäre 56 Unterscheidungskraft oder die Namensfunktion, kann diese durch die Erlangung von **Verkehrsgeltung** ersetzt bzw überwunden werden. Dies ergibt sich zwar nicht unmittelbar aus den §§ 5, 15 MarkenG, entsprach aber der ständigen Rspr zu § 16 UWG aF (vgl nur BGHG GRUR 1968, 259 – *NZ*) und ist – da eine Einschränkung des Titelschutzes nicht in der Absicht des Gesetzgebers lag (BT-Drs 12/6581, 59, 67) – auch im Rahmen des neuen Markenrechts uneingeschränkt gültig (BGH GRUR 1999, 581/582 – *MAX;* 2001, 1050/1051 – *Tagesschau; Ingerl/Rohnke* MarkenG § 5 Rn 101). Auch von Haus aus nicht unterscheidungskräftige Werktitel, die aus reinen Gattungsbezeichnungen oder freihaltebedürftigen Worten der Umgangssprache bestehen, können daher jedenfalls auf Grund erlangter Verkehrsgeltung Werktitelschutz genießen (vgl BGH GRUR 1999, 581 – *MAX*).

Welche **Anforderungen an die Verkehrsgeltung** eines nicht originär kenn- 57 zeichnungskräftigen Werktitels zu stellen sind, ist umstritten: Bereits für die Verkehrsgeltung im Sinne des § 16 UWG aF war insoweit die Orientierung am warenzeichenrechtlichen Begriff der Verkehrsgeltung nach § 25 WZG aF anerkannt (vgl nur *Baumbach/Hefermehl* UWG, 17. Aufl, § 16 Rn 141). Im neuen Markenrecht wird der Begriff der „Verkehrsgeltung" jetzt in den §§ 4 Nr 2, 5 Abs 2 MarkenG verwendet. Nach der Übernahme des Schutzes geschäftlicher Bezeichnungen in das neue MarkenG erscheint die Vergleichbarkeit des Begriffs der „Verkehrsgeltung" bei den durch das MarkenG im Hinblick auf die notwendige Einheitlichkeit des Kennzeichenrechts geradezu zwingend (BGH GRUR 2001, 344/345 – *DB Immobilienfonds; Fezer* MarkenR § 15 Rn 167e; *Deutsch/Ellerbrock* Titelschutz Rn 132). Die Anforderungen an das notwendige Ausmaß der Verkehrsgeltung ergeben sich daher auch für Werktitel

BT Titelschutz

aus den Maßstäben der §§ 4 Nr 2, 5 Abs 2 MarkenG und nicht aus den (möglicherweise) strengeren Anforderungen an die Verkehrsdurchsetzung zur Überwindung absoluter Eintragungshindernisse bei Marken nach § 8 Abs 3 MarkenG (*Ingerl/Rohnke* MarkenG § 5 Rn 101 und 52 ff.; *Hacker* in Ströbele/Hacker MarkenG § 5 Rn 95 und 49).

58 Von Haus aus nicht unterscheidungskräftige Gattungsbezeichnungen, Herkunftsangaben, Abkürzungen etc erlangen die notwendige Verkehrsgeltung, wenn sie vom Verkehr als (Werk-)Titel mit namensmäßiger Unterscheidungsfunktion aufgefasst werden. Der notwendige Grad der Verkehrsgeltung hängt von der dem Titel von Haus aus innewohnenden Unterscheidungskraft und dem Freihaltebedürfnis der Allgemeinheit ab. Verkehrsgeltung ist somit ein „relativer Begriff" (*Eisfeld* in Ekey/Klippel/Bender MarkenR § 5 Rn 61).

59 Ein fester **Zuordnungsgrad** (Zuordnung einer Bezeichnung als Werktitel durch die beteiligten Verkehrskreise) für die Erlangung von Verkehrsgeltung kann nicht angegeben werden. In der Praxis dürfte eine absolute Untergrenze der Verkehrsgeltung für von Haus aus unterscheidungskräftige Kennzeichen bei etwa **15 bis 25 %** der beteiligten Verkehrskreise liegen (*Eisfeld* in Ekey/Klippel/Bender MarkenR § 5 Rn 65; vgl BGH GRUR 1969, 681/682 – *Kochendwassergerät*). Nach der früheren Rspr des BGH (GRUR 1979, 470/471 – *RBB/RBT;* GRUR 1990, 681/683 – *Schwarzer Krauser*) musste bei Zeichen, die ausschließlich aus beschreibenden Beschaffenheitsangaben oder geographischen Herkunftsangaben bestehen, im Hinblick auf das Freihaltebedürfnis des Verkehrs eine entsprechend höhere Verkehrsgeltung (idR **über 50 %**) verlangt werden. An die Verkehrsdurchsetzung iSd § 8 Abs 3 MarkenG werden ähnlich hohe Anforderungen gestellt (vgl nur BGH GRUR 2001, 1042/1043 – *REICH UND SCHÖN; Ingerl/Rohnke* MarkenG § 8 Rn 341 ff.). Ob an dieser Rspr festgehalten werden kann, ist durch die neuere Entscheidungspraxis des EuGH (GRUR 1999, 723/727 Rn 48, 54 – *Chiemsee;* vgl ferner BGH GRUR 2009, 669 Rn 25 ff. – *Post II),* wonach die für den Schutz eines Zeichens erforderliche Unterscheidungskraft nicht mehr in erster Linie vom Freihaltebedürfnis der Allgemeinheit abhängig gemacht werden darf, durchaus fraglich geworden (dazu *Ingerl/Rohnke* MarkenG § 8 Rn 342; *Baronikians,* Schutz des Werktitels, Rn 88). In einer seiner ersten Entscheidungen nach dem *Chiemseee*-Urteil des EuGH hat der BGH die untere Grenze der Verkehrsdurchsetzung iSd § 8 Abs 3 MarkenG erneut mit einem Bekanntheitsgrad 50 % angegeben (GRUR 2001, 1042/1043 – *REICH UND SCHÖN;* vgl ferner BGH GRUR 2009, 669 Rn 25 ff. – *Post II).* Auch für die geschäftlichen Kennzeichen des § 5 MarkenG einschließlich der Werktitel wird in der Literatur häufig eine **qualifizierte Verkehrsgeltung** idS verlangt (vgl nur *Hacker* in Ströbele/Hacker MarkenG § 5 Rn 49). Nicht nur im Hinblick auf die oben erwähnte Rspr des EuGH (GRUR 1999, 723/727 Rn 48, 54 – *Chiemsee*) dürfte es sachgerechter sein, die Mindest-Verkehrsgeltung bei Werktiteln im Einzelfall anhand eines gleitenden Maßstabes zu bestimmen, der neben der Kennzeichnungskraft auch von zusätzlichen Faktoren wie Umsätzen, Werbeaufwendungen, Benutzungsdauer etc abhängt (vgl *Ingerl/Rohnke* § 8 Rn 342 ff.).

Der **Nachweis der Verkehrsgeltung** hat im Streitfall regelmäßig durch ein (aufwändiges) demoskopisches Gutachten zu erfolgen (Näheres *Hacker* in Ströbele/Hacker MarkenG § 4 Rn 45 ff.).

V. Entstehung des Titelschutzes

1. Grundlagen der Entstehung

60 Der Werktitelschutz entsteht nach st Rspr mit **Aufnahme der Benutzung** (Ingebrauchnahme) eines originär unterscheidungskräftigen Titels im inländischen geschäftlichen Verkehr (vgl nur BGH GRUR 2009, 1055 Rn 41 – *airdsl*). Bei fehlender

C. Werktitelschutz **Titelschutz BT**

Unterscheidungskraft des Titels von Haus aus entsteht der Titelschutz nach den §§ 5, 15 MarkenG mit der Erlangung von Verkehrsgeltung (dazu BT Titelschutz Rn 96) – also dem Erreichen des erforderlichen Zuordnungsgrades (vgl nur BGH GRUR 1989, 760/761 – *Titelschutzanzeige;* 1998, 1010/1012 – *WINCAD*).

Die Benutzungsaufnahme muss **im Inland** erfolgen, es genügt nicht, dass ein Buch‑ 61 titel lediglich im Ausland bestellt werden kann (vgl BGH GRUR 1995, 825/826 – *Torres;* 1997, 903/905 – *GARONOR;* 2002, 972/974 – *Frommia;* OLG Hamburg GRUR-RR 2002, 231 – *Tigertom*). Der regelmäßige inländische Vertrieb einer ausländischen Zeitschrift in ca. 600 Exemplaren reicht hierfür aus, weil der Titelschutz nicht an eine Mindestzahl von Vertriebsstücken geknüpft ist (OLG Hamburg ZUM 1992, 263/264 – *Premiere*).

2. Akzessorietät von Werk und Werktitel

Schutzfähig sind nach hM grundsätzlich nur Titel, die mit einem bereits existie‑ 62 renden Werk verknüpft sind, einen Titelschutz ohne Werk soll es nicht geben (BGH GRUR 1959, 45/48 – *Deutsche Illustrierte;* GRUR 1993, 769/770 – *Radio Stuttgart;* NJW 1997, 3313/3315 – *Powerpoint;* GRUR 1997, 902/903 – *FTOS;* 1998, 1010/ 1012 – *WINCAD;* GRUR 2009, 1055 – *airdsl; Fezer* MarkenR § 15 Rn 302ff.; *Hacker* in Ströbele/Hacker MarkenG § 5 Rn 107; *Baronikians,* Schutz des Werktitels, Rn 148; *Schricker* FS Vieregge S 775/787; *Teplitzky,* AfP 1997, 450ff.; *Ossing* GRUR 1992, 85/86). Zwischen Werk und Werktitelschutz besteht demnach strenge **Akzessorietät,** dh Abhängigkeit des Titels vom Werk (vgl *Fezer* GRUR 2001, 369/372). Die Akzessorietät ist ein Dreh- und Angelpunkt des Titelschutzrechts: Begriff und Ausmaß der Abhängigkeit von Werk und Titel haben nämlich erhebliche Auswirkungen auf zwei ganz entscheidende **Grundfragen des Titelschutzes:**
1. Welche Benutzungshandlungen führen überhaupt zur Entstehung des Titelschutzes?
2. Unter welchen Voraussetzungen können Werktitel auch ohne zugrunde liegendes Werk übertragen werden?

Die These, dass es einen Werktitelschutz ohne existierendes Werk grundsätzlich 63 nicht geben darf, ist zwar als Ausgangspunkt für die Entstehung des Titelschutzes weithin akzeptiert (vgl zur Begründung *Fezer* MarkenR § 15 Rn 302; *Teplitzky* AfP 1997, 450ff.), sie bedarf allerdings dennoch der Begründung und kritischen Überprüfung (kritisch auch *Eisfeld* in Ekey/Klippel/Bender MarkenR § 5 Rn 95). Die §§ 5, 15 MarkenG ermöglichen für Unternehmenskennzeichen und Werktitel einen dem Schutz eingetragener Marken in seiner Tragweite durchaus vergleichbaren **Kennzeichenschutz ohne Förmlichkeiten,** insb ohne Eintragung oder Registrierung. Von daher leuchtet es auf den ersten Blick durchaus ein, dass es für Werktitel zwar einen privilegierten Kennzeichenschutz ohne Eintragung, aber nicht auch noch einen Kennzeichenschutz ohne zugrunde liegenden Kennzeichnungsgegenstand geben kann (so pointiert und zutr *Deutsch* GRUR 2000, 126/130). Letzteres wäre dem System des Kennzeichenrechts in der Tat fremd.

Das Akzessorietätsprinzip hat allerdings auch bei anderen Kennzeichenrechten im 64 Laufe der Zeit erhebliche Veränderungen und **Lockerungen** erfahren: So war die eingetragene Marke nach dem WZG ursprünglich streng akzessorisch an das Erfordernis eines bestehenden Geschäftsbetriebs gebunden. Diese Voraussetzung wurde aber bereits durch das Erstreckungsgesetz vom 23.4.1992 (BGBl I, S 938) gelockert (vgl § 8 Abs 1 WZG), indem also Leerübertragung von Marken ohne Geschäftsbetrieb zugelassen wurde, und wenige Jahre später durch das neue Markenrecht noch weiter relativiert (vgl § 27 MarkenG; ferner *Tilmann* ZHR 158 (1994), 371ff.). Allerdings ist die Marke auch heute noch an das bei der Anmeldung eingereichte **Verzeichnis** der Waren und Dienstleistungen und damit an einen konkreten Kennzeichnungsgegenstand gebunden (vgl § 32 Abs 2 Nr 3 MarkenG), einen abstrakten Kennzeichenschutz völlig ohne Kennzeichnungsgegenstand gibt es auch im Marken-

BT Titelschutz

recht nicht (vgl *Deutsch* GRUR 2000, 126/130; *Fuchs* GRUR 1999, 460/467). Diese grundsätzliche Wertung spiegelt sich auch in § 23 HGB wider, der die Übertragung einer Firma nicht isoliert, sondern nur gemeinsam mit dem zugehörigen Handelsgeschäft zulässt.

65 Ungeachtet dessen ist darauf hinzuweisen, dass die Akzessorietät von der Rspr bei Werktiteln weitaus restriktiver gehandhabt wird als bei den ebenfalls nach § 5 Abs 1 MarkenG geschützten Unternehmenskennzeichen, bei denen der Schutz in gleicher Weise wie bei Werktiteln durch Benutzung eines originär unterscheidungskräftigen Kennzeichens im geschäftlichen Verkehr und damit ohne Förmlichkeiten entsteht. Anders als bei Werktiteln genügen bei Unternehmenskennzeichen für eine Benutzungsaufnahme unstreitig auch **Vorbereitungshandlungen,** die auf eine dauerhafte wirtschaftliche Betätigung schließen lassen (vgl nur BGH GRUR 1993, 404 – *Columbus;* 1997, 903/905 – *GARONOR*). Dafür reichen nach außen wirkende Vorbereitungsmaßnahmen zur Benutzungsaufnahme, wie zB die Anmeldung zum Handelsregister, Schaltung eines geschäftlichen Telefonanschlusses, die Anmietung von Geschäftsräumen oder die Versendung von Prospekten an potentielle Geschäftspartner, aus (vgl OLG Hamburg WRP 2001, 956/960; *Ingerl/Rohnke* MarkenG§ 5 Rn 58; *Hacker* in Ströbele/Hacker MarkenG § 5 Rn 46). Eine Begründung dafür, warum bei Werktiteln strengere Anforderungen an die Benutzungsaufnahme gestellt werden, ist die Rspr aber bislang schuldig geblieben (kritisch auch *Eisfeld* in Ekey/Klippel/Bender MarkenR § 5 Rn 95). Die nach dem Willen des Gesetzgebers anzustrebende Einheitlichkeit der Grundbegriffe und Grundlagen des Kennzeichenrechts (vgl BGH GRUR 2001, 344/345 – *DB Immobilienfonds*) verlangt auch hier konkordante Betrachtungsweisen. Die dargestellten Argumente, insb die Einheit des Systems der Kennzeichenrechte, lassen daher ein Überdenken der strengen Akzessorietät von Werk und Titel im konkreten Einzelfall ratsam erscheinen – etwa in dem von *Fezer* (GRUR 2001, 369/372) vorgeschlagenen Sinne einer vorsichtigen **Lockerung der Akzessorietät** bei der Entstehung und Beendigung des Werktitelschutzes sowie bei der Übertragung von Werktiteln: Auf die Einzelheiten der vorgeschlagenen Akzessorietäts-Lockerung wird bei BT Titelschutz Rn 67 ff.; 217 ff. eingegangen.

3. Begriff der Benutzungsaufnahme bei Werktiteln

66 Ob eine Benutzungsaufnahme vorliegt, die zur Entstehung des Titelschutzes führt, beurteilt sich bei den einzelnen Werkarten durchaus unterschiedlich:

a) Druckschriften (insbesondere Zeitungen und Zeitschriften, Bücher)

Eine den Schutz als Werktitel begründende **Benutzungsaufnahme** liegt unstreitig im tatsächlichen **Erscheinen** des fertiggestellten Werkes (Zeitung, Zeitschrift, Buch, Kalender, Film, CD etc) auf dem Markt, was mit dem Inverkehrbringen einer nennenswerten Anzahl von Vervielfältigungsstücken gleichzusetzen ist (BGH GRUR 1989, 760/761 – *Titelschutzanzeige;* 1991, 331 – *Ärztliche Allgemeine;* GRUR 2009, 1055 Rn 41 – *airdsl*). Der Werktitelschutz entsteht also unproblematisch spätestens dann, wenn die erste Ausgabe einer neuen Zeitung oder Zeitschrift am Kiosk oder ein Roman im Buchhandel ausliegt. Bei Zeitungen und Zeitschriften genügt auch das Erscheinen einer sog **Nullnummer**, die an einen eingeschränkten Empfängerkreis zu Erprobungszwecken und zumeist auch unentgeltlich verbreitet wird (OLG Köln GRUR 1989, 690/691 – *High Tech; Ricker/Weberling* Kap 71 Rn 16). Bei Büchern reicht die Verbreitung von Rezensions- oder Vorabexemplaren des fertigen Werkes an die Medien oder den Großhandel aus, um ein tatsächliches Erscheinen und damit den Beginn des Titelschutzes zu bejahen.

67 Ob auch **Vorbereitungshandlungen** eine Benutzungsaufnahme darstellen können, ist umstritten (vgl zum Streitstand *Deutsch/Ellerbrock* Titelschutz Rn 72). Die Rspr verfolgt hier grundsätzlich eine sehr restriktive Linie (so auch die Würdigung von *Ingerl/Rohnke* MarkenG § 5 Rn 86). Beispielsweise hat das OLG München

C. Werktitelschutz　　　　　　　　　　　　　　　　　　**Titelschutz BT**

(NJOZ 2003, 1023/1027 – *Enduro Abenteuer*) bei einer bereits fertig konzeptionierten Motorrad-Fachzeitschrift die verlagsseitige Aufforderung zur Disposition an den Großhandel noch nicht ausreichen lassen, obwohl zu diesem Zeitpunkt bereits die digitalen Druckdaten einer Erstausgabe vorlagen. Zumindest für Softwaretitel hat auch der BGH (GRUR 1997, 902/903 – *FTOS;* 1998, 1010/1013 – *WINCAD;* OLG Hamburg ZUM 2001, 514/516 ff. – *Die Rache der Sumpfhühner*) besonders hohe Anforderungen an die Benutzungsaufnahme gestellt. Wie bereits dargestellt wurde (BT Titelschutz Rn 63 ff.), entspricht die restriktive Haltung der Rspr nicht dem System des Kennzeichenrechts und verwickelt sich in Wertungswidersprüche zur abweichenden Handhabung bei Unternehmenskennzeichen. Auch bei Werktiteln und insbesondere bei Druckschriften genügen ähnlich wie bei Unternehmenskennzeichen (vgl nur BGH WRP 1997, 1081/1083 – *GARONOR; Ricker/Weberling* Kap 71 Rn 17). nach außen wirkende Vorbereitungsmaßnahmen für das Erscheinen eines bereits weitgehend fertiggestellten und damit bezeichnungsfähigen Werkes iSd § 5 Abs 3 MarkenG. Welche Vorbereitungshandlungen für die Entstehung des Titelschutzes ausreichen, hängt von den Besonderheiten der jeweiligen Werkart ab. Vorbereitungsmaßnahmen für die Herstellung des Werkes selbst reichen dabei grundsätzlich nicht, es muss sich um Vorbereitungsmaßnahmen für das Erscheinen des im Übrigen zumindest weitgehend fertiggestellten Werkes handeln (*Ingerl/Rohnke* MarkenG § 5 Rn 86).

Nicht ausreichend für die Benutzungsaufnahme sind jedenfalls rein **interne** 68 **Maßnahmen** und solche, die erst der Erstellung eines bezeichnungsfähigen Werkes im kennzeichenrechtlichen Sinne dienen, zB, Einsetzung einer Projektgruppe zur Aufstellung des Businessplans, Abschluss eines Verlagsvertrages, Durchführung von Markt- und Wettbewerbsanalysen, Auftrag zum Entwurf des Layouts, redaktionelle Konzeption etc. Existiert bei einer Zeitschrift nur eine grobe Gliederung mit einigen wenigen fertiggestellten Beiträgen, ohne dass ein schlüssiges verlegerisches Gesamtkonzept erkennbar wäre, so liegt ein bezeichnungsfähiges Werk noch nicht vor und eine den Titelschutz schutzbegründende Benutzung des Titels ist daher nicht möglich (BGH GRUR 2009, 1055 Rn 41 – *airdsl;* OLG München GRUR 2001, 522/525 – *Kuecheonline;* vgl auch GRUR 2010, 156 – *EIFEL-ZEITUNG*).

Nach außen wirkende Vorbereitungshandlungen, die zu einer Benutzungs- 69 aufnahme führen, sind bei Druckschriften beispielsweise: Verteilung von ersten Vervielfältigungsstücken an den Presse-Grosso, Werbemaßnahmen für die druckreife Publikation gegenüber Abonnenten oder Anzeigenkunden, Verteilung von Probeandrucken der Titelseite an die Medien (OLG Hamburg NJW-RR 1994, 1131/1132 – *Optionsschein Magazin*), Aufforderung zur Disposition einer neuen Zeitschrift an den Großhandel (aM OLG München (NJOZ 2003, 1023/1027 – *Enduro Abenteuer*) etc. Benutzungsaufnahme ist in jedem Falle gegeben, wenn bei den genannten Maßnahmen bereits die digitalen Druckdaten vorliegen, ein tatsächlicher Druck ist nicht erforderlich. Ferner reicht die Veröffentlichung einer ersten Online-Ausgabe der Zeitung oder Zeitschrift, die der gedruckten Ausgabe weitgehend entspricht, sofern hierfür der Titel in titelmäßiger Weise benutzt. Bei einer Zeitung oder Zeitschrift (und ebenso bei einer regelmäßigen Rundfunksendung oder einem Fernsehformat) ist der Werkcharakter im Unterschied zu Büchern, Kalendern, Tonträgern etc ohnehin nicht an eine konkrete Ausgabe, einen bestimmten Inhalt, sondern an das (Medium) Verlagsobjekt selbst gebunden. Jede Ausgabe einer Zeitung oder Zeitschrift hat naturgemäß einen anderen redaktionellen Inhalt und stellt damit ein eigenständiges Werk dar (OLG München GRUR 2001, 522/525 – *Kuecheonline*). Der kennzeichenrechtliche Werkcharakter bezieht sich bei diesen Druckschriften weniger auf die konkrete Ausgabe oder Nummer einer Zeitung oder Zeitschrift und deren Inhalt, sondern auf die redaktionelle Linie, den journalistischen Ansatz, das Layout, die Marktansprache, das Verbreitungsgebiet etc insgesamt – letzten Endes also auf das verlegerische **Gesamtkonzept des Printmediums.** Sobald dieses verlegerische Gesamtkonzept in hinreichend konkretisierter Form fertiggestellt wurde und mit dessen Umsetzung begonnen wurde, kann der Titel durch geeignete nach außen wirkende Vorbereitungsmaßnahmen in Benutzung genommen werden, ohne dass die erste Ausgabe der Zeitung oder Zeitschrift tatsächlich bereits gedruckt oder gar verbreitet sein müsste (OLG Hamburg GRUR 1986, 555 – *St. Pauli Zeitung;* NJW-RR 1994, 1131/1132 – *Optionsschein Magazin;* aM *Teplitzky* GRUR 1993, 645/647). Es genügt also, wenn bereits die detaillierte Gliederung für die Erstausgabe einer Zeitung oder Zeitschrift vorliegt, auch wenn es sich nur um eine so genannte Nullnummer handelt. Ab diesem Zeitpunkt sollten die oben erwähnten, nach außen wirkenden Vorbereitungsmaßnahmen entgegen der Rspr ausreichen.

70   Die hier vertretene Ansicht, bedeutet keine Lockerung der Akzessorietät zwischen Werk und Titel. Vielmehr wird lediglich der titelschutzrechtliche Werkbegriff den Besonderheiten der einzelnen Medien angepasst. Damit wird auch die notwendige Einheitlichkeit der Grundlagen des Kennzeichenrecht (BGH GRUR 2001, 344/345 – *DB-Immobilienfonds*) gegenüber dem Schutz von Unternehmenskennzeichen wiederhergestellt. Denn lässt die Rspr nämlich nach außen wirkende Vorbereitungsmaßnahmen für die Aufnahme des Geschäftsbetriebes, die auf eine dauerhafte wirtschaftliche Betätigung schließen lassen, für eine Benutzungsaufnahme von jeher genügen (vgl nur BGH GRUR 1993, 404 – *Columbus;* 1997, 903/905 – *GARONOR;* OLG Hamburg WRP 2001, 956/960). Allerdings ist übertriebene Großzügigkeit bei der Bejahung eines Titelschutzes durch Vorbereitungsmaßnahmen nicht angebracht, denn die Verlagspraxis kann insoweit, wie dies der BGH (GRUR 1997, 902/903 – *FTOS;* 1998, 1010/1013 – *WINCAD*) auch schon wiederholt getan hat, auf die prioritätsbegründende Alternative einer Titelschutzanzeige verwiesen werden.

b) Sonstige Werke

71   Auf sonstige Werke iSd § 5 Abs 3 MarkenG können die hier für Druckschriften entwickelten Grundsätze mit einiger Vorsicht übertragen werden: Bei Tonträgern, Bildträgern etc reicht (wie bei Printmedien) jedenfalls das erste Inverkehrbringen von Vervielfältigungsstücken aus. Bei Werken der Musik, die über das Internet verbreitet werden, genügt bereits das Anbieten zum Download (vgl *Baronikians,* Schutz des Werktitels, Rn 154f.). Die Rspr verfolgt auch bei diesen Werkarten eine sehr restriktive Linie und hat beispielsweise bei Computerprogrammen deren Erprobung bei einigen ausgewählten Pilotkunden noch nicht für die Benutzungsaufnahme und damit auch nicht für die Entstehung des Werktitelschutzes genügen lassen (BGH GRUR 1997, 902/903 – *FTOS;* ähnlich OLG Hamburg ZUM 2001, 514/517 – *Die Rache der Sumpfhühner;* aM *Eisfeld* in Ekey/Klippel/Bender MarkenR § 5 Rn 95). Der BGH hat auf die Üblichkeit von Änderungen und Verbesserungen der getesteten Software gerade in dieser sog Betatest-Phase hingewiesen und ein existierendes und damit bezeichnungsfähiges Werk verneint. Das dürfte zu eng sein, wenn die erprobte Software bereits im Wesentlichen funktionsfähig ist und dem marktfähigen Produkt weitgehend entspricht (vgl auch *Schalk* in Büscher/Dittmer/Schiwy, Gewerblicher Rechtsschutz, § 5 MarkenG Rn 49).

72   Bei Filmen, Bühnenwerken etc genügt jedenfalls die erste Aufführung für die Benutzungsaufnahme, selbst wenn sie nur für ein eingeschränktes Publikum (zB für die Presse) erfolgt. Auch insoweit stellt sich die Frage, welche nach außen wirkenden Vorbereitungshandlungen für die Entstehung des Titelschutzes ausreichen. Ist das Werk (Film, Theaterstück, CD Veröffentlichung etc) als solches bereits existent, genügt die Benutzung des Titels, zB in einer Werbeanzeige oder auf einem Kinoplakat. Das Werk selbst braucht hingegen nicht verwendet zu werden (OLG München WRP 1985, 638 – *Mädchen hinter Gittern*). Es wäre weltfremd und damit auch nicht sachgerecht, die Entstehung des Titelschutzes beispielsweise für einen mit großem Aufwand produzierten, lange vorher angekündigten und intensiv beworbenen internationalen Film erst in dem Moment beginnen zu lassen, wo er erstmals vor einem breiten Publikum in den deutschen (!) Kinos anläuft. Bei Rundfunksendungen genügt – ähnlich wie bei Zeitungen und Zeitschriften –, dass ein fertiges und organisa-

torisch bereits umgesetztes publizistisches Konzept existiert, das unter dem Titel durch nach außen wirkende Vorbereitungsmaßnahmen angekündigt wird (BGH GRUR 1993, 769/770 – *Radio Stuttgart*). Bei einem Computerspiel reichte es nach Ansicht des OLG Hamburg nicht aus, dass eine noch unvollständige Demo-Version mit wesentlichen Funktionseinschränkungen ins Internet gestellt wurde (ZUM 2001, 514/517 – *Die Rache der Sumpfhühner*, fraglich). Der Schutz für einen **Internet-Auftritt** mit Werkcharakter beginnt erst dann, wenn dieser weitgehend fertiggestellt und auch online abrufbar ist (BGH GRUR 2009, 1055 Rn 41 – *airdsl*). Dann ist es unschädlich, dass dieser Internet-Auftritt wie bei diesem Medium allgemein üblich ständig geändert und aktualisiert wird.

c) Befugte Benutzung, titelmäßige Benutzung

Im Schrifttum wird die Auffassung vertreten, die Benutzung des Werktitels müsse **73** – ebenso wie dies in § 5 Abs 2 MarkenG vorausgesetzt wird – im geschäftlichen Verkehr erfolgen (*Deutsch/Ellerbrock* Titelschutz Rn 52). Da nach der hier vertretenen Auffassung für die Entstehung des Titelschutzes neben dem Erscheinen des Werkes allenfalls nach außen wirkende Handlungen **im geschäftlichen Verkehr** in Betracht kommen, dürfte dieses Merkmal keine eigenständige Bedeutung erlangen. Ungeschriebene Voraussetzung für die Entstehung des Werktitelschutzes ist nach der Rspr ferner, dass die Benutzungsaufnahme **befugt** erfolgt. Eine unbefugter (zB durch einen Unterlassungstitel untersagter) Gebrauch kann daher keinen Werktitelschutz begründen (BGH GRUR 2010, 156 Rn 23 – *EIFEL-ZEITUNG; Deutsch/Ellerbrock* Titelschutz Rn 64). Ferner kann ein Werktitelschutz nur durch die **titelmäßige Benutzung** einer Bezeichnung – also die Verwendung als Werktitel – und nicht durch sonstige Benutzungshandlungen (beispielsweise die Verwendung als Firma oder Domain) erworben werden (Einzelheiten BT Titelschutz Rn 113).

4. Vorverlagerung der Priorität durch Titelschutzanzeigen

a) Grundlagen des Rechtsinstituts Titelschutzanzeige

Wie dargestellt wurde, sind Anfangsinvestitionen eines Medienunternehmens bis **74** zur Entstehung des Titelschutzes durch Benutzungsaufnahme in erheblichem Ausmaß durch das Dazwischentreten Dritter gefährdet. Auch wenn die hier vertretene Auffassung bestimmte nach außen wirkende Vorbereitungsmahnahmen für die Entstehung des Titelschutzes ausreichen lässt, verbleibt wegen der damit zusammenhängenden schwierigen Wertungsprobleme ein Rest an Rechtsunsicherheit. Die Verlage haben ein berechtigtes Bedürfnis, ihre Anfangsinvestitionen für einen neuen Titel bis zu dessen Erscheinen am Markt abzusichern (BGH GRUR 1989, 760/761 – *Titelschutzanzeige;* 1997, 902/903 – *FTOS;* 1998, 1010/1013 – *WINCAD; Ricker/Weberling* Kap 71 Rn 17; *Baronikians*, Schutz des Werktitels, Rn 159 ff.).

Aus diesem legitimen Interesse der Verlage heraus wurde bereits zu Anfang des **75** 20. Jahrhunderts das System der Titelschutzanzeigen entwickelt (vgl KG JW 1932, 885/888; *Hellwig* GRUR 1916, 117/11). Für den Beginn des Titelschutzes genügt nach hM die in branchenüblicher Weise erfolgte öffentliche Ankündigung eines Werkes durch eine **Titelschutzanzeige,** wenn das Werk unter diesem Titel in angemessenem zeitlichem Abstand tatsächlich in Verkehr gebracht wird (vgl nur BGH GRUR 1989, 760/761 – *Titelschutzanzeige;* 2001, 1054/1055 – *Tagesreport;* GRUR 2009, 1055 Rn 45 – *airdsl;* OLG Köln GRUR 1989, 690/693 – *High Tech;* OLG München NJW-RR 1994, 556 – *Die da;* NJOZ 2003, 1023/1026 – *Enduro Abenteuer; Ricker/ Weberling* Kap 71 Rn 17; generell ablehnend *Eisfeld* in Ekey/Klippel/Bender MarkenR § 5 Rn 99 ff.). Durch die Titelschutzanzeige kann somit eine **Vorverlagerung der Priorität** für das in Vorbereitung befindliche Werk erreicht werden. Die Titelschutzanzeige selbst stellt aber noch keine Benutzung des Werkes dar (BGH GRUR 1989, 760/761 – *Titelschutzanzeige;* 2001, 1054/1055 – *Tagesreport; Ricker/Weberling* Kap 71 Rn 17). In der Begründung zum Entwurf des Markenrechtsreformgesetzes

BT Titelschutz

wurde ausdrücklich darauf hingewiesen, dass durch das neue MarkenG an der eingeführten Praxis der Titelschutzanzeigen nichts geändert werden sollte (BT-Drs 12/6581, 68; BGH GRUR 1998, 1010/1011 – *WINCAD*). Im Hinblick auf die hohen Anfangsinvestitionen, die mit der Herausgabe einer Zeitung oder Zeitschrift, eines Buchs oder Films, regelmäßig verbunden sind (bei einer bundesweit vertriebenen Publikumszeitschrift können diese leicht mehr als 100 Mio. EURO betragen, vgl LG Kiel AfP 1994, 330/331) und die lange Anlaufzeit für derartige Projekte besteht ein erhebliches und auch anerkennenswertes Interesse der Verlage, den ins Auge gefassten Titel möglichst frühzeitig abzusichern (BGH GRUR 1989, 760/761 – *Titelschutzanzeige*). Diesem legitimen Interesse dienen Titelschutzanzeigen. Sie bezwecken darüber hinaus die Information der beteiligten Verkehrskreise über das geplante Werk, um diesen zu ermöglichen, ihre eigenen wirtschaftlichen Entscheidungen darauf abzustimmen und ermöglichen auch einen gewissen Schutz des angekündigten Titels: Bereits die Titelschutzanzeige soll Dritte davon abhalten, Handlungen zu begehen, die später titelverletzend wären und dient damit der Sicherheit des Rechtsverkehrs (Einzelheiten *Heim* AfP 2004, 19/20). Im Einzelnen muss eine Titelschutzanzeige zur wirksamen Vorverlagerung der Priorität folgende **Voraussetzungen** erfüllen:

b) Öffentliche Ankündigung durch Titelschutzanzeige

76 Es muss eine **öffentliche Ankündigung** des Titels in einem der branchenüblichen Publikationsorgane (dazu BT Titelschutz Rn 79ff) erfolgen. Für den Inhalt der Titelschutzanzeige hat sich dabei in der Praxis überwiegend folgender Wortlaut eingebürgert: „Unter Hinweis auf die §§ 5 Abs 3, 15 MarkenG nehmen wir (fakultativ, bei Anzeige im Auftrag eines Dritten: „für die Fa XY"; „für einen Mandanten") Titelschutz in Anspruch für „X Y Z" in allen Schreibweisen, Darstellungen, Abwandlungen, Abkürzungen, Kombinationen und Wortverbindungen für alle Medien, insbesondere für Druckschriften, Tonträger ..." (vgl Muster bei *Deutsch/Ellerbrock* Titelschutz Anhang IV; kritisch zu dieser allgemein üblichen Formulierung *Ochs* WRP 1987, 651/654). Die Angabe der Werkkategorie(n) war nach früherem Verständnis für die prioritätsbegründende Wirkung der Titelschutzanzeige nicht erforderlich, wird aber neuerdings im Schrifttum zunehmend für notwendig erachtet (vgl *Fezer* MarkenR § 15 Rn 324, 327; *Hacker* in Ströbele/Hacker MarkenG § 5 Rn 119; *Heim* AfP 2004, 19/22). Daran ist zutreffend, dass der Verkehr nur bei Angabe zumindest der Werkkategorie erkennen kann, welche Frist für das tatsächliche Erscheinen des Werkes angemessen ist und ob der Titel ggf für andere Werkarten noch zur Verfügung steht (*Heim* AfP 2004, 19/22). In der Praxis ist zu beobachten, dass in den veröffentlichten Titelschutzanzeigen vorsorglich möglichst viele Werkkategorien gleichzeitig in Anspruch genommen werden. Ein echter Gewinn an Rechtssicherheit für den Verkehr ist daher mit dem Verlangen nach Angabe der Werkkategorie in der Titelschutzanzeige nicht verbunden.

77 Die Veröffentlichung der Titelschutzanzeige kann **durch einen Vertreter,** zB durch einen Rechtsanwalt oder eine Werbeagentur, für einen zunächst noch anonym bleibenden Dritten erfolgen (BGH GRUR 1989, 760/761 – *Titelschutzanzeige;* OLG Köln GRUR 1989, 690/693 – *High Tech*). Die Aufgabe einer Titelschutzanzeige durch Nichtanwälte (Werbeagenturen, Verlagsagenten etc) verstößt nicht gegen das RDG (so zum früheren RBerG; BGH GRUR 1998, 956 – *Titelschutzanzeige für Dritte*). Die Titelschutzanzeige muss sich aber auch bei Aufgabe durch einen Vertreter stets auf ein konkretes verlegerisches Vorhaben beziehen, um prioritätsbegründende Wirkung zu haben (vgl *Ricker/Weberling* Kap 71 Rn 17). Zur Passivlegitimation des Vertreters, BT Titelschutz Rn 90.

78 *(vorläufig leer)*

c) Veröffentlichung in einem branchenüblichen Publikationsorgan

79 Nur bei Veröffentlichung der Titelschutzanzeige in einem branchenüblichen Publikationsorgan darf der Ankündigende mit einer breiten Kenntnisnahme durch die

interessierten Verleger rechnen. Pressemitteilungen im redaktionellen Teil von Zeitungen und Zeitschriften, Ankündigungen auf Kongressen, Rundschreiben an den Buch- und Zeitschriftengroßhandel etc können einer Titelschutzanzeige nach hM nicht gleichgestellt werden, weil die Auferlegung einer so weitreichenden Beobachtungspflicht für die betroffenen Verleger angeblich nicht zumutbar wäre (BGH GRUR 1989, 760/763 – *Titelschutzanzeige;* OLG München NJOZ 2003, 1023/1028 – *Enduro Abenteuer*).

80 Deutsch/Ellerbrock (Titelschutz Rn 86; vgl auch *Baronikians,* Schutz des Werktitels, Rn 611) nennen als **branchenübliche Publikationsorgane** für Bücher und Zeitschriften: „Börsenblatt des Deutschen Buchhandels", „Horizont", „Media Spektrum" (inzwischen „media spectrum"), „text intern", „Der Titelschutzanzeiger" (mit Softwaretitel), „Kress-Report"; für Filme: „Blickpunkt: Film" und „Filmecho" (heute: „Filmecho/Filmwoche"). Aktuell zu ergänzen wären noch (angesichts ständiger Veränderungen ohne Anspruch auf Vollständigkeit und Aktualität): „Journalist", „Rundy Titelschutz Journal", „werben & verkaufen", „Der Titelschutz – Titelschutz 24 – Titelschutz Online", „videomarkt", „SPIO" (informative Tabelle mit Kontaktdaten bei *Baronikians,* Schutz des Werktitels, Rn 611). Praktisch alle der erwähnten Publikationsorgane unterhalten inzwischen Internetpräsenzen und veröffentlichen dort parallel oder ausschließlich Titelschutzanzeigen. Daneben existieren verschiedene (ebenfalls privat geführte) Titelregister, insbesondere für die Filmwirtschaft (Einzelheiten *Deutsch/Ellerbrock* (Titelschutz Rn 87).

81 Bei Betrachtung der genannten Publikationen, Internetpräsenzen, Datenbanken etc ist festzustellen, dass das von der Rspr (vgl etwa BGH GRUR 1989, 760/761 – *Titelschutzanzeige;* OLG München NJOZ 2003, 1023/1028 – *Enduro Abenteuer*) liebevoll gepflegte Bild von der überschaubaren Zahl „branchenüblicher Publikationsorgane", deren Kenntnis für jeden Buch-, Presse- oder Musikverleger zu den selbstverständlichen Standespflichten gehört, an der Realität vorbeigeht. Die Veröffentlichung einer Titelschutzanzeige in einem Blatt, dessen (ohnehin nicht IVW-geprüfte) Auflagenziffer weit unter der eines kleinen Gemeindeanzeigers liegt, oder im Rahmen einer Internetpräsenz, deren tatsächliche Nutzer nie wirklich objektiv erfasst werden, soll möglicherweise ausreichen, um die Priorität eines beanspruchten Werktitels zu begründen und sich damit zur Not auch gegen millionenschwere Investitionen der Konkurrenten in konkrete, bereits existierende Verlagsprojekte durchsetzen. Hier liegt ein offensichtlicher **Schwachpunkt des Systems der Titelschutzanzeigen.** Die Rspr sollte die in Betracht kommenden Publikationsorgane auf die tatsächlich branchenüblichen Medien eingrenzen bzw deren Anforderungen eindeutig definieren, um dadurch die verloren gegangene Rechtssicherheit in diesem Bereich wiederherzustellen und den offensichtlichen Missbrauch einzudämmen. Die Veröffentlichung einer Titelankündigung allein auf der eigenen Internetseite des Werktitelschutz beanspruchenden Interessenten reicht jedenfalls nicht aus, wie der BGH zwischenzeitlich klargestellt hat (GRUR 2009, 1055 Rn 45 – *airdsl*).

d) Entwicklungsstadium des Werkes bei Veröffentlichung

82 Ob der Ankündigende bei Veröffentlichung der Titelschutzanzeige bereits mit der Werkherstellung oder wenigstens mit ernsthaften **Vorbereitungshandlungen** begonnen haben muss, hat der BGH (GRUR 1989, 760/761 – *Titelschutzanzeige*) ausdrücklich offen gelassen (bejahend OLG Hamburg WRP 1981, 30/32; OLG Köln GRUR 1989, 690/691 – *High Tech; Deutsch* GRUR 1994, 673/677; *Heim* AfP 2004, 19/20). Das von der Rechtsprechung als Begründung für die Vorverlegung des Titelschutzes herangezogene besondere Verkehrsinteresse besteht auch dann, wenn mit den Vorbereitungen für die Werkherstellung gleichzeitig mit oder unmittelbar nach dem Erscheinen der Titelschutzanzeige begonnen wird (*Bosten/Prinz* AfP 1991, 361/362; *Ochs* WRP 1987, 651/657; *Baronikians,* Schutz des Werktitels, Rn 150). Insoweit kann die Veröffentlichung einer Titelschutzanzeige, die regelmäßig mit Kosten verbunden ist, selbst als erste ernsthafte Vorbereitungshandlung für die Werkher-

stellung angesehen werden. Im Übrigen hat der BGH in der Entscheidung *Titelschutzanzeige* (GRUR 1989, 760/761) davon gesprochen, die Gleichstellung von Titelschutzanzeige und tatsächlicher Benutzungsaufnahme beruhe auf einer „Fiktion". Dann bedarf es aber zusätzlicher Vorbereitungshandlungen vor ihrer Veröffentlichung nicht mehr. Voraussetzung für die Vorverlegung der Priorität ist aber, dass der Ankündigende die ernsthafte Absicht hat, den in Anspruch genommenen Titel für ein zwar noch nicht existierendes, aber bereits konkretisiertes Werk zu benutzen. Eine Prioritätsverlagerung völlig ohne zugehöriges Werk gibt es auch bei der Titelschutzanzeige nicht (BGH GRUR 1989, 760/761 – *Titelschutzanzeige*). Die Bedeutung dieses Meinungsstreits für die Praxis darf allerdings nicht überschätzt werden: Dient die Titelschutzanzeige nicht einer rechtsmissbräuchlichen „Titelhamsterei" (dazu BT Titelschutz Rn 86) werden sich die von der Rspr geforderten Vorbereitungshandlungen vor Veröffentlichung der Titelschutzanzeige im Prozess praktisch immer darlegen lassen.

e) Tatsächliches Erscheinen des angekündigten Werkes binnen angemessener Frist

83 Das angekündigte Werk muss binnen **angemessener Frist** nach Veröffentlichung der Titelschutzanzeige unter dem beanspruchten Titel tatsächlich erscheinen. Welche Frist angemessen ist, hängt in erster Linie davon ab, mit welcher branchenüblichen Herstellungszeit die angesprochenen Fachkreise bei der betreffenden Werkart rechnen müssen. Es liegt auf der Hand, dass zB die Herstellung einer ganzen Fernsehserie mehr Zeit in Anspruch nimmt als die Herausgabe eines regionalen Anzeigenblattes (*Fezer MarkenR* § 15 Rn 329). Diese angemessene Frist muss je nach den Umständen des Einzelfalles verlängert oder verkürzt werden, wobei neben der Werkkategorie, die Marktverhältnisse und die Beschaffenheit des konkreten Werkes die entscheidende Rolle spielen: Das OLG Hamburg (WRP 1981, 30/33) hat einen Zeitraum von fünf Monaten zwischen der Veröffentlichung der Titelschutzanzeige und dem tatsächlichen Erscheinen bei einem Zeitschriftentitel (Frauenzeitschrift) zu Recht noch als ausreichend angesehen. Dieser Zeitraum ist auch bei einem Computerspiel angemessen (LG Hamburg MMR 1998, 485/486). 12 Monate wurden vom OLG Köln (GRUR 1989, 690/692 – *High Tech*) bei einer (Fach-)Zeitschrift für Technologie zutreffend nicht mehr als angemessen eingeordnet, können aber bei einem erstmals erscheinenden Branchentelefonbuch noch ausreichen (OLG Hamburg WRP 2002, 337/338 – *Bremer Branchentelefonbuch*, für die Internet-Version des gleichen Branchentelefonbuches sollen jedoch nur neun Monate ausreichen). Das KG (AfP 1991, 645) hat zehn Monate für die Herausgabe eines Anzeigenblatts zutreffend als nicht mehr angemessen eingeordnet. Bei einfach gelagerten Projekten (Rätselzeitschrift) können sogar 5½ Monate schon zu lang sein (LG München, Urt v 25.5. 2004, 9 HK O 7738/04). Bei Filmprojekten ist ein Produktionszeitraum von mindestens einem Jahr bis zu 18 Monaten angemessen (*Feindor*, Die medienübergreifende Verwertung von Werktiteln, S 48; *Heim* AfP 2004, 19/21 mwN).

84 Die Rspr zur Frage der angemessenen Frist lässt bisher keine wirklich durchgängige Linie erkennen, an der sich die Praxis orientieren könnte. Als wirklich grobe Richtschnur kann bei **Druckschriften** von **sechs Monaten** als regelmäßig angemessener Frist für das tatsächliche Erscheinen ausgegangen werden, während zwölf Monate ebenso regelmäßig zu lange sein dürften (LG München I AfP 2009, 170 und 172 – *Bunte Woche; Baronikians*, Schutz des Werktitels, Rn 167). Für Filmwerke, aufwändige Bühnenstücke etc stellen zwölf Monate hingegen die Unter- und 18 Monate die mögliche Obergrenze dar. Titelschutzanzeigen sollten daher trotz des verständlichen Wunsches nach möglichst schnellem Schutz nicht verfrüht aufgegeben werden. Erscheint das angekündigte Werk nicht innerhalb angemessener Frist, geht die mit der Titelschutzanzeige beanspruchte Priorität (wieder) verloren. Die angemessene Frist kann durch eine schlichte **Wiederholung der Titelschutzanzeige** nicht verlängert werden (Näheres BT Titelschutz Rn 94).

f) Sammel-Titelschutzanzeigen

Die öffentliche Ankündigung kann nach hM auch im Rahmen einer sog **Sam-** 85
mel-Titelschutzanzeige erfolgen, durch die Titelschutz gleichzeitig für mehrere
Werktitel in Anspruch genommen wird (BGH GRUR 1989, 760/761 – *Titelschutzanzeige; Ingerl/Rohnke* MarkenG § 5 Rn 88; *Hacker* in Ströbele/Hacker MarkenG § 5
Rn 107; *Bosten/Prinz* AfP 1991, 361/362). Für die Gegenansicht (OLG Hamburg
WRP 1980, 30/32; OLG Frankfurt AfP 1986, 345; OLG Nürnberg AfP 1987, 445;
Arras GRUR 1988, 356/357; *Ochs* WRP 1987, 651/654) lassen sich durchaus beachtenswerte Argumente finden (eingehend *Heim* AfP 2004, 19/24 f.). So ist die Anerkennung von Sammel-Titelschutzanzeigen kaum mit dem Grundsatz der Akzessorietät von Werk und Titel vereinbar (vgl BT Titelschutz Rn 62). Angesichts der
Tatsache, dass Titelschutzanzeigen nach allgemeiner Ansicht auch durch Dritte für
anonym bleibende Auftraggeber veröffentlicht werden können, wäre die Nichtanerkennung von Sammel-Titelschutzanzeigen jedoch praktisch wirkungslos. Sie könnte
durch die anonyme Aufgabe mehrerer Anzeigen jederzeit umgangen werden. Sammel-Titelschutzanzeigen sollte daher die schutzbegründende Wirkung besser nicht a
limine abgesprochen werden (so im Ergebnis auch BGH GRUR 1989, 760/761 –
Titelschutzanzeige).

Allerdings darf die Sammel-Titelschutzanzeige nicht zu einer unzumutbaren **Be-** 86
hinderung der Konkurrenten („Titelhamsterei", „Titelblockade") in der Wahl des
eigenen Titels führen. Nach Ansicht des BGH (GRUR 1989, 760/761 – *Titelschutzanzeige*) hat der Inserent einer Sammel-Titelschutzanzeige, der sich inzwischen für
einen der beanspruchten Titel entschieden hat, die Verpflichtung bekanntzugeben,
welche Titel er nicht mehr beansprucht. Dies ist kaum praktikabel, zumal der BGH
nicht angedeutet hat, welche Sanktion er an die Verletzung dieser Verpflichtung
knüpfen will. Es erscheint sinnvoller und auch systemgerechter, bei Sammel-Titelschutzanzeigen die angemessene Frist bis zum Erscheinen des Werkes möglichst
knapp zu bemessen (BT Titelschutz Rn 94). Wer gleich mehrere Titel für sich beansprucht und damit für Dritte blockiert, dem ist bei der Realisierung seines verlegerischen Vorhabens allerhöchste Eile zuzumuten (ähnlich zur Rechtslage vor Inkrafttreten des MarkenG *Teplitzky* in Großkommentar zum UWG § 16 Rn 102). Damit
ließe sich der verbreiteten Neigung, Titelschutz für alle erdenklichen Gestaltungen
quasi „auf Vorrat" in Anspruch zu nehmen, besser begegnen als mit den wirklichkeitsfremden „strengen Anforderungen" des BGH (GRUR 1989, 760/761 – *Titelschutzanzeige*) an die freiwillige Freigabe nicht beanspruchter Titel.

g) Wirkung der Titelschutzanzeige

Die Titelschutzanzeige begründet auch bei Erfüllung aller hier genannten Vorausset- 87
zungen nach allgemeiner Ansicht (noch) keinen Werktitelschutz für die in Anspruch
genommene Bezeichnung (vgl nur BGH GRUR 2001, 1054/1055 – *Tagesreport;* OLG
Hamburg WRP 2002, 337 – *Bremer Branchentelefonbuch;* OLG Köln WRP 1995, 864 –
Titelschutzanzeige; Hacker in Ströbele/Hacker MarkenG § 5 Rn 109 mwN). Sofern das
angekündigte Werk aber tatsächlich binnen angemessener Frist erscheint, bewirkt die
Titelschutzanzeige nach allgemeiner Ansicht nur eine **Vorverlagerung der Priorität**
(also des Zeitrangs) für das angekündigte Werk auf den Zeitpunkt, in dem die Titelschutzanzeige veröffentlicht wurde (BGH GRUR 1989, 760/761 – *Titelschutzanzeige;*
2001, 1054/1055 – *Tagesreport;* OLG Köln GRUR 1989, 690/693 – *High Tech;* WRP
1995, 864; OLG München NJW-RR 1994, 556 – *Die da;* NJOZ 2003, 1023/1026 –
Enduro Abenteuer; Ingerl/Rohnke MarkenG § 5 Rn 88 mwN).

Umstritten ist, ob die Titelschutzanzeige im Zusammenhang mit dem binnen ange- 88
messener Frist erscheinenden Werk allein prioritätsbegründende Wirkung hat (*Arras*
GRUR 1985, 356/357; *Deutsch* GRUR 1994, 673/678) oder ob sie bereits vor
Erscheinen des zugehörigen Werkes auch die **Aktiv- bzw Passivlegitimation des
Ankündigenden** für Ansprüche aus dem bzw gegen den Titel begründen kann (in
diesem Sinne *Bosten/Prinz* AfP 1989, 361/352). Hier ist wie folgt zu differenzieren:

BT Titelschutz

89 Zwar liegt in der Veröffentlichung einer Titelschutzanzeige noch keine Benutzung des Titels, weil ein zugehöriges Werk (noch) nicht existiert und ein Titelschutz ohne Werk nicht in Betracht kommt (BGH GRUR 2001, 1054/1055 – *Tagesreport;* OLG Hamburg WRP 2002, 337). Für die Inhaber prioritätsälterer Rechte begründet aber bereits die Veröffentlichung der Titelschutzanzeige die ernsthafte Gefahr eine drohenden Rechtsverletzung und damit die **Erstbegehungsgefahr** für eine vorbeugende Unterlassungsklage gegen den Inserenten der Titelschutzanzeige (BGH GRUR 2001, 1054/1055 – *Tagesreport;* OLG München GRUR 1989, 356/357 – *Sternstunden des Sports;* OLG Köln AfP 1990, 440 – *Sex Press;* OLG Hamburg GRUR-RR 2009, 307 – *Der Seewolf;* LG Berlin ZUM-RD 2008, 413/414; eingehend *Arras* GRUR 1985, 357/359; *Ingerl/Rohnke* MarkenG § 15 Rn 140; *Heim* AfP 2004, 19/23; *Baronikians,* Schutz des Werktitels, Rn 208 ff.). Der Inserent der Titelschutzanzeige ist somit für Unterlassungsansprüche Dritter gegen die zukünftige Benutzung des angekündigten Titels **passivlegitimiert.** Ein monatelanges Abwarten, bis das angekündigte Werk tatsächlich in Benutzung genommen wird, ist den Inhabern älterer Rechte im Interesse eines effektiven Rechtsschutzes nicht zuzumuten (*Ingerl/Rohnke* MarkenG § 15 Rn 140). Bei einer Sammel-Titelschutzanzeige besteht die Erstbegehungsgefahr grds für alle genannten Titel und bei Nennung mehrerer Werkarten für sämtliche beanspruchten Werkarten (LG Berlin NJWE-WettbR 2000, 296; zust *Baronikians,* Schutz des Werktitels, Rn 211).

90 Wurde die Titelschutzanzeige durch einen **Vertreter** (Anwalt, Werbeagentur etc) für einen anonym bleibenden Inserenten aufgegeben, haftet dieser Vertreter nach dem Rechtsgedanken des § 179 BGB jedenfalls dann als Störer bzw Verletzer auf Unterlassung und Ersatz der Anwaltskosten, wenn er sich weigert, seinen Auftraggeber zu nennen (OLG Hamburg NJWE-WettbR 2000, 217/218 – *Superweib;* OLG Frankfurt GRUR 1991, 72 – *Hessenfunk;* OLG Köln AfP 1991, 440/441 – *Sex Press;* LG Nürnberg-Fürth, GRUR-RR 2011, 468; *Fezer* MarkenR § 15 Rn 331). Der Rechtsschutz würde sonst bis zum tatsächlichen Erscheinen des angekündigten Werkes leerlaufen. Eine rechtlich durchsetzbare Verpflichtung, den Namen des Auftraggebers zu nennen, besteht aber nicht (zutreffend *Heim* AfP 2004, 19/23; *Baronikians,* Schutz des Werktitels, Rn 215; offen gelassen von OLG Hamburg NJWE-WettbR 2000, 217/218 – *Superweib*). Dritte, deren Rechte durch die Titelschutzanzeige verletzt werden, können zwar gegen den Vertreter vorgehen. Es besteht hierzu aber keine Obliegenheit in dem Sinne, dass Dritte sich nicht mehr auf Dringlichkeit berufen können, wenn sie das Erscheinen des Werkes abwarten und erst gegen den Auftraggeber vorgehen (LG München I AfP 2009, 170 und 172 – *Bunte Woche*).

91 Teile der Literatur (*Bosten/Prinz* AfP 1991, 361/362 ff.; *Mittas,* Schutz des Werktitels, S 76; *Oelschlägel,* Der Titelschutz von Büchern, Bühnenwerken, Zeitungen und Zeitschriften, S 107 f.) wollen darüber hinaus auch die **Aktivlegitimation** des Ankündigenden für Unterlassungsansprüche gegen Dritte bejahen, was auf die Zubilligung eines „echten" Kennzeichenrechts vor Entstehung des zugehörigen Werkes hinausläuft. Dafür spricht zwar die wirtschaftliche Funktion der Titelschutzanzeige, nämlich Investitionsschutz durch Information der Fachkreise, wozu auch die Möglichkeit zur aktiven Verteidigung des in Anspruch genommenen Titelrechts gehören würde. Die Vorauflage (BT Titelschutz Rn 51) hat für diese Auffassung mit Sympathie erkennen lassen. Letzten Endes sind aber die vorgebrachten Gegenargumente (eingehend *Heim* AfP 2004, 19/23 f.) nicht auszuräumen: Die Titelschutzanzeige allein begründet noch kein Kennzeichenrecht, sondern lediglich eine Verschiebung des Zeitrangs. Auch wären die mit der Bejahung einer Aktivlegitimation auf Grund der Titelschutzanzeige verbundenen prozessualen Probleme kaum sinnvoll lösbar (zutreffend *Deutsch* GRUR 1994, 673/678). Erst wenn das angekündigte Werk tatsächlich in Benutzung genommen wird, ist das Recht am Werktitel gemäß § 5 Abs 3 MarkenG entstanden und damit auch die Aktivlegitimation des Ankündigenden gegeben. Es ist nicht ersichtlich, dass hierdurch dem Ankündigenden oder dem Verkehr gravierende Nachteile entstehen, die eine Vorverlegung der Aktivlegitimation unabweisbar machen würden.

Ungeklärt ist, ob die Veröffentlichung einer Titelschutzanzeige einen **Verwirkungseinwand** (dazu allgemein BT Titelschutz Rn 260f.) des Ankündigenden dahingehend begründen kann, Inhaber besserer Rechte an dem beanspruchten Titel hätten diese bereits auf Grund der öffentlichen Ankündigung geltend machen müssen und nicht bis zum Erscheinen des Werks zuwarten dürfen (vgl *Deutsch* GRUR 1994, 673/678). Einige Aussagen des BGH in der Entscheidung *Titelschutzanzeige* (GRUR 1989, 760, insbes sub II. 2. aE, wo von einer „Beobachtungspflicht" der Verleger in Bezug auf Titelschutzanzeigen die Rede ist) könnten eine solche Annahme nahelegen. Die bloße Ankündigung der Inanspruchnahme eines Titels ist jedoch kaum geeignet einen schutzwürdigen Besitzstand des Ankündigenden zu begründen – zumal wenn sie auch noch im Rahmen einer Sammel-Titelschutzanzeige erfolgt. Im Übrigen ist es immer noch Aufgabe desjenigen, der im geschäftlichen Verkehr ein Zeichen in Gebrauch nimmt, zuvor sorgfältig zu prüfen, ob er mit dem gewählten Zeichen nicht in prioritätsältere identische oder verwechslungsfähige Zeichen anderer Gewerbetreibender eingreift (BGH GRUR 1960, 186/188ff. – *Arctos;* 1961, 535/538 – *arko*). Dieser Nachforschungspflicht kann sich der Ankündigende nicht durch die vergleichsweise preiswerte Veröffentlichung einer Titelschutzanzeige entziehen. 92

Da die Veröffentlichung einer Titelschutzanzeige selbst noch keine Rechte begründet, sondern lediglich zu einer möglichen Vorverlagerung der Priorität des später entstehenden Werkes führt, ist eine **(Leer-)Übertragung** der durch die Titelschutzanzeige begründeten Position naturgemäß nicht möglich (zutreffend *Wirth* AfP 2002, 303/304). Anders als der Anmelder einer Marke, verfügt der Ankündigende einer Titelschutzanzeige über keine gesicherte Rechtsposition, die er übertragen könnte. Es ist auch kein legitimes praktisches Bedürfnis dafür erkennbar, hier ein neues verkehrsfähiges Rechtsgut zu schaffen. 93

h) Verlust der Prioritätsverlagerung, Wiederholungsanzeigen

Die Wirkung einer Titelschutzanzeige geht verloren, wenn der Ankündigende die Benutzungsabsicht endgültig aufgibt, indem der er sich zB für einen anderen Titel entscheidet, oder das zugrunde liegende verlegerische Vorhaben einstellt. Das Gleiche gilt, wenn das angekündigte Werk zwar erscheint, aber nicht innerhalb angemessener Frist nach Veröffentlichung der Titelschutzanzeige (OLG Bremen WRP 2002, 337/338 – *Bremer Branchentelefonbuch*). Die Priorität des Werkes richtet sich dann nach dem tatsächlichen Erscheinungsdatum des Werkes, nicht nach der vorangegangenen Titelschutzanzeige. Die angemessene Frist für das Erscheinen des Werkes kann nicht dadurch verlängert werden, dass der Ankündigende eine **erneute Titelschutzanzeige** aufgibt (sog **Wiederholungsanzeigen,** wie sie von Titelschutzblättern gerne angeboten werden). Wer ein verlegerisches Vorhaben nicht innerhalb der nach den Gesamtumständen angemessenen Frist realisiert, verdient nicht den mit der Anerkennung der Titelschutzanzeige bezweckten vorbeugenden Investitionsschutz. Unvorhergesehene Schwierigkeiten bei der Projektverwirklichung sind bei der Bemessung der angemessenen Frist zu berücksichtigen, ohne dass es dazu einer Wiederholungsanzeige bedarf. Die Zulassung von Wiederholungsanzeigen lädt hingegen zum Missbrauch des Instituts der Titelschutzanzeige geradezu ein, ohne dass ein berechtigtes Interesse des Verkehrs an einer Schutzverlängerung erkennbar wäre. Eine Wiederholungsanzeige setzt daher keine weitere Frist für das tatsächliche Erscheinen des Werkes in Lauf, sie ist lediglich ein rechtlich unerheblicher Hinweis an den Verkehr, der die nach wie vor gegebene Benutzungsabsicht demonstrieren soll (wie hier *Hacker* in Ströbele/Hacker MarkenG § 5 Rn 115; aM *Baronikians*, Schutz des Werktitels, Rn 207, der zumindest der letzten Wiederholungsanzeige eine prioritätsbegründende Wirkung zubilligen will). 94

(vorläufig leer) 95

5. Entstehung des Titelschutzes bei nicht originär kennzeichnungskräftigen Titeln

96 Bei Titeln, die nicht von Haus aus das notwendige Mindestmaß an Unterscheidungskraft besitzen, entsteht der Titelschutz nach den §§ 5, 15 MarkenG mit der **Erlangung von Verkehrsgeltung** (dazu BT Titelschutz Rn 56) – also dem Erreichen des erforderlichen Zuordnungsgrades (vgl nur BGH GRUR 1989, 760/761 – *Titelschutzanzeige;* 1998, 1010/1012 – *WINCAD*). Der Zeitpunkt, in dem die Verkehrsgeltung erlangt wurde, ist dabei für die Vergangenheit meist nur unter großen Schwierigkeiten nachzuweisen, weil die Demoskopie hier an die natürlichen Grenzen des menschlichen Erinnerungsvermögens stößt. Hier kann ggf vorsorglich ein demoskopisches Privatgutachten eingeholt werden, um später den Zeitpunkt der Schutzentstehung belegen zu können (Einzelheiten *Hacker* in Ströbele/Hacker MarkenG § 4 Rn 64).

VI. Inhaber des Rechts am Werktitel

97 Das **Recht am Werktitel** soll nach hM auf Grund der Akzessorietät zwischen Werk und Werktitel grundsätzlich demjenigen zustehen, der auch Inhaber der Rechte am Werk selbst ist. Bei urheberrechtlich geschützten Werken würde das Recht am Titel also grundsätzlich dem „Schöpfer" des mit dem Titel bezeichneten Werkes zustehen (BGH GRUR 2005, 264/265 – *Das Telefon-Sparbuch;* 1990, 218/220 – *Verschenktexte;* OLG Hamburg GRUR-RR 2003, 269/272 – *SNOMED; Ingerl/Rohnke* MarkenG § 5 Rn 102 mwN). Der Verlagsvertrag zwischen Urheber und Verlag kann eine hiervon abweichende Regelung treffen kann (dazu *v Becker* AfP 2004, 19/27). Dass die Titelrechte primär dem Schöpfer zustehen, soll nach der Rspr selbst dann gelten, wenn ein von Natur aus nicht unterscheidungskräftiger Buch-Untertitel erst durch die vom Verleger veranstaltete Benutzung Verkehrsgeltung und damit Titelschutz nach den §§ 5, 15 MarkenG erlangt (BGH NJW GRUR 1990, 218/220 – *Verschenktexte*).

98 Diese Betrachtungsweise ist zu stark von urheberrechtlichen Erwägungen („Schöpfer" als geborener Rechteinhaber) bestimmt, die in das System des Kennzeichenrechts nicht passen. Gerade bei Zeitungen und Zeitschriften, aber auch bei Buchreihen und Rundfunksendungen, deren Inhalte von ständig wechselnden Autoren bestritten werden, hilft die Anknüpfung an den urheberrechtlichen Schöpfer für die Frage der Berechtigung am Werktitel nicht weiter. Maßgeblich ist aus kennzeichenrechtlicher Sicht ohnehin nicht, wer ein Kennzeichen bzw das gekennzeichnete Werk „erfunden" hat, sondern wer es als Werktitel im geschäftlichen Verkehr in schutzbegründender Weise tatsächlich in Benutzung genommen hat (ähnlich *Deutsch/Ellerbrock* Titelschutz Rn 65; *Deutsch* FS Tilmann S 273/280 f.; etwas enger *Baronikians,* Schutz des Werktitels, Rn 274 ff.). Da erst die **Benutzungsaufnahme** den Titelschutz nach den §§ 5, 15 MarkenG überhaupt begründet, kommt es darauf an, wer nach der **Verkehrsauffassung** als berechtigter Benutzer des Titels und damit Inhaber der Titelrechte anzusehen ist (vgl BGH GRUR 2010, 156 Rn 23 – *Eifel-Zeitung;* OLG München GRUR-RR 2009, 307 – *Der Seewolf*). Auch der BGH (GRUR 2003, 440 – *Winnetous Rückkehr*) scheint nunmehr dieser Ansicht im Ansatz zuzuneigen und bejaht die Aktivlegitimation eines Verlages, der einen gemeinfrei gewordenen Titel benutzt, für Unterlassungsansprüche aus diesem Titel gegen Dritte (vgl *v Becker* AfP 2004, 19/27). Kommen bei einem Werktitel mehrere Berechtigte in Betracht (Verfasser, Schöpfer des Titels, Herausgeber, Verleger etc), ist für die Frage der Inhaberschaft der Rechte am Titel primär die getroffene **vertragliche Vereinbarung** (zB der Verlagsvertrag) maßgeblich. Notfalls ist von gemeinsamer Berechtigung auszugehen.

99 Nach den dargestellten Grundsätzen ist bei **Zeitungen und Zeitschriften** grundsätzlich der sog „Herr des Presseunternehmens", der das Erscheinen und Verbreiten

des Druckwerkes mit seinen organisatorischen und wirtschaftlichen Mitteln erst ermöglicht (vgl dazu § 8 LP Rn 59), Inhaber des Werktitels. Die Rechte am Titel einer Zeitung oder Zeitschrift stehen somit regelmäßig dem Verlag zu. Im Einzelfall kann aber auch der Herausgeber auf Grund einer besonders herausgehobenen Stellung als Berechtigter in Betracht kommen, wenn der Verlag ausnahmsweise nur die Funktion seines Beauftragten oder Gehilfen hat (vgl *Schricker* FS Vieregge S 774/790; *Deutsch* FS Tilmann S 273/280 f.). Gleiches gilt für **Rundfunksendungen,** soweit es sich um Eigenproduktionen der Rundfunkveranstalter handelt. Hier ist grundsätzlich der Rundfunkveranstalter als nach außen erkennbarer Benutzer auch der Inhaber der Rechte am Titel. Bei einer Fremdproduktion, die vom Rundfunk lediglich ausgestrahlt wird, liegen die Rechte am Titel hingegen im Zweifel bei der Produktionsfirma (vgl KG GRUR 2000, 906/907 – *Gute Zeiten, schlechte Zeiten*). Bei **Büchern,** die von einem Alleinautor oder einem namentlich genannten Autorenteam verfasst wurden, ist der Autor bzw sind die Autoren nach der Verkehrsauffassung regelmäßig auch Inhaber der Rechte am Werktitel (BGH GRUR 2005, 264/265 – *Das Telefon-Sparbuch*). Bei fehlender Benennung der Autoren und bei Sammelwerken ist ein Schöpfer und/oder berechtigter Benutzer des Titels vom Verkehr hingegen nicht zu identifizieren. Hier können die Rechte je nach Ausgestaltung im Einzelfall bei den Autoren, aber auch beim Verlag, beim Herausgeber oder auch bei allen Beteiligten gemeinsam liegen. Im Zweifelsfall ist von gemeinschaftlicher Berechtigung mehrerer Beteiligter am Werktitel auszugehen. Bei den besonderen Bezeichnungen von **Buchreihen,** die Werke verschiedener Autoren zusammenfassen, liegen die Verhältnisse ähnlich wie bei Zeitungen und Zeitschriften, so dass im Zweifel der Verlag Inhaber der Titelrechte ist. Im vom BGH (NJW GRUR 1990, 218/220) entschiedenen Fall *Verschenktexte,* wo ein von Natur aus nicht unterscheidungskräftiger (Unter-)Titel erst durch die vom Verleger veranstaltete Benutzung Verkehrsgeltung und damit Titelschutz nach den §§ 5, 15 MarkenG erlangt hatte, wäre mindestens die Annahme einer gemeinschaftlichen Berechtigung von Autor und Verlag nahe liegend gewesen (*Deutsch* FS Tilmann S 273/280 f.; vgl jetzt BGH GRUR 2003, 440 – *Winnetous Rückkehr*). Auch bei **Film- und Bühnenwerken** gibt es meist viele potentielle „Schöpfer" (vom Autor des Drehbuches über den Regisseur und den Produzenten bis zum Komponisten der Filmmusik) die nach außen oft nur begrenzt in Erscheinung treten. Im Zweifel ist auch hier der Produzent oder Verlag als „Herr des Unternehmens" Inhaber der Titelrechte (vgl *Deutsch/Ellerbrock* Titelschutz Rn 65).

Überträgt der Verfasser einem Verleger das Verlagsrecht, räumt er ihm damit zumindest ein **Nutzungsrecht** (Lizenz) am Titel ein (BGH NJW GRUR 1990, 218/220 – *Verschenktexte;* vgl aber OLG Frankfurt ZUM 1994, 32 – *Jahrbuch der Architektur*). Ob es sich dabei um ein einfaches oder ausschließliches Nutzungsrecht handelt, ist eine nach dem wirtschaftlichen Vertragszweck zu beantwortende Auslegungsfrage (BGH GRUR 1990, 218/220 – *Verschenktexte*). Im Zweifel ist der Verleger zumindest befugt, Ansprüche aus der Verletzung des Titelrechts im eigenen Namen gerichtlich geltend zu machen (*Deutsch* FS Tilmann S 273/280 f.). Möglich ist auch, dass dem Verlag durch den Verlagsvertrag die Rechte am Werktitel übertragen werden. Nach § 39 Abs 1 URG ist der Verleger auch in diesem Fall nicht befugt, den Titel zu ändern. Hierbei geht es um den sog **inneren Titelschutz,** also um das Verhältnis zwischen dem Schöpfer des Werkes und dem Inhaber von Nutzungsrechten an diesem Werk. Ob und wie lange der Werktitel Dritten gegenüber Schutz genießt, richtet sich allein nach kennzeichenrechtlichen Regeln.

(vorläufig leer)

VII. Ende des Titelschutzes

Der Titelschutz endet mit der **endgültigen Aufgabe des Titels,** zB mit der Einstellung einer Zeitung oder Zeitschrift (BGH GRUR 1995, 45/48 – *Deutsche Illust-*

BT Titelschutz

rierte). Eine nur vorübergehende Nichtbenutzung des Titels schadet hingegen nicht, wenn die Absicht und auch die tatsächliche Möglichkeit besteht, den Gebrauch des Titels in angemessener Frist wieder aufzunehmen (BGH GRUR 1959, 541/542 – *Nussknacker;* GRUR 1960, 346/348 – *Naher Osten; Ricker/Weberling* Kap 71 Rn 18). Ob eine vorübergehende Nichtbenutzung oder eine endgültige Aufgabe des Titels vorliegt, bestimmt sich dabei in erster Linie nach der **Verkehrsauffassung** (BGH GRUR 1960, 346/348 – *Naher Osten;* KG GRUR 1988, 158 – *Who's who*).

103   Bei periodischen Druckschriften, insbesondere bei Zeitungen und Zeitschriften, erwartet der Verkehr ein fortlaufendes Erscheinen. Bei einer Zeitschrift ist eine Unterbrechung von vier Jahren aus Sicht des Verkehrs nicht mehr vorübergehend und daher zu lang für die Aufrechterhaltung des Titelschutzes (OLG Köln GRUR 1997, 63 – *PC Welt*). Bei Büchern gelten andere Maßstäbe, weil der Verkehr hier nicht mit einem periodischen Erscheinen rechnet. Erst wenn ein Buch seit längerer Zeit vergriffen und inhaltlich auch nicht mehr aktuell ist, kann von einer Aufgabe der Benutzungsabsicht ausgegangen werden (BGH GRUR 1960, 346/348 – *Naher Osten*). Bei einem Kochbuch reicht ein Zeitraum von einem Jahr jedenfalls noch nicht aus, um von einer Aufgabe der Benutzungsabsicht auszugehen (OLG Köln GRUR 2000, 1073/1074 – *Blitzgerichte*). Bei Sachbüchern zu einem recht speziellen Themenkreis rechtfertigen auch längere Zeitabstände (vier Jahre) noch nicht die Annahme, dass die Benutzung endgültig aufgegeben wurde (KG AfP 2003, 441/443 – *Das wahre Reiki*). Der Börsenverein des Deutschen Buchhandels geht in einem Merkblatt zum Thema Titelschutz (Stand 08/2008, www.boersenverein,de) davon aus, dass bei Büchern eine fünfjährige und bei Zeitschriften eine zweijährige Nichtbenutzung regelmäßig noch unschädlich ist. Bei einem (früher) periodisch erscheinenden Nachschlagewerk, dessen letzte Auflage mehr als zehn Jahre zurückliegt, ist aber – ähnlich wie bei Zeitungen oder Zeitschriften – eine endgültige Aufgabe der Benutzungsabsicht naheliegend (KG GRUR 1988, 158/159 – *Who's who*). Bei Fernsehsendungen erlischt der Titelschutz zumindest so lange nicht, wie noch Wiederholungen alter Folgen ausgestrahlt werden (OLG Hamburg NJWE-WettbR 1999, 282 – *Aber hallo*). **Filme,** auch Fernsehfilme, stellen dauerhafte Werke da, die immer wieder erneut aufgeführt (beispielsweise im Rahmen einer Werk-Retrospektive) oder gesendet werden können (so zutr *Eisfeld* in Ekey/Klippel/Bender MarkenR § 5 Rn 109). Auch eine längere tatsächliche Benutzungspause rechtfertigt daher regelmäßig nicht die Annahme, dass die Benutzungsabsicht aufgegeben wurde (OLG München, GRUR-RR 2009, 307 – *Der Seewolf*).

104   Die **nicht nur vorübergehende Einstellung** des Titelgebrauchs legt die Vermutung nahe, dass der Titel im geschäftlichen Verkehr nicht mehr verwendet werden soll (BGH GRUR 1960, 346/348 – *Naher Osten*). Diese Vermutung kann durch besondere Umstände ausgeräumt werden. Besondere Umstände, die in der Verlagspraxis früher eine Rolle gespielt haben, waren vor allem die Kriegswirren und die deutsche Teilung. Der Verlag kann die aus einer nicht nur vorübergehenden Einstellung resultierende Vermutung für die Aufgabe der Benutzungsabsicht widerlegen, indem er rechtzeitig durch Mitteilung an den Verkehr klarstellt, dass die Benutzung des Titels nur vorübergehend (zB bis zur Behebung wirtschaftlicher oder technischer Schwierigkeiten) eingestellt werden soll. Beruht die Nichtbenutzung des Titels auf einem einstweiligen gerichtlichen Verbot, kann daraus nicht der Schluss auf die fehlende Benutzungsabsicht gezogen werden (BGH GRUR 1991, 331 – *Ärztliche Allgemeine*).

105   Soweit der Schutz eines Titels mangels originärer Unterscheidungskraft von der Erlangung von Verkehrsgeltung abhängig ist, endet mit dem späteren **Verlust der Verkehrsgeltung** auch der Titelschutz (BGH GRUR 1959, 45/47 – *Deutsche Illustrierte*). Der Verlust der Verkehrsgeltung wird häufig damit zusammen hängen, dass der Titel über einen längeren Zeitraum tatsächlich nicht mehr benutzt wird.

106   Wird das durch den Titel bezeichnete Werk mit Ablauf der Schutzfrist nach § 64 URG urheberrechtlich **gemeinfrei,** so führt dies nach der Rspr nicht „automatisch" zum gleichzeitigen Erlöschen des Titelrechts (BGH GRUR 2003, 440/441 – *Winnetous*

Rückkehr; zust *v Becker* AfP 2004, 19/27; aM noch *Baumbach/Hefermehl* UWG, 17. Aufl, § 16 UWG Rn 128; *Hertin* WRP 2000, 889/896). Jedermann darf Nachdrucke eines gemeinfreien Werks unter seinem ursprünglichen Titel veröffentlichen und vertreiben, wie der BGH ausdrücklich betont hat (GRUR 2003, 440/441 – *Winnetous Rückkehr*), weil bei Verwendung des geschützten Titels für das ursprüngliche Werk keine rechtsverletzende Benutzung vorliegt, zumindest aber keine Verwechslungsgefahr besteht (vgl *v Becker* AfP 2004, 19/27). Der Inhaber des Titelrechts (im Fall *Winnetous Rückkehr:* der Verlag) kann aber Rechte aus dem Titel geltend machen, wenn dieser Titel für ein neues, anderes Werk verwendet wird (*Hacker* in Ströbele/Hacker MarkenG § 5 Rn 88). Im konkreten Fall hat der BGH (GRUR 2003, 440/441 – *Winnetous Rückkehr*) eine Verwechslungsgefahr wegen schwacher Kennzeichnungskraft des Titels „Winnetou" im Ergebnis verneint.

(vorläufig leer) 107

VIII. Umfang des Titelschutzes, Titelverletzung

1. Sachlicher Schutzumfang

Der Schutz geschäftlicher Bezeichnungen wurde vom Gesetzgeber analog dem 108 Markenschutz ausgestaltet. Damit sollte nach der *Amtlichen Begründung* zum Entwurf des Markenrechtsreformgesetzes (BT-Drs 12/6581, 76) zum Ausdruck gebracht werden, dass es sich bei den geschäftlichen Bezeichnungen – wie von der Rechtsprechung bereits vorher anerkannt – um **Immaterialgüterrechte** handelt (vgl BGH GRUR 1990, 218/220 – *Verschenktexte;* 1995, 525/528 – *Torres*). Dem Inhaber einer geschäftlichen Bezeichnung (Werktitel oder Unternehmenskennzeichen) steht ein **ausschließliches Recht** zu. § 15 Abs 1 MarkenG stellt keine eigenständige Anspruchsgrundlage dar und entspricht auch darin der vergleichbaren Regelung für Marken in § 14 Abs 1 MarkenG. Hier wie dort handelt es sich im Kern um ein **Verbietungsrecht** (*Ingerl/Rohnke* MarkenG § 15 Rn 5). Der konkrete Inhalt des Ausschließlichkeitsrechts an der geschäftlichen Bezeichnung ergibt sich aus § 15 Abs 2 und 3 MarkenG. Allerdings hat der Gesetzgeber darauf verzichtet, die in § 14 Abs 3 und 4 MarkenG enthaltene beispielhafte Aufzählung der Verletzungshandlungen in den Gesetzeswortlaut des § 15 Abs 2 MarkenG mit aufzunehmen. Dritten ist es nach § 15 Abs 2 MarkenG untersagt, die geschützte geschäftliche Bezeichnung (Werktitel oder Unternehmenskennzeichen) oder ein ähnliches Zeichen in einer Weise zu benutzen, die **Verwechslungsgefahr** begründet.

Im Inland **bekannte geschäftliche Bezeichnungen** einschließlich der Werktitel 109 genießen nach § 15 Abs 3 MarkenG – ähnlich wie bekannte Marken (§ 14 Abs 2 Nr 3 MarkenG) – einen **erweiterten Schutz,** der auch die unlautere Ausbeutung und Beeinträchtigung ihrer Wertschätzung und Unterscheidungskraft mitumfasst (dazu eingehend BT Titelschutz Rn 163 ff.). Dieser Schutz stellt nach der Rspr eine umfassende **Spezialregelung** dar, die in ihrem Anwendungsbereich (anders als § 16 UWG aF) keinen Raum mehr für die parallele Heranziehung der §§ 3 ff. UWG oder 823 Abs 1 BGB lässt (BGH GRUR 2000, 70/73 – *SZENE;* 2001, 1054/1055 – *Tagesreport;* OLG München GRUR-RR 2008, 400/402 – *Power Systems Design/ Bodo's Power Systems; Ingerl/Rohnke* MarkenG § 15 Rn 220; vgl ferner BGH GRUR 1999, 161 – *MAC Dog;* 1999, 992/995 – *BIG PACK*).

Das Verhältnis konkurrierender Kennzeichenrechte, der Rang, bestimmt sich bei 110 Werktiteln ebenso wie bei anderen Kennzeichen nach dem **Grundsatz der Priorität:** Ältere Rechte gehen zeitlich jüngeren Rechten vor, und zwar gleichviel, ob es sich dabei um förmliche oder um sachliche Rechte handelt (vgl § 6 MarkenG). Die Priorität des Werktitelrechts – sein Zeitrang iSd § 6 Abs 1 MarkenG – richtet sich grundsätzlich nach seiner Entstehung durch Benutzungsaufnahme, kann aber ggf durch eine Titelschutzanzeige vorverlagert werden (Einzelheiten BT Titelschutz

Rn 87 ff.). Einschränkungen des Prioritätsprinzips können sich auch im Recht der geschäftlichen Bezeichnungen einschließlich des Werktitelschutzes aus dem **Recht der Gleichnamigen** ergeben (BGH GRUR 1997, 661/662 – *B. Z. /Berliner Zeitung; Deutsch/Ellerbrock* Titelschutz Rn 56, 111, 113; vgl auch OLG München GRUR-RR 2009, 307 – *Der Seewolf*).

2. Räumlicher Schutzumfang

111 Wie der Schutz einer eingetragenen Marke besteht auch der Schutz für einen originär unterscheidungskräftigen Werktitel grundsätzlich im ganzen Bundesgebiet (BGH GRUR 1997, 661/662 – *B. Z. /Berliner Zeitung*). Wird ein Werktitel aber ausschließlich ortsgebunden verwendet (zB für eine regionale Tageszeitung oder einen regionalen Rundfunksender), beschränkt sich auch sein Schutzbereich entsprechend (BGH GRUR 1968, 259/260 – *NZ;* OLG Hamburg AfP 1999, 492/494 – *Blitz; Baronikians,* Schutz des Werktitels, Rn 296 ff.; vgl auch BGH GRUR 1979, 470/472 – *RBB/RBT*). Bei nicht von Haus aus unterscheidungskräftigen Werktiteln beschränkt sich der Schutzbereich auf das Gebiet, in dem die erforderliche Verkehrsgeltung besteht (BGH GRUR 1968, 259/260 – *NZ*). Eine natürliche künftige **Ausdehnungstendenz** ist je nach Art des Werktitels zu berücksichtigen, zB bei einem Stadtmagazin, das mit unterschiedlichen Lokalteilen bereits in einigen Großstädten erscheint und bei dem eine Ausdehnung auf weitere ähnliche Städte daher naheliegt (vgl OLG Hamburg AfP 1999, 492/494 – *Blitz*). Bei nicht von Haus aus kennzeichnungskräftigen Werktiteln, die erst durch Verkehrsgeltung Titelschutz erlangen, ist eine (mögliche) Ausdehnung der Verkehrsgeltung erst dann zu berücksichtigen, wenn sie in dem neuen Gebiet auch tatsächlich erworben wurde (BGH GRUR 1958, 141/143 – *Spiegel der Woche; Mittas,* Schutz des Werktitels, S 76).

112 Will der Inhaber eines prioritätsälteren, aber räumlich beschränkten Rechts einem Mitbewerber, der im gesamten Bundesgebiet tätig ist, die Benutzung einer verwechslungsfähigen Bezeichnung untersagen, ist nach der Rspr nicht schematisch nach dem Prioritätsprinzip zu verfahren. Vielmehr ist eine umfassende Abwägung der beiderseitigen Interessen erforderlich (BGH GRUR 1968, 259/261 – *NZ;* 1991, 155/156 – *Rialto; Ossing* GRUR 1992, 85/92 f.). Bei dieser **Interessenabwägung** kann auch eine mit Millionenaufwand ins Leben gerufene auflagenstarke Publikumszeitschrift einem kleinen, kostenlos verteilten regionalen Stadtmagazin unterliegen (LG Kiel AfP 1994, 330/331). Angesichts des in der Entscheidung des LG Kiel erwähnten Investitionsvolumens in Höhe von 150 bis 200 Millionen DM für den Start der Publikumszeitschrift „Tango" ist es kein Wunder, dass sich die Parteien dieses Rechtsstreits am Ende vergleichsweise geeinigt haben.

3. Relevante Benutzungshandlungen

a) Titelmäßige Benutzung

113 Nach hM ist ein Werktitel im Rahmen des § 15 Abs 2 MarkenG nur gegen die unbefugte **titelmäßige Benutzung** geschützt (BGH GRUR 2000, 70/72 – *SZENE;* GRUR 2010, 642 Rn 37 – *WM Marken; Ingerl/Rohnke* MarkenG § 15 Rn 130 ff.; *Hacker* in Ströbele/Hacker MarkenG § 15 Rn 21; *Baronikians,* Schutz des Werktitels, Rn 230, 293 ff.; *Ossing* GRUR 1992, 85/93; teilw abw *Deutsch/Ellerbrock* Titelschutz Rn 99; vgl aus der älteren Rspr mit zT abweichender Terminologie BGH GRUR 1979, 564/565 – *Metall-Zeitung;* 1994, 908/910 – *WIR IM SÜDWESTEN*). Eine titelmäßige Verwendung liegt vor, wenn der geschützte Werktitel in einer Weise benutzt wird, „dass ein nicht unerheblicher Teil der angesprochenen Verkehrskreise in ihm die Bezeichnung eines Druckwerkes zur Unterscheidung von anderen Werken sieht" (BGH GRUR 2000, 70/72 – *SZENE* mwN). Entscheidend ist also, ob ein Werktitel nach der Verkehrsauffassung in seiner Funktion als Name oder besondere Bezeichnung einer Druckschrift bzw eines vergleichbaren Werkes benutzt wird. Der

Begriff der titelmäßigen Benutzung geht dabei über den kennzeichenmäßigen oder markenmäßigen Gebrauch im Sinne der Rechtsprechung zur Verletzung von Unternehmenskennzeichen oder Marken hinaus und erfasst richtiger Ansicht nach auch inhaltsbeschreibende Verwendungen (so *Ingerl/Rohnke* MarkenG § 15 Rn 134; aM *Baronikians*, Schutz des Werktitels, Rn 294).

Auch die Verwendung einer Bezeichnung als **Untertitel, Nebentitel, Kolumnentitel, Rubriktitel** etc stellt eine titelmäßige Benutzung dar, soweit es sich „um eine besondere, nach ihrer sonstigen äußeren Aufmachung und ihrem Gegenstand und Inhalt in gewissem Umfang selbstständig gestaltete Abteilung handelt" (BGH GRUR 2000, 70/72 – *SZENE;* GRUR 2010, 156 Rn 15 – *Eifel-Zeitung*; OLG Hamburg GRUR-RR 2002, 389/391 – *die tagesschau*). Die Benutzung eines Werktitels für die Beilage einer Zeitung oder Zeitschrift ist erst recht titelmäßig (vgl BGH GRUR 2005, 264/265 – *Das Telefon-Sparbuch*). Selbst die ständig wiederkehrende Benutzung einer geschützten Bezeichnung im redaktionellen Teil ist titelmäßig, wenn sie dazu verwendet wird, eine bestimmte Abteilung der Zeitschrift namensmäßig zu individualisieren (OLG Köln GRUR 1997, 663/664 – *FAMILY*). Da auch Internet-Domains Werktitel-Charakter aufweisen können (dazu BT Titelschutz Rn 35), kann die Benutzung eines Werktitels als Domain ihrerseits titelmäßig sein. Die bloße Registrierung einer Domain stellt hingegen noch keine titelmäßige Benutzung dar (BGH GRUR 2005, 687/688 f. – *weltonline.de; Ingerl/Rohnke* MarkenG § 15 Rn 137). **114**

Nicht titelmäßig sind Verwendungsformen, bei denen für den angesprochenen Verkehr kein Bezug zum titelschutzfähigen Werk erkennbar ist, zB die Verwendung in der Werbung oder als Sponsoringhinweis (BGH GRUR 2000, 70/72 – *SZENE*). Die sog **Markennennung** oder informative Benutzung, bei der das geschützte Kennzeichen lediglich zur Benennung fremder Originalprodukte (zB im Rahmen vergleichender Werbung) verwendet wird, ist richtiger Ansicht nach von vornherein nicht als zeichenmäßige Benutzung und damit als relevante Benutzungshandlung iSd §§ 14, 15 MarkenG einzuordnen (*Ingerl/Rohnke* MarkenG § 14 Rn 83 ff.). Zumindest ist sie aber nach § 23 Nr 2 MarkenG freigestellt (dazu BT Titelschutz Rn 267). Eine titelmäßige Verwendung des Zeitschriftentitels „VOGUE" liegt nicht vor, wenn ein konkurrierendes „Lifestyle-Magazin" unter der Überschrift „EN VOGUE" verschiedene hochwertige Modeartikel vorstellt (OLG München AfP 1995, 507/508 – *VOGUE*). Dieses Ergebnis hätte sich aber auch über § 23 Nr 2 MarkenG gewinnen lassen, wenn die Bezeichnung hier rein beschreibend verwendet wurde. Die **Verwendung eines Werktitels in einer Titelschutzanzeige** stellt selbst noch keine titelmäßige Benutzung dar, sie begründet aber die Erstbegehungsgefahr für eine vorbeugende Unterlassungsklage wegen der dadurch angekündigten zukünftigen Benutzung des Titels (BGH GRUR 2001, 1054/1055 – *Tagesreport;* OLG München GRUR 1989, 356/357; OLG Köln AfP 1990, 440). **115**

b) Benutzung eines Werktitels als Marke oder Unternehmenskennzeichen

Für den Werktitelschutz nach § 16 UWG aF war grundsätzlich anerkannt, dass eine titelmäßige Benutzung des geschützten Werktitels auch in der **Verwendung als Unternehmenskennzeichen, als Name** oder als **Marke** liegen konnte (BGH GRUR 1980, 247/248 – *Capital Service;* 1982, 431/432 – *POINT;* 1991, 331 – *Ärztliche Allgemeine; Teplitzky* in Großkommentar zum UWG § 16 Rn 283 ff.). Ob dies auch für den Werktitelschutz nach der Übernahme in die §§ 5, 15 MarkenG gilt, ist umstritten (bejahend *Ingerl/Rohnke* MarkenG § 15 Rn 143; *Klippel/Pahlow* in Ekey/Klippel/Bender MarkenR § 15 Rn 71; verneinend *Hacker* in Ströbele/Hacker MarkenG § 15 Rn 22). Geht man davon aus, dass das Markenrechtsreformgesetz lediglich eine Zusammenfassung und zum Teil auch eine Kodifizierung des bisher schon geltenden Rechts beinhaltet, ohne dass damit eine Abkehr oder ein Neuanfang in dem Sinne herbeigeführt werden sollte, wie dies für den Markenschutz im engeren Sinne gilt. Aus der Entstehungsgeschichte des MarkenG ergibt sich aber kein Grund, den **116**

Begriff der titelmäßigen Verwendung im neuen Markenrecht enger zu fassen, als dies vorher der Fall war (BT-Drs 12/6581, 67).

117 Auf einem anderen Blatt steht die Ansicht des BGH, dass Werktitel – sofern nicht besondere Umstände vorliegen – nur gegen unmittelbare Verwechslungen im engeren Sinne geschützt sind (BGH GRUR 1999, 235/237 – *Wheels Magazine;* 2001, 1050/ 1052 – *Tagesschau*). Hierauf wird an anderer Stelle noch ausführlich eingegangen (BT-Titelschutz Rn 131). Die Benutzung eines Werktitels als Marke, Name oder Unternehmenskennzeichen stellt jedenfalls im Ausgangspunkt eine titelmäßige Benutzung und damit eine potentielle Verletzungshandlung iSd § 15 Abs 2 MarkenG dar (ähnlich *Deutsch/Ellerbrock* Titelschutz Rn 99). Die notwendige Abgrenzung im Einzelfall ist nicht beim Kriterium der titelmäßigen Benutzung, sondern bei der Frage des Bestehens von Verwechslungsgefahr vorzunehmen.

4. Unbefugte Benutzung

118 Nach § 15 Abs 2 MarkenG kommen nur „unbefugte" Benutzungen als relevante Verletzungshandlung in Betracht. Eine Befugnis zur Benutzung kann sich insbesondere aus einer vertraglichen Gestattung des Werktitelinhabers oder einem prioritätsälteren Gegenrecht ergeben. Dieses Merkmal ist somit parallel zu der Voraussetzung „ohne Zustimmung des Inhabers" iSd § 14 Abs 2 MarkenG zu verstehen (vgl BGH GRUR 2000, 879/880 – *stüssy; Ingerl/Rohnke* MarkenG § 5 Rn 18). Im Ausnahmefall kann sich eine befugte Benutzung fremder Zeichen unmittelbar aus Art 5 Abs 1 GG (Pressefreiheit) ergeben (BGH GRUR 1979, 564/566 – *Metall-Zeitung;* Näheres BT Titelschutz Rn 274 ff.).

5. Verwechslungsgefahr

a) Anknüpfung an § 16 UWG aF und Einheitlichkeit der Grundbegriffe des Kennzeichenrechts

119 Werktitel sind nach dem Wortlaut des § 15 Abs 2 MarkenG gegen die Gefahr von „Verwechslungen" geschützt. Verwechslungsgefahr ist ein **kennzeichenrechtlicher Grundbegriff,** der nicht nur beim Schutz geschäftlicher Bezeichnungen nach § 15 Abs 2 MarkenG, sondern vor allem beim Schutz von Marken in den §§ 9 Abs 1 Nr 2 und 14 Abs 2 Nr 2 MarkenG und auch im Wettbewerbsrecht eine wichtige Rolle einnimmt. Aber auch beim Schutz von Namen und Firmen nach den § 12 BGB, 37 HGB ist letzten Endes das Bestehen von Verwechslungsgefahr entscheidend.

120 Nach dem ausdrücklichen Willen des Gesetzgebers (BT-Drs 12/6581, 67) sollten Rspr und Praxis im Rahmen des § 15 Abs 2 MarkenG nahtlos an die bisherige Rechtslage zur Verwechslungsgefahr iSd § 16 Abs 1 UWG aF anknüpfen können (BT-Drs 12/6581, 71). Die Rspr zu den §§ 5, 15 MarkenG hat die „nahtlose Anknüpfung" an die alte Rechtslage nach § 16 UWG aF zunächst im Einklang mit dem Gesetzgeber wiederholt betont (vgl nur BGH GRUR 1999, 492/493 – *Altberliner;* 581/582 – *MAX* jeweils mwN), hat aber im Einzelfall durchaus den Mut zur Neuorientierung gefunden, wo geänderte Verhältnisse oder die Einheitlichkeit des Kennzeichenrechts dies erfordern, wie zB bei der Unterscheidungskraft von nicht selbstständig als Wort aussprechbaren Buchstabenkombinationen (BGH GRUR 2001, 344/345 – *DB Immobilienfonds*) oder beim Verhältnis zum Schutz bekannter Kennzeichen nach den §§ 1 UWG aF und 823 BGB (vgl nur BGH GRUR 2001, 1050/ 1051 – *Tagesschau*).

121 Vor dem Inkrafttreten des Markenrechtsreformgesetzes wurde betont, dass der Begriff der **Verwechslungsgefahr** (der früher in § 31 WZG enthalten war) grundsätzlich **für alle Kennzeichenrechte einheitlich** zu interpretieren ist (BGH GRUR 1955, 95/96 – *Buchgemeinschaft I;* 1957, 281/282 f. *karo-as;* 1959, 182/183 – *Quick; Teplitzky* in: Großkommentar zum UWG § 16 Rn 314; *Baumbach/Hefermehl* UWG, 17. Aufl, § 16 UWG Rn 58). Die einheitliche Auslegung der Grundbegriffe des Kennzeichenrechts ist angesichts der Übernahme des wettbewerbsrechtlichen Kenn-

zeichenschutzes in das MarkenG erst recht naheliegend und geboten, auch wenn das Recht der geschäftlichen Bezeichnungen selbst nicht Gegenstand der Harmonisierung war (BGH GRUR 1999, 992/995 – *BIG PACK;* 2001, 344/345 – *DB Immobilienfonds; Ingerl/Rohnke* MarkenG § 15 Rn 45 ff., 147; *Pahlow* in Ekey/Klippel/Bender MarkenR § 15 Rn 37; *Lange,* Marken- und KennzeichenR, Rn 4528; *Deutsch* GRUR 2002, 308/309; aM *Hacker* in Ströbele/Hacker MarkenG § 15 Rn 35). Dabei sind aber die Eigenheiten der jeweiligen Kennzeichenrechte und deren unterschiedliche Funktion zu beachten (vgl *Fezer* MarkenR § 14 Rn 228 f.), was gerade bei Werktiteln auf Grund ihrer Multifunktionalität (BT Titelschutz Rn 13) zu einigen Besonderheiten und Abweichungen hinsichtlich der Auslegung der Verwechslungsgefahr führt. Die Möglichkeit zur nahtlosen Anknüpfung an den Rechtsstand vor Inkrafttreten des MarkenG ist im Bereich des Werktitelschutzes insoweit praktisch wichtig, als ein großer Teil der veröffentlichten Rspr zur Verwechslungsgefahr noch zu § 16 UWG aF ergangen ist. Gleichzeitig eröffnet die Rechtsentwicklung die Möglichkeit, die Verwechslungsgefahr im Bereich des Werktitelschutzes unter Berücksichtigung der notwendigen Einheitlichkeit der Grundbegriffe des Kennzeichenrechts im Einzelfall neu zu interpretieren (vgl EuGH GRUR Int 1999, 732 Rn 22 – *Pfeiffer/Löwa*).

b) Begriff und Grundsätze der Verwechslungsgefahr

Verwechslungsgefahr kann in allgemeiner Form für alle Kennzeichenrechte übereinstimmend als die objektiv nahe liegende Möglichkeit der Beeinträchtigung eines Kennzeichens (hier: eines Werktitels) durch Verwechslungen mit gleichen oder ähnlichen Zeichen definiert werden (vgl nur *Nordemann,* Wettbewerbs- und MarkenR, Rn 1044). Nicht erforderlich ist, dass Verwechslungen tatsächlich vorkommen, Verwechslungsgefahr wird grundsätzlich bereits durch die Möglichkeit von Verwechslungen begründet (BGH GRUR 1968, 259/260 – *NZ*). Die Feststellung von Verwechslungsgefahr ist nach der Rspr eine reine **Rechtsfrage** (BGH GRUR 1990, 450/452 – *St. Petersquelle;* 1997, 661/663 – *B. Z./Berliner Zeitung;* vgl aber BGH GRUR 1982, 431/432 – *POINT*). **122**

Für die Frage, ob ein Werktitel und ein anderes Zeichen verwechslungsfähig sind, ist – auch insoweit bei allen Kennzeichnrechten einheitlich – der **Gesamteindruck** nach **Klang, Bild oder Sinngehalt** der Zeichen maßgeblich (BGH GRUR 1959, 182/184 – *Quick;* 1961, 232/234 – *Hobby;* 2000, 70/72 – SZENE; 2000, 504/505 – *FACTS;* 2002, 1083/1084 – *1, 2, 3 im Sauseschritt*). Grundsätzlich reicht dabei Verwechslungsgefahr in einer dieser Dimensionen aus (vgl nur BGH GRUR 1992, 110/112 – *dipa/dib;* 1999, 241/243 – *Lions*). Auch kommt es weniger auf die Abweichungen als auf die Übereinstimmungen der beiden Zeichen an, denn der Verkehr, dem die zu vergleichenden Zeichen in der Regel nicht unmittelbar nebeneinander vorliegen, erinnert sich eher an die übereinstimmenden Merkmale (BGH GRUR 1990, 450/452 – *St. Petersquelle;* NJW 1992, 6957696 – *dipa/dib;* GRUR 1995, 50/53 – *Indorektal/Indohexal;* 1995, 117/118 – *NEUTREX*). **123**

Neben der **Zeichenähnlichkeit** hängt die Verwechslungsgefahr von der **Kennzeichnungskraft** des prioritätsälteren Werktitels und von der **Werknähe/Branchennähe** ab, wobei zwischen diesen Kriterien eine **Wechselwirkung** in dem Sinne besteht, dass der Ähnlichkeitsgrad umso geringer sein kann, je stärker die Kennzeichnungskraft des Schutz beanspruchenden Kennzeichens ist und/oder je näher sich die jeweiligen Werkkategorien kommen (ständige Rspr vgl nur BGH NJW-RR 1990, 295 – *Quelle;* NJW 1991, 3214/3216 – *SL;* 3218 – *Avon;* 1992, 695/606 – *dipa/dib;* 1993, 459/460 – *Columbus:* GRUR 1995, 50/51 – *Indorektal/Indohexal;* 2002, 176 – *Auto Magazin;* 809/811 – *Frühstücks-Drink I* jeweils mwN). **124**

Maßgeblich für die Beurteilung der Frage, ob Verwechslungsgefahr vorliegt, ist die **Sichtweise eines durchschnittlich informierten, aufmerksamen und verständigen Durchschnittsverbrauchers** (vgl nur EuGH GRUR Int 1999, 734/736 – *Lloyd;* BGH GRUR 2000, 875/877 – *Davidoff;* 2002, 809/811 – *Frühstücks-Drink I;* 1067/1070 – *DKV/OKV*). **125**

BT Titelschutz

c) Arten der Verwechslungsgefahr

126 Von der Rspr (vgl nur EuGH GRUR 1998, 387/389 Tz 16 ff. – *Springende Raubkatze;* BGH GRUR 1999, 235/238 – *Wheels Magazine;* 2000, 70/72 – *SZENE;* 608/609 – *ARD-1;* 875/877 – *Davidoff;* 2001, 1050/1052 – *Tagesschau;* 2002, 171/175 – *Marlboro Dach;* 542/544 – *BIG*) werden folgende **Arten der Verwechslungsgefahr** unterschieden, wobei die Terminologie in Rspr und Literatur keineswegs immer einheitlich ist (Terminologie hier im Anschluss an *Nordemann,* Wettbewerbs- und MarkenR, Rn 1046 ff.; *Ingerl/Rohnke* MarkenG § 14 Rn 391; *Ströbele/Hacker* MarkenG § 15 Rn 36 ff., 69 ff.; Abgrenzung speziell für Werktitel wie hier *Feindor,* Die medienübergreifende Verwertung von Werktiteln, S 52 ff.):

127 (1) **Unmittelbare Verwechslungsgefahr** (auch: „unmittelbare Verwechslungsgefahr im engeren Sinne") ist die Gefahr, dass die Werktitel selbst miteinander verwechselt werden, ein Kennzeichen also schlicht für das andere gehalten wird (vgl nur BGH GRUR 2000, 608/609 – *ARD-1;* 2005, 264/266 – *Das Telefon-Sparbuch;* 2009, 474/485 Rn 30 – *METROBUS*).

128 (2) **Mittelbare Verwechslungsgefahr** (sie wird meist als Unterfall der Verwechslungsgefahr im engeren Sinne eingeordnet; vgl nur *Ingerl/Rohnke* MarkenG § 15 Rn 48) bezeichnet die Gefahr, dass zwar die Zeichen selbst wegen ihrer Unterschiede auseinandergehalten werden, der Verkehr angesichts der Übereinstimmungen in Teilen der Zeichen aber davon ausgeht, sie bezeichneten dasselbe Unternehmen oder seien jedenfalls unter dem Gesichtspunkt der sog **Serienzeichen** demselben Unternehmen zuzuordnen (BGH GRUR 2000, 608/609 – *ARD-1;* 2002, 171/175 – *Marlboro Dach;* 2009, 474/485 Rn 37 – *METROBUS*). Diese Art der Verwechslungsgefahr setzt schon begrifflich betriebliche Herkunftsfunktion oder unternehmensbezogene Namensfunktion des älteren Werktitels voraus. Die Rspr neigt dazu, hier auch die in § 14 Abs 2 Nr 2 MarkenG erwähnte Gefahr des „gedanklichen Inverbindungbringens" einzuordnen (BGH GRUR 2000, 608/609 – *ARD-1*).

129 (3) **Verwechslungsgefahr im weiteren Sinne** (teilw auch als „unmittelbare Verwechslungsgefahr im weiteren Sinne" bezeichnet, so zB in BGH GRUR 2000, 608/609 – *ARD-1;* 875/877 – *Davidoff*) liegt vor, wenn der Verkehr weder die Zeichen noch die Unternehmen verwechselt, aber auf Grund der Übereinstimmungen auf vertragliche, organisatorische oder sonstige wirtschaftliche Zusammenhänge zwischen den Zeichen oder Unternehmen schließt (vgl nur BGH GRUR 2000, 608/609 – *ARD-1;* 875/877 – *Davidoff*). Dazu gehört auch die für den Werktitelschutz besonders wichtige Vermutung **lizenzvertraglicher Zusammenhänge** zwischen zwei ähnlichen Zeichen bzw den Zeicheninhabern. Beispiel: Wenn ein Hersteller von Computerspielen ein Fantasy-Spiel mit dem Titel „Herr der Ringe" auf den Markt bringt, während der mehrteilige Film nach dem berühmten Werk von *J. R. R. Tolkien* die Kinokassen füllt, vermutet der durchschnittlich informierte, aufmerksame und verständige Durchschnittsverbraucher wahrscheinlich das Bestehen lizenzvertraglicher Beziehungen zwischen den beteiligten Unternehmen bzw den Rechteinhabern.

130 Insgesamt ist diese Begriffsbildung keineswegs sonderlich einleuchtend und sie sorgt immer wieder für Missverständnisse – auch in der Rspr des BGH selbst (vgl dazu *Ingerl/Rohnke* § 14 Rn 391; zur abw Terminologie des EuGH ebd Rn 392). Dennoch liegt die Terminologie des BGH aus Gründen der Praktikabilität auch den nachfolgenden Ausführungen zugrunde.

d) Schutz von Werktiteln gegen unmittelbare Verwechslungsgefahr (im engeren Sinne)

131 Nach der Rspr dienen Werktitel grundsätzlich nur der Unterscheidung des gekennzeichneten Werkes von anderen Werken, sie enthalten aber keinen Hinweis auf eine bestimmte betriebliche Herkunft (vgl nur BGH GRUR 1999, 235/236 – *Wheels Magazine;* 2000, 504/506 – *FACTS;* 2001, 1050/1052 – *Tagesschau:* 2002, 1083/1085 – *1, 2, 3 im Sauseschritt*). Mittelbare Verwechslungsgefahr ist unter dieser Prämisse bereits begrifflich ausgeschlossen: Der Verkehr kann mangels betrieblicher Herkunfts-

funktion auch bei Übereinstimmungen der Werktitel oder Zeichen nicht annehmen, beide bezeichneten ein Unternehmen oder seien sonstwie demselben Unternehmen zuzuordnen. Daraus hat die Rspr den Schluss gezogen, dass Werktitel im Gegensatz zu Marken oder auch Unternehmenskennzeichen grundsätzlich **nur gegen unmittelbare Verwechslungsgefahr** (im engeren Sinne) **geschützt** sind (BGH GRUR 2005, 264/266 – *Das Telefon-Sparbuch;* 1999, 235/237 – *Wheels Magazine;* 2000, 70/72 – *Szene;* 2001, 1052/1054 – *Tagesschau;* 2002, 1083/1085 – *1, 2, 3 im Sauseschritt;* KG GRUR-RR 2001, 133/134 – *live vom Alex;* OLG Köln AfP 2001, 517 – *modern LIVING;* OLG München GRUR-RR 2009, 307/309 – *Der Seewolf;* Hotz GRUR 2005, 304/307). Werktitel haben nach der Rspr als Ausgleich für die relativ niedrigen Schutzanforderungen (keine Förmlichkeiten, minimale Unterscheidungskraft) auch nur einen relativ geringen Schutzumfang. und sind grundsätzlich nur gegen die sog **werkbezogene Verwechslungsgefahr** geschützt, dh die Verwechslung der gekennzeichneten Werke bzw der Titel selbst (vgl *Ingerl/Rohnke* MarkenG § 15 Rn 153). In dieser Strenge wird das von der Rechtsprechung zumindest für die **Titel von Einzelwerken** so gesehen (BGH GRUR 2002, 1083/1085 – *1, 2, 3 im Sauseschritt;* 2005, 264/266 – *Das Telefon-Sparbuch;* OLG München GRUR-RR 2009, 307/309 – *Der Seewolf;* vgl *Hacker* in Ströbele/Hacker MarkenG § 15 Rn 72; *Baronikians,* Schutz des Werktitels, Rn 309).

e) Schutz von Werktiteln gegen mittelbare Verwechslungsgefahr und Verwechslungsgefahr im weiteren Sinne

Ein Schutz von Werktiteln gegen mittelbare Verwechslungsgefahr und Verwechslungsgefahr im weiteren Sinne besteht nach der Rspr ausnahmsweise dann, wenn es sich um **bekannte Titel,** insbesondere um Titel periodisch erscheinender Druckschriften oder regelmäßig wiederkehrender Rundfunksendungen handelt, bei denen der Verkehr mit dem Werktitel neben der Unterscheidungsfunktion zusätzlich auch den Hinweis auf eine bestimmte betriebliche Herkunft verbindet (BGH GRUR 1993, 692/693 – *Guldenburg;* 1999, 235/238 – *Wheels Magazine;* 2000, 70/73 – *SZENE;* 2000, 504/505 – *FACTS;* 2002, 1083/1085 – *1, 2, 3 im Sauseschritt;* vgl aus der früheren Rspr BGH GRUR 1974, 661/662 – *St. Pauli Nachrichten;* 1980, 247/248 – *Capital Service;* 1988, 377/378 – *Apropos Film*). Werktitel sind nach der Rspr nur bei Vorliegen **besonderer** (im Einzelnen noch zu klärender) **Umstände** auch gegen Verwechslungsgefahr im weiteren Sinne geschützt. Jedenfalls die Bekanntheit eines Titels und das regelmäßige Erscheinen im gleichen Verlag legen nach der Rspr die Vermutung nahe, dass der Verkehr ihn auch als Hinweis auf die betriebliche Herkunft versteht und daher auch ein Schutz gegen Verwechslungsgefahr im weiteren Sinne in Betracht kommt (vgl BGH GRUR 2005, 264/266 – *Das Telefon-Sparbuch*).

An die erforderliche Bekanntheit des Titels stellt die Rspr relativ **hohe Anforderungen:** Dass ein Titel mehr als 20 Jahre lang für ein regelmäßig erscheinendes Stadtmagazin benutzt wurde (BGH GRUR 2000, 70/73 – *SZENE*) soll dafür ebenso wenig genügen wie ein bundesweiter Bekanntheitsgrad von immerhin 14,1 % bei einem Lifestyle-Magazin (BGH GRUR 1999, 581/582 – *MAX*) oder 650 000 verkaufte Tonträger und 450 000 verkaufte Print-Exemplare(!) bei einem Kinderbuch (BGH 2002, 1083/1085 – *1, 2, 3 im Sauseschritt*). Auch eine Einschaltquote von 9 % der angesprochenen Verkehrskreise für eine wöchentliche Talkshow soll für den regionalen Schutz des Titels gegen mittelbare Verwechslungsgefahr nicht ausreichen. Das KG (GRUR-RR 2001, 133/134 – *live vom Alex*) verlangt vielmehr – wie bei Rufausbeutungsfällen (!) – einen Bekanntheitsgrad von mindestens 30 %. In dieser Entscheidung werden die unterschiedlichen Voraussetzungen der Ansprüche aus § 15 Abs 2 MarkenG einerseits und § 15 Abs 3 MarkenG andererseits unzutreffend vermengt.

Wie bereits bei der Erläuterung der grundlegenden Kennzeichenfunktionen dargestellt (BT Titelschutz Rn 13 ff.), ist es ein charakteristisches Merkmal von **Zeitungs-**

BT Titelschutz

und **Zeitschriftentiteln,** wie auch von regelmäßigen Rundfunksendungen, Fernsehformaten etc, dass sie – im Gegensatz zu vielen anderen Werktiteln – neben der grundlegenden Unterscheidungsfunktion bereits von Haus aus auch die ansonsten markentypische betriebliche Herkunftsfunktion aufweisen – also den Hinweis auf den Verlag bzw den Veranstalter als Hersteller der Druckschrift oder Sendung (in diesem Sinne auch *Bosten* WRP 2000, 836 ff.). Mit der Bekanntheit des Titels einer Zeitung oder Zeitschrift an sich hat das aber nichts zu tun, sondern allein mit dessen wahrgenommener Funktion aus der Sicht des Verkehrs. Auch neu erscheinende Zeitungen und Zeitschriften mit unterscheidungskräftigem Titel – naturgemäß noch ohne jede Bekanntheit – weisen idR bereits von Haus aus betriebliche Herkunftsfunktion auf.

135 Warum der Schutz gegen Verwechslungsgefahr im weiteren Sinne nach § 15 Abs 2 MarkenG neben den allgemeinen Schutzvoraussetzungen für Werktitel zusätzlich auch noch von der Erreichung eines **besonderen Bekanntheitsgrades** abhängig sein soll, wie von der Rspr gefordert, ist für originär unterscheidungskräftige Werktitel mit betrieblicher Herkunftsfunktion nicht zu begründen. Im Wortlaut des § 15 Abs 2 MarkenG und auch in der Systematik des Werktitelschutzes nach dem MarkenG finden sich dafür keinerlei Anhaltspunkte. Im Gegenteil: Im Inland „bekannte" geschäftliche Bezeichnungen können wie berühmte Marken nach § 15 Abs 3 MarkenG einen besonderen Schutz gegen Rufausbeutung und Verwässerung ihrer Kennzeichnungskraft genießen (BT Titelschutz Rn 163 ff.). Damit verträgt es sich aber nicht, das Merkmal der Bekanntheit zusätzlich auch in § 15 Abs 2 MarkenG hineinzuinterpretieren. Was unterscheidet die von der Rspr geforderte „Bekanntheit" iSd § 15 Abs 2 MarkenG von den besonderen Bekanntheitsanforderungen nach § 15 Abs 3 MarkenG – nur ein möglicherweise noch höherer Zuordnungsgrad?

Das von der Rspr aufgestellte Erfordernis der Bekanntheit des Titels ergibt allenfalls bei originär nicht unterscheidungskräftigen Titeln einen Sinn, ist dann aber letzten Endes mit der Erlangung der für die Entstehung des Titelschutzes notwendigen Verkehrsgeltung gleichzusetzen und deswegen bei genauer Betrachtung schlicht obsolet (vgl *Fezer* MarkenR § 15 Rn 367, 171; *Ingerl/Rohnke* MarkenG § 15 Rn 157). Bei von Haus aus unterscheidungskräftigen Werktiteln ist für die Frage, ob ein Schutz gegen mittelbare Verwechslungsgefahr besteht, nicht der Bekanntheitsgrad des Titels entscheidend, sondern das Vorhandensein der betrieblichen Herkunftsfunktion. Beispiel: Ein Buch-Bestseller, der in Millionenauflage verbreitet wird, erfüllt zweifellos das von der Rspr aufgestellte Bekanntheitserfordernis, ohne aber deswegen gleichzeitig betriebliche Herkunftsfunktion aufweisen zu müssen (vgl BGH GRUR 2002, 1083/1085 – *1, 2, 3 im Sauseschritt;* 2003, 342/343 – *Winnetou*). Umgekehrt kann ein kleines Stadtmagazin, dessen Titel von Haus aus unterscheidungskräftig ist und das seit vielen Jahren regelmäßig erscheint, sicher nicht den von der Rspr geforderten Bekanntheitsgrad aufbieten, der Titel wird aber für den angesprochenen Verkehr regelmäßig dennoch einen Hinweis auf die betriebliche Herkunft aus dem gleichen Verlag enthalten.

136 Der **Herkunftshinweis,** den die Titel von Zeitungen und Zeitschriften, aber auch von Rundfunksendungen typischerweise nach der Verkehrsauffassung enthalten, führt dazu, dass Titel mit entsprechender originärer Unterscheidungskraft als Marke in das beim Patentamt geführte Register eingetragen werden können, womit sie ganz selbstverständlich auch markenrechtlichen Schutz gegen Verwechslungsgefahr im weiteren Sinne genießen (vgl § 14 Abs 2 Nr 2 MarkenG). Es ist nicht einleuchtend, warum dieser Schutz im Rahmen des § 15 Abs 2 MarkenG zusätzlich noch vom Erfordernis einer gesteigerten Bekanntheit abhängig sein sollte. Die dargestellte Rspr zum eingeschränkten Schutz von Werktiteln vor Verwechslungsgefahr im weiteren Sinne ist nach alledem **abzulehnen** (kritisch auch maßgebliche Teile der Literatur: *Ingerl/Rohnke* MarkenG § 15 Rn 156; *Hacker* in Ströbele/Hacker MarkenG § 15 Rn 80 ff.; *Deutsch/Ellerbrock* Titelschutz Rn 97 ff., 144 ff.; *Baronikians*, Schutz des Werktitels, Rn 310 ff.; *Bosten* WRP 2000, 836 ff.; aM *Hotz* GRUR 2005, 304/308).

Richtigerweise ist vielmehr auf der Grundlage der vorstehenden Ausführungen nach **Werkkategorien** wie folgt zu differenzieren: 137

(1) Einige Werktitel erfüllen nur die grundlegende Unterscheidungsfunktion, ohne zugleich den Hinweis auf ein bestimmtes Unternehmen als Hersteller zu enthalten. Insbesondere die Titel von Büchern, Tonwerken, Bühnenwerken weisen im Regelfall keine betriebliche Herkunftsfunktion auf. Ein Schutz dieser Titel gegen Verwechslungsgefahr im weiteren Sinne ist im Regelfall ausgeschlossen, denn ohne Hinweis auf die betriebliche Herkunft kann es schon rein begrifflich nicht zu Verwechslungen der beteiligten Unternehmen kommen. Diese Titel sind – im Einklang mit der Rspr (BGH GRUR 1999, 235/237 – *Wheels Magazine;* 2000, 70/72 – *Szene;* 2001, 1052/1054 – *Tagesschau;* 2002, 1083/1085 – *1, 2, 3 im Sauseschritt;* KG GRUR-RR 2001, 133/134 – *live vom Alex;* OLG Köln AfP 2001, 517 – *modern LIVING);* OLG München GRUR-RR 2009, 307/309 – *Der Seewolf;* OLG München GRUR-RR 2011, 466 – *Moulin Rouge)* – nur gegen unmittelbare Verwechslungsgefahr im engeren Sinne geschützt. Bei Vorliegen „besonderer Umstände", insbesondere bei weit überdurchschnittlicher Originalität und/oder Bekanntheit des Titels oder „engen Verbindungen" zwischen dem Titel und anderen unternehmerischen Leistungen (vgl BGH GRUR 1999, 235/237 – *Wheels Magazine),* kommt ausnahmsweise aber auch für die **Titel von Einzelwerken** ein Schutz gegen mittelbare Verwechslungsgefahr und Verwechslungsgefahr im weiteren Sinne in Betracht, (ähnlich im Ergebnis *Ingerl/Rohnke* MarkenG § 15 Rn 157; *Ströbele Hacker* § 15 Rn 81; *Lange,* Marken- und KennzeichenR, Rn 2769 ff.; *Deutsch/Ellerbrock* Titelschutz Rn 97 ff., 144 ff.; *Baronikians,* Schutz des Werktitels, Rn 310 ff.). 138

(2) Andere Werktitel, insbesondere die Titel von Zeitungen, Zeitschriften, Buch-, CD- und anderen Medienreihen, regelmäßig wiederkehrenden Rundfunksendungen, Fernsehserien etc, weisen hingegen bereits von Haus aus die Funktion auf, (zusätzlich) auch auf die betriebliche Herkunft aus einem bestimmten Unternehmen hinzuweisen (vgl BGH GRUR 2005, 264/266 – *Das Telefon-Sparbuch; Lange,* Marken- und KennzeichenR, Rn 2778 ff.). Ob die betriebliche Herkunftsfunktion im Einzelfall gegeben ist, muss dabei tatsächlich festgestellt und begründet werden, wobei die jeweiligen Marktverhältnisse und die Verkehrsauffassung die entscheidende Rolle spielen. Diese Werktitel sind auch einer Verwechslungsgefahr im weiteren oder mittelbaren Sinne zugänglich, ohne dass es noch der zusätzlichen Feststellung besonderer Bekanntheit oder weiterer Umstände bedarf. Die (besondere) Bekanntheit derartiger Titel mag die Herkunftsfunktion bzw Kennzeichnungskraft und damit die Gefahr von Verwechslungen dieser Titel verstärken, ist aber nicht Schutzvoraussetzung schlechthin (vgl *Ingerl/Rohnke* MarkenG § 15 Rn 157; *Fezer* MarkenR § 15 Rn 366 ff.; *Bosten* WRP 2000, 836 ff.; vgl ähnliche Tendenzen in der Rspr zu § 16 UWG aF BGH GRUR 1977, 543/546 – *Der 7. Sinn;* 1982, 431/432 – *POINT).* Schutz vor allen Arten der Verwechslungsgefahr genießen daher auch neu eingeführte Titel, zB von Zeitungen und Zeitschriften, die von Haus aus unterscheidungskräftig sind und neben der Funktion, die gekennzeichnete Druckschrift von anderen zu unterscheiden, zusätzlich betriebliche Herkunftsfunktion aufweisen (aM OLG Köln AfP 2001, 517 – *modern LIVING).* 139

6. Komponenten der Verwechslungsgefahr

a) Wechselwirkung zwischen Zeichenähnlichkeit, Kennzeichnungskraft und Werk- bzw Branchennähe

Die Frage, ob ein geschützter Werktitel und ein anderes Zeichen verwechslungsfähig sind, hängt – im Grundsatz wie bei Marken und anderen Kennzeichen – von den **drei Komponenten Ähnlichkeitsgrad** der einander gegenüberstehenden Werktitel, **Kennzeichnungskraft** des Titels, für den Schutz begehrt wird, und der Identität oder Ähnlichkeit der Werke bzw. der **Werknähe** ab, die dabei zueinander in **Wechselwirkung** stehen (vgl nur BGH GRUR 2001, 1050/1051 – *Tagesschau;* 140

BT Titelschutz

2002, 176 – *Auto Magazin*; 2005, 264/265 – *Das Telefon-Sparbuch*; 2006, 594 Rn 20 – *SmartKey*). Wechselwirkung bedeutet, dass das hochgradige Vorliegen einer Komponente (zB vollständige Titelidentität) dazu führen kann, dass Verwechslungsgefahr trotz nur schwachem Vorhandensein einer oder beider anderer Komponenten (zB schwacher Kennzeichnungskraft und Verschiedenheit der Werkkategorien) noch bestehen kann. Für die Beurteilung der Verwechslungsgefahr zwischen Zeitungs- und Zeitschriftentiteln kommt es ferner auf die **Marktverhältnisse,** insbesondere auf Charakter und Erscheinungsbild der Druckschriften einschließlich Gegenstand, Aufmachung, Erscheinungsweise und Vertriebsform an (BGH GRUR 2000, 504/505 – *FACTS;* 2002, 176 – *Auto Magazin*). Diese Umstände sind bei den Komponenten Zeichen- bzw Titelähnlichkeit, Kennzeichnungskraft des älteren Werktitels und Werk- bzw Branchennähe jeweils mit zu berücksichtigen und beeinflussen daher auch die Wechselwirkung.

b) Besonderheiten der Zeichen- bzw Titelähnlichkeit bei Werktiteln

141 Bei der Beurteilung der Zeichen- bzw Titelähnlichkeit ist – wie bei anderen Kennzeichen auch – grundsätzlich von dem **Gesamteindruck** auszugehen, den die einander gegenüberstehenden Bezeichnungen nach Klang, Bild oder Sinngehalt im Verkehr erwecken (BGH GRUR 1959, 182/184 – *Quick;* 1961, 232/234 – *Hobby;* 2000, 70/72 – SZENE; 1999, 235/237 – *Wheels Magazine;* 2000, 504/505 – *FACTS;* 2002, 1083/1084 – *1, 2, 3 im Sauseschritt;* 2006, 594 Rn 23 – *SmartKey*). Dabei reicht nach der Rspr des BGH Verwechslungsgefahr in einer dieser Dimensionen oder Beziehungen grundsätzlich aus (vgl nur BGH GRUR 1992, 110/112 – *dipa/dib;* 1999, 241/243 – *Lions;* 2006, 594 Rn 23 – *SmartKey*). Bei der Beurteilung kommt es weniger auf die Abweichungen als auf die Übereinstimmungen der beiden Zeichen an, denn der Verkehr, dem die zu vergleichenden Zeichen idR nicht unmittelbar nebeneinander vorliegen, erinnert sich eher an die übereinstimmenden Merkmale (BGH GRUR 1990, 450/452 – *St. Petersquelle;* 1991, 153/154 – *Pizza & Pasta;* NJW 1992, 695/696 – *dipa/dib;* GRUR 1995, 50/53 – *Indorektal/Indohexal;* 1995, 117/118 – NEUTREX; OLG München GRUR-RR 2008, 402/403 – *Leichter Leben*). Allerdings dürfte auch im Rahmen der Prüfung der Zeichenähnlichkeit bei Werktiteln die so genannte **Neutralisierungslehre** des EuGH (vgl nur EuGH GRUR 2006, 237 Rn 20 – *Ruiz-Picasso;* GRUR-RR 2009, 356 Rn 98 – *Éditions Albert René;* Ingerl/Rohnke MarkenG § 14 Rn 377 mwN) anzuwenden sein (*Ingerl/Rohnke* § 15 Rn 180 und § 14 Rn 851 ff.). Sie besagt allgemein formuliert, dass erhebliche Unterschiede in der einen Wahrnehmungsrichtung die vorhandene Ähnlichkeit in einer anderen im Einzelfall neutralisieren können. Ob die deutsche Rechtsprechung dem auch im Bereich des Werktitelrechts folgen wird, ist noch offen, zumal dieser Ansatz dem herkömmlichen Verständnis der Wechselwirkung der Wechselwirkung nicht entspricht (vgl dazu BGH GRUR 2009, 1055 Rn 26 – *airdsl;* dazu *Ingerl/Rohnke* MarkenG § 14 Rn 853). Maßgeblich für die Beurteilung der Verwechslungsgefahr, ist nunmehr auch bei Werktiteln die Sichtweise eines durchschnittlich informierten, aufmerksamen und verständigen **Durchschnittsverbrauchers** (vgl nur EuGH GRUR Int 1999, 734/736 – *Lloyd;* BGH GRUR 2000, 875/877 – *Davidoff;* 2002, 809/811 – *Frühstücks-Drink I;* 1067/1070 – *DKV/OKV*).

142 Die unter Rn 141 dargestellten allgemein anerkannten kennzeichenrechtlichen Grundsätze werden durch verschiedene **Besonderheiten des Werktitelschutzes** ergänzt und modifiziert:
Für die Ähnlichkeitsprüfung sind grundsätzlich nur die **Titel** einander gegenüberzustellen und nicht die gekennzeichneten Werke als solche. Auf den Inhalt oder Charakter der Druckschrift kommt es zunächst nicht an, denn dieser ist dem Verkehr regelmäßig (noch) nicht bekannt, wenn ihm der Titel im Zeitschriften- oder Buchhandel das erste Mal gegenübertritt (BGH GRUR 1959, 182/184 – *Quick;* GRUR 1959, 360/362 – *Elektrotechnik;* OLG Hamburg WRP 1981, 30/31). Völlig fehlende sachliche Berührungspunkte der gekennzeichneten Werke können auch bei Titelähn-

lichkeit oder sogar Titelidentität noch die Verwechslungsgefahr ausschließen. Eine Fachzeitschrift für Logistik, Verkehr und Wirtschaft wird daher auch bei großer Ähnlichkeit der Titel nicht mit einem pornographischen Magazin für Travestie, Transvestismus und Transsexualität verwechselt (OLG Frankfurt AfP 1994, 238 – *Trans Aktuell*). Themengegenstand, Erscheinungsform, Vertriebsform („Regalnähe") und äußere Aufmachung der einander gegenüberstehenden Druckschriften haben erheblichen Einfluss auf das Entstehen einer Verwechslungsgefahr (BGH WRP 1974, 35/36 – *Effecten-Spiegel*).

Bei Zeitungen und Zeitschriften schließen nach ständiger Rspr bereits relativ **geringfügige Abweichungen der Titel** die Verwechslungsgefahr aus (vgl BGH GRUR 1991, 331/332 – *Ärztliche Allgemeine*; NJW-RR 1992, 1128/1129 – *Morgenpost; Risthaus*, Erfahrungssätze im Kennzeichenrecht, Rn 781 ff.). Der Verkehr hat sich daran gewöhnt, dass am Zeitungsmarkt ähnliche Titel oft jahrzehntelang nebeneinander existieren und achtet daher wesentlich stärker auf geringfügige Unterschiede in der Titelfassung als bei anderen Werktiteln. Dies gilt insbes für typische Zeitungs-Titel, die sich aus reinen Gattungsbezeichnungen und geographischen Herkunftsangaben zusammensetzen (BGH GRUR 1963, 378/379 – *Deutsche Zeitung*; NJW-RR 1992, 1128/1129 – *Morgenpost*). Die relativ niedrigen Anforderungen an die Unterscheidungskraft derartiger Titel begründen gleichzeitig auch einen sehr engen Schutzbereich (vgl *Risthaus*, Erfahrungssätze im Kennzeichenrecht, Rn 782). 143

Was die **Maßgeblichkeit des Gesamteindrucks** angeht, ist die Neigung des Verkehrs zu berücksichtigen, längere Titel von Zeitungen oder Zeitschriften in einer die Aussprechbarkeit oder Merkbarkeit erleichternden Weise **zu verkürzen** und Teile eines Titels in Alleinstellung zu verwenden (BGH GRUR 1988, 638/639 – *Hauers Auto Zeitung*; 1991, 153/155 – *Pizza & Pasta*; 1999, 235/237 – *Wheels Magazine*). Niemand verlangt am Zeitungskiosk die „Frankfurter Allgemeine – Zeitung für Deutschland" oder die „Hamburger Morgenpost", sondern schlicht die „Frankfurter Allgemeine" bzw die „Morgenpost" (vgl BGH NJW-RR 1992, 1128 – *Morgenpost*). Ferner neigt der Verkehr dazu, Untertitel (BGH GRUR 1991, 153/155 – *Pizza & Pasta;* 2000, 504/505 – *FACTS*) und zusätzliche Reihentitel (vgl OLG Hamburg GRUR-RR 2002, 231 – *Tigertom*) gänzlich wegzulassen. Für die Frage der Verwechslungsgefahr ist daher allein vom Gesamteindruck der jeweils prägenden Titelbestandteile auszugehen (vgl nur BGH GRUR 1999, 235/237 – *Wheels Magazine*). Schlicht werkbeschreibenden Bezeichnungen („Zeitung", „Magazin", „Handbuch", „Kochbuch" etc) kommt keine Kennzeichnungskraft zu (vgl. BGH, GRUR 1993, 488/490). Sind solche beschreibenden Angaben als Bestandteile in einer zusammengesetzten Gesamtbezeichnung enthalten, „misst der Verkehr ihnen für den Gesamteindruck der Bezeichnung keine Bedeutung zu, wenn der beschreibende Gehalt auch innerhalb der Gesamtbezeichnung erhalten bleibt" (BGH GRUR 2006, 595 Rn 22 – *SmartKey*). Letzteres wird bei den oben beispielhaft genannten werkbeschreibenden Angaben häufig der Fall sein. Allerdings können im Einzelfall auch beschreibende Angaben noch zum Gesamteindruck beitragen (so für den Titelbestandteil „automobil" BGH GRUR 2010, 646 Rn 19 – *OFFROAD*). 144

Schriftbildliche Unterschiede, insbes Groß- oder Kleinschreibung, Schriftarten, typographische Abweichungen, sind bei Werktiteln idR nicht geeignet, um Verwechslungsgefahr mit anderen Zeichen zu vermeiden, weil der Verkehr sich insoweit an ein „buntes Durcheinander" gewöhnt hat, ohne diesen typographischen Merkmalen besondere unterscheidende Bedeutung zuzumessen (OLG Hamburg GRUR-RR 2001, 231/232 – *planet e*). Bei ausländischen Zeitungen und Zeitschriften pflegt der Verkehr **fremdsprachige Titel** nicht zu übersetzen, so dass eine Verwechslungsgefahr wegen des übereinstimmenden Sinngehalts solcher Titel idR zu verneinen ist (OLG Hamburg WRP 1993, 115/116 – *TV Spielfilm/TV Movie; Risthaus*, Erfahrungssätze im Kennzeichenrecht, Rn 811 ff.). Treten aber bildliche Übereinstimmungen und überragende Bekanntheit des prioritätsälteren Titels hinzu, kann im Aus- 145 nahmefall dennoch Verwechslungsgefahr bestehen (OLG Hamburg AfP 2001, 398 – *Stern/Star*).

146 Vielfach sind Werktitel aus mehreren Komponenten zusammengesetzt. Beispielsweise besteht der Zeitungstitel „Frankfurter Allgemeine Zeitung" aus drei selbstständigen Worten und ist somit ein mehrgliedriges Zeichen. Dennoch liegt hier ein einheitliches Gesamtkennzeichen vor, das vom Verkehr auch als solches wahrgenommen wird. Nicht selten ist bei Werktiteln aber auch der Fall, dass zusätzlich zu einem möglichen (ein- oder mehrgliedrigen) Haupttitel weitere **Neben-, Dach-, Unter-, Rubriken- oder Reihentitel** verwendet werden. Soweit diese zusätzlichen Titel vom Verkehr überhaupt selbständig wahrgenommen werden, weil sie räumlich, grafisch, optisch, inhaltlich etc. hinreichend deutlich vom Haupttitel getrennt sind bzw erheblich von ihm abweichen, liegt eine echte Mehrfachkennzeichnung vor (zur in Rspr und Lit nicht immer einheitlichen Terminologie *Fezer* MarkenR § 14 Rn 485 ff.). Hier behalten die einzelnen Bestandteile ihre selbstständige Bedeutung bei (zur Abgrenzung *Ingerl/Rohnke* MarkenG § 15 Rn 179; *Löffler* GRUR-Prax 2010, 545 ff.). Aber auch bei einem aus mehreren Komponenten zusammengesetzten Gesamtkennzeichen, das vom Verkehr als ein einheitliches Zeichen wahrgenommen wird, kann ein einzelner Bestandteil nach der Rspr (vgl EuGH GRUR 2005, 1042 – *Thomson Life*) im Einzelfall dennoch selbstständig prägende oder kennzeichnende Bedeutung haben (vgl BGH GRUR 2008, 254 Rn 33 – *The Home Store*; GRUR 2008, 258 Rn 30 – *INTERCONNECT/-InterConnect*).

147 Bei der Abgrenzung zwischen **Gesamtkennzeichen** und echten **Mehrfachkennzeichnungen** hat die Rechtsprechung im Bereich des Werktitelschutzes noch keine einheitliche Linie gefunden. Der BGH scheint dazu zu tendieren, im Zweifel von einem Gesamtkennzeichen auszugehen (vgl BGH GRUR 2010, 646 Rn 19 – *OFFROAD*). Einige Instanzgerichte folgen dieser Linie (vgl. OLG Hamburg GRUR-RR 2009, 309/312 – *Agenda;* OLG Jena GRUR-RR 2012, 350 – *hallo*). Andere Gerichte neigen aber zu einer zergliedernden Betrachtungsweise der einzelnen Titel bzw Titelbestandteile und bejahen leichthin eine echte Mehrfachkennzeichnung oder gehen von einer selbständig kennzeichnenden Stellung einzelner Titelbestandteile innerhalb eines Gesamttitels aus (OLG Köln, GRUR 2000, 1073 – *Blitzgerichte*; OLG München GRUR-RR 2008, 402/403 – *Leichter Leben;* LG München GRUR-RR 2010, 334 – *Agenda II; Vießhues/Emsinghoff,* AfP 2008, 358). Dies kann in logischer Konsequenz zur Bejahung von Verwechslungsgefahr zwischen übereinstimmenden Bestandteilen verschiedener Titel führen, die bei einer Gesamtbetrachtung meist nicht gegeben wäre. Richtigerweise ist demgegenüber mit dem BGH (GRUR 2010, 646 Rn 19 – *OFFROAD;* vgl auch BGH GRUR 2007, 592, 593 – *bodo Blue Night*; 2008, 254 Rn 33 – *The Home Store*; 2008, 258 Rn 30 – *INTERCONNECT/-InterConnect*) von dem Grundsatz auszugehen, dass eine Titelgestaltung vom Verkehr als Einheit wahrgenommen wird, auch wenn sie aus einer optisch benachbarten Kombination von Einzel-, Reihen- und Untertiteln besteht. Die von Teilen der Literatur (*Heidenreich* GRUR-RR 2010, 337) aufgestellte These, wonach bei einer Kollision zwischen Untertiteln, Rubriktiteln oder Beilagentiteln der Zeichenvergleich auf diese zu beschränken sei („zergliedernde Betrachtungsweise"), ist daher in dieser Form nicht haltbar. Entscheidend ist vielmehr, ob solche Nebentitel vom Verkehr ausnahmsweise als selbständige Kennzeichen unabhängig vom Haupttitel wahrgenommen werden. Diese selbständige Wahrnehmung kann zum einen auf den oben dargestellten Umständen (räumliche und optische Trennung, inhaltliche Unterscheidung), aber auch auf einer eigenständigen und ggf empirisch zu ermittelnden besonderen Bekanntheit des Nebentitels beruhen. Für den Regelfall bleibt es aber bei der auch vom BGH bevorzugten Gesamtbetrachtung.

148 Bei Unter-, Rubrik- und Kolumnentiteln können die unterschiedliche **mediale Einbettung** (Zeitschrift bzw. Internetauftritt) und die Art der Präsentation im Einzelfall zur Verneinung von Verwechslungsgefahr führen (BGH GRUR 2012, 1265 Rn 27 – *Stimmt's?; Hoene,* K&R 2012, 817/818; krit *Thiering,* GRUR-Prax 2012,

509). Der BGH geht dabei von dem durchaus fraglichen Erfahrungssatz aus, dass „die Nutzer eines Internetportals ... in aller Regel wissen, wessen Informationsangebot sie gerade in Anspruch nehmen" (BGH GRUR 2012, 1265 Rn 27 – *Stimmt's?;* restriktiv auch *Vieflues/Emsinghoff,* AfP 2008, 358).

c) Besonderheiten der Unterscheidungskraft/Kennzeichnungskraft bei Werktiteln

Die Stärke der Kennzeichnungskraft/Unterscheidungskraft des älteren Werktitels **149** steht in Wechselwirkung mit den beiden anderen Komponenten Verwechslungsgefahr, nämlich der Zeichenähnlichkeit und der Branchennähe bzw Werknähe. Da ein Titel bereits ein Mindestmaß an Unterscheidungskraft von Haus aus besitzen muss, damit ein Titelschutz nach den §§ 5, 15 MarkenG überhaupt entstehen kann, geht es im Rahmen der Prüfung auf Verwechslungsgefahr primär um die Art und das Ausmaß der dieses Mindestmaß übersteigenden, **überschießenden Kennzeichnungskraft.** Je stärker die Unterscheidungskraft eines Titels wegen seiner Eigenart, Originalität, Einprägsamkeit, Bekanntheit etc im Verkehr ist, desto größer ist auch sein Schutzbereich. Und umgekehrt: Schwache Kennzeichnungskraft bedingt regelmäßig auch einen geringeren Schutz gegen Verwechslungsgefahr (vgl *Pahlow* in Ekey/Klippel/Bender MarkenR § 15 Rn 52 und 77 mwN).

Eine **Stärkung der Kennzeichnungskraft** kann sich insbesondere aus der Origi- **150** nalität und Individualität des Werktitels oder aus seiner Bekanntheit und bei periodischen Publikationen auch aus dem langjährigen Erscheinen ergeben (BGH GRUR 1982, 431/432 – *POINT;* 2001, 1050/1051 – *Tagesschau;* 1054/1056 – *Tagesreport).* Gerade Titel von **Zeitungen und Zeitschriften** sind regelmäßig aus reinen Gattungsbezeichnungen und geographischen Herkunftsangaben zusammengesetzt oder enthalten inhaltsbezogene und beschreibende Aussagen (BGH GRUR 1963, 378/379 – *Deutsche Zeitung;* NJW-RR 1992, 1128 – *Berliner Morgenpost;* GRUR 1999, 235/237 – *Wheels Magazine;* 2000, 70/72 – *SZENE;* 2002, 176&177 – *Auto Magazin).* Hier gilt der kennzeichenrechtliche Erfahrungssatz, dass sich der Verkehr daran gewöhnt hat, dass Zeitungen unter mehr oder weniger farblosen Gattungsbezeichnungen und geographischen Herkunftsangaben angeboten werden und daher auch auf geringste Unterschiede achtet (*Risthaus,* Erfahrungssätze im Kennzeichenrecht, Rn 779). Zeitungs- und Zeitschriftentiteln ist daher regelmäßig nur schwache Kennzeichnungskraft zuzubilligen (BGH GRUR 1997, 661/663 – *B. Z./Berliner Zeitung;* 1992, 547/548 – *Berliner Morgenpost),* soweit nicht ein hoher Bekanntheitsgrad, langjährige Benutzung oder sonstige besondere Umstände festgestellt werden können.

Von Haus aus schwache Kennzeichnungskraft besitzen idR ferner die Titel von re- **151** gelmäßig wiederkehrenden **Rundfunksendungen,** insbesondere Nachrichtensendungen (BGH GRUR 2001, 1050/1051 – *Tagesschau;* 1054/1056 – *Tagesreport;* in beiden Fällen wurde starke Kennzeichnungskraft nur im Hinblick auf die überragende Bekanntheit bejaht). Auch bei Sachbüchern, deren Titel aus beschreibenden Angaben besteht, ist häufig nur unterdurchschnittliche Kennzeichnungskraft gegeben (BGH GRUR 1991, 153/154 – *Pizza & Pasta).* Ist der Verkehr an eine Vielzahl nebeneinander bestehender ähnlicher Titel gewöhnt, achtet er nach ständiger Rspr auch auf geringfügige Abweichungen beim Titel und bei der Aufmachung, was die Annahme von Verwechslungsgefahr trotz hoher Zeichenähnlichkeit ausschließen kann (vgl BGH GRUR 2002, 176/177 – *Auto Magazin).* Eine zusätzliche Schwächung der Kennzeichnungskraft eines Werktitels kann von ähnlichen Titeln Dritter ausgehen (vgl BGH GRUR 2002, 176/177 – *Auto Magazin;* GRUR 2002, 1083/1084 – *1, 2, 3 im Sauseschritt;* OLG Köln AfP 2000, 578/580 – *Blitzrezepte; Ingerl/Rohnke* MarkenG § 15 Rn 116 ff.). Die Verwendung eines Werktitels im Text eines anderen Werkes oder als geflügeltes Wort bewirkt für sich allein aber noch keine Schwächung (BGH GRUR 2002, 1083/1084 – *1, 2, 3 im Sauseschritt),* weil darin kein titelmäßiger Gebrauch vorliegt.

d) Besonderheiten der Werknähe/Branchennähe bei Werktiteln

152 Die Rspr hat anfangs noch betont, dass die zur Branchennähe bzw Warenähnlichkeit bei Unternehmenskennzeichen und Marken entwickelten Grundsätze auch für Werktitel gelten sollen (BGH GRUR 1977, 543/546 – *Der 7. Sinn;* GRUR 1982, 431/432 – *POINT*). Dass zwischen einem Buchtitel und einem identischen oder ähnlichen Filmtitel Verwechslungsgefahr bestehen kann, weil der Verkehr annimmt, es handle sich um die Verfilmung des Buches, hat der BGH früher einmal sogar als „feststehende Rechtsprechung" bezeichnet (GRUR 1958, 354/357 – *Sherlock Holmes* mwN). Verwechslungsgefahr wurde auch bejaht bei der Verwendung des Titels einer bekannten Fernsehserie zur Verkehrssicherheit für ein Verkehrs-Würfelspiel (BGH GRUR 1977, 543/546 – *Der 7. Sinn*). Verwechslungsgefahr wurde außerdem bei Benutzung von (prioritätsälteren) Werktiteln als Unternehmenskennzeichen für möglich gehalten (BGH GRUR 1980, 247/248 – *Capital-Service;* 1991, 331/332 – *Ärztliche Allgemeine*). Auch bei Verwendung des Titels einer periodisch ausgestrahlten Hörfunksendung („POINT") als Unternehmensbezeichnung für eine Diskothek in einer kleinen baden-württembergischen Kreisstadt (!) hat der BGH noch „sachliche Berührungspunkte" gesehen, die zur Annahme „mittelbarer Verwechslungsgefahr" hätten führen können (GRUR 1982, 431/432 – *POINT*).

153 Inzwischen hat die Rspr in Abkehr von der dargestellten Linie wiederholt bekräftigt, dass Werktitel grundsätzlich nur gegen unmittelbare Verwechslungsgefahr im engeren Sinne geschützt sind (BGH GRUR 1999, 235/237 – *Wheels Magazine;* 2000, 70/72 – *Szene;* 2001, 1052/1054 – *Tagesschau;* 2002, 1083/1085 – *1, 2, 3 im Sauseschritt;* KG GRUR-RR 2001, 133/134 – *live vom Alex;* OLG Köln AfP 2001, 517 – *modern LIVING*). Wird ein (prioritätsälterer) **Werktitel als Marke** für eine Ware bzw Dienstleistung oder Unternehmenskennzeichen verwendet, scheidet die Annahme von unmittelbarer Verwechslungsgefahr im engeren Sinne naturgemäß aus. Auf dieser geänderten Linie hat der BGH denn auch beispielsweise Verwechslungsgefahr zwischen dem Titel einer bekannten Fernsehserie („Das Erbe der Guldenburgs") und „Guldenburg" als Marke (damals noch: Warenzeichen) für Getränke und Schmuckwaren verneint (GRUR 1993, 692/694 – *Guldenburg*). Auch zwischen „Max" als Titel eines Lifestylemagazin und dem identischen Zeichen als Marke für Schuhe und Lederwaren wurde ein „sachlicher Zusammenhang" und damit Verwechslungsgefahr verneint (BGH GRUR 1999, 581/583 – *MAX;* vgl ferner OLG Frankfurt AfP 1994, 223 – *Brigitte:* keine Verwechslungsgefahr zwischen Titel einer Frauenzeitschrift und gleichnamiger Partnervermittlung). In den erwähnten Fällen wurde nicht hinreichend beachtet, dass der angesprochene Verkehr auf Grund der weiten Verbreitung des **Merchandising** auch im Bereich der Werktitel (gerade in den Bereichen Film, Fernsehen, Lifestyle, Mode, Buch-Bestseller etc) aus der Übereinstimmung der Bezeichnungen regelmäßig mindestens auf vertragliche Zusammenhänge, insbesondere **lizenzvertragliche Beziehungen,** zwischen den Inhabern der Zeichen schließt, wenn der Verkehr nicht ohnehin annimmt, die Zeichen gehörten unter dem Aspekt des Serienzeichens zu einem Unternehmen und ihnen damit betriebliche Herkunftsfunktion beilegt (ähnlich *Hacker* in Ströbele/Hacker MarkenG § 15 Rn 83; *Pahlow* in Ekey/Klippel/Bender MarkenR § 15 Rn 84; *Feindor*, Die medienübergreifende Verwertung von Werktiteln, S 55 ff.). Wird der Titel einer Fernsehsendung bereits seit einiger Zeit nicht mehr benutzt, spricht dies jedoch gegen die Annahme einer Merchandising-Verbindung durch den Verkehr (OLG Hamburg AfP 1999, 170/172 – *Aber Hallo*).

154 Macht man mit der hier vertretenen Auffassung (Näheres BT Titelschutz Rn 138f.) den Schutz von Werktiteln gegen Verwechslungsgefahr im weiteren Sinne primär von der tatsächlichen Feststellung abhängig, ob ihnen im Einzelfall Herkunftsfunktion zukommt, so ergibt sich Folgendes:

155 Soweit ein Werktitel für eine **verwandte Werkkategorie** verwendet wird (zB ein Buchtitel für einen Film oder ein Bühnenstück), ist (noch) ein Fall der unmittelbaren

Verwechslungsgefahr im engeren Sinne gegeben, weil der Verkehr davon ausgehen kann, dass hier das durch den Titel ursprünglich gekennzeichnete Werk lediglich in eine andere künstlerische Form umgesetzt worden ist (vgl *Ingerl/Rohnke* MarkenG § 15 Rn 153). Hier werden die Zeichen bzw Titel selbst miteinander verwechselt. Gleiches gilt, wenn Titel von Zeitungen oder Zeitschriften für Online-Angebote verwendet werden. Da inzwischen die meisten Pressemedien (und auch Rundfunkveranstalter) eigene umfangsreiche Online-Angebote unterhalten und ganz überwiegend den Titel sowie die Inhalte der Print-Ausgabe für ihr Online-Angebot nutzen, muss der Verkehr annehmen, dass hier identische oder ähnliche Zeichen auch das gleiche „Werk" – also das gleiche mediale Angebot, die gleiche geistige Leistung – im kennzeichenrechtlichen Sinne individualisieren sollen (OLG Hamburg GRUR-RR 2002, 393 – *motorradmarkt.de;* vgl auch OLG Frankfurt GRUR-RR 2001, 5 – *mediafacts*). Printmedien, Rundfunksendungen und Internet-Angebote sind insoweit als unmittelbar verwandte Werkkategorien einzuordnen. Ein Zeitschriften-Supplement und ein Sachbuch, die sich unter dem identischen Titel „Das Telefon-Sparbuch" mit dem gleichen Thema beschäftigen, gehören grundsätzlich zu verwandten Werkkategorien (OLG Hamburg AfP 2002, 524 – *Das Telefon-Sparbuch*). Unterschiedliche Vertriebswege bzw Verwendungszwecke und andere Besonderheiten des Einzelfalles können aber auch dann noch Verwechslungsgefahr im Ergebnis ausschließen (BGH GRUR 2005, 264/266 – *Das Telefon-Sparbuch*).

Bei Verwendung von Werktiteln für andere, **nicht verwandte Werkkategorien** (zB Titel eines Films für einen Kalender, Buchtitel für eine Rundfunksendung) oder als Marke für Waren, Dienstleistungen bzw als Unternehmenskennzeichen ist zunächst zu prüfen, ob dem prioritätsälteren Titel betriebliche Herkunftsfunktion zukommt, wie dies bei Zeitungen, Zeitschriften und wiederkehrenden Rundfunksendungen regelmäßig der Fall ist (BT Titelschutz Rn 13ff.). Dann besteht grundsätzlich Schutz gegen alle drei Formen der Verwechslungsgefahr, ohne dass es zusätzlich noch der Feststellung besonderer Bekanntheit bedarf (vgl BGH GRUR 1980, 247/248 – *Capital-Service;* 1991, 331/332 – *Ärztliche Allgemeine*). Bei fehlender betrieblicher Herkunftsfunktion besteht ein Schutz von Werktiteln gegen Verwechslungsgefahr im weiteren Sinne nur unter den von der Rspr aufgestellten besonderen Voraussetzungen, nämlich bei weit überdurchschnittliche Bekanntheit oder besonderem sachlichem Zusammenhang der Titel bzw Werke (BGH GRUR 1999, 235/237 – *Wheels Magazine;* 2000, 70/72 – *Szene;* 2001, 1052/1054 – *Tagesschau;* 2002, 1083/1085 – *1, 2, 3 im Sauseschritt*). Im umgekehrten Fall soll die Verwendung einer geschützten Marke („Biotronik") als Werktitel für ein Fachbuch über „Biotronik" grundsätzlich in den Bereich der ausschließlich dem Inhaber des Markenrechts vorbehaltenen Benutzungen fallen (LG Hamburg AfP 2004, 67/68; im Erg zweifelhaft im Hinblick auf § 23 Nr 2 MarkenG; vgl OLG Hamburg NJWE-WettbR 1999, 281/282 – *Netlife*). Genau besehen dürfte hier schon keine markenmäßige Benutzung vorgelegen haben (vgl jetzt auch OLG München GRUR-RR 2011, 466 – *Moulin Rouge:* Marke *Moulin Rouge* wird durch ein Buch mit dem Titel „Moulin Rouge Story" nicht verletzt).

7. Beispiele zur Verwechslungsgefahr aus der Rechtsprechung

a) Ältere Rspr (überwiegend noch zu § 16 UWG aF)

Verwechslungsgefahr wurde von der Rechtsprechung **bejaht** zwischen: den Titeln der Tageszeitungen „Neue Berliner Illustrierte" und „Berliner Illustrierte Tageszeitung" (BGH GRUR 1956, 376/378 – *Berliner Illustrierte*); den Zeitschriftentiteln „Der Spiegel" und „Wochenspiegel" (BGHZ 21, 85 – *Spiegel*); „Der Spiegel" und „Freies Volk, Spiegel der Woche" bzw „NVZ, Spiegel der Woche" (BGH GRUR 1958, 141/142f. – *Spiegel der Woche*); „Elektrotechnik" und „Deutsche Elektrotechnik" (BGH GRUR 1959, 360 – *Elektrotechnik*); „hobby Das Magazin der Technik" und „Tonbandaufnahmen unser Hobby!" (BGH GRUR 1961, 232 – *Hobby*); „NZ" als Abkürzung für die „Nürnberger Zeitung" und die „Deutsche Nationalzeitung und

BT Titelschutz

Soldatenzeitung" (BGH GRUR 1968, 259/260 – *NZ*); „Der 7. Sinn" als Titel für eine Fernsehserie einerseits und ein Würfelspiel andererseits, weil trotz des großen Branchenabstands geschäftliche Berührungspunkte vorlagen (BGH GRUR 1977, 543/546 – *Der 7. Sinn*); „Südwestfunk" und „Tele-Südwest" für Fernsehsendungen (LG Frankenthal AfP 1988, 85); „Hauer's Auto-Zeitung" und „Auto-Zeitung", wobei die Neigung des Verkehrs berücksichtigt wurde, sich nahe liegender Abkürzungen zu bedienen (BGH GRUR 1988, 638 – *Hauer's Auto-Zeitung*); „Express" als Titel einer Tageszeitung und „Sport Express" als Titel eines Anzeigenblattes (OLG München GRUR 1987, 925/926); die Abkürzungen „WAZ" und „WAS" als Zeitungstitel (OLG Hamm GRUR 1988, 477/478 – *WAZ/WAS*); dem Titel der Tageszeitung „Berliner Kurier" und „Wochenblatt Berliner Kurier" als Titel eines Anzeigenblattes (KG AfP 1991, 645); den (Sach-)Buchtiteln „Pizza & Pasta" und „Pasta & Pizza" (BGH GRUR 1991, 153 – *Pizza & Pasta*); dem Zeitschriftentitel „Ärztliche Allgemeine" und der Firmenbezeichnung „Ärztliche Allgemeine Verlagsgesellschaft mit beschränkter Haftung" (BGH GRUR 1991, 331 – *Ärztliche Allgemeine*); „Radio Stuttgart" als Bezeichnung für eine Reihe von Rundfunksendungen und der Geschäftsbezeichnung „Stadtradio Stuttgart" (BGH AfP 1993, 650/651 – *Radio Stuttgart*); der für Waren und Dienstleistungen eingetragenen Marke „Südwestfunk" und der von einem Redaktionsbüro für Text und Bild verwendeten Geschäftsbezeichnung „südwestbild" (OLG Karlsruhe GRUR 1993, 406); „Tango" als Titel für eine Illustrierte und ein kostenlos verteiltes Stadtmagazin (LG Kiel AfP 1994, 330); „SPORTS life" und „BRAVO Sports" (OLG Köln GRUR 1995, 508 – *Sports life*).

158 Die **Verwechslungsgefahr** wurde **verneint** für: die Zeitschriftentitel „Revue" und „Star-Revue" (BGH GRUR 1957, 275/276 ff. – *Star-Revue*); „Quick" und „Glück" (BGH GRUR 1959, 182/185 – *Quick*); die Zeitungstitel „Deutsche Zeitung" und „Deutsche Allgemeine Zeitung" (BGH GRUR 1963, 378 – *Deutsche Zeitung*); „Der Spiegel" und „Effecten-Spiegel" im Hinblick auf den unterschiedlichen Gegenstand beider Zeitschriften (BGH WRP 1974, 35/36 – *Effecten-Spiegel*); den Zeitschriftentitel „Capital" und den Firmenbestandteil „Capital-Service" für ein Finanzdienstleistungsunternehmen (BGH GRUR 1980, 247 – *Capital-Service*), wobei der Branchenabstand eine erhebliche Rolle spielte; die Zeitschriftentitel „Ärztliche Allgemeine" und „Die Neue Ärztliche Allgemeine Zeitung für Klinik und Praxis" (BGH GRUR 1991, 331/332 – *Ärztliche Allgemeine*); „Express" und „Sex Press" (OLG Köln AfP 1991, 440 – *Sex Press*); „Premiere" und „KINO Premiere" (OLG Hamburg AfP 1991, 448); „Wochenblatt Berliner Kurier" und „Berliner Kurier" KG AfP 1991, 645); „Tagesschau" bzw „Tagesbild" für eine Nachrichtensendung (OLG Hamburg AfP 1992, 161/162); die Unternehmenskennzeichnung „Südwestfunk" und „Wir im Südwesten" als Bezeichnung einer Nachrichtensendung (OLG Karlsruhe AfP 1993, 572); die Zeitschriftentitel „LOOK" und „petra LOOK" (OLG Hamburg WRP 1991, 327); „DER SPIEGEL" und „Sachsen Spiegel" (OLG Hamburg WRP 1992, 490); „Oldtimer Praxis" und „Oldtimer Magazin" im Hinblick auf das Freihaltebedürfnis für den Begriff „Oldtimer" (OLG Frankfurt AfP 1992, 161); „ran" als Titel für eine Sportsendung einerseits und eine Gewerkschaftsjugendzeitschrift andererseits wegen fehlender sachlicher Berührungspunkte (LG Mainz AfP 1992, 390); „TV Spielfilm" und „TV Movie", weil der Verkehr fremdsprachige Bezeichnungen bei Zeitschriftentiteln nicht übersetzt (LG Hamburg AfP 1993, 670); „die Geschäftsidee" und „I-Geschäftsidee" (OLG Köln NJW-RR 1994, 818/819); den Zeitschriftentitel „Brigitte" und die Geschäftsbezeichnung „Partnervermittlung Brigitte" (OLG Frankfurt AfP 1994, 223/224); „Trans Aktuell" als Titel eines Magazins, das über Travestie, Transvestismus und Transsexualität berichtet, und „trans aktuell" als Titel einer Zeitung für Transport, Verkehr und Wirtschaft wegen fehlender sachlicher Berührungspunkte (OLG Frankfurt AfP 1994, 238).

C. Werktitelschutz Titelschutz BT

b) Ausgewählte neuere Rspr zu den §§ 5, 15 MarkenG 159

Die nachfolgende Übersicht neuerer Rechtsprechung erhebt keinen Anspruch auf Vollständigkeit. Sie versucht, aber anhand ausgewählter neuerer Rspr einen Eindruck von der durchaus nicht immer konsistenten und konsequenten Rechtsprechung in Titelschutzfragen und den dabei häufig wiederkehrenden Argumentationsmustern zu vermitteln.

Verwechslungsgefahr wurde von der Rechtsprechung beispielsweise **bejaht** (geordnet nach Gerichten und Erscheinungsdatum absteigend): 160

Fundstelle	gegenüberstehende Titel bzw Zeichen (prioritätsälteres Zeichen zuerst genannt)	wesentliche Argumente
BGH GRUR 2009, 1055 Rn 45 – airdsl	„aidsl" als Marke bzw Werktitel und Domain ua für E-Commerce-Dienstleistungen	hochgradige Ähnlichkeit, Dienstleistungsidentität, unmittelbare Verwechslungsgefahr
BGH GRUR 1999, 235 – Wheels Magazine	Werktitel „Wheels Magazine" gegen „Wheels Nationals" für Oldtimer-Fachzeitschriften	keine unmittelb VerwGef ieS, aber mittelb VerwGef (Serienzeichen) wegen „enger Zusammenhänge" ausnahmsweise möglich,
BGH GRUR 1998, 155 – Powerpoint	Werktitel „Powerpoint" gegen eingetragene „PAURPOINT" für Computerprogramme	klangliche Identität, Werknähe
OLG Frankfurt GRUR-RR 2001, 5 – mediafacts.de	Werktitel „MediaFacts" für die Beilage einer (Fach-)Zeitschrift gegen Domain „mediafacts.de" für ähnliches Internet-Angebot	schwache KennzKr, aber Zeichenidentität, Werknähe
OLG Hamburg GRUR-RR 2011, 70 (abw. BGH GRUR 2012, 1265 – Stimmt's?)	„Stimmt's?" für Rubrik einer Zeitung bzw eines Online-Portals	von Hause aus nur geringe Kennzeichnungskraft durch langjährige Benutzung gesteigert, Zeichenidentität
OLG Hamburg GRUR-RR 2008, 296 – Heimwerker Test	Wort-/Bildmarke „test" und „Heimwerker Test", „HiFi Test" und „Home Cinema Test" als Werktitel für Fach-Zeitschriften	Unterdurchschnittliche Kennzeichnungskraft der Klagemarke, die nur aufgrund Verkehrsdurchsetzung eingetragen ist, vermeidbare Übereinstimmungen in der Titelgestaltung, mittelbare VerwGef
OLG Hamburg GRUR-RR 2005, 50 – OFF ROAD	Werktitel und Marke „OFF ROAD" für eine Zeitschrift gegen „OFF ROAD" für Sonderhefte einer bekannten Autozeitschrift	Zeichenähnlichkeit bzw Identität, Werknähe, Abgrenzung zur beschreibenden Benutzung
OLG Hamburg GRUR-RR 2002, 353 – motorradmarkt.de	Werktitel „Motorradmarkt" für eine Zeitschrift/Anzeigenblatt gegen Domain „motorradmarkt.de" für Anzeigenmarkt im Internet	Zeichenidentität (Top-Level-Domain „.de" bleibt außer Betracht), Branchen- bzw Werknähe,
OLG Hamburg GRUR-RR 2002, 231 – Tigertom	Werktitel „Tiger und Tom" gegen „Gut gemacht, Tigertom" für Kinderbücher	Identität der prägenden Zeichenbestandteile, Werknähe
OLG Hamburg AfP 2002, 524 – Das Telefon-Sparbuch	Werktitel „Das Telefon-Sparbuch" für ein Sachbuch gegen ein Zeitschriften-Supplement	unmittelb VerwGef ieS, Sachbücher und Zeitschriften-Supplements derselben Werkkategorie zuzuordnen, wenn inhaltliche Übereinstimmungen bestehen.
OLG Hamburg AfP 2001, 398 – Star/Stern	Werktitel/Wortbildmarke „stern" einer Wochenzeitschrift gegen „Star" für eine in Deutschland herausgegebene türkischsprachige Boulevardzeitung	berühmtes Kennzeichen, Übereinstimmungen der Aufmachung

BT Titelschutz

Fundstelle	gegenüberstehende Titel bzw Zeichen (prioritätsälteres Zeichen zuerst genannt)	wesentliche Argumente
OLG Hamburg ZUM-RD 2001, 122 – *Planet Cinema*	IR-Marke „PLANET" für Filme, Fernsehsendungen gegen Werktitel „Planet Cinema" für Fernsehsendungen	durchschn KennzKr von „Planet", mittelb VerwGef (Serienzeichen)
OLG Hamburg AfP 2001, 122 – *Nordwest*	Unternehmenskennzeichen „Norddeutscher Rundfunk" gegen Werktitel/Unternehmenskennzeichen/Marke „Nordwest Radio" für Rundfunksendungen/Fernsehprogramme	berühmtes Unternehmenskennzeichen
OLG Hamburg AfP 2001, 72 – *FUN radio*	IR-Marke „FUN radio" für „communications etc" gegen Titel „fun fun radio 95.0" für Hörfunksendungen	normale KennzKr, Identität der Dienstleistungen, Zusätze nicht unterscheidungskräftig
OLG Hamburg AfP 2001, 64 – *Screen basics*	Werktitel „Screen" und „Screen basics" für Computerzeitschriften	normale KennzKr von „Screen", Serienzeichen (?)
OLG Hamburg AfP 2000, 492 – *Blitz*	Werktitel „Blitz" für Stadtmagazin gegen „Blitz" für Fernsehsendung	normale Kennzeichnungskraft von „Blitz", Verkehr nimmt besondere Beziehungen (VerwGef iwS) oder Serienzeichen an
OLG Hamburg NJWE-WettbR 1999, 281 – *Netlife*	Unternehmenskennzeichen und Wort-/Bildmarke „Netlife" für EDV-Programme gegen „Netlife" für Internet-Zeitschrift	Zeichenidentität, Branchennähe
KG ZUM-RD 2004, 295 – *Omen*	Werktitel „Das Omen" gegen identischen Titel für Tonträger	unterdurchschnittliche Kennzeichnungskraft, aber große Zeichen- und Werknähe, Titel nicht nur beschreibend
KG GRUR-RR 2004, 303 – *automobilTEST*	Werktitel „test" gegen „automobil TEST" für Zeitschriften	Verkehr nimmt bei Zeitschriften betriebliche Herkunftsfunktion an, mittelb VerwGef (Serienzeichen)
OLG Köln NJW 2008, 774 – *Nacht der Musicals*	Werktitel „Die Nacht der Musicals" und „Galanacht des Musicals" für Galaveranstaltungen mit Ausschnitten aus verschiedenen Musicals	Schwache Kennzeichnungskraft, aber hohe Ähnlichkeit der Titel und Identität der bezeichneten Veranstaltungen
OLG Köln AfP 2001, 517 – *modern LIVING*	Werktitel „modern LIVING" für ein Lifestyle-Magazin gegen Rubriküberschrift „MODERN LIVING" in konkurrierender Zeitschrift	keine unmittelb VerwGef ieS, keine VerwGef iwS wegen fehlender besonderer Bekanntheit
OLG Köln GRUR 2000, 1073 – *Blitzgerichte*	Werktitel „Blitzgerichte für jeden Tag" gegen „Blitzgerichte" für Kochbücher	VerwGef iwS trotz Freihaltebedürfnis
OLG Köln NJW-RR 1997, 803 – *PC-Welt*	Werktitel „PC-Welt" gegen „DATA Welt" für Computerfachzeitschriften	mittelb VerwGef (Serienzeichen)
OLG München GRUR-RR 2008, 402 – *Leichter Leben*	„Leichter Leben" als Rubriktitel konkurrierender Frauenzeitschriften	hochgradige Zeichenähnlichkeit, Rubriktitel werden angeblich als eigenständige Kennzeichnung wahrgenommen
LG Hamburg AfP 2004, 67	Marke „Biotronik" gegen Buchtitel „Was Biotronik alles kann"	Verkehr versteht Buchtitel angeblich nicht inhaltsbeschreibend, sondern als Herkunftshinweis
LG München I GRUR-RR 2010, 334 – *AGENDA II*	„Agenda" als Titel für ein „Zeitungsbuch" (besser: Zeitungsteil, Rubrik) als Bestandteil einer Wirtschaftszeitung und als Titel für eine Zeitungsbeilage sowie eine Online-Rubrik	durchschnittliche Kennzeichnungskraft des prioritätsälteren Titels, zusätzliche Kennzeichnung „Handelsblatt" wird angeblich nicht als Bestandteil des Beilagen- zw Rubriktitels wahrgenommen

C. Werktitelschutz

Titelschutz BT

Fundstelle	gegenüberstehende Titel bzw Zeichen (prioritätsälteres Zeichen zuerst genannt)	wesentliche Argumente
LG München I AfP 2009, 170 und 172 – BUNTE WOCHE	„Bunte" bzw. „Meine bunte Woche" und „Bunte Freizeit" als Zeitschriftentitel	durchschnittliche originäre Kennzeichnungskraft durch Auflagenstärke erhöht, Warenidentität und hochgradige Zeichenähnlichkeit

Verwechslungsgefahr wurde von der Rechtsprechung beispielsweise **verneint:** 161

Fundstelle	gegenüberstehende Titel bzw Zeichen	wesentliche Argumente
BGH GRUR 2012, 1265 – Stimmt's?	„Stimmt's?" für Rubrik einer Zeitschrift bzw eines Online-Portals	Trotz langjähriger Benutzung in großer Publikumszeitschrift nur durchschnittliche Kennzeichnungskraft, unterschiedliche mediale Einbettung
BGH GRUR 2010, 646 – OFFROAD	Marke bzw Werktitel „offroad" als gemeinsamer Bestandteil von Zeitschriftentiteln	keine selbständig kennzeichnende Stellung des Bestandteils „offroad", beschreibende Verwendung (§ 23 Nr 2 MarkenG), Abgrenzung durch zusätzliche Komponenten
BGH GRUR 2006, 594 – SmartKey	„SmartKey" und „KOBIL Smart Key" für Computer-Software	durchschnittliche Kennzeichnungskraft, geringe Zeichenähnlichkeit wegen beschreibenden Charakters des übereinstimmenden Titel-Bestandteils, geringe Werknähe obwohl in beiden Fällen für Software benutzt (!)
BGH GRUR 2005, 264 – Das Telefon-Sparbuch	Werktitel „Das Telefon Sparbuch" für ein Sachbuch gegen „Das Telefon-Sparbuch" für ein Zeitungssupplement	fehlende Werknähe schließt VerwGef ieS aus, Schutz von Werktiteln gegen VerwGef iwS nur unter besonderen Voraussetzungen
BGH GRUR 2003, 440 – Winnetous Rückkehr	Werktitel „Winnetou I, II, III" für die Bücher des Schriftstellers Karl May gegen „Winnetous Rückkehr" für einen Fernsehfilm	schwache KennzKr der berühmten Romanfigur, geringe Zeichenähnlichkeit, Verkehr achtet auch auf geringe Unterschiede
BGH GRUR 2002, 1083 – 1, 2, 3 im Sauseschritt	Werktitel „1, 2, 3 im Sauseschritt" für Tonträger mit Kinderliedern gegen „Eins, zwei, drei im Bärenschritt" für ein Kinderbuch und eine Hörspielkassette	durchschn KennzKr, fehlende relevante Zeichenähnlichkeit, daher keine VerwGef ieS, Schutz von Werktiteln gegen VerwGef iwS nur unter besonderen Voraussetzungen
BGH GRUR 2002, 176 – Auto Magazin	Werktitel „Auto Magazin" gegen „das neue automobil magazin" für Auto-Zeitschriften	schwache KennzKr, Verkehr achtet auf geringfügige Unterschiede, Zurückverweisung zur Ermittlung des Bekanntheitsgrades
BGH GRUR 2001, 1050 – Tagesschau und 1054 – Tagesreport	Werktitel/auf Grund von Verkehrsdurchsetzung eingetragene Marken „Tagesschau" und „Tagesthemen" gegen Werktitel „Tagesbild" und „Tagesreport" für Nachrichtensendungen	berühmte Zeichen mit starker KennzKr, Verkehr achtet auf geringfügige Unterschiede, daher keine VerwGef ieS, Schutz von Werktiteln gegen VerwGef iwS nur unter besonderen Voraussetzungen, kein Anspruch aus § 15 Abs 3 MarkenG wegen Freihaltebedürfnis
BGH GRUR 2000, 504 – FACTS	Werktitel und eingetragene Wort-/Bildmarke „FACTS" für ein Magazin für Bürokommunikation gegen „FACTS" für ein allgemeines Nachrichtenmagazin	Zeichenidentität, aber fehlende Werk-/Branchennähe, unterscheidende Untertitel, Zurückverweisung zur Prüfung von VerwGef nach den §§ 14, 4 MarkenG

BT Titelschutz

Fundstelle	gegenüberstehende Titel bzw Zeichen	wesentliche Argumente
BGH GRUR 2000, 70 – SZENE	Werktitel „SZENE Hamburg" für ein Stadtmagazin gegen „SZENE" und „SZENE INSIDE" als Rubriktitel in einer Tageszeitung	überdurchschn KennzKr wegen langjährigen Erscheinens, keine VerwGef ieS, Schutz von Werktiteln gegen VerwGef iwS nur unter besonderen Voraussetzungen
BGH GRUR 1999, 581 – MAX	Werktitel „MAX" für ein Lifestyle-Magazin gegen Marke „MAX" für Schuh- und Lederwaren	keine unmittelb VerwGef ieS, Schutz von Werktiteln gegen VerwGef iwS nur unter besonderen Voraussetzungen
BGH GRUR 1997, 661 – B. Z./Berliner Zeitung	Werktitel „B. Z." gegen „Berliner Zeitung" für Tageszeitungen	historische Gleichgewichtslage, geringfügige Unterschiede der Titel genügen daher
OLG Braunschweig GRUR-RR 2010, 287 – tests.de	Wort-/Bildmarke und Werktitel „test" gegen „test.de" für ein Internetportal	„test" als Marken- und Werktitel-Bestandteil nur beschreibend, Bildelemente wurden nicht übernommen, daher keine Zeichenähnlichkeit
OLG Hamburg GRUR-RR 2009, 309 – agenda	„Agenda" als Titel für ein „Zeitungsbuch" (besser: Zeitungsteil, Rubrik) als Bestandteil einer Wirtschaftszeitung und als Titel für eine Zeitungsbeilage sowie eine Online-Rubrik	durchschnittliche Kennzeichnungskraft des prioritätsälteren Titels, unterschiedlicher Vertriebsweg und Erscheinungsbild, Titel bildet mit Dachtitel „Handelsblatt" eine einheitliche Kennzeichnung, keine werkbezogene VerwGef
OLG Hamburg GRUR-RR 2006, 408 – OBELIX	„Obelix" als Werktitel und „Möbelix" als Marke bzw Domain für Möbel etc	schwache Zeichenähnlichkeit, fehlende Werk- bzw Branchennähe, keine Beeinträchtigung der Wertschätzung bzw Unterscheidungskraft
OLG Hamburg GRUR-RR 2003, 281 – DVD-Markt	Werktitel „Der DVD-Markt" gegen „DVD & Video-Markt" für Zeitschriften	keine unmittelb VerwGef, geringfügige Unterschiede in Titel und Aufmachung ausreichend
OLG Hamburg GRUR-RR 2002, 389 – die tagesschau	Marke und Werktitel „Tagesschau" für Fernsehsendungen gegen Rubriktitel „die tagesschau" in Tageszeitung	unterschiedliche Werkkategorien schließen unmittelbare VerwGef aus
OLG Hamburg AfP 2002, 519 – Sieh an!	Firmenschlagwort „Sieh an!" für Versandhandel, insbesondere mit Textilien, gegen Domain „siehan.de" für Internet-Magazin, Linksammlung mit Zeitschriftencharakter	normale KennzKr, hohe Zeichenähnlichkeit, aber fehlende Branchennähe/Werknähe
OLG Hamburg AfP 2002, 226 – Pizza-Connection	Werktitel „Pizza Connection" für ein Computerspiel gegen Domain „pizzaconnection.de" für Pizza-Liefer-Service	keine Branchennähe, fehlende sonstige Zusammenhänge
OLG Hamburg AfP 1999, 170 – Aber Hallo	Werktitel „Aber Hallo" für ein Fernsehformat gegen Werktitel „aber hallo!" für Sammlung von Computerspielen auf CD-ROM	fehlende Branchen- bzw Werknähe, daher keine VerwGef ieS, auch keine VerwGef iwS wegen fehlender sachl Bezüge, Titel wurde bereits geraume Zeit nicht mehr benutzt
OLG Jena GRUR-RR 2012, 350 – hallo	„hallo" als gemeinsamer Titelbestandteil zweier Anzeigenblätter	schwache originäre Kennzeichnungskraft des Bestandteils durch langjähriges Erscheinen gesteigert, aber erhebliche Abweichungen der (Gesamt-)Titel
OLG Köln BeckRS 2012, 09541 – Die Rote Couch	Werktitel „Die Rote Couch" für einen Bildband und „Die Blaue Couch" als Titel einer Broschüre	Schwache Kennzeichnungskraft, keine unmittelbare VerwGef ieS

C. Werktitelschutz Titelschutz BT

Fundstelle	gegenüberstehende Titel bzw Zeichen	wesentliche Argumente
	mit ausgewählten Bildern einer Werbekampagne	
OLG Köln NJOZ 2010, 2103 – *Festivalplaner*	„Festivalplaner" als Titel einer Musikfachzeitschrift bzw als Titel eines Beitrags in einem Online-Portal	Keine titelmäßige, sondern nur beschreibende Benutzung
OLG Köln AfP 2000, 578 – *Blitzrezepte*	Werktitel „DAS GROSSE BUCH DER BLITZREZEPTE" gegen „Leichte Blitzrezepte" für Kochbücher	schwache KennzKr, nachhaltige Schwächung durch Dritt-Titel „Brigitte BLITZREZEPTE"
KG GRUR-RR 2001, 133 – *live vom Alex*	Werktitel „Alex" und live vom Alex" für Talkshows	keine unmittelbare VerwGef ieS
OLG München GRUR-RR 2009, 307 – *Der Seewolf*	„Der Seewolf" für Verfilmung und die Neuverfilmung einer Romanvorlage	Titelidentität, beschreibende Benutzung nach § 23 Nr 2 MarkenG
OLG München GRUR-RR 2008, 400 – *Bodo's Power Systems*	„Power Systems Design" bzw „Bodo's Power Systems" als Titel von Fachzeitschriften	Zeichenähnlichkeit, aber bei Zeitschriften genügen bereits geringfügige Unterschiede, um VerwGef auszuräumen
OLG München GRUR-RR 2005, 191 – *FOCUS MONEY/MONEY SPECIALIST*	Werktitel „FOCUS MONEY" gegen „MONEY SPECIALIST" für Wirtschafts- und Kapitalanlagemagazine	geringe KennzKr, abweichende optische Gestaltung der Titel, Bestandteil „Money" beschreibend
OLG Naumburg BeckRS 2010, 21386 – *Superillu*	„Superillu" bzw. „illu der Frau" las Zeitschriftentitel	Überdurchschnittliche Kennzeichnungsraft des prioritätsälteren Titels durch langjährige Benutzung, bereits geringfügige Unterschiede schließen VerwGef ieS aus, kein Schutz gegen mittelbare VerwGef
LG Berlin AfP 2009, 68 – *Berliner Zeitung/Berliner Tageszeitung*	„Berliner Zeitung" und „Berliner Tageszeitung"	Bei Zeitungstiteln, die sich aus sprachlichen Gattungsbezeichnungen zusammensetzen, reichen geringe Abweichungen aus, um VerwGef auszuschließen
LG Düsseldorf AfP 2003, 465 – *Fest im Sattel*	Werktitel „freizeit im sattel" gegen „Fest im Sattel" für Reiter-Zeitschriften	geringe KennzKr, Freihaltebedürfnis des Verkehrs an „sprechenden Kennzeichnungen"
LG Düsseldorf ZUM-RD 2003, 213 – *versicherungsrecht.de*	Werktitel „Versicherungsrecht" für juristische Fachzeitschrift gegen Domain „versicherungsrecht.de" für Verbraucherforum im Internet	schwache KennzKr des Werktitels, keine Werknähe
LG Hamburg MMR 2006, 252 – *Der Allgemeinarzt*	„Der Allgemeinarzt" für eine Fachzeitschrift und „allgemeinarzt.de" für ein Internet-Portal zu medizinischen Themen	Schwache Unterscheidungskraft des Titelbestrandteils Allgemeinarzt", Freihaltebedürfnis, Gewöhnung des Verkehrs an geringe Unterschiede
LG Köln AfP 2003, 171 – *Presse-Monitor*	Werktitel und Wortmarke „Monitor" gegen Wortmarke „Presse-Monitor" für Nachrichtendienstleistungen	überdurchsch KennzKr von „Monitor" auf Grund hohen Bekanntheitsgrades, angebl geringe Zeichenähnlichkeit(!), angebl fehlende Branchennähe(!), auch keine mittelb VerwGef
LG Stuttgart ZUM-RD 2004, 493	„antenne 1" und „antenne südbaden" als Unternehmenskennzeichen für Rundfunksender	Schwache Kennzeichnungskraft des beschreibenden Bestandteils „antenne", strenge Anforderungen an VerwGef bei Rundfunksendern

(vorläufig leer)

BT Titelschutz

8. Besonderer Schutz bekannter Titel gegen Ausbeutung und Verwässerung der Kennzeichnungskraft

a) Anwendungsbereich

163 Entsprechend dem in § 14 Abs 2 Nr 3 MarkenG geregelten Sonderschutz berühmter Marken genießen gemäß § 15 Abs 3 MarkenG auch im Inland bekannte geschäftliche Bezeichnungen einschließlich der Werktitel einen besonderen Schutz gegen Rufausbeutung, Rufschädigung, Aufmerksamkeitsausbeutung und Verwässerung ihrer Kennzeichnungskraft (vgl zu den Fallgruppen nach § 14 MarkenG *Ingerl/Rohnke* MarkenG § 15 Rn 836). Die Rspr betrachtet § 15 Abs 3 MarkenG dabei als **umfassende spezialgesetzliche Regelung,** neben der eine Anwendung des § 3 UWG (§ 1 UWG aF) oder des § 823 BGB grundsätzlich nicht (mehr) in Betracht kommt. Auf diese Bestimmungen und die hierzu ergangene umfangreiche Rspr kann daher nur zurückgegriffen werden, soweit das neue MarkenG den Schutz bekannter Kennzeichen im Einzelfall nicht abschließend regelt (BGH GRUR 2000, 70/73 – *SZENE;* 2001, 1054/1055 – *Tagesreport;* vgl ferner BGH GRUR 1999, 161 – *MAC Dog;* 1999, 992/995 – *BIG PACK*).

164 § 15 Abs 3 MarkenG setzt negativ voraus, dass keine Verwechslungsgefahr nach § 15 Abs 2 MarkenG besteht. Der Anwendungsbereich der Vorschrift hängt somit ganz wesentlich davon ab, wie der Begriff der Verwechslungsgefahr in § 15 Abs 2 MarkenG definiert wird (zutreffend *Ingerl/Rohnke* MarkenG § 15 Rn 212; *Baronikians,* Schutz des Werktitels, Rn 460 ff.). Folgt man der hier vertretenen Auffassung (BT Titelschutz Rn 13 f.), die für Werktitel die Herkunftsfunktion und damit auch die Möglichkeit einer Verwechslungsgefahr im weiteren Sinne großzügig bejaht, beschränkt sich der Anwendungsbereich der Vorschrift vor allem auf die Verwendung im Inland bekannter Werktitel für andere Werkkategorien oder als Marke bzw Unternehmenskennzeichen für medienferne Waren und Dienstleistungen.

b) Im Inland bekannter Werktitel

165 Neben quantitativen Gesichtspunkten, wie insbes dem Bekanntheitsgrad der Marke, sollen nach der Begründung zum Entwurf des Markenrechtsreformgesetzes auch qualitative Kriterien (zB der „gute Ruf") maßgeblich sein (BT-Drs 12/6581, 76). Die Rspr lehnt es strikt ab, dafür einen bestimmten Zuordnungsgrad/Prozentsatz festzulegen und verlangt die Berücksichtigung zusätzlicher Umstände, wie insbesondere Marktanteil, die Intensität, die geographische Ausdehnung und die Dauer der Benutzung sowie den Umfang der Werbeinvestitionen (vgl nur EuGH GRURInt 2000, 73 – *Chevy;* BGH GRUR 2002, 340/341 – *Faberge*). Aus der Entstehungsgeschichte des MarkenG ergibt sich, dass die hohen Anforderungen, die von der früheren Rechtsprechung für den Schutz „berühmter" Marken vor Verwässerungsgefahr gestellt wurden, jedenfalls nicht (mehr) erfüllt sein müssen (*Ernst/Moll* GRUR 1993, 8 ff.; *Sack* GRUR 1995, 81/86). „Im Übrigen dürften die Anforderungen an eine „bekannte Marke" bzw den „bekannten Werktitel" in etwa denen an die eingeführte Marke im Sinne der früheren Rechtsprechung zur Anlehnung an fremde Kennzeichen gemäß § 1 UWG aF entsprechen (vgl dazu BGH NJW 1983, 1431 – *Rolls Royce;* 1986, 379 – *Dimple;* 1991, 3112 – *Salomon;* 1991, 3214 – *SL; Ernst/Moll* GRUR 1993, 8/9 ff.). Ein Bekanntheitsgrad unter 20% dürfte jedenfalls nur regelmäßig nicht ausreichen (vgl *Ingerl/Rohnke* MarkenG § 14 Rn 1333; ebenso *Baronikians,* Schutz des Werktitels, Rn 465; vgl aber BGH GRUR 2002, 340/341 – *Faberge,* wonach auch deutlich niedrigere Prozentsätze im Einzelfall noch ausreichen können).

c) Unlauterkeit

166 Die Rspr neigt dazu, bei Vorliegen von Zeichenähnlichkeit die Unlauterkeit zu unterstellen und diesem Tatbestandsmerkmal damit keine eigenständige Bedeutung zuzubilligen (vgl BGH GRUR 1996, 508/509 – *Uhren-Applilkation*). Die Schutzschranken des § 23 MarkenG sollen in diesem Tatbestandsmerkmal bereits enthalten sein (BGH GRUR 1999, 992/994 – *Big Pack;* 2001, 1050/1053 – *Tagesschau;* 1054/1057 – *Tagesreport).* Eine Rechtfertigung der Rufbeeinträchtigung oder Verwässerung kann sich auf Grund einer umfassenden Interessenabwägung insbesondere aus der **Meinungs-, Presse- oder auch Kunstfreiheit** nach Art 5 Abs 1 bzw 3 GG ergeben (vgl BGH GRUR 1984, 684/685 – *Marlboro/Mordoro;* LG Hamburg GRUR-RR 1999, 1060). Umgekehrt hat der BGH aus dem Tatbestandsmerkmal der Unlauterkeit eine Begrenzung des Schutzumfangs berühmter Sendetitel öffentlich-rechtlicher Rundfunkanstalten hergeleitet, die aber bis heute umstritten geblieben ist (BGH GRUR 1993, 692/695 – *Guldenburg* noch zu § 16 UWG aF; 2001, 1050/1053 – *Tagesschau;* 1055/1057 – *Tagesreport; Pahlow* in Ekey/Klippel/Bender MarkenR § 15 Rn 89; kritisch *Ingerl/Rohnke* MarkenG § 15 Rn 216).

d) Verletzungstatbestände

Die Kombination aus zwei Schutzobjekten (Unterscheidungskraft oder Wertschätzung) und zwei Verletzungswirkungen (Ausnutzung oder Beeinträchtigung) ergibt vier mögliche Verletzungshandlungen, nämlich **Rufausbeutung, Rufschädigung, Aufmerksamkeitsausbeutung** und **Verwässerung** der Kennzeichnungskraft des bekannten Werktitels (zur Systematik *Ingerl/Rohnke* MarkenG § 14 Rn 1353 ff.). Das in § 15 Abs 2 MarkenG enthaltene Merkmal „**unbefugt**" fehlt in § 15 Abs 3 MarkenG, was aber wohl auf einem Redaktionsversehen des Gesetzgebers beruht (zutr *Ingerl/Rohnke* MarkenG § 15 Rn 19). Auch im Rahmen des § 15 Abs 3 MarkenG kann sich die Befugnis zur Benutzung insbes aus der vertraglichen Gestattung durch den Zeicheninhaber oder einem prioritätsälteren Gegenrecht ergeben (Näheres BT Titelschutz Rn 118). Die Beweislast hierfür trägt der als Verletzer in Anspruch genommene Benutzer des Titels (BGH GRUR 2000, 879/880 – *stüssy*). **167**

e) Beispiele aus der Rspr

Leider ist auch zwei Jahrzente nach Inkrafttreten des MarkenG noch immer ungeklärt, wo der praktische Anwendungsbereich der Vorschrift letzten Endes liegen soll. Der BGH hat in der *Tagesschau*-Entscheidung zwar die Voraussetzungen für einen bekannten Werktitel iSd § 15 Abs 3 MarkenG bejaht, jedoch eine Unlauterkeit im Hinblick auf das Freihaltebedürfnis des Verkehrs an den beschreibenden Bestandteilen des Titeln „Tagesschau" bzw „Tagesthemen" verneint (GRUR 2001, 1050/1053 – *Tagesschau;* 1054/1057 – *Tagesreport).* Das Freihaltebedürfnis soll dabei nach Ansicht des BGH auch für die titelmäßige Benutzung gelten (BGH GRUR 2001, 1050/1053 – *Tageschau;* 1054/1057 – *Tagesreport;* dazu *Deutsch* GRUR 2002, 308/312; aM noch OLG Hamburg GRUR 1996, 982/983 – *Für Kinder).* Der BGH stellt ferner an die Darlegungslast des Klägers für Ansprüche aus Verletzung des § 15 Abs 3 MarkenG relativ hohe Anforderungen (BGH GRUR 1999, 581/583 – *MAX,* wo Ansprüche im Erg ebenfalls verneint wurden). Vereinzeltes Material zu § 15 Abs 3 MarkenG findet sich in der Rspr der Instanzgerichte: So hat das OLG München (NJWE-WettbR 1999, 257 – *Dr. Sommer/Bravo)* eine unlautere Rufausbeutung des bekannten Rubriktitels „Dr. Sommer" der Jugendzeitschrift „BRAVO" durch Merchandising-Aktivitäten einer Punk-Rockband namens „Dr. Sommer" bejaht. Auch die nicht titelmäßige Verwendung des Titels der bekannten Fernsehsendung „Wetten dass..." in der Werbung eines Reifengeschäfts wurde (noch vor Inkrafttreten des MarkenG) zu Recht als nach § 1 UWG aF unlautere Rufausbeutung an diesem Titel eingeordnet. (LG München I GRUR 1989, 60). **168**

(vorläufig leer) **169**

D. Schutz von Werktiteln als Marke

I. Grundlagen

170 Inzwischen ist allgemein anerkannt, dass der Werktitelschutz nach den §§ 5, 15 MarkenG einen **parallelen Schutz des Titels als Marke** grundsätzlich nicht ausschließt (vgl nur BGH GRUR 2000, 504/505 – *FACTS;* 882 – *Bücher für eine bessere Welt* jeweils mwN). Die **Sonderrolle** der Werktitel innerhalb der geschäftlichen Kennzeichen, die hier als „**Multifunktionalität der Werktitel**" gekennzeichnet wurde (BT Titelschutz Rn 13 f.), erhellt sich auch aus der Tatsache, dass für praktisch besonders wichtige Werkkategorien (dazu gehören insbesondere Zeitungs- und Zeitschriftentitel) häufig ein ergänzender oder paralleler Schutz als eingetragene Marke möglich ist. Umgekehrt wird aber kaum je eine Marke zur Bezeichnung einer „typischen" Ware oder Dienstleistung die Voraussetzungen für einen parallelen Werktitelschutz nach den §§ 5, 15 MarkenG erfüllen.

II. Vorteile des ergänzenden Markenschutzes

171 Nachdem für Werktitel über die §§ 5, 15 MarkenG eine Schutzmöglichkeit zur Verfügung steht, die nur ein Mindestmaß an Unterscheidungskraft erfordert und darüber hinaus weder besondere Förmlichkeiten verlangt, noch Kosten verursacht, stellt sich die legitime Frage nach den Vorteilen eines ergänzenden Markenschutzes, der ja doch mit einem gewissen Aufwand verbunden ist. Der Schutz als eingetragene Marke hat auch für Werktitel, die bereits nach den §§ 5, 15 MarkenG Schutz genießen, insbesondere folgende **praktische Vorteile** (vgl auch *Baronikians,* Schutz des Werktitels, Rn 507):

172 (1) Bestehen und Priorität des Markenrechts können nach den §§ 6 Abs 2, 33 Abs 1 MarkenG jederzeit unproblematisch nachgewiesen werden. In einem eventuellen Verletzungsverfahren ist das angerufene Gericht an die Eintragung der Marke durch das DPMA gebunden und kann deren Schutzfähigkeit nicht bezweifeln (vgl nur BGH GRUR 2010, 1102 Rn 19 – *Pralinenform II;* 2010, 642 Rn 28 – *WM-Marken*).

(2) Die Benutzungsschonfrist für eine eingetragene, aber nicht benutzte Marke nach den §§ 25, 36, 49 Abs 1 MarkenG ist mit fünf Jahren (!) wesentlich länger, als die Zeitspanne, die durch eine Titelschutzanzeige vor Fertigstellung des Werkes gewonnen werden kann. Gerade zur Absicherung größerer und aufwändiger Medien-Projekte hat die frühzeitige Anmeldung einer Marke in der Praxis ganz erhebliche Vorteile (ebenso *Baronikians,* Schutz des Werktitels, Rn 501).

(3) Die Marke kann nach § 27 MarkenG auch ohne das gekennzeichnete Werk übertragen werden. Für Werktitel wird dies von der hM verneint (dazu BT Titelschutz Rn 221 ff.).

(4) Der räumliche Schutzbereich einer eingetragenen Marke erstreckt sich ohne weiteres auf das gesamte Bundesgebiet, der eines Werktitels nur auf den räumlichen Bereich, in dem er tatsächlich benutzt wird.

(5) Für Marken kann ohne großen Aufwand auch ein internationaler Schutz begründet werden.

(6) Der Schutz von Marken erstreckt sich unstreitig auch auf die Fälle der mittelbaren Verwechslungsgefahr sowie der Verwechslungsgefahr im weiteren Sinne. Dies erleichtert die wirtschaftliche Verwertung von Werktiteln im Wege des Merchandising ganz erheblich.

173 Bei einer **Gesamtbetrachtung** sind die Vorteile eines ergänzenden Markenschutzes für Werktitel in Relation zu Kosten und Aufwand so gravierend, dass die Ausnutzung dieser zusätzlichen Schutzmöglichkeit eigentlich nur empfohlen werden kann. Auch der BGH (GRUR 2000, 504/506 – *FACTS*) hat das Nebeneinander von Werktitel- und Markenschutz in einem bemerkenswerten obiter dictum ausdrücklich als „sinnvoll" bezeichnet.

III. Rechtsentwicklung bis zum Inkrafttreten des MarkenG

Vor Inkrafttreten des Markenrechtsreformgesetzes hat der förmliche Warenzeichenschutz im Vergleich zum Werktitelschutz nach § 16 aF UWG nur eine relativ bescheidene praktische Rolle gespielt. Die zum Warenzeichengesetz ergangene Rechtsprechung hat dennoch die **Eintragungsfähigkeit** als Warenzeichen für eine Reihe wichtiger Werkarten bereits grundsätzlich bejaht: 174

Insbesondere die grundsätzliche **Eintragungsfähigkeit von Zeitungs- und Zeitschriftentiteln** als Warenzeichen wurde auf Grund der bei ihnen von Haus aus regelmäßig gegebenen betrieblichen Herkunftsfunktion bereits sehr frühzeitig grundsätzlich anerkannt (BGHZ 21, 85/86 ff. – *Spiegel*; GRUR 1959, 360/361 – *Elektrotechnik*; GRUR 1961, 232 f. – *Hobby*; GRUR 1970, 141 – *Europharma*; AfP 1988, 22/23 – *Wie hammas denn?*). Für Zeitungs- und Zeitschriftentitel kam ferner bei Vorliegen entsprechender Verkehrsgeltung ein zusätzlicher Schutz als Ausstattung im Sinne des § 25 WZG in Betracht. Der Ausstattungsschutz, der anders als der Warenzeichenschutz keiner Eintragung in die Zeichenrolle bedurfte, bezog sich auf die äußere Aufmachung einer Ware, bei Zeitungen und Zeitschriften also insbes auf die Gestaltung der Titelseite einschließlich des Titels selbst. Der Ausstattungsschutz ist im wesentlich erweiterten Markenschutz nach § 3 MarkenG aufgegangen. Die äußere Aufmachung einer Zeitung oder Zeitschrift kann zwar nicht als Werktitel, aber als eingetragene Marke geschützt werden. 175

Die zum WZG ergangene Rechtsprechung hat die **Zeichenfähigkeit von Buchtiteln und auch Filmtiteln** noch grundsätzlich verneint (vgl nur BGHZ 26, 53/61 – *Sherlock Holmes*). Begründet wurde dies damit, dass Buchtitel regelmäßig nur der inhaltlichen Unterscheidung des gekennzeichneten Werks von anderen Werken dienen, jedoch keinen Hinweis auf eine bestimmte betriebliche Herkunft enthalten (BGH GRUR 2000, 882 – *Bücher für eine bessere Welt* mwN). Bejaht wurde die Eintragungsfähigkeit bereits nach dem WZG aber für periodisch ausgestrahlte Rundfunksendungen (vgl BGH NJW 1988, 1672 – *Apropos Film*). 176

IV. Generelle Markenfähigkeit von Werktiteln

Eine generelle Einschränkung des Markenschutzes für Werktitel durch das MarkenG lag erklärtermaßen nicht in der Absicht des Gesetzgebers (BT-Drs 12/6581, 67). Für Zeitungs- und Zeitschriftentitel ist daher die Markenfähigkeit nach § 3 Abs 1 und 2 MarkenG heute ebenso zu bejahen wie für periodisch ausgestrahlte Rundfunksendungen (BPatG GRUR 1998, 145 – *Klassentreffen*). In einer der ersten grundlegenden Entscheidungen zum Titelschutz neuen MarkenG hat der BGH den in der Vorauflage (BT Titelschutz Rn 21) bereits befürworteten Markenschutz für Buchreihen anerkannt (GRUR 2000, 882 – *Bücher für eine bessere Welt*). Der Entscheidung lässt sich ferner entnehmen, dass der BGH dazu neigt, auch für Einzelwerktitel die abstrakte Markenfähigkeit nicht mehr grundsätzlich zu verneinen: Ob ein Titel im Einzelfall einen Hinweis auf die betriebliche Herkunft oder nur auf den Inhalt enthalte, sei eine Frage des Einzelfalls, die im Rahmen des Merkmals der Unterscheidungskraft (§ 8 Abs 2 Nr 1 MarkenG) beantwortet werden müsse (BGH GRUR 2000, 882 – *Bücher für eine bessere Welt*). Auch für Filmtitel hat der BGH wenig später die abstrakte Markenfähigkeit iSd § 3 Abs 1 MarkenG anerkannt und dabei nochmals ausdrücklich betont, dass Werktitel heute – anders als unter dem WZG – 177

BT Titelschutz

nicht mehr generell vom Markenschutz ausgeschlossen werden können (BGH GRUR 2001, 1042 – *REICH UND SCHÖN*).

V. Eintragungsfähigkeit von Werktiteln: absolute Schutzhindernisse

1. Absolute Eintragungshindernisse (§ 8 MarkenG)

178 Werktitel sind, wie dargestellt wurde, abstrakt markenfähig iSd § 3 MarkenG. Sie können daher Markenschutz entweder durch Eintragung in das vom Patentamt geführte Register (§ 4 Nr 1 MarkenG) oder durch den Erwerb von Verkehrsgeltung innerhalb beteiligter Verkehrskreise (§ 4 Nr 2 MarkenG) erlangen. Der Markenschutz nach § 4 Nr 3 MarkenG hat für Werktitel nur geringe praktische Bedeutung und soll daher hier außer Betracht gelassen werden (vgl *Ricker/Weberling* Kap 71 Rn 7).

179 Der **Markenschutz durch Eintragung** in das beim Patentamt geführte Register spielt auch für Werktitel in der Praxis die absolut dominierende Rolle. Er scheitert heute anders als unter dem WZG regelmäßig nicht mehr an der abstrakten Markenfähigkeit sondern allenfalls am Vorliegen absoluter Eintragungshindernisse, insbesondere an den Schutzhindernissen der mangelnden Unterscheidungskraft und des Freihaltebedürfnisses nach § 8 Abs 2 Nr 1 und Nr 2 MarkenG, auf die nachfolgend im Detail eingegangen wird.

2. Unterscheidungskraft (§ 8 Abs 2 Nr 1 MarkenG)

180 Unterscheidungskraft iSd § 8 Abs 2 Nr 1 MarkenG ist die einer Marke innewohnende konkrete Eignung, vom Verkehr als Unterscheidungsmittel für die von der Marke erfassten Waren oder Dienstleistungen gegenüber solchen anderer Unternehmen aufgefasst zu werden (vgl nur BGH GRUR 2002, 1070/1071 – *Bar jeder Vernunft* mwN). Bei der Unterscheidungskraft ist nunmehr auch die früher bei der abstrakten Markenfähigkeit vorgenommene Prüfung angesiedelt, ob ein Werktitel **betriebliche Herkunftsfunktion** aufweist (BGH GRUR 2000, 882 – *Bücher für eine bessere Welt*). Die Unterscheidungskraft im Sinne dieser Vorschrift darf dabei nicht mit der für die Erlangung des Titelschutzes nach den §§ 5, 15 MarkenG erforderlichen Kennzeichnungskraft/Unterscheidungskraft verwechselt werden. Die Eintragungsfähigkeit von Werktiteln als Marke bemisst sich nach den allgemeinen Regeln und nicht nach den minimalen Anforderungen, die im Rahmen der §§ 5, 15 MarkenG zB für die Schutzfähigkeit von Zeitungs- und Zeitschriftentitel als Werktitel nach § 5 Abs 3 MarkenG gelten (vgl nur BGH GRUR 2000, 882/883 – *Bücher für eine bessere Welt*; 2001, 1043/1044 – *Gute Zeiten – Schlechte Zeiten;* BPatG GRUR 1998, 145/146 – *Klassentreffen;* zum Verhältnis der Unterscheidungskraft zum Freihaltebedürfnis nach § 8 Abs 2 Nr 2 MarkenG BT Titelschutz Rn 187). Bei Zeichen oder Angaben, die sich auf den Inhalts des Werkes beziehen, fehlt regelmäßig die erforderliche Unterscheidungskraft für die Eintragung als Marke (BGH GRUR 2000, 882/883 – *Bücher für eine bessere Welt;* 2009, 778 Rn 16 – *Willkommen im Leben;* 2010, 1100 Rn 14 – *TOOOR!*).

181 Die notwendige Unterscheidungskraft iSd § 8 Abs 2 Nr 1 MarkenG ist von der Art des Werktitels abhängig: Während bei **Zeitschriftentiteln** angesichts der großen Bandbreite möglicher Bezeichnungen und fehlendem inhaltlichem Hinweis die Unterscheidungskraft häufig von Haus aus gegeben sein wird (vgl nur BGH GRUR 1961, 232/233 – *Hobby;* GRUR 1970, 141 – *Europharma;* BPatG MittdtPatA 1997, 224 – *Gourmet;* BPatG GRUR-RR 2010, 197 – *Tageskarte*) fehlt typischen **Zeitungstiteln,** die aus einer geographischen Herkunftsangabe und einer farblosen Gattungsbezeichnung („XY Zeitung", „Z Nachrichten") zusammengesetzt sind, regelmäßig das notwendige Mindestmaß an Unterscheidungskraft. Die Eintragung eines Zeitungstitels als Wortmarke scheitert deshalb vielfach bereits am absoluten Eintragungshindernis nach § 8 Abs 2 Nr 1 MarkenG (vgl BGH GRUR 1956, 376/377 –

Berliner Illustrierte Zeitung; GRUR 1974, 661/662 – *St Pauli Nachrichten;* BPatG BeckRS 2009, 05049 – *Traunsteiner Nachrichten*). Die Rspr billigt geographischen Herkunftsangaben, die dem Verkehr weithin unbekannt sind, im Allgemeinen größere Unterscheidungskraft zu als bekannten geographischen Herkunftsangaben und verneint bei den ersteren idR auch ein Freihaltebedürfnis (BGH GRUR 1994, 905/906 ff. – *Schwarzwald Sprudel;* BPatG GRUR 2000, 1050/1051 – *Cloppenburg;* vgl dazu *Fezer* MarkenR § 8 Rn 61). Im Ergebnis führt dies dazu, dass der Titel des kleinen Dorfblattes „XY Nachrichten" vielleicht noch als Marke eingetragen wird, die Großstadtzeitung „Z Nachrichten" hingegen nicht (vgl BPatG BeckRS 2009, 05049 – *Traunsteiner Nachrichten*). Als inhaltsbeschreibend und damit nicht hinreichend unterscheidungskräftig wurden beispielsweise die Titel „Wie hammas denn?", „Apropos Film" und „Klassentreffen" für regelmäßig wiederkehrende **Rundfunksendungen** eingeordnet (BGH GRUR 1988, 211/212 – *Wie hammas denn?;* 1988, 377/378 – *Apropos Film;* BPatG 1998, 145/146 – *Klassentreffen* – auch wegen Freihaltebedürfnis verneint).

Auch **Buch- und Filmtitel** ordnet die Rspr, in vielen Fällen als ausschließlich inhaltsbeschreibend und damit nicht hinreichend unterscheidungskräftig für die einschlägigen Warenklassen ein (BGH GRUR 2001, 1042 – *REICH UND SCHÖN;* 1043 – *Gute Zeiten – Schlechte Zeiten;* vgl aber BPatG NJW 1998, 1404 – *Juris libri* für eine Buchreihe). In dieser Strenge gilt das aber nur für inhaltsbezogene Sachtitel (vgl zB BPatG BeckRS 2009, 00434 – *DAS CITYBUCH BREMEN;* BeckRS 2012, 06368 – *Deutschlands schönste Seiten*), während **Phantasietiteln** ohne weiteres hinreichende Unterscheidungskraft als Marke zugebilligt wird (vgl BPatG GRUR 2006, 593 – *Der kleine Eisbär*). Der berühmten **Romanfigur** „Winnetou" als Marke für die Waren und Dienstleistungen „Druckereierzeugnisse; Filmproduktion; Herausgabe von Büchern und Zeitschriften" hat der BGH das notwendige Mindestmaß an Unterscheidungskraft iSd § 8 Abs 2 Nr 1 MarkenG abgesprochen (BGH GRUR 2003, 342/343 – *Winnetou*), um nur wenige Wochen später dem gleichen Titel ausreichende Unterscheidungskraft als Werktitel nach den §§ 5, 15 MarkenG zuzubilligen (GRUR 2003, 440/441 – *Winnetous Rückkehr*). Beide Entscheidungen zeigen exemplarisch die unterschiedlichen Schutzschwellen des Markenschutzes einerseits und des Werktitelschutzes andererseits. Zwar ist der Titel „Winnetou" ursprünglich ebenfalls ein unbekannter Phantasietitel gewesen. „Winnetou" hat sich aber aufgrund erlangter Berühmtheit zum „Synonym für einen rechtschaffenen Indianerhäuptlich entwickelt" und als Sachhinweis für dem Medienbereich zuzurechnende Waren und Dienstleistungen etabliert und ist aus diesem Grund nicht (mehr) unterscheidungskräftig (vgl BGH GRUR 2003, 342/343 – *Winnetou;* vgl aber BPatG GRUR 2006, 593 – *Der kleine Eisbär*).

Es muss allerdings darauf hingewiesen werden, dass das DPMA bei weniger bekannten Titeln in der Praxis regelmäßig nicht prüfen kann, ob ein als Marke angemeldetes Zeichen tatsächlich inhaltsbeschreibend ist, denn das bezeichnete Werk liegt bei der Eintragung idR nicht vor (insoweit zutreffend *Feindor,* Die medienübergreifende Verwertung von Werktiteln, S 93). Die oben angesprochenen Fälle betrafen ausnahmslos bekannte oder sogar berühmte Titel. Und selbst Buch- und Filmtitel, die ein Millionenpublikum erreicht haben (zB „Herr der Ringe", „Harry Potter") wurden für mediennahe Warenklassen ohne Probleme eingetragen. Die Schwäche derartiger Eintragungen erweist sich allerdings im Verletzungsprozess (vgl nur OLG Köln ZUM-RD 2001, 352/353 – *The Platin Records*).

Soweit durch die Markeneintragung von Werktiteln vor allem **Merchandising-Aktivitäten** in anderen Bereichen (zB für T-Shirts, Poster, Handy-Klingeltöne, Sammlerkarten, Accessoires etc abgesichert werden sollen, wie dies bei berühmten Musical-, Buch- und Filmtiteln häufig der Fall ist, hängt der Markenschutz in erster Linie von einer klugen Auswahl beim Verzeichnis der Waren und Dienstleistungen ab (§ 32 Abs 1 Nr 3 MarkenG). Auch in der bereits erwähnten Entscheidung *Gute Zeiten – Schlechte Zeiten* hat der BGH (GRUR 2001, 1043/1044) die für „Tonträger; Bücher; Magazine (Zeitschriften); Ausstrahlung von Fernsehprogrammen; Darbietung von

BT Titelschutz

Shows, Fernsehunterhaltung, Filmproduktion, Filmproduktion (in Studios)". abgelehnte Eintragung des Titels dieser Daily Soap für ein beachtliches Sammelsurium an Waren und Dienstleistungen außerhalb des Medienbereichs bejaht (ua für kosmetische Badezusätze, Make-up, Mittel zur Schönheits- und Körperpflege, Parfüme etc). Auch das BPatG hat erst kürzlich klargestellt, dass ein Werktitel der eine inhaltliche Sachaussage beinhaltet, dennoch als Marke für Merchandisingartikel eingetragen werden kann (BPatG BeckRS 2012, 11682 – *HIGH SCHOOL MUSICAL*).

184 *(vorläufig leer) Umstand, dass ein Werktitel eine inhaltliche Sachaussage beinhaltet, rechtfertigt nicht dessen Zurückweisung als Marke für Merchandisingartikel.*

3. Beschreibende Zeichen oder Angaben (§ 8 Abs 2 Nr 2 MarkenG)

185 Ein absolutes Eintragungshindernis besteht nach § 8 Abs 2 Nr 2 MarkenG ferner, wenn die Konkurrenten oder Allgemeinheit die angemeldete Marke zur ungehinderten Verwendung etwa in der Werbung oder zur Beschreibung ihrer eigenen Waren benötigen (vgl nur EuGH GRUR 1999, 723/725f. – *Chiemsee;* BGH GRUR 1993, 746 – *Premiere*). Ob ein **Freihaltebedürfnis** besteht, richtet sich grundsätzlich nach der Verkehrsauffassung – also dem Verständnis der angesprochenen inländischen Verkehrskreise (vgl nur BGH GRUR 1996, 771/772 – *The Home Depot*). Das Freihaltebedürfnis darf dabei nicht abstrakt bestimmt werden, sondern muss für die in der jeweiligen Anmeldung enthaltenen Waren und Dienstleistungen im Einzelfall konkret festgestellt werden können (BGH GRUR 1999, 988/989 – *House of the Blues*). Die Eintragung ist auch dann zu versagen, wenn die fragliche Benutzung des Begriffs als Sachangabe zwar noch nicht zu beobachten ist, wenn aber eine solche Verwendung jederzeit in Zukunft erfolgen kann, weil sie sich für den Verkehr anbietet (EuGH GRUR 1999, 723/725f. – *Chiemsee;* BGH GRUR 2001, 1042/1043 – *Gute Zeiten, Schlechte Zeiten;* BPatG GRUR 1998, 145/146 – *Klassentreffen*).

186 Werktitel sind freihaltebedürftig, soweit der jeweilige Ausdruck als **beschreibende Angabe** für den Inhalt der Publikation oder die angesprochenen Abnehmer ernsthaft in Betracht kommt (vgl BGH GRUR 2000, 882/883 – *Bücher für eine bessere Welt;* Fezer MarkenR § 8 Rn 447; Hacker in Ströbele/Hacker MarkenG § 8 Rn 331). Inhaltsbezogene Titel von Sachbüchern, themenbezogenen Rundfunksendungen, Fachzeitschriften, Tageszeitungen etc sind daher nicht nur wegen fehlender Unterscheidungskraft, sondern regelmäßig auch nach § 8 Abs 2 Nr 2 MarkenG nicht als Marke eintragungsfähig (BPatG 1998, 145/146 – *Klassentreffen;* BPatGE 28, 44/47 – *Business Week;* offen gelassen in BGH GRUR 2003, 342/343 – *Winnetou*). Bei Zeitungstiteln, die aus einer geographischen Herkunftsangabe und einer farblosen Gattungsbezeichnung („XY Zeitung", „Z Nachrichten") zusammengesetzt sind, steht der Eintragung neben fehlender Unterscheidungskraft regelmäßig auch das berechtigte Freihaltebedürfnis an geographischen Herkunftsangaben und Gattungsbezeichnungen entgegen (BGH GRUR 1974, 661/662 – *St Pauli Nachrichten;* Oelschlägel GRUR 1998, 981/985; unzutreffend, weil das Verhältnis zwischen Freihaltebedürfnis und Unterscheidungskraft verkennend: BPatG GRUR 1996, 980/981 – *Berliner Allgemeine;* zum Freihaltebedürfnis an geographischen Herkunftsangaben BPatG GRUR 2000, 149/150 – *WALLIS*).

187 Die frühere Rspr hatte eine Wechselwirkung zwischen den Merkmalen Unterscheidungskraft und Freihaltebedürfnis in dem Sinne angenommen, dass bei fehlendem Freihaltebedürfnis nur noch relativ geringe Anforderungen an die Unterscheidungskraft zu stellen waren (vgl BGH GRUR 1991, 136/137 – *New Man;* BPatG GUR 1996, 980/981 – *Berliner Allgemeine;* Näheres Ingerl/Rohnke MarkenG § 8 Rn 123 mwN). Der BGH interpretiert aber nunmehr (seit der Entscheidung EuGH GRUR 1999, 723/725f. – *Chiemsee*), beide Merkmale grundsätzlich unabhängig voneinander (BGH GRUR 2001, 735/736 – *Test it;* 1043/1045 – *Gute Zeiten – Schlechte Zeiten*). Ältere Entscheidungen (vgl BPatG GRUR 1996, 980/981 – *Berliner Allgemeine*, 1998, 718 – *Luftfahrt Woche*), die auf Grund des fehlenden Freihaltebe-

dürfnisses nur sehr geringe Anforderungen an die Unterscheidungskraft der Titel gestellt hatten und damit zu Unrecht zur Eintragungsfähigkeit von Wortmarken wie „Berliner Allgemeine" für „Druckschriften, Zeitungen etc" sowie „Luftfahrt Woche" für „Zeitschriften" gelangt waren, sind durch die neue Rspr **überholt** (vgl auch BPatG NJW 1998, 1404 – *Juris libri,* wo unabhängig vom zur Recht verneinten Freihaltebedürfnis auch originäre Unterscheidungskraft anzunehmen war).
(vorläufig leer) 188

4. Sonstige Eintragungshindernisse

Die weiteren absoluten Schutzhindernisse des § 8 Abs 2 Nr 3 bis 9 MarkenG sind 189 für Presseerzeugnisse ohne große praktische Bedeutung (vgl zu § 8 Abs 2 Nr 3 MarkenG aber BPatG GRUR 2000, 424 – *BRAVO*).

5. Überwindung der absoluten Eintragungshindernisse durch Verkehrsdurchsetzung

Die für Werktitel in der Praxis besonders problematischen absoluten Eintragungs- 190 hindernisse des § 8 Abs 2 Nr 1 und Nr 2 MarkenG können überwunden werden, indem nachgewiesen wird, dass sich die angemeldete Marke in den beteiligten Verkehrskreisen durchgesetzt hat (§ 8 Abs 3 MarkenG). Dieser Nachweis der **Verkehrsdurchsetzung**, die mit der Verkehrsgeltung nach den §§ 4 Nr 2, 5 MarkenG nicht identisch ist, kann regelmäßig nur durch ein aufwändiges demoskopisches Gutachten geführt werden. Der für die Annahme von Verkehrsdurchsetzung erforderliche Bekanntheits- bzw Zuordnungsgrad ist hoch. Die Rspr lehnt es ausdrücklich ab, feste Prozentsätze für den notwendigen **Bekanntheitsgrad** anzugeben. Der BGH hat jedoch in einem von der Literatur überwiegend gebilligten obiter dictum der Entscheidung „REICH UND SCHÖN" eine absolute **Untergrenze von 50%** Bekanntheitsgrad innerhalb der beteiligten Verkehrskreise genannt (GRUR 2001, 1042/1043; *v Schultz/v Schultz* MarkenR § 8 Rn 136; *Hacker* in Ströbele/Hacker MarkenG § 8 Rn 507 und 516; vgl ferner BGH GRUR 1990, 360/361 – *Apropos Film II*). Die Verkehrsdurchsetzung muss sich dabei auf das ganze Bundesgebiet beziehen (vgl BGH GRUR 1988, 211/212 – *Wie hammas denn?; Ingerl/Rohnke* § 8 Rn 329 mwN), was für regionale Tageszeitungen naturgemäß gar nicht und für andere Werktitel nur sehr schwer zu erreichen ist.

Die Praxis behilft sich, indem Zeitungs- und Zeitschriftentitel nicht als Wortmarke, 191 sondern als **Wort-/Bildmarke** angemeldet werden. Häufig begnügt sich das DPMA mit der graphischen Wiedergabe des Titels in seiner konkreten Aufmachung, in einer besonderen Schriftart oder der Anmelder fügt eine bedeutungslose Gebrauchs-Graphik hinzu. Dies reicht zumeist, um das DPMA zur Eintragung des Zeitungs- oder Zeitschriftentitels als Marke in der begehrten Warenklasse 16 für „Druckschriften" zu veranlassen, weil nach der Rspr auch die Kombination von für sich betrachtet jeweils schutzunfähigen Bestandteilen eintragungsfähig sein kann (BPatG GRUR 1997, 285/286 – *Visa-Streifenbild*). Da nach ständiger Rspr bei Wort-/Bildmarken, die aus Elementen ähnlicher Kennzeichnungsstärke bestehen, grundsätzlich der Wortbestandteil prägenden Charakter hat (vgl BGH GRUR 2001, 1158/1160 – *Dorf Münsterland;* 2002, 809/811 – *Frühstücksdrink;* Näheres *Risthaus,* Erfahrungssätze im Kennzeichenrecht, Rn 497 ff.), lässt sich auf diesem Umweg ein Mindestmaß an markenrechtlichem Schutz auch für Titel erreichen, denen die notwendige Unterscheidungskraft fehlt oder ein Freihaltebedürfnis entgegensteht.

VI. Werktitel als nicht eingetragene Benutzungsmarken

Nach § 4 Nr 2 MarkenG kann ein Markenschutz nicht nur durch Eintragung, 192 sondern auch durch den Erwerb von Verkehrsgeltung als Marke begründet werden.

Dies hat für Werktitel insoweit praktische Bedeutung, als hier anders als bei der Verkehrsdurchsetzung zur Überwindung absoluter Schutzhindernisse nach § 8 Abs 3 MarkenG, die sich auf das gesamte Bundesgebiet erstrecken muss, auch eine regionale Verkehrsgeltung genügen kann. Es muss sich dabei jedoch um einen abgegrenzten Wirtschaftsraum handeln (BGH GRUR 1957, 88/93 – *Ihr Funkberater; Hacker* in Ströbele/Hacker MarkenG § 4 Rn 35 mwN). Die absoluten Schutzhindernisse des § 8 Abs 2 Nr 1 und Nr 2 MarkenG sind im Rahmen des § 4 Nr 2 MarkenG zwar nicht direkt anwendbar, spielen aber bei der Bestimmung der erforderlichen Bekanntheits- bzw Zuordnungsgrades eine erhebliche Rolle. Für wenig unterscheidungskräftige Zeichen oder freihaltebedürftige Angaben ist ein entsprechend höherer Zuordnungsgrad (in der Regel mehr als 50%) zu fordern (vgl nur OLG Dresden GRUR-RR 2002, 257/258 – *Halberstadter Würstchen; Ingerl/Rohnke* MarkenG § 4 Rn 21 mwN). Trotz dieser hohen Anforderungen können gerade regionale Tageszeitungen mit überragendem regionalen Bekanntheitsgrad und Titeln, die aus beschreibenden Gattungsbezeichnungen und geografischen Herkunftsangaben bestehen, über § 4 Nr 2 MarkenG einen Schutz als Marke erlangen, der ihnen über eine Eintragung wegen unüberwindbarer absoluter Schutzhindernisse nicht zugänglich wäre.

VII. Schutzumfang bei Werktiteln mit Markenschutz, Verwechslungsgefahr

193 Hier besteht insoweit ein wichtiger Unterschied zum Werktitelschutz nach den §§ 5, 15 MarkenG, als der Schutz von eingetragenen oder durch Benutzung erworbenen Marken nach § 14 MarkenG sämtliche Arten der Verwechslungsgefahr umfasst, insbesondere auch die sog mittelbare Verwechslungsgefahr (Gesichtspunkt der sog Serienzeichen) und die Verwechslungsgefahr im weiteren Sinne – also die Vermutung organisatorischer, wirtschaftlicher oder vertraglicher Verbindungen – umfasst (Einzelheiten (BT Titelschutz Rn 129 ff.). Solange der BGH daran festhält, dass Werktitel im Rahmen des § 15 Abs 2 MarkenG nur gegen unmittelbare Verwechslungsgefahr im engeren Sinne – also gegen die Verwechslung der Titel selbst – geschützt sind, besteht für den ergänzenden Schutz von Werktiteln als Marke ein besonderes praktisches Bedürfnis. Wegen der Einzelheiten zum Schutzumfang und zur Verwechslungsgefahr wird auf die auch insoweit einschlägigen Ausführungen zu den §§ 5, 15 MarkenG verwiesen (BT Titelschutz Rn 119 ff.).

194 *(vorläufig leer)*

E. Werktitelschutz außerhalb des MarkenG

I. Historische Entwicklung des markenrechtlichen Werktitelschutzes im Verhältnis zu anderen Schutzmöglichkeiten

195 Die Situation vor Inkrafttreten des MarkenG war durch ein **Nebeneinander** von kennzeichenrechtlichem, wettbewerbsrechtlichem, namensrechtlichem, urheberrechtlichem und sonstigem Werktitelschutz gekennzeichnet (vgl 4. Auflage BT Titelschutz Rn 4 ff.). Es liegt daher die Vermutung nahe, dass sich an der „Multidimensionalität des Titelschutzes", die durch eine Vielfalt paralleler rechtlicher Schutzmöglichkeiten gekennzeichnet war, auch nach dem Inkrafttreten des MarkenG nichts geändert hat, zumal der Gesetzgeber erklärtermaßen für die geschäftlichen Kennzeichen des § 5 MarkenG ohne sachliche Änderungen an die alte Rechtslage „anknüpfen" wollte (BT-Drucks 12/6581, 67).

E. Werktitelschutz außerhalb des MarkenG **Titelschutz BT**

Auch nach der ausdrücklichen Anordnung des Gesetzgebers in § 2 MarkenG schließt der Schutz von Marken und geschäftlichen Bezeichnungen nach dem MarkenG „die Anwendung anderer Vorschriften zu Schutz dieser Kennzeichen nicht aus". Danach kommt sowohl ein ergänzender Schutz von Werktiteln (und anderen Kennzeichen) als auch eine über die Schranken der §§ 20–26 hinausgehende Schutzrechtsbeschränkung grundsätzlich in Betracht (*Hacker* in Ströbele Hacker MarkenG § 2 Rn 1). **196**

Dennoch hat der BGH in einer Reihe von Entscheidungen die Auffassung vertreten, das MarkenG enthalte „eine umfassende, in sich geschlossene kennzeichenrechtliche Regelung", die in ihrem Anwendungsbereich andere Schutzmöglichkeiten und hier insbesondere die Generalklauseln des UWG und BGB verdränge (BGH GRUR 2002, 622/623 – *shell.de;* vgl weiter BGH GRUR 2000, 70/73 – *SZENE;* GRUR 2005, 163/165 – *Aluminiumräder*). Teile der Literatur sind dieser sog **Vorrangthese** auch für das Recht der Werktitel ganz oder mit Einschränkungen gefolgt (vgl nur; *Deutsch/Ellerbrock* Titelschutz Rn 250 ff.; *Ingerl/Rohnke* MarkenG § 2 Rn 1; *Baronikians,* Schutz des Werktitels, Rn 553; *Deutsch* GRUR 2002, 308 f.; *ders* WRP 2000, 854/858). An dieser Ansicht ist richtig, dass kennzeichenrechtliche Wertungen durch die zu den §§ 1, 3 UWG aF entwickelten und heute überkommenen wettbewerbsrechtlichen Grundsätze, die als Auffangtatbestand für damals noch nicht existierende markenrechtliche Regelungen gedacht waren, nicht ausgehöhlt oder überspielt werden dürfen. Eine ausschließlich an den markenrechtlichen Funktionen orientierte Betrachtungsweise wird der Multifunktionalität gerade der Werktitel aber nicht ausreichend gerecht. Für eine parallele Anwendbarkeit anderweitiger Schutzmöglichkeiten spricht insoweit nicht nur der Wortlaut der §§ 2, 5 MarkenG, sondern auch das auf ein Nebeneinander unterschiedlicher Rechte und damit auf **kumulative Normenkonkurrenz** angelegte System des Kennzeichenrechts als solches **197**

Mit der durch die UGP-Richtlinie 2005/29/EG neu eingeführten Bestimmung des § 5 Abs. 2 UWG ist die Vorrangthese der Rspr nach erneut grundlegend in Frage gestellt worden (*Ingerl/Rohnke* MarkenG § 2 Rn 2). Wesentliche Teile der Literatur befürworten daher eine **uneingeschränkte (kumulative) Anspruchskonkurrenz** zwischen markenrechtlichen und sonstigen Schutzmöglichkeiten für die Kennzeichen des MarkenG einschließlich der Werktitel (vgl nur *Fezer* MarkenR § 2 Rn 26 ff.; *Ingerl/Rohnke* MarkenG § 2 Rn 2; *Hacker* in Ströbele/Hacker MarkenG MarkenG § 2 Rn 19 ff.). **198**

Dieser grundlegende Meinungsstreit braucht hier letztlich nicht abschließend entschieden zu werden. Jedenfalls im Bereich der Werktitel ist wie oben erläutert von kumulativer Anspruchskonkurrenz markenrechtlicher und anderer Schutzmöglichkeiten auszugehen. Dies darf allerdings nicht dazu führen, dass Widersprüche zu den Wertungen des MarkenG entstehen. Markenrechtliche Wertungen sind deshalb bei der Auslegung der unbestimmten Rechtsbegriffe des UWG und anderer möglicher Schutzgesetze zu berücksichtigen. Auch wenn man mit der Vorrangthese davon annimmt, dass die spezialgesetzlichen Regelungen des MarkenG die zum wettbewerbs- und namensrechtlichen Kennzeichenschutz entwickelten Grundsätze in erheblichem Ausmaß verdrängen, ist damit nicht zwingend eine sachliche Änderung verbunden. Die von der Rspr zu den §§ 1, 3, 16 UWG aF, 823 BGB in den vergangenen Jahrzehnten entwickelten Wertungen und Argumentationsmuster haben auch im Rahmen des §§ 5, 15 MarkenG ihren festen Platz, wie gerade die jüngere Rspr zeigt (BGH GRUR 2000, 70/73 – *SZENE;* 2001, 1054/1055 – *Tagesreport*). **199**

Auch nach der Vorrangthese kommt eine Anspruchskonkurrenz jedenfalls für den urheberrechtlichen und auch für den firmenrechtlichen Schutz geschäftlicher Bezeichnungen einschließlich der Werktitel neben den §§ 5, 15 MarkenG in Betracht (vgl nur *Hacker* in Ströbele/Hacker MarkenG § 2 Rn 8 ff.). Diese Schutzmöglichkeiten sind allerdings nur von geringer praktischer Bedeutung. **200**

(vorläufig leer) **201**

II. Wettbewerbsrechtlicher Titelschutz

202 Wie oben dargestellt (BT Titelschutz Rn 197f) ging die Rspr zunächst von einem generellen Vorgang der Bestimmungen des MarkenG gegenüber dem wettbewerbsrechtlichen Titelschutz aus (vgl nur BGH GRUR 2000, 70/73 – *SZENE;* GRUR 2001, 1050/1051 – *Tagesschau*). Bereits durch die UWG-Reform 2004 hat sich die Situation aber richtiger Ansicht nach insoweit geändert, als die Regel der Vorrangs der markenrechtlichen Bestimmungen keine Anwendung mehr finden kann, soweit der Gesetzgeber spezielle Regelungen zum kennzeichenrechtlichen Schutz in das neue UWG aufgenommen hat. Das sind insbesondere die Fallgruppen bzw Regelbeispiele „Herabsetzung oder Verunglimpfung der Kennzeichen eines Mitbewerbers" (§ 4 Nr 7 UWG), „vermeidbare Herkunftstäuschung" (§ 4 Nr 9 UWG), die „gezielte Behinderung eines Mitbewerbers" (§ 4 Nr 10 UWG), der Irreführung durch Herbeiführung von Verwechslungsgefahr (§ 5 Abs 2 UWG), die „Ausnutzung oder Beeinträchtigung des Kennzeichens eines Mitbewerbers im Rahmen vergleichender Werbung" (§ 6 Abs 2 Nr 4 MarkenG) sowie die „Darstellung als Imitation oder Nachahmung einer unter einem geschützten Kennzeichen vertriebenen Ware" (§ 6 Abs 2 Nr 6 MarkenG).

Auch nach der Vorrangthese der Rspr verdrängt der Markenschutz den lauterkeitsrechtlichen Schutz nur im Anwendungsbereich der Regelungen des Markengesetzes (BGH GRUR 2008, 628/629 – *Imitationswerbung;* vgl auch BGH GRUR 2000, 70/73 – *SZENE;* 2001, 1054/1055 – *Tagesreport;* GRUR 2002, 622/623 – *shell.de* mwN). Soweit ein Unlauterkeitstatbestand hinzu tritt, der von der markenrechtlichen Regelung nicht erfasst wird, insbesondere sich ein Verhalten nicht in den Umständen erschöpft, die eine markenrechtliche Verletzungshandlung begründen, kann die betreffende Handlung neben einer Kennzeichenverletzung auch einen Wettbewerbsverstoß darstellen (BGH GRUR 2008, 628/629 – *Imitationswerbung*). Ein Vorrang des Markenrechts besteht nach der Rspr ferner dann nicht, wenn die wettbewerbsrechtliche Beurteilung zwar nicht an zusätzliche, über die Zeichenbenutzung hinausgehende Umstände anknüpft, das betreffende Geschehen jedoch unter anderen Gesichtspunkten gewürdigt wird als bei der markenrechtlichen Beurteilung (vgl. BGH, GRUR 2005, 163/165 – *Aluminiumräder;* GRUR 2008, 628/629 – *Imitationswerbung*).

Teile der Literatur nehmen noch weitergehend vollständige oder kumulative Anspruchskonkurrenz zwischen den Regelungen des MarkenG und dem wettbewerbsrechtlichen Schutz von Kennzeichen an (*Fezer* MarkenR § 2 Rn 26ff.; *Ingerl/Rohnke* MarkenG § 2 Rn 2). Für den besonderen Bereich des Titelschutzes ist dieser Ansicht (ungeachtet ihrer generellen Richtigkeit) schon im Hinblick auf die wiederholt angesprochene Multifunktionalität der Werktitel zuzustimmen. Dies darf allerdings auch nicht dazu führen, dass Widersprüche zu den Wertungen des MarkenG entstehen. Vielmehr sind gegebenenfalls zur Konkretisierung des offenen wettbewerbsrechtlichen Begriffs der Unlauterkeit markenrechtliche Wertungen als inhaltliches Korrektiv heranzuziehen (*Ingerl/Rohnke* MarkenG § 2 Rn 2).

Nach der Rspr des BGH enthält jedenfalls die Bestimmung des § 15 Abs 3 MarkenG über den besonderen Schutz bekannter geschäftlicher Bezeichnungen (einschließlich der Werktitel) eine umfassende spezialgesetzliche Regelung, die an die Stelle des bisherigen zivil- und wettbewerbsrechtlichen Schutzes getreten ist, und in ihrem Anwendungsbereich für eine gleichzeitige Anwendung der §§ 3 ff. UWG (§ 1 UWG aF) oder den § 823 BGB grundsätzlich keinen Raum lässt (BGH GRUR 2000, 70/73 – *SZENE;* 2001, 1054/1055 – *Tagesreport;* GRUR 2002, 622/623 – *shell.de* mwN; vgl ferner außerhalb des Werktitel- und Domainrechts BGH GRUR 1999, 161 – *MAC Dog;* 1999, 992/995 – *BIG PACK*). Das von der früheren Rspr entschiedene Fallmaterial zum wettbewerbsrechtlichen Titelschutz (Zusammenstellung bei *Deutsch/Ellerbrock* Titelschutz Rn 255) kann heute überwiegend problemlos unter § 15 Abs 3 MarkenG subsumiert werden. Dies gilt zB für die Verwendung des

E. Werktitelschutz außerhalb des MarkenG   **Titelschutz BT**

Titels eines bekannten Nachrichtenmagazins („Focus") als Marke für ein neues Automodell (LG Köln WRP 1998, 917) oder die Benutzung des Titels einer bekannten Frauenzeitschrift („Brigitte") als Unternehmenskennzeichen für eine Partnervermittlung (OLG Frankfurt WRP 1994, 191). Die übrigen Fälle betreffen die Benutzung von Werktiteln außerhalb des geschäftlichen Verkehrs (dort hilft § 3 UWG sowieso nicht weiter), die nicht kennzeichenmäßige Benutzung von Werktiteln oder Einwendungen gegen die Benutzung von Werktiteln, die außerhalb des Kennzeichenrechts liegen. Hier bleiben Schutzlücken, die über § 12 BGB oder andere Vorschriften geschlossen werden können und auch müssen (vgl BGH GRUR 2000, 70/73 – *SZENE*, wo zumindest die Möglichkeit solcher Lücken eingeräumt wird).
(vorläufig leer) 205

III. Namensrechtlicher Titelschutz

Der **Name** ist eine sprachliche Kennzeichnung, die der Individualisierung einer 206
Person oder eines Gegenstandes dient, also Namensfunktion aufweist (vgl nur BGHZ 14, 155/159; 43, 245/252; GRUR 1993, 151/163 – Universitätsemblem). Die Rechtsprechung hat den **Schutzbereich des § 12 BGB** im Laufe der Zeit erheblich ausgeweitet: Er umfasst nicht nur den bürgerlichen Namen natürlicher Personen, sondern auch die Namen juristischer Personen (BGH NJW 1963, 2267; 1970, 1270; OLG Karlsruhe NJW 1991, 1487), nicht rechtsfähiger Personenvereinigungen (BGH NJW 1981, 914/915) sowie Wappen, Siegel und Embleme (BGH GRUR 1993, 151/153 – *Universitätsemblem;* 2002, 917/919 – *Düsseldorfer Stadtwappen*). Die Firma eines Einzelkaufmannes, einer Personen- oder Kapitalgesellschaft ist Name im Sinne des § 12 BGB, selbst wenn sie als sog abgeleitete Firma den bürgerlichen Namen ihres (jetzigen) Inhabers nicht enthält (BGHZ 14, 155 ff.; zum Namens- und Firmenrecht der Vor-GmbH BGH NJW 1993, 459/460 – *Columbus*). Auch Firmenbestandteile, Firmenschlagworte und Firmenabkürzungen sowie andere namensartige Kennzeichen genießen Namensschutz, soweit sie von Natur aus unterscheidungskräftig sind und Namensfunktion besitzen oder diese nachträglich durch Verkehrsgeltung erlangen (BGHZ 14, 155/159; GRUR 1976, 379/380 – *KSB;* 1985, 461/462 – *Gefa/Gewa*). Keinen Namensschutz genießen mangels rechtsfähigem Namensträger iSd § 12 BGB fiktive Romanhelden, Phantasiegestalten, Comicfiguren etc (ebenso *Deutsch/Ellerbrock* Titelschutz Rn 25).

Aus dem Wesen des Namens folgt, dass er **namensmäßige Unterscheidungs-** 207
kraft besitzen muss (vgl nur BGH GRUR 2002, 917/919 – *Düsseldorfer Stadtwappen*). Der Namensschutz entsteht – wie der Werktitelschutz – ohne besondere Förmlichkeiten, indem ein von Haus aus unterscheidungskräftiger Name im Verkehr in Benutzung genommen wird. Fehlt dem Namen die originäre Unterscheidungskraft, entsteht der Namensschutz mit der Erlangung von Verkehrsgeltung (BGH GRUR 2002, 917/919 – *Düsseldorfer Stadtwappen*). Die Schutzvoraussetzungen eines Werktitels als Name iSd § 12 BGB sind daher mit den Anforderungen des § 5 Abs 3 MarkenG vergleichbar.

Werktitel können Namensschutz nach § 12 BGB genießen, soweit sie sich im 208
Verkehr (auch) als Hinweis auf das jeweilige Verlagsunternehmen selbst bzw dessen Inhaber durchgesetzt haben (BGH GRUR 1979, 564/565 – *Metall-Zeitung,* wo die Namensfunktion stillschweigend unterstellt wird; OLG Düsseldorf GRUR 1983, 794 – *Rheinische Post*) eingehend zum namensrechtlichen Titelschutz *Tönjes,* Der Rechtsschutz des Zeitungs- und Zeitschriftentitels nach geltendem Recht, S 152 ff.). Dies ist insbesondere dann der Fall, wenn Ähnlichkeit oder Identität zwischen dem Werktitel und dem/den Unternehmenskennzeichen des Verlages besteht. Bei Zeitungen und Zeitschriften ist das in der Praxis recht häufig (Beispiele: „Frankfurter Allgemeine Zeitung" – „Frankfurter Allgemeine Zeitung GmbH", „DER SPIEGEL" – „SPIEGEL-Verlag Rudolf Augstein GmbH & Co. KG"), bei den übrigen Werktiteln eher

eine Ausnahme. Auch soweit keine Übereinstimmungen zwischen Titel und Unternehmenskennzeichen bestehen, kann der Titel eines Presseerzeugnisses ausnahmsweise Namensfunktion aufweisen, soweit der Verkehr ihn auch als Hinweis auf das Verlagsunternehmen auffasst (BGH GRUR 1979, 564/565 – *Metall-Zeitung*).

209 Verletzungshandlungen im Rahmen des § 12 BGB sind die vergleichsweise seltene **Namensleugnung** (also das Bestreiten der Berechtigung zum Führen des Namens) und die sehr viel häufigere **Namensanmaßung** (Benutzung eines fremden Namens im weitesten Sinne). Die Namensanmaßung verletzt nur dann § 12 BGB, wenn sie geeignet ist, eine **namensmäßige Zuordnungsverwirrung** hervorzurufen und dadurch unbefugt schutzwürdige Interessen des Namensträgers beeinträchtigt (vgl nur BGH GRUR 2002, 917/919 – *Düsseldorfer Stadtwappen* mwN). Dies setzt nicht unbedingt einen kennzeichenmäßigen Gerbrauch des geschützten Namens voraus, sondern kann auch durch sonstige Benutzungshandlungen erfolgen (BGH GRUR 2002, 622/624 – *shell.de;* 917/919 – *Düsseldorfer Stadtwappen* mwN). Nach der oben dargestellten Vorrangthese (vgl nur BGH GRUR 2002, 622/623 – *shell.de;* 2005, 430/431 – *mho.de*; OLG Hamburg AfP 2002, 519/521 – *Sieh an!*) die von einem generellen Vorrang der §§ 5, 15 MarkenG gegenüber § 12 BGB ausgeht, verbleibt für den bürgerlich-rechtlichen Namensschutz von Werktiteln ohnehin nur ein Anwendungsbereich außerhalb des Schutzes geschäftlicher Kennzeichen. Nach der hier vertretenen Auffassung besteht hingegen zwischen den §§ 5, 15 MarkenG einerseits und den §§ 12, 823, 1004 BGB zumindest im Bereich der Werktitel kumulative Normenkonkurrenz (so noch BGH GRUR 1979, 564/565 – *Metallzeitung* m Anm *Fezer*, der die bloße Namensnennung nicht als kennzeichenrechtlichen Namensgebrauch auffassen will).

210 Ein **eigenständiger Anwendungsbereich** eröffnet sich für den bürgerlich-rechtlichen Namensschutz nach beiden Auffassungen aber jedenfalls dort, wo Werktitel entweder nicht kennzeichenmäßig oder aber außerhalb des geschäftlichen Verkehrs benutzt werden (vgl *Rath-Glawatz* AfP 2002, 115/117). Beispiele: Die Verwendung des Titelemblems einer bekannten Tageszeitung („Bild") für einen Beitrag in einer Gewerkschaftszeitschrift, der sich kritisch mit dieser Zeitung befasst, stellt zwar einen Eingriff in das Namensrecht dar. Weil der Beitrag innerhalb einer Gewerkschaftszeitschrift aber nicht geeignet war, eine namensmäßige Zuordnungsverwirrung hervorzurufen und unmittelbar der inhaltlichen Auseinandersetzung diente, hat der BGH zu Recht aus Art 5 Abs 1 GG abgeleitet, die Benutzung des Titels sei nicht „unbefugt" erfolgt (BGH GRUR 1979, 564/566 – *Metallzeitung;* OLG Hamburg ZUM-RD 1998, 90/94 – *Bild Dir keine Meinung*). Demgegenüber hat das OLG Düsseldorf (GRUR 1983, 794 – *Rheinische Post*) in der Verteilung einer Gewerkschaftspostille unter dem Titel einer Tageszeitschrift zu Recht eine unbefugte Namensanmaßung erblickt. Hier war die Benutzung des Titels geeignet, Zuordnungsverwirrung hervorzurufen, auch wenn diese nicht Mittel zum Zweck geschäftlicher Konkurrenz, sondern der politischen Auseinandersetzung war (vgl auch OLG Hamburg ZUM-RD 1998, 90/94 – *Bild Dir keine Meinung,* wo die namensrechtlichen Aspekte übersehen werden).

IV. Urheberrechtlicher Titelschutz

211 In der Literatur wird der urheberrechtliche Titelschutz intensiv diskutiert (zum Streitstand *Deutsch/Ellerbrock* Titelschutz Rn 242 ff. mwN; *Baronikians,* Schutz des Werktitels, Rn 550 ff.). Leider hat er kaum praktische Bedeutung: Die Kürze von Werktiteln, die zumeist nur aus einem oder mehreren Schlagworten bestehen, erlaubt es regelmäßig nicht, von einer persönlichen geistigen Schöpfung im Sinne des § 2 Abs 2 URG zu sprechen (BGHZ 26, 53/59 f. – *Sherlock Holmes;* GRUR 1960, 346 – *Naher Osten;* GRUR 1977, 543/544 – *Der 7. Sinn;* NJW 1989, 391/392 – *Verschenk-*

E. Werktitelschutz außerhalb des MarkenG

texte I; eingehend *Röder,* Schutz des Werktitels, S 133 ff.; *Tönjes,* Der Rechtsschutz des Zeitungs- und Zeitschriftentitels nach geltendem Recht, S 41 ff., *Deutsch* GRUR 1958, 330 ff.). Gerade die grundlegende Kennzeichenfunktion von Zeitungs- und Zeitschriftentiteln, die sich nur durch einprägsame Kürze erreichen lässt, verhindert einen urheberrechtlichen Schutz. Bei sonstigen Werktiteln, insbes bei Buchtiteln und bei Filmtiteln, sind Ausnahmen denkbar, wenn auch relativ selten. Urheberrechtsschutz wurde zB bejaht für „Der Mensch lebt nicht vom Lohn allein" als Titel für eine Fernsehsendung über die Situation der sog Gastarbeiter (OLG Köln GRUR 1962, 534/535; weitere Beispiele für schutzfähige Titel aus der zumeist älteren Rspr bei *Deutsch/Ellerbrock* Titelschutz Rn 245). Auch dem Titel des Kinofilms „Das Leben ist ein langer ruhiger Fluss" (1988) von *Etienne Chatiliez* könnte beispielsweise die notwendige Schöpfungshöhe zugebilligt werden. Verneint wurde ein urheberrechtlicher Schutz für den Filmtitel „Der nahe Osten rückt näher" (BGH GRUR 1960, 346/347 – *Naher Osten),* für den Titel der Fernsehfilmserie „Der 7. Sinn" (BGH GRUR 1977, 543/544 – *Der 7. Sinn)* sowie für „Verschenktexte" als Untertitel einer Gedichtbandreihe (BGH NJW 1989, 391/392 – *Verschenktexte I).*

Werktitel können ferner als Teil des zugehörigen Werkes urheberrechtlichen 212
Schutz genießen *(Bappert* GRUR 1949, 189/150f.; *Röder,* Schutz des Werktitels, S 139 ff.; vgl BGH GRUR 1977, 543/544 – *Der 7. Sinn).* Wird zB ein journalistischer Beitrag, der die für einen urheberrechtlichen Schutz notwendige individuelle Prägung aufweist, gemeinsam mit dem Titel der Zeitung oder Zeitschrift, in der er ursprünglich veröffentlicht wurde, in eine andere Publikation übernommen, so kann darin zugleich (auch) eine mittelbare Urheberrechtsverletzung hinsichtlich des Titels liegen (vgl aber § 51 URG). Dieser **mittelbare Titelschutz** ist aber für das hier zu untersuchende Anliegen des presserechtlichen Titelschutzes ohne praktische Bedeutung, weil er vollständig von anderen und weiter reichenden Schutzmöglichkeiten überlagert wird.

V. Sonstiger Titelschutz

1. Handelsrechtlicher Firmenschutz (§ 37 HGB)

Wenn die besondere Bezeichnung einer Zeitung oder Zeitschrift oder ein anderer 213
Werktitel mit der Firma des Verlages ganz oder teilweise identisch ist, kommt ergänzend der formelle handelsrechtliche **Firmenschutz** nach den §§ 30 ff. HGB in Betracht. Die praktische Bedeutung des handelsrechtlichen Firmenschutzes ist gering, weil er sowohl sachlich (§§ 18 ff. HGB) als auch örtlich (§ 30 HGB) beschränkt ist und in der Praxis von weiter reichenden den Schutzmöglichkeiten nach den §§ 12 BGB, 5, 15 MarkenG überlagert wird (vgl auch *Baronikians,* Schutz des Werktitels, Rn 546).

2. Schutz eines Werktitels als Unternehmenskennzeichen nach § 5 Abs 2 MarkenG

Ein Werktitel, der als Name oder Firmenbezeichnung benutzt wird, genießt auch 214
als geschäftliche Bezeichnung iSd § 5 Abs 2 MarkenG Schutz. Wegen des mit dem Schutz von Werktiteln nach § 5 Abs 3 MarkenG identischen Schutzumfanges kann insoweit auf die Darstellung von Einzelheiten verzichtet werden. Folgt man der hM, wonach Werktitel nur gegen unmittelbare Verwechslungsgefahr im engeren Sinne geschützt sein sollen (dazu BT Titelschutz Rn 131 ff.), ergeben sich allerdings Unterschiede, denn für die Unternehmenskennzeichen des § 5 Abs 2 MarkenG gilt eine solche Einschränkung wohl unstreitig nicht (vgl *Ingerl/Rohnke* MarkenG § 15 Rn 42 ff.).

3. Sonstiger zivilrechtlicher Titelschutz

215 Das Namensrecht ist ein sonstiges Recht iSd § 823 Abs 1 BGB. Neben Unterlassungs- und Beseitigungsansprüchen kann daher aus der Verletzung des Namensrechts auch ein Schadensersatzanspruch entstehen, wenn den Verletzer ein Verschulden trifft. Da nach hM (vgl BGH GRUR 2000, 70/73 – *SZENE;* 2001, 1054/1055 – *Tagesreport;* GRUR 2002, 622/623 – *shell.de* mwN) die §§ 5, 15 MarkenG in ihrem Anwendungsbereich auch Ansprüchen aus § 823 Abs 1 BGB vorgehen, verbleibt für einen ergänzenden zivilrechtlichen Titelschutz kein erkennbarer Anwendungsbereich mehr (vgl aber *Deutsch/Ellerbrock* Titelschutz Rn 271 ff.).

216 *(vorläufig leer)*

F. Übertragung und Lizenzierung von Werktiteln

1. Werktitel als Gegenstand des Rechtsverkehrs

217 Da ein Werktitel als geschäftliche Bezeichnung iSd §§ 5 Abs 1 und 3, 15 MarkenG, als eingetragene oder durch Benutzung erworbene Marke nach den §§ 4, 14 MarkenG, aber auch als Name (§ 12 BGB), Unternehmenskennzeichen (§§ 5 Abs 1 und 2, 15 MarkenG), urheberrechtliches Werk (§ 2 URG) oder auch nach sonstigen Vorschriften Schutz genießen kann, muss zunächst geklärt werden, **welche Rechte** übertragen werden sollen. Davon hängen im Werktitelrecht nicht nur die Modalitäten der Übertragung ab, sondern die Frage, ob ein Rechtsübergang überhaupt zulässig ist.

2. Übertragung und Lizenzierung eines als Marke geschützten Werktitels

218 Soweit ein Werktitel als eingetragene, durch Benutzung und Erlangung von Verkehrsgeltung oder notorische Bekanntheit (äußerst selten) erworbene Marke Schutz genießt, lässt sich die Frage der Übertragbarkeit leicht beantworten: Marken können nach § 27 Abs 1 MarkenG „für alle oder für einen Teil der Waren oder Dienstleistungen, für die die Marke Schutz genießt, auf andere übertragen werden oder übergehen". Das in § 8 Abs 1 WZG aF ursprünglich enthaltene Verbot der Leerübertragung von Marken wurde bereits durch § 47 des Erstreckungsgesetzes vom 23.4.1992 (BGBl I S 938) aufgehoben (zur fehlenden Rückwirkung der Aufhebung BGH GRUR 1995, 117/119 – *NEUTREX*). § 27 Abs 1 MarkenG geht darüber noch hinaus, indem neben der Übertragung der Marke mit dem zugrunde liegenden Geschäftsbetrieb oder Teilbetrieb nunmehr auch die Teilübertragung der Marke (zB nur für bestimmte Waren oder Dienstleistungen) zugelassen wird. Die Übertragung bzw Teilübertragung von Markenrechten ist somit durch das Markenrechtsreformgesetz wesentlich erleichtert worden. Sie bedarf zu ihrer Wirksamkeit grundsätzlich keiner besonderen Form.

219 Ferner enthält § 30 MarkenG im Gegensatz zum früher geltenden Recht auch eine Regelung der **Markenlizenz,** die inhaltlich weitgehend der Patentlizenz (vgl § 15 Abs 2 und 3 PatG) entspricht (vgl *Schmieder* NJW 1994, 1241/1244). Die Lizenzierung von als Marke eingetragenen Werktiteln spielt in der Praxis insbesondere für **Merchandising-Aktivitäten** eine wichtige Rolle (*v Schultz/BrandiDohrn* MarkenR § 30 Rn 8 ff.; vgl *Feindor*, Die medienübergreifende Verwertung von Werktiteln, S 1 ff.). Die Lizenz kann einfach oder ausschließlich erteilt werden. In letzterem Falle darf auch der Inhaber des Werktitelrechts die Marke nicht mehr benutzen und keine weiteren Lizenzen an Dritte vergeben (vgl nur *Ingerl/Rohnke* MarkenG § 30 Rn 16). Die Rechte aus der Marke können nach § 30 Abs 2 MarkenG auch gegenüber einem vertragsuntreuen Lizenznehmer geltend gemacht werden. Die ausschließliche Lizenz hat nach hM dinglichen Charakter, die einfache ist hingegen „nur" schuldrechtliche Natur, ohne dass jedoch die praktischen Auswirkungen dieser Unterscheidung überschätzt werden dürfen (vgl BGH GRUR 2001, 54 – *SUBWAY/Subwear; Ingerl/*

F. Übertragung und Lizenzierung von Werktiteln   **Titelschutz BT**

Rohnke MarkenG § 30 Rn 12 mit Nachweisen zum Streitstand). Nach § 30 Abs 3 MarkenG kann der Lizenznehmer Klage wegen Verletzung der Marke nur mit Zustimmung des Lizenzgebers erheben. Diese Zustimmung kann bereits im Lizenzvertrag erteilt werden. Nach Maßgabe des § 29 MarkenG können Marken ferner gepfändet und verpfändet werden.

3. Verkehrsfähigkeit der nach den §§ 5, 15 MarkenG geschützten Werktitel

a) Übertragung

Auch Werktitel, die „nur" nach den §§ 5, 15 MarkenG geschützt sind, können grundsätzlich durch formlose Vereinbarung übertragen werden. Nach früher hM konnten die Rechte an einem Werktitel aus § 16 UWG aF aber nur **gemeinsam mit dem zugehörigen Werk** wirksam übertragen werden (vgl nur BGH NJW 1989, 391/392 – *Verschenktexte I;* OLG München NJW-RR 1994, 556 – *Die da!;* Baumbach/Hefermehl, 17. Aufl, § 16 UWG Rn 123c; *Röder,* Schutz des Werktitels, S 71 f.). Nach der Begründung zum Regierungsentwurf des Markenrechtsreformgesetzes (zu § 27, BT-Drucks 12/6581, 84) wollte der Gesetzgeber die bestehende Rechtslage bezüglich der Übertragung von Titelrechten nicht verändern. Im Diskussionsentwurf (abgedruckt in GRUR 1993, 599/624) war in § 148 Abs 2 MarkenG aber noch eine Bestimmung enthalten gewesen, die auch die Übertragung von Werktiteln ohne Geschäftsbetrieb ausdrücklich zuließ. 220

Die Frage der **isolierten Übertragbarkeit von Titelrechten** ist noch immer umstritten. Die wohl hM in der Literatur hält an der Unzulässigkeit der Übertragung von Werktiteln ohne das zugrunde liegende Werk auch nach Inkrafttreten des MarkenG grundsätzlich fest (*Deutsch/Ellerbrock* Titelschutz Rn 317 ff.; *Hacker* in Ströbele/Hacker MarkenG § 27 Rn 74; *Feindor,* Die medienübergreifende Verwertung von Werktiteln, S 94 ff.; *Berlit* in Berlit/Paschke/Meyer MedienR Abschn 63 Rn 22; *Baronikians,* Schutz des Werktitels, Rn 495; *Deutsch* GRUR 2000, 126/130; *Fuchs* GRUR 1999, 460/466 f.; *Teplitzky* AfP 1997, 450/452; *Ahrens* GRUR 1995, 635/-639 *Starck* WRP 1994, 698/701; *v Gamm* WRP 1993, 793/796). Als entscheidendes Argument für die Unzulässigkeit der isolierten Übertragung von Werktiteln ohne gleichzeitige Übertragung des Werkes wird neben der dargestellten Entstehungsgeschichte des MarkenG vor allem die Akzessorietät, (die Abhängigkeit des Titels vom zugrunde liegenden Werk) angeführt (vgl nur *Deutsch/Ellerbrock* Titelschutz Rn 321; ausführlich *Feindor,* Die medienübergreifende Verwertung von Werktiteln, S 94 ff.). Es liegt in der Konsequenz dieser Auffassung, dass Titeln urheberrechtlich geschützter Werke damit die Verkehrsfähigkeit generell entzogen wird. Denn im Hinblick auf die Nichtübertragbarkeit des Urheberrechts (vgl § 29 URG) kann der Titel weder ohne noch mit dem Werk übertragen werden. Auch eine ausschließliche Lizenzierung von Werktiteln muss dann ausscheiden, weil sie naturgemäß die Benutzungsaufgabe durch den Titelinhaber und damit das Erlöschen des Titelrechts zur Folge hätte (so in der Tat *Baronikians,* Schutz des Werktitels, Rn 496). 221

Bereits in der 4. Auflage des vorliegenden Werkes (BT Titelschutz Rn 59) wurde die freie Übertragbarkeit von Werktitelrechten grundsätzlich befürwortet. Dafür sprechen folgende Argumente: 221

(1) Das vermeintliche Gegenargument der Akzessorietät des Werktitels ist „zweischneidig" und bei näherer Betrachtung nicht stichhaltig. Auch die dargestellte hM verzichtet nämlich zumindest dann auf die Abhängigkeit (Akzessorietät) von Werktitel und Werk, wenn es um die Begründung des Titelschutzes durch Titelschutzanzeigen geht und ebenso bei der nur vorübergehenden Benutzungsaufgabe (vgl BT Titelschutz Rn 82, 102 ff.). In beiden Fällen ist die Verbindung von Titel und Werk noch nicht oder mindestens vorübergehend nicht mehr gegeben, ohne dass dies den Werktitelschutz hindert. Auch die Übertragung des Titels ohne Werk muss nicht zwangsläufig zur Aufgabe des Akzessorietätsprinzips führen, sondern bedeutet allen-

falls eine vorübergehenden **Akzessorietätslockerung:** Wird der „leer" übertragene Titel nämlich nicht alsbald wieder mit einem bezeichnungsfähigen Werk verbunden, erlischt der Titelschutz ohne weiteres, weil die Benutzung des Titels aus Sicht des Verkehrs endgültig aufgegeben wurde.

222 (2) Soweit ein Werktitel zugleich als Marke Schutz erlangt (und dieser Fall wird in der Praxis immer häufiger, BT Titelschutz Rn 170 ff.) kann das am Titel bestehende Markenrecht nach § 27 Abs 1 MarkenG ganz oder teilweise übertragen werden. Bei einem Festhalten am Verbot der isolierten Übertragung von Werktiteln müsste man nun entweder den nach der Systematik des MarkenG kaum haltbaren Schluss ziehen, dass § 27 Abs 1 MarkenG für Marken, die zufällig auch Geschäftsbezeichnungen im Sinne des § 5 MarkenG sind, nicht gelten soll oder man würde zu einer noch viel weniger sinnvollen **Aufspaltung der Kennzeichenrechte** gelangen (vgl *Ingerl/ Rohnke* NJW 1994, 1247/1248): Der Erwerber würde zwar Inhaber des Markenrechts, das Recht an der besonderen Geschäftsbezeichnung bliebe aber in der Hand der Veräußerers. Das ist kaum haltbar.

223 (3) Die von der hM geforderte strenge Bindung zwischen Werk und Titel (Akzessorietät) fällt für einzelne Werkkategorien höchst unterschiedlich aus: Ein Buchtitel mag tatsächlich nur einen bestimmten Werkinhalt bezeichnen. Das von *Fuchs* (GRUR 1999, 460/466 f.) verwendete Beispiel mit den „Buddenbrooks", die nur das Werk von *Thomas Mann* und kein anderes kennzeichnen, ist durchaus treffend. Für berühmte Bücher und andere Werke aus neuerer Zeit, die auch als Merchandising-Objekt von Interesse sind, wie zB für „Harry Potter", den „Herr der Ringe" oder den Film „Titanic" gilt das aber schon lange nicht mehr. Das Merchandising derartiger Werke umfasst ein Sammelsurium von Waren und Dienstleistungen von der Kaffeetasse über das T-Shirt und den Handy-Klingelton bis zum Computerspiel, die allesamt unter dem berühmten Titel und unter Bezugnahme auf den Inhalt des jeweiligen Werkes (zB durch Aufdruck von Filmszenen, Schauspielern etc) vertrieben werden.

224 (4) Bei Zeitungs- und Zeitschriftentiteln ergibt das Verbot der isolierten Übertragung des Werktitels noch viel weniger Sinn als bei den genannten Beispielen, weil es hier ohnehin kein körperlich-gegenständliches, abgeschlossenes Werk gibt, das mit dem Titel übertragen werden könnte. Die Titel von Presseerzeugnissen bezeichnen nicht einen bestimmten Inhalt (jede Ausgabe einer Zeitung ist anders!), sondern ein **verlegerisches Gesamtkonzept,** das bei erfolgreichen Publikationen auch immer wieder veränderten Marktverhältnissen und Zeitströmungen angepasst wird. Für regelmäßige Rundfunksendungen, Veranstaltungsreihen, Buchreihen etc gilt nichts anderes, auch hier bleibt das kennzeichenrechtliche „Werk" ein fiktiver Begriff, der ein Gesamtkonzept kennzeichnet (*Fuchs* GRUR 1999, 460/467 spricht von „Rahmenwerken").

225 (5) Das von der hM befürwortete Verbot der isolierten Übertragung kann in der Praxis zum einen durch die gezielte Begründung von Markenrechten und deren anschließende Übertragung oder zum anderen durch den Abschluss schuldrechtlicher Gestattungsverträge umgangen werden. Problematisch ist dabei allerdings die Priorität der so begründeten Rechte, wobei es auch hier mögliche Lösungen gibt. Das Verbot der Leerübertragung ist nach alledem ein „Papiertiger", der nur die schlecht Beratenen wirklich an der isolierten Übertragung eines Werktitels hindern kann.

226 (6) Die Übernahme des Schutzes geschäftlicher Bezeichnungen in das neue MarkenG, die teilweise als „systemwidrige Einbeziehung wettbewerbsrechtlicher Tatbestände in das Markenrecht" kritisiert wurde (so *v Gamm* WRP 1993, 793/795), kann schon aus systematischen Gründen kaum ohne Auswirkungen auf die Übertragung dieser Rechte bleiben (*Fezer* GRUR 2001, 369/372; *Schricker* FS Vieregge S 774/ 788). Insoweit erfordert die **Einheitlichkeit der Kennzeichenrechte** eine vorsichtige Harmonisierung von Schutzvoraussetzungen, Schutzumfang und Verkehrsfähigkeit, wie sie die Rspr in einzelnen Entscheidungen bereits andeutet (vgl BGH GRUR 2001, 344/345 – *DB Immobilienfonds*).

Nach alledem sollte am **Verbot der Leerübertragung** für Werktitel nicht festgehalten werden. Werktitel können vielmehr auch ohne das zugehörige Werk isoliert übertragen werden (im Ergebnis wie hier *Fezer* MarkenR § 15 Rn 334; *Ingerl/Rohnke* MarkenG § 5 Rn 108; *Pahlow* in Ekey/Klippel/Bender MarkenR Vor §§ 27 ff. Rn 11; *v Schultz/Brandi-Dohrn* § 27 Rn 7; *Schricker,* FS Vieregge S 775, 787 f.; *Fezer* GRUR 2001, 369/372; *Jacobs* GRUR 1996, 601/606). Der Grundsatz der Akzessorietät von Titel und Werk wird durch die These von der Leerübertragung aber nicht aufgehoben. Der leer übertragene Titel muss nach der Übertragung innerhalb angemessener Zeit (wieder) für ein bezeichnungsfähiges und existierendes kennzeichenrechtliches Werk benutzt werden. Sonst geht nach allgemeinen Grundsätzen der Titelschutz durch Benutzungsaufgabe verloren (BT Titelschutz Rn 102 ff.). 227

b) Lizenzierung

Der dargestellte Meinungsstreit ist auf die Lizenzierung von Werktiteln insoweit ohne Einfluss, als jedenfalls die Zulässigkeit **schuldrechtlicher Lizenzverträge** für Werktitel auch von den Vertretern der Auffassung anerkannt wird, die am Verbot der isolierten Übertragung von Werktiteln festhalten will (vgl nur *Deutsch/Ellerbrock* Titelschutz Rn 325 mwN; *Baronikians,* Schutz des Werktitels, Rn 497). Der Inhaber des Werktitels kann dem Berechtigten schuldrechtlich gestatten, den Werktitel für ein eigenes Werk zu benutzen und sich gleichzeitig verpflichten, seine Verbotsansprüche aus dem älteren Werktitel nicht gegen ihn durchzusetzen (vgl für Unternehmenskennzeichen BGH GRUR 1993, 151/152 – *Universitätsemblem;* 2002, 967/970 – *Hotel Adlon*). Der Nutzungsberechtigte erlangt, wenn er den vertragsgegenständlichen Werktitel in Benutzung nimmt, unter den allgemeinen Voraussetzungen ein eigenes Recht am Werktitel nach den §§ 5, 15 MarkenG – allerdings mit **neuer Priorität** seiner eigenen Benutzungsaufnahme. Dieser Nachteil wird aber dadurch abgemildert, dass der Lizenzinhaber sich im Passivprozess analog § 986 Abs 1 BGB auf die bessere Priorität des ursprünglichen Titelinhabers berufen kann (BGH GRUR 1993, 574/576 – *Decker;* 2002, 967/970 – *Hotel Adlon; Baronikians,* Schutz des Werktitels, Rn 497. Im Aktivprozess kann der Lizenznehmer die bessere Priorität des ursprünglichen Werktitelinhabers nur unter den Voraussetzungen der Prozessstandschaft geltend machen, die sich aber durch entsprechende vertragliche Gestaltungen ohne weiteres begründen lassen (vgl BGH GRUR 1990, 361/362 – *Kronenthaler; Baronikians,* Schutz des Werktitels, Rn 498). 228

Lässt man mit der hier vertretenen Auffassung die isolierte Übertragung des Werktitels grundsätzlich zu, ist es nur konsequent, auch die analoge Anwendung der §§ 27 bis 31 MarkenG auf Werktitel zu bejahen (ebenso *Fezer* MarkenR § 15 Rn 339; *Ingerl/Rohnke* MarkenG § 5 Rn 102 und Vorbemerkungen zu §§ 27–31 Rn 7; *Fezer* GRUR 2001, 369/372). Auch an Werktiteln kann somit eine Lizenz mit **dinglicher** Wirkung nach Maßgabe des § 30 MarkenG erteilt werden. 229

Vereinbarungen, durch die der Namensträger einem Dritten die Benutzung des fremden Namens gestattet, können im Einzelfall wegen Verstoßes gegen ein gesetzliches Verbot nach § 134 BGB iVm § 5 UWG unwirksam sein, wenn sie zu einer **Täuschung der Allgemeinheit** und einer Verwirrung des Verkehrs führen (vgl BGH GRUR 2002, 703/704 – *VOSSIUS & PARTNER* mwN). 230

4. Übertragung und Lizenzierung sonstiger Rechte an Werktiteln

Das Urheberrecht ist zwar vererblich, aber nicht veräußerlich (§§ 28, 29 URG). Von daher scheidet eine Übertragung des Werkes (mit oder ohne Titel) generell aus. In Betracht kommt allenfalls die nach der hier vertretenen Auffassung zulässige Übertragung des Titels ohne Werk. Ferner kann der Urheber Dritten einfache oder ausschließliche Nutzungsrechte an dem von ihm geschaffenen Werk einschließlich seines Titels einräumen. Wegen der geringen praktischen Bedeutung des urheberrechtlichen Titelschutzes soll dies hier nicht vertieft werden (zur Einräumung von Nutzungsrechten an urhebergeschützten Werken BT Urheberrecht Rn 177 ff.). 231

(vorläufig leer) 232

BT Titelschutz

G. Besonderheiten titelschutzrechtlicher Ansprüche

1. Allgemeines

233   Bei der Verletzung von Werktiteln kommen wie im gesamten Kennzeichenrecht in erster Linie Unterlassungs-, Beseitigungs-, Auskunfts- und Schadensersatzansprüche des Berechtigten in Betracht. Wegen der Einzelheiten kennzeichenrechtlicher Ansprüche wird auf die einschlägige Literatur zum Markenrecht verwiesen (vgl etwa den umfassenden Überblick bei *Ingerl/Rohnke* MarkenG Vor §§ 14–19d Rn 1 ff.). Hier soll nur auf wichtige Besonderheiten von Ansprüchen aus der Verletzung von Werktiteln eingegangen werden.

2. Mögliche Anspruchsgrundlagen

234   Als Anspruchsnormen bei Verletzung eines geschützten Werktitels kommen insbesondere in Betracht (in nicht abschließender Aufzählung):
   (1) §§ 5, 15 Abs 4 und 5 MarkenG bei sämtlichen Werktiteln;
   (2) §§ 4, 14 Abs 5 und 6 MarkenG bei Werktiteln, die zusätzlich als eingetragene oder benutzte Marke Schutz genießen;
   (3) §§ 2, 97 Abs 1 URG bei urheberrechtlich geschützten Werktiteln sowie ggf ergänzend;
   (4) §§ 12, 823 Abs 1, 1004 BGB bei Werktiteln mit zusätzlicher Namensfunktion;
   (5) §§ 3 ff., 8 ff. UWG zumindest für vom markenrechtlichen Kennzeichenschutz nicht erfasste Fallgestaltungen, wenn man insoweit mit der hier vertretenen Ansicht von kumulativer Anspruchskonkurrenz ausgeht (Näheres BT Titelschutz Rn 195 ff.).

3. Aktiv- und Passivlegitimation

a) Aktivlegitimation

235   **Aktivlegitimiert** ist der Inhaber des verletzten Kennzeichenrechts. Gestattet der Inhaber einem Dritten die Benutzung seines Rechts, kann er ihm auch die Befugnis zur Geltendmachung von Ansprüchen aus der Verletzung dieses Rechts einräumen (BGH NJW 1993, 918/919 – *Universitätsemblem*). Der Verleger gilt als befugt, Ansprüche aus der Verletzung des Titelrechts von ihm zur Auswertung überlassenen Werken im eigenen Namen gerichtlich geltend zu machen.

b) Passivlegitimation

236   **Passivlegitimiert** ist der Verletzer des Kennzeichenrechts, dh jeder, der Täter, Mittäter, Anstifter oder Gehilfe der Kennzeichenverletzung war. Er muss sich die Handlungen seiner Angestellten oder Beauftragten dabei nach den §§ 14 Abs 7, 15 Abs 6 MarkenG, 100 URG zurechnen lassen. Für Unterlassungsansprüche ist passiv legitimiert, wer als Störer oder Mitstörer „auch ohne Verschulden willentlich und adäquat an der Herbeiführung oder Aufrechterhaltung einer rechtswidrigen Beeinträchtigung mitgewirkt hat" (BGH GRUR 2001, 1038/1039 – *Ambiente*; *Ingerl/Rohnke* Vor §§ 14–19 Rn 30 ff.). Neuerdings begründet die Rechtsprechung die Haftung von (Mit-)Verursachern, die nicht schon als Täter oder Mittäter einer Rechtsverletzung haften (beispielsweise Printmedien, die wettbewerbswidrige Anzeigen veröffentlichen), mit der **Verletzung von Verkehrspflichten,** ohne die eingeführte Rechtsfigur der Störerhaftung ausdrücklich aufzugeben (BGH GRUR 2007, 890 Tz 38 – *Jugendgefährdende Medien bei eBay*; *Nordemann*, Wettbewerbsrecht Markenrecht, Rn 893; vgl. noch BGH GRUR 2006, 429 Tz 13 – *Schlank-Kapseln*). Für den Bereich der Verletzung absoluter Rechte (wozu auch Werktitel gehören) hält der BGH in neueren Entscheidungen an der Störerhaftung als eigenständiger Kategorie

ausdrücklich fest (BGH GRUR 2011, 1038 Tz 20 – *Stiftparfüm*; GRUR 2011, 1018 Tz 25 – *Automobil-Onlinebörse;* GRUR 2012, 304 Tz 49 ff. – *Basler-Haar-Kosmetik*) während er sie für den Bereich des Verhaltensunrechts (wozu auch Wettbewerbsverstöße gehören) für obsolet erklärt (BGH GRUR 2011, 152 Tz 48 – *Kinderhochstühle im Internet*). Wer eine **Titelschutzanzeige** als Vertreter für einen nichtgenannten Auftraggeber veröffentlicht, kann jedenfalls dann als Störer bzw Mitstörer in Anspruch genommen werden, wenn er sich weigert, seinen Auftraggeber zu nennen (OLG Hamburg NJWE-WettbR 2000, 217/218 – *Superweib;* OLG Frankfurt GRUR 1991, 72 – *Hessenfunk;* OLG Köln AfP 1991, 440/441 – *Sex Press;* Heim AfP 2004, 19/23; krit aber *Deutsch/Ellerbrock* Titelschutz Rn 105). Wird der Auftraggeber hingegen unverzüglich benannt, dürfte hinsichtlich des Vertreters keine Erstbegehungsgefahr (mehr) gegeben sein (str, vgl nur *Ingerl/Rohnke* MarkenG § 15 Rn 140).

4. Unterlassungsanspruch

237 Der Unterlassungsanspruch beschränkt sich im Kennzeichenrecht grundsätzlich auf die **konkrete Verletzungsform,** da möglicherweise bereits unterscheidungskräftige Titelzusätze die Verwechslungsgefahr ausschließen können (BGH GRUR 1991, 331/332 – *Ärztliche Allgemeine*). Bei Zeichen, deren Verkehrsgeltung regional begrenzt ist, wie zB bei nicht von Haus aus kennzeichnungskräftigen geschäftlichen Bezeichnungen mit räumlich beschränktem Bekanntheitsgrad oder regionalen Benutzungsmarken, kann Unterlassung nur für das jeweilige Gebiet der Verkehrsgeltung verlangt werden.

238 Die **Wiederholungsgefahr** wird – wie im Wettbewerbsrecht – auch im Bereich des Kennzeichenrechts grundsätzlich **vermutet,** wenn ein objektiv rechtswidriger Eingriff in das Zeichenrecht vorliegt (BGH GRUR 1957, 84 – *Einbrandflasche;* 1996, 781/783 – *Verbrauchsmaterialien;* GRUR 2009, 1162 Rn 64 – *DAX*). Die Wiederholungsgefahr kann – wie im übrigen Kennzeichenrecht auch – grundsätzlich nur durch Abgabe einer eindeutigen, ernst gemeinten, den Anspruchsgegenstand uneingeschränkt abdeckenden, unwiderruflichen und **strafbewehrten Unterlassungserklärung** ausgeräumt werden. Die bloße Aufgabe der Benutzung des Titels, zB die Einstellung der Zeitung oder deren Veräußerung, reicht nicht aus (vgl nur BGH GRUR 2008, 1108 Rn 23 – *Haus & Grund III;* GRUR 2009, 1162 Rn 64 – *DAX*). Zum Erfordernis einer **Abmahnung** BT Titelschutz Rn 241.

239 Die **Erstbegehungsgefahr** für eine vorbeugende Unterlassungsklage wird bereits durch Aufgabe einer Titelschutzanzeige für einen verwechslungsfähigen Werktitel oder seine **Anmeldung** zum Filmregister begründet, weil in der Anmeldung zwar noch keine Benutzung dieses Titels selbst liegt, wohl aber die ernsthafte Gefahr einer zukünftigen Rechtsverletzung hervorgerufen wird (BGH GRUR 2001, 1054/1055 – *Tagesreport;* OLG Hamburg NJWE-WettbR 1999, 281/281 – *Netlife;* OLG München GRUR 1989, 356/357 – *Sternstunden des Sports;* OLG Köln AfP 1990, 440 – *Sex Press; Baronikians,* Schutz des Werktitels, Rn 567; eingehend *Arras* GRUR 1985, 357/359; *Heim* AfP 2004, 19/23). An die Ausräumung der **Erstbegehungsgefahr** werden von der Rspr allgemein geringere Anforderungen gestellt als an die Beseitigung der Wiederholungsgefahr bei einer bereits begangenen Rechtsverletzung (vgl nur BGH GRUR 2008, 912 Rn 30 – *Metrosex*). Erstbegehungsgefahr und mit ihr der Unterlassungsanspruch entfällt grundsätzlich mit der ernsthaften und endgültigen Aufgabe der Berühmung, ohne dass es dazu unbedingt einer strafbewehrten Unterlassungserklärung bedarf (BGH GRUR 1993, 53/55 – *Ausländischer Inserent;* 2001, 1174/1176 – *Berühmungsaufgabe*). Nach der Rspr genügt dafür im Regelfall bereits die Rücknahme der rechtsverletzenden Anmeldung beim DPMA oder beim Filmregister als sogenannter „actus contrarius" – also ein der Begründungshandlung entgegengesetztes Verhalten (BGH GRUR 2008, 912 Rn 30 – *Metrosex;* OLG Köln GRUR 2001, 424/425 – *Mon Cherie/MA CHERIE;* aM *Ingerl/Rohnke* MarkenG Vor §§ 14– 19d Rn 127).

BT Titelschutz

240 Das vom Verletzten angerufene Gericht kann dem Verletzer auch bei der Verletzung von Werktiteln eine **Aufbrauchsfrist** einräumen, die es ihm ermöglicht, Drucksachen, Kennzeichnungsmittel, Beschriftungen und Eintragungen mit der verbotenen Bezeichnung vorübergehend weiter zu verwenden (st Rspr, vgl nur BGH GRUR 1982, 420/423 – *BBC/DDC;* NJW 1986, 57/58 – *Familienname;* OLG Hamburg NJWE-WettbR 1999, 202/205 – *Greystone/Creenstone;* grundsätzlich ablehnend *Ingerl/Rohnke* MarkenG Vor §§ 14–19d Rn 385). Es handelt sich um eine prozessrechtliche Maßnahme, die ihre rechtliche Grundlage aber im materiellen Recht – nämlich in § 242 BGB – findet. Ein Antrag des Verletzers ist nicht unbedingt erforderlich, jedoch muss sein Sachvortrag ein dringendes Interesse an der Einräumung einer Aufbrauchsfrist erkennen lassen (BGH GRUR 1982, 420/423 – *BBC/DDC*). Die Gewährung einer Aufbrauchsfrist stellt eine Ausnahme dar und kommt nur in Betracht, wenn dem Verletzer durch ein unbefristetes Verbot unverhältnismäßige Nachteile entstehen würden und der Verletzte durch die befristete Weiterverwendung der Kennzeichnung nicht unzumutbar beeinträchtigt wird. Wer bösgläubig verletzt hat, verdient generell keine Aufbrauchsfrist.

241 Eine vorherige **Abmahnung** des Verletzers durch den Verletzten vor gerichtlicher Geltendmachung von Unterlassungsansprüchen ist wie im gesamten gewerblichen Rechtsschutz auch bei der Verletzung von Werktiteln zwar nicht Prozessvoraussetzung, zur Vermeidung von Kostennachteilen durch ein sofortiges Anerkenntnis iSd § 93 ZPO dennoch dringend geboten. Die formalen und inhaltlichen Erfordernisse einer Abmahnung im Bereich des Titelschutzes entsprechen denen im übrigen gewerblichen Rechtsschutz (Einzelheiten bei *Deutsch/Ellerbrock* Titelschutz Rn 439 ff.; Muster bei *Baronikans*, Schutz des Werktitels, Rn 614). Der Verletzte hat gegen den Verletzer einen Anspruch auf Erstattung der Anwaltskosten für die Abmahnung, wenn diese begründet und berechtigt ist (zuletzt BGH GRUR 2009, 502 Rn 11 – *pcb; Ingerl/Rohnke* MarkenG Vor §§ 14–19d Rn 296): „Eine Abmahnung ist begründet, wenn ihr ein Unterlassungsanspruch zu Grunde liegt; sie ist berechtigt, wenn sie erforderlich ist, um dem Schuldner einen Weg zu weisen, den Gläubiger ohne Inanspruchnahme der Gerichte klaglos zu stellen." Dieser Anspruch auf Kostenerstattung ergibt sich entweder als Schadensersatzanspruch aus den §§ 14 Abs 6 und 15 Abs 5 MarkenG oder aber nach den von der Rspr. zunächst im Wettbewerbsrecht entwickelten Grundsätzen der Geschäftsführung ohne Auftrag (§§ 683 S 1, 677, 670 BGB, dazu nur *Ingerl/Rohnke* MarkenG Vor §§ 14–19d Rn 296). Eine interessante Frage ist, ob ein solcher **Kostenerstattungsanspruch** auch gegenüber einem Vertreter (Rechtsanwalt, Werbeagentur, Agent etc) besteht, der eine fremde Rechte verletzende Titelschutzanzeige für einen anonym bleibenden Klienten aufgegeben hat (dazu BT Titelschutz Rn 90, 236). Die hM (OLG Frankfurt GRUR 1991, 72 – *Hessenfunk*; OLG Köln AfP 1991, 440 – *Sex Press;* OLG Hamburg NJWE-WettbR 2000, 217 – *Superweib; Baronikians,* Schutz des Werktitels, Rn 216) bejaht dies, obwohl die dogmatische Begründung einige Schwierigkeiten bereitet. *Ingerl/Rohnke* (MarkenG Vor §§ 14–19d Rn 68) bezeichnet dies zu Recht als „unerlässliche pragmatische Notlösung".

5. Schadensersatzanspruch

242 Schadensersatzansprüche wegen Verletzung eines Werktitels auf Grund der §§ 14 Abs 6 und 15 Abs 5 MarkenG, 97 Abs 1 URG, 823 Abs 1 BGB setzen ein Verschulden des Verletzers voraus. An die **Sorgfaltspflicht** des Verletzers werden dabei von der Rspr **strenge Anforderungen** gestellt (BGH GRUR 2002, 622/626 – *shell.de;* GRUR 2008, 1104 Rn 35 – *Haus & Grund II;* Einzelheiten *Ingerl/Rohnke* MarkenG Vor §§ 14–19d Rn 219 ff. mwN). Wer im geschäftlichen Verkehr einen Werktitel oder ein anderes Zeichen in Gebrauch nimmt, muss zuvor sorgfältig prüfen, ob er mit dem gewählten Zeichen nicht in prioritätsältere identische oder verwechslungsfähige Zeichen anderer Gewerbetreibender eingreift (vgl nur BGH GRUR 1960, 186/

G. Besonderheiten titelschutzrechtlicher Ansprüche **Titelschutz BT**

188 ff. – *Arctos;* 1961, 535/538 – *arko;* GRUR 2008, 1104 Rn 35 – *Haus & Grund II;* OLG München MMR 2000, 373/375 – *FOCUS*).

Die demnach **notwendige Recherche** richtet sich nach den Möglichkeiten und 243 der Zumutbarkeit im Einzelfall, umfasst aber zumindest eingetragene Marken und eingetragene Firmennamen. Bei nicht eingetragenen Rechten, insbesondere bei Werktiteln ohne Markenschutz oder Benutzungsmarken, sind die **eingeschränkten Recherchemöglichkeiten** bei der Bemessung der im Verkehr erforderlichen Sorgfalt zu berücksichtigen (vgl *Ingerl/Rohnke* MarkenG Vor §§ 14–19d Rn 220). Ob tatsächlich die Lektüre/Auswertung aller für Titelschutzanzeigen in Betracht kommenden Publikationsorgane und die zusätzliche Recherche bei sämtlichen privaten Titelregistern und Datenbanken zu den Sorgfaltspflichten eines Werktitelbenutzers gehört, ist höchstrichterlich nicht geklärt. Dagegen sprechen die völlig unkontrollierte Ausweitung der in Betracht kommenden Publikationsorgane und die ausschließlich private und kommerzielle Struktur der existierenden Register ohne jede objektive Qualitätssicherung.

Schwierigkeiten bei der Beurteilung rechtlicher Fragen wie der Verwechslungsge- 244 fahr oder der Reichweite der Bekanntheit verpflichten zur Einholung von **Rechtsrat**. Bei zweifelhafter Rechtslage trifft das **Fahrlässigkeitsrisiko** in vollem Umfang den Verletzer, auch wenn er zuvor Rechtsrat eingeholt hatte (BGH GRUR 1991, 153/144 – *Pizza & Pasta;* 1995, 50/53 – *Indorektal/Indohexal;* 825/829 – *Torres;* 2002, 622/626 – *shell.de*). Der Einwand des **Rechtsirrtums** ist daher im Verletzungsprozess fast regelmäßig aussichtslos (*Ingerl/Rohnke* MarkenG Vor §§ 14–19d Rn 223).

Das **Verschulden von Angestellten oder Beauftragten** ist dem Inhaber des ge- 245 schäftlichen Betriebs zuzurechnen (§§ 14 Abs 7, 15 Abs 6 MarkenG). Der Begriff des Beauftragten ist dabei weit auszulegen und umfasst auch Werbeagenturen, Verlagsagenten, Anwälte, die Titelschutzanzeigen aufgeben etc. Es handelt sich um eine Erfolgshaftung ohne Exkulpationsmöglichkeit.

Für die Höhe des dem Inhaber des Werktitels entstandenen Schadens gelten die im 246 gesamten Bereich des gewerblichen Rechtsschutzes einschließlich des Kennzeichenschutzes anerkannten **Berechnungsmöglichkeiten** (BGH GRUR 1973, 375/376 ff. – *Miß Petite;* 1977, 491/494 – *Allstar;* 1995, 349/353 – *Objektive Schadensberechnung*):

(1) Der Verletzte kann seinen Schaden zunächst nach dem **konkreten Vermö-** 247 **gensschaden** unter Einschluss des entgangenen Gewinns berechnen (§§ 249 ff., 252 BGB). Der Nachweis der Kausalität zwischen Schaden und entgangenem Gewinn ist dabei unumgänglich, aber meist nur schwer zu führen, auch wenn das Gericht die Schadenshöhe nach § 287 ZPO schätzen kann (vgl BGH GUR 1993, 757/759 – *Kollektion Holiday*).

(2) Der Verletzte kann als Schadensersatz ferner die Herausgabe des **Verletzer-** 248 **gewinns** verlangen. Der Verletzte kann allerdings nicht den vollen Verletzergewinn der fraglichen Zeitspanne abschöpfen, sondern nur den Anteil, der gerade auf die Werktitelverletzung und nicht auf andere Absatzfaktoren zurückzuführen ist (BGH GRUR 1993, 55/59 – *Tchibo/Rolex II*). Bei der Ermittlung des Verletzergewinns sind von den erzielten Erlösen nur die variablen (dh vom Beschäftigungsgrad abhängigen) Kosten für die Herstellung und den Vertrieb der schutzrechtsverletzenden Gegenstände abzuziehen, nicht auch Fixkosten oder Gemeinkosten, dh solche Kosten, die von der jeweiligen Beschäftigung unabhängig sind, wie zB Mieten, Absetzungen für Abnutzung des Anlagevermögens (BGH GRUR 2001, 329/331 f. – *Gemeinkostenanteil* mwN).

(3) Schließlich kann der Verletzte seinen Schaden nach der Höhe einer angemesse- 249 nen **Lizenzgebühr** (Lizenzanalogie) berechnen. Maßgeblich ist dabei die Lizenzgebühr, die vernünftige Vertragsparteien bei Berücksichtigung aller objektiv lizenzrelevanten Umstände des Einzelfalls vereinbart hätten (BGH GRUR 1991, 914/917 – *Kastanienmuster*) Die fiktive Lizenz setzt nicht voraus, dass es bei korrektem Verhalten des Verletzers tatsächlich zum Abschluss eines Lizenzvertrags gekommen wäre (BGH GRUR 1993, 55/58 – *Tchibo/Rolex II* mwN). Die bereits bei Marken dominierende

Schadensberechnung im Wege der Lizenzanalogie gewinnt auch bei Werktiteln wegen der zunehmenden Verbreitung des Merchandising erheblich an Bedeutung, wobei die in der Literatur (vgl nur *Ingerl/Rohnke* MarkenG Vor §§ 14–19d Rn 269) manchmal genannten angeblich „üblichen" Sätze (von 1% bis 5%) zumindest für „berühmte" Werktitel unrealistisch niedrig sind (vgl zur Berechnung OLG Köln BeckRS 2014, 00174).

250 Der Verletzte hat hinsichtlich der Art der Schadensberechnung ein **Wahlrecht,** das erst erlischt, wenn der nach einer bestimmten Berechnungsweise geltend gemachte Anspruch des Gläubigers entweder erfüllt oder rechtskräftig zuerkannt worden ist (BGH GRUR 1993, 55/57 – *Tchibo/Rolex II* mwN). Der Schadensersatzanspruch des Verletzten umfasst bei allen drei Berechnungsarten auch den sog **Marktverwirrungsschaden** (zB Imageverlust durch Benutzung des Verletzerzeichens für ein anderes Werk, Verwässerung der Kennzeichnungskraft, Verunsicherung der Kunden, Marktteilnehmer, Absatzmittler etc) der durch die widerrechtliche Benutzung des Zeichens entstanden ist (BGH GRUR 1954, 457/459 – *Irus-Urus;* 1961, 535/538 – *arko;* 1988, 776/779 – *PPC*). Für den Eintritt eines Marktverwirrungsschadens spricht bei der Verletzung von Zeichenrechten eine tatsächliche Vermutung (BGH GRUR 1975, 434/437 f. – *BOUCHET;* 1988, 776/779 – *PPC*).

251 *(vorläufig leer)*

6. Beseitigungsanspruch

252 Der Beseitigungsanspruch des Verletzten wird zwar in den §§ 14, 15 MarkenG nicht ausdrücklich erwähnt. Die Nichtbeseitigung einer bereits eingetretenen Rechtsverletzung ist aber gleichbedeutend mit der Fortsetzung der Verletzungshandlung. Der Beseitigungsanspruch ist daher als Ergänzung des Unterlassungsanspruchs bereits gewohnheitsrechtlich verankert, kann hilfsweise aber auch im Wege der Analogie zu § 1004 BGB begründet werden (BGH GRUR 1993, 556/558 – *TRIANGLE; Ingerl/Rohnke* MarkenG Vor §§ 14–19d Rn 211 mwN). Mit Hilfe des allgemeinen Beseitigungsanspruches kann bei Verletzung eines Werktitels beispielsweise die Rücknahme einer fremden Markenanmeldung oder die Löschung eines Unternehmenskennzeichens oder einer Domain verlangt werden. Auch der Widerruf einer Titelschutzanzeige und die Freigabe nicht mehr benötigter Titel werden als mögliche Fälle des Beseitigungsanspruches zu Recht genannt (vgl *Baronikians,* Schutz des Werktitels, Rn 489; *Teplitzky* AfP 1997, 453 Fn 35). Ein Anspruch auf **Rückruf** ausgelieferter Vervielfältigungsstücke, die sich nicht mehr in der Verfügungsmacht des Verletzers befinden, besteht mangels rechtlicher Handhabe zur Durchsetzung nicht (OLG Hamburg NJWE-WettbR 2000, 15/16 – *Spice Girls;* vgl aber OLG Hamburg NJW-RR 1996, 1449/1450 – *Patienten-Information*).

253 Der **Vernichtungsanspruch** des Inhabers einer Marke oder geschäftlichen Bezeichnung (Werktitel) gemäß § 18 MarkenG ist ein gesetzlich geregelter Sonderfall des Beseitigungsanspruchs. Mit dem Vernichtungsanspruch kann im Falle der Titelverletzung ggf auch die physische Zerstörung widerrechtlich gekennzeichneter Werkstücke, Werbeprospekte, Plakate, Merchandisingprodukte etc verlangt werden. Das bloße Schwärzen oder Überkleben eines rechtsverletzenden Titels soll dabei nach hM regelmäßig nicht ausreichen (*Ingerl/Rohnke* MarkenG Vor §§ 14–19d Rn 23; *Hacker* in Ströbele/Hacker MarkenG § 18 Rn 38). Ist die Veränderung irreversibel, sollte die Schwärzung oder Überklebung aber genügen. Auch der Löschungsanspruch nach § 55 MarkenG ist ein Sonderfall des allgemeinen Beseitigungsanspruches.

7. Bereicherungsanspruch

254 Der nach den §§ 5, 15 MarkenG oder in sonstiger Weise geschützte Werktitel begründet ein Recht mit ausschließlichem Zuweisungsgehalt (§§ 14 Abs 1, 15 Abs 1 MarkenG). Auch ohne Verschulden des Verletzers kann der Inhaber des Werktitelrechts daher Bereicherungsansprüche aus § 812 Abs 1 S 1, 2. Alternative BGB

(Eingriffskondiktion) geltend machen, die sich regelmäßig auf die angemessene und übliche Lizenzgebühr richten (BGH GRUR 1987, 520/523 – *Chanel No. 5;* GRUR 2009, 515 Rn 45 – *Motorradreiniger*).

8. Auskunftsanspruch

Der Auskunftsanspruch des Verletzten ist für Marken und geschäftliche Bezeichnungen (einschließlich der Werktitel) in § 19 MarkenG einheitlich geregelt (vgl OLG Hamburg NJWE-WettbR 2000, 15/16 – *Spice Girls*). Der Verletzer hat nach den 2008 neu gefassten § 19 Abs 3 MarkenG Auskunft zu erteilen über „1. Namen und Anschrift der Hersteller, Lieferanten und anderer Vorbesitzer der Waren oder Dienstleistungen sowie der gewerblichen Abnehmer und Verkaufsstellen, für die sie bestimmt waren, und 2. die Menge der hergestellten, ausgelieferten, erhaltenen oder bestellten Waren sowie über die Preise, die für die betreffenden Waren oder Dienstleistungen bezahlt wurden". Im Gegensatz zum früheren Recht müssen nunmehr auch die Einkaufs- und Verkaufspreise offen gelegt werden, die für rechtsverletzende Waren oder Vervielfältigungsstücke gezahlt wurden (vgl noch zur alten Rechtslage BGH GRUR 2008, 796 Rn 18 – *Hollister*). Der Auskunftsanspruch ist nach § 19 Abs 4 MarkenG ausgeschlossen, wenn die Inanspruchnahme im Einzelfall unverhältnismäßig ist. Abweichend von allgemeinen Regeln kann der Auskunftsanspruch nach § 19 Abs 7 MarkenG auch im Wege der einstweiligen Verfügung durchgesetzt werden, wenn die Rechtsverletzung offensichtlich ist. **255**

Unabhängig von dem in § 19 MarkenG geregelten selbstständigen Anspruch auf Drittauskunft gewährt die ständige Rspr dem Verletzten einen **unselbstständigen Hilfsanspruch auf Auskunft** zur Durchsetzung seiner kennzeichenrechtlichen Ersatzansprüche (BGH RUR 1991, 153/155 – *Pizza & Pasta;* OLG Hamburg NJWE-WettbR 2000, 15/16 – *Spice Girls*). Als Hilfsanspruch setzt dieser auf § 242 BBG gestützte Auskunftsanspruch voraus, dass die Schadensersatzpflicht des Verletzers wenigstens dem Grunde nach feststeht (BGH GRUR 2001, 849/851 – *Remailing-Angebot*). Dieser Auskunftsanspruch umfasst alle Angaben, die zur Durchsetzung des jeweiligen Hauptanspruches erforderlich sind, insbesondere die zeitlich und räumlich aufgegliederten Verletzerumsätze sowie Art und Umfang der getätigten Werbung (BGH GRUR 1991, 153/155 – *Pizza & Pasta;* OLG Hamburg NJWE-WettbR 2000, 15/16 – *Spice Girls*). Im Hinblick auf die Neufassung des § 19 MarkenG dürfte dem Hilfsanspruch auf Auskunft nur noch ein geringer Rest an praktischer Bedeutung verbleiben (dazu *Ingerl/Rohnke* MarkenG § 19 Rn 65). **256**

H. Anspruchsschranken

1. Allgemeines

Gesetzliche Beschränkungen des Schutzes von Marken und geschäftlichen Bezeichnungen enthalten insbesondere die §§ 20ff. MarkenG. Die dortige Regelung ist aber nicht abschließend. Zusätzliche Schranken für zeichenrechtliche Ansprüche wegen der Verletzung von Werktiteln können sich insbes aus vertraglichen Vereinbarungen zwischen den Parteien und aus allgemeinen Rechtsgrundsätzen ergeben. Hier soll lediglich auf die Schutzschranken eingegangen werden, die für Werktitel von besonderer praktischer Bedeutung sind. **257**

2. Verjährung (§ 20 MarkenG)

Ansprüche aus der Verletzung von Marken und geschäftlichen Bezeichnungen einschließlich der Werktitel verjähren gemäß § 20 MarkenG in der seit 1.1.2002 geltenden Fassung nach den allgemeinen Vorschriften der §§ 194ff. BGB. Ansprüche auf Unterlassung, Beseitigung, Auskunft und Schadensersatz verjähren somit nach den **258**

BT Titelschutz

§§ 195, 199 BGB in drei Jahren vom Schluss des Jahres an, in dem der Anspruch entstanden ist und der Berechtigte von den anspruchsbegründenden Umständen und der Person des Verpflichteten Kenntnis erlangt hat oder ohne grobe Fahrlässigkeit erlangen musste. Der bei Werktiteln praktisch wichtige Bereicherungsanspruch verjährt nach § 20 MarkenG iVm § 852 BGB zehn Jahre nach seiner Entstehung. Die Verjährung beginnt grundsätzlich mit dem Abschluss der verletzenden Einzelhandlung, bei wiederholten Titelverletzungen gilt für jede Einzelhandlung eine eigene Verjährungsfrist (vgl BGH GRUR 1978, 492/495 – *Fahrradgepäckträger II*). Unterlassungsansprüche verjähren aber nicht, solange der Störungszustand noch andauert (vgl BGH GRUR 1978, 99/100 – *Brünova; Deutsch/Ellerbrock* Titelschutz Rn 280 nennen hierfür das Beispiel eines titelverletzenden öffentlichen Werbeplakats, das noch immer aushängt).

259 *(vorläufig leer)*

3. Verwirkung (§ 21 MarkenG)

260 Für **Marken** und **geschäftliche Bezeichnungen** ist die Verwirkung von kennzeichenrechtlichen Ansprüchen nunmehr in § 21 MarkenG einheitlich geregelt. Verwirkung tritt ein, wenn der Inhaber der Marke oder geschäftlichen Bezeichnung die Benutzung einer prioritätsjüngeren Marke oder geschäftlichen Bezeichnung während eines Zeitraums von fünf aufeinander folgenden Jahren in Kenntnis dieser Benutzung geduldet hat. Verwirkung tritt nicht ein, wenn der Inhaber des prioritätsjüngeren Rechts im Zeitpunkt des Rechtserwerbs bösgläubig war (§ 21 Abs 1 und 2 MarkenG). Der Begriff der „Bösgläubigkeit" hat dabei nicht die gleiche Bedeutung wie in der deutschen Rechtsordnung im Übrigen, sondern soll insbes rechtsmissbräuchliche und sittenwidrige Rechtserwerbe iSd § 50 Abs 1 Nr 4 (aF jetzt: § 8 Abs 2 Nr 10) MarkenG erfassen (BT-Drs 12/6581, 79; vgl OLG München AfP 1990, 47 – *Donnerlippchen*).

261 Nach § 21 Abs 4 MarkenG schließt die neue Verwirkungsregelung des Markengesetzes eine **Verwirkung auf Grund allgemeiner Grundsätze** (insbes nach § 242 BGB) nicht aus. Verwirkung kommt nach ständiger Rspr in Betracht, wenn durch eine länger dauernde redliche und ungestörte Benutzung einer Kennzeichnung ein Zustand geschaffen worden ist, der für den Benutzer einen beachtlichen Wert hat, ihm nach Treu und Glauben erhalten bleiben muss und den auch der Verletzte ihm nicht streitig machen kann, weil er durch sein Verhalten diesen Zustand erst ermöglicht hat (st Rspr, vgl nur BGH NJW 1993, 918/920 – *Universitätsemblem*; GRUR 1988, 776/778 – *PPC*; WRP 1990, 613/618 – *AjS-Schriftenreihe*; GRUR 2001, 1161/1163 – *CompuNet/ComNet*). Die einzelnen Voraussetzungen des Verwirkungstatbestandes stehen dabei in Wechselwirkung zueinander, dh an den Umfang und die Bedeutung des Besitzstands ist umso geringere Anforderungen zu stellen, je schutzwürdiger das Vertrauen des Verletzers in seine Berechtigung ist (BGH NJW 1993, 918/921 – *Universitätsemblem*). Der Zeitraum, der für die Annahme einer Verwirkung kennzeichenrechtlicher Ansprüche nach § 242 BGB mindestens verstrichen sein muss, kann nicht exakt angegeben werden. Drei Jahre reichen im Regelfall noch nicht aus (BGH GRUR 1993, 676 – *Datatel*; 2001, 1161/1163 – *CompuNet/ComNet*), wohl aber eine achtjährige (GRUR 1985, 72/73 – *Consilia*) und erst recht eine zwanzig- oder gar fünfzigjährige Untätigkeit (vgl BGH GRUR 1991, 157/158 – *Johanniter-Bier*; NJW-RR 1992, 1128/1129 – *Morgenpost*; NJW 1993, 918/921 – *Universitätsemblem*).

262 *(vorläufig leer)*

4. Erlaubte Benutzung von Namen und beschreibenden Angaben (§ 23 MarkenG)

263 Die Vorschrift des § 23 MarkenG stellt bestimmte Handlungen vom Verbietungsrecht des Inhabers einer Marke oder geschäftlichen Bezeichnung frei. Durch diese

H. Anspruchsschranken **Titelschutz BT**

Vorschrift soll ein Ausgleich zwischen dem Ausschließlichkeitsrecht des Kennzeicheninhabers auf der einen Seite und den Interessen der Mitwerber und der Allgemeinheit an freier wirtschaftlicher Betätigung auf der anderen Seite geschaffen werden (vgl EuGH GRURInt 1999, 438 Rn 57 – *BMW*). § 23 MarkenG setzt Art 6 Abs 1 MRRL in deutsches Recht um und ist daher richtlinienkonform auszulegen.

Für Werktitel ist in erster Linie die „privilegierte Benutzung" (vgl BGH GRUR 2007, 65 Rn 21 – *Impuls*) nach § 23 Nr 2 MarkenG von praktischer Bedeutung. Diese Vorschrift erlaubt die **beschreibende Benutzung** von Kennzeichen ungeachtet ihrer Identität oder Ähnlichkeit mit einem geschützten Zeichen. Umstritten war, ob § 23 MarkenG auch den markenmäßigen oder titelmäßigen Gebrauch von Kennzeichen in beschreibender Form erfasst und unter bestimmten Voraussetzungen erlaubt oder auf die Fälle eines nicht kennzeichenmäßigen Gebrauchs beschränkt bleibt (vgl BGH GRUR 2002, 613/615 – *GERRI/KERRY Spring* mwN zum Streitstand). Richtigerweise ist davon auszugehen, dass auch ein zeichenmäßiger Gebrauch beschreibender Angaben von der Freistellung des § 23 Nr 2 MarkenG erfasst und erlaubt wird (vgl bereits EuGH GRUR Int 2004, 320/321 – *Gerolsteiner/Putsch;* jetzt auch BGH GRUR GRUR 2009 1162 Rn 27 – *DAX;* GRUR 2011, 134 Rn 59 – *Perlentaucher*). Da die Verletzung einer Marke oder einer geschäftlichen Bezeichnung iSd §§ 14 Abs 2 Nr 2, 15 Abs 2 MarkenG richtiger Ansicht nach ohnehin bereits einen zeichenmäßigen Gebrauch voraussetzt, verbliebe der Vorschrift andernfalls auch kein sinnvoller Anwendungsbereich (*Ströbele/Hacker* § 23 Rn 56).

Die grundsätzlich zulässige beschreibende Benutzung geschützter Kennzeichen darf nach § 23 Nr 2 MarkenG, letzter Halbsatz nicht gegen die „guten Sitten" verstoßen. Diese „Schranken-Schranke" (*Ingerl/Rohnke* MarkenG § 23 Rn 16) ist aber nicht etwa im Sinne der guten Sitten des früheren § 1 UWG aF zu verstehen, sondern im Hinblick auf Art 6 Abs 1 MRRL richtlinienkonform auszulegen (BGH GRUR 1999, 992/995 – *BIG PACK*). Die beschreibende Benutzung ist nur zulässig, wenn sie den anständigen Gepflogenheiten in Gewerbe oder Handel entspricht" (EuGH GRUR Int 2004, 320/321 – *Gerolsteiner ./. Putsch;* BGH GRUR 2002, 613/615 – *GERRI/KERRY Spring*). Der zeichenmäßige, insbesondere markenmäßige Gebrauch der beschreibenden Bezeichnung ist im Rahmen der dabei notwendigen Einzelfallprüfung ein Merkmal, das den Verstoß gegen die anständigen Gepflogenheiten in Gewerbe oder Handel (mit-)begründen kann (BGH GRUR 2002, 613/615 – *GERRI/KERRY Spring*).

Werktitel sind wegen ihres in vielen Fällen inhaltsbeschreibenden Charakters von der Freistellung nach § 23 Nr 2 MarkenG in besonderem Maße betroffen. Daraus aber die Notwendigkeit einer teleologischen Reduktion der Vorschrift auf solche Werktitel herzuleiten, denen von vornherein jegliche Unterscheidungskraft fehlt (so *Ingerl/Rohnke* MarkenG § 23 Rn 79; ihnen folgend OLG Nürnberg WRP 2000, 1168/1171 – *Winnetou; Baronikians,* Schutz des Werktitels, Rn 583), ist sachlich nicht gerechtfertigt. Dem befürchteten „Leerlaufen des Titelschutzes" (OLG Nürnberg WRP 2000, 1168/1171 – *Winnetou*) kann vielmehr durch eine sachgerechte Auslegung der „guten Sitten" im Sinne der anständigen Gepflogenheiten in Gewerbe oder Handel ausreichend begegnet werden(vgl BGH 2001, 1050/1052 – *Tagesschau*).

Einzelfälle zur Anwendung des § 23 Nr 2 MarkenG:

Marken und geschäftliche Bezeichnungen (einschließlich der Werktitel) werden nach § 23 Nr 2 MarkenG gegen ihre rein beschreibende Verwendung, insbesondere zur Kennzeichnung des Inhalts von (anderen) Werken) nicht geschützt (vgl OLG Frankfurt GRURInt 1993, 872/873 – *Beatles;* OLG Hamburg WRP 1997, 106/108 ff. – *Gucci; Ingerl/Rohnke* MarkenG § 23 Rn 56 ff.; *v Schultz/Stuckel* MarkenR § 23 Rn 24; vgl auch BGH GRUR 1979, 564 – *Metall-Zeitung*). Dies gilt erst recht, wenn das geschützte Zeichen selbst aus beschreibenden Angaben besteht, denn § 23 Nr 2 MarkenG soll die Monopolisierung beschreibender Angaben im Interesse der Allgemeinheit verhindern (OLG Rostock NJW-RR 1999, 1340 – *Baggerparty*). Entgegen OLG Hamburg (NJWE-WettbR 2000, 15 – *Spice Girls*) ist es deshalb nach

BT Titelschutz

§ 23 Nr 2 MarkenG zulässig, ein Buch über die Pop-Gruppe „Spice Girls" zu veröffentlichen, das den als IR-Marke geschützten Namen der Band im Titel („Spice Girls – Girls Power Book") führt, auch wenn die Band selbst bereits ein ähnliches Werk veröffentlicht hat (ebenso *Deutsch/Ellerbrock* Titelschutz Rn 301). Die Verwendung des geschützten Zeichens erfolgt hier zwar titelmäßig, aber rein beschreibend als Hinweis auf den Inhalt des Werkes. Richtiger Ansicht nach ist die sog schlichte **Markennennung** oder informative Benutzung nicht als zeichenmäßige Benutzung und damit auch nicht als relevante Benutzungshandlung iSd §§ 14, 15 MarkenG einzuordnen (*Ingerl/Rohnke* § 23 Rn 74 ff.; vgl aber BGH GRUR 2009, 1162 Rn 27 f. – *DAX*)).

268 Dieses Ergebnis gebietet im Übrigen auch die Meinungs- und Pressefreiheit, (Art 5 Abs 1 GG), denn der Marken- und Werktitelschutz darf nicht zum Instrument der Kontrolle über den Inhalt anderer Werke werden (ähnliche Gedanken bei *Ingerl/Rohnke* § 14 Rn 346). Beispiel: Ein Buch über die Geschichte des Nachrichtenmagazins „DER SPIEGEL" mit dem (frei erfundenen) Titel „DER SPIEGEL – polemische Abrechnung mit einem Montagsärgernis") wird der Verlag nicht über seine Titel- und Markenrechte an der Bezeichnung „DER SPIEGEL" verhindern können (wenn er es denn wollte). Auch der Erfinder einer medizinischen Behandlungsmethode kann die beschreibende Bezugnahme in einem Buch mit dem Titel „Trainings- und Übungsintensivkurs nach der Lehre von Dr. Brügger" weder namens- noch markenrechtlich verhindern, weil sie zwar titelmäßig und auch zeichenmäßig, aber eben inhaltsbeschreibend verwendet wird (zutreffend LG Düsseldorf GRUR 2000, 334/336). § 23 Nr 2 MarkenG gestattet auch die beschreibende Verwendung eines an sich unterscheidungskräftigen und damit schutzfähigen Werktitels für die Bezeichnung eines gemeinfrei gewordenen Werkes. Beispiel: Der Original-Titel der gemeinfrei gewordenen Romanvorlage „Der Seewolf" kann auch für eine Neuverfilmung dieses Werkes benutzt werden, obwohl einige Jahre zuvor bereits ein Film unter diesem Titel gedreht und gesendet wurde (OLG München GRUR-RR 2009, 307/308 – *Der Seewolf*). Die Benutzung verstößt auch nicht gegen die guten Sitten, den dem Verkehr ist durchaus bewusst, dass bekannte Romanvorlagen mehrfach unter dem gleichen Titel verfilmt werden (dazu eingehend *Neuwald/v Bey/Vonnahme* GRUR-RR 2009, 281).

269 Die Freistellung des § 23 Nr 2 MarkenG erfasst im Bereich der Werktitelschutzes ferner Ansprüche aus **Kombinationszeichen** oder Titeln, die eine beschreibende Angabe als einen von mehreren Bestandteilen beinhalten (vgl vgl BGH WRP 2008, 1206 Rn 20 – *CITY POST*; *Ingerl/Rohnke* MarkenG § 23 Rn 71). Beispiel: Der Zeitungstitel „Berliner Allgemeine" mag zwar originär unterscheidungskräftig iSd § 5 Abs 3 MarkenG und evtl sogar ohne Verkehrsdurchsetzung als Marke eintragungsfähig sein (bejahend BPatG GRUR 1996, 980 – *Berliner Allgemeine,* mit sehr bedenklicher Argumentation zum Freihaltebedürfnis). Aus den Rechten an diesem Titel kann aber – das Vorliegen von Verwechslungsgefahr einmal unterstellt – dennoch nicht gegen die Verwendung des beschreibenden Titelbestandteils „Allgemeine" durch andere Zeitungen vorgegangen werden, weil (spätestens) die Freistellung des § 23 Nr 2 MarkenG diese beschreibende Benutzung gestattet.

270 Im Einzelfall kann § 23 Nr 2 MarkenG – trotz der grundsätzlichen Bindung der Gerichte an die Eintragung einer Marke durch das DPMA – auch gegen Ansprüche aus offensichtlich zu Unrecht eingetragenen Marken helfen (vgl BGH WRP 2008, 1206 Rn 17 – *CITY POST*; OLG Köln ZUM-RD 2001, 352/353 – *The Platin Records*).

5. Sonstige markenrechtliche Schranken

271 Auch für Werktitel gilt prinzipiell der Erschöpfungsgrundsatz nach § 24 Abs 1 MarkenG (wie hier *Ingerl/Rohnke* MarkenG § 24 Rn 12; *Baronikians*, Schutz des Werktitels, Rn 588). *Deutsch/Ellerbrock* (Titelschutz Rn 312) wollen Werktitel generell von der Erschöpfung ausnehmen, weil Verwechslungsgefahr „bei gleich lautenden

H. Anspruchsschranken   **Titelschutz BT**

und identischen Werken nicht möglich" sei. Dies überzeugt nicht. Zur Irreführung geeignete Verwechslungen können durchaus auch zwischen den gleich lautenden Titeln eines Werkes vorkommen – beispielsweise den unterschiedlichen internationalen Ausgaben einer Musik-CD oder einer Film-DVD. Praktische Bedeutung hat die Erschöpfung im Titelschutz vor allem beim Reimport von Ton- und Bildträgern, die (auch) in anderen EU-Ländern auf den Markt gebracht wurden. Erschöpfung tritt nach § 24 Abs 2 MarkenG nicht ein, wenn sich der Inhaber des Werktitelrechts dem weiteren Vertrieb aus berechtigten Gründen widersetzt, „insbesondere wenn der Zustand der Waren nach ihrem Inverkehrbringen verändert oder verschlechtert ist". Das kommt bei Werktiteln im Unterschied zu vielen anderen Markenwaren in der Praxis aber kaum vor.

Der für Marken bestehende **Benutzungszwang** nach den §§ 25, 26 MarkenG ist **272** auf geschäftliche Bezeichnungen iSd § 5 MarkenG seinem Wesen nach nicht anwendbar, denn Titel und Werk sind grundsätzlich akzessorisch: Bei Werktiteln ist die Benutzung bereits Voraussetzung für die Entstehung des Rechts, wird die Benutzung des Werktitels endgültig aufgegeben, erlischt auch das Recht an der geschäftlichen Bezeichnung (Einzelheiten BT Titelschutz Rn 104). Eine „Benutzungsschonfrist" iSd §§ 25, 26, 49 MarkenG gibt es bei Werktiteln schon wegen des Akzessorietätsprinzips nicht. Allenfalls kann durch eine vorgeschaltete Titelschutzanzeige für ein im Entstehen begriffenes Projekt eine Vorverlagerung der Priorität erreicht werden.

Die Berufung auf die formale Rechtsstellung als Inhaber einer Marke oder eines **273** Werktitels kann sich im Ausnahmefall als Rechtsmissbauch darstellen. Dies ist etwa anzunehmen, wenn eine Marke nur zu dem Zweck angemeldet wurde, um damit ein Drittzeichen besser verteidigen zu können (OLG Köln GRUR-RR 2002, 130/131 – *FOCUS*). Ähnlich liegt es, wenn der Zeicheninhaber die Priorität nur durch die sittenwidrige Ausnutzung von Insiderwissen erlangt hat (OLG München AfP 1990, 47 – *Donnerlippchen*). Der **Einwand des Rechtsmissbrauchs** kann nicht nur im Nichtigkeitsverfahren nach § 50 MarkenG, sondern auch im Verletzungsprozess erhoben werden (Einzelheiten *Ingerl/Rohnke* MarkenG Vor §§ 14–19 Rn 321 ff.).

6. Verfassungsrechtliche Schranken des Werktitelschutzes

Nach ständiger Rechtsprechung des Bundesverfassungsgerichts sind die Grund- **274** rechte aus Art 5 GG, insbes die Grundrechte der Meinungs- und Pressefreiheit nach Art 5 Abs 1 S 1 und S 2 GG, auch bei der Auslegung der Bestimmungen des Wettbewerbs- und Markenrechts zu berücksichtigen, soweit die maßgeblichen Rechtsvorschriften wertausfüllungsbedürftige Klauseln, wie beispielsweise die der „guten Sitten", enthalten und die Grundrechte als Teile einer Wertordnung in diese Wert-Klauseln eingehen (BVerfGE 7, 198/204 ff.; 20, 162/176 f.; 86, 122/128; NJW 2001, 591/592 – *Benetton-Werbung;* GRUR 2003, 442/443 – *Benetton-Werbung II*). Folgerichtig hat der BGH (GRUR 1992, 547/549 – *Morgenpost*) bei der Beantwortung der Frage, ob zwischen den Titeln von zwei konkurrierenden Tageszeitungen Verwechslungsgefahr besteht, auch die grundgesetzlich geschützte Verbreitungsfreiheit berücksichtigt. Bei der vorzunehmenden Güter- und Interessenabwägung ist zu berücksichtigen, dass die Ausdehnung des Schutzbereichs einer Bezeichnung gegen Verwechslungsgefahr unweigerlich Beschränkungen für andere Bezeichnungen, Titel zur Folge haben muss (nicht ganz klar erkannt in BGH GRUR 1992, 547/549 – *Morgenpost*). Aus dem Grundrecht der Pressefreiheit können sich daher bei Titeln von Zeitungen, Zeitschriften, Rundfunksendungen etc, die in besonderem Maße der Information und Bildung der öffentlichen Meinung dienen, im Einzelfall **besonders hohe Anforderungen an die Verwechslungsgefahr** im Rechtssinne ergeben (*Ingerl/Rohnke* MarkenG § 15 Rn 285).

Erhebliche Bedeutung haben die Grundrechte aus Art 5 GG auch für die Aus- **275** legung der **Schranke des § 23 Nr 2 MarkenG**. Die Monopolisierung beschreibender Begriffe und freihaltebedürftiger Bezeichnungen durch ihre Verwendung als

BT Titelschutz

Werktitel oder Eintragung als Marke berührt unmittelbar den Schutzbereich der Meinungs- und Pressefreiheit nach Art 5 Abs 1 GG (ausführlich *Ekey* in Ekey/Klippel/Bender MarkenR § 14 Rn 16 ff.). Der Marken- und Werktitelschutz darf dabei nicht als Instrument der Kontrolle über den Inhalt anderer Werke missbraucht werden. Soweit den unverkennbaren Monopolisierungstendenzen durch den immer häufigeren Schutz beschreibender Angaben als Marke oder Werktitel nicht mehr im Rahmen der Unterscheidungskraft und des Freihaltebedürfnisses wirksam begegnet werden kann, weil die Rspr hieran nur noch minimale Anforderungen stellt (dazu oben BT Titelschutz Rn 41 ff.), muss dies im Rahmen des § 23 Nr 2 MarkenG geschehen. Die Freistellung der beschreibenden Verwendung von geschützten Zeichen, insbes wenn diese auch noch aus beschreibenden Angaben bestehen, ist unmittelbar verfassungsrechtlich geboten und bei der Bestimmung der guten Sitten im Rahmen des § 23 MarkenG zu berücksichtigen.

276 Unmittelbar aus der verfassungsrechtlich garantierten Meinungs- und Kunstfreiheit nach Art 5 Abs 1 und 3 GG folgt ferner die grundsätzliche Zulässigkeit von **Titel- und Markenparodien** (BGH GRUR 1994, 191/201 – *Asterix-Persiflagen;* 1984, 684/685 – *Marlboro/Mordoro;* 2005, 583/584 – *Lila-Postkarte).* Dies gilt unabhängig davon, ob man diese Handlungen überhaupt als relevante Benutzungen iSd §§ 14, 15 MarkenG einordnet oder nicht (zum Streitstand *Ingerl/Rohnke* MarkenG § 14 Rn 216 ff. mwN). Die Anlehnung an fremde Zeichen ist jedenfalls nur zulässig, soweit dabei die geistige, inhaltliche Auseinandersetzung mit dem Original in parodistischer oder satirischer Form und nicht etwa die Ausbeutung oder Verwässerung der Kennzeichnungskraft fremder Rechte zu wirtschaftlichen Zwecken im Vordergrund steht (BGH GRUR 2005, 583/584 – *Lila-Postkarte;* OLG Hamburg GRUR-RR 2002, 389/292 – *die tagesschau; Ekey* in Ekey/Klippel/Bender MarkenR § 14 Rn 19; vgl aus der Rspr zum WZG und UWG BGH GRUR 1986, 759/760 – *BMW;* 1995, 357 – *Markenverunglimpfung II).* Auch eine polemische oder herabsetzende Auseinandersetzung mit fremden Zeichen ist hinzunehmen, soweit sie nicht dem wirtschaftlichen Wettbewerb, sondern Zwecken dient, die unmittelbar durch Art 5 Abs 1 GG geschützt werden (OLG Hamburg ZUM-RD 1999, 90/93 ff. – *Bild Dir keine Meinung;* OLG Köln NJWE-WettbR 2000, 242 – *Kampagne gegen die Jagd;* zweifelhaft OLG Hamburg ZUM-RD 1999, 275 – *fick for fun).*

277 In diesen sachlichen Zusammenhang gehört ferner die verfassungsrechtlich problematische Rspr zur Beschränkung der wirtschaftlichen Betätigung öffentlich-rechtlicher Rundfunkanstalten im Bereich des Werktitel-Merchandising (BGH GRUR 1993, 692/694 ff. – *Guldenburg;* BVerfG GRUR 1999, 232 – *Guldenburg;* dazu *Ingerl/Rohnke* MarkenG § 15 Rn 221).

I. Internationaler Titelschutz

278 Der internationale Schutz von Werktiteln, insbes von Zeitungs- und Zeitschriftentiteln, richtet sich nach der jeweils einschlägigen Kennzeichnungsfunktion:

279 Wichtigste Rechtsgrundlage für den **internationalen Schutz von eingetragenen Marken** ist das **Madrider Abkommen** über die internationale Registrierung von Marken (MMA) vom 14.7.1967 (BGBl 1970 II, S 293, 481, zuletzt geändert BGBl 1984 II, S 800). Mit Gesetz vom 7.12.1995 (BGBl II S 1016) hat der Deutsche Bundestag ferner dem bereits im Juni 1989 von der Bundesrepublik Deutschland unterzeichneten Protokoll zum Madrider Abkommen über die internationale Registrierung von Marken zugestimmt (Bericht NJW 1996, 367). Das MMA ermöglicht es, durch eine einzige Registrierung der Marke beim internationalen Büro der Weltorganisation für geistiges Eigentum (WIPO) in Genf in allen Verbandsländern vollständigen Schutz zu erlangen. Der Antrag auf internationale Registrierung einer Marke ist dabei nach § 108 Abs 1 MarkenG beim DPMA zu stellen (Antragsformulare

I. Internationaler Titelschutz   **Titelschutz BT**

und Merkblätter sowie Zugang zur Marken-, Geschmacksmuster- und Patentdatenbank DPINFO unter www.dpma.de) Wegen der Einzelheiten, insbes wegen des Registrierungsverfahrens, wird auf die §§ 107 ff. MarkenG und *Berlit* Markenrecht Rn 398 ff. verwiesen.

Durch Verordnung des Rates der Europäischen Union vom 20.12.1993 (Verordnung [EG] Nr 40/04, AB1EG Nr L 11 vom 14.1.1994, S 1; Bericht GRUR 1994, 95) wurde die **Gemeinschaftsmarke** geschaffen, die durch eine einzige Markenregistrierung einen einheitlichen Markenschutz in allen Mitgliedsstaaten ermöglicht (vgl dazu ferner die Durchführungsverordnung für die Gemeinschaftsmarke vom 13.12.1995, AB1EG Nr L 303 vom 15.12.1995, S 1). Die Gemeinschaftsmarke soll die Markenrechte der Mitgliedsstaaten nicht ersetzen, sondern selbstständig neben sie treten (vgl die amtl Begr, abgedr in GRUR Int 1994, 402/403). Anders als im deutschen Markenrecht kann die Gemeinschaftsmarke nur durch Eintragung bei der zuständigen Stelle, nicht durch schlichte Benutzung oder Verkehrsdurchsetzung erworben werden. Das für die Eintragung von Gemeinschaftsmarken (und auch Mustern und Modellen) zuständige Harmonisierungsamt für den Binnenmarkt (HABM) in Alicante/Spanien hat seine Tätigkeit am 1.4.1996 aufgenommen (Bericht GRUR 1996, 108; Antragsformulare und Merkblätter unter www.oami.eu.int. Hier auch Zugang zu den Datenbanken EURONICE-ONLINE und CTM-ONLINE). **280**

Für Werktitel, die lediglich als geschäftliche Bezeichnungen im Sinne des § 5 Abs 1 und 3 MarkenG geschützt sind, fehlt ein vergleichbarer internationaler Schutz (dazu *Tönjes*, Der Rechtsschutz des Zeitungs- und Zeitschriftentitels nach geltendem Recht, S 132 ff.). Die durch das MarkenG erheblich erweiterten Möglichkeiten, Werktitel als Marken eintragen zu lassen (dazu BT Titelschutz Rn 180 ff.), sind deshalb für den internationalen Schutz dieser Kennzeichen besonders wichtig. Ein dem deutschen System zumindest ansatzweise vergleichbarer wettbewerbsrechtlicher Titelschutz existiert in Österreich (dazu *Baronikians*, Schutz des Werktitels, Rn 601). **281**

Ausländische Werktitel erlangen Titelschutz in Deutschland unter den allgemeinen Voraussetzungen, also durch tatsächliche Benutzungsaufnahme im Inland. Dafür kann bereits der regelmäßige Vertrieb einer ausländischen Zeitschrift in ca. 600 Exemplaren genügen, weil der Titelschutz nicht an eine Mindestzahl von Vertriebsstücken geknüpft ist (OLG Hamburg ZUM 1992, 263/264 – *Premiere*). Dass über eine ausschließlich im Ausland vertriebene Zeitschrift auch in Deutschland in den Medien berichtet oder diese Publikation dort zitiert wird, reicht hingegen nicht aus (*Baronikians*, Schutz des Werktitels, Rn 596). **282**

Mediendatenschutz

§ 12 LPG Anwendbarkeit des Bundesdatenschutzgesetzes

Soweit Unternehmen und Hilfsunternehmen der Presse personenbezogene Daten ausschließlich zu eigenen journalistisch-redaktionellen oder literarischen Zwecken erheben, verarbeiten und nutzen, gelten von den Vorschriften des Bundesdatenschutzgesetzes vom 20. Dezember 1990 (BGBl. I S. 2955), zuletzt geändert durch Artikel 12 des Gesetzes vom 21. August 2002 (BGBl. I S. 3322), in seiner jeweils gültigen Fassung nur die §§ 5, 9 und 38a sowie § 7 mit der Maßgabe, dass nur für Schäden gehaftet wird, die durch eine Verletzung von § 5 oder § 9 des Bundesdatenschutzgesetzes eintreten.

§ 41 BDSG Erhebung, Verarbeitung und Nutzung personenbezogener Daten durch die Medien

(1) Die Länder haben in ihrer Gesetzgebung vorzusehen, dass für die Erhebung, Verarbeitung und Nutzung personenbezogener Daten von Unternehmen und Hilfsunternehmen der Presse ausschließlich zu eigenen journalistisch-redaktionellen oder literarischen Zwecken den Vorschriften der §§ 5, 9 und 38a entsprechende Regelungen einschließlich einer hierauf bezogenen Haftungsregelung entsprechend § 7 zur Anwendung kommen.

(2) Führt die journalistisch-redaktionelle Erhebung, Verarbeitung oder Nutzung personenbezogener Daten durch die Deutsche Welle zur Veröffentlichung von Gegendarstellungen des Betroffenen, so sind diese Gegendarstellungen zu den gespeicherten Daten zu nehmen und für dieselbe Zeitdauer aufzubewahren wie die Daten selbst.

(3) Wird jemand durch eine Berichterstattung der Deutschen Welle in seinem Persönlichkeitsrecht beeinträchtigt, so kann er Auskunft über die der Berichterstattung zugrunde liegenden, zu seiner Person gespeicherten Daten verlangen. Die Auskunft kann nach Abwägung der schutzwürdigen Interessen der Beteiligten verweigert werden, soweit

1. aus den Daten auf Personen, die bei der Vorbereitung, Herstellung oder Verbreitung von Rundfunksendungen berufsmäßig journalistisch mitwirken oder mitgewirkt haben, geschlossen werden kann,
2. aus den Daten auf die Person des Einsenders oder des Gewährsträgers von Beiträgen, Unterlagen und Mitteilungen für den redaktionellen Teil geschlossen werden kann,
3. durch die Mitteilung der recherchierten oder sonst erlangten Daten die journalistische Aufgabe der Deutschen Welle durch Ausforschung des Informationsbestandes beeinträchtigt würde.

Der Betroffene kann die Berichtigung unrichtiger Daten verlangen.

(4) Im Übrigen gelten für die Deutsche Welle von den Vorschriften dieses Gesetzes die §§ 5, 7, 9 und 38a. Anstelle der §§ 24 bis 26 gilt § 42, auch soweit es sich um Verwaltungsangelegenheiten handelt.

Schrifttum: *Albers,* Informationelle Selbstbestimmung, Baden-Baden 2005; *Arning/Moos/Schefzig,* Vergiss(,) Europa! CR 2014, 447; *Barendt,* Balancing Freedom of Expression and Privacy: The Jurisprudence of the Strasbourg Court, Journal of Media Law 2009, 57; *Bergmann/Möhrle/Herb,* Datenschutzrecht, Boorberg 2000 ff.; *Britz,* Informationelle Selbstbestimmung zwischen rechtswissenschaftlicher Grundsatzkritik und Beharren des Bundesverfassungsgerichts, in Hoffmann-Riem (Hrsg), Offene Rechtswissenschaft, Tübingen 2010; *Dehmel/Hullen,* Auf dem Weg zu einem zukunftsfähigen Datenschutz in Europa? ZD 2013, 145; *Eberle,* Medien und Datenschutz – Antinomien und Antipathien, MMR 2008, 508; *Ehlers,* Europäische Grundrechte und Grundfreiheiten, 3. Auflage Berlin 2009; *Ehmann/Helfrich,* EG-Datenschutzrichtlinie, Köln 1999; *Grabenwarter,* Schutz der Privatsphäre versus Pressefreiheit: Europäische. Korrektur des deutschen Sonderweges? AfP 2004, 309; *Grimm,* Der Datenschutz vor einer Neuorientierung, JZ 2013, 585; *Heilmann,* Anonymität für User-Generated Content?, Baden-Baden 2013; *Hoffmann-Riem,* Mediendemokratie als rechtliche Herausforderung, Der Staat 42 (2003), 193; *Jarass,* Charta der Grundrechte der Europäischen Union, 2. Auflage München 2013; *Korte,* Praxis des Presserechts, München 2014; *Lauber-Rönsberg,* Internetveröffentlichungen und Medienprivileg, ZD 2014, 177; *Lent,* Besondere Impressumspflichten im Online-Journalismus, ZUM 2015, 134; *von Lewinski,* Die Matrix des Datenschutzes, Tübingen 2014; *Matzat,* Datenjournalismus und die Zukunft der Berichterstattung in Kappes/Krone/Novy (Hrsg.), Medienwandel kompakt 2011–2013, Wiesbaden 2014, S. 203; *Neunhoeffer,* Das Presseprivileg im Datenschutz, Tübingen 2005; *Plath,* Bundesdatenschutzgesetz, Köln 2013; *Reimer/Loosen/Heise/Schmidt,* Erwartungen & Erwartungserwartungen an Publikumsbeteiligung bei der Tagesschau, in Stark/Quiring/Jacob (Hrsg) Von der Gutenberg-Galaxis zur Google-Galaxis, Konstanz 2014, S. 135; *Saxer,* Politik als Unterhaltung: zum Wandel politischer Öffentlichkeit in der Mediengesellschaft, Konstanz 2007; *Schulz/Korte,* Medienprivilegien in der Informationsgesellschaft, KritV 2001, 113; *Spindler,* Datenschutz- und Persönlichkeitsrechte im Internet, GRUR 2013, 996; *Spindler/Schuster,* Recht der elektronischen Medien, 2. Auflage München 2011.

Inhaltsübersicht

	Rn
I. Bedeutung der Medienprivilegien im Datenschutz und Regelungsüberblick	1, 2
II. Verfassungsrechtlicher Rahmen	3–13
1. Gesetzgebungskompetenzen	4
2. Medienfreiheiten und Schutz massenmedialer Vermittlung	5–8
3. Informationelle Selbstbestimmung	9–13
III. Europarecht	14–28
1. EMRK und Grundrechtecharta	15, 16
2. Art 9 Richtlinie 95/46/EG	17–25
a) Voraussetzungen und Reichweite des Privilegs	18–22
b) Das „Recht auf Vergessenwerden" und die Veröffentlichung als Datenverarbeitung	23–25
3. Entwurf einer Datenschutzgrundverordnung	26, 27
IV. Tatbestandsvoraussetzungen der Medienprivilegien	28–39
1. Unterschiedliche Mediengattungen	28–32
a) Unternehmen oder Hilfsunternehmen der Presse	28–31
b) Rundfunkveranstalter und Telemedien	32
2. Privilegierte Zwecke	33–37
3. Sonderfälle (Archive, Intermediäre)	38, 39
V. Folgen der Privilegierung, anwendbare Vorschriften des BDSG	40–51
1. Presse	40–43
2. Rundfunk	44–47
3. Telemedienanbieter	48–51

I. Bedeutung der Medienprivilegien im Datenschutz und Regelungsüberblick

1 Medien sind für die Erfüllung ihrer Funktion für die individuelle und öffentliche Meinungsbildung auch auf die Nutzung personenbezogener Daten angewiesen. Wären sie wie andere Unternehmen an die üblichen Regelungen des Datenschutzes gebunden, könnte diese Funktionsleistung leiden; daher steht ihnen hier ein Privileg zur Seite. Insbesondere wäre investigativer Journalismus weitgehend ausgeschlossen, wenn die Medien personenbezogene Informationen nur nach Inkenntnissetzung der Betroffenen oder mit deren Zustimmung recherchieren, verarbeiten und veröffentlichen dürften.

2 Die rechtlichen Grundlagen sind wegen der Verteilung der Gesetzgebungskompetenzen und der Regulierungslogik für unterschiedliche Medientypen verstreut. So finden sich für die Presse neben der Rahmenregelung in § 41 Abs 1 BDSG weitgehend deckungsgleiche Regelungen in den Landespressegesetzen (zu relevanten

II. Verfassungsrechtlicher Rahmen

Abweichungen siehe unten in der weiteren Kommentierung). Die journalistisch-redaktionelle Datenverarbeitung durch private Rundfunkveranstalter wird zunächst in § 47 RStV, diejenige durch Telemedienanbieter in § 57 RStV geregelt. Ergänzend enthalten die Landesmediengesetze Vorschriften für die Verarbeitung von Daten im Zusammenhang mit dem Angebot von Telemedien und zur datenschutzrechtlichen Privilegierung von privatem Rundfunk. Am wenigsten übersichtlich ist schließlich die Regelung für den öffentlich-rechtlichen Rundfunk (vgl. *Schiedermair/Dörr* S 51 f.), für dessen Datenverarbeitung zum Teil die Landesdatenschutzgesetze (§ 37 LDSG-BW, § 36 LDSG-Bremen, § 37 LDSG-Hessen), zum Teil die Landesrundfunkgesetze oder entsprechende Staatsverträge (Art. 20 ff. BR-G, §§ 36 ff. RBB-StV, §§ 39 ff. MDR-StV, §§ 41 f. NDR-StV, § 11 RundfunkG-Saarland, §§ 48 ff. WDR-G; §§ 16 ff. DLR-StV; §§ 16 ff. ZDF-StV) und schließlich für die Deutsche Welle als Auslandsrundfunkanstalt die Absätze 2 bis 4 des § 41 BDSG gelten.

II. Verfassungsrechtlicher Rahmen

Das Medienprivileg im Datenschutz folgt nicht daraus, dass die Datennutzung **3** durch Medien für die informationelle Selbstbestimmung gefahrlos ist. Im Gegenteil kann gerade hier das Gefährdungspotential hoch sein (*Gola/Schomerus* § 41 BDSG Rn 4). Das Datenschutzprivileg der Medien ist vielmehr Ergebnis eines komplexen verfassungsrechtlichen Abwägungsprozesses, da sowohl die Autonomie über personenbezogene Daten als auch die Medienfreiheit hohen verfassungsrechtlichen Schutz genießen (*Schiedermair/Dörr* S 9; *Dix/Simitis*, § 41 BDSG Rn 1).

1. Gesetzgebungskompetenzen

Grundsätzlich haben in diesem Bereich die Länder die Gesetzgebungskompetenz. **4** Ausnahmen sind der aufgrund der ehemaligen Rahmengesetzgebungskompetenz des Bundes (ex Art 75, zur Fortgeltung Art 125a Abs 1 GG) erlassene § 41 Abs 1 BDSG sowie die Regelungen zum Auslandsrundfunk (§ 41 Abs 2–4 BDSG), die sich aus der Gesetzgebungskompetenz des Bundes für die Auslandsrundfunkanstalt Deutsche Welle aus Art 73 Abs 1 Nr 1 GG (vgl *Heintzen/*von Mangoldt/Klein/Starck Art 73 Abs 1 Nr 1 GG Rn 9) ableiten. Im Übrigen besitzen die Länder jedenfalls insoweit die Kompetenz zur Gesetzgebung, als die Regelungen zu Zwecken der redaktionellen Datenverarbeitung mitprägend für die Gestaltung der Rechtsverhältnisse der Medien sind (vgl Begründung zum BDSG 2001 BT-Drs 14/4329, S 46). Dies führt bei (Inlands-)Rundfunk und wohl auch bei journalistisch-redaktionell gestalteten Telemedien dazu, dass das BDSG mangels Gesetzgebungskompetenz jedenfalls für den Redaktionsdatenschutz nicht gilt, wenn der Landesgesetzgeber dies nicht anordnet.

2. Medienfreiheiten und Schutz massenmedialer Vermittlung

Der Rspr des BVerfGs zufolge bringt Art 5 Abs 1 Satz 2 GG einen besonderen **5** Gewährleistungsgehalt zum Ausdruck, nämlich den Schutz massenmedialer Vermittlung; die Meinungsäußerung wird demgegenüber durch Art 5 Abs 1 Satz 1 GG geschützt (vgl etwa BVerfGE 85, 1/12). Das Medienprivileg im Datenschutz ist ein Beispiel für den Schutz des massenmedialen Prozesses: Es geht darum, den Massenmedien die Möglichkeiten zu sichern, die sie benötigen, um ihre Rolle als Medium und Faktor in der öffentlichen Kommunikation zu erfüllen (dazu *Hoffmann-Riem* Der Staat 2003, 193/202 f.). Das „Privileg" (entschieden kritisch zur allerdings etablierten Begrifflichkeit *Eberle* MMR 2008, 508/510 mwN) findet darin gleichermaßen Begründung und Begrenzung. Erfasst wird durch den Schutz der Medienfreiheit der gesamte Prozess der Vermittlung, also von der Recherche bis zur Ansprache des Rezipienten einschließlich des Aktes der Veröffentlichung. Allerdings ist eine Ausnahme von datenschutzrechtlichen Verpflichtungen nur dann geboten, wenn eine Anwendung die Funktionsleistung gefährden würde. Dies ist bei der Recherche regelhaft der Fall, nicht aber bei der Auswertung von Nutzerdaten, wobei dies – gerade angesichts der zunehmenden Verkettung von Publikumsfeedback und journalistischer Produktion (*Reimer/Loosen/Heise/Schmidt* S 147 ff.) – im Einzelfall zu prüfen ist.

6 Die umstrittene Differenzierung der Medientypen, die Art 5 Abs 1 S 2 GG nennt, ist für das Datenschutzprivileg zunächst nicht relevant, da grundsätzlich alle Typen am Schutz teilhaben. Der Gesetzgeber kann aber je nach Bedeutung für die öffentliche Kommunikation innerhalb der Massenmedien differenzieren, muss also bei der Bestimmung der Reichweite von Medienprivilegien nicht das weite verfassungsrechtliche Verständnis zugrunde legen (*Schulz/Korte* KritV 2001, 113 ff.). Wichtig ist allein, dass die Funktion für die öffentliche Kommunikation garantiert wird. Ob Presseverlage oder Rundfunkveranstalter als (Wirtschafts-)Unternehmen tätig werden, ist aus grundrechtlicher Perspektive irrelevant. Auch die Einbeziehung nicht-klassischer Medien – etwa Telemedien wie Blogs und Bewertungsportale – muss diesem Prinzip der strukturell-funktionalen Betrachtung folgen. Aus diesem Grund ist auch keine Privilegierung aller für die öffentliche Kommunikation relevanten Aktivitäten zwingend geboten, etwa von Wissenschaftlern oder NGOs, die Missstände aufdecken wollen. Die Grundrechte sind aber etwa bei Aufsichtsmaßnahmen oder der Auslegung einzelner Vorschriften zu beachten.

7 Vor allem der investigative Journalismus war und ist auf das Privileg angewiesen. Trends wie Personalisierung in den Medien (vgl *Saxer* S 74), aber auch zum Datenjournalismus (vgl *Matzat* S 203, wobei damit nicht immer personenbezogene Daten gemeint sein müssen), zeigen die weiter steigende Relevanz der Thematik.

8 Datennutzung zu literarischen und (sonstigen) künstlerischen Zwecken unterfällt dem Schutz des Art 5 Abs 3 GG, wobei die Verfassung auch insofern keine generellen Ausnahmen gebietet.

3. Informationelle Selbstbestimmung

9 Das Bundesverfassungsgericht hat das Recht auf informationelle Selbstbestimmung als einen spezifischen Gewährleistungsgehalt von Art 2 Abs 1 iVm Art 1 Abs 1 GG herausgearbeitet (BVerfGE 65, 1 – Volkszählung). Es schützt unter den Bedingungen der modernen Datenverarbeitung die „Befugnis des Einzelnen, grundsätzlich selbst über die Preisgabe und Verwendung seiner persönlichen Daten zu bestimmen." Vor diesem Hintergrund ist der Datenschutz als Autonomieschutz ausgestaltet (*Spindler* GRUR 2013, 996).

10 Informationelle Selbstbestimmung gilt nicht nur gegen den Staat als Datennutzer, Art 2 Abs 1 iVm Art 1 Abs 1 GG enthält auch einen Schutzauftrag (*Di Fabio/Maunz/Dürig,* Grundgesetz 72. Aufl München 2014 Art 2 Rn 189 f.), das Selbstbestimmungsrecht gegen Gefährdungen durch Private abzusichern. Das Bundesverfassungsgericht hatte kaum Gelegenheit, sich zu dieser Schutzdimension zu äußern, was das Risiko birgt, dass die für die staatliche Gefährdung herausgearbeiteten Grundsätze auf die Datennutzung Privater – wie etwa die Medien – unterschiedslos übertragen werden. Es hat aber auch deutlich gemacht, dass verfassungsrechtlich jedenfalls bei der Abwägung mit den Interessen Dritter keine absolute Autonomie des Einzelnen über „seine" Daten gefordert ist (BVerfG NJW 2007, 2464/2466 – Schweigepflichtentbindung).

11 Bedeutung erhält die informationelle Selbstbestimmung dadurch, dass ihr Schutz auch für die Ausübung anderer Grundrechte – bspw. der Meinungsäußerungsfreiheit – bedeutsam ist und damit ein „Vorfeldschutz" entsteht (*von Lewinski* S 78 ff. mwN). Dies führt allerdings auch zu Abgrenzungsschwierigkeiten mit anderen Gewährleistungsgehalten des Persönlichkeitsrechts, die dann wiederum zu Abwägungsproblemen bei der Herstellung praktischer Konkordanz mit widerstreitenden grundrechtlich geschützten Interessen führen. So betrifft die Veröffentlichung personenbezogener

Daten das Recht der Person auf Selbstdarstellung. Bei der Abwägung dieses Interesses mit dem Berichterstattungsinteresse der Medien gibt es verfassungsrechtlich gesteuerte Abwägungsprämissen, die besagen, dass der Einzelne nicht autonom über sein Darstellung in der öffentlichen Berichterstattung entscheiden kann, sondern der Akt der Veröffentlichung grundsätzlich den Medien nach ihrer Logik überlassen bleibt (BVerfGE 101, 361/380 – Caroline II, vgl dazu *Korte* S 11 f. mwN).

Diese Abwägung darf nur dann durch Interessen informationeller Selbstbestimmung überprägt werden, wenn Risiken durch die Datenverarbeitung selbst, nicht aber (allein) durch die Veröffentlichung entstehen. Dies ist vor allem bei Veröffentlichungen im Internet relevant (siehe unten V. 3). Wie wenig die genannte Problematik in der Rechtsprechung reflektiert wird, zeigt sich beim Vergleich von Entscheidungen, bei denen (allein) datenschutzrechtliche Vorschriften als streitentscheidend herangezogen werden (etwa BGH NJW 2009, 2888) oder die Anwendbarkeit der Medienprivilegien eingehend diskutiert wird (BGH NJW 2010, 767; BGH MMR 2011, 548), ohne Umschweife nach den allgemeinen Grundsätzen des Äußerungsrechts entschieden wird (siehe etwa BGH MMR 2012, 623 zu RSS-Feeds oder BGH MMR 2012, 124 zu einem Blog-Eintrag; zu dieser Beobachtung siehe *Lauber-Rönsberg* ZD 2014, 177/181). 12

Insofern sind Ansätze, die das spezifische Risiko für die informationelle Selbstbestimmung herausarbeiten, anstatt die Autonomie über die Daten in den Vordergrund zu stellen (etwa *Albers; Britz*) und den Rückbezug zu den Auswirkungen auf die Freiheit der Person herstellen (*Grimm* JZ 2013, 585), zum Verständnis der Anwendung dieses Grundrechts vorzugswürdig. 13

III. Europarecht

Auch wenn ein Datenschutzprivileg im deutschen Recht schon vor Erlass der Datenschutzrichtlinie 1995 (Richtlinie 95/46/EG) bestand, setzt § 41 BDSG nun auch Art 9 der Richtlinie um. Wie häufig bei Medienprivilegien löste die durch das Europarecht motivierte Änderung des BDSG eine Diskussion um die Reichweite des Privilegs aus (für eine Übersicht siehe etwa *Thomale* S 68 ff., sowie *Dix*/Simitis § 41 BDSG Rn 3). 14

1. EMRK und Grundrechtecharta

Ungeachtet des Wortlautes, der auf Privatheit abstellt, hat der EGMR aus Art 8 EMRK ein Recht auf den Schutz personenbezogener Daten abgeleitet. Dieser Schutz ist – ebenso wie beim Recht auf informationelle Selbstbestimmung – unabhängig von der Privatheit der Daten selbst und besteht auch dann, wenn beim Betroffenen keine Nachteile durch die Datenverarbeitung drohen (EGMR, Urt v 16.2.2000, 27798/95 – Amann/Schweiz; EuGH DuD 2003, 573/578). Geschützt wird gerade vor dem Risiko, dass durch die Rekombination von Daten nicht absehbare Nachteile entstehen. Die Konventionsstaaten haben auch die Verpflichtung sicherzustellen, dass Beeinträchtigungen der Rechte aus Art 8 EMRK im Horizontalverhältnis (zwischen Bürgern) unterbleiben (*Ehlers* § 16.1 Rn 29). 15

Art 7 GRCh entspricht im Schutzbereich dem des Art 8 EMRK (*Jarass* Art 7 DSRL Rn 2), mit Blick auf Art 52 Abs 3 GRCh ist allerdings unklar, welcher Schutzbereich dann für Art 8 GRCh verbleibt. Der EuGH hat in der Entscheidung Vorratsspeicherung II (EuGH, Urt v 8.4.2014, Rs. C 293/12 und 593/12) noch einmal betont, dass Eingriffe auf das absolut Notwendige zu beschränken sind. 16

2. Art 9 Richtlinie 95/46/EG

Die Datenschutzrichtlinie (DSRL 95/46/EG) soll die o. g. Rechte der Unionsbürger schützen und durch die Harmonisierung auf einen (hohen) Mindeststandard den 17

Datenverkehr innerhalb der Union erleichtern (Erwägungsgründe 7, 8 und 9 der DSRL). Der sachliche Anwendungsbereich ist sehr weit (Art 2 lit. b) DSRL): Als Datenverarbeitung werden nicht nur das Erheben, Speichern und Übermitteln, sondern auch das Abrufen, Nutzen sowie weitere Tätigkeiten definiert. Vergleichbar dem deutschen Recht ist der gegenständliche Bezugspunkt das personenbezogene Datum, wobei alle Daten erfasst werden, die mit einer Person in Verbindung gebracht werden können (*Dammann/Simitis* Art 2 DSRL, Rn 3; *Ehmann/Helfrich* Art 2 DSRL Rn 17). Dass ein Datum öffentlich zugänglich ist, ändert grundsätzlich nichts an seiner Einstufung als personenbezogenes Datum iSv Art 2 lit b) DSRL (EuGH, Urt v 16.12. 2008 Rs C-73-07 – Satakunnan Markkinapörssi und Satamedia). An die Verarbeitung der so definierten Daten knüpft der Richtliniengeber enge Vorgaben für die Mitgliedstaaten.

a) Voraussetzungen und Reichweite des Privilegs

18   Gerade der weite Anwendungsbereich macht es erforderlich, für bestimmte Zwecke der Datenverarbeitung Ausnahmen vorzusehen. Dies ist in Art 9 DSRL geschehen, und zwar für den Fall, dass Datenverarbeitung allein zu journalistischen, künstlerischen oder literarischen Zwecken erfolgt. Unabdingbar sind die Regelungen des I., III. und V. Kapitels, mithin allgemeine Grundsätze und Rechtsbehelfe, wobei Letztere auch abhängig von den abdingbaren Regelungen sind. im Übrigen dürfen Mitgliedstaaten auch vollständig Ausnahmen vorsehen, soweit dies in der Abwägung zwischen Privatheit und Medienfreiheiten notwendig erscheint. Die Mitgliedstaaten dürfen zulasten des durch die Richtlinie koordinierten Datenschutzes nur in dem durch Art 9 DSRL definierten Umfang abweichen. Abweichungen zulasten der Medien sind durch die Richtlinie dagegen nicht ausgeschlossen.

19   Die Richtlinie knüpft nur an die genannten Zwecke an. Eine Datenverarbeitung ausschließlich zu diesen Zwecken ist notwendig, aber auch hinreichend für Ausnahmen von den Vorgaben der Richtlinie. Sehen Mitgliedstaaten darüber hinaus Merkmale vor, die etwa an die Organisationsform oder traditionelle Medientypen anknüpfen, handeln sie zwar richtlinienkonform, schöpfen aber die Möglichkeiten, die Art 9 DSRL eröffnet, nicht aus. § 41 BDSG, dessen Privilegierung an die Eigenschaft als Presseunternehmen gekoppelt ist, kann demnach durchaus als richtlinienkonform angesehen werden, soweit seine konkrete Ausformung als Ergebnis der von Art 9 DSRL geforderten Abwägung erscheint (zu Zweifeln an der Konformität vgl etwa *Neunhoeffer* S 395 ff.).

20   Nach Auffassung des EuGH bedarf es für die Privilegierung auch keiner redaktionellen Bearbeitung oder Kommentierung. Schon die bloße Bereitstellung von Rohdaten kann einen Beitrag zu öffentlichen Diskussionen leisten und daher von öffentlichem Interesse sein (EuGH Urt v 16.12.2008, Rs C-73-07 – Satakunnan Markkinapörssi und Satamedia). Die nötige Beschränkung erfolgt in der Konzeption des EuGH in explizitem Bezug auf die Art 10 EMRK-Rechtsprechung des EGMR zu Gegenständen der Berichterstattung von öffentlichem Interesse (EuGH ebd). Die Orientierung an politischer Öffentlichkeit (etwa öffentlichen Ämtern, vgl *Barendt* Journal of Media Law 2009, 57 ff.) steht dabei durchaus im Gegensatz zum offeneren Verständnis des Bundesverfassungsgerichts, das auch etwa aus der Vorbildfunktion von Prominenten ein berechtigtes Berichterstattungsinteresses ableitet (im Gegensatz *Grabenwarter* AfP 2004, 309).

21   Die Steuerung der Abwägung zwischen dem Recht auf Privatheit und der Medienfreiheit erfolgt durch das nationale Recht. Die Mitgliedstaaten haben hier einen weiten Spielraum (EuGH Urt v 6.11.2003, Rs C-101-01 – Lindqvist).

22   Jenseits der Reichweite des Privilegs sind die Mitgliedstaaten indes zur wirksamen Umsetzung der Richtlinienvorschriften verpflichtet. Ob Selbstregulierung in ihrer reinen Form ohne staatliche Eingriffsmöglichkeiten, wie sie für die Presse in den meisten Landespressegesetzen gewählt wurde, geeignet erscheint, wird bezweifelt (*Thomale* S 139).

b) Das „Recht auf Vergessenwerden" und die Veröffentlichung als Datenverarbeitung
Auch die Veröffentlichung personenbezogener Daten ist eine Datenverarbeitung 23
(EuG Urt v 8.11.2007, Rs T 194-04, EuGH Urt v 6.11.2003, Rs C-101-01 – Lindqvist). Dies führt auch auf europarechtlicher Ebene zu Problemen der Abgrenzung von Datenschutzrecht und Äußerungsrecht. In der EuGH-Entscheidung zum so genannten „Recht auf Vergessenwerden" (EuGH Urt v 13.5.2014, Rs C-131/12 – Google Spain GRUR 2014, 895) sieht der EuGH nicht nur einen Suchmaschinenanbieter als datenverarbeitende Stelle an, sondern wertet auch die Veröffentlichung der Suchergebnislisten als Datenverarbeitungsvorgang – jedenfalls wenn auf Eingabe des Namens personenbezogene Daten über die Trefferliste auffindbar werden. Da die Suchmaschine verantwortlich ist, liegt es nun an den Anbietern, ein Verfahren zu etablieren, das nach Beschwerde des Betroffenen eine Anzeige der beanstandeten Verlinkung in der Trefferliste verhindert.

Die Entscheidung wurde aus zahlreichen Gründen kritisiert (vgl etwa *Arning/Moos/* 24
Schefzig CR 2014, 447; *Härting* BB 2014, Nr 22 Die erste Seite). Abgesehen von der Frage, wie sie in das Konzept der Haftung für Intermediäre wie Suchmaschinen passt, wirft sie auch für andere Publizierende das relevante Problem auf, dass die Abwägung zwischen öffentlichem Informationsinteresse und Selbstdarstellungsrecht durch ein absolutes „Recht auf Vergessenwerden" auf Basis der DSRL unterlaufen wird. Insofern steigt die Relevanz des Medienprivilegs. Zudem sind mediale Angebote mittelbar betroffen, da die Praxis zeigt, dass Betroffene gerade die Verlinkung auf online verfügbare Berichterstattung von Betroffenen verhindern wollen.

Im Hinblick auf Suchmaschinen hat der EuGH das Interesse der Öffentlichkeit an 25
Informationszugang grundsätzlich geringer als das Interesse an Privatheit eingestuft (EuGH Urt v 13.5.2014, Rs C-131-12 – Google Spain GRUR 2014, 895/901). Ungeachtet des Umstandes, dass hier gerade in der Veröffentlichung die Beeinträchtigung der Persönlichkeit liegt und dass der Rechtsprechung zufolge eine redaktionelle Bearbeitung nicht erforderlich ist, hat das Gericht eine Anwendung des Art 9 DSRL für Inhalte-Anbieter für möglich gehalten, für Suchmaschinenanbieter aber ausgeschlossen (EuGH ebd.).

3. Entwurf einer Datenschutzgrundverordnung

Die Datenschutzgrundverordnung (DSGV, dazu *Dehmel/Hullen* ZD 2013, 145 ff.), 26
die die DSRL ablösen soll, sieht in der Fassung der „partiellen allgemeinen Ausrichtung" vom 1.12.2014 (Ratsdokument Nr 16140/14) in Art 80 ein Medienprivileg vor. Einerseits bestimmt der Entwurf, dass die in der DSLR benannten Zwecke als Regelbeispiele dienen und in jedem Fall Abweichungen und Ausnahmen von den Datenschutzvorschriften vorzusehen sind, wenn dies notwendig ist, um diese in Einklang mit (Informations-) und Meinungsfreiheit zu bringen, andererseits wird den Mitgliedstaaten aber eine generelle Abwägung der Datenschutzbelange mit der Kommunikationsfreiheit aufgetragen. Der Erwägungsgrund 121 verlangt mit Blick auf die Bedeutung der Kommunikationsfreiheit für die Demokratie eine weite Auslegung der Ausnahmen.

Eine Normierung des Rechts auf Vergessenwerden (Art 17 DSGV-E) und dessen 27
konkrete Ausgestaltung waren zum Zeitpunkt der Bearbeitung dieser Kommentierung noch ebenso umstritten wie die Frage, ob die Verordnung ein Verfahren bei Streitigkeiten über die Rechtmäßigkeit von Veröffentlichungen vorsehen sollte.

IV. Tatbestandsvoraussetzungen der Medienprivilegien

1. Unterschiedliche Mediengattungen

a) Unternehmen oder Hilfsunternehmen der Presse
Voraussetzung für die Ausnahme von weiten Teilen des Datenschutzrechts nach 28
§ 41 Abs 1 BDSG, nach den Regelungen in den Landesgesetzen, aber auch gemäß § 57 Abs 1 RStV, ist die Eigenschaft als Unternehmen oder Hilfsunternehmen der

Presse. Der Unternehmensbegriff als differenzierendes Merkmal wird weitestgehend abgelehnt, unter Hinweis auf die Pressefreiheit, die ihrerseits nicht an bestimmte Organisationsformen gebunden sei (*Bullinger*/Löffler 5. Aufl § 1 LPG Rn 202), und in Nachvollzug der Rechtsprechung des EuGH zu Art 9 DSRL, wonach auch einzelne Journalisten unabhängig von redaktioneller Einbindung vom Medienprivileg profitieren können sollen (siehe *Dix*/Simitis, § 41 BDSG Rn 11). Erfasst werden somit „alle Stellen, die bei der Erstellung von Printmedien mitwirken" (*Plath/Frey*/Plath, § 41 BDSG Rn 6). Sind entsprechende „Stellen" innerhalb eines Unternehmens, das nicht originär dem Pressebereich zuzuordnen ist, eindeutig abtrennbar mit der Erstellung von Druckwerken befasst, so können auch diese unter § 41 Abs 1 BDSG fallen (*Dix*/Simitis § 41 BDSG Rn 11 mwN). Anwendungsfälle für diese finden sich beispielsweise in Werks- oder Kundenzeitungsredaktionen.

29 Als „Hilfsunternehmen" werden die Stellen angesehen, derer sich die Presse für ihre journalistisch-redaktionelle Arbeit bedient. Die Tätigkeit für die Presse soll dabei einen nicht nur gelegentlichen Charakter einnehmen (*Bergmann/Möhrle/Herb* § 41 BDSG Rn 17) und muss ihrerseits journalistisch-redaktionelle Zwecke verfolgen (zu diesen siehe noch unten 2.), so dass beispielsweise Zusteller oder Vertriebsunternehmen nicht von der Privilegierung profitieren (*Plath/Frey*/Plath § 41 BDSG Rn 7); als Musterbeispiele für erfasste Unternehmen werden Materndienste, Pressekorrespondenten oder Nachrichtenagenturen genannt (*Dix*/Simitis § 41 BDSG Rn 11 unter Hinweis auf das BremLPG).

30 Entscheidend ist nach verbreiteter Ansicht nach wie vor der formale Pressebegriff im Sinne von Druckwerken (siehe *Gola/Schomerus* § 41 BDSG Rn 7, 10; *Dix*/Simitis, § 41 BDSG Rn 9 mwN), worunter stofflich verkörperte Medien mit Vervielfältigungs- und Verbreitungspotential zu verstehen sind. Auf dieser Begriffsebene keine Rolle spielen demgegenüber Kategorien wie Inhalt, Zweckrichtung oder Qualität einer Publikation. Damit fielen aber dennoch solche Einheiten, die ausschließlich Telemedien oder Rundfunk anbieten, aus dem Regelungsbereich des § 41 BDSG heraus.

31 Während dies für Rundfunk soweit ersichtlich auch an keiner Stelle bezweifelt wird, hat der BGH in einer Entscheidung zu einer Online-Bewertungsplattform ausdrücklich für die „elektronische Presse" in Form eines Telemediums die Anwendung des Medienprivileg erwogen (BGH NJW 2009, 2888/2890). Zwar erscheint ein Ergebnis, wonach (bestimmte) Medien unabhängig von ihrer Verkörperung allein anhand ihrer strukturellen Funktion im Rahmen von Art 5 Abs 1 Satz 2 GG privilegiert werden, durchaus denkbar. Eine solche Auslegung ist jedoch verfassungsrechtlich weder zwingend geboten noch entspräche sie der Systematik oder auch nur dem Wortlaut der Medienprivilegien. Dies zeigt insbesondere ein Blick auf § 57 Abs 1 und Abs 2 Satz 4 RStV, die Telemedienanbieter nur dann erfassen, wenn sie gleichzeitig (Hilfs-)Unternehmen der Presse sind. Warum hiermit statt des etablierten Rechtsbegriffs aus den Landespressegesetzen eine nicht näher umrissene „elektronische Presse" gemeint sein soll, wäre schwer nachvollziehbar (insofern widersprüchlich *Dix*/Simitis § 41 BDSG der in Rn 9 zunächst auf den landesgesetzlichen Pressebegriff einschließlich stofflicher Verkörperung abstellt, in Rn 11 aber auch ausschließlich online publizierende Blogger als Unternehmen der Presse einstufen will; wie hier *Spindler/Nink*/Spindler/Schuster § 41 BDSG Rn 3). Ein dogmatisch gangbarer Weg bestünde in einer analogen Anwendung der Privilegierungsregelungen auf Unternehmen, die im Hinblick auf ihre verfassungsrechtlich geschützte Funktion vergleichbare Publikationen erstellen. Einzig an der Planwidrigkeit der Regelungslücke für die Behandlung entsprechender „elektronischer Presseerzeugnisse" ließe sich angesichts der jüngeren Gesetzgebungsbemühungen in Form des § 57 RStV und der expliziten Normierung in einzelnen Landesmediengesetzen zweifeln.

b) Rundfunkveranstalter und Telemedien

32 Rundfunk sowie Telemedien unterliegen grundsätzlich den datenschutzrechtlichen Vorgaben des Rundfunkstaatsvertrag und der Landesmediengesetze sowie des Tele-

mediengesetzes. Sie sind nicht Regelungsgegenstand des § 41 Abs 1 BDSG. Definitionen der entsprechenden Dienste und regulierten Einheiten (Veranstalter bzw. Anbieter) finden sich in § 2 Abs 1, Abs 2 Nr 14 RStV sowie §§ 1 Abs 1, 2 Satz 1 Nr 1 TMG. Soweit auch Hilfsunternehmen des Rundfunks privilegiert werden, gilt für diese Entsprechendes wie zu den Hilfsunternehmen der Presse.

2. Privilegierte Zwecke

Privilegiert sind für alle Mediengattungen lediglich Datenverarbeitungen mit ausschließlich eigener journalistisch-redaktioneller oder literarischer Zweckrichtung. Im Abstellen auf journalistisch-redaktionelle Zwecke begrenzt der Gesetzgeber die Privilegierung auf einen Kernbereich des Grundrechtsschutzes nach Art 5 Abs 1 Satz 2 GG. Zwar kommt es nach § 41 Abs 1 BDSG – anders als in den §§ 54 bis 56 RStV – nicht auf die journalistisch-redaktionelle „Gestaltung" des Angebots an. Diese erfordert, dass für den Rezipienten zumindest der Eindruck einer publizistischen Zielsetzung bestehen muss (vgl *Heilmann* S 375 ff.; *Lent* ZUM 2015, 134/135). Allerdings wird man schon deshalb von einem im Ergebnis einheitlichen Begriffsverständnis des Journalistisch-Redaktionellen ausgehen können (so auch *Lauber-Rönsberg* ZD 2014 177/181), weil die angesprochene Funktion der Medientätigkeit, öffentliche Kommunikation zu ermöglichen und am Prozess der öffentlichen Meinungsbildung teilzuhaben (siehe VGH BaWü ZUM-RD 2014, 396/399), jeweils identisch ist. Dabei kommt es auch nicht darauf an, ob die Daten rechtmäßigen Quellen entstammen, also ursprünglich rechtmäßig erhoben worden sind. **33**

Geschützt und privilegiert werden sollen Medienschaffende dann, wenn sie die besonderen Funktionen von Journalismus und redaktioneller Arbeit als Zielsetzung haben. Die verfolgten Zwecke bzw. die avisierte Publikation ist dann als journalistisch einzustufen, wenn ein gewisses Mindestmaß an Kriterien, die für die kontinuierliche öffentliche Meinungsbildung besonders bedeutungsvoll sind, erfüllt sind oder jedenfalls deren Erfüllung angestrebt wird (dazu bereits *Schulz/Korte* KritV 2001, 113/138 ff.). Hervorzuheben sind hiervon (i) Aktualität, also Orientierung am Zeitgeschehen, (ii) Periodizität im Sinne einer regelmäßigen Erscheinungsweise, (iii) Publizität im Sinne einer möglichst hohen Reichweite, (iv) Universalität der behandelten Themen, (v) Orientierung an Faktizität im Gegensatz zu fiktionalen Angeboten sowie (vi) die Erbringung einer journalistischen Strukturierungsleistung (siehe zu den Kriterien im Einzelnen *Heilmann* S 378 ff.). Die genannten journalistischen Kriterien sind zu flankieren durch redaktionelle oder vergleichbare Strukturen der Qualitätssicherung, die für den Betroffenen als Gegengewicht den Wegfall bzw. die Einschränkung des gesetzlichen Schutzes personenbezogener Daten in ihrer Wirkung abfedern können. **34**

Eine Datenverarbeitung ist danach umso eher zu privilegieren, je stärker sie dazu dient, eine mit der klassischen Tageszeitung vergleichbaren Publikation zu schaffen – wobei in puncto Aktualität Onlinepublikationen sicher noch mustergültiger erscheinen mögen. Von diesem Leitbild ausgehend fallen rein persönliche, für einen eng begrenzten Leserkreis *bestimmte* Publikationen nicht unter das Medienprivileg. Ebenso wenig verfolgen die Hersteller und Anbieter von Telefon- und Branchenverzeichnissen journalistisch-redaktionelle Ziele (siehe *Plath/Frey*/Plath § 41 BDSG Rn 9 mwN; für eine Privilegierung aber noch OLG Saarbrücken NJW 1981, 136). Entsprechendes gilt beispielsweise für Onlineauktionshäuser als Nachfolger von jedenfalls nicht nach journalistischen Kriterien bearbeiteten Anzeigenblättern. **35**

Weitgehend als von der Privilegierung ausgeschlossen angesehen wird die Verarbeitung von Daten der Rezipienten. Dies soll sogar für redaktionell motivierte Leseranalysen gelten (*Gola/Schomerus* § 41 BDSG Rn 11). Für ein nach journalistisch-redaktioneller Logik arbeitendes Publikationsorgan erscheint zwar gerade eine Orientierung am Publikum, zu dessen Sachwalter es sich macht, essentiell. Zuzugeben ist der eine Privilegierung ablehnenden Ansicht jedoch, dass sich an dieser Stelle kommerzielle **36** von journalistisch-redaktionellen Zwecken, die ausschließlich verfolgt werden müssen, nur schwer trennen lassen. Auch im Hinblick auf die Verarbeitung von Mitarbeiterdaten sind Medienunternehmen in vollem Umfang dem (Arbeitnehmer-)Datenschutzrecht unterworfen (LAG Köln, Urt v 29.8.2002, 6 (3) Sa 1126/01).

37 Die Aufnahme literarischer als privilegierte Zwecke geht auf Art 9 DSRL zurück. Davon umfasst sind nach gängiger Auffassung die Erstellung sowohl von Belletristik als auch noch nonfiktionaler Werke (siehe etwa *Gola/Schomerus* § 41 BDSG Rn 12).

3. Sonderfälle (Archive, Intermediäre)

38 Mit der Archivierung vergangener Berichterstattung verfolgen Medienunternehmen jedenfalls zunächst journalistisch-redaktionelle Zwecke: Die Redaktionsarbeit einschließlich weiterer Recherche ist auf das Vorhalten entsprechender Informationen angewiesen. In gewisser Hinsicht ändert sich die Zweckrichtung jedoch, wenn die Archive auch für Dritte – ggf. frei – zugänglich gemacht werden. Diese dient nicht mehr (tages-)aktuellen, sondern einer nur noch retrospektiven Information und Veröffentlichung und kann somit nicht den vollen journalistischen Funktionsschutz beanspruchen. Auch das längerfristige Zugänglichmachen von veröffentlichten Beiträgen gehört zur Funktion von Medien, die insoweit auch eine Grundlage für die Auseinandersetzung mit Zeitgeschichte bereitstellen. So sind nach der Rechtsprechung des Bundesgerichtshof „Recherche, Redaktion, Veröffentlichung, Dokumentation und Archivierung personenbezogener Daten zu publizistischen Zwecken" von § 41 Abs 1 BDSG und seinen landesrechtlichen Pendants umfasst (BGH NJW 2010, 757/759). Dass öffentlich zugängliche Daten darüber hinaus von Dritten auch für andere Zwecke eingesetzt werden können (siehe *Dix*/Simitis § 41 BDSG Rn 17), ist demgegenüber keine Besonderheit von veröffentlichten Archiven, welche die Privilegierung entfallen lassen müsste.

39 Gleichfalls dürften den meisten Intermediären wie Suchmaschinen, Diskussionsforen oder sonstigen Plattformen, wesentliche Elemente journalistisch-redaktioneller Gestaltung fehlen. Im Zusammenhang mit den Datenschutzprivilegien ist dennoch zu überlegen, ob in deren Angebot nicht genau die hilfsunternehmerische Tätigkeit gesehen werden kann, die aus Medienfunktionsgesichtspunkten privilegiert sein sollte. Bereits die schiere Masse an (personenbezogenen) Daten, die insbesondere Suchmaschinen und populäre Onlineplattformen verarbeiten – automatisiert unter Einsatz von Algorithmen und im Normalfall ohne Einfluss einer natürlichen Person auf die konkrete Einordnung –, lässt aber zweifelhaft erscheinen, ob insofern wirklich ausschließlich journalistisch-redaktionelle Zwecke im Sinn der ursprünglichen gesetzgeberischen Vorstellung verfolgt werden. So ermöglicht und erleichtert die Nutzung von Social Media-Plattformen oder Suchmaschinen die journalistische Recherche. Die Verarbeitung der Daten selbst orientiert sich dabei aber regelmäßig nicht allein an journalistischen Kriterien. Lehnt man deshalb die Anwendung des Medienprivilegs ab, so ist entscheidend und in Rechtsprechung (BGH NJW 2009, 2888/2890) sowie Literatur (*Dix*/Simitis § 41 BDSG Rn 11) auch anerkannt, dass der durch Intermediäre geleistete Beitrag zur Verwirklichung von Art 5 Abs 1 Satz 1 und 2 GG jedenfalls im Rahmen der Anwendung einzelner Datenschutzvorschriften verstärkt zu berücksichtigen ist. Wo eine für die öffentliche Meinungsbildung essentielle Funktion aufgrund datenschutzrechtlicher Einschränkungen nicht mehr wahrgenommen werden kann, bedarf es im Einzelfall Anstrengungen zu einschränkender, verfassungskonformer Auslegung.

V. Folgen der Privilegierung, anwendbare Vorschriften des BDSG

1. Presse

40 Privilegierte Unternehmen sind nach § 41 Abs 1 BDSG bzw. den entsprechenden landespressegesetzlichen Vorschriften im Kern nicht mehr den Regeln des BDSG un-

V. Folgen der Privilegierung

terworfen. Insbesondere das grundsätzliche Verbot mit Erlaubnisvorbehalt für jede Datenverarbeitung nach § 4 Abs 1 BDSG sowie die umfassenden Auskunfts- und Berichtigungsansprüche Betroffener (§§ 33 bis 35 BDSG) gelten nicht für Daten, die mit journalistisch-redaktioneller Zweckrichtung verarbeitet werden. Lediglich § 11a Satz 2 HmbPresseG sieht mit einem Verweis auf § 41 Abs 3 BDSG einen an medientypische Besonderheiten angepassten Anspruch der Betroffenen auf Auskunft vor (siehe hierzu unten 2.).

Es verbleibt danach ein bloßer Grundbestand zu beachtender Regelungen: So sind auch Presseunternehmen zur Wahrung des Datengeheimnisses (§ 5 BDSG) verpflichtet. Ebenfalls haben sie technische und organisatorische Datenschutzmaßnahmen zu ergreifen (§ 9 BDSG). In beiden Fällen stellt sich die Frage, welchen Bezugspunkt diese „Hilfspflichten" haben. So stellt § 9 BDSG darauf ab, dass „die Ausführung der Vorschriften [des BDSG] ... zu gewährleisten" sei. Auch die unbefugte Verarbeitung personenbezogener Daten, die § 5 BDSG verhindern möchte, knüpft letztlich an Regelungen des BDSG an, die gerade nicht anwendbar sind. Im Ergebnis entfaltete damit das BDSG keine Regelungswirkungen gegenüber privilegierten Unternehmen. Um den damit verbundenen Zirkelschluss (siehe *Dix*/Simitis § 41 BDSG Rn 26) zu vermeiden, sollten die in §§ 5, 9 BDSG vorgesehenen Maßnahmen darauf gemünzt werden, die journalistisch-redaktionelle Zweckbindung der Datenverarbeitung durch Medien und ihre Hilfsunternehmen sicherzustellen. So sind zwar die Nutzung von Daten durch Redaktionsmitglieder „aus privater Neugierde" oder der Zugriff kommerziell-administrativer Abteilungen auf Redaktionsdaten (*Dix*/Simitis § 41 BDSG Rn 25) schon gar keine privilegierten Datenverarbeitungen nach § 41 Abs 1 BDSG mehr. Entsprechende Vorkommnisse zu vermeiden, indem in Medienunternehmen Personalmaßnahmen (Verpflichtung auf das Datengeheimnis nach § 5 Satz 2 BDSG) und technische sowie organisatorische Vorkehrungen gegen unbefugte Verarbeitung (§ 9 BDSG) getroffen werden müssen (so *Thomale* S 78), erscheint als prozedurale Abstützung des Medienprivilegs aber durchaus zweckmäßig.

Auch die Haftungsregelung des § 7 BDSG bleibt grundsätzlich anwendbar und schafft eine Beweislastumkehr, wonach bei datenschutzwidrigem Verhalten zunächst ein Verschulden der verantwortlichen Stelle unterstellt wird (*Gola*/Schomerus § 7 BDSG Rn 9). Die Landespresse- und -mediengesetze beschränken die Haftung in fast allen Fällen auf Verstöße gegen §§ 5 und 9 BDSG. Eine Ausnahme bildet § 5 Abs 2 Satz 1 Pressegesetz Bremen, wonach auch Verstöße gegen § 5 BDSG keine Beweislastumkehr nach sich ziehen. Teilweise wird indes gefordert, darüber hinaus zudem die Verletzung selbstregulatorisch auferlegter Verhaltensregeln in die Haftungsregelung mit aufzunehmen (*Dix*/Simitis § 41 BDSG Rn 28 mwN). Zwingend von Art 9 DSRL vorgeschrieben erscheint dies allerdings insofern nicht, als Art 27 DSRL seinerseits nur eine Förderungspflicht für Verhaltensregeln vorsieht, nicht aber eine zwingende Verknüpfung so entstehender Regeln mit der Haftungsverschärfung des Art 23 DSRL. Weder die Vorgaben der DSRL noch des § 41 Abs 1 BDSG erscheinen klar genug, um eine generelle Wirksamkeitserstreckung für (reine) Verbandsregeln auf das Verhältnis mit Dritten (Betroffenen) zu rechtfertigen.

Der datenschutzrechtlichen Aufsicht durch entsprechende Behörden nach § 38 BDSG unterliegen Presseunternehmen nicht, vielmehr greifen insofern selbstregulatorische Mechanismen: Der Deutsche Presserat wird auf Beschwerde zur Überwachung des um Datenschutzvorschriften ergänzten Pressekodex (insbesondere Ziffer 8. zum Schutz der Persönlichkeit sowie darauf bezogene Richtlinien) tätig. Eine Regulierungslücke ergibt sich insofern für (journalistisch-redaktionelle) Datenverarbeitung von Presseunternehmen, die nicht dem Pressekodex und der entsprechenden Beschwerdeordnung unterliegen (siehe dazu *Schrader*, 18. Tätigkeitsbericht des Hamburgischen Datenschutzbeauftragten, S 32).

2. Rundfunk

44 Datenschutz bei der Verarbeitung von Daten durch Rundfunkveranstalter ist zunächst im Rundfunkstaatsvertrag geregelt. Danach gelten gemäß § 47 Abs 1 RStV grundsätzlich die Regelungen des Telemediengesetzes entsprechend (siehe dazu unten 3.).

45 Darüber hinaus wird ein spezieller Auskunftsanspruch für von journalistisch-redaktioneller Datenverarbeitung Betroffene normiert (§§ 47 Abs 2 RStV). Die Auskunft kann – anders als allgemein im Datenschutzrecht nach §§ 34 Abs 1, Abs 7, 33 Abs 2 BDSG, wonach die Pflicht zur Auskunftserteilung lediglich in eng begrenzten Fällen nicht besteht – aber nach Durchführung einer Interessenabwägung verweigert werden, wobei insbesondere die „journalistische Aufgaben" des Veranstalters sowie der Quellenschutz zu berücksichtigen sind. Zudem kann der Betroffene die Berichtigung unrichtiger Daten oder die Hinzufügung einer eigenen Darstellung von angemessenem Umfang verlangen (§ 47 Abs 2 Satz 3 RStV). Entsprechende Regelungen sieht § 41 Abs 3 BDSG für die Deutsche Welle vor.

46 Eine weitere Besonderheit gegenüber der gesetzlichen Regelung im Presserecht betrifft die Pflicht zur Zuspeicherung von Gegendarstellungen (für die Deutsche Welle § 41 Abs 2 BDSG, für private Rundfunkveranstalter siehe etwa § 49 Abs 2 LMG BaWü sowie § 37 Abs 4 MStV HSH, § 54 Abs 2 NdsLMG, die zusätzlich die Zuspeicherung von Unterlassungserklärungen und Widerrufen vorsehen). Diese müssen zusammen mit den erhobenen Daten so lange vorgehalten werden, bis die Daten selbst gelöscht werden.

47 Im Übrigen sehen die Landesmediengesetze vor, dass das BDSG entsprechend § 41 Abs 1 BDSG nur eingeschränkt gilt (§ 37 MStV HSH; § 12 LMG RhPf; § 49 LMG BaWü; § 56 LMG Bremen; § 11 LMG Saarland; §§ 44 f. SächsPrivRundfG).

3. Telemedienanbieter

48 Der Datenschutz beim Angebot von Telemedien richtet sich zunächst nach dem Telemediengesetz, soweit dieses Regelungen trifft; im Anbieter-Nutzer-Verhältnis gelten also insbesondere spezielle Voraussetzungen für die Verarbeitung von Bestands- und Nutzungsdaten (§§ 14 f. TMG), aber etwa auch hinsichtlich der Bereitstellung einer anonymen oder pseudonymen Nutzungsmöglichkeit, soweit möglich und zumutbar (§ 13 Abs 6 TMG).

49 Für Inhaltsdaten gilt demgegenüber im Grundsatz das BDSG. Journalistisch-redaktionell arbeitende Telemedienanbieter sind anders als Rundfunkveranstalter von privilegierenden Regelungen in den Landesmedien in aller Regel nicht umfasst. Lediglich § 12 LMG RhPf privilegiert Presseunternehmen „vergleichbare Anbieter von Telemedien", womit jedenfalls organisatorisch verfestigte publizistische Einheiten erfasst sein dürften.

50 § 57 Abs 1 RStV hingegen begrenzt die Anwendung des BDSG nur für solche Telemedien, die von Unternehmen oder Hilfsunternehmen der Presse erbracht werden, wovon reine Onlineangebote ohne Pressehintergrund nicht umfasst sind. Einen § 47 Abs 2 RStV vergleichbaren, auf einen journalistisch-redaktionellen Kontext zugeschnittenen Auskunftsanspruch regelt § 57 Abs 2 RStV demgegenüber grundsätzlich für alle Telemedienanbieter gleichermaßen. Wiederum ist eine Abwägung zu treffen, bei der nach § 57 Abs 2 Satz RStV die journalistische Aufgabe des Anbieters – dass insoweit von einem „Veranstalter" gesprochen wird, dürfte ein Redaktionsversehen darstellen – sowie der Quellenschutz entscheidend zu berücksichtigen sind. Eine Ausnahme von den Pflichten nach § 57 Abs 2 RStV sieht Satz 4 für solche Unternehmen vor, die sich dem Pressekodex und der Beschwerdeordnung des Deutschen Presserates unterwerfen.

51 Die Verpflichtung zur Speicherung von Gegendarstellungen nach § 57 Abs 3 RStV entspricht derjenigen in § 41 Abs 2 BDSG, wobei § 57 Abs 3 RStV zusätzlich noch die Aufnahme von Unterlassungserklärungen und Widerrufen vorsieht.

Jugendschutzgesetz (JuSchG)

Vom 23. Juli 2002
(BGBl I, 2730)

Zuletzt geändert durch Art. 2 Abs. 55, Art. 4 Abs. 36 Gesetz zur Strukturreform des Gebührenrechts des Bundes vom 7. August 2013 (BGBl. I S 3154)

FNA 2161-6

Schrifttum: *Altenhain*, Zur Zulässigkeit von Mitteilungen der BPjM an die FSM über indizierte ausländische Telemedien zwecks Ausfilterung durch Suchmaschinen, BPjM-Aktuell 1/2012, 3; *ders*, Anmerkung zum Urteil des VG Berlin v 9.11.2011 – 27 A 64.07, MMR 2012, 274; *Altenhain/Faber/Knupfer/Liesching/Lober/Mynarik/Nikles/Ott/Schumann*, Defizitäre „Defizitanalyse"? – Zur Evaluation des Jugendschutzsystems, JMS-Report 6/2007, 2; *Altenhain/Heitkamp*, Altersverifikation mittels des elektronischen Personalausweises, K&R 2009, 619; *Altenhain/Liesching*, Zur Einbeziehung etwaiger Suchtrisiken von Computerspielen in die Bewertungen des gesetzlichen Jugendmedienschutzes, BPjM 1/2011, 3; *Altenhain/Liesching/Ritz-Timme/Gabriel*, Kriterien der „Scheinminderjährigkeit" im Rahmen des Strafverbots der Jugendpornographie, BPjM-Aktuell 2/2009, 3; *Bandehzadeh*, Jugendschutz im Rundfunk und in den Telemedien, 2007; *Barsch*, Jugendmedienschutz und Literatur, 1988; *Bauer*, Grundgesetz und „Schmutz- und Schundgesetz", JZ 1965, 41; *ders*, Anmerkung zu den Urteilen BVerwGE 23, 104 und 23, 112, JZ 1967, 167; *Baum*, Jugendmedienschutz als Staatsaufgabe, 2007; *Behm*, Einfuhr pornografischer Schriften gem § 184 Abs 1 Nr 4 StGB – eine anachronistische Vorschrift, AfP 2002, 22; *Beisel*, Die Kunstfreiheitsgarantie des Grundgesetzes und ihre strafrechtlichen Grenzen, 1997; *Beisel/Heinrich*, Die Strafbarkeit der Ausstrahlung pornographischer Sendungen in codierter Form durch das Fernsehen, JR 1996, 95; *dies*, Die Strafbarkeit der Ausstrahlung jugendgefährdender Fernsehsendungen, NJW 1996, 491; *Berger*, Jugendschutz im Internet: „Geschlossene Benutzergruppen" nach § 4 Abs. 2 Satz 2 JMStV – Am Beispiel personalausweiskennziffergestützter Altersverifikationssysteme, MMR 2003, 773; *Bestgen*, Die materiellen Verschärfungen des Jugendschutzgesetzes (JuSchG) zum 1. Juli 2008, tv-diskurs 46 (2008), 78; *Bettermann*, Bundeskompetenz für Jugendschutz?, AöR 83 (1958), 91; *Beucher/Leyendecker/v Rosenberg*, Mediengesetze, 1999; *Birkert/Reiter/Scherer*, Landesmediengesetz Baden-Württemberg, 2001; *Bochmann*, Jugendgefährdende Medien im Rechtsextremismus aus der Sicht der BPjM, BPjM-Aktuell 2/2006, 8; *Bochmann/Staufer*, Vom „Negerkönig" zum „Südseekönig" zum ...? – Politische Korrektheit in Kinderbüchern, BPjM-Aktuell 2/2013, 3; *Boos*, Divergenter Rechtsrahmen für Inhalte im konvergenten Fernsehgerät – Vorschläge zum gesetzlichen Umgang mit dem Hybrid-TV, MMR 2012, 364; *Borgmann*, Kann Pornografie Kunst sein? – BVerfGE 83, 130, JuS 1992, 916; *Bornemann*, Der Jugendmedienschutz-Staatsvertrag der Länder, NJW 2003, 787; *ders*, Gremienentscheidungen der KJM-Prüfausschüsse und unzulässige Berichterstattung gem. § 4 Abs. 1 Nr. 8 JMStV, AfP 2010, 30; *Bosch*, Die „Regulierte Selbstregulierung" im Jugendmedienschutz-Staatsvertrag, 2007; *Brockhorst-Reetz*, Repressive Maßnahmen zum Schutze der Jugend im Bereich der Medien Film, Video und Fernsehen, München 1989; *Brunner*, Beurteilungsspielräume im neuen Jugendmedienschutzrecht – eine nicht mehr vorhandene Rechtsfigur?, 2005; *Bundschuh*, Konsum und Wirkung von Erotika und Pornografie mit Kindern, BPjS-Aktuell 4/2001, 7; *Büscher/Dittmer/Schiwy*, Gewerblicher Rechtsschutz. Urheberrecht. Medienrecht, 2008; *Carus/Hannak-Mayer/Kortländer*, Hip-Hop-Musik in der Spruchpraxis der BPjM, BPjM-Aktuell 1/2006, 3; *Cole*, Der Dualismus von Selbstkontrolle und Aufsicht im Jugendmedienschutz, ZUM 2005, 462; *ders*, Zum Beurteilungsspielraum der KJM bei der Bewertung von Jugendmedienschutzfragen, ZUM 2010, 929; *Cramer*, Zur strafrechtlichen Beurteilung der Werbung für Pornofilme, AfP 1989, 611; *Darnstädt*, Gefahrenabwehr und Gefahrenvorsorge, 1983; *Degenhart*, Verfassungsfragen des Jugendschutzes beim Film, UFITA 2009, 331; *ders*, Kommentar zu *Hackenberg ua*, in tv-diskurs 52 (2010), 58, tv-diskurs 52 (2010), 65; *Denninger*, Freiheit der Kunst, in: Isensee/Kirchhof (Hrsg) Handbuch des Staatsrechts der Bundesrepublik Deutschland, Band VI (Freiheitsrechte), 2. Aufl. 2001, § 146; *Determann*, Kommunikationsfreiheit im Internet, 1999; *Dietmeier*, Jugendschutz, in: Gounalakis (Hrsg), Rechtshandbuch Electronic Business, 2003, § 21; *Ditzen*, Das Menschwerdungsgrundrecht des Kindes, NJW 1989, 2519; *Döring*, Minderjährige in unnatürlich geschlechtsbetonter Körperhaltung, JMS-Report 6/2004, 7; *Döring/Günter*, Alterskontrollierte geschlossene Benutzergruppen im Internet gem § 4 Abs 2 Satz 2 JMStV, MMR 2004, 231; *Eckhardt*, Jugendgefährdung durch Literatur – Wirksamkeit und Grenzen der verwaltungsgerichtlichen Indizierungskontrolle, DVBl 1969, 857; *Eckstein*, Pornographie und Versandhandel, wistra 1997, 47; *Ehrlichmann*, Die Verfassungsmäßigkeit der Kommission für Jugendmedienschutz (KJM) und ihrer Tätigkeit, 2007; *Eifler*, Das System des Jugendmedienschutzes in Jugendschutzgesetz und Jugendmedienschutz-Staatsvertrag, 2011; *Elson*, The Effects of Displayed Violence and Game Speed in First-Person Shooters on Physiological Arousal and Aggressive Behavior, 2011; *Emrich*, Kann Dichtung verboten werden?, in: Universitätstage 1964, S 159; *Enders*, Darstellung und Bedeutung des Jugend(medien)schutzes im Direktmarketing, ZUM 2006, 353; *Engels*, Kinder- und Jugendschutz in der Verfassung, AöR 122 (1997), 218; *Engels/Stulz-Herrnstadt,* Einschränkungen für die Presse nach dem neuen Jugendschutzgesetz, AfP 2003, 97; *Erbel,* „Mutmaßlich jugendgefährdende" Schriften und solche „mit einem bestimmten Maß an künstlerischem Niveau", DVBl 1973, 527; *Erbs/Kohlhaas* (Begr.), Strafrechtliche Nebengesetze, Stand: 2/2014; *Erdemir,* Filmzensur und Filmverbot, 2000; *ders,* Gewaltverherrlichung, Gewaltverharmlosung und Menschenwürde, ZUM 2000, 699; *ders,* Jugendschutz in Telemedien, MMR 2/2004, V; *ders,* Jugendschutzprogramme und geschlossene Benutzergruppen, CR 2005, 275; *ders,* Killerspiele und gewaltbeherrschte Medien im Fokus des Gesetzgebers, K&R 2008, 223; *ders,* Die Bedeutung des Kunstvorbehalts für die Prüfentscheidungen von FSK und USK, JMS-Report 5/2012, 2; *Erichsen/Ehlers* (Hrsg), Allgemeines Verwaltungsrecht, 14. Aufl. 2010; *Esser/Witting,* Beeinflussen Computerspiele unser Denken und Handeln in der realen Welt?, BPjS-Aktuell 4/2000; *Faber,* Jugendschutz im Internet, 2005; *K.A. Fischer,* Die strafrechtliche Beurteilung von Werken der Kunst, 1995; *Frenzel,* Von Josefine Mutzenbacher zu American Psycho, AfP 2002, 191; *Frank/Pathe,* Jugendmedienschutz, in: Heidrich/Forgó/Feldmann (Hrsg), Heise Online-Recht, Stand: 10/2011, Kap V; *Fritz,* Langeweile, Stress und Flow, in: Fritz/Fehr (Hrsg), Handbuch Medien: Computerspiele, 1997, S 207; *Führich,* Zur Auslegung des Begriffs „Ladengeschäft" im Jugendschutzrecht, NJW 1986, 1156; *Füllkrug,* Streit ums „Ladengeschäft" – Verbesserter Jugendschutz bei gewerblicher Vermietung indizierter Schriften und Videofilme, Kriminalistik 1986, 227; *Gehrhardt,* Gewaltdarstellungsverbot und Grundgesetz, 1974; *Geis,* Josefine Mutzenbacher und die Kontrolle der Verwaltung, NVwZ 1992, 25; *ders,* Anmerkung zum Urteil des BVerwG v 26.11.1992 – 7 C 20/92, JZ 1993, 792; *Gercke/Brunst,* Praxishandbuch Internetstrafrecht, 2009; *Gercke/Liesching,* Anmerkung zum Urteil des LG Düsseldorf v 31.1.2003 – XXXI 34/02, CR 2003, 456; *Glogauer,* Kriminalisierung von Kindern und Jugendlichen durch Medien, 4. Aufl, 1994; *Glogauer,* Die neuen Medien verändern die Kindheit, 4. Aufl. 1998; *Gnüchtel,* Jugendschutzdelikte im 13. Abschnitt des StGB, 2013; *Gödel,* Jugendschutz, in: Löffler, Presserecht, 4. Aufl, 1997; *Greenfield,* Kinder und neue Medien, 1987; *Greger,* Die Video-Novelle 1985 und ihre Auswirkungen auf StGB und GjS, NStZ 1986, 8; *ders,* Anmerkung zum Beschluss des BGH v. 10.6.1986 – 1 StR 41/86, JR 1987, 210; *ders,* Anmerkung zum Urteil des BGH v. 7.7.1987 – 1 StR 247/87, JR 1989, 29; *Greiner,* Die Verhinderung verbotener Internetinhalte im Wege polizeilicher Gefahrenabwehr, 2001; *Grimm/Clausen-Muradian,* Gewalt und Pornographie auf Schülerhandys, JMS-Report 5/2007, 2; *Groß,* Selbstregulierung im medienrechtlichen Jugendschutz am Beispiel der Freiwilligen Selbstkontrolle Fernsehen, NVwZ 2004, 1393; *Gruhl,* Strafbarkeit der Vermietung von Bildträgern durch Automaten, MMR 2000, 664; *Günter/Köhler,* Kinder und Jugendliche als Sexualobjekte im Internet, tv-diskurs 35 (2006), 74; *Gurlit/Oster,* „Skandal um Rosi": Zur Verfassungsmäßigkeit von Artikel 297 EGStGB, GewArch 2006, 361; *Gusy,* Anmerkung zum Beschluss des BVerfG v 27.11.1990 – 1 BvR 402/87, JZ 1991, 471; *ders,* Anmerkung zum Urteil des BVerwG v 26.11.1992 – 7 C 22/92, JZ 1993, 796; *Hackenberg/Hajok/Humberg/Pathe,* Konzept zur Einbeziehung des Kriteriums der „Gefährdungsneigung" in die Prüfpraxis der FSM, JMS-Report 6/2009, 2; *dies,* Konzept zur Einbeziehung des Kriteriums „Gefährdungsneigung" in die Prüfpraxis der Freiwilligen Selbstkontrolle Multimedia-Diensteanbieter, BPjM-Aktuell 1/2010, 3; *dies,* Auf wen ist bei der Prüfung von entwicklungsbeeinträchtigenden Internetangeboten eigentlich abzustellen?, tv-diskurs 52 (2010), 58; *Hahn,* Neuregelungen zum gewerblichen Spielrecht, GewArch 2007, 89; *Hahn/Vesting* (Hrsg), Beck'scher Kommentar zum Rundfunkrecht, 3. Aufl. 2012; *Halves,* Zur Neuordnung des Jugendmedienschutzes im Bereich der Telemedien, 2007; *Handke,* Die Effizienz der Bekämpfung jugendschutzrelevanter Medieninhalte mittels StGB, JuSchG und JMStV, 2012; *Hans-Bredow-Institut* (Hrsg), Analyse des Jugendmedienschutzsystems – JuSchG und JMStV, Endbericht, 2007; *dass,* Das deutsche Jugendschutzsystem im Bereich der Video- und Computerspiele, 2007; *v Hartlieb,* Gesetz zur Neuregelung des Jugendschutzes in der Öffentlichkeit, NJW 1985, 830; *v Hartlieb/Schwarz* (Hrsg), Handbuch des Film-, Fernseh- und Videorechts, 5. Aufl, 2011; *Hartstein/Ring/Kreile/Dörr/Stettner,* Rundfunkstaatsvertrag, Bd III (JMStV), Stand: 12/2013; *Herkströter* Rundfunkfreiheit, Kunstfreiheit und Jugendschutz, AfP 1992, 28; *Herzog,* Rechtliche Probleme einer Inhaltsbeschränkung im Internet, 2000; *v Heyl/Liesching,* Jugendschutzgesetz und Jugendmedienschutz-Staatsvertrag der Länder, 6. Aufl, 2012; *Hilgendorf/Valerius,* Computer- und Internetstrafrecht, 2. Aufl, 2012; *Hilpert,* Jugendgefährdung und Computerspiele, BPjM-Aktuell 3/2008, 17; *Höynck,* Stumpfe Waffe? Möglichkeiten und Grenzen der Anwendung von § 131 StGB auf gewalthaltige Computerspiele am Beispiel „Der Pate – Die Don Edition", ZIS 2008, 206; *Höynck/Pfeiffer,* Verbot von „Killerspielen"? – Thesen und Vorschläge zur Verbesserung des Jugendmedienschutzes, ZRP 2007, 91; *Hoffmann,* Zur Nachbesserungspflicht der Bundesprüfstelle für jugendgefährdende Schriften bei Entfallen des Gefährdungspotentials einer Schrift, ZUM 1996, 478; *Hopf,* Jugendschutz im Fernsehen, 2005; *Hopf/Braml,* Anmerkung zum Beschluss des OVG Lüneburg v 20.10.2008 – 10 LA 101/07, MMR 2009, 209; *Horn,* Das „Inverkehrbringen" als Zentralbegriff des Nebenstrafrechts, NJW 1977, 2329; *Ipsen,* Allgemeines Verwaltungsrecht, 7. Aufl. 2011; *Isensee/Axer,* Jugendschutz im Fernsehen, 1998; *Jahraus/Maass,* Jugendgefährdung durch Medien – Rechtliche Rahmenbedingungen einer Indizierung von Medien im Lichte der Erkenntnisse der Medienwirkungsforschung, UFITA 2008, 369; *Jeand'Heur,* Verfassungsrechtliche Schutzgebote zum Wohl des Kindes und staatliche Interventionspflichten aus der Garantienorm des Art 6 Abs 2 Satz 2 GG, 1993; *ders,* Anmerkung zum Urteil des BGH v 21.6.1991 – 1 StR 477, 89, StV 1991, 165; *v Kalm,* Zum Verhältnis von Kunst und Jugendschutz, DÖV 1994, 23; *Kanz,* Effekte des Gewaltmedienkonsums, in: Dölling/Jehle (Hrsg), Täter · Taten · Opfer, 2013, S 191; *Kappenberg,* Der Jugendmedienschutz-Staatsvertrag, 2008; *Kliemann/Fegert,* „Killerspiele", Pornos und Gewaltvideos: Neue Medien in Einrichtungen für Kinder und Jugendliche, ZKJ 2013, 98; *Knack/Henneke* (Hrsg), VwVfG, 10. Aufl, 2014; *Köhne,* Antragsunabhängige Indizierungen, MMR 12/2002, XXV; *ders,* Neuprüfung von indizierten Schriften und Medien, AfP 2002, 201; *ders,* Veraltete Indizierungen, MMR 4/2003, XIV; *ders,* Kennzeichen verfassungswidriger Organisationen in Computerspielen, DRiZ 2003, 210; *ders,* Jugendmedienschutz und Pornografie, MMR 4/2004, XXI; *ders,* Verbot von „Killerspielen"?, ZRP 2009, 155; *König/Börner,* Erweiterter Minderjährigenschutz im rechtsgeschäftlichen Verkehr? Gefahr körperlicher und seelischer Schäden als unverzichtbares Tatbestandsmerkmal des § 6 JMStV, MMR 2012, 215; *Kühl,* Probleme der Verwaltungsakzessorietät des Strafrechts, FS Lackner 1987, S 815; *Kunczik,* Gewalt und Medien, 2. Aufl. 1994; *ders,* Wirkungen von Gewaltdarstellungen, in: Friedrichsen/Vowe (Hrsg), Gewaltdarstellungen in den Medien, 1995, S 125; *ders,* Befunde der Gewaltforschung und deren Relevanz für die altersbezogene Kennzeichnung von Video- und Computerspielen, 2007; *ders,* Wirkungen gewalthaltiger Computerspiele auf Jugendliche, tv-diskurs 62 (2012), 72; *Kunczik/Zipfel,* Gewalt und Medien, 5. Aufl. 2006; *dies,* in: Schenk (Hrsg), Medienwirkungsforschung, 3. Aufl. 2007, S 215; *dies,* Mediengewalt in Film und Fernsehen, in: Friedrichs/Junge/Sander (Hrsg), Jugendmedienschutz in Deutschland, 2013, S 297; *Kuner,* Anmerkung zum Beschluss des BVerfG v 27.11.1990 – 1 BvR 402/87, AfP 1991, 384; *Ladas,* Brutale Spiele(r)? Wirkung und Nutzung von Gewalt in Computerspielen, 2002; *Langenfeld,* Die Neuordnung des Jugendschutzes im Internet, MMR 2003, 303; *Laubenthal,* Handbuch Sexualstraftaten, 2012; *Laufhütte,* Viertes Gesetz zur Reform des Strafrechts, 2. Teil, JZ 1974, 46; *Liesching,* Jugendmedienschutz in Deutschland und Europa, 2002; *ders,* Schutzgrade im Jugendmedienschutz, 2011; *ders,* Das neue Jugendschutzgesetz, NJW 2002, 3281; *ders,* Zur Gesetzgebungskompetenz der Bundesländer für den Bereich „Jugendschutz in Rundfunk und Fernsehen", ZUM 2002, 868; *ders,* Jugendschutz bei Online-Versandbestellung von Bildträgern und bei Online-Gewinnspielen, JMS-Report 6/2003, 2; *ders,* Hinreichender Jugendschutz durch bloße Personalausweisnummern-Kontrolle?, MMR 2/2004, VII; *ders,* Anmerkung zum Urteil des VG Köln v 16.11.2007 – 27 K 1764/07, MMR 2008, 361; *ders,* Warum ist die USK-„KJ"-Entscheidung zum Computerspiel GTA IV „unverständlich"?, JMS-Report 4/2008, 3; *ders,* Indizierung von „Selbstjustiz" beinhaltenden Medien, JMS-Report 6/2009, 2; *ders,* „Shop in the Shop" – Jugendschutzrechtliche Anforderungen an Videotheken im Zeitalter der Internetkommunikation, BPjM-Aktuell 3/2011, 3; *ders,* Tatbestände der Jugendgefährdung, BPjM-Aktuell 4/2012, 4; *Liesching/Knupfer,* Die Zulässigkeit des Betreibens von Internetcafes nach gewerbe- und jugendschutzrechtlichen Bestimmungen, MMR 2003, 439; *Liesching/v Münch,* Die Kunstfreiheit als Rechtfertigung für die Verbreitung pornographischer Schriften, AfP 1999, 37; *Liesching/Schuster,* Jugendschutzrecht, 5. Aufl, 2011; *Lober,* Computerspiele und der gesetzliche Jugendmedienschutz (Diss. Tübingen), 2000; *ders,* Jugendgefährdende Unterhaltungssoftware – kein Kinderspiel, CR 2002, 397; *ders,* Spiele in Internet-Cafés: Game Over?, MMR 2002, 730; *ders,* Jugendschutz im Internet und im Mobile Entertainment, K&R 2005, 65; *Maatz,* Anmerkung zum Beschluss des LG Essen v. 26.6.1985 – 25 QS 24/85, NStZ 1986, 174; *Mahrenholz,* Freiheit der Kunst, in: Benda/Maihofer/Vogel (Hrsg) Handbuch des Verfassungsrechts der Bundesrepublik Deutschland, 2. Aufl, 1994, § 26; *Maurer,* Allgemeines Verwaltungsrecht, 18. Aufl. 2011; *Mayer,* Der Versandhandel mit Computer- und Konsolenspielen ohne Jugendfreigabe aus wettbewerbsrechtlicher Sicht, NJOZ 2010, 1316; *B. D. Meier,* Zur Strafbarkeit der neutralen Werbung für pornographische Schriften, NStZ 1985, 341; *ders,* Strafbarkeit des Anbietens pornographischer Schriften, NJW 1987, 1610; *P. Meier,* Die Indizierung von Internetangeboten, BPjM-Aktuell 4/2005, 11; *Meirowitz,* Gewaltdarstellungen auf Videokassetten, 1993; *Mitsch,* Medienstrafrecht, 2012; *I. Möller,* Mediengewalt und Aggression. Eine längsschnittliche Betrachtung des Zusammenhangs am Beispiel des Konsums gewalthaltiger Bildschirmspiele, 2006; *Möller/Krahé,* Gewalt in Bildschirmspielen und aggressives Verhalten, in: Friedrichs/Junge/Sander (Hrsg), Jugendmedienschutz in Deutschland, 2013, S 309; *M. Möller,* Rechtsfragen im Zusammenhang mit dem Postident-Verfahren, NJW 2005, 1605; *Monssen-Engberding,* Zum Umgang mit den Regelungen des § 18 GjS, BPjS-Aktuell 2/1998, 3; *dies,* Neue Medien, neues Recht?, BPjS-Aktuell 3/1999, 3; *dies,* Die Spruchpraxis der Bundesprüfstelle für jugendgefährdende Medien, BPjM-Aktuell 4/2009, 3; *Monssen-Engberding/Bochmann,* Die neuen Regelungen im Jugendschutzrecht aus Sicht der BPjM, KJuG 2/2005, 55; *Monssen-Engberding/Liesching,* Rechtliche Fragestellungen der Listenführung, BPjM-Aktuell 4/2008, 3; *Mößle,* „dick, dumm, abhängig, gewalttätig?" – Problematische Mediennutzungsmuster und ihre Folgen im Kindesalter, Ergebnisse des Berliner Längsschnitt Medien, 2012; *Müller,* Die Freiheit der Kunst als Problem der Grundrechtsdogmatik, 1969; *ders,* Strafrecht, Jugendschutz und Freiheit der Kunst, JZ 1970, 87; *Münder,* Frankfurter Kommentar zum SGB VIII, 6. Aufl. 2009; *Mynarik,* Jugendschutz in Rundfunk und Telemedien, 2006; *Nell,* Beurteilungsspielraum zugunsten Privater, 2010; *Niehues,* Die Bindungswirkung und Umsetzung verfassungsgerichtlicher Entscheidungen, NJW 1997, 557; *Nikles/Roll/Spürck/Erdemir/Gutknecht,* Jugendschutzrecht, 3. Aufl. 2011 (zitiert: Nikles/Bearbeiter); *v Noorden,* Die Freiheit der Kunst nach dem Grundgesetz (Art. 5 Abs 3 Satz 1 GG) und die Strafbarkeit der Verbreitung unzüchtiger Darstellungen (§ 184 Abs 1 Nr 1 StGB), 1969; *Ohler,* Die Kollisionsordnung des Allgemeinen Verwaltungsrechts, 2005; *Ohmer,* Gefährliche Bücher?, 2000; *Potrykus,* Gesetz über die Verbreitung jugendgefährdender Schriften, 1967; *ders,* Zur Einfuhr unzüchtiger oder jugendgefährdender Schriften, NJW 1966, 1156; *ders,* Zur Auslegung von § 1 Abs 1 Satz 2 GjS, NJW 1967, 1454; *Rath-Glawatz,* Zur Veröffentlichung von Kontakt- und Telefonsexanzeigen in Anzeigenblättern, AfP 2009, 452; *Raue,* Literarischer Jugendschutz, 1970; *Redeker,* Von den Schwierigkeiten, ein Gesetz zu handhaben, NJW 1995, 2145; *Reinwald,* Jugendschutz und neue Medien – Anwendbarkeit des GjS auf Internetangebote und Rundfunk auch unter Berücksichtigung der geplanten Änderung des Schriftenbegriffs in GjS und StGB, ZUM 1997, 449; *ders,* Jugendmedienschutz im Telekommunikationsbereich in Bundeskompetenz?, ZUM 2002, 119; *Reißer,* Verfassungsrechtliche Anforderungen an die Medienkontrolle im Bereich Jugend- und Erwachsenenschutz, 2011; *Retzke,* Präventiver Jugendmedienschutz, 2006; *Ricker/Weberling,* Handbuch des Presserechts, 6. Aufl, 2012; *Riedel,* Gesetz über die Verbreitung jugendgefährdender Schriften, 1953; *Roll,* Minderjährige in unnatürlicher, geschlechtsbetonter Haltung – eine neue Schutzvorschrift zeigt Wirkung, KJuG 4/2007, 110; *Roßnagel* (Hrsg), Beck'scher Kommentar zum Recht der Telemediendienste, 2013; *Rummel,* Kindeswohl, RdJB 1989, 394; *Schade/Ott,* Anmerkung zum Beschluss des VG Köln v 31.5.2010 – 22 L 1899/09, MMR 2010, 580; *Schäfer,* Der kriminologische Hintergrund des (Jugend-)Medienschutzes im Hinblick auf mediale Gewaltdarstellungen, 2008; *Schefold,* Jugendmedienschutz aus der Sicht der Rechtswissenschaft, in: Stefen/Weigand (Hrsg), Jugendmedienschutz – ohne Zensur in der pluralistischen Gesellschaft, 1978, S 13; *ders,* Politische Zeitschriften jugendgefährdend?, RdJB 1982, 121; *ders,* Jugendmedienschutz im freiheitlichen Rechtsstaat, in: Dankert/Zechlin (Hrsg), Literatur vor dem Richter, 1988, S 93; *Schippan,* Pornos im Briefkasten? – Persönliche Aushändigung beim Erwachsenenversandhandel nach dem Jugendschutzgesetz erforderlich, K&R 2005, 349; *Schiwy/Schütz/Dörr,* Medienrecht, 4. Aufl, 2006; *Schneider,* Entwicklung der Spruchpraxis, BPjS-Aktuell 2/2002, 3; *Schoch/Schneider/Bier* (Hrsg), VwGO, Loseblatt, Stand: 4/2013; *Scholz,* Jugendschutz, 3. Aufl. 1999; *Scholz/Liesching,* Jugendschutz, 4. Aufl, 2003; *Schönleiter,* Herbsttagung 2011 des Bund-Länder-Ausschusses „Gewerberecht", GewArch 2012, 65; *Schraut,* Jugendschutz und Medien, 1993; *Schreibauer,* Das Pornographieverbot des § 184 StGB, 1999; *Schricker,* Verlagsrecht, 3. Aufl, 2001; *Schroeder,* Pornografie, Jugendschutz und Kunstfreiheit, 1992; *ders,* Die Überlassung pornographischer Darstellungen in gewerblichen Leihbüchereien (§ 184 Abs 1 Nr 3 StGB), JR 1977, 231; *Schulz,* Kampf der Fiktionen – Paragraphen gegen reitende Leichen, in: Friedrichsen/Vowe (Hrsg), Gewaltdarstellungen in den Medien, 1995, S 348; *ders,* Jugendschutz bei Tele- und Mediendiensten, MMR 1998, 182; *Schulz/Korte,* Jugendschutz bei non-fiktionalen Fernsehformaten, ZUM 2002, 719; *H. Schumann,* Werbeverbot für jugendgefährdende Schriften, NJW 1978, 1134; *ders,* Nochmals: Werbeverbot für jugendgefährdende Schriften, NJW 1978, 2495; *ders,* Zum strafrechtlichen und rundfunkrechtlichen Begriff der Pornographie, FS Lenckner 1998, S 565; *ders,* Jugendschutzgesetz und Jugendmedienschutz-Staatsvertrag – alte und neue Fragen des Jugendmedienschutzrechts, tv-diskurs 25 (2003), 97; *ders,* „Gremienentscheidungen" der KJM und unzulässige Berichterstattung gem. § 4 Abs. 1 Nr. 8 JMStV, AfP 2009, 347; *H. Schumann/A. Schumann,* Sicherheitsdenken, Strafrechtsdogmatik und Verfassungsrecht im Jugendmedienschutz, in: Festschrift für Manfred Seebode zum 70. Geburtstag, 2008, S 351; *Schwiddessen,* The Texas Chainsaw Massacre. Rehabilitierung von älteren beschlagnahmten Unterhaltungsmedien – praktische Vorgehensweise und Rechtsprobleme, MMR 2012, 515; *Seetzen,* Vorführung und Beschlagnahme pornographischer und gewaltverherrlichender Spielfilme, NJW 1976, 499; *Seifert,* Der Splatterfilm in der Prüfpraxis der Freiwilligen Selbstkontrolle der Filmwirtschaft, BPjM-Aktuell 4/2008, 12; *Selg,* Pornografie, 1986; *Sendler,* Die neue Rechtsprechung des BVerfG zu den Anforderungen an die verwaltungsgerichtliche Kontrolle, DVBl 1994, 1089; *Spindler/Schuster* (Hrsg) Recht der elektronischen Medien, 2. Aufl, 2011; *Spindler/Wiebe* (Hrsg), Internet-Auktionen und Elektronische Marktplätze, 2. Aufl. 2005; *Spürck,* Das neue Jugendmedienschutzrecht, KJuG 4/2002, 113; *ders,* Die Gewaltdarstellungen – Der schillernde Tatbestand der „gewaltbeherrschten Trägermedien" gemäß § 15 Abs. 2 Nr 3a JuSchG, BPjM-Aktuell 1/2011, 19; *Stath,* Jugendmedienschutz im Bereich der Filme und Unterhaltungssoftware, 2006; *Stefen,* Jugendmedienschutz aus der Sicht des Sachverständigen, in: Jugendschutz und Medien, 1987, S 25; *Stelkens/Bonk/Sachs* (Hrsg), Verwaltungsverfahrensgesetz, 8. Aufl. 2014; *Stenglein* (Hrsg), Kommentar zu den strafrechtlichen Nebengesetzen des Deutschen Reiches, Bd I, 5. Aufl. 1928; *Stettner,* Der neue Jugendmedienschutz-Staatsvertrag – eine Problemsicht, ZUM 2003, 425; *Stiefler,* Auslegung des Tatbestands „gewaltbeherrschter Medien" nach § 15 Abs. 2 Nr 3a JuSchG, JMS-Report 1/2010, 2; *Stumpf,* Jugendschutz oder Geschmackszensur? Die Indizierung von Medien nach dem Jugendschutzgesetz, 2009; *ders,* Killer durch Spiele? Strenge Regeln – wenig Gewissheit im Jugendmedienschutz (Teil 1), BRJ 1/2010, 57; (Teil 2) BRJ 2/2010, 203; *Taubert,* Bundeskompetenz für den Jugendschutz?, Diss. Hamburg 2003; *Trudewind/Steckel,* Mögliche Auswirkungen gewalthaltiger Computerspiele, BPjS-Aktuell 2/2001, 3; *Ukrow,* Jugendschutzrecht, 2004; *Uschold,* Verkauf jugendgefährdender Schriften in jugendzugänglichen Geschäftsräumen, NJW 1976, 2249; *Vassilaki,* Strafrechtlicher Schutz des E-Commerce, in: Moritz/Dreier (Hrsg), Rechtshandbuch zum E-Commerce, 2. Aufl, 2005, Kap G; *Vlachopoulos,* Kunstfreiheit und Jugendschutz, 1996; *von der Horst,* Rollt die Euro-Pornowelle? – Zur Strafbarkeit von aus dem Ausland gesendeter Porno-Satellitenprogramme nach deutschem Strafrecht, ZUM 1993, 227; *Voregger,* Rotes Blut wird blauer Schleim, BPjS-Aktuell 2/2000, 10; *Wagenitz,* Anmerkung zum Urteil des BVerwG v 7.12.1966 – V C 47/64, DVBl 1972, 392; *Waldenberger,* Anmerkung zum Urteil des BGH v 18.10.2007 – I ZR 102/05, MMR 2008, 406; *Walther,* Zur Anwendbarkeit der Vorschriften des strafrechtlichen Jugendmedienschutzes auf im Bildschirmtext verbreitete Mitteilungen, NStZ 1990, 523; *ders,* Erfüllen die auf elektronischem Weg übermittelten Informationen (Daten, Gedankeninhalte) die Voraussetzungen einer „Schrift" iS der §§ 1 Abs 1 und Abs 3 GjS, 11 Abs 3 StGB? BPjS-Aktuell 1/1997, 3; *ders,* Begriff der Pornographie, BPjM-Aktuell 3/2003, 3; *Tettinger/Wank/Ennuschat,* Gewerbeordnung, 8. Aufl, 2011; *Wehsack,* Der Jugendmedienschutz für Video- und Computerspiele in Deutschland, Frankreich und Großbritannien, 2011; *Weides,* Der Jugendmedienschutz im Filmbereich, NJW 1987, 224; *Wendland,* Die Indizierung von Internetangeboten und das BPjM-Modul, BPjM-Aktuell 3/2012, 12; *Wente,* Rechtsschutz gegen Indizierungsentscheidungen der Bundesprüfstelle für jugendgefährdende Schriften, ZUM 1991, 561; *Westerhoff,* Abgrenzung: strafbare Handlung, Jugendgefährdung, Recht auf freie Meinungsäußerung, BPjM-Aktuell 3/2006, 3; *Wiesner,* SGB VIII: Kinder- und Jugendhilfe, 4. Aufl, 2011; *Wimmer/Michael,* Der Online-Provider im neuen Multimediarecht, 1998; *Witt,* Regulierte Selbstregulierung am Beispiel des Jugendmedienschutzstaatsvertrags, 2008; *Würkner/Kerst-Würkner,* Die Indizierung „schlicht" jugendgefährdender Kunstwerke, Gedanken zum Aufstieg und Fall des Kunstvorbehalts gem. § 1 II Nr 2 GjS, NVwZ 1993, 641; *Zöbeley,* Zur Garantie der Kunstfreiheit in der gerichtlichen Praxis, NJW 1985, 254.

Einleitung

Inhaltsübersicht

	Rn
I. Entstehung und Entwicklung des Jugendschutzgesetzes	1
1. Gesetz über die Verbreitung jugendgefährdender Schriften	2
2. Jugendschutzgesetz	7
II. Verfassungsrecht	10
1. Gesetzgebungskompetenz	10
2. Verfassungsrang des Jugendschutzes	14
a) Bedeutung	14
b) Herleitung	18
3. Betroffene Grundrechte	21
III. Schutzziel des Jugendmedienschutzes	25
1. Schutz vor sittlicher Verwahrlosung (früher hM)	27
2. Schutz vor einer verfassungswidrigen Grundhaltung (heute hM)	29
3. Schutz der Persönlichkeitsentwicklung	31
IV. Notwendigkeit des Jugendmedienschutzes	33
1. Stand der Wirkungsforschung	34
2. Einschätzungsprärogative des Gesetzgebers	38
3. Konsequenzen für die Auslegung des JuSchG	40
V. Instrumente des Jugendmedienschutzes	43
1. Indizierung	44
2. Alterskennzeichnung	46
VI. Räumlicher Anwendungsbereich des JuSchG	47

I. Entstehung und Entwicklung des Jugendschutzgesetzes

Vorgänger des JuSchG waren das Gesetz über die Verbreitung jugendgefährdender Schriften und Medieninhalte (GjSM) und das Gesetz über den Schutz der Jugend in der Öffentlichkeit (JÖSchG). Während das GjSM dem Schutz von Kindern und Jugendlichen vor jugendgefährdenden Medieninhalten diente, sollte das JÖSchG Kinder und Jugendliche vor Gefahren bewahren, die ihnen in der Öffentlichkeit drohten. Dazu zählten neben dem Alkohol und Tabakerzeugnissen, Spielhallen und Gaststätten auch Filmvorführungen, Videokassetten und andere Bildträger. Auch das JÖSchG verfolgte also jugendmedienschutzrechtliche Ziele. So sollte die Ausweitung seines Anwendungsbereichs auf Bildträger Minderjährige vor den Gefahren durch Horror- und Gewaltvideos schützen (BT-Drs 10/722, 1). Die zum Teil modifizierten Vorschriften des GjSM finden sich heute in den §§ 15–25 JuSchG wieder, die des JÖSchG in den §§ 2–14 JuSchG. Für das Verständnis und die Auslegung der auch im Bereich der Presse relevanten jugendmedienschutzrechtlichen Bestimmungen ist die Kenntnis der Entwicklung und der Interpretation des GjSM unerlässlich.

1. Gesetz über die Verbreitung jugendgefährdender Schriften

Das **GjS vom 9.6.1953** (BGBl I, 377) ging hervor aus dem Gesetz zur Bewahrung der Jugend vor Schund- und Schmutzschriften des Deutschen Reiches vom 18.12.1926 (RGBl I, 505) und dem Gesetz zum Schutze der Jugend vor Schmutz und Schund des Landes Rheinland-Pfalz vom 12.10.1949 (GVBl 505; aufgehoben durch § 22 GjS, BGBl 1953 I, 379). Beide Gesetze sahen bereits Indizierungsverfahren (vgl §§ 18, 21 JuSchG) mit pluralistisch besetzten Prüfstellen (vgl §§ 19, 20 JuSchG) und an die Indizierung anknüpfende, strafbewehrte Verbreitungsverbote vor (vgl §§ 15, 27 JuSchG).

3 Auslöser für die Schaffung des GjS war der Beschluss des Bundestags vom 16.12. 1949, in dem er die Bundesregierung aufforderte, „angesichts der die deutsche Jugend und die öffentliche Sittlichkeit bedrohenden Entwicklung gewisser **Auswüchse des Druckschriftenwesens**" den Entwurf eines Bundesgesetzes gegen Schmutz und Schund auszuarbeiten (BT-Prot 1, 748). Daraufhin leitete die Bundesregierung im Juni 1950 dem Bundestag einen deutlich an die beiden Vorläufer angelehnten Entwurf eines Gesetzes über den Vertrieb jugendgefährdender Schriften zu. In der Begründung führte sie dazu aus (BT-Drs 1/1101, 8f.): „In den letzten Jahren werden in gleicher Weise wie nach dem Ersten Weltkrieg in besorgniserregendem Umfang Schriften vertrieben, die eine ernste Gefahr für die heranwachsende Jugend darstellen. Soweit es sich um pornographische Literatur handelt, bietet § 184 StGB eine ausreichende Handhabe zum Einschreiten. Schwieriger zu bekämpfen sind dagegen alle jugendgefährdenden **Schriften an der Grenze von Gut und Böse.** Das Reichsgesetz zur Bewahrung der Jugend vor Schund- und Schmutzschriften [...] war seinerzeit dieser Gefahr Herr geworden, ohne die bei seinem Erlaß geäußerten Befürchtungen einer zu weitgehenden Einengung der Meinungsfreiheit zu rechtfertigen [...] Der Entwurf lehnt sich in seinen Verfahrensbestimmungen weitgehend an das Reichsgesetz von 1926 an [...] Im Übrigen ist nachdrücklich zu bemerken, daß genauso wichtig wie dieses Gesetz kulturelle Maßnahmen der Länder sind [...] Es kommt darauf an, nach den durch Kriegs- und Nachkriegszeit hervorgerufenen Verirrungen den **Geschmack der Jugend für das Gute und Wertvolle** wiederzuerwecken." Der Gesetzentwurf wurde vom Ausschuss für Fragen der Jugendfürsorge erheblich geändert (BT-Drs 1/3666) und nach weiteren Änderungen am 12.5.1953 vom Bundestag angenommen (BT-Prot 1, 12991). Der Bundesrat stimmte am 22.5.1953 zu. Das GjS trat am 14.7.1953 in Kraft.

4 Das GjS wurde bald als unzureichend empfunden. Um der Verbreitung jugendgefährdender Schriften über den **Versandhandel,** gewerbliche Leihbüchereien und in gewerblichen Lesezirkeln zu begegnen und „bessere gesetzliche Voraussetzungen für einen einheitlichen, umfassenderen und wirksameren Jugendschutz" zu schaffen (BT-Drs 3/2373, 1), wurde durch das Gesetz zur Änderung und Ergänzung des GjS vom 21.3.1961 (BGBl I, 296) der Katalog in § 1 Abs 1 S 2 (heute § 18 Abs 1 S 2 JuSchG) um verrohend wirkende und zu Gewalttätigkeiten anreizende Schriften und der Schriftenbegriff in § 1 Abs 3 (heute: Trägermedien, § 1 Abs 2 JuSchG) um die Darstellungen erweitert. Zudem wurden weitere Verbreitungsformen verboten (Versandhandel; vgl § 15 Abs 1 Nr 3 JuSchG) und das Verfahren beschleunigt (Beschlussfähigkeit des Zwölfergremiums mit nur neun Mitgliedern [vgl § 19 Abs 5 JuSchG]; Einführung des vereinfachten Verfahrens [vgl § 23 Abs 1 JuSchG]). Aufgrund Art 3 wurde das GjS am 29.4.1961 neu bekannt gemacht (BGBl I, 498).

5 Nachdem das GjS zwischenzeitlich dreimal geändert worden war (BGBl 1968 I, 518; 1973 I, 1732; 1974 I, 554), sah sich der Gesetzgeber Anfang der achtziger Jahre „zur verstärkten Bekämpfung von Auswüchsen beim Vertrieb bespielter **Videokassetten** und Bildplatten" veranlasst. Gemeint waren sog Porno-, Gewalt- und Horrorvideos, die in auch Kindern und Jugendlichen zugänglichen Videotheken verkauft und verliehen wurden. Durch Art 2 des Gesetzes zur Neuregelung des Jugendschutzes in der Öffentlichkeit vom 25.2.1985 (BGBl I, 428) wurde unter anderem ein Vermietverbot eingefügt (vgl § 15 Abs 1 Nr 4 JuSchG) und das neu gefasste Gewaltdarstellungsverbot des § 131 StGB in das Verbot der schwer jugendgefährdenden Schriften aufgenommen (vgl § 15 Abs 2 Nr 1 JuSchG). Aufgrund Art 5 erfolgte die Bekanntmachung des GjS vom 12.7.1985.

6 Nach zwei weiteren Gesetzesänderungen (BGBl 1993 I, 1817; 1994 I, 3197), deren zweite erneut der Bekämpfung von Gewaltdarstellungen diente, erfuhr das GjS seine letzte umfangreiche Überarbeitung durch das Gesetz zur Regelung der Rahmenbedingungen für Informations- und Kommunikationsdienste vom 22.7.1997 (IuKDG, BGBl I, 1870). Der bis dahin auf Offline-Medien beschränkte Anwendungsbereich des GjS wurde auf **Online-Medien** ausgeweitet. Das seither auch in

der Überschrift um den Zusatz „und Medieninhalte" ergänzte GjSM untersagte nun auch die Verbreitung indizierter Inhalte über Informations- und Kommunikationsdienste, räumte den Anbietern aber zugleich die Möglichkeit ein, durch technische Sperrvorrichtungen gegen den Zugriff von Kindern und Jugendlichen gesicherte Inhalte weiterhin zugänglich zu machen. Außerdem verlangte es von den Anbietern erstmals Selbstkontrollmaßnahmen durch Benennung von Jugendschutzbeauftragten oder durch Beitritt zu einer Organisation der freiwilligen Selbstkontrolle. Die Geltung des GjSM im Bereich der Informations- und Kommunikationsdienste war allerdings von Anfang an begrenzt: Zur Schlichtung ihres Streits über die Gesetzgebungskompetenz (vgl BT-Drs 13/7385, 17, 64) vereinbarten Bund und Länder, den Jugendmedienschutz bei Mediendiensten, bei denen die redaktionelle Gestaltung zur Meinungsbildung im Vordergrund stand, dem Landesrecht und damit dem neu geschaffenen Mediendienste-Staatsvertrag (§ 8, später § 12 MDStV) und den Jugendmedienschutz bei Telediensten und sonstigen Mediendiensten dem Bundesrecht und damit dem GjSM zu unterstellen.

2. Jugendschutzgesetz

Knapp zwei Jahre später wurde im Evaluationsbericht zur Umsetzung des IuKDG   7
(BT-Drs 14/1191, 21 ff.) festgestellt, dass im Jugendmedienschutz erheblicher gesetzgeberischer Handlungsbedarf bestand. Im Vordergrund der Kritik standen die **Zersplitterung der Jugendschutzregelungen** in GjSM, JÖSchG, RStV und MDStV, die uneinheitlichen Aufsichtsstrukturen und ungeklärte Zuordnungsfragen bei Tele- und Mediendiensten. Bund und Länder einigten sich daraufhin auf folgende Vorhaben (BT-Drs 14/9013, 13f.; näher zur Entstehung des Kompromisses aus Ländersicht *Ukrow* 2004, Rn 22 ff.): Aufhebung der Unterscheidung zwischen Tele- und Mediendiensten und Schaffung einer einheitlichen Rechtsgrundlage und Aufsichtsstruktur für den Jugendschutz in den Online-Medien durch die Länder; Nutzung der Erfahrung der Bundesprüfstelle für jugendgefährdende Schriften (BPjS; heute: BPjM) im Umgang mit jugendgefährdenden Inhalten im gesamten Online-Bereich mit Ausnahme des Rundfunks; Verzahnung der Entscheidungen in Bundes- und Ländereinrichtungen nach einheitlichen Kriterien; Stärkung der Selbstkontrolle.

Nach diesen Grundsätzen wurden von Bund und Ländern zwei auf einander bezo-   8
gene Gesetzeswerke entwickelt: Das JuSchG und der Staatsvertrag über den Schutz der Menschenwürde und den Jugendschutz in Rundfunk und Telemedien (JMStV). Nach dem **Amoklauf** eines 19-Jährigen, der am 26.4.2002 in Erfurt vorsätzlich 16 Menschen tötete, wurde die Verabschiedung des JuSchG stark beschleunigt. Die Tat wurde unter anderem darauf zurückgeführt, dass der Täter intensiv gewalthaltige Computerspiele gespielt hatte. Bereits am 13.5.2002 brachten die Regierungsfraktionen den Gesetzentwurf ein (BT-Drs 14/9013). Nach geringen Änderungen durch den Ausschuss für Familie, Senioren, Frauen und Jugend (BT-Drs 14/9410) wurde der Entwurf am 14.6.2002 vom Bundestag verabschiedet. Im Bundesrat wurde die Beschlussempfehlung am 21.6.2002 angenommen, wobei in der angefügten Entschließung die Eile des Gesetzgebungsverfahrens kritisiert wurde (Anlage zur BR-Drs 511/02). Das Gesetz wurde am 23.7.2002 verkündet (BGBl I, 2730). JuSchG und JMStV traten am 1.4.2003 in Kraft.

In der Jugendministerkonferenz am 18./19.5.2006 beschlossen die Obersten Lan-   9
desjugendbehörden und das Bundesministerium für Familie, Senioren, Frauen und Jugend, eine externe Evaluation des JuSchG und des JMStV durchführen zu lassen, mit der das Hans-Bredow-Institut für Medienforschung an der Universität Hamburg beauftragt wurde (s zu den Ergebnissen *dass*, Analyse des Jugendmedienschutzsystems – JuSchG und JMStV, Endbericht, 2007; kritisch *Altenhain/Faber/Knupfer/Liesching/Lober/Mynarik/Nikles/Ott/Schumann* JMS-Report 6/2007, 2 f.). Nach dem **Amoklauf** eines 18-Jährigen am 20.11.2006 in Emsdetten, der ebenfalls in Politik und Medien auf den Konsum von gewalthaltigen Computerspielen zurückgeführt wurde (vgl

Rn 8), entschied die Bundesregierung, die Evaluierung des Bereichs der Video- und Computerspiele vorzuziehen. In seinem Evaluationsbericht empfahl das Hans-Bredow-Institut eine Ergänzung des § 15 Abs 2 JuSchG für Darstellungen selbstzweckhafter Gewalt (*dass,* Das deutsche Jugendschutzsystem im Bereich der Video- und Computerspiele, 2007, S 160). Unter Verweis hierauf legte die Bundesregierung am 12.3.2008 einen Entwurf für ein **Erstes Gesetz zur Änderung des Jugendschutzgesetzes** vor, das den „Schutz von Kindern und Jugendlichen vor gewaltbeherrschten Computerspielen" verbessern soll (BT-Drs 16/8546, 6). Vorgeschlagen wurde ua die Ergänzung des Katalogs der schwer jugendgefährdenden, kraft Gesetzes indizierten Trägermedien (s heute § 15 Abs 2 Nr 3a) und die „Erweiterung und Präzisierung" der Indizierungskriterien (s. heute § 18 Abs 1 Satz 2 Nr 1 und 2). Der Bundesrat äußerte sich zustimmend (BT-Drs 16/8546, 9), regte aber an, nach Abschluss der politischen Bewertung der Ergebnisse der Gesamtevaluation eine Novelle des JuSchG zu prüfen, bei der vor allem die neuen Herausforderungen aus der Konvergenzentwicklung in den Medien zu berücksichtigen seien. Hierzu kam es bislang nicht. Nachdem der Ausschuss für Familie, Senioren, Frauen und Jugend die im Wesentlichen unveränderte Annahme des Gesetzentwurfs empfohlen hatte (BT-Drs 16/9024), wurde das Änderungsgesetz am 8.5.2008 vom Bundestag beschlossen und am am 24.6.2008 verkündet (BGBl I, 1075). Die Änderungen traten am 1.7.2008 in Kraft.

II. Verfassungsrecht

1. Gesetzgebungskompetenz

10   Die Kompetenz des Bundes für den Jugendschutz und damit auch das JuSchG ergibt sich aus Art 74 Abs 1 Nr 7 GG (BVerfGE 31, 113, 117; BVerwGE 19, 94, 96 f.; 23, 112, 113; 85, 169, 176; Sachs/*Degenhart* Art 74 Rn 38; *Jarass/Pieroth* Art 74 Rn 18; v Münch/*Kunig* Art 74 Rn 30; *Liesching* ZUM 2002, 873; *Meirowitz* 1993, S 220 f., 277; v Mangoldt/Klein/Starck/*Oeter* Art 74 Rn 63; v Mangoldt/Klein/*Pestalozza* [3. Aufl 1996] Art 74 Abs 1 Nr 7 Rn 342; Schmidt-Bleibtreu/Hofmann/Hopfauf/*Sannwald* Art 74 Rn 78; *Schraut* 1993, S 25; eingehend *Taubert* 2003, 84 ff.) und für die Straf- und Ordnungswidrigkeitstatbestände (§§ 27, 28) aus Art 74 Abs 1 Nr 1 (weitergehend für das ganze GjS: BVerfGE 11, 234, 237; BVerwGE 23, 112, 113; BGH bei *Herlan* GA 1958, 50; *Liesching* ZUM 2002, 869 ff.). Die historische Auslegung zeigt, dass der Verfassungsgeber in den Begriff der **öffentlichen Fürsorge** die Jugendfürsorge einschloss (BT-Drs 1/1101, 8; BVerwGE 19, 94, 97; *Pestalozza* aaO Rn 323). Die Jugendfürsorge bezieht sich nicht nur auf wirtschaftliche Notlagen (aA *Reinwald* ZUM 2002, 122) und umfasst auch vorbeugende Maßnahmen, mit denen Gefahren von noch nicht der Jugendhilfe bedürftigen Jugendlichen abgewehrt werden sollen (BVerfGE 22, 180, 212 f.; BVerwGE 19, 94, 97). Die gegenteilige Ansicht, der zufolge Gefahrenabwehr immer unter die Polizeihoheit der Länder fällt (*Vlachopoulos* 1996, S 58 Fn 37; im Anschluss an *Bettermann* AöR 1958, 110; dagegen bereits zutreffend *v Mangoldt/Klein* [2. Aufl 1964] Art 74 Anm XV 2c; s auch BVerwGE 19, 94, 97), geht fehl, weil Art 74 Abs 1 GG selbst spezialpolizeirechtliche Materien dem Bund zuweist (Nr 11, 19, 20) und die Polizeikompetenz der Länder die allgemeine Gefahrenabwehr betrifft, während es hier um besondere Gefahren für eine bestimmte Personengruppe geht (*Bandehzadeh* 2007, S 85 f. Fn 285; *Pestalozza* aaO Rn 326, 341). Der Charakter einzelner Regelungen als Maßnahmen der Gefahrenabwehr macht zudem eine Gesetzesmaterie ebenso wenig zu einem Unterfall des allgemeinen Polizeirechts, wie die Existenz eines Straftatbestands (§ 27) sie dem Strafrecht zuweist. Maßgeblich ist der mit solchen präventiven oder repressiven Mitteln verfolgte Zweck, der beim Jugendschutz ebenso wie bei der Jugendhilfe darin liegt, die Entwicklung zu einer eigenverantwortlichen und gemeinschaftsfähigen Persön-

lichkeit zu fördern (Rn 15; so auch *Bandehzadeh* 2007, S 85 f. Fn 285; aA *Reinwald* ZUM 2002, 122, der Jugendmedienschutz mit Kriminalprävention gleichsetzt). Aus Art 74 Abs 1 Nr 11 GG (Recht der Wirtschaft) lässt sich hingegen eine Bundeskompetenz für das Jugendschutzgesetz nicht herleiten, da die im Jugendschutzgesetz enthaltenen Beschränkungen der wirtschaftlichen Betätigungsfreiheit bloßer Reflex und nicht Ziel der Regelungen sind (*Liesching* ZUM 2002, 873; *Stumpf* 2009, S 91 f.; aA *Bandehzadeh* 2007, S 85 f.).

Während der Bund davon ausgeht, dass ihm die Kompetenz zur Regelung des **11** Jugendschutzes **auch im Bereich des Rundfunks und der Telemedien** zukommt (BT-Drs 14/9013, 17; BT-Drs 13/7385, 17; ebenso *Bandehzadeh* 2007, S 87 ff., 102 ff., 110; Sachs/*Degenhart* Art 74 Rn 38; *Determann* 1999, S 239, 241; *Faber* 2005, S 108, 114; *Liesching* ZUM 2002, 875; *Pestalozza* aaO Nr 7 Rn 342; *Stumpf* 2009, S 89 f.; allgemein *Taubert* 2003, 129 ff.), und die Länder dort nur regelungsbefugt sind, soweit er seine Kompetenz nicht wahrnimmt, gehen die Länder davon aus, dass sie hier eine originäre Gesetzgebungskompetenz besitzen (Art 30, 70 GG). Aufgrund ihrer Kompetenz für den Rundfunk (BVerfGE 12, 205, 229 ff.; 90, 60, 87) und für rundfunkähnliche (dh vergleichbare massenkommunikative Wirkungen erzeugende) Informations- und Kommunikationsdienste (BVerfGE 83, 238) stehe ihnen kraft Sachzusammenhangs auch die Befugnis zur Regelung des Jugendschutzes zu (so der Bundesrat, BT-Drs 13/7385, 64; ebenso *Cole* ZUM 2005, 463; *Eifler* 2011, S 16 f.; *Herzog* 2000, S 180; *Hopf* 2005, S 54 f.; *Kappenberg* 2008, S 43 f.; *Langenfeld* MMR 2003, 306; *Reinwald* ZUM 1997, 459; ders ZUM 2002, 124 f.; *Schulz* MMR 1998, 183; *Stettner* ZUM 2003, 429; *Ukrow* 2004, Rn 75; die Entscheidungen BVerfGE 57, 295 [321, 326], 92, 203 [238, 241] machen hierzu keine eindeutigen Aussagen). Diese Ansicht ist unzutreffend: Der Jugendschutz dient der Gewährleistung der ungestörten Persönlichkeitsentwicklung Jugendlicher. Ein Mittel dazu ist die Bewahrung Jugendlicher vor Inhalten, deren Wahrnehmung ihre Entwicklung beeinträchtigen kann. Der Jugendschutz verbietet keine Inhalte, sondern er schränkt die Verbreitung bestimmter Inhalte ein. Er zielt nicht darauf ab, inhaltliche Standards für Medien aufzustellen, sondern darauf, die Konfrontation Jugendlicher mit für sie gefährlichen Inhalten zu verhindern, gleichgültig über welche Medien sie verbreitet werden. Es ist kein Grund ersichtlich, warum der Bund nur für die Printmedien, für Ton- und Bildträger sowie Filme Jugendschutzregeln aufstellen darf, nicht aber für Telemedien und den Rundfunk. Dass unterschiedliche Medien teilweise unterschiedlicher Regelungen bedürfen, widerspricht dem nicht. Das zeigt sich auch innerhalb des JuSchG (vgl §§ 14, 18) nicht.

Neben dem Kompetenztitel aus Art 74 Abs 1 Nr 7 liegen auch die zur Annahme **12** der Gesetzgebungskompetenz erforderlichen Voraussetzungen des Art 72 Abs 2 GG vor (*Bandehzadeh* 2007, S 99 ff.; *Liesching* ZUM 2002, 874 f.; *Stumpf* 2009, S 94 ff.). Dass die Länder durch den JMStV Rechtsgleichheit für den Jugendschutz bei *bestimmten* Medien herstellen können, führt nicht zur **Rechtseinheit** des Jugendschutzes für *alle* Medien (ebenso *Stumpf* 2009, S 96). Diese ist aber gerade wegen der immer weiter zunehmenden Konvergenz der Medien unerlässlich (so auch *Bandehzadeh* 2007, S 110 f.; *Boos* MMR 2012, 368). Rechtspolitisch bedenklich ist es daher, dass der Bund, obwohl er zu Recht betont, dass eine „bundesgesetzliche Regelung zur Wahrung der Rechtseinheit gemäß Artikel 72 Abs 2 Grundgesetz erforderlich [ist]", seine Kompetenz im Bereich des Rundfunks und der Telemedien nur „eingeschränkt" wahrnimmt (BT-Drs 14/9013, 17), also gerade *keine* umfassende Regelung trifft.

Für das **Verhältnis des JuSchG zum JMStV** folgt aus der verfassungsrechtlichen **13** Kompetenzverteilung, dass der JMStV nur dort gilt, wo das JuSchG nicht eingreift (vgl §§ 1 Abs 2 S 2 aE, § 16). Soweit nichts anderes bestimmt ist, richtet sich die Reichweite des JMStV nach der des JuSchG.

2. Verfassungsrang des Jugendschutzes

a) Bedeutung

14 Nach weithin hM hat der Jugendschutz **Verfassungsrang** (BVerfGE 83, 130, 139; 47, 109, 117; NVwZ 2009, 905, 907; BGHSt 37, 55, 62 f.; BVerwGE 39, 197, 208; 77, 75, 82; 91, 223, 224 f.; OVG Münster NVwZ 1992, 396; LG Krefeld v 5.1.2005 – 12 O 110/04, Rn 56 [juris]; AG Speyer v 4.10.2007 – 5019 Js 17565/07 OWi, Rn 13 [juris]; VG München v 27.5.2008 – M 16 K 07.4344, Rn 49 [juris]; v 4.6.2009 – M 17 K 05.597, Rn 95 [juris]; v 20.4.2011 – M 17 S 11.635, Rn 58 [juris]; VG Neustadt GewArch 2007, 496; v 9.3.2009 – 4 L 100/09.NW, Rn 21 [juris]). Damit ist gemeint, dass der Jugendschutz dem Schutz eines von der Verfassung anerkannten Rechtsguts dient, und dass der Staat verpflichtet ist, dieses Rechtsgut zu schützen.

aa) Rechtsgut des Jugendschutzes

15 Jugendschutz ist nach allgemeiner Meinung „ein Ziel von bedeutsamem Rang und ein wichtiges Gemeinschaftsanliegen", weil er „der Wahrung verfassungsrechtlich geschützter Güter" dient (BVerfGE 83, 130, 139; 30, 336, 348; 77, 346, 356; NJW 2012, 1062, 1063; BGHSt 37, 55, 63; LG München ZUM-RD 2006, 146, 148; VG Neustadt GewArch 2007, 496; v 9.3.2009 – 4 L 100/09.NW, Rn 21 [juris]). Nicht der Jugendschutz selbst hat also Verfassungsrang, sondern das Rechtsgut, das geschützt werden soll: das Kindeswohl. Während die dem Schutz der Jugend in der Öffentlichkeit dienenden Vorschriften des JuSchG (§§ 4–10) umfassend das körperliche, geistige und seelische Wohl des Minderjährigen schützen (§ 7 S 1, § 8 Abs 1 S 1), dienen die jugendmedienschutzrechtlichen Vorschriften (§§ 11–16) ausschließlich dem Schutz der „Entwicklung von Kindern und Jugendlichen oder ihre(r) Erziehung zu einer eigenverantwortlichen und gemeinschaftsfähigen Persönlichkeit" (§§ 14 Abs 1, 18 Abs 1 S 1). Statt vom Verfassungsrang des Jugendschutzes zu sprechen, ist es insoweit genauer, den Verfassungsrang der **ungestörten Persönlichkeitsentwicklung** von Kindern und Jugendlichen zu betonen.

16 Konsequenz der Beimessung von Verfassungsrang ist, dass das Rechtsgut den Grundrechten und den übrigen mit Verfassungsrang ausgestatteten Rechtsgütern – mit Ausnahme der allen übergeordneten Menschenwürde – gleichwertig ist. Im Verhältnis des Jugendschutzes zu den von Art 5 GG garantierten Grundrechten hat das zwei Konsequenzen: Erstens erhöht sich durch seine Aufwertung von einer Grundrechtsschranke des Art 5 Abs 2 GG zum Verfassungsrang das Gewicht des Jugendschutzes. Das wirkt sich bei der Abwägung der widerstreitenden Belange innerhalb der Verhältnismäßigkeitsprüfung eines Eingriffs in die von Art 5 Abs 1 GG garantierte Meinungs- und Informationsfreiheit aus. Zweitens kann der Jugendschutz bei einer Kollision mit der vorbehaltlos gewährleisteten Kunst- oder Wissenschaftsfreiheit des Art 5 Abs 3 GG wegen des Auslegungsgrundsatzes der Einheit der Verfassung als **verfassungsimmanente Schranke** auch diese Grundrechte in einzelnen Beziehungen begrenzen (BVerfGE 83, 130 [139, 142 f., 146 f.]; BVerwGE 91, 211, 215 f.; 91, 223, 224 f.; VG München v 27.5.2008 – M 16 K 07.4344, Rn 49 [juris]; *Bandehzadeh* 2007, S 27; *Halves* 2007, S 25; *Liesching/Schuster* § 18 Rn 78; *Reißer* 2011, S 111; *Ukrow* 2004, Rn 12; kritisch zur Zumessung des Verfassungsrangs, weil durch die Hintertür der Gesetzesvorbehalt des Art 5 Abs 2 GG in den Art 5 Abs 3 GG eingeführt werde: *Geis* NVwZ 1992, 26 f.; *Gusy* JZ 1993, 797; *Herkströter* AfP 1992, 28 f.; *Schulz* 1995, S 353; ganz ablehnend *Müller* JZ 1970, 91; im Ergebnis auch *Bauer* JZ 1965, 47).

bb) Schutzpflicht des Staates

17 Verfassungsrang des Jugendschutzes meint zum anderen, dass der Staat nicht nur berechtigt ist, zum Schutze der Jugend in Grundrechte einzugreifen, sondern auch verpflichtet, „im Rahmen des Möglichen die äußeren Bedingungen für eine dem

Menschenbild des Grundgesetzes entsprechende geistig-seelische Entwicklung der Kinder und Jugendlichen zu sichern" (BVerwGE 77, 75, 82; BGHSt 37, 55, 63; *Schulz* MMR 1998, 183; Dreier/*Schulze-Fielitz* Art 5 I, II Rn 147; s auch *Bandehzadeh* 2007, S 28; *Determann* 1999, S 286; *Nell* 2010, S 317). Anders als bei den meisten Rechtsgütern mit Verfassungsrang trifft den Staat somit eine aus dem GG abgeleitete Schutzpflicht (Büscher/Dittmer/Schiwy/*Ring*/*Hopf* Teil 2 Kap 4 Rn 488; Schiwy/Schütz/Dörr/*Ring* 250 f.; eingehend hierzu *Baum* 2007, S 117 ff.).

b) Herleitung

Die Rechtsprechung leitet den Verfassungsrang des Jugendschutzes in erster Linie **18**
aus dem in Art 6 Abs 2 S 1 GG garantierten **elterlichen Erziehungsrecht** ab, greift daneben aber auch auf das aus Art 2 Abs 1 iVm Art 1 Abs 1 GG folgende allgemeine Persönlichkeitsrecht zurück (BVerfGE 83, 130 [139 f., 142]; NVwZ 2009, 905, 907; BVerwGE 91, 223, 224 f.; OVG Münster NVwZ 1992, 396; VG München v 27.5.2008 – M 16 K 07.4344, Rn 49 [juris]; VG Neustadt GewArch 2007, 496; ebenso *Berger* MMR 2003, 775; Sachs/*Bethge* Art 5 Rn 160; *Birkert*/*Reiter*/*Scherer* § 4 Rn 4; *Borgmann* JuS 1992, 917; *Cole* ZUM 2010, 930; BK/*Degenhart* Art 5 Abs 1 u 2 Rn 78; *K. A. Fischer* 1995, S 160 f.; *Gnüchtel* 2013, S 116, 211; Maunz/Dürig/*Grabenwarter* Art 5 Rn 190; *Herzog* 2000, S 232 f.; *König*/*Börner* MMR 2012, 217; *Meirowitz* 1993, S 185; Nikles/*Nikles* Teil 1 Rn 5; *Reißer* 2011, S 104; Dreier/*Schulze-Fielitz* Art 5 I, II Rn 147). Demgegenüber sieht die mittlerweile wohl herrschende Lehre allein in diesem zweiten Aspekt eine tragfähige Begründung (*Bandehzadeh* 2007, S 26 f.; *Bosch* 2007, S 87; *Engels* AöR 1997, 218, 225 ff.; Spindler/Schuster/*Erdemir* § 1 JMStV Rn 14; *Halves* 2007, S 28; *Hopf* 2005, S 62 f.; Isensee/*Axer* 1998, S 72 f.; Jarass/*Pieroth* Art 2 Rn 49, Art 5 Rn 60 f.; *Jeand'Heur* 1993, S 18; *v Kalm* DÖV 1994, 24; *Kappenberg* 2008, S 53 ff.; *Langenfeld* MMR 2003, 305; *Mahrenholz* HdbVerfR § 26 Rn 98; *Schraut* 1993, S 45; *Schulz* 1995, S 354; *Schulz*/*Korte* ZUM 2002, 719; *Ukrow* 2004, Rn 13; *Vlachopoulos* 1996, S 147 f.; *Witt* 2008, S 136 ff.; s auch *Brockhorst-Reetz* 1989, S 5; beides ablehnend *Groß* NVwZ 2004, 1396). Dritte verweisen ergänzend auf den in Art 6 Abs 1 GG gewährleisteten Schutz der Familie (Maunz/Dürig/*Scholz* Art 5 III Rn 70; *Vlachopoulos* 1996, S 148 f.) oder auf das in Art 6 Abs 2 S 2 GG niedergelegte staatliche Wächteramt (BVerwGE 77, 75, 82; BGHSt 37, 55, 62; *Beisel* 1997, S 201 ff.; *Jeand'Heur* 1993, S 17 f., 226 f.; *Meirowitz* 1993, S 185). Vereinzelt wird der Verfassungsrang des Jugendschutzes aus Art 5 Abs 2, Art 11 Abs 2, Art 13 Abs 7 GG hergeleitet (AG Speyer v 4.10.2007 – 5019 Js 17565/07 OWi, Rn 13 [juris]; VG München v 20.4.2011 – M 17 S 11.635, Rn 58 [juris]; *Gurlit*/*Oster* GewArch 2006, 368; *Nell* 2010, S 317; ähnlich *Retzke* 2006, S 60 f.). Dort wird der Jugendschutz zwar als Schranke bestimmter Grundrechte genannt. Doch erlaubt die vereinzelte Bezeichnung eines Rechtsguts als Grundrechtsschranke nicht den Schluss, dass es von der Verfassung ebenso geschützt wird wie die Grundrechte, und deshalb auch andere, insbesondere uneingeschränkt gewährleistete Grundrechte, nach dem Prinzip der Einheit der Verfassung einschränken kann (*Bandehzadeh* 2007, S 25; *Eifler* 2011, S 12; *Vlachopoulos* 1996, S 143).

Der Verfassungsrang der ungestörten Persönlichkeitsentwicklung Jugendlicher er- **19**
gibt sich aus ihrer **Menschenwürde** und ihrem **Grundrecht auf freie Entfaltung ihrer Persönlichkeit** (Art 2 Abs 1 iVm Art 1 Abs 1 GG). Der Jugendliche „ist ein Wesen mit eigener Menschenwürde und dem eigenen Recht auf Entfaltung seiner Persönlichkeit" (BVerfGE 24, 119, 144; 47, 46, 74; 55, 171, 179; 79, 51, 63; 83, 130, 140). Das Recht zur freien Entfaltung der Persönlichkeit schützt aber nicht nur die bereits entwickelte Persönlichkeit, sondern in Verbindung mit der Menschenwürdegarantie, deren Kern die Anerkennung des Einzelnen als Subjekt, dh als Persönlichkeit ist, auch die Ausbildung der Persönlichkeit (*Engels* AöR 1997, 227; s auch *Ditzen* NJW 1989, 2519; *Rummel* RdJB 1989, 397 f.). Die ungestörte Entwicklung zu einem Menschen, der eigenverantwortlich handeln und sich innerhalb der sozialen Gemeinschaft frei entfalten kann, ist also ebenfalls grundrechtlich verbürgt (*Bandehzadeh*

2007, S 26). Daraus ergibt sich auch, dass das elterliche Erziehungsrecht aus Art 6 Abs 2 S 1 GG kein tauglicher Anknüpfungspunkt für die Herleitung des Verfassungsrangs ist, weil es selbst seine Grenze in der auch von den Eltern zu respektierenden Persönlichkeit des Jugendlichen findet (*Bandehzadeh* 2007, S 26 f.; *Ditzen* NJW 1989, 2519; *Engels* AöR 1997, 219; *Erdemir* MMR 2/2004, VI; *Jeand'Heur* 1993, S 226; *Mahrenholz* HdbVerfR § 26 Rn 97; *Vlachopoulos* 1996, S 146 f.). Aus demselben Grund überzeugt der Verweis auf Art 6 Abs 1 GG nicht, da der Jugendliche um seiner selbst willen und nicht Dritter zuliebe geschützt wird, seien es auch seine Eltern oder Geschwister.

20 Da der Jugendschutz auch in Art 1 Abs 1 GG verankert ist, trifft den Staat gem. Art 1 Abs 1 S 2 GG eine Schutzpflicht. Sie hat ihre deutliche Ausformung in Art 6 Abs 2 S 2 GG erhalten. Das dort dem Staat auferlegte Wächteramt verpflichtet ihn nicht nur gegenüber den Eltern (BVerfGE 7, 320, 323), sondern auch und in weitaus stärkerem Maße gegenüber Dritten zum Schutz des Kindeswohls (*Bandehzadeh* 2007, S 32; *Eifler* 2011, S 8; aA *Hopf* 2005, S 60 f.; *Kappenberg* 2008, S 52).

3. Betroffene Grundrechte

21 Ziel des Jugendmedienschutzes ist es, von Minderjährigen Medien mit Inhalten fernzuhalten, die ihrer Persönlichkeitsentwicklung schaden können (näher zum Schutzziel Rn 25 ff.). Dieses Ziel kann der Staat nur erreichen, indem er den freien Austausch solcher Medien in der Gesellschaft so beschränkt, dass Kindern und Jugendlichen der Zugang zu ihnen unmöglich oder zumindest wesentlich erschwert ist. Darin liegt regelmäßig ein Eingriff in die **Grundrechte Erwachsener** auf Meinungs- oder Informationsfreiheit (Art 5 Abs 1 S 1 GG), in die Kunst- oder Wissenschaftsfreiheit (Art 5 Abs 3 GG) oder in die Freiheit der Berufsausübung (Art 12 Abs 1 GG); zB durch § 15 Abs 1 Nr 3 (BVerfGE 30, 336, 350 f.).

22 Auf die **Pressefreiheit** (Art 5 Abs 1 S 2 GG) nehmen nur wenige Entscheidungen zum Jugendmedienschutz Bezug (s aber BVerfGE 77, 346, 354 zur Prüfungspflicht des Presse-Grossisten bei schwer jugendgefährdenden Medien; VG Köln v 30.11. 2007 – 27 K 4437/06, Rn 29 ff. [juris] zu Werbeanzeigen für Telefonsex im Anzeigenteil einer Fernsehzeitung), obwohl häufig gerade dem Pressebegriff unterfallende Erzeugnisse wie Zeitungen, Zeitschriften und Bücher indiziert werden. Zwar wurde vom BVerfG zunächst betont, dass zur Pressefreiheit auch die Meinungsfreiheit gehöre und die Pressefreiheit „mehr als ein Unterfall der Meinungsfreiheit" sei (BVerfGE 10, 118, 121). Soweit es jedoch ausschließlich um die Beurteilung der Zulässigkeit bestimmter Meinungsäußerungen gehe, sei das Grundrecht der Meinungsfreiheit einschlägig. Der Schutzbereich der Pressefreiheit sei (vor allem) berührt, wenn es um die einzelne Meinungsäußerungen übersteigenden institutionell-organisatorischen Voraussetzungen und Bedingungen für eine freie Presse gehe (BVerfGE 77, 346, 354; 85, 1, 12 f.; 86, 122, 128; 95, 28, 34; 97, 391, 400; 113, 63, 75; NJW 1992, 1442, 1443; 2012, 756; ebenso BK/*Degenhart* Art 5 Abs 1, 2 Rn 31, 33; *Jarass*/*Pieroth* Art 5 Rn 24; *Dreier*/*Schulze-Fielitz* Art 5 I, II Rn 97; aA *Sachs*/*Bethge* Art 5 Rn 89). Zu den spezifischen Aspekten der Pressefreiheit gehören zB die äußere Gestaltung der Beiträge, die Aufmachung, ferner der Informantenschutz, die Nachrichtenbeschaffung oder das Redaktionsgeheimnis (BK/*Degenhart* Art 5 Abs 1, 2 Rn 11, 33). Da der Jugendmedienschutz allein dem Schutz von Kindern und Jugendlichen vor sie gefährdenden Inhalten dient, beschränkt sich die Abwägung regelmäßig auf die Einschränkung der Meinungsfreiheit (BVerfGE 90, 1, 14; s aber § 22 Rn 1).

23 Die Indizierung – dh die Aufnahme eines Mediums in die Liste jugendgefährdender Medien (§ 18 Abs 1) – setzt ein bereits vorhandenes Medium voraus. Da sie erst nach Erscheinen des Mediums erfolgt, ist sie **keine verfassungswidrige Vorzensur** (BVerfGE 83, 130, 155). Art 5 Abs 1 S 3 GG untersagt „einschränkende Maßnahmen vor der Herstellung oder Verbreitung eines Geisteswerks, insbesondere das Abhängigmachen von behördlicher Vorprüfung und Genehmigung seines Inhalts" (BVerfGE 33,

52, 72; 47, 198, 236; 73, 118, 166; 83, 130, 155; 87, 209, 230; NJW-RR 2007, 1053, 1054), nicht aber eine Nachzensur, die erst nach der Veröffentlichung eingreift und zu Abgabe-, Verbreitungs- und Werbebeschränkungen (§ 15 Abs 1) führt. Wegen dieser an sie anknüpfenden Verbote greift aber bereits die Indizierung selbst in den Schutzbereich der Art 5 Abs 1, 3, Art 12 Abs 1 GG ein (BVerfGE 90, 1, 16; NVwZ-RR 2008, 29).

Daneben kann der Jugendschutz auch in die entsprechenden **Grundrechte von** 24 **Kindern und Jugendlichen** eingreifen (*Mahrenholz* HdbVerfR § 26 Rn 97; *Beisel* 1997, S 204f.; *Gnüchtel* 2013, S 211 ff.). Da der staatliche Jugendschutz seine Legitimation daraus bezieht, dass Kinder und Jugendliche mit eigener Menschenwürde und eigenem Recht auf freie Entfaltung der Persönlichkeit ausgestattet sind und sich in einem zu schützenden Entwicklungsprozess befinden, muss er selbst diese Rechte auch beachten. Wenn der Jugendliche „von vornherein und mit zunehmendem Alter in immer stärkerem Maße eine eigene durch Art 2 Abs 1 iVm Art 1 Abs 1 GG geschützte Persönlichkeit" (BVerfGE 47, 46, 74) ist, die selbstverantwortlich handeln kann, dann vermag etwa die Sperrung des Zugangs zu Medien, deren Inhalte nur für Kinder gefährlich sind, in das Grundrecht eines fast erwachsenen Jugendlichen auf Informationsfreiheit einzugreifen (zum Vorschlag eines Stufenmodells *Schulz/Korte* ZUM 2002, 721).

III. Schutzziel des Jugendmedienschutzes

Jugendschutz ist Schutz der Persönlichkeitsentwicklung von Kindern und Jugend- 25 lichen. Jugendmedienschutz im weiteren Sinne ist Schutz vor von den Medien ausgehenden Gefahren für die Persönlichkeitsentwicklung. Dazu gehören auch die Gefahren, die der Medienkonsum unabhängig von den Inhalten bei Minderjährigen verursachen kann (zB Verhaltensstörungen bei sog Vielsehern; Wirklichkeitsverlust durch Vermischung realer und virtueller Welten [s dazu *Enquete-Kommission*, BT-Drs 13/11 001, 10f.]; Computerspielsucht [s dazu *Altenhain/Liesching* BPjM-Aktuell 1/2011, 3 ff.]). Der Jugendmedienschutz im engeren Sinne, wie er im JuSchG und im JMStV normiert ist, wendet sich gegen Gefahren, die von den **Inhalten** in den Medien ausgehen. Er soll Kinder und Jugendliche vor Inhalten abschirmen, die nach der Einschätzung des Gesetzgebers ihre Persönlichkeitsentwicklung schädigen können **(negativer Jugendmedienschutz)**. Er dient nicht dazu, sie den Umgang mit den Medien und den von ihnen transportierten Inhalten zu lehren (positiver Jugendmedienschutz; s dazu *Enquete-Kommission* BT-Drs 13/11 001, 12, 37 ff.).

Auch die jugendmedienschutzrechtlichen Bestimmungen des JuSchG (§§ 11–16) 26 richten sich gegen Gefahren, die von den Inhalten der Medien für die Persönlichkeitsentwicklung von Kindern und Jugendlichen ausgehen. Während das GjSM diesen Zusammenhang zwischen der verfassungsrechtlichen Fundierung des Jugendschutzes (Rn 18 f.) und dem Schutzziel des einfachen Rechts verdunkelte, indem es von einer „sittlichen" Gefährdung sprach (§ 1 Abs 1 S 1 GjSM), hat der Gesetzgeber des JuSchG nun klargestellt, dass es auch hier darum geht, „die Entwicklung von Kindern und Jugendlichen oder ihre Erziehung zu einer **eigenverantwortlichen und gemeinschaftsfähigen Persönlichkeit**" zu schützen (§§ 14 Abs 1, 15 Abs 2 Nr 5, 18 Abs 1 S 1; ebenso § 1 Abs 1 SGB VIII). Problematisch ist allerdings, dass in den Gesetzesmaterialien die Ansicht vertreten wird, dass sich durch die Gesetzesänderung „keine inhaltliche Änderung der Beurteilungskriterien ergibt" (BT-Drs 14/9013, 25). Diese Äußerung hat dazu geführt, dass die überkommene Auslegung der Indizierungsvoraussetzungen trotz des geänderten Wortlauts weiterhin unverändert zugrunde gelegt wird (BPjM, Entscheidung Nr 5277 v 3.3.2005 – *Popcorn*, BPjM-Aktuell 2/2005, 3; *Liesching/Schuster* § 18 Rn 3, 9 ff.). Das aber ist bedenklich. Denn auf der Grundlage des alten Rechts vertraten gerade die Rechtsprechung und die BPjM Schutzzielbestimmungen, die den verfassungsrechtlichen Vorgaben nicht entsprachen. Im Einzelnen:

1. Schutz vor sittlicher Verwahrlosung (früher hM)

27 Der Gesetzgeber verfolgte bei der Einführung des GjS im Jahre 1953 ein materiales Erziehungsziel (BT-Prot 1, 2664), das in Anlehnung an § 1 Abs 1 JWG (Gesetz über Jugendwohlfahrt, aufgehoben durch Art 24 KJHG v 26.6.1990, BGBl I, 1195) bestimmt wurde (BVerfGE 7, 320, 323; *Riedel* 1953, S 33). Danach hatte „jedes deutsche Kind [...] ein Recht auf Erziehung zur leiblichen, seelischen und gesellschaftlichen Tüchtigkeit". Den Gegensatz zu diesem Erziehungsziel bildete der sittlich verwahrloste Jugendliche (BGHSt 8, 80, 83), der „in erheblichem Grade derjenigen [...] sittlichen Eigenschaften ermangelt, die bei einem Minderjährigen seines Alters unter sonst gleichen Verhältnissen als Ergebnis einer ordnungsgemäßen Erziehung vorausgesetzt werden müssen" (*Potrykus* § 1 Anm 4; *Raue* 1970, S 62 f.; *Riedel* 1953, S 63 f.). Vor diesem Hintergrund galt eine Schrift als geeignet, „Kinder oder Jugendliche sittlich zu gefährden" (§ 1 Abs 1 S 1 GjS), wenn sie bei Minderjährigen eine **„sozialethische Begriffsverwirrung"** (BVerwGE 23, 112, 114 f.; 25, 318, 320; 28, 223, 230; 39, 197, 206) oder, was gleichbedeutend war, einen „ernsthaften Entwicklungsschaden für Kinder oder Jugendliche im sittlichen Bereich" (BVerwGE 25, 318, 320; BayObLG NJW 1952, 988) herbeiführen konnte.

28 Dieser Ansatz krankte an drei Gebrechen: (1) Indem man die Gefahren, denen der Jugendschutz begegnen sollte, danach bestimmte, was mit den Erziehungszielen des JWG unvereinbar war, eröffnete man die Möglichkeit, mit den Mitteln des Jugendschutzes gegen jede nicht der Erziehung förderliche Schrift vorzugehen. So begründete die BPjS die Indizierung von Comics damit, dass durch sie „das Bedürfnis nach erhebender und veredelnder Literatur ertötet wird" (zitiert nach *Raue* 1970, S 57; ablehnend BGHSt 8, 80, 84). Damit wurde verkannt, dass die Grundrechte aus Art 5 GG nur eingeschränkt werden dürfen, soweit ihre Ausübung die Jugend schädigen kann, nicht aber schon dann, wenn ihre Ausübung die Jugend nicht fördert. (2) Er ging von tatsächlich nicht gegebenen gesellschaftlichen Voraussetzungen aus, indem er auf dem Funktionieren der überkommenen Sozialisationsstrukturen aufbaute (ebenso zum JWG *Jeand'Heur* 1993, S 120 f.) und ein allgemein anerkanntes Erziehungsideal voraussetzte, welches vor allem in moralischen oder sexuellen Fragen nicht (mehr) bestand. (3) Er verletzte die Neutralitätspflicht des Staates, weil er es diesem ermöglichte, über den Jugendschutz bestimmte Vorstellungen von einer ordnungsgemäßen Erziehung und damit auch moralische oder religiöse Vorstellungen durchzusetzen. So hob der BGH auf die **„christlich-abendländische Weltanschauung"** (BGHSt 8, 80, 83) ab und die BPjS begründete ohne Beanstandung durch das BVerwG die Indizierung eines Buches damit, dass es eine Fehlentwicklung der Einstellung Jugendlicher zum Krieg befürchten lasse, „weil es die Tugenden der Pflichterfüllung, der Tapferkeit und der Liebe zur Heimat und zum Vaterland [...] entwerte" (BVerwGE 23, 112, 117).

2. Schutz vor einer verfassungswidrigen Grundhaltung (heute hM)

29 Die hM hält bis heute fest an den Begriffen der „sozialethischen Verwirrung" bzw. „sozialethischen Begriffsverwirrung" (BVerfG NVwZ-RR 2008, 29, 30; OLG Köln NVwZ 1994, 410, 413) und der **„sozialethischen Desorientierung"** (OVG Münster v 5.12.2003 – 20 A 5599/98, Rn 9 [juris]; VG Köln MMR 2008, 358, 359; v 22.3.2010 – 22 K 181/08, Rn 14 [juris]; ständige Entscheidungspraxis der BPjM, s zuletzt Entscheidung Nr VA 1/13 v 16.7.2013 – *NWA*, BPJM-Aktuell 3/2013, 3, 6, und *Monssen-Engberding* BPjM-Aktuell 4/2009, 3). Während damit früher vor allem eine „sittliche Fehlhaltung" gemeint war (BVerwGE 23, 112, 114; s auch noch OVG Münster aaO Rn 9 [„gesellschaftlich anerkannten sittlichen Normen eklatant zuwiderläuft"]; VG Berlin MMR 2012, 270, 271 [„sittliche Normen und Erziehungsziele"] mit abl Anm *Altenhain*), wird darunter heute mehrheitlich eine **der Wertordnung des Grundgesetzes krass widersprechende sozialethische Haltung** verstanden (BVerwGE 77, 75, 83; *Birkert/Reiter/Scherer* § 4 Rn 4; *BK/Degenhart* Art 5

Abs 1 u 2 Rn 81; *ders* UFITA 2009, 352 f.; *Eifler* 2011, S 28 f.; *Isensee/Axer* 1998, S 46 f.; 185; *Liesching/Schuster* § 18 Rn 7; *Retzke* 2006, 133 f.; *Nikles/Roll* § 18 Rn 4; *Schumann* FS Lenckner, S 576 f.; *Stumpf* 2009, S 178 f.; weiter VG Köln MMR 2008, 358, 359, das alle „gesellschaftlich anerkannten Werte und Normen" einbezieht). Maßgebliche Wertentscheidungen des GG, deren Nichtanerkennung durch ein Kind oder einen Jugendlichen auf eine Fehlentwicklung schließen ließen, seien zB die Menschenwürde und das Persönlichkeitsrecht (BVerfGE 87, 209, 228 f. [zu § 131 StGB]), das Friedensgebot und die Völkerverständigung (BVerwGE 23, 112, 115; BVerfGE 90, 1, 19), die Gleichheit der Geschlechter und der Rassen (BVerfGE 90, 1, 19), die Integrität der Familie (BVerwGE 39, 197, 206) oder die Demokratie (BVerfGE 90, 1, 19). Auch der heute hM schwebt also noch ein materiales Erziehungsziel vor, doch ist an die Stelle des ordentlichen, zu seelischer Tüchtigkeit erzogenen Jugendlichen der verfassungstreue Jugendliche getreten. Zusätzlich verweisen manche Vertreter der hM auf die Verbote des Strafrechts (*Bauer* JZ 1965, 43; *Vlachopoulos* 1996, S 49 ff.; *Wagenitz* DVBl 1972, 392).

Gegen die hM sind zwei Einwände zu erheben: (1) Sie setzt bis heute auf die Vermittlung bestimmter Werte – früher einer sittlichen, heute eine verfassungskonformen Grundhaltung –, obwohl der Verfassungsauftrag allein dahin geht, die Entwicklung zu einer eigenverantwortlichen und gemeinschaftsfähigen Persönlichkeit zu schützen. Sie erlaubt dem Staat die Verfolgung eines **materialen Erziehungsziels**, obwohl die personensorgeberechtigten Personen auf ein formales Erziehungsziel festgelegt sind (§ 1626 Abs 2 BGB). Damit wird sie dem vom Gesetzgeber beabsichtigten Gleichlauf von BGB, § 1 Abs 1 SGB VIII und § 18 Abs 1 S 1 JuSchG (vgl BT-Drs 14/9013, 25) nicht gerecht. Wenn § 1626 Abs 2 BGB den primär zuständigen Personensorgeberechtigten freistellt, welche Inhalte sie dem Kind vermitteln, und ihnen nur vorgibt, dass sie die Eigenverantwortlichkeit des Minderjährigen so fördern sollen, dass dieser bei Volljährigkeit selbständig und eigenverantwortlich handeln kann, dann darf auch der nur sekundär zuständige Staat keine anderen oder weitergehenden Ziele verfolgen. – (2) Die Annahme, jede Entwicklung, die dem Erziehungsziel der Anerkennung der Wertordnung der Verfassung entgegenlaufe, sei fehlgeleitet, beruht auf einer Unterschätzung der Reichweite des Gebots zur **weltanschaulichen Neutralität** des Staates. Die aus Art 4 Abs 1, 3 Abs 3, 33 Abs 3 GG abgeleitete Neutralitätspflicht gilt auch für den Jugendschutz. Sie verbietet dem Staat nicht nur, über den Jugendschutz die Verbreitung bestimmter Anschauungen bei Jugendlichen zu fördern und die anderer zu unterbinden. Da der Staat es grundsätzlich hinnehmen muss, dass in der Gesellschaft Meinungen vertreten werden, die mit der Verfassung nicht in Einklang stehen, ist es zweifelhaft, ob er als Maßstab des Jugendschutzes das Bekenntnis zu den Grundsätzen der Verfassung anlegen darf. So schön die Vorstellung von einer Jugend ist, die die Wertvorstellungen des Grundgesetzes teilt, so wenig darf der Staat ihre Verwirklichung erzwingen. Deshalb geht es zu weit, Fehlentwicklungen danach zu bestimmen, ob die Jugendlichen die Wertordnung des Grundgesetzes teilen oder nicht (vgl § 18 Abs 3 Nr 1). Auch das BVerfG erkennt dies in der Sache an, wenn es – allerdings erst im Zusammenhang mit der Güterabwägung zwischen Jugendschutz und Meinungsfreiheit – ausführt, dass die BPjM prüfen müsse, „ob es der Entwicklung Jugendlicher in einem demokratischen Staat dient, ihnen extreme Positionen [...] vorzuenthalten". Denn: „Die freie Diskussion ist das eigentliche Fundament der freiheitlichen und demokratischen Gesellschaft. Auch Jugendliche können nur dann zu mündigen Staatsbürgern werden, wenn ihre Kritikfähigkeit in Auseinandersetzung mit unterschiedlichen Meinungen gestärkt wird" (BVerfGE 90, 1, 20 f.).

3. Schutz der Persönlichkeitsentwicklung

Vorzugswürdig erscheint daher ein Ansatz, der bei der Beantwortung der Frage, welchen Fehlentwicklungen der Staat entgegenwirken darf, an die Herleitung des Verfassungsrangs des Jugendschutzes anknüpft. Geschützt wird die Entwicklung zu einer Persönlichkeit, die sich eigenverantwortlich innerhalb der sozialen Gemeinschaft frei entfaltet. Ebenso wenig wie der Staat wegen des Gebots zur weltanschaulichen Neutralität eine bestimmte Persönlichkeitsentwicklung, und sei es die zum verfassungstreuen Bürger, vorzeichnen darf, muss er es hinnehmen, dass Jugendliche von anderer Seite derart beeinflusst werden, dass sie, ohne selbst hierüber eigenverantwortlich entschieden zu haben, Meinungen (Ansichten, Wertvorstellungen, Weltanschauungen, Handlungsgrundsätze) zugrunde legen, die ihnen eine freie Entfaltung in der Gemeinschaft erschweren oder unmöglich machen. Nicht der verfassungstreue Bürger, sondern das **Menschenbild der Verfassung** ist Leitbild des Jugendschutzes. Das entspricht dem an die Stelle des § 1 JWG (Rn 27) getretenen § 1 SGB VIII und ergibt sich nun auch eindeutig aus dem JuSchG (§§ 14 Abs 1, 15 Abs 2 Nr 5, 18 Abs 1 S 1). Jugendhilfe und Jugendschutz dienen zuallererst dem Kind oder Jugendlichen, nicht dem Interesse und der Selbstverwirklichung der Eltern, aber auch nicht dem Interesse des Staates (BT-Drs 11/5948, 47 [mit einem Zitat aus *Erichsen*, Elternrecht – Kindeswohl – Staatsgewalt, 1985, S 95]: „nicht das Recht der Eltern zur Erziehung, erst recht nicht andere Interessen, etwa an der Heranziehung der Kinder zu gesellschaftlicher und staatsbürgerlicher Tüchtigkeit, stehen im Mittelpunkt des Norminteresses, sondern die eigene, ursprüngliche, subjektive Rechtsstellung des Kindes, die zu verwirklichen Aufgabe und Ziel jeder am Menschenbild des Grundgesetzes orientierten Erziehung ist."). Die Neuerung des JuSchG, bei dem an die Stelle der früheren „sittlichen" Gefährdung die Gefahr für die Entwicklung zu einer eigenverantwortlichen und gemeinschaftsfähigen Persönlichkeit getreten ist, markiert den Abschied von materialen Erziehungszielen im Jugendschutzrecht. Daran ändert die Äußerung in den Gesetzesmaterialien nichts, dass keine Änderung der Beurteilungskriterien beabsichtigt sei (Rn 26). Diese Ansicht hat sich im JuSchG nicht niedergeschlagen. Es ist daher nicht zulässig, mittlerweile überholte Kriterien (sozial-ethische Desorientierung) weiterhin in das Gesetz hineinzulesen.

32 Um von einer den Staat zum Einschreiten berechtigenden Fehlentwicklung sprechen zu können, ist demzufolge erstens erforderlich, dass der Jugendliche eine Meinung vertritt, obwohl er nicht in der Lage ist, darüber eine eigenverantwortliche Entscheidung zu treffen. Da es um die Sicherstellung der Entwicklung zu einer Persönlichkeit geht, die sich in der Gemeinschaft eigenverantwortlich entfaltet, muss es sich zweitens um eine Meinung handeln, deren Befolgung den Jugendlichen entweder zu einem selbst schädigenden Verhalten oder zur Hinnahme eines ihn schädigenden Verhaltens Dritter verführt, welches die Entwicklung seiner Persönlichkeit erschwert oder unmöglich macht, oder zu einem Verhalten, durch das er sich als ungeeignet zur Entfaltung innerhalb der Gemeinschaft erweist, weil es mit den gesellschaftlichen Mindeststandards unvereinbar ist. Das sind die Ver- und Gebote des Strafrechts, soweit sie die nach der Wertordnung des Grundgesetzes grundlegenden Werte schützen. Eine Fehlentwicklung, gegen die der Staat vorgehen darf, ist demzufolge jede Entwicklung zu einem Zustand, in dem ein Jugendlicher, ohne zu einer eigenverantwortlichen Entscheidung fähig zu sein, eine Meinung teilt, die ihn in eine **fremdbestimmte Opfer- oder Täterrolle** drängt (s auch *Kunczik* 1994, S 233, 239) und somit der Artikulation und Realisierung eigener Interessen und Bedürfnisse zuwiderläuft (vgl *Münder* § 1 Rn 11). Eine fremdbestimmte Opferrolle ist gegeben, wenn der Jugendliche durch diese Meinung zu einer selbst schädigenden Handlung oder zur Hinnahme von Handlungen Dritter an sich bewegt wird, die diese bei Strafe nicht vornehmen dürfen (vgl die entsprechenden Erwägungen des Gesetzgebers zu § 15 Abs 2 Nr 4; dort Rn 86). Eine fremdbestimmte Täterrolle liegt zB vor, wenn der Jugendliche Gewalttätigkeiten oder Verbrechen als akzeptable, ihm zur Verfügung stehende Verhaltensalternativen anerkennt. Hingegen kann von einer staatlicherseits zu bekämpfenden Fehlentwicklung noch nicht gesprochen werden, wenn der Jugendliche aufgrund der übernommenen Meinung Angst vor seinen Mitmenschen empfindet, ein negatives Weltbild gewinnt oder durch die Vermischung realer und virtueller Welten einen Wirklichkeitsverlust erleidet.

IV. Notwendigkeit des Jugendmedienschutzes

Der Jugendmedienschutz zielt darauf ab, die – von den Personensorgeberechtigten nicht kontrollierte – Wahrnehmung bestimmter Medieninhalte durch Kinder und Jugendliche zu verhindern. Der Gesetzgeber geht davon aus, dass es Inhalte gibt, die „die Entwicklung von Kindern und Jugendlichen oder ihre Erziehung zu einer eigenverantwortlichen und gemeinschaftsfähigen Persönlichkeit" gefährden (§§ 14 Abs 1, 18 Abs 1 S 1). Diese Gefährdung stellt die alleinige Rechtfertigung für Grundrechtseingriffe (Rn 21 ff.) im Namen des Jugendmedienschutzes dar. Ihre Existenz ist ebenso umstritten wie die Berechtigung des Gesetzgebers, von ihrer Existenz auszugehen. 33

1. Stand der Wirkungsforschung

Der Gesetzgeber nimmt an, dass grundsätzlich ein potentiell negativer Wirkungszusammenhang zwischen Medien und Persönlichkeitsentwicklung vorhanden ist, vor dem Kinder und Jugendliche zu schützen sind. Ob die Wahrnehmung bestimmter gedanklicher Inhalte bei Kindern und Jugendlichen tatsächlich zu Fehlentwicklungen führen kann, ist in der Wirkungsforschung allerdings umstritten. Weitgehende Übereinstimmung besteht immerhin darüber, dass weder ein direkter Schluss vom Inhalt auf die Wirkung zulässig ist, dh kein unmittelbarer, monokausaler, linearer und symmetrischer Zusammenhang besteht (*Kunczik/Zipfel* 2006, S 53), noch die Medien völlig wirkungslos sind (*Kunczik* 2007, S 1; *Kunczik/Zipfel* 2006, S 13, 84f., 397; *Möller* 2006, S 116; *Schäfer* 2008, S 118 f.). Das Bild, das sich heute aus der Wirkungsforschung ergibt, unterscheidet sich kaum von dem, das sich bereits dem Sonderausschuss des Bundestages für die Strafrechtsreform bei den Beratungen über die Bestrafung von Gewaltdarstellungen, die begrenzte Freigabe der einfachen Pornografie und das Verhältnis dieser Vorschriften zu § 6 GjS aF nach umfangreicher Sachverständigenanhörung bot (BT-Drs 6/3521, 5 f., 58 f.). 34

Eine Aussage über die **langfristigen Auswirkungen** des Konsums bestimmter gedanklicher Inhalte auf die Persönlichkeitsentwicklung von Kindern und Jugendlichen ist nach wie vor so gut wie unmöglich. Zwar gilt weitgehend zu den im Mittelpunkt der Medienwirkungsforschung stehenden gewalthaltigen Inhalten die Aussage als gesichert, *dass* sie unter bestimmten Umständen langfristige negative Wirkungen haben können (zB Aufbau bzw. Stabilisierung einer violenten Persönlichkeitsstruktur; vgl *Kunczik/Zipfel* 2006, S 13; *Schäfer* 2008, S 90). Jedoch können bislang keine gesicherten Aussagen dazu gemacht werden, unter welchen Bedingungen solche negative Wirkungen entstehen können (weitergehend *Kanz* 2013, S 199 ff.; *Möller/Krahé* 2013, S 311 ff.; *Mößle* 2012, S 332 ff., 338). Ob dies künftig möglich sein wird, ist fraglich, da Fallanalysen nicht verallgemeinerbar sind (aA *Glogauer* 1994, S 95 ff., 149 ff.; *ders*, 1998, S 167 ff.; gegen dessen Methode *Kunczik* 1995, S 126: „aus der Mottenkiste der Wirkungsforschung", „eindeutig falsch"), Laborversuche als Experimente an Kindern und Jugendlichen unzulässig sind (abgesehen von der grundsätzlich zu übenden Methodenkritik; s dazu *Elson* 2011) und Feldstudien wegen der Vielzahl der Einflussfaktoren schwierig sind (*Kunczik/Zipfel* 2006, S 83 f., 396). 35

Die hauptsächlich auf Fernsehen und Video sowie in den letzten Jahren auch auf Computerspiele bezogenen empirischen Untersuchungen sollen aber in beschränktem Umfang Annahmen zu den **kurzfristigen Auswirkungen** erlauben. Danach können Gewaltdarstellungen in den Massenmedien auf bestimmte Kinder und Jugendliche und Gruppen von Kindern und Jugendlichen aggressivitätssteigernd wirken, zB wenn gewalttätiges Verhalten in der Familie oder Subkultur bereits erlernt worden ist oder üblich ist, die Art der Darstellung realistisch ist, den Eindruck eines normalen, alltäglichen oder gar legitimen Verhaltens erweckt, dem Jugendlichen eine Identifikationsmöglichkeit gibt oder die Gewalt folgenlos bleibt (*Kunczik/Zipfel* 2006, 36

S 249 ff., 398; *dies* 2013, S 301). Unter entsprechenden Voraussetzungen können aggressiv-pornografische Inhalte, insbesondere solche, bei denen das Opfer (nachträglich) Zustimmung signalisiert (zB Darstellungen sog „positiver" Vergewaltigungen), die Bereitschaft zu Gewalt gegen Frauen erhöhen (*Kunczik* 1994, S 141 ff.; *Möller* 2006, S 86; *Selg* 1986, S 90 ff., 104 f., 116, 149 ff.). Zurückhaltender sind die Einschätzungen über die Wirkung einfacher Pornografie auf die Persönlichkeitsentwicklung Jugendlicher (*Selg* 1986, S 84 ff., 144, 147 f.). Ihre Wirkung auf Jugendliche wird geringer veranschlagt als die von Gewaltdarstellungen.

37 Es wird überwiegend angenommen, dass sich die Ergebnisse der Wirkungsforschung zum Fernsehen auf gewalthaltige **Computerspiele** übertragen lassen oder die potentielle negative Wirkung sogar noch stärker ist (*Kunczik* 2007, S 10 ff.; *Kunczik/Zipfel* 2006, S 295 f.; *dies* 2007, S 235 ff.; *dies* 2013, S 301; *Möller* 2006, S 105, 107 f.; *Schäfer* 2008, S 97; aA *Ladas* 2002, S 239; differenzierend *Kanz* 2013, S 200 ff. [die langfristige negative Wirkung auf männliche Minderjährige sei gering; bei weiblichen Minderjährigen seien demgegenüber deutlichere Effekte zu ermitteln]). In verschiedenen Studien wurden Hinweise darauf gefunden, dass gewalthaltige Computerspiele die emotionale Sensibilität senken (*Esser/Witting* BPjS-Aktuell 4/2000, 5, 11; *Höynck/Pfeiffer* ZRP 2007, 91; *Möller* 2006, S 124 f.; *Trudewind/Steckel* BPjS-Aktuell 2/2001, 11) und prosoziales Verhalten reduzieren (*Kunczik/Zipfel* 2007, S 236 f.). Diese Annahmen sind allerdings nicht hinreichend empirisch abgesichert (*Kunczik* 2007, S 8 ff.; *Kunczik/Zipfel* 2007, S 235 ff.; *Möller* 2006, S 107, 110 f.). Die durchgeführten Studien liefern uneinheitliche, zum Teil widersprüchliche Befunde und sind teilweise methodisch angreifbar (*Kunczik* 2007, S 8 ff.; *Kunczik/Zipfel* 2006, S 288, 322 ff.). Insbesondere ist noch offen, unter welchen Bedingungen eine schädliche Wirkung von gewalthaltigen Computerspielen ausgehen kann (*Kunczik/Zipfel* 2007 S 237 f.). Es wird vermutet, dass hierbei Personenvariablen, das soziale Umfeld, situative Einflüsse und Inhaltsvariablen eine Rolle spielen (*Kunczik/Zipfel* 2006, S 313 ff.). Eine Sonderstellung nehmen Computerspiele ein, bei denen mehrere Jugendliche mit- oder gegeneinander spielen. Hier gibt es ältere Hinweise, dass sie trotz eines hohen Anteils an Gewaltdarstellungen nicht zur Steigerung der Gewaltbereitschaft führen (*Fritz* S 213; *Greenfield* 1987, S 97; *Ladas* 2002, S 239), entscheidend bleibt aber auch danach die zugrunde liegende Spielidee. Neuere Studien deuten hingegen darauf hin, dass das Wettbewerbsmotiv negative Effekte gerade fördert (*Kunczik* tv-diskurs 62 [2012], 76; *Kunczik/Zipfel* 2007, S 237).

2. Einschätzungsprärogative des Gesetzgebers

38 Die hM räumt dem Gesetzgeber in einer wissenschaftlich ungeklärten Situation, in der die Möglichkeit einer Gefahr für bedeutsame Rechtsgüter nicht ausgeschlossen werden kann, eine Einschätzungsprärogative ein. Ein wissenschaftlicher Beweis des Wirkungszusammenhangs zwischen bestimmten gedanklichen Inhalten und Fehlentwicklungen bei Jugendlichen ist danach nicht notwendig. Vielmehr steht dem Gesetzgeber ein nur begrenzt gerichtlich nachprüfbarer **Beurteilungsspielraum bei der Einschätzung der Gefahrenlage** und der Notwendigkeit eines Einschreitens zu, dessen Umfang sich nach der „Eigenart des in Rede stehenden Sachbereichs, (der) Möglichkeit, sich ein hinreichend sicheres, empirisch abgestütztes Urteil zu bilden, sowie (der) Bedeutung der betroffenen Rechtsgüter" richtet (BVerfGE 50, 290, 332 f.; 57, 139, 159; 62, 1, 50; 83, 130, 141 f.; 120, 224, 240; 121, 317, 350; 126, 112, 141). Innerhalb dieses Spielraums ist jede sachgerechte, vertretbare und mit der Verfassung vereinbare Entscheidung des Gesetzgebers hinzunehmen, die er ohne Zugrundelegung falscher Tatsachenannahmen und unter Ausschöpfung aller ihm zugänglicher Erkenntnisquellen trifft (BVerfGE 13, 97, 113; 16, 147, 181 f.; 30, 250, 263 f.; 49, 89, 90; 50, 290, 333 f.; 61, 291, 313 f.; 71, 206, 215 f.). Für den Jugendschutz folgt daraus, dass der Gesetzgeber unter den genannten Voraussetzungen von einem Wirkungszusammenhang zwischen dem Konsum pornografischer, Gewalt

verherrlichender und anderer Inhalte, deren schädliche Wirkung nach derzeitiger wissenschaftlicher Erkenntnis nicht von vorneherein ausgeschlossen werden kann, und Fehlentwicklungen bei Jugendlichen ausgehen darf, da es um die Abwehr nach derzeitigem Kenntnisstand möglicher Gefahren für ein Rechtsgut mit Verfassungsrang geht (BVerfGE 83, 130, 141 f.; NJW 1986, 1241, 1242; ZUM-RD 2010, 61 f.; BVerwGE 39, 197, 200; 116, 5, 24; BGH NJW 2008, 1882, 1885; v 18.10.2007 – I ZR 165/05, Rn 32 [juris]; LG Krefeld v 5.1.2005 – 12 O 110/04 Rn 48 [juris]; *Beisel* 1997, 207, 314 f.; *Spindler/Schuster/Erdemir* § 1 JMStV Rn 26; *Gnüchtel* 2013, S 211; *Mahrenholz* HdbVerfR § 26 Rn 100; *Meirowitz* 1993, S 225 ff.; *Schefold* 1988, S 118; *Schraut* 1993, S 61 f.; *Schulz* 1995, S 354 f.; *Vlachopoulos* 1996, S 44 f.; *Weides* NJW 1987, 225; s auch Schriftlicher Bericht des Sonderausschusses für die Strafrechtsreform, BT-Drs 6/3521, 6).

Der Einwand, dies verstoße gegen den Grundsatz **in dubio pro libertate** 39 (*Gehrhardt* 1974, S 42 f.; *Köhne* MMR 4/2004, XXI; ablehnend auch BK/*Degenhart* Art 5 Abs 1u 2 Rn 81), verfängt nicht, weil er außer Acht lässt, dass es hier auf beiden Seiten um Rechte Dritter geht. Würde wegen der Zweifel am Wirkungszusammenhang auf den Jugendmedienschutz verzichtet, ginge der Zweifel zu Lasten der grundgesetzlich geschützten Persönlichkeitsentwicklung von Kindern und Jugendlichen. Hinzu kommt, dass eine nach der Wirkungsforschung im Promillebereich anzusetzende Wahrscheinlichkeit angesichts der in die Millionen gehenden Zahl jugendlicher Empfänger solcher Inhalte zu einer erheblichen Anzahl konkret gefährdeter Jugendlicher führen kann (*Kunczik* 1995, S 131; *Selg* 1986, S 92). Diese Zusammenhänge übersieht auch eine neuere Ansicht, die dem Gesetzgeber die Einschätzungsprärogative und damit auch seine Legitimation zum Erlass jugendmedienschutzrechtlicher Verbote abspricht, weil er keine ernsthaften eigenen Aufklärungsanstrengungen in der Wirkungsforschung unternommen habe (*Berger* MMR 2003, 775; ähnlich OVG Lüneburg GewArch 2010, 499, 502 [je länger der Zeitraum andauere, in dem keine Belege für die Wirkung gewalthaltiger Medien vorgelegt werden können, desto weniger sei eine Berufung auf nur vermutete Effekte zulässig]; zur Pornografie ebenso *Schumann/Schumann* FS Seebode, S 368 ff.; dagegen *Döring/Günther* MMR 2004, 234; *Erdemir* MMR 2/2004, V; *Liesching* MMR 2/2004, VII; *Reißer* 2011, S 75 f.; *Stumpf* BRJ 1/2010, 62). Zwar trifft den Gesetzgeber eine Pflicht zur Beobachtung der weiteren Entwicklung, wenn hinsichtlich einer Gefährdungslage zum Zeitpunkt des Erlasses der Regelung noch keine verlässlichen wissenschaftlichen Erkenntnisse vorliegen (BVerfGE 110, 141, 158). Jedoch sind bis heute Untersuchungen in der Medienwirkungsforschung erfolgt und die Situation ist trotzdem weiterhin ungeklärt (vgl hierzu auch BVerfG ZUM-RD 2010, 61, 62). Weshalb die Einschätzungsprärogative durch schlichten Zeitablauf entfallen soll, ist nicht ersichtlich. Es gibt keine Pflicht des Gesetzgebers, bis zu einem bestimmten Zeitpunkt den endgültigen Beweis zu erbringen. Die Einschätzungsprärogative entfällt erst, wenn die Gefährdung Jugendlicher nach dem Stand der Wissenschaft vernünftigerweise auszuschließen ist. – Zur gesetzgeberischen Einschätzung des Alters gefährdeter Jugendlicher und zur Bestimmung des Kreises der gefährdeten Jugendlichen s § 18 Rn 10 ff.

3. Konsequenzen für die Auslegung des JuSchG

Hat der Gesetzgeber seine Einschätzungsprärogative wahrgenommen, ergeben sich 40 daraus sowohl für ihn selbst, als auch für den Rechtsanwender Konsequenzen. Da sein Gefahrurteil eine Unterstellung ist, muss der Gesetzgeber dafür sorgen, dass bei der Rechtsanwendung sichergestellt ist, dass die Voraussetzungen erfüllt sind, an die er sein Gefahrurteil geknüpft hat, bestimmte Inhalte könnten jugendgefährdend sein. Deshalb muss er das **Verwaltungsverfahren** der BPjM so ausgestalten, dass die Indizierung eines Mediums nur nach eingehender Prüfung erfolgt und eine qualifizierte Mehrheit eines sachverständigen Gremiums entscheidet, § 19 Abs 6 (BVerfGE 83, 130, 152 f.; *Vlachopoulos* 1996, S 46 Fn 97, 257). Die BPjM als Gesetzesanwenderin muss die gesetzgeberische Einschätzung akzeptieren, dh sie muss die gesetzgeberische Annahme, dass bestimmte Inhalte generell jugendgefährdend sind, ihrer Einschätzung zugrunde legen, ob ein Medium jugendgefährdend ist (BVerfGE 83, 130, 147). Das schließt nicht aus, dass die BPjM im Einzelfall eine Jugendgefährdung verneint. Sie muss aber andererseits auch den Rahmen einhalten, in dem der Gesetzgeber von der Einschätzungsprärogative Gebrauch gemacht hat, dh sie darf sich diese nicht selbst anmaßen. Daraus ergeben sich Konsequenzen für die Auslegung der §§ 15 Abs 2, 18 Abs 1:

41   § 18 Abs 1 S 2 nennt beispielhaft („vor allem") einige vom Gesetzgeber als jugendgefährdend eingestufte Inhalte. Mit der **Generalklausel des § 18 Abs 1 S 1** hat der Gesetzgeber bewusst seine Einschätzungsprärogative bezüglich weiterer Inhalte an die BPjM abgegeben (BT-Drs 1/1101, 9f.). Das BVerfG hält diese Delegation gesetzgeberischer Kompetenz an die Exekutive für verfassungsgemäß. Der Gesetzgeber dürfe „ohne Verfassungsverstoß davon ausgehen, dass Schriften (§ 1 Abs 1 GjS) jugendgefährdende Wirkung haben können" (BVerfGE 83, 130, 140; weitergehend BVerfGE 47, 109, 117). Die Generalklausel sei unter Heranziehung der Beispiele des § 18 Abs 1 S 2, der Gesetzesmaterialien und der Tendenzschutzklausel (§ 18 Abs 3 Nr 1) auch hinreichend bestimmt (BVerfGE 90, 1, 16f.; s auch NVwZ-RR 2008, 29). Diese Auffassung überzeugt nicht: Die Zubilligung einer Einschätzungsprärogative enthebt den Gesetzgeber des Nachweises, nicht der **Benennung der Gefahr.** Daher ist zirkulär, die Generalklausel damit zu rechtfertigen, dass der Gesetzgeber die Weiterentwicklung der Gefährdungstatbestände der BPjM habe überlassen wollen (so aber Nikles/*Roll* § 18 JuSchG Rn 6). Der Gesetzgeber kann sich dieser Aufgabe nicht einfach entledigen. Er muss seine Einschätzungsprärogative selbst wahrnehmen und im Gesetz niederlegen, welche Inhalte seiner Ansicht nach jugendgefährdend sind. Das ist mit der aus unbestimmten Rechtsbegriffen zusammengesetzten Generalklausel des § 18 Abs 1 S 1 nicht geschehen. Die Formulierung „die Entwicklung von Kindern und Jugendlichen oder ihre Erziehung zu einer eigenverantwortlichen und gemeinschaftsfähigen Persönlichkeit" ist inhaltlich völlig unbestimmt und gibt lediglich das Schutzziel des JuSchG wieder. Sie bezeichnet nicht die Inhalte, die zur Erreichung dieses Ziels indiziert werden müssen. Da wissenschaftlich gesicherte Erkenntnisse fehlen, ist auch nicht ersichtlich, wie es der BPjM gelingen soll, klare Konturen zu entwickeln (zur unbefriedigenden Fallgruppenbildung s § 18 Rn 8 f., 37 ff.). Die ohne Begründung aufgestellte Behauptung, dem Gesetzgeber sei „eine genauere begriffliche Umschreibung des Indizierungstatbestandes kaum möglich" (BVerfGE 90, 1, 16; ebenso *Vlachopoulos* 1996, S 60), wirft die Frage auf, wieso dies dann der BPjM möglich sein soll. Dass es sich beim Jugendmedienschutz um ein Sachgebiet handelt, in dem ein schnelles Reagieren der Exekutive auf neue Entwicklungen erforderlich ist (BVerfGE 30, 336, 350; *Vlachopoulos* 1996, S 58), bedeutet nicht, dass es nicht regelungsreif oder gar regelungsfeindlich sind (s zu diesen Fallgruppen sachstruktureller Grenzen des Gesetzesvorbehalts *Ossenbühl* HStR, 3. Aufl 2007, Bd V, § 101 Rn 77 ff.), ist falsch. Das zeigt sich an der geringen Anzahl und den wenigen Veränderungen bei den von der hM anerkannten Fallgruppen (§ 18 Rn 37 ff.). Davon zu unterscheiden (und deshalb für die hier erörterte Frage unerheblich) ist, dass sich innerhalb einzelner Fallgruppen des § 18 Abs 1 S 2 die Gewichtungen verschoben haben (zB gelten Aktfotos inzwischen nicht mehr ohne weiteres als unsittlich). Im Ergebnis bedeutet das: § 18 Abs 1 ist im Wege verfassungskonformer Auslegung auf die in Abs 1 S 2 genannten Inhalte zu beschränken.

42   Die **Generalklausel des § 15 Abs 2 Nr 5** verstößt zudem gegen den strafrechtlichen Bestimmtheitsgrundsatz (Art 103 Abs 2 GG), weil er in Verbindung mit §§ 15 Abs 1, 27 Abs 1 Nr 1, 2, Abs 3 ohne vorherige Indizierung unmittelbar zur Strafbarkeit führt (aA zu § 6 GjS: BVerfGE 11, 234, 237; 77, 346, 358; 83, 130, 145; dagegen zutreffend *Geis* NVwZ 1992, 27; *Gusy* JZ 1991, 471; *Lober* 2000, S 20; in diese Richtung auch *Stumpf* 2009, S 289 f.).

V. Instrumente des Jugendmedienschutzes

Das JuSchG unterscheidet zwischen dem Jugendmedienschutz bei Filmvorführungen und bei Bildträgern mit Filmen und Spielen einerseits (§§ 11–14) und dem Jugendmedienschutz bei sonstigen Trägermedien (§ 15) und bei Telemedien (§ 16) andererseits: Für Filme und Bildträger gelten Verbreitungsverbote mit Erlaubnisvorbehalt (§§ 11, 12). Sie verbieten grundsätzlich die öffentliche Vorführung von Filmen vor Kindern und Jugendlichen und die Verbreitung von Bildträgern an Kinder und Jugendliche, es sei denn, der Film oder der Bildträger ist zuvor von der obersten Landesbehörde freigegeben worden (Alterskennzeichnung). Für alle anderen Trägermedien gelten grundsätzlich Verbreitungserlaubnisse mit Verbotsvorbehalt. Sie können uneingeschränkt verbreitet werden. Das gilt sogar dann, wenn sie (einfach) jugendgefährdend sind. Erst nachdem ein Trägermedium von der BPjM in die Liste der jugendgefährdenden Medien (den Index) aufgenommen (indiziert) worden ist (§ 18 Abs 1) und dies bekannt gemacht worden ist (§ 24 Abs 3 S 1), greifen die Abgabe-, Verbreitungs- und Werbeverbote des § 15 Abs 1 ein. Nur in Ausnahmefällen ist eine vorangehende Indizierung nicht erforderlich (sog Indizierung kraft Gesetzes; §§ 15 Abs 2, 3, 18 Abs 5) oder knüpft ein Verbot schon an das anhängige Indizierungsverfahren an (§ 15 Abs 5). Telemedien können ebenfalls indiziert werden, doch richten sich die Rechtsfolgen der Indizierung nach Landesrecht (§ 16), also dem JMStV. Verstöße gegen die Verbote der §§ 11, 12, 15 werden als Straftaten oder Ordnungswidrigkeiten verfolgt (§§ 27, 28).

1. Indizierung

Indizierbar sind Träger- und Telemedien (§ 18 Abs 1 S 1). Über die Indizierung entscheidet die BPjM (§ 17). Die Indizierung erfolgt, wenn das Medium geeignet ist, die Entwicklung von Kindern oder Jugendlichen oder ihre Erziehung zu einer eigenverantwortlichen und gemeinschaftsfähigen Persönlichkeit zu gefährden (§ 18 Abs 1 S 1). Mit Aufnahme in die Liste treten Abgabe-, Verbreitungs- und Werbeverbote (§ 15 Abs 1) sowie für Rundfunk und Telemedien die Beschränkungen des § 4 Abs 1 S 1 Nr 11, Abs 2 S 1 Nr 2 JMStV in Kraft. Dabei sind keine Altersabstufungen vorgesehen. Die Beschränkungen betreffen die allgemeine Zugänglichmachen indizierter Medien an Jugendliche (§ 15 Abs 1 Nr 1), aber auch spezielle Vertriebswege zB durch Kioske (Nr 3) oder Versandhandel (Nr 5). Auch die Werbung an Orten, die von Kindern oder Jugendlichen besucht oder eingesehen werden können, ist untersagt (Nr 6), nach hM sogar die sog neutrale Werbung, die nicht selbst jugendgefährdende Inhalte aufweist. Verstöße gegen die Beschränkungen des JuSchG sind Straftaten oder Ordnungswidrigkeiten (§§ 27, 28).

Die Indizierung führt nicht zu Abgabe-, Verbreitungs- oder Werbeverboten gegenüber Erwachsenen. Sofern ein Ausschluss von Minderjährigen zuverlässig erreicht werden kann („effektive Barriere", s dazu § 1 Rn 66 ff., 77), ist ein Vertrieb von indizierten Medien auch im Versandhandel und mit Einschränkungen auch als Telemedium zulässig (§ 1 Abs 4 JuSchG, § 4 Abs 2 S 2 JMStV). Nur in bestimmten Fällen ist der Besitz, Verkauf, Erwerb usw. von jugendgefährdenden Medien an bzw durch Erwachsene strafbar. Der Grund dafür liegt dann aber nicht in der Indizierung, sondern darin, dass es sich um Inhalte handelt, die (auch) Straftatbestände verwirklichen (zB §§ 86, 86a, 130, 131, 184a–c StGB). Medien mit strafrechtlich relevanten Inhalten unterliegen zumeist als schwer jugendgefährdende Inhalte (§ 15 Abs 2) ohne vorherige Indizierung den Verboten des § 15 Abs 1. Sie können eingezogen werden (§§ 74 ff. StGB).

2. Alterskennzeichnung

Die Alterskennzeichnung ist im JuSchG nur für Filme (§ 11) und Bildträger mit Filmen und Spielen (§ 12) vorgesehen, im JMStV zudem für alle entwicklungsbeeinträchtigenden Telemedien (§ 5 JMStV). Indizierung und Alterskennzeichnung schließen einander aus (§§ 14 Abs 4, 18 Abs 8). Anders als bei der Indizierung, die eine Verbreitung an alle Minderjährigen untersagt, kennt das System der Alterskennzeichnung fünf Altersstufen (§ 14 Abs 2). Sofern die Filme oder Bildträger geeignet sind, die Entwicklung von Kindern oder Jugendlichen einer bestimmten Altersstufe oder ihre Erziehung zu einer eigenverantwortlichen und gemeinschaftsfähigen Persönlichkeit zu beeinträchtigen, dürfen sie nicht für diese Altersstufe freigegeben werden (§ 14 Abs 1). Die Freigabe erfolgt durch die obersten Landesjugendbehörden, in der Regel in einem gemeinsamen Verfahren mit Organisationen der freiwilligen Selbstkontrolle (§ 14 Abs 6). Die Folgen einer Altersbeschränkung (selbst derjenigen als „Keine Jugendfreigabe") sind weniger einschneidend als die einer Indizierung. So dürfen Bildträger zwar nicht Kindern und Jugendlichen, die nicht der freigegebenen Altersklasse entsprechen, angeboten und überlassen werden, es darf aber für sie uneingeschränkt geworben werden (vgl § 12 Abs 3). Das hat zur Folge, dass gekennzeichnete Bildträger im Handel ausgelegt werden dürfen, weil aus der Kennzeichnung ersichtlich wird, dass sie jüngeren Kindern und Jugendlichen nicht zum Kauf angeboten werden. Dadurch und durch die feinere Abstufung nach Altersklassen ermöglicht die Alterskennzeichnung einen umfangreicheren Vertrieb.

VI. Räumlicher Anwendungsbereich des JuSchG

47 Der räumliche Geltungsbereich des JuSchG entspricht dem Zuständigkeitsbereich des gesetzgebenden Hoheitsträgers, der Bundesrepublik Deutschland. Von diesem Geltungsbereich ist der Anwendungsbereich des JuSchG zu unterscheiden. Grundsätzlich können Normen, die im Inland gelten, auch auf Sachverhalte im Ausland anwendbar sein oder ausländische Rechte oder Rechtsgüter schützen. So wird im Strafrecht zu dem Verbot der Verbreitung einfacher Pornografie (§ 184 StGB), das den Verbreitungsverboten des JuSchG weitgehend entspricht, die Auffassung vertreten, dass es auch die **Verbreitung ins Ausland** untersage (OLG Karlsruhe NJW 1987, 1957). Für das JuSchG deuten § 15 Abs 1 Nr 5 und 7 auf einen gegenteiligen Standpunkt des Gesetzgebers hin. Danach ist nur das Einführen, nicht aber das Ausführen indizierter Trägermedien untersagt (s demgegenüber § 184 Abs 1 Nr 9 StGB).

48 Die Verbote des JuSchG sind jedoch anwendbar auf die **Verbreitung ins Inland,** dh wenn das Träger- oder Telemedium vom Ausland aus in den Geltungsbereich des JuSchG gelangt. Eine Beschränkung auf Personen im Inland enthält das Gesetz nicht. Gegen eine solche Einschränkung spricht auch das Verbot der Einfuhr indizierter Medien (§ 15 Abs 1 Nr 5, 7). Es wurde eingeführt, weil nicht jede Einfuhr eine Tat iSd anderen Varianten des § 15 Abs 1 ist. Anerkannt war aber auch zuvor schon, dass eine Schrift durch ihre Einfuhr verbreitet werden kann und dass das Gesetz (damals noch das GjS) daher auf Handlungen im Ausland Anwendung finden kann (LG Stuttgart NJW 1965, 595, 596 [zu § 184 StGB aF]; zustimmend *Potrykus* NJW 1966, 1156 f. [für das GjS]). Fraglich ist, ob auch das Zugänglichmachen eines indizierten Mediums im Ausland, bei dem seine Verkörperung im Ausland verbleibt, unter die Verbote des JuSchG fällt. Bei Trägermedien ist das regelmäßig zu verneinen, weil die Gefahr der Wahrnehmung ihres Inhalts dann auch nur im Ausland besteht. Der Jugendliche muss ins Ausland reisen, um das Trägermedium sehen oder hören zu können. Für indizierte Telemedien gilt das JuSchG von vornherein nicht (§ 16). Hier greift jedoch § 4 JMStV ein. Die Anwendbarkeit des JMStV auf ausländische Telemedien wird von dem anerkannten Grundsatz gedeckt, dass der Staat zur Abwehr von Gefahren berechtigt ist, die inländischen Rechtsgütern vom Ausland her drohen (*Greiner* 2001, S 134; *Ohler* 2005, S 309). Das kann insbesondere dann nicht zweifelhaft sein, wenn das Telemedium gezielt an Minderjährige oder unkontrolliert an Personen im Inland versandt (per E-Mail, Push-Dienst etc) oder auf einem für Minderjährige zugänglichen Rechner im Inland abgelegt wird. Dasselbe gilt aber auch, wenn der Inhalt nur auf einem Rechner im Ausland zugänglich gemacht wird. Denn auch hier muss sich der Jugendliche nicht über Datennetze „ins Ausland" begeben, um den Inhalt wahrnehmen zu können, sondern der Inhalt wird zu ihm transportiert. Der Unterschied besteht allein darin, dass der Transport auf seine Veranlassung hin erfolgt. Gerade das ist aber nach der Prämisse des Jugendmedienschutzes unbeachtlich. Weil Kinder und Jugendliche nach der Einschätzung des Gesetzgebers nicht in der Lage sind, mit sie gefährdenden Inhalten umzugehen, untersagt er nicht nur das „Aufdrängen" des Inhalts an den passiven, sondern auch das Ermöglichen der Kenntnisnahme durch den „aktiven" Jugendlichen. Einschränkungen ergeben sich jedoch für geschäftsmäßige Angebote aus dem **EU-Ausland** aus dem europarechtlichen Herkunftslandprinzip. Danach dürfen Inhalte von Telemedien, die nach dem Recht ihres Herkunftslandes zulässig sind, auch in Deutschland nicht untersagt werden (§ 3 Abs 2 TMG). Das gilt auch dann, wenn solche Inhalte nach deutschem Recht unzulässig sind oder jedenfalls nicht an Kinder und Jugendliche gelangen dürften. Das Herkunftslandprinzip gilt grundsätzlich auch im Bereich des Jugendschutzes; nur unter bestimmten Voraussetzungen darf in begründeten Einzelfällen zum Schutz der Jugend von ihm abgewichen, dh ein Angebot aus dem EU-Ausland untersagt werden (§ 3 Abs 5 TMG; s dazu MüKo-StGB/*Altenhain* § 3 TMG Rn 50 ff.).

Die BPjM darf auch **Medien im Ausland indizieren,** um ihre Verbreitung ins Inland zu unterbinden. Das zeigt § 24 Abs 5. Die Indizierung eines im Ausland befindlichen Träger- oder Telemediums beansprucht keine Rechtswirkung im Ausland, sondern führt ausschließlich dazu, dass es im Inland Verbreitungs- und Werbebeschränkungen unterworfen ist. Die Zulässigkeit von Indizierungen ausländischer Medien macht die BPjM nicht zu einem weltweit tätigen Zensor. Das verhindern nicht nur die materiellen Voraussetzungen der Indizierung (Gefährdung für Kinder und Jugendliche im Inland; Verhältnismäßigkeit gem. § 18 Abs 4), sondern auch das Antrags- und Anregungsprinzip (§ 21 Abs 1, 4). Die antrags- und anregungsberechtigten Behörden dürfen nur tätig werden, wenn in ihrem örtlichen Zuständigkeitsbereich ein Anlass zur Tätigkeit hervortritt (§ 3 Abs 1 Nr 4 VwVfG). Das ist nur dann der Fall, wenn das Medium bereits von Kindern oder Jugendlichen im Inland wahrgenommen werden kann, weil es entweder ins Inland verbreitet worden ist oder weil es vom Inland aus über das Internet zugänglich ist. 49

Als Ergebnis ist somit festzuhalten, dass Medien im Ausland indiziert werden können, und dass das Bereithalten und Zugänglichmachen indizierter Telemedien im Ausland gegen die Verbreitungsverbote des JuSchG verstößt, wenn Kindern oder Jugendlichen im Inland die Wahrnehmung des Inhalts möglich ist. Entsprechendes gilt für die Werbung für indizierte Medien auf ausländischen Rechnern. 50

Abschnitt 1. Allgemeines

§ 1 Begriffsbestimmungen

(1) Im Sinne dieses Gesetzes

1. sind Kinder Personen, die noch nicht 14 Jahre alt sind,
2. sind Jugendliche Personen, die 14, aber noch nicht 18 Jahre alt sind,
3. ist personensorgeberechtigte Person, wem allein oder gemeinsam mit einer anderen Person nach den Vorschriften des Bürgerlichen Gesetzbuchs die Personensorge zusteht,
4. ist erziehungsbeauftragte Person, jede Person über 18 Jahren, soweit sie auf Dauer oder zeitweise aufgrund einer Vereinbarung mit der personensorgeberechtigten Person Erziehungsaufgaben wahrnimmt oder soweit sie ein Kind oder eine jugendliche Person im Rahmen der Ausbildung oder der Jugendhilfe betreut.

(2) Trägermedien im Sinne dieses Gesetzes sind Medien mit Texten, Bildern oder Tönen auf gegenständlichen Trägern, die zur Weitergabe geeignet, zur unmittelbaren Wahrnehmung bestimmt oder in einem Vorführ- oder Spielgerät eingebaut sind. Dem gegenständlichen Verbreiten, Überlassen, Anbieten oder Zugänglichmachen von Trägermedien steht das elektronische Verbreiten, Überlassen, Anbieten oder Zugänglichmachen gleich, soweit es sich nicht um Rundfunk im Sinne des § 2 des Rundfunkstaatsvertrages handelt.

(3) Telemedien im Sinne dieses Gesetzes sind Medien, die nach dem Telemediengesetz übermittelt oder zugänglich gemacht werden. Als Übermitteln oder Zugänglichmachen im Sinne von Satz 1 gilt das Bereithalten eigener oder fremder Inhalte.

(4) Versandhandel im Sinne dieses Gesetzes ist jedes entgeltliche Geschäft, das im Wege der Bestellung und Übersendung einer Ware durch Postversand oder elektronischen Versand ohne persönlichen Kontakt zwischen Lieferant und Besteller oder ohne dass durch technische oder sonstige Vorkehrungen sichergestellt ist, dass kein Versand an Kinder und Jugendliche erfolgt, vollzogen wird.

(5) Die Vorschriften der §§ 2 bis 14 dieses Gesetzes gelten nicht für verheiratete Jugendliche.

Inhaltsübersicht

	Rn
I. Personen (Abs 1)	1
1. Kinder und Jugendliche (Nr 1, 2)	1
2. Personensorgeberechtigte und erziehungsbeauftragte Personen	5
a) Personensorgeberechtigte Personen (Nr 3)	7
b) Erziehungsbeauftragte Personen (Nr 4)	9
II. Träger- und Telemedien (Abs 2, 3)	13
1. Grundlagen	13
a) Zweck der Unterscheidung	13
b) Abgrenzung	14
2. Trägermedien (Abs 2)	17
a) Begriff (Satz 1)	17
(1) Texte, Bilder oder Töne	18
(2) Verkörperung auf einem gegenständlichen Träger	22
(3) Besondere Anforderungen an den Träger	25
b) Elektronisches Verbreiten (Satz 2)	36
(1) Funktion	36
(2) Anwendungsbereich	37
(3) Verbreiten, Überlassen, Anbieten, Zugänglichmachen	41
3. Telemedien (Abs 3)	43
a) Begriff (Satz 1)	43
(1) Das Merkmal „nach dem Telemediengesetz"	44
(2) Übermitteln oder Zugänglichmachen	49
b) Bereithalten eigener oder fremder Inhalte (Satz 2)	52
4. Abgrenzung zu Schriften (§ 11 Abs 3 StGB)	54
5. Abgrenzung zum Rundfunk	57
III. Versandhandel (Abs 4)	58
1. Zweck	58
2. Definition	59
a) Entgeltliches Geschäft	61
b) Bestellung und Übersendung einer Ware durch Post- oder elektronischen Versand	63
c) Keine Alterskontrolle	66
(1) Persönlicher Kontakt zwischen Lieferant und Besteller	67
(2) Technische oder sonstige Vorkehrungen zur Altersfeststellung	70
3. Bedeutung für das Versandhandelsverbot des StGB	78
IV. Verheiratete Jugendliche (Abs 5)	79

I. Personen (Abs 1)

1. Kinder und Jugendliche (Nr 1, 2)

Nr 1 und 2 definieren die vom JuSchG **geschützte Personengruppe** (ebenso zuvor § 1 Abs 4 GjSM, § 2 Abs 1 JÖSchG). Erfasst werden alle Kinder und Jugendlichen im räumlichen Geltungsbereich des Gesetzes (Einl Rn 47 ff.), die Staatsbürgerschaft ist unerheblich. Die **Unterscheidung zwischen Kindern und Jugendlichen** hat für die Indizierung und deren Rechtsfolgen keine Bedeutung. Wichtig ist allein die Altersgrenze von 18 Jahren (anders bei Bildträgern, Kinofilmen und Computerspielen, wo die Altersgrenzen bei 6, 12 und 16 Jahren liegen; vgl §§ 11, 14).

Wann eine natürliche Person ein Kind oder ein Jugendlicher ist, bestimmt sich gem. Nr 1 und 2 nach **starren Altersgrenzen**. Dass im Einzelfall keine Gefahr für die Persönlichkeitsentwicklung des Minderjährigen besteht (zB das Kind kann den indizierten Text nicht lesen; der 17-Jährige hat die Reife eines Erwachsenen) spielt keine Rolle. Umgekehrt werden Heranwachsende (§ 1 Abs 2 JGG: 18, aber noch nicht 21 Jahre) und junge Volljährige (§ 7 Abs 1 Nr 3 SGB VIII: 18, aber noch nicht 27 Jahre) vom JuSchG auch dann nicht geschützt, wenn sie in ihrer Reifeentwicklung einem Jugendlichen noch gleichstehen (vgl demgegenüber § 105 Abs 1 JGG, § 232 Abs 1 S 2 StGB).

Steht in Frage, ob jemand die Vorschriften des JuSchG verletzt hat, etwa indem er einem Dritten eine indizierte Schrift überlassen hat (§ 15 Abs 1 Nr 1), so kommt es auf das Alter des Dritten im Tatzeitpunkt, hier also bei der Übergabe, an. Maßgeblich für die **Berechnung des Alters** ist der Geburtstag, nicht die Geburtsstunde. Der Geburtstag wird mitgerechnet (§ 187 Abs 2 S 2 BGB). Eine Person, die am 1.1.1990 geboren wurde, wird am 1.1.2004 um 00.00 Uhr 14 Jahre alt (§ 188 Abs 2 BGB). Am Geburtstag selbst ist die Person also bereits Jugendlicher. Entsprechend wird sie am 1.1.2008 um 00.00 Uhr 18 Jahre alt und damit Erwachsener. Wer am 29.2. geboren wurde, vollendet ein Lebensjahr in Jahren, die keine Schaltjahre sind, am 28.2. um 24.00 Uhr (§ 188 Abs 3 BGB analog) und wird jeweils am 1.3. um 00.00 Uhr ein Jahr älter. Bei Zweifeln am Alter, dh wenn nicht festgestellt werden kann, welches Alter der Dritte zur Tatzeit hatte, oder wenn der genaue Tatzeitpunkt unklar bleibt, muss zugunsten desjenigen, der eine möglicherweise jugendgefährdende Handlung vorgenommen haben und deshalb nach §§ 27, 28 belangt werden soll, die Tatsachenlage unterstellt werden, die die günstigere Rechtsfolge auslöst. Das ist bei der Grenze Jugendlicher/Erwachsener immer die Annahme, dass der Dritte bereits erwachsen war.

Die Festsetzung der Obergrenze auf „noch nicht 18 Jahre" ist schon seit langem der **Kritik** ausgesetzt. Sie entspricht zwar der Obergrenze im strafrechtlichen Jugendmedienschutz (vgl §§ 130 Abs 2 Nr 1c, 131 Abs 1 Nr 3, 184 Abs 1 StGB), steht jedoch nicht mit der andernorts (zB §§ 180 Abs 1, 182 Abs 3 StGB) zum Ausdruck kommenden Einschätzung des Gesetzgebers in Einklang, dass Jugendliche über sechzehn Jahre (sexuell) eigenverantwortlich handeln können (BGH NJW 1998, 1162; *Beisel* 1997, S 207 ff.; Sch/Sch/*Eisele* § 184 Rn 4; *Schumann* tv-diskurs 25 [2003], 98; aA KG NStZ-RR 2004, 249, 250). Dass das JuSchG auch auf andere Inhalte Anwendung findet, rechtfertigt diese Ungereimtheit nicht. Zudem überzeugt die Altersobergrenze angesichts der zum Teil schon erfolgten Herabsetzung des Wahlalters auf 16 Jahre (vgl § 7 nw KWahlG) nicht (kritisch auch *Schefold* 1988, S 100; Zweifel an der Verfassungsmäßigkeit bei *Raue* 1970, S 25 [Verletzung des Art 3 GG], und *Vlachopoulos* 1996, S 66 f. [Verstoß gegen das Übermaßverbot]).

2. Personensorgeberechtigte und erziehungsbeauftragte Personen

Das JuSchG unterscheidet zwischen personensorgeberechtigten und erziehungsbeauftragten Personen. Zumeist stehen diesen Personengruppen die **gleichen Rechte** zu. In vier Fällen ergeben sich aber Unterschiede: (1) Gemäß § 1 Abs 1 Nr 4 kann nur die personensorgeberechtigte Person die Erziehungsbeauftragung übertragen. (2) Nach § 9 Abs 2 darf nur die personensorgeberechtigte Person dem Minderjährigen den Verzehr von alkoholischen Getränken gestatten. (3) Gemäß § 11 Abs 2 kann ein Kind ab 6 Jahren, das von einer personensorgeberechtigten Person begleitet wird, Filme für Kinder ab 12 Jahren besuchen. (4) Schließlich sieht § 27 Abs 4 eine (begrenzte) Ausnahmevorschrift für das Überlassen von jugendgefährdenden Medien an Kinder und Jugendliche durch die personensorgeberechtigte Person vor.

6   Im Bereich der Jugendschutzregeln für Trägermedien (§ 15) hat der Erziehungsbeauftragte keine Bedeutung (§ 27 Rn 29), der Begriff der personensorgeberechtigten Person ist nur beim so genannten **Elternpriveleg** (§ 27 Abs 4) relevant.

a) Personensorgeberechtigte Person (Nr 3)

7   Die Definition des Abs 1 Nr 3 deckt sich mit der des Kinder- und Jugendhilferechts (§ 7 Abs 1 Nr 5 SGB VIII). Beide verweisen auf das Bürgerliche Recht. Danach steht bei ehelichen Kindern die Personensorge im Regelfall beiden **Eltern** gemeinsam zu (§ 1626 Abs 1 Satz 2 BGB). Sind die Eltern bei der Geburt des Kindes nicht miteinander verheiratet, gilt dasselbe, wenn sie erklären, dass sie gemeinsam die elterliche Sorge übernehmen wollen, wenn sie einander heiraten oder wenn das Familiengericht ihnen die elterliche Sorge gemeinsam überträgt; andernfalls hat allein die Mutter das Sorgerecht (§ 1626a BGB). Leben die Eltern nicht nur vorübergehend getrennt oder sind sie geschieden, besteht das gemeinsame Sorgerecht weiter, wenn nicht das Familiengericht einem Elternteil allein das Sorgerecht zuweist (§ 1671 BGB). Besteht kein elterliches Sorgerecht, so wird ein Vormund zum Sorgeberechtigten bestellt (§§ 1773, 1793 BGB). Die Personensorge für ausländische Kinder und Jugendliche bestimmt sich nach denselben Regeln, wenn sie ihren gewöhnlichen Aufenthalt im Inland haben (Art 21 EGBGB).

8   Zur **Personensorge** gehören insbesondere die Pflicht und das Recht, das Kind (Kind iSd BGB ist auch die jugendliche Person iSd JuSchG) zu pflegen, zu erziehen, zu beaufsichtigen und seinen Aufenthalt zu bestimmen (§ 1631 Abs 1 BGB). Auch wenn die Personensorge bei beiden Eltern gemeinsam liegt, reicht die **Begleitung** (§§ 4 Abs 1, 5 Abs 1, 11 Abs 2, 13 Abs 1) eines Elternteils aus. Die Begleitung dient dem Minderjährigen zum Schutz vor Gefahren, die ihm von Dritten drohen, wie auch der Verhinderung von Gefahren, die von ihm selbst ausgehen (BayObLG GewArch 1996, 211, 212; *Ukrow* 2004, Rn 93).

b) Erziehungsbeauftragte Person (Nr 4)

9   Das JuSchG unterscheidet zwischen personensorgeberechtigten und erziehungsbeauftragten Personen. Der in der Vorläufervorschrift (§ 2 Abs 2 JÖSchG) verwendete Begriff des Erziehungsberechtigten umfasste beide Personengruppen, wurde aber enger ausgelegt, weil er bei den mit der Erziehung beauftragten Personen nicht ausdrücklich auch solche nannte, die nur „zeitweise" Erziehungsaufgaben wahrnehmen. In Rechtsprechung und Literatur wurde deshalb angenommen, dass eine kurzfristige Übertragung der Betreuung außerhalb von Ausbildung und Jugendhilfe nicht genügte (*Scholz* § 2 JÖSchG Anm 2b). Um diese enge Auslegung zu überwinden und eine klare **Abgrenzung zum Begriff des Erziehungsberechtigten** im Kinder- und Jugendhilferecht zu ermöglichen, der die nur vorübergehende oder nur für einzelne Verrichtungen erfolgte Übertragung der Personensorge ausdrücklich nicht erfasst (§ 7 Abs 1 Nr 6 SGB VIII), verwendet der Gesetzgeber nun den Begriff der erziehungsbeauftragten Person (BT-Drs 14/9013, 17). Die Gleichstellung von Personen, die nur zeitweise Erziehungsaufgaben wahrnehmen, mit Personensorgeberechtigten wertet die elterliche Fürsorgepflicht nicht ab, sondern trägt umgekehrt gerade der Praxis Rechnung, dass Eltern zunehmend anderen Personen Verantwortung für ihre Kinder übertragen (*Ukrow* 2004, Rn 95).

10 Das Gesetz unterscheidet zwei Fallgruppen: die Wahrnehmung von Erziehungsaufgaben aufgrund einer Vereinbarung mit dem oder den Personensorgeberechtigten

und die Betreuung eines Kindes oder Jugendlichen im Rahmen der Ausbildung oder der Jugendhilfe. Voraussetzung ist in beiden Fällen, dass die Person **„über 18 Jahre"** ist. Das heißt im allgemeinen Sprachgebrauch, dass sie ihr achtzehntes Lebensjahr vollendet haben, also mindestens 18 Jahre alt sein muss (Nikles/*Roll* Rn 7).

In der ersten Fallgruppe nimmt die beauftragte Person eine Erziehungsaufgabe **aufgrund einer Vereinbarung mit der personensorgeberechtigten Person** wahr. Sind zwei Personen personensorgeberechtigt, müssen beide zustimmen, wobei sie allerdings einander vertreten können. Erziehungsaufgaben sind alle Aufgaben, die dem Personensorgeberechtigten obliegen (ebenso zuvor § 2 Abs 1 Nr 2 JÖSchG: „Aufgaben der Personensorge"). Dazu zählen neben der Erziehung selbst, womit die Sorge für die geistige, sittliche und körperliche Entwicklung gemeint ist, insbesondere die Pflege, die Beaufsichtigung und die Bestimmung des Aufenthalts des Kindes oder Jugendlichen (§ 1631 Abs 1 BGB). Nicht (mehr) erforderlich ist das früher geforderte Autoritätsverhältnis von einiger Dauer zwischen beauftragter Person und Minderjährigem („zeitweise"), ebenso wenig bedarf es eines erheblichen Altersabstands (OLG Nürnberg NStZ 2007, 43, 44; OLG Bamberg OLGSt JuSchG § 1 Nr 1, 1, 7 ff.; s demgegenüber § 48a FeVAbs 5 S 1 Nr 1 [Mindestalter 30 Jahre für die begleitende Person beim Führerschein „ab 17"], § 1743 BGB [Mindestalter 25 Jahre für die adoptierende Person]). Daher können auch erwachsene Freunde, Geschwister oder Nachbarn als erziehungsbeauftragte Person fungieren (BT-Drs 14/9013, 17). Es obliegt allein dem Personensorgeberechtigten zu entscheiden, wem das nötige Verantwortungsbewusstsein zuzutrauen ist (VG Koblenz v 7.9.2011 – 5 L 829/11.KO, Rn 8 [juris]). Allerdings muss diese Entscheidung auch tatsächlich von ihm getroffen werden, weshalb blanko unterschriebene Formulare, bei denen der Minderjährige selbst die erziehungsbeauftragte Person bestimmt, nicht genügen (OLG Bamberg aaO, 11; VG Koblenz v 9.9.2011 – 5 L 847/11.KO, Rn 9 [juris]). Erforderlich ist zudem, dass im Wege eines Auftrags (§ 662 BGB) Erziehungsaufgaben (zB zeitweise Ausübung der Aufsichtspflicht, Wahrnehmung des Aufenthaltsbestimmungsrechts) auf die andere Person übertragen und von ihr auch wahrgenommen werden. Letzteres ist nicht der Fall, wenn sie dazu gar nicht in der Lage ist, weil sie zB gar nicht anwesend oder betrunken ist (OLG Nürnberg aaO) oder zu viele Minderjährige gleichzeitig zu betreuen hat (VG Koblenz v 9.9.2011 aaO: mehr als drei bei einem Konzertbesuch). Der Veranstalter einer (potentiell) jugendgefährdenden Veranstaltung (zB Filmvorführung) kann nicht selbst erziehungsbeauftragte Person für seine minderjährigen Gäste sein (OVG Hamburg GewArch 1982, 208). Zum einen besteht die Gefahr einer Kollision des eigenen Interesses mit dem des Personensorgeberechtigten, zum anderen steht der Normzweck des § 2 entgegen (*Liesching/Schuster* Rn 13; Nikles/*Roll* Rn 13).

In der zweiten Fallgruppe nimmt die erziehungsbeauftragte Person eine Erziehungsaufgabe **im Rahmen einer Ausbildung oder der Jugendhilfe** wahr. Zu den erziehungsbeauftragten Personen im Rahmen der Jugendhilfe gehören die dort tätigen Erwachsenen, zB Jugendleiter, Mitarbeiter in der Jugendhilfe und Betreuer in Heimen (*Ukrow* 2004, Rn 95, vgl zu § 2 Abs 2 Nr 2 JÖSchG BT-Drs 10/2546). Betreuung im Rahmen der Ausbildung bedeutet schulische (zB Lehrer) oder berufliche Ausbildung, zB durch den Meister oder Ausbilder (BT-Drs 14/9013, 17), aber nicht reine Weiterbildung oder Volksbildung (Volkshochschulkurse).

II. Träger- und Telemedien (Abs 2, 3)

1. Grundlagen

a) Zweck der Unterscheidung

Anders als sein Vorgänger, das GjSM, das vom Begriff der Schrift ausging, legt das JuSchG die Begriffe Träger- und Telemedien zugrunde. Mit ihnen will der Gesetzgeber darauf reagieren, dass es sich „bei den entwicklungsbeeinträchtigenden oder jugendgefährdenden Medien [...] oft nicht mehr um Schriften im klassischen Sinne eines Buches, einer Broschüre oder Zeitschrift, also um Printmedien, sondern zum Beispiel um Filme, Videokassetten oder Speicherplatten" handelt (BT-Drs 14/9013, 18). Würde sich die Bedeutung der Gesetzesänderung allein darauf beschränken, so wäre sie reine Gesetzeskosmetik. Bereits der Schriftenbegriff bezog „Ton- und Bildträger, Datenspeicher, Abbildungen und andere Darstellungen" mit ein (§ 1 Abs 3 GjSM). Die neuen Begriffe dienen denn auch weniger dazu, die neue Medienwelt zu beschreiben, sondern mit der Unterscheidung zwischen Träger- und Telemedien soll in erster Linie der Jugendmedienschutz „systematisch gegliedert" werden (aaO 16). Sie tragen die **Abgrenzung** zwischen **bundesrechtlichem Jugendschutz bei Trägermedien** und dem vornehmlich **landesrechtlichen Jugendschutz bei Telemedien** (aaO 18). Die Zuordnung, ob es sich um ein Träger- oder ein Telemedium handelt, entscheidet darüber, welche Bestimmungen einschlägig sind. Nur das Verfahren für Trägermedien ist im JuSchG vollständig geregelt. Die Rechtsfolgen der Indizierung von Telemedien und auch die grundsätzliche Zulässigkeit von Inhalten in Telemedien richten sich nach dem JMStV (§ 16 JuSchG).

b) Abgrenzung

14   Eine klare Zuordnung zu einem der beiden Regelungswerke ist nur möglich, wenn die Begriffe des Trägermediums und des Telemediums einander ausschließen. Dieses **Exklusivitätsverhältnis** (*Liesching/Schuster* Rn 17; ebenso wohl Nikles/*Roll* Rn 15; *Stettner* ZUM 2003, 429) durchzieht das ganze Gesetz. Das zeigen neben den Abs 2 und 3 die differenzierenden Regelungen in §§ 15, 16, § 18 Abs 2, 6, 8, § 24 Abs 3 S 2. Auch in den Gesetzesmaterialien wird die Einführung des neuen Begriffs der Telemedien gerade mit der „Abgrenzung zu Trägermedien" begründet (BT-Drs 14/9013, 18).

15   Der in den Begriffen Trägermedien und Telemedien verwandte **Begriff der Medien** wird im JuSchG in zweierlei Art genutzt: Er dient zum einen als Oberbegriff für Träger- und Telemedien (zB Bundesprüfstelle für jugendgefährdende Medien, Liste jugendgefährdender Medien) und zum anderen als Synonym für **Inhalte**. Diese Bedeutung hat er auch in § 1, wenn es heißt, Träger- und Telemedien „im Sinne des Gesetzes" seien „Medien", die auf eine bestimmte Weise verkörpert oder übermittelt werden. Das ist eindeutig bei Abs 3, gilt aber auch bei der sprachlich missglückten Formulierung des Abs 2, wo es besser „in der Form von" – statt „mit" – „Texten, Bildern oder Tönen auf gegenständlichen Trägern" hieße.

16   Die **Abgrenzung** zwischen Trägermedien und Telemedien richtet sich nach der **Publikationsform:** Trägermedien sind Inhalte, die unter Verwendung gegenständlicher Träger verbreitet oder zugänglich gemacht werden (zB Bücher, Zeitungen, DVD, BD etc), Telemedien sind Inhalte, die über elektronische Informations- und Kommunikationsdienste iSd § 1 TMG übermittelt oder zugänglich gemacht werden (zB Inhalte im Internet). Darin liegt die eigentliche Neuerung beim Übergang vom Begriff der Schrift auf den des Trägermediums. Während der Begriff der Schrift bei den gegenständlichen Trägern ansetzt, auf denen Inhalte in Form von Texten, Bildern oder Tönen gespeichert sind, setzt der Begriff der Trägermedien bei den Inhalten selbst an, die auf gegenständlichen Trägern verkörpert sind. Anders als der Begriff der Schrift hat er damit denselben Ansatzpunkt wie der Begriff der Telemedien. Das erlaubt auch in solchen Grenzfällen klare Zuordnungen, bei denen bislang erhebliche Abgrenzungsschwierigkeiten bestanden. Das gilt insbesondere für Inhalte, die in digitalisierter Form auf in Computern eingebauten Datenspeichern abgelegt sind. Durch den Wechsel vom Begriff der Schrift zu dem des Trägermediums hat der Gesetzgeber nun die Möglichkeit geschaffen, statt auf den Datenspeicher auf die gespeicherte **Datei** als Trägermedium abzustellen (s auch *Liesching/Schuster* Rn 23 [„lokal gespeicherte Dateninhalte sind immer dann Trägermedien ..."]; ebenso zu § 11 Abs 3 StGB: BGHSt 47, 55, 59 [„Datei"]; OLG Hamburg NJW 2010, 1893, 1894; LG

Karlsruhe v 29.7.2004 – 3 Qs 24/04, Rn 9 [juris]). Dient ein Computer seinem Betreiber sowohl als Speicher für ausschließlich von ihm genutzte Inhalte als auch als Server für von ihm im Internet angebotene Inhalte, so sind die nur ihm zugänglichen Inhalte Trägermedien und die auch Dritte zugänglichen Inhalte Telemedien. Anders als beim Begriff der Schrift, wo ein Datenspeicher unabhängig von der Vielzahl der auf ihm abgelegten Inhalte *eine* Schrift iSd Gesetzes war, sind nun alle gespeicherten Inhalte selbst Träger- oder Telemedien.

2. Trägermedien (Abs 2)

a) Begriff (Satz 1)

Das Gesetz stellt vier **Anforderungen** an ein Trägermedium: Es muss sich um einen Inhalt in Schrift, Bild oder Ton handeln (Rn 18 ff.), der in oder auf einem gegenständlichen Träger verkörpert ist (Rn 22 ff.), der zur Weitergabe geeignet, zur unmittelbaren Wahrnehmung bestimmt oder in einem Vorführ- oder Spielgerät eingebaut ist (Rn 25 ff.). Nicht notwendig ist, dass der Inhalt zur Kenntnisnahme durch einen größeren Personenkreis bestimmt ist. Auch ein Brief, der nur an einen Adressaten gerichtet ist, ist ein Trägermedium (aA Nikles/*Roll* Rn 16 [mit fehlerhaftem Verweis auf OLG Düsseldorf NJW 2000, 1129]; *Stumpf* 2009, S 134, 136). Die gegenteilige Ansicht findet im Gesetz keine Stütze und vermengt den Begriff des Trägermediums mit dem des Verbreitens. 17

(1) Texte, Bilder oder Töne

Im Begriff der auf gegenständlichen Trägern verkörperten Inhalte in Form von **Texten** geht der Begriff der Schrift ieS (§ 1 Abs 3 GjSM) auf. Hierunter wurden auch bislang schon alle körperlichen Gegenstände verstanden, auf die mit Zeichen (insbesondere Buchstaben, aber auch Geheim-, Bilder- oder Kurzschrift) eine Vorstellung oder ein Gedanke niedergelegt ist, der mit dem Auge oder Tastsinn, unmittelbar oder mit Hilfsmitteln (zB Vergrößerungs-, Projektionsgeräte) wahrgenommen werden kann (zB Brief, Buch, Comic, Flug-, Notenblatt, Plakat, Prospekt, Zeitung). 18

Im Begriff der auf gegenständlichen Trägern verkörperten **Töne** oder **Bilder** gehen die Begriffe Ton- und Bildträger des früheren § 1 Abs 3 GjSM auf. Der Begriff des Bildträgers wurde früher auch in § 7 JÖSchG verwandt und findet sich (erweitert um Computerspiele) heute in § 12 JuSchG. Wie die dortige Legaldefinition zeigt, bezeichnet er Unterfälle der Trägermedien. Unter den Oberbegriff fallen alle körperlichen Gegenstände, auf denen einzelne Töne oder Tonfolgen, sei es Sprache oder Musik, und/oder Bilder oder Bildfolgen dauerhaft gespeichert sind, die über Hilfsmittel akustisch und/oder optisch wahrnehmbar gemacht werden können (zB BD, CD, Compact Cassette, DVD, Magnetband, Schallplatte, Videokassette). 19

Da nur gegenständliche Träger, die Texte, Bilder oder Töne verkörpern, erfasst werden, ist der Begriff der Trägermedien enger als der frühere Begriff der Schrift. Ihr standen neben Ton- und Bildträgern auch „andere Darstellungen" gleich (§ 1 Abs 3 GjSM, § 11 Abs 3 StGB). Eine Darstellung „ist jedes körperliche Gebilde von gewisser Dauer, das, sinnlich wahrnehmbar, eine Vorstellung oder einen Gedanken ausdrückt" (BT-Drs 13/7385, 36). Damit wollte der Gesetzgeber des GjS insbesondere „jugendgefährdende Gegenstände in Form von Plastiken" (BT-Drs 3/2373, 2) erfassen, aber auch zB Anstecknadeln, Medaillen und Kennzeichen iSd § 86a StGB (BGHSt 28, 395, 397). Soweit solche Gegenstände, wie etwa **Figuren, Puppen oder Plastiken,** keine Texte, Bilder oder Töne verkörpern (zB keine Beschriftung aufweisen), sondern nur durch ihre äußere Gestaltung eine Aussage verkörpern, sind sie keine Trägermedien (*Schumann* tv-diskurs 25 [2003], 97; *Stumpf* 2009, S 134 f.). Ein anderes Ergebnis ergibt sich auch nicht aus der (eine Indizierung ablehnenden) Entscheidung der BPjM Nr 5216 v 15.1.2004 – *Prollkatze* (BPjM-Aktuell 1/2004, 8), da sich diese nicht auf das Erscheinungsbild des Plüschtiers, sondern auf die im integrierten Sprachchip gespeicherten Aussagen bezieht. Im Ergebnis erweist sich somit die Äußerung in den Gesetzesmaterialien, der alte Begriff der Schrift werde durch 20 den des Trägermediums „ersetzt" (BT-Drs 14/9013, 17), als zumindest irreführend (*Liesching/Schuster* Rn 16).

21 Erst recht keine Trägermedien sind Gegenstände, die auch durch ihre Gestaltung keine Aussage verkörpern. Solche Gegenstände wurden auch früher nicht vom Schriftenbegriff erfasst. So ist zB **Kriegsspielzeug** kein Trägermedium. Denn es verkörpert keine Äußerung, etwa über die Harmlosigkeit des Krieges. Hingegen ist Kriegsspielzeug dann ein Trägermedium, wenn es mit Zeichen versehen ist (zB Flugzeugmodell mit Hakenkreuzen, s. BGHSt 28, 394, 397). Tritt eine verkörperte Äußerung daneben (zB beim Bestellkatalog), so ist diese ein Trägermedium, nicht das angebotene Spielzeug.

(2) Verkörperung auf einem gegenständlichen Träger

22 Nur körperliche Gegenstände können Trägermedien sein. An einer Verkörperung fehlt es zB bei Theater- oder Varietéaufführungen. Beim Rundfunk ist zu unterscheiden zwischen der Rundfunksendung selbst, die eine Übermittlungsform ist (BVerwGE 85, 169, 173), und dem gesendeten Inhalt, der im Regelfall gespeichert und ein Trägermedium ist (zB Magnetband, CD). Bei **Live-Sendungen,** die zugleich aufgezeichnet werden, ist nur die Aufzeichnung eine Verkörperung; verbreitet wird aber das live übertragene Ereignis. Daher sind die §§ 130 Abs 2 Nr 2, 131 Abs 2, 184d StGB notwendig, um Live-Übertragungen volksverhetzender, Gewalt darstellender und pornografischer Inhalte strafrechtlich ahnden zu können (BT-Drs 6/3521, 8).

23 Die Notwendigkeit einer Verkörperung der Texte, Bilder oder Töne auf einem gegenständlichen Träger und die Abgrenzung zu den Telemedien lassen den weiteren Schluss zu, dass die Verkörperung **von gewisser Dauer** sein muss, dh nicht nur flüchtig sein darf. Es sind jedoch nur geringe Anforderungen zu stellen, um keine Schutzlücken zwischen Träger- und Telemedien aufzureißen. Bei Daten muss die Speicherung „für eine gewisse Dauer" bestehen, wobei eine nur „vorübergehende" Speicherung im Arbeitsspeicher ausreicht (ebenso zur Schrift: BT-Drs 13/7385, 36; BGHSt 47, 55, 58; OLG Hamburg NJW 2010, 1893, 1894; *Walther* BPjS-Aktuell 1/1997, 5). Konsequenz dessen ist, dass eine Bildschirmanzeige nicht unter Abs 2 fällt, sondern allenfalls die (nicht nur kurzfristig) gespeicherte Datei, auf der sie beruht. Ebenfalls nicht von Abs 2 erfasst sind Übertragungen in Echtzeit, die ohne Beteiligung von Speichermedien ablaufen oder nur zu Übertragungszwecken kurzzeitig zwischengespeichert werden; sie sind unter den Voraussetzungen des Abs 3 Telemedien. Das gilt auch für erst im Spielverlauf generierte Inhalte bei netzgestützten Computerspielen.

24 Sind **mehrere Inhalte auf einem gegenständlichen Träger** verkörpert, so kommt es auf die Publikationsform an, ob es sich um ebenso viele Trägermedien oder etwa nur um ein Trägermedium handelt. So bilden verschiedene Artikel, Anzeigen etc., die in einer Zeitung zusammengefasst sind, zusammen ein Trägermedium. Dasselbe gilt für Anthologien oder Musikträger (Schallplatte, CD), auf denen mehrere Musikstücke verkörpert sind. Demgegenüber stellen die Inhalte auf einer Festplatte im Regelfall mehrere Trägermedien dar. Entscheidend für die Frage, ob mehrere auf demselben Träger verkörperte Inhalte ein Trägermedium bilden, ist ihre **objektiv erkennbare Zusammenstellung zur Bildung einer einheitlichen Publikationsform.** Ist ihre Verkörperung auf demselben Speichermedium nicht derart veranlasst, sondern hat sie zB nur technische Gründe (zB hat der Nutzer idR in seinem Computer nur einen Festspeicher), so handelt es sich um mehrere Trägermedien.

(3) Besondere Anforderungen an den Träger

25 Trägermedien zeichnen sich dadurch aus, dass sie (a) zur Weitergabe geeignet, (b) zur unmittelbaren Wahrnehmung bestimmt, oder (c) in ein Spiel- oder Vorführgerät eingebaut sind.

26 **(a) Geeignet zur Weitergabe.** Ein gegenständlicher Träger ist zur körperlichen Weitergabe geeignet, wenn er beweglich ist oder auch von Laien ohne nennenswer-

ten Aufwand ausgebaut werden kann (*Liesching/Schuster* Rn 18; *Nikles/Roll* Rn 17; *Ukrow* 2004, Rn 100). Das sind insbesondere Bücher, Comics, CD, DVD, Flugblätter, Prospekte, Schallplatten, Videokassetten, Zeitschriften, Zeitungen. Hierzu gehören ferner kleine, tragbare Mobilspeicher (zB USB-Stick, SD-Card). Die kurzzeitige Verbindung mit einem Festgerät (zB Einlegen einer CD) ändert nichts an ihrer Geeignetheit zur Weitergabe. Nicht erfasst sind in Computer fest eingebaute Festplatten oder Speicherbausteine, da hier stets ein nicht nur geringfügiger Aufwand zur Demontage erforderlich ist. Der Computer selbst ist kein Trägermedium, weil er in erster Linie der Datenverarbeitung dient. Auf seine Eignung zur Weitergabe (zB Notebook, Handy) kommt es daher nicht an (*Stumpf* 2009, S 136; aA *Ukrow* 2004, Rn 215 zu Handys mit fest installierten Spielen).

(b) Bestimmt zur unmittelbaren Wahrnehmung. Der gegenständliche Träger 27 ist zur unmittelbaren Wahrnehmung bestimmt, wenn er den Inhalt ohne den Einsatz weiterer technischer Geräte preisgibt. Die Formulierung „zur Wahrnehmung bestimmt" ist irreführend, da es nicht auf die Bestimmung, zB seitens des Herstellers, ankommt, sondern auf die unmittelbare Wahrnehmbarkeit (*Schumann* tv-diskurs 25 [2003], 97). Die praktische Bedeutung dieser Variante ist gering. Erfasst werden insbesondere Werbeplakate und -banner (zB Kinoplakate, s BPjM, Entscheidung Nr 5563 v 8.5.2008 – *Saw IV*, BPjM-Aktuell 3/2008, 6). Sonstige Druckschriften, wie Bilder, Postkarten oder Covers, sind ohnehin Trägermedien, weil sie zur Weitergabe geeignet sind; auf ihre unmittelbare Wahrnehmbarkeit kommt es daher nicht mehr an. Keine unmittelbare Wahrnehmung ist bei den Inhalten analoger oder digitaler Datenträger (zB Compact Cassette, CD) gegeben.

(c) Eingebaut in ein Vorführ- oder Spielgerät. Gemeint sind zum einen Ge- 28 räte, die sich ausschließlich zum Vorführen von Ton- und Bildsequenzen oder zum Spielen einsetzen lassen. Dazu zählen zB Festplattenrekorder, Spielkonsolen, Bildschirmspielgeräte (§ 13), MP3-Player, Beamer mit integriertem Datenspeicher. Ein gegenständlicher Träger (zB Speicherbaustein) ist eingebaut, wenn er nur mit erheblichem Aufwand vom Gerät entfernt, getrennt oder demontiert werden kann (s zum umgekehrten Fall Rn 26).

Fraglich ist, ob auch **multifunktionale Geräte** erfasst sind, die je nach dem ein- 29 gebauten gegenständlichen Träger und dem darauf verkörperten Inhalt (zB Programm, Datei) sowohl zum Vorführen und Spielen als auch zu anderen Zwecken (zB Textverarbeitung) benutzt werden können. Die Frage stellt sich insbesondere bei **Personalcomputern,** Notebooks, Tablet-Computern und **Smartphones,** deren Technik insoweit mit der reiner Spielcomputer (zB Spielkonsolen) identisch ist. Sie ist praktisch bedeutsam nicht nur bei Internet-Cafés (zur streitigen Einordnung als Spielhallen iSd § 33i GewO: BVerwG MMR 2005, 525; OVG Berlin MMR 2003, 204; 2004, 707; VG Berlin MMR 2002, 767; *Hahn* GewArch 2007, 93f.; *Liesching/Knupfer* MMR 2003, 439; *Lober* MMR 2002, 730; *Schönleiter* GewArch 2012, 66f.), sondern wegen § 15 Abs 3 bei jedem der vorgenannten Geräte, auf das von einem indizierten Trägermedium (zB einer DVD, CD) ein Programm aufgespielt oder eine Datei gespeichert worden ist. Wenn man das multifunktionale Gerät als ein Vorführ- oder Spielgerät iSd Abs 2 Satz 1 ansieht, so ist das Programm oder die Datei ein inhaltsgleiches Trägermedium und unterliegt denselben Beschränkungen wie das indizierte Trägermedium. Das Problem stellt sich auch im Presserecht, etwa wenn auf einem Server, auf dem das Online-Angebot einer Zeitung bereit gehalten wird, in einem der Öffentlichkeit unzugänglichen Bereich des Speichermediums mit indizierten inhaltsgleiche oder sonst untersagte Inhalte abgelegt sind.

Nach einer **restriktiven Auslegung** erfasst Abs 2 Satz 1 nur ausschließlich zum 30 Vorführen oder Spielen geeignete Geräte (*Nikles/Roll* Rn 19; s zu § 33i GewO *Lober* MMR 2002, 733 mit Verweis auf BT-Drs 3/318, 16 [„Glücksspielgeräte und Geschicklichkeitsspiele"]). Der Wortlaut legt dieses enge Verständnis nahe, erzwingt es aber nicht. Unter einem Vorführgerät, also einem Gerät zum Vorführen zB von Filmen, kann man zB auch ein mit der erforderlichen Speicherkapazität und Software ausgestattetes Notebook verstehen. Entsprechendes gilt für den Begriff Spielgerät. Gegen die restriktive Auslegung spricht, dass sie den Zweck der gesetzlichen Differenzierung zwischen Träger- und Telemedien verkennt. Das zeigen ihre Konsequenzen: So würden zB Videofilme oder Computerspiele auf einem PC keinen jugendschutzrechtlichen Beschränkungen unterliegen, weil sie, wenn sie (zB von einer indizierten DVD oder CD-ROM) auf den PC aufgespielt worden sind, dort nicht auf einem Trägermedium verkörpert wären. Werden sie von dort aus auch nicht über elektronische Informations- und Kommunikationsdienste iSd § 1 TMG übermittelt oder zugänglich gemacht, so sind sie auch keine Telemedien (Abs 3). Damit wären weder JuSchG noch JMStV anwendbar. Folglich wäre es zulässig, Kindern indizierte Inhalte, die auf der Festplatte eines PC gespeichert sind, auf dem mit diesem verbundenen Bildschirm zu zeigen. Abgesehen davon, dass damit eine Schutzlücke aufgerissen wird, ist auch unverständlich, warum ein jugendgefährdendes Computerspiel den Beschränkungen des JuSchG unterfällt, wenn es auf der (Speichereinheit einer) Spielkonsole gespeichert ist, dasselbe aber nicht gelten soll, wenn es auf der eingebauten Festplatte eines Notebooks gespeichert ist. Das entspricht auch nicht dem Zweck der gesetzlichen Differenzierung zwischen Träger- und Telemedien. Sie hat ihren Grund allein in der Aufspaltung der Gesetzgebungszuständigkeit zwischen Bund und Ländern. Sie soll jedoch nicht Inhalte von vornherein von der Anwendung der Jugendschutzvorschriften ausnehmen. Für eine solche Beschränkung finden sich weder in der Geschichte des Jugendmedienschutzrechts – mit dem Schriftenbegriff versuchte der Gesetzgeber im Gegenteil bis zuletzt alle Formen von Inhalten zu erfassen –, noch in den Gesetzgebungsverfahren zum JuSchG und zum JMStV oder in diesen selbst irgendwelche Hinweise. Dass der Gesetzgeber bei der Fassung des § 1 unbeabsichtigt Lücken aufgerissen hat (zB bei Plastiken oder Texten; Rn 20, 35), rechtfertigt keine Auslegung, die weitere Lücken öffnet.

31 Auch eine **extensive Auslegung,** die generell jeden Inhalt, der auf einem gegenständlichen Träger, der in ein Gerät eingebaut ist, das zum Vorführen oder Spielen geeignet ist, unter die Trägermedien fasst, wird der Exklusivität zwischen Träger- und Telemedien (Rn 14) und dem Zweck der Abgrenzung nicht gerecht. Sie würde zu weit reichenden Überschneidungen führen, weil Telemedien vergleichbare Inhalte (Filme, Musik, Spiele) haben können und regelmäßig auf eben solchen Trägern (Fest-, Zwischen-, Arbeitsspeichern) gespeichert sind. So wäre bei einer extensiven Auslegung ein Spielprogramm auf dem Computer eines Diensteanbieters, der Spiele zum Download bereithält, gleichzeitig Tele- und Trägermedium.

32 Vorzugswürdig erscheint eine **nutzungsorientierte Auslegung** (*Grimm/Clausen-Muradian* JMS-Report 5/2007, 4; *Liesching/Schuster* Rn 21; *Ukrow* 2004, Rn 102 Fn. 42; in diese Richtung auch *Stumpf* 2009, S 137), die danach fragt, ob der gespeicherte Inhalt nur an dem Gerät (und der angeschlossenen Hardware) genutzt wird, in dessen Speicher er abgelegt ist, oder ob er von dort aus (auch) über elektronische Informations- und Kommunikationsdienste iSd § 1 TMG übermittelt oder zugänglich gemacht wird. Im ersten Fall ist er Träger-, im zweiten Telemedium. Wird der gespeicherte Inhalt in dieser Verkörperung sowohl vor Ort genutzt als auch nach außen zugänglich gemacht, so ist er ausschließlich ein Telemedium. Wird er weder nach außen zugänglich gemacht, noch vor Ort genutzt, so ist er ein Trägermedium. Vereinfacht ausgedrückt gilt also der negative Abgrenzungsregel, dass ein Trägermedium ist, was kein Telemedium ist (*Liesching/Schuster* Rn 24).

33 Die Abgrenzung ist unabhängig davon, in welchem Umfang beide Nutzungsformen tatsächlich in Anspruch genommen werden oder welche Nutzung der Betreiber des multifunktionalen Computers in erster Linie bezweckt (so aber *Liesching/Schuster* Rn 23; *Stath* 2006, S 53; *Stettner* ZUM 2003, 429; *Stumpf* 2009, S 137; *Ukrow* 2004, Rn 102 Fn. 42). Auf diese Frage könnte es allemal nur ankommen, wenn ein Inhalt in derselben Verkörperung sowohl vor Ort als auch via Internet genutzt wird. Dann ist er jedoch schon deshalb als Telemedium zu qualifizieren, weil er auch über elektronische Informations- und Kommunikationsdienste iSd § 1 TMG zugänglich ist.

Dass das Ausmaß der tatsächlichen Nutzung unerheblich ist, zeigt bereits der umgekehrte Fall, dass der gespeicherte Inhalt weder nach außen zugänglich gemacht, noch vor Ort genutzt wird. Käme es auf das Ausmaß der tatsächlich möglichen Nutzung an, wäre dieser Inhalt weder Tele- noch Trägermedium. Rechtsdogmatisch ergibt sich der **Vorrang des Telemediums** daraus, dass Abs 3 Satz 1 allein daran anknüpft, dass der Inhalt „nach dem Telemediengesetz übermittelt oder zugänglich gemacht" wird. Da solcherart verbreitete Inhalte regelmäßig auf gegenständlichen Trägern (Fest-, Zwischen-, Arbeitsspeichern) abgelegt sind, kann es für die Zuordnung gespeicherter Inhalte in multifunktionalen Geräten nur darauf ankommen, ob sie nur dort genutzt werden (können) oder ob sie ausschließlich oder auch „nach dem Telemediengesetz übermittelt oder zugänglich gemacht" werden. Ist Letzteres der Fall, sind sie Telemedien. Trägermedien sind sie nur dann, wenn sie nur an dem Gerät genutzt werden (dh vorgeführt oder gespielt) werden können, auf dessen gegenständlichem Träger sie gespeichert sind.

Eine Konsequenz der hier vertretenen Auslegung ist, dass **auf einer Festplatte Trägermedien und Telemedien** gespeichert sein können. Dieses Nebeneinander auf einem Speichermedium ist mit dem Wortlaut des Abs 2 vereinbar, wonach Trägermedien Medien und damit Inhalte (Rn 15) auf gegenständlichen Trägern sind, und nicht umgekehrt diese Träger selbst die Trägermedien sind. Nicht der gegenständliche Träger, also zB die eingebaute Festplatte, ist ein Trägermedium mit einer Vielzahl von Inhalten, sondern die auf ihr gespeicherten Inhalte in Form von digitalisierten Texten, Bildern oder Tönen sind die Trägermedien. Eine weitere Konsequenz ist, dass **Träger- zu Telemedien und Tele- zu Trägermedien** werden können, wenn sich ihre Bestimmung – ausschließliche Nutzung auf dem PC oder Verbreitung bzw. Zugänglichkeit über elektronische Informations- und Kommunikationsdienste iSd § 1 TMG – ändert. Unmöglich ist es jedoch, dass ein Inhalt in ein und derselben Verkörperung **zugleich Träger- und Telemedium** ist (so aber *Liesching/Schuster* Rn 23 [„in seltenen Ausnahmefällen"]). Ohne weiteres möglich ist es hingegen, dass er zB auf einer CD oder DVD als Trägermedium dem JuSchG und auf dem Computer eines Diensteanbieters dem JMStV unterliegt.

Unabhängig vom erörterten Meinungsstreit und der Meinung, die man in ihm bezieht, ist weder ein Träger- noch ein Telemedium gegeben, wenn der auf dem eingebauten Speicher eines multifunktionalen Geräts gespeicherte und von dort aus nicht über Tele- oder Mediendienste zugängliche oder übermittelte **Inhalt nicht vorgeführt und nicht als Spiel genutzt werden kann.** In diese Lücke, die wegen des Wortlauts („Vorführ-" und „Spielgerät") nicht geschlossen werden kann, fallen reine **Textdateien,** weil die Darstellung eines Textes auf einem Bildschirm nicht als „Vorführen" bezeichnet werden kann (anders aber, wenn der Text zB in eine Powerpoint-Präsentation integriert ist). Dass auf dem betreffenden Computer Spiele laufen oder mit ihm Filme vorgeführt werden können, ist unerheblich.

b) Elektronisches Verbreiten (Satz 2)
(1) Funktion

Obwohl er unmittelbar hinter der Definition des Trägermediums steht, bezieht sich Satz 2 nicht auf Satz 1, sondern auf § 15. Er weitet nicht die Definition des Trägermediums in Satz 1 aus, indem er der Variante der Eignung zur körperlichen Weitergabe die Variante der Eignung zur elektronischen Übermittlung gleichstellt. Sondern Satz 2 **bezieht sich auf die Handlungsformen des § 15 Abs 1.** Das ergibt sich aus dem Wortlaut, weil Satz 2 den Begriff des Trägermediums bereits voraussetzt und die dort genannten Handlungsbeschreibungen denen des § 15 Abs 1 Nr 1 entsprechen. Satz 2 ist somit für die Abgrenzung der Träger- von den Telemedien bedeutungslos (aA *Stettner* ZUM 2003, 429; *Stumpf* 2009, S 138; wohl auch *Ukrow* 2004, Rn 109); die gegenteilige Annahme führt zu kaum lösbaren Abgrenzungsschwierigkeiten. Seine Funktion liegt allein darin, diejenigen Fälle zu erfassen, in denen der Inhalt eines Trägermediums auf elektronischem Weg übermittelt wird, ohne dass

Abs 3 eingreift. Der Inhalt eines Trägermediums wird regelmäßig dadurch verbreitet, dass der Träger Dritten überlassen, angeboten oder zugänglich gemacht wird. Abs 2 S 2 stellt diesem gegenständlichen das elektronische Verbreiten, Überlassen, Anbieten oder Zugänglichmachen gleich, soweit es sich nicht um Rundfunk iSd § 2 RStV handelt. Damit soll sichergestellt werden, dass auch derjenige gegen § 15 Abs 1 verstößt, der ein indiziertes Trägermedium zwar nicht aus der Hand gibt, es aber auf elektronischem Wege Kindern oder Jugendlichen anbietet, überlässt oder zugänglich macht.

(2) Anwendungsbereich

37   Ein elektronisches Zugänglichmachen ist unstreitig gegeben, wenn der Inhalt eines Trägermediums ohne Zwischenschaltung eines elektronischen Informations- und Kommunikationsdienstes iSd iSd § 1 Abs 1 S 1 TMG elektronisch übertragen wird. Das ist zB der Fall, wenn der auf Papier verkörperte Inhalt (Text, Bild) gefaxt wird, da hierbei ein **Telekommunikationsdienst** iSd § 3 Nr. 24 TKG genutzt wird, der ganz in der Übertragung von Signalen über Telekommunikationsnetze besteht, und mithin kein Telemedium vorliegt (Rn 46). Ebenso ist das Vorlesen eines indizierten Buchs oder das Vorspielen eines indizierten Tonträgers am Telefon ein elektronisches Zugänglichmachen.

38   Streitig ist, ob ein elektronisches Zugänglichmachen auch in den praktisch bedeutsameren Fällen vorliegt, wenn der Inhalt eines Trägermediums über elektronische Informations- und Kommunikationsdienste iSd § 1 Abs 1 S 1 TMG übermittelt oder zugänglich gemacht wird. Diese Frage wird jedoch eindeutig vom Gesetz beantwortet: Da dabei nie das Trägermedium selbst oder die in ihm verkörperte digitale Version des Inhalts selbst übertragen wird, sondern immer eine digitale Kopie (des Inhalts) des Trägermediums, handelt es sich bei dem, was da übermittelt oder zugänglich gemacht wird, immer um ein **Telemedium** (Abs 3). Damit scheidet die Annahme aus, es könne sich (zugleich) um ein elektronisches Verbreiten eines Trägermediums handeln.

39   Für erhebliche Rechtsunsicherheit hat allerdings eine sprachlich verfehlte und inhaltlich falsche Äußerung in der **Begründung des Gesetzentwurfs** gesorgt. Danach „wird in Satz 2 klargestellt, dass die unkörperliche elektronische Verbreitung, zB einer Musik- oder Videokassette oder einer Zeitschrift als Attachment zu einer E-Mail, der körperlichen Verbreitung gleichsteht" (BT-Drs 14/9013, 18). Die zitierten Beispiele sind bereits sprachlich falsch, weil ein gegenständlicher Träger nicht im Anhang einer E-Mail versandt werden kann, sondern nur sein Inhalt und auch dieser nur, nachdem zuvor von ihm eine digitale Version erstellt worden ist (*Bornemann* NJW 2003, 788; *Dietmeier*, in: *Gounalakis*, § 21 Rn 89 mit Fn 116; *Liesching/Schuster* Rn 25; *Stath* 2006, S 53 f.). Deutet man die Beispiele so, dass auch die Versendung der digitalen Version des Inhalts eines Trägermediums als Anhang einer E-Mail ein elektronisches Verbreiten des Trägermediums darstellt (v Hartlieb/Schwarz/*v Hartlieb* Kap 9 Rn 6), so steht das in direktem Widerspruch zu Abs 3. Denn die digitale Kopie ist ein Medium, das „nach dem Telemediengesetz", dh über elektronische Informations- und Kommunikationsdienste iSd § 1 TMG übermittelt wird.

40   Obwohl die Äußerung in der Entwurfsbegründung im Widerspruch zum Gesetz steht und damit für die Auslegung belanglos ist, wird in der Literatur versucht, ihr zumindest teilweise gerecht zu werden. So wird die Meinung vertreten, dass Trägermedien auch dann elektronisch verbreitet werden, wenn ihre Inhalte (zB einer CD-ROM, Festplatte) „**direkt als Attachement einer E-Mail** übermittelt werden oder anderen Nutzern durch unmittelbaren Online-Zugriff über das Internet zur Verfügung gestellt werden" (Erbs/Kohlhaas/*Liesching* Rn 13; *Stath* 2006, 54 f.; ähnlich *Enders* ZUM 2006, 356; *Mitsch* 2012, § 9 Rn 4; Ricker/*Weberling* Kap 60 Rn 5b). Dabei wird jedoch übersehen, dass in diesen Fällen immer Dateien mit digitalen Kopien (der Inhalte) der Trägermedien entstehen, die dann über elektronische Informations- und Kommunikationsdienste iSd § 1 TMG übermittelt werden. So erfolgt das

Versenden der E-Mail samt Anhang über den (fest eingebauten) Arbeitsspeicher des Rechners, in dem eine digitale Kopie des Inhalts des Trägermediums generiert wird. Die im Anhang einer E-Mail übersandte Datei ist somit ein Telemedium unabhängig davon, wo das Original gespeichert und ob es Träger- oder Telemedium ist. Es wäre auch kaum plausibel, dass der eher zufällige Speicherort einer Datei darüber entscheidet, ob die Übermittlung ihrer Kopie über elektronische Informations- und Kommunikationsdienste unter das JuSchG oder den JMStV fällt (so aber *Liesching* NJW 2002, 3283). – In Widerspruch zu Abs 3 setzt sich auch eine weitere Auffassung, die auf den **Willen des Anbieters** abhebt, der den Inhalt zur Verfügung stellt. Wolle er in erster Linie eine Verbreitung als körperliches Medium, welches auch elektronisch verbreitet werden könne, handele es sich um ein elektronisches Verbreiten eines Trägermediums; beabsichtige er in erster Linie eine Online-Verbreitung, so handele es sich um ein Telemedium (*Stettner* ZUM 2003, 429; *Stumpf* 2009, S 139; ähnlich *Ukrow* 2004, Rn 110). Diese Meinung verkennt, dass Satz 2 nichts mit der Abgrenzung von Träger- und Telemedien zu tun hat (Rn 36). Sie ist auch unpraktikabel, weil sie die Frage, welches Recht Anwendung findet, von Umständen abhängig macht, die von dem konkreten Inhalt und seiner Übertragungsform unabhängig, äußerlich nicht erkennbar und im Einzelfall häufig schwer nachweisbar sind.

(3) Verbreiten, Überlassen, Anbieten, Zugänglichmachen

Herkömmlicherweise wird **Verbreiten** als eine mit der körperlichen Übergabe der Schrift (bzw des Trägermediums) verbundene Tätigkeit definiert, die darauf gerichtet ist, die Schrift ihrer Substanz nach einem größeren Personenkreis zugänglich zu machen (§ 15 Rn 43). Bei der elektronischen Verbreitung wird das Trägermedium jedoch nicht körperlich verbreitet, sondern es wird nur sein Inhalt übermittelt. Soweit dabei ein größerer Personenkreis erreicht werden soll, ist das im schmalen Anwendungsbereich des Abs 2 S 2 (Rn 37) kaum vorstellbar. Eine massenhafte elektronische Verbreitung des Inhalts eines indizierten Trägermediums ist nur über Telemedien möglich (Rn 38); hier greifen dann die Verbote des § 4 Abs 1 S 1 Nr 11, Abs 2 S 1 Nr 2, Abs 3 JMStV ein. Ein elektronisches **Überlassen** (vgl § 15 Rn 13) ist das elektronische Übermitteln des Inhalts des Trägermediums, so dass der Empfänger eine neue Verkörperung des Inhalts bekommt (zB Fax) oder erstellen kann (zB Aufzeichnen des am Telefon vorgespielten Musikstücks). Ein elektronisches **Anbieten** (vgl § 15 Rn 12) ist eine elektronisch übermittelte, einseitige, ausdrückliche oder stillschweigende Erklärung der Bereitschaft zur Überlassung des Trägermediums oder zur elektronischen Überlassung seines Inhalts (zB Werbung für einen Faxabruf). Ein elektronisches **Zugänglichmachen** (vgl § 15 Rn 14) erfordert, dass die Möglichkeit eröffnet wird, sich auf elektronischem Weg Kenntnis vom Inhalt des Trägermediums zu verschaffen (zB Faxabruf). In der Praxis wichtiger werden die von § 4 Abs 1 S 1 Nr 11, Abs 2 S 1 Nr 2, Abs 3 erfassten Fälle des Zugänglichmachens eines Telemediums mit dem Inhalt eines indizierten Trägermediums sein (zB Website, Download, Streaming). 41

Dem gegenständlichen Verbreiten wird **nicht das Verbreiten über Rundfunk** gleichgestellt. Rundfunk ist „die für die Allgemeinheit und zum zeitgleichen Empfang bestimmte Veranstaltung und Verbreitung von Angeboten in Bewegtbild oder Ton entlang eines Sendeplans unter Benutzung elektromagnetischer Schwingungen". Das „schließt Angebote ein, die verschlüsselt verbreitet werden oder gegen besonderes Entgelt empfangbar sind" (§ 2 Abs 1 RStV). Zum Rundfunk zählen Hörfunk und Fernsehen, einschließlich des Pay-TV, der Fernsehdienste, des Live-Streaming und Web-Casting, sowie nach dem RStV auch des Teleshopping (MüKo-StGB/*Altenhain* § 1 TMG Rn 18 ff.). Satz 2 nimmt ausdrücklich die Rundfunk*sendung*, dh den reinen Übermittlungsvorgang, vom elektronischen Verbreiten eines Trägermediums aus. Der Jugendmedienschutz für den Inhalt von Rundfunksendungen richtet sich nach dem JMStV (§ 2 Abs 1 JMStV, vgl §§ 130 Abs 2 Nr 2, 131 Abs 2, 184d StGB). Satz 2 gilt aber auch für die jeder Rundfunksendung (Ausnahme: Live-Übertragung, Rn 22) 42 zugrunde liegenden gegenständlichen Träger (zB Magnetband, CD). Andernfalls wäre der Jugendschutz im Rundfunk sowohl Sache des JuSchG (Träger), als auch des JMStV (Sendung), was weder sinnvoll noch mit dem Zweck des Abs 2 vereinbar wäre. Etwas anderes gilt nur dann, wenn Aufzeichnungen von Fernseh- oder Hörfunksendungen auf gegenständlichen Trägern (zB BD, CD, DVD) über den Handel vertrieben werden oder vertrieben werden sollen. Für diese Trägermedien gilt das JuSchG. Sie können indiziert werden, sobald die Ausstrahlung über den Rundfunk erfolgt ist (BVerwGE 85, 169, 176); vorher nur dann, wenn sie schon im Handel sind.

3. Telemedien (Abs 3)

a) Begriff (Satz 1)

43   Das Gesetz stellt drei **Anforderungen** an ein Telemedium: Es muss sich (1) um einen Inhalt (Rn 15) handeln, der (2) „nach dem Telemediengesetz" (3) übermittelt oder zugänglich gemacht wird. Nicht erforderlich ist, dass der Inhalt zur Kenntnisnahme durch einen größeren Personenkreis bestimmt ist (vgl Rn 17); das ergibt sich hier bereits daraus, dass Abs 3, wie seine Gesetzesgeschichte belegt (Rn 44), auch die Übermittlung durch elektronische Informations- und Kommunikationsdienste erfasst, die auf eine individuelle Nutzung ausgerichtet sind.

(1) Das Merkmal „nach dem Telemediengesetz"

44   In seiner ursprünglichen Fassung von 2003 definierte Abs 3 Satz 1 Telemedien als „Medien, die durch elektronische Informations- und Kommunikationsdienste nach dem Gesetz über die Nutzung von Telediensten (Teledienstegesetz, TDG) und nach dem Staatsvertrag über Mediendienste der Länder übermittelt oder zugänglich gemacht werden". Diese Formulierung war umständlich, weil § 2 Abs 1 TDG und § 2 Abs 1 MDStV Tele- und Mediendienste bereits als besondere Formen von (elektronischen) Informations- und Kommunikationsdiensten definierten. Abs 3 Satz 1 ließ sich daher dahin zusammenfassen, dass Telemedien solche Medien sind, die **durch Tele- oder Mediendienste übermittelt oder zugänglich gemacht** werden. Durch die im Jahre 2003 noch ungewöhnliche Zusammenfassung unter dem Oberbegriff der Telemedien traten im Jugendmedienschutz seither die bis dahin im gesamten Bereich des Internetrechts üblichen Abgrenzungsschwierigkeiten zwischen Tele- und Mediendiensten nicht mehr auf (BT-Drs 14/9013, 18). Mit dem Telemediengesetz (BGBl 2007 I, S 179) beseitigte der Bundesgesetzgeber die Abgrenzung zwischen den auf Individualkommunikation ausgerichteten Telediensten, für die das TDG des Bundes einschlägig war, und den auf Massenkommunikation mit Meinungsrelevanz bezogenen Mediendiensten, für die der MDStV der Länder galt. An ihre Stelle trat nun auch außerhalb des Jugendmedienschutzrechts der beide Gruppen umfassende Begriff der Telemedien. Diese Neuordnung ging ebenfalls auf den Bund-Länder-Kompromiss (Rn 13, Einl Rn 7) zurück, in dem die Länder die Kompetenz des Bundes in den heute vom TMG geregelten Bereichen anerkannt hatten, während der Bund im Gegenzug darauf verzichtet hatte, für alle elektronischen Informations- und Kommunikationsdienste umfassend von seiner Kompetenz für den Jugendschutz Gebrauch zu machen.

45   Der Begriff der Telemedien wird seither zentral in § 1 TMG definiert. Mit dem Erlass des TMG wurde daher auch § 1 Abs 3 JuSchG neu gefasst (BGBl 2007 I, S 179, 184; s dazu BT-Drs 16/3078, S 16: „Folgeänderung"). Statt „durch elektronische Informations- und Kommunikationsdienste nach dem Gesetz über die Nutzung von Telediensten [...] und nach dem Staatsvertrag über Mediendienste der Länder" heißt es nun **„nach dem Telemediengesetz".** Diese Formulierung ist in zweifacher Weise sprachlich missglückt. Zum einen können Medien nicht „nach" einem Gesetz übermittelt oder zugänglich gemacht werden. Gemeint ist, wie die Gesetzesentstehung zeigt, dass Medien (Inhalte) über elektronische Informations- und Kommunika-

tionsdienste iSd § 1 TMG übermittelt oder zugänglich gemacht werden. Damit tritt der zweite Fehler zutage: Der Bundesgesetzgeber verwendet den Begriff der Telemedien im JuSchG und im TMG unterschiedlich. Durch den Verweis in § 1 Abs 3 auf das TMG kommt es zu der inkohärenten Definition der Telemedien als Medien, die mittels Telemedien übermittelt oder zugänglich gemacht werden. Ursache hierfür ist die unterschiedliche Konzeption des JuSchG einerseits und des TMG und des JMStV andererseits. Während im JuSchG mit den Begriffen Träger- und Telemedien Inhalte bezeichnet werden, die auf Trägern verkörpert sind oder über bestimmte elektronische Informations- und Kommunikationsdienste transportiert werden, wird in TMG und JMStV – sprachlich und sachlich überzeugender – zwischen den Inhalten (Angebote [§ 3 Abs 2 Nr 1 JMStV], angebotene Inhalte [§ 2 S 1 Nr 1 TMG], Informationen [§ 2 S 1 Nr 3, § 5 Abs 1, §§ 7–10 TMG]) und den sie transportierenden Medien (Telemedien, Rundfunk) differenziert. Was der Gesetzgeber im JuSchG mit Telemedien meint, nennt er im JMStV „Inhalte von Telemedien" (§ 3 Abs 2 Nr 1 JMStV). In der Sache ist in beiden Gesetzeswerken aber dasselbe gemeint.

Telemedien iSd Abs 3 Satz 1 sind mithin **Inhalte von elektronischen Informations- und Kommunikationsdiensten iSd § 1 TMG** (ebenso *Liesching/Schuster* Rn 27; *Stumpf* 2009, S 140 f.). Elektronische Informations- und Kommunikationsdienste sind mittels Telekommunikation erbrachte Dienstleistungen (daher zB nicht: Links) auf dem Gebiet der Information oder Kommunikation (MüKo-StGB/*Altenhain* § 1 TMG Rn 4–10). Ausgeklammert sind gem § 1 Abs 1 S 1 TMG aber: (1) Telekommunikationsdienste iSd § 3 Nr 24 TKG, die ganz in der Übertragung von Signalen über Telekommunikationsnetze bestehen (zB Telefon, -fax, Internet-Telefonie); (2) telekommunikationsgestützte Dienste iSd § 3 Nr 25 TKG, worunter der Gesetzgeber in erster Linie Mehrwertdienste versteht (s dagegen *Altenhain* aaO Rn 17; (3) Rundfunk iSd § 2 RStV (Rn 57).

Inhalte können nur dann über elektronische Informations- und Kommunikationsdienste iSd § 1 TMG übermittelt oder zugänglich gemacht werden, wenn sie in digitaler Form vorliegen. Für ihre Einordnung als Telemedien ist es unerheblich, dass sie auf gegenständlichen Trägern gespeichert sind. Das allein macht sie nicht schon zu Trägermedien. Entscheidend ist, ob sie von ihrem Speicherplatz aus über elektronische Informations- und Kommunikationsdienste iSd § 1 TMG übermittelt oder zugänglich gemacht werden. Deshalb sind digitalisierte Inhalte in **multifunktionalen Geräten** Telemedien, wenn sie ausschließlich oder auch über elektronische Informations- und Kommunikationsdienste iSd § 1 TMG übermittelt oder zugänglich gemacht werden (Rn 32 ff.). Hingegen sind sie Trägermedien, wenn sie dort zugänglich sind (dh vorgeführt oder gespielt werden; Abs 2 Satz 1). Grundsätzlich keine Telemedien sind Inhalte auf Trägern, die selbst zur körperlichen Weitergabe bestimmt sind (zB CD-ROM, CD, USB-Stick; Rn 26).

Beispiele für Telemedien: Inhalte auf Homepages, seien sie privat und geschäftlich; Inhalte, die über E-Maildienste versandt werden, sei es in der Mail oder als Anhang (Rn 40); Inhalte von Newsgroups, Chatrooms, Meinungsforen und Weblogs (Blogs); Inhalte der elektronische Presse; Video- (Tele-, Fernseh-) und Radiotext; Video on Demand; Inhalte von Internet-Suchmaschinen; Inhalte von Anzeigen-, Ratgeber- und Informationsportalen; Inhalte von Partner-, Kontakt-, Stellen- und Tauschbörsen (zB Filesharing); Inhalte von Musik-, Foto- und Spielangeboten zum Download; Onlinespiele; Inhalte von Portalen für Online-Auktionen (wobei die eingestellten Angebote wiederum eigenständige Telemedien der jeweiligen Anbieter sind). – Wird ein Telemedium **von einem Nutzer,** dem es übermittelt worden ist oder der auf es zugegriffen hat, **auf einem gegenständlichen Träger gespeichert,** so ist für diese Verkörperung erneut zu fragen, ob sie ein Trägermedium (zB Speicherung auf CD-ROM) oder Telemedium ist (zB der Nutzer stellt die Datei in ein seinerseits bereitgehaltenes Download-Angebot ein).

(2) Übermitteln oder Zugänglichmachen

49 Mit diesen Begriffen bezeichnet das Gesetz zwei aktive Verhaltensweisen, von denen das Übermitteln auf den Zugang (einer Kopie) des Inhalts bei Dritten und das Zugänglichmachen auf das Eröffnen des Zugriffs auf den Inhalt durch einen Dritten gerichtet ist. Satz 2 stellt dem das Bereithalten eines Inhalts gleich, also ein Verhalten, das weder darauf gerichtet ist, den Inhalt zu Dritten gelangen zu lassen, noch ihnen den Zugriff auf den Inhalt zu eröffnen (zur missverständlichen Formulierung des Satz 2 s Rn 53).

50 **Übermitteln** ist jedes auf den Zugang (einer Kopie) des digitalisierten Inhalts gerichtete Verhalten (zB Versenden als Anhang einer E-Mail). Der Begriff ist nicht identisch mit dem in § 8 TMG. Er steht dort im Zusammenhang mit der Durchleitung von Informationen und bezeichnet die Tätigkeit des auf die Transportfunktion beschränkten Network-Providers, der Daten allenfalls automatisch, kurzzeitig und allein zu Übermittlungszwecken zwischenspeichert. Dass diese Auslegung vorliegend nicht passt, zeigt nicht nur die andere Variante des Zugänglichmachens (statt Zugangsvermittlung, wie in § 8 TMG), die ein klassischer Begriff des Jugendmedienschutzes ist (vgl § 15 Abs 1 Nr 1, 2 JuSchG, § 184 Abs 1 Nr 1, 2 StGB), sondern ergibt sich vor allem auch aus dem Zweck der Definition des Abs 3 Satz 1. Es geht hier allein um die Abgrenzung zu Trägermedien und um die Bestimmung der Anwendungsbereiche des JuSchG und des JMStV. Es geht nicht um die in den §§ 7–10 TMG geregelte Frage, wer für welche Inhalte unter welchen Voraussetzungen verantwortlich ist. Für die Abgrenzung zu den Trägermedien kommt es aber allein darauf an, dass der Inhalt für Nutzer von elektronischen Informations- und Kommunikationsdiensten iSd § 1 TMG wahrnehmbar ist, sei es, weil sie ihn zugesandt bekommen, sei es, weil sie auf ihn zugreifen können.

51 Ein digitalisierter Inhalt wird **zugänglich gemacht,** wenn Dritten die Möglichkeit zur Kenntnisnahme des Inhalts eröffnet wird. Zugänglichmachen setzt nicht voraus, dass tatsächlich ein Kind oder Jugendlicher diese Möglichkeit hat; es genügt, dass der Inhalt irgendjemandem, also auch nur einem Erwachsenen, zugänglich ist. Hier geht es nur um die Abgrenzung zu den Trägermedien, nicht um die – dem JMStV vorbehaltene – Regelung, ob und inwieweit ein Zugänglichmachen erlaubt ist. Zugänglichmachen ist nicht dasselbe wie Zugangsvermittlung iSd § 8 TMG. Wer den Zugang vermittelt, eröffnet nur den Weg zu fremden Inhalten (zB indem er den Zugang zum Internet eröffnet), macht diese aber dadurch nicht zugänglich. Ein Zugänglichmachen ist erst das Eröffnen der Möglichkeit, sich Kenntnis vom Inhalt zu verschaffen (zB Einstellen eines Inhalts auf einer jedermann zugänglichen Homepage).

b) Bereithalten eigener oder fremder Inhalte (Satz 2)

52 Der Begriff des Bereithaltens wurde schon in § 3 Abs 1 Nr 4 GjSM in Bezug auf Dateien verwandt. Er ist in Anlehnung an den Begriff des Vorrätighaltens bei Trägermedien (§ 15 Abs 1 Nr 7; s auch § 184 Abs 1 Nr 8 StGB) auszulegen. **Bereithalten** ist das Ausüben der Sachherrschaft über „im eigenen Dienstebereich" oder im „eigenen Verfügungsbereich" (BT-Drs 13/7385, 20 [zu § 3 Abs 1 Nr 4 GjSM]) befindliche Dateien zur Ermöglichung der Kenntnisnahme ihrer Inhalte durch Dritte. Es genügt, wenn nur eine Person Zugriff erlangen kann. Wer einem, mehreren oder einer unbestimmten Vielzahl von Dritten über elektronische Informations- und Kommunikationsdienste iSd § 1 TMG den Zugriff auf eine Datei ermöglicht, hält diese bereit. Hält er hingegen die Datei nur zum eigenen Gebrauch vor, will er sie löschen oder an die Behörden weiterleiten, liegt darin kein Bereithalten (ebenso SK-StGB/*Wolters* § 184 Rn 69 zum Vorrätighalten).

53 Satz 2 ist **überflüssig,** weil jedes Zugänglichmachen auch ein Bereithalten ist. Er ist zudem missverständlich und beruht wohl auch auf einem Missverständnis. Streng genommen bedeutet die Formulierung „Als Übermitteln oder Zugänglichmachen im Sinne von Satz 1 gilt das Bereithalten eigener oder fremder Inhalte", dass *nur* das Bereithalten eigener oder fremder Inhalte ein Übermitteln oder Zugänglichmachen ist.

Das ist jedoch ausweislich der Gesetzesmaterialien nicht gemeint. Danach soll Abs 3 auch die „bloße Zugangsvermittlung zum Internet (Access-Provider)" erfassen, „wenn und insoweit die technischen Voraussetzungen die Verhinderung des Zugangs möglich und zumutbar machen" (BT-Drs 14/9410, 30). Die bloße Zugangsvermittlung zeichnet sich aber gerade dadurch aus, dass der Provider keine Inhalte bereithält (vgl §§ 8–10 TMG). Man wollte also offenbar neben dem Übermitteln und dem Zugänglichmachen *auch* das Bereithalten von Inhalten erfassen. Satz 2 ist somit bei Zugrundelegen der Gesetzesmaterialien dahin auszulegen, dass als Übermitteln oder Zugänglichmachen iSd Satz 1 **auch das Bereithalten** eigener oder fremder Inhalte gilt (ebenso *Liesching/Schuster* Rn 31). Notwendig war diese (missglückte) Klarstellung allerdings nicht. Sie war im Gegenteil sogar überflüssig. Offenbar nahm man an, dass mit dem Übermitteln und dem Zugänglichmachen nur die Fälle der reinen Access- und Network-Provider erfasst würden, und übersah dabei, dass der Begriff des Zugänglichmachens nicht im Zusammenhang mit der bloßen Durchleitung von Informationen steht. Es war wohl diese Verwechslung von Zugänglichmachen mit Zugangsvermittlung, die zu der unrichtigen Annahme führte, Satz 1 gelte nur für die Tätigkeit der Network- und Accessprovider. Insgesamt scheint man sich auch nicht darüber im Klaren gewesen zu sein, dass es bei der Definition des Telemediums gar nicht um Fragen der Verantwortlichkeit für Inhalte geht. Anders lässt sich die – mit § 8 TMG zudem schwerlich vereinbare – Äußerung, dass die „bloße Zugangsvermittlung zum Internet (Access-Provider)" nur erfasst sei, „wenn und insoweit die technischen Voraussetzungen die Verhinderung des Zugangs möglich und zumutbar machen", nicht erklären. Gleiches gilt für die Bemerkung, „eine generelle Verpflichtung zur Filterung (werde) ausgeschlossen" (BT-Drs 14/9410, 30). Denn aus dem dann Gesetz gewordenen Abs 3 ergibt sich für solche – dort auch gänzlich deplazierte – Haftungseinschränkungen nichts.

4. Abgrenzung zu Schriften (§ 11 Abs 3 StGB)

Durch die Einführung der Begriffe Träger- und Telemedien wird der bisherige **54 Gleichlauf mit dem StGB beseitigt.** Dort wird weiterhin der Begriff der Schrift (§ 11 Abs 3 StGB) verwendet (zB §§ 130 Abs 2, 131 Abs 1, 184–184c StGB). Im JuSchG ist an seine Stelle der Begriff des Trägermediums getreten (BT-Drs 14/9013, 17). Im Bereich der **Printmedien** sind beide Begriffe deckungsgleich. Soweit es nicht digitalisierte Inhalte betrifft, ist der Begriff des Trägermediums nur insoweit enger, als er die praktisch unbedeutende Fallgruppe der eine Aussage verkörpernden Figuren, Puppen oder Plastiken nicht mehr erfasst (Rn 20).

Größere Unterschiede bestehen bei **digitalisierten Inhalten,** dh bei den auf ge- **55** genständlichen Trägern abgelegten Dateien oder Programmen. Im StGB stehen den Schriften die Datenspeicher gleich (§ 11 Abs 3 StGB; früher auch § 1 Abs 3 GjSM). Ein Datenspeicher ist ein elektronisch, elektromagnetisch, optisch, chemisch oder auf sonstige Weise funktionierender Gegenstand, auf oder in dem Gedanken oder Vorgänge zumindest vorübergehend abgelegt sind und unter Zuhilfenahme technischer Geräte (zB eines Computers mit angeschlossenem Bildschirm) wahrnehmbar gemacht werden können (BT-Drs 13/7385, 36). Welche Funktion der Datenspeicher hat (zB als Arbeits-, Zwischen- oder Festspeicher), ist gleichgültig. Insbesondere kommt es nicht darauf an, ob er mobil oder fest eingebaut ist. Die Voraussetzungen für Trägermedien sind enger, da sie zur Weitergabe geeignet (also nicht fest eingebaut sein dürfen) oder in ein Spiel- oder Vorführgerät (Rn 26) eingebaut sein müssen. Das hat zur Folge, dass Inhalte in fest eingebauten Datenspeichern (zB Festplatte) von nicht ausschließlich Spiel- oder Vorführzwecken dienenden Geräten (zB multifunktionale Computer) keine Trägermedien sind, wenn es sich um Texte handelt (Rn 35) oder wenn sie über Informations- und Kommunikationsdienste iSd § 1 TMG übermittelt werden oder zugänglich sind (Telemedien; Rn 47). Andererseits ist der Begriff der Trägermedien hier insoweit weiter, weil die Inhalte auf Datenspeichern selbst

Trägermedien sind, während im StGB alle Inhalte auf einem Datenspeicher insgesamt *eine* Schrift bilden (Rn 16; allerdings begnügt sich die Rechtsprechung inzwischen beim Verbreiten [des Inhalts] eines Datenspeichers damit, dass der Inhalt beim Empfänger ankommt und dort zur Kenntnis genommen werden kann; so BGHSt 47, 55, 59 zu § 184 StGB).

56 Der **Hintergrund** für dieses Auseinanderdriften von JuSchG und StGB ist nicht sachlicher Natur, sondern die Abgrenzung der Gesetzgebungskompetenzen zwischen Bund und Ländern: Bis 1997 regelte der Bund im GjS (Einl Rn 2) den Jugendschutz in sog „Schriften", wozu neben den klassischen Printmedien unter anderem auch Bild- und Tonträger gehörten, und die Länder ordneten im RStV den Jugendschutz im Rundfunk. Zur Wahrung der Belange des Jugendschutzes im Bereich des aufkommenden Internets dehnte der Bund 1997 den Begriff der Schrift auf Datenspeicher aus (§ 1 Abs 3 S 1 GjSM). Wenn es allein dabei geblieben wäre, hätte das allerdings zur Konsequenz gehabt, dass alle online verbreiteten oder zugänglichen, digitalisierten Inhalte in den Anwendungsbereich des GjSM gefallen wären, weil sie regelmäßig in solchen Speichern abgelegt sind. Damit hätte für den Jugendmedienschutz im Internet allein Bundesrecht gegolten. Um die von den Ländern mit Blick auf ihre Rundfunkhoheit reklamierte Gesetzgebungskompetenz (Einl Rn 11) zu wahren, wurden daher in § 1 Abs 3 S 2 GjSM Rundfunksendungen und „inhaltliche Angebote bei Verteildiensten und Abrufdiensten, soweit die redaktionelle Gestaltung zur Meinungsbildung für die Allgemeinheit im Vordergrund steht", aus dem Anwendungsbereich des GjSM herausgenommen. Die dadurch im Einzelfall notwendige Abgrenzung danach, ob der jugendgefährdende Inhalt solcherart redaktionell gestaltet war – dann galt Landesrecht (§ 8 bzw § 12 MDStV) – oder nicht – dann galt Bundesrecht (GjSM) –, bewährte sich nicht (BT-Drs 14/9013, 16). Der Bundesgesetzgeber kam deshalb mit dem JuSchG den Ländern nochmals entgegen und verzichtete mit der neuen Abgrenzung zwischen Trägermedien (Bundesrecht) und Telemedien (Landesrecht) fast vollständig auf die Wahrnehmung seiner Gesetzgebungskompetenz für den Jugendmedienschutz im Internet (BT-Drs 14/9013, 17). Demgegenüber bleibt es im Strafrecht, wo seine Gesetzgebungskompetenz unangefochten ist (Art 74 Abs 1 Nr 1 GG), bei der Geltung seiner Verbote für den gesamten Online-Bereich. Dort sind weiterhin uneingeschränkt Datenspeicher in den Schriftenbegriff einbezogen (§ 11 Abs 3 StGB).

5. Abgrenzung zum Rundfunk

57 Die Abgrenzung zwischen den Träger- und Telemedien auf der einen und dem Rundfunk auf der anderen Seite ist bedeutsam, weil erstere indiziert werden können, Inhalte im Rundfunk aber nicht. Die Abgrenzung der Trägermedien zum Rundfunk regelt Abs 2 Satz 2 (Rn 42). Die (negative) Abgrenzung zwischen Telemedien und Rundfunk ergibt sich aus der Definition der Telemedien in § 1 Abs 1 S 1 TMG (s dazu MüKo-StGB/*Altenhain* § 1 TMG Rn 18 ff.). Sie ist vor allem innerhalb des JMStV von Bedeutung: So gelten zum Teil für Rundfunk (§§ 8–10) und Telemedien (§§ 11, 12) andere Regeln, so vor allem für Telemedien besondere Öffnungsklauseln bei geschlossenen Benutzergruppen (§ 4 Abs 2 S 2 JMStV).

III. Versandhandel (Abs 4)

1. Zweck

58 Der Versand jugendgefährdender Inhalte birgt die Gefahr in sich, dass sie an Kinder und Jugendliche gelangen. Deshalb ist der Vertrieb von indizierten oder schwer jugendgefährdenden Trägermedien sowie von nicht für die Jugend freigegebenen Bildträgern im Versandhandel verboten (§§ 12 Abs 3 Nr 2, 15 Abs 1 Nr 3). Entsprechende Verbote kannten auch die Vorläufergesetze des JuSchG (§ 4 Abs 1 Nr 3

GjSM, § 7 Abs 3 Nr 2 JÖSchG); sie enthielten jedoch keine Definition des Versandhandels. Nach dem Wortlaut war jeglicher Versandhandel mit derartigen Inhalten schlechthin untersagt. Deshalb wurde überlegt, ob im Wege teleologischer Reduktion bestimmte Fälle vom Verbot auszunehmen waren. Das wurde mehrheitlich angenommen für den Fall des persönlichen Erscheinens des Bestellers beim Lieferanten, jedoch wegen der Täuschungsgefahr abgelehnt für sonstige Vorkehrungen, die der Händler trifft, um den Zugang bei Kindern und Jugendlichen zu verhindern (OLG Düsseldorf NJW 1984, 1977, 1978; OLG Hamburg GRUR 1987, 543, 544). Beide Einschränkungen hat der Gesetzgeber nun durch den Zusatz „ohne persönlichen Kontakt zwischen Lieferant und Besteller oder ohne dass durch technische oder sonstige Vorkehrungen sichergestellt ist, dass kein Versand an Kinder und Jugendliche erfolgt, vollzogen wird" in das Gesetz aufgenommen. Sprachlich missglückt ist daran, dass in einem solchen Fall kein Versandhandel iSd Gesetzes gegeben sein soll. Die Einschränkungen wären daher besser in die Verbote (§§ 12 Abs 3 Nr 2, 15 Abs 1 Nr 3) aufgenommen worden. Hintergrund der sachlich richtigen Entscheidung des Gesetzgebers sind die Grundfreiheiten der Lieferanten und Besteller (Art 5, 12 GG), deren Einschränkung durch das Verbot des Versandhandels zum Zwecke des Jugendschutzes nur dort legitim ist, wo nicht sichergestellt ist, dass die Trägermedien oder Bildträger nur an Erwachsene gelangen. Das so eingeschränkte Verbot des Versandhandels verstößt nicht gegen Art 34 AEUV (EuGH MMR 2008, 298, 301 zu Art 28 EGV).

2. Definition

Die Definition des (verbotenen) Versandhandels in Abs 4 geht zurück auf die **Definition des BVerfG** (NJW 1982, 1512), „wonach zum Versandhandel jedes entgeltliche Geschäft gehört, das im Wege der Bestellung und Übersendung einer Ware ohne persönlichen Kontakt zwischen Lieferant (Anbieter) und Besteller (Kunden) vollzogen wird". Sie wurde „zur Klarstellung um den elektronischen Versand" erweitert (BT-Drs 14/9013, 18). Im Gesetzgebungsverfahren wurde sie zudem um den Zusatz „oder ohne dass durch technische oder sonstige Vorkehrungen sichergestellt ist, dass kein Versand an Kinder und Jugendliche erfolgt, vollzogen wird" ergänzt. Der Ausschuss für Familie, Senioren, Frauen und Jugend war der Ansicht, dass beim elektronischen Versand die Abgabe an Jugendliche „auch durch technische Vorkehrungen, wie sichere Altersverifikationssysteme", erfolgreich verhindert werden könne (BT-Drs 14/9410, 30). 59

Ein Versandhandel iSd Gesetzes ist unter drei **Voraussetzungen** gegeben: Es muss sich (1) um ein entgeltliches Geschäft handeln, das (2) im Wege der Bestellung und Übersendung einer Ware durch Postversand oder elektronischen Versand vollzogen wird, und bei dem (3) keine Alterskontrolle erfolgt, sei es im Wege eines persönlichen Kontakts zwischen Lieferant und Besteller oder durch technische oder sonstige Vorkehrungen, die sicherstellen, dass kein Versand an Kinder und Jugendliche erfolgt. 60

a) Entgeltliches Geschäft

Entgeltlich ist jeder Versand, der gegen eine **Gegenleistung** erfolgt. Es muss sich nicht um Geld handeln, weshalb auch Tauschgeschäfte (zB in Online-Tauschbörsen) genügen. Der Versand ist bereits entgeltlich, wenn für den Besteller nur die Versandkosten anfallen (zB per Nachnahme). Die Ware muss nicht übereignet werden; es genügt ein Vermieten (BVerfG NJW 1982, 1512; OLG München NJW 2004, 3344, 3345), nicht jedoch, mangels Entgelts, die Leihe. 61

Das Geschäft muss mit dem **Endverbraucher** abgeschlossen werden (OLG Düsseldorf MDR 1987, 604). Der Versand jugendgefährdender Medien an einen Zwischenhändler ist nicht erfasst. 62

b) Bestellung und Übersendung einer Ware durch Post- oder elektronischen Versand

Es genügt, dass der Lieferant im konkreten Fall ein Trägermedium oder einen Bildträger versendet. Er muss **kein Versandhandelsunternehmen** betreiben (zu § 4 63

GjSM: BGHZ 173, 188, 198; BayObLG NJW 1963, 672; 1967, 1049; ebenso zu § 184 StGB: Sch/Sch/*Eisele* Rn 32; LK/*Laufhütte*/*Roggenbuck* Rn 24). Erfasst wird damit zB auch der Buchhändler, der auf eine telefonische Bestellung hin Ware versendet. Klassische Erscheinungsform des Versandhandels ist der Katalogversand mit postalischer (Bestellkarte), telefonischer oder heute auch Online-Bestellung. Doch war schon nach altem Recht anerkannt, dass auch ein elektronisches Angebot mit Bestellmöglichkeit genügt (OLG Düsseldorf NJW 1984, 1977, zum Versandangebot im Btx-Verfahren). Erfasst sind damit heute auch Online-Shopping und Online-Auktionen (*Enders* ZUM 2006, 357; *Liesching*/*Schuster* Rn 33; *Nikles*/*Roll* Rn 22; zur Haftung des Betreibers einer Internetauktionsplattform für jugendgefährdende Angebote Dritter s BGHZ 173, 188, 203 f.).

64 Die **Bestellung** muss nicht notwendig auf postalischem oder elektronischem Weg erfolgen. Die Wörter „im Postversand oder elektronischen Versand" beziehen sich auf die Übersendung der Ware; bei der Aufgabe einer Bestellung spricht man nicht von Versand. Ein Versandhandel kann also auch dann gegeben sein, wenn jemand persönlich beim Händler die Ware bestellt und sich zuschicken lässt. Nur für diese Konstellation macht die Einschränkung „ohne persönlichen Kontakt" Sinn. Sie schließt den Versandhandel nicht schon bei jedem bloß räumlich-zeitlichen Zusammentreffen des Lieferanten (oder seines Angestellten) mit dem Besteller aus, sondern nur, wenn die dabei mögliche Kontrolle des Alters des Bestellers auch tatsächlich stattgefunden hat. Versandhandel liegt also vor, wenn der Besteller persönlich beim Lieferanten erscheint, dieser oder sein Angestellter aber die Alterskontrolle unterlässt. Erfolgt hingegen eine Kontrolle von Alter, Name und Adresse des Bestellers, so handelt es sich nicht um Versandhandel, wenn der Lieferant ihm später die Ware zuschickt (zur Frage, ob auch eine Kontrolle beim Empfang erforderlich ist, s Rn 68).

65 Der Versand kann postalisch oder elektronisch erfolgen. **Postversand** ist untechnisch zu verstehen. Erfasst ist nicht nur der Versand über ein Unternehmen, das sich mit der Annahme, Beförderung und Verteilung von Sendungen (Brief, Paket etc.) befasst, sondern jede Form des körperlichen Transports von Trägermedien an den Besteller. Nach dem Schutzzweck des JuSchG kommt es nicht darauf an, ob zwischen Händler und Besteller ein Unternehmen tritt, das Postdienstleistungen iSd § 4 Nr 1 PostG erbringt, sondern allein darauf, dass der Händler nicht verlangt, dass sich der Besteller das Trägermedium selbst abholt, sondern es zu ihm bringen lässt. Das kann auch in Eigenregie durch Boten geschehen (*Nikles*/*Roll* Rn 23; aA *v Heyl*/*Liesching* 2012, S 12). Die Variante des **elektronischen Versands** ist praktisch bedeutungslos, da sich Abs 4 auf die Verbote des Versandhandels mit Trägermedien und Bildträgern (§§ 12 Abs 3 Nr 2, 15 Abs 1 Nr 3) bezieht (Spindler/Wiebe/*Erdemir* Kap 14 Rn 49; *Liesching*/*Schuster* Rn 34). Trägermedien können nicht selbst, sondern nur als Telemedien versandt werden: So wird zB nicht die indizierte CD oder DVD elektronisch versandt, sondern eine Kopie ihres Inhalts; diese aber ist ein Telemedium (Abs 3, s oben Rn 40; aA ohne Begründung *Nikles*/*Roll* Rn 24 [Trägermedium „als Download"]). Deshalb sind Angebote zur Übertragung von Audio- oder Video-Dateien über elektronische Informations- und Kommunikationsdienste Angebote von Telemedien – unabhängig davon, ob der Inhalt bereits während der Übertragung wahrgenommen werden kann (Streaming) oder die Datei vollständig übertragen werden muss (Store-and-forward-Prinzip). Die jugendschützenden Vertriebsbeschränkungen für solche Angebote ergeben sich aus § 4 Abs 1 Nr 11, Abs 2 Nr 2, § 5 Abs 2 Satz 2 JMStV. Ein elektronischer Versandhandel liegt nur bei einem elektronischen Verbreiten von Trägermedien (Abs 2 S 2) vor, was jedoch aufgrund des kleinen Anwendungsbereichs (Rn 37 ff.) keine praktische Relevanz besitzt. Die Einschätzung im Gesetzgebungsverfahren, Abs 4 betreffe gerade auch den elektronischen Handel (BT-Drs 14/9013, 18, 14/9410, 30), geht also fehl.

c) Keine Alterskontrolle

66 Ein Versandhandel im Sinne des Gesetzes ist nur gegeben, wenn das Geschäft „ohne persönlichen Kontakt zwischen Lieferant und Besteller **oder** ohne dass durch technische oder sonstige Vorkehrungen sichergestellt ist, dass kein Versand an Kinder und Jugendliche erfolgt, vollzogen wird". Der Wortlaut lässt die Interpretation zu, dass ein Versandhandel bereits dann gegeben ist, wenn eine der beiden Bedingungen erfüllt ist („oder"), also auch bei jedem Geschäft, das ohne persönlichen Kontakt erfolgt. Eine Konsequenz dieser Auslegung wäre jedoch, dass eine Bestellung jugendgefährdender Medien über Computernetze (zB Internet) faktisch ausgeschlossen wäre, weil es im Wesen dieses Kommunikationsmittels liegt, dass es zu keinem persönlichen Kontakt kommt. Wie sich aus den Gesetzesmaterialien ergibt, sollte diese Form des Handels mit jugendgefährdenden Inhalten aber gerade ermöglicht werden (BT-Drs 14/9410, 30; 14/9013, 18; s auch Rn 58). Daraus folgt, dass beide Bedingungen kumulativ („und") vorliegen müssen. Ein Versandhandel ist also nur dann gegeben, wenn das Geschäft ohne persönlichen Kontakt **und** ohne Vorkehrungen zur sicheren Vermeidung des Versands an Kinder und Jugendliche vollzogen wird (ebenso mit eingehender Begründung OLG München NJW 2004, 3344, 3345; *Liesching/ Schuster* Rn 35; *Lober* K&R 2005, 66). Diese teleologische Reduktion überschreitet nicht die Wortlautgrenze (aA *Schippan* K&R 2005, 351), weil das Wort „oder" hier eine Disjunktion bezeichnet (und/oder), keine Exklusion (entweder – oder).

(1) Persönlicher Kontakt zwischen Lieferant und Besteller

67 Es liegt kein Versandhandel vor, wenn der Lieferant anhand amtlicher Ausweispapiere das Alter des Bestellers in dessen Gegenwart kontrolliert und dessen Volljährigkeit festgestellt hat (sog **Face-to-Face-Kontrolle**). Dafür ist es nicht erforderlich, dass der persönliche Kontakt in den Geschäftsräumen des Lieferanten erfolgt. Ebenso wenig muss der Lieferant selbst in persönlichen Kontakt zum Besteller treten. Es genügt, wenn eine von ihm dazu ermächtigte natürliche Person, deren Verhalten ihm wie eigenes zuzurechnen ist (zB Ladenangestellter, Bote), das Alter des Bestellers kontrolliert (*Liesching/Schuster* Rn 37; ebenso zu § 184 StGB: *Eckstein* wistra 1997, 49; Sch/Sch/*Eisele* Rn 33). Bedient sich der Lieferant zur Altersfeststellung eines anderen Unternehmens (zB Deutsche Post AG im sog Postident-Verfahren), so kommt es zu keinem persönlichen Kontakt zwischen ihm und dem Besteller (OLG München NJW 2004, 3344, 3346; aA *Mayer* NJOZ 2010, 1317f.). Zwar kann eine solche Kontrolle gleichermaßen effizient sein (Rn 74), doch übersteigt es den Wortsinn, dabei von einem „persönlichen" Kontakt zwischen Lieferant und Besteller zu sprechen.

68 Unerheblich ist, ob der persönliche Kontakt bei der Bestellung oder beim Empfang der Ware zustande kommt (*Eckstein* wistra 1997, 49; Nikles/*Roll* Rn 23). Erfolgt die Alterskontrolle bei der Bestellung, so muss der Lieferant anhand der vorgelegten amtlichen Ausweispapiere auch den Namen und die Adresse des Bestellers feststellen. Nur dann ist sichergestellt, dass der Besteller der Adressat der später versendeten Ware sein wird. Sind diese Voraussetzungen erfüllt, so ist bei der Auslieferung und dem **Empfang der Ware** keine Kontrolle mehr erforderlich, ob sie auch tatsächlich an den Besteller (oder einen anderen Erwachsenen) übergeben wird (*Liesching/Schuster* Rn 41; Nikles/*Roll* Rn 25; *Stath* 2006, S 119). Das ergibt sich aus dem Sinn und Zweck des Verbots des Versandhandels. Es soll verhindern, dass Kinder oder Jugendliche jugendgefährdende Trägermedien beziehen, indem sie sich gegenüber den Lieferanten als Erwachsene ausgeben. Hat ein Erwachsener die Bestellung persönlich aufgegeben und der Lieferant Alter, Namen und Adresse kontrolliert, ist diese Gefahr gebannt. Zwar kann es auch dann noch passieren, dass die Ware versehentlich Kindern oder Jugendlichen in die Hände fällt (zB der minderjährige Sohn nimmt die Ware entgegen), doch fällt das nicht mehr in den Verantwortungsbereich des Lieferanten, sondern des Bestellers. Ihn trifft nach Aufgabe der Bestellung die Pflicht, dafür Sorge zu tragen, dass die Ware bei ihrer Lieferung nicht an Kinder oder Jugend-

liche gerät. Die Situation ist nicht anders als bei der sofortigen Übergabe der Ware an den Käufer; auch dann ist er allein dafür verantwortlich, dass der Inhalt für Kinder und Jugendliche unzugänglich ist.

69 Ist der **Besteller bereits bekannt**, weil es schon einmal zu einem persönlichen Kontakt gekommen ist, so soll kein Versandhandel vorliegen, wenn er weitere Bestellungen ohne erneuten persönlichen Kontakt (zB telefonisch) aufgibt (so zu § 184 StGB: *Eckstein* wistra 1997, 50; LK/*Laufhütte/Roggenbuck* Rn 24). Das wird in dieser Allgemeinheit nicht der vom Gesetzgeber bekämpften Gefahr des Versandhandels gerecht (s dazu Rn 68). Sie besteht auch nach einem persönlichen Kontakt (zB der minderjährige Sohn ruft unter dem Namen seines Vaters an und bestellt Ware). Zwar wäre es übertrieben zu verlangen, der Kunde müsse bei jeder weiteren Bestellung erneut beim Lieferanten erscheinen. Es muss jedoch sichergestellt sein, dass die nachfolgenden Bestellungen, wenn sie ohne persönlichen Kontakt erfolgen, auch von dem vom Lieferanten überprüften Besteller stammen. Es ist also eine Authentifizierung bei der Bestellung erforderlich (s dazu Rn 76). Diese Auslegung wird auch vom Wortlaut gedeckt. Daraus, dass das Gesetz einen Versandhandel verneint, wenn der Lieferant das Alter des persönlich erschienenen Bestellers überprüft hat, folgt nicht, dass es sich damit bei späteren weiteren Lieferungen begnügt.

(2) Technische oder sonstige Vorkehrungen zur Altersfeststellung

70 Diese Variante betrifft Fälle, in denen Bestellung und Empfang der Ware ohne einen persönlichen Kontakt zwischen Lieferant und Besteller erfolgen. Das Gesetz verlangt dann, dass der Lieferant durch technische oder sonstige Vorkehrungen sicherstellt, dass kein Versand an Kinder und Jugendliche erfolgt. An die Vorkehrung selbst werden keine besonderen Anforderungen gestellt („sonstige"). Ausreichend, aber auch zwingend erforderlich ist, dass sie so beschaffen ist, „dass kein Versand an Kinder und Jugendliche erfolgt". Da das Gesetz auf den **Versand** abstellt, ist streitig, inwieweit beim Empfang der Ware eine Kontrolle erforderlich ist, dass sie an einen Erwachsenen gelangt (vgl Rn 72).

71 **(a) Notwendigkeit einer Empfangskontrolle.** Unstreitig ist eine Kontrolle beim Empfang der Ware notwendig, wenn zuvor **keine Alterskontrolle bei der Bestellung** erfolgt ist, ob sie von einem Erwachsenen aufgegeben wurde. Dann kann der Lieferant nicht ausschließen, dass Kinder oder Jugendliche die Besteller sind bzw sich als volljährige Besteller ausgeben. In einem solchen Fall muss er sicherstellen, dass die Ware nur an einen Erwachsenen übergeben wird. Erforderlich ist dann, dass die Person, die im Auftrag des Lieferanten die Ware ausliefert, prüft, ob die Person, der sie die Ware übergibt, erwachsen ist. Es genügt nicht, wenn die Ware in die Sphäre des Empfängers gebracht wird (zB Briefkasten, Hauseingang). Denn es steht nicht fest, dass der Adressat volljährig ist oder dass er von der Bestellung überhaupt Kenntnis und deshalb Vorkehrungen getroffen hat, um eine Wahrnehmung durch Kinder oder Jugendliche zu verhindern. Notwendig ist ein „persönlicher Kontakt" zwischen Überbringer und Empfänger.

72 Streitig ist, ob eine Kontrolle beim Empfang der Ware auch dann notwendig ist, wenn eine zuverlässige **Alterskontrolle bei der Bestellung** erfolgt, dh festgestellt wird, dass die Bestellung von einem Erwachsenen eines bestimmten Namens und mit einer bestimmten Adresse aufgegeben worden ist. Eine restriktive Ansicht verlangt auch in solchen Fällen eine zusätzliche Kontrolle beim Empfang, dass die bestellte Ware an einen Erwachsenen gelangt (BGHZ 173, 188, 206; NJW 2008, 1882, 1884; BGH v 18.10.2007 – I ZR 165/05, Rn 20 [juris]; OLG München NJW 2004, 3344, 3345; v Hartlieb/Schwarz/*Hartlieb* Kap 9 Rn 7; *Möller* NJW 2005, 1609; *Schippan* K&R 2005, 352; so auch die „Rechtsauffassung und Praxishinweise der *Obersten Landesjugendbehörden* zum Versandhandel nach § 1 Abs 4 JuSchG" unter II.4.b, BPjM-Aktuell 4/2005, 8, 9). Sie beruft sich darauf, dass das Gesetz hier den Begriff des Versands verwende, der den ganzen Prozess vom Absenden über den Transport bis zum Eintreffen der Ware beim Empfänger umfasse. Bei der Beurteilung der Wirksamkeit der Vorkehrung sei also auch das Stadium des Empfangs einzubeziehen. Diese Ansicht ist abzulehnen. Sie ist vom Wortlaut her nicht geboten, weil auch derjenige seine Ware nicht an Kinder oder Jugendliche versendet, der sie an den Erwachsenen adressiert, der die Ware bestellt hat. Gelangen trotzdem Jugendliche in den Besitz der Ware, etwa weil sie versehentlich falsch zugestellt wird oder weil sich die Jugendlichen mutwillig in ihren Besitz bringen (zB Entnahme aus einem fremden Briefkasten), so ändert das nichts daran, dass sie an den Erwachsenen – und nicht an die Jugendlichen – versandt wurde. Der „gescheiterte Versand" an den richtigen ist kein Versand an den falschen Empfänger (so aber OLG München aaO). Gehören die Jugendlichen zum Haushalt des Bestellers und nehmen sie die Ware in Empfang, so geschieht das in der Sphäre des Bestellers, für die der Lieferant nicht verantwortlich ist. Hinzu kommt, dass hier regelmäßig auch das Personensorgerecht des Bestellers betroffen ist, also ein Bereich, der dem Einfluss des Lieferanten von vornherein entzogen ist. Die restriktive Auslegung missachtet zudem den gesetzgeberischen Willen und überstrapaziert den Schutzzweck des Versandhandelsverbots. Der gesetzgeberische Wille ging sogar dahin, den elektronischen Versand jugendgefährdender Inhalte zu ermöglichen (BT-Drs 14/9410, 30). Dort lässt sich zwischen Bestellung und Empfang aber nicht sinnvoll differenzieren (zB Abruf eines Streaming-Angebots). Es muss also genügen, wenn – wovon der Gesetzgeber grundsätzlich ausgeht – eine zuverlässige technische oder sonstige Vorkehrung beim konkreten Zugang zum Angebot besteht, die das Alter des Bestellers überprüft. Dann aber kann es nicht anders sein, wenn nur die Bestellung elektronisch erfolgt, der Versand aber postalisch. Auch der Schutzzweck des Versandhandelsverbots erlaubt keine höheren Anforderungen. Steht fest, dass der Besteller ein Erwachsener ist, dann darf der Lieferant darauf vertrauen, dass dieser in seiner Gewahrsamssphäre Vorkehrungen trifft, die den Zugriff von Kindern und Jugendlichen verhindern. Das gilt in der Variante des „persönlichen Kontakts" und muss, um Wertungswidersprüche zu vermeiden, auch hier gelten. Stellt der Lieferant durch technische oder sonstige Vorkehrungen sicher, dass die Bestellung von einem Erwachsenen stammt, so ist folglich keine Kontrolle beim Empfang der Ware erforderlich (ebenso *Erdemir* CR 2005, 281 mit Fn 53; *Liesching/Schuster* Rn 43; *Lober* K&R 2005, 67; *Mayer* NJOZ 2010, 1318f.; *Stath* 2006, S 121f.).

(b) Anforderungen an die Alterskontrolle bei der Bestellung. Eine technische oder sonstige Vorkehrung bei der Bestellung genügt dann den Anforderungen, wenn sie ebenso zuverlässig ist, wie der persönliche Kontakt mit dem Lieferanten, seinem Angestellten oder Vertreter. Das ist der Fall, wenn sichergestellt ist, dass erstens eine dem Lieferanten nach Namen und Adresse bekannte Person volljährig ist (sog **Identifizierung**), und dass zweitens eine im Namen dieser Person aufgegebene Bestellung auch tatsächlich von ihr stammt (sog **Authentifizierung**). Diese Voraussetzungen entsprechen denen, die bei Telemedien eine Nutzung innerhalb einer auf Erwachsene beschränkten Nutzergruppe sicherstellen (geschlossene Benutzergruppe iSd § 4 Abs 2 S 2 JMStV; s dazu Nr 5.1.1 JuSchRiL; BGH NJW 2008, 1882, 1885). Es wäre ein Wertungswiderspruch, wenn jugendgefährdende Inhalte zwar innerhalb einer geschlossenen Benutzergruppe elektronisch zugänglich gemacht werden dürften, nicht aber auf eine Bestellung innerhalb einer geschlossenen Benutzergruppe hin in Form von Trägermedien per Post verschickt werden dürften. 73

(aa) **Identifizierung.** Dass eine nach Name und Adresse bestimmte Person volljährig ist, kann der Lieferant sicherstellen, indem er sich zB zur Alterskontrolle eines fremden Unternehmens bedient, dessen Angestellte ebenfalls anhand amtlicher Ausweispapiere eine Altersfeststellung in Gegenwart des (künftigen) Bestellers vornehmen (zB Deutsche Post AG beim sog **Postident-Verfahren**) oder bereits vorgenommen haben (zB Kreditinstitute). Es macht keinen Unterschied, ob der Besteller persönlich beim Lieferanten erscheint oder bei einem von diesem eingeschalteten Unternehmen. Es ist mit dem gleichrangigen Nebeneinander der Varianten des persönlichen Kontakts und der sonstigen Vorkehrungen unvereinbar, im zweiten Fall zusätzliche Kontrollen beim Empfang der Ware zu verlangen (so aber BGHZ 173, 74

188, 206; NJW 2008, 1882, 1884; BGH v 18.10.2007 – I ZR 165/05, Rn 20 [juris]; OLG München NJW 2004, 3344, 3346, die beim Postident-Verfahren „Basic" zusätzlich eine Versendung als „Einschreiben eigenhändig" verlangen [zu den Verfahren „Comfort" und „Special", die diese Überprüfung vorsehen, machen sie keine Aussage]; *Schippan* K&R 2005, 351 f.). Da wie bei der Variante des persönlichen Kontakts eine Face-to-Face-Kontrolle des (künftigen) Bestellers erfolgt, kann es nur darauf ankommen, dass der kontrollierende Dritte ebenso zuverlässig ist wie der Lieferant, sein Angestellter oder Vertreter. Es ist jedoch nicht ersichtlich, dass Angestellte eines Drittunternehmens nachlässiger kontrollieren (ebenso *Liesching/Schuster* Rn 43).

75   Nicht ausreichend sind Verfahren, bei denen der (künftige) Besteller nur seine **Personalausweisnummer** eingeben oder per Telefax oder mittels Scanners eine Kopie eines amtlichen Ausweispapiers einsenden muss, weil nicht sichergestellt ist, dass der Absender *seine* Personalausweisnummer angibt. Die Nummer kann aus dem Ausweis eines Dritten stammen oder mittels eines Berechnungsprogramms generiert worden sein. Entsprechendes gilt bei der Kombination mit weiteren Angaben wie Postleitzahl oder Bankverbindung, sei es auch in Verbindung mit einer Einzugsermächtigung (zu Umgehungsmöglichkeiten *Döring/Günter* MMR 2004, 233 f.; anders hingegen bei Nutzung der eID-Funktion des elektronischen Personalausweises, s *Altenhain/Heitkamp* K&R 2009, 621 ff.). Ebenso wenig genügt die Angabe einer **Kreditkartennummer**, da die Kartennummern Erwachsener (zB der Eltern) Jugendlichen bekannt sein können und Kreditkarten (Zweitkarten) auch in ihre Hände gelangen. Selbst wenn durch das Abstellen auf die Kreditkarte wahrscheinlich ist, dass bei einer späteren Bestellung Kosten entstehen und die Täuschung nicht lange aufrechterhalten werden kann (idR nur bis zur ersten Abrechnung des Lieferanten), ändert das nichts daran, dass erst später entstehende oder zu begleichende Kosten Jugendliche nicht von vornherein abschrecken und sie bis dahin Ware bestellen können. Auch eine Kombination der Kopie eines Ausweispapiers mit (der Nummer) einer Kredit- oder Scheckkarte genügt wegen der aufgezeigten und durch die Kombination nicht behobenen Täuschungsmöglichkeiten nicht (zum Ganzen ebenso *Liesching/Schuster* Rn 44; *Lober* K&R 2005, 66; *Mayer* NJOZ 2010, 1318; *Stath* 2006, S 119 ff.; bei § 4 Abs 2 S 2 JMStV: BGH NJW 2008, 1882, 1884 f.; BGH v 18.10.2007 – I ZR 165/05, Rn 21 ff. [juris]; OLG Nürnberg ZUM-RD 2005, 341 f.; OVG Lüneburg NJW 2008, 1831, 1832; bei § 184 StGB: BVerwG NJW 2002, 1966, 1968; KG NStZ-RR 2004, 249, 250; OLG Düsseldorf MMR 2004, 409, 410; OLG Hamburg MMR 2006, 238 f.).

76   (bb) **Authentifizierung.** Während die Identifizierung sicherstellt, dass eine nach Name und Adresse bekannte Person volljährig ist, gewährleistet die bei jeder Bestellung vorzunehmende Authentifizierung (aA *Lober* K&R 2005, 67, der eine einmalige Anmeldung nach dem Postident-Verfahren Basic genügen lässt), dass nur eine solche Person bestellen kann. Ihre Notwendigkeit ergibt sich aus derselben Erwägung, aus der heraus es auch nicht ausreicht, dass der Besteller nur seine erste Bestellung im persönlichen Kontakt mit dem Lieferanten abgibt (Rn 69). Hier wie dort muss der Lieferant sicherstellen, dass die nicht persönlich aufgegebene Bestellung tatsächlich von einer Person stammt, von der er weiß, dass sie volljährig ist. Dies kann er erreichen, indem er dem identifizierten (dh auf Alter, Name und Adresse hin überprüften) Erwachsenen einen „Schlüssel" gibt, der dem Erwachsenen Zugang zu einem für Dritte unzugänglichen (Online-)Bestellbereich verschafft, und zudem sein System so ausgestaltet, dass nicht zu erwarten ist, dass der Erwachsene den Schlüssel Kindern oder Jugendlichen überlassen wird. Als Schlüssel kommen sowohl rein softwarebasierte Lösungen (PIN), als auch Hardware-Komponenten in Betracht (USB-Stick, Smart-Card), die zudem den Vorteil haben, dass der Zugangscode nicht ohne weiteres im Internet weitergegeben werden kann. Der Schlüssel muss nicht im persönlichen Kontakt übergeben werden, sondern kann auch auf die Identifizierung hin postalisch zugesandt werden, wobei eine Empfangskontrolle nicht notwendig, aber leicht möglich ist (s zum Postident-Verfahren Rn 74). Der Überlassung des Schlüssels durch den Erwachsenen an Jugendliche ist hinreichend vorgebeugt, wenn der Schlüs-

sel nicht multifunktional ist (dh nicht auch Zugang zu jugendfreien Angeboten verschafft) und bei einer Bestellung umgehend das Konto des Erwachsenen belastet wird. Dann hat der durch die Identifizierung dem Lieferanten bekannte Erwachsene nicht nur keine Veranlassung, sondern sogar einen guten Grund, den Schlüssel keinem Jugendlichen zu überlassen.

Die genannten Kriterien erfüllen das in vergleichbaren Zusammenhängen aufgestellte Erfordernis der **effektiven Barriere** für Kinder und Jugendliche, die geeignet ist, die Wahrnehmung des Inhalts durch Kinder oder Jugendliche „regelmäßig" zu verhindern, indem sie ihnen den Zugang „effektiv erschwert" (BVerwG NJW 2002, 2966, 2968 zum Pay-TV; VG München MMR 2003, 292, 294 zum Near-video-on-demand; BGHSt 48, 278, 285 ff. zur Automatenvideothek; s auch die Nachweise in Rn 75). Eine hundertprozentige Sicherheit ist nicht verlangt; andernfalls wäre die Alternative der „technischen oder sonstigen Vorkehrungen" im Gesetz bedeutungslos, was dem erklärten Ziel des Gesetzgebers widerspräche (Rn 58). 77

3. Bedeutung für das Versandhandelsverbot des StGB

Die Zulassung von Schutzvorrichtungen schlägt auf § 184 Abs 1 Nr 3 StGB durch, der ebenfalls dem Jugendschutz dient. Da der Gesetzgeber in Abs 4 deutlich seiner Einschätzung Ausdruck verleiht, dass unter den dort genannten Voraussetzungen auch im Versandhandel ein effektiver Kinder- und Jugendschutz möglich ist (BT-Drs 14/9410, 30), gibt es bei § 184 StGB für eine engere Auslegung keine Grundlage mehr (OLG München NJW 2004, 3344, 3346). Ganz entsprechend wird bei § 184 Abs 1 Nr 3a StGB verfahren (BGHSt 48, 278, 282 f.; VG Karlsruhe GewArch 2002, 120; aA BayVGH GewArch 2003, 260). Andernfalls käme es zu dem Widerspruch, dass der Lieferant, der Vorkehrungen iSd Abs 4 getroffen hat, nach dem JuSchG erlaubt, aber nach § 184 Abs 1 Nr 3 StGB tatbestandsmäßig handelt. Die gesetzgeberische Einschätzung findet sich nun auch wieder in § 184d S 2 für den Bereich der Medien- und Teledienste. 78

IV. Verheiratete Jugendliche (Abs 5)

Das Familiengericht kann einem Jugendlichen, der sein 16. Lebensjahr vollendet hat, die Heirat mit einem Erwachsenen gestatten (§ 1303 Abs 2 BGB). Für solche Fälle übernimmt Abs 5 die frühere Ausnahmeregelung des § 2 Abs 5 JÖSchG (BT-Drs 14/9013, 18). Danach gelten für den verheirateten Jugendlichen vom Zeitpunkt der Eheschließung an nicht mehr die Regelungen zum Jugendschutz in der Öffentlichkeit der §§ 2–14 (früher: JÖSchG). Entsprechend muss auch der geschiedene oder verwitwete Jugendliche behandelt werden. Die jugendschutzrechtlichen Beschränkungen bei Trägermedien (§ 15) und Telemedien (§ 16 JMStV) gelten jedoch auch für den verheirateten Jugendlichen. 79

§ 2 Prüfungs- und Nachweispflicht

(1) Soweit es nach diesem Gesetz auf die Begleitung durch eine erziehungsbeauftragte Person ankommt, haben die in § 1 Abs 1 Nr 4 genannten Personen ihre Berechtigung auf Verlangen darzulegen. Veranstalter und Gewerbetreibende haben in Zweifelsfällen die Berechtigung zu überprüfen.

(2) Personen, bei denen nach diesem Gesetz Altersgrenzen zu beachten sind, haben ihr Lebensalter auf Verlangen in geeigneter Weise nachzuweisen. Veranstalter und Gewerbetreibende haben in Zweifelsfällen das Lebensalter zu überprüfen.

§ 3 Bekanntmachung der Vorschriften

(1) Veranstalter und Gewerbetreibende haben die nach den §§ 4 bis 13 für ihre Betriebseinrichtungen und Veranstaltungen geltenden Vorschriften sowie bei öffentlichen Filmveranstaltungen die Alterseinstufung von Filmen oder die Anbieterkennzeichnung nach § 14 Abs 7 durch deutlich sichtbaren und gut lesbaren Aushang bekannt zu machen.

(2) Zur Bekanntmachung der Alterseinstufung von Filmen und von Film- und Spielprogrammen dürfen Veranstalter und Gewerbetreibende nur die in § 14 Abs 2 genannten Kennzeichnungen verwenden. Wer einen Film für öffentliche Filmveranstaltungen weitergibt, ist verpflichtet, den Veranstalter bei der Weitergabe auf die Alterseinstufung oder die Anbieterkennzeichnung nach § 14 Abs 7 hinzuweisen. Für Filme, Film- und Spielprogramme, die nach § 14 Abs 2 von der obersten Landesbehörde oder einer Organisation der freiwilligen Selbstkontrolle im Rahmen des Verfahrens nach § 14 Abs 6 gekennzeichnet sind, darf bei der Ankündigung oder Werbung weder auf jugendbeeinträchtigende Inhalte hingewiesen werden noch darf die Ankündigung oder Werbung in jugendbeeinträchtigender Weise erfolgen.

Abschnitt 2. Jugendschutz in der Öffentlichkeit

§ 4 Gaststätten

(1) Der Aufenthalt in Gaststätten darf Kindern und Jugendlichen unter 16 Jahren nur gestattet werden, wenn eine personensorgeberechtigte oder erziehungsbeauftragte Person sie begleitet oder wenn sie in der Zeit zwischen 5 Uhr und 23 Uhr eine Mahlzeit oder ein Getränk einnehmen. Jugendlichen ab 16 Jahren darf der Aufenthalt in Gaststätten ohne Begleitung einer personensorgeberechtigten oder erziehungsbeauftragten Person in der Zeit von 24 Uhr und 5 Uhr morgens nicht gestattet werden.

(2) Absatz 1 gilt nicht, wenn Kinder oder Jugendliche an einer Veranstaltung eines anerkannten Trägers der Jugendhilfe teilnehmen oder sich auf Reisen befinden.

(3) Der Aufenthalt in Gaststätten, die als Nachtbar oder Nachtclub geführt werden, und in vergleichbaren Vergnügungsbetrieben darf Kindern und Jugendlichen nicht gestattet werden.

(4) Die zuständige Behörde kann Ausnahmen von Absatz 1 genehmigen.

§ 5 Tanzveranstaltungen

(1) Die Anwesenheit bei öffentlichen Tanzveranstaltungen ohne Begleitung einer personensorgeberechtigten oder erziehungsbeauftragten Person darf Kindern und Jugendlichen unter 16 Jahren nicht und Jugendlichen ab 16 Jahren längstens bis 24 Uhr gestattet werden.

(2) Abweichend von Absatz 1 darf die Anwesenheit Kindern bis 22 Uhr und Jugendlichen unter 16 Jahren bis 24 Uhr gestattet werden, wenn die Tanzveranstaltung von einem anerkannten Träger der Jugendhilfe durchgeführt wird oder der künstlerischen Betätigung oder der Brauchtumspflege dient.

(3) Die zuständige Behörde kann Ausnahmen genehmigen.

§ 6 Spielhallen, Glücksspiele

(1) Die Anwesenheit in öffentlichen Spielhallen oder ähnlichen vorwiegend dem Spielbetrieb dienenden Räumen darf Kindern und Jugendlichen nicht gestattet werden.

(2) Die Teilnahme an Spielen mit Gewinnmöglichkeit in der Öffentlichkeit darf Kindern und Jugendlichen nur auf Volksfesten, Schützenfesten, Jahrmärkten, Spezialmärkten oder ähnlichen Veranstaltungen und nur unter der Voraussetzung gestattet werden, dass der Gewinn in Waren von geringem Wert besteht.

§ 7 Jugendgefährdende Veranstaltungen und Betriebe

Geht von einer öffentlichen Veranstaltung oder einem Gewerbebetrieb eine Gefährdung für das körperliche, geistige oder seelische Wohl von Kindern oder Jugendlichen aus, so kann die zuständige Behörde anordnen, dass der Veranstalter oder Gewerbetreibende Kindern und Jugendlichen die Anwesenheit nicht gestatten darf. Die Anordnung kann Altersbegrenzungen, Zeitbegrenzungen oder andere Auflagen enthalten, wenn dadurch die Gefährdung ausgeschlossen oder wesentlich gemindert wird.

§ 8 Jugendgefährdende Orte

Hält sich ein Kind oder eine jugendliche Person an einem Ort auf, an dem ihm oder ihr eine unmittelbare Gefahr für das körperliche, geistige oder seelische Wohl droht, so hat die zuständige Behörde oder Stelle die zur Abwendung der Gefahr erforderlichen Maßnahmen zu treffen. Wenn nötig, hat sie das Kind oder die jugendliche Person
1. zum Verlassen des Ortes anzuhalten,
2. der erziehungsberechtigten Person im Sinne des § 7 Abs 1 Nr 6 des Achten Buches Sozialgesetzbuch zuzuführen oder, wenn keine erziehungsberechtigte Person erreichbar ist, in die Obhut des Jugendamtes zu bringen. In schwierigen Fällen hat die zuständige Behörde oder Stelle das Jugendamt über den jugendgefährdenden Ort zu unterrichten.

§ 9 Alkoholische Getränke

(1) In Gaststätten, Verkaufsstellen oder sonst in der Öffentlichkeit dürfen
1. Branntwein, branntweinhaltige Getränke oder Lebensmittel, die Branntwein in nicht nur geringfügiger Menge enthalten, an Kinder und Jugendliche,
2. andere alkoholische Getränke an Kinder und Jugendliche unter 16 Jahren weder abgegeben noch darf ihnen der Verzehr gestattet werden.

(2) Absatz 1 Nr 2 gilt nicht, wenn Jugendliche von einer personensorgeberechtigten Person begleitet werden.

(3) In der Öffentlichkeit dürfen alkoholische Getränke nicht in Automaten angeboten werden. Dies gilt nicht, wenn ein Automat
1. an einem für Kinder und Jugendliche unzugänglichen Ort aufgestellt ist oder
2. in einem gewerblich genutzten Raum aufgestellt und durch technische Vorrichtungen oder durch ständige Aufsicht sichergestellt ist, dass Kinder und Jugendliche alkoholische Getränke nicht entnehmen können. § 20 Nr 1 des Gaststättengesetzes bleibt unberührt.

(4) Alkoholhaltige Süßgetränke im Sinne des § 1 Abs 2 und 3 des Alkopopsteuergesetzes dürfen gewerbsmäßig nur mit dem Hinweis „Abgabe an Personen unter 18 Jahren verboten, § 9 Jugendschutzgesetz" in den Verkehr gebracht werden. Dieser Hinweis ist auf der Fertigpackung in der gleichen Schrift-

art und in der gleichen Größe und Farbe wie die Marken- oder Phantasienamen oder, soweit nicht vorhanden, wie die Verkehrsbezeichnung zu halten und bei Flaschen auf dem Frontetikett anzubringen.

§ 10 Rauchen in der Öffentlichkeit, Tabakwaren

(1) In Gaststätten, Verkaufsstellen oder sonst in der Öffentlichkeit dürfen Tabakwaren an Kinder oder Jugendliche weder abgegeben noch darf ihnen das Rauchen gestattet werden.

(2) In der Öffentlichkeit dürfen Tabakwaren nicht in Automaten angeboten werden. Dies gilt nicht, wenn ein Automat
1. an einem Kindern und Jugendlichen unzugänglichen Ort aufgestellt ist oder
2. durch technische Vorrichtungen oder durch ständige Aufsicht sichergestellt ist, dass Kinder und Jugendliche Tabakwaren nicht entnehmen können.

Abschnitt 3. Jugendschutz im Bereich der Medien

Unterabschnitt 1. Trägermedien

§ 11 Filmveranstaltungen

(1) Die Anwesenheit bei öffentlichen Filmveranstaltungen darf Kindern und Jugendlichen nur gestattet werden, wenn die Filme von der obersten Landesbehörde oder einer Organisation der freiwilligen Selbstkontrolle im Rahmen des Verfahrens nach § 14 Abs 6 zur Vorführung vor ihnen freigegeben worden sind oder wenn es sich um Informations-, Instruktions- und Lehrfilme handelt, die vom Anbieter mit „Infoprogramm" oder „Lehrprogramm" gekennzeichnet sind.

(2) Abweichend von Absatz 1 darf die Anwesenheit bei öffentlichen Filmveranstaltungen mit Filmen, die für Kinder und Jugendliche ab zwölf Jahren freigegeben und gekennzeichnet sind, auch Kindern ab sechs Jahren gestattet werden, wenn sie von einer personensorgeberechtigten Person begleitet sind.

(3) Unbeschadet der Voraussetzungen des Absatzes 1 darf die Anwesenheit bei öffentlichen Filmveranstaltungen nur mit Begleitung einer personensorgeberechtigten oder erziehungsbeauftragten Person gestattet werden
1. Kindern unter sechs Jahren,
2. Kindern ab sechs Jahren, wenn die Vorführung nach 20 Uhr beendet ist,
3. Jugendlichen unter 16 Jahren, wenn die Vorführung nach 22 Uhr beendet ist,
4. Jugendlichen ab 16 Jahren, wenn die Vorführung nach 24 Uhr beendet ist.

(4) Die Absätze 1 bis 3 gelten für die öffentliche Vorführung von Filmen unabhängig von der Art der Aufzeichnung und Wiedergabe. Sie gelten auch für Werbevorspanne und Beiprogramme. Sie gelten nicht für Filme, die zu nichtgewerblichen Zwecken hergestellt werden, solange die Filme nicht gewerblich genutzt werden.

(5) Werbefilme oder Werbeprogramme, die für Tabakwaren oder alkoholische Getränke werben, dürfen unbeschadet der Voraussetzungen der Absätze 1 bis 4 nur nach 18 Uhr vorgeführt werden.

§ 12 Bildträger mit Filmen oder Spielen

(1) Bespielte Videokassetten und andere zur Weitergabe geeignete, für die Wiedergabe auf oder das Spiel an Bildschirmgeräten mit Filmen oder Spielen

programmierte Datenträger (Bildträger) dürfen einem Kind oder einer jugendlichen Person in der Öffentlichkeit nur zugänglich gemacht werden, wenn die Programme von der obersten Landesbehörde oder einer Organisation der freiwilligen Selbstkontrolle im Rahmen des Verfahrens nach § 14 Abs 6 für ihre Altersstufe freigegeben und gekennzeichnet worden sind oder wenn es sich um Informations-, Instruktions- und Lehrprogramme handelt, die vom Anbieter mit „Infoprogramm" oder „Lehrprogramm" gekennzeichnet sind.

(2) Auf die Kennzeichnungen nach Absatz 1 ist auf dem Bildträger und der Hülle mit einem deutlich sichtbaren Zeichen hinzuweisen. Das Zeichen ist auf der Frontseite der Hülle links unten auf einer Fläche von mindestens 1.200 Quadratmillimetern und dem Bildträger auf einer Fläche von mindestens 250 Quadratmillimetern anzubringen. Die oberste Landesbehörde kann

1. Näheres über Inhalt, Größe, Form, Farbe und Anbringung der Zeichen anordnen und
2. Ausnahmen für die Anbringung auf dem Bildträger oder der Hülle genehmigen. Anbieter von Telemedien, die Filme, Film- und Spielprogramme verbreiten, müssen auf eine vorhandene Kennzeichnung in ihrem Angebot deutlich hinweisen.

(3) Bildträger, die nicht oder mit „Keine Jugendfreigabe" nach § 14 Abs 2 von der obersten Landesbehörde oder einer Organisation der freiwilligen Selbstkontrolle im Rahmen des Verfahrens nach § 14 Abs 6 oder nach § 14 Abs 7 vom Anbieter gekennzeichnet sind, dürfen

1. einem Kind oder einer jugendlichen Person nicht angeboten, überlassen oder sonst zugänglich gemacht werden,
2. nicht im Einzelhandel außerhalb von Geschäftsräumen, in Kiosken oder anderen Verkaufsstellen, die Kunden nicht zu betreten pflegen, oder im Versandhandel angeboten oder überlassen werden.

(4) Automaten zur Abgabe bespielter Bildträger dürfen

1. auf Kindern oder Jugendlichen zugänglichen öffentlichen Verkehrsflächen,
2. außerhalb von gewerblich oder in sonstiger Weise beruflich oder geschäftlich genutzten Räumen oder
3. in deren unbeaufsichtigten Zugängen, Vorräumen oder Fluren nur aufgestellt werden, wenn ausschließlich nach § 14 Abs 2 Nr 1 bis 4 gekennzeichnete Bildträger angeboten werden und durch technische Vorkehrungen gesichert ist, dass sie von Kindern und Jugendlichen, für deren Altersgruppe ihre Programme nicht nach § 14 Abs 2 Nr 1 bis 4 freigegeben sind, nicht bedient werden können.

(5) Bildträger, die Auszüge von Film- und Spielprogrammen enthalten, dürfen abweichend von den Absätzen 1 und 3 im Verbund mit periodischen Druckschriften nur vertrieben werden, wenn sie mit einem Hinweis des Anbieters versehen sind, der deutlich macht, dass eine Organisation der freiwilligen Selbstkontrolle festgestellt hat, dass diese Auszüge keine Jugendbeeinträchtigungen enthalten. Der Hinweis ist sowohl auf der periodischen Druckschrift als auch auf dem Bildträger vor dem Vertrieb mit einem deutlich sichtbaren Zeichen anzubringen. Absatz 2 Satz 1 bis 3 gilt entsprechend. Die Berechtigung nach Satz 1 kann die oberste Landesbehörde für einzelne Anbieter ausschließen.

§ 13 Bildschirmspielgeräte

(1) Das Spielen an elektronischen Bildschirmspielgeräten ohne Gewinnmöglichkeit, die öffentlich aufgestellt sind, darf Kindern und Jugendlichen ohne Begleitung einer personensorgeberechtigten oder erziehungsbeauftragten Person nur gestattet werden, wenn die Programme von der obersten Landesbehör-

de oder einer Organisation der freiwilligen Selbstkontrolle im Rahmen des Verfahrens nach § 14 Abs 6 für ihre Altersstufe freigegeben und gekennzeichnet worden sind oder wenn es sich um Informations-, Instruktions- oder Lehrprogramme handelt, die vom Anbieter mit „Infoprogramm" oder „Lehrprogramm" gekennzeichnet sind.

(2) Elektronische Bildschirmspielgeräte dürfen
1. auf Kindern oder Jugendlichen zugänglichen öffentlichen Verkehrsflächen,
2. außerhalb von gewerblich oder in sonstiger Weise beruflich oder geschäftlich genutzten Räumen oder
3. in deren unbeaufsichtigten Zugängen, Vorräumen oder Fluren nur aufgestellt werden, wenn ihre Programme für Kinder ab sechs Jahren freigegeben und gekennzeichnet oder nach § 14 Abs 7 mit „Infoprogramm" oder „Lehrprogramm" gekennzeichnet sind.

(3) Auf das Anbringen der Kennzeichnungen auf Bildschirmspielgeräten findet § 12 Abs. 2 Satz 1 bis 3 entsprechende Anwendung.

§ 14 Kennzeichnung von Filmen und Film- und Spielprogrammen

(1) Filme sowie Film- und Spielprogramme, die geeignet sind, die Entwicklung von Kindern und Jugendlichen oder ihre Erziehung zu einer eigenverantwortlichen und gemeinschaftsfähigen Persönlichkeit zu beeinträchtigen, dürfen nicht für ihre Altersstufe freigegeben werden.

(2) Die oberste Landesbehörde oder eine Organisation der freiwilligen Selbstkontrolle im Rahmen des Verfahrens nach Absatz 6 kennzeichnet die Filme und die Film- und Spielprogramme mit
1. „Freigegeben ohne Altersbeschränkung",
2. „Freigegeben ab sechs Jahren",
3. „Freigegeben ab zwölf Jahren",
4. „Freigegeben ab sechzehn Jahren",
5. „Keine Jugendfreigabe".

(3) Hat ein Trägermedium nach Einschätzung der obersten Landesbehörde oder einer Organisation der freiwilligen Selbstkontrolle im Rahmen des Verfahrens nach Absatz 6 einen der in § 15 Abs 2 Nr 1 bis 5 bezeichneten Inhalte oder ist es in die Liste nach § 18 aufgenommen, wird es nicht gekennzeichnet. Die oberste Landesbehörde hat Tatsachen, die auf einen Verstoß gegen § 15 Abs 1 schließen lassen, der zuständigen Strafverfolgungsbehörde mitzuteilen.

(4) Ist ein Programm für Bildträger oder Bildschirmspielgeräte mit einem in die Liste nach § 18 aufgenommenen Trägermedium ganz oder im Wesentlichen inhaltsgleich, wird es nicht gekennzeichnet. Das Gleiche gilt, wenn die Voraussetzungen für eine Aufnahme in die Liste vorliegen. In Zweifelsfällen führt die oberste Landesbehörde oder eine Organisation der freiwilligen Selbstkontrolle im Rahmen des Verfahrens nach Absatz 6 eine Entscheidung der Bundesprüfstelle für jugendgefährdende Medien herbei.

(5) Die Kennzeichnungen von Filmprogrammen für Bildträger und Bildschirmspielgeräte gelten auch für die Vorführung in öffentlichen Filmveranstaltungen und für die dafür bestimmten, inhaltsgleichen Filme. Die Kennzeichnungen von Filmen für öffentliche Filmveranstaltungen können auf inhaltsgleiche Filmprogramme für Bildträger und Bildschirmspielgeräte übertragen werden; Absatz 4 gilt entsprechend.

(6) Die obersten Landesbehörden können ein gemeinsames Verfahren für die Freigabe und Kennzeichnung der Filme sowie Film- und Spielprogramme auf der Grundlage der Ergebnisse der Prüfung durch von Verbänden der Wirtschaft

getragene oder unterstützte Organisationen freiwilliger Selbstkontrolle vereinbaren. Im Rahmen dieser Vereinbarung kann bestimmt werden, dass die Freigaben und Kennzeichnungen durch eine Organisation der freiwilligen Selbstkontrolle Freigaben und Kennzeichnungen der obersten Landesbehörden aller Länder sind, soweit nicht eine oberste Landesbehörde für ihren Bereich eine abweichende Entscheidung trifft.

(7) Filme, Film- und Spielprogramme zu Informations-, Instruktions- oder Lehrzwecken dürfen vom Anbieter mit „Infoprogramm" oder „Lehrprogramm" nur gekennzeichnet werden, wenn sie offensichtlich nicht die Entwicklung oder Erziehung von Kindern und Jugendlichen beeinträchtigen. Die Absätze 1 bis 5 finden keine Anwendung. Die oberste Landesbehörde kann das Recht zur Anbieterkennzeichnung für einzelne Anbieter oder für besondere Film- und Spielprogramme ausschließen und durch den Anbieter vorgenommene Kennzeichnungen aufheben.

(8) Enthalten Filme, Bildträger oder Bildschirmspielgeräte neben den zu kennzeichnenden Film- oder Spielprogrammen Titel, Zusätze oder weitere Darstellungen in Texten, Bildern oder Tönen, bei denen in Betracht kommt, dass sie die Entwicklung oder Erziehung von Kindern oder Jugendlichen beeinträchtigen, so sind diese bei der Entscheidung über die Kennzeichnung mit zu berücksichtigen.

§ 15 Jugendgefährdende Trägermedien

(1) Trägermedien, deren Aufnahme in die Liste jugendgefährdender Medien nach § 24 Abs 3 Satz 1 bekannt gemacht ist, dürfen nicht
1. einem Kind oder einer jugendlichen Person angeboten, überlassen oder sonst zugänglich gemacht werden,
2. an einem Ort, der Kindern oder Jugendlichen zugänglich ist oder von ihnen eingesehen werden kann, ausgestellt, angeschlagen, vorgeführt oder sonst zugänglich gemacht werden,
3. im Einzelhandel außerhalb von Geschäftsräumen, in Kiosken oder anderen Verkaufsstellen, die Kunden nicht zu betreten pflegen, im Versandhandel oder in gewerblichen Leihbüchereien oder Lesezirkeln einer anderen Person angeboten oder überlassen werden,
4. im Wege gewerblicher Vermietung oder vergleichbarer gewerblicher Gewährung des Gebrauchs, ausgenommen in Ladengeschäften, die Kindern und Jugendlichen nicht zugänglich sind und von ihnen nicht eingesehen werden können, einer anderen Person angeboten oder überlassen werden,
5. im Wege des Versandhandels eingeführt werden,
6. öffentlich an einem Ort, der Kindern oder Jugendlichen zugänglich ist oder von ihnen eingesehen werden kann, oder durch Verbreiten von Träger- oder Telemedien außerhalb des Geschäftsverkehrs mit dem einschlägigen Handel angeboten, angekündigt oder angepriesen werden,
7. hergestellt, bezogen, geliefert, vorrätig gehalten oder eingeführt werden, um sie oder aus ihnen gewonnene Stücke im Sinne der Nummern 1 bis 6 zu verwenden oder einer anderen Person eine solche Verwendung zu ermöglichen.

(2) Den Beschränkungen des Absatzes 1 unterliegen, ohne dass es einer Aufnahme in die Liste und einer Bekanntmachung bedarf, schwer jugendgefährdende Trägermedien, die
1. einen der in § 86, § 130, § 130a, § 131, § 184, § 184a, § 184b oder § 184c des Strafgesetzbuches bezeichneten Inhalte haben,
2. den Krieg verherrlichen,

3. Menschen, die sterben oder schweren körperlichen oder seelischen Leiden ausgesetzt sind oder waren, in einer die Menschenwürde verletzenden Weise darstellen und ein tatsächliches Geschehen wiedergeben, ohne dass ein überwiegendes berechtigtes Interesse gerade an dieser Form der Berichterstattung vorliegt,

3a. besonders realistische, grausame und reißerische Darstellungen selbstzweckhafter Gewalt beinhalten, die das Geschehen beherrschen,

4. Kinder oder Jugendliche in unnatürlicher, geschlechtsbetonter Körperhaltung darstellen oder

5. offensichtlich geeignet sind, die Entwicklung von Kindern oder Jugendlichen oder ihre Erziehung zu einer eigenverantwortlichen und gemeinschaftsfähigen Persönlichkeit schwer zu gefährden.

(3) Den Beschränkungen des Absatzes 1 unterliegen auch, ohne dass es einer Aufnahme in die Liste und einer Bekanntmachung bedarf, Trägermedien, die mit einem Trägermedium, dessen Aufnahme in die Liste bekannt gemacht ist, ganz oder im Wesentlichen inhaltsgleich sind.

(4) Die Liste der jugendgefährdenden Medien darf nicht zum Zweck der geschäftlichen Werbung abgedruckt oder veröffentlicht werden.

(5) Bei geschäftlicher Werbung darf nicht darauf hingewiesen werden, dass ein Verfahren zur Aufnahme des Trägermediums oder eines inhaltsgleichen Telemediums in die Liste anhängig ist oder gewesen ist.

(6) Soweit die Lieferung erfolgen darf, haben Gewerbetreibende vor Abgabe an den Handel die Händler auf die Vertriebsbeschränkungen des Absatzes 1 Nr 1 bis 6 hinzuweisen.

Inhaltsübersicht

	Rn
I. Abgabe-, Verbreitungs- und Werbeverbote (Abs 1)	1
1. Anwendungsbereich	1
2. Die einzelnen Verbote	4
a) Anbieten, überlassen oder sonst zugänglich machen (Nr 1)	6
b) Zugänglichmachen an einem für Minderjährige zugänglichen oder einsehbaren Ort (Nr 2)	15
c) Beschränkungen des gewerblichen Vertriebs (Nr 3)	19
d) Gewerbliche Vermietung (Nr 4)	27
e) Einfuhr im Wege des Versandhandels (Nr 5)	31
f) Werbeverbote (Nr 6)	35
g) Vorbereitungshandlungen (Nr 7)	45
II. Schwer jugendgefährdende Trägermedien (Abs 2)	53
1. Strafrechtlich relevante Inhalte (Nr 1)	56
2. Kriegsverherrlichende Inhalte (Nr 2)	59
3. Darstellungen menschlichen Sterbens oder Leidens (Nr 3)	64
a) Darstellung des Sterbens oder Leidens	65
b) Verletzung der Menschenwürde	66
c) Berichterstatterprivileg	69
4. Darstellungen selbstzweckhafter Gewalt (Nr 3a)	71
a) Schutzzweck	72
b) Verfassungsrechtliche Bedenken	73
c) Voraussetzungen	74
5. Unnatürliche, geschlechtsbetonte Körperhaltung (Nr 4)	86
a) Schutzzweck	86
b) Voraussetzungen	88
6. Offensichtlich schwer jugendgefährdende Inhalte (Nr 5)	93
a) Systematik	93
b) Eignung zur Jugendgefährdung	94
c) Schwer jugendgefährdend	96
d) Offensichtlichkeit	99
e) Beispiele	100

	Rn
III. Inhaltsgleiche Trägermedien (Abs 3)	101
1. Identische Trägermedien	103
2. Ganz oder im Wesentlichen inhaltsgleiche Trägermedien	104
a) Voraussetzungen des Abs 3	104
b) Aufnahme in die Liste	109
IV. Unzulässige Werbung mit der Liste (Abs 4)	110
1. Geschäftliche Werbung	111
2. Liste	113
3. Abdruck oder Veröffentlichung	115
V. Unzulässige Werbung mit dem Indizierungsverfahren (Abs 5)	117
1. Zweck	119
2. Voraussetzungen	121
VI. Hinweispflicht (Abs 6)	127
VII. Durchsetzung und Rechtsfolgen	132

I. Abgabe-, Verbreitungs- und Werbeverbote (Abs 1)

1. Anwendungsbereich

Abs 1 gilt für **indizierte Trägermedien,** deren Aufnahme in die Liste jugendge- **1** fährdender Medien (§ 18) im Bundesanzeiger bekannt gemacht wurde (§ 24 Abs 3 S 1), für **schwer jugendgefährdende Trägermedien,** die keiner Indizierung bedürfen (Abs 2), und für Trägermedien, die mit einem indizierten Trägermedium, dessen Aufnahme in die Liste jugendgefährdender Medien (§ 18) im Bundesanzeiger bekannt gemacht wurde, ganz oder **im Wesentlichen inhaltsgleich** sind (Abs 3).

Abs 1 gilt **nicht** für indizierte Trägermedien, die in die Listenteile C und D aufge- **2** nommen wurden (§ 18 Abs 2), weil **von der Bekanntmachung abgesehen** wurde (§ 24 Abs 3 S 2). Hier machen sich nur die Urheber und Inhaber der Nutzungsrechte strafbar, wenn sie nach Zustellung der vollziehbaren Indizierungsentscheidung gegen ein Verbot des Abs 1 verstoßen (§ 27 Abs 1 Nr 5; s dort Rn 18). Abs 1 gilt des Weiteren nicht für **Telemedien** (s aber § 4 JMStV).

Fraglich ist, ob Abs 1 für **Altindizierungen** gilt, dh für Schriften, die auf der **3** Grundlage des früheren GjSM indiziert und in die Liste aufgenommen wurden. Dagegen spricht nicht, dass Abs 1 von Trägermedien spricht, während nach dem früheren GjSM Schriften indiziert wurden (§ 1 Abs 3 GjSM). Beides sind nur Oberbegriffe, die auf konkrete, in der Liste aufgeführte Medien verweisen. Soweit also ein früher als Schrift indiziertes Medium (auch) ein Trägermedium ist (zu den Unterschieden s § 1 Rn 54 ff.), ist eine Anwendung des Abs 1 nicht ausgeschlossen. Ebenfalls kein Argument gegen die Einbeziehung von Altindizierungen ist die heutige Aufspaltung der Liste in vier Teile (§ 18 Abs 2), während das GjSM nur eine Liste kannte. Die Änderung der Listenführung sollte nur der Pervertierung der aufgelisteten Online-Angebote zu einer „Linkliste" (§ 24 Rn 7 f., 12) begegnen. Es bestehen keine Anhaltspunkte dafür, dass der Gesetzgeber den alten Indexbestand nicht fortgeführt sehen wollte. Dementsprechend ordnet § 13 Abs 2 S 2 DVO-JuSchG an, dass die BPjM auch die den Teilen A und B der heutigen Liste entsprechenden Teile der alten Liste weiterhin zu veröffentlichen hat (die BPjM führt sie weiter als Listenteil E). Schließlich steht einer derart eingeschränkten Geltung des Abs 1 für Altindizierungen auch nicht entgegen, dass dort die Bekanntmachung „nach § 24 Abs 3 Satz 1" vorausgesetzt wird. Das GjSM enthielt eine nahezu wortgleiche Regelung in § 19 Abs 1, 2. Zwar existiert keine Übergangsvorschrift (wie in § 29 für Alterskennzeichnungen bei Filmen und in § 29a für Kennzeichnungen bei Bildträgern), doch ist auch hier allein maßgeblich, dass Abs 1 auf die Bekanntmachung im Bundesanzeiger abhebt, die ebenso schon vom GjSM verlangt wurde. Da schließlich heute auch keine höheren Anforderungen an die Indizierung gestellt werden als früher (§ 18 Abs 1; vgl

§ 1 Abs 1 GjSM), ist unter der Einschränkung, dass die vor dem 1.4.2003 aufgenommenen Medien Trägermedien darstellen, eine Geltung der Werbe- und Verbreitungsverbote auch für sie zu bejahen (*Liesching/Schuster* Rn 5; *Schäfer* 2008, S 172).

2. Die einzelnen Verbote

4   Abs 1 geht **historisch** im Wesentlichen auf die §§ 3–5 GjSM zurück und lehnt sich ansonsten an § 184 StGB an (BT-Drs 14/9013, 23). In Nr 1–6 sind die Verbote der § 3 Abs 1 Nr 1, 2, 4, § 4 Abs 1 Nr 1–3, Abs 3, § 5 Abs 2 GjSM zusammengefasst. Soweit hier Änderungen vorgenommen wurden, hat der Gesetzgeber die Formulierungen denen des § 184 Abs 1 StGB angeglichen. So wurden in Abs 1 Nr 3 die Tathandlungen des § 4 Abs 1 GjSM wie in § 184 Abs 1 Nr 3 StGB zusammengefasst und die bisherigen Handlungsbeschreibungen (vertreiben, verbreiten, verleihen, vorrätig halten) durch anbieten und überlassen ersetzt; das Vorrätighalten wird seither von Abs 1 Nr 7 erfasst. Ebenfalls in Nr 7 enthalten ist das Verbot der Belieferung von Gewerbetreibenden iSd Nr 3, das früher in § 4 Abs 2 S 1 GjSM enthalten war. Das Verbot des Abs 1 Nr 7 ist in dieser Form neu; es entspricht § 184 Abs 1 Nr 8 StGB und dehnt die jugendschutzrechtlichen Verbote erstmalig umfassend auf Vorbereitungshandlungen aus. Bemerkenswert ist, dass Abs 1 einige der früheren Ausnahmen (vgl § 3 Abs 2 S 1, § 5 Abs 3 Nr 2 GjSM) nicht mehr nennt. Keinen Eingang in Abs 1 fand das erst 1997 in den § 3 Abs 1 Nr 3 GjSM aufgenommene Verbot der Verbreitung in Tele- und Mediendiensten. Da es Telemedien (§ 1 Abs 3) betrifft, ist es heute in § 4 Abs 1 S 1 Nr 11, Abs 2 S 1 Nr 2 JMStV enthalten. Ohne Vorbild im GjSM und in § 184 StGB ist die Ergänzung der Handlungsverbote des Abs 1 durch § 1 Abs 2 S 2. Danach steht dem gegenständlichen Verbreiten, Überlassen, Anbieten oder Zugänglichmachen von Trägermedien ihr elektronisches Verbreiten etc gleich, soweit es sich nicht um Rundfunk iSd § 2 RStV handelt. Die Bedeutung dieser Gleichstellungsklausel ist jedoch gering (§ 1 Rn 36 ff.).

5   Die Verbote des Abs 1 schränken die Freiheit der Berufsausübung (Art 12 Abs 1 GG), die Informations-, Presse- und Filmfreiheit (Art 5 Abs 1 GG) sowie die Kunst- und Wissenschaftsfreiheit (Art 5 Abs 3 GG) ein. Diese Eingriffe werden bei den Verbreitungs- und Abgabeverboten (Nr 1–5) als gerechtfertigt angesehen, weil die in ihnen angeordneten Grundrechtseingriffe für einen effektiven Jugendschutz unvermeidlich seien (*Stath* 2006, S 258 ff.; zu § 3 GjSM: BVerwGE 39, 197, 201; *Meirowitz* 1993, S 278 ff.; *Vlachopoulos* 1996, S 63). **Verfassungsrechtlich** bedenklich sind in ihrer Reichweite die Werbeverbote (Nr 6; s Rn 41).

a) Anbieten, überlassen oder sonst zugänglich machen (Nr 1)

6   Nach **Nr 1** dürfen indizierte und schwer jugendgefährdende Trägermedien einem Kind oder Jugendlichen nicht angeboten, überlassen oder sonst zugänglich gemacht werden. Die Vorschrift entspricht § 184 Abs 1 Nr 1 StGB. Ein Unterschied im Wortlaut zeigt sich insoweit, als der Gesetzgeber dort auf das Adverb „sonst" verzichtet. Dennoch geht die Literatur auch bei der Auslegung des § 184 Abs 1 Nr 1 StGB davon aus, dass das Überlassen ein Unterfall des Zugänglichmachens ist (Matt/Renzikowski/ *Eschelbach* § 184 Rn 22; MüKo-StGB/*Hörnle* § 184 Rn 31; *Schreibauer* 1999, S 186; zu § 15 Abs 1 Nr 1 *Liesching/Schuster* Rn 10).

7   Den Tathandlungen ist gemein, dass sie sich auf einen **individualisierten Minderjährigen** beziehen müssen (BGHSt 34, 94, 98, KG MMR 2005, 474; OLG Düsseldorf CR 2004, 456; OLG Hamburg NJW 1992, 1184; LG Düsseldorf CR 2003, 452, 453; *Stumpf* 2009, S 305; Matt/Renzikowski/*Eschelbach* § 184 Rn 19; *T. Fischer* § 184 Rn 10; MüKo-StGB/*Hörnle* § 184 Rn 27, 29; LK/*Laufhütte/Roggenbuck* § 184 Rn 17 f.; SK-StGB/*Wolters* § 184 Rn 17; aA *Liesching/Schuster* Rn 13 f.; Sch/Sch/ *Eisele* § 184 Rn 16 zu Var 3; *Gercke/Brunst* 2009, Rn 289; *Hilgendorf/Valerius* 2012, Rn 293; differenzierend *Beisel/Heinrich* JR 1996, 96 mit Fn 20; *Laubenthal* 2012, Rn 934, 937, 946; *Schreibauer* 1999, S 188, 194). Dies legt zunächst der Wortlaut durch

die Verwendung des Singulars nahe. Zwar wird darauf verwiesen, dass der Gesetzgeber, wie sich aus der Gesetzesbegründung des inhaltsgleichen § 184 Abs 1 StGB ergebe, der Verwendung von Singular und Plural keine Bedeutung beimesse (*Gercke/Liesching* CR 2003, 456 unter Verweis auf BT-Drs 6/1552, 34). Allerdings ist fraglich, ob eine sprachliche Ungenauigkeit in den Gesetzesmaterialien dazu berechtigt, den Gesetzeswortlaut außer Acht zu lassen. Dagegen spricht zudem hier, dass sich die Auslegung der Nr 1 wegen der Strafvorschrift des § 27 Abs 1 Nr 1 an dem strengen Bestimmtheitsgebot des Art 103 Abs 2 GG messen lassen muss. Auch die innere Systematik des Abs 1 legt eine enge Auslegung nahe, um Nr 1 von Nr 2 und 6 abgrenzen zu können. Anders als diese greift Nr 1 ein, wenn nicht nur eine abstrakte, sondern die konkrete Möglichkeit der Kenntnisnahme für einen konkreten Minderjährigen besteht (*T. Fischer* aaO).

Handelt eine **personensorgeberechtigte Person,** so entfällt nach § 27 Abs 4 die Strafbarkeit, wenn sie durch das Anbieten, Überlassen oder Zugänglichmachen ihre Erziehungspflicht nicht gröblich verletzt. Im Übrigen ist für die Geltung der Verbote des § 15 Abs 1 ohne Belang, ob der Minderjährige von einer personensorgeberechtigten Person begleitet wird, also beispielsweise das von dem Onkel geschenkte indizierte Buch gemeinsam mit seiner Mutter liest. Dies ergibt sich aus der Systematik des JuSchG, das in verschiedenen Vorschriften (§§ 4 Abs 1, 5 Abs 1, 9 Abs 2, 11 Abs 2 und 3, 13 Abs 1), nicht aber bei § 15 Abs 1, von seinen Verboten suspendiert, wenn der Minderjährige von einer personensorgeberechtigten Person begleitet wird (Nikles/*Spürck/Erdemir* Rn 16). 8

Bei allen drei Tatvarianten ist unerheblich, ob sie **entgeltlich oder unentgeltlich** erfolgen (*Liesching/Schuster* Rn 12; Nikles/*Spürck/Erdemir* Rn 12, 14; *T. Fischer* § 184 Rn 10; Matt/Renzikowski/*Eschelbach* § 184 Rn 19; MüKo-StGB/*Hörnle* § 184 Rn 27, 28; *Schreibauer* 1999, S 187; s. auch BT-Drs 6/1552, 34 [zum Überlassen]; aA *Laubenthal* 2012, Rn 934). 9

Umstritten ist im Rahmen des inhaltsgleichen § 184 Abs 1 Nr 1 StGB, ob der Tatbestand teleologisch zu reduzieren ist, wenn eine **Gefahr** für die Persönlichkeitsentwicklung des Minderjährigen **im Einzelfall ausgeschlossen** ist (bejahend Sch/Sch/*Eisele* § 184 Rn 13; MüKo-StGB/*Hörnle* § 184 Rn 32; *Schreibauer* 1999, S 92; ablehnend Matt/Renzikowski/*Eschelbach* § 184 Rn 20; *Laubenthal* 2012, Rn 935; LK/*Laufhütte/Roggenbuck* § 184 Rn 3; SK-StGB/*Wolters* § 184 Rn 3). Dagegen wird vorgebracht, dass es sich um ein abstraktes Gefährdungsdelikt handele und eine Entwicklungsgefährdung mangels gesicherter empirischer Forschungsergebnisse bei einer Konfrontation mit weicher Pornographie nie zuverlässig ausgeschlossen werden könne. Das entspricht zwar auch dem Forschungsstand bei den (schwer) jugendgefährdenden Trägermedien (Einl Rn 34 ff.). Dennoch hilft dies nicht darüber hinweg, dass es in bestimmten Sonderkonstellationen dem verfassungsrechtlichen Grundsatz unrechts- und schuldangemessenen Strafens nicht genügt, eine angemessene Lösung lediglich über das Opportunitätsprinzip oder auf der Rechtsfolgenseite zu suchen (so aber *Eschelbach, Laubenthal, Laufhütte/Roggenbuck* und *Wolters* aaO). Der Schuldgrundsatz verlangt, dass Straftatbestand und Rechtsfolge gemessen an der Idee der Gerechtigkeit sachgerecht aufeinander abgestimmt sind (BVerfG NJW 2013, 1058, 1060). Der Tatbestand ist daher ausnahmsweise einschränkend auszulegen, wenn eine Jugendgefährdung schon deshalb sicher ausgeschlossen werden kann, weil der Minderjährige kognitiv gar nicht in der Lage ist, den Inhalt aufzunehmen und davon beeinflusst zu werden (zB das leseunkundige Nachbarskind spielt im Wohnzimmer, wo sich im Bücherregal ein indiziertes Buch befindet). 10

Streitig ist zudem, ob der Tatbestand teleologisch auf solche Fälle zu beschränken ist, in denen der Minderjährige erkennt oder zumindest erkennen kann, dass das Trägermedium indiziert oder schwer jugendgefährdend ist (ablehnend *Stumpf* 2009, S 306 f.; Sch/Sch/*Eisele* § 184 Rn 14, 15; Matt/Renzikowski/*Eschelbach* § 184 Rn 22; MüKo-StGB/*Hörnle* § 184 Rn 27, 31; Lackner/*Kühl* § 184 Rn 5; *Schreibauer* 1999, S 189 f., 191 f.; SK-StGB/*Wolters* § 184 Rn 18). Das wird insbesondere bei der Tatvariante des 11

Anbietens befürwortet (zum pornographischen Charakter der Schrift bei § 184 Abs 1 Nr 1 StGB: OLG Karlsruhe JMS-Report 1/2003, 59, 60; *Laubenthal* 2012, Rn 939; LK/*Laufhütte*/*Roggenbuck* § 184 Rn 17; ähnlich für das Zugänglichmachen *Laubenthal* 2012, Rn 945, der eine Erkennbarkeit für einen verständigen Dritten verlangt) und aus einem Vergleich mit dem Werbeverbot (§ 184 Abs 1 Nr 5 StGB, § 15 Abs 1 Nr 6 JuSchG) hergeleitet. Das Anbieten, bei welchem dem Minderjährigen das Tatobjekt noch nicht zugänglich sei, stehe der Werbung so nahe, dass es hinsichtlich der **Erkennbarkeit des jugendgefährdenden Inhalts** ebenso wie dort ausgelegt werden müsse. Bei § 184 Abs 1 Nr 5 StGB und § 15 Abs 1 Nr 6 JuSchG müsse die werbende Äußerung aber erkennbar machen, dass sie sich auf pornografisches bzw. jugendgefährdendes Material beziehe. Richtig daran ist, dass das Werbeverbot aufgrund verfassungskonformer Auslegung auf offene (gegenstandsbezogene) Werbung, die auf die Indizierung oder den jugendgefährdenden Inhalt hinweist, zu beschränken ist (Rn 41). Der Grund hierfür liegt allerdings darin, dass ansonsten die Verbreitung des Trägermediums unter Erwachsenen unverhältnismäßig beschränkt würde. Dieses Problem stellt sich hier nicht, wo das Trägermedium lediglich einem Minderjährigen angeboten, überlassen oder zugänglich gemacht wird. Zwar wird, wenn der Minderjährige den jugendgefährdenden Charakter des angebotenen Trägermediums nicht erkennt, sein Interesse nicht gerade durch die Erwartung eines für ihn an sich verbotenen Inhalts geweckt, so dass die Gefahr geringer erscheint. Im Gegensatz zu einer an die Allgemeinheit gerichteten neutralen Werbung wird der Minderjährige aber direkt angesprochen und auf das Trägermedium hingewiesen.

12 Indizierte oder schwer jugendgefährdende Trägermedien dürfen einem Minderjährigen nicht **angeboten** werden. Der Täter bietet ein Trägermedium an, wenn er sich gegenüber einem Minderjährigen bereit erklärt, es ihm zu überlassen. Die Erklärung kann ausdrücklich oder konkludent, mündlich oder schriftlich erfolgen. Erforderlich ist, dass der Minderjährige den Sinngehalt der Erklärung versteht. Zudem muss das Trägermedium dem Täter so zur Verfügung stehen, dass er es dem Minderjährigen ohne weiteres überlassen kann; das Versprechen, das Trägermedium erst für den Minderjährigen zu beschaffen, genügt nicht (Nikles/*Spürck*/*Erdemir* Rn 12; *Horn* NJW 1977, 2332; SK-StGB/*Wolters* § 184 Rn 18; aA *Stumpf* 2009, S 306; MüKo-StGB/ *Hörnle* § 184 Rn 27: es sei inkonsequent, öffentliche Werbung zu verbieten, aber persönlich unterbreitete Angebote an den Minderjährigen, die seine Neugier in besonderem Maße wecken, nicht zu bestrafen – dieses Ergebnis ist allerdings die Konsequenz der weiter formulierten Werbeverbote). Befindet sich das Trägermedium in der Verfügungsgewalt des Täters, ist jedoch nicht erforderlich, dass es sofort an Ort und Stelle übergeben werden kann, sodass auch ein Angebot unter Abwesenden den Tatbestand erfüllt (Sch/Sch/*Eisele* § 184 Rn 14; aA *Schreibauer* 1999, S 190). Nicht notwendig ist, dass der Minderjährige das Angebot annimmt oder sonst zustimmend reagiert. Der Tatbestand ist sogar dann erfüllt, wenn er das Angebot ausdrücklich ablehnt.

13 Indizierte oder schwer jugendgefährdende Trägermedien dürfen einem Minderjährigen nicht **überlassen** werden. Ein Trägermedium wird einem Minderjährigen überlassen, wenn ihm eigener Gewahrsam an der Sache eingeräumt wird. Ausreichend ist die Besitzübertragung zum vorübergehenden Gebrauch (zB Leihe). Nicht erforderlich ist, dass ein zur Wahrnehmung des Inhalts erforderliches technisches Hilfsmittel (zB Abspielgerät) zugleich mitüberlassen wird. Wird dem Minderjährigen das Trägermedium nicht zum eigenen Gebrauch übergeben, sondern soll er es nur als Bote für einen Erwachsenen in einem verschlossenen Umschlag oder Paket transportieren, liegt kein Überlassen vor (*Liesching*/*Schuster* Rn 9; *Stumpf* 2009, S 307; Sch/Sch/ *Eisele* § 184 Rn 15; Matt/Renzikowski/*Eschelbach* § 184 Rn 22; *Laubenthal* 2012, Rn 940; *Schreibauer* 1999, S 190); das gilt unabhängig davon, ob der minderjährige Bote von dem jugendgefährdenden Inhalt weiß und ob das Behältnis leicht oder schwer zu öffnen ist (aA Nikles/*Spürck*/*Erdemir* Rn 13). Letzteres spielt aber für die Frage eine Rolle, ob ein Zugänglichmachen (Var 3) vorliegt (Rn 14).

Schließlich dürfen indizierte oder schwer jugendgefährdende Trägermedien nicht **sonst zugänglich** gemacht werden. Ein Trägermedium wird einem Minderjährigen zugänglich gemacht, wenn ihm die konkrete Möglichkeit verschafft wird, vom Inhalt des Trägermediums Kenntnis zu nehmen (BayObLGSt 1959, 34, 34 f.; KG NStZ-RR 2004, 249). Eine tatsächliche Kenntnisnahme des Minderjährigen ist nicht erforderlich. Die Möglichkeit der Kenntnisnahme kann einem Minderjährigen in zweierlei Weise verschafft werden: (1) Zunächst kann dies dadurch geschehen, dass dem Minderjährigen eine **tatsächliche Zugriffsmöglichkeit** auf das Trägermedium eröffnet wird (zB ungesicherte Aufbewahrung an einem dem Minderjährigen zugänglichen Ort). Nicht erforderlich ist, dass ein zur Wahrnehmung des Inhalts erforderliches technisches Hilfsmittel bereitgestellt wird. Ebenso wenig schadet es, wenn die Eröffnung der Zugriffsmöglichkeit auf einen **kurzen Zeitraum** beschränkt ist. Ein Zugänglichmachen ist jedoch zu verneinen, wenn der Möglichkeit der Kenntnisnahme durch den Minderjährigen Hindernisse entgegenstehen (KG NStZ-RR 2004, 249; Sch/Sch/*Eisele* § 184 Rn 16; Matt/Renzikowski/*Eschelbach* § 184 Rn 23; *Hilgendorf/Valerius* 2012, Rn 296; MüKo-StGB/*Hörnle* § 184 Rn 30; *Laubenthal* 2012, Rn 944; LK/*Laufhütte/Roggenbuck* § 184 Rn 19; *Schreibauer* 1999, S 194 f.; SK-StGB/*Wolters* § 184 Rn 18; aA *Walther* NStZ 1990, 524, der ein Zugänglichmachen auch dann bejaht, wenn sich der Jugendliche den Zugang eigenmächtig und rechtswidrig verschafft). Das Hindernis muss zwar nicht unüberwindbar sein, aber – wie im Bereich des Internets (§ 1 Rn 77) – eine **effektive Barriere** darstellen. Das ist der Fall, wenn der Zugang physisch erheblich erschwert wird (zB Einschließen des Trägermediums), nicht aber schon dann, wenn nur eine Hemmschwelle für den Minderjährigen errichtet wird, die etwa darin besteht, dass er eine ihm nicht gestattete Handlung vornehmen muss (zB Aufreißen einer festen Verpackung; aA Sch/Sch/*Eisele* § 184 Rn 16; MüKo-StGB/*Hörnle* § 184 Rn 30; noch weiter *Laubenthal* 2012, Rn 944). Daher macht der Täter das Trägermedium zugänglich, wenn der Minderjährige in seinem Auftrag das lediglich in eine Plastikfolie eingeschweißte indizierte Buch beim Buchhändler abholt (Sch/Sch/*Eisele* § 184 Rn 16; MüKo-StGB/*Hörnle* § 184 Rn 30). – (2) Dem Minderjährigen wird das Trägermedium auch dann zugänglich gemacht, wenn ihm zwar keine Zugriffsmöglichkeit auf die Sache selbst eröffnet wird, ihm aber auf andere Weise die Möglichkeit eingeräumt wird, **vom Inhalt Kenntnis zu nehmen** (BGHSt 47, 55, 60; NJW 1976, 1984; MMR 2001, 676, 678; KG NStZ-RR 2004, 249; OLG Stuttgart NStZ 1992, 38; aA noch *Laufhütte* JZ 1974, 48). Hierzu muss der Täter das Trägermedium nicht aus der Hand geben. So macht ein Trägermedium auch derjenige zugänglich, der dem Minderjährigen aus einem indizierten Buch vorliest oder ein Lied einer schwer jugendgefährdenden CD vorspielt (BGH NJW 1976, 1984), wobei nicht erforderlich ist, dass der Minderjährige auch hinsieht oder zuhört. Problematisch erscheint allerdings, ob von einem Zugänglichmachen bereits dann gesprochen werden kann, wenn **nur Teile** des Trägermediums zugänglich gemacht werden, also zB nur einige Seiten aus dem indizierten Buch vorgelesen werden. Unstreitig nicht erforderlich ist, dass dem Minderjährigen der gesamte Inhalt des Mediums gezeigt wird, also zB das indizierte Buch von der ersten bis zur letzten Seite vorgelesen wird. Soweit gefordert wird, dass dem Minderjährigen jedenfalls solche Teile gezeigt werden müssen, die dem Trägermedium den jugendgefährdenden Charakter verleihen (*Liesching/Schuster* Rn 12; *Schreibauer* 1999, S 194; *Uschold* NJW 1976, 2249), ist dies nicht überzeugend. Nr 1 verbietet es generell, Minderjährigen indizierte Trägermedien zugänglich zu machen. Die Entscheidung darüber, welche Trägermedien jugendgefährdend und daher von Minderjährigen fernzuhalten sind, trifft die BPjM; maßgeblich ist dabei das gesamte Trägermedium. Erlaubte man dem Täter, Teile des Trägermediums, die seiner Ansicht nach nicht jugendgefährdend sind, einem Minderjährigen zugänglich zu machen, würde seine Einschätzung faktisch an die Stelle der Einschätzung der BPjM gesetzt; bei einem Irrtum entfiele der Vorsatz (§ 27 Abs 1 Nr 1 JuSchG).

b) Zugänglichmachen an einem für Minderjährige zugänglichen oder einsehbaren Ort (Nr 2)

15 Nach Nr 2 dürfen indizierte und schwer jugendgefährdende Trägermedien an einem Ort, der Kindern oder Jugendlichen zugänglich ist oder von ihnen eingesehen werden kann, nicht ausgestellt, angeschlagen, vorgeführt oder sonst zugänglich gemacht werden. **Zweck** dieses Verbots ist es, bereits die Schaffung einer abstrakten Kenntnisnahmemöglichkeit zu verhindern, indem das Zugänglichmachen jugendgefährdender Trägermedien an Orten, an denen sich Minderjährige möglicherweise aufhalten *könnten,* verboten wird. Es handelt sich um ein abstraktes Gefährdungsdelikt (OLG Celle MDR 1985, 693). Aufgrund der weiten Vorverlagerung der Strafbarkeit (§ 27 Abs 1 Nr 1) wird die Verfassungsmäßigkeit teilweise bezweifelt (so zum gleichlautenden § 184 Abs 1 Nr 2 StGB *Beisel* 1997, S 211 ff.; Matt/Renzikowski/ *Eschelbach* § 184 Rn 29).

16 Ein **Ort** ist Minderjährigen **zugänglich,** wenn er entweder für die Allgemeinheit zugänglich ist (zB öffentliche Straße, Platz, Park) oder wenn der Kreis der zugelassenen Personen zwar beschränkt ist, aber Minderjährige einschließt (zB Schule, Gaststätte, private Wohnung; BayObLG NJW 1976, 527, 529). Ob für die Zugangsgewährung ein Eintrittsgeld entrichtet werden muss, ist unerheblich. Fraglich ist, inwieweit andere faktische oder rechtliche Hindernisse die Zugänglichkeit ausschließen. Teilweise wird die Zugänglichkeit bereits dann verneint, wenn Minderjährige den Ort nur unter Verletzung rechtlicher Verbote betreten können (*Beisel/Heinrich* NJW 1996, 494; *dies* JR 1996, 97; *T. Fischer* § 184 Rn 11; vgl auch OLG Celle MDR 1985, 693; OLG Karlsruhe NJW 1984, 1975, 1976; LK/*Laufhütte/Roggenbuck* § 184 Rn 21). Die Gegenansicht hält ein Zugangsverbot für nicht ausreichend; vielmehr müssten zugleich Zutrittshindernisse errichtet werden (Nikles/*Spürck/Erdemir* Rn 17; *Stumpf* 2009, S 311; *Greger* JR 1989, 29; MüKo-StGB/*Hörnle* § 184 Rn 34; Lackner/*Kühl* § 184 Rn 5; *Walther* NStZ 1990, 524). Richtigerweise ist bei der Frage, inwieweit **rechtliche Hindernisse** die Zugänglichkeit eines Ortes ausschließen, zu unterscheiden: Grundsätzlich schließt ein Zugangsverbot für Minderjährige die Zugänglichkeit des Ortes aus. Das gilt jedoch dann nicht, wenn der Hausrechtsinhaber gegen Verstöße nicht einschreitet und das Verbot deshalb allgemein nicht beachtet wird (Sch/Sch/*Eisele* § 184 Rn 24; Matt/Renzikowski/*Eschelbach* § 184 Rn 32; *Laubenthal* 2012, Rn 960; LK/*Laufhütte/Roggenbuck* § 184 Rn 20; *Schreibauer* 1999, S 207; vgl auch BGH NJW 1988, 272), oder wenn sich mindestens ein Minderjähriger tatsächlich Zugang verschafft hat und der Ort damit faktisch zugänglich ist (Sch/Sch/*Eisele* § 184 Rn 24; MüKo-StGB/*Hörnle* § 184 Rn 34; Lackner/*Kühl* § 184 Rn 5; *Laubenthal* 2012, Rn 960; LK/*Laufhütte/Roggenbuck* § 184 Rn 20; *Schreibauer* 1999, S 207; SK-StGB/*Wolters* § 184 Rn 28; aA *Stumpf* 2009, S 311). Entsprechend ist die Frage zu beantworten, inwieweit **tatsächliche Hindernisse** die Zugänglichkeit ausschließen. Auch hier ist, sofern das tatsächliche Hindernis nicht ohne weiteres überwunden werden kann, die Zugänglichkeit zu verneinen (*Beisel/Heinrich* NJW 1996, 494; *dies* JR 1996, 97; Sch/Sch/*Eisele* § 184 Rn 24; Matt/Renzikowski/ *Eschelbach* § 184 Rn 32; Lackner/*Kühl* § 184 Rn 5; LK/*Laufhütte/Roggenbuck* § 184 Rn 20; SK-StGB/*Wolters* § 184 Rn 27; vgl auch OLG Karlsruhe NJW 1984, 1975, 1976). Hat allerdings ein Minderjähriger im konkreten Fall das Hindernis überwunden, handelt es sich um einen Ort, der Minderjährigen zugänglich ist.

17 Tatbestandsmäßig ist es auch, wenn der **Ort** zwar nach den vorgenannten Maßstäben Minderjährigen nicht zugänglich ist, aber von ihnen **eingesehen** werden kann. Das setzt voraus, dass von einem für Minderjährige zugänglichen Ort aus Vorgänge im Inneren des nicht zugänglichen Orts gesehen werden können (zB Fenster, geöffnete Tür). Die Einsichtnahme muss ohne ungewöhnlichen Aufwand und ohne Verwendung technischer Hilfsmittel (zB Fernrohr) möglich sein (*Stumpf* 2009, S 311; Sch/Sch/*Eisele* § 184 Rn 25; Matt/Renzikowski/*Eschelbach* § 184 Rn 32; MüKo-StGB/*Hörnle* § 184 Rn 35; Lackner/*Kühl* § 184 Rn 5; *Laubenthal* 2012, Rn 964; LK/*Laufhütte/Roggenbuck* § 184 Rn 20; *von der Horst* ZUM 1993, 228; SK-StGB/

Wolters § 184 Rn 29; aA *Liesching/Schuster* Rn 18). Um eine wenigstens abstrakte Gefährdung potentiell vorhandener Minderjähriger annehmen zu können, ist weiterhin zu fordern, dass die Einsichtnahmemöglichkeit nicht nur in ganz geringfügigem Umfang, wie etwa beim Öffnen und Schließen der Tür durch einen Kunden, besteht (OLG Stuttgart MDR 1987, 1047; *Stumpf* 2009, S 329 f.). – Aus dem Wortlaut des „Einsehens" und der damit verbundenen Anknüpfung an eine optische Wahrnehmungsmöglichkeit folgt im Umkehrschluss, dass in dieser Variante eine rein akustische Wahrnehmungsmöglichkeit nicht ausreicht (*Liesching/Schuster* Rn 18; *Stumpf* 2009, S 311). – Problematisch ist, inwieweit zugleich erforderlich ist, dass der Minderjährige nicht nur den Ort einsehen, sondern auch das jugendgefährdende Trägermedium wahrnehmen können muss. Dies wird teilweise verneint (OLG Hamburg NJW 1992, 1184 f.; Lackner/*Kühl* § 184 Rn 5). Danach genügt also auch der Blick auf neutrale Teile der Inneneinrichtung oder auf Kunden. Zur Begründung wird geltend gemacht, dass Minderjährige auch den Geschäftsverkehr mit erwachsenen Kunden nicht sehen sollen. Eine solch weite Auslegung ist allerdings nicht mehr vom Schutzzweck des JuSchG umfasst. Minderjährige sollen vor sie in ihrer Entwicklung gefährdenden Inhalten geschützt werden, nicht aber vor der Erkenntnis, dass manche Erwachsene jugendgefährdende Trägermedien konsumieren (so aber OLG Hamburg NJW 1992, 1184, 1185). Die Einsichtnahmemöglichkeit muss sich daher auf jugendgefährdende Trägermedien selbst beziehen (*Beisel* 1997, S 220; MüKo-StGB/*Hörnle* § 184 Rn 35; vgl auch LG Essen NJW 1985, 2841, 2842; Lackner/*Kühl* § 184 Rn 6).

Ist der Ort Minderjährigen zugänglich oder von ihnen einsehbar, so dürfen indizierte oder schwer jugendgefährdende Trägermedien dort **nicht ausgestellt, angeschlagen, vorgeführt oder sonst zugänglich gemacht** werden. Ist der Ort Minderjährigen nur zu bestimmten Zeiten zugänglich oder einsehbar, gilt das Verbot der Nr 2 auch nur insoweit. Wie sich aus der Formulierung „sonst zugänglich" ergibt, sind Ausstellen, Anschlagen und Vorführen lediglich Unterfälle des Zugänglichmachens. Allen Modalitäten ist gemein, dass der *Inhalt* ohne Weitergabe des Trägermediums zugänglich gemacht werden muss (OLG Celle MDR 1985, 693; OLG Karlsruhe NJW 1984, 1975, 1976; JMS-Report 1/2003, 59). Dass nur der Blick auf eine für sich genommen neutrale Verpackung des Trägermediums möglich ist, genügt also nicht. Ein Trägermedium wird **ausgestellt,** wenn es so präsentiert wird, dass der Blick des Betrachters darauf gelenkt wird; es wird **angeschlagen,** wenn es an Wänden oder (Reklame-)Tafeln aufgehängt und befestigt wird; es wird **vorgeführt,** wenn sein Inhalt, insbesondere bei Bild- und Tonträgern, vor Publikum abgespielt wird (hingegen nicht, wenn zB ein Lied nicht vom Trägermedium abgespielt sondern live gesungen wird; kritisch *Mitsch* 2012, § 9 Rn 28); es wird **sonst zugänglich gemacht,** wenn Minderjährigen die Kenntnisnahme des Inhalts auf irgendeine andere Art und Weise abstrakt möglich gemacht wird. 18

c) Beschränkungen des gewerblichen Vertriebs (Nr 3)

Nach **Nr 3** dürfen indizierte und schwer jugendgefährdende Trägermedien nicht im Einzelhandel außerhalb von Geschäftsräumen, in Kiosken oder anderen Verkaufsstellen, die Kunden nicht zu betreten pflegen, im Versandhandel oder in gewerblichen Leihbüchereien oder Lesezirkeln einer anderen Person angeboten oder überlassen werden. Mit diesem Verbot werden zwei **Zwecke** verfolgt: Zunächst soll verhindert werden, dass indizierte oder schwer jugendgefährdende Trägermedien außerhalb von Geschäftsräumen in der Öffentlichkeit, für Minderjährige wahrnehmbar, vertrieben werden (BT-Drs 1/1101, 12). Zudem soll der durch die schwere Kontrollierbarkeit des ambulanten Handels bedingten Gefahr entgegengewirkt werden, dass solche Trägermedien in die Hände von Minderjährigen gelangen (BT-Drs 1/1101, 12; 6/3521, 60). 19

Ähnlich wie bei dem Verbot der Nr 1 stellt sich auch im Rahmen der Verbote der Nr 3 die Frage, ob und inwieweit es der verfassungsrechtliche Schuldgrundsatz gebietet, die Norm **einschränkend auszulegen.** Unter Berücksichtigung des Schutzzwecks des Jugendschutzes ist eine solch restriktive Auslegung in zweierlei Hinsicht 20 denkbar. Zum einen könnte man solche Handlungen als nicht erfasst ansehen, die zwar auf den genannten Vertriebswegen erfolgen, bei denen der Handelnde aber durch eine **wirksame Alterskontrolle** sichergestellt hat, dass der Vertrieb nicht an Minderjährige erfolgt (*Beisel* 1997, S 215 f.; Sch/Sch/*Eisele* § 184 Rn 29; ablehnend OLG Stuttgart NJW 1976, 529, 530; Nikles/*Spürck*/*Erdemir* Rn 19; SK-StGB/*Wolter* § 184 Rn 36; *Laubenthal* 2012, Rn 974; im Ergebnis auch MüKo-StGB/*Hörnle* § 184 Rn 62). Zum anderen kommt eine einschränkende Auslegung dann in Betracht, wenn die Handlung an einem Ort vorgenommen wird, der Minderjährigen **nicht zugänglich** ist (*Liesching*/*Schuster* Rn 20 f.; *Beisel* 1997, S 215 f.; Sch/Sch/*Eisele* § 184 Rn 29; ablehnend *Laubenthal* 2012, Rn 974). Für die erstgenannte Einschränkung sprechen vor allem systematische Erwägungen: Obgleich gerade im Versandhandel mangels persönlichen Kontakts eine zuverlässige Alterskontrolle besonders schwierig ist, ist dieser Vertriebsweg zulässig, wenn „durch technische oder sonstige Vorkehrungen sichergestellt ist, dass kein Versand an Kinder oder Jugendliche erfolgt" (§ 1 Abs 4 JuSchG). Es stellt daher einen normimmanenten Widerspruch dar, bei anderen Vertriebswegen, bei denen der Vertrieb im persönlichen Kontakt erfolgt, ein Totalverbot aufzustellen und den Vertrieb auch bei wirksamen Alterskontrollen zu verbieten, obwohl dem Jugendschutz ausreichend Rechnung getragen wird (*Beisel* 1997, S 215 f.; Sch/Sch/*Eisele* § 184 Rn 29). Gegen die zweitgenannte Einschränkung wird – für den gleichlautenden § 184 Abs 1 Nr 3 StGB – vorgebracht, dass die Norm auch dem Konfrontationsschutz Erwachsener diene und das strafbewehrte Verbot daher auch in diesem Fall seine Berechtigung habe (SK-StGB/*Wolter* § 184 Rn 36). Ob diese Schutzzielbestimmung für § 184 Abs 1 Nr 3 StGB zutrifft (kritisch Sch/Sch/*Eisele* § 184 Rn 29; Matt/Renzikowski/*Eschelbach* § 184 Rn 34; MüKo-StGB/*Hörnle* § 184 Rn 62), kann hier dahinstehen. Einer Regelung im JuSchG, das ausschließlich dem Schutz der Persönlichkeitsentwicklung Minderjähriger dient, kann ein solcher, auf den Schutz Erwachsener gerichteter Schutzzweck jedenfalls nicht zukommen. Im Ergebnis ist einer restriktiven Auslegung der Norm daher der Vorzug zu geben.

21 Nr 3 verbietet das Anbieten und Überlassen indizierter oder schwer jugendgefährdender Trägermedien auf bestimmten Vertriebswegen. Die Tathandlungen des **Anbietens** und des **Überlassens** sind im Grundsatz ebenso wie in Nr 1 auszulegen (Rn 12 f.). Im Unterschied zu Nr 1 muss die Tathandlung nicht gegenüber einem Minderjährigen vorgenommen werden; es genügt nach dem Gesetzeswortlaut („einer anderen Person") jede **andere,** also auch eine volljährige **Person.** Aus dem Wortlaut folgt außerdem, dass sich das Angebot an eine bestimmte Person richten muss (OLG Düsseldorf MDR 1987, 604; OLG Karlsruhe JMS-Report 1/2003, 59, 60; *Eckstein* wistra 1997, 51; Sch/Sch/*Eisele* § 184 Rn 35, 37; aA *T. Fischer* § 184 Rn 12). Problematisch ist, ob von einem Anbieten bereits dann gesprochen werden kann, wenn einer anderen Person **Prospekte oder Angebotslisten** überlassen werden, die zwar selbst nicht jugendgefährdend sind, aber auf indizierte oder schwer jugendgefährdende Trägermedien hinweisen (zu § 184 StGB bejahend OLG Karlsruhe JMS-Report 1/2003, 59, 60; Sch/Sch/*Eisele* § 184 Rn 35; *T. Fischer* § 184 Rn 12; *Laubenthal* 2012, Rn 1003; *Schreibauer* 1999, S 227; wohl auch Matt/Renzikowski/*Eschelbach* § 184 Rn 40; verneinend OLG Düsseldorf MDR 1987, 604; MüKo-StGB/*Hörnle* § 184 Rn 61; LK/*Laufhütte*/*Roggenbuck* § 184 Rn 26). Dagegen spricht, dass diese Auslegung lediglich in der Situation strafbarkeitsbegründende Wirkung hätte, in der einem Erwachsenen der Prospekt überlassen wird, da bei einem entsprechenden Verhalten gegenüber einem Minderjährigen (vorausgesetzt, das Trägermedium befindet sich in der Verfügungsgewalt des Täters, s Rn 12) bereits Nr 1 greift. Hiervon geht jedoch keine jugendgefährdende Wirkung aus (MüKo-StGB/*Hörnle* § 184 Rn 61). Dem kann nicht entgegengehalten werden, dass sich eine solche Auslegung deshalb verbiete, weil damit die Tathandlung des Anbietens im Wege des Versandhandels leerliefe (so aber *Eckstein* wistra 1997, 51; *Schreibauer* 1999, S 227). Da bei dem Vertriebsweg des Versandhandels die Tathandlung Überlassen einschlägig sein kann, besteht kein Anlass, einen sachlich nicht gerechtfertigten, strafbarkeitsbegründenden Anwendungsbereich beim Anbieten zu schaffen.

Verboten ist zunächst die Vornahme der Tathandlungen im **Einzelhandel außerhalb von Geschäftsräumen**. Einzelhandel ist der gewerbliche, dh insbesondere mit Gewinnerzielungsabsicht vorgenommene Vertrieb von Waren an Endabnehmer (BayObLG NJW 1974, 2060; OLG Düsseldorf MDR 1987, 604). Das Angebot oder die Überlassung des Trägermediums an einen Groß- oder Zwischenhändler ist daher nicht verboten (Erbs/Kohlhaas/*Liesching* Rn 9; Nikles/*Spürck*/*Erdemir* Rn 20). Nicht erforderlich ist, dass der Handel mit jugendgefährdenden Trägermedien den Schwerpunkt der Geschäftstätigkeit bildet, solange jedenfalls auch mit ihnen Umsatz erzielt werden soll. Erfasst sind deshalb zB auch Tankstellen oder Lebensmittelläden (BayObLG NJW 1958, 1646, 1647). Geschäftsräume sind zum dauernden Gebrauch eingerichtete, ständig oder in regelmäßiger Wiederkehr benutzte Räume für den Betrieb eines Gewerbes, die für den Kundenverkehr geöffnet sind. Beispiele für das Anbieten im Einzelhandel außerhalb von Geschäftsräumen sind der Verkauf auf der Straße, in „Wühltischen" vor Ladengeschäften, Haustürgeschäfte und mobile Händler in Gaststätten (*Liesching/Schuster* Rn 20; *Ukrow* 2004, Rn 373). 22

In der zweiten Variante verbietet Nr 3 das Anbieten und Überlassen indizierter oder schwer jugendgefährdender Trägermedien in **Kiosken oder anderen Verkaufsstellen, die Kunden nicht zu betreten pflegen**. Das Verbot verfolgt den bereits oben angesprochenen Zweck, den Vertrieb jugendgefährdender Trägermedien vor den Augen Minderjähriger zu unterbinden (*Liesching/Schuster* Rn 21). Ihm liegt außerdem die Vorstellung zugrunde, dass an solchen Verkaufsstellen die Käufe im „Vorübergehen" getätigt werden und deshalb die Gefahr einer Abgabe an Minderjährige besonders groß ist (Sch/Sch/*Eisele* § 184 Rn 31; Matt/Renzikowski/*Eschelbach* § 184 Rn 37; *Laubenthal* 2012, Rn 977). Der **Kiosk** ist als Beispielsfall einer Verkaufsstelle, die Kunden typischerweise nicht betreten, besonders hervorgehoben. Es handelt sich hierbei um einen umschlossenen Raum, aus dem heraus der Verkäufer Waren an seine Kunden abgibt, die außerhalb dieses Raums stehen (Erbs/Kohlhaas/*Liesching* Rn 10; Nikles/*Spürck*/*Erdemir* Rn 21). Sonstige Verkaufsstellen sind alle Verkaufsstände, unabhängig davon, ob sie sich im Freien (zB Markt-, Jahrmarktstand) oder in einem umschlossenen Raum befinden. Liegt der Kiosk oder die Verkaufsstelle in einem umschlossenen Raum, so hängt die Anwendbarkeit der Nr 3 davon ab, ob der umschlossene Raum als Geschäftsraum, der von Kunden betreten wird, angesehen werden kann (zB ein in eine Buchhandlung integrierter Kiosk) oder nicht (zB Kiosk in einer Bahnhofshalle). Im ersten Fall ist Nr 3 zu verneinen. 23

Als dritten verbotenen Vertriebsweg nennt Nr 3 den **Versandhandel**. Der Begriff ist in § 1 Abs 4 JuSchG legaldefiniert. Insoweit kann auf die obigen Ausführungen (§ 1 Rn 58 ff.) verwiesen werden. 24

Schließlich verbietet Nr 3 das Anbieten und Überlassen indizierter oder schwer jugendgefährdender Trägermedien in **gewerblichen Leihbüchereien oder Lesezirkeln** (kritisch *Beisel* 1997, S 217; *Schroeder* JR 1977, 234; für eine teleologische Reduktion auf für Minderjährige zugängliche Leihbüchereien *Greger* NStZ 1986, 12, ihm folgend LK/*Laufhütte*/*Roggenbuck* § 184 Rn 27). **Leihbüchereien** sind Einrichtungen, die gegen eine Gebühr den vorübergehenden Gebrauch von Büchern gewähren (*Liesching/Schuster* Rn 23; Nikles/*Spürck*/*Erdemir* Rn 23; *Stumpf* 2009, S 324). Der Begriff der „Leihbücherei" ist, da es sich bei der Gebrauchsüberlassung von Gegenständen gegen Entgelt um Mietverträge iSd § 535 BGB handelt (*Liesching/Schuster* Rn 23; Nikles/*Spürck*/*Erdemir* Rn 23; *Stumpf* 2009, S 324), zwar irreführend, aber im allgemeinen Sprachgebrauch verankert. Der Wortlaut gibt vor, dass das hauptsächliche Geschäftsfeld die Vermietung von Büchern sein muss, jedoch steht der Anwendung der Nr 3 nicht entgegen, wenn daneben andere Trägermedien (zB BD, DVD) vermietet werden (*T. Fischer* § 184 Rn 12d). Es würde aber den Wortlaut übersteigen, Videotheken unter den Begriff der Leihbüchereien zu subsumieren (BGHSt 27, 52, 54 ff.; 29, 68, 69; BayObLGSt 1976, 169; OLG Stuttgart NJW 1976, 1109 f., *Liesching/* 25

Schuster Rn 23; *Ukrow* 2004, Rn 377; aA noch OLG Karlsruhe NJW 1974, 2015, 2016f.; MDR 1976, 947). Die Leihbücherei muss **gewerblich,** also zur Gewinnerzielung (Rn 22), betrieben werden. Das ist zB nicht der Fall bei öffentlichen, von Kommunen betriebenen Büchereien, die als Einrichtungen der Daseinsfürsorge dienen, und bei kirchlichen Leihbüchereien (*Liesching/Schuster* Rn 23; Nikles/*Spürck/ Erdemir* Rn 23).

26 **Lesezirkel** sind Organisationsformen, bei denen Druckerzeugnisse, insbesondere Zeitschriften, im Umlaufverfahren mehreren Personen gegen Entgelt für einen gewissen Zeitraum zugänglich gemacht werden (*Liesching/Schuster* Rn 24; Nikles/*Spürck/ Erdemir* Rn 23; *Stumpf* 2009, S 324; *Ukrow* 2004, Rn 378). Das Adjektiv **gewerblich** ist – wenngleich der Wortlaut beide Deutungsmöglichkeiten zuließe – nach Sinn und Zweck der Vorschrift auch auf den Betrieb des Lesezirkels zu beziehen (ebenso neben den Vorgenannten: Matt/Renzikowski/*Eschelbach* § 184 Rn 39; MüKo-StGB/*Hörnle* § 184 Rn 60; *Laubenthal* 2012, Rn 989; LK/*Laufhütte/Roggenbuck* § 184 Rn 25; *Schreibauer* 1999, S 226; SK-StGB/*Wolter* § 184 Rn 37). Durch die Verbreitung moderner Medien, insbesondere des Internets, hat die Bedeutung gewerblicher Lesezirkel erheblich abgenommen.

d) Gewerbliche Vermietung (Nr 4)

27 Nach **Nr 4** dürfen indizierte und schwer jugendgefährdende Trägermedien nicht im Wege gewerblicher Vermietung oder vergleichbarer gewerblicher Gewährung des Gebrauchs, ausgenommen in Ladengeschäften, die Kindern und Jugendlichen nicht zugänglich sind und von ihnen nicht eingesehen werden können, einer anderen Person angeboten oder überlassen werden. Die Vorschrift entspricht inhaltlich § 184 Abs 1 Nr 3a StGB. Allerdings ist dort die Strafbarkeit insoweit eingeschränkt, als das Verbot gem § 184 Abs 2 S 2 StGB nicht gilt, wenn die Handlung im Geschäftsverkehr mit gewerblichen Entleihern erfolgt. Diese früher auch in § 3 Abs 2 S 1 GjSM enthaltene Ausnahme wurde ohne jede Begründung (vgl BT-Drs 14/9013, 23) nicht in die Nr 4 übernommen; allerdings ergibt sich diese Einschränkung auch bei teleologischer Auslegung. Das Verbot in Nr 4 dient dem **Zweck**, die gewerbliche Vermietung jugendgefährdender Trägermedien, insbesondere durch Videotheken, auf für Minderjährige nicht zugängliche Ladengeschäfte zu konzentrieren (BT-Drs 10/2546, 17, 25).

28 **Tathandlungen** sind das Anbieten und Überlassen indizierter oder schwer jugendgefährdender Trägermedien im Wege gewerblicher Vermietung oder vergleichbarer gewerblicher Gewährung des Gebrauchs. Ein Trägermedium wird **vermietet,** wenn einem anderen der Gebrauch für einen gewissen Zeitraum gegen Entgelt eingeräumt wird. Die Vermietung erfolgt **gewerblich,** wenn sie zum Zwecke der Gewinnerzielung vorgenommen wird und der Handelnde sich durch die Vermietungen eine Einnahmequelle von gewisser Dauer schaffen möchte. Nicht erfasst sind damit zum einen die unentgeltliche Ausleihe von Trägermedien oder eine Gebrauchsüberlassung aus bloßer Gefälligkeit (Matt/Renzikowski/*Eschelbach* § 184 Rn 43; *Greger* NStZ 1986, 12; *Stumpf* 2009, S 326), zum anderen aber auch eine nur einmalige entgeltliche Überlassung eines Trägermediums durch ein Unternehmen, das ansonsten ausschließlich andere Geschäfte tätigt (Sch/Sch/*Eisele* § 184 Rn 37; MüKo-StGB/ *Hörnle* § 184 Rn 63). Der Vermietung gleichgestellt ist eine **vergleichbare gewerbliche Gewährung des Gebrauchs.** Der Gesetzgeber wollte dadurch Umgehungsgeschäfte erfassen (BT-Drs 10/2546, 24 zu § 184 Abs 1 Nr 3a StGB). Maßgeblich ist jedoch nicht, ob es sich nach dem Willen der Vertragspartner um ein Geschäft handeln soll, durch das das Vermietungsverbot umgangen wird. Sondern es kommt darauf an, ob die Vereinbarung wesentliche mietvertragliche Charakteristika enthält. Dafür muss dem Kunden das Recht eingeräumt werden, das entgeltlich genutzte Trägermedium nach Gebrauch wieder zurückzugeben und damit die mit einem Kauf verbundenen höheren Aufwendungen zu sparen. Beispiele sind der Kauf mit Rückgaberecht und das „unentgeltliche" Verleihen gegen Bezahlung eines pauschalen Club- oder Vereinsbeitrags (BT-Drs 10/2546, 24). Die Begriffe **Anbieten** und **Überlassen**

sind ebenso wie bei Nr 3 (Rn 21) auszulegen. Insbesondere ist auch hier erforderlich, dass sich das Angebot an eine bestimmte „andere Person" richtet (gegen das Erfordernis der Individualisierung OLG Hamburg NJW 1992, 1184; Matt/Renzikowski/ *Eschelbach* § 184 Rn 43; *T. Fischer* § 184 Rn 13; MüKo-StGB/*Hörnle* § 184 Rn 64; *Schreibauer* 1999, S 235), die allerdings nach dem Wortlaut des Gesetzes nicht minderjährig sein muss (*Stumpf* 2009, S 326). Soweit zu § 184 Abs 1 Nr 3a StGB auf den Wortlaut „einem anderen" im Gegensatz zu „einer Person unter 18 Jahren" in § 184 Abs 1 Nr. 1 StGB verwiesen wird (MüKo-StGB/*Hörnle* § 184 Rn 64), greift dieses Argument bei § 15 Abs 1 Nr 4 nicht, da hier von „einer anderen Person" die Rede ist. Die Überlegung, für das Ausreichenlassen eines generalisierenden Anbietens sprächen auch pragmatische Gründe, da die Strafverfolgungsbehörden dann ohne weiteres eingreifen könnten, wenn ein Ladengeschäft den Anforderungen nicht genüge (MüKo-StGB/*Hörnle* § 184 Rn 64), enthält für die Auslegung eines Straftatbestands schlechterdings sachfremde Erwägungen und kann deshalb ein gegenteiliges Auslegungsergebnis ebenfalls nicht begründen.

Das Verbot gilt nicht, wenn die Tathandlung in einem Ladengeschäft vorgenommen wird, das Kindern und Jugendlichen nicht zugänglich ist und nicht von ihnen eingesehen werden kann. Zweck dieses Ausnahmetatbestands ist es, Erwachsenen die Anmietung entsprechender Trägermedien zu ermöglichen, wenn dies auf eine Weise erfolgt, bei der eine Gefährdung Minderjähriger ausgeschlossen ist. Ein **Ladengeschäft** ist eine Geschäftseinheit, die über eine zu einem „Laden" gehörende Ausstattung und Einrichtung verfügt. Der Wortlaut lässt es zu, auch nicht ortsgebundene Verkaufsräume (zB mobile Videothek in einem LKW) unter den Begriff des Ladengeschäfts zu fassen (OLG Hamm NStZ 1988, 415 mit Anm *Greger*). Umstritten ist, ob ein „Ladengeschäft" nur dann vorliegt, wenn und soweit (Verkaufs- oder Aufsichts-)**Personal** anwesend ist (so BayObLG ZUM-RD 2003, 397, 398 f.; LG Hamburg NJW 1989, 1046; LG Stuttgart; MDR 1986, 424; NStZ-RR 2003, 76, 77; LG Verden NStZ 1986, 118 f.; Nikles/*Spürck*/*Erdemir* Rn 27; *Ukrow* 2004, Rn 380; *Gruhl* MMR 2000, 666 f.). Die Frage wird insbesondere bei sog. Automatenvideotheken relevant. Dem Wortlaut lässt sich ein solches Erfordernis nicht zwingend entnehmen; er kann auch so interpretiert werden, dass in einer Räumlichkeit „Geschäfte", also die Aushändigung von Ware gegen Bezahlung (hier in Form gewerblicher Vermietungen), sei es auch in einem automatisierten Verfahren, betrieben werden (so MüKo-StGB/*Hörnle* § 184 Rn 66; SK-StGB/*Wolters* § 184 Rn 40). Die Gegenansicht geht davon aus, dass Automatenvideotheken schon als Ladengeschäfte anzusehen sind, wenn durch technische Sicherungen ein vergleichbarer Jugendschutz wie bei der Überwachung durch Ladenpersonal gewährleistet ist (BGHSt 48, 278, 282; *T. Fischer* § 184 Rn 14; Lackner/*Kühl* § 184 Rn 6a; *Stumpf* 2009, S 328; wohl auch OVG Münster ZUM 2002, 574 f.). Dadurch werden allerdings unnötigerweise die Anforderungen an die Unzugänglichkeit des Ladengeschäfts in den Begriff des Ladengeschäfts hineingelesen. Überzeugender erscheint es daher, die Anwesenheit von Personal nicht als Element des Ladengeschäfts zu sehen und das Vorhandensein technischer Sicherungen erst bei der Frage, ob das Ladengeschäft Minderjährigen unzugänglich ist, zu berücksichtigen (so auch VG Karlsruhe GewArch 2002, 120, 125; *Liesching*/*Schuster* Rn 26, 29; Sch/Sch/*Eisele* § 184 Rn 39; Matt/Renzikowski/*Eschelbach* § 184 Rn 44; MüKo-StGB/*Hörnle* § 184 Rn 66). – Das Ladengeschäft muss **räumlich und organisatorisch eigenständig** sein (BayObLG NJW 1986, 1701; VGH Mannheim NJW 1987, 1445; VG Karlsruhe GewArch 2002, 120, 124; LG Stuttgart MDR 1986, 424; NStZ-RR 2003, 76, 77; StA Konstanz MDR 1990, 742). Das Erfordernis der Eigenständigkeit ergibt sich daraus, dass der Gesetzgeber hier nicht, wie in Nr 3, den Begriff des Geschäftsraums verwendet. **Räumliche Eigenständigkeit** setzt einen eigenen, von einer öffentlichen Verkehrsfläche betretbaren Eingang voraus (BGHSt 48, 278, 282; BayObLG NJW 1986, 1701; OLG Hamburg GRUR 1987, 381, 382; LG Hamburg NJW 1989, 1046; LG Stuttgart MDR 1986, 424; NStZ-RR 2003, 76, 77; StA Konstanz MDR 1990, 742; VGH Mannheim NJW 1987, 1445; VG Karlsruhe GewArch 2002, 120, 124; Nikles/*Spürck*/*Erdemir*

Rn 26; *Beisel* 1997, S 218; Sch/Sch/*Eisele* § 184 Rn 38; *Führich* NJW 1986, 1156; *Greger* NStZ 1986, 12; Matt/Renzikowski/*Eschelbach* § 184 Rn 44; MüKo-StGB/*Hörnle* § 184 Rn 65; Lackner/*Kühl* § 184 Rn 6a; LK/*Laufhütte/Roggenbuck* § 184 Rn 28; *Schreibauer* 1999, S 232 f.; aA *Füllkrug* Kriminalistik 1986, 228; *v Hartlieb* NJW 1985, 832; Erbs/Kohlhaas/*Liesching* Rn 18; *ders* BPjM-Aktuell 3/2011, 7 ff.). Diese Voraussetzung ist auch dann erfüllt, wenn sich das Ladengeschäft beispielsweise in einem Einkaufszentrum befindet, sofern die dortigen Geschäfte voneinander unabhängig sind und der Zugang von einer gemeinsam genutzten Verkehrsfläche aus erfolgt (BGH NJW 1988, 272 f.; Sch/Sch/*Eisele* § 184 Rn 38; MüKo-StGB/*Hörnle* § 184 Rn 65; *Laubenthal* 2012, Rn 997; LK/*Laufhütte/Roggenbuck* § 184 Rn 28). Hingegen ist die räumliche Eigenständigkeit zu verneinen, wenn der Vertrieb der jugendgefährdenden Trägermedien in einem vom Hauptgeschäftsraum abgetrennten Nebenraum erfolgt (BT-Drs 10/2546, 25; BGH NJW 1988, 272; BayObLG NJW 1986, 1701; VGH Mannheim NJW 1987, 1445 f.; OVG München GewArch 1987, 38, 39; OLG Hamburg GRUR 1987, 381, 382 f.; LG Hamburg NJW 1989, 1046; LG Köln NJW-RR 1995, 1254; LG Stuttgart MDR 1986, 424; LG Verden NStZ 1986, 118, 119; StA Konstanz MDR 1990, 742; Nikles/*Spürck/Erdemir* Rn 26; *Beisel* 1997, S 218; Sch/Sch/*Eisele* § 184 Rn 38; *Führich* NJW 1986, 1156; *Greger* NStZ 1986, 12; *ders* JR 1989, 30; Lackner/*Kühl* § 184 Rn 6a; *Laubenthal* 2012, Rn 997, 999; LK/*Laufhütte/Roggenbuck* § 184 Rn 28; *Maatz* NStZ 1986, 174 f.; *Schreibauer* 1999, S 232; *Weides* NJW 1987, 226; aA *v Hartlieb* NJW 1985, 832), und zwar auch dann, wenn der Zutritt des Nebenraums Minderjährigen verboten ist und das Verbot auch durchgesetzt wird (*Ukrow* 2004, Rn 381 mit Fn 259; aA Erbs/Kohlhaas/*Liesching* Rn 18; *Liesching* BPjM-Aktuell 3/2011, 7 ff.; MüKo-StGB/*Hörnle* § 184 Rn 65; *Weides* NJW 1987, 226; differenzierend SK-StGB/*Wolters* § 184 Rn 40, der den Nebenraum je nach Strenge der Durchgangskontrolle als eigenständiges Ladengeschäft ansieht). Denn in diesem Fall ist zwar der konkrete Geschäftsraum, nicht aber das Ladengeschäft als solches Minderjährigen unzugänglich (OLG Hamburg GRUR 1987, 381, 383; LG Köln NJW-RR 1995, 1254; *Beisel* 1997, S 218; *Führich* NJW 1986, 1156; vgl auch *Schreibauer* 1999, S 233). An dieser Bewertung ändert sich auch nichts, wenn der Nebenraum einen separaten Eingang hat und der Durchgang zwischen den Räumen nur durch eine zuverlässig kontrollierte „Schleuse" möglich ist (so aber LG Hamburg NJW 1989, 1046; *Stumpf* 2009, S 327; *Ukrow* 2004, Rn 381 Fn 259; Matt/Renzikowski/*Eschelbach* § 184 Rn 44; MüKo-StGB/*Hörnle* § 184 Rn 65; LK/*Laufhütte/Roggenbuck* § 184 Rn 28). Denn das Erfordernis eines separaten Eingangs ergibt sich gerade daraus, dass Minderjährige generell nicht durch eine Verbindungstür von dem allgemein zugänglichen Geschäftsraum in denjenigen, in dem sich indizierte und schwer jugendgefährdende Trägermedien befinden, gelangen können sollen (*Schreibauer* 1999, S 233 f.). Zulässig ist es aber, ein für Minderjährige während bestimmter Öffnungszeiten zugängliches Ladengeschäft zeitweise für diese zu sperren und in diesem Zeitraum indizierte und schwer jugendgefährdende Trägermedien zu vermieten (sog. Verwandlungsvideothek, so auch StA Konstanz MDR 1990, 742; *Stumpf* 2009, S 327; Sch/Sch/*Eisele* § 184 Rn 39; *Greger* NStZ 1986, 12; MüKo-StGB/*Hörnle* § 184 Rn 65; LK/*Laufhütte/Roggenbuck* § 184 Rn 28; aA Nikles/*Spürck/Erdemir* Rn 25). – Die **organisatorische Eigenständigkeit** muss nur insoweit bestehen, als der dadurch intendierte Jugendschutz eine solche erfordert. Unbeachtlich ist demnach eine personelle Verflechtung des Ladengeschäfts beispielsweise mit einem benachbarten allgemein zugänglichen Ladengeschäft durch einen gemeinsamen Inhaber, gemeinsame Buchführung oder eines Wechsels des Personals zwischen den beiden Geschäftslokalen (Nikles/*Spürck/Erdemir* Rn 25; vgl auch *Greger* JR 1989, 30). Die Ausleihvorgänge müssen aber auch bei der Rückgabe des Trägermediums getrennt bleiben (Nikles/*Spürck/Erdemir* Rn 28).

30 Der Ausnahmetatbestand setzt weiter voraus, dass das Ladengeschäft für Minderjährige **nicht zugänglich** ist und von ihnen auch **nicht eingesehen** werden kann. Hinsichtlich der diesbezüglichen Anforderungen kann auf die Erläuterungen zu Nr 2 (Rn 16 f.) verwiesen werden.

e) Einfuhr im Wege des Versandhandels (Nr 5)

Nach **Nr 5** dürfen indizierte und schwer jugendgefährdende Trägermedien nicht 31 im Wege des Versandhandels eingeführt werden. Das Verbot ist enger als das des korrespondierenden § 184 Abs 1 Nr 4 StGB (ebenso die Vorgängernorm § 21 Abs 1 Nr 6 GjSM), wonach bereits das Unternehmen der Einfuhr unter Strafe steht. Erfasst ist dort nach der Legaldefinition des § 11 Abs 1 Nr 6 StGB also der Versuch und die Vollendung der Einfuhr. Der dadurch hervorgerufene Konflikt mit der Wertung des § 6 Nr 6 StGB – § 184 Abs 1 Nr 4 StGB erstreckt das Weltrechtsprinzip auf einfache Pornographie (Sch/Sch/*Eisele* § 184 Rn 41; *Laubenthal* 2012, Rn 1002; SK-StGB/*Wolters* § 184 Rn 42; kritisch OLG Karlsruhe JMS-Report 1/2003, 59, 60; *T. Fischer* § 184 Rn 15; *Beisel* 1997, S 221; die deutsche Strafgewalt verneinend Matt/Renzikowski/*Eschelbach* § 184 Rn 46) – besteht bei Nr 5 folglich nicht, weil die **Tatbestandsverwirklichung im Inland** eintritt und das deutsche Strafrecht daher ohne weiteres anwendbar ist (§§ 3, 9 Abs 1 StGB).

Mit dem Verbot der Einfuhr indizierter oder schwer jugendgefährdender Träger- 32 medien im Wege des Versandhandels verfolgt der Gesetzgeber den **Zweck**, Streitfragen im Zusammenhang mit der Behandlung aus dem Ausland stammender Sendungen, insbesondere die Problematik, ob ein Anhalten dieser Sendungen und der Ausschluss von der Einfuhr durch den Zoll zulässig ist, zu klären (BT-Drs 7/514, 13). Die Zollverwaltung kann das versandte Trägermedium, sofern zureichende Anhaltspunkte für eine Straftat nach §§ 27 Abs 1 Nr 1, 15 Abs 1 Nr 5 vorliegen, der Staatsanwaltschaft vorlegen (§ 12 S 1, 2 ZollVG). Kann die Straftat des ausländischen Versandhändlers aus tatsächlichen Gründen nicht verfolgt werden, so kann die Einziehung des Trägermediums selbstständig angeordnet werden (§§ 76a, 74d StGB).

Die **Einfuhr** ist vollendet, wenn das indizierte oder schwer jugendgefährdende 33 Trägermedium – anders als bei Nr 3 (Rn 21) ist hier unstreitig, dass das Trägermedium selbst und nicht nur ein anpreisender Prospekt versandt werden muss (OLG Karlsruhe JMS-Report 1/2003, 59, 60; Sch/Sch/*Eisele* § 184 Rn 41; *Laubenthal* 2012, Rn 1003) – über die Grenze zum Hoheitsgebiet der Bundesrepublik Deutschland gelangt ist (BGHSt 34, 180, 181; NStZ 1983, 369; OLG Bremen NJW 1972, 1678, 1680; OLG Stuttgart NJW 1969, 1545; LG Bayreuth NJW 1970, 574, 575; *Stumpf* 2009, S 336; vgl auch § 2 Abs 11 S 1 Nr 1 AWG). Die Einfuhr muss im Wege des **Versandhandels** (§ 1 Rn 58ff.) erfolgen.

Es entspricht inzwischen – zu Recht – der allgemeinen Auffassung, dass „Einfüh- 34 rer" nur der Versandhändler, der den Versand des Trägermediums zB durch Aufgabe bei der Post im Ausland durchführt oder veranlasst, nicht aber der Besteller sein kann (BayObLG MDR 1970, 941, 942; OLG Hamm NJW 2000, 1965, 1966; OLG Stuttgart NJW 1969, 1545f.; LG Bayreuth NJW 1970, 574, 575; LG Freiburg NStZ-RR 1998, 11; *Liesching/Schuster* Rn 31; *Nikles/Spürck/Erdemir* Rn 30; *Ukrow* 2004, Rn 383; aA noch OLG Bremen NJW 1972, 1678, 1679). Zwar ist nach § 2 Abs 10 S 2 AWG nur der inländische Vertragspartner Einführer, wenn der Einfuhr ein Vertrag mit einem Unionsfremden über den Erwerb von Gütern zum Zweck der Einfuhr zugrunde liegt; doch kann diese Legaldefinition aufgrund der unterschiedlichen Schutzzwecke des AWG einerseits und des JuSchG andererseits (vgl hierzu OLG Hamm NJW 2000, 1965, 1966; OLG Stuttgart NJW 1969, 1545, 1546; LG Bayreuth NJW 1970, 574, 575) nicht zur Auslegung der Nr 5 herangezogen werden. Der Wortlaut der Nr 5 ließe die Einbeziehung des Bestellers zu, da das Veranlassen der Versendung des Trägermediums als „einführen" angesehen werden kann (OLG Bremen NJW 1972, 1678, 1679; kritisch LG Freiburg NStZ-RR 1998, 11; vgl auch BGH NStZ 1992, 339, wonach der, der die Einfuhr lediglich veranlasst, deshalb allein noch nicht Täter ist; erforderlich ist, dass sich der Tatbeitrag nach den allgemeinen Abgrenzungskriterien zwischen Täterschaft und Teilnahme als täterschaftlich darstellt). Gegen eine solche Auslegung spricht aber sowohl die Systematik des Abs 1 als auch Sinn und Zweck der Regelung. So erfasst Nr 3, wie sich aus dem Wortlaut der

Tathandlungen ergibt, nur den Versandhändler, nicht aber den Besteller. Nr 4 erweitert das Versandhandels-Verbot nur insoweit, als es schon die Einfuhr aus dem Ausland erfasst; eine Bestrafung auch des Bestellers (nur) bei Nr 4 erwiese sich daher als systemwidrig (LG Freiburg NStZ-RR 1998, 11; *Schreibauer* 1999, S 239; vgl auch OLG Hamm NJW 2000, 1965, 1966). Zudem ist auch der Schutzzweck der Nr 5 – der Jugendschutz – durch die Handlung des erwachsenen Bestellers, der sich das Trägermedium für den eigenen Gebrauch aus dem Ausland schicken lässt, nicht tangiert (OLG Hamm NJW 2000, 1965, 1966; *Liesching/Schuster* Rn 31; *Ukrow* 2004, Rn 383; *Beisel* 1997, S 221; *Schreibauer* 1999, S 239). Insoweit kann nichts anderes gelten, als wenn er das Trägermedium in einem für Minderjährige unzugänglichen Ladengeschäft erwirbt (OLG Hamm NJW 2000, 1965, 1966; zust *Behm* AfP 2002, 24). In Betracht käme daher nur eine Teilnahme (Anstiftung) des Bestellers an der Tat des Versandhändlers; doch ist diese, sofern er das zur Erfüllung des Tatbestands notwendige Maß nicht überschreitet, unter dem Gesichtspunkt der notwendigen Teilnahme ausgeschlossen (OLG Hamm NJW 2000, 1965, 1966; LG Freiburg NStZ-RR 1998, 11; *Behm* AfP 2002, 24; Sch/Sch/*Eisele* § 184 Rn 42; *Laubenthal* 2012, Rn 1003).

f) Werbeverbote (Nr 6)

35 Nach **Nr 6** dürfen indizierte und schwer jugendgefährdende Trägermedien nicht öffentlich an einem Ort, der Kindern oder Jugendlichen zugänglich ist oder von ihnen eingesehen werden kann, oder durch Verbreiten von Träger- oder Telemedien außerhalb des Geschäftsverkehrs mit dem einschlägigen Handel angeboten, angekündigt oder angepriesen werden. **Zweck** dieses Verbots ist es zu verhindern, dass bei Minderjährigen das Interesse an jugendgefährdenden Trägermedien geweckt, sie auf mögliche Bezugsquellen aufmerksam gemacht oder zur Ersatzbeschaffung durch Erwachsene angereizt werden (BGHSt 34, 94, 98; 34, 218, 219; 48, 278, 289; NJW 1977, 1695, 1696; BayObLG NJW 1960, 160, 161; OLG Hamburg MDR 1978, 506; NStZ 2007, 487; OLG Stuttgart MDR 1977, 246; LG Halle GRUR-RR 2007, 26, 27; *Liesching/Schuster* Rn 34, 36; *Ukrow* 2004, Rn 385). Nr 6 dient hingegen aus den oben angestellten Erwägungen nicht zugleich dem Konfrontationsschutz Erwachsener (Rn 20).

36 Das Bundesverfassungsgericht hält das Verbot für verfassungsmäßig (NJW 1986, 1241 ff. zu § 5 Abs 2, 3 GjS; vgl auch BVerfGE 11, 234, 238 f.). In der Literatur wird die Verfassungsmäßigkeit teilweise bezweifelt (*Schumann* NJW 1978, 1137; Matt/Renzikowski/*Eschelbach* § 184 Rn 47; ebenso AG München UFITA 75 [1976], 319, 321 f.). Diesen Bedenken muss, soweit sie berechtigt sind, durch eine **verfassungskonforme Auslegung,** insbesondere im Hinblick auf neutrale Werbung (Rn 41), Rechnung getragen werden.

37 **Tathandlungen** sind das Anbieten, Ankündigen und Anpreisen eines indizierten oder schwer jugendgefährdenden Trägermediums. Unerheblich ist, ob der Täter damit kommerzielle Interessen verfolgt, also mit Gewinnerzielungsabsicht handelt (BGHSt 34, 218, 219 f.; Erbs/Kohlhaas/*Liesching* Rn 23; *Stumpf* 2009, S 331; *Ukrow* 2004, Rn 385; Sch/Sch/*Eisele* § 184 Rn 46; MüKo-StGB/*Hörnle* § 184 Rn 73; *Laubenthal* 2012, Rn 1007; kritisch *Lober* CR 2002, 403).

38 Der Begriff des **Anbietens** ist hier weiter zu verstehen als in Nr 1, 3 und 4 (Rn 12, 21, 28), da hier nach dem Gesetzeswortlaut das Angebot nicht an eine individualisierte „andere Person" gerichtet sein muss. Erfasst ist daher jedes Feilbieten des indizierten oder schwer jugendgefährdenden Trägermediums (*Liesching/Schuster* Rn 36; Nikles/*Spürck/Erdemir* Rn 31; *Beisel* 1997, S 222; Sch/Sch/*Eisele* § 184 Rn 45; *Schreibauer* 1999, S 247; vgl auch OLG Hamburg NJW 1992, 1184), zB durch die Auslage im Schaufenster oder Regal eines Geschäfts oder durch einen Hinweis auf einem Plakat, mit dem die generelle Bereitschaft zum Zugänglichmachen des Trägermediums zum Ausdruck gebracht wird. Teilweise wird der Begriff des Anbietens dahingehend einschränkend ausgelegt, dass der gleichzeitig gegebene Hinweis darauf,

dass die Abgabe des Trägermediums ausschließlich an Erwachsene erfolgt, den Tatbestand ausschließen soll (Matt/Renzikowski/*Eschelbach* § 184 Rn 51). Diese Einschränkung ist mit Blick auf den Schutzzweck der Nr 6 (Rn 35) abzulehnen (ebenso *Liesching/Schuster* Rn 36; Sch/Sch/*Eisele* § 184 Rn 45; MüKo-StGB/*Hörnle* § 184 Rn 71; *Laubenthal* 2012, Rn 1005).

Ein Trägermedium wird **angekündigt,** wenn auf eine (auch und gerade künftige) 39 Möglichkeit des Bezugs hingewiesen wird (RGSt 34, 317, 320; 37, 142, 143). Soll das Trägermedium zu einem bestimmten Zeitpunkt nur zugänglich gemacht, nicht aber überlassen werden (so insbesondere bei einer Filmvorführung), reicht entsprechend der Hinweis auf die Betrachtungsmöglichkeit. Nicht erfasst ist jedoch mangels werbenden Charakters eine eindeutig ablehnende Berichterstattung über ein Trägermedium, selbst wenn darin zB der Titel, das Vertriebsunternehmen oder Einzelheiten des Inhalts benannt werden (BGHSt 34, 218, 220f.; OLG Hamburg NStZ 2007, 487).

Anpreisen ist jede lobende oder empfehlende Erwähnung oder Beschreibung 40 des Trägermediums (OLG Hamburg NStZ 2007, 487; vgl auch RGSt 37, 142, 143). Dies kann auch durch eine positive Rezension des Trägermediums geschehen (*Liesching/Schuster* Rn 35). Nicht erforderlich ist, dass der Anpreisende auch beabsichtigt, das Trägermedium selbst zu einem späteren Zeitpunkt zugänglich zu machen (OLG Hamburg NStZ 2007, 487; *Liesching/Schuster* Rn 38; *Stumpf* 2009, S 336; MüKo-StGB/*Hörnle* § 184 Rn 73; *Laubenthal* 2012, Rn 1006; aA Matt/Renzikowski/*Eschelbach* § 184 Rn 51; LK/*Laufhütte/Roggenbuck* § 184 Rn 32; SK-StGB/*Wolters* § 184 Rn 47). Eine solche Einschränkung ergibt sich nicht aus dem Wortlaut und widerspricht dem Schutzzweck der Nr 6 (Rn 35), zu verhindern, dass Minderjährige auf jugendgefährdende Trägermedien aufmerksam gemacht werden und das Interesse hieran geweckt wird (OLG Hamburg NStZ 2007, 487; *Liesching/Schuster* Rn 38; *Stumpf* 2009, S 336). Aus denselben Gründen ist es auch nicht erforderlich, dass Bezugsquellen für das Trägermedium genannt werden (OLG Hamburg NStZ 2007, 487).

Umstritten ist, ob Nr 6 auch **neutrale Werbung** verbietet, die weder selbst ju- 41 gendgefährdend ist, noch die Indizierung oder den jugendgefährdenden Inhalt des beworbenen Angebots erkennen lässt, oder ob sie nur eine offene (gegenstandsbezogene) Werbung untersagt, die auf die Indizierung oder den jugendgefährdenden Inhalt hinweist. Nach einer vornehmlich von der Rechtsprechung vertretenen Ansicht ist für indizierte Medien auch eine neutrale Werbung verboten (BGHSt 33, 1, 2f.; 34, 94, 99; BVerwG NJW 1977, 1411; MDR 1977, 694, 695; ebenso *Liesching/Schuster* Rn 40; *Ukrow* 2004, Rn 387; Matt/Renzikowski/*Eschelbach* § 184 Rn 48; SK-StGB/*Wolters* § 184 Rn 48 Fn 154; vgl auch BVerfG NJW 1986, 1241, 1242f.; anders zu § 184 Abs 1 Nr 5 StGB: BGHSt 34, 94, 97ff.; NJW 1977, 1695, 1696; NJW 1989, 409; OLG Celle MDR 1985, 693; OLG Frankfurt NJW 1987, 454, 454f.; OLG Karlsruhe NJW 1984, 1975, 1976f.; JMS-Report 1/2003, 59, 59f.; OLG Stuttgart MDR 1977, 246; für ein Verbot auch bei § 184 Abs 1 Nr 5 StGB dagegen: OLG München NJW 1987, 453; *Greger* JR 1987, 210f.; *Laufhütte* JZ 1974, 48; differenzierend *Schreibauer* 1999, S 243ff.). Jede Werbung sei unzulässig, die sich konkret auf ein indiziertes Trägermedium beziehe (zB Nennung des Titels, der Bestellnummer). Lediglich eine gänzlich unspezifizierte neutrale Werbung sei erlaubt (zB Anbieter wirbt ohne jede Andeutung darauf, dass er indizierte Trägermedien zugänglich macht, für sein nicht näher konkretisiertes Angebot). Zur Begründung wird auf den uneingeschränkten Wortlaut und den Schutzzweck verwiesen. Demgegenüber hält die hL neutrale Werbung für erlaubt (*Bauer* JZ 1965, 46; *Beisel* 1997, S 225, 227; *Cramer* AfP 1989, 615; Sch/Sch/*Eisele* § 184 Rn 46; Matt/Renzikowski/*Eschelbach* § 184 Rn 48, 51; *T. Fischer* § 184 Rn 16; MüKo-StGB/*Hörnle* § 184 Rn 74; Lackner/*Kühl* § 184 Rn 5, 6b; *Laubenthal* 2012, Rn 1007f.; LK/*Laufhütte/Roggenbuck* § 184 Rn 31; *B. D. Meier* NStZ 1985, 3451ff.; *ders* NJW 1987, 1610; *Schreibauer* 1999, S 244f.; *Schumann* NJW 1978, 1135f.; *ders* NJW 1978, 2496; *Seetzen*

NJW 1976, 498; *Stumpf* 2009, S 332 ff.; *Weides* NJW 1975, 1845 f.). Dem ist zu folgen: Da neutrale Werbung den jugendgefährdenden Charakter verbirgt, ist nicht ersichtlich, wie sie bei Minderjährigen gerade wegen dieses Charakters das Interesse an dem Medium wecken soll.

42 Die erste Modalität erfasst die öffentliche Vornahme der Tathandlung an einem Ort, der Kindern oder Jugendlichen zugänglich ist oder von ihnen eingesehen werden kann (hierzu Rn 16 f.). Das Merkmal der **Öffentlichkeit** erfordert, dass das Anbieten, Ankündigen oder Anpreisen von einem größeren, individuell nicht feststehenden oder jedenfalls durch persönliche Beziehungen nicht verbundenen Personenkreis wahrgenommen werden kann (BGHSt 11, 282, 284; KG JR 1978, 166, 167; NStZ 1985, 220; *Liesching/Schuster* Rn 42; *Nikles/Spürck/Erdemir* Rn 32; *Stumpf* 2009, S 330 f.), zB durch Schaufenster-, Plakat- und Lautsprecherreklame. Nicht erfasst ist damit das Ansprechen einzelner, individualisierter Personen, auch wenn es auf einem öffentlichen Platz erfolgt (Sch/Sch/*Eisele* § 184 Rn 47; Matt/Renzikowski/*Eschelbach* § 184 Rn 49; MüKo-StGB/*Hörnle* § 184 Rn 76; *Laubenthal* 2012, Rn 1011; vgl auch BayObLG NJW 1976, 527, 528).

43 Die zweite Modalität erfasst die Vornahme der Tathandlung durch **Verbreiten** von Träger- oder Telemedien, sofern dies außerhalb des Geschäftsverkehrs mit dem einschlägigen Handel geschieht. Das Angebot, die Ankündigung oder die Anpreisung wird verbreitet, wenn sie einem größeren Personenkreis zugänglich gemacht wird. Der Personenkreis muss entweder nach Zahl und Individualität unbestimmt oder so groß sein, dass er vom Täter nicht mehr kontrollierbar ist (BGHSt 13, 257, 258; 19, 63, 70 f.; BGH NJW 2005, 689, 690; BayObLG NStZ 1996, 436, 437; NJW 2000, 2911, 2912; NStZ 2002, 258, 259; OLG Frankfurt StV 1990, 209). Nicht erforderlich ist, dass die Empfänger den Inhalt auch zur Kenntnis nehmen. Die Verbreitung **von Trägermedien** (§ 1 Abs 2 S 1; s dort Rn 17 ff.) kann gegenständlich oder elektronisch erfolgen. Gegenständliches Verbreiten setzt voraus, dass sie als körperliche Gegenstände, dh ihrer Substanz nach, anderen zugänglich gemacht werden (BGHSt 18, 63, 63 f.; NJW 2005, 689, 690; BayObLG NStZ 1983, 120, 121; NStZ 1996, 436, 437; NStZ 2002, 258, 259; OLG Frankfurt NJW 1984, 1128; StV 1990, 209; OLG Hamburg NStZ 1983, 127), wobei sowohl die Mengenverbreitung als auch die Kettenverbreitung erfasst sind (BGHSt 19, 63, 71; NJW 2005, 689, 690; BayObLG NStZ 2002, 258, 259; OLG Bremen NJW 1987, 1427, 1428). Beispiele sind die Werbung durch Verteilen oder Versenden von Prospekten, Zeitungen, Katalogen oder Flugblättern. Das bloße Zugänglichmachen des Inhalts des Trägermediums, ohne es selbst körperlich zugänglich zu machen, genügt nicht. Dem gegenständlichen Verbreiten von Trägermedien steht das elektronische Verbreiten gleich (§ 1 Abs 2 S 2; s zum begrenzten Anwendungsbereich und zur Unterscheidung von der elektronischen Verbreitung des *Inhalts* des Trägermediums mittels Telemedien § 1 Rn 37 ff.). Die Verbreitung **von Telemedien** (§ 1 Abs 3 S 1; s dort Rn 43 ff.) erfasst nur die Werbung über das Internet, nicht aber über den Rundfunk (*Ukrow* 2004, Rn 389; aA *Liesching/Schuster* Rn 35, 42; *Nikles/Spürck/Erdemir* Rn 31). Das ergibt sich aus § 1 Abs 3 JuSchG iVm § 1 Abs 1 S 1 TMG. Der Inhalt muss anderen mittels Telekommunikation übermittelt werden; seine bloße Zugänglichkeit (zB Zugriffsmöglichkeit auf einer Website) genügt nicht. Es bedarf keiner dauerhaften Verkörperung der übermittelten Daten beim Empfänger; es genügt, wenn die Datei auf dessen Rechner (zB im Arbeitsspeicher) angekommen ist. Unerheblich ist, ob die Übermittlung auf Veranlassung des Täters (zB E-Mail) oder des Empfängers (zB Abruf von der Website des Täters) hin erfolgt.

44 Das Verbot gilt nur **außerhalb des Geschäftsverkehrs mit dem einschlägigen Handel.** Unter den Begriff des Geschäftsverkehrs fallen Handlungen zur Anbahnung und Fortsetzung geschäftlicher Kontakte gegenüber gewerblich Handelnden sowie sonstigen, mit der Herstellung und dem Vertrieb von Trägermedien befassten Personen. Der Begriff des Handels ist weit zu verstehen. Er umfasst sowohl den gewerblichen An- und Verkauf als auch die gewerbliche Vermietung von Trägermedien. Der

Handel ist einschlägig, wenn er dieselbe Handelssparte (zB Buchhandel, Filmverleih) betrifft. Nicht erforderlich ist, dass der Adressat der Werbung auf den Handel mit jugendgefährdenden Trägermedien spezialisiert ist. Von der Ausnahme erfasst ist auch die Werbung in einer Fachzeitschrift, wenn sich diese an Personen und Unternehmen wendet, denen gegenüber die direkte Werbung durch Verbreiten von Träger- oder Telemedien erlaubt wäre.

g) Vorbereitungshandlungen (Nr 7)

Nr 7 verbietet bestimmte Vorbereitungshandlungen zu Nr 1–6. Danach dürfen indizierte oder schwer jugendgefährdende Trägermedien nicht hergestellt, bezogen, geliefert, vorrätig gehalten oder eingeführt werden, um sie oder aus ihnen gewonnene Stücke im Sinne der Nr 1–6 zu verwenden oder einer anderen Person eine solche Verwendung zu ermöglichen. Das Verbot dient insbesondere dem **Zweck,** eine frühzeitige Beschlagnahme indizierter oder schwer jugendgefährdender Trägermedien zu ermöglichen (BT-Drs 6/2521, 61; *Liesching/Schuster* Rn 45; kritisch zur damit verbundenen Vorverlagerung der Strafbarkeit beim gleichlautenden § 184 Abs 1 Nr 8 StGB *Beisel* 1997, S 236; *Schreibauer* 1999, S 281 f.). 45

Der Begriff des **Herstellens** erfasst nach dem Wortsinn das gesamte Geschehen, das ohne weiteres oder in fortschreitender Entwicklung ein bestimmtes Endprodukt hervorbringt (Lackner/*Kühl* § 184 Rn 5). Es erscheint allerdings problematisch, bei mehrstufigen Herstellungsprozessen ein (vollendetes) Herstellen schon während des Produktionsvorgangs anzunehmen. Ist der in der Produktion befindliche Gegenstand noch nicht objektiv geeignet, um selbst oder durch ein aus ihm gewonnenes Stück iSd Nr 1–6 verwendet zu werden, ist die dadurch hervorgerufene Gefahr für die ungestörte Persönlichkeitsentwicklung Minderjähriger noch so weit entfernt, dass eine Einbeziehung der Handlung in das strafbewehrte (§ 27 Abs 1 Nr 2) Verbot des Herstellens unverhältnismäßig erscheint. Das Herstellen ist daher erst dann **vollendet,** wenn die Produktion so weit fortgeschritten ist, dass das Produktionsergebnis objektiv geeignet ist, iSd Nr 1–6 verwendet zu werden (*Liesching/Schuster* Rn 45; Sch/Sch/*Eisele* § 184 Rn 61; Matt/Renzikowski/*Eschelbach* § 184 Rn 68; *Laubenthal* 2012, Rn 1042; *Schreibauer* 1999, S 277; SK-StGB/*Wolters* § 184 Rn 69). 46

Erfasst ist zum einen die Produktion eines Trägermediums, das selbst iSd Nr 1–6 verwendet werden soll (zB Anfertigen einer Kopie eines indizierten Trägermediums). Zum anderen ist auch die Anfertigung von Ausgangsmaterial untersagt, aus dem Stücke für eine Verwendung iSd Nr 1–6 gewonnen werden sollen und das dazu objektiv geeignet ist. Darunter fällt zunächst die Produktion technischen Ausgangsmaterials (zB Kopiervorlage, Druckplatte, Negativ, gescannte Bilddatei), aber auch geistiges Ausgangsmaterial (zB Manuskript, Drehbuch). Die letztgenannte Variante kommt nur bei schwer jugendgefährdenen Trägermedien (Abs 2) in Betracht, da bei indizierten Trägermedien der Inhalt bereits vollständig bestehen und von der BPjM bewertet worden sein muss. Aber auch bei schwer jugendgefährdenen Trägermedien ist wegen des Eingriffs in die Meinungs- und ggf Kunstfreiheit (Art 5 Abs 1 S 1, Abs 3 GG) zudem erforderlich, dass der Inhalt des Manuskripts bis auf kleinere, sachlich unbedeutende Änderungen feststeht und der Weg zur technischen Vervielfältigung frei ist (BGHSt 32, 1, 7 f.; *Liesching/Schuster* Rn 45; *Stumpf* 2009, S 337). Die weiteren Tathandlungen (beziehen, liefern, vorrätig halten, einführen) setzen ein bereits hergestelltes Trägermedium voraus. 47

Ein Trägermedium wird **bezogen,** wenn der Täter den Gewahrsam, also die tatsächliche Sachherrschaft, im Einverständnis mit dem vorigen Gewahrsamsinhaber erlangt. Nicht erfasst ist damit die eigenmächtige Beschaffung des Trägermediums, insbesondere durch Diebstahl (RGSt 77, 113, 118). Ob der Gewahrsamswechsel entgeltlich oder unentgeltlich erfolgt, ist dagegen ohne Belang. 48

Spiegelbildlich zum Beziehen wird ein Trägermedium **geliefert,** wenn der Täter einem anderen (entgeltlich oder unentgeltlich) den Gewahrsam an der Sache verschafft. Der Gewahrsamswechsel muss vom Einverständnis des neuen Gewahrsamsin- 49 habers getragen sein. Ausreichend ist die Gewahrsamsübertragung zum vorübergehenden Gebrauch, etwa wenn der Täter das Trägermedium verleiht oder vermietet (MüKo-StGB/*Hörnle* § 184 Rn 93; *Schreibauer* 1999, S 279; hiervon geht auch BGHSt 29, 68, 72 f. stillschweigend aus; aA Sch/Sch/*Eisele* § 184 Rn 63). Keine „Lieferung" liegt hingegen vor, wenn der Täter das Trägermedium unaufgefordert an einen anderen gelangen lässt. Bei pornographischen Schriften greift insoweit § 184 Abs 1 Nr 6 StGB ein, im JuSchG fehlt eine entsprechende Vorschrift. Dies ist folgerichtig, da das JuSchG allein dem Schutz der ungestörten Persönlichkeitsentwicklung Minderjähriger dient. Wird ihnen gegenüber ein indiziertes oder schwer jugendgefährdendes Trägermedium zugänglich gemacht, ist bereits Nr 1 erfüllt; dem Konfrontationsschutz Erwachsener dient das JuSchG nicht.

50 **Vorrätig halten** ist die Ausübung des Gewahrsams an mindestens einem (RGSt 42, 209, 210; 62, 396, 398) indizierten oder schwer jugendgefährdenden Trägermedium (RGSt 62, 396, 398; vgl auch OLG Karlsruhe NJW 1987, 1957, 1958), wenn dies von einem entsprechenden Verwendungszweck getragen wird. Die bloße Verwahrung des Trägermediums für einen anderen ohne ein Mitbestimmungsrecht hinsichtlich des Absatzes genügt danach nicht.

51 Die **Einfuhr** indizierter oder schwer jugendgefährdender Trägermedien im Wege des Versandhandels fällt bereits unter Nr 5. Nr 8 erfasst demgegenüber die Fälle, in denen die Einfuhr nicht im Wege des Versandhandels iSv § 1 Abs 4 erfolgt, beispielsweise wenn das Trägermedium nicht an einen Endverbraucher, sondern einen Groß- oder Zwischenhändler verschickt wird, oder wenn es persönlich über die Grenze verbracht wird. Anders als im Rahmen der Nr 5 (bzw § 184 Abs 1 Nr 4 StGB) ist bei Nr 7 (bzw § 184 Abs 1 Nr 8 StGB) umstritten, ob „Einführer" auch der Besteller sein kann. Teilweise wird das mit der Erwägung verneint, dass es für die Strafbarkeit keinen Unterschied machen dürfe, ob der inländische Versandhändler das Trägermedium bei einem inländischen Hersteller bestellt – dann liegt das „Beziehen" iSv Nr 7 erst vor, wenn er den Gewahrsam an dem Trägermedium tatsächlich erlangt hat – oder aber bei einem ausländischen Hersteller (Sch/Sch/*Eisele* § 184 Rn 65). Dagegen wird vorgebracht, dass der Unrechtsgehalt bei einem Einfuhrdelikt vor allem daraus folge, dass die Sache überhaupt auf Veranlassung des Täters auf den inländischen Markt gelangt. Dies rechtfertige es, auch den inländischen Besteller als „Einführer" anzusehen (*Laubenthal* 2012, Rn 1045; im Ergebnis ebenso Matt/Renzikowski/*Eschelbach* § 184 Rn 69; MüKo-StGB/*Hörnle* § 184 Rn 94). Die wenig überzeugende Konsequenz dieser Ansicht ist es allerdings, dass der Begriff des Einführens dann innerhalb desselben Tatbestands unterschiedlich ausgelegt würde. Selbst wenn man sich aber dieser Ansicht anschließt und die Veranlassung des Versands oder des sonstigen Verbringens über die Grenze durch den Besteller als Einführen iSd Nr 7 ansieht, begeht er diese nur täterschaftlich, wenn sich der in der Bestellung liegende Mitwirkungsbeitrag nach den allgemeinen Abgrenzungskriterien nicht als bloße Teilnahmehandlung darstellt. Hieran wird es, sofern sich der Beitrag des Bestellers in der Bestellung erschöpft, aber regelmäßig fehlen (vgl BGH NStZ 1992, 339; *Stumpf* 2009, S 338). Im Regelfall kommt daher lediglich eine Teilnahme des Bestellers an der Tat desjenigen, der die Einfuhr vornimmt oder in Auftrag gibt, in Betracht. Anders als bei Nr 5 (Rn 34) ist diese hier nicht unter dem Gesichtspunkt der notwendigen Teilnahme ausgeschlossen.

52 Der Täter muss die jeweilige Tathandlung vornehmen, um das Trägermedium oder aus ihm gewonnene Stücke iSd Nr 1–6 zu verwenden oder einer anderen Person eine solche Verwendung zu ermöglichen. Insoweit ist **Absicht** iSv dolus directus 1. Grades erforderlich; der Täter muss bei der Vornahme der Tathandlung die spätere Verwirklichung einer der Nr 1–6 also zielgerichtet anstreben (BGHSt 29, 68, 72 f.; BGH NStZ-RR 2005, 309). In der zweiten Variante muss sich die Absicht des Täters nur darauf beziehen, die fremde Tat eines anderen zu *ermöglichen*; hinsichtlich der tatsächlichen Verwendung des Trägermediums oder aus ihm gewonnener Stücke iSd Nr 1–6 durch den Dritten reicht das Für-möglich-Halten aus. Die Ermöglichung der frem-

den Tat muss nicht das endgültige Ziel oder Motiv der Handlung sein, so dass unschädlich ist, wenn es etwa dem Täter letztlich nur um den Erhalt des Kaufpreises geht und die Ermöglichung der fremden Tat hierfür aus seiner Sicht ein notwendiges Zwischenziel ist (Sch/Sch/*Eisele* § 184 Rn 66).

II. Schwer jugendgefährdende Trägermedien (Abs 2)

Abs 2 geht zurück auf § 6 GjSM. Er ist wie sein Vorgänger die „zentrale Grundlage des Schutzes von Kindern und Jugendlichen gegen [...] offensichtlich schwer jugendgefährdende Schriften und Darstellungen, ohne dass diese zuvor indiziert worden sein müssen" (BT-Drs 7/514, 13). Abs 2 ist kein Lückenbüßer für Fälle, in denen ein Trägermedium nicht indiziert werden kann (zB mangels Antrags oder Anregung gem. § 21 Abs 1, 4) oder noch nicht indiziert ist (wegen des noch laufenden Verfahrens), sondern **Kernstück des bundesrechtlichen Jugendmedienschutzes** gegen besonders jugendgefährdende Inhalte in den Medien. 53

Trägermedien mit Inhalten iSd Abs 2 unterliegen **kraft Gesetzes** den Verboten des Abs 1. Eine Indizierung ist nicht erforderlich. Sie kann aber zur Klarstellung erfolgen (BVerwGE 28, 61, 62; NJW 1987, 1435, 1436; VG Köln NVwZ 1992, 402). Das zeigt auch § 18 Abs 5: Hat ein Gericht festgestellt, dass ein Medium einen der dort genannten strafrechtlich relevanten Inhalt hat, so ist das Medium in die Liste aufzunehmen, obwohl es nach § 15 Abs 2 Nr 1 gar nicht indiziert werden muss. Wäre die Aufnahme schwer jugendgefährdender Medien nicht möglich, wäre die Vorschrift sinnlos. Soweit keine Indizierung erfolgt ist, muss jeder, der eine Handlung iSd Abs 1 vornehmen will, selbst prüfen, ob das Trägermedium schwer jugendgefährdend ist. Ein auch nur fahrlässiger Verstoß gegen Abs 1 Nr 1–6 ist strafbar (§ 27 Abs 3). 54

Wie ein Vergleich zwischen § 18 Abs 1 S 1 und der Generalklausel des § 15 Abs 2 Nr 5 zeigt, betrifft Abs 2 qualifizierte Fälle des § 18 Abs 1. Anders als § 18 Abs 3 Nr 2 enthält § 15 Abs 2 keinen ausdrücklichen Vorbehalt für Kunst und Wissenschaft, obwohl auch schwer jugendgefährdende Trägermedien Kunst sein können und somit die widerstreitenden Belange gegeneinander abzuwägen sind (BVerfGE 83, 130, 143). Abs 2 genügt bei Trägermedien, die Kunst oder Wissenschaft iSd Art 5 Abs 3 GG sind, nicht den verfassungsrechtlichen Anforderungen. Greift der Gesetzgeber zum Schutz gleichrangiger Verfassungsgüter wie der Persönlichkeitsentwicklung Minderjähriger in die vorbehaltlos gewährleistete Kunst- oder Wissenschaftsfreiheit ein, so verpflichten ihn Rechtsstaats- und Demokratieprinzip (Art 20 Abs 1–3 GG), die für die Grundrechtsverwirklichung maßgeblichen Regelungen im Wesentlichen selbst zu treffen. Abs 2 muss deshalb im Wege **verfassungskonformer Auslegung** dahin ausgelegt werden, dass auch hier der eine Abwägung im Einzelfall ermöglichende Vorbehalt des § 18 Abs 3 Nr 2 gilt (BVerfGE 83, 130, 143; BVerwG NJW 1993, 1490; LG Zweibrücken NStE § 6 GjS Nr 2; *Gödel* § 6 Rn 10; *Liesching/Schuster* Rn 96; *Ukrow* 2004, Rn 305, 325; zur Abwägung zwischen Jugendschutz und Kunstfreiheit s § 18 Rn 68 ff.). 55

1. Strafrechtlich relevante Inhalte (Nr 1)

Nr 1 nimmt Bezug auf die in den §§ 86, 130, 130a, 131, 184–184c StGB bezeichneten Inhalte. Insoweit kann daher auf die einschlägigen Kommentierungen zum StGB verwiesen werden (zB Matt/Renzikowski/*Altenhain* § 130 Rn 5 ff., § 130a Rn 2 ff., § 131 Rn 4 ff.; Sch/Sch/*Eisele* § 184 Rn 8 ff.; Sch/Sch/*Sternberg-Lieben* § 86 Rn 3 ff.). Die **Aufzählung ist abschließend.** Der Gesetzgeber hat sie gegenüber der Regelung des früheren § 6 GjSM um die §§ 86, 130, 130a StGB und später noch um § 184c ergänzt. Er hat jedoch von einer globalen Verweisung auf strafrechtlich relevante Inhalte (vgl früher § 12 MDStV) abgesehen. Soweit ein Trä- 56 germedium in Nr 1 nicht genannte strafrechtlich relevante Inhalte enthält (zB § 86a StGB; s. demgegenüber § 4 Abs 1 S 1 Nr 2 JMStV), kann jedoch Nr 5 gegeben sein.

57 Die Bezugnahme erstreckt sich nach dem eindeutigen Wortlaut nur auf die in den Straftatbeständen „bezeichneten Inhalte", nicht auch auf **Sozialadäquanzklauseln** (§§ 86 Abs 3, 130 Abs 6, § 130a Abs 3 StGB), **Berichterstatter-** (§ 131 Abs 3 StGB) oder **Erzieherprivilegien** (§§ 131 Abs 4, § 184 Abs 2 S 1 StGB). Diese betreffen allerdings auch nicht die Definition der Inhalte, sondern die jeweiligen Tathandlungen, die nicht Gegenstand des Abs 2 sind. Eine Einbeziehung der Sozialadäquanzklauseln und Berichterstatterprivilegien (wie in § 4 Abs 1 S 2 JMStV) ist zudem angesichts der Regelung des § 18 Abs 3, eine Einbeziehung des Erzieherprivilegs wegen § 27 Abs 4 nicht erforderlich (aA *Ukrow* 2004, Rn 326).

58 Abs 1, 2 Nr 1 überschneiden sich mit den dort genannten Straftatbeständen des StGB. Wer vorsätzlich Trägermedien mit solchen Inhalten verbreitet oder zugänglich macht, ist nicht nur nach dem einschlägigen Straftatbestand des StGB strafbar, sondern verstößt auch gegen Abs 1 und begeht gem § 27 Abs 1 Nr 1, 2 eine Straftat (zum Konkurrenzverhältnis s § 27 Rn 33). Abs 1, 2 Nr 1 gehen aber auch in mehreren Punkten **weiter als die in Bezug genommenen Straftatbestände:** Da Abs 1 jedes Trägermedium mit einem nach dem StGB tatbestandsmäßigen Inhalt den Verboten des Abs 1 unterwirft, schließt er etwaige Lücken in den Handlungsbeschreibungen der Straftatbestände (verbreiten, zugänglich machen etc.). Ebenso ist hier der im Rahmen des § 184 StGB geführte Streit bedeutungslos, ob ein Verbreiten der körperlichen Weitergabe der Sache bedarf (§ 1 Rn 41). Darüber hinaus verzichten Abs 1, 2 Nr 1 auf die Verwirklichung des subjektiven Tatbestands. Da gem § 27 Abs 3 Nr 1 auch der **fahrlässige Verstoß** als Straftat geahndet wird, erlangt § 15 Abs 2 Nr 1 zudem gegenüber den nur bei Vorsatz eingreifenden Tatbeständen des StGB eigenständige Bedeutung.

2. Kriegsverherrlichende Inhalte (Nr 2)

59 Schriften mit kriegsverherrlichenden Inhalten bedurften nach früherem Recht der Indizierung (§ 1 Abs 1 S 2 GjSM). Der Gesetzgeber des JuSchG hat die Kriegsverherrlichung den schwer jugendgefährdenden Inhalten zugeordnet mit der Folge, dass für solche Trägermedien seither die Verbote des § 15 Abs 1 auch ohne Indizierung gelten. Für Telemedien geht § 4 Abs 1 Nr 7 JMStV noch weiter. Untersagt wird auch das Verbreiten und Zugänglichmachen an Erwachsene.

60 **Krieg** ist der organisierte, mit Waffen gewaltsam ausgetragene Konflikt zwischen Staaten (*Schubert/Klein* Politiklexikon, 5. Aufl 2011, Stichwort „Krieg"). Zwar wird das Wort Krieg im Alltagssprachgebrauch auch in anderen Zusammenhängen verwandt (zB Bandenkrieg, Drogenkrieg), jedoch ergibt sich aus der Gesetzesgeschichte und -systematik, dass es hier nur in dem engen Sinn einer Auseinandersetzung zwischen Staaten gemeint ist. Die den Krieg verherrlichenden Schriften wurden unter dem Eindruck des 2. Weltkriegs in das GjS aufgenommen (BT-Drs 1/1101, 10: „heutzutage geradezu als kriminell zu werten"). Ihr Verbot steht im Kontext des Art 26 GG, der alle „Handlungen, die geeignet sind und in der Absicht vorgenommen werden, das friedliche Zusammenleben der Völker zu stören", als verfassungswidrig einstuft, wobei der Begriff der Völker in erster Linie iSv Staatsvölker zu verstehen ist (*Maunz/Dürig/Herdegen* Art 20 Rn 16). Es geht bei dem Verbot kriegsverherrlichender Inhalte also nicht um die vom Gesetzgeber mit anderen Normen (§ 15 Abs 2 Nr 1 [iVm § 131 StGB], Nr 3a, § 18 Abs 1 S 2 Hs. 1 und Hs. 2 Nr 1) bekämpfte Verherrlichung von Gewalt im Krieg, sondern um die Verherrlichung des Kriegs selbst. Das Gesetz „erstrebt Friedensgesinnung" (BVerwGE 23, 112, 115). Die noch restriktivere Minderheitsmeinung, wonach nur die Verherrlichung des **Angriffskriegs** verboten ist (Nikles/*Spürck/Erdemir* Rn 38; *Stumpf* 2009, S 275), weil der Verteidigungskrieg gem Art 26 GG nicht verfassungswidrig (*Raue* 1970, S 78) oder sogar eine „sittliche Pflicht" sei (*Schricker* § 1 Rn 108), missversteht die in dem

weiteren Erfordernis einer Verherrlichung zum Ausdruck kommende Intention des Gesetzgebers. Die Verteidigung gegen den Angriff eines anderen Staates darf durchaus als richtig und gerecht dargestellt werden, aber der Krieg selbst nicht verherrlicht werden. Es ist auch nicht ersichtlich, wie es möglich sein soll, einen Krieg zu verherrlichen, der aus der Sicht der Verteidiger ein ihnen aufgezwungenes, unerwünschtes Übel ist. Verteidigung ist kein Abenteuer, Notwehr keine Bewährungsprobe oder einzigartige Möglichkeit der Selbstverwirklichung. Wer den Verteidigungskrieg derart verbrämt, verherrlicht den Krieg schlechthin.

Der Krieg wird verherrlicht, wenn er „**irgendwie qualifiziert positiv bewertet** **61** wird**" (BVerwGE 23, 112, 115 mit Zitat der BPjM, Entscheidung Nr 714a v. 6.5. 1960 – *Trotzdem*, RdJ 1960, 253, 254). Das ist zB der Fall, wenn der Krieg „als anziehend, reizvoll, als romantisches Abenteuer oder als wertvoll, oder auch nur als eine hervorragende, auf keinem anderen Gebiet zu erreichende Bewährungsprobe für männliche Tugenden und heldische Fähigkeiten oder auch nur als eine einzigartige Möglichkeit erscheint, Anerkennung, Ruhm oder Auszeichnung zu gewinnen" (BVerwG aaO; ebenso OLG Köln NVwZ 1994, 410, 413; Nikles/*Spürck/Erdemir* Rn 38; Hahn/Vesting/*Hertel* § 4 JMStV Rn 49; *Potrykus* § 1 Anm 14). Eine uneingeschränkte Lobpreisung ist nicht erforderlich. Eine Schilderung der Kriegsgräuel, je nachdem in welchem Kontext sie erfolgt, schließt daher eine Verherrlichung des Krieges nicht notwendig aus (vgl BVerwGE 23, 112, 117 einerseits und BVerwG NJW 1987, 1434, 1435 andererseits). Eine Verherrlichung des Krieges ist auch möglich durch eine besonders positive Darstellung einzelner Personen, Geschehnisse, Waffen oder sonstiger Aspekte des Krieges, wenn dadurch zugleich der Eindruck vermittelt wird, dass der Krieg selbst als Ursache, Anlass oder Hintergrund derselben insoweit auch eine positive Seite habe (zB Glorifizierung einer Person, die erst in der Rolle des Soldaten Erfüllung oder im Heldentod ihre Bestimmung finde; ästhetisierte Darstellung des Kampfs oder Waffeneinsatzes; realistischer, grausamer und spielerischer Einsatz von Massenvernichtungswaffen [BPjM, Entscheidung Nr VA 1/03 v 25.2. 2003, BPjM-Aktuell 2/2003, 8, 12 – *Command & Conquer: Generals*]; Darstellung von Kameradschaft als eine erstrebenswerte, nur im Krieg zu findende Form der Gemeinschaft). Die Verherrlichung des Krieges muss einen Realitätsbezug haben (zB nicht ein Brettspiel mit unrealistischer Weltkarte [*Risiko*], vgl BPjM-Aktuell 2/2003, 8, 10). Eine sachliche, unparteiisch-nüchterne Darstellung des Krieges, einzelner Ereignisse, kriegsbedingter Verhältnisse, des Verhaltens einzelner Personen oder der Waffen ist hingegen kein Verherrlichen und daher zulässig (BVerwGE 23, 112, 118).

Streitig ist, ob Nr 2 auch Trägermedien erfasst, die den Krieg **lediglich verharm-** **62** **losen.** Das wurde von der Praxis und einem Teil der Literatur schon zum alten Recht bejaht (s auch die nicht tragende Äußerung in BVerwG NJW 1987, 1434) und wird auch heute noch von BPjM und KJM (Entscheidung Nr VA 1/03 aaO; *Monssen-Engberding/Bochmann* KJuG 2/2005, 60; Büscher/Dittmer/Schiwy/*Ring*/Hopf Teil 2 Kap 4 Rn 497) sowie im Schrifttum vertreten trotz der neuen Einstufung der Kriegsverherrlichung als schwer jugendgefährdend und der damit verbundenen Abkoppelung vom Indizierungserfordernis (Hahn/Vesting/*Hertel* § 4 JMStV Rn 49; *Schäfer* 2008, S 169; *Stath* 2006, S 224f.; *Ukrow* 2004, Rn 356; Ricker/*Weberling* Kap 60 Rn 27; *Westerhoff* BPjM-Aktuell 3/2006, 12). Es widerspricht jedoch bereits dem Wortlaut (*Handke* 2012, S 148; *Liesching/Schuster* Rn 53; Nikles/*Spürck/Erdemir* Rn 38). Aus diesem Grund war schon früher die Ausdehnung des Begriffs der Kriegsverherrlichung auf Medien, die den Krieg lediglich verharmlosen, abzulehnen. Immerhin wäre damals aber noch ein Indizierungsverfahren erforderlich und damit im Einzelfall ein Korrektiv vorhanden gewesen. Nachdem dieses Korrektiv durch die Einbeziehung der Kriegsverherrlichung unter die schwer jugendgefährdenden Medien des Abs 2 entfallen ist, würde die über den Wortlaut hinausgehende Auslegung nun zu Lasten der Meinungsfreiheit erst recht für erhebliche Rechtsunsicherheit sorgen (*Stumpf* 2009, S 276). Sie ist auch vom Gesetzgeber nicht gewollt, was sich daran zeigt, dass er in anderen Normen neben der Verherrlichung die Verharmlosung nennt (vgl § 130 Abs 3, 4, § 131 Abs 1 StGB), bei der Schaffung des JuSchG aber in die Nr 2 wieder nur die Variante des Verherrlichens aufnahm. Das Ausblenden oder Herunterspielen der Schrecken und Leiden des Krieges ist somit für sich genommen noch keine Verherrlichung.

63 Weitere **Beispiele** für eine Kriegsverherrlichung sind Darstellungen des Krieges als „Heldenkampf im Sinne nordischer Mythologie" (BVerwGE 23, 112, 116), als Abenteuer, Bewährungsprobe, einzigartige Möglichkeit der Selbstverwirklichung oder Selbstzweck (zB unkommentierte Wiedergabe entsprechenden nationalsozialistischen Propagandamaterials aus dem 2. Weltkrieg; anders aber, wenn der Bezug zum damaligen Kriegsgeschehen so im Vordergrund steht, dass eine Übertragung der Aussagen auf die Jetztzeit durch den Jugendlichen nicht zu befürchten ist) oder als legitimes Mittel (zB zur Durchsetzung wirtschaftlicher Interessen, zur Verbreitung einer Religion oder Weltanschauung).

3. Darstellungen menschlichen Sterbens oder Leidens (Nr 3)

64 Das Verbot der menschenwürdeverletzenden Darstellung des Sterbens oder Leidens übernahm der Gesetzgeber aus § 3 Abs 1 Nr 4 RStV aF und § 12 Abs 1 Nr 4 MDStV. Für Telemedien geht § 4 Abs 1 S 1 Nr 8 JMStV in zwei Richtungen weiter: Er untersagt zum einen auch das Verbreiten und Zugänglichmachen an Erwachsene und verbietet zum anderen uneingeschränkt alle Angebote, die gegen die Menschenwürde verstoßen.

a) Darstellung des Sterbens oder Leidens

65 Es muss ein **tatsächliches,** gegenwärtiges oder früheres Geschehen so wiedergegeben werden, dass das Sterben oder schwere körperliche oder seelische Leiden eines oder mehrerer Menschen für (nicht notwendig alle) Kinder oder Jugendliche erkennbar ist. Ein fiktives Geschehen oder eine spielerische Nachstellung eines tatsächlichen Geschehens, mag sie auch realistisch sein, genügen nach dem eindeutigen Wortlaut nicht. Welche Ursache das Sterben oder Leiden hat, insbesondere ob es selbst- oder fremdverschuldet ist, ist ebenso unerheblich, wie die Art des körperlichen (physischen) oder seelischen (psychischen) Leidens. **Sterben** ist das unmittelbar zum Tod führende Geschehen. Die Darstellung Toter genügt hier nicht. Das Wort **Leiden** hat zwei Bedeutungen: Es bezeichnet zum einen ein Gebrechen oder eine Krankheit, mit der jemand über längere Zeit oder dauerhaft behaftet ist, und zum anderen das Erleben von Leid. Ein Leiden im erstgenannten Sinne ist **schwer**, wenn es den Kranken in seiner Lebensführung weitgehend einschränkt, von fremder Hilfe abhängig macht oder schmerzhaft ist. Ein Leiden im letztgenannten Sinne ist immer subjektiv; es ist daher schwer, wenn es für den Betroffenen unerträglich ist (aA Hahn/Vesting/*Hertel* § 4 JMStV Rn 58, *Ukrow* 2004, Rn 360, die in Grenzfällen die Schwere des Leidens anhand anerkannter Moralgrundsätze [?] bestimmen wollen). Das ist zB der Fall bei Darstellungen von Folterungen oder anderen Misshandlungen oder Demütigungen, aufgrund derer die Opfer schreien oder von Weinkrämpfen geschüttelt werden (*Liesching/Schuster* Rn 58). Da hier auch Darstellungen genügen, die Menschen zeigen, die schweren körperlichen oder seelischen Leiden ausgesetzt „waren", erfasst diese Variante zB auch Bilder von Menschen, die vor ihrem Tod ersichtlich schwer gelitten haben.

b) Verletzung der Menschenwürde

66 Die Darstellung (nicht das Sterben oder Leiden selbst) muss die Menschenwürde des Sterbenden oder Leidenden verletzen. „Menschenwürde in diesem Sinne ist nicht nur die individuelle Würde der jeweiligen Person, sondern die Würde des Menschen als Gattungswesen. Jeder besitzt sie, ohne Rücksicht auf seine Eigenschaften, seine Leistungen und seinen sozialen Status. Sie ist auch dem eigen, der aufgrund seines körperlichen oder geistigen Zustands nicht sinnhaft handeln kann. Selbst durch ‚unwürdiges' Verhalten geht sie nicht verloren. Sie kann keinem Menschen genom-

men werden. Verletzbar ist aber der **Achtungsanspruch,** der sich aus ihr ergibt" (BVerfGE 87, 209, 228 [zu § 131 StGB]; s auch die Begründung zum 1. RÄStV, bw LT-Drs 11/3870, 18 [zu § 3 Abs 1 Nr 4 RStV]).

Nicht jede Darstellung des Sterbens oder Leidens fällt unter Nr 3, sondern nur eine solche, die den Achtungsanspruch des Dargestellten verletzt. Sein Anspruch auf Achtung als Person wird verletzt, wenn er **zum Objekt degradiert** wird, sei es des Staates, eines Dritten oder des Nutzers (Begründung 1. RÄStV, bw LT-Drs 11/3870, 18). Letzteres ist insbesondere dann anzunehmen, wenn der Dargestellte zu einer Attraktion gemacht wird, zu einem Nervenkitzel besonderer Art, genüsslichen Horror, sadistischen Vergnügen oder „zu einem bloßen Objekt, das vorrangig der Befriedigung voyeuristischer Neigungen der Zuschauer dient" (Begründung zum 1. RÄStV aaO). Beispiele sind nur dem Voyeurismus dienende Filme oder Bilder von Hinrichtungen oder Unfall-, Unglücks- und Verbrechensopfern (zB Zusammenstellung von Bildern Toter aus dem Irakkrieg [„Cooked Iraqi"] oder von Unfall-, Unglücks- und Verbrechensopfern in einem Film [„Gesichter des Todes"]; Filme, die tatsächlich erfolgte Vergewaltigungen oder Tötungen wiedergeben [Snuff-Videos]). Eine Degradierung zum Objekt liegt ebenso vor, wenn dem Dargestellten aufgrund seines Leidens das Menschsein überhaupt abgesprochen wird, oder wenn er unter Missachtung des Gleichheitssatzes als unwertig dargestellt und ihm das ungeschmälerte Lebensrecht in der Gemeinschaft bestritten wird (so zu § 130 StGB: BT-Drs 3/1746, 3; BGHSt 16, 49, 56; 21, 371, 373; 36, 83, 90; 40, 97, 100; OLG Stuttgart NStZ 2010, 453, 455). Wegen der schwer fassbaren Voraussetzung einer Verletzung der Menschenwürde sollte zur Schaffung von Rechtssicherheit stets eine (deklaratorische) Indizierung erfolgen (vgl *Stath* 2006, S 233 f.).

Die **Einwilligung** des Dargestellten in eine seine Menschenwürde verletzende Darstellung ist unbeachtlich. Der Achtungsanspruch ist unverfügbar und unverzichtbar. Der Staat muss ihn gem Art 1 GG nicht nur gegen Dritte, sondern auch gegenüber dem Betroffenen selbst schützen (Begründung des 1. RÄStV, bw LT-Drs 11/3870, 18). Davon zu unterscheiden ist die Frage, ob der Dargestellte (oder im Falle des Todes seine Angehörigen) die Berichterstattung dulden muss, mag sie auch seine Menschenwürde wahren. Ist das nicht der Fall, bedarf sie seiner Einwilligung. Erteilt er sie nicht, verletzt die Berichterstattung ihn in seinen Rechten, sie ist jedoch nicht unzulässig iSd Abs 1 Nr 3.

c) Berichterstatterprivileg

Das sog Berichterstatterprivileg am Ende der Nr 3 schränkt das Verbot bereits auf Tatbestandsebene ein. Nach dem Wortlaut kann eine die Menschenwürde verletzende Darstellung zulässig sein, wenn an ihr ein überwiegendes berechtigtes Interesse besteht. Da die Menschenwürde jedoch das höchste Gut und ihre Verletzung jedermann untersagt ist, kann dieser Fall nicht eintreten (*Handke* 2012, S 149 f.; *Liesching/Schuster* Rn 62; *Nikles/Spürck/Erdemir* Rn 43; *Stumpf* 2009, S 278 f.). Sinnvoll, wenn auch überflüssig, ist der letzte Teilsatz der Nr 3 nur, wenn er als Hinweis auf die in Art 5 Abs 1 GG verbürgte Meinungs- und Informationsfreiheit verstanden wird. Es geht also nicht um eine Abwägung zwischen der Menschenwürde des Dargestellten und der Meinungsfreiheit der Darstellenden (so aber Hahn/Vesting/*Hertel* § 4 JMStV Rn 53, 59; *Ukrow* 2004, Rn 362), sondern um die **Frage, ob eine Berichterstattung überhaupt den Achtungsanspruch des Dargestellten verletzt.**

Dafür ist zuerst einmal Voraussetzung, dass es sich bei dem Inhalt eines Trägermediums überhaupt um Berichterstattung handelt. **Berichterstattung** ist jede Form der Nachrichtenübermittlung oder Dokumentation, die ein wahres Geschehen zum Gegenstand hat und der Information dient. Daher fallen unwahre, verfälschende, verzerrende oder übertreibende Darstellungen sowie bloß zur Schau stellende, der Befriedigung voyeuristischer Neigungen, dem Nervenkitzel, dem genüsslichen Horror oder dem sadistischen Vergnügen dienende Darstellungen von vornherein nicht unter das Berichterstatterprivileg. Eine Berichterstattung, die das Leiden oder Sterben selbst in den Vordergrund rückt, ohne es zur Attraktion zu machen, verletzt die Menschenwürde nicht (zB wissenschaftliche Darstellung eines Krankheitsverlaufs). Auch daraus, dass eine Berichterstattung sich bildlicher Darstellungen schwerer Menschenwürdeverletzungen bedient, folgt noch nicht, dass sie ihrerseits gegen Art 1 Abs 1 GG verstößt. So geht es zB zu weit, wenn die **Bildberichterstattung über eine die Menschenwürde verletzende Misshandlung** alter, pflegebedürftiger Menschen schon deshalb als selbst die Menschenwürde der dargestellten Personen verletzend eingestuft wird, weil sie unnötig lang sei oder die einschlägige Sequenz mehrmals wiederholt werde (so aber OVG Lüneburg MMR 2009, 203, 207 f.; *Bornemann* AfP 2010, 31; *Hopf/Braml* MMR 2009, 211; *Liesching/Schuster* Rn 62; aA *Schumann* AfP 2009, 348 ff.). Maßstab für den Eingriff in die Menschenwürde ist nicht, ob und wie viele Bilder ein durchschnittlicher Betrachter mutmaßlich braucht, um die Botschaft eines Beitrags zu erfassen, sondern ob der dargestellte Mensch gerade durch diese Darstellung „einer Behandlung ausgesetzt wird, die seine Subjektqualität prinzipiell in Frage stellt und daher Ausdruck der Verachtung des dem Menschen kraft seines Personseins zukommenden Wertes ist" (BVerfG NJW 2009, 3089, 3090). Daran fehlt es, wenn Gegenstand der Berichterstattung gerade der Vorwurf der Misshandlung der dargestellten Person ist. Ebenso wenig verletzt eine Berichterstattung über die Menschenwürde verletzende Angebote die Menschenwürde der Personen, die auf den zu Anschauungszwecken abgebildeten Angeboten zu sehen sind. Durch die Information, dass und wie solche Darstellungen die Menschenwürde verletzen, wird im Gegenteil die Menschenwürde der Dargestellten hervorgehoben.

4. Darstellungen selbstzweckhafter Gewalt (Nr 3a)

71 Der Katalog schwer jugendgefährdender Trägermedien wurde durch das JuSchG ÄndG v 24.6.2008 (Einl Rn 9) durch Einfügung der Nr 3a erweitert. Als schwer jugendgefährdend gelten danach Trägermedien, die „besonders realistische, grausame und reißerische Darstellungen selbstzweckhafter Gewalt beinhalten, die das Geschehen beherrschen".

a) Schutzzweck

72 Der Gesetzgeber will mit Nr 3a den Schutz von Kindern und Jugendlichen vor medialen Gewaltdarstellungen, insbesondere gewaltbeherrschten Computerspielen, verbessern (BT-Drs 16/8546, 1; zur Entstehungsgeschichte s Einl Rn 9). Da der Gesetzentwurf zur Begründung des gesetzgeberischen Handlungsbedarfs auf den Amoklauf von Emsdetten hinweist (BT-Drs 16/8546, 6), wird in der Literatur als weiterer Schutzzweck der mittelbare Schutz der körperlichen Unversehrtheit und des Lebens Dritter angesehen (Nikles/*Spürck/Erdemir* Rn 47; *Spürck* BPjM-Aktuell 1/2011, 20; *Stiefler* JMS-Report 1/2010, 2). Dies ergebe sich auch aus der Nähe des Tatbestands zu § 131 StGB. Dem kann nicht gefolgt werden. Die Vorschriften des JuSchG dienen dem Schutz der Persönlichkeitsentwicklung Jugendlicher, nicht dem Schutz Dritter vor Jugendlichen. Letzterer ist Gegenstand strafrechtlicher Regelungen im StGB. Es kann daher nur darum gehen, eine Entwicklung zu einem Zustand zu verhindern, in dem der Jugendliche in eine fremdbestimmte Täterrolle gedrängt wird (Einl Rn 32).

b) Verfassungsrechtliche Bedenken

73 In der Literatur werden vielfach Zweifel an der Verfassungsmäßigkeit der Nr 3a geäußert (*Degenhart* UFITA 2009, 388 ff.; *Erdemir* K&R 2008, 227; *Köhne* ZRP 2009, 156; Nikles/*Spürck/Erdemir* Rn 57; *Spürck* BPjM-Aktuell 1/2011, 24; *Stumpf* 2009, S 291 f.; im Ansatz auch *Bestgen* tv-diskurs 46 [2008], 81 Fn 9; *Stiefler* JMS-Report 1/2010, 6). Zum einen verstoße die Regelung gegen das strafrechtliche Bestimmtheitsgebot des Art 103 Abs 2 GG. Sie setze sich nahezu ausschließlich aus auslegungsbedürftigen, unbestimmten Rechtsbegriffen zusammen, welche zudem noch keine Konturen erlangt hätten, weil es sich um neu in die Gesetzesterminologie eingeführte Begriffe handle (*Degenhart* UFITA 2009, 390). Für den einzelnen Händler oder Ver-

treiber, der unter diese in hohem Maße interpretationsfähigen Begrifflichkeiten – problematisch sei insoweit vor allem das Merkmal „das Geschehen beherrschen" (*Bestgen* tv-diskurs 46 [2008], 81 Fn 9; *Degenhart* UFITA 2009, 392 f.; *Erdemir* K&R 2008, 227; *Köhne* ZRP 2009, 156; Nikles/*Spürck*/*Erdemir* Rn 47; *Spürck* BPjM-Aktuell 1/2011, 24) – subsumieren und im Anschluss eine selbstständige Abwägung mit kollidierenden Freiheitsgrundrechten vornehmen müsse, sei kaum erkennbar, ob die Voraussetzungen der Nr 3a im Einzelfall erfüllt sind oder nicht; eine auch nur fahrlässig falsch vorgenommene Einordnung des Trägermediums begründe aber bereits die Strafbarkeit (*Erdemir* K&R 2008, 227; *Stumpf* 2009, S 291). Erschwerend komme hinzu, dass Nr 3a, anders als Nr 5, auf die „Offensichtlichkeit" der schweren Jugendgefährdung verzichte (*Stumpf* 2009, S 291 f.). Zudem verstoße die Regelung, soweit sie sich auch auf Filme bezieht, gegen die Grundrechte der Filmschaffenden aus Art 5 Abs 1, 3 GG. Der Gesetzgeber habe mit dem JuSchÄndG auf den Bereich der Computer- und Videospiele abgezielt. Nr. 3a sei aber weder auf diesen Bereich beschränkt, obgleich vergleichbare konkrete Gefährdungen durch Filme nicht ersichtlich sind, noch habe er eine differenzierte, auf das Gefährdungspotential des jeweiligen Mediums abstellende, ihm „angemessene" Regelung getroffen. Die Regelung sei daher bezogen auf Filme weder erforderlich noch verhältnismäßig i. e. S. (*Degenhart* UFITA 2009, 393 f.).

c) Voraussetzungen

Das Trägermedium muss **Darstellungen von Gewalt** enthalten. Für die Auslegung des Begriffs Gewalt kann grundsätzlich auf die zu dem Begriff „Gewalttätigkeit" bei § 18 Abs 1 S 2 entwickelte Auslegung zurückgegriffen werden (§ 18 Rn 24 f.). Erfasst ist danach ein aggressives, aktives Tun, durch das unter Einsatz oder Ingangsetzen physischer Kraft unmittelbar oder mittelbar auf den Körper eines Menschen, eines menschenähnlichen Wesens oder eines Tiers (zur Ausklammerung von Gewalt gegen Sachen Nikles/*Spürck*/*Erdemir* Rn 49; *Spürck* BPjM-Aktuell 1/2011, 21, die zutreffend darauf hinweisen, dass sich die Gewalt nach dem Schutzweck der Norm gegen ein leidensfähiges Lebewesen richten muss) in einer dessen leibliche oder seelische Unversehrtheit beeinträchtigenden oder konkret gefährdenden Weise eingewirkt wird. Täter kann, wie bei § 18 Abs 1 S 2, auch ein fiktives Wesen sein, soweit ihm die Fähigkeit zu einem Handeln wie Menschen zugeschrieben werden kann (§ 18 Rn 24; Nikles/*Spürck*/*Erdemir* Rn 49; *Spürck* BPjM-Aktuell 1/2011, 21). In der Literatur wird der Begriff „Gewalt" in Nr 3a demgegenüber in zweierlei Hinsicht enger ausgelegt. Zum einen soll hier nur eine physische Zwangseinwirkung genügen, zum anderen müsse diese einen gewissen Schweregrad erreichen (*Liesching*/*Schuster* Rn 64; Nikles/*Spürck*/*Erdemir* Rn 48; *Spürck* BPjM-Aktuell 1/2011, 20; *Stiefler* JMS-Report 1/2010, 3). Beide Einschränkungen sind abzulehnen. Es ist zwar richtig, dass in den Computerspielen, die der Gesetzgeber vor Augen hatte, typischerweise die Darstellung psychischer Schädigungen keine Rolle spielt. Dass er deshalb aber mit dem Begriff der Gewalt nur physische Zwangseinwirkungen erfassen wollte, findet im Wortlaut der Norm – die ja auch nicht auf Computerspiele beschränkt ist, sondern für alle Trägermedien gilt – keine Stütze. Ein solcher Wille lässt sich auch nicht aus der Gesetzesbegründung herleiten, in der von „Gewaltdarstellungen und Tötungshandlungen" (BT-Drs 16/8546, 7) die Rede ist (so aber Nikles/*Spürck*/*Erdemir* Rn 48), da hiermit lediglich *ein* Beispiel für eine Gewaltdarstellung genannt wird, nicht aber andere Formen von Gewalt ausgeschlossen werden sollen. Soweit aus der genannten Formulierung ebenfalls hergeleitet wird, dass tendenziell nur schwerwiegende Gewalt erfasst sein soll, ist dies zum einen weit hergeholt, zum anderen aber auch der Sache nach überflüssig. Die Ausklammerung ganz geringfügiger leichter Gewalt erfolgt über das einschränkende Merkmal „grausam", welches die Zufügung *besonderer* Schmerzen oder Qualen verlangt (Rn 81). – Wie auch bei dem in § 18 Abs 1 S 2 verwendeten Begriff der „Gewalttätigkeit" reicht für die Darstellung von Gewalt nicht die Darstellung bereits abgeschlossener Gewalteinwirkungen aus (§ 18 Rn 24; wie hier Nikles/*Spürck*/*Erdemir* Rn 48; *Spürck* BPjM-Aktuell 1/2011, 20 f.; *Stiefler* JMS-Report 1/2010, 3). Das ergibt sich bei der gebotenen restriktiven Auslegung zwingend aus dem Wortlaut, so dass ein anderes Ergebnis auch nicht aus einem Vergleich der Gewaltbegriffe in §§ 131 Abs 1, 184a StGB („Gewalttätigkeiten"), § 18 Abs 1 S 2 Nr 1 JuSchG („Gewalthandlungen") und Nr 3a hergeleitet werden kann (so aber *Liesching* JMS-Report 6/2009, 9). Einem Umkehrschluss aus § 18 Abs 1 S 2 Nr 1 JuSchG steht zudem das systematische Verhältnis dieser Vorschriften entgegen, da § 15 Abs 2 JuSchG zu einer Indizierung kraft Gesetzes führt, während § 18 Abs 1 JuSchG lediglich die Indizierbarkeit begründet (Nikles/ *Spürck*/*Erdemir* Rn 48; *Spürck* BPjM-Aktuell 1/2011, 20 f.).

75 Die Gewalt – und nicht ihre Darstellung – muss **selbstzweckhaft** sein (so auch *Köhne* ZRP 2009, 156; *Stiefler* JMS-Report 1/2010, 5). Dies ergibt sich aus dem eindeutigen Wortlaut, der von „selbstzweckhafter Gewalt" spricht. Die Gegenansicht (*Bestgen* tv-diskurs 46 [2008], 81; *Liesching*/*Schuster* Rn 73; Nikles/*Spürck*/*Erdemir* Rn 56; *Spürck* BPjM-Aktuell 1/2011, 23 f.; *Stumpf* 2009, S 291; für die FSK *Seifert* BPjM-Aktuell 4/2008, 16; wohl auch *Handke* 2012, S 150 f.), die in der gewählten Formulierung lediglich eine „sprachliche Ungenauigkeit" (*Spürck* BPjM-Aktuell 1/ 2011, 24) erblickt, kann sich zwar sowohl auf einen entsprechenden Willen des Gesetzgebers berufen („Trägermedien, die [...] Gewaltdarstellungen [...] beinhalten, die das mediale Geschehen selbstzweckhaft beherrschen", BT-Drs 16/8546, 7) als auch auf das systematische Argument, dass der § 18 Abs 1 S 2 Nr 1 JuSchG die selbstzweckhafte *Darstellung* von Gewalthandlungen als jugendgefährdend angesehen wird (so *Spürck* BPjM-Aktuell 1/2011, 24). Jedoch bildet der Wortlaut bei einem Straftatbestand (vgl § 27 JuSchG) die äußerste Grenze jeder Auslegung; diese Grenze wird von der Gegenansicht durch Auswechslung des Bezugsobjekts des Adjektivs „selbstzweckhaft" überschritten. Maßgeblich ist daher, ob die Ausübung der Gewalt aus Sicht der handelnden Figur keinem anderen Zweck als eben der Gewaltausübung selbst dient, wobei an den verfolgten Zweck keine weitergehenden Anforderungen zu stellen sind (*Stiefler* JMS-Report 1/2010, 5).

76 Die Gegenansicht, die auf die Selbstzweckhaftigkeit der *Darstellung* abstellt, geht davon aus, dass diese nicht schon dann vorliegt, wenn Gewalt zu Unterhaltungszwecken in den Medien eingesetzt bzw. veranschaulicht wird (*Erdemir* K&R 2008, 226 f.; *Liesching*/*Schuster* Rn 73; Nikles/*Spürck*/*Erdemir* Rn 56; *Spürck* BPjM-Aktuell 1/ 2011, 23). Erforderlich sei, dass außerhalb jeder Dramaturgie und genreüblichen Unterhaltung stehende Gewaltexzesse in aller Breite allein zur Befriedigung voyeuristischer und sadistischer Zuschauer- und Nutzerinteressen dargestellt werden (*Liesching*/ *Schuster* aaO; Nikles/*Spürck*/*Erdemir* aaO; ähnlich *Bestgen* tv-diskurs 46 [2008], 81). Bei Computerspielen sei dies zB anzunehmen, wenn sich Tötungen außerhalb eines spieltechnischen Zwecks (zB Fortkommen im Spielverlauf) gegen bereits bezwungene Gegner richteten und als ausführlich und detailliert veranschaulichte Hinrichtungssequenz dargestellt würden (*Liesching* JMS-Report 6/2009, 12; *Spürck* BPjM-Aktuell 1/2011, 24). Teilweise wird weitergehend gefordert, dass die Darstellung der Gewalt, um als selbstzweckhaft angesehen werden zu können, eine unverhohlene, nicht durch bestehende Genrevereinbarungen abgesicherte Ansprache an den Sadismus („Sadismusaffirmation") beinhalten müsse (*Erdemir* K&R 2008, 226; Nikles/ *Spürck*/*Erdemir* Rn 56; ablehnend *Liesching* 2011, S 79; *Liesching*/*Schuster* Rn 73).

77 Die Darstellung selbstzweckhafter Gewalt muss kumulativ (*Bestgen* tv-diskurs 46 [2008], 80) **besonders realistisch, grausam und reißerisch** sein. Das Adverb **besonders** bezieht sich dabei nur auf das Adjektiv „realistisch", nicht hingegen auch auf „grausam" und „reißerisch". Dies liegt schon nach dem Wortlaut nahe und ergibt sich insbesondere auch aus einer Betrachtung der Systematik der Gewaltdarstellungsverbote: Ansonsten würde man bei Nr 3a strengere Maßstäbe an die Grausamkeit anlegen als bei § 131 Abs 1 StGB. In der Literatur wird demgegenüber ganz überwiegend davon ausgegangen, dass sich das Merkmal „besonders" auf alle drei Adjektive bezieht, da der verfassungsrechtliche Bestimmtheitsgrundsatz, auch aufgrund der

vergleichsweise hohen Strafandrohung in § 27, eine enge Auslegung der Vorschrift gebiete (*Bestgen* tv-diskurs 46 [2008], 81; *Liesching/Schuster* Rn 69; *Nikles/Spürck/ Erdemir* Rn 55; *Spürck* BPjM-Aktuell 1/2011, 23; im Ergebnis ebenso *Stiefler* JMS-Report 1/2010, 4f.; *Stumpf* 2009, S 291). Das Merkmal „besonders" sei dabei im Sinne einer graduellen Steigerung der Anforderungen des jeweils in Bezug genommenen Tatbestandsmerkmals zu verstehen. Umstritten ist innerhalb dieser Ansicht, ob sich aus dem Begriff „besonders" zugleich ergibt, dass nur „eindeutige Fälle" des „Realistischen", „Grausamen" und „Reißerischen" erfasst sind (so *Liesching/Schuster* Rn 70; *Nikles/Spürck/Erdemir* Rn 55), ob sich das Erfordernis der „Eindeutigkeit" bereits aus dem verfassungsrechtlichen Bestimmtheitsgrundsatz ergibt (*Spürck* BPjM-Aktuell 1/2011, 23) oder ob es hierauf aus systematischen Erwägungen nicht ankommt, da der Gesetzgeber im JuSchG, wenn er auf eine Erkennbarkeit abstellen möchte, das Wort „offensichtlich" (zB §§ 14 Abs 7 S 1, 15 Abs 2 Nr 5 JuSchG) verwendet (*Stiefler* JMS-Report 1/2010, 4).

Die Darstellungen selbstzweckhafter Gewalt müssen **besonders realistisch** sein. Die Auslegung dieses Merkmals wirft verschiedene Fragen auf. Problematisch ist zunächst, ob damit von vornherein fiktionale Darstellungen vom Anwendungsbereich der Norm ausgeschlossen werden, ob umgekehrt ausschließlich fiktionale Darstellungen oder ob sowohl nonfiktionale und fiktionale Darstellungen erfasst sind. Klärungsbedürftig ist weiter der Bezugspunkt des „besonders realistischen" sowie die Frage, welche Anforderungen insoweit zu stellen sind. **78**

Nach zutreffender Ansicht (*Spürck* BPjM-Aktuell 1/2011, 22; *Nikles/Spürck/ Erdemir* Rn 51; *Stiefler* JMS-Report 1/2010, 3) ist das Merkmal dahingehend zu verstehen, dass **ausschließlich fiktionale Darstellungen** von Gewalt erfasst sind. Hierfür spricht zunächst der Wortlaut, der nicht von „realen", sondern „besonders realistischen" Darstellungen spricht; „besonders reale" Gewaltdarstellungen iS von „besonders wahr" gibt es nicht. Diese Auslegung steht auch im Einklang mit dem historischen Willen des Gesetzgebers. Er wollte mit der Einfügung der Nr 3a insbesondere den Schutz Minderjähriger vor gewaltbeherrschten Computerspielen verbessern. Diese enthalten aber in der Regel ausschließlich fiktionale Darstellungen von Gewalt; gleiches gilt für den Großteil der Gewaltfilme, die nach dem Willen des Gesetzgebers erfasst werden sollen. Auch eine systematische Auslegung führt zur Ausklammerung nonfiktionaler Darstellungen von Gewalt, da der Gesetzgeber in Nr 3, anders als bei Nr 3a, ausdrücklich die Wiedergabe eines tatsächlichen Geschehens verlangt (*Spürck* BPjM-Aktuell 1/2011, 22; *Nikles/Spürck/Erdemir* Rn 50). Schließlich spricht auch der Zweck der Nr 3a gegen die Einbeziehung nonfiktionaler Gewaltdarstellungen, da diese zum einen oftmals schon von Nr 3 erfasst werden und zum anderen der fragmentarische Charakter des Abs 2 – als Ausnahme vom Indexprinzip – gerade keine umfassende Erfassung jeglicher Gewaltdarstellungen fordert. Im Gegensatz zu der hier vertretenen Ansicht wird vereinzelt vertreten, dass eine „besonders realistische" Darstellung nur eine solche sei, die die Realität, also die Wirklichkeit, darstellt (*Bestgen* tv-diskurs 46 [2008], 81). Diese den Anwendungsbereich der Nr 3a auf nonfiktionale Gewaltdarstellungen beschränkende Auslegung überzeugt aber auch deshalb nicht, weil sie gerade die Inhalte, für die der Gesetzgeber die Norm konzipiert hat, aus dem Anwendungsbereich herausnimmt und Nr 3a damit weitgehend leerlaufen lässt (*Liesching/Schuster* Rn 65; *Nikles/Spürck/Erdemir* Rn 50). Dieser Vorwurf trifft die – in der Literatur wohl überwiegende – Meinung nicht, nach der Nr 3a nonfiktionale und fiktionale Darstellungen erfasst (*Handke* 2012, S 151f.; *Liesching/ Schuster* Rn 65; *Stumpf* 2009, S 291). Die Einbeziehung nonfiktionaler Darstellungen übersteigt aber, wie ausgeführt, bereits die strikt zu beachtende Wortlautgrenze (Art 103 Abs 2 GG). **79**

Bezugspunkt des Adjektivs „besonders realistisch" ist nach dem eindeutigen Wortlaut die Gewaltdarstellung. Es kommt daher nicht darauf an, ob die Darstellung im Übrigen besonders realistisch oder im Gegenteil unrealistisch (zB Handlung auf einem fremden Planeten, Mitwirkung von Zombies) ist (ebenso *Bestgen* tv-diskurs **80**

04/2008, 81; *Liesching/Schuster* Rn 66; *Spürck* BPjM-Aktuell 1/2011, 21 f.; *Stiefler* JMS-Report 1/2010, 3; aA *Köhne* ZRP 2009, 156); sondern es ist isoliert zu prüfen, ob die Darstellung der selbstzweckhaften Gewalt besonders realistisch ist. Ob eine (fiktive) **Gewaltdarstellung besonders realistisch** ist, ist durch einen Vergleich mit einem entsprechenden realen Vorgang zu entscheiden. Maßgebend ist, ob die Darstellung für den objektiven Betrachter den Eindruck vermittelt, es könnte sich bei dem dargestellten Geschehen hypothetisch um ein reales Geschehen handeln (*Liesching/Schuster* Rn 65). Erforderlich ist also eine gesteigerte Wirklichkeitsnähe der Gewaltdarstellung. Hierbei sind, insbesondere bei Computerspielen, sowohl die graphische (zB Visualisierung des Bewegungsablaufs im Kontext der Gewaltaktion, realistische Verletzungsfolgen) und tonale (zB „echt" klingende menschliche Schmerzensschreie) Umsetzung (*Liesching/Schuster* Rn 66; *Spürck* BPjM-Aktuell 1/2011, 21 f.), als auch naturwissenschaftliche Zusammenhänge zu berücksichtigen (*Stumpf* 2009, S 291). Nicht „besonders realistisch" ist daher zB die Anwendung magischer Kräfte, die zum „Implodieren" des Opfers führt, oder das Schleudern von Gegnern über viele Meter (*Liesching* JMS-Report 6/2009, 9). Aufgrund des Adverbs „besonders" reicht es nicht schon aus, dass die Darstellung „nicht erkennbar losgelöst von Bezügen zur Realität ist" (so aber *Handke* 2012, S 152); erforderlich ist vielmehr, dass zwischen der fiktionalen Darstellung und dem zum Vergleich herangezogenen hypothetischen realen Vorgang keine signifikanten Unterschiede bestehen (*Stumpf* 2009, S 291). Lediglich geringfügige Abweichungen zwingen aber noch nicht dazu, eine „besonders realistische" Gewaltdarstellung zu verneinen (*Stiefler* JMS-Report 1/2010, 3).

81 Nach dem Wortlaut der Nr 3a müssen die Darstellungen selbstzweckhafter Gewalt grausam sein. Diese Formulierung ist missglückt, da nur die dargestellte Gewalt, nicht aber die Darstellung von Gewalt, grausam sein kann. In der Literatur wird deshalb der Wortlaut dahingehend interpretiert, dass „Darstellungen grausamer Gewalt" vorliegen müssen (*Liesching* JMS-Report 6/2009, 10; Nikles/*Spürck/Erdemir* Rn 52; *Spürck* BPjM-Aktuell 1/2011, 22). Diese Auslegung ist unter dem Gesichtspunkt des Bestimmtheitsgebots (Art 103 Abs 2 GG) nicht unproblematisch. Auf der anderen Seite ist für den Normunterworfenen erkennbar, was der Gesetzgeber mit der gewählten Formulierung ausdrücken will, nämlich dass **die Gewalt grausam sein muss.** Die allein Sinn machende Auslegung, dass die Gewalt und nicht die Darstellung grausam sein muss, erscheint daher noch mit dem Bestimmtheitsgebot vereinbar. – Bei der Auslegung kann auf die zu § 131 Abs 1 StGB entwickelten Grundsätze zurückgegriffen werden, die sich wiederum an der Auslegung des Merkmals „grausam" bei § 211 StGB orientieren (*Bestgen* tv-diskurs 46 [2008], 81; *Handke* 2012, S 152; *Liesching/Schuster* Rn 67; Nikles/*Spürck/Erdemir* Rn 52; *Spürck* BPjM-Aktuell 1/2011, 22; *Stiefler* JMS-Report 1/2010, 3). Erforderlich ist danach, dass die Gewalt unter Zufügung besonderer Schmerzen oder Qualen körperlicher oder seelischer Art erfolgt und zudem subjektiv eine brutale, gefühllose und unbarmherzige Haltung desjenigen erkennen lässt, der sie ausführt. – Objektiv setzt das Merkmal „grausam" somit voraus, dass die Gewalt **unter Zufügung besonderer Schmerzen oder Qualen körperlicher oder seelischer Art** ausgeführt wird. Die *Gewalt selbst* muss mit der Zufügung besonderer Schmerzen oder Qualen einhergehen; es reicht nicht aus, dass sie sich gegen ein bereits leidendes Opfer richtet, selbst aber keine weiteren besonderen Schmerzen oder Qualen bereitet. Zugefügt werden müssen außerdem *besondere* Schmerzen oder Qualen. Damit ist gemeint, dass die Schmerzen oder Qualen über das für die Tötung oder Verletzung erforderliche Maß hinausgehen müssen (so zu § 211 StGB: BGHSt 49, 189, 195; StV 1997, 565, 566; NStZ-RR 2006, 199, 200; 2006, 236, 237; NStZ 2008, 29). Das bedeutet nicht, dass Grausamkeit ausgeschlossen ist, wenn zB bei einem Computerspiel für die Spielfigur in der konkreten Situation keine Alternative zu der objektiv grausamen Gewalt besteht; andernfalls würde gerade eine auf die Verübung von Grausamkeiten fokussierte Spielkonzeption schon deshalb nicht unter Nr 3a fallen, weil sie dem Spieler keine Alternativen lässt. Da Gewalt im Regelfall immer mit Schmerzen und Qualen einhergeht, muss sie aber,

um als grausam eingestuft werden zu können, nach ihrer Art, Stärke, Dauer oder Häufigkeit über das für die gewaltsame Überwindung des Gegners erforderliche Maß an Schmerzen oder Qualen deutlich hinausgehen (vgl NK-StGB/*Neumann* § 211 Rn 75). Schließlich müssen die Zufügung *und* das Erleiden besonderer Schmerzen oder Qualen dargestellt werden. Weder genügt es, nur die Gewalttätigkeit zu zeigen ohne das Leiden des Opfers, noch reicht es umgekehrt aus, nur das leidende Opfer abzubilden ohne die seine Schmerzen oder Qualen herbeiführende Gewalt. Grausamkeit ist daher zu verneinen, wenn die Gewalt nur kurz dargestellt wird, ohne dass ihre Folgen für das Opfer sicht- oder hörbar sind. Das gilt selbst dann, wenn angesichts der Art und Weise der Gewalt zu erwarten ist, dass das Opfer schwerste Schmerzen erleiden wird. Notwendig ist, dass dies nicht nur der Phantasie des Betrachters überlassen bleibt, sondern tatsächlich dargestellt wird. Das Erfordernis einer Darstellung grausamer Gewalt ist daher bei Computerspielen zB dann nicht erfüllt, wenn der Spieler mit seiner Spielfigur reaktionsschnell mehrere angreifende Figuren „ausschaltet" und ausschließlich die dazu erforderliche Verletzungs- oder Tötungshandlung kurz visualisiert wird (*Höynck* ZIS 2008, 208). Dass solche Szenen für Nr 3a sogar dann nicht ausreichen, wenn sie in ein exzessives Töten ausarten, belegt § 18 Abs 1 S 2 Hs. 2 Nr. 1, der gerade für selbstzweckhafte und detaillierte Darstellungen von „Mord- und Metzelszenen" geschaffen wurde. An der objektiven Komponente der Grausamkeit fehlt es schließlich auch dann, wenn das Opfer die infolge der Gewalttätigkeit normalerweise bei einem Menschen auftretenden Schmerzen oder Qualen gar nicht empfindet (zB es greift unbeeindruckt weiter an, obwohl es wiederholt verletzt wurde). – Subjektiv setzt das Merkmal „grausam" eine **brutale, unbarmherzige Haltung** desjenigen voraus, der die Gewalt verübt, wobei das Wort „brutal" iSv „gefühllos" verwandt wird (vgl zu § 211 StGB, wo der BGH häufig auch statt des Wortes „brutal" das Wort „gefühllos" verwendet: BGHSt 3, 180; 3, 264; NJW 1971, 1189, 1190; NStZ 1982, 379; 2005, 36, 37; 2007, 402, 403; 2008, 29; NStZ-RR 2006, 236, 237). Es muss sich um die *Motivation der dargestellten Figur* handeln, nicht um die des Betrachters (*Stiefler* JMS-Report 1/2010, 3 f.; aA wohl Nikles/*Spürck*/ *Erdemir* Rn 52; *Spürck* BPjM-Aktuell 1/2011, 22), da dieser außerhalb der Darstellung steht. Erforderlich ist also, dass sich zB bei einem Computerspiel in der objektiv grausamen Szene die unbarmherzige und gefühllose Gesinnung der Spielfigur zeigt, aus der heraus sie dem Opfer besondere Schmerzen oder Qualen zufügt. Die subjektive Komponente ist daher nicht erfüllt, wenn der Spieler mit seiner Spielfigur nur mittels einer objektiv grausamen Gewalttätigkeit einen Angreifer abwehren kann – mag es auch naheliegend erscheinen, dass sich der eine oder andere Spieler aus gefühlloser und unbarmherziger Gesinnung heraus an dieser Szene erfreuen wird. In einem solchen Fall kann Nr 3a auch nicht mit der Begründung bejaht werden, dass die Spielsituation anders hätte gestaltet (programmiert) werden können, also die Gewalttätigkeit aus Sicht des Kritikers über das für die „Spielgeschichte Notwendige deutlich hinaus[geht]" (so aber *Höynck* ZIS 2008, 208). Maßgeblich ist nicht die stets subjektive Einschätzung des dramaturgisch Sinnvollen und Notwendigen, sondern allein, ob in der vorgegebenen Spielsituation die Gewalttätigkeit von der Spielfigur, so wie sie der Spieler steuern kann, aus einer gefühllosen, unbarmherzigen Haltung heraus verübt wird, was sich etwa in automatisch generierten Einspielungen (zB höhnisches Gelächter, zynische Bemerkung) widerspiegeln oder daran ablesen lassen kann, dass die Spielfigur keine andere, ebenso effektive, aber objektiv nicht grausame Methode zur Überwindung des Gegners wählt oder weiter Gewalttätigkeiten verübt, obwohl der Gegner bereits besiegt ist (vgl *Stiefler* JMS-Report 1/2010, 3 f.).

Die Darstellung der Gewalt muss **reißerisch** sein. Dieser dem JuSchG zuvor fremde Begriff lässt sich unterschiedlich interpretieren. Nach dem allgemeinen Sprachgebrauch kann darunter zunächst eine aufdringliche, Aufsehen erregende Darstellung verstanden werden; eine solche Interpretation würde den Fokus auf eine besonders effektvolle und detaillierte Inszenierung der Gewaltdarstellungen legen (vgl *Bestgen* tv-diskurs 46 [2008], 81; für die FSK *Seifert* BPjM-Aktuell 4/2008, 16: besonders

82

spannende und effektvolle Inszenierung; ähnlich *Stumpf* 2009, S 291: wenn die einzelnen Gewaltakte durch akustische und optische Stilmittel besonders in den Mittelpunkt gerückt und visuell „ausgeschlachtet" werden). Ebenso kann mit „reißerisch" eine besondere Anziehungs- und Verführungskraft der Darstellungen gemeint sein; hierdurch würde der Schwerpunkt des Merkmals auf der (beabsichtigten) Wirkung beim minderjährigen Betrachter liegen (*Handke* 2012, S 152; *Stiefler* JMS-Report 1/2010, 4). Schließlich lässt der Wortlaut es auch zu, „reißerisch" als überzogen und realitätsfern zu interpretieren. Dies stünde aber in Widerspruch dazu, dass Nr 3a gerade fordert, dass die Gewaltdarstellungen besonders realistisch sein müssen; diese (dritte) Auslegungsmöglichkeit ist daher zu vernachlässigen. Für die erstgenannte Auslegungsmöglichkeit spricht in systematischer Hinsicht, dass der Gesetzgeber, was in § 18 Abs 1 S 2 Nr 1 zum Ausdruck kommt, gerade die „detaillierte" Darstellung von Gewalthandlungen als (einfach) jugendgefährdend ansieht (*Spürck* BPjM-Aktuell 1/2011, 22). Aus dem Vergleich mit § 18 Abs 1 S 2 Nr 1 ergibt sich aber zugleich, dass eine „reißerische" Darstellung nicht schon allein aufgrund ihrer detailreichen Fokussierung auf Gewaltszenen angenommen werden kann; sonst hätte der Gesetzgeber bei Nr 3a ebenfalls den Begriff „detailliert" verwendet (*Handke* 2012, S 152 f.; *Liesching* 2011, S 77; zust Nikles/*Spürck*/*Erdemir* Rn 54; *Spürck* BPjM-Aktuell 1/2011, 22 f.; *Stiefler* JMS-Report 1/2010, 4). Da Nr 3a zu einer Indizierung kraft Gesetzes und damit im Vergleich zu § 18 Abs 1 zu einer strengeren Rechtsfolge führt, ist eine reißerische Darstellung nur dann zu bejahen, wenn die Darstellung zusätzlich – im Sinne der zweitgenannten Auslegungsmöglichkeit – auf der emotionalen Ebene in besonderer Weise auf den Zuschauer oder Nutzer einwirken soll. Daraus ergibt sich eine zweistufige Prüfung: Zunächst ist zu fragen, ob die Gewalt durch die gewählte Art der Darstellung **besonders in den Mittelpunkt gerückt und detailliert veranschaulicht** wird. Anhaltspunkte für die dabei vorzunehmende Gesamtbewertung ergeben sich insbesondere aus der Kameraperspektive, einer fokussierenden Kameraführung (zB Nahaufnahmen, Zooms) sowie aus der Verwendung besonderer optischer (zB Zeitlupe) und akustischer (zB Hervorhebung durch grelle Musik) Gestaltungsmittel. Darüber hinaus muss die Darstellung geeignet und **darauf gerichtet sein, den minderjährigen Betrachter dahingehend emotional anzusprechen**, dass ihn die Darstellung „mitreißt" und ihn an das dargestellte Geschehen besonders fesselt (*Liesching*/*Schuster* Rn 68; Nikles/*Spürck*/*Erdemir* Rn 53 f.; *Spürck* BPjM-Aktuell 1/2011, 22 f.).

83 Die besonders realistischen und reißerischen Darstellungen grausamer und selbstzweckhafter Gewalt müssen das **Geschehen beherrschen.** Dem Wortlaut ist zunächst zu entnehmen, dass für die Frage der „Beherrschung des Geschehens" nur solche Gewaltdarstellungen zu berücksichtigen sind, die die genannten Attribute erfüllen (*Liesching*/*Schuster* Rn 74; Nikles/*Spürck*/*Erdemir* Rn 58; *Stiefler* JMS-Report 1/2010, 6 mit Fn 31). Der Begriff des **„Geschehens"** umschreibt den gesamten, vom Betrachter wahrnehmbaren Inhalt des Trägermediums (*Liesching* JMS-Report 6/2009, 12); es ist also zB nicht auf einzelne Filmszenen, sondern auf den gesamten Film abzustellen (so im Ergebnis auch *Handke* 2012, S 153). Im Bereich der Computerspiele, in denen der Nutzer den Spielverlauf und damit auch die Gewaltausübung selbst steuern kann, ist der Inhalt des „Geschehens", dessen Gewaltbeherrschtheit zu prüfen ist, nicht von vornherein festgelegt, sondern variiert je nach Nutzerverhalten. Aufgrund dieser Unterschiede ist die Frage, wann die qualifizierte Gewalt das Geschehen beherrscht, differenziert zu betrachten.

84 Von einem **„beherrschen"** kann nur bei einer gewissen Dominanz der qualifizierten Gewaltdarstellungen gegenüber den sonstigen Darstellungen gesprochen werden (*Handke* 2012, S 153). Diese Dominanz kann sich prinzipiell sowohl aus quantitativen als auch aus qualitativen Gesichtspunkten ergeben (*Handke* 2012, S 153; *Liesching* 2011, S 80; *Liesching*/*Schuster* Rn 75; *Spürck* BPjM-Aktuell 1/2011, 24 f.; Nikles/*Spürck*/*Erdemir* Rn 57; ähnlich *Bestgen* tv-diskurs 46 [2008], 81, der primär auf eine qualitative Bewertung abstellen möchte, bei der im Rahmen der vorzunehmen-

den Gesamtbewertung aber auch der Dauer der Gewaltdarstellungen ausschlaggebende Bedeutung zukommen könne; kritisch *Stiefler* JMS-Report 1/2010, 2, der stattdessen unter Hinweis auf den Schutzzweck der Nr 3a darauf abstellt, ob der Betrachter der Wirkung der qualifizierten Gewaltdarstellungen in hohem Maße ausgesetzt ist und sich ihr kaum entziehen kann; eine solche, allein auf die Wirkung der Darstellung abstellende Auslegung entfernt sich allerdings bedenklich weit vom Wortlaut der Norm, die gerade eine inhaltliche Betrachtung des Mediums selbst und nicht seiner Wirkungen verlangt). Ist der wahrnehmbare Inhalt des Trägermediums, wie etwa bei einem **Film**, nicht variabel, ist in erster Linie eine quantitative Bewertung vorzunehmen. Ist hierbei ein zeitliches Überwiegen der qualifizierten Gewaltdarstellungen gegenüber den sonstigen Darstellungen festzustellen, ist das Merkmal „das Geschehen beherrschen" – auch aus der Sicht des Normadressaten erkennbar – erfüllt (so auch *Liesching/Schuster* Rn 75; *Spürck* BPjM-Aktuell 1/2011, 25; *Nikles/Spürck/Erdemir* Rn 57). Demgegenüber würde es bei der gebotenen restriktiven Auslegung zu weit gehen, aufgrund qualitativer Bewertung eine Geschehensbeherrschung auch dann anzunehmen, wenn die qualifizierten Gewaltdarstellungen gegenüber den sonstigen Darstellungen in zeitlicher Hinsicht eine deutlich untergeordnete Stellung einnehmen. Die ergänzende Berücksichtigung qualitativer Kriterien kommt hier demnach nur in Betracht, wenn die Dauer der qualifizierten Gewaltdarstellungen zumindest näherungsweise an die 50%-Grenze heranreicht. Hierbei kommt es dann insbesondere darauf an, ob den Gewaltdarstellungen im Handlungskontext des Films eine zentrale Rolle zukommt oder sie in Schlüsselszenen verankert sind (*Liesching/Schuster* Rn 76; *Spürck* BPjM-Aktuell 1/2011, 25; *Nikles/Spürck/Erdemir* Rn 57; ähnlich *Handke* 2012, S 153).

Demgegenüber kann die Gewaltbeherrschtheit eines **Computerspiels** in der Regel nicht anhand quantitativer Kriterien beurteilt werden, da der Umfang der Visualisierung von Gewalt vom Verhalten des Spielers abhängt (ähnlich *Spürck* BPjM-Aktuell 1/2011, 25; *Nikles/Spürck/Erdemir* Rn 57). Lediglich ausnahmsweise kann bereits der quantitative Gesichtspunkt zur Bejahung oder Verneinung der Gewaltbeherrschtheit führen. Ersteres kommt zB in Betracht, wenn dem Nutzer im Wesentlichen nur Handlungsoptionen zur Verfügung stehen, die jeweils zur Darstellung qualifizierter Gewalt führen; letzteres, wenn es schon nach der Konzeption des Computerspiels kaum möglich oder zumindest nach der Spielidee nicht der Regelfall ist, in nennenswertem Umfang Handlungen vorzunehmen, die zur Darstellung qualifizierter Gewalt führen. Abgesehen von diesen Fällen sind zur Bestimmung der Gewaltbeherrschtheit qualitative Kriterien heranzuziehen, die sich an der zugrundeliegenden Spielidee sowie der Dramaturgie des Computerspiels orientieren. Maßgeblich ist zunächst, ob die (wiederholte) Anwendung der qualifizierten Gewalt nach der Spielidee notwendig ist, um das vorgegebene Ziel des Spiels zu erreichen (*Liesching* 2011, S 80; *Spürck* BPjM-Aktuell 1/2011, 25). Ist das nicht der Fall, sondern dem Spieler nur die Möglichkeit gegeben, die Gewalt „nebenbei" auszuüben, wird das Geschehen hierdurch nicht beherrscht. Zudem muss das Spiel Anreize zur Ausübung der qualifizierten Gewalt setzen, die deren Ausübung attraktiv machen und sie in den Vordergrund rücken, zB durch Belohnungen und Erleichterungen für den weiteren Spielverlauf (*Liesching/Schuster* Rn 76; *Nikles/Spürck/Erdemir* Rn 57).

5. Unnatürliche, geschlechtsbetonte Körperhaltung (Nr 4)

a) Schutzzweck

Mit diesem Verbot will der Gesetzgeber der Entwicklung Rechnung tragen, dass es zunehmend Medienangebote gibt „mit erotisch wirkenden Darstellungen von Kindern und Jugendlichen in unnatürlicher, geschlechtsbetonter Körperhaltung im Grenzbereich zur Pornografie, die nach bisheriger Rechtsprechung jedoch nicht als pornografisch eingestuft werden können. Der Inhalt solcher Bilder richtet an Kinder und Jugendliche die Botschaft, für sich selbst in bestimmten Situationen eine **Rolle** als **Anschauungsobjekt zu akzeptieren** und auf die unbedingte Unverletzlichkeit der eigenen Menschenwürde zu verzichten. Die mit diesen Bildern verbundene, subtile Vermittlung der Normalität des sexuellen Umgangs von Erwachsenen mit Minderjährigen – unter gleichzeitiger Betonung der Genitalbereiche – machen sich nach kriminalpolizeilichen Erkenntnissen erwachsene Kindesmissbraucher zu Nutze: [...] Sie werden häufig dafür genutzt Jugendliche und Kinder ‚einzustimmen' und für den beabsichtigten Missbrauch gefügig zu machen." Diese würden so über die Grenzen ihres Selbstbestimmungsrechts getäuscht und damit in ihren Möglichkeiten beeinträchtigt, sich gegenüber sexuellen Übergriffen zu wehren. Die Verunsicherung über die Frage, was Erwachsenen gestattet ist und welche Grenzüberschreitungen Minderjährige dulden müssen, beeinflusse ihr Selbstbestimmungsrecht. Ihre **freie Willensbildung sei in sexueller Hinsicht fehlgeleitet** und damit gefährdet (BT-Drs 14/9013, 23f.).

87 An Nr 4 wird kritisiert, dass solche Trägermedien **nicht generell untersagt** werden (BR-Drs 511/02, 20; *Spürck* KJuG 4/2002, 116; s. demgegenüber für Telemedien § 4 Abs 1 Nr 9 JMStV). Ihre Verbreitung unter Erwachsenen sei erlaubt, obwohl Studien die Vermutung nahelegten, dass durch solche Darstellungen Pädophile in ihren Neigungen bestärkt werden (*Bundschuh* BPjM-Aktuell 4/2001, 12; s auch *Spürck* aaO und Nikles/*Spürck/Erdemir* Rn 59: „Appetizer für Pädosexuelle"). Sollte sich der Gesetzgeber dem anschließen, wäre das JuSchG jedoch der falsche Ort für ein solches Totalverbot. Das JuSchG dient allein dazu, Kinder und Jugendliche vor medialen Gefährdungen zu schützen (aA *Döring* JMS-Report 6/2004, 7). Es soll nicht allgemein verhindern, dass sie Opfer von Straftaten werden. Das ist Aufgabe des Strafrechts (vgl § 176 Abs 4 Nr 3, 4, 184b, c StGB). Unter dem Aspekt des Jugendmedienschutzes genügt Nr 4.

b) Voraussetzungen

88 Erfasst werden nur **bildliche Darstellungen**. Abgebildet sein muss ein **Kind oder Jugendlicher**. Das ist zum einen der Fall, wenn die dargestellte Person im Augenblick der Aufnahme tatsächlich minderjährig war. An dem Verstoß gegen Nr 4 ändert sich in diesem Fall auch dann nichts, wenn der Minderjährige erwachsen aussieht und in der Darstellung auch wahrheitswidrig als volljährig bezeichnet wird (VGH München MMR 2009, 351, 352; enger noch Voraufl.). Das ergibt sich aus dem Wortlaut und ist mit dem Schutzzweck vereinbar. Nr 4 soll Darstellungen unterhalb der Schwelle zur Kinder- und Jugendpornografie erfassen, die selbst noch nicht pornografisch sind. Die §§ 184b, c StGB dienen aber auch dem Schutz Minderjähriger davor, als Darsteller missbraucht zu werden (sog. Darstellerschutz). Nr 4 ist darüber hinaus auch dann erfüllt, wenn die dargestellte Person zwar im Augenblick der Aufnahme tatsächlich volljährig war, aber **aus der Sicht eines minderjährigen Betrachters ein Kind oder Jugendlicher ist** (*Frank/Pathe* Kap V Rn 95; *Günter/Köhler* tv-diskurs 35 [2006], 77; *Liesching/Schuster* Rn 80; Büscher/Dittmer/Schiwy/Ring/Hopf Teil 2 Kap 4 Rn 503; *Roll* KJuG 4/2007, 111; Nikles/*Spürck/Erdemir* Rn 68; aA *Stumpf* 2009, S 281). Maßgeblich ist insoweit nicht das tatsächliche, sondern das aus der Darstellung ersichtliche Alter. Das ergibt sich aus dem auf den Betrachter abstellenden Schutzzweck. Nr 4 dient nicht nur dem Schutz des Darstellers, sondern auch dem Schutz potentieller minderjähriger Betrachter davor, durch Bilder von (Schein-)Kindern oder (Schein-)Jugendlichen manipuliert zu werden (Rn 86). Erforderlich ist jedoch wegen des Wortlauts, der nicht schon die Darstellung einer nur möglicherweise minderjährigen Person erfasst, dass die dargestellte Person aus der Sicht des minderjährigen Betrachters eindeutig ein Kind oder Jugendlicher ist (VGH München MMR 2009, 351, 352, im Anschluss an BVerfG MMR 2009, 178 zu § 184c StGB). Das richtet sich nach dem körperlichen Erscheinungsbild (zB Gesicht, Körperbau), der Bildsituation (dh abgebildete Accessoires wie Kinderkleidung, Schulranzen, Jugendmagazin [*Bravo*], Lutscher, Kuscheltier) und den Angaben (zB Alter, Gewicht, Kleider- oder Schuhgröße), die zur dargestellten Person gemacht werden

(VG Augsburg MMR 2008, 772, 774; näher, auch aus medizinischer Sicht, zu § 184c StGB *Altenhain/Liesching/Ritz-Timme/Gabriel* BPjM-aktuell 2/2009, 3 ff.). Ist die dargestellte Person nach ihrem körperlichen Erscheinungsbild, ihrer Kleidung und ihrem Umfeld minderjährig, wird sie aber im Text deutlich und zutreffend als volljährig bezeichnet, so greift Nr. 9 folglich nicht ein (VGH München MMR 2009, 351, 353; 2011, 557, 559; VG Augsburg ZUM-RD 2010, 377, 379).

Die Körperhaltung der abgebildeten Person muss **geschlechtsbetont** sein, das Sexuelle also eindeutig im Vordergrund stehen (VG Neustadt MMR 2007, 678, 679). Erforderlich ist dabei eine Betonung des Genitalbereichs (weiter AG Hannover JMS-Report 6/2006, 67 [weibliche Brust]; OLG Celle MMR 2007, 316 [Brust- oder Schrittbereich]; VG Neustadt MMR 2007, 678, 679 [Geschlechtsmerkmale]). Das ergibt sich aus den Ausführungen in den Gesetzesmaterialien (Rn 86) und aus der Funktion der Nr 4 als Auffangtatbestand für Fälle, die im Grenzbereich zur Kinder- und Jugendpornografie liegen, aber noch keine sind. Es ist jedoch nicht erforderlich, dass die dargestellte Person ganz oder teilweise nackt ist (OLG Celle MMR 2007, 316; AG Hannover JMS-Report 6/2006, 67, 68). Die Bekleidung muss aber so gewählt oder angelegt sein, dass sie den Genitalbereich eher betont als verbirgt (zB Reizwäsche, Aufnahmewinkel, Bildausschnitt). 89

Die Betonung des Genitalbereichs muss durch die **Körperhaltung** erfolgen (zB Spreizen der Beine, um die unbedeckte Scheide zur Schau zu stellen [vgl BGHSt 43, 366, 368 zu § 176 Abs 4 Nr 2 StGB aF]; Streicheln des Genitalbereichs, Entgegenstrecken des Gesäßes). Übermäßiges Schminken, das Tragen von Reizwäsche oder Nacktheit genügen für sich allein also nicht. Ebenfalls unbeachtlich ist ein Begleittext oder der sonstige Kontext, in den die Darstellung gestellt ist (aA OLG Celle MMR 2007, 316; VG Neustadt MMR 2007, 678, 679; Nikles/*Spürck/Erdemir* Rn 64); maßgeblich ist nach dem Wortlaut allein die dargestellte Körperhaltung. 90

Die Körperhaltung muss zudem **unnatürlich** sein. Das bemisst sich im Vergleich zu den altersadäquaten Verhaltensweisen unter Berücksichtigung der Aufgeklärtheit und des Entwicklungsstandes heutiger Minderjähriger und ihrer im Vergleich zu früheren Zeiten freieren Sexualität (VG Neustadt MMR 2007, 678, 679; AG Hannover JMS-Report 6/2006, 67, 68). Erfasst ist insbesondere jedes nicht alterstypische sexuell anbietende Verhalten (OLG Celle MMR 2007, 316 mit insoweit richtigstellender Anm. *Liesching*). Insbesondere bei Kindern ist diese Voraussetzung regelmäßig erfüllt, da bei ihnen jedes als Sexualobjekt anbietende Verhalten unnatürlich ist. Nicht unnatürlich sind zB Darstellungen alltäglicher Geschehnisse (nacktes Baby in der Windelwerbung; nackte Kleinkinder in der Werbung für einen Badeort). 91

Auch **virtuelle Darstellungen** werden erfasst (zB Posendarstellung einer nicht realen, minderjährig aussehenden Kunstfigur in einem Computerspiel), obwohl sie im Gesetz nicht ausdrücklich erwähnt werden (ebenso Nikles/*Spürck/Erdemir* Rn 69; aA *Stumpf* 2009, S 281; *Ukrow* 2004, Rn 439). Das ergibt sich aus dem Schutzzweck (Betrachterschutz, vgl Rn 86) und aus der Regelungstechnik des Abs 2. Da in Nr 4 einschränkende Formulierungen wie in Nr 3 („und ein tatsächliches Geschehen wiedergeben") und Nr 3a („besonders realistische") fehlen, genügen hier auch Darstellungen, die kein tatsächliches Geschehen wiedergeben. Gegen eine Einbeziehung virtueller Darstellungen spricht auch nicht, dass sie in § 4 Abs 1 Nr 9 JMStV ausdrücklich einbezogen werden. Zunächst dürfte schon fraglich sein, ob Regelungen des Staatsvertrags zur Auslegung eines Bundesgesetzes herangezogen werden können. Selbst wenn dies möglich sein sollte, zeigt die Begründung zum JMStV, dass dort der Hinweis auf virtuelle Darstellungen nur zur Klarstellung aufgenommen wurde. Die Landesgesetzgeber gingen davon aus, dass virtuelle Darstellungen bereits durch das JuSchG erfasst werden (Begründung JMStV, nw LT-Drs 13/3431, 10: § 4 Abs 1 S 1 „Nr 9 verbietet Darstellungen […], auch wenn dies in Form einer virtuellen Darstellung geschieht, und entspricht § 15 Abs 2 Nr 4 JuSchG"). Erforderlich ist aber auch bei virtuellen Darstellungen, dass es sich für den minderjährigen Betrachter um Kinder oder Jugendliche handelt. 92

6. Offensichtlich schwer jugendgefährdende Inhalte (Nr 5)

a) Systematik

93 Die **Generalklausel** der Nr 5 ist **kein Auffangtatbestand** für die anderen Varianten des Abs 2 (*Stumpf* 2009, S 285; aA KG NStZ 2009, 446, 448; Nikles/*Spürck/ Erdemir* Rn 75; *Schäfer* 2008, S 170; *Stath* 2006, S 194; *Wehsack* 2011, S 368; zu § 4 Abs 2 S 1 Nr 3 JMStV *Hartstein/Ring/Kreile/Dörr/Stettner* Rn 63c). Das ergibt sich aus der historischen Entwicklung des § 6 GjSM, auf den die Gesetzesbegründung ausdrücklich Bezug nimmt (BT-Drs 14/9013, 24) und dessen Nr 3 ebenfalls kein Auffangtatbestand war (ebenso zu § 3 Abs 1 Nr 5 RStV aF: *Beucher/Leyendecker/ v Rosenberg* Rn 46). Das zeigt auch die Aussage in der Gesetzesbegründung, dass die Nr 1–4 „eine für die Praxis hilfreiche exemplarische Erläuterung sind, was als schwere Jugendgefährdung zu verstehen ist" (BT-Drs 14/9013, 24). Damit macht der Gesetzgeber deutlich, dass Nr 5 eine Generalklausel ist, zu deren Auslegung zwar auf die Nr 1–4 zurückgegriffen werden soll, die aber in ihren Anforderungen nicht hinter jenen zurückbleiben soll. Deshalb kann ein Trägermedium, das nicht unter Nr 1–4 fällt, nicht ohne weiteres unter Nr 5 subsumiert werden. Erforderlich ist, dass sein Inhalt Aspekte aufweist, die bei der Prüfung der Voraussetzungen der Nr 1–4 nicht berücksichtigt worden sind. Sie können dann für sich genommen oder gemeinsam mit den für eine Zuweisung zu einer anderen Fallgruppe nicht genügenden Aspekten zur Bejahung der Nr 5 führen. Letzteres kommt auch bei einer Kombination aus mehreren, für sich genommen den Anforderungen der jeweiligen Fallgruppen nicht genügenden Aspekten in Betracht (zB Kombination aus Gewalt und Sex, die weder unter § 131 noch unter § 184a StGB fällt; ebenso *Liesching/Schuster* Rn 89; *Stumpf* 2009, S 286; *Beucher/Leyendecker/v Rosenberg* § 3 RStV Rn 46; aA wohl *Schumann*, FS Lenckner, S 578).

b) Eignung zur Jugendgefährdung

94 Das Erfordernis der Eignung, die Entwicklung von Kindern und Jugendlichen oder ihre Erziehung zu einer eigenverantwortlichen und gemeinschaftsfähigen Persönlichkeit zu gefährden, entspricht dem des § 18 Abs 1 S 1. Es ist hier wie dort an die Stelle der früher verlangten Eignung zur sittlichen Gefährdung (§ 6 Nr 3 GjSM) getreten; inhaltlich soll sich daraus keine Änderung ergeben (BT-Drs 14/9013, 25; ebenso zu § 4 Abs 2 S 1 Nr 3 JMStV *Hartstein/Ring/Kreile/Dörr/Stettner* Rn 63a; s dazu näher Einl Rn 26ff.).

95 Nach der bisher hM zum Begriff der Eignung zur sittlichen Gefährdung ist ein Inhalt geeignet, Jugendliche sittlich zu gefährden, wenn wahrscheinlich ist, dass allein durch seine Kenntnisnahme bei zumindest dem Teil der Jugendlichen, die für schädliche Einflüsse besonders anfällig sind, eine **sozialethische Begriffsverwirrung** eintritt (§ 18 Rn 4). Welche Inhalte das neben den in den Nr 1–4 genannten sind, ist für den Bürger nicht erkennbar und unterliegt letztlich der – nachträglich ausgeübten (!) – Einschätzungsprärogative der Staatsanwaltschaften und Gerichte. Diese völlige Unbestimmtheit ist nur dann unproblematisch, wenn sich aus anderen Vorschriften ergibt, dass der Inhalt gesetzlich als jugendgefährdend eingestuft wird. Das ist der Fall bei Inhalten nach § 18 Abs 1 S 2. Die gesetzliche Unbestimmtheit, der die hM durch ihre Auslegung auch nicht abhilft, wird jedoch dann problematisch, wenn vom Gesetz nicht benannte Inhalte unter die Nr 5 gefasst werden. Es ist dann für den Bürger schwerlich erkennbar, ob es sich um einen solchen Inhalt handelt oder nicht. Die unmittelbar eingreifenden Verbote des Abs 1 und die zu ihrer Einhaltung aufgestellten Straftatbestände, die bereits fahrlässige Verstöße unter Strafe stellen (§ 27 Abs 1, 3), sind daher völlig unbestimmt (ähnlich *Stumpf* 2009, S 289; aA BVerfGE 11, 234, 237f.; 83, 130, 145; NStZ 1988, 412, 413; *Liesching/Schuster* Rn 84; *Ukrow* 2004, Rn 365). Insoweit hilft es nicht, dass die hM zu § 18 Abs 1 S 1 weitere Fallgruppen herausgearbeitet hat (zum Selbstmord anreizende, die Menschenwürde verletzende, Frauen diskriminierende, nationalsozialistische, zum Drogenkonsum anreizende oder

ihn verharmlosende, ausländerfeindliche Trägermedien; s dazu § 18 Rn 37 ff.). Um einen Verstoß gegen das Bestimmtheitsgebot (Art 103 Abs 2 GG) zu verhindern, muss Nr 5 – wie auch § 18 Abs 1 S 1 (s dort Rn 9) – verfassungskonform restriktiv ausgelegt und auf Inhalte iSd § 18 Abs 1 S 2 beschränkt werden. Geeignet, Kinder und Jugendliche in der Entwicklung zu einer eigenverantwortlichen und gemeinschaftsfähigen Persönlichkeit zu gefährden, sind somit nur unsittliche, verrohend wirkende, zu Gewalttätigkeit, Verbrechen oder Rassenhass anreizende Inhalte sowie Inhalte, in denen Gewalthandlungen wie Mord- und Metzelszenen selbstzweckhaft und detailliert dargestellt werden oder Selbstjustiz als einzig bewährtes Mittel zur Durchsetzung der vermeintlichen Gerechtigkeit nahe gelegt wird (§ 18 Rn 15 ff.). Der Unterschied zur hM liegt darin, dass nach hiesiger Ansicht die Einstufung von Inhalten als jugendgefährdend, die nicht unter Abs 2 Nr 1–4 oder § 18 Abs 1 S 2 fallen, durch Behörden und Gerichte unzulässig ist, während die hM dies zulässt.

c) Schwer jugendgefährdend

Unter welchen Voraussetzungen ein Angebot nicht nur jugendgefährdend, sondern sogar *schwer* jugendgefährdend ist, ist streitig. Der BGH hebt darauf ab, ob „die Erziehung der jungen Menschen zu sittlich verantwortungsbewussten Persönlichkeiten unmittelbar in Frage gestellt wird, weil die Jugendlichen durch das Lesen von Schriften dieser Art der nahen Gefahr ausgesetzt werden, dass sie eine dem Erziehungsziel entgegen gesetzte Haltung einnehmen" (BGHSt 8, 80, 83; ebenso OLG Köln NJW 1971, 255; LG Zweibrücken NStE § 6 GjS Nr 2; *Retzke* 2006, S 138; zu § 4 Abs 2 S 1 Nr 3 JMStV *Hartstein/Ring/Kreile/Dörr/Stettner* Rn 63a; s auch *Beucher/Leyendecker/v Rosenberg* § 3 RStV Rn 41; *Birkert/Reiter/Scherer* § 4 Rn 8; *Isensee/Axer* 1998, S 19). Voraussetzung ist also die Unmittelbarkeit, die Nähe der Gefahr, dh die gegenüber der „normalen" Jugendgefährdung **erheblich erhöhte Wahrscheinlichkeit,** dass die Wahrnehmung des Inhalts zu einer Fehlentwicklung der Persönlichkeit führt. Dagegen spricht, dass sich die Wirkungsforschung derzeit noch bemüht, die Gefahren zu erforschen, und von der Feststellbarkeit unterschiedlicher Wahrscheinlichkeitsgrade im Einzelfall bislang nicht die Rede sein kann (ablehnend deshalb auch *Gödel* § 6 Rn 21; *Liesching/Schuster* Rn 87; *Schumann,* FS Lenckner, S 579; *Stath* 2006, S 230; aA *Nikles/Spürck/Erdemir* Rn 73 unter Hinweis darauf, dass es jedenfalls deutliche Indizien für einen Zusammenhang zwischen Mediengewalt und delinquentem Verhalten gebe, welche den Gesetzgeber zu einer dahingehenden Wirkungsvermutung veranlasst habe. Dies ändert jedoch nichts daran, dass die Feststellung einer „nahen Gefahr" im Sinne eines unmittelbaren Wirkungszusammenhangs nicht möglich ist; die Wirksamkeits*vermutung* des Gesetzgebers beruht auf der ihm eingeräumten Einschätzungsprärogative. Zum Stand der Wirkungsforschung s Einl Rn 34 ff.).

Anders als der BGH hebt die wohl hM darauf ab, ob von dem Inhalt „eine schwerwiegende Gefahr der Desorientierung von Kindern und Jugendlichen in einem fundamentalen sozialethischen Bereich" ausgeht (BVerwG NJW 1987, 1435, 1436; KG NStZ 2009, 446, 448, *Liesching/Schuster* Rn 88 und *Stath* 2006, S 231 [„abstrakte Möglichkeit einer gravierenden sozialethischen Desorientierung"]; *Meirowitz* 1993, S 266 [„schwer erziehungsfeindliche Inhalte"]; *Schumann,* FS Lenckner, S 579 [„Risiko gravierender sozialethischer Desorientierung"]; *Stumpf* 2009, S 286 f.). Abgestellt wird demnach nicht auf die Größe der Gefahr, sondern auf die Größe des drohenden Schadens (beides vermengend *Nikles/Spürck/Erdemir* Rn 72). Dagegen spricht zum einen, dass eine Differenzierung nach der Schwere des Schadens kaum möglich ist. Nach hM liegt der mit den Mitteln des Jugendmedienschutzes zu verhindernde Schaden darin, dass Kinder und Jugendliche eine der Wertordnung des GG krass widersprechende Haltung annehmen. Es ist nicht ersichtlich, wie ein so definierter Schaden gesteigert werden und nach welchen Kriterien dabei (zwischen krassen und besonders krassen Widersprüchen?) unterschieden werden kann. Gegen die hM ist zudem einzuwenden, dass die Wirkungsforschung keine Prognose zulässt, ein bestimmter Inhalt lasse einen besonders schweren Schaden befürchten.

98 Die Schwere der Gefahr muss folglich unabhängig von einer Prognose über ihre Größe oder den zu erwartenden Schaden ausschließlich nach dem **Inhalt des Trägermediums** bestimmt werden. Geeignet, Kinder und Jugendliche schwer zu gefährden, ist somit nur ein Angebot, das quantitativ oder qualitativ in einem besonders hohen Maß unsittlich ist, verrohend wirkt, zu Gewalttätigkeit, Verbrechen oder Rassenhass anreizt, selbstzweckhafte Gewalthandlungen darstellt oder Selbstjustiz nahelegt, weil es fast nur oder ausschließlich jugendgefährdende Inhalte enthält oder eine Vielzahl eindeutig jugendgefährdender Inhalte aufweist (kritisch Nikles/Spürck/Erdemir Rn 73, die die Bezugnahme auf die Indizierungsgründe des § 18 Abs 1 S 2 für widersprüchlich erachten, da diese jedenfalls teilweise wirkungsbezogene Tatbestandsmerkmale, wie etwa „verrohend wirkend", enthielten. Allerdings kommt es dabei nur darauf an, ob das betreffende Verhalten bejahend, als nachahmenswert geschildert wird; ein Nachweis, dass tatsächlich die Möglichkeit eines Nachahmungseffekts besteht, ist gerade nicht erforderlich; § 18 Rn 15).

d) Offensichtlichkeit

99 Ein Angebot ist offensichtlich schwer jugendgefährdend, wenn die schwere Gefährdung „klar zutage liegt und deshalb **für jedermann ohne besondere Mühe erkennbar** ist" (BGHSt 8, 80, 87; LG Zweibrücken NStE § 6 GjS Nr 2; *Liesching/ Schuster* Rn 90; *Schumann*, FS Lenckner, S 578 f.; zu § 4 JMStV *Hartstein/Ring/ Kreile/Dörr/Stettner* Rn 63a). Jedermann ist nicht nur der „für Jugenderziehung und Jugendschutz aufgeschlossene Leser" (so aber BGH aaO; LG Zweibrücken aaO; KG NStZ 2009, 446, 448), sondern jeder Unbefangene (BVerfGE 11, 234, 238; 77, 346, 358; *Liesching/Schuster* Rn 90). Die Einschätzung des passionierten Jugendschützers ist somit ebenso unbeachtlich wie die des Gegners jeglichen Jugendmedienschutzes (BGHSt 8, 80, 88). Dass die Eigenschaften des Angebots, die die Schwere der Jugendgefährdung begründen, im Regelfall auch zur Bejahung der Offensichtlichkeit führen, steht der vorgeschlagenen Auslegung der Schwere nicht entgegen. Auch das BVerfG sieht beide Voraussetzungen in engem Zusammenhang: „Die Worte offensichtlich schwer (…) stellen ferner klar, dass nicht Grenzfälle, sondern nur jedem Unbefangenen erkennbar jugendgefährdende Schriften erfasst werden" (BVerfGE 11, 234, 238; 77, 346, 358).

e) Beispiele

100 Von der Rechtsprechung wurden als schwer jugendgefährdend angesehen die Verherrlichung sexuellen Auslebens, wahllosen Partnerwechsels und sexueller Lust in einer Schülerzeitschrift (OLG Köln NJW 1971, 255 f.), die Aufforderung zum Drogenanbau (VG Köln BPS-Report 3/1981, 3), extreme Frauenfeindlichkeit (VG Köln v 22.11.1983 – 10 K 888/83, zitiert nach *Liesching/Schuster* Rn 95), die Werbung für Penis-Ringe und Geräte zur Selbstbefriedigung (BVerfGE 77, 346, 359), das Aufdrücken eines Brandeisens auf den Körper eines Gefesselten (VG München JMS-Report 1/2005, 4). Weitergehend werden in der Literatur auch Darstellungen sexueller Erniedrigung unterhalb der Pornografiegrenze („Sado-Maso", „Bondage", Fäkalien) und teilweise das Auffordern zum und die Verherrlichung des Suizid einbezogen, sowie Inhalte iSd §§ 86a, 111, 129, 129a, 166 StGB (*Liesching/Schuster* Rn 95; Nikles/*Spürck/Erdemir* Rn 76 f.; *Stath* 2006, S 194 f., 232 f.). Letzteres geht schon deshalb zu weit, weil diese Straftatbestände nicht dem Jugendschutz dienen und die gesetzgeberische Eingrenzung in Nr 1 unterlaufen wird, wenn sämtliche strafrechtlich relevanten Inhalte unter Nr 5 subsumiert werden.

III. Inhaltsgleiche Trägermedien (Abs 3)

101 Abs 3 ist neben Abs 2 der zweite Fall einer **Indizierung kraft Gesetzes.** Er entspricht dem bisherigen § 18 Abs 1 S 1 GjSM (BT-Drs 14/9013, 24). Auch ohne vor-

herige Indizierung unterliegen Trägermedien, die mit bereits indizierten Trägermedien ganz oder im Wesentlichen inhaltsgleich sind, von ihrem Erscheinen an den Verboten des Abs 1. Für identische Schriften war das immer schon anerkannt (*Gödel* § 18a Rn 3). Abs 3 geht darüber hinaus und stellt den identischen die ganz oder im Wesentlichen inhaltsgleichen Trägermedien gleich. Die Parallele endet bei § 27: Während für identische und ganz oder im Wesentlichen inhaltsgleiche Trägermedien gleichermaßen die Verbote des § 15 Abs 1 gelten, ist der Verstoß gegen diese Verbote nur bei identischen Trägermedien strafbar, weil die Indizierung durch die BPjM auch für identische Trägermedien gilt. Hingegen ist die Übertretung der Verbote des § 15 Abs 1 bei ganz oder im Wesentlichen inhaltsgleichen Trägermedien **straflos**, weil sich die Aufnahme in die Liste nicht auf sie erstreckt und § 15 Abs 3 (anders als Abs 2) nicht in § 27 Abs 1 Nr 1 und 2 genannt wird. Die Abgrenzung identischer von inhaltsgleichen Trägermedien ist deshalb weiterhin von Bedeutung.

Die in Abs 3 genannten Trägermedien unterliegen von ihrem Erscheinen an den Verboten des Abs 1. Das würde zu einem unverhältnismäßigen Eingriff in die Presse- und Berufsausübungsfreiheit der gewerblich mit der Verbreitung von Schriften befassten Personen führen (Art 5 Abs 1 S 2, 12 Abs 1 GG), wenn sie bei jedem Trägermedium prüfen müssten, ob es mit einem indizierten ganz oder im Wesentlichen inhaltsgleich ist. Daher ist – wie bei dem gem Abs 2 kraft Gesetzes indizierten Trägermedien (§ 27 Rn 25) – eine **Prüfungspflicht** nur gegeben, wenn für den Einzelnen ein besonderer Anlass zur Prüfung besteht. Diese Pflicht kann sich dann allerdings auch auf Altbestände erstrecken, da das inhaltsgleiche Trägermedium zeitlich vor dem indizierten erschienen sein kann (BT-Drs 3/2373, 3). Aus Abs 3 erwächst dem Anbieter somit die seltsame Pflicht, dass er sich ggf „Schund" verschaffen und lesen muss, weil er nur so festzustellen vermag, ob seine Trägermedien ganz oder im Wesentlichen inhaltsgleich sind mit indizierten Trägermedien.

1. Identische Trägermedien

Für Trägermedien, die mit indizierten identisch sind, gilt die Indizierungsentscheidung der BPjM gleichermaßen. Des Abs 3 bedarf es nicht. Abs 1 findet unmittelbar Anwendung und damit auch § 27 Abs 1 Nr 1, 2 und Abs 3 Nr 1. Wie die Abgrenzung zur Inhaltsgleichheit zeigt, ist ein Trägermedium mit einem indizierten nicht bereits dann identisch, wenn es mit ihm in Titel und Inhalt vollständig übereinstimmt. Es muss auch in der Art der Verkörperung (zB Buch, CD, DVD), der Aufmachung und in den für ihre Individualisierung maßgeblichen Merkmalen (beim Buch: Erscheinungsort, -jahr, Verlag; bei Computerspielen ua auch das Betriebssystem) mit dem indizierten übereinstimmen (s auch die Mitteilung der BPjM zu § 18 GjSM, BPjS-Aktuell 3/1997, 16). Das ist zB nicht der Fall, wenn der Inhalt eines indizierten Trägermediums bei unverändertem Inhalt auf ein anderes Medium übertragen wird, etwa der Scan eines indizierten Buches auf CD-ROM. Hier liegt Inhaltsgleichheit vor. Bereits geringfügige Abweichungen schließen Identität aus (ebenso bei veränderter Verlegerangabe LG Hamburg NStE § 21 GjS Nr 1). Insbesondere sind inhaltsgleiche Träger- und Telemedien nicht identisch.

2. Ganz oder im Wesentlichen inhaltsgleiche Trägermedien

a) Voraussetzungen des Abs 3

(1) Trägermedien

Abs 3 betrifft nur den Fall der **Inhaltsgleichheit von Trägermedien**. Ist ein Telemedium mit einem indizierten Träger- oder Telemedium ganz oder im Wesentlichen inhaltsgleich, so ist es gem § 4 Abs 1 S 1 Nr 11, Abs 2 S 2 Nr 2 JMStV unzulässig. Ist ein Trägermedium mit einem indizierten **Telemedium** ganz oder im Wesentlichen inhaltsgleich, so greift Abs 3 ebenfalls nicht ein. Die BPjM muss dann das Trägermedium ebenfalls indizieren. Sie kann von Amts wegen tätig werden. Das Verfahren richtet sich nach § 21 Abs 5 Nr 1 (*Liesching/Schuster* Rn 100; *Stath* 2006, S 252); in eindeutigen Fällen kann der Vorsitzende das Trägermedium auch selbst in die Liste aufnehmen (Rn 109).

105 **Bildträger** mit Filmen (zB BD, DVD) und Spielen, die mit einem indizierten Trägermedium ganz oder im Wesentlichen inhaltsgleich sind, sind ebenfalls gem Abs 3 kraft Gesetzes indiziert. Eine Freigabe des Bildträgers durch die oberste Landesbehörde oder eine Organisation der freiwilligen Selbstkontrolle für Kinder und Jugendliche unter achtzehn Jahren mit der Konsequenz widersprechender Verbreitungs- und Werbeverbote ist ausgeschlossen (§ 14 Abs 4 S 1). In Zweifelsfällen führt die oberste Landesbehörde oder eine Organisation der freiwilligen Selbstkontrolle eine Entscheidung der BPjM herbei (§ 14 Abs 4 S 3).

(2) Ganz oder im Wesentlichen inhaltsgleich

106 Trägermedien sind inhaltsgleich, wenn sie inhaltlich völlig übereinstimmen (zB ein indiziertes Buch wird kopiert oder gescannt und auf einer CD-ROM gespeichert; lediglich veränderte Aufmachung; Wechsel des Verlegers). Sie sind im Wesentlichen inhaltsgleich, wenn der Inhalt des Trägermediums gegenüber dem Inhalt des indizierten Trägermediums „geringfügig verändert" ist (BT-Drs 13/7934, 50); zB Änderung nur des Titels oder Untertitels ohne inhaltliche Änderung des Werkes (BVerwG NJW 1995, 865, 866). Da sich die Einschätzung, ob ein Trägermedium jugendgefährdend ist, nach dem Gesamteindruck bestimmt (§ 18 Rn 49), kommt es darauf an, ob **die für die Indizierung maßgeblichen Passagen** in ihm enthalten sind und es infolgedessen nach dem Gesamteindruck ebenfalls jugendgefährdend ist (*Isensee/Axer* 1998, S 18). Die Übereinstimmung nur der jugendgefährdenden Stellen genügt für sich allein genommen nicht. Dass bei unveränderter Übernahme dieser Stellen sein „jugendgefährdender Charakter auch die neue Ausgabe bestimmt" (VG Köln NJW 1989, 418; ebenso *Gödel* § 18a Rn 5; *Monssen-Engberding* BPjS-Aktuell 2/1998, 4), ist nach der Lehre vom Gesamteindruck nicht zwingend, wenn es auch zumeist der Fall sein wird. Eine neue Ausgabe ist nicht inhaltsgleich, wenn durch Bearbeitung der Passagen, die den Anlass zur Indizierung gaben, den Bedenken der BPjM Rechnung getragen worden ist (*Monssen-Engberding* aaO).

107 Wird der Inhalt eines indizierten Buchs in eine Datei übertragen, so ist es zB unerheblich, wenn ein vom Text unabhängiger Anhang angefügt wird (BVerwG NJW 1987, 1435, 1436), der Titel oder Untertitel verändert wird (OLG Hamburg GA 1957, 59, 60), Textpassagen oder Abbildungen umgestellt werden, der Text um einzelne Worte verändert wird (VG Köln NJW 1989, 418) oder ein anderer Umschlag gewählt wird. Nach Ansicht der Rechtsprechung ist auch die Zusammenfassung jugendgefährdender Texte, die zur Indizierung der sie enthaltenden Schriften führten, in einer neuen Schrift unerheblich (OVG Münster NJW 1973, 385). Bei Computerspielen ist die deutsche Fassung zur ansonsten unverändert übernommenen amerikanischen Fassung inhaltsgleich (BPjM, Entscheidung Nr 6200 v 18.4.2002, BPjS-Aktuell 2/2002 3, 13 – *Return to Castle Wolfenstein*). Eine wesentliche Inhaltsgleichheit kann auch bestehen, wenn die in der amerikanischen Fassung enthaltenen Verstöße gegen § 86 StGB in der deutschen Version fehlen, die unverändert übernommenen Gewaltdarstellungen aber für sich genommen bereits eine Indizierung des ursprünglichen Trägermediums rechtfertigen (BPjM aaO). Nachfolgeversionen indizierter Computerspiele sind im Regelfall nicht im Wesentlichen inhaltsgleich mit der Vorgängerversion (näher *Monssen-Engberding* BPjS-Aktuell 2/1998, 5 f.).

(3) Bekanntmachung der Listenaufnahme

108 Abs 3 greift nur dann ein, wenn die Aufnahme des Trägermediums, mit dem das andere ganz oder im Wesentlichen inhaltsgleich ist, in die Liste (§ 18 Abs 2) bekannt gemacht worden ist. Diese Einschränkung ist erforderlich, weil Trägermedien gem § 24 Abs 3 S 2 auch ohne Bekanntgabe in die Liste (Teile C und D) aufgenommen werden können (BT-Drs 14/9013, 24). Für Trägermedien, die ganz oder im Wesentlichen inhaltsgleich sind mit indizierten Trägermedien, deren Aufnahme in die Liste *nicht* bekannt gemacht wurde, gelten die Verbote des Abs 1 somit nur und erst dann, wenn sie selbst ebenfalls von der BPjM indiziert und in die Liste aufgenommen worden sind. Die BPjM muss dann das Trägermedium ebenfalls indizieren. Sie kann von Amts wegen tätig werden. Das Verfahren richtet sich nach § 21 Abs 5 Nr 1; in eindeutigen Fällen kann der Vorsitzende das Trägermedium auch selbst in die Liste aufnehmen (Rn 109).

b) Aufnahme in die Liste

Für ein ganz oder im Wesentlichen inhaltsgleiches Trägermedium gilt Abs 1, ohne 109 dass es indiziert, dh in die Liste (§ 18 Abs 2) aufgenommen und dies bekannt gemacht worden ist. Trotzdem liegt eine Listenaufnahme im Interesse des effektiven Jugendmedienschutzes (insb weil nur dann Verstöße gegen Abs 1 strafbar sind; Rn 101, § 27 Rn 3) und der Rechtsunterworfenen, denen so die Prüfungspflicht (Rn 102) erleichtert wird. Berechtigt zur Aufnahme in die Liste ist der **Vorsitzende der BPjM** (BGH NJW 1995, 865, 866; *Liesching/Schuster* Rn 100, § 21 Rn 15; vgl BPjM, Entscheidung Nr 6200 v 18.4.2002, BPjS-Aktuell 2/2002 3, 13 – *Return to Castle Wolfenstein;* aA BRat, BR-Drs 110/04 [Beschluss]). Diese bis 1997 in § 18a Abs 1 GjS ausdrücklich vorgesehene Befugnis des Vorsitzenden nennt Abs 3 zwar nicht mehr. Sie ist jedoch erhalten geblieben. Dafür sprechen der Wille des Gesetzgebers, der nur die Notwendigkeit der Listenaufnahme, nicht aber ihre Möglichkeit beseitigen wollte, und § 21 Abs 5 Nr 1: Wenn danach der Vorsitzende *bei Zweifeln* über die Inhaltsgleichheit die Entscheidung des Zwölfergremiums herbeiführen muss, dann setzt das implizit voraus, dass ihm eine vorgelagerte Beurteilungs- und auch Entscheidungskompetenz bei zweifelsfreier Inhaltsgleichheit zukommt. Eine sofortige Beurteilung durch das Zwölfergremium ist auch von der Sache her nicht erforderlich, weil es sich hier nur um solche Fälle handelt, in denen sich die Prüfung auf leicht feststellbare Fakten bezieht (§ 21 Rn 23 f.). Der Vorsitzende kann das Verfahren **von Amts wegen** einleiten (§ 21 Rn 19 f., 23 f.; zum Antrag auf Feststellung fehlender Inhaltsgleichheit s § 21 Rn 6; zum Rechtsschutz s § 25 Rn 4).

IV. Unzulässige Werbung mit der Liste (Abs 4)

Abs 4 verbietet das Abdrucken oder Veröffentlichen der Liste der jugendgefährdenden Medien zur geschäftlichen Werbung. Er entspricht dem früheren § 21 Abs 2 Nr 2 GjSM. Das dort in die Form eines Straftatbestands eingekleidete Verbot der Werbung mit der Liste wurde in den Abs 4 übernommen, die Strafandrohung findet sich heute in § 27 Abs 1 Nr 3. **Schutzzweck** ist es, wie bei Abs 1 Nr 6 (Rn 35), zu verhindern, dass Minderjährige Kenntnis von der Indizierung, der Existenz oder den Bezugsquellen indizierter Trägermedien oder inhaltsgleicher Telemedien erhalten.

1. Geschäftliche Werbung

Werbung ist der Oberbegriff für die in Abs 1 Nr 6 genannten Tathandlungen des 111 Anbietens, Ankündigens oder Anpreisens (Rn 38 ff.). Erfasst wird jedes Handeln, mit dem gezielt das wohlwollende Interesse des Adressaten an der Kenntnisnahme des Inhalts des Trägermediums geweckt oder gefördert werden soll (BGHSt 34, 218, 220). Werbung kann ausdrücklich oder stillschweigend erfolgen (zB unter dem Deckmantel scheinbarer Ablehnung) und setzt nicht voraus, dass der Täter sie selbst verfasst hat oder als seiner eigenen Meinung entsprechend kundgibt; es genügt die Wiedergabe eines fremden Werbetextes (zB Klappentext eines Buches bei dessen Angebot auf einer Website; OLG Hamburg NStZ 2007, 487). Eine eindeutig ablehnende Berichterstattung ist jedoch selbst dann keine Werbung, wenn sie den Titel, den Verlag und eine Bezugsquelle nennt, sowie Einzelheiten aus dem Medium wie-

Altenhain

dergibt (BGHSt 34, 218, 221). Werbung setzt nicht voraus, dass in ihr eine Bezugsquelle genannt wird (OLG Hamburg aaO); das Gegenteil folgt weder aus dem Wortlaut, noch steht es mit dem Schutzzweck in Einklang, wonach bereits unterbunden werden soll, dass das Interesse Minderjähriger überhaupt geweckt oder gefördert wird – mit der möglichen Folge, dass sie sich daraufhin selbst nach Bezugsquellen umsehen. Es kommt auch nicht darauf an, ob ein Minderjähriger überhaupt in der Lage ist, auf das Medium zuzugreifen, für das – für ihn wahrnehmbar – geworben wird (LG Halle GRUR-RR 2007, 26, 27).

112 Eine Werbung ist nicht nur dann **geschäftlich**, wenn sie „gerade in Verbindung mit einem Gewerbe im Sinne des HGB oder der GewO erfolgt; der Begriff geschäftlich wird vielmehr durch den Gegensatz zu rein privater oder amtlicher Tätigkeit bestimmt. Geschäftlich handelt demnach, wer des Erwerbes halber irgendeine dauernde Tätigkeit im Handel und Verkehr, im Wirtschaftsleben betreibt" (Stenglein/ Conrad § 4 Anm 8a; s auch RGSt 49, 199, 200f.; Riedel 1953, S 98). Voraussetzung ist demnach, dass die Werbung **zur Gewinnerzielung** erfolgt (zB Gewinn des Verfassers, Verlegers oder Händlers durch Steigerung des Absatzes des Trägermediums). Das Trägermedium muss nicht nur gegen Entgelt erhältlich sein. Es genügt, wenn sich die Steigerung des Absatzes mittelbar positiv auf den Gewinn auswirkt (vergleichbar einem mit Werbeeinnahmen finanzierten Fernsehprogramm, das um Zuschauer wirbt). Andererseits folgt daraus, dass ein Trägermedium nur gegen Entgelt erhältlich ist, nicht zwingend, dass die Werbung geschäftlich ist (zB wenn mit dem Entgelt ausschließlich die Kosten gedeckt werden). Die Werbung muss im Rahmen des Geschäfts erfolgen, dh der Geschäftstreibende oder der von ihm beauftragte Dritte muss für das Trägermedium werben. Das ergibt sich aus dem Wortlaut. Abs 4 greift somit (regelmäßig auch mangels Gewinnerzielungsabsicht) nicht ein, wenn nicht beauftragte Dritte für ein Trägermedium werben.

2. Liste

113 Die **Liste** ist das vom Vorsitzenden geführte Register, in dem alle indizierten Träger- und Telemedien aufgeführt sind und das ständig zu aktualisieren ist (§§ 18 Abs 1 S 1, 24 Abs 1). Die Liste wird in vier Teilen geführt (§ 18 Abs 2). Deshalb ist fraglich, ob auch derjenige verbotswidrig handelt, der nicht die ganze Liste, sondern nur einen Teil (A, B, C oder D) oder sogar nur einen Auszüge aus einem Teil abdruckt oder veröffentlicht. Die hM bejaht das (Liesching/Schuster Rn 102, § 27 Rn 5; Potrykus § 21 Anm 3; Riedel 1953, S 134; Stath 2006, S 253; zur Veröffentlichung von Teilen der Liste im Internet AG Hamburg-Bergedorf NStZ-RR 2001, 27). Dagegen spricht der eindeutige Wortlaut. Abs 4 verbietet, dass „die Liste" abgedruckt wird, nicht dass ein **„Teil der Liste"** veröffentlicht wird. Da die Verletzung des Abs 4 strafbar ist (§ 27 Abs 1 Nr 3), verstößt die hM gegen Art 103 Abs 2 GG (Vassilaki Kap G Rn 76). Sie ist zudem zu unbestimmt und droht, das Verbot ins Uferlose auszudehnen, weil genau genommen bereits die Angabe des Titels eines indizierten Mediums ein teilweiser Abdruck der Liste ist (zust Nikles/Spürck/Erdemir Rn 82).

114 Für die hM lässt sich nicht ins Feld führen, dass der Gesetzgeber in Abs 4 die Formulierung des früheren § 21 Abs 2 GjSM übernommen hat (BT-Drs 14/9013, 24), den die hM bereits ebenso extensiv auslegte. Die Materialien geben keinen Hinweis darauf, dass der Gesetzgeber diese Auslegung für Abs 4 anerkennen wollte. Im Gegenteil: Auch in der Entwurfsbegründung wird nur davon gesprochen, dass „die Liste" nicht abgedruckt werden dürfe (BT-Drs 14/9013, 24). Zudem hätte es dann, wenn der Gesetzgeber das Problem überhaupt gesehen und im Sinne der hM hätte lösen wollen, gerade wegen des entgegenstehenden Wortlauts näher gelegen, das Verbot ausdrücklich auf Teile der Liste auszuweiten. Für die hM lässt sich schließlich auch nicht das historische Argument anführen, dass § 6 Abs 1 des Gesetzes zur Bewahrung der Jugend vor Schund- und Schmutzschriften vom 18.12.1926 (RGBl I, 505) ebenso ausgelegt wurde (Stenglein/Conrad § 6 Anm 3c). Abgesehen davon, dass

auch eine historische Auslegung ihre Grenze im möglichen Wortsinn findet, erlaubt das nicht den Schluss, dass diese Auslegung dem Willen des Bundesgesetzgebers entsprach, als er 1953 mit dem GjS den Vorläufer des JuSchG schuf. Denn § 13 Abs 1 des rheinland-pfälzischen Gesetzes zum Schutze der Jugend vor Schmutz und Schund vom 12.10.1949 (GVBl 505) nannte auch „Teile der Liste". Den Materialien zum GjS lässt sich nicht entnehmen, ob der Gesetzgeber diese Formulierung nicht übernahm, weil ihm die Ausdehnung der Strafbarkeit als zu weitgehend erschien, oder weil er sie angesichts der Auslegung des Gesetzes von 1926 im Gegenteil für überflüssig hielt.

3. Abdruck oder Veröffentlichung

Abdruck ist die drucktechnische Vervielfältigung (zB in Zeitungen, Zeitschriften, Broschüren, Prospekten, Werbeblättern), nicht die Abschrift (aA unter Verstoß gegen Art 103 Abs 2 GG *Potrykus* § 21 Anm 3), die Kopie oder das Einscannen der Liste in den Computer. Das Verbreiten oder Zugänglichmachen der eingescannten Liste als Telemedium verstößt jedoch gegen § 6 Abs 1 S 2 JMStV. **Veröffentlichung** ist jede Form des Verbreitens oder Zugänglichmachens der Liste, durch die einer größeren, nach Zahl und Individualität unbestimmten und durch nähere Beziehung nicht verbundenen Personengruppe die Möglichkeit zur Kenntnisnahme gegeben wird. Dass die Liste in Teilen zuvor von der BPjM, von Dritten oder vom Täter schon einmal bekannt gemacht oder veröffentlicht wurde, schließt eine erneute Veröffentlichung nicht aus (AG Hamburg-Bergedorf NStZ-RR 2001, 27, 28; RGSt 14, 342, 343). 115

Der Abdruck oder die Veröffentlichung müssen für den Empfänger erkennbar der **geschäftlichen Werbung** dienen (Rn 111 f.). Ein Bezug auf ein bestimmtes, vom Täter angebotenes indiziertes Trägermedium muss nicht bestehen. Andernfalls wäre Abs 4 neben Abs 1 Nr 6 überflüssig. Abs 4 greift nicht ein, wenn die Handlung ausschließlich der Information dient (zB Buchhandel, Jugendhilfe). 116

V. Unzulässige Werbung mit dem Indizierungsverfahren (Abs 5)

Abs 5 entspricht dem früheren § 5 Abs 1 GjSM, der seit Inkrafttreten des GjS am 14.7.1953 unverändert gegolten hat (BGBl I, 377). Er soll verhindern, dass das Interesse von Kindern und Jugendlichen an Trägermedien gezielt geweckt oder gefördert wird, die im Verdacht stehen oder standen, jugendgefährdend zu sein. Abs 5 greift somit im Vorfeld der Abgabe- und Verbreitungsverbote des Abs 1 ein, indem er die **Werbung für nicht indizierte Medien** einschränkt. Verboten ist jedoch nicht jede Werbung, sondern nur eine geschäftliche Werbung mit dem Hinweis auf ein tatsächlich anhängiges oder abgeschlossenes Indizierungsverfahren. 117

Zweifelhaft ist, ob ein Werbeverbot zur Erreichung dieses weit **im Vorfeld der Jugendgefährdung** angesiedelten Ziels verhältnismäßig ist. Diese Frage stellt sich auch bei dem Verbot des Abs 1 Nr 6. Beide Verbote zeigen, dass der Gesetzgeber nicht auf die Einhaltung der Verbote des Abs 1 Nr 1–5 vertraut und deshalb vermeiden will, dass Kinder und Jugendliche von sich aus Erwachsene um jugendgefährdende Trägermedien angehen. Es ist streitig, ob diese (unterstellte) mangelnde Effizienz der Verbote des Abs 1 Nr 1–5 die Einführung der Verbote in ihrem Vorfeld eingreifenden Verbote des Abs 1 Nr 6 und des Abs 5 rechtfertigen kann (*Meirowitz* 1993, S 306) oder ob sie nicht gegen den Grundsatz der Verhältnismäßigkeit verstoßen (*Schumann* tv-diskurs 25 [2003], 98; *Stumpf* BRJ 2/2010, 205; ebenso zu § 5 Abs 2 GjSM: *Schumann* NJW 1978, 1137; *ders* NJW 1978, 2496; *Vlachopoulos* 1996, S 66; zweifelnd auch Sch/Sch/*Eisele* § 184 Rn 44; *Schroeder* 1992, S 40 f.). Das BVerfG hat die Verfassungsmäßigkeit des früheren § 5 Abs 2 GjS, dem der heutige § 15 Abs 1 Nr 6 im Wesentlichen entspricht, bejaht (BVerfG NJW 1986, 1241, 1242; ebenso BVerwG DVBl 1977, 501, 503 f.; BGHSt 33, 1, 3; s auch zu § 5 Abs 2 GjS aF BVerfGE 11, 118

234, 239; *Müller* JZ 1970, 91). Auch wenn danach eine Einschränkung der angeführten Grundrechte zur Erreichung des genannten Ziels grundsätzlich zulässig ist, bleibt zu fragen, ob die Werbeverbote diesem Ziel dienen oder darüber hinausgehen. Das betrifft bei Abs 1 Nr 6 das Verbot neutraler Werbung und bei Abs 5 das Verbot der Werbung mit abgeschlossenen oder fiktiven Indizierungsverfahren.

1. Zweck

119 Abs 5 zeigt das **Dilemma des Indexprinzips**. Ein Jugendmedienschutzkonzept, das das Verbot der Verbreitung jugendgefährdender Medien von einem staatlichen Gefahrurteil abhängig macht, riskiert, dass Kinder und Jugendliche in dem Gefahrurteil der BPjM keine Warnung, sondern im Gegenteil ein „Gütesiegel" sehen. Dadurch entsteht der Zwiespalt, dass es wegen des Gebots effektiven Jugendschutzes (Einl Rn 17) einerseits nahe liegt, gegenüber Kindern und Jugendlichen das Indizierungsverfahren und die Indizierung geheim zu halten, um ihr Interesse nicht auf das Medium zu lenken, während es andererseits erforderlich ist, die mit der Verbreitung befassten Personen (Händler, Grossisten etc) und die mit der Erziehung betrauten Personen (Eltern, Lehrer etc) über die Tätigkeit der BPjM zu informieren (§ 24 Abs 3). Darüber hinaus ist das Informationsbedürfnis der Öffentlichkeit zu beachten. Insbesondere ist gem Art 5 Abs 1 GG eine Presseberichterstattung zulässig, die sich kritisch mit dem Medium oder der Tätigkeit der BPjM auseinandersetzt (BGHSt 34, 218, 220 f.).

120 Wegen dieser Informationspflichten und -rechte kann nur die darüber hinausgehende Werbung für ein jugendgefährdendes Trägermedium mit dem Hinweis auf das Indizierungsverfahren oder seine Indizierung verboten werden, um zu verhindern, dass Kinder und Jugendliche gezielt zur Abnahme angereizt werden. Deshalb untersagt § 15 zusätzlich zu dem in Abs 1 Nr 6 ausgesprochenen Verbot öffentlicher Werbung für indizierte Trägermedien, das die Werbung mit der Indizierung einschließt, in Abs 5 die geschäftliche Werbung für nicht indizierte Trägermedien mit dem Indizierungsverfahren. Mit diesem allgemein anerkannten Schutzzweck (LG Halle GRUR-RR 2007, 26, 27; Erbs/Kohlhaas/*Liesching* Rn 62; *Potrykus* § 5 Anm 3; ebenso zu Abs 1 Nr 6, § 5 Abs 2 GjSM, § 184 Abs 1 Nr 5 StGB: BGHSt 34, 94, 98; 34, 218, 219; NJW 1977, 1695, 1696; OLG Stuttgart MDR 1977, 266; Sch/Sch/*Eisele* § 184 Rn 45; *Meirowitz* 1993, S 306; *Schumann* NJW 1978, 1135) ist es allerdings unvereinbar, dass das Gesetz die Einschränkungen des Abs 1 Nr 6 – öffentliche Werbung ist nur an Orten verboten, die Kindern oder Jugendlichen zugänglich sind oder von ihnen eingesehen werden können, und Werbung durch Verbreiten von Medien ist nur untersagt, wenn es außerhalb des Geschäftsverkehrs mit dem einschlägigen Handel erfolgt – nicht auch in Abs 5 vorsieht.

2. Voraussetzungen

121 Abs 5 gilt nur für die geschäftliche Werbung (Rn 111 f.), nicht etwa für private Empfehlungen. Geschäftliche Werbung darf keinen Hinweis auf ein **Verfahren zur Aufnahme eines Trägermediums** oder eines inhaltsgleichen Telemediums enthalten. Die geschäftliche Werbung mit einem Verfahren bezüglich der Aufnahme eines Telemediums ist gemäß § 6 Abs 1 S 3 JMStV verboten. Gemeint sind neben dem ordentlichen (§ 19 Abs 5), das vereinfachte (§ 23 Abs 1) und das vorläufige Verfahren (§ 23 Abs 5). Abs 5 betrifft nur Verfahren nach dem JuSchG; auf andere Verfahren darf hingewiesen werden (zB auf ein Strafverfahren, auch wenn es gem § 74d StGB zur Einziehung der Schrift führen und gem § 18 Abs 5 eine Indizierung kraft Gesetzes nach sich ziehen kann).

122 Ein Verfahren wird **anhängig** mit dem Eingang des Antrags bei der BPjM (§ 2 DVO-JuSchG) oder mit seiner Einleitung von Amts wegen durch Anberaumung des Verhandlungstermins durch den Vorsitzenden (analog § 5 Abs 1 DVO-JuSchG). Das Verfahren endet, wenn die Entscheidung der BPjM formell bestandskräftig wird, dh die Rechtsmittelfrist (§ 74 Abs 1 S 2 VwGO) abläuft, auf Rechtsmittel verzichtet wird oder eine rechtskräftige Gerichtsentscheidung ergeht. Die Werbung mit dem Hinweis auf ein tatsächlich oder angeblich **bevorstehendes Verfahren** verstößt nicht gegen Abs 5 (zB die Aufforderung, ein Buch jetzt zu erwerben, weil ein Jugendamt den Antrag stellen und es daher bald nicht mehr erhältlich sein werde; *Potrykus* § 5 Anm 4; *Riedel* 1953, S 99). Der Strategie mancher Anbieter, durch eine die Indizierbarkeit des Mediums herausstellende Werbung dafür zu sorgen, dass zwischen dem Beginn des Verkaufs und dem Beginn des Indizierungsverfahrens möglichst viele Exemplare verkauft werden (zB mit dem Slogan „Nur für kurze Zeit!"; *Lober* 2000, S 15; s auch *Voregger* BPjS-Aktuell 2/2000, 11), kann mit Abs 5 nicht begegnet werden.

Abs 5 verbietet auch den Hinweis auf **abgeschlossene Verfahren**. Hat das abgeschlossene Verfahren zu einer im Zeitpunkt der Werbung **noch bestehenden Indizierung** geführt, greift neben Abs 5 auch Abs 1 Nr 6 ein. Abs 5 kann hier nur eigenständige Bedeutung erlangen, wenn die Werbung nach Abs 1 Nr 6 erlaubt ist. Doch zeigt das Eingreifen der Einschränkungen des Abs 1 Nr 6 – zB öffentliche Werbung an einem für Kinder oder Jugendliche unzugänglichen Ort –, dass auch für ein Verbot nach Abs 5 kein vom gemeinsamen Schutzzweck gedeckter Anlass besteht. Zumindest in Fällen, in denen Abs 1 Nr 6 und Abs 5 eingreifen, sollten die Einschränkungen des Abs 1 Nr 6 auch für Abs 5 gelten. 123

Abs 5 erlangt somit für **abgeschlossene Verfahren** allenfalls dann eine eigenständige Bedeutung, wenn Abs 1 Nr 6 nicht oder nicht mehr eingreift. Es handelt sich um abgeschlossene Verfahren, **die nicht zu einer Indizierung führten** (zB § 21 Abs 3) **oder deren Indizierungsentscheidung inzwischen aufgehoben** worden (§ 24 Abs 2 S 2), **außer Kraft getreten** (§ 23 Abs 6) oder **wirkungslos** geworden (§ 18 Abs 7 S 2). Die hM erkennt diese Gesetzeslage ohne weiteres an (*Liesching/Schuster* Rn 107; *Mitsch* 2012, § 9 Rn 33; *Ukrow* 2004, Rn 391; s schon *Potrykus* § 5 Anm 4; *Riedel* 1953, S 99), obwohl sie verfassungswidrig ist (zust *Nikles/Spürck/Erdemir* Rn 84): In den beiden erstgenannten Fällen ist das Werbeverbot nicht vom Schutzzweck des JuSchG gedeckt, weil von dem Trägermedium keine Jugendgefährdung ausgeht. Das Werbeverbot ist deshalb ein zum Schutz der Jugend ungeeigneter Eingriff in die Berufsausübungsfreiheit (Art 12 Abs 1 GG) und folglich verfassungswidrig. Im dritten Fall ist zwar eine Jugendgefährdung offenbar gegeben, doch steht die Aufrechterhaltung des Werbeverbots über die Fristen des § 23 Abs 6 S 1, 2 hinaus in Widerspruch zu dem in dieser Regelung zum Ausdruck kommenden Gedanken, dass der in seinen Grundrechten Beeinträchtigte nur begrenzte Zeit die Folgen vorläufiger, auf einem summarischen Verfahren beruhender Entscheidungen hinnehmen muss. Das Werbeverbot ist daher unverhältnismäßig und auch insoweit verfassungswidrig. Dasselbe gilt erst recht im vierten Fall. 124

Abs 5 gilt nur für tatsächliche Indizierungsverfahren. Demgegenüber wird zum Teil die Ansicht vertreten, Abs 5 sei auch auf die Werbung mit einem **fiktiven Indizierungsverfahren** anwendbar (*Gödel* § 5 Rn 6; *Erbs/Kohlhaas/Liesching* Rn 62; *Potrykus* § 5 Anm 4; *Riedel* 1953, S 99). Begründet wird das zum einen damit, dass § 4 Abs 5 des Reichsgesetzes zur Bewahrung der Jugend vor Schund- und Schmutzschriften vom 18.12.1926 (RGBl I, 505; aufgehoben durch Reichsgesetz vom 10.4.1935, RGBl I, 541) ebenso ausgelegt worden sei (so ohne Begründung *Stenglein/Conrad* § 4 Anm 10), und zum anderen damit, dass auch der Wortlaut einer solchen Auslegung nicht entgegenstehe. Dagegen spricht jedoch, dass eine die Grundrechte einschränkende Auslegungspraxis aus vorkonstitutioneller Zeit nicht einfach übernommen werden darf, ein entsprechender gesetzgeberischer Wille den Materialien nicht entnommen werden kann, der Gesetzgeber einen solchen Willen ohne weiteres im Gesetz hätte niederlegen können, der Wortlaut eindeutig ist und das Schutzziel des JuSchG verfehlt wird. Die unwahre Werbung mit einem Indizierungsverfahren oder einer Indizierung mag unlauter sein und gegen das UWG verstoßen, sie gefährdet Jugendliche aber nicht in ihrer Persönlichkeitsentwicklung. Wer die Verbreitung 125 von *Goethes* „Faust" unter Jugendlichen dadurch zu fördern sucht, dass er mit der angeblichen Indizierung wirbt, hat den getäuschten Jugendlichen eher etwas Gutes angetan. In Fällen, in denen mit einer angeblichen Indizierung für Medien geworben wird, die später tatsächlich indiziert werden, wird das Schutzziel zwar erreicht, doch unterläuft die Gegenmeinung hier das Jugendschutzkonzept des JuSchG, das die Verbote nicht nur an die Inhalte, sondern an die (wegen des laufenden Verfahrens möglicherweise bevorstehende) Indizierung knüpft. – Auch nach der Gegenmeinung ist der klarstellende Hinweis erlaubt, dass kein Indizierungsverfahren anhängig ist oder war (*Gödel* § 5 Rn 7).

126 Der **Hinweis** kann ausdrücklich oder konkludent, mündlich oder schriftlich, öffentlich, innerhalb eines begrenzten Personenkreises oder nur gegenüber einer Person gegeben werden. Er muss sich auf ein bestimmtes Trägermedium beziehen und das Verfahren, auf das hingewiesen wird, muss auch dieses betreffen (aA *Riedel* 1953, S 99). Der Hinweis muss **bei der geschäftlichen Werbung** für das Trägermedium erfolgen (zB Angebot eines Films auf DVD auf der frei zugänglichen Homepage eines Versandhandels für gewerbliche Abnehmer mit dem Hinweis, ein Verfahren zur Aufnahme in die Liste sei anhängig; LG Halle GRUR-RR 2007, 26). Ein Hinweis, der nicht in Zusammenhang mit der Werbung steht und nicht selbst werbenden Charakter hat, ist zulässig. Es entspricht gerade dem Sinn des JuSchG, dass zB ein Buchhändler einen Erwachsenen darauf hinweist, dass bez. des von ihm als Geschenk für einen Jugendlichen gesuchten Buchs ein Indizierungsverfahren läuft. Erlaubt ist auch der Hinweis, die Indizierung sei abgelehnt worden (zB des Verlegers, wenn ihm der Handel das Trägermedium wegen des Indizierungsverfahrens nicht abgenommen hat). Dass solche Hinweise wegen ihrer Formulierung auch werbenden Charakter haben, darf wegen der verfassungsrechtlichen Bedenken (Rn 118) und der berechtigten Interessen des Hinweisenden nicht zur Anwendung des Abs 5 führen. Das gilt, trotz des weitergehenden Wortlauts, auch für eine geschäftliche Werbung, die ausschließlich von anderen Gewerbetreibenden wahrgenommen wird (zB Schriftwechsel zwischen Groß- und Einzelhändler), da keine Gefahr für Minderjährige besteht (zu weit daher OLG Frankfurt v 17.1.1962 – 1 Ss 1152/61, zitiert nach *Liesching/Schuster* Rn 107).

VI. Hinweispflicht (Abs 6)

127 Abs 6 legt dem Gewerbetreibenden eine Hinweispflicht über die Vertriebsbeschränkungen des Abs 1 Nr 1–6 auf. Erteilt er den Hinweis vorsätzlich oder fahrlässig nicht, nicht richtig oder nicht rechtzeitig, so handelt er ordnungswidrig (§ 28 Abs 1 Nr 20). **Zweck** des Abs 6 ist es zu verhindern, dass die Abnehmer aus Unkenntnis gegen die Verbote des Abs 1 Nr 1–6 verstoßen (*Liesching/Schuster* Rn 109; *Nikles/Spürck/Erdemir* Rn 86; *Stath* 2006, S 254). Abs 6 ist insbesondere bei Medien wichtig, deren Aufnahme in die Liste nicht bekannt gemacht wird (§ 18 Abs 2 Nr 3, 4).

128 Abs 6 entspricht dem früheren § 4 Abs 2 S 2 GjSM (ungenau BT-Drs 14/9013, 24; zu § 4 Abs 1 S 1 GjSM s Rn 4). Während dieser nur Verleger, Zwischenhändler und Importeure in die Pflicht nahm, verwendet der Gesetzgeber in Abs 6 nun den „umfassenden Begriff" des **Gewerbetreibenden** (BT-Drs aaO). Abgesehen von bestimmten Ausnahmen, die hier keine Rolle spielen, ist nach der gewerberechtlichen Definition jede nicht sozial unwerte, auf Gewinnerzielung gerichtete und auf Dauer angelegte selbständige Tätigkeit ein Gewerbe (§ 28 Rn 3).

129 Abs 6 erlegt jedem Gewerbetreibenden eine Hinweispflicht auf, wenn er ein indiziertes (Abs 1), mit einem indizierten ganz oder im Wesentlichen inhaltsgleiches (Abs 3) oder kraft Gesetzes indiziertes (Abs 2) Trägermedium an einen Händler, dh nicht unmittelbar an einen Endverbraucher, weitergibt. Der Hinweis ist allerdings nur zu erteilen, **„soweit die Lieferung erfolgen darf"**. Abs 6 verweist damit auf das Verbot des Abs 1 Nr 7, indizierte Trägermedien an andere Person zu liefern, um ihnen eine Verwendung iSd Abs 1 Nr 1–6 zu ermöglichen (das übersehen *Liesching/*

Schuster Rn 110). Weiß der Gewerbetreibende, dass der Händler einen Kiosk oder einen Versandhandel betreibt, darf er ihm das indizierte Trägermedium gar nicht liefern. Handelt es sich bei seinem Abnehmer hingegen zB um einen Buchhändler oder Grossisten, so ist die Lieferung zulässig (BT-Drs 10/2546, 20) und der Lieferant zum Hinweis gem Abs 6 verpflichtet.

Der **Hinweis** ist immer zu erteilen, wenn Abs 1 eingreift, dh bei indizierten (Abs 1), 130 bei ganz oder im Wesentlichen inhaltsgleichen (Abs 3) und bei kraft Gesetzes indizierten (Abs 2) Trägermedien. Ein allgemeiner Hinweis auf Vertriebsbeschränkungen reicht nicht aus. Der Wortlaut („*die* Vertriebsbeschränkungen") zeigt, dass die Verbote des Abs 1 Nr 1–6 ausdrücklich genannt werden müssen (Nikles/*Spürck/Erdemir* Rn 86). Hinzuweisen ist auf alle Verbote des Abs 1 Nr 1–6, auch wenn der Lieferant weiß, dass der konkrete Abnehmer bestimmte Handlungen nicht vornehmen wird, da nicht sicher ist, ob der Abnehmer nicht später auch andere Vertriebswege wählen oder die Ware seinerseits an Dritte mit anderen Geschäftsmodellen weiterveräußern wird. Der Hinweis muss sich auf das konkrete Trägermedium beziehen. Inhaltlich kann sich der Hinweis in der einfachen Mitteilung erschöpfen, dass für dieses Trägermedium die Abgabe-, Verbreitungs- und Werbeverbote nach § 15 Abs 1 bestehen.

Der Hinweis muss **vor der Abgabe** erfolgen. Dadurch soll sichergestellt werden, 131 dass der Abnehmer von der Besitzerlangung an die Verbote einhalten kann. Ist dies gewährleistet, genügt aber auch ein Hinweis bei der Abgabe (zB der Ladeninhaber holt die Ware persönlich beim Lieferanten ab und wird von diesem beim Verladen informiert). Erfolgt der Hinweis nicht, so entlastet dies den unwissenden Abnehmer nicht. Er ist unabhängig von der Hinweispflicht seines Lieferanten selbst gehalten, sich über Indizierungen zu informieren; andernfalls kann er sich wegen fahrlässigen Verstoßes gegen Abs 1 Nr 1–6 strafbar machen (§ 27 Abs 3 Nr 1; ebenso *Liesching/ Schuster* Rn 108; zur Prüfpflicht des Geschäftsführers einer Verlagsgesellschaft BayObLG NStZ 2000, 264).

VII. Durchsetzung und Rechtsfolgen

Die Einhaltung der Verbote und Gebote des § 15 wird von **Polizei und Ord-** 132 **nungsbehörden,** je nach Bundesland auch von den **Jugendämtern** kontrolliert, denen auch Betretens- und Beschlagnahmerechte zustehen können (zB § 27 bw LKJHG). Festgestellte Verstöße können aufgrund der polizei- oder ordnungsrechtlichen Generalklausel unterbunden werden (zB Anweisung, eine indizierte Schrift aus dem für Jugendliche zugänglichen Angebot zu nehmen). Gestützt auf § 7 (VG Koblenz v 9.9.2011 – 5 L 847/11.KO, Rn 4 [juris]; VG München v 27.5.2008 – M 16 K 07.4344, Rn 44 [juris]; s. auch VG Gelsenkirchen v 29.2.2012 – 7 K 943/10, Rn 35 [juris]: oder die ordnungsbehördliche Generalklausel), können auch Veranstaltungen untersagt oder unter Auflagen gestattet werden, bei denen Inhalte indizierter Medien vorgetragen werden (zB Konzert, auf dem ein indiziertes Lied gesungen wird). Dabei können im Einzelfall auch über Abs 1 Nr 1–7 hinausgehende Verkaufsverbote (zB auch an Erwachsene) erlassen werden (VG Gelsenkirchen Rn 35).

Vorsätzliche oder fahrlässige Verstöße gegen Abs 1 Nr 1–6, Abs 4 und 5 und vor- 133 sätzliche Verstöße gegen Abs 1 Nr 7 werden als **Straftaten** (§ 27 Abs 1, 3), vorsätzliche oder fahrlässige Verstöße gegen Abs 6 als **Ordnungswidrigkeiten** geahndet (§ 28 Abs 1 Nr 20).

Verstöße gegen jugendschutzrechtliche Verbreitungsverbote stellen beim gewerb- 134 lichen Handel regelmäßig **Wettbewerbsverstöße** gem §§ 3, 4 Nr 11 UWG dar (BGHZ 173, 188, 199 f.; OLG Brandenburg GRUR-RR 2007, 18, 19; OLG Hamburg MMR 2006, 238; OLG Hamburg v 2.4.2008 – 5 U 81/07, Rn 31 [juris]; OLG München MMR 2004, 755; LG Duisburg MMR 2004, 763; LG Frankfurt MMR 2008, 346, 347; LG Halle GRUR-RR 2007, 26, 27; LG München v 25.2.2008 – 11 HK O 21494/07, Rn 45 [juris]; aA LG Düsseldorf MMR 2004, 764).

Unterabschnitt 2. Telemedien

§ 16 Sonderregelung für Telemedien

Regelungen zu Telemedien, die in die Liste jugendgefährdender Medien nach § 18 aufgenommen sind, bleiben Landesrecht vorbehalten.

Inhaltsübersicht

	Rn
I. Rechtsfolgen der Indizierung von Telemedien	1
1. Differenzierung nach der Art des Angebots	2
a) Unzulässige Angebote	3
b) Entwicklungsbeeinträchtigende Angebote	6
2. Strafbewehrung	8
II. Aufsicht	9
III. Freiwillige Selbstkontrolle	10
IV. Jugendschutzbeauftragter	11

I. Rechtsfolgen der Indizierung von Telemedien

1 Die BPjM ist für die Indizierung von Träger- und Telemedien zuständig (§ 18 Abs 1 S 1). Die **Rechtsfolgen einer Indizierung von Telemedien** hat der Bundesgesetzgeber bewusst nicht geregelt (BT-Drs 14/9013, 17; zur grundgesetzlichen Kompetenzverteilung s Einl Rn 10 ff.). § 16 verweist deshalb auf das Landesrecht. Die Länder haben den Jugendmedienschutz in Telemedien im Staatsvertrag über den Schutz der Menschenwürde und den Jugendschutz in Rundfunk und Telemedien (JMStV) geregelt, der am 1.4.2003 zeitgleich mit dem JuSchG in Kraft getreten ist. Die bisherigen Jugendschutzregelungen für den Rundfunk (§ 3 RStV aF) und die Mediendienste (§ 12 MDStV aF) wurden aufgehoben (§ 25 Abs 1 Nr 1 JMStV). Auch die anschließend eingefügten Verweisungen des RStV (§ 4 aF) und des MDStV (§ 12) für den Jugendmedienschutz auf den JMStV wurden mittlerweile aufgehoben. Neben den Rechtsfolgen der Indizierung von Telemedien ist den Ländern aber auch eine **Mitwirkung am Zustandekommen von Indizierungsentscheidungen** eingeräumt. Bei Indizierungsentscheidungen zu Telemedien ist die Kommission für Jugendmedienschutz (KJM) zu beteiligen (§§ 18 Abs 6; 21 Abs 6 JuSchG).

1. Differenzierung nach der Art des Angebots

2 Der JMStV unterscheidet zwischen unzulässigen Angeboten (§ 4 JMStV) und entwicklungsbeeinträchtigenden Angeboten (§ 5 JMStV). Angebote sind Inhalte von Telemedien (§ 3 Abs 2 Nr 1 JMStV; zum Begriff des Telemediums s § 1 Rn 43).

a) Unzulässige Angebote

3 Zu den **unzulässigen Angeboten** gehören alle Inhalte indizierter Telemedien (§ 18 Abs 1 JuSchG), sowie Inhalte von Telemedien, die mit indizierten Medien ganz oder im Wesentlichen inhaltsgleich sind (vgl § 15 Abs 3 JuSchG), und Inhalte schwer jugendgefährdender Telemedien (vgl § 15 Abs 2 JuSchG). Während das JuSchG solche Medien, soweit sie Trägermedien sind, einheitlich den Verboten des § 15 Abs 1 JuSchG unterwirft und ein Zugänglichmachen an Erwachsene erlaubt, differenziert § 4 JMStV hier nochmals zwischen absolut unzulässigen Angeboten, die auch Erwachsenen gegenüber verboten sind, und relativ unzulässigen Angeboten.

4 Zu den **absolut unzulässigen** Angeboten (§ 4 Abs 1 JMStV) gehören im Wesentlichen dieselben Inhalte wie in § 15 Abs 2 Nr 1 (allerdings ohne die einfache Pornogra-

fie iSd § 184 StGB), Nr 2, 3 und 4 sowie die in § 15 Abs 2 Nr 1 nicht genannten Kennzeichen verfassungswidriger Organisationen iSd § 86a StGB. Den später eingefügten § 15 Abs 2 Nr 3a haben die Länder bislang nicht in den JMStV übernommen. Absolut unzulässig sind außerdem Angebote mit Inhalten von Medien, die in die **Listenteile B und D** (§ 18 Abs 2 JuSchG) aufgenommen worden oder mit dort aufgenommenen Träger- oder Telemedien ganz oder im Wesentlichen inhaltsgleich sind. Absolut unzulässige Angebote sind auch gegenüber Erwachsenen verboten.

Unter die **relativ unzulässigen** Angebote (§ 4 Abs 2 JMStV) fallen die einfache Pornografie (Nr 1, vgl § 15 Abs 2 Nr 1 JuSchG) und schwer jugendgefährdende Inhalte (Nr 3, vgl § 15 Abs 2 Nr 5 JuSchG). Relativ unzulässig sind außerdem Angebote mit Inhalten von Medien, die in die **Listenteile A und C** (§ 18 Abs 2 JuSchG) aufgenommen worden oder mit dort aufgenommenen Träger- oder Telemedien ganz oder im Wesentlichen inhaltsgleich sind. Relativ unzulässige Angebote sind im Rundfunk generell verboten, in Telemedien hingegen zulässig, wenn sichergestellt ist, dass sie allein Erwachsenen zugänglich gemacht werden (§ 4 Abs 2 S 2 JMStV – sog **geschlossene Benutzergruppe**). Dies ist durch Altersverifikationssysteme (AVS) zu erreichen. Die an sie zu stellenden Anforderungen entsprechen denen bei § 1 Abs 4 (s dort Rn 74 ff.).

b) Entwicklungsbeeinträchtigende Angebote

Der Anbieter eines entwicklungsbeeinträchtigenden Angebots muss nur dafür sorgen, dass Kinder oder Jugendliche der betroffenen Altersstufen sein Angebot „üblicherweise nicht wahrnehmen" (§ 5 Abs 1 JMStV). Er kann dieser Pflicht nachkommen, indem er die Wahrnehmung durch technische oder sonstige Mittel (zB durch Vorschaltung eines anerkannten Jugendschutzprogramms nach § 11 JMStV) wesentlich erschwert oder indem er das Angebot zu einer Zeit zugänglich macht, in der es von Kindern oder Jugendlichen der betroffenen Altersstufen üblicherweise nicht wahrgenommen wird (§ 5 Abs 3 JMStV).

Der Begriff des entwicklungsbeeinträchtigenden Angebots (§ 5 Abs 1 JMStV) entspricht dem bei § 14 Abs 1 JuSchG und ist weiter als der der jugendgefährdenden Inhalte iSd § 18 Abs 1 JuSchG. Medien, die lediglich entwicklungsbeeinträchtigend, aber nicht jugendgefährdend sind, dürfen also nicht indiziert werden. Soweit sie jugendgefährdend und indiziert worden sind, gilt für den Bereich der Telemedien bereits § 4 JMStV. Die Regelungen für entwicklungsbeeinträchtigende Angebote sind deshalb auf indizierte oder mit ihnen ganz oder im Wesentlichen inhaltsgleiche Telemedien **nicht anwendbar**. Da indizierte Medien auch nicht gekennzeichnet und gekennzeichnete Medien nicht indiziert werden dürfen (§§ 14 Abs 3 S 1, 18 Abs 8 S 1 JuSchG), ist hier auch § 5 Abs 2 JMStV bedeutungslos, wonach die Eignung zur Entwicklungsbeeinträchtigung vermutet wird, wenn das Angebot nach § 14 JuSchG für die jeweilige Altersstufe nicht freigegeben ist.

2. Strafbewehrung

Verstöße gegen die Regelungen des JMStV, insbesondere zur Verbreitung absolut oder relativ unzulässiger Angebote (§ 4 JMStV), sind straf- bzw bußgeldbewehrt (§§ 23, 24 JMStV). Dabei erscheint die Sanktionierung uneinheitlich: So ist die Verbreitung von relativ unzulässigen Angeboten gem § 4 Abs 2 S 1 Nr 3 (offensichtlich jugendgefährdende Angebote) außerhalb von geschlossenen Benutzergruppen strafbar. Die Verbreitung von absolut unzulässigen – und damit nach der Einstufung des JMStV gefährlicheren – Inhalten nach § 4 Abs 1 JMStV stellt hingegen nur eine Ordnungswidrigkeit dar. Diese Milde wird damit begründet, dass bei Verstößen gegen § 4 Abs 1 und Abs 2 S 1 Nr 1 allemal die Straftatbestände des StGB eingreifen (nw LT-Drs 13/3431, 41). Das ist richtig, soweit es § 4 Abs 1 S 1 Nr 1–6, 10 und Abs 2 S 1 Nr 1 JMStV betrifft, nicht aber für § 4 Abs 1 S 1 Nr 7, 8, 9. Ebenso wenig sind indizierte Medien, insbesondere aus den Listenteilen A und C, notwendigerweise strafrechtlich relevant. Auch im Übrigen enthalten die Regelungen in JuSchG und

JMStV bedeutende Unterschiede. So weichen die Bußgeldrahmen erheblich voneinander ab. Nach § 24 Abs 3 JMStV sind Geldbußen bis zu 500 000 € möglich, nach § 28 Abs 5 JuSchG nur bis 50 000 €. Selbst wenn man grundsätzlich unterschiedliche Gefährdungspotentiale bei Träger- und Telemedien bejaht, was angesichts der Abgrenzungsschwierigkeiten zwischen beiden (§ 1 Rn 17 ff., 43 ff.) zweifelhaft sein dürfte, kann dies nicht derartige Ungleichheiten rechtfertigen. Dies gilt insbesondere, da inhaltlich nahezu identische Handlungen sanktioniert werden.

II. Aufsicht

9   Die Einhaltung der Vorschriften für Telemedien wird für länderübergreifende Angebote von der **Kommission für Jugendmedienschutz** (KJM) als Organ der zuständigen Landesmedienanstalt überwacht (§§ 14, 16 JMStV). Mit der KJM haben die Länder faktisch eine der BPjM vergleichbare Behörde auf „Bundesebene" geschaffen. Die KJM ist für die abschließende Bewertung der Angebote nach dem JMStV, die Anerkennung der Einrichtungen der freiwilligen Selbstkontrolle (§ 19 Abs 4 JMStV) und die Festlegung von Sendezeiten zuständig. Ferner ist ihre Stellungnahme bei Indizierungsentscheidungen der BPjM zu Telemedien maßgeblich zu berücksichtigen (§ 21 Abs 6 S 2). Sie wird von Amts wegen tätig. Unterstützt wird die KJM von der Einrichtung „jugendschutz.net" (§ 18 JMStV). Die KJM besteht aus zwölf Sachverständigen, von denen zwei von der für den Jugendschutz zuständigen obersten Bundesbehörde entsandt werden (§ 14 Abs 3 S 1 Nr 3 JMStV). Die personelle und sachliche Verflechtung von KJM und BPjM stellt keine verfassungswidrige Mischverwaltung dar, da die Mitglieder der KJM bei der Erfüllung ihrer Aufgaben nach dem JMStV nicht weisungsgebunden sind (§ 14 Abs 6 S 1 JMStV) und jede Behörde in ihren Entscheidungen autonom ist (VG Berlin v 16.12.2010 – 27 L 355.10, Rn 23 [juris]; *Ehrlichmann* 2007, S 151 f.; Spindler/Schuster/*Erdemir* § 14 JMStV Rn 14; *Halves* 2007, S 59; *Langenfeld* MMR 2003, 307; *Liesching/Schuster* § 14 JMStV Rn 11; *Witt* 2008, S 236; aA *Waldenberger* MMR 2008, 207).

III. Freiwillige Selbstkontrolle

10   Die Anbieter haben die Möglichkeit, sich einer Einrichtung der freiwilligen Selbstkontrolle (EFSK) anzuschließen, die durch die KJM anerkannt werden muss. Die EFSK prüft die Angebote der Anbieter auf Einhaltung der Bestimmungen des JMStV. Hiermit soll eine verstärkte Selbstregulierung erreicht werden (nw LT-Drs 13/3431, 32). Als Anreiz erhalten die Anbieter **aufsichtsrechtliche Privilegien** (nw LT-Drs 13/3431, 33): In Entscheidungen der EFSK gegenüber den Anbietern kann von der KJM nur eingegriffen werden, wenn die Entscheidung oder die Unterlassung der Entscheidung durch die EFSK die rechtlichen Grenzen des Beurteilungsspielraums überschreitet (§ 20 Abs 5 S 2 JMStV). Die Länder geben dadurch nicht dauerhaft sämtliche Kontrolle aus der Hand (krit *Langenfeld* MMR 2003, 309, die eine verfassungsrechtlich bedenkliche Verwässerung jugendschutzrechtlicher Standards befürchtet; dagegen *Nell* 2010, S 319 f.). Sofern sich die Spruchpraxis der EFSK nicht im Einklang mit dem geltenden Jugendschutzrecht befindet, kann ihr die Anerkennung wieder entzogen werden (§ 19 Abs 5 S 1 JMStV). Die Anerkennung der EFSK ist auf zunächst 4 Jahre befristet, kann aber verlängert werden (§ 19 Abs 4 S 5, 6).

IV. Jugendschutzbeauftragter

11   Anbieter von Telemedien haben einen Jugendschutzbeauftragten zu bestellen (§ 7 JMStV). Die Regelung geht auf § 7a GjSM bzw § 12 Abs 5 MDStV zurück. Die

Einrichtung des Jugendschutzbeauftragten wurde mit erweiterten Rechten ausgestattet. So ist der Jugendschutzbeauftragte ausdrücklich während des ganzen Prozesses an der Erstellung der Telemedien zu beteiligen. Ferner ist er weisungsfrei, darf nicht wegen seiner Aufgaben benachteiligt werden und hat Anspruch auf die erforderlichen Sachmittel (§ 7 Abs 4 JMStV).

Abschnitt 4. Bundesprüfstelle für jugendgefährdende Medien

§ 17 Name und Zuständigkeit

(1) Die Bundesprüfstelle wird vom Bund errichtet. Sie führt den Namen „Bundesprüfstelle für jugendgefährdende Medien".

(2) Über eine Aufnahme in die Liste jugendgefährdender Medien und über Streichungen aus dieser Liste entscheidet die Bundesprüfstelle für jugendgefährdende Medien.

I. Errichtung der BPjM (Abs 1)

Bereits das Gesetz über die Verbreitung jugendgefährdender Schriften vom 9.6.1953 (BGBl I, 377) sah die Errichtung einer Bundesprüfstelle vor. Die konstituierende Sitzung der „Bundesprüfstelle für jugendgefährdende Schriften" fand am 18.5.1954 statt, die erste Sitzung, in der über die Indizierung entschieden wurde, am 9.7.1954. Sie heißt seit Inkrafttreten des JuSchG am 1.4.2003 „Bundesprüfstelle für jugendgefährdende Medien" (BPjM). Die BPjM ist eine selbständige **Bundesoberbehörde** (Art 87 Abs 3 S 1 GG; BVerfGE 31, 113, 117) mit Sitz in Bonn (§ 1 DVO-JuSchG). Sie unterliegt der Dienstaufsicht des Bundesministeriums für Familie, Senioren, Frauen und Jugend (§ 19 Abs 1 S 1). 1

Die Bundesprüfstelle ist eine **kollegial besetzte** Behörde (§ 19), kein Gericht. Ihre Mitglieder sind weisungsfrei (§ 19 Abs 4). Sie setzt sich zusammen aus dem Vorsitzenden, den Gruppen- und Länderbeisitzern und ihren jeweiligen Stellvertretern (§ 19 Abs 1). Die Gruppenbeisitzer werden von ihren Verbänden vorgeschlagen (§ 20 Abs 1) und vom Bundesministerium für Familie, Senioren, Frauen und Jugend ernannt, die Länderbeisitzer von ihrer jeweiligen Landesregierung. 2

II. Sachliche Zuständigkeit (Abs 2)

Nur die BPjM ist befugt, Medien in die Liste jugendgefährdender Medien (§ 18 Abs 2) aufzunehmen oder aus ihr zu streichen (Abs 2). Sie muss allerdings bei der Entscheidung über die Indizierung eines Telemediums die Stellungnahme der KJM (§ 14 JMStV; s § 16 Rn 9) maßgeblich berücksichtigen (§ 21 Abs 6). Stellt die KJM den Antrag auf Aufnahme eines Telemediums in die Liste, so muss die BPjM dem grundsätzlich entsprechen (§ 18 Abs 6). 3

Das zentrale Entscheidungsgremium ist das **Zwölfergremium** (§ 19 Abs 5 S 1). Es entscheidet über die Aufnahme eines Mediums in die Liste jugendgefährdender Medien (§ 18 Abs 1 S 1), über die Streichung aus der Liste (§ 18 Abs 7 S 1) und über die Inhaltsgleichheit eines Mediums mit einem bereits in die Liste aufgenommenen Medium (§ 21 Abs 2). Es setzt sich zusammen aus dem Vorsitzenden der BPjM, acht Gruppenbeisitzern und drei Länderbeisitzern (§ 19 Abs 2, 5). Das **Dreiergremium** entscheidet Fälle im vereinfachten Verfahrens (§ 23). Es setzt sich aus dem Vorsitzenden der Bundesprüfstelle und zwei Beisitzern zusammen, von denen einer ein Gruppenbeisitzer aus einem der Kreise des § 19 Abs 2 Nr 1–4 sein muss. In dieser Besetzung werden in der Praxis die meisten Entscheidungen gefällt (vgl *Stumpf* 2009, 4

S 125). So wurden im Jahr 2002 von insgesamt 454 Verfahren allein 250 durch das Dreiergremium entschieden (BPjM-Aktuell 1/2003, 11; seither macht die BPjM hierzu keine statistischen Angaben mehr). In bestimmten Fällen kann auch der **Vorsitzende** allein entscheiden: bei der Aufnahme von Medien, zu denen ein Gericht rechtskräftig festgestellt hat, dass sie einen Inhalt iSd § 15 Abs 2 Nr 1 haben (§ 18 Abs 5); bei eindeutig mit einem indizierten ganz oder im Wesentlichen inhaltsgleichen Medien (arg. ex § 21 Abs 5 Nr 1; § 15 Rn 109); bei offensichtlich fehlender Jugendgefährdung (§ 21 Abs 3).

5   Das Verfahren ist ein **Verwaltungsverfahren,** für das das VwVfG des Bundes gilt, soweit im JuSchG nichts anderes geregelt ist (§ 21). Das Verfahren beginnt in der Regel mit dem Eingang eines **Antrags** (§ 21 Abs 1, 2; § 2 DVO-JuSchG), kann aber unter bestimmten Voraussetzungen auch von Amts wegen aufgenommen werden (§ 21 Abs 4, 5). Bei der Einschätzung, ob ein Medium jugendgefährdend ist, steht der BPjM kein der gerichtlichen Kontrolle entzogener **Beurteilungsspielraum** zu (§ 18 Rn 53 f.). Die **Kosten** des Verfahrens einschließlich derjenigen für die von der BPjM eingeholten Gutachten trägt der Bund (*Gödel* § 8 Rn 2). Die Verfahrensbeteiligten (§ 4 DVO-JuSchG) haben keinen Anspruch auf Erstattung ihrer Kosten. Das gilt auch für Aufwendungen durch die Zuziehung eines Bevollmächtigten (OVG Münster NJW 1970, 215 f.). Für bestimmte Entscheidungen kann die BPjM Gebühren erheben (§ 21 Abs 10 iVm GebO-BPjM). Zum **Rechtsschutz** gegen Entscheidungen der BPjM siehe § 25.

§ 18 Liste jugendgefährdender Medien

(1) Träger- und Telemedien, die geeignet sind, die Entwicklung von Kindern oder Jugendlichen oder ihre Erziehung zu einer eigenverantwortlichen und gemeinschaftsfähigen Persönlichkeit zu gefährden, sind von der Bundesprüfstelle für jugendgefährdende Medien in eine Liste jugendgefährdender Medien aufzunehmen. Dazu zählen vor allem unsittliche, verrohend wirkende, zu Gewalttätigkeit, Verbrechen oder Rassenhass anreizende Medien sowie Medien, in denen

1. Gewalthandlungen wie Mord- und Metzelszenen selbstzweckhaft und detailliert dargestellt werden oder
2. Selbstjustiz als einzig bewährtes Mittel zur Durchsetzung der vermeintlichen Gerechtigkeit nahe gelegt wird.

(2) Die Liste ist in vier Teilen zu führen.

1. In Teil A (Öffentliche Liste der Trägermedien) sind alle Trägermedien aufzunehmen, soweit sie nicht den Teilen B, C oder D zuzuordnen sind;
2. in Teil B (Öffentliche Liste der Trägermedien mit absolutem Verbreitungsverbot) sind, soweit sie nicht Teil D zuzuordnen sind, Trägermedien aufzunehmen, die nach Einschätzung der Bundesprüfstelle für jugendgefährdende Medien einen in § 86, § 130, § 130a, § 131, § 184a, § 184b oder § 184c des Strafgesetzbuches bezeichneten Inhalt haben;
3. in Teil C (Nichtöffentliche Liste der Medien) sind diejenigen Trägermedien aufzunehmen, die nur deshalb nicht in Teil A aufzunehmen sind, weil bei ihnen von einer Bekanntmachung der Aufnahme in die Liste gemäß § 24 Abs 3 Satz 2 abzusehen ist, sowie alle Telemedien, soweit sie nicht Teil D zuzuordnen sind;
4. in Teil D (Nichtöffentliche Liste der Medien mit absolutem Verbreitungsverbot) sind diejenigen Trägermedien, die nur deshalb nicht in Teil B aufzunehmen sind, weil bei ihnen von einer Bekanntmachung der Aufnahme in die Liste gemäß § 24 Abs 3 Satz 2 abzusehen ist, sowie diejenigen Telemedien aufzunehmen, die nach Einschätzung der Bundesprüfstelle für jugendgefährdende Medien einen in § 86, § 130, § 130a, § 131, § 184a, § 184b oder § 184c des Strafgesetzbuches bezeichneten Inhalt haben.

(3) Ein Medium darf nicht in die Liste aufgenommen werden
1. allein wegen seines politischen, sozialen, religiösen oder weltanschaulichen Inhalts,
2. wenn es der Kunst oder der Wissenschaft, der Forschung oder der Lehre dient,
3. wenn es im öffentlichen Interesse liegt, es sei denn, dass die Art der Darstellung zu beanstanden ist.

(4) In Fällen von geringer Bedeutung kann davon abgesehen werden, ein Medium in die Liste aufzunehmen.

(5) Medien sind in die Liste aufzunehmen, wenn ein Gericht in einer rechtskräftigen Entscheidung festgestellt hat, dass das Medium einen der in § 86, § 130, § 130a, § 131, § 184, § 184a, § 184b oder § 184c des Strafgesetzbuches bezeichneten Inhalte hat.

(6) Telemedien sind in die Liste aufzunehmen, wenn die zentrale Aufsichtsstelle der Länder für den Jugendmedienschutz die Aufnahme in die Liste beantragt hat; es sei denn, der Antrag ist offensichtlich unbegründet oder im Hinblick auf die Spruchpraxis der Bundesprüfstelle für jugendgefährdende Medien unvertretbar.

(7) Medien sind aus der Liste zu streichen, wenn die Voraussetzungen für eine Aufnahme nicht mehr vorliegen. Nach Ablauf von 25 Jahren verliert eine Aufnahme in die Liste ihre Wirkung.

(8) Auf Filme, Film- und Spielprogramme, die nach § 14 Abs 2 Nr 1 bis 5 gekennzeichnet sind, findet Absatz 1 keine Anwendung. Absatz 1 ist außerdem nicht anzuwenden, wenn die zentrale Aufsichtsstelle der Länder für den Jugendmedienschutz über das Telemedium zuvor eine Entscheidung dahingehend getroffen hat, dass die Voraussetzungen für die Aufnahme in die Liste jugendgefährdender Medien nach Absatz 1 nicht vorliegen. Hat eine anerkannte Einrichtung der Selbstkontrolle das Telemedium zuvor bewertet, so findet Absatz 1 nur dann Anwendung, wenn die zentrale Aufsichtsstelle der Länder für den Jugendmedienschutz die Voraussetzungen für die Aufnahme in die Liste jugendgefährdender Medien nach Absatz 1 für gegeben hält.

Inhaltsübersicht

	Rn
I. Indizierung jugendgefährdender Medien	1
1. Jugendgefährdung (Abs 1 S 1)	3
a) Gefährdung der Entwicklung	4
b) Grad der Gefahr („geeignet")	7
c) Gefährdete Personen („von Kindern und Jugendlichen")	10
2. Gesetzlich anerkannte Fallgruppen (Abs 1 S 2)	14
a) Unsittliche Medien	16
b) Verrohend wirkende Medien	20
c) Zu Gewalttätigkeit, Verbrechen oder Rassenhass anreizende Medien	22
d) Selbstzweckhafte und detaillierte Gewaltdarstellungen	30
e) Selbstjustiz	34
3. Weitere von der hM anerkannte Fallgruppen	37
a) Verharmlosung des Nationalsozialismus	39
b) Verharmlosung des Drogen- oder Alkoholkonsums	41
c) Ausländerfeindliche Inhalte	43
4. Entscheidung der BPjM	44
a) Beurteilungsgrundlage	44
b) Beurteilungsspielraum	53
c) Beurteilungszeitpunkt	55
d) Keine Teilindizierung	56
II. Liste der jugendgefährdenden Medien (Abs 2)	58
III. Nicht indizierbare Medien (Abs 3)	61
1. Tendenzschutzklausel (Nr 1)	62
2. Konkordanzklausel (Nr 2)	65
a) Verfassungskonforme Auslegung	65

		Rn
	b) Kunst und Jugendschutz	68
	c) Abwägung zwischen Kunst und Jugendschutz	73
	d) Beurteilungsspielraum der BPjM	80
	e) Wissenschaft, Forschung, Lehre und Jugendschutz	83
	3. Klausel des öffentlichen Interesses (Nr 3)	85
IV.	**Jugendgefährdende Medien von geringer Bedeutung (Abs 4)**	88
	1. Rechtsnatur der Vorschrift	89
	2. Fälle von geringer Bedeutung	92
	a) Indizierung ungeeignet	94
	b) Indizierung nicht erforderlich	95
	c) Indizierung nicht verhältnismäßig ieS	97
V.	**Gerichtlich eingestufte Medien (Abs 5)**	98
VI.	**Indizierung von Telemedien (Abs 6)**	104
VII.	**Listenstreichungen (Abs 7)**	107
VIII.	**Indizierung bereits jugendschutzrechtlich bewerteter Medien (Abs 8)**	112

I. Indizierung jugendgefährdender Medien

1 Abs 1 S 1 zählt die wichtigsten **materiellen Voraussetzungen** einer rechtmäßigen Indizierung auf: Es muss sich um ein Träger- oder Telemedium handeln (§ 1 Abs 2, 3), das geeignet ist, Kinder oder Jugendliche (§ 1 Abs 1 Nr 1, 2) in ihrer Entwicklung oder ihre Erziehung zu einer eigenverantwortlichen und gemeinschaftsfähigen Persönlichkeit zu gefährden. Abs 1 S 2 nennt beispielhaft („vor allem") Inhalte, bei denen der Gesetzgeber eine Jugendgefährdung bejaht. Abs 3 führt Gründe an, die eine Indizierung selbst bei festgestellter Eignung zur Jugendgefährdung verbieten. Zusätzlich muss die Indizierung verhältnismäßig sein; Ausprägung dessen ist Abs 4.

2 Abs 1 S 1 geht zurück auf § 1 Abs 1 S 1 GjSM, wonach solche Schriften (s dazu § 1 Rn 54 ff.) in die Liste aufzunehmen waren, „die geeignet sind, Kinder oder Jugendliche **sittlich zu gefährden**". Vorläufer des Abs 1 S 2 war § 1 Abs 1 S 2 GjSM. Er nannte anfangs nur „unsittliche sowie Verbrechen, Krieg und Rassenhass verherrlichende Schriften" und wurde später auf „verrohend wirkende, zu Gewalttätigkeit, Verbrechen und Rassenhass anreizende sowie den Krieg verherrlichende Schriften" erweitert (BGBl 1961 I, 296). Das JuSchG ordnet nun die den Krieg verherrlichenden Inhalte den schwer jugendgefährdenden Medien zu (§ 15 Abs 2 Nr 2).

1. Jugendgefährdung (Abs 1 S 1)

3 Nach hM erfüllt ein Medium die Voraussetzungen des Abs 1 S 1, wenn wahrscheinlich ist, dass durch die Kenntnisnahme seines Inhalts bei zumindest dem Teil der Kinder oder Jugendlichen, die für schädliche Einflüsse besonders anfällig sind, eine sozialethische Begriffsverwirrung eintritt. Nach der hier vertretenen Ansicht ist Abs 1 S 1 hingegen nur dann erfüllt, wenn das Medium einen Inhalt iSd Satzes 2 hat und nicht gesagt werden kann, dass von ihm selbst für anfällige Kinder oder Jugendliche keine Gefahr zu befürchten ist. Im Folgenden werden beide Ansichten näher dargestellt. Zum Verständnis der hM ist es hilfreich, drei Aspekte zu unterscheiden: Gemäß Abs 1 S 1 dürfen nur Medien indiziert werden, die „geeignet sind, die Entwicklung von Kindern oder Jugendlichen oder ihre Erziehung zu einer eigenverantwortlichen und gemeinschaftsfähigen Persönlichkeit zu gefährden". Das Gesetz verlangt also eine Prognose über die vom Medium ausgehende Gefahr für die Entwicklung und Erziehung von Kindern und Jugendlichen. Welche Anforderungen an diese Prognose zu stellen sind, richtet sich danach, wann von einer Gefahr für die Persönlichkeitsentwicklung gesprochen werden kann (Rn 4), wie groß die Gefahr (dh wie hoch die Wahrscheinlichkeit des Schadenseintritts) sein muss (Rn 7) und für welche Kinder und Jugendlichen die Gefahr bestehen muss (Rn 10).

a) Gefährdung der Entwicklung

Nach hM gefährdet ein Medium die Entwicklung von Kindern oder Jugendlichen 4
oder ihre Erziehung zu einer eigenverantwortlichen und gemeinschaftsfähigen Persönlichkeit, wenn es bei ihnen zu einer „sozialethischen Begriffsverwirrung" oder **„sozialethischen Desorientierung"** führt. Das wiederum sei dann der Fall, wenn der Minderjährige eine der **Wertordnung des Grundgesetzes krass widersprechende sozialethische Haltung** einnehme. Maßgebliche Wertentscheidungen des GG, deren Nichtanerkennung auf eine Fehlentwicklung schließen ließen, seien zB die Menschenwürde und das Persönlichkeitsrecht, das Friedensgebot und die Völkerverständigung, die Gleichheit der Geschlechter und der „Rassen", die Integrität der Familie oder die Demokratie (zu den Nachweisen und zur Kritik dieser Schutzzielbestimmung s Einl Rn 25 ff.).

Die hM setzt die in Satz 1 lediglich verlangte *Gefährdung* mit einer (sozialethischen) 5
Desorientierung und diese wiederum mit einer (Wertordnung des GG krass widersprechenden) Fehlhaltung bzw einem „ernsthaften Entwicklungs*schaden*" (BVerwGE 25, 318, 320) gleich. Das Medium muss danach nicht nur geeignet sein, den Jugendlichen in seiner „Entwicklung [...] zu einer eigenverantwortlichen und gemeinschaftsfähigen Persönlichkeit zu gefährden", sondern ihn zu schädigen. Die Eignung, Kinder und Jugendliche zu gefährden, sei gleich der Eignung, sie zu schädigen (*Darnstädt* 1983, S 218; *Nikles/Roll* Rn 4). Zur Begründung wird angeführt, dass Satz 1 ansonsten einen doppelten Gefahrbegriff enthalte. Der Wortlaut handele jedoch davon, was durch das Medium hervorgerufen werden könne, nicht davon, mit welcher Wahrscheinlichkeit es hervorgerufen werde (*Darnstädt* 1983, S 218 f.; s auch *Riedel* 1953, S 65). Ein doppeltes Gefahrurteil senke den Wahrscheinlichkeitsgrad einer Schädigung von Kindern und Jugendlichen unter das Maß des im Polizeirecht erforderlichen Wahrscheinlichkeitsgrades ab (*Erbel* DVBl 1973, 528 f.). Diese Begründung überzeugt nicht. Sie setzt sich über den eindeutigen Wortlaut („geeignet, [...] zu gefährden") hinweg. Wäre sie richtig, müsste das Gesetz entweder eine Eignung zur Schädigung der Persönlichkeitsentwicklung oder schlicht nur verlangen, dass das Medium die Persönlichkeitsentwicklung gefährdet (ebenso *Liesching/Schuster* Rn 12). Vor dem Hintergrund dieser Kritik wird neuerdings wieder zwischen der Gefahr und der Persönlichkeitsentwicklung unterschieden und die Gefährdung in der intellektuellen Einflussnahme auf Kinder oder Jugendliche gesehen (so *Liesching/Schuster* Rn 13). Die Eignung des Mediums zur Gefährdung der Persönlichkeitsentwicklung wird schon dann bejaht, wenn die Möglichkeit besteht und nachvollziehbar begründet werden kann (= „geeignet"), dass das Medium derart auf Kinder oder Jugendliche Einfluss nimmt (= „zu gefährden"), dass diese eine den Grundwerten der Verfassung krass widersprechende Haltung einnehmen (*Liesching/Schuster* Rn 13). Der Unterschied zur hM ist jedoch nur ein scheinbarer: Dass ein Medium, sobald es von Kindern oder Jugendlichen wahrgenommen wird, sie intellektuell auch beeinflussen kann, ist selbstverständlich. Letztlich bleibt es damit auch in dieser Variante der hM bei der Eignung, eine der Wertordnung des GG krass widersprechende sozialethische Haltung hervorzurufen.

Zunehmend wird innerhalb der hM verlangt, dass es sich um eine **erhebliche Ge-** 6
fahr für die Persönlichkeitsentwicklung handeln müsse (VG Köln v 30.11.2007 – 27 K 4437/06, Rn 15 [juris]; v 23.3.2010 – 22 K 181/08, Rn 18 [juris]; *Liesching/Schuster* Rn 13; *Ukrow* 2004, Rn 265; ebenso bereits *Gödel* § 1 Rn 21; *Riedel* 1953, S 66; unklar BVerfGE 90, 1, 17). Abs 1 S 2 als Auslegungsregel zeige, dass Satz 1 auf besonders schwerwiegende Fälle sozialethischer Begriffsverwirrung zu beschränken sei. Diese Ansicht steht zum einen in Widerspruch zum Willen des Gesetzgebers, der eine Einfügung des Wortes „erheblich" in Abs 1 S 1 ablehnte und nicht erhebliche Gefährdungen ausdrücklich dem § 2 Abs 1 GjSM (heute § 18 Abs 4) unterstellte (BT-Drs 1/1101, 26, 34; BT-Prot 1, 1053; vgl BVerwGE 23, 112, 123; 39, 197, 209 f.; *Potrykus* § 1 Anm 2, § 2 Anm 4; *ders* NJW 1967, 1454). Gewichtiger

ist aber der Einwand, dass eine Abschichtung nach mehr oder minder gefährlichen Inhalten gar nicht möglich ist (Rn 8).

b) Grad der Gefahr („geeignet")

7 Nach hM ist ein Medium geeignet, Kinder oder Jugendliche zu gefährden, „wenn anzunehmen ist, dass eine Gefährdung durch die in die Liste aufzunehmende Schrift mutmaßlich eintreten wird" (BVerwGE 39, 197, 205). Darauf, dass ein bestimmter Minderjähriger durch das Medium geschädigt oder gefährdet wird, kommt es nicht an. Gefragt wird nach der **abstrakten Gefahr,** dass Kinder oder Jugendliche durch das Medium in ihrer Persönlichkeitsentwicklung beeinträchtigt werden. Hinsichtlich des Grades der Gefahr genügt die **einfache Wahrscheinlichkeit** einer sozialethischen Begriffsverwirrung; dh es muss nach allgemeiner Lebenserfahrung möglich sein, dass Kinder oder Jugendliche durch das Medium eine der Wertordnung des GG krass widersprechende sozialethische Haltung annehmen (BGHSt 8, 80, 83; OLG Köln NVwZ 1994, 410, 412; *Isensee/Axer* 1998, S 19, 48; *Lober* 2000, S 54 f.; *Meirowitz* 1993, S 263 f.; *Potrykus* § 1 Anm 4; *Retzke* 2006, S 135; *Riedel* 1953, S 64; *Nikles/Roll* Rn 4; *Schäfer* 2008, S 161; *Schraut* 1993, S 62, 73; *Stefen* 1987, S 42; *Stumpf* 2009, S 166, 293; *Ukrow* 2004, Rn 268; *Vlachopoulos* 1996, S 55; *Ricker/Weberling* Kap 60 Rn 6; unklar BVerfGE 83, 130, 147; 90, 1, 16 f.). Teilweise wird in der neueren Rechtsprechung auch von einem „deutlichen Gefährdungsgrad" und einer „nicht zu vernachlässigenden Wahrscheinlichkeit" gesprochen (OVG Münster v 5.12.2003 – 20 A 5599/98, Rn 9 [juris]; VG Köln v 30.11.2007 – 27 K 4437/06, Rn 15, 21 [juris]; VG Köln v 23.3.2010 – 22 K 181/08, Rn 18, 20 [juris]; VG Köln v 31.5.2010 – 22 L 1899/09, Rn 9 [juris]), ohne dass dies näher erläutert wird. Es soll damit aber wohl kein (inwieweit?) erhöhter Wahrscheinlichkeitsgrad verlangt, sondern nur betont werden, dass rein theoretische Möglichkeiten einer Schädigung außer Betracht bleiben. Eine gegenüber der hM strengere, früher auch vom BVerwG geteilte Minderheitsmeinung verlangt eine an Sicherheit grenzende Wahrscheinlichkeit (BVerwGE 25, 318, 321; 28, 223, 229; *Raue* 1970, S 41 mit Fn 20; s auch *Beucher/Leyendecker/v Rosenberg* § 3 RStV Rn 42; BK/*Degenhart* Art 5 Abs 1 u 2 Rn 81; *Eckhardt* DVBl 1969, 859; *Erbel* DVBl 1973, 528 f.).

8 Gegen die Minderheitsmeinung spricht bereits der Wortlaut. Gemäß Abs 1 S 1 dürfen nur Medien indiziert werden, die „geeignet sind […] zu gefährden". Das Gesetz schaltet also zwei Gefahrurteile hintereinander: Die Gefahr für die Persönlichkeitsentwicklung Jugendlicher („Entwicklung zu gefährden") und die Gefahr, das Medium könne diese Gefahr hervorrufen („geeignet"). Die **Gefahr einer Gefahr** ist nichts anderes als eine geringe Gefahr. Nach dem Wortlaut ist somit allenfalls ein Gefahrurteil erforderlich, bei dem nur niedrige Anforderungen an die Wahrscheinlichkeit des Erfolgs zu stellen sind. Aber auch bei dem von der hM verlangten Wahrscheinlichkeitsgrad ist zweifelhaft, ob er nicht höher ist als der, den das Gesetz voraussetzt. Entscheidend gegen beide Auffassungen spricht jedoch, dass die Ergebnisse der Wirkungsforschung die Bejahung einer (einfachen oder hohen) Wahrscheinlichkeit nicht zulassen (ebenso, aber nur gegen die MM: BVerwGE 39, 197, 205; *Vlachopoulos* 1996, S 55). Es ist unerfindlich, anhand welcher Kausal- oder statistischen Gesetze die BPjM die (an Sicherheit grenzende oder einfache) Gefahr für die Persönlichkeitsentwicklung von Kindern oder Jugendlichen feststellen soll, wenn nicht anhand derjenigen Gesetze, deren Fehlen bzw Unbekanntheit den Gesetzgeber zur Wahrnehmung seiner Einschätzungsprärogative gezwungen hat (Einl Rn 38 f.; aA *Erbel* DVBl 1973, 529, wonach die Unmöglichkeit eines Nachweises nicht dagegen spricht, ihn trotzdem zu verlangen [!]). Ein **positives Wahrscheinlichkeitsurteil kann nicht gefällt werden.** Der Grund für die Unterstellung, der Gesetzesanwender könne, was dem Gesetzgeber unmöglich ist, ist das Interesse, der BPjM und den Fachgerichten die Möglichkeit zu eröffnen, Inhalte als jugendgefährdend einzustufen, auf die sich die gesetzgeberische Einschätzungsprärogative nicht erstreckt hat. Das aber ist unzulässig (Einl Rn 41).

Der Inhalt einer Schrift ist geeignet, Kinder oder Jugendliche zu gefährden, wenn 9
er zur Gattung derjenigen Inhalte gehört, die nach der generellen Einschätzung des
Gesetzgebers jugendgefährdend sind (Abs 1 S 2), und eine solche Gefahr vernünftigerweise nicht auszuschließen ist. Nur wenn sich die Prüfung der BPjM auf die **Feststellung der Gattungszugehörigkeit** beschränkt, ergibt die – in einem anderen
Zusammenhang ausgesprochene – Aufforderung des BVerfG an die BPjM und die
Gerichte einen Sinn, „die gesetzgeberische Entscheidung zu akzeptieren, dass Schriften im Sinne des § 1 Abs 1 GjS überhaupt geeignet sein können, Kinder und Jugendliche [...] in der Herausbildung ihrer Persönlichkeit zu beeinträchtigen" (BVerfGE
83, 130, 147; insoweit zutreffend *Gödel* § 1 Rn 27 aE). Gälte es, sich ein eigenes Gefahrurteil zu bilden, so müsste die BPjM nicht die gesetzgeberische Entscheidung,
sondern von der Wissenschaft aufgestellte Kausalgesetze oder statistische Gesetze
zugrunde legen. Die aber fehlen. Es ist also allein danach zu fragen, ob ein Inhalt iSd
Abs 1 S 2 unsittlich ist, verrohend wirkt etc und eine von ihm ausgehende **Gefahr
vernünftigerweise nicht auszuschließen ist**. Diese Einschränkung – die auch das
BVerfG dem Gesetzgeber bei Bejahung einer wissenschaftlich nicht erwiesenen Gefahr macht (Einl Rn 38) – füllt das vom Wortlaut verlangte Wahrscheinlichkeitsurteil
aus. Allenfalls eine solche Aussage lässt die Wirkungsforschung zu (Einl Rn 34ff.;
BVerfGE 83, 130, 142; *Isensee/Axer* 1998, S 48; *Liesching/Schuster* Rn 13). In der
Sache verfährt die hM bei Abs 1 S 2 ebenso (Rn 14). Der Unterschied zwischen ihr
und der hier vertretenen Ansicht liegt darin, dass nach hiesiger Ansicht Abs 1 S 1 aus
verfassungsrechtlichen Gründen restriktiv auszulegen und eine Kreation neuer Klassen
jugendgefährdender Inhalte durch den Gesetzesanwender unzulässig ist (zu weitgehend *Barsch* 1988, 25ff., 31, der sogar die Möglichkeit der Zuordnung eines Inhalts
zu den gesetzlich eingestuften Inhalten iSd Abs 1 S 2 bezweifelt), während die hM
dies unter Ausblendung der verfassungsrechtlichen Vorgaben und unter Berufung auf
den Wortlaut („vor allem") zulässt.

c) Gefährdete Personen („von Kindern oder Jugendlichen")
§ 18 Abs 1 S 1 nennt im Gegensatz zu §§ 11 Abs 3, 14 Abs 2 keine Altersstufen. 10
Indiziert werden können daher nur Medien, die für Kinder und Jugendliche aller
Altersstufen gefährlich sind. Ausgehend von der Prämisse einer fortschreitenden Persönlichkeitsentwicklung bei Kindern und Jugendlichen sind dies nur solche Medien,
die **auch noch die Persönlichkeitsentwicklung älterer Jugendlicher** beeinträchtigen können. Streitig ist, ob es insoweit nur auf „durchschnittliche" Jugendliche
ankommt oder ob (immer oder unter bestimmten weiteren Voraussetzungen) schon
eine Gefahr für labile, gefährdungsgeneigte Jugendliche ausreicht. Weder das eine
noch das andere lässt sich aus dem Wortlaut oder der Entstehungsgeschichte des
JuSchG (und des GjSM) herleiten (*Raue* 1970, 28).
Die hM stellt bei der Beurteilung der Gefährlichkeit eines Mediums auf den „Jugendlichen schlechthin, einschließlich des **gefährdungsgeneigten Jugendlichen**" 11
ab, lässt aber „Extremfälle völliger Verwahrlosung und krankhafter Anfälligkeit" außer
Betracht (BVerwGE 39, 197, 205; BGHSt 8, 80, 83, 87; OLG Düsseldorf NJW
1966, 1186; OLG Köln NJW 1971, 255; NVwZ 1994, 410, 412; VG Köln NJOZ
2006, 3565, 3572; ZUM-RD 2008, 385, 391; VG Köln v 1.3.2013 – 19 K 5579/11;
VG München ZUM 2010, 615, 626; *Beucher/Leyendecker/v Rosenberg* § 3 RStV
Rn 41 f., 61; *Bosch* 2007, S 108; *Erdemir* 2000, S 16; *Isensee/Axer* 1998, S 47 f.; *Liesching/
Schuster* Rn 26; *Lober* 2000, S 59 f.; *Mynarik* 2006, S 79; *Potrykus* § 1 Anm 4;
Nikles/Roll Rn 4; *Schäfer* 2008, S 161; *Dreier/Schulze-Fielitz* Art 5 Abs 1, 2 Rn 148;
Ukrow 2004, Rn 267; *Vlachopoulos* 1996, S 54; *Ricker/Weberling* Kap 60 Rn 6a; weitergehend *Reißer* 2011, S 157 ff., die besonders gelagerten Fällen auch die genannten „Extremfälle" einbeziehen möchte). Deshalb kann nach hM eine Gefahr zu bejahen sein, wenn das Medium nur für besonders anfällige Jugendliche gefährlich und
deren Anteil unter den Jugendlichen zahlenmäßig nicht unerheblich ist (*Gödel* § 1
Rn 30; s. auch BVerfG NVwZ-RR 2008, 29, 30: „nennenswerter Teil der Jugend-

lichen"). Eine früher auch vom BVerwG vertretene Minderheitsmeinung verlangt hingegen eine Gefahr für **„durchschnittliche" Jugendliche,** die vom BVerwG in Anlehnung an § 243 BGB (!) als Jugendliche von „mittlerer Art [...] in biologisch-physischem Sinn" beschrieben wurden (BVerwGE 25, 318, 321 ff.; 27, 21, 27; 28, 223, 228; *Bauer* JZ 1965, 42; *Eckhardt* DVBl 1969, 859; *Erbel* DVBl 1973, 530; *Raue* 1970, S 28 ff., 33; *Riedel* 1953, S 67 f.; *Schraut* 1993, S 74; *Stumpf* 2009, S 161 ff., 219, 293; s auch VG München ZUM 2005, 252, 254 [zu § 3 RStV aF]; Spindler/Schuster/*Erdemir* § 5 JMStV Rn 8). Eine neuere Meinung stellt (zum Merkmal „entwicklungsbeeinträchtigend" isd § 5 JMStV) vermittelnd grundsätzlich auf einen „durchschnittlichen Jugendlichen" ab. Allerdings soll es dann, wenn sich aus objektivierbaren Kriterien und Angebotseigenschaften eine überdurchschnittliche Nutzung durch „gefährdungsgeneigte Jugendliche" ableiten lässt, auf diese als Referenztyp für die Bewertung ankommen (*Hackenberg/Hajok/Humberg/Pathe* JMS-Report 6/2009, 2 ff.; *dies* BPjM-Aktuell 1/2010, 3 ff.; *dies* tv-diskurs 52 [2010], 58 ff.; zust *Degenhart* tv-diskurs 52 [2010], 65).

12 Alle drei Meinungen arbeiten mit **Fiktionen.** Die hM fingiert eine „durchschnittlich-überdurchschnittliche Anfälligkeit" (BVerwGE 25, 318, 323), die ältere MM einen „Durchschnittsjugendlichen" und die neuere MM arbeitet mit einer Kombination von beiden. Der Begriff des Durchschnittsjugendlichen ist unbrauchbar, weil es nach dem die Indizierung legitimierenden Schutzzweck außer dem Stadium der Persönlichkeitsentwicklung kein relevantes Merkmal gibt, anhand dessen aus der Gruppe der älteren Jugendlichen ein Durchschnitt gebildet werden kann. Die Persönlichkeitsentwicklung gibt aber keine tauglichen oder messbaren Kriterien ab, wenn man sie als Herausbildung einer der Wertordnung des Grundgesetzes entsprechenden sozialethischen Haltung begreift (so aber die hM, Einl Rn 29). Ist der durchschnittliche Jugendliche dann derjenige, der schon eine durchschnittliche Anzahl von Werten oder in durchschnittlichem Maß alle Werte oder durchschnittlich viele Werte in durchschnittlichem Umfang verinnerlicht hat? Entsprechendes gilt für den Versuch, eine „durchschnittlich-überdurchschnittliche Anfälligkeit" zu bestimmen. Dass alle drei Meinungen den Versuch unternehmen, einen Personenkreis zu beschreiben, auf dessen mögliche Beeinträchtigung es dann wie in einem Laborversuch für die Frage der Indizierung eines konkreten Mediums ankommt, wurzelt in ihrer gemeinsamen Prämisse, bei Abs 1 S 1 sei ein positives Wahrscheinlichkeitsurteil erforderlich (Rn 7). Das dadurch aufgeworfene Problem des Nachweises der Gefahr wird auch von der hM durch das Ausweichen auf besonders anfällige Jugendliche nur verschleiert, aber nicht gelöst (*Erbel* DVBl 1973, 530). Für die hier vertretene Ansicht (Rn 9) ist eine Gefahr vernünftigerweise ausgeschlossen, wenn **selbst für anfällige Jugendliche keine Gefahr** zu befürchten ist. Allenfalls solche Aussagen erlaubt die Wirkungsforschung (Einl Rn 34 ff.).

13 Anfällig sind Jugendliche, die sich selbst im Vergleich zu ihren Altersgenossen leicht in eine Opfer- oder Täterrolle drängen lassen (Einl Rn 32). Zu diesem Personenkreis werden häufig **niedriger gebildete Jugendliche mit geringerer Medienkompetenz** gehören (VG München ZUM 2010, 615, 626), jedoch ist dies auch abhängig vom Inhalt des Mediums, dessen Indizierung infrage steht (zB weibliche Jugendliche bei einer kämpferischen Seite gegen Abtreibung; insoweit richtig VG Köln MMR 2008, 358, 360 [wobei es dort aber nicht um das Drängen in eine Opfer- oder Täterrolle ging]). Eine Eingrenzung auf das Alter (zB Kinder unter 12 Jahren) kommt aber nicht in Betracht (so aber *Liesching/Schuster* Rn 20), da es hier bei der Jugendgefährdung – anders als bei der Entwicklungsbeeinträchtigung (§§ 11 Abs 3, 14 Abs 2 JuSchG, § 5 JMStV) – keine Altersstufen gibt.

2. Gesetzlich anerkannte Fallgruppen (Abs 1 S 2)

14 Nach hM gilt die **widerlegliche Vermutung,** dass ein Medium iSd Abs 1 S 2 geeignet ist, Kinder oder Jugendliche zu gefährden. Des von der hM bei Satz 1 verlang-

ten Nachweises, dass eine Jugendgefährdung wahrscheinlich ist (Rn 7), bedarf es hier nicht (BVerwGE 23, 112; 25, 318, 320; 27, 21, 26; *Liesching/Schuster* Rn 27; *Raue* 1970, S 41 f., 75; *Schäfer* 2008, S 162; *Stumpf* 2009, 182; aA *Eckhardt* DVBl 1969, 859; *Schraut* 1993, S 79, der den Nachweis einer konkreten Gefahr verlangt). Das entspricht der hier vertretenen Auffassung (Rn 9). Die Vermutung wird zB widerlegt, wenn das wiedergegebene Geschehen wegen seiner grotesken Verfremdung, bizarren Übersteigerung, Absurdität, abstoßenden oder ironisierenden Darstellung von Kindern und Jugendlichen als von ihrer Lebenswirklichkeit völlig losgelöst, widerlich oder lächerlich eingestuft wird (BVerfGE 87, 209, 230 [zu § 131 StGB]; *Erdemir* ZUM 2000, 701 f.; *Gödel* § 1 Rn 66; *Raue* 1970, S 35; unrichtig daher *Lober* 2000, S 50) oder wenn es als offensichtlich inszeniert und künstlich erkennbar ist (VG Köln MMR 2012, 346, 347).

Nach dem Wortlaut des Satz 2 sind Medien wegen ihres Inhalts (unsittlich, selbstzweckhafte Gewaltdarstellung, Selbstjustiz) oder ihrer Wirkung (verrohend, zu Gewalttätigkeit, Verbrechen oder Rassenhass anreizend) jugendgefährdend. Die Vermutung der Jugendgefährdung setzt bei der ersten Gruppe nur den Nachweis voraus, dass das Medium unsittlich ist (aA *Raue* 1970, S 38), wobei der Begriff des Unsittlichen aus dem Schutzgedanken des JuSchG heraus zu interpretieren und eng zu fassen ist (Rn 16), oder die Voraussetzungen der Nr 1 und 2 erfüllt. Bei der zweiten Gruppe ist nicht der Nachweis erforderlich, dass das Medium tatsächlich die bezeichnete Wirkung auf Kinder oder Jugendliche hat. Wenn der Gesetzgeber vermutet, verrohend wirkende oder zu Gewalttätigkeit etc anreizende Medien seien jugendgefährdend, so kann an den Nachweis der Wirkung nur die Anforderung gestellt werden, dass in dem Medium eine bestimmte (rohe, erbarmungslose, rassistische) Haltung oder ein bestimmtes (gewalttätiges, kriminelles) Verhalten unkritisch oder zustimmend und so **als nachahmenswert dargestellt** wird. Hingegen bedarf es nicht des Nachweises, dass tatsächlich die Möglichkeit eines Nachahmungseffektes besteht. Sie wird vermutet (aA der Sonderausschuss für die Strafrechtsreform, BT-Drs VI/3521, 7, der davon ausging, dass „der Streit über die Wirkung [...] in jedem Einzelfall in den Gerichtssaal hineingetragen" werde mit der Folge, dass „Gerichte und Sachverständige [...] angesichts der komplizierten Wirkungszusammenhänge voraussichtlich überfordert" seien). 15

a) Unsittliche Medien

Unsittlich ist ausschließlich **im sexuellen Sinne** zu verstehen (BVerwGE 25, 318, 320; *Liesching* BPjM-Aktuell 4/2012, 5; *Raue* 1970, 76; *Nikles/Roll* Rn 5; *Ukrow* 2004, Rn 276; *Ricker/Weberling* Kap 60 Rn 8; anders die ältere Meinung, die jede Leugnung moralischer und ethischer Werte einbezog: *Potrykus* § 1 Anm 9; *Schricker* § 1 VerlG Rn 108). Die häufig verwandte Formulierung „erotisch-sexuell" (BVerwGE 23, 112, 114; *Stath* 2006, S 147; *Liesching/Schuster* Rn 28 [„sexuell-erotographisch"]; s auch *Riedel* 1953, S 70) ist irreführend, da – wie auch die dazu genannten Beispiele zeigen – ausschließlich der sexuelle Aspekt ausschlaggebend ist. 16

Auf sexuellem Gebiet ist neben pornografischen Inhalten (§§ 184–184c StGB), die bereits unter § 15 Abs 2 Nr 1 fallen, eine Darstellung nach hM unsittlich, wenn sie „objektiv geeignet ist, in sexueller Hinsicht **das Scham- und Sittlichkeitsgefühl gröblich zu verletzen**" (BVerwGE 25, 318, 320), oder wenn sie, moderner formuliert, „gesellschaftlich anerkannten sittlichen Normen eklatant zuwiderläuft" (OVG Münster v 5.12.2003 – 20 A 5599/98, Rn 9 [juris]; ebenso: *Liesching/Schuster* Rn 28; *Lober* 2000, S 51, 97 f.; *Raue* 1970, S 76; *Stath* 2006, S 147; *Ukrow* 2004, Rn 276; *Walther* BPjM-Aktuell 4/2003, 7; *Ricker/Weberling* Kap 60 Rn 8; s auch BVerfGE 30, 336, 347; BGHSt 37, 55, 65). Mit diesen Umschreibungen ist wenig gewonnen, weil unklar ist, auf wessen Scham- und Sittlichkeitsgefühl in einer pluralistischen Gesellschaft abgestellt werden soll, wie es festgestellt wird, warum ein auch insoweit zur Neutralität verpflichteter Staat darauf überhaupt abheben darf und wann schließlich die Schwelle zur groben oder eklatanten Verletzung überschritten ist (zust *Liesching* 17

2011, S 101: „Leerformel"). Fest steht nur, dass die Reichweite sittlicher Normen infolge der „sich wandelnden Akzeptanz erotischer Darstellungen, die als sozialpsychologisches Phänomen als Folge medienbedingter Reizüberflutung und einer sich ganz allgemein ausbreitenden Sexographie zu verzeichnen ist" (BGHSt 37, 55, 65 [in allerdings falschem Zusammenhang]), stetig kleiner wird (zust *Liesching* aaO), so dass nach dem Ansatz der hM auch der Anwendungsbereich des Abs 1 S 2 insoweit immer enger werden muss. Das OVG Münster (aaO) versucht, dieser Konsequenz zu entgehen, indem es ausführt, dass selbst dann, wenn feststeht, dass „die deutsche Medienlandschaft von vergleichbaren Darstellungen durchdrungen ist", dies „nicht den Schluss [zulasse], sie seien gesellschaftlich akzeptiert und müssten deshalb [...] hingenommen werden". Das ist im Ergebnis richtig, lässt sich aber nicht mit dem Rückgriff auf eine angeblich existierende, aber offenbar nicht wirkungsmächtige allgemeine Moral begründen, sondern folgt daraus, dass die Vorlieben Erwachsener für bestimmte Inhalte nichts darüber aussagen, ob diese Inhalte für die Persönlichkeitsentwicklung von Kindern und Jugendlichen nachteilig sein können.

18 Die Ursache für die Unklarheiten und Schwierigkeiten der hM liegt in ihrer Bestimmung des Schutzziels des JuSchG (Einl Rn 29). Das GG gibt keine Anhaltspunkte für sittliche Wertvorstellungen im sexuellen Bereich. Entsprechend dem Wortlaut des Abs 1 S 1 ist auch hier auf den Schutz der Persönlichkeitsentwicklung abzustellen (*Ukrow* 2004, Rn 276; ebenso bereits *Gödel* § 1 Rn 51; s Einl Rn 25 f.). Danach ist ein Inhalt unsittlich, der die **ungestörte sexuelle Entwicklung** von Kindern und Jugendlichen beeinträchtigt (s auch §§ 174, 176, 180, 184–184c StGB). Das sind Inhalte, durch die Kinder und Jugendliche wegen ihres noch nicht abgeschlossenen Reifeprozesses und der noch fehlenden sexuellen Autonomie zu einem sexuellen Verhalten oder zur Annahme von Vorstellungen über das Geschlechterverhältnis verleitet werden können, durch die sie sich selbst schädigen (oder schädigen lassen oder infolge derer sie das sexuelle Selbstbestimmungsrecht Dritter missachten (*Schumann* FS Lenckner, S 577). Da Satz 2 die Wirkung unterstellt, muss auch hier genügen, dass ein selbst schädigendes Verhalten oder eine das sexuelle Selbstbestimmungsrecht Dritter missachtende Einstellung als nachahmenswert, für Kinder und Jugendliche normal oder positiv dargestellt wird. Soweit Minderjährige dargestellt werden, wird häufig § 15 Abs 2 Nr 4 eingreifen.

19 **Beispiele** (zur Praxis der BPjM: BPjM-Aktuell 3/2003, 10; 3/2010, 3 ff.; *Monssen-Engberding* BPjS-Aktuell 3/1999, 8): Medien, die die Verbindung von Sexualität und Gewalt als für Täter oder Opfer vorteilhaft darstellen (insbes sog positive Vergewaltigungen), die inzestuöse (BVerwGE 39, 197, 206) oder pädophile Kontakte als normal behandeln (insbes strafbare Handlungen nach §§ 173, 180, 182 StGB), die Menschen auf entwürdigende Art zu sexuell willfährigen Objekten degradieren, die die Behandlung von Frauen als jederzeit frei verfügbare Sexualobjekte als deren Vorstellung entsprechend zeigen (vgl VG Köln ZUM-RD 2008, 385, 390, wo allerdings S 1 angewandt wird), die das Leben „als auf Sexualgenuss zentriert" oder die sexuelle Betätigung und Befriedigung als den das Leben allein beherrschenden Wert darstellen, die Promiskuität oder Gruppensex verherrlichen (OVG Münster v 5.12.2003 – 20 A 5599/98, Rn 9 [juris]), die Prostitution verherrlichen, verharmlosen oder idealisieren (aA *Stath* 2006, 148), die Sexualität mit Angst oder Ekel besetzen (*Schroeder* 1992, S 27, 29 f.; *Stath* aaO; *Stumpf* 2009, S 184; *Ukrow* 2004, Rn 276), die diskriminierende Praktiken anpreisen oder sadistische Vorgehensweisen als Lust steigernd propagieren. Zu **Kontakt- und Telefonsexanzeigen** s BGH AfP 2006, 555, 556, VG Köln v 30.11.2007 – 27 K 4437/06, und *Rath-Glawatz* AfP 2009, 458, wonach es maßgeblich auf Umfang, Aufmachung und Inhalt der Anzeige ankommt.

b) Verrohend wirkende Medien

20 Mit der Verrohung ist in Abgrenzung zum Anreiz zu Gewalttaten nicht die Bereitschaft zur Begehung von Gewalttaten gemeint, sondern die **gleichgültige oder positive Einstellung gegenüber dem physischen und psychischen Leiden**

Dritter unabhängig davon, ob sie durch fremde Gewalttaten, Unfälle, Naturkatastrophen oder sonst wie in diese Lage gelangt sind. Vom Schutzziel des JuSchG her (Einl Rn 25 ff.) dient die Indizierung von Medien, die eine solche Einstellung **als nachahmenswert erscheinen lassen,** der Bewahrung von Kindern und Jugendlichen vor der Preisgabe jeglicher mitmenschlicher Solidarität (BPjM, Entscheidung Nr 5889 v 1.3.2012, S 17 – *Schulhof-CD Berlin;* Nr 5903 v 14.6.2012, S 21 – *Jung, Brutal, Gutaussehend; Liesching/Schuster* Rn 33; *Ukrow* 2004, Rn 277). Nicht jede Darstellung rücksichtslosen oder gefühllosen Verhaltens reicht aus (*Liesching* 2011, S 104; *Raue* 1970, S 77). Das gilt in zweierlei Hinsicht: Zum einen muss die gleichgültige oder positive Einstellung gerade gegenüber dem physischen und psychischen Leiden anderer bestehen. Es geht zu weit, unter den Begriff der Verrohung jede „Desensibilisierung von Kindern und Jugendlichen im Hinblick auf die im Rahmen des gesellschaftlichen Zusammenlebens gezogenen Grenzen der Rücksichtnahme und der Achtung anderer Individuen" (VG Köln MMR 2208, 358, 360; *Liesching/Schuster* aaO, *Ukrow* aaO) zu fassen, da dies letztlich auch Gewalt gegen Tiere (so BPjM, Entscheidung Nr 7034 v 30.8.2005 – *Postal 2,* zitiert nach *Hilpert* BPjM-Aktuell 3/2008, 19 Fn 19) und Sachen (so OVG Koblenz ZUM-RD 2006, 264, 266: Stechen mit einem Messer in eine gefüllte Plastiktüte, Zerstörung eines Computers mit einer Axt) sowie letztlich jedes rüpelhafte Verhalten erfasst. Zum anderen muss das Medium selbst diese Einstellung wiedergeben und als nachahmenswert darstellen. Deshalb ist es falsch, detailgenaue und drastische Abbildungen von abgetriebenen, zum Teil grausam verstümmelten Föten als verrohend einzustufen, wenn diese in einem auf den Schutz der Föten abzielenden, also gerade nicht gegenüber den abgebildeten Föten gleichgültigen Kontext stehen (so aber OVG Münster v 17.8.2007 – 20 B 1068/07; VG Köln MMR 2008, 358, 360 – *babycaust.de*). Die immer bestehende Möglichkeit, dass Kinder und Jugendliche den Kontext außer Acht lassen, ist hier wie auch sonst unbeachtlich (Rn 48).

Beispiele (zur Praxis der BPjM s auch *Stumpf* 2009, S 184 f.): Sadistische Inhalte (VG Köln MMR 2012, 346 f.); Darstellungen, die den Opfern ihr Menschsein nehmen, indem sie sie zu bloßen Objekten des Tötens, Quälens oder Verletzens degradieren; Darstellungen von Gewalttaten unter Ausblendung, Verharmlosung oder Verhöhnung (zB Schadenfreude) des Leidens der Opfer; Darstellungen von Tötungen, Verletzungen oder des körperlichen Leidens (zB von gesellschaftlichen Außenseitern oder Behinderten) mit vermeintlich komischer Kommentierung oder zynischer Rechtfertigung als selbstverschuldet (BPjM, Entscheidung Nr 5903 v 14.6.2012, S 21 – *Jung, Brutal, Gutaussehend*); Aufforderung zur und detaillierte (ggf auch akustisch untermalte) Darstellung (zB blutende Wunden, zerberstende Körper, Todesschreie, Flehen um Gnade) der Vernichtung menschlichen Lebens in Computerspielen (BPjM, Entscheidung Nr 6600 v 11.3.2004, BPjM-Aktuell 2/2004, 5, 6 – *Manhunt;* Nr VA 1/2000 v. 7.1.2000 – *Quake III Arena,* BPjS-Aktuell 3/2000, 3 [4, 8]; s aber Nr 5116 v 16.5.2002 – *Counter Strike,* BPjS-Aktuell 3/2002, 11 [keine Indizierung wegen der überwiegend strategischen Elemente], Nr 5847 v 4.8.2011 – *Doom,* BPjM-Aktuell 3/2011, 11, 17 [Listenstreichung wegen der überdeutlich fiktiven und unrealistischen Darstellung]); Belohnung von Gewalttaten gegen Menschen (zB Punktegewinn, erfolgreiches Durchspielen des Computerspiels nur bei Anwendung von Gewalt; Entscheidung Nr 6600 aaO, 7). 21

c) Zu Gewalttätigkeit, Verbrechen oder Rassenhass anreizende Medien

Nach der mehr die innere Einstellung betreffenden Variante der Verrohung zielt diese Variante auf das äußere Verhalten der Minderjährigen (*Liesching* 2002, S 120; *ders* 2011, S 105; *Nikles/Roll* Rn 5; *Stath* 2006, S 149; *Ukrow* 2004, Rn 280; BPjM, Entscheidung Nr 5889 v 1.3.2012, S 17 – *Schulhof-CD Berlin*). Eine Schilderung ist anreizend, wenn sie das Verhalten bejahend, **als nachahmenswert darstellt** (*Liesching/Schuster* Rn 38; *Lober* 2000, S 51; *Potrykus* § 1 Anm 13; *Ukrow* 2004, Rn 282; s Rn 15). Eine darüber hinausgehende Aufforderung ist nicht erforderlich (RGSt 63, 22

170, 173). Diese Fallgruppe ist aus Sicht der hM und der hier vertretenen Ansicht gleichermaßen mit dem Schutzziel des JuSchG vereinbar, weil sie Kinder und Jugendliche vor der Missachtung der Menschenwürde, der Rechte anderer und der im Strafrecht kodifizierten Mindestbedingungen eines geordneten Soziallebens und damit vor einer der Wertordnung des GG krass widersprechenden Haltung bewahren bzw ihnen die Möglichkeit zur Entfaltung in der Gemeinschaft erhalten will.

23 Die verherrlichende, verharmlosende oder die Menschenwürde verletzende Darstellung grausamer oder unmenschlicher Gewalttätigkeiten gegen Menschen oder menschenähnliche Wesen stuft das Gesetz gem § 15 Abs 2 Nr 1 JuSchG iVm § 131 StGB bereits als besonders jugendgefährdend ein. Einfach jugendgefährdend sind Medien, die gewalttätiges Verhalten gegen Menschen, Tiere und menschenähnliche Wesen als nachahmenswert darstellen. Das ist nicht nur dann der Fall, wenn Gewalt positiv bewertet wird, sondern auch dann, wenn sie als selbstverständlich, keines Bedenkens wert dargestellt wird; so etwa, wenn in Computerspielen Töten nur noch als Reaktionstest begriffen wird (Nikles/*Roll* Rn 5; aA *Lober* 2000, S 40).

24 **Gewalttätigkeit** definiert die hM als „aggressives, aktives Tun [...], durch das unter Einsatz oder Ingangsetzen physischer Kraft unmittelbar oder mittelbar auf den Körper eines Menschen in einer dessen leibliche oder seelische Unversehrtheit beeinträchtigenden oder konkret gefährdenden Weise eingewirkt wird" (BVerfGE 87, 209, 227 [zu § 131 StGB]; Sch/Sch/*Sternberg-Lieben* § 131 Rn 6; *Liesching* BPjM-Aktuell 4/2012, 6; aA Nikles/*Roll* Rn 5, wonach der Schweregrad des § 131 StGB nicht erreicht werden muss; dagegen zu Recht *Stumpf* 2009, S 186). Voraussetzung ist also erstens ein **aktives Handeln.** Ein ausschließlich passives Verhalten, sei es auch pflichtwidrig, genügt nicht. Das gilt selbst dann, wenn das Opfer schwersten Gewalteinwirkungen durch Tiere oder Naturgewalten ausgesetzt ist, die nach dem allgemeinen Sprachgebrauch selbst keine Gewalttätigkeiten verüben. Ist das Verhalten des Tiers allerdings einem Menschen zuzurechnen (zB Hetzen eines Hundes auf ein Opfer), liegt eine Gewalttätigkeit des Menschen vor. Fiktive Wesen (zB Roboter, Zombie), denen die Fähigkeit zu einem Handeln wie ein Mensch zugeschrieben wird, können gewalttätig sein (BGH NStZ 2000, 307, 308 [zu § 131 StGB]). Die Darstellung bereits abgeschlossener Gewalteinwirkungen (zB Bilder von Verletzten oder Toten) reicht nicht aus. Das aktive Handeln muss zweitens mit der **Entfaltung nicht unerheblicher physischer Kraft** verbunden sein. Das kann zum einen dadurch geschehen, dass die handelnde Figur in nicht nur unerheblichem Maße ihre eigene Körperkraft gegen das Opfer einsetzt (zB Faustschläge, Tritte, Werfen eines Steins auf das Opfer). Es genügt aber auch ein geringfügiger Kraftaufwand, wenn die handelnde Figur dadurch eine andere, auf das Opfer einwirkende, nicht unerhebliche Kraftquelle zum Einsatz bringt (zB Abdrücken einer Schusswaffe, Überfahren mit einem Kfz). Die bloße Androhung von Gewalt reicht mangels Entfaltung physischer Kraft nicht aus (BGH NJW 1980, 65, 66 [zu § 184a StGB]). Die physische Kraft muss drittens, abweichend von der eingangs zitierten Definition, **unmittelbar** – nicht nur mittelbar (so aber OLG Stuttgart MMR 2006, 387, 390 [zu § 131 StGB]; BGH NJW 1980, 65, 66; OLG Karlsruhe MDR 1977, 864; OLG Köln NJW 1981, 1458, 1459 [alle zu § 184a StGB]) – **auf den Körper des Opfers einwirken** (seelische Verletzungen genügen nicht) **und es verletzen** (nicht nur konkret gefährden). Die Einbeziehung mittelbarer Einwirkungen, psychischer Beeinträchtigungen und konkreter Gefährdungen entspricht nicht mehr den verfassungsrechtlich gebotenen Eingrenzungen des Gewaltbegriffs (BVerfGE 92, 1, 13). Das zeigt sich insbesondere bei Fällen, in denen diese Weiterungen kumulativ vorliegen. Was soll man sich unter einer mittelbaren Einwirkung, die nur die Gefahr einer psychischen Beeinträchtigung hervorruft, vorstellen? Die Handlung muss schließlich viertens **aggressiv,** also von der Absicht getragen sein, dem Opfer zu schaden. Nicht erforderlich ist, dass sie zugleich roh oder brutal ist (BGHSt 23, 46, 51 [zu § 125 StGB]). Ebenso wenig muss die Handlung rechtswidrig sein. Für diese Einschränkung gibt der Wortlaut keinen Anhaltspunkt. Erfasst sind somit zB auch Handlungen im Rahmen einer gerechtfertigten Verteidigung oder mit Einwilligung des Verletzten (s zu § 184a StGB: BGH NStZ 2000, 307, 309; OLG Karlsruhe MDR 1977, 864; OLG Köln NJW 1981, 1458, 1459). Unerheblich ist, wenn es sich bei der Gewalttätigkeit nicht um ein reales oder realitätsnahes, sondern um ein erkennbar fiktives Geschehen handelt (zu § 131 StGB: BVerfGE 87, 209, 228; BGH NStZ 2000, 307, 308; OLG Stuttgart MMR 2006, 387, 390; BVerwG NVwZ-RR 2003, 287, 288).

Beispiele: Eine Darstellung reizt zur Gewalttätigkeit an, wenn sie den Eindruck 25 eines normalen, alltäglichen oder gar legitimen Verhaltens erweckt (zB brutales Faustrecht; BT-Drs 3/2373, 2), wenn sie rücksichtslose Gewaltanwendung als selbstverständliches Mittel der Behandlung von Angehörigen bestimmter Bevölkerungsgruppen oder der zwischenmenschlichen Auseinandersetzung (insbes wenn die Gewalt in der Familie oder unter Jugendlichen ausgeübt wird) schildert (BT-Drs 3/2373, 2), wenn sie dem Jugendlichen eine Identifikationsmöglichkeit gibt (zB weil der Held ebenfalls ein Jugendlicher ist oder Probleme Jugendlicher mit Gewalt löst), wenn die Gewalt folgenlos bleibt oder belohnt wird, wenn sie durch aufwändige Inszenierung ästhetisiert wird oder wenn sie trotz ihrer Brutalität allein deshalb als moralisch gerechtfertigt dargestellt wird, weil sie zu einem „guten Zweck" verübt wird („Gut gegen Böse", BPjS, Entscheidung Nr 4309 v 1.4.1993 – *Rambo III*, zitiert nach *Gödel* § 1 Rn 71).

Ein Inhalt reizt zu **Verbrechen** an, wenn er eine **Straftat** als nachahmenswert darstellt. Der Begriff Verbrechen entspricht nicht dem des § 12 Abs 1 StGB (aA *Liesching/Schuster* Rn 39; *Schäfer* 2008, S 163; *Stath* 2006, S 150; *Stumpf* 2009, S 187), ist aber auch nicht losgelöst vom StGB als Verbrechen „im volkstümlichen Sinne" (so aber *Riedel* 1953, S 70) zu verstehen. Beides widerspräche der erklärten Absicht des Gesetzgebers, den vermuteten Zusammenhang zwischen der Verbreitung jugendgefährdender Medien und dem Anwachsen der Jugendkriminalität zu unterbrechen (BT-Prot. 1, 10536 B). Verbrechen iSd Abs 1 S 2 sind alle Straftaten, also Verbrechen und Vergehen iSd § 12 StGB (*Gödel* § 1 GjS Rn 74; *Ukrow* 2004, Rn 283 mit Fn 59).

Beispiele: Ein Anreiz zu Verbrechen besteht zB, wenn das Verbrechen für den Täter folgenlos bleibt, wenn seine erfolgreiche Ausführung realistisch und eingehend beschrieben wird oder wenn das Unrecht der Tat ausgeblendet, geleugnet oder scheinbar gerechtfertigt wird (*Liesching/Schuster* Rn 39; *Ukrow* 2004, Rn 282).

Zum **Rassenhass** anreizende Medien sind – neben den dazu aufstachelnden Medien iSd § 15 Abs 2 Nr 1 JuSchG iVm § 130 Abs 2 Nr 1 StGB – Darstellungen, die ihrem objektiven Erscheinungsbild nach (Aufstacheln setzt zusätzlich ein zielgerichtetes Handeln des Verfassers voraus) eine über Ablehnung oder Missachtung hinausgehende feindselige Einstellung gegen eine andere „Rasse" ausdrücken oder unkritisch oder positiv schildern (*Liesching/Schuster* Rn 40; *Ukrow* 2004, Rn 284; ähnlich Nikles/Roll Rn 5; zu § 130 StGB: BGHSt 21, 371, 372; 40, 97, 102; BGHR StGB § 130 Nr 1 Aufstacheln 2; BayObLG JR 1991, 82, 83). Der Begriff *Rassen*hass „knüpft an die Begriffswelt der Rassenideologie an, die sich aber nicht auf einen wissenschaftlich gesicherten, genau abgrenzenden Rassenbegriff stützen kann" (BT-Drs 12/6853, 24). Es ist deshalb ausreichend, aber auch erforderlich, dass eine in- oder ausländische Personengruppe als Rasse zusammengefasst wird (*Gödel* § 1 Rn 76; weiter Erbs/Kohlhaas/*Liesching* Rn 18, der unter Verletzung der Wortlautgrenze jeden Verstoß gegen das allgemeine Diskriminierungsverbot des Art 3 Abs 3 GG erfassen will). Hass auf Völker oder Volksgruppen aus anderen (zB religiösen, weltanschaulichen) Gründen wird nicht erfasst. Der Gesetzgeber hat es unterlassen, Abs 1 S 2 der Umwandlung des § 130 StGB von einem Tatbestand der Aufstachelung zum Rassenhass zu einem allgemeinen Anti-Diskriminierungstatbestand (BGBl 1994 I, 3186) anzupassen.

Beispiele: Die Behauptung, die Juden betreiben als Urheber der „Vernichtungs- 29 legende" die politische Unterdrückung und finanzielle Ausbeutung des deutschen Volkes (BGHSt 31, 226, 231 f.; NStZ 1981, 258). Die Bezeichnung eines dunkelhäutigen Mensch als „Neger" oder „Nigger" fällt nur dann unter Abs 1 S 2, wenn er damit einer angeblich minderwertigen „Rasse" zugeordnet wird und damit zudem eine feindselige Einstellung einhergeht, nicht aber zB dann, wenn dies zum üblichen Umgangston untereinander gehört (*Bochmann/Staufer* BPjM-Aktuell 2/2013, 13; *Stumpf* 2009, S 188; vgl zur unterschiedlichen Verwendung in der Hip-Hop-Musik *Carus/Hannak-Mayer/Kortländer* BPjM 1/2006, 13 f.).

d) Selbstzweckhafte und detaillierte Gewaltdarstellungen

30 Durch das JuSchGÄndG v 24.6.2008 (Einl Rn 9) wurde der Katalog der gesetzlich anerkannten Fallgruppen, bei denen eine Jugendgefährdung vermutet wird, um die Nrn 1 und 2 ergänzt. Damit sollten „zum wirksamen Schutz von Kindern und Jugendlichen vor gewaltbeherrschten Computerspielen" die „im Gesetz genannten Indizierungskriterien [...] erweitert und präzisiert" werden (BT-Drs 16/8546, 6, 7). Ob dadurch zugleich der Anwendungsbereich des Abs 1 S 2 erweitert wurde, erscheint auch zweifelhaft. Es ist kaum vorstellbar, dass ein Medium zB Mord- und Metzelszenen selbstzweckhaft und detailliert darstellt, ohne zugleich verrohend zu wirken oder zu Verbrechen oder Gewalttätigkeit anzureizen. Die von Nr 1 und Nr 2 erfassten Medien konnten auch schon nach der früheren Rechtslage und Spruchpraxis der BPjM indiziert werden (*Bestgen* tv-diskurs 46 [2008], 79; *Erdemir* K&R 2008, 227; *Handke* 2012, 143; *Nikles/Roll* Rn 5; *Stumpf* 2009, 189). Erleichtert wird jedoch zum Teil der Nachweis der Indizierungsvoraussetzungen, weil die BPjM nicht mehr darlegen muss, dass die Gewalthandlungen (Nr 1) als nachahmenswert dargestellt werden (vgl Rn 15, 22). Im Fall der Nr 2 ist sachlich dasselbe beim Erfordernis „als einzig bewährtes Mittel" festzustellen (Rn 36).

31 Nr 1 erfasst Medien, in denen „Gewalthandlungen wie Mord- und Metzelszenen selbstzweckhaft und detailliert dargestellt werden". Der Begriff der **Gewalthandlung** entspricht grundsätzlich dem der Gewalttätigkeit (Rn 24), bringt aber klarer zum Ausdruck, dass ein aktives Handeln erforderlich ist und daher ein ausschließlich passives Verhalten, sei es auch pflichtwidrig, nicht genügt. Aufgrund der beispielhaften Nennung der Mord- und Metzelszenen sind bei Nr 1 allerdings solche Gewalthandlungen auszuklammern, die in der Intensität nicht mit derjenigen von Mord- und Metzelhandlungen vergleichbar sind (*Handke* 2012, S 142; *Liesching/Schuster* Rn 44). Der Begriff des Mordes ist nicht im technischen Sinne, also wie in § 211 Abs 2 StGB, zu verstehen. Gemeint ist die Darstellung besonders brutaler, zum Tod des Opfers führender Gewalthandlungen, durch die das Opfer massakriert und regelrecht abgeschlachtet wird. Nicht zum Tod des Opfers führende oder darauf gerichtete Gewalthandlungen sind mithin nur dann von Nr 1 erfasst, wenn der Täter sein Opfer besonders drangsaliert, ihm extreme Schmerzen zufügt oder die Handlung zu massiven Verletzungen und Verstümmelungen des Opfers führt. Unerheblich ist auch hier, ob es sich um ein reales oder (erkennbar) fiktives Geschehen handelt (Rn 24).

32 Der Begriff der **Selbstzweckhaftigkeit** bezieht sich, anders als bei § 15 Abs 2 Nr 3a JuSchG (§ 15 Rn 75), nicht auf die Gewalt, sondern auf die Darstellung der Gewalthandlung. Aufgrund der unterschiedlichen Bezugspunkte kann die zu § 15 Abs 2 Nr 3a entwickelte Auslegung nicht übernommen werden (anders die hM, die die Selbstzweckhaftigkeit jeweils auf die *Darstellung* der Gewalt bezieht und das Merkmal daher in beiden Vorschriften identisch auslegt; so *Erdemir* K&R 2008, 227; *Liesching* 2011, S 107; *Liesching/Schuster* Rn 45). Die Selbstzweckhaftigkeit entfällt nicht schon dann, wenn die Darstellung der Gewalthandlung dem Zweck dienen soll, den Zuschauer zu unterhalten oder die Spannung zu erhöhen (so aber *Handke* 2012, S 142 f. [mit unzutreffendem Verweis auf *Erdemir* K&R 2008, 227, der sich mit der umgekehrten Fragestellung befasst, ob die Selbstzweckhaftigkeit schon zu bejahen ist, wenn die Gewaltdarstellung dazu dient, das Unterhaltungsbedürfnis des Zuschauers zu stillen). Eine solch restriktive Auslegung führte zum – vom Gesetzgeber sicher nicht gewollten – Leerlaufen der Regelung, da jegliche Darstellungen in Medien letztlich das Ziel verfolgen, den Zuschauer oder Nutzer zu unterhalten. Vielmehr kommt es darauf an, dass die Darstellung der Gewalthandlung über einen bloßen Unterhaltungszweck hinaus keinen weiteren Zweck verfolgt. Maßgeblich ist, ob die dargestellte Gewalthandlung in einen nachvollziehbaren Handlungskontext eingebettet ist oder aber außerhalb jeder Dramaturgie in aller Breite allein zur Befriedigung voyeuristischer und sadistischer Zuschauer- oder Nutzerinteressen dargestellt wird (so auch überwiegend die Literatur, s die Nachweise bei § 15 Rn 76).

Die Darstellung der Gewalthandlungen muss **detailliert** sein. Bezugspunkt der Detailliertheit ist die Gewalt*handlung*; eine detaillierte Darstellung lediglich der Gewalt*folgen* (zB des zerstückelten Körpers) reicht somit nicht aus (*Liesching/Schuster* Rn 47). Ob die Darstellung detailliert ist, ist anhand einer Gesamtbewertung zu entscheiden. Erforderlich ist, dass die Gewalthandlung eingehend und in allen Einzelheiten veranschaulicht und durch eine fokussierende Kameraführung (zB Nahaufnahme, Zoom) in den Vordergrund gerückt wird (*Liesching/Schuster* Rn 45, 47). Zu berücksichtigen ist der Einsatz optischer Gestaltungsmittel (zB Zeitlupe), die dem Betrachter eine besonders genaue Kenntnisnahme der Einzelheiten der Gewaltausübung ermöglichen, und auch akustische Gestaltungsmittel (zB Todesschreie, lautes Knacken beim Brechen von Knochen), durch die das Augenmerk besonders auf die dargestellte Gewalt gelenkt wird (*Liesching* 2011, S 107). Die Detailliertheit der Darstellung muss dabei nicht besonders realitätsnah sein (*Liesching* JMS-Report 4/2008, 3). Das ergibt sich aus einem systematischen Vergleich mit § 15 Abs 2 Nr 3a, der eine „besonders realistische" Gewaltdarstellung fordert. Ist die Darstellung der Gewalthandlung andererseits völlig wirklichkeitsfremd oder auf groteske Art und Weise verfremdet oder übersteigert, kann das die Vermutungswirkung des Abs 1 S 2, dass das Medium geeignet ist, Kinder und Jugendliche zu gefährden, widerlegen (Rn 14). 33

e) Selbstjustiz

Nr 2 erfasst Medien, in denen „Selbstjustiz als einzig bewährtes Mittel zur Durchsetzung der vermeintlichen Gerechtigkeit nahegelegt wird". Diese Fallgruppe dient zum einen dazu, eine Fehlentwicklung des Minderjährigen dahingehend zu verhindern, dass er die Ausübung von Selbstjustiz als akzeptable, ihm zur Verfügung stehende Verhaltensalternative anerkennt. Neben dieser auf die innere Einstellung bezogenen Schutzrichtung zielt Nr 2 auch auf das äußere Verhalten des Minderjährigen ab. Ihm soll die Möglichkeit zur Entfaltung in der Gemeinschaft erhalten bleiben; deshalb soll Selbstjustiz als mit den gesellschaftlichen Mindeststandards prinzipiell unvereinbare Verhaltensweise nicht als nachahmenswert dargestellt werden. 34

Selbstjustiz ist ein gesetzlich unzulässiges Vorgehen gegen eine als rechtswidrig oder unrecht empfundene Handlung eines anderen, durch die sich der Ausführende bewusst dem Gewaltmonopol des Staates widersetzt (*Handtke* 2012, S 144; *Liesching/Schuster* Rn 48). Eine Missachtung des staatlichen Gewaltmonopols liegt regelmäßig dann vor, wenn der Handelnde „das Recht in die eigene Hand nimmt" und es sich anmaßt, die als gerecht empfundene Strafe selbst durchzusetzen. Typische, in Medien dargestellte Beweggründe zur Ausübung von Selbstjustiz sind Rache und Vergeltung, aber auch die Abschreckung anderer oder das „Ausschalten" eines Wiederholungstäters durch seine Tötung (*Liesching* JMS-Report 3/2009, 2; *ders* 2011, S 108). Nicht vom Begriff der Selbstjustiz erfasst sind eigenmächtige Reaktionen des Handelnden auf rechtswidrige Handlungen eines anderen, welche von der Rechtsordnung gebilligt werden (zB Selbsthilfe gem § 229 BGB, Notwehr gem § 32 StGB); hier setzt sich der Handelnde nicht über das staatliche Gewaltmonopol hinweg. Problematisch ist, ob Nr 2 zwingend voraussetzt, dass die dargestellte Handlung in einem Kontext stattfindet, in dem eine Rechtsordnung überhaupt existiert oder die Staatsgewalt zur Durchsetzung des Rechts erreichbar ist. Diese Frage stellt sich etwa bei der Darstellung gestrandeter Personen auf einer einsamen Insel oder von Menschen auf einem fremden Planeten. Teilweise wird die Annahme von Selbstjustiz in fiktiven „rechtsfreien Räumen" mit der Begründung verneint, dass das zentrale Element der Selbstjustiz die Hinwegsetzung über die Rechtsordnung und das staatliche Gewaltmonopol 35 sei (*Liesching* JMS-Report 3/2009, 3; *ders* 2011, S 109; *Liesching/Schuster* Rn 50). Diese Auslegung wird allerdings dem Schutzzweck der Nr 2 nicht gerecht. Maßgeblich ist immer, welche Botschaft das Medium aus der Sicht des Betrachters transportiert. Die Botschaft, Selbstjustiz sei der einzig erfolgversprechende Weg zur Herstellung vermeintlicher Gerechtigkeit, kann durchaus auch durch die Darstellung entsprechender Handlungen in einem „rechtsfreien" Raum vermittelt werden, sofern die Situation (insb die Beweggründe des Handelnden) aus Sicht des Betrachters auf die „reale Welt" übertragbar ist.

36 Die Selbstjustiz muss als **einzig bewährtes Mittel zur Durchsetzung der vermeintlichen Gerechtigkeit nahegelegt** werden. Der Wortlaut ist insoweit missglückt: Es kommt nicht darauf an, ob die Selbstjustiz innerhalb des dargestellten Handlungsrahmens als einzig „bewährtes" (in der Vergangenheit bereits erprobtes und erfolgtaugliches) Mittel dargestellt wird. Eine solche Auslegung widerspräche dem Schutzzweck (*Liesching* JMS-Report 3/2009, 4). Der Begriff des „bewährten Mittels" ist daher nicht isoliert, sondern im Zusammenhang mit dem Ausdruck des „Nahelegens" zu sehen. Entscheidend ist damit, dass an die in jedem Menschen latent vorhandene, wenngleich durch Erziehung und Anpassung an gesellschaftliche Rahmenbedingungen weitgehend unterdrückte Neigung zur Selbstjustiz appelliert wird. Maßgeblich ist auch hier die vermittelte Botschaft, nämlich ob dem Betrachter suggeriert wird, der Staat als Inhaber des Gewaltmonopols sei nicht in der Lage, einen vom Betrachter als gerecht empfundenen Zustand herzustellen und die Anwendung von Selbstjustiz sei daher alternativlos (*Handke* 2012, S 144; *Liesching* JMS-Report 3/3009, 3 f.). Dies kann vor allem dadurch geschehen, dass die staatlichen Strafverfolgungsorgane als unfähig dargestellt werden, auf begangenes Unrecht angemessen zu reagieren; sei es aufgrund einer gleichgültigen und desinteressierten Einstellung, ihrer Korruptheit, ihrer Inkompetenz oder weil die Strafverfolgungsorgane der Kriminalität hilf- und machtlos gegenüber stehen und aufgrund begrenzter Mittel zur effektiven Strafverfolgung außer Stande sind (*Handke* 2012, S 144; *Liesching/Schuster* Rn 50). Aufgrund des engen Wortlauts (Nikles/Roll Rn 5; *Stumpf* 2009, S 189), der die Nahelegung als „einzig" bewährtes Mittel fordert, ist eine eindeutig negative Akzentuierung der staatlichen Strafverfolgung oder aber das völlige Ausblenden dieser Möglichkeit zur Wiederherstellung der Gerechtigkeit erforderlich (*Handke* 2012, S 144; *Liesching/Schuster* Rn 51). Demgegenüber erfordert der Begriff des Nahelegens, wie sich aus dem Vergleich mit dem in § 15 Abs 2 Nr 2 verwendeten Begriff „verherrlichen" ergibt, keine in besonderer Weise herausgestellte glorifizierende Überhöhung der Selbstjustiz (*Handke* 2012, 144; *Liesching/Schuster* Rn 52). Notwendig ist jedoch immer eine irgendwie geartete positive Akzentuierung, die geeignet ist, in dem Minderjährigen eine bejahende Haltung gegenüber der Anwendung von Selbstjustiz hervorzurufen oder die das Verhalten des Handelnden als nachahmenswert erscheinen lässt (tendenziell anders *Liesching* JMS-Report 3/2009, 4, aufgrund einer engeren Schutzzweckbestimmung zum Ergebnis gelangt, dass der Begriff des Nahelegens gegenüber dem des „Anreizens" iSv Abs 1 S 2 ein Aliud sei). Die erforderliche positive Akzentuierung der Selbstjustiz kann zu verneinen sein, wenn sich der Selbstjustiz Verübende aufgrund seiner Darstellung nicht als Identifikationsfigur eignet, wenn er im Laufe der weiteren Darstellung negativen Konsequenzen (zB eigene Strafverfolgung) oder ablehnenden Reaktionen der Umwelt ausgesetzt ist, sowie dann, wenn er sich im Anschluss an seine Tat kritisch mit seinem Verhalten und dem dadurch verwirklichten Unrecht auseinandersetzt und sein Verhalten bereut (*Liesching/Schuster* Rn 53 f.).

3. Weitere von der hM anerkannte Fallgruppen

37 Unter Verweis auf den Wortlaut des Abs 1 S 1 hält die hM unter den oben genannten Voraussetzungen eine Indizierung von Medien mit Inhalten, die nicht in Satz 2 erwähnt werden, für möglich (Rn 3 ff.; zur Kritik s auch Einl Rn 41). Genannt

werden zB Medien, welche die **nationalsozialistische Ideologie** (s dazu Rn 30 f.) oder den **Drogenkonsum** verherrlichen oder verharmlosen (s dazu Rn 32 f.), die zum **Selbstmord** anreizen (so, obwohl inzwischen S 2 Nr 2 eingreift: *Liesching/ Schuster* Rn 68; *Nikles/Roll* Rn 6; einschränkend *Stumpf* 2009, S 198, der nur die „Umfeldkriminalität des Suizids" erfasst sieht; ganz ablehnend *Bauer* JZ 1965, 43; *ders* JZ 1967, 168), die zur **Nahrungsverweigerung** auffordern (BPjM, Entscheidung Nr 5601 v 4.12.2008 – *Pro-Ana-Blogs,* BPjM-Aktuell 1/2009, 3; *Monssen-Engberding* BPjM-Aktuell 4/2009, 9 f.; *Liesching/Schuster* Rn 69), die die **Menschenwürde** verletzen (wobei jedoch vor allem Bsp genannt werden, die bereits unter § 15 Abs 2 Nr 1 iVm § 131 StGB fallen: VG Köln MMR 2008, 358, 359; *Liesching/Schuster* Rn 56; *Nikles/Roll* Rn 6; *Schäfer* 2008, S 162; *Stath* 2006, S 154; *Stumpf* 2009, S 190 f.; *Ukrow* 2004, Rn 287), die **Frauen diskriminieren** (wobei nur Fälle genannt werden, die bereits als unsittlich iSd S 2 einzustufen sind: VG Köln ZUM-RD 2008, 385, 390; *Ukrow* 2004, Rn 289) oder die **ausländerfeindlich** sind (VG Köln MMR 2008, 358, 359; *Liesching/Schuster* Rn 58).

Wegen der ungeklärten Wirkungszusammenhänge und ihres schwammigen Schutz- **38** ziels der Verhinderung einer sozialethischen Desorientierung kann die hM den **Katalog jederzeit nahezu beliebig erweitern.** Viele der von ihr anerkannten Fallgruppen überschneiden sich außerdem mit strafrechtlichen Totalverboten (zB mit § 130 Abs 2 StGB die Verletzung der Menschenwürde oder die Diskriminierung von Ausländern). Sie sind daher entweder überflüssig oder fragwürdig, weil sie dazu führen, dass auch jenseits der im StGB vom Gesetzgeber nicht ohne Grund gezogenen Grenzen Inhalte indiziert und ihre Verbreitung untersagt werden können. Dadurch erhöht sich die bereits durch die gesetzlich anerkannten Fallgruppen bestehende Anzahl von Ungereimtheiten durch teils identische, teils über die strafrechtlichen hinausgehende Verbote des JuSchG (insb § 27 Abs 3). Es fehlt bislang eine ernsthafte Auseinandersetzung der hM mit der Frage, ob es überhaupt legitim und vor allem sinnvoll ist, jenseits des sich im Verlauf der Gesetzesentwicklung ausweitenden Bereichs der strafrechtlichen Totalverbote (vgl die Erweiterungen der §§ 130, 131, 184a ff. StGB) der Generalklausel durch das Aufspüren immer neuer vermeintlicher Gefahren für Kinder und Jugendliche noch einen eigenen Anwendungsbereich zu erhalten und so den Bereich des Indizierbaren stetig zu erweitern. Diese Frage sollte sich die hM auch deshalb vorlegen, weil die Entwicklung der strafrechtlichen Inhaltsverbote zeigt, dass jugendmedienschutzrechtliche Verbote eine Vorstufe künftiger strafrechtlicher Totalverbote sind. Wer vorschnell mediale Gefahren für Kinder und Jugendliche – also gerade auch für kanpp 18-Jährige – bejaht, legt damit ggf das Fundament für ein künftiges Totalverbot.

a) Verharmlosung des Nationalsozialismus

Medien, die die **nationalsozialistische Ideologie** verharmlosen, aufwerten oder **39** rehabilitieren, sind nach hM geeignet, Kinder und Jugendliche in ihrer Entwicklung oder Erziehung zu gefährden, weil sie Rassenhass, Kriegslüsternheit und Demokratiefeindlichkeit wecken können (BVerfGE 90, 1, 19; NVwZ-RR 2008, 29, 30; VG Köln MMR 2008, 358, 359; VG Köln v. 28.10.2005 – 27 K 4637/04, BPjM-Aktuell 4/ 2007, 4, 5; VG Köln v 23.3.2010 – 22 K 181/08, Rn 14, 16 [juris]; VG Köln v 1.3.2013 – 19 K 5979/11, Rn 26 [juris]; BPjM, Entscheidung Nr 5889 v 1.3.2012, 13 – *Schulhof-CD Berlin* [unveröffentlicht]; *Bochmann* BPjM-Aktuell 2/2006, 10 ff.; *Liesching/Schuster* Rn 59; *Nikles/Roll* Rn 6; *Stath* 2006, S 152; *Stumpf* 2009, S 191 ff.; *Ukrow* 2004, Rn 285). Erfasst werden Medien, die die Ideologie (zB Rassenlehre), das Führerprinzip, die Kriegsziele, die Gewalt- und Willkürherrschaft oder die führenden Vertreter des Nationalsozialismus verteidigen oder die die Verbrechen des Nationalsozialismus (insb den Holocaust) verharmlosen, verneinen oder rechtfertigen. Beispiele: Bagatellisierung der Ermordung von Juden durch ein „KZ-Spiel" mit dem Namen „Jude-ärgere-dich-nicht" (BPS-Report 4/1983, 6, 7); Computerspiel „KZ-Manager"; Glorifizierung von Verfechtern der NS-Ideologie (BPjM, Entscheidung

Nr 5246 v 2.9.2004 – *Deutschherrenklub*, JMS-Report 1/2005, 6, 7); Leugnung des Endes des Deutschen Reiches und der Existenzberechtigung der BRD (*P. Meier* BPjM-Aktuell 4/2005, 13 f.). Werden solche Inhalte (zB zur Schuldfrage am 2. Weltkrieg und am Völkermord) in eine verzerrende, mit wissenschaftlich anfechtbaren Tatsachenbehauptungen und Wertungen arbeitende Geschichtsinterpretation eingebettet, muss die BPjM bei der Abwägung zwischen dem mit der Indizierung verfolgten Zweck und dem Gewicht des Eingriffs in die Meinungsfreiheit besonders berücksichtigen, dass sie mit der Indizierung den Jugendlichen die Möglichkeit kritischer Auseinandersetzung nimmt (BVerfGE 90, 1, 21). Auch **Originaldokumente aus der NS-Zeit** können indiziert werden; allein die Tatsache, dass die Dokumente und Aufnahmen über 50 Jahre alt sind, schließt die Eignung zur Gefährdung nicht aus (VG Köln v 15.12.1978 – 1 L 1158/78, zitiert nach *Gödel* § 1 Rn 84). Wegen ihrer zeitgeschichtlichen Bedeutung kommt eine Indizierung jedoch nur in eingeschränkten Fällen in Betracht. Hierzu zählen zB Originaldokumente, bei denen die nationalsozialistische Rassenlehre und deren Unterstützung durch den Autor im Vordergrund steht (*Gödel* § 1 Rn 85). Auch Vorworte und kommentierende Zusätze können dem Dokument einen Charakter verleihen, aus heutiger Sicht für die NS-Ideologie zu werben (BGHSt 29, 73, 78). Zudem ist bei Originaldokumenten die Art der Zusammen- und Gegenüberstellung zu beachten (BPjM, Entscheidung Nr 5246 aaO 7).

40 Abgesehen von dem grundsätzlichen Einwand gegen die Kreation neuer Fallgruppen ist die hM aus zwei Gründen abzulehnen: Da sie auf dem hier nicht geteilten Ansatz bei der Bestimmung des Schutzziels des JuSchG gründet (Einl Rn 29 f.), führt sie zu einer Verletzung der Pflicht des Staates, im politischen Meinungsbildungsprozess neutral zu bleiben. Diese Pflicht endet erst dort, wo eine Gefahr für den demokratischen Rechtsstaat, den Gedanken der Völkerverständigung und den inneren Frieden besteht. Diese Rechtsgüter, die der Staat auch schützen darf, indem er gegen sie gerichtete Medien von Jugendlichen fernhält, werden durch die (zT auch von § 15 Abs 2 Nr 1 in Bezug genommenen) **strafrechtlichen Totalverbote** der Herstellung, Verbreitung etc von Propagandamitteln verfassungsfeindlicher Organisationen (§ 86 StGB), der Verwendung der Kennzeichen verfassungswidriger Organisationen (§ 86a StGB; kritisch zur Jugendgefährdung bei Verwendung in Computerspielen *Köhne* DRiZ 2003, 210) und der Volksverhetzung (§ 130 Abs 3, 4 StGB) weitgehend geschützt. Einschlägig ist vor allem das Verbot der Billigung, Verherrlichung und Rechtfertigung der nationalsozialistischen Gewalt- und Willkürherrschaft des § 130 Abs 4 StGB (vgl zB VG Köln v. 28.10.2005 – 27 K 4637/04, BPjM-Aktuell 4/2007, 4, 5), das durch das BVerfG eine extensive Auslegung erfahren hat (BVerfGE 124, 300, 340 und 344; s dazu kritisch Matt/Renzikowski/*Altenhain* § 130 Rn 30, 31). Außerdem werden häufig die Fallgruppen des § 18 Abs 1 S 2 (zB Rassenhass) einschlägig sein. Als eigenständiger Anwendungsbereich des § 18 Abs 1 S 1 bleiben daher nur originale oder (unverändert) reproduzierte Medien aus der Zeit des Nationalsozialismus, die als sog vorkonstitutionelle Schriften nicht unter § 86 StGB fallen (anders aber dann, wenn aus „nachkonstitutionellen" Anfügungen [zB Vorwort, Anmerkungen] oder Manipulationen [Art der Zusammenstellung] die Tendenz gegen die freiheitliche demokratische Grundordnung deutlich wird; BGHSt 29, 73, 75 ff.; LK/*Laufhütte*/*Kuschel* § 86 Rn 8; SK-StGB/*Rudolphi* § 86 Rn 11; *Sch/Sch/Sternberg-Lieben* § 86 Rn 3; differenzierend OLG Celle JR 1998, 79 [zu § 130 StGB]), und historische Darstellungen, deren Indizierbarkeit wegen ihres Charakters als zeitgeschichtliche Dokumente oder Beiträge zur Meinungsbildung auch innerhalb der hM bezweifelt wird (*Gödel* § 1 Rn 84 ff.).

b) Verharmlosung des Drogen- oder Alkoholkonsums

41 Medien, die zum **Drogenkonsum** anreizen oder ihn verharmlosen, sind nach hM geeignet, Kinder oder Jugendliche in ihrer Entwicklung oder Erziehung zu gefährden, weil sie zu Verstößen gegen das BtMG und infolge Drogenkonsums zu einer

Behinderung der Persönlichkeitsentwicklung führen können (OVG Münster JMS-Report 5/2007, 68, 69; VG Köln NJOZ 2006, 3565, 3569; MMR 2008, 358, 359; *Liesching/Schuster* Rn 64 ff.; *Nikles/Roll* Rn 6; *Stath* 2006, S 155; *Stumpf* 2009, S 196 ff.; *Ukrow* 2004, Rn 290 f.; s für die BPjM *Monssen-Engberding* BPjM-Aktuell 4/2009, 6 f.). Erfasst werden Medien, die den Konsum von Betäubungsmitteln verharmlosen, verherrlichen oder die jugendliche Neugier wecken, indem sie nur die (angeblichen) positiven Wirkungen beschreiben (zB Erhöhung der intellektuellen Fähigkeiten, Mittel zur Lösung von Problemen, Ausweg aus dem als unbefriedigend empfundenen Alltag), die negativen Wirkungen herunterspielen, indem sie zB die Gesundheitsschäden verharmlosen, oder die Anweisungen für die Herstellung, den Erwerb, den Gebrauch etc. von Betäubungsmitteln ohne ernsthaftes Bemühen um objektive Aufklärung beschreiben. Nicht hierzu zählen Medien, die der Drogenaufklärung, -bekämpfung oder Süchtigenhilfe dienen. Ebenfalls nicht jugendgefährdend sind Träger- und Telemedien, die von dem Ziel bestimmt sind, die Anerkennung und Legalisierung eines Betäubungsmittels (zB Cannabis) zu erreichen, sofern dabei nicht die Grenze zur Verherrlichung oder Verharmlosung überschritten wird (*Stath* 2006, S 155; *Stumpf* 2009, S 197 f.). Die Fallgruppe überschneidet sich weitgehend mit der des § 29 Abs 1 Nr 12 BtMG, den der Gesetzgeber gerade wegen des unzureichenden Schutzes Jugendlicher durch das Jugendschutzrecht (damals das GjS) eingefügt hat (BT-Drs 12/3533, 17).

Die BPjM ist der Ansicht, dass „eine Verherrlichung von Alkoholkonsum nicht anders zu bewerten ist, als die Verherrlichung von Drogenkonsum". Die „Verherrlichung **exzessiven Alkoholkonsums** und das Suggerieren, dass dieser als einziger zum Lebensglück führen werde", seien jugendgefährdend, da hierdurch die Hemmschwelle gegenüber einer missbräuchlichen Verwendung von Alkohol herabgesetzt werden könne (BPjM, Entscheidung Nr 5557 v 3.4.2008 – *Koma Kolonne*, BPjM-Aktuell 2/2008, 3, 5 f.; *Monssen-Engberding* BPjM-Aktuell 4/2009, 7; ebenso *Liesching/Schuster* Rn 67). So verständlich die Beweggründe der BPjM für ihr Einschreiten sind, so fragwürdig ist jedoch angesichts der gesetzlichen Unterscheidung zwischen illegalen Drogen und gesellschaftlich toleriertem Alkohol ihre Gleichsetzung von Drogen und Alkohol. Hinzu kommt, dass für den Bereich der Trägermedien sogar ein mit § 6 Abs 5 JMStV vergleichbares Verbot der an Kinder und Jugendliche gerichteten Alkoholwerbung fehlt, was darauf hindeutet, dass der Gesetzgeber die Gefahr gering einstuft. Angesichts der in Medien und Gesellschaft auch außerhalb der Werbung omnipräsenten Akzeptanz des Alkoholkonsums lässt sich bezweifeln, dass einzelne Darstellungen exzessiven Konsums das Problem des Alkoholmissbrauchs durch Kinder und Jugendliche (noch) verschärfen oder ihre Indizierung eine etwaige Verschärfung des Problems zu verhindern geeignet ist. 42

c) Ausländerfeindliche Inhalte

Auch **ausländerfeindliche** Medien können nach hM gem Abs 1 S 1 indiziert werden. Als Beispiele werden genannt die Aufforderung zum Abbrennen von Asylbewerberheimen oder zur Einrichtung von Konzentrationslagern für Türken sowie die Bezeichnung von Ausländern als Abschaum, als Dreck oder als minderwertig. Diese Beispiele stammen zumeist aus der Zeit vor der Schaffung des Anti-Diskriminierungstatbestandes des § 130 Abs 2 StGB. Da Medien iSd § 130 Abs 2 StGB gem § 15 Abs 2 Nr 1 schwer jugendgefährdend sind und Medien, die zu Gewalt, Verbrechen oder Rassenhass gegenüber Ausländern anreizen, unter § 18 Abs 1 S 2 fallen, bleiben für eine Indizierung nach Abs 1 S 1 nur Medien, die Ausländer beleidigen oder verleumden, ohne zugleich ihre Menschenwürde anzugreifen oder zum Rassenhass anzureizen (zB Behauptungen, Ausländer handelten unmoralisch, hätten AIDS, begingen Verbrechen oder verführten Kinder zum Drogenkonsum). Ob die Indizierung solcher Medien mit der Absicht des Gesetzgebers bei der Einfügung des Tatbestandsmerkmals des Angriffs auf die Menschenwürde in § 130 Abs 2 StGB vereinbar ist, die an sich legale politische Auseinandersetzung nicht durch strafbewehrte 43

Verbote ihrer Auswüchse zu beeinträchtigen (BT-Drs 3/1746, 3; 12/6853, 24), ist allerdings zweifelhaft.

4. Entscheidung der BPjM

a) Beurteilungsgrundlage

44 Die BPjM ist zur **vollständigen und zutreffenden Sachverhaltsermittlung** verpflichtet (§ 24 VwVfG). Beurteilungsgrundlage für ihre Einschätzung, ob ein Medium geeignet ist, Jugendliche zu gefährden (Abs 1 S 1), oder einen der gesetzlich als jugendgefährdend anerkannten Inhalte aufweist (Abs 1 S 2), ist der ganze Inhalt (Grundsatz der Vollständigkeit), aber auch nur der Inhalt des Mediums (Grundsatz der Ausschließlichkeit). Die zur Entscheidung über die Indizierung berufenen Mitglieder der BPjM müssen sich deshalb Kenntnis vom Inhalt des Mediums verschaffen (VG Köln NJW 1989, 3171, 3172). Zur Beschleunigung des Ablaufs werden daher bestimmte Mindestanforderungen an Anträge und Anregungen gestellt (§ 21 Rn 4f., 16).

aa) Grundsatz der Ausschließlichkeit

45 Grundlage für die Einschätzung, ob ein Medium geeignet ist, Jugendliche zu gefährden, ist **ausschließlich sein Inhalt.** Bei Aufnahmen von Live-Konzerten gehört dazu neben den Liedtexten auch ihre musikalische Umsetzung (zB Betonung bestimmter Textpassagen durch Stimmlage oder Lautstärke) sowie das aufgezeichnete Verhalten der Interpreten (zB Kommentare) und des Publikums (zB Beifallsbekundungen; VG Köln v. 28.10.2005 – 27 K 4637/04, BPjM-Aktuell 4/2007, 4, 7). Nur insoweit hat das BVerfG die „Berücksichtigung der Begleitumstände, nämlich insbesondere die Art der musikalischen Darbietung und des Auftretens der Musikgruppe", als verfassungsrechtlich unbedenklich angesehen (BVerfG NVwZ-RR 2008, 29, 30 zu einer Live-CD). Dass ausschließlich der Inhalt des Mediums die Beurteilungsgrundlage bildet, bedeutet aber nicht, dass die BPjM bei seiner Interpretation und der Beurteilung seiner Gefährlichkeit auf das Trägermedium beschränkt ist. Die Interpretation eines Textes oder Bildes und die Beurteilung seiner Wirkung auf Dritte ist aus sich heraus gar nicht möglich. Insbesondere dann, wenn der Inhalt für sich genommen sinnlos oder mehrdeutig ist (s dazu Rn 51), muss der **Empfängerhorizont** der Zielgruppe des Mediums herangezogen werden, also etwa bei politischen Texten die Grundeinstellung seiner Adressaten und ihr Vorverständnis (zB bei einem rechtsradikalen Adressatenkreis dessen Wissen, wofür die Zahlen „14" und „88" stehen). In diesem Rahmen können auch außerhalb des Mediums gemachte Äußerungen seines Verfassers oder des Interpreten Bedeutung erlangen, wenn sie dem Adressatenkreis bekannt sind und dessen Verständnishorizont prägen. Nur dies ist wohl auch gemeint, wenn es in der Rechtsprechung heißt, dass die BPjM bei der Auslegung „nicht allein auf den unmittelbar vorliegenden Wortlaut des zu überprüfenden Textes beschränkt" sei, sondern auch befugt und gehalten sei, „die gesamten Begleitumstände der Äußerung zu berücksichtigen", wozu „neben dem Gesamtkontext, in dem der zu überprüfende Text steht, insbesondere auch der Adressatenkreis mit seinen Grundeinstellungen sowie sonstige Äußerungen des Autors oder Interpreten" gehörten (VG Köln, NJOZ 2006, 3565, 3569).

46 Der Grundsatz der Ausschließlichkeit erlangt in zweierlei Hinsicht Bedeutung: Erstens sind **außerhalb des Mediums liegende Umstände** unbeachtlich (zB Zugänglichkeit, Grad der Verbreitung). Sie können aber im Einzelfall eine Indizierung wegen Geringfügigkeit ausschließen (Abs 4; Rn 94ff.). Zweitens muss der nach den obigen Grundsätzen ausgelegte **Inhalt des Mediums selbst jugendgefährdend** sein. Dass ein selbst nicht jugendgefährdendes Medium mittelbar jugendgefährdende Folgen hat (zB ein Jugendlicher bestellt sich irrtümlich auf eine unverfängliche Anzeige hin pornografische Magazine), macht es nicht zu einem jugendgefährdenden. Dafür spricht zum einen der Wortlaut des Abs 1 S 1, 1 („Träger- und Telemedien, die geeignet sind") und zum anderen die Systematik des Gesetzes, wonach das Werbeverbot des § 15 Abs 1 Nr 6 mittelbaren Gefährdungen entgegenwirken soll (*Gödel* § 1 Rn 24; s auch *Riedel* 1953, S 64 f.).

Schwierig ist die Handhabung sog **Bloodpatches:** Manche Computerspiele werden für den deutschen Markt „entschärft" (zB grüner Schleim statt Blut; Phantasiestatt NS-Symbole). Die BPjM hat wegen dieser Änderungen zT von einer Aufnahme eines Verfahrens abgesehen; zT wird ausdrücklich darauf aufmerksam gemacht, dass eine bearbeitete Version des gleichnamigen Spiels nicht von der Indizierung betroffen ist. Bloodpatches sind Programme, die solche Änderungen rückgängig machen; zB durch Einspielen neuer Daten oder Ändern von Programmwerten (vgl BPS-Entscheidung Nr 6348 (V) vom 17.9.2002; Entscheidung Nr 5089 vom 4.10.2001). Eine CD und eine Internetseite mit derartigen Programmen wurden von der BPjM indiziert. In ihrer Entscheidung weist die BPjM darauf hin, dass „diese Programme die Bemühungen des Jugendschutzes sabotieren". Eine direkte Gefährdung geht jedoch von den Programmen nicht aus. Vielmehr benötigt der Nutzer das entsprechende (Spiel-)Programm in der Grundversion, um es dann aufzurüsten. Für einen Minderjährigen, der über das Spiel nicht verfügt, stellt das Programm selbst keine Gefahr dar. Insoweit lässt die BPjM also bereits die mittelbare Jugendgefährdung für eine Indizierung ausreichen. 47

bb) Grundsatz der Vollständigkeit

Bei der Beurteilung der Jugendgefährdung ist **der ganze Inhalt** zu berücksichtigen. Da das Medium entweder ganz oder gar nicht indiziert wird (zur Unzulässigkeit der Teilindizierung s Rn 55), muss sich auch die der Indizierung zugrunde liegende Beurteilung auf das ganze Medium erstrecken und es insgesamt als jugendgefährdend ausweisen (hM; BT-Drs 1/1101, 11; BVerwGE 25, 318, 325; 39, 197, 209; 39, 214, 215; *Potrykus* § 18a Anm 2; *Vlachopoulos* 1996, S 56 f.; s auch *Schumann*, FS Lenckner, S 575; *Stumpf* 2009, S 237 Fn 716). Die gegenteilige Ansicht, der zufolge bereits eine einzelne Stelle in einem ansonsten unverfänglichen Medium zur Indizierung führen kann, beruft sich darauf, dass Kinder und Jugendliche häufig gezielt nach solchen Stellen innerhalb eines Mediums suchen und nur sie lesen (*Schroeder* 1992, S 31 [mit fehlerhaftem Verweis auf BVerfGE 83, 130, 147 f.]). Das widerspricht dem Willen des Gesetzgebers, der auf den „Gesamteindruck" abstellte (BT-Drs 1/1101, 11). Es ist zudem zu undifferenziert, weil ein einheitliches Werk (zB Roman, Film) wie ein Medium behandelt wird, das eine Vielzahl verschiedener Inhalte nur technisch miteinander verbindet (zB Zeitung). Schließlich ist es auch unzulässig, den Wortlaut des Abs 1 S 1 ohne Begründung aus einem (angeblichen) praktischen Bedürfnis heraus dahin umzudeuten, dass das „ganze oder ein Teil" des Mediums geeignet ist, Kinder oder Jugendliche zu gefährden. Das führt zu einer unverhältnismäßigen Ausdehnung der Indizierbarkeit von Medien. So könnte ein Anti-Kriegs-Film mit der Begründung indiziert werden, es sei nicht ausgeschlossen, dass Jugendliche sich nur die kurze Szene mit den Kriegsgräueln ansehen würden. 48

Abzustellen ist auf den **Gesamteindruck** des Mediums. Neben dem Inhalt sind zB dessen Anordnung sowie der Umfang, die Aufmachung und die Art des Mediums zu berücksichtigen (BVerwGE 27, 21, 26). Diese Umstände sind maßgeblich, wenn einzelne Stellen für sich genommen jugendgefährdend sind, der Rest des Mediums aber unverfänglich ist. Wird der jugendgefährdende Teil nicht nach Umfang her durch den Rest überdeckt, so kann zB wegen der Art des Textes bei einem Roman die Indizierung unzulässig sein, weil der unverfängliche Teil dem für sich genommen jugendgefährdenden diese Bedeutung nimmt, während bei einer Zeitung, die auf eine selektive Lektüre des Lesers ausgerichtet ist, die unverfänglichen Artikel den Inhalt des jugendgefährdenden nicht relativieren (BVerwGE 39, 197, 209 [zum Fortsetzungsroman]; 39, 214, 215 [zu Zeitungsanzeigen]; BPjM, Entscheidung Nr 5305 v 31.8.2005, BPjM-Aktuell 4/2005, 3 [Kontaktanzeigen]; s auch BVerwGE 28, 223, 226 f. [zu einer Romantrilogie, deren Bände in sich abgeschlossen sind]; 49

BVerwG NJW 1987, 1435, 1436 [zur Anfügung eines lexikalischen Anhangs an einen jugendgefährdenden Roman]). Andererseits kann auch ein Buch nach seinem Gesamteindruck jugendgefährdend sein, wenn die jugendgefährdenden Passagen in eine Rahmenhandlung eingebettet sind, die einzig dem Zweck dient, diese Stellen zu verbinden und für sich keinen Aussagewert hat. Wie bei einer Zeitung ist auch bei Ton- und Bildträgern zu verfahren. Dasselbe gilt für **Computerspiele**, die zB dann als jugendgefährdend eingestuft werden können, wenn bereits die erste Spielphase oder eine untere Schwierigkeitsstufe jugendgefährdend ist (*Lober* 2000, S 45, 47).

50   Bei **Telemedien** ist ebenfalls der ganze Inhalt einer über ihre Internet-Adresse aufrufbaren Datei zu beurteilen. Bei einer Website mit mehreren selbständigen Bestandteilen, die über Anfügungen an der URL identifizierbar sind, können diese gemeinsam oder auch nur einzelne von ihnen indiziert werden. Das hängt davon ab, ob es sich um verschiedene Telemedien handelt oder die Bestandteile ein Telemedium bilden. Letzteres kann der Fall sein, wenn sie inhaltlich eine Einheit aus thematisch zusammenhängenden Text-, Bild oder Tondateien bilden (so zB im Fall VG Köln MMR 2008, 358 – *babycaust.de*) oder wenn auf der Eingangsseite mit den als jugendgefährdend einzustufenden Inhalten der anderen Seiten geworben wird oder wenn dort der Zugriff auf jene erleichtert wird, indem sie nach Eingabe eines einschlägigen Suchworts aufgelistet werden.

cc) Mehrdeutige Inhalte

51   Lässt ein Medium mehrere Deutungen zu, von denen nicht alle jugendgefährdend sind, kann eine Jugendgefährdung nicht schon mit dem Hinweis auf die jugendschutzrechtlich unbedenkliche Deutung verneint werden (BVerfG NVwZ-RR 2008, 29, 30). Anders als bei mehrdeutigen Äußerungen im repressiven Strafrecht, wo zur Wahrung der Meinungsfreiheit die nachträgliche Bestrafung einer bereits erfolgten mehrdeutigen Äußerung wegen Verstoßes gegen ein (nicht oder nicht ausschließlich dem Jugendschutz dienendes) Totalverbot (zB §§ 130, 131, 185 StGB) unterbleiben muss, wenn auch eine strafrechtlich unbedenkliche Deutung nahe liegt (BVerfGE 67, 213, 230 zu § 185 StGB), kommt es im präventiven Jugendmedienschutzrecht, das die weitere Verbreitung jugendgefährdender Inhalt untersagt, darauf an, **wie Kinder und Jugendliche den mehrdeutigen Inhalt verstehen.** Legen sie eine jugendgefährdende Deutung zugrunde oder erkennen sie, dass es auch in dieser Weise verstanden werden kann, und wird ihnen diese Deutung auch nahegelegt, so ist das Medium jugendgefährdend (BVerfG NVwZ-RR 2008, 29, 30; VG Köln MMR 2008, 358, 360; 2012, 346, 348).

52   Die (zitierte) Rechtsprechung verlangt von der BPjM, dass sie in ihrer Indizierungsentscheidung **hinreichende Anhaltspunkte** dafür aufzeigt, dass ein nennenswerter Teil der Jugendlichen dem Medium im obigen Sinne eine jugendgefährdende Bedeutung beimisst. Das entspricht den allgemeinen Anforderungen der hM an die Darlegung einer Jugendgefährdung (Rn 11). Nach der hier vertretenen Ansicht ist hingegen nur der Nachweis erforderlich, dass selbst anfällige Jugendliche keine jugendgefährdende Deutung zugrundelegen (Rn 12). Unabhängig davon, welcher Ansicht man folgt, muss die BPjM jedenfalls zunächst den Kreis der jugendlichen Rezipienten des Mediums bestimmen (VG Köln MMR 2012, 346, 348) und unter Zugrundelegung ihres Empfängerhorizonts (Rn 45) ermitteln, wie sie das Medium versteht. Stellt sich dabei heraus, dass sie den Inhalt nicht in jugendgefährdender Weise deuten, muss die BPjM, um das Medium indizieren zu können, dartun, dass es darüber hinaus auch andere Jugendliche erreicht, die es im Gegensatz zu der Zielgruppe in jugendgefährdender Weise interpretieren (VG Köln aaO).

b) Beurteilungsspielraum

53   Bei der Einschätzung, ob ein Medium iSd Abs 1 jugendgefährdend ist, steht der BPjM **kein** der gerichtlichen Kontrolle ganz oder teilweise entzogener **Beurteilungsspielraum** zu (BVerwGE 23, 112, 114; 28, 223, 224; 91, 211, 215 f.; NJW

1997, 602; VG Köln NJOZ 2006, 3565, 3569; MMR 2008, 358, 359; ZUM-RD 2008, 385, 389; VG Köln v 23.3.2010 – 22 K 181/08; VG Köln v 1.3.2013 – 19 K 5979/11; *Brunner* 2005, S 132 f.; *Erbel* DVBl 1973, 530 *Geis* NVwZ 1992, 28; *ders* JZ 1993, 793; *v Kalm* DÖV 1994, 26; *Liesching/Schuster* § 17 Rn 4 f.; *Niehues* NJW 1997, 559; *Sendler* DVBl 1994, 1094; *Schraut* 1993, S 80; *Stath* 2006, S 156; *Stumpf* 2009, S 424; *Ukrow* 2004, Rn 273 ff.; offen gelassen von BVerfGE 83, 130, 148; aA früher BVerwGE 39, 197, 204; 77, 75, 77 ff.; NJW 1987, 1434; 1988, 1864; *Schefold* 1978, S 19 ff.; *ders* 1988, S 121; *Vlachopoulos* 1996, S 261 ff., 266 f.; kritisch auch *Gusy* JZ 1993, 797 f.; *Redeker* NJW 1995, 2145). Hat die BPjM eine Einschätzung unterlassen, darf das Gericht sie selbst vornehmen. Etwas anderes gilt nach Ansicht des BVerwG, wenn die Jugendgefährdung im Rahmen einer Einzelfallabwägung mit einem der in Abs 3 Nr 2 genannten Belange zu gewichten ist, da die BPjM in solchen Fällen wegen ihres Entscheidungsvorrangs (Rn 81) eine erneute Entscheidung fällen müsse, die durch die Einschätzung des Gerichts beeinflusst werden könnte (BVerwG NJW 1997, 602, 603; ebenso VG Köln NJOZ 2006, 3565, 3573; ZUM-RD 2008, 385, 391; MMR 2010, 578, 579; MMR 2012, 346; ablehnend *Stumpf* 2009, S 424 ff.).

Hat die BPjM eine Einschätzung vorgenommen, ist diese vollinhaltlich nachprüfbar. Doch schränkt das BVerwG die prozessuale Notwendigkeit einer gerichtlichen Nachprüfung ein, indem es der Einschätzung der Jugendgefährdung durch die BPjM nicht lediglich die Qualität eines Beteiligtenvorbringens beimisst. Vielmehr habe die Einschätzung wegen der Fachkompetenz des pluralistisch zusammengesetzten und unabhängigen Entscheidungsgremiums (§ 19 Abs 2, 3, § 20) den Charakter einer **sachverständigen Aussage** (BVerwGE 91, 211, 216; ebenso: OLG Köln NVwZ 1994, 410, 413; OVG Münster v 5.12.2003 – 20 A 5599/98, Rn 6 [juris]; VG Köln NJOZ 2006, 3565, 3569; MMR 2008, 358, 359; ZUM-RD 2008, 385, 389; VG Köln v 23.3.2010 – 22 K 181/08, Rn 22 [juris]; VG Köln v 1.3.2013 – 19 K 5979/11, Rn 32 [juris]; zustimmend *Frank/Pathe* Kap V Rn 47; *Liesching/Schuster* § 17 Rn 6; *Niehues* NJW 1997, 559; *Sendler* DVBl 1994, 1094; *Stath* 2006, S 156; *Ukrow* 2004, Rn 274; zweifelnd an der praktischen Bedeutung *v Kalm* DÖV 1994, 26). Das gelte auch für die Einschätzungen des Dreiergremiums (OVG Münster BPjS-Aktuell 1/2000, 3). Um sie im Verwaltungsprozess wirksam in Frage zu stellen, sei derselbe Aufwand erforderlich, „der notwendig ist, um die Tragfähigkeit fachgutachtlicher Äußerungen zu erschüttern" (BVerwGE 91, 211, 216; VG Köln NJOZ 2006, 3565, 3569; MMR 2008, 358, 359; ZUM-RD 2008, 385, 389; VG Köln v 23.3.2010 – 22 K 181/08, Rn 24 [juris]; VG Köln v 1.3.2013 – 19 K 5979/11, Rn 34 [juris]). Die Einschätzung der BPjM ist demnach wie ein im Verwaltungsverfahren erstelltes Sachverständigengutachten zu behandeln (*Gödel* § 1 Rn 40; anders OLG Köln NVwZ 1994, 410, 413 [wie ein vom Gericht eingeholtes Gutachten]). Das Verwaltungsgericht ist zur Einholung eines neuen Gutachtens über die Jugendgefährdung verpflichtet, wenn es die Einschätzung der BPjM für ungenügend erachtet (§ 98 VwGO iVm § 412 Abs 1 ZPO; *Eifler* 2011, S 31). Das ist der Fall, wenn die Einschätzung der BPjM „durch substantiierte fachspezifische Einwände ernsthaft in Frage gestellt worden ist oder sich aus anderen Gründen als unhaltbar erweist" (VG Köln BPjS-Aktuell 3/2000, 5, 9), zB weil sie widersprüchlich ist, den Inhalt des Mediums falsch oder unvollständig wiedergibt, auf überholten Erkenntnissen der (Wirkungs-)Forschung beruht oder den Anschein erweckt, nicht unparteiisch zu sein.

c) Beurteilungszeitpunkt

Die Voraussetzungen des Abs 1 S 1 müssen im **Zeitpunkt** der Entscheidung der BPjM über die Indizierung des Mediums erfüllt sein. Das kann gerade bei Telemedien zu Umgehungen führen: Werden aus einem Telemedium zwischen der Aufnahme des Indizierungsverfahrens (§ 2 DVO-JuSchG) und der Entscheidung die jugendgefährdenden Inhalte entfernt, so darf es nicht indiziert werden. Da der Anbieter von der Einleitung des Indizierungsverfahrens benachrichtigt wird (§§ 4, 5 Abs 2

DVO-JuSchG) und es ihm in der Regel technisch möglich ist, rechtzeitig vor der Entscheidung der BPjM den jugendgefährdenden Inhalt aus dem Telemedium zu nehmen (um ihn womöglich danach wieder aufzunehmen), kann er die Indizierung verhindern und so das Gesetz unterlaufen.

d) Keine Teilindizierung

56 Ein Medium kann nur ganz oder gar nicht indiziert werden. Eine **Teilindizierung** war schon im GjSM nicht vorgesehen und vom Gesetzgeber wohl auch nicht gewollt (s zum GjS: BT-Drs 1/1101, 11; BVerwGE 39, 197, 209; 39, 214, 215; NJW 1987, 1435, 1436; *Gödel* § 1 Rn 33; *Potrykus* § 18a Anm 2; *Riedel* 1953, S 81; zum JuSchG: VG Köln NJOZ 2006, 3565, 3574; *Ukrow* 2004, Rn 292; aA BVerwGE 27, 21, 29; *Ricker/Weberling* Kap 60 Rn 18; *Stumpf* 2009, S 237 ff.). Das JuSchG spricht durchgängig von der Aufnahme eines Mediums in die Liste, nicht von *Teilen eines Mediums* (§§ 18 Abs 1–7, 15 Abs 1, 22, 23 Abs 1, 24 Abs 3). Eine Teilindizierung greift auch nicht in geringerem Maße in die Rechte der Anbieter und erwachsenen Nutzer ein, da das Medium, solange es den indizierten Teil enthält, unter § 15 fällt, und durch die Entfernung des indizierten Teils dessen Kenntnisnahme durch Erwachsene ganz verhindert wird (BVerwGE 39, 214, 215).

57 Auch bei digitalen Trägermedien scheidet eine Teilindizierung durch **Indizierung einzelner Dateien** folglich aus. Das Gesetz kennt nur Träger- und Telemedien. Es ist zB nicht möglich, einen einzelnen Level eines Computerspiels zu indizieren. Hiervon zu unterscheiden ist die Frage, ob überhaupt ein Trägermedium vorliegt (§ 1 Rn 33).

II. Liste jugendgefährdender Medien (Abs 2)

58 Durch das JuSchG wurde die bisher einheitliche Liste in **vier Listenteile** untergliedert. Augenfälligste Änderung ist die Einführung der nichtöffentlichen Listenteile C und D. Damit reagierte der Gesetzgeber darauf, dass Telemedien häufig auch nach ihrer Indizierung über das Internet frei zugänglich sind und die Veröffentlichung ihrer Indizierung Kindern und Jugendlichen den Zugriff eher erleichtert als erschwert (BT-Drs 14/1191, 22; 14/9013, 25). Mit der weiteren Differenzierung zwischen Listenteilen für Medien, die absoluten Verbreitungsverboten unterliegen (B und D), wird den weitergehenden Verboten des StGB Rechnung getragen (BT-Drs 14/9013, 25). Die BPjM muss in der Entscheidung über die Aufnahme in die Liste auch den Listenteil bestimmen. Die öffentlichen Listen (A, B) werden in Fachpublikationen (BPjM-Aktuell, JMS-Report) und in monatlichen Kurzinfos abgedruckt.

59 In die **öffentlichen Listenteile** (A und B) werden Trägermedien aufgenommen, deren Listenaufnahme nach § 24 bekannt gemacht wurde. Dabei werden in Teil A alle Trägermedien aufgenommen, die keinem anderen Teil zuzuordnen sind. In Teil B werden nur Trägermedien aufgenommen, die **nach Einschätzung der BPjM** wegen strafrechtlich relevanter Inhalte nach §§ 86, 130–131, 184a–c StGB einem absoluten Verbreitungsverbot unterliegen. Verstöße gegen andere Rechtsvorschriften (§§ 86a, 166, 185 StGB) führen nicht zur Aufnahme in Teil B. Für die Aufnahme in Teil B kommt es (zunächst) auf die Einschätzung der BPjM an, dass das Medium einen Inhalt iSd jeweiligen Straftatbestands hat (aA *Liesching/Schuster* Rn 76, die in Anlehnung an den hier nicht einschlägigen § 203 StPO verlangen, dass dies nach Ansicht der BPjM wahrscheinlich ist). Verneint ein Gericht (nicht die Staatsanwaltschaft, § 24 Rn 15) bei einem Trägermedium, das die BPjM Teil B zugeordnet hat, einen strafrechtlich relevanten Inhalt iSd §§ 86, 130–131, 184a–c StGB, so muss die BPjM das Medium in Teil A übertragen (§ 24 Abs 4 S 2). Wird umgekehrt durch rechtskräftige Entscheidung festgestellt, dass ein Medium einen solchen Inhalt hat, so muss es von der BPjM in Teil B aufgenommen oder übertragen werden (§ 18 Abs 5). Dass bis zu einer gegenläufigen Entscheidung eines Gerichts die Entscheidung der BPjM maß-

geblich ist, dass ein Medium einen Inhalt iSd §§ 86, 130–131, 184a–c StGB aufweist, ist **verfassungsrechtlich unbedenklich.** Der Einwand, dass mit dem 12er-Gremium „Rechtslaien" über die Einschlägigkeit von Straftatbeständen befänden, deren Entscheidung nicht einmal von Strafjuristen überprüft werde (so *Liesching/ Schuster* Rn 75), verfängt nicht, da das Grundgesetz – jenseits der Verhängung von Strafe (Art 92 GG) – die Subsumtion unter strafrechtliche Normen nicht exklusiv (Straf-)Juristen und Strafgerichten vorbehält. Auch die Sorge, dass die Listenaufnahme in der Praxis dazu führe, dass das Medium aus Furcht vor Strafe überhaupt nicht vertrieben werde, begründet noch keinen Verfassungsverstoß, weil der Betroffene gegen die Indizierung vorgehen kann und jeder andere angesichts der unmittelbaren Geltung der Straftatbestände auch schon zuvor für sich entscheiden musste, ob er seiner persönlichen Einschätzung, das Medium sei strafrechtlich irrelevant, folgen und das Strafbarkeitsrisiko eingehen will.

In die **nichtöffentlichen Listenteile** (C und D) werden Telemedien und solche 60 Trägermedien aufgenommen, die lediglich durch Telemedien verbreitet werden (s dazu § 24 Rn 9 ff.) oder bei denen die Bekanntmachung der Indizierung der Wahrung des Jugendschutzes schaden würde (§§ 18 Abs 2 Nr 3, 24 Abs 3). Im Übrigen wird auch bei den nichtöffentlichen Listenteilen danach differenziert, ob nach Einschätzung der BPjM bestimmte strafrechtlich relevante Inhalte vorliegen (Teil D) oder nicht (Teil C). Sofern ein Telemedium aufgenommen und die Tat im Ausland begangen wurde, ist § 24 Abs 5 zu beachten. Für die nichtöffentlichen Listenteile bestehen keine gesetzlichen Auskunftsansprüche (kritisch *Schumann* tv-diskurs 30 [2004], 102).

III. Nicht indizierbare Medien (Abs 3)

Abs 3 entspricht wörtlich dem früheren § 1 Abs 2 GjSM (BT-Drs 14/9013, 25), 61 der seit seiner Einführung (BGBl 1953 I, 377) unverändert blieb.

1. Tendenzschutzklausel (Nr 1)

Nach einer auch vom BVerwG vertretenen Ansicht ist Abs 3 Nr 1 eine Ausnahme 62 von Abs 1. Die Indizierung eines Mediums sei unzulässig, wenn die jugendgefährdenden Passagen so in den Kontext eingebettet seien, dass sie als Ausdruck einer politischen, religiösen oder weltanschaulichen Überzeugung erscheinen. Nr 1 müsse deshalb einschränkend ausgelegt werden. Sie gelte **nicht für eine vom Grundgesetz missbilligte politische Tendenz** (BVerwGE 23, 112, 119; NJW 1987, 1431, 1434; *Monssen-Engberding* BPjS-Aktuell 3/1999, 8; *Ukrow* 2004, Rn 300; *Westerhoff* BPjM-Aktuell 3/2006, 5). Diese Ansicht resultiert aus dem verfehlten Ansatz der hM bei der Bestimmung des Schutzziels des Jugendmedienschutzes (Einl Rn 29). Sie widerspricht dem Willen des Gesetzgebers, der hervorhob, dass „politische und andersartige Zielsetzungen, welche die staatliche Grundordnung gefährden, [...] allein nach Maßgabe des Art 18 GG bekämpft werden", „mag auch die Prüfstelle die politische Ansicht für noch so jugendgefährdend ansehen" (BT-Drs 1/1101, 11). Die Ansicht des BVerwG wird zudem Art 5 Abs 1 S 1 GG nicht gerecht (BVerfGE 90, 1, 19) und steht mit dem Wortlaut nicht in Einklang („allein").

Es ist daher der Gegenansicht zu folgen, die darauf hinweist, dass es nach dem 63 Wortlaut zwar unzulässig ist, ein Medium *allein* wegen seines politischen etc. Inhalts zu indizieren, dass es aber zulässig ist, es deshalb zu indizieren, weil es *daneben* **auch jugendgefährdend** iSd §§ 18 Abs 1, 15 Abs 2 ist (*Liesching/Schuster* Rn 79; *Stath* 2006, S 159 f.; *Stumpf* 2009, S 214 f.; ebenso zum GjS: *Gödel* § 1 Rn 99; *Potrykus* § 1 Anm 17; *Raue* 1970, S 79; *Riedel* 1953, S 73; s auch BVerwGE 27, 21, 28). Die Bedeutung der Tendenzschutzklausel liegt in dem Verbot, den Jugendmedienschutz zur Zensur politischer etc Medien zu missbrauchen. Nr 1 beschreibt im eigentlichen Sinne keine Ausnahme von Abs 1, sondern stellt klar, dass eine Indizierung *nur* zum Schutz der Jugend erfolgen darf, und dass Medien nicht bereits deshalb jugendgefährdend sind, weil sie politische etc Inhalte gleich welcher Richtung haben. Auch Medien mit vom GG missbilligten politischen etc Inhalten fallen unter Nr 1 (BVerfGE 90, 1, 19). Die Sorge des BVerwG, dass jugendgefährdende Medien unter dem Schutz der Nr 1 verbreitet werden dürfen, ist unbegründet, weil nach dem Grundsatz der Vollständigkeit (Rn 48) eine Indizierung nur dann ausgeschlossen ist, wenn das Medium insgesamt nicht jugendgefährdend ist. Tritt zB der sonstige politische Inhalt eines Mediums hinter die zum Rassenhass anreizenden Passagen zurück, kann das Medium ohne Verletzung der Nr 1 indiziert werden.

64 Folgt man der hier vertretenen Ansicht, ist eine **Definition der in Nr 1 genannten Inhalte** unnötig, da es für eine Indizierung nur darauf ankommt, dass das Medium nach seinem Gesamteindruck jugendgefährdend ist. Folgt man der Ansicht des BVerwG, so bedarf es hingegen einer exakten Definition, weil zB die politische Tendenz eines Mediums ihre Indizierung wegen der politisch verbrämten, an sich jugendgefährdenden Inhalte ausschließen kann. Damit handelt sich diese Auffassung ein kaum lösbares Problem ein, da sich die Begriffe politisch, sozial, religiös und weltanschaulich nicht präzise umschreiben lassen. **Politisch** wird definiert als die „Lehre vom Staat und von seiner Gestaltung betreffend" (*Potrykus* § 1 Anm 18), was die Themen ausblendet, mit denen sich die Tagespolitik beschäftigt, oder als „die internationale oder nationale, die Innen-, Außen- oder Kommunalpolitik oder das Verhältnis zwischen Staat und Kirche betreffend" (*Riedel* 1953, S 73), was den Begriff selbst nicht klärt. Andererseits sind die Definitionen so weit, dass sie kaum noch greifbar sind, so bei der Beschreibung als „alltägliche Verwirklichung und vielfältige Erscheinungsformen des Gemeinwesens" (Nikles/*Roll* Rn 12; *Ukrow* 2004, Rn 300) oder als „Medieninhalte, welche die der Führung eines Staates dienenden Maßnahmen, Ideologien oder allgemeinen Anschauungen zum Gegenstand haben" (*Liesching/ Schuster* Rn 80). Als **sozial** wird ein Inhalt bezeichnet, der „sich mit der menschlichen Gesellschaft, ihren Beziehungen und ihrer Gestaltung" (*Liesching/Schuster* aaO) oder der „bestehenden, einer früheren, künftigen oder alternativen Gesellschaftsordnung im allgemeinen oder mit einzelnen sozialen Problemen" befasst (*Riedel* 1953, S 73 f.). Als **religiös** oder **weltanschaulich** gelten Inhalte, die sich mit der Stellung des Menschen zu Gott oder mit dem Wesen und der Bedeutung des Weltganzen befassen (Nikles/*Roll* Rn 12; *Potrykus* § 1 Anm 18). Es gilt keine besondere Beschränkung auf christliche Traditionen. Ein Medium, das nach seinem Gesamteindruck dazu anreizt, den Glauben „überall mit Feuer und Schwert durchzusetzen", ist gemäß Abs 1 S 2 jugendgefährdend (*Raue* 1970, S 80).

2. Konkordanzklausel (Nr 2)

a) Verfassungskonforme Auslegung

65 Nr 2 übernimmt Art 5 Abs 3 GG in das JuSchG. Die Regelungen sind in ihrer Reichweite deckungsgleich (*Liesching/Schuster* Rn 81; *Stath* 2006, S 160; *Ukrow* 2004, Rn 302; ebenso zum GjS: BT-Drs 1/1101, 11; BVerwGE 23, 104, 105 f.; 77, 75, 81; *Potrykus* § 1 Anm 19; *Vlachopoulos* 1996, S 186; aA BVerwGE 39, 197, 207 f.; *Isensee/ Axer* 1998, S 59). Kunst, Wissenschaft, Forschung und Lehre werden in Art 5 Abs 3 GG vorbehaltlos gewährleistet. Schranken werden ihnen nur bei einer Kollision mit anderen Grundrechten oder Verfassungsgütern gesetzt, wobei nach dem **Prinzip praktischer Konkordanz** den kollidierenden Gütern Grenzen gezogen werden, um eine optimale Wirkung beider zu gewährleisten. Da der ungestörten Persönlichkeitsentwicklung von Kindern und Jugendlichen Verfassungsrang zukommt (Einl Rn 16), kann dieses Verfassungsgut unter Beschränkung seiner selbst den in Art 5 Abs 3 GG vorbehaltlos gewährten Grundrechten verfassungsimmanente Schranken setzen (BVerfGE 83, 130, 139; BVerwGE 77, 75, 82 f.; 91, 223, 224 f.; BGHSt 37, 55, 62, 64). Ob und inwieweit das der Fall ist, ergibt eine Güterabwägung im Einzelfall. Deshalb ist die früher hM vom Vorrang der Kunst vor dem Jugendschutz (BVerwGE 23, 104, 109 f.; 23, 112, 119; 25, 318, 327 f.; enger BVerwGE 39, 197, 207, in dem

der Grundsatz „Kunstschutz geht vor Jugendschutz" auf Werke von einigem Niveau beschränkt wurde) ebenso abzulehnen, wie die von manchen vertretene differenzierende Ansicht, wonach es nur bei schwer jugendgefährdenden Medien (§ 15 Abs 2) einer Abwägung bedürfe, während bei einfach jugendgefährdenden Medien (§ 18 Abs 1) die Kunst generell vorgehe (BVerwGE 77, 75, 83 [aufgegeben in BVerwGE 91, 223, 224]; OVG Münster NVwZ 1992, 396; *Borgmann* JuS 1992, 918; *v Kalm*, DÖV 1994, 25).

Nr 2 ist deshalb **verfassungskonform auszulegen** (BVerwGE 91, 223, 225; NJW 1997, 602; 1999, 75, 76; OVG Münster BPjS-Aktuell 1/2000, 3, 6; VG Köln BPjS-Aktuell 3/2000, 5, 8f.; *Sachs/Bethge* Art 5 Rn 159a, 198; *Erdemir* 2000, S 31; *Frenzel* AfP 2002, 193; *Geis* NVwZ 1992, 28; *Isensee/Axer* 1998, S 63; *Kuner* AfP 1991, 385f.; *Liesching/v Münch* AfP 1999, 39; *Lober* 2000, S 124f.; *Schreibauer* 1999, S 171; *Vlachopoulos* 1996, S 185; *Würkner/Kerst-Würkner* NVwZ 1993, 642). Bei allen jugendgefährdenden Kunstwerken ist eine Abwägung vorzunehmen. Gegen diese Auslegung lässt sich nicht einwenden, sie sei wegen des entgegenstehenden Wortlauts und Willens des historischen Gesetzgebers unzulässig (so aber *Borgmann* JuS 1992, 918; *v Kalm* DÖV 1994, 24f.). Zwar untersagt der Wortlaut ohne Einschränkung („darf nicht") die Indizierung eines Werkes der Kunst etc und die Gesetzesmaterialen belegen, dass der Gesetzgeber ursprünglich vom Vorrang der Kunst ausging (BT-Drs 1/1101, 11). Doch gerade daran zeigt sich auch, dass Nr 2 ihre Fassung aufgrund einer Verfassungsinterpretation erhielt, die der heutigen nicht entsprach. Der Gesetzgeber von 1953 maß dem Jugendschutz keinen Verfassungsrang zu und vertrat einen engen Kunstbegriff. Das verdeutlicht die frühere Rspr des BVerwG. Danach hatte der Gesetzgeber die Abwägung zwischen Kunst und Jugendschutz zugunsten der Kunst entschieden; für eine Einzelfallabwägung sei kein Platz. Doch war das BVerwG im Gegenzug der Ansicht, dass sich der Vorrang der Kunst nur rechtfertigen ließ, wenn Nr 2 auf „ernst zu nehmende Kunstwerke" beschränkt war (BVerwGE 23, 104, 109f.; 23, 112, 119f.; 25, 318, 327f.; 28, 223, 226). Dadurch wurde die angeblich nicht erforderliche Abwägung in den Kunstbegriff einbezogen. Beide Prämissen – kein Verfassungsrang des Jugendschutzes, enger Kunstbegriff – sind durch die Rechtsprechung des BVerfG überholt. Die verfassungskonforme Auslegung, deren Zulässigkeit hinsichtlich des Kunstbegriffs unzweifelhaft ist, stellt somit nur die Abwägung an den systematisch richtigen Ort. **66**

Das BVerwG macht die verfassungskonforme Auslegung am Wort **„dient"** fest. Danach dient ein Medium der Kunst, wenn bei der Einzelabwägung die Belange der Kunst die des Jugendschutzes überwiegen. Sie dient ihr nicht, wenn vor dem Gewicht der Jugendgefährdung der künstlerische Charakter des Mediums zurücktritt (BVerwGE 91, 223, 225f.; ebenso *Eifler* 2011, S 37; *Lober* 2000, S 125; *Stath* 2006, S 163; *Stumpf* 2009, S 204f.; *Ukrow* 2004, Rn 303). Konsequenz ist, dass es Kunst gibt, die nicht der Kunst dient (?). Da das Wortlautargument nicht überzeugt (Rn 66), ist es vorzugswürdig, „dient" im Sinne des Gesetzgebers auszulegen, der sicherstellen wollte, dass das Medium objektiv (und nicht nur nach der [angeblichen] Vorstellung ihres Schöpfers) Kunst ist. Die Güterabwägung ist dann ein ungeschriebenes Tatbestandsmerkmal der Nr 2. **67**

b) Kunst und Jugendschutz

Ein Medium darf nicht indiziert werden, wenn es Kunst ist und bei einer Abwägung zwischen Kunstfreiheit und Jugendschutz im konkreten Fall die Belange der Kunst überwiegen. Auch die Werbung für ein nicht indizierbares Kunstwerk darf nicht indiziert werden, gleichgültig ob sie selbst Kunst ist oder nicht (BVerfGE 77, 240, 253 ff.). **68**

aa) Zuordnung eines Mediums zur Kunst

Ob ein Medium Kunst ist, ist ebenso eine Frage des Einzelfalls wie seine Beurteilung als jugendgefährdlich. Pauschale Zuweisungen ganzer Werktypen sind verfehlt **69**

(*Erdemir* JMS-Report 5/2012, 2; aA für Computerspiele *Lober* 2000, S 121 f., 150). Der Begriff der **Kunst** ist derselbe wie in Art 5 Abs 3 S 1 GG. Der verfassungsrechtliche Kunstbegriff „lässt sich nicht durch einen für alle Äußerungsformen künstlerischer Betätigung und für alle Kunstgattungen gleichermaßen gültigen allgemeinen Begriff umschreiben" (BVerfGE 67, 313, 224). Aus der Unmöglichkeit, Kunst zu definieren, folgt kein staatliches Definitionsverbot (so aber *Raue* 1970, S 85), sondern es ergibt sich die Notwendigkeit, bei der Entscheidung, ob ein einzelnes Werk Kunst ist, das Werk an verschiedenen Kunstbegriffen zu messen. Jeder von ihnen enthält „tragfähige Gesichtspunkte, die in ihrer Gesamtheit im konkreten Einzelfall eine Entscheidung ermöglichen, ob ein Sachverhalt in den Schutzbereich des Art 5 Abs 3 Satz 1 GG fällt" (BVerfGE 67, 213, 226).

70 Das BVerfG hat drei **Kunstbegriffe** genannt (anfangs nur den materialen Kunstbegriff [BVerfGE 30, 173, 188 f.; ebenso in BVerfGE 119, 1, 20 f.], später auch die beiden anderen [BVerfGE 67, 213, 226 f.; 81, 298, 305; 81, 278, 291; 83, 130, 138; NJW 2001, 596, 597; ebenso BGHSt 37, 55, 58 ff.; BVerwGE 91, 211, 214; 91, 223, 226 f.; 97, 159; OVG Münster NVwZ 1992, 396; DÖV 1996, 1052 f.; NVwZ-RR 2012, 682, 684 f.; VG Köln NVwZ 1992, 402]):
- der **materiale, wertbezogene Kunstbegriff,** der danach fragt, ob das Werk Merkmale des Schöpferischen, des Ausdrucks persönlichen Erlebnisses, der Formgebung und der kommunikativen Sinnvermittlung aufweist;
- der **formale, typologische Kunstbegriff** (entwickelt von *Müller* 1969, S 35 ff.; *ders* JZ 1970, 89), der fragt, ob das Werk die Gattungsanforderungen eines bestimmten Werktyps erfüllt (zB Malerei, Bildhauerei, Dichtung, Collage);
- der **zeichentheoretische, interpretatorische Kunstbegriff** (entwickelt von *v Noorden* 1969, S 87 ff., unter Rückgriff auf *Emrich* 1965, S 159 ff.), der auf den Betrachter abstellt und fragt, ob dem Werk im Wege fortgesetzter Interpretation immer weitergehende Bedeutungen entnommen werden können, so dass sich eine praktisch unerschöpfliche, vielseitige Informationsvermittlung ergibt.

71 Das BVerfG hat nicht ausgeschlossen, dass daneben **andere Kunstbegriffe** herangezogen werden können (ebenso BVerwGE 91, 211, 214). Doch sind diese vielfach schon verfassungsrechtlich bedenklich, weil sie – wie zB der ästhetisch-idealistische Kunstbegriff, der Schönheit verlangt (so RGSt 24, 365, 367; 30, 378, 379; 37, 315), die ethischen Kunstbegriffe (so *Riedel* 1953, S 77) oder der sog enge Kunstbegriff, der ein bestimmtes Niveau fordert – zu einer staatlichen Qualitäts- oder Inhaltskontrolle führen (BVerfGE 75, 369, 377; 81, 278, 291) oder weil sie – wie zB der auf die Selbsteinschätzung des Herstellers abhebende subjektive Kunstbegriff (*Schefold* 1978, S 26 f.; s auch *Beisel* 1997, S 91, 108) oder der auf das Urteil des Publikums, Sachverständiger oder Beteiligter der einschlägigen Kunstszene abstellende soziale Kunstbegriff (*Ohmer* 2000, S 57, 109) – den Grundrechtsschutz zur Disposition des Einzelnen stellen, das Definitionsproblem nur verlagern und keine Kriterien für die Entscheidung vorgeben. Teilweise weisen andere Kunstbegriffe auch mehr terminologische als inhaltliche Unterschiede zu den drei genannten auf – wie zB die Definition der Kunst als strukturell vieldeutige Kommunikation (so *Denninger* HdbStR § 146 Rn 17) –, so dass Fälle, in denen ein Werk allein nach einem solchen (vierten) Begriff Kunst ist, praktisch nicht vorkommen.

72 Fraglich ist des Weiteren, ob für die Zuordnung eines Werkes zur Kunst die Bejahung der **Kunstqualität nach *einem* Kunstbegriff** ausreicht (so *Jeand'Heur* StV 1991, 166) oder ob das Werk mehreren Kunstbegriffen genügen muss. Das BVerfG hat dazu nicht eindeutig Stellung genommen. Die Formulierung, „Gesichtspunkte, die in ihrer Gesamtheit" eine Entscheidung ermöglichen, zeigt, dass ein Werk nicht notwendig als Kunst einzustufen ist, wenn es nach einem Kunstbegriff Kunst ist. In der Praxis des BVerfG steht der materiale Kunstbegriff im Vordergrund. Ihn hat das Gericht immer geprüft. War ein Werk danach Kunst, griff letztlich auch immer Art 5 Abs 3 S 1 GG ein. Allerdings erlaubt die Vorgehensweise des BVerfG nicht den Schluss, dass der materiale Kunstbegriff allein in jedem Fall ausreicht. Das Gericht hat

teils nur den materialen, teils zusätzlich den formalen Kunstbegriff, teils alle drei Begriffe herangezogen. Bezeichnend ist dabei nicht, dass die Kunstqualität nach jedem herangezogenen Begriff bejaht wurde (nach allen dreien in BVerfGE 67, 213, 226 f.; 83, 130, 138; nach dem materialen und dem formalen in BVerfGE 81, 278, 291; 81, 298, 305, NJW 2001, 596, 597; nur nach dem materialen in BVerfGE 75, 369, 377; 119, 1, 20 f.), sondern dass sie nach den nicht herangezogenen hätte verneint werden können. Wäre ausnahmslos die Zugehörigkeit zur Kunst nach einem (dem materialen) Kunstbegriff ausreichend, wäre der Rückgriff auf weitere Kunstbegriffe nicht notwendig gewesen (*K. A. Fischer* 1995, S 33). In dem bislang nicht entschiedenen Fall, dass ein Werk nach dem materialen Kunstbegriff keine Kunst ist, dürfte im Falle widersprechender Ergebnisse nach den anderen Kunstbegriffen eine Gesamtwürdigung vorzunehmen sein (ähnlich *Zöbeley* NJW 1985, 257). Dabei dürfte es zB beachtlich sein, inwieweit die Zuordnung zur Kunst nach einem Kunstbegriff eindeutig zu bejahen, nach einem anderen unsicher und eher zu verneinen ist. Doch hat das BVerfG Zweifel angedeutet, ob die Kunstqualität allein nach dem formalen Kunstbegriff ausreicht (BVerfGE 83, 130, 138).

c) Abwägung zwischen Kunst und Jugendschutz

Ist ein Werk jugendgefährdend (zu mehrdeutigen Inhalten s Rn 51) und Kunst, 73 müssen die beiden einander widerstreitenden Belange gewichtet werden (BVerfGE 83, 130, 146 ff.; BGHSt 37, 55, 64 f.; BVerwGE 91, 223, 225 f.; NJW 1997, 602; 1999, 75, 76; *Liesching/v Münch* AfP 1999, 39; *Meirowitz* 1993, S 184, 186, 314; Nikles/Roll Rn 12; ausführlich *K. A. Fischer* 1995, S 72 ff.; *Vlachopoulos* 1996, S 190 ff.). Bei der Abwägung trifft die BPjM eine **umfassende Pflicht zur Ermittlung und Gewichtung der widerstreitenden Belange.** Je mehr sich dabei die Gewichte beider Belange einander annähern, umso intensiver muss die BPjM versuchen, „die beiderseitigen Wertungen abzusichern und auch Einzelgesichtspunkte exakt zu wägen, die möglicherweise den Ausschlag geben" (VG Köln ZUM-RD 2008, 385, 391). Unterlässt sie dies, so ist ihr eine Abwägung nicht möglich, weil nicht ausgeschlossen werden kann, „dass allein durch die fehlende konkrete Würdigung des einen Belangs das Gewicht des anderen übermäßig stark bewertet und so in die Abwägung eingestellt" wird (VG Köln MMR 2012, 346, 347). Daher muss die BPjM auch die Personen schriftlich oder mündlich anhören, „die schöpferisch und/oder unternehmerisch" an dem Kunstwerk mitgewirkt haben (BVerwG NJW 1999, 75, 76; s auch VG Köln MMR 2012, 346, 347). Eingeschränkt wird die Anhörungspflicht durch das Beschleunigungsgebot, Beibringungslasten der Beteiligten (Benennung der Namen und Anschriften dieser Personen) und den Zweck der Ermittlung. So ist eine weitere Ermittlung unnötig, wenn den allenfalls geringfügigen Belangen auf der einen Seite schwerwiegende Belange auf der anderen Seite gegenüberstehen und offenkundig überwiegen (BVerwG NJW 1999, 75, 77, 79).

Das BVerfG nennt als **Abwägungsfaktoren,** die bei der Gewichtung der Belange 74 der Kunst heranzuziehen sind (BVerfGE 83, 130, 147 f., 139; s auch 30, 173, 195; BVerwG NJW 1997, 602, 603): (1) die künstlerische Gestaltung der jugendgefährdenden Stellen und ihre Einbindung in die Gesamtkonzeption des Kunstwerks; (2) das Ansehen des Kunstwerks beim Publikum; (3) die Wertschätzung des Kunstwerks in der Kritik und Wissenschaft; (4) sein Stil und Niveau (s auch VG Köln BPjS-Aktuell 3/2000, 5, 9). Als Abwägungsfaktor bei der Gewichtung des Jugendschutzes nennt das Gericht (5) das Ausmaß des schädigenden Einflusses des Kunstwerks. Die Gewichtung muss keinen „genauen Punktwert" ergeben; sie muss nur soweit betrieben werden, bis ein eindeutiges Übergewicht eines Belangs festgestellt ist (BVerwG NJW 1997, 602, 603; NJW 1999, 75, 77; OVG Münster BPjS-Aktuell 1/2000, 3, 7). Ergibt sich, dass einer der konkret widerstreitenden Belange überwiegt, so tritt der andere zurück. Wird also das Werk mehr durch seinen Kunstcharakter geprägt, als durch seinen jugendgefährdenden Charakter, so ist eine Indizierung gem Abs 3 Nr 2 ausgeschlossen. Im umgekehrten Fall tritt die Kunstfreiheit hinter den Belangen des

Jugendschutzes zurück. Nicht mit dem Wortlaut vereinbar ist der Vorschlag, je nach Vertriebsweg zu entscheiden (so *Schreibauer* 1999, S 167 ff.). Es gibt keine Teilindizierung für bestimmte Vertriebsformen. – Zu den Abwägungsfaktoren im Einzelnen:

75 Zu (1): Die Frage nach der **künstlerischen Gestaltung** und der Einbindung in das Kunstwerk zielt nicht darauf ab, ob die betreffenden Stellen dadurch ihren jugendgefährdenden Charakter ganz oder teilweise verlieren. Das ist bereits bei der Abschätzung der Jugendgefährdung nach Abs 1 zu prüfen (Rn 48 ff.); büßen sie ihn ein, kommt es nicht zur Kollision (*Schreibauer* 1999, S 165; *Stumpf* 2009, S 224; das übersieht *Mahrenholz* HdBVerfR § 26 Rn 101). Deshalb ist auch die Frage nach der „sich wandelnden Akzeptanz erotischer Darstellungen als Folge einer sich ganz allgemein ausbreitenden Sexographie" (BGHSt 37, 55, 65; zustimmend BVerfGE 83, 130, 147; *Vlachopoulos* 1996, S 205) hier deplaziert, da sie bereits bei der Definition des Unsittlichen iSd Abs 1 S 2 zu beantworten ist (Rn 17). Die Frage nach der Gestaltung und der Einbindung resultiert aus dem materialen, wertbezogenen Kunstbegriff (Rn 70). Zu untersuchen ist, ob bei werkgerechter Interpretation die jugendgefährdenden Stellen ebenfalls Ausdruck des Schöpferischen, des persönlichen Erlebnisses sind (zB bei einem Roman über das Thema Rassismus die zu Rassenhass anreizenden Äußerungen einer Figur), oder ob sie unabhängig davon nur eingestreut sind, „nicht oder nur lose" in das künstlerische Konzept passen (VG Köln MMR 2012, 346, 347) oder gar das Werk insgesamt „nur aus einer Aneinanderreihung von Schilderungen sexueller Handlungen in ununterbrochener Abfolge" besteht (BGHSt 37, 55, 64; *K. A. Fischer* 1995, S 167; *Liesching/v Münch* AfP 1999, 38 f.). Diese Untersuchung darf aber weder in eine qualitative Bewertung der Einbettung übergehen (*v Kalm* DÖV 1994, 27; *Stumpf* 2009, S 224; *Vlachopoulos* 1996, S 229 Fn 257; zu weitgehend die Kritik von *Sch/Sch/Eisele* § 184 Rn 12; *Schreibauer* 1999, S 165; *Schroeder* 1992, S 56), noch andererseits nach Ansicht des BVerfG auf die „ästhetische Ebene" beschränkt bleiben. Es sei auf der „realen Ebene" zu beachten, dass Kinder und Jugendliche „häufig, wenn nicht sogar in der Regel, den vollen Gehalt eines Kunstwerks nicht ermessen können" (BVerfGE 83, 130, 147). Damit hat das Gericht die Möglichkeit eröffnet, ein Buch zB mit der Begründung zu indizieren, die „jugendlichen Banausen" würden nur die sie gefährdenden Stellen lesen (so etwa *Gödel* § 1 Rn 111). Es ist nicht ersichtlich, wieso dieses Argument, das bei der Begründung der Jugendgefährlichkeit zu Recht zurückgewiesen wird (Rn 48), bei der Abwägung zulässig sein soll.

76 Zu (2) und (3): In der Berücksichtigung des **Ansehens des Kunstwerks** bei Publikum, Kritik und Wissenschaft (zB seine kultur- und sittengeschichtliche Bedeutung; *Kuner* AfP 1991, 386; *Ukrow* 2004, Rn 307) oder beim Künstler (BGHSt 37, 55, 64 f., hebt darauf ab, dass *Henry Miller* sein Buch *Opus Pistorum* zu Lebzeiten nicht veröffentlichte) klingen entsprechende Ansätze der verschiedenen subjektiven Kunstbegriffe (Rn 71) an. Das ist bedenklich, weil die Würdigung eines Werks als Kunst von seiner Qualität als jugendgefährdend gerade unabhängig sein soll (Kunst und Jugendgefährdung schließen sich nicht aus) und die Würdigung als ein mehr oder weniger bedeutendes Kunstwerk eine Niveaukontrolle ist. Zudem überlässt dieses „interessante demokratische Element" (*Schroeder* 1992, S 56, der zu Recht darauf hinweist, dass dieser Abwägungsfaktor einen hohen Bekanntheitsgrad des Werks voraussetzt, so dass die Notwendigkeit des Verbreitungsverbots kaum plausibel ist; ebenso *K. A. Fischer* 1995, S 168; *Stumpf* 2009, S 225 f.) die Kunstfreiheit des Einzelnen einem weder dazu legitimierten, noch unzweifelhaft kompetenten Personenkreis. Insbesondere bei neuen Kunstformen, die erfahrungsgemäß nicht sofort auf breite Akzeptanz stoßen, kann dieser Abwägungsfaktor zur Einschränkung der Kunstfreiheit aufgrund schlichter Voreingenommenheit führen (*Schreibauer* 1999, S 165; ablehnend auch *Stumpf* 2009, S 226 f. und *Vlachopoulos* 1996, S 198 ff., der allerdings einen entsprechenden Fehler begeht, wenn er vorschlägt, der Kunstfreiheit bei Werken zu Themen, die die Öffentlichkeit besonders interessieren, den Vorrang einzuräumen; aaO S 233).

Zu (4): **Niveau und Stil** des Kunstwerks hat das BVerfG (neben der Inhaltskontrolle!) nur vereinzelt, mit Einschränkung und nicht im Zusammenhang mit der Erörterung der Abwägung genannt (BVerfGE 83, 130, 139; zustimmend *Mahrenholz* HdbVerfR § 26 Rn 101; ablehnend *Denninger* HdbStR § 146 Rn 39; *v Kalm* DÖV 1994, 26f.; *Vlachopoulos* 1996, S 196f.). Ob eine auf schlechten Stil und niedriges Niveau gestützte, dem Jugendschutz Vorrang gewährende Abwägung verfassungsgemäß wäre, ist zweifelhaft. Wenn es dem Staat untersagt ist, Wertmaßstäbe für die Einordnung eines Werks als Kunstwerk aufzustellen, dann ist es eine Umgehung dieses Verbots, durch einen offenen Begriff vieles in den Kunstbereich aufzunehmen, um anschließend manches anhand von Wertmaßstäben faktisch wieder auszuscheiden (*K. A. Fischer* 1995, S 79, 168; *Schreibauer* 1999, S 165; *Stumpf* 2009, S 228). 77

Zu (5): Bei der Bestimmung des **Grades der Jugendgefährdung** wird ua abgestellt auf die Wirkung des Kunstwerks (zB die gesteigerte Suggestivkraft eines Films oder Liedes; die unterschiedliche Wirkung von Kino und Fernsehen; BGHSt 37, 55, 65), die Art seiner Verbreitung (zB über Fernsehen, Bildträger oder in Vernissagen) oder die Anzahl seiner jugendlichen Rezipienten (*Stumpf* 2009, S 219; eingehend *Vlachopoulos* 1996, S 206ff.). Es ist zu unterscheiden: Zwar ist die Schwere der Beeinträchtigung der widerstreitenden Belange ein anerkannter Abwägungsfaktor. Doch ist sie bei der Abwägung der Kunst mit dem Jugendschutz nur begrenzt tauglich, weil die Ergebnisse der Wirkungsforschung die Bejahung verschieden hoher Wahrscheinlichkeitsgrade nicht zulassen (Rn 8). Da es keine (wenn auch umstrittene) Methode zur Bestimmung des Grades der Jugendgefährdung gibt, ist die Aufforderung des BVerfG, „die gesetzgeberische Entscheidung zu akzeptieren, daß Schriften im Sinne des § 1 Abs. 1 GjS [heute: Träger- und Telemedien iSd § 18 Abs 1 JuSchG] überhaupt geeignet sein können, Kinder und Jugendliche […] in der Herausbildung ihrer Persönlichkeit zu beeinträchtigen", und sich „Gewißheit darüber zu verschaffen […], welchen schädigenden Einfluß die konkrete Schrift ausüben kann" (BVerfGE 83, 130, 147), nicht nur in sich widersprüchlich. Sie steht auch zu der in demselben Urteil gemachten Feststellung in Widerspruch, dass wissenschaftlich-empirisch bereits „*die Möglichkeit* einer Jugendgefährdung durch Schriften […] nicht erhärtet" werden kann (aaO, 141). Auch eine Differenzierung nach dem verfassungsrechtlichen Rang der Wertvorstellung, die bei Jugendlichen gefährdet werden könnte (so *Stumpf* 2009, S 218; *Vlachopoulos* 1996, S 202ff.), ist unmöglich, da der Jugendschutz nach hM sowieso nur der Bewahrung vor einer der Wertordnung des GG krass widersprechenden sozialethischen Haltung dient (Rn 4). Es können also nur Faktoren berücksichtigt werden, die ohne der Wirkungsforschung festgestellt werden können, wie zB das Ausmaß der Verbreitung des Kunstwerks unter Kindern und Jugendlichen. Doch wird es in Fällen einer danach geringen Jugendgefährdung wegen Abs 4 nicht zur Kollision kommen. 78

Zusammenfassend zeigt sich, dass von den wenigen Abwägungsfaktoren, welche die Rspr. nennt, lediglich und auch nur mit Einschränkungen der der künstlerischen Gestaltung und der des Grades der Jugendgefährdung brauchbar sind. Als weitere Gesichtspunkte werden in der Literatur (*Kuner* AfP 1991, 386; *Stumpf* 2009, S 229f.; *Vlachopoulos* 1996, S 215ff.) genannt: der Grad der **Tauglichkeit der Jugendschutzmaßnahme** (zB ist die Wirkung der Indizierung eines seit langem vertriebenen Tonträgers wegen der Wahrscheinlichkeit einer Vielzahl von Kopien gering); die **Schwere des Eingriffs in die Kunstfreiheit**, wobei aber zu beachten ist, dass es keine Handhabe zu einer differenzierten Anordnung der Rechtsfolgen des § 15 gibt (zum gleichen Problem bei §§ 3–5 GjSM: *Vlachopoulos* 1996, S 61f. Fn 177; aA BGHSt 37, 55, 65; *Meirowitz* 1993, S 285); die präsumtive Wirkung der Indizierung (zB könnten Dritte von vornherein von der Herstellung oder Verbreitung von Kunstwerken abgehalten werden). Auch diese zusätzlichen Gesichtspunkte dürften das Ergebnis einer Abwägung im Einzelfall kaum vorhersehbar machen. Die „Sprachlosigkeit des Gesetzgebers über die anzuwendenden Abwägungskriterien [ist] nicht mehr zu rechtfertigen" (*Vlachopoulos* 1996, S 178f.). Sie führt zu einer erheblichen 79

Rechtsunsicherheit, die zudem bei Medien iSd § 15 Abs 2 dem Einzelnen aufgebürdet wird, der selbst die Abwägung vornehmen muss.

d) Beurteilungsspielraum der BPjM

80   Bei der **Einschätzung, ob das Medium Kunst** ist, hat die BPjM keinen der gerichtlichen Kontrolle auch nur teilweise entzogenen Beurteilungsspielraum (BVerwGE 28, 223, 224; 91, 211, 213; 91, 217, 222; 91, 223, 227; NJW 1997, 602; VG Köln BPjS-Aktuell 3/2000, 5, 9; NJOZ 2006, 3565, 3572 f.; BPjM-Aktuell 4/2007, 4, 8; *Beisel* 1997, S 258; *Geis* NVwZ 1992, 28; *ders* JZ 1993, 793; *Jarras/Pieroth* Art 5 Rn 115; *Liesching/Schuster* § 17 Rn 8; *v Kalm* DÖV 1994, 26; *Niehues* NJW 1997, 559; *Schefold* 1978, S 26 ff.; *ders* 1988, S 121; *Schraut* 1993, S 80; *Sendler* DVBl 1994, 1094; *Stumpf* 2009, S 423; *Ukrow* 2004, Rn 307; offen gelassen von BVerfGE 83, 130, 148; aA BVerwGE 39, 197, 209; 77, 75, 84; *Vlachopoulos* 1996, S 261 ff., 266 f.). Es gilt dasselbe wie bei der Einschätzung der Jugendgefährdung; nach Ansicht der Verwaltungsgerichte handelt es sich auch insoweit um eine sachverständige Aussage der BPjM (BVerwG NJW 1997, 602; OVG Münster BPjS-Aktuell 1/2000, 3; VG Köln BPjS-Aktuell 3/2000, 3, 9; s Rn 54).

81   Anders soll es dem BVerwG zufolge bei der **Abwägungsentscheidung** selbst sein. Während das, „was zur Herstellung praktischer Konkordanz in die jeweilige Waagschale zu werfen ist" (dh die Einschätzung der Jugendgefährdung und der Kunst und deren jeweilige Gewichtung), uneingeschränkter richterlicher Kontrolle unterliege, komme der BPjM bez der Abwägungsentscheidung (dh ob die Kunst oder der Jugendschutz im Einzelfall vorgeht) ein **Entscheidungsvorrang** zu (BVerwGE 91, 211, 215 f.; NJW 1997, 602, 603; ebenso VG Köln NJOZ 2006, 3565, 3573; BPjM-Aktuell 4/2007, 4, 8; ZUM-RD 2008, 385, 392; MMR 2012, 346, 347 f.; zustimmend *Lober* 2000, S 141; *Niehues* NJW 1997, 559; *Sendler* DVBl 1994, 1095; *Würkner/Kerst-Würkner* NJW 1993, 1447 f.; im Ergebnis ebenso *Vlachopoulos* 1996, S 261 ff., 264). Insoweit beschränke sich die gerichtliche Kontrolle auf die Prüfung der Einhaltung der rechtlichen Vorgaben, die die BPjM bei der Entscheidung zu beachten habe. Anders als bei den Einschätzungen, ob das Medium jugendgefährdend und ob es Kunst ist, dürfe das Gericht die Abwägung also nicht selbst vornehmen (BVerwG NJW 1997, 602, 603). Die BPjM müsse eine erneute Entscheidung fällen.

82   Entgegen der Ansicht des BVerwG steht der BPjM auch hinsichtlich der Abwägungsentscheidung kein der gerichtlichen Nachprüfung entzogener Beurteilungsspielraum zu. Das BVerwG begründet seine entgegenstehende Ansicht damit, dass § 19 Abs 2 ein Element der Selbstverwaltung schaffe, die die Kunstfreiheit optimiere. Würde ein Gericht seine Entscheidung an die Stelle der des fachkundigen, unabhängigen, pluralistisch auch mit Vertretern der Bereiche Kunst, Literatur, Buchhandel und Verleger besetzten Gremiums setzen, liefe diese **institutionelle Grundrechtsabsicherung** leer. Das überzeugt nicht. Von ihrer aus der Verfassung resultierenden, alle Gewalten treffenden Pflicht (Art 1 Abs 3, 20 Abs 3 GG), für einen optimalen Ausgleich zwischen den kollidierenden Verfassungsgütern zu sorgen, werden die Gerichte nicht dadurch entbunden, dass der Gesetzgeber seiner Pflicht bei der Ausgestaltung des Verwaltungsverfahrens genügt hat. Die Einräumung eines gerichtlicher Kontrolle entzogenen Beurteilungsspielraums ist deshalb „mit dem unmittelbar aus Art 5 Abs 3 Satz 1 GG folgenden Gebot nicht zu vereinbaren, die widerstreitenden Güter von Verfassungsrang zur Konkordanz zu bringen" (BVerfGE 83, 130, 148; *Beisel* 1997, S 258 f.; *Geis* NVwZ 1992, 28; *ders* JZ 1993, 793 f.; *Liesching/Schuster* § 17 Rn 8; im Ergebnis ebenso *Frenzel* AfP 2002, 193; *v Kalm* DÖV 1994, 26 f.; *Stumpf* 2009, S 424 ff.).

e) Wissenschaft, Forschung, Lehre und Jugendschutz

83   Wissenschaft ist der Oberbegriff; Forschung und Lehre sind Formen wissenschaftlicher Tätigkeit (BVerfGE 35, 79, 113). Die Wissenschaftsfreiheit ist in demselben Umfang gewährleistet wie die Kunstfreiheit (BVerfGE 47, 327, 367). Die obigen

Ausführungen gelten also entsprechend. Ob die Belange der Wissenschaft, Lehre oder Forschung bei einer Kollision mit denen des Jugendschutzes vorgehen, ist auch hier in einer Einzelfallabwägung zu ermitteln. Anders als bei der Kunst kommt hier jedoch weder der Einschätzung der Wissenschaftlichkeit des Mediums durch die BPjM der Charakter einer sachverständigen Äußerung, noch der BPjM bei der Abwägungsentscheidung ein Vorrang zu, weil der BPjM keine Beisitzer aus dem Bereich der Wissenschaft angehören (§§ 19 Abs 2, 20; so auch schon *Gödel* § 1 Rn 115).

Der Begriff der **Wissenschaft** ist weit und nicht auf Universitäten beschränkt. Er umfasst „alles, was nach Inhalt und Form als ernsthafter Versuch zur Ermittlung von Wahrheit anzusehen ist" (BVerfGE 35, 79, 113; 47, 327, 367; 90, 1, 12f.; BVerwG NJW 1987, 1431, 1433; ähnlich BVerwGE 23, 112, 120). Doch sind umgekehrt Medien, weil sie Gegenstand wissenschaftlicher Arbeit sind, nicht schon deshalb selbst vom Wissenschaftsvorbehalt erfasst (BVerwG NJW 1987, 1431, 1433; *Stumpf* 2009, S 210; aA *Ukrow* 2004, Rn 310). Keine Wissenschaft ist es ja, wenn vorgefasste Meinungen durch systematische Ausblendung widersprechender Fakten, Quellen, Ansichten und Ergebnisse der Anschein wissenschaftlicher Nachweisbarkeit verliehen wird. **Forschung** ist „die geistige Tätigkeit mit dem Ziele, in methodischer, systematischer und nachprüfbarer Weise neue Erkenntnisse zu gewinnen" (BT-Drs 5/4335, 4). Dazu gehört der ganze auf Erkenntnisgewinn gerichtete Prozess von der Fragestellung über die Methodik, die Erlangung und Bewertung von Ergebnissen bis zu deren Verbreitung. Forschung ist auch bereits die Zusammenstellung von Materialien (zB Dokumentationen). **Lehre** ist das Recht auf Äußerung wissenschaftlicher Meinungen (BVerfGE 35, 79, 113). Nr 2 gilt somit insbesondere für Medien mit vom Verfasser oder von Dritten auf wissenschaftliche Weise gewonnenen Erkenntnissen, wobei gleichgültig ist, ob sich das Medium nur an Wissenschaftler, Studenten (Lehre) oder an jedermann (auch populärwissenschaftliche Werke) richtet (*Raue* 1970, S 100; einschränkend *Liesching/Schuster* Rn 91). Hierzu zählt auch der wissenschaftliche Datenaustausch in Telemedien.

84

3. Klausel des öffentlichen Interesses (Nr 3)

Ein jugendgefährdendes Medium darf nicht indiziert werden, wenn erstens an ihm ein öffentliches Interesse besteht und zweitens der jugendgefährdende Inhalt nach der Art der Darstellung nicht zu beanstanden ist.

85

(1) Das öffentliche Interesse muss am Inhalt des Mediums bestehen (*Ukrow* 2004, Rn 312). Es muss sich auf das *ganze* Medium erstrecken, nicht nur auf einzelne Passagen (BVerwGE 23, 112, 122). Bei der Einschätzung des öffentlichen Interesses an einem Medium, das nur eine oder mehrere Passagen von öffentlichem Interesse aufweist (zB Zeitung, Homepage), ist ebenso zu verfahren wie bei der Beurteilung einzelner jugendgefährdender Stellen (Rn 48 ff.). Öffentliche Interessen sind **Interessen der Allgemeinheit**, nicht Individualrechte oder -interessen. Letztere, insbesondere die Grundrechte aus Art 5 GG, finden bereits über Nr 1 und Nr 2 Berücksichtigung. Das öffentliche Interesse muss nicht auf die Förderung von Kindern oder Jugendlichen gerichtet sein (zB Sexualaufklärung). Es kann sich auch auf Belange, die Erwachsene betreffen, beziehen (*Ukrow* 2004, Rn 312; *Potrykus* § 1 Anm 21; s auch *Raue* 1970, S 81). Interessen der Allgemeinheit sind zB (vgl § 86 Abs 3 StGB): die staatsbürgerliche Aufklärung, die Abwehr verfassungswidriger Bestrebungen, die Berichterstattung über Vorgänge des Zeitgeschehens (zB über Strafprozesse; BVerwGE 25, 318, 326), über Personen des öffentlichen Lebens (BVerwGE 27, 21, 28) oder über geschichtliche Ereignisse.

86

(2) Das öffentliche Interesse muss bei einer **Abwägung** im Einzelfall die Jugendgefährdung erheblich überwiegen. Daran fehlt es, wenn der jugendgefährdende Inhalt nach der Art seiner Darstellung derart hervorgehoben ist, dass der im öffentlichen Interesse liegende (weitere) Inhalt dahinter völlig zurücktritt (weshalb häufig bereits das öffentliche Interesse fraglich sein wird; *Raue* 1970, S 81); zB wenn in einem Prozessbericht ohne erkennbaren sachlichen Grund die iSd Abs 1 S 2 unsittliche Schilde-

87

rung der Tat dominiert (BVerwGE 27, 21, 28), dies gilt auch dann, wenn es sich um wortgetreue Wiedergaben der Zeugenaussagen handelt.

IV. Jugendgefährdende Medien von geringer Bedeutung (Abs 4)

88   Abs 4 entspricht dem früheren § 2 Abs 1 GjSM (BT-Drs 14/9013, 25), der seit seiner Einführung (BGBl 1953 I, 377) unverändert blieb. Die Regelung steht in engem Zusammenhang mit Abs 1. Sie stellt sicher, dass eine Indizierung unterbleibt und folglich auch die Verbote des § 15 nicht eingreifen, wenn ihre Anordnung unverhältnismäßig ist. Die Deutung des Abs 4 als **Ausprägung des Verhältnismäßigkeitsgrundsatzes** hat insbesondere Bedeutung für die Frage, ob der BPjM ein Ermessen zusteht.

1. Rechtsnatur der Vorschrift

89   Abs 4 ist eine sog **Kopplungsvorschrift.** Er verknüpft einen unbestimmten Rechtsbegriff auf Tatbestandsebene („von geringer Bedeutung") mit einem Ermessen auf der Rechtsfolgenseite („kann"). Wie die Auslegung des unbestimmten Rechtsbegriffs zeigt (Rn 92 ff.), nimmt er alle Gesichtspunkte in sich auf, die im Rahmen der Ermessensentscheidung beachtlich sein können. Tatbestands- und Rechtsfolgenseite lassen sich inhaltlich nicht trennen. Zwei Lösungen sind möglich: Der unbestimmte Rechtsbegriff verbleibt auf der Tatbestandsebene und höhlt das Ermessen völlig aus. Wenn die geringe Bedeutung zu bejahen ist, bleibt für gesonderte Ermessenserwägungen kein Anhaltspunkt mehr und die Indizierung *muss* unterbleiben. Dadurch wird der Wortlaut („kann") überspielt. Oder der unbestimmte Rechtsbegriff wird als Ausprägung der Ermessensprüfung angesehen und deshalb von der Tatbestands- auf die Rechtsfolgenseite gezogen. Auch diese Lösung setzt sich über den Wortlaut hinweg, weil das Gesetz nicht sagt, dass die BPjM bei jedem jugendgefährdenden Medium ein, wenn auch in seinem Umfang begrenztes, Ermessen hat, sondern nur, dass sie bei Fällen geringer Bedeutung von der Indizierung absehen kann.

90   Die zweite Lösung entspricht der hM. Die BPjM befindet „nach ihrem Ermessen darüber, ob ein Fall von geringer Bedeutung […] gegeben ist" (BVerwGE 39, 197, 199; NJW 1987, 1431, 1434; VG Köln BPjS-Aktuell 3/2000, 5, 10; s auch BVerwGE 23, 112, 122; *Liesching/Schuster* Rn 94; *Ukrow* 2004, Rn 313; *Potrykus* § 2 Anm 6). Die **Ermessensentscheidung** sei gem § 114 S 1 VwGO nur beschränkt gerichtlich nachprüfbar. Demzufolge sieht die hM in § 18 Abs 4 (§ 2 Abs 1 GjSM aF) eine Ausnahme von § 18 Abs 1. Während jener die Indizierung vorschreibe („sind aufzunehmen"), räume Abs 4 der BPjM ein Ermessen in Fällen ein, in denen zwar die Voraussetzungen des Abs 1 erfüllt, die jedoch von geringer Bedeutung seien.

91   Die hM ist abzulehnen. Vorzugswürdig ist die erste Lösung. Abs 4 ist keine Ausnahme von Abs 1, sondern eine Ausprägung des Verhältnismäßigkeitsprinzips. Wenn die BPjM die geringe Bedeutung des Falls bejaht, darf sie das Medium nicht indizieren. Sie hat kein Ermessen. Auslegung und Anwendung des unbestimmten Rechtsbegriffs sind **gerichtlich vollumfänglich nachprüfbar** (ebenso *Schraut* 1993, S 80; *Stumpf* 2009, S 235 f.). Allein dieses Ergebnis steht in Einklang mit dem inzwischen weithin anerkannten Wegfall gerichtlich nur beschränkt nachprüfbarer Einschätzungen der BPjM (Rn 53, 80). Demgegenüber räumt die hM der BPjM ein wegen des Vorbehalts des Gesetzes verfassungsrechtlich bedenkliches Tatbestandsermessen ein, dh ein Ermessen über die Voraussetzungen einer Indizierung.

2. Fälle von geringer Bedeutung

92   Sieht man in Abs 4 eine **Ausprägung des Verhältnismäßigkeitsprinzips,** sind solche Fälle von geringer Bedeutung, in denen eine Indizierung zur Abwehr der Jugendgefährdung ungeeignet, nicht erforderlich oder unverhältnismäßig ist.

Nach hM ist bei der Verhältnismäßigkeitsprüfung immer auch der **Grad der Ge-** 93
fahr zu berücksichtigen, der vom Inhalt des Mediums ausgeht (BT-Drs 1/1101, 11,
34; BVerwGE 23, 112, 122; 39, 197, 209 f.; NJW 1987, 1431, 1434; VG Köln v
22.3.2010 – 22 K 181/08, Rn 57 [juris]; VG Köln v 1.3.2013 – 19 K 5979/11,
Rn 52 [juris]; *Ricker/Weberling* Kap 60 Rn 10; *Nikles/Roll* Rn 13; *Stumpf* 2009,
S 234 f.; *Potrykus* § 2 Anm 4). In Fällen, in denen der Inhalt des Mediums nur gering
jugendgefährdend sei, sei keine Indizierung erforderlich. Bei einer erheblichen Gefahr hingegen komme eine Anwendung des Abs 4 nur ausnahmsweise in Betracht.
Diese Differenzierung nach Gefahrengraden ist vom Standpunkt der hM her zwar
konsequent, weil sie bei Abs 1 S 1 ein positives Wahrscheinlichkeitsurteil für möglich
hält (Rn 7). Es ist aber in der Praxis undurchführbar, weil nicht ersichtlich ist, anhand
welcher Kriterien auf eine wissenschaftlich nachvollziehbare Weise innerhalb der einfachen Wahrscheinlichkeit zwischen geringer und erheblicher Gefahr unterschieden
werden kann. Das Maß der Gefahr ist deshalb kein Abwägungsmaßstab (ebenso
Liesching/Schuster Rn 95; *Stath* 2006, S 166 f.). Etwas anderes kann anhand der gesetzgeberischen Einschätzung allenfalls dann angenommen werden, wenn ein Medium
zugleich unter mehrere Fallgruppen des Abs 1 S 2 oder auch des § 15 Abs 2 fällt.

a) Indizierung ungeeignet

Eine Indizierung ist ungeeignet, wenn das Medium im Zeitpunkt der Entschei- 94
dung der BPjM **nicht mehr erscheint** (zB das Buch wird nicht mehr verlegt, die
Zeitung wurde eingestellt) und eine Weiterverbreitung der bereits ausgelieferten
Exemplare oder der Kopien nicht zu erwarten ist. In diesem Fall kann die infolge des
früheren Erscheinens des Mediums bereits existente Jugendgefährdung durch eine
Indizierung nicht mehr behoben werden. Wegen der Bekanntmachung der Indizierung besteht im Gegenteil die Gefahr, dass Kinder oder Jugendliche auf das Medium
aufmerksam werden und die schon erschienenen Exemplare weitergeben oder kopieren. Geschieht dies bereits oder ist es zu befürchten (was bei digitalen Trägermedien
wegen der einfachen Kopiermöglichkeit in der Regel der Fall sein wird), so kann
eine Indizierung trotzdem unverhältnismäßig sein, wenn das Medium ausschließlich
unter Jugendlichen von Hand zu Hand weitergegeben wird (aA *Liesching/Schuster*
Rn 97). Hier träfen die Verbote des § 15 Abs 1 nur die Minderjährigen selbst: Zwar
können auch sie jene übertreten, aber sie sind nicht diejenigen, an die sich das
JuSchG in erster Linie wendet und die es mit Strafe bedroht (§ 27), sondern diejenigen, die es schützen will (vgl § 28 Abs 4).

b) Indizierung nicht erforderlich

Eine Indizierung gilt als nicht erforderlich, wenn ihre Auflage klein oder die Ge- 95
fahr ihrer Wahrnehmung durch Jugendliche aufgrund besonderer Umstände gering
ist. Hat ein Medium nur eine **kleine Auflage,** ist eine weitere Auflage nicht vorgesehen und ist eine Weitergabe oder Vervielfältigung der vorhandenen Exemplare an
oder durch Kinder oder Jugendliche nicht zu erwarten, so scheidet eine Indizierung
aus. Unklar ist allerdings, wann eine Auflage als klein gilt (Erbs/Kohlhaas/*Liesching*
Rn 45 [„2000 Stück kaum noch gering"]; differenzierend *Nikles/Roll* Rn 13 [„500
Stück im Milieu hinnehmbar – 100 Stück als Schülerzeitung zuviel"]). Die Erforderlichkeit der Indizierung eines Telemediums wird hingegen stets zu bejahen sein
(BPjM, Entscheidung Nr 5246 v 2.9.2004 – *Deutschherrenklub*, JMS-Report 1/2005,
6, 7), da eine Prognose über die nur noch geringe Gefahr weiterer Verbreitung des
jugendgefährdenden Inhalts, wie sie die Höhe der Auflage bei Büchern ermöglicht,
bei den über Datennetze vermittelten Inhalten unmöglich ist (vgl § 24 Abs 3 S 2
Alt 2).

Die Gefahr einer Wahrnehmung durch Kinder oder Jugendliche ist aufgrund **be-** 96
sonderer Umstände gering, wenn zB das Medium für sie zu teuer ist (BVerwGE
23, 112, 123) und auch nicht zu erwarten ist, dass sie es auf andere Weise erlangen
werden (zB Ausleihe in einer Bibliothek; vgl *Stumpf* 2009, S 234 Fn 706), wenn sie es

nicht oder nur unter Schwierigkeiten verstehen können (zB Buch in einer von Jugendlichen üblicherweise nicht beherrschten Fremdsprache), oder wenn Vorkehrungen gegen den Eintritt einer Jugendgefährdung getroffen worden sind (*Ricker/ Weberling* Kap 60 Rn 10), zB ein anerkannt wirksames Altersverifikationssystem eingesetzt wird. Die Einziehung des Mediums gem § 74d StGB schließt die Erforderlichkeit ihrer Indizierung nicht aus, da sie nicht notwendig alle Exemplare erfasst. Wäre nach der zwingend vorgeschriebenen Einziehung eines Mediums ihre Indizierung nicht mehr erforderlich, wäre § 18 Abs 5 unverständlich.

c) Indizierung nicht verhältnismäßig ieS

97   Bei der Verhältnismäßigkeit im engeren Sinne ist zu fragen, ob der mit der Indizierung verfolgte Zweck und das Gewicht des Eingriffs in die Meinungsfreiheit in einem angemessenen Verhältnis zueinander stehen. Daran fehlt es, wenn die Indizierung den Kindern und Jugendlichen die Möglichkeit nimmt, die zur Ausbildung einer eigenverantwortlichen Persönlichkeit erforderliche Fähigkeit zur kritischen Auseinandersetzung mit anderen Ansichten zu erlernen. Das gilt auch dann, wenn in einem Medium eine extreme, auf verfälschten Tatsachen beruhende Ansicht vertreten wird (BVerfGE 90, 1, 20f.; *Sendler* DVBl 1994, 1094; *Vlachopoulos* 1996, S 59 Fn 164), oder wenn in einem offensichtlich auf Meinungsbildung ausgerichteten Medium mit unpassenden Vergleichen und maßlosen Übertreibungen weniger eine argumentative Auseinandersetzung als vielmehr eine stimmungsmäßige Beeinflussung versucht wird (aA VG Köln MMR 2008, 358, 361 – *babycaust.de*). Gerade im letzten Fall besteht ansonsten die Gefahr, dass solche im Meinungskampf auszuhaltenden Mittel „gleichsam mit dem argumentativen Handstreich etwaiger intellektueller Defizite Minderjähriger oder mangelnder Deutbarkeit aus Sicht von Kindern und Jugendlichen vom Tisch gefegt werden" (*Liesching* MMR 2008, 362).

V. Gerichtlich eingestufte Medien (Abs 5)

98   Abs 5 schreibt vor, dass Medien in die Liste aufzunehmen „sind", wenn ein Gericht in einer rechtskräftigen Entscheidung festgestellt hat, dass das Medium einen der in § 86, §§ 130–131, §§ 184–184c StGB bezeichneten Inhalte hat. Zuständig ist der **Vorsitzende** der BPjM. Er wird von Amts wegen tätig.

99   Voraussetzung ist eine **formell rechtskräftige Entscheidung** eines ordentlichen Gerichts in Strafsachen oder Verwaltungsgerichts (weiter Nikles/Roll Rn 15, der auch zivilgerichtliche Entscheidungen einbezieht, was aber wegen des im Zivilverfahren geltenden Beibringungsgrundsatzes bedenklich ist). Es muss sich nicht um ein Urteil handeln, möglich ist zB auch ein Strafbefehl (§§ 407, 410 Abs 3 StPO) oder ein Beschluss im selbständigen Verfahren (§§ 440, 441 Abs 2 StPO). Erforderlich ist nur, dass das Gericht in der Entscheidung festgestellt hat, dass ein nach Autor, Titel, Verlag usw. eindeutig bestimmtes Medium einen der in § 86, §§ 130–131, §§ 184–184c StGB bezeichneten Inhalte hat. Das Gericht muss den Angeklagten nicht wegen Verstoßes gegen diese Vorschriften verurteilen. Es genügt, dass es in den Entscheidungsgründen die Schrift als tatbestandsmäßig bezeichnet. Erfüllt es diese Voraussetzung, kann auch ein rechtskräftiges, den Angeklagten freisprechendes Urteil die Wirkungen des Abs 5 auslösen.

100 Liegen diese Voraussetzungen vor, so muss das Medium nach dem **Wortlaut** in die Liste aufgenommen werden („sind"). Danach hat die BPjM **keine eigene Prüfungsbefugnis**. Die hM hält das für unproblematisch. Die Listenaufnahme sei lediglich deklaratorisch, da solche Inhalte sowieso gem § 15 Abs 2 Nr 1 kraft Gesetzes indiziert seien (BT-Drs 14/9013, 26; *Brunner* 2005, S 126; *Eifler* 2011, S 32; *Liesching/ Schuster* Rn 98; *Wehsack* 2011, S 300 f.). Das ist aber nur dann richtig, wenn das Medium tatsächlich einen entsprechenden Inhalt hat, nicht jedoch, wenn die Gerichtsentscheidung insoweit fehlerhaft ist. Die Aufnahme ist dann durchaus konstitutiv, weil

§ 18 JuSchG

das Medium in diesem Fall den Beschränkungen des § 15 Abs 1 zuvor noch nicht unterlag, sondern diese Rechtsfolge erst durch die Aufnahme herbeigeführt wird. Die Indizierung ändert also unmittelbar die Rechtslage.

Abs 5 ist deshalb aus zwei Gründen verfassungsrechtlich bedenklich: (1) Er verstößt erstens gegen den **Grundsatz des rechtlichen Gehörs.** Nach diesem auch im Verwaltungsverfahren geltenden Grundsatz, der hier aus Art 1 Abs 1 GG und dem durch Art 2 Abs 1 GG iVm Art 20 Abs 3 gewährleisteten Recht auf ein rechtsstaatliches, faires Verfahren hergeleitet wird (Stelkens/Bonk/Sachs/*Kallerhoff* § 28 VwVfG Rn 2), muss die Behörde demjenigen, in dessen Rechte ihre Entscheidung eingreift, vorher Gelegenheit geben, sich zu den für die Entscheidung erheblichen Tatsachen zu äußern (vgl § 28 Abs 1 VwVfG). Da Abs 5 der BPjM gar nicht die Möglichkeit einräumt, von der gerichtlichen Entscheidung inhaltlich abzuweichen und von einer Indizierung abzusehen, tut der Einwand des Betroffenen (§ 21 Abs 7), die gerichtliche Entscheidung sei materiell unrichtig, aber von vornherein nichts zur Sache. Da der von der Listenaufnahme betroffene Verfasser oder Verleger auch am vorangegangenen Strafverfahren häufig nicht beteiligt ist, weil sich dieses nur gegen den Händler richtet, der das Medium angeboten hat, und er auch nicht als Einziehungsbeteiligter (§ 431 StPO) hinzuzuziehen ist, können folglich für ihn die Indizierungsfolgen eintreten, ohne dass er jemals zu der Frage gehört worden wäre, ob das Medium einen der in §§ 86, 130–131, 184–184c StGB bezeichneten Inhalte hat. (2) Abs 5 verstößt zweitens gegen gegen die **Rechtsschutzgarantie** (Art 19 Abs 4 S 1 GG). Da die BPjM nach dem Wortlaut des Abs 5 an die Gerichtsentscheidung gebunden ist, ist dem Betroffenen auch im verwaltungsgerichtlichen Verfahren gegen die Entscheidung der BPjM der Einwand abgeschnitten, dass das Medium keinen der in §§ 86, 130–131, 184–184c StGB bezeichneten Inhalt hat. Gegen den Vorwurf einer Verletzung des Art 19 Abs 4 S 1 GG lässt sich nicht einwenden, dass es sich bei den Listenaufnahmen nach Abs 5 „um rein deklaratorische Indizierungen und mithin mangels eigenen Regelungscharakters auch nicht um justiziable Verwaltungsakte" handele (so aber *Monssen-Engberding/Liesching* BPjM-Aktuell 4/2008, 8). Dabei wird übersehen, dass, wie oben bereits ausgeführt wurde (Rn 87), im Falle einer materiell unrichtigen (nur inter partes wirkenden) Gerichtsentscheidung erst die Listenaufnahme nach Abs 5 die Rechtslage umgestaltet. Art 19 Abs 4 S 1 GG wird auch nicht dadurch entsprochen, dass der Betroffene einen Antrag auf Listenstreichung (vgl Abs 7, § 21 Abs 2) stellen und gegen dessen Ablehnung klagen kann (so aber Nikles/*Roll* Rn 15). Dieses Vorgehen verspräche nur dann ausreichenden Rechtsschutz, wenn die BPjM im Listenstreichungsverfahren eigenständig prüfen würde, ob das Medium einen der in §§ 86, 130–131, 184–184c StGB bezeichneten Inhalte aufweist. Das ist aber gerade nicht der Fall. Die BPjM vertritt im Gegenteil die Ansicht, dass eine inhaltliche Prüfung nur dann veranlasst sei, wenn zwischenzeitlich das Gesetz geändert worden sei, ein anderes Gericht rechtskräftig die strafrechtliche Relevanz verneint habe, die obergerichtliche Rechtsprechung den Straftatbestand inzwischen enger auslege oder die Entscheidung, aufgrund derer die Aufnahme erfolgte, aus inhaltlichen Gründen aufgehoben worden sei (*Monssen-Engberding/Liesching* BPjM-Aktuell 4/2008, 11; ebenso *Liesching/Schuster* Rn 108; *Schwiddessen* MMR 2012, 516ff.). Würde die BPjM anders verfahren und eigenständig die Tatbestandsvoraussetzungen prüfen, wäre zwar ein ausreichender Rechtsschutz gewährleistet, es käme aber zu dem logischen Bruch, dass bei der Listenaufnahme keine umfassende Prüfung erfolgt, wohl aber bei der sich ggf unmittelbar anschließenden Entscheidung über die Listenstreichung.

Das Bemerkenswerte an dieser Gesetzeslage ist, dass es sie schon einmal gab, der **Gesetzgeber** in Erkenntnis des Verfassungsverstoßes das Gesetz änderte und er nun **aus Gedankenlosigkeit wieder den ursprünglichen verfassungswidrigen Zustand herbeigeführt** hat: Das GjS vom 9.6.1953 (BGBl I, 377) ordnete in § 18 GjS an, dass eine Schrift, die ein Gericht für unzüchtig oder schamlos (§§ 184, 184a StGB aF) erklärt hatte, von Amts wegen in die Liste aufgenommen werden musste („ist […]

aufzunehmen"). § 18 GjS wurde 1961 neu gefasst (BGBl I, 296). In der Literatur und bei der BPjS hatte sich die Meinung durchgesetzt, dass der „schematische Listenaufnahmezwang" (*Potrykus* § 18 Anm 1) mit Art 19 Abs 4 GG unvereinbar war. In § 18 Abs 1 S 3 GjS wurde deshalb den Betroffenen ein Anhörungsrecht eingeräumt (BT-Drs 3/2373, 5). Gem § 18 Abs 2 GjS musste der Vorsitzende nun auch dann, wenn er eine Listenaufnahme für nicht erforderlich hielt, eine Entscheidung der BPjS herbeiführen. Das BVerfG sah § 18 *nur aufgrund dieser Änderungen* als verfassungskonform an. Es legte § 18 GjS verfassungskonform dahin aus, dass dem Vorsitzenden durch die Gesetzesänderung eine umfassende Prüfungsbefugnis eingeräumt worden sei, die die Einschätzung des Inhalts der Schrift einschließe, was dann auf eine Anfechtungsklage der Betroffenen hin vom Verwaltungsgericht überprüft werden könne (BVerfGE 51, 304, 317, 323 f.). Durch das IuKDG (Einl Rn 6) wurde § 18 GjS wieder neu gefasst. Von nun an galten die Abgabe-, Verbreitungs- und Werbeverbote, „ohne dass es zuvor einer Aufnahme in die Liste und einer Bekanntmachung bedarf" (§ 18 Abs 1 GjSM). Damit wurde „eine Listenaufnahme von Amts wegen angeordnet und eine Entscheidung im Einzelfall durch den Vorsitzenden in der Regel entbehrlich" (BT-Drs 13/7934, 50). Diese – ohne Auseinandersetzung mit den zum Teil gegenläufigen Überlegungen des Gesetzgebers von 1961 erfolgte – Gesetzesänderung ließ die verfassungsrechtlichen Probleme wiederauferstehen, die bei der Gesetzesänderung von 1961 beseitigt oder vermieden worden waren. Der Gesetzgeber des JuSchG hat die Regelung des § 18 GjSM in den § 18 Abs 5 JuSchG übernommen. Zwar gelten die Verbote des § 15 Abs 1 nun nicht mehr unmittelbar; das Medium muss zuvor in die Liste aufgenommen und dies bekannt gemacht werden. Jedoch hat die BPjM – wie 1953 – keine Prüfungsbefugnis: Solche Medien „sind in die Liste aufzunehmen". Damit ist der – verfassungswidrige – Rechtszustand von 1953 wieder hergestellt. – Gegen diese Darstellung wird eingewandt, die zitierte Entscheidung des BVerfG könne nicht auf den heutigen § 18 Abs 5 übertragen werden; weil sie auf der Annahme beruht habe, dass Prüfungsmaßstab der BPjS nur sei, ob eine Schrift jugendgefährdend sei. Heute prüfe die BPjM aber auch, ob ein Medium einen Inhalt habe, der unter einen der in Abs 5 bzw Abs. 2 Nr 2 und 4 genannten Straftatbestände subsumiert werden könne (*Monssen-Engberding/Liesching* BPjM-Aktuell 4/2008, 8). Das entkräftet nicht den Vorwurf eines Verstoßes gegen Art 19 Abs 4 GG: Das BVerfG stellt beim Verstoß gegen Art 19 Abs 4 GG darauf ab, dass die Betroffenen an keiner Stelle geltend machen können, dass die Schrift nicht jugendgefährdend sei (unter B. II. 1). Anschließend befasst sich das Gericht mit der Frage, ob § 18 GjS verfassungskonform ausgelegt werden kann. Erst in diesem Zusammenhang fällt die Äußerung, dass aus der Rechtskraft der gerichtlichen Entscheidung keine Bindung der BPjM folge, denn die Rechtskraft der Entscheidung umfasse nicht die Feststellung, dass eine Schrift jugendgefährdend sei. Maßstab der BPjM seien nicht Straftatbestände oder strafrechtliche Begriffe als solche, sondern für sie komme es darauf an, ob die Schrift jugendgefährdend ist (unter B. II. 2. b) aa)). Auch nach jetziger Gesetzeslage folgt aber allein aus der Rechtskraft einer Gerichtsentscheidung keine Bindung der BPjM hinsichtlich der Verwirklichung von Straftatbeständen, da die Gerichtsentscheidung nur inter partes wirkt. Ob eine solche Bindung aus Abs 5 folgt oder dieser verfassungskonform ausgelegt werden muss, ist gerade die Frage.

103   Im Wege **verfassungskonformer Auslegung** (ebenso *Stumpf* 2009, S 299) ist Abs 5 dahingehend zu interpretieren, dass die BPjM nur dann das Medium in die Liste aufnehmen muss, wenn sie selbst die Voraussetzungen einer Indizierung bejaht (vgl Abs 1 S 1, wo es ebenfalls „sind […] aufzunehmen" heißt). Die **umfassende Prüfungsbefugnis** kommt dem Vorsitzenden zu. Sie bezieht sich auf die Voraussetzungen des Abs 5 und einer Indizierung nach Abs 1, 3 und 4. Dabei ist zu beachten, dass es um Medien iSd § 15 Abs 2 Nr 1 geht. Hat das Medium nach Ansicht des Vorsitzenden einen der in § 86, §§ 130–131, §§ 184–184c StGB bezeichneten Inhalte, wobei er nicht an die Entscheidung des Gerichts gebunden ist (vgl BVerfGE 51, 304, 322), so muss er auch eine Jugendgefährdung iSd Abs 1 S 1 bejahen. Die Prü-

fungsbefugnis des Vorsitzenden schließt die Ausnahmen des Abs 3, insbesondere den Kunstvorbehalt, und die Verhältnismäßigkeit der Indizierung gem Abs 4 mit ein. Gerade in den Fällen des Abs 5 kann es geschehen, dass das Medium nur in wenigen, mit dem Urteil eingezogenen Exemplaren vorhanden war, so dass eine Indizierung nicht mehr erforderlich ist (BT-Drs 3/2373, 5). Sind alle Voraussetzungen erfüllt, so darf der Vorsitzende das Medium in die Liste aufnehmen. Die Aufnahme erfolgt grundsätzlich in die Listenteile B oder D; nur einfach pornografische Medien (§ 184 StGB) werden in die Listenteile A oder C eingetragen. Sind die Voraussetzungen eindeutig nicht erfüllt, lehnt er die Listenaufnahme ab (analog § 21 Abs 3; aA *Stumpf* 2009, S 299: Vorlage an das Zwölfergremium). Ist das Vorliegen auch nur einer Voraussetzung des Abs 5 oder der Indizierung nach Abs 1, 3 und 4 zweifelhaft, so muss der Vorsitzende eine Entscheidung des Zwölfergremiums herbeiführen (analog § 21 Abs 5 Nr 1; so auch *Stumpf* 2009, S 299). Zweifel sind zB gegeben, wenn widersprechende Gerichtsentscheidungen vorliegen oder wenn die BPjM selbst eine widersprechende Entscheidung getroffen hat (*Riedel* 1953, S 127). Die gegen eine Indizierung sprechende Entscheidung muss noch nicht rechtskräftig sein (*Gödel* § 18 Rn 2).

VI. Indizierung von Telemedien (Abs 6)

Abs 6 engt den Entscheidungsspielraum der BPjM bei Telemedien ein, wenn die zentrale Aufsichtsstelle der Länder für den Jugendmedienschutz die Aufnahme in die Liste beantragt hat. Dies ist gem § 16 S 2 Nr 7 JMStV die **Kommission für Jugendmedienschutz** (KJM, § 14 JMStV). Abs 6 setzt – wie Abs 8 S 2, § 21 Abs 6 und 9 – den zwischen Bund und Ländern vereinbarten „**Grundsatz der gegenseitigen Verbindlichkeit wertender Jugendschutzentscheidungen**" (BT-Drs 14/9013, 26) um. Die Sonderstellung der KJM wird mit der bei ihr angeblich gebündelten Sachkenntnis im Bereich der Telemedien begründet. Im Umkehrschluss ergibt sich aus Abs 6, dass ihr bei Trägermedien, bei denen sie ebenfalls eine Antragsbefugnis besitzt (§ 21 Abs 2), keine Sonderstellung zukommt. Problematisch ist, dass die KJM mit einfacher Mehrheit entscheidet (§ 17 Abs 1 S 2 JMStV, § 5 Abs 2 S 1 GVO-KJM) und damit für Telemedien das Erfordernis einer Zweidrittel-Mehrheit (§ 19 Abs 6) aushebelt. Die Hürden zur Indizierung von Träger- und Telemedien sind daher unterschiedlich hoch.

104

Die Prüfung der BPjM beschränkt sich darauf, ob der Antrag **offensichtlich unbegründet** oder eine Indizierung nach ihrer Spruchpraxis unvertretbar ist (Abs 6 Hs 2). Ist beides nicht der Fall, so muss sie das Telemedium in die Liste aufnehmen (BPjM, Entscheidung Nr 5246 v 2.9.2004 – *Deutschherrenklub,* JMS-Report 1/2005, 6, [„Antrag ist nicht unbegründet"] mit zust Anm *Günter*). Die Alternativen überschneiden sich weitgehend, sind aber nicht deckungsgleich. So kann ein Antrag offensichtlich unbegründet sein, ohne dass die beantragte Indizierung nach der Spruchpraxis der BPjM unvertretbar ist (aA *Liesching/Schuster* Rn 102), wenn es zu Medien oder Inhalten dieser Art noch gar keine Entscheidung gibt. Ebenso kann die beantragte Indizierung nach der Spruchpraxis der BPjM unvertretbar sein, ohne dass der Antrag offensichtlich unbegründet ist, wenn diese Beurteilung deren umfassende Kenntnis voraussetzt oder die BPjM eine vom Gesetz weitgehend abgelöste Ansicht vertritt. Der Antrag ist offensichtlich unbegründet, wenn ein unvoreingenommener Betrachter, der die Rechtslage und Spruchpraxis der BPjM kennt, in dem Telemedium keinen Anhaltspunkt für einen Inhalt iSd §§ 15 Abs 2, 18 Abs 1 S 2 – und, wenn man der hM folgt, iSd von der BPjM zu § 18 Abs 1 S 1 entwickelten Fallgruppen (Rn 37 ff.) – findet. Die Indizierung ist unvertretbar, wenn es nach der ständigen Spruchpraxis der BPjM ausgeschlossen ist, den Inhalt einer der genannten Fallgruppen zuzuordnen.

105

Wegen der Nähe („offensichtlich unbegründet") zu § 21 Abs 3 ist davon auszugehen, dass auch hier die Entscheidung beim **Vorsitzenden der BPjM** liegt. Hält er

106

den Antrag der KJM nicht für offensichtlich unbegründet oder unvertretbar, so nimmt er das Telemedium in die Liste auf. Andernfalls wird das Verfahren eingestellt (§ 21 Abs 3). Einer erneuten Stellungnahme der KJM nach § 21 Abs 6 bedarf es nicht, da sie bereits durch die Antragstellung einbezogen ist (Nikles/*Roll* Rn 16). Lehnt der Vorsitzende die Aufnahme eines Telemediums in die Liste ab, kann die KJM gem § 25 Abs 2 Klage vor dem Verwaltungsgericht erheben. Kommt der Vorsitzende dem Antrag der KJM nach, so können die von der Entscheidung Betroffenen (vgl § 21 Abs 7) dagegen ebenfalls klagen (§ 25 Abs 1). Aus Gründen effektiven Rechtsschutzes muss das Verwaltungsgericht dann nicht nur die (eingeschränkte) Entscheidung der BPjM, sondern inzident auch die Aufnahmebegründung der KJM daraufhin überprüfen, ob tatsächlich eine Jugendgefährdung nach Abs 1 anzunehmen ist.

VII. Listenstreichungen (Abs 7)

107 Abs 7 S 1 bestimmt die Voraussetzungen der – vor dem Inkrafttreten des JuSchG nicht geregelten, aber schon praktizierten – **Anordnung der Streichung** aus der Liste. Die Anordnung ist zu unterscheiden vom Akt der Streichung selbst, den der Vorsitzende vornimmt (§ 24 Abs 1, 2 S 1) und der für vorläufige Anordnungen auch schon früher geregelt war (§ 23 Abs 6; § 17 GjSM). Mit Abs 7 kommt der Gesetzgeber einer verfassungsrechtlichen Notwendigkeit nach, da die Vertriebs- und Werbebeschränkungen Grundrechtseingriffe darstellen, die nicht nur bei der Indizierung des Mediums, sondern während der gesamten Dauer der Indizierung einer Rechtfertigung bedürfen. Mit der Regelung soll auf Wertewandel im Laufe der Zeit reagiert werden (BT-Drs 14/9013, 26).

108 Satz 1 bestimmt, dass die Streichung eines Mediums aus der Liste anzuordnen ist, wenn die **Voraussetzungen seiner Indizierung nicht mehr gegeben** sind. Jenseits des bislang eher theoretischen Falls, dass der Gesetzgeber einen Indizierungsgrund abschafft oder einschränkt, ist hier der Wandel der Spruchpraxis der BPjM innerhalb des unveränderten gesetzlichen Rahmens praktisch bedeutsam. Eine Streichung ist anzuordnen, wenn das Medium nach der aktuellen Spruchpraxis nicht (mehr) indiziert werden würde. Nach Ansicht der BPjM ist dies dann der Fall, (1) wenn der Inhalt nicht (mehr) jugendaffin ist, (2) wenn sich die Protagonisten nicht (mehr) als Identifikationsfiguren anbieten, (3) wenn Nachahmungseffekte nicht (mehr) zu erwarten sind, (4) wenn die dargstellte Gewalt (heute) als übertrieben, aufgesetzt, unrealistisch, abschreckend oder irreal eingestuft wird, oder (5) wenn die Gewalt als nicht gerechtfertigt dargestellt oder Gewaltanwendung im Prinzip abgelehnt wird (BPjM, Entscheidung Nr A 104/04 v 29.10.2004, BPjM-Aktuell 1/2005, 8, 9; Nr 5264/04 v 2.12.2004, aaO 9, 11; Nr 5872 v 1.12.2011, BPjM-Aktuell 1/2012, 14, 20; *Monssen-Engberding/Liesching* BPjM-Aktuell 4/2008, 4). Dies können allerdings nur einige Anhaltspunkte sein, die sich in erster Linie auf Medien beziehen, die wegen ihrer Gewaltdarstellungen indiziert worden sind. Die ständige Wiederholung nur dieser fünf Fallgruppen lässt allerdings befürchten, dass die BPjM Abs 7 S 1 auf solche Fälle beschränkt.

109 Eine Streichung aus der Liste ist auch bei **strafrechtlich relevanten Medien** zulässig, welche die BPjM im Verfahren nach Abs 1 indiziert und in die Listenteile B oder D aufgenommen hat, oder die sie aufgrund einer rechtskräftigen Gerichtsentscheidung gem Abs 5 dort aufgenommen hat. Die Voraussetzungen der Aufnahme liegen insbesondere dann nicht mehr vor, (1) wenn der Straftatbestand nach einer Gesetzesänderung Inhalte wie den in dem indizierten Medium nicht mehr erfasst, (2) wenn die obergerichtliche Rechtsprechung den Straftatbestand inzwischen enger auslegt, oder (3) wenn eine neue rechtskräftige Gerichtsentscheidung die strafrechtliche Relevanz dieses oder eines ganz oder im Wesentlichen inhaltsgleichen Mediums verneint hat (insoweit ebenso *Liesching/Schuster* Rn 108; *Monssen-Engberding/Liesching*

BPjM-Aktuell 4/2008, 11, die daneben noch den Fall der Aufhebung der Ursprungsentscheidung nennen, was ein erfolgreiches vorheriges Wiederaufnahmeverfahren voraussetzen würde). Jedoch ist die BPjM auf diese drei Fallgruppen nicht beschränkt, da ihr hier – auch im Fall eines gem Abs 5 indizierten Mediums (vgl Rn 103) – eine umfassende Prüfungsbefugnis zukommt (aA diejenigen, die der BPjM bei Abs 5 keine Prüfungsbefugnis zuerkennen; *Liesching/Schuster* aaO; *Monssen-Engberding/Liesching* aaO). Ist nach Einschätzung der BPjM das Medium weiterhin strafrechtlich relevant (zB pornografisch iSd § 184 StGB), so darf sie keine Streichung anordnen, weil sie die Wertung des Gesetzgebers, dass solche Inhalte immer auch jugendgefährdend sind (§ 15 Abs 2 Nr 1), akzeptieren muss.

Die BPjM wird von Amts wegen (§ 21 Abs 5 Nr 2) oder auf Antrag tätig (vgl § 21 **110** Abs 2). Zuständig ist das **Zwölfergremium**. Nach Ablauf von zehn Jahren kann auch das **Dreiergremium** entscheiden (§ 23 Abs 4). Die Formulierung in den Gesetzesmaterialien, dass „in Zweifelsfällen die Bundesprüfstelle" (wer sonst?) entscheidet (BT-Drs 14/9013, 26), ist ungenau (vgl § 21 Abs 5 Nr 2), weil der Vorsitzende auch in eindeutigen Fällen nicht allein entscheiden darf.

Satz 2 ordnet an, dass eine Indizierung **nach 25 Jahren** ihre Wirkung verliert. **111** Hier bedarf es also keiner vorherigen Anordnung, sondern es tritt ein **automatischer Wirkungsverlust** ein. Nach dem Wortlaut („verliert ihre Wirkung") enden die Vertriebs- und Werbebeschränkungen selbst dann, wenn sich das Medium noch auf der Liste befindet; die Liste ist insoweit unrichtig und daher umgehend zu berichtigen (§ 24 Abs 2 S 2). Der Regelung liegt die Vermutung des Gesetzgebers zugrunde, dass nach 25 Jahren „angesichts nicht unbeträchtlicher zeitbedingter Bewertungsdifferenzen" (BT-Drs 14/9013, 26) eine Jugendgefährdung nicht mehr anzunehmen und die Liste anzupassen ist. Dass diese Regelung notwendig war, zeigt sich daran, dass im Jahr ihres Inkrafttretens 2.226 Bücher von der Liste gestrichen wurden (BPjM-Aktuell 1/2004, 15). Insbesondere im Hinblick auf Computerspiele wird diskutiert, ob die Zeitgrenze nicht deutlich früher anzusetzen ist (*Köhne* MMR 4/2003, XVI; *ders* AfP 2002, 203; vgl bereits *Hoffmann* ZUM 1996, 486). Für den Fall, dass auch nach 25 Jahren noch eine Jugendgefährdung vorliegt, ist das Medium erneut zu indizieren (§ 21 Abs 5 Nr 3). Die 25-Jahre-Frist des Satz 2 ist zu unterscheiden von den Verjährungsfristen des Strafrechts, die im Fall von Straftaten iSd Abs. 5 höchstens zehn Jahre betragen (§ 79 Abs 3 Nr 3, Abs 4 Nr 2 StGB). Der Eintritt der **strafrechtlichen Verjährung** ändert am Fortbestand der gerichtlichen Entscheidung und der darin enthaltenen Bewertung des Mediums nichts, so dass auch hier allein Abs 7 S 2 gilt (aA für Indizierungen nach Abs 5, die danach offenbar ewig gelten sollen: *Liesching/Schuster* Rn 109, 117 f.; *Monssen-Engberding/Liesching* BPjM-Aktuell 4/2008, 11).

VIII. Indizierung bereits jugendschutzrechtlich bewerteter Medien (Abs 8)

Abs 8 schränkt die Möglichkeit einer Indizierung nach Abs 1 ein, wenn bereits **112** Bewertungen anderer jugendmedienschutzrechtlicher Prüfinstitutionen (KJM, oberste Landesbehörden, Einrichtungen der freiwilligen Selbstkontrolle) vorliegen. Dadurch sollen Doppelarbeit und einander **widersprechende Entscheidungen vermieden** werden (BT-Drs 14/9013, 26). Abs 8 führt nicht zu einer (unzulässigen) Mischverwaltung. Das BVerfG hat zur Mischverwaltung maßgeblich darauf abgestellt, ob ein wesentlicher Einfluss des an sich unzuständigen Kompetenzträgers gegeben ist (BVerfGE 63, 1, 39, 43). Ein unzulässiges Zusammenwirken jenseits des ohnehin verbotenen Mitentscheidens liegt danach erst dann vor, wenn ein wesentlicher Einfluss gegeben ist, der über intensive Koordination hinausgeht (*Langenfeld* MMR 2003, 307 f.). Abs 8 regelt, ob bestimmte Medien einer Indizierung gem Abs 1 entzogen sind. Die KJM, die obersten Landesbehörden und die Einrichtungen der freiwilligen Selbstkontrolle üben demnach keinen Einfluss auf die Entscheidung des BPjM aus, sondern entziehen durch ihre eigenen Entscheidungen bestimmte Medien einer Indizierung durch die BPjM.

113 Abs 8 schränkt nur die Indizierung nach Abs 1 ein. Bewertet eine andere Prüfinstitution ein gem § 15 Abs 2 **schwer jugendgefährdendes Medium** versehentlich als nicht jugendgefährdend oder entwicklungsbeeinträchtigend, so nimmt dies dem Medium nicht seinen Charakter als schwer jugendgefährdend und ändert auch nichts an der weiteren Geltung der Verbreitungs- und Werbeverbote des § 15 Abs 1 (allerdings wird sich im Strafverfahren der Beschuldigte idR auf einen unvermeidbaren Verbotsirrtum gem § 17 StGB berufen können). Die BPjM darf das falsch bewertete Medium aber nur noch unter den Voraussetzungen des Abs 8 indizieren. Hat also zB die KJM zu Unrecht ein schwer jugendgefährdendes Telemedium als nicht jugendgefährdend eingestuft, so darf es die BPjM trotzdem nicht indizieren. Der Gesetzgeber setzt darauf, dass solche Fälle aufgrund des stetigen Informationsaustauschs zwischen der BPjM und den anderen Prüfinstitutionen (vgl zur KJM § 21 Abs 9; § 17 Abs 2 JMStV) nicht vorkommen werden.

1. Filme, Film- und Spielprogramme (Satz 1)

114 Abs 8 S 1 bezieht sich allein auf Filme und Film- und Spielprogramme. Ihre Indizierung gem Abs 1 ist ausgeschlossen, wenn bereits eine Kennzeichnung nach § 14 Abs 2 durch die oberste Landesbehörde oder eine Organisation der freiwilligen Selbstkontrolle (FSK, USK) erfolgt ist (zu Altfällen s § 29). Medien mit anderen Inhalten (zB Zeitschrift, Buch) sind nicht betroffen. Umgekehrt stellt § 14 Abs 3 sicher, dass bereits kraft Gesetzes (§ 15 Abs 2) oder von der BPjM (§ 18 Abs 1) indizierte Medien keine Kennzeichnung erhalten. Gleiches gilt gem § 14 Abs 4 S 1 für mit indizierten Medien inhaltsgleiche oder im Wesentlichen inhaltsgleiche Medien und gem § 14 Abs 4 S 2 für Medien, die zwar noch nicht gem Abs 1 indiziert sind, bei denen aber die Voraussetzungen hierfür vorliegen. In Zweifelsfällen muss gem § 14 Abs 4 S 3 die BPjM entscheiden. Es ergibt sich folgende Übersicht:

115

Medium ist …	**Indizierung zulässig?**
gekennzeichnet gem § 14 Abs 2	nein (Abs 8 S 1)
hierzu inhaltsgleich ohne Kennzeichnung	nein (Abs 8 S 1 iVm § 14 Abs 5)
nicht gekennzeichnet	ja
hierzu inhaltsgleich ohne Kennzeichnung	ja

116

Medium ist …	**Kennzeichnung zulässig?**
indiziert gem Abs 1	nein (§ 14 Abs 3 S 1)
hierzu ganz oder im Wesentlichen inhaltsgleich	nein (§ 14 Abs 4 S 1)
nicht indiziert, aber indizierbar gem Abs 1	nein (§ 14 Abs 4 S 2)
kraft Gesetzes indiziert (§ 15 Abs 2)	nein (§ 14 Abs 3 S 1)
nicht indiziert und auch nicht indizierbar	ja

117 Nicht geregelt ist der Fall, dass die obersten Landesbehörden bzw die Organisation der freiwilligen Selbstkontrolle übersehen haben, dass der Film oder das Film- oder Spielprogramm mit einem indizierten Medium ganz oder im Wesentlichen inhaltsgleich ist. Wird die entgegen § 14 Abs 4 S 1 erfolgte Kennzeichnung nicht zurückgenommen, so schließt ihre Existenz abweichend vom entgegenstehenden Wortlaut des Abs 1 nicht aus, dass die BPjM das gekennzeichnete Trägermedium trotzdem noch im Verfahren nach § 21 Abs 5 Nr 1 indiziert (*Liesching/Schuster* Rn 119; vgl

zum GjS BGH NJW 1995, 865, 866). Nur so kann der Widerspruch behoben werden, dass durch die fehlerhafte Kennzeichnung zwei unterschiedliche Entscheidungen zu einem Inhalt vorliegen, und zugleich der Vorrang der früher ausgesprochenen Indizierung gewahrt werden. Anders zu beurteilen ist der Fall, dass die obersten Landesbehörden bzw die Organisation der freiwilligen Selbstkontrolle nicht erkannt haben, dass das von ihnen gekennzeichnete Medium bereits kraft Gesetzes indiziert ist (§ 15 Abs 2). Hier besteht kein Widerspruch zweier Entscheidungen; die BPjM darf das gekennzeichnete Medium trotz der offensichtlich schweren Jugendgefährdung nicht indizieren (Rn 112).

2. Telemedien (Sätze 2, 3)

Die Sätze 2 und 3 betreffen ausschließlich Telemedien. Satz 2 untersagt der BPjM die Indizierung eines Telemediums gem Abs 1, wenn die **KJM** zuvor bereits die Voraussetzungen des Abs 1, dh eine Jugendgefährdung, verneint hat. Diese Regelung bildet eine Art Spiegelbild zu Abs 6. Es fehlt jedoch eine Ausnahmeklausel wie in Abs 6 Hs 2, nach der die BPjM bei **Unvertretbarkeit oder offensichtlicher Unbegründetheit** von der Entscheidung der KJM abweichen kann. Satz 2 verbietet es der BPjM selbst dann ein Telemedium zu indizieren, wenn es offensichtlich oder nach ihrer Spruchpraxis zu indizieren wäre. Auch hier setzt der Gesetzgeber darauf, dass solche Fälle aufgrund des stetigen Informationsaustauschs zwischen KJM und BPjM (§ 21 Abs 9; § 17 Abs 2 JMStV) nicht vorkommen werden (vgl Rn 112). In Satz 2 fehlt ebenfalls eine Regelung dazu, wie zu verfahren ist, wenn nachträglich ein ganz oder im Wesentlichen **inhaltsgleiches Trägermedium** erscheint: Ist hier eine Indizierung möglich, weil die Ausnahme des Satzes 2 nur für Telemedien gilt, oder sperrt die Entscheidung der KJM auch die Indizierung des Trägermediums? Anzunehmen ist Letzteres, weil im Falle einer Indizierung des Trägermediums für das Telemedium ansonsten die Verbote des § 4 Abs 1 Nr 11, Abs 2 Nr 2 JMStV gelten würden. Stellt eine Behörde den Antrag auf Indizierung (§ 21 Abs 2) und lehnt die BPjM dies unter Verweis auf Satz 2 ab, so kann die Behörde Klage erheben (§ 25 Abs 2; nicht jedoch die nur anregungsberechtigte Behörde, § 21 Abs 4). Das Verwaltungsgericht muss dann inzident auch die Entscheidung der KJM prüfen (ebenso *Liesching/Schuster* Rn 120).

Satz 3 regelt das Zusammenspiel der BPjM mit anerkannten **Einrichtungen der Selbstkontrolle** (§ 19 Abs 3, 4 JMStV). Telemedien, die von einer solchen Selbstkontrolleinrichtung (zB FSM) beurteilt worden sind, können nur indiziert werden, wenn auch die KJM die Voraussetzungen des Abs 1 für gegeben hält. Sofern die KJM eine Jugendgefährdung verneint oder gar nicht Stellung nimmt, kann das Telemedium nicht indiziert werden. Eine Zustimmungsfiktion bei Nichtabgabe der Stellungnahme analog § 21 Abs 6 S 3 (so *Liesching/Schuster* Rn 122) widerspricht dem Wortlaut („nur dann") und missachtet, dass allein die KJM die Aufsicht über die Selbstkontrolleinrichtungen führt.

§ 19 Personelle Besetzung

(1) **Die Bundesprüfstelle für jugendgefährdende Medien besteht aus einer oder einem von dem Bundesministerium für Familie, Senioren, Frauen und Jugend ernannten Vorsitzenden, je einer oder einem von jeder Landesregierung zu ernennenden Beisitzerin oder Beisitzer und weiteren von dem Bundesministerium für Familie, Senioren, Frauen und Jugend zu ernennenden Beisitzerinnen oder Beisitzern. Für die Vorsitzende oder den Vorsitzenden und die Beisitzerinnen oder Beisitzer ist mindestens je eine Stellvertreterin oder ein Stellvertreter zu ernennen. Die jeweilige Landesregierung kann ihr Ernennungsrecht nach Absatz 1 auf eine oberste Landesbehörde übertragen.**

(2) Die von dem Bundesministerium für Familie, Senioren, Frauen und Jugend zu ernennenden Beisitzerinnen und Beisitzer sind den Kreisen
1. der Kunst,
2. der Literatur,
3. des Buchhandels und der Verlegerschaft,
4. der Anbieter von Bildträgern und von Telemedien,
5. der Träger der freien Jugendhilfe,
6. der Träger der öffentlichen Jugendhilfe,
7. der Lehrerschaft und
8. der Kirchen, der jüdischen Kultusgemeinden und anderer Religionsgemeinschaften, die Körperschaften des öffentlichen Rechts sind,

auf Vorschlag der genannten Gruppen zu entnehmen. Dem Buchhandel und der Verlegerschaft sowie dem Anbieter von Bildträgern und von Telemedien stehen diejenigen Kreise gleich, die eine vergleichbare Tätigkeit bei der Auswertung und beim Vertrieb der Medien unabhängig von der Art der Aufzeichnung und der Wiedergabe ausüben.

(3) Die oder der Vorsitzende und die Beisitzerinnen oder Beisitzer werden auf die Dauer von drei Jahren bestimmt. Sie können von der Stelle, die sie bestimmt hat, vorzeitig abberufen werden, wenn sie der Verpflichtung zur Mitarbeit in der Bundesprüfstelle für jugendgefährdende Medien nicht nachkommen.

(4) Die Mitglieder der Bundesprüfstelle für jugendgefährdende Medien sind an Weisungen nicht gebunden.

(5) Die Bundesprüfstelle für jugendgefährdende Medien entscheidet in der Besetzung von zwölf Mitgliedern, die aus der oder dem Vorsitzenden, drei Beisitzerinnen oder Beisitzern der Länder und je einer Beisitzerin oder einem Beisitzer aus den in Absatz 2 genannten Gruppen bestehen. Erscheinen zur Sitzung einberufene Beisitzerinnen oder Beisitzer oder ihre Stellvertreterinnen oder Stellvertreter nicht, so ist die Bundesprüfstelle für jugendgefährdende Medien auch in einer Besetzung von mindestens neun Mitgliedern beschlussfähig, von denen mindestens zwei den in Absatz 2 Nr 1 bis 4 genannten Gruppen angehören müssen.

(6) Zur Anordnung der Aufnahme in die Liste bedarf es einer Mehrheit von zwei Dritteln der an der Entscheidung mitwirkenden Mitglieder der Bundesprüfstelle für jugendgefährdende Medien. In der Besetzung des Absatzes 5 Satz 2 ist für die Listenaufnahme eine Mindestzahl von sieben Stimmen erforderlich.

Inhaltsübersicht

	Rn
I. Zusammensetzung der BPjM (Abs 1)	1
II. Auswahl, Ernennung und Abberufung der Mitglieder (Abs 2, 3)	2
III. Stellung der Mitglieder (Abs 4)	6
IV. Zusammensetzung des Zwölfergremiums (Abs 5)	9
V. Mehrheitserfordernisse (Abs 6)	13

I. Zusammensetzung der BPjM (Abs 1)

1 Abs 1 regelt die Zusammensetzung der BPjM. Er entspricht dem früheren § 9 Abs 1 GjSM. Lediglich die Delegationsbefugnis (Abs 1 S 3) wurde zur Verfahrenserleichterung neu eingefügt (BT-Drs 14/9013, 26). Die BPjM besteht aus einem

Vorsitzenden, der vom Bundesministerium für Familie, Senioren, Frauen und Jugend ernannt wird (BMFSFJ). Hinzu kommen Beisitzer, von denen jede Landesregierung einen benennt **(Länderbeisitzer)** sowie weitere Beisitzer, die vom BMFSFJ auf Vorschlag der Verbände gem Abs 2 ernannt werden **(Gruppenbeisitzer).** Für den Vorsitzenden und alle Beisitzer sind zudem in gleicher Zuständigkeit Stellvertreter zu benennen (Abs 1 S 2; § 12 Abs 1 DVO-JuSchG). Die Ernennung der Landesbeisitzer kann von der Landesregierung auf eine oberste Landesbehörde (zB für NRW gem § 1 S 3 Jugendwohlfahrtszuständigkeitsverordnung „das für den Jugendschutz zuständige Ministerium des Landes") delegiert werden. Der Vorsitzende und seine Stellvertreter sind hauptamtlich, die Beisitzer sind **ehrenamtlich** (§§ 81 ff. VwVfG) tätig.

II. Auswahl, Ernennung und Abberufung der Mitglieder (Abs 2, 3)

Vorsitzender und Beisitzer werden **für 3 Jahre** bestimmt (Abs 3 S 1). Eine Wiederernennung wird vom Gesetz nicht ausgeschlossen und ist mithin zulässig. 2

Die **Gruppenbeisitzer** werden vom BMFSFJ aus den in Abs 2 Nr 1–8 genannten 3 Kreisen entnommen. Den für diese Kreise in § 20 genannten Organisationen steht ein **Vorschlagsrecht** zu (zur Verfassungsmäßigkeit der Einbeziehung Privater s BVerfGE 83, 130, 149 ff.; *Stumpf* 2009, S 107 ff.). Für jede der 37 Organisationen, die ihr Vorschlagsrecht ausübt, muss das BMFSFJ einen Beisitzer und einen Stellvertreter ernennen (§ 20 Abs 1 S 2). Hinzu kommen für jeden der 8 Kreise ein weiterer Beisitzer und dessen Stellvertreter aus dem Kreis der nicht benannten Organisationen (§ 20 Abs 2).

Das BMFSFJ kann nur Personen ernennen, die vorgeschlagen worden sind. Die 4 vorgeschlagene Person muss nicht dem sie vorschlagenden Verband angehören (*Gödel* § 9 Rn 6). Umgekehrt müssen jedoch nicht alle vorgeschlagenen Personen benannt werden. Das ergibt sich für mehrere Vorschläge einer Organisation aus § 20 Abs 1 S 3. Darüber hinaus steht dem BMFSFJ ein **Ablehnungsrecht** zu, wenn die vorgeschlagene Person kein Ehrenamt übernehmen kann, weil sie infolge Richterspruchs die Fähigkeit zur Bekleidung öffentlicher Ämter nicht besitzt oder wegen einer vorsätzlichen Tat zu einer Freiheitsstrafe von mehr als sechs Monaten verurteilt worden ist, oder weil gegen sie ein Ermittlungsverfahren wegen einer Tat schwebt, die den Verlust der Fähigkeit zur Bekleidung öffentlicher Ämter zur Folge haben kann. Dasselbe muss mit Blick auf § 19 Abs 3 S 2 gelten, wenn die vorgeschlagene Person aus gesundheitlichen Gründen nicht zur Wahrnehmung ihrer Aufgaben in der Lage sein wird (vgl §§ 32, 33 Nr 4 GVG [zum Schöffen]; zust *Stumpf* 2009, S 106). Lehnt das BMFSFJ einen Kandidaten ab, so hat es die betreffende Organisation zu einem neuen Vorschlag aufzufordern. Da das Gesetz keine besonderen Qualifikationen oder Eignungen verlangt, kann das BMFSFJ die vorgeschlagene Person nicht aus anderen Gründen (zB keine Erfahrungen in der Jugendarbeit etc) ablehnen. Soweit in der Literatur ein über das hier beschriebene hinausgehendes, nicht näher spezifiziertes Ablehnungsrecht des BMFSFJ postuliert wird (vgl *Gödel* § 9 Rn 6; *Liesching/Schuster* Rn 10; *Stath* 2006, S 172; wie hier *Ukrow* 2004, Rn 530 Fn 10), steht das mit dem Gesetz und der Pluralität der BPjM nicht in Einklang und unterläuft das Vorschlagsrecht.

Gemäß Abs 3 S 2 können Mitglieder **abberufen** werden, wenn sie ihrer Verpflich- 5 tung zur Mitarbeit nicht nachkommen. Das ist zum einen dann der Fall, wenn sie nicht nur vorübergehend nicht mitarbeiten oder nicht mitarbeiten werden. Auf die Gründe, aus denen heraus ein Mitglied seiner Verpflichtung nicht nachkommt (zB Auslandsaufenthalt, Erkrankung, sonstige Belastungen), kommt es nicht an, da es allein gilt, die Arbeitsfähigkeit der BPjM sicherzustellen. Die bloße Stimmenthaltung stellt noch keine mangelnde Mitarbeit dar. Dies würde der Weisungsfreiheit der Mitglieder widersprechen. Der Beisitzer kommt zum anderen auch dann seiner Verpflichtung nicht nach, wenn er seine Pflichten gröblich verletzt (zB Bestechung) oder sich als unwürdig erweist (vgl § 86 VwVfG; ebenso *Liesching/Schuster* Rn 11; *Stath* 2006, S 172; *Ukrow* 2004, Rn 530 Fn 15). Ein freiwilliges Ausscheiden ist jederzeit möglich. Zuständig für die Abberufung ist die Stelle, die das Mitglied bestimmt hat. Das ist bei Gruppenbeisitzern gemäß Abs 1 das BMFSFJ (ebenso *Gödel* § 9 Rn 6), bei Länderbeisitzern die jeweilige Landesregierung. Dass nur solche Personen zu Gruppenbeisitzern ernannt werden dürfen, die von den vorschlagsberechtigten Verbänden vorgeschlagen worden sind, führt nicht dazu, dass der Verband, der den betreffenden Beisitzer vorgeschlagen hat, über dessen Abberufung (mit-)entscheiden darf (ebenso *Gödel* § 9 Rn 7; aA *Potrykus* § 9 Anm 12).

III. Stellung der Mitglieder (Abs 4)

6   Vorsitzender, Beisitzer und deren Vertreter sind nicht an Weisungen gebunden (Abs 4). Weisungen sind nicht nur Richtlinien des BMFSFJ und formale Weisungen iSd Dienstrechts, sondern auch Äußerungen von Regierungen, gesetzgebenden Körperschaften, vorschlagenden Verbänden usw, die jenseits kritischer Auseinandersetzung ein bestimmtes Abstimmungsverhalten eines Mitgliedes erreichen wollen (*Liesching/Schuster* Rn 13). Damit besteht eine quasi-richterliche Unabhängigkeit. Die **Weisungsfreiheit** gilt für die Spruchtätigkeit in den Zwölfer- und Dreiergremien und des Vorsitzenden (zB nach § 21 Abs 3, 5) sowie für alle die Spruchtätigkeit vorbereitenden Entscheidungen (zB Aufstellung des Geschäftsverteilungsplans, Bestimmung der Verfahrensart). Die Dienstaufsicht des BMFSFJ beschränkt sich auf die Einhaltung des Verfahrensrechts (zB unverzügliche Ausführung gem § 24 Abs 2 S 1) und Fragen der Behördenleitung.

7   Die Mitglieder haben das **Beratungs- und Abstimmungsgeheimnis** zu wahren (§ 9 Abs 1 S 2 DVO-JuSchG). Der Vorsitzende muss sie über ihre Verschwiegenheitspflicht belehren (§ 11 S 1 DVO-JuSchG). Die Mitglieder sind zudem zur **gewissenhaften und unparteiischen Amtsführung** verpflichtet. Diese Pflicht ergibt sich für den Vorsitzenden und seine Vertreter aus dem Beamtenrecht (§§ 60 f. BBG). Dasselbe gilt für die zumeist ebenfalls verbeamteten Länderbeisitzer und ihre Vertreter (§§ 33 f. BeamtStG). Die Gruppenbeisitzer, die nicht als Private, sondern als Träger eines Amtes handeln (BVerfGE 83, 130, 149), sind zu Beginn der ersten Sitzung auf die gewissenhafte und unparteiische Ausübung zu verpflichten (§ 11 S 2 DVO-JuSchG; § 83 Abs 2 VwVfG). Dies ist eine förmliche Verpflichtung iSd des § 2 Abs 2 Nr 2 Verpflichtungsgesetz (BGBl 1974 I, 547; aA *Liesching/Schuster* Rn 3, die auf die außer Kraft getretene Verordnung gegen Bestechung und Geheimnisverrat nicht beamteter Personen vom 22.5.1943 [RGBl I, 351] rekurriere). Die Gruppenbeisitzer sind daher für den öffentlichen Dienst besonders Verpflichtete iSd § 11 Abs 1 Nr 4 StGB. Sie können sich wie die verbeamteten Mitglieder der BPjM strafbar machen gem §§ 203 Abs 2, 331 f., 353b StGB. Soweit ein Land einen nicht bereits nach Landesrecht verpflichteten Beisitzer ernennt, ist § 11 S 2 DVO-JuSchG analog anzuwenden; § 83 Abs 2 VwVfG gilt auch hier.

8   Sofern sich ein Mitglied im Einzelfall für **befangen** erklärt, darf es an der Entscheidung nicht mitwirken (§ 6 Abs 1 S 1 DVO-JuSchG). Die Beteiligten (§ 4 DVO-JuSchG) können ein Mitglied wegen Befangenheit ablehnen (§ 6 Abs 2 DVO-JuSchG), wenn ein Grund vorliegt, der geeignet ist, Misstrauen gegen die Unparteilichkeit des Mitglieds zu rechtfertigen. Ein Länderbeisitzer ist nicht schon deshalb befangen, weil er von dem Land ernannt wurde, dessen oberste Landesjugendbehörde den Antrag auf Indizierung gestellt hat (BVerfG NJW 1977, 1411). Über die Ablehnung entscheiden die übrigen Mitglieder nach Anhörung des abgelehnten Mitglieds. Wird der Ablehnungsantrag als begründet angesehen, tritt an die Stelle des Mitglieds sein Vertreter (§ 6 Abs 3, 4 DVO-JuSchG). Ist dieser nicht zugegen, muss der Termin verlegt werden (Rn 11). Die Ablehnung eines Befangenheitsantrags kann nicht ange-

fochten (§ 6 Abs 3 S 4 DVO-JuSchG), sondern nur im Rahmen der gerichtlichen Kontrolle der Sachentscheidung der BPjM überprüft werden.

IV. Zusammensetzung des Zwölfergremiums (Abs 5)

Das Zwölfergremium besteht aus dem Vorsitzenden, drei Länderbeisitzern und acht Gruppenbeisitzern, je einer pro Gruppe des Abs 2. Die Beisitzer nehmen ihr Amt nicht durchgehend, sondern entsprechend dem Geschäftsverteilungsplan in einem **im Vorhinein festgelegten Wechsel** wahr (§ 12 Abs 2, 3 DVO-JuSchG; ebenso für das Dreiergremium § 12 Abs 4 DVO-JuSchG). Der Vorsitzende muss den Geschäftsverteilungsplan so aufstellen, dass alle Beisitzer **gleichmäßig** an den Entscheidungen beteiligt werden. Dadurch soll von vornherein jeder Anschein von Manipulation vermieden werden. Weicht der Vorsitzende vom Geschäftsverteilungsplan ab, um durch die geänderte Besetzung auf eine bestimmte Entscheidung hinzuwirken, so ist dies ein Amtsmissbrauch (§ 839 BGB; OLG Köln NVwZ 1994, 410, 412). Der ständige Wechsel der Beisitzer fördert darüber hinaus die pluralistische Meinungsbildung. So fand in der Zeit von 1954 bis 2001 keine Sitzung in identischer Besetzung statt (*Schneider* BPjS-Aktuell 2/2002, 3).

Das Zwölfergremium ist **beschlussfähig,** wenn mindestens neun Mitglieder anwesend sind, wovon mindestens zwei den in Abs 2 Nr 1–4 genannten Gruppen angehören müssen (Abs 5 S 2). Insgesamt stellen die Gruppenbeisitzer stets die Mehrheit des Zwölfergremiums. Bei Verhinderung eines regulär vorgesehenen Beisitzers kann nicht nur dessen ernannter Stellvertreter herangezogen werden, sondern darüber hinaus auf andere Länder- oder Gruppenbeisitzer zurückgegriffen werden, sofern dabei die für sie gem § 12 Abs 2–4 DVO-JuSchG festgelegte Reihenfolge eingehalten wird (OVG Münster v 23.5.1996 – 20 A 298/94, Leitsatz 1 [juris]).

Die Beschlussfähigkeit bei weniger als zwölf Mitgliedern dient nach dem eindeutigen Wortlaut nur der Bewältigung solcher Situationen, in denen zur Sitzung einberufene Beisitzer oder ihre Stellvertreter **nicht erschienen** sind, ohne dass dies vorhersehbar war (BVerwG NJW 1989, 412). Zweck des Abs 5 S 2 ist es, Unzuträglichkeiten zu vermeiden, „wenn einer der Beisitzer wegen plötzlicher Erkrankung oder unvorhergesehener Behinderung an der Sitzung nicht teilnehmen kann und auch ein Vertreter kurzfristig nicht erreichbar ist" (BT-Drs 3/2373, 4). Der Vorsitzende muss den angegebenen Hinderungsgrund nicht nachprüfen, wenn nicht konkrete Anhaltspunkte für eine Pflichtwidrigkeit vorliegen (OVG Münster BPjS-Report 4/1991, 42, 48). Hat der Beisitzer sein Fehlen angekündigt, so muss der Vorsitzende dessen Stellvertreter laden; nur wenn auch dieser unvorhergesehen fehlt, greift Abs 5 S 2 ein (OVG Münster v 3.3.1994 – 20 A 2763/89, zitiert nach *Gödel* § 9 Rn 15). Die Beteiligten sind nicht berechtigt, über die gesetzlich vorgesehene Besetzung des Zwölfergremiums zu disponieren. So darf das Gremium nicht der Einfachheit halber in geringerer Besetzung entscheiden, wenn ein Beisitzer zur Sitzung erscheint, sich aber außerstande sieht, an der Indizierungsentscheidung mitzuwirken (zB weil ihm die erforderlichen Unterlagen vor der Sitzung nicht zugesandt worden sind). Denn dann ist er nicht unvorhergesehen verhindert. Es war vielmehr objektiv absehbar, dass seine sachgerechte Mitwirkung an dem zur Entscheidung angesetzten Termin nicht möglich sein würde. Der Termin muss verlegt werden. Dasselbe gilt, wenn ein Mitglied **befangen** ist. Ist dessen Stellvertreter (§ 6 Abs 4 DVO-JuSchG) nicht anwesend, so ist auch hier der Termin zu verlegen (BVerwG NJW 1989, 412).

Besteht das Zwölfergremium aus weniger als zwölf Mitgliedern und liegt kein Fall der Ausnahme des Abs 5 S 2 vor, so kann der Besetzungsfehler auch nicht durch **Rügeverzicht** oder -unterlassung geheilt werden. Das ergibt sich aus dem Sinn der Regelung, eine pluralistische und zugleich sachkundige Zusammensetzung zu sichern (BVerwG NJW 1989, 412).

V. Mehrheitserfordernisse (Abs 6)

13 Abs 6 entspricht dem früheren § 13 GjSM (BT-Drs 14/9013, 26) und regelt die Entscheidung der BPjM als Zwölfergremium. Für eine **Listenaufnahme** ist eine Stimmenmehrheit von zwei Dritteln erforderlich. Damit soll sichergestellt werden, dass die Entscheidung mit einer breiten Basis gefällt wird (vgl BVerfGE 83, 130, 153). So sollen „Zweifel, die sich nur in einer einfachen Mehrheit ausdrücken, aus rechtsstaatlichen Gründen den Betroffenen zugute kommen" (BT-Drs 1/1101, 14). Dieses Mehrheitserfordernis gilt auch, wenn nur 11 (Mehrheit: 8 Stimmen) oder 10 (Mehrheit: 7 Stimmen) Mitglieder anwesend sind. Kann das Gremium gem Abs 5 S 2 in der Mindestzahl von 9 Mitgliedern entscheiden, bedarf es sieben Stimmen für die Aufnahme in die Liste (Abs 6 S 2), obwohl bereits sechs Mitglieder eine $^2/_3$-Mehrheit bilden. Offensichtlich um das Ergebnis nicht nur relativ, sondern auch absolut auf einen breiten Konsens zu stützen, erhöhte der Gesetzgeber für diesen Fall das Quorum.

14 Einer Zweidrittelmehrheit bedarf es nur für die Listenaufnahme. Für die **Ablehnung einer Listenaufnahme** bedarf es keiner Mehrheit. Die Aufnahme ist abgelehnt, wenn die zwei Drittel nicht erreicht werden. Eine einfache Mehrheit genügt für die **Listenstreichung** (Gödel § 13 Rn 2), ebenso für die Ablehnung eines Antrags auf Listenstreichung. Dasselbe gilt für verfahrensleitende Entscheidungen, soweit sie nicht von dem Vorsitzenden allein getroffen werden, und für die Entscheidung über einen Befangenheitsantrag (Liesching/Schuster Rn 19).

§ 20 Vorschlagsberechtigte Verbände

(1) Das Vorschlagsrecht nach § 19 Abs 2 wird innerhalb der nachfolgenden Kreise durch folgende Organisationen für je eine Beisitzerin oder einen Beisitzer und eine Stellvertreterin oder einen Stellvertreter ausgeübt:
1. für die Kreise der Kunst durch Deutscher Kulturrat, Bund Deutscher Kunsterzieher e. V., Künstlergilde e. V., Bund Deutscher Grafik-Designer,
2. für die Kreise der Literatur durch Verband deutscher Schriftsteller, Freier Deutscher Autorenverband, Deutscher Autorenverband e. V., PEN-Zentrum,
3. für die Kreise des Buchhandels und der Verlegerschaft durch Börsenverein des Deutschen Buchhandels e. V., Verband Deutscher Bahnhofsbuchhändler, Bundesverband Deutscher Buch-, Zeitungs- und Zeitschriftengrossisten e. V., Bundesverband Deutscher Zeitungsverleger e. V., Verband Deutscher Zeitschriftenverleger e. V., Börsenverein des Deutschen Buchhandels e. V. – Verlegerausschuss, Arbeitsgemeinschaft der Zeitschriftenverlage (AGZV) im Börsenverein des Deutschen Buchhandels,
4. für die Kreise der Anbieter von Bildträgern und von Telemedien durch Bundesverband Video, Verband der Unterhaltungssoftware Deutschland e. V., Spitzenorganisation der Filmwirtschaft e. V., Bundesverband Informationswirtschaft, Telekommunikation und neue Medien e. V., Deutscher Multimedia Verband e. V., Electronic Commerce Organisation e. V., Verband der Deutschen Automatenindustrie e. V., IVD Interessengemeinschaft der Videothekare Deutschlands e. V.,
5. für die Kreise der Träger der freien Jugendhilfe durch Bundesarbeitsgemeinschaft der Freien Wohlfahrtspflege, Deutscher Bundesjugendring, Deutsche Sportjugend, Bundesarbeitsgemeinschaft Kinder- und Jugendschutz (BAJ) e. V.,
6. für die Kreise der Träger der öffentlichen Jugendhilfe durch Deutscher Landkreistag, Deutscher Städtetag, Deutscher Städte- und Gemeindebund,
7. für die Kreise der Lehrerschaft durch Gewerkschaft Erziehung u. Wissenschaft im Deutschen Gewerkschaftsbund, Deutscher Lehrerverband, Verband Bildung und Erziehung, Verein Katholischer deutscher Lehrerinnen und

8. für die Kreise der in § 19 Abs 2 Nr 8 genannten Körperschaften des öffentlichen Rechts durch Bevollmächtigter des Rates der EKD am Sitz der Bundesrepublik Deutschland, Kommissariat der deutschen Bischöfe – Katholisches Büro in Berlin, Zentralrat der Juden in Deutschland.

Für jede Organisation, die ihr Vorschlagsrecht ausübt, ist eine Beisitzerin oder ein Beisitzer und eine stellvertretende Beisitzerin oder ein stellvertretender Beisitzer zu ernennen. Reicht eine der in Satz 1 genannten Organisationen mehrere Vorschläge ein, wählt das Bundesministerium für Familie, Senioren, Frauen und Jugend eine Beisitzerin oder einen Beisitzer aus.

(2) Für die in § 19 Abs 2 genannten Gruppen können Beisitzerinnen oder Beisitzer und stellvertretende Beisitzerinnen und Beisitzer auch durch namentlich nicht bestimmte Organisationen vorgeschlagen werden. Das Bundesministerium für Familie, Senioren, Frauen und Jugend fordert im Januar jedes Jahres im Bundesanzeiger dazu auf, innerhalb von sechs Wochen derartige Vorschläge einzureichen. Aus den fristgerecht eingegangenen Vorschlägen hat es je Gruppe je eine zusätzliche Beisitzerin oder einen zusätzlichen Beisitzer und eine stellvertretende Beisitzerin oder einen stellvertretenden Beisitzer zu ernennen. Vorschläge von Organisationen, die kein eigenes verbandliches Gewicht besitzen oder eine dauerhafte Tätigkeit nicht erwarten lassen, sind nicht zu berücksichtigen. Zwischen den Vorschlägen mehrerer Interessenten entscheidet das Los, sofern diese sich nicht auf einen Vorschlag einigen; Absatz 1 Satz 3 gilt entsprechend. Sofern es unter Berücksichtigung der Geschäftsbelastung der Bundesprüfstelle für jugendgefährdende Medien erforderlich erscheint und sofern die Vorschläge der innerhalb einer Gruppe namentlich bestimmten Organisationen zahlenmäßig nicht ausreichen, kann das Bundesministerium für Familie, Senioren, Frauen und Jugend auch mehrere Beisitzerinnen oder Beisitzer und stellvertretende Beisitzerinnen oder Beisitzer ernennen; Satz 5 gilt entsprechend.

I. Namentlich aufgeführte, vorschlagsberechtigte Verbände (Abs 1)

Gemäß § 19 Abs 2 sind die Gruppenbeisitzer bestimmten Kreisen zu entnehmen. Abs 1 nennt für jeden der Kreise vorschlagsberechtigte Verbände. Diese Aufzählung ist verfassungsrechtlich geboten. Da die BPjM mit der Indizierung unmittelbar in Grundrechte eingreift, muss der Gesetzgeber die Verfahrensvorschriften rechtssatzförmig festlegen (BVerfGE 83, 130, 152; aA noch BVerwG NJW 1987, 1435). Aus diesem Grund wurde 1993 § 9a GjS eingefügt (BGBl 1993 I, 1817), dem § 20 entspricht. Die grundsätzliche Beteiligung von Vertretern gesellschaftlicher Gruppen wird damit gerechtfertigt, dass die Entscheidungen der BPjM in einer gewissen Staatsferne und aufgrund eines pluralistischen Meinungsbilds erfolgen sollen (BVerfGE 83, 130, 152; BVerwGE 91, 216 f.). Die Auswahl der beteiligten Kreise ist ebenfalls verfassungsgemäß (aA *Stumpf* 2009, S 112 f., der in der Nichtberücksichtigung der Gruppe der muslimischen Gläubigen einen Verstoß gegen Art 3 Abs 1, 38 Abs 1 GG erblickt [obwohl mit dem Erfordernis einer Organisation in einer Körperschaft des öffentlichen Rechts in § 19 Abs 2 Nr 8 eine von allen Religionsgemeinschaften gleichermaßen zu erfüllende Voraussetzung aufgestellt wird] und im Fehlen eines Beisitzers aus dem Kreis der Wissenschaft, Forschung und Lehre einen Verstoß gegen Art 5 Abs 3 GG sieht [obwohl diese nicht in vergleichbarer Weise durch Indizierungen faktisch betroffen oder in der Jugendarbeit tätig ist]). Insbesondere sah das BVerfG in der Berücksichtigung von Religionsgemeinschaften (Nr 8) im Gegensatz zu weltanschaulichen Gruppen (zB Parteien, Gewerkschaften) keine gleichheitssatzwidrige Benachteiligung: Es gehe bei der BPjM nicht um die Beteiligung aller gesellschaftlichen Gruppen, sondern um die Beteiligung der Kreise, die für die Beurteilung des jugendgefährdenden Charakters oder der künstlerischen Bedeutung besonders qualifiziert seien. Unabhängig vom religiösen Hintergrund seien die Kirchen seit jeher in besonderem Maße mit der Kinder- und Jugendbetreuung befasst, was für weltanschauliche Gemeinschaften nicht in gleicher Weise gelte (BVerfGE 83, 130, 151). Die in Abs 1 genannten Organisationen gelten als so bedeutend und in ihrem Fortbestand gesichert, dass eine Nennung im Gesetz und ein eigenes Vorschlagsrecht sachgerecht erscheint (*Liesching/Schuster* Rn 2; *Ukrow* 2004, Rn 531; kritisch zum Fehlen eines Gruppenbeisitzers aus dem Kreis der Psychologie oder der medizinischen Wirkungsforschung *Reißer* 2011, S 273 f.; *Stumpf* 2009, S 114). Sie können je einen Beisitzer und Stellvertreter benennen.

II. Nicht namentlich aufgeführte Organisationen (Abs 2)

2   Um die in den beteiligten Kreisen vertretenen Auffassungen zumindest tendenziell vollständig zu erfassen (BVerfGE 83, 130, 153), können auch namentlich nicht erwähnte Organisationen Beisitzer und Stellvertreter vorschlagen (Abs 2 S 1). Dadurch soll auch einer Versteinerung der Zusammensetzung der BPjM wegen fehlender Einbindung von Organisationen verhindert werden, die von ihrer Bedeutung her eine Mitwirkung an den Entscheidungen der BPjM rechtfertigen (*Ukrow* 2004, Rn 531). Voraussetzung ist, dass sie ein verbandsähnliches Gewicht besitzen und eine dauerhafte Tätigkeit erwarten lassen (Abs 2 S 4). Kurzzeitige Gründungen und kleinste Vereine sind damit ausgeschlossen. Durch diese Einschränkung wird eine Überrepräsentierung von Einzelmeinungen in der BPjM verhindert.

3   Das BMFSFJ fordert jeden Januar im Bundesanzeiger mit einer Frist von 6 Wochen zu Vorschlägen auf. Aus den fristgerecht eingegangenen Meldungen wird je Gruppe (gemeint sind die Kreise iSd § 19 Abs 2) ein Beisitzer und ein Stellvertreter ernannt. Bei mehreren Vorschlägen können sich die Vorschlagenden entweder einigen, ansonsten wird per Los entschieden. Ein Losentscheid ist sachgerecht, da für die Ernennung Qualifikationen oder besondere andere Anforderungen nicht entscheidend sind (BVerfGE 83, 130, 152). In der Regel wird pro Kreis nur ein Beisitzer in Betracht kommen. Sofern die Vorschläge der namentlich benannten Organisationen nach Abs 1 nicht ausreichen, kann das BMFSFJ auch weitere Beisitzer ernennen (Abs 2 S 6).

§ 21 Verfahren

(1) **Die Bundesprüfstelle für jugendgefährdende Medien wird in der Regel auf Antrag tätig.**

(2) **Antragsberechtigt sind das Bundesministerium für Familie, Senioren, Frauen und Jugend, die obersten Landesjugendbehörden, die zentrale Aufsichtsstelle der Länder für den Jugendmedienschutz, die Landesjugendämter, die Jugendämter sowie für den Antrag auf Streichung aus der Liste und für den Antrag auf Feststellung, dass ein Medium nicht mit einem bereits in die Liste aufgenommenen Medium ganz oder im Wesentlichen inhaltsgleich ist, auch die in Absatz 7 genannten Personen.**

(3) **Kommt eine Listenaufnahme oder eine Streichung aus der Liste offensichtlich nicht in Betracht, so kann die oder der Vorsitzende das Verfahren einstellen.**

(4) **Die Bundesprüfstelle für jugendgefährdende Medien wird von Amts wegen tätig, wenn eine in Absatz 2 nicht genannte Behörde oder ein anerkannter Träger der freien Jugendhilfe dies anregt und die oder der Vorsitzende der Bundesprüfstelle für jugendgefährdende Medien die Durchführung des Verfahrens im Interesse des Jugendschutzes für geboten hält.**

(5) **Die Bundesprüfstelle für jugendgefährdende Medien wird auf Veranlassung der oder des Vorsitzenden von Amts wegen tätig,**

1. wenn zweifelhaft ist, ob ein Medium mit einem bereits in die Liste aufgenommenen Medium ganz oder im Wesentlichen inhaltsgleich ist,
2. wenn bekannt wird, dass die Voraussetzungen für die Aufnahme eines Mediums in die Liste nach § 18 Abs 7 Satz 1 nicht mehr vorliegen, oder
3. wenn die Aufnahme in die Liste nach § 18 Abs 7 Satz 2 wirkungslos wird und weiterhin die Voraussetzungen für die Aufnahme in die Liste vorliegen.

(6) Vor der Entscheidung über die Aufnahme eines Telemediums in die Liste hat die Bundesprüfstelle für jugendgefährdende Medien der zentralen Aufsichtsstelle der Länder für den Jugendmedienschutz Gelegenheit zu geben, zu dem Telemedium unverzüglich Stellung zu nehmen. Die Stellungnahme hat die Bundesprüfstelle für jugendgefährdende Medien bei ihrer Entscheidung maßgeblich zu berücksichtigen. Soweit der Bundesprüfstelle für jugendgefährdende Medien eine Stellungnahme der zentralen Aufsichtsstelle der Länder für den Jugendmedienschutz innerhalb von fünf Werktagen nach Aufforderung nicht vorliegt, kann sie ohne diese Stellungnahme entscheiden.

(7) Der Urheberin oder dem Urheber, der Inhaberin oder dem Inhaber der Nutzungsrechte sowie bei Telemedien dem Anbieter ist Gelegenheit zur Stellungnahme zu geben.

(8) Die Entscheidungen sind
1. bei Trägermedien der Urheberin oder dem Urheber sowie der Inhaberin oder dem Inhaber der Nutzungsrechte,
2. bei Telemedien der Urheberin oder dem Urheber sowie dem Anbieter,
3. der antragstellenden Behörde,
4. dem Bundesministerium für Familie, Senioren, Frauen und Jugend, den obersten Landesjugendbehörden und der zentralen Aufsichtsstelle der Länder für den Jugendmedienschutz zuzustellen. Sie hat die sich aus der Entscheidung ergebenden Verbreitungs- und Werbebeschränkungen im Einzelnen aufzuführen. Die Begründung ist beizufügen oder innerhalb einer Woche durch Zustellung nachzureichen.

(9) Die Bundesprüfstelle für jugendgefährdende Medien soll mit der zentralen Aufsichtsstelle der Länder für den Jugendmedienschutz zusammenarbeiten und einen regelmäßigen Informationsaustausch pflegen.

(10) Die Bundesprüfstelle für jugendgefährdende Medien kann ab dem 1. Januar 2004 für Verfahren, die auf Antrag der in Absatz 7 genannten Personen eingeleitet werden und die auf die Entscheidung gerichtet sind, dass ein Medium
1. nicht mit einem bereits in die Liste für jugendgefährdende Medien aufgenommenen Medium ganz oder im Wesentlichen inhaltsgleich ist oder
2. aus der Liste für jugendgefährdende Medien zu streichen ist,

Gebühren und Auslagen erheben. Das Bundesministerium für Familie, Senioren, Frauen und Jugend wird ermächtigt, durch Rechtsverordnung mit Zustimmung des Bundesrates die gebührenpflichtigen Tatbestände und die Gebührensätze näher zu bestimmen.

Inhaltsübersicht

	Rn
I. Einleitung des Verfahrens auf Antrag (Abs 1–3)	1
1. Antragserfordernis (Abs 1)	1
2. Antragsberechtigte (Abs 2)	2
3. Form und Inhalt des Antrags	4
4. Einstellung des Verfahrens (Abs 3)	7
a) Voraussetzungen	8
b) Entscheidung des Vorsitzenden	11

	Rn
II. Einleitung des Verfahrens von Amts wegen (Abs 4, 5)	12
1. Einleitung des Verfahrens auf Anregung (Abs 4)	14
a) Anregungsberechtigte Stellen	14
b) Inhalt der Anregung	16
c) Gebotenheit der Durchführung des Verfahrens	17
2. Einleitung des Verfahrens auf Veranlassung des Vorsitzenden (Abs 5)	19
a) Zweifel an der Inhaltsgleichheit (Nr 1)	22
b) Wegfall der Indizierungsvoraussetzungen (Nr 2)	26
c) Indizierung nach Zeitablauf (Nr 3)	29
III. Durchführung des Verfahrens	30
1. Gang des Verfahrens	30
2. Beteiligung der KJM (Abs 6)	35
3. Anhörung der Betroffenen (Abs 7)	39
a) Grundsatz	39
b) Betroffene	40
IV. Abschluss des Verfahrens	43
1. Verkündung	44
2. Zustellung (Abs 8)	45
3. Bekanntmachung	48
V. Erfahrungsaustausch (Abs 9)	49
VI. Gebühren und Auslagen (Abs 10)	50

I. Einleitung des Verfahrens auf Antrag (Abs 1–3)

1. Antragserfordernis (Abs 1)

1   Das **Antragserfordernis** soll das Entstehen einer zentralen „Zensurbürokratie" verhindern (*Gödel* § 1 Rn 11; *Potrykus* § 2 Anm 3; *Retzke* 2006, S 182) und zudem als ein Filter dienen, mit dem erreicht wird, dass nur vorab geprüfte und nicht offensichtlich unberechtigte Anträge vor die BPjM gelangen. Abs 1 entspricht dem früheren § 11 Abs 2 S 1 GjSM. Jedoch wurde dessen Formulierung „nur auf Antrag" durch **„in der Regel auf Antrag"** ersetzt. Die schon nach altem Recht bestehende Möglichkeit einer Entscheidung von Amts wegen (§§ 7, 18 Abs 2 S 2 GjSM) wurde erweitert (Abs 4, 5). Die daran geübte Kritik, die BPjM werde zur Zensurbehörde (*Köhne* MMR 12/2002, XXV), geht zu weit, da sich am Charakter ihrer Tätigkeit als Nachzensur (Einl Rn 23) nichts ändert und es weiterhin eines äußeren Anstoßes bedarf (Rn 12). Mit Zugang des Antrags bei der BPjM beginnt das Indizierungsverfahren.

2. Antragsberechtigte (Abs 2)

2   Nur die in Abs 2 genannten Behörden und Personen können einen Antrag stellen. Die Aufzählung der Antragsberechtigten wurde wegen ihrer grundsätzlichen Bedeutung aus dem früheren § 2 DVO-GjS in das JuSchG übernommen (BT-Drs 14/9013, 26 f.). Antragsberechtigte **Behörden** sind: das BMFSFJ, die obersten Landesjugendbehörden (zB für NRW gem § 1 S 3 Jugendwohlfahrtszuständigkeitsverordnung „das für den Jugendschutz zuständige Ministerium des Landes"), die Kommission für Jugendmedienschutz (KJM) als zentrale Aufsichtsstelle der Länder (BT-Drs 14/9013, 27; vgl § 16 Rn 9), die Landesjugend- und Jugendämter. Die KJM kann Anträge auf Indizierung von Telemedien und Trägermedien stellen, obwohl sie grundsätzlich mit Aufsichtsfragen für Telemedien betraut ist. Das ergibt sich aus der fehlenden Einschränkung ihrer Antragsbefugnis. Bei Telemedien ist § 18 Abs 6 zu beachten.

3   Gegenüber der früheren Rechtslage nach dem GjSM ist die Berechtigung der **Betroffenen** (Abs 7) neu, Anträge auf Streichung aus der Liste und auf Feststellung fehlender Inhaltsgleichheit zu stellen. Für die Bearbeitung solcher Anträge können Gebühren erhoben werden (Abs 10; Rn 50).

3. Form und Inhalt des Antrags

Es kann zwischen drei Anträgen unterschieden werden: dem Antrag auf Aufnahme 4 in die Liste der jugendgefährdenden Medien, dem Antrag auf Streichung aus der Liste und dem Antrag auf Feststellung, dass ein Medium nicht mit einem bereits aufgenommenen Medium ganz oder im Wesentlichen inhaltsgleich ist. Jeder Antrag ist schriftlich, per Fax oder elektronisch zu stellen und zu begründen (§ 2 Abs 1 DVO-JuSchG).

Dem **Antrag auf Aufnahme** soll bei Trägermedien zumindest ein vollständiges 5 Exemplar beigelegt werden (inkl Umschlag, [Spiel-]Anleitung etc); bei Telemedien ein (Bildschirm-)Ausdruck der wesentlichen Inhalte, die den Antrag begründen. Sofern der Antrag per Telefax oder elektronisch gestellt wird, sind die Anlagen nachzureichen (§ 2 Abs 1 DVO-JuSchG). Aus der Begründung des Antrags soll hervorgehen, aufgrund welcher Gesichtspunkte das Medium in die Liste aufgenommen werden soll. Dies ermöglicht dem Antragsgegner, gezielt auf die Vorwürfe zu reagieren (BPjM, BPjM-Aktuell 3/2003, 10 [zur Anregung]; *Stath* 2006, S 175; *Ukrow* 2004, Rn 538). Die Pflicht zur abschließenden Begründung einer Jugendgefährdung liegt hingegen bei der BPjM, die dies notfalls durch wissenschaftliche Gutachten zu untermauern hat (BPjM aaO). Eine Rücknahme des Antrags ist bis zur Verkündung der Entscheidung – bei den ohne mündliche Verhandlung ergehenden Entscheidungen des Dreiergremiums (§ 10 Abs 2 DVO-JuSchG) bis zur Zustellung bzw Bekanntmachung – möglich (*Gödel* § 11 Rn 4f., *Liesching/Schuster* Rn 4). Das Verfahren ist dann einzustellen. Werden wegen desselben Mediums mehrere Anträge eingereicht, so wird darüber in einem einheitlichen Verfahren verhandelt (§ 3 DVO-JuSchG). Eine Frist für die Antragstellung gibt es nicht, so dass auch die Indizierung bereits länger auf dem Markt befindlicher Medien beantragt werden kann (Vertrieb seit 15 Jahren; VG Köln v 29.8.1980 – 10 L 607/79, zitiert nach *Gödel* § 11 Rn 4). Allerdings kann dann das Verfahren wegen der Ungeeignetheit oder fehlenden Erforderlichkeit der Indizierung (§ 18 Abs 4) einzustellen sein (Abs 3). Zulässig ist auch ein erneuter Antrag auf Indizierung eines Mediums, dessen Listenaufnahme bereits von der BPjM abgelehnt wurde. Er ist jedoch, falls keine neuen Gründe vorgebracht werden, ebenfalls gemäß Abs 3 abzulehnen. Zur früher wichtigen Wiederaufnahme des Verfahrens s § 25 Rn 13.

Dem **Antrag auf Feststellung fehlender Inhaltsgleichheit** kommt doppelte 6 Relevanz zu. Zum einen gilt bei *indizierten* Telemedien selbst nach wesentlichen Änderungen die Indizierung bis zu einer erneuten Entscheidung der BPjM fort (§ 4 Abs 3 JMStV). Der Antrag auf Feststellung, dass das Telemedium inhaltlich wesentlich verändert worden ist, dient hier also dem Ziel, eine Streichung von der Liste zu erreichen (vgl BR-Drs 652/03, 36). Zum anderen kann bei *nicht indizierten* Träger- und Telemedien mit einem Antrag auf Feststellung fehlender Inhaltsgleichheit Klarheit geschaffen werden, dass sie nicht gem § 15 Abs 3 JuSchG oder §§ 4 Abs. 1 S 1 Nr 11, Abs 2 S 2 Nr 2 JMStV kraft Gesetzes indiziert sind. Das Verfahren bei einem Antrag auf Feststellung fehlender Inhaltsgleichheit ist nicht eigens geregelt. Daher sind die allgemeinen Regeln heranzuziehen. In offensichtlichen Fällen kann der Vorsitzende selbst entscheiden: Ist das Medium nicht ganz oder im wesentlichen mit dem indizierten inhaltsgleich, stellt er dies antragsgemäß fest (festellender Verwaltungsakt; s § 25 Rn 4). Ist es hingegen ganz oder im wesentlichen inhaltsgleich, so ordnet er die Aufnahme in die Liste an (§ 15 Rn 109; aA der BRat, BR-Drs 110/04 [Beschluss]). Bei Zweifeln über die Inhaltsgleichheit muss der Vorsitzende die Sache dem Zwölfergremium zur Entscheidung vorlegen (§ 21 Abs 5 Nr 1), das dann entsprechend entscheiden kann.

4. Einstellung des Verfahrens (Abs 3)

Abs 3 dient der Verfahrensbeschleunigung (vgl BVerwG NJW 1999, 75, 77). Er 7 übernimmt die Regelung des früheren § 2 Abs 2 GjSM, der nur für offensichtlich unbegründete Anträge auf Aufnahme in die Liste galt, und erweitert sie um die Fälle einer offensichtlich zu Unrecht beantragten Listenstreichung (BT-Drs 14/9013, 27). Das steht in Einklang mit der Pflicht des Gesetzgebers zur Gewährleistung effektiven Jugendschutzes auf der einen und zur grundrechtsschonenden Verfahrensausgestaltung auf der anderen Seite, da sie die Prüfungsgremien der BPjM entlastet, ohne den Grundrechtsschutz der von einer Indizierung Betroffenen zu vernachlässigen.

a) Voraussetzungen

8 Abs 3 **gilt nur für Anträge.** Eine Indizierungsanregung kann nicht zu einer Einstellung nach Abs 3 führen, weil es bei offensichtlich nicht jugendgefährdenden Medien bereits an der Gebotenheit (Abs 4) der Durchführung des Verfahrens fehlt. Wird eine ansonsten zulässige Anregung (Abs 4) versehentlich als Antrag formuliert, so stellt der Vorsitzende das Verfahren nicht ein, sondern verfährt nach Abs 4.

9 Eine Indizierung kann wegen des **Fehlens der formellen oder der materiellen Voraussetzungen** ausgeschlossen sein. An den formellen fehlt es, wenn kein formgerechter Antrag vorliegt, zB weil der Antragsteller dazu nicht berechtigt ist (Abs 2), weil der Antrag ohne Begründung erfolgt (§ 2 Abs 1 DVO-JuSchG), oder weil er zurückgenommen worden ist. An einer materiellen Voraussetzung fehlt es, wenn zB ein Telemedienanbieter nach der Benachrichtigung über die Verfahrenseröffnung sein Angebot entfernt oder abändert, sodass keine Jugendgefährdung mehr gegeben ist. Eine Fortführung des Verfahrens ist dann entbehrlich (*Monssen-Engberding/Bochmann* KJuG 2005, 56). Hingegen ist eine Einstellung des Verfahrens nicht zulässig, wenn eine die Voraussetzungen einer Indizierung verneinende Entscheidung der KJM vorliegt (§ 18 Abs 8 S 2). Zwar darf die BPjM in diesem Fall keine Indizierung aussprechen, zur Eröffnung der gerichtlichen Überprüfung der Entscheidung – einschließlich der Entscheidung der KJM – ist jedoch eine abschließende Sachentscheidung der BPjM erforderlich, die nur dem Zwölfergremium zusteht.

10 **Offensichtlich** ist nicht so auszulegen wie in dem sich an jedermann richtenden § 15 Abs 2 Nr 5 (so aber *Ukrow* 2004, Rn 542), sondern wie in dem ebenfalls auf Verfahrensbeschleunigung und Entlastung des Zwölfergremiums ausgerichteten § 23 Abs 1. Es muss nicht für jeden, sondern nur für einen solchen unvoreingenommenen Betrachter, der auch die Rechtslage und die Spruchpraxis der BPjM kennt, erkennbar sein, dass eine Listenaufnahme oder Streichung nicht in Betracht kommt. Folgt man der hier vertretenen restriktiven Auslegung zu § 18 Abs 1, so hängt dies davon ab, ob der Inhalt des Mediums eindeutig unter eine der Fallgruppen des § 18 Abs 1 S 2 oder des § 15 Abs 2 subsumiert werden kann (§ 18 Rn 9). Demgegenüber ist der Anwendungsbereich des Abs 3 gering, wenn man mit der hM der BPjM eine Einschätzungsprärogative einräumt (§ 18 Rn 37). Wegen des Fehlens klarer Kriterien wird es kaum jemals von vornherein ausgeschlossen sein, dass ein Medium, dessen Indizierung von einer aufgrund ihrer Sachkunde (sog Filterfunktion, Rn 1) antragsberechtigten Stelle beantragt wurde, nicht möglicherweise doch jugendgefährdend ist. Auch unter Vertretern der hM gilt Abs 3 als praktisch bedeutungslos (*Liesching/Schuster* Rn 8; *Nikles/Roll* Rn 5; *Stumpf* 2009, S 118). Neuere Zahlen gibt es nicht; in den ersten Jahren nach Inkrafttreten erfolgte keine Einstellung nach Abs 3 (*Monssen-Engberding/Bochmann* KJuG 2/2005, 56).

b) Entscheidung des Vorsitzenden

11 Kommt eine Listenaufnahme oder Streichung offensichtlich nicht in Betracht, so kann der Vorsitzende ohne Beteiligung der Gremien einstellen. Das Gesetz spricht von einer Einstellung des Verfahrens sowohl dann, wenn der Antrag offensichtlich unzulässig ist, als auch dann, wenn er offensichtlich unbegründet ist. Das ist nur im Fall der Unzulässigkeit korrekt. Wenn eine Indizierung oder Streichung aus materiellen Gründen nicht in Betracht kommt, ist der Antrag unbegründet; die Einstellung stellt hier eine Entscheidung in der Sache dar. Der Vorsitzende muss das Verfahren nicht einstellen. Die Entscheidung steht in seinem Ermessen („kann"). Es steht ihm

zB offen, wenn mehrere Anträge vorliegen, die Sache wegen ihrer Bedeutung dem Zwölfer-Gremium (§ 19 Abs 5 S 1) vorzulegen. Die Einstellung ist bis zur Bestimmung des Verhandlungstermins möglich (*Ukrow* 2004, Rn 542). Gegen die Einstellung steht dem Antragsteller der Verwaltungsgerichtsweg offen (§ 25).

II. Einleitung des Verfahrens von Amts wegen (Abs 4, 5)

Abs 4 und 5 bilden Ausnahmen vom Antragserfordernis des Abs 1. Die BPjM wird **12** von Amts wegen tätig. Voraussetzung ist aber auch hier ein **Anstoß von außen.** Entweder erfolgt eine Anregung (Abs 4) oder die BPjM wurde bereits aufgrund eines Antrags oder einer Anregung hin tätig (Abs 4) und reagiert nun aufgrund eines besonderen Anlasses auf damit noch im Zusammenhang stehende Ereignisse (Erscheinen eines ganz oder im Wesentlichen inhaltsgleichen Mediums [Abs 5 Nr 1], Wegfall der Indizierungsvoraussetzungen [Abs 5 Nr 2], Fortbestand der Indizierungsvoraussetzungen nach Ablauf von 25 Jahren [Abs 5 Nr 3]). Jenseits der Ausnahmen der Abs 4 und 5 ist ein Einschreiten der BPjM von Amts wegen unzulässig.

Der Gesetzgeber folgte nicht dem Vorschlag, auf das Antragserfordernis ganz zu **13** verzichten und der BPjM die Kontrolle der Datennetze zu gewähren (BT-Drs 14/1191, 22). Er räumte stattdessen den (nicht antragsberechtigten) Behörden und anerkannten Trägern der freien Jugendhilfe die Möglichkeit ein, eine Indizierung bei der BPjM anzuregen. Durch diese Ausweitung der den Markt beobachtenden Stellen will er die Kontrolle in dem durch eine hohe Fluktuation geprägten Bereich der Telemedien verbessern und die Reaktionszeit der BPjM verkürzen (BT-Drs 14/9013, 27; kritisch *Köhne* MMR 12/2002, XXV). Während die anregungsberechtigten Stellen zunächst zurückhaltend reagierten (2003: 72 Anregungen, 257 Indizierungsanträge; BPjM-Aktuell 1/2004, 15), ist mittlerweile ein deutlich erhöhtes Anregungsvolumen festzustellen (2013: 298 Anregungen, 509 Anträge; BPjM, Jahresstatistik 2013, BPjM-Aktuell 1/2014, 26, 28).

1. Einleitung des Verfahrens auf Anregung (Abs 4)

a) Anregungsberechtigte Stellen

Anregungsberechtigt sind nur nicht antragsberechtigte Behörden und anerkannte **14** Träger der freien Jugendhilfe. Durch diese Eingrenzung soll eine sachkundige Vorprüfung sichergestellt werden. Zu den anregungsberechtigten Behörden gehören zB Strafverfolgungsbehörden, Gewerbeaufsichtsämter und jugendschutz.net (§ 18 JMStV). Die Träger der freien Jugendhilfe (zB Wohlfahrtspflege, Jugendverbände) müssen gem § 75 SGB VIII anerkannt sein. Die BPjM geht von mehreren hunderttausend anregungsberechtigten Stellen aus (http://www.bundespruefstelle.de/bpjm/Aufgaben/indizierungsverfahren.html; letzter Abruf: 22.4.2014). Privatpersonen können bei der BPjM weder einen Antrag stellen, noch eine Anregung machen. Sie können aber antrags- oder anregungsberechtigte Stellen formlos auf jugendgefährdende Medien hinweisen.

Die anregungsberechtigten Stellen haben nicht dieselben Rechte wie die antrags- **15** berechtigten. Die BPjM wird nur tätig, wenn der Vorsitzende dies für geboten hält (Rn 17). Bei Ablehnung des Tätigwerdens besitzt die anregungsberechtigte Behörde keine Klagebefugnis (§ 25 Abs 2). Diese Einschränkungen ergeben sich aus dem Sinn des Abs 4. So soll durch die neue Möglichkeit der Anregung die Marktbeobachtung ausgedehnt werden, zugleich aber die Arbeitsfähigkeit der BPjM erhalten bleiben (BT-Drs 14/9013, 27).

b) Inhalt der Anregung

Die Anregung kann schriftlich, per Fax oder elektronisch vorgebracht und begrün- **16** det werden (§ 2 Abs 2 DVO-JuSchG). Das Medium ist kurz zu beschreiben (Titel,

Verfasser, Herausgeber oder Interpret, kurze Inhaltsangabe, ISBN/ISSN, Verlag, Vertriebsweg; vgl BPjM, BPjM-Aktuell 3/2003, 10). Der Anregung soll bei Trägermedien mindestens ein Exemplar beigelegt werden; bei Telemedien ein (Bildschirm-)Ausdruck der wesentlichen Inhalte, die die Indizierung begründen sollen. In der Begründung sollte auf die Textpassagen, Bilder, Szenen oder Level hingewiesen werden, aufgrund derer das Medium in die Liste der indizierten Medien aufgenommen werden soll (BPjM aaO). Dies soll dem Antragsgegner ermöglichen, gezielt auf die Vorwürfe zu reagieren. Sofern ein anerkannter Träger der Jugendhilfe eine Anregung vorbringt, hat er seine Anerkennung nachzuweisen (§ 2 Abs 2 S 3 DVO-JuSchG).

c) Gebotenheit der Durchführung des Verfahrens

17   Der Vorsitzende muss aufgrund der Anregung die Durchführung des Indizierungsverfahrens im Interesse des Jugendschutzes für geboten halten. Der Entscheidungsrahmen ist weiter als bei Abs 3. Der Vorsitzende ermittelt im Wege einer summarischen Prüfung, ob bei Zugrundelegung der Bewertungsmaßstäbe des Zwölfergremiums eine Indizierung in Betracht kommt. Das Verfahren ist geboten, wenn es **wahrscheinlich ist, dass das Zwölfergremium die Voraussetzungen der Indizierung bejahen wird** (*Liesching/Schuster* Rn 13). Der Vorsitzende muss für die Bejahung der Gebotenheit nicht die Jugendgefährdung feststellen. Ebenso wenig muss er für die Ablehnung das Gegenteil für offensichtlich halten. Nicht geboten ist die Durchführung in den Fällen des § 18 Abs 4. Dem Vorsitzenden steht zur Frage der Gebotenheit ein gerichtlich nicht überprüfbarer Beurteilungsspielraum zu (*Brunner* 2005, S 134; *Eifler* 2011, S 22; *Liesching/Schuster* Rn 13; *Stath* 2006, S 176; *Stumpf* 2009, S 119; wohl auch *Nikles/Roll* Rn 6; anders *Monssen-Engberding/Bochmann* KJuG 2005, 58: Ermessen). Das ergibt sich bereits aus der mangelnden Klagebefugnis der anregungsberechtigten Stellen. Die Rücknahme der Anregung beendet das Verfahren nicht, weil die BPjM bei Gebotenheit „von Amts wegen" tätig wird.

18   Hält der Vorsitzende die Durchführung des Indizierungsverfahrens im Interesse des Jugendschutzes für geboten, so leitet er durch Bestimmung des Verhandlungstermins (§ 5 Abs 1 DVO-JuSchG) das Verfahren vor dem Zwölfergremium ein. Verneint er die Gebotenheit, so stellt er das Verfahren ein. Die Entscheidung ist der anregenden Stelle mitzuteilen. Gegen die Einstellung steht ihr **kein Rechtsbehelf** zur Verfügung.

2. Einleitung des Verfahrens auf Veranlassung des Vorsitzenden (Abs 5)

19   In Abs 5 sind die **Initiativrechte** des Vorsitzenden zusammengefasst. Nr 1 entspricht dem früheren § 18 Abs 2 GjSM (BT-Drs 14/9013, 27), Nr 2 und Nr 3 sind neu. Voraussetzung ist in allen drei Varianten, dass der Vorsitzende von Umständen Kenntnis erlangt, die darauf hindeuten, dass ein Medium mit einem bereits indizierten inhaltsgleich ist (Nr 1), die Voraussetzungen der Indizierung weggefallen (Nr 2) oder trotz Zeitablaufs immer noch gegeben sind (Nr 3). Der Vorsitzende muss dann in eine summarische Prüfung eintreten, ob er die Sache einem der Gremien vorlegen muss. Das Gesetz spricht hier von der BPjM, meint aber das Zwölfer- oder Dreiergremium.

20   Wann genügend Anhaltspunkte für eine Vorprüfung bestehen, lässt sich abstrakt nicht festlegen. Insoweit kommt dem Vorsitzenden ein gerichtlich nicht überprüfbarer Beurteilungsspielraum zu. Ihn trifft aber **keine Nachforschungspflicht.** Das widerspräche dem - trotz der Aufweichung des Antragserfordernisses - immer noch dem Gesetz zugrunde liegenden Prinzip, dass es für jedes Tätigwerden der BPjM eines äußeren Anstoßes bedarf. Deshalb wird es zB weder vom Vorsitzenden verlangt, noch wäre es zulässig, dass er von sich aus jedes Medium, dessen Indizierung ausläuft (§ 18 Abs 7 S 2), vorsorglich auf eine fortbestehende Jugendgefährlichkeit hin untersucht. Kommt der Vorsitzende nach summarischer Prüfung zu dem Ergebnis, dass die Voraussetzungen des Abs 5 erfüllt sind, so muss er die Sache vorlegen. Ihm steht dann

kein Beurteilungsspielraum mehr zu (insoweit ebenso Nikles/*Roll* Rn 7). Hält er die Voraussetzungen nicht für gegeben, so stellt er das Verfahren formlos ein; eine Mitteilung erfolgt nicht.

Gegen die Entscheidung des Vorsitzenden bestehen **keine Rechtsbehelfe**. Soweit er die Sache vorlegt, kann der Betroffene erst gegen die abschließende Sachentscheidung gerichtlich vorgehen. Soweit er sie einstellt, bleibt den Antragsberechtigten die Möglichkeit, durch entsprechende Anträge eine vor Gericht anfechtbare Entscheidung zu erzwingen. 21

a) Zweifel an der Inhaltsgleichheit (Nr 1)

Medien, die ganz oder im Wesentlichen inhaltsgleich sind mit einem bereits indizierten Medium, unterliegen kraft Gesetzes denselben Verboten wie diese (§ 15 Abs 3; § 4 Abs 1 S 1 Nr 11, Abs 2 S 1 Nr 2 JMStV). Einer erneuten Indizierung bedarf es nicht. Sie ist jedoch zulässig und im Interesse der Rechtsklarheit sogar wünschenswert. 22

Ist eindeutig, ob ein Medium mit einem bereits indizierten Medium ganz oder im Wesentlichen inhaltsgleich ist, so entscheidet der Vorsitzende selbst. Das ist insbesondere dann der Fall, wenn sich die Prüfung auf leicht feststellbare Fakten bezieht (zB Änderung des Titels oder Untertitels ohne inhaltliche Änderung des Werkes, andere Aufmachung, Wechsel des Verlegers). Hat die Entscheidung hingegen wertenden Charakter und sind bei der Beurteilung durch einen verständigen Betrachter unterschiedliche Standpunkte bezüglich der Inhaltsgleichheit denkbar, so bedarf es der Entscheidung des Zwölfergremiums (BGH NJW 1995, 865, 866). Ist eine **Inhaltsgleichheit eindeutig zu verneinen,** so nimmt der Vorsitzende das Medium nicht auf und stellt das Verfahren formlos ein (*Gödel* § 18 a Rn 8). Die Berechtigung hierzu ergibt sich aus Abs 3: Wenn der Vorsitzende sogar bei einem Antrag das Verfahren einstellen kann, dann erst recht, wenn er von Amts wegen tätig wird. Ist eine **Inhaltsgleichheit eindeutig gegeben,** so benachrichtigt der Vorsitzende die Betroffenen und gibt ihnen Gelegenheit zur schriftlichen Äußerung innerhalb einer bestimmten Frist (Abs 7). Nach Ablauf der Frist muss er die von den Betroffenen gemachten Einwände prüfen. Bleibt er bei seiner Einschätzung, so nimmt er das Medium in die Liste auf und stellt die Entscheidung zu (Abs 8). Hat er Zweifel, ob überhaupt die Voraussetzungen einer Indizierung gem § 18 Abs 1, 3 und 4 erfüllt sind, so muss er nach Abs 5 Nr 2 vorgehen, weil er damit zugleich Zweifel am Vorliegen der Indizierungsvoraussetzungen bei dem bereits indizierten Medium hegt. Teilt das Zwölfergremium seine Zweifel bezüglich des bereits indizierten Mediums nicht, so nimmt es das inhaltsgleiche Medium ebenfalls in die Liste auf. Ordnet das Zwölfergremium die Streichung des indizierten Mediums von der Liste an, so lehnt es die Aufnahme des damit inhaltsgleichen Mediums in die Liste wegen der nun offensichtlich fehlenden Inhaltsgleichheit mit einem indizierten Medium ab. 23

Bestehen **Zweifel an der Inhaltsgleichheit** eines Mediums mit einem bereits indizierten Medium, so legt der Vorsitzende gem Abs 5 Nr 1 die Frage dem Zwölfergremium vor. Das ist angebracht, wenn die Unterschiede zwischen dem Medium und dem indizierten so erheblich sind, dass eine wesentliche Inhaltsgleichheit nicht mehr ohne Weiteres bejaht werden kann. Das gilt insbesondere dann, wenn jugendgefährdende Passagen gestrichen, entschärft oder in nicht unerheblicher Weise gekürzt worden sind (VG Köln v 26.11.1990 – 17 L 1391/90; OLG Köln v 6.4.1993 – 7 U 115/92, beide zitiert nach *Gödel* § 18a Rn 8; *Stath* 2006, S 177; *Ukrow* 2004, Rn 541). Der Vorsitzende leitet dann durch Bestimmung des Verhandlungstermins (§ 5 Abs 1 DVO-JuSchG) das Verfahren vor dem Zwölfergremium ein. Die Betroffenen sind zu benachrichtigen (§§ 4, 5 DVO-JuSchG) und ihnen ist Gelegenheit zur Stellungnahme zu geben (Abs 7). Stellt das Zwölfergremium die Inhaltsgleichheit fest, wird das Medium in die Liste aufgenommen. Stellt es aber zugleich fest, dass die Voraussetzungen für eine Indizierung (§ 18 Abs 1, 3, 4) nicht vorliegen, so ordnet es die Streichung des bereits indizierten Mediums aus der Liste an und verneint die Inhalts- 24 gleichheit des neuen Mediums mit einem bereits indizierten Medium (vgl Rn 23). Die auch schon nach der alten Rechtslage anzunehmende umfassende Prüfungsbefugnis der BPjM (*Gödel* § 18a Rn 8) ergibt sich nun aus Abs 5 Nr 2. Stellt das Zwölfergremium keine Inhaltsgleichheit fest, unterbleibt eine Aufnahme. Das gilt auch dann, wenn es an der Inhaltsgleichheit fehlt, jedoch die Voraussetzungen für eine Indizierung nach § 18 Abs 1 vorliegen. Andernfalls würde das Antrags- bzw Anregungserfordernis unterlaufen (*Liesching/Schuster* Rn 16; *Stath* 2006, S 177). Stellt das Zwölfergremium fest, dass die damalige Indizierung nichtig war, lehnt es die Listenaufnahme ab (VG Köln NJW 1989, 418).

25 Bei **Telemedien** bleiben die Verbote des § 4 JMStV auch nach **wesentlichen Änderungen** bis zu einer erneuten Entscheidung der BPjM bestehen (§ 4 Abs 3 JMStV; kritisch *Schumann* tv-diskurs 30 [2004], 103 f.). Der Anbieter muss einen Antrag auf Streichung des Telemediums aus der Liste stellen (Abs 2, 10). Erst nachdem die BPjM dem stattgegeben und das Telemedium aus der Liste gestrichen hat (§ 24 Abs 2), ist das Anbieten des Telemediums nicht mehr gem § 4 JMStV verboten. Ein Tätigwerden der BPjM von Amts wegen kommt hier nicht in Betracht. Eine analoge Anwendung des Abs 5 Nr 1 (so *Liesching/Schuster* Rn 15) scheidet mangels Vergleichbarkeit der Fälle aus, weil es hier nicht um die Übertragbarkeit einer bereits getroffenen Entscheidung auf ein entsprechendes Medium sondern um die neue Beurteilung des bereits indizierten Mediums geht.

b) Wegfall der Indizierungsvoraussetzungen (Nr 2)

26 Nr 2 trägt zusammen mit § 18 Abs 7 dem Umstand Rechnung, dass die Indizierung eines Mediums in Grundrechte eingreift (Art 5, 12 Abs 1 GG). Bei einem **nicht (mehr) als jugendgefährdend anzusehenden Medium** ist die Aufrechterhaltung der Indizierung zum Schutz der Jugend ungeeignet und folglich verfassungswidrig. Wird bekannt, dass die Voraussetzungen für die Streichung aus der Liste vorliegen, so führt der Vorsitzende von Amts wegen eine Gremienentscheidung herbei. Die BPjM entscheidet grundsätzlich als Zwölfergremium (§ 19 Abs 5). Eine Entscheidung als Dreiergremium (§ 23 Abs 1, 4) kommt in Frage, wenn die Indizierungsentscheidung mehr als 10 Jahre zurückliegt.

27 Dem Vorsitzenden wird schon dann bekannt, dass die Voraussetzungen für die Aufnahme eines Mediums in die Liste nicht mehr vorliegen, wenn er **Umstände** erfährt, aufgrund derer es wahrscheinlich ist, dass zumindest eine Indizierungsvoraussetzung nicht (mehr) vorliegt. Es genügt also, dass nach einer summarischen Prüfung durch den Vorsitzenden Zweifel bestehen, ob die Indizierungsvoraussetzungen noch vorliegen (BT-Drs 14/9013, 26; *Liesching/Schuster* Rn 17). Eine restriktive Auslegung dahingehend, dass der Vorsitzende sicher sein muss, dass die Indizierungsvoraussetzungen nicht erfüllt sind, würde den Zweck der Nr 2, die Wahrung der Grundrechte der Betroffenen, verfehlen. Sie würde zudem dazu führen, dass entweder Nr 2 auf offensichtliche Fälle beschränkt wäre oder der Vorsitzende eine umfassende Prüfung der Indizierungsvoraussetzungen vornehmen müsste, die das Gesetz aber den pluralistisch besetzten Gremien zuweist.

28 Auf welche Weise der Vorsitzende **Kenntnis** von den die Indizierung in Zweifel ziehenden Umständen erlangt, ist unerheblich. Insbesondere kommt es nicht auf formale Anträge oder Anregungen an. Auch in eindeutigen Fällen darf der Vorsitzende nicht selbst entscheiden, sondern muss die Sache dem zuständigen Gremium vorlegen.

c) Indizierung nach Zeitablauf (Nr 3)

29 Nr 3 bezieht sich auf § 18 Abs 7 S 2. Sie stellt sicher, dass jugendgefährdende Medien so lange in der Liste verbleiben, wie von ihnen eine Jugendgefährdung ausgeht. Über Medien, deren Listenaufnahme wegen Zeitablaufs wirkungslos wird, bei denen die Voraussetzungen zur Aufnahme aber weiterhin vorliegen, kann die BPjM ohne erneuten Antrag entscheiden. Der Vorsitzende wird von Amts wegen tätig, wenn bei

einem Medium, dessen Indizierung gem § 18 Abs 7 S 2 wirkungslos zu werden droht, Anhaltspunkte für ein **Fortbestehen der Jugendgefährdung** gegeben sind. Gelangt er nach summarischer Prüfung der Indizierungsvoraussetzungen zu der Einschätzung, dass eine Indizierung durch das Zwölfergremium wahrscheinlich ist, so leitet er durch Bestimmung des Verhandlungstermins (§ 5 Abs 1 DVO-JuSchG) das Verfahren vor dem Zwölfergremium ein. Bejaht das Zwölfergremium die Indizierungsvoraussetzungen, so nimmt es das Medium erneut in die Liste auf. Es handelt sich um eine Neuindizierung.

III. Durchführung des Verfahrens

1. Gang des Verfahrens

Das Verfahren beginnt mit Eingang des Antrags (Abs 1) oder der Anregung (Abs 4) 30 bei der BPjM oder mit der Aufnahme der summarischen Prüfung durch den Vorsitzenden (Abs 5). Er hat nun drei Entscheidungsmöglichkeiten: (1) Er kann das Verfahren einstellen, weil er den Antrag als offensichtlich unbegründet ablehnt (Abs 3) oder weil er die Gebotenheit (Abs 4) oder die Voraussetzungen des Abs 5 verneint. (2) Er kann in Ausnahmefällen selbst das Medium in die Liste aufnehmen (s zum Verfahren Rn 23). (3) Er kann die Sache einem der Gremien der BPjM vorlegen. In diesem Fall bestimmt er zuerst die **Verfahrensart** – Regelverfahren vor dem Zwölfergremium (§ 19 Abs 5 S 1) oder vereinfachtes Verfahren vor dem Dreiergremium (§ 23) – und sodann den **Verhandlungstermin** (§ 5 Abs 1 DVO-JuSchG). Betrifft das Verfahren ein Telemedium, so benachrichtigt er die KJM (Abs 6 S 1).

Die Beteiligten (§ 4 DVO-JuSchG) sind vom Verhandlungstermin und, wenn ein 31 vereinfachtes Verfahren anberaumt ist, auch davon zu benachrichtigen (§ 5 Abs 2 S 1, § 10 Abs 1 S 1 DVO-JuSchG). Der **Terminsnachricht** muss eine Kopie des Antrags und, wenn die Entscheidung im Regelverfahren erfolgt, eine Mitteilung über die zur Mitwirkung berufenen Mitglieder der BPjM beigefügt werden (§ 5 Abs 2 S 3, 4, § 10 Abs 1 S 4 DVO-JuSchG). Sobald die Stellungnahme der KJM vorliegt, ist auch diese zuzusenden (§ 5 Abs 3, § 10 Abs 1 S 5 DVO-JuSchG). Um den Beteiligten Gelegenheit zur Äußerung zu geben (Abs 7), muss ihnen die Terminsnachricht mindestens zwei Wochen, beim vereinfachten Verfahren mindestens eine Woche vor der Verhandlung zugehen (§ 5 Abs 2 S 1, § 10 Abs 1 S 3 DVO-JuSchG). Sind die Beteiligten im Inland ansässig, muss im Regelverfahren die Benachrichtigung zugestellt werden (§ 5 Abs 2 S 2 DVO-JuSchG, §§ 3 ff. VwZG). Sind die Beteiligten im Ausland ansässig, sind sie ebenso zu benachrichtigen, doch bedarf es keiner förmlichen Zustellung (BVerwG NJW 1999, 75, 77).

Zur **Vorbereitung der Verhandlung** kann der Vorsitzende Zeugen und Sachver- 32 ständige laden (§ 7 Abs 1 S 2 DVO-JuSchG) oder sie, insbesondere im vereinfachten Verfahren, in dem nicht mündlich verhandelt wird (§ 10 Abs 2 DVO-JuSchG), zur schriftlichen Äußerung auffordern. Eine Verpflichtung zur Einholung eines Sachverständigengutachtens besteht nur ausnahmsweise, wenn die Fachkunde der BPjM (BVerwGE 39, 197, 204; BVerfGE 83, 130, 151; zur Qualifizierung der Einschätzungen der BPjM als sachverständige Aussagen s § 18 Rn 54, 80) nicht ausreicht.

Die **Verhandlung** ist nicht öffentlich. Sie ist im Regelverfahren mündlich (§ 7 33 Abs 1 S 1 DVO-JuSchG). Die mündliche Verhandlung muss vertagt werden, wenn die Beteiligten nicht oder nicht rechtzeitig benachrichtigt worden sind, es sei denn, sie haben auf die Terminsnachricht oder die Einhaltung der Frist verzichtet (§ 5 Abs 5 DVO-JuSchG). Die Beteiligten oder ihre Bevollmächtigten sind anwesenheitsberechtigt. Sind sie anwesend, müssen sie angehört werden (§ 8 Abs 2 DVO-JuSchG). Neben den Beteiligten können auch Zeugen und Sachverständige angehört, Zeugnisse, Gutachten und Urkunden verlesen werden (§ 26 VwVfG, § 7 Abs 1 S 2, 3 DVO-JuSchG). Gilt es, die Belange des Jugendschutzes gegen die der Kunstfreiheit abzuwägen (§ 18 Rn 68 ff.), muss die BPjM aufgrund ihrer umfassenden Pflicht zur Ermittlung der widerstreitenden Belange auch Personen schriftlich oder mündlich hören, „die schöpferisch und/oder unternehmerisch" an dem Kunstwerk mitgewirkt haben (BVerwG NJW 1999, 75, 76; s dazu im Übrigen § 18 Rn 73).

34 Im Anschluss an die (mündliche) Verhandlung erfolgen **Beratung und Abstimmung.** Soweit das Verfahren ein Telemedium betrifft, ist hierbei eine eventuell ergangene Stellungnahme der KJM maßgeblich zu berücksichtigen (Abs 6 S 2; Rn 38). Die Entscheidung ergeht aufgrund der Verhandlung. Alle Mitglieder der BPjM entscheiden weisungsunabhängig (§ 19 Abs 4). In der Beratung müssen sich die Mitglieder des Gremiums nicht nur über das Ergebnis verständigen, sondern auch über die tragenden Gründe. Andernfalls handelt es sich nicht um eine kollegiale Entscheidung, sondern um eine Summe paralleler Einzelentscheidungen. Wird die Verständigung über die Entscheidungsgründe unterlassen, liegt ein Verfahrensfehler vor, der zur Aufhebung der Entscheidung führt. Der Mangel entfällt auch nicht dadurch, dass sich das Gremium nachträglich auf die Begründung der Indizierung einigt (BVerwGE 91, 217, 221 f.; vgl entsprechend zur KJM: VG Berlin MMR 2009, 496, 501; VG Berlin v 9.11.2011 – 27 A 62.07, Rn 125 [juris]; VG Berlin v 9.11.2011 – 27 A 63.07, Rn 121 [juris]; VG Berlin v 3.5.2012 – 27 A 341.06, Rn 30 [juris]; VG Berlin ZUM 2013, 236, 239; VG Berlin v 19.6.2012 – 27 A 70.08, Rn 21 [juris]).

2. Beteiligung der KJM (Abs 6)

35 Mit Abs 6 wird für die Indizierung von **Telemedien** die im Eckpunktepapier (auszugsweise abgedruckt in BT-Drs 14/9013, 13 ff.) von Bund und Ländern zum Jugendschutz vereinbarte Verzahnung von Länder- und Bundeseinrichtungen sichergestellt (vgl § 18 Abs 6, Abs 8 S 2).

36 Der Vorsitzende informiert die KJM formlos über das eingeleitete Indizierungsverfahren und gibt Gelegenheit zur unverzüglichen Stellungnahme. Die Information ist erst erforderlich, sobald der Vorsitzende die Entscheidung eines Gremiums der BPjM herbeiführt (Rn 30). Will er einen Antrag als offensichtlich unzulässig oder unbegründet zurückweisen (Abs 3), so bedarf es keiner vorherigen Stellungnahme der KJM, weil in einem solchen Fall allemal keine Bindung an ein abweichendes Votum der KJM bestünde (vgl § 18 Abs 6; Rn 38). Dasselbe gilt, wenn der Vorsitzende die Voraussetzungen des Abs 4 oder 5 verneint, da es hier erst um die Aufnahme des Verfahrens geht.

37 Die Form der Stellungnahme ist nicht vorgeschrieben. Ob die KJM tatsächlich Stellung nimmt, bleibt ihr überlassen. Ihre Stellungnahme muss innerhalb **von fünf Werktagen** nach Eingang der Mitteilung des Vorsitzenden bei der KJM bei der BPjM eingehen (Satz 3). Ansonsten kann die BPjM ohne Stellungnahme entscheiden. Hat sie noch nicht entschieden, so muss sie auch eine verspätete Stellungnahme berücksichtigen. Ihr steht insoweit kein Ermessen zu, da die Frist allein dazu dient, eine Verzögerung des Indizierungsverfahrens durch eine langsame Bearbeitung der Sache seitens der KJM zu vermeiden. Ist das Verfahren bei Eingang der Stellungnahme noch nicht abgeschlossen, so fehlt für ihre Nichtbeachtung jeder Grund (Nikles/ Roll Rn 9; aA *Liesching/Schuster* Rn 22 mit dem Vorschlag, die hier deplazierten, weil dem Parteiverfahren zugehörigen, §§ 296, 296a ZPO anzuwenden).

38 Die BPjM muss die (rechtzeitige) Stellungnahme bei ihrer Entscheidung **maßgeblich** berücksichtigen (Satz 2). Ein Abweichen von der Stellungnahme der KJM kommt nur bei offensichtlicher Unbegründetheit oder Unvereinbarkeit mit der Spruchpraxis der BPjM in Frage. Das folgt aus § 18 Abs 6. Es kann keinen Unterschied machen, ob die KJM selbst einen Antrag auf Indizierung des Telemediums gestellt hat oder nicht. Ebenso wenig wäre es plausibel, die Zustimmung zur und die Ablehnung der Indizierung durch die KJM unterschiedlich zu gewichten. Dagegen spricht auch § 18 Abs 8 S 2. Weicht die BPjM ab, so muss ihre Entscheidung eine ausführliche Auseinandersetzung mit der Stellungnahme der KJM erkennen lassen (*Liesching/Schuster*

Rn 21; Nikles/*Roll* Rn 9). Nach Angaben der KJM hat sie seit ihrer Gründung etwa 1.640 Stellungnahmen abgegeben, die „bis auf wenige Einzelfälle" von der BPjM geteilt worden seien (KJM, Fünfter Bericht, Berichtszeitraum 3/2011 – 2/2013, S 31, 34).

3. Anhörung der Betroffenen (Abs 7)

a) Grundsatz

Abs 7 ist eine Ausprägung des Anspruchs auf **rechtliches Gehör** (BVerwG NJW 1999, 75, 76; vgl § 18 Rn 101). Im Verwaltungsverfahren muss dem Betroffenen vor einer Entscheidung, die in seine Rechte eingreift, die Möglichkeit gegeben werden, sich zu äußern, um auf das Verfahren und dessen Ergebnis Einfluss nehmen zu können (vgl § 28 VwVfG). Das setzt grundsätzlich voraus, dass ihn die Behörde über das Verfahren und den ihm zugrunde liegenden Sachverhalt informiert und ihm Gelegenheit zur Stellungnahme gibt. Die Verletzung der Anhörungspflicht ist ein Verfahrensmangel und führt grundsätzlich zur Aufhebung der Indizierungsentscheidung, weil nicht auszuschließen ist, dass mit Anhörung anders entschieden worden wäre (OVG Münster v 1.4.1993 – 20 A 2/90, zitiert nach *Gödel* § 12 Rn 1). Die Anhörungspflicht entfaltet keine drittschützende Wirkung (BVerwG aaO). Die unterbliebene Anhörung kann nur von dem Betroffenen selbst gerügt werden (OVG Münster ArchPR 1976, 130 f.). **39**

b) Betroffene

Betroffene sind Urheber, Inhaber von Nutzungsrechten und Anbieter von Telemedien (Abs 7). Der Begriff des Urhebers knüpft an den des Urheberrechts an. Damit soll den „maßgeblichen Schöpfern" eine Chance zur Stellungnahme eingeräumt werden (BVerwG NJW 1999, 75, 78). **Urheber** ist derjenige, von dem der Inhalt des Mediums geistig geschaffen wurde (§ 7 UrhG). Das ist beim Buch der Verfasser, im Falle eigener schöpferischer Leistung auch der Übersetzer oder Bearbeiter, bei Sammelwerken der Herausgeber (§§ 3, 4 UrhG; vgl § 4 S 2 DVO-JuSchG). Bei einem Film ist Urheber der Regisseur, nicht der Drehbuchautor (BVerwG NJW 1999, 75, 76) oder der Komponist der Filmmusik (kritisch *Stath* 2006, S 180, der diesen wegen ihrer Grundrechtsbetroffenheit ein Anhörungsrecht einräumen will). **Inhaber der Nutzungsrechte** sind zB Verleger, Verleiher und Produzenten. Da die Indizierung rechtlich nur zu einer Beschränkung der Verwertung im Inland führt, ist ein zur Verwertung im Ausland Berechtigter nicht Beteiligter (BVerwG NJW 1999, 75, 76). In diesem Sinne ist auch **Anbieter** eines Telemediums nur derjenige, dem das Recht der elektronischen Wiedergabe an dem jugendgefährdenden Inhalt zusteht (vgl Abs 8 Nr 1 und 2). Das ist, wenn er nicht unberechtigt Inhalte verwendet, der Content-Provider, der eigene Inhalte bereithält, nicht jedoch der Access- und der Host-Provider (*Ukrow* 2004, Rn 545; aA *Liesching/Schuster* Rn 24). Ihre im Einzelfall ausnahmsweise gegebene Verantwortlichkeit für den Inhalt (§§ 8–10 TMG) hat allein haftungsrechtliche Folgen. **40**

Während der frühere § 12 GjSM formulierte, dass den Betroffenen die Gelegenheit zur Stellungnahme „**soweit möglich**" gegeben werden sollte, enthält Abs 7 diese Einschränkung nicht mehr. Ausweislich der Gesetzesmaterialien wollte der Gesetzgeber jedoch keine sachliche Änderung vornehmen (BT-Drs 14/9013, 27). Die Einschränkung ist daher auch weiterhin zu machen (*Liesching/Schuster* Rn 25; *Ricker/Weberling* Kap. 60 Rn 35; *Stath* 2006, S 180; *Ukrow* 2004, Rn 546), da es sich um eine Ausprägung der in jedem Einzelfall notwendigen Abwägung handelt, ob das Interesse an dem verfassungsrechtlich gebotenen effektiven Jugendschutz (Einl Rn 14) das Interesse des Betroffenen an seiner Anhörung überwiegt. Dabei ist zu bedenken, dass eine Indizierung nur wirkungsvoll ist, wenn sie schnell nach dem Erscheinen des Mediums erfolgt, weil das Medium bis zur Bekanntmachung der Indizierung unbeschränkt verbreitet und beworben werden darf. Grundsätzlich gilt, dass die BPjM je **41** eher entscheiden darf, je stärker die Belange des Jugendschutzes durch die Verzögerung gefährdet sind (BVerwG NJW 1999, 75, 77). Bleibt der Betroffene anonym, ist die BPjM nicht verpflichtet, ihn zu ermitteln (OVG Münster ArchPR 1976, 130 zum Verfasser). Ist ein Betroffener oder seine Anschrift unbekannt und können diese Informationen auch nicht in vertretbarer Zeit ermittelt werden oder ist er aus sonstigen Gründen unerreichbar, so kann ausnahmsweise auf seine Benachrichtigung und Anhörung verzichtet werden. Die BPjM darf sich auch darauf beschränken, den Verleiher oder Vertreiber eines Mediums aufzufordern, seinerseits die Personen zu nennen, die schöpferisch oder unternehmerisch an der Entstehung des Mediums beteiligt waren. Kommt er der Aufforderung nicht nach, so muss die BPjM keine eigenen Nachforschungen anstellen (BVerwG NJW 1999, 75, 77). Nicht ausreichend ist es allerdings, die Anhörung im Einzelfall trotz Kenntnis des Namens und der Anschrift zu unterlassen, weil auf die Aufforderung „in der Regel" keine Reaktion erfolgt (BVerwG aaO, 78). Auch der Wohnsitz oder eine gewerbliche Niederlassung im Ausland steht nicht ohne weiteres einer Anhörung entgegen (*Gödel* § 12 Rn 6; *Liesching/Schuster* Rn 25; *Stath* 2006, S 180; *Ukrow* 2004, Rn 546).

42   Die Anhörung kann mündlich oder schriftlich, insbesondere auch per Telefax oder E-Mail erfolgen (*Ukrow* 2004, Rn 545). Zwecks Beschleunigung des Verfahrens können Äußerungstermine bestimmt oder -fristen gesetzt werden. Ob der Betroffene sie wahrnimmt, ist unbeachtlich. Wurde das rechtliche Gehör bereits im vereinfachten Verfahren (§ 23) gewährt, muss nicht nochmals Gelegenheit zur Stellungnahme gegeben werden, wenn das Verfahren gem § 23 Abs 3 auf das Zwölfergremium übergeht (BVerwG NJW 1999, 75, 78).

IV. Abschluss des Verfahrens

43   Der Gesetzgeber unterscheidet zwischen Verkündung, Zustellung und Bekanntmachung.

1. Verkündung

44   Ergeht die Entscheidung im Regelverfahren vor dem Zwölfer-Gremium, so wird sie im Anschluss an die mündliche Verhandlung nach Beratung und Abstimmung verkündet (§ 9 Abs 2 Satz 2 DVO-JuSchG). Mit der Verkündung wird sie wirksam und kann angefochten werden (*Gödel* § 14 Rn 2). Ergeht die Entscheidung ohne mündliche Verhandlung im vereinfachten Verfahren vor dem Dreiergremium (§ 23), so wird sie nicht verkündet. Sie wird dann erst, je nachdem was zuerst erfolgt, mit ihrer Zustellung (Abs 8) oder mit ihrer Bekanntmachung im Bundesanzeiger (§ 24 Abs 3 S 1) wirksam.

2. Zustellung (Abs 8)

45   Jede ein Indizierungsverfahren **abschließende Sachentscheidung** (Listenaufnahme, Ablehnung der Listenaufnahme, Listenstreichung), auch eine bereits verkündete Entscheidung, muss den Betroffenen, dem Antragsteller, dem BMFSFJ, der KJM und den obersten Landesjugendbehörden zugestellt werden (Abs 8 S 1). Nicht zuzustellen sind verfahrensleitende Beschlüsse oder Verfügungen. Die Zustellung soll innerhalb von zwei Wochen nach dem Abschluss der Verhandlung vorgenommen werden; die Modalitäten richten sich nach dem Verwaltungszustellungsgesetz (§ 9 Abs 2 S 3, Abs 3 DVO-JuSchG).

46   Neben der Entscheidung sind ihre Begründung sowie eine Information zuzustellen, in der die sich aus der Entscheidung ergebenden Verbreitungs- und Werbebeschränkungen (§ 15 Abs 1, 3, 5, 6; § 4 JMStV) im Einzelnen aufgeführt sind (BT-Drs 14/9013, 27). In Verbindung mit der Regelung des § 15 Abs 6 ergibt sich so eine Informationskette, die bis zum Endverkäufer reicht. Die **Begründung** soll die

wesentlichen und tragenden Erwägungen enthalten (vgl § 313 Abs 3 ZPO) und ist der Entscheidung nach Möglichkeit beizufügen. Sie kann innerhalb einer Woche nachgereicht werden und ist dann ebenfalls zuzustellen.

Mit der Zustellung treten bei Trägermedien für die Betroffenen schon die Verbote des § 15 Abs 1 in Kraft (§ 27 Abs 1 Nr 5). Zugleich setzt die Zustellung die **Klagefrist** des § 74 Abs 1 S 2 VwGO in Lauf. Wird die Begründung nachgereicht, so beginnt der Lauf der Monatsfrist erst mit ihrer Zustellung (*Gödel* § 14 Rn 6). Ohne Kenntnis der Gründe ist es dem Rechtsmittelberechtigten nicht möglich, die Erfolgsaussichten einer Klage gegen die Entscheidung der BPjM zu prüfen (vgl § 124a Abs 2 S 1 VwGO). Ist die Entscheidung im vereinfachten Verfahren ergangen, so beginnt mit der Zustellung die einmonatige Antragsfrist auf Entscheidung durch die BPjM in voller Besetzung (§ 23 Abs 3). 47

3. Bekanntmachung

Von der Verkündung und der Zustellung der Entscheidung ist bei Trägermedien die Bekanntmachung der Aufnahme in oder der Streichung aus der Liste zu unterscheiden. Hat das Zwölfer- oder Dreiergremium in seiner Entscheidung die Listenaufnahme oder Streichung angeordnet, so muss der Vorsitzende dies unverzüglich durchführen (§ 24 Abs 2) und anschließend im Bundesanzeiger bekanntmachen (§ 24 Abs 3). Mit der Bekanntmachung treten bei Trägermedien die Verbreitungs- und Werbeverbote für jedermann in Kraft (§ 15 Abs 1). 48

V. Erfahrungsaustausch (Abs 9)

Abs 9 beruht wie Abs 6 auf dem Eckpunktepapier zum Jugendschutz für die Zusammenarbeit zwischen Bund und Ländern (Rn 35). Gem § 14 Abs 3 DVO-JuSchG gehören zum Erfahrungsaustausch neben der Mitteilung von Entscheidungen über die Listenaufnahme von Telemedien weitere „damit zusammenhängende relevante Fragen und Ereignisse". Parallelvorschrift ist § 17 Abs 2 JMStV. 49

VI. Gebühren und Auslagen (Abs 10)

Von der Möglichkeit des Abs 10, für die Anträge auf Listenstreichung oder auf Feststellung fehlender Inhaltsgleichheit Gebühren und Auslagen zu erheben, hat das BMFSFJ Gebrauch gemacht (**GebO-BPjM** v 28.4.2004, BGBl I, 691). In der Begründung (BR-Drs 110/04, 1) wird die Erhebung als sachgerecht bezeichnet, weil die Betroffenen (Abs 7) ein wirtschaftliches Interesse an den für sie günstigen Feststellungen hätten. Zudem solle auf diese Weise die Menge der Anträge, insbesondere solcher mit geringer Aussicht auf Erfolg, eingedämmt werden. 50

Die Kostenerhebung ist kritisch zu betrachten. Zwar ist das Anliegen nachvollziehbar, die Belastung durch offensichtlich aussichtslose Anträge gering zu halten. Dazu besteht aber schon die Ablehnungsmöglichkeit des Abs 3. Abschreckung allein kann auch nicht der Sinn der Kostenerhebung sein; denn dann wäre zB nicht verständlich, warum eine Entscheidung, in der die Inhaltsgleichheit bejaht wird, mit niedrigeren Gebühren belegt ist als eine Entscheidung, welche die Inhaltsgleichheit verneint (vgl Nr 1.1, 3.1 Anlage zur GebO-BPjM). Die Regelung weckt auch grundsätzliche Bedenken: So werden auch dann Gebühren erhoben, wenn ein Antrag auf Streichung oder Feststellung fehlender Inhaltsgleichheit berechtigt oder gar offensichtlich berechtigt ist. Zumindest bei der Streichung von Trägermedien fehlt es der (andernfalls fortbestehenden) Indizierung an der gesetzlichen Grundlage. Damit verdient der Staat gleichsam daran, dass er einen Zustand beendet, den er selbst herbeigeführt hat, und den er ansonsten unrechtmäßig hätte fortbestehen lassen. Zur Beendigung wäre die BPjM auch ohne Antrag verpflichtet. Zweck eines Antrags kann es in solchen Fällen 51 nur sein, auf einen bestehenden unrechtmäßigen Zustand hinzuweisen und so dessen Beseitigung zu beschleunigen. Zwar mögen die Betroffenen dabei aus „großem wirtschaftlichem Interesse" (BR-Drs 110/04, 1) tätig werden; dies ist jedoch nichts anderes als die Ausübung ihrer Grundrechte (*Stumpf* 2009, S 409 ff. hält daher bereits die Ermächtigung zur Erhebung von Gebühren bei erfolgreichen Anträgen wegen Verstoßes gegen Art 5 Abs 1, 3, Art 12 Abs 1 GG für verfassungswidrig; ähnlich *Wehsack* 2011, S 325 ff.).

§ 22 Aufnahme von periodischen Trägermedien und Telemedien

(1) Periodisch erscheinende Trägermedien können auf die Dauer von drei bis zwölf Monaten in die Liste jugendgefährdender Medien aufgenommen werden, wenn innerhalb von zwölf Monaten mehr als zwei ihrer Folgen in die Liste aufgenommen worden sind. Dies gilt nicht für Tageszeitungen und politische Zeitschriften.

(2) Telemedien können auf die Dauer von drei bis zwölf Monaten in die Liste jugendgefährdender Medien aufgenommen werden, wenn innerhalb von zwölf Monaten mehr als zwei ihrer Angebote in die Liste aufgenommen worden sind. Absatz 1 Satz 2 gilt entsprechend.

Inhaltsübersicht

	Rn
I. Verfassungsrechtliche Aspekte	1
II. Vorausindizierung periodischer Trägermedien (Abs 1)	4
1. Periodisch erscheinende Trägermedien	4
2. Indizierung von drei Folgen innerhalb von zwölf Monaten	5
a) Folgen	5
b) Listenaufnahme	6
c) Zeitraum	8
3. Indizierungsentscheidung	10
4. Tageszeitungen und politische Zeitschriften (Satz 2)	15
III. Vorausindizierung von Telemedien (Abs 2)	19
IV. Rechtsschutz	23

I. Verfassungsrechtliche Aspekte

1 § 22 beruht auf dem nahezu gleich lautenden § 7 GjSM. Die Vorschrift ist verfassungskonform (OVG Münster DÖV 1967, 459; offen gelassen in OVGE 20, 116, 117; zweifelnd, im Ergebnis aber unter Hinweis auf den Tendenzschutz in Abs 1 S 2 ebenso *Stumpf* 2009, S 245 f.). Zwar greifen Vorausindizierungen regelmäßig in die **Pressefreiheit** (Art 5 Abs 1 S 2 GG) ein. Doch zum einen sind Vorausindizierungen von politischen Zeitschriften und Tageszeitungen ausgeschlossen (Abs 1 S 2), und zum anderen ist der Pressefreiheit von vornherein die Schranke des Jugendschutzes gesetzt (Art 5 Abs 2 GG). Gerade bei periodischen Medien ist die Vorausindizierung aber das einzig taugliche Mittel des Jugendschutzes. Nachträgliche Indizierungen von Einzelausgaben periodischer Medien stoßen häufig ins Leere, weil die Ausgabe im Zeitpunkt der Bekanntmachung der Indizierung bereits ausverkauft oder remittiert ist (es ist gerade die Existenz des § 22, die hier Zweifel an der Geeignetheit der Einzelindizierung [§ 18 Abs 4] zerstreut; *Gödel* § 2 Rn 10, § 7 Rn 11). Die Erforderlichkeit einer Vorausindizierung knüpft an ein Gefahrurteil an, das der Gesetzgeber selbst vorgenommen hat, indem er verlangt, dass bereits drei Ausgaben innerhalb eines Jahres indiziert worden sein müssen. Erst dann besteht in seinen Augen die begründete Gefahr, dass auch künftig jugendgefährdende Ausgaben erscheinen werden. Im

Rahmen ihrer Verhältnismäßigkeitsprüfung („können") ist die BPjM zudem verpflichtet zu prüfen, ob diese Gefahrvermutung entkräftet ist, dh eine Änderung absehbar ist (Rn 12). Schließlich ist die Maßnahme auf höchstens zwölf Monate beschränkt.

Die Vorausindizierung ist auch keine verfassungswidrige (Art 5 Abs 1 S 3 GG) **Vorzensur** (*Gödel* § 7 Rn 2; *Liesching/Schuster* Rn 2; *Ukrow* 2004, Rn 561; in diese Richtung aber *Stath* 2006, S 186). Damit werden einschränkende Maßnahmen vor der Herstellung oder Verbreitung eines Mediums bezeichnet, insbesondere das Abhängigmachen von einer behördlichen Vorprüfung und Genehmigung seines Inhalts (Verbot mit Erlaubnisvorbehalt; BVerfGE 33, 52, 71; 87, 209, 230). Die Vorausindizierung setzt jedoch nicht am Inhalt einer künftigen, der BPjM vor Erscheinen vorzulegenden Ausgabe an, sondern knüpft allein an bereits erfolgte Indizierungen früherer Ausgaben an. 2

Vorausindizierungen sind selten. So war zu Beginn des Jahres 2014 kein periodisches Trägermedium vorausindiziert (BPjM, BPjM-Aktuell 1/2014, 102). Die Bedeutung des § 22 liegt weniger in seiner Anwendung als seiner bloßen Existenz, die offenbar schon abschreckend wirkt. Das zeigt den schmalen Grad, auf dem sich § 22 bewegt, da eine vorauseilende Selbstbeschränkung der Verleger und Anbieter zu befürchten ist, denen im Fall einer Vorausindizierung wegen des Wegfalls ihrer bisherigen Vertriebsstruktur erhebliche Einnahmeeinbußen drohen (vgl hierzu die Ausführungen zum Streitwert in OVG Münster AfP 1972, 168). Dadurch wird aber auch der Zugang für Erwachsene verhindert. 3

II. Vorausindizierung periodischer Trägermedien (Abs 1)

1. Periodisch erscheinende Trägermedien

Mit dem Begriff der periodischen **Trägermedien** (§ 1 Rn 17 ff.) wird der Anwendungsbereich des § 22 gegenüber dem des früheren § 7 GjSM erweitert, der nur periodische Druckschriften erfasste. Wegen des starken Bezugs zum Presserecht wurde dort der Begriff des periodischen Erscheinens entlehnt. Ein Trägermedium erscheint **periodisch,** wenn es in ständiger, wenn auch unregelmäßiger Folge und im Abstand von nicht mehr als sechs Monaten erscheint (vgl § 7 Abs 4 LPG NW). Beispiele sind Zeitungen, Zeitschriften, amtliche Mitteilungsblätter (BPjM-Entscheidung Nr 5305 v 31.8.2005, BPjM-Aktuell 4/2005, 3), Comic- und Romanhefte (zB die bis 2013 erschienenen Landser-Hefte). Umstritten ist, ob Taschenbuchreihen periodische Druckschriften sind, wenn die Ausgaben innerhalb eines regelmäßigen Zeitabstands von höchstens 6 Monaten erscheinen (so OVG Münster AfP 1975, 110; *Liesching/Schuster* Rn 4; *Ukrow* 2004, Rn 562). Dagegen spricht, dass hier nicht das Trägermedium als solches immer wieder erscheint. Vielmehr werden die Bücher, selbst wenn sie innerhalb einer Reihe erscheinen, vom Konsumenten als eigenständige Werke wahrgenommen (*Gödel* § 7 Rn 6; ebenfalls ablehnend *Ricker/Weberling* Kap 12 Rn 18, Kap 60 Rn 32). Nicht zu den periodischen Medien gehören auch Werke, die in mehreren Teilen geliefert werden, da der Konsument hier erst das Gesamtwerk als ein Medium begreift (*Gödel* aaO). Zu den Besonderheiten beim **Verbund mit Bildträgern** s § 28 Rn 13. 4

2. Indizierung von drei Folgen innerhalb von zwölf Monaten

a) Folgen

Es muss sich um drei Folgen (Ausgaben) *desselben* periodischen Trägermediums handeln. Das Gesetz lässt offen, wann es sich um dasselbe und wann es sich (nur) um ein ähnliches Trägermedium handelt. Dieses Problem kann sowohl auf Tatbestandsebene bei der Ermittlung auftreten, ob drei Folgen vorliegen, wie auch auf der 5

Rechtsfolgenseite, wenn es um die Feststellung geht, ob es sich um eine weitere Folge eines vorausindizierten Trägermediums und damit um einen Verstoß gegen § 15 Abs 1 handelt. Die Frage stellt sich insbesondere, wenn Änderungen an der Zeitschrift in Aufmachung, Titel oder Teilen des Titels vorgenommen werden, um eine Vorausindizierung zu vermeiden. Bei der Bewertung kommt es darauf an, ob die Ausgabe aus der Sicht der Konsumenten als Folge des zuvor indizierten, periodischen Trägermediums (wieder-)erkannt wird. Indizien für Identität können die Weiterführung von Fortsetzungsgeschichten, die Geringfügigkeit der Namensänderung oder die zumindest auf den ersten Blick identische Aufmachung des Titelblatts sein (LG Hamburg ArchPR 1972, 167). Soweit es um die Frage geht, ob ein Trägermedium eine Folge eines vorausindizierten periodischen Trägermediums ist, ist dies vom Strafgericht im Rahmen der Prüfung des § 27 festzustellen.

b) Listenaufnahme

6   Die Folgen müssen **in die Liste aufgenommen worden** sein. Die indizierten Einzelausgaben können durch Entscheidungen des Zwölfer- oder des Dreiergremiums (§ 23 Abs 1) aufgenommen worden sein. Die Dauerindizierung selbst kann nur durch das Zwölfergremium angeordnet werden (§ 23 Abs 2, 5). Nicht zur Grundlage einer Dauerindizierung können Ausgaben gemacht werden, die wegen schwer jugendgefährdenden Inhalten (§ 15 Abs 2) ohne Aufnahme den Verbreitungs- und Werbeverboten unterliegen, solange sie nicht förmlich in die Liste aufgenommen worden sind. Gleiches gilt für Medien, von denen in einer rechtskräftigen Entscheidung festgestellt wurde, dass sie in die Liste aufzunehmen sind (§ 18 Abs 5), die aber bislang noch nicht vom Vorsitzenden (§ 18 Rn 98) aufgenommen wurden.

7   Die Indizierungen müssen **nicht bestandskräftig** sein; dies widerspräche § 25 Abs 4 S 1. Als Grundlage für eine Dauerindizierung scheiden jedoch solche Indizierungen aus, die bereits wieder gestrichen oder gerichtlich aufgehoben wurden oder bei denen die Herstellung der aufschiebenden Wirkung (§ 80 Abs 5 S 1 VwGO) angeordnet wurde (OVG Münster ArchPR 1970, 148). Ebenfalls unzureichend sind **vorläufige Anordnungen** (§ 23 Abs 5), da sie nach maximal zwei Monaten wieder aus der Liste gestrichen werden (§ 23 Abs 6 S 2). Es wäre auch wenig einleuchtend, dass eine drei bis zwölf Monate währende Vorausindizierung auf eine Maßnahme gestützt werden kann, die selbst nur maximal zwei Monate Bestand hatte und im Augenblick der Entscheidung nach § 22 nicht mehr existiert (*Gödel* § 7 Rn 11; *Liesching/ Schuster* Rn 5). Die Gegenmeinung (*Stumpf* 2009, S 241) ist auch deshalb abzulehnen, weil sie zu einer faktischen Verlängerung der Frist von zwölf Monaten führt, da sie es der BPjM erlaubt, die erforderliche dritte Indizierung noch innerhalb der zwölf Monate vorläufig anzuordnen. Sie missachtet zudem, dass das Zwölfergremium, wenn es über die Vorausindizierung entscheidet, auch abschließend über die bislang nur vorläufig angeordnete dritte Indizierung entscheiden muss. Bestätigt es diese nicht, scheidet § 22 aus. Bestätigt es die vorläufige Anordnung, so ist diese zu streichen; damit aber fehlt es im Falle einer erst nach Fristablauf erfolgenden Bestätigung ebenfalls an einer Voraussetzung des § 22.

c) Zeitraum

8   Es müssen **drei** („mehr als zwei") Folgen innerhalb von **zwölf Monaten** in die Liste aufgenommen worden sein. Für den Beginn der Frist ist der Zeitpunkt der **Bekanntgabe im Bundesanzeiger** und nicht, wie der unpräzise Wortlaut nahe legt, die Aufnahme in die Liste entscheidend (*Gödel* § 7 Rn 8; *Liesching/Schuster* Rn 5). Das Abstellen auf die Bekanntgabe ermöglicht eine eindeutige Bestimmung des Fristbeginns für jedermann, auch den Betroffenen; der Zeitpunkt der Listenaufnahme wird nicht veröffentlicht. Nicht maßgeblich ist das Erscheinungsdatum der indizierten Folgen. Sofern von einer Bekanntmachung abgesehen wurde (§ 24 Abs 3 S 2), ist auf die Zustellung der Indizierungsentscheidung abzustellen (§ 21 Abs 8 S 1), da nur sie

eine ebenso eindeutige Bestimmung des Fristbeginns zulässt (vgl hierzu auch die übrigen Mitteilungspflichten nach § 15 DVO-JuSchG).

Für die **Berechnung** der Frist gelten gemäß § 31 Abs 1 VwVfG die §§ 187–193 BGB. Wurde die erste Indizierung am 1. April bekannt gemacht, so muss also die letzte der drei Indizierungen mit Ablauf des 1. April des folgenden Jahres bekannt gemacht worden sein (§§ 187 Abs 1, 188 Abs 2 BGB). 9

3. Indizierungsentscheidung

Die Vorausindizierung erfolgt **von Amts wegen**. Sie setzt keinen dahingehenden Antrag oder Anregung voraus. Sie liegt im Ermessen der BPjM („können"; OVG Münster ArchPR 1970, 148). Die Vorausindizierung kann nur vom **Zwölfergremium** angeordnet werden. Eine Anordnung im vereinfachten Verfahren und eine **vorläufige Anordnung** sind unzulässig (§ 23 Abs 2, 5 S 2). 10

Die Anordnung der Dauerindizierung darf gesondert oder zusammen mit einer (dh der dritten oder einer weiteren) Einzelindizierung getroffen werden. Im ersten Fall ist zu beachten, dass die von den indizierten Ausgaben begründete Gefahrvermutung (Rn 1) bei großem zeitlichem Abstand zwischen der Entscheidung über die Vorausindizierung und der letzten Einzelindizierung ihr Gewicht verliert, insbesondere wenn zwischenzeitlich ausschließlich nicht jugendgefährdende Folgen erschienen sind. Die **Vorausindizierung** darf auch **gemeinsam mit den Einzelindizierungen** von zwei oder drei Ausgaben ausgesprochen werden (*Gödel* § 7 Rn 16). Das Erfordernis zumindest dreier Einzelindizierungen dient nicht der Warnung des Herausgebers – es wäre auch nicht einsichtig, wieso er zwei Jugendgefährdungen „frei" haben soll –, sondern allein der Begründung der Gefahrvermutung. 11

Im Rahmen seiner Ermessensentscheidung muss das Zwölfergremium prüfen, ob eine **Vorausindizierung erforderlich** ist. Dabei muss es nicht positiv die Gefahr weiterer jugendgefährdender Folgen begründen, sondern umgekehrt prüfen, ob die gesetzliche Vermutung der Gefahr (Rn 1) durch besondere Umstände entkräftet wird. So hat der Herausgeber bei seiner Anhörung zur Vorausindizierung die Möglichkeit, Änderungen im Konzept anzukündigen. Sind seine Darlegungen substantiiert, kann die Vorausindizierung ermessensfehlerhaft sein (vgl BPjS-Entscheidung Nr 3521 v 17.10.1985, BPS-Report 2/1986, 1, 8; *Gödel* § 7 Rn 13). Gegen eine Gefahr weiterer Jugendgefährdungen kann auch sprechen, dass bei langfristiger Beurteilung die drei indizierten Ausgaben als untypisch für das periodisch erscheinende Trägermedium erscheinen. Umgekehrt ist eine Vorausindizierung dann gerechtfertigt, wenn der Herausgeber einer unpolitischen periodischen Zeitschrift durch sein Verhalten in der Vergangenheit und Gegenwart gezeigt hat, dass er auch künftig den jugendgefährdenden Charakter seiner Veröffentlichung nicht zu ändern gedenkt (OVG Münster DÖV 1967, 459). Kriterium kann auch sein, dass für Zeitschriften des Verlags bereits wiederholt oder noch nie Vorausindizierungen ausgesprochen wurden (vgl *Gödel* § 7 Rn 14). 12

Auch die **Dauer der Vorausindizierung** (drei bis zwölf Monate) steht im Ermessen des Zwölfergremiums. Dabei sind insbesondere das Gewicht der Jugendgefährdung der indizierten oder weiterer Folgen („schwer" iSd § 15 Abs 2 oder „einfach" iSd § 18 Abs 1 S 2) und die Erscheinungsfrequenz des periodisch erscheinenden Trägermediums zu berücksichtigen (wöchentlich, vierzehntägig, monatlich, vierteljährlich [im letzteren Fall ist fast jedes Exemplar des letzten Jahres indiziert worden]). 13

Die Vorausindizierung wird in den Teil der Liste (§ 18 Abs 2) eingetragen, in den auch die Einzelindizierungen eingetragen worden sind, bei unterschiedlichen Voreintragungen in den spezielleren Listenteil. Mit der **Bekanntmachung** im Bundesanzeiger unterliegen für die Dauer der Vorausindizierung alle in dieser Zeit erscheinenden Ausgaben den gesetzlichen Beschränkungen (§ 15 Abs 1), als seien sie einzeln indiziert worden. Einer Prüfung der Einzelausgaben bedarf es nicht. 14

4. Tageszeitungen und politische Zeitschriften (Satz 2)

15 Satz 2 soll – ebenso wie § 18 Abs 3 Nr 1 – sicherstellen, dass der Jugendmedienschutz nicht in den Prozess der politischen Meinungsbildung eingreift. Einzelne Ausgaben von Tageszeitungen und politischen Zeitschriften können zwar indiziert werden (soweit dies nicht an § 18 Abs 4 scheitert); es darf jedoch nicht die Zeitung oder Zeitschrift selbst vorausindiziert werden. Satz 2 geht über § 18 Abs 3 Nr 1 hinaus, weil das Verbot der Vorausindizierung schon dann eingreift, wenn es sich überhaupt um eine Tageszeitung oder politische Zeitschrift handelt. Dass diese wiederholt jugendgefährdende Inhalte transportiert hat und weiterhin zu veröffentlichen droht, spielt keine Rolle.

16 **Tageszeitungen** sind zumindest an Werktagen erscheinende Zeitungen. Entscheidend ist nicht ihre Benennung durch den Verlag, sondern der Inhalt. Das Besondere einer Tageszeitung ist die tagebuchartige, fortlaufende Berichterstattung. Ihr Gegenstand muss zumindest auch das politische Tagesgeschehen sein (aA *Gödel* § 7 Rn 19; *Nikles/Roll* Rn 4). Das ergibt sich aus dem Kontext mit den „politischen" Zeitschriften und aus der Entstehungsgeschichte: Der Gesetzgeber des § 7 GjS, auf den § 22 zurückgeht, verzichtete nur deshalb auf den in § 1 Abs 3 des Reichsgesetzes zur Bewahrung der Jugend vor Schund- und Schmutzschriften v 18.12.1926 (RGBl I, 505) noch enthaltenen Zusatz der „politischen" Tageszeitung, weil er davon ausging, dass Tageszeitungen stets auch politische Inhalte hätten (BT-Drs 1/1101, 14). Es genügt also nicht die fortlaufende Berichterstattung über ausschließlich andere Themen (zB Kultur, Sport, Wirtschaft). Wochenzeitungen können als politische Zeitschriften unter Abs 1 S 2 fallen. Soweit sie als sog Sonntagszeitungen nur besonders aufgemachte Ausgaben der werktäglich erscheinenden Tageszeitung sind, nehmen sie an deren Privilegierung teil (*Nikles/Roll* Rn 5).

17 Eine **Zeitschrift** ist ein periodisch erscheinendes Druckwerk, das sich nur mit einzelnen Fragen oder Vorgängen beschäftigt (zB bei einer Wochenzeitschrift aus der vergangenen Woche). Sie ist **politisch,** wenn sie zur politischen Willensbildung (*Ricker/Weberling* Kap 60 Rn 32) bzw. zur Bildung der öffentlichen Meinung im Vorfeld der Staatswillensbildung beiträgt (*Schefold* RdJB 1982, 123). Dazu muss sich die Zeitung nicht überwiegend politischen Fragen widmen (aA *Stumpf* 2009, S 243), sie muss aber durch die politische Berichterstattung geprägt sein. Ein sog Herrenmagazin, das vereinzelt auch politische Artikel enthält, erfüllt diese Voraussetzung nicht (*Gödel* § 7 Rn 21). Die politische Tendenz ist unerheblich (*Schefold* RdJB 1982, 126; *Stumpf* 2009, S 244; *Ukrow* 2004, Rn 564). So wurde die Vorausindizierung der *Deutschen Nationalzeitung* abgelehnt, weil sie als politische Zeitung unter das Privileg des Abs 1 S 2 falle (BPjS-Entscheidung Nr 3091 v 2.7.1981, RdJB 1982, 163 [auf der Grundlage des Gutachtens von *Schefold* aaO]). Hiervon unberührt sind Folgen strafrechtlicher Verstöße (zB Einziehung nach §§ 74 ff. StGB). Ein angeblich politischer Verlag, der nur zu dem Zweck gegründet worden ist, eine Vorausindizierung zu umgehen, kann sich nicht auf Satz 2 berufen (OVG Münster MDR 1975, 142 – *Deutscher Sex-Partei-Verlag*).

18 Wegen der Ausweitung des Anwendungsbereichs des S 1 auf alle Trägermedien ist auch die Ausnahme des S 2 auf vergleichbare Trägermedien zu erweitern (zB Hörzeitung; *Nikles/Roll* Rn 7; *Stumpf* 2009, S 244).

III. Vorausindizierung von Telemedien (Abs 2)

19 Abs 2 wurde neu eingefügt. Damit wollte der **Gesetzgeber** darauf reagieren, dass das Indizierungsverfahren bei Telemedien häufig zu schwerfällig ist. Telemedien werden häufig bearbeitet, bisweilen unterliegen sie selbsttätigen Veränderungen (zB durch Software-Agenten, dynamischen Seitenaufbau). Das kann zur Folge haben, dass das Telemedium, über das die BPjM zu entscheiden hatte, schon nach kurzer Zeit so nicht mehr existiert. Auch das Verbot inhaltsgleicher Telemedien (§ 4 Abs 1 S 1 Nr 11, Abs 2 S 1 Nr 2 JMStV) greift in der Praxis selten durch, weil sich die wesentliche

Gleichheit des Telemediums nur im Vergleich mit dem ursprünglichen, indizierten Telemedium feststellen lässt, das aber nach der Änderung nicht mehr vorhanden ist. Zudem können die Inhalte von Telemedien in kurzer Zeit problemlos geändert und gegen andere Inhalte ausgetauscht werden. Diese Schwierigkeiten will der Gesetzgeber durch die Vorausindizierung überwinden (BT-Drs 14/9013, 27).

Für die Beurteilung, ob es sich um **dasselbe Telemedium** handelt, das bereits mehr als zweimal indiziert wurde, kann zwar auch auf die Aufmachung und den Inhalt des Angebots abgestellt werden. Jedoch schließen selbst erhebliche Abweichungen in diesen Punkten eine Identität nicht aus. Es ist gerade das Ziel des Gesetzgebers, auf die sich in ihrem Erscheinungsbild stetig wandelnden Telemedien zu reagieren. Andernfalls wäre Abs 2 neben den Verboten inhaltsgleicher Telemedien unnötig. Daher muss für die Frage, ob es sich um dasselbe Telemedium handelt, auf technische Indizien (zB dieselbe Internet-Domain oder IP-Adresse) zurückgegriffen werden. Es steht jedoch zu befürchten, dass auch diese Identifizierungen umgangen werden (zB Wechsel der Domainnamen, Umleitungen). Nicht ausreichend ist die Identität des Contentproviders, da es diesem – wie auch dem Verleger bei Abs 1 – unbenommen sein muss, verschiedene Angebote bereitzuhalten. 20

Es stellt sich die Frage, wo Abs 2 seinen **Anwendungsbereich** findet. Die Indizierbarkeit von Telemedien ergibt sich aus § 18 Abs 1. Sie dauert grundsätzlich, wie bei Trägermedien, 25 Jahre (§ 18 Abs 7 S 2). Da Telemedien einem steten, bisweilen selbsttätigen Wandel unterworfen sind, wirkt die Indizierung von Telemedien immer auch als Dauerindizierung. Andernfalls wäre die Indizierung von Telemedien sinnlos, da (zB bei dynamisch erzeugten Seiten) bereits beim nächsten Aufruf nicht mehr die geprüfte, sondern allenfalls eine im Wesentlichen inhaltsgleiche Seite vorhanden ist. Telemedien müssten ununterbrochen auf ihre anhaltende Jugendgefährdung hin untersucht werden. Hinzu kommt, dass die Regelung der Rechtsfolgen für Telemedien ausdrücklich dem JMStV vorbehalten ist (§ 16). Dieser sieht vor, dass Telemedien so lange in der Liste jugendgefährdender Medien verbleiben, bis die BPjM erneut über das Telemedium entschieden hat (§ 4 Abs 3). Dies stellt de facto bereits eine Dauerindizierung jenseits des Abs 2 dar. Somit bleibt für die Anwendung des Abs 2 nur der Fall, dass nach der Indizierung durch den Anbieter sämtliche jugendgefährdenden Inhalte entfernt und – nach Aufhebung der Indizierung – wieder erneut eingestellt werden. Das setzt allerdings voraus, dass die BPjM innerhalb eines Jahres mindestens fünfmal (drei Aufnahmen, zwei Streichungen) zu einem Telemedium entscheidet. Ob sich die Regelung als wirksame Gegenmaßnahme gegen Anbieter mit dem Willen zu solchem ins rechtsmissbräuchliche bzw. täuschende gehende Verhalten erweist, ist angesichts der Probleme bei der Bestimmung der „Identität" der Seite fraglich. 21

Nach Satz 2 ist die Ausnahme für politische Zeitungen und Tageszeitungen entsprechend anzuwenden. Hierunter sind zunächst die **Online-Ausgaben von Tageszeitungen und politischen Zeitschriften** nach Abs 1 zu fassen. Anders als bei Abs 1 ist hier nicht erforderlich, dass das Telemedium täglich oder in einem sonstigen zeitlichen Rhythmus aktualisiert wird, da Abs 2 gerade auf das Merkmal der Periodizität verzichtet. Auch Anbieter sonstiger Telemedien, die sich überwiegend mit politischen Themen beschäftigen, können sich auf das Privileg nach Satz 2 berufen. Wie bei Abs 1 S 2 ist auch hier die politische Tendenz unerheblich. Die deshalb befürchtete Besserstellung zB rechtsextremistischer Websites (so noch *Scholz/Liesching* Rn 8) dürfte jedoch aus den in Rn 21 genannten Gründen ausbleiben: Im Regelfall hat die erste Indizierung den Charakter einer Vorausindizierung und für sie gilt „nur" § 18 Abs 3 Nr 1, der es zwar untersagt, ein Medium allein wegen seines politischen Inhalts zu indizieren, aber erlaubt, es deshalb zu indizieren, weil es daneben auch jugendgefährdend ist (§ 18 Rn 63). Wie bei den Trägermedien endet zudem auch hier die Privilegierung mit der Erfüllung von Straftatbeständen. 22

IV. Rechtsschutz

23 Für Klagen ist der Verwaltungsrechtsweg eröffnet (§ 25). Das Gericht überprüft nur die Ermessensausübung durch die BPjM, übt aber nicht selbst das Ermessen aus. Im Übrigen kann die Vorausindizierung über die Einzelindizierungen angegriffen werden: Ist eine der drei zugrunde liegenden Indizierungen nach Eintritt der Unanfechtbarkeit der Dauerindizierung aufgehoben worden, hat die BPjM das Verfahren gem § 51 VwVfG oder von Amts wegen aufzugreifen und die Vorausindizierung aufzuheben (*Gödel* § 7 Rn 9; *Nikles/Roll* Rn 10).

§ 23 Vereinfachtes Verfahren

(1) Die Bundesprüfstelle für jugendgefährdende Medien kann im vereinfachten Verfahren in der Besetzung durch die oder den Vorsitzenden und zwei weiteren Mitgliedern, von denen eines den in § 19 Abs 2 Nr 1 bis 4 genannten Gruppen angehören muss, einstimmig entscheiden, wenn das Medium offensichtlich geeignet ist, die Entwicklung von Kindern oder Jugendlichen oder ihre Erziehung zu einer eigenverantwortlichen und gemeinschaftsfähigen Persönlichkeit zu gefährden. Kommt eine einstimmige Entscheidung nicht zustande, entscheidet die Bundesprüfstelle für jugendgefährdende Medien in voller Besetzung (§ 19 Abs 5).

(2) Eine Aufnahme in die Liste nach § 22 ist im vereinfachten Verfahren nicht möglich.

(3) Gegen die Entscheidung können die Betroffenen (§ 21 Abs 7) innerhalb eines Monats nach Zustellung Antrag auf Entscheidung durch die Bundesprüfstelle für jugendgefährdende Medien in voller Besetzung stellen.

(4) Nach Ablauf von zehn Jahren seit Aufnahme eines Mediums in die Liste kann die Bundesprüfstelle für jugendgefährdende Medien die Streichung aus der Liste unter der Voraussetzung des § 21 Abs 5 Nr 2 im vereinfachten Verfahren beschließen.

(5) Wenn die Gefahr besteht, dass ein Träger- oder Telemedium kurzfristig in großem Umfange vertrieben, verbreitet oder zugänglich gemacht wird und die endgültige Listenaufnahme offensichtlich zu erwarten ist, kann die Aufnahme in die Liste im vereinfachten Verfahren vorläufig angeordnet werden. Absatz 2 gilt entsprechend.

(6) Die vorläufige Anordnung ist mit der abschließenden Entscheidung der Bundesprüfstelle für jugendgefährdende Medien, jedoch spätestens nach Ablauf eines Monats, aus der Liste zu streichen. Die Frist des Satzes 1 kann vor ihrem Ablauf um höchstens einen Monat verlängert werden. Absatz 1 gilt entsprechend. Soweit die vorläufige Anordnung im Bundesanzeiger bekannt zu machen ist, gilt dies auch für die Verlängerung.

Inhaltsübersicht

	Rn
I. Vereinfachtes Verfahren (Abs 1–4)	1
1. Bedeutung	1
2. Dreiergremium	2
3. Aufnahme in die Liste	3
a) Voraussetzungen	3
b) Verfahrensablauf und Entscheidung	7
c) Rechtsschutz (Abs 3)	9
d) Ausschluss der Vorausindizierung (Abs 2)	11
4. Streichung aus der Liste (Abs 4)	12

	Rn
II. Vorläufige Anordnung (Abs 5, 6)	14
1. Bedeutung	14
2. Voraussetzungen	15
3. Verfahren	18
4. Außerkrafttreten und Verlängerung	19

I. Vereinfachtes Verfahren (Abs 1–4)

1. Bedeutung

Zweck des Abs 1 ist die **Entlastung des Zwölfergremiums** (BT-Drs 3/2373, 5). **1** Dieses soll von der routinehaften Anwendung seiner Bewertungsmaßstäbe sowie von solchen Entscheidungen freigestellt werden, die auf der Grundlage seiner bisherigen Praxis zweifelsfrei nicht anders als im Sinne des Indizierungsantrags ausfallen können. Die Entscheidungen von Dreier- und Zwölfergremium besitzen dieselbe Eingriffsintensität und Reichweite. Da das verkleinerte Gremium der Funktion eines „Forums von widerstreitenden Wertvorstellungen im Sinne einer pluralistischen Meinungsbildung" (BVerfGE 83, 130, 151) jedoch nicht gerecht werden kann, ist der Anwendungsbereich beschränkt. So ist eine Indizierung nur zulässig, wenn sie schon im Vorhinein zu erwarten ist („offensichtlich"), und eine Streichung nur dann, wenn das Medium bereits seit zehn Jahren indiziert ist. Zudem muss in beiden Fällen das Dreiergremium einstimmig beschließen.

2. Dreiergremium

Das Dreiergremium besteht aus dem Vorsitzenden der BPjM und zwei Beisitzern. **2** Einer von ihnen muss ein Gruppenbeisitzer aus einem der Kreise des § 19 Abs 2 S 1 Nr 1–4 sein. Der andere kann jedem der Kreise des § 19 Abs 2 S 1 entstammen oder Länderbeisitzer sein (*Gödel* § 15 Rn 9; enger *Nikles/Roll* Rn 2, wonach der zweite Besitzer nicht einem der Kreise des § 19 Abs 2 S 1 Nr 1–4 zuzuordnen sein darf). Die Beisitzer und ihre Vertreter werden für einen bestimmten Zeitraum im Voraus bestellt. Zuständig ist das Zwölfergremium, nicht der Vorsitzende (*Gödel* aaO). Das zeigt ein Vergleich des § 12 Abs 4 („von der Bundesprüfstelle") mit § 12 Abs 2, 3 DVO-JuSchG („von der oder dem Vorsitzenden").

3. Aufnahme in die Liste

a) Voraussetzungen

Das Medium muss **offensichtlich geeignet** sein, die Entwicklung von Kindern **3** und Jugendlichen oder ihre Erziehung zu einer eigenverantwortlichen und gemeinschaftsfähigen Persönlichkeit zu gefährden. Im früheren § 15 Abs 1 GjSM hieß es noch „offenbar", doch sollte die Anpassung an den im JuSchG gebräuchlichen Begriff „offensichtlich" (vgl §§ 15 Abs 2 Nr 5, 18 Abs 6, 21 Abs 3) keine inhaltlichen Auswirkungen haben (BT-Drs 14/9013, 28; bereits synonym verwandt in BT-Drs 3/2373, 5).

Wie bei §§ 18 Abs 6, 21 Abs 3 handelt es sich um eine Verfahrensvorschrift. **4** Normadressaten sind die Mitglieder des Dreiergremiums. Zweck ist die Entlastung des Zwölfergremiums von Routinefällen (Rn 1). Anders als bei § 15 Abs 2 Nr 5 kommt es folglich nicht auf die Offensichtlichkeit für jedermann an, sondern auf die für einen unvoreingenommenen Betrachter, der die Rechtslage und Spruchpraxis der BPjM kennt (OVG Münster v 24.10.1996 – 20 A 3106/96 [insoweit nicht in NVwZ-RR 1997, 760 abgedruckt]; *Liesching/Schuster* Rn 4; *Nikles/Roll* Rn 5; *Stath* 2006, S 187; *Ukrow* 2004, Rn 568; ebenso BVerfG 31, 113, 118 zu § 15 GjS: „muss für das Dreiergremium offenbar sein"; unklar OLG Köln NVwZ 1994, 410, 414). Für ihn muss aufgrund der abstrakt-generellen Kriterien und Bewertungsgrundlagen, die im Zwölfergremium Anerkennung gefunden haben und als feststehend gehandhabt werden, die Jugendgefährdung **klar und zweifelsfrei zutage treten** (ohne besondere Mühe erkennbar sein, auf der Hand liegen). Eine Indizierung ist also ausgeschlossen, wenn eine Jugendgefährdung nach den Kriterien des Zwölfergremiums zwar vertretbar, aber nicht sicher erscheint. Wurden bestimmte Fallgruppen vom Zwölfergremium bislang nicht indiziert, so darf auch das Dreiergremium keine Indizierung aussprechen.

5   Es genügt **jede Jugendgefährdung** iSd § 18 Abs 1. Sie muss nicht schwer sein (OLG Köln NVwZ 1994, 410, 414; OVG Münster OVGE 19, 278, 284). Andernfalls wäre Abs 1 weitgehend überflüssig, da schwer jugendgefährdende Medien auch ohne Indizierung den Verbreitungs- und Werbeverboten unterliegen (§ 15 Abs 2, § 4 JMStV). Es muss auch keine besondere Eilbedürftigkeit gegeben sein, da das Gesetz für Fälle dieser Art die vorläufige Anordnung gem Abs 5 zur Verfügung stellt. Es besteht auch sonst kein Anlass, die Voraussetzungen für die Anwendung des vereinfachten Verfahrens restriktiv auszulegen, da die verfahrensmäßigen Nachteile, die für den Betroffenen damit verbunden sind (im Regelfall keine mündliche Verhandlung; Rn 7), dadurch ausgeglichen werden, dass der Betroffene eine Entscheidung durch das Zwölfergremium beantragen kann (Rn 9).

6   Auch wenn der Wortlaut den Anschein erweckt, allein die Voraussetzungen des § 18 Abs 1 S 1 müssten offensichtlich gegeben sein, so gilt dieses Erfordernis jedoch **für alle Indizierungsvoraussetzungen** (*Gödel* § 15 Rn 3). Es darf also von vornherein keine Ausnahme (§ 18 Abs 3) in Betracht kommen und die Indizierung muss zweifellos verhältnismäßig sein (§ 18 Abs 4).

b) Verfahrensablauf und Entscheidung

7   Ein gesonderter **Antrag** auf Durchführung des vereinfachten Verfahrens ist nicht erforderlich, doch kann er gestellt werden (vgl § 10 Abs 1 S 6 DVO-JuSchG). Ob das Verfahren vor dem Dreiergremium stattfindet, entscheidet der Vorsitzende (vgl § 21 Rn 30; *Liesching/Schuster* Rn 4, *Stumpf* 2009, S 106 f.). Ihm steht insoweit ein Ermessen zu. Soweit teilweise ausgeführt wird, die BPjM oder das Dreiergremium entscheide über die Verfahrensart (OLG Köln NVwZ 1994, 410, 414; *Gödel* § 15a Rn 2), ist dies entweder zu unspezifiziert oder unrichtig, weil es mit der Entlastungsfunktion des Abs 1 unvereinbar wäre, dass das Zwölfergremium zuvor die Verfahrensart bestimmt oder dass sich das Dreiergremium zweimal mit der Sache befasst (Entscheidung über die Erledigung im vereinfachten Verfahren und nach der Benachrichtigung der Betroffenen Entscheidung in der Sache). Der Vorsitzende muss die Beteiligten (§ 4 DVO-JuSchG) – bei Telemedien auch die KJM – über die Wahl dieser Verfahrensart unterrichten. Die Benachrichtigung ist zuzustellen und muss mindestens eine Woche vor der Entscheidung zugehen. Ihr ist die Antragsschrift beizufügen. Den Beteiligten ist Gelegenheit zur Stellungnahme zu geben (§ 10 Abs 1 DVO-JuSchG). Die Entscheidung im vereinfachten Verfahren ergeht ohne mündliche Verhandlung (§ 10 Abs 2 DVO-JuSchG).

8   Das Dreiergremium muss die materiell-rechtlichen Voraussetzungen der Indizierung gem § 18 Abs 1, 3 und 4 selbst prüfen. Die Mitglieder müssen dafür nicht persönlich zusammenkommen. Sie müssen sich jedoch über die Entscheidung und die sie tragenden Gründe verständigen (BVerwGE 91, 217, 221 f.; s § 21 Rn 34). Die Indizierung erfolgt, wenn sie **einstimmig** feststellen, dass der Inhalt jugendgefährdend ist und die weiteren Voraussetzungen gegeben sind. Kommt eine einstimmige Entscheidung nicht zustande oder sind alle Mitglieder der Auffassung, dass die Voraussetzungen für eine Indizierung nicht vorliegen, so darf das Dreiergremium die Indizierung weder ablehnen, noch das Verfahren beenden, sondern es entscheidet das Zwölfergremium (Abs 1 S 2).

c) Rechtsschutz (Abs 3)

9   Die Entscheidung des Dreiergremiums kann nicht unmittelbar mit der Klage angefochten werden (§ 25 Abs 4 S 2; anders früher bei § 15a GjSM, vgl BVerwGE 91,

217). Gegen die Entscheidung können die Betroffenen (§ 21 Abs 7) innerhalb eines Monats nach Zustellung **Antrag auf Entscheidung durch das Zwölfergremium** stellen (Abs 3). Der Antrag ist zu begründen und hat auf die in der Entscheidung benannten Punkte einzugehen (§ 10 Abs 3 S 1 DVO-JuSchG). Dem Antrag ist grundsätzlich stattzugeben (OLG Köln NVwZ 1994, 410, 414). Ausnahmsweise kann der Vorsitzende bei einer nicht ausreichenden Begründung entscheiden, dass das Zwölfergremium nicht tätig wird (§ 10 Abs 3 S 3 DVO-JuSchG), und den Antrag zurückweisen. Dies ist eng auszulegen. Nur unsubstantiierte und völlig an der Entscheidungsbegründung vorbeigehende Anträge können so abgelehnt werden. Da ohne eine Entscheidung des Zwölfergremiums die gerichtliche Überprüfung versperrt ist, ist mit Blick auf Art 19 Abs 4 GG dem Betroffenen die Möglichkeit einzuräumen, bei einer Ablehnung des Antrags durch den Vorsitzenden **Verpflichtungsklage** (§ 42 Abs 1 Alt 2 VwGO) – gerichtet auf Entscheidung des Zwölfergremiums – zu erheben. Gegen eine Untätigkeitsklage (so Nikles/*Roll* Rn 9, § 25 Rn 4) analog § 75 VwGO (nicht direkt, da kein Vorverfahren; Rn 10) spricht, dass dann im Falle eines unberechtigten Untätigbleibens des Zwölfergremiums das Verwaltungsgericht über die Entscheidung des Dreiergremiums befinden würde, was im Widerspruch zum Willen des Gesetzgebers stünde, wonach nur die Entscheidung des Zwölfergremiums gerichtlich überprüft werden soll (§ 25 Abs 4 S 2). Gegen eine allgemeine Leistungsklage (so *Stath* 2006, S 192) spricht, dass der Betroffene eine (für ihn günstige) Entscheidung des Zwölfergremiums über der Aufnahme in die Liste und damit einen Verwaltungsakt iSd § 35 S 1 VwVfG begehrt.

Das Verfahren vor dem Zwölfergremium ist die Fortsetzung des einstufigen Verwaltungsverfahrens und **kein Vorverfahren** iSd § 68 VwGO (OVG Münster NJW 1970, 215, 216). Das ergibt sich schon aus dem unterschiedlichen Prüfungsmaßstab (*Gödel* § 15a Rn 5; *Stath* 2006, S 192). Verfahrensfehler im vereinfachten Verfahren (zB falsche Beteiligte) haben für das Verfahren vor dem Zwölfergremium keine weiteren Konsequenzen (VG Köln v 19.1.1988 – 17 K 3035/86; *Gödel* § 15a Rn 6; *Wente* ZUM 1991, 566). Die Mitglieder des Dreiergremiums können auch dem Zwölfergremium angehören. Kosten wegen Hinzuziehung eines Bevollmächtigten sind nicht erstattungsfähig (OVG Münster NJW 1970, 215; vgl § 17 Rn 5). Eine nochmalige Aufforderung der Beteiligten zur Stellungnahme nach der Entscheidung des Dreiergremiums und dem Übergang in das Verfahren vor dem Zwölfergremium ist nicht erforderlich (BVerwG NJW 1999, 78).

d) Ausschluss der Vorausindizierung (Abs 2)

Der Beschränkung auf offensichtliche Fälle entspricht es, dass eine Vorausindizierung von periodischen Trägermedien und von Telemedien (§ 22) im vereinfachten Verfahren nicht möglich ist. Wegen ihrer einschneidenden, bis zur Existenzbedrohung gehenden, wirtschaftlichen Folgen bedarf es der Entscheidung des Zwölfergremiums. Hingegen kann eine im vereinfachten Verfahren angeordnete Indizierung einer Dauerindizierung zu Grunde gelegt werden (§ 22 Rn 6).

2. Streichung aus der Liste (Abs 4)

Auch die Streichung kann im vereinfachten Verfahren erfolgen, wenn mehr als **zehn Jahre** seit der Listenaufnahme vergangen sind. Anders als bei Abs 1 besteht keine Beschränkung auf offensichtliche Fälle (*Wehsack* 2011, S 314; aA *Liesching*/ *Schuster* Rn 7). An die Stelle der Offensichtlichkeit tritt die Frist von zehn Jahren. Das zeigt auch § 21 Abs 5 Nr 2, der bei Zweifeln schon vor Ablauf dieser Frist eine Prüfung ermöglicht (§ 21 Rn 27).

Auch hier bedarf es für die Wahl des vereinfachten Verfahrens keines besonderen Antrags, entscheidet der Vorsitzende, ob das Verfahren vor dem Dreiergremium stattfindet, und steht ihm insoweit Ermessen zu („kann"). Auch hier ist **Einstimmigkeit** erforderlich. Andernfalls muss gem Abs 1 S 2 das Zwölfergremium entscheiden (vgl

BPjM, Entscheidung Nr 5264/04 v 2.12.2004, BPjM-Aktuell 1/2005, 9, 11). Gegen dessen ablehnende Entscheidung kann der Betroffene Verpflichtungsklage auf Streichung erheben.

II. Vorläufige Anordnung (Abs 5, 6)

1. Bedeutung

14   Das Verfahren zur vorläufigen Anordnung ist ein **Eilverfahren**. Abs 5 und 6 sollen der Schnelllebigkeit auf dem Zeitschriftenmarkt und bei Telemedien Rechnung tragen (BT-Drs 1/1101, 15). Die Regelung entspricht dem früheren § 15 GjSM, den das BVerfG als verfassungskonform ansah (BVerfGE 31, 116). Das vorläufige Verfahren ist vom vereinfachten Verfahren (Abs 1–4) zu unterscheiden: Zwar wird auch hier durch das Dreiergremium (zur Besetzung s Rn 2) entschieden, das Verfahren ist jedoch nochmals beschleunigt – § 10 Abs 1 DVO-JuSchG gilt hier nicht (s aber Rn 18). Zudem ist die Geltungsdauer der vorläufigen Anordnung begrenzt.

2. Voraussetzungen

15   Es muss die Gefahr bestehen, dass kurzfristig Trägermedien oder Telemedien **in großem Umfang** vertrieben, verbreitet oder zugänglich gemacht werden. Auf eine Entgeltlichkeit kommt es nicht an. Bei Trägermedien ergeben sich hierzu Anhaltspunkte zB aus der Platzierung in den Verkaufscharts (BPjM, Entscheidung Nr VA 1/03 v 25.2.2003, BPjM-Aktuell 2/2003, 8, 16; *Stath* 2006, S 188), der Größe der Vertriebsorganisation oder aus der Aufmachung als preiswerte, anreißerisch aufgemachte Massenauflage (*Ukrow* 2004, Rn 577). Bei Telemedien ist diese Voraussetzung naturgemäß leicht erfüllt. Ist eine Internetseite allgemein zugänglich, dann ist sie damit in denkbar größtem Umfang verbreitet worden, da sie im ganzen Bundesgebiet abrufbar ist. Zusätzlich können weitere Aspekte ins Feld geführt werden, zB ob Werbung in großem Umfang betrieben wird, ob das Telemedium häufig verlinkt worden ist oder ob es in vielen einschlägigen Publikationen besprochen, insbesondere lobend erwähnt wird. Auch die Zugriffszahlen auf das Telemedium können einen Anhaltspunkt liefern. Eine **kurzfristige Verbreitung** liegt vor, wenn sie in einer so kurzen Zeitspanne erfolgt, dass selbst eine Indizierung im vereinfachten Verfahren zu spät käme, was eine Zeitspanne von zwei bis drei Wochen bedeutet (*Gödel* § 15 Rn 5).

16   Die endgültige Listenaufnahme muss **offensichtlich zu erwarten** sein. Obwohl der Wortlaut dies nahe legt, genügt nicht schon die subjektive Erwartung des Dreiergremiums, dass das Zwölfergremium das Medium indizieren werde. Das Dreiergremium muss vielmehr selbst prüfen, ob bei Zugrundelegen der abstrakt-generellen Kriterien und Bewertungsgrundlagen, die im Zwölfergremium Anerkennung gefunden haben und als feststehend gehandhabt werden, die Jugendgefährdung **klar und zweifelsfrei zutage tritt** (BVerfGE 31, 113, 118; *Liesching/Schuster* Rn 9; *Nikles/Roll* Rn 12; *Stath* 2006, S 188; s auch BPjM, Entscheidung Nr VA 1/03 v 25.2.2003, BPjM-Aktuell 2/2003, 8, 10). Auch hier gilt, dass dann, wenn das Zwölfergremium in bestimmten Fallgruppen eine Jugendgefährdung verneint oder in Fällen von geringer Bedeutung (§ 18 Abs 4) von einer Indizierung abzusehen pflegt, das Dreiergremium diese den Betroffenen nicht belastende Praxis seiner Entscheidung zugrunde legen muss und eine vorläufige Anordnung folglich nicht möglich ist (Rn 4).

17   Eine **Vorausindizierung** (§ 22) kann nicht vorläufig angeordnet werden (Abs 5 S 2 iVm Abs 2). Eine vorläufige Anordnung der Listenaufnahme kann auch nicht einer Dauerindizierung zu Grunde gelegt werden (§ 22 Rn 7).

3. Verfahren

18   Die vorläufige Anordnung bedarf – wie alle Indizierungsverfahren – eines Antrags oder einer Anregung. Darüber hinaus ist ein **spezieller Antrag nicht erforderlich.**

Ob das Eilverfahren gewählt wird, steht im Ermessen der BPjM („kann"). Die Benachrichtigungs- und Anhörungspflichten des § 10 Abs 1 DVO-JuSchG bestehen hier nicht. Trotzdem ist den Beteiligten im Rahmen des Möglichen die Gelegenheit zur Stellungnahme zu geben. Das folgt aus dem verfassungsrechtlich fundierten Gebot des rechtlichen Gehörs (§ 21 Abs 7; s § 21 Rn 39, § 18 Rn 101) als allgemeinem Verfahrensgrundsatz (VG Köln NJW 1989, 417; *Stath* 2006, S 188 f.; *Wehsack* 2011, S 313; aA *Stumpf* 2009, S 126 unter Verweis auf die allerdings insoweit nicht aussagekräftige Entscheidung BVerfGE 31, 113, 119, die nur die Rechtslage nach der DVO-GjS wiedergibt). Insbesondere mit Hilfe elektronischer Kommunikationsmittel (zB Telefon, Telefax, E-Mail) und durch knappe Fristen kann eine **Anhörung** häufig noch so kurzfristig erfolgen, dass keine Verzögerung zu befürchten ist. Soweit dies ausnahmsweise wegen der besonderen Eilbedürftigkeit oder wegen der Unerreichbarkeit des Betroffenen nicht möglich ist, kann auch ohne Anhörung entschieden werden (*Gödel* § 12 Rn 5). Es findet keine mündliche Verhandlung statt (§ 10 Abs 2 DVO-JuSchG). Die Entscheidung über die Aufnahme in die Liste ist **zuzustellen** und bei Trägermedien – mit der Ausnahme des § 24 Abs 3 S 2 – im Bundesanzeiger **bekanntzumachen**. Die vorläufige Anordnung kann mit der Anfechtungsklage selbstständig angegriffen werden (§ 25 Rn 3).

4. Außerkrafttreten und Verlängerung

Die Wirkungen einer vorläufigen Anordnung entsprechen denen einer endgültigen Indizierung. Jedoch ist die Dauer dieser Wirkungen auf einen **Monat** begrenzt (Abs 6 S 1). Die Fristberechnung erfolgt anhand § 31 Abs 1 VwVfG iVm §§ 187 Abs 1, 188 Abs 2 BGB. Wird die vorläufige Anordnung am 1. Juni bekannt gemacht, endet sie mit Ablauf des 1. Juli. Als Tag der Bekanntmachung gilt das in der Kopfzeile des Bundesanzeigers angegebene Ausgabedatum (widerlegbare Vermutung; BVerfGE 16, 6, 17). Auch wenn die Streichung nicht sofort bei Fristablauf erfolgt und bekannt gegeben wird, ändert das nichts daran, dass die Indizierung bereits zu diesem Zeitpunkt ihre Wirkung verliert und die Verbote des § 15 Abs 1 nicht mehr eingreifen.

Ergeht die **abschließende Entscheidung** des Zwölfergremiums vor Fristablauf, so endet zugleich die Wirksamkeit der vorläufigen Anordnung. Sofern sie nicht bestätigt wird, verliert sie ihre Wirkung mit der Verkündung (§ 21 Rn 44) der endgültigen Entscheidung; das Medium ist unverzüglich aus der Liste zu streichen. Auch hier gilt, dass dann, wenn die Streichung erst später bekannt gegeben wird, die Indizierung bereits ihre Wirkung verloren hat und die Verbote des § 15 Abs 1 nicht mehr eingreifen. Wird die vorläufige Anordnung bestätigt, so wird sie durch die endgültige ersetzt. Sie verliert ihre Wirkung, doch tritt an ihre Stelle unmittelbar die endgültige Entscheidung. Eine Schutzlücke entsteht nicht; die Liste wird nur insoweit korrigiert, als der Hinweis auf die zugrunde liegende Entscheidung geändert wird. Damit Dritte nicht annehmen, die Anordnung sei ersatzlos außer Kraft getreten, sollte die Bekanntmachung der abschließenden Entscheidung rechtzeitig vor Ablauf eines Monats nach der Bekanntmachung der vorläufigen Entscheidung erfolgen. Für die abschließende Entscheidung des Zwölfergremiums gelten die allgemeinen Regeln (insb §§ 18, 21). Maßgeblich für das Vorliegen der Indizierungsvoraussetzungen ist der Zeitpunkt der Entscheidung des Zwölfergremiums (aA *Gödel* § 15 Rn 8: Zeitpunkt der Entscheidung des Dreiergremiums).

Die vorläufige Anordnung kann vor ihrem Ablauf einmal um höchstens einen Monat verlängert werden (Abs 6 S 2), eine kürzere Verlängerung ist möglich. Die **Verlängerung** muss ebenfalls einstimmig nach demselben Verfahren durch das Dreiergremium beschlossen werden (Abs 6 S 3). Auch die Verlängerung ist bei Trägermedien im Bundesanzeiger bekanntzumachen (Ausnahme: § 24 Abs 3 S 2). Die Verlängerung bewirkt, dass die vorläufige Anordnung nicht nach Fristablauf ihre Wirkung verliert. Damit Dritte jedoch nicht annehmen, die Anordnung sei außer Kraft getreten, sollte die Verlängerung rechtzeitig vor Ablauf eines Monats nach der Bekannt-

Altenhain

machung der vorläufigen Entscheidung bekannt gemacht werden. Eine Verlängerung der vorläufigen Anordnung bereits in der Anordnung selbst ist nur zulässig, wenn absehbar ist, dass eine Entscheidung des Zwölfergremiums bis zur Monatsfrist ausgeschlossen ist (*Gödel* § 15 Rn 7).

§ 24 Führung der Liste jugendgefährdender Medien

(1) Die Liste jugendgefährdender Medien wird von der oder dem Vorsitzenden der Bundesprüfstelle für jugendgefährdende Medien geführt.

(2) Entscheidungen über die Aufnahme in die Liste oder über Streichungen aus der Liste sind unverzüglich auszuführen. Die Liste ist unverzüglich zu korrigieren, wenn Entscheidungen der Bundesprüfstelle für jugendgefährdende Medien aufgehoben werden oder außer Kraft treten.

(3) Wird ein Trägermedium in die Liste aufgenommen oder aus ihr gestrichen, so ist dies unter Hinweis auf die zugrunde liegende Entscheidung im Bundesanzeiger bekannt zu machen. Von der Bekanntmachung ist abzusehen, wenn das Trägermedium lediglich durch Telemedien verbreitet wird oder wenn anzunehmen ist, dass die Bekanntmachung der Wahrung des Jugendschutzes schaden würde.

(4) Wird ein Medium in Teil B oder D der Liste jugendgefährdender Medien aufgenommen, so hat die oder der Vorsitzende dies der zuständigen Strafverfolgungsbehörde mitzuteilen. Wird durch rechtskräftiges Urteil festgestellt, dass sein Inhalt den in Betracht kommenden Tatbestand des Strafgesetzbuches nicht verwirklicht, ist das Medium in Teil A oder C der Liste aufzunehmen. Die oder der Vorsitzende führt eine erneute Entscheidung der Bundesprüfstelle für jugendgefährdende Medien herbei, wenn in Betracht kommt, dass das Medium aus der Liste zu streichen ist.

(5) Wird ein Telemedium in die Liste jugendgefährdender Medien aufgenommen und ist die Tat im Ausland begangen worden, so soll die oder der Vorsitzende dies den im Bereich der Telemedien anerkannten Einrichtungen der Selbstkontrolle zum Zweck der Aufnahme in nutzerautonome Filterprogramme mitteilen. Die Mitteilung darf nur zum Zweck der Aufnahme in nutzerautonome Filterprogramme verwandt werden.

Inhaltsübersicht

		Rn
I.	Führen der Liste (Abs 1)	1
II.	Aufnahme in die und Streichung aus der Liste (Abs 2)	3
III.	Bekanntmachung (Abs 3)	6
	1. Grundsatz (Satz 1)	6
	2. Ausnahmen (Satz 2)	9
	a) Verbreitung über Telemedien (1. Alt)	9
	b) Jugendgefährdung durch Bekanntmachung (2. Alt)	12
IV.	Strafrechtlich relevante Inhalte (Abs 4)	13
V.	Mitteilung der Indizierung von Telemedien zwecks Ausfilterung durch Suchmaschinen (Abs 5)	16

I. Führen der Liste (Abs 1)

1   Abs 1 entspricht dem seit 1953 im Wesentlichen unverändert gebliebenen § 16 GjSM (BT-Drs 14/9013, 28). Danach obliegt dem Vorsitzenden der BPjM die Führung der Liste. Die **Liste** ist die in vier Teile gegliederte Zusammenstellung aller indizierten Medien (§ 18 Abs 2), bezeichnet nach Titel, Anbieter (zB Verlag) und Er-

scheinungsort. Sie ist ein öffentliches Register und genießt als solches strafrechtlichen Schutz (§§ 267, 271, 348 StGB).

Zum **Führen** der Liste gehört in erster Linie deren ständiges Aktualisieren durch Aufnehmen oder Streichen von Medien (Abs 2), aber auch deren Bekanntmachung (Abs 3) oder Mitteilung (Abs 4 S 1, Abs 5) und die Korrektur der Liste (Abs 4 S 2). 2

II. Aufnahme in die und Streichung aus der Liste (Abs 2)

Der oder die Vorsitzende muss in folgenden Fällen ein Medium in die Liste **aufnehmen** (Abs 2 S 1 Alt 1): 3
– Entscheidung der BPjM gem § 18 Abs 1 durch das Zwölfergremium (§ 19 Abs 5) oder Dreiergremium (§ 23 Abs 1). Dazu gehört auch der Fall, dass die BPjM aufgrund eines Antrags der KJM tätig wird (§ 18 Abs 6), weil auch hier die Voraussetzungen des § 18 Abs 1 erfüllt sein müssen.
– Rechtskräftige Entscheidung eines Gerichts gem § 18 Abs 5.
– Vorläufige Anordnung der BPjM im vereinfachten Verfahren durch das Dreiergremium (§ 23 Abs 5).
– Anordnung wegen Inhaltsgleichheit (§ 15 Abs 3) durch den Vorsitzenden oder durch das Zwölfergremium (§ 21 Abs 5 Nr 1).

Der Vorsitzende muss das Medium **unverzüglich,** dh ohne schuldhaftes Zögern (§ 121 Abs 1 BGB), in die Liste eintragen. Die Verbreitungs-, Abgabe- und Werbeverbote (§ 15 Abs 1) werden erst durch die nachfolgende Bekanntmachung der Listenaufnahme ausgelöst (vgl § 15 Abs 1: „bekannt gemacht ist").

Der Vorsitzende muss in folgenden Fällen ein Medium aus der Liste **streichen** (Abs 2 S 1 Alt 2) oder, was dasselbe meint, die Liste korrigieren (Abs 2 S 2): 4
– Anordnung der Streichung wegen Wegfalls der Indizierungsvoraussetzungen (§ 18 Abs 7 S 1) durch das Zwölfergremium (§§ 19 Abs 5, 21 Abs 5 Nr 2) oder das Dreiergremium (§ 23 Abs 1, 4).
– Außerkrafttreten einer vorläufigen Anordnung der Aufnahme in die Liste nach Fristablauf ohne Bestätigung oder durch eine Entscheidung des Zwölfergremiums (§ 23 Abs 6 S 1).
– Aufhebung einer Indizierungsentscheidung des Dreiergremiums durch das Zwölfergremium (§ 23 Abs 3).
– Rechtskräftige Aufhebung einer Indizierungsentscheidung (Abs 2 S 2).
– Anordnung der aufschiebenden Wirkung gem § 80 Abs 5 VwGO (Rn 6).
– Ablauf der 25-Jahre-Frist (§ 18 Abs 7 S 2).

Auch die Listenstreichung hat **unverzüglich** zu erfolgen. Dies liegt im Interesse des Händlers, Urhebers oder Nutzungsberechtigten, da die Verbreitungs- und Werbeverbote solange bestehen, wie das Medium in der Liste aufgenommen ist.

Neben der Aufnahme oder Streichung kann auch unverzüglich eine **Übertragung** eines Mediums von einem Listenteil in einen anderen notwendig sein, wenn eine rechtskräftige Gerichtsentscheidung das indizierte Medium anders einstuft (*Liesching/ Schuster* Rn 5). Hat ein Gericht entgegen der Einschätzung der BPjM bei einem indizierten Medium einen sogar strafrechtlich relevanten Inhalt iSd §§ 86, 130–131, 184a–c StGB bejaht, so muss der oder die Vorsitzende das Medium von Teil A bzw C in Teil B bzw D übertragen (§ 18 Rn 45 ff.). Im umgekehrten Fall ist das Medium von Teil B bzw D in Teil A bzw C zu übertragen (Abs 4 S 2). 5

III. Bekanntmachung (Abs 3)

1. Grundsatz (Satz 1)

Bekanntzumachen ist jede **Aufnahme oder Streichung eines Trägermediums** von der Liste (Abs 3 S 1). Der Grund der Indizierung ist unerheblich, jedoch ist auf 6 die zugrunde liegende Entscheidung hinzuweisen. Die Bekanntmachung ist bedeutsam, weil erst mit dem Tag des Erscheinens des Bundesanzeigers die Rechtswirkungen der Listenaufnahme oder -streichung eintreten (vgl § 15 Abs 1: „bekannt gemacht ist"). Da eine Anfechtungsklage gegen die Indizierungsentscheidung keine aufschiebende Wirkung entfaltet (§ 25 Abs 4 S 1), bleibt der oder die Vorsitzende auch während der Rechtshängigkeit berechtigt, das Medium in die Liste aufzunehmen und dies bekanntzumachen. Ordnet das Verwaltungsgericht jedoch die **aufschiebende Wirkung** an (§ 80 Abs 5 S 1 iVm Abs 2 S 1 Nr 3 VwGO), so muss der Vorsitzende das Medium unverzüglich wieder von der Liste streichen (VG Köln MMR 2010, 578 mit zust Anm *Schade/Ott*).

7   Die **Aufnahme von Telemedien** in die Liste wird nicht bekannt gemacht. Abs 3 S 1 gilt nur für Trägermedien. Telemedien werden in den nichtöffentlichen Teilen C und D der Liste geführt (§ 18 Abs 2 Nr 3, 4). Eine Bekanntmachung ihrer Aufnahme widerspräche den Zielsetzungen des Jugendmedienschutzes, weil Minderjährige dadurch Hinweise auf für sie gefährliche und im Regelfall leicht zugängliche Telemedien erhalten würden, so dass die Liste zu einer den Konsum eher fördernden „Linkliste" verkehrt würde (BT-Drs 14/1191, 22). Diesem Risiko stünde kein Nutzen gegenüber, weil die Verbreitung der unmittelbar dem Nutzer zugänglichen Telemedien nicht auf Zwischenhändler (zB Grossisten, Buchhändler, Kioskbetreiber etc) angewiesen ist, die nicht am Indizierungsverfahren beteiligt waren und deshalb über die Indizierung informiert werden müssen. Es genügt, dass die Anbieter und Urheber von Telemedien durch Zustellung der Entscheidung unterrichtet werden (§ 21 Abs 8 Nr 2). Zur Sicherstellung der Einhaltung der Verbreitungsverbote (§ 4 Abs 1 Nr 11, Abs 2 Nr 2, Abs 3 JMStV) wird zudem der KJM der Zeitpunkt der Zustellung mitgeteilt (§ 15 Abs 2 DVO-JuSchG). Eine Bekanntmachung der **Streichung** eines Telemediums von der Liste ist ebenfalls nicht vorgeschrieben, obwohl ihr keine jugendschutzrechtlichen Bedenken entgegenstehen.

8   Die Bekanntmachung ist zu unterscheiden von der **Veröffentlichung** der Teile A und B der Liste (§ 13 Abs 2 S 1 DVO-JuSchG). Dies geschieht im amtlichen Mitteilungsblatt der BPjM („BPjM-Aktuell") sowie weiteren Publikationsorganen (zB „JMS-Report") und dient in erster Linie der Information der Fachöffentlichkeit. Ebenfalls weiterhin zu veröffentlichen sind die vor Inkrafttreten des JuSchG am 1.4.2003 bereits erfolgten Indizierungen von Trägermedien (§ 13 Abs 2 S 1 DVO-JuSchG), welche die BPjM heute als Liste E führt.

2. Ausnahmen (Satz 2)

a) Verbreitung über Telemedien (Alt 1)

9   Bekanntzumachen ist die Listenaufnahme von Trägermedien, die körperlich vertrieben werden. Hingegen soll die Listenaufnahme von Trägermedien, die „lediglich durch Telemedien verbreitet" werden, nicht bekannt gemacht werden. Nimmt man das Gesetz beim Wort, so ist es **sinnlos,** weil Trägermedien (§ 1 Abs 2 S 1) und Telemedien (§ 1 Abs 3 S 1) sich wechselseitig ausschließen (§ 1 Rn 13) und das Trägermedium selbst nicht durch Telemedien verbreitet werden kann (§ 1 Rn 40). Wird nicht das Trägermedium, sondern *sein Inhalt* „durch Telemedien verbreitet", so bedarf es dazu einer digitalen Verkörperung des Inhalts, die dann aber selbst ein Telemedium ist (§ 1 Rn 38). Zwar geht der Gesetzgeber in § 1 Abs 2 S 2 davon aus, dass Trägermedien elektronisch verbreitet werden können, jedoch ist dies gerade keine Verbreitung „durch Telemedien" und auch nur in seltenen, praktisch bedeutungslosen Fällen möglich (§ 1 Rn 37).

10 Dass § 24 Abs 3 S 2 Alt 1 mit den Definitionen in § 1 Abs 2 und 3 kollidiert, wurzelt in derselben Fehlvorstellung im Rahmen des Gesetzgebungsverfahrens, die auch der Regelung des § 1 Abs 2 S 2 zugrundeliegt. Ebenso wie dort ging man wohl auch hier davon aus, dass es eine „unkörperliche elektronische Verbreitung" eines Trägermediums zB „als Attachement zu einer E-Mail" gäbe (BT-Drs 14/9013, 18; s dazu § 1

Rn 39 f.), und wollte nun den Fall regeln, dass ein Trägermedium ausschließlich auf eine solche „unkörperliche" Weise vertrieben wird. Gäbe es solche Formen der unkörperlichen elektronischen Verbreitung und würde ein Trägermedium nur so vertrieben, so läge es in der Tat nahe, hier aus denselben Gründen von einer Bekanntmachung der Indizierung abzusehen wie bei der Indizierung von Telemedien. Jedoch, es gibt sie nicht. § 24 Abs 3 S 2 Alt 1 erfasst daher nur Trägermedien, die ausschließlich iSd § 1 Abs 2 S 2 elektronisch vertrieben werden. Das wird in der Praxis selten sein.

Gesetzessystematik und Gesetzesentstehung sprechen auch gegen den Vorschlag, § 24 Abs 3 S 2 Alt 1 auf Fälle auszudehnen, in denen der *Inhalt* des indizierten Trägermediums ganz überwiegend als Telemedium verbreitet wird und das Trägermedium als solches kaum vertrieben wird (so aber *Liesching/Schuster* Rn 10; *Retzke* 2006, S 189; *Stath* 2006, S 190, *Stumpf* 2009, S 302). In solchen Fällen ist das Telemedium zu indizieren, was nicht bekanntgemacht werden muss. Die Indizierung des Trägermediums ist hingegen unzulässig, weil unverhältnismäßig (§ 18 Abs 4; vgl dort Rn 95). Richtig ist allerdings die Erwägung, dass in solchen Fällen, wenn hier überhaupt eine Indizierung des Trägermediums zulässig wäre, deren Bekanntmachung das Interesse von Kindern und Jugendlichen wecken würde mit der Folge, dass sie vermehrt und erfolgreich inhaltsgleiche Telemedien abrufen würden. Dieser Gefahr könnte jedoch über die zweite Alternative des Abs 3 S 2 begegnet werden. **11**

b) Jugendgefährdung durch Bekanntmachung (Alt 2)

Von einer Bekanntmachung ist auch dann abzusehen, wenn anzunehmen ist, dass sie der Wahrung des Jugendschutzes schaden würde. Das ist der Fall, wenn Kinder und Jugendliche **durch die Bekanntmachung von einem jugendgefährdenden Trägermedium Kenntnis erhalten** können, das für sie so leicht zugänglich ist, dass zu befürchten steht, dass die Bekanntmachung die Wahrnehmung des Trägermediums unter Jugendlichen eher fördern würde. Das dürfte bei Trägermedien – anders als bei Telemedien – gerade wegen ihrer Verkörperung nur ausnahmsweise der Fall sein. Ein Beispiel ist die späte Indizierung eines Trägermediums, von dem bereits viele Exemplare außerhalb des Handels im Umlauf sind (vgl § 18 Rn 94). Ist das Trägermedium noch nicht derart verbreitet, so spricht mehr für eine Bekanntmachung, weil nur durch sie erreicht wird, dass die Strafdrohungen des Gesetzes eingreifen (vgl § 27 Abs 1 Nr 1, der nur bekannt gemachte Indizierungen sanktioniert). Ein weiteres Beispiel ist die zu befürchtende **Verbreitung des Inhalts des Trägermediums über Telemedien.** Allerdings kann hier nicht schon dann von der Bekanntmachung abgesehen werden, sobald die Gefahr einer nicht unerheblichen Verbreitung inhaltsgleicher Telemedien besteht und ihre Bekämpfung wichtiger erscheint als die Bekämpfung der Verbreitung der Trägermedien (so aber *Liesching/Schuster* Rn 11; *Stath* 2006, S 190). Andernfalls käme es wegen der einfachen Kopiermöglichkeiten (zB bei BD, CD, DVD) kaum noch zu einer Bekanntmachung der Indizierung von Bild- und Tonträgern mit der Folge, dass die Verbreitungs- und Werbeverbote des § 15 Abs 1 nicht eingreifen. Zudem würde so für bestimmte Arten von Trägermedien die Grundentscheidung des Bundesgesetzgebers unterlaufen, dass Indizierungen von Trägermedien grundsätzlich immer zu veröffentlichen sind, und dass die Bekämpfung der Verbreitung von Telemedien, die mit indizierten Trägermedien inhaltsgleich sind, nicht der BPjM sondern der KJM obliegt und die landesrechtlichen Regeln (§ 4 Abs 1 S 1 Nr 11, Abs 2 S 1 Nr 2, Abs 3 JMStV) als ausreichend hinzunehmen sind. Dass man an deren Effizienz Zweifel hegen kann (so *Liesching/Schuster* Rn 12), macht die gesetzgeberische Konzeption nicht hinfällig. Daher darf die BPjM von einer Bekanntmachung nur dann absehen, wenn die Gefahr, die durch eine weiterhin zulässige Verbreitung des Trägermediums droht, im Vergleich zu der drohenden Gefahr einer Verbreitung des Inhalts über Telemedien im Falle der Bekanntmachung so gering ist, dass ihre Bekämpfung zu Lasten jener außer Verhältnis stünde. Kein Beispiel für Abs 3 S 2 Alt 2 ist die Befürchtung, dass das bislang **im Ausland vertriebene Trägermedium** durch die Bekanntmachung seiner Indizierung vom Inland her **12** nachgefragt werden wird, weil ohne die Bekanntmachung kein Einfuhrverbot (§ 15 Abs 1 Nr 5) besteht (*Liesching/Schuster* Rn 13).

IV. Strafrechtlich relevante Inhalte (Abs 4)

13   Die **Mitteilungspflicht** des Abs 4 S 1 besteht nur dann, wenn die Indizierung wegen eines Inhalts erfolgt, der nach §§ 86, 130–131, 184a–c StGB strafrechtlich relevant ist (Listenteile B und D). Bei anderen Inhalten (zB §§ 166, 184 StGB) darf eine Mitteilung erfolgen, doch muss dies nicht geschehen. Die Mitteilung nach Abs 4 S 1 ist an keine Form gebunden. Mitzuteilen sind die Entscheidung der BPjM, ihre Gründe sowie die Person des Urhebers, Nutzungsrechtsinhabers oder Anbieters. Zuständige Strafverfolgungsbehörde ist regelmäßig die Staatsanwaltschaft am Erscheinungsort (§ 143 Abs 1 GVG iVm § 7 Abs 2 S 1 StPO).

14   Abs 4 S 2 regelt die **Rückwirkung eines rechtskräftigen Urteils** auf eine vorherige Indizierung durch die BPjM. Verneint das Gericht, dass der Inhalt gegen §§ 86, 130–131, 184a–c StGB verstößt, so muss der Vorsitzende das Medium aus den Listenteilen B und D entfernen und stattdessen in die Teile A oder C aufnehmen. Er muss zudem prüfen, ob eine völlige Neuentscheidung durch das Zwölfergremium (§ 19 Abs 5) erforderlich ist, weil sich durch die Entscheidung des Gerichts insgesamt die Bewertung als jugendgefährdend geändert haben kann. Doch muss durch die Verneinung der strafrechtlichen Tatbestandserfüllung nicht notwendig die Jugendgefährdung insgesamt entfallen. So kann zB eine Darstellung, die nicht gewaltverherrlichend ist (§ 15 Abs 2 Nr 1 JuSchG iVm § 131 StGB), immer noch wegen zur Gewalt anreizender Inhalte gem § 18 Abs 1 S 2 jugendgefährdend sein. Eine erneute Entscheidung der BPjM wird immer dann erforderlich sein, wenn die Entscheidung bislang ausschließlich auf die Erfüllung des nun vom Gericht verneinten Straftatbestands gestützt war.

15   Nicht geregelt sind die Folgen einer **Einstellung** nach §§ 153 ff., 170 Abs 2 S 1 StPO durch die Staatsanwaltschaft bzw nach §§ 206a, 260 Abs 3 StPO durch das Gericht sowie die Folgen eines Nichteröffnungsbeschlusses nach § 204 StPO. Stellt die zuständige Staatsanwaltschaft das Verfahren nach § 170 Abs 2 S 1 StPO aus Rechtsgründen ein, weil sie einen Inhalt iSd §§ 86, 130–131, 184a–c StGB verneint, wird teilweise (*Liesching/Schuster* § 18 Rn 74, § 24 Rn 5, 22) eine analoge Anwendung des Abs 4 S 2 befürwortet, sofern die Begründung der Nichtstrafbarkeit den Anforderungen des § 267 Abs 1 S 1 StPO genügt. Die Analogie sei rechtsstaatlich geboten, weil ansonsten das Trägermedium auf unbestimmte Zeit in Listenteil B bliebe, selbst wenn zwischenzeitlich eine staatsanwaltschaftliche Bewertung von der Nichtstrafbarkeit ausginge oder die Staatsanwaltschaft untätig bliebe, so dass mit einer gerichtlichen Entscheidungen eben gerade nicht gerechnet werden könne (*Liesching/Schuster* Rn 17). Gegen eine Analogie spricht jedoch die unabhängige Stellung der BPjM. Sofern die Einstellung durch die Staatsanwaltschaft erfolgt, hat dies daher keine Auswirkungen auf die Einordnung in die Liste. Jedoch kann die BPjM die Erwägungen der Staatsanwaltschaft, soweit sie bekannt sind, in eine erneute Bewertung einfließen lassen. Geht aus einem **Nichteröffnungsbeschluss** gem § 204 StPO hervor, dass das Gericht einen Inhalt iSd §§ 86, 130–131, 184a–c StGB verneint, so bindet dies die BPjM. Anders hingegen verhält es sich bei einer Einstellung nach § 206a oder § 260 Abs 3 StPO, da ein Verfahrenshindernis (zB Verfolgungsverjährung) nichts an der Tatbestandsmäßigkeit des Inhalts und der damit einhergehenden Jugendgefährdung ändert.

V. Mitteilung der Indizierung von Telemedien zwecks Ausfilterung durch Suchmaschinen (Abs 5)

16   Die Verbreitungs- und Werbebeschränkungen für indizierte Telemedien (§ 4 Abs 1 S 1 Nr 11, Abs 2 S 1 Nr 2, § 6 Abs 1 S 1 JMStV) können nur gegenüber inländischen Anbietern durchgesetzt werden (BT-Drs 14/9013, 28). Mit Abs 5 will der Ge-

setzgeber daher erreichen, dass **ausländische Telemedien** nach ihrer Indizierung (zu Anwendbarkeit des JuSchG s Einl Rn 47 ff.) zumindest nicht über (inländische) Suchmaschinen gefunden werden können. Deshalb soll der Vorsitzende der BPjM die Indizierung den im Bereich der Telemedien anerkannten Einrichtungen der Selbstkontrolle (vgl § 19 Abs 2–6 JMStV) mitteilen, damit diese die Indizierung wiederum „zum Zweck der Aufnahme in nutzerautonome Filterprogramme" an die ihnen angeschlossenen (vgl § 19 Abs 2 JMStV) Anbieter solcher Programme weiterleiten. Die Mitteilung ist zweckgebunden (Abs 5 S 2; BT-Drs 14/9013, 29). § 15 Abs 3 DVO-JuSchG erweitert die Mitteilungspflicht, indem er vorschreibt, dass „die Bundesprüfstelle" (gemeint ist aber auch hier, wie die vorgeschriebene analoge Anwendung des § 24 Abs 5 zeigt, der Vorsitzende) auch die Aufnahme solcher **inländischer Telemedien** mitteilen soll, bei denen die Entscheidung über die Aufnahme nicht zugestellt werden konnte. Da in diesen Fällen offenbar niemand erreichbar ist, der dafür zur Verantwortung gezogen werden kann, dass die Rechtsfolgen der Indizierung beachtet werden (zB Sperrung der indzierten Website für Kinder und Jugendliche), soll auch insoweit zumindest das Auffinden der Telemedien über Suchmaschinen vereitelt werden. Zur (beschleunigten) Mitteilung holt die BPjM von der KJM eine Übersicht über die von dieser anerkannten Einrichtungen der freiwilligen Selbstkontrolle ein (§ 14 Abs 2 DVO-JuSchG).

Dass mit der Mitteilung nur **nutzerautonome Filterprogramme** bedient werden sollen (S 2), wurde erst durch den Ausschuss Familie, Senioren, Frauen und Jugend eingefügt (BT-Drs 14/9410, 31). Die Begriffe Filter und Filterprogramm, Nutzer und nutzerautonom werden im JuSchG nicht definiert und außerhalb des Abs 5 auch nicht verwandt. Im Alltagssprachgebrauch wird unter einem **Filterprogramm** ein Computerprogramm verstanden, das die Übermittlung bestimmter Internetangebote verhindert. Darunter fallen auch Suchmaschinen, weil und soweit sie über Filterfunktionen verfügen und Filterprogramme enthalten (näher *Altenhain* BPjM-Aktuell 1/2012, 6). **Nutzer** ist in Anlehnung an § 2 S 1 Nr 3 TMG jede (volljährige) natürliche oder juristische Person, die Telemedien nutzt. Das sind zum einen Endnutzer – insbesondere die in den Gesetzgebungsmaterialien beispielhaft genannten „Erziehenden und Aufsichtspersonen", die „schädliche Inhalte selbstbestimmt ausblenden können" sollen (BT-Drucks. 14/9410, 31) – und zum anderen Nutzer, die zugleich Anbieter sind und (von Dritten oder ihnen selbst erstellte) Filterprogramme für ihr Angebot nutzen, welches sie wiederum anderen (End-)Nutzern zur Verfügung stellen (ebenso BT-Drucks. 14/9013, S. 29, wo explizit „Hersteller von Filterprogrammen" genannt werden). 17

Ein Filterprogramm ist nach dem Wortsinn **„nutzerautonom"**, wenn es nach dem Willen des Nutzers (BT-Drucks. 14/9410, 31: „selbstbestimmt") eingesetzt werden kann. Das bedeutet nicht, dass der Nutzer über jedes Detail des Programms entscheiden können muss; autonom handelt er auch dann, wenn ihm nur die Entscheidung offen steht, ob er das Programm überhaupt einsetzt (zB der Endnutzer, der entscheidet, ob er das Filterprogramm einer Suchmaschine nutzt). Nutzerautonom iSd Abs 5 S 1 sind daher sowohl solche Filterprogramme, die personensorgeberechtigten Personen dazu dienen, in eigener Verantwortung jugendgefährdende Inhalte auszublenden (vgl BT-Drucks 14/9410, 31). Darunter fallen einem zum einen lokal installierte Programme, die nach Belieben des Nutzers an- oder abgeschaltet werden können. Doch sind nicht allein sie erfasst. Andernfalls wäre eine spezielle Suchmaschine für Kinder mit entsprechend jugendkonform beschränkten Inhalten nicht als Filterprogramm nach Abs 5 zu betrachten und eine Mitteilung der Listenaufnahme an den Betreiber zweckwidrig. Dies entspräche nicht dem Sinn des Abs 5, da die Mitteilungen über die Listenaufnahme gerade dazu verwendet werden können, auch solche Angebote jugendschutzsicherer zu machen. Vorzug verdient daher eine weite Auslegung, wonach sämtliche Filterdienste nutzerautonom sind, die den Zugriff auf Telemedien unter Jugendschutzgesichtspunkten beschränken und von volljährigen Nutzern bewusst ausgewählt werden können (zB durch Wahl eines bestimmten Angebots als Ausgangs- 18

Altenhain

punkt der Suche). Das gilt unabhängig davon, wie sie gepflegt werden (lokal oder über externe Server). Nutzerautonome Filterprogramme iSd Abs 5 S 1 sind darüber hinaus aber auch solche Filterprogramme, die zB Betreiber von Suchmaschinen (als Nutzer) eigenverantwortlich implementieren. Das Erfordernis der Nutzerautonomie der Filterung schließt also eine Weitergabe an Anbieter solcher Filterprogramme aus, die unbemerkt und ungewollt durch den volljährigen Nutzer arbeiten.

19 Eine **zweckwidrige Nutzung** (S 2) der Mitteilung kann mit einer Geldbuße bis zu 50 000 EUR geahndet werden (§ 28 Abs 3 Nr 2, Abs 5). Zweckwidrig sind nur Verwendungen, die den Intentionen des Jugendmedienschutzes zuwiderlaufen. Ein Beispiel ist die Veröffentlichung nichtöffentlicher Listenauszüge (BT-Drs 14/9410, 29), das dem in § 18 Abs 2 zum Ausdruck kommenden Willen des Gesetzgebers widerspricht, die Webadressen indizierter Telemedien vor Kindern und Jugendlichen geheim zu halten. Nicht zweckwidrig, sondern im Gegenteil wünschenswert ist die Implementierung einer Blacklist mit Webadressen indizierter Telemedien in Filterprogrammen von Suchmaschinen (so das sog **BPjM-Modul;** s dazu *Monssen-Engberding/Bochmann* KJuG 2/2005, 58; *Wendland* BPjM-Aktuell 3/2012, 12 ff.; zur Vereinbarkeit mit Abs 5 *Altenhain* BPjM-Aktuell 1/2012, 3 ff.). Sofern zum Betrieb eines nutzerautonomen Filterprogramms eine lokale Speicherung der Blacklist erforderlich ist, muss auch die Kopie gegen Zugriff besonders geschützt sein (zB Verschlüsselung).

20 Abs 5 enthält **keine abschließende Regelung** über die Reichweite der Befugnis der BPjM bzw ihres Vorsitzenden zur Mitteilung über Indizierungen. Das folgt aus dem Wortlaut („soll" in Satz 1 statt zB „darf nur" wie in Satz 2) sowie dem Zweck des Abs 5 und entspricht auch der Systematik des JuSchG (s zu beiden Aspekten *Altenhain* BPjM-Aktuell 1/2012, 7 f., 10 f.) sowie der bereits vor Inkrafttreten des JuSchG ständigen Praxis der BPjM, Informationen zu indizierten Medien und Indizierungsentscheidungen an Dritte herauszugeben, wenn im Rahmen des pflichtgemäß ausgeübten Ermessens keine Gesichtspunkte dagegen sprechen.

§ 25 Rechtsweg

(1) Für Klagen gegen eine Entscheidung der Bundesprüfstelle für jugendgefährdende Medien, ein Medium in die Liste jugendgefährdender Medien aufzunehmen oder einen Antrag auf Streichung aus der Liste abzulehnen, ist der Verwaltungsrechtsweg gegeben.

(2) Gegen eine Entscheidung der Bundesprüfstelle für jugendgefährdende Medien, ein Medium nicht in die Liste jugendgefährdender Medien aufzunehmen, sowie gegen eine Einstellung des Verfahrens kann die antragstellende Behörde im Verwaltungsrechtsweg Klage erheben.

(3) Die Klage ist gegen den Bund, vertreten durch die Bundesprüfstelle für jugendgefährdende Medien, zu richten.

(4) Die Klage hat keine aufschiebende Wirkung. Vor Erhebung der Klage bedarf es keiner Nachprüfung in einem Vorverfahren, bei einer Entscheidung im vereinfachten Verfahren nach § 23 ist jedoch zunächst eine Entscheidung der Bundesprüfstelle für jugendgefährdende Medien in der Besetzung nach § 19 Abs 5 herbeizuführen.

Inhaltsübersicht

	Rn
I. Verwaltungsrechtsweg (Abs 1, 2)	1
II. Klagebefugnis (Abs 2)	5
III. Klagegegner (Abs 3)	8
IV. Vorläufiger Rechtsschutz (Abs 4 S 1)	9
V. Vorverfahren (Abs 4 S 2)	12
VI. Keine Wiederaufnahme des Verfahrens	13

I. Verwaltungsrechtsweg (Abs 1, 2)

Die **Anordnung der Listenaufnahme** – nicht die Aufnahme selbst (*Hoffmann* ZUM 1996, 481) –, ist ein Verwaltungsakt (BVerwGE 19, 270; 23, 123; eingehend *Wente* ZUM 1991, 561 ff.), gegen den der Verwaltungsgerichtsweg offen steht (Abs 1). Statthafte Klageart ist die Anfechtungsklage (§ 42 Abs 1 Alt 1 VwGO). Dasselbe gilt für die **vorläufige Anordnung** nach § 23 Abs 5; Abs 4 S 2 gilt insoweit nicht (Rn 3). Gegen die Anordnung der Listenaufnahme kann bereits nach ihrer Verkündung, oder, wenn sie nicht verkündet wird, nach ihrer Zustellung die Anfechtungsklage erhoben werden. Die Aufnahme in die Liste und die Bekanntmachung müssen nicht abgewartet werden (OVG Münster v 21.5.1987 – 20 A 1184/84, zitiert nach *Gödel* § 20 Rn 1; *Ukrow* 2004, Rn 690; *Wente* ZUM 1991, 561). Die Entscheidung der BPjM ist – auch soweit sie die Schutzklauseln des § 18 Abs 3 betrifft – gerichtlich voll überprüfbar (§ 18 Rn 53, 80, 91). 1

Die **Ablehnung der Streichung aus der Liste** und die **Ablehnung der Listenaufnahme** sind ebenfalls Verwaltungsakte (vgl BVerwGE 44, 333, 335; NJW 1987, 1435), gegen die der Verwaltungsgerichtsweg offen steht (Abs 1, 2). Gegen sie ist die Verpflichtungsklage (§ 42 Abs 1 Alt 2 VwGO) statthaft. Entsprechendes gilt, wenn der Vorsitzende einen Antrag auf Listenaufnahme als offensichtlich unbegründet einstuft und das Verfahren einstellt (§ 21 Abs 3). Hier ist der **Einstellungsentscheid** ein Verwaltungsakt, gegen den Verpflichtungsklage auf Entscheidungsherbeiführung durch das Zwölfergremium erhoben werden kann (Abs 2; *Liesching/Schuster* Rn 4). Entschieden wird dann nur über die Offensichtlichkeit, nach der eine Aufnahme oder Streichung nicht in Betracht kommt. Das ergibt sich aus der Wertung des § 25 Abs 4 S 2 Hs 2, wonach nur die Entscheidung des Zwölfergremiums Grundlage einer umfassenden gerichtlichen Überprüfung ist (vgl zu einer ähnlichen Rechtslage bei § 15a GjSM: BVerwGE 91, 217, 220 f.). 2

Gegen eine **Entscheidung im vereinfachten Verfahren** (Dreiergremium) steht der Rechtsweg nicht offen. Es ist zunächst das Zwölfergremium anzurufen (Abs 4 S 2 iVm § 23 Abs 3; s unten Rn 12). Die Klage ist dann gegen die Entscheidung des Zwölfergremiums zu richten. Obwohl die **vorläufige Anordnung** ebenfalls im vereinfachten Verfahren ergeht (§ 23 Abs 5), gilt Abs 4 S 2 nicht für sie, weil der Betroffene hier keine Möglichkeit hat, eine Entscheidung des Zwölfergremiums herbeizuführen (§ 23 Abs 5 verweist nicht auf § 23 Abs 3). Die Einräumung der Klagemöglichkeit – und damit auch des vorläufigen Rechtsschutzes nach § 80 Abs 5 VwGO – entspricht der bisherigen Rechtslage (*Gödel* § 15 Rn 2). Dass der Gesetzgeber hieran durch die Zusammenfassung des vereinfachten Verfahrens und der vorläufigen Anordnung in § 23 (früher §§ 15, 15a GjSM) etwas ändern wollte, lässt sich den Materialien nicht entnehmen. 3

Auch gegen die **Feststellung der Inhaltsgleichheit** (§ 21 Abs 2 iVm § 15 Abs 3) steht der Verwaltungsrechtsweg offen. Bei der Ergänzung des § 21 Abs 2 um den Antrag auf Feststellung (durch Art 3 Nr 1 HBeglG 2004 v 29.12.2003, BGBl I, 3076, 3078) hat der Gesetzgeber übersehen, dass es auch einer entsprechenden Erwähnung in § 25 bedurfte. Dessen Abs 1 gilt hier analog, da kein Unterschied zu dem dort geregelten Fall des abgelehnten Antrags auf Streichung aus der Liste besteht. Dabei ist unerheblich, ob der Vorsitzende oder das Zwölfergremium die Inhaltsgleichheit feststellt (vgl § 21 Abs 5 Nr 1). Statthaft ist die Verpflichtungsklage, weil der Antragsteller eine für ihn günstige Entscheidung der BPjM begehrt, bei der es sich um einen Verwaltungsakt handelt (aA wohl *Liesching/Schuster* § 17 Rn 3: keine Entscheidung sondern „feststellender Vollzugsakt"). Die Feststellung fehlender Inhaltsgleichheit ist nicht lediglich ein Realakt oder eine Feststellung ohne Regelungscharakter (iS einer Mitteilung der Rechtslage). Während sich die Behörde bei einem solchen Vorgehen nicht selbst rechtlich bindet, sondern allenfalls schadensersatzpflichtig macht, wird durch einen feststellenden Verwaltungsakt die Rechtslage verbindlich für den Einzel- 4

Altenhain

fall festgestellt (Knack/*Hennecke* § 35 VwVfG Rn 36, 92; *Ipsen* § 7 Rn 400; *Maurer* § 9 Rn 46; Schoch/Schneider/Bier/*Pietzcker* § 42 VwGO Rn 26, 42; Erichsen/Ehlers/*Ruffert* § 21 Rn 51). Genau dies geschieht, wenn die BPjM den Antragsteller bescheidet, dass keine wesentliche Inhaltsgleichheit vorliegt. Dann können die Beschränkungen des § 15 Abs 1 nur noch dann eintreten, wenn das Medium schon gem § 15 Abs 2 kraft Gesetzes indiziert ist oder wenn es später gesondert indiziert wird. Für Telemedien hat die Feststellung noch größere Bedeutung, weil die Vertriebsbeschränkungen wegen § 4 Abs 3 JMStV auch nach wesentlichen Änderungen fortgelten, bis die BPjM über die Inhaltsgleichheit neu entschieden hat (BR-Drs 652/03, 36).

II. Klagebefugnis (Abs 2)

5   Klagebefugt ist, wer durch die Entscheidung der BPjM in seinen Rechten verletzt sein kann (§ 42 Abs 2 VwGO). Dazu gehören bei der **Anfechtungsklage** gegen die (auch nur vorläufige) Anordnung der Listenaufnahme der Urheber (zB Verfasser, Regisseur; bei entsprechender Betroffenheit auch Übersetzer, Bearbeiter, Herausgeber), der Inhaber der Nutzungsrechte (zB Verleger, Verleiher) und bei Telemedien der Anbieter (BT-Drs 14/9013, 29; vgl § 21 Abs 7, 8 Nr 1, 2). Nicht in ihren Rechten verletzt und folglich nicht klagebefugt sind Händler (OLG Köln NVwZ 1994, 410, 411f.; *Stath* 2006, S 192; *Stumpf* 2009, S 413) und bei Telemedien die nur den Zugang vermittelnden Anbieter (Accessprovider) und sie nur (als fremde Angebote) bereithaltenden Anbieter (aA *Liesching/Schuster* § 21 Rn 24; s dazu oben § 21 Rn 40). Ihnen fehlt die Anfechtungsbefugnis, weil durch die Indizierung nicht ihre Rechte, sondern nur ihre Aussichten auf Gewinnerzielung beeinträchtigt werden.

6   Bei einer **Verpflichtungsklage** auf Anordnung der Streichung aus der Liste oder auf Feststellung der Inhaltsungleichheit sind die Antragsteller (§ 21 Abs 2) klagebefugt, also in der Regel die Vorgenannten (Rn 5; vgl § 21 Abs 7).

7   Für eine Verpflichtungsklage auf Anordnung der Listenaufnahme räumt Abs 2 der antragstellenden **Behörde** (nicht der nur *anregenden* Behörde; s zu den Unterschieden § 21 Rn 14ff.) eine Klagebefugnis ein (BT-Drs 14/9013, 29). Nach dem Wortlaut bezieht sich die Befugnis nur auf die Ablehnung einer Listenaufnahme und die entsprechende Einstellung des Verfahrens wegen Offensichtlichkeit (§ 21 Abs 3), nicht jedoch auf die Ablehnung der Listenstreichung. Das ist konsequent. Zwar ist den Behörden die Möglichkeit gegeben, eine Streichung zu beantragen (§ 21 Abs 2), doch erwächst ihnen daraus keine eigene Rechtsstellung; zudem bedarf es hier – anders als beim Indizierungsantrag – keiner „stellvertretenden" Klagebefugnis, da die unmittelbar Betroffenen (Urheber etc.) selbst gegen die Entscheidung vorgehen können. Ebenfalls nicht klagebefugt ist die Behörde im Falle einer Streichung. Hier fehlt es schon im Verfahren vor der BPjM an einer Einbindung der Behörde. Sie kann einen Antrag auf erneute Aufnahme in die Liste stellen und im Falle seiner Ablehnung klagen. Soweit die Behörde klagebefugt ist, ist sie in ihrem Vorbringen nicht auf formale Fehler beschränkt (anders früher zum GjS, wo der Behörde nur für den Fall von Verfahrensfehlern eine Klagebefugnis eingeräumt war; BVerwGE 19, 272f.; 28, 63). Sie kann auch auf die materielle Begründung der Ablehnung des Antrags (§ 18 Abs 1) oder der Einstellung des Verfahrens (§ 21 Abs 3) abstellen.

III. Klagegegner (Abs 3)

8   Die Klage ist gegen die Bundesrepublik Deutschland, vertreten durch die BPjM, zu richten. Zuständiges Gericht ist das VG Köln, Berufungsinstanz (§§ 124, 124a VwGO) das OVG Münster. Die (zugelassene, § 132 VwGO) Revision führt vor das BVerwG. Die Klage muss innerhalb einer **Frist** von einem Monat nach der Zustellung (§ 21 Abs 8) erhoben werden (§ 74 Abs 1 S 2, Abs 2 VwGO).

IV. Vorläufiger Rechtsschutz (Abs 4 S 1)

Die Erhebung der Anfechtungsklage – gegen die (vorläufige) Anordnung der Listenaufnahme (Rn 1) oder die Feststellung der Inhaltsgleichheit (Rn 4) – hat keine aufschiebende Wirkung (**Abs 4 S 1** iVm § 80 Abs 2 S 1 Nr 3 VwGO). Auf Antrag kann das Gericht die **Anordnung der aufschiebenden Wirkung** treffen (§ 80 Abs 5 S 1 VwGO). Ist das Medium bereits in die Liste aufgenommen und dies bekannt gemacht worden, so kann der Kläger zugleich die **Anordnung der vorläufigen Streichung aus der Liste** bis zur rechtskräftigen Entscheidung in der Hauptsache und die Bekanntmachung der Streichung im Bundesanzeiger beantragen (§ 80 Abs 5 S 3 VwGO; OVG Münster OVGE 19, 278, 279f.; s auch OVG Münster ArchPR 1969, 140f.; *Gödel* § 20 Rn 8). Bei der Entscheidung über die Anordnung der aufschiebenden Wirkung muss das Gericht das öffentliche Interesse an der sofortigen Vollziehung der Indizierungsentscheidung gegen das Interesse des Klägers an der aufschiebenden Wirkung abwägen. Das hohe öffentliche Interesse an einer sofortigen Vollziehung drückt sich im Gebot der unverzüglichen Bekanntmachung (§ 24 Abs 2 S 1) und im Ausschluss der aufschiebenden Wirkung aus (Abs 4 S 1). Angesichts des Verfassungsrangs des Schutzes der Persönlichkeitsentwicklung und der staatlichen Schutzpflicht ist deshalb davon auszugehen, dass das öffentliche Interesse an der sofortigen Vollziehung regelmäßig höher zu veranschlagen ist als das private Interesse am Vertrieb des Mediums. Das ist nur dann nicht der Fall, wenn die Indizierung **offensichtlich rechtswidrig** ist oder ausnahmsweise auf Seiten des Klägers besonders gewichtige Gründe vorliegen (OVG Münster JMS-Report 4/1995, 1; VG Köln MMR 2010, 578; *Gödel* § 20 Rn 9). 9

Im Falle der Verpflichtungsklage – auf Anordnung der Streichung aus der Liste (Rn 2) oder auf Feststellung der Inhaltsungleichheit (Rn 4) – kann der Kläger einen Antrag auf **Erlass einer einstweiligen Anordnung** (§ 123 VwGO) stellen. Der Antrag wird im Regelfall scheitern, weil er auf die Vorwegnahme der Hauptsache gerichtet ist. Die auch nur vorläufige Streichung von der Liste ermöglicht es, das Medium in der dafür entscheidenden kurzen Phase nach dem Erscheinen erfolgreich abzusetzen. Eine nachfolgende Durchsetzung der Indizierung stieße dann ins Leere (*Gödel* § 20 Rn 10). Dasselbe gilt im Falle der vorläufigen Feststellung der Inhaltsungleichheit. Liegt die Indizierung schon länger zurück, fehlt regelmäßig ein rechtlicher Grund dafür, dass der Rechtsschutz nicht erst im regulären Hauptsacheverfahren, sondern im Eilverfahren gewährt werden muss (Anordnungsgrund). 10

Für einen Antrag auf eine einstweilige Anordnung (§ 123 VwGO) zum Zwecke des **vorbeugenden vorläufigen Rechtsschutzes** gegen eine drohende Indizierung mit dem Ziel, der BPjM die Anordnung der Listenaufnahme zu untersagen, wird es regelmäßig am Rechtsschutzbedürfnis fehlen. Grundsätzlich ist es dem Betroffenen zumutbar, die Indizierungsentscheidung abzuwarten und dann vorläufigen Rechtsschutz nach § 80 Abs 5 VwGO zu beantragen. Vorbeugender vorläufiger Rechtsschutz ist nur ausnahmsweise zulässig, wenn bereits durch das anhängige Indizierungsverfahren oder durch die Wirkungen der Indizierungsentscheidung bis zur Entscheidung im Verfahren nach § 80 Abs 5 VwGO derart massive Schäden entstehen, dass der wirtschaftliche Ruin des Betroffenen droht (VG Köln BPS-Report 3/1998, 35; *Gödel* § 20 Rn 7; *Liesching/Schuster* Rn 8). 11

V. Vorverfahren (Abs 4 S 2)

Vor der Klageerhebung bedarf es keines Vorverfahrens nach § 68 VwGO (Abs 4 S 2). Bei einer **Entscheidung im vereinfachten Verfahren** (§ 23 Abs 1) ist jedoch zunächst eine Überprüfung durch die BPjM in voller Besetzung herbeizuführen (Abs 4 S 2; anders noch bei § 15a GjSM, vgl BVerwGE 91, 217; *Gödel* § 15a Rn 5; 12 kritisch zu einer Beschränkung auf Entscheidungen des Zwölfergremiums *Wente* ZUM 1991, 561). Der Antrag auf Entscheidung durch das Zwölfergremium ist durch einen Betroffenen (Rn 5) innerhalb eines Monats nach Zustellung zu stellen. Er ist zu begründen und hat auf die in der Entscheidung benannten Punkte einzugehen; bei nicht ausreichender Begründung kann der Vorsitzende veranlassen, dass die BPjM nicht tätig wird (§ 10 Abs 3 DVO-JuSchG; s dazu § 23 Rn 9). Nach dem Übergang in das Verfahren vor dem Zwölfergremium ist eine nochmalige Aufforderung der Beteiligten zur Stellungnahme nicht erforderlich (BVerwG NJW 1999, 78). Die Entscheidung des Zwölfergremiums ist ein selbständiges Prüfungsverfahren und kein Vorverfahren iSd § 68 VwGO (OVG Münster NJW 1970, 215, 216, mit der Konsequenz, dass die Kosten durch Hinzuziehung eines Bevollmächtigten nicht erstattungsfähig sind, vgl § 17 Rn 5). Verfahrensfehler im vereinfachten Verfahren haben für das Verfahren vor dem Zwölfergremium keine Konsequenzen (VG Köln v 19.1.1988 – 17 K 3035/86, zitiert nach *Gödel* § 15a Rn 6; *Wente* ZUM 1991, 566). Mitglieder des Dreiergremiums können erneut beteiligt sein (*Gödel* aaO).

VI. Keine Wiederaufnahme des Verfahrens

13 Da **§ 21 Abs 2** dem Urheber, dem Inhaber von Nutzungsrechten und dem Anbieter des Telemediums das Recht einräumt, einen Antrag auf Streichung des Mediums aus der Liste zu stellen (§ 21 Abs 2, 7), ist ein Antrag auf ein Wiederaufgreifen des Verfahrens (§ 51 VwVfG) unzulässig (aA *Ukrow* 2004, Rn 694; ebenso zum GjS, das aber noch keine Antragsbefugnis wie § 21 Abs 2 vorsah: BVerwGE 39, 197, 202; NJW 1987, 1435; VG Köln NJW 1989, 418; *Gödel* § 1 Rn 49; *Hoffmann* ZUM 1996, 486). Die Antragsbefugnis nach § 21 Abs 2 ist über den Wortlaut hinaus auch Personen zuzugestehen, die Urheber, Inhaber des Nutzungsrechts oder Anbieter eines Mediums sind, das mit einem indizierten im Wesentlichen inhaltsgleich ist, da es ihnen unzumutbar ist, sich erst strafbar zu machen (§ 27 Abs 1) und damit der Gefahr der Strafverfolgung auszusetzen oder sich zumindest verbotswidrig (§ 15 Abs 3) zu verhalten und sich damit der Gefahr ordnungsrechtlicher Maßnahmen auszusetzen (BVerwG NJW 1987, 1435, zu § 18a GjS).

Abschnitt 5. Verordnungsermächtigung

§ 26 Verordnungsermächtigung

Die Bundesregierung wird ermächtigt, durch Rechtsverordnung mit Zustimmung des Bundesrates Näheres über den Sitz und das Verfahren der Bundesprüfstelle für jugendgefährdende Medien und die Führung der Liste jugendgefährdender Medien zu regeln.

Die Verordnung zur Durchführung des Jugendschutzgesetzes (DVO-JuSchG) vom 9.9.2003 trat am 13.9.2003 in Kraft (BGBl I, 1791). Zugleich trat die vorherige DVO-GjS außer Kraft.

Abschnitt 6. Ahndung von Verstößen

§ 27 Strafvorschriften

(1) Mit Freiheitsstrafe bis zu einem Jahr oder mit Geldstrafe wird bestraft, wer
1. entgegen § 15 Abs 1 Nr 1 bis 5 oder 6, jeweils auch in Verbindung mit Abs 2, ein Trägermedium anbietet, überlässt, zugänglich macht, ausstellt, anschlägt, vorführt, einführt, ankündigt oder anpreist,

2. entgegen § 15 Abs 1 Nr 7, auch in Verbindung mit Abs 2, ein Trägermedium herstellt, bezieht, liefert, vorrätig hält oder einführt,
3. entgegen § 15 Abs 4 die Liste der jugendgefährdenden Medien abdruckt oder veröffentlicht,
4. entgegen § 15 Abs 5 bei geschäftlicher Werbung einen dort genannten Hinweis gibt oder
5. einer vollziehbaren Entscheidung nach § 21 Abs 8 Satz 1 Nr 1 zuwiderhandelt.

(2) Ebenso wird bestraft, wer als Veranstalter oder Gewerbetreibender
1. eine in § 28 Abs 1 Nr 4 bis 18 oder 19 bezeichnete vorsätzliche Handlung begeht und dadurch wenigstens leichtfertig ein Kind oder eine jugendliche Person in der körperlichen, geistigen oder sittlichen Entwicklung schwer gefährdet oder
2. eine in § 28 Abs 1 Nr 4 bis 18 oder 19 bezeichnete vorsätzliche Handlung aus Gewinnsucht begeht oder beharrlich wiederholt.

(3) Wird die Tat in den Fällen
1. des Absatzes 1 Nr 1 oder
2. des Absatzes 1 Nr 3, 4 oder 5 fahrlässig begangen, so ist die Strafe Freiheitsstrafe bis zu sechs Monaten oder Geldstrafe bis zu hundertachtzig Tagessätzen.

(4) Absatz 1 Nr 1 und 2 und Absatz 3 Nr 1 sind nicht anzuwenden, wenn eine personensorgeberechtigte Person das Medium einem Kind oder einer jugendlichen Person anbietet, überlässt oder zugänglich macht. Dies gilt nicht, wenn die personensorgeberechtigte Person durch das Anbieten, Überlassen oder Zugänglichmachen ihre Erziehungspflicht gröblich verletzt.

Inhaltsübersicht

	Rn
I. Straftaten	1
1. Vorsatzdelikte (Abs 1, 2)	2
a) Verstoß gegen Abgabe-, Verbreitungs- oder Werbeverbot (Nr 1, 2)	2
b) Unzulässige Werbung mit der Liste (Nr 3)	12
c) Unzulässige Werbung mit dem Indizierungsverfahren (Nr 4)	17
d) Zuwiderhandlung gegen eine vollziehbare Entscheidung (Nr 5)	18
e) Verstöße nach Abs 2	20
2. Fahrlässigkeitsdelikte (Abs 3)	23
II. Erzieherprivileg (Abs 4)	27
III. Verhältnis zu anderen Vorschriften	33
IV. Rechtsfolgen	34

I. Straftaten

§ 27 Abs 1–3 enthalten **Blankettdelikte,** bei denen man den vollständigen Tatbestand erst erhält, wenn man die in Bezug genommene Verbotsnorm einbezieht. Unter Strafe gestellt werden Verstöße gegen die in § 15 niedergelegten verwaltungsrechtlichen Verbote. Nach Ansicht des BVerfG verstößt es weder gegen den in Art 1 Abs 1, 20 Abs 3 GG wurzelnden Schuldgrundsatz, noch gegen das Verhältnismäßigkeitsprinzip, „verwaltungsrechtliche Pflichten mit Strafen oder Bußen (zu) bewehren, um auf diese Weise der Gehorsamspflicht Nachdruck zu verleihen" (BVerfGE 80, 244, 255; 87, 399, 407; DVBl 2007, 1555, 1564; NVwZ 2012, 504, 505). Dazu darf sich der Gesetzgeber auch, wie hier, eines Blankettstraftatbestands bedienen, bei dem sich sämtliche Voraussetzungen der Strafbarkeit erst durch die Einbeziehung der Verbotsnorm, auf die er verweist, ergeben. Diese Gesetzestechnik ist mit dem strafrecht- 1 lichen Bestimmtheitsgrundsatz (Art 103 Abs 2 GG) vereinbar (BVerfGE 14, 245, 252; 87, 399, 407; DVBl 2007, 1555, 1564; NVwZ 2012, 504, 505). Grundsätzlich zulässig ist es auch, dass die Strafbarkeit an einen vollziehbaren, aber noch nicht bestandskräftigen Verwaltungsakt anknüpft, wie an die Anordnung der Listenaufnahme (Rn 5). Voraussetzung ist, dass die sofortige Beachtung des Verbots zum Schutz gleichwertiger Rechtsgüter erforderlich ist (BVerfGE 87, 399, 409), was hier wegen des Verfassungsrangs des Jugendschutzes zu bejahen ist.

1. Vorsatzdelikte (Abs 1, 2)

a) Verstoß gegen Abgabe-, Verbreitungs- oder Werbeverbote (Nr 1, 2)

(1) Tatobjekt

2   Die Straftatbestände sind ausdrücklich auf **Trägermedien** beschränkt. Das Angebot von Telemedien, die in die nichtöffentlichen Listenteile C und D aufgenommen worden sind (§ 18 Abs 2 Nr 3, 4), ist demgegenüber nur eine Ordnungswidrigkeit (§ 24 Abs 1 Nr 1 lit k), Nr 3 JMStV).

3   Das Trägermedium muss **in die Liste aufgenommen** und dies bekannt gemacht worden sein (vgl § 15 Abs 1). Ein gem § 15 Abs 3 kraft Gesetzes indiziertes Trägermedium genügt nicht, da § 27 Abs 1 den § 15 Abs 3 nicht nennt (Art 103 Abs 2 GG). Eine gegen § 15 verstoßende Handlung mit einem gem § 15 Abs 3 kraft Gesetzes indizierten Mediums ist folglich zwar verboten, aber nicht strafbar (*Liesching/Schuster* Rn 3; *Mitsch* 2012, § 9 Rn 27). Damit Verbreitung und Werbung im Wesentlichen inhaltsgleicher Medien ebenfalls unter Strafe stehen, müssen sie durch den Vorsitzenden der Bundesprüfstelle in die Liste aufgenommen werden (§ 15 Rn 101, 109). Anders verhält es sich bei **schwer jugendgefährdenden** Inhalten (§ 15 Abs 2 Nr 1–5). Bei ihnen sind die Werbe- und Verbreitungsbeschränkungen des § 15 Abs 1 auch dann strafbewehrt, wenn sie (noch) nicht in die Liste aufgenommen worden sind. Das ergibt sich aus der ausdrücklichen Einbeziehung („auch in Verbindung mit Abs 2"). Die fehlende Aufnahme des § 15 Abs 3 in den § 27 wirkt sich also nur bei Trägermedien aus, die mit indizierten, einfach jugendgefährdenden Medien (§ 18 Abs 1) **im Wesentlichen inhaltsgleich** und noch nicht vom Vorsitzenden in die Liste aufgenommen worden sind.

4   Bei einem indizierten Trägermedium muss das Gericht die **Aufnahme in die Liste und die Bekanntmachung** feststellen (OLG Hamburg NJW 1992, 1184, 1185). Aufnahme in die Liste ist meint neben dem Skripturakt des Vorsitzenden (§ 24 Abs 2 S 1) den zugrunde liegenden Verwaltungsakt. Das ist die Anordnung der Listenaufnahme durch das Zwölfergremium (§§ 17 Abs 2 iVm 19 Abs 5) oder das Dreiergremium (§§ 17 Abs 2 iVm 23 Abs 1, 5) oder die Entscheidung des Vorsitzenden nach § 15 Abs 3. Das Gericht muss den Erlass des Verwaltungsakts feststellen. Wurde er nicht erlassen, wurde er zurückgenommen oder widerrufen, oder ist er nichtig (§ 44 VwVfG), so ist der objektive Tatbestand des § 27 trotz einer versehentlich vorgenommenen Eintragung und Bekanntmachung oder unterbliebenen Streichung nicht erfüllt (*Hoffmann* ZUM 1996, 484; *Mitsch* 2012, § 9 Rn 26; zT anders *Liesching/Schuster* Rn 4: objektive Stafbarkeitsbedingung), es sei denn, das Trägermedium unterfällt § 15 Abs 2. Ist es nicht indiziert, muss das Strafgericht das Vorliegen der Voraussetzungen des § 15 Abs 2 feststellen.

5   Der Verwaltungsakt muss **vollziehbar** (vgl Abs 1 Nr 5), jedoch nicht bestandskräftig sein. Vollziehbarkeit ist erforderlich, weil eine Ahndung des Verstoßes gegen die an die Indizierung anknüpfenden Verbote nur dann möglich ist, wenn deren Befolgung nicht im Belieben des Einzelnen steht (BGHSt 23, 86, 92 [zu §§ 3, 16 StVO]; OLG Karlsruhe NJW 1988, 1604, 1605 [zu § 12 VZG 1987, §§ 15, 23 BStatG]). Der Verwaltungsakt ist gem § 25 Abs 4 S 1 sofort vollziehbar. Hat das Verwaltungsgericht auf einen Antrag nach § 80 Abs 5 S 1 VwGO hin die aufschiebende Wirkung angeordnet, so greift § 15 Abs 1 nicht ein und eine Strafbarkeit nach § 27 Abs 1

scheidet aus. Das gilt für jedermann, nicht nur für den Antragsteller. Ein vor der Anordnung des Gerichts begangener Verstoß gegen § 15 Abs 1 ist nach hM strafbar. Das soll unabhängig davon gelten, ob der Anordnung des Gerichts eine ex-nunc- oder eine ex-tunc-Wirkung zukommt. Selbst wenn sie rückwirkend ab dem Zeitpunkt des Erlasses des Verwaltungsaktes gelte, sei das für die Strafbarkeit unerheblich, da sich die Rechtspflicht des Täters nach den Verhältnissen zur Zeit der Handlung bestimme. Die nachträgliche, rückwirkende Beseitigung der sofortigen Vollziehbarkeit ändere nichts daran, dass der Verwaltungsakt nach der Rechtslage im Tatzeitpunkt vollziehbar gewesen sei (OLG Karlsruhe NJW 1988, 1604, 1605).

Nach bislang hM ist die Prüfungsbefugnis des Gerichts auf die Feststellung beschränkt, dass die Listenaufnahme angeordnet und bekannt gemacht wurde und die Anordnung im Tatzeitpunkt vollziehbar war. Die vollziehbare und bekannt gemachte Anordnung entfalte **Tatbestandswirkung,** dh bereits an sie knüpfe die Strafbarkeit eines Verhaltens nach § 15 Abs 1 an. Einer Prüfung der Rechtmäßigkeit des Verwaltungsakts im Augenblick der Tathandlung bedürfe es nicht mehr (*Gödel* § 21 Rn 1; *Mitsch* 2012, § 9 Rn 26; ebenso im Strafrecht: BGHSt 23, 86, 93 f.; 31, 314, 315; NJW 1982, 189 f.; differenzierend BVerfGE 87, 399, 407 f.; *Sch/Sch/Lenckner/ Sternberg-Lieben* vor § 32 Rn 130; *Sch/Sch/Heine/Hecker* vor § 324 Rn 21 f.; ablehnend *Kühl*, FS Lackner, S 847, 853). Die Rechtswidrigkeit des Verwaltungsakts sei für die Strafbarkeit unbeachtlich. Das gelte auch für indizierte Medien iSd § 15 Abs 2. Heben die BPjM oder das Verwaltungsgericht die rechtswidrige Anordnung nachträglich auf, ändert das nach hM an der Existenz des (vollziehbaren) Verwaltungsakts im Zeitpunkt der Tat nichts. Insoweit gelte dasselbe wie bei der rückwirkenden Anordnung der aufschiebenden Wirkung (Rn 5). Die nachträgliche Streichung der Schrift von der Liste könne sich nur bei der Strafzumessung in einem niedrigeren Strafmaß auswirken. 6

Die Ansicht ist abzulehnen. Ob jede Zuwiderhandlung gegen ein verwaltungsrechtliches Verbot bestraft werden soll oder nur der Verstoß gegen ein rechtmäßiges Verbot, entscheidet der Gesetzgeber (BVerfGE 87, 399, 408). Zu untersuchen ist deshalb, ob er mit § 27 jeden **Verwaltungsungehorsam** unter Strafe stellen wollte oder nur ein verbotswidriges Verhalten, das das Rechtsgut des JuSchG, die ungestörte Persönlichkeitsentwicklung von Kindern und Jugendlichen (Einl Rn 26), gefährdet. Dies wurde bisher angenommen, da § 15 auf den „formalen Akt" der Bekanntmachung der Liste und nicht ausdrücklich auf die Rechtmäßigkeit der Anordnung abstelle (*Gödel* § 21 Rn 1). Das überzeugt nicht. Dass die Bekanntmachung gem § 15 Abs 1 erforderlich ist, erlaubt nicht den Schluss, dass sie genügt. Auch die Fachkunde der BPjM zwingt angesichts dessen, dass der BPjM im Verwaltungsrechtsstreit kein gerichtlicher Nachprüfung entzogener Beurteilungsspielraum mehr eingeräumt wird (§ 18 Rn 53, 80, 91, § 25 Rn 1), nicht dazu, eine Bindung der Strafgerichte anzunehmen. Wäre das Gericht an die Entscheidung der BPjM gebunden, stünde zudem Händlern, die die Indizierung mangels Klagebefugnis nicht vor dem Verwaltungsgericht anfechten können (§ 25 Rn 5), kein Art 19 Abs 4 GG entsprechender Rechtsschutz zu. Da somit § 27 eine bestimmte Entscheidung des Gesetzgebers nicht entnommen werden kann, ist er wegen der Bedeutung der betroffenen Grundrechte auf Seiten der Verbotsunterworfenen (Art 5, 12 GG) dahingehend restriktiv auszulegen, dass nur bei im Augenblick der Tat materiell rechtmäßig indizierten Trägermedien Verstöße gegen § 15 strafbar sind (vgl BVerfGE 87, 399, 408 f. [zu § 29 Abs 1 Nr 2 VersG]). – Auf die formelle Rechtmäßigkeit kommt es hingegen nicht an, da sie für die Frage des Rechtsgüterschutzes unerheblich ist. 7

Es ist somit zu differenzieren: Polizei und zuständige Ordnungsbehörde können den Verstoß gegen ein Verbot des § 15 Abs 1 unabhängig von der Rechtmäßigkeit der Indizierung unterbinden, um so die von der BPjM bejahte Gefahr zu beseitigen. Wegen der bereits bis zur Indizierung bestehenden Schutzlücke und des Verfassungsrangs des Jugendschutzes ist ein weiterer Aufschub zur endgültigen Klärung der Rechtmäßigkeit der Indizierung nicht hinnehmbar. Diese Gründe gelten für die Ent- 8 scheidung des Strafgerichts nicht (*Hoffmann* ZUM 1996, 485). Es muss deshalb die **Rechtmäßigkeit der Indizierung im Tatzeitpunkt** prüfen. Käme es darauf nicht an, würde die unvermeidliche Beeinträchtigung der Grundrechte aus Art 5, 12 GG, die in den an eine rechtswidrige Indizierung anknüpfenden Verboten des § 15 Abs 1 liegt, ohne vergleichbare Notwendigkeit gegenüber denjenigen fortgesetzt werden, die – wie sich nachträglich herausstellt – diese Grundrechte zu Recht in Anspruch genommen haben (BVerfGE 87, 399, 410). An eine rechtskräftige, die Rechtmäßigkeit der Indizierung bejahende Entscheidung des Verwaltungsgerichts ist das Strafgericht nicht gebunden (*Kühl*, FS Lackner, S 855 f.).

9   Die Rechtmäßigkeit der Indizierung ist kein objektives Tatbestandsmerkmal, sondern eine **objektive Bedingung der Strafbarkeit** (ebenso *Liesching/Schuster* Rn 4; vgl *Sch/Sch/Lenckner/Sternberg-Lieben* vor § 32 Rn 130; *Sch/Sch/Heine/Hecker* vor § 324 Rn 21 f.). Bedeutung hat das für den Vorsatz: Handelte es sich um ein objektives Tatbestandsmerkmal, müsste sich der Vorsatz des Täters auf die Rechtmäßigkeit der Indizierung erstrecken. Die irrige Annahme, sie sei rechtswidrig, würde gem § 16 StGB zur Straflosigkeit führen. Diese völlige Entlastung des Täters vom Irrtumsrisiko würde jedoch dem Jugendschutzkonzept des JuSchG widersprechen, das die Geltung des Verbots von der Entscheidung eines pluralistisch besetzten, fachkundigen Prüfungsgremiums abhängig macht. Ist eine solche Entscheidung erfolgt und setzt sich der Täter über sie hinweg, so geht er damit bewusst das Risiko seines Irrtums ein. Handelt es sich hingegen um eine objektive Bedingung der Strafbarkeit, muss sich der Vorsatz auf sie nicht erstrecken, der Irrtum ist unerheblich.

(2) Tathandlung

10 Objektive Tatbestandsvoraussetzung ist ein gegen das Verbot des § 15 Abs 1 verstoßendes Handeln oder – unter den weiteren Voraussetzungen des § 13 Abs 1 StGB – Unterlassen.

(3) Vorsatz

11 Der subjektive Tatbestand verlangt gem § 15 StGB **Vorsatz** des Täters bezüglich der tatbestandsmäßigen Handlung (bei Nr 1 zB auch hinsichtlich der Minderjährigkeit), der Indizierung (nicht ihrer Rechtmäßigkeit, Rn 9) und ihrer Bekanntmachung. Bedingter Vorsatz genügt. Eine positive Kenntnis (iSv sicheres Wissen) ist auch nicht bezüglich der Indizierung zu fordern; ein für möglich Halten genügt (aA *Liesching/Schuster* Rn 10). Ein Irrtum schließt gem § 16 StGB den Vorsatz aus. Bei pornografischen, volksverhetzenden, gewaltdarstellenden oder sonstigen offensichtlich jugendgefährdenden Inhalten muss der Täter nicht korrekt unter das Tatbestandsmerkmal subsumieren. Nach hM genügt Bedeutungskenntnis im Sinne einer **Parallelwertung in der Laiensphäre,** aufgrund derer der Täter den unrechtstypisierenden Charakter des Tatbestandsmerkmals erfasst (*Sch/Sch/Sternberg-Lieben* § 131 Rn 13, *Sch/Sch/Eisele* § 184 Rn 68; nach der Einschätzung von *Wimmer/Michael* 1998, S 136 ist das regelmäßig zu bejahen). An der Bedeutungskenntnis kann es fehlen, wenn sich der Anbieter der aus seiner Sicht überzeugenden Einschätzung seines Jugendschutzbeauftragten oder der Organisation der freiwilligen Selbstkontrolle anschließt, die Schrift sei nicht pornografisch etc (*Wimmer/Michael* 1998, S 136). Hätte der Täter den Irrtum bei Einhaltung der objektiven Sorgfaltspflicht verhindern können, ist er gem Abs 3 wegen des entsprechenden Fahrlässigkeitsdelikts strafbar. Eine Ausnahme hiervon gilt bei einem Verstoß gegen § 15 Abs 1 Nr 7, der aufgrund der fehlenden Erwähnung in Abs 3 nur bei Vorsatz strafbar ist.

b) Unzulässige Werbung mit der Liste (Nr 3)

12 Abs 1 Nr 3 stellt Verstöße gegen § 15 Abs 4 unter Strafe. **Schutzzweck** ist es, zu verhindern, dass Kinder und Jugendliche Kenntnis von der Indizierung und von der Existenz und den Bezugsquellen indizierter Medien erhalten.

13 Der Straftatbestand gilt nicht nur für Trägermedien (vgl Rn 2), sondern auch für **Telemedien.** Er ist zB erfüllt, wenn in einem Telemedium die Liste der jugendge-

fährdenden Medien veröffentlicht wird. Anbieter von Telemedien können jedoch nur unter der weiteren Voraussetzung bestraft werden, dass sie für den Inhalt oder die Werbung verantwortlich sind (§§ 7 ff. TMG). Uneingeschränkt verantwortlich sind sie für eigene Inhalte. Für fremde Inhalte, die sie bereithalten, sind sie nur bei Kenntnis verantwortlich. Das schränkt die Fahrlässigkeitshaftung (Abs 3 Nr 2) stark ein, schließt sie aber nicht ganz aus (*Wimmer/Michael* 1998, S 130, 136). So macht sich ein Anbieter strafbar, der eine ihm bekannte Datei zugänglich macht, ohne zu erkennen, dass es sich um Werbung für ein indiziertes Medium handelt. Im Übrigen richtet sich die jugendschutzrechtliche Haftung der Anbieter von Telemedien nach dem JMStV.

Die **Liste** ist das gem § 24 Abs 1 vom Vorsitzenden zu führende öffentliche Register, in dem alle indizierten Medien aufgeführt sind und das gem § 24 Abs 2 ständig zu aktualisieren ist. Abs 1 Nr 3 setzt nach seinem eindeutigen Wortlaut den Abdruck oder die Veröffentlichung der **ganzen Liste** voraus, während die hM einen Teil der Liste genügen lässt (§ 15 Rn 113 f.). **14**

Abdruck ist die drucktechnische Vervielfältigung (zB in Zeitungen, Zeitschriften, Broschüren, Prospekten, Werbeblättern); **Veröffentlichung** ist jede Form des Verbreitens oder Zugänglichmachens der Liste, durch die einer größeren, nach Zahl und Individualität unbestimmten und durch nähere Beziehung nicht verbundenen Personengruppe die Möglichkeit zur Kenntnisnahme gegeben wird. Auch das Bereithalten der eingescannten Liste in einem Telemedium kann ein Veröffentlichen sein (zu weiteren Einzelheiten s § 15 Rn 115). **15**

Abdruck oder Veröffentlichung müssen für den Empfänger erkennbar der **geschäftlichen Werbung** dienen (§ 15 Rn 111 f.). Werbung setzt die allgemeine Absicht voraus, das „wohlwollende Interesse des Publikums" an dem beworbenen Objekt zu wecken oder zu fördern (BGHSt 34, 218, 219 f.). Ein Bezug auf bestimmte, vom Täter angebotene, indizierte Trägermedien oder einen von ihm bereitgehaltenen Telemedium muss nicht bestehen (aA *Gödel* § 21 Rn 2). Andernfalls wäre Abs 1 Nr 3 gegenüber dem grundsätzlichen Werbeverbot für indizierte Medien nach Abs 1 Nr 1 überflüssig. Abs 1 Nr 3 greift nicht ein, wenn die Handlung ausschließlich der Information dient (zB Abdruck in einer Fachzeitschrift für den Buchhandel oder über Jugendhilfe). **16**

c) Unzulässige Werbung mit dem Indizierungsverfahren (Nr 4)

Auch durch Abs 1 Nr 4 iVm § 15 Abs 5 soll dem Werbeeffekt einer Listenaufnahme entgegengewirkt werden. Strafbar ist der Hinweis (auch in Telemedien) auf ein anhängiges oder stattgefundenes Verfahren. Nicht erfasst werden abgeschlossene Verfahren, die nicht zur Indizierung führten, oder fiktive Indizierungsverfahren (str., zu den weiteren Einzelheiten s § 15 Rn 124 f.). **17**

d) Zuwiderhandlung gegen eine vollziehbare Entscheidung (Nr 5)

Nr 5 soll eine Lücke schließen, wenn gem § 24 Abs 3 S 2 die Listenaufnahme von Trägermedien nicht im Bundesanzeiger bekannt gemacht wird. Nr 1 und 2 beziehen sich nur auf Trägermedien, die in die öffentlichen Listenteile A und B aufgenommen worden sind (§ 15 Abs 1: „bekannt gemacht"). Sie erfassen keine **Trägermedien, die in die nichtöffentlichen Listenteile C und D** aufgenommen worden sind. Durch Nr 5 sollen die am Indizierungsverfahren Beteiligten (§ 21 Abs 8 S 1 Nr 1) in die Strafbarkeit einbezogen werden, um zu verhindern, dass sie vor der Listenaufnahme wissen, die Medien aber entgegen der Zielrichtung des § 15 Abs 1 weiterhin uneingeschränkt verbreiten (BT-Drs 14/9013, 29). Das Gesetz stellt in Nr 5 also die Zustellung nach § 21 Abs 8 S 1 der Bekanntmachung nach § 24 Abs 3 S 1 gleich. Dadurch gelten die Verbote des § 15 Abs 1 auch für die am Verfahren beteiligten **Urheber und Inhaber der Nutzungsrechte** des Trägermediums. Dritte werden selbst dann nicht erfasst, wenn sie von der nichtöffentlichen Indizierung erfahren haben. **18**

Konsequenz der Nr 5 ist es, dass auch bei Trägermedien, deren Aufnahme in die Liste (Teile A und B) gem § 24 Abs 3 S 1 bekannt gemacht wird, der **Zeitpunkt der** **19**

Strafbarkeit vorverlagert wird, weil für die Beteiligten die Werbe- und Verbreitungsverbote bereits ab Zustellung der Entscheidung gelten. In der Praxis wird sich dies kaum auswirken, da die Liste ohnehin unverzüglich anzupassen ist (§ 24 Abs 2).

e) Verstöße nach Abs 2

20 Abs 2 entspricht dem früheren § 12 Abs 4 JÖSchG. Er betrifft nur Gewerbetreibende und Veranstalter (§ 28 Rn 3) und erhebt die in § 28 Abs 1 Nr 4–19 bezeichneten Ordnungswidrigkeiten zu Straftaten, wenn zum vorsätzlichen Handeln noch weitere erschwerende Umstände hinzutreten, namentlich der Eintritt einer schweren Gefährdung der körperlichen, geistigen oder sittlichen Entwicklung bzw. ein Handeln aus Gewinnsucht oder in beharrlicher Wiederholung. Die Merkmale sind abschließend.

21 Die Feststellung einer konkreten **Gefahr für die körperliche, geistige oder sittliche Entwicklung** ist im Einzelfall schwierig. Eine Schädigung muss nicht eingetreten sein. Während eine körperliche Gefährdung vor allem durch Tabak oder Alkohol zu befürchten ist, kommt für die Presseorgane primär nur eine Gefährdung der geistigen oder sittlichen Entwicklung in Betracht. Es muss sich um die Gefahr einer nachhaltigen Beeinträchtigung handeln (Erbs/Kohlhaas/*Liesching* Rn 9), zB eine nachhaltige kognitive Einschränkung beim Opfer. Sittlich ist dabei im Sinne von § 18 Abs 1 S 2 zu verstehen (§ 18 Rn 16f.). Die Gefährdung muss **wenigstens leichtfertig** (vgl § 18 StGB) herbeigeführt worden sein. Leichtfertigkeit ist gegeben, wenn der Täter trotz der sich ihm aufdrängenden Möglichkeit des Erfolgseintritts handelt, weil er diese aus besonderer Gleichgültigkeit oder grober Unachtsamkeit außer Acht lässt. Die Leichtfertigkeit darf nicht schon aus der vorsätzlichen Verwirklichung des § 28 Abs 1 geschlossen werden, da ihr ansonsten keine eigenständige Bedeutung zukäme.

22 **Gewinnsucht** ist bei einem ungewöhnlichen, überzogenen und sittlich anstößigen Maß von gesteigertem Erwerbsstreben gegeben (BGHSt 1, 388, 389; 3, 30, 32; *Sch/Sch/Eser/Eisele* § 236 Rn 11; zu weit, weil den Wortteil „Sucht" missachtend, LG Berlin v 3.7.2009 – (522) 1 Kap Js 603/07 Ks (1/08), Rn 192 [juris], zu einem Gastwirt, der Alkohol an Jugendliche ausschenkt: wenn sein Gewinninteresse über das eines durchschnittlichen Gastwirts hinausgeht). Als Alternative nennt Nr 2 die **beharrliche Wiederholung**. Beharrlich bezeichnet eine durch die Tatbegehung zum Ausdruck kommende besondere Hartnäckigkeit und damit die gesteigerte Gleichgültigkeit des Täters gegenüber dem gesetzlichen Verbot, die zugleich die Gefahr weiterer Begehung indiziert (*Lackner/Kühl* § 184e Rn 5; *Sch/Sch/Eisele* § 184e Rn 5). Eine wiederholte Begehung ist zwar Voraussetzung, aber für sich allein nicht genügend.

2. Fahrlässigkeitsdelikte (Abs 3)

23 Begeht der Täter eine der Tatbestandsvarianten der Abs 1 Nr 1, 3–5 fahrlässig, so ist er gem Abs 3 strafbar. **Fahrlässigkeit** ist die Verletzung der im Verkehr gebotenen Sorgfalt. So macht sich zB ein Zeitschriftenhändler strafbar, der versehentlich einem Jugendlichen eine indizierte Zeitschrift verkauft, weil er es unterlassen hat, dessen Alter zu prüfen.

24 Jeden Händler oder Verleger trifft die Verpflichtung, Medien daraufhin zu prüfen, ob sie **von der BPjM indiziert** sind (OLG Hamburg v 2.4.2008 – 5 U 81/07, Rn 35 [juris]; *Liesching/Schuster* Rn 20; *Wimmer/Michael* 1998, S 136; s auch BGHSt 8, 80, 90; BayObLG NStZ 2000, 264). Er muss sich deshalb über die bekannt gemachten Indizierungen auf dem Laufenden halten.

25 Darüber hinaus trifft Händler oder Verleger die Prüfungspflicht, ob die Inhalte, für die er verantwortlich ist, **kraft Gesetzes** den Verboten des § 15 Abs 1 unterliegen. Da § 15 Abs 3 nicht in Abs 1 genannt wird (Rn 3), bezieht sich diese Prüfungspflicht nur auf schwer jugendgefährdende Inhalte (§ 15 Abs 2). An diese Prüfungspflicht

werden „strenge Anforderungen" gestellt (BGHSt 8, 80, 88 f.; 21, 18, 20 f.; 37, 55, 66; BayObLG NJW 1989, 1744; NStZ 2000, 264). Der Händler oder Verleger ist nur zu einer Prüfung verpflichtet, anhand derer „jedem unbefangenen Beobachter erkennbar jugendgefährdende Schriften" ausgefiltert werden können (BVerfGE 11, 234, 238; 77, 346, 358). Eine weitergehende Pflicht wäre unverhältnismäßig. Die Prüfungspflicht erstreckt sich deshalb nicht von vornherein auf alle Inhalte, sondern nur auf solche, bei denen ein Anlass zur Prüfung besteht, zB nach Zuschnitt des Mediums oder wenn ein Medium schon gerichtlich oder polizeilich beanstandet worden ist (vgl BGHSt 8, 80, 89 f.; *Liesching/Schuster* Rn 20 f.). Auch wenn ein Anlass besteht, ist der Händler oder Verleger nicht gehalten, den Inhalt einer genauen Prüfung zu unterziehen. „Die Gefährdung muss sich vielmehr aus dem Gesamteindruck [...] und besonders ins Auge springenden Einzelheiten ergeben" (BVerfGE 77, 346, 358). Ein Durchblättern kann also bei Zeitschriften genügen (BGHSt 8, 80, 90).

Der Prüfungspflicht kann sich ein Händler oder Verleger weder durch den Verweis **26** auf das bislang unbeanstandete Verbreiten des Trägermediums durch andere oder den fehlenden Hinweis desjenigen, von dem er das Trägermedium bezogen hat (vgl BGHSt 37, 55, 66; OLG Hamburg v 2.4.2008 – 5 U 81/07, Rn 35 [juris]; aA *Gödel* § 6 Rn 6), noch durch den Verweis auf seine sachliche oder persönliche Unfähigkeit entziehen. Sofern der Händler oder Verleger die Prüfung nicht selbst vornehmen kann, kann er sie einer zuverlässigen, sachkundigen, unvoreingenommenen Person oder Stelle überlassen, die mit der Erteilung der Auskunft kein Eigeninteresse verfolgt und die Gewähr für eine objektive, sorgfältige, pflichtgemäße und verantwortungsbewusste Auskunftserteilung bietet (BayObLG NStZ 2000, 264; NJW 1989, 1744, 1745; BGHSt 37, 55, 66; Erbs/Kohlhaas/*Liesching* Rn 14; *Ukrow* 2004, Rn 392). Andernfalls liegt ein Übernahme- bzw. Organisationsverschulden vor (BGHSt 10, 133, 134 f.; 37, 55, 66; OLG Hamburg JR 1974, 382; so auch *Gödel* § 6 Rn 7 f., § 21 Rn 5). Der auf die Organisation und Personalausstattung bei Verlegern, Grossisten und Händlern gemünzte Einwand, solche Prüfungen seien wegen der immensen Menge an Trägermedien unmöglich, ist vom BVerfG nicht akzeptiert worden (BVerfGE 77, 346, 356 f.). So hat zB ein Zeitschriftenhändler, der zur Einhaltung der gebotenen Sorgfalt, ganz gleich aus welchen Gründen, nicht in der Lage ist, „sein finanzielles Interesse am Verkauf den mit der Ausübung des Gewerbes verbundenen gesetzlichen Pflichten nachzuordnen" (OLG Hamburg JR 1974, 382; BGHSt 10, 133, 134). Entsprechende Pflichten hat die Rechtsprechung auch dem Verleger und dem Redakteur einer Zeitung für den Anzeigenteil auferlegt.

II. Erzieherprivileg (Abs 4)

Als Konsequenz des Art 6 Abs 2 GG, woraus sich die Aufgabe des Staates zur Si- **27** cherung des Rechts der Eltern auf Pflege und Erziehung der Kinder ergibt, findet sich in Abs 4 eine **Privilegierung für personensorgeberechtigte Personen** (§ 1 Abs 1 Nr 3). Diese Privilegierung wird wieder – verfassungsrechtlich aufbauend auf dem Recht des Kindes auf ungestörte Entwicklung nach Art 2 Abs 1 iVm 1 Abs 1 GG – bei gröblicher Verletzung der Erziehungspflichten eingeschränkt.

Der **Tatbestandsausschluss** gilt nach seinem Wortlaut nur für die Straftatbestände **28** des § 27 Abs 1 Nr 1, 2 und Abs 3 Nr 1. Der Personensorgeberechtigte (§ 1 Abs 1 Nr 3) macht sich nicht strafbar (Ausnahme: Satz 2), wenn er selbst seinem Kind ein indiziertes oder gem § 15 Abs 2 schwer jugendgefährdendes Medium anbietet, überlässt oder zugänglich macht (vgl BVerfGE 83, 130, 140). Denn es gehört auch zur Vermittlung von Medienkompetenz, dass Eltern sich im Rahmen der Erziehung mit ihren Kindern über entwicklungsbeeinträchtigende und jugendgefährdende Inhalte auseinandersetzen (BT-Drs 14/9013, 29). Vor dem Hintergrund dieser gesetzgeberischen Einsicht ist allerdings die Stellung des Privilegs in § 27 verfehlt. Da es mit dem Personensorgerecht nicht vereinbar ist, die Personensorgeberechtigten nur straflos zu stellen, ihnen aber weiterhin – wenn auch sanktionslos – die Handlungen des § 15 Abs 1 Nr 1–7 zu verbieten, ist Abs 4 so auszulegen, dass **auch die Handlung selbst nicht verboten** ist.

29 Die frühere Erweiterung auf Personen, die mit Einwilligung der Personensorgeberechtigten handeln (**verlängertes Erzieherprivileg**, BGBl 1961 I, 500f.), hat der Gesetzgeber aufgehoben (anders bei Ordnungswidrigkeiten, § 28 Abs 4 S 2). Deshalb ist eine über den Wortlaut hinausgehende Anwendung des Abs 4 auf Personen ausgeschlossen, denen die Sorgeberechtigten die Entscheidung überlassen haben, ob ihre Kinder jugendgefährdende Schriften erhalten, oder die mit Zustimmung der Erziehungsberechtigten deren Entscheidung vollziehen (*Kliemann/Fegert* ZKJ 2013, 102; *Liesching/Schuster* Rn 30; *Ukrow* 2004, Rn 392; ebenso zu §§ 131, 180, 184 StGB: LK/*Krauß* § 131 Rn 51; *Lackner/Kühl* § 180 Rn 13; *Schroeder* 1976, 399; aA *Schreibauer* 1999, S 353; *Stumpf* 2009, S 346; nur bez des zweiten Falls auch *Sch/Sch/Eisele* § 184 Rn 22; LK/*Hörnle* § 180 Rn 36; *Mitsch* 2012, § 9 Rn 27).

30 Bei **gröblicher Verletzung der Erziehungspflicht** bleibt die Strafandrohung erhalten (S 2, ebenso § 184 Abs 2 S 1 StGB). Wann die Erziehungspflicht „gröblich" verletzt ist, lässt sich schwer bestimmen (*Sch/Sch/Eisele* § 184 Rn 21; *Lackner/Kühl* § 180 Rn 9; SK-StGB/*Wolters* § 184 Rn 23). Dies wird jedenfalls dann anzunehmen sein, wenn bei Kindern und Jugendlichen der regelmäßige Konsum von indizierten oder schwer jugendgefährdenden Medien unkommentiert geduldet oder gar hierzu aufgefordert wird (*Nikles/Gutknecht* Rn 18; *Liesching/Schuster* Rn 32; *Stumpf* 2009, S 345), wenn die Überlassung aus eigener sexueller Motivation heraus erfolgt oder schlichte Gleichgültigkeit gegenüber der Entwicklung des jungen Menschen besteht (*Wolters* aaO).

31 Die Regelung des früheren § 21 Abs 5 GjSM, nach der das Gericht bei Jugendlichen und Angehörigen (§ 11 Abs 1 Nr 1 StGB) **von der Strafe absehen** konnte, ist nicht in das JuSchG übernommen worden. In der Gesetzesbegründung finden sich keine Ausführungen hierzu; sie enthält nur einen allgemeinen Verweis auf das frühere JÖSchG (BT-Drs 14/9013, 29). Dieses sah im Bereich der Ordnungswidrigkeiten vor, dass Jugendliche und Kinder von vornherein nicht erfasst sein sollten (so deklaratorisch im Entwurf BT-Drs 10/722, 12, in der Beschlussempfehlung dann gestrichen, BT-Drs 10/2546, 20). Eine Ausweitung dieser früheren Freistellung von Jugendlichen auf sämtliche Strafvorschriften des JuSchG ist dem nicht zu entnehmen.

32 Ebenso wurde die frühere Regelung des § 21 Abs 6 GjSM gestrichen, wonach das **Jugendamt** bei Verstößen durch Kinder und Jugendliche Maßnahmen einleiten konnte. Auch hierzu findet sich keine Erläuterung in der Gesetzesbegründung, allerdings hatte § 21 Abs 6 GjSM nur deklaratorische Bedeutung und übertrug dem Jugendamt keine zusätzlichen Befugnisse („aufgrund bestehender Vorschriften zulässige Maßnahmen"). Ebenso wie der Umstand, dass ein Kind oder Jugendlicher indizierte Medien besitzt, das Jugendamt zum Einschreiten veranlassen kann, können Maßnahmen des Jugendamtes geboten sein, wenn ein Kind oder Jugendlicher gegen die Verbote des § 15 verstößt.

III. Verhältnis zu anderen Vorschriften

33 Erfüllt das vorsätzliche Verhalten des Täters neben einer Variante des § 27 eine inhaltlich übereinstimmende Variante des § 184 StGB, so tritt § 27 hinter **§ 184 StGB** zurück (ebenso zum GjS: OLG Stuttgart, NJW 1976, 529, 530; BayObLGSt 1979, 44, 49; zum JuSchG: *Lackner/Kühl* § 184 Rn 13; LK/*Laufhütte/Roggenbuck* § 184 Rn 54; SK-StGB/*Wolters* § 184 Rn 25; *Mitsch* 2012, § 9 Rn 39; nun auch *Sch/Sch/Eisele* § 184 Rn 92). Greift neben § 27 eine inhaltsgleiche Variante der **§§ 86, 130–131, 184a–c StGB** ein, liegt Idealkonkurrenz vor, soweit diese Delikte nicht ausschließlich dem Jugendschutz dienen, sondern (auch) andere Rechtsgüter schützen (*Lackner/Kühl* § 131 Rn 15; LK/*Krauß* § 131 Rn 59; *Mitsch* aaO; SK-StGB/*Rudolphi/Stein* § 131 Rn 21).

Andernfalls (zB bei § 131 Abs 1 Nr 3 StGB) tritt auch hier § 27 zurück. In allen übrigen Fällen gelten die §§ 52 f. StGB.

IV. Rechtsfolgen

Der **Strafrahmen** für die Freiheitsstrafe beträgt bei vorsätzlichen Taten einen Monat (§ 38 StGB) bis ein Jahr, bei fahrlässigen Taten ein bis sechs Monate. Für die Geldstrafe beträgt er bei vorsätzlichen Taten mindestens 5 und höchstens 360 Tagessätze zwischen 1 und 30 000 EUR (§ 40 Abs 1, 2 StGB), bei fahrlässigen Taten höchstens 180 Tagessätze. Unter den Voraussetzungen des § 74d StGB wird die **Einziehung** der Medien angeordnet, unter denen des § 70 StGB kann ein Berufsverbot verhängt werden. 34

Hat ein **Mitarbeiter eines Unternehmens** sich gem § 27 Abs 1, 3 strafbar gemacht, so kann der Inhaber (bzw. ein für ihn handelnder Dritter, § 9 OWiG), soweit er nicht schon als Beteiligter strafbar ist (gem §§ 25 ff. StGB oder als fahrlässiger Nebentäter gem § 27 Abs 3), gem § 130 OWiG mit einer Geldbuße belegt werden, wenn er die Aufsichtsmaßnahmen unterlassen hat, die den Verstoß gegen das JuSchG verhindert oder wesentlich erschwert hätten. Unter den Voraussetzungen des § 30 OWiG kann auch gegen das Unternehmen eine Geldbuße verhängt werden. 35

Nimmt ein Dritter nur an der **Tat des Sorgeberechtigten** teil (zB er überlässt dem Vater die indizierte CD-ROM), so ist er mangels tatbestandsmäßiger Haupttat ebenfalls straflos (§§ 26, 27 StGB). Nimmt umgekehrt der Sorgeberechtigte an der Tat eines Dritten teil (zB der Vater fordert ihn auf, seinem Sohn Zugang zu einem indizierten Trägermedium zu verschaffen) oder ist er Mittäter, so ist der Dritte strafbar, der Sorgeberechtigte aber straflos (ebenso im StGB: *Sch/Sch/Eisele* § 184 Rn 22; *LK/Hörnle* § 180 Rn 36; *LK/Krauß* § 131 Rn 51; *Lackner/Kühl* § 180 Rn 13; *Schreibauer* 1999, 354 f.). 36

Bei **Taten von Kindern oder Jugendlichen** hat das Jugendamt die Möglichkeit eines Antrags gem § 8a Abs 3 S 1 SGB VIII auf eine Entscheidung des Familiengerichts zur Unterstützung der Sorgeberechtigten (§ 1631 Abs 3 BGB) oder zur Abwendung der Gefahr für das Kindeswohl (§ 1666 BGB). Im Übrigen kann das Familiengericht Weisungen aussprechen. Dies sind Ge- oder Verbote, die die Lebensführung des Jugendlichen regeln und dadurch seine Erziehung fördern und sichern sollen. Dazu gehört auch das Verbot an den Jugendlichen, bestimmte Medien zu lesen, mit Personen, die ihm solche Medien verschafft haben, Umgang zu pflegen oder einschlägige Geschäfte aufzusuchen. Kommt der Jugendliche der Weisung nicht nach, darf das Familiengericht kein Zwangsmittel nach § 35 FamFG anwenden, sondern muss eine andere Maßnahme ergreifen, die Erfolg bei der Unterbindung des Umgangs mit jugendgefährdenden Medien verspricht. 37

§ 28 (Bußgeldvorschriften)

(1) Ordnungswidrig handelt, wer als Veranstalter oder Gewerbetreibender vorsätzlich oder fahrlässig

1. entgegen § 3 Abs 1 die für seine Betriebseinrichtung oder Veranstaltung geltenden Vorschriften nicht, nicht richtig oder nicht in der vorgeschriebenen Weise bekannt macht,
2. entgegen § 3 Abs 2 Satz 1 eine Kennzeichnung verwendet,
3. entgegen § 3 Abs 2 Satz 2 einen Hinweis nicht, nicht richtig oder nicht rechtzeitig gibt,
4. entgegen § 3 Abs 2 Satz 3 einen Hinweis gibt, einen Film oder ein Film- oder Spielprogramm ankündigt oder für einen Film oder ein Film- oder Spielprogramm wirbt,

5. entgegen § 4 Abs 1 oder 3 einem Kind oder einer jugendlichen Person den Aufenthalt in einer Gaststätte gestattet,
6. entgegen § 5 Abs 1 einem Kind oder einer jugendlichen Person die Anwesenheit bei einer öffentlichen Tanzveranstaltung gestattet,
7. entgegen § 6 Abs 1 einem Kind oder einer jugendlichen Person die Anwesenheit in einer öffentlichen Spielhalle oder einem dort genannten Raum gestattet,
8. entgegen § 6 Abs 2 einem Kind oder einer jugendlichen Person die Teilnahme an einem Spiel mit Gewinnmöglichkeit gestattet,
9. einer vollziehbaren Anordnung nach § 7 Satz 1 zuwiderhandelt,
10. entgegen § 9 Abs 1 ein alkoholisches Getränk an ein Kind oder eine jugendliche Person abgibt oder ihm oder ihr den Verzehr gestattet,
11. entgegen § 9 Abs 3 Satz 1 ein alkoholisches Getränk in einem Automaten anbietet,
11 a. entgegen § 9 Abs 4 alkoholhaltige Süßgetränke in den Verkehr bringt,
12. entgegen § 10 Abs 1 Tabakwaren abgibt oder einem Kind oder einer jugendlichen Person das Rauchen gestattet,
13. entgegen § 10 Abs 2 Satz 1 Tabakwaren in einem Automaten anbietet,
14. entgegen § 11 Abs 1 oder 3, jeweils auch in Verbindung mit Abs 4 Satz 2, einem Kind oder einer jugendlichen Person die Anwesenheit bei einer öffentlichen Filmveranstaltung, einem Werbevorspann oder einem Beiprogramm gestattet,
14 a. entgegen § 11 Abs 5 einen Werbefilm oder ein Werbeprogramm vorführt,
15. entgegen § 12 Abs 1 einem Kind oder einer jugendlichen Person einen Bildträger zugänglich macht,
16. entgegen § 12 Abs 3 Nr 2 einen Bildträger anbietet oder überlässt,
17. entgegen § 12 Abs 4 oder § 13 Abs 2 einen Automaten oder ein Bildschirmspielgerät aufstellt,
18. entgegen § 12 Abs 5 Satz 1 einen Bildträger vertreibt,
19. entgegen § 13 Abs 1 einem Kind oder einer jugendlichen Person das Spielen an Bildschirmspielgeräten gestattet oder
20. entgegen § 15 Abs 6 einen Hinweis nicht, nicht richtig oder nicht rechtzeitig gibt.

(2) Ordnungswidrig handelt, wer als Anbieter vorsätzlich oder fahrlässig

1. entgegen § 12 Abs 2 Satz 1 und 2, auch in Verbindung mit Abs 5 Satz 3 oder § 13 Abs 3, einen Hinweis nicht, nicht richtig oder nicht in der vorgeschriebenen Weise gibt,
2. einer vollziehbaren Anordnung nach § 12 Abs 2 Satz 3 Nr 1, auch in Verbindung mit Abs 5 Satz 3 oder § 13 Abs 3, oder nach § 14 Abs 7 Satz 3 zuwiderhandelt,
3. entgegen § 12 Abs 5 Satz 2 einen Hinweis nicht, nicht richtig, nicht in der vorgeschriebenen Weise oder nicht rechtzeitig anbringt oder
4. entgegen § 14 Abs 7 Satz 1 einen Film oder ein Film- oder Spielprogramm mit „Infoprogramm" oder „Lehrprogramm" kennzeichnet.

(3) Ordnungswidrig handelt, wer vorsätzlich oder fahrlässig

1. entgegen § 12 Abs 2 Satz 4 einen Hinweis nicht, nicht richtig oder nicht in der vorgeschriebenen Weise gibt,
2. entgegen § 24 Abs 5 Satz 2 eine Mitteilung verwendet.

(4) Ordnungswidrig handelt, wer als Person über 18 Jahren ein Verhalten eines Kindes oder einer jugendlichen Person herbeiführt oder fördert, das durch ein in Absatz 1 Nr 5 bis 8, 10, 12, 14 bis 16 oder 19 oder in § 27 Abs 1 Nr 1 oder 2 bezeichnetes oder in § 12 Abs 3 Nr 1 enthaltenes Verbot oder durch eine vollziehbare Anordnung nach § 7 Satz 1 verhindert werden soll. Hinsichtlich

des Verbots in § 12 Abs 3 Nr 1 gilt dies nicht für die personensorgeberechtigte Person und für eine Person, die im Einverständnis mit der personensorgeberechtigten Person handelt.

(5) Die Ordnungswidrigkeit kann mit einer Geldbuße bis zu fünfzigtausend Euro geahndet werden.

Inhaltsübersicht

	Rn
I. Ordnungswidrigkeiten	1
1. Verbreitung von Bildträgern (Abs 1 Nr 15, 16, 18)	2
a) Täterkreis	3
b) Tatobjekt	4
c) Zugänglichmachen nicht gekennzeichneter Bildträger (Nr 15)	7
d) Anbieten oder Überlassen entwicklungsbeeinträchtigender Bildträger (Nr 16)	11
e) Vertrieb von Bildträgern mit Auszügen (Nr 18)	13
2. Unterlassener Hinweis auf Vertriebsbeschränkungen (Abs 1 Nr 20)	20
a) Täterkreis	21
b) Tathandlung	22
3. Zweckwidrige Verwendung einer Mitteilung der BPjM (Abs 3 Nr 2)	23
a) Täterkreis	24
b) Tathandlung	26
4. Verleitung von Kindern und Jugendlichen (Abs 4)	27
a) Täterkreis	28
b) Tathandlung	29
II. Rechtsfolgen und Konkurrenzen	32
III. Rechtsschutz	33

I. Ordnungswidrigkeiten

Die Tatbestände in **Abs 1 Nr 1–14a, 17, 19, Abs 2** und **Abs 3 Nr 1** betreffen Verstöße gegen Verpflichtungen nach §§ 3–7 und §§ 9–14 und sind im Presserecht regelmäßig ohne Belang.   **1**

1. Verbreitung von Bildträgern (Abs 1 Nr 15, 16, 18)

Die Tatbestände in Abs 1 Nr 15, 16 und 18 beziehen sich auf die Verbote des § 12 Abs 1, Abs 3 Nr 2 und Abs 5 S 1. Sie können auch im Pressebereich von Bedeutung sein, wenn Zeitschriften Filme (zB auf BD, DVD) oder Computerspiele (zB auf CD-ROM) beigefügt werden (Abs 1 Nr 15, 16) oder Bildträger mit Ausschnitten von Filmen oder Spielen beigegeben werden (Abs 1 Nr 18). Wird durch die vorsätzliche Tat leichtfertig ein Kind oder Jugendlicher gefährdet, handelt der Täter aus Gewinnsucht oder begeht er beharrlich wiederholt solche Taten, so kommt sogar eine Strafbarkeit (§ 27 Abs 2) in Betracht.   **2**

a) Täterkreis

Abs 1 Nr 15, 16, 18 gelten für Veranstalter und **Gewerbetreibende**. Zur Bestimmung des Begriffs des Gewerbes ist die GewO heranzuziehen. Gewerbe ist danach jede nicht sozial unwertige (nicht generell verbotene), auf Gewinnerzielung gerichtete, auf Dauer angelegte, selbstständige Tätigkeit, ausgenommen Urproduktion, freie Berufe (freie wissenschaftliche, künstlerische oder schriftstellerische Tätigkeit höherer Art; persönliche Dienstleistungen höherer Art, die eine höhere Bildung erfordern) und bloße Verwaltung und Nutzung eigenen Vermögens (BVerwGE 78, 6 = NVwZ 1988, 56, GewArch 1993, 196; 1995, 152; *Tettinger/Wank/Ennuschat* § 1 Rn 7 ff., 49 ff.). Gewerbetreibender ist die juristische oder natürliche Person, die ein solches Gewerbe betreibt. **Veranstalter** ist jede natürliche oder juristische Person, die nach   **3** außen hin eine Veranstaltung durchführt, plant, ins Werk setzt, sei es mit eigenen oder fremden Mitteln, auf eigene oder fremde Rechnung (Erbs/Kohlhaas/*Liesching* Rn 3).

b) Tatobjekt

4   **Bildträger** gehören zu den zur Weitergabe geeigneten Trägermedien (vgl § 1 Abs 2 S 1). Das Gesetz definiert sie als „bespielte Videokassetten und andere zur Weitergabe geeignete, für die Wiedergabe auf oder das Spiel an Bildschirmgeräten mit Filmen oder Spielen programmierte Datenträger" (§ 12 Abs 1). Die Definition ist gegenüber der Speicherart technikoffen, verlangt jedoch die **Eignung zur Weitergabe** (s dazu § 1 Rn 26). Erfasst werden neben der heute praktisch bedeutungslosen Videokassette zB BD, DVD, Speicherkarte und CD-ROM. Nicht unter Nr 15 fallen: Trägermedien, die nur Texte, Töne oder unbewegliche Bilddateien verkörpern (zB Musik, Hörbuch); Trägermedien, die in einem Vorführ- oder Spielgerät eingebaut sind, selbst wenn dieses weitergegeben werden kann; Telemedien.

5   Auf dem Bildträger muss ein **Film oder Spiel** gespeichert sein. Nachdem der frühere § 7 Abs 1 JÖSchG nur mit Videokassetten „vergleichbare Bildträger" und deshalb nur solche Spiele erfasste, in denen filmartige Bewegtbildszenen überwogen (BT-Drs 13/7385, 61 f., 63), findet § 12 Abs 1 auf alle mit Spielen programmierten Datenträger Anwendung. Der Gesetzgeber wollte neben Filmen und Videospielen gerade auch **Computerspiele** uneingeschränkt einbeziehen, weil sie „eine vergleichbare beeinträchtigende Wirkung auf die Entwicklung oder Erziehung von Kindern oder Jugendlichen haben können" (BT-Drs 14/9013, 21). Damit fallen sogar Trägermedien mit ausschließlich textbasierten Computerspielen unter § 12 Abs 1 (*Liesching/ Schuster* § 12 Rn 6). Die Beibehaltung des Begriffs des „Bild"trägers ist von daher unglücklich. Trägermedien, die ausschließlich andere Inhalte als Filme oder Spiele aufweisen (zB Text, Betriebssystem, Anwendungsprogramm, System-Tool), sind keine Bildträger. Das gilt auch dann, wenn zB in ein Betriebssystem Spiele eingebunden sind, sofern sie eine deutlich untergeordnete Rolle aufweisen und offensichtlich nicht entwicklungsbeeinträchtigend sind (*Ukrow* 2004, Rn 214). Sind neben dem Film oder Spiel weitere Inhalte auf dem Trägermedium gespeichert, so ist das ganze Trägermedium ein Bildträger iSd § 12 Abs 1 (v Hartlieb/Schwarz/*v Hartlieb* Kap 11 Rn 17; enger *Ukrow* 2004, Rn 213, der auf den Gesamteindruck abstellt).

6   Der Inhalt muss für die Wiedergabe auf oder das Spiel an einem externen **Bildschirmgerät** (zB Fernseher, mit Personalcomputer verbundener Bildschirm, Notebook, Tablet, Spielkonsole, Beamer mit integriertem Datenspeicher, Smartphone) konzipiert sein.

c) Zugänglichmachen nicht gekennzeichneter Bildträger (Nr 15)

7   Abs 1 Nr 15 bezieht sich auf § 12 Abs 1. Ordnungswidrig handelt, wer als Gewerbetreibender oder Veranstalter vorsätzlich oder fahrlässig (§ 27 Rn 11, 23) einem Kind oder Jugendlichen (§ 1 Abs 1 Nr 1, 2) in der Öffentlichkeit einen Bildträger zugänglich macht, der nicht für ihre Altersstufe freigegeben und gekennzeichnet worden ist. Das gilt auch dann, wenn ein solcher Bildträger nicht allein, sondern **im Verbund mit einem Druckwerk** vertrieben wird. In diesem Fall darf das Druckwerk nicht mit dem beigefügten Bildträger einem Kind oder Jugendlichen zugänglich gemacht werden. Nach Entfernung des Bildträgers ist ein Anbieten oder Überlassen nur des Druckwerks hingegen zulässig (*Engels/Stulz-Herrnstadt* AfP 2003, 98; aA *Ukrow* 2004, Rn 222).

8   Ein Bildträger wird Kindern oder Jugendlichen **zugänglich gemacht,** wenn ihnen die Möglichkeit eröffnet wird, von seinem Inhalt Kenntnis zu nehmen (§ 15 Rn 14). Das ist zB der Fall, wenn der Bildträger Beilage einer Zeitung ist, die auch an Kinder oder Jugendliche verkauft wird, oder wenn er als Prämie versandt wird, ohne dass sichergestellt ist, dass der Empfänger erwachsen ist. Der Gewerbetreibende muss das Alter des Kindes oder Jugendlichen im Zweifelsfall überprüfen (§ 2 Abs 2

S 2). Beim Versand ohne persönlichen Kontakt ist das Alter immer zu prüfen (Spindler/ Wiebe/*Erdemir* Kap 14 Rn 113; aA *Liesching* JMS-Report 6/2003, 3); insoweit gilt nichts anderes als bei § 1 Abs 4 (s dort Rn 66 ff.). Wird der Bildträger nur beworben oder im Geschäft oder einer Videothek ausgestellt, ohne dass eine Abgabe an Kinder oder Jugendliche erfolgt, so ist das noch kein Zugänglichmachen (OLG Düsseldorf GewArch 1994, 86; OLG Karlsruhe NJW 1984, 1975, 1976). Ebenfalls nicht erfasst ist die Verbreitung des Inhalts des Bildträgers über Telemedien (zB video on demand); hier greifen §§ 5, 24 Abs 1 Nr 4 JMStV ein. Das Zugänglichmachen muss **in der Öffentlichkeit** (§ 12 Abs 1) erfolgen (§ 15 Rn 42).

§ 12 Abs 1 formuliert ein Verbot mit Erlaubnisvorbehalt. Das öffentliche Zugänglichmachen an Kinder und Jugendliche ist grundsätzlich untersagt, es sei denn, dass der Bildträger von der obersten Landesbehörde oder einer Organisation der freiwilligen Selbstkontrolle **für ihre Altersstufe freigegeben und gekennzeichnet** worden ist. Die Altersstufen sind in § 14 Abs 2 genannt. Das Kennzeichnungsverfahren richtet sich nach § 14 Abs 6. Das Kennzeichen ist deutlich sichtbar auf dem Bildträger anzubringen (§ 12 Abs 2 S 1). Die Anforderungen an Größe und Ort des Kennzeichens sind nunmehr in § 12 Abs 2 S 2 geregelt; Einzelheiten können von der obersten Landesbehörde geregelt werden (§ 12 Abs 2 S 3 Nr 1). Wird ein solcher Bildträger **im Verbund mit einem Druckwerk** vertrieben, so ist dieses nicht auch zu kennzeichnen. Die Kennzeichnungspflicht des § 12 Abs 5 (Rn 21) gilt nicht beim Vertrieb von Vollversionen (*Engels/Stulz-Herrnstadt* AfP 2003, 100; *Liesching/Schuster* § 12 Rn 41; *Stath* 2006, S 129; aA v Hartlieb/Schwarz/*v Hartlieb* Kap 11 Rn 21).

Keiner Alterskennzeichnung bedürfen Programme, die ausdrücklich als **Informations-, Instruktions- und Lehrprogramme** gekennzeichnet sind (§ 14 Abs 7). Sie unterfallen daher nicht den Beschränkungen des § 12 Abs 1. Die Kennzeichnung als Lernprogramm wird vom Hersteller, Gewerbetreibenden oder Veranstalter vergeben (§ 14 Abs 7 S 1). Voraussetzung ist, dass der Inhalt offensichtlich nicht geeignet (vgl § 14 Abs 1) ist, die Entwicklung oder Erziehung zu beeinträchtigen, und im Übrigen der Information (zB über ein Unternehmen), Anleitung (zB filmisch aufbereitete Gebrauchsanleitung; BT-Drs 14/9013, 23) oder Unterrichtung (zB Sprachkurs) dient. Sind Informations-, Instruktions- und Lehrprogramme mit Spielen oder Filmen verbunden (zB Lernprogramm mit Spielelementen), so kommt es darauf an, welches Element prägend ist (*Engels/Stulz-Herrnstadt* AfP 2003, 102). Eine falsche Kennzeichnung (zB eines Films oder Computerspiels) ist ordnungswidrig (§ 28 Abs 2 Nr 4) und unbeachtlich, so dass das Verbot des Abs 1 eingreift.

d) Anbieten oder Überlassen entwicklungsbeeinträchtigender Bildträger (Nr 16)

Abs 1 Nr 16 bezieht sich auf § 12 Abs 3 Nr 2. Ordnungswidrig handelt, wer als Gewerbetreibender oder Veranstalter im Einzelhandel außerhalb von Geschäftsräumen (§ 15 Rn 22), in Kiosken oder anderen Verkaufsstellen, die Kunden nicht zu betreten pflegen (§ 15 Rn 23), oder im Versandhandel (§ 1 Rn 58 ff.) vorsätzlich oder fahrlässig (§ 27 Rn 11, 23) nicht oder mit „keine Jugendfreigabe" gekennzeichnete Bildträger anbietet (§ 15 Rn 12) oder überlässt (§ 15 Rn 13). Das gilt auch dann, wenn ein solcher Bildträger nicht allein, sondern **im Verbund mit einem Druckwerk** vertrieben wird. Nach Entfernung des Bildträgers ist ein Anbieten oder Überlassen nur des Druckwerks hingegen zulässig (*Engels/Stulz-Herrnstadt* AfP 2003, 98; aA *Ukrow* 2004, Rn 222).

Bildträger werden mit **„Keine Jugendfreigabe"** gekennzeichnet, wenn ihr Inhalt geeignet ist, die Entwicklung oder Erziehung zu einer eigenverantwortlichen und gemeinschaftsfähigen Persönlichkeit zu beeinträchtigen (§ 14 Abs 1; zur Abgrenzung zur engeren Eignung zur Jugendgefährdung s § 18 Rn 6). Bildträger, die **nicht gekennzeichnet** worden sind, dürfen ebenfalls nicht vertrieben werden (es sei denn, sie sind gem § 14 Abs 7 nicht kennzeichnungspflichtig, s Rn 10; aA Nikles/*Gutknecht* § 12 Rn 15). Dadurch soll zum einen erreicht werden, dass nur geprüfte Inhalte vertrieben werden, und zum anderen eine Lücke geschlossen werden, weil Bildträger, bei denen die Voraussetzungen für eine Indizierung vorliegen, nicht gekennzeichnet werden dürfen (§ 14 Abs 4 S 1, 2), da diese wiederum die Indizierung sperren würde (§ 18 Abs 8). Vom Wortlaut erfasst werden auch Bildträger, die nicht zu gewerblichen Zwecken hergestellt und auch nicht gewerblich genutzt werden (zB Urlaubsfilm); dieses offensichtliche gesetzgeberische Versehen (*Schumann* tv-diskurs 25 [2003], 97) ist durch eine analoge Anwendung des § 11 Abs 4 S 3 zu korrigieren (vgl früher § 7 Abs 2 S 1 iVm § 6 Abs 6 JÖSchG; ebenso *Liesching/ Schuster* § 12 Rn 22).

e) Vertrieb von Bildträgern mit Auszügen (Nr 18)

13   Abs 1 Nr 18 bezieht sich auf § 12 Abs 5 S 1. Dieser erlaubt es, periodischen Druckschriften (zB Zeitungen, Zeitschriften), Bildträger mit Ausschnitten von Filmen oder Computerspielen beizulegen (sog **Demo-Versionen**), die nicht gem § 14 gekennzeichnet sind. Diese Ausnahme von § 12 Abs 1 und 3 soll den kurzen Redaktionsfristen im Pressevertrieb entgegenkommen (BT-Drs 14/9013, 21). Um andererseits aber den Belangen des Jugendschutzes gerecht zu werden, muss zuvor eine Organisation der freiwilligen Selbstkontrolle festgestellt haben, dass sie keine Jugendbeeinträchtigung enthalten. Ordnungswidrig handelt, wer als Gewerbetreibender oder Veranstalter im Verbund mit einer periodischen Druckschrift Bildträger vertreibt, die Auszüge von Film- oder Spielprogrammen enthalten, die nicht von einer Organisation der freiwilligen Selbstkontrolle als nicht jugendbeeinträchtigend beurteilt und nicht als solche gekennzeichnet worden sind. Der Vertrieb von Vollversionen richtet sich nach § 12 Abs 1, 3 und bei Informations-, Instruktions- und Lehrprogrammen nach § 14 Abs 7.

14   Der Begriff **Vertrieb** wird nicht näher erläutert. Da die Verbote des JuSchG stets auch als Vertriebsbeschränkungen bezeichnet werden, ist hierunter jede Art des entgeltlichen und unentgeltlichen Zugänglichmachens zu verstehen. § 12 Abs 5 erlaubt nur die Beigabe von Bildträgern in **periodischen Druckschriften** (§ 22 Rn 4). Nicht privilegiert sind daher zB Bildträger mit Beiheft oder nur einmalig erscheinende Sondertitel.

15   Privilegiert sind nur Bildträger mit **Auszügen,** nicht Vollversionen. Ein Auszug ist ein Teil der auf dem Markt vertriebenen Vollversion, der dem Betrachter oder Nutzer nur einen ersten Eindruck von dem Film oder Spiel verschafft, ihn aber über die Filmhandlung oder den Spielverlauf im Unklaren lässt (zB einzelne Filmsequenzen). Das ergibt sich aus dem Wortlaut und der erforderlichen Abgrenzung zu § 12 Abs 1. Deshalb genügt der Verzicht auf sog Bonusmaterial nicht. Ebenfalls eine Umgehung des § 12 Abs 1 wäre es, wenn der Film fast vollständig oder in einer gekürzten, aber aus sich heraus verständlichen Fassung wiedergegeben wird (zu weitgehend *Engels/ Stulz-Herrnstadt* AfP 2003, 101).

16   Die Auszüge dürfen **keine Jugendbeeinträchtigung** enthalten, was zuvor durch eine Organisation der freiwilligen Selbstkontrolle festgestellt worden sein muss (§ 12 Abs 5 S 1). Der Begriff der Jugendbeeinträchtigung wird weder im Gesetz noch in den Materialien erläutert (kritisch deshalb *Schumann* tv-diskurs 25 [2003], 97; s auch den Entschließungsantrag der FDP-Fraktion, BT-Drs 14/9395, 2). Da § 12 Abs 5 nur ein vereinfachtes Verfahren schaffen, nicht aber den Jugendschutzstandard absenken will, ist davon auszugehen, dass der Gesetzgeber das Fehlen jeglicher Inhalte verlangt, die iSd § 14 Abs 1 geeignet sind, die Entwicklung von Kindern oder Jugendlichen zu beeinträchtigen. Eine Jugendbeeinträchtigung ist also nur zu verneinen, wenn der Inhalt des Bildträgers für alle Altersstufen (§ 14 Abs 2) freigegeben werden könnte (ebenso *Stath* 2006, S 129; vgl *Nikles/ Gutknecht* § 12 Rn 21; aA *Engels/ Stulz-Herrnstadt* AfP 2003, 101). Es besteht kein Anhaltspunkt dafür, dass der Gesetzgeber hier – zusätzlich zu den Begriffen der Eignung zur Beeinträchtigung (§ 14 Abs 1) und zur Gefährdung (§ 18 Abs 1) – einen dritten, eigenständig zu interpretierenden Maßstab schaffen wollte. Der Kontext des § 12 Abs 5 spricht eher dafür, dass der Gesetzgeber – sprachlich unglücklich – alle Fälle der Eignung zur Beeinträchtigung begrifflich zusammenfassen wollte. Insbesondere erscheint es auch abwegig, unter Verweis

darauf, dass nur von einer *Jugend*beeinträchtigung gesprochen wird, davon auszugehen, dass Inhalte, die geeignet sind, die Entwicklung von Kindern zu beeinträchtigen, bei § 12 Abs 5 zulässig sein könnten. Kein Argument für einen weitherzigeren Maßstab ist es, dass Demoversionen wegen ihrer eingeschränkten Nutzbarkeit grundsätzlich eine geringere Gefährdungsintensität aufweisen würden (so aber *Engels/Stulz-Herrnstadt* AfP 2003, 101). Dagegen spricht, dass der Gesetzgeber eine Vorab-Prüfung vorsieht, also die Vermutung geringerer Gefährlichkeit gerade nicht teilt. Bei der Bewertung kommt es nur auf den Bildträger an. Bei mehreren Ausschnitten auf einem Bildträger ist der mit dem höchsten Grad an Jugendbeeinträchtigung entscheidend (*Ukrow* 2004, Rn 222). Der Inhalt der Druckschrift bleibt hingegen außer Betracht, weil sie auch sonst keiner Alterseinstufung unterliegt, sondern nur indiziert werden kann.

Die Prüfung muss von einer **Organisation der freiwilligen Selbstkontrolle** 17 durchgeführt werden. Das gilt selbst dann, wenn der Bildträger offensichtlich nicht jugendbeeinträchtigend ist (zB wenn er nur Ausschnitte eines ohne Altersbeschränkung freigegebenen Films oder Spiels enthält, vgl § 14 Abs 2 Nr 1). Gleichgültig ist, ob sich die Organisation der freiwilligen Selbstkontrolle auch mit der Alterskennzeichnung von Filmen oder Spielen befasst (zB FSK, USK) oder eigens für Fälle des § 12 Abs 5 gegründet worden ist (zB Freiwillige Selbstkontrolle im Pressevertrieb DT-Control). Eine Entscheidung der obersten Landesbehörde oder einer Organisation der freiwilligen Selbstkontrolle im Rahmen eines gemeinsamen Verfahrens nach § 14 Abs 6 ist nicht erforderlich. § 12 Abs 5 nimmt – anders als § 12 Abs 1 – nicht Bezug auf das Verfahren nach § 14 Abs 6. Die Organisation der freiwilligen Selbstkontrolle muss nicht in irgendeiner Form von einer obersten Landesbehörde anerkannt worden sein. Das Gesetz stellt auch keine Anforderungen an die Organisation der freiwilligen Selbstkontrolle. Stattdessen nimmt es den Anbieter in die Pflicht (Rn 18). Für die analoge Anwendung des § 19 Abs 3 JMStV (vgl Nikles/*Gutknecht* § 12 Rn 20; Erbs/Kohlhaas/*Liesching* § 12 Rn 22) besteht daher kein Raum. Sie widerspräche auch der strikten Abgrenzung beider Gesetzeswerke voneinander, der unterschiedlichen Gesetzgebungskompetenz und nicht zuletzt Art 103 Abs 2 GG, da im Falle einer Analogie die Freigabe durch eine den Anforderungen nicht genügende Organisation unbeachtlich mit der Folge des § 28 Abs 1 Nr 18 sein müsste.

Der Anbieter muss die Druckschrift und den Bildträger vor dem Vertrieb deutlich 18 sichtbar **kennzeichnen** (§ 12 Abs 5 S 2). Die Kennzeichnung muss den Anforderungen des § 12 Abs 2 S 1–3 entsprechen (§ 12 Abs 5 S 3). Nach § 28 Abs 1 Nr 18 handelt der Anbieter selbst dann ordnungswidrig, wenn der Bildträger von einer Organisation der freiwilligen Selbstkontrolle als nicht jugendbeeinträchtigend eingestuft worden ist, er aber den Bildträger oder die Druckschrift nicht hinreichend kennzeichnet. Falsche oder unterlassene Kennzeichnungen können zudem zum Entzug des Kennzeichnungsrechts und damit zum Wegfall des Privilegs des § 12 Abs 5 S 1 führen (§ 12 Abs 5 S 4). Der Anbieter muss dann, will er Bildträger mit Ausschnitten von Filmen oder Spielen vertreiben, deren Alterskennzeichnung nach § 14 abwarten (*Engels/Stulz-Herrnstadt* AfP 2003, 102).

Darf der Bildträger nicht an Minderjährige abgegeben werden, so darf die Druck- 19 schrift nur ohne ihn weitergegeben werden. Eine Unzulässigkeit des Vertriebs allein der Druckschrift lässt sich aus § 12 Abs 5 nicht ableiten (aA *Ukrow* 2004, Rn 222).

2. Unterlassener Hinweis auf Vertriebsbeschränkungen (Abs 1 Nr 20)

Abs 1 Nr 20 bezieht sich auf § 15 Abs 6 und übernimmt die Regelung des früheren 20 § 21a Abs 1 Nr 1 GjSM. Nachdem die frühere Regelung zunächst (Fassung v 25.2.1985, BGBl I, 429) auch den fahrlässigen Verstoß erfasste, war hierauf mit den Änderungen zum IuKDG (Einl Rn 6) ohne nähere Begründung vom Gesetzgeber verzichtet worden (BT-Drs 13/7934). Zu den Begriffen Vorsatz und Fahrlässigkeit s § 27 Rn 11, 23.

a) Täterkreis

21 Täter der Nr 20 können **nur Gewerbetreibende** (Rn 3) sein, da § 15 Abs 6 nur Gewerbetreibende verpflichtet. Da der Gesetzgeber nicht die Einhaltung einer Pflicht sanktionieren kann, die er gar nicht auferlegt hat, kommt dem Veranstalter im Zusammenhang mit Abs 1 Nr 20 keine eigenständige Bedeutung zu (aA Erbs/Kohlhaas/*Liesching* Rn 3). Der Veranstalter wird nur erfasst, wenn er zugleich Gewerbetreibender ist. Neben dem Wortlaut spricht auch der Sinn der Vorschrift gegen eine Ausweitung, denn die Hinweispflichten dienen zur Sicherstellung der Kenntnis der Vertriebsbeschränkungen des JuSchG im Handel (§ 15 Rn 129), was für Veranstaltungen schwer vorstellbar ist. Der Begriff des Gewerbetreibenden ist im Kontext des § 15 Abs 6 neu. Nach der Begründung des Gesetzgebers soll er gegenüber dem zuvor in § 4 Abs 2 GjSM verwandten Begriff „Verleger und Zwischenhändler" umfassender sein (BT-Drs 14/9013, 24).

b) Tathandlung

22 Der Tatbestand wird verwirklicht, wenn ein Gewerbetreibender trotz entsprechender Verpflichtung aus § 15 Abs 6 (dort Rn 127 ff.) im Handelsverkehr seine Vertriebspartner **nicht, nicht richtig oder nicht rechtzeitig** über die Vertriebsbeschränkungen des § 15 Abs 1 Nr 1–6 **informiert.** Die Richtigkeit der Angaben schließt die Vollständigkeit ein (*Gödel* § 4 Rn 4). Rechtzeitigkeit bedeutet, dass der Hinweis spätestens zu einem Zeitpunkt gegeben werden muss, zu dem eine wirksame Umsetzung der jugendschutzrechtlichen Vorgaben möglich ist (also idR bis zur Übergabe der Medien an seinen Handelspartner; § 15 Rn 131).

3. Zweckwidrige Verwendung einer Mitteilung der BPjM (Abs 3 Nr 2)

23 Gem § 24 Abs 5 S 2 dürfen Mitteilungen über die Aufnahme von Telemedien ausländischer Anbieter in die Liste ausschließlich zur Nutzung in nutzerautonomen Filterprogrammen verwandt werden. Ein vorsätzlicher oder fahrlässiger Verstoß ist gem Abs 3 Nr 2 eine Ordnungswidrigkeit.

a) Täterkreis

24 Die Mitteilung der Vorsitzenden der BPjM ergeht zunächst an die „im Bereich der Telemedien anerkannten Einrichtungen der Selbstkontrolle" (§ 24 Abs 5 S 1; vgl § 19 JMStV), welche die Information über die Listenaufnahme an die Hersteller der Filterprogramme weiterleiten (BT-Drs 14/9013, 29). Adressaten der Mitteilung sind somit die anerkannten Einrichtungen der Selbstkontrolle, die Hersteller der Filterprogramme und die jeweils dort mit der Verarbeitung der Information befassten Personen. Ihnen – bei juristischen Personen: den für sie handelnden natürlichen Personen (§ 9 OWiG) – ist die zweckwidrige Weitergabe nicht gestattet.

25 Weitergehend wird vertreten, dass Abs 3 Nr 2 auf jede Person anwendbar sei, welche die in der Mitteilung enthaltene Information zweckwidrig verwendet (*Liesching/Schuster* § 24 Rn 26, § 28 Rn 11; unklar BT-Drs 14/9013, 29). Dagegen spricht jedoch, dass eine derart weite Auslegung, wonach zB auch derjenige mit einer Geldbuße zu belegen ist, der eine für ihn nicht bestimmte Mitteilung aufschnappt und weitergibt, in Widerspruch gerät zu § 15 Abs 4. Danach ist nicht jede Mitteilung der Liste, sondern nur ihr Abdruck oder ihre Veröffentlichung zu Werbezwecken untersagt, folglich im Umkehrschluss die Mitteilung oder gar Veröffentlichung ohne jeden werbenden Charakter zulässig (§ 15 Rn 111 f., 116). Das muss auch für Medien der Listenteile C und D gelten. Zwar lässt sich den Gesetzesmaterialien entnehmen, dass der Gesetzgeber insbesondere die Veröffentlichung nichtöffentlicher Teile der von der BPjM geführten Liste verhindern wollte (BT-Drs 14/9013, 29). Innerhalb des JuSchG, insbesondere in Hinsicht auf § 15 Abs 4, wird jedoch kein Unterschied zwischen den einzelnen Teilen gemacht. Allein aus der Tatsache, dass Listenteile durch die BPjM nicht veröffentlicht werden, lässt sich nicht rückfolgern, dass ihre Veröffentlichung per se ordnungswidrig ist.

§ 28 JuSchG   **JSchutz BT**

b) Tathandlung

Die Verwendung der Mitteilung der BPjM ist zweckwidrig, wenn sie nicht der Er- **26**
stellung oder Unterhaltung von Filterprogrammen dient (§ 24 Rn 19). Beispielhaft
nennt der Gesetzgeber das Veröffentlichen (BT-Drs 14/9013, 29).

4. Verleitung von Kindern und Jugendlichen (Abs 4)

Abs 4 ist hier nur in Verbindung mit § 27 Abs 1 Nr 1 und 2 von Bedeutung. Die **27**
übrigen Verweise in Abs 4 S 1 betreffen regelmäßig nicht den für die Presse relevanten Bereich des JuSchG. Abs 4 setzt Vorsatz voraus (§ 10 OWiG).

a) Täterkreis

Täter des Abs 4 S 1 kann jede Person über achtzehn Jahren sein. Eine Einschrän- **28**
kung auf Gewerbetreibende oder Veranstalter besteht hier nicht. Das Privileg des
Abs 4 S 2 für personensorgeberechtigte (§ 1 Rn 7) und in deren Einverständnis handelnde Personen ist im Presserecht irrelevant.

b) Tathandlung

Der Verweis des Abs 4 S 1 auf § 27 Abs 1 Nr 1 und 2 umfasst die Verbote des § 15 **29**
Abs 1 und 2, in denen nahezu alle Verbreitungsverbote des JuSchG zusammengefasst
sind. Während § 15 Abs 1 und 2 Erwachsenen untersagt, indizierte oder schwer
jugendgefährdende Medien so zu verbreiten, zugänglich zu machen oder für sie zu
werben, dass Kinder oder Jugendliche ohne Hilfe von Erwachsenen an sie gelangen
oder von ihnen Kenntnis nehmen können, verbietet § 28 Abs 4 Erwachsenen, Kinder
und Jugendliche aufzufordern oder dabei zu unterstützen, von sich aus an indizierte
oder schwer jugendgefährdende Medien zu gelangen oder Kenntnis von ihrem Inhalt
zu nehmen. Beispiel: Ein Dritter ermuntert einen Jugendlichen, sich den Schlüssel-
bund des Vaters zu verschaffen, um so Zugang zu dessen verschlossener Sammlung
indizierter Filme zu erhalten. Hier ist der Dritte nicht Täter iSd § 27 Abs 1 Nr 1 oder 2,
weil er selbst die Filme nicht zugänglich macht. Eine Strafbarkeit wegen Anstiftung
oder Beihilfe kommt mangels Haupttat nicht in Betracht, weil der (durch § 15 Abs 1
und 2 geschützte) Jugendliche selbst keine Tat iSd §§ 27, 28 begeht. Ohne Abs 4
würden solche Handlungen also sanktionslos bleiben.

Herbeiführen und Fördern entsprechen Anstiftung (§ 26 StGB) und Beihilfe **30**
(§ 27 StGB; OLG Naumburg v 13.9.2012 – 2 Ss (Bz) 83/12, Rn 9 [juris]). Erfasst ist
jedes Verhalten, durch das der Erwachsene einen Jugendlichen oder ein Kind dazu
auffordert oder darin unterstützt, sich selbst ein indiziertes Medium zu verschaffen
oder dessen Inhalt ganz oder auch nur teilweise wahrzunehmen. Wie bei Anstiftung
und Beihilfe genügen an eine unbestimmte Vielzahl von Kindern oder Jugendlichen
gerichtete Aufrufe oder Anleitungen (zB in Zeitschriften) nicht (vgl *Lackner/Kühl* § 26
Rn 5 aE, § 27 Rn 7 aE). Die Tat kann von einem Garantenpflichtigen (zB personensorgeberechtigte Person) auch durch Unterlassen begangen werden (§ 8 OWiG).

Kein Fall des Abs 4 ist es hingegen, wenn der Minderjährige eine Handlung nach **31**
§ 27 Abs 1 Nr 1 oder 2 begeht, etwa indem er einem anderen Jugendlichen ein indiziertes Medium anbietet. Dann macht sich der Erwachsene, der ihn dazu aufgefordert
oder ihn dabei unterstützt hat, wegen Anstiftung oder Beihilfe zur Tat des Minderjährigen nach § 27 Abs 1 Nr 1 oder 2 strafbar. Dass der Täter (möglicherweise) schuldun-
fähig ist (§ 19 StGB, § 3 JGG), steht nicht entgegen, weil die §§ 26, 27 StGB nur eine
rechtswidrige, aber keine schuldhafte Haupttat voraussetzen. Ebenfalls kein Fall des
Abs 4 ist gegeben, wenn der Minderjährige einen Erwachsenen (oder einen anderen
Minderjährigen) zu einer Tat nach § 27 Abs 1, 2 anstiftet oder ihm dabei Hilfe leistet
(Bsp.: 17-Jähriger fordert einen 18-Jährigen auf, einem anderen Jugendlichen ein indiziertes Buch zu geben). Hier macht sich der Jugendliche, wenn er schuldfähig ist (§ 3
JGG), wegen Anstiftung oder Beihilfe zur Tat des anderen nach § 27 Abs 1 oder 2
strafbar. Er handelt jedoch tatbestandslos, wenn er den anderen auffordert oder ihn

dabei unterstützt, ihm selbst ein indiziertes Medium zu geben (Bsp: Jugendlicher fordert Erwachsenen auf, ihm ein indiziertes Buch zu überlassen). Denn der Jugendliche kann nicht dafür bestraft werden, dass er sich selbst (dh seine Persönlichkeitsentwicklung) gefährdet.

II. Rechtsfolgen und Konkurrenzen

32 Die Ordnungswidrigkeit kann bei vorsätzlicher Begehung mit einer **Geldbuße** von 5 € (§ 17 Abs 1 OWiG) bis 50 000 € geahndet werden (Abs 5). Bei Fahrlässigkeit liegt das Höchstmaß bei 25 000 € (§ 17 Abs 2 OWiG). Die Geldbuße dient auch dazu, den durch die Ordnungswidrigkeit erlangten wirtschaftlichen Vorteil abzuschöpfen; zu diesem Zweck darf die Höchstgrenze überschritten werden (§ 17 Abs 4 OWiG). Wird keine Geldbuße verhängt, kommt in solchen Fällen noch ein Verfall in Betracht (§ 29a OWiG). Zur Geldbuße gegen **juristische Personen** und die für sie handelnden natürlichen Personen s §§ 9, 30 OWiG. Die Ordnungswidrigkeit darf nach drei Jahren nicht mehr verfolgt werden (Verfolgungsverjährung; § 31 Abs 2 Nr 1 OWiG). Sofern durch eine Handlung eine Ordnungswidrigkeit und eine Straftat verwirklicht werden, wird nur das Strafgesetz angewendet (§ 21 Abs 1 OWiG).

III. Rechtsschutz

33 Die Verfolgung von Ordnungswidrigkeiten liegt im pflichtgemäßen Ermessen der zuständigen Behörde (§ 47 Abs 1 OWiG). Erlässt die gem § 36 Abs 1 Nr 2a OWiG zuständige oberste Landesbehörde oder die von ihr oder der Landesregierung gem § 36 Abs 2 OWiG beauftragte Behörde einen **Bußgeldbescheid,** kann der Betroffene innerhalb einer Frist von zwei Wochen ab Zustellung Einspruch einlegen (§ 67 OWiG). Ein nicht form- oder fristgerecht eingelegter Einspruch wird von der Verwaltungsbehörde als unzulässig verworfen, wogegen wiederum ein Antrag auf gerichtliche Entscheidung möglich ist (§ 69 OWiG). Ist der Einspruch ordnungsgemäß, geht das Verfahren in die Zuständigkeit des Amtsgerichts über (§ 68 OWiG), das den Bußgeldbescheid in tatsächlicher und rechtlicher Hinsicht überprüft. Gegen den Beschluss (§ 72 OWiG) oder das Urteil kann unter den Voraussetzungen des § 79 OWiG Rechtsbeschwerde erhoben werden. Die Verjährung der rechtskräftig festgesetzten Geldbuße (Vollstreckungsverjährung) richtet sich nach § 34 OWiG.

Abschnitt 7. Schlussvorschriften

§ 29 Übergangsvorschriften

Auf die nach bisherigem Recht mit „Nicht freigegeben unter achtzehn Jahren" gekennzeichneten Filmprogramme für Bildträger findet § 18 Abs 8 Satz 1 mit der Maßgabe Anwendung, dass an die Stelle der Angabe „§ 14 Abs 2 Nr 1 bis 5" die Angabe „§ 14 Abs 2 Nr 1 bis 4" tritt.

1 § 29 modifiziert § 18 Abs 8 S 1 für Bildträger, die noch nach altem Recht (JÖSchG) mit „Nicht freigegeben unter 18 Jahren" gekennzeichnet worden sind. Solche Bildträger dürfen weiterhin von der BPjM in die Liste jugendgefährdender Medien aufgenommen und in ihr geführt werden (BT-Drs 14/9013, 31). Nach früherem Recht war bei Bildträgern, die als „Nicht freigegeben unter achtzehn Jahren" gekennzeichnet waren (§ 6 Abs 3 S 1 Nr 5 JÖSchG), eine nachträgliche Indizierung zulässig (§ 7 Abs 5 JÖSchG). Bei Kennzeichnungen, die nach dem JuSchG erfolgen, ist eine (nachträgliche) Indizierung gem § 18 Abs 8 S 1 nicht mehr möglich.

§ 29a Weitere Übergangsregelung

Bildträger mit Kennzeichnungen nach § 12 Abs. 1, deren Zeichen den Anforderungen des § 12 Abs. 2 Satz 1, aber nicht den Anforderungen des § 12 Abs. 2 Satz 2 entsprechen, dürfen bis zum 31. August 2008 in den Verkehr gebracht werden.

§ 30 Inkrafttreten, Außerkrafttreten

(1) Dieses Gesetz tritt an dem Tag in Kraft, an dem der Staatsvertrag der Länder über den Schutz der Menschenwürde und den Jugendschutz in Rundfunk und Telemedien in Kraft tritt. Gleichzeitig treten das Gesetz zum Schutze der Jugend in der Öffentlichkeit vom 25. Februar 1985 (BGBl. I S 425), zuletzt geändert durch Artikel 8a des Gesetzes vom 15. Dezember 2001 (BGBl. I S 3762) und das Gesetz über die Verbreitung jugendgefährdender Schriften und Medieninhalte in der Fassung der Bekanntmachung vom 12. Juli 1985 (BGBl. I S 1502), zuletzt geändert durch Artikel 8b des Gesetzes vom 15. Dezember 2001 (BGBl. I S 3762) außer Kraft. Das Bundesministerium für Familie, Senioren, Frauen und Jugend gibt das Datum des Inkrafttretens dieses Gesetzes im Bundesgesetzblatt bekannt.

(2) Abweichend von Absatz 1 Satz 1 treten § 10 Abs 2 und § 28 Abs 1 Nr 13 am 1. Januar 2007 in Kraft.

Das JuSchG trat am 1.4.2003 zeitgleich mit dem JMStV in Kraft (§ 28 Abs 1 **1** JMStV). Gleichzeitig traten das JÖSchG und das GjSM außer Kraft.

Steuerrecht

Schrifttum: *Becker,* Anwendung des ermäßigten Steuersatzes auf E-Books, DStR 2014, 642; Beck'scher Bilanzkommentar, 9. Aufl München 2014; *Blümich,* Einkommensteuergesetz Körperschaftsteuergesetz Gewerbesteuergesetz Nebengesetze Kommentar, München (Loseblatt); *Dötsch/Pung/ Möhlenbrock,* Die Körperschaftsteuer, Stuttgart (Loseblatt); *Glanegger/Güroff,* Gewerbesteuergesetz, 8. Aufl München 2014; *Granobs,* Bewertung von Verlagsrechten nach dem Bewertungsgesetz, DB 1985, 189; *Gürsching/Stenger,* Bewertungsgesetz Erbschaftsteuergesetz Kommentar, Köln (Loseblatt); *Halaczinsky,* Die steuerrechtliche Bewertung von Verlagsrechten und Tonträgern, GRUR 1986, 40; *Hartmann/Metzenmacher,* Umsatzsteuergesetz, Berlin (Loseblatt); *Herrmann/Heuer/Raupach,* Einkommensteuergesetz und Körperschaftsteuergesetz, Köln (Loseblatt); *Hübschmann/Hepp/Spitaler,* Kommentar zur Abgabenordnung und Finanzgerichtsordnung, Köln (Loseblatt); *IDW* (Hrsg), Wirtschaftsprüfer-Handbuch 2012 Bd I, 14. Aufl Düsseldorf 2012; *IDW* (Hrsg), Wirtschaftsprüfer-Handbuch 2008 Bd II, 13. Aufl Düsseldorf 2008; *Jahrmarkt,* Bilanzsteuerrechtliche Abschreibungen auf Verlagsrechte, Verlagswerte oder Verlagsobjekte, DB 1980, 1412; *Kußmaul,* Betriebswirtschaftliche Steuerlehre, 6. Aufl Berlin 2010; *Lademann,* Kommentar zum Körperschaftsteuergesetz, Stuttgart (Loseblatt); *Lademann,* Kommentar zum Einkommensteuergesetz, Stuttgart (Loseblatt); *Lenski/Steinberg,* Kommentar zum Gewerbesteuergesetz, Köln (Loseblatt); *Martin Löffler,* Bewertung und Besteuerung von Verlagsrechten und „Rechten am Verlag", BB 1959, 110; *Löffler/Faut,* Der Verlagswert im Steuerrecht – seine Bedeutung und Ermittlung, BB 1973, 1108; *Löffler/Faut,* Wesen und Umfang der Abschreibung auf entgeltlich erworbene Abonnementsverträge, BB 1973, 1299; *Ludwig Schmidt,* Einkommensteuergesetz, 32. Aufl München 2013; *Sölch/Ringleb,* Umsatzsteuergesetz, München (Loseblatt); *Tipke/Kruse,* Abgabenordnung Finanzgerichtsordnung Kommentar, Köln (Loseblatt); *Tipke/Lang,* Steuerrecht, 21. Aufl Köln 2013; *Zitzelsberger,* Die Ökosteuerdiskussion – eine Zwischenbilanz, DB 1996, 1791.

Inhaltsübersicht

	Rn
I. Einführung	1–13
II. Grundzüge der Besteuerung des Presse- und Verlagsunternehmens	14–142
1. Überblick über die Unternehmenssteuern	14–25
2. Der handelsrechtliche Jahresabschluss als Grundlage der wichtigsten Unternehmenssteuern	26–63
a) Immaterielle Vermögensgegenstände im Presse- und Verlagsunternehmen	30–41
b) Verlagsrechte	42–56
c) Sonstige bilanzsteuerrechtliche Fragen	57–63
3. Die wichtigsten Unternehmenssteuern	64–142
a) Die Körperschaftsteuer	64–72
b) Die Gewerbesteuer	73–83
c) Die Umsatzsteuer	84–142
aa) Steuertatbestand	90–98
bb) Lieferungen	99–102
cc) Sonstige Leistungen	103–112
dd) Steuersätze	113–115
ee) Steuerermäßigung für das gedruckte Wort	116–134
ff) Steuerermäßigung für urheberrechtliche Nutzungsvergütungen	135–142
III. Besonderheiten bei der Besteuerung der Schriftsteller, Journalisten und ähnlicher Freiberufler	143–169
1. Einkommensteuer	144–163
a) Gewinnermittlung	149–151
b) Betriebsausgaben	152–154
c) Einkünfte aus zeitlich begrenzter Überlassung von Rechten	155
d) Steuerabzug bei beschränkter Steuerpflicht	156–163
2. Umsatzsteuer	164–169
a) Kleinunternehmerregelung	164–166
b) Vorsteuerpauschalierung	167, 168
c) Besteuerung nach vereinnahmten Entgelten	169

I. Einführung

1 Für die auf privatwirtschaftlicher Basis tätigen Presse- und Verlagsunternehmen, die sich wie die meisten anderen Unternehmen in scharfem gegenseitigem Wettbewerb behaupten müssen, aber auch der harten Konkurrenz von Seiten anderer Medien, vor allem der von Fernsehen, Rundfunk und Internet, ausgesetzt sind, spielen steuerliche Fragen eine wichtige Rolle. Denn die Besteuerung beeinflusst bei einer **Belastung** allein mit **Ertragsteuern,** je nach Rechtsform und Ausschüttungsverhalten, von derzeit im Minimum etwa 28% bis auf über 50% des Gewinns die wirtschaftliche Situation eines Unternehmens in beträchtlichem Ausmaß. Dies gilt auch für das Presseunternehmen, das auf Dauer gesehen ohne ausreichenden finanziellen Spielraum seine publizistische Leistungsfähigkeit einbüßen muss. Darüber hinaus hängt die gesunde Struktur der gesamten Presse und die Verhinderung einer die Pressefreiheit gefährden den Pressekonzentration weitgehend von einer vernünftigen Steuergebarung ab.

2 Eingriffe in die Pressefreiheit im Wege einer **Sonderbesteuerung** der Presse, wie sie in der Ära Metternich gang und gäbe waren, sind heute verfassungsrechtlich und durch die Landespressegesetze ausgeschlossen (vgl § 1 LPG Rn 40). Pressespezifische Steuerbelastungen gibt es nicht. Anderseits genießen Presse- und Verlagsunternehmen aber auch keine besonderen Steuervergünstigungen, wenn man davon absieht, dass Bücher, Zeitungen und Zeitschriften nur dem ermäßigten Steuersatz von 7% bei der Umsatzsteuer unterliegen, was auf kultur- und bildungspolitische Ziele des Gesetzgebers zurückzuführen ist (vgl Rn 116).

3 Presse- und Verlagsunternehmen, zumal mit umfangreichem Anlagevermögen, kommen mit allen **wichtigen Steuerarten** in Berührung. Die dadurch auftauchenden steuerlichen Probleme sind aber nur insoweit zu erörtern, als sie sich gerade aus der Eigenart der Pressestruktur und der Pressetätigkeit ergeben. Zum besseren Verständnis des Folgenden sind einige grundsätzliche Bemerkungen und ein kurzer Blick auf das Steuerverfahrensrecht vorangestellt.

4 Weit mehr als öffentliche Gebühren und Abgaben oder Einkünfte aus wirtschaftlicher Betätigung der öffentlichen Hand bilden die Steuern die Haupteinnahmequelle der modernen Staatswirtschaft. So deckten die **Steuereinnahmen** im Jahr 2012 in der Bundesrepublik Deutschland mit rd 600 Mrd EUR mehr als drei Viertel der Ausgaben von Bund, Ländern und Gemeinden (Quelle: www.bundesfinanzministerium.de). Vorrangiger Zweck der Steuererhebung ist die finanzielle Sicherung der Erfüllung der Staatsaufgaben und die Verwirklichung sozialpolitischer Ziele. Hierzu hat ein jeder nach Maßgabe seiner **Leistungsfähigkeit** beizutragen. „Es ist ein grundsätzliches Gebot der Steuergerechtigkeit, dass die Besteuerung nach der wirtschaftlichen Leistungsfähigkeit ausgerichtet wird" (BVerfGE 66, 214/223), auch wenn das Leistungsfähigkeitsprinzip sich nicht direkt aus dem GG ergibt. Als Maßgrößen der steuerlichen Leistungsfähigkeit gelten das Einkommen, das Vermögen und der Konsum (Einkommensverwendung). Steuern vom Einkommen sind die Einkommensteuer und die Körperschaftsteuer einschließlich des hierzu erhobenen Solidaritätszuschlags. Zur zweiten Gruppe gehören die Steuern vom Vermögensbesitz (derzeit allein die Grundsteuer). Steuern auf die Einkommensverwendung sind die Umsatzsteuer, die Versicherungsteuer, die Kraftfahrzeugsteuer, die Energiesteuer sowie sonstige Verbrauch- und Aufwandsteuern (Tabaksteuer, Branntweinabgabe, Kaffeesteuer, Biersteuer, um nur einige zu nennen). Die Gewerbesteuer stellt eine Sonderbesteuerung des Ertrags gewerblicher Unternehmen dar, deren finanztheoretische Rechtfertigung im Finanzbedarf der Kommunen infolge der Industrieansiedlung im 19. Jahrhundert liegt. Einige wenige Steuern auf den Vermögensverkehr runden die Übersicht über die in der Bundesrepublik Deutschland erhobenen Steuern ab (Erbschaft- und Schenkungsteuer, Grunderwerbsteuer).

5 Dass Steuern nicht nur ihrem ursprünglichen Zweck entsprechend zur Deckung des öffentlichen Finanzbedarfs bestimmt sind, sondern auch **Lenkungsfunktion** haben (vgl *Tipke/Kruse* § 3 Rn 9), ergibt sich bereits aus der Legaldefinition der Steuer in § 3 AO:

I. Einführung

„Steuern sind Geldleistungen, die nicht eine Gegenleistung für eine besondere Leistung darstellen und von einem öffentlich-rechtlichen Gemeinwesen zur Erzielung von Einnahmen allen auferlegt werden, bei denen der Tatbestand zutrifft, an den das Gesetz die Leistungspflicht knüpft; die Erzielung von Einnahmen kann Nebenzweck sein."

Die AO enthält die verfahrensrechtlichen Vorschriften zur **Durchführung der** **Besteuerung**. Während die Einzelsteuergesetze die Ansprüche des Fiskus begründen, regelt die AO die Durchsetzung dieser Ansprüche. Neben Begriffsbestimmungen und allgemeinen Verfahrensvorschriften finden sich in der AO Regelungen über die eigentliche Durchführung der Besteuerung, über das Erhebungsverfahren und die Vollstreckung, über das außergerichtliche Rechtsbehelfsverfahren sowie Straf- und Bußgeldvorschriften. 6

Von besonderer Bedeutung für die Presse ist das in § 102 Abs 1 Nr 4 AO normierte **Auskunftsverweigerungsrecht** zur Wahrung des Presse- und Rundfunkgeheimnisses. Diese Regelung entstammt Art 3 des Gesetzes über das Zeugnisverweigerungsrecht der Mitarbeiter von Presse und Rundfunk vom 25.7.1975 (BGBl I S 1974). Näheres hierzu s Einl Rn 59 f. und Kommentierung § 23 LPG. Schutz vor dem Auskunftsverlangen der Finanzbehörden genießt nur der redaktionelle Teil des Presseerzeugnisses wegen seiner kontroll- und meinungsbildenden Funktion, nicht der Anzeigenteil. Daher muss der Auftraggeber einer **Chiffreanzeige** auf Verlangen den Finanzbehörden im Rahmen der allgemeinen Steueraufsicht benannt werden (BVerfGE 64, 108/119), denn Chiffreanzeigen haben weder etwas mit der Kontrollaufgabe der Presse zu tun noch enthalten sie einen Beitrag zur öffentlichen Meinungsbildung. Ein Chiffregeheimnis gegenüber den Finanzbehörden gibt es deshalb in aller Regel nicht. 7

In Abgabenangelegenheiten ist der **Rechtsweg** vor den ordentlichen Gerichten ausgeschlossen (§ 33 FGO). Hat die Finanzbehörde den Einspruch gegen einen Verwaltungsakt im Rahmen des außergerichtlichen Rechtsbehelfsverfahrens (§§ 347 ff. AO) zurückgewiesen, so kann der Betroffene Klage beim FG erheben, das in erster Instanz entscheidet (§ 35 FGO). Gegen das Urteil eines FG steht den Beteiligten die Revision an den BFH zu (§ 115 FGO), aber nur, wenn das Finanzgericht – oder der BFH auf Grund einer Nichtzulassungsbeschwerde – sie zugelassen hat. Die Revision ist nur zuzulassen, wenn die Rechtssache grundsätzliche Bedeutung hat, wenn die Fortbildung des Rechts oder die Sicherung einer einheitlichen Rechtsprechung eine Entscheidung des Bundesfinanzhofs erfordern oder wenn bei einem geltend gemachten Verfahrensmangel die angefochtene Entscheidung auf dem Verfahrensmangel beruhen kann. 8

Besondere Bedeutung kommt im Zuge der zunehmenden Steuerharmonisierung in der EU den Entscheidungen des EuGH zu. Wird eine **gemeinschaftsrechtliche Frage** in einem Finanzstreit entscheidungserheblich, so hat das Gericht die Möglichkeit, dem EuGH Fragen zur Auslegung und Gültigkeit des Gemeinschaftsrechts zur verbindlichen Entscheidung vorzulegen (Vorabentscheidungsverfahren). Wird eine gemeinschaftsrechtliche Frage in einem Rechtsstreit vor einem letztinstanzlichen Gericht entscheidungserheblich, ist das Gericht sogar zur Einreichung eines Vorabentscheidungsersuchens verpflichtet. 9

Von besonderer Bedeutung ist die Möglichkeit, in Steuersachen nach Erschöpfung des Rechtsweges das BVerfG anzurufen, falls sich der Beschwerdeführer durch Akte des Steuergesetzgebers oder der Steuerbehörde in einem seiner Grundrechte verletzt fühlt. In Betracht kommen hier vor allem das Grundrecht auf freie Entfaltung der Persönlichkeit (Art 2 GG), der Gleichheitsgrundsatz (Art 3 GG) und der besondere Schutz, den Ehe und Familie nach Art 6 GG genießen. Neben der dem betroffenen Grundrechtsinhaber zustehenden **Verfassungsbeschwerde** (§ 90 BVerfGG) kann jedes Gericht nach § 100 BVerfGG ein Normenkontrollverfahren einleiten, wenn es eine Vorschrift des Steuerrechts für verfassungswidrig hält. Die Rechtsprechung des BVerfG in Steuersachen hat in der Praxis weittragende und grundlegende Bedeutung erlangt (*Weber-Fas*, Verfassungsrechtsprechung zum Steuerrecht, Band I, Vorwort). Ausdrücklich hat das BVerfG das Recht des Steuerpflichtigen anerkannt, seine Angelegenheiten so einzurichten, dass er möglichst wenig an Steuern zu 10 zahlen braucht (BVerfGE 9, 237/250). Im Falle der – im Gegensatz zur kriminellen Steuerhinterziehung – legalen Steuerumgehung zieht § 42 AO Grenzen: Durch Missbrauch von Gestaltungsmöglichkeiten des Rechts kann das Steuergesetz nicht umgangen werden. Liegt ein Missbrauch vor, entsteht der Steueranspruch so, wie er bei einer den wirtschaftlichen Vorgängen angemessenen rechtlichen Gestaltung entsteht.

11 Nach der Rechtsprechung des BVerfG widersprechen **rückwirkende Steuergesetze** in der Regel dem Rechtsstaatsprinzip und sind grundsätzlich unzulässig (BVerfGE 13, 223). Mit seiner Entscheidung aus dem Jahr 1983 (BVerfGE 63, 343) hat das BVerfG die bis dahin für maßgeblich erachtete Unterscheidung zwischen einer grundsätzlich unzulässigen echten Rückwirkung und einer zulässigen unechten Rückwirkung von Steuergesetzen zumindest terminologisch verfeinert. Es hebt jedoch nach wie vor auf die Rechtsfolgen ab, die die fragliche Norm erzeugt, und differenziert zwischen der grundsätzlich verfassungsrechtlich unzulässigen Rückbewirkung von Rechtsfolgen und der hinsichtlich ihrer Zulässigkeit an rechtsstaatlichen Grundsätzen wie Vertrauensschutz, Rechtssicherheit und Verhältnismäßigkeit zu messenden tatbestandlichen Rückanknüpfung. Ein Rückbewirken von Rechtsfolgen ist anzunehmen, wenn die Rechtsfolgen einer Norm für einen bestimmten Zeitraum eintreten sollen, der vor der Verkündung der Norm liegt. Eine tatbestandliche Rückanknüpfung liegt demgegenüber vor, wenn die Rechtsfolgen eines Gesetzes erst nach Verkündung der Norm eintreten, ihr Tatbestand aber Sachverhalte erfasst, die bereits vor Verkündung „ins Werk" gesetzt wurden (BVerfGE 31, 275 und 72, 200). Auf Kritik gestoßen ist darüber hinaus die sog Veranlagungszeitraum-Rechtsprechung des BVerfG, die für die Beurteilung der Rückwirkung bei periodischen Steuern wie bspw der Einkommensteuer auf die formale rechtliche Entstehung des Steueranspruchs mit dem Ende der Besteuerungsperiode (Kalenderjahr) abstellt. Folgt man dem, wäre der Gesetzgeber frei, belastende Steuergesetze bis zum Ablauf der jeweiligen Besteuerungsperiode zu erlassen, die zuvor verwirklichte Sachverhalte treffen würden. Hier haben die Entscheidungen des BVerfG vom 7.7.2010 (BVerfGE 127, 1, 127, 31 und 127, 61) wichtige Klarstellungen zum Rückwirkungsverbot gebracht.

12 Stellt das BVerfG die **Nichtigkeit** einer steuerrechtlichen Vorschrift fest, dann hat diese Feststellung ihrerseits rückwirkende Kraft. Bestandskräftig ergangene Steuerbescheide bleiben zwar bestehen, doch kann aus ihnen nicht mehr vollstreckt werden (§ 79 Abs 2 BVerfGG). Dies gilt allerdings nicht für verfassungswidrig erklärte Regelungen, die während einer Übergangszeit weiter anwendbar bleiben (BFH BStBl 1995 II, 42). Beschränkt der Gesetzgeber eine rückwirkende gesetzliche Neuregelung, die er auf Grund einer Entscheidung des BVerfG treffen muss, auf die noch nicht bestandskräftig abgeschlossenen Fälle, so besteht in den anderen Fällen in der Regel kein Anspruch auf Erlass und Erstattung zu viel gezahlter Steuern (BFH DB 1994, 2529).

13 Im Gegensatz zum Verwaltungsverfahren im Übrigen haben Rechtsbehelfe nach § 361 Abs 1 AO keine aufschiebende Wirkung. Entsprechendes gilt für das gerichtliche Rechtsbehelfsverfahren (§ 69 Abs 1 FGO). **Vorläufigen Rechtsschutz** kann der Steuerpflichtige aber erlangen durch Aussetzung der Vollziehung nach § 361 Abs 2 AO im außergerichtlichen Rechtsbehelfsverfahren bzw § 69 Abs 2 FGO im gerichtlichen Rechtsbehelfsverfahren. Auf Antrag soll die Aussetzung erfolgen, wenn ernstliche Zweifel an der Rechtmäßigkeit des angefochtenen Verwaltungsaktes bestehen oder wenn die Vollziehung für den Betroffenen eine unbillige, nicht durch überwiegende öffentliche Interessen gebotene Härte zur Folge hätte (§ 361 Abs 2 Satz 2 AO bzw § 69 Abs 2 Satz 2 FGO).

II. Grundzüge der Besteuerung des Presse- und Verlagsunternehmens

1. Überblick über die Unternehmenssteuern

14 Die **Vielzahl** der in der Bundesrepublik Deutschland erhobenen Steuern und deren komplizierte Ausgestaltung ebenso wie die unterschiedlichen **Rechtsformen der**

II. Grundzüge der Besteuerung

Unternehmen machen eine systematische Einordnung unter dem Oberbegriff „Unternehmenssteuern" schwer. Eigentliche Unternehmenssteuern gibt es in Deutschland nicht. Am ehesten könnte man noch die Körperschaftsteuer, die Gewerbesteuer und die Umsatzsteuer als Unternehmenssteuern bezeichnen. Die Tatsache aber, dass von der Körperschaftsteuer nur diejenigen Unternehmen betroffen sind, die in der Rechtsform einer Kapitalgesellschaft (AG, GmbH, KGaA) betrieben werden, und keineswegs alle Unternehmen der Gewerbesteuer oder der Umsatzsteuer unterliegen, zeigt, dass der Begriff Unternehmenssteuern unscharf ist. Andererseits ist fast jedes Unternehmen neben den erwähnten Steuern mit einer mehr oder weniger großen Zahl von anderen Steuern konfrontiert, die verbreitet oder im Einzelfall anzutreffen sind.

Eine allgemeingültige **Definition** des Begriffs „Unternehmenssteuern" gibt es nicht. Auch die klassische Einteilung der Steuern durch die finanzwissenschaftliche Theorie und verwaltungstechnische Unterscheidungen (vgl § 8 Abs 2 Satz 1 FVG) führen diesbezüglich nicht weiter. Dies ist umso bedauerlicher, als gerade das Thema „Unternehmenssteuern" mit schöner Regelmäßigkeit in aller Munde ist, insbes vor dem Hintergrund der anhaltenden Diskussion über den **Unternehmensstandort Deutschland** und der durch die Besteuerung verursachten Nachteile der deutschen Wirtschaft im internationalen Wettbewerb.

Versteht man unter Unternehmenssteuern diejenigen Steuern, die vom Unternehmen als einem gegenüber dem Unternehmer verselbstständigten Gebilde des Wirtschaftslebens geschuldet werden, so lässt sich von den Auswirkungen auf das Unternehmensergebnis her betrachtet folgende Gliederung herstellen:

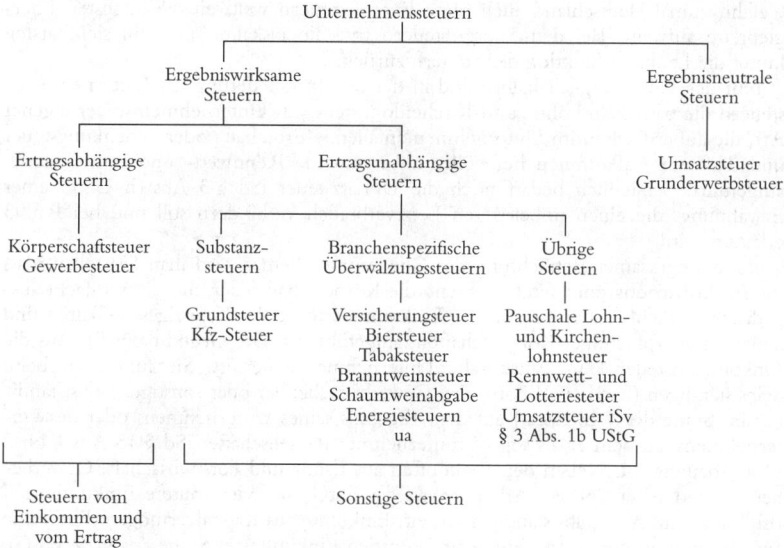

Der vorstehende Versuch einer **systematischen Gliederung** der Unternehmenssteuern hebt zunächst auf die Auswirkungen ab, die die jeweilige Steuer auf das Jahresergebnis (Jahresüberschuss bzw Jahresfehlbetrag) des Unternehmens hat. Die ergebniswirksamen Steuern stellen Aufwand des Unternehmens dar und erscheinen somit als gewinnmindernde Positionen in der Gewinn- und Verlustrechnung (vgl § 275 Abs 2 und 3 HGB). Die ergebnisneutralen Steuern dagegen sind in der Gewinn- und Verlustrechnung des Unternehmens nicht sichtbar: Die Umsatzsteuer erscheint – wie im Einzelnen noch darzulegen sein wird (vgl Rn 87) – nicht als Aufwand, weil sie, ihrem Charakter als allgemeiner Verbrauchsteuer entsprechend, als

„durchlaufender Posten" gebucht wird (§ 277 Abs 1 HGB). Die Grunderwerbsteuer wird bilanziell als Bestandteil der Anschaffungskosten des erworbenen Grundbesitzes (sog Anschaffungsnebenkosten) behandelt und berührt somit im Regelfall die Gewinn- und Verlustrechnung als Aufwand in Form von Steuern nicht, jedenfalls nicht unmittelbar.

18 Diejenigen Steuern, die das Jahresergebnis des Unternehmens vermindern, sind in der obigen Darstellung in „ertragsabhängige Steuern" und „ertragsunabhängige Steuern" untergliedert. Im einen Fall hängt nämlich die Höhe des Steueraufwands unmittelbar vom Jahresergebnis des Unternehmens ab, während im anderen Fall die jeweilige Steuer völlig unabhängig von der Ertragslage des Unternehmens erhoben wird, also auch dann, wenn das Unternehmen mit Verlust arbeitet. Vor allem den Substanzsteuern galten in jüngerer Vergangenheit die Bemühungen um eine Reform der Unternehmensbesteuerung, die mit der Abschaffung der früher erhobenen Vermögensteuer und der Gewerbekapitalsteuer große und lobenswerte Fortschritte gemacht hat, denn diese vorindustriellen Steuerformen, die aus einer Zeit stammen, als man noch nicht in der Lage war, den Ist-Ertrag einer Wirtschaftseinheit zu ermitteln, passen nicht in das Konzept einer modernen Unternehmensbesteuerung.

19 Eine Sonderstellung unter den ertragsunabhängigen Steuern nehmen die im Zuge der sog **Ökosteuerreform** eingeführten Energiesteuern (Steuern auf Energieerzeugnisse wie Strom, Gas, Mineralöl, Kohle ua) ein, die, wenn auch nicht auf den ersten Blick, in ihrer Wirkung am ehesten den Substanzsteuern gleichen, denn sobald der Ertrag nicht mehr ausreicht, die Energiesteuern zu decken, kommt es zu einem Substanzverzehr. Je energieintensiver ein Unternehmen ist, umso größer ist diese Gefahr, zumal Deutschland auch ohne Energiesteuern weltweit die höchsten Energiepreise aufweist. Bei den Energiesteuern tritt die Fiskalfunktion am sichtbarsten hinter die Lenkungsfunktion der Steuern zurück.

20 Nur der Vollständigkeit halber sind in der obigen Gliederung der Unternehmenssteuern die pauschale Lohn- und Kirchenlohnsteuer als Unternehmenssteuer eigener Art, die äußerst selten im Unternehmen anfallende Erbschaft- oder Schenkungsteuer und die vom Aufkommen her völlig unbedeutende Rennwett- und Lotteriesteuer aufgeführt. Schließlich bedarf noch die Umsatzsteuer iSd § 3 Abs 1b UStG einer Erwähnung, die einen unbelasteten Letztverbrauch verhindern soll und bei Rn 93 erläutert wird.

21 Bei aufmerksamer Betrachtung des Gliederungsschemas wird man feststellen, dass die **Einkommensteuer** fehlt, während die Körperschaftsteuer, die – vereinfacht ausgedrückt – nichts anderes ist als die Einkommensteuer der Kapitalgesellschaften und anderer steuerpflichtiger Körperschaften, aufgeführt ist. Der Grund dafür ist, dass die Einkommensteuer keine spezifische Unternehmensteuer ist. Sie fußt zwar beim Selbstständigen (Land- und Forstwirt, Gewerbetreibender oder sonstiger Selbstständiger im Sinne des § 18 EStG) auf dem Ergebnis seines Unternehmens oder des Unternehmens, an dem er als sog Mitunternehmer (Gesellschafter iSd § 15 Abs 1 Nr 2 EStG) beteiligt ist. Neben den Einkünften aus Land- und Forstwirtschaft, Gewerbebetrieb und selbstständiger Arbeit erfasst das EStG aber vier weitere Einkunftsarten (Einkünfte aus nichtselbstständiger Arbeit, Einkünfte aus Kapitalvermögen, Einkünfte aus Vermietung und Verpachtung und sonstige Einkünfte im Sinne des § 22 EStG). Die Einkommensteuer resultiert somit aus den verschiedensten Betätigungen des Steuerpflichtigen, ohne dass bei der Einkommensbesteuerung grundsätzlich danach unterschieden wird, ob sich das Einkommen aus Unternehmensgewinnen oder Privateinkünften zusammensetzt (lediglich die Steuerermäßigung bei Einkünften aus Gewerbebetrieb, die der Gewerbesteuer unterlegen haben, bildet eine Ausnahme; vgl Rn 75). Zwar steht außer Frage, dass die auf Unternehmensgewinnen lastende Einkommensteuer vom Unternehmen des Steuerpflichtigen oder von dem Unternehmen, an dem er als Mitunternehmer beteiligt ist (Personengesellschaft), erwirtschaftet werden muss und in aller Regel auch unmittelbar vom Unternehmen bezahlt wird. Ist letzteres der Fall, so stellt die Zahlung aber nichts anderes dar als eine Privatent-

II. Grundzüge der Besteuerung

nahme des Steuerpflichtigen, die das Ergebnis des Unternehmens nicht berührt. Somit erscheint die Einkommensteuer auch nicht als Aufwand in der Gewinn- und Verlustrechnung, was zur Folge hat, dass die **Vergleichbarkeit von Jahresabschlüssen** bei unterschiedlicher Rechtsform erheblich beeinträchtigt wird. Während die Gewinn- und Verlustrechnung von Kapitalgesellschaften und sonstigen steuerpflichtigen Körperschaften – bei entsprechender Ertragslage! – einen Körperschaftsteueraufwand zeigt, fehlt eine entsprechende Position im Jahresabschluss des Einzelunternehmens und der Personengesellschaft. Vereinzelt wurde deshalb vorgeschlagen, die aus dem Unternehmensergebnis resultierende Einkommensteuer als Steueraufwand in der Gewinn- und Verlustrechnung von Einzelunternehmen und Personengesellschaften auszuweisen. Diese Vorschläge fanden jedoch keine Resonanz in der Fachwelt. Lediglich die nach dem PublG zur Rechnungslegung verpflichteten Einzelkaufleute und Personenhandelsgesellschaften müssen die Einkommensteuer auf ihren Gewinn im Jahresabschluss berücksichtigen. Wenn sie eine Gewinn- und Verlustrechnung in der Form des § 275 HGB aufstellen, wie sie für Kapitalgesellschaften vorgeschrieben ist, dürfen sie aber zur Wahrung ihrer Privatsphäre die Steuern, die sie als Steuerschuldner zu entrichten haben, unter den „Sonstigen Aufwendungen" ausweisen (§ 5 Abs 5 PublG).

Weit mehr als diese letztlich nur formalen Fragen interessieren im Rahmen der anhaltenden Diskussion über eine Fortentwicklung der Unternehmensbesteuerung materielle Aspekte, die die Folge davon sind, dass das Unternehmenssteuerrecht, insbesondere was die Belastung der Unternehmen betrifft, eine einheitliche Linie vermissen lässt. Eine wirkliche Reform des Unternehmenssteuerrechts muss dem Umstand Rechnung tragen, dass Unternehmensgewinne eben in mehr oder weniger großem Umfang kein für private Zwecke verfügbares Einkommen darstellen. Allein dies rechtfertigt eine gesonderte Besteuerung von Unternehmensgewinnen nach eigenen Regeln, die nicht nur auf die Belastbarkeit der Unternehmen Rücksicht nehmen sondern auch rechtsformneutral sein müssen. 22

Zur Körperschaftsteuer und zur Einkommensteuer wird derzeit ein Zuschlag, der sog Solidaritätszuschlag, erhoben, wie das schon in der Vergangenheit mit unterschiedlichster Bezeichnung (Ergänzungsabgabe, Konjunkturzuschlag, Stabilitätszuschlag, Investitionshilfeabgabe) zeitweilig der Fall war. Man spricht diesbezüglich von **Zuschlag- oder Annexsteuern,** weil diese unmittelbar an die Höhe der Körperschaftsteuer oder Einkommensteuer anknüpfen, so wie derzeit der Solidaritätszuschlag, der 5,5% der Körperschaftsteuer bzw der Einkommensteuer beträgt. Als eine solche Zuschlag- oder Annexsteuer ist auch die Kirchensteuer zu betrachten, die – je nach Bundesland – mit 8% oder 9% der Einkommensteuer bemessen wird. 23

Im Einkommensteuerrecht tauchen häufig Begriffe auf, die den Eindruck erwecken, es handle sich um eigenständige Steuern. Gemeint sind die Begriffe Lohnsteuer, Kapitalertragsteuer, Aufsichtsratsteuer und Abzugsteuer. In Wirklichkeit stellen diese Steuern nichts anderes dar als einen Vorgriff auf die Einkommensteuer; sie wirken demgemäß wie Einkommensteuer-Vorauszahlungen, dh sie werden auf die Einkommensteuer des betreffenden Kalenderjahres angerechnet. Der Zweck aller dieser im Steuerabzugsverfahren erhobenen Steuern ist die Sicherung des Steueraufkommens und die Vereinfachung der Steuererhebung. Die Einkommensteuer wird bei diesem Verfahren bereits an der „Quelle" (daher der Ausdruck **Quellensteuer** als international gebräuchlicher Oberbegriff) erhoben, und zwar dadurch, dass der Schuldner bestimmter Vergütungen für Rechnung des Empfängers die auf den Vergütungen lastende Steuer einzubehalten und an das Finanzamt abzuführen hat (vgl Rn 156 ff.). Festzuhalten bleibt aber, dass das Steuerabzugsverfahren nichts anderes darstellt als eine besondere Erhebungsform der Einkommensteuer in bestimmten Fällen. 24

Eine Sonderstellung nimmt im Einkommensteuerrecht die **Abgeltungsteuer** ein, die seit 1.1.2009 mit einem festen Steuersatz von 25% auf Kapitalerträge wie bspw Zinsen und Dividenden erhoben wird. Wie schon die Bezeichnung Abgeltungsteuer 25 ausdrückt, ist damit die Einkommensteuer auf die Einkünfte aus Kapitalvermögen abgegolten. Diese Einkünfte ebenso wie die Steuer bleiben bei der Einkommensteuerveranlagung grundsätzlich außer Ansatz.

2. Der handelsrechtliche Jahresabschluss als Grundlage der wichtigsten Unternehmenssteuern

26 Wer ein Handelsgewerbe betreibt, ist **Kaufmann** im Sinne von § 1 Abs 1 HGB und unterliegt als solcher den handelsrechtlichen Vorschriften über die Rechnungslegung (vgl §§ 238, 242 HGB). Handelsgewerbe ist jeder Gewerbebetrieb, ausgenommen jener, der keinen in kaufmännischer Weise eingerichteten Geschäftsbetrieb erfordert („Kleingewerbe", vgl § 1 Abs 2 HGB). Ist aber die Firma eines gewerblichen Unternehmens im Handelsregister eingetragen, so liegt nach § 2 HGB (Voll-)Kaufmannseigenschaft vor, auch wenn ein gesetzliches Erfordernis hierfür nicht besteht **(Kannkaufmann)**; die frühere Abgrenzung zum sog Minderkaufmann ist entfallen. Die Tatsache, dass jeder Vollkaufmann kraft Gesetz zur Buchführung und Jahresabschlusserstellung verpflichtet ist, macht sich das Steuerrecht in mehrfacher Weise für eigene Zwecke zunutze. So werden die **Besteuerungsgrundlagen** der wichtigsten Unternehmenssteuern, nämlich der Körperschaftsteuer, der Gewerbesteuer und der Umsatzsteuer unmittelbar aus Buchführung und Jahresabschluss des Unternehmens abgeleitet, ebenso wie die Einkünfte für Zwecke der Einkommensbesteuerung bei Einzelunternehmern und an Personengesellschaften beteiligten Steuerpflichtigen. Das Steuerrecht verzichtet also weitestgehend auf eigene Ermittlungen zur Feststellung der Besteuerungsgrundlagen und greift auf das zurück, was bei Vollkaufleuten ohnehin kraft Gesetz vorhanden sein muss, nämlich Buchführung und Jahresabschluss. Besonders deutlich wird dies in dem sog **Maßgeblichkeitsprinzip** in § 5 Abs 1 EStG, das für Zwecke der Einkommensbesteuerung des genannten Personenkreises den handelsrechtlichen Jahresabschluss zur Grundlage macht. Nur dort, wo das Steuerrecht – aus fiskalischen Gründen – Sonderregelungen kennt, weicht der steuerliche Gewinn bzw Verlust vom handelsrechtlichen Jahresüberschuss bzw Jahresfehlbetrag ab. Diese Abweichungen machen es notwendig, im Wege einer Überleitungsrechnung, ausgehend vom Jahresüberschuss/Jahresfehlbetrag, das steuerliche Ergebnis zu ermitteln (§ 60 Abs 2 EStDV). Dem gleichen Ziel dient eine zusätzlich zum handelsrechtlichen Jahresabschluss aufgestellte **Steuerbilanz,** in der die Vermögensgegenstände und Schulden mit vom Handelsrecht abweichenden Werten angesetzt werden, wenn dies einkommensteuerrechtlich vorgeschrieben ist. Insbesondere dort, wo die Abweichungen einen größeren Umfang haben, erweist sich eine Steuerbilanz als notwendig, zumal das EStG in zunehmendem Maße eigene (Ansatz- und Bewertungs-) Wege geht, einem internationalen Trend folgend, und damit den Gedanken der sog **Einheitsbilanz** aufgibt. Nach § 5b EStG besteht für Steuerpflichtige, die ihren Gewinn durch Bilanzierung ermitteln, die Verpflichtung, den Inhalt der Bilanz und der Gewinn- und Verlustrechnung nach amtlich vorgeschriebenem Datensatz durch Datenfernübertragung zu übermitteln (sog E-Bilanz). Damit wird die bisherige Übermittlung durch Abgabe in Papierform durch eine Übermittlung mittels Datenfernübertragung ersetzt. Hierbei ist ein Datenschema (Taxonomie) für sämtliche Jahresabschlussdaten zu verwenden, das vom BMF entwickelt wurde und das rechtsformübergreifend sämtliche Positionen der Bilanz und der Gewinn- und Verlustrechnung mit allen denkbaren steuerlichen Ergänzungen umfasst.

27 Die beiden anderen Gruppen von Selbstständigen, die das Einkommensteuerrecht neben den Gewerbetreibenden kennt, nämlich die Land- und Forstwirte und die Selbstständigen im Sinne des § 18 EStG, insbes die Freiberufler, werden von den Vorschriften des HGB nicht erfasst (s aber § 3 HGB bezüglich der Land- und Forstwirte). In solchen Fällen bedarf es deshalb einer **eigenständigen Gewinnermittlung** für Zwecke der Einkommensbesteuerung, wie sie in § 4 Abs 1 Satz 1 EStG zu finden ist, ohne dass wesentliche Unterschiede zum handelsrechtlichen Jahresabschluss

II. Grundzüge der Besteuerung

feststellbar sind (vgl § 141 Abs 1 Satz 2 AO). Diese Art der Gewinnermittlung wird als „allgemeiner Betriebsvermögensvergleich" bezeichnet. Gemeint ist damit die Gewinnermittlung durch Bilanzierung, was nichts anderes bedeutet als die Feststellung des Reinvermögens eines Unternehmens am Ende eines Wirtschaftsjahres. Durch Vergleich mit dem Reinvermögen am Ende des vorausgegangenen Wirtschaftsjahres lässt sich das Ergebnis des abgelaufenen Wirtschaftsjahres erkennen. Ist das Reinvermögen gewachsen, hat das Unternehmen Gewinn erzielt, ist das Reinvermögen gesunken, war ein Verlust zu verzeichnen.

Beispiel (entnommen aus *Boorberg/Haas* Steuerrecht II, 5. A., S 49):

Aktiva	Bilanz zum 31.12.01		Passiva
	EUR		EUR
Vermögen	200 000	Schulden	80 000
		Reinvermögen (= Eigenkapital)	120 000
	200 000		200 000

Aktiva	Bilanz zum 31.12.02		Passiva
	EUR		EUR
Vermögen	190 000	Schulden	40 000
		Reinvermögen (= Eigenkapital)	150 000
	190 000		190 000

Wie man sieht, hat sich zwar das Vermögen des Unternehmens (Aktivseite der Bilanz) um 10 000 EUR verringert. Da sich aber gleichzeitig auch die Schulden (Passivseite der Bilanz) vermindert haben, und zwar um 40 000 EUR, lässt sich per Saldo ein Gewinn von 30 000 EUR im Jahr 02 feststellen. Dieses Ergebnis zeigt unmittelbar auch ein Vergleich des Reinvermögens (Eigenkapital) am 31.12.02 mit dem Reinvermögen (Eigenkapital) am 31.12.01, ganz einfach deshalb, weil das Reinvermögen oder Eigenkapital nichts anderes ist als die Differenz zwischen Vermögen und Schulden am jeweiligen Bilanzstichtag.

28 Die Gewinnermittlung durch Betriebsvermögensvergleich oder Bilanzierung, wie sie schon im HGB als Pflicht für den Vollkaufmann zu finden ist, stellt also im Grunde genommen nichts anderes dar als eine **Vermögenszuwachsrechnung** (oder Vermögensabnahmerechnung), wobei die Vermehrung des Reinvermögens (= Kapital oder Eigenkapital) bedeutet, dass im abgelaufenen Wirtschaftsjahr Gewinn erzielt wurde; ist das Reinvermögen gesunken, ist ein Verlust eingetreten.

29 Der handelsrechtliche Jahresabschluss besteht seit 1.1.1986 aus zwei **Pflichtbestandteilen,** nämlich der Bilanz und der Gewinn- und Verlustrechnung, wohingegen sich das HGB bis 31.12.1985 allein mit einer Bilanz begnügte. Für Kapitalgesellschaften, Genossenschaften, Kreditinstitute, Finanzdienstleistungsinstitute und Versicherungsunternehmen sowie für OHG und KG, bei denen nicht wenigstens ein persönlich haftender Gesellschafter eine natürliche Person ist (wie typischerweise bei der GmbH & Co KG) gelten ergänzende Vorschriften in den §§ 264 ff. HGB: Danach besteht der Jahresabschluss dieser Unternehmen pflichtgemäß aus drei Bestandteilen, nämlich der Bilanz, der Gewinn- und Verlustrechnung und dem Anhang; zusätzlich ist bei größeren Unternehmen ein Lagebericht im Sinne des § 289 HGB aufzustellen. Sofern Tochterunternehmen vorhanden und bestimmte Größenmerkmale (§ 293 HGB) überschritten sind, muss ein Konzernabschluss nach den Vorschriften der §§ 290 ff. HGB aufgestellt werden, der aber keine Bedeutung für die Besteuerung hat. Kapitalmarktorientierte Unternehmen sind seit 1.1.2005 verpflichtet, einen nach internationalen Rechnungslegungsstandards (IFRS) aufgestellten Konzernabschluss zu veröffentlichen,.

a) Immaterielle Vermögensgegenstände im Presse- und Verlagsunternehmen

30 In kaum einer anderen Branche spielen **immaterielle (unkörperliche) Werte** seit jeher eine so große Rolle wie im Presse- und Verlagsunternehmen. Dies ist nicht verwunderlich, geht es doch dort in erster Linie darum, Ergebnisse geistiger Arbeit, die unter dem Schutz des UrhG stehen, zu vermarkten. Jeder Buch-, Zeitungs-, Zeitschriften-, Musik- und Bühnenverlag nutzt die Schöpfungen von Autoren, Journalisten, Komponisten, Malern, Übersetzern und vielen anderen Urhebern für Zwecke der eigenen unternehmerischen Betätigung. Die vertraglichen Rechtsbeziehungen zwischen Urheber und Verlag fußen auf den urheberrechtlichen Nutzungs- und Schutzrechten, deren Kompliziertheit zur Folge hat, dass eine verwirrende Begriffsvielfalt herrscht. Insbesondere die Unterschiede zwischen Geschäfts- oder Firmenwert, Verlagswert, Verlagsrecht und Verlagsobjekt bereiten Probleme, wiewohl gerade diese immateriellen Werte häufig den wesentlichen Teil des Vermögens eines Presse- oder Verlagsunternehmens ausmachen. Im Normalfall schlägt sich aber deren Wert in der Bilanz eines solchen Unternehmens nicht nieder. Der Grund dafür ist, dass das HGB in § 248 Abs 2 S 2 für selbst geschaffene **Marken, Drucktitel, Verlagsrechte, Kundenlisten** oder vergleichbare immaterielle Vermögensgegenstände des Anlagevermögens ein **Aktivierungsverbot** ausspricht, dh alle selbst geschaffenen (= originären) immateriellen Vermögensgegenstände dieser Art können in der Bilanz nicht als Aktivposten erscheinen, wie hoch auch immer deren Wert sein mag. Nach der Gesetzesbegründung ist bei diesen Posten eine Trennung von den Aufwendungen, die auf den Geschäfts- oder Firmenwert entfallen problematisch (BR-Drucks 344/08, 108). Daher wurde – dem Vorsichtsprinzip folgend – eine Aktivierbarkeit ausgeschlossen. Nur dann, wenn die Marken, Drucktitel, Verlagsrechte usw als solche Gegenstand eines entgeltlichen Erwerbs waren, also zB durch Kaufvertrag erworben wurden, kommt es – dann aber zwingend – zu einer Aktivierung der angefallenen Anschaffungskosten.

31 Hintergrund des Aktivierungsverbots für die genannten selbst geschaffenen (= originären) immateriellen Vermögensgegenstände, die zum Anlagevermögen rechnen, ist – einem Grundprinzip der handelsrechtlichen Rechnungslegungsvorschriften folgend, nämlich dem kaufmännischen Vorsichtsprinzip aus Gründen des Gläubigerschutzes – die Unsicherheit der Bewertung. Jeder, der in der Praxis mit Bewertungsfragen befasst ist, weiß, wie schwierig es schon ist, einen materiellen Vermögensgegenstand einigermaßen zutreffend zu bewerten. Um wieviel schwieriger muss dann die Bewertung von selbst geschaffenen immateriellen Gegenständen erscheinen! Dies ist der Grund, warum das Gesetz eine Aktivierung von Marken, Drucktiteln, Verlagsrechten usw nur dann zulässt, wenn deren Wert sich unter Marktbedingungen konkretisiert hat, dh durch idR kaufvertragliche Vereinbarungen in Erscheinung getreten ist **(derivativer Erwerb)**. So hat der BFH (BStBl 1979 II, 734) zB Vergütungen an mitwirkende Künstler bei der Herstellung von Tonträgern in der Schallplattenindustrie nicht als Anschaffungskosten eines Wirtschaftsguts „erworbene Leistungsschutzrechte". sondern als nicht aktivierungsfähige Aufwendungen betrachtet.

32 Das in § 248 Abs 2 S 2 HGB normierte Aktivierungsverbot gilt nicht für immaterielle Vermögensgegenstände des Anlagevermögens in Gestalt **gewerblicher Schutzrechte** und ähnlicher Rechte und Werte wie zB EDV-Programme (Software) und Patente, auch wenn sie selbst geschaffen wurden. Solche selbst geschaffenen immateriellen Vermögensgegenstände unterlagen bis zum Inkrafttreten des BilMoG einem Aktivierungsverbot, das aus dem Gläubigerschutzprinzip abgeleitet wurde. Mit dem BilMoG wurde für den Großteil dieser Werte ein **Aktivierungswahlrecht** eingeführt (§ 248 Abs 2 S 1 HGB). Es kommt aber auch nur dann eine Aktivierung in Frage, wenn die immateriellen Vermögensgegenstände die Eigenschaft eines Vermögensgegenstandes aufweisen. Dies bedeutet einen Nutzen für das Unternehmen, selbständige Bewertbarkeit und selbständige Verkehrsfähigkeit. Das entscheidende Kriterium ist die selbständige Verkehrsfähigkeit. In der Begründung des Gesetzes wird darauf hingewiesen, dass „in jedem Einzelfall gesondert zu prüfen" ist, ob „das selbst erstellte Gut nach der Verkehrsauffassung einzeln verwertbar ist" (BR-Drucks 344/08, 107). Der Wechsel von dem früheren Aktivierungsverbot zu einem **Aktivierungswahlrecht** wird damit begründet, dass dem „Wandel von der produktions- zur wissensbasierten Gesellschaft" Rechnung getragen und die damit verbundene stark

II. Grundzüge der Besteuerung SteuerR BT

gestiegene Bedeutung selbst geschaffener immaterieller Anlagegegenstände berücksichtigt werden sollte.

Der Gesetzgeber sieht bei der Bilanzierung und Bewertung selbst geschaffener 33 immaterieller Vermögensgegenstände des Anlagevermögens gleichwohl nach wie vor **größere Unsicherheit** als bei materiellen Vermögensgegenständen. Die Probleme liegen in der Unkörperlichkeit, in den nicht eindeutig zuzurechnenden Herstellungskosten, in der Unsicherheit hinsichtlich der künftigen Nutzungsdauer und damit verbunden in der Schwierigkeit, einen objektiven Wert zu bestimmen. Die Probleme der Unkörperlichkeit sind wohl wenig beachtlich, es erscheint auch wenig nachvollziehbar, warum selbst erstellten immateriellen Anlagegegenständen die Herstellungskosten weniger gut zugerechnet werden könnten als materiellen Vermögensgegenständen. Das entscheidende Problem liegt zweifellos in der Schwierigkeit für die idR einmaligen immateriellen Vermögensgegenstände einen **Zeitwert** zu bestimmen, der im Rahmen des Niederstwertprinzips den Herstellungskosten gegenübergestellt werden könnte und mit dessen Hilfe der Eingang überhöhter Herstellungskosten in die Bilanz verhindert und damit die Einhaltung des Vorsichtsprinzips sichergestellt werden kann.

Um trotzdem dem Gläubigerschutz zu genügen, knüpft § 268 Abs 8 HGB an die 34 Aktivierung eines solchen Vermögensgegenstands eine **Ausschüttungssperre,** die verhindert, dass Eigenkapital in Höhe des aktivierten Betrages abfließt. Aus gleichem Grunde verbietet § 248 Abs 1 HGB die Aktivierung von Gründungskosten, Aufwendungen für die Beschaffung des Eigenkapitals und für den Abschluss von Versicherungsverträgen.

Das HGB gliedert folgerichtig in § 266 Abs 2 die immateriellen Vermögensgegen- 35 stände des Anlagevermögens in
- *selbst geschaffene* gewerbliche Schutzrechte und ähnliche Rechte und Werte (Aktivierung möglich, aber nicht vorgeschrieben),
- *entgeltlich erworbene* Konzessionen, gewerbliche Schutzrechte und ähnliche Rechte und Werte sowie Lizenzen an solchen Rechten und Werten (Aktivierungspflicht),
- Geschäfts- oder Firmenwert, sofern *entgeltlich erworben* (Aktivierungspflicht)
- geleistete Anzahlungen auf Gegenstände dieser Art (Aktivierungspflicht).

Als immaterielle Vermögensgegenstände des Anlagevermögens (s hierzu auch *Boor-* 36 *berg/Strüngmann/Spieß* DB 1994, 53/55) kommen neben dem Geschäfts- oder Firmenwert insbes in Betracht
- frei übertragbare Rechte (Patente, Gebrauchsmuster, Markenrechte uam),
- Rechtspositionen auf Grund schuldrechtlicher Verträge oder behördlicher Erlaubnis (zB Belieferungsrechte, Lizenzen, Vertriebsrechte, Optionsrechte, Konzessionen, Verlagsrechte),
- rein wirtschaftliche Werte wie beispielsweise ungeschützte Erfindungen, Fabrikationsverfahren, Know-how, Rezepte, technisches Spezialwissen, Computerprogramme, Datensammlungen, die speziell für den Stpfl erhoben werden und auch nur von diesem verwertet werden dürfen, Domain-Namen, Tonträger in der Schallplattenindustrie ua).

In der **Steuerbilanz** besteht für selbst geschaffene immaterielle Vermögensgegen- 37 stände ohne jede Ausnahme ein Aktivierungsverbot, da ein Aktivposten für immaterielle Wirtschaftsgüter des Anlagevermögens nach § 5 Abs. 2 EStG nur bei entgeltlichem Erwerb anzusetzen ist.

Auch der **Geschäfts- oder Firmenwert** als Sonderfall eines immateriellen Ver- 38 mögensgegenstands des Anlagevermögens kann, von Umwandlungsfällen abgesehen, bilanziell nur auftauchen, wenn er zuvor durch Veräußerung eines Unternehmens in Erscheinung getreten ist. Der Geschäfts- oder Firmenwert ist Ausdruck für eine Vielzahl von Umständen, die den Wert eines Unternehmens ausmachen, wie zB der Bekanntheitsgrad, der Kundenstamm, die Organisation, der Standort, die Vertriebswege, die Qualität des Managements, ohne dass die einzelnen Komponenten als ein Bündel von geschäftswertbildenden Faktoren greifbar geschweige denn bewertbar wären. Der Geschäfts- oder Firmenwert verkörpert den Mehrwert, der einem gewerblichen Unternehmen über den (Substanz-)Wert aller materiellen und immateriellen Gegenstände abzüglich der Schulden hinaus innewohnt; in ihm drücken sich die künftigen Gewinnchancen des Unternehmens aus. Dementsprechend definiert § 246 Abs 1 S 4 HGB den Geschäfts- oder Firmenwert als den Unterschiedsbetrag, um den die für die Übernahme eines Unternehmens bewirkte Gegenleistung den Wert der einzelnen Vermögensgegenstände – materieller oder immaterieller Art! – abzüglich der Schulden im Zeitpunkt der Übernahme übersteigt.

39   Im Gegensatz zur früheren Rechtslage stellt das HGB dem Kaufmann die **Aktivierung** des Geschäfts- oder Firmenwerts nicht mehr frei. Wenn im Rahmen eines Unternehmenskaufs ein Geschäfts- oder Firmenwert in Erscheinung tritt, so muss dieser aktiviert werden, denn § 246 Abs 1 S 4 HGB definiert den entgeltlich erworbenen Geschäfts- oder Firmenwert als zeitlich begrenzt nutzbaren Vermögensgegenstand. Das Steuerrecht folgt dem in § 5 Abs 2 EStG. Hinsichtlich der Aktivierungspflicht gibt es also keinen Unterschied zwischen Handelsrecht und Steuerrecht.

40   Wie jeder zeitlich begrenzt nutzbare Vermögensgegenstand ist auch der Geschäfts- oder Firmenwert planmäßig **abzuschreiben** (§ 253 Abs 3 HGB). Die Anschaffungskosten des Geschäfts- oder Firmenwerts müssen für diesen Zweck planmäßig auf die Geschäftsjahre verteilt werden, in denen er voraussichtlich genutzt wird. Die voraussichtliche betriebliche Nutzungsdauer ist individuell unter Beachtung der rechtlichen, wirtschaftlichen und technischen Gegebenheiten des erworbenen Unternehmens zu schätzen. Das Steuerrecht lässt zwar ebenfalls eine Abschreibung des Geschäfts- oder Firmenwerts zu; im Gegensatz zum Handelsrecht ist die Nutzungsdauer jedoch mit 15 Jahren gesetzlich festgelegt (§ 7 Abs 1 Satz 3 EStG), ungeachtet der tatsächlichen Nutzungsdauer.

41   Ist der Wert eines Vermögensgegenstandes unvorhergesehener Weise unter den Wert gesunken, mit dem er zu Buche steht, so muss dies durch eine sog **außerplanmäßige Abschreibung** seinen Niederschlag in den Büchern des Unternehmens finden (§ 253 Abs 3 und 4 HGB). Bei Vermögensgegenständen des Anlagevermögens ist diese Verpflichtung insofern gelockert, als eine voraussichtlich dauernde Wertminderung vorausgesetzt wird (nicht jedoch bei Finanzanlagen, s § 253 Abs 3 S 4 HGB). Erweist sich später, dass der Wert wieder gestiegen ist, so ist eine Zuschreibung vorzunehmen (§ 253 Abs 5 S 1 HGB). Dieses Wertaufholungsgebot gilt jedoch ausdrücklich nicht für den Geschäfts- oder Firmenwert.

b) Verlagsrechte

42   Wie bereits dargelegt, ist der Geschäfts- oder Firmenwert nichts anderes als eine Restgröße, wenn der Kaufpreis für ein Unternehmen den Wert aller einzelnen Vermögensgegenstände, seien diese materieller oder immaterieller Art, abzüglich der Schulden übersteigt. Streng davon zu unterscheiden ist das **Verlagsrecht** als einzelner immaterieller Vermögensgegenstand des Anlagevermögens. Grundlage dieses Rechts ist der Verlagsvertrag zwischen dem Urheber und dem Verleger, der dem Verleger das ausschließliche Recht einräumt, ein Werk der Literatur oder der Tonkunst zu vervielfältigen und zu verbreiten (vgl UrhR BT Rn 201 ff.). Im Allgemeinen lässt sich der Verleger darüber hinaus das Recht zur öffentlichen Wiedergabe des Werkes einräumen.

43   Anders als bei Buch-, Musik- und Bühnenverlagen, wo die Verlagsrechte in aller Regel eine erhebliche wenn nicht sogar entscheidende wirtschaftliche Bedeutung haben, spielen Verlagsrechte bei **Zeitschriften- und Zeitungsverlagen** allenfalls eine untergeordnete Rolle. Verlagsrechte bestehen nämlich nicht an der Zeitschrift oder Zeitung selbst, sondern an den einzelnen zur Veröffentlichung angenommenen Aufsätzen und Beiträgen, die aber in der Regel nicht nochmals abgedruckt werden, so dass das eventuelle Recht hierzu keinen besonderen Wert verkörpert. Ähnlich verhält es sich im Allgemeinen bei **Fortsetzungs-, Sammel- und Loseblattwerken:** Sofern überhaupt Urheber- und Verlagsrechte bestehen, beziehen sich diese nur auf die bereits erschienenen Folgen. Ohne die künftigen Ergänzungslieferungen aber,

II. Grundzüge der Besteuerung

mit deren Hilfe der Bezieher sein Werk auf dem laufenden halten kann, ist dieses über kurz oder lang entwertet (BFH BStBl 1972 II, 853).

Ein Verlagsrecht ist nach den oben dargelegten Grundsätzen (Rn 30) als immaterieller Vermögensgegenstand des Anlagevermögens zu aktivieren, wenn es entgeltlich erworben wurde (**derivatives Verlagsrecht**). Das Verlagsrecht kann für sich Gegenstand des Rechtsverkehrs sein, denn es ist nach § 28 VerlG grundsätzlich auf Dritte übertragbar. Dementsprechend sind Verlagsrechte nach ständiger Rechtsprechung des BFH eigenständige, vom Geschäfts- oder Firmenwert sowohl in rechtlicher als auch in wirtschaftlicher Hinsicht abgegrenzte immaterielle (Einzel-)Wirtschaftsgüter, denen nach allgemeiner Verkehrsauffassung eine selbstständige Bewertungsfähigkeit zukommt (BFH DB 1995, 1445). Fallen im Zusammenhang damit Anschaffungskosten an, dann tritt das Verlagsrecht bilanziell als Aktivposten in Erscheinung. Der Vertragsabschluss als solcher zwischen Verlag und Verfasser und bloße Honorarzahlungen, auch Honorarvorauszahlungen, an den Verfasser führen nicht zur Aktivierung eines Vermögensgegenstands „Verlagsrecht", denn im Regelfall ist ein Dauerschuldverhältnis, das mit der Ablieferung des Werkes entsteht und mit Beendigung des Vertrags oder mit Ablauf der urheberrechtlichen Schutzfrist erlischt, anzunehmen, bei dem sich Leistung und Gegenleistung ausgewogen gegenüberstehen (**originäres Verlagsrecht**). Anders dagegen, wenn die Honorarzahlung den Charakter einer Einmalvergütung, ähnlich einer Einmallizenz, hat. Dann können aktivierungspflichtige Anschaffungskosten eines Verlagsrechts entstanden sein. Das ist allerdings noch nicht der Fall, wenn der Verleger dem Verfasser ein **Festhonorar** für ein bestimmtes Werk zahlt, denn dieser Aufwand gehört im Gegensatz zu den üblichen absatzbezogenen Honoraren zu den Herstellungskosten der ersten Auflage, wenn weitere Auflagen unsicher sind. Nur insoweit, als das Entgelt auf künftige Auflagen entfällt, kann die Aktivierung eines Verlagsrechts in Betracht kommen, das wegen der Unsicherheit der Entwicklung aber auf kurze Zeit abzuschreiben ist. Die Nutzungsdauer kann je nach den Umständen mit zwei bis vier Jahren angenommen werden. Eine etwas längere Nutzungsdauer ist zB vorstellbar, wenn ein berühmter Schriftsteller sich gegen Einmalzahlung verpflichtet, seine künftigen Werke nur in dem betreffenden Verlag erscheinen zu lassen.

Isolierte Käufe bzw Verkäufe von Verlagsrechten sind relativ selten zu beobachten (Beispiele bei *Hendrik Haag*, Die Erfassung von Verlagsrechten nach dem Bewertungsgesetz, zugl Diss, 1. A., S 63). Viel eher kommt es zur **Übertragung von Verlagsrechten,** wenn ein Verlagsunternehmen oder ein Teil davon veräußert wird. Allerdings ist auch dabei selten feststellbar, welcher Teil des Kaufpreises auf die miterworbenen Verlagsrechte entfällt, denn bei der Bemessung des Kaufpreises erfolgt häufig keine eindeutige Unterscheidung insbes zwischen Verlagsrechten und Verlagswerten (hierzu näher Rn 51 ff.), aber auch anderen immateriellen Vermögensgegenständen (so auch OFD Frankfurt/M., Schr v 4.12.1992, Börsenblatt des Deutschen Buchhandels v 23.7.1993, 28), obwohl dies im ureigensten Interesse des Erwerbers liegt, können doch Verlagsrechte in deutlich kürzerer Zeit abgeschrieben werden als der Geschäfts- oder Firmenwert (vgl Rn 40) oder Verlagswerte. Es gilt also, aus dem für ein Verlagsunternehmen gezahlten Kaufpreis diejenigen Teile auszuscheiden, die auf die **miterworbenen Verlagsrechte** entfallen. Hierbei können die – zugegebenermaßen nur faustformelhaft anwendbaren – Bewertungsvorschriften in den BewR-VerlR 1986 (VSt-Kartei § 109 BewG Karte E 51), die für bewertungsrechtliche Zwecke bis Ende 1992 Anwendung fanden, auch noch heute brauchbare Hinweise liefern. Die Finanzverwaltung geht dabei vom jährlichen Reinertrag des einzelnen Verlagsrechts, einem Kapitalisierungszinsfuß von 12% und einer Nutzungsdauer von fünf Jahren aus, wenn keine anderweitigen Anhaltspunkte vorliegen, und kommt so zu einem Wert, der das 3,6-fache des jährlichen Reinertrags ausmacht. Bei der pauschalen Bewertung einer Vielzahl von Buch- und Musikverlagsrechten kann danach ein durchschnittlicher Reinertrag von 3% der Buchverlagsumsätze und von 20% der Musikverlagsumsätze angenommen werden.

46 Eine sog **Verlagslizenz** (Subverlagsrecht), mit der einem anderen Verlagsunternehmen (Zweitberechtigter) das Recht eingeräumt wird, zB eine fremdsprachige Ausgabe oder eine Sonderausgabe, beispielsweise in Taschenbuchform, herauszubringen, ist als abgespaltener Teil des Verlagsrechts anzusehen. Die dafür gezahlte Lizenzgebühr ist nach den allgemein für Dauerschuldverhältnisse geltenden Kriterien laufender Aufwand des Zweitberechtigten. Lizenzvorauszahlungen sind aktiv abzugrenzen (§ 250 Abs 1 HGB). Die **Aktivierung** eines Subverlagsrechts kann aber in Betracht kommen, wenn die vertraglich vereinbarte Nutzungsberechtigung wirtschaftlich einer Veräußerung des Verlagsrechts durch den Originalverlag gleichkommt oder wenn der Zweitberechtigte entgeltlich in die Rechte des Originalverlags eintritt.

47 Die Tatsache, dass die Laufzeit von Verlagsverträgen begrenzt ist, hat zur Folge, dass das derivative Verlagsrecht ein abnutzbares Wirtschaftsgut des Anlagevermögens darstellt (BFH BStBl 1979 II, 470) und daher entsprechend seiner Nutzungsdauer abgeschrieben werden muss. Die **wirtschaftliche Nutzungsdauer** ist aber oft weit kürzer als die vertragliche Laufzeit und bedarf einer vorsichtigen Schätzung, wie sie insbes bei immateriellen Vermögensgegenständen immer geboten ist. Nach der hier vertretenen Auffassung ist eine Nutzungsdauer von drei bis fünf Jahren im Allgemeinen als angemessen anzusehen. Wie bei allen immateriellen Vermögensgegenständen kommt als **Abschreibungsmethode** nur die lineare Abschreibung in Betracht (§ 7 Abs 1 S 1 EStG), also die aufwandsmäßige Gleichverteilung der Anschaffungskosten auf die Dauer der Nutzung. Im (Wirtschafts-)Jahr der Anschaffung und ggf im (Wirtschafts-)Jahr der Veräußerung darf nur eine zeitanteilige Abschreibung (pro rata temporis) vorgenommen werden.

48 Im Unterschied zum Verlagsrecht versteht man unter einem **Verlagswert** den Wert des einzelnen Verlagserzeugnisses (Verlagsobjekt), nicht zu verwechseln mit dem Geschäfts- oder Firmenwert des Verlages. Der Verlagswert der einzelnen Verlagserscheinung (ein Buch, eine Buchreihe, eine Zeitung, eine Zeitschrift, eine Fortsetzungsreihe usw) fußt in erster Linie auf deren Titel, Aufmachung, Gestaltung, Charakter und Verbreitung. Damit verbunden sind im Allgemeinen **wirtschaftliche Werte** wie zB der Abonnentenstamm, das Vertriebssystem, der Inserentenkreis, die Redaktion, das Marketingkonzept, die Organisation und das Verlagsarchiv. Dabei handelt es sich aber nur um einzelne nicht abspaltbare Bestandteile des Verlagswerts als eines einheitlichen Wirtschaftsguts, das so gewichtig sein kann, dass es im Ausnahmefall sogar einen Teilbetrieb im Sinne des § 16 EStG darstellt, wie der BFH (DStR 1984, 407) beim Verkauf einer Zeitschrift, die eines von mehreren Fachgebieten eines Verlags abdeckte, entschied. Der Verlagswert kann ein Verlagsrecht einschließen, nämlich dann, wenn das Verlagsobjekt Gegenstand eines Verlagsvertrags mit dem Urheber ist, wie das insbes bei Büchern der Fall zu sein pflegt. Dies muss jedoch nicht notwendigerweise so sein: Ist das Verlagsobjekt zB eine Fachzeitschrift, dann spielen Verlagsverträge allenfalls eine untergeordnete Rolle.

49 Käufe bzw Verkäufe von Verlagsobjekten sind nicht selten zu beobachten, sei dies im Rahmen der Übertragung eines ganzen Verlagsunternehmens oder von Teilen desselben, aber auch einzeln von Verlag zu Verlag. Wie das entgeltlich erworbene Verlagsrecht muss auch der **derivative Verlagswert** aktiviert werden, während für originäre Verlagswerte und Verlagsrechte das Aktivierungsverbot des § 248 Abs 2 HGB gilt (vgl Rn 30).

50 Besitzt ein Verlagsunternehmen nur ein **einziges Verlagsobjekt** oder gibt es daneben nur unbedeutende geschäftliche Aktivitäten, wie das beispielsweise bei kleineren Zeitungsverlagen von lokaler Bedeutung häufig der Fall ist, dann geht der Verlagswert des Verlagsobjekts im Geschäfts- oder Firmenwert des Verlages auf. Die gesonderte Aktivierung eines Verlagswerts im Falle eines Kaufs des Unternehmens dürfte nicht in Betracht kommen.

51 Im Gegensatz zum Verlagsrecht, dessen Abnutzbarkeit und damit Abschreibung außer Frage steht, betrachtete der BFH den Verlagswert (das Verlagsobjekt) früher als nicht abnutzbares immaterielles Wirtschaftsgut. Allgemein versteht man darunter

II. Grundzüge der Besteuerung

Rechtspositionen oder faktische Verhältnisse, die, ähnlich wie der Geschäftswert, mit dem Unternehmen und seinen Gewinnchancen unmittelbar verknüpft sind, die aber losgelöst von einem Unternehmen oder Unternehmensteil als selbstständige Wirtschaftsgüter übertragbar sind. Wegen der Nähe zum Geschäfts- oder Firmenwert, insbes wenn man an Merkmale wie Organisationswert, Markteinführung, Bekanntheitsgrad und ähnliches denkt, erschien es seinerzeit gerechtfertigt, wenn der BFH feststellte, dass Verlagswerte (Verlagsobjekte) als sog **firmen- oder geschäftswertähnliche Wirtschaftsgüter** keiner regelmäßigen Abnutzung unterliegen und somit nicht abschreibbar sind. Nachdem jedoch mit Wirkung zum 1.1.1987 die gesetzliche Fiktion der Nichtabnutzbarkeit des Geschäfts- oder Firmenwerts aufgegeben wurde und seither Absetzungen für Abnutzung entsprechend einer gesetzlich festgelegten 15-jährigen Nutzungsdauer nicht nur möglich sondern sogar vorgeschrieben sind, vertritt auch die Finanzverwaltung die Auffassung (BMF-Schr v 20.11.1986, BStBl I, 532), dass firmen- oder geschäftswertähnliche Wirtschaftsgüter wie beispielsweise der Verlagswert abzuschreiben sind. Entsprechend der früheren Gleichbehandlung sind die für den Geschäfts- oder Firmenwert maßgebenden Vorschriften über die Nutzungsdauer (§ 7 Abs 1 Satz 3 EStG) und den Abschreibungsbeginn (§ 52 Abs 6a EStG) auch bei der bilanziellen Behandlung von Verlagswerten anzuwenden, dh unter Zugrundelegung einer 15-jährigen Nutzungsdauer. Zur Kritik daran s HHR/Nolde, § 7 EStG Anm 205. Was die Abschreibungsmethode betrifft, so gilt das unter Rn 47 Gesagte entsprechend.

Der Begriff des firmen- oder geschäftswertähnlichen Wirtschaftsguts hat also auf Grund der 1987 eingetretenen Gesetzesänderung seine ursprüngliche steuerliche Bedeutung verloren. Allein entscheidend ist nach heutiger Rechtslage die Frage, ob solche immateriellen Wirtschaftsgüter einem Wertverzehr unterliegen oder nicht: Je nachdem können diese Wirtschaftsgüter abschreibbar oder als nicht abnutzbare immerwährende Rechte zu behandeln sein. Bei **Belieferungsrechten,** die entgeltlich erworben wurden und aus mehreren Einzelwirtschaftsgütern wie Kundenstamm und Wettbewerbsverboten bestehen, ist für jedes dieser Wirtschaftsgüter zu entscheiden, ob sich ihr Wert innerhalb einer bestimmten Zeit erschöpft; in diesem Fall sind Abschreibungen vorzunehmen. Vgl BFH-Urt v 28.5.1998 (BStBl II, 775) zu Gebietsbereinigungsvereinbarungen zwischen Wettbewerbern im Zeitungen- und Zeitschriften-Grosso. 52

Bei Zeitungs- und Zeitschriftenverlagen sind **Abonnementsverträge,** dh Belieferungsverträge mit den Abonnenten, als vom Geschäfts- oder Firmenwert zu unterscheidende immaterielle Wirtschaftsgüter, die der selbstständigen Bewertung fähig und auf die Abschreibung vorzunehmen sind, anzusehen, wenn ein entgeltlicher Erwerb vorausging. Die Abonnementsverträge werden, was schon wegen deren Vielzahl im Allgemeinen gar nicht möglich ist, nicht einzeln bewertet, sondern unter der Bezeichnung „Abonnentenstamm" oder „Abonnentenbelieferungsrechte" in einer Summe aktiviert. Dies gilt auch beim Erwerb eines Zeitungs- oder Zeitschriftenverlags: Ein im Einzelfall zu bestimmender Teil des Kaufpreises ist als Gegenleistung für den Wert des erworbenen Abonnentenstamms anzusetzen, der anschließend abzuschreiben ist, gesondert von einem etwa in Erscheinung getretenen Geschäfts- oder Firmenwert und gesondert von etwa miterworbenen firmenwertähnlichen Wirtschaftsgütern (vgl BFH BStBl 1970 II, 804, und FG Bad-Württ EFG 1979, 484, rkr). Die **Nutzungsdauer** des Abonnentenstamms kann im Allgemeinen mit drei bis sechs Jahren angenommen werden; bei größerer Fluktuation der Bezieher ist auch eine kürzere Nutzungsdauer denkbar. 53

Abonnentenverträge sind gelegentlich auch isoliert Gegenstand des Rechtsverkehrs, wie zuletzt das BFH-Urt v 3.8.1993 (DB 1994, 1061) zum **„Kauf von Abonnenten"** zeigt. Es kann kein Zweifel bestehen, dass dann, wenn ein Abonnentenstamm entgeltlich erworben wurde, der Kaufpreis zu aktivieren und abzuschreiben ist. In diesen Fällen dürfte die Nutzungsdauer besonders vorsichtig zu schätzen sein, vor allem im Zeitschriftenvertrieb, wo häufig mit einer hohen Wahrscheinlichkeit 54 damit zu rechnen ist, dass ein erheblicher Teil der Abonnenten nach kurzer Zeit wegfällt, insbes wenn diese von „Drückerkolonnen" geworben wurden. Bei Fachzeitschriften dagegen ist die Fluktuation der Bezieher erfahrungsgemäß weitaus geringer.

55   Im Gegensatz dazu ist in der **Abonnentenkartei** (Bezieherkartei) kein selbstständiges immaterielles Wirtschaftsgut zu erblicken, wenn die damit verbundenen Möglichkeiten lediglich Belieferungschancen darstellen. In diesem Fall kann die Abonnentenkartei wie eine Kundenkartei nur Bestandteil des Geschäftswerts sein, sofern ein solcher erworben wurde. Im Vordergrund steht hier nicht das einzelne Belieferungsrecht aus dem Abonnementsvertrag, so dass keine Abspaltung des Wertes einer Abonnentenkartei vom Kaufpreis eines Verlagsobjekts möglich ist. Der BFH hat dies im Urt v 14.3.1979 (BStBl II, 470) für den Fall des Erwerbs eines **Fortsetzungssammelwerkes** (Loseblattwerk) entschieden mit der Folge, dass keine gesonderte Aktivierung und Abschreibung auf die Abonnentenkartei möglich war. Der BFH fasste in diesem Fall die Abonnentenkartei als Bestandteil des firmenwertähnlichen Wirtschaftsguts „Verlagswert" auf. Wegen der Abschreibungen auf den Verlagswert vgl Rn 48.

56   Ein **Verlagsarchiv** als Sammlung von Bildern und Texten, das insbes für Zwecke von Recherchen und zur Dokumentation benutzt wird, bildet einen Teil des Geschäftswerts eines Zeitschriftenverlags, wie der BFH in seinem zum Bewertungsrecht ergangenen Urt v 8.11.1974 (BStBl 1975 II, 104) festgestellt hat. Es ist in seiner Gesamtheit ein immaterielles Wirtschaftsgut, das im Geschäfts- oder Firmenwert aufgeht, ohne dass Teile davon (Bücher, gebundene Zeitschriften, Belegexemplare usw) als einzelne materielle Wirtschaftsgüter angesehen werden können. Eine Sammlung von verlagseigenen Erzeugnissen stellt überhaupt kein bewertbares Wirtschaftsgut dar, wenn die Sammlung historischen Zwecken dient. Etwas anderes muss aber dann gelten, wenn die Sammlung Verlagserzeugnisse enthält, für die eine Nachfrage besteht. Auch Altausgaben wie zB frühe Exemplare oder Jahrgänge des BStBl oder der NJW sind für sich als materielle Einzelwirtschaftsgüter zu beurteilen, auch im Rahmen der Veräußerung eines ganzen Verlages.

c) Sonstige bilanzsteuerrechtliche Fragen

57   Bei Verlagsunternehmen mit umfangreicherem Anlagevermögen, insbes bei Verlagen mit einer angeschlossenen Druckerei, spielen **Abschreibungen** auf bewegliche und unbewegliche Vermögensgegenstände des Anlagevermögens eine große Rolle hinsichtlich des Jahresergebnisses. Es würde den Rahmen dieses Beitrags sprengen, alle denkbaren Varianten der planmäßigen Abschreibungen (nach steuerrechtlicher Terminologie: Absetzungen für Abnutzung = **AfA**) darzustellen. Hinzu kommen noch gelegentlich Sonderabschreibungen und erhöhte Absetzungen, die das Steuerrecht aus den unterschiedlichsten Gründen kennt, so zB in der Vergangenheit zur Förderung von Investitionen in den neuen Bundesländern. Um die Abschreibung des jeweiligen Anlagegegenstands ermitteln zu können, bedarf es der Festlegung der betriebsgewöhnlichen (= individuellen betrieblichen) Nutzungsdauer. Hierbei erweisen sich häufig die vom BMF herausgegebenen amtlichen **AfA-Tabellen**, die Richtwertcharakter haben, als hilfreich (s Beck'sche Steuertabellen, I/5). Die AfA-Tabellen sollen den Finanzämtern einen Beurteilungsspielraum für die Angemessenheit der steuerlichen AfA in den einzelnen Wirtschaftszweigen geben, soweit nicht im Einzelfall wegen besonderer Verhältnisse Abweichungen erforderlich sind. Für die speziell im Wirtschaftszweig „Druckereien und Verlagsunternehmen mit Druckerei" vorhandenen Anlagegegenstände liegt eine AfA-Tabelle (Beck'sche Steuertabellen, I/5 Nr 52) vor, die für Druckereien, Zeitungsdruckereien, Vervielfältigungsbetriebe, Licht- und Fotopausereien und Verlage jeder Art gilt und in Spalte 3 die Nutzungsdauer des betreffenden Wirtschaftsguts nennt und den dementsprechenden linearen AfA-Satz in Spalte 4. Unter Zugrundelegung der angegebenen Nutzungsdauer lässt sich auch der sog degressive AfA-Satz (§ 7 Abs 2 EStG) errechnen, der das Zweieinhalbfache des linearen AfA-Satzes und 25% nicht übersteigen darf. Der degressive

II. Grundzüge der Besteuerung

AfA-Satz wird benötigt, wenn von der degressiven Abschreibungsmethode des § 7 Abs 2 EStG Gebrauch gemacht werden soll, was bei allen beweglichen Wirtschaftsgütern bis 31.12.2011 möglich war. Hierbei wird nicht von einer Gleichverteilung der Anschaffungs- oder Herstellungskosten des betreffenden Anlagegegenstands ausgegangen, sondern von fallenden Jahresbeträgen, was dadurch erreicht wird, dass der gleich bleibende degressive AfA-Satz auf den jeweiligen Buchwert am Ende des vorausgegangenen Wirtschaftsjahres angewendet wird.

Was **Schriftmetalle** sowie **Druck- und Prägeformen** von Druckereien betrifft, **58** so ist auf das BFH-Urt v 2.12.1987 (BStBl 1988 II, 502) hinzuweisen. Danach rechnen Schriftmetalle nicht zum Anlagevermögen, sondern zum Umlaufvermögen und sind unter den Rohstoffen zu aktivieren, gleichgültig ob sie noch unverarbeitet vorrätig sind oder durch Einschmelzen von benutzten Druck- und Prägeformen gewonnen wurden. Abschreibungen im Sinne eines laufenden Wertverzehrs durch Abnutzung infolge Gebrauch sind also nicht denkbar. Druck- und Prägeformen dagegen gehören zum Anlagevermögen einer Druckerei. Dienen diese jedoch nur zum Druck einer einzigen Ausgabe, beispielsweise einer Zeitschrift, dann sind sie danach als verbraucht anzusehen mit der Folge, dass eine Verteilung der Anschaffungs- oder Herstellungskosten auf mehrere Jahre nicht in Betracht kommt. Gleiches gilt für **digitale Druckvorlagen,** die im Wege der CtP-Technik (Computer to Plate) hergestellt werden, die zwar grundsätzlich Wirtschaftsgüter sind, die bei einer voraussichtlichen Wiederverwendung zum Anlagevermögen gehören. Wenn es jedoch unwahrscheinlich ist, dass eine Folgeauflage gedruckt wird, hat eine Aktivierung im Anlagevermögen zu unterbleiben (FG Berlin-Brandenburg EFG 2012, 2310, rkr).

Eine Verteilung der Anschaffungs- oder Herstellungskosten auf die voraussichtliche **59** Nutzungsdauer erübrigt sich bei allen Anlagegegenständen, die unter die Regelung des § 6 Abs 2 EStG fallen (sog **geringwertige Wirtschaftsgüter des Anlagevermögens**). Dies sind Gegenstände, die einer selbstständigen Nutzung fähig sind und deren Anschaffungs- oder Herstellungskosten 410 EUR (ohne Umsatzsteuer) nicht übersteigen. Schriftenminima in Druckereien sind als solche geringwertigen Wirtschaftsgüter des Anlagevermögens anzusehen (BMF BStBl 1977 I, 88). Auch Software, die für die Fotosatzherstellung verwendet wird, kann aus Vereinfachungsgründen entsprechend § 6 Abs 2 EStG in voller Höhe im Jahr der Anschaffung abgeschrieben werden, sofern die Anschaffungskosten die Grenze von 410 EUR nicht übersteigen (vgl R 6.13 Abs 2 EStR), obwohl EDV-Programme von der Rechtsprechung bisher als immaterielle Wirtschaftsgüter betrachtet wurden und somit für die Anwendung des § 6 Abs 2 EStG an sich nicht in Betracht kommen. Die Rechtsprechung in dieser Frage ist jedoch uneinheitlich (vgl BFH BStBl 1987 II, 787 und 1994 II, 873). Übersteigt der Wert im Einzelfall nicht 150 EUR, dann besteht noch nicht einmal die Verpflichtung, diese geringwertigen Wirtschaftsgüter im Anlagevermögen als Zugang aufzuführen; dann können die Anschaffungskosten unmittelbar als Aufwand verbucht werden (§ 6 Abs 2 S 4 EStG).

Die Bilanzierung der **Vorräte** im Presse- und Verlagsunternehmen folgt den all- **60** gemeinen Regeln, wie sie nach § 255 Abs 2 HGB bzw R 6.8 EStR gelten. Die Vorräte sind mit den Anschaffungskosten oder den Herstellungskosten, je nach dem ob sie angeschafft oder selbst hergestellt wurden, zu bilanzieren. Aufwendungen für die Erstellung von Druckvorlagen (sog Redaktionskosten) sind bei einem Zeitschriftenverlag aber nicht zu den Herstellungskosten des Endprodukts „Zeitschrift" gehörig, da noch kein bilanzierungsfähiges Wirtschaftsgut entstanden ist (BFH BStBl 1975 II, 809; s auch BMF-Schr v 16 3.1979, DStR 1979, 289). Klischees zur Herstellung von Büchern dagegen rechnen zu den Fertigungsgemeinkosten (der ersten Auflage) und sind unter den Herstellungskosten der Bücher zu erfassen, soweit die Wiederverwendung der Klischees für weitere Auflagen ungewiss ist und daher davon auszugehen ist, dass sie bei der Preiskalkulation der ersten Auflage voll berücksichtigt wurden (BFH BStBl 1971 II, 304). Gleiches gilt für Honorarvorauszahlungen und Festhonorare, die der Verleger an einen Autor zahlt (vgl Rn 44). Kosten, die ein Verlag für Schutzumschläge von Büchern aufwendet, sind, soweit es sich nicht um Überdrucke handelt, bei den Vorräten zu aktivieren. Der Umstand, dass auf dem Buchumschlag auch für andere Bücher geworben wird, rechtfertigt nicht die Aussonderung eines Teils der Kosten als sofort abziehbare Werbekosten (BFH BStBl 1971 II, 3049).

61 Auch für die Bilanzierung von **Forderungen** im Presse- und Verlagsunternehmen gelten die allgemeinen Grundsätze. Forderungen aus Lieferungen und Leistungen sind zu verbuchen, wenn sie rechtlich entstanden sind. Dementsprechend muss ein Verlag Forderungen an Buchhändler aus Konditionsgeschäften auch dann aktivieren, wenn über die von ihnen bis zum Bilanzstichtag des Verlags getätigten Verkäufe erst nach dem Bilanzstichtag abgerechnet wird (BFH BStBl 1966 III, 313). Solange die Kaufsache allerdings noch zurückgegeben werden kann, wie das beim Verkauf mit Rückgaberecht im Verlagsgeschäft üblich ist, kann noch keine Gewinnrealisierung stattfinden. Anstelle von Forderungen aus Lieferungen und Leistungen sind deshalb in solchen Fällen die Herstellungskosten der Verlagserzeugnisse zu bilanzieren (*Ellrott/ Ring* in: Beck'scher Bilanzkommentar, 5. A., § 247 Rn 90).

62 Rückstellungen wegen **Verletzung fremder Patent-, Urheber- oder ähnlicher Schutzrechte** dürfen nach § 5 Abs 3 EStG mit steuerlicher Wirkung erst gebildet werden, wenn der Rechtsinhaber Ansprüche wegen der Rechtsverletzung geltend gemacht hat oder wenn mit einer Inanspruchnahme ernsthaft zu rechnen ist. Mit dieser Regelung soll verhindert werden, dass der Schutzrechtsverletzer die aus der rechtswidrigen Nutzung der Schutzrechte erwirtschafteten Erträge durch Bildung von Rückstellungen neutralisiert und so einen zweifachen Nutzen aus seinem verbotenen Tun zieht, einmal durch die Erzielung von Gewinnen und zum zweiten dadurch, dass er die daraus resultierenden Ertragsteuern auf unabsehbare Zeit hinausschiebt. Deshalb ist auch dann, wenn eine Inanspruchnahme wegen der Schutzrechtsverletzung ernsthaft droht, es aber gleichwohl nicht dazu kommt, eine dafür gebildete Rückstellung spätestens im Jahresabschluss des dritten auf ihre erstmalige Bildung folgenden Wirtschaftsjahrs gewinnerhöhend aufzulösen (§ 5 Abs 3 S 2 EStG). Nach Ablauf der Drei-Jahres-Frist sind weitere Rückstellungen wegen Verletzung desselben Schutzrechts nicht zulässig, solange Ansprüche nicht geltend gemacht worden sind (R 5.7 Abs 10 S 4 EStR). Zum Begriff „ähnliche Schutzrechte" im Sinne des § 5 Abs 3 EStG s *Krumm* in Blümich § 5 Rn 828 ff.

63 **Druckbeihilfen** und **Druckkostenzuschüsse,** die einem Verlag vom Autor oder von Dritten für die Veröffentlichung mit der Maßgabe gewährt werden, dass sie bei Erreichen eines bestimmten Buchabsatzes zurückzugewähren sind, erhöhen den Gewinn des Verlags im Zeitpunkt der Veröffentlichung. Für die Rückzahlungsverpflichtung ist deshalb eine Rückstellung wegen ungewisser Verbindlichkeiten zu bilden, wie der BFH durch Urt v 3.7.1997 (DB 1997, 2157) entschieden hat. Die Finanzverwaltung wendet dieses Urt über den entschiedenen Fall hinaus nur an, wenn die Rückzahlungsverpflichtung nicht von der Höhe der mit dem Buchabsatz künftig erzielbaren Erlöse abhängt (BMF-Schr v 27.4.1998, DB 1998, 903). Dem liegt die Überlegung zugrunde, dass die (bedingte) Verpflichtung am Bilanzstichtag nicht vorhandenes, sondern ausschließlich künftiges Vermögen belastet, wenn diese vom Umfang künftiger Erlöse abhängig ist.

3. Die wichtigsten Unternehmenssteuern

a) Die Körperschaftsteuer

64 Auf dem Einkommen der nichtnatürlichen Personen, soweit diese steuerpflichtig sind, lastet die Körperschaftsteuer, vergleichbar der Einkommensteuer, die das Einkommen von natürlichen Personen besteuert. Als **Steuersubjekte** kommen in erster Linie die Kapitalgesellschaften (Aktiengesellschaften, Kommanditgesellschaften auf Aktien, Gesellschaften mit beschränkter Haftung und bergrechtliche Gewerkschaften) in Betracht, aber auch die Erwerbs- und Wirtschaftsgenossenschaften, die Versicherungsvereine auf Gegenseitigkeit und Betriebe gewerblicher Art von juristischen Personen des öffentlichen Rechts.

II. Grundzüge der Besteuerung

Rechtsgrundlagen der Körperschaftsteuer sind neben dem KStG und der KStDV nach § 8 Abs 1 KStG die einkommensteuerrechtlichen Vorschriften, insbes für die Ermittlung des zu versteuernden Einkommens. Das EStG ist somit die Basis des Körperschaftsteuerrechts.

Wie im Einkommensteuerrecht wird auch im Körperschaftsteuerrecht zwischen unbeschränkter und beschränkter Steuerpflicht unterschieden. **Unbeschränkt körperschaftsteuerpflichtig** sind die in § 1 Abs 1 KStG aufgezählten Körperschaften, Vermögensmassen und Personenvereinigungen, die ihren Sitz oder ihre Geschäftsleitung in der Bundesrepublik Deutschland haben. Es gilt damit das sog **Welteinkommensprinzip**, wonach das gesamte Einkommen, unabhängig davon, wo dessen Quellen sich befinden, zur Körperschaftsteuer in der Bundesrepublik Deutschland herangezogen wird. Soweit Einkünfte aus dem Ausland stammen, greifen allerdings unter Umständen DBA ein, die die Bundesrepublik Deutschland mit den wichtigsten Staaten der Welt abgeschlossen hat. Diese DBA verhindern oder mildern eine doppelte Besteuerung derselben Einkünfte entweder dadurch, dass der eine oder der andere der beiden Staaten die Einkünfte von seiner Besteuerung ausnimmt (Freistellungsmethode) oder dadurch, dass zwar beide Staaten dieselben Einkünfte besteuern, aber einer der Staaten die Steuer des anderen Staates auf die von ihm erhobene Steuer anrechnet (Anrechnungsmethode). Letztere Methode gilt auch bei Einkünften aus Staaten, mit denen kein DBA besteht (§ 26 KStG).

Beschränkt körperschaftsteuerpflichtig sind nach § 2 Nr 1 KStG Körperschaften, Personenvereinigungen und Vermögensmassen, die im Inland weder Sitz noch Geschäftsleitung haben. Die Steuerpflicht beschränkt sich in diesem Fall auf die aus inländischen Quellen stammenden Einkünfte. Daneben gibt es noch eine zweite Art von beschränkter Körperschaftsteuerpflicht: Nach § 2 Nr 2 KStG sind ansonsten steuerbefreite Körperschaften, Personenvereinigungen und Vermögensmassen, die aber hinsichtlich derjenigen Einkünfte, bei denen an der Quelle ein Steuerabzug (zB in Form der Kapitalertragsteuer, vgl Rn 24) vorgenommen wird, insoweit beschränkt steuerpflichtig. Mit dem Steuerabzug ist dann die Körperschaftsteuer abgegolten.

Bemessungsgrundlage der Körperschaftsteuer ist – wie bei der natürlichen Person – das **zu versteuernde Einkommen.** Dieses umfasst – ebenfalls wie bei der natürlichen Person – die Einkünfte aus sämtlichen Einkunftsarten des Einkommensteuerrechts (vgl Rn 21), ausgenommen Einkünfte aus nichtselbstständiger Arbeit. Die wichtigste Gruppe der der Körperschaftsteuer unterliegenden Gebilde, nämlich die Kapitalgesellschaften, können nach § 8 Abs 2 KStG nur Einkünfte aus Gewerbebetrieb haben. Das zu versteuernde Einkommen wird in diesen Fällen, wie bereits erwähnt (Rn 26), aus dem Ergebnis des handelsrechtlichen Jahresabschlusses abgeleitet. Hierbei ist allerdings zu beachten, dass bestimmte Aufwendungen und Erträge nach den Vorschriften des EStG und des KStG die Bemessungsgrundlage der Körperschaftsteuer nicht beeinflussen dürfen. Dementsprechend sind alle nicht abziehbaren Aufwendungen dem handelsrechtlichen Ergebnis hinzuzurechnen, alle nicht der Körperschaftsteuer unterliegenden Erträge davon abzuziehen. **Nicht abziehbare Aufwendungen** sind insbes die Körperschaftsteuer selbst (und der hierzu erhobene Solidaritätszuschlag), die Gewerbesteuer, die Hälfte der Aufsichtsratsvergütungen und die nicht abziehbaren Betriebsausgaben im Sinne des § 4 Abs 5 EStG (bestimmte Repräsentationsaufwendungen). Als steuerfreie Einnahmen kommen insbes die Investitionszulage und ausländische Einkünfte, die auf Grund eines DBA steuerbefreit sind, in Betracht.

Das nachfolgende Beispiel mag die Ermittlung des zu versteuernden Einkommens verdeutlichen:

Beispiel:

Eine AG weist in ihrem Jahresabschluss einen Jahresüberschuss von 682 700 EUR aus. Zu Lasten des Ergebnisses wurden verbucht:

Aufsichtsratsvergütungen   80 000 EUR
Körperschaftsteuer   135 000 EUR

Solidaritätszuschlag	7 425 EUR
Gewerbesteuer	110 250 EUR
Nicht abziehbare Geschenke, Bewirtungskosten uam	20 100 EUR
	352 775 EUR
Folgende Erträge haben das Ergebnis erhöht:	
Investitionszulage	32 800 EUR
Gewinn aus einer Betriebsstätte in Frankreich	62 675 EUR
	95 475 EUR
Das zu versteuernde Einkommen errechnet sich wie folgt:	
Jahresüberschuss	682 700 EUR
zuzüglich:	
Nicht abziehbare Aufwendungen	
– 50% der Aufsichtsratsvergütungen	40 000 EUR
– Körperschaftsteuer	135 000 EUR
– Solidaritätszuschlag	7 425 EUR
– Gewerbesteuer	110 250 EUR
– Nicht abziehbare Geschenke, Bewirtungskosten uam	20 100 EUR
	995 475 EUR
abzüglich:	
Steuerfreie Erträge	
– Investitionszulage	32 800 EUR
– Gewinn aus der Betriebsstätte in Frankreich	62 675 EUR
Zu versteuerndes Einkommen	900 000 EUR

70 Bei kleineren, personalistisch strukturierten Kapitalgesellschaften liegt natürlich der Gedanke nahe, durch Vergütungen an Gesellschafter, die als Aufwand zu Lasten des Ergebnisses verbucht werden, das zu versteuernde Einkommen und damit die Höhe der Körperschaftsteuer (und der Gewerbesteuer, vgl Rn 73 ff.) zu beeinflussen. Soweit die Vergütungen als angemessene Gegenleistung für Leistungen der Gesellschafter anzusehen sind, ist dagegen auch aus steuerrechtlicher Sicht nichts einzuwenden. Soweit aber den Vergütungen keine oder keine adäquate Gegenleistung gegenübersteht, werden sie als **verdeckte Gewinnausschüttungen** betrachtet, die nach § 8 Abs 3 Satz 2 KStG das Einkommen nicht mindern dürfen. Verdeckte Gewinnausschüttungen sind beispielsweise: Unangemessen hohe Gehälter für Tätigkeiten eines Gesellschafters im Dienst der Gesellschaft, zinslose oder niedrig verzinsliche Darlehen der Gesellschaft an den Gesellschafter, überhöhte Mietzahlungen an Gesellschafter, überhöhte Zinsen für Darlehen des Gesellschafters an die Gesellschaft usw (vgl R 36 ff. KStR). Der BFH (vgl Urt v 22.2.1989, BStBl II, 475 und v 11.10.1989, BStBl 1990 II, 89) definiert die verdeckte Gewinnausschüttung als eine Vermögensminderung oder verhinderte Vermögensmehrung der Gesellschaft, die durch das Gesellschaftsverhältnis veranlasst ist, sich auf die Höhe des Einkommens auswirkt und nicht auf einem den gesellschaftsrechtlichen Vorschriften entsprechenden Gewinnverteilungsbeschluss beruht. Eine Veranlassung durch das Gesellschaftsverhältnis liegt dann vor, wenn ein ordentlicher und gewissenhafter Geschäftsleiter die Vermögensminderung oder verhinderte Vermögensmehrung gegenüber einer Person, die nicht Gesellschafter ist, unter sonst gleichen Umständen nicht hingenommen hätte.

71 Der **Körperschaftsteuersatz** beträgt 15% des zu versteuernden Einkommens, unabhängig davon, ob der Gewinn thesauriert oder ausgeschüttet wird. Hinzu kommt derzeit der Solidaritätszuschlag in Höhe von 5,5% der Körperschaftsteuer. Gewinnausschüttungen unterliegen daneben der Besteuerung beim Ausschüttungsempfänger. Handelt es sich beim Ausschüttungsempfänger um eine natürliche Person, die die Beteiligung an der Kapitalgesellschaft im Privatvermögen hält, so unterliegt die Gewinnausschüttung der Abgeltungsteuer zum Steuersatz von 25% (vgl Rn 25). Gehört die Beteiligung jedoch zum Betriebsvermögen der natürlichen Person oder zum Betriebsvermögen einer Personengesellschaft (mit natürlichen Personen als Gesellschaftern), so unterliegt die Gewinnausschüttung der individuellen Einkommensteuerbelastung; es werden aber nur 60% der Gewinnausschüttung als steuerpflichtige Einnahme angesetzt (Teileinkünfteverfahren; vgl § 3 Nr 40 S 1 Buchst a EStG). Unter Einbeziehung der Gewerbesteuer (s dazu Rn 75) beläuft sich die Ge-

II. Grundzüge der Besteuerung

samtsteuerbelastung – je nach örtlichem Gewerbesteuer-Hebesatz – im Falle der Thesaurierung auf etwa 28%, im Falle der Ausschüttung auf über 50% des von der Körperschaft erzielten Gewinns, wie dem nachstehenden Berechnungsbeispiel zu entnehmen ist:

Beispiel:
    Eine GmbH erzielt im laufenden Geschäftsjahr ein Ergebnis vor Abzug der Steuern vom Einkommen und vom Ertrag von 100 000,00 EUR. Die Gewerbesteuer beläuft sich annahmegemäß auf 16 000,00 EUR. Nach Abzug der Körperschaftsteuer von 15 000,00 EUR und des Solidaritätszuschlags von 825,00 EUR verbleiben 68 175,00 EUR, die (theoretisch) zur Ausschüttung an die Anteilseigner zur Verfügung stehen. Wird dieser Betrag ausgeschüttet und gehört die Beteiligung an der GmbH zum Betriebsvermögen einer natürlichen Person oder Personengesellschaft, so unterliegt die Ausschüttung bei dem Ausschüttungsempfänger zu 60% (Teileinkünfteverfahren) der Einkommensbesteuerung. Unterstellt man, dass der Ausschüttungsempfänger (natürliche Person oder Beteiligter an der Personengesellschaft) Einkommensteuer nach dem Höchstsatz von derzeit 45% zu entrichten hat, so errechnet sich eine Belastung an Einkommensteuer von 18 407,25 EUR zuzüglich Solidaritätszuschlag von 1012,40 EUR. Mithin verbleiben dem Anteilseigner nach Abzug der persönlichen Steuern 48 755,35 EUR. Die Gesamtsteuerbelastung der GmbH und ihres Anteilseigners beträgt also 51 244,65 EUR oder rd 51,2%.

Würden Gewinnausschüttungen an andere Kapitalgesellschaften ebenfalls beim Ausschüttungsempfänger der Besteuerung unterliegen, käme es bei Konzernstrukturen zu einer Kumulierung von Körperschaftsteuer, umso stärker, je öfter derselbe Gewinn ausgeschüttet würde. § 8b Abs 1 KStG befreit deshalb **Gewinnausschüttungen an andere Kapitalgesellschaften** von der Körperschaftsteuer. Allerdings gelten pauschal 5% der Gewinnausschüttung als nicht abzugsfähige Betriebsausgaben, so dass doch eine - wenn auch niedrige – Besteuerung auf Seiten des Ausschüttungsempfängers eintritt.

b) Die Gewerbesteuer

Die Erhebung der Gewerbesteuer als einer besonderen Steuer, die ausschließlich auf **Gewerbebetrieben** lastet, wird finanzwissenschaftlich damit gerechtfertigt, dass die durch den Betrieb eines Gewerbes indirekt hervorgerufenen Belastungen nach dem Verursachungsprinzip nicht von der Allgemeinheit getragen, sondern auf die Gewerbebetriebe umgelegt werden sollen. Die Gewerbesteuer soll also einen Ausgleich bilden für die Kosten öffentlicher Einrichtungen wie beispielsweise Straßen, Schulen, Krankenhäuser usw (sog Infrastrukturkosten), die den Gemeinden als Folge vorhandener oder neu anzusiedelnder Gewerbebetriebe durch deren Beschäftigte erwachsen. Art 106 Abs 6 GG weist deshalb das Aufkommen der Gewerbesteuer als einer der Realsteuern den Gemeinden zu. Mit dem Begriff **Realsteuern** werden jene Steuern gekennzeichnet, die – im Gegensatz zu den sog Personensteuern – an das Vorhandensein von bestimmten Gegenständen (Objekten) geknüpft sind. Bei der Gewerbesteuer ist das Besteuerungsobjekt der Gewerbebetrieb als solcher, bei der Grundsteuer als der zweiten Realsteuer der Grundbesitz. Die Realsteuern stellen wichtige Einnahmequellen der Gemeinden dar, weshalb es verständlich ist, dass diesen im Rahmen landesrechtlicher Regelungen das Recht eingeräumt wird, durch Festlegung des sog Hebesatzes deren Aufkommen mitzubestimmen.

Systematisch geht die Ermittlung der Gewerbesteuer folgendermaßen vor sich:

Steuerpflichtiger Gewerbeertrag
↓
3,5 vH
(Steuermesszahl)
↓
Steuermessbetrag
↓
Hebesatz der Gemeinde
↓
Gewerbesteuer

75 Seit Jahrzehnten hält die Diskussion über eine Abschaffung der Gewerbesteuer an, ohne bislang zu einem Ergebnis gekommen zu sein. Wenn sich die Gemeinden dagegen wenden, so mag dies mit Rücksicht auf deren finanzielle Interessen verständlich sein. Andererseits sprechen aber zwei gewichtige Gründe dafür: Zum einen trifft die Gewerbesteuer ausschließlich gewerblich tätige Unternehmen, während die Land- und Forstwirte und die übrigen Selbstständigen, insbes die Freiberufler, davon nicht berührt werden. Der Gesetzgeber sah sich aus Gründen der Belastungsgleichheit gezwungen, zugunsten der Gewerbetreibenden mit Wirkung ab 1.1.2001 durch § 35 EStG eine Ermäßigung der Einkommensteuer einzuführen, die die Belastungswirkungen der Gewerbesteuer bei natürlichen Personen und Personengesellschaften in etwa aufhebt. Die Gewerbebesteuerung erweist sich bei diesem Personenkreis also letztlich als neutral, anders als bei den Gewerbebetrieben in der Rechtsform der AG, der GmbH, der KGaA, der Genossenschaft, des Versicherungsvereins a. G. usw. Vergegenwärtigt man sich, dass die Gewerbesteuer – je nach örtlichem Gewerbesteuerhebesatz – in etwa zwischen 10 und 17 % des steuerlichen Gewinns beträgt, so wird deutlich, dass diese Steuer neben Körperschaftsteuer und Solidaritätszuschlag eine fühlbare zusätzliche Belastung darstellt, die sich mit Blick auf die internationale Wettbewerbsfähigkeit als deutlicher (Standort-)Nachteil der deutschen gewerblichen Wirtschaft erweist. Weltweit findet sich wenig Vergleichbares, und von den 28 Mitgliedsstaaten der EU kennen lediglich Frankreich, Italien, Luxemburg, Spanien und Ungarn eine ähnliche Sonderbesteuerung gewerblicher Unternehmen (Quelle: de.wikipedia.org, Stichwort Gewerbesteuer Deutschland). Verschärft wird die durch die Gewerbebesteuerung hervorgerufene zusätzliche Belastung dadurch, dass die Gewerbesteuer **keine abziehbare Betriebsausgabe** darstellt, dh der Gewerbesteueraufwand mindert das der Einkommensteuer oder Körperschaftsteuer unterliegende Unternehmensergebnis nicht. Der Gesetzgeber ist den unerwünschten Belastungswirkungen durch die Gewerbebesteuerung dadurch in gewissem Umfang entgegengetreten, dass er mit Wirkung ab 1.1.2008 den Körperschaftsteuersatz von 25 % auf 15 % gesenkt hat.

76 Das GewStG kennt zwei Arten von Gewerbebetrieben, die Gegenstand der Besteuerung sind: Zum einen ist das der **stehende Gewerbebetrieb,** zum anderen der **Reisegewerbebetrieb.** Die Unterscheidung zwischen diesen beiden Arten von Gewerbebetrieben ist bedeutsam für die Frage, welche Gemeinde die Gewerbesteuer erheben darf. Im Unterschied zu den stehenden Gewerbebetrieben gilt für Reisegewerbebetriebe eine Sonderregelung, da sich gerade die Tätigkeit der Reisegewerbetreibenden in aller Regel über mehrere Gemeinden erstreckt.

77 Was als **Gewerbebetrieb** im Sinne des Gewerbesteuerrechts anzusehen ist, ergibt sich nicht unmittelbar aus dem GewStG. Das Gewerbesteuerrecht knüpft vielmehr an den einkommensteuerrechtlichen Begriff des Gewerbebetriebs an, wie er in § 15 Abs 2 EStG definiert ist. Danach liegt ein Gewerbebetrieb vor, wenn eine selbstständige nachhaltige Tätigkeit ausgeübt wird, die mit Gewinnerzielungsabsicht unternommen wird und sich als Beteiligung am allgemeinen wirtschaftlichen Verkehr darstellt und die nicht als Ausübung von Land- und Forstwirtschaft noch als freier Beruf oder als andere selbstständige Arbeit anzusehen ist. Neben diesen sog Gewerbebetrieben **kraft gewerblicher Betätigung** kennt das Gewerbesteuerrecht
 – Gewerbebetriebe **kraft Rechtsform** (Kapitalgesellschaften, Erwerbs- und Wirtschaftsgenossenschaften und Versicherungsvereine auf Gegenseitigkeit),
 – Gewerbebetriebe **kraft wirtschaftlichen Geschäftsbetriebs** (dieser umfasst die Tätigkeit der sonstigen juristischen Personen des privaten Rechts und der nicht rechtsfähigen Vereine, soweit sie einen wirtschaftlichen Geschäftsbetrieb, ausgenommen Land- und Forstwirtschaft, unterhalten) und
 – Betriebe der **öffentlichen Hand,** soweit sie als stehende Gewerbebetriebe anzusehen sind.

78 Ausgangsgröße für die Ermittlung des Gewerbeertrags ist der nach den Vorschriften des EStG oder des KStG zu ermittelnde Gewinn aus dem Gewerbebetrieb. Diese Ausgangsgröße wird mit Hilfe eines Systems von **Hinzurechnungen** und **Kürzun-**

II. Grundzüge der Besteuerung

gen zum Zwecke der Ermittlung des Gewerbeertrags modifiziert. Die Gründe dafür sind vielfältiger Art: So wird dadurch zB das gesetzgeberische Ziel erreicht, die Besteuerung auf die inländischen Besteuerungsgrundlagen zu beschränken, dh nur das zur Gewerbesteuer heranzuziehen, was zum inländischen Gewerbeertrag zu rechnen ist. Auch soll dadurch der zum Betriebsvermögen gehörende Grundbesitz, der ja bereits mit einer zweiten Realsteuer, nämlich der Grundsteuer, belastet ist, gewerbesteuerlich entlastet werden. Ferner spiegeln die Hinzurechnungs- und Kürzungsbestimmungen des GewStG die Absicht des Gesetzgebers wider, den Gewerbebetrieb für gewerbesteuerliche Zwecke in bestimmten Bereichen zu objektivieren, dh die individuellen betrieblichen Gegebenheiten in den Hintergrund zu rücken. So soll zB die Finanzierung des Unternehmens, dh die Ausstattung mit Eigenkapital und Fremdkapital, die dem Unternehmen ja weitgehend freigestellt ist, grundsätzlich keinen Einfluss auf die Höhe der Gewerbesteuer haben. Schließlich verhindern die Hinzurechnungen und Kürzungen im GewStG eine doppelte gewerbesteuerliche Belastung, die bei bestimmten Konstellationen eintreten könnte.

79 Hinzurechnungen und Kürzungen im gewerbesteuerlichen Sinne bedeuten immer ein gewerbesteuerliches **Abzugsverbot** bzw eine **Befreiung** von der Gewerbesteuer. Im einen Falle werden Aufwendungen, die das Unternehmensergebnis verringert haben, bei der Ermittlung des Gewerbeertrags wieder hinzugerechnet, im anderen Falle Erträge durch Kürzungen zum Zwecke der Ermittlung des Gewerbeertrags neutralisiert.

80 Bei Verlagen spielt naturgemäß die Hinzurechnungsvorschrift des § 8 Nr 1f) GewStG eine besondere Rolle. Danach ist ein Viertel der Aufwendungen für die **zeitlich befristete Überlassung von Rechten** dem Gewinn zur Ermittlung des Gewerbeertrags hinzuzurechnen. Die obersten Finanzbehörden der Länder haben jedoch in einem gleichlautenden Erlass vom 4.7.2008 (BStBl 2007 I S 630) verfügt, dass ein **Verlagsvertrag** nicht als zeitlich befristete Überlassung des Werkes anzusehen ist, wenn die Überlassung die gesamte Schutzfrist des Rechts umfasst, also zum Beispiel die Zeitspanne des § 64 UrhG (70 Jahre nach dem Tod des Urhebers). Entsprechendes gilt bei zeitlich kürzerer Überlassung, wenn bei Vertragsabschluss zu erwarten ist, dass sich das Recht bei wirtschaftlicher Betrachtungsweise während der Dauer der Überlassung verbraucht.

81 Im Verlagswesen kommt es durch Lizenzverträge regelmäßig zur Abspaltung von **Nebenrechten** aus dem Verlagsvertrag, zum Beispiel durch Abspaltung von Unterlizenzen zum Verlegen von Taschenbüchern an einen Taschenbuchverlag. Die Behandlung der Aufwendungen des Unterlizenznehmers richtet sich nach den für Lizenzverträge geltenden Grundsätzen. Die Hinzurechnungsvorschrift des § 8 Nr 1f) GewStG schränkt die Hinzurechnung aber ein, wenn die dem Verlag überlassenen Lizenzen ausschließlich dazu berechtigen, daraus abgeleitete Rechte Dritten zu überlassen. Die Ausnahmeregelung findet deshalb auf der letzten Stufe der „Überlassungskette" keine Anwendung. Deshalb kommt es beispielsweise bei Buchverlagen, die auf der Grundlage eines mit einem Rechteverwerter abgeschlossenen Lizenzvertrages über ein Werk Bücher oder vergleichbare Sachen produzieren und verkaufen, grundsätzlich zu einer Hinzurechnung der **Lizenzgebühren**. Erstreckt sich der mit einem Rechteverwerter abgeschlossene Lizenzvertrag über ein Werk dagegen ausschließlich auf das Vortragen, Aufführen oder Vorführen iSd § 19 UrhG, gilt dieses nicht als in der letzten Stufe der „Überlassungskette" erbracht.

82 Ist die Besteuerungsgrundlage, nämlich der Gewerbeertrag ermittelt, so kann durch Anwendung der gesetzlich festgelegten **Steuermesszahl** (3,5%) der Steuermessbetrag errechnet werden. Zuvor ist der Gewerbeertrag auf volle 100 EUR nach unten abzurunden und – aber nur bei natürlichen Personen und Personengesellschaften – um einen **Freibetrag** von bis zu 24 500 EUR zu vermindern. Der **Steuermessbetrag** wird vom Finanzamt durch einen förmlichen Steuerbescheid, den sog Gewerbesteuermessbescheid, festgestellt.

BT SteuerR   Steuerrecht

83   Die Festsetzung und Erhebung der Gewerbesteuer erfolgt in aller Regel durch die Gemeinden selbst. Die Gewerbesteuer wird durch den Gewerbesteuerbescheid festgesetzt, und zwar dadurch, dass der vom Finanzamt festgestellte Steuermessbetrag mit dem örtlichen Gewerbesteuer-Hebesatz multipliziert wird.

d) Die Umsatzsteuer

84   Von der Konzeption her ist die Umsatzsteuer eine allgemeine **Verbrauchsteuer.** Besteuert wird der Verbrauch von Gütern und Dienstleistungen. Die Verbraucher werden allerdings aus Praktikabilitätsgründen nicht direkt besteuert, sondern auf dem Umweg über die Unternehmen, die die Umsatzsteuer auf die Verbraucher überwälzen.

85   Seit 1.1.1968 gilt in der Bundesrepublik Deutschland, wie mittlerweile in fast allen europäischen Staaten, das System der sog **Allphasen-Netto-Umsatzsteuer mit Vorsteuerabzug,** das an die Stelle der früheren Bruttobesteuerung eines jeden Umsatzes mit (in der Regel) 4% Umsatzsteuer getreten ist. Das damalige Besteuerungssystem hatte nicht nur unerwünschte kumulative Wirkungen, sondern wirkte auch wettbewerbsverzerrend. Kaufte beispielsweise ein Verbraucher ein Erzeugnis, an dessen Herstellung und Vertrieb mehrere oder viele Unternehmen beteiligt waren, so hatte dies zur Folge, dass das Erzeugnis im Ergebnis nicht nur mit 4% Umsatzsteuer belastet beim Endverbraucher anlangte, sondern in größerem Umfang mit Umsatzsteuer belastet war, denn jedes der beteiligten Unternehmen hatte ja für seine Umsätze Umsatzsteuer zu entrichten und musste diese Belastung über den Preis weitergeben, dh auf den jeweiligen Abnehmer überwälzen. Vor diesem Hintergrund leuchtet auch ein, dass große Unternehmen mit hoher Fertigungstiefe Wettbewerbsvorteile besaßen, ebenso wie Unternehmen, die mehrere Handelsstufen in sich vereinigten oder überspringen konnten.

86   Das jetzige System geht im Regelfall von einer totalen Entlastung aller Unternehmen von der Umsatzsteuer durch den sog **Vorsteuerabzug** aus, so dass nur ein einziges Mal eine Definitivbelastung eintritt, nämlich bei Lieferungen und sonstigen Leistungen an den Endverbraucher. Dies sei an dem nachstehenden Beispiel verdeutlicht:

Beispiel:
    U 1 liefert Rohstoff für 100 EUR zuzüglich 19% MWSt an U 2, der daraus ein Erzeugnis herstellt, das für 300 EUR zuzüglich 19% MWSt an den Großhändler U 3 liefert; U 3 verkauft das Erzeugnis für 600 EUR zuzüglich 19% MWSt an den Einzelhändler U 4, der damit den Letztverbraucher (LV) für 1000 EUR zuzüglich 19% MWSt beliefert.

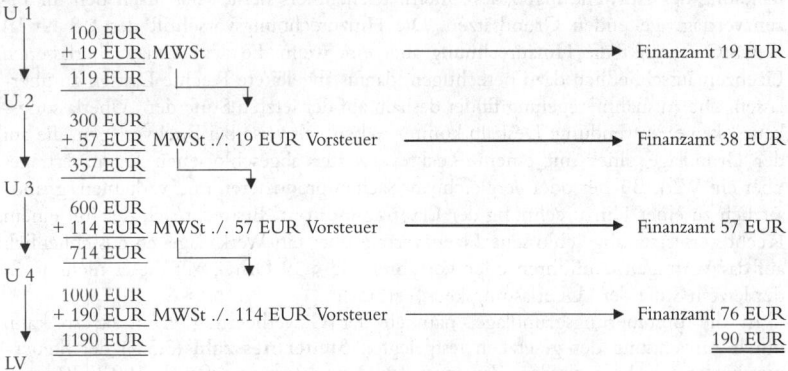

87   Wie an dem Beispiel zu erkennen ist, schuldet jedes der Unternehmen dem Finanzamt MWSt, kann aber die vom Vorlieferanten in Rechnung gestellte MWSt als Vorsteuer in Abzug bringen, so dass das Erzeugnis, wenn es an den Letztverbraucher gelangt, mit nicht mehr als 19% MWSt belastet sein kann. Darüber hinaus lässt sich

II. Grundzüge der Besteuerung

feststellen, dass die MWSt in der Unternehmerkette völlig **ergebnisneutral** ist. Was der einzelne Unternehmer dem Vorlieferanten an MWSt bezahlt, bringt er gegenüber dem Finanzamt durch Abzug von seiner MWSt in Anrechnung. Gleichzeitig überwälzt er die von ihm geschuldete MWSt auf den nächsten Unternehmer, für den die in Rechnung gestellte MWSt wiederum völlig ergebnisneutral ist. In der Kette der zum Vorsteuerabzug berechtigten Unternehmer entfaltet die Umsatzsteuer somit keinerlei Belastungswirkungen; sie stellt lediglich einen durchlaufenden Posten dar und wird deshalb in der kaufmännischen Buchführung als solcher verbucht. Deshalb schlagen sich in der Gewinn- und Verlustrechnung eines Unternehmens lediglich die Nettobeträge ohne Umsatzsteuer als Erträge und Aufwendungen nieder (vgl § 277 Abs 1 HGB).

Was in dem obigen Beispiel modelltheoretisch dargestellt wurde, muss als **allgemeiner Regelungsmechanismus** weitergehend interpretiert werden: Es gibt nämlich keinerlei direkten Zusammenhang in sachlicher oder zeitlicher Hinsicht zwischen der von dem Unternehmen dem Finanzamt geschuldeten MWSt und der Vorsteuer, die das Unternehmen gegenüber dem Finanzamt geltend machen kann. Das Unternehmen schuldet vielmehr Umsatzsteuer (MWSt) aus allen Lieferungen und sonstigen Leistungen, die es tätigt (Ausgangsumsätze), wenn man von den gesetzlichen Steuerbefreiungen absieht. Andererseits kann das Unternehmen sämtliche ihm in Rechnung gestellten Mehrwertsteuerbeträge für empfangene Lieferungen oder sonstige Leistungen (Eingangsumsätze) als Vorsteuer gegenüber dem Finanzamt in Anrechnung bringen, gleichgültig welcher Art diese Eingangsumsätze sind, sofern nicht im Einzelfall der Vorsteuerabzug kraft Gesetz ausgeschlossen ist. Nicht selten kommt es deshalb vor, dass ein Unternehmen Vorsteuerbeträge geltend zu machen hat, ohne dass im gleichen Besteuerungszeitraum MWSt anfällt, oder dass die MWSt geringer ist als die Summe der Vorsteuerbeträge. In solchen Fällen hat das Finanzamt den Saldo zugunsten des Unternehmens an dieses auszuzahlen. Man bezeichnet eine solche negative Steuer als **Steuervergütung**, die regelmäßig in der Anlaufphase eines Unternehmens anzutreffen ist, aber auch bei exportorientierten Unternehmen, die insoweit steuerbefreite Umsätze ausführen, ohne dass der Vorsteuerabzug durch die Steuerfreiheit beeinträchtigt wird.

Die Feststellung, dass bei allen zum Vorsteuerabzug berechtigten Unternehmen die Umsatzsteuer völlig ergebnisneutral ist, bedarf einer Einschränkung: Bei Unternehmen, die Leistungen gegenüber Endverbrauchern erbringen, wirkt die MWSt (nicht die Vorsteuer!), auch wenn einem dies auf den ersten Blick nicht bewusst wird, tatsächlich ergebniswirksam, denn sie erzeugt in diesem Fall die gleichen **Belastungswirkungen** wie jede andere Verbrauchsteuer auch (zB die Mineralölsteuer, die Biersteuer, die Branntweinsteuer uam), die den privaten Verbrauch besteuert, als Steuersubjekt aber aus erhebungstechnischen Gründen das Unternehmen trifft (zur Frage der „Überwälzbarkeit" von Steuern vgl *Rose/Glorius-Rose* DB 1994, 1891). Das Besondere an der Umsatzsteuer ist lediglich, dass die Belastungswirkung wegen der Methode der Verbuchung als durchlaufender Posten nicht sichtbar wird. Dies und die ebenso volkstümliche wie irreführende Bezeichnung „**Mehrwert**steuer" tragen viel dazu bei, dass das geltende Umsatzsteuerrecht zu Fehlinterpretationen verleitet. Selbst der BFH scheint hiervon nicht immer ganz frei zu sein (vgl Urt v 6.5.1993, BStBl II, 564).

aa) Steuertatbestand

Das UStG erfasst als **Haupttatbestand** in § 1 Abs 1 Nr 1 Lieferungen und sonstige Leistungen, die ein Unternehmer im Inland gegen Entgelt im Rahmen seines Unternehmens ausführt. Der bürgerlich-rechtliche Oberbegriff Leistung wird im Umsatzsteuerrecht untergliedert in Lieferungen einerseits und alle übrigen Leistungen (= sonstige Leistungen) andererseits. Der Grund dafür ist, dass unterschiedliche Regelungen bezüglich des Leistungsorts gelten: § 3 Abs 6–8 UStG definiert den Ort der Lieferung, während § 3a UStG bestimmt, wo die sonstige Leistung als ausgeführt gilt. Dies ist deshalb wichtig, weil grundsätzlich nur im Inland erbrachte Leistungen zur Steuerpflicht führen können, denn nur der (Letzt-)Verbrauch im Inland soll nach dem dem UStG zugrundeliegenden Prinzip der Besteuerung unterworfen werden. Im Ausland erbrachte Lieferungen und sonstige Leistungen dagegen werden von vornherein nicht als Steuergegenstand betrachtet. Das Gesetz spricht von **nicht steuerbaren Umsätzen** und meint damit Umsätze, die – mangels Leistung im Inland – keine Umsatzsteuer nach sich ziehen können. Ganz außer Betracht dürfen diese Umsätze aber nicht gelassen werden, denn auch ein nicht steuerbarer Umsatz führt, wenn alle weiteren Voraussetzungen gegeben sind, in aller Regel zum Vorsteuerabzug, wie die nachstehende Skizze in vereinfachter Form verdeutlicht:

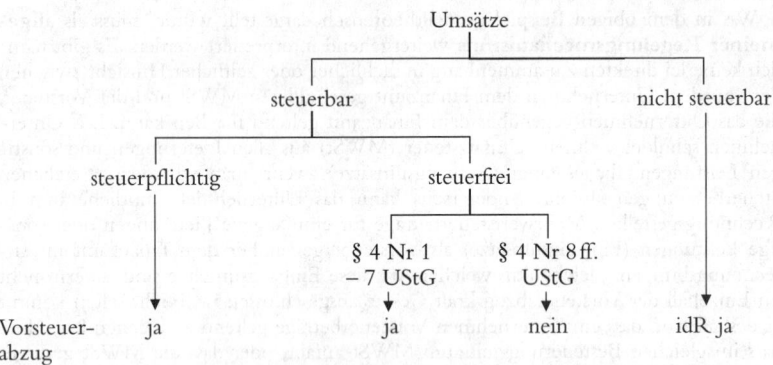

91 Nicht steuerbare Umsätze dürfen nicht mit **steuerfreien Umsätzen** verwechselt werden. Das UStG gewährt in § 4 aus den unterschiedlichsten Gründen eine Fülle von Steuerbefreiungen, sei es, um systemkonform die Besteuerung auf den inländischen Verbrauch zu beschränken, sei es aus sozialpolitischen Gründen oder einfach deshalb, weil es sonst zur doppelten Belastung mit bestimmten Steuern (Grunderwerbsteuer, Versicherungsteuer, Rennwett- und Lotteriesteuer) kommen würde. Wie aus der obigen Darstellung zu entnehmen ist, schließen bestimmte steuerfreie Umsätze den Vorsteuerabzug nicht aus. Hierzu zählen vor allem die **Ausfuhren** (§ 4 Nr 1a UStG) in Nicht-EU-Staaten (sog Drittlandsgebiet) und in EU-Mitgliedsstaaten (Gemeinschaftsgebiet; Lieferungen dorthin werden als **innergemeinschaftliche Lieferungen** bezeichnet, vgl § 4 Nr 1b UStG). Umsätze dieser Art werden also vollständig von inländischer Umsatzsteuer entlastet.

92 Ansonsten führen steuerfreie Umsätze zum **Ausschluss vom Vorsteuerabzug.** Die wichtigsten Steuerbefreiungen dieser Art betreffen
– das Bankgewerbe, Bausparkassen und die Versicherungswirtschaft,
– Grundstücksumsätze,
– die Vermietung und Verpachtung von Grundstücken,
– die Heilberufe, Krankenhäuser, Altenheime und ähnliche Einrichtungen.

93 Die Umsatzsteuer soll, wie schon dargelegt, den Endverbraucher belasten. Ohne die in § 3 Abs 1b) UStG genannten (Hilfs-)Tatbestände würde dieser Zweck nur unvollkommen erreicht, denn es wären beispielsweise Unternehmer begünstigt, wenn sie ihrem Unternehmen Leistungen entzögen, ohne dass diese mit Umsatzsteuer belastet werden. Deshalb werden den Lieferungen gleichgestellt
– die Entnahme eines Gegenstandes durch einen Unternehmer aus dem Unternehmensvermögen für Zwecke, die außerhalb des Unternehmens liegen (§ 3 Abs 1b) Nr 1 UStG),
– die unentgeltliche Zuwendung eines Gegenstandes durch einen Unternehmer an sein Personal für dessen privaten Bedarf, sofern keine Aufmerksamkeiten vorliegen (§ 3 Abs 1b) Nr 2 UStG),

II. Grundzüge der Besteuerung

– jede andere unentgeltliche Zuwendung eines Gegenstandes, ausgenommen Geschenke von geringem Wert und Warenmuster für Zwecke des Unternehmens (§ 3 Abs 1b) Nr 3 UStG).
Auch diese Tatbestände sind nur steuerbar, wenn sie im Inland verwirklicht werden.

Ferner nennt das UStG in § 1 Abs 1 Nr 4 die **Einfuhr** von Gegenständen aus dem Drittlandsgebiet (Nicht-EU-Staaten) in das Inland als weiteren Steuertatbestand, denn auch importierte Gegenstände sollen systemgerecht, um einen unbelasteten Verbrauch im Inland zu verhindern, mit Umsatzsteuer belastet werden. In aller Regel werden die Einfuhren von der Umsatzsteuer des Ausfuhrlandes entlastet. Im Falle der Einfuhr aus dem Drittlandsgebiet wird die Umsatzsteuer, die als **Einfuhrumsatzsteuer** bezeichnet wird, durch die Zollverwaltung festgesetzt und erhoben.

Bei Einfuhren aus EU-Mitgliedsstaaten tritt, nachdem die Grenzkontrollen innerhalb der EU seit 1.1.1993 weggefallen sind, an die Stelle der Einfuhrumsatzsteuer die sog **Erwerbsbesteuerung**. Warenbewegen innerhalb der EU (sog innergemeinschaftliche Lieferungen) sind für die exportierenden Unternehmen steuerfrei (vgl Rn 91). Das importierende Unternehmen hat nach § 1 Abs 1 Nr 5 in Verbindung mit § 1a UStG den innergemeinschaftlichen Erwerb zu versteuern, dh Umsatzsteuer abzuführen. Als innergemeinschaftlicher Erwerb gilt auch der Erwerb eines neuen Fahrzeugs durch Nicht-Unternehmer (§ 1b Abs 1 UStG). In diesem Spezialfall werden selbst **Privatpersonen** gemäß § 2a UStG fiktiv als Unternehmer mit der Folge der Erwerbsbesteuerung im Inland behandelt, ansonsten werden Importe aus EU-Mitgliedsstaaten im privaten Reiseverkehr nicht mehr mit inländischer Umsatzsteuer belastet. Dies bedeutet andererseits, dass keine Entlastung von der ausländischen Umsatzsteuer eintritt (Ursprungslandprinzip), die importierten Gegenstände bleiben also definitiv mit ausländischer Umsatzsteuer belastet.

Zusammenfassend lassen sich die **steuerbaren Umsätze** wie folgt darstellen:
Leistungs-Umsätze
– Lieferungen
– sonstige Leistungen
Fiktive Lieferungen
– Entnahme von Gegenständen
– Unentgeltliche Zuwendungen an Arbeitnehmer
– Andere unentgeltliche Zuwendungen
Einfuhr
Innergemeinschaftlicher Erwerb

Steuerbare Umsätze

Bemessungsgrundlage der Umsatzsteuer ist das Entgelt. Entgelt ist alles, was der Leistungsempfänger aufwendet, um die Leistung zu erhalten, jedoch abzüglich der Umsatzsteuer; zum Entgelt gehört auch, was ein anderer als der Leistungsempfänger dem Unternehmer für die Leistung gewährt (§ 10 Abs 1 Sätze 2 und 3 UStG). **Zuschüsse** sind als zusätzliches Entgelt von dritter Seite anzusehen, wenn ein unmittelbarer wirtschaftlicher Zusammenhang zwischen der Leistung des Unternehmers und der Zuwendung des Dritten feststellbar ist (UStAE 10.2). Druckkostenbeihilfen zur Förderung der Herstellung von Druckwerken seitens wissenschaftlicher Institute oder von in ihrer Zielsetzung vergleichbaren Einrichtungen sind dagegen nach Auffassung der Finanzverwaltung (OFD Koblenz DStR 1985, 348) echte, dh nicht steuerbare Zuschüsse. Das gilt auch dann, wenn der Verfasser selbst den Zuschuss zahlt. Nach Auffassung des BFH (UR 1995, 68) können Zuschusszahlungen zwar grundsätzlich Entgelte für steuerbare Leistungen des Zahlungsempfängers an den Zahlenden sein. Hierfür ist aber erforderlich, dass eine Leistung des Zahlungsempfängers derart mit der Zahlung verknüpft ist, dass sie erkennbar um der Zahlung als Gegenleistung willen ausgeführt wird. Bei Druckkostenzuschüssen an Verleger ist dies jedoch regelmäßig nicht der Fall. Das Entgelt für eine Lieferung kann auch in einer Lieferung bestehen (Tausch) oder in einer sonstigen Leistung (tauschähnlicher Umsatz). So begründet die Gewährung einer Werbeprämie durch einen Zeitungsverlag für die Vermittlung eines Neuabonnenten („Leser werben Leser") regelmäßig einen umsatzsteuerlichen Leistungsaustausch, wenn die Werbung nicht im eigenen wirtschaftlichen Interesse des Empfängers am Erfolg der Werbemaßnahme steht. Das Entgelt bemisst sich dabei nach dem erzielten Belieferungsvorteil (BFH AfP 1995, 716). Lässt sich der Wert des Belieferungsvorteils nicht genau ermitteln, so ist er in Anlehnung an den Einkaufswert der hierfür gewährten Werbeprämie zu schätzen (FG Köln EFG 1998, 512, rkr).

98 Kein Entgelt iSd USt-Rechts sind die **durchlaufenden Posten** (§ 10 Abs 1 S 6 UStG). Das sind die Beträge, die der Unternehmer im Namen und für Rechnung eines anderen vereinnahmt oder verausgabt. Bei Werbeagenturen, Druckereien, Lettershops u dgl, die die Versendung von Prospekten und anderen Schriftstücken für ihre Kunden übernehmen, stellt sich die Frage, ob die **Portokosten** bei der Weiterberechnung als durchlaufende Posten behandelt werden können oder ob sie als Teil des Entgelts der Umsatzsteuer unterliegen. Die OFD Frankfurt am Main hat hierzu in ihrer Vfg v 7.11.1996 (DStR 1997, 246) Stellung genommen, deren wesentliche Grundsätze lauten: Nach den Allgemeinen Geschäftsbedingungen der Deutschen Post AG treten Rechtsbeziehungen zwischen der Deutschen Post AG und dem auf dem Brief genannten Absender ein. Versenden Unternehmen Briefe für einen Auftraggeber und ist dieser Auftraggeber auf dem Brief als Absender auch genannt, so handelt es sich bei den Portokosten um durchlaufende Posten, soweit das Untenehmen die Portokosten (Briefmarken) verauslagt hat. Benutzt das Unternehmen dagegen den eigenen Freistempler, so darf auf dem Brief grundsätzlich kein weiterer Absender (des Auftraggebers) erscheinen. Rechtsbeziehungen bestehen danach nur zwischen Post und dem (versendenden) Unternehmen. Die weiterberechneten Portokosten stellen dann keinen durchlaufenden Posten dar, sondern sind als Teil des Entgelts grundsätzlich steuerpflichtig.

bb) Lieferungen

99 Steuerbar kann, wie bereits erwähnt, eine Leistung nur sein, wenn sie im Inland erbracht wird. Bei Lieferungen ist der **Ort der Lieferung** abhängig von der Art der Lieferung. Wird der Liefergegenstand dem Abnehmer übergeben (Abhollieferung), so befindet sich der Ort der Lieferung gemäß § 3 Abs 7 UStG dort, wo sich der Gegenstand zurzeit der Verschaffung der Verfügungsmacht befindet. Gleiches gilt in den Fällen der sog indirekten Übergabe, zB bei Abtretung des Herausgabeanspruchs nach § 931 BGB oder bei Übergabe von Traditionspapieren (Lagerschein, Ladeschein, Konnossement). Abweichend davon ist bei **Beförderungs- oder Versendungslieferungen** der Ort der Lieferung nicht dort, wo die Verfügungsmacht verschafft wird; in diesen Fällen wird vielmehr der Lieferort nach § 3 Abs 6 UStG fiktiv dorthin zurückverlegt, wo die Beförderung oder die Versendung begonnen hat.

100 Im Gegensatz zu der bis 31.12.1992 geltenden Rechtslage findet, von wenigen Ausnahmen abgesehen, bei Lieferungen an **Privatpersonen mit Wohnsitz in der EU** seit 1.1.1993 keine Entlastung von der deutschen Umsatzsteuer mehr statt, gleichgültig ob der Abnehmer den erworbenen Gegenstand im Inland abholt oder ob der Liefergegenstand an ihn befördert oder versendet wird. Die Waren bleiben endgültig mit der Umsatzsteuer des Ursprungslandes belastet, ohne dass eine weitere Besteuerung im Wohnsitzstaat stattfindet **(Ursprungslandprinzip).** Sobald die derzeitige und befristete Übergangsregelung abgelaufen ist, was momentan allerdings nicht absehbar ist, soll das Ursprungslandprinzip auf alle Lieferungen innerhalb der EU ausgedehnt werden. Einer Steuerbefreiung für Lieferungen an Unternehmen in EU-Mitgliedsstaaten, wie sie gegenwärtig gilt mit der Folge, dass die Lieferung im jeweiligen Einfuhrland zu versteuern ist **(Bestimmungslandprinzip),** bedarf es dann nicht mehr.

II. Grundzüge der Besteuerung

Wegen des Steuersatzgefälles innerhalb der EU gilt für sog **Versandlieferungen** an Privatpersonen und bestimmte Unternehmer (sog atypische Unternehmer, wozu steuerbefreite Unternehmer, Kleinunternehmer und andere rechnen) mit Wohnort bzw Sitz in einem EU-Mitgliedsstaat eine Sonderregelung, sofern bestimmte Umsatzgrenzen im Bestimmungsland überschritten werden. Befördert oder versendet der inländische Lieferer Gegenstände an Privatpersonen und solche atypischen Unternehmer mit Wohnort bzw Sitz in einem EU-Mitgliedsstaat, dann wird der Umsatz nach § 3c UStG in dem betreffenden EU-Mitgliedsstaat, also dort, wo die Versendung oder Beförderung endet **(Bestimmungsland),** nach den dort geltenden Regeln versteuert, wenn die sog Lieferschwelle überschritten ist. Im Inland ist die Lieferung dann nicht zu versteuern, da ein nicht steuerbarer Umsatz vorliegt (Lieferort im Ausland). Umgekehrt unterliegt ein Unternehmen mit Sitz in einem EU-Mitgliedsstaat in Deutschland der Besteuerung, wenn es Lieferungen an Privatpersonen und atypische Unternehmer in Deutschland per Versendung oder Beförderung an den Abnehmer tätigt. Die **Lieferschwelle** beträgt in Deutschland 100 000 EUR (§ 3c Abs 3 UStG), in den übrigen EU-Mitgliedsstaaten richtet sie sich nach dem von diesem Staat festgesetzten Betrag.   101

Wird ein inländisches Unternehmen mit seinen Versandumsätzen wegen **Überschreitung der Lieferschwelle** in einem anderen EU-Mitgliedsstaat steuerpflichtig, so bedeutet das, dass für das Unternehmen insoweit das Umsatzsteuerrecht des betreffenden EU-Mitgliedsstaates gilt. Der Unternehmer muss sich in diesem EU-Mitgliedsstaat bei der für ihn zuständigen Finanzbehörde anmelden und unter der dortigen Steuernummer seine Umsatzsteuer-Voranmeldungen und seine Umsatzsteuer-Jahreserklärungen abgeben, was selten ohne Hilfe eines mit dem Umsatzsteuerrecht dieses Landes vertrauten Fachmanns (Steuerberater) möglich ist, wenn nicht ohnehin die Pflicht besteht, einen sog Fiskalvertreter zu bestellen.   102

Beispiel:
Ein Zeitschriftenverlag beliefert Abonnenten (Privatpersonen) in Deutschland, Holland, Frankreich und USA. Die Auslandsumsätze belaufen sich jährlich auf ca
30 000 EUR mit holländischen Abonnenten (Lieferschwelle dort 100 000 EUR),
250 000 EUR mit französischen Abonnenten (Lieferschwelle dort ebenfalls 100 000 EUR),
40 000 EUR mit amerikanischen Abonnenten.
Die Umsätze mit den deutschen Abonnenten unterliegen selbstverständlich der Umsatzsteuer (zum Steuersatz von 7 %, vgl Rn 113 ff.) in Deutschland, aber auch die Umsätze mit den holländischen Abonnenten, weil die Lieferschwelle in Holland nicht überschritten wird und somit die Besteuerung der Versandumsätze ausschließlich in Deutschland erfolgen darf (Ort der Lieferung jeweils Deutschland). Hinsichtlich der Umsätze mit den französischen Abonnenten liegt der Lieferort nach § 3c UStG in Frankreich. Der Verlag hat folglich die Besteuerung dieser Umsätze in Frankreich durchzuführen. In Deutschland gelten diese Umsätze als nicht steuerbar.
Bei den Lieferungen an die amerikanischen Abonnenten schließlich handelt es sich um steuerbare, aber als Ausfuhrlieferungen steuerfreie Umsätze (§ 4 Nr 1 UStG).

cc) Sonstige Leistungen

Sonstige Leistungen sind nach § 3 Abs 9 S 1 UStG Leistungen, die keine Lieferungen sind. Sie können auch in einem Unterlassen oder im Dulden einer Handlung oder eines Zustands bestehen. **Typische sonstige Leistungen** im Sinne positiven Tuns sind die Leistungen der Freiberufler wie zB der Rechtsanwälte, Patentanwälte, Steuerberater, Wirtschaftsprüfer, Sachverständigen, Ingenieure, Aufsichtsratsmitglieder, Dolmetscher, Architekten, Schriftsteller, Journalisten oder Künstler. Ein **negatives Leistungsverhalten** dagegen liegt vor, wenn ein Unternehmer vertragsgemäß auf die eigene Tätigkeit zum wirtschaftlichen Vorteil eines anderen verzichtet. Demgemäß ist das Unterlassen von Wettbewerb, beispielsweise auf Grund eines vertraglichen Wettbewerbsverbots, wenn es nachhaltig und entgeltlich geschieht, eine sonstige Leistung, die der Umsatzsteuer unterliegt.   103

Ebenso wie im Unterlassen kann auch im Dulden einer Handlung oder eines Zustands eine sonstige Leistung zu erblicken sein. **Duldungsleistungen** sind regelmäßig bei der Nutzung oder Verwertung von Patenten, Verlagsrechten, Markenrechten,   104

Urheberrechten und verwandten Schutzrechten zu finden. Räumt der Urheber eines Werkes, das unter das UrhG fällt, einem anderen ein Nutzungsrecht (zB ein Vervielfältigungs-, Verbreitungs-, Ausstellungs-, Aufführungs-, Sende- oder Wiedergaberecht) an seinem Werk ein, so liegt darin eine Duldungsleistung des Urhebers. Überträgt der Nutzungsberechtigte seinerseits Rechte, die ihm der Urheber eingeräumt hat, auf Dritte, so handelt es sich auch dabei um Duldungsleistungen. Bei einem Verfilmungsvertrag, dh einem Vertrag zur Verfilmung eines literarischen Werkes, duldet der Autor die Verfilmung seines Werkes. Durch die Verfilmung entsteht ein weiteres Urheberrecht, nämlich das des Filmproduzenten.

105 Nach § 27 UrhG steht dem Urheber für das Vermieten oder Verleihen von Vervielfältigungsstücken seines Werkes eine Vergütung zu (Bibliotheksabgabe), nach § 54 UrhG auch gegenüber dem Hersteller von Geräten und Speichermedien, die zur Vornahme solcher Vervielfältigungen bestimmt sind (Leerkassettenabgabe, Kopiervergütung). Den Anspruch der Urheber nehmen dabei die Verwertungsgesellschaften (GEMA, VG Wort) wahr. Bei der **Wahrnehmung der Urheberrechte** führt sowohl der Urheber gegenüber der Verwertungsgesellschaft als auch die Verwertungsgesellschaft gegenüber dem zur Zahlung der Vergütung Verpflichteten je eine sonstige Leistung aus (§ 3 Abs 9 Satz 3 UStG; so schon BFH BStBl 1979 II, 594).

106 Der Ort, an dem eine sonstige Leistung ausgeführt wird, ist nach der **Grundregel** des § 3a Abs 1 UStG der Ort, von dem aus der Unternehmer sein Unternehmen betreibt. Dies gilt aber nur dann, wenn der Empfänger der Leistung **kein Unternehmer** ist. Ist der Empfänger der Leistung dagegen ein Unternehmer, dann bestimmt § 3a Abs 2 UStG den Sitz bzw Wohnsitz des Empfängers als Ort der Leistung. Vertritt also beispielsweise ein Rechtsanwalt, der eine Kanzlei in München betreibt, ein Unternehmen mit Sitz im EU-Ausland oder in einem Drittland, in einem Rechtsstreit, dann ist die Leistung des Rechtsanwalts nicht steuerbar. Soweit sie im Ausland nach dortigem Umsatzsteuerrecht steuerbar und steuerpflichtig sein sollte, berührt dies den Rechtsanwalt in Deutschland nicht, wohl aber uU dessen Auftraggeber: Dieser hat nämlich, soweit die Leistungen des Rechtsanwalts im Staat des Leistungsempfängers der Umsatzsteuer unterliegen, die von dem Rechtsanwalt geschuldete Umsatzsteuer an dessen Stelle an das Finanzamt abzuführen (Umkehrung der Steuerschuldnerschaft, sog **Reverse-charge-Verfahren,** vgl auch § 13b UStG).

107 Zahlreiche weitere **Ausnahmen** durchbrechen die Grundregel: So werden zB sonstige Leistungen im Zusammenhang mit einem Grundstück dort ausgeführt, wo das Grundstück liegt (§ 3a Abs 3 Nr 1 UStG). Künstlerische, wissenschaftliche, unterrichtende, sportliche, unterhaltende oder ähnliche Leistungen werden dort ausgeführt, wo der Unternehmer jeweils ausschließlich oder zum wesentlichen Teil tätig wird (§ 3a Abs 3 Nr 3 UStG). In bestimmten Fällen gilt der Sitz oder Wohnsitz des Leistungsempfängers als Ort der sonstigen Leistung (§ 3a Abs 4 UStG), aber nur dann, wenn die Leistung an einen **Nichtunternehmer** (Privatperson, Körperschaft des öffentlichen Rechts) mit Sitz oder Wohnsitz im Drittlandsgebiet erbracht wird. Unter die Regelung des § 3 Abs 4 UStG fallen insbesondere die Einräumung, Übertragung und Wahrnehmung von Patenten, Urheber-, Marken- und ähnlichen Rechten und die sonstigen Leistungen, die der Werbung oder der Öffentlichkeitsarbeit dienen. Das Gleiche gilt für Leistungen, die in der rechtlichen, wirtschaftlichen und technischen Beratung bestehen, und für die berufstypischen Leistungen der Freiberufler. Für Leistungen dieser Art an Nichtunternehmer im EU-Ausland gilt also wieder die Grundregel des § 3a Abs 1 UStG: Die Leistungen sind im Inland steuerbar und steuerpflichtig.

II. Grundzüge der Besteuerung

§ 3a Abs 1, 2 und 4 UStG lässt sich schematisch wie folgt darstellen: **108**

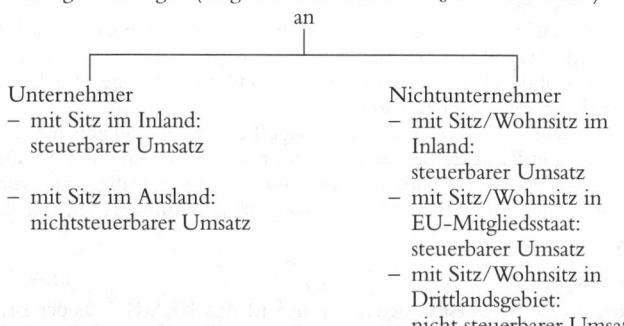

109 Schließt zB ein Schriftsteller, der im Inland tätig ist, mit einem Verlag in London einen Autorenvertrag, so unterliegt die Leistung des Schriftstellers nicht der Umsatzsteuer, da die Leistung als im Ausland erbracht gilt. Gleiches ist festzustellen, wenn zB ein Unternehmen mit Sitz in Mailand bei einem Zeitschriftenverlag in Stuttgart Werbeanzeigen platziert. Leistungsort ist im einen wie im anderen Fall der Ort, wo der **Leistungsempfänger** seinen Sitz hat, also jeweils im Ausland. Die Umsätze der inländischen Unternehmer sind folglich nicht steuerbar, ohne dass hinsichtlich des Orts des Leistungsempfängers zwischen EU-Mitgliedsstaaten und Drittlandsgebiet unterschieden wird. Anders dagegen, wenn eine Privatperson mit Wohnsitz in einem ausländischen Staat eine Werbeanzeige bei einem Verlag mit Sitz im Inland aufgibt: Je nach Wohnsitz des Auftraggebers ist der Umsatz entweder steuerbar und steuerpflichtig (bei Wohnsitz in einem EU-Mitgliedsstaat) oder nicht steuerbar (bei Wohnsitz in einem Drittstaat).

110 Die Regelung des § 3a Abs 4 Nr 1 UStG (Einräumung, Übertragung und Wahrnehmung von Patenten und ähnlichen Rechten) gilt für alle **immateriellen Rechte,** insbes also für Urheberrechte auf dem Gebiet der Tonkunst, der Literatur, des Films, für Verlagsrechte, Gebrauchsmuster, Geschmacksmuster und Markenrechte. Werden im Zusammenhang mit der Einräumung, Übertragung oder Wahrnehmung derartiger Rechte dem Leistungsempfänger Manuskripte, Zeichnungen, Skizzen, Noten o dergl überlassen, so steht dies der Annahme einer sonstigen Leistung nicht entgegen, wenn es sich dabei nur um unselbständige Hilfsmittel für die Ausübung des Rechts handelt (*Sölch/Ringleb/List* § 3a Rn 123).

111 Leistungen, die der **Werbung** dienen, sind sowohl Werbeleistungen im engeren Sinne (Werbeanzeigen in Zeitungen, Zeitschriften und sonstigen Blättern sowie in Adressbüchern, Beiheftung oder Verteilung von Prospekten, Anbringen von Werbeplakaten, Werbesendungen in Rundfunk und Fernsehen) als auch die Werbeberatung, die Werbegestaltung, die Werbemittelherstellung und die Werbemittlung. Wegen Einzelheiten vgl UStAE 3a.9 Abs 3.

112 Eine sonstige Leistung kann auch an die **Betriebsstätte** eines Unternehmers ausgeführt werden. Dies ist dann der Fall, wenn die Leistung ausschließlich oder überwiegend für die Betriebsstätte bestimmt ist. Diese Regelung hat zur Folge, dass die sonstige Leistung nicht der Umsatzsteuer unterliegt, wenn sich der Ort der Betriebsstätte im Ausland befindet, gleichgültig ob Auftraggeber ein inländischer oder ein ausländischer Unternehmer ist. Bei **Werbeanzeigen** in Zeitungen und Zeitschriften und bei Werbesendungen in Rundfunk und Fernsehen ist zur Vereinfachung davon auszugehen, dass sie ausschließlich oder überwiegend für im Ausland gelegene Betriebsstätten bestimmt und daher nicht steuerbar sind, wenn die beiden folgenden Sachverhalte vorliegen:

a) Es muss sich handeln um
- fremdsprachige Zeitungen und Zeitschriften oder um fremdsprachige Rundfunk- und Fernsehsendungen oder
- deutschsprachige Zeitungen und Zeitschriften oder um deutschsprachige Rundfunk- und Fernsehsendungen, die überwiegend im Ausland verbreitet werden;

b) die im Ausland gelegenen Betriebsstätten sind in der Lage, die Leistungen zu erbringen, für die geworben wird;

Lässt sich nicht feststellen, dass eine sonstige Leistung ausschließlich oder überwiegend für eine Betriebsstätte bestimmt ist, so ist für die Bestimmung des Ortes dieser Leistung nicht der Ort der Betriebsstätte, sondern der Ort maßgebend, von dem aus der die Leistung empfangende Unternehmer, dh der Auftraggeber, sein Unternehmen betreibt.

dd) Steuersätze

113 Der allgemeine **Steuersatz** beträgt nach § 12 Abs 1 UStG 19 % der Bemessungsgrundlage und ermäßigt sich bei den in § 12 Abs 2 UStG im Einzelnen aufgeführten begünstigten Umsätzen auf 7 %. Die Steuersätze liegen damit an der unteren Grenze dessen, was in der Richtlinie 92/77 EWG vom 19.10.1992 (ABl EG 1992 Nr L 316/1) als Mindestsätze vorgesehen ist. Der **ermäßigte Steuersatz** soll den Endverbrauchern vor allem bei Gegenständen des täglichen Bedarfs, insbes Lebensmitteln, zugute kommen, erstreckt sich aber auch auf die Tierzucht, den kulturellen Bereich und die Personenbeförderung im Linienverkehr. Die besondere Bedeutung des § 12 Abs 2 UStG für Presse- und Verlagsunternehmen liegt zum einen in der Begünstigung von Büchern, Zeitungen und anderen Erzeugnissen des graphischen Gewerbes; zum anderen sind auch die Einräumung, Übertragung und Wahrnehmung von Rechten, die sich aus dem UrhG ergeben, mit dem ermäßigten Steuersatz zu versteuern.

114 Der ermäßigte Steuersatz gilt nach § 12 Abs 2 Nr 1 UStG sowohl für die Lieferung wie für die Einfuhr und den innergemeinschaftlichen Erwerb der in der Anlage zu § 12 Abs 2 Nr 1 und 2 UStG aufgeführten **Waren;** auch die Vermietung dieser Gegenstände unterliegt nur dem Steuersatz von 7 % (§ 12 Abs 1 Nr 2 UStG). Nicht begünstigt sind dagegen sonstige Leistungen, woraus folgt, dass das **Anzeigengeschäft** der Verlage an der Steuerbegünstigung nicht teilnimmt. Eine Steuerermäßigung hierfür wurde im seinerzeitigen Gesetzgebungsverfahren ausdrücklich abgelehnt (Plückebaum/Malitzky/Widmann § 12 Rn 27/6). Auch die Leistungen eines Zeitungsausschnittbüros, das Presseveröffentlichungen sammelt und seinen Auftraggebern die Ausschnitte bestimmter Interessengebiete im Original oder in Fotokopie übergibt, sind nicht mit dem ermäßigten, sondern mit dem vollen Steuersatz zu versteuern. (BMF-Schr v 27.6.1974, UR 1974, 169). Das Gleiche gilt für die Herstellung von Fotokopien (BFH BStBl 1992 II, 313), es sei denn, der Unternehmer stellt von einer Vorlage des Kunden Fotokopien oder Abzüge her und überlässt diese in Buch- oder Broschurform dem Kunden (BFH BStBl 1992 II, 449). Je nach dem, welche Leistungselemente unter Berücksichtigung des Willens der Vertragsparteien den wirtschaftlichen Gehalt der Leistung bestimmen, ist zu unterscheiden, ob eine nach § 12 Abs 2 Nr 1 UStG steuerbegünstigte Lieferung oder eine dem vollen Steuersatz unterliegende sonstige Leistung anzunehmen ist. Letzteres ist zB auch der Fall, wenn mit Hilfe eines Computers Horoskope erstellt und in ausgedruckter Form an die Auftraggeber versandt werden (BFH-Urt. v 23.8.1990, V R 28/85 nv).

115 Die Anlage zu § 12 Abs 2 Nr 1 und 2 UStG umfasst 54 Warengattungen. Die darunter einzuordnenden Gegenstände werden durch Hinweise auf den Gemeinsamen Zolltarif (GZT) näher bestimmt.

ee) Steuerermäßigung für das gedruckte Wort

116 Unter Nr 49 der Anlage zu § 12 Abs 2 Nr 1 und 2 UStG erscheinen als steuerbegünstigte Waren **Bücher, Zeitungen und andere Erzeugnisse des graphischen**

II. Grundzüge der Besteuerung SteuerR BT

Gewerbes mit Ausnahme der Erzeugnisse, für die Beschränkungen als jugendgefährdende Trägermedien bzw Hinweispflichten nach § 15 Abs 1 bis 3 und 6 JuSchG bestehen, sowie der Veröffentlichungen, die überwiegend Werbezwecken (einschließlich Reisewerbung) dienen. Im Gegensatz zu der auf sozialpolitischen Gründen beruhenden Steuerermäßigung für Lebensmittel und andere Gegenstände des täglichen Bedarfs waren für die Steuerbegünstigung von Büchern, Zeitungen und anderen Erzeugnissen des graphischen Gewerbes kultur- und bildungspolitische Gründe maßgebend. Es gibt jedoch im UStG keine allgemeine Kulturgutpräferenz; das Gesetz begünstigt vielmehr nur bestimmte Umsätze im Kulturbereich, teils durch Steuerbefreiung (§ 4 Nr 20 bis 22 UStG), teils durch Steuerermäßigung (§ 12 Abs 2 Nr 7 UStG). Eine **gegenständliche Begünstigung** besteht im Wesentlichen nur für das gedruckte Wort sowie für Gegenstände der bildenden Kunst und für Sammlungsstücke gem Nr 53 und 54 der Anlage zum UStG. Bild- und Tonträger dagegen sind als solche nicht begünstigt. So sind Schallplattenumsätze nicht, wie von der Schallplattenindustrie seinerzeit begehrt, den nach § 12 Abs 2 Nr 1 UStG begünstigten Umsätzen mit Büchern usw gleichzustellen, wie das BVerfG (BStBl 1974 II, 267) festgestellt hat. Wird der Inhalt von Büchern oder Nachschlagewerken auf Datenträgern in Form optischer Speicher (CD-ROM) oder Disketten vertrieben, so fallen diese Umsätze ebenfalls nicht unter § 12 Abs 2 Nr 1 UStG (OFD Koblenz, UR 1990, 31).

Elektronischen Büchern, also Büchern in digitaler Form **(E-Books),** die auf 117 Datenträgern wie CD, DVD, USB-Sticks oder sog E-Book-Reader gespeichert sind oder per Download auf Computern gespeichert werden, verweigert bisher die Finanzverwaltung die Steuerermäßigung in Übereinstimmung mit der Auffassung der EU-Kommission (vgl Vertragsverletzungsverfahren gegen Frankreich und Luxemburg, ABl EU 2013 Nr C 344, 46 und EuGH-Urt v 11.9.2014, Rs C-219/13, K Oy). Zur Kritik daran s *Becker,* Anwendung des ermäßigten Steuersatzes auf E-Books, DStR 2014, 642. Wie der Tagespresse im Zeitpunkt der Drucklegung zu entnehmen war, plant die Bundesregierung, E-Books in Zukunft den ermäßigten Steuersatz zuzugestehen. Nach gegenwärtiger Auffassung der Finanzverwaltung im BMF-Schr vom 2.6.2014 (UR 2014, 585) stellt die Möglichkeit der Nutzung eines E-Books oder eines sog **E-Papers** (Zeitungen und Zeitschriften in digitaler Form) keine Nebenleistung zur Hauptleistung „Lieferung einer gedruckten Zeitung" bzw „Lieferung eines gedruckten Buches" dar. Vielmehr soll die Bereitstellung von E-Papers und E-Books für den Leistungsempfänger als eigenständiger Zweck zu betrachten sein, der die Lieferung der Zeitung bzw des Buches weder abrundet noch ergänzt. Die Einräumung eines zusätzlichen Zugangs zum E-Paper bzw E-Book neben der Abgabe der gedruckten Zeitung bzw des gedruckten Buches ist also nach Auffassung der Finanzverwaltung eine eigenständige, gesondert zu würdigende Leistung in Form einer sonstigen Leistung iSv § 3 Abs. 9 UStG, die auf elektronischem Wege erbracht wird und dem allgemeinen Steuersatz von derzeit 19 % unterliegt. Wird der Zugang dazu ohne ein gesondert berechnetes Entgelt eingeräumt, ist der Gesamtverkaufspreis sachgerecht auf die unterschiedlichen Leistungen aufzuteilen. Kein Buch iS der ZT-Nr 49.01 war bisher auch ein **Hörbuch,** es sei denn, es lag dem gedruckten Buch als CD bei. Mit Wirkung zum 1.1.2015 wurde die Anlage 2 zum UStG geändert. Nach Nr 50 dieser Anlage unterliegen Hörbücher in Gestalt eines digitalen oder analogen Speichermediums (zB CD-ROM, USB-Speicher oder Speicherkarten, Tonbandkassetten, Schallplatten) nunmehr dem ermäßigten Steuersatz, wenn sie ausschließlich die Tonaufzeichnung der Lesung eines Buches beinhalten. Nach wie vor nicht begünstigt sind Speichermedien mit Hörspielen, Hörzeitungen und Hörzeitschriften sowie das Herunterladen von Hörbüchern aus dem Internet.

Das Entgelt für die Belieferung von Autoren mit **Erstexemplaren** unterliegt auch 118 dann dem ermäßigten Steuersatz nach § 12 Abs 1 UStG, wenn es zur Abdeckung der Druckkosten höher bemessen ist als der Ladenpreis (FG Münster EFG 2013, 990).

Jugendgefährdende Druckerzeugnisse sind von der Steuervergünstigung aus- 119 genommen, wenn sie in die Liste jugendgefährdender Schriften (§ 24 JuSchG) auf-

genommen sind. Jugendgefährdend sind Schriften, die geeignet sind, Kinder oder Jugendliche sittlich zu gefährden, insbes durch unsittliche, verrohend wirkende, zu Gewalttätigkeit, Verbrechen oder Rassenhass anreizende sowie den Krieg verherrlichende Schriften (vgl hierzu und zum Folgenden BT JSchutz). Solange die Indizierung noch nicht erfolgt ist, kann die Steuerermäßigung nicht versagt werden (BMF-Schr v 8.12.1970, UR 1971, 222). Dies gilt jedoch nicht für die **besonders schwer jugendgefährdenden Schriften,** die kraft Gesetzes als indiziert gelten und daher regelmäßig gar nicht erst in die Liste aufgenommen werden. Darunter fallen
– Schriften, die zum Rassenhass aufstacheln oder die grausame oder sonst unmenschliche Gewalttätigkeiten gegen Menschen in einer Art schildern, die eine Verherrlichung oder Verharmlosung solcher Gewalttätigkeiten ausdrückt oder die das Grausame oder Unmenschliche des Vorganges in einer die Menschenwürde verletzenden Weise darstellt (§ 131 StGB),
– pornographische Schriften (§ 184 StGB),
– sonstige Schriften, die offensichtlich geeignet sind, Kinder oder Jugendliche sittlich schwer zu gefährden.
In diesen Fällen kommt die Steuervergünstigung nach der seit 1.1.1994 geltenden Rechtslage von vornherein nicht in Betracht. Gesetzestechnisch wird dieses Ergebnis dadurch erreicht, dass das UStG an § 15 Abs 1 bis 3 und 6 JuSchG anknüpft (jugendgefährdende und schwer jugendgefährdende Trägermedien, Hinweispflicht der Gewerbetreibenden auf Vertriebsbeschränkungen).

120 Nicht begünstigt sind ferner **Werbedrucke.** Als solche sind regelmäßig Annoncenzeitschriften (Anzeigenblätter, Offertenzeitungen) anzusehen, also Druckschriften mit überwiegendem Anteil an Anzeigen, selbst wenn diese ganz oder teilweise aus kostenlos abgedruckten Kleinanzeigen bestehen (BFH in BStBl 1990 II, 761, HFR 1996, 667, BFH/NV, 624; FG Köln, EFG 2005, 652). Eine Zeitschrift kann aber dennoch mit dem ermäßigten Steuersatz besteuert werden, wenn sie qualitativ im Gesamtbild nach Aufmachung, Herausgabezweck, Inhalt und Verteilungsart nicht im Wesentlichen Werbezwecken dient. Dies kann dann der Fall sein, wenn der Anzeigenanteil für einzelne Ausgaben mehr als 50% beträgt (FG Hamburg EFG 2007, 1994, rkr). Zu den Drucken, die überwiegend Werbezwecken (einschließlich Reisewerbung) dienen, führt das BMF-Schr v 27.12.1983 (BStBl I, 567) unter Rn 144 Folgendes aus:

121 „Bei Drucken, die zu **Werbezwecken** durch oder für einen darin genannten Werbungtreibenden herausgegeben worden sind, ist es unerheblich, ob der Werbezweck überwiegt und ob er unmittelbar oder mittelbar (zB durch Abhandlungen über die Tätigkeit oder die technische Entwicklung eines Industrie- oder Handelszweiges) verfolgt wird. Es genügt, wenn die Aufmerksamkeit auf Leistungen des Werbungtreibenden gelenkt wird. Dagegen bleiben Werbetexte des Herausgebers, die mit dem Zweck der Veröffentlichung in keiner Verbindung stehen und nach ihrem Umfang ganz nebensächlich sind (zB Selbstinserate des Buchverlegers) außer Betracht.

122 Der Begriff des **Werbungtreibenden** wird nach den Erläuterungen zum Zolltarif durch den Begriff „Wirtschaftsunternehmen" interpretiert. Ein Wirtschaftsunternehmen ist ein Unternehmen, das im allgemeinen Geschäftsverkehr die Konsumenten dazu veranlasst, seine entgeltlichen Leistungen in Anspruch zu nehmen. Hiernach sind beispielsweise juristische Personen des öffentlichen Rechts im Bereich ihrer hoheitlichen Tätigkeit (zB Universitäten) oder Volkshochschulen (unabhängig von ihrer Rechtsform) sowie vergleichbare gemeinnützige Einrichtungen keine Werbungtreibenden, weil bei Wahrnehmung ihrer Aufgaben dem Gesichtspunkt der Einnahmeerzielung nur untergeordnete Bedeutung zukommt (vgl Rn 134 Buchstabe a Doppelbuchstaben ii und jj des BMF-Schreibens)."

123 **Werbedrucke** sind zB Werbeplakate, Werbeprospekte, Verkaufskataloge, Firmenjahrbücher, Annoncen-Zeitungen, Firmenzeitschriften und Kundenzeitschriften, die durch einen darin genannten Werbungtreibenden herausgegeben werden. Dies gilt in keinem Fall für wissenschaftliche oder andere Abhandlungen, die weder unmittelbar noch mittelbar irgendwelchen Werbetext enthalten. Mitgliederzeitschriften (zB von Krankenkassen, Bausparkassen, Wirtschaftsverbänden oder Berufsorganisationen), die in erster Linie der Information der Mitglieder dienen, sind keine Werbedrucke. Dasselbe gilt für Zeitungen und Zeitschriften, die von Unternehmen für ihre Mitarbeiter herausgegeben und nur innerbetrieblich verbreitet werden, und zwar auch dann, wenn

II. Grundzüge der Besteuerung

wenige Stücke an Außenstehende zu anderen als Werbezwecken abgegeben werden. Ein medizinischer Ratgeber, der primär der Patienteninformation und -aufklärung dient und gegen Entgelt an Patienten abgegeben wird, unterliegt ebenfalls dem ermäßigten Steuersatz (FG Berlin-Brandenburg, Urt v 21.3.2013, rkr, EFG 2013, 1278). Wird ein Verlag von einer Körperschaft des öffentlichen Rechts, zB von einer Kammer oder einem Verband, mit der Herstellung, dem Druck und der Verteilung der **Mitgliederzeitschrift,** die neben dem redaktionellen Teil auch Werbung enthält, sowie mit der Wahrnehmung des Anzeigengeschäfts beauftragt, so gilt nach dem Schreiben des FinMin Schleswig-Holstein v 13.3.2008 S 7119 – VI 327 Folgendes, wenn dem Verlag zur Deckung seiner Kosten die Erlöse aus dem Anzeigengeschäft zustehen und außer einem Portokostenzuschuss von der Körperschaft keine weiteren Zahlungen geleistet werden: Es liegt ein tauschähnlicher Umsatz vor; die Leistung des Verlags besteht in der Gestaltung, Herstellung und Verteilung der Mitgliederzeitschrift. Da die Leistung der Körperschaft in der Regel mangels Unternehmereigenschaft nicht steuerbar ist, verbleibt es bei der Besteuerung der Leistungen des Verlags gegenüber der Körperschaft mit dem ermäßigten Steuersatz, da der wesentliche Inhalt der Druck der Zeitschrift besteht. Bemessungsgrundlage ist nach § 10 Abs 2 UStG der (gemeine) Wert der Gegenleistung. Zur Ermittlung des gemeinen Werts sind die dem Verlag entstandenen Herstellungskosten der Zeitschrift (redaktioneller Teil und Werbeteil) zugrundezulegen (Bestätigung durch BFH BFH/NV 2013, 326).

Bei **Anzeigen** in Zeitungen, Zeitschriften und sonstigen Publikationen kommt nicht der ermäßigte, sondern der volle Steuersatz von derzeit 19% zur Anwendung, unabhängig davon, ob es sich bei den Anzeigen um private oder gewerbliche Anzeigen handelt und unabhängig auch von der Art der Anzeige (Chiffre-, Such-, sonstige Anzeigen). Für **Beilagen** jeder Art, die ein Verlag gegen Entgelt seitens des Beilageneinlieferer seinen Publikationen beifügt, gilt das Gleiche. Der Grund dafür ist, dass die Steuerermäßigung des § 12 Abs 2 Nr 1 UStG iVm der Anlage zu § 12 Abs 2 Nr 1 und 2 UStG nur bei Lieferungen, nicht aber bei sonstigen Leistungen in Betracht kommt. Die Veröffentlichung von Anzeigen stellt eine solche sonstige Leistung dar. Stellt der Verlag die Beilage im Auftrag eines Dritten selbst her und legt sie seinen Publikationen bei, kann es zu zwei unterschiedlich zu beurteilenden Umsätzen kommen, einer Lieferung der Drucke an den Auftraggeber und einer sonstigen Leistung in Gestalt der (entgeltlichen) Beifügung der Druckschriften. Die Lieferung der Drucke unterliegt dem ermäßigten Steuersatz, wenn die Drucke nicht überwiegend Werbezwecken dienen, ansonsten dem vollen Steuersatz ebenso wie die Leistung des Verlages, die darin besteht, dass die Drucke den Publikationen beigelegt werden.

124

Zu den begünstigten Waren der Nr 49 der Anlage zu § 12 Abs 2 Nr 1 und 2 UStG gehören nach Buchstabe a) **Bücher, Broschüren und ähnliche Drucke,** auch in losen Bogen oder Blättern (ausgenommen kartonierte, gebundene oder als Sammelbände zusammengefasste periodische Druckschriften, die überwiegend Werbung enthalten). Als gedruckt gelten Erzeugnisse, auf die durch Handdruck, mechanische Druckverfahren, Buchdruck, Offsetdruck usw oder fotografisch Texte oder auch sonstige Darstellungen übertragen sind, gleichgültig ob auf Papier oder auf andere Stoffe. Erzeugnisse, die mit Vervielfältigungsapparaten, Fotokopiergeräten oder in einem ähnlichen Verfahren – auch von hand- oder maschinengeschriebenen Schriftstücken – hergestellt sind, werden wie gedruckte Erzeugnisse behandelt (vgl aber Rn 114). Im BMF-Schr v 27.12.1983 (BStBl I, 567), das nachstehend auszugsweise wiedergegeben ist, wird hierzu unter Rn 134 Folgendes ausgeführt:

125

Im Einzelnen sind begünstigt:
1. Bücher, Broschüren und ähnliche Drucke, auch in losen Bogen oder Blättern (aus ZT-Nr 49.01). Dazu gehören
    a) Druckerzeugnisse, die durch Text charakterisiert, zum Lesen oder Nachschlagen bestimmt sind, auch illustriert. Sie können broschiert, kartoniert, gebunden oder in Loseblatt-Sammlungen vereinigt oder – als Planobogen, gefalzte Druckbogen, Teillieferungen oder Einzelblätter – hierzu bestimmt sein. Sie können auch aus einem einzelnen Blatt bestehen, das einen in sich geschlosse-

126

nen Text enthält (zB Flugblätter). Ihr Inhalt ist – wenn Werbezwecke nicht in Betracht kommen (vgl Rn 144) – ohne Einfluss auf die Tarifierung, muss jedoch ein vollständiges Werk oder einen Teil hiervon umfassen. Hierzu gehören zB
- aa) literarische Werke, Handbücher und technische Bücher, Bibliographien,
- bb) Schulbücher und gedruckte Lernprogramme, auch in Form von bedruckten Papierrollen oder Kärtchen (vgl aber Rn 143 Buchstabe d),
- cc) Test- und Prüfungsbogen, bei denen der Text charakterbestimmend ist (zB Prüfbogen für Fahrprüfungen),
- dd) Wörterbücher, Enzyklopädien und andere Nachschlagewerke (zB Adressbücher, Kursbücher, Fernsprechbücher, Bibliotheks- und Museumskataloge, nicht jedoch Handelskataloge, die als Werbedrucke anzusehen sind – vgl Rn 144),
- ee) liturgische Bücher, wissenschaftliche Dissertationen und Monographien,
- ff) Veröffentlichungen amtlicher Texte (zB Gesetzblätter, Fahrpläne, Parlamentsdrucksachen),
- gg) Bücher mit einem nicht charakterbestimmenden Kalendarium (zB Fachkalender),
- hh) Wahldrucksachen, wenn sie durch einen in sich geschlossenen, zur Lektüre bestimmten Text charakterisiert sind, zB
  - Wahlbroschüren, die Wahlprogramme (oder Teile davon) sowie Personalien der Kandidaten enthalten,
  - Wahlbriefe, die von Parteien und Kandidaten an die Wähler gerichtet werden und in denen die Ziele der Partei oder das Aktionsprogramm der Kandidaten dargelegt werden,
  - Wahlplakate mit programmatischen Erklärungen, wenn der Text der programmatischen Erklärungen charakterbestimmend ist. Das ist regelmäßig der Fall, wenn der Raum für diesen Text auf dem Plakat überwiegt.

  Wegen der nicht begünstigten Wahldrucksachen vgl Rn 143 Buchstabe e,
- ii) Vorlesungsverzeichnisse von Universitäten,
- jj) Arbeitspläne und Programme von Volkshochschulen und vergleichbaren gemeinnützigen Einrichtungen,

b) broschierte, kartonierte oder gebundene Sammlungen von Bilddrucken oder Illustrationen, auch mit begleitendem Text beliebigen Umfangs;

c) Sammlungen gedruckter Reproduktionen von Kunstwerken, Zeichnungen usw in Form von losen, in einer Mappe (Heftern) vereinigten Blättern, die ein vollständiges Werk mit nummerierten Seiten sind und außerdem einen erklärenden Begleittext enthalten, der sich auf diese Darstellung oder ihre Schöpfer bezieht;

d) Bücher, bei denen Notenzeichen gegenüber dem Text nebensächlich sind oder in denen Notenzeichen nur Anführungen oder Beispiele sind;

e) Illustrationsbeilagen für die unter Buchstabe a bezeichneten Werke, wenn sie mit diesem zusammen geliefert werden. Illustrationsbeilagen sind nur Bilddrucke, die sich durch zusätzlichen, an beliebiger Stelle (zB auch auf der Rückseite) aufgedruckten Text als Beilagen kennzeichnen. Der Aufdruck einer Seitenzahl genügt nicht als solche Kennzeichnung;

f) Buchumschläge, Schutzhüllen, Ordner, Einbände usw, wenn sie Gegenstand einer unselbstständigen Nebenleistung zur Lieferung von begünstigten Waren der ZT-Nr 49.01 sind, zB Ordner oder Einbände, die im Zusammenhang mit einer Lieferungs- oder Loseblattwerk abgegeben werden und nach ihrer Aufmachung zur Aufnahme des Werkes (einschließlich Ergänzungslieferungen) bestimmt sind, auch wenn sie besonders berechnet werden. Das gilt zB nicht für Ersatzordner (vgl Rn 142 Nr 5).

127 Nicht unter die Steuerbegünstigung des § 12 Abs 2 Nr 1 UStG fallen nach dem BFH-Urt v 29.9.1988 (BStBl 1989 II, 208) – entgegen der früheren Auffassung – **Fremdenverkehrsprospekte** jeder Art, die zB von Städten, Gemeinden und Fremdenverkehrsämtern herausgegeben werden. Dagegen dienen **Messekataloge,** die als solche nicht darauf abzielen, die Adressaten zur Inanspruchnahme von entgeltlichen Waren oder Dienstleistungen der Aussteller zu veranlassen, nicht überwiegend Werbezwecken. Die Lieferung derartiger Messekataloge unterliegt folglich dem ermäßigten Steuersatz (FG Düsseldorf Urt v 15.5.2013, nrkr).

128 Unter Buchstabe b) der Nr 49 sind als steuerbegünstigt genannt **Zeitungen und andere periodische Druckschriften,** auch mit Bildern oder Werbung enthaltend (ausgenommen Anzeigenblätter, Annoncen-Zeitungen und dgl, die überwiegend Werbung enthalten). Dazu gehören Druckschriften, die in laufender Folge unter demselben Titel in regelmäßigen Zeitabständen, jedoch mindestens halbjährlich, veröffentlicht werden und deren einzelne Ausgaben mit Datum versehen, in der Regel nummeriert und weder kartoniert noch gebunden sind. Auch Zeitschriften in Lesemappen gehören hierzu. Beilagen, die den Zeitungen oder periodischen Druckschriften beigefügt sind, sind ebenfalls begünstigt (zB Bildbeilagen, Schnittmusterbogen, Schablonen u dgl), nicht jedoch wenn sie gesondert geliefert werden. Ob Computerspiele-Zeitschriften, denen Compact-Discs beigefügt sind, dem Regelsteuersatz oder

II. Grundzüge der Besteuerung

dem ermäßigten Steuersatz unterliegen, ist zweifelhaft (FG München EFG 2000, 824). Begünstigt sind Einbände und Ordner, die im Zusammenhang mit Zeitschriften abgegeben werden und nach ihrer Aufmachung zum Einbinden oder Aufbewahren dieser Zeitschriften bestimmt sind, auch wenn sie besonders berechnet werden. Ausgenommen sind alte Zeitungen und andere Druckerzeugnisse, die nicht mehr als solche verkäuflich sind, und Bildbeilagen (Zeitschriften, Illustrierte uam), Schnittmusterbogen, Schablonen und dergl, die gesondert geliefert werden.

Die üblichen **Zeitungs-** und **Zeitschriftenbeilagen** wie bspw Werbebeilagen, Sonderveröffentlichungen, Prospekte, Wochenendbeilagen, Fernseh- und Hörfunkprogramme ua sind Bestandteil eines einzigen Erzeugnisses, nämlich der Zeitung oder Zeitschrift. Mag es dem Bezieher auch in erster Linie auf den Bezug der Zeitung selbst ankommen, so bestellt er diese doch so, wie sie üblicherweise geliefert wird, dh mit allen Werbeeinschaltungen, seien dies Anzeigen oder Werbebeilagen. Dies hat der BFH in seiner grundlegenden Entscheidung vom 5.12.1968 (BStBl 1969 II, 385) festgestellt. Der (Abonnement-)Preis für die Lieferung der Zeitung kann also nicht künstlich in eine ermäßigt zu besteuernde Lieferung der Zeitung als solche und in eine Lieferung von nicht begünstigten Werbebeilagen usw aufgespalten werden. Die Beilagen sind in solchen Fällen als unselbstständige Nebenleistungen zur Hauptleistung (Lieferung der Zeitung oder Zeitschrift) anzusehen sind (vgl UStAE 3.10); die Zeitung oder Zeitschrift unterliegt insgesamt dem ermäßigten Steuersatz. Anders jedoch nach Auffassung der Finanzverwaltung, wenn, wie das im Verlagsgewerbe gelegentlich anzutreffen ist, die Beilage den Charakter eines zusätzlichen Kaufanreizes hat und verlagsfremde Artikel beinhaltet. In diesem Fall liegen zwei Hauptleistungen vor, die jede für sich in puncto Steuersatz zu beurteilen sind. Liegen zB einer periodisch erscheinenden Kinder- oder Jugendzeitschrift bei gleich bleibendem Bezugspreis von Zeit zu Zeit sog **Gimmicks** (Bilder, Bastelbögen, Plastikspielzeug oä) bei, dann stellt sich die Frage, ob das Entgelt insgesamt dem ermäßigten Steuersatz von 7 % unterliegt oder ob eine Aufteilung des Entgelts in einen Entgeltanteil, der zu 7 % zu versteuern ist (Zeitschrift) und in einen Entgeltanteil, der zu 19 % zu versteuern ist (Gimmick), erfolgen muss. Die Finanzverwaltung vertritt die Auffassung, dass in der Regel zwei je für sich zu beurteilende Hauptleistungen anzunehmen sind, die auch hinsichtlich des Steuersatzes getrennt zu beurteilen sind. Jedenfalls dann, wenn es sich bei den Beilagen um im Verhältnis zur Zeitschrift wertmäßig nicht ins Gewicht fallende Gegenstände iSv **Zugaben** nach der (aufgehobenen) ZugabeVO handelt, erscheint diese Auffassung zweifelhaft. Allerdings kann dafür nicht auf die Ausnahmeregelung in den Bestimmungen über unentgeltliche Wertabgaben (§ 3 Abs 1b S 1 Nr 3 UStG) zurückgegriffen werden, wonach Geschenke von geringem Wert von der Umsatzbesteuerung ausgenommen werden, denn Zugaben iSd ZugabeVO sind keine Geschenke von geringem Wert iS dieser Vorschrift (BFH BStBl 1993 II, 170). Sie sind vielmehr wegen ihrer akzessorischen Verknüpfung mit der Hauptleistung Teil des hauptsächlichen Leistungsaustauschs und damit nach der hier vertretenen Auffassung umsatzsteuerrechtlich unselbstständige Nebenleistungen, die dem gleichen Steuersatz unterliegen wie die Zeitschrift selbst. Die Finanzverwaltung wäre gut beraten, wenn sie für solche Fälle zumindest eine ähnliche Vereinfachungsregelung wie bei den Warensortimenten von geringem Wert, bestehend aus Lebensmitteln, insbesondere Süßigkeiten, und sog Non-Food-Artikeln, vor allem Spielzeug, treffen würde, wonach nicht beanstandet wird, wenn für das gesamte Warensortiment einheitlich der Steuersatz angewendet wird, der auf die Waren mit dem höchsten Wertanteil entfällt (BMF-Schr v 9.5.2005, UR 2005, 348).

Nr 49 der Anlage umfasst weiter unter Buchstabe c) **Bilderalben, Bilderbücher und Zeichen- oder Malbücher,** für Kinder. Dazu gehören broschierte, kartonierte oder gebundene Bilderalben und Bilderbücher, bei denen die Bilder vorherrschend sind und der Text nur von untergeordneter Bedeutung ist und die zur Unterhaltung von Kindern bestimmt sind oder dazu dienen, ihnen die Grundlagen des Alphabets oder des Wortschatzes zu vermitteln (Bilderfibeln, Zieh- und Aufstellbilderbücher,

Zeichen- und Malbücher für Kinder uäm). Ausgenommen sind solche Bilderbücher, die im Wesentlichen als Spielzeug anzusehen sind.

131   Unter Buchstabe d) der Nr 49 sind **Noten,** handgeschrieben oder gedruckt, auch mit Bildern, auch gebunden, aufgeführt. Dazu gehören Musiknoten in jeder Schrift oder Druckart, in Form von losen Blättern, broschiert, kartoniert oder gebunden, sei es mit oder ohne Text, zB Gesangbücher, Partituren, Musikunterrichtswerke uäm einschließlich Umschlägen und Schutzhüllen, vorausgesetzt, dass sie jeweils in Verbindung mit dem Notenverkauf abgegeben werden.

132   In Nr 49 der Anlage werden unter Buchstabe e) **kartographische Erzeugnisse** aller Art einschließlich Wandkarten, topographischer Pläne und Globen, gedruckt, als steuerbegünstigt aufgeführt. Gemeint sind Land- und Seekarten, Straßenkarten, geologische Karten und Schnitte, Atlanten, Stadtpläne, hydrographische und astronomische Karten usw. Ausgenommen sind alle kartographischen Erzeugnisse, die nicht im Druck-verfahren hergestellt worden sind, so die handgeschriebenen oder im Fotosatz hergestellten Karten oder die nichtgedruckten Reliefpläne oder Reliefgloben. Nicht als kartographische Erzeugnisse gelten auch Pläne und Skizzen mit bildartigen Darstellungen über die Sehenswürdigkeiten oder Wirtschaftsprodukte eines Landes ohne topographische Genauigkeit. Da die Anfertigung von Biotop- und Standortkartierungen keine Lieferung, sondern eine Werkleistung iSd § 3 Abs 9 UStG darstellt, unterliegt diese nicht dem ermäßigten Steuersatz, auch nicht nach § 12 Abs 2 Nr 7c UStG (s Rn 133 ff.), denn das Hauptinteresse des Leistungsempfängers liegt in solchen Fällen nicht in der Rechtsübertragung, sondern in der Ausführung des Werks. Die Einräumung urheberrechtlicher Nutzungs- und Verwendungsrechte spielt nach Auffassung der Finanzverwaltung dabei nur eine untergeordnete Rolle und ist allenfalls als werkvertragliche Nebenleistung zu verstehen (OFD Frankfurt am Main, Vfg v 29.11.1996, DB 1997, 405).

133   Steuerbegünstigt sind schließlich nach Nr 49 Buchstabe f) der Anlage **Briefmarken** und dergl (zB Ersttagsbriefe, Ganzsachen, vorphilatelistische Briefe und freigestempelte Briefumschläge) als Sammlungsstücke.

134   Nicht unter die Steuerbegünstigung des § 12 Abs 2 Nr 1 UStG fallen
– Mikrofilme und Mikrofilmausdrucke,
– Register, Hefte, Quittungsbücher, Geschäftsbücher, Auftragsbücher, Rechnungsbücher und dergl, Merkbücher, Notizblöcke, Notiz- und Tagebücher, Ordner, Einbände (für Loseblattsysteme ua),
– Briefmarkenalben, Fotoalben, Einsteck- und Einklebealben usw,
– Baupläne, technische Zeichnungen und andere Pläne und Zeichnungen für gewerbliche oder ähnliche Zwecke,
– Postkarten, Glückwunschkarten, Weihnachtskarten und dergl mit oder ohne Bildern,
– Kalender jeder Art,
– Bilder, Bilddrucke, Fotografien und andere Drucke, die nicht Lektüre im üblichen Sinne sind (zB Gebrauchsanweisungen, Visitenkarten, Vordrucke).

Nur am Rande sei darauf hingewiesen, dass auch die **Vermietung** der durch § 12 Abs 2 Nr 1 UStG begünstigten Gegenstände mit dem ermäßigten Steuersatz zu versteuern ist (§ 12 Abs 2 Nr 2 UStG). Praktische Bedeutung hat diese Bestimmung vor allem für Leihbüchereien und Bibliotheken.

ff) Steuermäßigung für urheberrechtliche Nutzungsvergütungen

135   Eine weitere Steuerbegünstigung, die von großer Bedeutung für Presse- und Verlagsunternehmen sowie für die auf diesem Gebiet tätigen Freiberufler ist, beinhaltet § 12 Abs 2 Nr 7c) UStG: Danach unterliegen dem ermäßigten Steuersatz die **Einräumung, Übertragung und Wahrnehmung von Rechten,** die sich aus dem UrhG ergeben. In Betracht kommt die Steuervergünstigung nur für sonstige Leistungen, nicht dagegen für Lieferungen. Zwar ist in aller Regel mit der Rechtseinräumung oder Rechtsübertragung nach dem UrhG die Übergabe eines die geistige Leistung dokumentierenden Gegenstands (zB Buchmanuskript, Notenmaterial, Zeichnung,

Diskette) verbunden; dessen materieller Wert ist aber für die Vertragsparteien im Allgemeinen völlig bedeutungslos. In Zweifelsfällen ist die vereinbarte Leistung nach deren wirtschaftlichem Gehalt zu bestimmen: Liegt dieser im Wesentlichen in einer **urheberrechtlichen Nutzung,** so kann die Steuerermäßigung in Anspruch genommen werden. Mit der Veräußerung des Originals eines Werks, zB des Manuskripts eines Sprachwerks, wird nach § 44 Abs 1 UrhG im Zweifel dem Erwerber ein Nutzungsrecht nicht eingeräumt. Auf die bloße Lieferung eines Manuskripts ist deshalb grundsätzlich der allgemeine Steuersatz anzuwenden (UStAE 12.7 Abs 7). Eine ermäßigt zu besteuernde sonstige Leistung ist nur dann anzunehmen, wenn dem Erwerber zugleich mit der Veräußerung des Werkoriginals Nutzungsrechte an dem Werk auf Grund einer besonderen Vereinbarung eingeräumt werden. Begünstigt ist nach § 12 Abs 2 Nr 7c) UStG nur die Rechteverwertung als sonstige Leistung, bspw von Bildjournalisten, Sportfotografen und Modefotografen, wobei das Bild selbst unwesentlicher Bestandteil der Leistung sein muss. Steht hingegen die Überlassung des Bildes selbst im Vordergrund, also der Substanzwert des Bildes, und ist die geistige Leistung (Urheberrecht) nur unwesentlicher Bestandteil, so liegt insgesamt eine Lieferung zum Normalsteuersatz vor (vgl *Waza* in Offerhaus, UStG-Kommentar, Rz 27 ff., 31 zu § 12).

136 Zu den Rechten, deren Einräumung, Übertragung und Wahrnehmung begünstigt sind, zählen nicht nur die Rechte an persönlichen geistigen Schöpfungen der Literatur, Wissenschaft und Kunst (geschützte Werke), sondern alle Rechte, die sich aus dem UrhG ergeben, also auch die **verwandten Schutzrechte** im Sinne der §§ 70 bis 87 UrhG. Urheberrechtlichen Schutz genießen somit auch die Darbietungen der ausübenden Künstler (Interpreten). Die Steuerermäßigung kommt für die künstlerische Darbietung als solche aber nicht in Betracht, diese unterliegt vielmehr dem vollen Steuersatz. Nur dann, wenn der ausübende Künstler seine ihm nach §§ 73 ff. UrhG zustehenden Rechte durch Einwilligung oder Abtretung (§ 78 UrhG) für Zwecke von Bildschirm- und Lautsprecherübertragungen, Vervielfältigungen, Funksendungen und öffentliche Wiedergaben verwerten lässt, fällt der Umsatz unter § 12 Abs 2 Nr 7c) UStG. Zu Einzelfragen in diesem Zusammenhang nimmt der UStAE 12.7 Abs 20 Stellung. **Computerprogramme** sind nach § 2 Abs 1 Nr 1 UrhG grundsätzlich urheberrechtsfähig mit der Folge, dass die Herstellung eines urheberrechtlich geschützten EDV-Programms für den Auftraggeber auf Grund eines Werkvertrags unter § 12 Abs 2 Nr 7c UStG fällt. Die mit der Herstellung des Programms verbundene Einräumung und Übertragung der Rechte nach dem UrhG ist nämlich der wesentliche Inhalt der geschuldeten Werkleistung (BFH BFH/NV 1997, 814).

137 Die Steuerbegünstigung des § 12 Abs 2 Nr 7c) UStG umfasst
– die **Einräumung** von urheberrechtlichen Nutzungsrechten, denn der Urheber kann, wenn er sein Werk nicht selbst verwerten kann oder will, das Recht zur Vervielfältigung, Verbreitung, Ausstellung und öffentlichen Wiedergabe seines Werkes einem anderen einräumen, der seinerseits wiederum Dritten Nutzungsrechte einräumen kann (§ 31 Abs 3 UrhG),
– die **Übertragung** von urheberrechtlichen Nutzungsrechten, dh wenn der Nutzungsberechtigte das ihm eingeräumte Recht mit Zustimmung des Urhebers (§ 34 UrhG) ganz oder teilweise auf einen Dritten überträgt, und
– die **Wahrnehmung** von urheberrechtlichen Nutzungsrechten, und zwar durch die Verwertungsgesellschaften (zB GEMA, VG Wort), die Nutzungs- und Einwilligungsrechte als Mittler zwischen Urheber und Verbraucher wahrnehmen (ein Verlag hat diese Funktion nicht, vgl BFH BStBl 1987 II, 648; der von der GEMA an die Verleger ausgeschüttete Anteil an der Verteilungssumme ist demnach nicht steuerbegünstigt).

138 **Verlagsverträge mit Schriftstellern** beinhalten in aller Regel urheberrechtliche Nutzungsrechte an dem geschaffenen Sprachwerk (Roman, Fachbuch, Kommentar, Biographie, Lehrbuch, Lexikon usw). Der Schriftsteller unterliegt mit seiner Leistung nur dem ermäßigten Steuersatz. Dies soll nicht für entgeltliche Leistungen im Rahmen von Veranstaltungen wie beispielsweise Autogrammstunden, Lesungen, Diskussionen usw gelten. Im Gegensatz dazu hat das FG Hamburg durch Gerichtsbescheid v 28.5.2009 EFG 2009, 1878 unter Berufung auf § 12 Abs 2 Nr 7a) UStG entschieden, dass Umsätze eines Kinderbuchautors aus Leseveranstaltungen nur dem ermäßigten Steuersatz zu unterwerfen sind. Wird die Lesung oder das Gespräch von einer Rundfunk- und Fernsehanstalt, zB in einem Studio, veranstaltet und gesendet, so erbringt der Schriftsteller eine Leistung, deren wesentlicher Inhalt in der Einräumung urheberrechtlicher Nutzungsrechte besteht und auf die deshalb der ermäßigte Steuersatz anzuwenden ist (UStAE 12.7 Abs 13), gleichgültig ob live oder später gesendet wird oder die Sendung unterbleibt.

139 Wie die Schriftsteller kommen auch die **Übersetzer** fremdsprachiger Werke in den Genuss des ermäßigten Steuersatzes, wenn die Übersetzungen als persönliche Schöpfungen anzusehen sind wie zB die Übersetzungen von Romanen, Gedichten, Schauspielen, wissenschaftlichen Büchern und Abhandlungen und selbst Comics. Gleiches gilt für andere Bearbeitungen urheberrechtlich geschützter Werke, zB für die Dramatisierung eines Romans, für das Verfassen eines Drehbuchs nach einer Vorlage oder für die Verfilmung.

140 Bei **Journalisten** lässt die Finanzverwaltung zur Vermeidung von Abgrenzungsschwierigkeiten aus Vereinfachungsgründen zu, dass grundsätzlich insgesamt der ermäßigte Steuersatz angewendet wird (UStAE 12.7 Abs 10), obwohl Nachrichten ebenso wie reine Tatsachenberichte keinen urheberrechtlichen Schutz genießen und somit an sich zum vollem Steuersatz zu versteuern wären. Besteht die Tätigkeit eines Journalisten aber lediglich darin, Daten, wie zB Börsenkurse, Wettervorhersagen, Sportergebnisse, Lottozahlen oder Veranstaltungstermine in Erfahrung zu bringen und ohne redaktionelle Bearbeitung weiterzugeben, so kommt der ermäßigte Steuersatz nicht in Betracht. Ein freier Mitarbeiter eines Rundfunksenders, der wöchentlich ausgestrahlte Hörfunksendungen auf der Basis von Mitwirkendenverträgen vorbereitet, moderiert und die entsprechenden Rechte dem Sender überträgt, erbringt einheitliche, ermäßigt zu besteuernde Leistungen iSv § 12 Abs 2 Nr 7c) UStG (FG Köln EFG 2007, 1295, rkr). Dagegen können Mitarbeiter öffentlich-rechtlicher Rundfunkanstalten, die nur programmgestaltend und im Wesentlichen nur für einen einzigen Auftraggeber tätig sind, keine selbstständige Tätigkeit ausüben; sie sind damit keine Unternehmer im umsatzsteuerrechtlichen Sinne (FG Hamburg EFG 2013, 1967).

141 Bei **Presseagenturen** und **Pressediensten** verfährt die Finanzverwaltung hinsichtlich der Anwendung des § 12 Abs 2 Nr 7c) UStG wie bei den Journalisten, dh die Leistungen dieser Unternehmen unterliegen aus Vereinfachungsgründen nur dem ermäßigten Steuersatz, es sei denn der Pressedienst beschränkt sich auf das Sammeln von Daten und deren Weiterleitung ohne redaktionelle Bearbeitung. Hinsichtlich des **Bildmaterials,** das von Presse- oder Bilderdiensten vertrieben wird, liegen immer ermäßigt zu besteuernde Umsätze vor, da urheberrechtlicher Schutz nach § 72 in Verbindung mit § 2 Abs 1 Nr 5 UrhG besteht. Deshalb unterliegen auch die Bildberichterstatter, die Kameramänner und die Fotodesigner mit ihren Leistungen nur dem ermäßigten Steuersatz. Bei **Fotografen** ist zu unterscheiden, ob eine bloße nicht steuerbegünstigte Lieferung vorliegt oder eine sonstige Leistung, die in der Einräumung eines urheberrechtlich geschützten Nutzungsrechts besteht. Letzeres ist der Fall, wenn der Fotograf dem Auftraggeber die von ihm angefertigten Bilder, Diapositive oder Negative zur weiteren Verwendung für gewerbliche oder künstlerische Zwecke übergibt, zB zum Verkauf, zu Ausstellungszwecken oder zum Abdruck in Zeitungen, Zeitschriften, Büchern, Prospekten, Katalogen usw. Anders dagegen, wenn der Fotograf seinem Auftraggeber nur die bestellten Positive – zB Passbilder, Familien- oder Gruppenaufnahme – übergibt; hier liegt keine Rechtsübertragung sondern eine zum vollen Steuersatz steuerpflichtige Lieferung vor. Das Gleiche gilt für die Herstellung und Überlassung von Luftbildaufnahmen für planerische Zwecke, für Zwecke der Geodäsie oder für bestimmte wissenschaftliche Zwecke, zB auf dem Gebiet der Archäologie (UStAE 12.7 Abs 18).

III. Besonderheiten bei der Besteuerung

142 Zweifelhaft ist die Frage der Anwendung des ermäßigten Steuersatzes auf die Leistungen der **Grafiker, Gebrauchsgrafiker** und **Grafikdesigner**. Deren Werke sind urheberrechtlich nur geschützt, wenn sie Werke der angewandten Kunst oder Entwürfe solcher Werke darstellen. Ob dies der Fall ist, muss für jede einzelne Arbeit und damit für jeden einzelnen Umsatz geprüft werden. Diese Prüfung ist im Einzelfall auch dann vorzunehmen, wenn ein Nutzungsrecht vertraglich eingeräumt und dafür sogar ein Entgelt vereinbart wurde, denn auch Arbeiten und Leistungen, die keinen urheberrechtlichen Schutz genießen, können zur Nutzung überlassen werden wie zB Geschmacksmuster, Know-how usw (vgl *Sölch/Ringleb/List* § 12 Rn 236). Im Allgemeinen dürfte der ermäßigte Steuersatz zumindest für Gebrauchs- und Werbegrafiker nicht in Betracht kommen (s Rn 143).

III. Besonderheiten bei der Besteuerung der Schriftsteller, Journalisten und ähnlicher Freiberufler

143 Die Besteuerung der Freiberufler und der übrigen Personen, die Einkünfte aus selbstständiger Arbeit im Sinne des § 18 EStG beziehen, weist **Besonderheiten** in mehrfacher Hinsicht auf. Teils sind die Gründe historischer Art, teils aber aus der Eigenart der Berufstätigkeit zu erklären. So unterliegt dieser Personenkreis im Gegensatz zu den Gewerbetreibenden nicht der Gewerbesteuer, kann die Einkünfte wahlweise entweder durch Betriebsvermögensvergleich nach § 4 Abs 1 Satz 1 EStG (vgl Rn 27) oder in vereinfachter Form nach § 4 Abs 3 EStG ermitteln und genießt Vorzüge bei der Umsatzsteuer, was das Besteuerungsverfahren betrifft.

1. Einkommensteuer

144 Zu der freiberuflichen Tätigkeit gehören nach § 18 Abs 1 Nr 1 EStG die selbstständig ausgeübte wissenschaftliche, künstlerische, schriftstellerische, unterrichtende oder erzieherische Tätigkeit. Eine **schriftstellerische Tätigkeit** liegt vor, wenn eigene Gedanken mit Mitteln der Sprache schriftlich niedergelegt werden, wobei es nicht darauf ankommt, ob darin eine eigenschöpferische Leistung zu sehen ist. Deshalb übt zB auch der Verfasser eines wissenschaftlichen Werkes oder ein Sachbuchautor eine schriftstellerische Tätigkeit aus (vgl BFH BStBl 1958 III, 316). Das Gleiche gilt, wenn der Steuerpflichtige im Auftrag von Unternehmen Pressemitteilungen und redaktionelle Beiträge für die Tagespresse verfasst (FG Rhld-Pfalz EFG 1998, 1584). Selbst das Verfassen von Anleitungen zum Umgang mit technischen Geräten (Gebrauchsanweisungen, Bedienungsanleitungen) ist als schriftstellerische Tätigkeit zu beurteilen, wenn der auf der Grundlage mitgeteilter Daten erstellte Text als eine eigenständige gedankliche Leistung des Autors erscheint (BFH BStBl 2002 II, 475). Auch ein Übersetzer ist als Schriftsteller anzusehen, sofern die Übersetzung, zB eines wichtigen Werkes der Weltliteratur, eine eigenschöpferische Leistung beinhaltet (BFH BStBl 1976 II, 192). Die selbstständige Tätigkeit eines Steuerpflichtigen, der eigene Gedanken in Form eines Softwarelernprogramms für PC verfasst, ist ebenfalls als schriftstellerische Tätigkeit zu betrachten, wenn das Lernprogramm für die Öffentlichkeit bestimmt ist (BFH DB 1999, 263). Liegt der Schwerpunkt der Berufstätigkeit eines Steuerpflichtigen in der umfangreichen **Informationsbeschaffung** rund um spezielle aktuelle Gesetzgebungsvorhaben und der diesbezüglichen Berichterstattung gegenüber seinen Auftraggebern, übt er damit weder eine schriftstellerische noch eine wissenschaftliche oder journalistische Tätigkeit aus. Er erzielt vielmehr Einkünfte aus Gewerbebetrieb (BFH Urt v 14.5.2014, DB 2014, 2628). Ein selbstständiger „executive producer", der gegenüber einer Fernsehproduktionsgesellschaft inhaltlich für das Programm einer Kleinkinder-Fernsehserie verantwortlich ist, kann vergleichbar einem Drehbuchautor schriftstellerisch tätig sein, denn auch die inhaltliche Bearbeitung fremder Drehbuchvorschläge kann zu einer schriftstellerischen Betätigung führen, ohne dass die Anwesenheit bei der Produktion dem entgegenstehen muss (FG Hamburg EFG 2001, 907, rkr).

145 Neben der allgemeinen Definition der freiberuflichen Tätigkeit enthält § 18 Abs 1 Nr 1 EStG eine katalogartige Aufzählung einzelner Berufe, deren Ausübung eine freiberufliche Tätigkeit darstellt. Hierunter fällt zB die Berufstätigkeit der Ärzte, Rechtsanwälte, Notare, Ingenieure, Architekten, Wirtschaftsprüfer, Steuerberater, Journalisten, Bildberichterstatter, Dolmetscher und Übersetzer. Wegen der steuerlichen Vorzüge, die mit der freiberuflichen Tätigkeit verbunden sind, ist es verständlich, dass es in **Grenzfällen** fortlaufend zum Streit mit der Finanzverwaltung kommt, wie eine Vielzahl von finanzgerichtlichen Entscheidungen belegt. So hat der BFH zB einen Synchronsprecher, der bei der Synchronisierung ausländischer Spielfilme mitwirkt, als Freiberufler eingestuft (BStBl 1979 II, 131), einen (selbstständigen) Rundfunksprecher dagegen nicht (BStBl 1963 III, 589). Ein Werbeschriftsteller oder Werbetexter ist mit dem Verfassen von Werbetexten schriftstellerisch tätig und damit Freiberufler (FG Nürnberg EFG 1980, 599, rkr). Dagegen rechnet die Anfertigung von graphischen Darstellungen nicht zur schriftstellerischen Tätigkeit (FG Nürnberg EFG 1978, 33, rkr). Die **Gebrauchsgraphiker** sind deshalb im allgemeinen Gewerbetreibende, es sei denn, es liegt eine eigenschöpferische Leistung, die eine gewisse künstlerische Gestaltungshöhe erreicht, vor (BFH BStBl 1960 III, 453). Pressezeichner sind den Journalisten gleichzustellen und daher Freiberufler (HHR/*Brandt*, § 18 EStG Anm 203). Bei Mode- und Werbefotografen (Fotodesignern) liegt regelmäßig eine gewerbliche Tätigkeit vor, da sich die Fotografie nur in begrenztem Umfang zu einer geistig-eigenschöpferischen Gestaltung eignet (*Lademann*, EStG § 18 Anm 287). So ist ein **Fotograf,** der für Zeitschriften Fotos von Produkten anfertigt, auf die er zuvor im Interesse der Produkthersteller gestalterischen Einfluss genommen hat, Gewerbetreibender und nicht Freiberufler (BFH BFH/NV 1999, 456). Gleiches gilt, wenn sich die Tätigkeit auf ein fotografisches Arrangement von Objekten beschränkt, die dem Fotografen von dritter Seite vorgegeben wurden (BFH-Beschl BFH/NV 2008, 1342). Zur selbstständigen Tätigkeit freier Mitarbeiter bei Rundfunkanstalten (Hörfunk und Fernsehen) und bei Film- und Fernsehproduzenten s BMF-Schr v 27.6. 1975 (BStBl I, 923). Auch die Tätigkeit eines sog festen freien Mitarbeiters einer Rundfunkanstalt kann als selbstständig zu beurteilen sein (vgl FG Düsseldorf EFG 2009, 292, rkr). **Zeitungsausträger** sind, sofern selbstständig (vgl Hess FG EFG 1976, 387, rkr), als Gewerbetreibende anzusehen. Ist der Zeitungsausträger dagegen Arbeitnehmer des Verlagsunternehmens, so schließt dies nicht aus, dass die Werbung neuer Abonnenten als selbstständige Tätigkeit des Zeitungsausträgers zu betrachten ist mit der Folge, dass dafür gezahlte Prämien keinen Arbeitslohn darstellen (BFH DB 1997, 360). Ein Rundfunkermittler, der im Auftrag einer Rundfunkanstalt Schwarzhörer aufspürt, ist Gewerbetreibender und kein Arbeitnehmer, wenn die Höhe seiner Einnahmen weitgehend von seinem eigenen Arbeitseinsatz abhängt und er auch im Übrigen – insbesondere bei Ausfallzeiten – ein Unternehmerrisiko in Gestalt des Entgeltrisikos trägt (BFH BStBl 1999 II, 534). Veröffentlicht ein Schriftsteller sein Werk im Selbstverlag, dann kann nach Auffassung des BFH (BStBl 1979 II, 236) die schriftstellerische Tätigkeit nicht von der verlegerischen Betätigung getrennt werden, dh es liegen in vollem Umfang gewerbliche Einkünfte vor.

146 Die **journalistische Tätigkeit** ist in aller Regel als freiberuflich zu betrachten. Ein Journalist jedoch, der Schaubilder mit wirtschafts- und sozialpolitischen Themen erstellt, vervielfältigt und an Zeitungen liefert, ist gewerblich tätig (FG Hamburg EFG 1978, 74, rkr). Wegen des Umfangs journalistischer Berufstätigkeit vgl FG Hamburg (EFG 1977, 405/406, rkr). Das dem Beruf des Journalisten Eigentümliche ist das Sammeln aktueller Informationen, die Verarbeitung des Nachrichtenmaterials, die kritische Auseinandersetzung mit diesem und die Stellungnahme zu Ereignissen des Zeitgeschehens (*Lademann*, EStG § 18 Anm 488). Es gehört zum Wesen der selbstständig ausgeübten journalistischen Tätigkeit, dass der Journalist sich mit den Ergebnissen seiner Arbeit unmittelbar oder – durch ein Medium wie Zeitungen, Zeitschriften, Film, Rundfunk oder Fernsehen – mittelbar an die Öffentlichkeit wendet (BFH BStBl 1978 II, 565). Beim **Bildberichterstatter** (Bildjournalisten, Bildreporter) kommt es nicht darauf an, ob er seine Bildwerke auch textlich bearbeitet; auch wenn er nur durch Bilder und Bildserien berichtet, ist seine Tätigkeit als freiberuflich anzusehen ebenso wie die eines Kameramanns, der bei Film und Fernsehen in der aktuellen Bildberichterstattung tätig ist (BFH BStBl 1965 III, 143). Deshalb sind ein Kameramann und ein Tontechniker, die als Gesellschafter einer Personengesellschaft für Fernsehanstalten mit Originalton unterlegtes Filmmaterial über aktuelle Ereignisse herstellen, als Bildberichterstatter Freiberufler. Geben sie aber teilweise Aufträge an andere Kameramänner und Tontechniker weiter, ohne insoweit auf die Gestaltung des Filmmaterials Einfluss zu nehmen, sind sie mangels ausschließlich eigenverantwortlicher Tätigkeit *insgesamt* gewerblich tätig (BFH BStBl 2002 II, 478). Der Bildberichterstatter iSd § 18 Abs 1 Nr 1 EStG wirkt typischerweise mittels nonverbaler Darstellungen, die nicht notwendigerweise von ihm selbst stammen müssen, an der Gestaltung des geistigen Inhalts publizistischer Medien (Zeitungen, Zeitschriften, Film, Fernsehen) mit. Diese Voraussetzungen einer freiberuflichen Tätigkeit sind aber nicht gegeben, wenn sich die fragliche Tätigkeit ihrem Charakter nach beschränkt auf eine Zuarbeit in einem journalistischen Hilfsbereich; die dementsprechenden Einkünfte sind als Einkünfte aus Gewerbebetrieb zu beurteilen (FG Berlin EFG 1999, 1082, rkr). Im entschiedenen Fall hatte der Steuerpflichtige lediglich Bildmaterial zum Abdruck in Fernseh-Programmzeitschriften gesammelt und den Verlagen zur Verfügung gestellt. Auf der gleichen Linie liegt das BFH-Urt v 19.2.1998 (DB 1998, 1646), das eine gewerbliche Tätigkeit unterstellt, wenn der Steuerpflichtige für Zeitschriften Objekte auswählt und zum Zweck der Ablichtung arrangiert, um die von einem Fotografen dann hergestellten Aufnahmen zu veröffentlichen.

Künstlerisch tätig ist ein Steuerpflichtiger, wenn er eine eigenschöpferische Leistung vollbringt, in der seine individuelle Anschauungsweise und Darstellungskraft zum Ausdruck kommt und die über eine hinreichende Beherrschung der Technik hinaus eine gewisse, objektiv festzustellende Gestaltungshöhe erreicht. Einnahmen eines populären Schauspielers aus der Mitwirkung bei der Herstellung von Werbefotografien und Werbefilmen sind dagegen als Einkünfte aus Gewerbebetrieb zu betrachten, und zwar auch dann, wenn der Schauspieler die Gestaltung der Werbeaufnahmen künstlerisch beeinflussen konnte (BFH BFH/NV 1999, 465). 147

Einkünfte im Sinne des § 18 Abs 1 Nr 1 EStG liegen auch vor, wenn die freiberufliche Tätigkeit nur im **Nebenberuf** oder auch nur gelegentlich ausgeübt wird. Verluste, die dabei auftreten, sind mit anderen positiven Einkünften, insbes aus der hauptberuflichen Tätigkeit, auszugleichen oder im Rahmen des Verlustrücktrages oder Verlustvortrages (§ 10d EStG) zu berücksichtigen. Es darf sich aber nicht um eine Betätigung aus Gründen persönlicher **Liebhaberei** handeln, die von vornherein ausschließt, dass über die gesamte Dauer der Betätigung gesehen ein – wenn auch bescheidener – Gewinn zu erzielen ist. So fehlt einem Schriftsteller, der über einen längeren Zeitraum aus seiner Tätigkeit Verluste erlitten hat, die Gewinnerzielungsabsicht, wenn nach den gegebenen tatsächlichen Verhältnissen keine Aussicht besteht, dass er jemals ein positives Gesamtergebnis erzielen wird (BFH DStR 1985, 578). Auf die Ergebnisse in den einzelnen Jahren kommt es dabei nicht an, es muss aber mit einiger Wahrscheinlichkeit ein Totalgewinn eintreten. Ist das voraussichtlich nicht der Fall, weil die Betätigung nicht nach wirtschaftlichen Gesichtspunkten und ohne Gewinnerzielungsabsicht erfolgt, so hat das zur Folge, dass die gesamten Einnahmen und Ausgaben aus der betreffenden Betätigung einkommensteuerrechtlich unbeachtlich sind. Verluste aus Autoren Tätigkeit sind steuerlich nicht zu berücksichtigen, wenn der Autor Druckkosten zu Zuschüsse gezahlt hat, die nur durch unrealistische Verkaufszahlen hätten ausgeglichen werden können allein die Hoffnung, für den Literaturmarkt „entdeckt" zu werden, reicht zur Annahme einer Gewinnerzielungsabsicht nicht aus (FG Rheinland-Pfalz, Urt v 14.8.2013, BeckRS 2013, 96293, rkr). Andererseits kann aber aus einem Druckkostenzuschuss, den ein wissenschaftlicher Schriftsteller vor Veröffentlichung seines Werkes an den Verlag zahlt, nicht schon auf eine 148 fehlende Gewinnerzielungsabsicht geschlossen werden (Nieders FG EFG 1987, 341, rkr).

a) Gewinnermittlung

149 Im Gegensatz zu den Land- und Forstwirten und den Gewerbetreibenden, die bei Überschreitung der Größenmerkmale des § 141 Abs 1 AO zur Buchführung und Jahresabschlusserstellung (Gewinnermittlung durch Betriebsvermögensvergleich) verpflichtet sind, können Selbstständige im Sinne des § 18 EStG den Gewinn immer in **vereinfachter Form** nach § 4 Abs 3 EStG ermitteln (Einnahme-Überschuss-Rechnung). Die Gewinnermittlung durch Betriebsvermögensvergleich setzt eine kaufmännische (doppelte) Buchführung voraus und ist demnach eine verhältnismäßig aufwändige Angelegenheit. Die Gewinnermittlung nach § 4 Abs 3 EStG dagegen ist als reine Gegenüberstellung von Betriebseinnahmen und Betriebsausgaben, die nur Aufzeichnungen, nicht jedoch eine Buchführung erforderlich macht, sehr einfach. Diese Gewinnermittlungsmethode hat zudem den Vorzug, dass Gewinne erst dann als realisiert gelten, wenn sich dies durch eine Einnahme bemerkbar macht, dh in aller Regel, wenn ein Geldzufluss erfolgt ist. Beim Betriebsvermögensvergleich als einer Vermögenszuwachsrechnung (Rn 27) führt dagegen bereits das Entstehen von Forderungen zur Gewinnrealisierung, unabhängig davon, wann die Forderung durch einen Geldeingang ausgeglichen wird. Die Gewinnermittlung nach § 4 Abs 3 EStG hat daher regelmäßig **liquiditätsmäßige Vorteile,** denn die Besteuerung der Gewinne aus den einzelnen Geschäftsvorfällen findet erst dann statt, wenn sich dieser Gewinn durch einen entsprechenden Geldeingang niedergeschlagen hat. Selbstverständlich steht es dem Selbstständigen im Sinne des § 18 EStG frei, den Gewinn auch durch Betriebsvermögensvergleich im Sinne des § 4 Abs 3 EStG zu ermitteln. Nur ein verschwindend kleiner Bruchteil aller Freiberufler macht jedoch davon aus verständlichen Gründen Gebrauch.

150 Als schlichte Einnahmen-Ausgaben-Rechnung stellt die vereinfachte Gewinnermittlung nach § 4 Abs 3 EStG nur auf den Zufluss von Betriebseinnahmen und den Abfluss von Betriebsausgaben ab. Was die **zeitliche Zuordnung von Einnahmen und Ausgaben** betrifft, so ist § 11 EStG mit den Bestimmungen über Vereinnahmung und Verausgabung zu beachten. Die Ermittlung des Gewinns durch Gegenüberstellung von Betriebseinnahmen und Betriebsausgaben ist nämlich eine reine Ist-Rechnung, bei der den tatsächlich zugeflossenen Einnahmen die tatsächlich abgeflossenen Betriebsausgaben gegenübergestellt werden. Einige wenige Durchbrechungen dieses Zufluss-/Abflussprinzips bestimmt das EStG in § 4 Abs 3 Sätze 2 bis 4: Betriebseinnahmen und Betriebsausgaben, die im Namen und für Rechnung eines anderen vereinnahmt und verausgabt werden **(durchlaufende Posten)**, scheiden dabei aus. Die Anschaffungs- oder Herstellungskosten für Wirtschaftsgüter des Anlagevermögens sind nicht im Zeitpunkt der Zahlung als Betriebsausgaben abziehbar. Soweit es sich um abnutzbare Wirtschaftsgüter handelt, kommt nur eine Verteilung der Anschaffungs- oder Herstellungskosten auf die Nutzungsdauer mittels Absetzungen für Abnutzung **(Abschreibungen)** in Betracht. Die Anschaffungs- oder Herstellungskosten für nicht abnutzbare Wirtschaftsgüter des Anlagevermögens sind zunächst überhaupt nicht zu berücksichtigen. Sie schlagen sich erst als Betriebsausgabe nieder, wenn diese Wirtschaftsgüter veräußert oder aus dem Betriebsvermögen entnommen werden.

151 Zu den Betriebseinnahmen eines freiberuflich als sog fester freier Mitarbeiter für eine Rundfunkanstalt tätigen Journalisten, der nach den sozialversicherungsrechtlichen Bestimmungen sozialversicherungspflichtig ist, rechnen nicht die von der Rundfunkanstalt getragenen **Sozialversicherungsbeiträge** (BFH-Urt v 25.6.2009, BStBl II 2009, 873; so auch FG Düsseldorf, Urt v 17.6.2008, EFG 2009, 292). Ist in einem Tarifvertrag wie bspw im TV Urheberrechte des SWR geregelt, dass die Bruttovergütung des freien Mitarbeiters „die jeweilige gesetzliche Umstzsteuer" einschließt, dann darf der Arbeitgeber die Umsatzsteuer auch dann von der Bruttovergütung einbehalten, wenn er als Leistungsempfänger kraft § 13b UStG öffentlich-rechtlich selbst Steuerschuldner ist (BAG-Urt v 20.5.2008 – 9 AZR 406/07); vgl Rn 106.

III. Besonderheiten bei der Besteuerung

b) Betriebsausgaben

Als Betriebsausgaben abziehbar sind alle Aufwendungen, die durch den „Betrieb", **152** dh durch die jeweilige Berufstätigkeit, veranlasst sind (§ 4 Abs 4 EStG). Die Zuordnung von Aufwendungen zum Betrieb ist also kausalrechtlicher Natur. Deshalb bedarf der Abzug von Aufwendungen für Literatur und Reisen, die ein Schriftsteller als Betriebsausgaben geltend macht, des Nachweises eines konkreten Zusammenhangs mit einem bestimmten Werk des Steuerpflichtigen (FG Rhld-Pfalz EFG 1984, 600). Auf die Notwendigkeit, Üblichkeit oder Zweckmäßigkeit der einzelnen Betriebsausgabe kommt es aber grundsätzlich nicht an: Wenn Aufwendungen objektiv mit dem Betrieb zusammenhängen und subjektiv dem Betrieb zu dienen bestimmt sind, handelt es sich um Betriebsausgaben (BFH GrS BStBl 1984, 160/163). **Einschränkungen** der Abzugsfähigkeit ergeben sich indessen aus § 4 Abs 5 EStG. Danach dürfen bestimmte Betriebsausgaben, insbes Repräsentationskosten wie zB Geschenke, Bewirtungskosten, Aufwendungen für Gästehäuser, für Jagd oder Fischerei, Verpflegungsmehraufwendungen uam, das steuerliche Ergebnis nicht oder nur in dem gesetzlich bestimmten Umfang und nur unter bestimmten formellen Voraussetzungen beeinflussen. Der Charakter als Betriebsausgabe wird davon nicht berührt; der Gesetzgeber lässt lediglich den Abzug als Betriebsausgabe nicht oder nicht in vollem Umfang zu. So ist bspw der Abzug von Aufwendungen für die **Bewirtung** von Personen aus geschäftlichem Anlass auf 70% der tatsächlich angefallenen, nach der Verkehrsauffassung angemessenen Aufwendungen begrenzt. Ein Abzug kommt aber gleichwohl nur in Betracht, wenn der Steuerpflichtige die Aufwendungen einzeln und getrennt von den sonstigen Betriebsausgaben aufzeichnet und deren betriebliche Veranlassung durch Angaben zu Ort, Tag, Teilnehmer und Anlass der Bewirtung nachweist. Auch ein Journalist kann sich konkreter Angaben nicht unter Hinweis auf das Pressegeheimnis und sein Auskunftsverweigerungsrecht enthalten (BFH DB 1998, 550). Das Grundrecht der Pressefreiheit umfasst zwar auch den gesamten Prozess der Informationsbeschaffung. Es steht jedoch unter dem Vorbehalt der allgemeinen Gesetze (Art 5 Abs 2 GG), also auch des EStG.

Eine weitere in der Praxis bedeutsame Einschränkung des Betriebsausgabenabzugs **153** findet sich in § 4 Abs 5 Nr 6b EStG. Diese Bestimmung schließt grundsätzlich den Abzug von Aufwendungen für ein **häusliches Arbeitszimmer** und dessen Ausstattung aus. Dies gilt jedoch nicht, wenn die betriebliche oder berufliche Nutzung des Arbeitszimmers mehr als 50% der gesamten betrieblichen und beruflichen Tätigkeit beträgt oder wenn für die Tätigkeit kein anderer Arbeitsplatz zur Verfügung steht. In diesen Fällen wird die Höhe der abziehbaren Aufwendungen auf 1250 EUR begrenzt. Bildet das Arbeitszimmer aber den Mittelpunkt der gesamten betrieblichen und beruflichen Betätigung, dann sind die Aufwendungen uneingeschränkt abziehbar. Das FG Hamburg stellt in seinem rkr Urt v 23.5.2002 (EFG, 1366) fest, dass ein selbstständig tätiger Bildjournalist, der die in Auftrag gegebenen Fotoreportagen im Wesentlichen in seinem häuslichen Arbeitszimmer erstellt, dort den Mittelpunkt seiner beruflichen Betätigung hat, wenn er lediglich die Fotoaufnahmen auswärts tätigt, die übrigen Arbeitsschritte aber in seinem Arbeitszimmer erledigt und seine Arbeit allein von dort aus organisiert.

Anstelle der tatsächlich angefallenen Betriebsausgaben werden bei nebenberuf- **154** lichen Einkünften aus wissenschaftlicher, künstlerischer oder schriftstellerischer Nebentätigkeit (auch Vortrags- oder nebenberufliche Lehr- und Prüfungstätigkeit) von der Finanzverwaltung **ohne Einzelnachweis** 25% der Betriebseinnahmen aus diesen Nebentätigkeiten zum Abzug zugelassen, höchstens jedoch 614 EUR jährlich. Bei hauptberuflicher selbstständiger schriftstellerischer oder journalistischer Tätigkeit ist es nicht zu beanstanden, wenn 30% der Betriebseinnahmen aus dieser Tätigkeit, höchstens jedoch 2455 EUR jährlich, als Betriebsausgaben abgezogen werden (R 18.2 EStR).

c) Einkünfte aus zeitlich begrenzter Überlassung von Rechten

155 § 21 Abs 1 EStG erfasst unter Nr 3 als Einkünfte aus Vermietung und Verpachtung Einkünfte aus zeitlich begrenzter **Überlassung von Rechten,** insbes von schriftstellerischen, künstlerischen und gewerblichen Urheberrechten, von gewerblichen Erfahrungen und von Gerechtigkeiten und Gefällen. Die Vorschrift ist von geringer praktischer Bedeutung. Einnahmen im Sinne der Vorschrift fallen nämlich nur dann unter die Einkünfte aus Vermietung und Verpachtung, wenn sie nicht begrifflich anderen Einkünften, insbes jenen aus selbstständiger Arbeit, zuzurechnen sind. So gehören Honorare, die ein Verleger auf Grund eines Verlagsvertrags an den Schriftsteller zahlt, zu dessen Einkünften aus der freien Berufstätigkeit. Lizenzgebühren stellen regelmäßig Einkünfte des Erfinders aus seiner freiberuflichen Erfindertätigkeit dar. Insofern hat § 21 Abs 1 Nr 4 EStG keinerlei Bedeutung. Die Vorschrift erlangt erst dann Bedeutung, wenn Urheberrechte von einem anderen als dem Urheber selbst zeitlich begrenzt (zur Nutzung) einem Dritten überlassen werden. Dies können zB Erben sein, auf die das Urheberrecht durch Gesamtrechtsnachfolge übergegangen ist. In Betracht kommt aber auch jeder andere Erwerber eines urheberrechtlichen Nutzungsrechts, das er zur Auswertung in zeitlich begrenztem Umfang einem Dritten überlässt. Eine zeitlich unbegrenzte, unkündbare Überlassung kommt wirtschaftlich einer Abtretung gleich, so dass ein solcher Vertrag den Charakter eines Kaufvertrags haben kann. In diesem Fall ist § 21 Abs 1 Nr 3 EStG nicht anzuwenden.

d) Steuerabzug bei beschränkter Steuerpflicht

156 Beschränkt steuerpflichtig im Sinne des § 1 Abs 4 EStG sind Personen, die im Inland weder einen Wohnsitz (§ 8 AO) noch ihren gewöhnlichen Aufenthalt (§ 9 AO) haben, aber **inländische Einkünfte** im Sinne des § 49 Abs 1 EStG beziehen. Die Steuerpflicht erfasst also nicht, wie bei den unbeschränkt steuerpflichtigen Personen, das sog Welteinkommen, sondern beschränkt sich auf bestimmte inländische Einkünfte. Hierzu rechnen nach § 49 Abs 1 Nr 3 EStG Einkünfte aus selbstständiger Arbeit, die im Inland ausgeübt oder verwertet wird oder worden ist oder für die im Inland eine feste Einrichtung oder eine Betriebsstätte unterhalten wird. Eine Tätigkeit wird im Inland **ausgeübt,** wenn der Steuerpflichtige persönlich im Inland tätig wird (Beispiele: Ein im Ausland wohnhafter Musiker tritt in einem Konzert in Deutschland auf; ein Schriftsteller mit Wohnsitz im Ausland hält sich im Inland auf, um hier einen Roman zu verfassen). **Verwertung** im Inland bedeutet, dass der im Ausland ansässige Steuerpflichtige Einkünfte im Inland dadurch erzielt, dass die im Ausland ausgeübte Tätigkeit im Inland genutzt wird (Beispiele bei *Schmidt/Loschelder* § 49 Rz 74). Eine schriftstellerische Tätigkeit wird dort verwertet, wo der Autor dem Verleger im Inland die Autorenrechte überlässt. Dies ist in der Regel der Ort der Geschäftsleitung des Verlags (BFH DB 1989, 203). Der Steuerpflichtige muss das Ergebnis seiner selbstständigen Tätigkeit selbst verwerten; erfolgt die Verwertung durch einen Dritten, der die Rechte daran erworben hat, ist § 49 Abs 1 Nr 3 EStG nicht anwendbar.

157 Nach dem BMF-Schr v 13.3.1998 (BStBl I S 351) sollen selbstständige Auslandskorrespondenten ohne Wohnsitz im Inland, die ihre journalistische Tätigkeit hauptberuflich für Presseorgane im Inland ausüben, beschränkt steuerpflichtig sein. Dies hat zur Folge, dass das Presseunternehmen nach § 50a Abs 4 EStG zum Steuerabzug verpflichtet ist. Von dem Steuerabzug wird abgesehen, wenn mit dem Wohnsitzstaat ein DBA, das das Besteuerungsrecht dem ausländischen Staat zuweist, oder in anderen Fällen, wenn nachgewiesen wird, dass von diesen Einkünften im Tätigkeitsstaat Einkommensteuer erhoben wird. Für nichtselbstständig tätige Auslandskorrespondenten hat das FG Düsseldorf (EFG 2013, 1010, nrkr) entschieden, dass deren Einkünfte im Inland nicht der beschränkten Steuerpflicht unterliegen, selbst wenn zur Vorbereitung und Recherche für die im Ausland verfassten Redaktionsbeiträge Dienstreisen in angrenzende Drittländer unternommen werden.

III. Besonderheiten bei der Besteuerung

§ 49 Abs 1 Nr 2d) EStG definiert darüber hinaus als inländische (gewerbliche) **158**
Einkünfte iSd beschränkten Steuerpflicht Einkünfte, die durch im Inland ausgeübte
oder verwertete **künstlerische, sportliche, artistische oder ähnliche Darbietungen** erzielt werden, einschließlich der Einkünfte aus anderen mit diesen Leistungen
zusammenhängenden Leistungen, unabhängig davon, wem die Einnahmen zufließen.
Für die Steuerpflicht spielt es also keine Rolle, ob ein ausländisches Unternehmen
zwischengeschaltet ist, wie das häufig bei prominenten ausländischen Filmschauspielern der Fall ist. Die Vorschrift soll das gesamte Show- und Unterhaltungsgeschäft
erfassen, reicht aber, an diesem Ziel gemessen, nicht weit genug. Zwar fallen auch
Nebenleistungen, die mit einer künstlerischen, sportlichen, artistischen oder ähnlichen Darbietung verknüpft sind, unter § 49 Abs 1 Nr 2d) EStG, zB Interviews eines
ausländischen Berufssportlers in einer Fernsehsendung im Anschluss an eine von ihm
bestrittene Sportveranstaltung. Fehlt es aber an einer künstlerischen, sportlichen usw
Darbietung als höchstpersönliche Ausübung einer der beschriebenen Tätigkeiten, ist
die Vorschrift nicht anwendbar. Der Auftritt eines im Ausland ansässigen prominenten
Politikers in einer Talkshow im Inland begründet folglich keine Steuerpflicht. Das
EStG stellt hinsichtlich der Ausübung der Darbietung darauf ab, ob sie im Inland
oder im Ausland stattfindet, unterwirft aber auch Darbietungen im Ausland, wenn sie
im Inland verwertet werden, der Besteuerung. Werden beispielsweise durch einen
Musikverlag die Rechte an einem Tonträger mit Musikstücken erworben, die im
Ausland aufgenommen wurden, um diese im Inland durch Vervielfältigung, Wiedergabe oder Verbreitung zu verwerten, so führt das zur Steuerpflicht der ausländischen
Musiker oder Produzenten. Im Gegensatz dazu gelten Auftritte ausländischer Künstler
und Sportler bei Werbeveranstaltungen als gewerbliche Betätigungen und nicht als
künstlerische oder sportliche Darbietungen, da bei der Werbung nur der Bekanntheitsgrad der Künstler oder Sportler ausgenutzt wird (HHR/*Maßbaum*, § 49 EStG
Anm 527 und 533). Auch die Tätigkeit von ausländischen Fotomodellen bei Modeaufnahmen im Inland ist keine Darbietung iSv § 49 Abs 1 Nr 2d) EStG (FG Nürnberg EFG 1998, 951, rkr) mit der Folge, dass keine beschränkte Steuerpflicht anzunehmen ist. Umstritten ist die Mitwirkung von im Ausland ansässigen prominenten
Künstlern und Berufssportlern an Werbekampagnen, die von inländischen Unternehmen, insbesondere Werbeagenturen, organisiert werden und der Produktion von
Werbespots für Kino, Fernsehen oder Radio oder sonstige Werbemittel dienen; vgl
hierzu *Wild/Eigelshoven/Reinfeld* DB 2003, 1867.

Zur Sicherung des Steueraufkommens und aus Praktikabilitätsgründen wird die **159**
Einkommensteuer bei beschränkt Steuerpflichtigen nach § 50a EStG im Wege des
Steuerabzugs erhoben (Quellenbesteuerungsverfahren, vgl Rn 24), wenn einer der
Tatbestände des § 50a Abs 1 oder 4 EStG vorliegt. Die Einkommensteuer ist durch
den Steuerabzug abgegolten, ohne dass der Steuerpflichtige die Höhe der Abzugsteuer
zunächst durch Betriebsausgaben beeinflussen kann; ein Sonderausgabenabzug steht
ihm generell nicht zu. Erst ein der Steuererhebung nachgeschaltetes Verfahren (§ 50
Abs 5 Nr 3 EStG) eröffnet die Möglichkeit, eine zu hohe Erhebung der Steuer an der
Quelle durch eine spätere Erstattung zu korrigieren. Die Abzugsteuer wird danach
erstattet, soweit sie 50 % der Differenz zwischen Einnahmen und damit zusammenhängenden Ausgaben übersteigt. Dieser Verfahrenspraxis, nämlich der Erhebung der
Abzugsteuer ohne Berücksichtigung von Ausgaben, verbunden mit einer möglichen
späteren Erstattung, hat der EuGH in seiner Entscheidung v 12.6.2003 (DStR 2003,
1112) allerdings eine Absage erteilt; er sieht darin eine mittelbare Diskriminierung
von Angehörigen anderer Mitgliedstaaten. Als Konsequenz dessen hat der beschränkt
Steuerpflichtige einen Anspruch darauf, dass seine Betriebsausgaben bereits bei der
Steuererhebung mit berücksichtigt werden. Im Ergebnis führt die EuGH-Entscheidung
dazu, dass nur das Nettoergebnis, also Einnahmen abzüglich Ausgaben, der Abzugsteuer
unterliegt.

Durch ihren Abgeltungscharakter wird die Abzugsteuer zur Definitivbelastung an **160**
inländischer Einkommensteuer. Die Regelung in § 50a Abs 4 EStG erfasst unter an-

derem Einkünfte aus der Ausübung oder Verwertung einer Tätigkeit als Künstler, Berufssportler, Schriftsteller, Journalist oder Bildberichterstatter einschließlich solcher Tätigkeiten für den Rundfunk oder Fernsehfunk und Einkünfte, die aus Vergütungen für die Nutzung beweglicher Sachen oder für die Überlassung der Nutzung oder des Rechts auf Nutzung von Rechten, insbes von Urheberrechten und gewerblichen Schutzrechten, herrühren.

161 Zur **Einbehaltung** und **Abführung** der Abzugsteuer ist der Vergütungsschuldner verpflichtet, und zwar in dem Zeitpunkt, in dem die Vergütungen dem Gläubiger der Vergütungen zufließen (§ 50a Abs 5 Satz 1 EStG). Steuerschuldner ist zwar der beschränkt Steuerpflichtige, der Schuldner der Vergütungen **haftet** aber für die Einbehaltung und Abführung der Steuer (§ 50a Abs 5 Sätze 4 und 5 EStG). Das Besteuerungsverfahren weist also große Ähnlichkeit mit dem Lohnsteuerabzugsverfahren auf, bei dem der Arbeitgeber die vom Arbeitnehmer geschuldete Lohnsteuer einzubehalten und an das Finanzamt abzuführen hat. Auch die Haftungsvorschriften stimmen weitgehend überein. Die Regelungen in § 50a Abs 4 und 5 EStG haben damit große Bedeutung für inländische Verlage, Konzertveranstalter, Lizenznehmer, Filmproduzenten, Rundfunk- und Fernsehanstalten uam.

162 Der Steuerabzug beträgt 15% der Einnahmen, die dem im Ausland ansässigen Steuerpflichtigen zufließen. Soweit die Tätigkeit als Künstler, Sportler, Artist o dergl im Inland ausgeübt wird oder worden ist, wird bei geringfügigen Einnahmen (bis 250 EUR je Darbietung) auf einen Steuerabzug verzichtet (§ 50a Abs 2 S 3 EStG).

163 Beschränkt steuerpflichtige Personen mit Wohnsitz in einem Staat, mit dem die Bundesrepublik Deutschland ein **DBA** abgeschlossen hat, können mit ihren Einkünften aus selbstständiger Arbeit im Inland nur besteuert werden, wenn diese auch im Inland ausgeübt wird oder worden ist oder dafür im Inland gewöhnlich eine feste Einrichtung zur Verfügung steht. Eine Besteuerung auf Grund Verwertung der Tätigkeit im Inland ist also ausgeschlossen. Dementsprechend sind Schriftsteller, Komponisten, Übersetzer, Erfinder usw mit Wohnsitz in einem DBA-Vertragsstaat, die das Nutzungsrecht an ihren literarischen Urheberrechten, künstlerischen oder wissenschaftlichen Werken oder Patenten einem inländischen Verlag oder einem anderen inländischen Unternehmen gegen Vergütung überlassen, mit diesen Vergütungen in der Bundesrepublik Deutschland steuerfrei (HHR/*Haiß* § 49 EStG Anm 642). Das inländische Unternehmen darf aber auch in diesen Fällen den Steuerabzug nur unterlassen, wenn das Bundesamt für Finanzen auf Antrag bescheinigt hat, dass die Voraussetzungen dafür vorliegen (**Freistellungsverfahren,** § 50d Abs 2 EStG). In Fällen von geringer Bedeutung kann das Bundesamt für Finanzen auf Antrag das inländische Unternehmen ermächtigen, auf eine Freistellungsbescheinigung zu verzichten, wenn es sich verpflichtet, die von ihm geleisteten Zahlungen dem Bundesamt für Finanzen zu melden (Kontrollmeldeverfahren); vgl hierzu BMF BStBl 2002 I, 1386.

2. Umsatzsteuer

a) Kleinunternehmerregelung

164 Aus Vereinfachungsgründen nehmen Kleinunternehmer nach § 19 UStG am Regelbesteuerungsverfahren, das durch Umsatzsteuer und Vorsteuerabzug gekennzeichnet ist, nicht teil. Als **Kleinunternehmer** gelten nach § 19 Abs 1 Satz 1 UStG Unternehmer, deren Umsatz im vorangegangenen Kalenderjahr 17 500 EUR nicht überstiegen hat und im laufenden Kalenderjahr 50 000 EUR voraussichtlich nicht übersteigen wird. Bei Kleinunternehmern entfallen alle umsatzsteuerrechtlichen Pflichten, die der regelversteuernde Unternehmer zu erfüllen hat, insbes die Verpflichtung zur Anmeldung und Abführung der Umsatzsteuer und die Verpflichtung gegenüber dem Leistungsempfänger zum gesonderten Ausweis der Umsatzsteuer in einer Rechnung (§ 14 Abs 1 UStG). Andererseits entfällt aber auch die Möglichkeit zum Vorsteuerabzug. Der Kleinunternehmer wird also vom Gesetz – entgegen der Grundkonzeption des UStG – wie ein Endverbraucher behandelt; Leistungen, die an ihn erbracht werden, bleiben definitiv mit Umsatzsteuer belastet.

Der Ausschluss des Kleinunternehmers vom Regelbesteuerungsverfahren und die damit verbundenen Konsequenzen müssen nicht immer vorteilhaft für ihn sein. Insbesondere dann, wenn die Umsatzsteuer problemlos auf die Leistungsempfänger abwälzbar ist, weil diese zum Vorsteuerabzug berechtigt sind, erscheint eine Teilnahme am Regelbesteuerungsverfahren sinnvoll, weil dadurch die Möglichkeit zum Vorsteuerabzug eröffnet wird. Dementsprechend bestimmt § 19 Abs 2 Satz 1 UStG, dass der Kleinunternehmer auf die Anwendung der Kleinunternehmerregelung verzichten kann. Der **Verzicht** ist gegenüber dem Finanzamt formlos zu erklären, und zwar bis zur Unanfechtbarkeit der Steuerfestsetzung. Auch konkludent kann der Verzicht gegenüber dem Finanzamt zum Ausdruck gebracht werden, so zB indem der Unternehmer seine Umsätze in Voranmeldungen oder in einer Umsatzsteuer-Jahreserklärung den allgemeinen umsatzsteuerrechtlichen Vorschriften unterwirft. Zu beachten ist aber, dass der Unternehmer an seine Entscheidung nach § 19 Abs 2 Satz 2 UStG mindestens für fünf Jahre gebunden bleibt. Die gegenüber dem Finanzamt abgegebene Erklärung kann nur mit Wirkung vom Beginn eines Kalenderjahres an widerrufen werden. **165**

Für die im Presse- und Verlagswesen nebenberuflich tätigen Schriftsteller, Journalisten und anderen Freiberufler bietet es sich in aller Regel an, den Verzicht auf die Anwendung der Kleinunternehmerregelung gegenüber dem Finanzamt zu erklären, da die Überwälzung der Umsatzsteuer im Allgemeinen keine Schwierigkeiten bereitet. Insbesondere bei größeren Anschaffungen machen sich die Vorteile des dann möglichen **Vorsteuerabzugs** bemerkbar. **166**

b) Vorsteuerpauschalierung

Auf der Ermächtigungsgrundlage des § 23 Abs 1 Nr 1 UStG beruhend hat der Verordnungsgeber durch §§ 69 f. UStDV **Durchschnittssätze** zur Vorsteuerpauschalierung in einzelnen Berufs- und Gewerbezweigen festgelegt. Anstelle der tatsächlichen Vorsteuerbeträge kann der Unternehmer beantragen, nach den festgesetzten Durchschnittssätzen besteuert zu werden (§ 23 Abs 3 Satz 1 UStG). Der Antrag kann nur mit Wirkung vom Beginn eines Kalenderjahres an widerrufen werden; eine erneute Besteuerung nach Durchschnittssätzen ist frühestens nach Ablauf von fünf Kalenderjahren zulässig. Voraussetzung ist, dass der Umsatz im vorangegangenen Kalenderjahr 61 356 EUR nicht überstiegen hat (§ 69 Abs 3 UStDV). **167**

Mit der Vorsteuerpauschalierung sind sämtliche Vorsteuerbeträge, die mit der Tätigkeit des Unternehmers in dem jeweiligen Berufs- oder Gewerbezweig zusammenhängen, **abgegolten.** Die Durchschnittssätze, die sich auf den jeweiligen (Netto-)Umsatz eines Kalenderjahres beziehen, betragen bei **168**
– selbständigen Mitarbeitern bei Bühne, Film, Funk, Fernsehen und Schallplattenproduzenten 3,6 %,
– Journalisten 4,8 %,
– Schriftstellern (auch Komponisten, Liederdichtern und Librettisten, vgl UStAE 23.2 Abs 2) 2,6 %.

c) Besteuerung nach vereinnahmten Entgelten

Für kleinere Unternehmen hält § 20 Abs 1 UStG eine Vereinfachung des Besteuerungsverfahrens bereit, die auch liquiditätsmäßig ins Gewicht fällt. Die Umsatzsteuer ist nach § 16 Abs 1 Satz 1 UStG grundsätzlich nach vereinbarten Entgelten zu berechnen, nach Ablauf des jeweiligen Voranmeldungszeitraums dem Finanzamt anzumelden und zu bezahlen. Die Umsatzsteuer entsteht bereits mit der Ausführung der Leistung, nicht etwa erst dann, wenn das Entgelt dafür vereinnahmt wird (Sollbesteuerung). Abweichend davon kann das Finanzamt auf Antrag aber in bestimmten Fällen gestatten, dass die Umsatzsteuer nach den vereinnahmten Entgelten berechnet, angemeldet und abgeführt wird **(Istbesteuerung).** In Betracht kommt diese Besteuerungsform unter anderem für alle Umsätze aus der Tätigkeit als Angehöriger eines freien Berufs im Sinne **169** des § 18 Abs 1 Nr 1 EStG. Wird davon Gebrauch gemacht, wie das in der Praxis verständlicherweise immer der Fall ist, so entsteht die Umsatzsteuer erst nach Eingang des Entgelts, unabhängig davon, wie hoch die Umsätze im Einzelfall auch sein mögen.

Textanhang

A. Das Reichsgesetz über die Presse

Vom 7. Mai 1874 (RGBl S 65)
in der Fassung der Änderungsgesetze vom 1.7.1883 (RGBl S 159), 3.6.1914 (RGBl S 195), 6.2.1924 (RGBl I S 44), 4.3.1931 (RGBl I S 29), 28.6.1935 (RGBl I S 843) und 4.8.1953 (BGBl I S 735)

I. Einleitende Bestimmungen

§ 1 [Pressefreiheit]

Die Freiheit der Presse unterliegt nur denjenigen Beschränkungen, welche durch das gegenwärtige Gesetz vorgeschrieben oder zugelassen sind.

§ 2 [Anwendungsbereich, Druckschriften]

(1) Das gegenwärtige Gesetz findet Anwendung auf alle Erzeugnisse der Buchdruckerpresse sowie auf alle anderen, durch mechanische oder chemische Mittel bewirkten, zur Verbreitung bestimmten Vervielfältigungen von Schriften und bildlichen Darstellungen mit oder ohne Schrift, und von Musikalien mit Text oder Erläuterungen.

(2) Das im folgenden von „Druckschriften" verordnet ist, gilt für alle vorstehend bezeichneten Erzeugnisse.

§ 3 [Verbreitung]

Als Verbreitung einer Druckschrift im Sinne dieses Gesetzes gilt auch das anschlagen, Ausstellen oder Ausstellen derselben an Orten, wo sie der Kenntnisnahme durch das Publikum zugänglich ist.

§ 4 [Gewerberechtliche Pressefreiheit]

(1) Eine Entziehung der Befugnis zum selbständigen Betriebe irgendeines Preßgewerbes oder sonst zur Herausgabe und zum Vertriebe von Druckschriften kann weder im administrativen, noch im richterlichen Wege stattfinden.

(2) Im übrigen sind für den Betrieb der Preßgewerbe die Bestimmungen der Gewerbeordnung maßgebend.

§ 5 [Nichtgewerbsmäßige öffentliche Verbreitung]

(1) Die nichtgewerbsmäßige öffentliche Verbreitung von Druckschriften kann durch die Ortspolizeibehörde denjenigen Personen verboten werden, welchen nach §§ 57 Nr 1, 2, 4, 57a, 57b Nr 1 und 2 der Gewerbeordnung ein Legitimationsschein versagt werden darf.

(2) Zuwiderhandlungen gegen ein solches Verbot werden nach § 148 der Gewerbeordnung bestraft.

Texte

II. Ordnung der Presse

§ 6 [Impressum]

(1) Auf jeder im Geltungsbereich dieses Gesetzes erscheinenden Druckschrift muß der Name und Wohnort des Druckers und, wenn sie für den Buchhandel, oder sonst zur Verbreitung bestimmt ist, der Name und Wohnort des Verlegers, oder – beim Selbstvertriebe der Druckschrift – des Verfassers oder Herausgebers genannt sein. An Stelle des Namens des Druckers oder Verlegers genügt die Angabe der in das Handelsregister eingetragenen Firma.

(2) Ausgenommen von dieser Vorschrift sind die nur zu den Zwecken des Gewerbes und Verkehrs, des häuslichen und geselligen Lebens dienenden Druckschriften, als: Formulare, Preiszettel, Visitenkarten und dergleichen, sowie Stimmzettel für öffentliche Wahlen, sofern sie nichts weiter als Zweck, Zeit und Ort der Wahl und die Bezeichnung der zu wählenden Personen enthalten.

§ 7 [Impressum bei periodischen Druckschriften]

(1) Zeitungen und Zeitschriften, welche in monatlichen oder kürzeren, wenn auch unregelmäßigen Fristen erscheinen (periodische Druckschriften im Sinne dieses Gesetzes), müssen außerdem auf jeder Nummer, jedem Stücke oder Hefte den Namen und Wohnort des verantwortlichen Redakteurs enthalten.

(2) Die Benennung mehrerer Personen als verantwortliche Redakteure ist nur dann zulässig, wenn aus Form und Inhalt der Benennung mit Bestimmtheit zu ersehen ist, für welchen Teil der Druckschrift jede der benannten Personen die Redaktion besorgt.

§ 8 [Verantwortlicher Redakteur]

(1) Verantwortlicher Redakteur periodischer Druckschriften dürfen nur Personen sein, welche verfügungsfähig, im Besitze der bürgerlichen Ehrenrechte sind und im Deutschen Reiche ihren Wohnsitz oder gewöhnlichen Aufenthalt haben.

(2) Wer nach gesetzlicher Vorschrift nicht oder nur mit besonderer Zustimmung oder Genehmigung strafrechtlich verfolgt werden kann, darf nicht verantwortlicher Redakteur einer periodischen Druckschrift sein.

§ 9 [Ablieferung des Pflichtexemplars]

(1) Von jeder Nummer (Heft, Stück) einer periodischen Druckschrift muß der Verleger, sobald die Austeilung oder Versendung beginnt, ein Exemplar gegen eine ihm sofort zu erteilende Bescheinigung an die Polizeibehörde des Ausgabeorts unentgeltlich abliefern.

(2) Diese Vorschrift findet keine Anwendung auf Druckschriften, welche ausschließlich Zwecken der Wissenschaft, der Kunst, des Gewerbes oder der Industrie dienen.

§ 10 [Pflicht zum Abdruck amtlicher Bekanntmachungen]

Der verantwortliche Redakteur einer periodischen Druckschrift, welche Anzeigen aufnimmt, ist verpflichtet, die ihm von öffentlichen Behörden mitgeteilten amtlichen Bekanntmachungen auf deren Verlangen gegen Zahlung der üblichen Einrückungsgebühren in eine der beiden nächsten Nummern des Blattes aufzunehmen.

§ 11 [Pflicht zum Abdruck von Entgegnungen]

(1) Der verantwortliche Redakteur einer periodischen Druckschrift ist verpflichtet, eine Berichtigung der in letzterer mitgeteilten Tatsachen auf Verlangen einer beteiligten öffentlichen Behörde oder Privatperson ohne Einschaltungen oder Weglassungen

aufzunehmen, sofern die Berichtigung von dem Einsender unterzeichnet ist, keinen strafbaren Inhalt hat und sich auf tatsächliche Angaben beschränkt.

(2) Der Abdruck muß in der nach Empfang der Einsendung nächstfolgenden, für den Druck nicht bereits abgeschlossenen Nummer und zwar in demselben Teile der Druckschrift und mit derselben Schrift wie der Abdruck des zu berichtigenden Artikels geschehen.

(3) Die Aufnahme erfolgt kostenfrei, soweit nicht die Entgegnung den Raum der zu berichtigenden Mitteilung überschreitet, für die über dieses Maß hinausgehenden Zeilen sind die üblichen Einrückungsgebühren zu entrichten.

§ 12 [Privilegierung amtlicher Druckschriften]

Auf die von den deutschen Reichs-, Staats- und Gemeindebehörden, von dem Reichstage oder von der Landesvertretung eines deutschen Bundesstaats ausgehenden Druckschriften finden, soweit sich ihr Inhalt auf amtliche Mitteilungen beschränkt, die Vorschriften der §§ 6 bis 11 keine Anwendung.

§ 13 [Redaktionskorrespondenzen]

Die auf mechanischem oder chemischem Wege vervielfältigten periodischen Mitteilungen (lithographierte, autographierte, metallographierte, durchschriebene Korrespondenzen) unterliegen, sofern sie ausschließlich an Redaktionen verbreitet werden, den in diesem Gesetz für periodische Druckschriften getroffenen Bestimmungen nicht.

§ 14 [Verbot ausländischer Druckschriften]

(1) Ist gegen eine Nummer (Stück, Heft) einer im Auslande erscheinenden periodischen Druckschrift binnen Jahresfrist zweimal eine Verurteilung auf Grund der §§ 41 und 42 des Strafgesetzbuchs erfolgt, so kann der [Reichskanzler] *Bundesminister des Innern* innerhalb zwei Monaten nach Eintritt der Rechtskraft des letzten Erkenntnisses das Verbot der ferneren Verbreitung dieser Druckschrift bis auf zwei Jahre durch öffentliche Bekanntmachung aussprechen.

(2) Die in den einzelnen Bundesstaaten auf Grund der Landesgesetzgebung bisher erlassenen Verbote ausländischer periodischer Druckschriften treten außer Wirksamkeit.

§ 15 [Spionageabwehr]

In Zeiten der Kriegsgefahr oder des Krieges können Veröffentlichungen über Truppenbewegungen oder Verteidigungsmittel durch den Reichskanzler mittelst öffentlicher Bekanntmachung verboten werden.[1]

§ 16 [Verbot von Sammlungen zur Aufbringung von Geldstrafen]

(1) Öffentliche Aufforderungen mittelst der Presse zur Aufbringung der wegen einer strafbaren Handlung erkannten Geldstrafen und Kosten sowie öffentliche Bescheinigungen mittelst der Presse über den Empfang der zu solchen Zwecken gezahlten Beiträge sind verboten.

(2) Das zufolge solcher Aufforderungen Empfangene oder der Wert desselben ist der Armenkasse des Orts der Sammlung für verfallen zu erklären.

§ 17 [Vorzeitige Veröffentlichung von amtlichen Strafprozeßunterlagen]

Die Anklageschrift oder andere amtliche Schriftstücke eines Strafprozesses dürfen durch die Presse nicht eher veröffentlicht werden, als bis dieselben in öffentlicher Verhandlung kundgegeben worden sind oder das Verfahren sein Ende erreicht hat.

---

[1] Aufgehoben durch das sog. Spionagegesetz vom 3.6.1914 (RGBl I S 195).

Texte

§ 18 [Presseordnungsdelikte, Vergehen]

(1) Mit Geldstrafe bis zu zehntausend Deutsche Mark oder mit Haft oder mit Gefängnis bis zu sechs Monaten werden bestraft:
1. Zuwiderhandlungen gegen die in §§ 14, 16 und 17 enthaltenen Verbote;
2. Zuwiderhandlungen gegen die Bestimmungen der §§ 6, 7, welche durch falsche Angaben mit Kenntnis der Unrichtigkeit begangen werden sowie vorsätzliche Zuwiderhandlungen gegen die Bestimmungen des § 8.

(2) Dieselbe Strafe trifft den Verleger einer periodischen Druckschrift auch dann, wenn er wissentlich geschehen läßt, daß auf derselben eine Person fälschlich oder im Widerspruch mit § 8 als Redakteur benannt wird.

§ 19 [Presseordnungsdelikte, Übertretungen]

(1) Mit Geldstrafe bis zu einhundert und fünfzig Deutsche Mark oder mit Haft werden bestraft:
1. Zuwiderhandlungen gegen die §§ 6, 7 und 8, welche nicht durch § 18 Ziffer 2 getroffen sind;
2. Zuwiderhandlungen gegen den § 9;
3. Zuwiderhandlungen gegen die §§ 10 und 11.

(2) In den Fällen der Ziffer 3 tritt die Verfolgung nur auf Antrag ein, und hat das Strafurteil zugleich die Aufnahme des eingesandten Artikels in die nächstfolgende Nummer anzuordnen. Ist die unberechtigte Verweigerung im guten Glauben geschehen, so ist unter Freisprechung von Strafe und Kosten lediglich die nachträgliche Aufnahme anzuordnen.

III. Verantwortlichkeit für die durch die Presse begangenen strafbaren Handlungen

§ 20 [Strafrechtliche Verantwortlichkeit]

(1) Die Verantwortlichkeit für Handlungen, deren Strafbarkeit durch den Inhalt einer Druckschrift begründet wird, bestimmt sich nach den bestehenden allgemeinen Strafgesetzen.

(2) Ist die Druckschrift eine periodische, so ist der verantwortliche Redakteur als Täter zu bestrafen, wenn nicht durch besondere Umstände die Annahme seiner Täterschaft ausgeschlossen wird.

§ 21 [Fahrlässigkeitshaftung, Benennung eines Vormanns]

(1) Begründet der Inhalt einer Druckschrift den Tatbestand einer strafbaren Handlung, so sind
der verantwortliche Redakteur,
der Verleger,
der Drucker,
derjenige, welcher die Druckschrift gewerbsmäßig vertrieben oder sonst öffentlich verbreitet hat (Verbreiter),
soweit sie nicht nach § 20 als Täter oder Teilnehmer zu bestrafen sind, wegen Fahrlässigkeit mit Geldstrafe bis zu zehntausend Deutsche Mark oder mit Haft oder mit Festungshaft oder Gefängnis bis zu einem Jahre zu belegen, wenn sie nicht die Anwendung der pflichtgemäßen Sorgfalt oder Umstände nachweisen, welche diese Anwendung unmöglich gemacht haben.

(2) Die Bestrafung bleibt jedoch für jede der benannten Personen ausgeschlossen, wenn sie als den Verfasser oder den Einsender, mit dessen Einwilligung die Ver-

öffentlichung gesehen ist, oder, wenn es sich um eine nicht periodische Druckschrift handelt, als den Herausgeber desselben, oder als einen der in obiger Reihenfolge vor ihr Benannten eine Person bis zur Verkündung des ersten Urteils nachweist, welche in dem Bereich der richterlichen Gewalt eines deutschen Bundesstaats sich befindet, oder falls sie verstorben ist, sich zur Zeit der Veröffentlichung befunden hat; hinsichtlich des Verbreiters ausländischer Druckschriften außerdem, wenn ihm dieselben im Wege des Buchhandels zugekommen sind.

IV. Verjährung

§ 22 [Verkürzte Verjährung von Pressevergehen]

Die Strafverfolgung von Vergehen, welche durch die Verbreitung von Druckschriften strafbaren Inhalts begangen werden, sowie der nach §§ 18 und 21 dieses Gesetzes strafbaren Vergehen, verjährt in einem Jahr.

V. Beschlagnahme

§ 23 [Vorläufige (nichtrichterliche) Beschlagnahme]

Eine Beschlagnahme von Druckschriften ohne richterliche Anordnung findet nur statt:
1. wenn eine Druckschrift den Vorschriften der §§ 6 und 7 nicht entspricht, oder den Vorschriften des § 14 zuwider verbreitet wird,
2. wenn durch eine Druckschrift einem auf Grund des § 15 dieses Gesetzes erlassenen Verbot zuwidergehandelt wird,
3. wenn der Inhalt einer Druckschrift den Tatbestand einer der in den §§ 84, 95, 111, 130 oder 184 des deutschen Strafgesetzbuchs mit Strafe bedrohten Handlungen begründet, in den Fällen der §§ 111 und 130 jedoch nur dann, wenn dringende Gefahr besteht, daß bei Verzögerung der Beschlagnahme die Aufforderung oder Anreizung ein Verbrechen oder Vergehen unmittelbar zur Folge haben werde.

§ 24 [Richterliche Bestätigung]

(1) Über die Bestätigung oder Aufhebung der vorläufigen Beschlagnahme hat das zuständige Gericht zu entscheiden.
(2) Diese Entscheidung muß von der Staatsanwaltschaft binnen vierundzwanzig Stunden nach Anordnung der Beschlagnahme beantragt und von dem Gericht binnen vierundzwanzig Stunden nach Empfang des Antrags erlassen werden.
(3) Hat die Polizeibehörde die Beschlagnahme ohne Anordnung der Staatsanwaltschaft verfügt, so muß sie die Absendung der Verhandlung an die letztere ohne Verzug und spätestens binnen zwölf Stunden bewirken. Die Staatsanwaltschaft hat entweder die Wiederaufhebung der Beschlagnahme mittelst einer sofort vollstreckbaren Verfügung anzuordnen, oder die gerichtliche Bestätigung binnen zwölf Stunden nach Empfang der Verhandlungen zu beantragen.
(4) Wenn nicht bis zum Ablaufe des fünften Tages nach Anordnung der Beschlagnahme der bestätigende Gerichtsbeschluß der Behörde, welche die Beschlagnahme angeordnet hat, zugegangen ist, erlischt die letztere und muß die Freigabe der einzelnen Stücke erfolgen.

§ 25 [Kein Rechtsmittel gegen den Aufhebungsbeschluß]

Gegen den Beschluß des Gerichts, welcher die vorläufige Beschlagnahme aufhebt, findet ein Rechtsmittel nicht statt.

Texte

§ 26 [Wiederaufhebung]

Die vom Gericht bestätigte, vorläufige Beschlagnahme ist wieder aufzuheben, wenn nicht binnen zwei Wochen nach der Bestätigung die Strafverfolgung in der Hauptsache eingeleitet worden ist.

§ 27 [Umfang und Form der Beschlagnahme]

(1) Die Beschlagnahme von Druckschriften trifft die Exemplare nur da, wo dergleichen zum Zwecke der Verbreitung sich befinden. Sie kann sich auf die zur Vervielfältigung dienenden Platten und Formen erstrecken; bei Druckschriften im engeren Sinne hat auf Antrag des Beteiligten statt Beschlagnahme des Satzes das Ablegen des letzteren zu geschehen.

(2) Bei der Beschlagnahme sind die dieselbe veranlassenden Stellen der Schrift unter Anführung der verletzten Gesetze zu bezeichnen. Trennbare Teile der Druckschrift (Beilagen einer Zeitung usw), welche nichts Strafbares enthalten, sind von der Beschlagnahme auszuschließen.

§ 28 [Verbreitungsverbot während der Beschlagnahme]

(1) Während der Dauer der Beschlagnahme ist die Verbreitung der von derselben betroffenen Druckschrift oder der Wiederabdruck der die Beschlagnahme veranlassenden Stellen unstatthaft.

(2) Wer mit Kenntnis der verfügten Beschlagnahme dieser Bestimmung entgegenhandelt, wird mit Geldstrafe bis 10 000 DM oder mit Gefängnis bis zu sechs Monaten bestraft.

§ 29 [Zuständigkeit der Gerichte][1]

(1) Zur Entscheidung über die durch die Presse begangenen Übertretungen sind die Gerichte auch in denjenigen Bundesstaaten ausschließlich zuständig, wo zur Zeit noch deren Aburteilung den Verwaltungsbehörden zusteht.

(2) Soweit in einzelnen Bundesstaaten eine Mitwirkung der Staatsanwaltschaft bei den Gerichten unterster Instanz nicht vorgeschrieben ist, sind in den Fällen der ohne richterliche Anordnung erfolgten Beschlagnahme die Akten unmittelbar dem Gericht vorzulegen.

VI. Schlußbestimmungen

§ 30 [Plakatwesen, Freiexemplare, Verbot der Sonderbesteuerung]

(1) Die für Zeiten der Kriegsgefahr, des Krieges, des erklärten Kriegs-(Belagerungs-)Zustandes oder innerer Unruhen (Aufruhrs) in bezug auf die Presse bestehenden besonderen gesetzlichen Bestimmungen bleiben auch diesem Gesetze gegenüber bis auf weiteres in Kraft.

(2) Das Recht der Landesgesetzgebung, Vorschriften über das öffentliche Anschlagen, Anheften, Ausstellen, sowie die öffentliche, unentgeltliche Verteilung von Bekanntmachungen, Plakaten und Aufrufen zu erlassen, wird durch dieses Gesetz nicht berührt.

(3) Dasselbe gilt von den Vorschriften der Landesgesetze über Abgabe von Freiexemplaren an Bibliotheken und öffentliche Sammlungen.

(4) Vorbehaltlich der auf den Landesgesetzen beruhenden allgemeinen Gewerbesteuer findet eine besondere Besteuerung der Presse und der einzelnen Preßerzeugnisse (Zeitungs- und Kalenderstempel, Abgaben von Inseraten usw) nicht statt.

---

[1] Abs 1 gegenstandslos seit der Neufassung des § 413 StPO durch das Vereinheitlichungsgesetz vom 12.9.1950 (BGBl I S 455); Abs 2 gegenstandslos seit Inkrafttreten des GVG und der StPO am 1.10.1879.

Texte

§ 31 [Inkrafttreten]

Dieses Gesetz tritt am 1. Juli 1874 in Kraft. Seine Einführung in Elsaß-Lothringen bleibt einem besonderen Gesetze vorbehalten.

Urkundlich unter Unserer Höchsteigenhändigen Unterschrift und beigedrucktem Kaiserlichen Insiegel.

Gegeben Berlin, den 7. Mai 1874

gez. *Wilhelm*   *Fürst v. Bismarck*

B. Internationales Recht

I. Allgemeine Erklärung der Menschenrechte

Am 10. Dezember 1948
von der Generalversammlung der Vereinten Nationen verkündet

– Auszug –

Art 19 [Meinungs- und Informationsfreiheit]

Jeder Mensch hat das Recht auf Meinungs- und Äußerungsfreiheit; diese Freiheit umfaßt das Recht, wegen seiner Überzeugung nicht beeinträchtigt zu werden, sowie Nachrichten und Ideen durch jedes Verständigungsmittel und ohne Rücksicht auf Grenzen sich zu beschaffen, zu empfangen und zu verbreiten.

II. Internationaler Pakt über bürgerliche und politische Rechte

(Menschenrechtspakt der Vereinten Nationen)

Vom 16. Dezember 1966
(BGBl 1973 II S 1534)

– Auszug –

Art 19 [Meinungs- und Informationsfreiheit]

(1) Jedermann hat das Recht auf unbehinderte Meinungsfreiheit.

(2) Jedermann hat das Recht auf freie Meinungsäußerung; dieses Recht schließt die Freiheit ein, ohne Rücksicht auf Staatsgrenzen Informationen und Gedankengut jeder Art in Wort, Schrift oder Druck, durch Kunstwerke oder andere Mittel eigener Wahl sich zu beschaffen, zu empfangen und weiterzugeben.

(3) Die Ausübung der in Abs 2 vorgesehenen Rechte ist mit besonderen Pflichten und einer besonderen Verantwortung verbunden. Sie kann daher bestimmten, gesetzlich vorgesehenen Einschränkungen unterworfen werden, die erforderlich sind,
a) für die Achtung der Rechte oder des Rufs anderer;
b) für den Schutz der nationalen Sicherheit, der öffentlichen Ordnung (ordre public), der Volksgesundheit oder der öffentlichen Sittlichkeit.

Texte

III. Europäische Konvention zum Schutze der Menschenrechte und Grundfreiheiten

Vom 4. November 1950

(BGBl 1952 II S 686)

– Auszug –

Art 10 [Meinungs- und Informationsfreiheit]

(1) Jeder hat Anspruch auf freie Meinungsäußerung. Dieses Recht schließt die Freiheit der Meinung und die Freiheit zum Empfang und zur Mitteilung von Nachrichten oder Ideen ohne Eingriff öffentlicher Behörden und ohne Rücksicht auf Landesgrenzen ein. Dieser Artikel schließt nicht aus, daß die Staaten Rundfunk-, Lichtspiel- oder Fernsehunternehmen einem Genehmigungsverfahren unterwerfen.

(2) Da die Ausübung dieser Freiheiten Pflichten und Verantwortung mit sich bringt, kann sie bestimmten, vom Gesetz vorgesehenen Formvorschriften, Bedingungen, Einschränkungen oder Strafandrohungen unterworfen werden, wie sie vom Gesetz vorgeschrieben und in einer demokratischen Gesellschaft im Interesse der nationalen Sicherheit, der territorialen Unversehrtheit oder der öffentlichen Sicherheit, der Aufrechterhaltung der Ordnung und der Verbrechensverhütung, des Schutzes der Gesundheit und der Moral, des Schutzes des guten Rufes oder der Rechte anderer, um die Verbreitung von vertraulichen Nachrichten zu verhindern oder das Ansehen und die Unparteilichkeit der Rechtsprechung zu gewährleisten, unentbehrlich sind.

IV. Schlußakte der Konferenz von Helsinki über Sicherheit und Zusammenarbeit in Europa (KSZE)

Vom 1. August 1975

– Auszug aus dem sogenannten „Korb 3" –

Abschnitt VII, Art. 1

Achtung der Menschenrechte und Grundfreiheiten einschließlich der Gedanken-, Gewissens-, Religions- oder Überzeugungsfreiheit.

Die Teilnehmerstaaten werden die Menschenrechte und Grundfreiheiten einschließlich der Gedanken-, Gewissens-, Religions- oder Überzeugungsfreiheit für alle ohne Unterschied der Rasse, des Geschlechts, der Sprache oder der Religion achten.

Sie werden die wirksame Ausübung der zivilen, politischen, wirtschaftlichen, sozialen, kulturellen sowie der anderen Rechte und Freiheiten, die sich alle aus der dem Menschen innewohnenden Würde ergeben, und für seine freie und volle Entfaltung wesentlich sind, fördern und ermutigen.

Die Teilnehmerstaaten anerkennen die universelle Bedeutung der Menschenrechte und Grundfreiheiten, deren Achtung ein wesentlicher Faktor für den Frieden, die Gerechtigkeit und das Wohlergehen ist, die ihrerseits erforderlich sind, um die Entwicklung freundschaftlicher Beziehungen und der Zusammenarbeit zwischen ihnen sowie zwischen allen Staaten zu gewährleisten.

Sie werden diese Rechte und Freiheiten in ihren gegenseitigen Beziehungen stets achten und sich einzeln und gemeinsam, auch in Zusammenarbeit mit den Vereinten Nationen, bemühen, die universelle und wirksame Achtung dieser Rechte und Freiheiten zu fördern. Sie bestätigen das Recht des Individuums, seine Rechte und Pflichten auf diesem Gebiet zu kennen und auszuüben.

Texte

Auf dem Gebiet der Menschenrechte und Grundfreiheiten werden die Teilnehmerstaaten in Übereinstimmung mit den Zielen und Grundsätzen der Charta der Vereinten Nationen und mit der Allgemeinen Erklärung der Menschenrechte handeln. Sie werden ferner ihre Verpflichtungen erfüllen, wie diese festgelegt sind in den internationalen Erklärungen und Abkommen auf diesem Gebiet, soweit sie an sie gebunden sind, darunter auch in den Internationalen Konventionen über die Menschenrechte.

V. Charta der Grundrechte der Europäischen Union[1]
Vom 12. Dezember 2007[2]
(ABl Nr C 303 S 1)

– Auszug –

Präambel

Die Völker Europas sind entschlossen, auf der Grundlage gemeinsamer Werte eine friedliche Zukunft zu teilen, indem sie sich zu einer immer engeren Union verbinden.

[1] In dem Bewusstsein ihres geistig-religiösen und sittlichen Erbes gründet sich die Union auf die unteilbaren und universellen Werte der Würde des Menschen, der Freiheit, der Gleichheit und der Solidarität. [2] Sie beruht auf den Grundsätzen der Demokratie und der Rechtsstaatlichkeit. [3] Sie stellt den Menschen in den Mittelpunkt ihres Handelns, indem sie die Unionsbürgerschaft und einen Raum der Freiheit, der Sicherheit und des Rechts begründet.

[1] Die Union trägt zur Erhaltung dieser gemeinsamen Werte unter Achtung der Vielfalt der Kulturen und Traditionen der Völker Europas sowie der nationalen Identität der Mitgliedstaaten und der Organisation ihrer staatlichen Gewalt auf nationaler, regionaler und lokaler Ebene bei. [2] Sie ist bestrebt, eine ausgewogene und nachhaltige Entwicklung zu fördern und stellt den freien Personen-, Dienstleistungs-, Waren- und Kapitalverkehr sowie die Niederlassungsfreiheit sicher.

Zu diesem Zweck ist es notwendig, angesichts der Weiterentwicklung der Gesellschaft, des sozialen Fortschritts und der wissenschaftlichen und technologischen Entwicklungen den Schutz der Grundrechte zu stärken, indem sie in einer Charta sichtbar gemacht werden.

[1] Diese Charta bekräftigt unter Achtung der Zuständigkeiten und Aufgaben der Union und des Subsidiaritätsprinzips die Rechte, die sich vor allem aus den gemeinsamen Verfassungstraditionen und den gemeinsamen internationalen Verpflichtungen der Mitgliedstaaten, aus der Europäischen Konvention zum Schutz der Menschenrechte und Grundfreiheiten, aus den von der Union und dem Europarat beschlossenen Sozialchartas sowie aus der Rechtsprechung des Gerichtshofs der Europäischen Union und des Europäischen Gerichtshof für Menschenrechte ergeben. [2] In diesem Zusammenhang erfolgt die Auslegung der Charta durch die Gerichte der Union und der Mitgliedstaaten unter gebührender Berücksichtigung der Erläuterungen, die unter der Leitung des Präsidiums des Konvents zur Ausarbeitung der Charta formuliert und unter der Verantwortung des Präsidiums des Europäischen Konvents aktualisiert wurden.

---

[1] Verweise/Bezugnahmen auf Vorschriften des AEUV bzw. EUV sind gemäß Art 5 des Vertrags von Lissabon iVm den Übereinstimmungstabellen an die neue Nummerierung angepasst worden.

[2] Der hier wiedergegebene Wortlaut übernimmt mit Anpassung an die am 7.12.2000 proklamierte Charta. Inkrafttreten am 1.12.2009, siehe die Bek. v 13.11.2009 (BGBl II S 1223).

Texte

Die Ausübung dieser Rechte ist mit Verantwortung und mit Pflichten sowohl gegenüber den Mitmenschen als auch gegenüber der menschlichen Gemeinschaft und den künftigen Generationen verbunden.

Daher erkennt die Union die nachstehend aufgeführten Rechte, Freiheiten und Grundsätze an.

Artikel 1 Würde des Menschen

[1] Die Würde des Menschen ist unantastbar. [2] Sie ist zu achten und zu schützen.

Artikel 7 Achtung des Privat- und Familienlebens

Jede Person hat das Recht auf Achtung ihres Privat- und Familienlebens, ihrer Wohnung sowie ihrer Kommunikation.

Artikel 8 Schutz personenbezogener Daten

(1) Jede Person hat das Recht auf Schutz der sie betreffenden personenbezogenen Daten.

(2) [1] Diese Daten dürfen nur nach Treu und Glauben für festgelegte Zwecke und mit Einwilligung der betroffenen Person oder auf einer sonstigen gesetzlich geregelten legitimierten Grundlage verarbeitet werden. [2] Jede Person hat das Recht, Auskunft über die sie betreffenden erhobenen Dateien zu erhalten und die Berichtigung der Daten zu erwirken.

(3) Die Einhaltung dieser Vorschriften wird von einer unabhängigen Stelle überwacht.

Artikel 11 Freiheit der Meinungsäußerung und Informationsfreiheit

(1) [1] Jede Person hat das Recht auf freie Meinungsäußerung. [2] Dieses Recht schließt die Meinungsfreiheit und die Freiheit ein, Informationen und Ideen ohne behördliche Eingriffe und ohne Rücksicht auf Staatsgrenzen zu empfangen und weiterzugeben.

(2) Die Freiheit der Medien und ihre Pluralität werden geachtet.

Artikel 13 Freiheit der Kunst und der Wissenschaft

[1] Kunst und Forschung sind frei. [2] Die akademische Freiheit wird geachtet.

Artikel 42 Recht auf Zugang zu Dokumenten

Die Unionsbürgerinnen und Unionsbürger sowie jede natürliche oder juristische Person mit Wohnsitz oder satzungsmäßigem Sitz in einem Mitgliedstaat haben das Recht auf Zugang zu den Dokumenten der Organe, Einrichtungen und sonstigen Stellen der Union, unabhängig von der Form der für diese Dokumente verwendeten Träger.

Artikel 51 Anwendungsbereich

(1) [1] Diese Charta gilt für die Organe, Einrichtungen und sonstigen Stellen der Union unter Wahrung des Subsidiaritätsprinzips und für die Mitgliedstaaten ausschließlich bei der Durchführung des Rechts der Union. [2] Dementsprechend achten sie die Rechte, halten sie sich an die Grundsätze und fördern sie deren Anwendung entsprechend ihren jeweiligen Zuständigkeiten und unter Achtung der Grenzen der Zuständigkeiten, die der Union in den Verträgen übertragen werden.

(2) Diese Charta dehnt den Geltungsbereich des Unionsrechts nicht über die Zuständigkeiten der Union hinaus aus und begründet weder neue Zuständigkeiten noch

neue Aufgaben für die Union, noch ändert sie sie in den Verträgen festgelegten Zuständigkeiten und Aufgaben.

Artikel 52 Tragweite und Auslegung der Rechte und Grundsätze

(1) ¹Jede Einschränkung der Ausübung der in dieser Charta anerkannten Rechte und Freiheiten muss gesetzlich vorgesehen sein und den Wesensgehalt dieser Rechte und Freiheiten achten. ²Unter Wahrung des Grundsatzes der Verhältnismäßigkeit dürfen Einschränkungen nur vorgenommen werden, wenn sie erforderlich sind und den von der Union anerkannten dem Gemeinwohl dienenden Zielsetzungen oder den Erfordernissen des Schutzes der Rechte und Freiheiten anderer tatsächlich entsprechen.

(2) Die Ausübung der durch diese Charta anerkannten Rechte, die in den Verträgen geregelt sind, erfolgt im Rahmen der in den Verträgen festgelegten Bedingungen und Grenzen.

(3) ¹Soweit diese Charta Rechte enthält, die den durch die Europäische Konvention zum Schutz der Menschenrechte und Grundfreiheiten garantierten Rechten entsprechen, haben sie die gleiche Bedeutung und Tragweite, wie sie ihnen in der genannten Konvention verliehen wird. ²Diese Bestimmung steht dem nicht entgegen, dass das Recht der Union einen weiter gehenden Schutz gewährt.

(4) Soweit in dieser Charta Grundrechte anerkannt werden, wie sie sich aus den gemeinsamen Verfassungsüberlieferungen der Mitgliedstaaten ergeben, werden sie im Einklang mit diesen Überlieferungen ausgelegt.

(5) ¹Die Bestimmungen dieser Charta, in denen Grundsätze festgelegt sind, können durch Akte der Gesetzgebung und der Ausführung der Organe, Einrichtungen und sonstigen Stellen der Union sowie durch Akte der Mitgliedstaaten zur Durchführung des Rechts der Union in Ausübung ihrer jeweiligen Zuständigkeiten umgesetzt werden. ²Sie können vor Gericht nur bei der Auslegung dieser Akte und bei Entscheidungen über deren Rechtmäßigkeit herangezogen werden.

(6) Den einzelstaatlichen Rechtsvorschriften und Gepflogenheiten ist, wie es in dieser Charta bestimmt ist, in vollem Umfang Rechnung zu tragen.

(7) Die Erläuterungen, die als Anleitung für die Auslegung dieser Charta verfasst wurden, sind von den Gerichten der Union und der Mitgliedstaaten gebührend zu berücksichtigen.

Artikel 53 Schutzniveau

Keine Bestimmung dieser Charta ist als eine Einschränkung oder Verletzung der Menschenrechte und Grundfreiheiten auszulegen, die in dem jeweiligen Anwendungsbereich durch das Recht der Union und das Völkerrecht sowie durch die internationalen Übereinkünfte, bei denen die Union oder alle Mitgliedstaaten Vertragsparteien sind, darunter insbesondere die Europäische Konvention zum Schutz der Menschenrechte und Grundfreiheiten, sowie durch die Verfassungen der Mitgliedstaaten anerkannt werden.

Artikel 54 Verbot des Missbrauchs der Rechte

Keine Bestimmung dieser Charta ist so auszulegen, als begründe sie das Recht, eine Tätigkeit auszuüben oder eine Handlung vorzunehmen, die darauf abzielt, die in der Charta anerkannten Rechte und Freiheiten abzuschaffen oder sie stärker einzuschränken, als dies in der Charta vorgesehen ist.

Texte

C. Grundgesetz für die Bundesrepublik Deutschland
Vom 23. Mai 1949 (BGBl S 1)
mit späteren Änderungen

– Auszug –

Art 1 [Schutz der Menschenwürde]

(1) Die Würde des Menschen ist unantastbar. Sie zu achten und zu schützen ist Verpflichtung aller staatlichen Gewalt.

(2) Das Deutsche Volk bekennt sich darum zu unverletzlichen und unveräußerlichen Menschenrechten als Grundlage jeder menschlichen Gemeinschaft, des Friedens und der Gerechtigkeit in der Welt.

(3) Die nachfolgenden Grundrechte binden Gesetzgebung, vollziehende Gewalt und Rechtsprechung als unmittelbar geltendes Recht.

Art 2 [Freiheitsrechte]

(1) Jeder hat das Recht auf die freie Entfaltung seiner Persönlichkeit, soweit er nicht die Rechte anderer verletzt und nicht gegen die verfassungsmäßige Ordnung oder das Sittengesetz verstößt.

(2) Jeder hat das Recht auf Leben und körperliche Unversehrtheit. Die Freiheit der Person ist unverletzlich. In diese Rechte darf nur auf Grund eines Gesetzes eingegriffen werden.

Art 5 [Freiheit der Kommunikation, der Kunst und Wissenschaft]

(1) Jeder hat das Recht, seine Meinung in Wort, Schrift und Bild frei zu äußern und zu verbreiten und sich aus allgemein zugänglichen Quellen ungehindert zu unterrichten. Die Pressefreiheit und die Freiheit der Berichterstattung durch Rundfunk und Film werden gewährleistet. Eine Zensur findet nicht statt.

(2) Diese Rechte finden ihre Schranken in den Vorschriften der allgemeinen Gesetze, den gesetzlichen Bestimmungen zum Schutze der Jugend und in dem Recht der persönlichen Ehre.

(3) Kunst und Wissenschaft, Forschung und Lehre sind frei. Die Freiheit der Lehre entbindet nicht von der Treue zur Verfassung.

Art 12 [Freiheit der Berufswahl]

(1) Alle Deutschen haben das Recht, Beruf, Arbeitsplatz und Ausbildungsstätte frei zu wählen. Die Berufsausübung kann durch Gesetz oder auf Grund eines Gesetzes geregelt werden.

(2) Niemand darf zu einer bestimmten Arbeit gezwungen werden, außer im Rahmen einer herkömmlichen allgemeinen, für alle gleichen öffentlichen Dienstleistungspflicht.

(3) Zwangsarbeit ist nur bei einer gerichtlich angeordneten Freiheitsentziehung zulässig.

Art 18 [Verwirkung von Grundrechten]

Wer die Freiheit der Meinungsäußerung, insbesondere die Pressefreiheit (Artikel 5 Absatz 1) ... zum Kampfe gegen die freiheitliche demokratische Grundordnung mißbraucht, verwirkt diese Grundrechte. Die Verwirkung und ihr Ausmaß werden durch das Bundesverfassungsgericht ausgesprochen.

Texte

Art 19 [Einschränkung von Grundrechten]

(1) Soweit nach diesem Grundgesetz ein Grundrecht durch Gesetz oder auf Grund eines Gesetzes eingeschränkt werden kann, muß das Gesetz allgemein oder nicht nur für den Einzelfall gelten. Außerdem muß das Gesetz das Grundrecht unter Angabe des Artikels nennen.

(2) In keinem Falle darf ein Grundrecht in seinem Wesensgehalt angetastet werden.

(3) Die Grundrechte gelten auch für inländische juristische Personen, soweit sie ihrem Wesen nach auf diese anwendbar sind.

(4) Wird jemand durch die öffentliche Gewalt in seinen Rechten verletzt, so steht ihm der Rechtsweg offen. Soweit eine andere Zuständigkeit nicht begründet ist, ist der ordentliche Rechtsweg gegeben. Artikel 10 Abs 2 Satz 2 bleibt unberührt.

Art 20 [Verfassungsgrundsätze; Widerstandsrecht]

(1) Die Bundesrepublik Deutschland ist ein demokratischer und sozialer Bundesstaat.

(2) Alle Staatsgewalt geht vom Volke aus. Sie wird vom Volke in Wahlen und Abstimmungen und durch besondere Organe der Gesetzgebung, der vollziehenden Gewalt und der Rechtsprechung ausgeübt.

(3) Die Gesetzgebung ist an die verfassungsmäßige Ordnung, die vollziehende Gewalt und die Rechtsprechung sind an Gesetz und Recht gebunden.

(4) Gegen jeden, der es unternimmt, diese Ordnung zu beseitigen, haben alle Deutschen das Recht zum Widerstand, wenn andere Abhilfe nicht möglich ist.

Art 70 [Gesetzgebung des Bundes und der Länder]

(1) Die Länder haben das Recht der Gesetzgebung, soweit dieses Grundgesetz nicht dem Bunde Gesetzgebungsbefugnisse verleiht.

(2) ...

Art 75 [Rahmenvorschriften]

Der Bund hat das Recht, unter den Voraussetzungen des Artikels 72 Rahmenvorschriften zu erlassen über:

1. die Rechtsverhältnisse der im öffentlichen Dienste der Länder, Gemeinden und anderen Körperschaften des öffentlichen Rechtes stehenden Personen, soweit Artikel 74a nichts anderes bestimmt;
1a. die allgemeinen Grundsätze des Hochschulwesens;
2. die allgemeinen Rechtsverhältnisse der Presse und des Films;
3. das Jagdwesen, den Naturschutz und die Landschaftspflege;
4. die Bodenverteilung, die Raumordnung und den Wasserhaushalt;
5. das Melde- und Ausweiswesen.

Sachverzeichnis

Fette Zahlen verweisen auf die Paragraphen der Landesgesetze. Die mageren Zahlen verweisen auf die Randziffern.

Für die Kapitel aus dem Besonderen Teil werden folgende Abkürzungen verwendet:

BT Abo	Abonnementwerbung
BT Anz	Recht der Anzeige
BT ArbR	Arbeitsrecht im Presseunternehmen
BT JuSch	Jugendschutz; hier werden in fetten Zahlen die Paragraphen des Jugendschutzgesetzes (JuSchG) beigefügt.
BT MediendatenSch	Mediendatenschutz
BT StandesR	Standesrecht der Presse, Presse-Selbstkontrolle, Deutscher Presserat etc.
BT SteuerR	Steuerrecht
BT TitelSch	Presserechtlicher Titelschutz
BT UrhR	Urheber- und Verlagsrecht der Presse
BT Vertrieb	Vertriebsrecht

Abbildung s. Bild
Abfindungsanspruch BT ArbR 311 f.
Abflussprinzip BT SteuerR 150
Abgabeverbot
– jugendgefährdender Medien **BT JuSch 15** 1 ff., 2 ff.; **BT JuSch 27** 2 ff.
Abgeltungsteuer BT SteuerR 25, 71
Ablieferungspflicht von Druckwerken
s. a. Pflichtexemplarrecht
– von Belegstücken **12** 11 ff.
– von Druckschriften **12** 4
– Verfassungskonformität **12** 4
Abmahnung
– urheberrechtliche **BT UrhR** 265a
Abonnement
– Abschlussprämien **BT Abo** 233
– Außendienstmitarbeiter **BT Abo** 216, 236 ff.
– Bestellscheine **BT Abo** 241
– Eigenbestellung **BT Abo** 219
– Kurzabonnements **BT Abo** 220 f.
– Probeabonnements **BT Abo** 227
– Studentenabonnements **BT Abo** 220 f., 229 f.
– Umarbeitung **BT Abo** 244
– Vermittlungsprämien **BT Abo** 231 f.
– Vertragshaftung **6** 231
– Werbeexemplare **BT Abo** 217, 226, 243
Abonnementpreis
– Kumulierungsverbot **BT Abo** 175
– Mengenrabatte **BT Abo** 195
– Preis niedriger als Einzelausgaben **BT Abo** 171 ff.
– regionale/internationale Preisdifferenzierung **BT Abo** 201
– verbilligtes Abo für bestimmte Bezieherkreise **BT Abo** 194 ff.
– verbilligtes Probeabo **BT Abo** 176 ff.

Abonnementvertrag
– Steuern **BT SteuerR** 53, 55
Abonnementwerbung
– Belästigung von Passanten bei der **BT Abo** 61
– Briefkastenwerbung **BT Abo** 37 ff.
– gefühlsbetonte Werbung **BT Abo** 51 ff.
– Geschenkabonnement **BT Abo** 167 ff.
– Gewinnspiele für Abonnenten **BT Abo** 131 ff.
– Gewinnspiele für Laienwerber **BT Abo** 164 ff.
– Gratislieferung **BT Abo** 202 ff.
– Laienwerbung **BT Abo** 143 ff.
– Mailings **BT Abo** 45 ff.
– Neuabonnenten **BT Abo** 120 ff.
– Prämienwerbung **BT Abo** 218
– Preis des Abonnements **BT Abo** 170 ff.
– Unlautere Praktiken der Bezieherwerbung **BT Abo** 18 ff.
– Verhaltenskodex **BT Abo** 6 f.
– Wettbewerbsregeln **BT Abo** 1 f., 6 f., 58
– Wettbewerbsregeln der AGA **BT Abo** 234 ff.
– Wettbewerbsregeln des BDVZ **BT Abo** 215 ff.
– Wettbewerbsregeln des VDZ **BT Abo** 224 ff.
– Wettbewerbsrichtlinien **BT Abo** 5
– Zusenden unbestellter Ware **BT Abo** 18 ff.
– Zuwendungen für Neuabonnenten **BT Abo** 120 ff.
Abonnentenbelieferungsrechte BT SteuerR 53
Abonnentenkartei
– kein immaterielles Wirtschaftsgut **BT SteuerR** 55
Abonnentenkauf BT SteuerR 54

Sachverzeichnis

Fette Zahlen = §§ der Landesgesetze

Abonnentenstamm BT SteuerR 48, 53 f., 54
Abonnentenwerbung
s. Abonnementwerbung
Abrücken
– beim Widerruf einer Äußerung **6** 292, 301
Abschlussprämie BT Abo 120, 175
Abschreibungen BT SteuerR 40, 51, 51 ff., 58, 59, 150
– Abonnementvertrag BT SteuerR 54
– Belieferungsrecht BT SteuerR 55
– Druck- und Prägeformen BT SteuerR 58
– Geschäfts-/Firmenwert BT SteuerR 47
– Verlagsrecht BT SteuerR 57
– Verlagswert BT SteuerR 59
Abschreibungsmethode BT SteuerR 57
Abschriften
– Einsichtsrecht **4** 170
– Urteilsabschriften **4** 176 ff.
Absetzungen für Abnutzung
– Verlagswert BT SteuerR 59
Absetzung für Abnutzung (AfA) BT SteuerR 51, 58, 150
Absolute Person der Zeitgeschichte **6** 68a, 130, 195, 198, 214 ff., 216a
Abstract BT UrhR 56
Abwendungsrecht
– bei Beschlagnahme **14** 34 ff.
Abzugsteuer BT SteuerR 24, 161
Abzugsverbot
– Gewerbesteuer BT SteuerR 79
Abzugsverbot (GewSt) BT SteuerR 79
actio negatoria 6 233
Adäquanz 6 248, 310
Adresse s. Anschrift
AE-Provision
– Anspruch der Agentur BT Anz 271 f.
– Begriff/Bedeutung BT Anz 269 f.
– Verbot der Provisionsweitergabe BT Anz 273 ff.
AfA s. Absetzung für Abnutzung
AGB s. Allgemeine Geschäftsbedingungen
Akteneinsichtsrecht 4 34, 36, 92, 169, 175, 177
Aktenöffentlichkeit 4 28
Aktiengesellschaft BT SteuerR 64
Aktivierungspflicht
– Geschäfts-/Firmenwert BT SteuerR 35
– gewerbliche Schutzrechte BT SteuerR 35
Aktivierungsverbot BT SteuerR 35, 44, 49
– immaterielle Wirtschaftsgüter BT SteuerR 44
Aktivierungswahlrecht BT SteuerR 32
Aktualität der Veröffentlichung 6 46, 164 f., 211
Allgemeine Geschäftsbedingungen für Anzeigen und Fremdbeilagen in Zeitungen und Zeitschriften (ZAW-AGB) BT Anz 64 ff.
– Anzeigenaufgabe über das Internet BT Anz 74 f.

– Einbeziehung BT Anz 68 ff.
– Haftungsbeschränkung durch BT Anz 182 f.
– Kaufmännischer Geschäftsverkehr BT Anz 77 f.
– Kontrahierungszwang nach ZAW-AGB BT Anz 64 ff.
– Schriftliche Anzeigen BT Anz 72 f.
– Telefonische Anzeigenbestellungen BT Anz 74 f.
– nach Vertragsschluss BT Anz 73 ff.
– Vertragsschluss im Geschäftslokal BT Anz 76
Allgemeinverbindlicherklärung BT ArbR 16, 25 ff., 54
Allphasen-Netto-Umsatzsteuer BT SteuerR 85
Altausgaben BT SteuerR 56
Alternativzeitung
– Informationsanspruch **4** 26
Alterskennzeichnung
– Instrument des Jugendmedienschutzes BT JuSch Einl 45, 46
Alterskontrolle
– Bestellung BT JuSch 1 72, 73 ff.
– Empfangskontrolle BT JuSch 1 71
– face-to-face-Kontrolle BT JuSch 1 67
– keine Kontrolle beim Versandhandel BT JuSch 1 66 ff.
Amerika s. USA
Amtliche Bekanntmachungen 4 1
– Begriff **4** 2, 140
– Gleichbehandlungsanspruch **4** 139
– Keine Ablieferungspflicht **12** 23 ff.
– Vertrauen in Richtigkeit **6** 169
Amtliche Druckwerke 7 54 ff.; **8** 3, 26
– Ablieferung von Pflichtexemplaren **12** 25; **22** 70 ff.
– Amtliche Bekanntmachung **4** 2 ff.
– Begriff **7** 55
– Behörde als Herausgeber **7** 55
– Gegendarstellungspflicht **11** 78, 82
– kein Impressumszwang **7** 54 f.
– Inserat in – **7** 56
– Urheberrechtsschutz BT UrhR 109 f.
Amtsblätter s. Amtliche Druckwerke
– und Informationsanspruch **4** 143
Amtspflichtverletzung 17 63 ff.; **18** 57
Amtsträger s. Beamter
Anbieten von Schriften, Öffentliches 14 23
Anbieter
– Begriff **11** 256
– Gegendarstellung **11** 257
Anbietungspflicht von Belegstücken 7 70; **12** 11
Änderungsbefugnis des Verlegers bzw. Herausgebers BT UrhR 240 ff.
Änderungskündigung BT ArbR 213, 234, 265, 276 f.; s. a. Kündigung
Anerkannte journalistische Grundsätze 6 6a, 6b, 12, 24, 258

Magere Zahlen = Randziffern

Sachverzeichnis

Angestellte
- Haftung **20** 134
- als Täter eines Presseinhaltsdelikts **20** 98, 134

Angewandte Kunst BT UrhR 44
Anhang BT SteuerR 29
Anhörung
- des Betroffenen **6** 170

Anklageschrift
- Verbot der wörtlichen Wiedergabe **6** 210a

Anlagevermögen BT SteuerR 47
Anlocken, übertriebenes
- Abonnentenwerbung **BT Abo** 121 ff., 132, 142

Annexsteuern BT SteuerR 23
Annonce s. Anzeige
Annoncenzeitschriften BT SteuerR 111
Anonymisierung von Urteilen 4 181
Anonymität der Presse 8 32; **9** 2
Anonymität, Schutz der 6 197
Anrechnungsmethode BT SteuerR 66
Anschaffungskosten BT SteuerR 60
Anschaffungsnebenkosten BT SteuerR 17

Anschlagen von Druckwerken, öffentliches Einl 127
Anschlusszeitung 8 106 ff., 118
Anschrift 8 38, 73
- bei der Gegendarstellung **11** 156
- Nennung im Impressum **8** 12

Ansichtskarte als Druckwerk 7 25, 33, 63
Ansprechen in der Öffentlichkeit BT Abo 61
Anspruchskonkurrenz
- Vertrags- und Deliktshaftung **6** 231

Anstandspflicht s. Standesrecht
Anstellung s. Arbeitsverhältnis
Anzeige
- Ablehnung der Bestellung **BT Anz** 24, 54 ff.
- Ablehnungsgründe **BT Anz** 54 ff.
- Annahme **BT Anz** 22 f.
- kein Anspruch auf Abdruck **BT Anz** 66
- Anzeigenbestellung s. dort
- Anzeigenteil s. dort
- Anzeigenvertrag s. dort
- Begriff **BT Anz** 1 ff.
- Bestellung s. Anzeigenbestellung
- Chiffreanzeige s. dort
- Eigenanzeige **BT Anz** 3, 171
- Eingang nach Anzeigenschlusstermin **BT Anz** 23
- Entgeltlichkeit bei – **BT Anz** 2
- Fremde Anzeigen, Übernahme **BT Anz** 164 ff.
- Füllanzeige **BT Anz** 160, 163
- Geschichte **BT Anz** 4
- Inserat in amtlichem Druckwerk **7** 56
- Internetanzeige **BT Anz** 353 ff.
- Kenntlichmachung in periodischen Druckwerken **7** 68

- Kennzeichnung mit dem Wort – **10** 23 ff., 29 ff.
- Kleinanzeige, kostenlose **BT Anz** 150 ff.
- mangelhafte Leistung des Verlags **BT Anz** 184 ff.
- Merkmale **BT Anz** 1
- Platzierungswunsch **BT Anz** 97, 99
- Politische Parteien/Gruppierungen **BT Anz** 61 ff.
- Presserechtlicher Begriff **BT Anz** 1 ff.
- Sorgfaltspflichten **6** 167
- Übernahme fremder Anzeigen **BT Anz** 164 ff.
- Urheberrechtsschutz **BT UrhR** 42, 64
- Vertrag s. Anzeigenvertrag
- Werbeerfolg der – **BT Anz** 15, 105
- Wiederholungsanzeige, kostenlose **BT Anz** 246, 250
- Wirtschaftliche Bedeutung **BT Anz** 5 ff.
- Zeitungsanzeige **BT Anz** 4

Anzeigen BT SteuerR 120, 129
Anzeigenaktion zur Schadensabwehr 6 319
Anzeigenauftrag BT Anz 17
Anzeigenbesteller s. Inserent
Anzeigenbestellung
- Ablehnung durch den Verlag **BT Anz** 24, 54 ff.
- Pflichten des Inserenten **BT Anz** 123 ff.
- Vergütung **BT Anz** 123 ff., 129 ff.
- Werbeagentur **BT Anz** 25
- ZAW-AGB **BT Anz** 64 ff.

Anzeigenblatt 6 30, 136a, 151; **7** 14, 61; **BT Anz** 279 ff.; **BT SteuerR** 120
- Begriff/Bedeutung **BT Anz** 279
- Bezeichnung **BT Anz** 298
- Gefährdung der Tagespresse **BT Anz** 285
- Herausgabe durch Presseverlage **BT Anz** 291 ff.
- Informationsanspruch **4** 143
- Kostenloser Abdruck privater Kleinanzeigen **BT Anz** 150 ff.
- Preisunterbietung **BT Anz** 294 ff.
- Pressefreiheit **BT Anz** 281 f.
- Titel **BT Anz** 298
- mit wesentlichem redaktionellen Teil **BT Anz** 283 ff.
- ohne wesentlichen redaktionellen Teil **BT Anz** 298
- Wettbewerbsrechtliche Beurteilung **BT Anz** 151
- wettbewerbsrechtliche Beurteilung **BT Anz** 283 ff.
- keine wettbewerbswidrige Verlockung **BT Anz** 153
- Wirtschaftliche Bedeutung **BT Anz** 279

Anzeigen-Eigenwerbung BT Anz 299 ff.
Anzeigengemeinschaft 8 114
Anzeigengeschäft, Steuern BT SteuerR 109
Anzeigenhaftung
- Eigenwerbung **BT Anz** 242

2039

Sachverzeichnis

Fette Zahlen = §§ der Landesgesetze

- Gegendarstellungsanspruch **BT Anz** 241 ff.
- Haftung der Presse **6** 167; **BT Anz** 200 ff.
- Haftung der Presseangehörigen **BT Anz** 254 ff.
- Haftung des Inserenten für Fehler im Presseunternehmen **BT Anz** 243
- Haftungsbeschränkung bei Unterlassungs- und Beseitigungsansprüchen **BT Anz** 207 ff.
- Haftungsbeschränkung, verfassungskonforme **BT Anz** 204 ff.
- Haftung von Presseangehörigen **BT Anz** 254 ff.
- Internetanzeigenvertrag **BT Anz** 365 ff.
- mangelhafte Leistung des Verlags **BT Anz** 184 ff.
- Presseprivileg nach § 9 S. 2 UWG **BT Anz** 236 ff.
- Prüfungspflicht der Presse **BT Anz** 209 ff., 221 ff., 228 ff.
- strafrechtliche Verantwortung **BT Anz** 258 f.
- Unterlassungsansprüche vor Verbreitung **BT Anz** 240
- Verantwortlichkeit des Inserenten **BT Anz** 200 f.
- Verletzung der Prüfungspflicht **6** 167; **BT Anz** 209 ff., 212 ff.
- Verletzung von Mitwirkungspflichten **BT Anz** 198
- wettbewerbsrechtliche Haftung **BT Anz** 217 ff.
- Zahlungsverzug des Inserenten **BT Anz** 197
- zivilrechtliche Haftung **BT Anz** 202 f.

Anzeigenleiter 9 15

Anzeigenpreise BT Anz 130 ff.
- Beilagen **BT Anz** 134, 136
- Einführungsrabatt **BT Anz** 138
- Internetanzeigen **BT Anz** 150
- Kombinationsanzeigen **BT Anz** 141
- Konzernrabatt **BT Anz** 137
- kostenlose Veröffentlichung **BT Anz** 150 f.
- Mengenrabatt **BT Anz** 135
- Offertenblätter **BT Anz** 150
- Preislisten **BT Anz** 130 ff.
- Preisnachlass **BT Anz** 135, 137
- Preisvergleiche **BT Anz** 347 ff.
- Vergütungshöhe **BT Anz** 130 f.
- Verlockung **BT Anz** 153
- Wettbewerbswidrigkeit **BT Anz** 139 ff., 152, 160

Anzeigenpreisliste BT Anz 130 ff.
- Preislistentreue **BT Anz** 132 f., 134 ff.
- Versendung als nicht verbindlicher Antrag **BT Anz** 20

Anzeigenschlusstermin BT Anz 23, 127

Anzeigenteil
- Auskunftsverlangen der Finanzbehörden **BT SteuerR** 7

- Gegendarstellung bei Mitteilungen im – **11** 68 ff.
- Pressefreiheit **1** 215; **BT Anz** 10 ff.
- Störerhaftung **6** 276
- Trennungsprinzip s. dort
- Verantwortlicher für den – s. dort
- Verpachtung **BT Anz** 18
- Wahrheitspflicht **6** 158, 167

Anzeigenvermittlung BT Anz 265 ff.; s. a. Werbeagenturen
- AE-Provision **BT Anz** 269 ff.
- Funktion der Werbungsvermittler **BT Anz** 265
- Rechtliche Beziehungen **BT Anz** 267
- Rechtliche Einordnung **BT Anz** 266
- Verbot der Provisionsweitergabe **BT Anz** 273

Anzeigenvertrag
- Ablehnung der Anzeigenbestellung **BT Anz** 24, 54 ff.
- AGB für Anzeigen/Fremdbeilagen (ZAW-AGB) **BT Anz** 64 ff.
- Änderung **BT Anz** 263
- Angebot und Annahme **BT Anz** 22 f.
- Annahme des Angebots **BT Anz** 22 f.
- Anzeigenabschluss **BT Anz** 17
- Anzeigenauftrag **BT Anz** 17
- Anzeigenpreislisten **BT Anz** 130 ff.
- Anzeigenvermittlung **BT Anz** 265 ff.
- Anzeigen-Wiederholungsaufträge, Vertragsverlängerung **BT Anz** 103
- Auftragsbestätigung **BT Anz** 22 f.
- Bedarfsmarktkonzept **BT Anz** 45
- Chiffre-Anzeigenvertrag **BT Anz** 16
- Chiffreanzeigenvertrag **BT Anz** 113 ff.
- Einbeziehung von AGB **BT Anz** 71 ff.
- Fernabsatzvertrag **BT Anz** 27 ff.
- Gesetzliche Werbeverbote **BT Anz** 80 ff.
- Haftung des Inserenten **BT Anz** 243 ff.
- Haftung für Eigenwerbung **BT Anz** 242
- Haftungsbeschränkung nach ZAW-AGB **BT Anz** 182 f.
- Inhalt **BT Anz** 67 ff.
- Internetanzeigenvertrag **BT Anz** 353 ff.
- Kontrahierungszwang, allgemeiner **BT Anz** 37 ff.
- Kontrahierungszwang, kartellrechtlicher **BT Anz** 41 ff.
- Kündigung **BT Anz** 260 f., 263
- Leistungsstörungen beim – **BT Anz** 173 ff., 363 f.
- Leserzahlen **BT Anz** 328
- mangelhafte Leistung des Verlages **BT Anz** 184 f.
- Pflichten des Verlegers **BT Anz** 96 ff.
- Preislistentreue **BT Anz** 132 ff.
- Rechtliche Einordnung **BT Anz** 14 ff.
- Sachmangel **BT Anz** 184
- Sonderpreise **BT Anz** 134 ff.
- Unmöglichkeit **BT Anz** 180 f.
- Unwirksamkeit **BT Anz** 80 ff.
- Verbraucher **BT Anz** 27 ff.

2040

Magere Zahlen = Randziffern **Sachverzeichnis**

- Vergütung **BT Anz** 123 ff., 130 f.
- Vergütung bei Kündigung **BT Anz** 262
- Verpachtung eines Anzeigenteils **BT Anz** 18
- Vertragsabschluss **BT Anz** 20 ff.
- Vertragsfreiheit und Pressefreiheit **BT Anz** 31 ff.
- Vertragsparteien **BT Anz** 25
- Vertragspflichten **BT Anz** 67 ff.
- Vertreter **BT Anz** 25
- Verzug des Verlegers **BT Anz** 174 ff.
- vollmachtloser Vertreter **BT Anz** 26
- Werbeagenturen **BT Anz** 25
- Werbeverbote **BT Anz** 80 ff.
- Werkvertrag **BT Anz** 14 ff.
- Widerrufsrecht des Inserenten **BT Anz** 27 ff.
- Zahlungsverzug **BT Anz** 197

Anzeigenwerbung
- Alleinstellungswerbung **BT Anz** 346
- Anzeigenpreisvergleiche **BT Anz** 347 ff.
- Auflagenkategorien **BT Anz** 302 ff.
- Auflagenkontrolle **BT Anz** 308 ff.
- Auflagenschwindel **BT Anz** 351
- Auflagenvergleiche **BT Anz** 312 ff.
- Auflagenwerbung **BT Anz** 312 ff.
- Eigenanzeige, Eigenwerbung **BT Anz** 3, 171, 242
- Leserzahlen **BT Anz** 328
- Mediaanalysen **BT Anz** 329 ff.
- Rechtliche Einordnung **BT Anz** 299 ff.
- Reichweitenanalyse, vergleichende Werbung mit – **BT Anz** 337
- Strukturanalyse **BT Anz** 332, 338
- Unwirksamkeit **BT Anz** 80 ff.
- Vergleichende Werbung **BT Anz** 334 f., 336 f.
- Werbeträgeranalysen **BT Anz** 329 ff., 334 ff.
- Werkvertrag **BT Anz** 15
- Wirtschaftliche Bedeutung **BT Anz** 299 ff.
- ZAW-Rahmenschema **BT Anz** 330

Arbeitgeber s. Arbeitsverhältnis, Arbeitskampf

Arbeitnehmer
- im Presseunternehmen **BT ArbR** 38 ff.
- Status **BT ArbR** 35 f.

Arbeitnehmerähnliche Personen BT ArbR 39, 42, 45 ff.

Arbeitskampf BT ArbR 402 ff.
- Annahmeverzug **BT ArbR** 439
- Arbeitsentgelt **BT ArbR** 411, 426, 430
- Arbeitskampfrisiko **BT ArbR** 419
- Aussperrung **BT ArbR** 212, 405, 412, 421, 426, 430 ff., 458
- Besonderheiten im Presseunternehmen **BT ArbR** 446 ff.
- Betriebsbesetzung **BT ArbR** 443
- Blockaden **BT ArbR** 442 f., 451
- Boykott **BT ArbR** 440 f.
- Flashmob **BT ArbR** 443a
- Friedenspflicht **BT ArbR** 422

- Gratifikation **BT ArbR** 417
- Koalitionsfreiheit **BT ArbR** 408
- Krankheit **BT ArbR** 416, 436
- Kündigung **BT ArbR** 426
- Maßregelungsverbote **BT ArbR** 444 f.
- Notausgabe **BT ArbR** 448
- Pressefreiheit **BT ArbR** 12, 446 ff.
- in der Redaktion **BT ArbR** 459 f.
- Schadenersatz **BT ArbR** 428, 442
- Streik **BT ArbR** 212, 405, 409 ff., 448 ff.
- Streikbruchprämie **BT ArbR** 444
- Suspendierung **BT ArbR** 413
- Sympathiestreik **BT ArbR** 424, 453 ff.
- Unterlassungsanspruch **BT ArbR** 427, 438, 442
- Urlaub **BT ArbR** 129 ff.
- Urlaubsanspruch **BT ArbR** 414
- Verhältnismäßigkeitsgrundsatz **BT ArbR** 433
- Verhandlungsparität **BT ArbR** 433
- Warnstreik **BT ArbR** 425
- Weiße Blätter **BT ArbR** 452

Arbeitsrecht 9 12; **BT ArbR** 1 ff.
- Aufgaben **BT ArbR** 5 f.
- Pressefreiheit **BT ArbR** 6 ff., 10, 12, 43 f., 67, 76, 87 f., 91, 214, 323, 339, 347, 351, 356, 358, 364, 375, 382, 392 f., 397
- Redakteursvertretung **BT ArbR** 393, 397 f.
- Tendenzfreiheit **BT ArbR** 8, 12, 84, 92, 96 f., 339, 383
- Tendenzträger **BT ArbR** 9, 67, 96, 258, 339 f., 346 f., 350 ff., 373
- Volontär **BT ArbR** 53

Arbeitsteilung
- Passivlegitimation 6 219, 325

Arbeitsunfähigkeit durch Krankheit BT ArbR 112 ff., 145 ff.

Arbeitsverhältnis
- Abhängige Beschäftigung **BT ArbR** 1, 33, 35, 46, 51, 81, 85, 88
- Altersgrenze **BT ArbR** 70, 212, 226
- Anfechtung **BT ArbR** 75, 212, 219 ff., 294
- Arbeitsvertrag **BT ArbR** 32, 58, 70, 80, 82, 219, 226, 440
- Aufhebungsvertrag **BT ArbR** 119, 212, 215 f., 224, 247
- Ausbildung **BT ArbR** 53, 301 f., 337
- Beendigung **BT ArbR** 212 ff.
- Beendigung ohne Kündigung **BT ArbR** 215 ff.
- Befristung **BT ArbR** 57 ff., 58
- Befristung, sachgrundlose **BT ArbR** 59 ff.
- Begründung **BT ArbR** 4, 32, 61 f., 72, 74, 224
- Benachteiligungsverbot **BT ArbR** 77
- Betriebsübergang **BT ArbR** 212, 287 ff., 322
- Chefredakteur **BT ArbR** 87 f., 91, 101, 178, 204, 337, 394, 398

2041

Sachverzeichnis

Fette Zahlen = §§ der Landesgesetze

- Direktionsrecht des Arbeitgebers **BT ArbR** 35 f., 83 ff., 264
- Elternzeit **BT ArbR** 296
- Fragerecht **BT ArbR** 75 f.
- Freistellung **BT ArbR** 154 ff.
- Fürsorgepflicht **BT ArbR** 82, 98
- Journalist **BT ArbR** 39, 42, 45 ff., 73, 80 f., 251
- Konkurs **BT ArbR** 212
- Kündigung s. dort
- Kündigung des Arbeitnehmers **BT ArbR** 319 ff.
- Mutterschutz **BT ArbR** 109, 212
- Nichtigkeit **BT ArbR** 219, 225, 236, 248
- Probearbeitsverhältnis **BT ArbR** 55 ff., 242 f., 246, 301, 320 f.
- Redakteur **BT ArbR** 9, 171, 337, 363
- Richtlinien **BT ArbR** 89, 97
- sachgrundlose Befristungen **BT ArbR** 59 ff.
- Schwerbehinderte **BT ArbR** 220, 272, 297
- Teilzeit **BT ArbR** 72 ff., 110, 252
- Tod des Arbeitnehmers **BT ArbR** 122, 127, 212, 227
- Treuepflicht **BT ArbR** 82, 95 ff.
- Urlaubsdauer **BT ArbR** 135 ff.
- Volontär **BT ArbR** 9, 20, 53 f., 128, 177, 246, 252, 302, 322, 347, 352, 354, 376, 380

Arbeitsvertrag
- Abschluss **BT ArbR** 32 ff.
- Anfechtung **BT ArbR** 75, 212, 219 ff.
- Aufnahme von Vorschriften bei fehlender Tarifbindung **BT ArbR** 28 f.
- Fragerecht des Arbeitgebers **BT ArbR** 75 f.

Arbeitszeit BT ArbR 161 ff.
- Mitbestimmung des Betriebsrats **BT ArbR** 379 ff.

Arbeitszeitgesetz BT ArbR 161
Archiv als Teil des Geschäftswerts BT SteuerR 56
Archivare
- Zeugnisverweigerungsrecht **23** 34

Archive BT MediendatenSch 39 f.
Archivgut des Bundes
- Einsichtsrecht **4** 172

Archivredakteur als Redakteur 9 15
ARD 11 246; **25** 12, 18
ARD-Staatsvertrag 25 12
Aufbrauchsfrist 6 272
Aufgabe der Presse s. Öffentliche Aufgabe
Aufhebungsvertrag BT ArbR 119, 212, 215 ff., 224, 247
Auflage BT UrhR 216
Auflagenbeschlagnahme s. Beschlagnahme
Auflagenhöhe BT UrhR 216
- Auflagenschwindel **BT Anz** 351
- Auflagenvergleiche mit Konkurrenzblättern **BT Anz** 312 ff.
- Auflagenwerbung **BT Anz** 312 ff.

Aufopferung 17 12
Aufsichtsratsteuer BT SteuerR 24

Aufsichtsratsvergütungen BT SteuerR 68 f.
Auftragsbestätigung bei der Anzeige s. dort
Aufwendungen zur Schadensabwehr 6 319
Aufzüge (Umzüge)
- Bilder von –n **6** 138

Ausfuhr BT SteuerR 91, 100
Ausgabe
- Begriff **BT UrhR** 216

Ausgabeort 8 21
Ausgangsumsätze BT SteuerR 88
Ausgewogenheit
- Berichterstattung **6** 6
- Rundfunk **25** 10

Auskunftsanspruch 4 1 ff.; **6** 346 ff.;
BT MediendatenSch 46
Auskunftsrecht s. a. Informationsanspruch
Auskunftsverbote, Unzulässigkeit 4 132
Auskunftsverlangen 4 81; s. a. Informationsanspruch der Presse
- Finanzbehörde **BT SteuerR** 7

Auskunftsverweigerungsrecht BT SteuerR 7, 152
Ausländische Druckwerke
- Gegendarstellungspflicht **11** 79, 107

Ausländische Künstler BT SteuerR 158
Ausländische Presse
- Informationsanspruch **4** 45

Ausland, Telefonwerbung aus dem BT Abo 106
Auslegen von Schriften Einl 129; s. a. Verbreitung von Druckwerken
- im Lesesaal **Einl** 129
- Öffentliches – **14** 22

Aussagegehalt
- Deutungsalternativen **6** 91
- Einfluss von Form, Akzenten, Tendenzen **6** 173
- Gemischte Aussage **6** 84
- Kontext **6** 91, 188
- Künstlerische Beiträge **6** 78b
- Mehrere objektive Deutungen **6** 91
- Meinungsäußerung **6** 84 ff.
- Prognosen **6** 87
- Rechtsbegriffe **6** 88a
- Revisibilität der Abgrenzung **6** 89
- Schlagworte **6** 88b
- Substanzarmer – **6** 85b, 88
- Tatsachenaussage **6** 84 ff.
- Verdeckter – **6** 92
- Verständnis des Empfängers **6** 84, 90
- Wissenschaftliche Beiträge **6** 78a

Ausschlussverbot der Presse
- Öffentliche Gerichtsverhandlungen **1** 226, 239
- Staatliche Veranstaltungen **1** 226, 239

Ausschnitt
- eines Werkes **BT UrhR** 28, 52, 123, 125
- Zeitungs–, Dienst **BT SteuerR** 114

Ausschüttungssperre BT SteuerR 34

Magere Zahlen = Randziffern **Sachverzeichnis**

Ausschüttungssteuersatz BT SteuerR 71
Außerordentliche Kündigung BT ArbR
278 ff.
**Außerplanmäßige Abschreibung BT
SteuerR** 41
Aussetzung der Vollziehung BT SteuerR
13
Ausspielung s. Lotterie
Ausstattung bei Bibliotheksexemplaren
s. Pflichtexemplarrecht
Ausstellen
– eines Druckwerks als Verbreitung **Einl** 128
Austräger s. Zeitungsausträger
Ausweispflicht bei Informationsbeschaffung 4 52
Authentifizierung BT JuSch 1 73, 76 f.
Autor s. Verfasser
Autorenvertrag BT SteuerR 109
Autoritätswerbung BT Abo 118, 152

Baden-Württemberg Die Kommentierung des Landespressegesetzes von Baden-Württemberg erfolgt bei den einzelnen einschlägigen Paragraphen des Landespresserechts. Besonderheiten werden vor allem an den nachfolgend aufgeführten Stellen erörtert: **Einl** 18, 24, 29; **4** 42, 130; **6** 6; **8** 1, 120; **9** 88, 101; **11** 70, 146, 171, 229, 270; **12** 15 f., 19, 22, 24, 31 ff.; **17** 54; **18** 1 f., 28, 31, 60; **20** 1; **21** 1; **22** 1, 67; **24** 1, 26, 87; **25** 1
Bahn AG
– Informationsanspruch der Presse **4** 63
Bannerwerbung BT Anz 357
Bauwerk BT TitelSch 29
Bayern Die Kommentierung des Landespressegesetzes von Bayern erfolgt bei den einzelnen einschlägigen Paragraphen des Landespresserechts. Besonderheiten werden vor allem an den nachfolgend aufgeführten Stellen erörtert: **Einl** 24, 28, 30; **3** 4, 33; **4** 38, 43, 103, 129, 139; **6** 4, 153, 160; **7** 1; **8** 1, 121, 139 ff.; **9** 1, 102, 111; **10** 19, 30, 37; **11** 3, 55, 61, 73, 83, 126, 136, 146 f., 156 f., 171, 179, 185, 187, 230, 271; **12** 16, 21, 24, 36 ff.; **13** 115; **15** 28; **16** 30; **17** 1; **18** 1, 28 ff.; **20** 2, 160 ff.; **21** 2, 54 ff.; **22** 2, 80 ff.; **23** 43; **24** 2, 26, 88 ff.; **25** 1
Beamter
– Informationsfreiheit **1** 50, 69, 253
Bearbeitung fremder Werke
– Freie Benutzung **BT UrhR** 56
– Urheberrecht **BT UrhR** 49 ff.
Beförderungslieferung BT SteuerR 90, 109
Beförderung von Druckwerken
– Postzeitungsdienst **1** 131
Befreiung (GewSt) BT SteuerR 79
Begehungsgefahr 6 263
Begleitpersonen
– als Personen der Zeitgeschichte **6** 133
Begrüßungsgeschenk BT Abo 120

Behaupten 6 112, 286
Behinderung BT Abo 179, 181, 184
Behörde
– Anspruch auf Gegendarstellung **11** 49
– Anspruchsberechtigung **6** 102, 275
– Auskunftspflicht der Bundes- und Landesbehörden **4** 57, 64 ff.
– Auskunftsverweigerung **4** 51
– Begriff **4** 56
– Behördenleiter als Auskunftsverpflichteter **4** 69
– Druckwerke s. Amtliche Druckwerke
– Informationsanspruch der Presse **Einl** 87; **4** 1 ff., 34 ff., 55 ff.
– Informationstätigkeit, freiwillige **4** 148 ff.
– als Informationsverpflichtete **4** 52 ff.
– Pressekonferenzen **4** 153 ff.
– Stellen der Legislative und Judikative als –
4 61
– Stellen der mittelbaren Staatsverwaltung
4 62
Beihilfe 20 80, 85 f., 95, 98; s. a. Presseinhaltsdelikt
Beilage
– Gegendarstellungspflicht **11** 83
– Impressumpflicht **8** 97 ff.
Beilagen BT SteuerR 129
– (Impressum) **8** 79, 97 ff.
Bekanntmachung BT JuSch 21 48; **BT
JuSch 24** 6 ff.
Bekennerschreiben
s. Rechtfertigungsschreiben
Bekenntnisfreiheit
– Negative – **6** 216a, 218
Belästigung BT Abo 18, 143
Belegstücke 12 5
Beleidigung 11 81, 115, 117, 119, 129
Beleidigungen 11 115, 117 ff.
Beleidigungsdelikt 1 253; **6** 98b
Beleidigungstatbestände 6 74 ff., 98b
Belieferungsrechte BT SteuerR 36, 52, 55
Benennungstheorie 9 18 ff., 27
Benutzungsaufnahme
– Benutzung im geschäftlichen Verkehr **BT
TitelSch** 73
– Druckschriften **BT TitelSch** 66 ff.
– sonstige Werke **BT TitelSch** 72
Berichte BT UrhR 34
Berichterstatterprivileg BT JuSch 15 57, 69 f.
Berichtigung s. Gegendarstellung
Berlin Die Kommentierung des Landespressegesetzes von Berlin erfolgt bei den einzelnen einschlägigen Paragraphen des Landespresserechts. Besonderheiten werden vor allem an den nachfolgend aufgeführten Stellen erörtert: **Einl** 29; **3** 4, 33; **4** 129; **6** 6; **7** 1; **8** 1, 122, 144; **9** 1, 103, 111; **11** 4, 61, 179, 194, 231, 272; **12** 13, 17, 21, 39 ff.; **17** 8, 61; **20** 3, 164; **21** 3, 61 f.; **22** 3, 67; **24** 3, 91; **25** 1

2043

Sachverzeichnis

Fette Zahlen = §§ der Landesgesetze

Berufsethik der Presse 6 20; **BT StandesR** 12
Berufsgeheimnis 6 69, 217
Berufsorganisationen der Presse
  s. Selbstkontrolle, Zwangsmitgliedschaft, Verbot der –
Berufspflichtverletzung
– des Verantwortlichen Redakteurs **20** 114
– des Verlegers **20** 131 ff.
Berufssphäre 6 218
Berufsverbot von Presseangehörigen 1 110
– Untersagung von Pressetätigkeit **2** 68 ff.
Beschimpfung
– von Bekenntnissen **20** 50
Beschlagnahme Einl 57 ff.; **Vor 13 ff.; 13;** **23** 22 ff., 60 ff., 96 ff.
– Abwendungsrecht des Betroffenen **14** 34 ff., 43
– alle Exemplare desselben Druckwerks **13** 34
– Anhörung des Betroffenen **13** 20
– Anordnung **13**
– Antrag der Staatsanwaltschaft **13** 21
– Aufhebung **16**
– Bedeutung der Sache **13** 106 ff.
– Befristung **16** 1 ff.
– Beschlagnahme nur möglich, wenn im Besitz verbreitungsverdächtiger Personen **14** 11, 18
– Beschränkungen **Vor 13 ff.** 7 ff.; **14** 29 ff.
– Beschwerde gegen – **13** 32 f.
– Beweissichernde – **Vor 13 ff.** 4, 6; **19**; **23** 98
– zur Beweissicherung **19** 1 ff., 5 ff.
– Bezeichnung der beanstandeten Textstellen bei Beschlagnahmeanordnung **14** 44 ff.
– Einschränkungen **13** 22 ff.
– Einziehung **13** 35 ff.
– Einziehung und Unbrauchbarmachung **13** 34 ff., 74 ff.
– Entschädigung **17**
– Entschädigung für fehlerhafte Beschlagnahme **17** 1 ff., 48 ff.
– Entwicklung geschichtliche **Vor 13 ff.** 13 ff.
– Erreichbarer Rechtsschutz **13** 108 f.
– Form **18** 7
– Frist **18** 34 ff.
– Fristverlängerung **16** 17 ff.
– Gefahr der Weiterverbreitung **14** 10 ff.
– der gesamten Auflage **Vor 13 ff.** 1, 30; **13** 63, 80
– Geschichtliche Entwicklung **Vor 13 ff.** 13 ff.
– Gesetzgebungskompetenz **Einl** 60; **Vor 13 ff.** 24 ff., 28, 29
– Grundsatz der Verhältnismäßigkeit **13** 91 ff.
– von Herstellungsmitteln **13** 114; **14** 39 ff.; **18** 30; **19** 8
– Informationsinteresse **13** 95, 97 ff.
– Kompetenz zur Anordnung der – **13** 4 ff.
– im Landespresserecht **15** 23 ff.
– Landesrecht **13** 115
– Landesrecht, abweichendes **14** 48
– Leser **14** 26
– Nicht-richterliche – **18** 27 ff.
– Öffentliches Anbieten **14** 21, 23
– Öffentliches Auslegen **14** 21 f.
– nach § 111n Abs. 1 StPO bei periodischen Druckwerken **13** 12 ff.
– nach Polizeirecht, unzulässige **18**
– Prozessrechtliche Voraussetzungen **13** 74 ff.
– Rechtfertigungsschreiben **23** 134
– Rechtsschutz **13** 108 f.
– Redaktionsgeheimnis und – **23** 4
– Schadensersatz aus öffentlich-rechtlicher Verwahrung **17** 66
– Schriften **13** 15 f.
– nach Strafrecht **Vor 13 ff.** 3, 5
– Strafrechtliche Folgen bei Zuwiderhandlung **15** 16 ff.
– Übermaßverbot **14** 29
– Unbeanstandete Teile **14** 31
– Unbrauchbarmachung **13** 34 ff.
– Verbot der Beschlagnahme **23** 98, 100, 105 ff., 111 ff., 124
– Verbreitungsabsicht **14** 19
– Verbreitungsbestimmte Druckwerke **14** 10 f.
– Verbreitungsverdächtige Personen **14** 12 ff.
– Verhältnismäßigkeit **13** 91 ff.; **14** 1; **23** 101, 117
– Vervielfältigungsmittel **14** 39 ff.
– Vollstreckung **13** 27; **18** 8
– Vollstreckungskompetenz **13** 8
– Vollstreckungssichernde **Vor 13 ff.** 5, 35; **13** 1 ff., 34 ff.
– Vollzug **13** 27
– Voraussetzungen, materiellrechtliche **13** 34 ff.
– Weiterverbreitung beschlagnahmter Schriften **20** 36; **21** 52
– Wirtschaftliche Folgen **13** 104
– Zeitungsauflage **1** 239
– zum Zweck der Einziehung **Vor 13 ff.** 5 f.
Beschlagnahmeaktionen 23 22 f.
Beschlagnahmeanordnung 13
– Amtshaftung **17** 63 ff.
– Anordnungskompetenz **13** 4 ff.
– Aufhebung **16**; **18** 55
– Befristung **16** 1 ff.
– Beschwerde **13** 32
– Bezeichnung der Textstellen **14** 44 ff.; **15** 12
– Dringende Gründe **13** 10, 34, 75 ff., 85; **14** 41
– Ermittlungsrichter **13** 22 ff.
– Fristverlängerung **16** 17 ff.
– gerichtliche Entscheidung **13** 33
– Hilfsbeamte der Staatsanwaltschaft **18** 3
– Landesrecht **13** 115
– Landesrecht, abweichendes **14** 48
– Nicht-periodische Druckwerke **18** 23
– Nicht-richterliche – **15** 24; **18**

Magere Zahlen = Randziffern **Sachverzeichnis**

- Periodische Druckwerke **13** 12 ff.; **18** 23
- Räumliche Geltung **13** 28
- Richterliche Bestätigung **18** 34 ff.
- Sicherstellungsbedürfnis **13** 90
- Staatsanwaltschaft **13** 21; **18** 6 ff., 55
- Strafantrag **13** 68, 85 ff.
- Vollstreckungssichernde **13** 1 ff.
- Wiederholung **18** 54

Beschlagnahmeaufhebung Vor 13 ff. 11, 49, 50; **16**
- Ausschlussfrist **16** 5 ff.
- Bedeutung **16** 1
- Befugnis der Staatsanwaltschaft im Vorverfahren **16** 25 f.
- Bundesrechtliche Vorschrift und § 16 LPG **16** 2
- Erhebung der Klage **16** 7
- Freigabe **16** 23
- Fristverlängerung **16** 3
- Fristversäumung **16** 22
- Fristwahrung **16** 8 ff.
- Grundsatz der Verhältnismäßigkeit **13** 91 ff.
- Richterliche Kompetenz **16** 23
- durch Staatsanwaltschaft **16** 25 f.
- Wegfall des Verbreitungs- und Wiederabdruckverbots **16** 27 ff.
- Wiederholte – **16** 17 ff.
- Wiederholung der Beschlagnahme nur bei neuen Tatsachen **16** 24

Beschlagnahmefreiheit 23 60, 96 ff.

Beschlagnahmerecht
- Bundesrechtliche Kompetenz **Vor 13 ff.** 24 ff.; **25** 3
- Historische Entwicklung **Vor 13 ff.** 13 ff.
- Vergleich zwischen §§ 13–19 LPG und §§ 11b ff., m/n StPO **Vor 13 ff.** 48 ff.
- Vergleich zwischen §§ 13–19 LPG und §§ 111b ff., 111m/n StPO **14** 1 ff.

Beschlagnahmeverbot 23 60 f., 98, 100, 111 ff., 114 ff.
- Beschuldigter **23** 134
- Beweisverwertungsverbot **23** 100, 124
- Geltung nur für Material im Gewahrsam zeugnisverweigerungsberechtigter Personen **23** 105 ff.
- Geschützte Gegenstände **23** 103
- Gewahrsam **23** 105 ff.
- in Presse- und Rundfunkhäusern **23** 112 f.
- Redaktionsräume **23** 112
- Terroristische Bekennerschreiben **23** 134
- Wegfall bei Verdacht der Strafverstrickung **23** 114 ff.

Beschränkte Steuerpflicht BT SteuerR 66, 73 f., 156, 163, 166

Beschriftung von Mauern
- als Anschlagen **Einl** 127

Beschuldigter
- Aussageverweigerung **23** 135
- Beschlagnahmeverbot **23** 135

Beschwerde BT SteuerR 8, 10

Beschwerdeausschuss des Deutschen Presserats s. dort

Besichtigungsfahrten 4 158
Besondere Persönlichkeitsrechte 6 73
Besteuerung
- von Presseunternehmen **BT SteuerR** 14 ff.
- Verfahrensrecht **BT SteuerR** 6

Besteuerungsgrundlagen BT SteuerR 26
Bestimmungslandprinzip BT SteuerR 100 f., 100
Beteiligungsverhältnisse s. Offenlegung
Betrieb BT ArbR 332
- Gewerblicher – **BT SteuerR** 64
- der öffentlichen Hand **BT SteuerR** 77

Betriebsausgaben BT SteuerR 68, 149 ff.
Betriebseinnahmen BT SteuerR 149 f.
Betriebsgeheimnis 6 69, 217
Betriebsrat BT ArbR 12, 247
Betriebsrat, Beteiligung BT ArbR 391
- Arbeitszeit **BT ArbR** 346, 378, 379 ff., 415
- Auswahlrichtlinien **BT ArbR** 349 ff.
- Eingruppierung **BT ArbR** 355, 365 ff.
- Einsichtsrecht **BT ArbR** 390
- Entgelt **BT ArbR** 378
- Forschungszulagen **BT ArbR** 383
- Informationsrecht, Anhörungsrecht, Beratungsrecht **BT ArbR** 349, 356, 361, 365, 373, 386, 389
- Initiativrecht **BT ArbR** 376
- Kündigung **BT ArbR** 348, 368 ff.
- Ordnung des Betriebs **BT ArbR** 383
- Personalplanung **BT ArbR** 348
- Umgruppierung **BT ArbR** 355, 365 ff.
- Versetzung **BT ArbR** 355, 363 f.
- Weiterbeschäftigung **BT ArbR** 368, 374 f.
- Widerspruch **BT ArbR** 370, 372

Betriebsstätte BT SteuerR 112
Betriebsverfassungsrecht
- Auszubildende **BT ArbR** 337 f.
- Betriebsänderung **BT ArbR** 387
- Betriebsbegriff **BT ArbR** 332
- Betriebsversammlung **BT ArbR** 338, 386
- Eigenartsklausel **BT ArbR** 347
- Interessenausgleich **BT ArbR** 387
- Pressefreiheit **BT ArbR** 339, 347, 351, 356, 358, 364, 375, 382, 392 f.
- Sozialplan **BT ArbR** 387
- Tendenzbetrieb **BT ArbR** 339 ff., 347, 351
- Tendenzschutz **BT ArbR** 339, 341 ff., 358, 393 f., 399
- Unternehmensbegriff **BT ArbR** 333
- Wirtschaftsausschuss **BT ArbR** 384

Betriebsvermögen BT SteuerR 27
Betriebsvermögensvergleich BT SteuerR 27 f., 28, 143, 149
Betroffener
- Abwendung der Beschlagnahme **14** 34 ff., 43

Betrug 20 50, 59, 84, 103 f.; s. a. Presseinhaltsdelikte
Beugehaft 23 85, 94 f., 148
Beweisverwertungsverbot 23 100, 124

2045

Sachverzeichnis

Fette Zahlen = §§ der Landesgesetze

Bewirtungskosten **BT SteuerR** 152
Bezieherkartei **BT SteuerR** 55
Bezirksausgabe **7** 46; s. a. Anschlusszeitung
Bibliographie **BT SteuerR** 125
Bibliothek
– Pflichtexemplare **12** 17
Bibliothekar
– Pflichtenzuständigkeit **6** 228
Bibliotheksabgabe **BT SteuerR** 105
Biersteuer **BT SteuerR** 4
Bilanz **BT SteuerR** 27 f., 29, 30, 44; s. a. Jahresabschluss
Bilanzierung **BT SteuerR** 27
– Forderungen **BT SteuerR** 61
– Vorräte **BT SteuerR** 60
Bilanzstichtag **BT SteuerR** 27
Bild
– Begriff **6** 122
– Bildzitat **BT UrhR** 125
– als Druckwerk **7** 21, 31
– Erkennbarkeit des Abgebildeten **6** 122
– Gegendarstellung **11** 111, 131, 138
– Pflichtexemplare **12** 18
– Steuern **BT SteuerR** 134, 141
– Urheberrechtsschutz **BT UrhR** 46, 64
– Vervielfältigung durch Lichtbild **BT UrhR** 144
Bildagentur **6** 204; **7** 52; s. a. Presseagentur
Bildberichterstatter **BT SteuerR** 146
Bilddrucke **BT SteuerR** 125
Bilderalben/-bücher **BT SteuerR** 130
Bildjournalist **9** 15; **BT SteuerR** 135, 146
Bildmaterial
– Steuersatz **BT SteuerR** 141
Bild, Recht am eigenen
– Bilder von Aufzügen **6** 138
– Bilder von Versammlungen **6** 138
– Bildnisse der Zeitgeschichte **6** 129 ff.
– Einwilligung **6** 124
– Entgegenstehendes Interesse **6** 135
– Heikle Fotos **6** 204
– Herstellen von Bildnissen **6** 123
– höchstpersönlicher Lebensbereich **6** 118
– Kundenzeitschrift **6** 136a
– Landschaftsbilder **6** 137
– Nacktfotos **6** 136, 204
– Person der Zeitgeschichte **6** 129 ff.
– Personenbildnis **6** 121
– räumliche Begrenzung **6** 122a
– Rechtsinhaberschaft **6** 119a
– Schmerzensgeld **6** 337
– Strafrechtsschutz **6** 118
– Verhältnis zum allgemeinen Persönlichkeitsrecht **6** 119
– Veröffentlichen, Verbreiten **6** 123
– Veröffentlichung ohne Einwilligung **6** 129, 203
– Werbefotos **6** 136a, 204
Bildträger **7** 18, 29 ff.
– Verbreitung jugendgefährdender – **BT JuSch 28** 2 ff.

Bild- und Tonträger **7** 6, 16, 30; **13** 15 f., 54
– als Druckwerk **7** 27 ff.
– Pflichtexemplare **12** 18
BilMoG **BT SteuerR** 32
Blacklist **BT JuSch 24** 19
Blankettdelikte **BT JuSch 27** 1
Boulevardpresse **6** 5, 29, 45
– Schutz der – **1** 205 ff.
Boykott **BT ArbR** 440 f.; s. a. Arbeitskampf, Streik
– Aufruf **6** 149
– Mittelbare Drittwirkung **1** 105 f.
Brandenburg Die Kommentierung des Landespressegesetzes von Brandenburg erfolgt bei den einzelnen einschlägigen Paragraphen des Landespresserechts. Besonderheiten werden vor allem an den nachfolgend aufgeführten Stellen erörtert: **Einl** 32; **3** 4, 33; **6** 3, 6; **8** 123, 147 ff.; **9** 1; **11** 5, 61, 70, 146, 171, 194, 232, 273; **12** 11, 16, 42; **17** 8; **18** 2; **22** 4, 67, 85; **24** 4; **25** 1
Bremen **Einl** 18, 24, 29; **6** 6; **8** 124; **9** 101, 107; **11** 6, 61, 70, 177, 179, 194, 233, 274; **12** 11, 13 f., 16, 43; **17** 8; **18** 1 f., 28 ff., 31, 60; **20** 5, 165; **21** 5; **22** 5, 86; **24** 5; **25** 1
Briefgeheimnis **6** 65, 69
Briefkastenwerbung **BT Abo** 37 ff.
Briefmarken **BT SteuerR** 133
Broschüren **BT SteuerR** 125
Buch **BT SteuerR** 116, 125
– Gegendarstellungspflicht **11** 81
– Schulbuch s. dort
– Umsatzsteuer **BT SteuerR** 125
Buch-/Bühnenverlage **BT SteuerR** 30
Buchdruckerei s. Druckerei
Buchführung **BT SteuerR** 26
Buchführungspflicht **BT SteuerR** 26
Buchmanuskript **BT SteuerR** 135
Buchpresse (Impressum) **8** 4
Buchreihe
– Kein periodisches Druckwerk **7** 80
Buchumschläge **BT SteuerR** 125
Bundesfinanzhof (BFH) **BT SteuerR** 8
Bundesprüfstelle für jugendgefährdende Medien (BPjM)
– Ausschließlichkeitsgrundsatz **BT JuSch 18** 45
– Auswahl, Ernennung, Abberufung der Mitglieder **BT JuSch 19** 2 ff.
– Beurteilungszeitpunkt **BT JuSch 18** 55
– Dreiergremium **BT JuSch 17** 4; **BT JuSch 23** 2
– Entscheidung **BT JuSch 18** 44 ff.; **BT JuSch 22** 10 ff.
– Errichtung **BT JuSch 17** 1 f.
– Mehrheitserfordernisse **BT JuSch 19** 13 f.
– sachliche Zuständigkeit **BT JuSch 17** 3 ff.
– Stellung der Mitglieder **BT JuSch 19** 6 ff.
– keine Teilindizierung **BT JuSch 18** 43
– Vollständigkeitsgrundsatz **BT JuSch 18** 48
– Vorausindizierungen **BT JuSch 22** 10 ff.

2046

Magere Zahlen = Randziffern

Sachverzeichnis

- Zusammensetzung **BT JuSch 19** 1
- Zweckwidrige Verwendung einer Mitteilung **BT JuSch 28** 23 ff.
- Zwölfergremium **BT JuSch 17** 4; **BT JuSch 19** 9 ff.

Bundesverband Deutscher Zeitungsverleger e. V. (BDZV) BT StandesR 6; **BT Abo** 58, 215 ff.
- Wettbewerbsregeln **BT Abo** 215 ff.

Bundesverfassungsgericht
- Anrufung in Steuersachen **BT SteuerR** 10

Bürgerinitiative
- Gegendarstellungsanspruch **11** 49, 51

BVerfG BT SteuerR 10 f.

CD-ROM
- als Druckwerk **7** 19, 36
- Pflichtexemplarrecht **12** 18

Chefredakteur 8 69, 75; **9** 16, 28; s. a. Verantwortlicher Redakteur
- Arbeitsverhältnis **BT ArbR** 87 f., 91, 101, 178, 204, 337, 394, 398
- Träger der Sorgfaltspflicht **6** 227

Chiffreanzeige BT SteuerR 7

Chiffre-Anzeigenvertrag BT Anz 113 ff.; **BT SteuerR** 7
- Anzeigenvertrag **BT Anz** 16, 113 ff.
- Auftraggeber **BT SteuerR** 7
- Auskunftsanspruch der Finanzbehörden **BT SteuerR** 7
- Bedeutung, rechtliche Einordnung **BT Anz** 113
- Chiffregeheimnis und Zeugnisverweigerungsrecht **BT Anz** 116 ff.
- Geschäftsbesorgung **BT Anz** 16
- Öffnungsklausel **BT Anz** 121
- Sperrvermerke **BT Anz** 115
- Verlegerpflichten **BT Anz** 113 ff.
- keine Verpflichtung zur Beachtung von Sperrvermerken **BT Anz** 115
- Verschwiegenheitspflicht **BT Anz** 114
- Weiterleitung an Inserenten **BT Anz** 113
- Weiterleitungsklausel **BT Anz** 121
- Wettbewerbswidrige Ausnutzung des Chiffredienstes **BT Anz** 119 ff.
- Zeugnisverweigerungsrecht **23** 76; **BT Anz** 116 ff.

Chiffregeheimnis 23 77; **BT SteuerR** 7

Computerprogramme BT SteuerR 36, 136

Computerprogramm/-Software
- Steuern **BT SteuerR** 136
- Urheberrechtsschutz **BT UrhR** 10, 17 f.

Computerspiele BT TitelSch 28
- Zeitschrift **BT SteuerR** 128

Copyright BT UrhR 18 f.

Darstellung
- Begriff **12** 60

Datenbank BT TitelSch 28

Datenschutz Einl 96; **6** 58, 73; **BT StandesR** 7, 11, 14

- Mediendatenschutz **BT MediendatenSch** 1 ff.

Datenschutzgrundverordnung BT MediendatenSch 27 f.

Datenschutzprivileg s. Mediendatenschutz

Datenschutzrichtlinie BT MediendatenSch 17 ff.

Datenverarbeitung
- Privilegierung **BT MediendatenSch** 19, 24 ff., 36

DBA BT SteuerR 66, 68, 163

Deep-Link BT UrhR 100

Degressive AfA BT SteuerR 57

Delikt s. Straf- und Ordnungswidrigkeitenrecht

Deliktshaftung s. Verschuldenshaftung

Demokratische Funktion der Presse 3 1; **6** 5, 30; s. a. Öffentliche Aufgabe

Demo-Versionen BT JuSch 28 13

Derivative immaterielle Vermögensgegenstände BT SteuerR 30

Derivativer Erwerb BT SteuerR 31, 44, 49

Deutsche Bibliothek 12 17, 25, 60 ff.
- Ablieferungspflicht **12** 60
- Gesetz über die – **12** 60

Deutsche Presseagentur (dpa) 7 49

Deutscher Journalistenverband e. V. (DJV) BT StandesR 6

Deutscher Presserat 6 6b, 20, 49, 210; **10** 47; **BT StandesR** 5 ff.
- Aufgaben **BT StandesR** 9, 10
- Beschwerdeausschuss/-verfahren **BT StandesR** 14 ff.
- Beschwerde gegen Werbung **BT StandesR** 21
- Beschwerdeordnung **BT StandesR** Anhang
- Deutscher Werberat **BT StandesR** 24
- Deutschland-Fernsehen GmbH **25** 8
- Geschichte und Struktur **BT StandesR** 5 ff.
- Pressekodex **BT StandesR** 11 f.
- Richtlinien für die publizistische Arbeit **BT StandesR** 11 f.

Deutscher Werberat BT StandesR 24

Dia
- als Druckwerk **7** 31

Dienstgeheimnis, Verletzung 20 57

Dienstverschwiegenheit 4 114

Digitale Druckvorlagen BT SteuerR 58

Direktionsrecht des Arbeitgebers BT ArbR 35 f., 83 ff., 264; s. a. Arbeitsverhältnis

Disziplinarmaßnahmen und Auskunftsanspruch 4 126

Domain BT TitelSch 34 f.

Domain-Namen BT SteuerR 36

Doppelbesteuerungsabkommen (DBA) BT SteuerR 66

dpa s. Deutsche Presseagentur

Drittlandsgebiet BT SteuerR 91, 94, 109

Sachverzeichnis

Fette Zahlen = §§ der Landesgesetze

Drittveröffentlichung
- Zurechnungszusammenhang **6** 313

Drogenkonsum, Verharmlosung BT JuSch 18 41

Druckbeihilfen BT UrhR 215; **BT SteuerR** 63, 97, 148

Drucke BT SteuerR 125

Drucker 14 15
- Nennung im Impressum **8** 13, 33, 38, 42 ff.
- Pflichtenzuständigkeit **6** 228
- Pflichtexemplare **12** 16
- als Täter eines Presseinhaltsdelikts **20** 73 f., 92 f., 98
- als Verbreitungsverdächtigter **14** 15

Druckerei
- als Adressat presserechtlicher Beschränkungen **1** 204
- Anlagegüter **BT SteuerR** 59
- Schutz durch Pressefreiheit **1** 204
- Verlagsunternehmen mit **BT SteuerR** 57

Drückerkolonnen BT SteuerR 54; s. a. Abonnementwerbung

Druckfahnen als Druckwerke 7 22

Druckkostenzuschuss BT UrhR 215; **BT SteuerR** 63, 97, 148

Druckkostenzuschüsse BT SteuerR 63

Druckort s. Erscheinungsort

Druckschrift 7 8; **BT SteuerR** 128
- Titelschutz **BT TitelSch** 24 f.

Druckschriften, periodische BT SteuerR 120, 129 f.

Drucktitel BT SteuerR 30

Druck- und Prägeformen BT SteuerR 58

Druckvorlagen BT SteuerR 58, 60

Druckwerk 7 6 ff., 15 ff.; **13** 13
- Amtliches Druckwerk s. dort
- Ausländisches – **11** 79, 107
- Begriff **Einl** 13; **7** 2 ff., 6 ff., 15 ff.; **12** 18
- CD-ROM als – **7** 19, 36
- Erscheinen eines –s im presserechtlichen Sinne **21** 41
- Erscheinenlassen eines –s im presserechtlichen Sinne **22** 52
- Erscheinungsort **Vor 20 ff.** 16, 18
- Harmlose –e s. dort
- Herstellungsmittel **13** 14; **18** 30
- nicht-periodisches **18** 23
- Periodisches **13** 14
- Pflichtexemplarrecht **12** 18; s. a. dort
- Unbrauchbarmachung (bei strafbarem Inhalt) **20** 25, 31, 109; **21** 51; **24** 83 ff.
- Verbreitung **Einl** 89; **1** 228 ff.; **13** 56
- Verbreitungsverbot **15**
- Wiederabdruckverbot **15**

Duldungsleistungen BT SteuerR 104

Durchführung der Besteuerung BT SteuerR 6

Durchlaufende Posten BT SteuerR 87, 89, 150

Durchschnittssätze
- Vorsteuer **BT SteuerR** 167 f.

Durchschnittssätze (USt) BT SteuerR 167

Durchschriften, Schreibmaschinen-
- als Druckwerk **7** 25

Durchsetzung der Ablieferungspflicht 12 29

Durchsuchungsaktionen 23 22 f.

Durchsuchungsverbot 23 98; s. a. Beschlagnahmeverbot

Durchsuchung von Presseräumen Vor 13 ff. 1, 30 ff.
- Anordnung durch den Richter **Vor 13 ff.** 31, 33, 34
- zu Beweiszwecken **Vor 13 ff.** 32
- Einziehungssichernde Beschlagnahme **Vor 13 ff.** 32
- Ergreifungsdurchsuchung **Vor 13 ff.** 30
- Ermittlungsdurchsuchung **Vor 13 ff.** 30
- bei Gefahr im Verzug **Vor 13 ff.** 31
- zur Nachtzeit **Vor 13 ff.** 36
- Teilnahme des Inhabers **Vor 13 ff.** 36
- Vollstreckungssichernde Durchsuchung **Vor 13 ff.** 30
- Zeugen **Vor 13 ff.** 36
- Zufallsfunde **Vor 13 ff.** 37 f.
- Zulässigkeit **Vor 13 ff.** 35

DVD
- als Druckwerk **7** 19, 36
- Pflichtexemplarrecht **12** 18

E-Bilanz BT SteuerR 26

EDV s. Computerprogramme

EDV-Programme BT SteuerR 32, 59

EFSK BT JuSch 16 10

EG-Fernsehrichtlinie 25 11

Ehescheidungsakten 6 69

Ehre
- Äußere – **6** 75
- Innere – **6** 75
- Kollektive – **6** 103
- Personengemeinschaften **6** 102
- Träger des Schutzguts **6** 101
- Verletzung **6** 76
- Verstorbene **6** 101

Ehrenschutz
- Aktivlegitimation **6** 101
- gegen Beleidigung von Organen und Vertretern ausländischer Staaten **6** 98b
- Einschränkung durch Art. 5 Abs. 3 GG **6** 78, 81
- Grundlagen **6** 74 ff.
- gegen Meinungen **6** 80 f.
- gegen üble Nachrede **6** 82 f., 97 f.
- Personen des öffentlichen Lebens **6** 97 f.
- Straftatbestände **6** 74
- Verhältnis zum allgemeinen Persönlichkeitsrecht **6** 76 f.
- Verhältnis zur Kreditgefährdung **6** 107
- gegen Verleumdung **6** 82 ff., 96 ff.
- gegen Verunglimpfung des Andenkens Verstorbener **6** 100

2048

Magere Zahlen = Randziffern **Sachverzeichnis**

- gegen Verunglimpfung des Ansehens und der Ehre des Staates und seiner Organe **6** 98a
Eigenanzeige des Verlags BT Anz 3, 171, 242, 300
Eigenkapital BT SteuerR 27 f., 78; s. a. Kapital
Eigenrecherche 23 44, 52, 62 ff.
- Zeugnisverweigerungsrecht **23** 44, 62 ff.
Eigentum s. Privateigentum
Eigentümer des Presseorgans 9 28
Eilverfahren s. Einstweilige Anordnung; Einstweilige Verfügung; Vorläufige Anordnung; Vorläufige Sicherstellung; Vorläufiger Rechtsschutz
Einfuhren BT SteuerR 114 f.
Einfuhr (USt) BT SteuerR 94 f.
Eingangsumsätze BT SteuerR 88
Eingriffskondiktion im Schadensersatz 6 320
Einheitsbilanz BT SteuerR 26
Einkommen BT SteuerR 68
Einkommensteuer BT SteuerR 4, 21 ff., 26, 68, 71, 75, 143, 144, 166 f.
Einkommensverwendung BT SteuerR 4
Einkünfte
- aus Gewerbebetrieb **BT SteuerR** 21, 26
- aus Kapitalvermögen, nichtselbständiger/selbständiger Arbeit etc. **BT SteuerR** 21
Einordnungsverhältnis 9 85
Einräumung von immateriellen Nutzungsrechten/Urheberrechten BT SteuerR 110, 137
Einräumung von Nutzungsrechten s. Nutzungsrecht
Einrückungsgebühren 11 136, 179, 226
Einsender
- Täter eines Presseinhaltsdelikts **20** 83 ff.
- Zeugnisverweigerungsrecht **23** 49
Einsichtsrecht in Register 4 166 ff.
Einspruch BT SteuerR 8
Einstweilige Anordnung beim Informationsanspruch 4 189 f.
Einstweilige Verfügung
- Unterlassungsanspruch **6** 282
- Widerrufsanspruch **6** 302
Einwilligung
- Interview **6** 244
- Mutmaßliche – **6** 245
- Personenbildnis **6** 124 ff., 204
- Prüfung der Einwilligung **6** 203 f.
- Rechtfertigungsgrund **6** 244
Einzelunternehmen BT SteuerR 21
Einziehung 6 350; **13** 35 ff.
- Anordnung in Gerichtsentscheidung **13** 70
- Beziehungsgegenstände **13** 45
- Dringender Tatverdacht **13** 77
- Druckwerk **13** 34 ff.
- von Gegenständen **13** 34 ff.
- Generelle – **13** 37, 39 ff.
- Grundsatz der Verhältnismäßigkeit **13** 91 ff.

- Herstellungsmittel **13** 55
- instrumenta sceleris **13** 44
- Mischcharakter **13** 36
- Objektives Verfahren **13** 66 ff.
- im Ordnungswidrigkeitenrecht **13** 73
- Presseinhaltsdelikte **13** 52 ff.
- producta sceleris **13** 43
- Rechtsnatur **13** 36
- Rechtswidrige Tat **13** 35
- Selbständige Anordnung **13** 66 f.
- Spezielle **13** 37 f.
- Strafähnliche **13** 46 f.
- Übermaßverbot **13** 48 ff.
- Unbrauchbarmachung **13** 51, 65 ff.
- Verhältnismäßigkeit **13** 91 ff.
- Voraussetzung **13** 34 ff.; **24** 82 f.
- Voraussetzungen **13** 74 ff.
Einziehungsverfahren 13 72
Einziehungsvorbehalt 13 50, 64
Elektronische Kommunikation
- Zuordnung zur Pressefreiheit **Einl** 89
Elektronische Mediendienste Einl 1; **1** 190, 202; **6** 6b, 10
- Verantwortlichkeit **6** 6b, 229a
Elektronische Presse 1 192
- Sorgfaltspflichten **6** 6b
Elektronisches Verbreiten BT JuSch 1 36 ff.
- Anwendungsbereich **BT JuSch 1** 37 ff.
- Funktion **BT JuSch 1** 36
- Verbreiten, Überlassen, Anbieten, Zugänglichmachen **BT JuSch 1** 41 f.
Elternprivileg BT JuSch 1 6; **BT JuSch 15** 57; **BT JuSch 27** 27 ff.
Elternzeitberechtigte BT ArbR 296
Energiesteuern BT SteuerR 16, 19
Entäußerungstheorie Einl 117; **8** 18; s. a. Verbreitung von Druckwerken
- Modifizierte Entäußerungslehre **Einl** 117
Enteignender Eingriff 17 12
Entgangener Gewinn 6 308
Entgelt 10 17 ff.
Entgeltfortzahlung im Krankheitsfall s. Tarifvertrag
Entgeltliche Anzeigen, Kennzeichnungspflicht
- Bedeutung **10** 2 ff.
- Entgelt **10** 17 ff.
- Folgen des Verstoßes **10** 38 ff.; **22** 35, 63 ff.
- Form der Kennzeichnung **10** 23 ff.
- Formen der Vermischung **10** 13 ff.
- Getarnte redaktionelle Werbung **10** 50 ff.
- Zur Kennzeichnung Verpflichtete **10** 32 ff.
Entschädigung für fehlerhafte Beschlagnahme Vor 13 ff.; **17** 1 ff., 48 ff.; s. a. Beschlagnahme
- Anspruch aus Amtshaftung **17** 63 ff.
- Anspruch aus öffentlich-rechtlicher Verwahrung **17** 66 f.
- Ansprüche Dritter **17** 68
- Anwendbarkeit des StrEG **17** 2 ff.
- Ausschluss **17** 28 ff.

2049

Sachverzeichnis

Fette Zahlen = §§ der Landesgesetze

- Berechtigung **17** 36 f.
- Betragsverfahren **17** 45
- Fakultative – nach Billigkeit **17** 24 ff.
- Fakultative Versagung **17** 31
- Geschichte **17** 8
- Grundverfahren **17** 39 ff.
- Gültigkeit der Norm **17** 1 ff.
- Obligatorische **17** 16 ff.
- nach § 17 LPG **17** 48 ff.
- Rechtsweg **17** 46
- Regelungskompetenz, verfahrensrechtliche bzw. presserechtliche **17** 1 ff.
- nach StrEG **17** 28 ff., 36 ff., 39 ff.
- StrEG und § 17 LPG, Vergleich **17** 12 ff.
- Umfang **17** 32 ff.
- Umfang der Entschädigung nach StrEG **17** 32 ff.
- Versagung der Entschädigung nach StrEG **17** 28 ff.
- Voraussetzungen **17** 16 ff.
- Voraussetzungen der Entschädigung nach StrEG **17** 16 ff.

Entscheidungsbefugnis 9 14
Enzyklopädie BT SteuerR 126
Erbengemeinschaft als Drucker 8 44
Erbschaft-und Schenkungssteuer BT SteuerR 4
Erfahrungsaustausch BT JuSch 21 49
Erfindungen BT SteuerR 36
Erfindungen, ungeschützte BT SteuerR 36
Erfolgsbezogenes Unrechtskonzept 6 235
Ergänzungsabgabe BT SteuerR 23
Ergänzungslieferungen BT SteuerR 43
Erhebungsverfahren BT SteuerR 6
Erhöhte Absetzungen BT SteuerR 57
Ermächtigung 13 85
Ermäßigter Steuersatz
- Fotograf **BT SteuerR** 141
- Grafiker **BT SteuerR** 142
- Journalist **BT SteuerR** 135, 155
- Nutzungsvergütung **BT SteuerR** 135
- Presseagentur **BT SteuerR** 141
- Pressedienst **BT SteuerR** 141
- Schriftsteller **BT SteuerR** 138
- Übersetzer **BT SteuerR** 139

Ermittlungsakten
- Einsicht in **4** 193
- Veröffentlichung aus **6** 210a

Ermittlungsbehörde
- Fahndungsaufrufe **6** 209
- Pressemitteilung **6** 209

Ermittlungspersonen der Staatsanwaltschaft Vor 13 ff. 31, 33, 40, 44; **13** 4 f.
Ermittlungsrichter
- Beschlagnahmeanordnung **13** 22 ff.
- Durchsuchungsanordnung **Vor 13 ff.** 31 ff.

Erpressung 20 45 ff., 59, 103;
s. a. Presseinhaltsdelikte
Ersatzleistung
- Art und Umfang **6** 316 ff.

Erscheinen 7 22; **8** 18 ff.
- Begriff **Einl** 123
Erscheinungsort
- Begriff **8** 17
- bei Presseinhaltsdelikten **Vor 20 ff.** 16
Erscheinungszeit 8 24 f.
Erstbegehungsgefahr 6 269
Erstverkaufstag BT Abo 117
Ertragsabhängige Steuern BT SteuerR 16, 18
Ertragsteuerbelastung BT SteuerR 1
Ertragsteuern BT SteuerR 1, 62
Erwerb 6 108
Erwerbsbesteuerung BT SteuerR 95, 104
Erwerbs- und Wirtschaftsgenossenschaften BT SteuerR 64
Erzieherprivileg BT JuSch 1 6; **BT JuSch 15** 57; **BT JuSch 27** 27 ff.
- Begrenzung **BT JuSch 27** 30
- Verlängertes – **BT JuSch 27** 29
Erziehungsbeauftragte Personen BT JuSch 1 9 ff.
Erziehungsberechtigte BT JuSch 1 9
EuGH BT SteuerR 9, 159
Europäische Menschenrechtskonvention (EMRK) 1 45 ff.; **6** 32b, 32c, 57, 68a, 130a, 136b, 216a; **BT Mediendaten Sch** 15 f.
Europäischer Gerichtshof (EuGH) BT SteuerR 9, 159
Europäischer Gerichtshof für Menschenrechte (EGMR) 6 32b, 32c, 68a, 130a, 136b, 216
Europäischer Werkbegriff BT UrhR 28a
Europäisches Fernsehabkommen 25 11
Europäisches Gegendarstellungsrecht
s. a. Gegendarstellung
Exterritorialität 9 97 ff.

Fabrikationsverfahren BT SteuerR 36
Fahndungsaufruf, -mithilfe 6 209
Fahndungsfoto
- Urheberrechtlich geschützte Vervielfältigung **BT UrhR** 166
Fahnen s. Druckfahnen
Fahrkarte, -plan
- als Druckwerk **7** 62
Fahrlässigkeit
- Äußere – **6** 256
- Begriff **6** 252
- Innere – **6** 256
- Objektivierend-typisierter Maßstab **6** 253
- Voraussehbarkeit **6** 254
Fahrpläne 7 62
Fairness bei Verdachtsveröffentlichung 6 210
Fälschungsdelikt
- kein Presseinhaltsdelikt **20** 38
Familienanzeige
- als Druckwerk **7** 63
Feiertagsruhe im Pressegewerbe
s. Sonntagsruhe

Sachverzeichnis

Magere Zahlen = Randziffern

Fernschreiberübermittlung
- als Druckwerk **7** 53

Fernsehdiskussion 6 93, 276, 301

Fernsehen
- kein fliegender Gerichtsstand **Vor 20 ff.** 17
- Gegendarstellung **11** 131
- Grenzüberschreitendes **25** 11
- Kurzberichterstattung, Recht auf **4** 164 f.
- Übertragung öffentlicher Veranstaltungen **4** 164 f.

Fernsehfreiheit
- Abgrenzung zur Pressefreiheit **6** 6

Fernsehurteil vom 28.2.1961 25 8; s. a. Rundfunkurteil

Fernsprechgeheimnis 6 65, 69; s. a. Telefongespräch

Festhonorar BT SteuerR 44, 60

Fiktionshaftung 6 223

Fiktive Lieferung BT SteuerR 96

Film 7 32; **BT UrhR** 47
- Urheberrechtsschutz **BT UrhR** 47

Filmberichterstattung
- Zeugnisverweigerungsrecht **23** 41

Filterprogramme BT JuSch 24 17

Finanzbehörde
- Schutz vor Auskunftsverlangen der – bei Chiffre-Anzeige **BT SteuerR** 7

Finanzgericht BT SteuerR 8

Finanzierung von Presseproduktionen 1 145

Firma (Impressum) 8 36

Firmen- oder geschäftswertähnliche Wirtschaftsgüter BT SteuerR 59

Firmenschutz BT TitelSch 213

Firmenwertähnliche Wirtschaftsgüter (Verlagswert) BT SteuerR 51

Firmenzeitschriften BT SteuerR 111

Fiskalvertreter BT SteuerR 102

Fiskus und Pressefreiheit 1 109 ff.; **6** 22, 72

Fliegender Gerichtsstand 1 28; **Vor 20 ff.** 15, 17

Flugblätter 6 224; **8** 4

Forderungen aus Lieferung und Leistung BT SteuerR 61

Form des Auskunftsverlangens 4 82

Formlose Sicherstellung 23 99

Formular
- als Druckwerk **7** 17, 59

Fortkommen
- als Schutzgut **6** 108

Fortsetzungssammelwerk BT SteuerR 55

Fortsetzungswerk BT SteuerR 43

Fotodesigner BT SteuerR 145

Fotograf BT SteuerR 135, 141
- Steuersatz **BT SteuerR** 141

Fotografie s. a. Bild
- als Druckwerk **7** 21, 31
- Fahndungsfoto **BT UrhR** 166
- Gegendarstellung **11** 131
- Urheberrecht **BT UrhR** 46

Fotokopie 11 154

Fotomodelle BT SteuerR 158

Frachtbrief
- als Druckwerk **7** 62

Frage
- als Meinungsäußerung **6** 87a

Framing BT UrhR 100

Frankreich
- Garantenhaftung **9** 4 f.

Freiberufler BT SteuerR 27, 75, 135, 143, 143 ff., 145

Freiberufliche Mitarbeiter
- Beitragskontrolle **6** 221
- Gewinnermittlung **BT SteuerR** 149
- Steuersatz **BT SteuerR** 143 ff.

Freibetrag (GewSt) BT SteuerR 79

Freie Mitarbeiter BT ArbR 33, 42 ff.
- Presse **BT ArbR** 33, 42 ff., 49, 80 f.
- Rundfunk **BT SteuerR** 140

Freier Journalist 6 221; **9** 12; **BT ArbR** 80 f.
- Gleichbehandlung **4** 151

Freiexemplare BT UrhR 216

Freihaltung
- des Druckwerks von strafbarem Inhalt **9** 19, 29, 37 ff.

Freiheit der Kunst s. Kunstfreiheit

Freiheit der Presse s. Pressefreiheit

Freiheit des Films s. Filmfreiheit

Freiheit des Rundfunks s. Rundfunkfreiheit

Freispruch
- Pflicht zur Richtigstellung **6** 179, 294

Freistellung
- Amtlicher Druckwerke s. dort

Freistellungsmethode
- Freistellungsverfahren (Steuerabzug) **BT SteuerR** 66

Freiwillige Selbstkontrolle BT JuSch 16 10; **BT JuSch 28** 16

Fremdbezug von Zeitungsteilen (Impressum) 8 104 ff.; s. a. Impressum
- Inhalt der Angaben **8** 115 ff.
- Landesrechtliche Regelungen **8** 107 ff., 119 ff.
- Zweck der Vorschrift **8** 104 ff.

Fremdenverkehrsprospekte BT SteuerR 127

Fremdsprachige Druckwerke (Impressum) 8 30

Friedensverrat
- als Presseinhaltsdelikt **20** 58

Frist für Auskunftsbegehren 4 83

FSK s. Freiwillige Selbstkontrolle

Füllanzeige 10 54; **BT Anz** 160, 163 ff.

Fünfzehn-Prozent-Regel BT Abo 174 f.

Garantenhaftung 9 4 f.; **20** 128

Gebietsbereinigungsvereinbarung BT SteuerR 52

Gebrauchsgrafiker BT SteuerR 142

Gebrauchsmuster BT SteuerR 36, 110

2051

Sachverzeichnis

Fette Zahlen = §§ der Landesgesetze

Gebühren
- bei Gegendarstellung s. Einrückungsgebühren

Gefühlsbetonte Werbung BT Abo 51 ff.

Gegendarstellungen
- Verpflichtung zur Speicherung **BT MediendatenSch** 52

Gegendarstellung in der Presse 9 29, 35, 39; **11** 1 ff.
- Abänderung s. Änderung
- Abbildung in – s. Bildgegendarstellung
- Abdruck als Leserbrief **11** 162 f.
- Abdruck bei abgeschlossener Herstellung des Druckwerks **11** 165 ff., 167
- Abdruckpflicht **11** 138, 149 ff., 162 ff., 173, 175, 177
- Abdruckverlangen **11** 149, 150, 155
- Abdruckverlangen, erfolgloses **11** 194 ff.
- Ablehnung der – **11** 180 ff.
- Abrufdienste **11** 267
- Adressaten **11** 84, 156
- Agenturmeldung **11** 83
- Aktualitätsgrenze **11** 159, 161
- Alles-oder-nichts-Prinzip **11** 180, 215, 221
- Allgemeines Persönlichkeitsrecht s. Persönlichkeitsrecht
- Amtliche Schriften **11** 78, 82
- Anbieter **11** 256
- Änderung einer – **11** 158, 169 f., 208 ff.
- Angemessenheit des Umfangs **11** 133
- An gleicher Stelle **11** 162, 173 ff., 177, 287a
- Anknüpfung an die Erstmitteilung **11** 126 ff.
- Anlass zur Klageerhebung **11** 181
- Anschein **11** 64
- Anspruch, gerichtliche Durchsetzung **11** 184 ff., 191 f.
- Anspruchsberechtigte **11** 46 ff.
- Anspruchsberechtigte Personen oder Stellen **11** 46 ff.
- Anspruchsverpflichtete **11** 80 ff.
- als Anstandspflicht der Presse **11** 29
- Anwaltskosten bei – **11** 228
- Anwendbares Recht **11** 2 ff.
- Anzeigen **11** 68 ff., 136, 179
- Anzeigenleiter **11** 84
- Anzeigenteil, Mitteilungen im **11** 68
- einer Anzeige wegen Vermutung der – **BT Anz** 56
- ARD **11** 244, 286
- Aufbewahrungspflicht **11** 268
- Auflagenhöhe bei der – **11** 136
- Aufmachung **11** 177
- Aufstellung einer Tatsachenbehauptung **11** 106
- Aufzeichnungspflicht **11** 268
- Ausländische Druckwerke **11** 79, 107
- Ausländische Stellen **11** 49
- Ausnahmen **11** 60 ff.
- Äußerungen eines Dritten **11** 108
- Ausstrahlung der **11** 263 ff.
- Auszeichnung **11** 177
- Baden-Württemberg **11** 2, 229, 270
- Bayern **11** 3, 126, 187, 230, 271
- Bearbeitung durch Verleger oder Verantwortlichen Redakteur **11** 139 ff.
- Bedeutung **11** 20 ff.
- Bedürfnis der Allgemeinheit nach Unterrichtung **11** 27
- Beeinträchtigung Dritter **11** 118
- Behörde als Berechtigte **11** 251
- Beilagen **11** 83
- Beleidigungen **11** 115, 117 ff.
- Berechtigter **11** 251
- Berlin **11** 4, 231, 272
- Besonderheiten in den Landespressegesetzen **11** 229 ff.
- Betriebsrat, Anspruch **11** 49
- Betroffene Personen **11** 46 ff., 53 f., 58 f.
- Betrugsvorwurf **11** 105
- Beweisbarkeit **11** 91, 95
- Beweiserhebung **11** 63, 76, 206
- Beweislast **11** 205
- Bezirksausgaben **11** 83
- Bezug zur Erstmitteilung **11** 126
- Bildgegendarstellung **11** 131, 248
- Bildveröffentlichung **11** 111
- Blankounterschrift **11** 143
- Brandenburg **11** 5, 163, 232, 273
- Bremen **11** 6, 132, 163, 177, 233, 274
- Bündelungstheorie **11** 209, 221
- Bündel von Tatsachenbehauptungen **11** 106
- Chefredakteur **11** 57
- Dementi in – **11** 127
- Deutsche Welle/Deutschlandfunk (DW/DLF) **11** 18, 286
- Deutschlandradio **11** 18, 286
- Dringlichkeit **11** 188, 199, 201
- Dritte **11** 64, 77, 107, 108, 118
- Druckanordnung **11** 175, 222
- Druckwerke, periodische **11** 81
- Durchsetzung der **11** 184 ff.
- Eindruck **11** 99
- Einrückungsgebühren **11** 136, 179, 226
- Einschaltungen **11** 162, 169 ff.
- Einstweilige Verfügung **11** 187, 200 ff.
- Eltern **11** 57
- Empfänger s. Adressaten
- Entgegnung **11** 126 ff.
- Entgegnungszwang nach – **11** 77 f.
- Erben, Anspruch **11** 55 f.
- Erfüllung des Anspruchs **11** 162, 224 f.
- Ergänzung **11** 129 ff.
- Erkennbarkeit **11** 59
- Erklärungsfrist **11** 196
- Erledigung der Hauptsache **11** 225
- Erstmitteilung **11** 65, 97
- Erwiderung auf – **11** 265
- Fälligkeit **11** 150
- Fax **11** 154
- Fernsehen s. Rundfunk
- Form der – **11** 137 ff.

2052

Magere Zahlen = Randziffern

Sachverzeichnis

- Freistellung vom Nachweis der Richtigkeit **11** 76
- Fremde Äußerungen **11** 107
- Fremdsprache **11** 79, 140
- Frist **11** 157 ff.
- Frist im Verfahren **11** 157 ff.
- Frist nach der Erstmeldung **11** 25
- Fristsetzung **11** 196
- Fristwahrung **11** 157 ff.
- Gebühren s. Einrückungsgebühren
- Gedanklicher Zusammenhang **11** 126
- Gefährdung des Anspruchs **11** 188
- Gegendarstellung zur – **11** 77, 109
- Gegenfilm **11** 131, 248
- Gegenfoto **11** 111, 131, 248
- Gemisch von Tatsachenbehauptungen und Meinungsäußerungen **11** 125
- Gerichtsberichte **11** 72 ff., 206
- Gesamtschuldnerische Haftung **11** 84 ff.
- Geschichte der – **11** 30 ff.
- Geschichtlichkeit **11** 91
- Geschwätzige Gegendarstellung **11** 134
- Gesetzliche Vertreter **11** 146
- Gewillkürte Vertretung **11** 147
- Glaubhaftmachung **11** 159, 206
- Gleicher Sendebereich **11** 263
- Gleiche Schrift **11** 162, 175
- Gleiche Sendezeit **11** 263
- Glossierung **11** 162, 171 f.
- Glossierungsbeschränkung **11** 162, 171
- Grundsatz von Treu und Glauben – **11** 38
- Grundsatz von Treu und Glauben **11** 118, 162
- Haftung, gesamtschuldnerische **11** 84 ff.
- Hamburg **11** 7, 234, 275
- Handelsmarken, fehlender Hinweis auf **11** 65
- Handschriftliche Unterzeichnung **11** 145
- Harmlose Schriften **11** 78, 82
- Hauptverfahren **11** 187
- Herleitung des Rechtsanspruchs **11** 35 ff.
- Hessen **11** 8, 187, 235, 276
- Hilfsantrag bei – **11** 221
- Hypothetische Vorgänge **11** 104
- Inhalt **11** 114 ff., 127 ff.
- Inhaltsverzeichnis, Hinweis auf **11** 176
- Innere Tatsachen **11** 89, 122
- Interesse, berechtigtes **11** 53, 60 ff.
- Interlokales Recht **11** 193
- Internationales Recht **11** 79
- Internet, im **11** 287 ff.
- Interview **11** 107
- Ironisierung **11** 92
- Irreführung **11** 127
- Klärbarkeit **11** 91
- Klarstellung durch – **11** 129 f.
- Kopfblätter **11** 83
- Korrektur durch Redaktion **11** 140
- Kosten des Verfahrens **11** 70, 136, 179, 226 ff.
- Kostenfreiheit des Abdrucks **11** 179
- Kürzung der **11** 215 ff.

- Layout **11** 166
- Leserbrief **11** 162, 178
- Leserlichkeit **11** 139
- Lokalausgaben **11** 83
- Mecklenburg-Vorpommern **11** 9, 277
- Mehrere Artikel **11** 106
- Mehrere Personen betroffen **11** 53
- Meinungsäußerung im Gegensatz zu Tatsachenbehauptung **11** 88 ff., 120 ff., 125
- Mitwirkungspflicht der Presse **11** 181 ff.
- Motive **11** 89, 122
- Mündliche Verhandlung **11** 205
- Nachrichtenagentur **11** 81, 112
- Nächstfolgende Nummer **11** 164 ff.
- Namensgleichheit **11** 57, 99
- Namentliche Nennung **11** 59
- Nazi **11** 92
- Nebenausgaben **11** 83
- Negative Feststellungsklage **11** 188
- Nicht rechtsfähiger Verein **11** 48
- Niedersachsen **11** 10, 236, 278
- Nordrhein-Westfalen **11** 11, 279
- Offensichtliche Unwahrheit s. Unwahrheit
- Österreich **11** 171
- Parlamentsberichte **11** 72 ff.
- Parteiwechsel **11** 203
- Person **11** 48
- Persönlichkeitsrecht **11** 39 ff.
- Platzierung der **11** 173 ff.
- Platzierung der – **11** 177
- Prähistorische Vorgänge **11** 104
- Pressefreiheit und – **11** 45
- Privater Rundfunk **11** 245
- Pseudonym **11** 144
- Recht auf – einer dritten Person **11** 77
- Rechtsbegriffe **11** 105
- Rechtsbeziehungen **11** 105
- Rechtsmissbrauch, Ausschluss des **11** 161, 197
- Rechtsnatur des Gegendarstellungsrechts **11** 33 ff.
- Rechtsschutzbedürfnis **11** 204
- Rechtzeitiger Abdruck **11** 25, 164 ff.
- Redakteur, verantwortlicher **11** 84
- Redaktionsschluss **11** 164 ff.
- Redaktionsschwanz **11** 77, 109, 162, 171
- Rheinland-Pfalz **11** 12, 83, 237, 280
- Rubriken/Sparten **11** 174, 178
- Rundfunk **11** 1, 243 ff.
- Rundfunk, Besonderheiten in Bundesländern **11** 269 ff.
- Saarland **11** 13, 217, 238, 281
- Sachliche Zuständigkeit **11** 191 ff.
- Sachsen **11** 14, 187, 239, 282
- Sachsen-Anhalt **11** 15, 240, 283
- Sachverständige **11** 95, 97, 128
- Sachverständigengutachten **11** 128
- Schadenersatzansprüche – **6** 317; **11** 66, 226
- als Schadensersatz **6** 317
- Schadensrechtliche **6** 318
- Schleswig-Holstein **11** 16, 241, 284

2053

Sachverzeichnis

Fette Zahlen = §§ der Landesgesetze

- Schlussfolgerungen in **11** 90, 99
- Schmerzensgeld **6** 340
- Schriftform **11** 138 ff.
- Schrift, gleiche **11** 175
- Schriftgröße **11** 175
- Selbstdarstellung **11** 65
- Sinnentstellende Wiedergabe der Erstmitteilung **11** 64
- Sprache der – **11** 140 f.
- Stasiunterlagengesetz und – **11** 20, 286
- statt Schmerzensgeld **6** 340
- statt Widerruf **6** 290
- Stelle **11** 49 ff.
- Stelle als Partei **11** 202
- Stellenbezeichnung **11** 126, 259
- Stellung des Abdruckverlangens **11** 152, 155 f.
- Stellvertretung bei der – **11** 146 ff., 156
- Strafbarer Inhalt s. Inhalt
- Strafrechtliche Absicherung **11** 36
- Streitgegenstand **11** 221
- Synopse **11** 170
- Tatsachenbehauptung **11** 88 ff., 120 ff.
- Telefax **11** 154
- Thüringen **11** 17, 242, 285
- Titelblatt **11** 174
- Treu und Glauben **11** 38
- Übermittlung durch Telefax **11** 154
- Überschrift bei der – **11** 132, 175
- Umbruch **11** 166
- Umfang **11** 67, 133 ff., 180
- Unerlaubte Handlung **11** 37
- Unterzeichnung **11** 52, 142 ff.
- Unveränderter Abdruck **11** 169 f.
- Unverständliche **11** 62
- Unverzüglich **11** 159
- Veranstalter **11** 255
- Verantwortlicher Redakteur s. Redakteur
- Verband **11** 49, 53
- Verbreitung **11** 162 ff., 263 ff.
- Verbreitungspflicht **11** 162
- Verdacht **11** 99
- Verein **11** 48 ff.
- Verfahren **11** 161, 186 ff., 200 ff., 266
- im Verfahren **11** 207 ff., 216 ff.
- Verhaltener Anspruch **11** 150
- Verhandlung, mündliche **11** 205
- Verleumdungen **11** 115
- Vermutung **11** 99
- Veröffentlichung, nochmalige bei nicht ordnungsgemäßem Abdruck **11** 224
- Verpflichtete **11** 80 ff.; s. a. Verleger, Verantwortlicher Redakteur
- Verschweigen von Information **11** 110
- Verstümmelte **11** 153, 162
- Verweigerung des Abdrucks durch Mithaftenden **11** 85 f.
- Verwirkung **11** 197
- Verzug bei Veröffentlichung **11** 228
- Vollziehung, Vollstreckung, Rechtsmittel **11** 222 ff.
- Waffengleichheit **11** 162, 169, 173, 177

- Wahlkampfzeitung **11** 81
- Wahrheit der – **11** 26, 63, 75 f., 113, 122
- Wechsel des Verlegers/verantwortlichen Redakteurs **11** 87
- Weglassungen **11** 162
- Weitschweifigkeit **11** 134
- Werbesendungen **11** 262
- Werbung **11** 65, 118
- Werturteil **11** 88 ff.
- Widerruf **6** 290; **11** 66
- Wiedergabe einer eigenen Meldung als fremde **11** 107
- Wochenendausgabe **11** 164, 174
- ZDF **11** 18, 286
- Zitat **11** 107
- Zivilrechtlicher Anspruch **11** 33 ff., 185 ff.
- Zukünftige Ereignisse **11** 104
- Zuleitung **11** 195, 211 f., 216
- Zuleitung der – **11** 151 ff.
- Zusammenhang mit Erstmitteilung **11** 126, 159 ff.
- Zusammenhang mit Erstveröffentlichung **11** 157
- Zusätze **11** 163, 171
- Zuständigkeit **11** 191
- Zwangsvollstreckung **11** 205, 222 ff., 225
- Zwangsvollstreckung, Einstellung der – **11** 205, 223

Gegendarstellung in Rundfunk und Fernsehen 11 243 ff.
- Anspruchsverpflichtete **11** 80
- Ausnahmen von der – **11** 261
- Ausschlussfristen **11** 260
- Betroffener **11** 252
- Bezeichnung der Sendung und Tatsachenbehauptung **11** 259
- Durchsetzung, zivilrechtliche **11** 184 ff.
- Form, Geltendmachung, Inhalt, Umfang s. entsprechend Gegendarstellung in der Presse
- Gebühren s. Einrückungsgebühren
- Gegenbild **11** 248
- Gemischte Vervielfältigungen **7** 36 ff.
- Interview **11** 107
- Kosten **11** 227 ff., 262
- Privater Rundfunk, Anspruch **11** 254 ff., 267
- Privater Rundfunk, Anspruch auf – **11** 245
- Straf- u. Schuldausschließungsgründe **11** 116 f.
- Tatsachenbehauptungen **11** 253, 262
- Verbreitung in gleicher Art und Weise **11** 263 f.
- Verfahren **11** 266
- Verpflichteter **11** 254 ff.
- Verschweigen von Information **11** 110
- Werbesendungen **11** 262

Geheimhaltungsinteresse
- der Behörden s. dort

Geheimhaltungsvorschriften
- Begriff **4** 109 ff.

2054

Magere Zahlen = Randziffern

Sachverzeichnis

Geheimnis 4 113
Geheimnissphäre 6 65, 69
Geheimnisträger 6 217
Geheimsphäre 6 217
– Sorgfaltspflichten der Presse 6 217
Geistiges Eigentum
– Schutz BT UrhR 4
Geleistete Anzahlungen BT SteuerR 35
GEMA BT UrhR 243; BT SteuerR 105, 137
Gemeinfreies Gedankengut
– Urheberrecht BT UrhR 41
Gemeinschaftsgebiet BT SteuerR 91, 109
Gemeinschaftsrecht BT SteuerR 9, 159
Gemeinschaftsrechtliche Frage BT SteuerR 159
– Finanzrechtsstreit BT SteuerR 9
Gemischte Vervielfältigungen 7 36 ff.
Gerichte als auskunftsverpflichtete Stellen 4 68
Gerichtsberichterstattung
– Ausgewogenheit 6 210
– Kleinkriminalität 6 208
– Prangerwirkung 6 205
– Sorgfaltspflichten der Presse 6 205 ff.
– Unschuldsvermutung 6 205
– Veröffentlichungsinteresse 6 205
– Vorverurteilung 6 205
– Zeitgrenze 6 211
Gerichtsstand
– Kein fliegender – Vor 20 ff. 15
– Presseinhaltsdelikte Vor 20 ff. 15
– Presseordnungsverstöße Vor 20 ff. 18
Gerichtsverhandlungen
– Ausschlussverbot der Presse 1 226, 239
Geringe Wirtschaftsgüter BT SteuerR 59
Geringwertige Wirtschaftsgüter (GWG) BT SteuerR 59
Gesamtschuldner 6 331
Gesamtsteuerbelastung BT SteuerR 71
Geschäftliche Information 10 28
Geschäftliche Kennzeichen
– Funktionen BT TitelSch 10 ff.
– Immaterialgüterrecht BT TitelSch 5
– Werktitel BT TitelSch 6
Geschäftsberichte 7 59
Geschäftsbuch BT SteuerR 134
Geschäfts-, Firmenwert BT SteuerR 35, 36, 44 f., 45, 57; s. Immaterielle Vermögenswerte
– Nutzungsdauer BT SteuerR 47
Geschäftsgeheimnis 6 69, 217
Geschäfts- oder Firmenwert BT SteuerR 30, 35, 51, 56
Geschäftsräume
– Durchsuchung Vor 13 ff. 1, 30 ff.
Geschenk BT SteuerR 152
– Annahme von –en im Pressewesen BT StandesR 13
– Begrüßungschecks für Neuabonnenten BT Abo 120
– Geschenkabonnement BT Abo 167 ff.

Geschmacksmuster BT SteuerR 142
Geselliges Leben
– dem g–n L. dienende Drucksachen 7 63
Gesellschaft mit beschränkter Haftung (GmbH) BT SteuerR 64
Gesetzgebungskompetenz
– Allgemeine Rechtsverhältnisse, Beschränkung der Bundeskompetenz auf – Einl 36
– Bund/Länder Einl 33 ff.; 6 7, 7 ff.; 26 1 ff.
– Jugendschutz BT JuSch Einl 10 ff.
– Pressebeschlagnahme Vor 13 ff. 24 ff.
– Rahmengesetzgebung Einl 36 f.
– Zeugnisverweigerungsrecht 23 5 ff.
Gesetz über die Verbreitung jugendgefährdender Schriften BT JuSch Einl 2 ff.
Gesinnungsschutz des Redakteurs s. Tendenz
Getarnte Werbung 6 151; 10 2, 15, 34, 50, 54, 56 f., 59, 75
Gewährsmann s. Informant
Gewalttätigkeit BT JuSch 18 21
Gewerbe
– dem – dienende Drucksachen 7 61
Gewerbebetrieb BT SteuerR 21, 27, 68, 76 f., 78, 78 f.
– Schutzgut 6 139 ff.
Gewerbeertrag BT SteuerR 74, 82, 87
Gewerbekapitalsteuer BT SteuerR 18
Gewerbesteuer BT SteuerR 4, 14, 16, 21, 68, 73 ff., 78 f., 79, 82
Gewerbetreibende BT SteuerR 21
Gewerbliche Schutzrechte 9 44; BT SteuerR 32, 35
Gewinnabschöpfung Schmerzensgeld 6 341
Gewinnausschüttung BT SteuerR 70 f., 71
Gewinnermittlung BT SteuerR 27, 149 f.
Gewinnerzielungsabsicht BT SteuerR 148
Gewinnspiele BT Abo 131
– Abonnementwerbung BT Abo 131
– Laienwerbung BT Abo 143 ff.
– Neuabonnenten BT Abo 131 ff.
Gewinn, steuerlicher BT SteuerR 26
Gewinnsucht BT JuSch 27 22
Gewinnthesaurierung BT SteuerR 71
Gewinn- und Verlustrechnung BT SteuerR 17, 27, 87
Gewinn- und Verlustrechnung (GuV) BT SteuerR 17, 21, 29
Gimmicks BT SteuerR 129
Gleichbehandlung bei Informationserteilung 4 13, 137 ff.
Gleichbehandlungsanspruch
s. a. Informationsanspruch der Presse
– bei amtlichen Bekanntmachungen 4 139 ff.
– Gleichbehandlung als Prinzip 4 137 ff.
– Herkunft oder politische Einstellung des Journalisten unerheblich 4 152

2055

Sachverzeichnis

Fette Zahlen = §§ der Landesgesetze

- Teilhabeanspruch an behördlicher Informationstätigkeit **4** 148ff., 158ff.

Gliederung der Unternehmenssteuern BT SteuerR 16

Glossierung der Gegendarstellung
- Verbot **11** 162, 171f.

Glücksspiel s. Lotterie

GmbH BT SteuerR 64

GmbH & Co. KG BT SteuerR 29

Grafikdesigner/Grafiker BT SteuerR 142

Gratislieferungen BT Abo 202ff.
- zur Abonnementwerbung **BT Abo** 205ff.
- Mitarbeiterexemplare **BT Abo** 214
- Tages-/Wochenzeitungen **BT Abo** 207ff.
- Zeitschriften **BT Abo** 211ff.

Großhandel s. Grossist

Grossist 8 19
- Schutz **1** 234; **6** 30
- Strafrechtliche Haftung **22** 61
- als Verbreitungsverdächtiger **14** 16

Grünbuch
- Rundfunk **25** 11

Grunderwerbsteuer BT SteuerR 4, 17

Grundrecht auf Information 4 5, 19

Grundrechte
- Bekenntnisfreiheit, negative **6** 32a, 216a, 218
- Drittwirkung **6** 27
- Ehe und Familie **6** 32a
- Entfaltungsfreiheit der Person **6** 32
- Güter- und Interessenabwägung **6** 33
- Informationsfreiheit **4** 5, 19
- Kunstfreiheit **6** 31 ff., 78
- Meinungsäußerungsfreiheit **6** 38
- Menschenwürde **6** 32, 41
- Pressefreiheit **6** 30; s. a. dort
- Wissenschaftsfreiheit **6** 31, 78

Grundrechtecharta BT MediendatenSch 15f.

Grundrechtsschranken
- Ehrenschutz **6** 77
- Jugendschutz **6** 26
- Kunst **6** 31 ff.
- Sorgfaltspflichten **6** 25
- Strafrecht **6** 26
- Wechselbezug zu Grundrechten **6** 26, 77
- Wissenschaft **6** 31

Grundrechtsverbürgung des Informationsanspruchs 4 19

Grundrechtsverletzung BT SteuerR 10; s. a. Grundrechte, Pressefreiheit etc.

Grundsteuer BT SteuerR 4, 16, 73, 78

Grundstücke BT SteuerR 92

Gründungskosten BT SteuerR 34

Grundversorgung 25 10

Gutachten
- Hinweis auf – bei der Gegendarstellung **11** 128

Gutschein
- irreführende Abonnementwerbung **BT Abo** 113

Haftung der Presse 6 1ff.
- Jugendpresse **9** 84
- bei Verletzung der Standesregeln **BT StandesR** 30

Haftung der Pressemitarbeiter
s. Chefredakteur, Drucker, Redakteur, Verantwortlicher Redakteur, Verleger

Haftungstatbestände
- deliktsrechtliche **6** 232

Halbeinkünfteverfahren BT SteuerR 71

Hamburg Die Kommentierung des Landespressegesetzes von Hamburg erfolgt bei den einzelnen einschlägigen Paragraphen des Landespresserechts. Besonderheiten werden vor allem an den nachfolgend aufgeführten Stellen erörtert: **Einl** 24, 29; **4** 42, 103; **6** 10, 153; **8** 1, 125; **9** 104; **11** 7, 61, 71, 146, 179, 234, 275; **12** 16, 24, 44; **15** 31; **17** 8; **18** 2; **20** 6, 159; **21** 6, 64; **22** 6; **24** 6; **25** 1

Handelsgesellschaft 4 63; **6** 72, 102, 150; **8** 39
- –en und Auskunftspflicht **4** 63

Handelsregistereintragung BT SteuerR 26

Händler 1 234; **6** 30; **14** 16; **BT JuSch 1** 59ff.

Harmlose Druckwerke 7 54ff., 59ff.; **8** 3, 26
- keine Gegendarstellungspflicht **11** 82
- Impressumspflicht, Freistellung von der **7** 59ff.; **8** 3

Hauptware s. Zugabe

Häusliches Arbeitszimmer BT SteuerR 153

Häusliches Leben
- dem – dienende Drucksachen **7** 63

Hausrecht und Informationsanspruch 4 162

Haustürvertrieb
- von Druckwerken **2** 53, 61f.

Hebesatz BT SteuerR 75, 83

Hebesatz (GewSt) BT SteuerR 75

Hehlerei 23 123

Heikle Daten 6 60, 166

Heilanstalt s. Anstaltsunterbringung

Herausgabeanspruch des Verletzten 6 349

Herausgabe des Verletzergewinns 6 320a

Herausgabeverlangen 23 99

Herausgeber 6 224; **8** 13, 42ff., 64ff.; **14** 14
- Begriff **Einl** 132
- und Informationsanspruch **4** 47
- Nennung im Impressum **8** 38, 64ff.
- Pflichtenzuständigkeit **6** 224
- Störerhaftung **6** 278
- Täter eines Presseinhaltsdelikts **20** 78, 89ff.
- Träger der Sorgfaltspflicht **6** 224
- als Verbreitungsverdächtiger **14** 14
- Verschuldenshaftung **6** 327

Herr des Verlagsunternehmens 6 224, 326; **8** 67f.

Magere Zahlen = Randziffern

Sachverzeichnis

Hersteller
- Pflichtexemplare **12** 16
Herstellung eines Druckwerks 7 25
- Begriff **Einl** 112 f.
- Pressefreiheitlicher Schutz **1** 204
Herstellungskosten BT SteuerR 33, 44, 60 f., 61, 136, 150
Herstellungsmittel
- Abschreibung, AfA-Tabellen **BT SteuerR** 57
- Beschlagnahme **13** 12 ff., 55, 61, 114; **14** 39; **18** 30, 30 ff.
- Einziehung **13** 55
Herstellungsort
- Nennung im Impressum **8** 17
Hessen Die Kommentierung des Landespressegesetzes von Hessen erfolgt bei den einzelnen einschlägigen Paragraphen des Landespresserechts. Besonderheiten werden vor allem an den nachfolgend aufgeführten Stellen erörtert: **Einl** 24, 28, 30; **4** 38, 46, 103, 129, 139; **6** 153; **8** 1, 126, 143 f.; **9** 1, 105, 111; **10** 31; **11** 8, 61, 71, 146, 156, 179, 235, 276; **12** 16, 21, 45 ff.; **17** 8; **20** 7, 166; **21** 7, 65 ff.; **22** 7, 87 f.; **24** 7, 26, 92 ff.; **25** 1
Hilfsbeamte der Staatsanwaltschaft s. Ermittlungspersonen der Staatsanwaltschaft
Hilfsunternehmen BT MediendatenSch 30
Hinweispflicht
- Vertriebsbeschränkungen **BT JuSch 15** 127 ff.
Hinzurechnungen
- Gewerbesteuer **BT SteuerR** 78
Hinzurechnungen (GewSt) BT SteuerR 78
Hochschule s. Universität
Höchstpersönlicher Lebensbereich
- Bildnisschutz **6** 118
Hochverrat 13 107
- als Presseinhaltsdelikt **20** 58, 102
Honorar BT SteuerR 44
Honorarvorauszahlungen BT SteuerR 44, 60
Hörensagen, Zeugen vom – 6 176
Hörfunk s. Rundfunk
Horoskop BT SteuerR 114
Hyperlink BT Anz 371

Idee
- Urheberrechtsschutz **BT UrhR** 27
Identifizierung BT JuSch 1 73 ff.
IFRS BT SteuerR 29
IFRS (International Financial Reporting Standards) BT SteuerR 29
Illegale Information s. Information
Illustrationsbeilagen BT SteuerR 126
Illustrierte
- Abdruck der Gegendarstellung **11** 174

Immaterielle Rechte BT SteuerR 110; s. a. Persönlichkeitsrecht, Schmerzensgeld, Urheberrecht)
Immaterieller Nachteil s. Schmerzensgeld
Immaterielle Vermögensgegenstände BT SteuerR 30 ff., 35, 36 f.
- Abonnementverträge **BT SteuerR** 53 f.
- Abschreibungsmethode **BT SteuerR** 47
- Aktivierung **BT SteuerR** 30
- Aktivierungsverbot **BT SteuerR** 30
- Bewertung **BT SteuerR** 31
- Derivativer Erwerb des Anlagevermögens **BT SteuerR** 30
- entgeltlicher Erwerb **BT SteuerR** 30
- Geschäfts-/Firmenwert **BT SteuerR** 31 ff.
- Lizenz **BT SteuerR** 46
- im Presse- und Verlagsunternehmen **BT SteuerR** 30
- selbst geschaffene **BT SteuerR** 30
- Umfang **BT SteuerR** 35 ff.
- Verfasserhonorar **BT SteuerR** 44
- Verlagsrecht als – **BT SteuerR** 35 ff.
Immunität 9 91 ff.
- Verjährung von Pressedelikten und – **24** 41
Importeur
- Pflichtenzuständigkeit **6** 228
Impressum
- Adresse **8** 34, 38
- Angaben über Fremdbezug von Zeitungsteilen **8** 104 f., 115 ff.
- Beilagen **8** 97 ff.
- Drucker **8** 43 ff.
- Freistellung vom Impressumzwang **8** 3, 26
- Geltungsbereich der Impressumspflicht **8** 16 ff., 24 f.
- Herausgeber **8** 38, 64 ff.
- Impressumspflicht **8** 3 ff., 7 ff., 26; **21** 36
- Inhalt des Impressums **8** 27 ff., 34 ff.
- Mehrteilige Druckwerke **8** 96
- Offenlegung der Inhaber- u. Beteiligungsverhältnisse **8** 136 ff.
- Offenlegung der Inhaber- und Beteiligungsverhältnisse **8** 61
- Onlinemedien **8** 15
- Verantwortlicher für den Anzeigenteil **8** 92 ff.
- Verantwortlicher Redakteur **8** 71 ff.
- Verbreitung eines Druckwerkes trotz fehlendem **8** 50 ff.
- Verfasser **8** 13, 38, 62 f.
- Verleger **8** 49 ff.
Impressumsverstoß 8 152 ff., 158; **21** 37 ff.; **22** 40 ff.
- Abwälzung der Fahrlässigkeitshaftung **22** 47
- Beginn der Verjährungsfrist **24** 75
- Druckwerk nichtstrafbaren Inhalts **22** 41 ff.
- Druckwerk strafbaren Inhalts **22** 49
- Fahrlässiger **22** 44 ff.; s. a. Verleger, Herausgeber im Selbstverlag
- Falschangaben **21** 38 f.; **22** 41; s. a. Scheinredakteur
- Fehlen des Impressums **21** 38

2057

Sachverzeichnis

Fette Zahlen = §§ der Landesgesetze

- und Presseinhaltsdelikt **20** 79; **21** 40
- kein Presseordnungsvergehen **20** 33
- Strafe **21** 37, 51; **22** 43
- Tateinheit **21** 50
- Täter **21** 43; **22** 42; s. a. Herausgeber im Selbstverlag, Verantwortlicher Redakteur, Verleger
- Tatmehrheit **21** 50
- Teilnehmer am – s. a. Drucker
- Unterlassung **21** 44 ff.
- Verantwortlichkeit bei mehreren Personen **22** 48
- Vollendung mit Erscheinen **21** 41
- Vorsatz **21** 42
- Vorschriften, Wettbewerbsverstoß **8** 158
- Zwang **8** 2; **9** 2, 53

Imprimatur BT Anz 110; **BT UrhR** 214
Indemnität 6 180; **9** 95 f.; s. a. Immunität
Index s. Indizierung, Jugendgefährdende Schriften
Indiskretion
- kein Schutz vor – **6** 217

Individualgüterschutz 6 181
Indizierung
- Abdruck, Veröffentlichung **BT JuSch 15** 115 f.
- Altindizierung **BT JuSch 15** 3
- Aufnahme in Liste **BT JuSch 15** 109
- Ausländerfeindliche Inhalte **BT JuSch 18** 43
- Bundesprüfstelle für jugendgefährdende Medien s. dort
- Entscheidung der BPjM **BT JuSch 18** 44 ff.
- Filme/Spielprogramme **BT JuSch 18** 114 ff.
- Führen der Liste **BT JuSch 24**
- gefährdete Personen **BT JuSch 18** 10
- Gefährdung der Entwicklung **BT JuSch 18** 4 ff.
- gerichtlich eingestufte Medien **BT JuSch 18** 98 ff.
- zu Gewalttätigkeit, Verbrechen, Rassenhass anreizende Medien **BT JuSch 18** 21 ff.
- Grad der Gefahr **BT JuSch 18** 7 ff.
- Indizierung nicht erforderlich **BT JuSch 18** 95 f.
- Indizierung nicht verhältnismäßig **BT JuSch 18** 97
- Indizierung ungeeignet **BT JuSch 18** 94
- Instrument des Jugendmedienschutzes **BT JuSch Einl** 44 ff.
- Jugendgefährdung **BT JuSch 18** 1 ff.
- Klagebefugnis **BT JuSch 25** 5 ff.
- Klagegegner **BT JuSch 25** 8
- Konkordanzklausel **BT JuSch 18** 65 ff.
- Liste **BT JuSch 15** 109, 113 ff.; **BT JuSch 18** 58 ff.; **BT JuSch 24**
- Listenstreichungen **BT JuSch 18** 107 ff.
- nicht indizierbare Medien **BT JuSch 18** 61 ff.
- öffentliches Interesse **BT JuSch 18** 85 ff.
- keine Teilindizierung **BT JuSch 18** 56 f.
- Telemedien **BT JuSch 16** 1 ff.; **BT JuSch 18** 104 ff.
- Tendenzschutzklausel **BT JuSch 18** 62 ff.
- Trägermedien **BT JuSch 15** 1, 101 f.; **BT JuSch 18** 118
- unsittliche Medien **BT JuSch 18** 15 ff.
- unzulässige Werbung **BT JuSch 15** 110 ff.; **BT JuSch 27** 12 ff.
- Verharmlosung des Drogenkonsums **BT JuSch 18** 41
- Verharmlosung des Nationalsozialismus **BT JuSch 18** 30 ff.
- verrohend wirkende Medien **BT JuSch 18** 19 ff.
- Verwaltungsrechtsweg **BT JuSch 25** 1 ff.
- Vorläufiger Rechtsschutz **BT JuSch 25** 9 ff.
- Vorschlagsberechtigte Verbände **BT JuSch 20**
- Vorverfahren **BT JuSch 25** 12
- Wiederaufnahme des Verfahrens **BT JuSch 25** 13

Indizierungsverfahren BT JuSch 21
- Abschluss **BT JuSch 21** 43 ff.
- Anhörung der Betroffenen **BT JuSch 21** 39 ff.
- Anregungsberechtigte Stellen **BT JuSch 21** 14 f.
- Anregungsinhalt **BT JuSch 21** 16
- Antragsberechtigte **BT JuSch 21** 2 f.
- Antragserfordernis **BT JuSch 21** 1
- Antragsinhalt, Form **BT JuSch 21** 4 ff.
- Bekanntmachung **BT JuSch 21** 48
- Beteiligung der KJM **BT JuSch 21** 35 ff.
- Betroffene **BT JuSch 21** 40
- Durchführung **BT JuSch 21** 30 ff.
- Einleitung des Verfahrens auf Antrag **BT JuSch 21** 1 ff.
- Einleitung des Verfahrens von Amts wegen **BT JuSch 21** 12 ff.
- Einstellung des Verfahrens **BT JuSch 21** 7 ff.
- Erfahrungsaustausch **BT JuSch 21** 49
- Gebotenheit der Verfahrensdurchführung **BT JuSch 21** 17 f.
- Initiativrecht **BT JuSch 21** 19 ff.
- Kostenerhebung **BT JuSch 21** 50
- Unzulässige Werbung **BT JuSch 15** 117 ff.; **BT JuSch 27** 17
- Vereinfachtes Verfahren **BT JuSch 23**
- Verfahrensgang **BT JuSch 21** 30 ff.
- Verkündung **BT JuSch 21** 44
- Vorläufige Anordnung **BT JuSch 23** 14
- Wegfall der Indizierungsvoraussetzungen **BT JuSch 21** 26 ff.
- Zeitablauf **BT JuSch 21** 29
- Zustellung **BT JuSch 21** 45 ff.
- Zweifel an Inhaltsgleichheit **BT JuSch 22** 22 ff.

Indizierungsverfahren, vereinfachtes
- Aufnahme in die Liste **BT JuSch 23** 3 ff.

Magere Zahlen = Randziffern

Sachverzeichnis

- Bedeutung **BT JuSch 23** 1
- Dreiergremium **BT JuSch 23** 2
- Streichung aus der Liste **BT JuSch 23** 12 f.
Informant 23 32, 44 ff.
- Pflichtenzuständigkeit **6** 229
- Schutz des Informanten **23** 26
- Störerhaftung **6** 280
- strafrechtliche Haftung **20** 81 ff.
- Verschuldenshaftung **6** 329
- Zeugnisverweigerungsrecht **1** 271; **23** 43 ff.
Informanten
- Begriff **23** 50
- Zeugnisverweigerungsrecht **23** 32
Informantenschutz 6 53, 229; **23** 26, 43 ff., 56, 124, 135, 140
Information der Bürger 6 5, 30, 32; **11** 28; s. a. Gegendarstellung
Informationelle Selbstbestimmung 4 9; **6** 58 ff., 193 ff.
- Darstellung des Lebensbildes **6** 194 f.
- Risiko **BT MediendatenSch** 13
- Schutzauftrag **BT MediendatenSch** 10
- Verfassungsrechtlicher Rahmen **BT MediendatenSch** 9
- Vorfeldschutz **BT MediendatenSch** 11
Information, rechtswidrig beschaffte 6 53
- Verzögerung **4** 8
Informationsanspruch der Presse Einl 87; **4** 1 ff.
- Auskunftserteilung **4** 2 ff., 87 ff., 94
- Auskunftspflicht von Bundes- und Landesbehörden **4** 14, 57 f., 65, 69
- Auskunftsverlangen **4** 81 ff.
- Ausländische Presse **4** 45
- Ausweispflicht bei – **4** 52 ff.
- Bahn AG **4** 63
- Begriff **4** 1 ff.
- Durchsetzung, gerichtliche **4** 184 ff.
- Einsichtsrecht **4** 166 ff., 172 ff.
- Entstehungsgeschichte **4** 5 ff.
- Ermittlungsakten **4** 193
- Geheimhaltungsvorschriften **4** 109 ff.
- Gleichbehandlungsgrundsatz **4** 13
- als Grundrechtsanspruch **4** 19 ff.
- Informationsberechtigte **4** 38 ff.
- Informationsbeschaffung **4** 9
- Informationspolitik **4** 10
- Informationsrecht der Bürger und Medienangehörigen **4** 25 ff.
- Informationsverpflichtete **4** 55 ff.
- für Jedermann **4** 25
- Justizbehörde **4** 192
- Kirchen und – **4** 71
- Kriminalpolizei und – **4** 107
- auf laufende Belieferung **4** 95 f.
- Mitteilung von Fakten **4** 85
- Nachrichtensperre **4** 134 ff.
- Öffentliche Hand in privatrechtlicher Organisationsform, Informationsanspruch bei – **4** 63, 67
- Post AG **4** 63

- gegenüber Privaten **4** 77 ff.
- Rundfunkanstalten **4** 72 ff.
- Schranken **4** 97 ff.
- in Schweden **4** 248
- Umweltinformationen **4** 175
- Unzulässigkeit von generellen Auskunftsverboten **4** 132 f.
- Urteilsabschriften, Anspruch auf **4** 176 ff.
- in USA **4** 32
- Verbürgung als Grundrecht **4** 19 ff.
- Verwaltungsgerichtliche Durchsetzung **4** 184 ff.
- Voraussetzungen **4** 48, 80 ff.
- Zugangsrecht **4** 29, 33
- Zutrittsrecht **4** 161 f.
Informationsberechtigte 4 38 ff.
- Herausgeber **4** 47
- Redakteure **4** 48
- Verleger **4** 47
Informationsbeschaffung 4 9
- Nachrichtenagentur **1** 234
- Schutz **23** 25
- Sorgfaltspflicht bei der Recherche **6** 99
- Strafrechtlich relevante Informationen **1** 271
Informationsfreiheit 23 25
Informationsgemeinschaft zur Feststellung der Verbreitung von Werbeträgern e. V. (IVW) BT Anz 302 ff.
Informationsinteresse
- Interessenabwägung **6** 45 ff., 47
- Parameter **6** 46
- Publikationsinteresse **6** 46 ff.
- Reichweite **6** 47
Informationspolitik 4 10
Informationsrecht von Strafgefangenen 4 8
Informationsreise 4 150
Informationstätigkeit, behördliche 4 184
Informationsverpflichtete 4 55 ff.
Infotainment 6 5; s. a. Unterhaltung
Infrastrukturkosten BT SteuerR 73
Inhaber- und Beteiligungsverhältnisse, Offenlegung 8 136 ff.; **22** 39
Inhalt des Druckwerks s. Druckwerk, Presseinhaltsdelikt
Inländische Einkünfte BT SteuerR 156
Inline-Link BT UrhR 100
Innere Pressefreiheit BT ArbR 87, 91; s. Pressefreiheit
Innergemeinschaftliche Lieferungen BT SteuerR 100
Innergemeinschaftliche Lieferung/-r Erwerb BT SteuerR 91
Innergemeinschaftlicher Erwerb BT SteuerR 101 f.
Inserat s. Anzeige
Inserent (Anzeigenbesteller)
- bußgeldrechtliche Haftung **22** 66
- Fälligkeit der Vergütung **BT Anz** 124 ff.

2059

Sachverzeichnis

Fette Zahlen = §§ der Landesgesetze

- Haftung bei strafbarem Inhalt der Anzeige **BT Anz** 200
- Haftung für Fehler im Presseunternehmen **BT Anz** 243 ff.
- Nebenpflichten **BT Anz** 126 ff.
- Rechte bei fehlerhafter Anzeige **BT Anz** 189 ff.
- Rechtzeitige Ablieferung **BT Anz** 127
- Vergütungspflicht **BT Anz** 123 ff.
- Verletzung von Mitwirkungspflichten **BT Anz** 198
- Zahlungsverzug **BT Anz** 197

Inserentenkreis BT SteuerR 48
Insiderwissen 6 285; **BT StandesR** 11
Insolvenz des Presseunternehmens BT ArbR 212
Institutionelle Garantie und Informationsanspruch 4 20
instrumenta sceleris s. Tatmittel
Intellektuelles Verbreiten 6 228
Intendant 25 24
Interessenabwägung
- Abwägungsgrundsätze **6** 38 f.
- Ehrenschutz **6** 99
- Gesetz **6** 39
- Informationsinteresse **6** 45
- Intimsphäre **6** 67
- Kreditgefährdung **6** 116
- Kunst und Wissenschaft **6** 31 ff.
- Offene Schutzgüter **6** 33
- Öffentlichkeitssphäre **6** 70
- Privatsphäre **6** 68 f.
- Recht am eigenen Bild **6** 120
- Rechtswidrigkeit **6** 33, 262
- Unternehmensrecht **6** 141, 146
- Verdachtsveröffentlichung **6** 175 f.
- Verhältnismäßigkeit **6** 43
- Wahrnehmung berechtigter Interessen **6** 262

Intermediäre BT MediendatenSch 39 f.
Internationales Recht 11 79
- Gegendarstellung 11 79

Internet-Anzeigenvertrag
- Abschluss **BT Anz** 358 ff.
- Bannerwerbung **BT Anz** 357
- Erscheinungsformen **BT Anz** 356 ff.
- Grundlagen **BT Anz** 353 f.
- Haftung **BT Anz** 365 ff.
- Haftungsprivilegien **BT Anz** 368 ff.
- Inhalt **BT Anz** 358 ff.
- Leistungsstörungen **BT Anz** 363 f.
- Pflichten der Vertragsparteien **BT Anz** 361 ff.
- Pop-Up-Werbung **BT Anz** 357
- Trennungsgebot **BT Anz** 374
- Werkvertrag **BT Anz** 356

Interview BT UrhR 38
- Erfundenes – **6** 199, 337
- Gegendarstellung **11** 107
- Urheberrechtsschutz **BT UrhR** 38

Intimsphäre 6 65, 68, 136b, 198, 214 f.

Investigativer Journalismus BT MediendatenSch 7
Investitionshilfeabgabe BT SteuerR 23
Irreführende Werbung 6 151; **10** 55 ff.; **BT Abo** 54 ff.
Irreführung
- in der Abonnementwerbung **BT Abo** 54 ff.

Irrtum (§§ 16, 17 StGB) 20 98, 108, 143; **21** 22, 28, 34, 42
Istbesteuerung BT SteuerR 169
- Umsatzsteuer **BT SteuerR** 169

IVW-Auflagenkontrolle
- Richtlinien und Satzung **BT Anz** Anhang

Jahresabschluss BT SteuerR 21, 26 ff., 68
- handelsrechtlicher **BT SteuerR** 27
- Pflichtbestandteile **BT SteuerR** 29
- Vergleichbarkeit **BT SteuerR** 21

Jahresfehlbetrag BT SteuerR 17, 26
Jahresleistung s. Tarifvertrag
Jahresüberschuss BT SteuerR 26
Journalist BT SteuerR 103, 135, 145 f., 155 f., 160, 166; s. a. Redakteur
- als Arbeitgeber **BT ArbR** 37
- Arbeitnehmerähnliche Person **BT ArbR** 39, 42, 45 ff., 73, 80, 251
- Festangestellter **9** 12
- Freier **9** 12; **BT ArbR** 42, 49, 73, 81
- Status **BT ArbR** 42
- Steuern **BT SteuerR** 140, 141, 146

Journalistenkammer
- vs. freiwillige Selbstkontrolle **BT StandesR** 2 ff.

Journalistische Grundsätze, anerkannte 6 6a f., 12, 24, 258
Journalistische Sorgfaltspflicht s. Sorgfaltspflicht der Presse
Journalistische Tätigkeit BT SteuerR 146
Jugendamt BT JuSch 27 32
Jugendgefährdende Druckerzeugnisse BT SteuerR 119; s. a. Jugendgefährdende Medien
Jugendgefährdende Medien
s. a. Indizierung, Indizierungsverfahren, Vorausindizierung
- Abgabeverbot **BT JuSch** 15 1 ff.; **BT JuSch** 27 2 ff.
- Aufnahme in die Liste **BT JuSch** 24 3 ff., 16
- Bekanntmachung **BT JuSch** 24 6 ff.
- Berichterstatterprivileg **BT JuSch** 15 69 f.
- Bundesprüfstelle **BT JuSch** 17; s. a. dort
- Bußgeldvorschriften **BT JuSch** 28
- Darstellung des Sterbens oder Leidens **BT JuSch** 15 64
- Darstellung menschlichen Leidens **BT JuSch** 15 64 ff.
- Durchsetzung und Rechtsfolgen **BT JuSch** 15 132 ff.
- Fahrlässigkeitsdelikte **BT JuSch** 27 23 ff.
- Führung der Liste **BT JuSch** 24 1 f.

Magere Zahlen = Randziffern

Sachverzeichnis

- Gesetz über die Verbreitung jugendgefährdender Schriften **BT JuSch Einl** 2 ff.
- Hinweispflicht **BT JuSch 15** 127 ff.
- Inhaltsgleiche Trägermedien **BT JuSch 15** 101 ff.
- Kriegsverherrlichende Inhalte **BT JuSch 15** 59 ff.
- Liste **BT JuSch 15** 113
- Offensichtlich schwer jugendgefährdende Inhalte **BT JuSch 15** 93 ff.
- Schwer jugendgefährdende Trägermedien **BT JuSch 15** 53 ff.
- Steuern **BT SteuerR** 119
- Strafrechtlich relevante Inhalte **BT JuSch 15** 54 ff.; **BT JuSch 24** 13 ff.
- Streichung aus der Liste **BT JuSch 24** 3 ff.
- Telemedien **BT JuSch 16**; s. a. dort
- Trägermedien **BT JuSch 1** 17 ff.; **BT JuSch 15**
- Unnatürliche, geschlechtsbetonte Körperhaltung **BT JuSch 15** 86 ff.
- Verbreitungsverbot **BT JuSch 15** 1 ff.; **BT JuSch 27** 2 ff.
- Verletzung der Menschenwürde **BT JuSch 15** 66 ff.
- Vorausindizierung **BT JuSch 22** 4 ff., 19
- Werbeverbot **BT JuSch 15** 1 ff.; **BT JuSch 27** 2 ff.

Jugendgefährdung BT JuSch 18 4 ff.
Jugendliche BT JuSch 1 1 ff., 79; **BT JuSch 18** 10 ff.
Jugendmedienschutz
- Alterskennzeichnung **BT JuSch Einl** 46
- Einschätzungsprärogative des Gesetzgebers **BT JuSch Einl** 38 f.
- Indizierung **BT JuSch Einl** 44 f.; **BT JuSch 18** ff.
- Schutz der Persönlichkeitsentwicklung **BT JuSch Einl** 31 f.
- Schutz vor sittlicher Verwahrlosung **BT JuSch Einl** 27 f.
- Schutz vor verfassungswidriger Grundhaltung **BT JuSch Einl** 29 f.
- Stand der Wirkungsforschung **BT JuSch Einl** 34 ff.

Jugendpresse 9 78 ff.
- Begriff **9** 79, 82
- Mindestalter **9** 81
- Presserechtliche Haftung **9** 84
- Schutzrechte **9** 83
- Verantwortlicher Redakteur **9** 85

Jugendschutzbeauftragter BT JuSch 16 11
Jugendschutzgesetz
- Auslegung **BT JuSch Einl** 40 ff.
- Begriffsbestimmungen **BT JuSch 1**
- Betroffene Grundrechte **BT JuSch Einl** 21 ff.
- Bundesprüfstelle für jugendgefährdende Medien **BT JuSch 17**
- Bußgeldvorschriften **BT JuSch 28**
- Entstehung des Jugendschutzgesetzes **BT JuSch Einl** 1 ff.
- Erziehungsbeauftragte Personen **BT JuSch 1** 9 ff.
- Geltungsbereich **BT JuSch Einl** 47 ff.
- Geschütze Personengruppen **BT JuSch 1** 1 ff., 7 f., 9 ff.
- Gesetzgebungskompetenz **BT JuSch Einl** 10 ff.
- Indizierung **BT JuSch 18**
- jugendgefährdende Trägermedien **BT JuSch 15**
- Jugendmedienschutz s. dort
- Kinder und Jugendliche **BT JuSch 1** 1 ff.; **BT JuSch 18** 10 ff.
- Ordnungswidrigkeiten **BT JuSch 28** 1 ff., 32
- Personensorgeberechtigte Personen **BT JuSch 1** 7 f.
- Rechtsschutz **BT JuSch 28** 33
- Strafvorschriften **BT JuSch 27** 1 ff.
- Telemedien **BT JuSch 1** 43 ff.; **BT JuSch 16**
- Trägermedien **BT JuSch 1** 17 ff.; **BT JuSch 15**
- Unterlassener Hinweis auf Vertriebsbeschränkungen **BT JuSch 28** 20 ff.
- Unzulässige Werbung mit dem Indizierungsverfahren **BT JuSch 15** 117 ff.; **BT JuSch 27** 17
- Unzulässige Werbung mit der Liste **BT JuSch 15** 110 ff.
- Verbreitung von Bildträgern **BT JuSch 28** 2 ff.
- Verfassungsrang des Jugendschutzes **BT JuSch Einl** 14 ff.
- Verheiratete Jugendliche **BT JuSch 1** 79
- Verleitung von Kindern und Jugendlichen **BT JuSch 28** 27 ff.
- Versandhandel **BT JuSch 1** 58 ff.
- Vorausindizierung **BT JuSch 22** 4 ff.
- Vorsatzdelikte **BT JuSch 27** 2 ff.
- Zuwiderhandlung gegen vollziehbare Entscheidung **BT JuSch 27** 18
- Zweckwidrige Verwendung einer Mitteilung des BPjM **BT JuSch 28** 23 ff.

Juristische Person
- Ehrenschutz **6** 102
- Gegendarstellungsrecht **11** 48
- Kreditgefährdung **6** 117
- Nennung im Impressum **8** 37, 39
- des öffentlichen Rechts **6** 72, 102, 117, 275
- Persönlichkeitsrecht **6** 72
- Pressefreiheit **1** 236
- als privater Rundfunkveranstalter **25** 27
- des Privatrechts **4** 63, 67; **6** 72, 102, 117, 275
- als Verleger bei Impressumverstoß **21** 49

Kalender BT SteuerR 126, 134
Kannkaufmann BT SteuerR 26
Kapital BT SteuerR 27

2061

Sachverzeichnis

Fette Zahlen = §§ der Landesgesetze

Kapitalanlagebetrug 20 59;
– s. a. Presseinhaltsdelikte
Kapitalertragssteuer BT SteuerR 24, 67
Kapitalgesellschaft BT SteuerR 14, 21, 29, 64, 68, 70, 71
Karikatur 6 78c
Kartellrechtsverstöße 20 56
Kartographische Erzeugnisse BT SteuerR 132
Kassette 7 19
– Impressumpflicht **8** 4
Kaufmann BT SteuerR 39
– Begriff **BT SteuerR** 26
Kauf von Abonnenten BT SteuerR 54
Kaufzwang, psychischer
– Werbung in der Schule **BT Abo** 118
Kausalität bei materiellem Schadenersatz
– Adäquanz **6** 310
– Beweisregel des § 830 Abs. 1 Satz 2 BGB **6** 312
– conditio sine qua non **6** 247
– Drittveröffentlichung **6** 313
– Haftungsausfüllende **6** 309
– Mitursächlichkeit **6** 311
– Rechtswidrigkeitszusammenhang **6** 310
– Reserveursache **6** 314
– Teilursächlichkeit **6** 311
– Überholende Kausalität **6** 314
– Zurechnungszusammenhang **6** 310
Keine Jugendfreigabe BT JuSch 28 12
Kennzeichen
– Werktitel als geschäftliche Kennzeichen **BT TitelSch** 4
Kennzeichenrechte BT TitelSch 4 ff.
Kennzeichnungspflicht 10 2 ff., 23 ff.
Kinder 6 32a, 133a, 216a; **BT JuSch 1** 1 ff.; **BT JuSch 18** 10 ff.
Kirche
– Arbeitsrecht der – **BT ArbR** 13
– Gegendarstellung, Anspruch auf **11** 49, 52
– Informationsanspruch der Presse **4** 71
– Kirchensteuer **BT SteuerR** 23
– Presseverband **BT ArbR** 13
– als privater Rundfunkveranstalter **25** 27
– Urheberrecht von Predigten **BT UrhR** 148
Kirchenbehörde 7 55
Kirchensteuer BT SteuerR 23
Kirchen und Auskunftsanspruch 4 71
Klage BT SteuerR 8
– Durchsetzung des Gegendarstellungsanspruchs **11** 184 ff.
– Entschädigung für fehlerhafte Beschlagnahme **17** 46, 62
– Kündigungsschutzklage **BT ArbR** 201, 248, 265, 286, 304 ff., 307, 311 ff.
– Öffentliche – nach Beschlagnahme **16** 7 ff.
– gegen Steuerbescheid **BT SteuerR** 8
Klarheitsprinzip (Impressum) 8 28 ff., 34 ff.
Kleingewerbe BT SteuerR 26

Kleinkriminalität 6 208
Kleinunternehmer BT SteuerR 101, 164 f.
Kleinunternehmer (USt) BT SteuerR 164 ff.
Klischees BT SteuerR 60
Klischees (Druckformen) BT SteuerR 60
Know-how BT SteuerR 36, 142
Kollektiv 10 57
Kollektivbeleidigung 6 103
Kolporteur s. Zeitungsausträger
Kombinationen 7 36 ff.
Kommanditgesellschaft auf Aktien BT SteuerR 64
Kommentar, Abgrenzung zur Nachricht 6 157
Kommissionsbuchhändler
– Täter eines Presseinhaltsdelikts **20** 72 ff.
Kommissionsverleger 8 53
– Ablieferungspflicht **12** 15
Konjunkturzuschlag BT SteuerR 23
Konkordanzklausel
– Abwägung zwischen Kunst und Jugendschutz **BT JuSch 18** 73 ff.
– Beurteilungsspielraum des BPjM **BT JuSch 18** 80 ff.
– Kunst und Jugendschutz **BT JuSch 18** 68 ff.
– Verfassungskonforme Auslegung **BT JuSch 18** 65 ff.
– Wissenschaft, Forschung, Lehre und Jugendschutz **BT JuSch 18** 83 f.
Konkurs s. Insolvenz
Kontext
– Berücksichtigung bei ehrverletzenden Äußerungen **6** 91
Kontrahierungszwang
– und allgemeine Gesetze **BT Anz** 35
– Anwendungsbereich **BT Anz** 41 ff.
– Kartellrechtlicher – **BT Anz** 41 ff.
– nach §§ 826, 849 BGB **BT Anz** 35
– Prozessuale Durchsetzung **BT Anz** 66
– Unbillige Behinderung **BT Anz** 49 ff.
– Ungerechtfertigte Behinderung **BT Anz** 61
– Verhältnis Vertragsfreiheit und Verfassungsrecht **BT Anz** 31 ff.
– nach den ZAW-AGB **BT Anz** 64 ff.
Konzentration 1 108, 145 f., 148 ff., 174; **3** 23
Konzernabschluss BT SteuerR 29
Konzessionen BT SteuerR 35 f., 35
Kopfblatt 6 276; **7** 46; **8** 47;
– s. a. Anschlusszeitung
Kopie s. Fotokopie
Kopienversand auf Bestellung BT UrhR 140a
Kopiervergütung BT SteuerR 105
Koppelung BT Abo 133 ff.
Koppelungsaufträge 10 21
Körperhaltung, geschlechtsbetonte BT JuSch 15 86 ff.

2062

Magere Zahlen = Randziffern

Sachverzeichnis

Körperschaften, steuerpflichtige BT SteuerR 21
Körperschaftsteuer BT SteuerR 4, 14, 16, 21, 64 ff., 68, 70 f., 71, 75
Körperschaftsteuersatz BT SteuerR 71, 75
Körperverletzung
– als Presseinhaltsdelikt **6** 237; **20** 49
Korrektor
– Strafrechtliche Haftung **20** 98
Korrespondent 9 11, 15
– als Urheber **BT UrhR** 80
Korrespondenz-Material
– als Druckwerk **7** 41 ff.
Kraftfahrzeugsteuer BT SteuerR 4, 16
Krankenaufzeichnungen 6 69
Kredit 6 108
Kreditgefährdung 6 106 ff., 239
– Berechtigtes Interesse **6** 114 ff.
– Ehrenschutz **6** 107
– Gefährdungstatbestand **6** 110
– Geschützter Personenkreis **6** 117
– Meinungsäußerung **6** 111
– Schutzgut **6** 109
– Unmittelbares Betroffensein **6** 113
Kreditkartennummer BT JuSch 1 75
Kreuzworträtsel
– Urheberrechtsschutz **BT UrhR** 40
Kriegsverherrlichung BT JuSch 15 59 ff.
KStDV BT SteuerR 65
Kumulierungsverbot BT Abo 175 f.
Kundenkartei BT SteuerR 55
Kundenlisten BT SteuerR 30
Kündigung
– Abfindungsanspruch **BT ArbR** 311 ff.
– Änderungskündigung **BT ArbR** 213, 234, 265, 276 f., 291, 304
– Anhörung des Betriebsrats **BT ArbR** 368 ff.
– Annahmeverweigerung **BT ArbR** 233
– des Arbeitnehmers **BT ArbR** 319 ff.
– Arten **BT ArbR** 234
– Außerordentliche – **BT ArbR** 119, 126, 213, 234, 250, 257, 278 f., 281, 286, 291, 298, 304, 317, 319, 324, 368, 412
– Bedingung **BT ArbR** 234, 238, 276
– Bestimmtheit **BT ArbR** 238
– Betriebsbedingte Kündigung **BT ArbR** 254, 259 ff., 298, 319
– Betriebsrat **BT ArbR** 249
– Betriebsübergang **BT ArbR** 287 ff.
– Dienstantritt **BT ArbR** 240
– Einschreiben **BT ArbR** 233
– Elternzeit **BT ArbR** 109, 129, 292, 321
– Erziehungsurlaub **BT ArbR** 212, 296
– Form und Inhalt **BT ArbR** 235 ff.
– Fristen **BT ArbR** 241 ff.
– Kündigungserklärung **BT ArbR** 228 ff.
– Kündigungsgründe, einzelne **BT ArbR** 255 ff.
– Kündigungsschutz **BT ArbR** 292 ff.
– Kündigungsschutzklage **BT ArbR** 201, 248, 265, 286, 304 ff., 307, 311 ff.
– Leitender Angestellter **BT ArbR** 251, 337
– Massenkündigung **BT ArbR** 267
– Nachschieben von Gründen **BT ArbR** 239
– Nichtigkeit **BT ArbR** 248
– Ordentliche – **BT ArbR** 92, 213, 234, 238, 241, 250, 281 f., 291, 301, 304, 317, 368
– Personenbedingte – **BT ArbR** 254 ff., 289
– Sozialwidrigkeit **BT ArbR** 248, 251, 254
– Teilkündigung **BT ArbR** 234
– Termin **BT ArbR** 234, 241 ff., 317, 326
– Verhaltensbedingte – **BT ArbR** 254 f., 257 f., 289, 372
– Vorsorgliche **BT ArbR** 234
– Wartezeit **BT ArbR** 253 ff.
– Wichtiger Grund **BT ArbR** 248, 250, 279 ff., 426
– Widerruf, Rücknahme **BT ArbR** 234, 247
– Widerspruch des Betriebsrats **BT ArbR** 274 f., 370, 372 ff.
– Zugang **BT ArbR** 229 ff.
Kunst
– Satire und Karikatur **6** 78c
– Werkgerechte Maßstäbe **6** 78b
– Wirkungsebenen **6** 78c
Künstler BT SteuerR 31, 107, 125, 136, 144, 145, 158, 162, 163
Künstlerische Tätigkeit BT SteuerR 146 f.
Kunstmappen
– Impressum **8** 96
Kunstwerke
– Urheberrechtsschutz **BT UrhR** 44 f.
Kurzberichterstattung 25 14
Kurzberichterstattung im Fernsehen 4 164
Kürzungen (GewSt) BT SteuerR 78 f., 78

Lagebericht BT SteuerR 29
Laienwerbung BT Abo 143 ff.
– Abonnements **BT Abo** 153 ff.
– Bedeutung **BT Abo** 143
– Gefahr des Abschlusses aus Gefälligkeit **BT Abo** 163 ff.
– Gefahren, mit der Laienwerbung verbundene **BT Abo** 143 ff.
– Gefahr sachfremder Entschließung **BT Abo** 146 ff.
– Gefahr unsachlicher Beeinflussung **BT Abo** 149 ff.
– Gewinnspiele für Laienwerber **BT Abo** 164 ff.
– Intensität des Laienwerbereinsatzes **BT Abo** 146 f.
– Kommerzialisierung der Privatsphäre **BT Abo** 156
– Leser werben Leser **BT Abo** 153
– Mitteilung von Adressen potentieller Abonnenten **BT Abo** 163

2063

Sachverzeichnis

Fette Zahlen = §§ der Landesgesetze

- Nichtbezieher als Laienwerber **BT Abo** 158
- Prämienwert **BT Abo** 154 ff.
- Rückforderung der Prämie **BT Abo** 162
- Vorschieben des Neuabonnenten **BT Abo** 159 f.
- Weitergabe der Prämien **BT Abo** 161 f.

Landespressegesetze Einl 26; s. a. die synoptische Kommentierung im Einzelnen
- der einzelnen Länder **Einl** 28 ff.
- Entstehung **Einl** 18 ff.
- Geltung für den Rundfunk **25** 2 ff.
- Gesetzgebungszuständigkeit **6** 7 ff.; **26** 1 ff.
- Inkrafttreten **26** 1 ff.
- Neue Bundesländer **Einl** 31 f.
- Neuerungen **Einl** 28 ff.
- und Strafprozessrecht **Vor 13** ff. 48 ff.; **13** 9 ff.

Landespressekonferenz 4 156
Landesverrat s. Hochverrat
Landkarte
- als Druckwerk **7** 62
- Umsatzsteuervergünstigung **BT SteuerR** 132
- Urheberrecht **BT UrhR** 45

Landschaftsbilder 6 137
Layouter
- als Redakteur **9** 15

Lebensbild
- Grenze für Darstellung **6** 194 ff.
- Schmerzensgeld **6** 337

Leerkassettenabgabe BT SteuerR 105
Leihbücherei s. Mietbücherei
Leistungsempfänger BT SteuerR 109
Leistungsfähigkeitsprinzip BT SteuerR 4
Leistungsort BT SteuerR 90
Leistungsschutzrecht des Presseverlegers BT UrhR 66a
Leistungsschutzrechte BT SteuerR 104
Lektor
- Pflichtenzuständigkeit **6** 221

Lenkungsfunktion BT SteuerR 19
Lenkungsfunktion der Steuern BT SteuerR 5, 19
Leseplätze, elektronische BT UrhR 130a
Leser
- Durchschnittsleser als Maßstab für Aussagegehalt **6** 90
- Leserzahlen bei der Anzeigenwerbung **BT Anz** 328
- Maßstab für Sorgfaltspflicht **6** 172
- Schutz durch Beschlagnahme **14** 26

Leserbrief 11 77
- Haftung der Presse **6** 276
- Haftung des Autors **6** 229
- Urheberrecht **BT UrhR** 39
- Verjährung bei strafbarem Inhalt **24** 27
- Verkürzter Abdruck **6** 200
- Wahrheitspflicht **6** 158, 168

Leser werben Leser BT Abo 153
Lesesaal
- Auslegen von Schriften **Einl** 129

Lesung BT SteuerR 138
Letztverbrauch BT SteuerR 20, 87
Letztverbrauch (USt) BT SteuerR 87
Lichtbild s. Bild
Lichtreklame 7 19
Liebhaberei BT SteuerR 148
Lieferort BT SteuerR 90
Lieferschwelle BT SteuerR 101 f.
Lieferungen BT SteuerR 88, 90 ff., 90 f., 96, 101, 109 ff.
Lieferwerk
- kein periodisches Druckwerk **7** 79

Lineare AfA BT SteuerR 57
Literarische Werke BT SteuerR 126
Lizenzen BT SteuerR 35 f., 35, 81
- Abgrenzung von Vorauszahlungen **BT SteuerR** 46
- Schadenersatz nach Lizenzanalogie **6** 320
- Steuerrecht **BT SteuerR** 46
- für Verlagslizenz **BT SteuerR** 46

Lizenzgebühren
- Gewerbesteuer **BT SteuerR** 81

Lizenznehmer BT SteuerR 161
Lohnsteuer BT SteuerR 16, 20, 24, 161
Lokalausgabe 7 46; s. Anschlusszeitung
Lokalredakteur BT ArbR 9, 363;
   s. a. Redakteur
Loseblattwerk 7 79; **BT SteuerR** 43, 55
Lotterie
- Lotterielisten **7** 82

Lotteriesteuer BT SteuerR 16

Mailings BT Abo 45 ff.
Mantel s. Zeitungsmantel
Manteltarifvertrag BT ArbR 14;
   s. a. Tarifvertrag
Marken BT SteuerR 30 f., 36, 110
Markengesetz
- kein Presseinhaltsdelikt **20** 38

Markenrecht BT SteuerR 36
- Auslegung **BT TitelSch** 20
- Bedeutung der Reform für Titelschutz **BT TitelSch** 18 ff.

Markenrechte BT SteuerR 110
Markenschutz
- Eintragungsfähigkeit **BT TitelSch** 178 ff.
- Eintragungshindernisse **BT TitelSch** 178 ff., 189
- Freihaltebedürfnis **BT TitelSch** 185 ff.
- Grundlagen **BT TitelSch** 170
- Markenfähigkeit von Werktiteln **BT TitelSch** 177
- Rechtsentwicklung vor MarkenG **BT TitelSch** 174 ff.
- Schutzumfang bei Titeln mit Markenschutz **BT TitelSch** 193
- Unterscheidungskraft **BT TitelSch** 180 ff.
- Verkehrsdurchsetzung **BT TitelSch** 190 f.
- Verwechslungsgefahr **BT TitelSch** 193
- Vorteile ergänzenden Markenschutzes **BT TitelSch** 171 ff.

Magere Zahlen = Randziffern

Sachverzeichnis

- Werktitel als nicht eingetragene Benutzungsmarken **BT TitelSch** 192
- Werktitelschutz außerhalb des MarkenG **BT TitelSch** 195 ff.

Marketingkonzept BT SteuerR 48

Massenkommunikation
- Begriff **Einl** 5

Massenmedien s. Medien, Neue Medien

Massenvervielfältigung s. Vervielfältigung

Maßgeblichkeitsprinzip BT SteuerR 26

Materieller Schadenersatz Kausalität
- Adäquanz **6** 310
- Beweisregel des § 830 Abs. 1 Satz 2 BGB **6** 312
- conditio sine qua non **6** 247
- Drittveröffentlichung **6** 313
- Haftungsausfüllende **6** 309
- Mitursächlichkeit **6** 311
- Rechtswidrigkeitszusammenhang **6** 310
- Reserveursache **6** 314
- Teilursächlichkeit **6** 311
- Überholende Kausalität **6** 314
- Zurechnungszusammenhang **6** 310

Matern s. a. Herstellungsmittel
- Rückgabe an Inserenten **BT Anz** 107

Maternbüro s. a. Presseagentur

Materndienste 7 5, 41 ff., 43, 51

Mecklenburg-Vorpommern Die Kommentierung des Landespressegesetzes von Mecklenburg-Vorpommern erfolgt bei den einzelnen einschlägigen Paragraphen des Landespresserechts. Besonderheiten werden vor allem an den nachfolgend aufgeführten Stellen erörtert: **Einl** 32; **3** 3; **4** 38, 46, 103; **6** 3; **7** 1; **8** 127; **9** 1, 101; **11** 9, 61, 71, 146, 171, 277; **12** 16, 24, 49; **15** 30; **17** 1, 8; **20** 8, 159; **21** 8, 72; **22** 8, 67; **24** 8; **25** 1

Medien
- Begriff **BT JuSch 1** 15
- Übernahmefreiheit für öffentliche Reden **BT UrhR** 147 ff.
- Übernahme von Zeitungsartikeln/Rundfunkkommentaren **BT UrhR** 153 ff.
- Verkörperte, körperlose **7** 4
- Vervielfältigung durch Sendeunternehmen **BT UrhR** 165
- Werk als unwesentliches Beiwerk, Wiedergabe **BT UrhR** 164 ff.

Mediendienste 6 6b, 220a, 229a, 281a, 330a; s. a. Teledienste
- Abgrenzung zu Telediensten **BT Anz** 368
- Auskunftsrecht **4** 95, 132
- Informationspflichten **8** 15

Medienfreiheit s. Pressefreiheit, Rundfunkfreiheit
- und Schutz massenmedialer Vermittlung **BT MediendatenSch** 5
- Verfassungsrechtlicher Rahmen **BT MediendatenSch** 5

Mediengattungen BT MediendatenSch 29 ff.

Medienprivileg 1 69; **6** 58
- Bedeutung **BT MediendatenSch** 1 ff.
- Datenschutz **BT MediendatenSch** 1 ff.
- im Datenschutzrecht **3** 32
- Entwurf einer Datenschutzgrundverordnung **BT MediendatenSch** 27 f.
- Europarecht **BT MediendatenSch** 14 ff.
- Folgen **BT MediendatenSch** 41 ff.
- Gesetzgebungskompetenz **BT MediendatenSch** 4
- Privilegierte Zwecke **BT MediendatenSch** 34 ff.
- Tatbestandsvoraussetzungen **BT MediendatenSch** 29 ff.
- Verfassungsrechtlicher Rahmen **BT MediendatenSch** 3 ff.

Medientitel BT TitelSch 13

Medientypen
- Differenzierung **BT MediendatenSch** 6

Mehrere Drucker 8 33, 47

Mehrere Verleger 8 55

Mehrteilige Druckwerke
- Impressum **8** 96

Mehrwertsteuer BT SteuerR 88 ff., 88 f.

Meinungsäußerung
- kein Anspruch auf Gegendarstellung **11** 88
- Ehrverletzende **6** 79 ff.
- Innere Vorgänge **6** 86 f.
- Künstlerischer Beitrag **6** 78b
- Prognosen **6** 87
- Rechtsbegriff **6** 88a
- Schlagwort **6** 88b
- Schlussfolgerung **6** 86
- Substanzarme Aussage **6** 85b, 88
- Tatsachenaussage, Abgrenzung **6** 85 ff., 111 f.
- Wissenschaftlicher Beitrag **6** 78a
- Zitat **6** 87b

Meinungsäußerungsfreiheit s. a. Gegendarstellung, Pressefreiheit
- Ehrenschutz **6** 77, 186 f.
- Formenschutz **6** 48
- Persönlichkeitsentfaltung **6** 41
- Pressefreiheit **6** 30
- Rechtswidrig beschaffte Information **6** 53
- Tatsachenaussagen **6** 29
- Unterhaltungspresse **6** 29
- Verdachtsveröffentlichung **6** 52, 175 f.
- Vermutung der freien Rede **6** 29, 81

Menschenrechte 6 32b; s. a. Europäische Menschenrechtskonvention

Menschenwürde 6 32; **BT JuSch 15** 66 ff.

Menschliches Leiden BT JuSch 15 64 ff.

Mietbücherei
- bußgeldrechtliche Haftung **22** 61

Mikrofilm BT SteuerR 134

Mikrokopien
- als Druckwerke **7** 30

Minderkaufmann BT SteuerR 26

Mineralölsteuer BT SteuerR 16

2065

Sachverzeichnis

Fette Zahlen = §§ der Landesgesetze

Missbrauch
- von Gestaltungsmöglichkeiten **BT SteuerR** 10

Missbrauchskontrolle BT Abo 183
Mitbestimmung BT ArbR 329 ff.
Mittelbare Staatsverwaltung 4 62
Mitunternehmer BT SteuerR 21
Miturheber BT UrhR 76 ff.
Modefotografie BT SteuerR 145, 158
Monographie BT SteuerR 126
Musikalien 7 35
Musikverlag BT SteuerR 30
Musikwerke, -noten
- als Druckwerke **7** 35
- Pflichtexemplare **12** 18
- Umsatzsteuervergünstigung **BT SteuerR** 131
- Urheberrechtschutz **BT UrhR** 43

Mutmaßliche Einwilligung 6 245
Mutterschutzgesetz BT ArbR 293 ff.

Nachbarschaftsprinzip (Impressum) 8 85
Nachricht
- Begriff **6** 156
- Fremde – **6** 158
- Prüfung auf Inhalt und Herkunft **6** 161
- Prüfungsmaßstab **6** 162 ff.
- Stellungnahme, Abgrenzung **6** 157

Nachrichten BT UrhR 32
Nachrichtenagentur, -dienst 6 169, 204, 301; **7** 41 ff., 49; s. a. Presseagentur
Nachrichtensperre 4 134 ff.
Nachschlagewerk BT SteuerR 126
Nachzensur s. Zensur
Nacktfotos, Verwendung 6 127, 136, 204
Name (Impressum) 8 34, 73
Namensrechtlicher Titelschutz BT TitelSch 206 ff.
Nationalsozialismus, Verharmlosung BT JuSch 18 39
Naturalrestitution 6 317
Nebenausgabe 7 46; s. a. Anschlusszeitung
- Gegendarstellungspflicht **11** 83

Nebenberufliche Tätigkeit BT SteuerR 138, 148
Nebenrechte BT SteuerR 81
Nebentäterschaft 6 312
Nebenware s. Zugabe
Negatives Leistungsverhalten BT SteuerR 103
Negatorischer Anspruch 6 233
- Anspruchsverpflichtete **6** 220

Neuabonnenten
- Abschlussprämien bei Eigenbestellungen **BT Abo** 120 ff.
- Begrüßungsgeschenke **BT Abo** 120
- Gewinnspiele **BT Abo** 131 ff.
- Gratislieferungen **BT Abo** 128 f.
- Kaufzwang **BT Abo** 132, 139 ff., 141
- Überblick **BT Abo** 120
- Übertriebenes Anlocken **BT Abo** 121, 142

- Werbegeschenke bei Probeabo **BT Abo** 128 f.
- Zuwendungen **BT Abo** 120 ff.

Neuauflage
- Ablieferung von Pflichtexemplaren **12** 22
- als strafbares Druckwerk **20** 75; **24** 59 ff.

Neue Medien
- Gegendarstellungsanspruch **11** 245, 254 ff., 267

Nicht abziehbare Aufwendungen BT SteuerR 69
Nicht abziehbare Betriebsausgaben BT SteuerR 75
Nicht abzugsfähige Aufwendungen BT SteuerR 68
Nichtaufrechterhalten 6 293
Nichtigkeit von Steuervorschriften BT SteuerR 12
Nichtselbständige Arbeit BT SteuerR 21
Nicht steuerbare Umsätze BT SteuerR 90 f.
Nichtzulassung
- von Pressevertretern **4** 163

Nichtzulassungsbeschwerde BT SteuerR 8
Niederlassung als Erscheinungsort 8 23
Niederlassungen eines Verlages
- Impressum **8** 23

Niedersachsen Die Kommentierung des Landespressegesetzes von Niedersachsen erfolgt bei den einzelnen einschlägigen Paragraphen des Landespresserechts. Besonderheiten werden vor allem an den nachfolgend aufgeführten Stellen erörtert: **Einl** 29; **4** 42, 130; **6** 10, 153; **8** 1, 128; **9** 105; **11** 10, 61, 70, 171, 179, 194, 236, 278; **12** 16, 24, 50; **15** 31; **17** 8; **18** 2; **20** 9, 167; **21** 9, 73; **22** 9, 67; **24** 9, 95; **25** 1

Niederstwertprinzip BT SteuerR 33
Nießbraucher als Verleger 8 54
Nordrhein-Westfalen Die Kommentierung des Landespressegesetzes von Nordrhein-Westfalen erfolgt bei den einzelnen einschlägigen Paragraphen des Landespresserechts. Besonderheiten werden vor allem an den nachfolgend aufgeführten Stellen erörtert: **Einl** 24, 29; **4** 42, 130; **6** 10, 153; **8** 1, 129; **9** 89, 101; **11** 11, 61, 70, 146, 171, 194, 279; **12** 16, 21, 24, 51 ff.; **15** 31; **17** 8; **18** 2; **20** 10, 168; **21** 10, 73; **22** 10, 67, 89; **24** 10, 96; **25** 1

Normenkontrollverfahren BT SteuerR 10
Noten BT SteuerR 110
Nötigung 20 50, 59, 103;
- s. a. Presseinhaltsdelikte

Nutzungsdauer BT SteuerR 33, 47
- Betriebsgewöhnliche – **BT SteuerR** 57 f.
- Verlagsrecht **BT SteuerR** 44

Nutzungsrecht BT SteuerR 110, 135, 138

2066

Magere Zahlen = Randziffern

Sachverzeichnis

Nutzungsrechte
- Räumliche, zeitliche oder inhaltliche Beschränkung **BT UrhR** 185
- Unbekannte Nutzungsarten **BT UrhR** 222

Nutzungsrechte, Einräumung BT UrhR 177 ff.
- Änderung des Vertrages **BT UrhR** 86
- Begründung **BT UrhR** 178 ff.
- außerhalb von Dienst- und Arbeitsverhältnissen **BT UrhR** 229 ff.
- Einfache, ausschließliche – **BT UrhR** 111
- Grundsatz **BT UrhR** 177
- Inhalt **BT UrhR** 183 ff.
- Nutzungsvergütung **BT UrhR** 190 ff.; **BT SteuerR** 135 ff.
- im Rahmen von Dienst- und Arbeitsverhältnissen **BT UrhR** 220 ff.
- Rückruf **BT UrhR** 189
- Steuern **BT SteuerR** 104
- Übertragbarkeit **BT UrhR** 187 f.
- Unbekannte Nutzungsarten **BT UrhR** 182
- an Zeitungs- und Zeitschriftenbeiträgen **BT UrhR** 219 ff.
- Zwangsvollstreckung **BT UrhR** 200

Nutzungsvergütung, urheberrechtliche BT SteuerR 137

Offenlegung der Inhaber- und Beteiligungsverhältnisse 8 61, 136 ff.

Öffentliche Aufgabe der Presse Einl 3, 86, 139; **3** 1 ff.; **6** 2, 4, 30; s. a. Öffentliche Meinung
- Begriff **Einl** 139
- keine Beschränkung **3** 34 f.
- Demokratische Funktion **3** 1
- Kontrolle der Staatsmacht **6** 26
- Mitwirkung an der öffentlichen Meinungsbildung **3** 28 ff.; s. a. dort
- Rechtscharakter der öffentlichen Aufgabe **3** 18 ff.
- Reichweite **6** 5
- Sonderpflichten **3** 31 f.
- Sonderrechte **3** 32 ff.
- Sonderrechte und -pflichten, begrenzte durch Anerkennung der – **3** 31 ff.
- Wahrheitspflicht **6** 154
- Wechselbezug zur Sorgfaltspflicht **6** 2 ff.

Öffentliche Bekanntmachungen
- Begriff **4** 2, 142

Öffentliche Meinung
- Anonymität von Druckwerken und Einfluss auf – **20** 29 ff.
- Begriff **Einl** 3, 140; **3** 28
- Gesellschaftliche Funktion der Presse bei – **3** 28 ff.; **11** 43
- Kontrolle zur Verhinderung von Machtmissbrauch **20** 30; s. a. Straf- und Ordnungswidrigkeitenrecht

Öffentliches Interesse
- und Auskunftsanspruch **4** 118

Öffentliche Straße
- Belästigung durch Abonnementwerbung **BT Abo** 61
- bei Pressenutzung **2** 53
- Verbreitung von Druckwerken **1** 231 ff.

Öffentlichkeit
- Ansprechen in der **BT Abo** 61
- die – berührender Beitrag **6** 29, 46, 50, 99
- von Verhandlungen **4** 161

Öffentlichkeitssphäre 6 70, 218; s. a. Intimsphäre, Privatsphäre, Sexualsphäre

Öffentlich-Rechtliche Rundfunkanstalten s. Rundfunk

Offertenblatt BT Anz 2, 150 ff.
- Kostenloser Abdruck privater Kleinanzeigen **BT Anz** 150
- Wettbewerbsrechtliche Beurteilung **BT Anz** 151
- keine wettbewerbswidrige Verlockung **BT Anz** 153

Ökosteuern BT SteuerR 19
Ökosteuerreform BT SteuerR 19
Online-Ausgaben BT JuSch 22 22
Onlinemedien s. a. Elektronische Medien
- Impressum **8** 15
- Jugendschutz **BT JuSch Einl** 6

Online-Rechte BT UrhR 222
Open Access BT UrhR 232a
Opportunitätsprinzip 22 31
Optionsrechte BT SteuerR 36
Ordnungsgeld 23 93 ff., 148
Ordnungshaft 23 93, 95, 148
Ordnungsmittel 23 93 ff.

Ordnungswidrigkeit
s. Presseordnungswidrigkeit

Ordnungswidrigkeiten 8 136 ff.
Organhaftung 6 223
Ort der Lieferung BT SteuerR 90 ff., 90, 109
Ort der sonstigen Leistung BT SteuerR 106
Ort der sonstigen Leistungen BT SteuerR 106 ff.

Örtliche Zuständigkeit der Gerichte s. Gerichtsstand

Österreich 8 159a ff.; **11** 185
- Gegendarstellungsrecht **11** 171, 185
- Verantwortlicher Redakteur **9** 113 f.

Pächter als Drucker 8 44
- als Verleger **8** 54

Paketdienst, privater s. a. Beförderung von Druckwerken

Panorama-Entscheidung 6 93, 112, 221, 276, 279, 282 f., 285, 291 f., 296, 302, 319, 331, 338, 340 f.; **11** 107

Paparazzifotos 6 216a; s. a. Intimsphäre, Privatsphäre, Person der Zeitgeschichte

Papierfabrik, -händler 1 222 f.

Parallelwertung in der Laiensphäre BT JuSch 27 11

Park s. a. Verbreitung von Druckwerken

2067

Sachverzeichnis

Fette Zahlen = §§ der Landesgesetze

Parlamentsberichte
- Berichterstattung **6** 180
- Gegendarstellungspflicht **11** 72 ff.
- Straffreiheit wahrheitsgetreuer – **20** 106

Parodie s. a. Bearbeitung fremder Werke
- Urheberrecht **BT UrhR** 56

Passanten
- wettbewerbswidrige Belästigung von – **BT Abo** 61

Patente BT SteuerR 32, 36, 62, 107, 110; s. a. Immaterielle Vermögenswerte

Pauschale Lohnsteuer BT SteuerR 20

Pauschale Lohn- und Kirchenlohnsteuer BT SteuerR 20

Pauschalhonorar BT UrhR 197

Periodisches Druckwerk 7 65 ff.; **8** 5, 26, 71 ff.; **9** 2
- Anbietungspflicht **12** 14
- Auflagenhöhe **7** 82
- Begriff **7** 76 ff.
- Berufspflichtverletzung s. Verantwortlicher Redakteur
- Dauerindizierung **7** 73
- Erscheinungshäufigkeit **7** 77 f.
- Gegendarstellung **11** 81; s. dort
- Impressumspflicht **8** 5
- Öffentliches Erscheinen **7** 82
- Presserechtliche Sondervorschriften **7** 66 ff.; s. a. Kennzeichnung entgeltlicher Anzeigen, Verantwortlicher Redakteur, Gegendarstellung, Pflichtexemplarrecht, Berufspflichtverletzung, Zeugnisverweigerungsrecht, Jugendgefährdende Schriften
- Richterliche Beschlagnahmeanordnung **13** 12 ff.
- Zeitung, Zeitschrift s. dort

Periodisches Sammelwerk s. Sammelwerk

Personal s. Angestellte

Personalausweisnummer BT JuSch 1 75

Person der Zeitgeschichte 6 68a, 129 ff., 130a, 195, 198, 204, 211, 213 ff., 216a, 218
- Absolute – **6** 68a, 130, 130a, 195, 198, 214 ff., 216a
- Beispiele **6** 130a ff.
- Intimsphäre **6** 136b, 198, 214 f.
- Kinder **6** 133a, 216a
- Nacktaufnahmen **6** 136
- Partner einer absoluten – **6** 133
- Polizisten **6** 134
- Privatsphäre **6** 136b, 216
- Relative – **6** 68a, 130, 130a, 203, 216a
- Schauspieler **6** 130a
- Sportler **6** 130a
- Straftäter **6** 132, 211
- Werbliche Verwendung von Bildern **6** 136a
- Zeugen **6** 134

Personenbildnis 6 123

Personengemeinschaft
- Ehrenschutz **6** 102

Personengesellschaft BT SteuerR 21, 26

Personensorgeberechtigte Personen BT JuSch 1 7 f.

Personifizierung eines Themas 6 47, 196

Persönlichkeitsrecht 6 55 ff.; **11** 40 ff.; **BT ArbR** 75; s. a. Gegendarstellung
- Ehrenschutz **6** 76 f.
- Entstehungsgeschichte **6** 56
- Juristische Person **6** 72
- Kreditgefährdung **6** 106 f.
- Meinungsfreiheit **6** 42
- Namensrecht als – **6** 73
- Offenes Schutzgut **6** 33
- Rahmenrecht **6** 57
- Recht am eigenen Bild **6** 119
- Schutzsphären **6** 63 ff.
- Träger **6** 71
- Verfassungsrang **6** 42
- Verstorbene **6** 71
- Werbung **6** 198
- Zuweisungsgehalt **6** 57

Persönlichkeitsschutz, postmortaler 6 71, 275, 344

Pflichtablieferungsverordnung 12 10

Pflichten der Presse s. Sorgfaltspflicht, Standesrechte und -regeln

Pflichtexemplarrecht Einl 121; **7** 70; **12** 1 ff.; **BT UrhR** 216
- Ablieferungspflicht **12** 4 ff., 11, 13, 61
- Anbietungspflicht **12** 11 ff.
- Ausnahmen **12** 23 ff.
- Ausstattung der Ausgabe **12** 21 f.
- Begünstigte **12** 17; s. a. Deutsche Bibliothek
- Beilagen, Ablieferungspflicht **12** 18
- Betroffene Druckwerke **12** 18 ff.
- Durchsetzung **12** 29 f.
- Einrückungsgebühren **11** 136, 179, 226
- fehlender Besitz des Druckwerkes **12** 24a
- Fristen **12** 13
- Herkunft und Bedeutung **12** 1 f.
- Kompetenzbereich **12** 9
- Kostenerstattung **12** 26 ff.
- Kultureller Zweck in heutiger Zeit **12** 3
- landesrechtliche Einzelregelungen **12** 31 ff.
- Periodische Druckschriften, Sonderregelungen **12** 14
- bei Unzumutbarkeit **12** 6 ff., 27 f.
- Verfassungskonformität **12** 4 f.
- Verletzung, Verjährung **24** 80
- Verpflichtete **12** 15 f.; s. a. Verleger, Drucker, Hersteller

Pflichtstückverordnung s. a. Pflichtexemplarrecht

Piratensender-Abkommen 25 11

Plagiat BT UrhR 55, 88; s. a. Urheberrecht, Bearbeitung fremder Werke
- Plagiatsvorwurf **6** 88a

Plakat 7 76, 80
- Anbringen **Einl** 127; **2** 47
- Impressumpflicht **8** 4
- Litfaßsäule, Anschlagen an – **Einl** 127
- an öffentlichem Gebäude **2** 47

Magere Zahlen = Randziffern

Sachverzeichnis

- Plakatwände in der Mensa, Sondernutzungsrecht **2** 47
- **Plastiken 7** 34
- **Platzierungswunsch**
- bei Anzeigen **BT Anz** 97, 99 ff.
- **Podiumsdiskussion 6** 93, 301
- **Polemik, zulässige 6** 81, 189 ff.
- **Polizeifestigkeit der Pressefreiheit 1** 27 ff.; **Vor 13 ff.** 46; **18** 56
- **Polizeiliche Beschlagnahme von Druckwerken** s. Beschlagnahme
- **Pornographie BT JuSch 15** 10; **BT JuSch 18** 16 ff.; s. a. Presseinhaltsdelikt
- Presseverjährung **24** 37
- Steuern **BT SteuerR** 119
- Weltrechtsprinzip **Vor 20 ff.** 28
- Werbung für – **BT Anz** 82
- **Portokosten BT SteuerR** 98; s. durchlaufende Posten
- **Porträtfotografie BT UrhR** 46
- **Postbeförderung von Druckwerken** s. a. Beförderung von Druckwerken
- **Postident-Verfahren BT JuSch 1** 74
- **Postkarten BT SteuerR** 134
- **Postmortaler Persönlichkeitsschutz 6** 71, 275, 344
- **Post- und Fernmeldegeheimnis 6** 65, 69; **20** 57
- **Postzeitungsdienst 1** 131, 168; s. a. Beförderung von Druckwerken
- **Preisbindung BT Abo** 170 ff.
- Mehrwertsteuer **BT Abo** 125
- Rabatte, Skonti, Vergünstigungen **BT Abo** 195 ff.
- Sammelrevers **BT Abo** 200
- **Preisliste**
- als Druckwerk **7** 17, 59
- **Preislistentreue BT StandesR** 28; **BT Anz** 132 ff.
- **Preisrätsel 10** 56, 77
- **Preisrecht** s. Preisbindung
- **Presse**
- Anonymität **20** 29 f., 112
- Begriff **Einl** 1; **4** 40; **7** 3, 7
- kein Bestandsschutz für einzelne Presseunternehmen **1** 118
- Einflussmöglichkeiten auf die öffentliche Meinung **4** 25; s. a. dort
- Freiheitliche **1** 104
- Funktionsfähigkeit **1** 130
- kein Haftungsprivileg **6** 30
- Informationsanspruch **4** 47
- nicht-professionelle, Schutz **1** 223
- objektive Verfassungsgarantie **1** 28, 104 ff.
- Periodische s. Periodische Presse
- Privatwirtschaftliche Struktur **1** 122; **3** 25
- Privilegierte Unternehmen **BT MediendatenSch** 41
- Sicherung der öffentlichen Aufgabe **1** 174
- kein staatliches Organ **1** 242
- **Presseagenturen 7** 41 ff.
- Agenturmeldung **6** 169

- Bedeutung **7** 42
- Bildagenturen **7** 52
- Gegendarstellungspflicht **11** 81, 112
- Historische Entwicklung **7** 44 ff.
- Korrespondenzmaterial als Druckwerk **7** 41 ff., 53
- Materndienste **7** 43, 51
- Nachrichtenagenturen **7** 49
- Pressekorrespondenzen **7** 50
- Steuersatz **BT SteuerR** 141
- Vertrauen in Zuverlässigkeit **6** 169, 204
- **Pressearchiv 23** 34
- **Presseausweis**
- Berechtigte **4** 52 f.
- nur bei journalistischer Tätigkeit **4** 53
- Zweck **4** 53
- **Pressebeschlagnahme** s. Beschlagnahme von Druckwerken
- **Pressedelikt** s. Straf- und Ordnungswidrigkeitenrecht, Presse-Antragsdelikt, Presseinhaltsdelikt, Presseordnungsdelikt, Presseordnungswidrigkeit
- Strafantrag **20** 155
- **Pressedienst 7** 41 ff.; **BT SteuerR** 141
- **Presseerklärung, amtliche 6** 169, 209
- **Presseerzeugnis 6** 6
- **Pressefehde 6** 151
- **Pressefreiheit Einl** 2 f.; **1** 1 ff.; **4** 39 ff.
- Abgrenzung zur Rundfunkfreiheit **1** 7; **6** 6
- als Abwehrgrundrecht **1** 20, 109 ff.; **6** 26, 27, 30
- Anzeigenteil und – **BT Anz** 10 ff.
- Arbeitsrecht **BT ArbR** 339; s. a. dort
- Ausländer **1** 236
- Berufsverbot **1** 110
- Beschneidung der – eines Dritten **1** 113; **3** 31
- Beschränkung der – durch das BVerfG **1** 4 f.
- als Bestandsgarantie **1** 153 ff.; **6** 30
- Betriebsverfassungsrecht **BT ArbR** 339
- Bundes- und Landesrecht **1** 8 ff.
- Drittwirkung **1** 113 ff.; **6** 27 f.
- Europäische Menschenrechtskonvention s. dort
- gegenüber dem Fiskus **1** 109 ff.
- Formenschutz **6** 48 ff., 173 f.
- Funktionsfähigkeit **1** 130; **6** 30
- Historische Entwicklung **1** 16
- Informationsbeschaffung **1** 225 ff.; **6** 30, 53, 156 ff.
- Inhaltskontrolle durch die Polizei **1** 29
- Innere **1** 126
- Institutionelle Garantie **6** 30
- Internationale Verträge **1** 47 ff.; s. a. Europäische Menschenrechtskonvention
- Jugendpresse **9** 83
- Juristische Personen **1** 236
- Konkretisierung durch § 1 LPG **1** 17 ff.
- Medienprivileg **1** 69; **6** 58; s. a. Datenschutz
- Meinungsfreiheit **1** 54 ff.; **6** 30

2069

Sachverzeichnis
Fette Zahlen = §§ der Landesgesetze

- Menschenrechtspakt der Vereinten Nationen s. dort
- Persönlicher Schutzbereich **1** 234 ff.
- Persönlichkeitsrecht und – **3** 33; **6** 32, 33 ff., 55 ff., 193 ff., 214 ff.
- Polizeifestigkeit **1** 27 ff.; **Vor 13 ff.** 46 f.; **18** 56
- Raumnot **6** 164 ff., 173 f.
- Schranken **1** 247 ff.; **6** 25
- Schutz der – **1** 45 ff., 113 ff.
- Schutz der Herstellung des Presseprodukts **1** 204 ff.
- Schutz der Verbreitung **1** 228 ff.
- Staat und – **1** 265; **6** 26
- Strafrechtlich relevante Informationen **1** 271
- Subventionen **1** 168 ff.
- Tendenz und – **6** 30; **BT ArbR** 87 ff.
- Träger **1** 234 ff.
- Verfassungsrechtliche Garantie, Schutzbereich **1** 204 ff.; **6** 30, 33, 45 ff., 48 ff., 52 f.
- Verwirkung **1** 78
- Zeitnot **6** 164 f., 173 f.

Pressegeheimnis s. Redaktionsgeheimnis, Zeugnisverweigerungsrecht
- und Steuerrecht **BT SteuerR** 7, 152

Pressegrossist 6 30

Pressegrosso 1 153 ff.

Pressehilfsunternehmen s. Presse-Agentur

Presseinhaltsdelikt Einl 138; **Vor 20 ff.** 6 ff.; **20** 17 ff., 20 ff., 110 f.; **21** 19, 24, 28
- Allgemeine Strafgesetze, Anwendung auf Presseinhaltsdelikte **20** 62 ff., 70 ff.
- Ankündigungs- und Anpreisungsdelikte **20** 56
- Anstiftung **20** 44, 80, 85
- Auslandsstraftaten **Vor 20 ff.** 27
- Begriff **20** 26 ff., 51 f.
- Begründung der Strafbarkeit **20** 50 ff.
- Beihilfe **20** 44, 80, 85 f., 95
- Beleidigung **20** 53
- Beschimpfung von Bekenntnissen **20** 50
- Betrug **20** 50, 59, 84, 103 f.
- Einziehung **13** 52 ff.
- Entschuldigungsgrund **20** 108
- Erpressung **20** 45 ff., 59, 103
- Fahrlässigkeit **20** 107, 139 ff.
- Fortgesetzte Tat **20** 70 ff.
- Friedensverrat, Hochverrat **20** 58, 102
- Gefährdung des demokratischen Rechtsstaats **20** 58, 102
- Gerichtsstand, kein fliegender **Vor 20 ff.** 15
- Inhalt des Druckwerks **20** 33 ff.
- Kapitalanlagebetrug **20** 59
- Kartellrechtsverstöße **20** 56
- Körperverletzung, Tötung als – **20** 49, 60
- Landesverrat **20** 58, 102
- Mittäterschaft **20** 87, 96
- Nötigung **20** 59, 103

- Objektive Bedingung der Strafbarkeit **20** 144 ff.
- Öffentliche Aufforderung zur Begehung von Straftaten **20** 54
- Pornographische Schriften, Verbreitung von **20** 55
- Post- u. Fernmeldegeheimnis **20** 57
- Presseordnungsdelikt und – **20** 33; **21** 19 f.
- Privatgeheimnisse, Verletzung **20** 57
- Rücktritt vom Versuch **20** 104
- Schuld **20** 108
- Strafbarkeit **20** 144 ff.
- Strafen **20** 109, 152 ff.; s. a. Einziehung
- Täterschaft **20** 81 ff.
- Teilnahme **20** 81 ff.
- Verantwortlicher Redakteur, Haftung s. dort
- Verbotene Mitteilungen über Gerichtsverhandlungen **20** 55
- Verbreiten als Ausführungshandlung **20** 39 ff.
- Verbreitung pornographischer Schriften **20** 55; s. a. dort
- Verbreitung von Druckwerken **20** 39 ff., 55, 72 ff.; **22** 51; s. a. dort
- Verbreitung von Propagandamitteln verfassungswidriger Organisationen **20** 100
- Verjährung **20** 20a, 110 f.; **24** 17 ff.
- Verschwiegenheitsdelikte **20** 57
- Versuch **20** 99, 102 ff.
- Volksverhetzung **20** 54
- Vollendung **20** 100 f.
- Vorbereitung **20** 99
- Vorsatz **20** 107, 138
- Werbung für terroristische Vereinigung **20** 58
- Wettbewerbsrechtliche Verstöße **20** 56
- Zweck **20** 29 f.

Pressekodex 6 20, 49, 237; **23** 86; **BT StandesR** 11, 12, Anhang; **BT Abo** 5

Pressekonferenz 4 150
- Ausschlussverbot **4** 155
- Behördliche **4** 153
- Teilhabeanspruch **4** 153, 156

Pressekonzentration 8 137

Pressekorrespondenzen 7 5, 41 ff., 50; s. a. Presseagenturen

Pressemitarbeiter s. Angestellte, Verleger, Drucker, Redakteur, Verantwortlicher Redakteur, Volontär, Zeitungsausträger

Presseordnungsdelikt Einl 138; **Vor 20 ff.** 9, 18; **21** 17 ff.; s. a. Straf- und Ordnungswidrigkeitenrecht
- Allgemeine Strafgesetze, Anwendbarkeit **21** 20
- Begriff **21** 18
- Einziehung **13** 40
- Presseinhaltsdelikt und – **20** 34; **21** 19 f.
- Schuld **21** 22
- Täter **21** 20
- Verjährung **21** 23; **24** 33
- Vorsatz und Fahrlässigkeit **21** 21

Magere Zahlen = Randziffern

Presseordnungswidrigkeiten Einl 138; **Vor 20 ff.** 10; 22 17 ff.; s. a. Straf- und Ordnungswidrigkeitenrecht
- Bedeutung 22 17 f.
- Beschlagnahme 22 28
- Einziehung als Nebenfolge 22 27
- Erzwingungshaft 22 26
- Geldbuße 22 19, 24 ff.
- Irrtum 22 22
- Kollisionsrecht, interlokales **Vor 20 ff.** 23
- Nichtordnungsgemäße Anbietung und Ablieferung von Pflichtexemplaren als – 12 30
- Opportunitätsprinzip, Ermessen 22 31
- Presserechtliche Verjährung 24 18
- Tateinheit 22 23
- Täter 22 30
- Tatortprinzip **Vor 20 ff.** 14, 20 f.
- Verfahren 22 32
- Verjährung 22 29
- Vorsatz und Fahrlässigkeit 22 20 f., 38, 55, 66

Presserat 6 6b, 20, 49, 210; 10 47; s. a. Deutscher Presserat

Presseräume, Durchsuchung
- Anordnung durch den Richter **Vor 13 ff.** 31 ff.
- zu Beweiszwecken **Vor 13 ff.** 32
- Einziehungssichernde Beschlagnahme **Vor 13 ff.** 32
- Ergreifungsdurchsuchung **Vor 13 ff.** 30
- Ermittlungsdurchsuchung **Vor 13 ff.** 30
- bei Gefahr im Verzug **Vor 13 ff.** 10, 31
- Vollstreckungssichernde Durchsuchung **Vor 13 ff.** 30

Presserecht Einl 1 ff.
- Abgrenzung 6 12 ff.
- Anwendbarkeit auf den Rundfunk 6 6a, 10; 25 4; s. a. Rundfunk
- Gesetzgebungsmaterie, Normen der Einl 64 ff., 65
- Presserechtlicher Verbreitungsbegriff 7 20 f.

Presserechtsrahmengesetz Einl 27

Presseredaktionelle Hilfsunternehmen
- Zeugnisverweigerungsrecht 23 33

Presseredaktionelle Hilfsunternehmungen 7 47

Presseselbstkontrolle s. Selbstkontrolle

Pressespiegel 6 158

Pressestatistik, Gesetz über 8 151

Pressestelle
- und Auskunftspflicht 4 69

Pressestrafrecht Einl 138; s. a. Straf- und Ordnungswidrigkeitenrecht

Pressestreik s. Streik

Presse- und Rundfunkgeheimnis BT SteuerR 7

Presseunternehmen s. a. Arbeitskampf, Arbeitsrecht, Tarifvertrag
- Bestandsschutz 6 30
- Bestandsschutz 1 118
- Finanzielle Hilfe durch den Staat 1 130 f.

Sachverzeichnis

- Finanzierung und Presseschutz 1 145
- Garantie der Funktionsfähigkeit 1 130; 6 30
- Privatwirtschaftliche Funktion 3 25
- Streik s. dort
- Subventionen 1 168 ff.

Presseverleger
- Leistungsschutzrecht **BT UrhR** 66a

Pressevertreter
- Vorzug bei begrenzter Teilnehmerzahl 1 226

Pressezeichner BT SteuerR 145

Pressezensur s. Zensur

Privatanschrift (Impressum) 8 38, 73

Privatentnahmen BT SteuerR 21

Privates Interesse und Auskunftsanspruch 4 121

Privatgeheimnis
- Verletzung 20 57

Privatpersonen
- Informationsanspruch der Presse 4 77 ff.

Privatsphäre 6 68, 136b, 216 ff.
- kein absoluter Schutz 6 68a
- Informationsanspruch der Presse und – 4 94
- Kommerzialisierung durch Laienwerbung **BT Abo** 156
- Sorgfaltspflichten der Presse 6 214 ff.

privilegium miserabile 23 13 f.

Probeabzug
- bei Anzeigen **BT Anz** 109 f.

Probe-Exemplar s. Abonnementwerbung

producta sceleris s. Tatprodukte

Produktkennzeichen BT TitelSch 6

Produktkritik BT 133, 147; **BT Anz** 8

Prognosen 6 87

Provider 6 93, 229a

Provision BT Anz 269 ff.
- Anspruch **BT Anz** 271
- Funktion **BT Anz** 269 f.
- Verbot der Provisionsweitergabe **BT StandesR** 28; **BT Anz** 273

Provisionsweitergabeverbot
- kartellrechtliche Beurteilung **BT Anz** 274 f.
- Verbot der Provisionsweitergabe **BT Anz** 273
- Wettbewerbswidrigkeit **BT Anz** 276

PR (Public Relations)
  s. a. Getarnte Werbung
- Formen 10 28

Pseudonym 8 34, 63, 73; **BT UrhR** 82

Psychischer Kaufzwang BT Abo 112, 132, 141

Psychogramm 6 59, 198

PublG BT SteuerR 21

Public relations (PR) 10 28;
  s. a. Getarnte Werbung

Publikationsinteresse 6 46 ff.

Publikumszeitschriften BT Abo 172 f.

Publizist 9 10 f.

Publizitätsgesetz
- Großverlage 8 151

2071

Sachverzeichnis

Fette Zahlen = §§ der Landesgesetze

Quasi-negatorischer Anspruch 6 220, 233
Quellen s. a. Rundfunk, Zeitschriften, Zeitungen
– Allgemein zugängliche – **4** 7
– Amtliche Auskunft **6** 169
– Gegendarstellung **11** 82
– Vertrauliche – **23** 1;
  s. a. Zeugnisverweigerungsrecht
– Zitatquelle **BT UrhR** 119
Quellenbesteuerungsverfahren BT SteuerR 159
Quellensteuer BT SteuerR 24
– Erstattung **BT SteuerR** 159

Rabatt
– Einführungsrabatt **BT Anz** 138
– Konzernrabatt **BT Anz** 137
– Mengenrabatt **BT Anz** 135
Rahmengesetzgebung Einl 36 f.; **6** 7 ff.
Rassenhass BT JuSch 18 28
Rationalisierungsschutz BT ArbR 93 f.
Realsteuern BT SteuerR 73, 78
Recherche s. a. Informationsbeschaffung
– Eigenrecherche **23** 44, 59 ff.
– Sorgfaltspflicht **6** 99
Rechercheur 9 13
Rechnungslegung BT SteuerR 21, 26, 27
Recht auf Vergessenwerden BT MediendatenSch 24 ff.
Rechte, frei übertragbare BT SteuerR 36
Rechteüberlassung BT SteuerR 142
Rechtfertigungsgrund 6 244 ff.
Rechtfertigungsschreiben 23 134
Rechtsbehelfe BT SteuerR 6, 8
Rechtsbehelfe in Steuersachen BT SteuerR 6, 8, 12 f.
Rechtsbehelfsverfahren BT SteuerR 13
Rechtsberatungsgesetz 20 55
Rechtsform des Unternehmens BT SteuerR 1, 21
Rechtsnachfolge
– im Verlag **8** 56
Rechtsweg BT SteuerR 8, 10
– Erschöpfung **BT SteuerR** 10
Rechtswidrigkeit 6 234 ff., 304
Rechtswidrigkeitszusammenhang 6 249, 310
Recht zum Gegenschlag 6 51
Redakteur 8 69; s. a. Verantwortlicher Redakteur
– Arbeitsrecht **Einl** 134; **BT ArbR** 40 ff.
– Begriff **9** 10 ff., 13 ff.; s. a. Publizist, Journalist
– Bildjournalist **9** 15
– Chefredakteur **6** 227, 279; **9** 16; s. a. dort
– Chef vom Dienst **BT ArbR** 337
– Gesinnungsschutz **1** 221
– Informationsanspruch **4** 48
– Lokalredakteur **BT ArbR** 9, 363
– Nebentätigkeit **BT ArbR** 188
– Pflichtenzuständigkeit **6** 221, 225
– Presserechtlicher – **Einl** 133; **9** 13 ff.

– Sportredakteur **BT ArbR** 9, 171
– Status **BT ArbR** 42 ff.
– Störerhaftung **6** 279
– Tendenzschutz **1** 221
– Träger der Sorgfaltspflicht **6** 225 ff.
– Urheberschaft **BT UrhR** 75
– Urlaubsabgeltung **BT ArbR** 148 ff.
– Verantwortlicher Redakteur s. dort
– Verantwortlichkeit **Einl** 133
– Vergütung **BT ArbR** 100 ff., 109
– Verschuldenshaftung **6** 328
Redakteure
– und Informationsanspruch **4** 48
Redaktion BT SteuerR 48, 60
Redaktionelle Hinweise 10 3, 14, 45, Anhang
Redaktionelle Werbung 6 136a, 151; **8** 84; **10** 3, 14, 50 ff.
– Antragsfassung im gerichtlichen Verfahren **10** 76 ff.
– Mitwirkung an – **10** 73 ff., 80
– Veranlassung **10** 72
Redaktionell gestaltete Anzeige 6 136a, 151; **10** 3, 14, 46, Anhang
Redaktionsdatenschutz BT StandesR 7, 11, 14
Redaktionsgeheimnis Einl 4; **Vor 20 ff.** 1; **23** 1 ff., 10, 26, 77; **BT StandesR** 7, 11, 14
– Bruch **1** 125
– Gefährdung durch staatliche Zwangsmaßnahmen **23** 2 ff.
– Schutz **23** 10, 96, 111, 133
Redaktionsgemeinschaften 8 111
Redaktionskollektiv 9 55
Redaktionskosten BT SteuerR 60
Redaktionsschwanz 11 77, 109, 162
– Aufstellen einer Tatsachenbehauptung im – **11** 109
Redaktionsstatut BT ArbR 400 ff.
Redaktionsvolontär s. Volontär
Rede BT UrhR 150
Redigieren 9 13
Regelbesteuerung BT SteuerR 164
Regionalausgabe s. Nebenausgabe
Register, öffentliche 4 166 ff.
Rehabilitation 6 198
Reichspreßgesetz (RPG 1874) 6 2; **Vor 20 ff.** 13; **20** 27, 119; **22** 33; **24** 24, 53
Reichweitenanalyse
– Vergleichende Werbung mit – **BT Anz** 331 f.
Reinvermögen BT SteuerR 27, 28
Reisegewerbe
– Reisegewerbekarten-Pflicht **2** 61 ff.
– Vertrieb von Verlagserzeugnissen **2** 46 f., 61
Reisegewerbebetrieb BT SteuerR 76
Reiseprospekte BT SteuerR 120
Reklame
– als Druckwerk **7** 61
– Leuchtreklame **7** 19

Magere Zahlen = Randziffern

Sachverzeichnis

Relative Person der Zeitgeschichte 6 68a, 130, 130a, 132, 203, 216a
Religion 6 32a
– Religiöses Empfinden, Schutz **BT StandesR** 13
Remissionsrecht BT Abo 189
Rennwett- und Lotteriesteuer BT SteuerR 16, 20
Reportage
– Urheberrechtsschutz **BT UrhR** 35
Reporter 9 11, 15
Repräsentationsaufwendungen BT SteuerR 68, 152
Reproduktionstechnik, Anlagegüter BT SteuerR 59
Reserveursache 6 315
Reverse-charge-Verfahren BT SteuerR 106
Revidierte Berner Übereinkunft (RBÜ) BT UrhR 16
Revision BT SteuerR 8
Revision zum BFH BT SteuerR 8
Rezensionsexemplare
– Versendung als Verbreitung **Einl** 121
Rezepte BT SteuerR 36
Rheinland-Pfalz Die Kommentierung des Landesmediengesetzes Rheinland-Pfalz erfolgt bei den einzelnen einschlägigen Paragraphen des Landespresse- bzw. -medienrechts. Besonderheiten werden vor allem an den nachfolgend aufgeführten Stellen erörtert: **Einl** 29; **4** 42, 130; **6** 6; **8** 1, 130; **9** 104; **11** 12, 61, 70, 146, 179, 237, 280; **12** 11, 14, 16, 21, 54; **17** 8; **20** 11, 168a; **21** 11, 74 f.; **22** 11; **24** 11, 97 f.; **25** 1
Rückgaberecht
– Gewinnrealisierung bei – **BT SteuerR** 61
Rückstellungen BT SteuerR 62 f., 62
Rückwirkende Steuergesetze BT SteuerR 11
Rückwirkung im Steuerrecht BT SteuerR 11
Rundfunk
– Anwendbarkeit des Presserechts **6** 6a, 10; **25** 3 f.
– Aufgabenerfüllung, Freistellung von staatlichem Einfluss **3** 22
– Auskunftsverpflichtung gegenüber der Presse **4** 72 ff., 76
– Begriff **25** 5
– Europarecht im – **25** 11
– kein fliegender Gerichtsstand **Vor 20 ff.** 17
– Gegendarstellung im Rundfunk **11** 243 ff.
– Geschichtlicher Abriss **25** 6 ff.
– Grundversorgung als öffentliche Aufgabe **3** 22; **25** 10
– Informationsanspruch **4** 13 ff.
– Intendant **25** 24
– Interview s. dort
– Medienschutz **BT MediendatenSch** 45

– keine Mehrwertsteuerpflicht **25** 10
– Mitschnitt zum eigenen Gebrauch, Urheberrecht **BT UrhR** 136
– Organisationsform wie staatlicher Aufgabenträger **3** 22
– Privater – s. dort
– Programmangebot **25** 10
– Programmgrundsätze **25** 10, 23
– Rechtsfigur **25** 7
– Rundfunkentscheidungen **25** 8, 10
– Rundfunkfreiheit **Einl** 4; **1** 56; **6** 6; **25** 10
– Rundfunkgebühr **25** 10, 20
– Rundfunkrecht **25** 10
– Rundfunk-Staatsvertrag **25** 12 ff.
– Rundfunkurteile **25** 8
– Sorgfaltspflicht **6** 6a
– Sponsoring im – **25** 14
– Status von Redaktionsmitgliedern **BT ArbR** 39
– Tendenzträger in Rundfunkanstalten **BT ArbR** 67
– Unzulässige Sendungen **25** 14
– Werbung im – **25** 14
– Zeugnisverweigerungsrecht **23** 13; **25** 3
Rundfunkanstalt
– Abzugsteuer **BT SteuerR** 161
– Informationsanspruch der Presse **4** 72 ff.
– Mehrwertsteuerpflicht **25** 10
– Programmgestaltung **BT ArbR** 9
– Rundfunkfreiheit **BT ArbR** 9, 13, 43, 67
– Verfassung **BT ArbR** 39, 43
Rundfunkanstalten
– und Auskunftsanspruch **4** 72
– Mitarbeiter bei **BT ArbR** 145
Rundfunkbegriff 25 5
Rundfunkfreiheit 6 6a; **23** 25
Rundfunk, privater 6 6a; **25** 10, 16, 25
– Aufgabe **3** 22
– Gegendarstellungsanspruch **11** 245, 254 ff., 267
– Programmgrundsätze **25** 16
– Werbung **25** 16
– Zulassung als Rundfunkveranstalter **3** 22; **25** 29
– Zulassungsantrag **25** 29
– „Zwei-Säulen-Modell" in Nordrhein-Westfalen **25** 10, 25
Rundfunkrechtliche Bestimmungen 25 1
Rundfunksprecher BT SteuerR 145
Rundfunkstaatsvertrag 6 6a, 346; **11** 268; **25** 12 ff.
– ARD-Staatsvertrag **25** 12, 18
– Mediendatenschutz **BT MediendatenSch** 45
– NDR-Staatsvertrag **25** 23
– Rundfunkgebühren-Staatsvertrag **25** 20
– ZDF-Staatsvertrag **25** 19
Rundfunkurteile des BVerfG 25 8
Rundfunkveranstalter BT MediendatenSch 33
Rundfunkwerbung 25 14

2073

Sachverzeichnis

Fette Zahlen = §§ der Landesgesetze

Saarland Die Kommentierung des saarländischen Mediengesetzes erfolgt bei den einzelnen einschlägigen Paragraphen des Landespresse- bzw. -medienrechts. Besonderheiten werden vor allem an den nachfolgend aufgeführten Stellen erörtert: **Einl** 18, 29; **4** 42; **6** 153, 155, 156; **8** 1, 131; **9** 105; **11** 61, 70, 146, 171, 217, 238, 281; **12** 11, 16, 55; **17** 8; **18** 1; **20** 12, 170; **21** 12, 76; **22** 12, 67, 90; **24** 99; **25** 1
Sachbuchautor BT SteuerR 144
Sachgebiete
– einer Druckschrift, Impressum **8** 82
Sachsen Die Kommentierung des Landes-Pressegesetzes von Sachsen erfolgt bei den einzelnen einschlägigen Paragraphen des Landespresserechts. Besonderheiten werden vor allem an den nachfolgend aufgeführten Stellen erörtert: **Einl** 32; **4** 130; **6** 10, 153; **7** 1; **8** 132, 149; **9** 1, 105, 111; **10** 16; **11** 14, 61, 70, 146, 171, 187, 239, 282; **12** 16, 56; **15** 31; **17** 8; **18** 2; **20** 13, 169; **21** 13, 77; **22** 13, 67, 91; **24** 13, 100; **25** 1
Sachsen-Anhalt Die Kommentierung des Landespressegesetzes von Sachsen-Anhalt erfolgt bei den einzelnen einschlägigen Paragraphen des Landespresserechts. Besonderheiten werden vor allem an den nachfolgend aufgeführten Stellen erörtert **Einl** 32; **4** 130; **7** 1; **8** 133; **9** 1, 105; **11** 15, 61, 70, 171, 194, 240, 283; **12** 16, 57; **15** 31; **17** 8; **18** 2; **20** 14, 171; **21** 14, 78; **22** 14, 67; **24** 14, 101; **25** 1
Sammelrevers BT Abo 200
Sammelwerk
– Steuerrecht **BT SteuerR** 43
– Urheberrecht **BT UrhR** 58 f.
Sammlungen BT SteuerR 126
Sammlungsstücke BT SteuerR 116
Sammlung verlagseigener Erzeugnisse BT SteuerR 56
Satire 6 78c
Satzherstellung
– Anlagegüter **BT SteuerR** 59
Schaden 6 259
– Differenzschaden **6** 306
– Entgangener Gewinn **6** 308
– Normativer **6** 307
Schadenersatzanspruch
– Anspruchsberechtigte **6** 324
– Anspruchsverpflichtete **6** 325
– Anzeigenaktion zur Schadensabwehr **6** 319
– Beweislast **6** 321
– Differenzschaden **6** 306
– Entgangener Gewinn **6** 308
– Gesamtschuldner **6** 331
– Haftungszuständigkeit **6** 305
– Lizenzanalogie **6** 320
– Materieller – **6** 303 ff., 315
– Naturalrestitution **6** 317
– Nebentäter **6** 312
– Normativer Schaden **6** 307
– Rechtswidrigkeit **6** 304
– Schadensschätzung nach § 287 ZPO **6** 322
– Totalersatz **6** 309
– Verjährung **6** 323
– Vermögensschaden **6** 306
– Verschulden **6** 305
Schallplatten 7 19
– Abspielen als Verbreitung **Einl** 125
– Gegendarstellung **11** 138
– Impressumpflicht **8** 4
– Pflichtexemplare **12** 18
– Umsätze **BT SteuerR** 116
Schaubild BT UrhR 45
Schauspieler s. a. Person der Zeitgeschichte
– (Bildnis-)Schutz gegen Verkörperung durch einen – **6** 121
– Bildwerbung **6** 31, 136a
– Nacktaufnahmen, Verwendung **6** 127, 136, 204
– Steuern **BT SteuerR** 147
Scheinanzeige BT Anz 26, 163
Scheinredakteur (Sitzredakteur) 9 20, 26
– Impressumsverstoß **22** 41
Schenkungsteuer BT SteuerR 4
Schlagzeile
– Gegendarstellung **11** 106
Schleichwerbung 6 151; **10** 2, 15, 34, 50, 54, 56 f., 59, 75
Schleswig-Holstein Die Kommentierung des Landespressegesetzes von Schleswig-Holstein erfolgt bei den einzelnen einschlägigen Paragraphen des Landespresserechts. Besonderheiten werden vor allem an den nachfolgend aufgeführten Stellen erörtert: **Einl** 24, 29; **4** 130; **8** 1, 134; **9** 105; **11** 16, 61, 71, 146, 241, 284; **12** 11, 13 f., 16, 58; **15** 29; **17** 1; **18** 2; **20** 15, 159; **21** 15; **22** 15; **24** 15, 102; **25** 1
Schlussbestimmungen 26 1
Schlüsselloch-Journalismus 6 216
Schmähkritik 6 50, 189 ff.
Schmerzensgeld 6 332 ff.
– Anspruchsberechtigte **6** 344
– Anspruchsverpflichtete **6** 345
– Beweislast **6** 342
– Gegendarstellung **6** 340
– Gewinnabschöpfung **6** 341
– Höhe der Entschädigung **6** 341
– Präventivwirkung **6** 333
– Privatstrafe **6** 333
– Schwere Persönlichkeitsverletzung **6** 335
– ultima-ratio-Rechtsbehelf **6** 338 ff.
– Unterlassungstitel **6** 339
– Verjährung **6** 343
– Widerruf **6** 338
Schranken der Pressefreiheit
s. Pressefreiheit
Schreibmaschinen-Durchschriften
– als Druckwerk **7** 25
Schrift 13 54
– Ablieferung von Pflichtexemplaren **12** 18
– Begriff **Einl** 111

Magere Zahlen = Randziffern

Sachverzeichnis

- Beschlagnahme **23** 134
- Harmlose – **7** 59 ff.; **8** 3; **11** 82
- Jugendgefährdende – s. dort

Schriften 7 27
Schriftenminima BT SteuerR 59
Schriftleiter 9 14
Schriftmetalle BT SteuerR 58
Schriftprobe
- als Druckwerk **7** 22

Schriftsetzer s. a. Setzer
Schriftsteller BT SteuerR 103, 109, 138 f., 144
Schriftsteller(ische) Tätigkeit) BT SteuerR 138, 144
Schulbehörden 9 83
Schulbücher BT SteuerR 126
Schuldnerverzeichnis 4 168
Schule
- Verbreitung von Presseerzeugnissen **1** 237
- Verteilung von externen Zeitungen **2** 47
- Werbung in der – **BT Abo** 118

Schüler
- Informationsfreiheit **1** 237
- Verbilligtes Abonnement für Zeitungen **BT Abo** 195

Schülerzeitung, -zeitschrift 1 237; **6** 5; **9** 79, 83, 84
Schutzbereich, persönlicher
- Menschenrecht **1** 234 ff.
- Personenkreis **1** 234 ff.

Schutzgesetz 6 17, 74 ff., 118 ff., 230, 232, 237 f., 74
Schutzrechtsverletzung BT SteuerR 62
Schutzrechtsverletzungen BT SteuerR 62
Schutzrechtsverwarnung 6 143 f.
Schutzsphären
- der Person **6** 63 ff.

Schutzumschläge BT SteuerR 60
Schwebendes Verfahren
- und Auskunftsanspruch **4** 102 ff.
- Begriff **4** 105
- bei Gefährdung der sachgemäßen Durchführung **4** 106
- Informationsanspruch der Presse bei – **4** 102 ff.
- Landesrechtliche Regelung **4** 103

Schweiz 8 160; **9** 115 f.
- Verantwortlicher Redakteur **9** 115 f.

Schwerbehinderte BT ArbR 220, 297
Sektenzugehörigkeit 6 216a, 218
Selbständige BT SteuerR 21, 27
Selbstbestimmung, informationelle 6 58 ff.
Selbstinserate BT SteuerR 121
Selbstkontrolle der Presse BT StandesR 2 ff., 5, 15, 19, 24 f.; **BT JuSch** 28 16
Selbstverlag BT SteuerR 145
Selbstverleger, -verlag 8 62, 64
- Impressum **8** 4, 13, 32, 64
- Strafrechtliche Haftung **21** 48

Sendezeit, angemessene
- für Kirchen, politische Parteien usw. **25** 16

Sensationspresse 4 44; s. a. Boulevardpresse
Setzer
- Pflichtenzuständigkeit **6** 228
- Strafrechtliche Haftung **20** 98

Sexualaufklärung s. Jugendgefährdende Medien
Sexualsphäre 6 65, 215; s. a. Intimsphäre, Privatsphäre
Sicherstellung von Druckwerken
s. a. Beschlagnahme
- Formlose – **23** 99
- Vorläufige – s. vorläufige Sicherstellung

Sittenwidrigkeit
- Begriff **6** 240
- Maßstab **6** 241
- Mittel-Zweck-Relation **6** 243
- Schadenszufügung **6** 240
- Standesrecht **6** 241

Sitzredakteur 6 226; **9** 4, 20, 26; s. a. Scheinredakteur
Skizze
- Urheberrechtsschutz **BT UrhR** 44, 48

Social Marketing BT Abo 51
Software BT SteuerR 32, 59, 144
- zur Satzherstellung **BT SteuerR** 59
- Titelschutz **BT TitelSch** 28
- Urheberrechtsschutz **BT UrhR** 10, 17 f., 23, 30 f.

Soldat
- Informationsfreiheit **1** 253, 268

Solidarhaftung 8 90
Solidaritätszuschlag BT SteuerR 4, 23, 68, 71, 74
Sollbesteuerung BT SteuerR 169
Sonderabschreibungen BT SteuerR 57
Sonderbesteuerung BT SteuerR 2, 4, 75
Sonderhaftung
- des Verantwortlichen Redakteurs **6** 226; **20** 112 ff., 121, 123 ff.
- des Verlegers **20** 112 ff., 121, 131 ff.

Sonderrechte und -pflichten der Presse
s. Öffentliche Aufgabe der Presse
Sonstige Leistung BT SteuerR 88, 90, 96, 103 f., 103, 126
Sorgfaltspflicht der Presse
- Abwägung Presse- und Meinungsfreiheit und – **6** 38 ff.
- Agenturmeldung **6** 169
- Allgemeine Regeln und – **6** 7 ff.
- Amtliche Auskunft **6** 169
- Anhörung des Betroffenen **6** 170
- Anzeigenteil **6** 158
- Ausrichtung am Individualgüterschutz **6** 21 ff., 54 ff., 74 ff., 101 ff., 118 ff., 138 ff., 151
- Ausrichtung an Grundrechten **6** 25 ff.
- Ausrichtung an Interessen- und Güterabwägung **6** 33 f.
- Chefredakteur **6** 227
- Delegieren von Sorgfaltspflichten **6** 221

2075

Sachverzeichnis

Fette Zahlen = §§ der Landesgesetze

- Durchschnittsleser als Maßstab **6** 172
- Ehrverletzung **6** 99
- Einflüsse der EMRK **6** 32b
- Elektronische Mediendienste **6** 6b
- Elektronische Presse **6** 6b
- Freie Mitarbeiter, Kontrolle der Beiträge **6** 221
- Funktion **6** 2ff.
- Geheimsphäre **6** 217ff.
- Gerichtsberichterstattung **6** 205ff.
- Gleitender Maßstab **6** 163
- Grundrechte **6** 28, 164f., 186
- Grundrechtsschranke **6** 25
- Haftungsvoraussetzungen **6** 234f.
- Herausgeber **6** 224
- Herkunft der Nachricht **6** 161
- Hilfsansprüche **6** 346ff.
- Individualgüterschutz **6** 21 f., 181ff.
- Informationelle Selbstbestimmung **6** 193ff.
- Intimbereich **6** 214f.
- Journalistische Sorgfalt **6** 37
- Landespressegesetze und – **6** 2ff.
- Leserbriefe **6** 158, 168
- Materieller Schadensersatz **6** 303ff.
- Meinungsäußerungen, ehrverletzende **6** 186ff.
- Objektiver Maßstab **6** 35, 253
- Öffentliche Aufgabe **6** 2ff.
- Öffentlichkeitssphäre **6** 218
- Pflichtenträger **6** 219ff.
- Pflicht zur Wahrheitsprüfung **6** 181ff.
- Presseerklärung, amtliche **6** 169
- Pressekodex und – **6** 20; **BT StandesR** 30
- Pressemäßige Sorgfalt **6** 37
- Presserecht, Bundesrecht **6** 11ff.
- Pressespiegel **6** 158
- Privatbereich **6** 216ff.
- Raumknappheit **6** 164f.
- bei der Recherche **6** 99
- Recht am eigenen Bild **6** 202ff.
- Recht am gesprochenen Wort **6** 201
- Recht auf informationelle Selbstbestimmung **6** 193ff.
- Redakteur **6** 225; s. dort
- Reichweite **6** 5
- Rundfunk **6** 6a
- Sanktion bei Verletzung **6** 230
- Sanktionslosigkeit **6** 11
- Schmerzensgeld **6** 332
- Schutz vor ehrverletzenden Meinungen **6** 186ff.
- Sorgfaltsstandards **6** 35f., 258
- Strafrechtliche – **6** 17, 19; **20** 107, 115, 139ff., 157ff.; **22** 21
- Tatbestandsirrtum bei Verletzung der – **6** 251
- Technische Verbreiter **6** 228
- Träger der Pflichten **6** 219ff.
- Übliche Sorgfalt **6** 37, 253
- Unterlassungsanspruch **6** 260ff.
- Verantwortlicher Redakteur **6** 226
- im Verkehr erforderliche **6** 35, 253
- Verleger **6** 223; s. a. dort
- Veröffentlichung, prüfungsrichtige **6** 171
- Voraussehbarkeit der Verletzung **6** 254
- Wahrheitsgemäße Berichterstattung **6** 153ff.
- Wettbewerbsrechtliche **6** 18
- Widerrufsanspruch **6** 283ff.
- Zeitnot **6** 164f.
- Zitat **6** 169, 200
- Zivilrechtliche Folgen **6** 230ff.

Sortimentsbuchhändler 8 19
- Täter eines Presseinhaltsdelikts **20** 72f., 78, 95, 97
- Verbreitungsverdächtiger **14** 16

Sozialbindung des Eigentums 12 4

Sozialer Geltungsanspruch
- Selbstdefinition **6** 61

Special-interest-Zeitschriften BT Abo 172f.

Spiegel-Urteil des BVerfG 1 104, 109, 130, 134, 138, 149, 174; **23** 1; s. a. Pressefreiheit

Spielkarten
- als Druckwerke **7** 39, 63

Sportler 6 132; s. a. Person der Zeitgeschichte

Sportliche Darbietungen BT SteuerR 158

Sportredakteur BT ArbR 9, 171; s. a. Redakteur

Staatsanwaltschaft
- Beendigung der Beschlagnahme **16** 14; **18** 55
- Beschlagnahmeanordnung **13** 21; **18** 6ff.
- Durchsuchungsanordnung **Vor 13** ff. 31, 33, 44
- Ermittlungspersonen **13** 5
- Verfügungsbefugnis im Vorverfahren **16** 25f.

Staatsgeheimnis 6 26

Stabilitätszuschlag BT SteuerR 23

Standespflicht
- der Presse **6** 241; **23** 9
- Zeugnisverweigerung **23** 79ff., 84ff.

Standesrecht/Standesregeln 10 43ff.; **BT StandesR**
- Bedeutung **10** 43ff.; **BT StandesR** 29ff.
- Begriff **BT StandesR** 1
- Europäische Rechtsentwicklung **BT StandesR** 25f.
- Haftung bei Verletzung **BT StandesR** 30
- Internationale Standesregeln **BT StandesR** 25f.
- Materielles Standesrecht **BT StandesR** 27f.
- Preislistentreue s. dort
- Pressekodex **BT StandesR** 11, 12, Anhang
- Presserechtliche Sorgfaltspflicht **6** 20
- Presseselbstkontrolle s. Selbstkontrolle
- Richtlinien des Deutschen Presserats **BT StandesR** 11, 12

Magere Zahlen = Randziffern

Sachverzeichnis

- Sittenwidrigkeit **6** 241
- Sorgfaltspflichten **BT StandesR** 30
- Trennung von Text und Anzeigenteil s. dort
- Verletzung des – bei der Gegendarstellung **11** 118
- Veröffentlichung unbestellter Füllanzeigen s. dort
- Verstöße **BT StandesR** 17, 29 ff.
- Wettbewerbsrecht **BT StandesR** 31, 31 f.

Stasi-Unterlagen 6 237
- Einsichtsrecht **4** 173 f.

Stehender Gewerbebetrieb BT SteuerR 76

Stelle s. a. Behörde
- Gegendarstellung **11** 49 ff.

Stellungstheorie 9 24
Steuerabzug(sverfahren) BT SteuerR 24, 156 ff., 161
Steuerarten BT SteuerR 3
Steueraufsicht BT SteuerR 7
Steuerbare Umsätze BT SteuerR 109
Steuerbefreiung (USt) BT SteuerR 88
Steuerbelastung BT SteuerR 1 ff., 22
Steuerbescheide, bestandskräftige BT SteuerR 12
Steuerbilanz BT SteuerR 26, 27, 44
Steuereinnahmen BT SteuerR 4
Steuererhebung BT SteuerR 4, 6, 24, 159
Steuerermäßigungen BT SteuerR 21, 116 ff., 135 ff.
Steuerfreie Umsätze BT SteuerR 91 f.
Steuergeheimnis
- und Auskunftsanspruch **4** 110

Steuergerechtigkeit BT SteuerR 4
Steuerharmonisierung BT SteuerR 9
Steuerhinterziehung BT SteuerR 10
Steuerliche Rechtsbehelfe BT SteuerR 6
Steuermessbetrag BT SteuerR 82 f.
Steuermessbetrag, -zahl (GewSt) BT SteuerR 82
Steuermesszahl BT SteuerR 74, 82
Steuern BT SteuerR 1 ff., 4, 16 ff.
- Ertragsabhängige – **BT SteuerR** 16, 18
- Ertragsunabhängige – **BT SteuerR** 16

Steuerpflicht, beschränkte/unbeschränkte BT SteuerR 66
Steuerrecht BT SteuerR 1 ff.
- Abonnentenkartei **BT SteuerR** 55
- Abschreibungen **BT SteuerR** 57
- AfA-Tabellen **BT SteuerR** 57 f.
- Besteuerung von Presseunternehmen **BT SteuerR** 14 ff.
- Besteuerung von Schriftstellern, Journalisten, Freiberuflern **BT SteuerR** 143 ff.
- Einkommensteuer **BT SteuerR** 21
- Gewerbesteuer **BT SteuerR** 73 ff.
- Immaterielle Vermögensgegenstände **BT SteuerR** 30 ff.
- Jahresabschluss **BT SteuerR** 26 ff.
- Jugendgefährdende Druckerzeugnisse **BT SteuerR** 119
- Körperschaftsteuer **BT SteuerR** 21, 64 ff.
- Loseblattwerk **BT SteuerR** 55
- Quellensteuer **BT SteuerR** 24
- Rechtsschutz **BT SteuerR** 13
- Rechtsweg **BT SteuerR** 8 ff.
- Rückwirkung **BT SteuerR** 11
- Schriftsteller **BT SteuerR** 143 ff.
- Solidaritätszuschlag **BT SteuerR** 23
- Umsatzsteuer **BT SteuerR** 84 ff.
- Verfassungsbeschwerde **BT SteuerR** 10
- Verlagsarchiv als Teil des Geschäftswerts **BT SteuerR** 56
- Verlagsrecht **BT SteuerR** 35 ff.
- Verlagswert **BT SteuerR** 48 ff.
- Vermögensteuer **BT SteuerR** 18

Steuersatz
- Ermäßigter – **BT SteuerR** 2, 125 f., 130

Steuersätze BT SteuerR 2, 71, 113
Steuersubjekt (KSt) BT SteuerR 64
Steuerumgehung BT SteuerR 10
Steuerverfahrensrecht BT SteuerR 6
Steuervergünstigungen BT SteuerR 2
Steuervergütung BT SteuerR 88
- Umsatzsteuer **BT SteuerR** 88

Stiftung Warentest 6 147; **BT Anz** 8
Stimmzettel
- als Druckwerk **7** 59, 64

Störer 6 276 ff.
Störerhaftung 10 58, 61
Störung, rechtswidrige 6 261
Strafantrag 13 85 ff.
Straftat
- Richtigstellung nach Freispruch **6** 179
- Verdachtsveröffentlichung **6** 178

Straf- und Bußgeldvorschriften Vor 20 ff.; **BT JuSch** 28; **BT JuSch** 29; **BT SteuerR** 6

Straf- und Ordnungswidrigkeitenrecht der Presse Vor 20 ff.; **Vor 20** ff. 1 ff.
- Allgemeine Strafgesetze und – **20** 61 ff.
- Ausnahmen **Vor 20** ff. 4
- Begriff **Vor 20** ff. 1
- Beleidigung **6** 95, 99
- Fälschungsdelikt **20** 38
- Gerichtsstand **Vor 20** ff. 14 ff.
- Gesetzgebungskompetenz **Vor 20** ff. 12 f.
- Kollisionsrecht, interlokales **Vor 20** ff. 19 ff.
- Kollisionsrecht, internationales **Vor 20** ff. 24 ff.
- Pressespezifische Vorschriften **Vor 20** ff. 3 ff., 25 ff.
- Strafbestimmungen **Vor 20** ff. 2
- Tatort, mehrere **Vor 20** ff. 21
- Tatortprinzip **Vor 20** ff. 20
- Verjährung **Vor 20** ff. 22; **24** 17 ff.
- Wahrnehmung berechtigter Interessen **3** 33; **Vor 20** ff. 1; **20** 106
- Weltrechtsprinzip als Ausnahme vom – **Vor 20** ff. 27 ff.
- Zuständigkeit des Gesetzgebers **Vor 20** ff. 12 f.

2077

Sachverzeichnis
Fette Zahlen = §§ der Landesgesetze

Strafverfolgung
– und Presseschutz **1** 27
Strafverfolgungsentschädigungsgesetz
– Anwendbarkeit **17** 2 ff.
– Vergleich mit § 17 LPG **17** 12 ff.
– Voraussetzungen der Entschädigung **17** 16 ff.
Strafverlangen 13 68, 85, 87
Strafverstrickung
– Beschlagnahme nur durch Richter **23** 134
– Gegenständliche – **23** 125 ff.
– Pressemitarbeiter als Beschuldigter **23** 131, 133, 135 ff.
– Terroristische Bekennerschreiben **23** 134
– Verdacht der Teilnahme **23** 122
– Wegfall des Beschlagnahmeverbots **23** 114 ff.
Streaming BT UrhR 94
Streik 1 121 f.; **BT ArbR** 212, 405, 409 ff., 448 ff.; s. a. Arbeitskampf, Boykott, Pressestreik
– Demonstrationsstreik **BT ArbR** 422
– Streikbruchprämie **BT ArbR** 444
– Streik Presseangehöriger **1** 121
– Streik zur Erzwingung der Tendenzänderung **1** 122
– Sympathiestreik **BT ArbR** 424, 453 ff.
– Warnstreik **BT ArbR** 425
Streikaufruf
– als Druckwerk **7** 60
Streitwertrevision BT SteuerR 8
Stromsteuer BT SteuerR 16, 19
Strukturanalyse BT Anz 332, 338
Student
– Verbilligtes Abonnement für Zeitungen **BT Abo** 195
Subsidiarität
– Haftung nach § 20 Abs. 2 LPG **20** 150 f.
Substanzsteuern BT SteuerR 16, 18 f.
Substanzwert BT SteuerR 135
Subventionierung 1 168 ff.
– der Presse s. a. Pressefreiheit
Subverlagsrecht BT SteuerR 46
Suchmaschinen BT MediendatenSch 26

Tabaksteuer BT SteuerR 4
Tabelle
– Urheberrechtsschutz **BT UrhR** 45, 48
Tagebuchaufzeichnungen 6 69
Tageszeitung BT Abo 174 f.; s. a. Zeitung
Tarifvertrag
– Ablauf **BT ArbR** 16
– Abschlussnormen **BT ArbR** 25
– Allgemeinverbindlicherklärung **BT ArbR** 16, 25 ff., 54
– Arbeitsbefreiung **BT ArbR** 154 ff.
– Arbeitsvertrag und – **BT ArbR** 28 f.
– Arbeitszeit **BT ArbR** 164 ff.
– Ausscheiden aus besonderem Anlass **BT ArbR** 31, 212
– Ausschlussfristen **BT ArbR** 31, 192 ff.
– Beendigung **BT ArbR** 16

– Betriebliche Normen **BT ArbR** 16
– Betriebsverfassungsrechtliche Normen **BT ArbR** 16
– Entgelt **BT ArbR** 100 ff.
– Entgeltfortzahlung im Krankheitsfall **BT ArbR** 111 ff.
– Form **BT ArbR** 31
– Geltungsbereich **BT ArbR** 19 f.
– Günstigkeitsprinzip **BT ArbR** 23, 23 f.
– Inbezugnahme **BT ArbR** 28
– Inhalt **BT ArbR** 30 f.
– Inhaltsnormen **BT ArbR** 16
– Jahresabschluss **BT SteuerR** 26 ff.
– Jahresleistung **BT ArbR** 31, 107 ff.
– Kündigung **BT ArbR** 119
– Kündigungsfristen **BT ArbR** 31
– Kündigungsgründe **BT ArbR** 31
– Kündigungstermin **BT ArbR** 245
– Leistungen im Todesfall **BT ArbR** 31, 122 ff.
– Manteltarifvertrag **BT ArbR** 14
– Nachwirkung **BT ArbR** 22
– Nebentätigkeit **BT ArbR** 188 ff.
– Probezeit **BT ArbR** 31
– Tarifbindung **BT ArbR** 17 f., 28, 41
– Urheberrechte **BT ArbR** 202 ff.
– Urlaub **BT ArbR** 31, 129 ff.
– Verband **BT ArbR** 17, 18
– Vermögenswirksame Leistungen **BT ArbR** 128
– Wirkung **BT ArbR** 16, 21 f.
Tatbestandsirrtum
– bei Verletzung der Sorgfaltspflichten **6** 251
Tätigkeitstheorie 9 22 ff.
Tatortprinzip Vor 20 ff. 20 f.;
s. a. Straf- und Ordnungswidrigkeitenrecht
Tatprodukte 13 43
Tatsachenaussage
– Ehrverletzende **6** 80
– Frage **6** 87a
– Gerücht **6** 87a
– Kontext der Äußerung **6** 91
– Meinungsäußerung **6** 84 ff., 111 f.
– Verdacht **6** 87a
– Verdeckte **6** 92 f.
– Warentest **6** 147
– Zitate **6** 87b
Tatsachenbehauptung
– Abgrenzung zu Meinungsäußerung **11** 90 ff.
– Begriff **11** 89 ff.
– Gegendarstellung **11** 88 ff.; s. a. dort
– im Redaktionsschwanz **11** 109
Tatwerkzeuge 13 44
Tausch/tauschähnlicher Umsatz BT SteuerR 97
Tausender(kontakt)preis BT Anz 347 ff.
Technische Schutzmaßnahmen
– Schutz der zur Rechtewahrnehmung erforderlichen Informationen **BT UrhR** 73
– Umgehungsverbot **BT UrhR** 70 ff.

Magere Zahlen = Randziffern

Sachverzeichnis

Technisches Spezialwissen **BT SteuerR** 36
Technische Verbreiter
– Störerhaftung **6** 281
– Träger der Sorgfaltspflicht **6** 228
– Verschuldenshaftung **6** 330
Teile einer Druckschrift
– Impressum **8** 81
Teileinkünfteverfahren **BT SteuerR** 71
Teilnahme (Straf-/OWiR) 23 122
Teilnahmeverdacht 23 122
Teledienste s. a. Mediendienste, Telemedien
Teledienstegesetz **6** 220a, 229a, 330a
Telefaxübermittlung **11** 145, 154
– als Druckwerk **7** 53
Telefongespräch s. a. Fernsprechgeheimnis
– als Druckwerk **7** 53
– Mitschnitt **6** 60, 201, 216a
Telefonwerbung **BT Abo** 106
Telegramm
– als Druckwerk **7** 62
Telekommunikationsverbindungsdaten
– Auskunft der Telefondienstbetreiber 23 24
Telemedien **Einl** 13; **1** 186; **6** 220a, 229a, 281a; **BT MediendatenSch** 33
– Abgrenzung zum Rundfunk **BT JuSch** **1** 57
– Abgrenzung zu Schriften **BT JuSch** **1** 54 ff.
– Abgrenzung zu Trägermedien **BT JuSch** **1** 13 f.
– Aufsicht **BT JuSch 16** 9
– Ausländische – **BT JuSch 24** 16
– Begriff **BT JuSch 1** 43 ff.
– Bereithalten von Inhalten **BT JuSch** **1** 52 ff.
– entwicklungsbeeinträchtigende Angebote **BT JuSch 16** 6 f.
– Freiwillige Selbstkontrolle **BT JuSch 16** 10
– Indizierung **BT JuSch 16** 1 ff.
– Informationspflichten **8** 15
– Jugendschutzbeauftragter **BT JuSch 16** 11
– Periodische – **BT JuSch 22**
– Tele- oder Mediendienst **BT JuSch 1** 44 ff.
– Übermitteln **BT JuSch 1** 50
– Unzulässige Angebote **BT JuSch 16** 3 ff.
– Verbreitung über Telemedien **BT JuSch 24** 9
– Zugänglichmachen **BT JuSch 1** 51
Telemedienanbieter
– Mediendatenschutz **BT MediendatenSch** 49 ff.
Telemediengesetz **6** 6b, 10
Tendenz **6** 173; **BT ArbR** 11 f.
– Pressefreiheit und – **BT ArbR** 87 ff.
– Tendenzänderung **BT ArbR** 92
– Tendenzfreiheit **BT ArbR** 8, 12, 84, 92, 96 f., 339, 383
– Tendenzschutz **1** 220 ff.
– Tendenztreue **BT ArbR** 95 ff.

– Weisungsrecht des Arbeitgebers **BT ArbR** 85 f.
Tendenzänderung
– Kündigung bei – **BT ArbR** 92
Tendenzschutzklausel **BT JuSch 18** 62 ff.
Tendenzträger **BT ArbR** 9, 67, 96, 258, 339 f., 346 f., 350 ff., 373; s. a. Verantwortlicher Redakteur, Verleger, Volontär
– Kündigung **BT ArbR** 369 ff.
Territorialitätsprinzip **Vor 20 ff**. 25 ff.
Testamentsvollstreckung
– über das Urheberrecht **BT UrhR** 175
Thesaurierung **BT SteuerR** 71
Thüringen Die Kommentierung des Landespressegesetzes von Thüringen erfolgt bei den einzelnen einschlägigen Paragraphen des Landespresserechts. Besonderheiten werden vor allem an den nachfolgend aufgeführten Stellen erörtert: **Einl** 32; **4** 103, 129; **6** 10, 153; **7** 1; **8** 135, 150; **9** 105, 111; **11** 17, 61, 70, 146, 171, 242, 285; **12** 16, 59; **15** 31; **17** 8; **18** 2; **20** 16, 172; **21** 16, 79; **22** 16, 67, 92; **24** 16, 103; **25** 1
Titelschutz s. a. Werktitel, Werktitelschutz
– Abkürzungen **BT TitelSch** 54 f.
– Aktivlegitimation **BT TitelSch** 235
– Akzessorietät von Werk und Werktitel **BT TitelSch** 62 ff.
– Anspruchsgrundlagen **BT TitelSch** 234
– Anspruchsschranken **BT TitelSch** 257 ff.
– Ausbeutungsschutz **BT TitelSch** 163 ff.
– Auskunftsanspruch **BT TitelSch** 255 ff.
– Begriff/Bedeutung bei Presseerzeugnissen **BT TitelSch** 2 ff.
– Benutzung als Marke/Unternehmenskennzeichen **BT TitelSch** 116 ff.
– Benutzungsaufnahme **BT TitelSch** 66 ff., 98
– Benutzungshandlungen **BT TitelSch** 113 ff.
– Bereicherungsanspruch **BT TitelSch** 254
– Beseitigungsanspruch **BT TitelSch** 252
– Branchennähe **BT TitelSch** 152 ff.
– Bücher **BT TitelSch** 48 f., 99
– Ende **BT TitelSch** 102 ff.
– Entstehung **BT TitelSch** 60 ff., 96
– erlaubte Benutzung **BT TitelSch** 263 ff.
– geschäftliches Kennzeichen **BT TitelSch** 4 ff.
– Grundlagen **BT TitelSch** 2 ff.
– Handelsrechtlicher Firmenschutz **BT TitelSch** 213
– Inhaber des Werktitelrechts **BT TitelSch** 97 ff.
– Internationaler – **BT TitelSch** 278 ff.
– Markenrechtliche Schranken **BT TitelSch** 271 ff.
– Markenschutz **BT TitelSch** 170 ff.
– Medientitel **BT TitelSch** 13 f.
– Namensrechtlicher – **BT TitelSch** 206 ff.

2079

Sachverzeichnis

Fette Zahlen = §§ der Landesgesetze

- Passivlegitimation **BT TitelSch** 236
- Priorität **BT TitelSch** 9, 74 ff., 94
- rechtliche Grundlagen **BT TitelSch** 15 ff.
- Rundfunksendungen **BT TitelSch** 46 f., 99
- Schadensersatzanspruch **BT TitelSch** 242 ff.
- Schutz als Marke **BT TitelSch** 170 ff.
- Schutz außerhalb des Markenrechts **BT TitelSch** 195 ff.
- schutzfähige Werktitel **BT TitelSch** 22 ff.
- Schutzumfang, räumlicher **BT TitelSch** 111 ff.
- Schutzumfang, sachlicher **BT TitelSch** 108 ff.
- Titelbestandteile **BT TitelSch** 52
- Titelmäßige Benutzung **BT TitelSch** 113
- Titelschutzanzeigen **BT TitelSch** 74 ff.
- Titelverletzung **BT TitelSch** 108 ff., 167, 234 ff.
- Tonträger-, Filmwerke **BT TitelSch** 50 f.
- unbefugte Benutzung **BT TitelSch** 118
- Unlauterkeit **BT TitelSch** 166
- Unterlassungsanspruch **BT TitelSch** 237 ff.
- Unternehmenskennzeichen **BT TitelSch** 214
- Unterscheidungs-/Kennzeichnungskraft **BT TitelSch** 36 ff., 148 ff.
- Untertitel **BT TitelSch** 53
- urheberrechtlicher Titelschutz **BT TitelSch** 211 ff.
- Verfassungsrechtliche Schranken **BT TitelSch** 274 ff.
- Verhältnis der Schutzmöglichkeiten **BT TitelSch** 195 ff.
- Verjährung **BT TitelSch** 258
- Verkehrsgeltung **BT TitelSch** 56 f.
- Vernichtungsanspruch **BT TitelSch** 253
- Verwechslungsgefahr **BT TitelSch** 119 ff., 122 ff., 148 ff., 158 ff.
- Verwirkung **BT TitelSch** 260 f.
- Werknähe **BT TitelSch** 152 ff.
- Werktitel als geschäftliche Kennzeichen **BT TitelSch** 4
- Werktitelschutz für Presseerzeugnisse **BT TitelSch** 17 ff.
- Wettbewerbsrechtlicher Titelschutz **BT TitelSch** 202 ff.
- Zeitschriften **BT TitelSch** 43, 99, 150
- Zeitungen **BT TitelSch** 41 f., 99, 150
- Zivilrechtlicher Titelschutz **BT TitelSch** 215

Titelschutzanzeigen
- Entwicklungsstadium des Werkes bei Veröffentlichung **BT TitelSch** 82
- Grundlagen **BT TitelSch** 74
- Öffentliche Ankündigung **BT TitelSch** 76
- Sammel-Titelschutzanzeigen **BT TitelSch** 85 f.
- Tatsächliches Erscheinen innerhalb der Frist **BT TitelSch** 83

- Verlust der Prioritätsverlagerung **BT TitelSch** 94
- Veröffentlichung in branchenüblichem Publikationsorgan **BT TitelSch** 79 ff.
- Vorverlagerung der Priorität **BT TitelSch** 74 ff.
- Wiederholungsanzeigen **BT TitelSch** 94
- Wirkung **BT TitelSch** 87 ff.

Titelseite
- Widerruf **6** 294

Titelverletzungen
- Schutzumfang, räumlicher **BT TitelSch** 111 ff.
- Schutzumfang, sachlicher **BT TitelSch** 108 ff.
- Titelmäßige Benutzung **BT TitelSch** 113

Tochterzeitung 7 46
Tonband 7 19
- Aufnahme, ungenehmigte **6** 60, 201
- Gegendarstellung **11** 138

Tontechniker BT SteuerR 146
Tonträger 7 18, 28; **BT SteuerR** 30, 116, 158; s. a. Bild- und Tonträger
Totalgewinn BT SteuerR 148
Trägermedien Einl 13; **1** 204; s. a. Jugendgefährdende Trägermedien
- Abgrenzung zum Rundfunk **BT JuSch 1** 57
- Abgrenzung zu Schriften **BT JuSch 1** 54
- Abgrenzung zu Telemedien **BT JuSch 1** 13 ff.
- Begriff **BT JuSch 1** 17 ff.
- Bestimmung zur unmittelbaren Wahrnehmung **BT JuSch 1** 27
- Eignung zur Weitergabe **BT JuSch 1** 26
- Elektronisches Verbreiten **BT JuSch 1** 36 ff.
- Periodische – **BT JuSch** 22
- Schwer jugendgefährdende – **BT JuSch 15** 53 ff., 93 ff.
- Speicherung auf Festplatte **BT JuSch 1** 34
- Texte, Bilder, Töne **BT JuSch 1** 18 ff.
- Träger **BT JuSch 1** 25 ff.
- Verkörperung auf gegenständlichem Träger **BT JuSch 1** 22 ff.
- Vorausindizierung **BT JuSch 22** 4 ff.
- Vorführ-/Spielgerät **BT JuSch 1** 28 ff.

Transparenz des Pressewesens 8 118, 136 ff.
Trennungsprinzip (Text- und Anzeigenteil) 9 51; **10** 2, 51, 64; **22** 27, 35, 63; **23** 78; **BT StandesR** 13

Übergangsregelungen 26 4
Überlassen von Rechten BT SteuerR 163
Überprüfung
- des Druckwerks **9** 37 ff.

Überschrift
- bei der Gegendarstellung s. dort

Übersetzer BT UrhR 243; **BT SteuerR** 30, 139, 144 f., 145

Magere Zahlen = Randziffern

Sachverzeichnis

Übertragung immaterieller (Nutzungs-)Rechte 6 119a, 275, 324a, 344; **BT SteuerR** 137
Übertragung Nutzungsrecht s. Nutzungsrecht
Übertriebenes Anlocken BT Abo 121 ff., 139, 142
Überwälzungssteuern BT SteuerR 16
Üble Nachrede 6 95
Umfang der Beschlagnahme s. Beschlagnahme
Umfang des Informationsanspruchs 4 130
Umsätze, steuerbare BT SteuerR 96
Umsatzsteuer BT SteuerR 16, 84, 164 ff.
– Allgemeiner Steuersatz **BT SteuerR** 113
– Befreiung **BT SteuerR** 88
– Bemessungsgrundlage **BT SteuerR** 97
– Ermäßigter Steuersatz **BT SteuerR** 2, 120, 125 f., 130 f., 136 f., 141 f.
– Ermäßigungen **BT SteuerR** 114, 116 ff., 135 ff.
– Kleinunternehmerregelung **BT SteuerR** 164 ff.
– Lieferungen **BT SteuerR** 90 ff.
– Option **BT SteuerR** 164
– sonstige Leistungen **BT SteuerR** 103 ff.
– Steuersätze **BT SteuerR** 113 ff.
– Steuertatbestand **BT SteuerR** 90, 90 ff.
– Systematik **BT SteuerR** 84, 85 ff.
– Überwälzbarkeit **BT SteuerR** 89
– Überwälzung **BT SteuerR** 150
– Vorsteuerabzug **BT SteuerR** 76, 85
– Vorsteuerpauschalierung **BT SteuerR** 167 f.
Umstellungsfrist 6 272
Umweltinformationen 4 175
Umweltinformationsgesetz 4 33
Unbrauchbarmachung Vor 13 ff. 5, 7; **13** 51; s. a. Einziehung
Universität
– Plakatwände in der Mensa, Sondernutzungsrecht **2** 47
– Verteilung von externen Zeitungen **2** 47
Unlautere Methoden
– Abonnementwerbung **BT Abo** 18 ff.
– Belästigung von Passanten **BT Abo** 61
– Briefkastenwerbung **BT Abo** 37 ff.
– Gefühlsbetonte Werbung **BT Abo** 51 ff.
– Informationsbeschaffung **BT StandesR** 29
– Mailings **BT Abo** 45 ff.
– Unwahre Angaben über Lebensverhältnisse **BT Abo** 54
– Zusenden unbestellter Ware **BT Abo** 18 ff.
Unlauterer Wettbewerb 6 151 ff.; **BT Abo** 18 ff.
Unmittelbarer Eingriff 6 24, 143 f.
Unmittelbares Betroffensein 6 113, 143 f., 181
Unschuldsvermutung 6 205
Unsittliche Medien BT JuSch 18 15 ff.
Unterausgabe s. Anschlusszeitung

Unterhaltung 6 45, 45a, 45b, 68a, 136b, 216a; **10** 70
Unterlassung s. a. Unterlassungsanspruch, Unterlassungsdelikte
Unterlassungsanspruch 1 113, 125, 233; **4** 173; **6** 18, 56, 74, 110, 123, 140, 183, 220, 222, 233 f., 247, 250, 259, 260 ff., 270 ff., 282; **9** 16, 41 f., 84, 94; **10** 71, 73, 79 f.; **11** 66, 88, 189; **BT Anz** 207 ff., 232, 240, 245, 255, 257, 369, 370; **BT Abo** 3, 179, 189; **BT UrhR** 151, 184, 207, 251, 257 f., 264; **BT ArbR** 142, 427, 429, 438, 442 f.; **BT TitelSch** 89 ff., 98, 215, 233, 237 ff.
– Anspruchsberechtigte **6** 275
– Anspruchsverpflichtete **6** 276 ff.
– Aufbrauchsfrist **6** 272; **BT TitelSch** 240
– Aufgabe **6** 260
– Begehungsgefahr **6** 263
– Bestimmtheitserfordernis **6** 271
– Beweislasten **6** 273
– Erstbegehungsgefahr **6** 269
– Gerichtliche Durchsetzung **6** 282
– Rechtsverfolgungsäußerungen **6** 272a
– Reichweite **6** 270
– Störung **6** 261 ff.
– Umstellungsfrist **6** 272
– Verdeckte Behauptung **6** 265
– Verhältnis zur Gegendarstellung **11** 66, 189, 228
– Verjährung **6** 274; **BT TitelSch** 258
– Verpflichtungserklärung **6** 267
– Vollstreckung **6** 282
– Wiederholungsgefahr **6** 264 ff.
Unterlassungsdelikte
– Ordnungswidrigkeiten **10** 39; **22** 64, 71
– Straftaten **20** 128; **21** 44
– Verjährung **24** 69 ff.
Unterlassungserklärung 6 267; **BT Anz** 234, 248 f., 251, 252; **BT UrhR** 257; **BT TitelSch** 239
– Eingeschränkte – **BT Anz** 251
Unterlassungsinteresse
– Grundrechtsschutz **6** 29, 45
Unterlassungsverpflichtung(serklärung) 6 267; **BT Anz** 234, 248 f., 251, 252; **BT UrhR** 257; **BT TitelSch** 239
Unterlizenz BT UrhR 188
Unternehmen BT ArbR 333
– Belastbarkeit mit Steuern **BT SteuerR** 22
Unternehmensbesteuerung BT SteuerR 18, 22
Unternehmensgewinne BT SteuerR 21 f.
Unternehmenskennzeichen BT TitelSch 6
Unternehmensrecht
– Betriebsbezogener Eingriff **6** 143 f.
– Boykottaufruf **6** 149
– Entstehungsgeschichte **6** 139
– Güter- und Interessenabwägung **6** 141
– Offenes Schutzgut **6** 33
– Rechtsinhaberschaft **6** 150

2081

Sachverzeichnis

Fette Zahlen = §§ der Landesgesetze

- Schutzbereich **6** 142
- Subsidiarität **6** 140
- Unlauterer Wettbewerb **6** 151
- Unmittelbarer Eingriff **6** 143 f.
- Wahre Behauptungen **6** 146a
- Warentest **6** 147
- Werturteile **6** 146b
- Zuweisungsgehalt **6** 141

Unternehmensstandort Deutschland BT SteuerR 15

Unternehmenssteuern BT SteuerR 14 ff., 20
- Gliederung **BT SteuerR** 16

Unternehmensteuern BT SteuerR 26, 64 ff.
- Reform **BT SteuerR** 22

Unternehmensverfassung BT ArbR 331

Unternehmer
- Leistungsort **BT SteuerR** 106 f.

Untersagung von Pressetätigkeit 2 68 ff.; s. a. Berufsverbot
- Mangels Zuverlässigkeit **2** 68

Unwahrheit
- Maßstab **6** 111c

Urheber BT UrhR 74 ff.; **BT SteuerR** 30, 43, 48
- Duldungsleistung **BT SteuerR** 110
- Miturheber **BT UrhR** 76 ff.
- Person des Schöpfers **BT UrhR** 74 f.
- Steuern **BT SteuerR** 30, 35
- Unklarheit über Urheberschaft **BT UrhR** 82 f.
- Verbundene Werke **BT UrhR** 79

Urheberbezeichnung BT UrhR 82 f.

Urheberrecht
- Beeinträchtigungsverbot **BT UrhR** 91 f.
- Beseitigungsanspruch **BT UrhR** 259
- Copyright **BT UrhR** 18, 20
- Datenbanken **BT UrhR** 60 f., 67
- Europäisches Urheberrecht **BT UrhR** 10 ff.
- Filmwerke **BT UrhR** 47
- Fremdenrecht **BT UrhR** 15
- Idee, kein Schutzgut **BT UrhR** 27
- Informationsansprüche **BT UrhR** 266
- Inhalt **BT UrhR** 84 ff.
- Internationale Abkommen **BT UrhR** 16 ff.
- Internationales Urheberrecht **BT UrhR** 13 ff.
- Interview **BT UrhR** 38
- Leistungsschutzrechte **BT UrhR** 62 ff.
- Leserbrief **BT UrhR** 39
- Lichtbildwerke **BT UrhR** 46
- Miturheber **BT UrhR** 76 ff.
- Musikwerke **BT UrhR** 43
- Nutzungsrecht, Einräumung s. dort
- Persönliche geistige Schöpfung **BT UrhR** 21 ff.
- Persönlichkeitsrechtliche Befugnisse **BT UrhR** 85 ff.
- Plagiat **BT UrhR** 55; s. dort
- kein Presseinhaltsdelikt **20** 38

- Presse und Informationsfreiheit **BT UrhR** 5 f.
- Rechtsnachfolge **BT UrhR** 174 ff.
- Redakteur und – **BT ArbR** 202 ff.
- Schadensersatz **BT UrhR** 260 ff.
- Schöpfer **BT UrhR** 74 ff.
- Schranken s. Urheberrecht, Schranken
- Schutzfähige Werke **BT UrhR** 49 ff.
- Software **BT UrhR** 23
- Sonderrechte der Presse **1** 108
- Sprachwerke **BT UrhR** 30 ff.
- Steuern **BT SteuerR** 104, 110, 142
- Strafrechtlicher Schutz **BT UrhR** 267
- Territorialitätsprinzip **BT UrhR** 14
- Titelschutz **BT TitelSch** 211 ff.
- Übertragung des –s **BT UrhR** 174; **BT SteuerR** 142
- Umfang **BT UrhR** 2 ff.
- Unterlassungsanspruch **BT UrhR** 151, 184, 207, 251, 257 f., 264
- Urheberbenennungsrecht **BT UrhR** 89 f.
- Urheberpersönlichkeitsrechte **BT UrhR** 3
- Urheberrechtsgesetz **BT UrhR** 7 ff.
- Vererblichkeit **BT UrhR** 175
- Verletzung **BT UrhR** 251 ff.; **BT SteuerR** 62
- Veröffentlichungsrecht **BT UrhR** 86
- Verwertungsgesellschaften **BT UrhR** 183, 243 ff.
- Verwertungsrecht **BT UrhR** 93 ff.
- Welturheberrechtsabkommen (WUA) **BT UrhR** 16
- Werke aus der ehemaligen DDR **BT UrhR** 9
- Werke der bildenden Künste **BT UrhR** 44 f.
- Werke mit technischen Schutzmaßnahmen **BT UrhR** 70 ff.
- Werkteile **BT UrhR** 28
- Wissenschaftlich-technische Darstellungen **BT UrhR** 48

Urheberrechte BT SteuerR 110 f., 110, 135

Urheberrechtliche Nutzungsrechte BT SteuerR 135, 138, 142

Urheberrecht, Schranken
- zugunsten der Allgemeinheit **BT UrhR** 108 ff.
- Amtliche Werke **BT UrhR** 109 f.
- Bildnisse **BT UrhR** 144
- Dreistufentest **BT UrhR** 107
- Gerichte, Behörden, Kirchen und Schulen **BT UrhR** 166 f.
- zugunsten der Medien **BT UrhR** 146 ff.
- Normen/Entscheidungen **BT UrhR** 108
- Öffentliche Wiedergabe **BT UrhR** 127
- Öffentliche Zugänglichmachung f. Forschung u. Unterricht **BT UrhR** 128 f.
- Sozialbindung des geistigen Eigentums **BT UrhR** 106
- Vertriebsprivileg **BT UrhR** 169

Magere Zahlen = Randziffern

Sachverzeichnis

- Vervielfältigung zum privaten und eigenen Gebrauch **BT UrhR** 131 ff.
- Werkausstellung/-verkauf **BT UrhR** 170 f.
- Zeitliche Begrenzung **BT UrhR** 172 f.
- Zitierrecht **BT UrhR** 113 ff.

Urheber- und Verlagsrechte BT SteuerR 43

Urlaub BT ArbR 129 ff., 414

Ursprungslandprinzip BT SteuerR 95, 100

Urteilsabschriften
- Anspruch auf Herausgabe **4** 176

Urteilsveröffentlichung
- Pflicht zur – **4** 177; **6** 351

USA
- Copyrightzeichen und Urheberschutz **BT UrhR** 20
- Freedom of Information Act **4** 32
- Informationsanspruch der Presse **4** 32
- Rundfunkrecht **25** 7

Veranlagungszeitraum-Rechtsprechung BT SteuerR 11

Veranstalter 11 255

Verantwortlicher für den Anzeigenteil 6 167; **8** 5, 92 ff.; **9** 6 ff., 51; **10** 32 ff.
- Bestellung trotz fehlender Voraussetzungen **21** 25
- Kennzeichnungspflicht entgeltlicher Anzeigen **10** 35 f.
- Nennung im Impressum **8** 5, 92 ff.

Verantwortlicher Redakteur Einl 136; **6** 226; **8** 5, 71 ff.; **9** 1 ff., 17 ff.; **20** 112 ff.; s. a. Chefredakteur, Verantwortlicher für den Anzeigenteil
- Abberufung des – **9** 30 ff.
- Abdruckpflicht bei Gegendarstellungen **9** 52
- Aktives Wahlrecht **9** 73
- Amtsniederlegung des – **9** 30 ff.
- Aufenthalt und Wohnsitz des – **9** 64
- Aufgaben **9** 37 ff.
- Ausländer als – **9** 106
- Ausübung des Amtes trotz fehlender Anforderungen **21** 24 ff., 32
- Beamter als – **9** 106
- Begriff **Einl** 136; **9** 106
- Bestellung des – **9** 33
- Betreuungsgesetz **9** 88
- Bundestagsabgeordneter als – **9** 92
- Bürgerliche Ehrenrechte **9** 68
- Diplomatisches Korps **9** 91
- Einhaltung der Impressumvorschriften **9** 53
- Exterritorialität **9** 91 ff.
- Fahrlässiger Verstoß gegen Impressumspflicht **22** 45
- Funktion des **9** 29, 36 ff.
- Garantenhaftung **9** 5
- Gegendarstellungspflicht **11** 80 ff.
- Gerichtsstand **11** 80, 192 f.
- Geschäftsfähigkeit des **9** 86 ff.
- Grundrechtsverwirkung **9** 107
- Haftung bei Pflichtverletzung **9** 36, 54 f.
- Historische Entwicklung der Position **9** 2 ff.
- Immunität **9** 91 ff.
- Indemnität **9** 91
- Inlandsaufenthalt des – **9** 62 ff.
- bei der Jugendpresse **9** 85
- Jugendprivileg **9** 78 ff.
- Jugendzeitschrift **9** 79 ff.
- Landtagsabgeordneter als – **9** 92
- Leumund **9** 108
- Mehrheit **8** 73, 80 ff.
- Mindestalter des – **9** 75 ff.
- Nato-Streitkräfte **9** 98
- Nennung im Impressum **8** 38, 71 ff.
- Öffentliche Ämter **9** 69 ff.
- Passives Wahlrecht **9** 72
- Persönliche Anforderungen **9** 58 ff., 62 ff., 68 ff., 75 ff., 86 ff., 101 ff., 106 ff.
- Pflichtzuständigkeit **6** 226
- Privatanschrift **8** 38
- Schülerzeitschrift **9** 79 ff.
- Sonderhaftung nach § 20 Abs. 2 LPG **9** 17 ff., 36 ff., 56 f.; **20** 112 ff., 121, 123 ff., 150 ff.
- Sorgfaltspflicht **6** 226; **20** 137 ff.
- Statusrechte des – **9** 68 ff.
- Strafrechtliche Verfolgbarkeit des – **9** 91 ff.
- Studentenpresse **9** 80 ff.
- Supranationale Gremien **9** 99
- Täter eines Presseinhaltsdelikts **20** 78, 83 f., 86 ff.
- Überprüfung des Druckwerks auf strafbaren Inhalt **9** 37 ff.
- Überprüfungspflicht **9** 37
- Unbescholtenheit **9** 108
- zu Unrecht beschäftigter – **9** 109 ff.
- Verfügungsbefugnis **9** 29
- Verschuldenshaftung **6** 328
- Vorsatz und Fahrlässigkeit **20** 137 ff.
- Wechsel des – **9** 35
- Wesensmerkmale des Amtes **9** 25 ff., 30 ff.
- Wohnsitz des – **9** 64, 65
- Zivilrechtliche Haftung des – **9** 38 ff.
- Zuwiderhandlungen **9** 109 ff.

Verband Deutscher Zeitschriftenverleger e. V. (VDZ) BT StandesR 6

Verbotsirrtum 6 255

Verbrauchsteuer s. Umsatzsteuer

Verbrauchsteuern BT SteuerR 4, 84

Verbreiten 6 94, 112, 123, 286

Verbreiterhaftung 6 93 ff., 112, 123, 276, 286, 326

Verbreiter, intellektueller 6 228

Verbreitungsort s. Gerichtsstand

Verbreitungsverbot, beschlagnahme Druckwerke Vor 13 ff. 12, 22, 28, 50; 15; **15** 1 ff.
- Anwendungsgebiet **15** 6 f., 11
- Bedeutung **14** 47
- Dauer **15** 13 ff.
- Geltung der Norm **14** 47
- Genaue Bezeichnung der Stellen **15** 12

2083

Sachverzeichnis

Fette Zahlen = §§ der Landesgesetze

– Gültigkeit des Landesrechts **15** 1 f.
– Jugendgefährdender Medien **BT JuSch 15** 1 ff.; **BT JuSch 27** 2 ff.; **BT JuSch 28** 2 ff.
– Strafrechtliche Folgen einer Zuwiderhandlung **15** 16 ff., 23 ff.
– Strafsanktion **15** 4, 23, 25 ff.
– Verbreitung **15** 8
– Wegfall **16** 27 ff.
– Wiederabdruck **15** 9 f.
– Wiederabdruckverbot **Vor 13 ff.** 12, 22, 28, 50; **15**
Verbreitung von Druckwerken 1 228 ff.; **7** 20 ff.; **13** 56; **23** 36
– Arten **Einl** 114 ff.
– Beginn, pressestrafrechtlicher **20** 72
– Begriff **Einl** 114
– Beschlagnahme Schriften **20** 36; **21** 52
– Bilder **6** 123
– Einschränkungen **1** 229 ff.
– Entäußerungstheorie **Einl** 117, 123; **8** 18
– Fußgängerzone **1** 232
– Jugendgefährdende Medien **20** 37; **BT JuSch 15** 1 ff.; **BT JuSch 27** 2 ff.; **BT JuSch 28** 2 ff.
– Öffentliche **Einl** 116
– Öffentliche Straßen und Plätze **1** 231 ff.
– Personenkreis, Verbreitung an **Einl** 115 ff.
– als Presseinhaltsdelikt **20** 39 ff.
– Presserechtliche, Begriff **Einl** 114 ff.
– Private Grundstücke **1** 231
– Rezensionsexemplare, Versendung als – **Einl** 121
– von Schriften **15** 16
– Schule **1** 237
– Schutzbereich **1** 228 ff.
– Staatlich genutzte fiskalische Grundstücke **1** 231
– Strafrechtliche, Begriff **Einl** 114 ff., 118
– Verbreitungsfreiheit **1** 228 ff.
– Verbreitungsverbot s. dort
– Verbreitungsverstoß **22** 50, 51 ff.
– Verlags- u. urheberrechtliche **Einl** 117
– Vorbereitung der **Einl** 120
Verdacht
– Tatsachenaussage **6** 87a, 300
– Veröffentlichung **6** 30, 45, 52, 99, 175
Verdeckte Behauptung 6 92 f., 265, 291
Verdeckte Gewinnausschüttung BT SteuerR 70
Vereinsschriften
– als Druckwerk **7** 63
Verfahrenskosten
– Auferlegung **23** 93
Verfahrensrecht s. Besteuerung
Verfasser 8 13, 42, 62 ff.; **14** 13
– Ablieferung des druckreifen Manuskripts **BT UrhR** 209
– Enthaltungspflicht **BT UrhR** 211
– Gewährleistungspflicht **BT UrhR** 210
– Haftung **6** 229
– Honorar als Vermögensgegenstand **BT SteuerR** 44

– Nennung im Impressum **8** 13, 38, 62 f.
– Pflichten **BT UrhR** 209 ff.
– als Täter eines Presseinhaltsdelikts **20** 73 f., 83 f., 96
– als Verbreitungsverdächtiger **14** 13
– Wettbewerbsverbot **BT UrhR** 211
– Zeugnisverweigerungsrecht **23** 48
Verfassungsbeschwerde
– in Steuersachen **BT SteuerR** 10
Verfilmungsvertrag BT SteuerR 104
Vergessenwerden, Recht auf BT MediendatenSch 24 ff.
Vergütungen für Leistungsschutzrechte BT SteuerR 31
Vergütung für Belegexemplare 12 26
Verhältnismäßigkeitsgrundsatz 6 196, 243; **13** 91 ff.; **23** 101, 117
Verjährung von Pressedelikten Einl 99; **6** 297; **Vor 20 ff.** 1
– Abgrenzung von Presserecht und Strafrecht **Einl** 99
– Akzessorietätstheorie **24** 64
– Anwendungsgebiet **24** 28 ff.
– Ausnahmen **24** 28
– Ausschlussfristen **BT ArbR** 192 ff.
– Beginn **24** 19, 40, 52 ff., 59 ff.
– Berechnung **24** 40 ff.
– Beteiligung mehrerer Personen **24** 63 ff.
– Dauerdelikt **24** 67
– Erschleichung der – **24** 73
– Flüchtigkeit und Zeitbedingtheit von Presseverstößen **24** 22
– bei fortgesetzter Handlung **24** 21, 59
– Geltung **24** 28, 35
– Kollisionsrecht bei Pressestraftaten **Vor 20 ff.** 22
– im Nationalsozialismus **24** 25
– von Nebenfolgen der Straftat **24** 82
– Neuauflagen **24** 59
– Offenkundigkeit von Presseverstößen **24** 20
– von Presseinhaltsdelikten **20** 110, 156; **24** 28 f., 29 ff.
– von Presseordnungsdelikten **21** 23; **24** 28, 33, 74 ff.
– von Presseordnungswidrigkeiten **24** 18, 28, 34, 50 f., 78 ff.
– Rechtsnatur **24** 36 ff.
– Ruhen **24** 41 ff.
– Schmerzensgeld **6** 343
– Teilveröffentlichungen **24** 61
– Unterbrechung **24** 44 ff.
– Unterlassungsanspruch **6** 274
– Verbreitung im Ausland **24** 71 f.
– Verjährungsfrist **24** 17, 35
– Vollstreckungsverjährung **22** 29; **24** 35
– Widerrufsanspruch **6** 297
– Wirkung **24** 36 f.
Verkündung BT JuSch 21 44
Verlag s. a. Presseunternehmen sowie zusammengesetzte Begriffe
– Abzugsteuern **BT SteuerR** 161
– Anzeigenbeleg **BT Anz** 111

Magere Zahlen = Randziffern

Sachverzeichnis

- Chiffreanzeige **BT Anz** 113 ff.
- Herstellungspflicht **BT Anz** 97 ff.
- Probeabzug, Korrekturabzug **BT Anz** 109 f.
- Rückgabe von Matern **BT Anz** 107
- Unternehmenssteuern **BT SteuerR** 14 ff.
- Verbreitungspflicht **BT Anz** 104
- Vertragliche Nebenpflichten bei Chiffreanzeigen **BT Anz** 106 ff.
- Wohlwollenspflicht gegenüber Inserenten **BT Anz** 108

Verlagsangestellte s. Angestellte
Verlagsarchiv BT SteuerR 48
- als Geschäftswert **BT SteuerR** 48, 56

Verlagserscheinung BT SteuerR 48
Verlagsgeschäfte BT SteuerR 26
Verlagsleiter s. Verleger
Verlagslizenz BT SteuerR 46
Verlagsobjekt BT SteuerR 30, 48, 48 f., 55
Verlagsort
- Nennung im Impressum **8** 20

Verlagspersonal s. Angestellte
Verlagsrecht 8 50; **BT UrhR** 201 ff.; **BT SteuerR** 30, 36, 42 f.
- Ablieferung des Werkes **BT UrhR** 206
- Abschreibung **BT SteuerR** 47
- Aktivierung **BT SteuerR** 44
- Auflage/Ausgabe **BT UrhR** 216
- ausschließliches Nutzungsrecht **BT UrhR** 207
- Beendigung des Verlagsvertrags **BT UrhR** 217 f.
- Beginn mit Ablieferung des Werks **BT UrhR** 206
- Begriff **BT UrhR** 201
- Bewertung **BT SteuerR** 31, 45
- Derivatives – **BT SteuerR** 44
- Einmallizenz **BT SteuerR** 44
- Einmalvergütungen **BT SteuerR** 44
- Erwerb **BT SteuerR** 44 f.
- Festhonorar **BT SteuerR** 44
- Grundlagen **BT UrhR** 202 ff.
- Honorarzahlungen **BT SteuerR** 44
- als immaterieller Vermögenswert s. dort
- Inhalt **BT UrhR** 207 f.
- Laufzeit, vertragliche **BT SteuerR** 47
- Miterworbenes **BT SteuerR** 45
- Nutzungsdauer **BT SteuerR** 47, 52
- Originäres – **BT SteuerR** 44
- Pflichten des Verfassers **BT UrhR** 209 ff.
- Pflichten des Verlegers **BT UrhR** 212 ff.
- Reinertrag **BT SteuerR** 45
- Sammelwerke **BT SteuerR** 43
- Steuerrecht **BT SteuerR** 35 ff.
- Übertragung **BT SteuerR** 45
- gemäß VerlagsG **BT UrhR** 201 ff.
- Verlagslizenz **BT SteuerR** 45
- Verlagsvertrag **BT UrhR** 202 ff.
- Vermögensgegenstand **BT SteuerR** 35 ff.
- Wirtschaftliche Nutzungsdauer **BT SteuerR** 47

- Zeitungs- und Zeitschriftenverlage **BT SteuerR** 43

Verlagssitz s. Gerichtsstand
Verlagsunternehmen 8 59
Verlagsvertrag BT UrhR 203 ff.; **BT SteuerR** 35, 42, 81
- Beendigung **BT UrhR** 217 f.
- Gegenstand **BT UrhR** 204
- Gewerbesteuer **BT SteuerR** 81
- Laufzeit **BT SteuerR** 47
- Steuersatz **BT SteuerR** 138
- Vorzeitige Beendigung **BT UrhR** 218

Verlagswert BT SteuerR 30, 45, 48 ff., 52, 55
- Abschreibung **BT SteuerR** 51, 59
- Derivativer – **BT SteuerR** 49
- Firmenwertähnliches Wirtschaftsgut **BT SteuerR** 51
- Nutzungsdauer **BT SteuerR** 59

Verleger 8 13, 42 ff., 49 f.; **14** 14; **Vor 20 ff. 8**
- Ablieferung von Pflichtexemplaren **12** 15
- Bestellung eines ungeeigneten Verantwortlichen Redakteurs **21** 24 ff.
- Gegendarstellungspflicht **11** 80 ff.
- Gerichtsstand **11** 192 f.
- Hauptpflichten **BT Anz** 96 ff.
- Heikle Daten **6** 204
- Impressumsverstoß, Abwälzung der Haftung bei – **21** 49
- Kennzeichnungspflicht des Anzeigenteils **10** 32 ff., 35
- Nebenpflichten **BT Anz** 106 ff.
- Nennung im Impressum **8** 38, 49 ff.
- Organhaftung **6** 223
- Pflichten **BT Anz** 96 ff., 113 ff.; **BT UrhR** 212 ff.
- Presserechtlicher Begriff **Einl** 131; **8** 50 ff.; **12** 15
- Sonderhaftung **20** 112 ff., 121 f., 150 ff., 152 ff.
- Sorgfaltspflicht **6** 221 ff.; **20** 137 ff.
- Störerhaftung **6** 277
- als Täter **20** 73 ff., 89 ff., 96; **21** 29, 33
- Tendenzschutz **1** 221 ff.; **6** 30
- als Verbreitungsverdächtiger **14** 14
- Verlagsrechtlicher Begriff **Einl** 131; **12** 15
- Verschuldenshaftung **6** 326
- Versuch straflos **21** 30
- Vorsatz **21** 28

Verlegerhaftung 6 221 ff., 277
Verleitung von Kindern und Jugendlichen BT JuSch 28 27 ff.
Verletzergewinn 6 320a
Verletzung
- der Impressums- und Offenlegungspflichten **8** 152 ff.
- der Kennzeichnungspflicht **10** 38 ff.

Verleumdung 6 96
- bei Gegendarstellung **11** 115

Verlosung s. Lotterie, Gewinnspiele
Verlust, steuerlicher BT SteuerR 26

2085

Sachverzeichnis

Fette Zahlen = §§ der Landesgesetze

Vermietung und Verpachtung BT SteuerR 155
Vermögensschaden 6 306
Vermögensteuer BT SteuerR 18
Vermögenszuwachs-(-abnahme)rechnung BT SteuerR 28
Vernichtung, Anspruch auf 6 350
Veröffentlichung
– Ablehnung durch den Verlag bei Anzeigen **BT Anz** 49 ff.
– Aktualität **6** 46, 164 f., 211
– Kennzeichnung entgeltlicher – **10** 1 ff.
– Presserechtliche – **Einl** 122; **24** 31
– Prüfungsrichtige **6** 171
– Straftaten **6** 205
– Unmittelbarer Eingriff **6** 24
– Unterlassungsurteil **6** 351
– Urheberrechtlich **Einl** 123
– Verdacht **6** 30, 45, 52
– Veröffentlichungsvermutung **20** 166
Verpflegungsmehraufwendungen BT SteuerR 152
Verquickung von redaktionellem und Anzeigenteil 6 151; **10** 13 ff.
Verrohend wirkende Medien BT JuSch 18 19 ff.
Versammlungen
– Bilder von – **6** 138
Versammlungsgesetz 4 162
– Fahrlässigkeit **6** 252 f.
– Objektivierter Maßstab **6** 35
– Vorsatz **6** 251
Versandhandel
– keine Alterskontrolle **BT JuSch 1** 66 ff.
– Bestellung **BT JuSch 1** 64
– Definitionen **BT JuSch 1** 59 ff.
– Entgeltliches Geschäft **BT JuSch 1** 61 f.
– Versand **BT JuSch 1** 65
– Versandhandelsverbot des StGB **BT JuSch 1** 78
– Zweck **BT JuSch 1** 58
Versandlieferungen BT SteuerR 90, 101 f., 101
Verschlusssachen und Auskunftsanspruch 4 113
Verschuldenshaftung
– Erfolgsbezogenes Unrechtskonzept **6** 235
– Haftungstatbestände **6** 232
– Kreditgefährdung **6** 239
– Pressekodex **6** 237
– Rechtswidrigkeit **6** 234 ff.
– Schutzgesetz **6** 237
– Sittenwidrige Schadenszufügung **6** 240 ff.
Verschweigen von Information
– Gegendarstellung **11** 110
Versendungslieferung BT SteuerR 90, 109
Versetzung BT ArbR 93 f.
Versicherungsteuer BT SteuerR 4
Versicherungsvereine auf Gegenseitigkeit BT SteuerR 64

Verstorbene
– Ehrverletzung **6** 100
– Lebensbild **6** 199
– Persönlichkeitsschutz **6** 71
– Schmerzensgeldanspruch **6** 344
Verstrickungsbruch 15 17 ff.
Vertragsstrafe 6 267
Vertrauensgrundsatz
– Agenturmeldung **6** 169
– Presseerklärung, amtliche **6** 169
Vertreter der Presse
– Auskunftsanspruch **4** 1 ff., 38
– Begriff **4** 38, 39, 41, 46
Vertriebsbeschränkungen
– Unterlassener Hinweis **BT JuSch 28** 20 ff.
Vertriebsrechte BT SteuerR 36
Vertriebssystem BT SteuerR 48
Vertrieb von Presseerzeugnissen 1 228 ff.; **BT JuSch 28** 13 f.
Vervielfältigung
– für Ausbildungszwecke, Urheberrecht **BT UrhR** 138
– Beschränkung des Vervielfältigungsrechts **BT UrhR** 139
– im presserechtlichen Sinn **Einl** 113
– zum privaten und eigenen Gebrauch, Urheberrecht **BT UrhR** 131 ff.
– im urheberrechtlichen Sinn **Einl** 116
– im verlagsrechtlichen Sinn **BT UrhR** 213
Vervielfältigungsmittel
s. Herstellungsmittel
Vervielfältigungsverfahren 7 24 ff.
Verwahrung, öffentlich-rechtliche 17 66
Verwahrungsbruch 15 17 ff.
Verwaiste Werke BT UrhR 144a
Verwaltungsvollstreckung
– im Pflichtexemplarrecht **12** 29
Verwandte Schutzrechte BT SteuerR 104, 136
Verwechslungsgefahr BT TitelSch 119 ff., 140 ff.
Verwendungsbindungen
s. Vertriebsbindungen
Verwertungsgesellschaften BT UrhR 183, 243 ff.
– Abschlusszwang **BT UrhR** 250
– Bedeutung **BT UrhR** 243 f.
– Erlaubnispflicht und Aufsicht **BT UrhR** 246
– Organisation **BT UrhR** 245 ff.
– Rechte und Pflichten **BT UrhR** 245 ff.
– Wahrnehmungszwang **BT UrhR** 248
Verwertungsrechte
– Ausstellungsrecht **BT UrhR** 97
– Recht der öffentlichen Zugänglichmachung **BT UrhR** 100
– Senderecht **BT UrhR** 101
– Verbreitungsrecht **BT UrhR** 95
– Vervielfältigungsrecht **BT UrhR** 94
– Vorführungsrecht **BT UrhR** 99
– Wiedergabe durch Bild- und Tonträger **BT UrhR** 102

Magere Zahlen = Randziffern

Sachverzeichnis

- Wiedergabe von Funksendungen **BT UrhR** 103
Verwirkung
- der Pressefreiheit **1** 78
Verzögerung der Information 4 8
VG Bild-Kunst BT UrhR 244
VG Wort BT UrhR 243; **BT SteuerR** 105, 137
Videokassetten
- als Druckwerk **7** 36
- Pflichtexemplare **12** 18
Vielfalt des Rundfunks 25 10
Visitenkarte
- als Druckwerk **7** 37
Volksverhetzung 6 26; **20** 54
Vollkaufmann BT SteuerR 26, 28
Vollstreckung
- Auskunftsanspruch **4** 189; **6** 348
- Beschlagnahmeanordnung **19** 8
- EGMR-Entscheidungen **1** 50
- Gegendarstellungsanspruch **11** 205, 222 f., 225 f.
- Pfändung des Urheberrechts **BT UrhR** 200
- Sicherstellungsanordnung **18** 8 ff.
- Steuerbescheid **BT SteuerR** 6
- Unterlassungsanspruch **6** 271, 282; **10** 77
- Urteilsveröffentlichungsanspruch **6** 351
- Verjährung s. Vollstreckungsverjährung
- Vernichtungsanspruch **6** 350
- Widerrufsanspruch **6** 302
Vollstreckungssicherung
- durch Beschlagnahme/Durchsuchung **Vor 13 ff.** 3, 5, 9 ff., 27, 30, 35, 49; **13** 34 ff., 75; **23** 98
Vollstreckungsverjährung
- Ordnungswidrigkeiten **22** 29; **BT JuSch 28** 33
- Straftaten **24** 28, 35
Volontär 9 14; **BT ArbR** 9, 53 f.
Vorabentscheidungsverfahren BT SteuerR 9
Vorausindizierungen
- Ausschluss **BT JuSch 23** 11
- Folgen **BT JuSch 22** 5
- Indizierungsentscheidung **BT JuSch 22** 10 ff.
- Listenaufnahme **BT JuSch 22** 6 f.
- Periodisch erscheinende Trägermedien **BT JuSch 22** 4
- Rechtsschutz **BT JuSch 22** 23
- Tageszeitungen/politische Zeitschriften **BT JuSch 22** 15 ff.
- Telemedien **BT JuSch 22** 19 ff.
- Verfassungsrechtliche Aspekte **BT JuSch 22** 1 ff.
- Zeitraum **BT JuSch 22** 8 f.
Vorbehalt des Gesetzes 6 31, 157
Vorläufige Anordnung, Indizierung
- Außerkrafttreten/Verlängerung **BT JuSch 23** 19
- Bedeutung **BT JuSch 23** 14

- Verfahren **BT JuSch 23** 18
- Voraussetzungen **BT JuSch 23** 15
Vorläufiger Rechtsschutz BT JuSch 25 9 ff.; **BT SteuerR** 13
Vorläufige Sicherstellung 18
- Anordnung und Vollstreckung **18** 8 ff.
- Beschlagnahmevoraussetzungen **18** 5 ff.
- Entschädigung **18** 58 ff.
- Gefahr im Verzug **18** 17 ff.
- Gültigkeit des Landesrechts **18** 1 f.
- Nicht-richterliche Anordnungskompetenz **18** 27 ff., 54 ff.
- und § 111n StPO **18** 1 ff.
- Richterliche Bestätigung **18** 34 ff., 38
- Schadenersatzanspruch bei fehlerhafter – **18** 57 ff.
- Verhältnis zwischen Strafrecht und § 18 LPG **18** 1 ff.
- Voraussetzung von Gefahr im Verzug **18** 17 ff.
- Vorliegen von Beschlagnahmevoraussetzungen **18** 5 ff.
Vorlesen
- keine Verbreitung **20** 40
Vorlesungsverzeichnisse BT SteuerR 126
Vorname
- im Impressum **8** 35; s. dort
Vorräte BT SteuerR 60
- Bilanzierung **BT SteuerR** 60
Vorsichtsprinzip BT SteuerR 30 f., 33
Vorsichtsprinzip, kaufmännisches BT SteuerR 30
Vorsprung durch Rechtsbruch BT Abo 179
Vorsteuerabzug BT SteuerR 85 ff., 91, 164 ff.
- Ausschluss **BT SteuerR** 101
Vorsteuerpauschalierung BT SteuerR 167 f.
Vorverurteilung 6 205
Vorzensur BT JuSch 22 2

Waffengleichheit 11 169, 173, 177
Wahldrucksachen BT SteuerR 126
Wahlkampfzeitung
- Gegendarstellungspflicht **11** 81
- als periodisches Druckwerk **7** 77
Wahlplakat s. Plakat
Wahrheit, Achtung der
- als Gebot der Presse **BT StandesR** 13, Anhang
Wahrheitspflicht 4 92
- Anzeigenteil **6** 158
- Bemühen um Wahrheit **6** 160
- bei Berichterstattung **3** 15
- Leserbrief **6** 158, 168
- Öffentliche Aufgabe der Presse **6** 154
- Presserechtliche – **6** 153 ff.
- Raumknappheit **6** 164 f., 173 ff.
- Strafrechtliche – **6** 175 ff.
- Verdachtsveröffentlichung **6** 175 ff.
- Wettbewerbsrechtliche – **6** 184

2087

Sachverzeichnis

Fette Zahlen = §§ der Landesgesetze

- Zeitnot **6** 164f., 173ff.
- Zivilrechtliche – **6** 181ff.

Wahrnehmung berechtigter Interessen 3 33; **Vor 20ff.** 1; **20** 106; s. a. Straf- und Ordnungswidrigkeitenrecht
- Beleidigung **6** 95, 99

Wahrnehmung Nutzungsrecht
s. Nutzungsrecht

Wahrnehmung von Nutzungsrechten BT SteuerR 105f., 110, 135, 135ff.

Walchner
- System **7** 46; **8** 111

Waren
- ermäßigter Steuersatz **BT SteuerR** 114

Warenetiketten 7 40

Warentest 6 147; **BT Anz** 8

Warnschild
- als Druckwerk **7** 62

Wartezimmer
- Auslegen von Schriften im – **BT UrhR** 104

Wehrdienstverhältnis und Pressefreiheit
s. Soldat

Weihnachtsgeld s. Tarifvertrag, Jahresleistung

Weisungsgebundenheit des Arbeitnehmers BT ArbR 35f.; s. a. Arbeitnehmer

Weiterverarbeitung, Anlagegüter BT SteuerR 59

Welteinkommensprinzip BT SteuerR 66

Weltrechtsprinzip im Strafrecht Vor 20ff. 28

Welturheberrechtsabkommen (WUA) BT UrhR 16

Werbeagentur BT Anz 25
- Störerhaftung **BT Anz** 277

Werbeanzeige BT Anz 1ff.; **BT SteuerR** 109, 111, 112; s. a. Anzeigen

Werbeberatung BT SteuerR 111

Werbedrucke BT SteuerR 111f., 120

Werbedrucksachen 7 59

Werbefilm BT SteuerR 147

Werbefotografie BT SteuerR 147f.

Werbegeschenke BT Abo 120, 128

Werbegestaltung, -leistungen, -mittelherstellung BT SteuerR 111

Werbegrafiker BT SteuerR 142

Werbeleistungen (USt) BT SteuerR 111

Werbeprämie BT SteuerR 97

Werbeprospekt BT SteuerR 111

Werbesendungen BT SteuerR 111f.

Werbespots BT SteuerR 158

Werbetexter BT SteuerR 145

Werbeträgeranalyse BT Anz 334f.

Werbeverbot BT JuSch 15 1ff.; **BT JuSch 27** 2ff.

Werbeveröffentlichung BT SteuerR 116

Werbung BT SteuerR 107, 111, 128f.;
s. a. Abonnementwerbung, Anzeigenwerbung, Gewinnspiele
- Abonnementwerbung s. dort
- Anzeigenwerbung s. dort
- Irreführende – **6** 151, 167; **BT Abo** 54f., 113, 114
- Richtlinien für werbliche Kommunikation mit IVW-Hinweisen **BT Anz** Anhang
- Sorgfaltspflichten **6** 167
- Unzulässige Werbung mit der Liste **BT JuSch 27** 12ff.
- Unzulässige Werbung mit Indizierung **BT JuSch 15** 117ff.
- Unzulässige Werbung mit Indizierungsverfahren **BT JuSch 15** 117ff.; **BT JuSch 27** 17
- Vergleichende – **BT Anz** 336ff.
- Wettbewerbsrechtliche Beurteilung **10** 50ff.

Werbung im Rundfunk 25 14

Werk s. Druckwerk

Werkbegriff, europäischer BT UrhR 28a

Werke, verbundene
- Urheberschaft **BT UrhR** 79

Werktitel
- Gegenstand des Rechtsverkehrs **BT TitelSch** 217
- Lizenzierung **BT TitelSch** 218f., 228ff., 231
- Übertragung **BT TitelSch** 218f., 220ff., 231
- Verkehrsfähigkeit **BT TitelSch** 220ff.

Werktitelschutz BT TitelSch 17ff.
- Domain **BT TitelSch** 34f.
- Druckschriften **BT TitelSch** 24f.
- Film-, Ton-, Bühnenwerke **BT TitelSch** 26
- Geistige Leistung **BT TitelSch** 23, 27
- Geschäftliches Kennzeichen **BT TitelSch** 4
- Grundlagen **BT TitelSch** 17
- Handelsrechtlicher Firmenschutz **BT TitelSch** 213
- Inhaber des Werktitelrechts **BT TitelSch** 97ff.
- Internet-Angebote **BT TitelSch** 33
- Namensrechtlicher Titelschutz **BT TitelSch** 206ff.
- Reform des Markenrechts **BT TitelSch** 18ff.
- Schutz als Marke **BT TitelSch** 170ff.
- Schutz außerhalb des Markenrechts **BT TitelSch** 195ff.
- schutzfähige Werktitel **BT TitelSch** 22ff.
- Unternehmenskennzeichen **BT TitelSch** 214
- Urheberrechtlicher Titelschutz **BT TitelSch** 211ff.
- Verhältnis der Schutzmöglichkeiten **BT TitelSch** 195ff.
- Werkcharakter **BT TitelSch** 22ff.
- Wettbewerbsrechtlicher Titelschutz **BT TitelSch** 202ff.
- Zivilrechtlicher Titelschutz **BT TitelSch** 215

Magere Zahlen = Randziffern

Sachverzeichnis

Wettbewerb
- Unlauterer – s. dort

Wettbewerbsabsicht
- Pressefehde **6** 151
- Vermutung **6** 151

Wettbewerbsförderungsabsicht 6 151; **10** 57 ff., 66, 71 ff.

Wettbewerbsrecht 3 23
- Sonderstellung der Presse im – **1** 111
- Verstöße gegen – **6** 151 f., 167, 269; **20** 56
- Wettbewerbsrechtliche Kennzeichnungspflicht **10** 11, 50 ff.
- Wettbewerbsrechtliche Wahrheitspflicht **6** 184

Wettbewerbsregeln BT Abo 1 ff.

Wettbewerbsrichtlinien BT Abo 5

Wettbewerbsverbot BT SteuerR 103

Wettbewerbsverstoß und Impressum 8 158

Wetterbericht 7 82

Widerrufsrecht
- Abonnementvertrag **BT Abo** 126, 138, 141
- Abrücken **6** 299
- Anspruchsberechtigte **6** 298
- Anspruchsverpflichtete **6** 299 ff.
- Aufgabe **6** 283
- Gerichtliche Durchsetzung **6** 302
- Klarstellung **6** 291
- Nicht-Aufrechterhalten **6** 293
- Rechtsschutzinteresse **6** 289
- Rechtsverfolgungsäußerungen **6** 295
- Richtigstellung nach Freispruch **6** 294
- Störer **6** 299
- Störung **6** 287
- Titelseite **6** 294
- Uneingeschränkter Widerruf **6** 291
- Unwahrheit **6** 284 f.
- Verjährung **6** 297
- Vollstreckung **6** 302

Widersprüchliches Impressum 8 31

Wiederabdruckverbot Vor 13 ff. 12, 22, 28, 50; **15**
- Dauer **15** 13 ff.
- Gültigkeit des Landesrechts **15** 1 f.
- Strafsanktion **15** 4, 23, 25 ff.
- Verbreitungsverbot **Vor 13** ff. 12, 22, 28, 50; **15**
- Wegfall **16** 27 ff.

Wiederaufnahme des Verfahrens BT JuSch 25 13

Wiederholungsgefahr
- Reichweite **6** 265
- Vermutete – **6** 264, 266

Wirtschaftsanzeigen 10 28

Wissenschaftliche Tätigkeit BT SteuerR 144

Wissenschaftlich-technische Darstellungen
- Urheberrechtsschutz **BT UrhR** 48

Wohnungsanzeiger 7 82

Wörterbücher BT SteuerR 126

ZAW BT StandesR 24, 27
- AGB **BT Anz** 64 ff.
- Richtlinien **10** 23, 44 ff., Anhang; **BT Abo** 5

ZDF s. Zweites Deutsches Fernsehen

ZDF-Staatsvertrag 25 12

Zeichen- und Malbücher BT SteuerR 130

Zeitgeschichte
- Bildnis aus dem Bereich der – **6** 129 f., 202
- Person der – **6** 68a, 129 ff., 130a, 195, 198, 203, 204, 211, 213 ff., 216 f., 216a, 218

Zeitschrift Einl 110 f.; **7** 9 ff., 65
- Arbeitszeit **BT ArbR** 178 ff.
- Begriff **Einl** 110
- Gratislieferung **BT Abo** 211 ff.
- Nebenausgaben **11** 83, 192
- Sammelwerk **BT UrhR** 58 f.
- Tarifvertrag **BT ArbR** 20
- Versandlieferung **BT SteuerR** 101
- Vorausindizierung **BT JuSch 22** 17

Zeitschriftenbeilagen BT SteuerR 129

Zeitschriftentitel BT TitelSch 43 ff.

Zeitschriftenverlag BT SteuerR 30, 43
- Verlagsrecht **BT SteuerR** 60

Zeitung 7 9 ff., 65; **BT SteuerR** 116, 128
- Abdruckort der Gegendarstellung **11** 174 ff., 192
- Arbeitszeit **BT ArbR** 164 ff.
- Begriff **Einl** 110
- Gratislieferung **BT Abo** 207 ff.
- Nebenausgaben **11** 83
- Sammelwerk, Urheberrecht **BT UrhR** 58 f.
- Tarifvertrag **BT ArbR** 20
- Umsatzsteuervergünstigung **BT SteuerR** 128
- Vorausindizierung **BT JuSch 22** 16
- Zeitungsbeilagen s. Beilagen
- Zeitungsmantel **8** 109

Zeitungen BT SteuerR 2, 111 ff., 120, 128

Zeitungsausschnittdienst BT SteuerR 114

Zeitungsausträger BT SteuerR 145
- Täter einer Presse-Ordnungswidrigkeit **22** 61
- Täter eines Presseinhaltsdelikts **20** 68 f., 73, 95, 97

Zeitungsbeilage BT SteuerR 129; s. Beilage

Zeitungsbericht
- Urheberrechtsschutz **BT UrhR** 34

Zeitungshändler, Zeitschriftenhändler
- Schutz **1** 234

Zeitungshändler, Zeitschriftenhändler, Schutz
- bußgeldrechtliche Haftung **22** 61
- strafrechtliche Haftung **20** 67, 95 ff.

Zeitungsinserate s. Anzeigen

Zeitungsmantel 6 276

Zeitungstitel BT TitelSch 41 f.

Zeitungsträger s. Zeitungsausträger

2089

Sachverzeichnis

Fette Zahlen = §§ der Landesgesetze

Zeitungsverlag BT SteuerR 30, 43;
s. a. Presseunternehmen, Verlag
– Verlagsrecht **BT SteuerR** 60
Zensur
– Ausschluss der – **1** 260 ff.
– Nachzensur **Einl** 6
– Personenbezogener Zulassungszwang und –
  2 11 ff.
– Vorausindizierungen **BT JuSch 22** 2
– Vorzensur **Einl** 6
– Zensurverbot **Einl** 85
Zensurverbot, verfassungsrechtliches
  1 260 ff.
– Historische Entwicklung **1** 27, 261
– als Kernbereich der Pressefreiheit **1** 246
– als Schrankenschranke (Untersagung der
  Pressefreiheit durch Gesetzgeber) **1** 260
– Schutzrichtung **1** 265
– Wirkung gegen den Staat **1** 265
– Wirkung gegen Private **1** 265
Zentralausschuss der Werbewirtschaft
  (ZAW) 10 44 ff., Anhang
– ZAW-AGB **BT Anz** 64 ff.
Zentralverband der Werbewirtschaft
  (ZAW) BT StandesR 24, 27
Zeuge
– Auskunftsverweigerungsrecht **23** 136
Zeugnisverweigerung Vor 20 ff. 1; **23**;
  25 3
– Abgrenzung Presserecht/Strafrecht **Einl** 43
– Anwendungsbereich **23** 5 ff.
– Anzeigepflichtige Straftatbestände **23** 88
– Aussagebereitschaft, Widerruflichkeit **23** 83
– Bedeutung **23** 1 ff.
– Belehrung **23** 135
– berechtigter Personenkreis **23** 24, 27 ff.
– Berufsmäßige Mitwirkung **23** 37 ff.
– Beschlagnahme- und Durchsuchungsverbot
  23 98, 100, 111 ff., 114 ff.
– Chiffreanzeige **23** 76
– Eigenrecherche **23** 59 ff.
– Einschränkungen **23** 37 ff., 40 f., 42
– Einsender **23** 49
– Ermessensentscheidung **23** 79 ff.
– und Erscheinungspflicht **23** 87
– Filmberichterstattung **23** 41
– Gegenstand **23** 24, 62 ff.
– Geltungsbereich des Landesrechts **23** 7
– Geltung von Landespressegesetzen **23** 6 f.
– Geschützte Gegenstände **23** 103
– Gesetzgebungskompetenz **23** 5 ff., 16 ff.;
  25 3
– Hilfspersonen s. a. Presseagenturen
– Historische Entwicklung **23** 8 ff.
– Informanten **23** 32, 44 ff., 79
– Informantenschutz **23** 26, 44 ff.
– Inhalt **23** 43 ff.
– Mitteilungen **23** 51 ff., 57
– Neuregelung von 1975 **23** 19 ff.
– Nur für im Gewahrsam befindliche
  Druckstücke **23** 105 ff.
– Periodische Presse **23** 40

– Pflicht zum Erscheinen vor Gericht **23** 87
– Pressefreiheit und – **23** 25 f.
– privilegium miserabile **23** 13 f.
– Rechtfertigungsschreiben **23** 134
– Rechtspflicht **23** 79
– Redaktionsräume **23** 112
– Rundfunk **23** 13
– Schutzvorschriften nicht zeugnisverweige-
  rungsberechtigter Presseangehöriger
  23 135 ff.
– Schweigepflicht **23** 56, 80 f., 146, 147
– Standespflicht **23** 79 ff.
– Steuerrecht **BT SteuerR** 7
– in steuerrechtlicher Hinsicht **BT SteuerR**
  7
– außerhalb des Strafverfahrens **23** 5, 7
– Strafverstrickung **23** 114 ff.
– Übermaßverbot **23** 74
– Umfang, geschützter **23** 31, 35 f.
– Verbot der Beschlagnahme **23** 98, 100,
  111 ff., 114 ff.
– Verbot der Beweisverwertung **23** 100, 124
– Verbot der Durchsuchung **23** 98
– Verfahrensfragen **23** 89 ff.
– als Verfasser **23** 48
– Verzicht **23** 84 ff.
– Vollstreckungssichernde und
  beweissichernde – **23** 98
– Zeugniszwang **23** 3, 8, 89 ff., 147
– Zivilprozessuales Zeugnisverweigerungs-
  recht **23** 138 ff.
Zeugniszwang 23 3, 8, 89 ff., 147
Zitat 6 87b, 169, 200
– Änderungsverbot **BT UrhR** 118
– Bildzitat **BT UrhR** 125
– Großzitat **BT UrhR** 120 ff.
– Kleinzitat **BT UrhR** 123
– Musikzitat **BT UrhR** 124
– Zitierfreiheit **BT UrhR** 113
– Zulässigkeit **BT UrhR** 115 ff.
Zitierrecht BT UrhR 113 ff.
– Aufnahme nur in selbständige Werke **BT
  UrhR** 115
– Bildzitat **BT UrhR** 125
– Großzitat **BT UrhR** 120 ff.
– Kleinzitat **BT UrhR** 123
– Musikzitat **BT UrhR** 124
– Quellenangabe **BT UrhR** 119
– Umfang durch den Zweck geboten **BT
  UrhR** 116 f.
**Zivilrechtliche Haftung des
  Chefredakteurs 9** 16
– des Jugendredakteurs **9** 85
– des Verantwortlichen für Anzeigen **8** 95
– des Verantwortlichen Redakteurs s. dort
Zufluss-/Abflussprinzip BT SteuerR
  150
Zugaben 10 21, 50 ff., 63; **BT SteuerR**
  129
– Prämie als – bei der Laienwerbung **BT
  Abo** 161
– Zugabeverbot **10** 63

Magere Zahlen = Randziffern

Sachverzeichnis

Zugangsrecht
– Dritter zu Dokumenten von EU-Organen **4** 29
Zugangstheorie Einl 117; **8** 19; s. a. Verbreitung von Druckwerken
– Erscheinen **8** 19
Zulassungsfreiheit s. a. Pressefreiheit
– Anwendbarkeit auf Haustürvertrieb, Reisegewerbekartenpflicht **2** 61 ff.
– Geschichte **2** 11 ff.
– Gesetzgebungskompetenz **2** 31
– Interpretation des § 2 LPG **2** 41 ff.
– Personenbezogenheit **2** 11
– Untersagung von Pressetätigkeit **2** 68 ff.
Zulassungszwang, verbotener
– Berufsständische Zulassung **2** 39
– Fachliche Qualifikation **2** 39 ff.
– Polizeiliche Erlaubnis **2** 11
– Zuverlässigkeitsprüfung **2** 11
Zurechnungszusammenhang 6 310
Zusätze, einschränkende (Impressum) 8 77
Zuschlagsteuern BT SteuerR 23
Zuschreibung BT SteuerR 41

Zuschüsse BT SteuerR 63, 97
Zusenden unbestellter Ware BT Abo 18 ff.
Zuständigkeit
– für Auskunftserteilung **4** 64 ff.
Zustellung BT JuSch 21 45 ff.
Zuverlässigkeit, mangelnde s. a. Berufsverbot
– als Grund für Untersagung der Pressetätigkeit **2** 57
Zu versteuerndes Einkommen BT SteuerR 68 ff., 69
Zwangsmitgliedschaft BT StandesR 2, 3
Zwangsvollstreckung s. a. Vollstreckung
– zur Beitreibung der Geldbuße **22** 26
– in das Urheberrecht **BT UrhR** 200
Zwei-Säulen-Modell 25 10
Zweitberechtigter BT SteuerR 46
Zweites Deutsches Fernsehen (ZDF) 11 246
– Gegendarstellungsrecht **11** 107
– ZDF-Staatsvertrag **25** 8
Zweitveröffentlichungsrecht
– Wissenschaftliches – **BT UrhR 232a**